U0784259

八閩文庫

專題彙編

第二種

福建民間契約文書

43

厦門大學民間歷史文獻研究中心 編

鄭振滿 主編

海峽出版發行集團
THE STRAITS PUBLISHING & DISTRIBUTING GROUP
福建人民出版社

本册目録

第十卷　永泰縣洑口鄉山寨村契約文書（一）

第四帙　黃朝建户

第五帙　黄國語户

第十卷　永泰縣洑口鄉山寨村契約文書（一）

本卷主編　鄭鵬程

本卷簡介

山寨村位於永泰縣西部洑口鄉，東臨白沙村，南連梧村横山岐，北接后亭土洋，西界德化縣水口鎮亭坑、鳳坪村。轄區面積七點三平方公里，平均海拔約七百五十米，耕地較少，山場廣闊，主要種植油茶、李果等經濟林。全村現存五十餘座傳統古建築，已入選第五批中國傳統村落、第七批中國歷史文化名村。

在明嘉靖二年的洑口契約中，已經出現「山寨」地名，其來源應是建於當地山頂的寨堡「格頭寨」。明清時期，當地屬永福縣和平鄉英達里三十六都。嘉靖、萬曆年間，永福縣編立保甲，山寨村隸屬於后亭保。民國四年，山寨村劃歸永泰縣南區。

山寨村歷史上有陳、張、鄭、黄四大姓，現爲黄姓家族聚居的單姓村。從現存契約來看，黄氏族人最早在明嘉靖二年購買張氏山場，並「承當納官」，可能當時已編入當地的里甲户籍。目前山寨黄氏家族分爲四個房支，共有常住人口兩百餘户、七百餘人。

據族譜記載，山寨黄氏家族的開基祖爲第三十五代黄六公，至三十七代進壽傳下新發、新旺兩房。長房分爲永祖派、永居派，二房分爲仁聰派、仁志派、仁財派。此後，長房派下共分爲七房，而二房派下人口較少，不再分房。其歷代譜系如下圖所示：

- 六公
  - 八公
    - 進壽
      - 新發
        - 永祖
          - 元盛
          - 元盈
          - 元孟
          - 元盟
          - 元益
          - 元盤
          - 元監
        - 永居
      - 新旺
        - 仁聰
        - 仁志
        - 仁財
    - 進財
      - 新居
    - 進寶
      - 新開
      - 新有
    - 進貴
      - 新福

自二〇一八年以來，廈門大學民間歷史文獻研究中心多次組織師生到山寨村開展田野調查，已收集各類契約一千八百餘件，另有鬮書、族譜、抄契簿、賬簿、儀式文書等五十餘册。這些契約文書主要由九户村民保存，本書依據「歸户」原則各編成帙。

第一帙爲黄朝訓户契約文書，包括五件契約，年代自明嘉靖二年（一五二三）至清道光五年（一八二五），内容涉及黄氏族人早期購置山産、定居山寨的歷史。黄朝訓爲長房第五十代裔孫，所藏年代最早契約可能傳承自開基祖黄六公。

第二帙爲黄聲耕户契約文書，包括五件契約，年代自明萬曆二年（一五七四）至清康熙四十四年（一七〇五），内容涉及早期黄氏族人的分家析産及宅基地的交易與流轉過程。黄聲耕爲長房第四十八代裔孫，所藏契約傳承自第三十七代黄進壽。

第三帙爲黄聯明户契約文書，包括十一件契約，年代自清雍正四年（一七二六）至民國年間，内容涉及榨油作坊的股份析分與流轉過程。黄聯明爲長房第四十七代裔孫，所藏最早契約的立契人是黄氏二房的四位族人。

第四帙爲黄朝建户契約文書，包括各類契約七十一件、供詞一件，年代自清咸豐十一年（一八六一）至民國年間，其中較爲系統的是三十四件涉及青龍寨和隆興厝的契約。黄朝建是長房第五十代裔孫，所藏契約的當事人主要是第四十六至四十九代的振渠、秋生、桂榮、國良等人，他們共同建造了青龍寨。

第五帙爲黄國語户契約文書，包括各類契約六百三十八件，另有一批賬簿、信函、販票、保甲門牌、税單、訴訟文書等。黄國語原爲二房第四十九代裔孫，後過繼長房第四十八代聲仕。其所藏契約文書，主要傳承自新旺之子仁聰，形成年代自清順治八年（一六五一）至民國年間，較爲系統地反映了黄氏二房的經濟活動與社會關係。

第六帙爲黄朝强户契約文書，包括各類契約六百六十件，另有各種賬單、信函、人情簿、儀式文書、税單、訴訟文書等，年代自清康熙五十年（一七一一）至民國年間。黄朝强是長房第五十代裔孫，所收藏契約文書傳承自「中心厝」的元盟和永居兩個支派。

第七帙爲黄聲南户契約文書，包括各類契約三百七十一件，另有一些賬單、告示、税單、訴訟文書等，年代自明萬曆二十六年（一五九八）至民國年間。黄聲南爲長房第四十八代裔孫，所藏契約文書傳承自第三十七代進壽支系。其早期契約涉及長房與二房共同起蓋永安厝、長房永祖與永居分家析産，以及黄氏族人購買山寨陳氏土地等。

第八帙爲黄國彩户契約文書，包括各類契約十九件，年代自清道光十八年（一八三八）至民國年間。主要涉及田土、山林和房産交易。黄國彩爲二房第四十九代裔孫，其父聲交兼祧長房第四十七代餘雙，所收藏契約可能傳承自餘雙。

第九帙爲黄尊沐户契約文書，包括各類契約四十件，另有鬮書一册，年代自清光緒二十七年（一九〇一）

至民國年間。黃尊沐爲長房第五十一代裔孫，所收藏契約文書傳承自第四十七代貴郎。其中契約主要涉及田土、房産和楂林交易，鬮書則是貴郎三子的分家文書。

山寨黃氏家族的現存契約文書較爲系統，保存狀態完好。大多數契約有包契紙，記録包内契約的時間、標的物、交易形式等，可以依據「歸物」的原則編排。不過，有不少包契紙與包内契約無法對應，原有的資料系統已被擾亂。在編輯過程中，我們盡可能利用包契紙，對散亂的契約重新編排，重建原來的文書群。

還應該指出，除了本書收録的契約文書之外，山寨黃氏家族另有一千二百餘件契約文書，現歸上海交通大學收藏。這批契約文書已收入上海交通大學中國地方歷史文獻數據庫，被分別歸類爲德化縣黃氏、德化縣梅中里黃氏、永福縣黃氏文書群，但實際上均屬山寨黃氏家族文書。我們希望，讀者可以同時參閲和利用上海交通大學公佈的上述契約文書，以期獲得更完整的歷史信息。

第一帙　黄朝训户

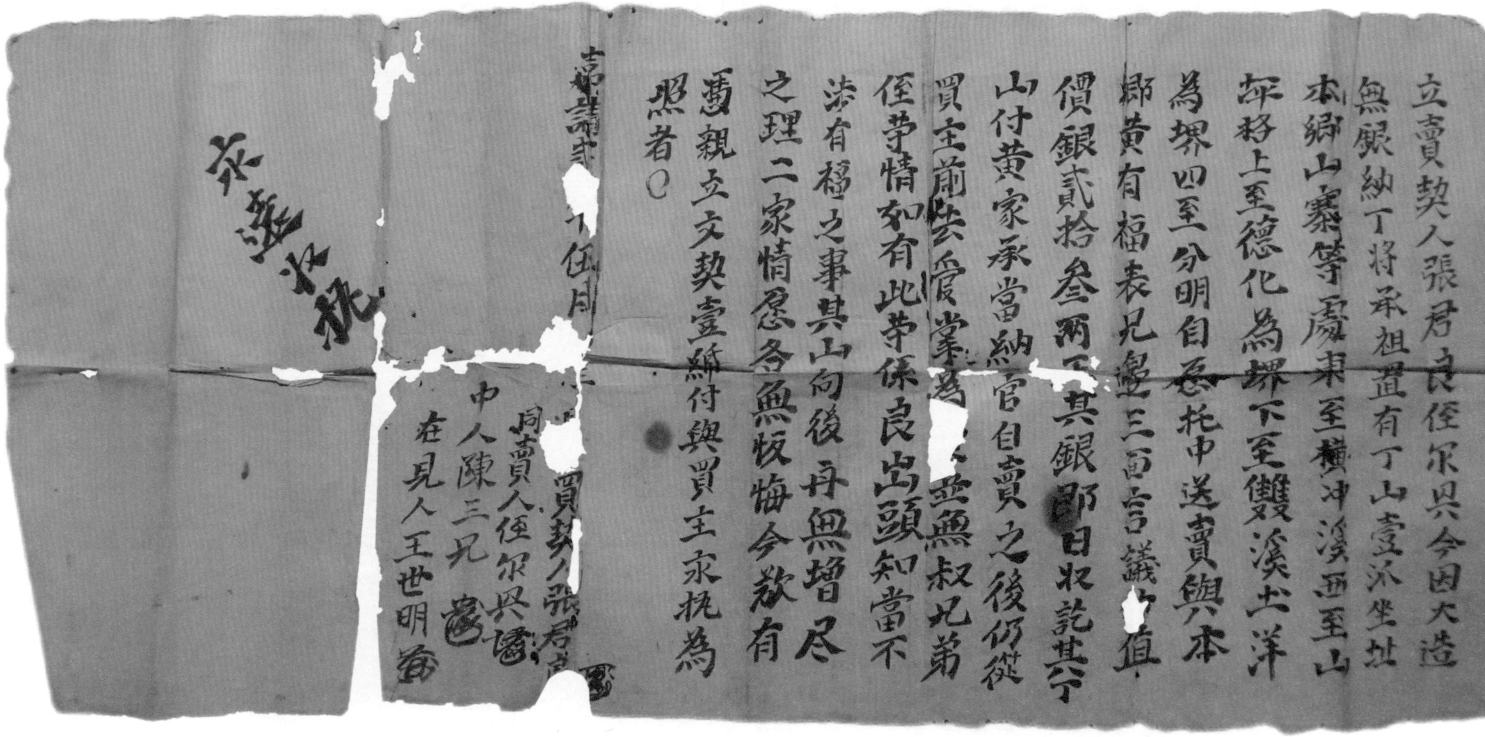

立賣契人張君良侄尔興今因欠造
無銀納丁将承祖置有丁山壹坐址
本鄉山寨等處東至横冲溪西至山
岬移上至德化為界下至雙溪土洋
為界四至分明自愿托中送賣與本
鄉黄有福表兄邊三面言議值
價銀貳拾叁兩正其銀即日收訖其
山付黄家承當納官自賣之後仍從
買主前去管業為並無叔兄弟
侄爭情知有此系係良出頭知當不
涉有福之事其山向後再無增尽
之理二家情愿各無反悔今欲有
憑親立文契壹紙付與買主永執為
照者○

嘉靖貳年伍月　日立賣契人張君良
同賣人侄尔興
中人陳三兄
在見人王世明

10-1-1-1　明嘉靖二年五月張君良等立賣丁山契

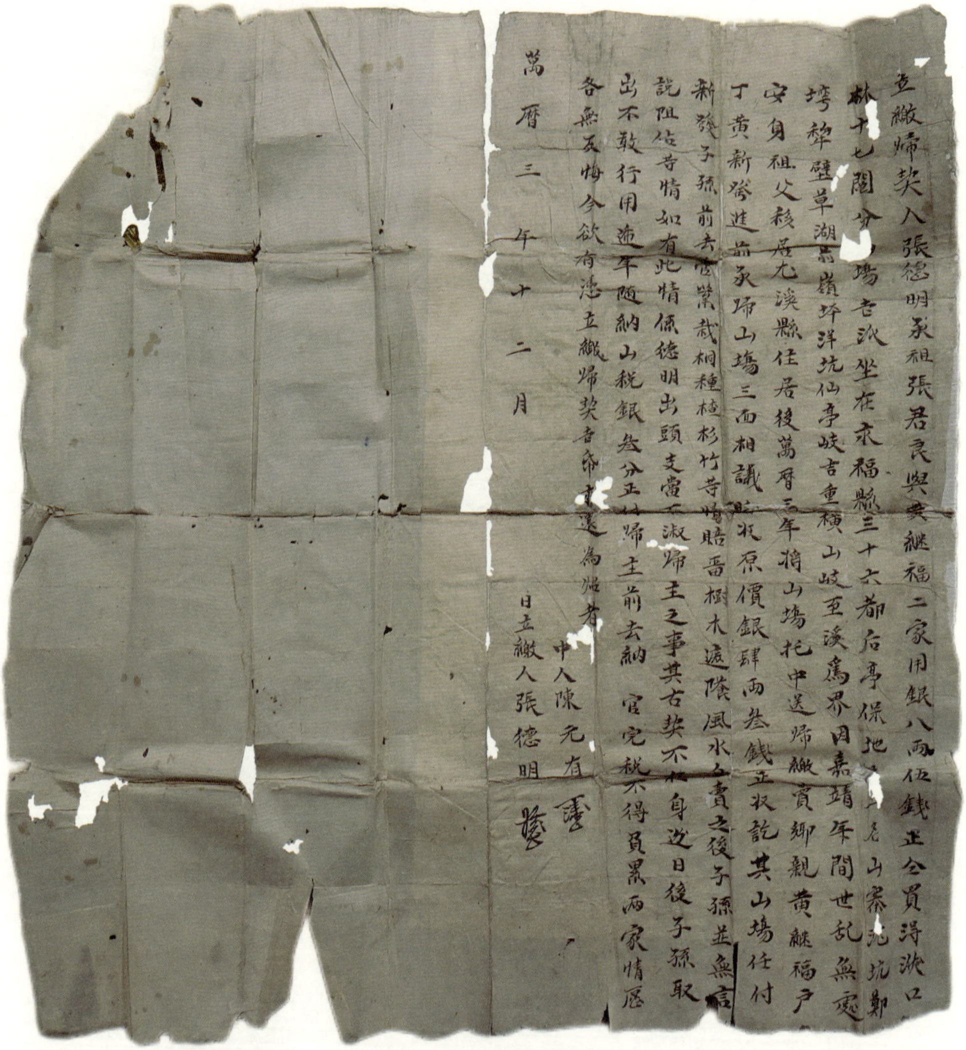

立繳歸契人張德明承祖張君良與黄繼福二家用銀八兩伍錢正仝買得淤口
林十七閤分山場壹派坐在永福縣三十六都后亭保地名山寮坑鄭
塆犂壁草湖嶺坪洋坑仙亭岐吉重横山岐至溪為界因嘉靖年間世亂無處
安身祖父移居尤溪縣住居後萬曆三年將山場托中送歸繳賣鄉親黄繼福户
丁黄新發進前承歸山場三面相議收原價銀肆兩叁錢正收訖其山場任付
新發子孫前去管業栽桐種植杉竹等項賠晋樹木遮蔭風水立賣之後子孫並無言
說阻佔等情如有此情係德明出頭支當不涉歸主之事其古契不在身邊日後子孫取
出不敢行用遞年隨納山税銀叁分正付歸主前去納官完税不得負累兩家情愿
各無反悔今欲有憑立繳歸契壹紙永遠為炤者
中人陳元有
萬曆三年十二月　日立繳人張德明

10-1-1-2　明萬曆三年十二月張德明立繳歸山場契

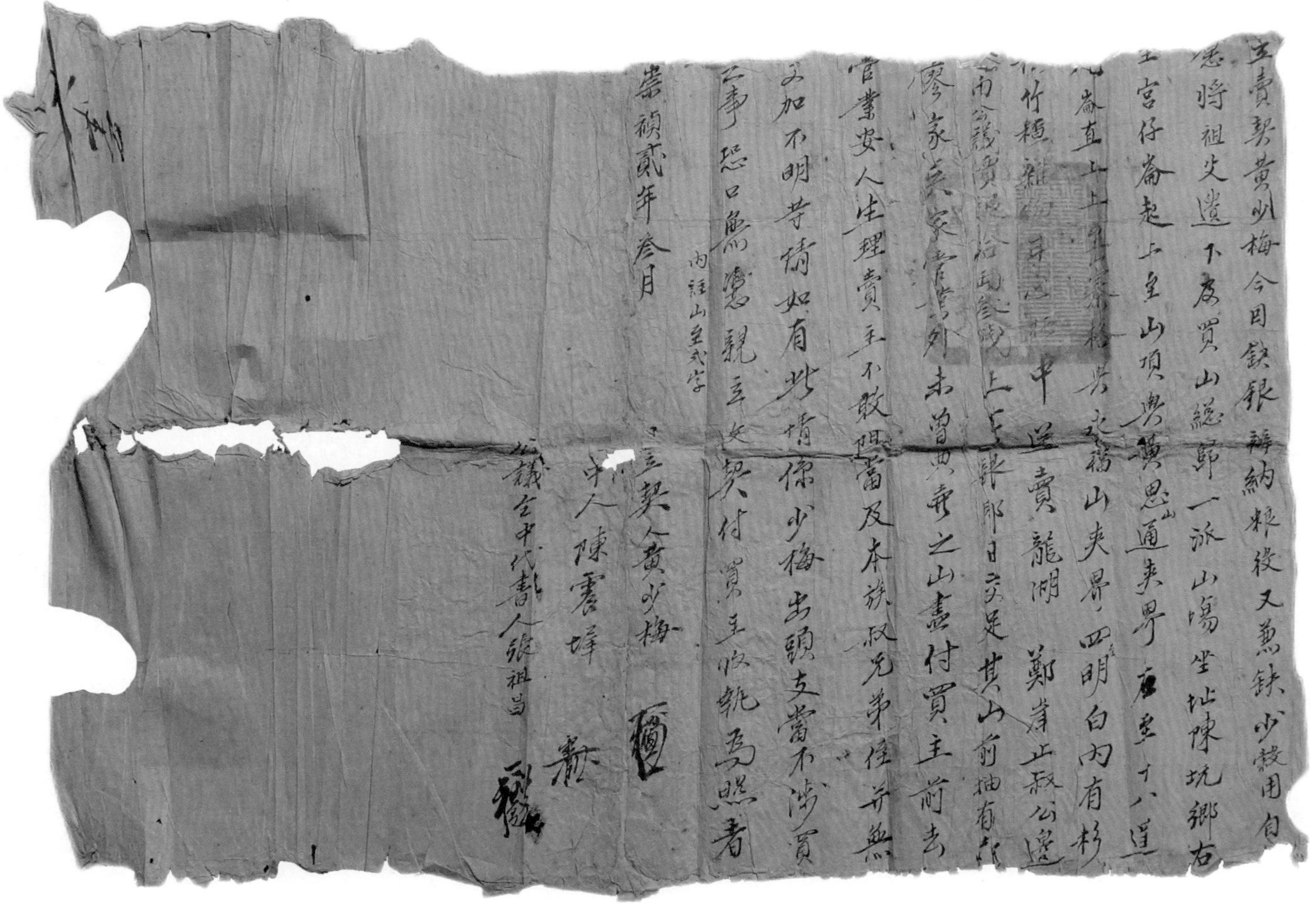

立賣契黃少梅，今因缺銀辦納糧役，又兼缺少，故用自
思將祖父遺下應買山總郎一派山場，坐址陳坑鄉右
土宮仔崙起，上至山頂，與黃思通山夾界，下至十八道
山崙直上上[illegible]，[illegible]福山夾界，四至明白。內有杉
[illegible]竹種雜[illegible]，[illegible]中送賣龍湖鄭崖山叔公邊。
三面公議賣價銀[illegible]兩叁錢[illegible]上，其銀即日交足。其山前抽有[illegible]
廖家兵家[illegible]外，未曾典賣之山，盡付買主前去
管業安人生理，賣主不敢阻當，及本族叔兄弟侄並無
又加不明等情。如有此情，係少梅出頭支當，不涉買
主之事。恐口無憑，親立賣契付買主收執為照者。

內註山至弍字

崇禎貳年叁月　日

立契人黃少梅（押）
中人陳雲嶂（押）
議立中代書人張祖昌（押）

10-1-1-3　明崇禎二年三月黃少梅立賣山場契（紅契）

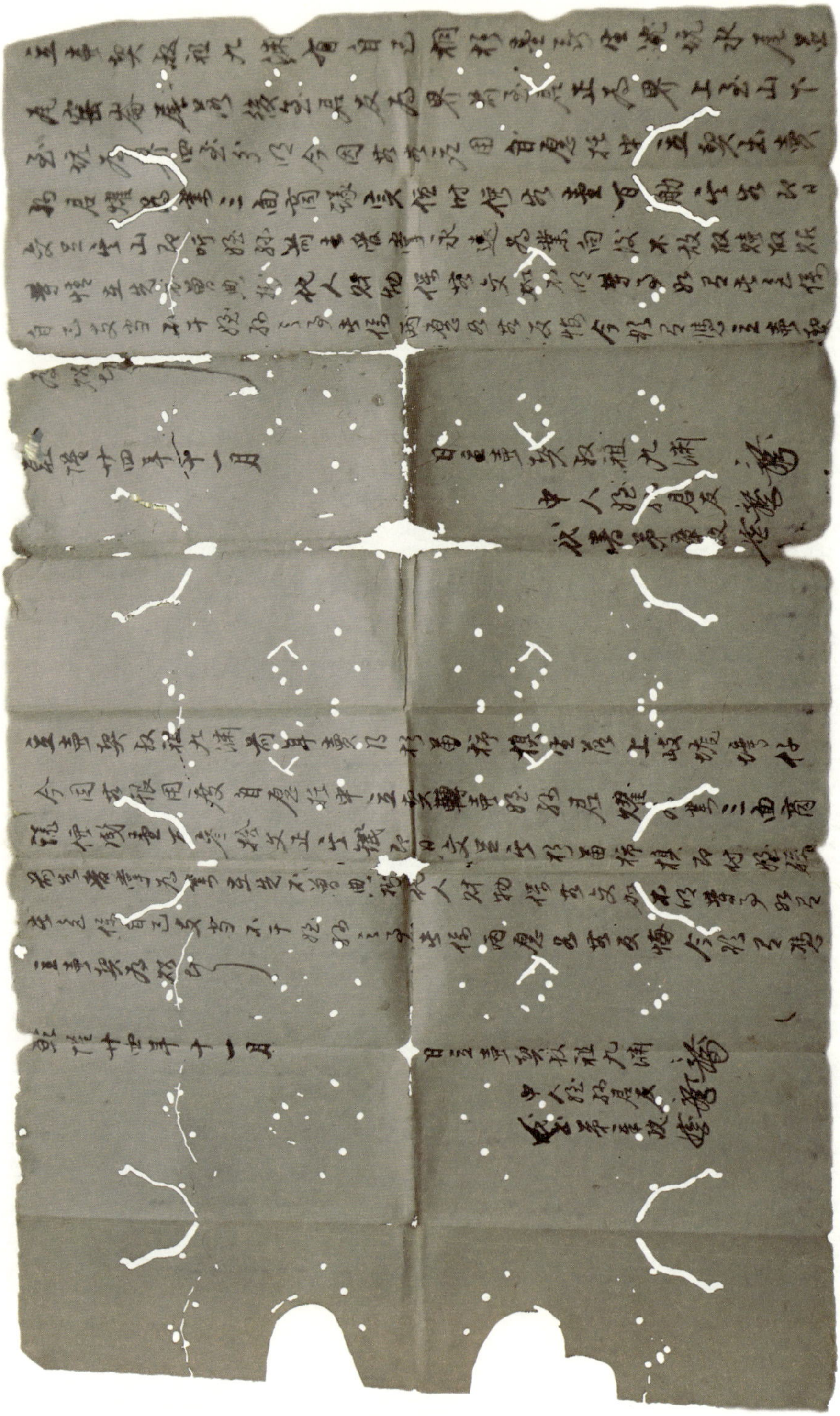

10-1-1-4 清乾隆二十四年十一月黃九淵立賣桐杉契

立賣契戶丁夏秋冬三房等將[illegible][illegible]
閣下山場叁所坐落地方洑坑出名洑坑
嶺擱下壹所上至路界下至坑界左至
子關業墘界右至大墘墘界又壹所
洑坑嶺墳仔下上至路界下至坑仔界左
至子關業界右至子關業界又壹所
嶺邊壠上至大路界下至坑界右至各
界右至坑仔界四至明白今因[illegible][illegible]
[illegible]功眾欠錢應用平議將山場所付
予照當為業面言議即收價番壹
員正其銀即日交訖其山場即付銀主
前去生理栽種桐樹杉竹雜木等項掌管
為業本等不敢異言生端阻挡其山場
無典無加不明等情既賣以後不敢言說永
付為業立賣契字為照
道光五年十一月　日立賣契夏房子[illegible]
仝秋房子子朗
代字　仝冬房子子建
進[illegible]

10-1-1-5　清道光五年十一月黄氏夏秋冬三房立賣山場契

第二帙　黄聲耕户

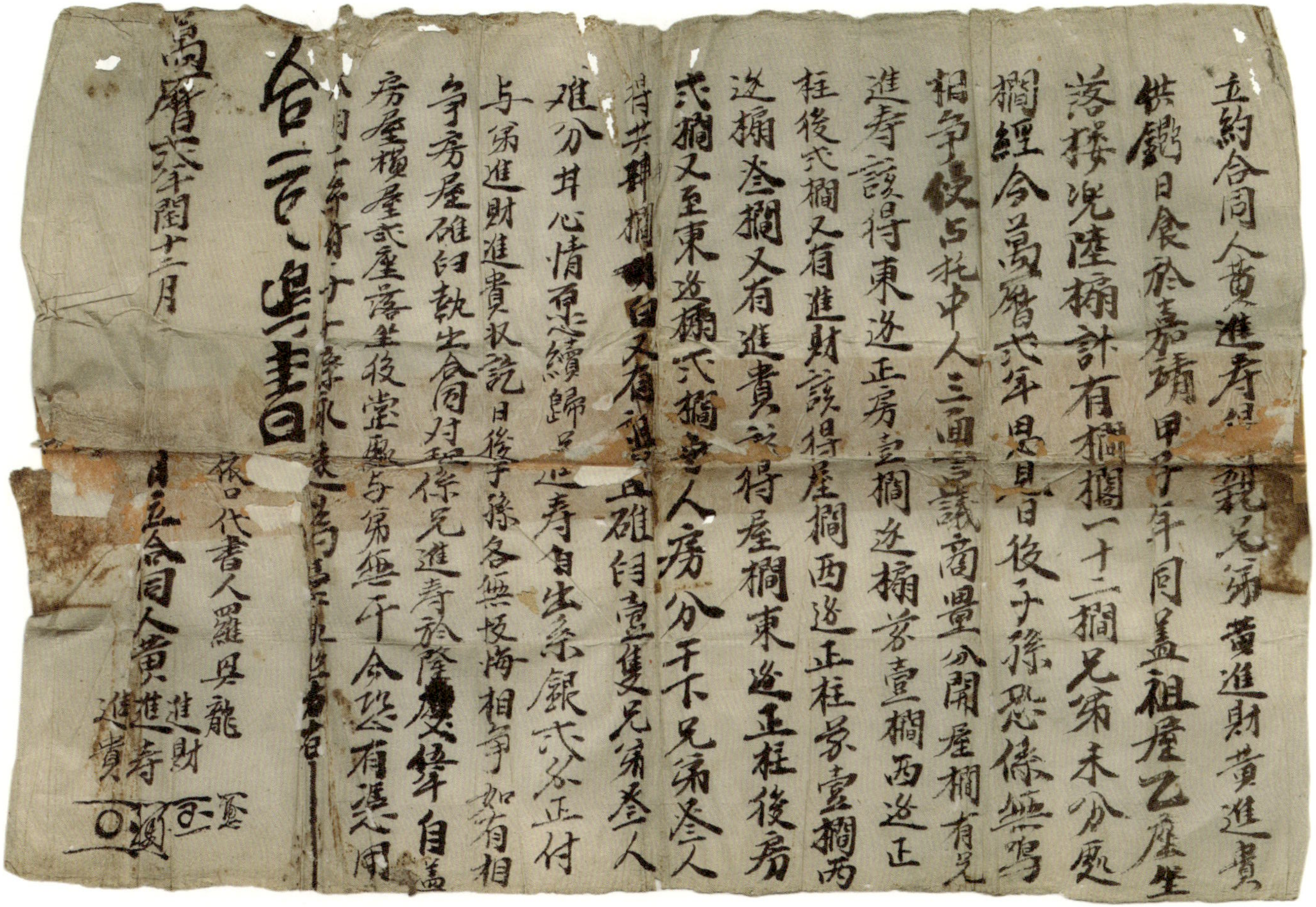

立約合同人黃進寿[illegible]親兄弟黃進財、黃進貴
供鬮日食，於嘉靖甲子年同蓋祖屋乙座，坐
落樓兜陸墩，計有榴一十二榴，兄弟未分。[illegible]
榴經今萬曆弍年，思日後子孫恐係無寫
相爭，便占托中人三面言議商量，公開屋榴，有兄
進寿該得東边正房壹榴、边榴弟壹榴、西边正
柱後弍榴；又有進財該得屋榴西边正柱弟壹榴、西
边榴叁榴；又有進貴該得屋榴東边正柱後房
弍榴，又至東边榴弍榴、[illegible]人房，分于下兄弟叁人
得共肆榴。[illegible]白又有祖[illegible]，雖日憑隻兄弟叁人
進分，并心情愿，續歸兄進寿自出系銀弍分正付
与弟進財、進貴收訖。日後子孫各無反悔相爭。如有相
爭房屋，雖日執出合同付理，係兄進寿於陸[illegible]自蓋
房屋橫屋弍座，落坐後堂，廳与弟無干。今恐有憑，只用
合同二紙，各執一紙，永遠為照。

合同[illegible]書

萬曆弍年閏十二月　日立合同人黃進寿、進財、進貴
依口代書人羅與龍

10-2-1-1　明萬曆二年閏十二月黃進寿等立約合同

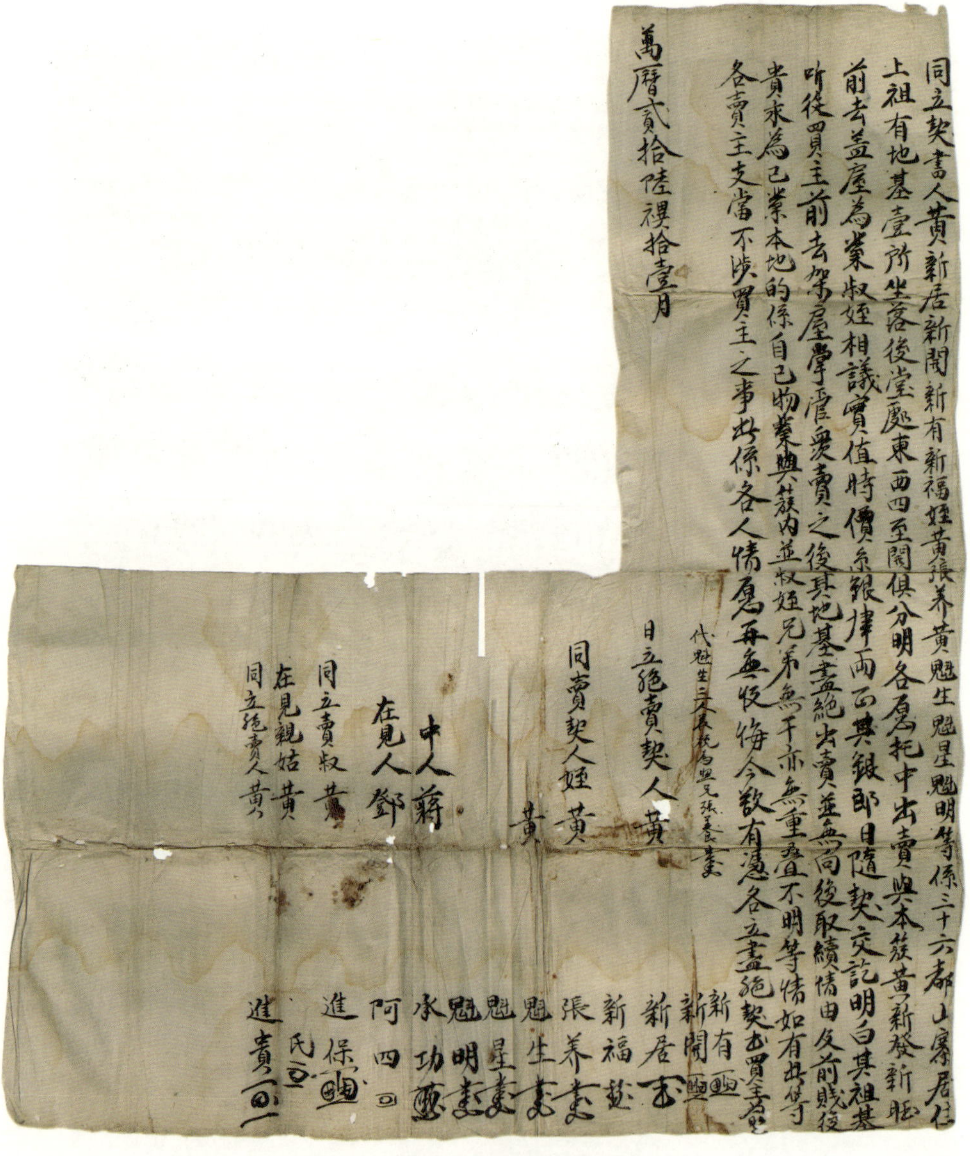
同立契書人黃新居新聞新有新福姪黃張養黃魁生魁星魁明等係三十六都山寨居住
上祖有地基壹所坐落後堂處東西四至闊俱分明各愿托中出賣與本族黃新發新胚
前去蓋屋為業叔姪相議實值時價紋銀肆兩正其銀即日隨契交訖明白其祖基
听從買主前去架屋掌覆受賣之後其地基盡絕出賣並無向後取續情由及前賤後
貴永為己業本地的係自己物業與本族內並叔姪兄弟無干亦無重疊不明等情如有此等
各賣主支當不涉買主之事此係各人情愿再無反悔今欲有憑各立盡絕契壹紙付買主為照
代魁生二人春親為照兄張養書
萬曆貳拾陸禩拾壹月　日立絕賣契人黃新有　新聞　新居　新福
同賣契人姪黃張養　魁生
黃魁星　魁明　承功
中人蔣阿四
在見人鄧進保
同立賣叔黃
在見親姑黃氏
同立絕賣人黃進貴

10-2-1-2　明萬曆二十六年十一月黃新居等立絕賣地基契

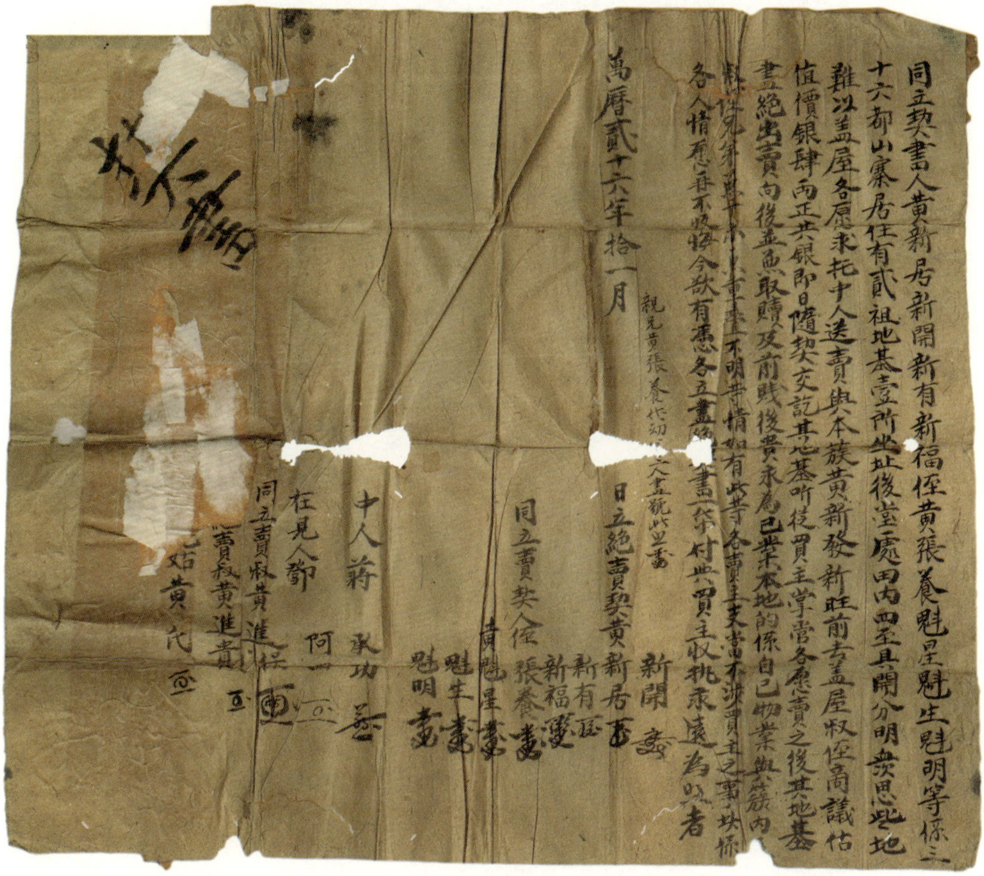

同立契書人黃新居、新開、新有、新福，侄黃張養、魁星、魁生、魁明等，係三
十六都山寨居住。有貳祖地基壹所，坐址後堂處田內，四至具開分明，無思坐地
難以蓋屋，各愿求托中人送賣與本族黃新發、新旺前去蓋屋。叔侄商議估
值價銀肆兩正，其銀即日隨契交訖，其地基聽從買主掌管。各愿賣之後，其地基
盡絕出賣，向後並無取贖，及前賤後貴，永為己業。本地的係自己物業，與族內
叔侄兄弟[illegible]不明，如有此等，各賣主支當，不涉買主之事。此係
各人情愿，並不敢悔。今欲有憑，各立盡[illegible]契書一紙，付與買主收執，永遠為照者。

萬曆貳十六年拾一月　日立絕賣契黃新居（押）

新開（押）

新有（押）

新福（押）

親兄黃張養代幼[illegible]人盡號此照書

同立賣契人侄黃魁星（押）

張養（押）

魁生（押）

魁明（押）

中人蔣承功（押）

在見人鄧阿一（押）

同立賣叔黃進保（押）

[illegible]賣叔黃進貴（押）

[illegible]姑黃氏（押）

10-2-1-3　明萬曆二十六年十一月黃新居等立絕賣祖地基契

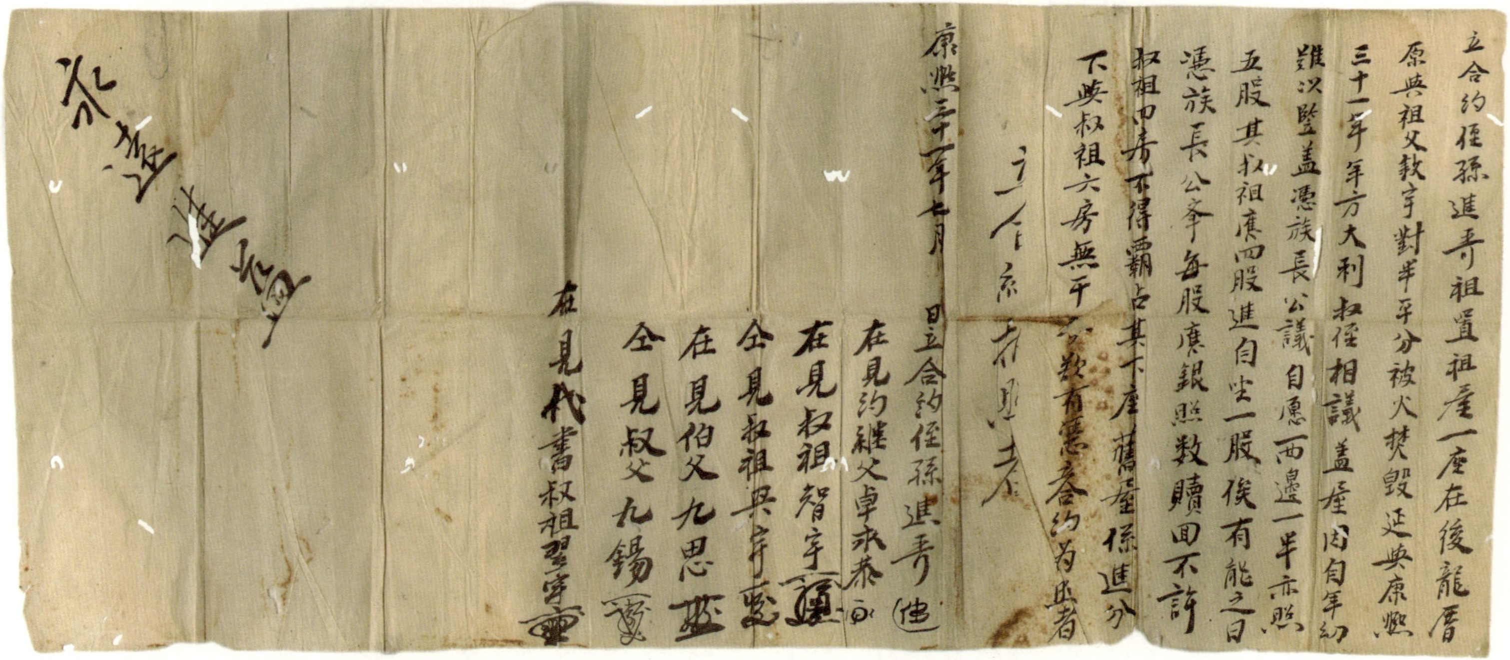

立合約侄孫進壽祖置祖屋一座在後龍厝
原與祖父敦宇對半平分被火焚毀延與康熙
三十一年年方大利叔侄相議蓋屋因自年幼
難以豎蓋憑族長公議自愿西邊一半亦照
五股其叔祖應四股進自出一股後有能之日
憑族長公爭每股應銀照數贖回不許
叔祖四房不得霸占其下座舊屋係進分
下與叔祖六房無干今欲有憑立合約為照者
立合約存照者

康熙三十一年七月　日立合約侄孫進壽（押）
在見約繼父卓承恭（押）
在見叔祖智宇（押）
仝見叔祖與宇（押）
在見伯父九思（押）
仝見叔父九錫（押）
在見代書叔祖習宇（押）

10-2-1-4　清康熙三十一年七月黄進壽立合約

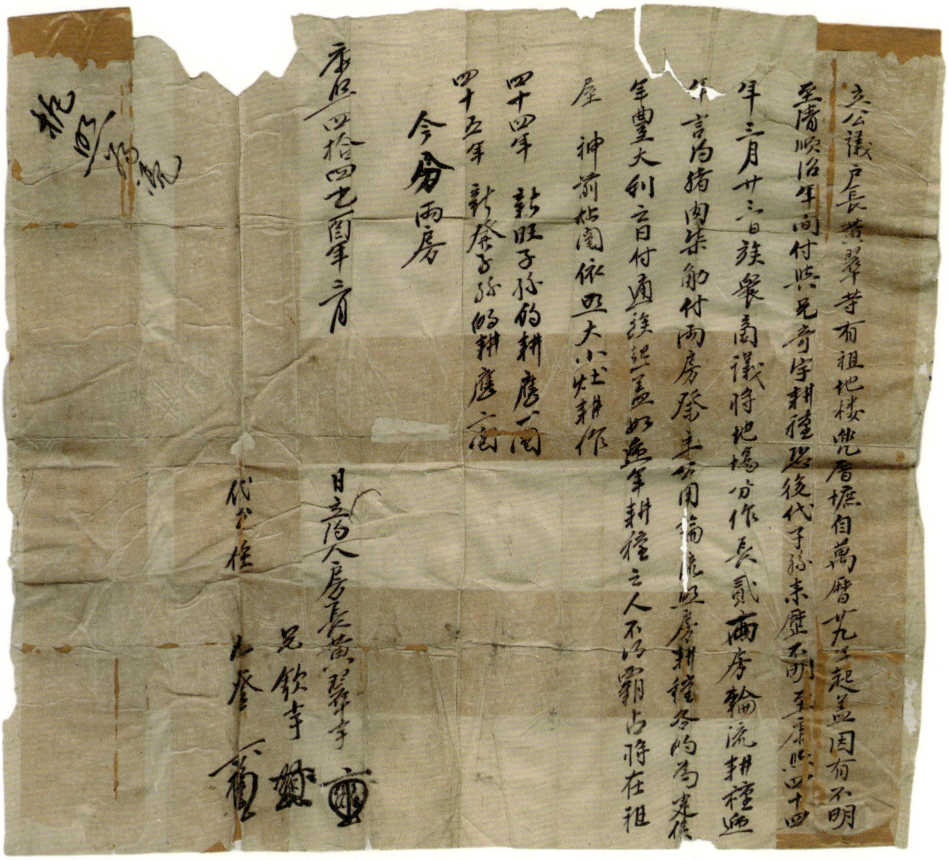

立公議戶長黃翠宇等，有祖地樓兜厝墟，自萬曆卅九年起蓋，因有不明，
至清順治年間付與兄奇宇耕種，恐後代子孫未歷不明，至康熙四十四
年三月廿三日族衆商議，將地墟分作長貳兩房輪流耕種，遞
年言為猪肉柴船付兩房祭主公用，輪流照房耕種，各約為來[illegible]
年豐大利，六日付適族起蓋，如遞年耕種之人不得霸占，將在祖
厝 神前拈鬮，依照大小灶耕作。
四十四年 歆旺子孫的耕應一鬮
四十五年 歆泰子孫的耕應六鬮
今分兩房
康熙四拾四乙酉年三月 日立合約人房長黃翠宇（押）
兄欽宇（押）
代筆侄 大參（押）
批明[illegible]

10-2-1-5 清康熙四十四年三月黃翠宇等立約

第三帙　黄聯明户

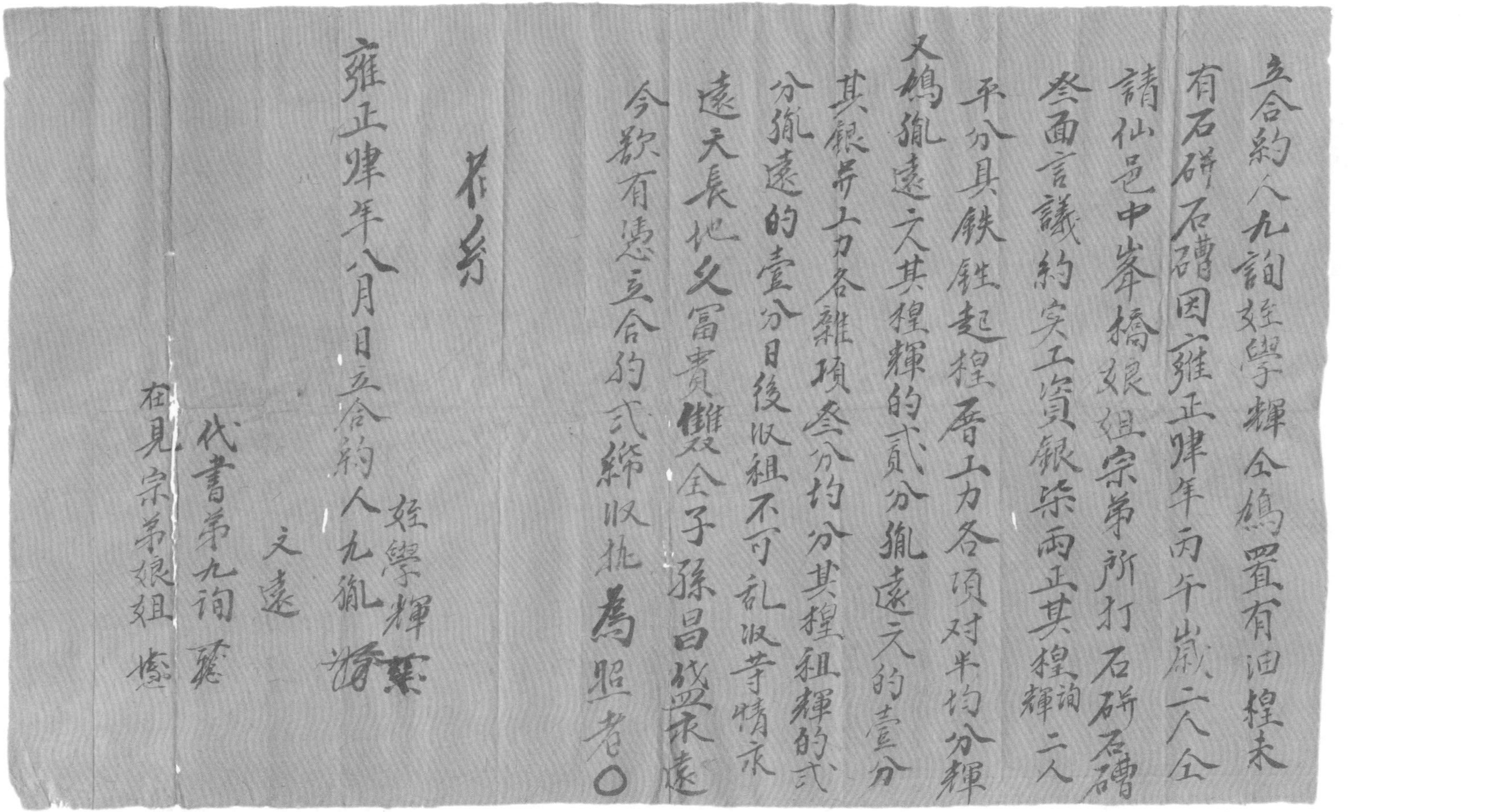
立合約人九詢、侄學輝仝鳩置有油程未
有石碓石磗因雍正肆年丙午歲二人仝
請仙邑中峯橋娘組宗弟所打石碓石磗
叁面言議約實工資銀柒兩正其程輝詢二人
平分具鉄銼起程唇工力各項对半均分輝
又鳩猶遠之其程輝的貳分猶遠之的壹分
其銀并工力各雜項叁分均分其程祖輝的弍
分猶遠的壹分日後汲組不可乱汲等情永
遠天長地久富貴雙全子孫昌盛永遠
今欲有憑立合約弍紙収执為照者〇

合約

雍正肆年八月　日立合約人　侄學輝　九猶　文遠

代書弟九詢

在見宗弟娘組

10-3-1-1　清雍正四年八月黄學輝等立合約

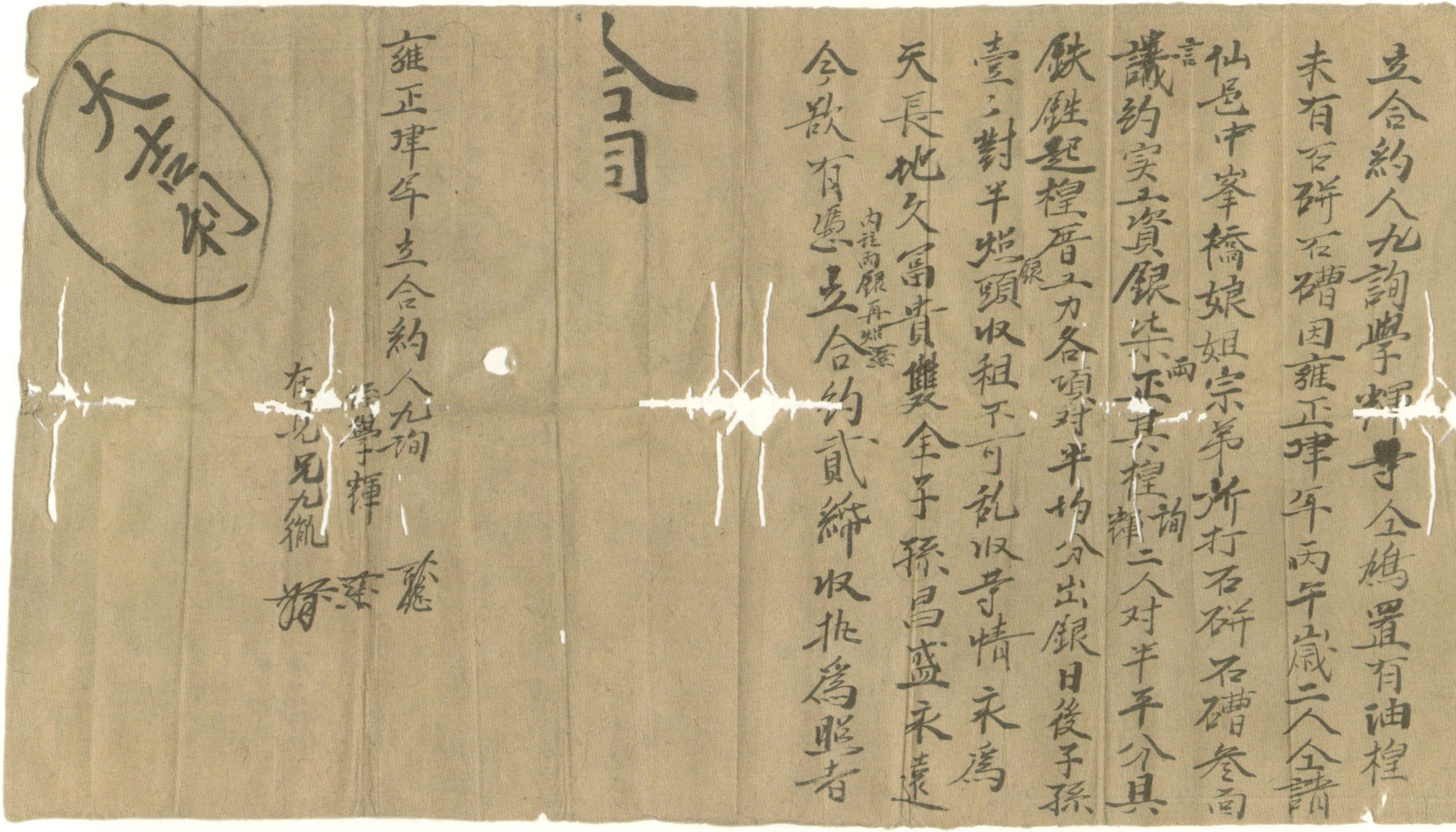

立合約人九詢學輝等仝鳩置有油榨
未有石碓石礴因雍正肆年丙午歲二人仝請
仙邑中峯橋娘姐宗弟打石碓石礴叁面
言議約实工資銀柒兩正其榨詢輝二人对半平分具
鉄壁起榨磨銀工力各項对半均分出銀日後子孫
壹二對半點頭收租不可亂收等情永為
天長地久富貴雙全子孫昌盛永遠
今欲有憑立合約貳紙收執為照者
內註兩銀再照

合同

雍正肆年立合約人九詢
學輝
在見兄九衞

10-3-1-2 清雍正四年黄九詢等立合約

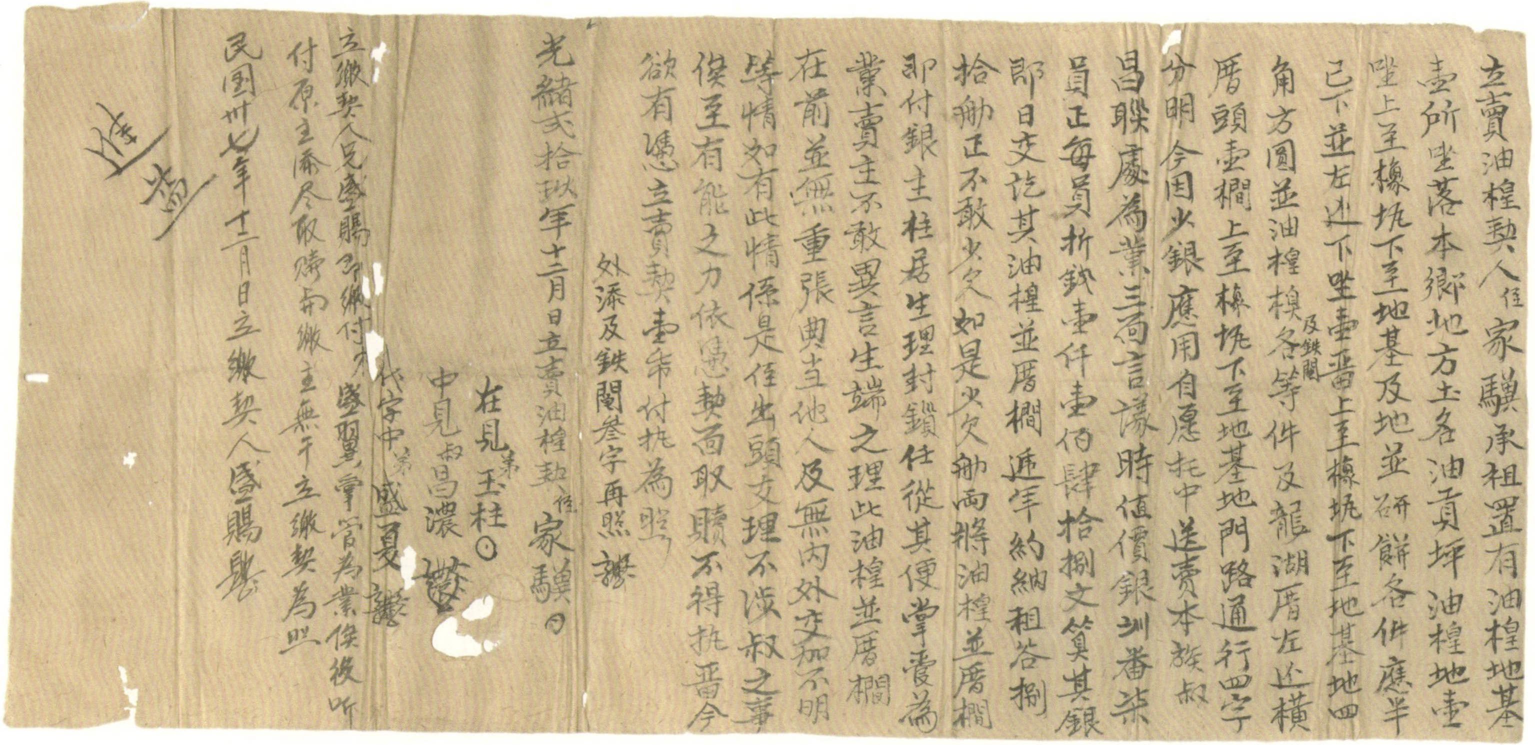

10-3-1-3　清光緒二十九年十二月黃家驥立賣油楻契

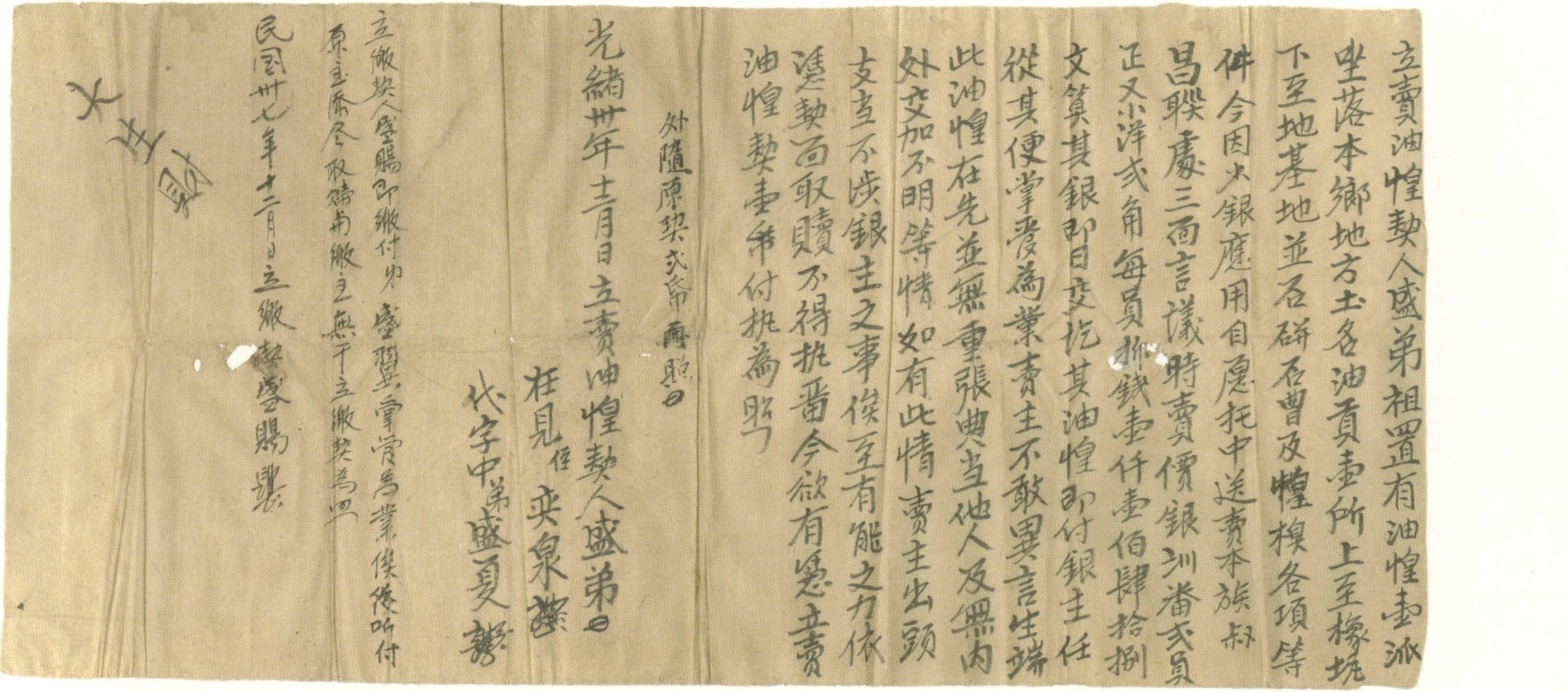
立賣油惶契人盛弟祖置有油惶壹派
坐落本鄉地方土名油貢壹所上至橡垅
下至地基地並石碓石曹及惶模各項等
件今因乏銀應用自愿托中送賣本族叔
昌聯處三面言議時賣價銀訓番弍員
正又小洋弍角每員折錢壹仟壹佰肆拾捌
文算其銀即日交訖其油惶即付銀主任
從其便掌管為業賣主不敢異言生端
此油惶在先並無重張典當他人及無內
外交加不明等情如有此情賣主出頭
支當不涉銀主之事從至有能之力依
照契面取贖不得執留今欲有憑立賣
油惶契壹帋付執為照

外隨原契弍帋再照

光緒卅年十二月日立賣油惶契人盛弟
在見侄 奕泉
代字中弟 盛夏

立繳契人譽賜即繳付內譽□掌管為業候後所付
原主原契取續尚繳主無干立繳契為照

民國廿七年十二月日立繳契譽賜

大吉

10-3-1-4 清光緒三十年十二月黄盛弟立賣油楻契

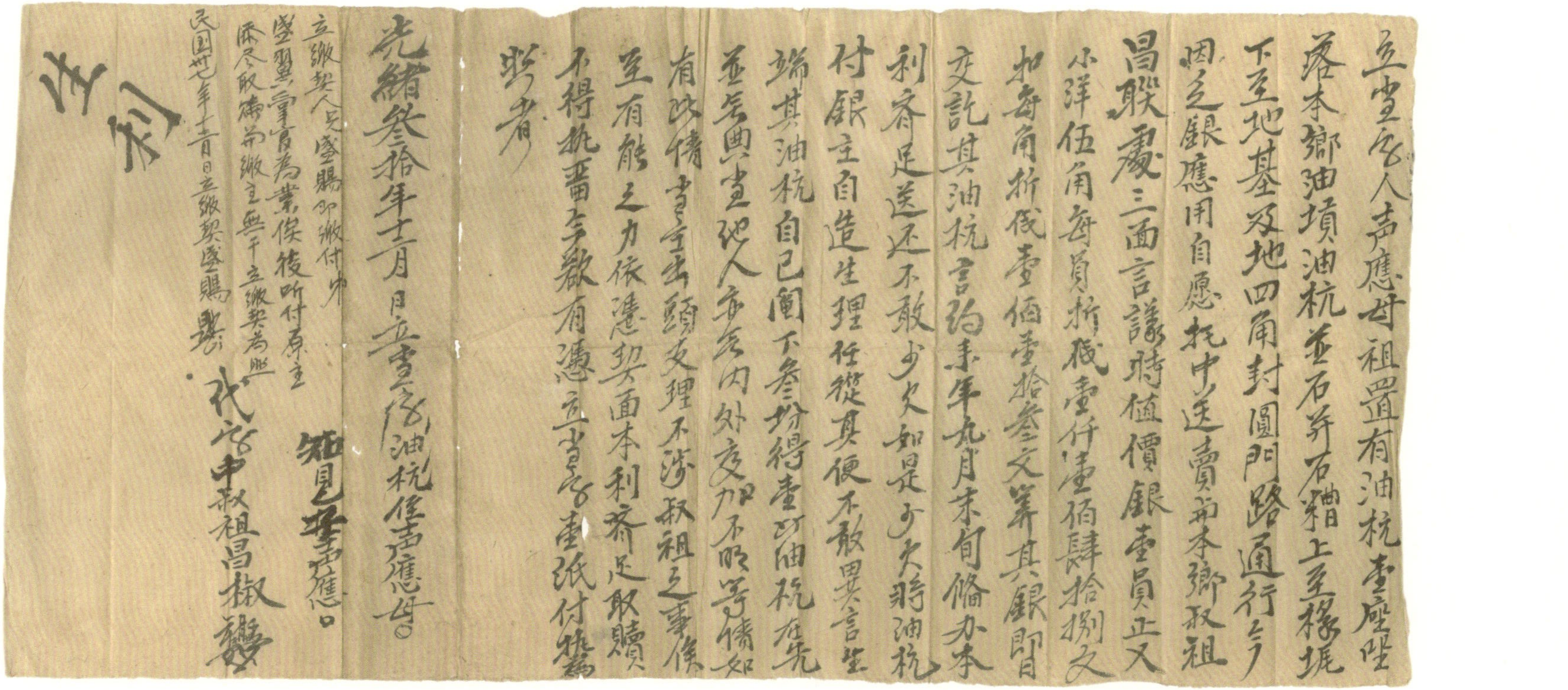

立當字人声應母祖置有油桯壹座坐
落本鄉油墳油桯並石并石糟上至樑堀
下至地基及地四角封圍門路通行今
因乏銀應用自愿托中送賣與本鄉叔祖
昌聯處三面言議時值價銀壹員正又
小洋伍角每員折錢壹仟肆佰肆拾捌文
加每角折錢壹佰壹拾叁文算其銀即日
交訖其油桯言約來年九月末旬備办本
利齊足送還不敢少欠如是少欠將油桯
付銀主自造生理任從其便不敢異言生
端其油桯自己阄下叁份得壹份油桯在先
並無典當他人亦無內外交加不明等情如
有此情當字出頭支理不涉叔祖之事係
至有能之力依憑契面本利齊足取贖
不得执留今欲有憑立當字壹紙付執為
照者

光緒叁拾年十二月　日立當字油桯人声應母

知見　声應口

代字　中叔祖昌椒

立繳契人盛賜仰繳付中
盛賜當為業後所付原主
取贖繳主無干立繳契為照
民国卅年十二月日立繳契盛賜

10-3-1-5　清光緒三十年十二月黃声應母立當油桯字

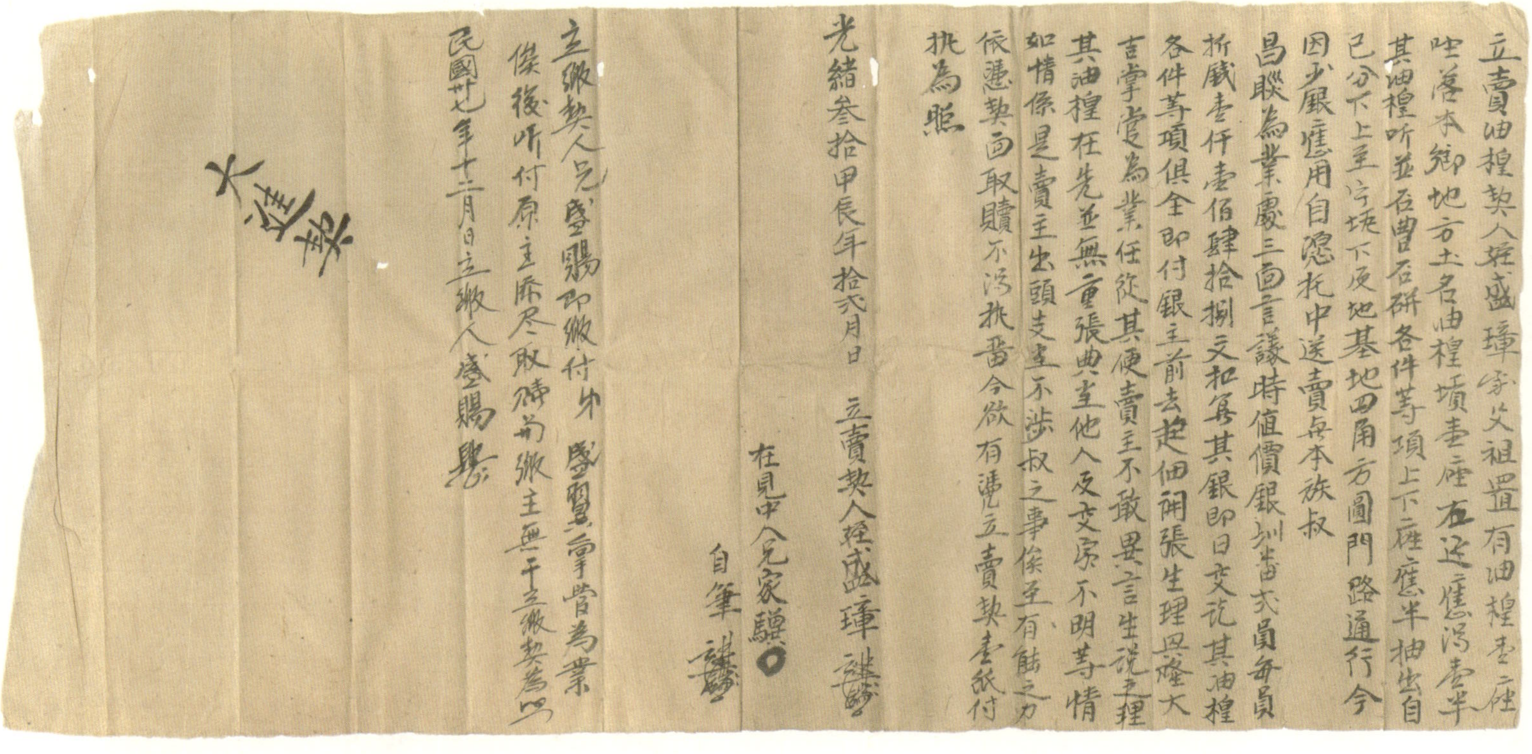

立賣油楻契人姪盛璋承父祖置有油楻壹座
坐落本鄉地方土名油楻墳壹座，在述座憑得壹半
其油楻所並石曹石研各件等項上下座座半抽出自
已分下上至涯坑下至地基地四角方圓門路通行今
因少銀應用，自情托中送賣與本族叔
昌聯為業，當三面言議時值價銀捌拾弍員每員
折錢壹仟壹佰肆拾捌文，扣算其銀即日交訖，其油楻
各件等項俱全，即付銀主前去起佃開張生理興隆大
吉，掌管為業，任從其便，賣主不敢異言生說之理。
其油楻在先並無重張典當他人及交加不明等情，
如情係是賣主出頭支當，不涉叔之事。倘至有能之力，
依憑契面取贖，不得執留。今欲有憑，立賣契壹紙付
執為照。

光緒叁拾甲辰年拾弍月　日　立賣契人姪盛璋（押）
在見中人兄家驥（押）
自筆（押）

立繳契人兄瑩賜即繳付弟盛璽掌管為業
係後所付原主所尽取贖前繳主無干立繳契為照
民國廿七年十二月　日　立繳人瑩賜（押）

10-3-1-6　清光緒三十年十二月黃盛璋立賣油楻契

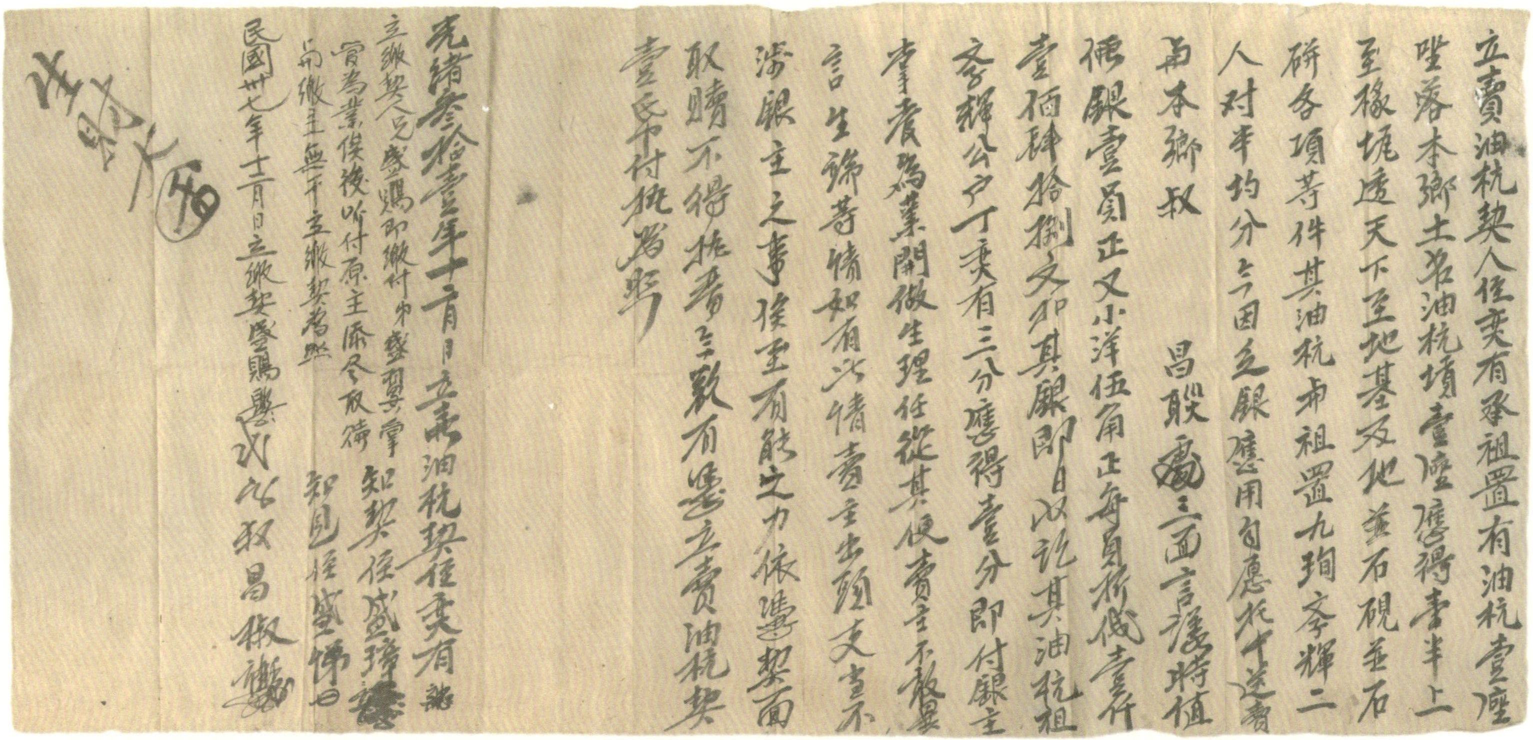

立賣油杭契人侄奕有承祖置有油杭壹座
坐落本鄉土名油杭墳壹座應得壹半上
至橡垅遶天下至地基及地並石硯並石
碎各項等件其油杭本祖置九珣李輝二
人对半均分亡丫田乏銀應用自愿托中送賣
与本鄉叔　昌朕處三面言議時值
價銀壹員正又小洋伍角正每員折錢壹仟
壹佰肆拾捌文正其銀即日收訖其油杭祖
李輝公户丁奕有三分應得壹分即付銀主
掌管為業開做生理任從其便賣主不敢異
言生端等情如有此情賣主出頭文当不
涉銀主之事從者不能之力依憑契面
取贖不得执者之款有憑立賣油杭契
壹紙付执為照

光緒叁拾壹年十二月　日立賣油杭契侄奕有
立繳契人見盛賜即繳付中盛爾知契　侄盛璋
賣為業保後所付原主係冬取待　知見　侄盛佛
一角繳主無干立繳契為照
民國卅七年十二月　日立繳契盛賜　代筆　叔昌椒

10-3-1-7　清光緒三十一年十二月黃奕有立賣油楻契

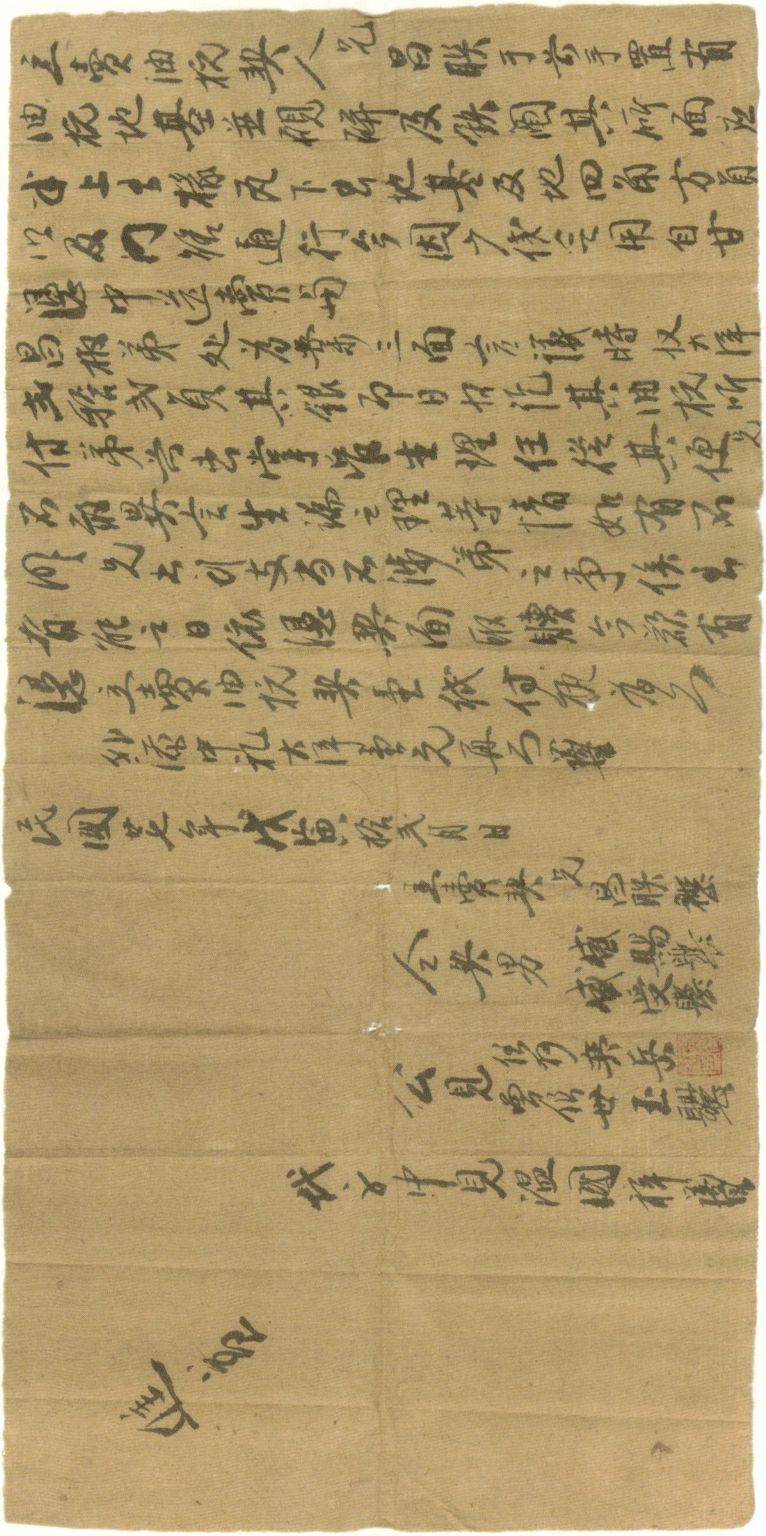

10-3-1-8 民國二十七年十二月黃昌聯立賣油樘契

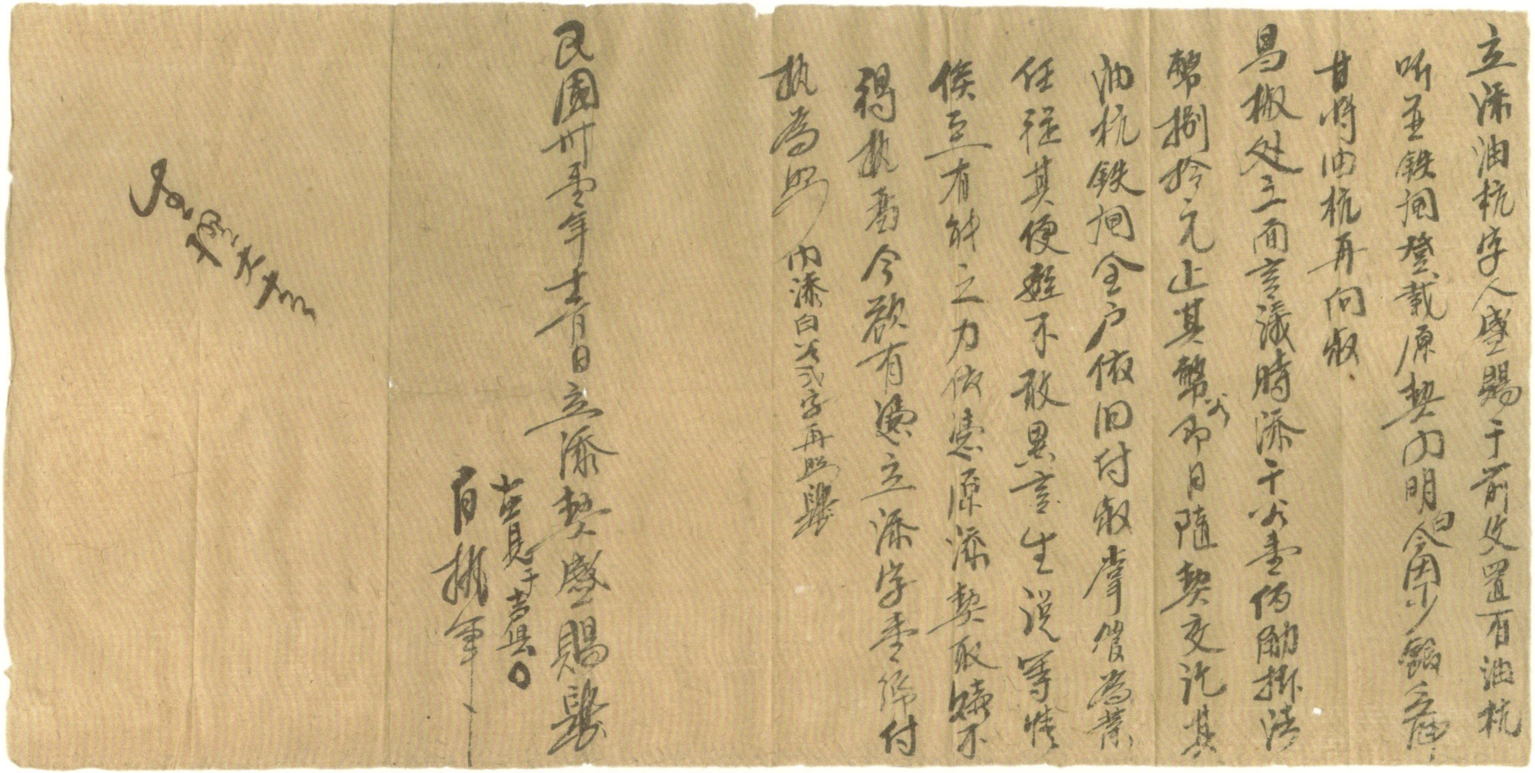
立添油榨字人黃盛賜，于前父置有油榨
所屋鋘堝、灶、栽，原契內明白，今因少銀應
用，將油榨再向叔
昌椒处三面言議，時添干谷壹佰斛捌斤
幣捌拾元，其幣即日隨契交訖，其
油榨鋘堝全户依旧付叔管為業，
任從其便，姪不敢異言生說等情，
倘立有餘之力，依遠原添契取贖不
得執為，今欲有憑，立添字壹紙付
執為照。　內添白文式字再照。
民國卅壹年十二月　日立添契盛賜（押）
在見于壽真（押）
代筆自機筆

10-3-1-9　民國三十一年十二月黃盛賜立添油榁契

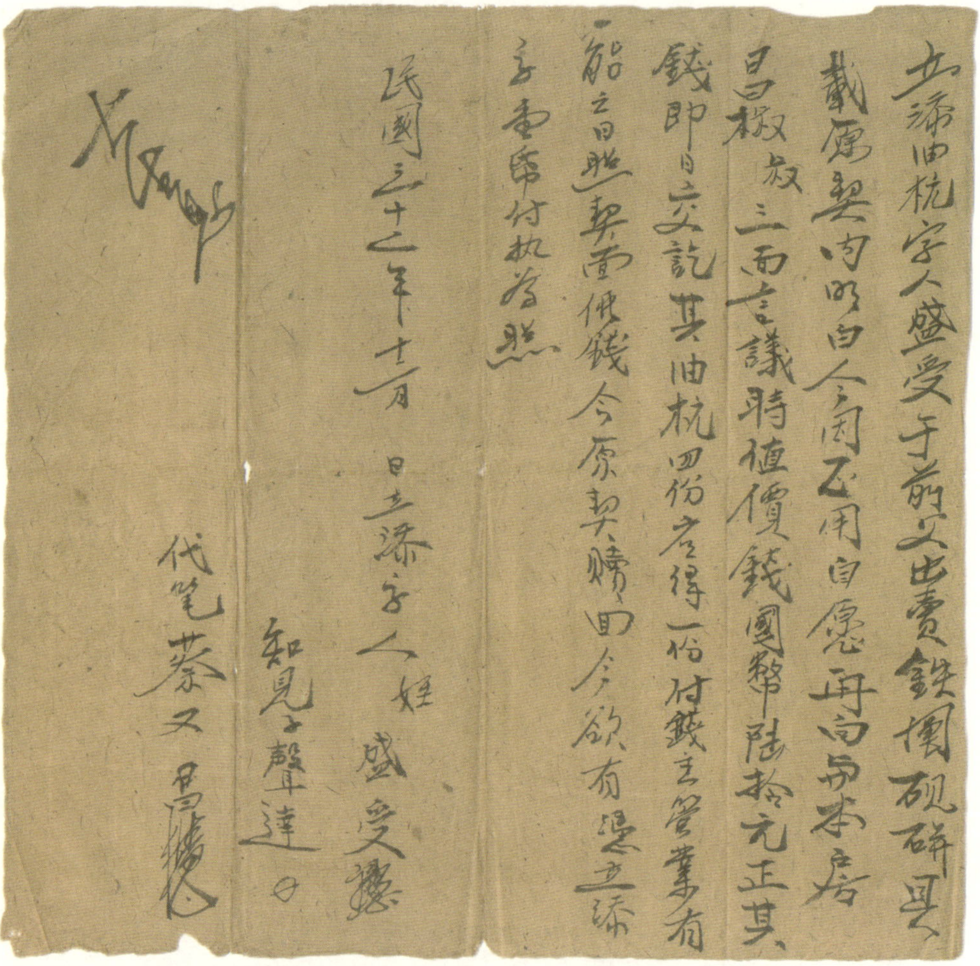

立添油杭字人盛受于前文出賣鉄園砚碎埕
載原契內明白今因乏用自愿再向本房
昌椒叔三面言議將植價錢國幣陸拾元正其
錢即日交訖其油杭四份应得一份付錢主管業有
一船立日照契面價錢今原契贖回今欲有憑立添
字壹紙付执为照
民國三十二年十二月　日立添字人　姪　盛受
知見子　聲達
代笔　蔡又　昌

10-3-1-10　民國三十二年十二月黃盛受立添油楻字

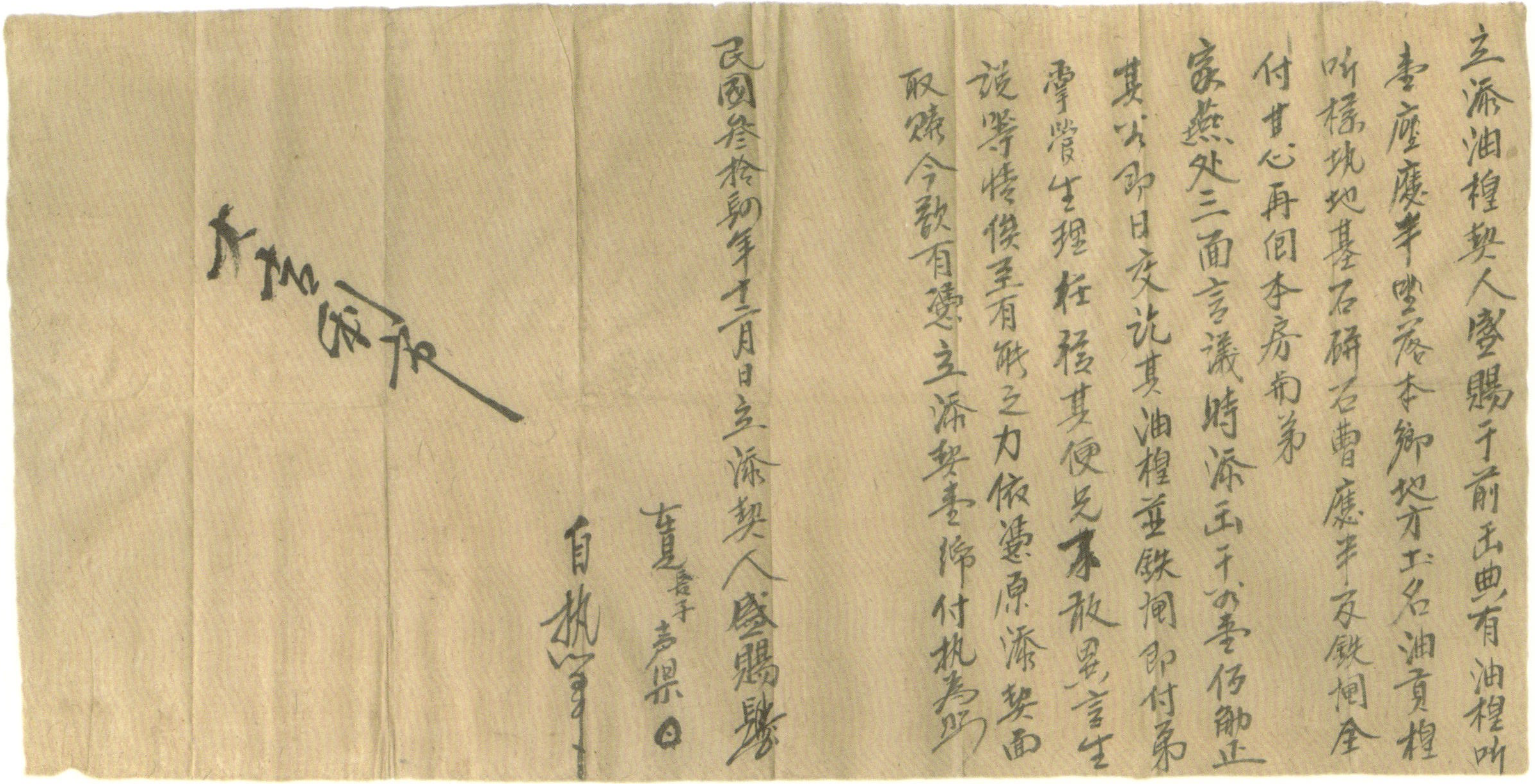
立添油楻契人盛賜于前出典有油楻所
壹座廣半坐落本鄉地方土名油貢楻
所樣坑地基石研石曹廣半及鉄桁全
付甘心再向本房前弟
家燕處三面言議時添玉千元壹仟節止
其米即日交訖其油楻並鉄桁即付弟
掌管生理耕種其便足來敢異言生
説等情倘至有能之力依憑原添契面
取贖今欲有憑立添契壹紙付執為照
民國叁拾肆年十二月　日立添契人盛賜（押）
在見長子喜保（押）
自執筆

10-3-1-11　民國三十四年十二月黃盛賜立添油楻契

第四帙　黄朝建户

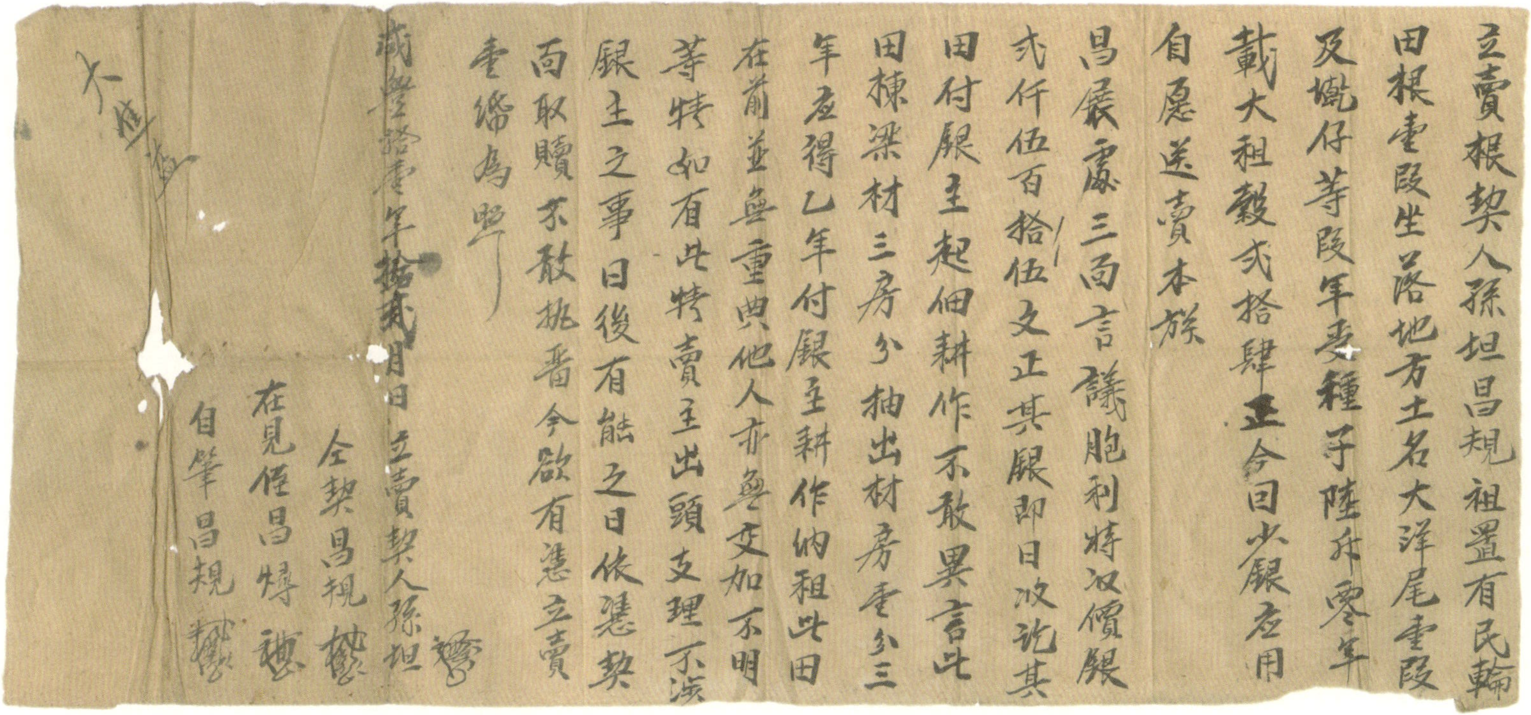

立賣根契人孫坦昌規祖置有民輪
田根壹段坐落地方土名大洋尾壹段
及墘仔等段年受種子陸斤零半
載大租穀弍拾肆今因少銀應用
自愿送賣本族
昌展處三面言議胞利特價銀
弍仟伍百捨伍文正其銀即日收訖其
田付銀主起佃耕作不敢異言此
田棟梁材三房分抽出材房壹分三
年應得乙年付銀主耕作納租此田
在前並無重典他人亦無交加不明
等情如有此情賣主出頭支理不涉
銀主之事日後有能之日依憑契
面取贖不敢執番今欲有憑立賣
壹紙為照

咸豐拾壹年拾貳月 日 立賣契人孫坦
全契昌規
在見侄昌煬
自筆昌規

10-4-1-1 清咸豐十一年十二月黃孫坦等立賣民輪田根契

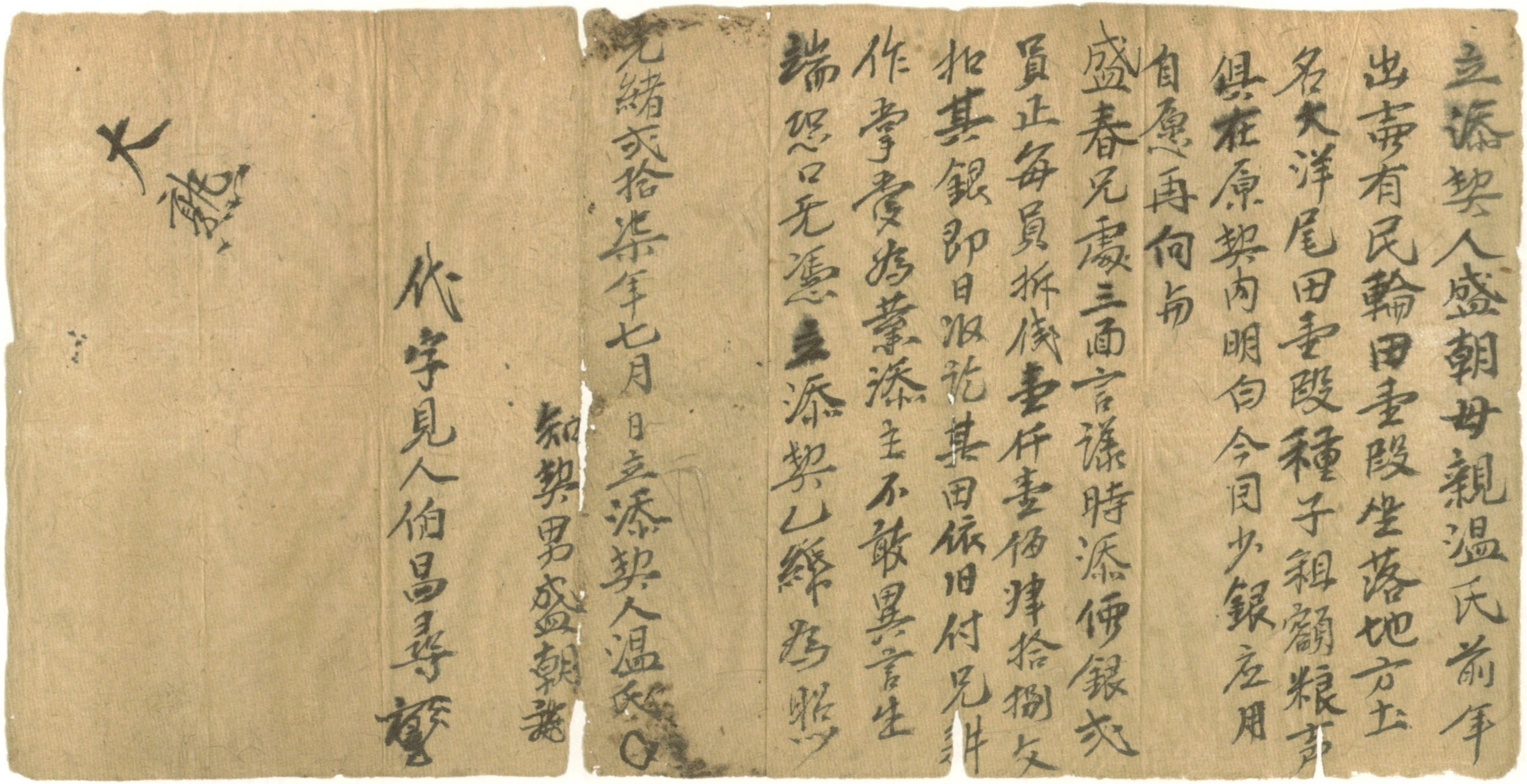

立添契人盛朝母親温氏前年
出賣有民輪田壹段坐落地方土
名大洋尾田壹段種子租額粮聲
俱在原契内明白今因少銀應用
自愿再向
盛春兄處三面言議時添價銀弍
員正每員折錢壹仟壹佰肆拾捌文
扣其銀即日收訖其田依旧付兄耕
作掌管為業添主不敢異言生
端恐口無憑立添契一紙為照
光緒貳拾柒年七月 日立添契人温氏
知契男盛朝
代字見人伯昌壽
大發

10-4-1-2　清光緒二十七年七月黄盛朝母親温氏立添民輪田契

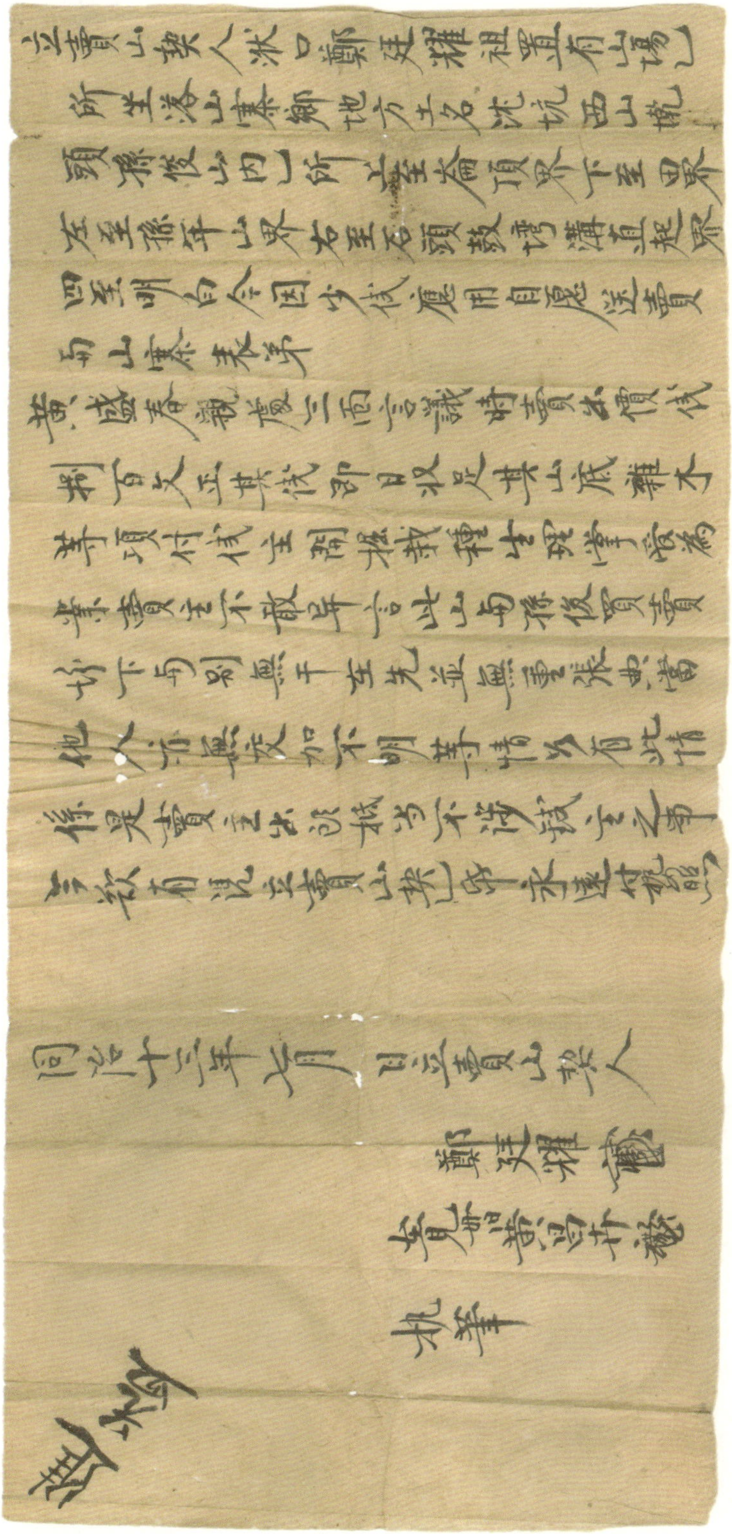
立賣山契人洑口鄭廷耀祖置有山場乙
所坐落山寨鄉地方土名洑坑西山乾
頭溪後山內乙所上至崙頂界下至田界
左至孫宅山界右至石頭鼓塆溝直起界
四至明白今因乏錢應用自願送賣
與山寨本家弟
黃盛春親邊三面言議時賣出價錢
捌百文正其錢即日收足其山底雜木
等項付錢主到開墾栽種出理掌管為
業賣主不敢異言此山與孫侄買賣
以下與別無干在先並無重張典當
他人亦無交加不明等情為有此情
係是賣主出頭抵當不涉錢主之事
今欲有憑立賣山契乙帋永遠付執為照
同治十三年七月　日立賣山契人
鄭廷耀（押）
在見弟黃昌林（押）
執筆

10-4-2-1　清同治十三年七月鄭廷耀立賣山場契

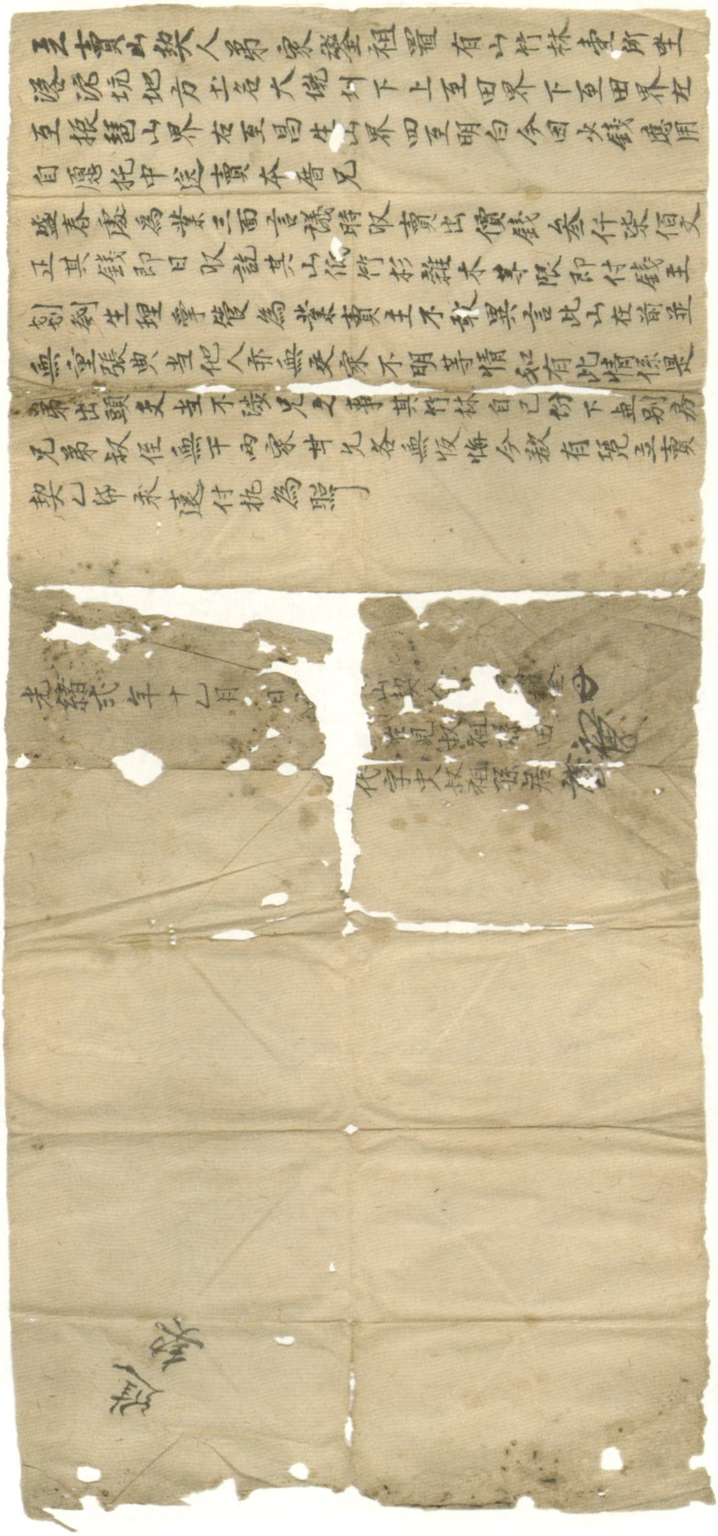
立賣山契人黃家鑾祖置有山竹林壹所坐
落坭坑地方土名大墘坋下上至田界下至田界左
至黃姓山界右至□姓山界四至明白今因乏錢應用
自願托中送賣本房兄
盛春處為業三面言議時值賣出價錢叁仟柒佰文
正其錢即日收訖其山竹木雜木聽凭收即付錢主
砍劉生理掌管為業賣主不敢異言此山在前并
無重張典當他人亦無叔侄兄不明等情如有此情係是
賣主出頭支當不涉錢主之事其竹林自己坋下並別房
兄弟叔侄無干內家甘允各無悔今欲有憑立賣
契一紙永遠付執為照

光緒貳年十一月　日立
賣山契人黃家鑾
在見叔祖
代字丈叔祖

10-4-2-2　清光緒二年十一月黃家鑾立賣山竹林契

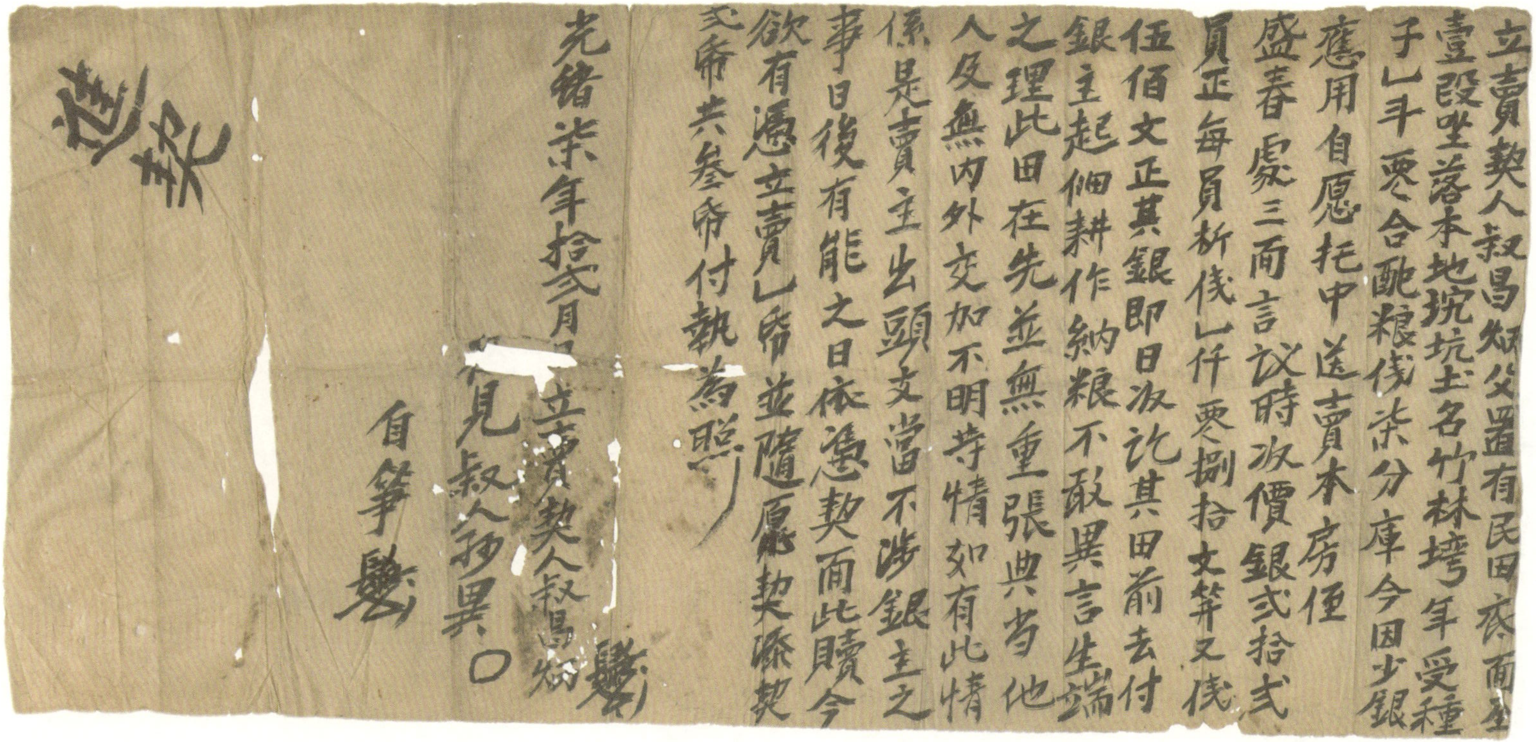

立賣契人叔昌炳父置有民田底面全
壹段坐落本地坑坑土名竹林塆年受種
子山斗叁合配粮錢柒分庫今因少銀
應用自愿托中送賣本房侄
盛春處三面言议時價銀弍拾弍
員正每員折錢山仟叁捌拾文算又錢
伍佰文正其銀即日收訖其田前去付
銀主起佃耕作納粮不敢異言生端
之理此田在先並無重張典当他
人及無内外交加不明寺情如有此情
係是賣主出頭支當不涉銀主之
事日後有能之日依憑契面此贖今
欲有憑立賣山帋並隨愿契添契
弍帋共叁帋付執為照

光緒柒年拾弍月　日立賣契人叔昌炳（押）
見叔人初異〇
自筆（押）

進契

10-4-2-3　清光緒七年十二月黃昌炳立賣底面全民田契

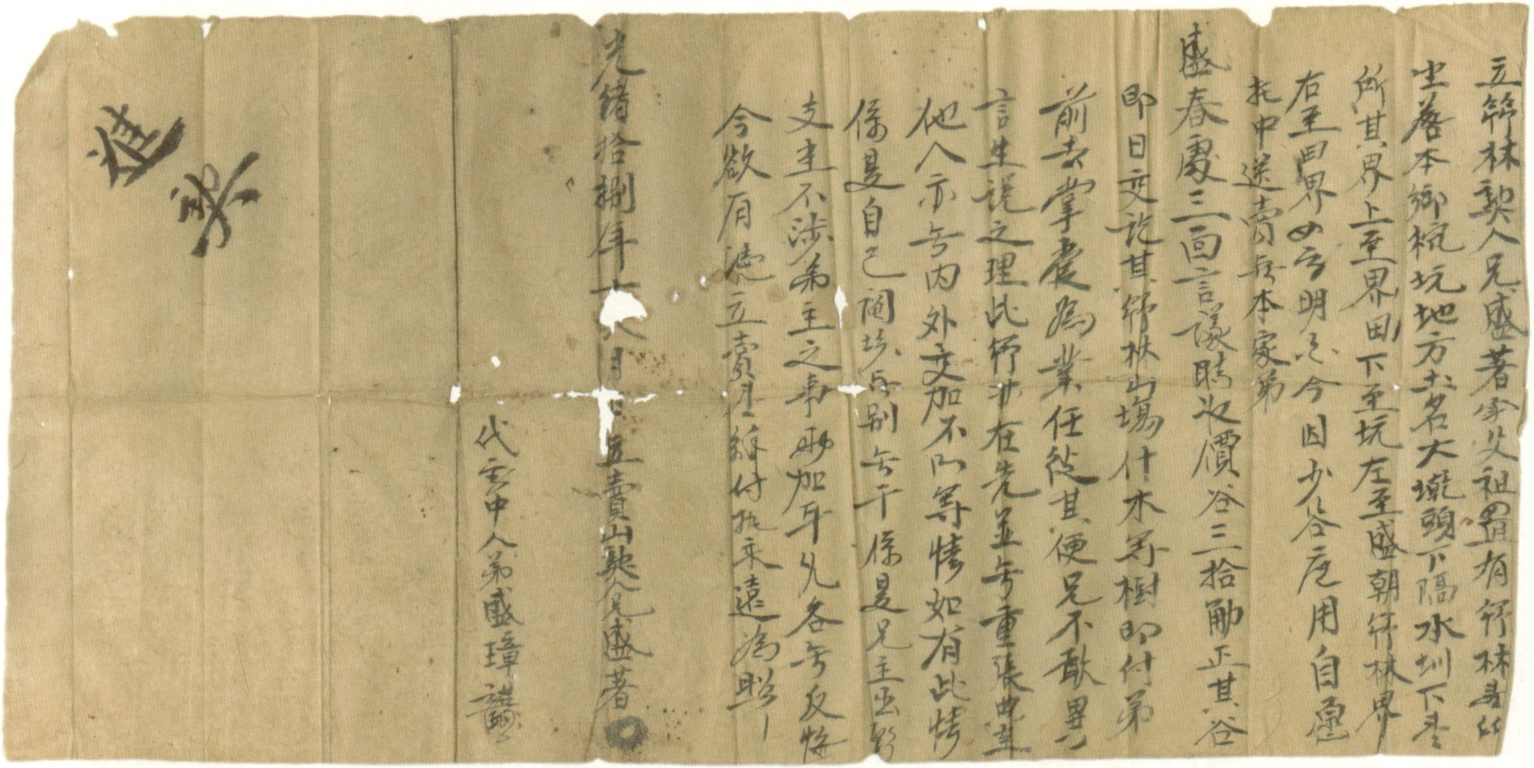

立竹林契人兄盛著承父祖置有竹林壹片
坐落本鄉梘坑地方土名大壠頭下隔水圳下叁
所其界上至界田下至坑左至盛朝竹林界
右至田界四至分明今因少谷應用自愿
托中送賣與本家弟
盛春處三面言議時收價谷三拾觔正其谷
即日交訖其竹林山場什木等樹即付弟
前去掌處為業任從其便兄不敢異
言生說之理此竹林在先並無重張典生
他人亦無內外交加不明等情如有此情
係是自己調理與別無干係是兄主出頭
支主不涉弟主之事兩加平允各無反悔
今欲有憑立賣契壹紙付執永遠為照
光緒拾捌年十二月 日立賣山契人兄盛著
代字中人弟盛璋 筆
進業

10-4-2-4 清光緒十八年十二月黃盛著立賣竹林契

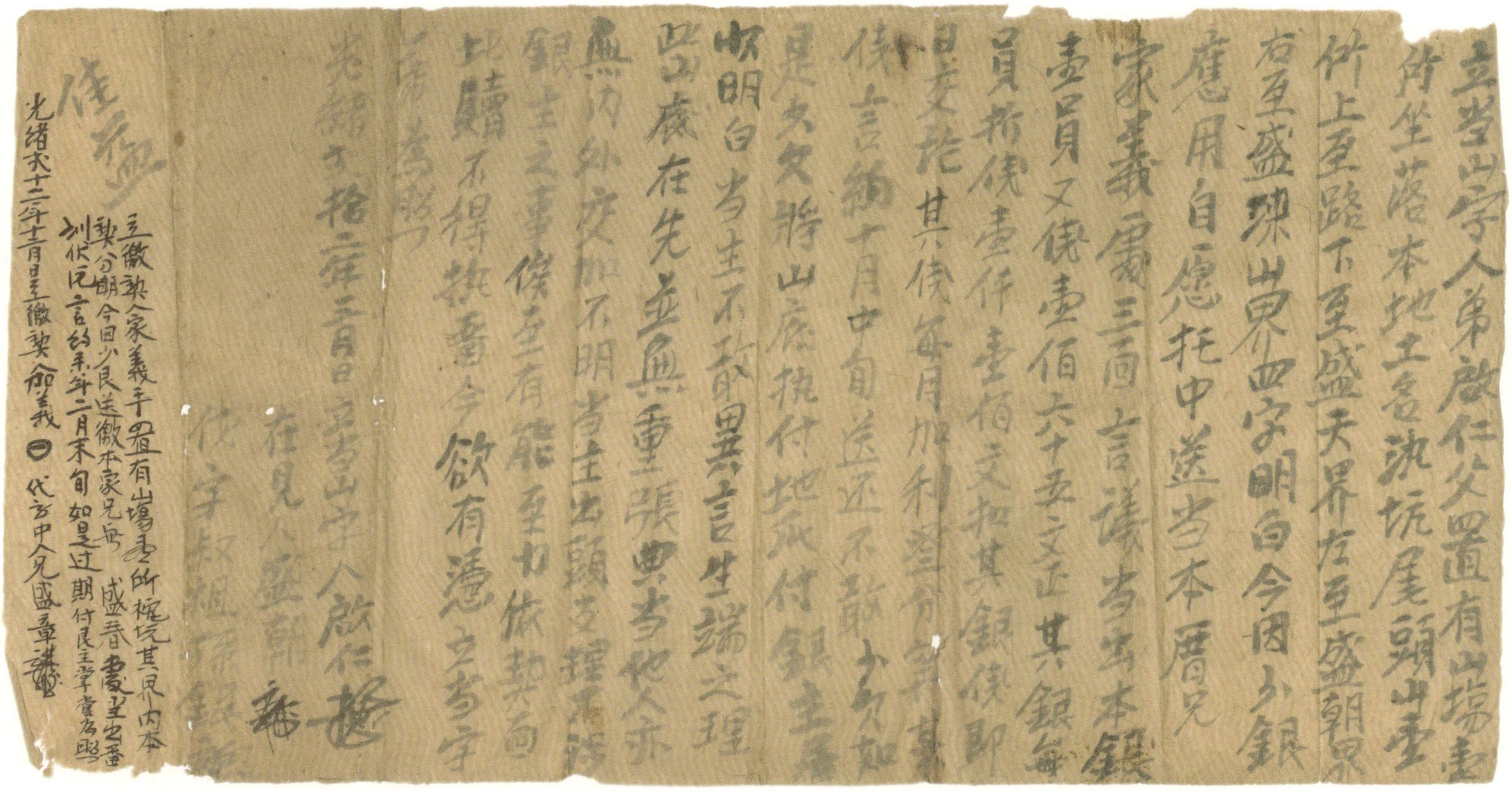
立當山場字人弟啓仁父置有山場壹
所坐落本地土名洑坑尾頭山壹
所上至路下至盛天界左至盛朝界
右至盛琛山界四字明白今因少銀
應用自愿托中送當本厝兄
家義處三面言議當出本銀
壹員又錢壹佰六十五文正其銀每
員折錢壹仟壹佰文扣其銀錢即
日交訖其錢每月加利[illegible]
錢言約十月中旬送還不敢少欠如
是欠文將山底執付地坵付銀主
收明白當主不敢異言生端之理
此山底在先並無重張典當他人亦
無內外交加不明當主出頭支理不涉
銀主之事倘至有能至切依契面
取贖不得執當今欲有憑立當字
[illegible]為照
光緒廿拾二年三月日立當山字人啓仁押
在見人盛朝押
代字叔祖[illegible]

10-4-2-5　清光緒二十二年三月黃啓仁立當山場字

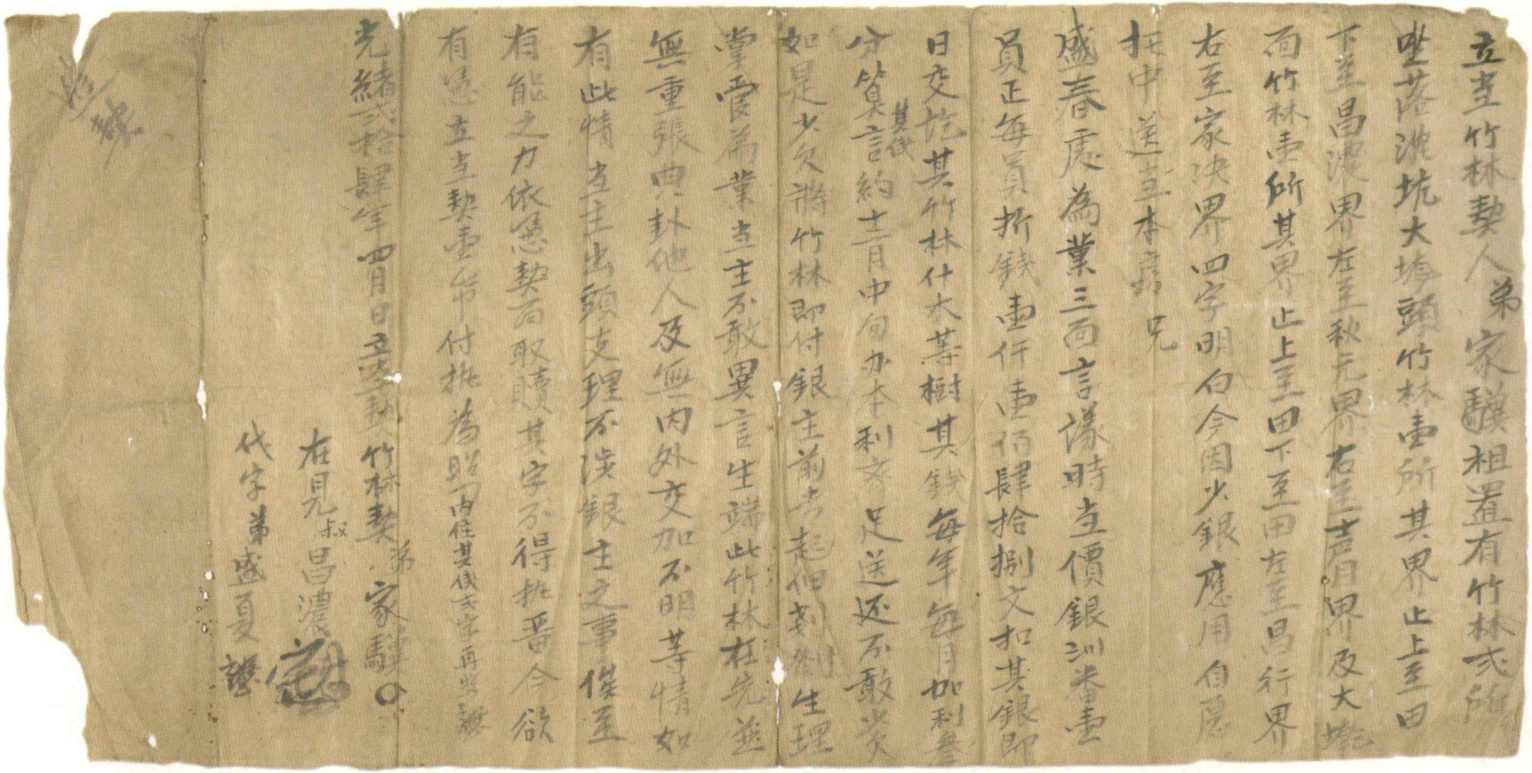
立當竹林契人弟家驥，祖置有竹林弍所，
坐落洮坑大塝頭竹林壹所，其界止上至田，
下至昌濃界，左至秋元界，右至吉月界；及大蛇
面竹林壹所，其界止上至田，下至田，左至昌行界，
右至家決界，四字明白。今因少銀應用，自愿
托中送至本房兄
盛春處為業，三面言議，時值價銀訓番壹
員正，每員折錢壹仟壹佰肆拾捌文，扣其銀即
日交訖。其竹林什木等樹，其錢每年每月加利叁
分算，言約其錢十二月中旬办本利完足送還，不敢欠
如是少欠，將竹林即付銀主前去起佃割生理
掌管為業，當主不敢異言生端。此竹林在先並
無重張典與他人及無内外交加不明等情，如
有此情，當主出頭支理，不涉銀主之事。候至
有能之力，依憑契面取贖，其字不得執留。今欲
有憑，立當契壹紙，付執為照。内注其錢弍字再照。
光緒弍拾肆年四月　日立當竹林契弟　家驥〇
在見兄叔　昌濃
代字弟　盛夏
當契

10-4-2-6 清光緒二十四年四月黃家驥立當竹林契

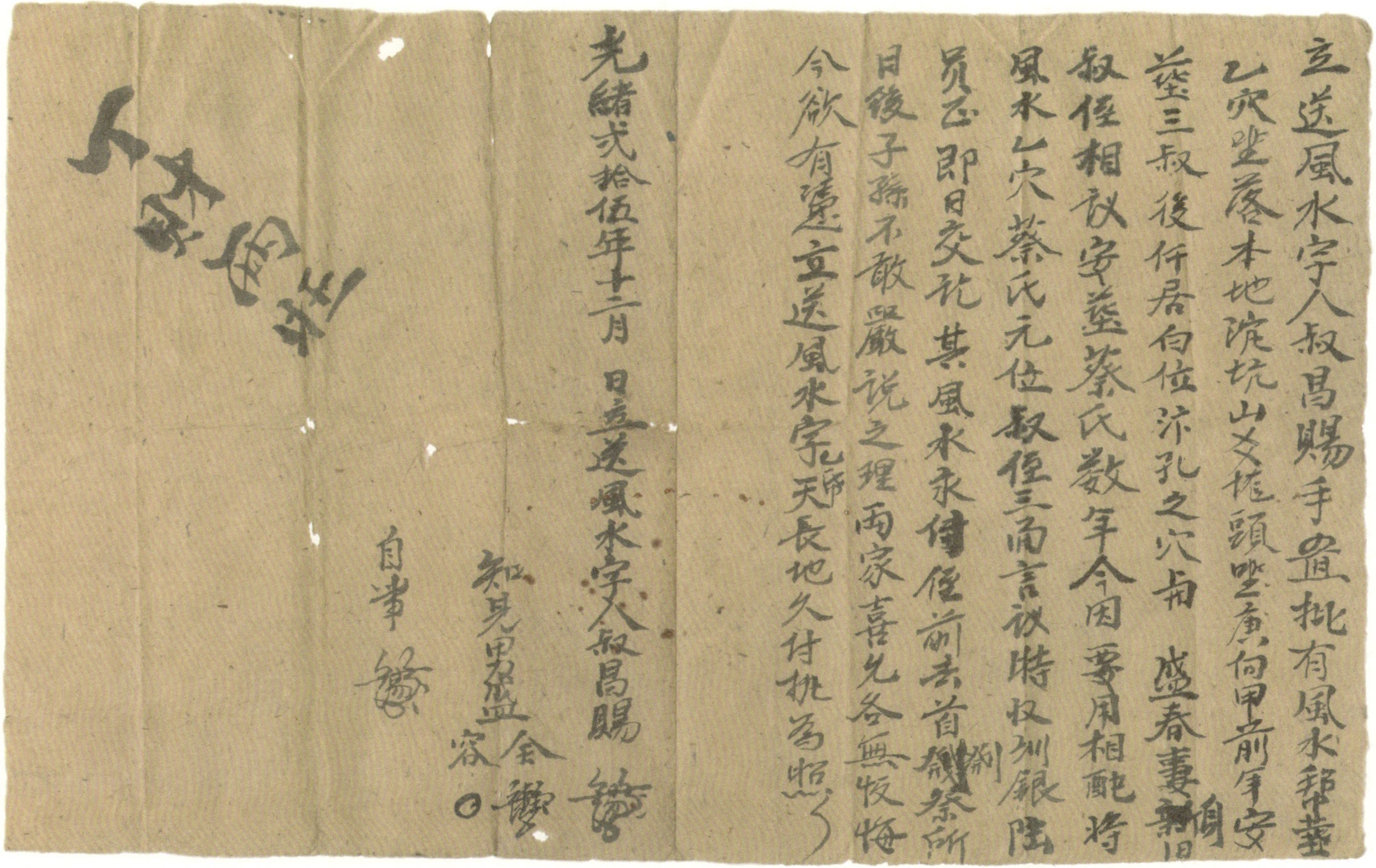
立送風水字人叔昌賜手置批有風水壹
穴坐落本地洑坑山文樓頭坐庚向甲前年安
葬三叔後仟居向位沂孔之穴舟　盛春妻嗣舊
叔侄相議安葬蔡氏數年今因要用相配將
風水一穴蔡氏元位叔侄三面言議時收訓銀陸
員正即日交訖其風水永付侄前去首剩蔡所
日後子孫不敢異說之理兩家喜允各無反悔
今欲有憑立送風水字一紙天長地久付執為照
光緒弍拾伍年十二月　日立送風水字人叔昌賜（押）
知見男盛容（押）
全（押）
自筆（押）

10-4-2-7　清光緒二十五年十二月黄昌賜立送風水字

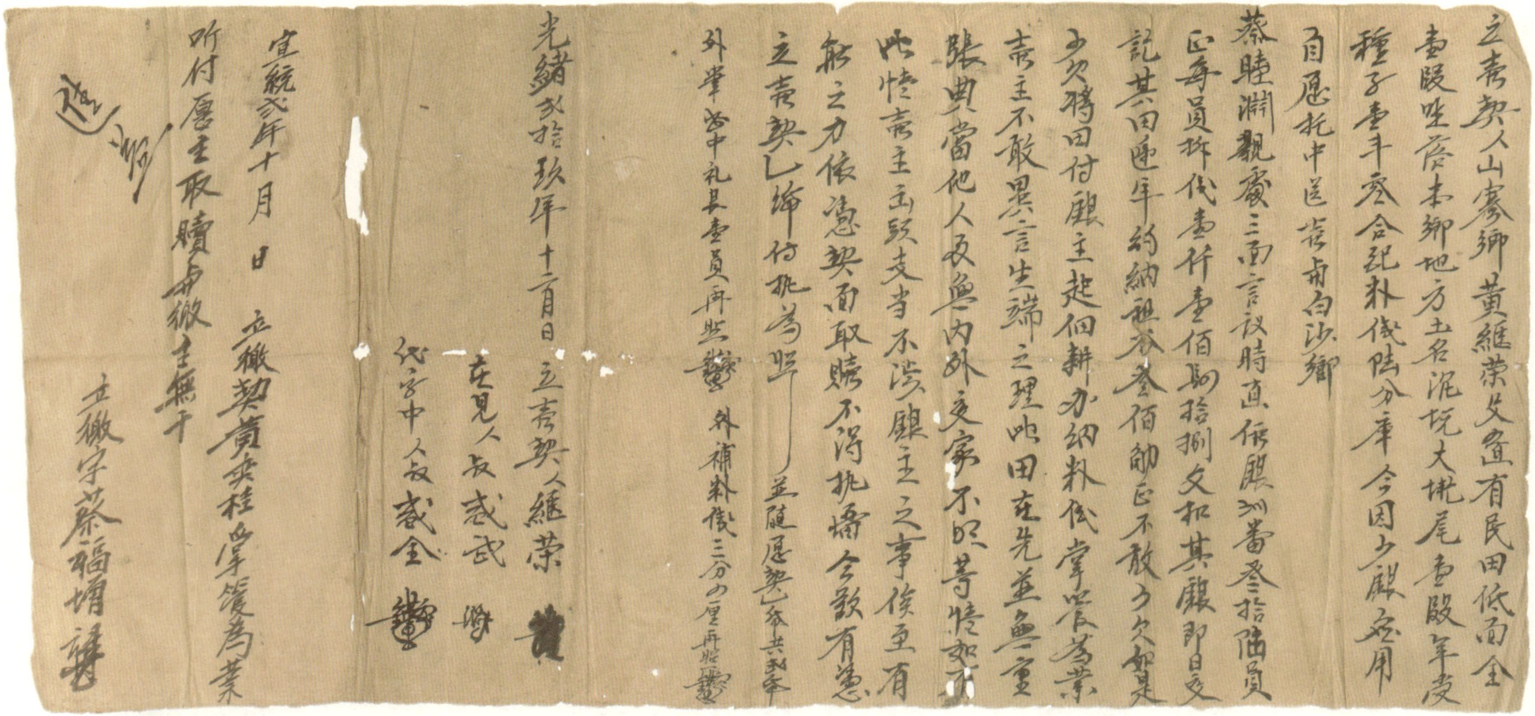

10-4-2-8 清光緒二十九年十二月黃繼茱立賣底面全民田契

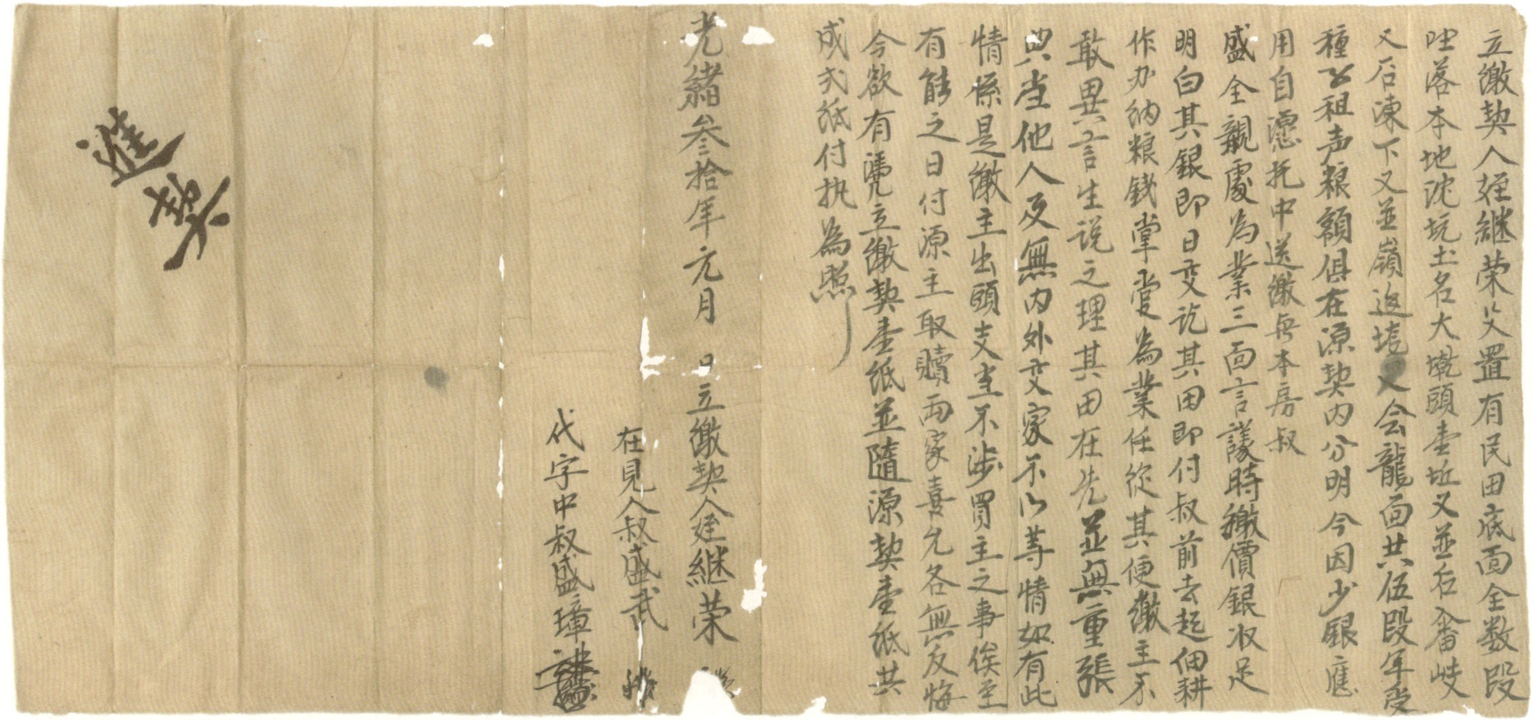

立繳契人侄繼榮父置有民田底面全數段
坐落本地洑坑土名大墘頭壹坵又並右畲岐
又石溙下又並嶺邊墘又会龍面共伍段年受
種子租声粮額俱在源契内分明今因少銀應
用自愿托中送繳与本房叔
盛全親處為業三面言議時繳價銀水足
明白其銀即日交訖其田即付叔前去起佃耕
作办納粮銭掌管為業任從其便繳主不
敢異言生說之理其田在先並無重張
典当他人及無内外交家不得等情如有此
情係是繳主出頭支当不涉買主之事俟至
有能之日付源主取贖兩家喜允各無反悔
今欲有憑立繳契壹紙並隨源契壹紙共
成弍紙付执為照
光緒叁拾年元月　日立繳契人侄繼榮
在見人叔盛武
代字中叔盛璋
進業

10-4-2-9　清光緒三十年正月黃繼榮立繳底面全民田契

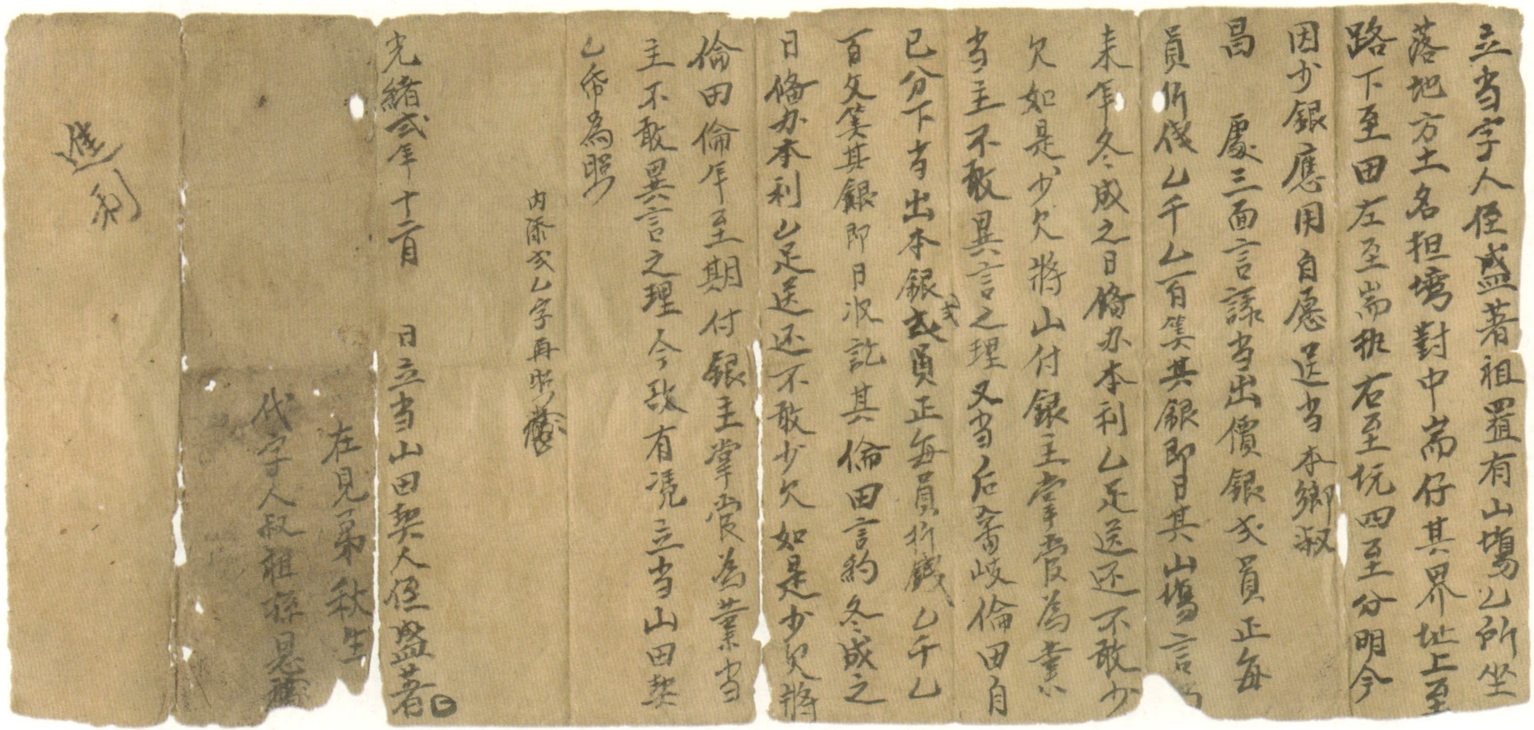
立當字人侄盛著祖置有山塲乙所坐
落地方土名坦塆對中崙仔其界址上至
路下至田左至崙排右至坑四至分明今
因乏銀應用自愿送當本鄉叔
昌　處三面言議當出價銀弍員正每
員所伐山千山百笑其銀即日其山塲言約
來年冬成之日倫办本利山足送还不敢少
欠如是少欠將山付銀主掌管為業
當主不敢異言之理又當后畲岐倫田自
已分下當出本銀弍員正每員折戥山千山
百文笑其銀即日收訖其倫田言約冬成之
日倫办本利山足送还不敢少欠如是少欠將
倫田倫年至期付銀主掌管為業當
主不敢異言之理今欲有凭立當山田契
乙帋為照
内添弍字再照
光緒弍年十二月　日立當山田契人侄盛著
在見弟秋生
代字人叔祖孫昆
進利

10-4-3-1　清光緒二年十二月黃盛著立當山場字（一）

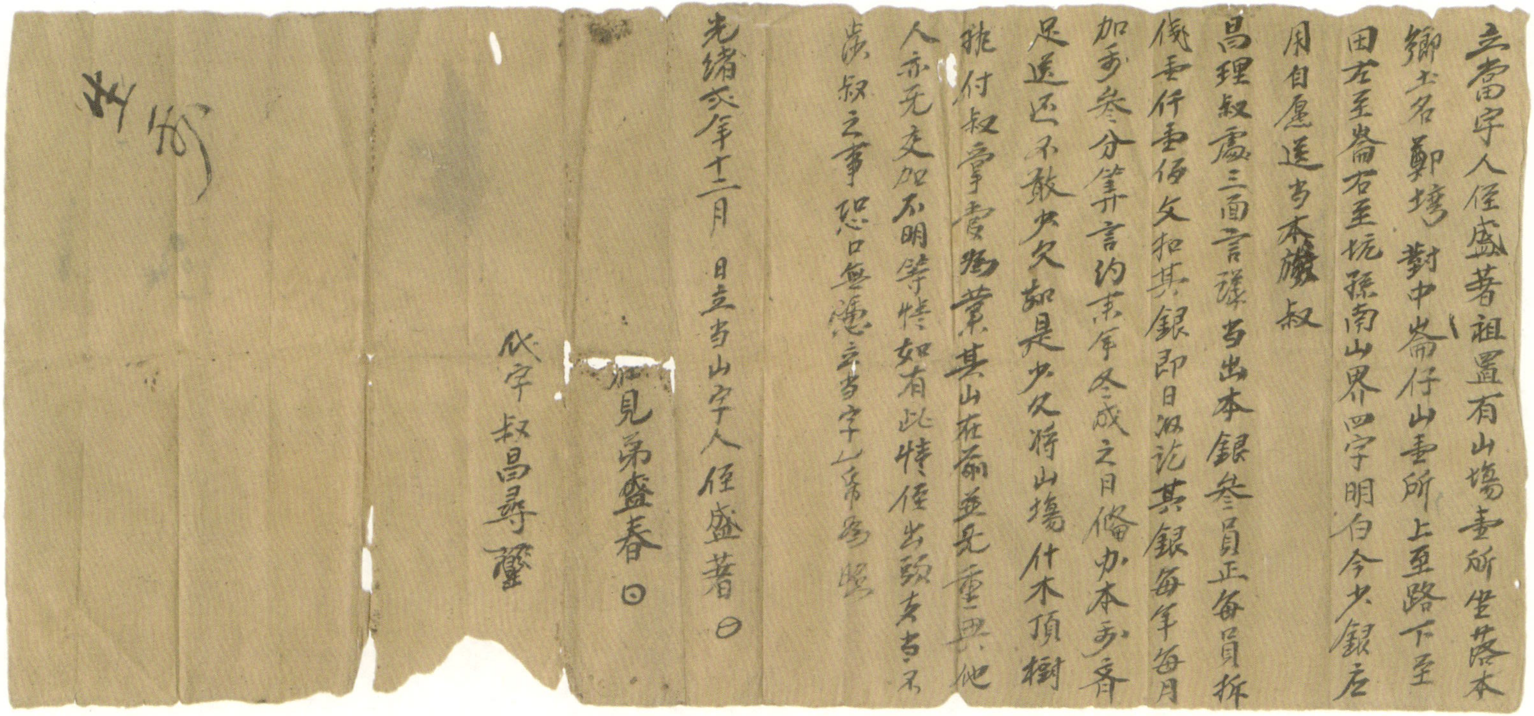
立當字人侄盛著祖置有山場壹所坐落本
鄉土名鄭墩 對中嵛仔山壹所上至路下至
田左至嵛右至坑孫南山界四字明白今欠銀店
用自愿送當本[illegible]叔
昌理叔處三面言議當出本銀叁員正每員拆
係每仟每伍文扣其銀即日收訖其銀每年每月
加弍叁分算言約本年冬成之日備办本利齐
足送还不敢少欠如是少欠將山場什木頂樹
雖付叔掌管為業其山在嵛并無重典他
人亦无交加不明等情如有此情侄出頭向當不
涉叔之事恐口無憑立當字山場為照
光緒弍年十二月 日立當山字人侄盛著（押）
見弟盛春（押）
代字叔昌壽（押）
[illegible]

10-4-3-2 清光緒二年十二月黃盛著立當山場字（二）

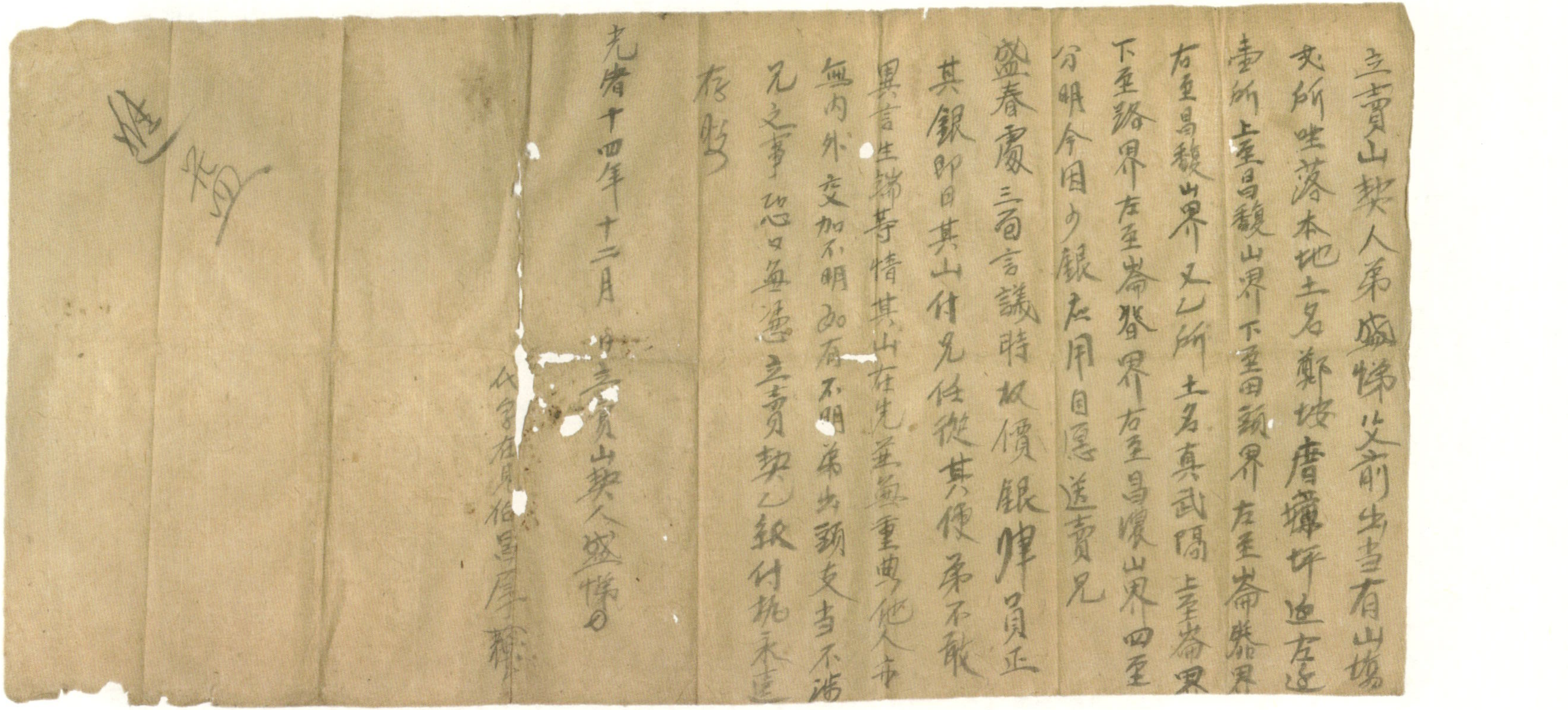
立賣山契人弟盛悌父前手置有山場
壹所坐落本地土名鄭坡唐壩坪邊左邊
壹所上至昌馥山界下至田頭界左至崙脊界
右至昌馥山界 又一所土名真武隔上至崙界
下至路界左至崙脊界右至昌懷山界四至
分明今因乏銀應用自愿送賣兄
盛春處三面言議時做價銀肆員正
其銀即日其山付兄任從其便弟不敢
異言生端等情其山在先並無重典他人亦
無內外交加不明如有不明弟出頭支當不涉
兄之事恐口無憑立賣契乙紙付執永遠
存照

光緒十四年十二月　日立賣山契人盛悌
代字在見伯昌厚

10-4-3-3　清光緒十四年十二月黄盛悌立賣山場契

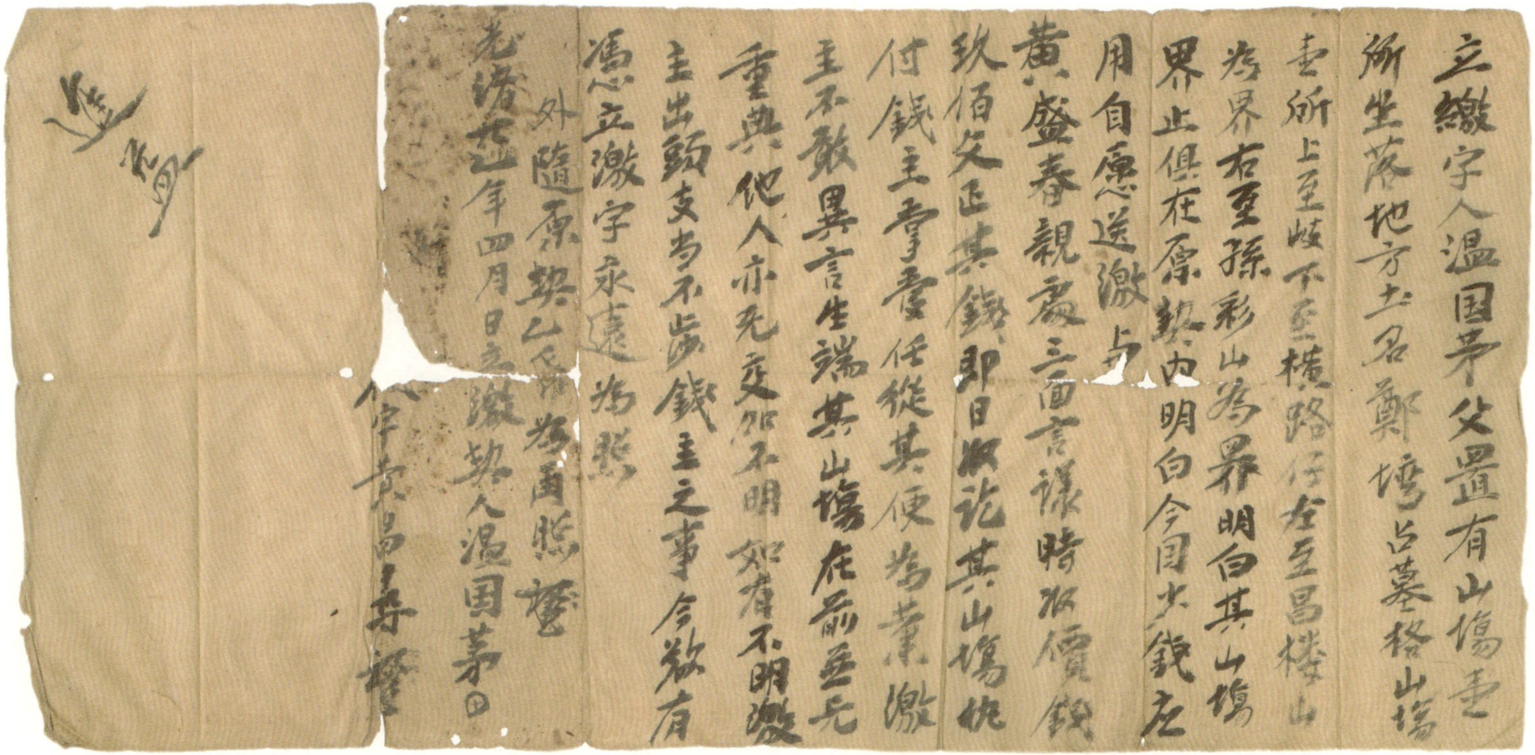

立繳字人温国茅父置有山場壹
所坐落地方土名鄭墘占墓格山場
壹所上至岐下至横路左至昌樓山
為界右至孫彩山為界明白其山場
界止俱在原契内明白今因欠錢应
用自愿送繳与
黄盛春親處三面言議時值價錢
玖佰文正其錢即日收訖其山場[illegible]
付錢主掌管任從其便為業繳
主不敢異言生端其山場在前并无
重典他人亦无交加不明如有不明繳
主出頭支當不涉錢主之事今欲有
憑立繳字永遠為照
外隨原契山[illegible]為照
光緒廿一年四月日立繳契人温国茅
代字黄昌壽

10-4-3-4 清光緒二十一年四月温国茅立繳山場契

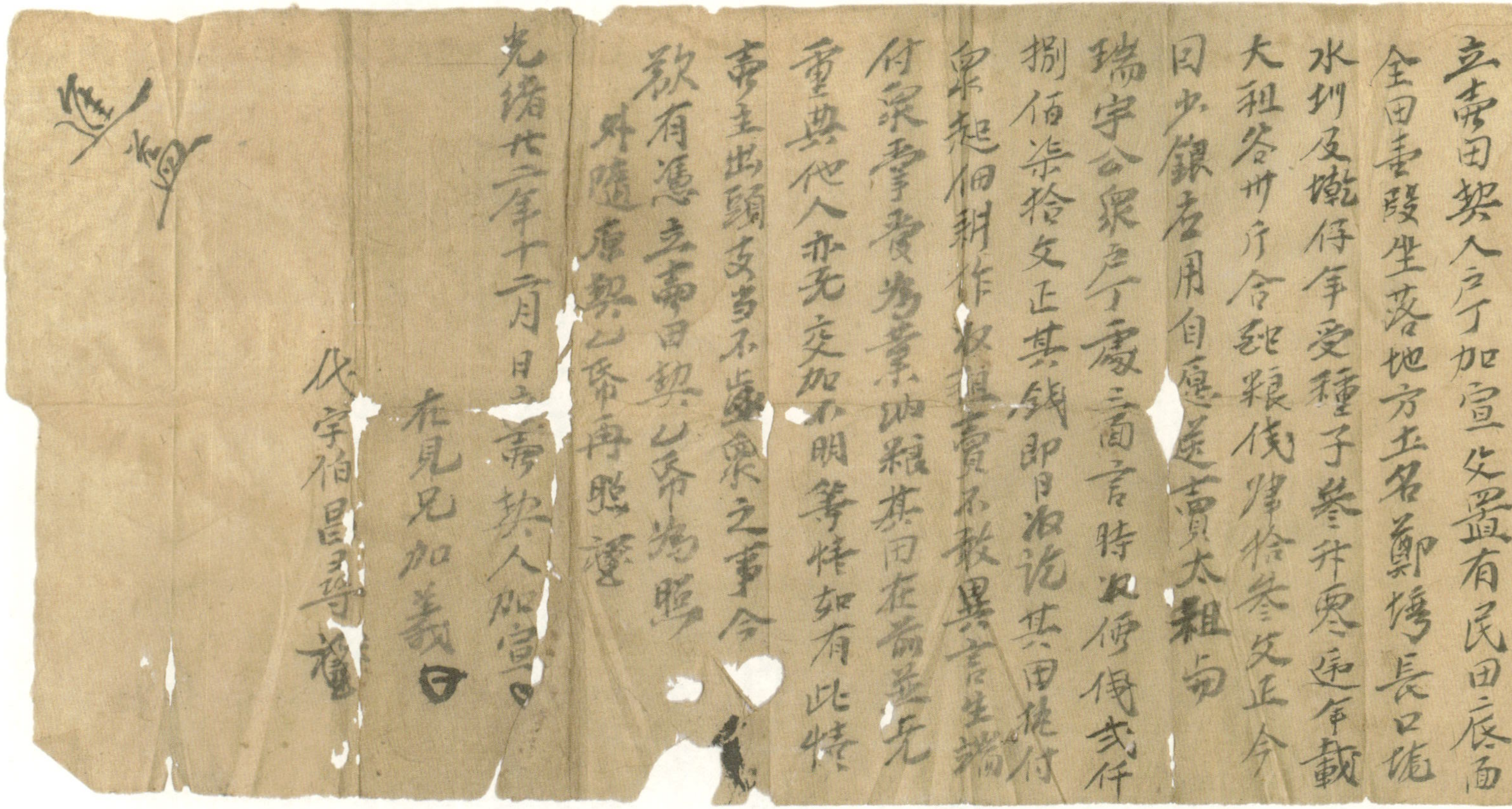

10-4-3-5　清光緒二十二年十二月黄加宣立賣底面全民田契

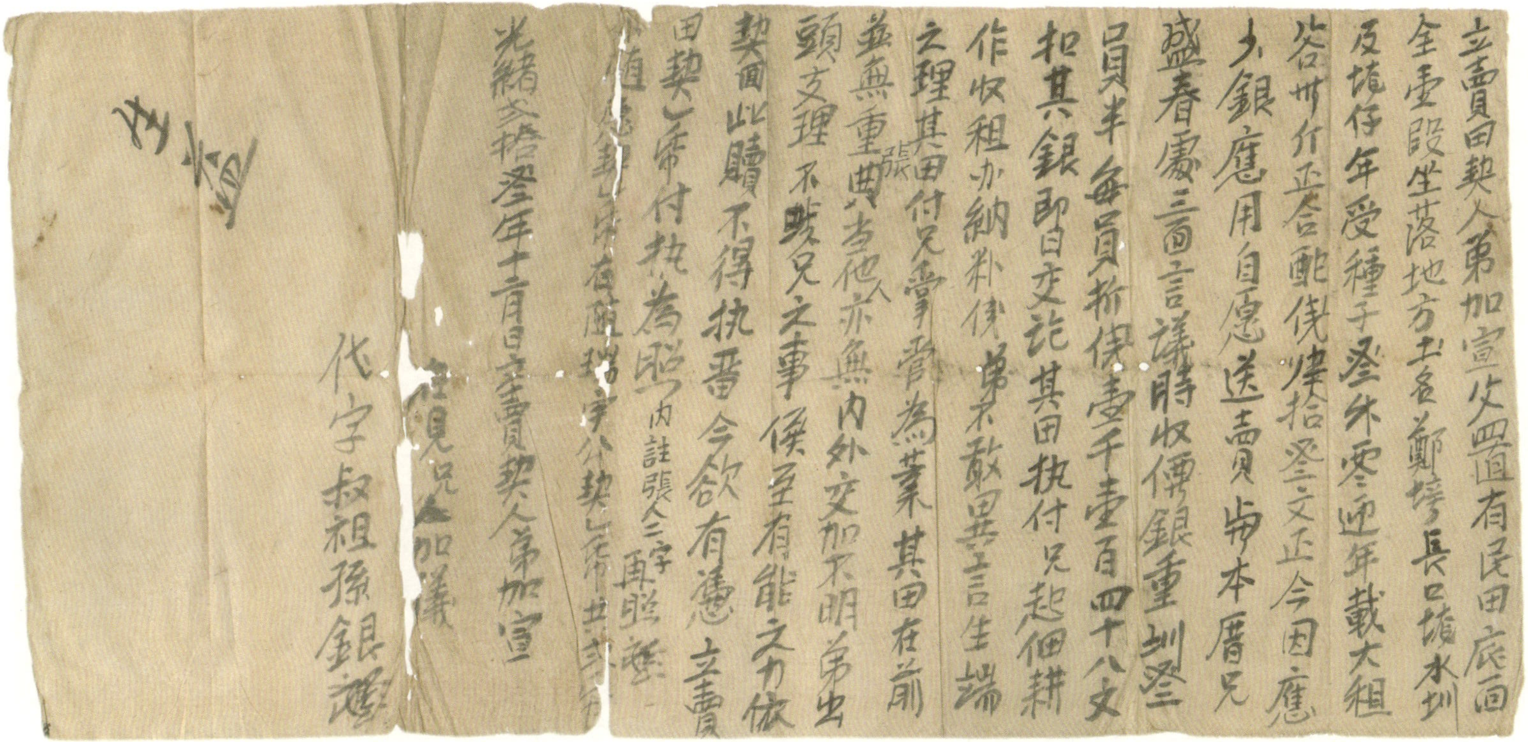
立盡賣田契人弟加宣父置有民田底面
全壹段坐落地方土名鄭[illegible]長口墘水圳
及墘仔年受種子叁升零逐年載大租
谷卅斤正合配係律拾叁文正今因應
乏銀應用自愿送盡賣與本厝兄
盛春處三面言議時收價銀重卅叁
員半每員折係壹千壹百四十八文
扣其銀即日交訖其田執付兄起佃耕
作收租办納粮係弟不敢異言生端
之理其田付兄掌管為業其田在前
并無重典張他人亦無內外交加不明弟出
頭支理不干兄之事係至有能之力依
契面此贖不得执留今欲有憑立盡賣
田契一紙付执為照 內註張二字 再照
[illegible]
光緒念拾叁年十二月日立盡賣契人弟加宣
在見兄加議
代字叔祖孫銀

10-4-3-6 清光緒二十三年十二月黃加宣立賣底面全民田契

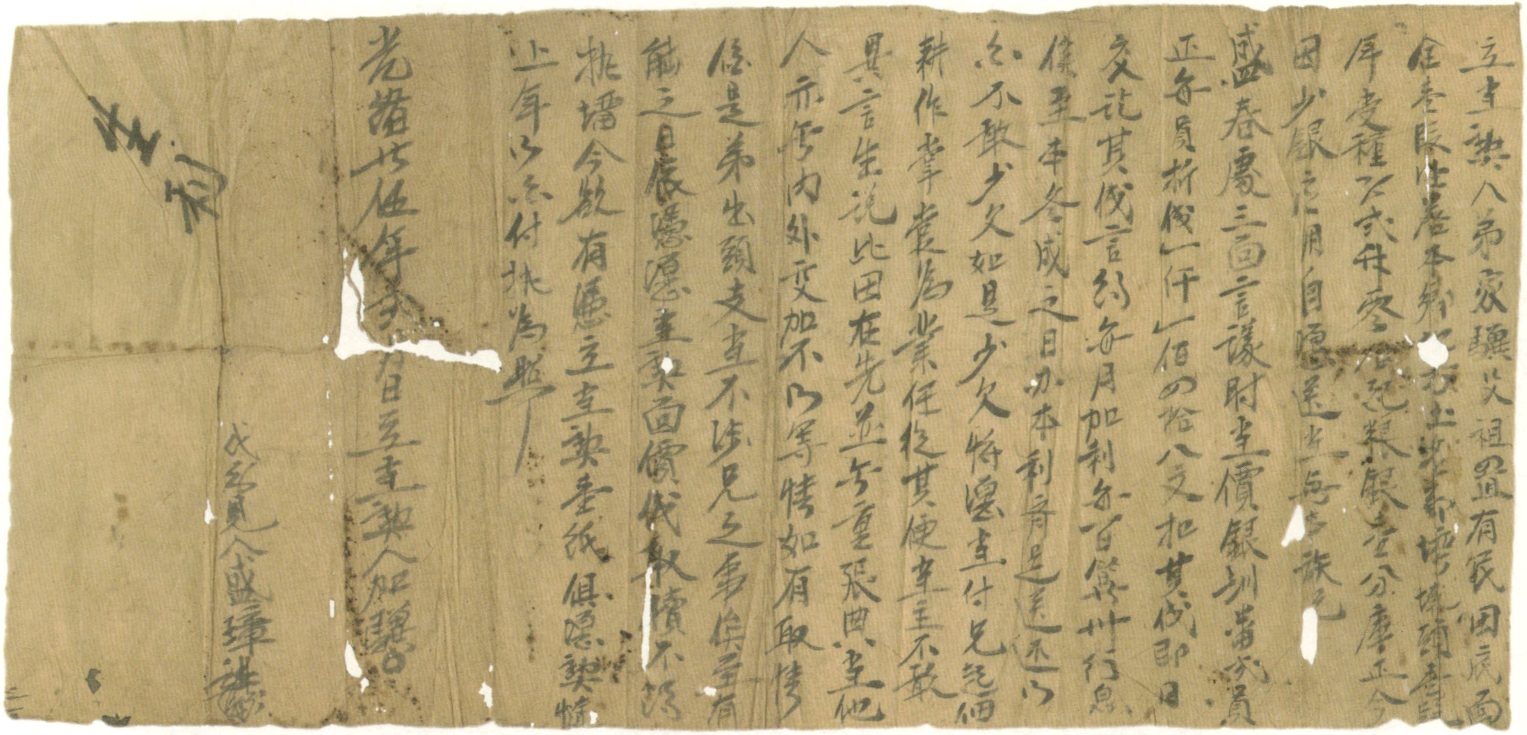
立當契人弟家驥，父祖置有民田底面
全壹段，坐落本鄉[illegible]土名[illegible]坵頭壹[illegible]
年受種子弍升零，載粮銀壹分庫正，今
因少銀之用，自愿送出與房族兄
盛春處三面言議，時值價銀洋弍員
正，每員折錢一仟一伯四拾八文，把其錢即日
交訖，其錢言約每月加利，每百錢廿行息，
係至本冬成之日，办本利算足送还，不得
亦不敢少欠。如是少欠，將愿立付兄起佃
耕作，掌管為業，任從其便，當主不敢
異言。先說此田在先並無重張典當他
人，亦無內外交加不明等情，如有取贖
係是弟出頭支當，不涉兄之事。係是兩
願之日，展愿當契面價錢取贖，不得
執擋。今欲有憑，立當契壹紙，俱憑契[illegible]
上年以后付批為照。
光緒廿伍年二月 日立當契人加驥
代筆見人盛璋[illegible]

10-4-3-7 清光緒二十五年二月黃家驥立當底面全民田契

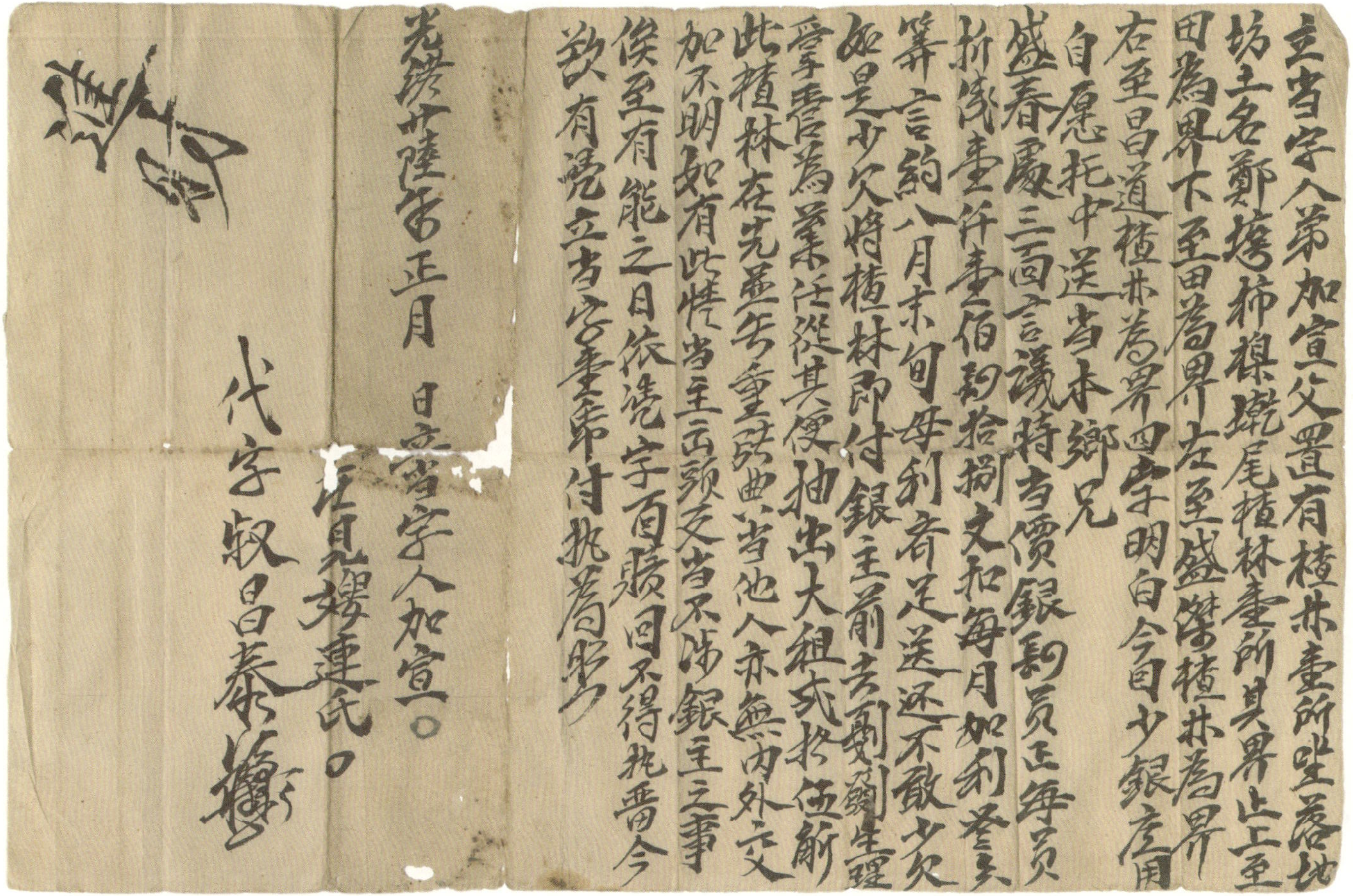
立当字人弟加宣父置有植林壹所坐落地
坊土名鄭塘柿樹垅尾植林壹所其界上至
田為界下至田為界左至盛榮植林為界
右至昌道植林為界四字明白今因少銀應用
自愿托中送当本鄉兄
盛春處三面言議時当價銀貳員正每員
折錢壹仟壹佰貳拾捌文加每月加利叁文
算言約八月末旬每利寄足送还不敢少欠
如是少欠將植林即付銀主前去看顧生理
管業爲業任從其便抽出大租弍秤伍觔
此植林在先並無重張典当他人亦無內外之文
加不明如有此情当主出頭支当不涉銀主之事
候至有能之日依凭字面贖回不得執留今
欲有憑立当字壹帋付執爲照

光緒廿陸年正月　日立当字人加宣〇
在見嫂連氏〇
代字叔昌泰

10-4-3-8　清光緒二十六年正月黃加宣立當植林字

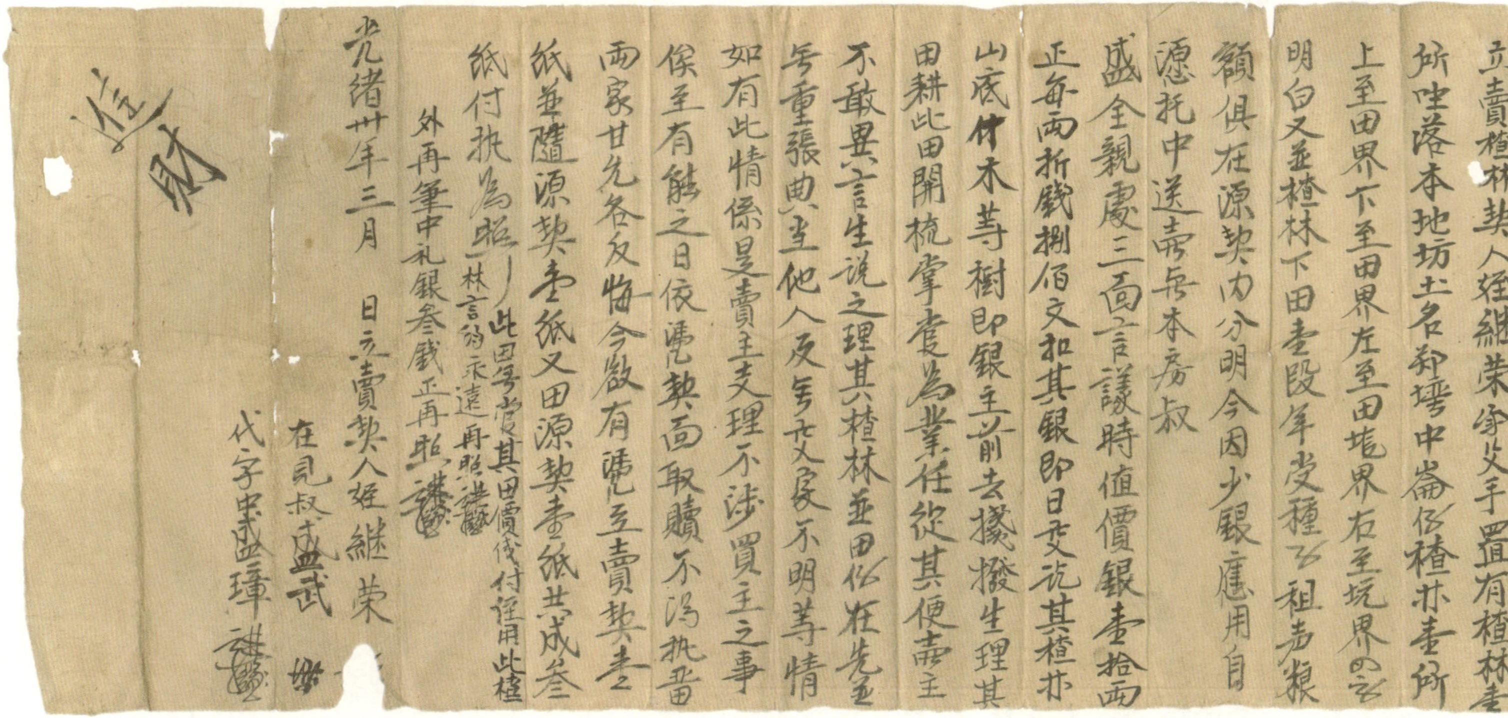
立賣楂林契人侄繼榮今有父手置有楂林壹
所坐落本地坊土名鄭壪中崙仔楂林壹所
上至田界下至田界左至田塍界右至坑界四至
明白又並楂林下田壹段年受種子租壹粮
額俱在源契內分明今因少銀應用自
愿托中送與本房叔
盛全親處三面言議時值價銀壹拾兩
正每兩折錢捌佰文加其銀即日交訖其楂林
山底竹木等樹即銀主前去擙撥生理其
田耕此田開梳掌管為業任從其便賣主
不敢異言生說之理其楂林並田仍在先並
無重張典當他人及無交加不明等情
如有此情係是賣主支理不涉買主之事
係至有能之日依憑契面取贖不得執留
兩家甘允各無反悔今欲有憑立賣契壹
紙並隨源契壹紙又田源契壹紙共成叁
紙付執為照
外再筆中礼銀叁錢正再照
光緒卅年三月　日立賣契人侄繼榮
在見叔　盛武
代字　宗瑾

10-4-3-9　清光緒三十年三月黃繼榮立賣楂林契

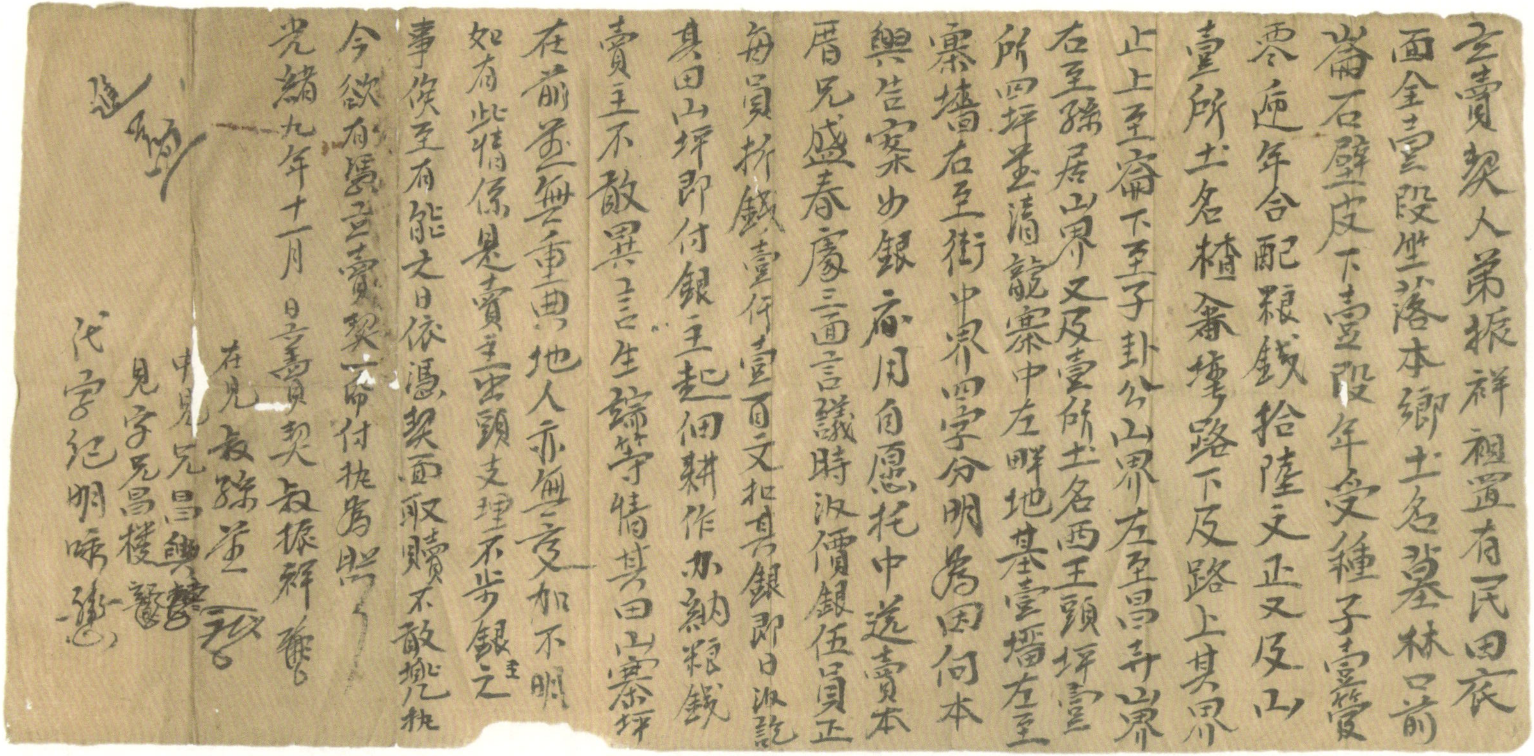

立賣契人弟振祥祖置有民田底
面全壹段坐落本鄉土名墓林口前
崙石壁皮下壹段年受種子壹管
零正年合配粮錢拾陸文正又及山
壹所土名楮畬墘路下及路上其界
止上至崙下至子卦分山界左至昌壽山界
右至孫居山界又及壹所土名西王頭坪壹
所四坪並清龍寨中左畔地基壹墻左至
寨墻右至街中界四字分明爲因向本
興告寨少銀應用自愿托中送賣本
厝兄盛春處三面言議時值價銀伍員正
每員折錢壹仟壹百文扣其銀即日収訖
其田山坪即付銀主起佃耕作亦納粮錢
賣主不敢異言生端等情其田山寨坪
在前並無重典地人亦無言交加不明
如有此情係是賣主出頭支理不涉銀主之
事從至有能之日依憑契面取贖不敢執抗
今欲有憑立賣契一紙付執爲照
光緒九年十一月 日立賣契叔振祥（押）
在見 叔孫蓮生（押）
中見 兄昌興（押）
見字 兄昌樓（押）
代字 侄明曉（押）
進□

10-4-4-1 清光緒九年十一月黃振祥立賣底面全民田契

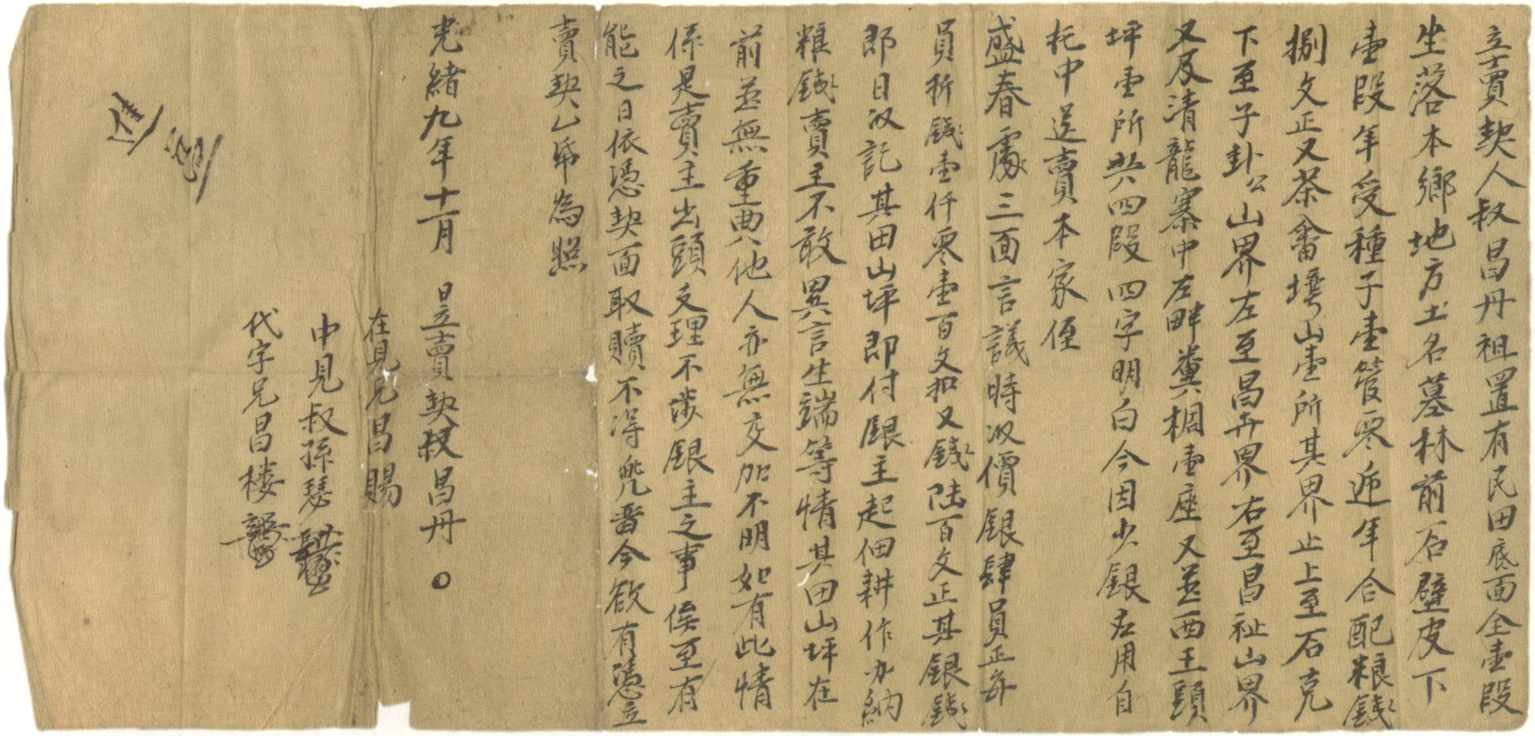
立賣契人叔昌丹祖置有民田底面全壹段
坐落本鄉地方土名墓林前石壁皮下
壹段年受種子壹管眔延年合配粮錢
捌文正又茶畬壙山壹所其界止上至石克
下至子卦公山界左至昌丹界右至昌祉山界
又及清龍寨中左畔黄桐壹座又並西王頭
坪壹所共四段四字明白今因乏銀應用自
托中送賣本家侄
盛春處三面言議時値價銀肆員正并
員折錢壹仟叁百文和又錢陸百文正其銀錢
即日收訖其田山坪即付銀主起佃耕作办納
粮錢賣主不敢異言生端等情其田山坪在
前並無重典他人亦無交加不明如有此情
係是賣主出頭支理不涉銀主之事倏至有
能之日依憑契面取贖不得兜留今欲有憑立
賣契山㕧為照
光緒九年十一月 日立賣契叔昌丹 ○
在見兄昌賜
中見叔孫琴
代字兄昌樓

10-4-4-2 清光緒九年十一月黄昌丹立賣底面全民田契

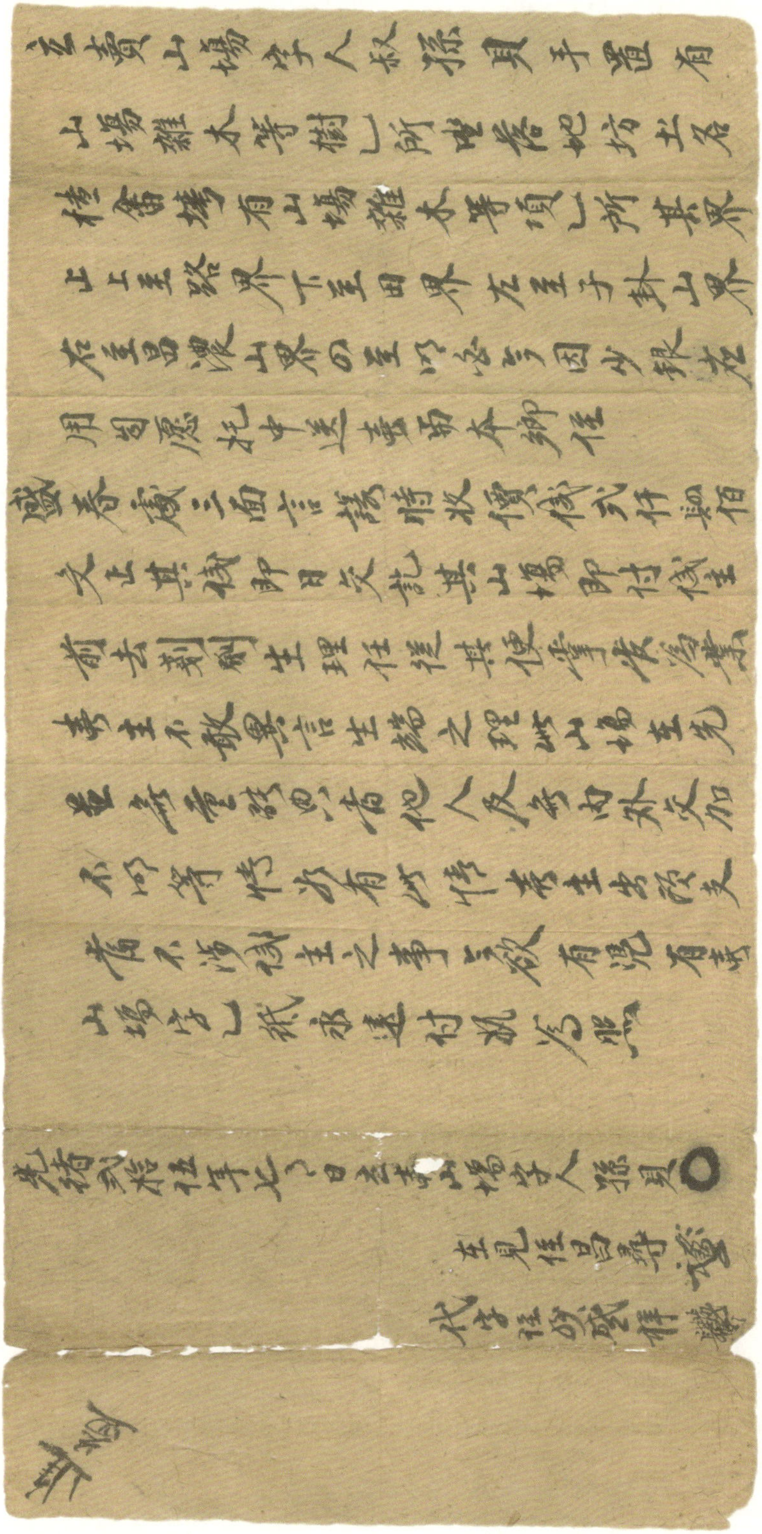
立賣山場字人叔孫貝手置有
山場雜木等樹一所坐落本地坊土名
樟倉坑有山場雜木等項一所其界
上止至路界下至田界左至子卦山界
右至吕濃山界四至明白今因乏銀應
用自愿託中送賣與本鄉侄
盛春處三面言議時收價銀貳仟肆佰
文正其錢即日交訖其山場即付銀主
前去剝砍出理任從其便管業為業
賣主不敢異言生端之理此山場至先
並無重張典當他人及房內外亦加
不得爭持如有此情賣主出頭支
當不涉銀主之事今欲有憑立賣
山場字一紙永遠付執為照
光緒貳拾伍年七月　日立賣山場字人孫貝 ○
在見侄呂壽
代字侄孫成祥

10-4-4-3　清光緒二十五年七月黃孫貝立賣山場字

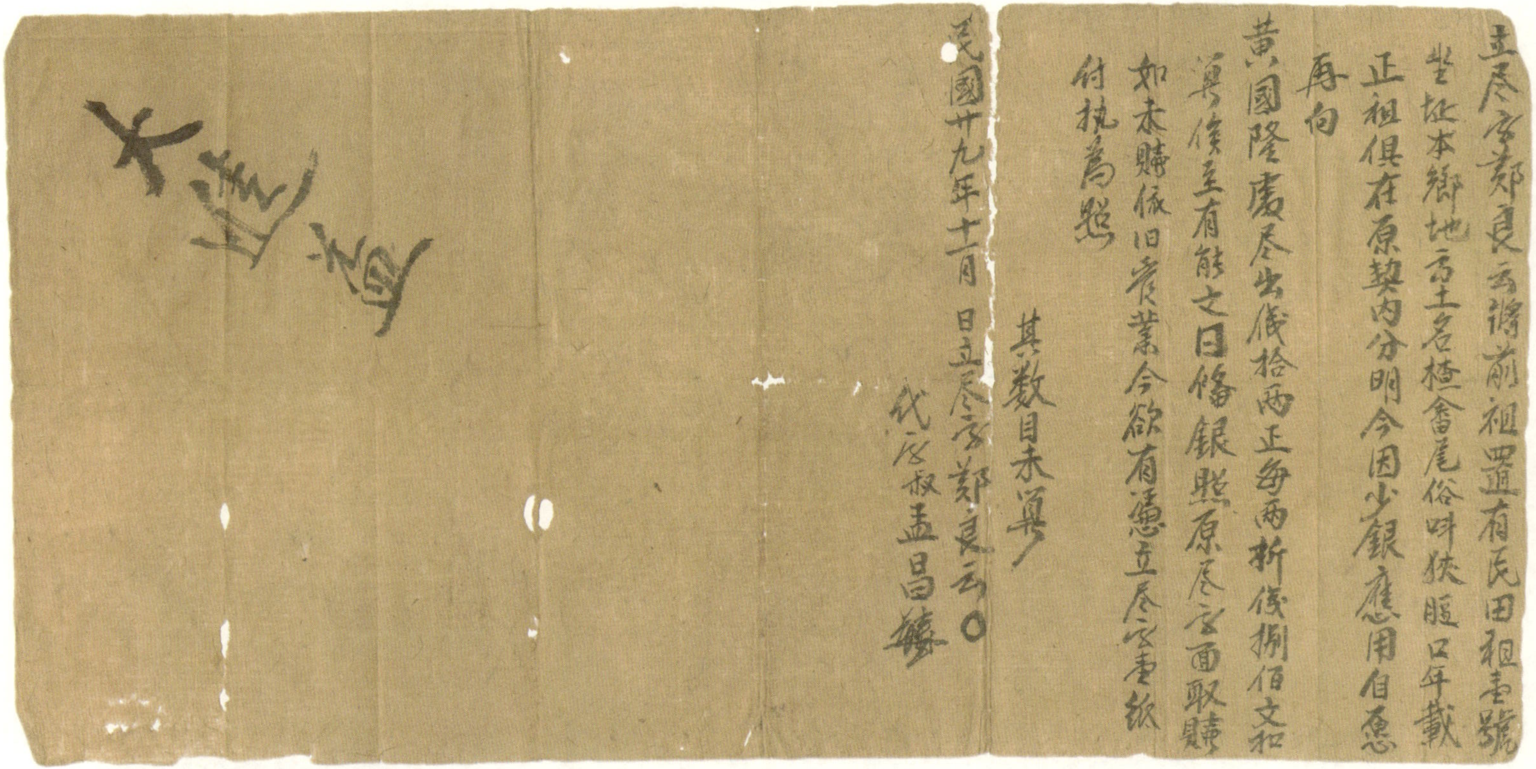
立盡字鄭良云承前祖置有民田租壹號
坐址本鄉地方土名棲舍尾俗呼狹脰口年載
正租俱在原契內分明今因少銀應用自愿
再向
黃國隆處盡出價拾兩正每兩折價捌佰文扣
算價足有能之日備銀照原盡字面取贖
如未贖依旧管業今欲有憑立盡字壹紙
付执為照
其數目未算
民國廿九年十一月　日立盡字鄭良云〇
代字叔孟昌
大達

10-4-4-4　民國二十九年十一月鄭良云立盡民田租字

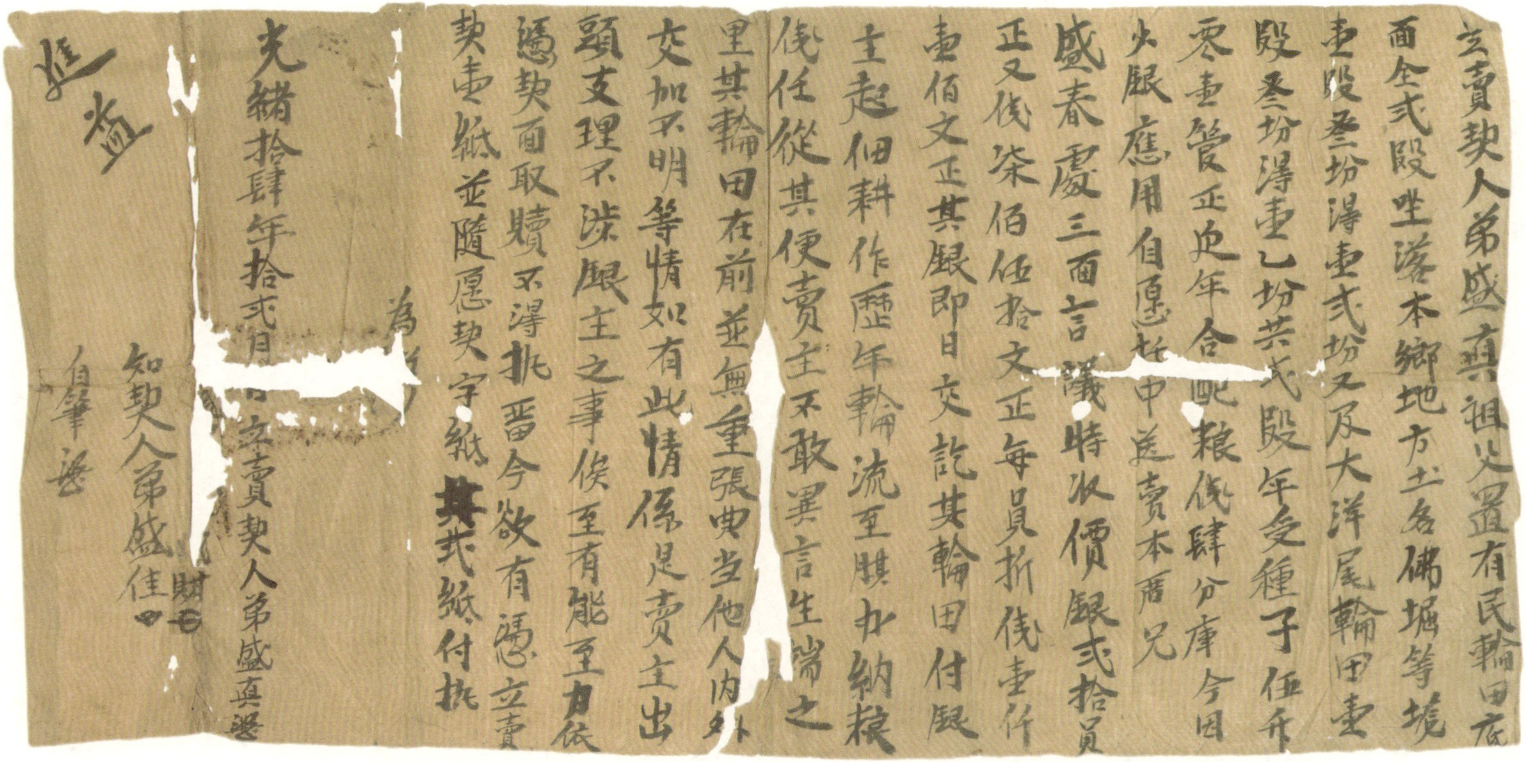
立賣契人弟盛真，祖父置有民輪田底
面全弍段，坐落本鄉地方土名佛堀等境，
壹段叁分，得壹弍分，又及大洋尾輪田壹
段叁分，得壹乙分，共弍段，年受種子伍斤，
零壹管，正逓年合配粮伐肆分庫。今因
乏銀應用，自愿托中送賣本房兄
盛春處，三面言議，時值價銀弍拾員
正，又伐茶佰伍拾文正，每員折伐壹仟
壹佰文正。其銀即日交訖，其輪田付銀
主起佃耕作，歷年輪流至期办納粮
伐，任從其便，賣主不敢異言生端之
理。其輪田在前並無重張典當他人，內外
交加不明等情，如有此情，係是賣主出
頭支理，不涉銀主之事。俟至有能，至日依
憑契面取贖，不得執留。今欲有憑，立賣
契壹紙，並隨愿契字紙，共弍紙付執。
為[illegible]
光緒拾肆年拾弍月　日　立賣契人弟盛真（押）
財（押）　知契人弟盛佳（押）
自筆（押）
延查

10-4-5-1　清光緒十四年十二月黃盛真立賣底面全民輪田契

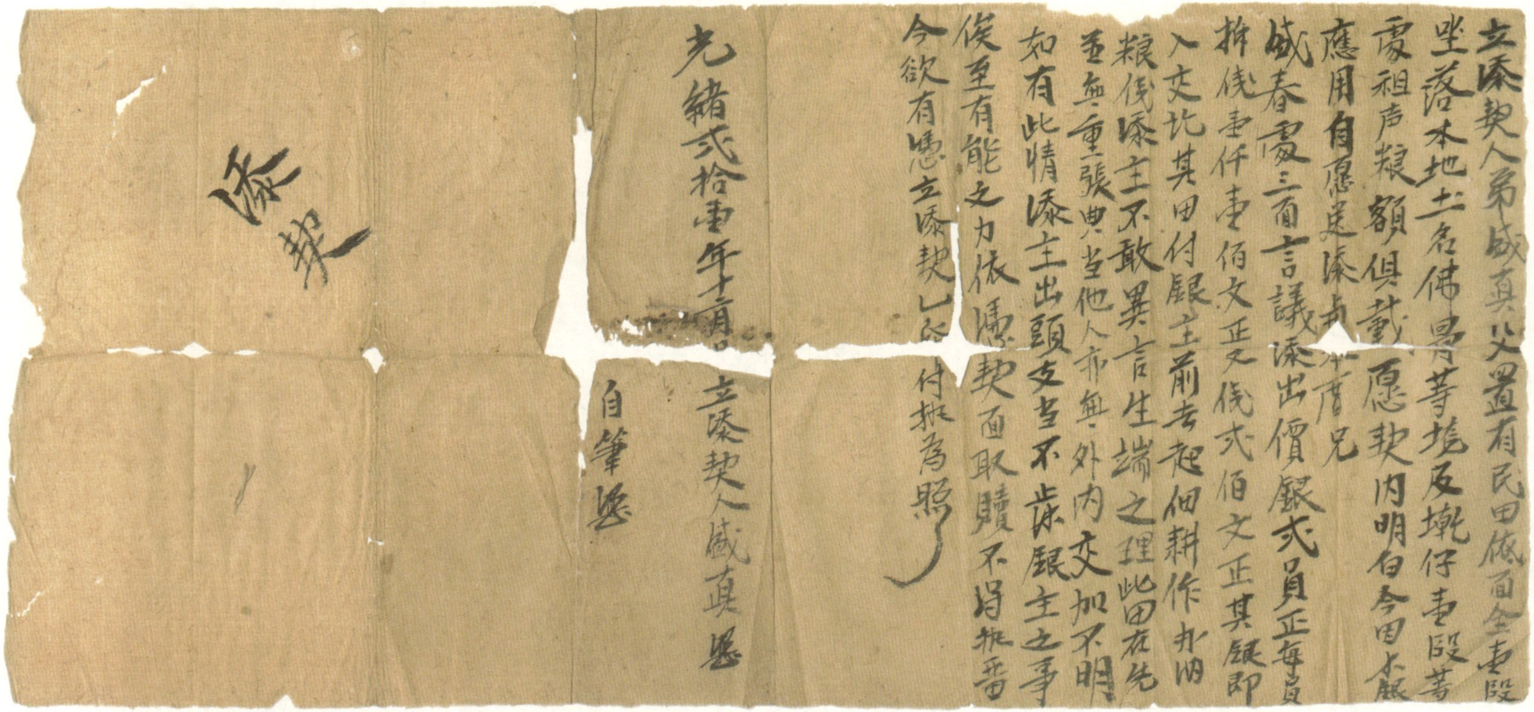

立添契人弟盛真父置有民田依面全壹段
坐落本地土名佛曾等墘反墈仔壹段苗
禾祖声粮額俱載愿契内明白今因乏銀
應用自愿送添与　唐兄
盛春處三面言議添出價銀式員正每員
拚伐壹仟壹佰文正伐式佰文正其銀即
入交訖其田付銀主前去起佃耕作办納
粮伐添主不敢異言生端之理此田在先
並無重張典当他人亦無外内交加不明
如有此情添主出頭支当不涉銀主之事
候至有能之力依憑契面取贖不得執留
今欲有憑立添契一紙付執為照

光緒式拾壹年十二月日　立添契人盛真[illegible]

自筆[illegible]

添契

10-4-5-2　清光緒二十一年十二月黃盛真立添底面全民田契

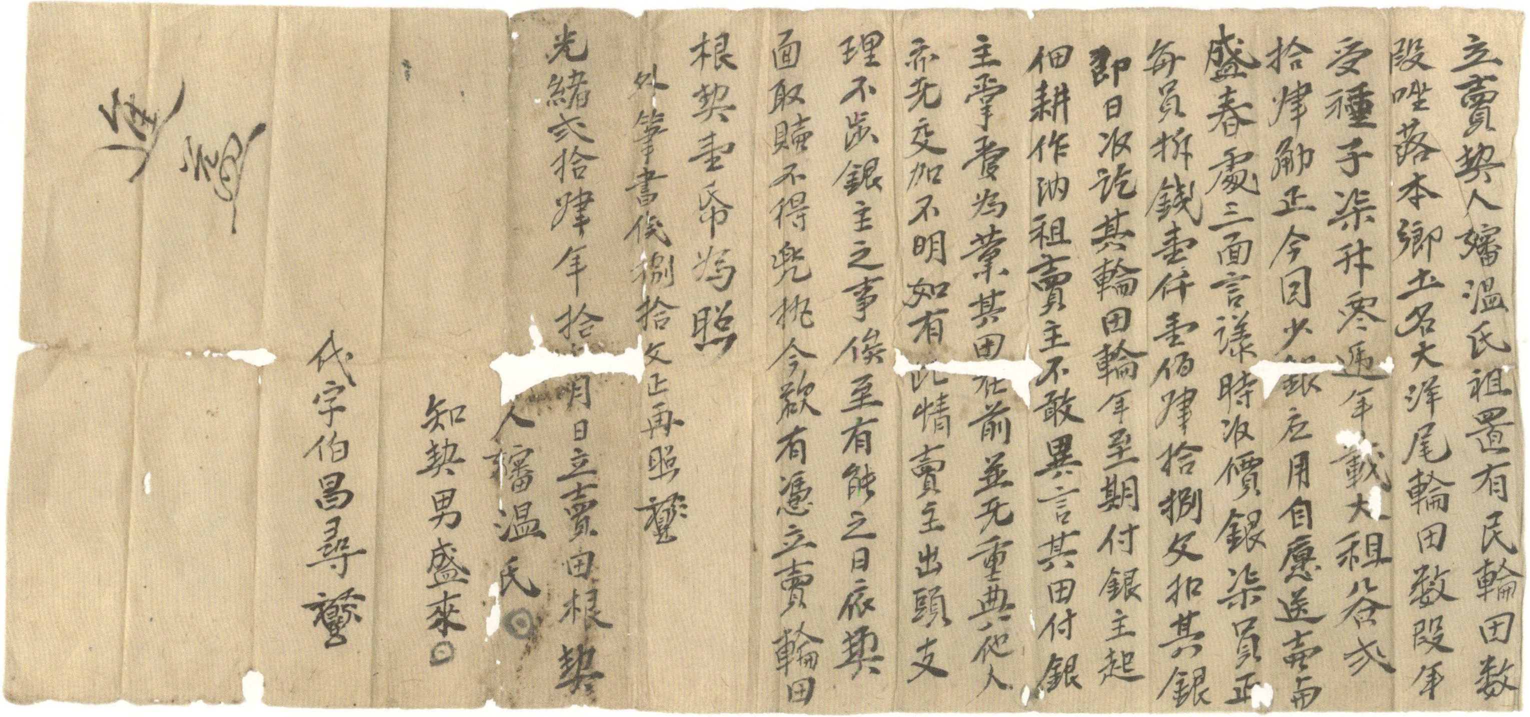

立賣契人孀温氏祖置有民輪田数
段坐落本鄉土名大洋尾輪田数段年
受種子柒升零遞年載大租谷弍
拾肆觔正今因乏銀應用自愿送壹面
盛春處三面言議時值價銀柒員正
每員折錢壹仟壹佰肆拾捌文扣其銀
即日收訖其輪田輪年至期付銀主起
佃耕作納租賣主不敢異言其田付銀
主掌管為業其田此前並无重典他人
亦无交加不明如有此情賣主出頭支
理不涉銀主之事候至有能之日依契
面取贖不得兇挑今欲有憑立賣輪田
根契壹帋為照
外筆書價捌拾文正再照
光緒弍拾肆年拾[illegible]月　日立賣田根契
人孀温氏
知契男盛來
代字伯昌壽

10-4-5-3　清光緒二十四年十二月黃門温氏立賣民輪田根契

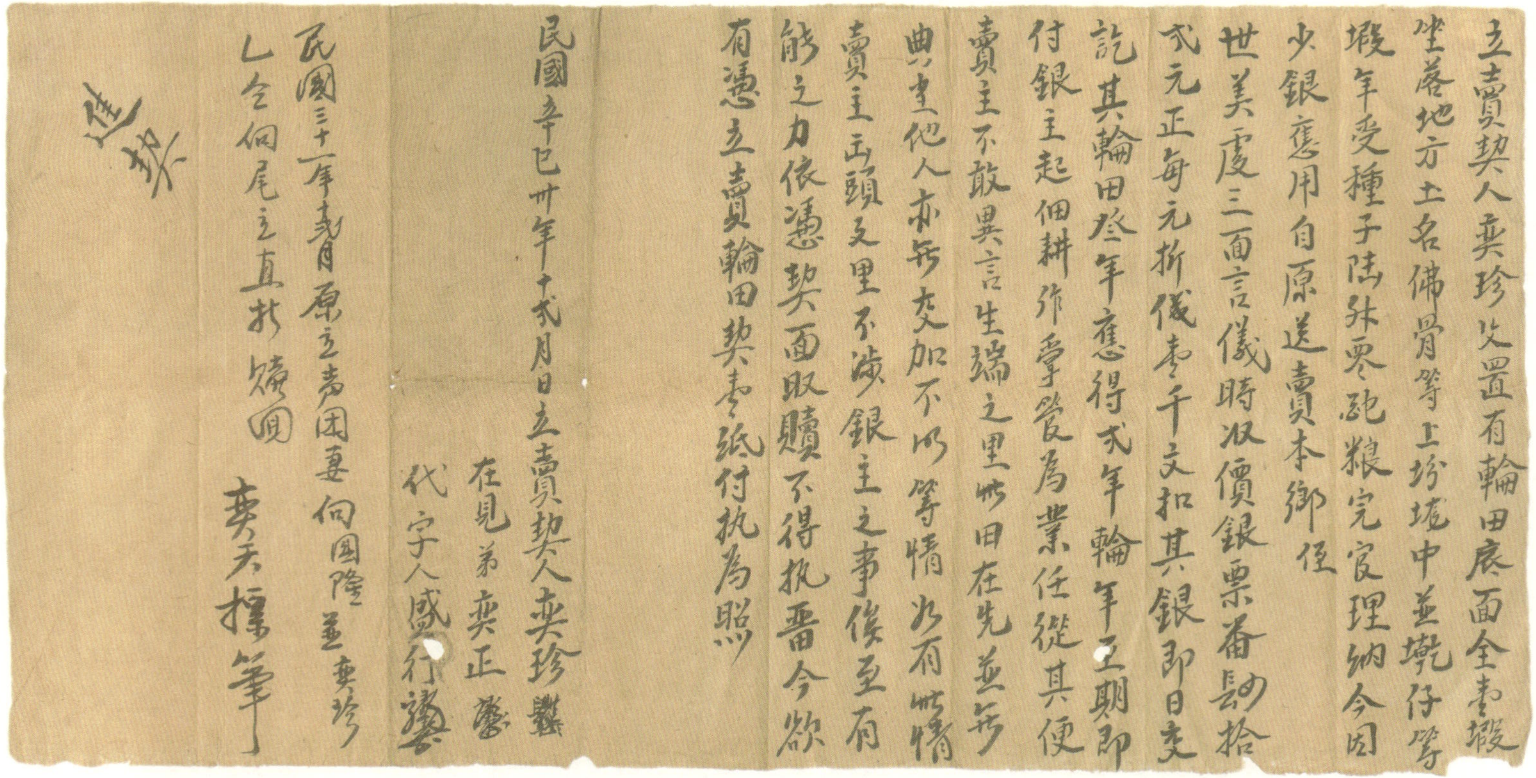

立賣契人奕珍先置有輪田底面全壹段
坐落地方土名佛骨等上坋壠中並墘仔等
段年受種子陸升零配粮完官理納今因
少銀應用自原送賣本鄉 任
世美處三面言議時價銀票番㔹拾
弍元正每元折價壹千文扣其銀即日交
訖其輪田於年應得弍年輪年至期即
付銀主起佃耕作掌管為業任從其便
賣主不敢異言生端之理此田在先並無
典掛他人亦無交加不明等情如有此情
賣主出頭支理不涉銀主之事後至有
能之力依憑契面取贖不得執吝今欲
有憑立賣輪田契壹紙付執為照

民國辛巳卅年十弍月日立賣契人奕珍
在見弟奕正
代字人盛行

民國三十一年壹月原主壹困再向國陞並奕珍
乙仝何尾立直找繳回
奕天檡筆

退契

10-4-5-4 民國三十年十二月黃奕珍立賣底面全輪田契

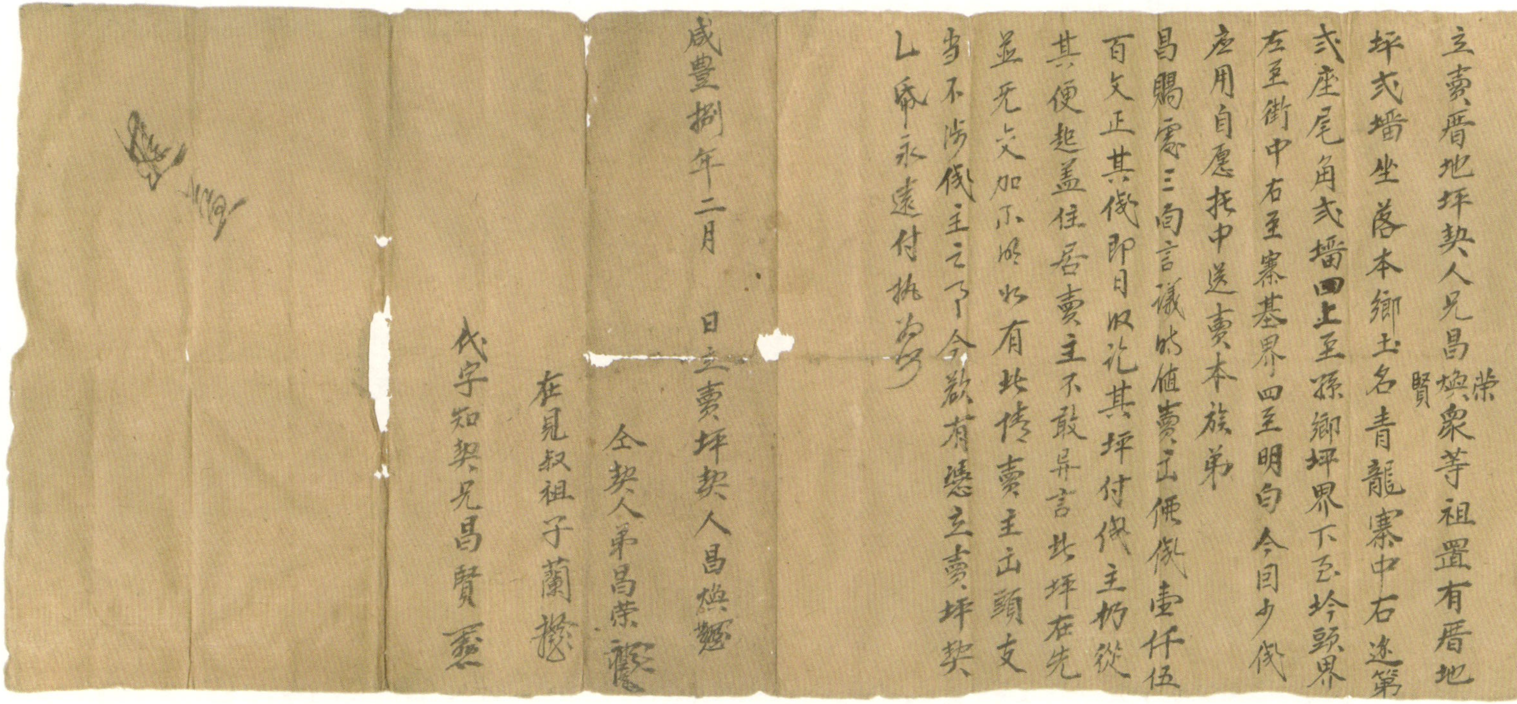
立賣厝地坪契人兄昌煥、榮、賢、衆等祖置有厝地
坪弍墻坐落本鄉土名青龍寨中右邊第
弍座尾角弍墻四上至孫鄉坪界下至於頭界
左至街中右至寨基界四至明白今因少錢
應用自愿托中送賣本族弟
昌鵬處三面言議時值價錢壹仟伍
百文正其錢即日收訖其坪付與錢主仍從
其便起蓋住居賣主不敢异言此坪在先
並無文加不明如有此情賣主出頭支
当不涉錢主之事今欲有憑立賣坪契
一帋永遠付執為照

咸豐捌年二月　日立賣坪契人昌煥（押）
仝契人弟昌榮（押）
在見叔祖子蘭（押）
代字知契兄昌賢（押）

10-4-6-1　清咸豐八年二月黄昌煥等立賣厝地坪契

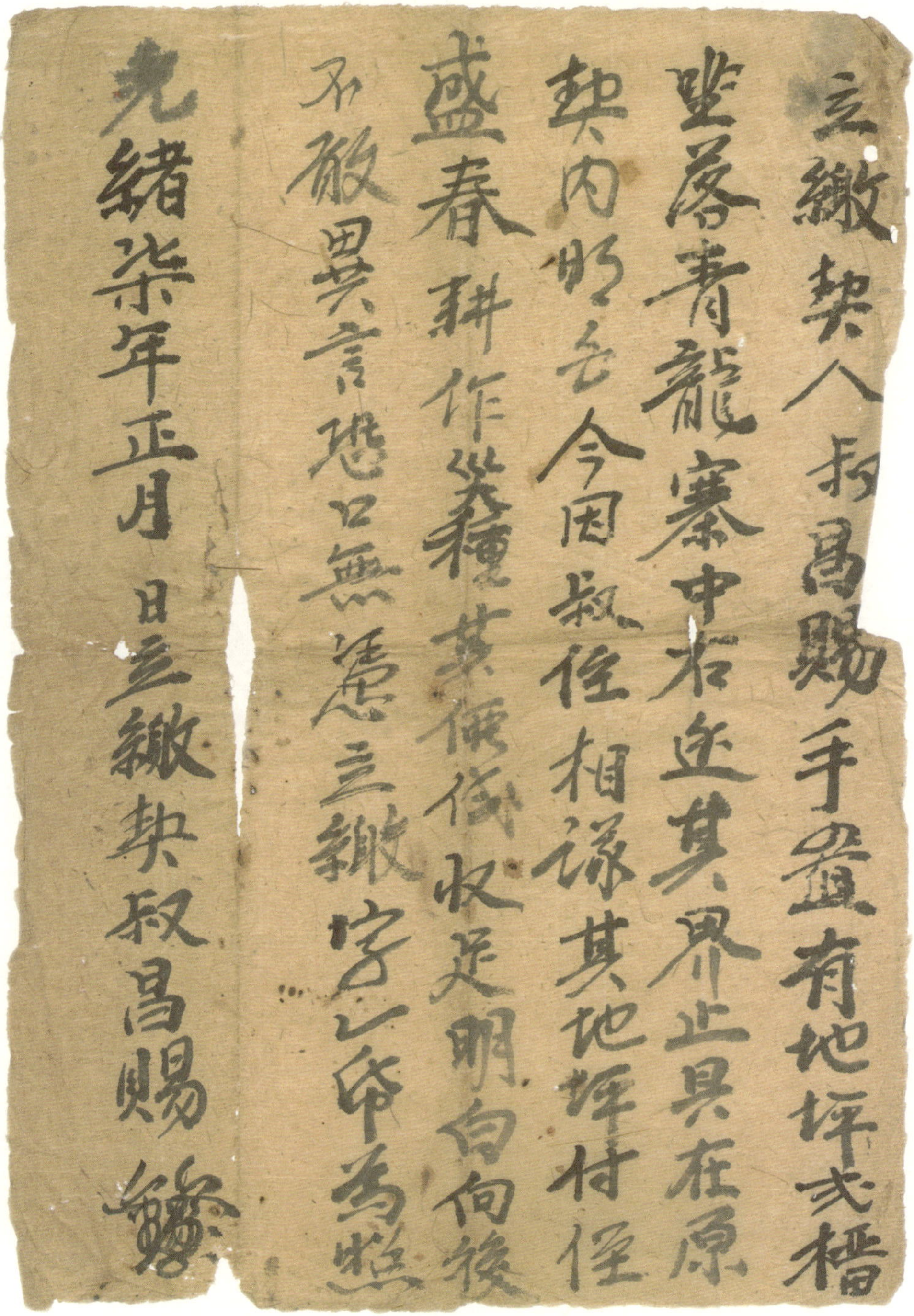
立繳契人叔昌賜手置有地坪弍橋
坐落青龍寨中右邊其界止具在原
契內明白今因叔侄相議其地坪付侄
盛春耕作種其價錢收足明白向後
不敢異言恐口無憑立繳字一紙爲照
光緒柒年正月　日立繳契叔昌賜（押）

10-4-6-2 清光緒七年正月黄昌賜立繳地坪契

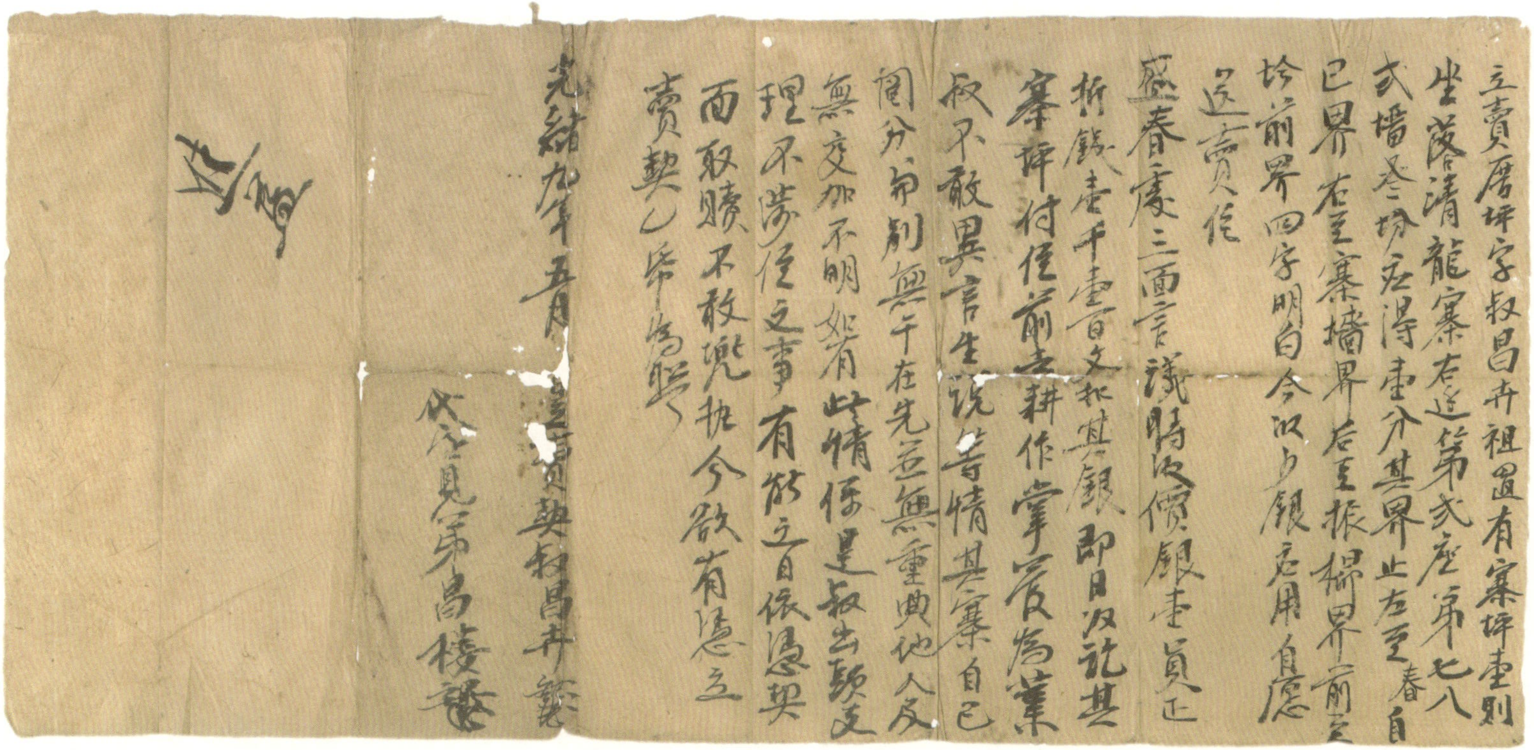
立賣厝坪字叔昌卉祖置有寨坪壹則
坐落清龍寨右邊第弍座第七八
弍墙叁坊左得壹分其界止左至春自
己界右至寨墙界後至振榻界前至
坽前界四字明白今叔乏銀應用自愿
送賣侄
盛春處三面言議時值價銀壹員正
折錢壹千壹百文扣其銀即日收訖其
寨坪付侄前去耕作掌管為業
叔不敢異言生說等情其寨自己
閭分，弟則無干在先並無重典他人及
無交加不明如有此情係是叔出頭支
理不涉侄之事有於立目依憑契
而取贖不敢執今欲有憑立
賣契一紙為照
光緒九年五月　日立賣契叔昌卉
代筆見弟昌樓

10-4-6-3　清光緒九年五月黄昌卉立賣寨坪契

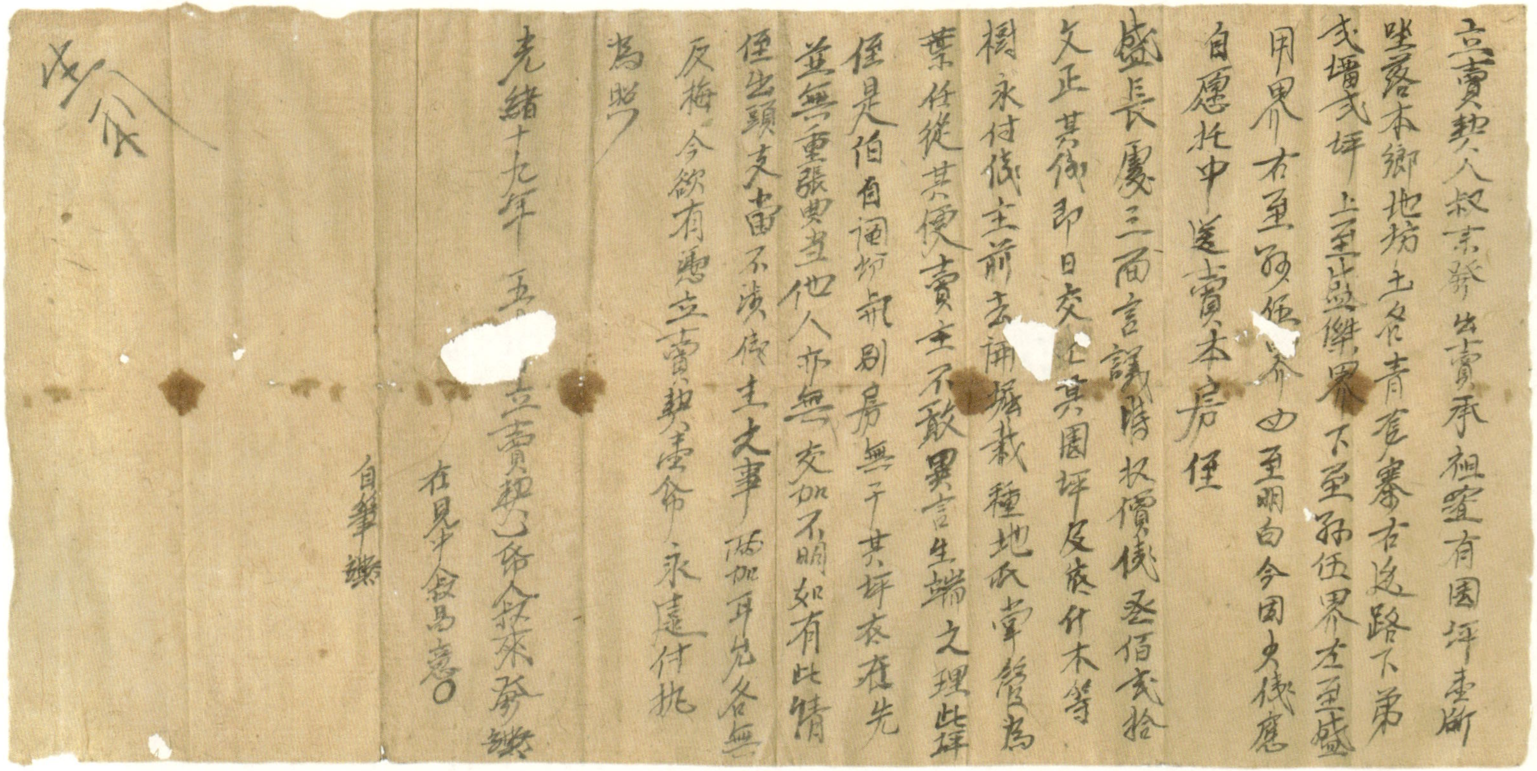

立賣契人叔黃來發，承祖置有園坪壹所，坐落本鄉地坊土名青崖寨古運路下第式墻式坪，上至孫盛樂界，下至孫伍界，左至盛用界，右至孫伍界，四至明白。今因少錢應用，自愿托中送賣本房侄盛長處，三面言議時收價錢叁佰貳拾文正，其錢即日交訖，其園坪及茲竹木等樹永付錢主前去開墾栽種，地租掌管為業，任從其便，賣主不敢異言生端之理。此坪係是伯自己物業，與房親伯叔兄弟侄無干。其坪未賣先並無重張典當他人，亦無交加不明。如有此情，係出頭支當，不涉錢主之事。兩相允愿，各無反悔。今欲有憑，立賣契壹紙，永遠付執為照。

光緒十九年五月 日 立賣契人叔黃來發 押

在見中叔□喜 ○

自筆 押

10-4-6-4 清光緒十九年五月黃來發立賣園坪契

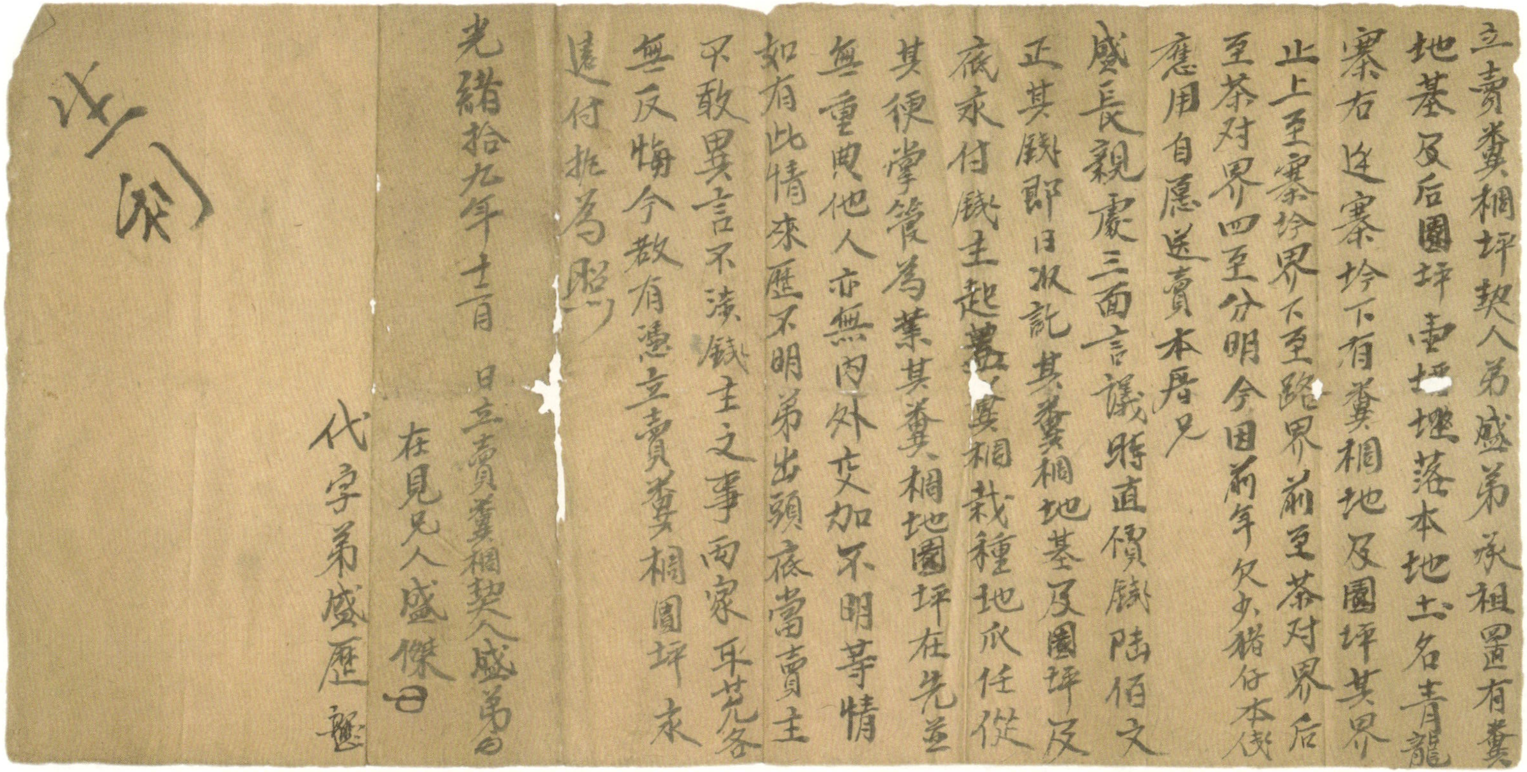
立賣糞桐坪契人弟盛茅承祖置有糞
地基及后園坪壹坵坐落本地土名青龍
寨右邊寨坽下有糞桐地及園坪其界
止上至寨坽界下至路界前至茶对界后
至茶对界四至分明今因前年欠少錢仔本俵
應用自愿送賣本房兄
盛長親處三面言議時直價錢陆佰文
正其錢即日收訖其糞桐地基及園坪及
底永付錢主起業糞桐栽種地所任從
其便掌管為業其糞桐地園坪在先並
無重典他人亦無內外交加不明等情
如有此情來歷不明弟出頭抵當賣主
不敢異言不涉錢主之事兩家平允各
無反悔今欲有憑立賣糞桐園坪永
遠付批為照
光緒拾九年十二月 日立賣糞桐契人盛弟
在見兄人盛傑
代字弟盛歷 筆

10-4-6-5 清光緒十九年十二月黃盛弟立賣糞桐園坪契

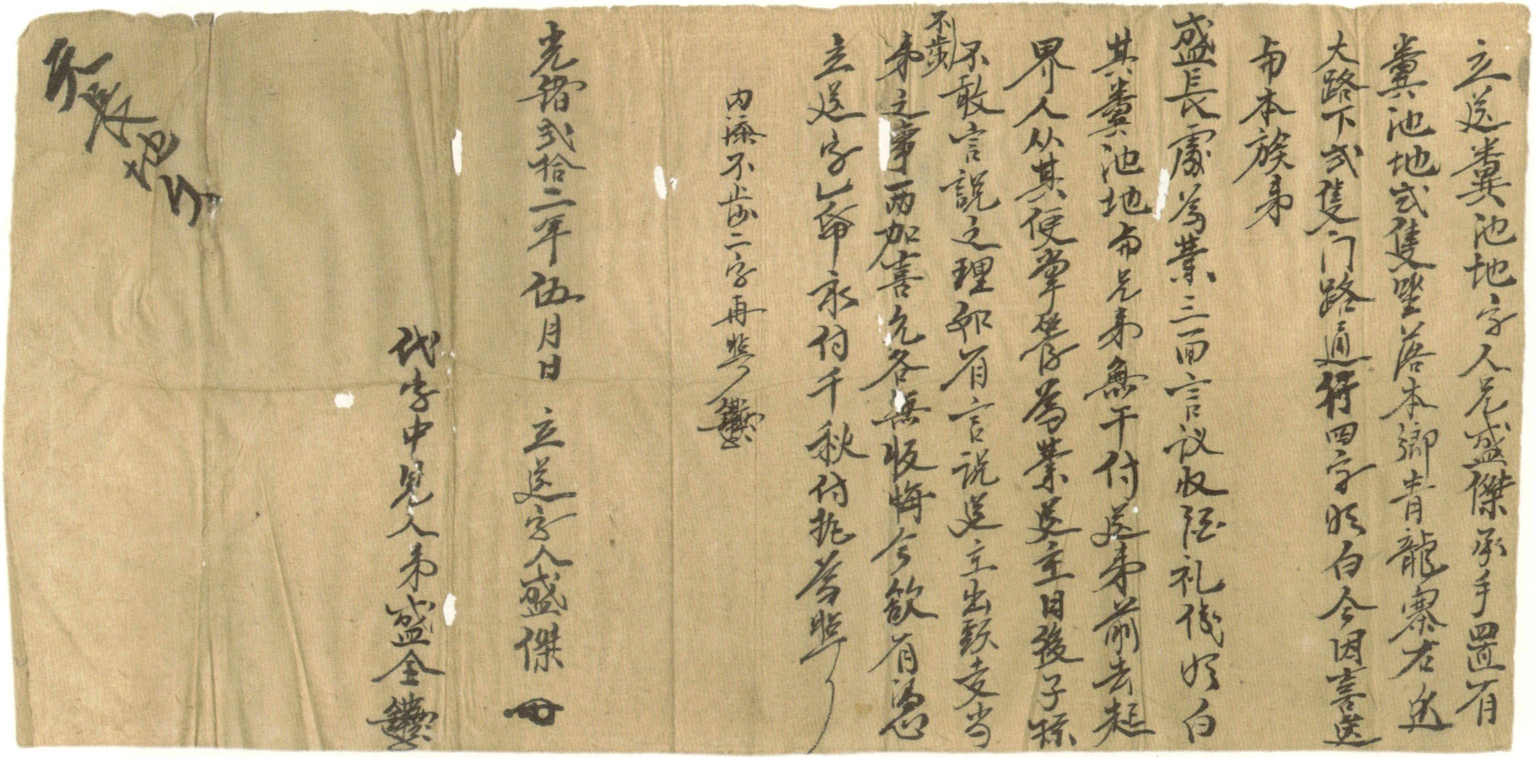

立送糞池地字人兄盛傑承手置有
糞池地弍隻坐落本鄉青龍寨右边
大路下弍隻門路通行四字明白今因喜送
与本族弟
盛長處為業三面言議收拾礼儀明白
其糞池地与兄弟無干付與弟前去起
界人從其使掌管為業送主日後子孫
不敢言說之理如有言說送主出頭支當
不敢
弟之事兩加喜允各無反悔今欲有憑
立送字一紙永付千秋付執為照
内添不敢二字再照
光緒弍拾二年伍月日 立送字人盛傑
代字中見人弟盛金
永長地行

10-4-6-6 清光緒二十二年五月黃盛傑立送糞池地字

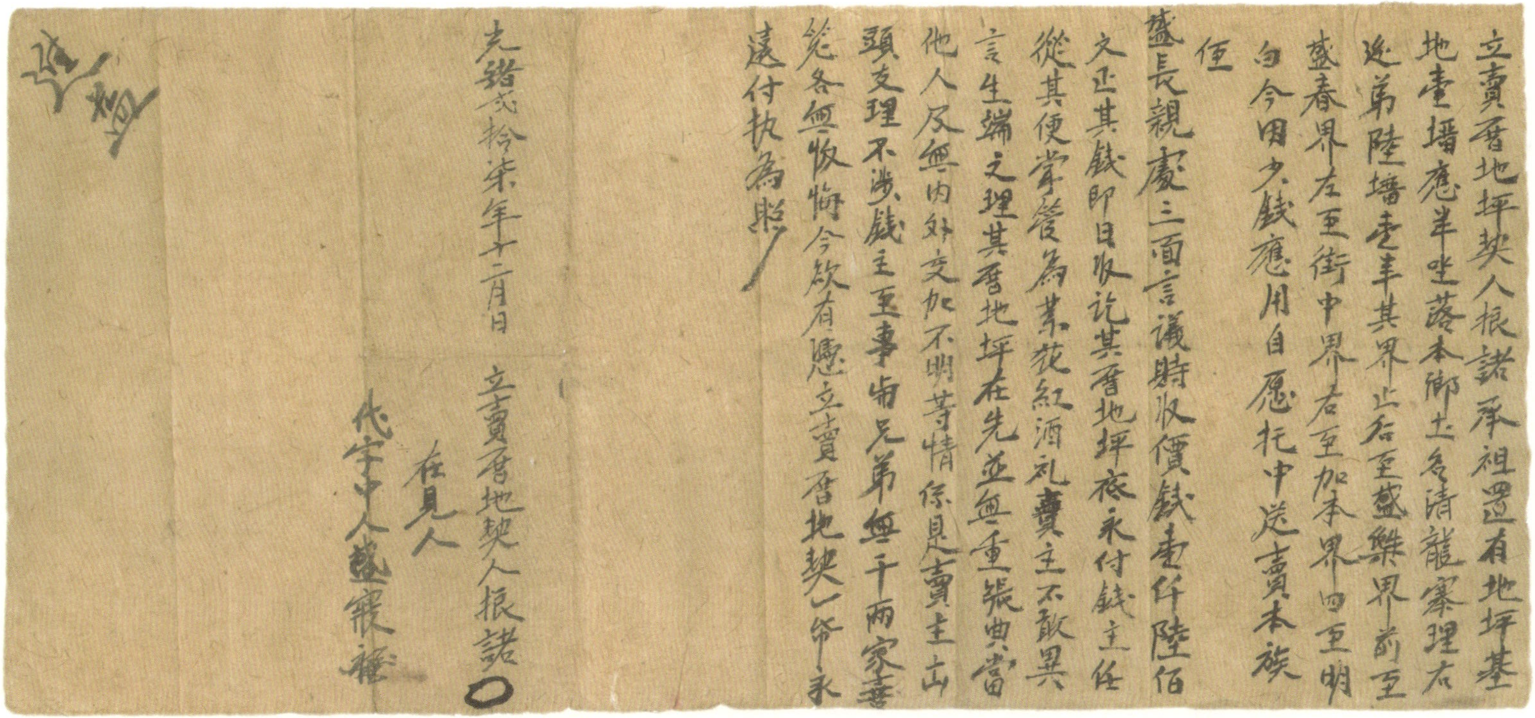
立賣厝地坪契人根諸承祖遺有地坪基
地壹墻應半坐落本鄉土名清龍寨理右
邊弟陸墻壹半其界上右至盛樂界前至
盛春界左至街中界右至加本界四至明
白今因乏錢應用自愿托中送賣本族
侄
盛長親處三面言議時收價錢壹仟陸佰
文正其錢即日收訖其厝地坪依永付錢主任
從其便掌管為業並花紅酒礼賣主不敢異
言生端之理其厝地坪在先並無重張典當
他人及無內外交加不明等情係是賣主出
頭支理不涉錢主之事自兄弟無干兩家甘
允各無反悔今欲有憑立賣厝地契一紙永
遠付執為照

光緒貳拾柒年十二月日　立賣厝地契人根諸
在見人
代字中人盛寵

10-4-6-7　清光緒二十七年十二月黃根諸立賣厝地契

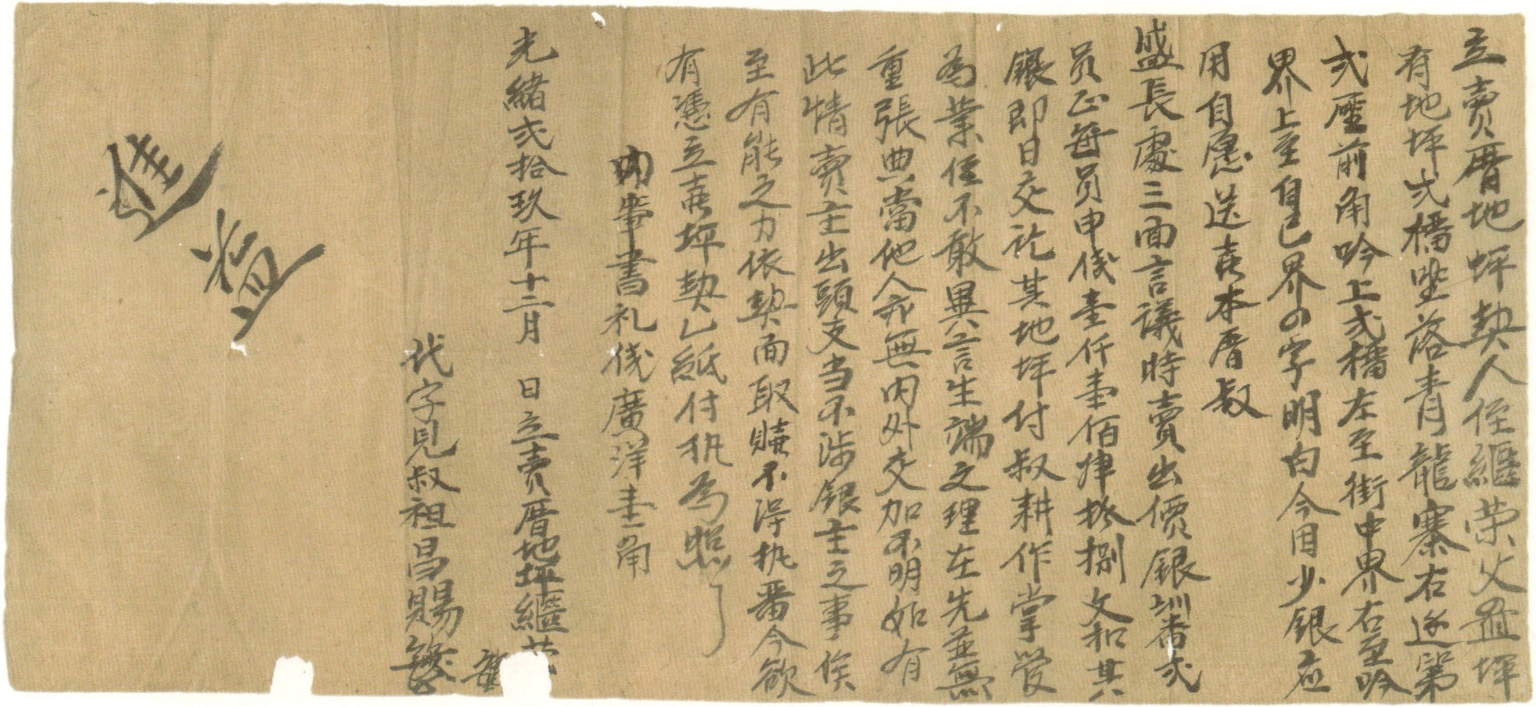

10-4-6-8 清光緒二十九年十二月黃繼榮立賣厝地坪契

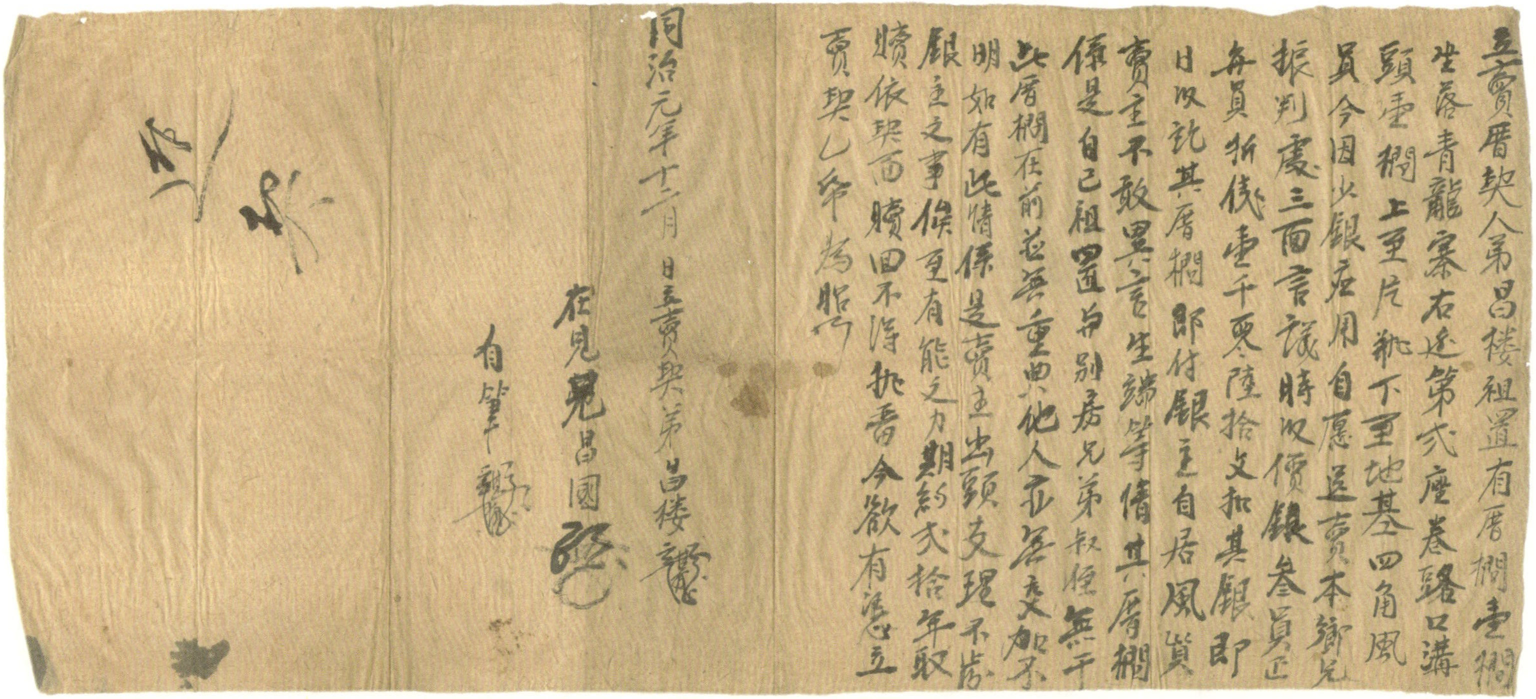
立賣厝契人弟昌樓祖置有厝棡壹棡
坐落青龍寨右边第弍座巷路口溝
頭壹棡上至片瓦下至地基四角風
員今因乏銀应用自愿送賣本鄉兄
振剉處三面言議時收價銀叁員正
每員折錢壹千叁陸拾文扣其銀即
日收訖其厝棡即付銀主自居風員
賣主不敢異言生端等情其厝棡
係是自己祖置与別房兄弟叔侄無干
此厝棡在前並無重典他人亦無交加不
明如有此情係是賣主出頭支理不涉
銀主之事候至有能之力期約弍拾年取
贖依契面贖回不得執吝今欲有憑立
賣契乙紙為照
同治元年十二月　日立賣契弟昌樓（押）
在見兄昌國（押）
自筆（押）

10-4-7-1　清同治元年十二月黃昌樓立賣厝棡契

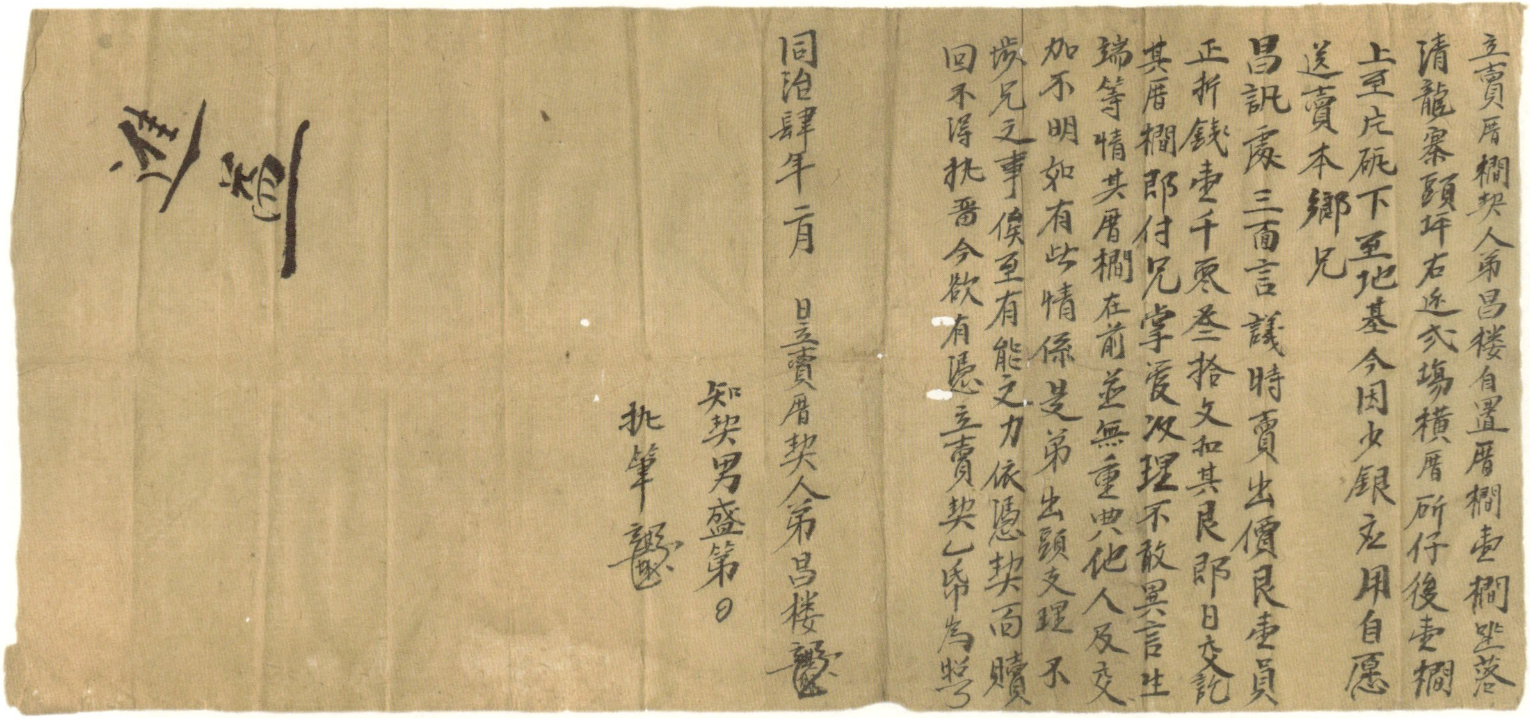
立賣厝椆契人弟昌樓自置厝椆壹椆坐落
清龍寨頭坪右邊弍塲横厝所仔後壹椆
上至庀硴下至地基今因乏銀應用自愿
送賣本鄉兄
昌訊處三面言議時賣出價艮壹員
正折錢壹千零叁拾文和其艮即日交訖
其厝椆即付兄掌管收理不敢異言生
端等情其厝椆在前並無重典他人及交
加不明如有此情係是弟出頭支理不
涉兄之事候至有能之力依憑契面贖
回不得执番今欲有憑立賣契一紙為照

同治肆年二月　日立賣厝契人弟昌樓
知契男盛第
執筆

10-4-7-2　清同治四年二月黄昌樓立賣厝椆契

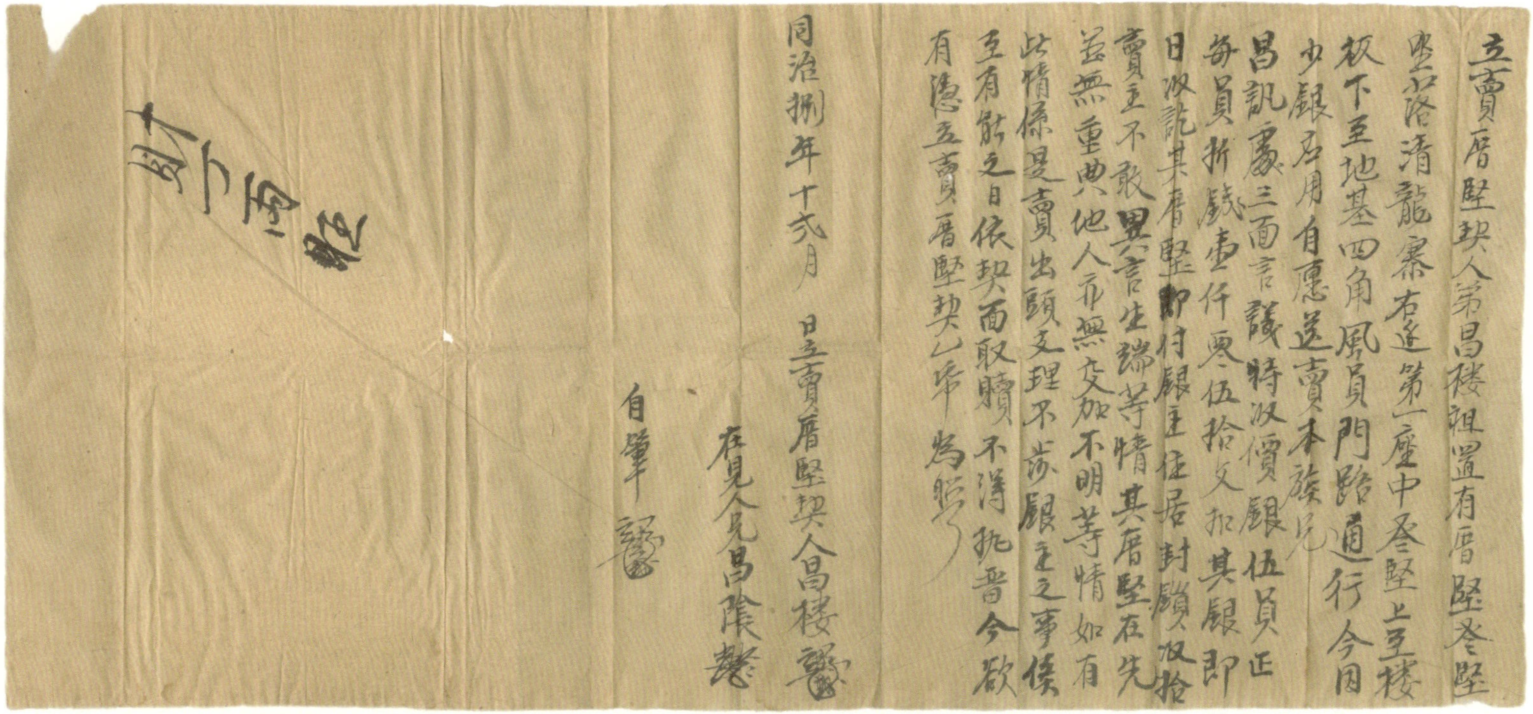
立賣厝竪契人弟昌樓祖置有厝竪叁竪
坐落洑口清龍寨右邊第一座中叁竪上至樓
枋下至地基四角風員門路通行今因
少銀應用自愿送賣本族兄
昌訊處三面言議特收價銀伍員正
每員折錢壹仟零伍拾文扣其銀即
日收訖其厝竪即付銀主住居封鎖收拾
賣主不敢異言生端等情其厝竪在先
並無重典他人亦無交加不明等情如有
此情係是賣出頭支理不涉銀主之事俟
至有銀之日依契面取贖不得執留今欲
有憑立賣厝竪契一帋為照
同治捌年十弍月　日立賣厝竪契人昌樓（押）
在見人兄昌陰（押）
自筆（押）

10-4-7-3　清同治八年十二月黃昌樓立賣厝樫契

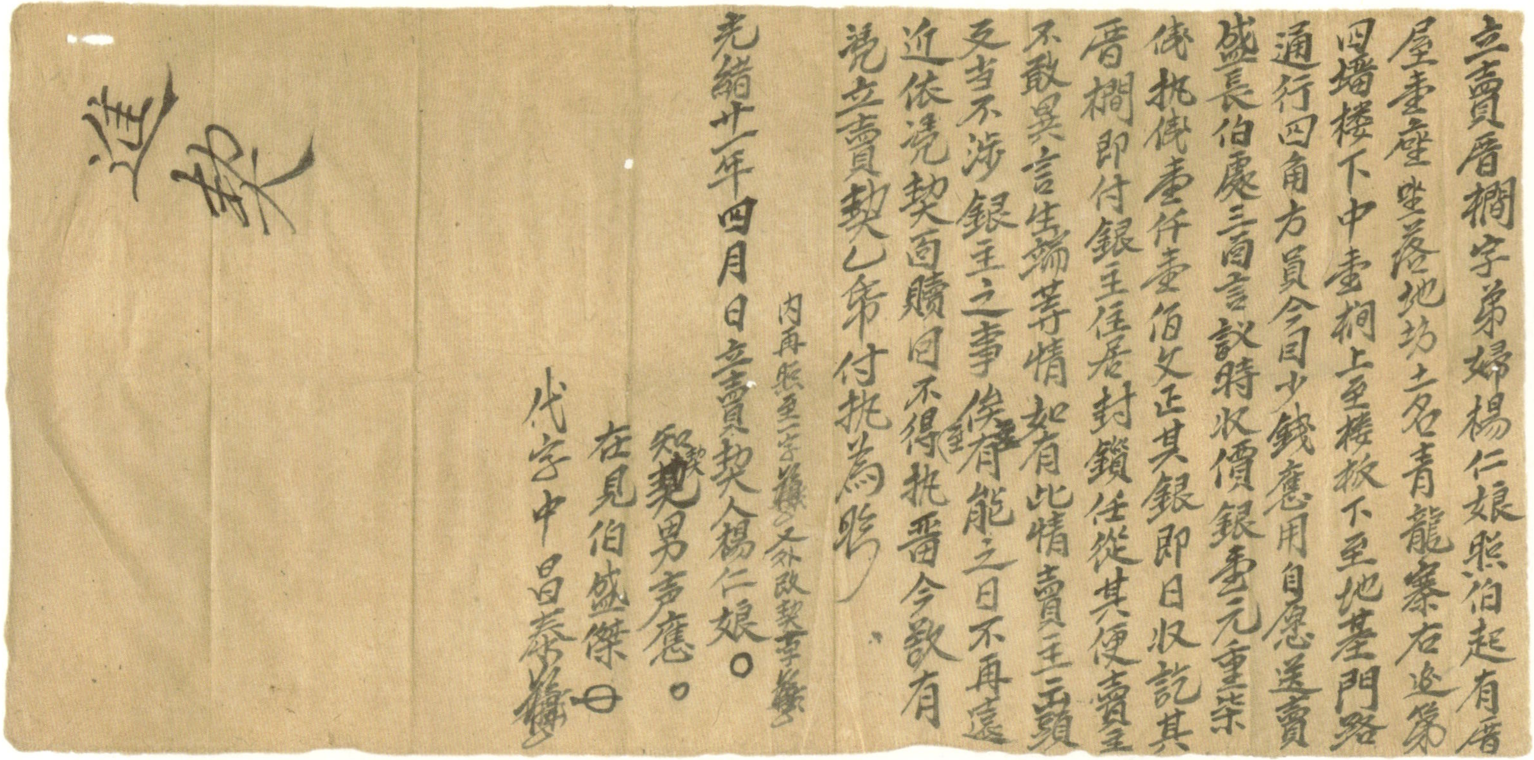

立賣厝棡字弟婦楊仁娘親伯起有厝
屋壹座坐落地坊土名青龍寨右边第
四墙楼下中壹桐上至楼板下至地基門路
通行四角方員今因少錢應用自愿送賣
盛長伯處三面言議時收價銀壹元重柒
錢批錢壹仟壹佰文正其銀即日收訖其
厝棡即付銀主任居封鎖任從其便賣主
不敢異言生端等情如有此情賣主一力頭
支当不涉銀主之事 俟至有能之日不再遠
近依邊契面贖回不得挑番 今欲有
憑立賣契乙帋付执為照

内再添至一字 又外改契一字

光緒廿一年四月日立賣契人楊仁娘〇
知契男声應〇
在見伯盛傑〇
代字中 昌泰

進契

10-4-7-4 清光緒二十一年四月楊仁娘立賣厝棡字

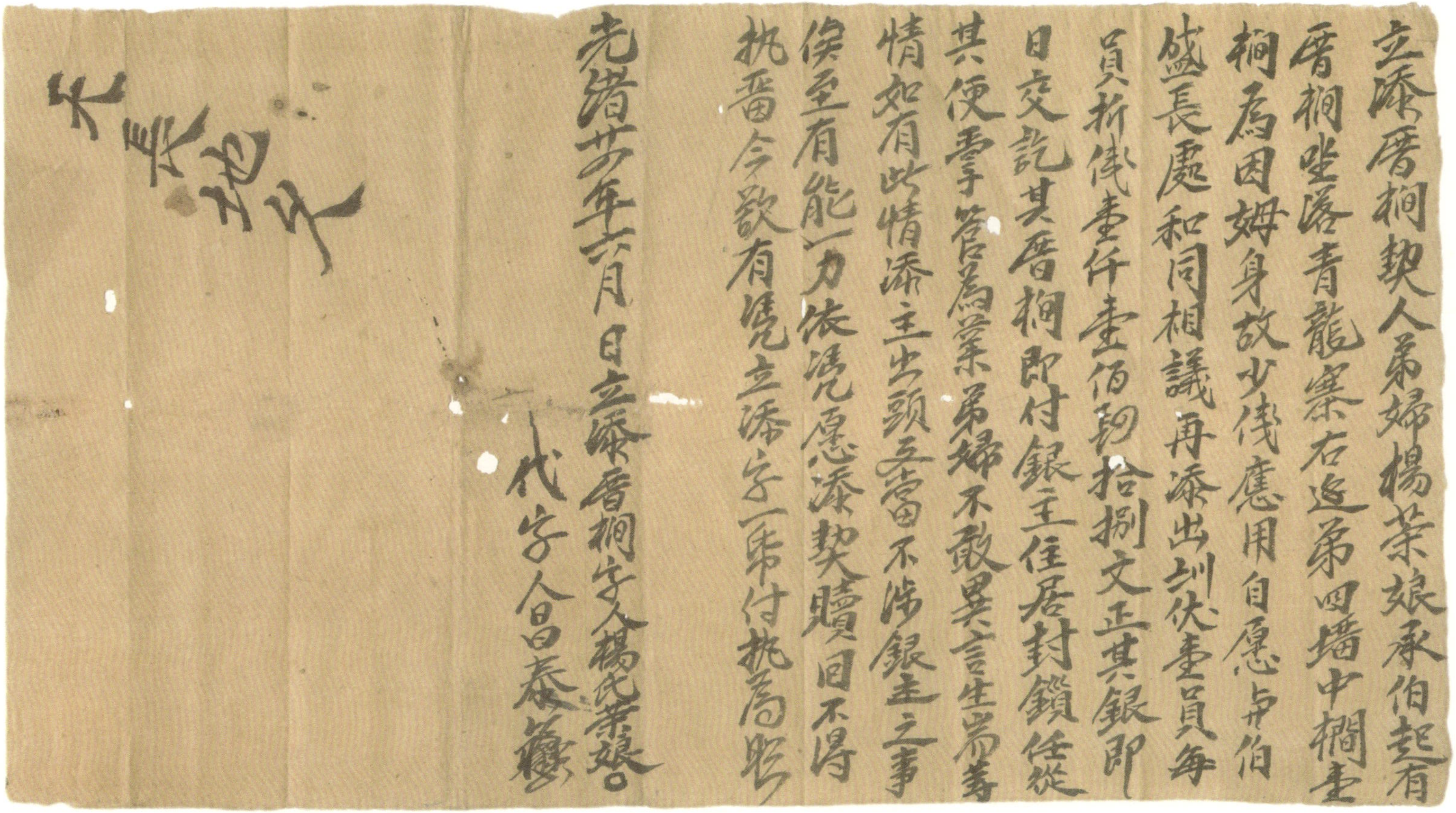

立添厝桐契人弟婦楊榮娘承伯起有
厝桐坐落青龍寨右邊弟四墻中間壹
桐為因姆身故少錢應用自愿與伯
盛長處和同相議再添出劍伏壹員每
員折錢壹仟壹佰玖拾捌文正其銀即
日交訖其厝桐即付銀主住居封鎖任從
其便掌管為業弟婦不敢異言生端等
情如有此情添主出頭承當不涉銀主之事
俟至有能一力依憑原添契贖回不得
執留今欲有憑立添字一帋付執為照
光緒廿四年六月　日立添厝桐字人楊氏榮娘
代字人呂春藩
天長地久

10-4-7-5　清光緒二十四年六月楊榮娘立添厝㭎契

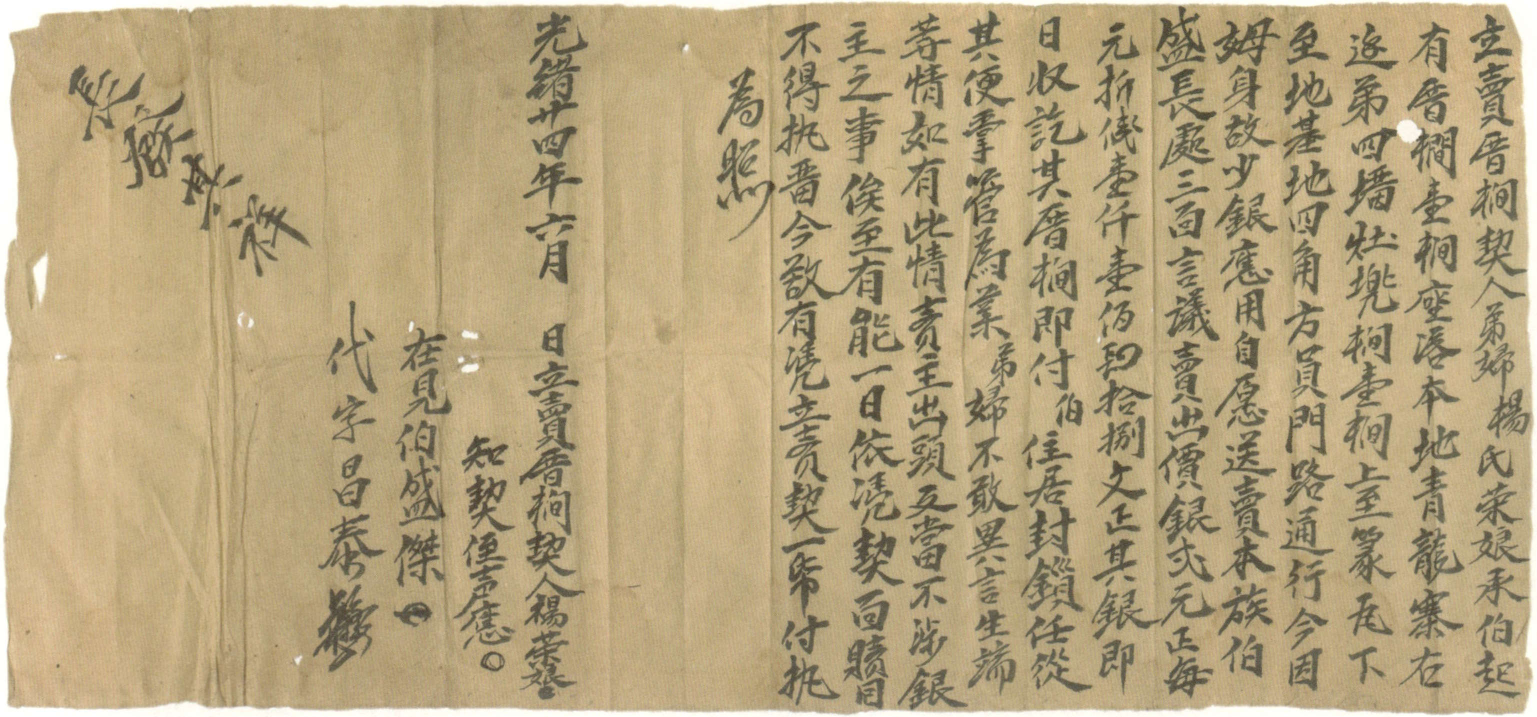
立賣厝椆契人弟婦楊氏榮娘承伯起
有厝椆壹椆座落本地青龍寨右
逘第四墙壯兆椆壹椆上至篆尾下
至地基地四角方員門路通行今因
姆身故少銀應用自愿送賣本族伯
盛長處三面言議賣出價銀弍元正每
元折錢壹仟壹佰肆拾捌文正其銀即
日收訖其厝椆即付伯 侄居封鎖任從
其便掌管為業弟 婦不敢異言生端
等情如有此情責主出頭支當不涉銀
主之事 後至有能一日依憑契面贖回
不得执晉今欲有憑立賣契一帋付执
為照
光緒廿四年六月 日立賣厝椆契人楊榮娘
知契侄吉悳
在見伯成盛傑
代字呂泰

10-4-7-6 清光緒二十四年六月楊榮娘立賣厝椆契

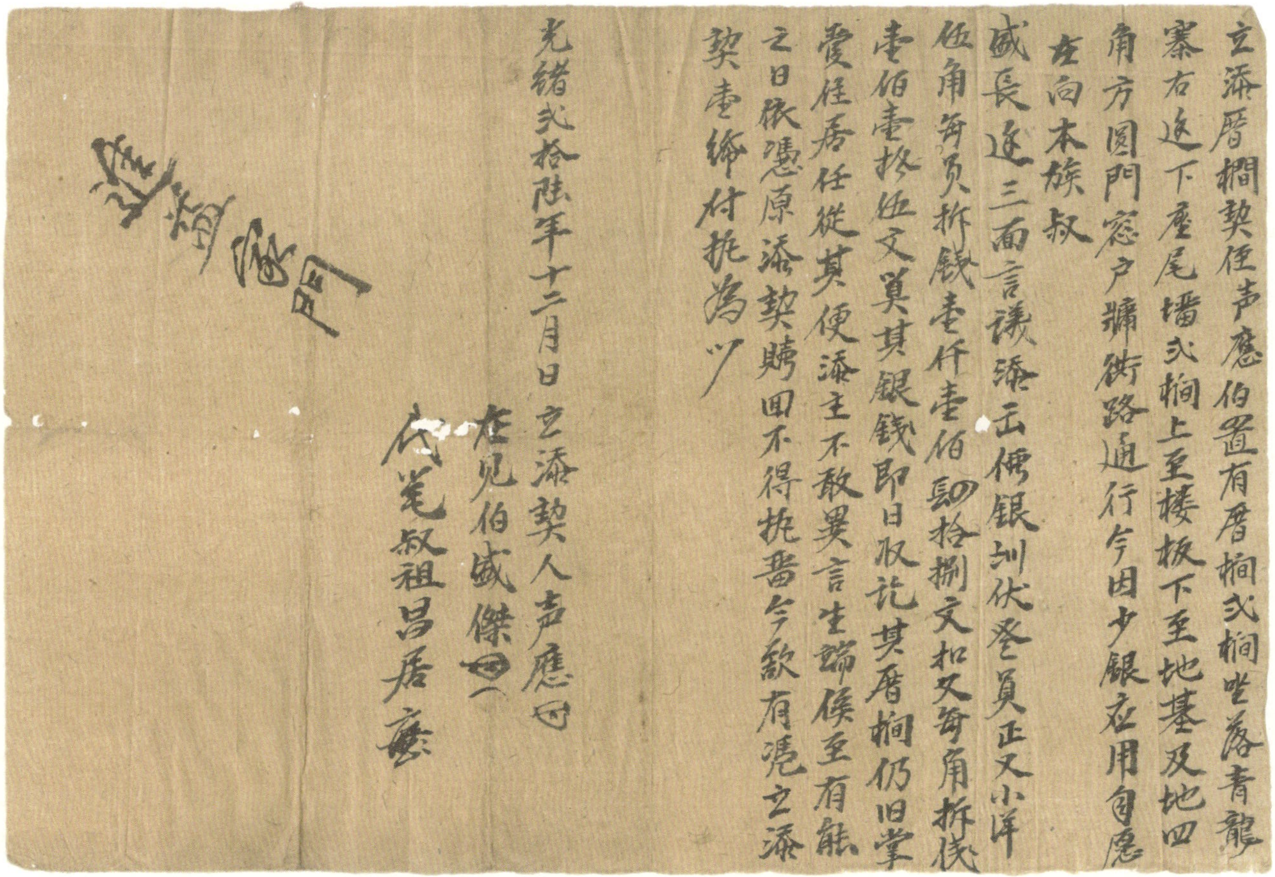

立添厝椆契侄声應伯置有厝椆弍椆坐落青龍
寨右边下座尾墙弍椆上至樓板下至地基及地四
角方圓門窓户牖街路通行今因少銀应用自愿
在向本族叔
盛長边三面言議添出佛銀訓伏叁員正又小洋
伍角每員折錢壹仟壹佰駟拾捌文扣又每角折伕
壹佰壹拾伍文莫其銀錢即日收訖其厝椆仍旧掌
管任居任從其便添主不敢異言生端候至有能
之日依憑原添契贖回不得挑番今欲有憑立添
契壹紙付执為炤

光緒弍拾陸年十二月日立添契人声應（押）
在見伯盛傑（押）
代笔叔祖昌居（押）

10-4-7-7　清光緒二十六年十二月黄声應立添厝椆契

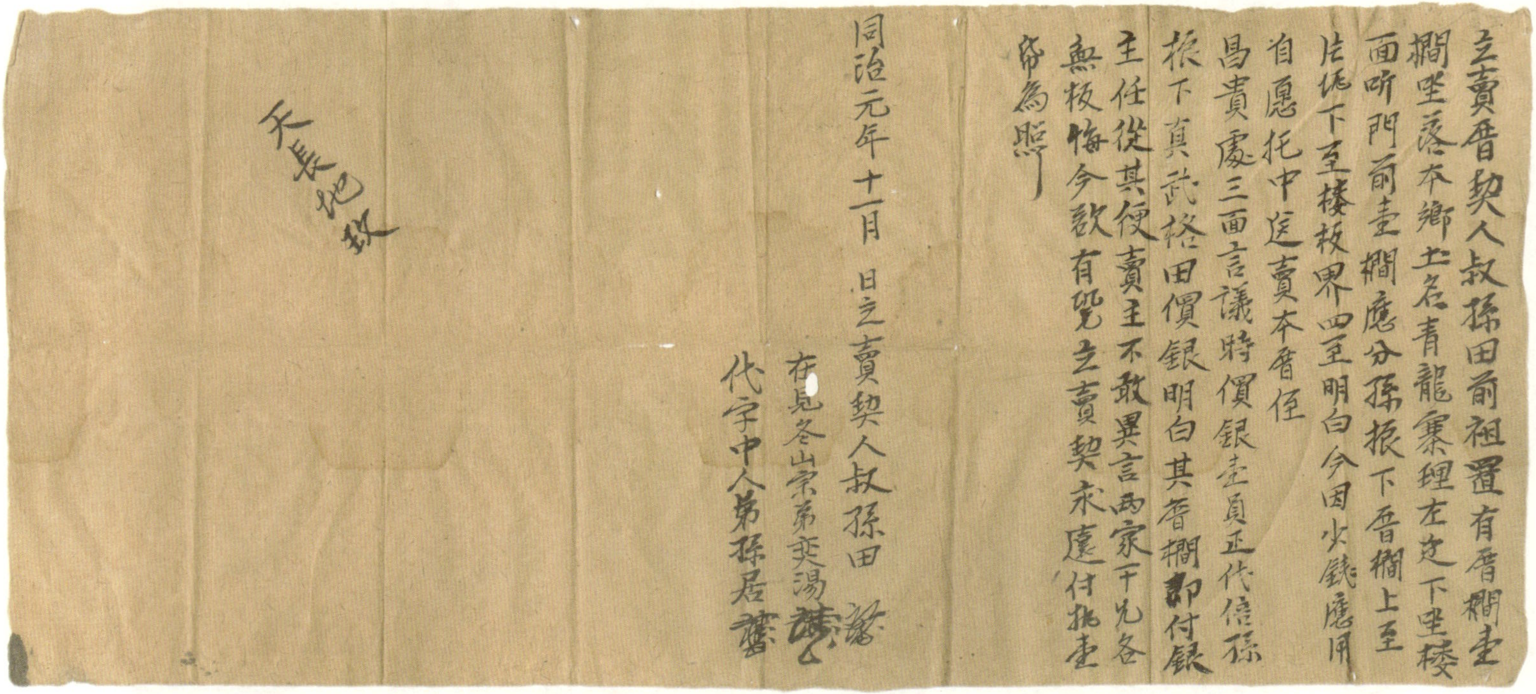
立賣厝契人叔孫田前祖置有厝棡壹
棡坐落本鄉土名青龍寨理左边下坐楼
面听門前壹棡應分孫振下厝棡上至
片坻下至楼板界四至明白今因火食應用
自愿托中送賣本厝侄
昌貴處三面言議時價銀壹員正代侄孫
振下真武拾田價銀明白其厝棡即付銀
主任從其便賣主不敢異言两家甘允各
無反悔今欲有憑立賣契永遠付执壹
帋為照|

同治元年十一月　日立賣契人叔孫田（押）
在見冬山宗弟奕湯（押）
代字中人弟孫居（押）

天長地玖

10-4-8-1　清同治元年十一月黃孫田立賣厝棡契

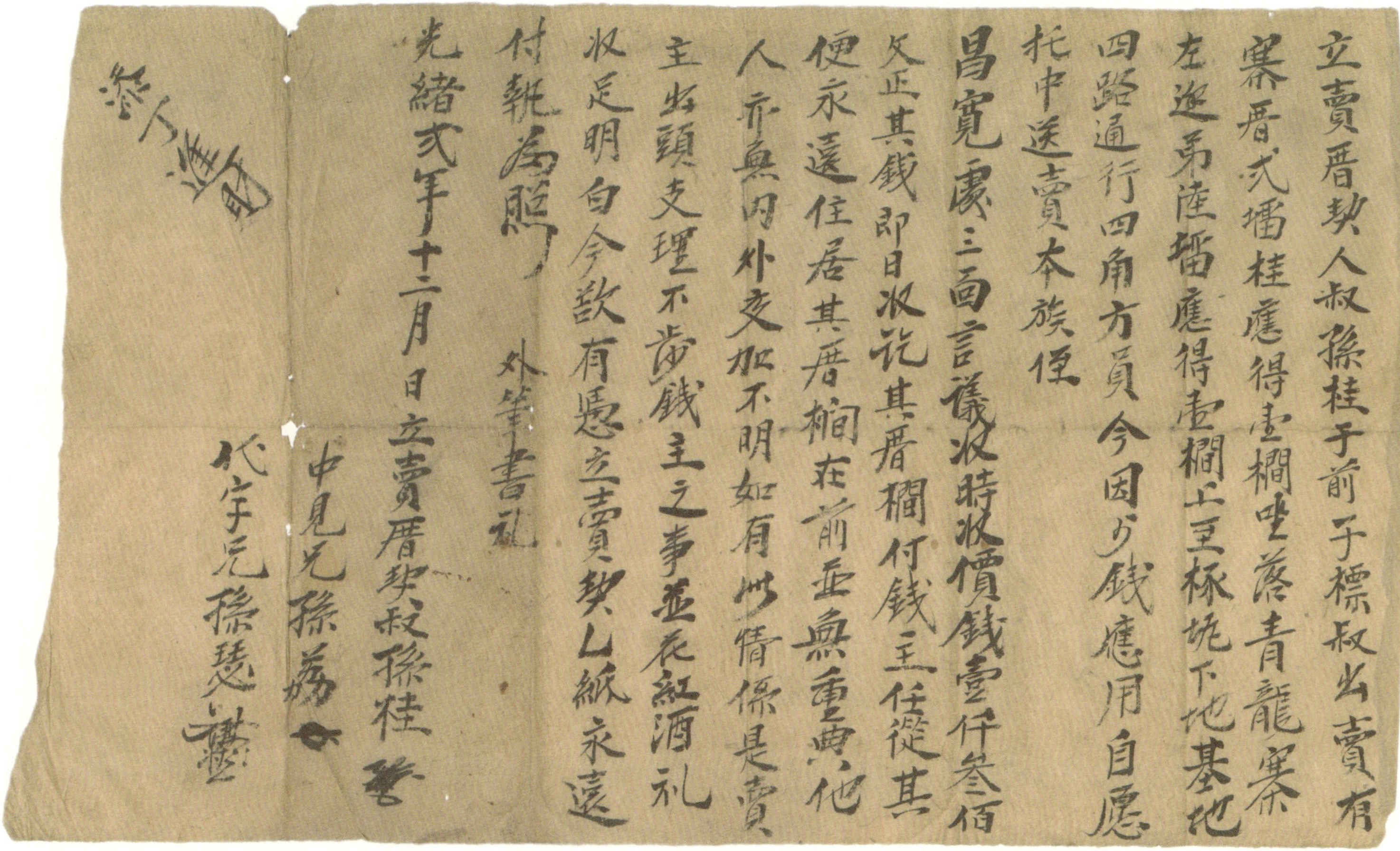
立賣厝契人叔孫桂于前于標叔出賣有
寨厝弍播桂應得壹棡坐落青龍寨
左邊弟座播應得壹棡上至椓垅下地基地
四路通行四角方員今因乏錢應用自愿
托中送賣本族侄
昌寬處三面言議收時收價錢壹仟叁佰
文正其錢即日收訖其厝棡付錢主任從其
便永遠住居其厝棡在前並無重典他
人亦無內外交加不明如有此情係是賣
主出頭支理不涉錢主之事並花紅酒礼
收足明白今欲有憑立賣契山紙永遠
付執為照　外筆書礼
光緒弍年十二月日立賣厝契叔孫桂
中見兄孫爲
代字兄孫瑟
添丁進財

10-4-8-2　清光緒二年十二月黃孫桂立賣寨厝契

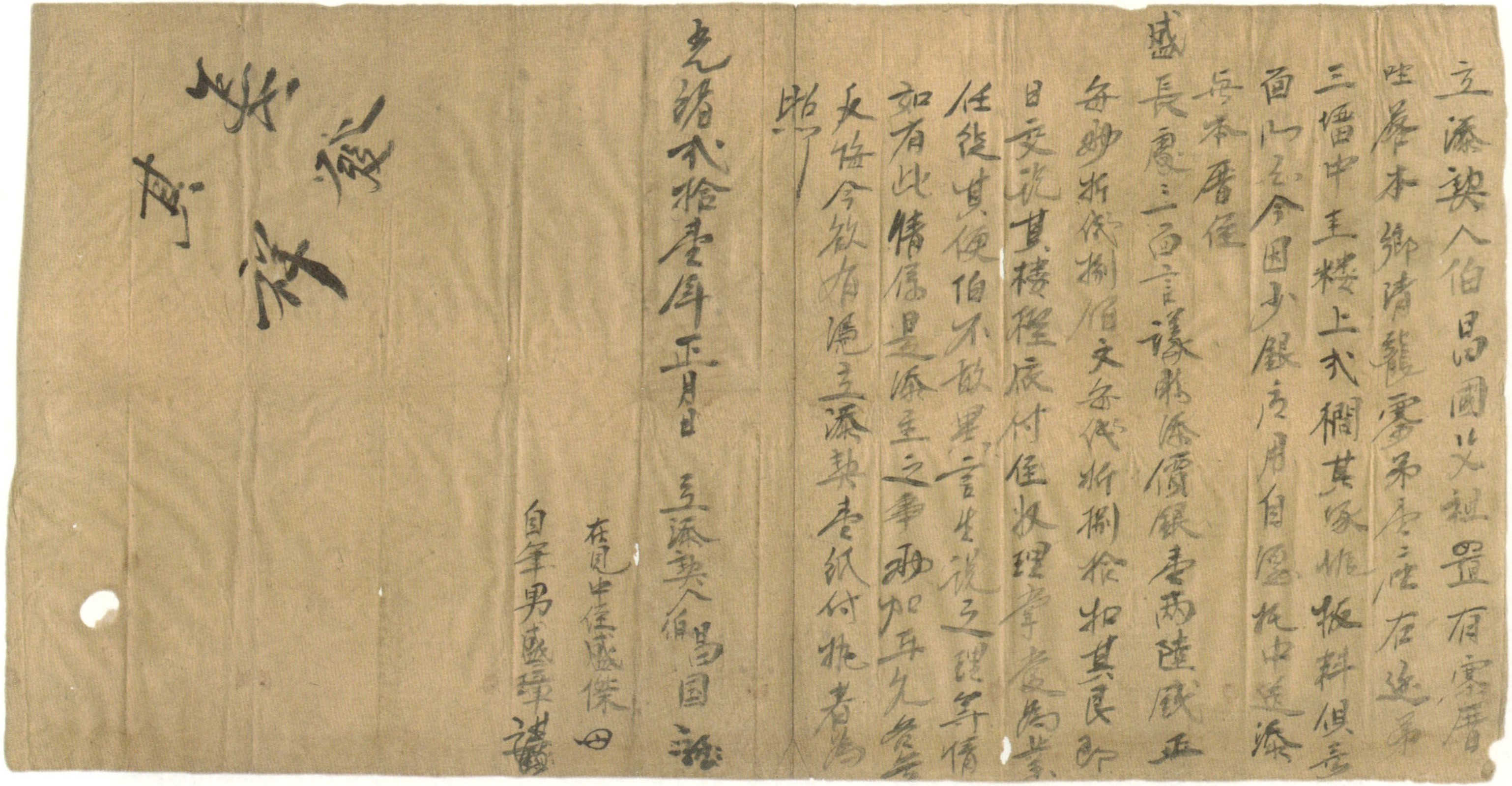

立添契人伯昌國，父祖置有寨厝
壹座，本鄉清龍寨，弟兄二位，在逆弟
三房中主樓上弍間，其家伙板料俱各
面分。今因少銀應用，自愿托中送添
與本厝侄
盛長處，三面言議，時添價銀壹兩，隨收足訖，每
兩折錢捌佰文，分作拾份，扣其銀即
日交訖。其樓聽侯付侄收理掌管為業，
任從其便，伯不敢異言生說之理。若等情
如有此情，係是添足之事，再加無爭
反悔。今欲有憑，立添契壹紙付執者為
照。

光緒弍拾壹年正月　日　立添契人伯昌國（押）

在見中侄盛傑（押）

自筆男盛璋（押）

10-4-8-3　清光緒二十一年正月黃昌國立添寨厝契

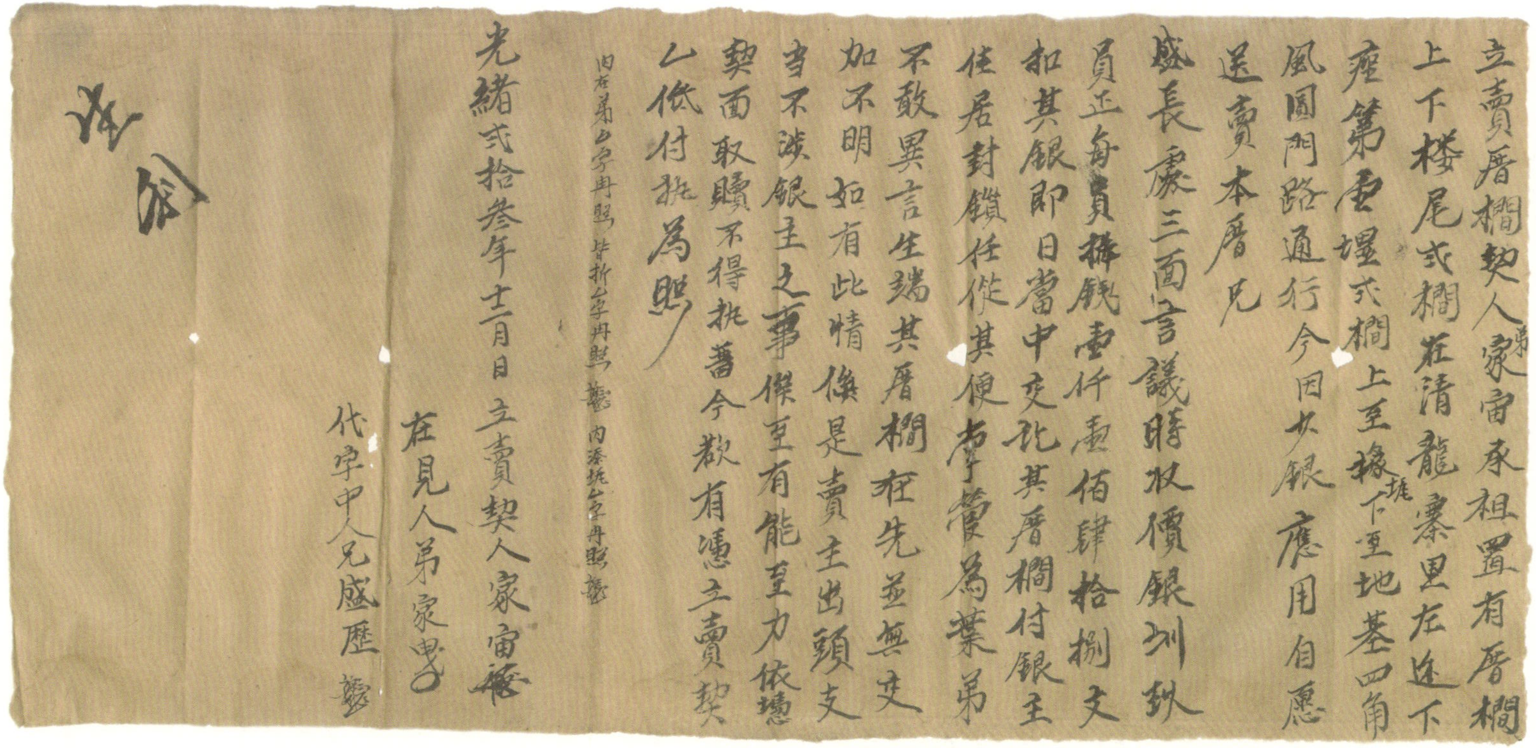

立賣厝棡契人弟家宙承祖置有厝棡
上下楼尾弍棡，坐清龍寨里左边下
座第壹堬弍棡，上至椽墘下至地基，四角
風圍門路通行。今因乏銀應用，自愿
送賣本厝兄
盛長處，三面言議，時收價銀洲鈌(?)
員正，每員排錢壹仟壹佰肆拾捌文
扣，其銀即日當中交訖，其厝棡付銀主
住居封鎖，任從其便，去(?)管為業，弟
不敢異言生端。其厝棡在先並無文(?)
加不明，如有此情，係是賣主出頭支
當，不涉銀主之事。係至有能至力依憑
契面取贖，不得執蓄(?)。今欲有憑，立賣契
一紙付執為照。

内在第二字冉點 皆折二字冉點 (押) 内添堬二字冉點 (押)

光緒弍拾叁年十二月 日 立賣契人家宙(押)
在見人弟家男(?)
代字中人兄盛歷(押)

10-4-8-4 清光緒二十三年十二月黄家宙立賣厝棡契

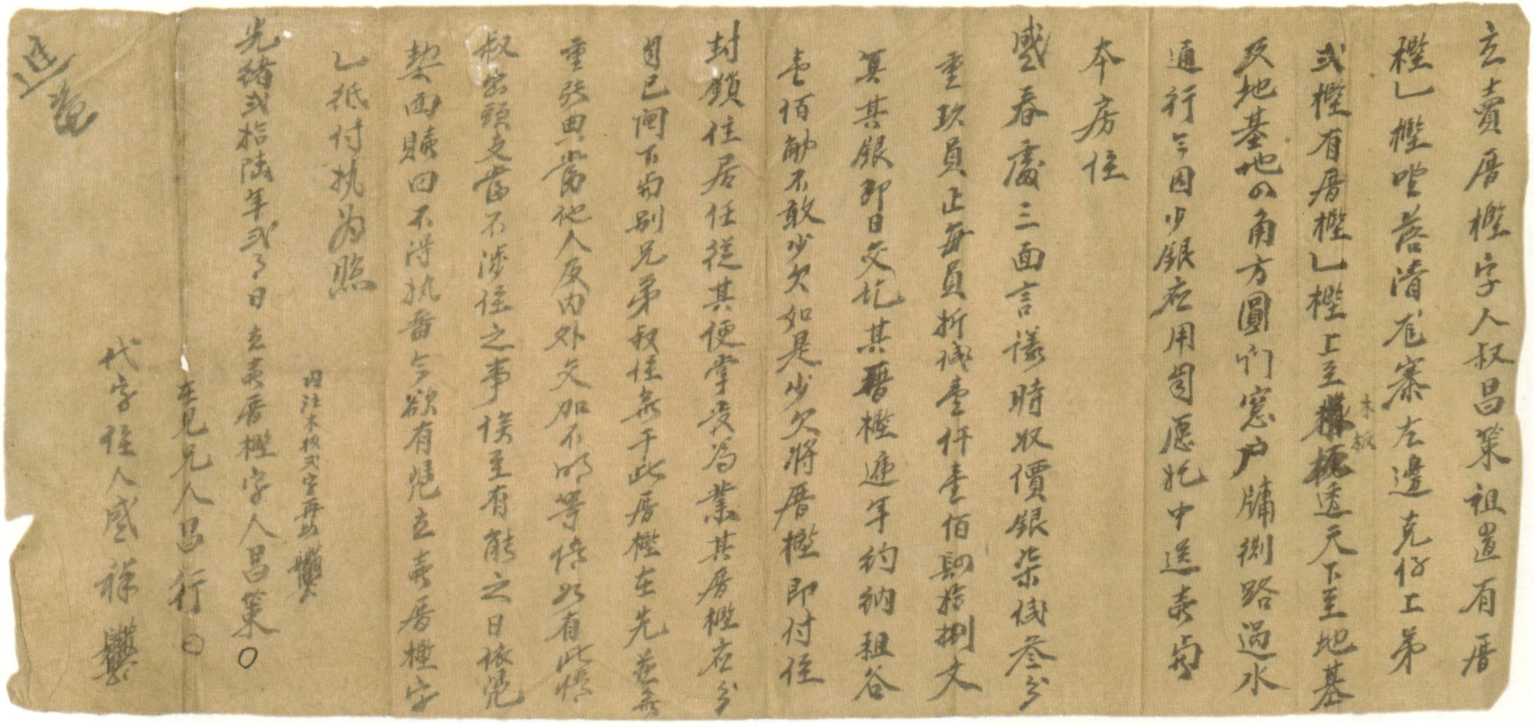
立賣厝楻字人叔昌策祖遺有厝
楻乙楻唑落清茂寨左邊克仔工第
式楻有厝楻乙楻上至樑（木板）透天下至地基
及地基地四角方圓門窗户牖街路過水
通行今因少銀應用自愿托中送賣與
本房侄
盛春處三面言議時值價銀柒伍叁兮
重玖員正每員折錢壹仟壹佰貳拾捌文
算其銀即日交訖其厝楻逐年約納租谷
壹佰觔不敢少欠如是少欠將厝楻即付侄
封鎖住居任從其便掌管為業其厝楻應分
自己閘下並別兄弟叔侄無干此厝楻在先並無
重張典當他人及内外交加不明等情如有此情
叔出頭支當不涉侄之事候至有能之日據憑
契面贖回不得執番今欲有憑立賣厝楻字
乙紙付執為照
內注木板式字再照
光緒式拾陸年式月 日 立賣厝楻字人昌策〇
在見兄人昌衍〇
代字侄人盛祥

10-4-8-5 清光緒二十六年二月黄昌策立賣厝楻字

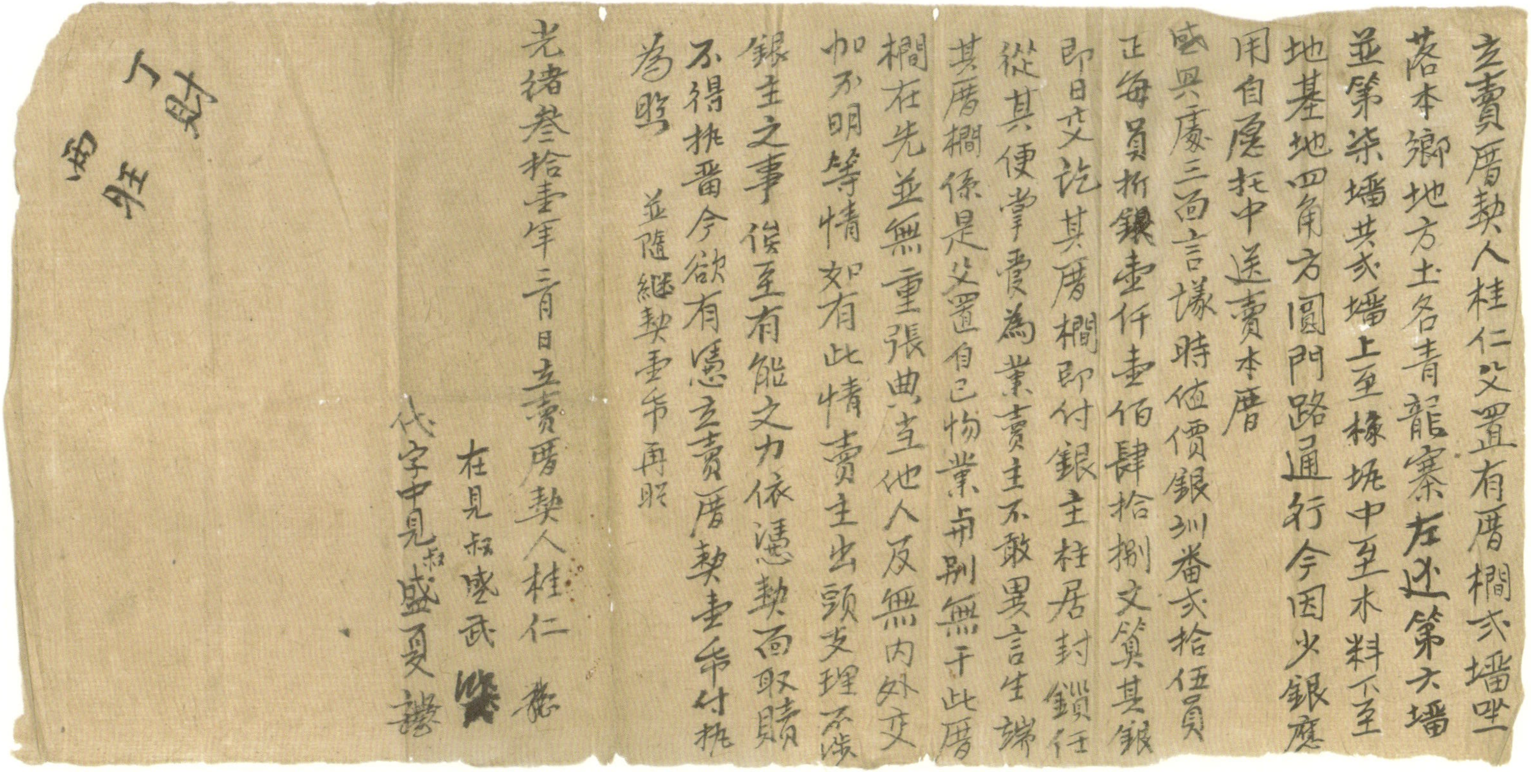

立賣厝契人桂仁，父置有厝槅弍墡，坐
落本鄉地方，土名青龍寨，左邊第六墡
並第柒墡，共弍墡，上至椽坯，中至木料，下至
地基地，四角方圓，門路通行。今因乏銀應
用，自愿托中送賣本厝
盛興處，三面言議，時值價銀圳番弍拾伍員
正，每員折錢壹仟壹佰肆拾捌文，其銀
即日交訖，其厝槅即付銀主柱居，封鎖任
從其便掌管為業，賣主不敢異言生端。
其厝槅係是父置自己物業，弟別無干。此厝
槅在先並無重張典當他人，及無內外交
加不明等情，如有此情，賣主出頭支理，不涉
銀主之事。後至有能之力，依憑契面取贖，
不得挑留。今欲有憑，立賣厝契壹帋付執
為照。　並隨繼契壹帋再照

光緒叁拾壹年三月日立賣厝契人桂仁（押）

在見叔　盛武（押）

代字中見叔　盛夏（押）

10-4-8-6　清光緒三十一年三月黄桂仁立賣厝槅契

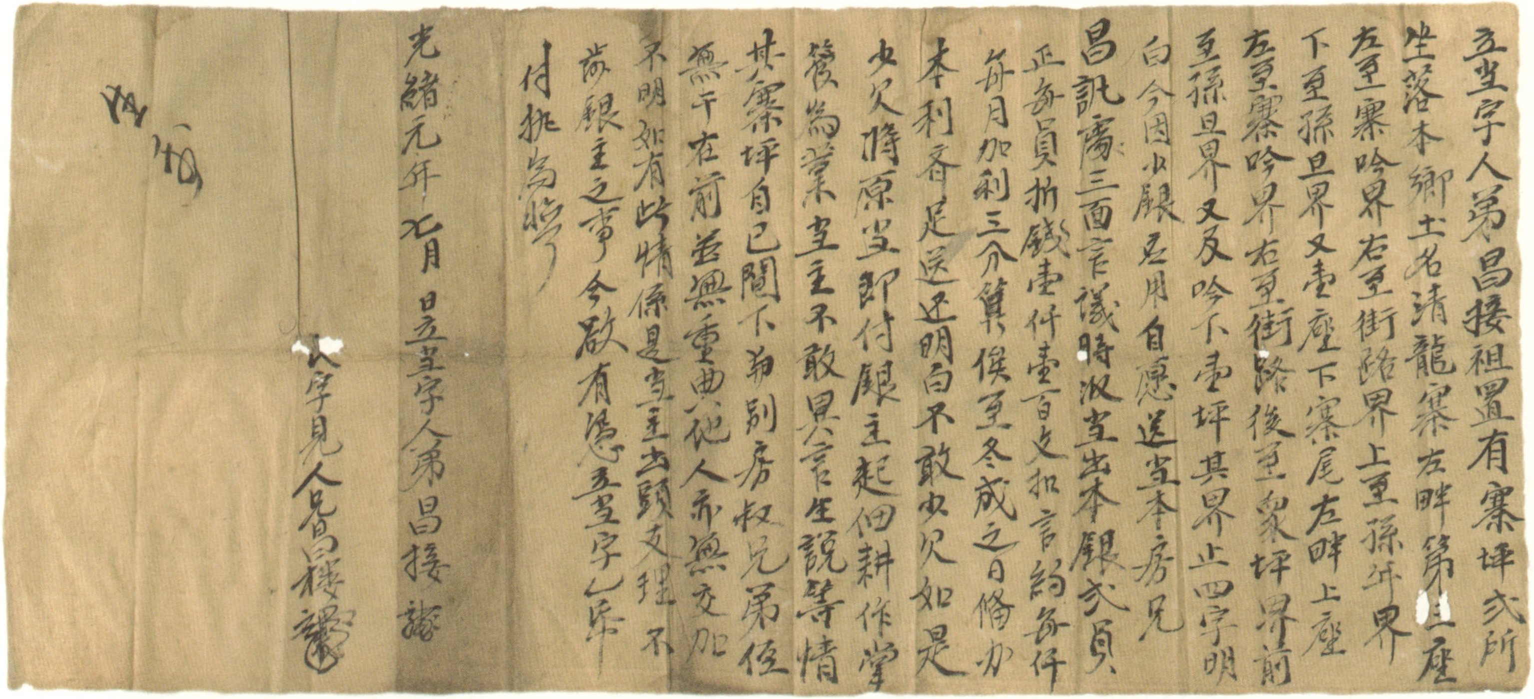
立当字人弟昌接祖置有寨坪弍所
坐落本鄉土名清龍寨左畔第三座
左至寨唅界右至街路界上至孫全界
下至孫旦界又壹座下寨尾左畔上座
左至寨唅界右至街路後至象坪界前
至孫旦界又及唅下壹坪其界止四字明
白今因少銀應用自愿送当本房兄
昌訊處三面言議時值当出本銀弍員
正每員折錢壹仟壹百文扣言約每仟
每月加利三分算俟至冬成之日備办
本利齊足送還明白不敢少欠如是
少欠將原当即付銀主起佃耕作掌
管為業当主不敢異言生說等情
其寨坪自己閬下弟別房叔兄弟侄
無干在前並無重典他人亦無交加
不明如有此情係是当主出頭支理不
干銀主之事今欲有憑立当字一紙
付執為照
光緒元年七月　日立当字人弟昌接　親筆
代字見人兄昌樓　親筆
[illegible]

10-4-9-1　清光緒元年七月黃昌接立當寨坪字

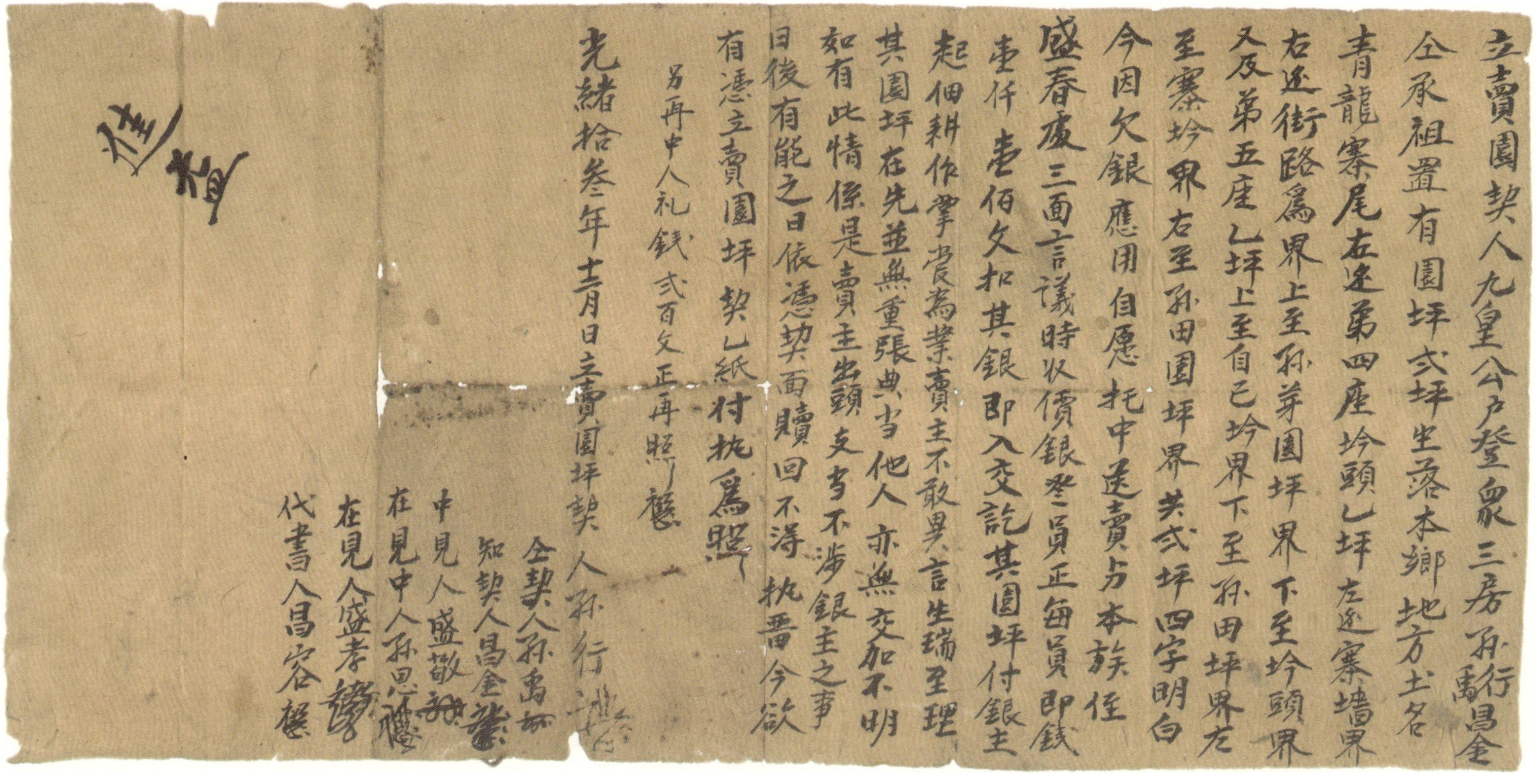
立賣園坪契人九皇公户丁衆三房孫行昌金
仝承祖置有園坪式坪坐落本鄉地方土名
青龍寨尾左迷第四座坽頭山坪左迷寨墻界
右迷街路爲界上至孫茅園坪界下至坽頭界
又及第五座山坪上至自己坽界下至孫田坪界左
至寨坽界右至孫田園坪界共式坪四字明白
今因欠銀應用自愿托中送賣与本族侄
盛春處三面言議時收價銀叁員正每員即錢
壹仟壹佰文扣其銀即入交訖其園坪付銀主
起佃耕作掌管爲業賣主不敢異言生端至理
其園坪在先並無重張典当他人亦無交加不明
如有此情係是賣主出頭支当不涉銀主之事
日後有能之日依憑契面贖回不得執番今欲
有憑立賣園坪契山紙付執爲照
另再中人礼錢式百文正再照
光緒拾叁年十二月日立賣園坪契人孫行[illegible]
仝契人孫禹[illegible]
知契人昌金
中見人盛敬
在見中人孫恩[illegible]
在見人盛孝
代書人昌容
[illegible]

10-4-9-2　清光緒十三年十二月黄氏九皇公户丁衆立賣園坪契

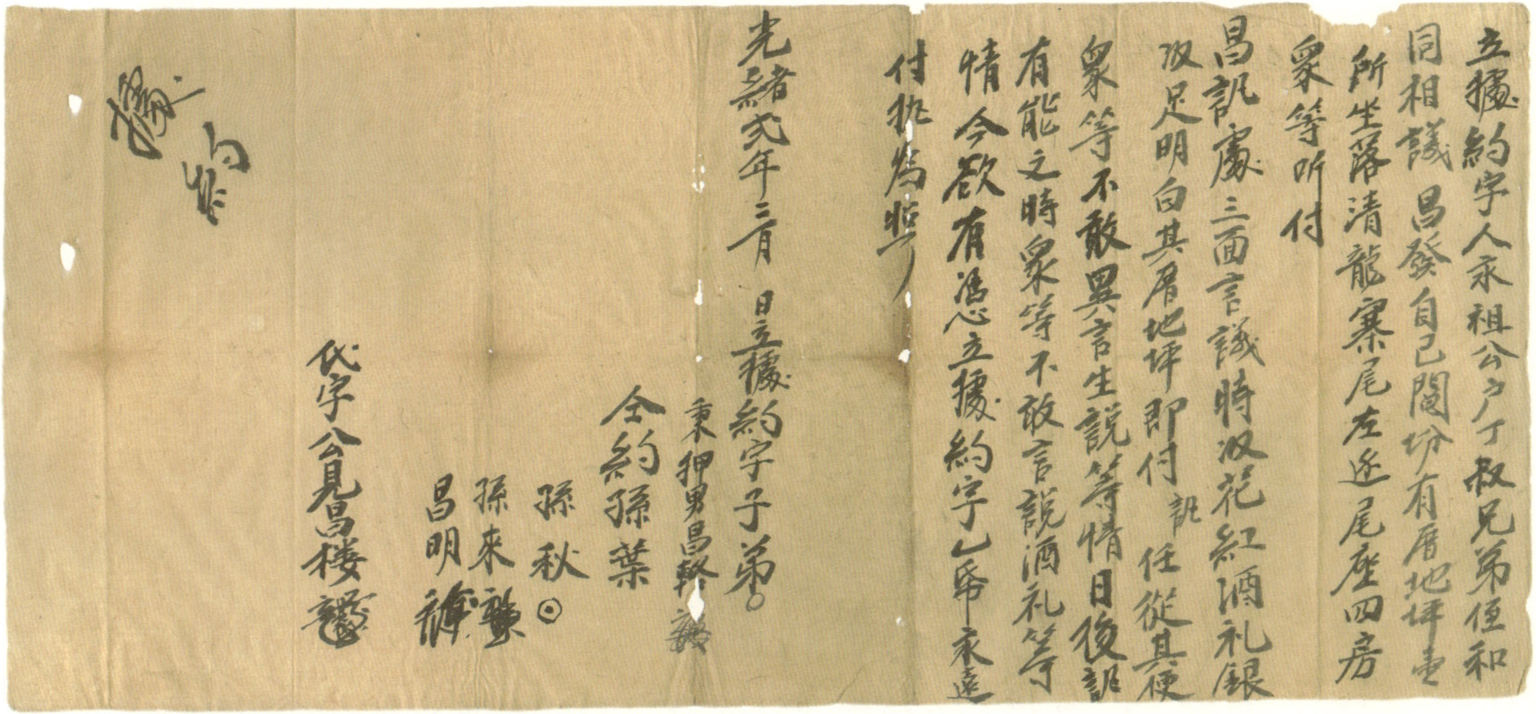
立據約字人永祖公户丁叔兄弟侄和
同相議 昌發自己閩圻有厝地坪壹
所坐落清龍寨尾左邊尾座四房
衆等所付
昌訊處三面言議將收花紅酒礼銀
收足明白其厝地坪即付 訊 任從其便
衆等不敢異言生說等情日後訊
有能之時衆等不敢言說酒礼等
情今欲有憑立據約字一紙永遠
付執爲照／
光緒弍年三月 日立據約字子弟○
秉押男昌粹
仝約孫葉
孫秋⊙
孫來
昌明
代字公見昌樓
據白[illegible]

10-4-10-1 清光緒二年三月黃永祖公户丁立據約字

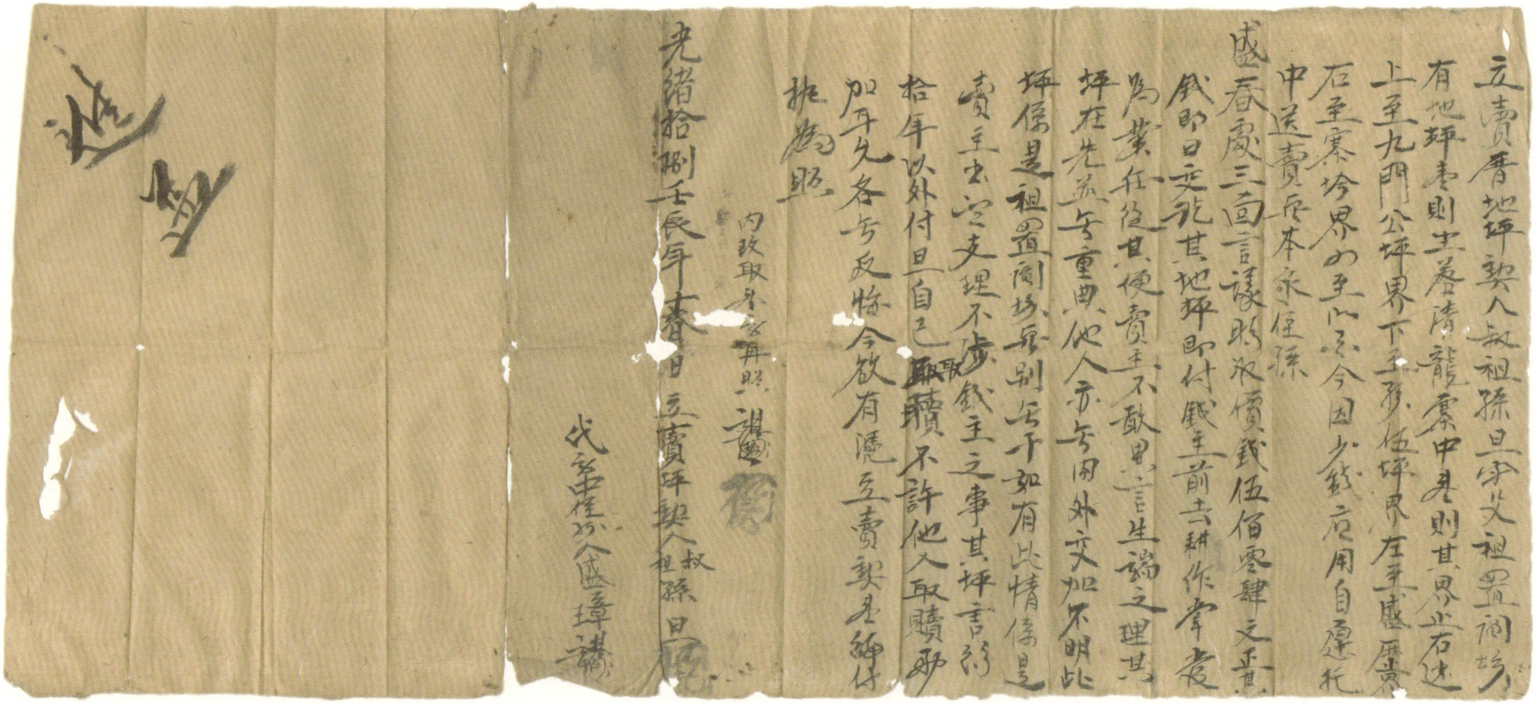
立賣厝地坪契人叔祖孫旦仝父祖置閣坊
有地坪壹則，土名層清龍寨中，其則其界止右述：
上至九門公坪界，下至弟伍坪界，左至盛厝
石至寨埒界為至，四至分明。今因少錢應用，自愿托
中送賣與本家侄孫
盛春處，三面言議時價錢伍佰零肆文正。其
錢即日交訖，其地坪即付錢主前去耕作掌管
為業，任從其便，賣主不敢異言生端之理。其
坪在先並無重典他人，亦無內外交加不明。此
坪係是祖置閣坊，與別房無干，如有此情，係是
賣主出頭支理，不涉錢主之事。其坪言約
拾年以外付旦自己取贖，不許他人取贖。此
加再先各無反悔，今欲有憑，立賣契為照，付
執為照。
內改取字壹再照。押
光緒拾捌壬辰年十二月　日　立賣坪契人叔祖孫旦
代筆中侄孫盛璋

10-4-10-2　清光緒十八年十二月黃孫旦立賣厝地坪契

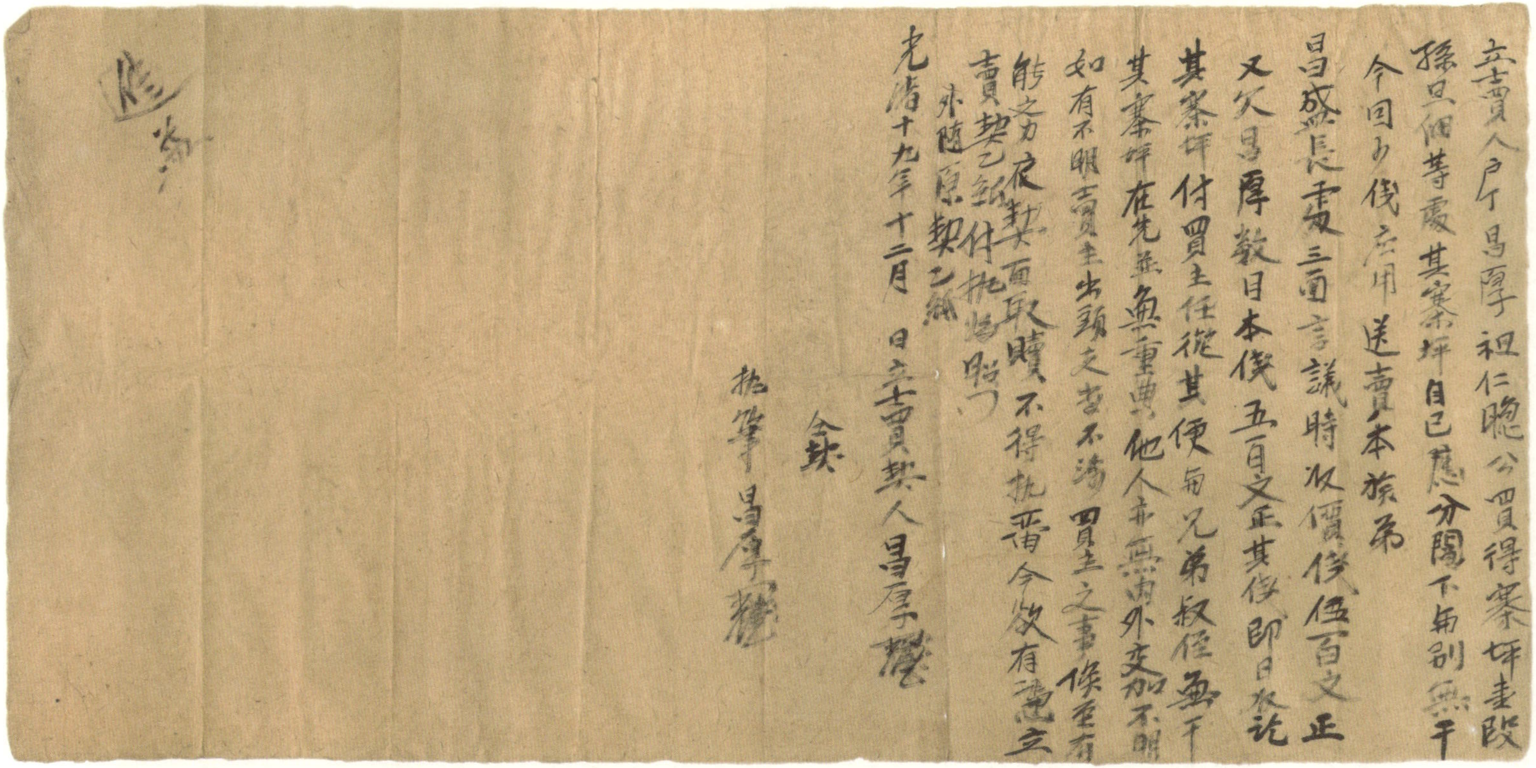

立賣人户丁昌厚，祖仁聰公買得寨坪壹段
係兄佃等處，其寨坪自己應分闔下，無別無干
今因乏錢應用，送賣本族弟
昌盛長處，三面言議，時值價錢伍百文正
又欠昌厚穀目本錢五百文正，其錢即日收訖
其寨坪付買主任從其便，無兄弟叔侄無干
其寨坪在先並無重典他人，亦無內外交加不明
如有不明，賣主出頭之當，不涉買主之事，條至有
能之力，依契面取贖，不得執番。今欲有憑，立
賣契乙紙，付執爲照。
外隨原契乙紙
光緒十九年十二月　日立賣契人昌厚（押）
全契
執筆　昌厚（押）
退約

10-4-10-3　清光緒十九年十二月黃昌厚立賣寨坪契

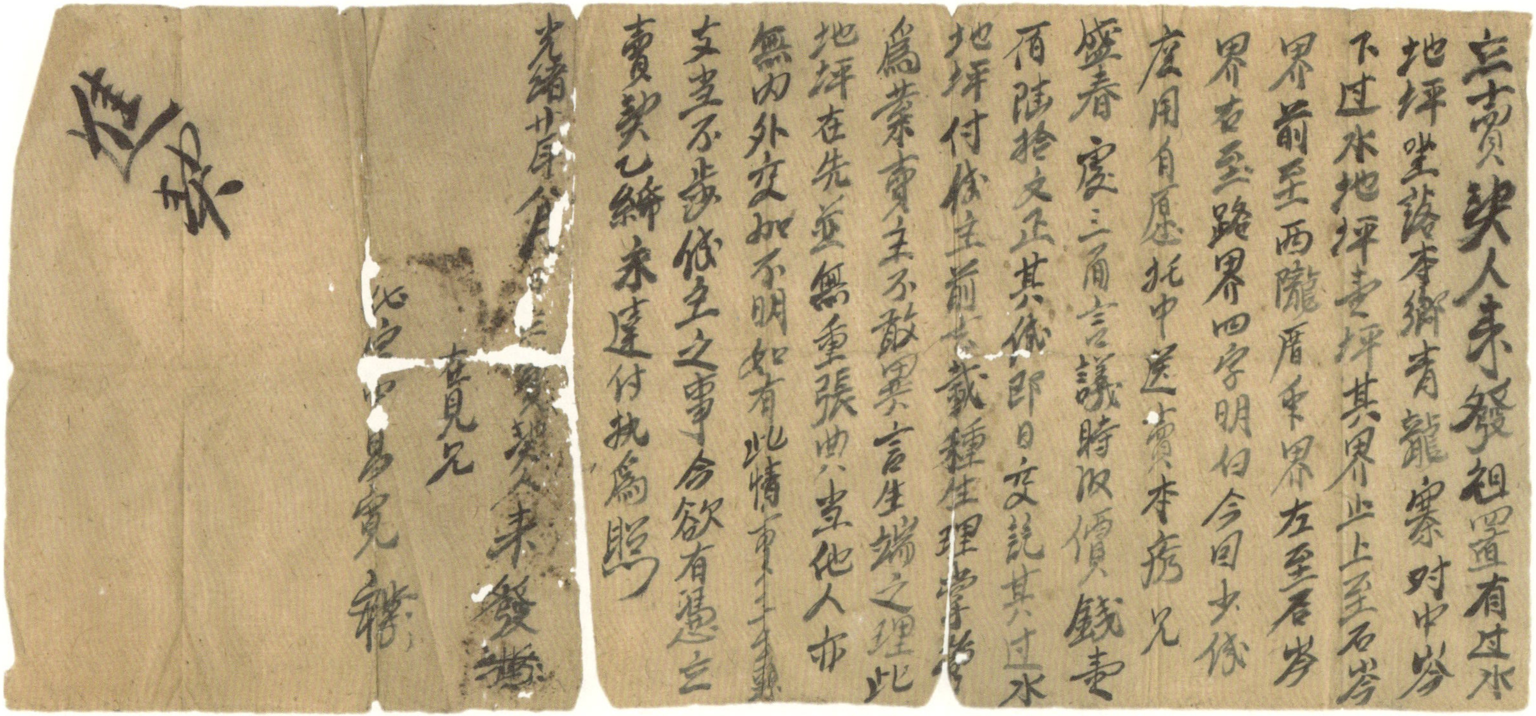

立賣契人黃來發祖買置有過水
地坪坐落本鄉青龍寨对中岭
下過水地坪壹坪其界上至石岑
界前至西隴厝乗界左至石岑
界右至路界四字明白今因要錢
應用自愿托中送賣本房兄
盛春處三面言議時值價錢壹
佰陸拾文正其錢即日交訖其過水
地坪付錢主前去栽種生理掌管
爲業賣主不敢異言生端之理此
地坪在先並無重張典賣他人亦
無內外交加不明如有此情賣主一力承
支當不涉錢主之事今欲有憑立
賣契乙紙永遠付執爲照

光緒廿年八月　日　立賣契人　黃來發押
在見兄
代字　易寬押

10-4-10-4　清光緒二十年八月黃來發立賣過水地坪契

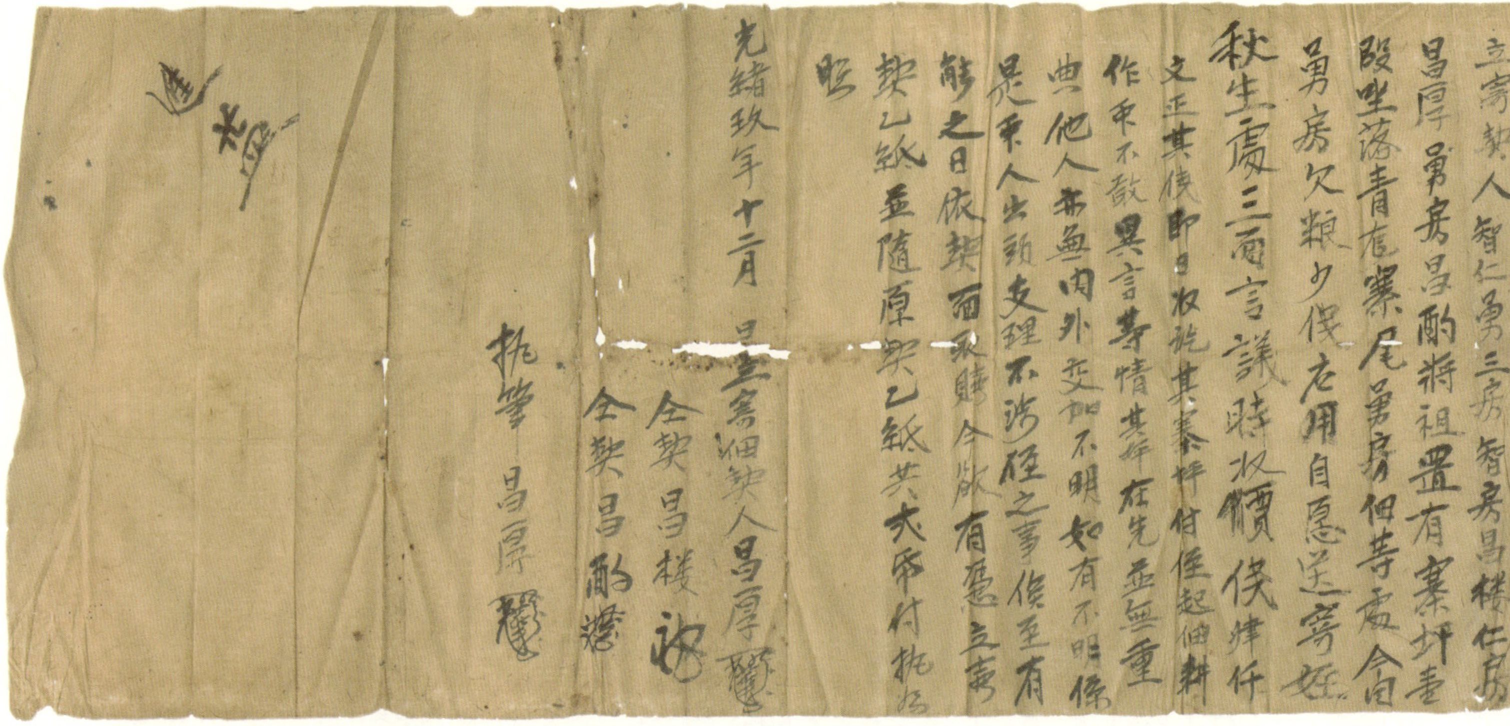
立寄契人智仁勇三房智房昌樓、仁房
昌厚、勇房昌酌，將祖置有寨坪壹
段，坐落青庵寨尾，勇房佃耕處。今因
勇房欠粮少錢應用，自愿送寄姪
秋生處，三面言議，時收價錢肆仟
文正。其錢即日收訖，其寨坪付侄起佃耕
作，業不敢異言。其情其坪在先並無重
典他人，并無內外交加不明。如有不明，係
是本人出頭支理，不涉侄之事。倘至有
能之日，依契面取贖。今欲有憑，立寄
契乙紙，並隨原契乙紙，共弍紙，付執為
照。
光緒玖年十二月　日　立寄佃契人　昌厚（押）
仝契　昌樓（押）
仝契　昌酌（押）
執筆　昌厚（押）

10-4-11-1　清光緒九年十二月黃氏智仁勇三房立寄佃寨坪契

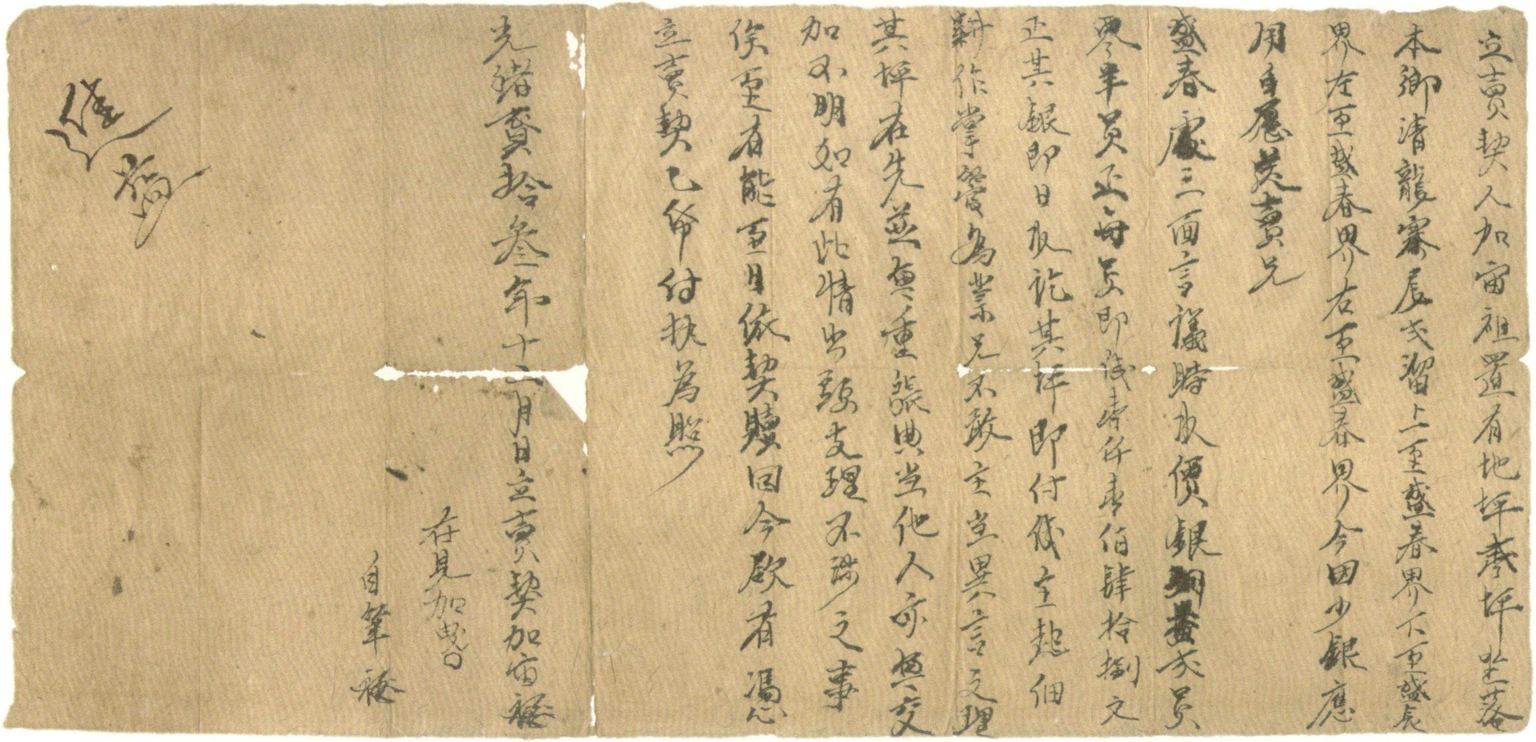

立賣契人加宙祖置有地坪壹坪坐落
本鄉清龍寨厝弍留上至盛春界下至盛辰
界左至盛春界右至盛春界今因少銀應
用自愿出賣兄
盛春處三面言議時值價銀捌番元足
界半员足每员即作清錢肆佰肆拾捌文
正其銀即日收訖其坪即付銀主起佃
耕作掌管為業兄不敢言異言之理
其坪在先並無重張典當他人亦無交
加不明如有此情出頭支理不涉之事
俟至有能至日依契贖回今欲有憑
立賣契乙紙付执為照
光緒貳拾叁年十二月日立賣契加宙押
在見加興
自筆押

10-4-11-2 清光緒二十三年十二月黃加宙立賣地坪契

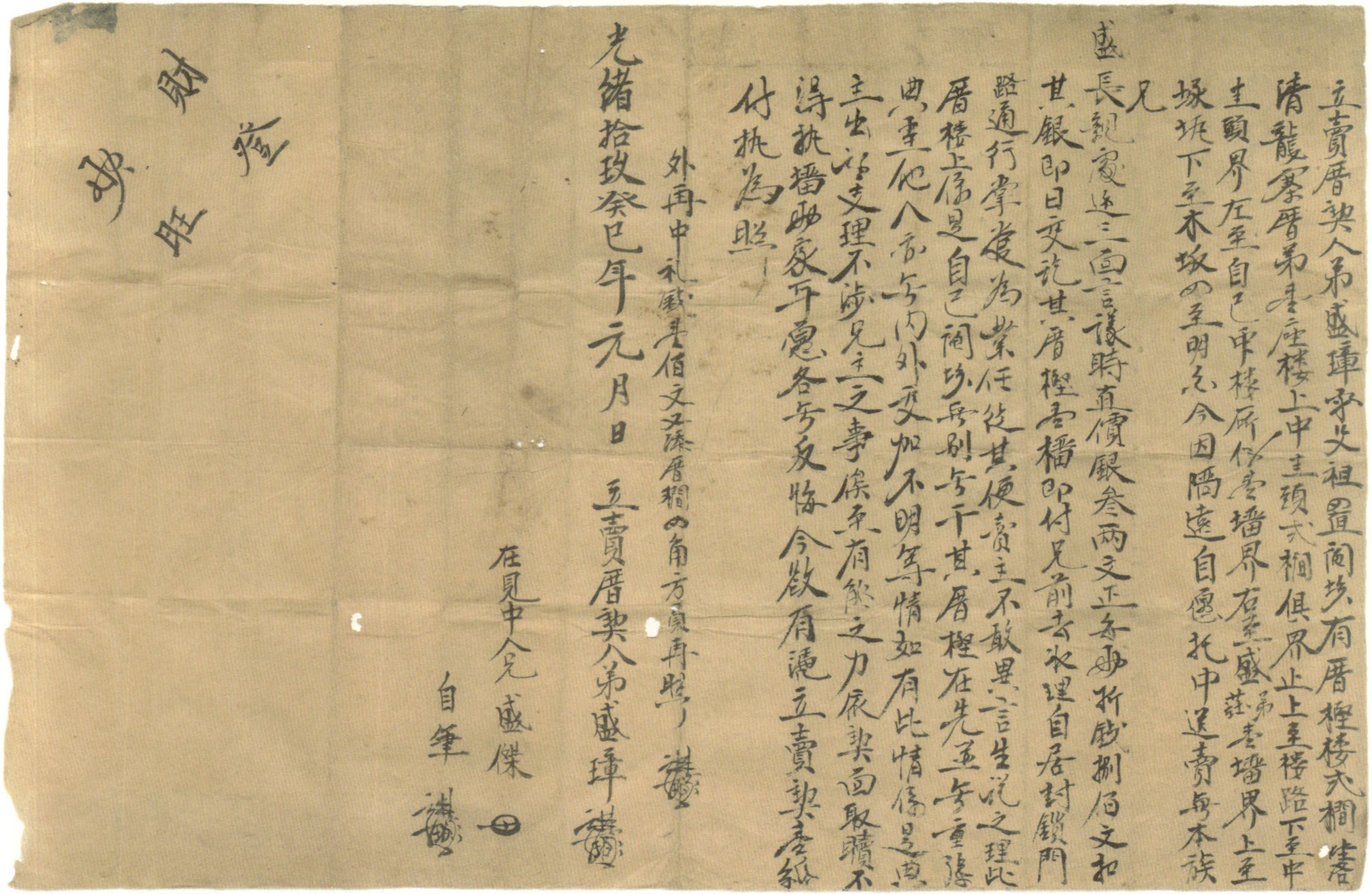

立賣厝契人弟盛璋承父祖置買有厝樫樓弍間坐落
清龍寨厝弟壹座樓上中主頭弍間俱界止上至樓路下至中
主頭界左至自己中樓所作壹墻界右至盛茈弟壹墻界上至
埰坑下至本坂四至明白今因隔遠自愿托中送賣與本族
兄
盛長親處三面言議時值價銀叁兩文正每兩折錢捌佰文扣
其銀即日交訖其厝樫壹概即付兄前去收理自居封鎖門
路通行掌管為業任從其便賣主不敢異言生說之理此
厝樓上係是自己閩分別無干甚厝樫在先並無重張
典掛他人亦無內外交加不明等情如有此情係是賣
主出頭支理不涉兄主之事係係甘願之力底契面取贖不
得執贖典家干覓各無反悔今欲有憑立賣契壹紙
付執為照

外再中見銀叁佰文又添厝樫四角方英再照

光緒拾玖癸巳年元月日 立賣厝契人弟盛璋（押）
在見中人兄盛傑（押）
自筆（押）

10-4-12-1 清光緒十九年正月黃盛璋立賣厝樫契

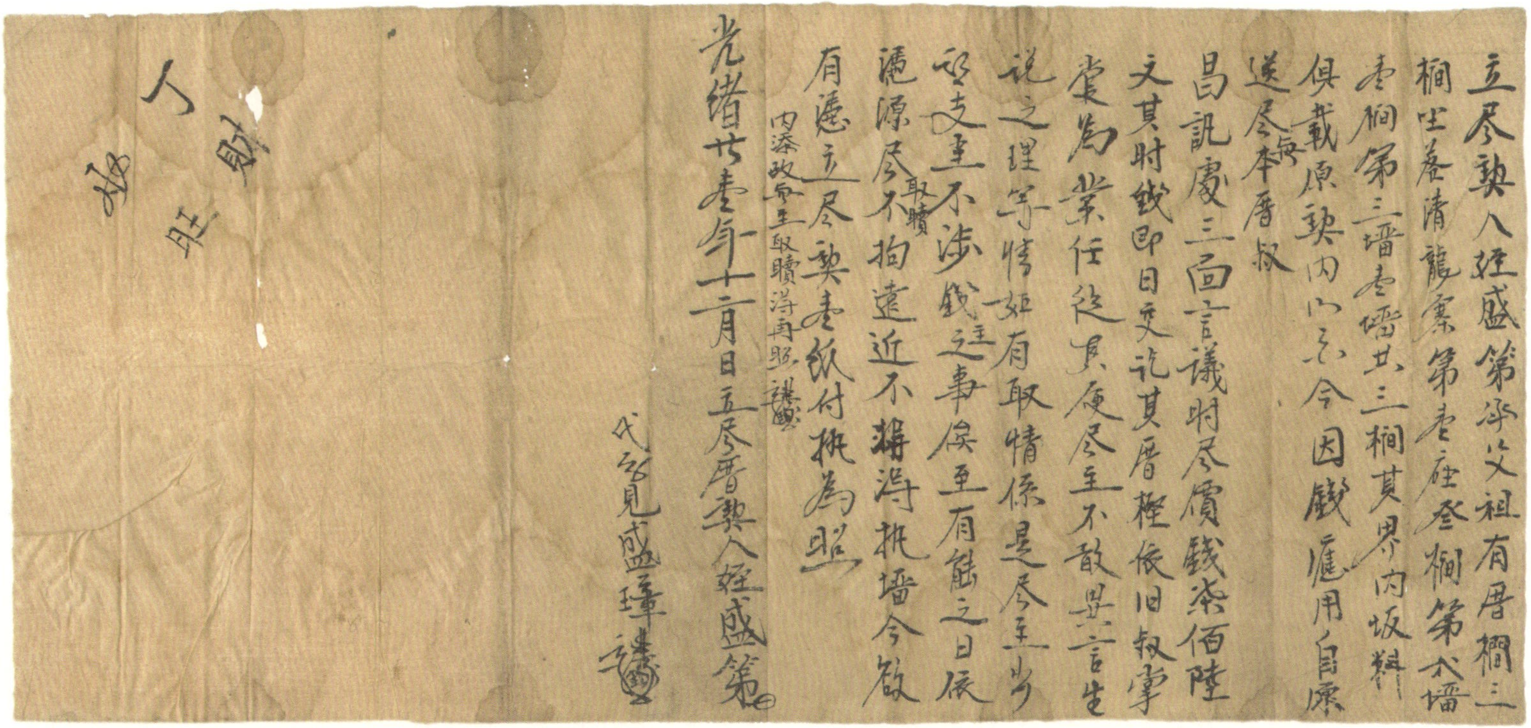
立盡契人姪盛第承父祖有厝椆三
椆坐落清龍寨第壹座叁椆第六擋
壹椆第三擋壹擋共三椆其界内坂料
俱載原契内明白今因缺錢應用自願
送盡與本厝叔
昌訊處三面言議時盡價錢柒佰陸
文其時錢即日交訖其厝椆依舊叔掌
處為業任從其便盡後不敢異言生
說之理等情如有取情係是盡主出
頭支理不涉錢主之事俟至有能之日依
源源盡取贖不拘遠近不得再執增令欲
有憑立盡契壹紙付執為照
内添改字取贖再照
光緒廿壹年十二月日立盡厝契人姪盛第
代筆見盛瑋

10-4-12-2　清光緒二十一年十二月黃盛第立盡厝椆契

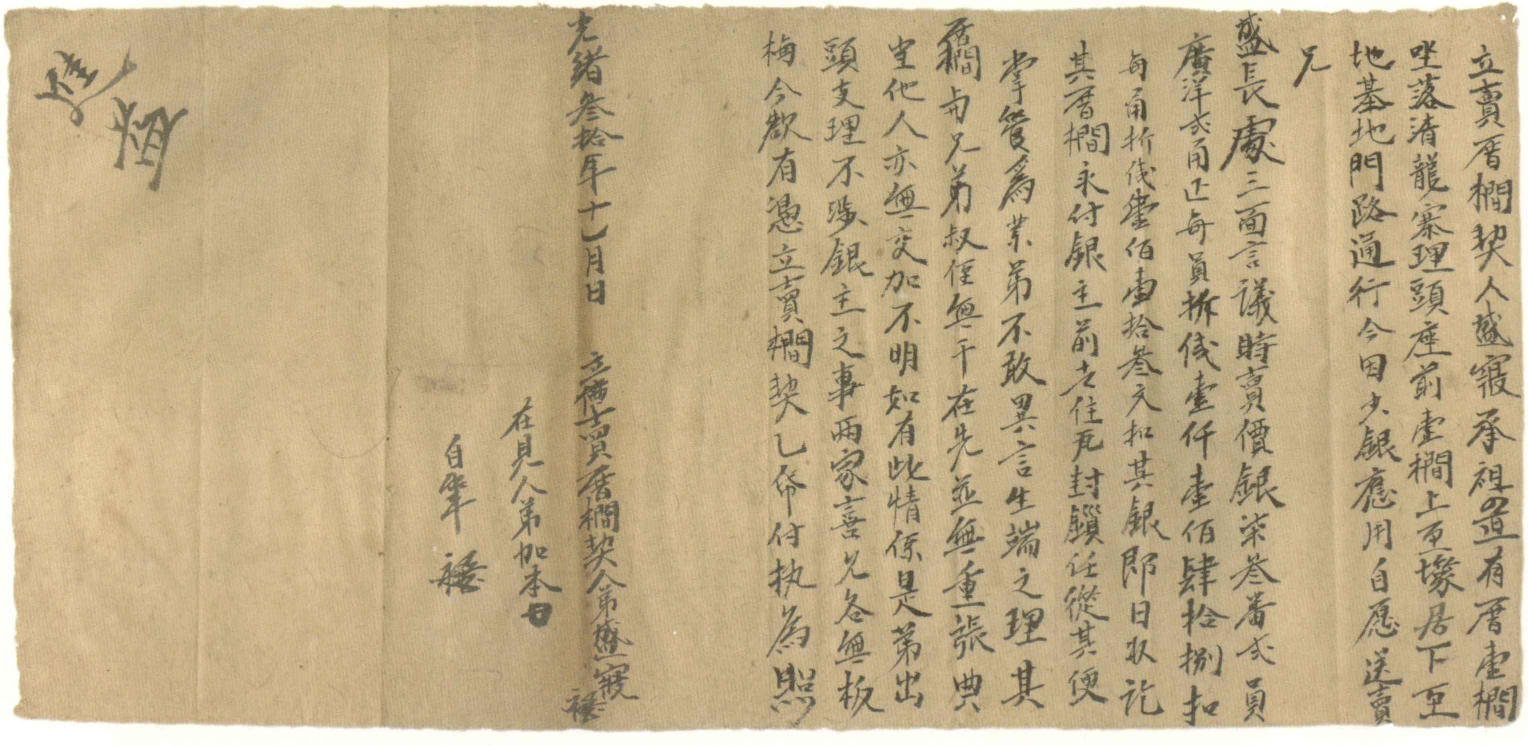
立賣厝棡契人盛寢承祖置有厝壹棡
坐落清龍案理頭座前壹棡上至椽居下至
地基地門路通行今因乏銀應用自愿送賣
兄
盛長處三面言議時賣價銀柒拾叁員弍
廣洋弍角正每員折錢壹仟壹佰肆拾捌扣
每角折錢壹佰壹拾叁文扣其銀即日收訖
其厝棡永付銀主前去住居封鎖任從其便
掌管爲業弟不敢異言生端之理其
厝棡弟兄叔侄無干在先並無重張典
掛他人亦無交加不明如有此情係是弟出
頭支理不涉銀主之事兩家喜允各無板
悔今欲有憑立賣棡契乙紙付執爲照

光緒叁拾年十一月日
立賣厝棡契人弟盛寢（押）
在見人弟加本（押）
自筆（押）

厝棡

10-4-12-3　清光緒三十年十一月黃盛寢立賣厝棡契

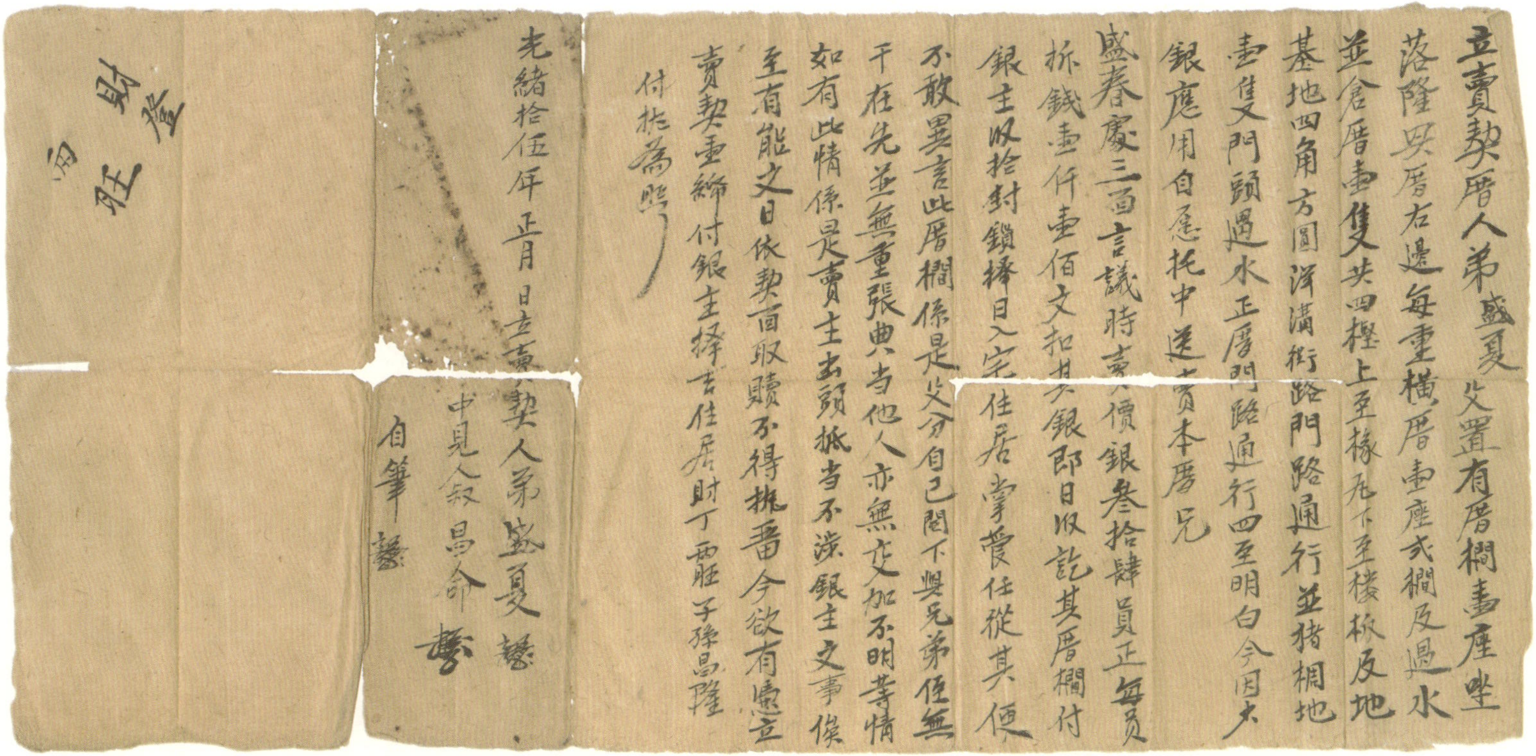

立賣契厝人弟盛夏
父置有厝棡壹座坐
落隆興厝右邊每重橫厝壹座弍棡及過水
並倉厝壹隻共四椪上至椽瓦下至樓枋及地
基地四角方圓洋溝街路門路通行並猪棡地
壹隻又門頭過水正厝門路通行四至明白今因欠
銀應用自愿托中送賣本厝兄
盛春處三面言議時價銀叁拾肆員正每員
拆錢壹仟壹佰文和其銀即日收訖其厝棡付
銀主收拾封鎖擇日入宅住居掌管任從其便
不敢異言此厝棡係是父分自己閹下與兄弟侄無
干在先並無重張典當他人亦無交加不明等情
如有此情係是賣主出頭抵當不涉銀主之事倘
至有能之日依契面取贖不得執番今欲有憑立
賣契壹紙付銀主擇吉住居財丁兩旺子孫昌隆
付於為照

光緒拾伍年正月　日立賣契人弟盛夏（押）
中見人叔　昌命（押）
自筆（押）

10-4-13-1　清光緒十五年正月黃盛夏立賣厝棡契

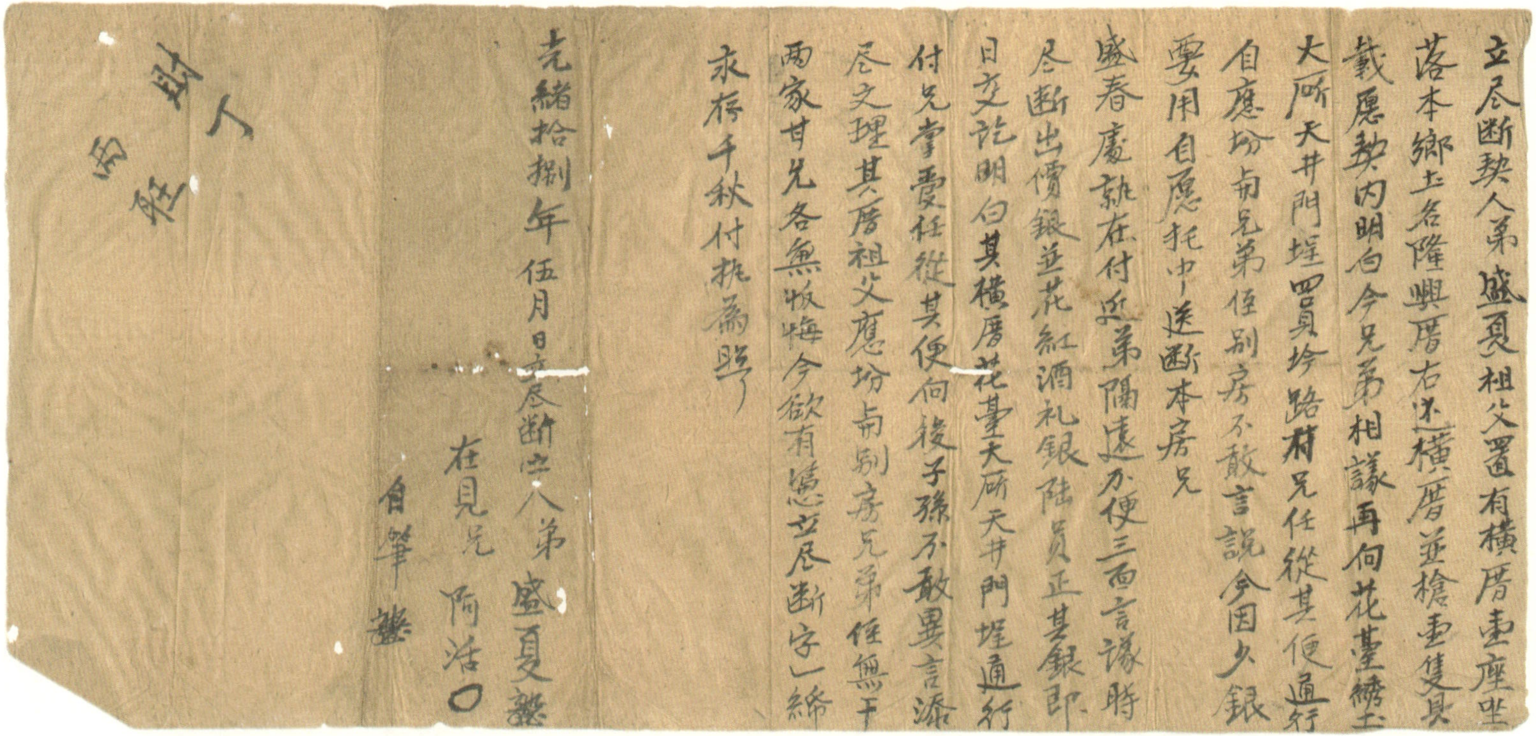
立尽断契人弟盛夏祖父置有横厝壹座坐
落本鄉土名隆興厝右边横厝並檐壹隻貝
載應契內明白今兄弟相議再向花臺樓上
大厛天井門埕四員均路樹兄任從其便通行
自應均向兄弟侄别房不敢言說今因乏銀
要用自愿托中送断本房兄
盛春處就在付近弟隔遠不便三面言議時
尽断出價銀並花紅酒礼銀陸員正其銀即
日交訖明白其横厝花臺大厛天井門埕通行
付兄掌管任從其便向後子孫不敢異言添
尽之理其厝祖父應均向别房兄弟侄無干
兩家甘允各無反悔今欲有憑立尽断字一紙
永存千秋付執爲照
光緒拾捌年伍月日立尽断字人弟盛夏
在見兄阿浩
自筆

10-4-13-2　清光緒十八年五月黃盛夏立盡斷橫厝契

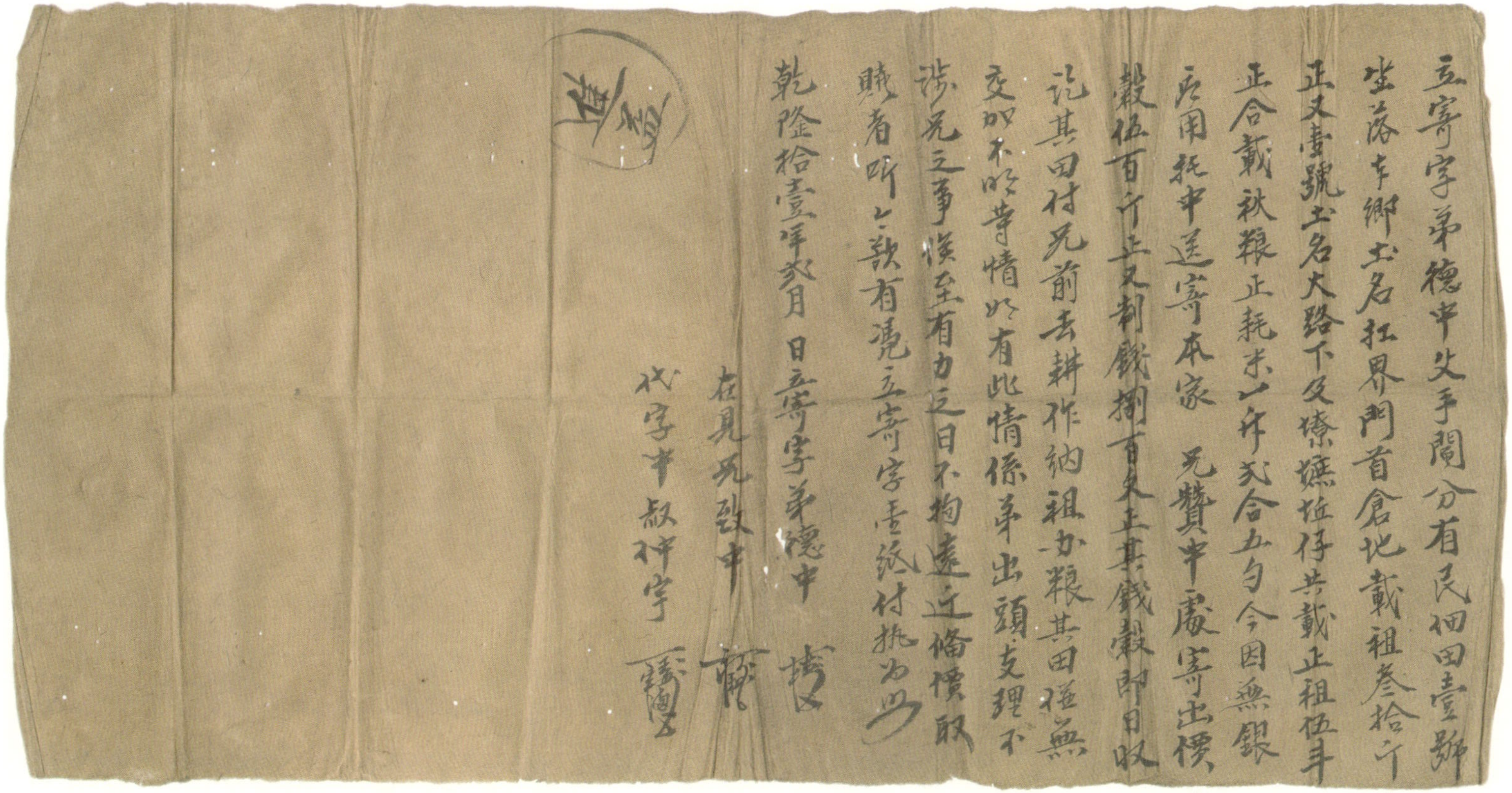
立寄字弟德中父手閹分有民佃田壹號
坐落本鄉土名杜界門首倉地載祖叁拾斤
正又壹號土名大路下及寮㙮坵仔共載正租伍斗
正合載秋粮正耗米一斤弍合五勺今因無銀
應用託中送寄本家　兄贊中處寄出價
穀伍百斤正又制錢捌百文正其錢穀即日收
訖其田付兄前去耕作納祖办粮其田係無
交加不明等情如有此情係弟出頭支理不
涉兄之事候至有力之日不拘遠近備價取
贖者所之歎有憑立寄字壹紙付执為照
乾隆拾壹年貳月　日立寄字弟德中　押
在見兄玆中　押
代字中叔神字　押

10-4-14-1　清乾隆十一年二月黄德中立寄民佃田字

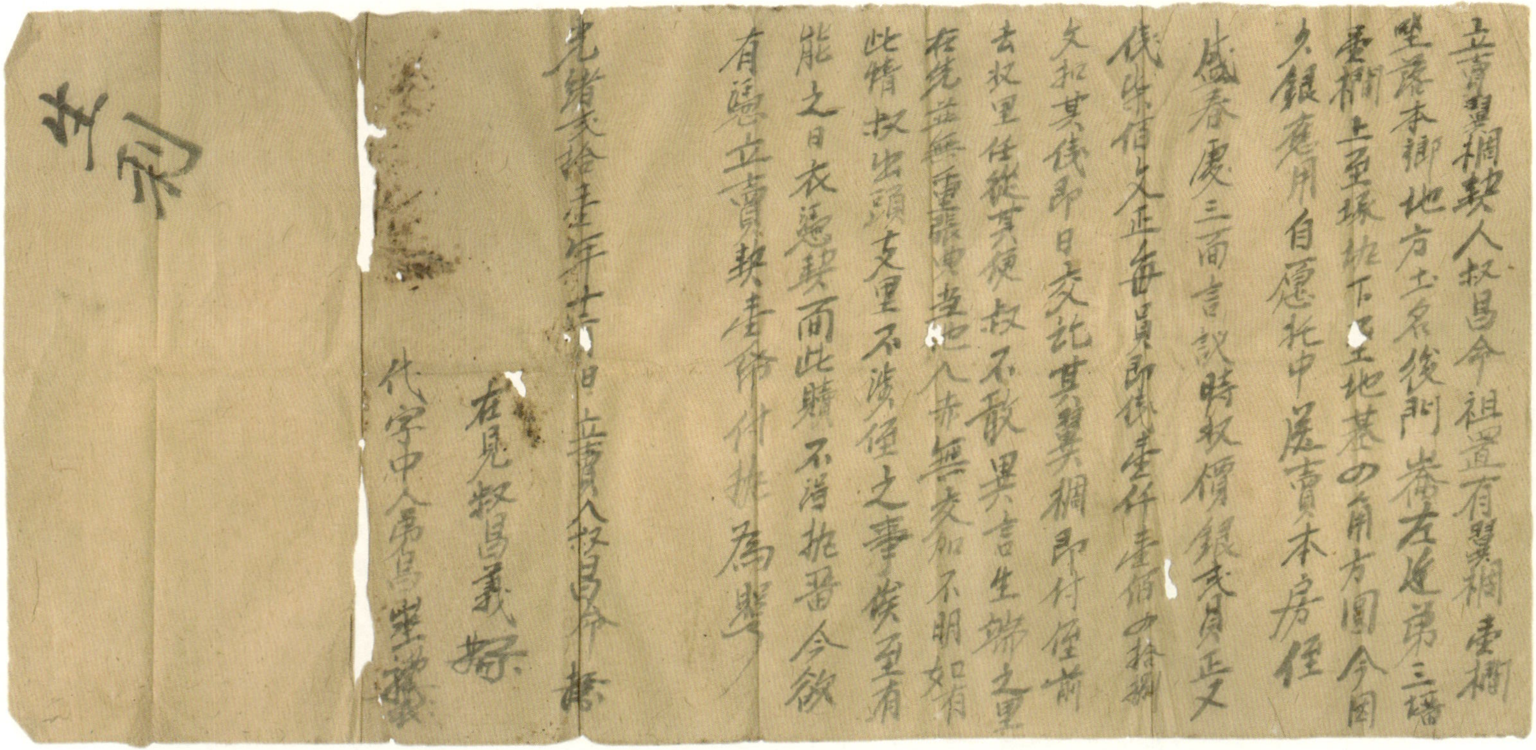
立賣糞桶契人叔昌命，祖置有糞桶壹桶，
坐落本鄉地方土名後門崙左边第三墻
壹桶，上至塚，下至地基，四角方圓。今因
乏銀應用，自愿托中送賣本房侄
盛春處，三面言議，時值價銀弍員正，又
代筆佰文正，每員即錢壹仟壹佰四拾捌
文，其錢即日交訖。其糞桶即付侄前
去收理任從其便，叔不敢異言生端之理。
在先並無重張典當他人，亦無交加不明，如有
此情，叔出頭支理，不涉侄之事。俟至有
能之日，衣照契面收贖，不得執留。今欲
有憑，立賣契壹紙，付執為照。
光緒弍拾壹年十二月　日　立賣契人叔昌命（押）
在見叔昌義（押）
代字中人弟昌堂（押）

10-4-14-2　清光緒二十一年十二月黃昌命立賣糞桶契

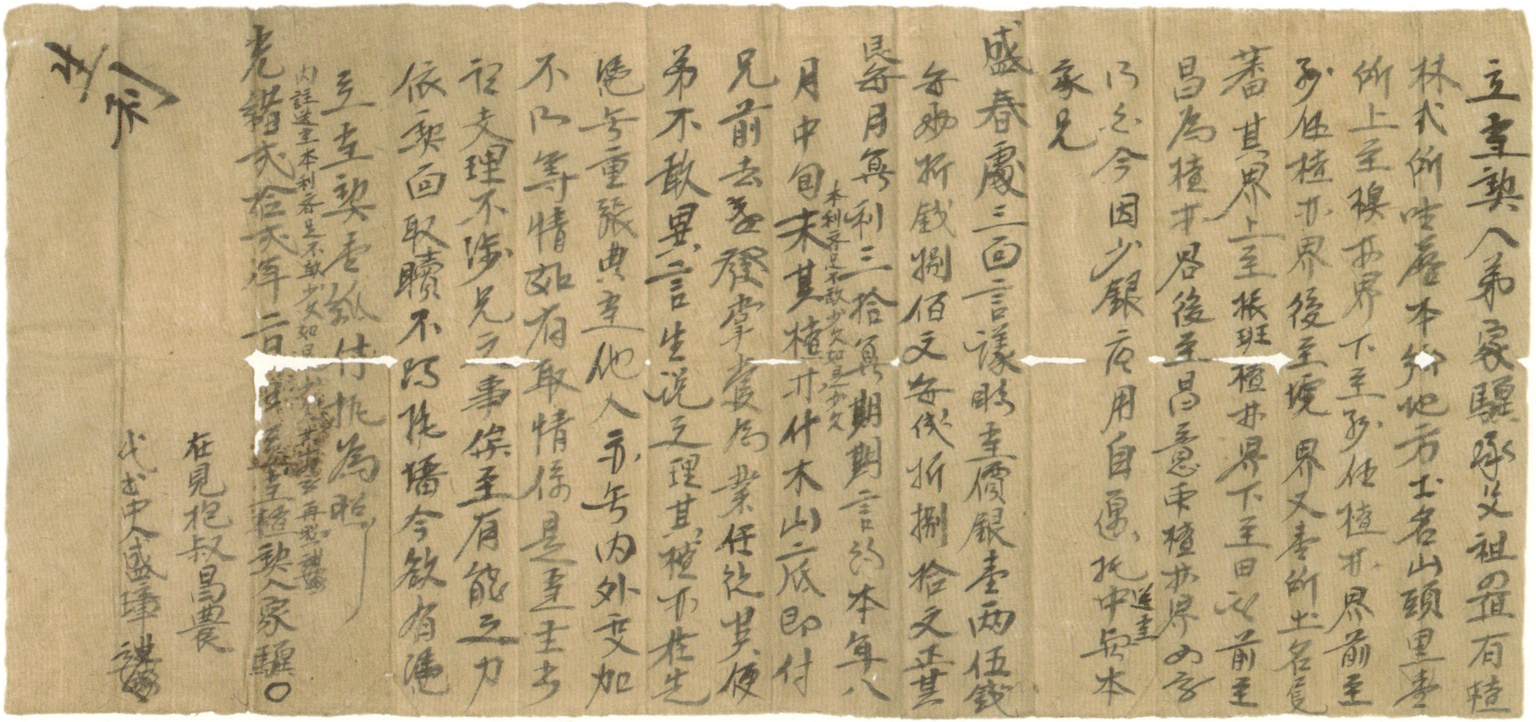

立當契人弟家驥承父祖置有植
林弍所，坐落本鄉地方土名山頭里李
所，上至墈杉界，下至路，任植杉界，前至
路，任植杉界，後至墈界。又李所土名覓
蓄，其界上至張班植杉界，下至田，又前至
昌爲植杉界，後至昌意秉植杉界，四至
分明。今因少銀應用，自愿托中送至本
家兄
盛春處，三面言議，時值價銀壹兩伍錢，
每兩折錢捌佰文，每伐折捌拾文，其
銀每月每兩利三拾文，期約本年八（本利各足不敢少欠如是少欠）
月中旬，本其植杉什木山一底即付
兄前去看管爲業，任從其便，
弟不敢異言生說之理。其植杉在先
絕無重張典當他人，亦無內外交加
不明等情，如有取情，係是當主出
頭支理，不涉兄之事。俟至有能之力
依契回取贖，不得阻擋。今欲有憑，
立當契壹紙付執爲照。
內註送至本利各足不敢少欠如是[illegible]再批
光緒弍拾弍年二月　日　立當植契人家驥○
在見抱叔昌農
代書中人盛瑋
[illegible]

10-4-14-3　清光緒二十二年二月黄家驥立當植林契

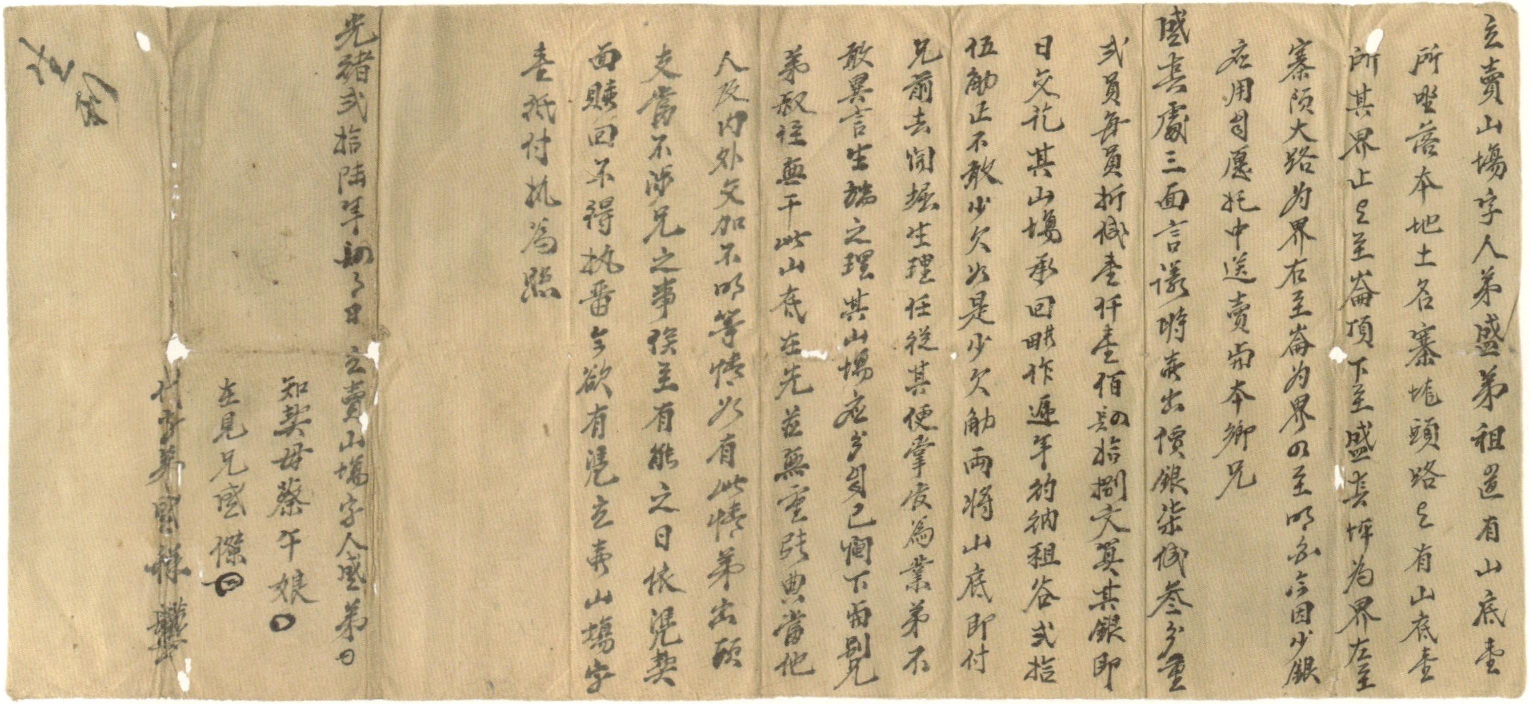

立賣山場字人弟盛弟祖置有山底壹
所坐落本地土名寨墘頭路上有山底壹
所其界止上至崙頂下至盛弟坪為界左至
寨頭大路為界右至崙為界四至明白今因少銀
应用自愿托中送賣與本鄉兄
盛喜處三面言議時值出價銀柒仟叁百壹
弍員每員折錢壹仟壹佰文四指摺文算其銀即
日交訖其山場承回賠作遞年約納租谷弍拾
伍觔正不敢少欠如是少欠觔兩將山底即付
兄前去開墾生理任從其便掌管為業弟不
敢異言生端之理其山場應分自己個下兩覓
弟叔侄無干此山底在先並無重張典當他
人及內外文加不明等情如有此情弟出頭
支當不涉兄之事候至有能之日依價契
面贖回不得執番今欲有憑立賣山場字
壹紙付執為照

光緒弍拾陆年四月日 立賣山場字人盛弟（押）
知契母蔡午娘（押）
在見兄盛傑（押）
代字弟盛祿

10-4-14-4 清光緒二十六年四月黃盛弟立賣山場字

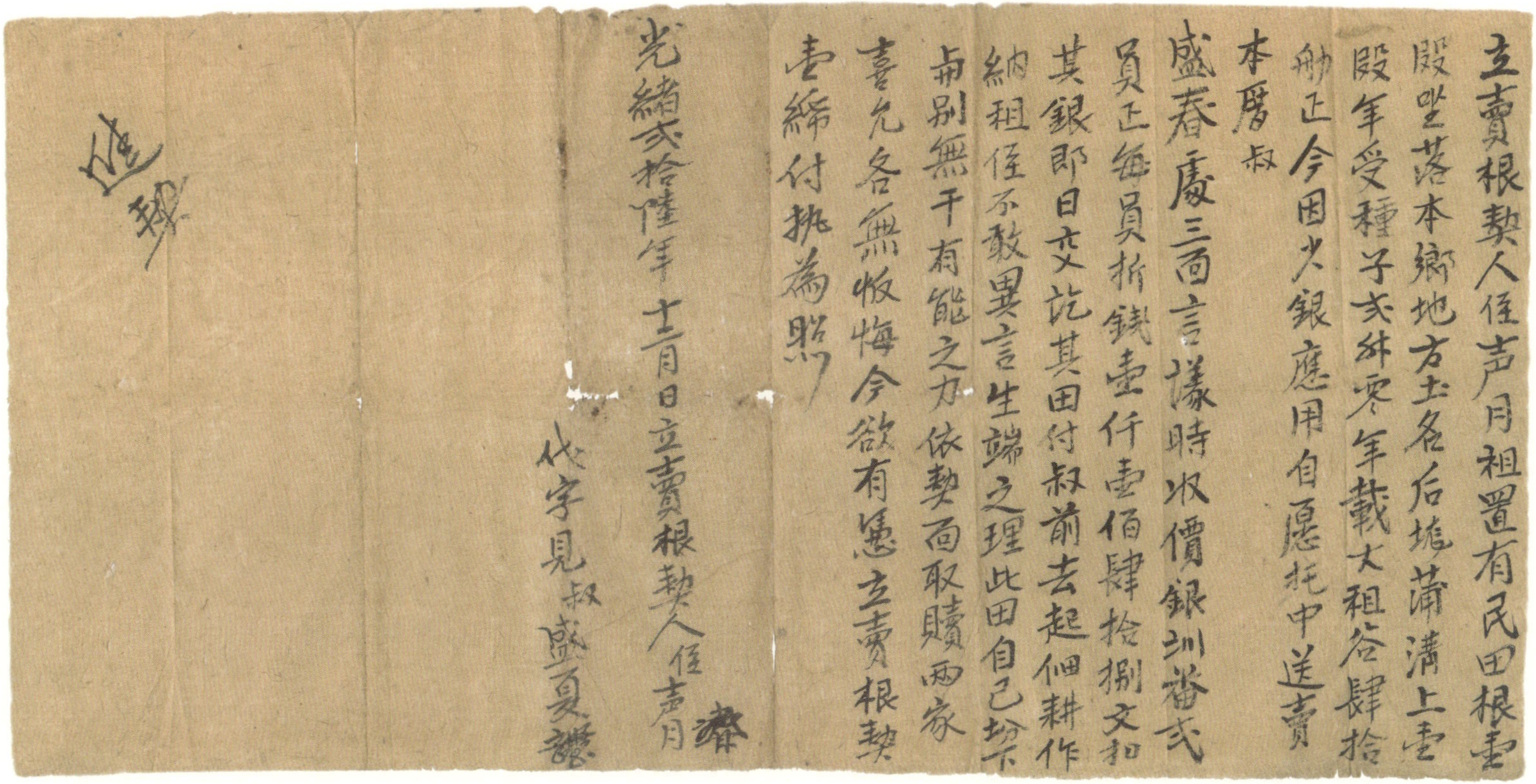

立賣根契人侄声月祖置有民田根壹
段坐落本鄉地方土名后垱蒲溝上壹
段年受種子弍斗零年載大租谷肆拾
觔正今因乏銀應用自愿托中送賣
本房叔
盛春處三面言議時收價銀訓番弍
員正每員折錢壹仟壹佰肆拾捌文扣
其銀即日交訖其田付叔前去起佃耕作
納租侄不敢異言生端之理此田自己埰
内别無干有能之力依契面取贖兩家
喜允各無反悔今欲有憑立賣根契
壹紙付執爲照

光緒弍拾陸年十二月日立賣根契人侄声月（押）

代字見叔盛夏（押）

（押）

10-4-14-5 清光緒二十六年十二月黄声月立賣民田根契

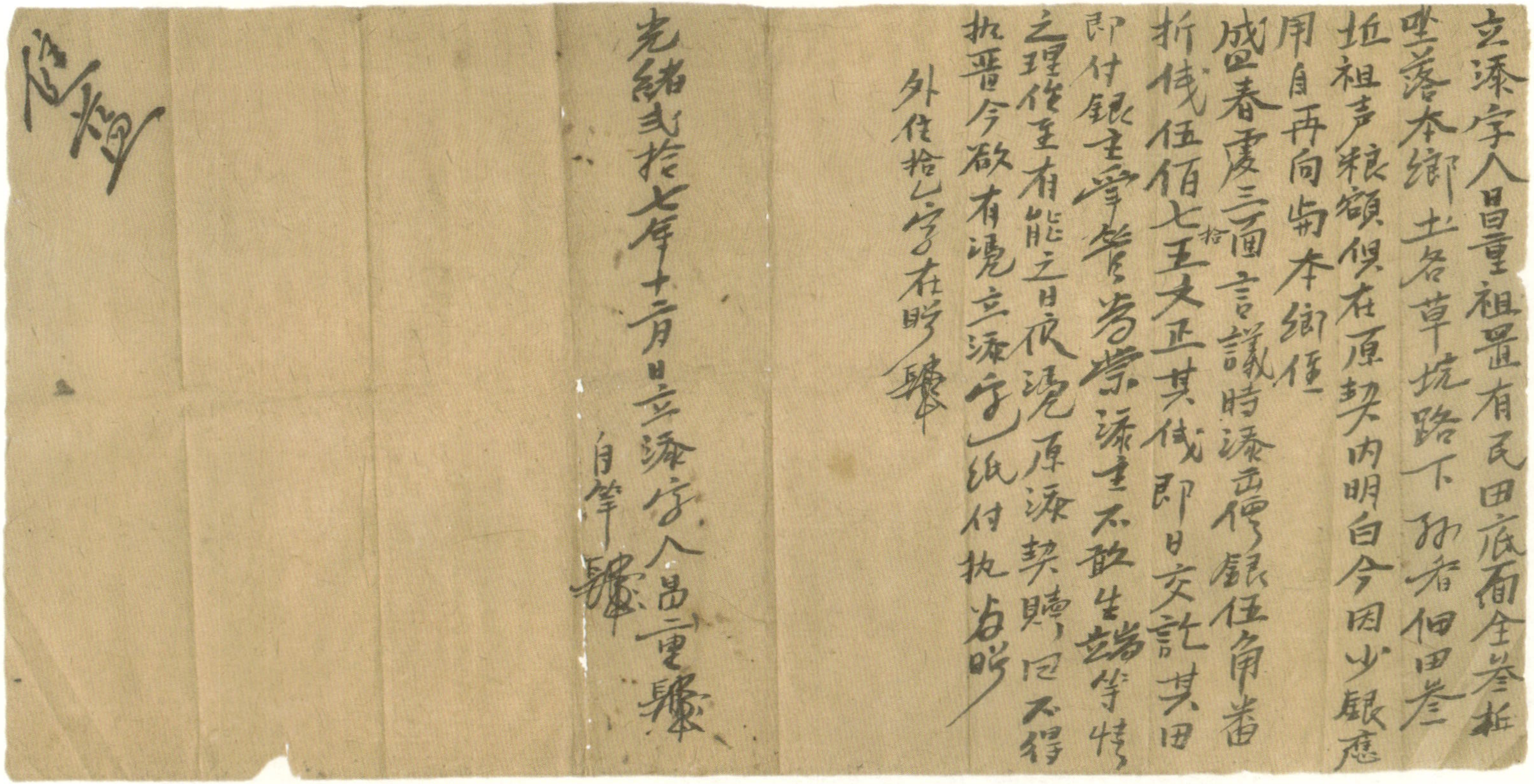
立添字人昌重祖置有民田底面全叁[illegible]
坐落本鄉土名草坑路下耕看佃田叁
址祖声粮額俱在原契内明白今因少銀應
用自再向與本鄉住
盛春處三面言議時添出價銀伍角番
折钱伍佰七拾五文正其钱即日交訖其田
即付銀主掌管為業添主不敢生端等情
之理任至有能之日依還原添契贖回不得
执吾今欲有憑立添字一纸付执爲照
外任拾字在照
光緒贰拾七年十二月日立添字人昌重
自筆

10-4-14-6 清光緒二十七年十二月黃昌重立添底面全民田字

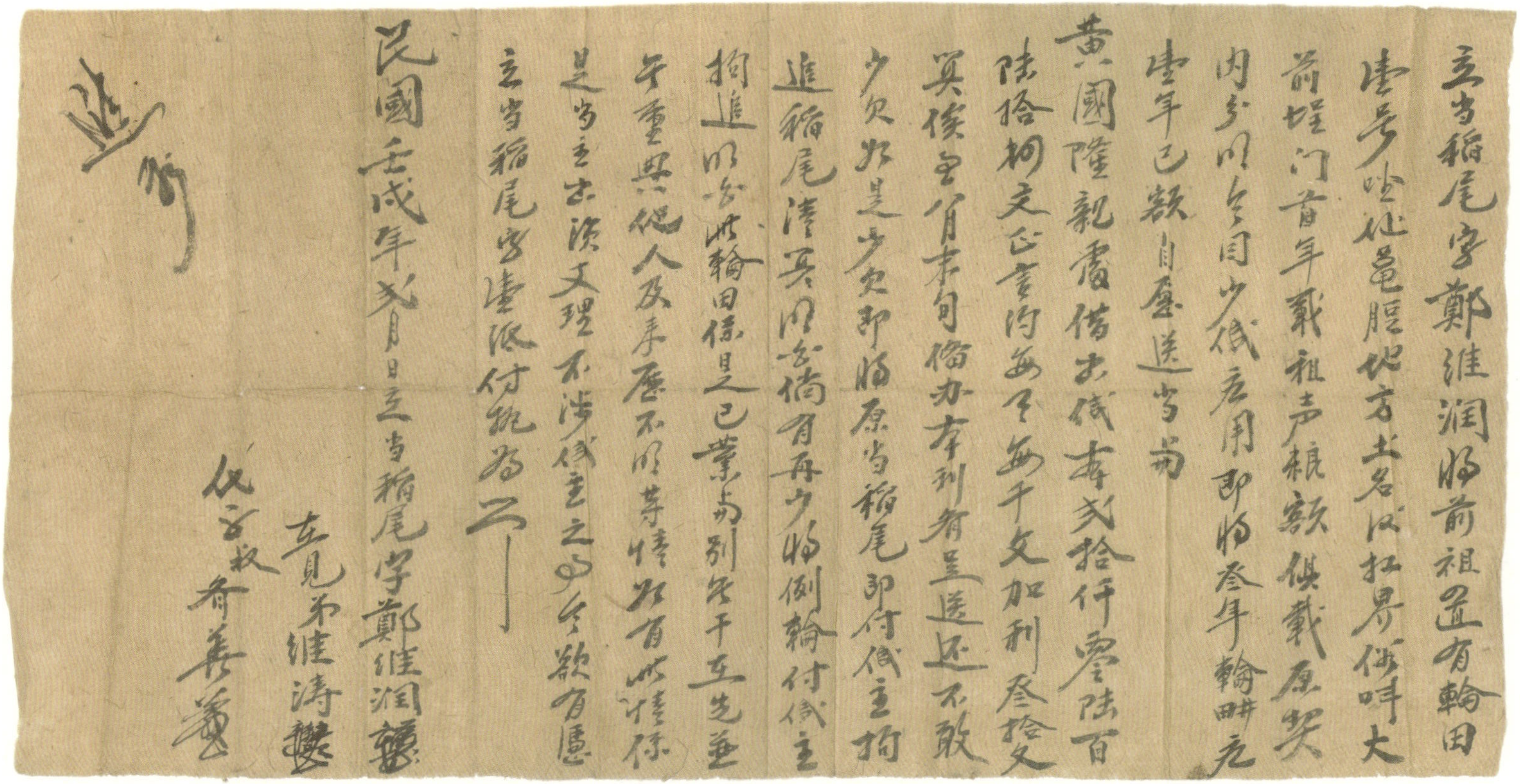
立当稻尾字鄭維潤將前祖置有輪田
壹号坐址邑脰地方土名臥杠界併時大
前埕门首年載祖声根款併載原契
内乡内乡同少代应用即將叁年輪耕應
壹年已款自愿送当与
黄國隆親書借出钱壹式拾仟零陆百
陆拾柯文正言约每千每千文加利叁拾文
其钱宜有未旬倫办本利有呈送还不敢
少欠如是少欠即將原当稻尾即付钱主掏
進稻尾凄其田出倘有再少將倒輪付钱主
掏進收出此輪田係是已業与别房干互先并
無重典他人及手历不明等情如有此情係
是当主出頭支理不涉钱主之事今欲有憑
立当稻尾字壹紙付执为照
民國壬戌年二月　日立当稻尾字鄭維潤（押）
在見弟維濤（押）
代字叔奇善（押）
進行

10-4-14-7 民國十一年二月鄭維潤立當稻尾字

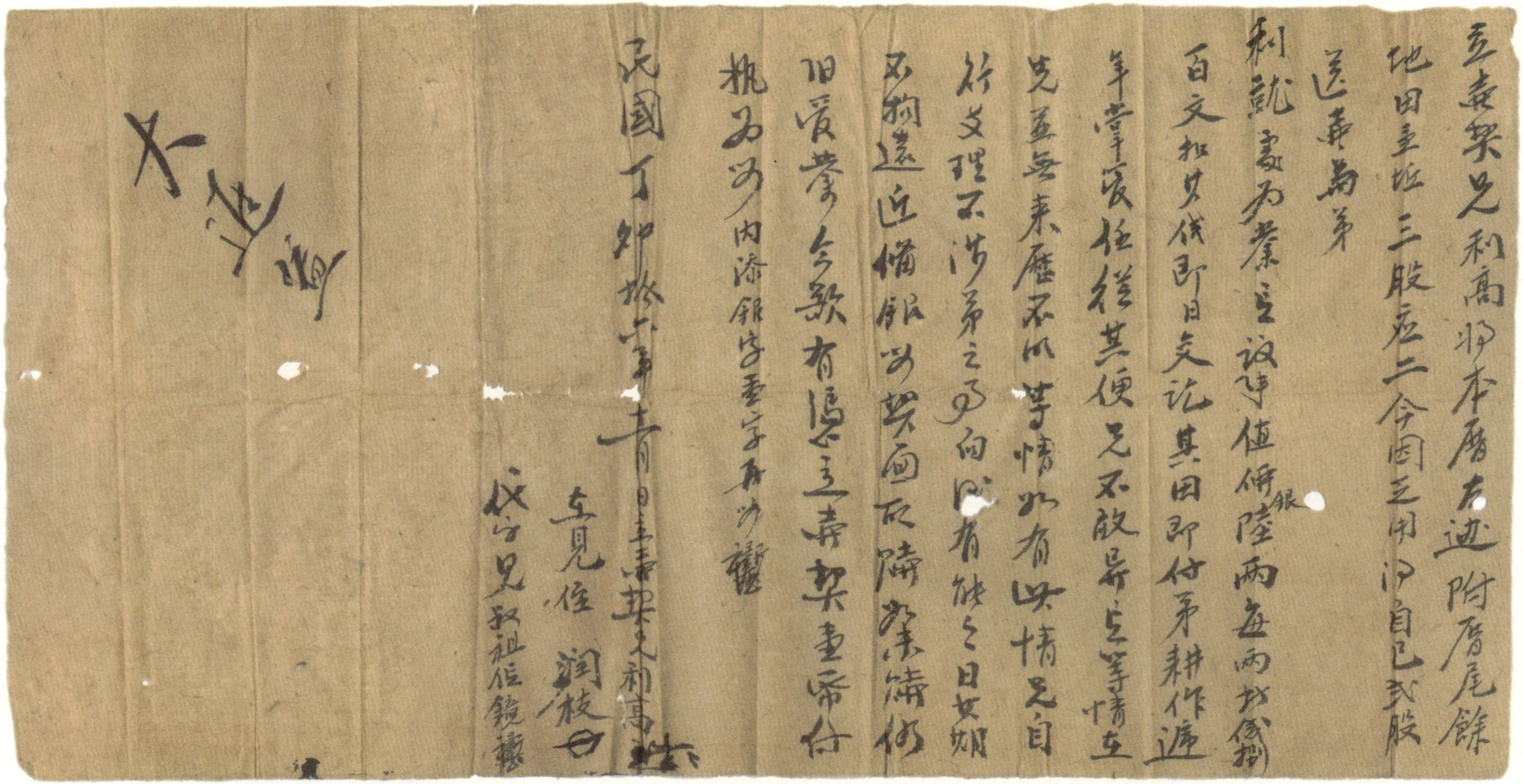

10-4-14-8　民國十六年十一月黃利高立賣田契

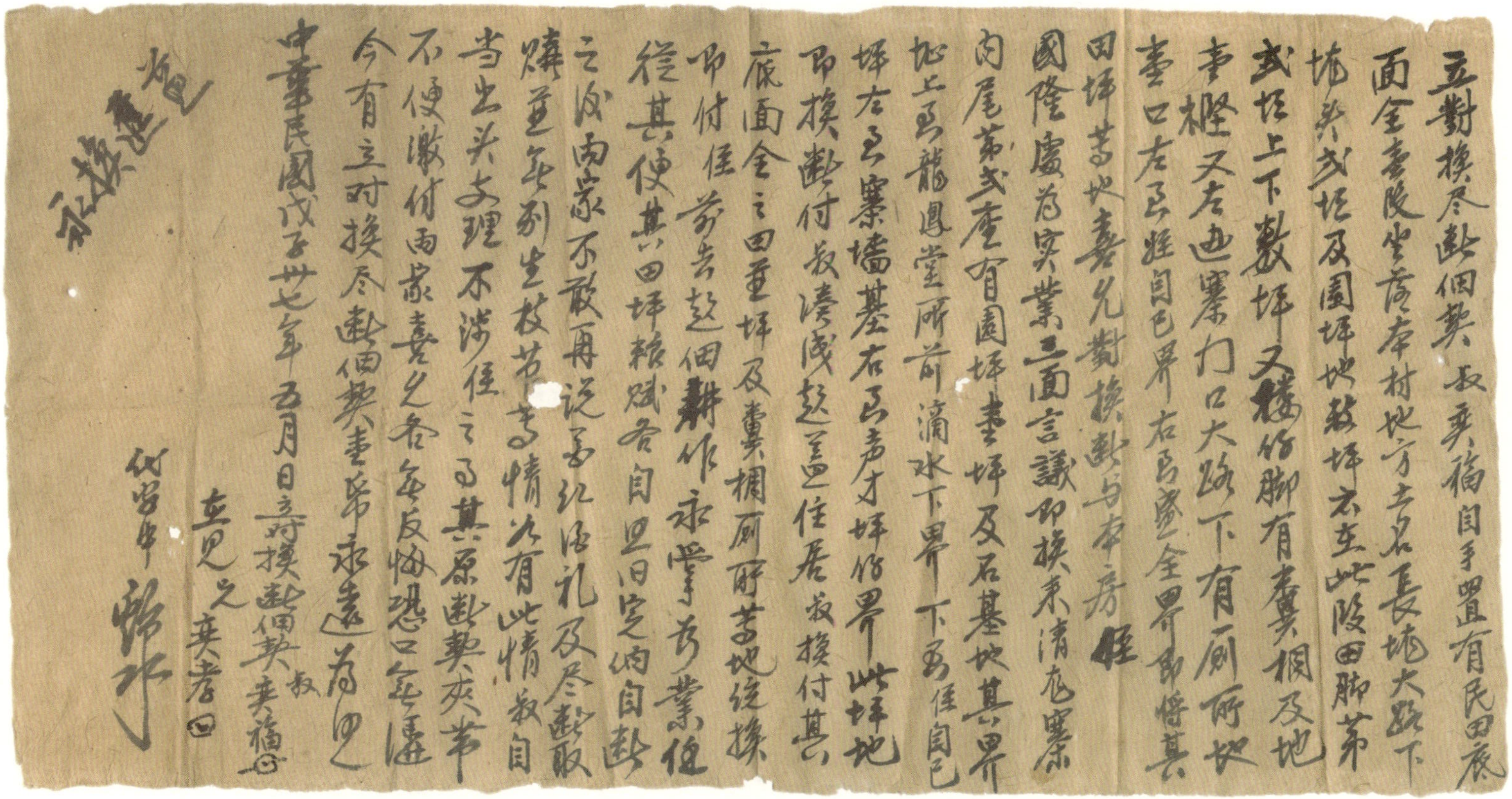

立對換盡斷佃契叔奕福自手置有民田底
面全壹段，坐落本村地方土名長坵大路下
垅共弍坵及園坪地數坪，左至此段田脚第
弍坵上下數坪，又樓仔脚有糞桶及地
壹橙，又左邊寨门口大路下有厠所地
壹口，右至姪自己界，右至盡全界，即將其
田坪並地壹允對換斷與本房姪
國隆處爲實業，三面言議，即換來清危寨
内尾第弍座有園坪壹坪及石基地，其界
址上至龍恩堂所前滴水下界，下至姪自己
坪，左至寨墻基，右至声才坪仔界，此坪地
即換斷付叔奕茂起盖住居，叔換付其
底面全〻田並坪及糞桶厠所等地，從換
即付侄前去起佃耕作，永遠爲業，任
從其便。其田坪粮賦旹自照旧完納。自斷
之後，兩家不敢再説爭執及盡斷取
贖，並無刈生枝節等情，如有此情，叔自
当出头支理，不涉侄之事。其原斷契交弟
不便繳付。兩家喜允，各無反悔，恐口無憑，
今有立對換盡斷佃契壹紙，永遠爲照。
中華民國戊子卅七年五月　日立對換斷佃契叔奕福
在見之 奕孝
代筆 錦水
永換盡退

10-4-14-9 民國三十七年五月黃奕福立對換盡斷佃契

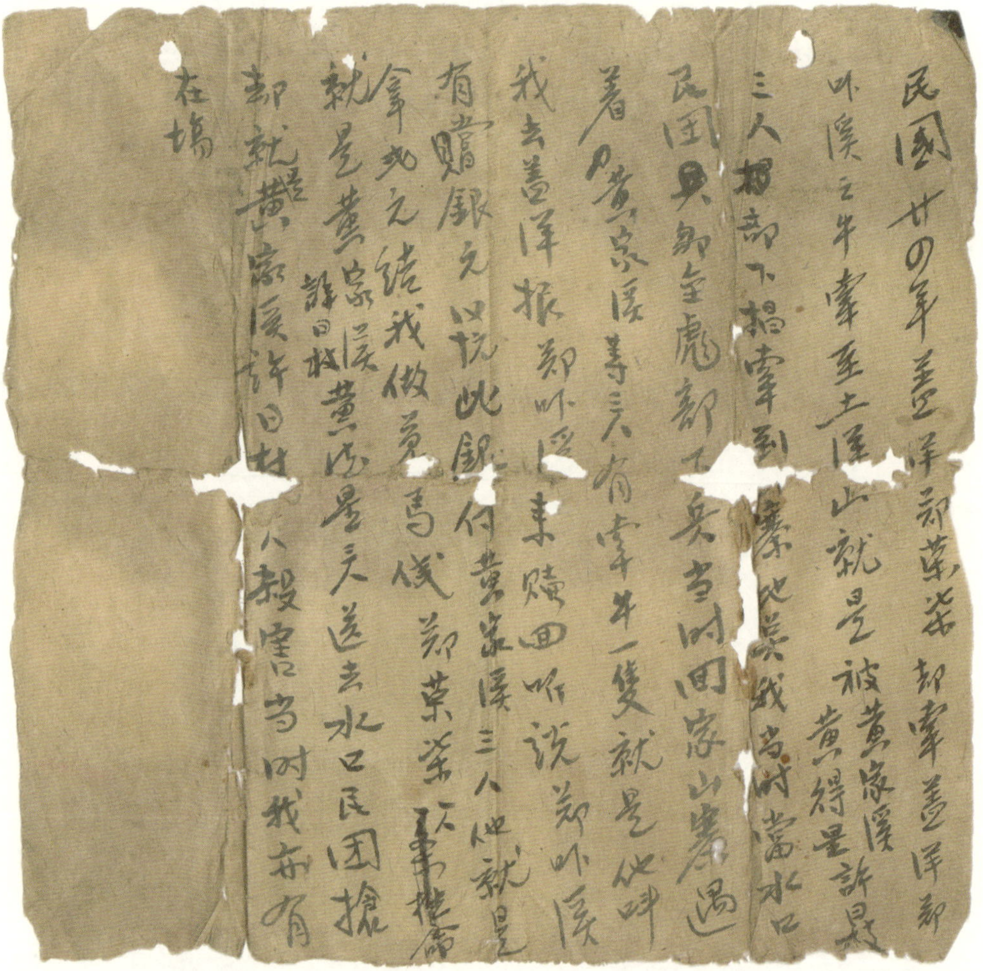
民國廿四年善洋鄭葉柒 鄭峯善洋鄭
吓溪之牛峯至土厝山就是被黃家溪 黃得墨許然
三人相鄭下楊峯到寨把溪我当时當水口
民国卅鄭金彪鄭下吳当时田家山寨遇
着黃家溪等三人有峯牛一隻就是他叫
我去善洋振鄭吓溪來贖回聽說鄭吓溪
有贖銀元以抗此銀付黃家溪三人他就是
拿九元給我做爲馬钱 鄭葉柒不人押
就是黃家溪 黃德墨三人送去水口民团搶 許日枚
鄭就是黃家溪許日枚八殺害当时我亦有
在場

10-4-15-1　民國時期鄭榮柒供詞

第五帙　黄國語户

10-5-1-1　包契紙

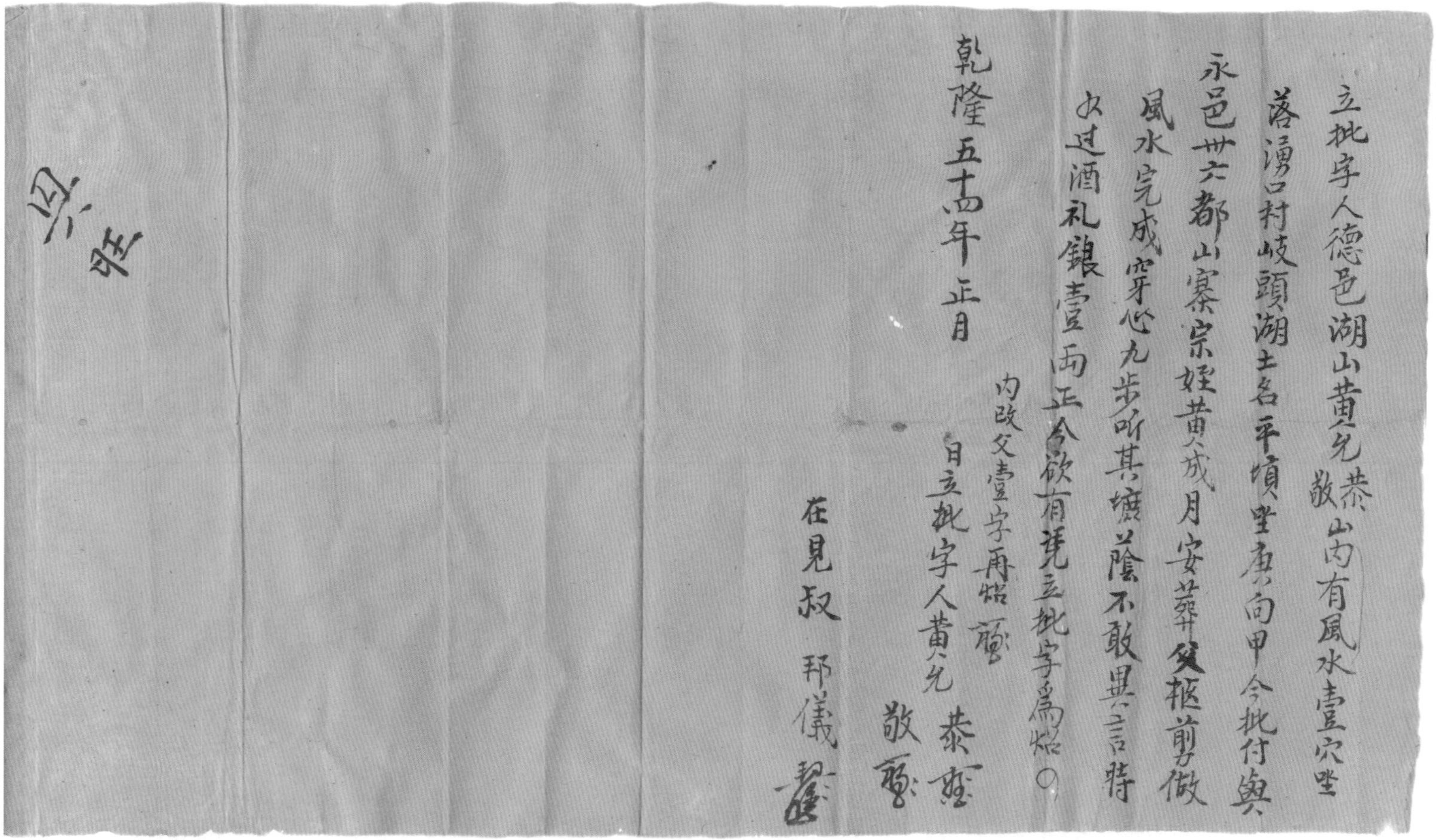
立批字人德邑湖山黃允恭、敬，山內有風水壹穴，坐
落湧口村岐頭湖，土名平墳，坐庚向甲，今批付與
永邑廿六都山寨宗姪黃成月安葬父柩，前去做
風水完成，穿心九步，听其壙蔭，不敢異言。特
此過酒礼銀壹兩正。今欲有憑，立批字爲炤。
內改文壹字再炤。
乾隆五十四年正月　日立批字人黃允恭、敬
在見叔　邦儀

10-5-1-2　清乾隆五十四年正月黃允恭等立批風水字

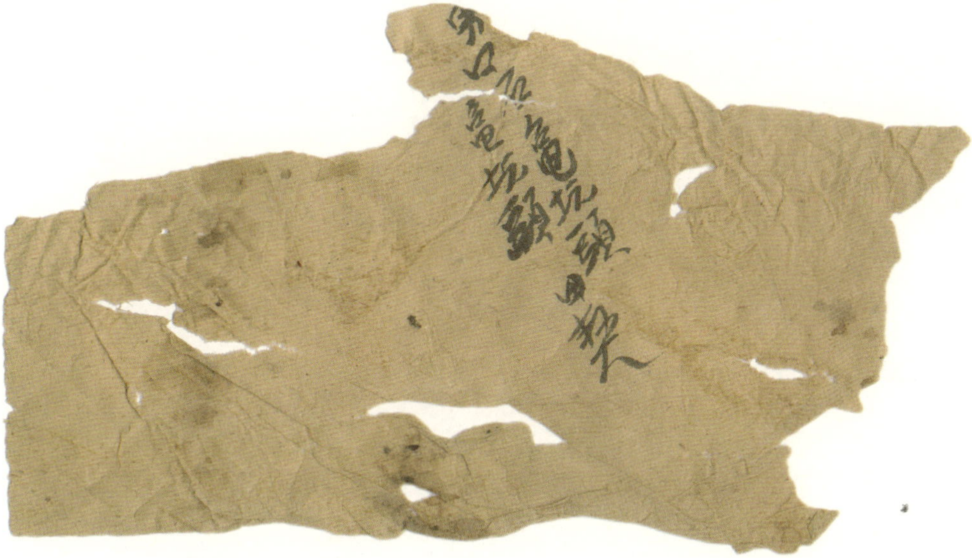

10-5-2-1　包契紙

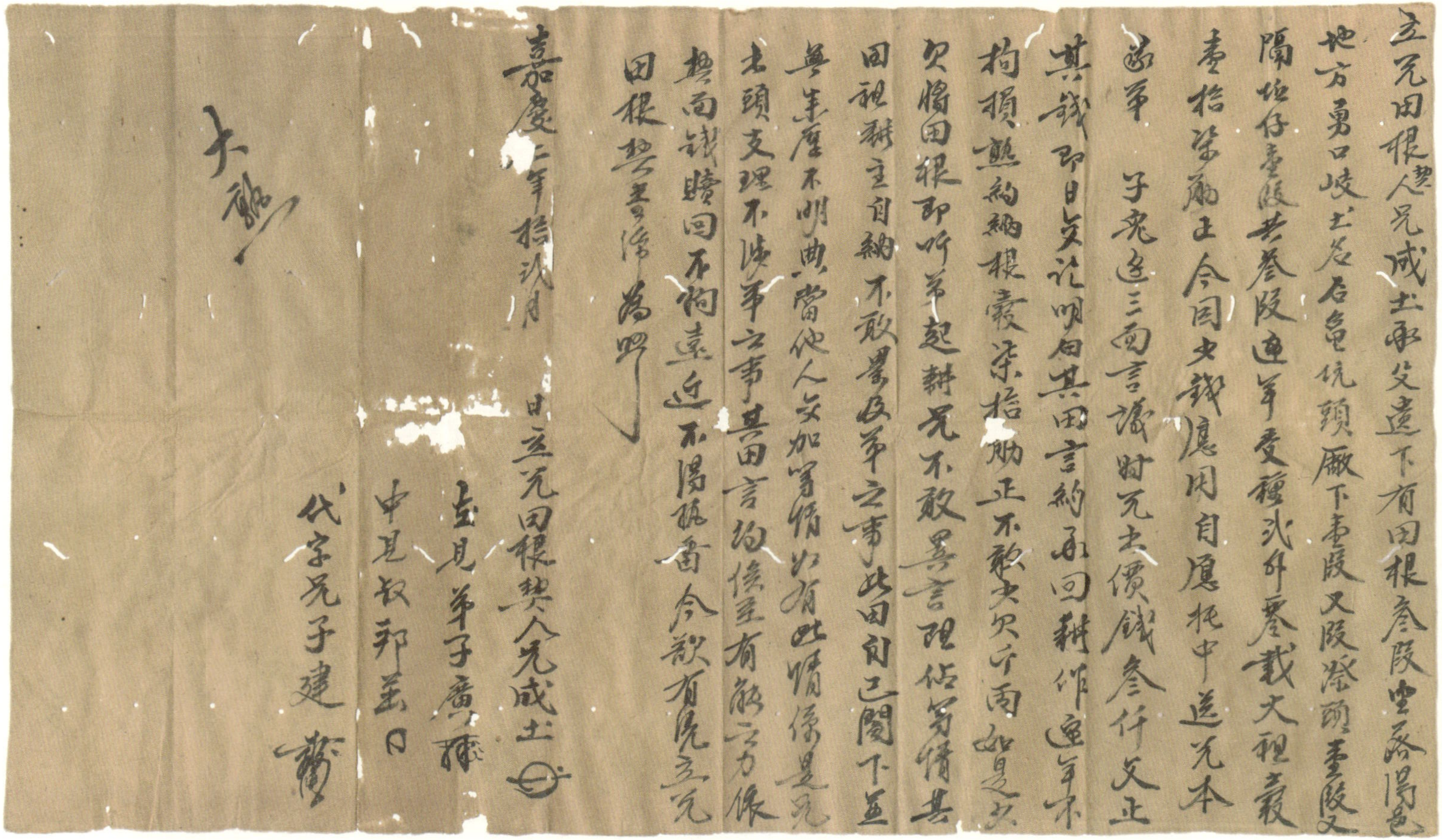
立兑田根契人兄成土承父遺下有田根叁段坐落陽邑
地方勇口岐土名石龟坑頭廠下壹段又段溪頭壹段又
陽坑仔壹段共叁段逐年受種弍斗叁載大租穀
壹拾柒篇正今因乏錢應用自愿托中送兑本
家弟　子尧边三面言議時兑出價錢叁仟文正
其錢即日交訖明白其田言約承回耕作逐年不
拘損熟納納根穀柒拾肋正不敢欠[illegible]如是欠
欠[illegible]田根即听弟起耕兑不敢異言阻佔另佃其
田現耕主自納不敢異說等之事此田自己闔下並
無朱厘不明典當他人亦加写情如有此情係是兄
出頭支理不涉弟之事其田言約俟至有銀之日備
根面錢贖回不拘遠近不得執留今欲有憑立兑
田根契壹紙為照
嘉慶二年拾弍月　日立兑田根契人兄成土
在見弟子廣
中見叔邦茂
代字兄子建

10-5-2-2　清嘉慶二年十二月黄成土立兑田根契

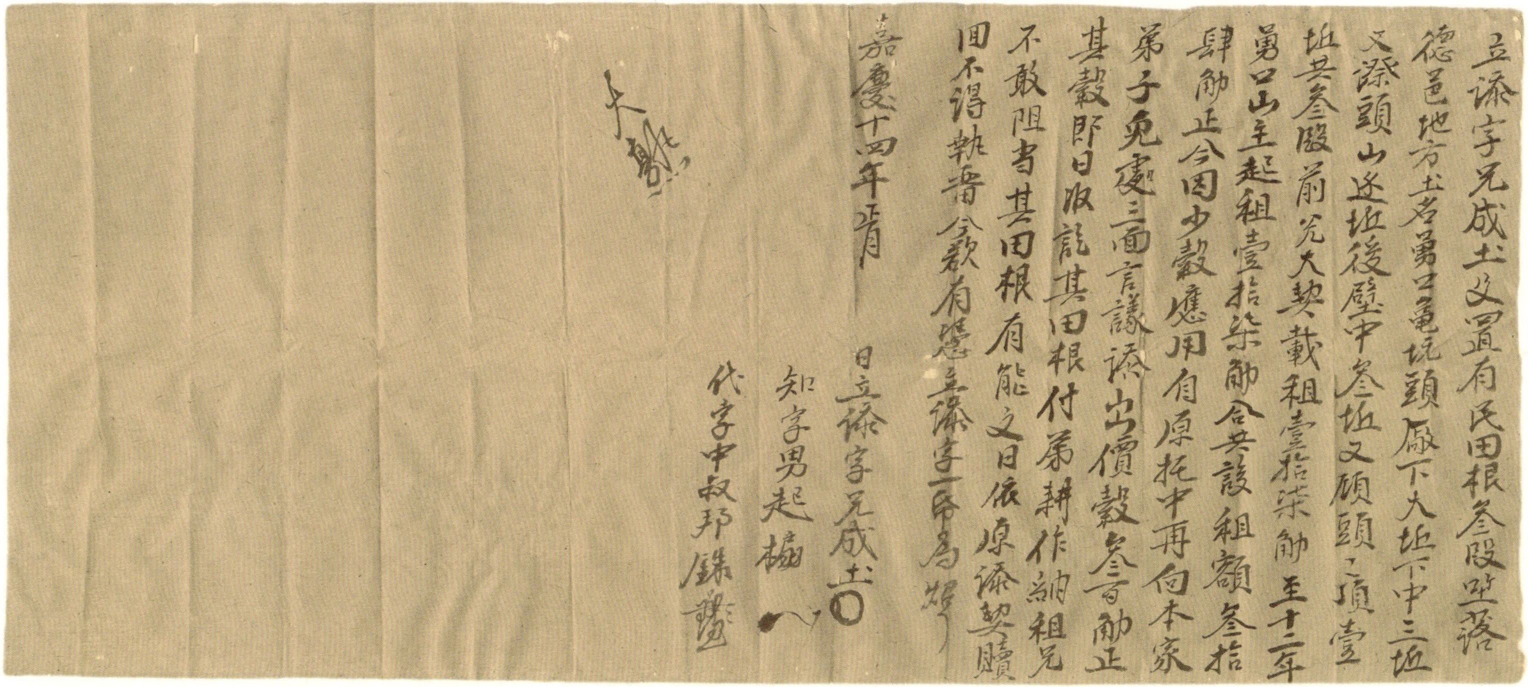
立添字兄成土父置有民田根叁段坐落
德邑地方土名窠口龜坑頭㕓下大坵下中三坵
又漈頭山逆坵後壁中叁坵又碩頭〻頂壹
坵共叁段前兄大契載租壹拾柒舫至十二年
窠口山主起租壹拾柒舫合共該租額叁拾
肆舫正今因少穀應用自原托中再向本家
弟子兄處三面言議添出價穀叁百舫正
其穀即日收訖其田根付弟耕作納租兄
不敢阻者其田根有能之日依原添契贖
回不得執留今欲有憑立添字一紙為照
嘉慶十四年正月　日立添字兄成土（押）
知字男起[illegible]（押）
代字中叔邦[illegible][illegible]
大吉

10-5-2-3 清嘉慶十四年正月黃成土立添民田根字

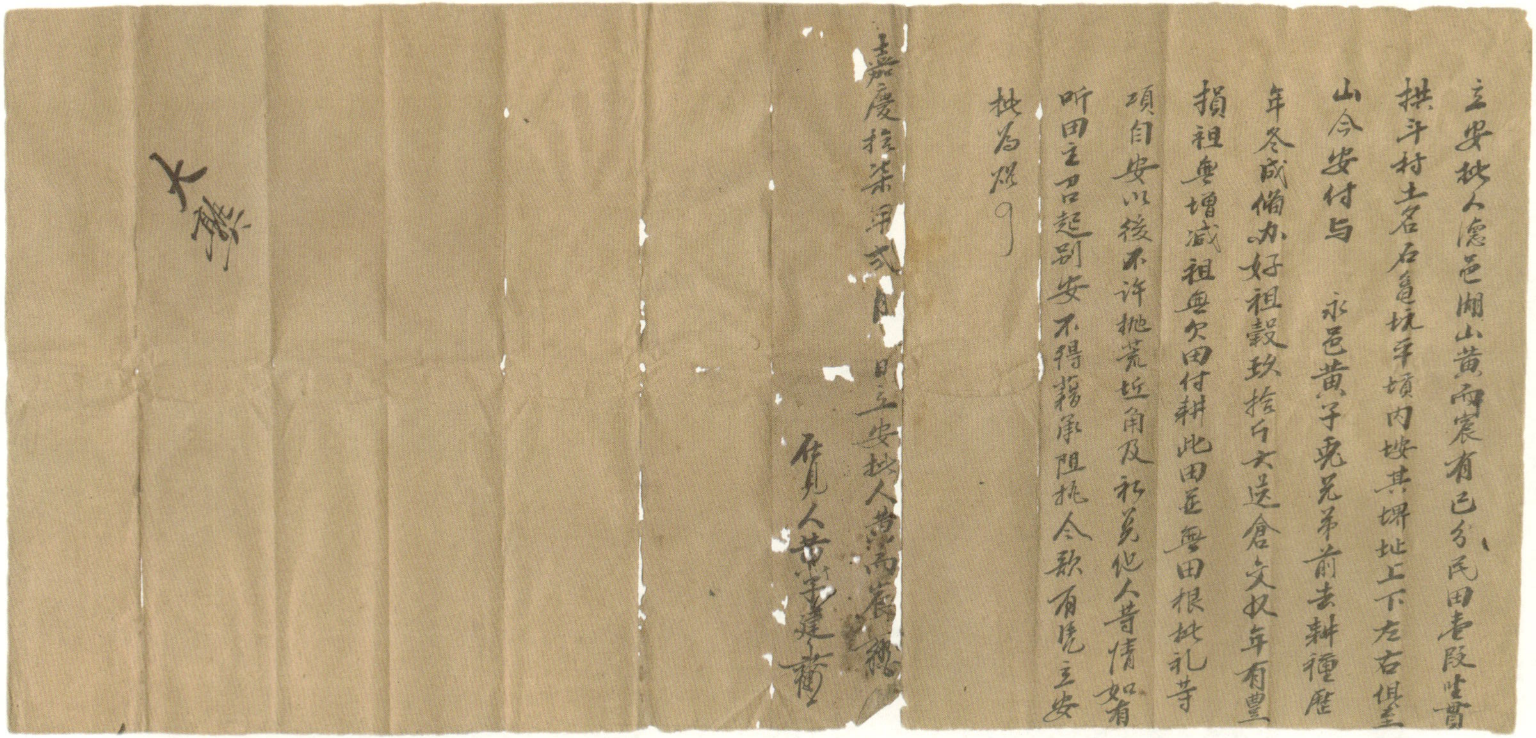

立安批人德邑湖山黃而宸有已分民田壹段坐貫
拱斗村土名石龜坑乎頃內址其坵址上下左右俱至
山今安付与　永邑黃子兗兄弟前去耕種歷
年冬成備辦好祖穀玖拾斤大足倉交收年有豐
損祖無增減祖無欠田付耕此田並無田根批礼等
項自安以後不許抛荒坵角及私另他人等情如有
所田主召起別安不得藉承阻抗今欲有憑立安
批為炤
嘉慶拾柒年貳月　日立安批人黃而宸（押）
在見人黃子建（押）
大吉

10-5-2-4　清嘉慶十七年二月德化黃而宸立安批民田契

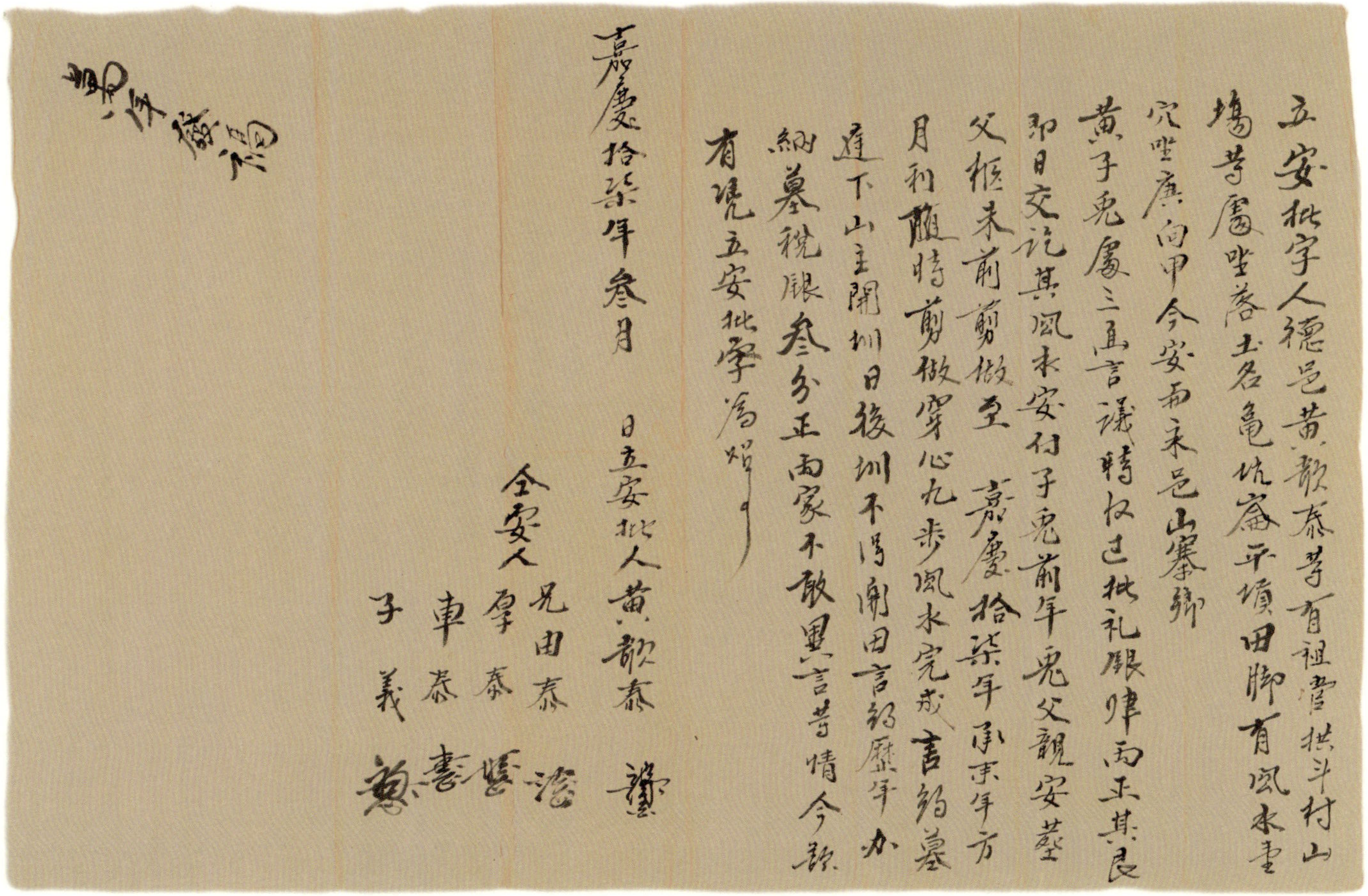
立安批字人德邑黃歌泰等有祖嘗拱斗村山
場等處坐落土名龜坑崙平墳田腳有風水壹
穴坐庚向甲今安而未邑山寨鄉
黃子兎處三面言議轉收过批礼銀肆兩正其銀
即日交訖其風水安付子兎前年兎父親安葬
父柩未葥剪做至 嘉慶拾柒年壬申年方
月利髓時剪做穿心九步風水完成 言約墓
逢下山主開圳日後圳不得崩田言約歷年办
納墓稅銀叁分正兩家不敢異言等情今欲
有憑立安批字為炤

嘉慶拾柒年叁月 日立安批人黃歌泰（押）
仝安人 兄田泰（押）
學泰（押）
車泰（押）
子義（押）

萬年[illegible]

10-5-2-5 清嘉慶十七年三月德化黄歌泰立安批風水字

10-5-3-1 包契紙

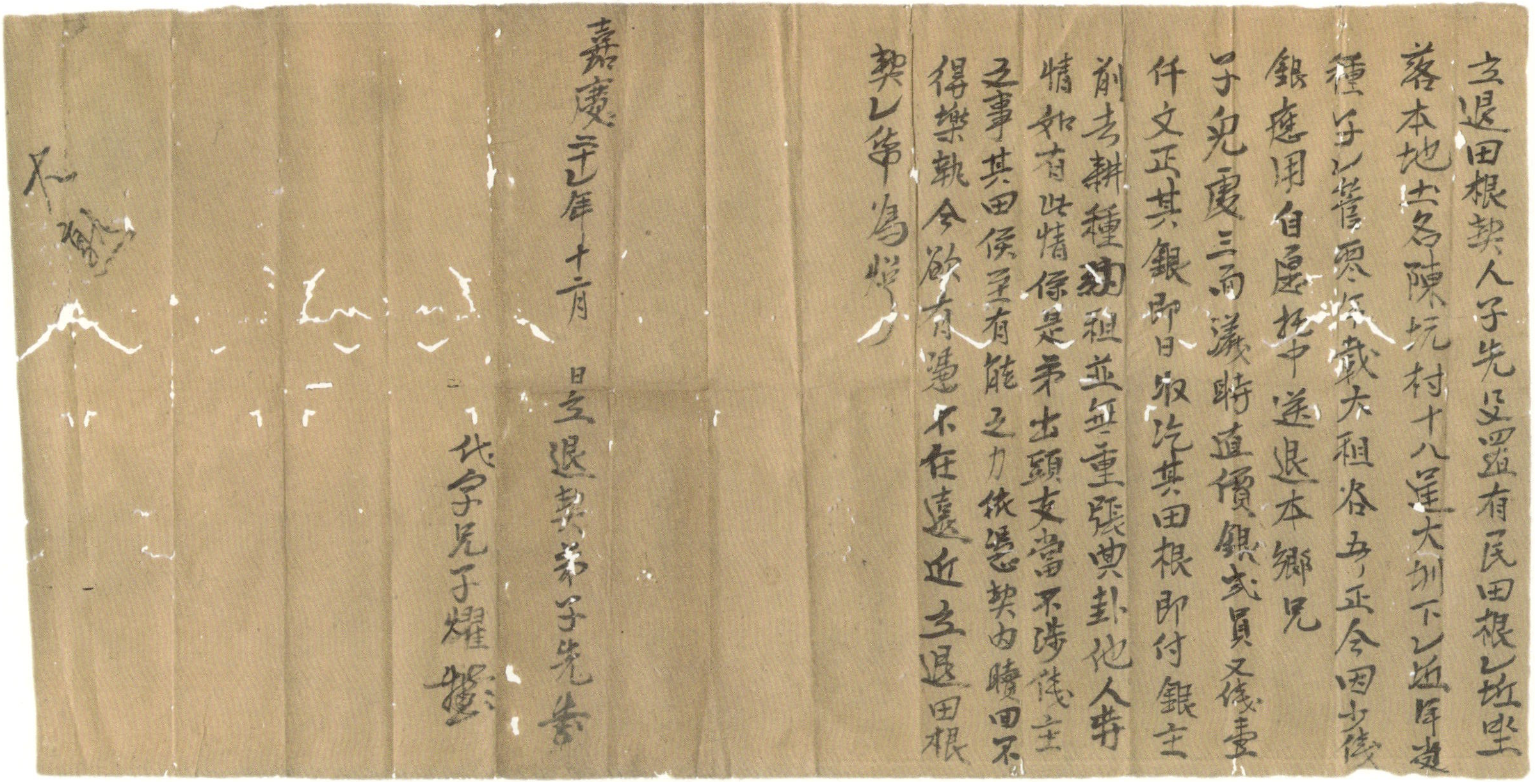
立退田根契人子先，父置有民田根乙坵，坐
落本地土名陳坑村十八蓬大圳下乙坵，年載
種子乙管，原載大租谷五？正，今因乏
銀應用，自愿托中送退本鄉兄
子兒處，三面議時值價銀贰員又錢壹
仟文正，其銀即日收訖，其田根即付銀主
前去耕種納租，並無重張典卦他人等
情，如有此情，係是弟出頭支當，不涉銀主
之事。其田係是有能之力，依憑契面贖回，不
得樂執。今欲有憑，不在遠近，立退田根
契乙紙為炤。

嘉慶二十一年十二月　日立退契弟子先（押）
代字兄子耀（押）

不贖

10-5-3-2　清嘉慶二十一年十二月黃子先立退民田根契

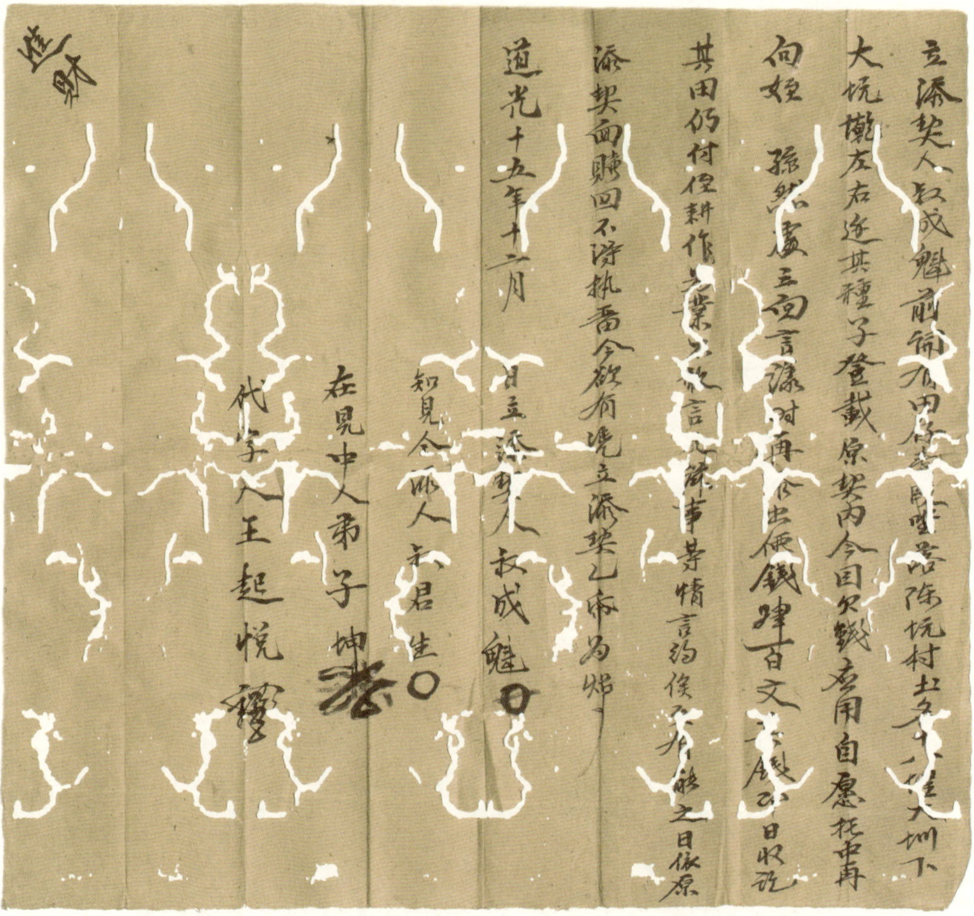

佳財

立添契人叔成魁，前衙有田壹處，坐落陈坑村，土名□□大圳下
大坑墘左右，逐年種子登載原契内。今因欠錢應用，自愿托中再
向姪孫然處三面言議，對再添出價錢肆百文，其錢即日收訖。
其田仍付侄耕作，其業永不敢言及贖事等情。言約係□□辦之日依原
添契面贖回，不得執留。今欲有憑，立添契乙紙為照。

道光十五年十二月　日立添契人叔成魁〇
知見仝队人叔君生〇
在見中人弟子坤
代字人王起悦

10-5-3-3　清道光十五年十二月黄成魁立添田仔契

10-5-4-1　包契紙

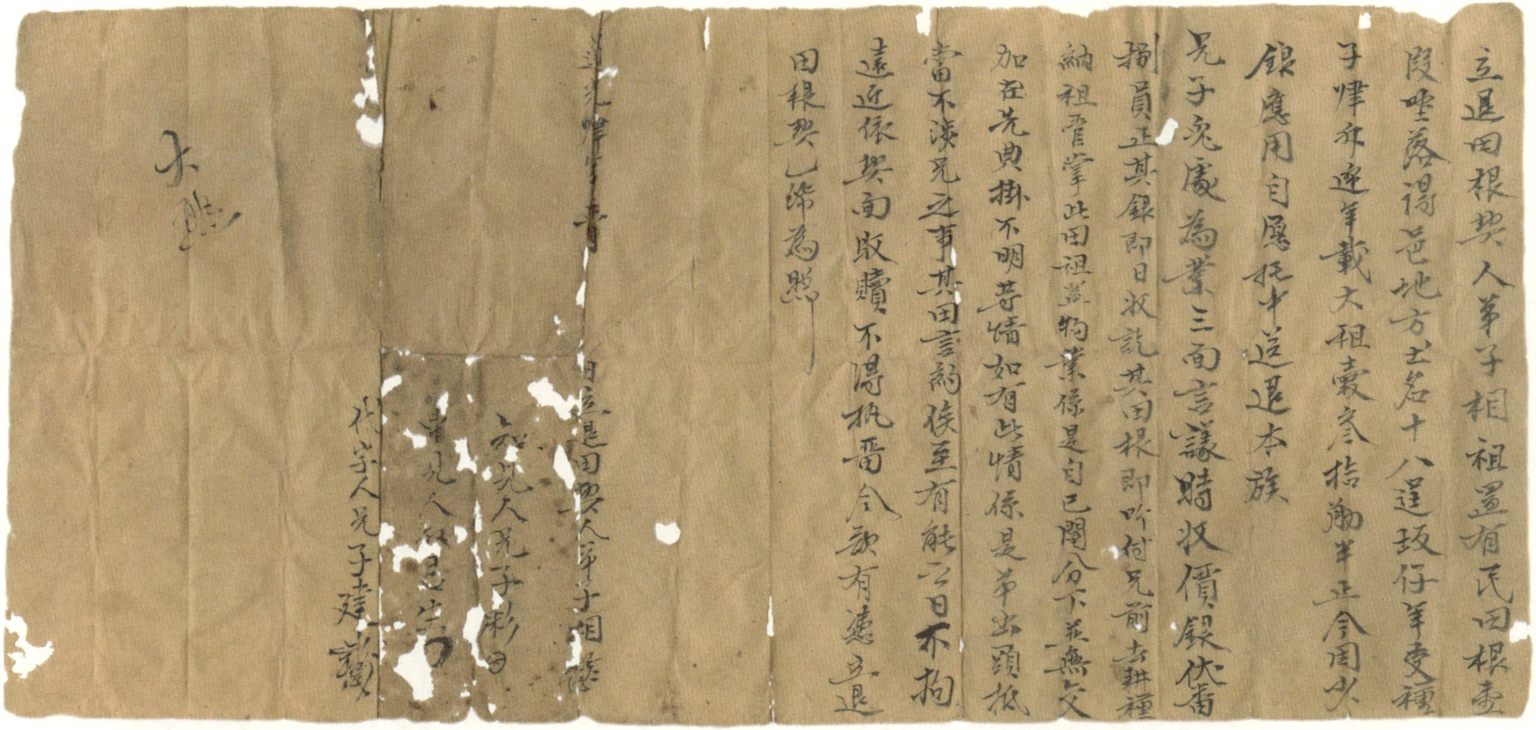
立退田根契人弟子相，祖置有民田根壹
段，坐落得芭地方，土名十八逞孜仔，年受種
子肆升，逐年載大租穀叁拾觔半正。今因乏
銀應用，自愿托中送退本族
兄子宛處爲業，三面言議，時收價銀伍番
捌員正。其銀即日收訖，其田根即付兄前去耕種
納租管掌。此田祖遺物業，係是自己鬮分下，並無交
加，在先典掛不明等情；如有此情，係是弟出頭抵
當，不涉兄之事。其田言約從至有能之日，不拘
遠近，依契面取贖，不得執留。今欲有憑，立退
田根契一紙爲照。

道光肆年正月　日立退田契人弟子相（號）
在見人兄子彬（號）
在見人叔□□
代字人兄子□建（號）
大熙

10-5-4-2　清道光四年正月黃子相立退民田根契

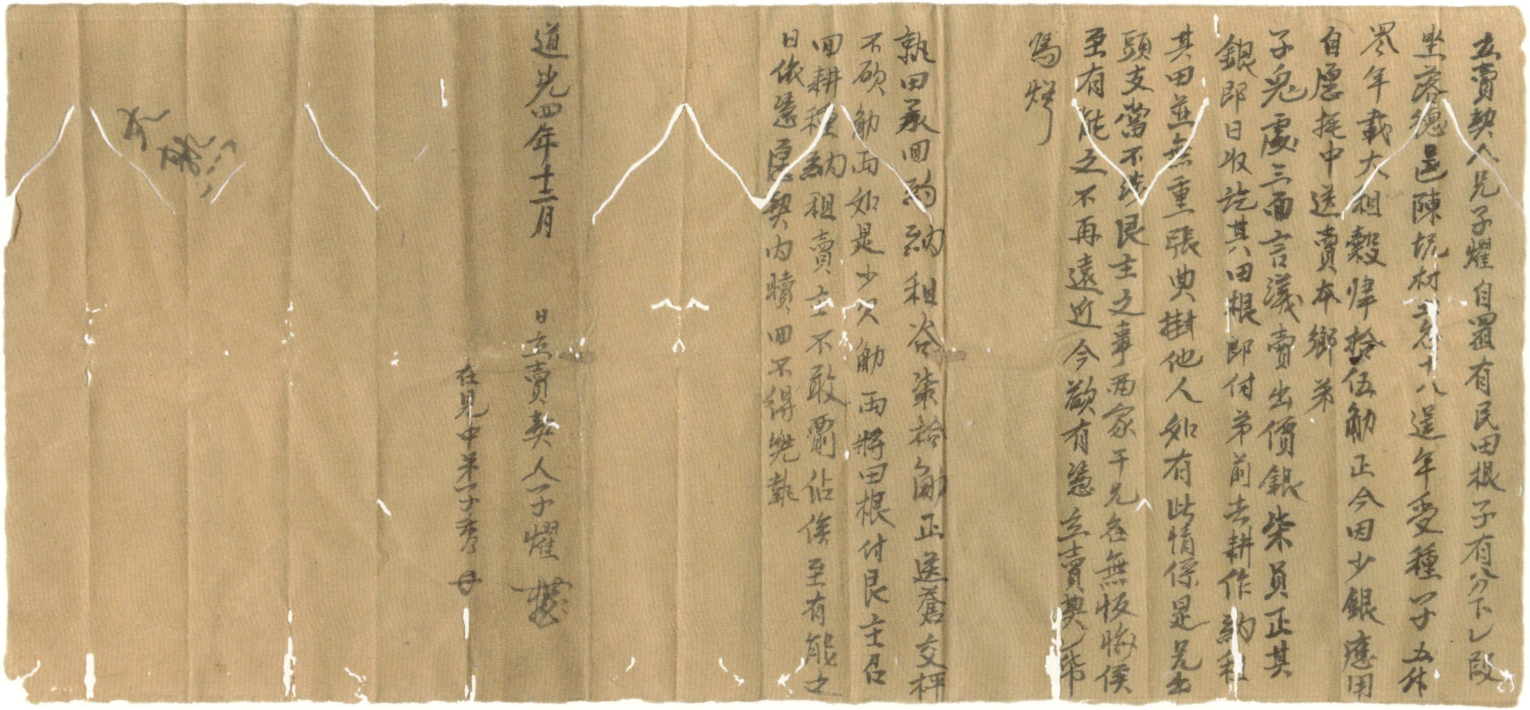
立賣契人兄子燿自置有民田根子有分下乚段
坐落德邑陳坑村土名十八逕年受種子五升
界年載大租穀肆拾伍觔正今因乏銀應用
自愿托中送賣本鄉弟
子免處三面言議賣出價銀柒員正其
銀即日收訖其田根即付弟前去耕作納租
其田並無重張典掛他人如有此情係是兄出
頭支當不涉民主之事兩家甘允各無扳悔俟
至有能之不再遠近今欲有憑立賣契乙帋
爲炤

就田承田納納租谷柒拾觔正送倉交秤
不欠觔兩如是少欠觔兩將田根付民主召
田耕種納租賣主不敢覇佔俟至有能之
日依還原契內贖田不得攔執

道光四年十二月　日立賣契人子燿
在見中弟子秀

外[illegible]

10-5-4-3　清道光四年十二月黄子燿立賣民田根契

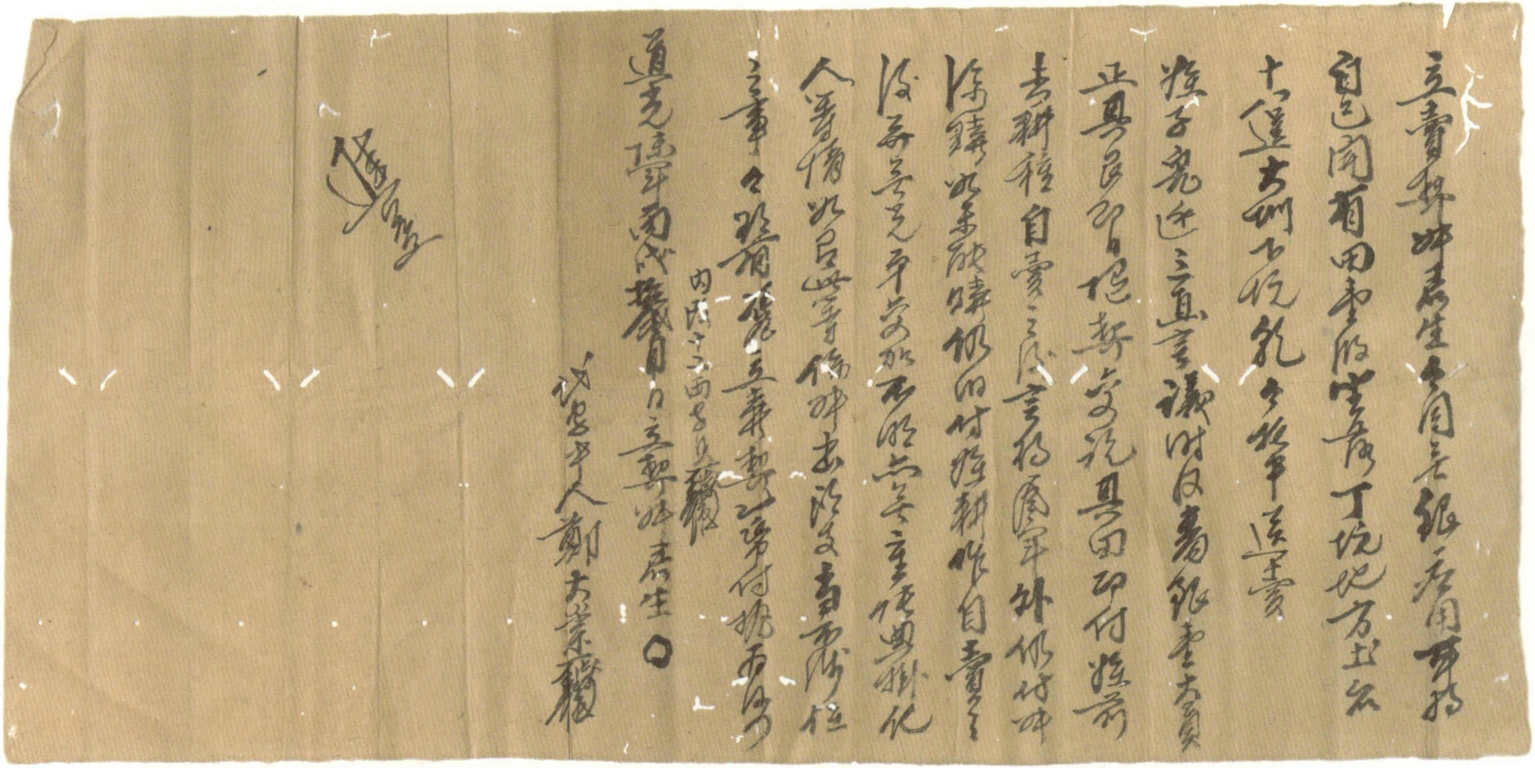

10-5-4-4　清道光六年十二月黃君生立賣田契

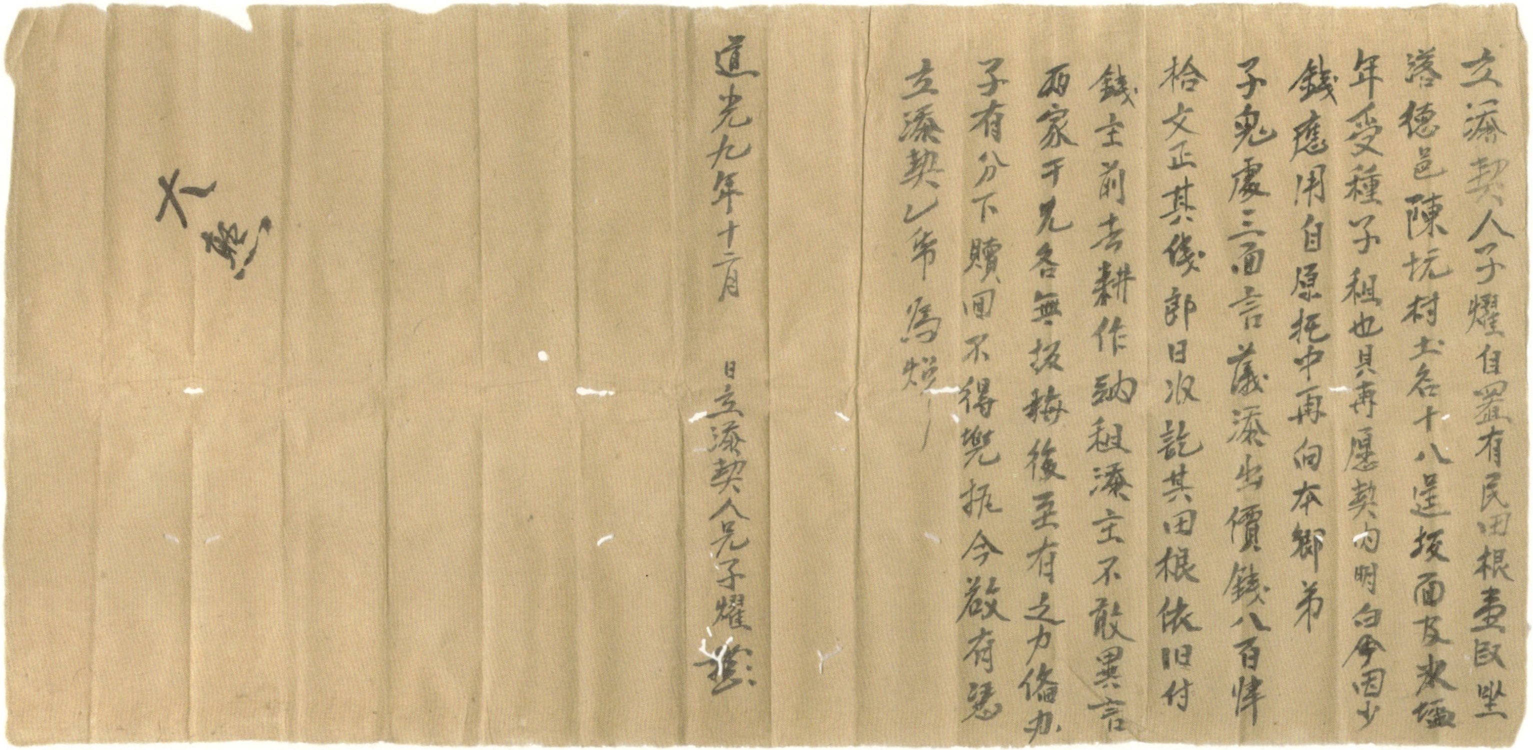

立添契人子燿自置有民田根壹段坐
落德邑陳坑村土名十八逞坂面及米壢
年受種子租也具載歷契內明白今因少
錢應用自愿托中再向本鄉弟
子兒處三面言議添出價錢八百肆
拾文正其錢即日收訖其田根依旧付
錢主前去耕作納租添主不敢異言
兩家甘允各無返悔後至有力備办
子有分下贖回不得生執今欲有憑
立添契一帋爲照／

道光九年十二月　日立添契人兄子燿（押）

10-5-4-5　清道光九年十二月黃子燿立添民田根契

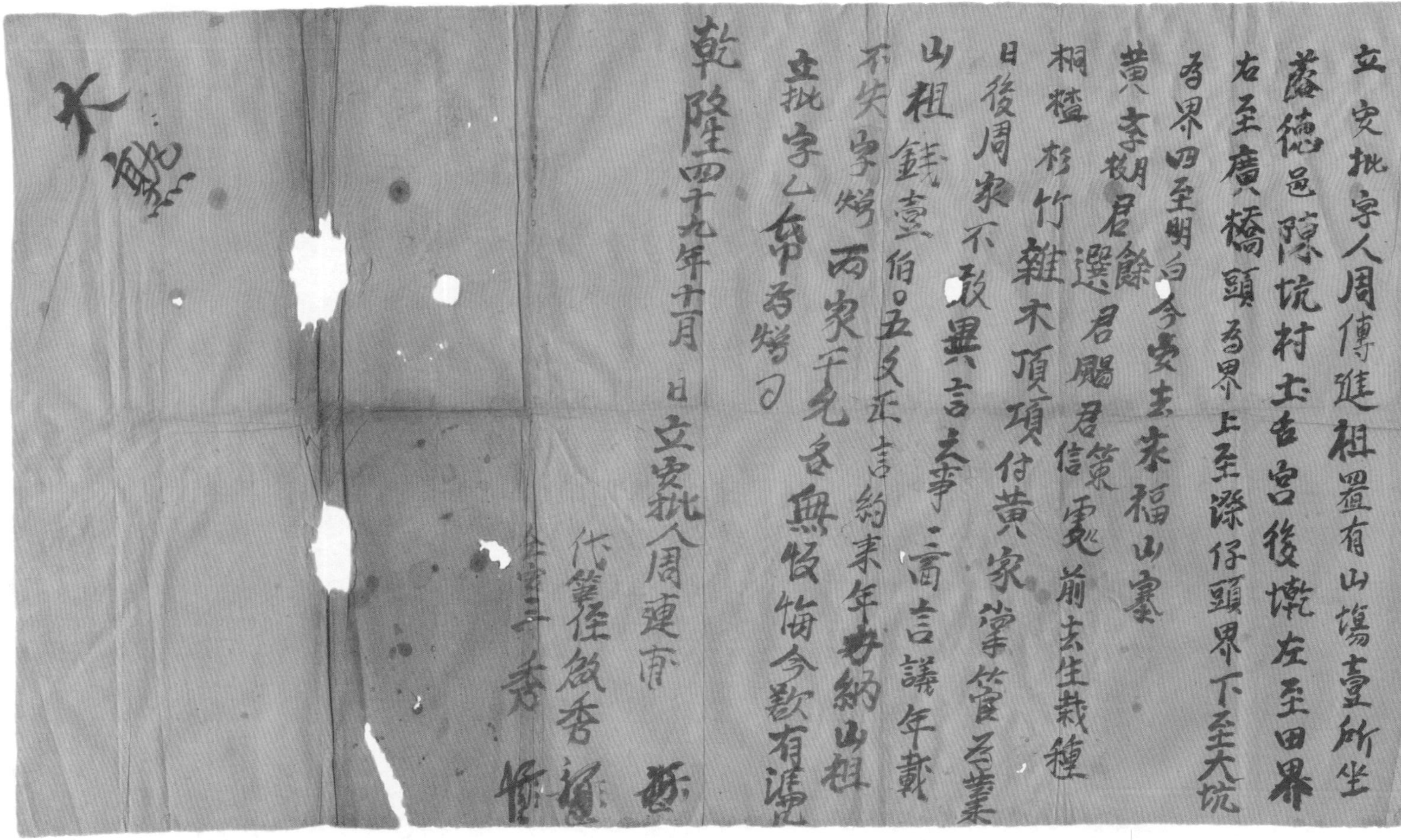
立安批字人周傳進祖置有山場壹所坐
落德邑隙坑村土名宮後墘左至田界
右至廣橋頭為界上至漈仔頭界下至大坑
為界四至明白今安去來福山寮
黃李胡君餘選君颺君信君策君飛前去生栽種
桐橙杉竹雜木頂項付黃家掌管為業
日後周家不敢異言生事言議年載
山租錢壹佰五文正每年約來年交納山租
不失字號兩家甘允各無反悔今欲有憑
立批字山帝為據
乾隆四十九年十一月　日　立安批人周連甫　號
代筆侄啟香　號
在場三秀　號

10-5-5-1　清乾隆四十九年十一月周連甫立安批山場字

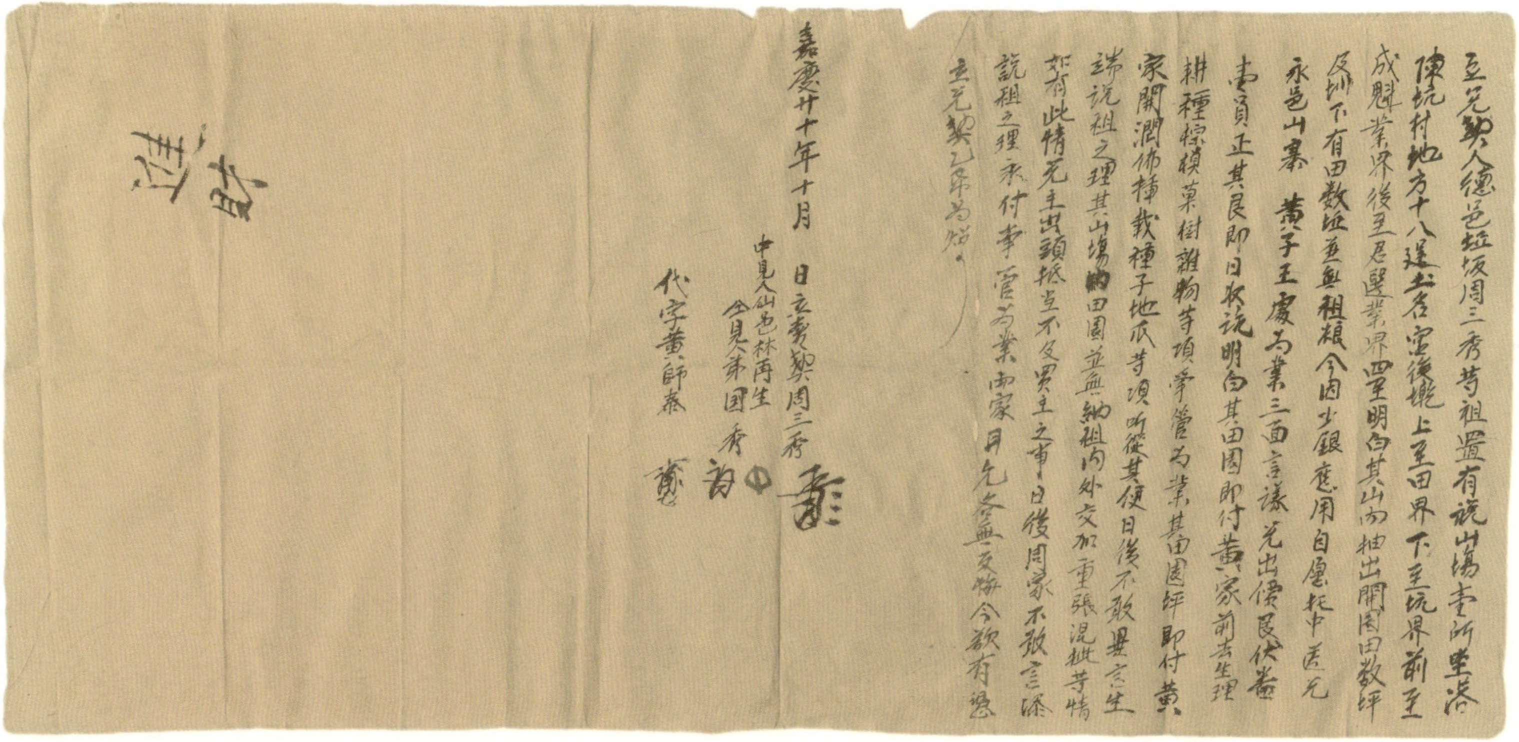
立兑契人德邑埕坂周三秀等祖置有號山場壹所坐落
陳坑村地方十八蓬土名宅後塆上至田界下至坑界前至
成魁業界後至君選業界四至明白其山內抽出開園田數坪
及圳下有田數坵並無租粮今因少銀應用自愿托中送兑
永邑山寨　黃子玉處爲業三面言議兑出價艮伏番
壹員正其艮即日收訖明白其田園即付黃家前去生理
耕種棕櫚菓樹雜物等項掌管爲業其田園坪即付黃
家開潤佈插栽種子地瓜等項聽從其便日後不敢異言生
端說租之理其山場田園並無納租內外交加重張混批等情
如有此情兑主出頭抵當不及買主之事日後周家不敢言添
說租之理永付黃管爲業兩家甘允各無反悔今欲有憑
立兑契乙帋爲炤。

嘉慶廿十年十月　　日立兑契周三秀
中見人仙邑林再生
仝見人弟國秀
代字黃師泰

10-5-5-2　清嘉慶二十年十月周三秀立兑園田契

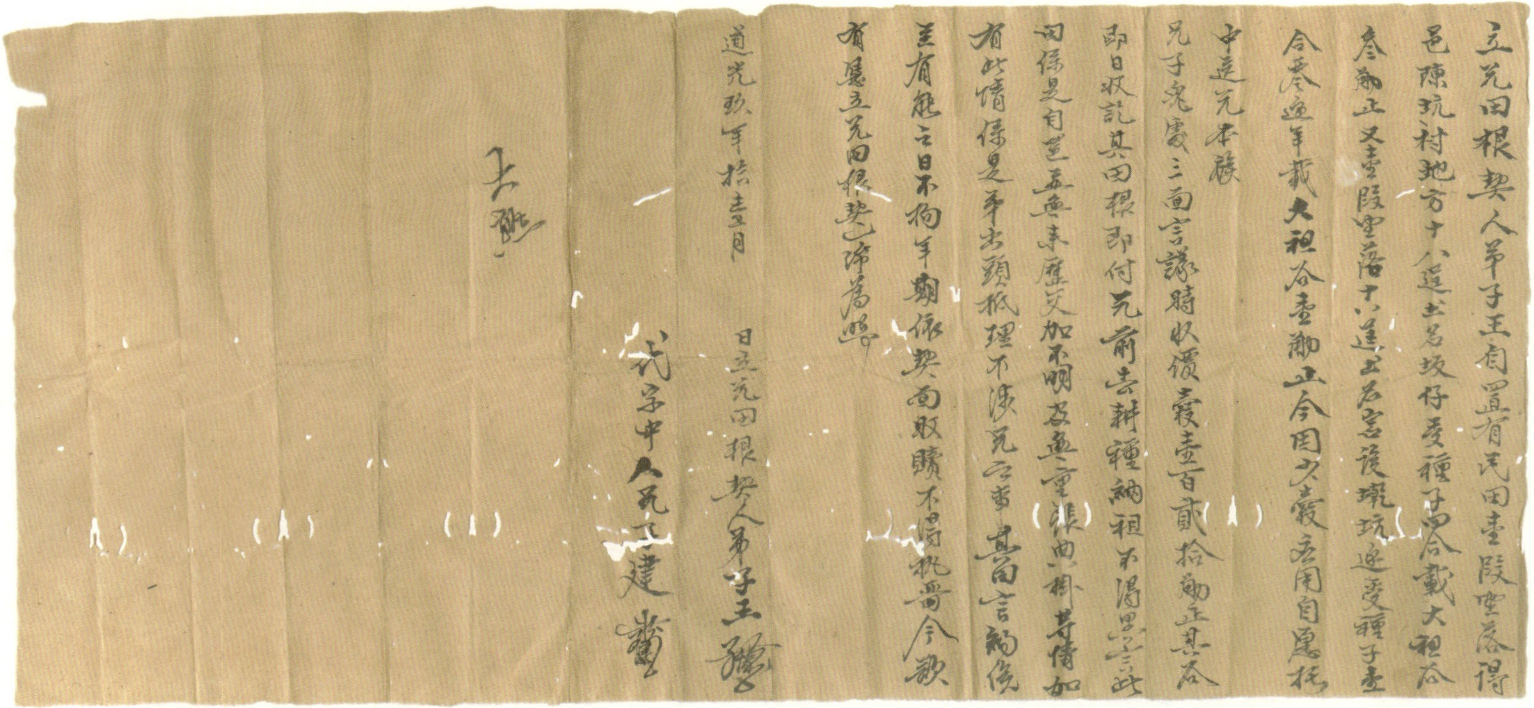

立兑田根契人弟子王，自置有民田壹段，坐落得
邑陳坑村地方，土名坡仔，受種子四合，載大租谷
叁斗正；又壹段，坐落土名宮後壠坑，逐受種子壹
合叁，逐年載大租谷壹斗正。今因乏穀應用，自愿托
中送兑本族
兄子晃處，三面言議，時收價穀壹百貳拾斤正。其谷
即日收訖，其田根即付兄前去耕種納租，不得異言。此
田係是自置，並無來歷交加不明，及無重張典掛等情。如
有此情，係是弟出頭抵理，不涉兄之事。其言約後
並有能之日，不拘年月，依契面取贖，不得執留。今欲
有憑，立兑田根契一紙為照。

道光玖年拾壹月　日立兑田根契人弟子王（押）

代字中人兄王建（押）

王□

10-5-5-3　清道光九年十一月黄子王立兑民田根契

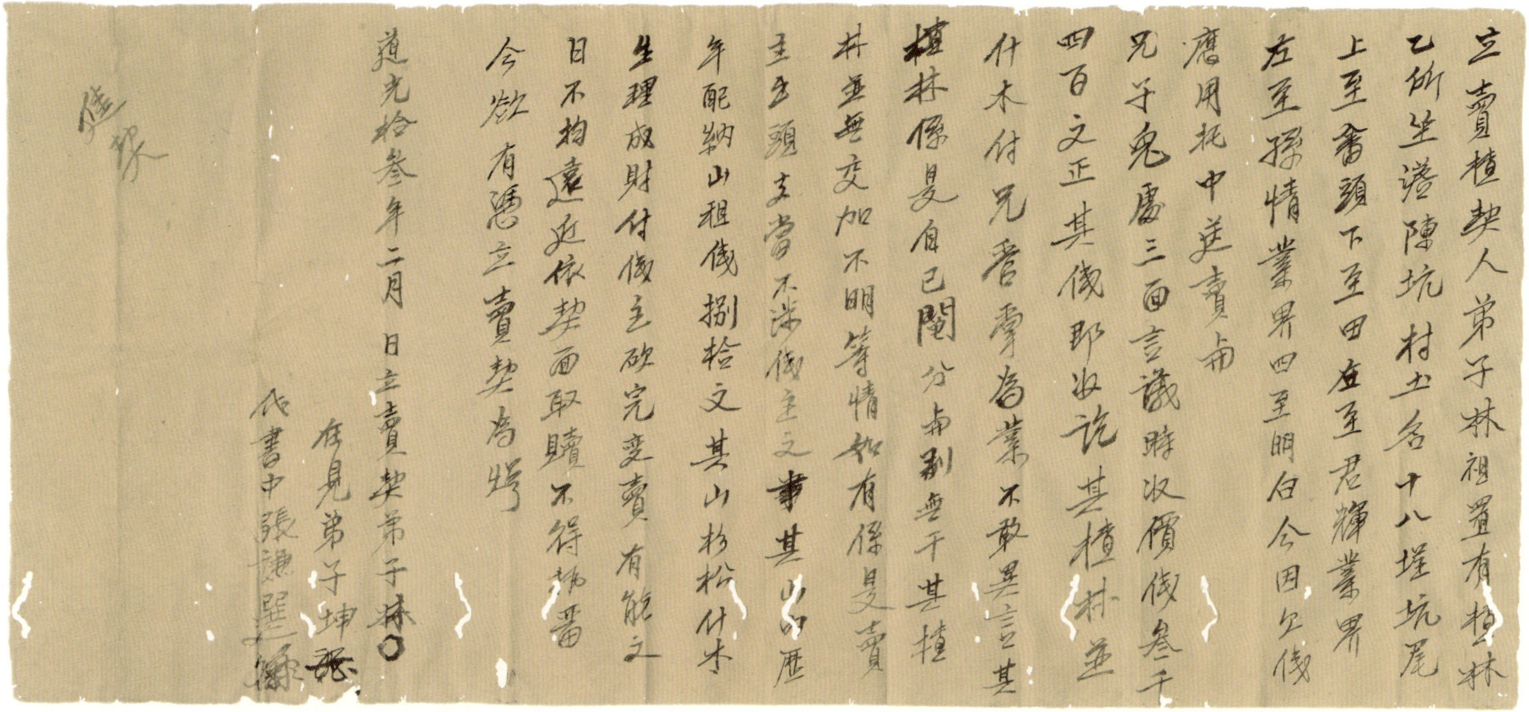

立賣楂契人弟子林祖置有楂林
乙所坐落陳坑村土名十八堪坑尾
上至崙頭下至田左至君輝業界
右至探情業界四至明白今因乏錢
應用托中送賣與
兄子兔處三面言議時收價錢叁千
四百文正其錢即收訖其楂林並
什木付兄晉爲業不敢異言其
楂林係是自己鬮分與別無干其楂
林並無交加不明等情如有係是賣
主出頭支當不涉錢主之事其山歷
年配納山租錢捌拾文其山杉松什木
生理成財付錢主砍完變賣有能之
日不拘遠近依契面取贖不得執留
今欲有憑立賣契爲照
道光拾叁年二月　日立賣契弟子林○
在見弟子坤
代書中張隸琨

10-5-5-4　清道光十三年二月黃子林立賣楂林契

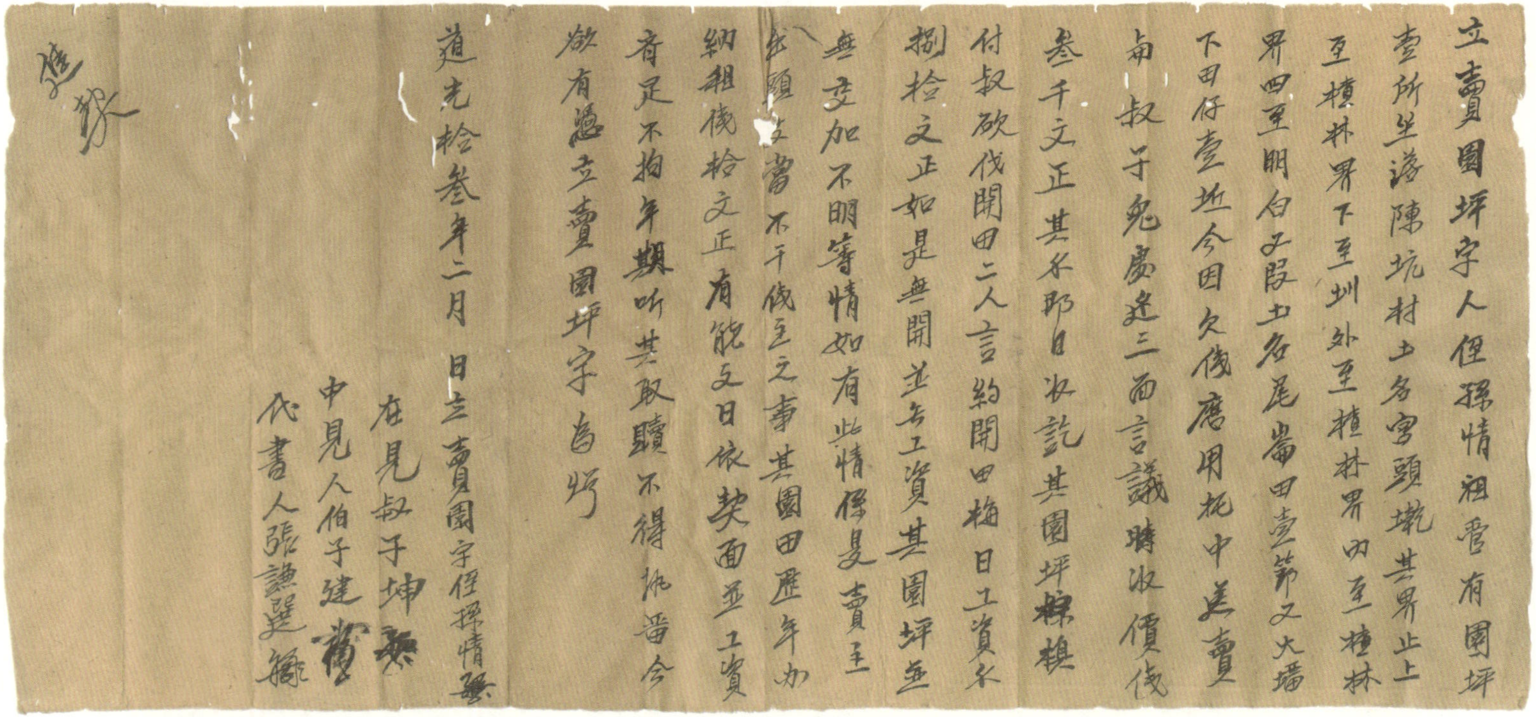
立賣園坪字人侄孫情，祖置有園坪
壹所，坐落陳坑村，土名穹頭墘，其界止上
至植林界，下至圳，外至植林界，內至植林
界，四至明白。又段土名尾當田壹節，又大墻
下田仔壹坵。今因欠錢應用，托中送賣
與叔子兔處，迭三面言議，時值價錢
叁千文正。其錢即日收訖，其園坪樑模
付叔砍伐。開田二人言約，開田梅日工資系
捌拾文正，如是無開，並者工資，其園坪並
無交加不明等情，如有此情，係是賣主
出頭支當，不干錢主之事。其園田歷年加
納租錢拾文正，有能支日依契面並工資
齊足，不拘年期，聽其取贖，不得阻當。今
欲有憑，立賣園坪字為炤。
道光拾叁年二月　日立賣園字侄孫情（押）
在見叔子坤（押）
中見人伯子建（押）
代書人張謙選（押）
進找

10-5-5-5　清道光十三年二月黄孫情立賣園坪字

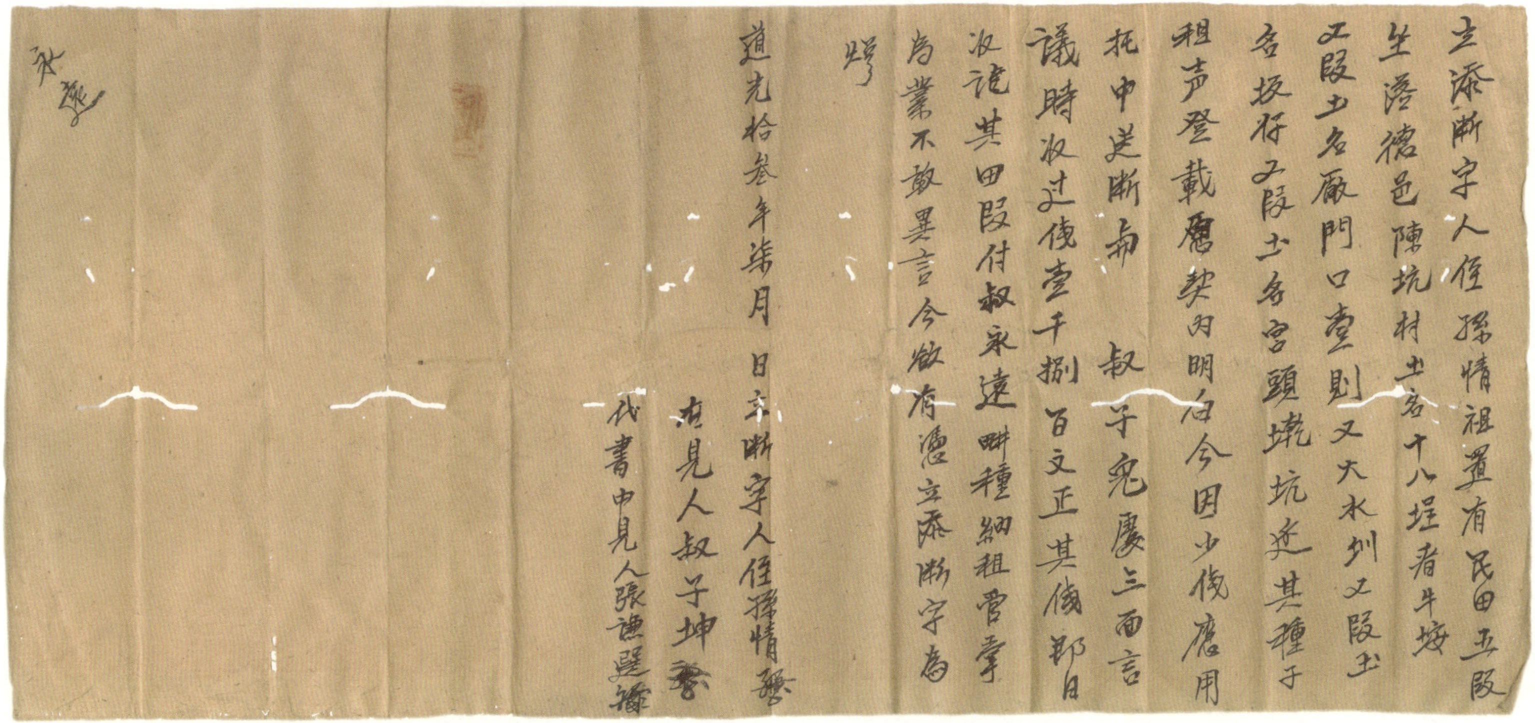

立添斷字人侄孫情，祖置有民田五段，坐落德邑陳坑村，土名十八埕看牛坡，又段土名厰門口壹坵，又大水圳又段土名坂仔，又段土名宮頭墘坑逆，其種子租聲登載原契內明白。今因少銀應用，托中送斷與叔子兜慶三面言議，時[價]銀壹千捌百文正，其銀即日收訖，其田段付叔永遠[耕]種納租管[掌]為業，不敢異言。今欲有憑，立添斷字為照。

道光拾叁年柒月　日立斷字人侄孫情（押）

在見人叔子坤（押）

代書中見人張謙選（押）

10-5-5-6　清道光十三年七月黃孫情立添斷民田字

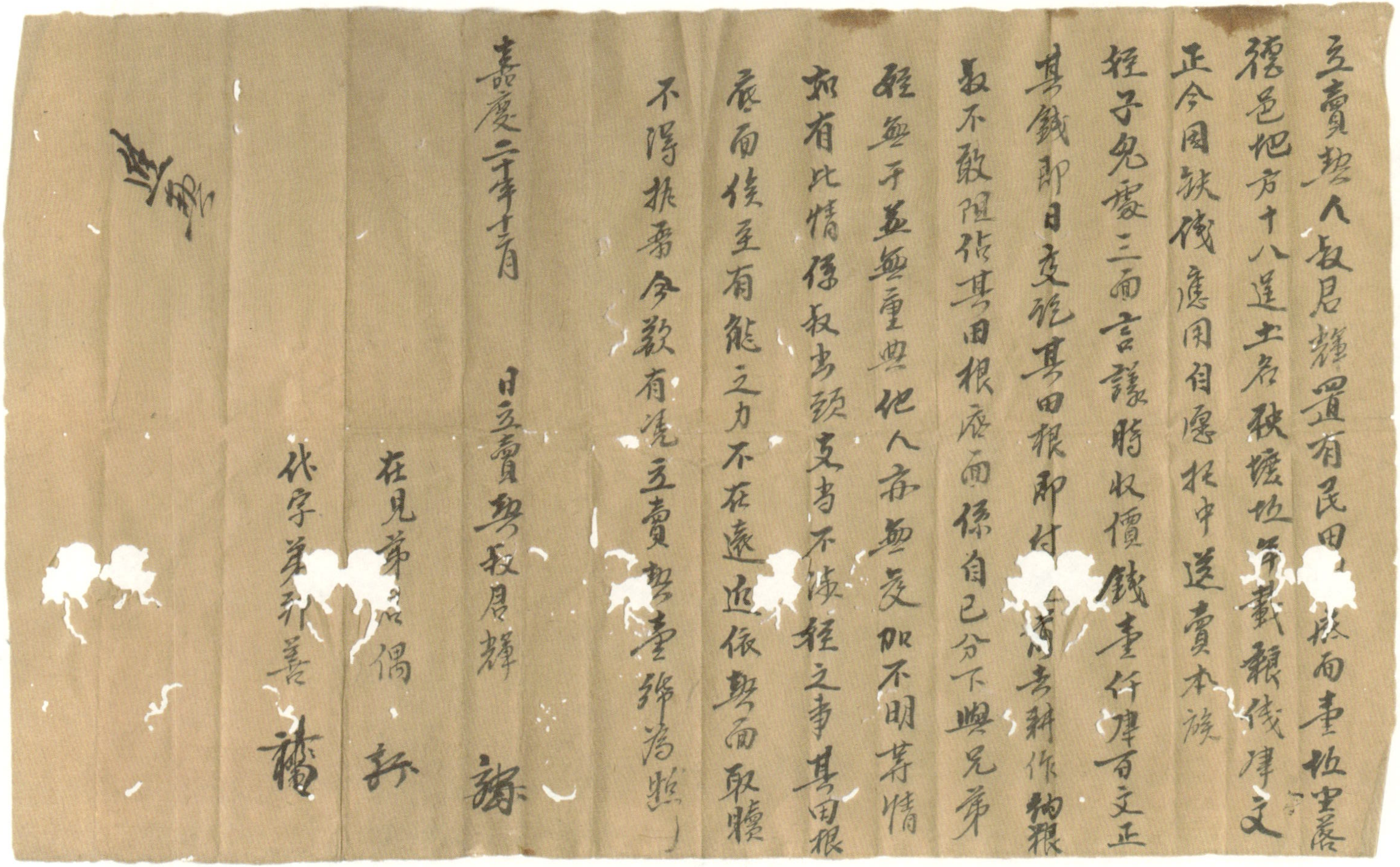
立賣契人叔君輝置有民田[illegible]坵坐落
穗邑地方十八道土名秧墰坵年載糧錢肆文
正今因缺錢應用自愿托中送賣本族
侄子兌處三面言議時收價錢壹仟肆百文正
其錢即日交訖其田根即付[illegible]去耕作納糧
叔不敢阻佔其田根底面係自己分下與兄弟
侄無干並無重典他人亦無交加不明等情
如有此情係叔出頭支當不涉侄之事其田根
底面後至有能之力不在遠近依契面取贖
不得推番今欲有憑立賣契壹紙為照
日立賣契叔君輝
在見弟[illegible]偶
代字弟升善
嘉慶二十年十二月

10-5-6-1 清嘉慶二十年十二月黃君輝立賣民田根契

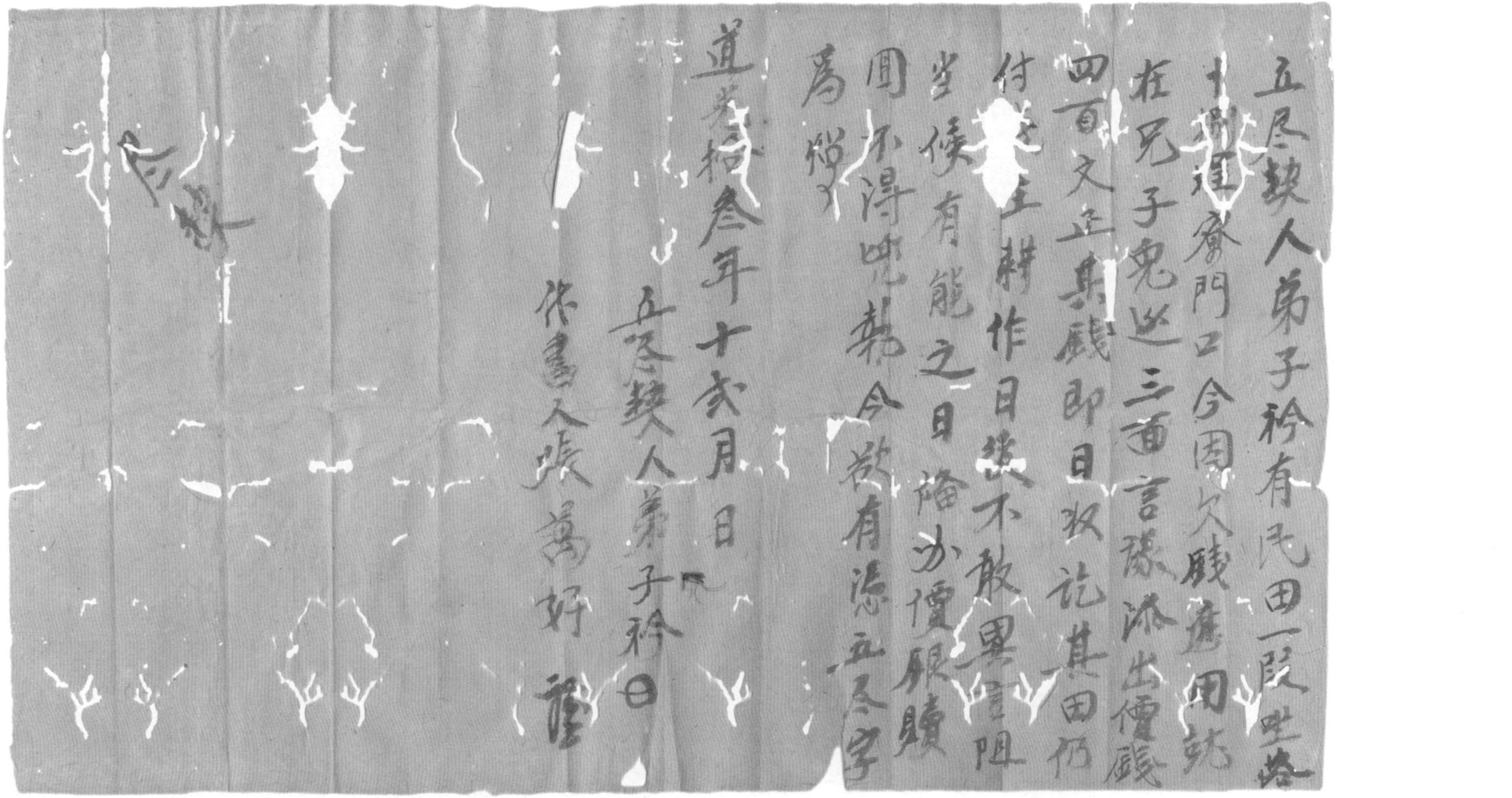

立尽契人弟子衿有民田一段坐落
土名[illegible]門口合同欠賤處田弐
在兄子兜邊三面言議添出價錢
四百文正其錢即日收訖其田仍
付兄耕作日後不敢異言阻
當候有能之日備办價銀贖
回不得吡執今欲有憑立尽字
為照

道光拾叁年十弍月　日
立尽契人弟子衿
代書人張萬好

10-5-6-2　清道光十三年十二月黄子衿立盡民田契

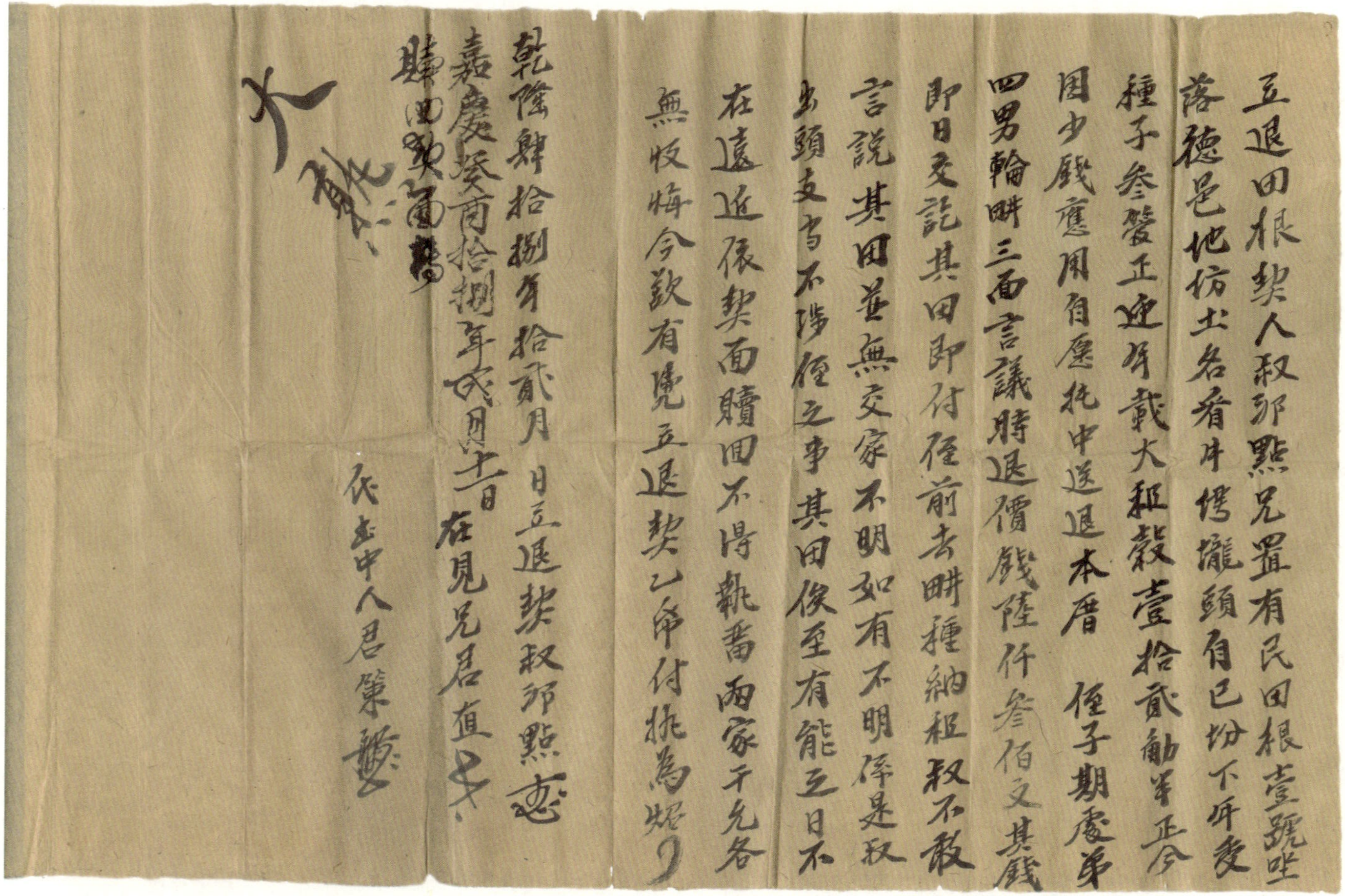

立退田根契人叔邦點，兄置有民田根壹號，坐
落德邑地坊土名看牛堡瀧頭，自己份下所受
種子叁鬥正，逆年載大租穀壹拾貳觔半正。今
因少錢應用，自愿托中送退本厝　侄子期處爲
四男輪耕，三面言議時退價錢陸仟叁佰文，其錢
即日交訖，其田即付侄前去耕種納租，叔不敢
言說。其田並無交家不明；如有不明，係是叔
出頭支當，不涉侄之事。其田係至有能，立日不
在遠近，依契面贖回，不得執留。兩家干允，各
無反悔。今欲有憑，立退契一紙付執爲炤。

乾隆肆拾捌年拾貳月　日立退契叔邦點（押）
在見兄君直（押）
代書中人君策（押）
嘉慶癸酉拾捌年伍月十一日
贖回契乙紙爲據
大吉

10-5-7-1　清乾隆四十八年十二月黃邦點立退民田根契

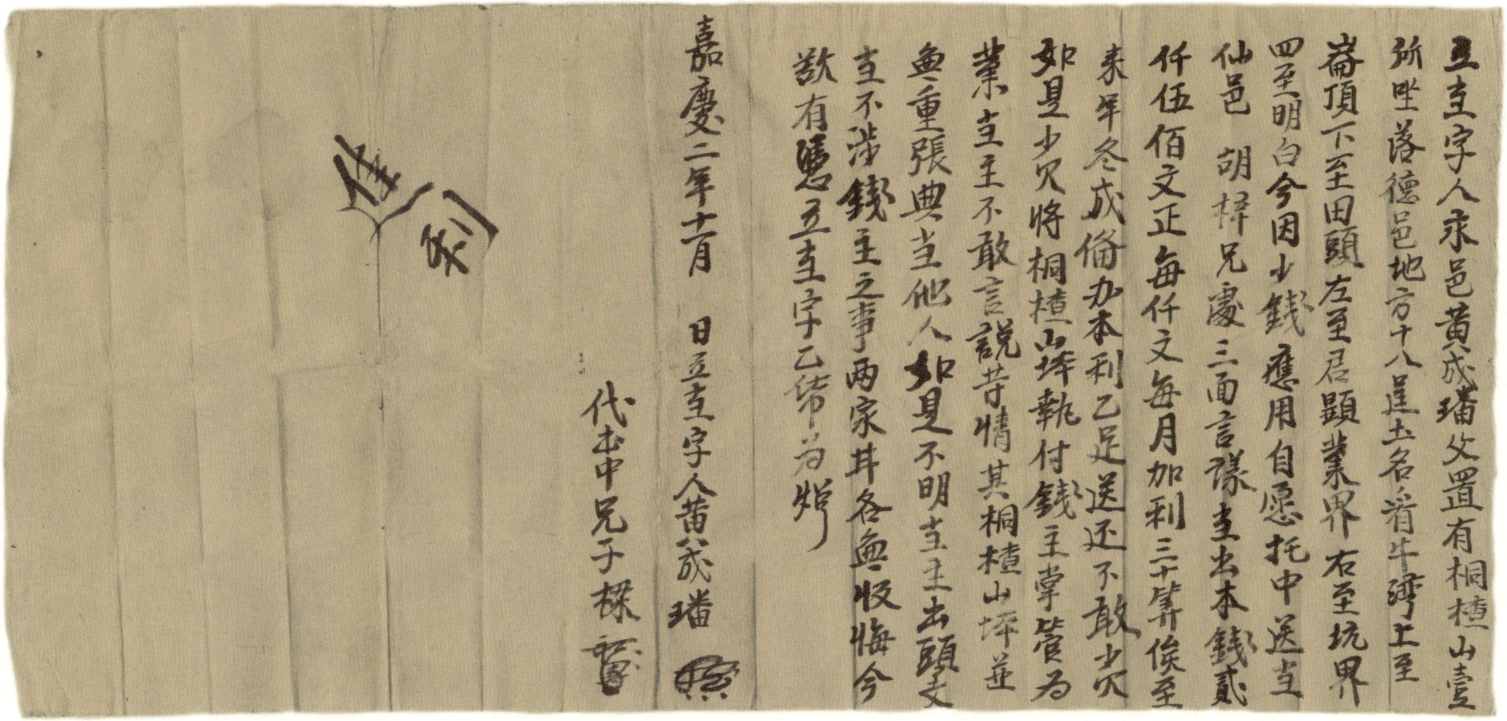

立當字人永邑黃成璠父置有桐楂山壹
所坐落德邑地方十八違土名看牛灣上至
嶺頂下至田頭左至君顯業界右至坑界
四至明白今因少錢應用自愿托中送當
仙邑 胡样兄處三面言議當出本錢貳
仟伍佰文正每仟文每月加利三十箐俟至
來年冬成备办本利乙足送还不敢少欠
如是少欠將桐楂山坪執付錢主掌管為
業當主不敢言說苦情其桐楂山坪並
無重張典當他人如是不明當主出頭支
當不涉錢主之事两家并各無反悔今
欲有憑立當字乙帋為炤

嘉慶二年十一月 日立當字人黃成璠
代書中兄子樑

10-5-7-2 清嘉慶二年十一月黃成璠立當桐楂山字

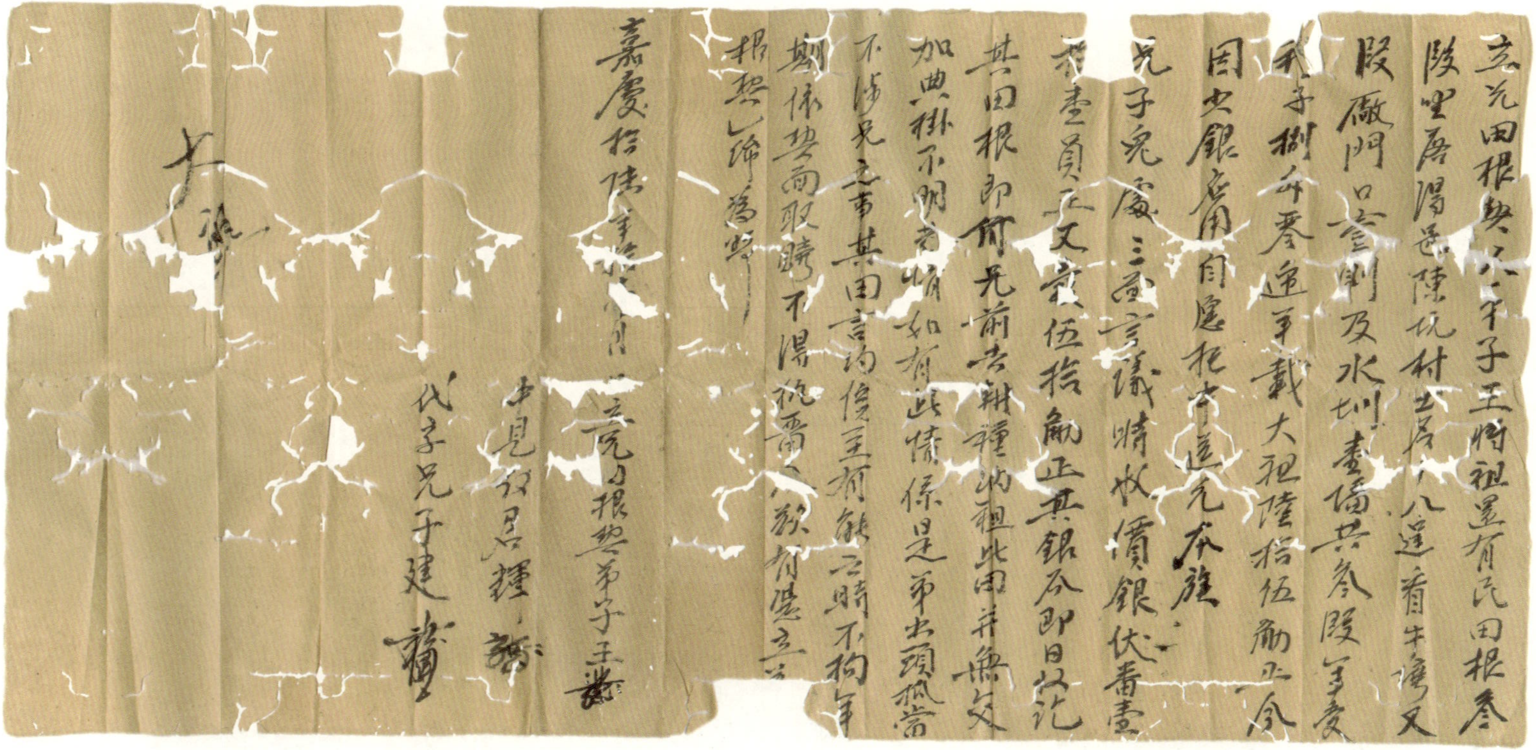

10-5-7-3　清嘉慶十六年十一月黄子王立兑民田根契

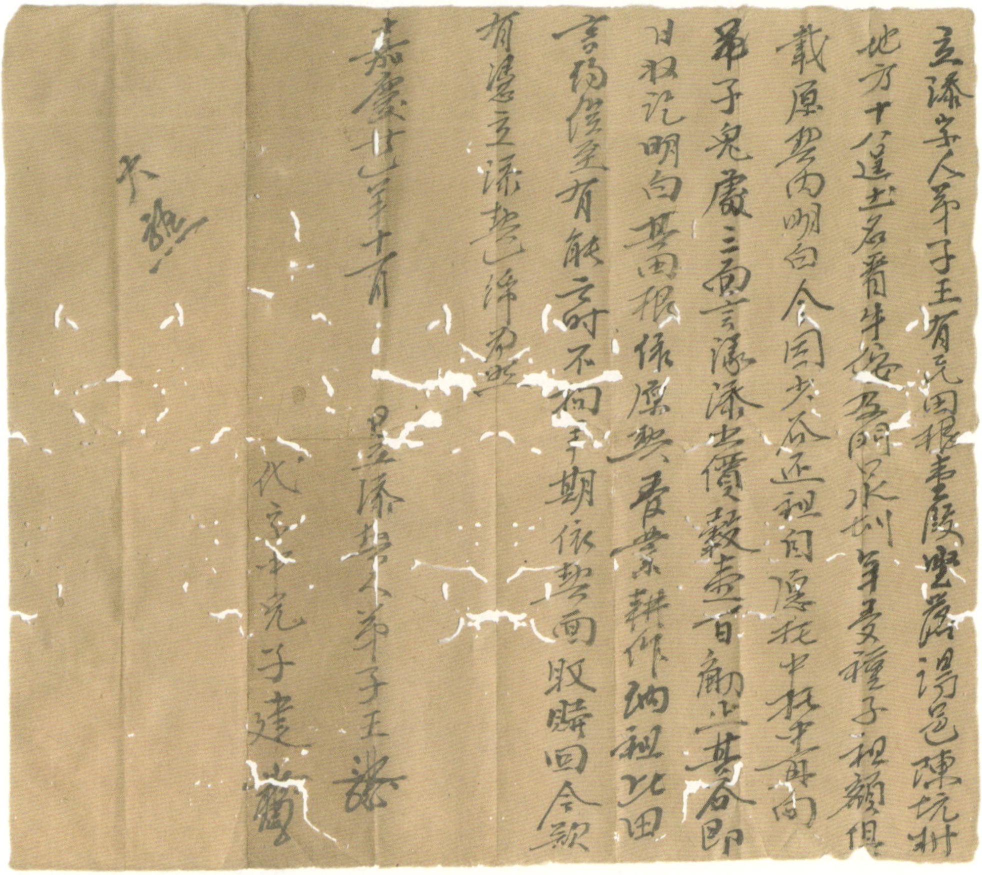
立添字人弟子王有元田根壹段坐落湯邑陳坑□
地方十八道土名曹牛院及開口水圳年受種子租額俱
載原契內明白今因乏谷返租自愿托中再向
弟子兔處三面言議添出價穀壹百觔正其谷即
日收訖明白其田根係原契管業耕作納租此田
言約至有銀之時不拘年期依契面收贖回今欲
有憑立添契一紙為照
嘉慶廿一年十一月　日立添契人弟子王□
代字中兄子建□
不□

10-5-7-4　清嘉慶二十一年十一月黃子王立添民田根字

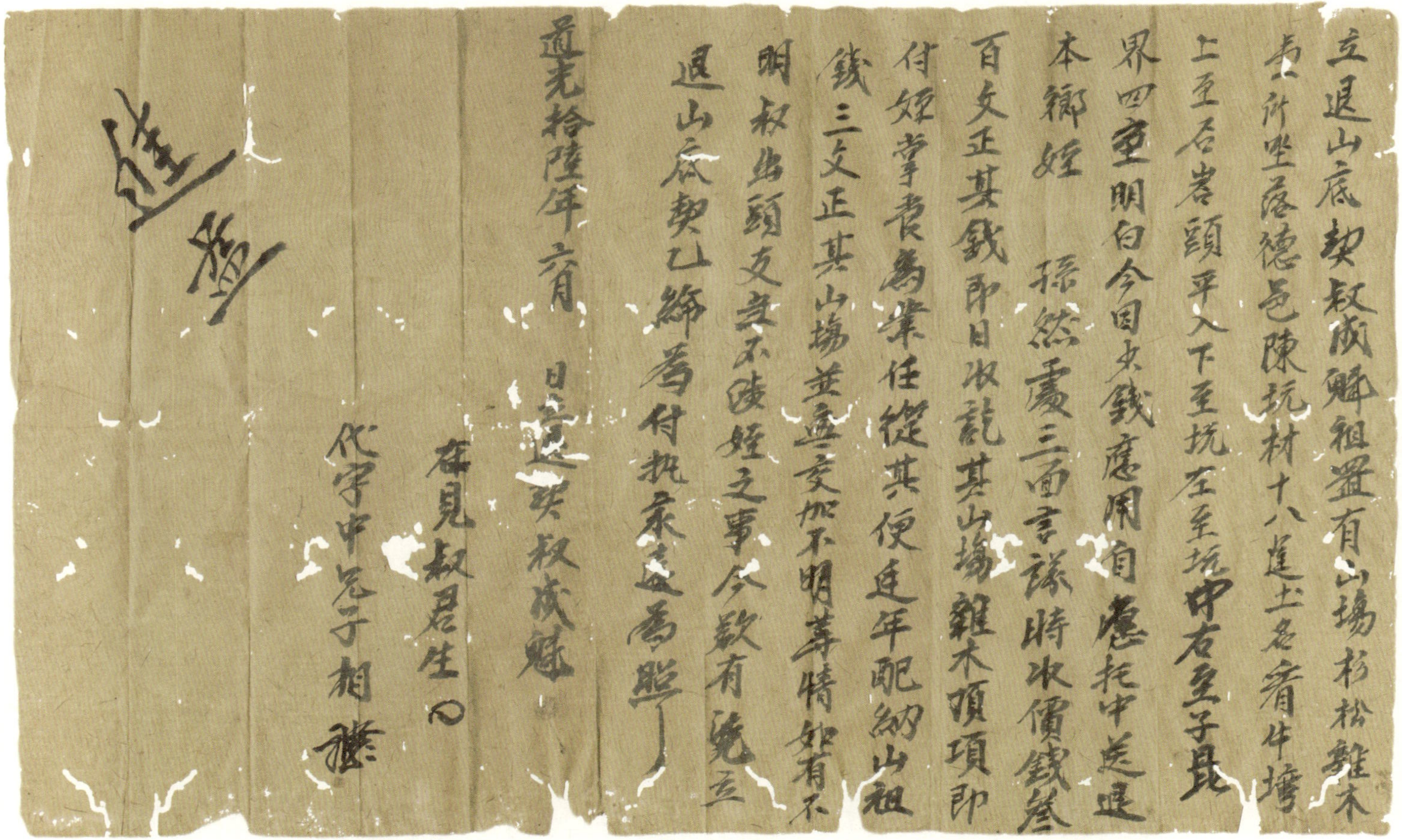
立退山底契叔成魁，祖置有山場杉松雜木
壹所，坐落德邑陳坑村十八莲土名肴牛墩
上至石岩頭平，入下至坑，左至坑，中右至子昆
界，四至明白。今因乏錢應用，自愿托中送退
本鄉侄　孫然處，三面言議，時收價錢叁
百文正。其錢即日收訖，其山場雜木項項即
付侄掌管為業，任從其便，逐年配納山租
錢三文正。其山場並無交加不明等情，如有不
明，叔出頭支當，不涉侄之事。今欲有憑，立
退山底契乙紙為付執，永遠為照。

道光拾陸年六月　日立退契叔成魁
在見叔君生
代字中兄子相

10-5-7-5　清道光十六年六月黄成魁立退山場等契

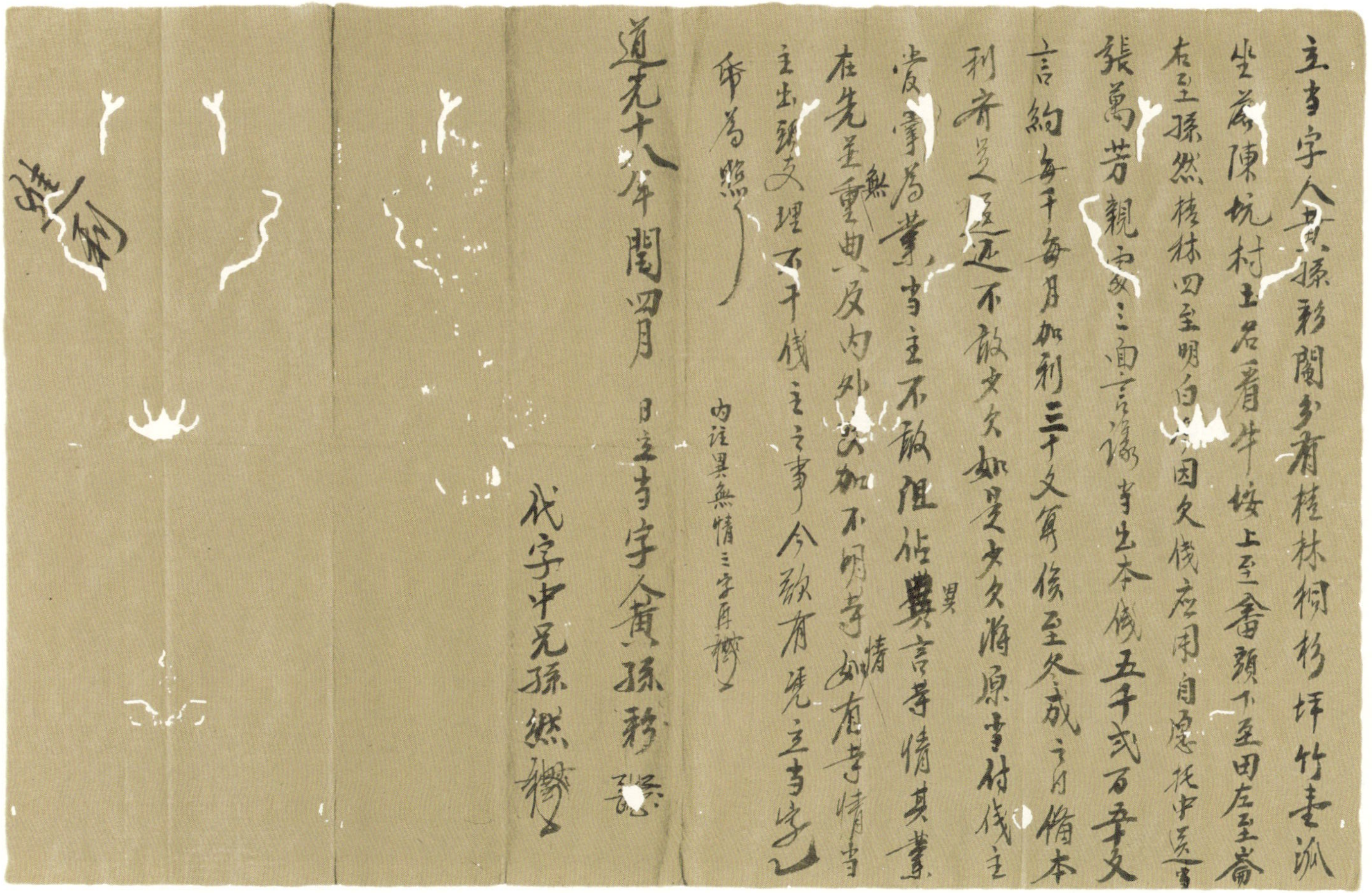

立當字人黃孫彩闔家有楂林桐杉坪竹壹派
坐落陳坑村土名看牛坡上至畲頭下至田左至崙
右至孫然楂林四至明白今因欠錢應用自愿托中送當
張萬芳親家三面言議當出本錢五千弍百平文
言約每千每月加利三十文算倘至冬成之月備本
利齊足送還不敢少欠如是少欠將原當付錢主
管掌為業當主不敢阻佔異言等情其業
在先並無重典及內外人等加不明等情如有等情當
主出頭支理不干錢主之事今欲有憑立當字
為照
內注異無情三字再據
道光十八年閏四月　日立當字人黃孫彩
代字中兄孫然

10-5-7-6　清道光十八年閏四月黃孫彩立當楂林等字

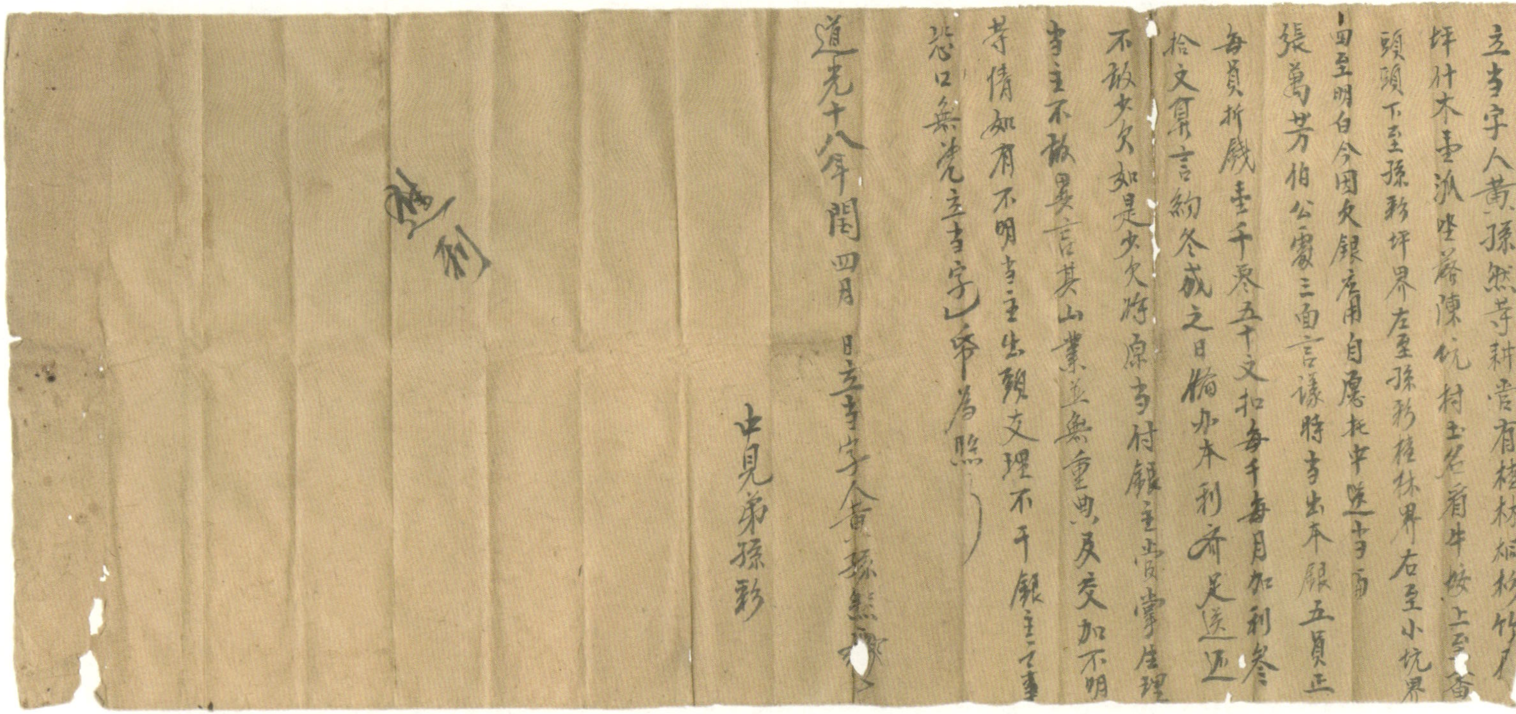
立當字人黃孫然等耕管有楂林桐杉竹木
坪竹木壹派坐落陳坑村土名肩牛嶺上至香
頭頭下至孫彩坪界左至孫彩楂林界右至小坑界
四至明白今因欠銀應用自愿托中送與
張萬芳伯公處三面言議時當出本銀五員正
每員折錢壹千叁五十文扣每千每月加利叁
拾文算言約冬成之日備办本利齊足送還
不敢少欠如是少欠將原當付銀主出賣掌管理
當主不敢異言其山業並無重典及交加不明
等情如有不明當主出頭支理不干銀主之事
恐口無憑立當字一帋為照
道光十八年閏四月　日立當字人黃孫然
中見弟孫彩
楂利

10-5-7-7　清道光十八年閏四月黃孫然立當楂林等字

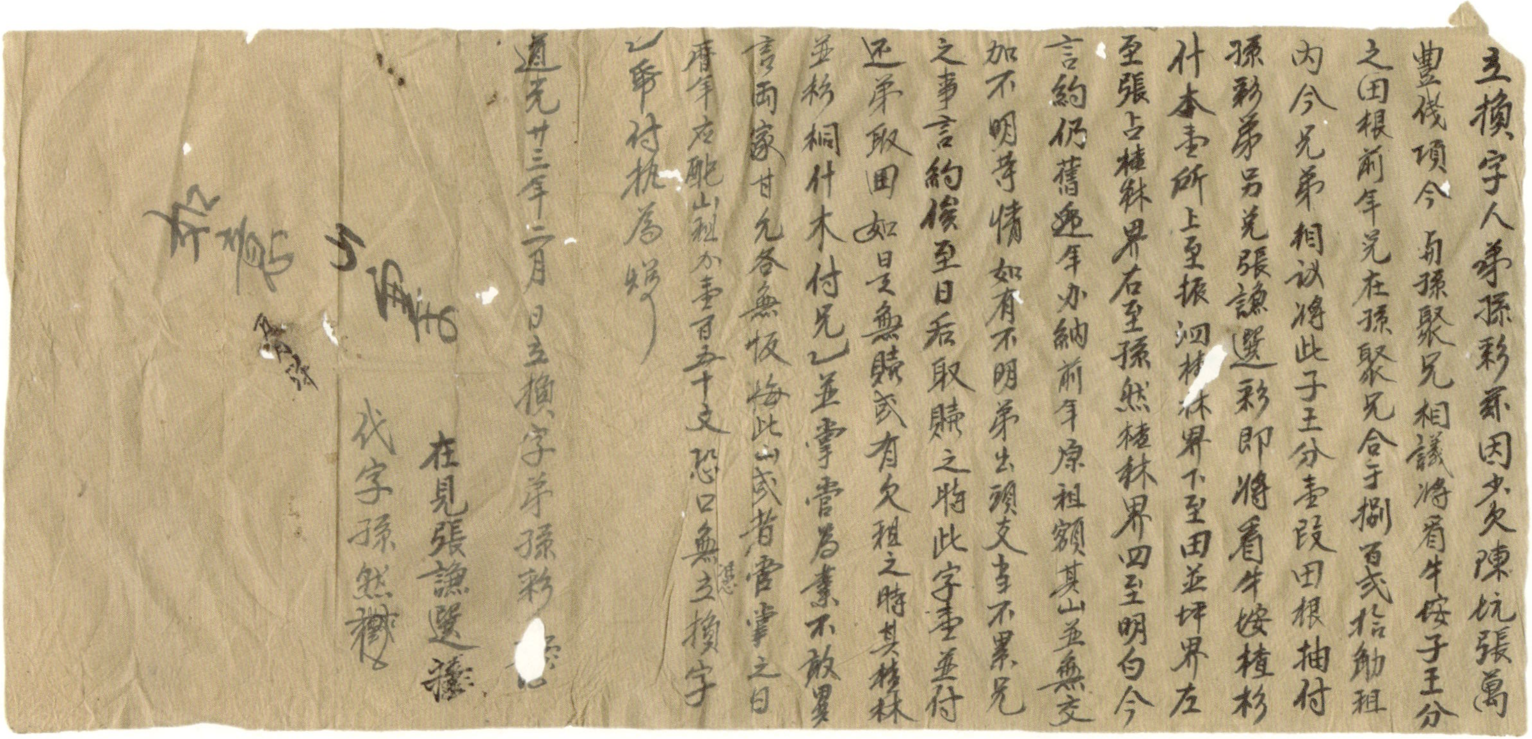

立換字人弟孫彩承因先父陳坑張萬
豐伐項今向孫聚兄相議將肴牛安子王分
之田根前年兄在孫聚兄合手捌百弍拾觔租
內今兄弟相議將此子王分壹段田根抽付
孫彩弟另兌張諒選彩即將肴牛坡植杉
什木壹所上至振洄林林界下至田並坪界左
至張占植杉界右至孫然植杉界四至明白今
言約仍舊遞年办納前年原祖額其山並無交
加不明等情如有不明弟出頭支當不累兄
之事言約俟至日后取贖之時此字壹並付
还弟取田如日后無贖或有欠租之時其植杉
並杉桐什木付兄己並掌管為業不敢異
言兩家甘允各無反悔此山或者管掌之日
應年右照山租办壹百五十文恐口無憑立換字
一帋付執為照

道光廿三年二月　日立換字弟孫彩

在見張諒選

代字孫然

10-5-7-8 清道光二十三年二月黃孫彩立換田根字

立兑字人兄孫然祖置闔分桐植林及田並園
坪乙派，土名黄桐下大坵山坵坐落[illegible]邑土名看牛塅其
年季種子四升，延年載大租谷廿斤正，其植林年載山
租錢乙百五十文正。其界止上至路界，下至彩坪
界，左彩植林界，右至小坑界，四至明白。今因乏錢
應用，托中送兑與弟 孫彩處，三面言議，時
收價錢捌仟玖百五十文正，其錢即日收訖。其
桐植林及田並園坪付弟前去照作办納田租山租，
管掌為業，兄不敢霸佔等情。其植林並及園坪
並無內外支加不明，如有此情，兄出頭支理，不干弟
之事。其植林田所有杉木言約捌年內付兄砍伐，其
賣捌年以外其杉木付弟砍伐賣，兩家甘允，各
無反悔。言約不在遠近，依面契價錢一足取贖，
不得異執。今欲有憑，立兑字乙紙為照。
內注大租契三字 照
道光式拾叁年二月 日立兑字 兄孫然（押）
代字中見張謙瑅 筆
進契

10-5-7-9 清道光二十三年二月黄孫然立兑桐楂林等字

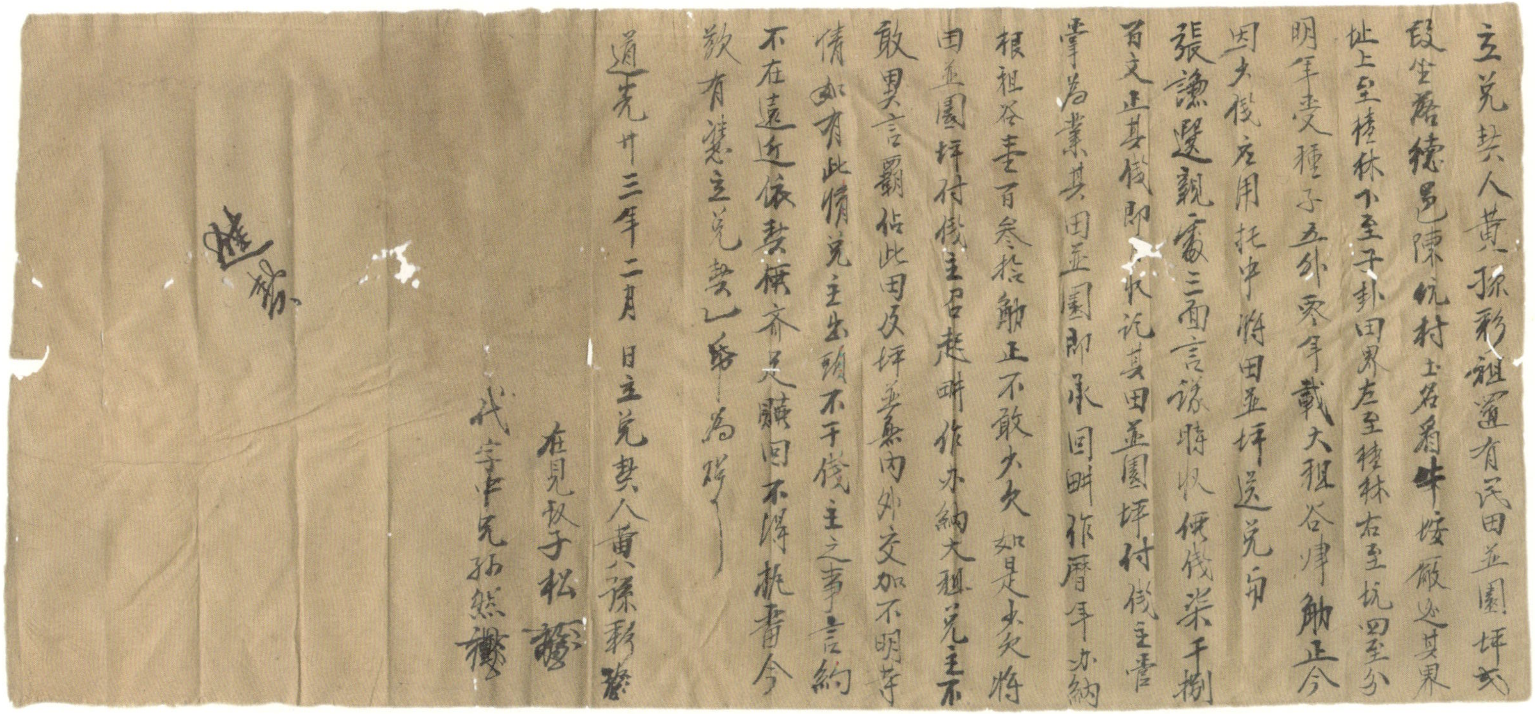

10-5-7-10　清道光二十三年二月黄孫彩立兑民田並園坪契

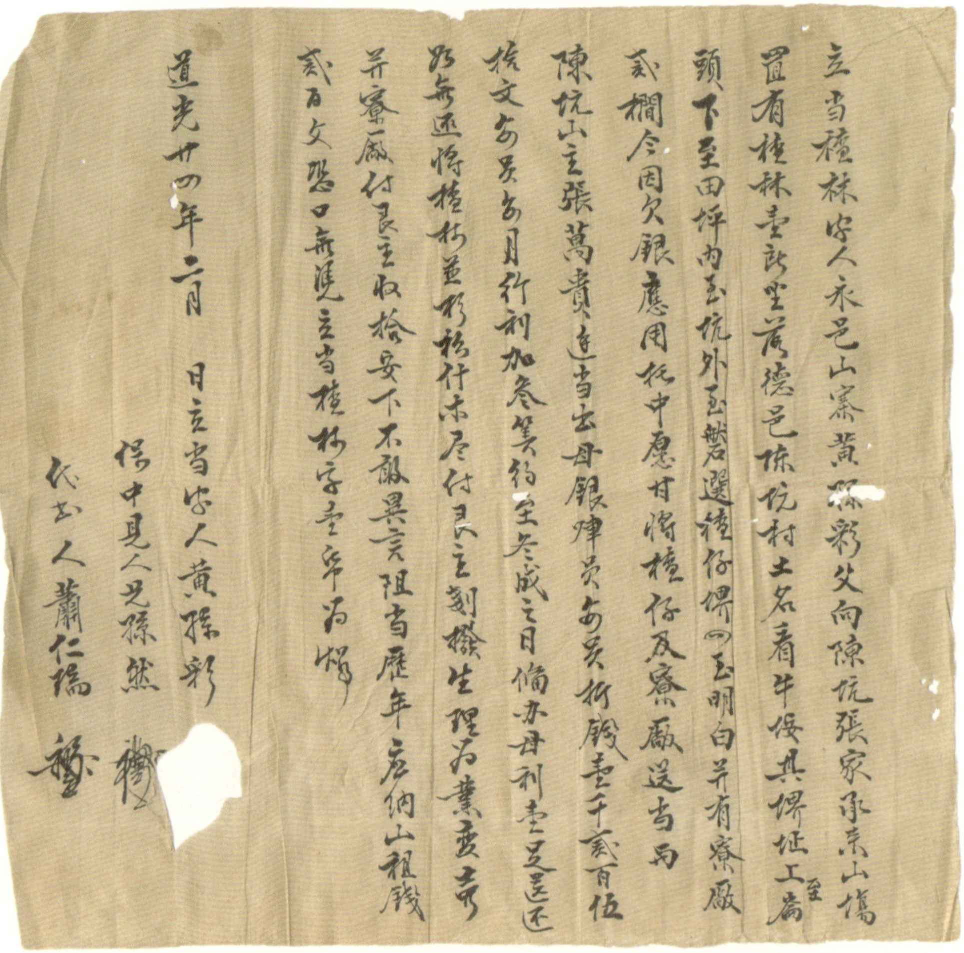
立当楂林字人永邑山寨黄孫彩父向陳坑張家承京山塲
買有楂林壹所坐落德邑陳坑村土名看牛坪其塲址上至崙
頭下至田坪内至坑外至磐石選楂仔倮四至明白并有寮厰
貳欄今因欠銀應用托中愿甘將楂仔及寮厰送当与
陳坑山主張萬貴邊當出母銀肆员每员折錢壹千貳百伍
拾文每员每月行利加叁算約至冬成之日備办母利壹足送还
如無还將楂林並杉松付永居付银主割撥生理為業賣去
并寮一厰付银主收拾安下不敢異言阻当歷年應納山租錢
貳百文恐口無凭立当楂林字壹帋為照
道光廿四年二月　日立当字人黄孫彩
保中見人兄孫然
代书人蕭仁瑞

10-5-7-11　清道光二十四年二月黄孫彩立當楂林字

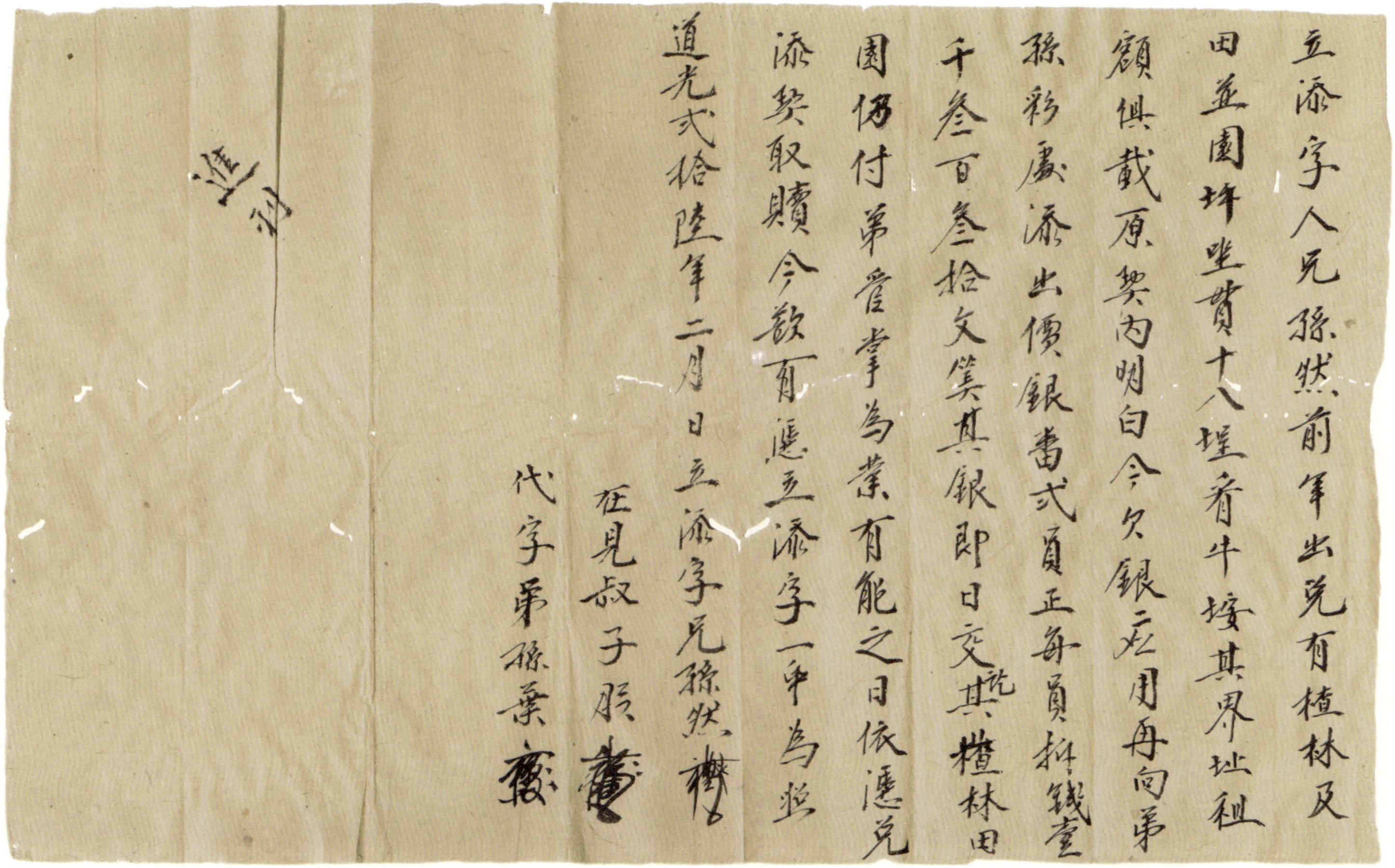
立添字人兄孫然前年出兄有楂林及
田並園坪坐貫十八埕脊牛墘其界址租
額俱載原契內明白今欠銀乙兩用母向弟
孫彩處添出價銀番弍員正每員科錢壹
千叁百叁拾文箕其銀即日交訖其楂林田
園仍付弟管掌為業有能之日依憑兄
添契取贖今欲有憑立添字一帋為照
道光弍拾陸年二月日立添字兄孫然（押）
在見叔子朕（押）
代字弟孫棠（押）

10-5-7-12　清道光二十六年二月黄孫然立添楂林等字

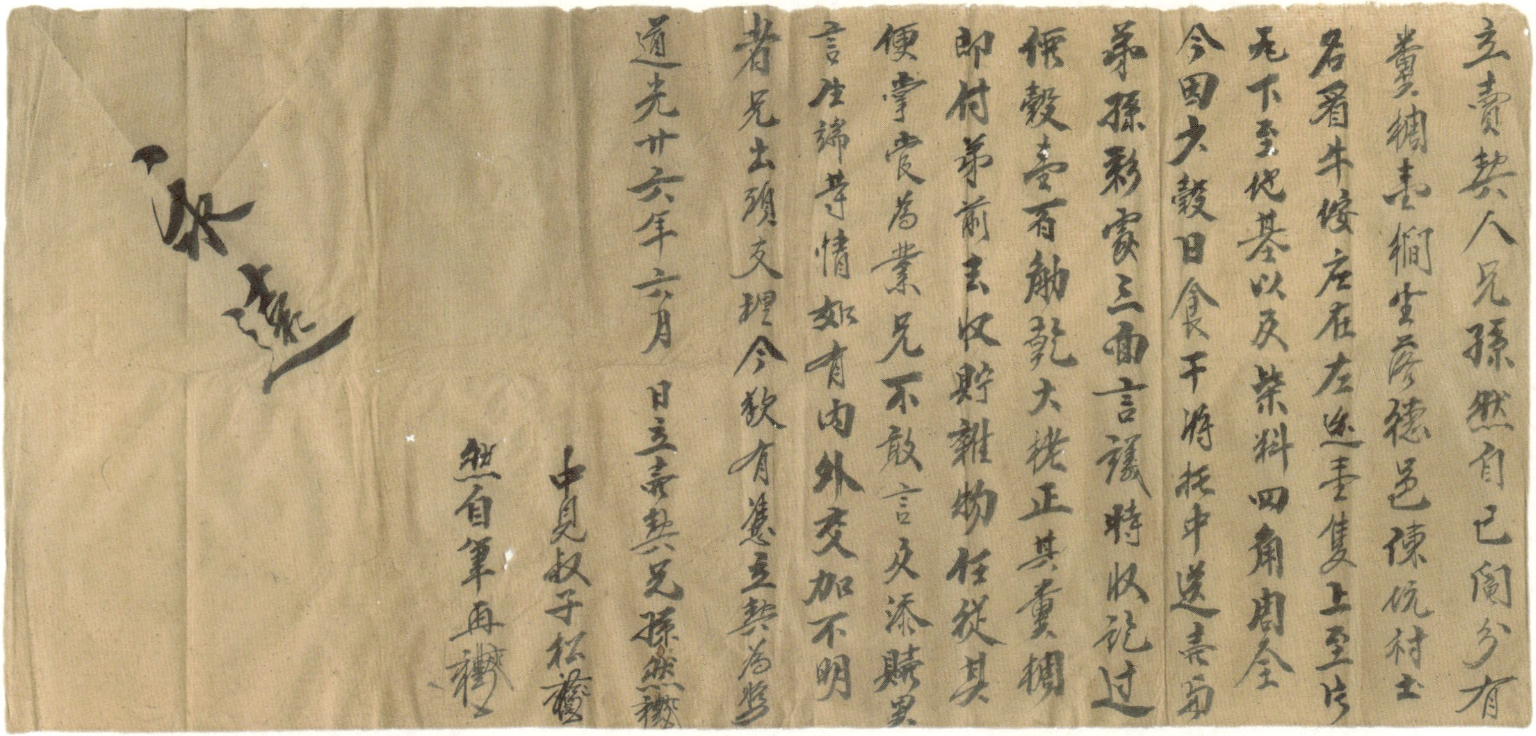
立賣契人兄孫然自己阄分有
糞桶壹個坐落德邑陳坑村土
名着牛嶺左在左邊壹隻上至片
瓦下至地基以及柴料四角周全
今因乏穀日食干將托中送壹與
弟孫彩宸三面言議時收訖过
便穀壹百觔乾大秤正其糞桶
即付弟前去收貯雜物任從其
便掌管為業兄不敢言及添贖異
言生端等情如有內外交加不明
者兄出頭支理今欲有憑立契為照
道光廿六年六月 日立賣契兄孫然（押）
中見叔子松（押）
然自筆再（押）

10-5-7-13 清道光二十六年六月黃孫然立賣糞桶契

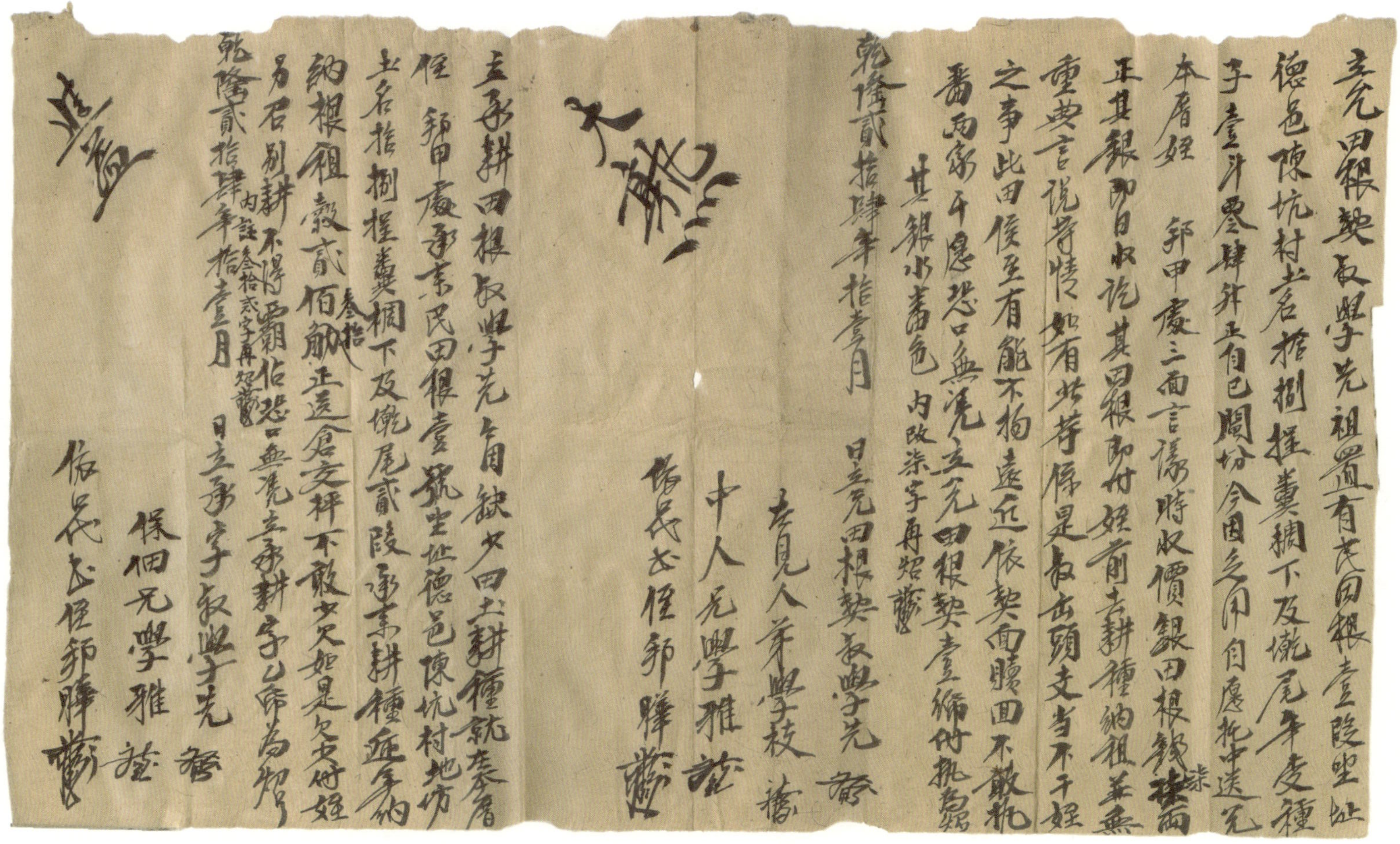

立兑田根契叔黄學先，祖置有民田根壹段，坐址
德邑陳坑村土名指㮇埕墓墩下及墘尾，年受種
子壹斗零肆升正，自己鬮分。今因乏用，自愿托中送兑
本厝姪　郭甲處三面言議，時收價銀田根錢柒兩
正。其銀即日收訖，其田根即付姪前去耕種納租，並無
重典言說等情。如有此等，係是叔出頭支當，不干姪
之事。此田候至有能，不拘遠近，依契面贖回，不敢執
留。兩家甘愿，恐口無憑，立兑田根契壹紙，付執為照。
其銀水番色。　内改柒字再照。
乾隆貳拾肆年拾壹月　日立兑田根契叔黄學先
在見人弟學枝
中人兄學雅
代書侄郭曄

立承耕田根叔黄學先，今因缺少田土耕種，就在本厝
姪　郭甲處承來民田根壹號，坐址德邑陳坑村地坊
土名指㮇埕墓墩下及墘尾貳段，承來耕種，逐年納
納根租穀貳佰叁拾觔正，送倉交秤，不敢少欠。如是欠少，付姪
另召別耕，不得霸佔。恐口無憑，立承耕字一紙為照。
乾隆貳拾肆年拾壹月　内註叁拾貳字再照
日立承字叔黄學先
保佃兄學雅
代書侄郭曄

10-5-8-1　清乾隆二十四年十一月黄學先立兑民田根契

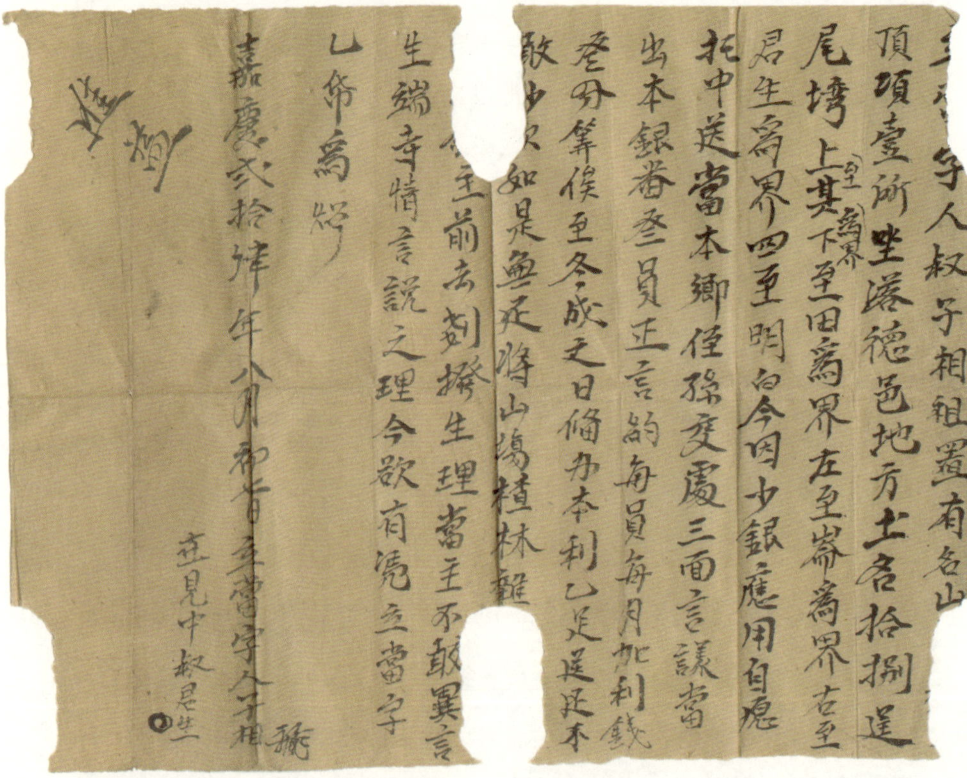

立當字人叔子相祖置有名山
頂項壹所坐落德邑地方土名拾捌逕
尾壋上其至□為界下至田為界左至崙為界右至
君生為界四至明白今因少銀應用自愿
托中送當本鄉侄孫变處三面言議當
出本銀番叁員正言約每員每月加利錢
叁分筭俟至冬成之日備办本利一足送還本
敢少欠如是無還將山場楂林離
□主前去劄撥生理當主不敢異言
生端等情言說之理今欲有憑立當字
山爲炤
嘉慶弍拾肆年八月初一日立當字人子相 號
在見中叔是生
楂當

10-5-8-2 清嘉慶二十四年八月黄子相立當山場楂林等字

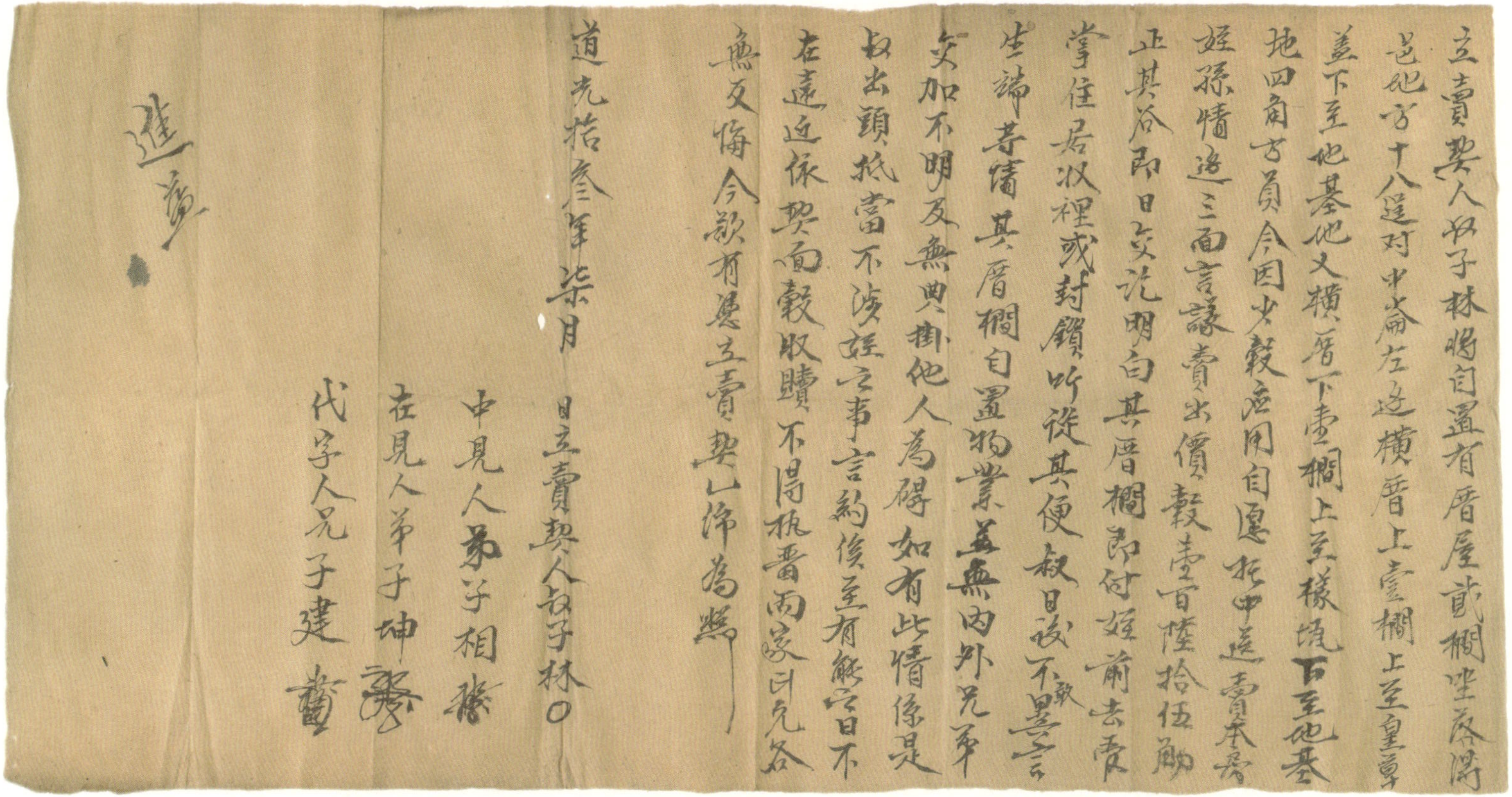

立賣契人叔子林將自置有厝屋貳榻坐落湖
邑地方十八退对中扁左边横厝上壹榻上至皇草
蓋下至地基地又横厝下壹榻上至椽塊下至地基
地四角方員今因乏穀應用自愿托中送賣本房
姪孫情送三面言議賣出價穀壹百陸拾伍斛
正其穀即日交訖明白其厝榻即付姪前去賣
掌住居收裡或封鎖听從其便叔日後不敢異言
生端寺情其厝榻自置物業並無內外兄弟
交加不明及無典掛他人為碍如有此情係是
叔出頭抵當不涉姪之事言約後至有能之日不
在遠近依契面穀取贖不得執番兩家日允各
無反悔今欲有憑立賣契山紙為照

道光拾叁年柒月　日立賣契人叔子林〇

中見人弟子相（押）

在見人弟子坤（押）

代字人兄子建（押）

進[illegible]

10-5-8-3 清道光十三年七月黄子林立賣厝屋契

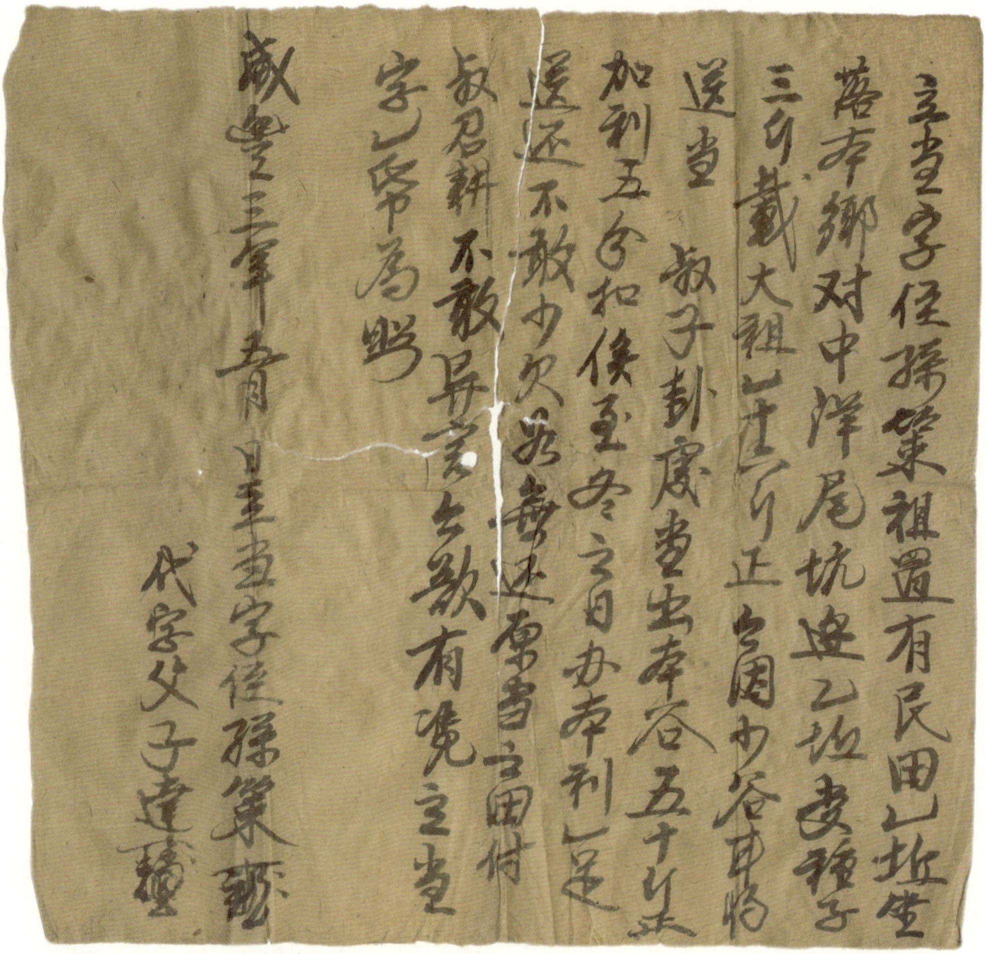

立當字侄孫策祖置有民田一坵坐
落本鄉对中洋尾坑邊一坵受種子
三斤載大租山庄一斤正向田中谷甲將
送當 叔子卦處當出本谷五十斤其
加利五分和係至冬六月母本利一足
送还不敢少欠如無还原當之田付
叔召耕不敢异當生歎有憑立當
字一紙爲照
咸豐三年五月 日立當字侄孫策（押）
代字父子達（押）

10-5-9-1　清咸豐三年五月黄孫策立當民田字

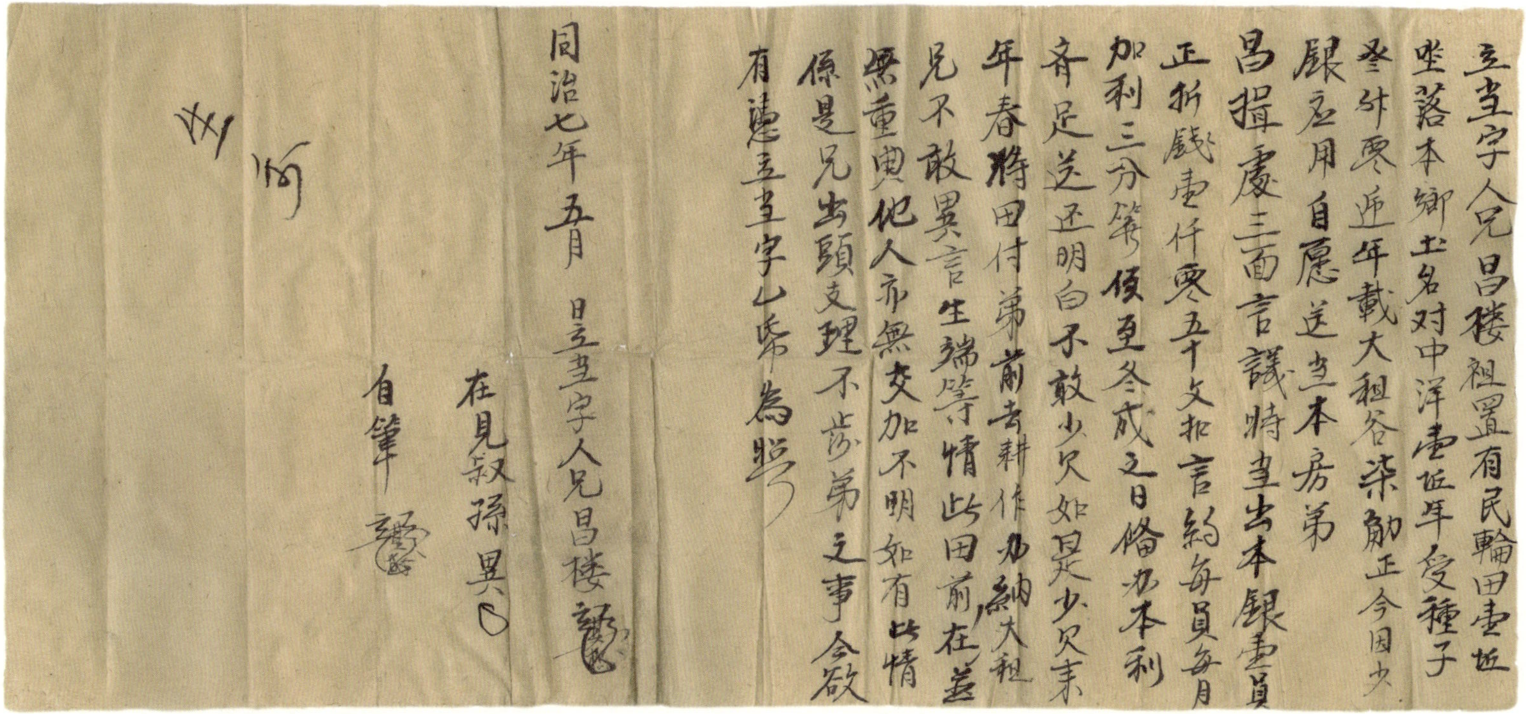
立当字人兄昌樓祖置有民輪田壹坵
坐落本鄉土名对中洋壹坵年受種子
叁斗零近年載大租谷柒觔正今因乏
銀応用自愿送当本房弟
昌揖處三面言議特当出本銀壹員
正折錢壹仟零五十文加言約每員每月
加利三分算候至冬成之日備办本利
齊足送还明白不敢少欠如是少欠來
年春將田付弟前去耕作办納大租
兄不敢異言生端等情此田前在並
無重典他人亦無交加不明如有此情
係是兄出頭支理不涉弟之事今欲
有憑立当字山紙為照

同治七年五月 日立当字人兄昌樓（押）
在見叔孫異（押）
自筆（押）

[illegible]

10-5-9-2 清同治七年五月黄昌樓立當民輪田字

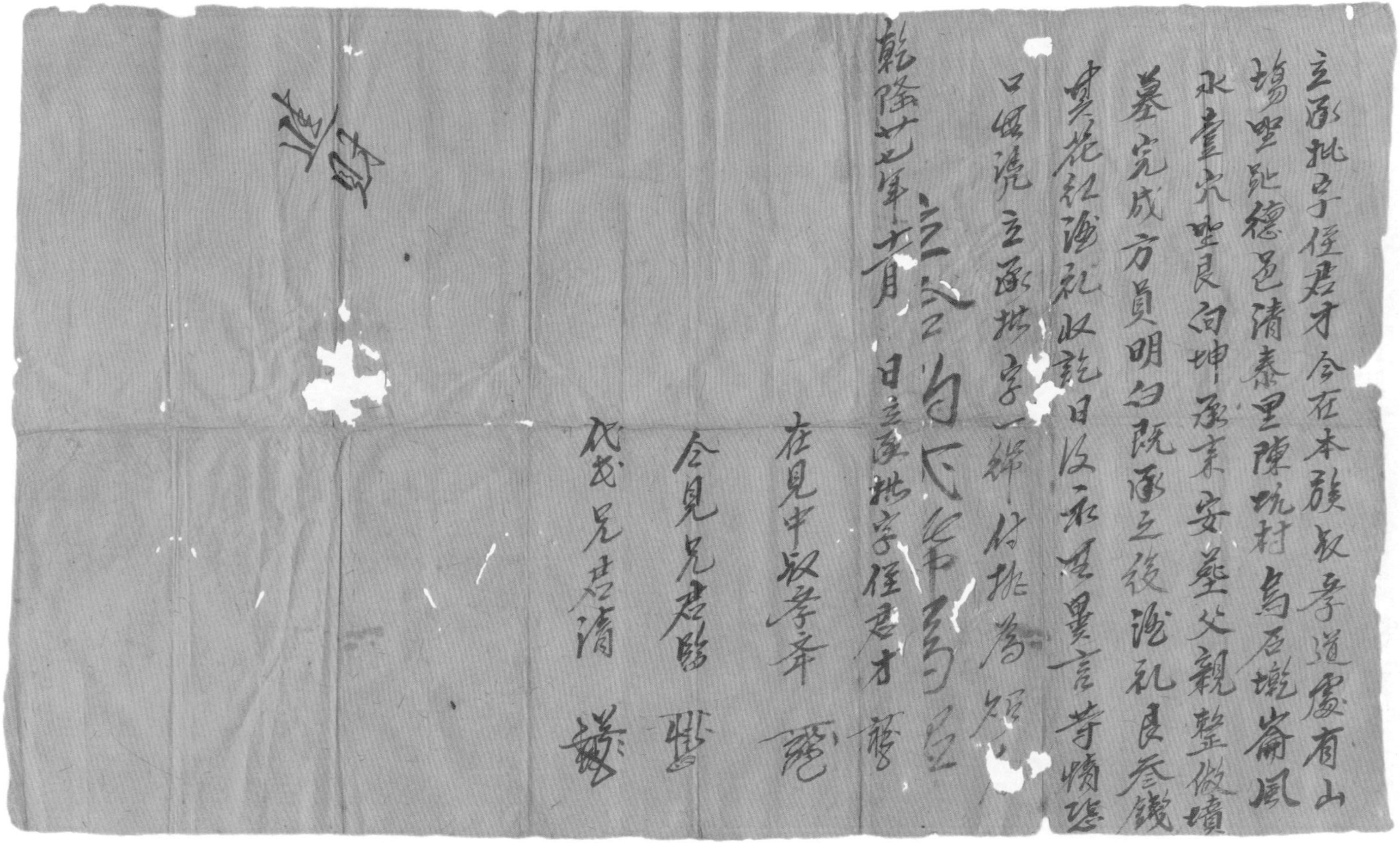
立承批字侄君才今在本族叔孝道處有山場坐址德邑清泰里陳坑村烏石壠崙風水壹穴坐艮向坤，承來安葬父親，整做墳墓完成，方員明白。既承之後，議礼艮叁錢，其花紅議礼收訖，日後永無異言。若情恐口無憑，立承批字一紙，付批為照。

乾隆廿七年十一月　日立承批字侄君才（押）

在見中叔孝斧（押）

仝見兄君賜（押）

代書兄君清（押）

10-5-10-1　清乾隆二十七年十一月黄君才立承批風水字

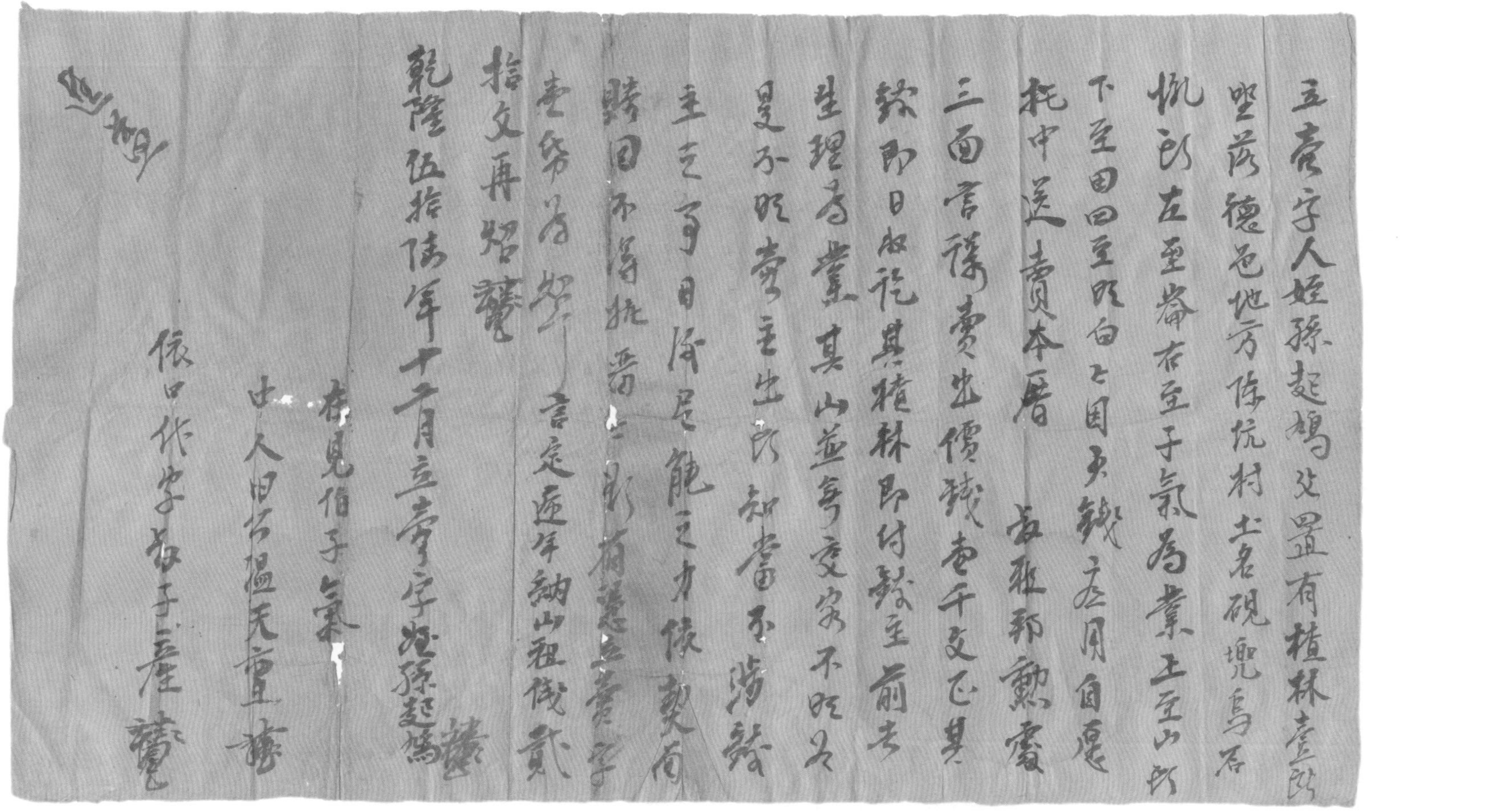

立賣字人姪孫起鳩父置有楂林壹所
坐落德邑地方修坑村土名硯塆烏石
坑頭左至崙右至于氣爲業上至山頂
下至田四至明白今因乏錢應用自愿
托中送賣本房　叔雅邦勳處
三面言議賣出價錢壹千文正其
錢即日收訖其楂林即付錢主前去
生理爲業其山並無交家不明之
是不明賣主出頭知當不涉錢
主之事日[illegible]能之力依契有
贖回不得找贖之說有憑立賣字
壹帋爲照　言定遞年納山租錢貳
拾文再照（押）
乾隆伍拾陸年十二月立賣字姪孫起鳩（押）
在見伯子榮
中人田石塭天貴（押）
依口代字叔子三產（押）

10-5-10-2　清乾隆五十六年十二月黄起鳩立賣楂林字

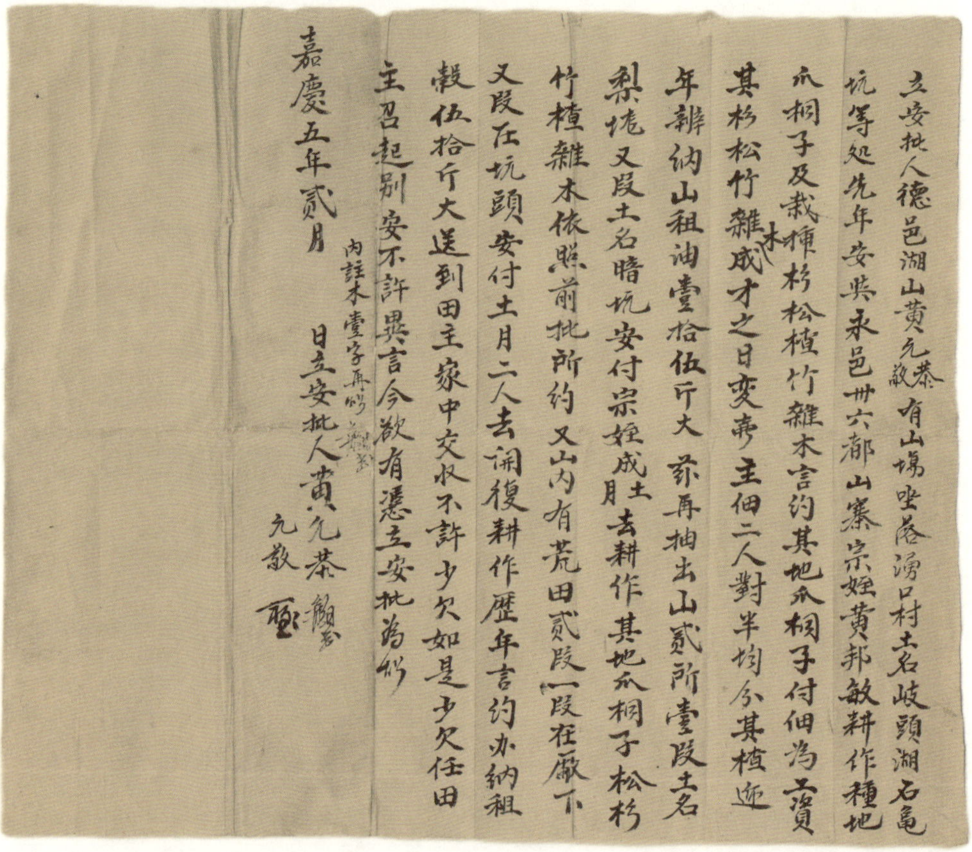
立安批人德邑湖山黄允恭
允歆有山場坐落湧口村土名岐頭湖石龜
坑等処先年安與永邑卅六都山寨宗姪黄邦敏耕作種地
瓜桐子及栽種杉松植竹雜木言约其地瓜桐子付佃為工資
其杉松竹雜木成才之日變賣主佃二人對半均分其植迹
年辨納山租油壹拾伍斤大 今再抽出山貳所壹段土名
梨堎又段土名暗坑安付宗姪成土月去耕作其地瓜桐子松杉
竹植雜木依照前批所约 又山内有荒田貳段一段在廠下
又段在坑頭安付土月二人去開復耕作歷年言约亦納租
穀伍拾斤大送到田主家中交收不許少欠如是少欠任田
主召起別安不許異言今欲有憑立安批為炤

内註木壹字再炤

嘉慶五年貳月　日立安批人黄允恭
允歆

10-5-11-1　清嘉慶五年二月德化黄允恭等立安批山場字

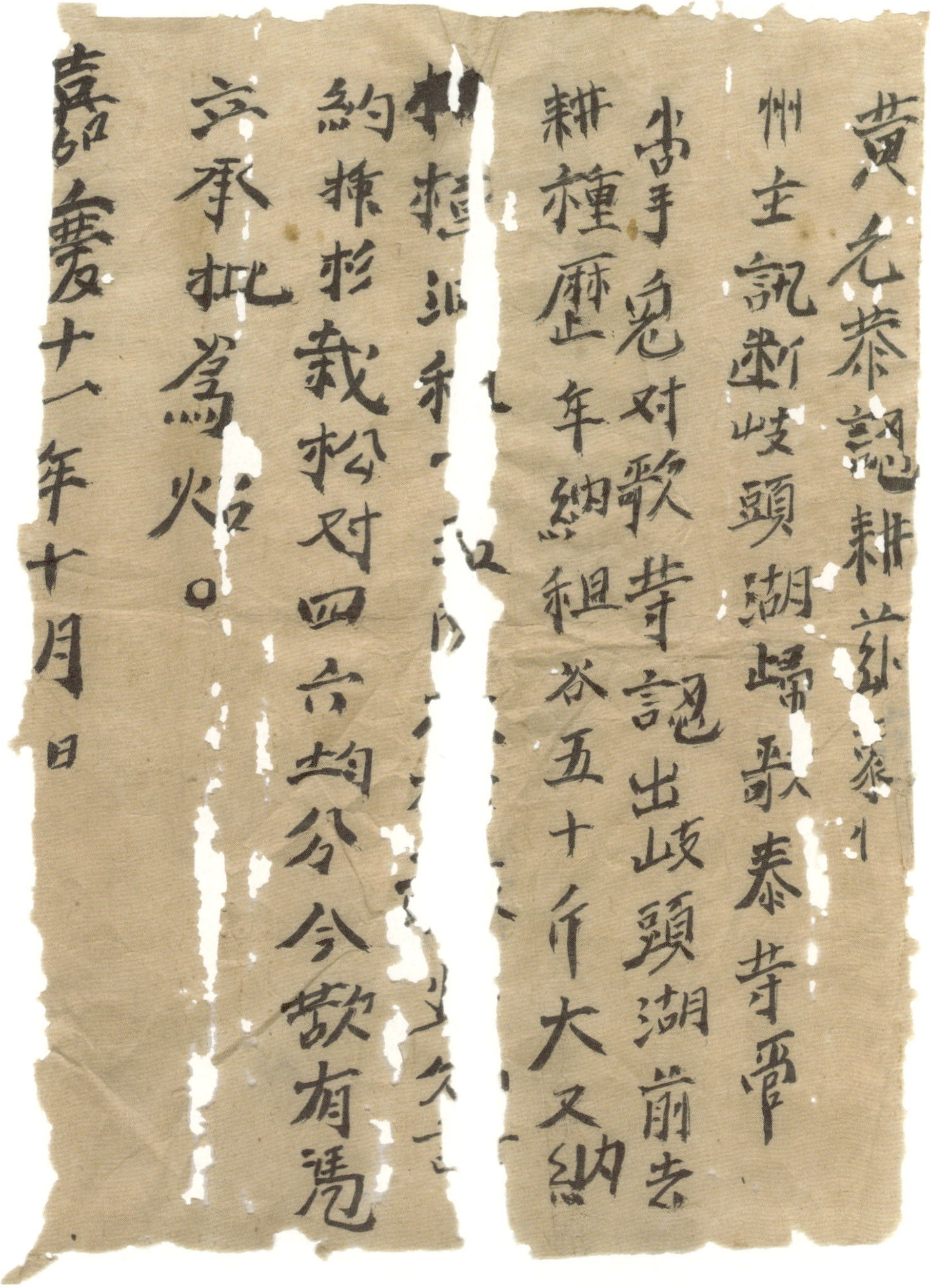

黃允恭認耕蘇[illegible]山
州主訊斷岐頭湖歸歌泰等曾
出手典对歌等認出岐頭湖前去
耕種歷年納租谷五十斤大又納
樹種油[illegible]
約拣杉栽松对四六均分今欲有憑
立承批爲照。
嘉慶十一年十月日

10-5-11-2 清嘉慶十一年十月德化黃允恭立認耕山場字

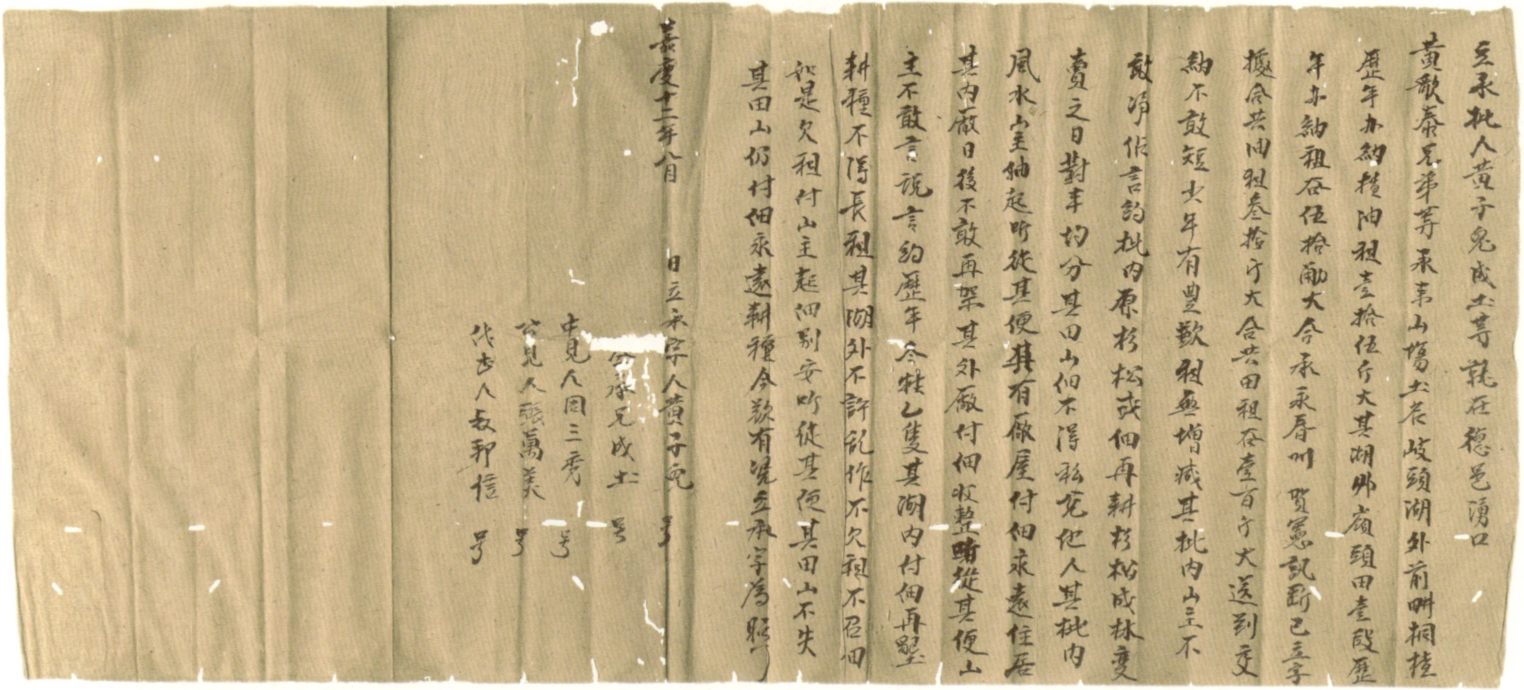
立承批人黃子兎、成士等，就在德邑湧口
黃歆泰兄弟等承来山場土名岐頭湖外前畔桐桂
歷年亦納樍油租壹拾伍斤大，其湖外嶺頭田壹段，歷
年亦納租谷伍拾觔大，合承。承春州 賢憲訊斷，已立字
據，合共油租叁拾斤大，合共田租谷壹百斤大，送到交
納，不敢短少。年有豐歉，租無增減。其批內山主不
敢停作言約。批內原杉松，聽佃再耕，杉松成林，變
賣之日，對半均分。其田山佃不得私兑他人。其批內
風水山主抽起，聽從其便。其有廠屋，付佃永遠住居。
其內廠日後不敢再架，其外廠付佃收整，聽從其便。山
主不敢言說言約。歷年合粧乙隻，其湖內付佃再墾
耕種，不得長租。其湖外不許亂作，不欠租，不召佃。
如是欠租，付山主起佃，別安，聽從其便。其田山不失，
其田山仍付佃永遠耕種。今欲有憑，立承字為照。
嘉慶十二年八月 日立承字人黃子兎 号
仝承兄成士 号
中見人周三秀 号
公見人張萬美 号
代書人長朝信 号

10-5-11-3 清嘉慶十二年八月黃子兎等立承批山場字

立安批人黃歌泰等祖置有山場壹所，坐落瀼
口村等處，抽出土名岐頭湖壹湖，安與永福
山寨鄉黃子兇成土等前去栽種杉桐植
竹，歷年办納植油租壹拾伍斤大。湖內墾有
田叁段，歷年办納租谷伍拾斤大。其承批人
黃春州　賀寵　訊斷，已立字據。其湖外佃
子兇成土前耕桐植，安與耕作，歷年办納
植油租壹拾伍斤大。湖外嶺頭田壹段，歷年
办納租谷伍拾斤大。合前承批其植油租叁
拾斤大，其田租谷壹佰斤大，送到交納，不敢短
少。年有豐歉，租無增減。其田山佃不許私兑
他人。其批內山主不敢净佔，言約批內原杉松或
再佃耕作，掉杉栽松，對半均分，成林变賣。其
批內風木，山主抽起，听從其便。其有廠屋付佃
永遠住居。其內廠日後不許閑閣再架。其外廠
付佃收整，听從其便。言約之年办納冬牲乙隻。其
湖內付佃再墾耕作，不許長租。其湖外不許乱作。
不欠租，不召佃；如是欠租，听山主召起，听從其便。
其田山租不失，其田山付佃永遠耕種。今欲有
憑，立安批為照。

嘉慶拾弍年捌月　日立安批人黃歌泰
仝房兄　由泰
房弟　咸泰
中見人周三秀
公見人張萬美

10-5-11-4　清嘉慶十二年八月德化黃歌泰等立安批山場字

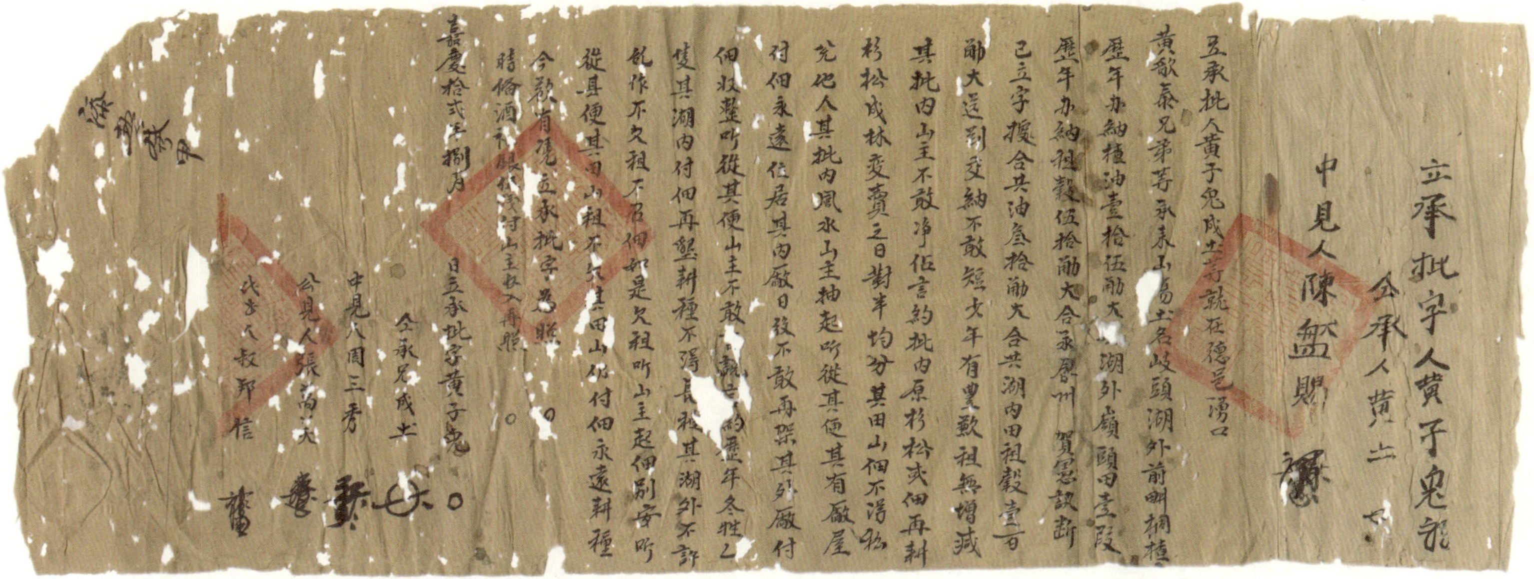

10-5-11-5　清嘉慶十二年八月黃子兎等立承批山場字（紅契）

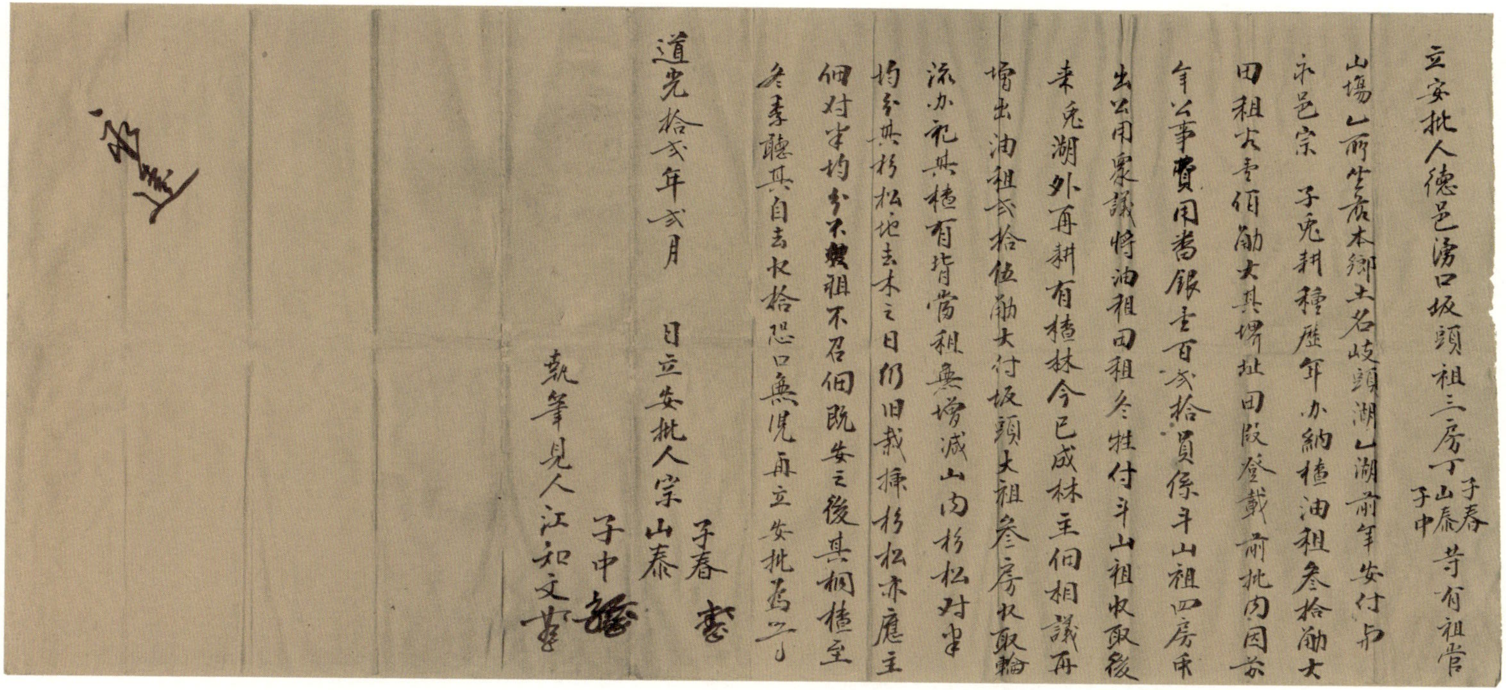

立安批人德邑湧口坂頭祖三房子春、山泰、子中等有祖嘗
山場一所坐在本鄉土名岐頭湖山湖前年安付与
永邑宗　子兆耕種歷年亦納植油租叁拾觔大
田祖式壹佰觔大其塆址田段登載前批內因爷
年公事費用省銀壹百弍拾員係斗山祖四房承
出公用眾議將油租田租各牲付斗山祖收取後
來兆湖外再耕有植林今已成林主佃相議再
增出油租弍拾伍觔大付坂頭大祖叁房收取輸
流亦祀其植有指當租無增減山內杉松对半
均分其杉松砍去木之日仍旧栽揷杉松亦應主
佃对半均分不熟祖不召佃既安之後其桐植至
冬季聽其自去收拾恐口無憑再立安批爲照

道光拾弍年弍月　　日立安批人宗　子春　山泰　子中

執筆見人江和文

10-5-11-6　清道光十二年二月德化黃氏坂頭祖三房立安批山場字

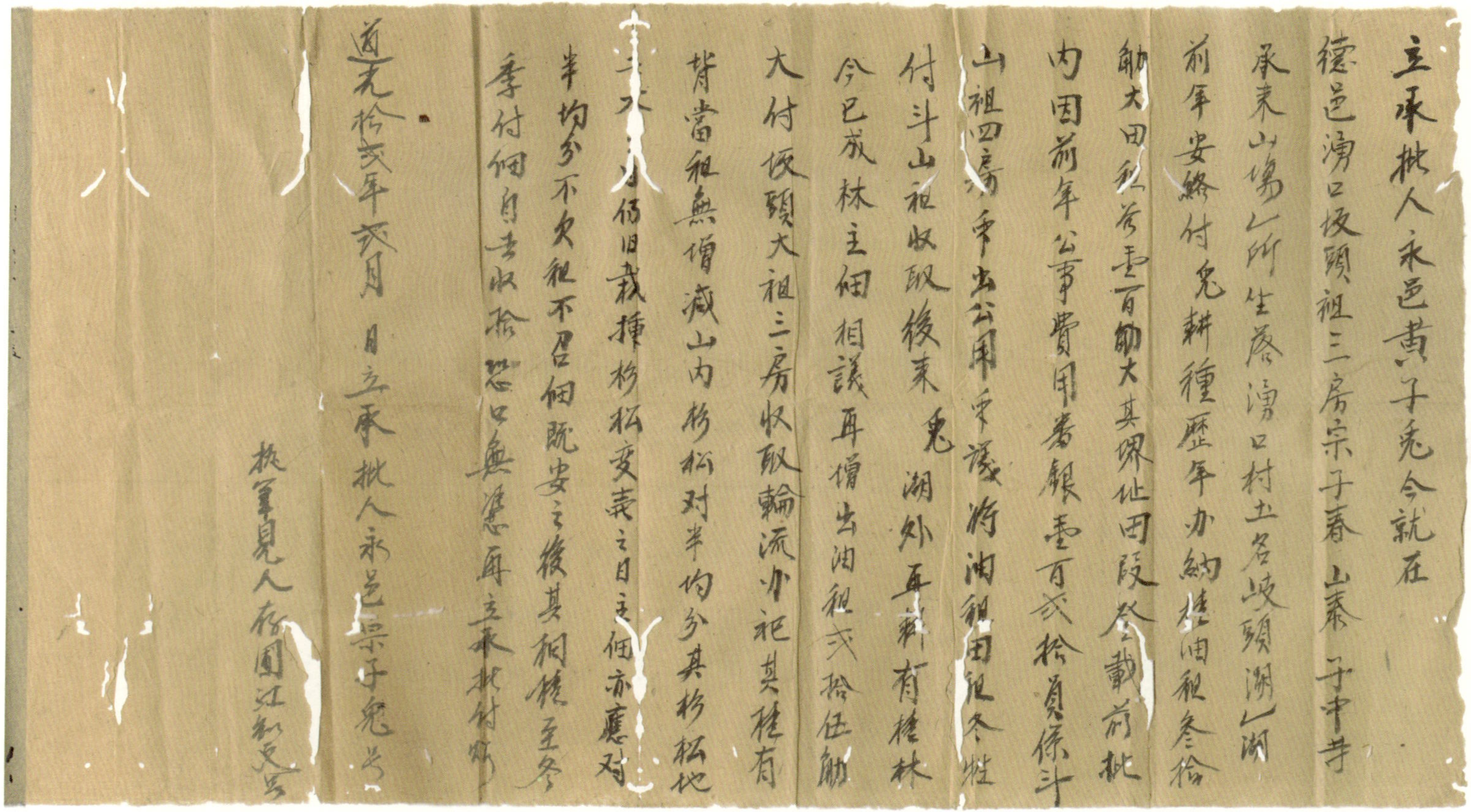

10-5-11-7 清道光十二年二月黄子兔立承批山場字

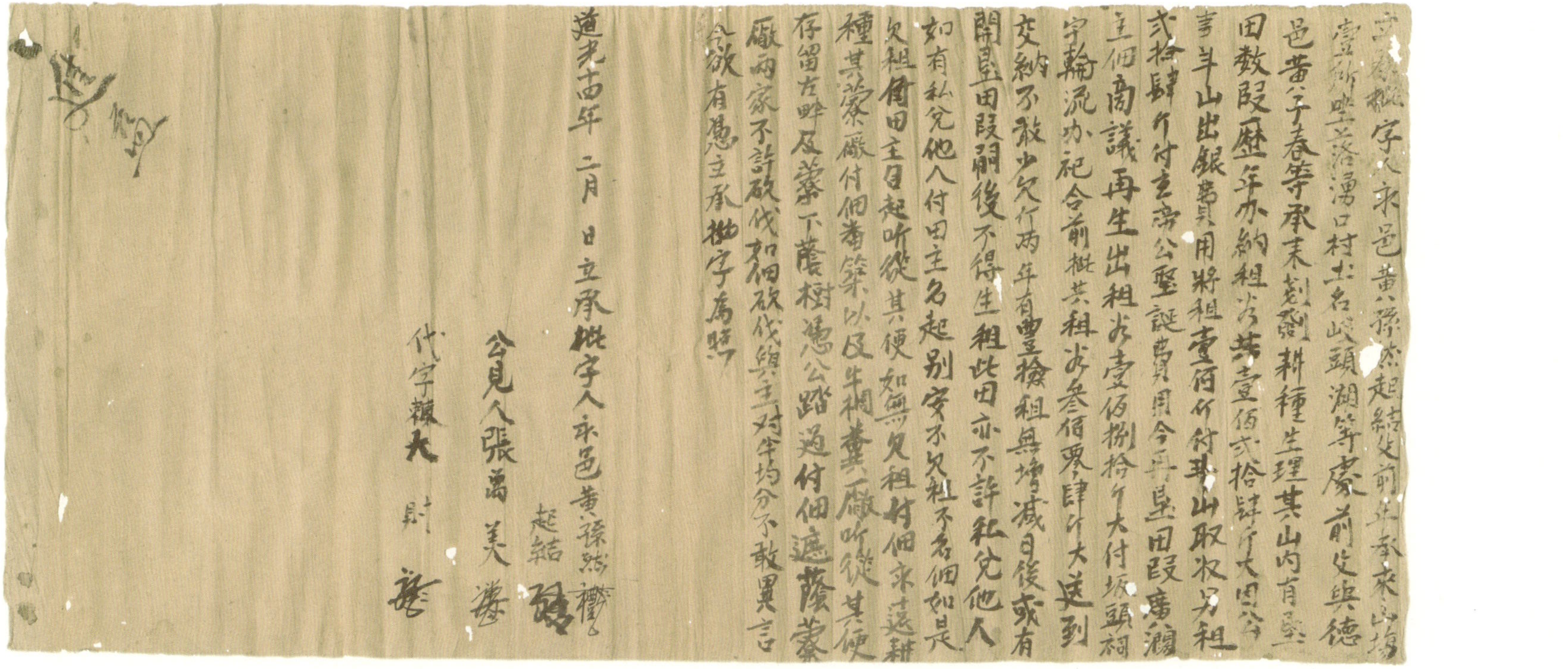

立承批字人永邑黃孫然起結兄弟等今承來山場
壹所坐落洑口村土名峻頭湖等處前與德
邑黃子春等承來劉耕種生理其山內有墾
田數段歷年亦納租谷共壹佰弍拾肆斤大田谷
壹斗山出銀貳員用將租壹佰斤付與山取收另租
弍拾肆斤付主宗公聖誕費用今再墾田段壹瀨
主佃商議再生出租谷壹佰捌拾斤大付坂頭祠
宇輪流办祀今前批共租谷叁佰叁拾肆斤大送到
交納不敢少欠斤兩年有豐歉租無增減日後或有
開墾田段嗣後不得生租此田亦不許私兌他人
如有私兌他人付田主另起别字不欠租不干佃如是
欠租付田主自起听從其便如無欠租付佃永遠耕
種其蒙厰付佃番築以及牛欄糞厰听從其便
存留左畔及蒙下蔭樹憑公踏過付佃遮蔭蒙
厰兩家不許砍伐如佃砍伐與主对半均分不敢異言
今欲有憑立承批字為照

道光十四年 二月 日立承批字人永邑黃孫然
起結
公見人張萬美
代字賴大財

10-5-11-8 清道光十四年二月黃孫然等立承批山場字

立安批字人德邑黄子春等祖當有山場一
所，坐落勇口村土名岐頭坳頂，処前安付
永邑黄子[illegible]劄墾耕種生理，其山内有墾
田數段，屋年加納祖谷共壹百貳拾肆斤大，因
公事汁山出銀[illegible]貫，因將租壹百斤付汁山取
收，另租貳拾肆斤付主帝公聖誕帶貫用，今男侄
[illegible]然起結再墾田段，廣潤主佃商議再生
出租谷壹百捌拾斤大，付拔頭祠宇輪流办祀，合
前批共租谷叁百零肆斤大，送到交納，不敢少
欠斤兩；年有豐歉，租無增減。日後或有開墾田
段，嗣後不得生租，此田亦不許私兑他人；如有私兑
他人，付田主召起，別安，不[illegible]。不召佃，如是欠租召
起，听從其便。如無欠租，付佃永遠耕種，其蓁廠
付佃蓄築，以及牛欄、糞廠，听從其使。存留
左畔及蓁下蘭樹，[illegible]公[illegible]过付佃應
蓄蓁，廠兩家不許砍伐；如佃砍伐，如主、
半均分，不敢異言。今欲有憑，立安批
字為照。
道光拾肆年二月　日立安批字人　黄[illegible]
全字
立安批字人德邑黄子春

10-5-11-9　清道光十四年二月德化黄子春等立安批山場字（草契）

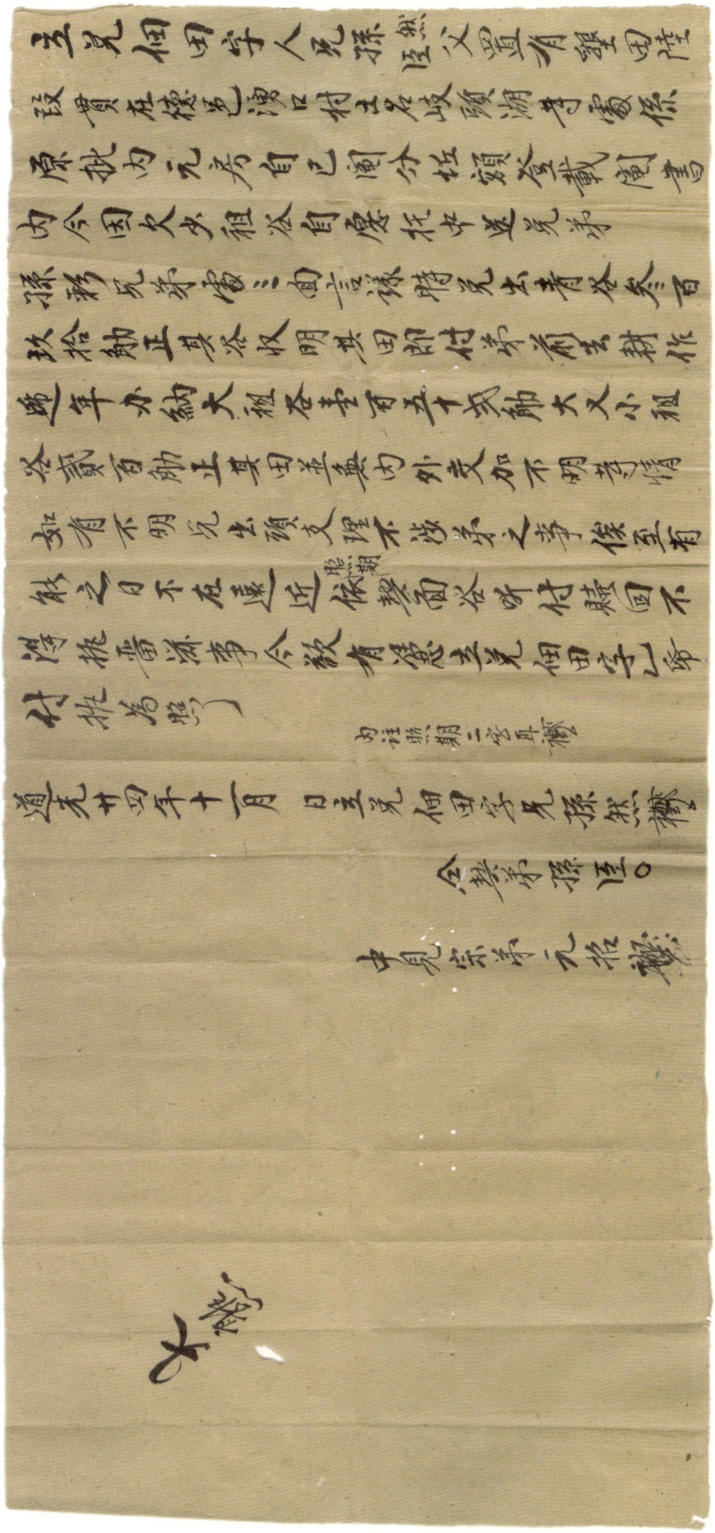

立兑佃田字人兄孫然仝侄父遺有望田陞
段，坐在本縣洑口村土名岐頭湖考處，係
原批內元房自己鬮分拈鬮至載鬮書
內，今因乏少租谷，自愿托中送兄弟
孫彩兄弟處，三面言議，僅得兄出青谷叁百
玖拾斤正，其谷收明，其田即付弟前去耕作
歷年办納大租谷壹百五十斤，納大又小租
谷貳百斤正，其田並無內外交加不明等情
如有不明，兄出頭支理，不涉弟之事。係至有
銀之日，不拘遠近，依照期契面谷即付贖回，不
得執留難滯等事。今欲有憑，立兑佃田字一紙
付執為照。

內注照期二字（押）

道光廿四年十一月　日立兑佃田字兄孫然（押）
仝契弟孫侄○
中見宗弟元栢（押）

10-5-11-10　清道光二十四年十一月黃孫然等立兑佃田字

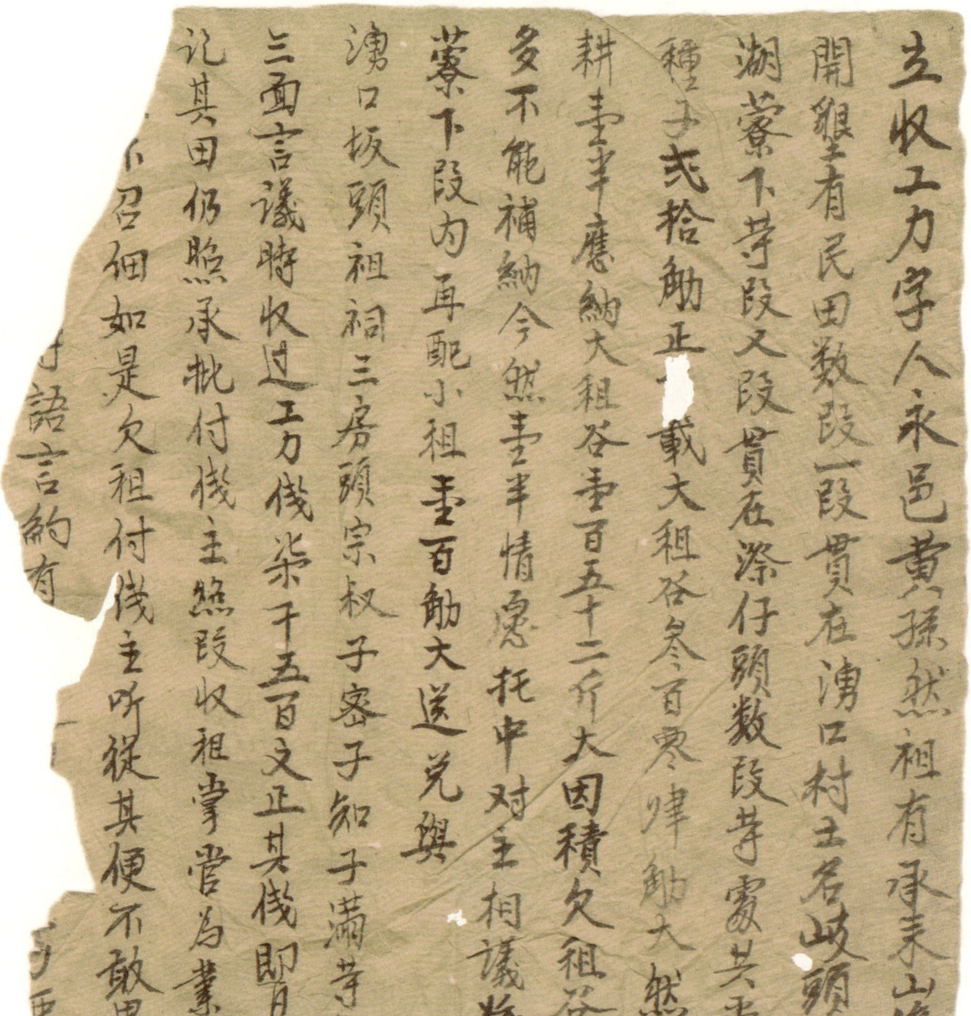

立收工力字人永邑黃孫然祖有承耒山壙
開墾有民田數段一段貫在溥口村土名岐頭
湖簝下等段又段貫在滌仔頭數段等處共受
種子式拾觔正□載大租谷叁百零肆觔大然應
耕壹半應納大租谷壹百五十二斤大因積欠租谷太
多不能補納今然壹半情愿托中对主相議將
簝下段内再配小租壹百觔大送兑與
溥口坂頭祖祠三房頭宗叔子客子知子滿等處
三面言議時收过工力伐柒千五百文正其伐即日收
讫其田仍照承批付伐主照段收租掌管為業不
□召佃如是欠租付伐主听從其便不敢異
□語言約有

10-5-11-11　清道光年間黃孫然立收民田工力字（一）

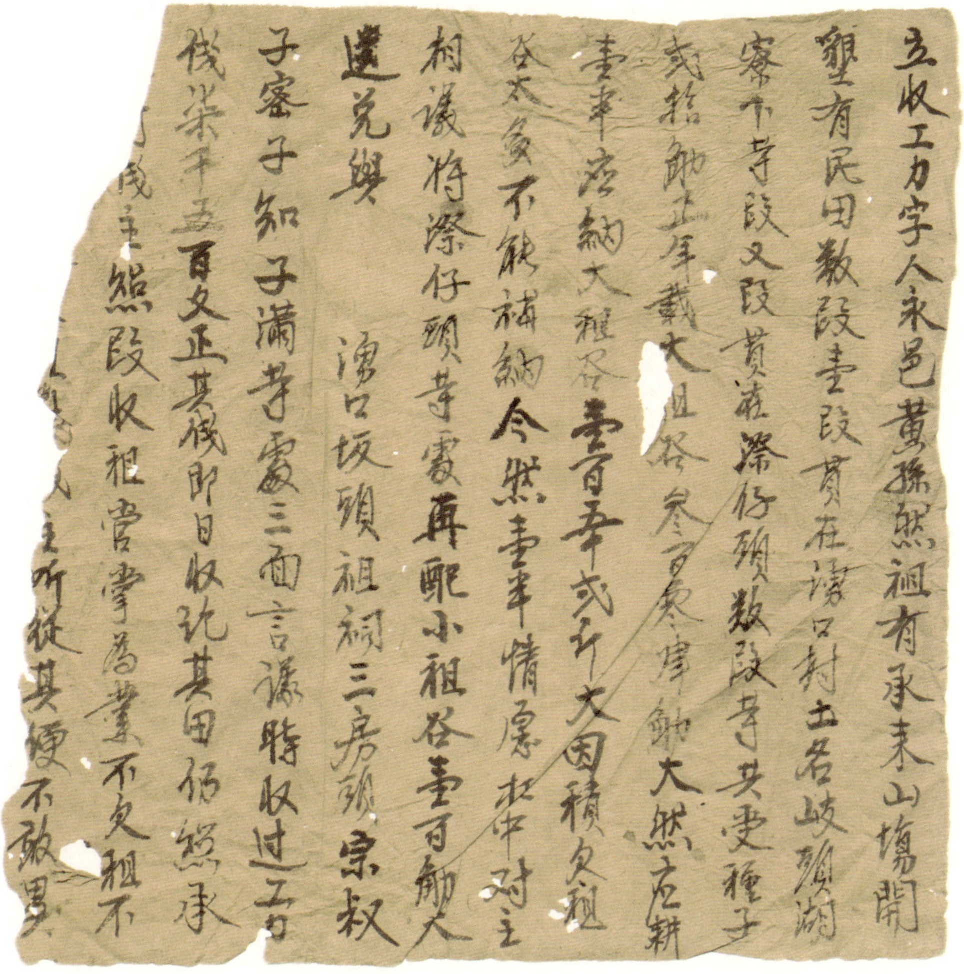

立收工力字人永邑黄孫然祖有承来山塲開
墾有民田數段壹段貫在洑口封土名岐頭湖
寨下等段又段貫在漈仔頭數段等共受種子
弍拾觔正年載大租谷叁百叁拾觔大然應耕
壹年應納大租谷壹百弍斤大田積欠租
谷太多不能補納今然壹年情愿挖出對立
相議將漈仔頭等處再配小租谷壹百觔入
遂兄與洑口坂頭祖祠三房頭宗权
子塞子知子滿等處三面言議時收过工力
錢柴千五百文正其錢即日收訖其田仍然承
[illegible]錢主照段收租営掌為業不欠租不
[illegible]主所從其便不敢異

10-5-11-12　清道光年間黄孫然立收民田工力字（二）

10-5-12-1　包契紙

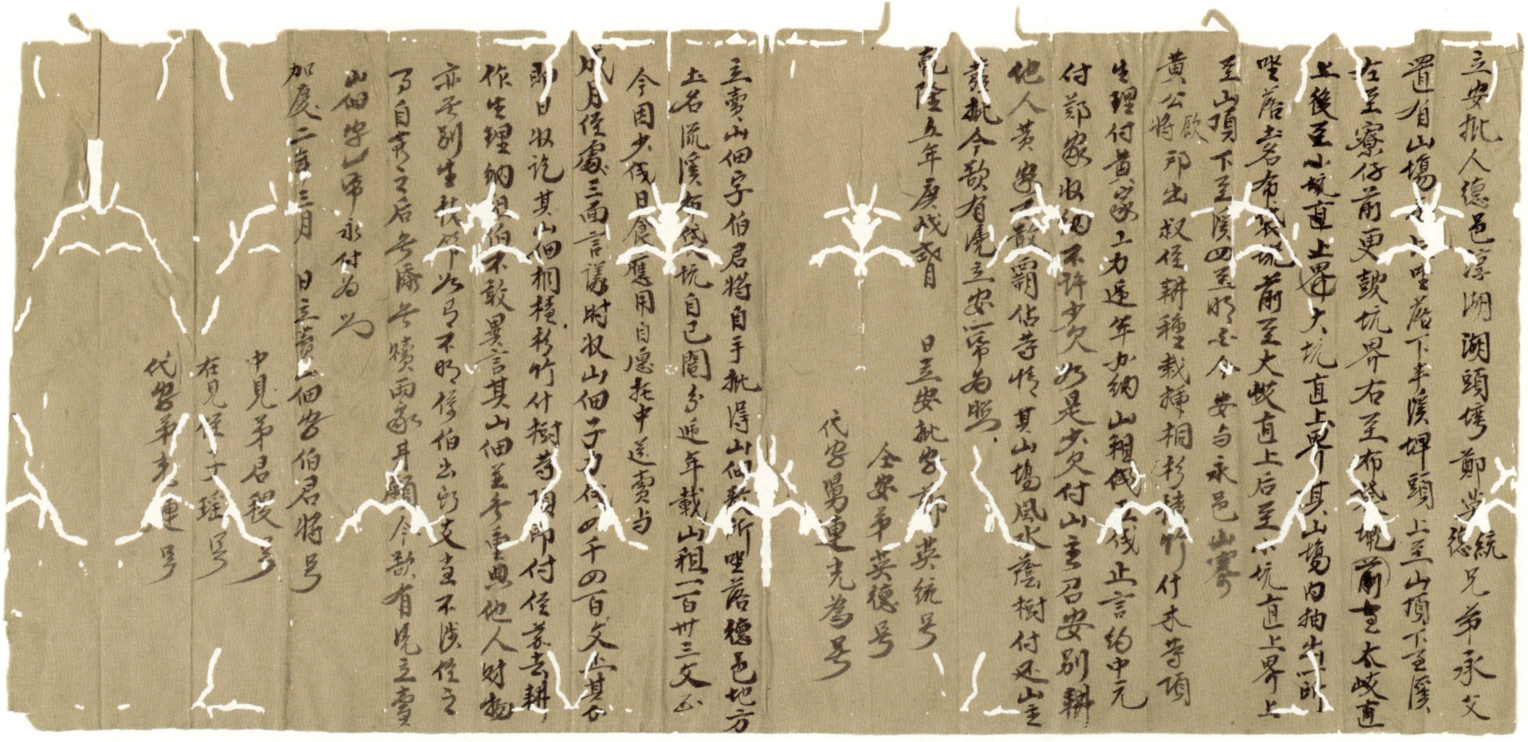

立安批人德邑浮洲湖頭樓鄭英統兄弟承父
置有山場一片坐落下半溪坪頭上至山頂下至溪
左至寮仔前更鼓坑界右至布袋坑前直上大岐直
上後至山坡直上界大坑直上界其山場內抽出一所
坐落土名布袋坑前至大岐直上后至大坑直上界上
至山頂下至溪四至明白今安与永邑山寨
黃公將欽邦出我任耕種栽插桐杉竹木等項
生理付黃家工力逐年办納山租錢　錢止言約中元
付鄭家收納不許少欠如是少欠付山主召安別耕
他人黃家不敢霸佔等情其山場風水蔭樹付延山主
業執今欲有憑立安批字為照
乾隆五年庚戌二月　日立安批字人　英統　号
仝安弟　英德　号
代字男　重光　号

立賣山佃字伯君將自手批得山佃一所坐落德邑地方
土名流溪布袋坑自己闔分逐年載山租一百卅三文正
今因少錢日食應用自愿托中送賣与
成月仕處三面言議时收山佃字價錢四千四百文正其銀
即日收訖其山佃桐種杉竹什樹等項即付仕等去耕
作生理明白伯不敢異言其山佃並無重典他人財物
亦無別生枝節如有不明係伯出頭支當不涉仕之
事自賣之后無贖無續两家甘願今欲有憑立賣
山佃字一帋永付為照
嘉慶二十年三月　日立賣山佃字　伯君將　号
中見弟　君稷　号
在見侄　士瑶　号
代字弟　來連　号

10-5-12-2　清乾隆五年二月德化鄭英統等立安批山場契

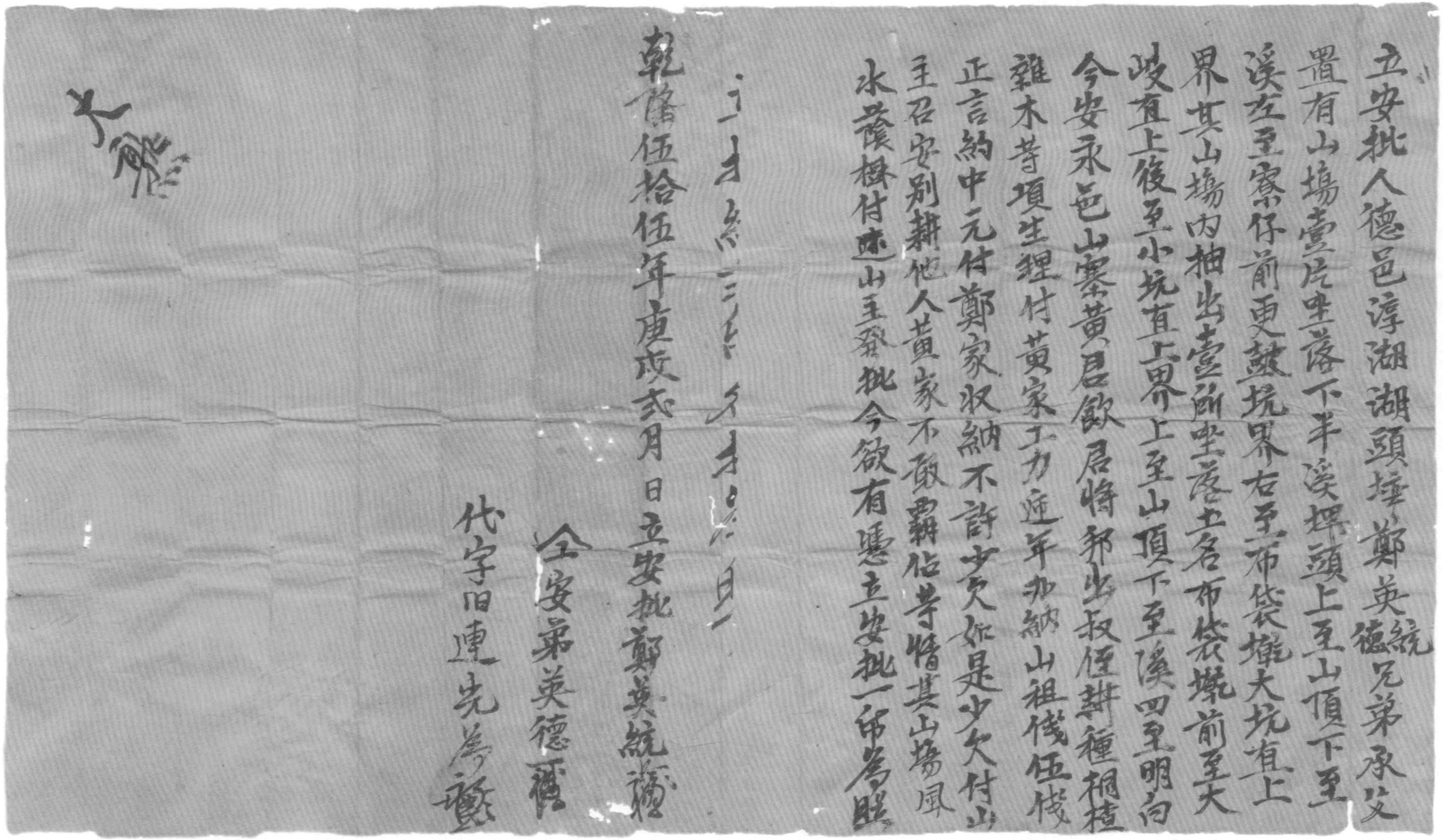

立安批人德邑淳湖湖頭墘鄭英德統兄弟承父
置有山場壹片坐落下半溪坪頭上至山頂下至
溪左至寮仔前更鼓坑界右至布袋墘大坑直上
界其山場内抽出壹所坐落土名布袋墘前至大
岐直上後至小坑直上界上至山頂下至溪四至明白
今安永邑山寮黄君欽居將邦出叔侄耕種栽植
雜木等項生理付黄家工力逐年办納山租錢伍錢
正言約中元付鄭家收納不許少欠如是少欠付山
主召安別耕他人黄家不敢霸佔等情其山場風
水蔭樹付還山主發批今欲有憑立安批一帋為照

乾隆伍拾伍年庚戌弍月　日立安批鄭英統（押）
仝安弟英德（押）
代字旧連先為（押）

大發

10-5-12-3　清乾隆五十五年二月德化鄭英統等立安批山場契

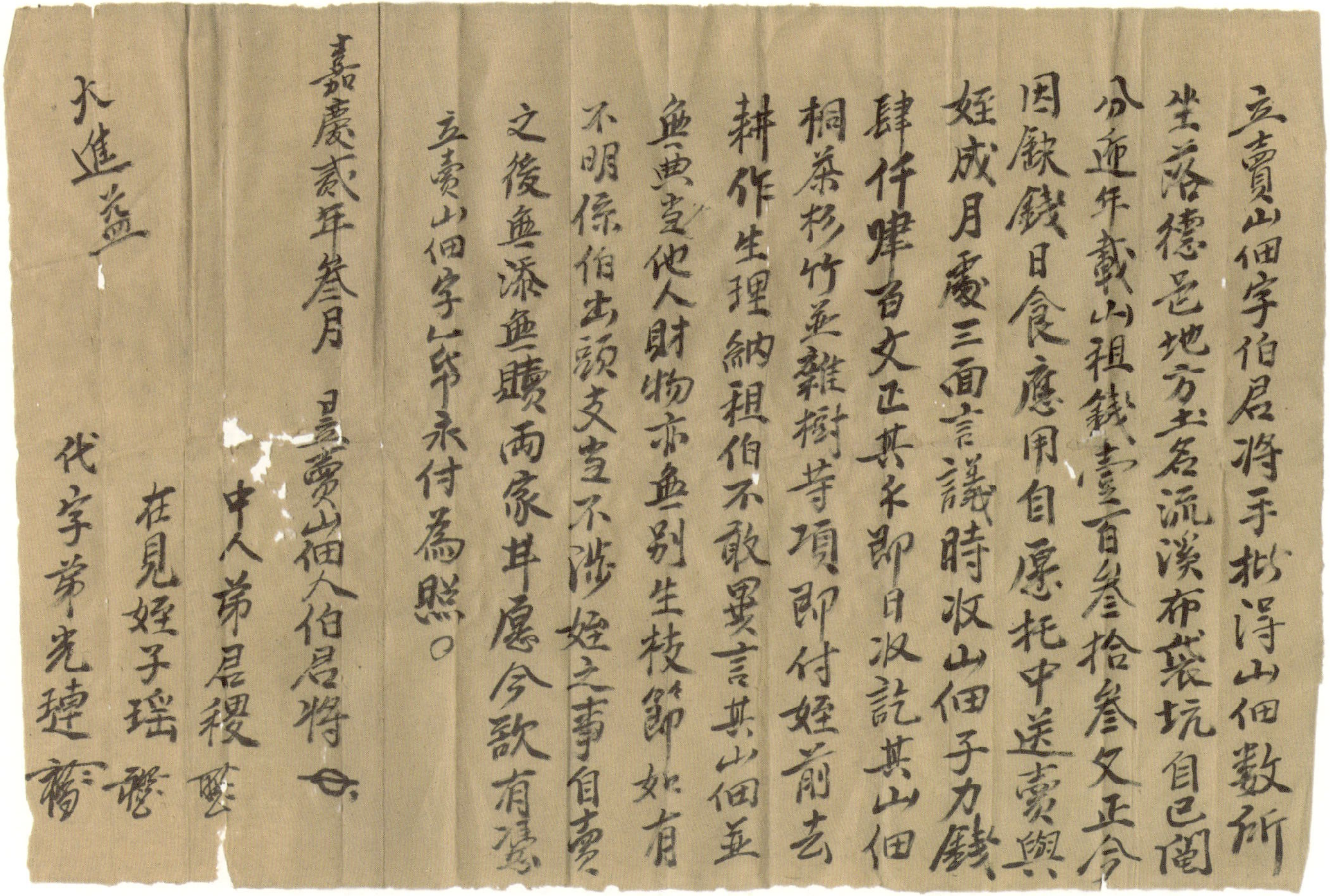
立賣山佃字伯君將手拋得山佃數所
坐落德邑地方土名流溪布袋坑自己閹
分通年載山租錢壹百叁拾叁文正今
因缺錢日食應用自愿托中送賣與
姪成月處三面言議時收山佃子力錢
肆仟肆百文正其錢即日收訖其山佃
桐茶杉竹並雜樹等項即付姪前去
耕作生理納租伯不敢異言其山佃並
無典當他人財物亦無別生枝節如有
不明係伯出頭支當不涉姪之事自賣
之後無添無贖兩家甘愿今欲有憑
立賣山佃字一紙永付為照。
嘉慶貳年叁月　日立賣山佃人伯君將（押）
中人弟君稷（押）
在見姪子瑶（押）
代字弟光璉（押）
大進益

10-5-12-4　清嘉慶二年三月黃君將立賣山佃字

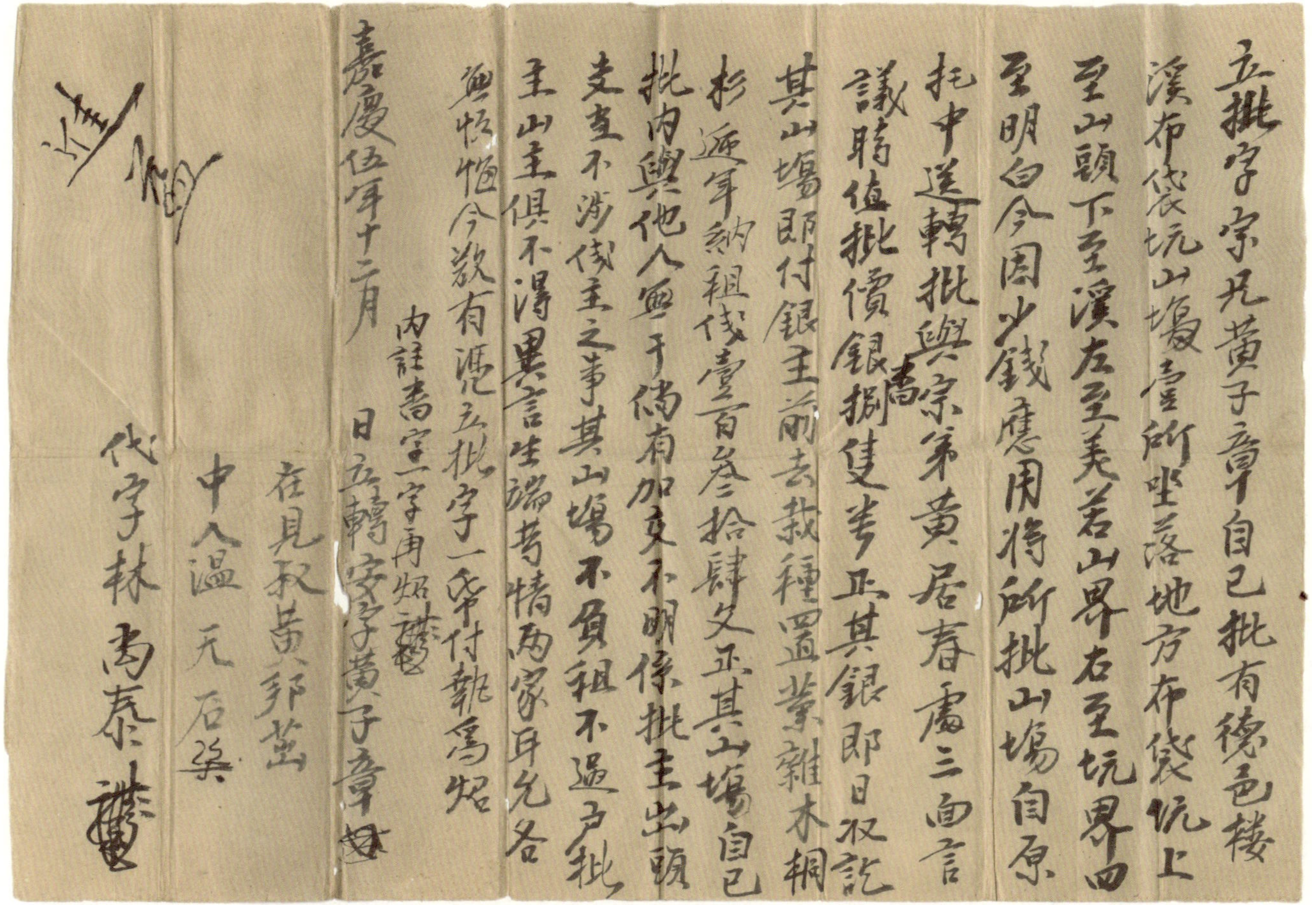
立批字宗兄黃子章自己批有德邑樓
溪布袋坑山場一所坐落地方布袋坑上
至山頭下至溪左至美若山界右至坑界四
至明白今因少錢應用將所批山場自原
托中送轉批與嵩宗弟黃居春處三面言
議時值批價銀捌健半正其銀即日收訖
其山場即付銀主前去栽種置業雜木桐
杉延年納租錢壹百叁拾肆文正其山場自己
批內與他人無干倘有加支不明係批主出頭
支當不涉銀主之事其山場不負租不過戶批
主山主俱不得異言生端苦情兩家甘允各
無反悔今欲有憑立批字一紙付執爲炤
內註嵩字一字再炤
嘉慶伍年十二月　日立轉安字黃子章
在見叔黃邦茁
中人溫元石染
代字林尚泰

10-5-12-5　清嘉慶五年十二月黃子章立批山場字（一）

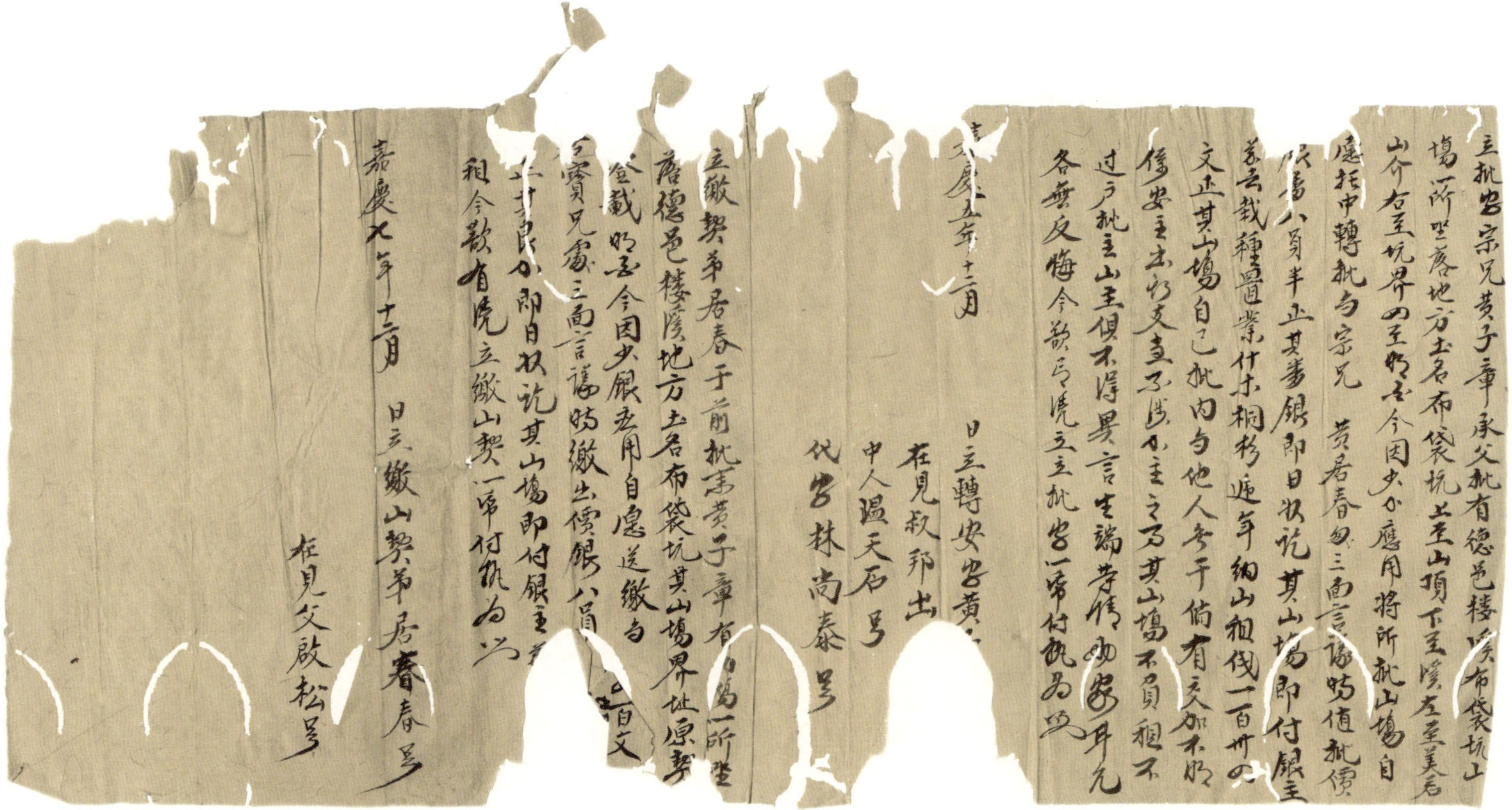
立批字宗兄黄子章，承父批有德邑樓溪布袋坑山
場一所，坐落地方土名布袋坑，上至山頂，下至溪，左至美君
山介，右至坑界，四至明白。今因乏少應用，將所批山場自
願托中轉批與宗兄 黄君春為業，三面言議時值批價
紋銀八員半正，其番銀即日收訖，其山場即付銀主
前去栽種置業，什木桐杉，逐年納山租錢一百卅文
文正。其山場自己批内，與他人無干，倘有來歷不明，
係安主出頭支理，不涉銀主之事。其山場不負租，不
过户，批主山主俱不得異言生端等情，此係兩允，
各無反悔。今欲有憑，立轉批字一紙付執為照。

嘉慶五年十二月 日立轉安字黄□□
在見叔邦出
中人温天石号
代字林尚泰号

立繳契弟君春，于前批宗黄子章有山場一所，坐
落德邑樓溪地方土名布袋坑，其山場界址原契
登載明白。今因乏銀應用，自愿送繳與
宗兄處，三面言議時繳出價銀八員□百文
正，其銀即日收訖，其山場即付銀主前□
租。今欲有憑，立繳山契一紙付執為照。

嘉慶七年十二月 日立繳山契弟君春号
在見父啟松号

10-5-12-6 清嘉慶五年十二月黄子章立批山場字（二）

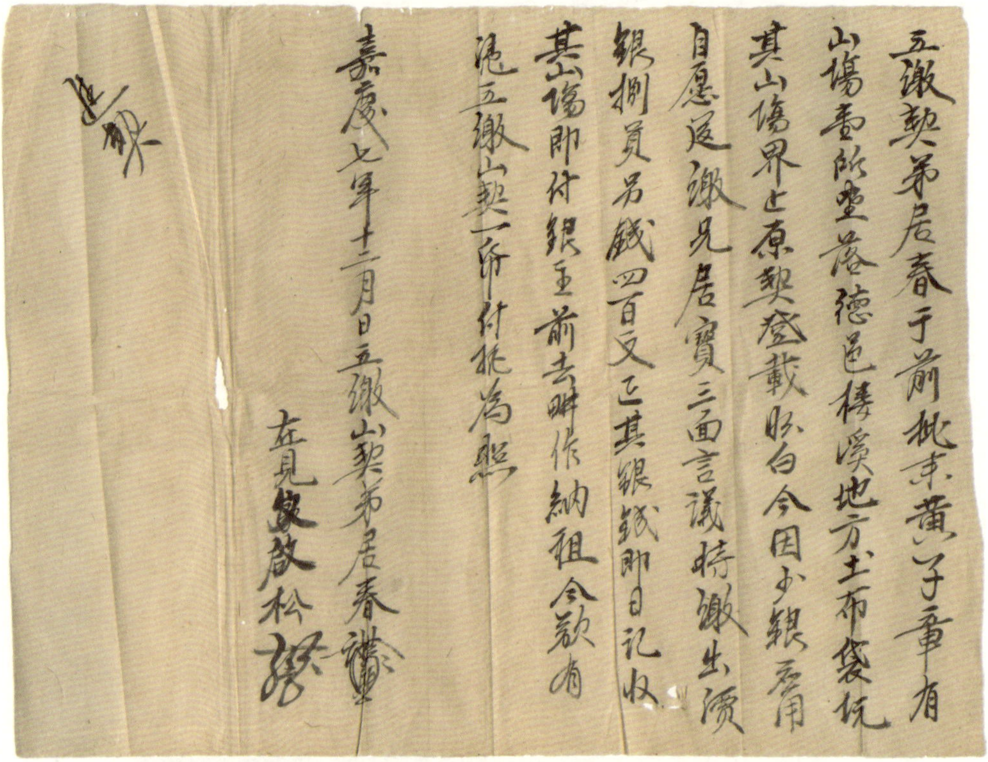
立繳契弟居春于前批来黄子章有
山場壹所坐落德邑樓溪地方土名袋坑
其山場界止原契登載明白今因少銀應用
自愿送繳兄居寶三面言議特繳出價
銀捌員另錢四百文正其銀錢即日記收
其山場即付銀主前去畊作納租今欲有
憑立繳山契一紙付執為照
嘉慶七年十二月日立繳山契弟居春
在見叔啟松

10-5-12-7　清嘉慶七年十二月黄居春立繳山場契

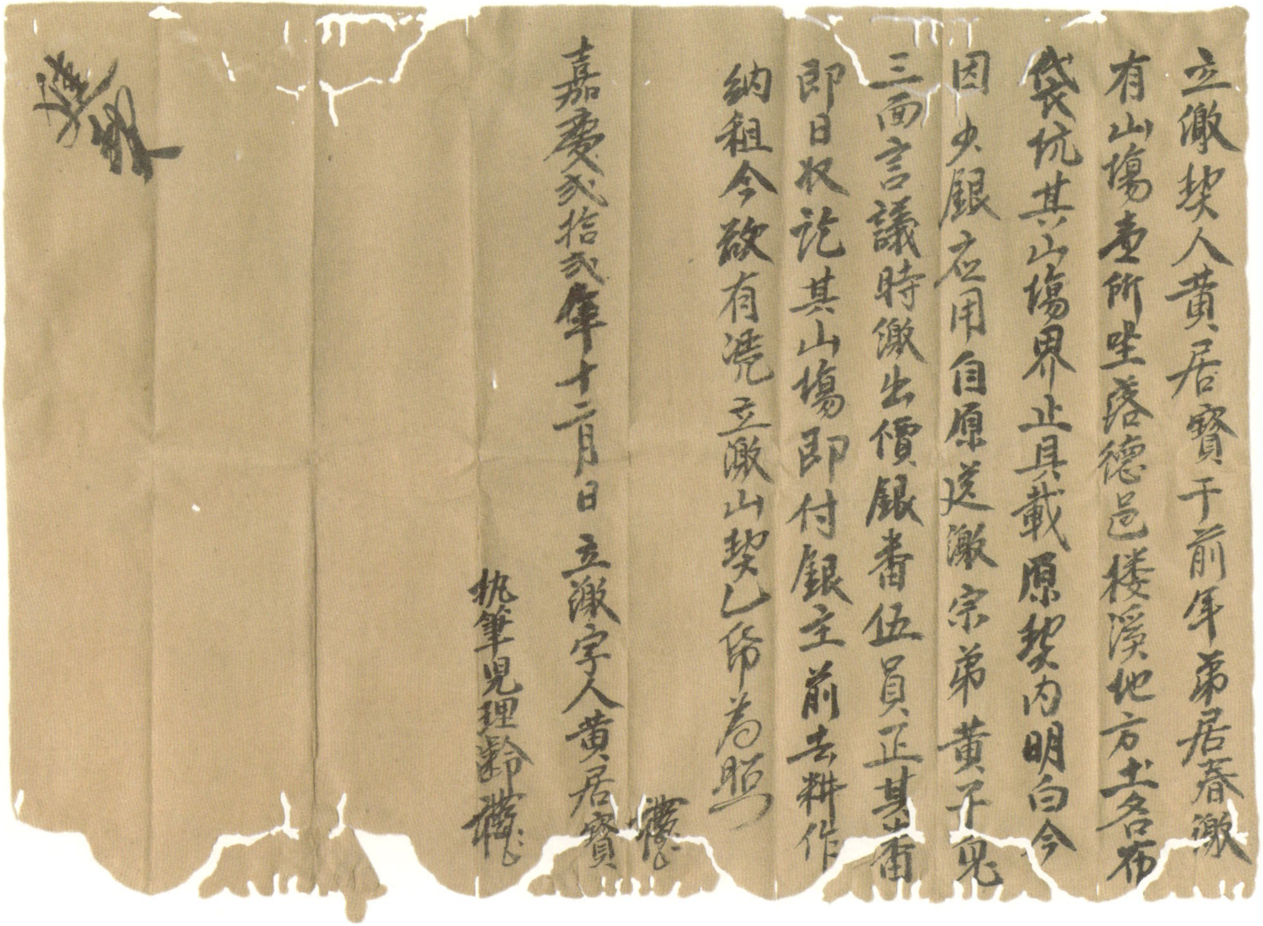

立繳契人黃居寶，于前年弟居春繳
有山場壹所，坐落德邑楼溪地方，土名布
袋坑，其山場界止具載原契內明白。今
因乏銀応用，自原送繳宗弟黃子兒
三面言議，時繳出價銀番伍員正，其番
即日收訖，其山場即付銀主前去耕作
納租，今欲有凭，立繳山契乙帋為照。
嘉慶貳拾貳年十二月日　立繳字人黃居寶
執筆兒理齡

10-5-12-8　清嘉慶二十二年十二月黃居寶立繳山場契

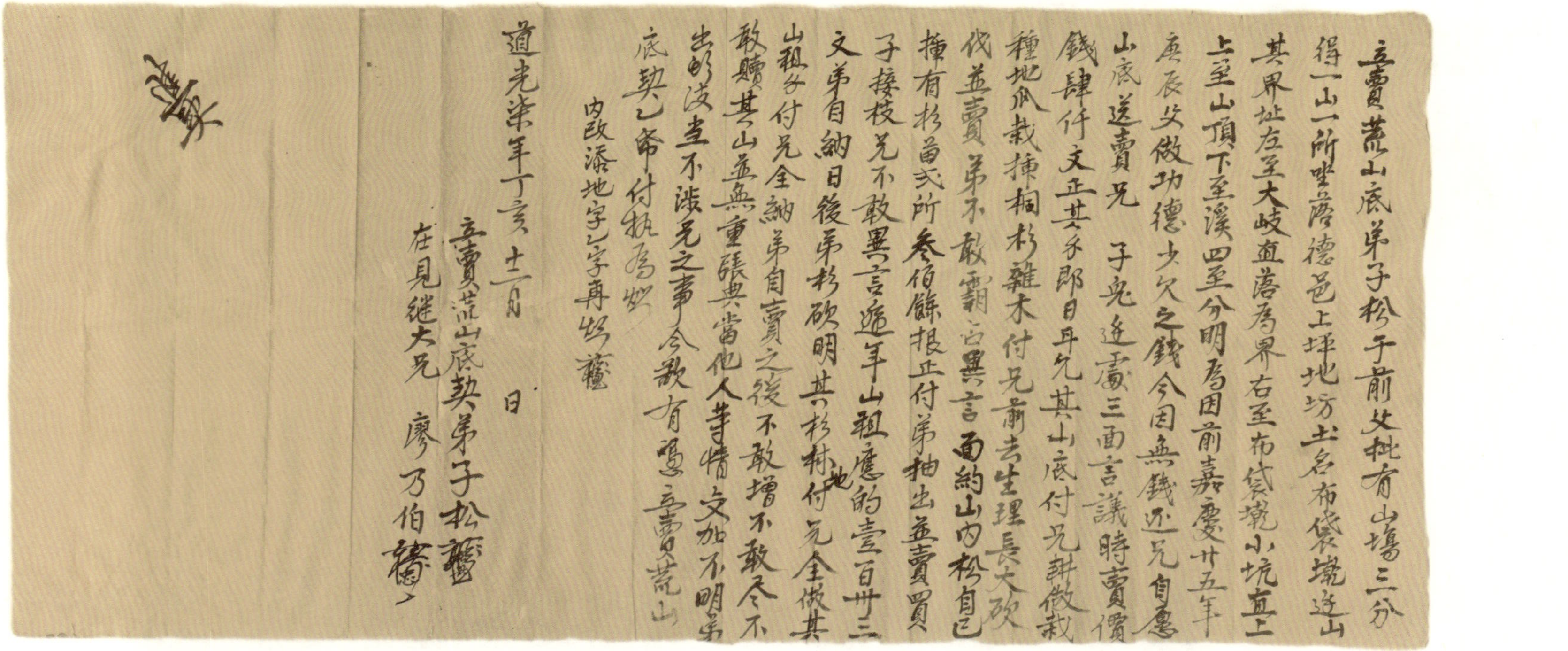
立賣荒山底弟子松于前父批有山場三分
得一山一所坐落德邑上坪地坊土名布袋墘逆山
其界址左至大岐直落爲界右至布袋墘小坑直上
上至山頂下至溪四至分明爲因前嘉慶廿五年
庚辰父做功德少欠之錢今因無錢还兄自愿
山底送賣兄 子兑 迸處三面言議時賣價
錢肆仟文正其錢即日收兄其山底付兄耕做栽
種地來栽插桐杉雜木付兄前去生理長大砍
伐並賣弟不敢霸佔異言 面約山内杉自己
插有杉苗式所叁伯餘根正付弟抽出並賣買
子接枝兄不敢異言遞年山租應的壹百卅三
文弟自納日後弟杉砍明其杉材地付兄全做其
山租多付兄全納弟自賣之後不敢增不敢贖不
敢贖其山並無重張典當他人等情文加不明弟
出明没主不涉兄之事今欲有憑立賣荒山
底契一帋付執爲炤
内改添地字一字再炤
道光柒年丁亥十二月 日
立賣荒山底契弟子松
在見継大兄 廖乃伯

10-5-13-1 清道光七年十二月黃子松立賣荒山底契

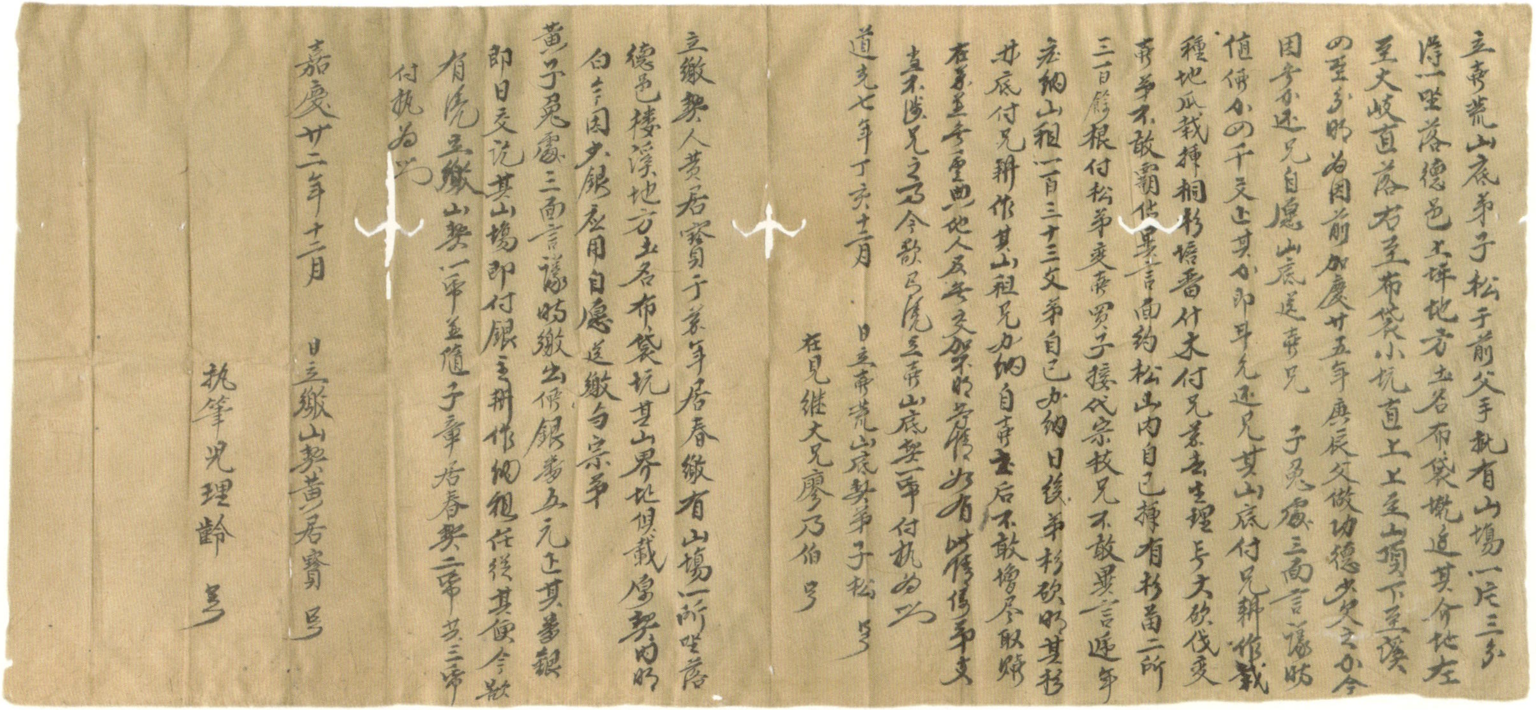

立賣荒山底弟子松，于前父手執有山場一片，三分
得一，坐落德邑土坪地方，土名布袋墘，通其分地左
至大岐直落，右至布袋小坑直上，上至山頂，下至溪，
四至分明。為因前嘉慶廿五年庚辰父做功德，少欠之分，今
因無力還兄，自愿山底送賣兄　子兔處，三面言議時
值價銀四千文正，其分即日兄還兄。其山底付兄耕作栽
種地瓜，栽揷桐杉，培養竹木，付兄業去生理，長大砍伐變
賣，弟不敢霸佔異言。面約松山內自己揷有杉苗二所
三百餘根，付松弟變賣，買子孫代宗枝，兄不敢異言。逐年
應納山租一百三十三文，弟自己办納，日後弟杉砍盡，其杉
地底付兄耕作，其山租兄办納。自賣之后，不敢增添取贖。
在業並無重典他人及無交加不明，若有此情，係弟支
當，不涉兄之事。今欲有憑，立賣山底契一帋，付執為照。
道光七年丁亥十二月　日立賣荒山底契弟子松（押）
在見繼大兄廖乃伯（押）

立繳契人黃居賢，于前年居春繳有山場一所，坐落
德邑樓溪地方，土名布袋坑，其山界址俱載原契內明
白。今因無銀應用，自愿送繳與宗弟
黃子兔處，三面言議時繳出價銀番五元正，其番銀
即日交訖，其山場即付銀主耕作納租，任從其便。今欲
有憑，立繳山契一帋，並隨上手章居春契二帋，共三帋，
付執為照。
嘉慶廿二年十二月　日立繳山契黃居賢（押）
執筆兄理齡（押）

10-5-13-2　清道光七年十二月黃子松立賣荒山底契

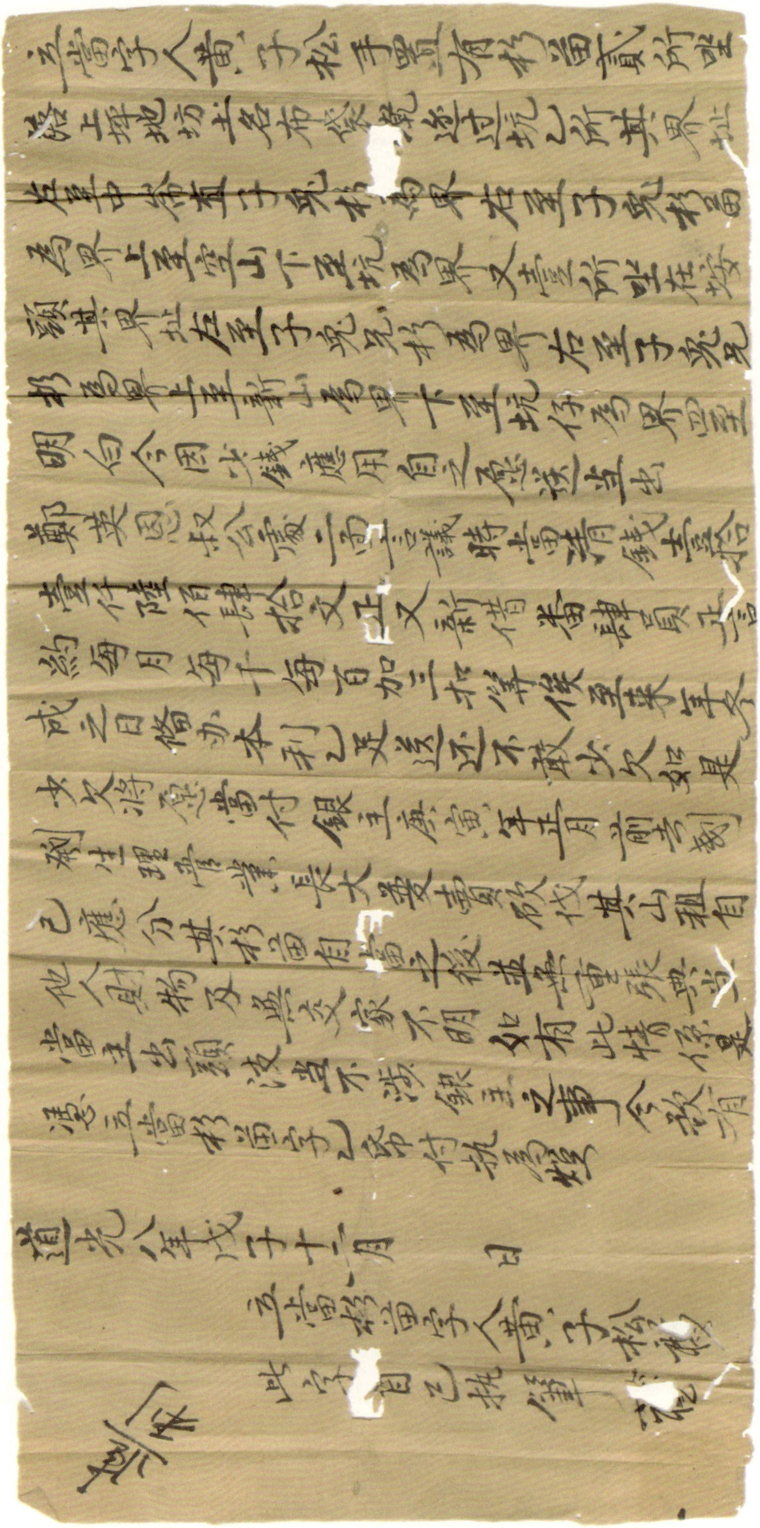
立當字人黃子松手置有杉苗貳所坐
落土名坪地坊土名布袋[illegible]過坑乙所其界址
左至中[illegible]查子兒杉為界右至子兒杉田
為界上至當山下至坑為界又壹所坐址莊垟
頭其界址左至子兒兄杉為界右至子兒兄
杉為界上至新山為界下至坑為界四至
明白今因少錢應用自己愿將此出
當與葉[illegible]恩叔出首承當三面言議時值苗清錢壹拾
壹仟陸佰肆拾文正又新借番肆員正言
約每月每千每百加三行息候至來年冬
成之日備办本利已足送還不敢少欠如是
本欠將愿當苗付銀主為[illegible]年正月[illegible]
[illegible]付理[illegible]掌長大[illegible]其山租自
己應分其杉苗自當之後並無重張典當
他人財物及典交家不明如有此情係是
當主出頭[illegible]涉不涉銀主之事今欲有
憑立當杉苗字乙紙付執為照
道光八年戊子十二月　日
立當杉苗字人黃子松[illegible]
此字[illegible]自己执筆[illegible]

10-5-13-3　清道光八年十二月黄子松立當杉苗字

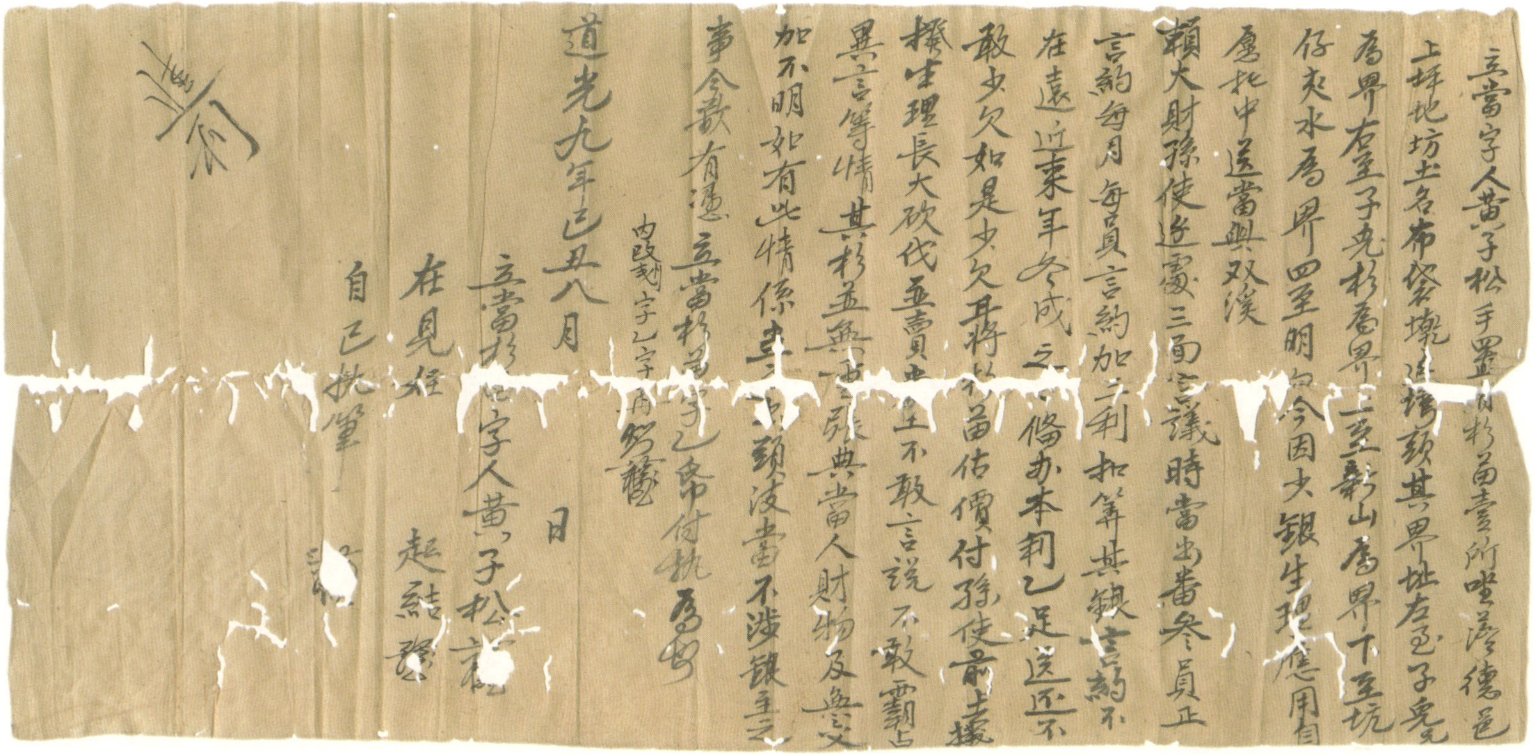
立當字人黃子松手置有杉苗壹所，坐落德邑
上坪地坊，土名布袋境洋頭，其界址左至子尭
為界，右至子尭杉為界，上至新山為界，下至坑
仔夾水為界，四至明白。今因欠銀生理應用，自
愿托中送當與双溪
賴大財孫使邊處，三面言議，時當出番參員正。
言約每月每員言約加二利扣算，其銀言約不
在遠近，來年冬成之日備办本利足送還，不
敢少欠。如是少欠，其將杉苗估價付孫使前去據
掌生理，長大砍伐並賣，黃不敢言說，不敢霸占。
異言等情，其杉並無重張典當人財物，及無交
加不明。如有此情，係黃出頭波當，不涉銀主之
事。今欲有憑，立當杉苗字乙帋付執為照。
内改划字乙字再□
道光九年己丑八月　日
立當杉苗字人黃子松（押）
在見侄　起結（押）
自己執筆

10-5-13-4　清道光九年八月黃子松立當杉苗字

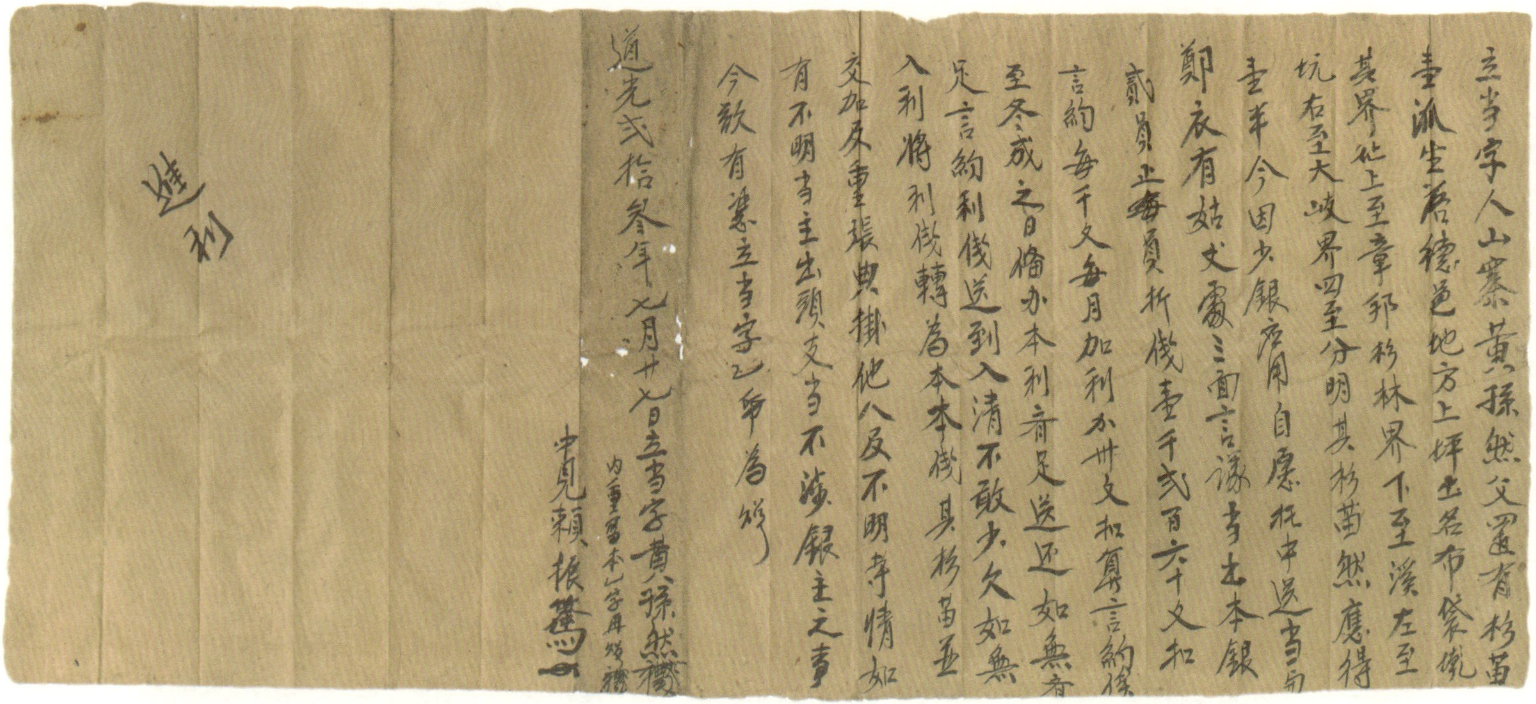
立當字人山寨黃孫然，父置有杉苗
壹派，坐落穩邑地方上坪，土名布袋坑
其界，上至章邦杉林界，下至溪，左至
坑，右至大岐界，四至分明，其杉苗然應得
壹半。今因少銀應用，自愿托中送當與
鄭衣有姑丈處，三面言議當出本銀
貳員正，每員折錢壹千弍百六十文，扣
言約每千文每月加利加卅文扣，算言約
至冬成之日，備办本利齊足送還，如無齊
足，言約利錢送到，入清不敢少欠。如無
入利，將利錢轉為本，本錢其杉苗並
交加，及重張典掛他人，及不明等情，如
有不明，當主出頭支當，不涉銀主之事。
今欲有憑，立當字一紙為照。
道光弍拾叁年七月廿九日 立當字 黃孫然（押）
內重當本山字再照（押）
中見 賴根萬（押）
進利

10-5-13-5 清道光二十三年七月黃孫然立當杉苗字

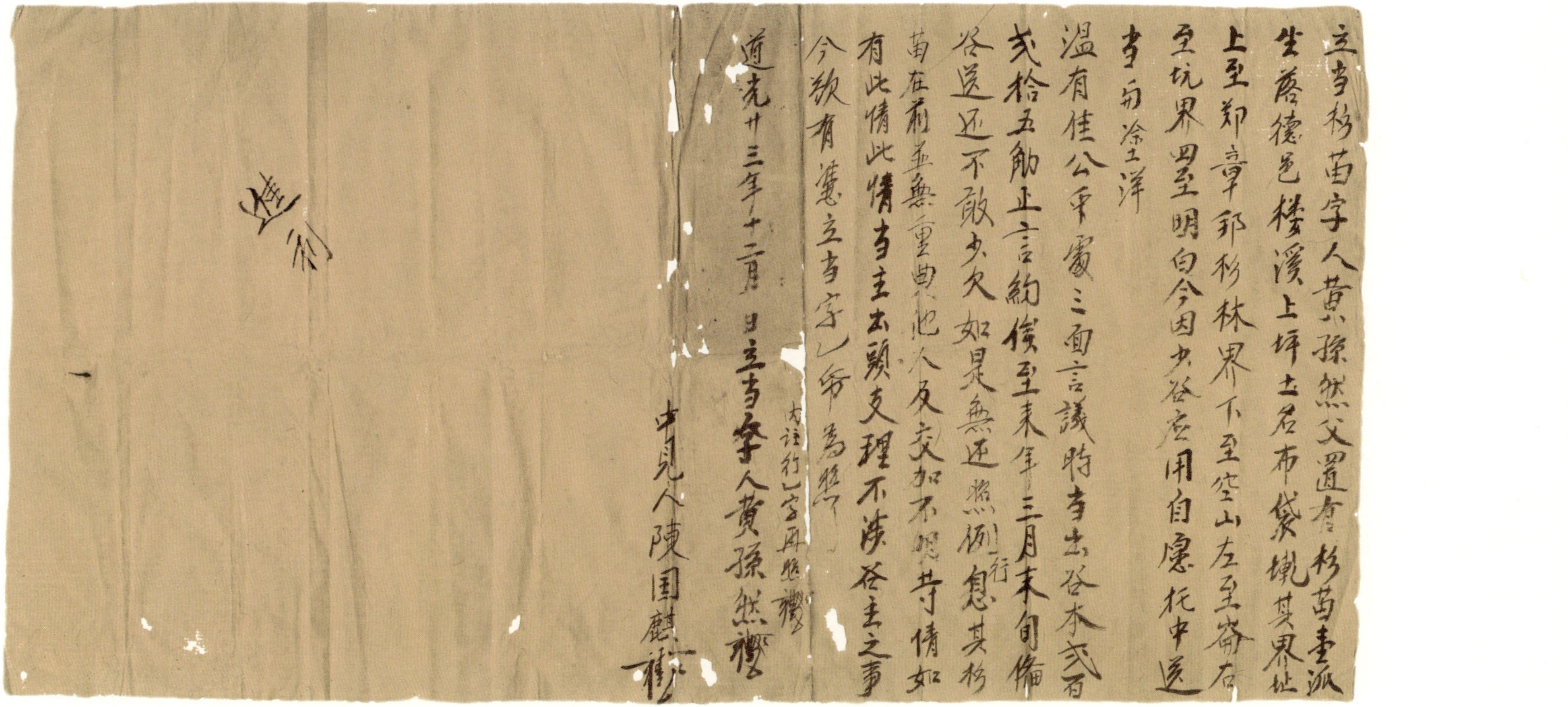

立当杉苗字人黄孫然，父置過有杉苗壹派，
坐落德邑楼溪上坪土名布袋坳，其界址
上至鄭章耶杉林界，下至空山，左至崙，右
至坑界，四至明白。今因乏谷應用，自愿托中送
当与涂土洋
溫有佳公手處，三面言議時当出谷本弍百
弍拾五觔正，言約候至來年三月末旬備
谷送还，不敢少欠。如是無还，照例行息。其杉
苗在前並無重典他人，及交加不明等情。如
有此情，此情当主出頭支理，不涉谷主之事。
今欲有憑，立当字一帋爲照。
內註行一字再照（押）
道光廿三年十二月　日立当字人黄孫然（押）
中見人陳国麒（押）

10-5-13-6　清道光二十三年十二月黃孫然立當杉苗字

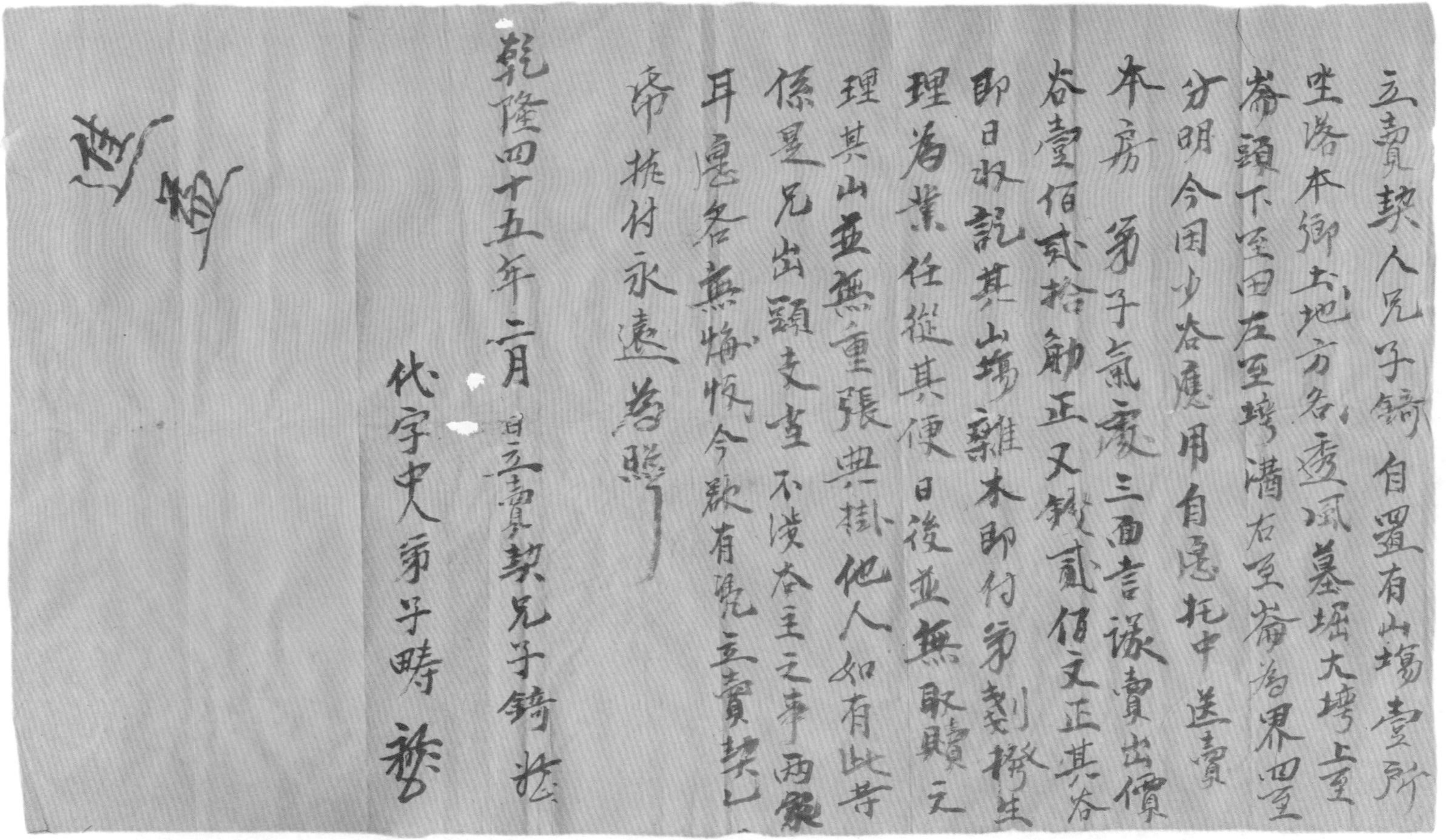
立賣契人兄子錡，自置有山場壹所，坐落本鄉土地，方名透風墓垅大塆，上至崙頭，下至田，左至塆潛，右至崙為界，四至分明。今因少谷應用，自愿托中送賣本房弟子氣處，三面言議，賣出價谷壹佰貳拾觔正，又錢貳佰文正。其谷即日收訖，其山場雜木即付弟劄掇生理為業，任從其便，日後並無取贖之理。其山並無重張典掛他人，如有此等，係是兄出頭支當，不涉谷主之事。兩家耳愿，各無悔恨。今欲有憑，立賣契一帋，拔付永遠為照。

乾隆四十五年二月　日立賣契兄子錡（押）

代字中人弟子畴（押）

10-5-14-1　清乾隆四十五年二月黃子錡立賣山場契

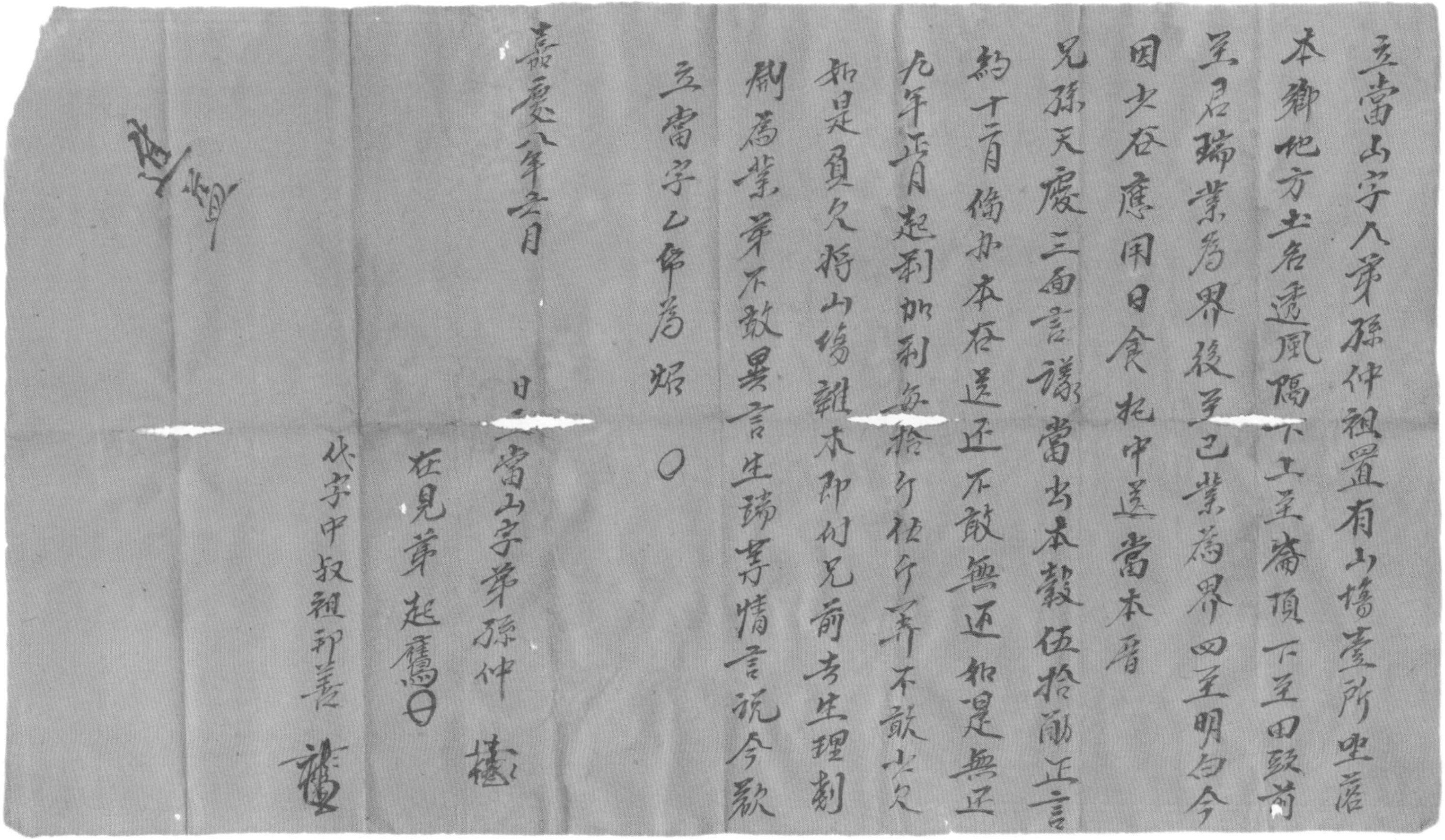

10-5-14-2 清嘉慶八年六月黄孫仲立當山場字

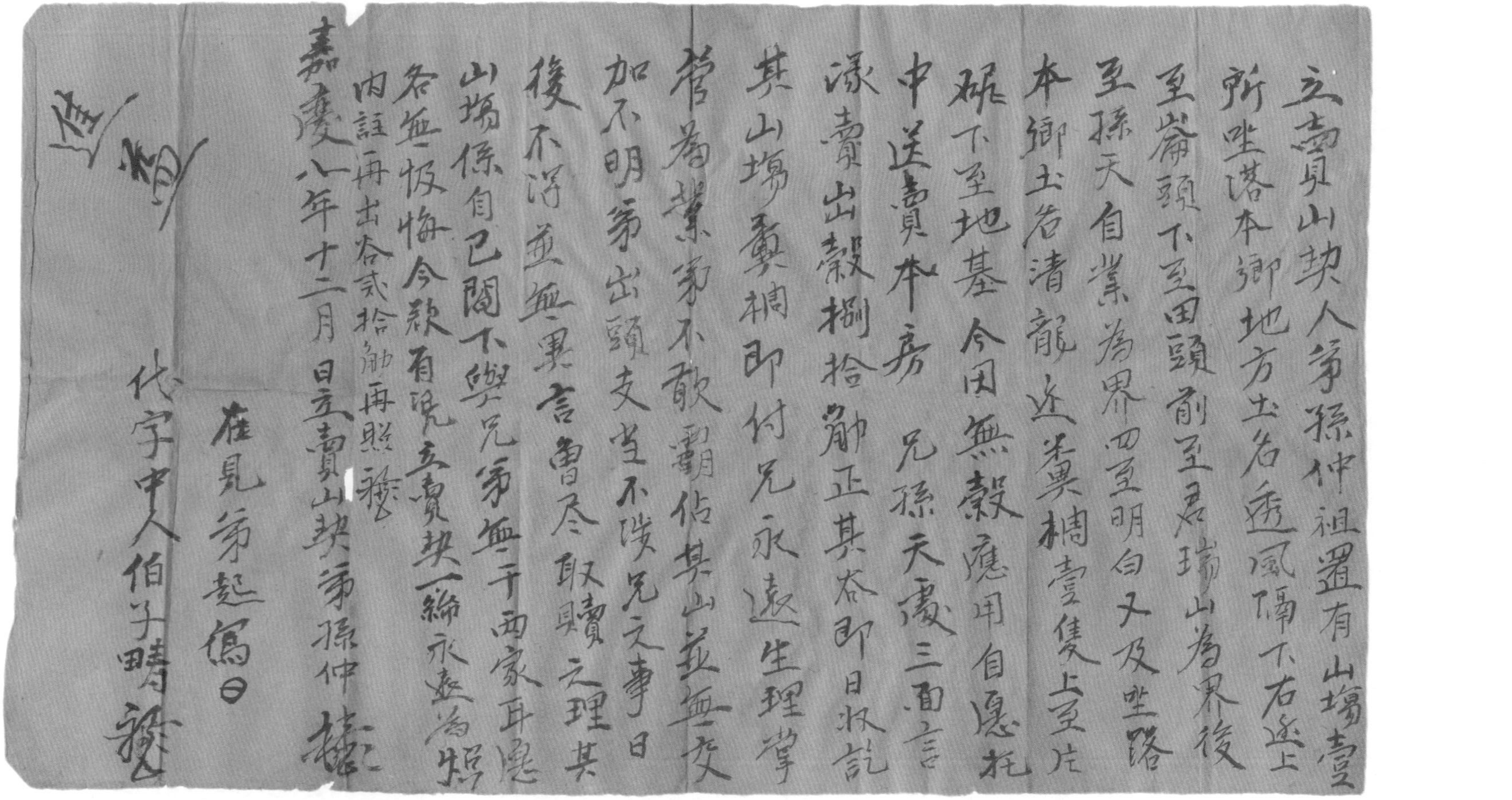
立賣山契人弟孫仲祖置有山場壹
所坐落本鄉地方土名透風隔下右遂上
至嶺頭下至田頭前至君瑞山為界後
至孫天自業為界四至明白又及坐路
本鄉土名清龍邊蕖桐壹隻上至片
砥下至地基今因無穀應用自愿托
中送賣本房　兄孫天處三面言
議賣出穀捌拾觔正其谷即日收訖
其山場蕖桐即付兄永遠生理掌
管為業弟不敢翻佑其山並無交
加不明弟出頭支当不涉兄之事日
後不得並無異言番悔取贖之理其
山場係自己閹不與兄弟無干兩家甘愿
各無反悔今欲有憑立賣契一紙永遠為照
內註再出谷式拾觔再照發
嘉慶八年十二月　日立賣山契弟孫仲（押）
在見弟起鴻（押）
代字中人伯子晴（押）
進賣

10-5-14-3　清嘉慶八年十二月黃孫仲立賣山場等契

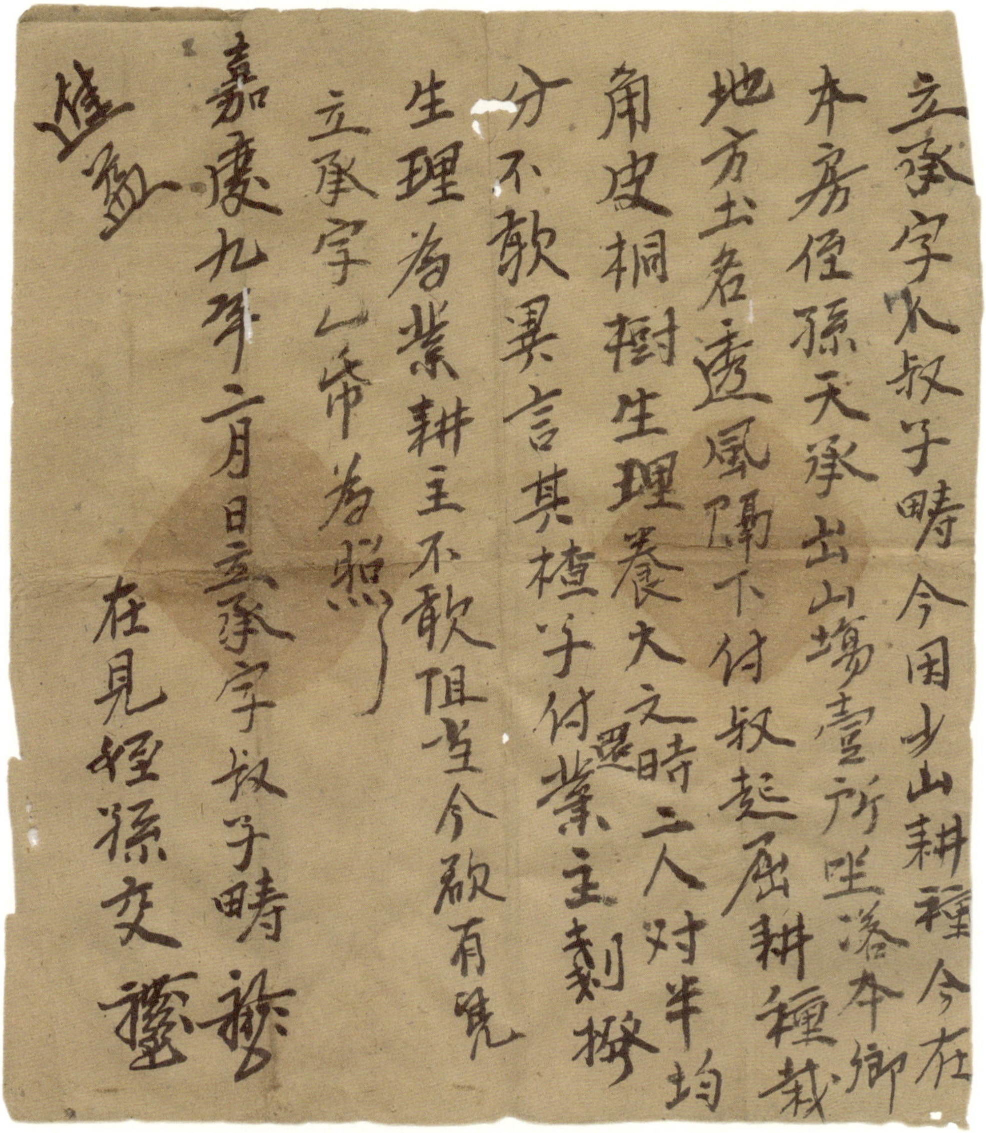

立承字人叔子畴今在
本房侄孫天承出山場壹所坐落本鄉
地方土名透風陽下付叔起屋耕種栽
角皮桐樹生理養大之照時二人对半均
分不敢異言其植子付業主刻撥
生理為業耕主不敢阻當今欲有憑
立承字山帋為照
嘉慶九年二月日立承字叔子畴
在見侄孫交
進益

10-5-14-4　清嘉慶九年二月黃子畴立承山場字

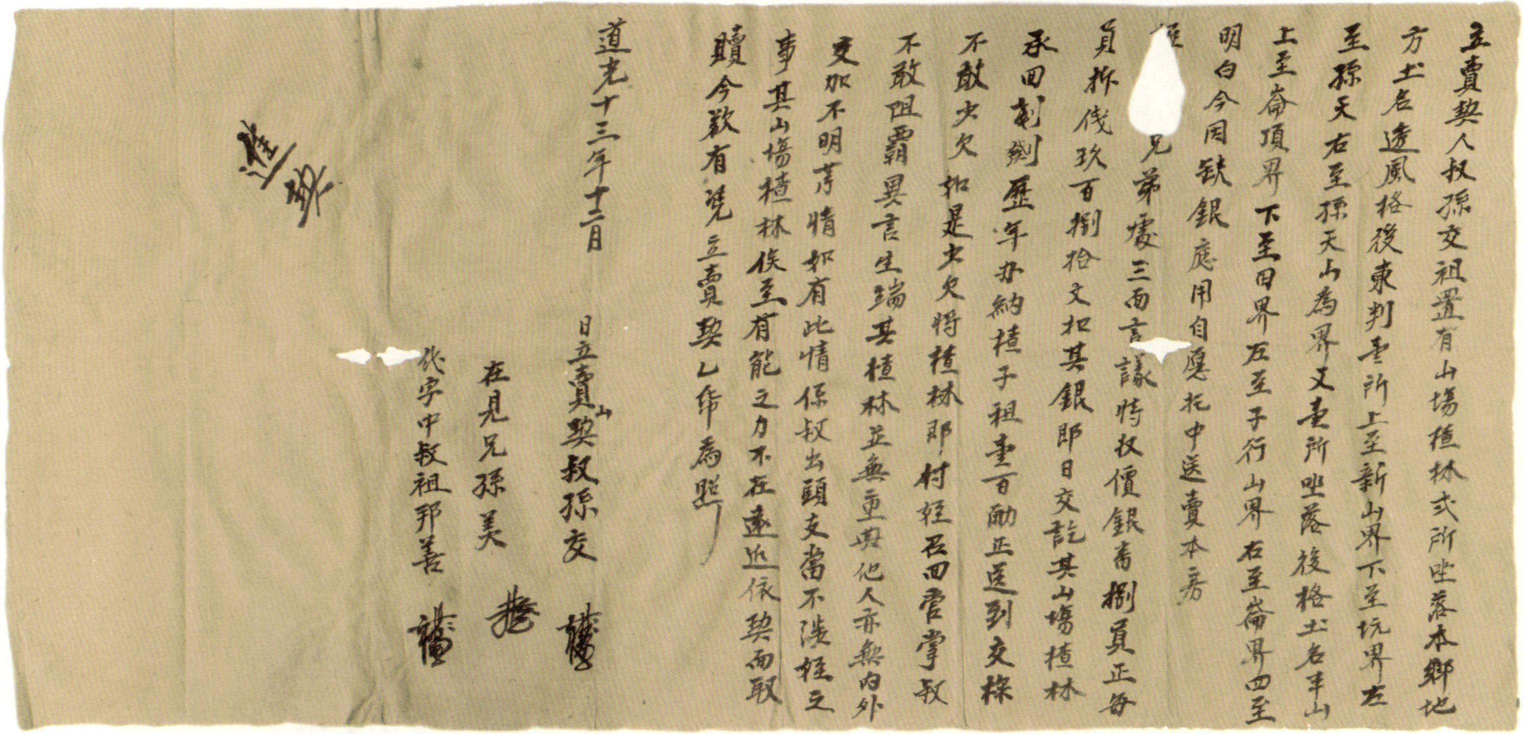
立賣契人叔孫交祖置有山場植林式所，坐落本鄉地
方土名透風格後東判壹所，上至新山界，下至坑界，左
至孫天，右至孫天山為界；又壹所坐落後格土名羊山，
上至崙頂界，下至田界，左至子行山界，右至崙界，四至
明白。今因缺銀應用，自愿托中送賣本房
侄□兄弟處，三面言議，時仗價銀壹捌員正，每
員折錢玖百捌拾文，扣其銀即日交訖。其山場植林
承田劃劉歷年廿納植子租壹百觔正，送到交棵，
不敢少欠，如是少欠，將植林即付侄召田管掌，叔
不敢阻霸異言生端。其植林並無重典他人，亦無內外
交加不明等情，如有此情，係叔出頭支當，不涉侄之
事。其山場植林候至有能之力，不在遠近，依契面取
贖。今欲有憑，立賣契乙紙為照。

道光十三年十二月　日立賣山契叔孫交（押）
在見兄孫美（押）
代字中叔祖邦善（押）

推契

10-5-14-5　清道光十三年十二月黃孫交立賣山場楂林契

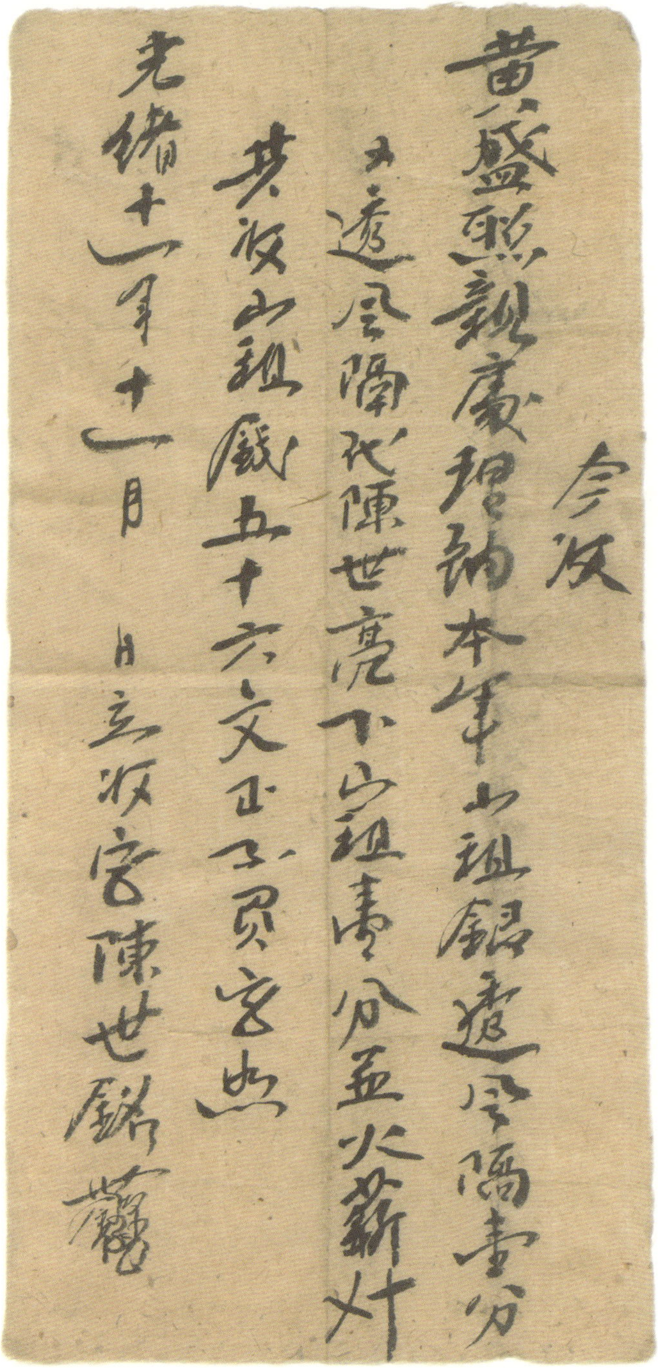

今收
黄盛熙親處理納本年山租銀遺受隔壹分
又遺受隔代陳世亮下山租壹分五火薪炏
共收山租錢五十六文正不貫完也
光緒十一年十一月　日　立收字陳世銘（押）

10-5-14-6　清光緒十一年十一月陳世銘立收山租銀字

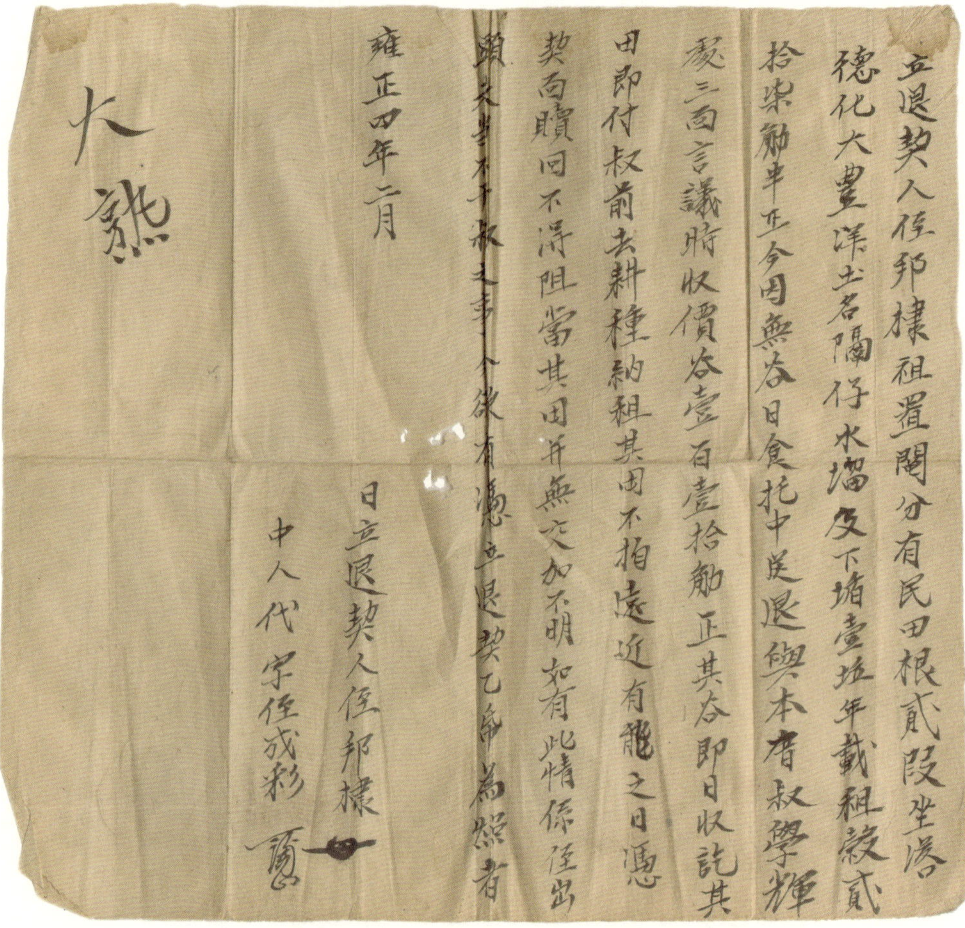
立退契人侄邦棣祖置閹分有民田根貳段坐落
德化大豐洋土名隔仔水墻及下墻壹坵年載租穀貳
拾柒觔半正今因無谷日食托中送退與本房叔學輝
處三面言議將收價谷壹百壹拾觔正其谷即日收訖其
田即付叔前去耕種納租其田不拘遠近有能之日憑
契面贖回不得阻當其田并無交加不明如有此情係侄出
頭支當不干叔之事今欲有憑立退契乙紙為照者
雍正四年二月　日立退契人侄邦棣（押）
中人代字侄成彩（押）
大熟

10-5-15-1　清雍正四年二月黄邦棣立退民田根契

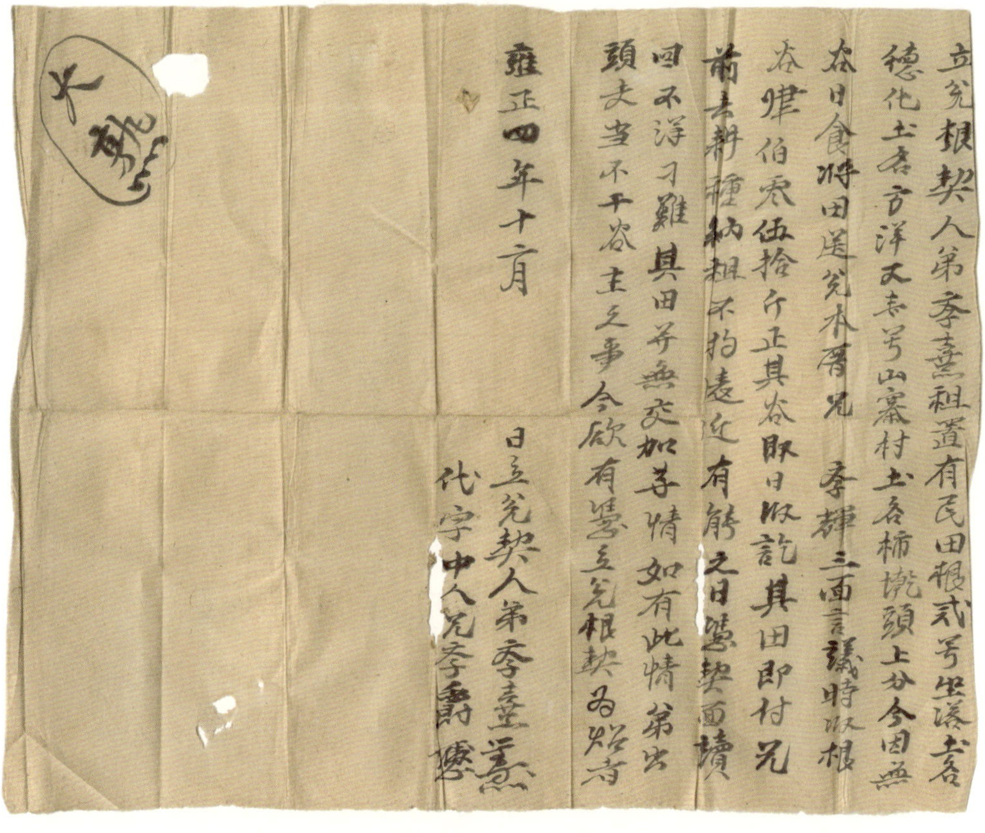

立兑根契人弟孛熹祖置有民田根弍号坐落土名
德化土名方洋大吉号山寨村土名柿坑頭上分今因無
銀日食將田送兑本房兄 孛輝三面言議時値根
銀肆佰零伍拾斤正其銀即日收訖其田即付兄
前去耕種納租不拘遠近有能之日憑契面讀
回不得刁難其田弟無交加等情如有此情弟出
頭支當不干兄之事今欲有憑立兑根契為炤者
雍正四年十二月
日立兑契人弟孛熹 押
代字中人兄孛爵 押

10-5-15-2 清雍正四年十二月黄孛熹立兑民田根契

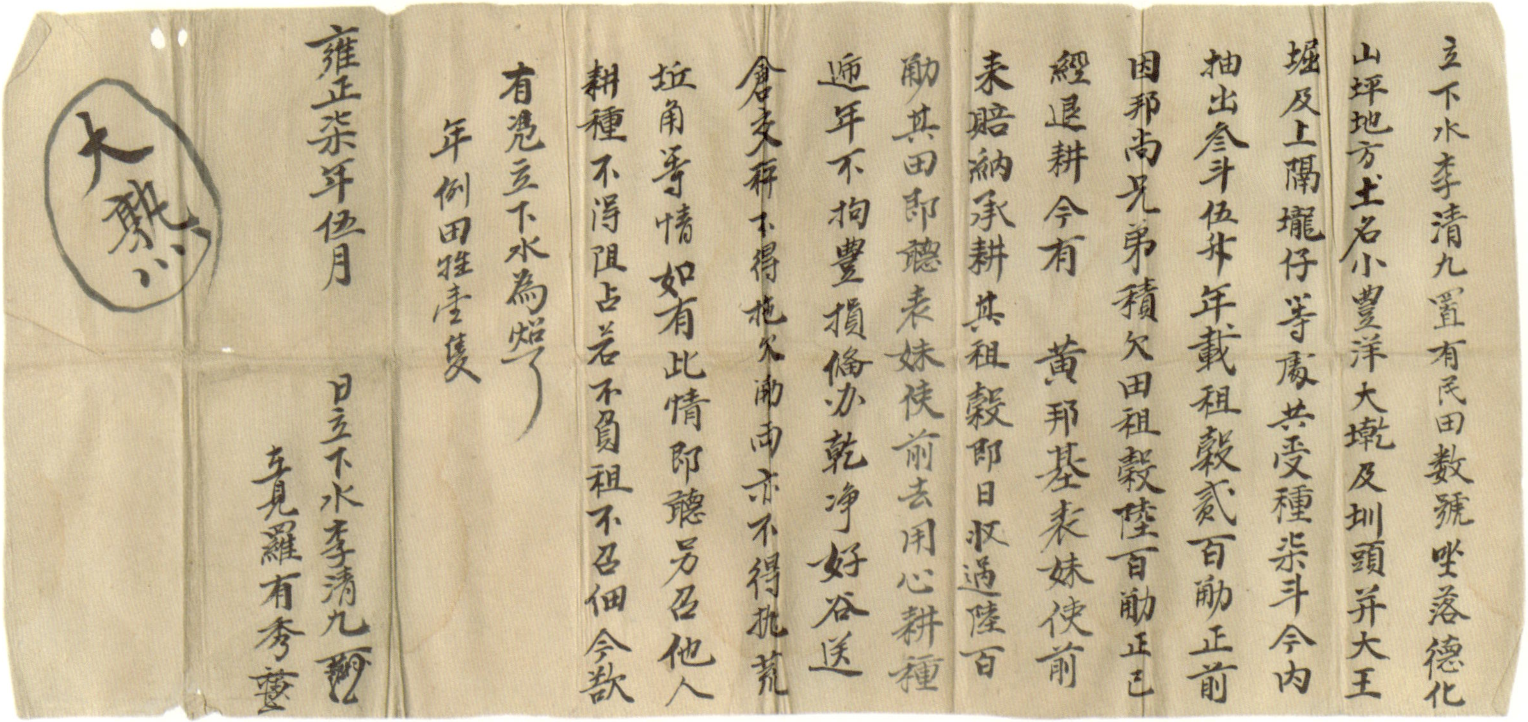
立下水李清九置有民田數號坐落德化
山坪地方土名小豐洋大墘及圳頭并大王
堀及上隔壠仔等處共受種柒斗今內
抽出叁斗伍升年載租穀貳百觔正前
因邦尚兄弟積欠田租穀陸百觔正已
經退耕今有　黄邦基表妹使前
來賠納承耕其租穀即日收過陸百
觔其田即聽表妹使前去用心耕種
遞年不拘豐損備辦乾淨好谷送
倉交秤不得拖欠升合亦不得抛荒
坵角等情如有此情即聽另召他人
耕種不得阻占若不負租不召佃今欲
有憑立下水爲照
年例田牲壹隻
雍正柒年伍月　日立下水李清九（押）
在見羅有秀（押）
大熟

10-5-15-3　清雍正七年五月李清九立下水契

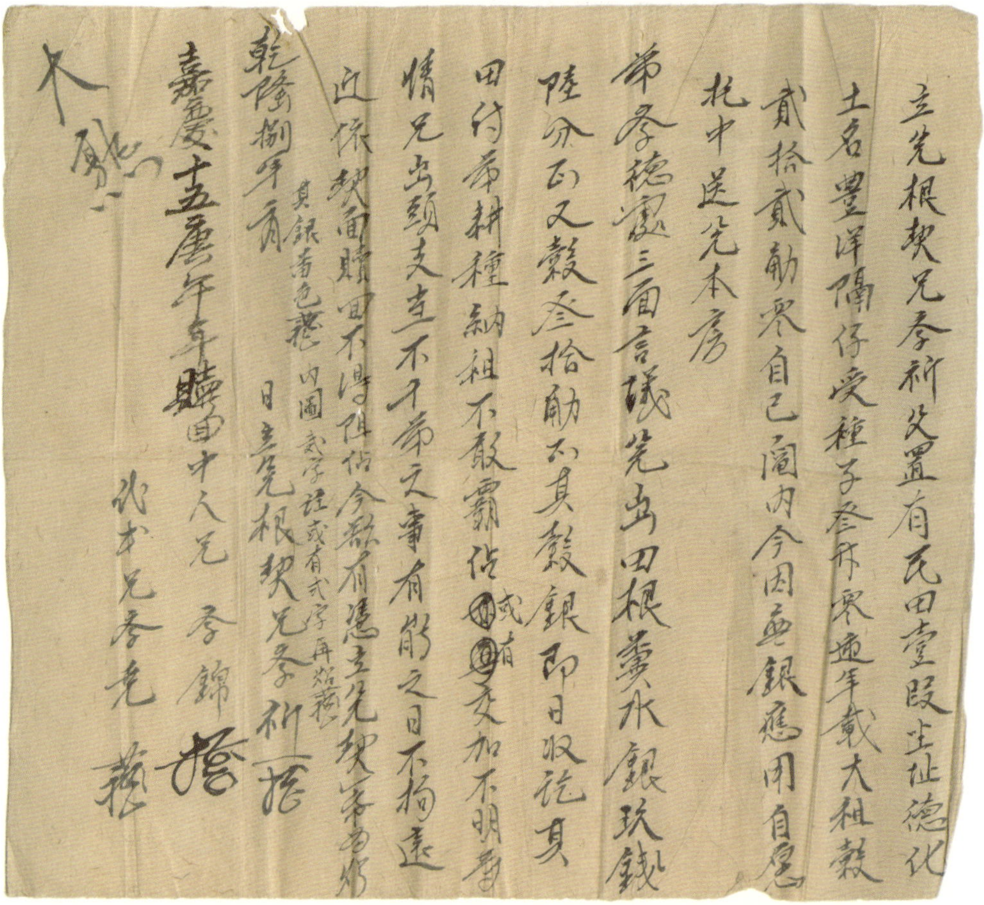
立兑根契兄孝祈父置有民田壹段坐址德化
土名豊洋隔仔受種子叁升零遞年載大租穀
貳拾貳觔零自己闔內今因無銀應用自愿
托中送兑本房
弟孝德處三面言議兑出田根价水銀玖錢
陸分正又穀叁拾觔正其穀銀即日收訖其
田付弟耕種納租不敢霸佔貳有交加不明等
情兄出頭支當不干弟之事有能之日不拘遠
近依契面贖回不得阻佔今欲有憑立兑契一紙爲炤
其銀當面兑訖　內圖貳字註或有弍字再炤訖
乾隆捌年貳月　日立兑根契兄孝祈（押）
嘉慶十五庚午年贖回　中人兄　孝錦（押）
代書兄孝先（押）

10-5-15-4　清乾隆八年二月黄孝祈立兑民田根契

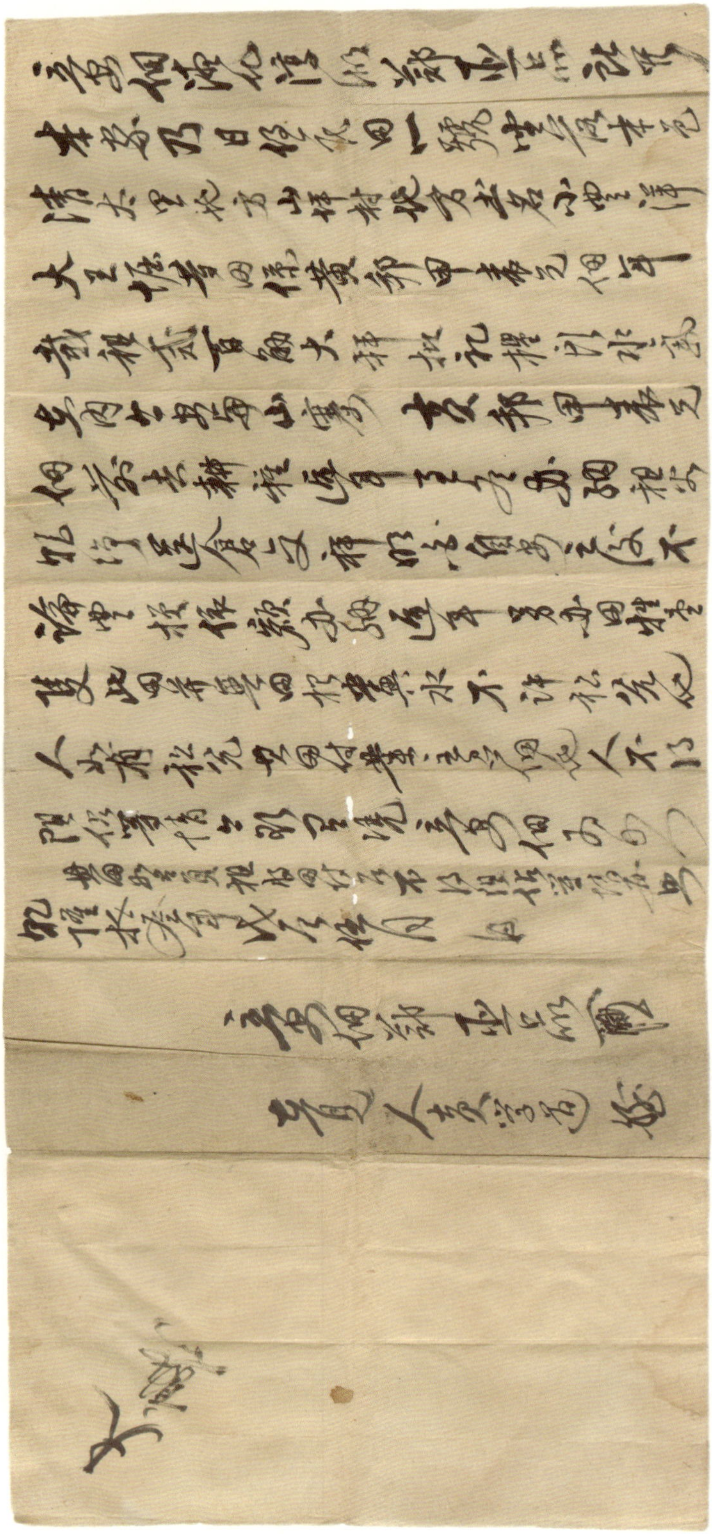

10-5-15-5 清乾隆十三年五月德化鄭亞品立安佃民田契

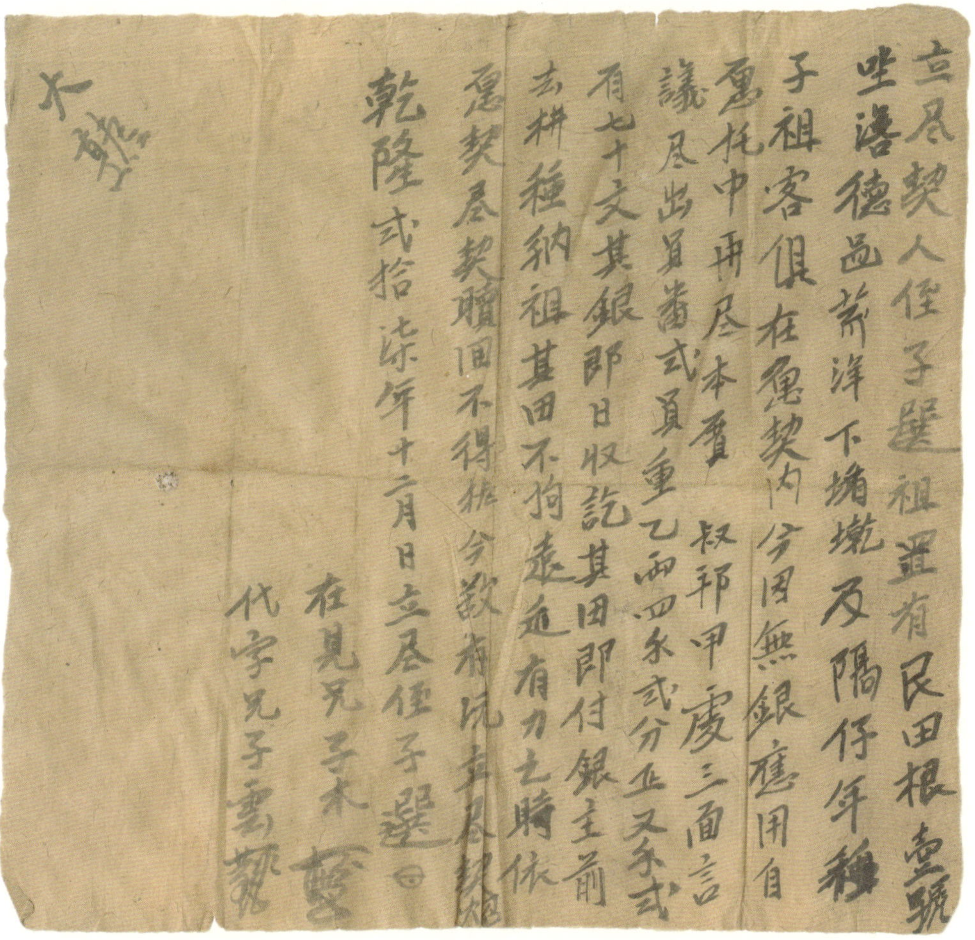
立盡契人侄子選祖置有民田根壹號
坐落德邑蒲洋下埔墘及隔仔年種
子祖客俱在應契內分田無銀應用自
愿托中再盡本賣　叔邦甲處三面言
議盡出員番弍員重乙兩四系弍分正又系弍
有七十文其銀即日收訖其田即付銀主前
去耕種納租其田不拘遠近有力之時依
愿契盡契贖回不得執分數稱阮立盡契炤
乾隆弍拾柒年十二月日立盡侄子選
在見兄子木
代字兄子雲

10-5-15-6　清乾隆二十七年十二月黄子選立盡民田根契

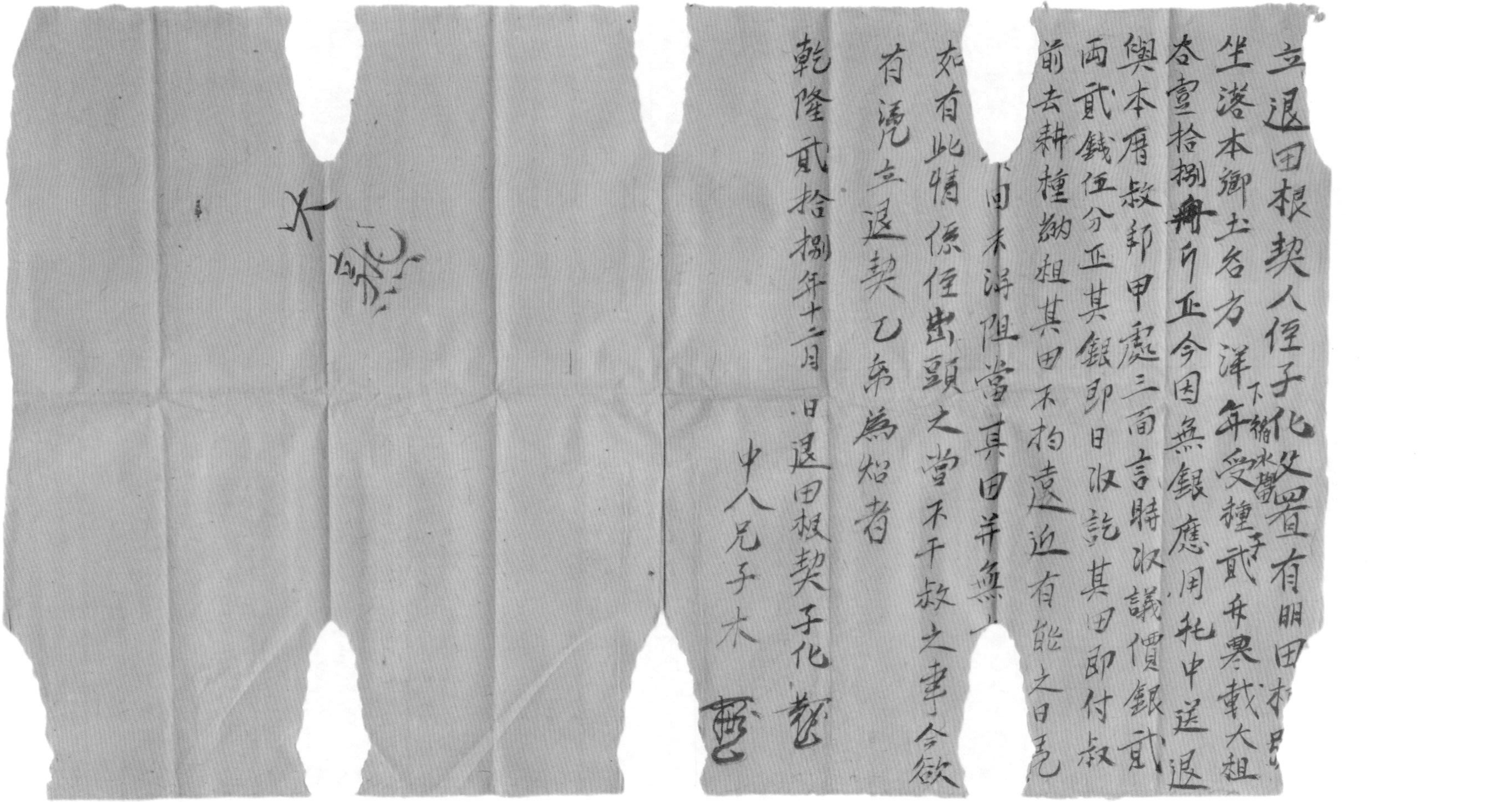
立退田根契人侄子化，父置有明田[illegible]
坐落本鄉土名方洋下[illegible]年受種[illegible]貳升，界載大租
谷壹拾捌[illegible]正。今因無銀應用，托中送退
與本厝叔鄭甲處，三面言時收議價銀貳
兩貳錢伍分正。其銀即日收訖，其田即付叔
前去耕種納租。其田不拘遠近，有能之日[illegible]
[illegible]回，不得阻當。其田并無[illegible]
如有此情，係侄出頭之當，不干叔之事。今欲
有憑，立退契乙帋為炤者。
乾隆貳拾捌年十二月　日　退田根契子化（押）
中人兄子木（押）

10-5-15-7　清乾隆二十八年十二月黃子化立退民田根契

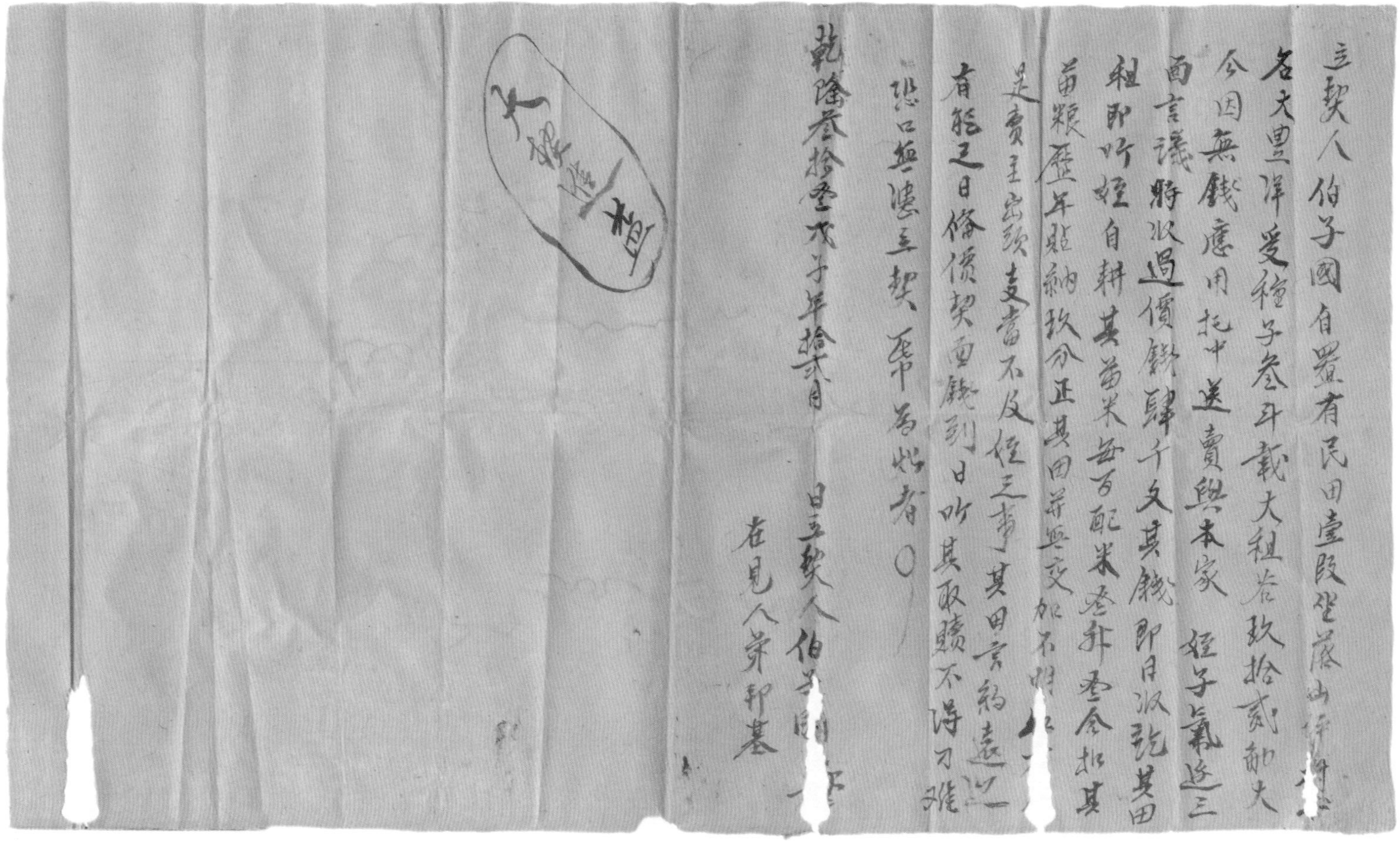
立契人伯子國自置有民田壹段坐落山坪[illegible]
名大里洋受種子叁斗載大租谷玖拾貳觔大
公因無錢應用托中送賣與本家　姪子氣廷三
面言議時值價錢肆千文其錢即日收訖其田
租即听姪自耕其苗米每石配米叁升叁合批其
苗粮歷年賠納玖分正其田并無交加不明[illegible]
是賣主出頭支當不及姪之事其田言約遠近以一
有能之日備價契面錢到日听其取贖不得刁難
恐口無憑立契一帋爲炤者○
乾隆叁拾叁戊子年拾弍月　日立契人伯子國[illegible]
在見人弟印基

10-5-15-8　清乾隆三十三年十二月黄子國立賣民田契

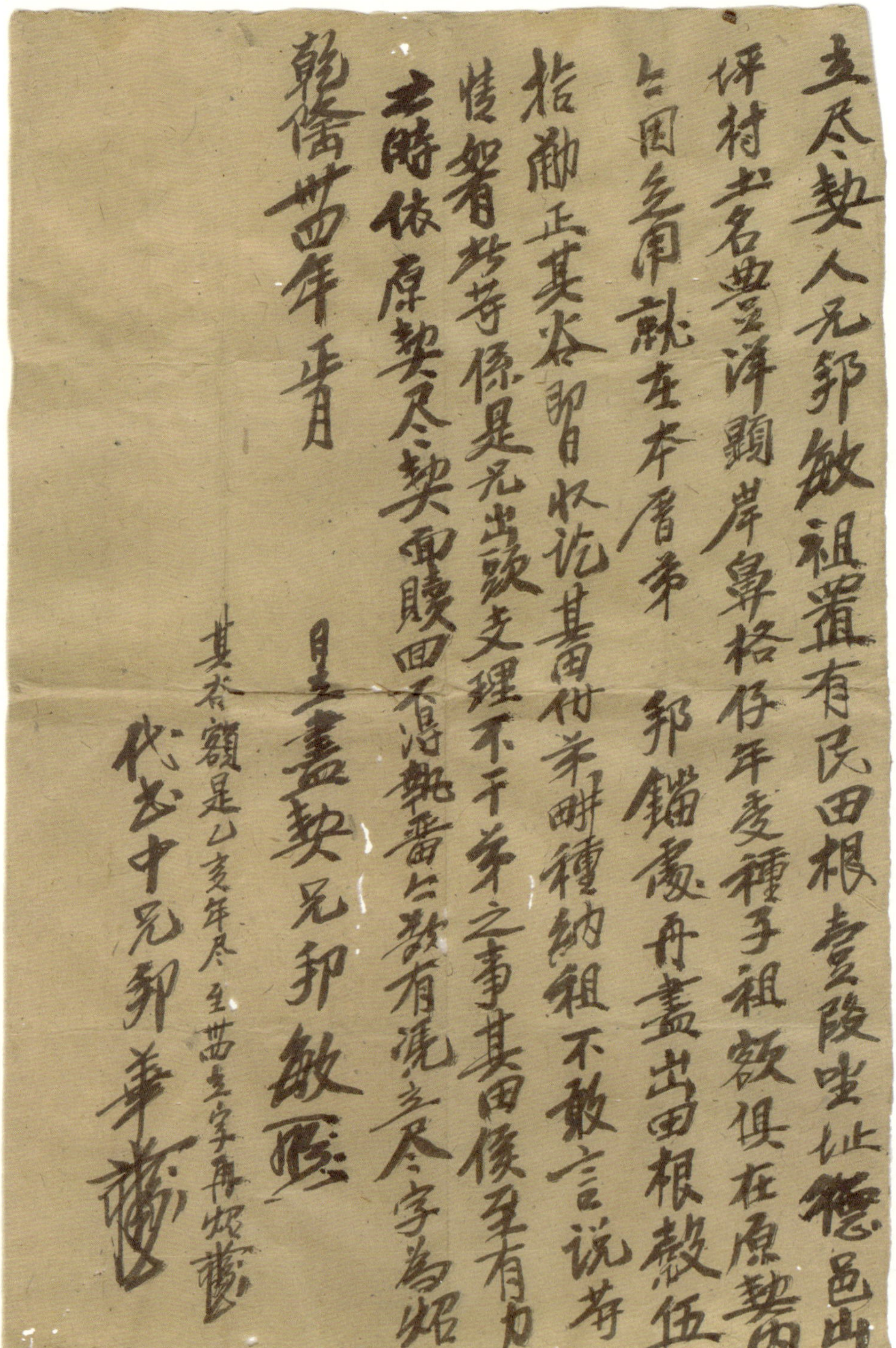

立尽契人兄邦敏祖置有民田根壹段坐址德邑山坪村土名豊洋頭岸阜格存年受種子祖穀俱在原契內今因乏用就在本厝弟 邦錨處再盡出田根穀伍拾斛正其谷即日收訖其田付弟耕種納租不敢言说等情恕著其等係是兄出頭支理不干弟之事其田候至有力之時依原契尽契面贖回不得執番今欲有憑立尽字為炤

乾隆卅四年正月 日立盡契兄邦敏（號）

其谷額是乙亥年尽立卅立字再炤（號）

代书中兄邦華（號）

10-5-15-9 清乾隆三十四年正月黄邦敏立盡民田根契

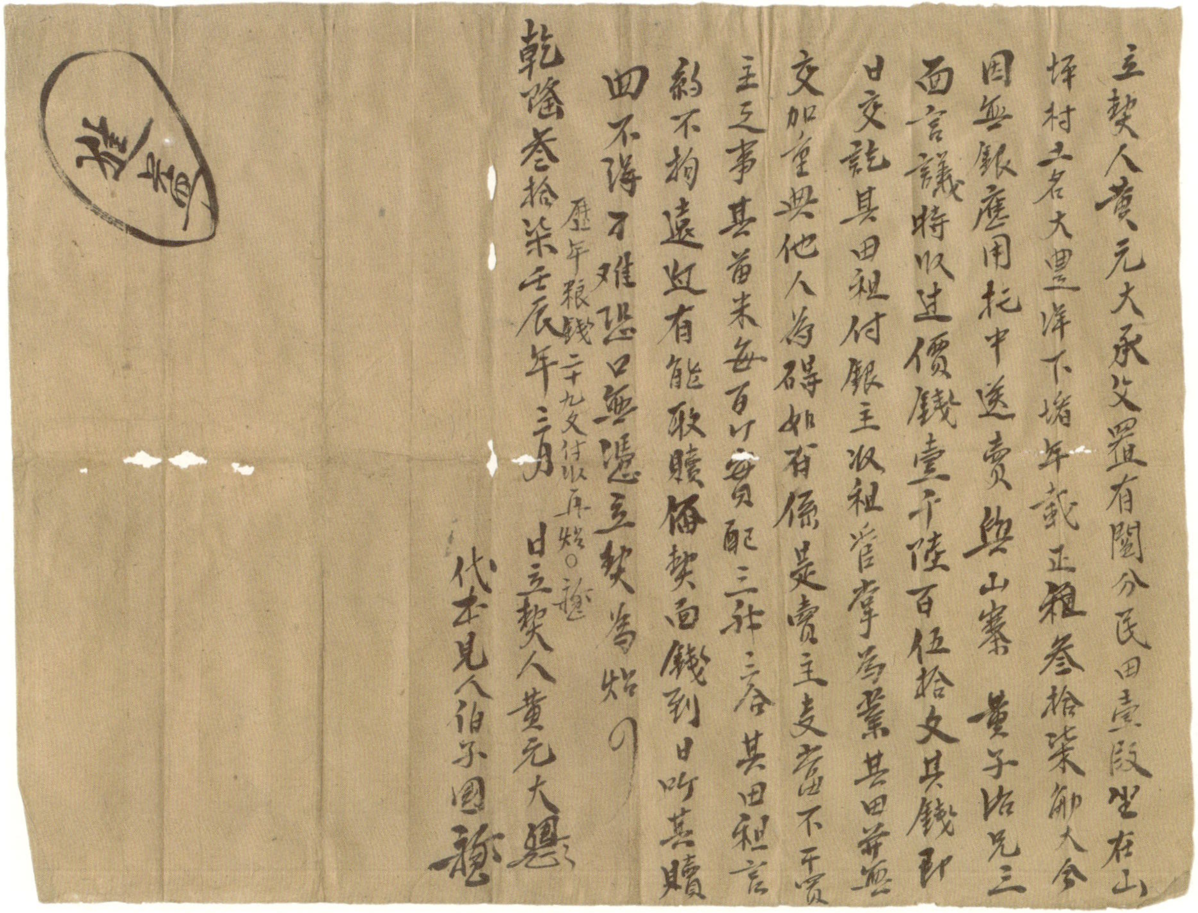

立契人黃元大承父置有閹分民田壹段坐在山
坪村土名大墓洋下塔年載正租叁拾柒觔大全
因無銀應用托中送賣與山寨 黃子佑兄三
面言議時收過價錢壹千陸百伍拾文其錢即
日交訖其田租付銀主收租管掌為業其田并無
文加重與他人為碍如有係是賣主支當不干買
主之事其苗未每百觔貿配三觔三合 其田租言
約不拘遠近有能取贖備契面錢到日听其贖
回不得刁難恐口無憑立契為炤
歷年粮錢二十九文付收戶炤○
日立契人黃元大
乾隆叁拾柒壬辰年三月
代筆見人伯子國

10-5-15-10　清乾隆三十七年三月黃元大立賣民田根契

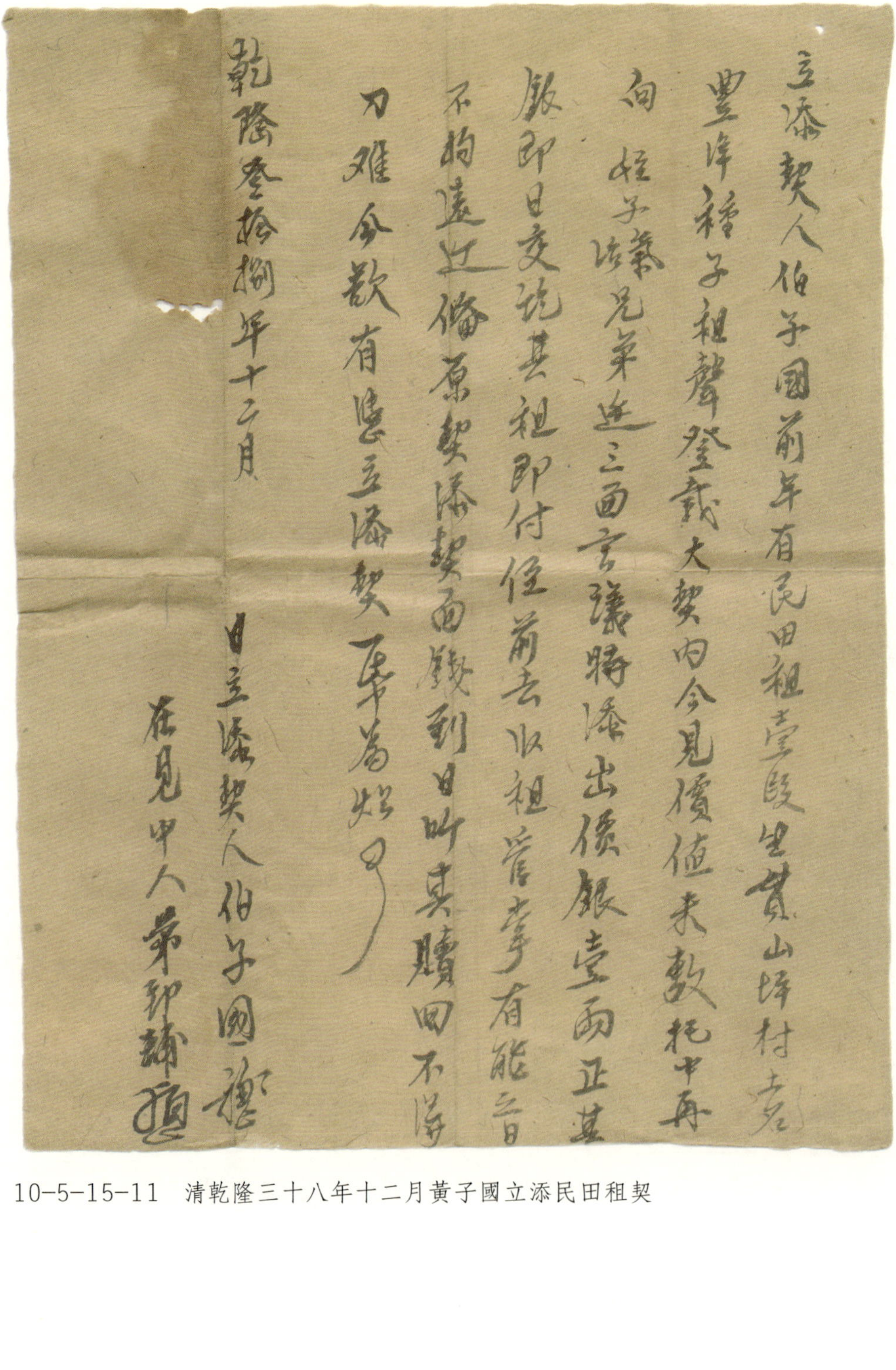
立添契人伯子國前年有民田租壹段坐黃山坪村吉
豐洋種子租聲登載大契內今見價值未敷托中再
向　姪子篆法兄弟進三面言議將添出價銀壹兩正其
銀即日交訖其租即付侄前去收租管業有能言
不拘遠近備原契添契面錢到日取其贖回不得
刁難今欲有憑立添契一紙為炤。
乾隆叁拾捌年十二月　日立添契人伯子國（押）
在見中人弟卯[illegible]

10-5-15-11　清乾隆三十八年十二月黃子國立添民田租契

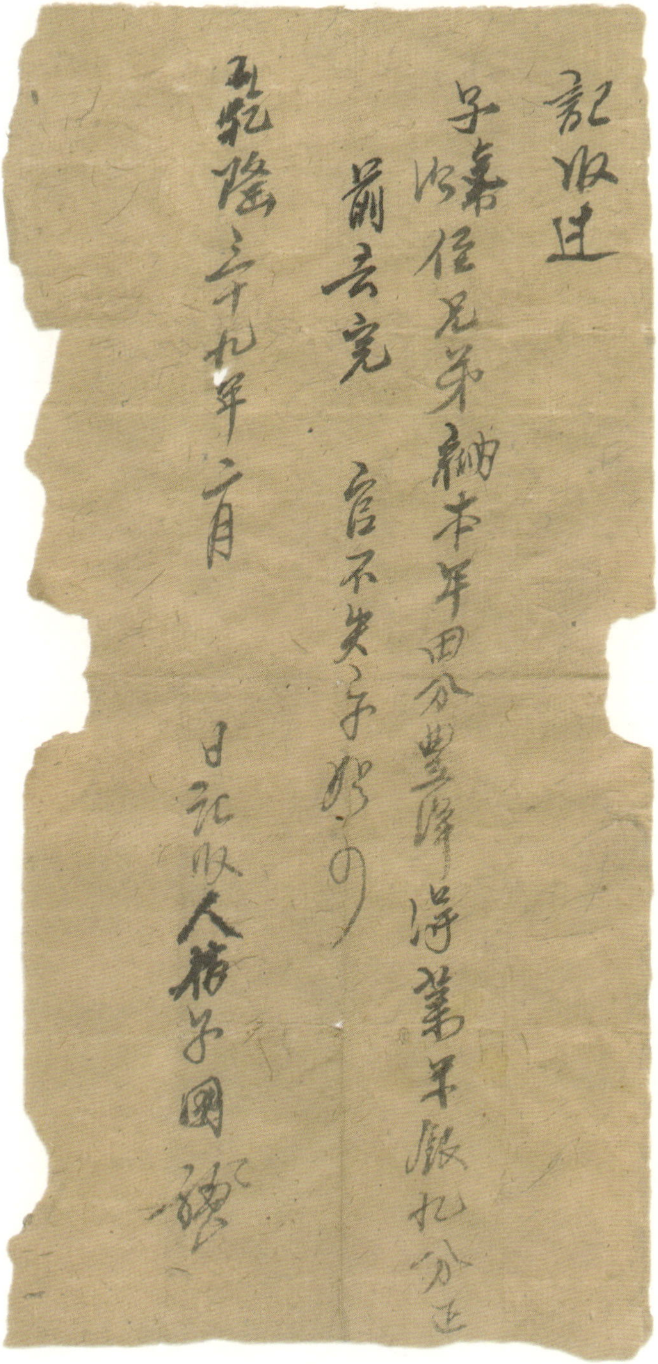

記收過

子嘉收侄兄弟納本年田分豐澤得業米銀九分正

前去完官不失字照

乾隆三十九年二月　日記收人黃子國號

10-5-15-12　清乾隆三十九年二月黃子國立收得業米銀字

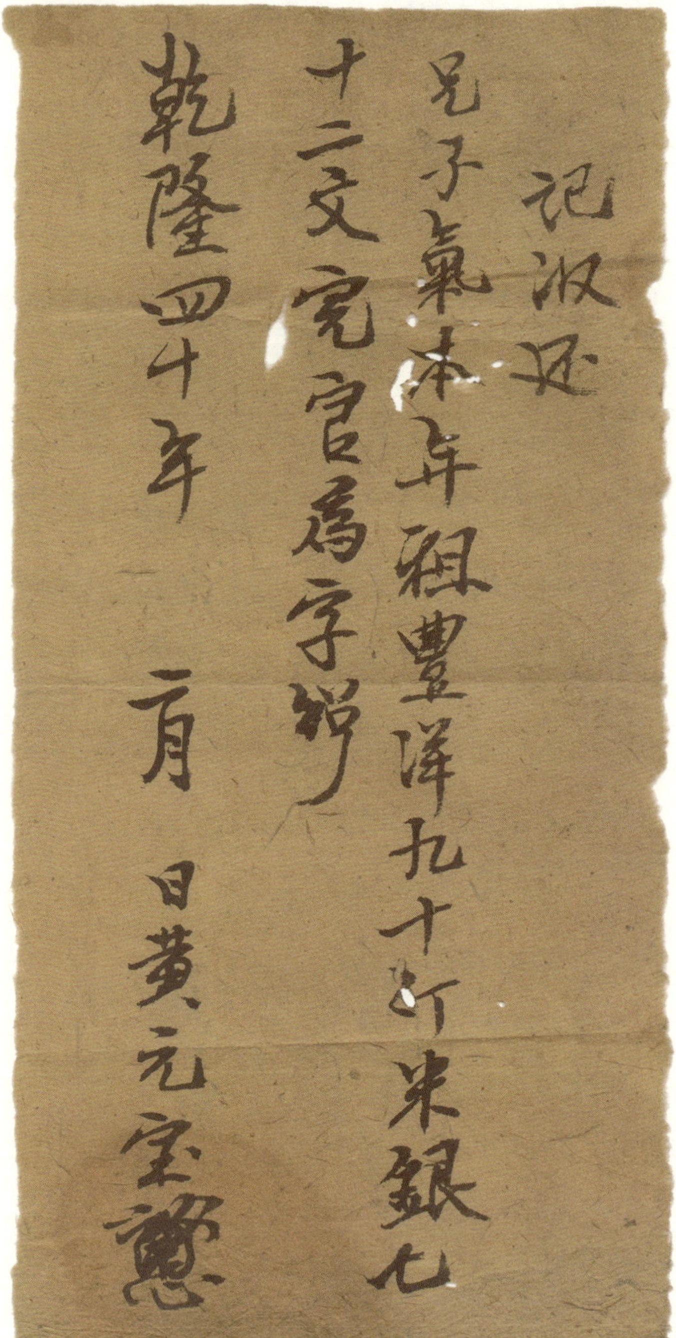

10-5-15-13　清乾隆四十年二月黄元宝立收米銀字

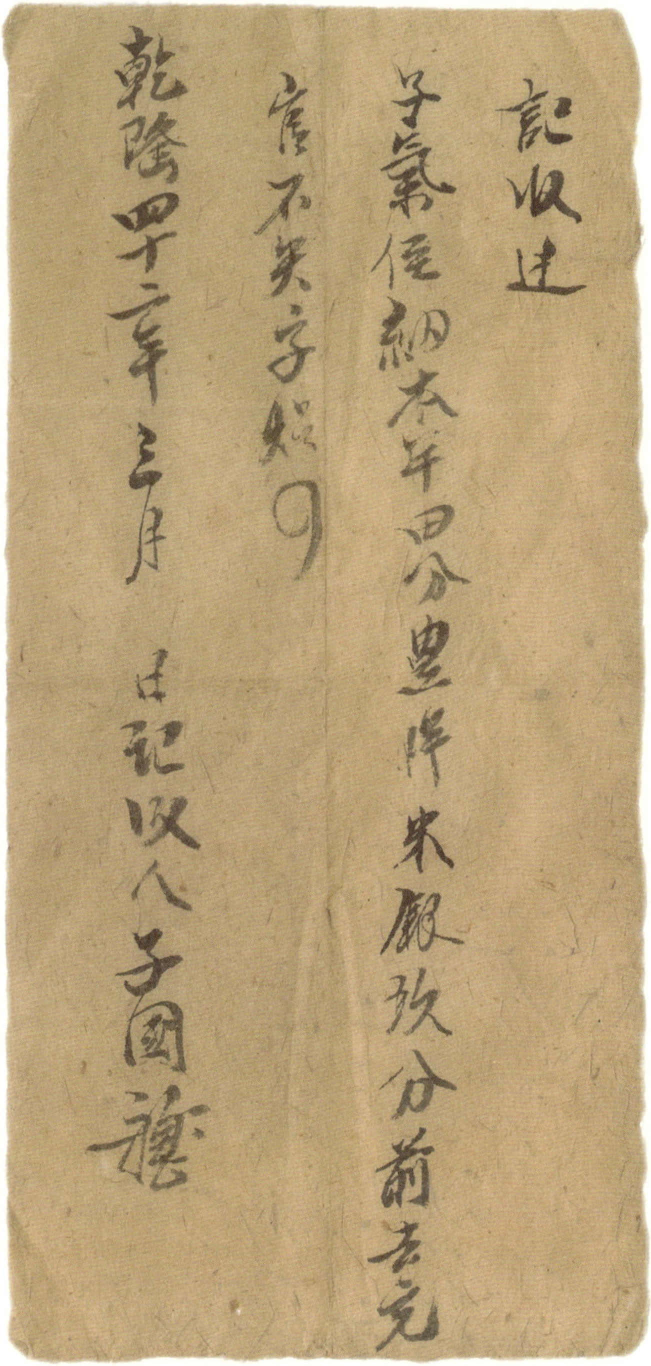
記收述
子氣侄納本年田分豊件米銀玖分前去完
信不失字炤
乾隆四十二年三月 日記收人子國讓

10-5-15-14　清乾隆四十二年三月黄子國立收米銀字

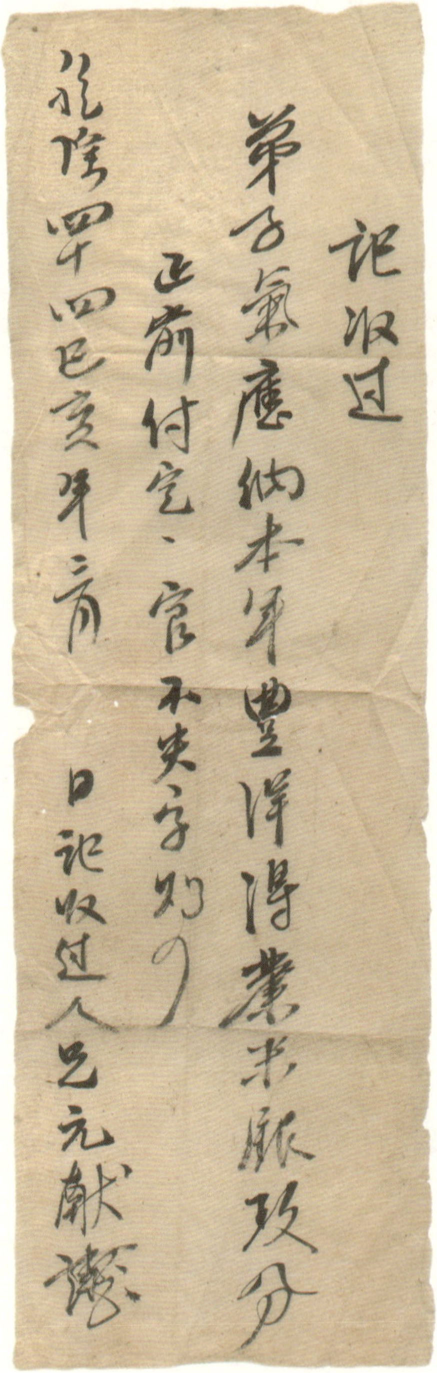
記收過
弟子氣應納本年豐洋得業米銀玖分
正前付完、官不失字約
乾隆卌四己亥年三月　日記收過人黃元献

10-5-15-15 清乾隆四十四年三月黃元献立收得業米銀字

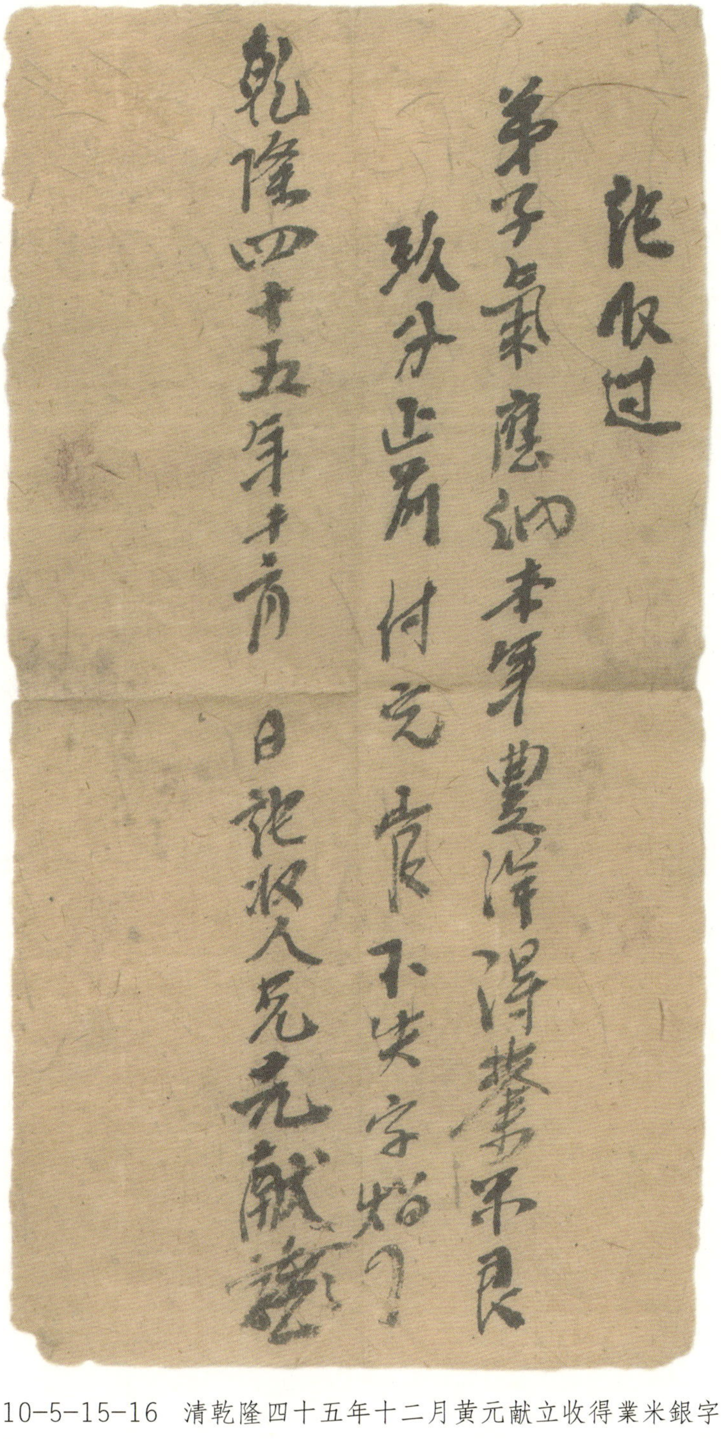

憑收過
弟字氣應納本年豐洋得業米艮
玖分正前付完 足不失字照
乾隆四十五年十二月 日憑收人黃元献

10-5-15-16 清乾隆四十五年十二月黄元献立收得業米銀字

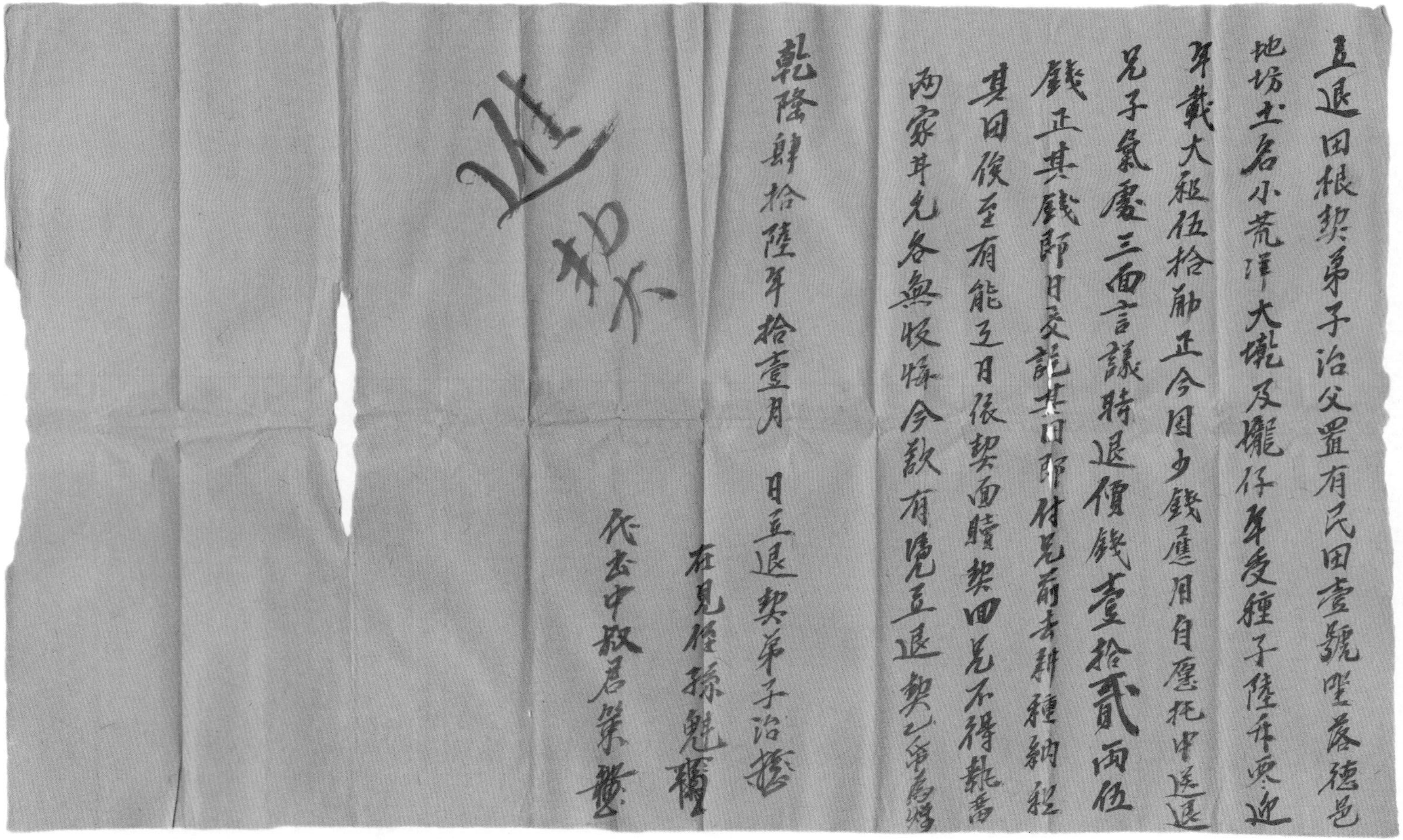
立退田根契弟子治父置有民田壹號坐落德邑
地坊土名小荒洋大墘及墘仔年受種子陸斗秉迎
年載大租伍拾觔正今因少錢應用自愿托中送退
兄子氣處三面言議時退價錢壹拾貳兩伍
錢正其錢即日交訖其田即付兄前去耕種納租
其田後至有能之日依契面贖契田兄不得執留
兩家甘允各無反悔今欲有憑立退契一紙為照
乾隆肆拾陸年拾壹月　日立退契弟子治（押）
在見侄孫魁（押）
代書中叔君榮（押）
退契

10-5-15-17　清乾隆四十六年十一月黃子治立退民田根契

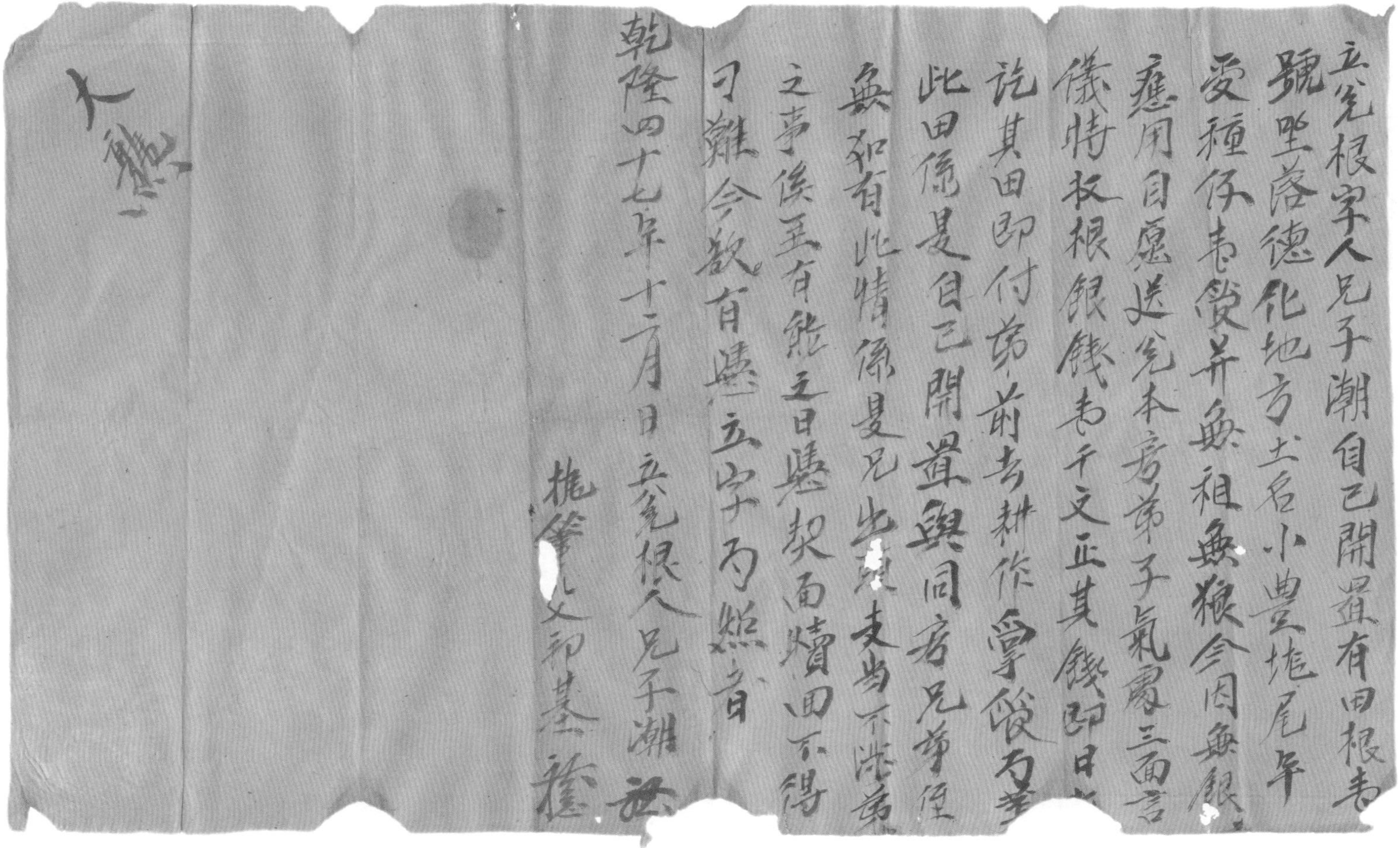
立兑根字人兄子潮自己開置有田根壹
號坐落德化地方土名小豐坵尾年
受種仔壹斗并無祖無粮今因無銀
應用自愿送兑本房弟子氣㕑三面言
議特收根銀錢壹千文正其錢即日收
訖其田即付弟前去耕作掌管為業
此田係是自己開置與同房兄弟侄
無私有此情係是兄出頭支當不涉弟
之事後至有能立日照契面贖回不得
刁難今欲有憑立字為照者
乾隆四十七年十二月　日立兑根人兄子潮
執筆文和基

10-5-15-18　清乾隆四十七年十二月黃子潮立兑田根字

10-5-15-19　清乾隆五十年十一月黃元献立添民田契

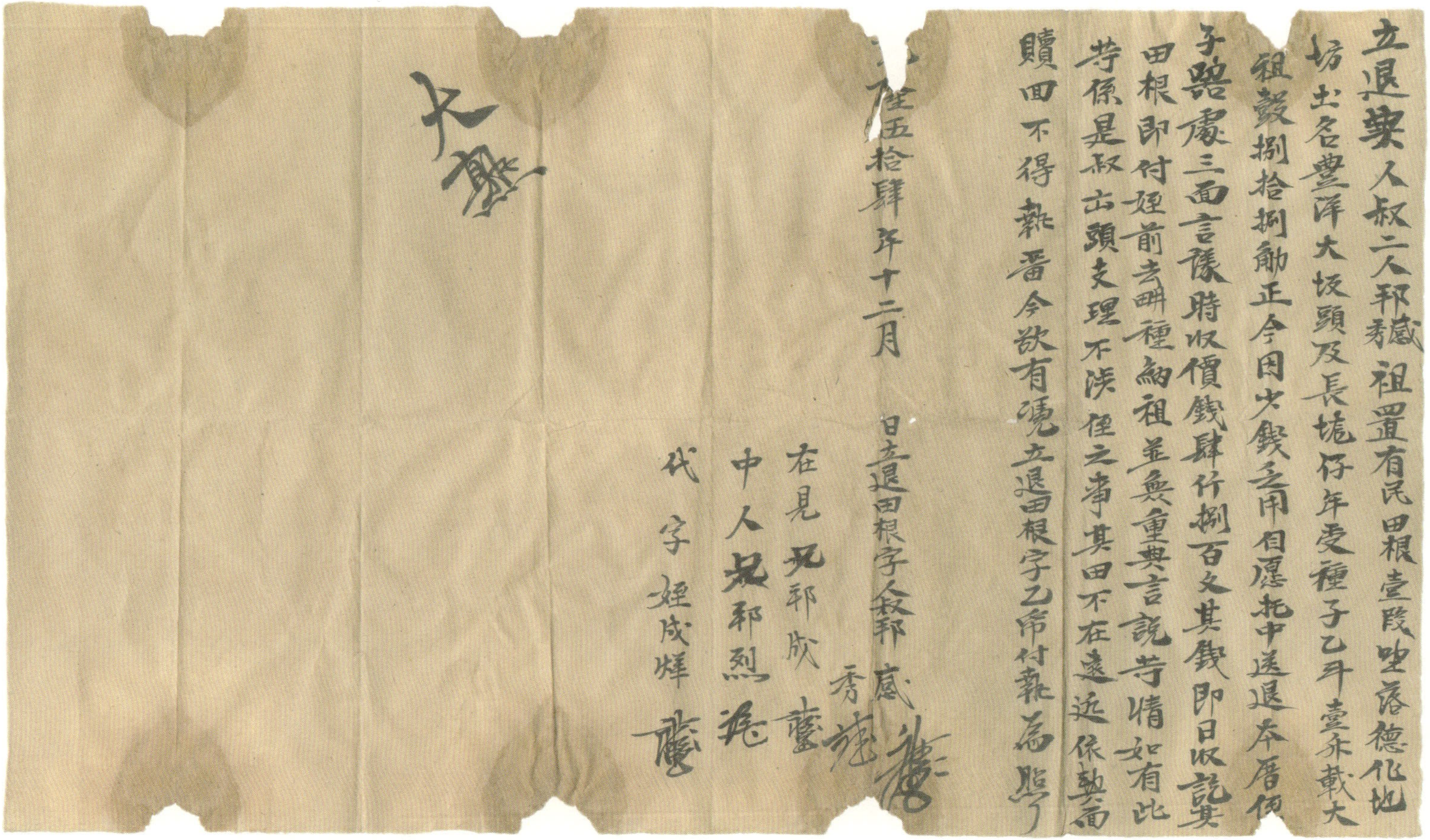

立退契人叔二人邦秀、邦感，祖置有民田根壹段，坐落德化地
坊，土名豐洋大坂頭及長墘仔，年受種子乙斗，壹并載大
租穀捌拾捌觔正。今因乏錢應用，自愿托中送退本房侄
子路處，三面言議，時收價錢肆仟捌百文，其錢即日收訖，其
田根即付侄前去耕種納租，並無重典言說等情。如有此
等，係是叔出頭支理，不涉侄之事。其田不在遠近，依契面
贖回，不得執留。今欲有憑，立退田根字乙帋，付執為照。

乾隆五拾肆年十二月 日立退田根字人叔邦感、秀

在見兄邦欣
中人叔邦烈
代字侄成烽

10-5-15-20 清乾隆五十四年十二月黃邦感等立退民田根契

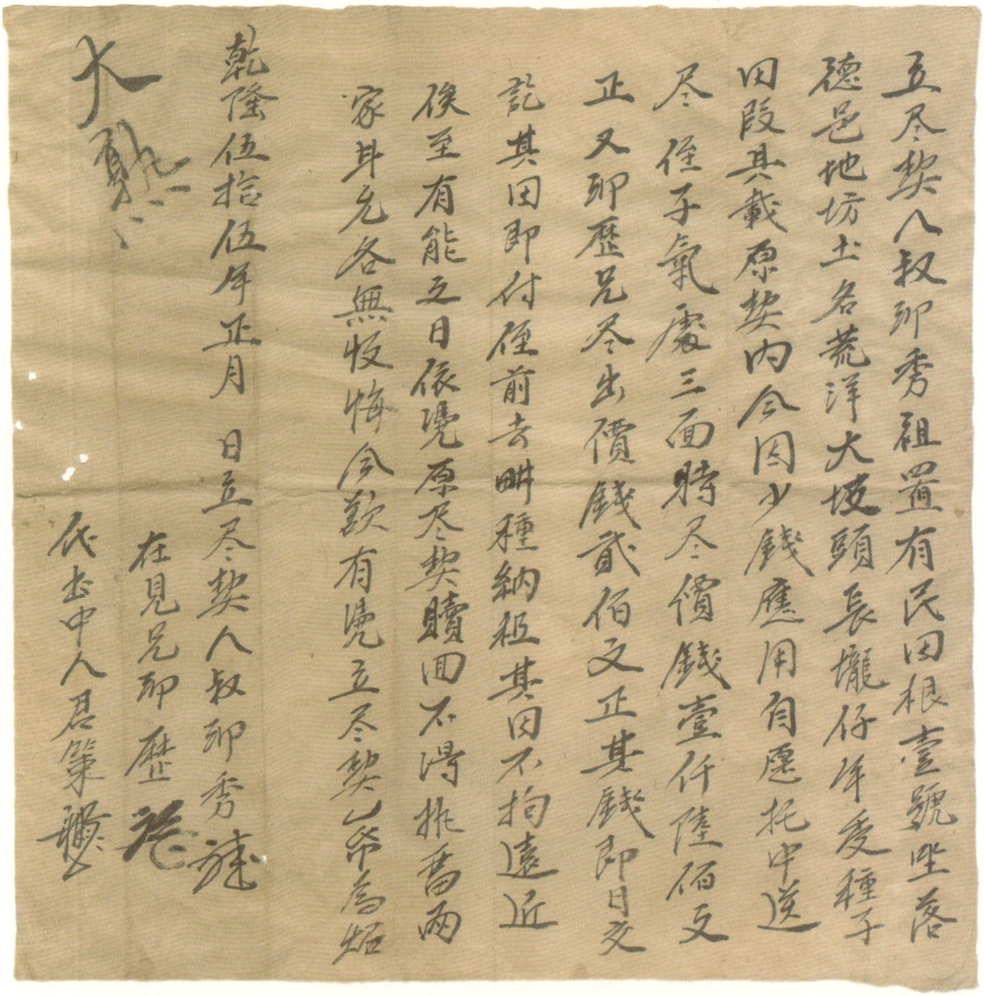

立盡契人叔邦秀祖置有民田根壹號坐落
德邑地坊土名荒洋大坡頭長壠仔年受種子
四段其載原契內今因乏錢應用自愿托中送
盡侄子氣慶三面將盡價錢壹仟陸佰文
正又邦歷兄盡出價錢貳佰文正其錢即日交
訖其田即付侄前去耕種納租其田不拘遠近
係至有能之日依憑原盡契贖回不得推番兩
家井允各無反悔今欲有憑立盡契乙紙為炤
乾隆伍拾伍年正月　日立盡契人叔邦秀（押）
在見兄邦歷（押）
代書中人君肇（押）
大 贖訖

10-5-15-21　清乾隆五十五年正月黄邦秀立盡民田根契

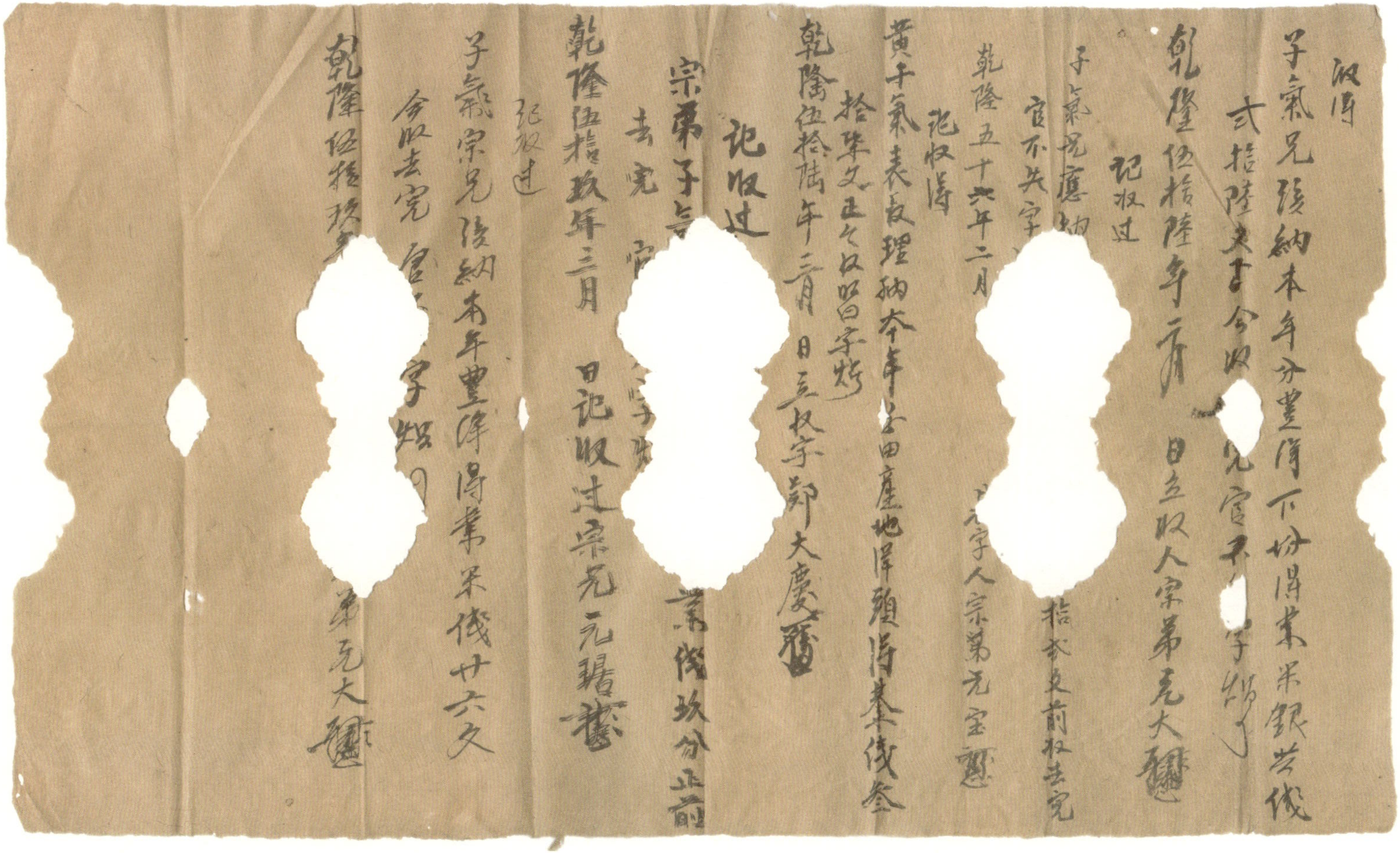

10-5-15-22　清乾隆五十六年二月黄元大立收得業米銀字

立添契人弟元祿前年父出賣民田壹段坐
落山坪村土名豐洋上循種子租壹笠載
原契，因今因欠用銭未还，再向
兄子氣處添出價錢捌百文正，其價即
收訖。其田租仍付兄前去管耕為業，不
敢異言。日後有能之日，備價到日，听其贖
田，不得刁難。今欲有凭，立添契為炤。
内註添一字再炤
乾隆伍拾柒年十一月　日立添契人弟元祿（押）
見人兄　元居（押）
執筆人兄　元猷（押）

10-5-15-23　清乾隆五十七年十一月黄元禄立添民田契

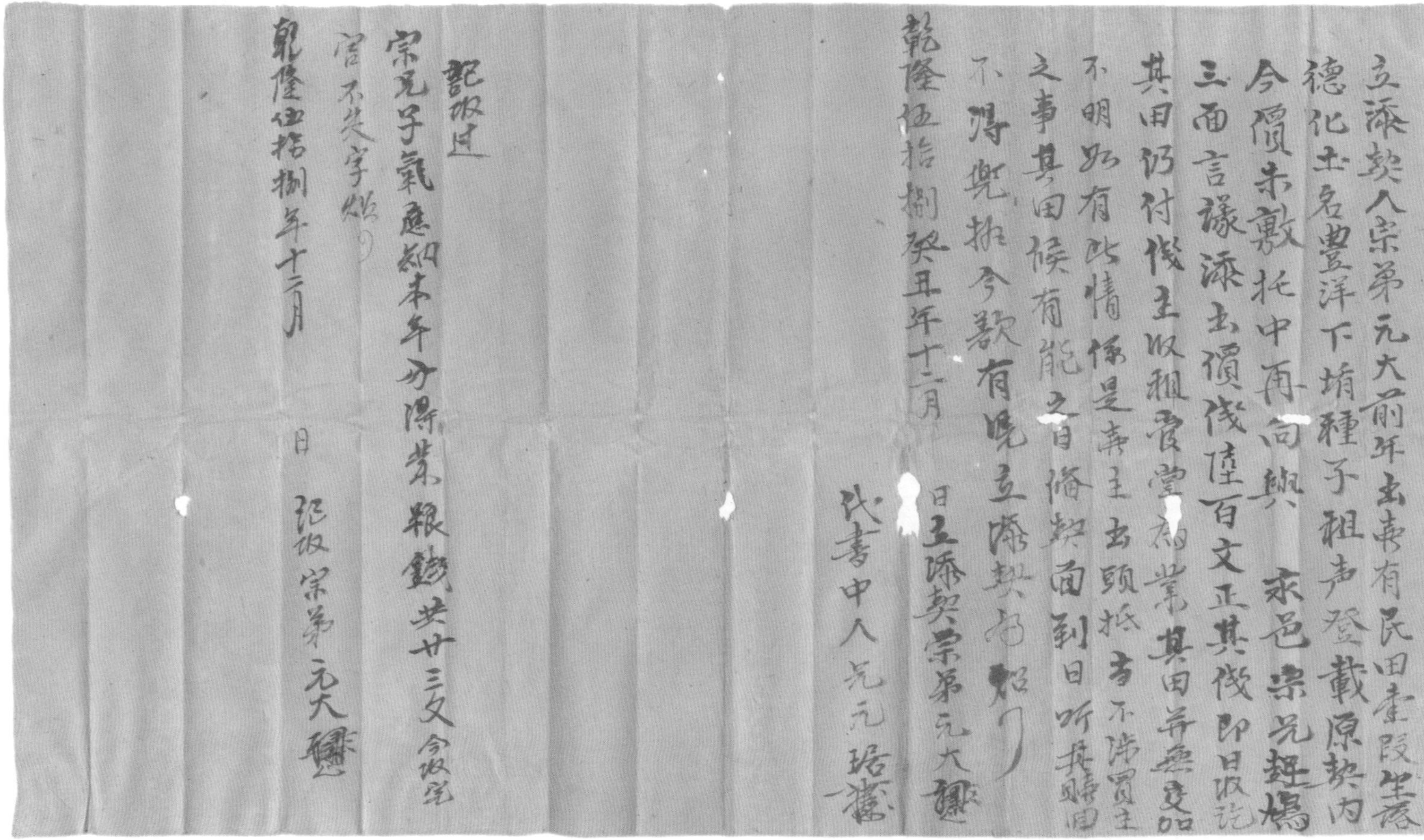

立添契人宗弟元大，前年出賣有民田壹段，坐落
德化土名豐洋下埔，種子租聲登載原契內。
今價未敷，托中再向與　宗兄起鳩
三面言議添出價錢陸百文正，其錢即日收訖。
其田仍付錢主收租管為業，其田并無交加
不明，如有此情，係是賣主出頭抵當，不涉買主
之事。其田候有能之日，備契面到日，聽其贖回，
不得兜執。今歎有憑，立添契為照。
乾隆伍拾捌癸丑年十二月　日立添契宗弟元大（押）
代書中人　兄元瑶（押）

記收過
宗兄子氣邊收本年分得業粮錢共廿三文，今收完
宫不失字據
乾隆伍拾捌年十二月　日　記收　宗弟元大（押）

10-5-15-24　清乾隆五十八年十二月黃元大立添民田契

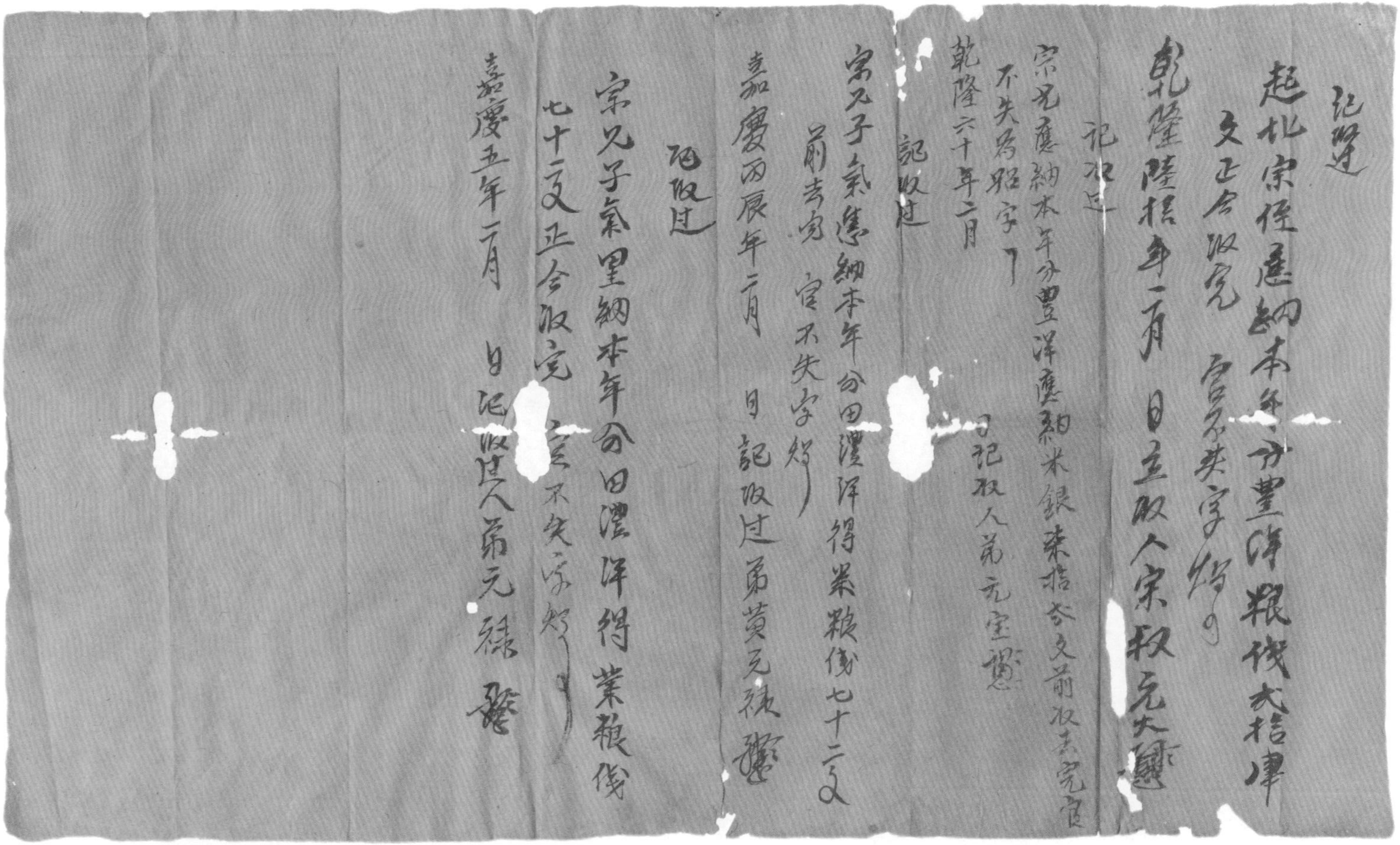
記收過
起批宗侄進納本年分豐洋粮錢弍拾肆
文正今收完　官不失字炤
乾隆陸拾年二月　日立收人宗叔元大
記收過
宗兄進納本年分豐洋進納米銀柒拾谷文前收去完官
不失爲照字
乾隆六十年二月　日記收人弟元宝
記收過
宗兄子氣進納本年分田灃洋得業粮錢七十二文
前去完　官不失字炤
嘉慶丙辰年二月　日記收過弟黄元禄
記收過
宗兄子氣里納本年分田灃洋得業粮錢
七十二文正今收完　官不失字炤
嘉慶五年二月　日記收過人弟元禄

10-5-15-25　清乾隆六十年二月黄元大立收米銀字

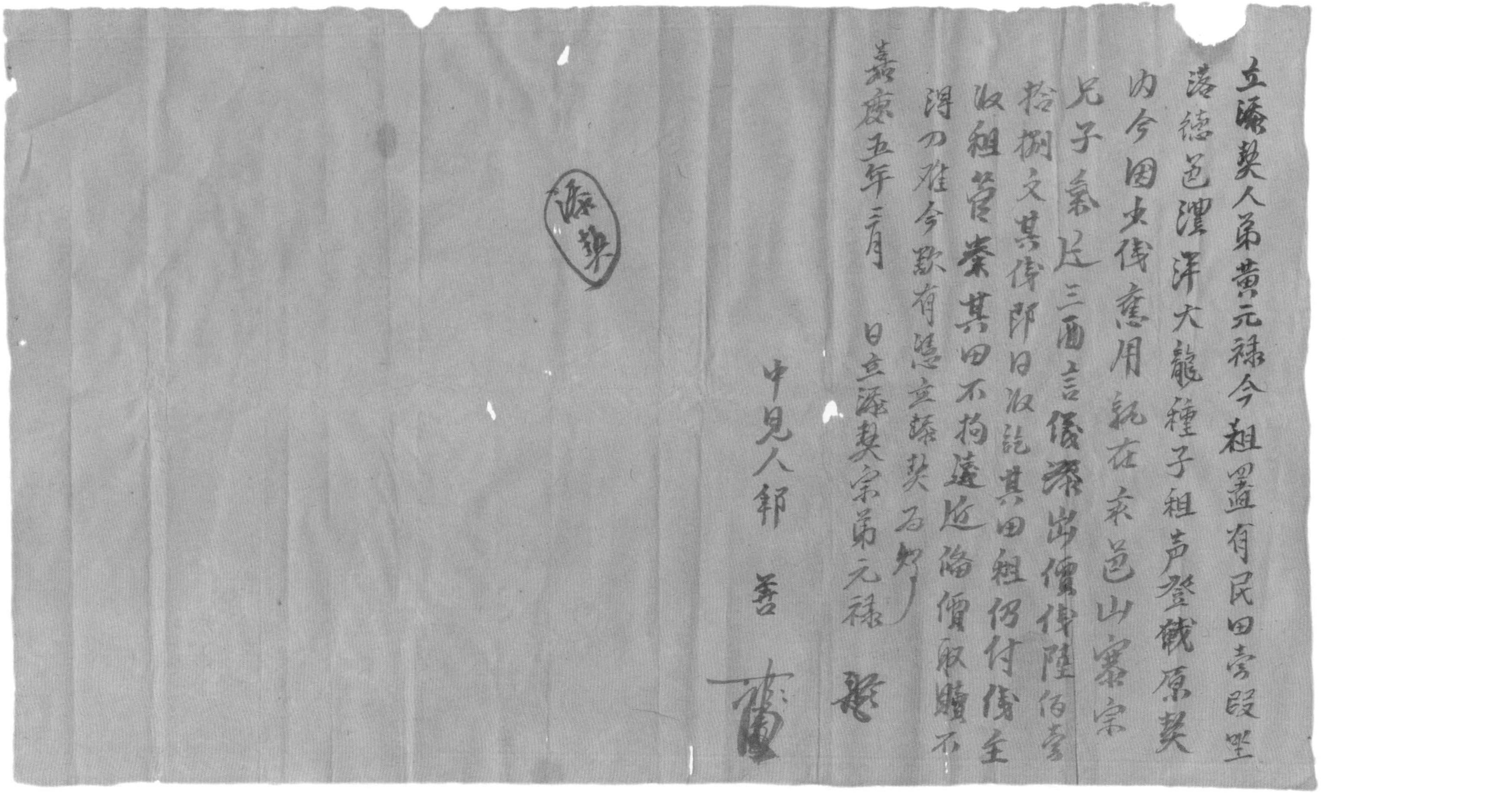

立添契人弟黃元祿今祖置有民田壹段坐
落德邑溼洋大龍種子租声登載原契
內今因乏錢應用就在本邑山寨宗
兄子氣近三面言議添出價錢陸佰壹
拾捌文其錢即日收訖其田租仍付錢主
收租管業其田不拘遠近備價取贖不
得刁難今欲有憑立添契為照
嘉慶五年三月　日立添契宗弟元祿（押）
中見人郭　善（押）

10-5-15-26　清嘉慶五年三月黃元祿立添民田契

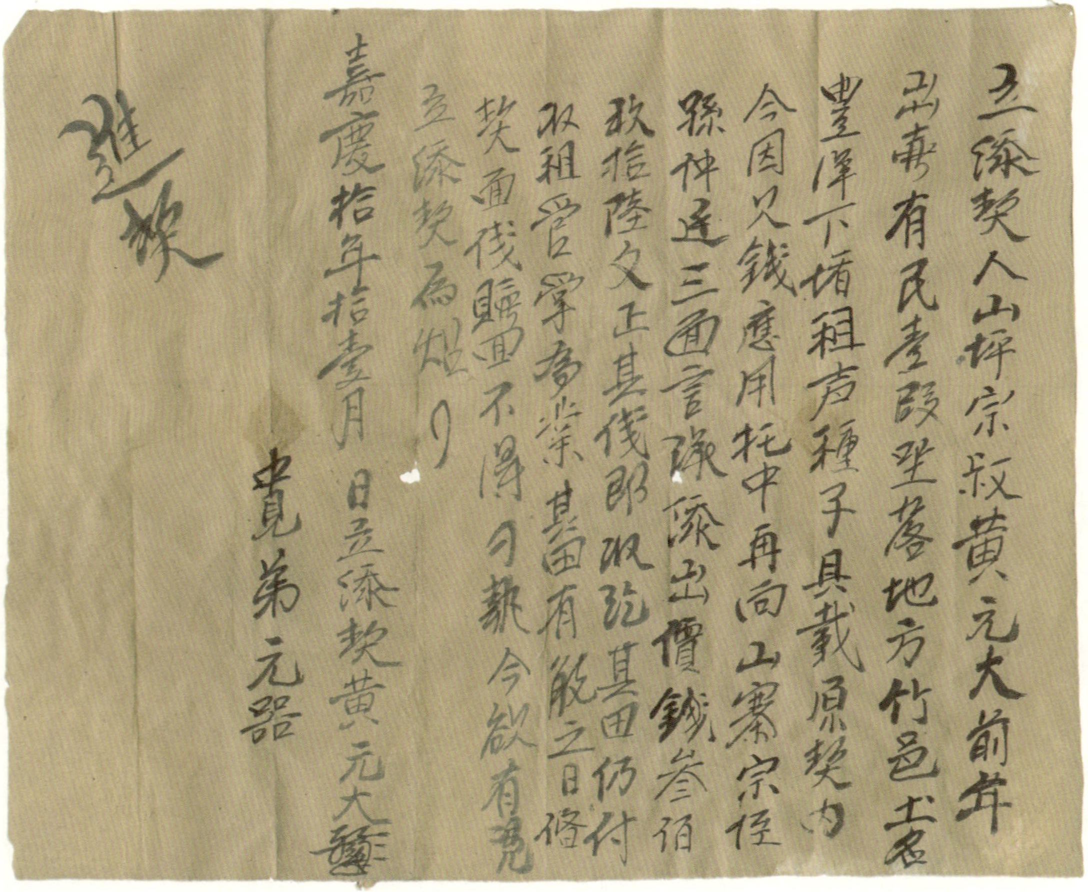
立添契人山坪宗叔黄元大前年
出賣有民壹段坐落地方竹邑土名
豐洋下墻租声種子具載原契内
今因乏錢應用托中再向山寮宗侄
孫仲達三面言議添出價錢叁佰
玖拾陸文正其錢即日收訖其田仍付
叔祖管掌為業其田有能之日備
契面錢贖回不得刁難今欲有凭
立添契為炤
嘉慶拾年拾壹月　日立添契黄元大
中見弟元器
退契

10-5-15-27　清嘉慶十年十一月黄元大立添民田契

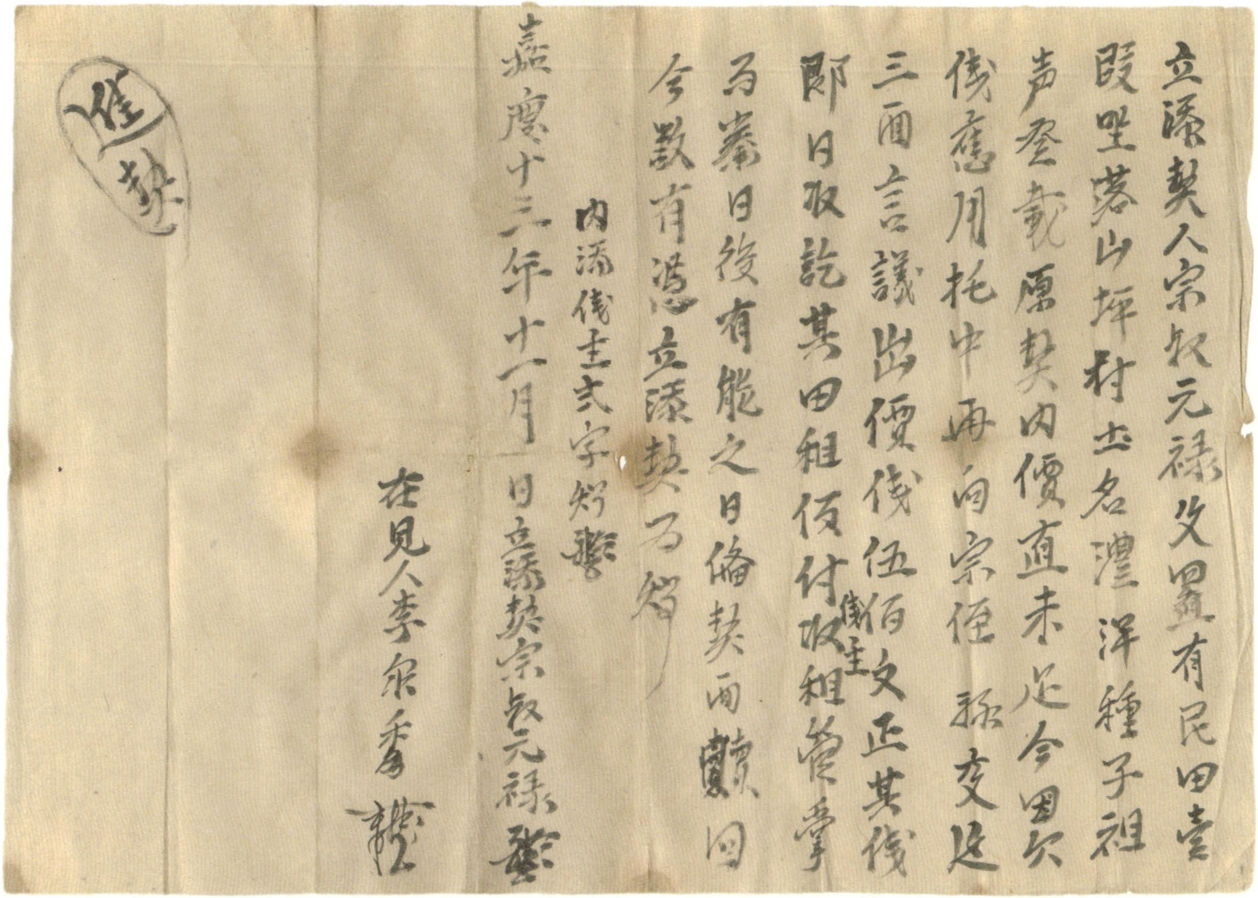

立添契人宗叔元禄父置有民田壹
段坐落山坪村土名澧洋種子祖
声叁載原契内價直未足今因欠
錢應用托中再向宗侄孫交廷
三面言議出價錢伍佰文正其錢
即日收訖其田租仍付錢主收租管掌
為業日後有能之日備契兩贖回
今数有憑立添契為炤
內添錢主式字炤
嘉慶十三年十一月　日立添契宗叔元禄
在見人李泉秀

10-5-15-28　清嘉慶十三年十一月黄元禄立添民田契

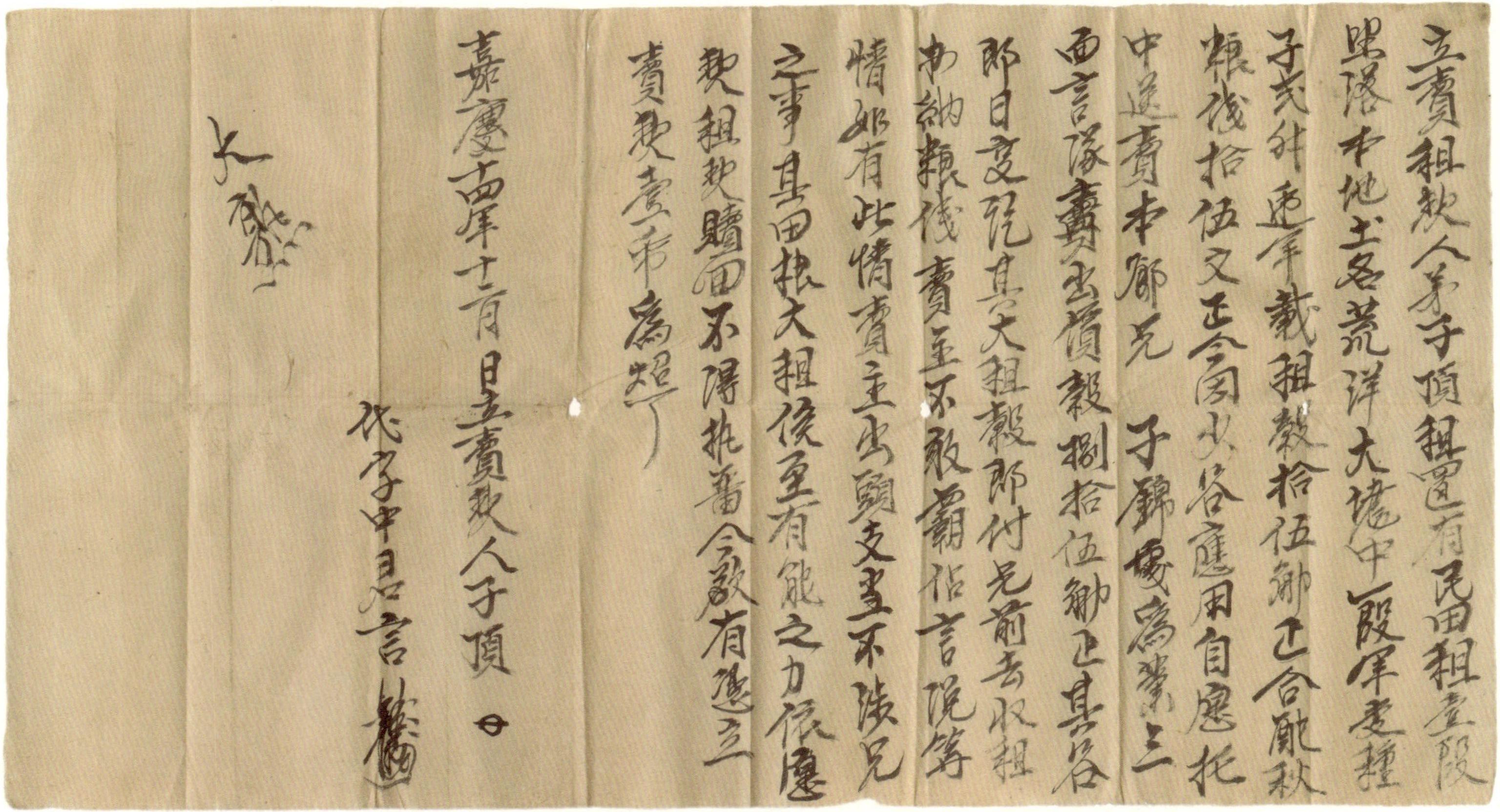
立賣租穀人黄子項祖置有民田租壹段
坐落本地土名荒洋大墘中段，年載種
子弍升，逐年載租穀拾伍觔正，合取秋
粮錢拾伍文正，今因乏谷應用，自愿托
中送賣本鄉兄　子歸處為業。三
面言議賣出價穀捌拾伍觔正，其谷
即日交訖，其大租穀即付兄前去收租
办納粮錢，賣主不敢霸佔言說等
情，如有此情，賣主出頭支當，不涉兄
之事。其田根大租，後至有能之力，很應
取租契贖回，不得執番。今欲有憑，立
賣契壹帋為照。
嘉慶十四年十二月　日立賣契人子項（押）
代字中見言 [illegible]
大發

10-5-15-29　清嘉慶十四年十二月黄子項立賣民田租契

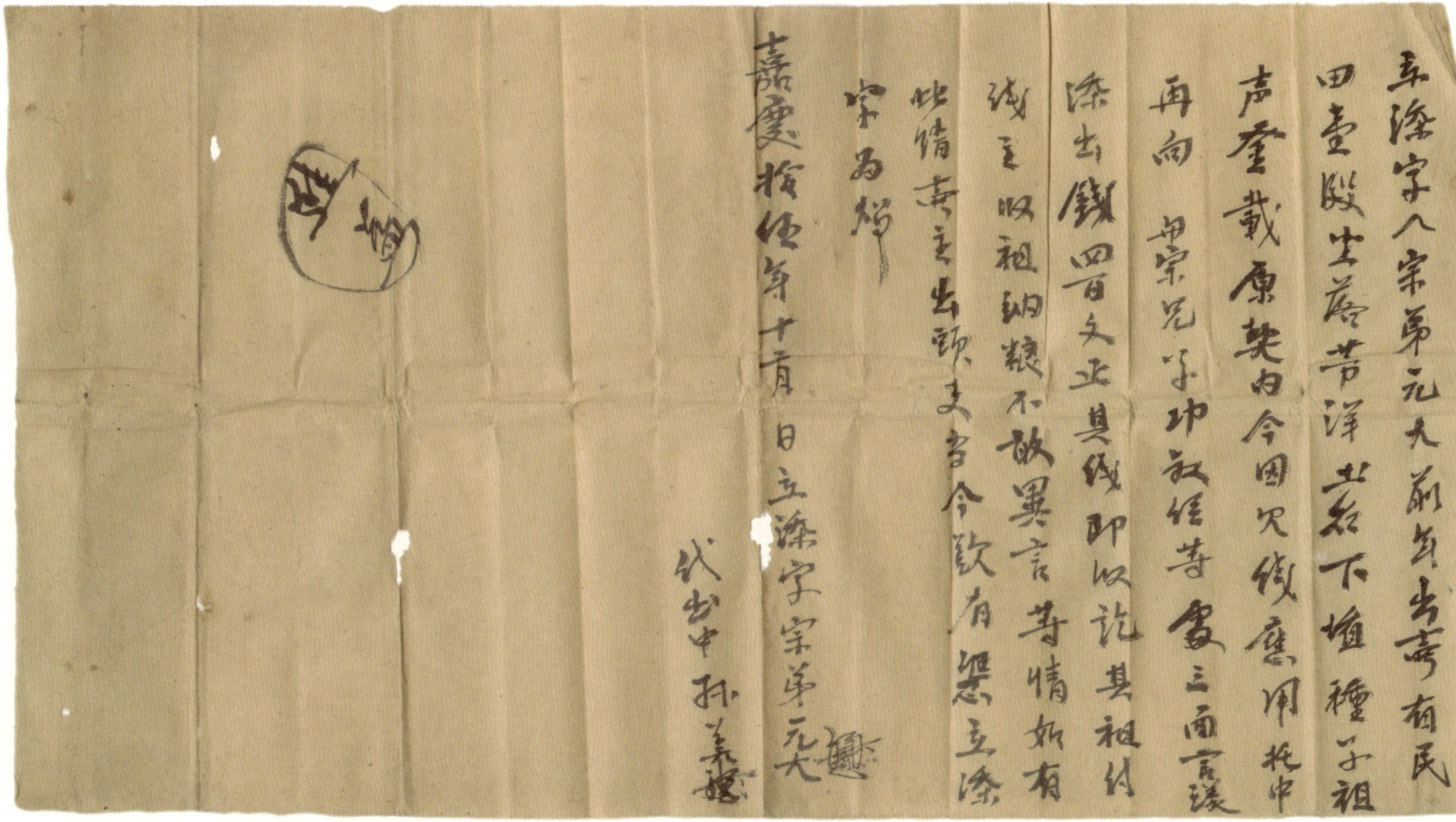
立添字人黄元大前年出賣有民
田壹段坐落芹洋若下垱種子祖
声叁載原契内今因欠錢應用托中
再向　黄宗兄子坤叔侄等處三面言議
添出錢四百文正其錢即收訖其租付
錢主收租納粮不敢異言等情如有
此情黄家出頭支當今欲有憑立添
字為炤
嘉慶拾伍年十二月　日立添字字黄元大（押）
代书中　孙美（押）

10-5-15-30　清嘉慶十五年十二月黄元大立添民田字

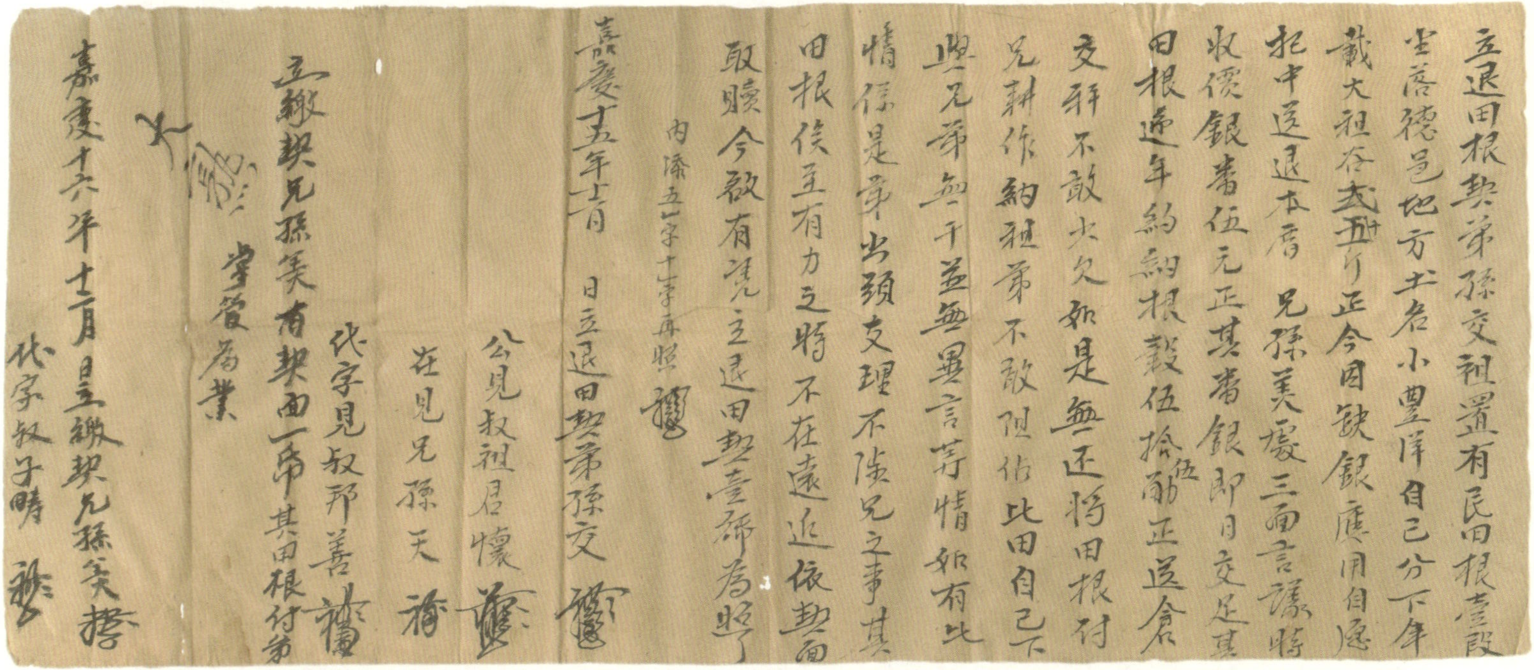

10-5-15-31　清嘉慶十五年十二月黃孫交立退民田根契

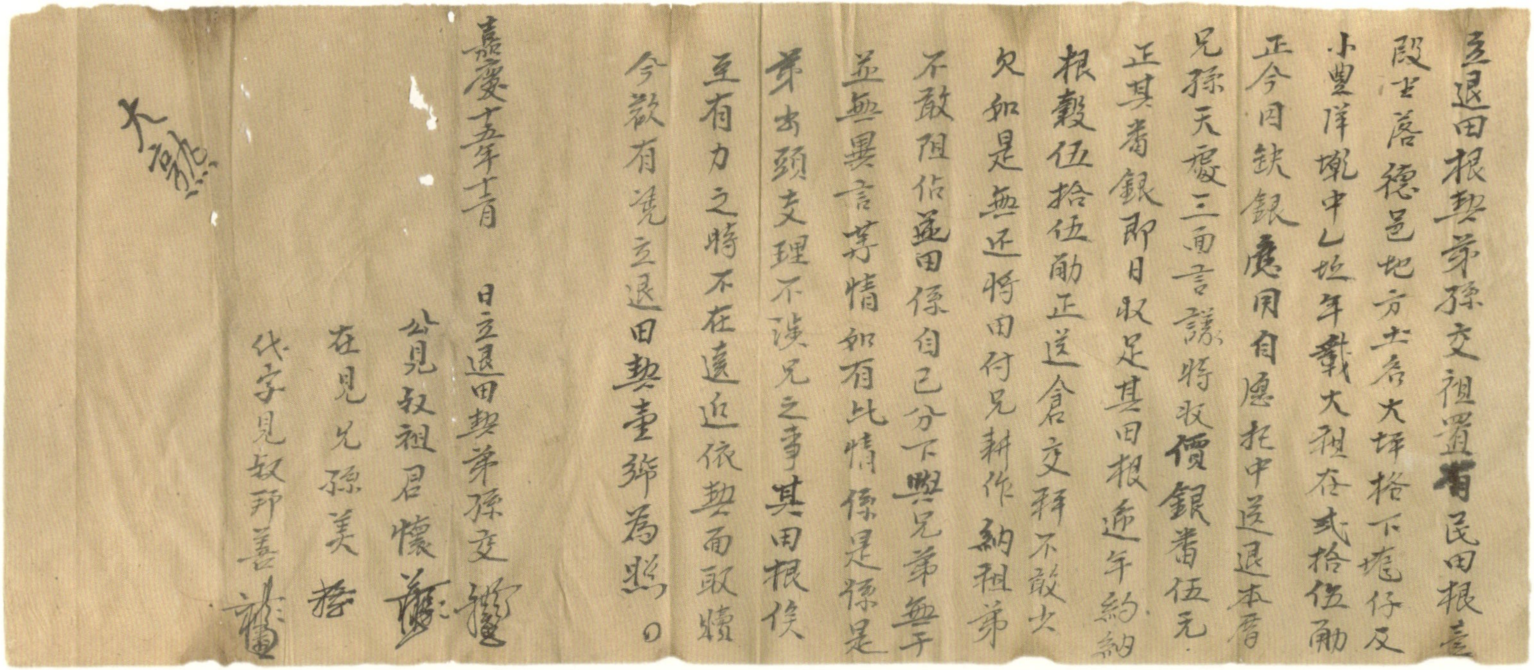
立退田根契弟孫交祖置有民田根壹
段坐落德邑地方土名大坪拾下塘仔及
小豐洋墘中乚垃年載大租谷貳拾伍觔
正今因缺銀應用自愿托中送退本房
兄孫天瓊三面言議將收價銀壹伍元
正其壹銀即日收足其田根逓年約納
根穀伍拾伍觔正送倉交秤不敢少
欠如是無还將田付兄耕作納租弟
不敢阻佔其田係自己分下與兄弟無干
並無異言等情如有此情係是弟
弟出頭支理不涉兄之事其田根俟
至有力之時不在遠近依契面取贖
今欲有憑立退田契壹紙爲照 日
嘉慶十五年十二月　日立退田契弟孫交
公見叔祖君懷
在見兄孫美
代字見叔邦善
大吉

10-5-15-32　清嘉慶十五年十二月黃孫交立退民田根契

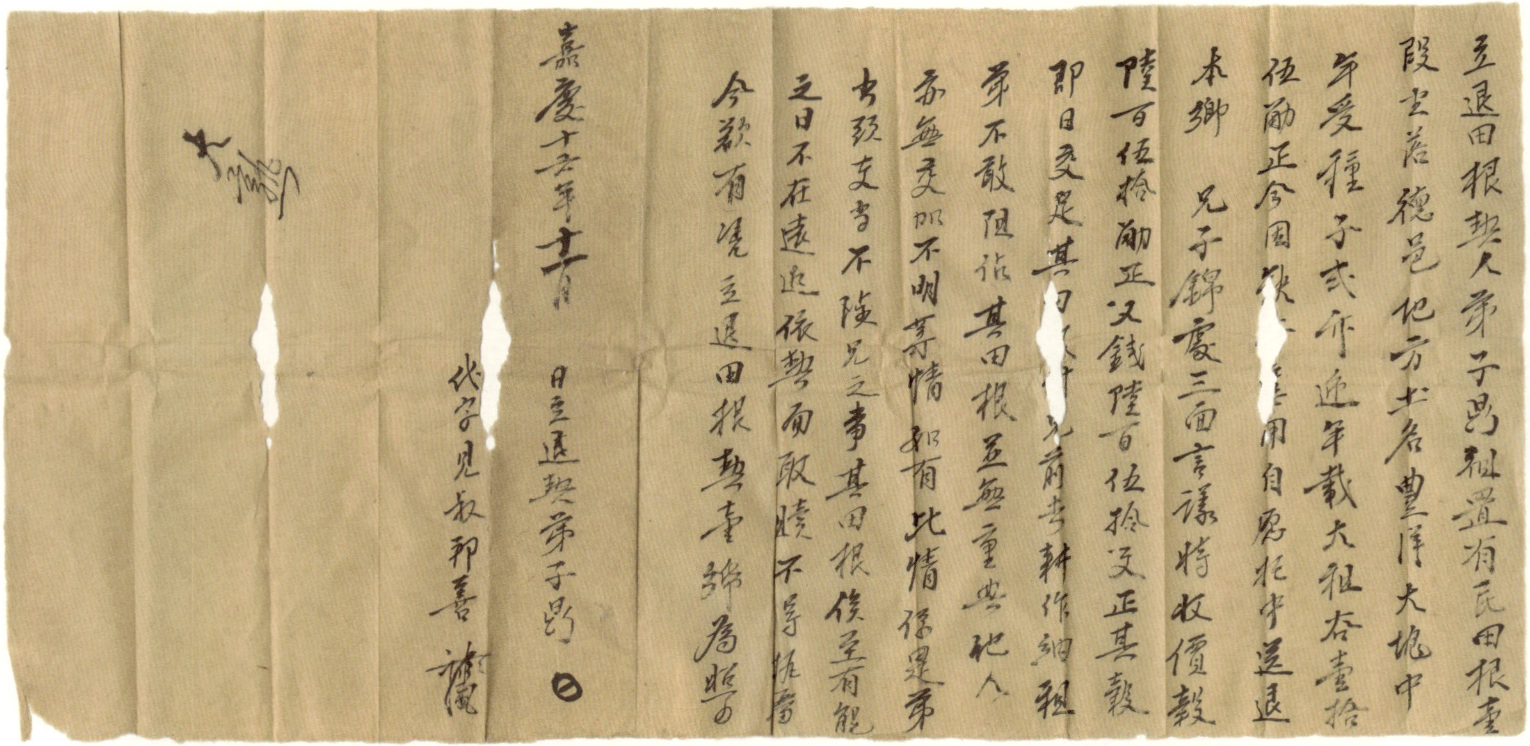

10-5-15-33　清嘉慶十六年十一月黃子鼎立退民田根契

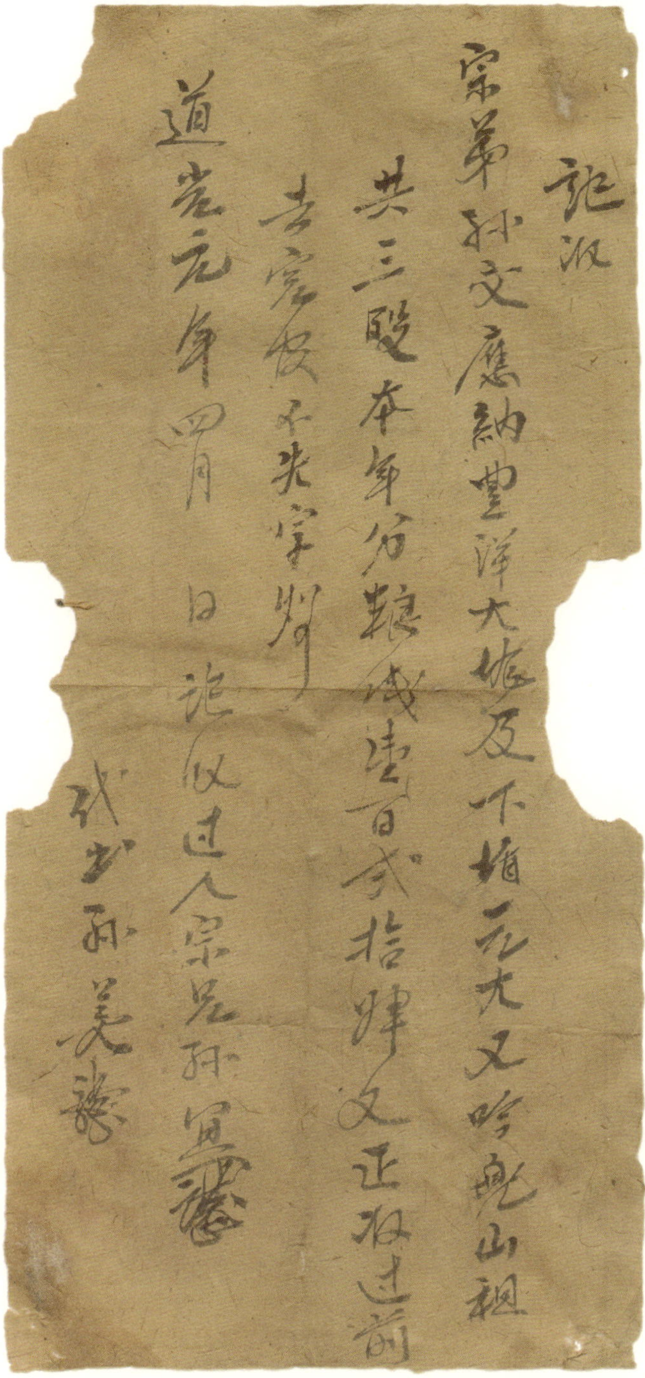

記收

宗弟孫文應納豐洋大娘及下墳二丈又吟兜山租

共三號本年分糧錢壹百貳拾肆文正收過前

去完後不失字炤

道光元年四月　日　記收過人宗兄孫宜（押）

代書孫美（押）

10-5-15-34　清道光元年四月黃孫宜立收糧錢字

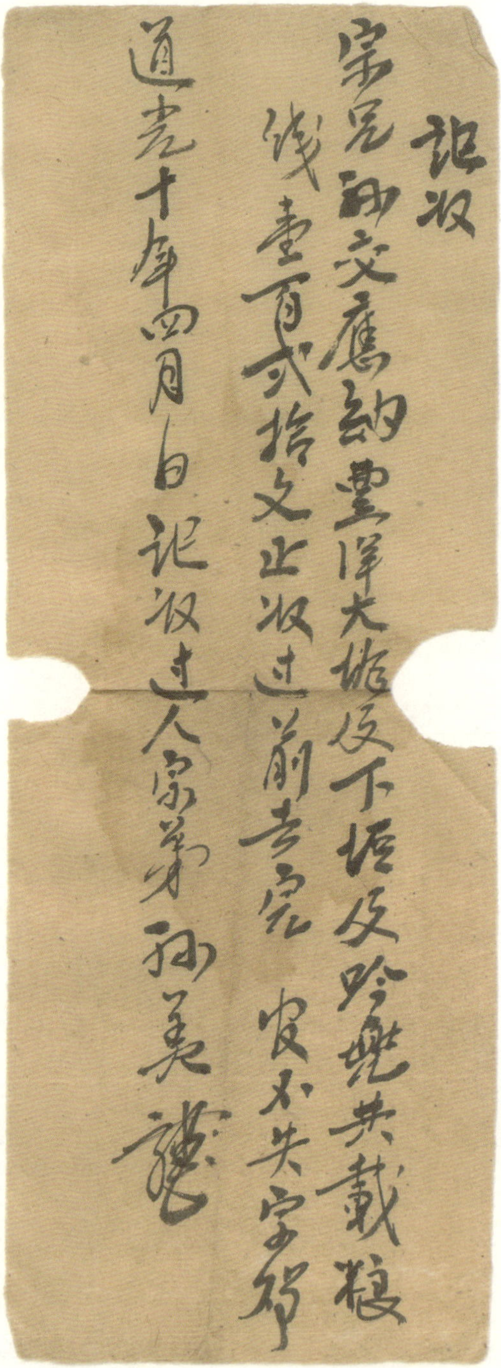
記收
宗兄兩交應納豐洋大坵及下坵及吟塢共載糧
錢壹百弍拾文正收過前去完官不失字帋
道光十年四月　日　記收過人宗弟孫美號

10-5-15-35　清道光十年四月黄孫美立收糧錢字

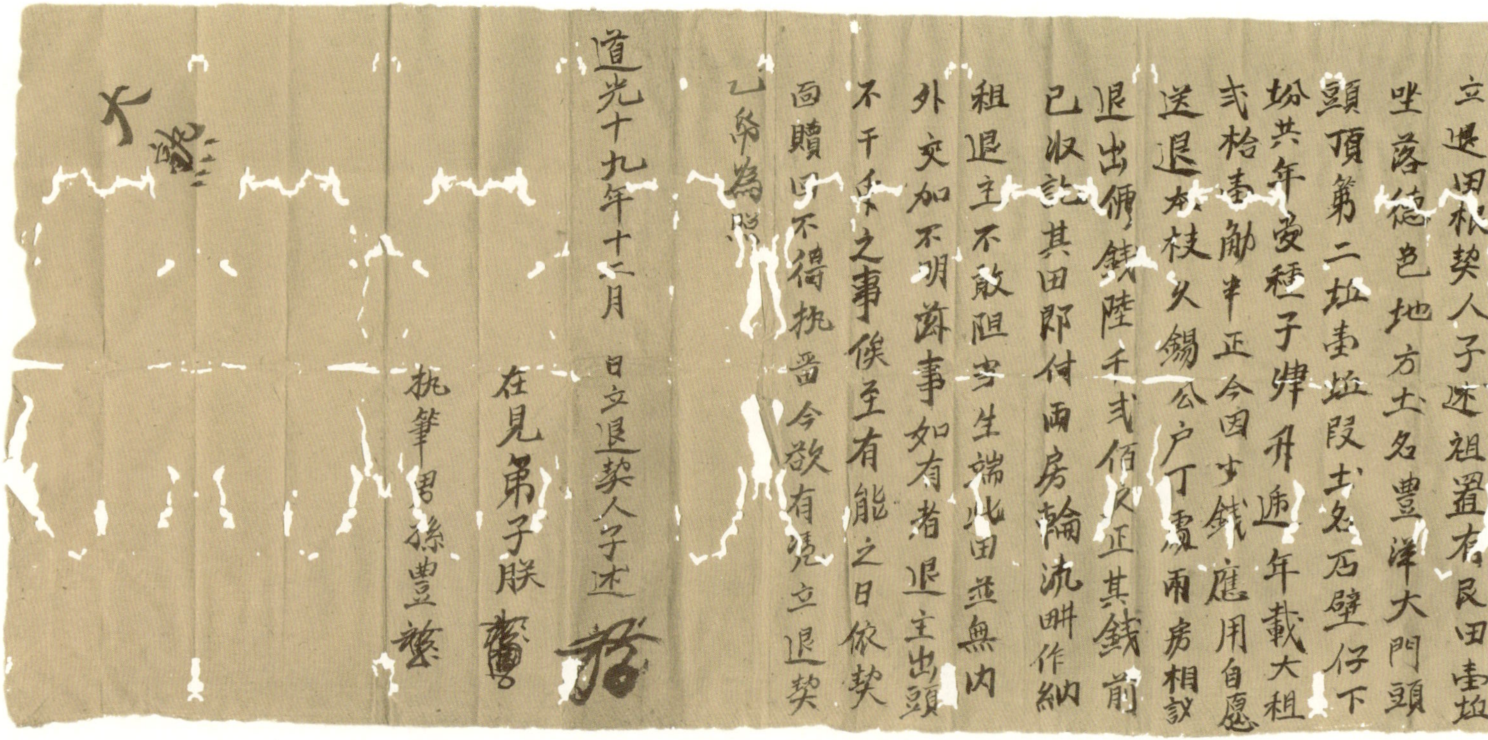
立退田根契人子述祖置有民田壹坵
坐落德邑地方土名豊洋大門頭
頭頂第二坵壹坵段土名石壁仔下
坵共年受種子肆升速年載大租
弍拾壹觔半正今因乏錢應用自愿
送退本枝父錫公户丁貴兩房相議
退出價錢陸千弍佰文正其錢前
已收訖其田即付兩房輪流耕作納
租退主不敢阻当生端此田並無內
外交加不明爲事如有者退主出頭
不干受之事係至有能之日依契
回贖不得執留今欲有憑立退契
乙帋爲照
道光十九年十二月 日立退契人子述
在見弟子朕
執筆男孫豊

10-5-15-36 清道光十九年十二月黃子述立退民田根契

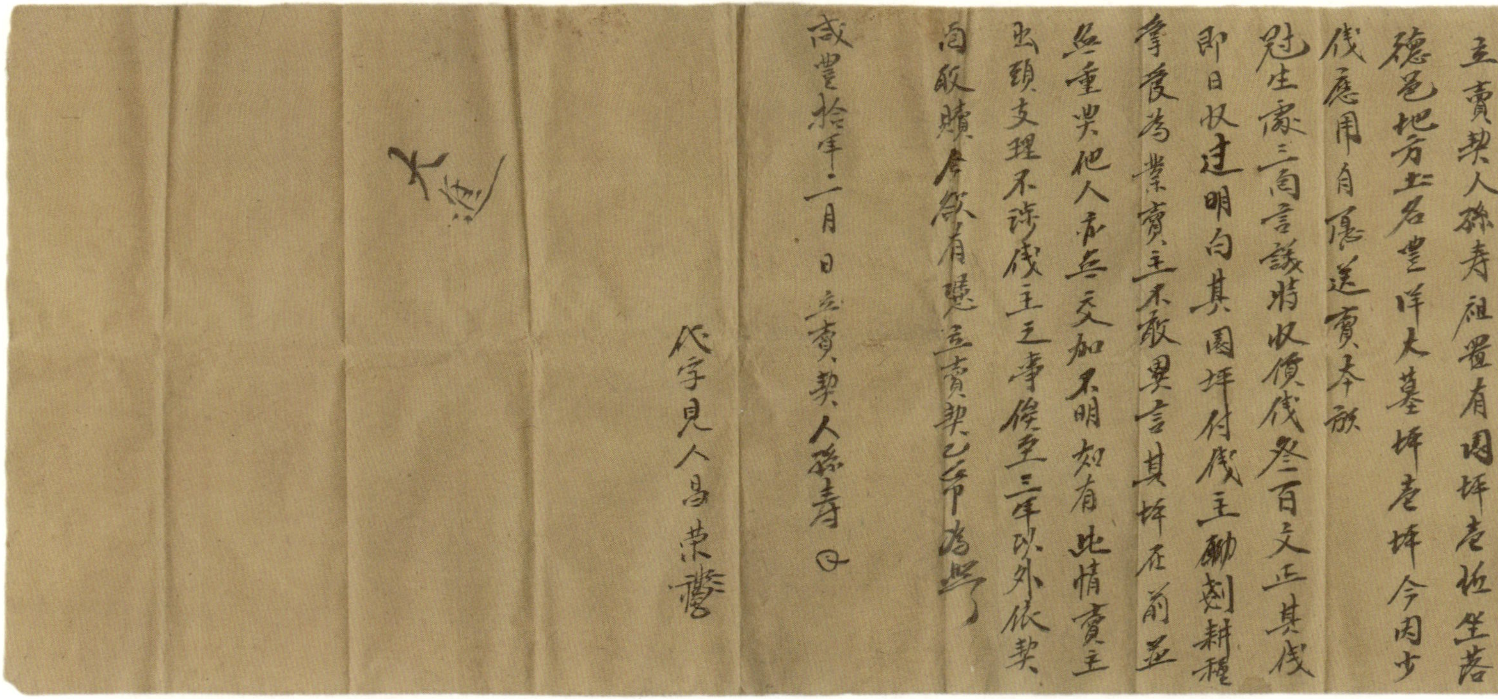

立賣契人孫寿祖置有園坪壹坵坐落
德邑地方土名豐洋大墓坪壹坪今因乏
錢應用自愿送賣本族
冠生家三面言議时收價錢叁百文正其錢
即日收迄明白其園坪付錢主鋤刻耕種
掌管為業賣主不敢異言其坪在前並
無重典他人亦無交加不明如有此情賣主
出頭支理不涉錢主之事倘至三年以外依契
向取贖今欲有憑立賣契乙紙為照

咸豐拾年二月　日立賣契人孫寿（押）

代字見人[illegible]榮鑾

大進

10-5-15-37　清咸豐十年二月黄孫寿立賣園坪契

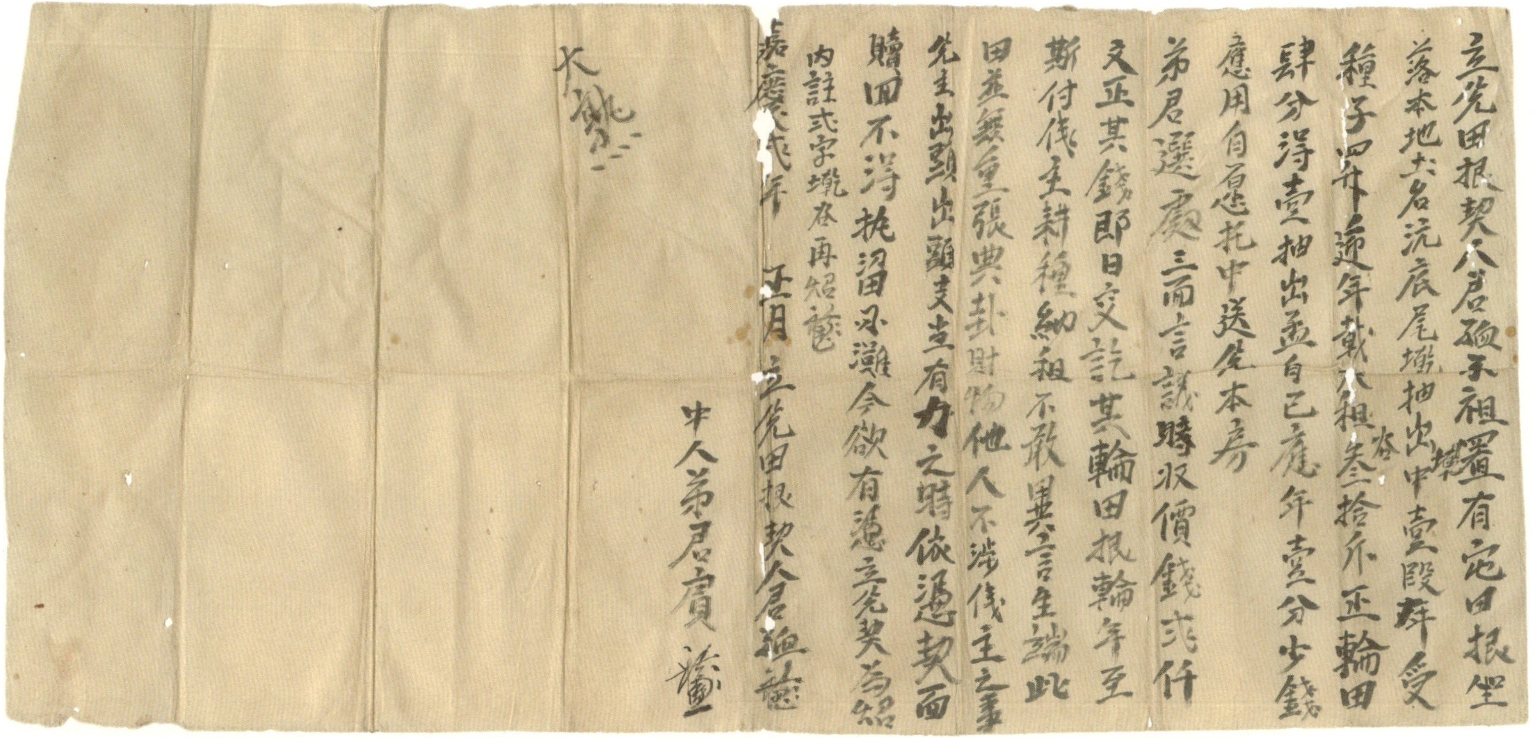
立兑田根契人君孟承祖置有屯田根坐
落本地土名洗底尾墘坵中壹段，并受
種子四升，逐年載大租谷叁拾斤正，輪田
肆分得壹坵，出孟自己應分壹分，少錢
應用，自愿托中送兑本房
弟君選處，三面言議時價錢弍仟
文正，其錢即日交訖，其輪田根輪年至
斯付錢主耕種納租，不敢異言生端。此
田並無重張典卦財物，他人不涉錢主之事，
先主出頭出顆支当。有力之時，依憑契面
贖田，不得執留。恐灘（難）今欲有憑，立兑契為照。
內註弍字墘，存再照。
嘉慶弍年　正月　日　立兑田根契人君孟
中人弟君賔
大號

10-5-16-1　清嘉慶二年正月黃君孟立兑屯田根契

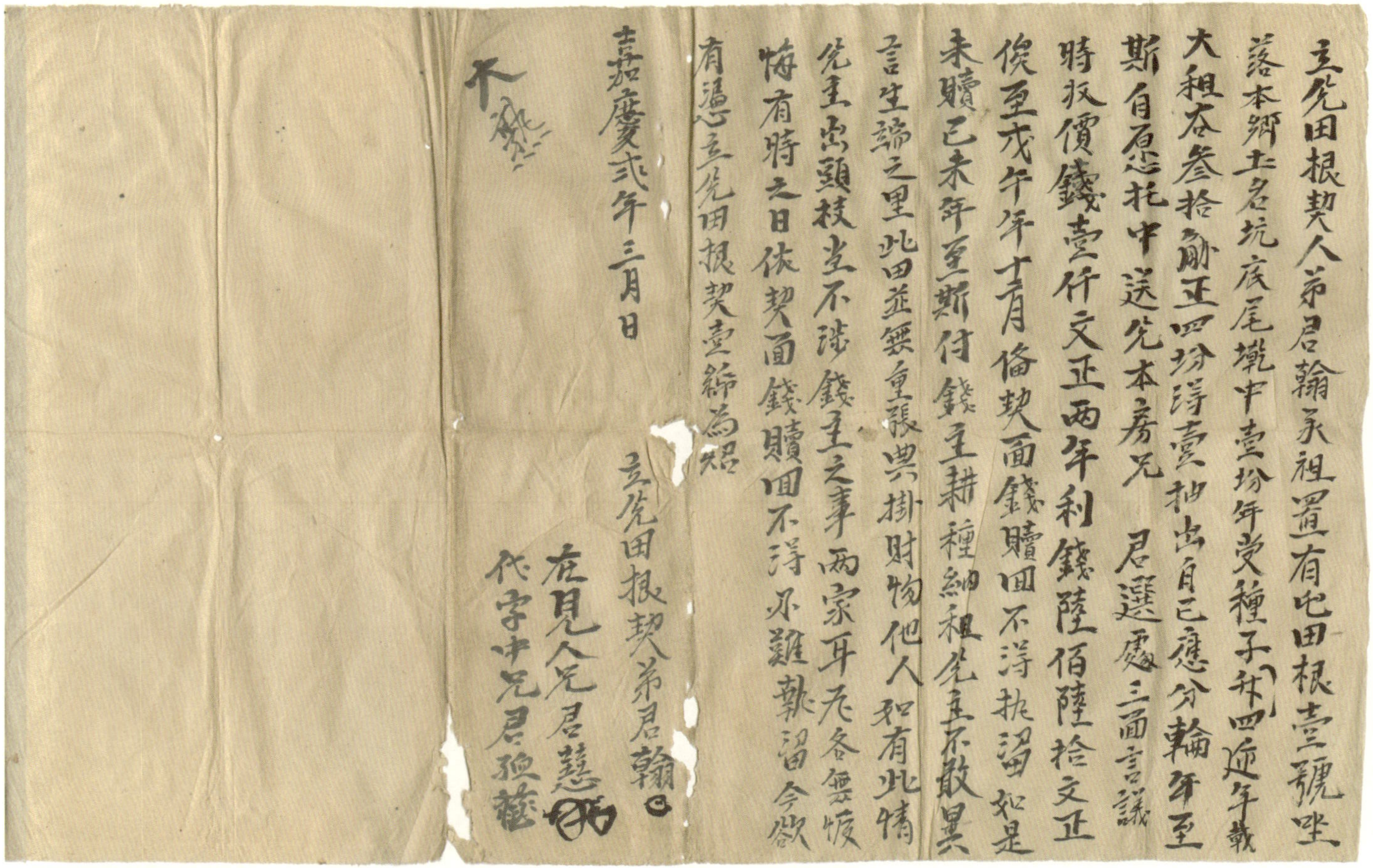

10-5-16-2　清嘉慶二年三月黃君翰立兑屯田根契

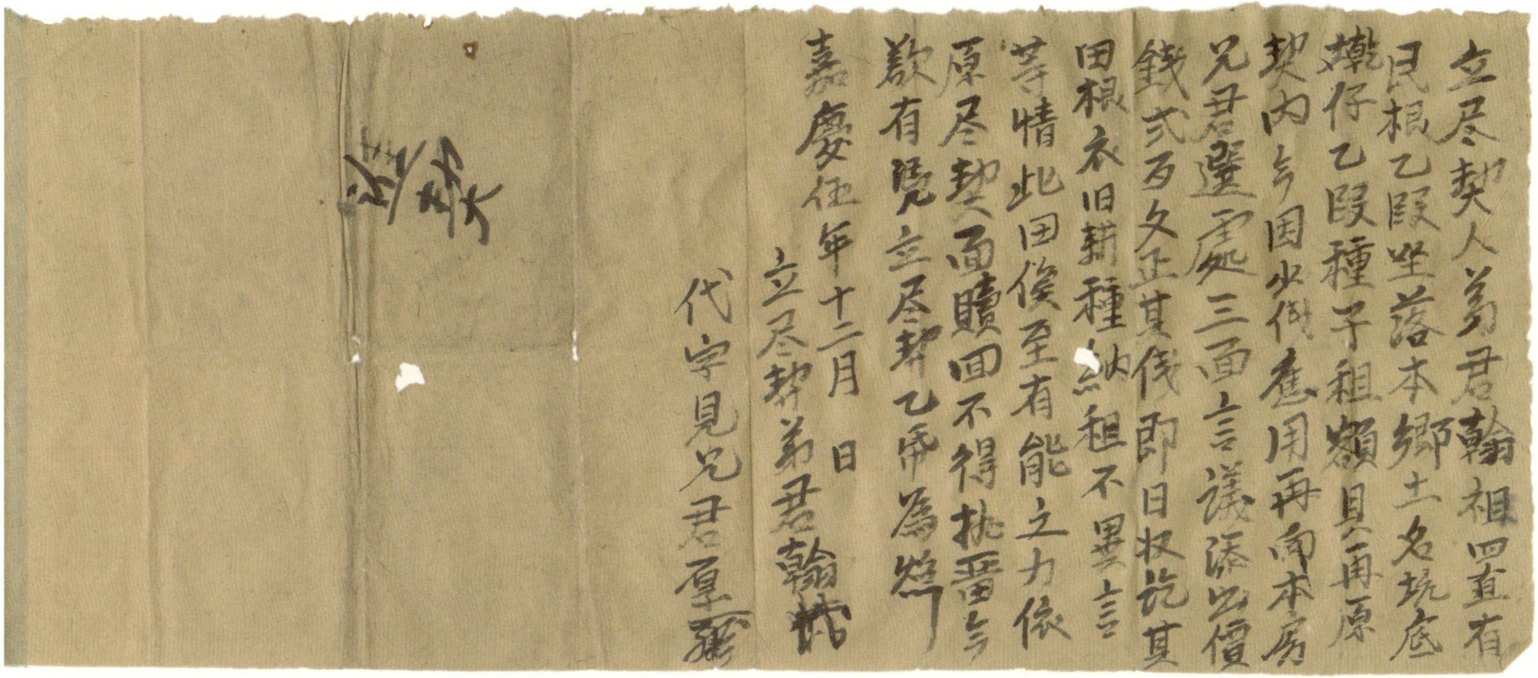
立盡契人黄君翰祖四直有
民根乙段坐落本鄉土名坑底
墘仔乙段種子租額貝一再原
契內乡国少假應用再向本房
兄君蘧處三面言議添出價
錢式万文正其錢即日收訖其
田根衣旧耕種納租不異言
等情此田後至有能之力依
原盡契面贖回不得執留乡
欵有憑立盡契乙帋為照
嘉慶伍年十二月　日
立盡契弟君翰押
代字見兄君厚押

10-5-16-3　清嘉慶五年十二月黄君翰立盡民田根契

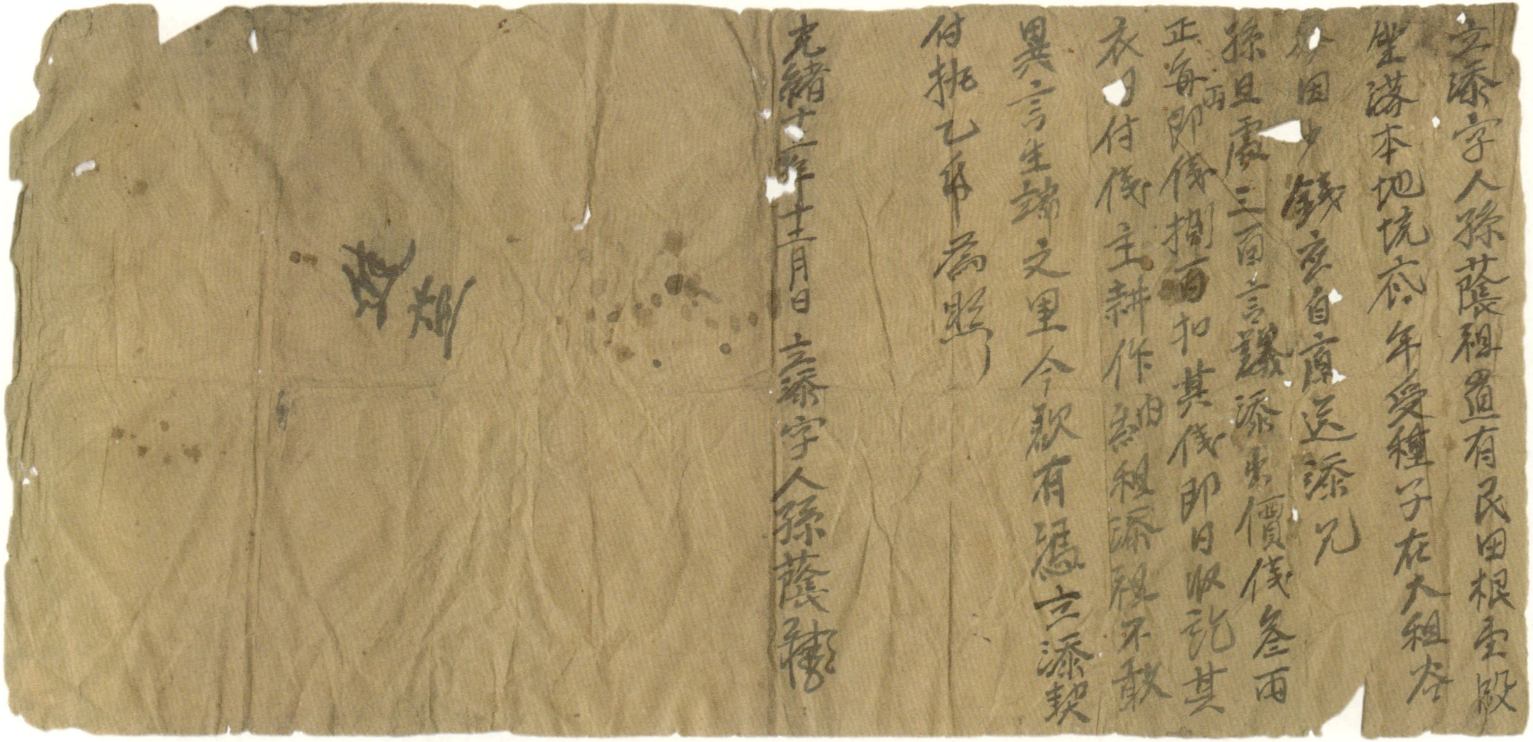
立添字人孫蔭祖置有民田根壹段
坐落本地坑衣年受種子在大租谷
今因乏錢應用自願送添兄
孫旦處三面言議添出價錢叁兩
正每兩即錢捌百扣其錢即日收訖其
衣付錢主耕作納租添租不敢
異言生端之里今欲有憑立添契
付執乙本為照
光緒十三年十二月日 立添字人孫蔭

10-5-16-4　清光緒十三年十二月黃孫蔭立添民田根字

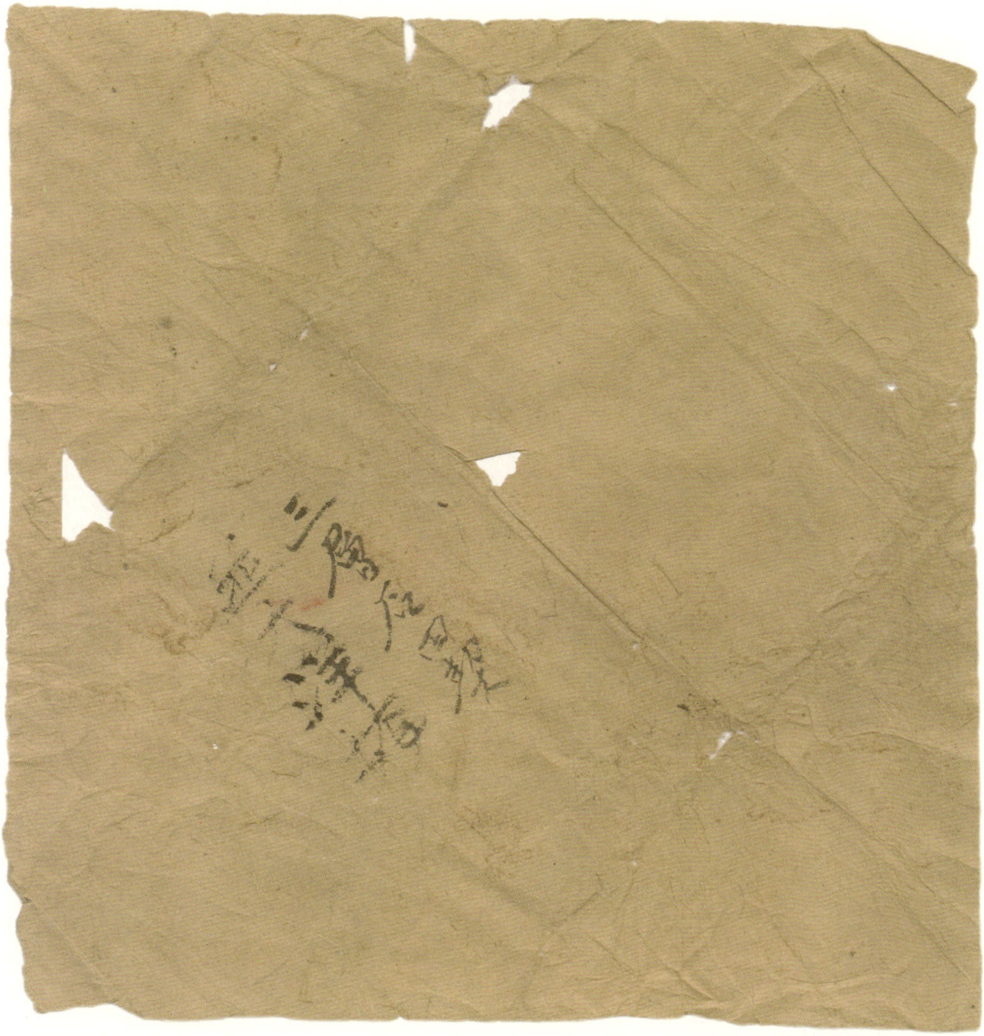

10-5-17-1　包契紙

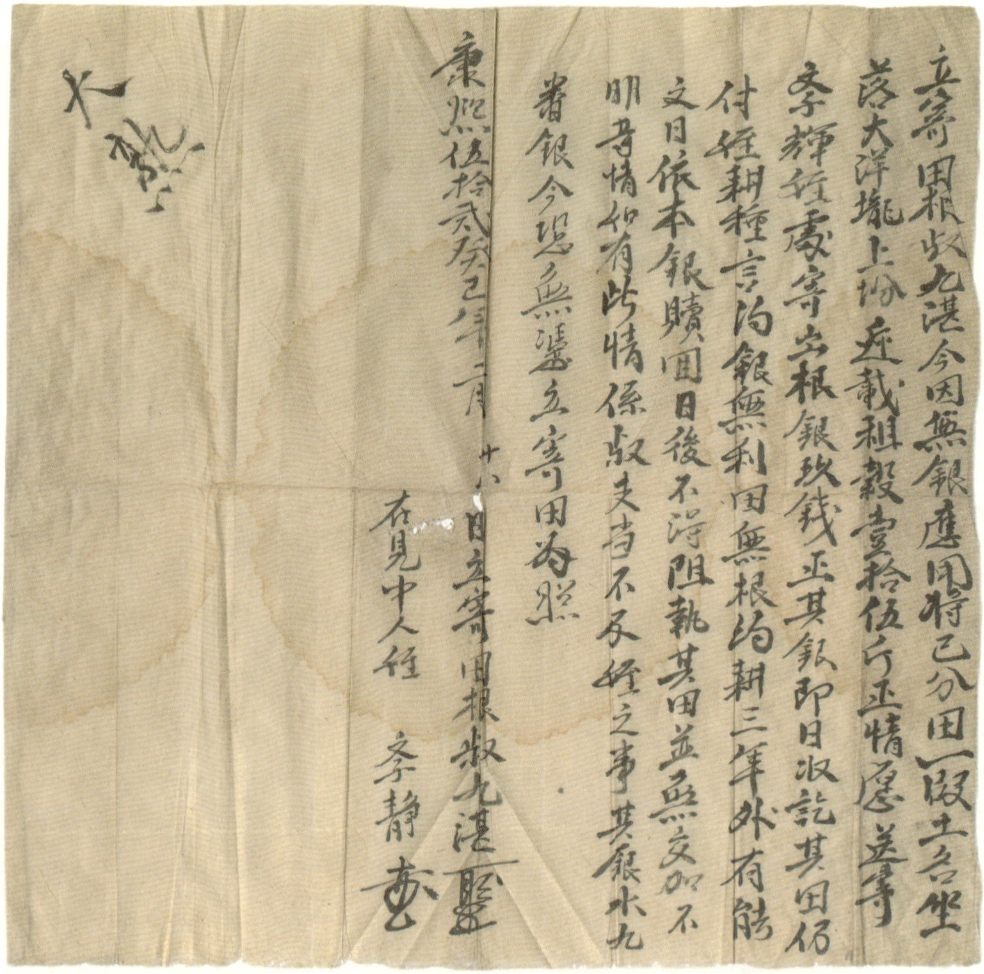

立寄田根叔九湛今因無銀應用特己分田一段土名坐
落大洋壠上坋年載租穀壹拾伍斤正情愿送寄
李輝侄處寄出根銀玖錢正其銀即日收訖其田仍
付侄耕種言約銀無利田無根約耕三年外有能
文日依本銀贖回日後不得阻執其田並無交加不
明等情如有此情係叔支當不干侄之事其銀來九
者銀今恐無憑立寄田根為照
康熙伍拾貳癸巳年二月　十八　日立寄田根叔九湛
在見中人侄　李靜

10-5-17-2　清康熙五十二年二月黄九湛立寄田根字

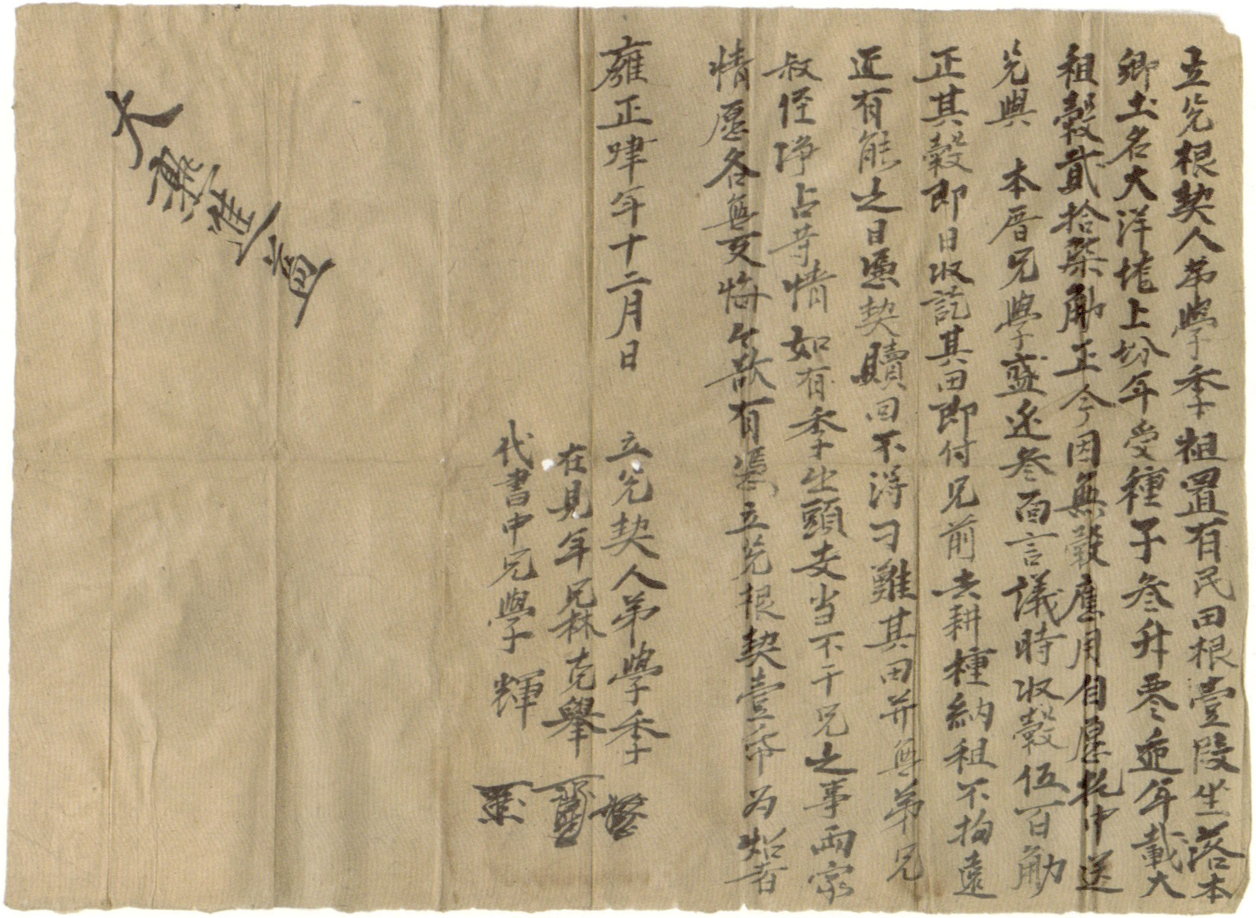
立兑根契人弟學季，祖置有民田根壹段，坐落本
鄉土名大洋垅上，計年受種子叁升零，並年載大
租穀貳拾柒觔正。今因無穀應用，自愿托中送
兑與　本厝兄學盛，迩叁面言議，時收穀伍百觔
正。其穀即日收訖，其田即付兄前去耕種納租，不拘遠
近，有能之日，憑契贖回，不得刁難。其田并無弟兄
叔侄諍占等情，如有，季出頭支当，不干兄之事。兩家
情愿，各無反悔，今欲有憑，立兑根契壹帋為照。

雍正肆年十二月日　立兑契人弟學季（押）
在見年兄林克舉（押）
代書中兄學輝（押）

10-5-17-3　清雍正四年十二月黃學季立兑民田根契

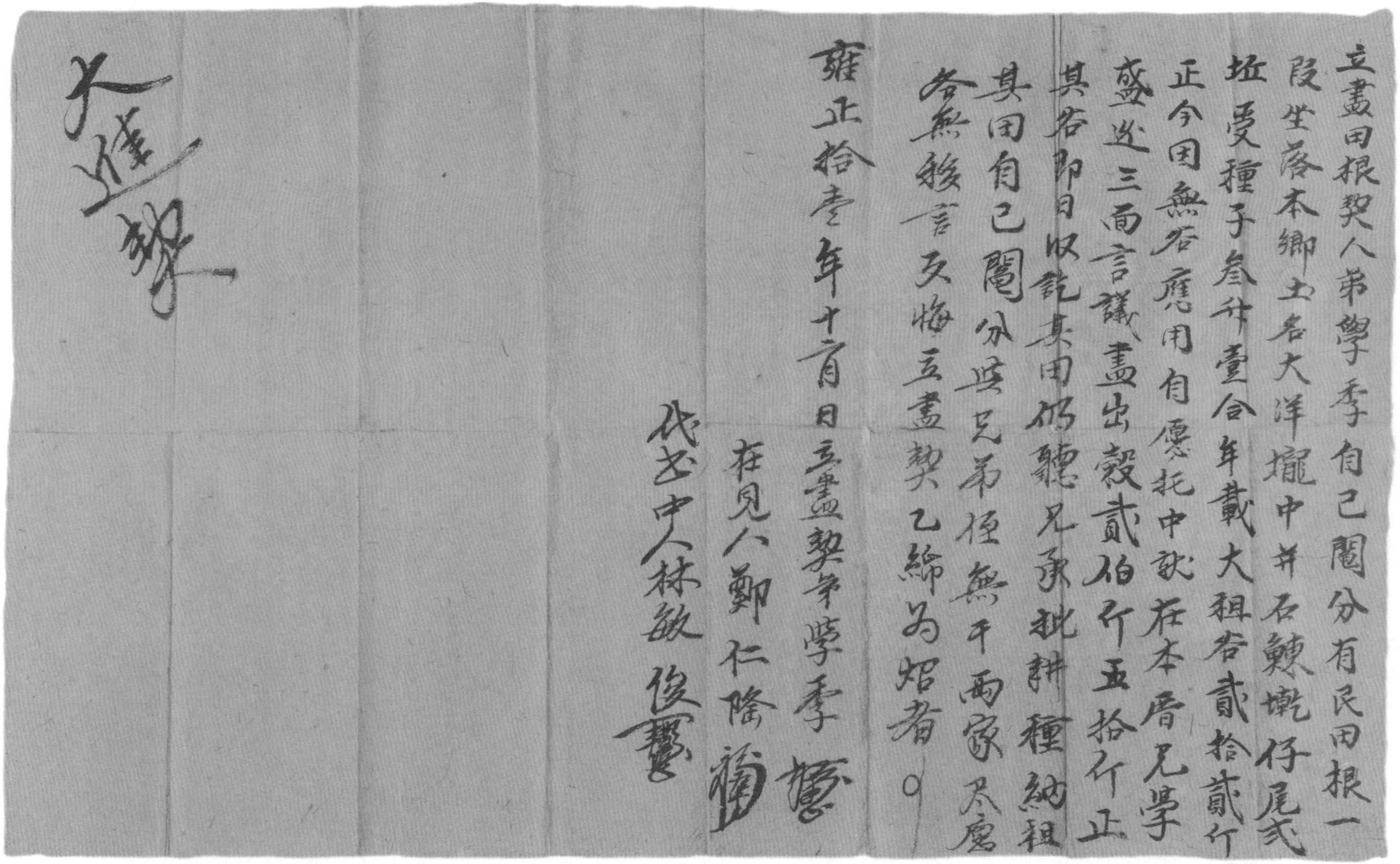
立盡田根契人弟學季自己閹分有民田根一
段坐落本鄉土名大洋壠中并石鰊墘仔尾式
坵受種子叁升壹合年載大租谷貳拾貳斤
正今因無谷應用自愿托中就在本厝兄學
盛送三面言議盡出穀貳伯斤五拾斤正
其谷即日收訖其田仍聽兄承批耕種納租
其田自己閹分與兄弟侄無干兩家不應
各無絲言反悔立盡契乙紙為炤者。
雍正拾壹年十二月　日立盡契弟學季
在見人鄭仁隆
代書中人林啟俊
大進契

10-5-17-4　清雍正十一年十二月黄學季立盡民田根契

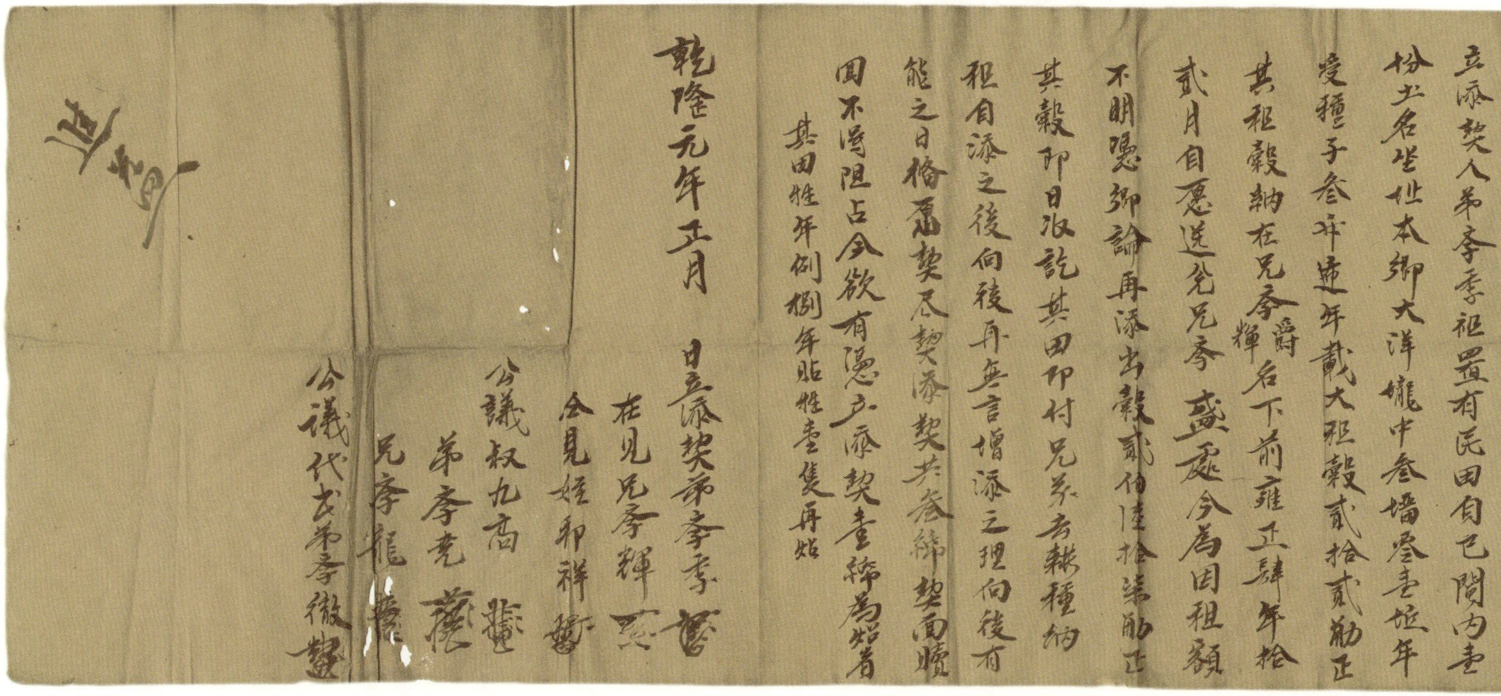

立添契人弟李季祖置有民田自己鬮内壹
坵土名坐址本鄉大洋墘中叁墻壹坵年
受種子叁升逐年載大租穀貳拾貳觔正
其租穀納在兄李爵輝名下前雍正肆年拾
貳月自愿送兄李盡處今為因租額
不明憑鄉論再添出穀貳佰陸拾觔正
其穀即日收訖其田即付兄弟前去耕種納
租自添之後向後再無言增添之理向後有
能之日備原契盡契添契共叁紙契面贖
回不得阻占今欲有憑立添契壹紙爲炤者
其田牲年例捌年貼牲壹隻再炤

乾隆元年正月　日立添契弟李季（押）
在見兄李輝（押）
全見姪和祥（押）
公議叔九高（押）
弟李亮（押）
兄李龍（押）
公議代書弟李徽（押）

10-5-17-5　清乾隆元年正月黃孛季立添民田契

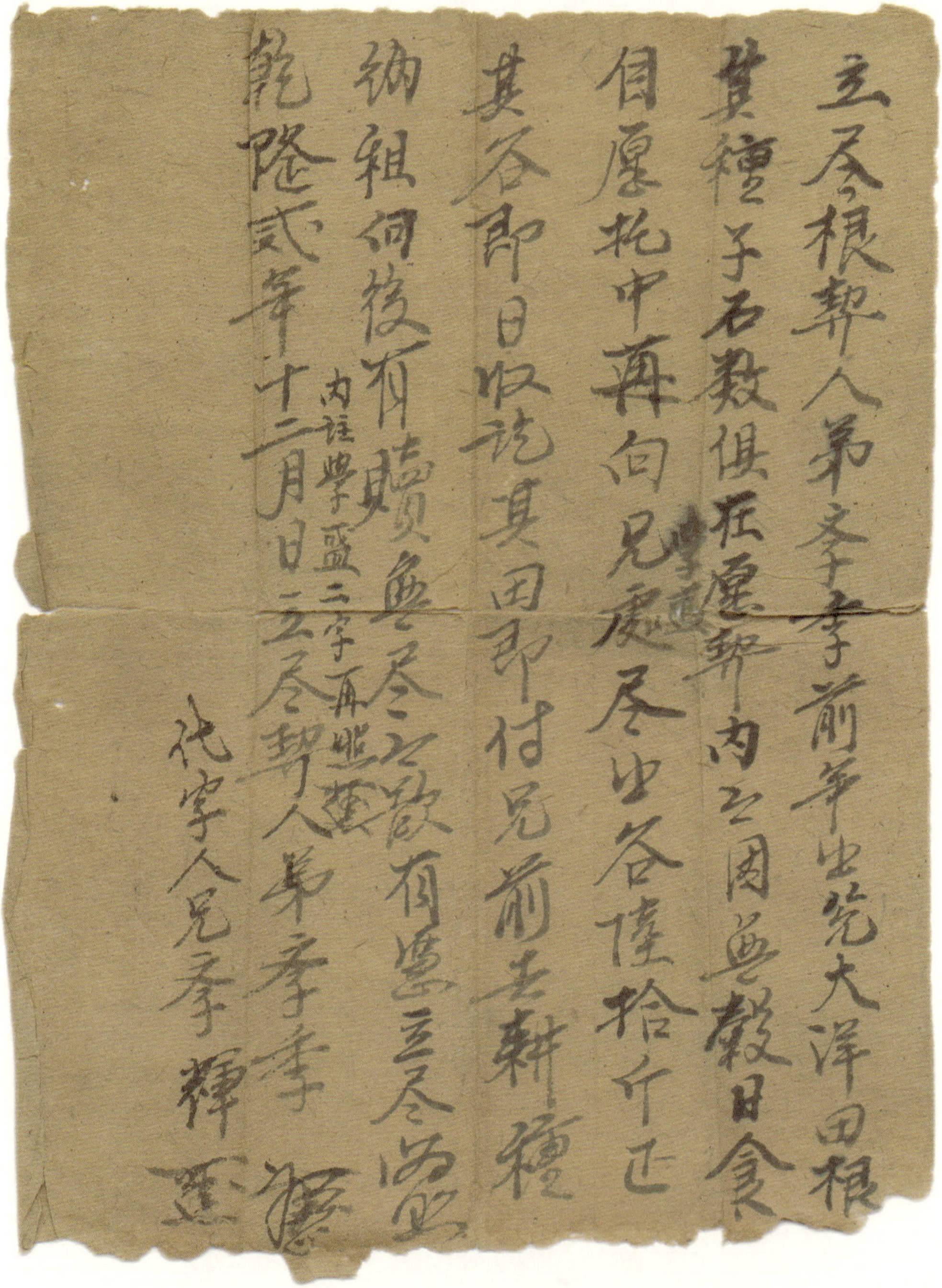
立盡根契人弟孝季前年出兑大洋田根
其種子石數俱在原契内已因無穀日食
自愿托中再向兄處學盡盡出谷陸拾斤正
其谷即日收訖其田即付兄前去耕種
納租向後有贖無盡已盡有憑立盡爲照
内註學盡二字再照
乾隆弍年十二月　日立盡契人弟孝季（押）
代字人兄孝輝（押）

10-5-17-6　清乾隆二年十二月黄孝季立盡田根契

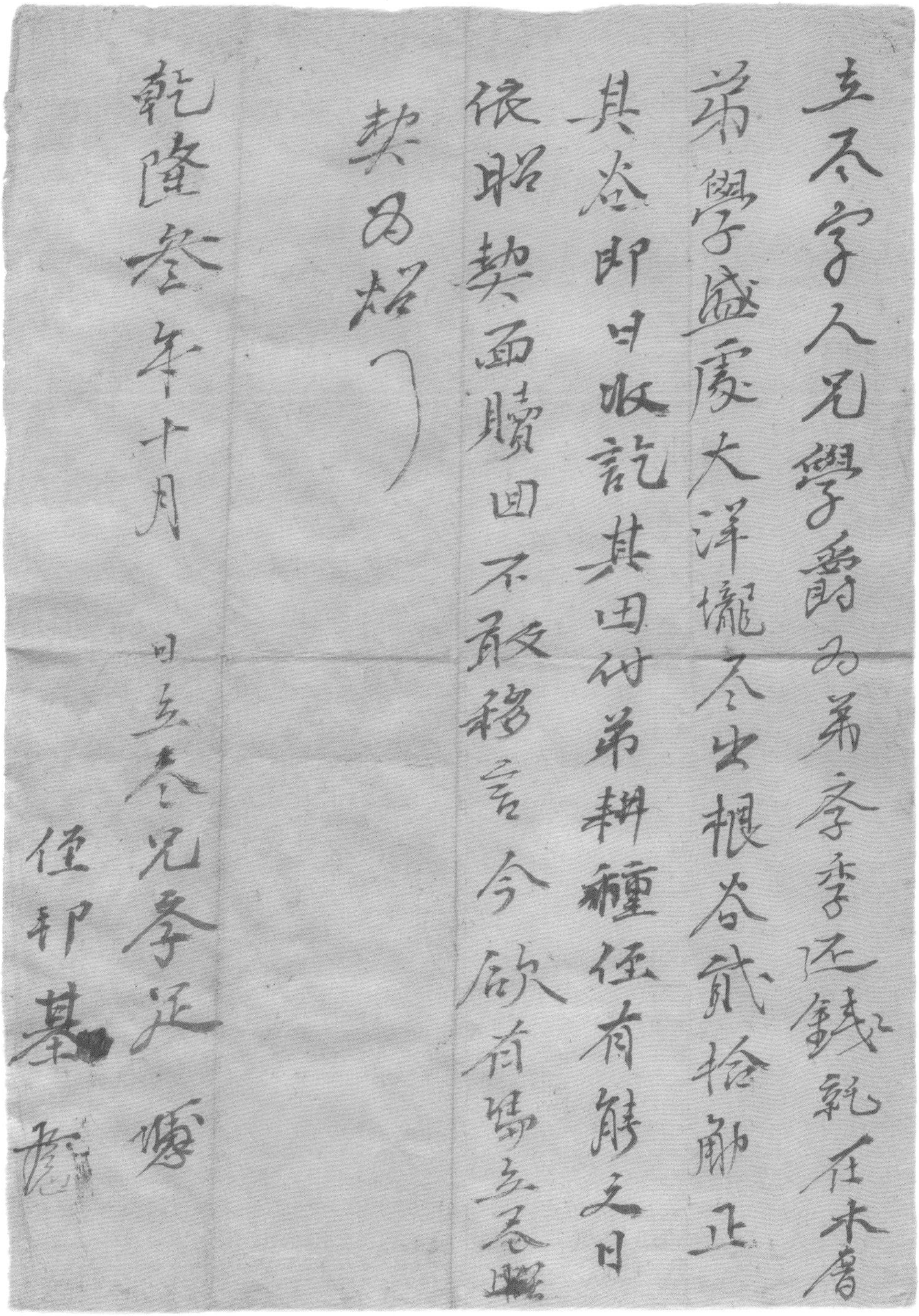
立盡字人兄學爵為弟李廷錢〻訖在本厝
弟學盛處大洋壠盡出根谷貳拾觔正
其谷即日收訖其田付弟耕種任有能之日
依照契面贖回不敢稽言今欲有憑立盡[illegible]
契為照〔〕
乾隆叁年十月　日立盡兄李廷　押
侄邦基　筆

10-5-17-7　清乾隆三年十月黄學爵立盡根穀字

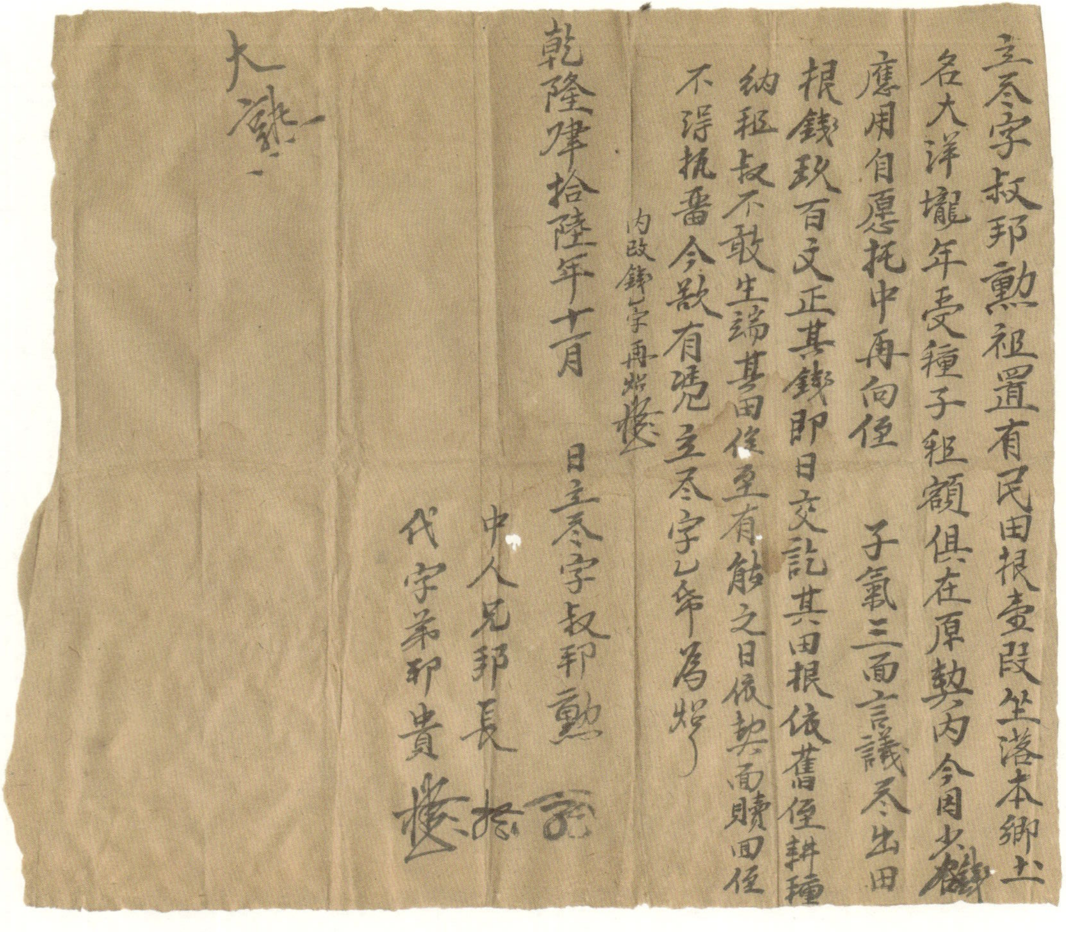

立盡字叔邦勳祖置有民田根壹段，坐落本鄉土
名大洋壠，年受種子租額俱在原契內。今因乏鏹
應用，自愿托中再向侄　子氣三面言議，盡出田
根錢玖百文正。其錢即日交訖，其田根依舊侄耕種
納租，叔不敢生端。其田侄至有能之日，依契面贖回，侄
不得抗番。今欲有憑，立盡字乙紙爲炤。
內改錢乙字再炤（押）
乾隆肆拾陸年十一月　日立盡字叔邦勳（押）
中人兄邦長（押）
代字弟邦貴（押）
大[illegible]

10-5-17-8　清乾隆四十六年十一月黃邦勳立盡民田根字

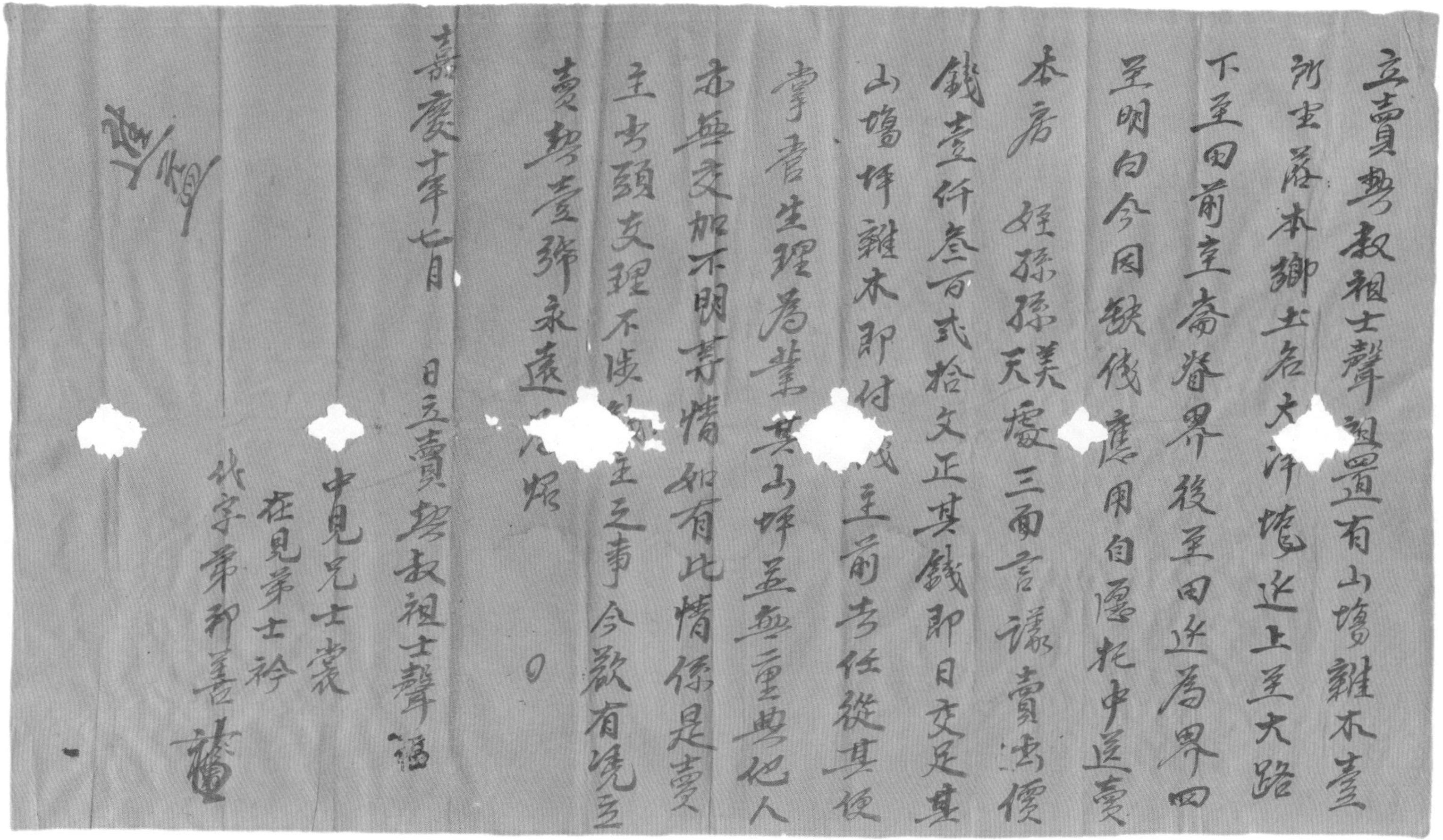
立賣契叔祖士聲祖置有山壇雜木壹
所坐落本鄉土名大汴墘迯上至大路
下至田前左至裔脊界後至田迯爲界四
至明白今因缺錢應用自愿托中送賣
本房　姪孫孫美天、慶三面言議賣出價
錢壹仟叁百式拾文正其錢即日交足其
山壇坪雜木即付[illegible]主前去任從其便
掌管生理爲業其山坪並無重典他人
亦無交加不明等情如有此情係是賣
主出頭支理不涉[illegible]主之事今欲有憑立
賣契壹紙永遠[illegible]照

嘉慶十年七月　日立賣契叔祖士聲
中見兄士裳
在見弟士衿
代字弟邦善

10-5-17-9　清嘉慶十年七月黃士聲立賣山場雜木契

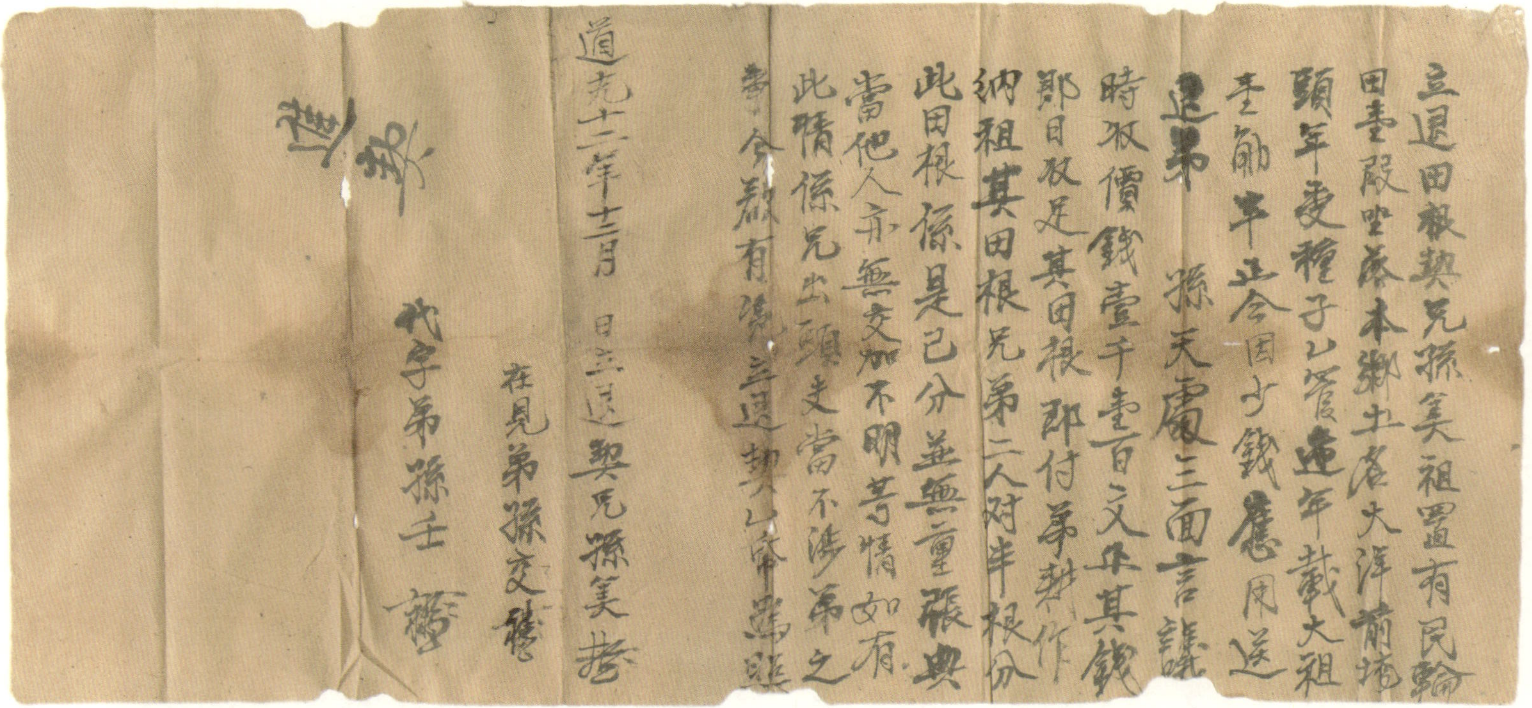

立退田根契兄孫美，祖置有民輸
田壹段，坐落本鄉土名大洋前墘
頭，年受種子山，遞年載大租
壹斗正，今因乏錢應用，送
退弟　孫天處三面言議
時收價錢壹千壹百文，其錢
即日收足，其田根即付弟耕作
納租。其田根兄弟二人對半根分，
此田根係是己分，並無重張典
當他人，亦無交加不明等情，如有
此情，係兄出頭支當，不涉弟之
事。今欲有憑，立退契一紙為照。

道光十二年十二月　日立退契兄孫美（押）

在見弟孫文（押）

代字弟孫壬（押）

退契

10-5-17-10　清道光十二年十二月黄孫美立退民輸田根契

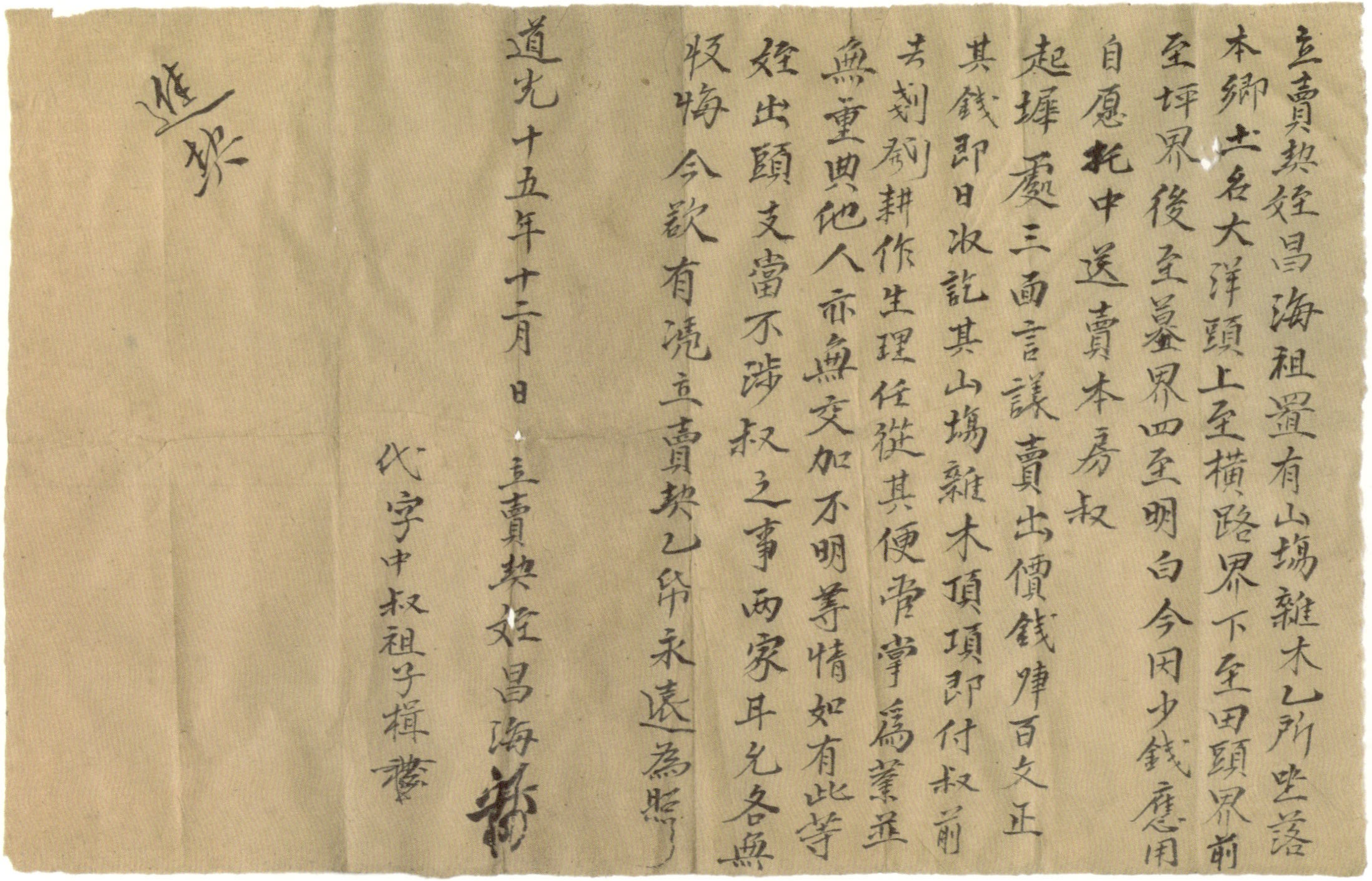
立賣契侄昌海祖置有山場雜木乙所坐落
本鄉土名大洋頭上至横路界下至田頭界前
至坪界後至墓界四至明白今因少錢應用
自愿托中送賣本房叔
起墀處三面言議賣出價錢肆百文正
其錢即日收訖其山場雜木項項即付叔前
去劏刷耕作生理任從其便管掌爲業並
無重典他人亦無交加不明等情如有此等
侄出頭支當不涉叔之事兩家甘允各無
反悔今欲有憑立賣契乙帋永遠爲照
道光十五年十二月　日　立賣契侄昌海（押）
代字中叔祖子楫（押）
進契

10-5-17-11　清道光十五年十二月黃昌海立賣山場雜木契

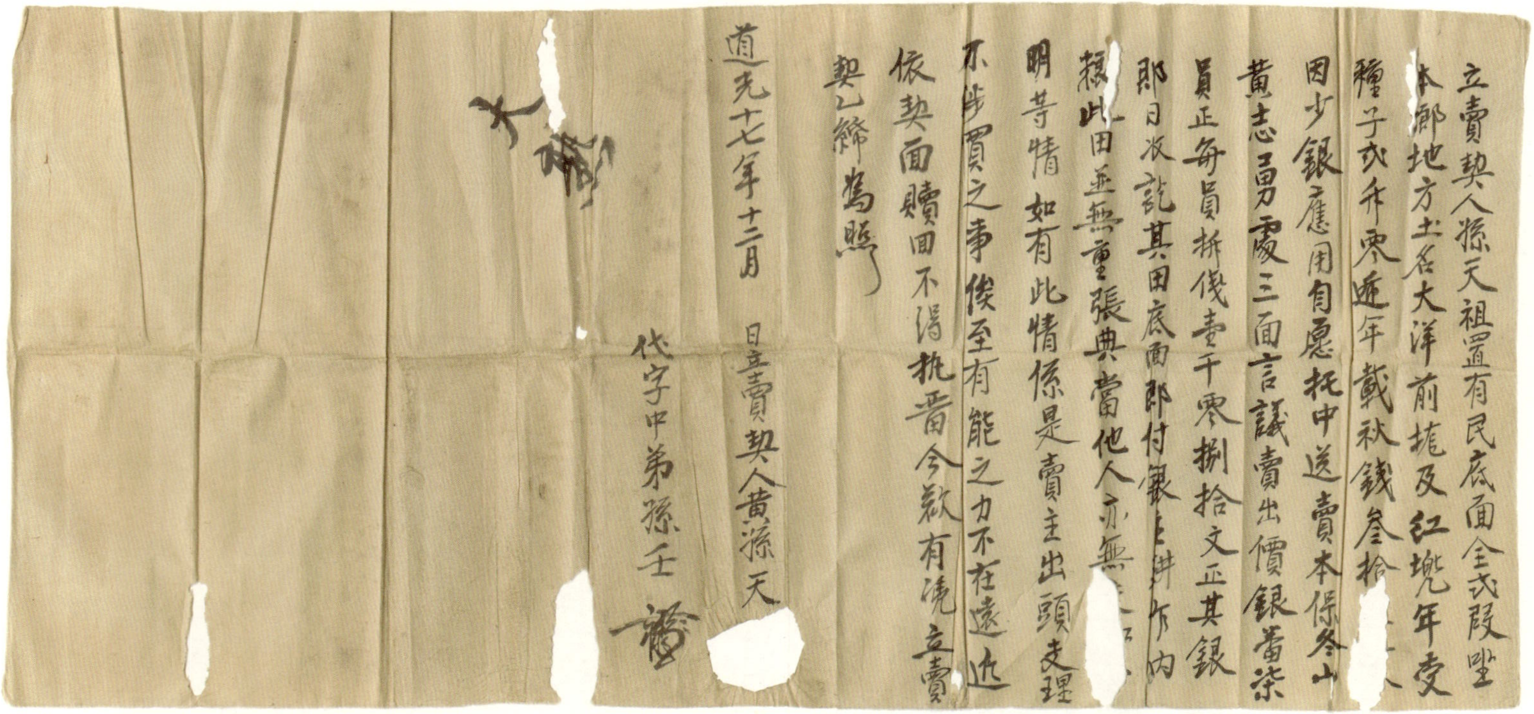
立賣契人孫天祖置有民底面全弍段坐
本鄉地方土名大洋前梲及紅墘年受
種子弍升零逐年載秋錢叁拾[illegible]
因少銀應用自愿托中送賣本保冬山
黃志勇處三面言議賣出價銀番柒
員正每員折伐壹千零捌拾文正其銀
即日收訖其田底面即付銀主耕作內
撥此田並無重張典當他人亦無[illegible]
明等情如有此情係是賣主出頭支理
不涉買之事後至有能之力不在遠近
依契面贖回不得執留今欲有憑立賣
契一紙為照
道光十七年十二月　日立賣契人黃孫天
代字中弟孫壬

10-5-17-12　清道光十七年十二月黃孫天立賣底面全民田契

立賣契人侄孫家拱于前祖遗下有民田底面全
壹段坐產本鄉土名大洋前坵等處年受種子
五管冬載大租米叁拾斛正合配粮米壹分八厘
庫今因欠錢應用自愿托中送賣與本鄉
叔祖孫嬌處三面言議時值價銀折錢柒千
伍百文正其錢即日交訖其田前去付錢主分收
納耕掌管為業任從其便侄孫不敢異言生
端等情此田並無重典他人及交加不明等
情如有此等係侄孫出頭支理不涉錢主之事係是
有憑之日依其面取贖不得抗番今欲有憑立賣
契乙帋付執為照

同治八年十弍月　日立賣契人侄孫家拱（押）
中見伯昌明（押）
代字侄作（押）

光緒十四年十二月贖回盛照

批字

10-5-17-13　清同治八年十二月黃家拱立賣底面全民田契

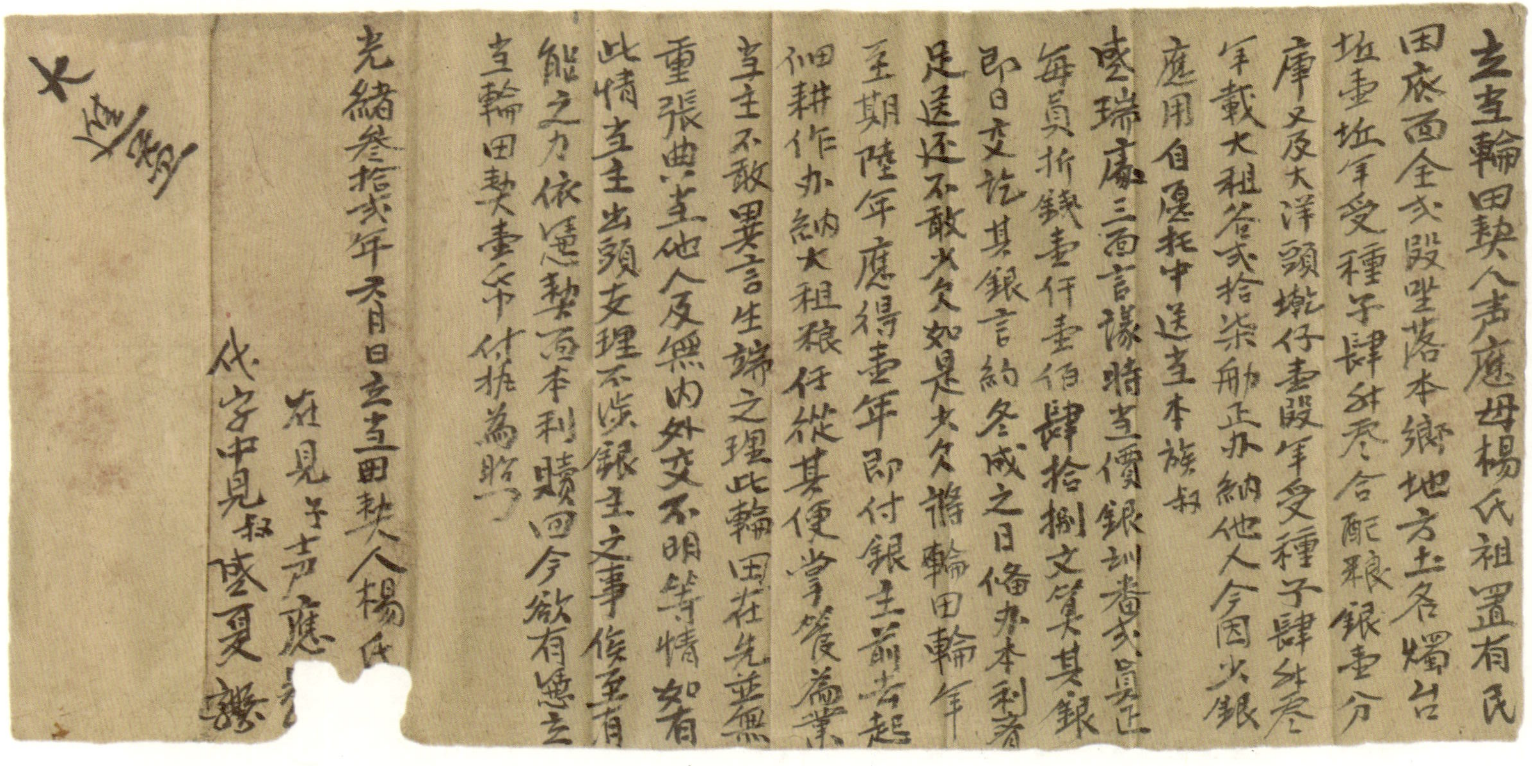

立當輪田契人声應母楊氏祖置有民
田底面全弍段坐落本鄉地方土名燭台
坵壹坵年受種子肆升叁合配粮銀壹分
庫又及大洋頭墘仔壹段年受種子肆升叁
年載大租谷弍拾柒觔正亦納他人今因乏銀
應用自愿托中送當本族叔
盛瑞處三面言議時當價銀訓番弍員正
每員折錢壹仟壹佰肆拾捌文算其銀
即日交訖其銀言約冬成之日備办本利當
足送還不敢少欠如是少欠將田輪年
至期陸年應得壹年即付銀主前去起
佃耕作办納大租粮任從其便掌管為業
當主不敢異言生端之理此輪田在先並無
重張典當他人及無內外交不明等情如有
此情當主出頭支理不涉銀主之事候至有
能之力依憑契面本利贖回今欲有憑立
當輪田契壹紙付執為照

光緒叁拾弍年六月日立當田契人楊氏
在見子声應
代字中見叔盛夏

大吉

10-5-17-14 清光緒三十二年六月黃声應母楊氏立當底面全民輪田契

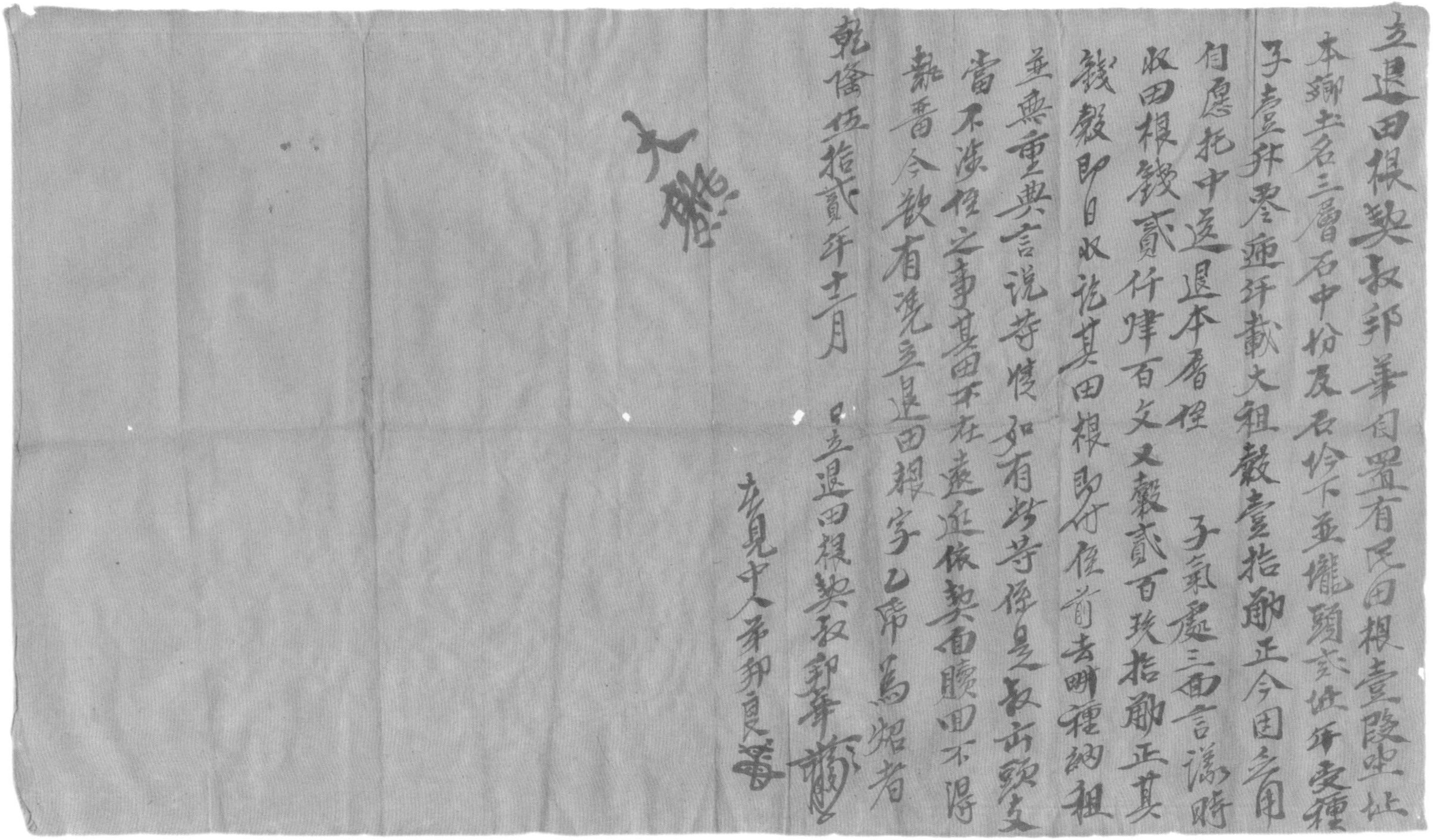

立退田根契叔邦華自置有民田根壹段坐址
本鄉土名三層石中坋及石坋下並壠頭貳坵年受種
子壹升叁斗遞年載大租穀壹拾斛正今因乏用
自愿托中送退本厝侄　子氣處三面言議時
收田根錢貳仟肆百文又穀貳百玖拾斛正其
錢穀即日收訖其田根即付侄前去明種納租
並無重典言說等情如有此等係是叔出頭支
當不涉侄之事其田不在遠近依契面贖田不得
執留今欲有憑立退田根字乙帋為炤者
乾隆伍拾貳年十二月　日立退田根契叔邦華（押）
在見中人華邦良（押）
大發

10-5-18-1　清乾隆五十二年十二月黄邦華立退民田根契

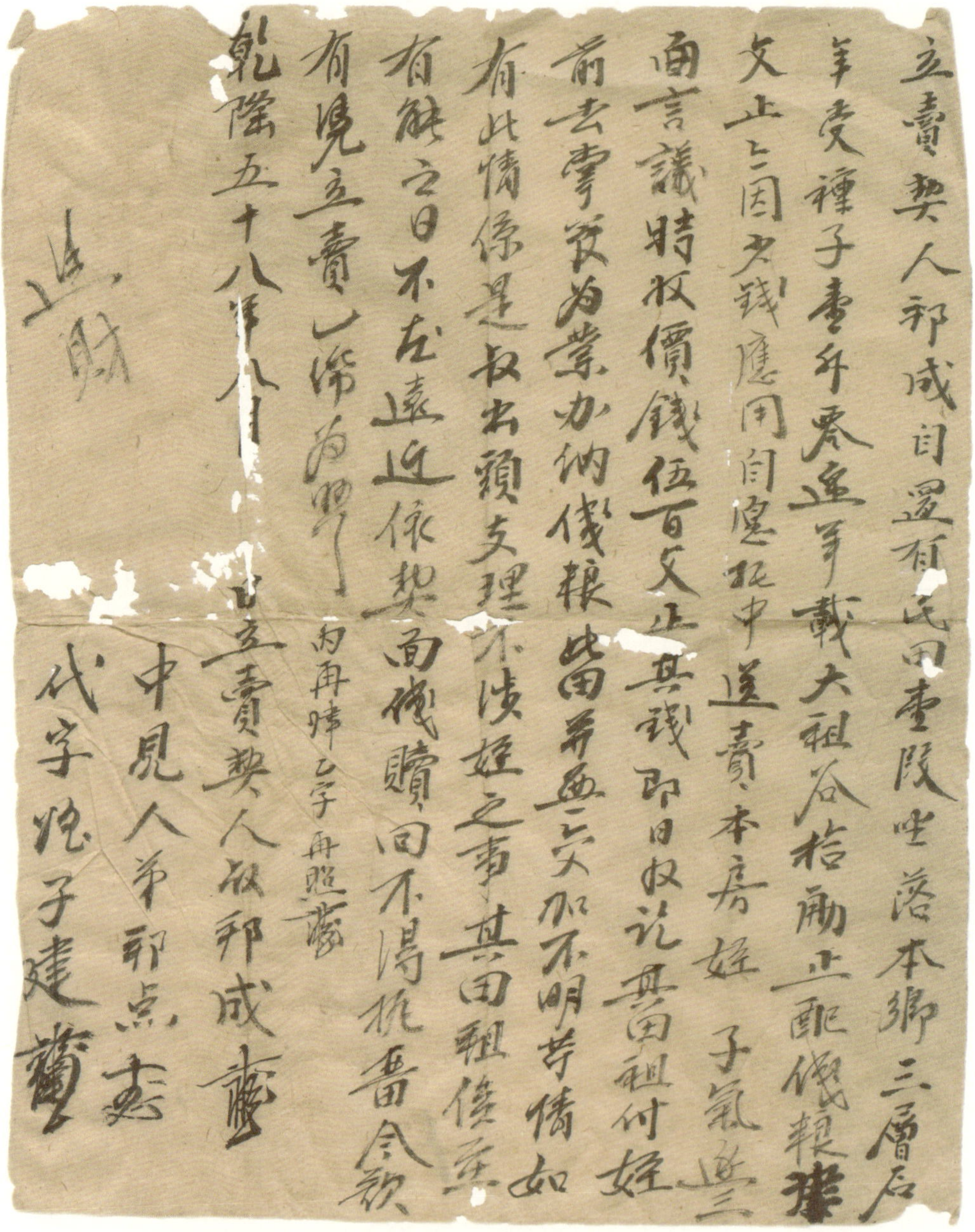
立賣契人邦成自置有民田壹段坐落本鄉三層石
年受種子壹斗零運年載大租谷拾觔正配俵粮
文正正因乏錢應用自愿托中送賣本房姪子氣
面言議時收價錢伍百文正其錢即日收訖其田租付姪
前去掌管為業办納俵粮此田并無云文加不明等情如
有此情係是叔出頭支理不涉姪之事其田租係在其
有餘之日不在遠近依契面價錢贖回不得執留今欲
有憑立賣一紙為照
内再帰一字再照
乾隆五十八年八月 日立賣契人叔邦成
中見人弟邦点
代字姪子建
進財

10-5-18-2 清乾隆五十八年八月黄邦成立賣民田契

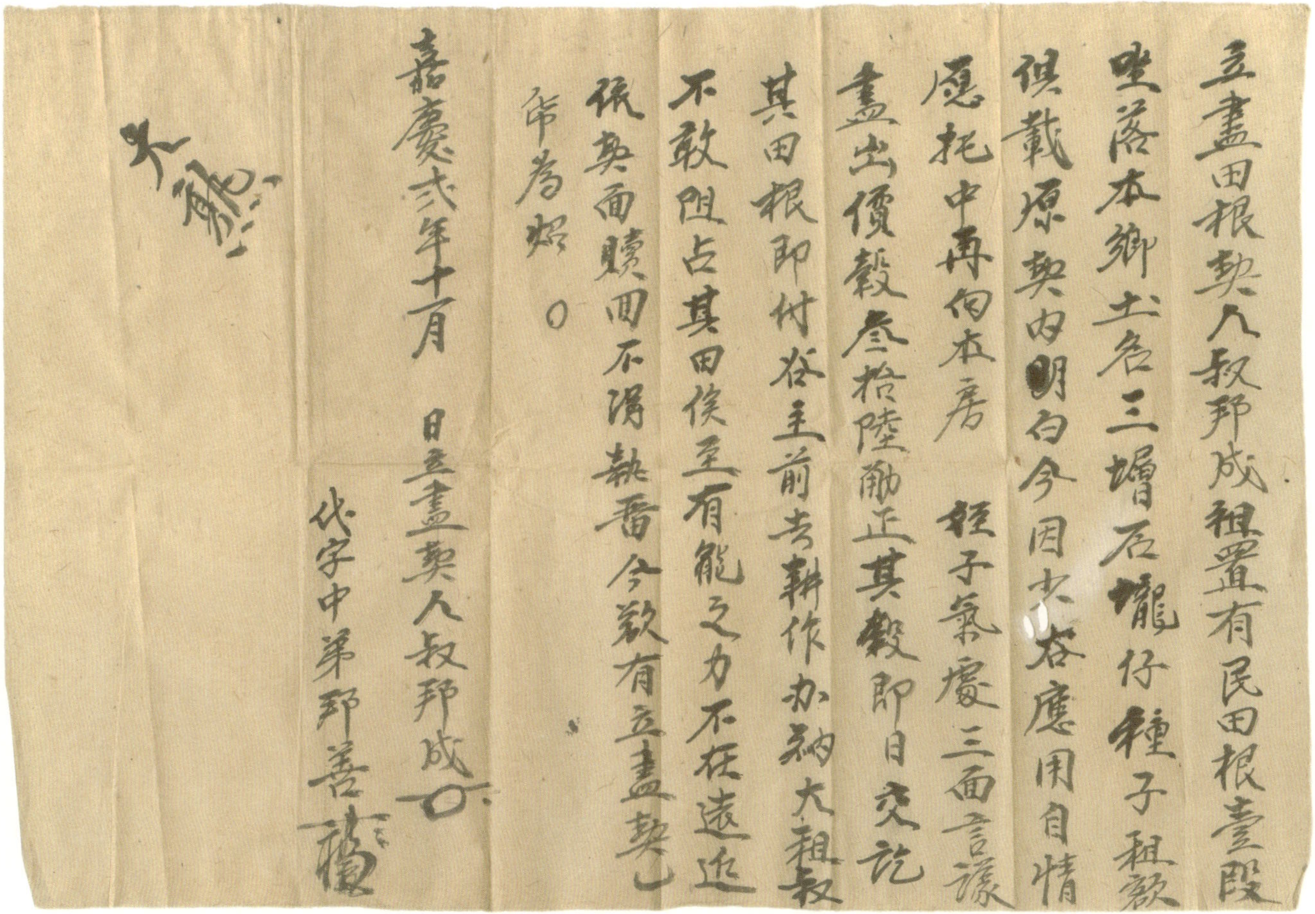

立盡田根契人叔邦成祖置有民田根壹段
坐落本鄉土名三墱石壠仔種子租穀
俱載原契內明白今因欠谷應用自情
愿托中再向本房 侄子氣慶三面言議
盡出價穀叁拾陸觔正其穀即日交訖
其田根即付谷主前去耕作办納大租穀
不敢阻占其田後至有能之力不在遠近
候契面贖回不得執番今欲有立盡契乙
帋為炤 ○
嘉慶弍年十月 日立盡契人叔邦成 ○
代字中弟邦善（押）
大吉

10-5-18-3 清嘉慶二年十一月黃邦成立盡民田根契

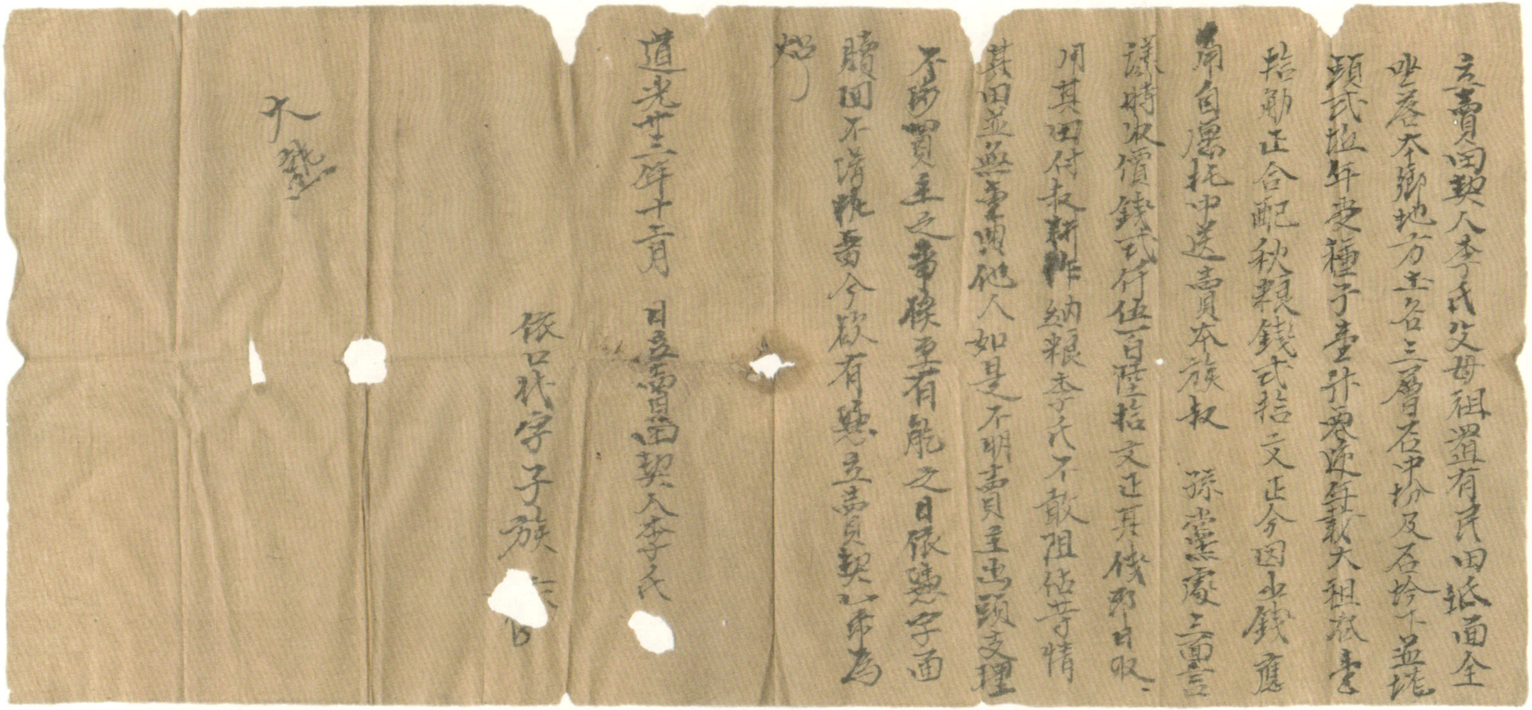

立賣田契人李氏，父母祖置有民田坵面全
坐落本鄉地方土名三層石中坋及石坋下並塆
頭，載拉年麥種子壹升，要逐年每載大租叔李
福勳正合配秋粮錢弍拾文正。今因乏錢應
用，自愿托中送賣本族叔　孫藍處三面言
議，時值價錢弍仟伍百陸拾文正，其錢即日收
用，其田付叔耕作納粮，李氏不敢阻佔等情。
其田並無重典他人，如是不明，賣主出頭支理，
不干買主之事。倘後有能之日，依照字面
贖回，不得執留。今欲有憑，立賣契一帋為
炤。

道光廿三年十二月　日立賣田契人李氏

依口代字　子族六

大發

10-5-18-4　清道光二十三年十二月李氏立賣底面全民田契

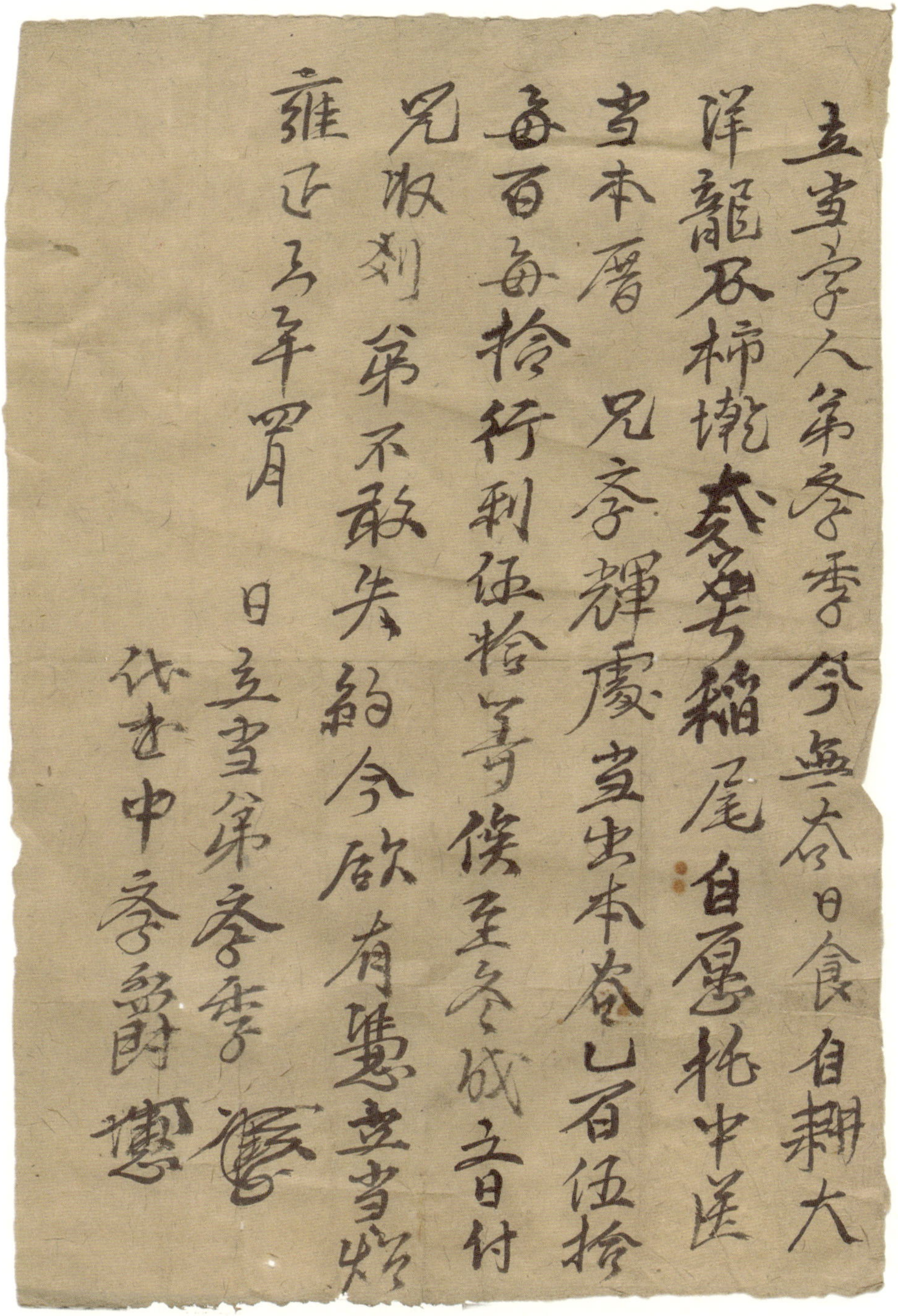

立当字人弟孝季今無本日食自耕大
洋龍石柿墘本号稻尾自愿托中送
当本厝　兄孝輝處當出本谷山百伍拾
每百每拾行利伍拾斤候至冬成之日付
兄收剋　弟不敢失約今欲有憑立当字
雍正三年四月　　日　立当弟孝季（押）
代書中孝爵（押）

10-5-19-1　清雍正三年四月黄孝季立當稻尾字

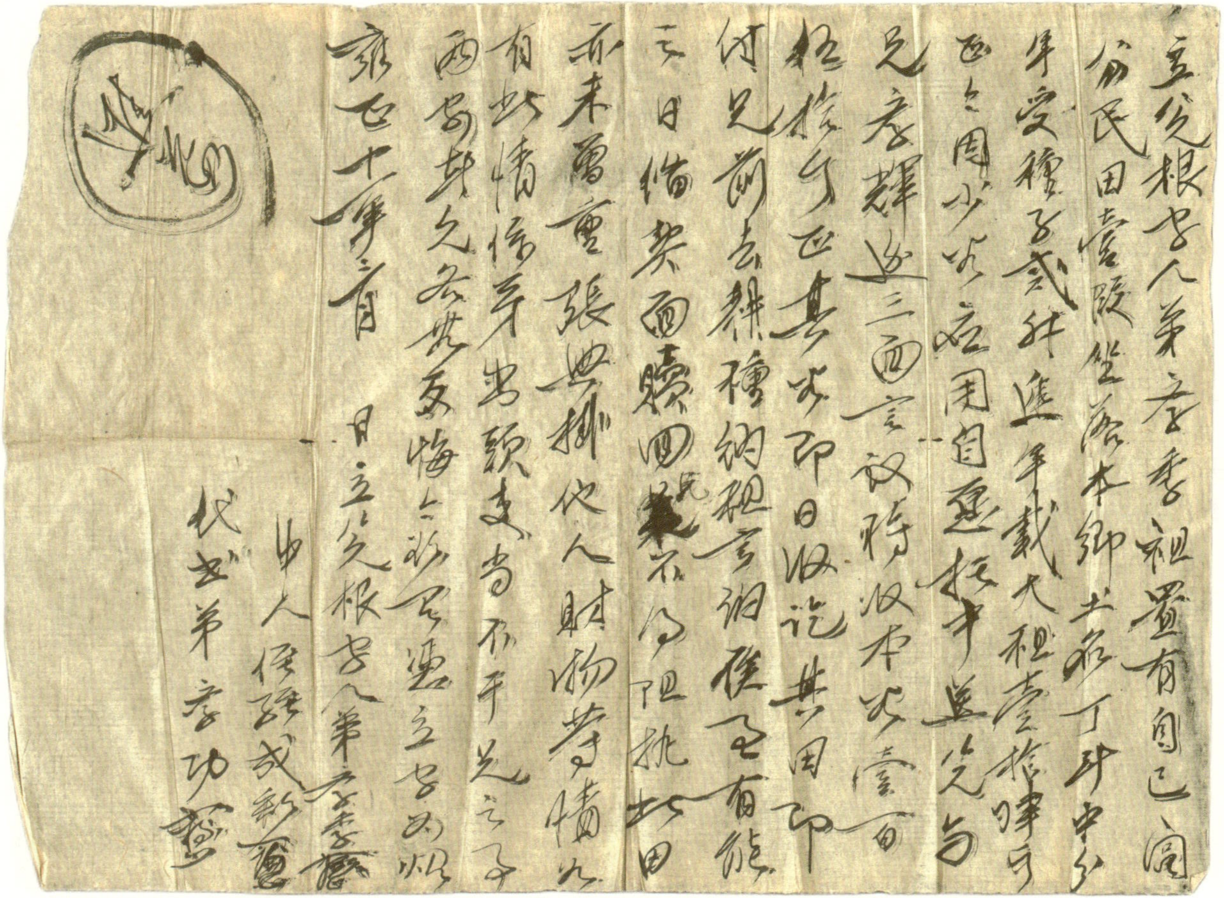

10-5-19-2 清雍正十一年三月黃孪季立兑民田根字

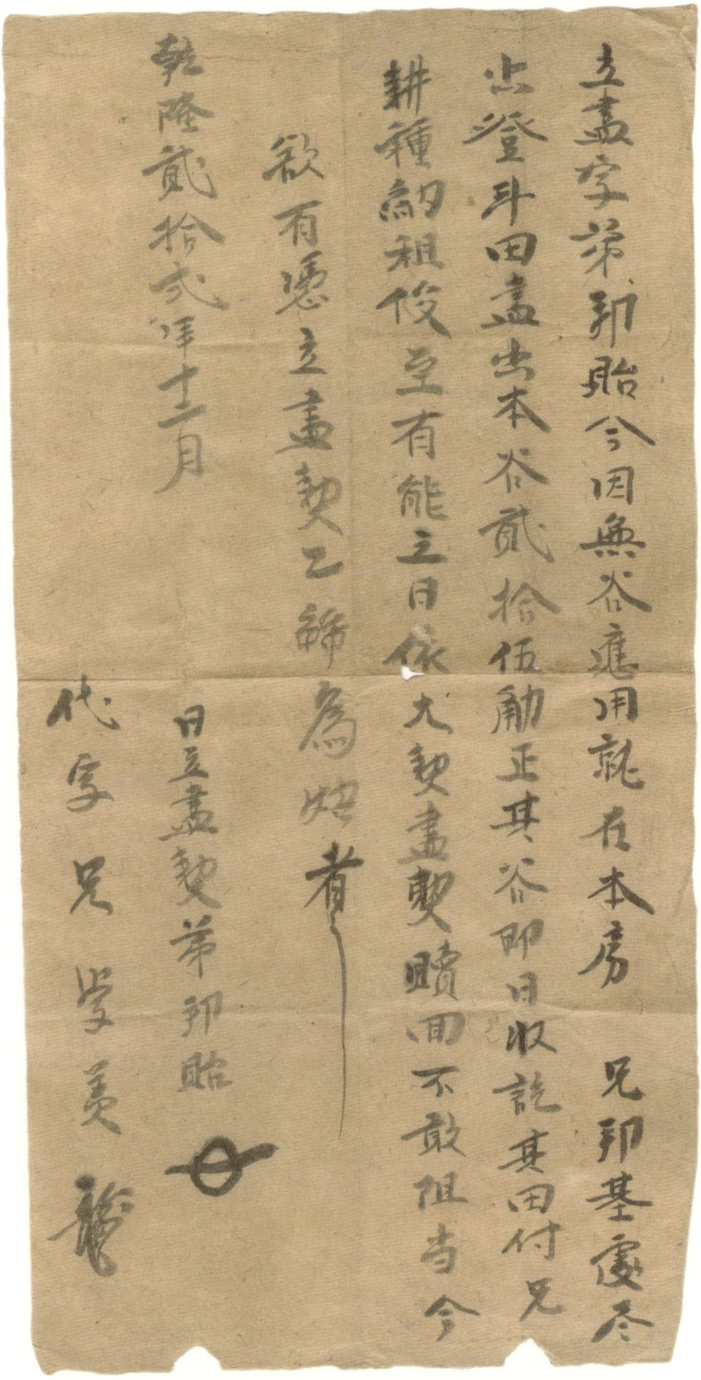
立盡字弟邦貽今因無谷應用就在本房兄邦基處承
出叄斗田盡出本谷貳拾伍觔正其谷即日收訖其田付兄
耕種納租候至有能之日依大契盡契贖回不敢阻當今
欲有憑立盡契乙紙為炤者
乾隆貳拾弍年十二月日立盡契弟邦貽
代字兄崇美筆

10-5-19-3 清乾隆二十二年十二月黄邦貽立盡田字

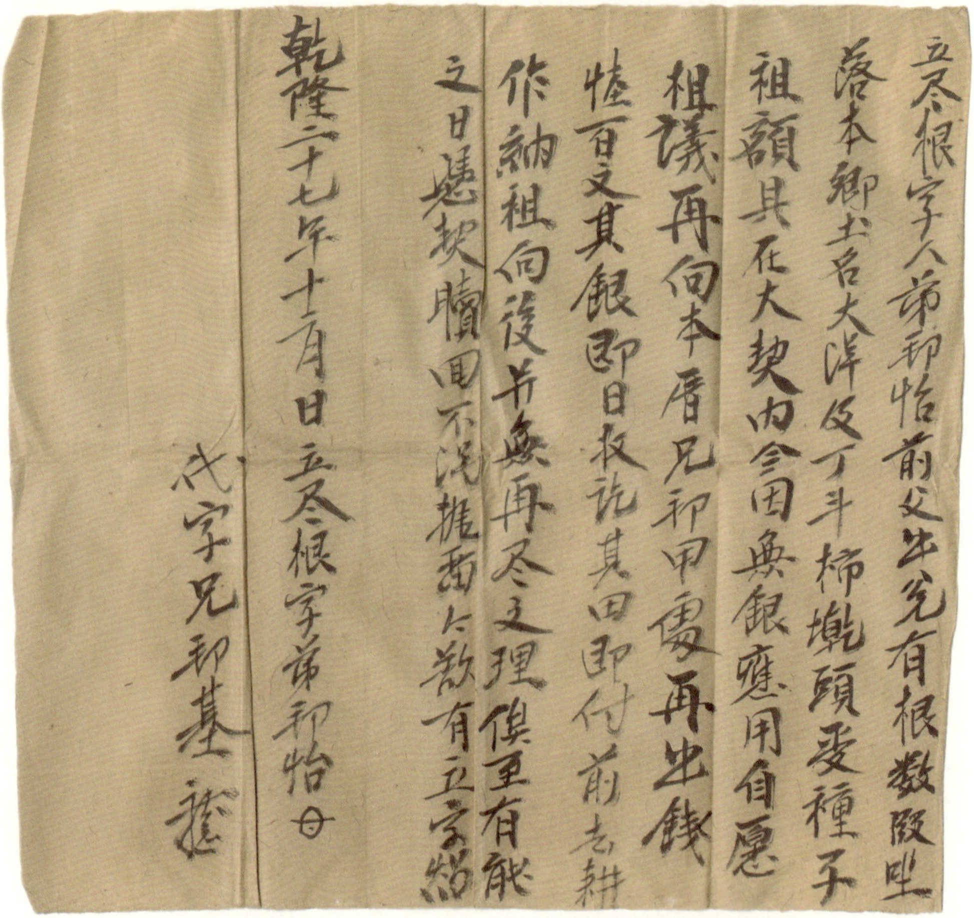

立盡根字人弟邦怡前父出分有根數段坐
落本鄉土名大洋坂下斗𥺌墘頭受種子
祖額具在大契內今因無銀應用自愿
租議再向本厝兄邦甲處再出錢
怯百文其銀即日收訖其田即付前去耕
作納租向後并無再盡之理倘至有能
之日憑契贖回不淂推故欵有立字爲
乾隆二十七年十二月日立盡根字弟邦怡
代字兄邦基筆

10-5-19-4　清乾隆二十七年十二月黄邦怡立盡民田根字

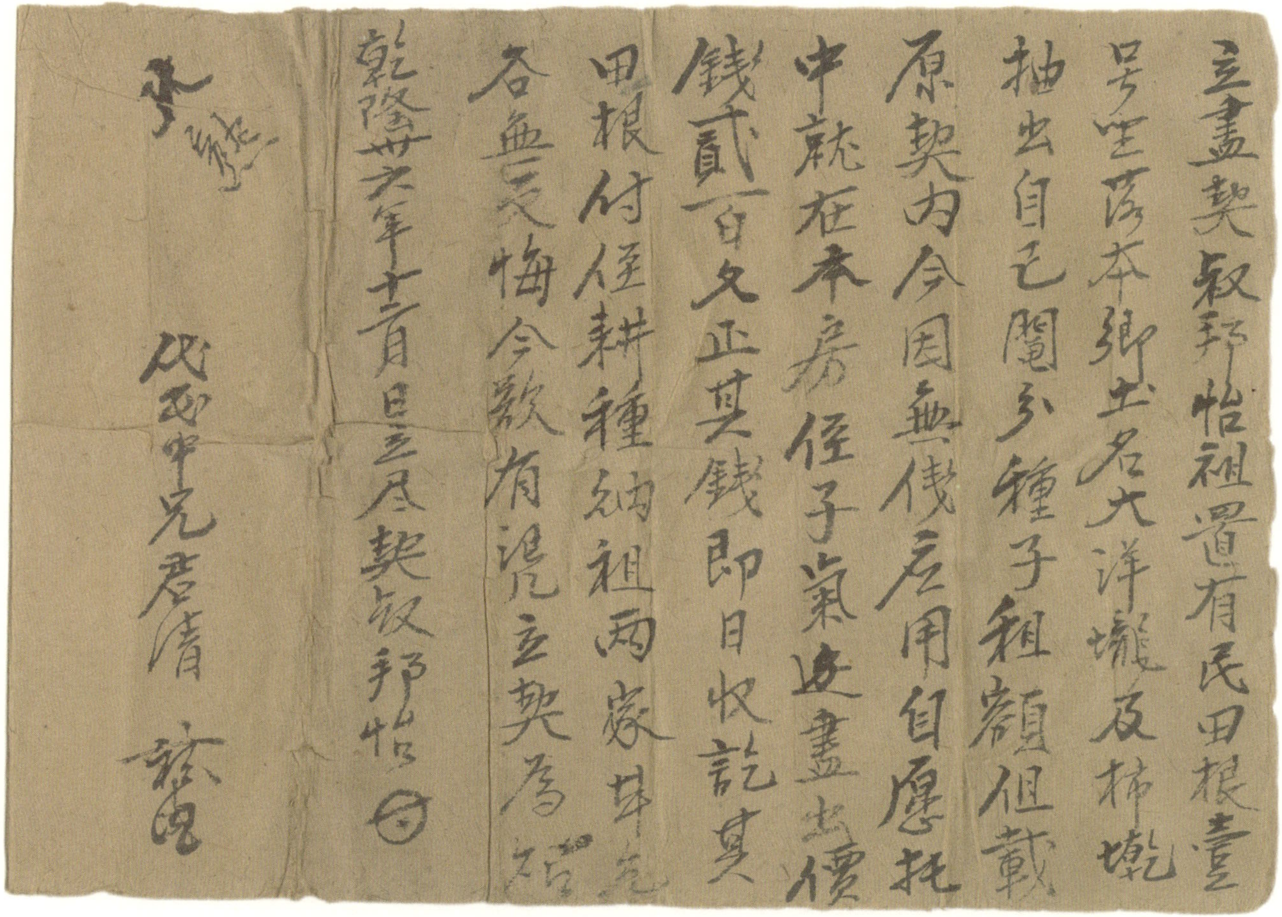
立盡契叔邦怡祖置有民田根壹
号坐落本鄉土名大洋墘及柿墘
抽出自己閹分種子租額伍載
原契內今因無錢應用自愿托
中就在本房侄子嵐安盡出價
錢貳百文正其錢即日收訖其
田根付侄耕種納祖兩家甘允
各無反悔今欲有憑立契為照
乾隆卅六年十二月　日立盡契叔邦怡
代筆中兄君清
永遠

10-5-19-5　清乾隆三十六年十二月黃邦怡立盡民田根契

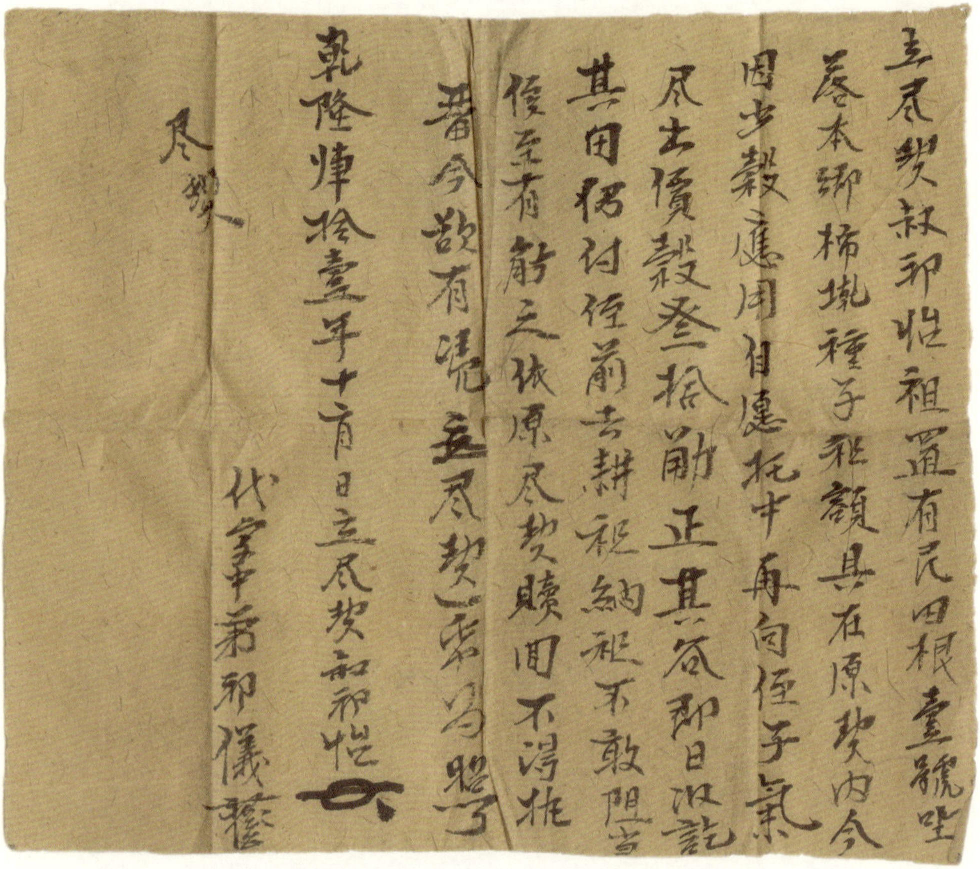
立盡契叔邦怡祖置有民田根壹號坐
落本鄉柿墘種子租額具在原契內今
因乏穀應用自愿托中再向侄子氣
盡出價穀叁拾觔正其谷即日收訖
其田仍付侄前去耕種納租不敢阻当
後至有能之依原盡契贖回不得推
番今欲有凭立盡契一紙為照
乾隆肆拾壹年十二月日立盡契叔邦怡
代筆弟邦儀
盡契

10-5-19-6　清乾隆四十一年十二月黄邦怡立盡民田根契

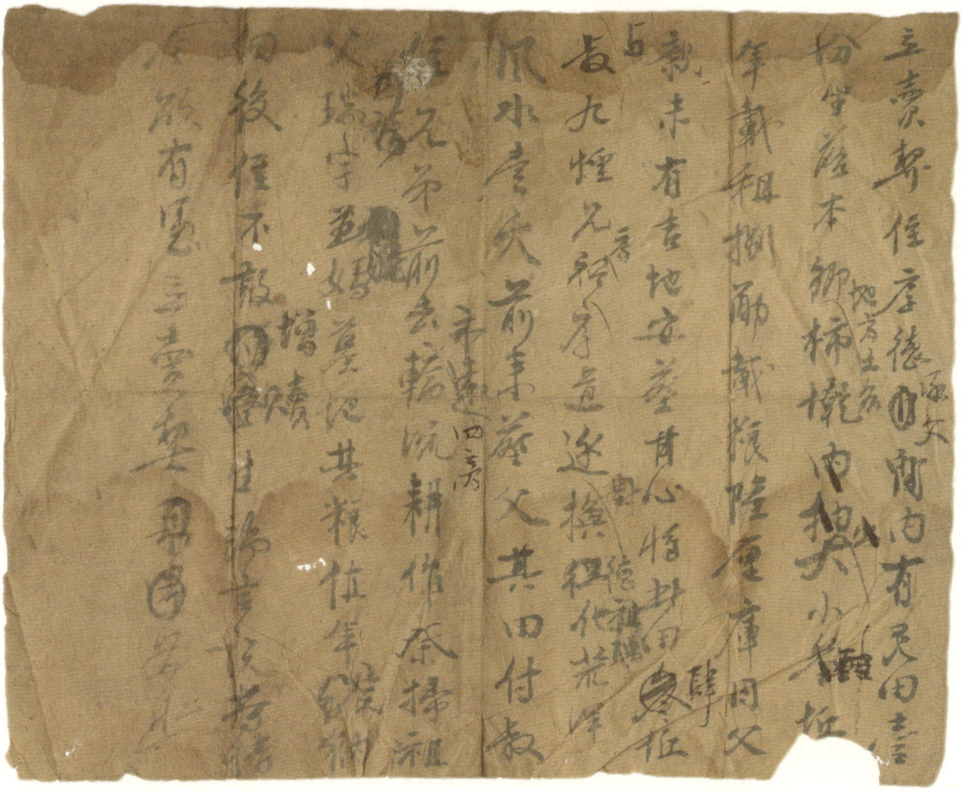

10-5-19-7 黄厚德立賣民田契（年代不詳，草契）

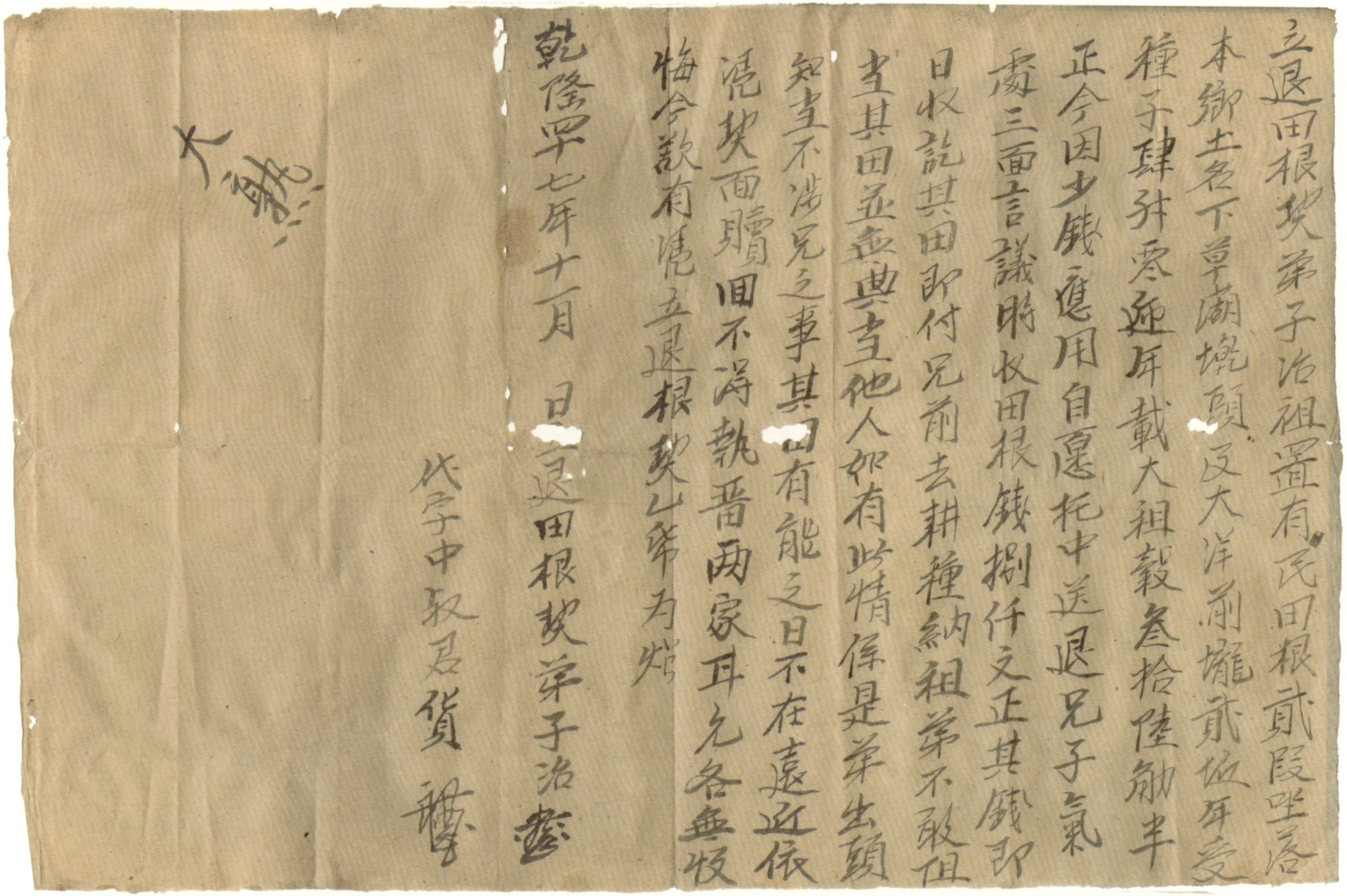

立退田根契弟子治祖遺有民田根貳段坐落
本鄉土名下革湖墘頭及大洋前壠貳坵年受
種子肆升零遞年載大租穀叁拾陸觔半
正今因乏錢應用自愿托中送退兄子氣
處三面言議時收田根錢捌仟文正其錢即
日收訖其田即付兄前去耕種納租弟不敢阻
當其田並無典當他人如有此情係是弟出頭
知當不涉兄之事其田有能之日不在遠近依
憑契面贖回不得執留兩家甘允各無反
悔今欲有憑立退根契一紙為照
乾隆四十七年十一月　日立退田根契弟子治（押）
代字中叔君貨（押）
大發

10-5-20-1　清乾隆四十七年十一月黃子治立退民田根契

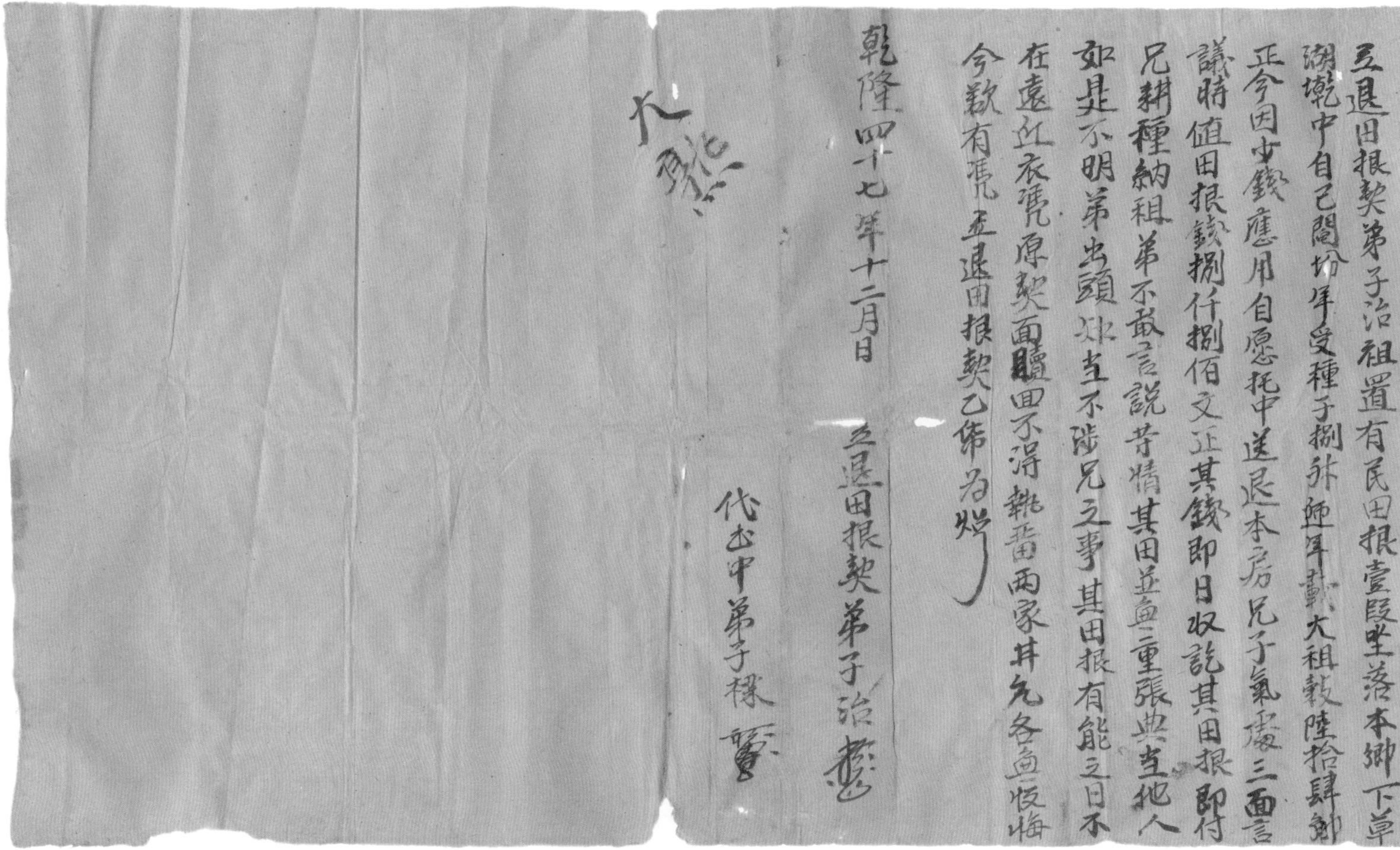

立退田根契弟子治祖置有民田根壹段坐落本鄉下草
湖墘中自己閣坋年受種子捌升箕年載大租穀陸拾肆觔
正今因乏錢應用自愿托中送退本房兄子氣處三面言
議時值田根錢捌仟捌佰文正其錢即日收訖其田根即付
兄耕種納租弟不敢言說并情其田並無重張典當他人
如是不明弟出頭抵当不涉兄之事其田根有能之日不
在遠近依憑原契面贖田不得執番兩家甘允各無反悔
今欲有憑立退田根契乙紙為照

乾隆四十七年十二月　日　　立退田根契弟子治（押）

代書中弟子祿（押）

大發

10-5-20-2　清乾隆四十七年十二月黃子治立退民田根契

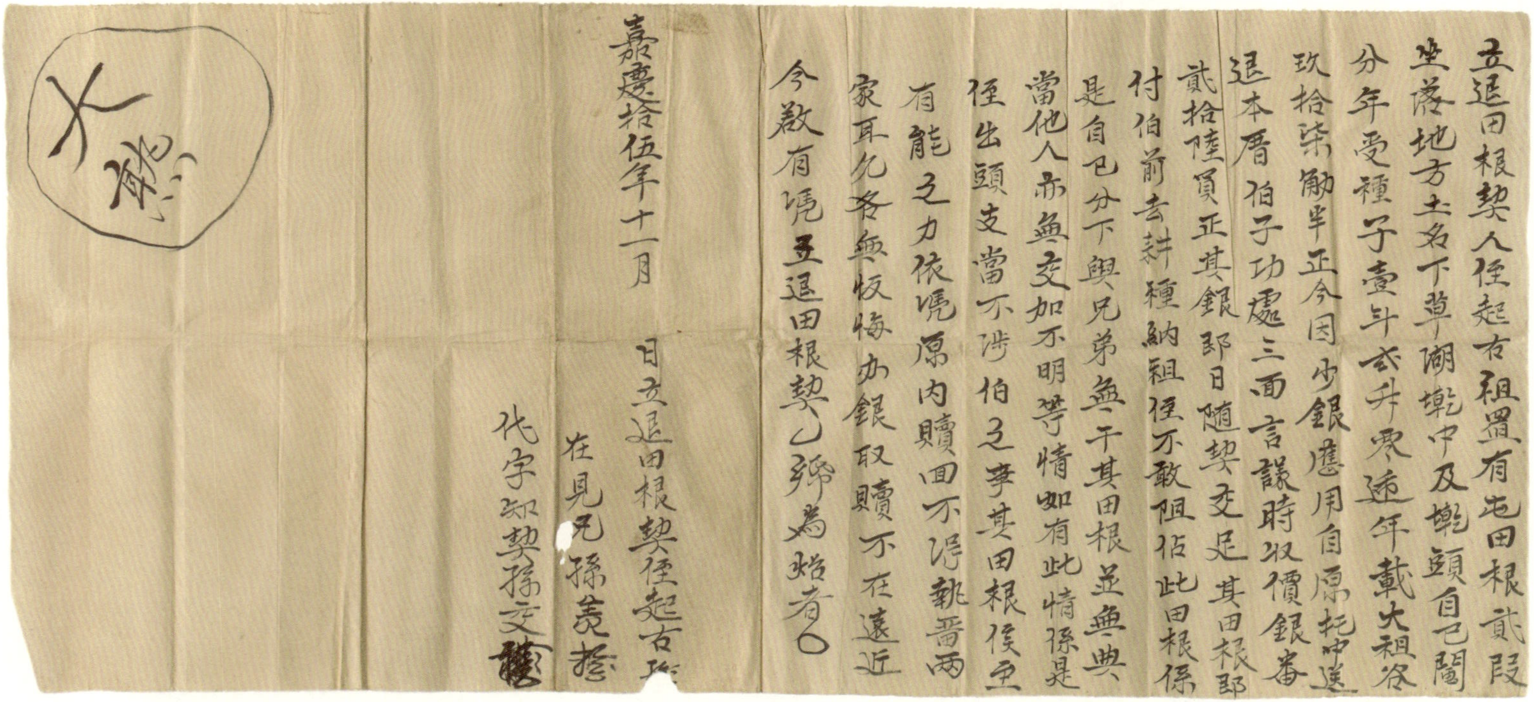

立退田根契人侄起古，祖置有屯田根貳段，
坐落地方土名下草湖墘中及墘頭，自己閹
分年受種子壹斗貳升，衆遞年載大租谷
玖拾柒觔半正。今因少銀應用，自愿托中送
退本房伯子功處，三面言議時價銀番
貳拾陸員正，其銀即日隨契交足。其田根即
付伯前去耕種納租，侄不敢阻佔。此田根係
是自己分下，與兄弟無干，其田根並無典
當他人，亦無交加不明等情。如有此情，係是
侄出頭支當，不涉伯之事。其田根俟至
有能之力，依憑原內贖回，不得執留。兩
家甘允，各無反悔，办銀取贖，不在遠近。
今欲有憑，立退田根契乙紙為炤者。

嘉慶拾伍年十一月　日立退田根契侄起古（押）
在見兄孫堯（押）
代字叔契孫交（押）

10-5-20-3　清嘉慶十五年十一月黄起古立退屯田根契

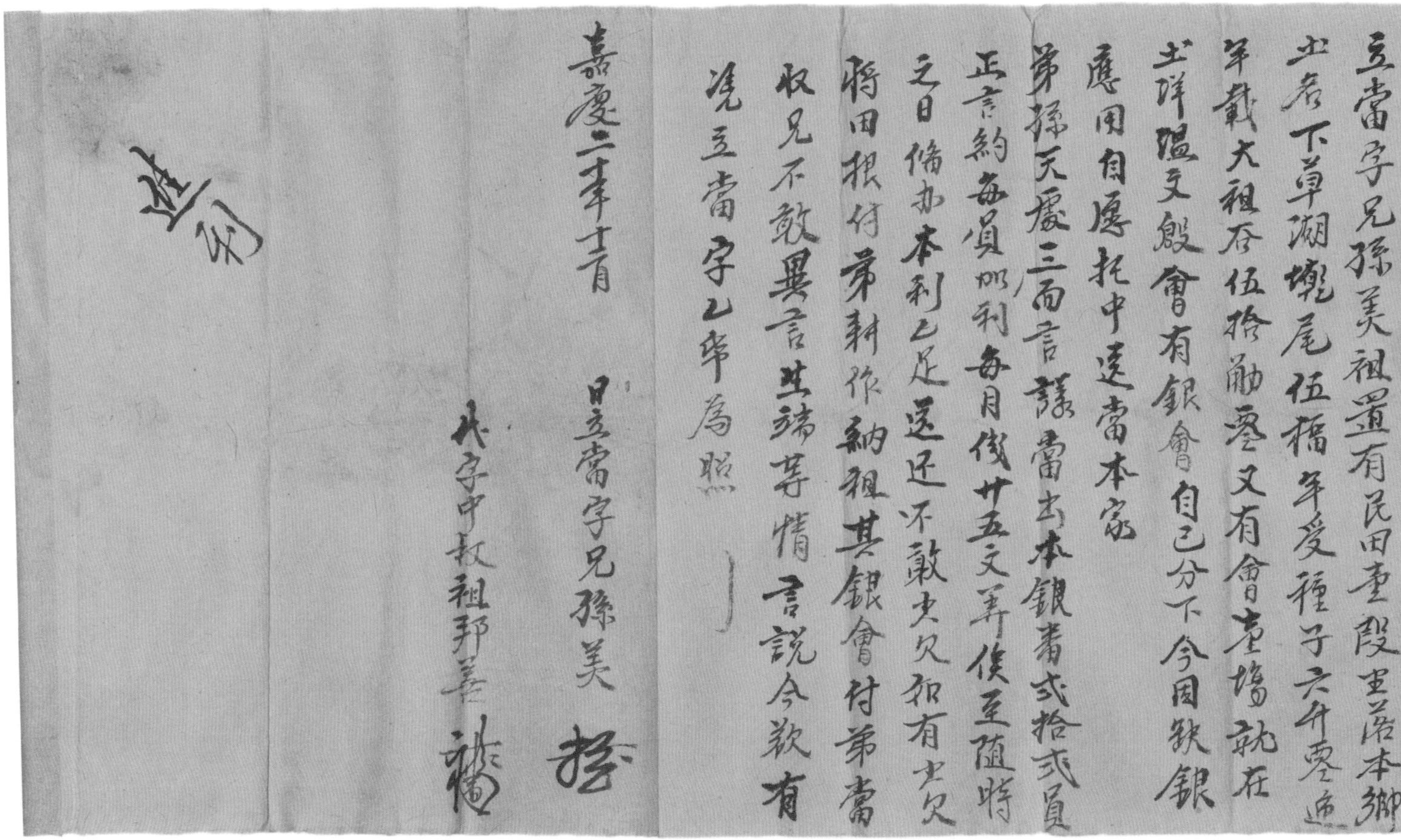
立當字兄孫美祖置有民田壹段坐落本鄉
土名下草湖墘尾伍播年受種子六升零遞
年載大租谷伍拾觔零又有會壹墙就在
土洋溫文敏會有銀會自己分下今因缺銀
應用自愿托中送當本家
弟孫天慶三面言議當出本銀壹拾貳員
正言約每員加利每月錢廿五文算俟至隨時
之日備办本利已足送还不敢少欠如有少欠
將田根付弟耕作納租其銀會付弟當
收兄不敢異言生端等情言說今欲有
憑立當字乙紙為照

嘉慶二十年十二月　日立當字兄孫美（押）
代字中叔祖邦善（押）

10-5-20-4　清嘉慶二十年十二月黃孫美立當民田契

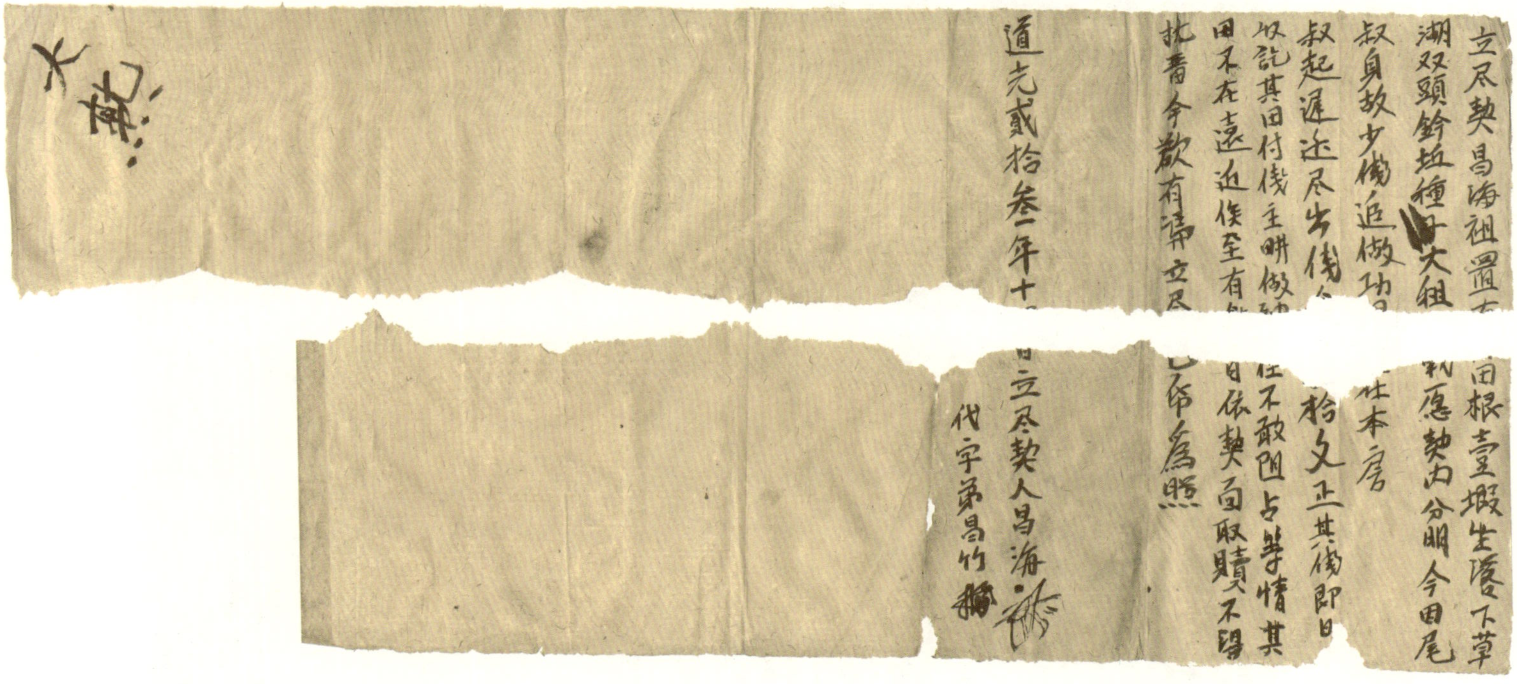
立尽契昌海祖置有 田根壹坵坐落下草
湖双頭銹坵種□大租 納應契內分明今因乏
叔身故少備追做功 社本房
叔起遲延尽出偹 拾文正其偹即日
收訖其田付偹主明做 往不敢阻占等情其
田不在遠近偹至有 日依契面取贖不得
执番今欲有凴立尽 一帋為照
道光貳拾叁年十 立尽契人昌海
代字弟昌竹

10-5-20-5　清道光二十三年十□月黃昌海立盡民田根契

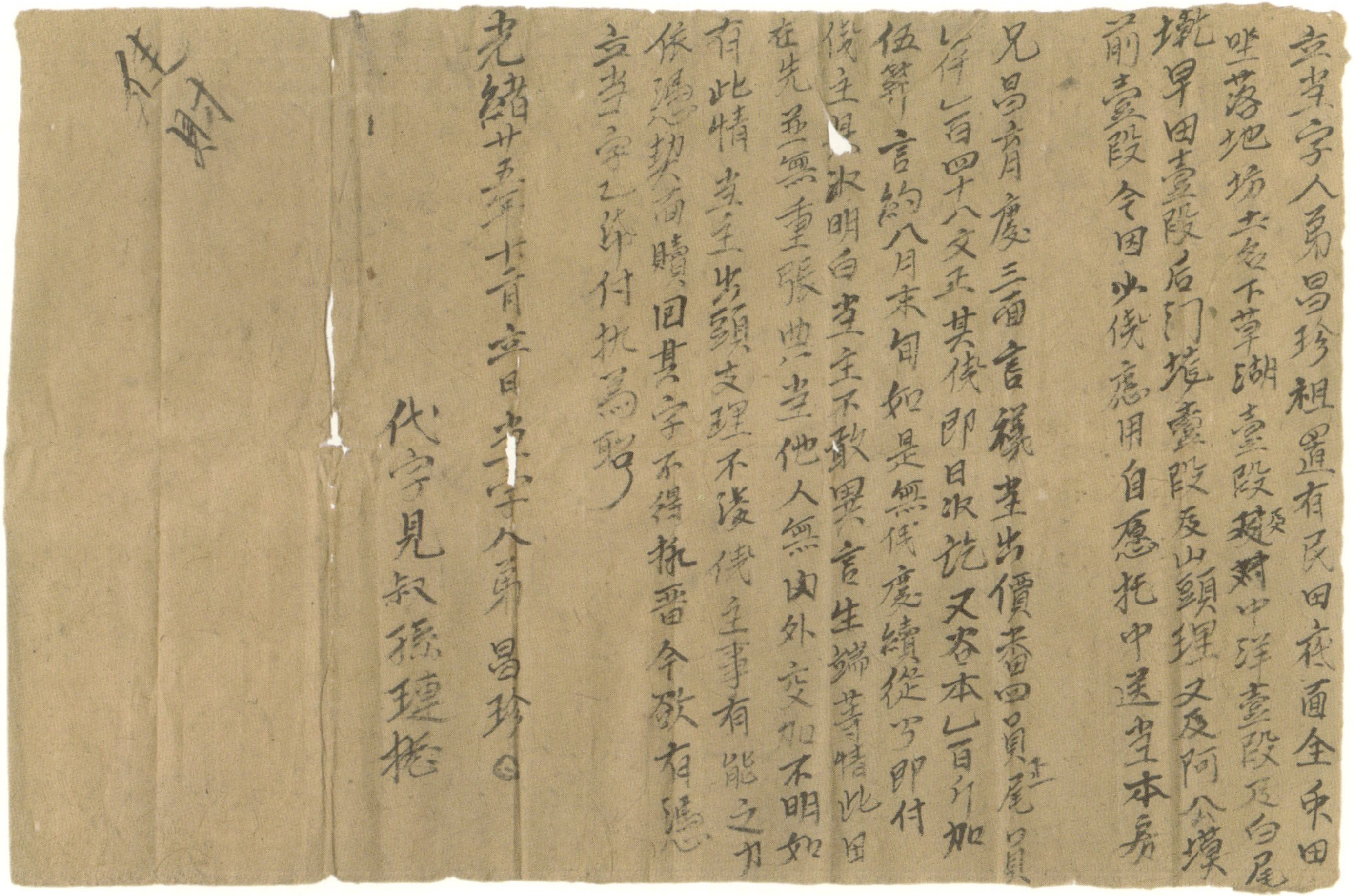
立當字人弟昌珍祖置有民田底面全東田
坐落地坊土名下草湖壹段、交楚對中洋壹段、及白尾
墘旱田壹段、后门墘壹段、及山頭𡍼、又及阿公壙
前壹段，今因少錢應用，自愿托中送當本房
兄昌育處，三面言議，當出價番四員，尾囗員，
乙仟一百四十八文正，其錢即日收訖。又谷本山百斤加
伍斤，言約八月末旬。如是無錢，處續從寫，即付
錢主收明白，當主不敢異言生端等情。此田
在先並無重張典當他人，無內外交加不明。如
有此情，當主出頭支理，不涉錢主之事。有能之日，
依憑契面贖回，其字不得執留。今欲有憑，
立當字乙紙付執為照。
光緒廿五年十二月　日立當字人弟昌珍（押）
代字見叔孫瑾捲
佳婦

10-5-20-6　清光緒二十五年十二月黄昌珍立當底面全民田字

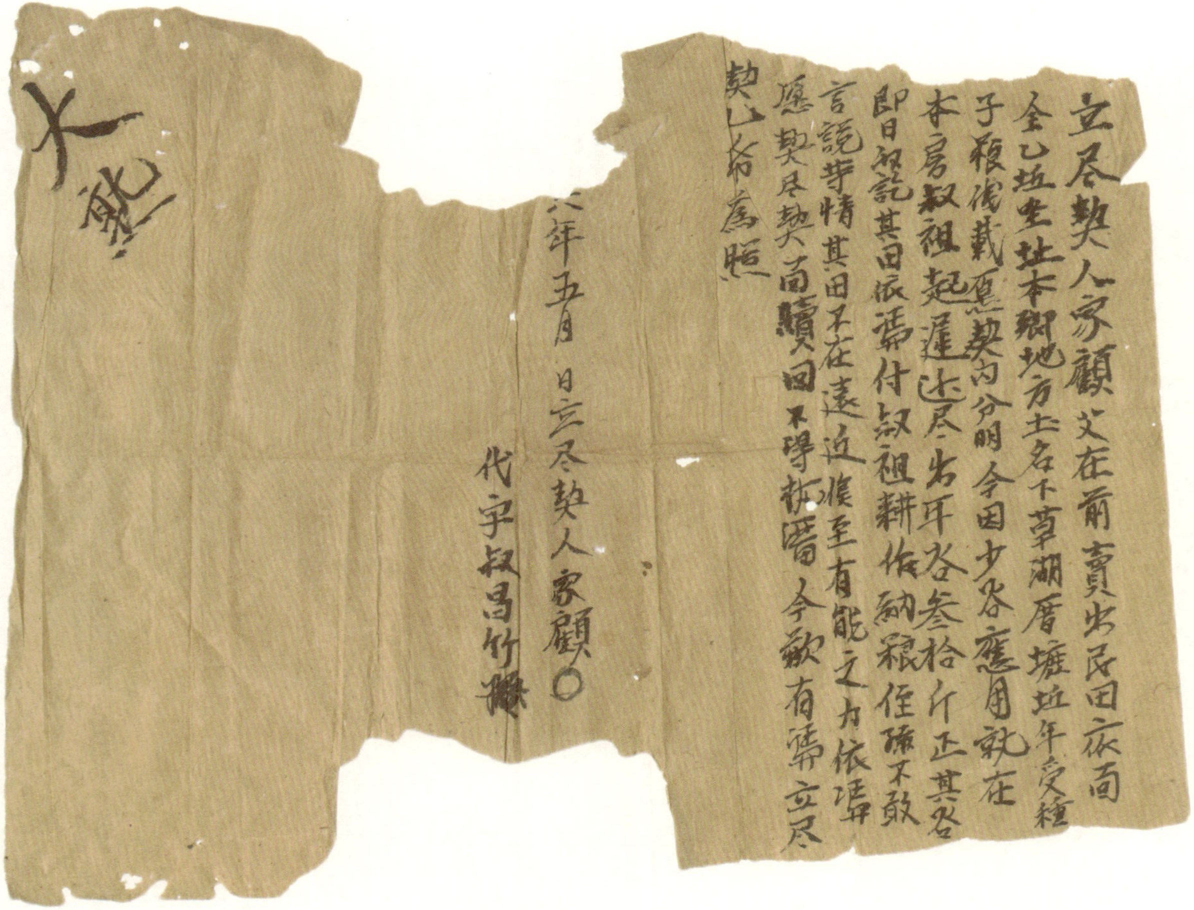

立尽契人家顧，父在前賣出民田底面
全乙坵，坐址本鄉地方，土名下草湖厝墘坵，年受種
子粮伐载，足契内分明。今因少谷應用，就在
本房叔祖起蓮边尽出耳谷叁拾斤正，其谷
即日收訖，其田依帮付叔祖耕作納粮，任你不敢
言說等情。其田不在遠近，准至有能之力依原
原契尽契一面贖回，不得执留。今欲有憑，立尽
契一紙爲照。

年五月　日立尽契人家顧○

代字叔昌竹押

大發

10-5-20-7　黄家顧立盡底面全民田契（年代不詳）

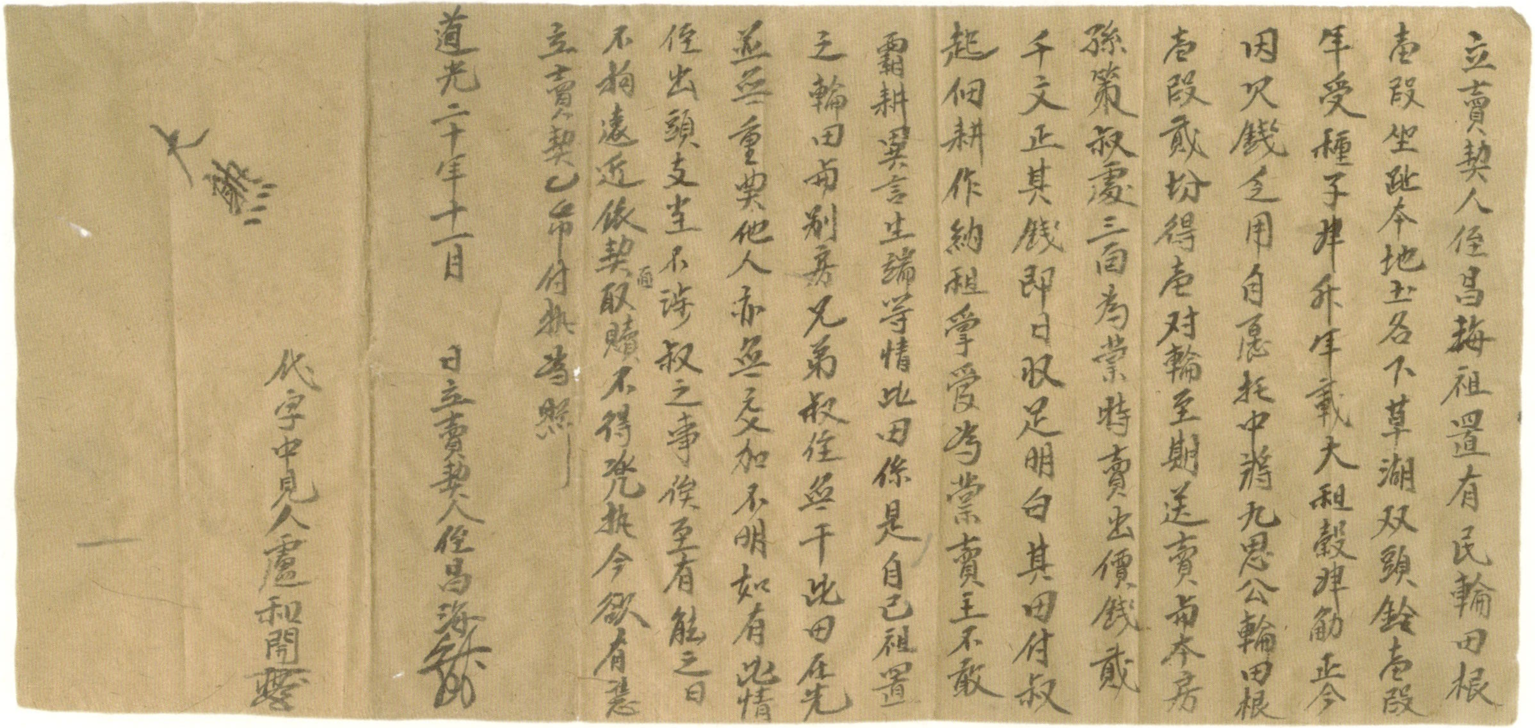
立賣契人侄昌海祖置遺有民輪田根
壹段坐址本地土名下草湖双頭鈴壹段
年受種子肆升年載大租穀肆觔正今
因乏錢乏用自愿托中游九思公輪田根
壹段貳坋得壹对輪至期送賣與本房
孫叢叔處三面為棠將賣出價錢貳
千文正其錢即日收足明白其田付叔
起佃耕作納租爭受為棠賣主不敢
霸耕異言生端等情此田係是自己祖置
之輪田與别房兄弟叔侄無干此田在先
並無重典他人亦無交加不明如有此情
侄出頭支當不涉叔之事從至有能之日
不拘遠近依契取贖不得兇執今欲有憑
立賣契乙紙付執為照
道光二十年十一月　日立賣契人侄昌海（押）
代字中見人盧和開（押）

10-5-21-1　清道光二十年十一月黃昌海立賣民輪田根契

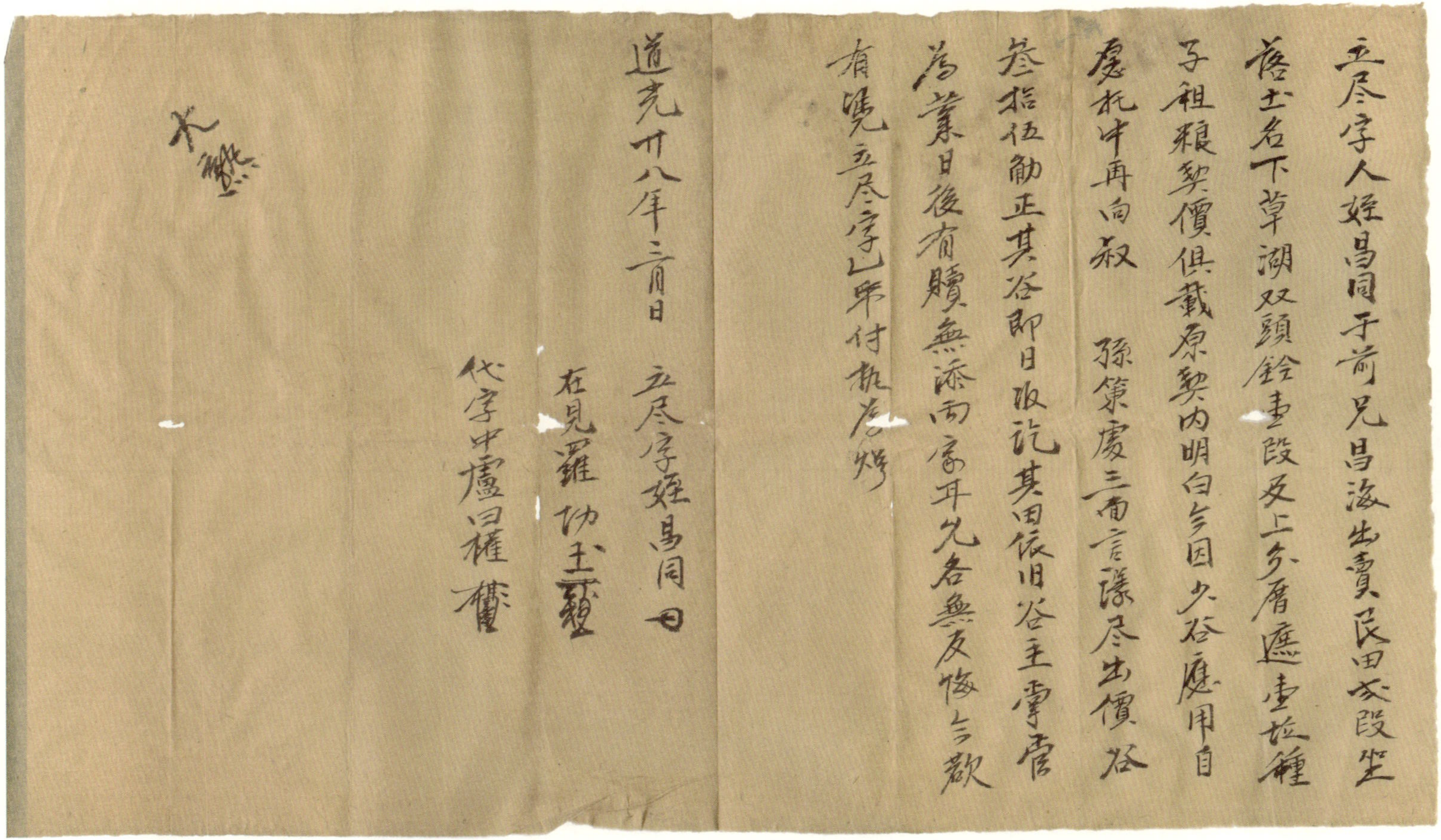
立尽字人姪昌同于前兄昌海出賣民田壹段坐
落土名下草湖双頭銓壹段及上步厝邊壹坵種
子祖粮契價俱載原契内明白兹因少谷應用自
處托中再向叔　孫策慶三甫言議尽出價谷
叁拾伍觔正其谷即日收訖其田依旧谷主掌管
為業日後有贖無添兩家允各無反悔今欲
有憑立尽字一帋付執存炤

道光廿八年三月日　立尽字姪昌同　押
在見羅坊玉　押
代字中盧日權　押

不繳

10-5-21-2　清道光二十八年三月黄昌同立盡民田字

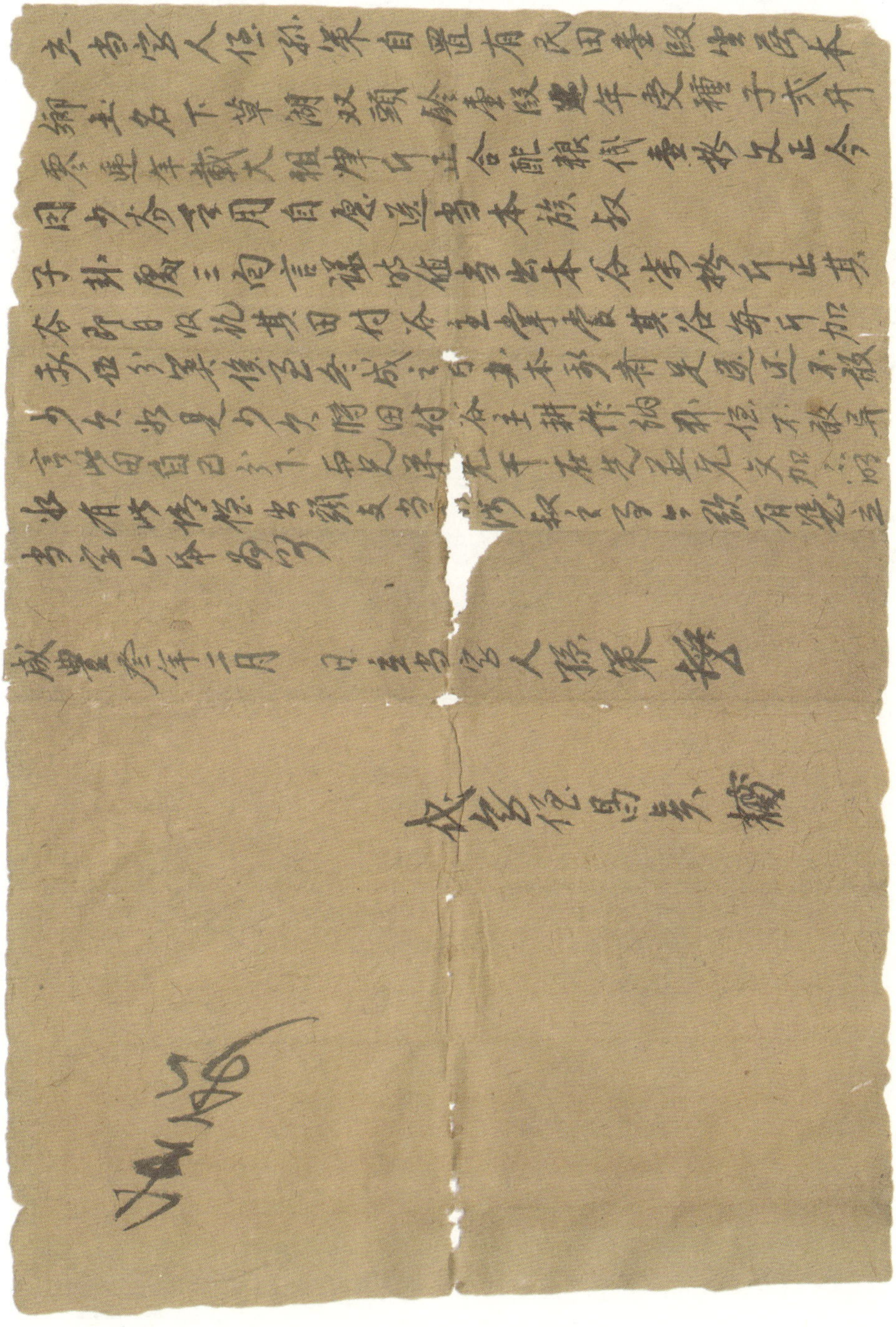

10-5-21-3　清咸豐三年二月黃孫策立當民田字

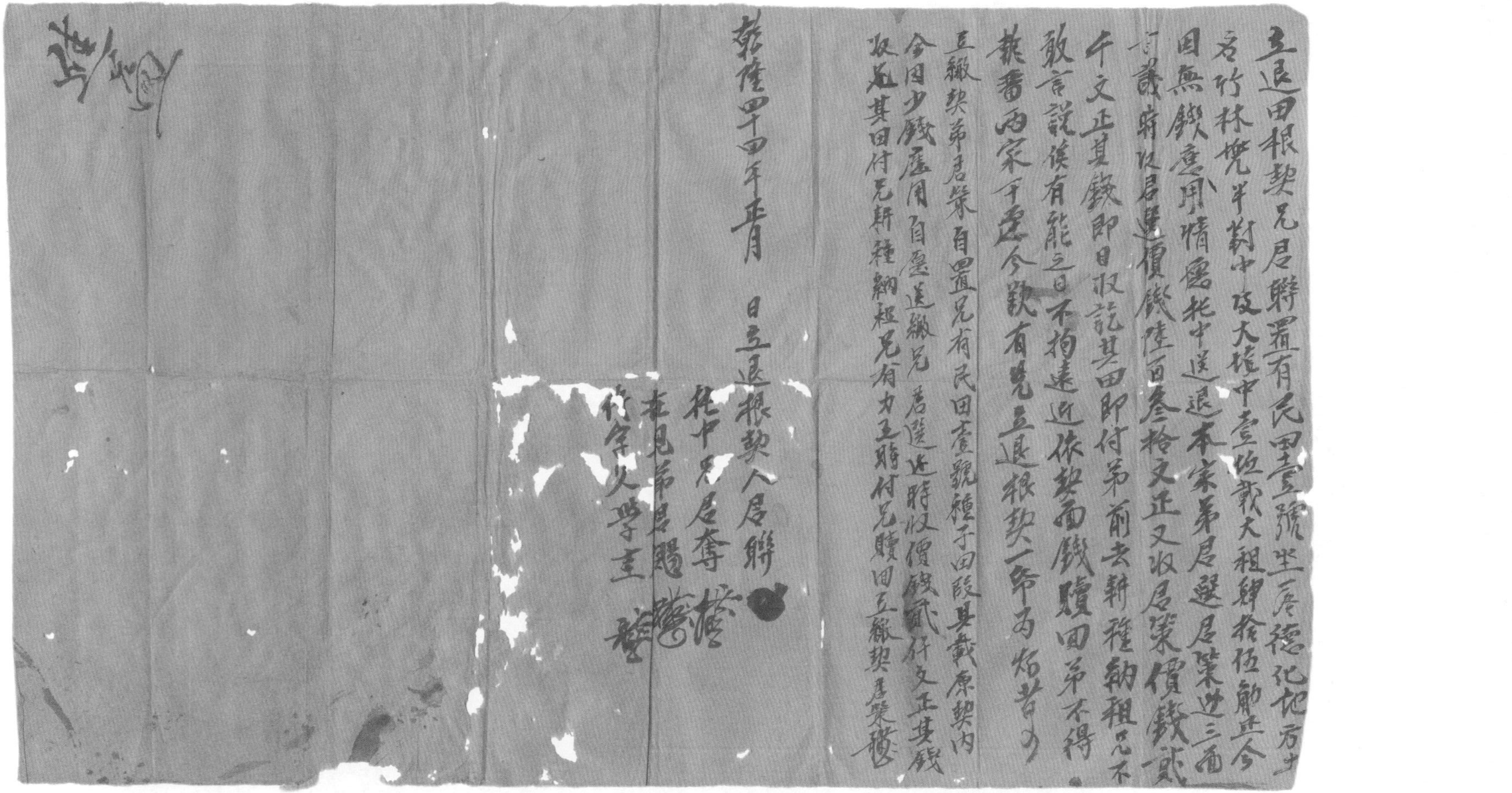
立退田根契兄君聯置有民田壹號坐上德化地方土名竹林坪半對中坂大垅中壹坵載大租肆拾伍觔正今因無錢應用情愿托中送退本家弟君選君榮邊三面言議時收君選價錢陸百叁拾文正又收君榮價錢貳千文正其錢即日收訖其田即付弟前去耕種納租兄不敢言說復有能之日不拘遠近依契面錢贖回弟不得執番兩家甘愿今欲有憑立退根契一紙為炤者

立繳契弟君榮自置兄有民田壹號種子田段其載原契內今因少錢應用自愿送繳兄君選邊時收價錢貳仟文正其錢收足其田付兄耕種納租兄有力之時付兄贖回立繳契君榮（押）

乾隆四十四年正月　日立退根契人君聯（押）

托中兄君奪（押）

在見弟君賜（押）

代字父學達（押）

10-5-22-1　清乾隆四十四年正月黄君聯立退民田根契

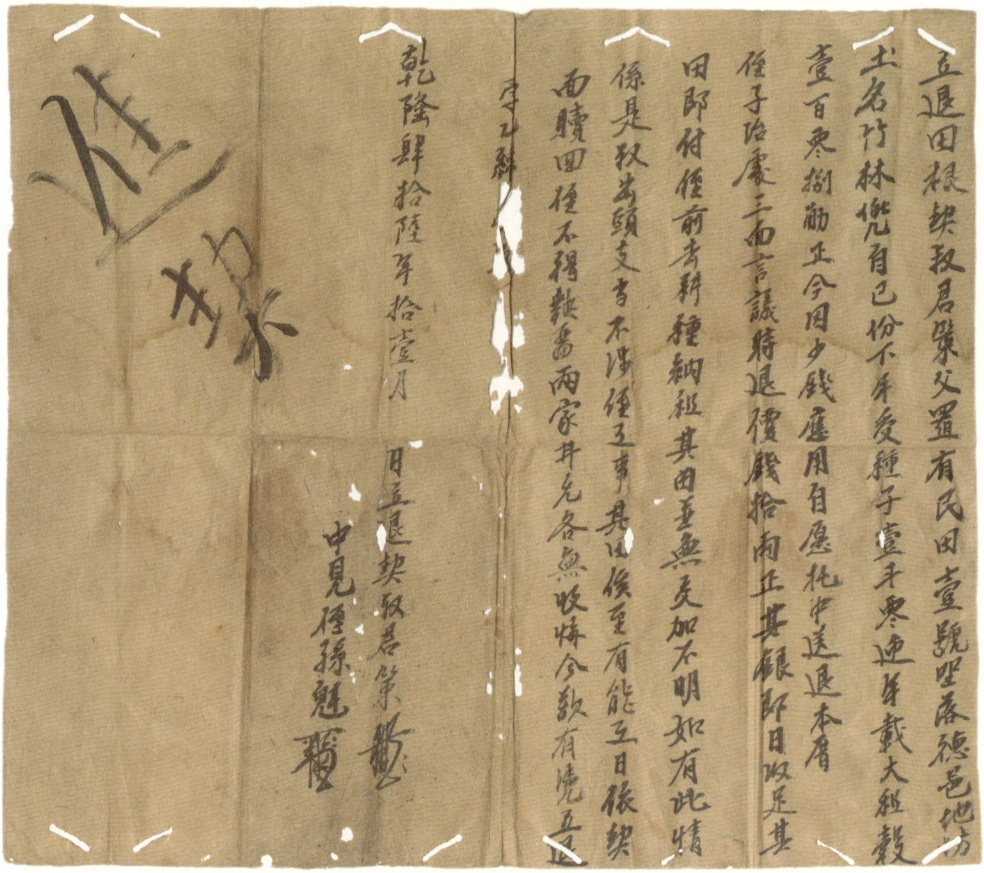
立退田根契叔君策父置有民田壹號坐落德邑地方
土名竹林兜自己份下年受種子壹斗零連年載大租穀
壹百乘捌觔正今因少錢應用自愿托中送退本厝
侄子治處三面言議時退價錢拾兩正其銀即日收足其
田即付侄前去耕種納租其田並無交加不明如有此情
係是叔出頭支當不涉侄之事其田係至有能之日依契
面贖回侄不得執留兩家甘允各無反悔今欲有憑立退
字乙紙[illegible]
乾隆肆拾陸年拾壹月　日立退契叔君策
中見侄孫魁
退契

10-5-22-2　清乾隆四十六年十一月黃君策立退民田根契

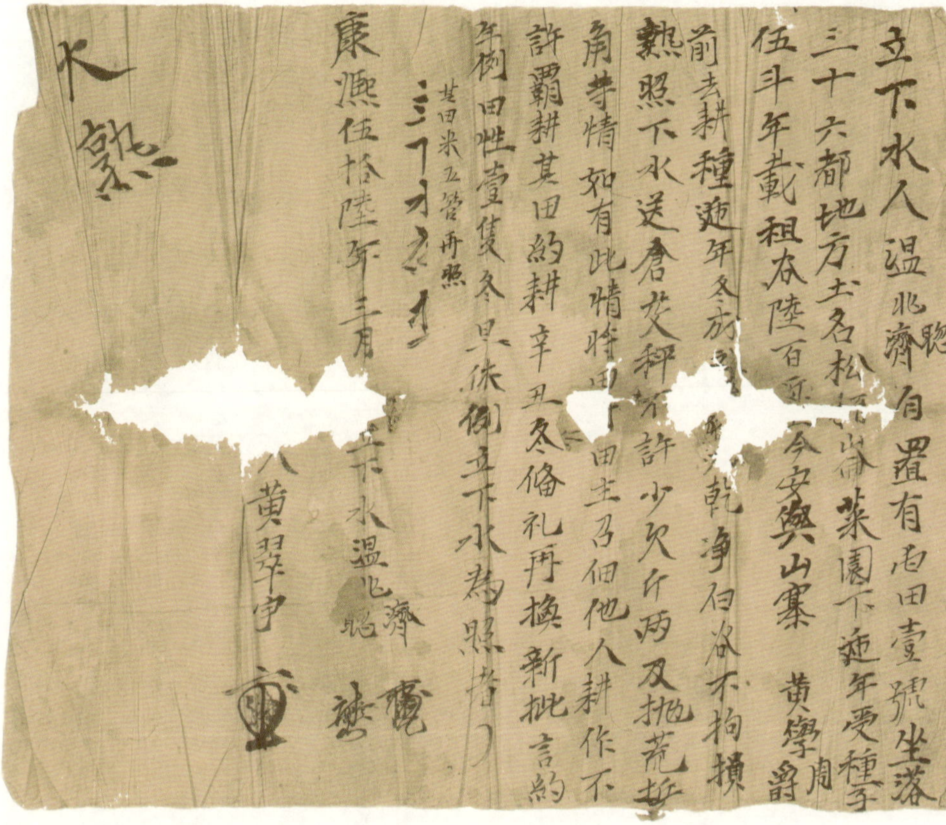
立下水人温兆濟聰有置有西田壹號坐落
三十六都地方土名松[illegible]菜園下逓年受種子
伍斗年載租本陸百[illegible]今安與山寨　黃學爵周
前去耕種逓年冬成[illegible]乾净白谷不拘損
熟照下水送倉交秤不許少欠斤两及抛荒坵
角等情如有此情将田[illegible]田主召佃他人耕作不
許霸耕其田約耕辛丑冬備礼再換新批言約
年例田牲壹隻冬果係例立下水為照
其田米五管再照
[illegible]
立下水温兆濟聰
康熙伍拾陸年三月　日
八黃翠宇
水熟

10-5-23-1　清康熙五十六年三月温兆濟等立下水契

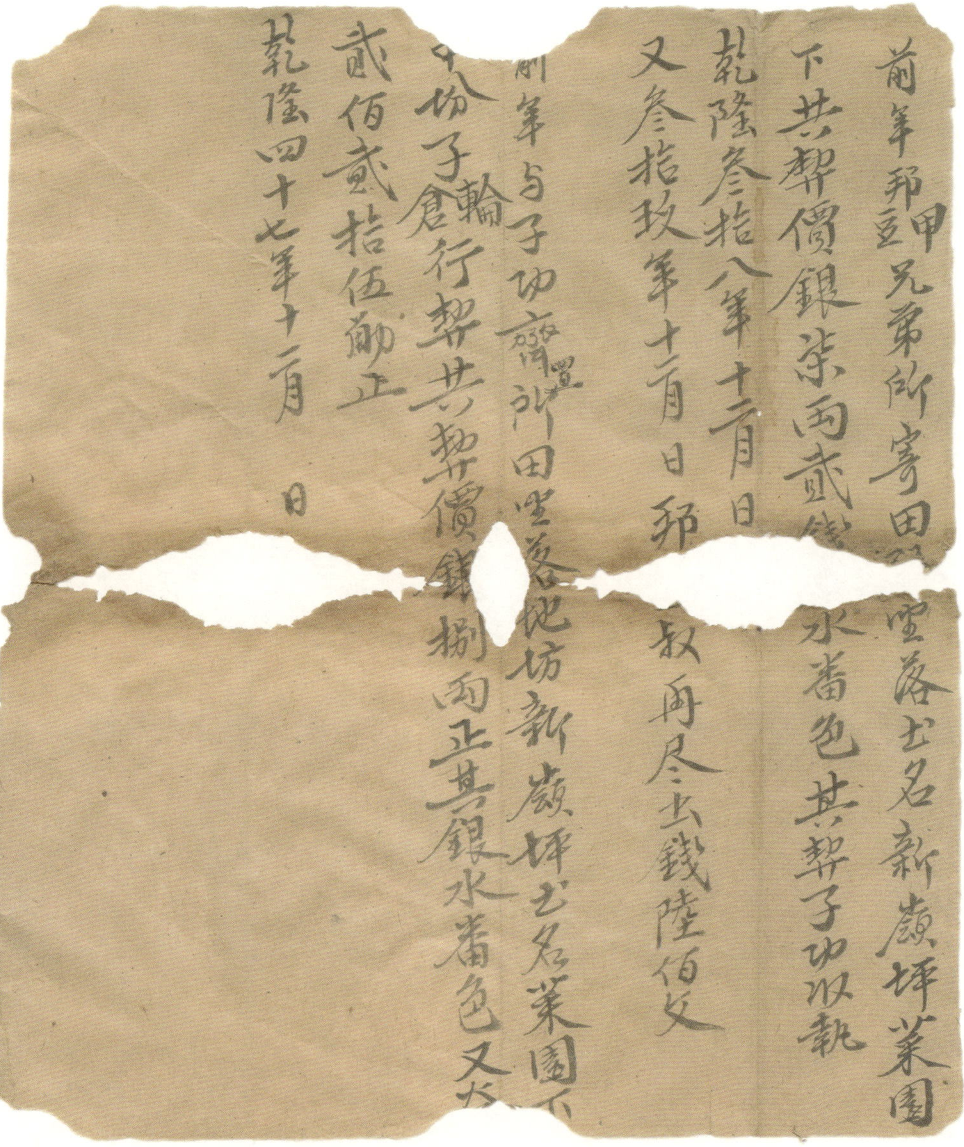

前年邦甲兄弟所寄田□坐落土名新嶺坪菜園

下共契價銀柒兩貳錢□水畬色共契子助收執

乾隆叁拾八年十二月　　日

又叁拾玖年十二月日邦□叔再尽出錢陸佰文

前年与子助齊置所田坐落地坊新嶺坪土名菜園下

中坊子輪倉行契共契價錢捌兩正其銀水畬色又尽

貳佰貳拾伍觔正

乾隆四十七年十二月　　日

10-5-23-2　清乾隆三十八年十二月黄邦甲等盡田價字

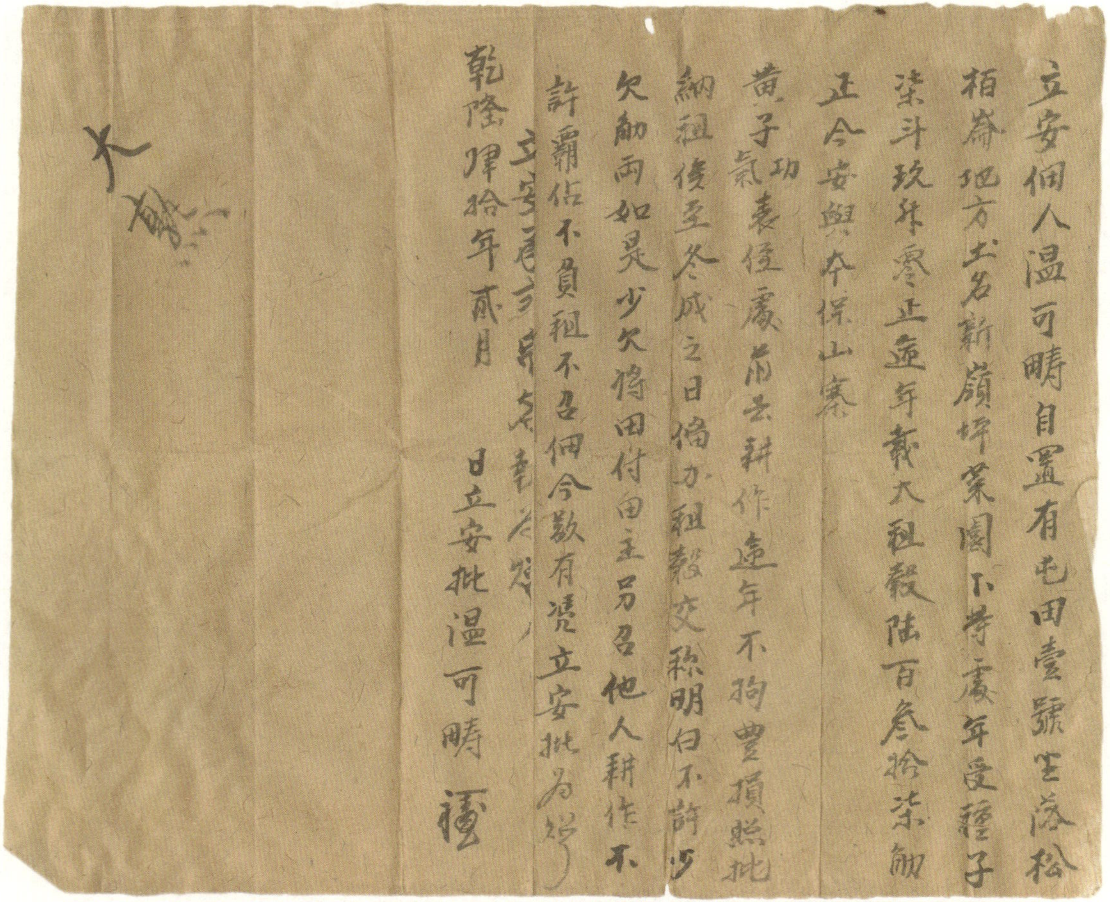
立安佃人温可畴自置有屯田壹號坐落松
栢崙地方土名新嶺坪菜園下等處年受種子
柒斗玖升零正遞年載大租穀陸百叁拾柒觔
正今安與本保山寨
黄子氣功表侄處前去耕作遞年不拘豐損照批
納租侯至冬成之日備办租穀交称明白不許少
欠觔两如是少欠將田付田主另召他人耕作不
許霸佔不負租不召佃今欲有憑立安批為照
立安屯字[illegible]
乾隆肆拾年貳月　日立安批温可畴

10-5-23-3　清乾隆四十年二月温可畴立安佃屯田字

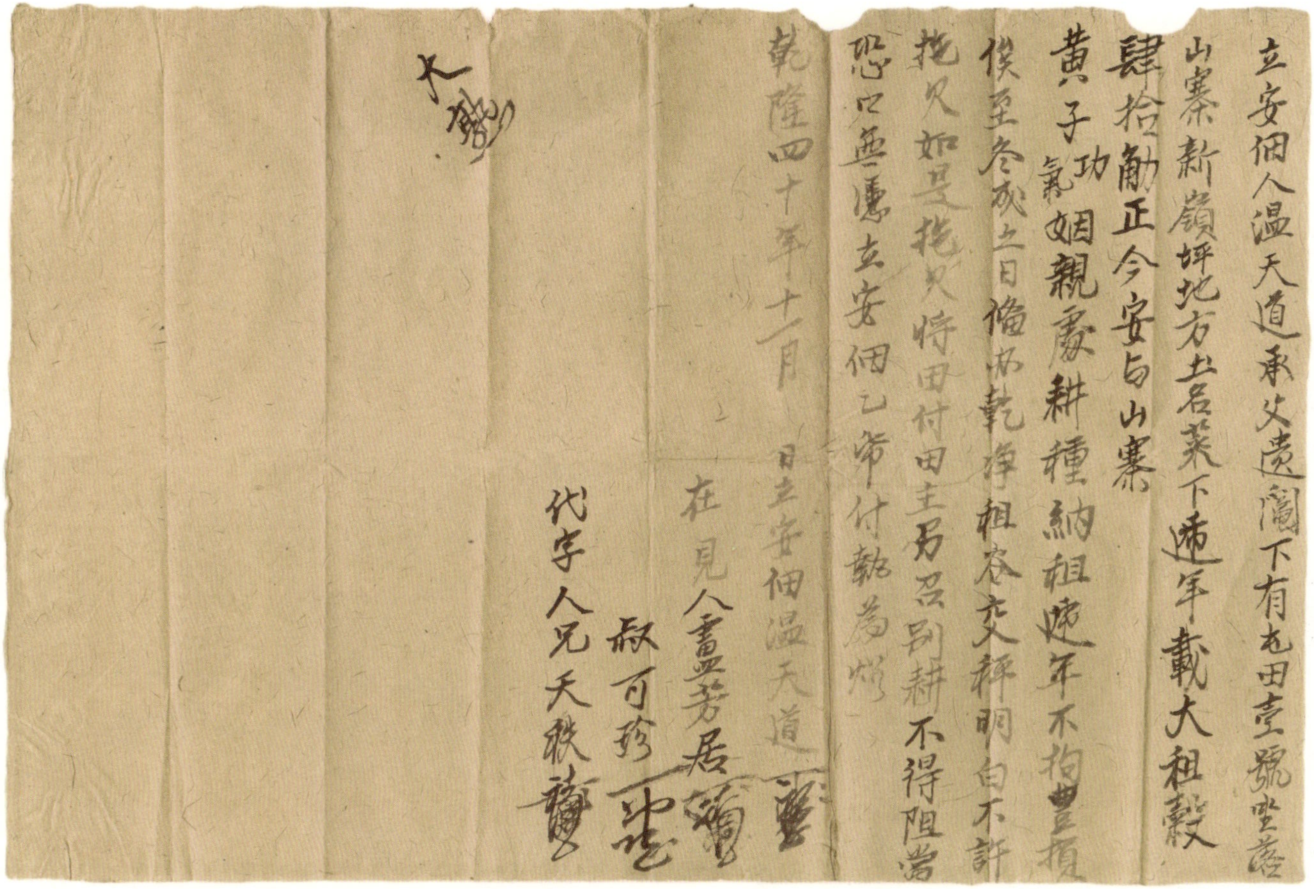
立安佃人温天道承父遗阄下有屯田壹號坐落
山寨新嶺坪地方土名菜下遞年載大租穀
肆拾觔正今安与山寨
黄子功 氣姻親處耕種納租遞年不拘豐歉
俟至冬成之日備办乾淨租谷交秤明白不許
拖欠如是拖欠將田付田主另召别耕不得阻當
恐口無憑立安佃乙帋付執為照
乾隆四十年十一月　日立安佃温天道（押）
在見人盧芳居（押）
叔可珍（押）
代字人兄天猷（押）
大

10-5-23-4　清乾隆四十年十一月温天道立安佃屯田契

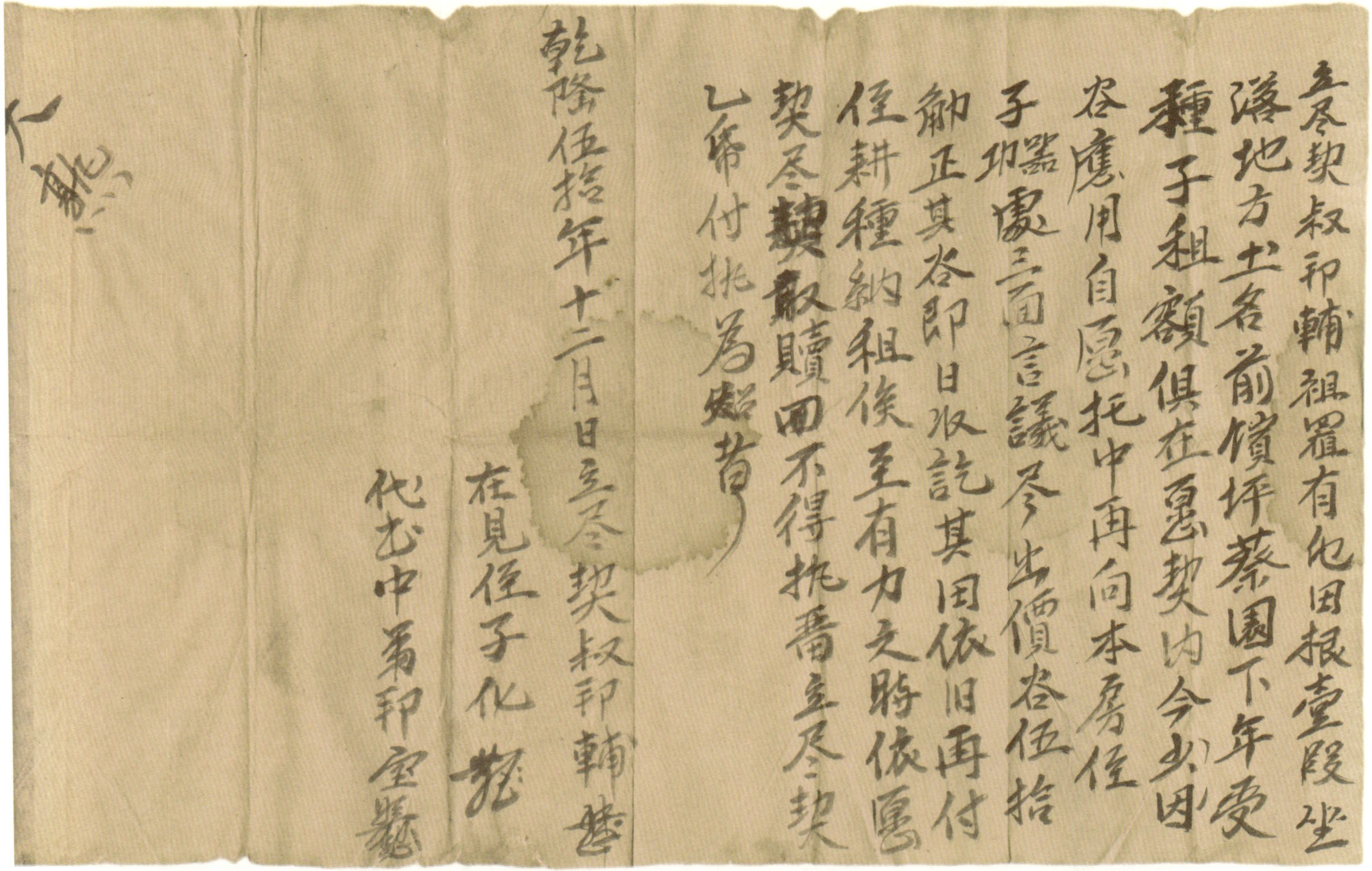
立盡契叔邦輔祖置有屯田根壹段坐
落地方土名前墳坪蔡園下年受
種子租額俱在惡契內今出因
乏應用自愿托中再向本房侄
子鸞卯處三面言議盡出價谷伍拾
觔正其谷即日收訖其田依旧再付
侄耕種納租候至有力之時依愿
契盡贖取贖回不得挑番立盡契
乙帋付執為照
乾隆伍拾年十二月日立盡契叔邦輔
在見侄子化
代书中弟邦密

10-5-23-5　清乾隆五十年十二月黃邦輔立盡屯田根契

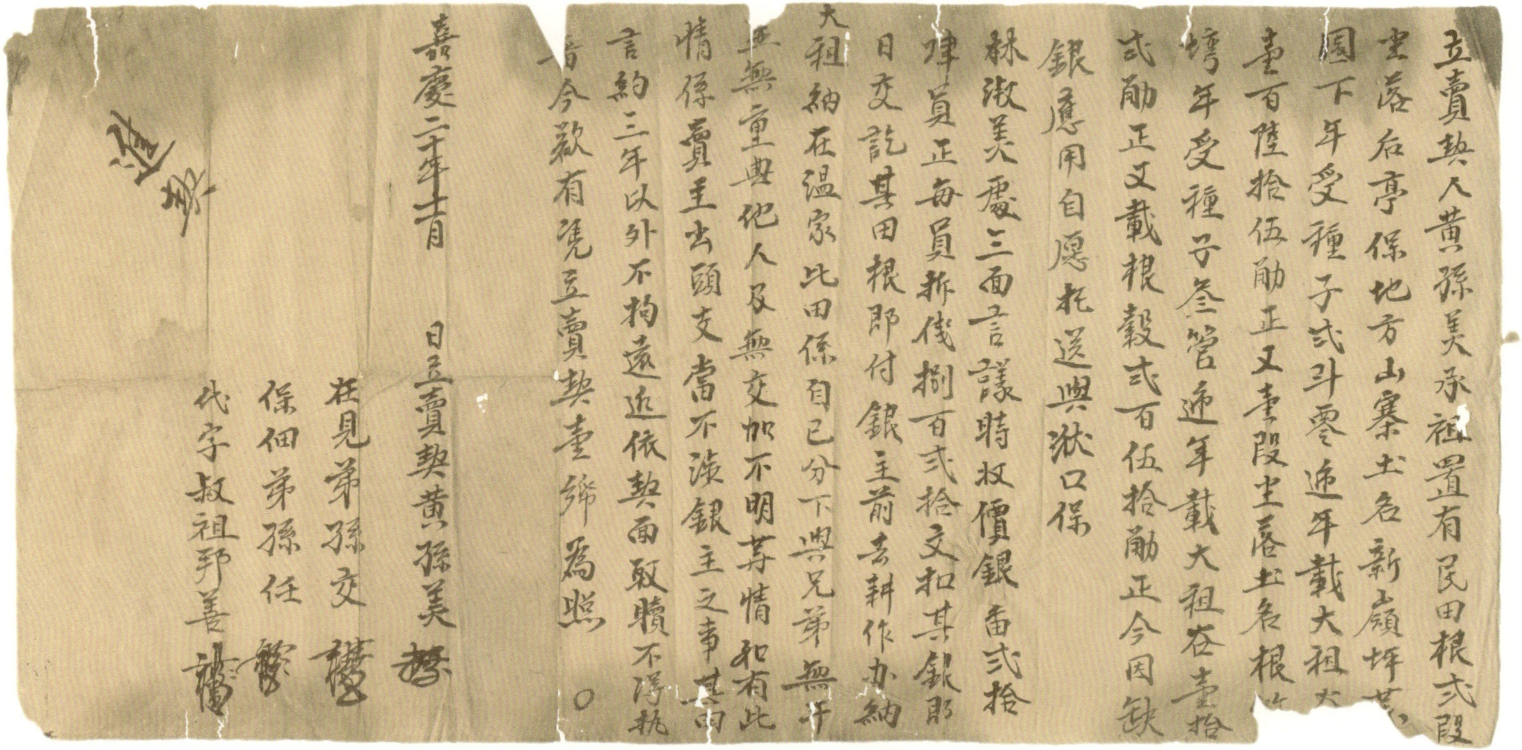

立賣契人黃孫美承祖置有民田根弍段
坐落后亭保地方山寨土名新嶺坪
園下年受種子弍斗零逓年載大租
壹百陸拾伍觔正又壹段土名根
墘年受種子叁管逓年載大租谷壹拾
弍觔正又載根穀弍百伍拾觔正今因缺
銀應用自愿托送與洑口保
林澂美處三面言議時拟價銀番弍拾
肆員正每員折伐捌百弍拾文和其銀即
日交訖其田根即付銀主前去耕作办納
大租納在温家此田係自己分下與兄弟無干
無重典他人及無交加不明等情如有此
情係賣主出頭支當不涉銀主之事其田
言約三年以外不拘遠近依契面取贖不得执
吝今欲有凭立賣契壹紙爲照　○

嘉慶二十年十一月

日立賣契黃孫美
在見弟孫交
保佃弟孫任
代字叔祖邦善

10-5-23-6　清嘉慶二十年十一月黃孫美立賣民田根契

10-5-24-1　包契紙

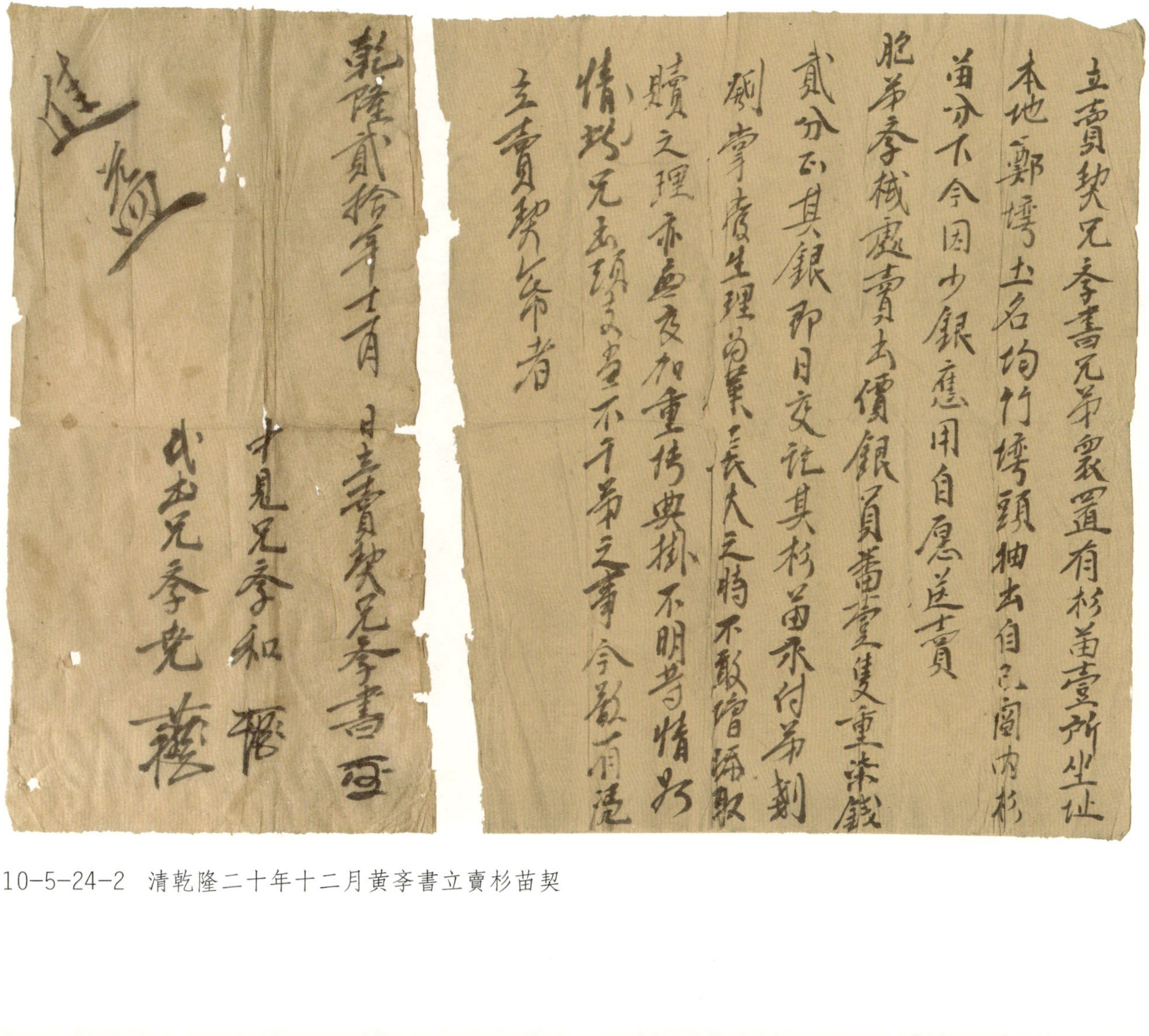

立賣契兄李書兄弟衆置有杉苗壹所坐址
本地鄭墇土名均竹墇頭抽出自己閫內杉
苗分下今因少銀應用自愿送賣
胞弟李栰處賣出價銀員番壹隻重柒錢
貳分正其銀即日交訖其杉苗永付弟割
劄掌管生理爲業長大之時不敢增添取
贖之理亦無交加重張典掛不明等情如
情此兄出頭支當不干弟之事今欲有憑
立賣契爲者

乾隆貳拾年十二月　日立賣契兄李書（押）
中見兄李和（押）
代書兄李堯（押）
進贖

10-5-24-2　清乾隆二十年十二月黄李書立賣杉苗契

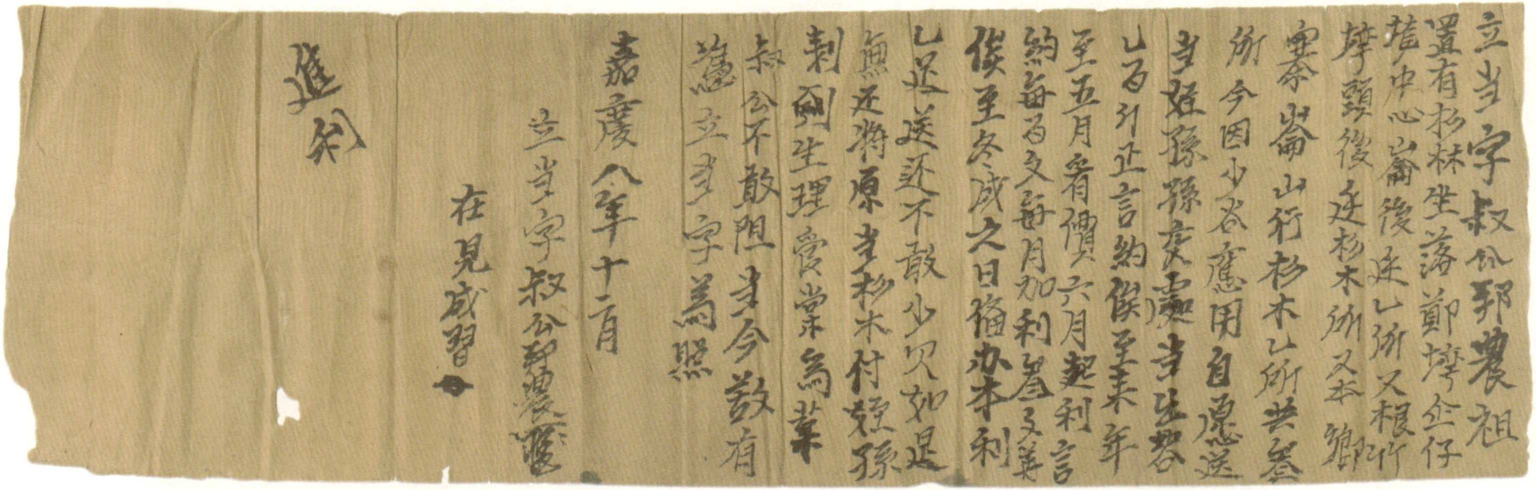

立当字叔公邦農祖
置有杉林坐落鄭墩企仔
壠中心崙後逆山㘵又根竹
墩頭後逆杉木㘵又本鄉
寨崙山行杉木山㘵共叁
㘵今因少谷應用自愿送
当姪孫孫度處当出谷
山石弍正言約係至来年
至五月看價六月起利言
約每石文每月加利叁文算
係至冬成之日備办本利
山退送还不敢少欠如是
無还將原当杉木付姪孫
剷砍生理管業為業
叔公不敢阻当今数有
憑立当字為照
嘉慶八年十二月
立当字叔公邦農
在見成習
進利

10-5-24-3 清嘉慶八年十二月黄邦農立當杉林字

立當字侄成淼祖遺有山場叁所，坐落斷
壋地方，土名洑壋垅又壹所，坐根竹壋又壹
所，真武隔共叁所，自己鬮分。今因少銀錢
應用，自愿托中送當本房
叔邦鏘處，三面言議，當出本番錢貳員
正，又錢叁佰文正，言約每員加利錢二十
文算，錢每百文加利三文算，約至冬成之
日備办本利銀錢一足送還，不敢少欠。如
是無還，將山場所種杉竹雜木等樹
付叔掌管為業，不敢阻當。兩估今欲
有憑，立當字為照。
内真武隔李新香頭山壹刷付還鏘掌為業再照

嘉慶拾壹年正月　日立當字侄成淼○
在見叔邦秀
中人兄子元
兄璉
在見叔君能
代字叔君懷

進利

10-5-24-4 清嘉慶十一年正月黃成淼立當山場字

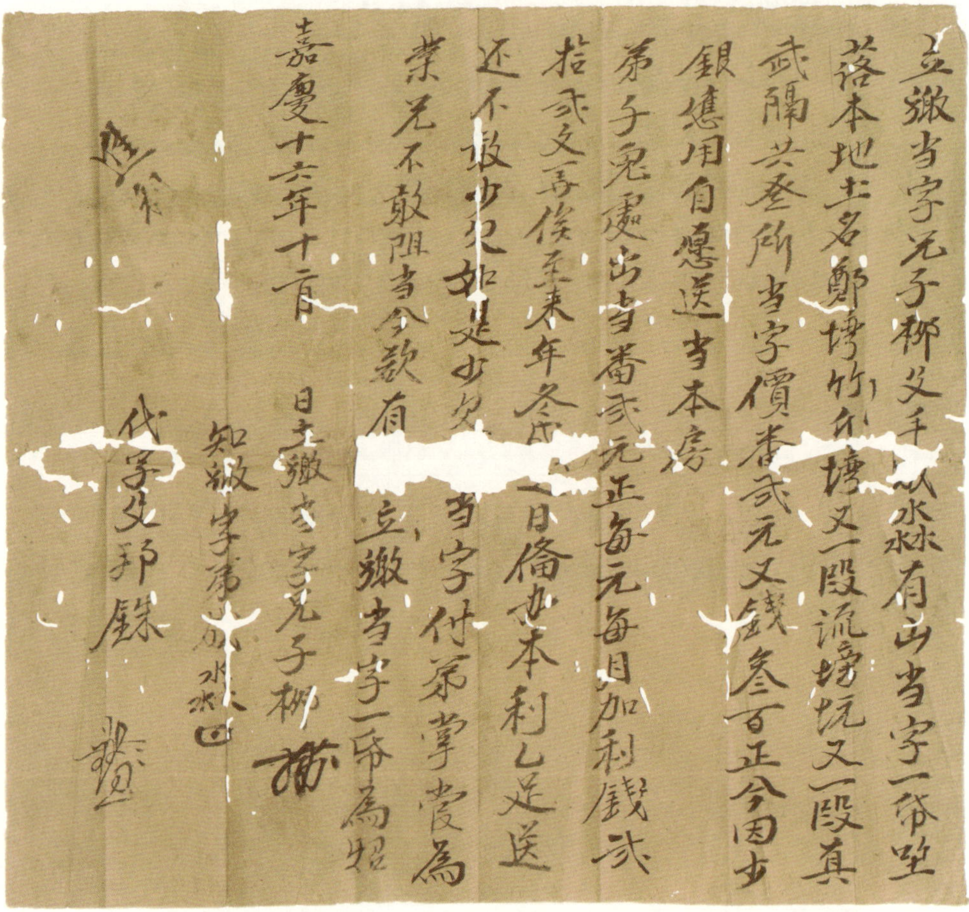
立缴当字兄子柳父手□淼有山当字一帋坐
落本地土名鄭塆竹⺗塆又一段流塆坑又一段真
武隔共叁所当字價番弍元又錢叁百正今因乏
銀應用自愿送当本房
弟子兔處当番弍元正每元每月加利錢弍
拾弍文言後至來年冬底□日備办本利乙足送
还不敢少欠如是少欠□当字付弟掌管為
業兄不敢阻当今欲有□立缴当字一帋為照
嘉慶十六年十二月　日立缴当字兄子柳　押
知缴字房□淼　押
在見
代字叔邦録　押

10-5-24-5　清嘉慶十六年十二月黄子柳立繳當山字

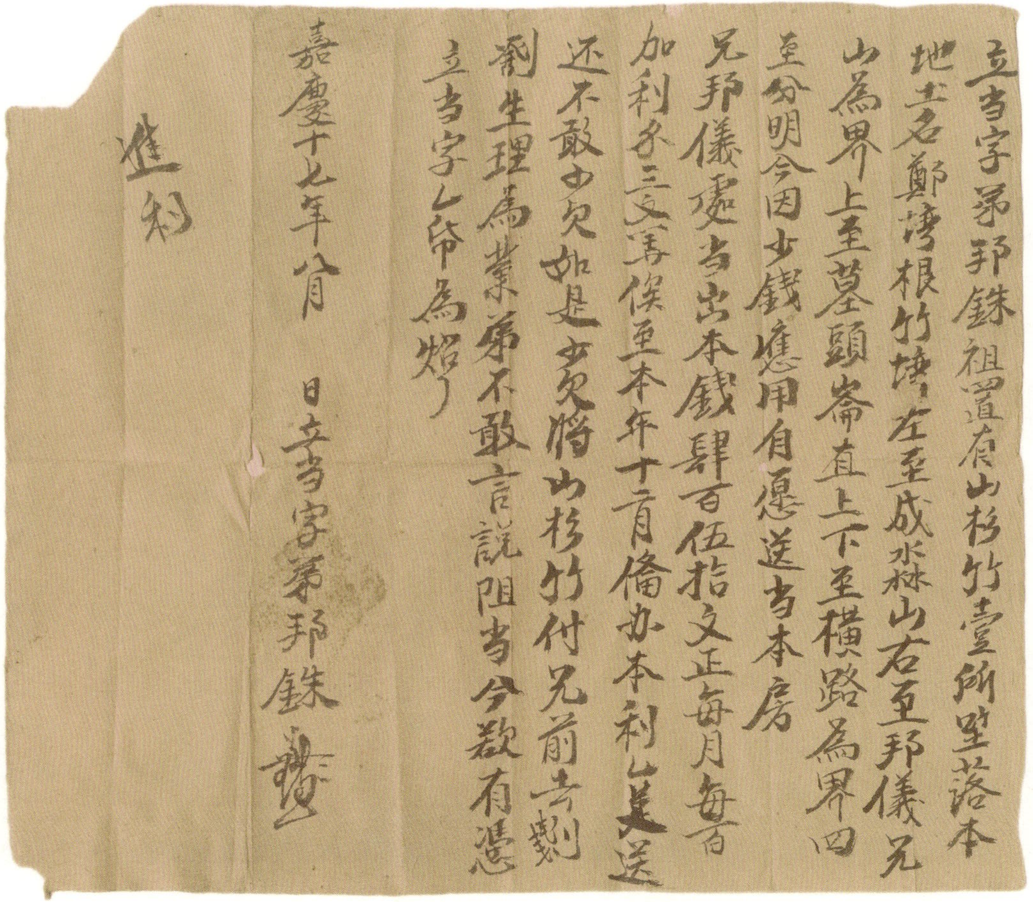

立當字黄邦銖祖置有山杉竹壹所坐落本
地土名鄭塆根竹坪，左至成森山，右至邦儀兄
山爲界，上至墓頭崙直上，下至横路爲界，四
至分明。今因乏錢應用，自愿送當本房
兄邦儀處，當出本錢肆百伍拾文正，每月每百
加利弍三文，其錢保至本年十月備办本利送
还，不敢少欠。如是少欠，將山杉竹付兄前去砍
剉生理爲業，弟不敢言説阻當。今欲有憑，
立當字一紙爲炤。

嘉慶十七年八月　日立當字弟邦銖（押）

進利

10-5-24-6　清嘉慶十七年八月黃邦銖立當山杉竹字

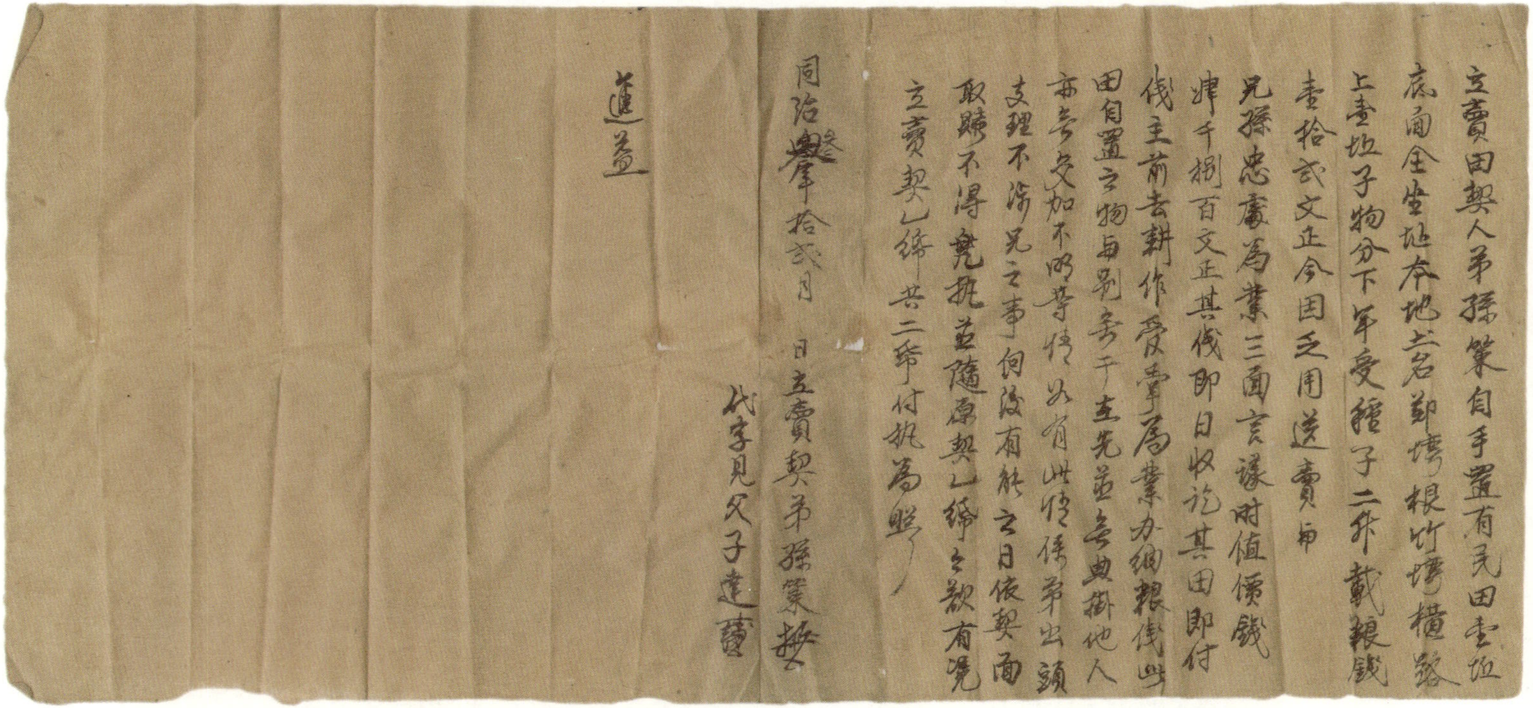

10-5-24-7　清同治三年十二月黄孫策立賣民田契

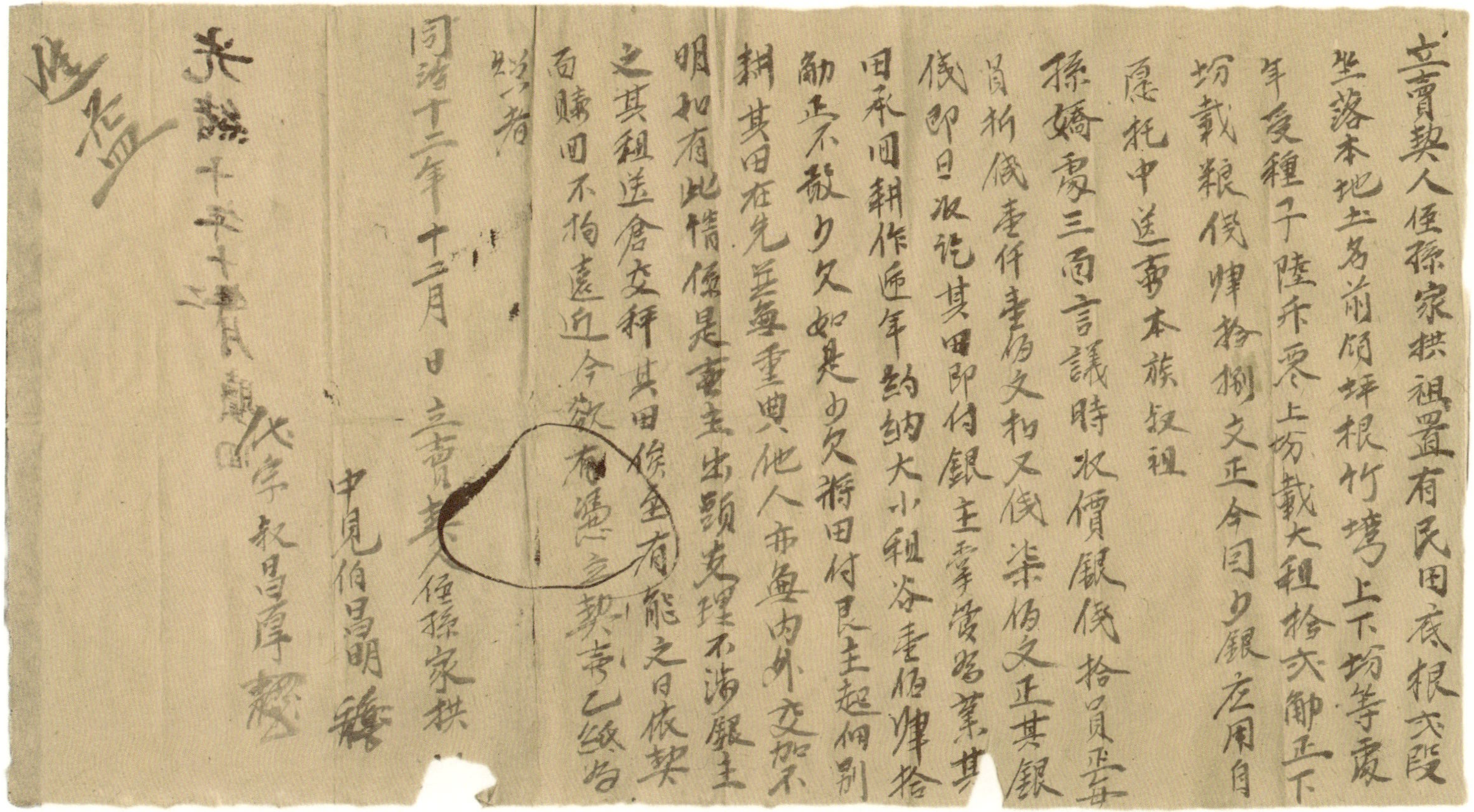
立賣契人侄孫家拱，祖置有民田底根弍段，
坐落本地土名前坪根竹壋上下坊等處，
年受種子陸升零，上坊載大租拾弍觔正，下
坊載粮伐肆拾捌文正。今因乏銀應用，自
愿托中送再本族叔祖
孫嬌處三面言議，時值價銀伐拾員，每員
折伐壹仟壹佰文，扣又伐柒佰文正。其銀
伐即日收訖，其田即付銀主掌管為業。其
田承回耕作，逓年納大小租谷壹佰肆拾
觔正，不敢少欠。如是少欠，將田付銀主起佃別
耕。其田在先並無重典他人，亦無內外交加，不
明如有此情，係是賣主出頭支理，不涉銀主
之其租送倉交秤。其田係全有，能之日依契
面贖回，不拘遠近。今欲有憑，立賣契壹紙為
照者。
同治十二年十二月　日立賣契人侄孫家拱
中見伯昌明
代字叔昌厚
光緒十[illegible]年十二月[illegible]
[illegible]

10-5-24-8　清同治十二年十二月黄家拱立賣民田底根契（廢契，正面）

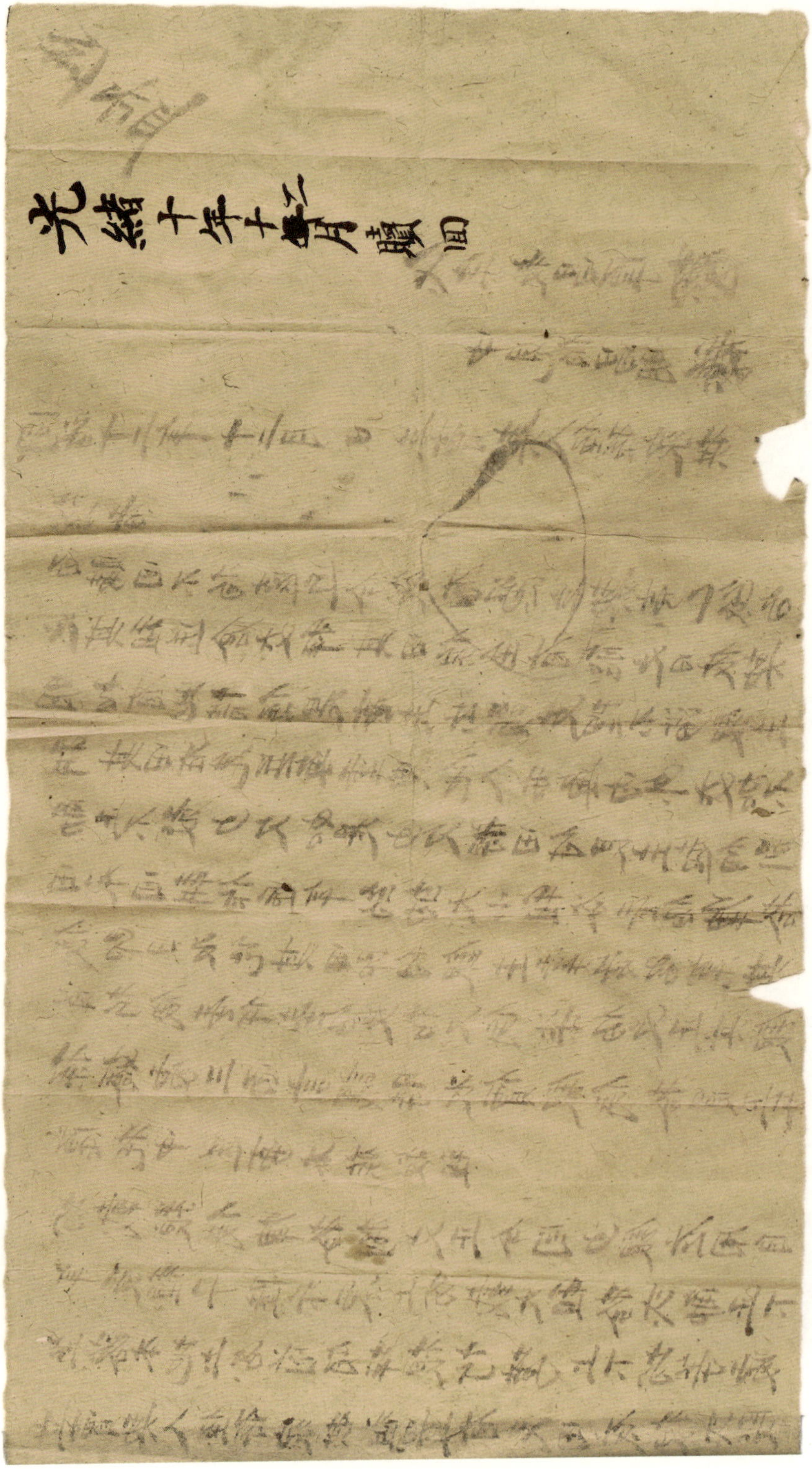
光緒十年十二月贖回

10-5-24-9 清同治十二年十二月黃家拱立賣民田底根契（廢契，背面）

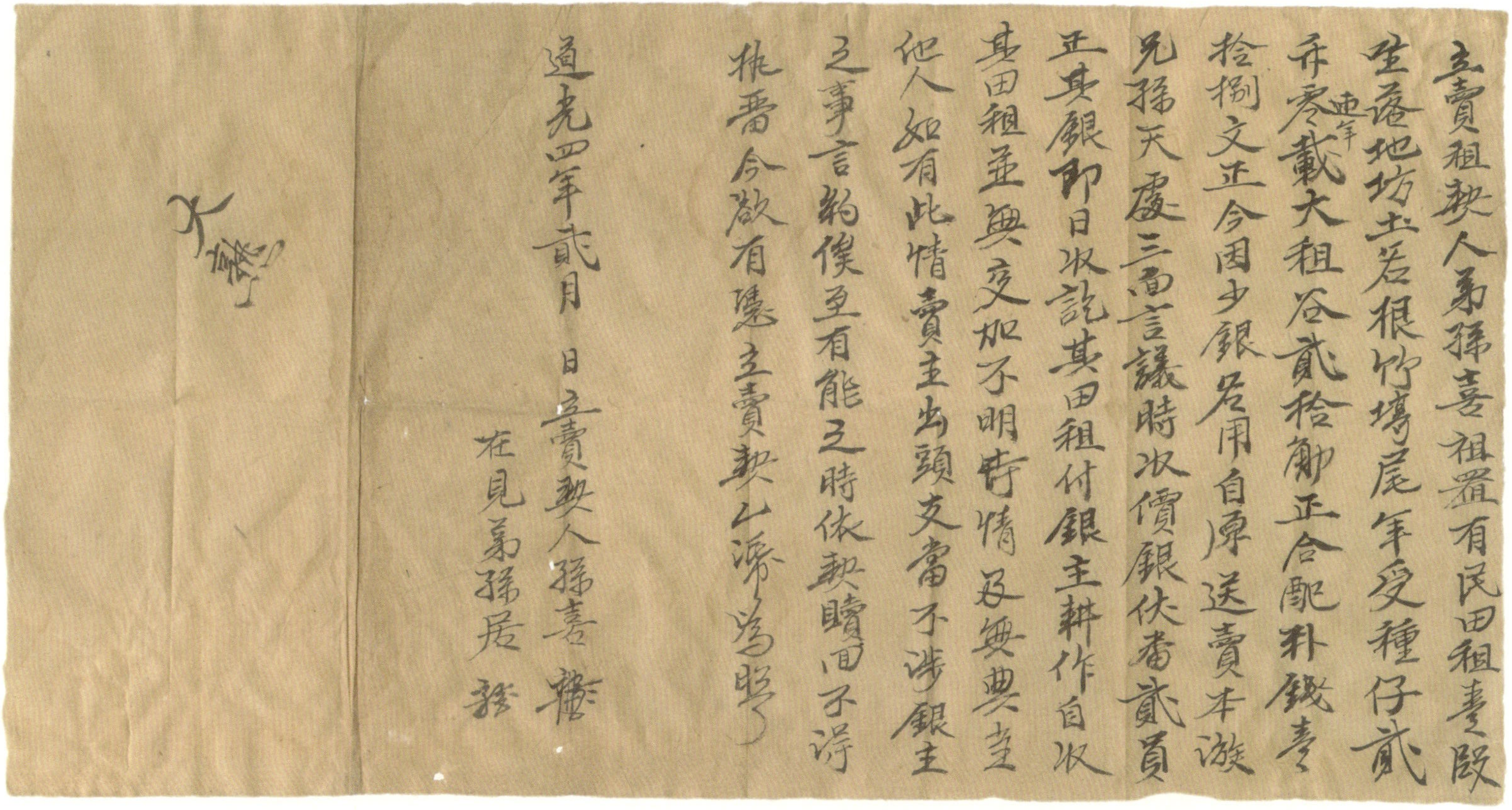

立賣租契人黃孫喜，祖置有民田租壹段，
坐落地坊土名根竹墘尾，年受種仔貳
升零，載大租谷貳拾觔正，合配粮錢壹
拾捌文正。今因少銀應用，自原送賣本族
兄孫天慶，三面言議時價銀伍番貳員
正，其銀即日收訖，其田租付銀主耕作自收。
其田租並無交加不明等情，及無典在
他人。如有此情，賣主出頭支當，不涉銀主
之事。言約僕至有能之時，依契贖回，不得
執留。今欲有憑，立賣契一紙為照。

道光四年貳月　日立賣契人孫喜（押）
在見弟孫居（押）

10-5-24-10　清道光四年二月黃孫喜立賣民田租契

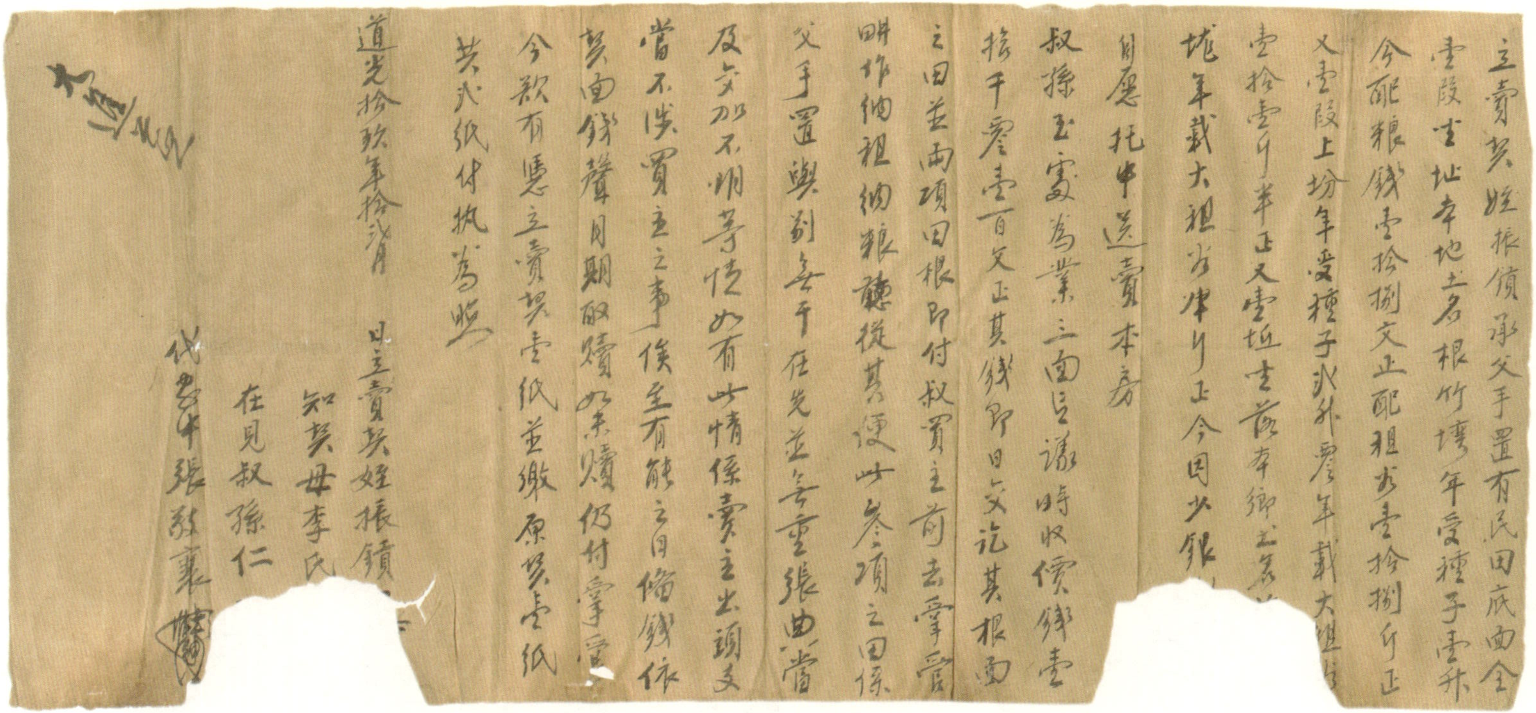
立賣契姪振偵承父手置有民田底面全
壹段坐址本地土名根竹壚年受種子壹升
今配粮錢壹拾捌文正配租出壹拾捌斤正
又壹段上坋年受種子玖升零年載大租[illegible]
壹拾壹斤半正又壹坵坐落本鄉土名[illegible]
垅年載大租米[illegible]斤正今因乏銀
目歷托中送賣本房
叔孫玉實為業三面言議時收價錢壹
拾千零壹百文正其錢即日交訖其根面
之田並兩項田根即付叔買主前去掌管
耕作納租納粮聽從其便此叁項之田係
父手置與别房干在先並無重張典當
及交加不明等情如有此情係賣主出頭支
當不涉買主之事候至有能之日備錢依
契面錢聲月期取贖如未贖仍付掌管
今欲有憑立賣契壹紙並繳原契壹紙
共貳紙付執為照
道光拾玖年拾貳月　日立賣契姪振鎮
知契母李氏
在見叔孫仁
代筆中張[illegible]

10-5-24-11　清道光十九年十二月黄振鎮立賣底面全民田契

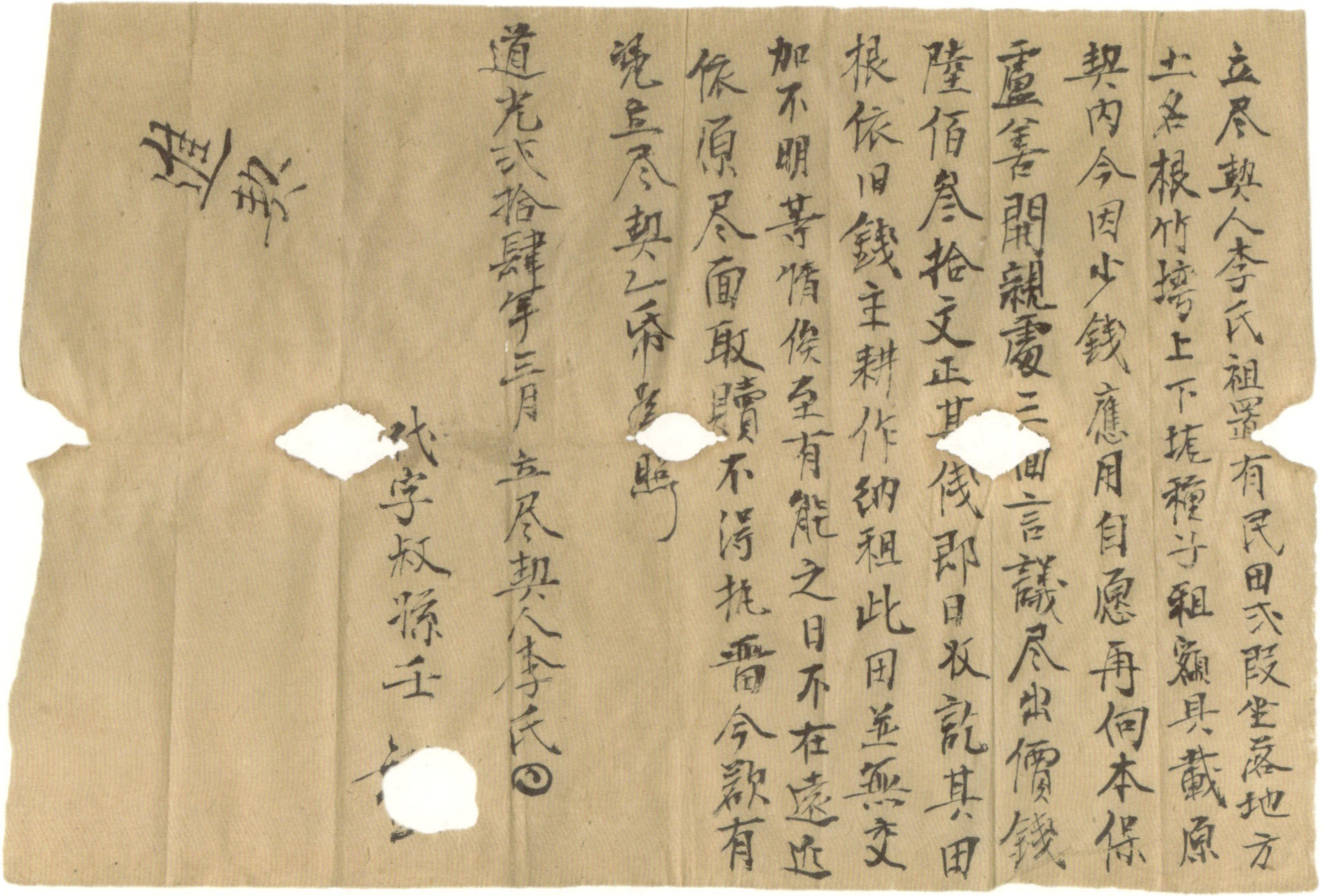
立盡契人李氏祖置有民田弍段坐落地方
土名根竹塆上下垅種子租額具載原
契內今因少錢應用自愿再向本保
盧善開親處三面言議盡出價錢
陸佰叁拾文正其錢即日收訖其田
根依旧錢主耕作納租此田並無交
加不明等情倘至有能之日不在遠近
係原盡面取贖不得執畱今欲有
憑立盡契乙帋為照
道光弍拾肆年三月　立盡契人李氏（押）
代字叔孫壬
劉齊

10-5-24-12　清道光二十四年三月李氏立盡民田契

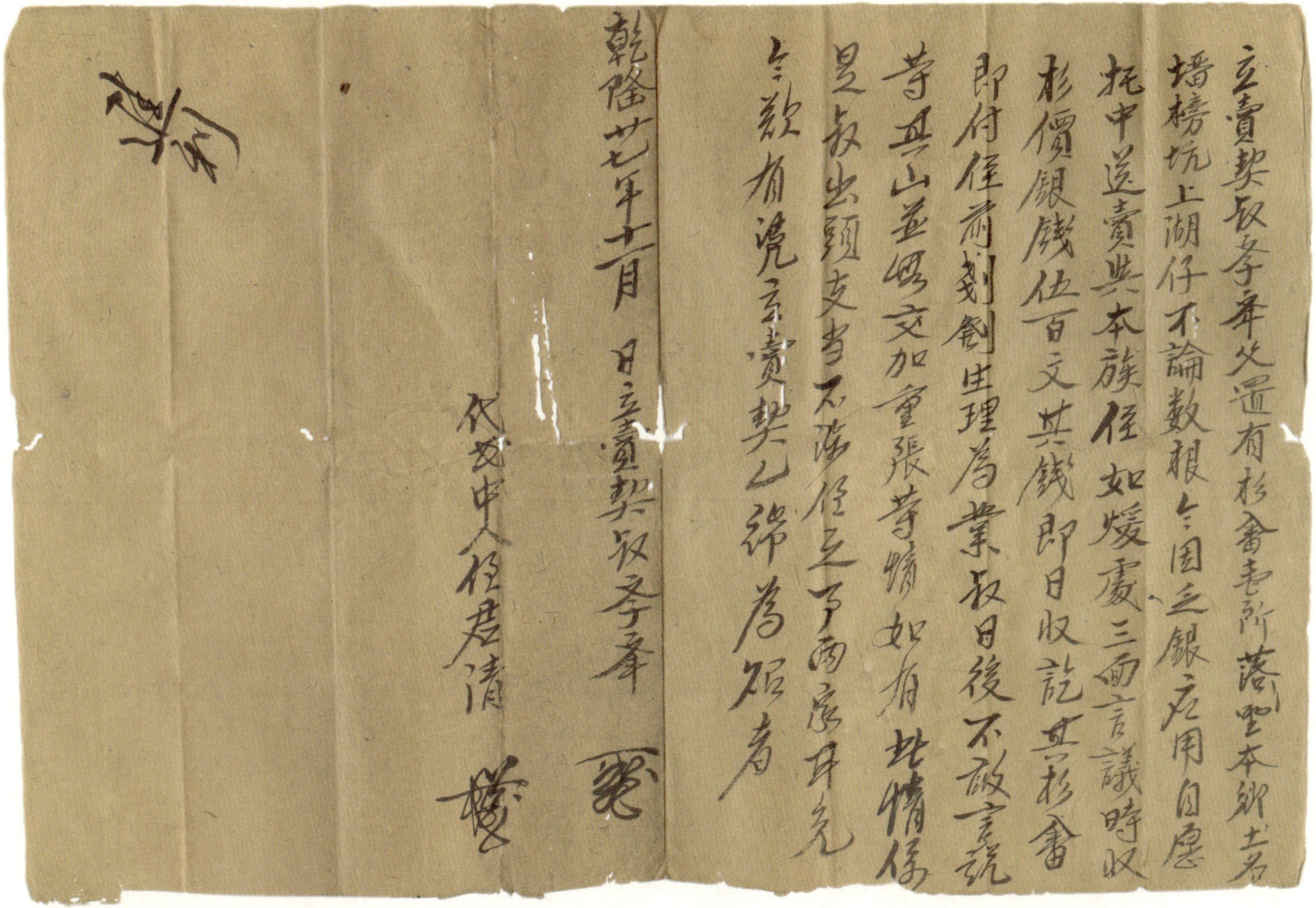
立賣契叔辛峯父遺有杉畬壹所，落坐本鄉土名墻橯坑上湖仔，不論數根，今因乏銀應用，自愿托中送賣與本族侄如煖處，三面言議，時收杉價銀錢伍百文，其錢即日收訖，其杉畬即付侄前去劉創生理為業，叔日後不敢言說等再山並無交加重張等情，如有此情，係是叔出頭支當，不涉侄之事，两家甘允，今欲有憑，立賣契乙帋為照者。

乾隆廿七年十一月　日立賣契叔辛峯（押）

代書中人侄君清（押）

10-5-25-1　清乾隆二十七年十一月黄辛峯立賣杉畬契

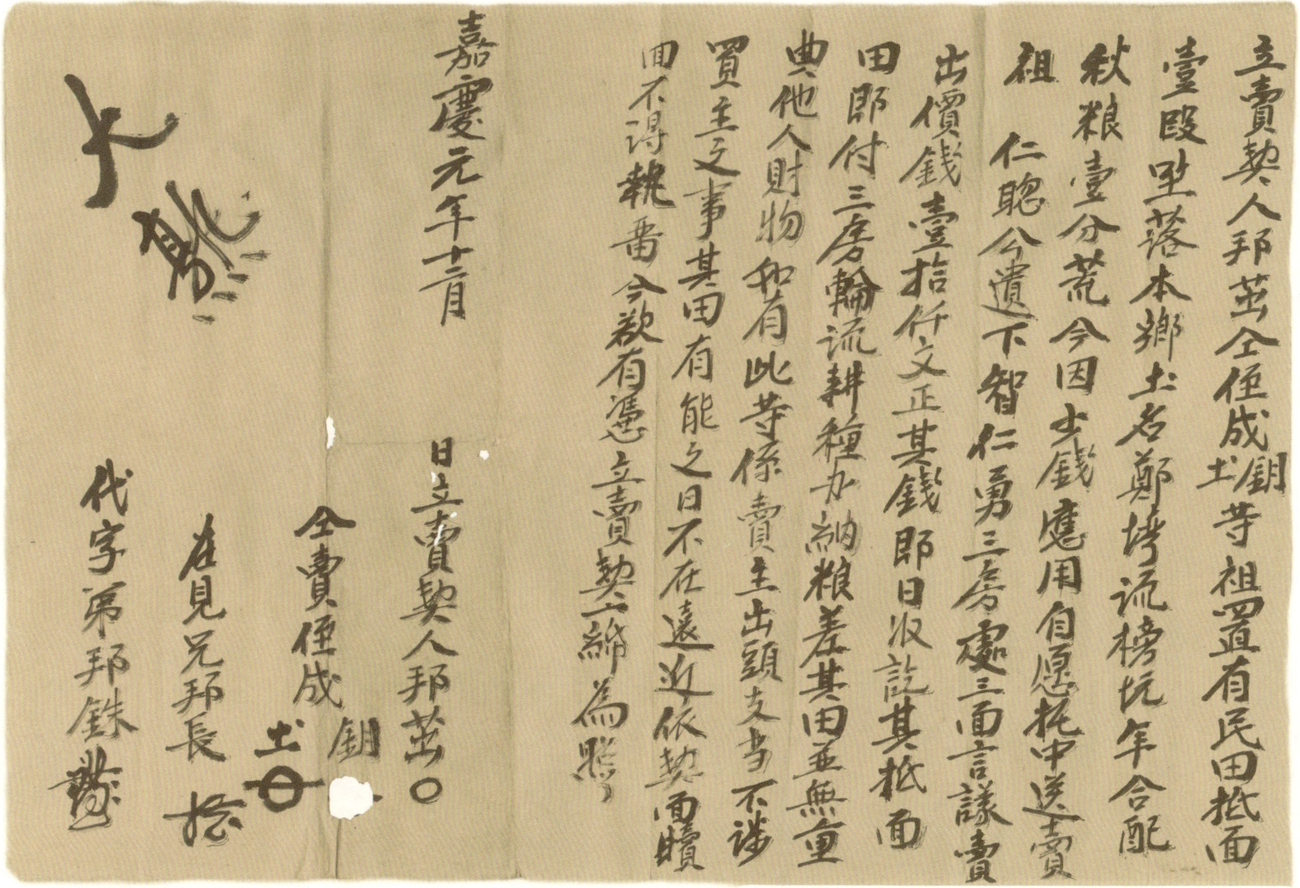

立賣契人邦茁仝侄成𡏠、錮等，祖置有民田抵面
壹段，坐落本鄉土名鄭坪流榜坑，年合配
秋粮壹分荒。今因乏錢應用，自愿托中送賣
祖仁聰公遺下智、仁、勇三房處，三面言議，賣
出價錢壹拾仟文正。其錢即日收訖，其抵面
田即付三房輪流耕種，办納粮差。其田並無重
典他人財物，如有此等，係賣主出頭支当，不涉
買主之事。其田有能之日，不在遠近，依契面贖，
田不得執番。今欲有憑，立賣契一紙為照。

嘉慶元年十二月　日立賣契人邦茁〇
仝賣侄成𡏠、錮
在見兄邦長
代字弟邦銖

大[illegible]

10-5-25-2　清嘉慶元年十二月黄邦茁等立賣底面全民田契

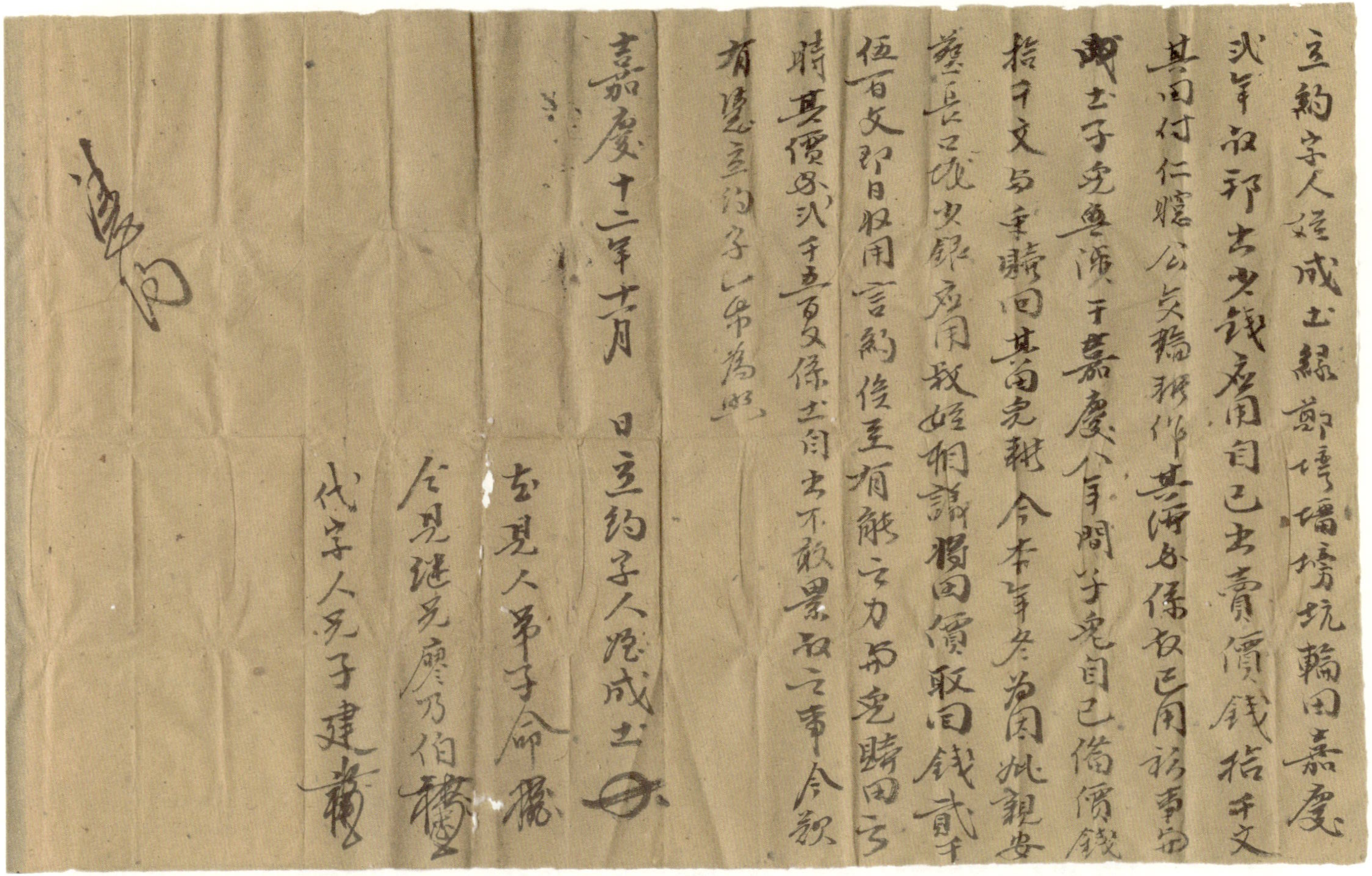

立約字人姪成土緣鄭墩壩塝坑輪田嘉慶
弍年收邨出典錢應用自己出賣價錢拾千文
其田付仁瑢公衆輪耕作其併分係叔已用禄字四
與成土子兜典價千嘉慶八年間子兜自己備價錢
拾千文與秉贖回其苗兜耕今本年冬為因姚親安
葬要口賬少銀應用致姪相議將田價取回錢貳千
伍百文即日收用言約後至有能之力再兜贖田之
時其價要弍千五百文係土自出不敢異說之事今欲
有憑立約字一紙為照
嘉慶十二年十一月　日立約字人姪成土（押）
在見人弟子命（押）
仝見堂兄應乃伯（押）
代字人兄子建（押）

10-5-25-3　清嘉慶十二年十一月黃成土立約字

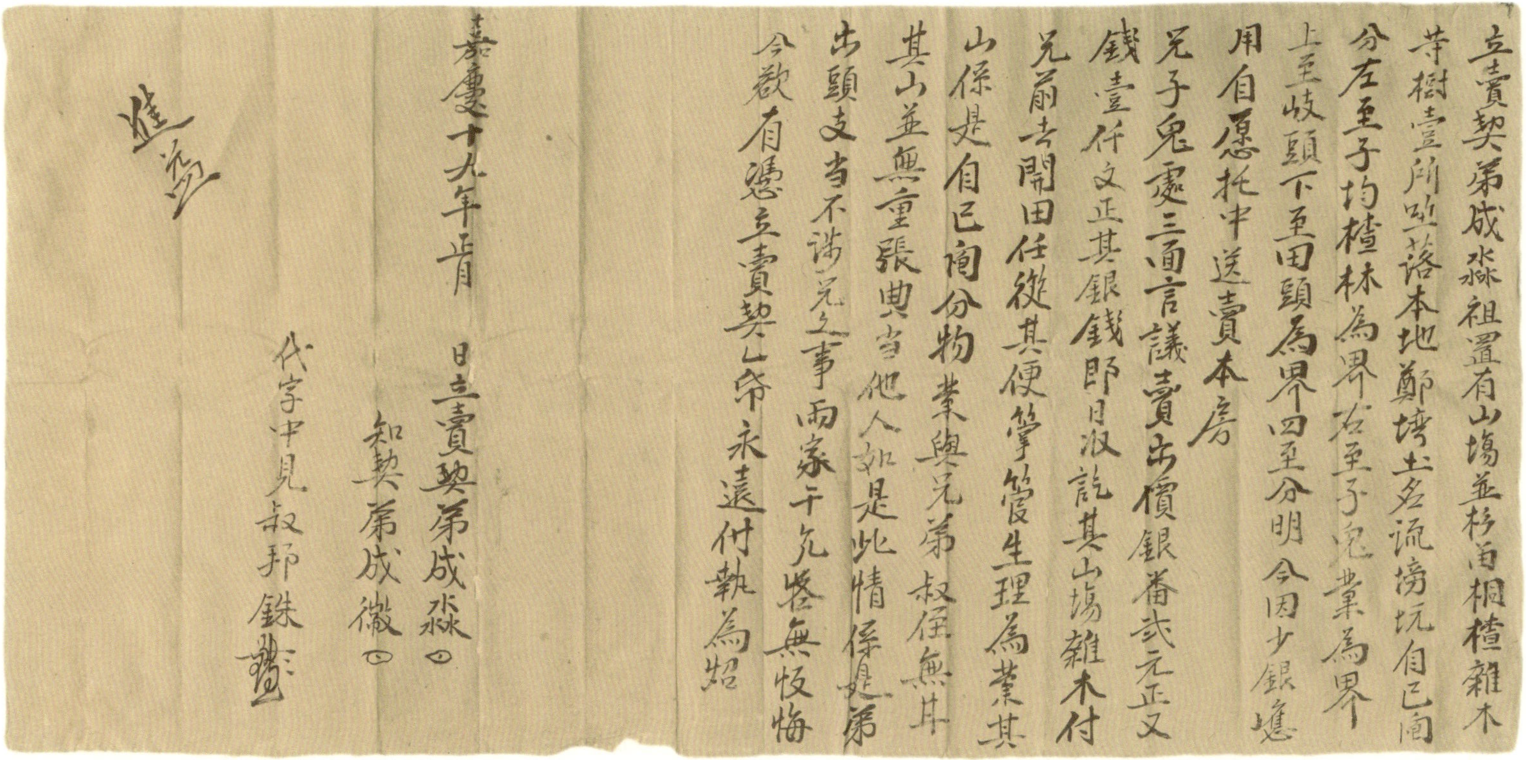
立賣契弟成淼祖置有山場並杉苗桐樟雜木
等樹壹所坐落本地鄭塆土名流塝坑自己兩
分左至子均樟林為界右至子兜業為界
上至岐頭下至田頭為界四至分明今因少銀應
用自愿托中送賣本房
兄子兜處三面言議賣出價銀番弍元正又
錢壹仟文正其銀錢即日收訖其山場雜木付
兄前去開田任從其便掌管生理為業其
山係是自己兩分物業與兄弟叔侄無干
其山並無重張典當他人如是此情係是弟
出頭支當不涉兄之事兩家干允各無反悔
今欲有憑立賣契山帋永遠付執為炤

嘉慶十九年正月　日立賣契弟成淼（押）
知契弟成徽（押）
代字中見叔邦銖（押）

10-5-25-4　清嘉慶十九年正月黃成淼立賣山場等契

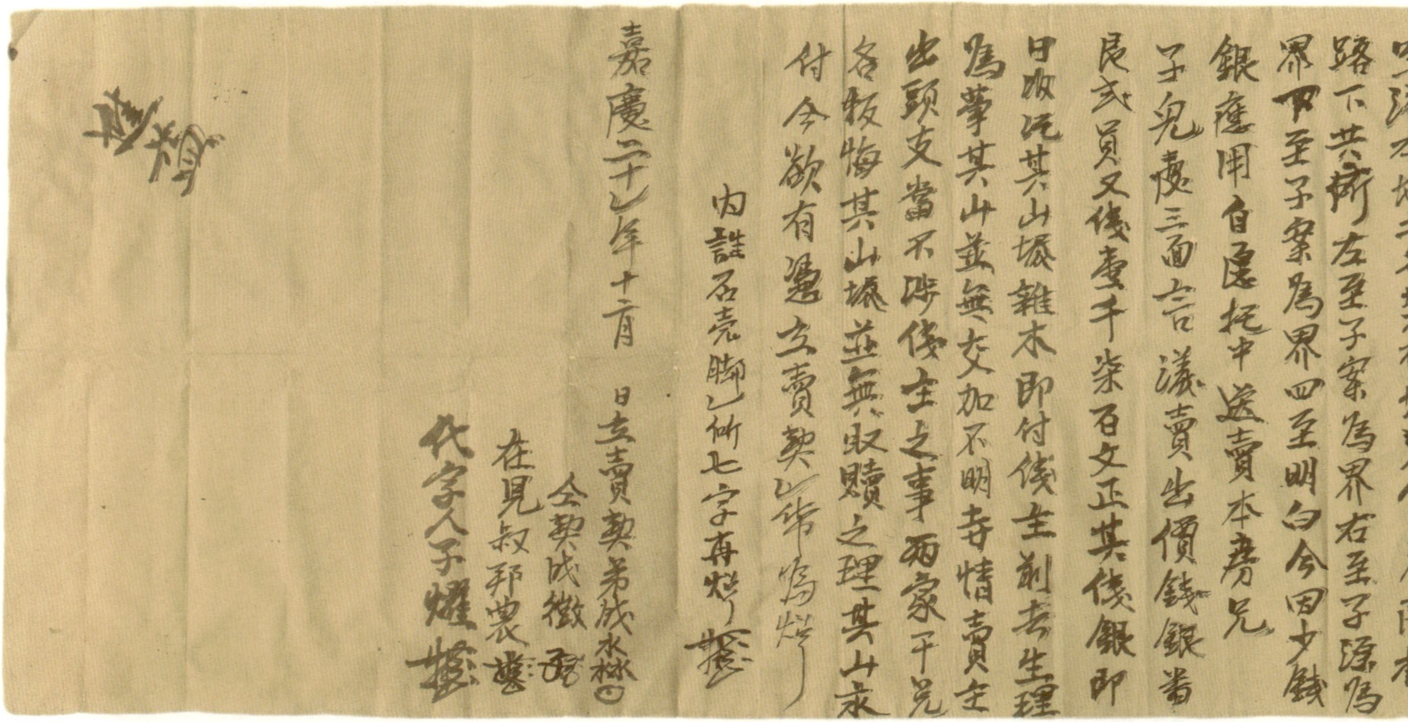
立賣契人成淼、成徵仝賣父置有山場一所
坐落本地土名墘橫坑段會前隔橫
路下共嶺左至子案為界右至子源為
界下至子案為界四至明白今因乏錢
銀應用自愿托中送賣本房兄
子兒處三面言議賣出價錢銀當
艮弍員又錢壹千柒百文正其錢銀即
日收訖其山場雜木即付錢主前去生理
為業其山並無交加不明等情賣主
出頭支當不涉錢主之事兩家干兒
各無翻悔其山場並無取贖之理其山永
付今欲有憑立賣契一紙為照
内註石壳脚一所七字再照　押
嘉慶二十一年十二月　日立賣契弟成淼　押
仝契成徵　押
在見叔邦衆　押
代字人子耀　押

10-5-25-5　清嘉慶二十一年十二月黄成淼等立賣山場契

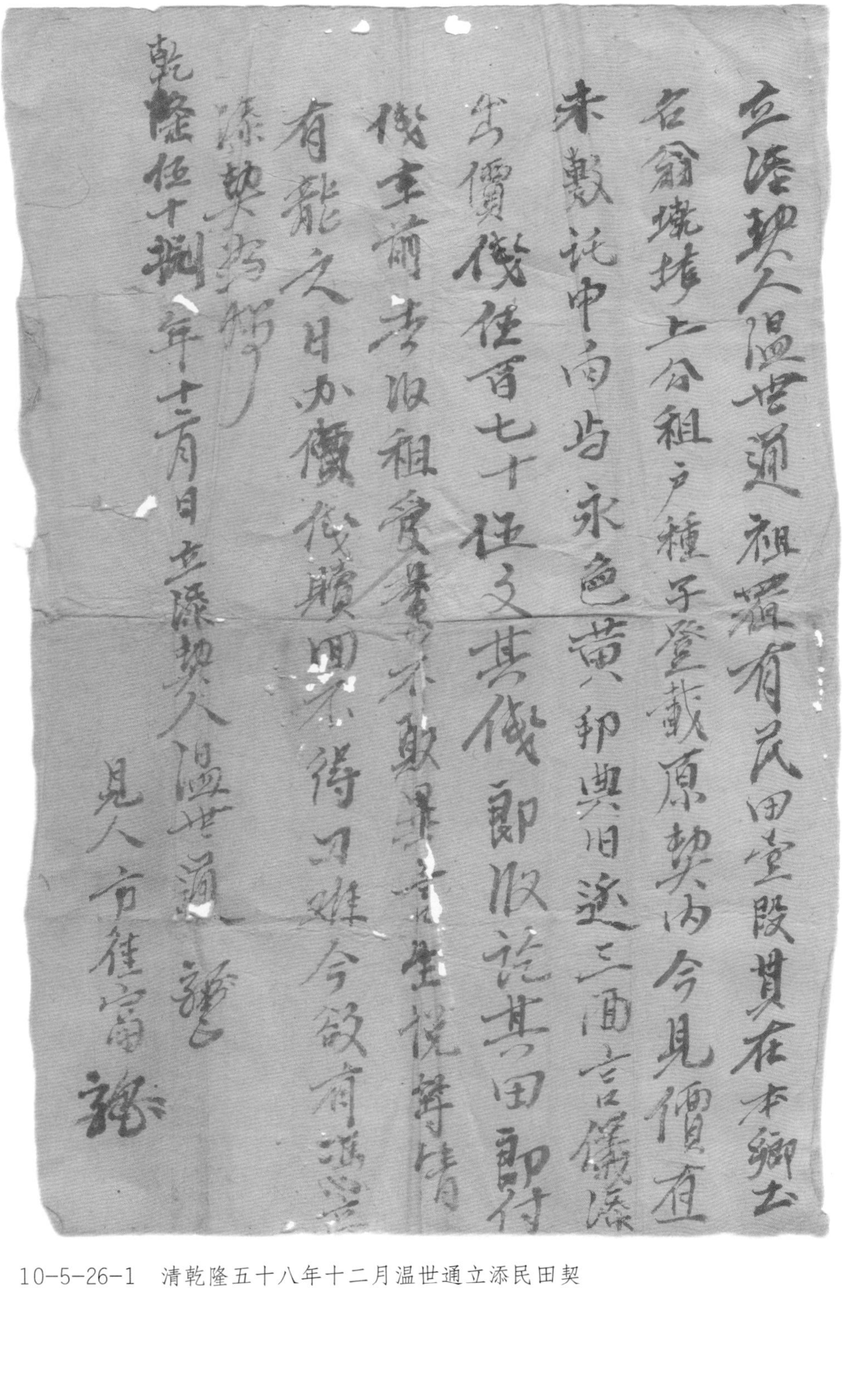
立添契人温世通，祖遺有民田壹段，貫在本鄉土
名翁墘埔上，分祖户種子，登載原契内，今見價直
未敷，託中向与永邑黄印與旧，逐三面言議添
出價錢伍百七十伍文，其錢即收訖，其田即付
錢主前去收租管業，不敢異言生說等情
有罷之日，办價錢贖回，不得刁難，今欲有憑，立
添契為照。
乾隆伍十捌年十二月日立添契人温世通（押）
見人 方佳富（押）

10-5-26-1　清乾隆五十八年十二月温世通立添民田契

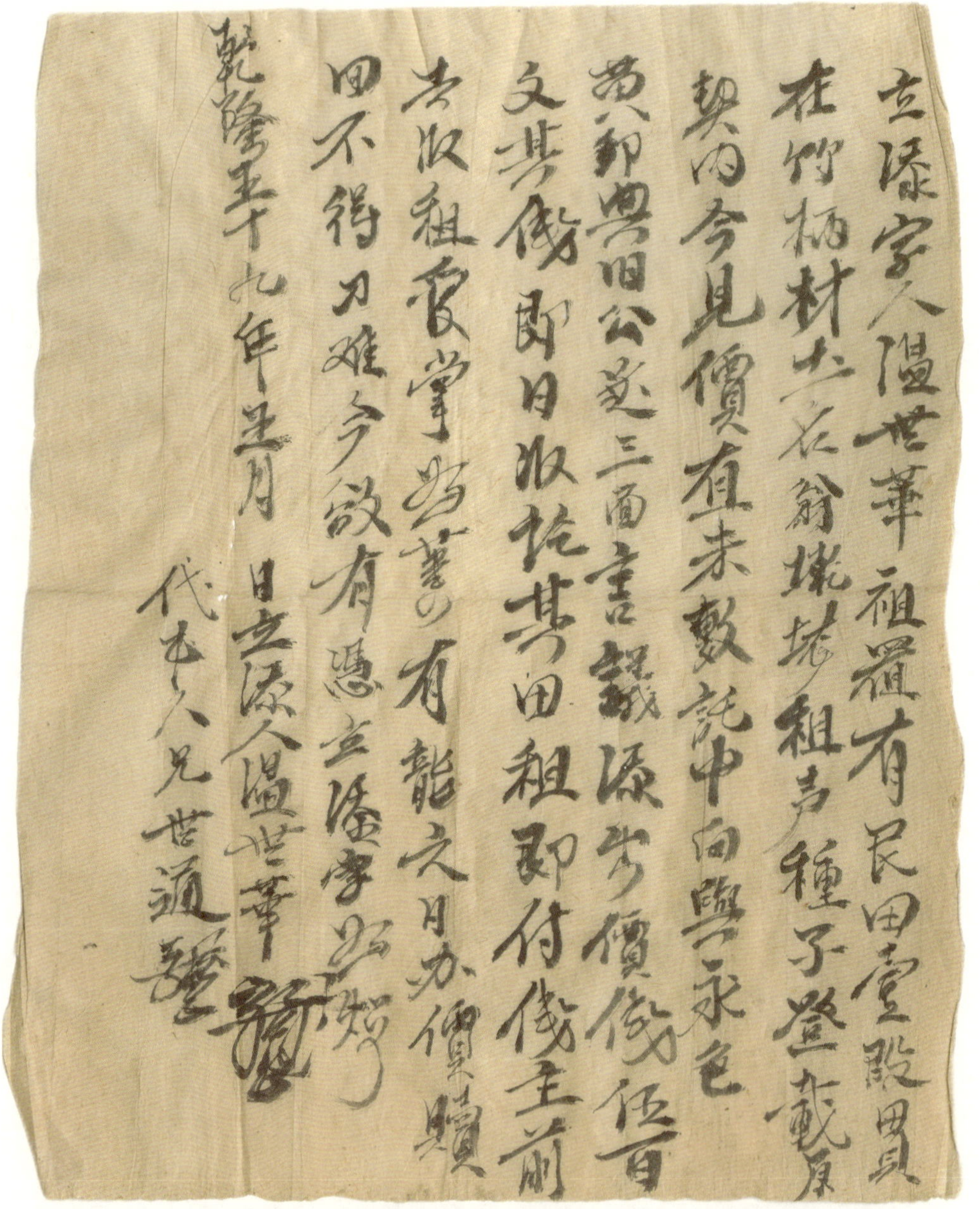

立添字人温世華祖羅有民田壹段田員
在竹柄村土名翁垅垅租声種子登卄載原
契內今見價值未敷託中向與永色
黄八郎與田公處三面言議添出價錢伍百
文其錢即日收訖其田租即付錢主前
去收租管業為業有能之月办價贖
回不得刁難今欲有憑立添字為照
乾隆五十九年正月　日立添人温世華（押）
代書人兄世道（押）

10-5-26-2　清乾隆五十九年正月温世華立添民田字

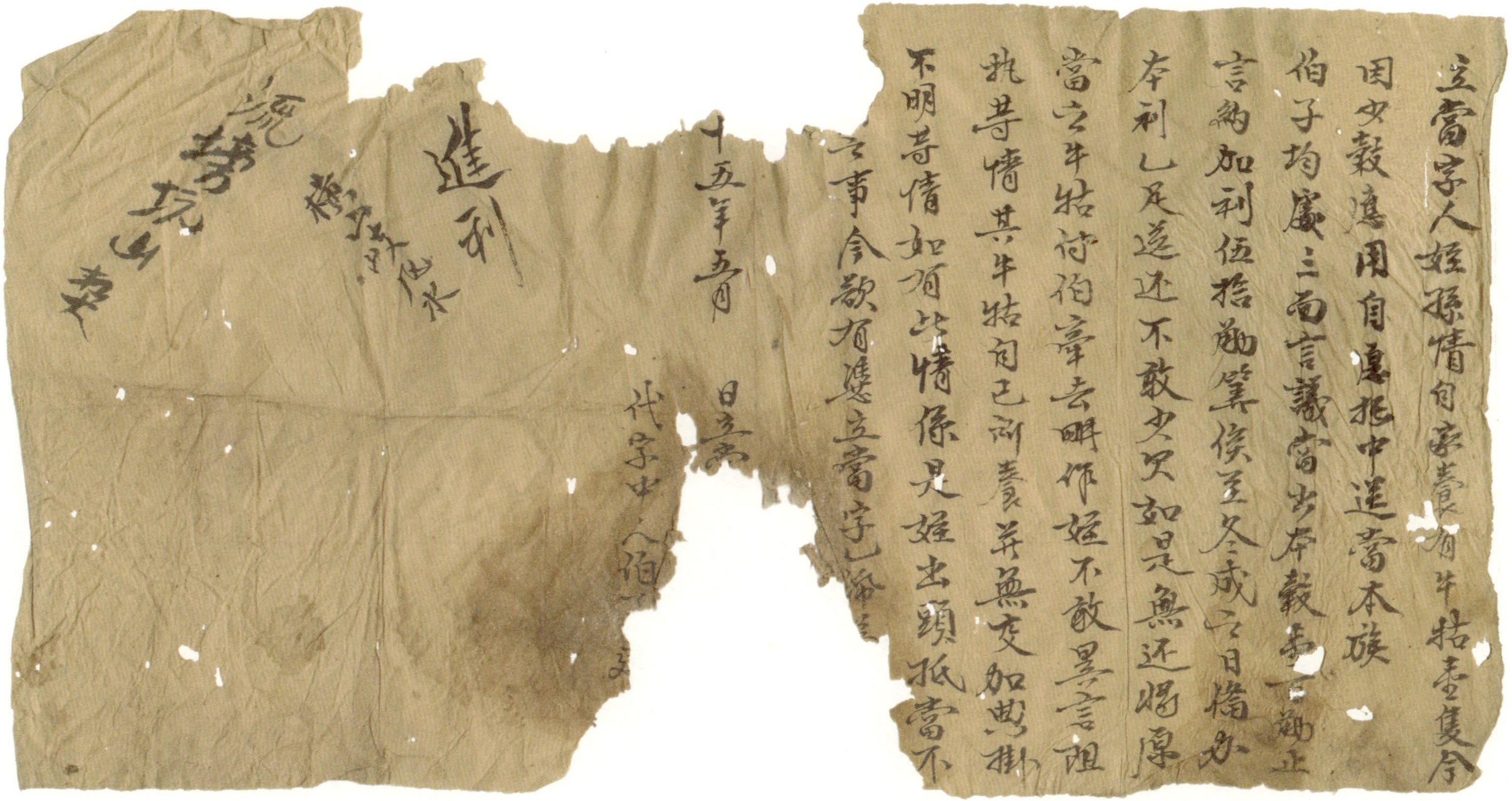
立當字人姪孫情自家養有牛牯壹隻今
因少穀應用自愿托中送當本族
伯子均處三面言議當出本穀壹百觔正
言約加利伍拾觔算係至冬成之日備出
本利乙足送还不敢少欠如是無还塌原
當之牛牯討伯章去明作姪不敢异言阻
執其情其牛牯自己所養并無交加典掛
不明等情如有此情係是姪出頭抵當不
干事今欲有憑立當字乙紙為照
十五年五月　日立當字
代字中人伯
進利

10-5-27-1　清道光十五年五月黄孫情立當牛牯字

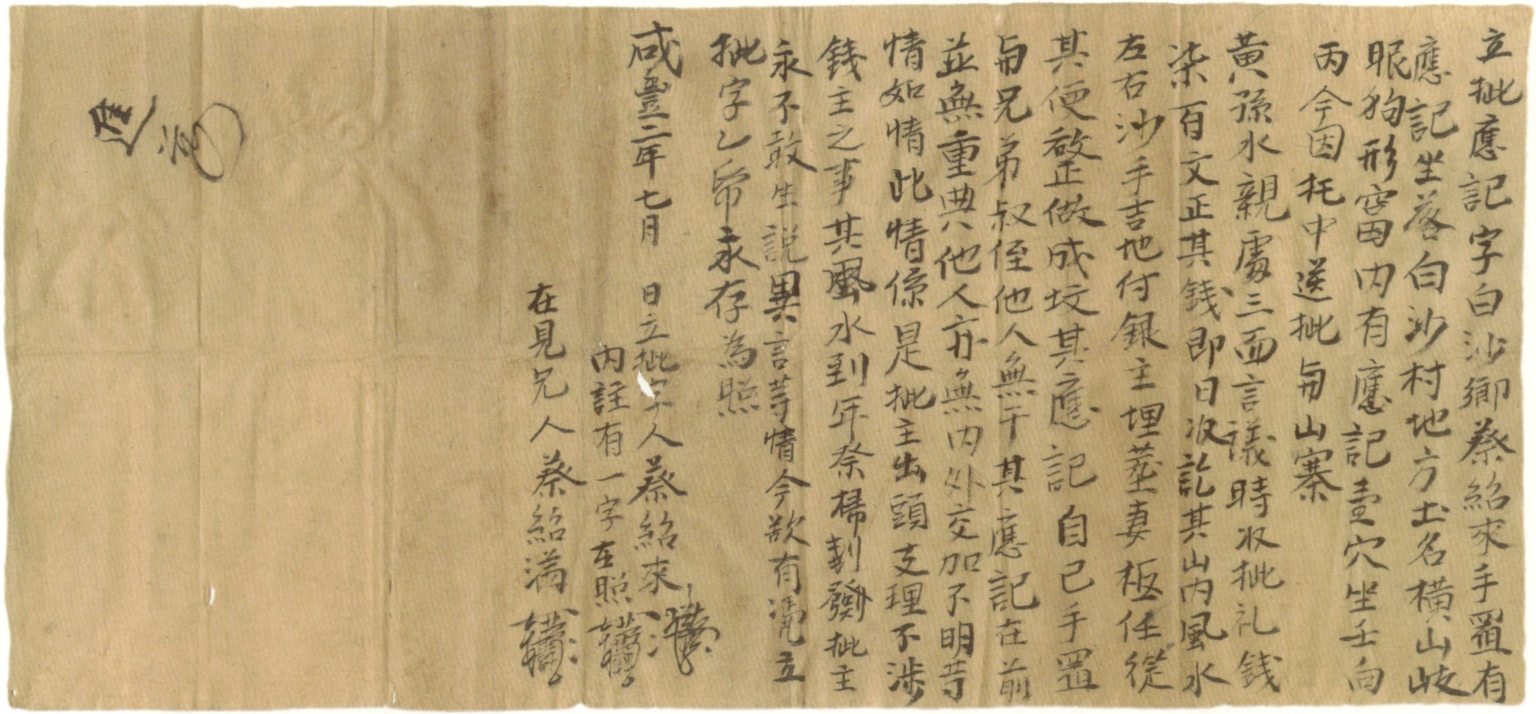
立批應記字白沙鄉蔡紹來手置有
應記坐落白沙村地方土名橫山岐
眠狗形寅田內有應記壹穴坐壬向
丙，今因托中送批與山寨
黄孫水親處三面言議，時收批礼錢
柒百文正，其錢即日收訖，其山內風水
左右沙手吉地付銀主埋葬妻柩，任從
其便整做成坟，其應記自己手置
與兄弟叔侄他人無干，其應記在前
並無重典他人亦無內外交加不明等
情，如情此情係是批主出頭支理，不涉
錢主之事。其風水到斗，奈樹割斷，批主
永不敢生說異言等情。今欲有憑，立
批字乙帋永存為照。
咸豐二年七月　日立批字人蔡紹來（押）
內註有一字在照（押）
在見兄人蔡紹滿（押）

10-5-27-2　清咸豐二年七月蔡紹來立批應記字

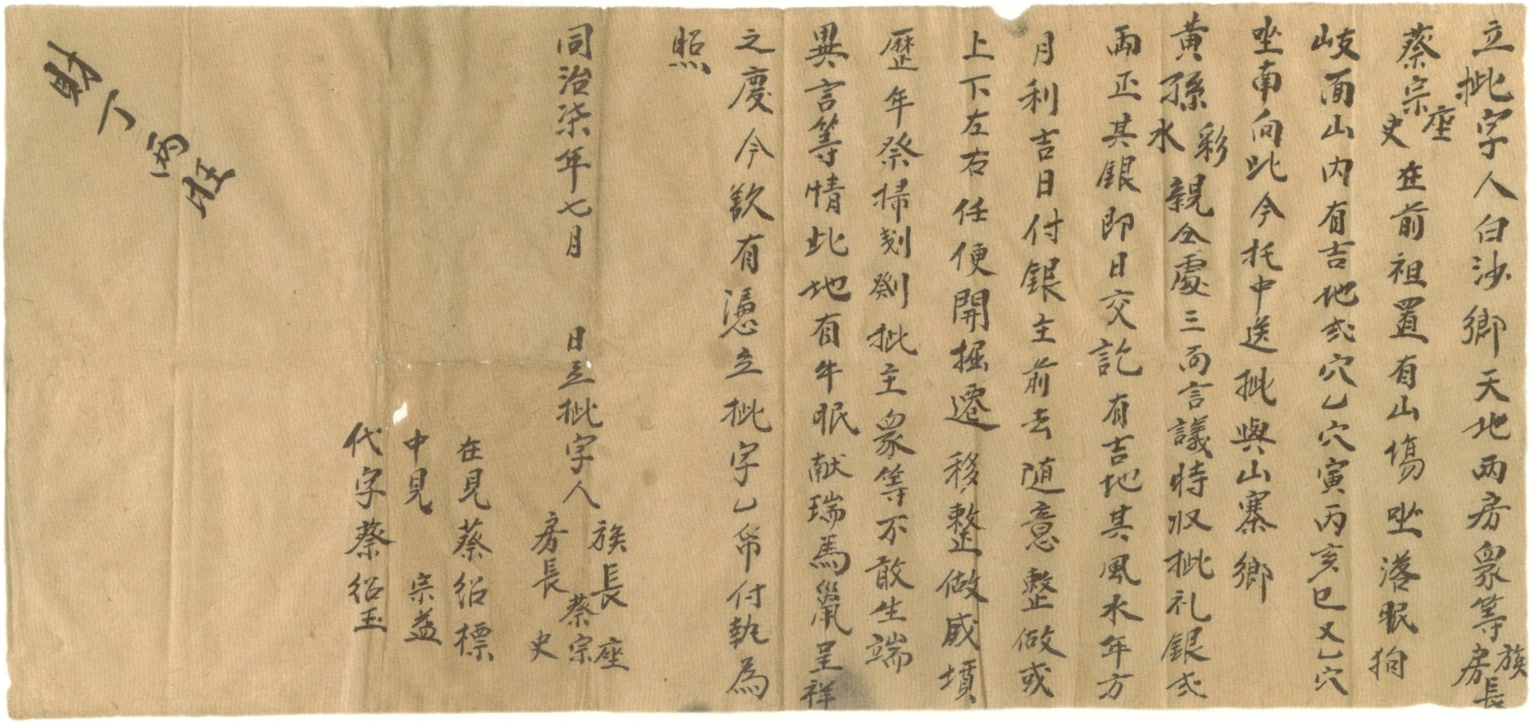
立批字人白沙鄉天地兩房衆等族長房長
蔡宗座史在前祖置有山塲坐落猴拘
岐面山內有吉地弍穴乙穴寅丙亥巳又乙穴
坐南向北今托中送批與山寨鄉
黃孫彩水親仝處三面言議時收批禮銀弍
兩正其銀即日交訖有吉地其風水年方
月利吉日付銀主前去隨意整做或
上下左右任便開掘遷移整做成墳
歷年祭掃剗剗批主衆等不敢生端
異言等情此地有牛眠献瑞焉鸞呈祥
之慶今欲有憑立批字乙帋付執為
照。
同治柒年七月　日立批字人族長房長蔡宗座史
在見蔡紹標
中見　宗益
代字蔡紹玉

10-5-27-3　清同治七年七月蔡氏天地兩房立批吉地字

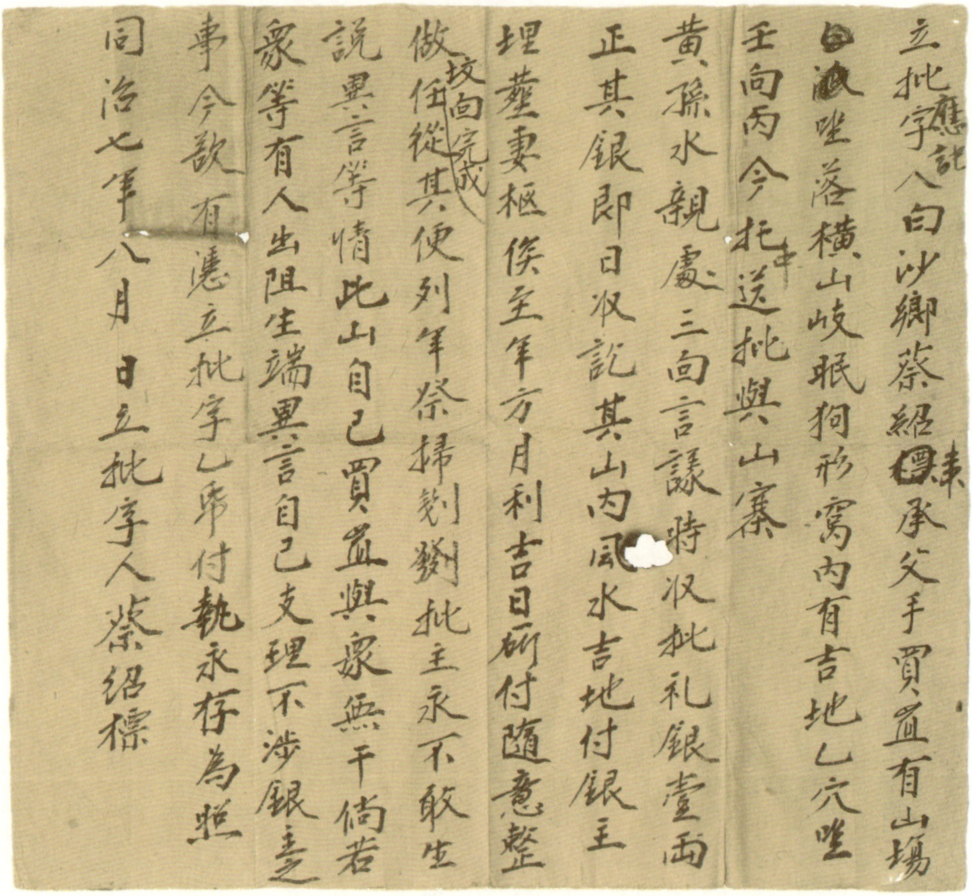
立批字應記人白沙鄉蔡紹來承父手買置有山場
白□坐落橫山岐眠狗形窩內有吉地乙穴坐
壬向丙今托中送批與山寨
黄孫水親處三面言議時收批礼銀壹両
正其銀即日收訖其山內風水吉地付銀主
埋葬妻柩俟至年方月利吉日所付隨意整
做坟向完成任從其便列年祭掃劉批主永不敢生
說異言等情此山自己買置與衆無干倘若
衆等有人出阻生端異言自己支理不涉銀主之
事今欲有憑立批字乙帋付執永存為照
同治七年八月　日立批字人蔡紹標

10-5-27-4　清同治七年八月蔡紹來立批吉地字

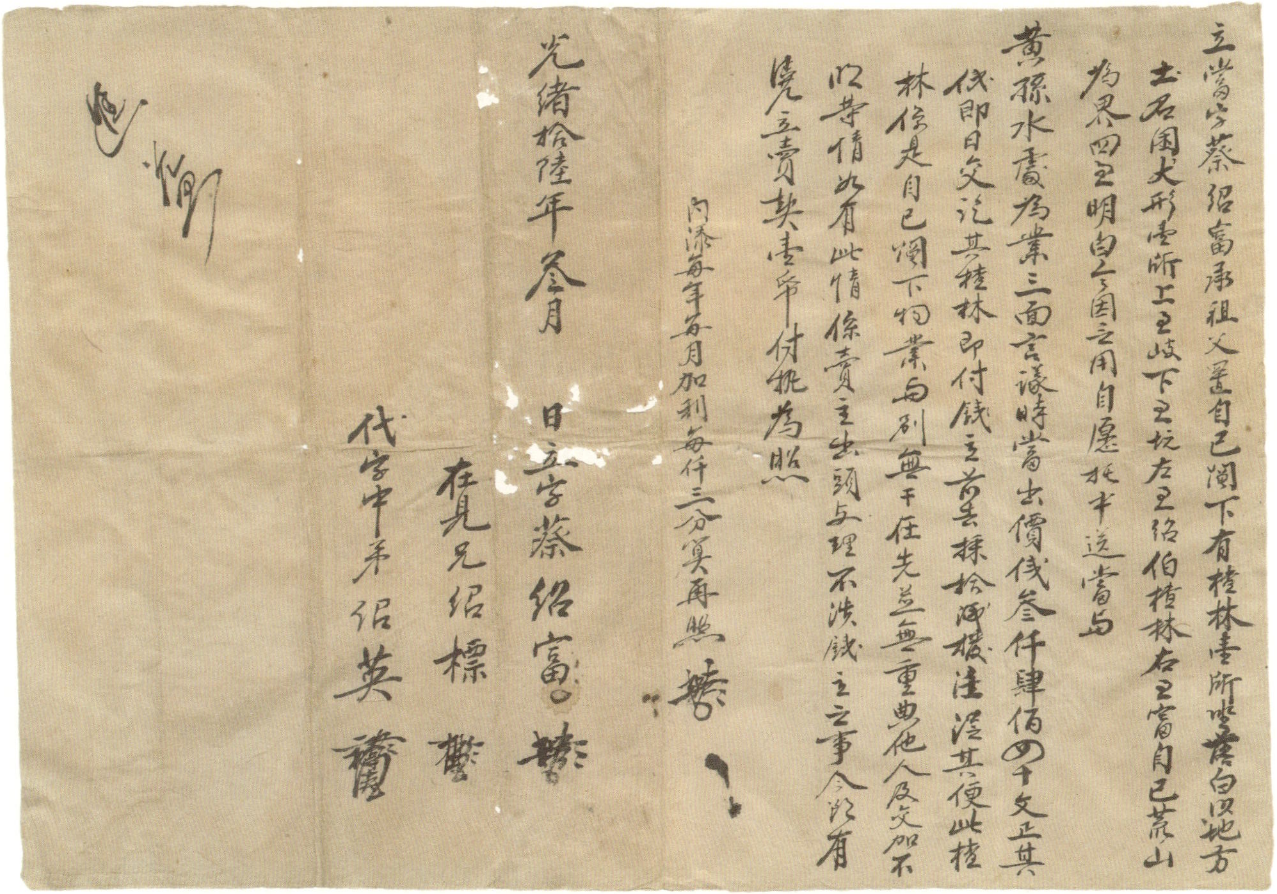

立當字蔡绍富承祖父置有自己閩下有楂林壹所坐落白田地方
土名閩大形壹所上至岐下至坑左至绍伯楂林右至富自己荒山
為界四至明白今因乏用自愿托中送當與
黃孫水處為業三面言議時當出價錢叁仟肆佰四十文正其
錢即日交訖其楂林即付錢主前去採拾砍樵注浸其便此楂
林係是自己閩下物業与別無干任先並無重典他人及交加不
明等情如有此情係賣主出頭与理不涉錢主之事今欲有
憑立賣契壹帋付执為照
內添每年每月加利每仟三分算再照

光緒拾陸年叁月　日立字蔡绍富
在見兄绍標
代字中弟绍英

10-5-27-5　清光緒十六年三月蔡紹富立當楂林字

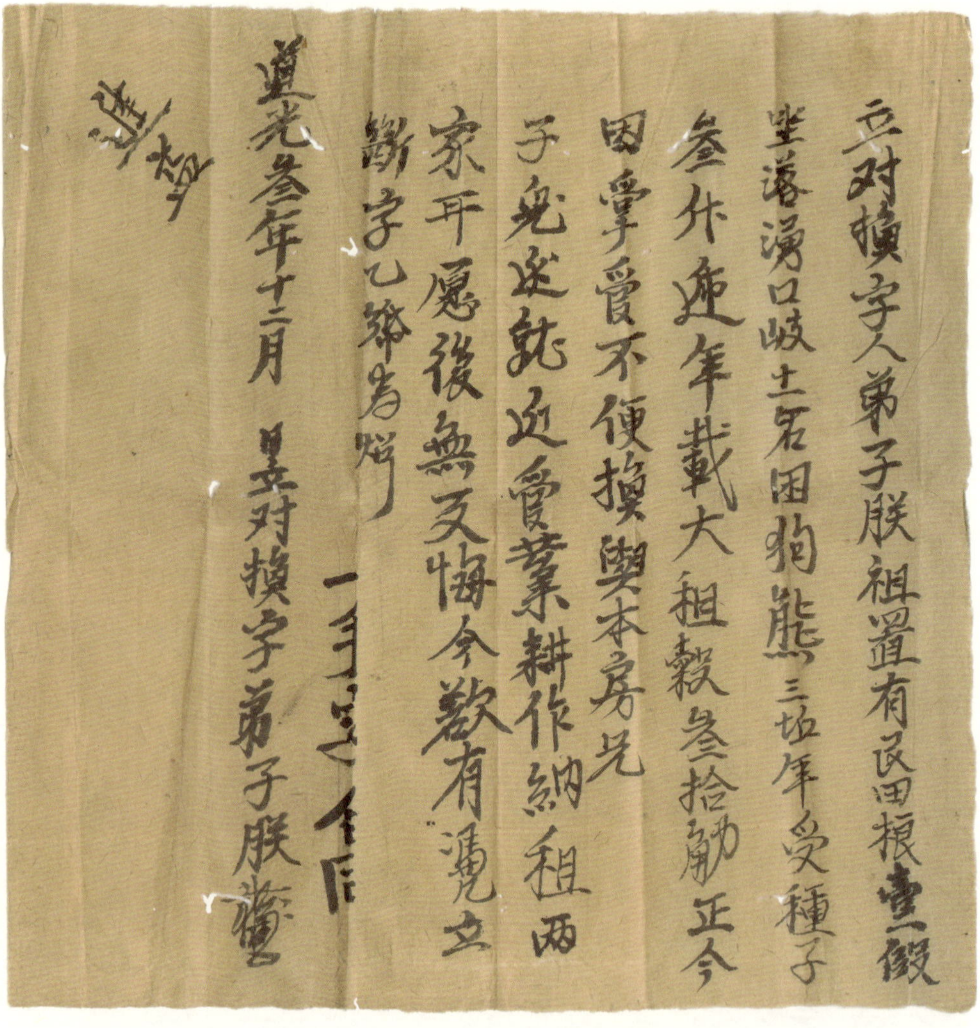
立对換字人弟子朕祖置有民田根壹段
坐落湧口岐土名田狗熊三坵年受種子
叁升連年載大租穀叁拾觔正今
因掌管不便換與本房兄
子兔送鈍边管業耕作納租兩
家甘愿後無反悔今欲有憑立
斷字乙紙為照
一手字合同
道光叁年十二月　日立对換字弟子朕(押)
進叁

10-5-28-1　清道光三年十二月黄子朕立對換民田根字

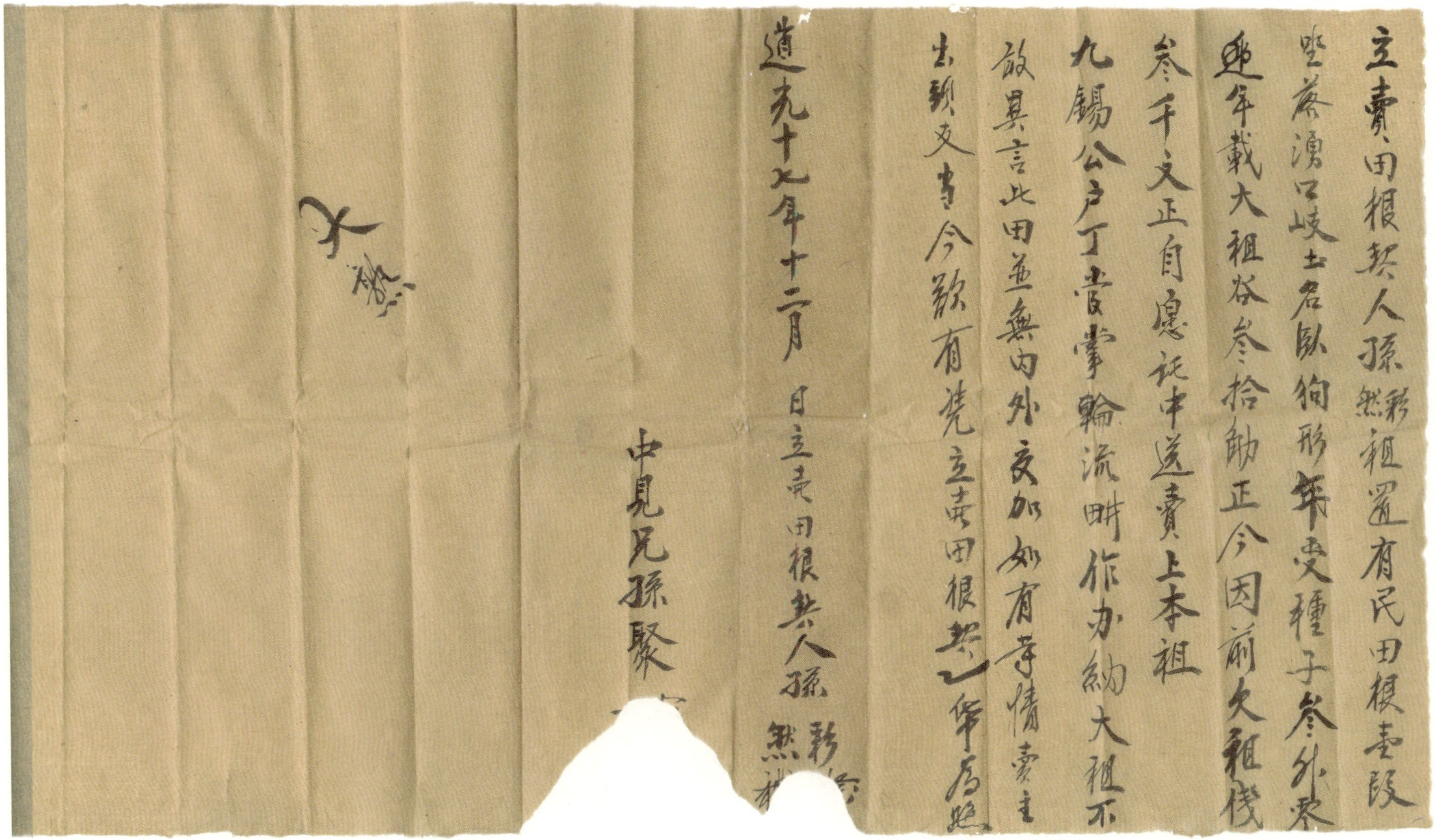
立賣田根契人孫彩然祖置有民田根壹段
坐落湧口岐土名臥狗形年受種子叁升外來
逐年載大祖谷叁拾觔正今因前欠祖錢
叁千文正自愿托中送賣上本祖
九錫公户丁壹掌輪流耕作办納大祖不
敢異言此田並無内外交加如有等情賣主
出頭支当今欲有憑立賣田根契一紙爲照
道光十七年十二月 日立賣田根契人孫彩
然
中見兄孫聚
大發

10-5-28-2 清道光十七年十二月黃孫彩等立賣民田根契

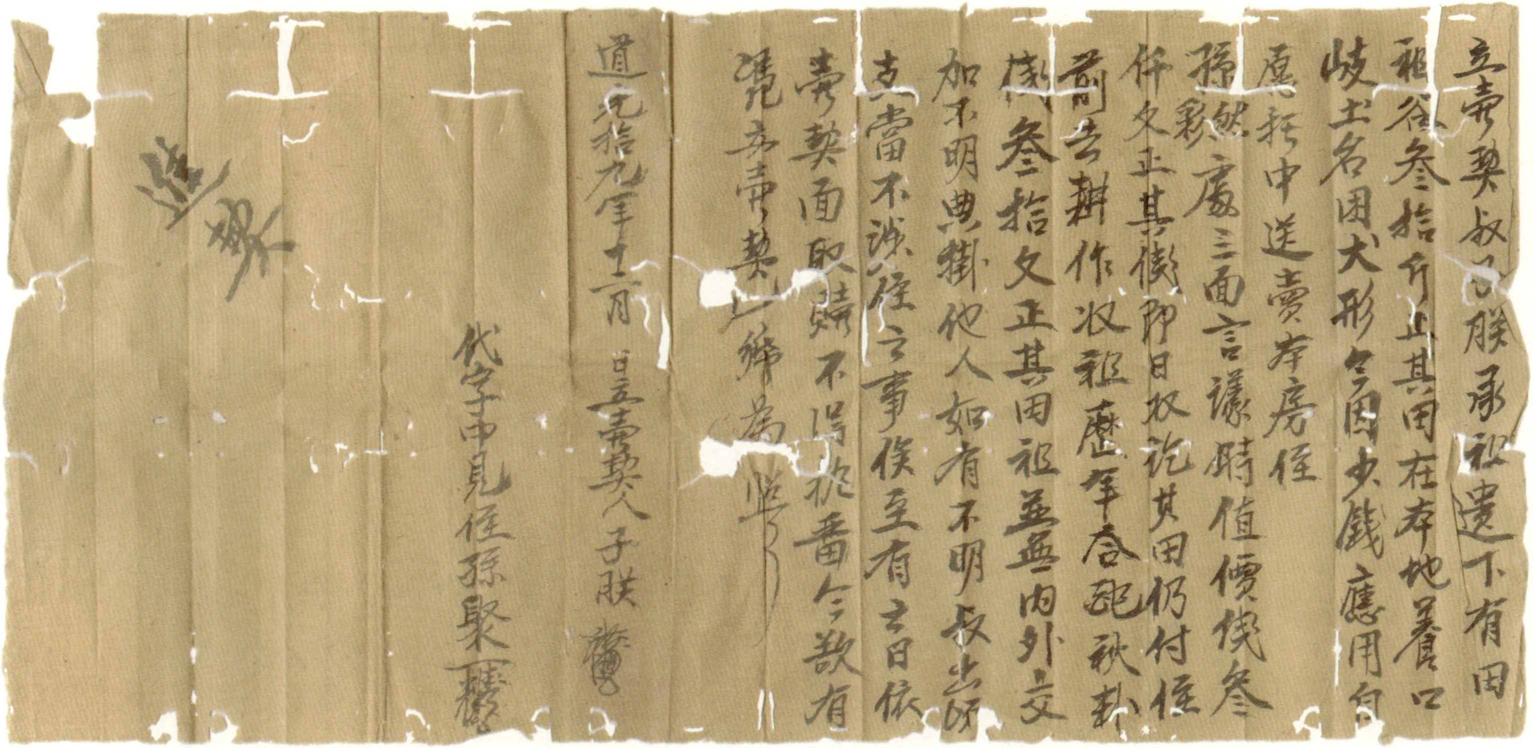

立賣契叔子朕承祖遺下有田
租谷叁拾斤，土其田在本地，土名口
岐土名田大形，今因要錢應用，向
房托中送賣本房侄
孫彩然處，三面言議，時值價錢叁
仟文正，其錢即日收訖，其田仍付侄
前去耕作收租，歷年合訖秋收
繳叁拾文正，其田租並無內外交
加不明典掛他人，如有不明，叔出頭
支當，不涉侄之事，候至有日依
賣契面取贖，不得執番。今欲有
憑，立賣契一紙為照。
道光拾九年十二月 日立賣契人子朕（押）
代字中見侄孫聚（押）
送契

10-5-28-3　清道光十九年十二月黄子朕立賣田租穀契

10-5-29-1　包契紙

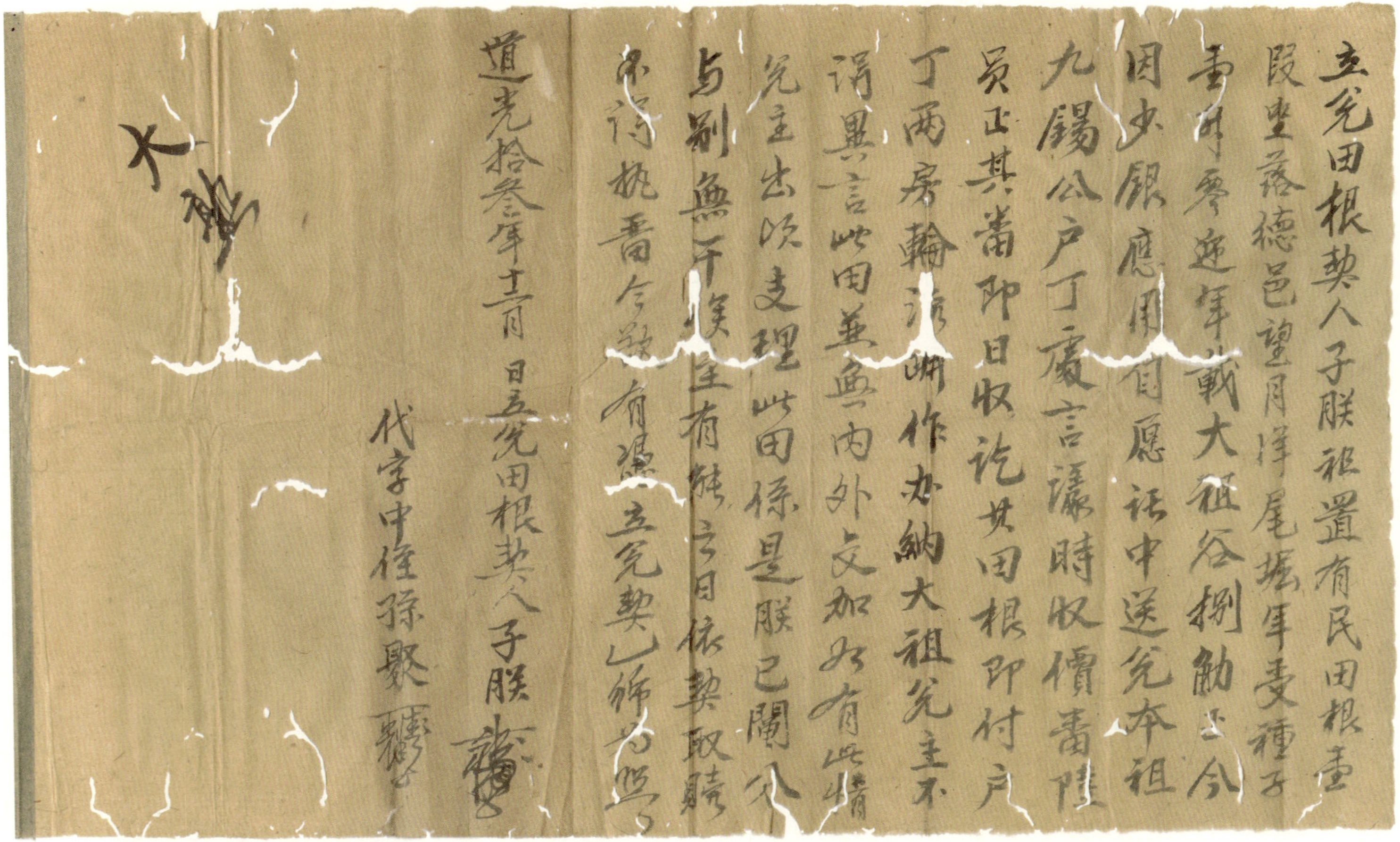
立兑田根契人子朕祖置有民田根壹
段坐落德邑望月洋尾垢年受種子
壹斗零逆年載大祖谷捌觔正今
因乏銀應用自愿託中送兑本祖
九錫公户丁處言議時收價番陸
員正其番即日收訖其田根即付户
丁两房輪流耕作办納大祖兑主不
得異言此田並無内外交加如有此情
兑主出頭支理此田係是朕已閹分
与别無干涉並有贖之日依契取贖
不得執番今欲有憑立兑契一紙為照
道光拾叁年十二月　日立兑田根契人子朕
代字中侄孫聚
大發

10-5-29-2　清道光十三年十二月黄子朕立兑民田根契

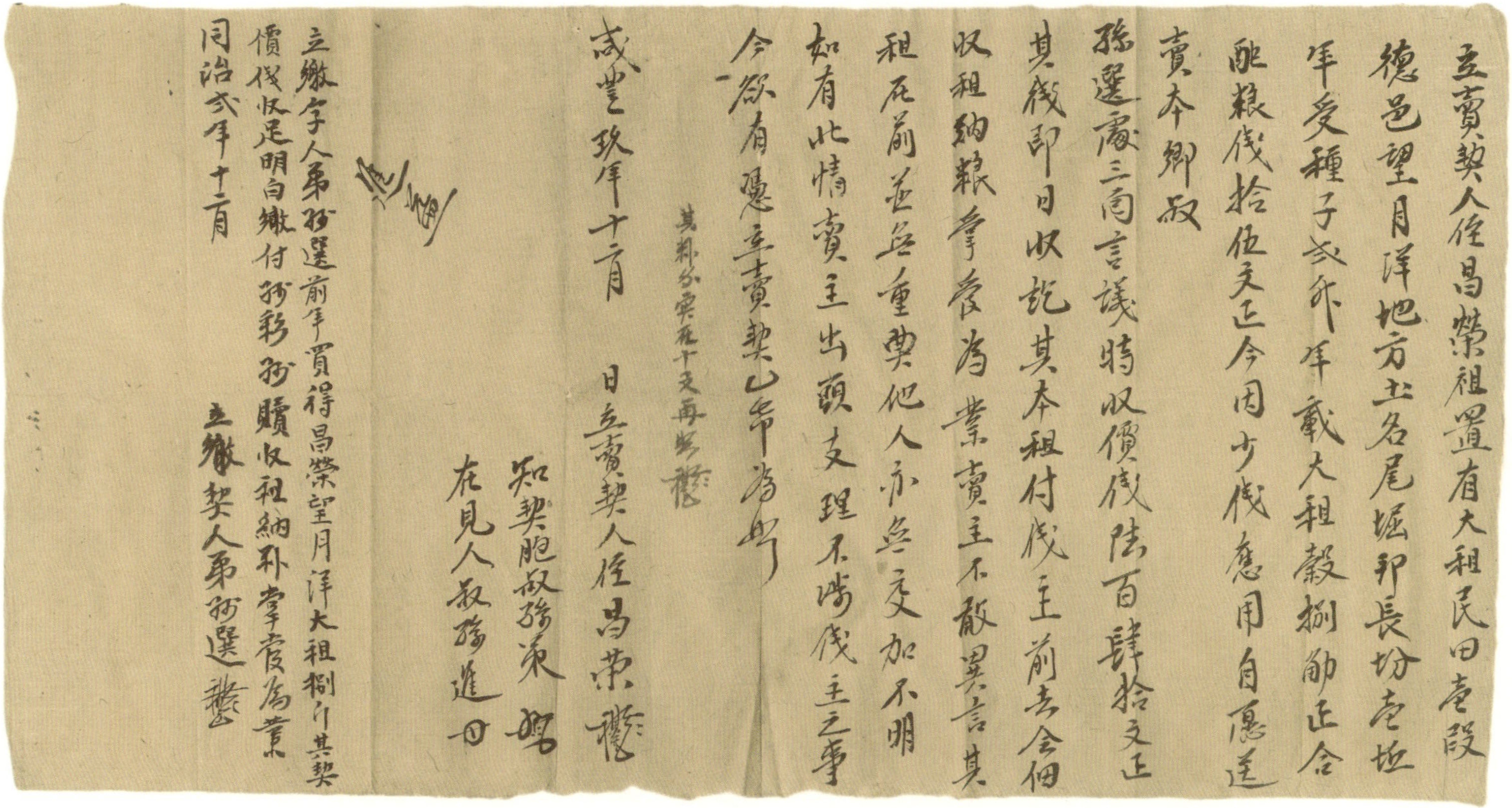

立賣契人侄昌榮祖置有大租民田壹段
德邑望月洋地方土名尾堀邦長坋壹坵
年受種子貳斤年載大租穀捌斛正仝
配粮錢拾伍文正今因乏錢應用自愿送
賣本鄉叔
孫選處三面言議時收價錢陸百肆拾文正
其錢即日收訖其本租付錢主前去會佃
收租納粮掌管為業賣主不敢異言其
租在前並無重典他人亦無交加不明
如有此情賣主出頭支理不涉錢主之事
今欲有憑立賣契一帋為炤
其契外實在十文再炤
咸豐玖年十二月　日立賣契人侄昌榮
知契胞叔孫策
在見人叔孫進
立繳字人弟孫選前年買得昌榮望月洋大租捌斗其契
價錢收足明白繳付孫彩孫贖收租納粮掌管為業
立繳契人弟孫選
同治貳年十二月

10-5-29-3　清咸豐九年十二月黃昌榮立賣大租民田契

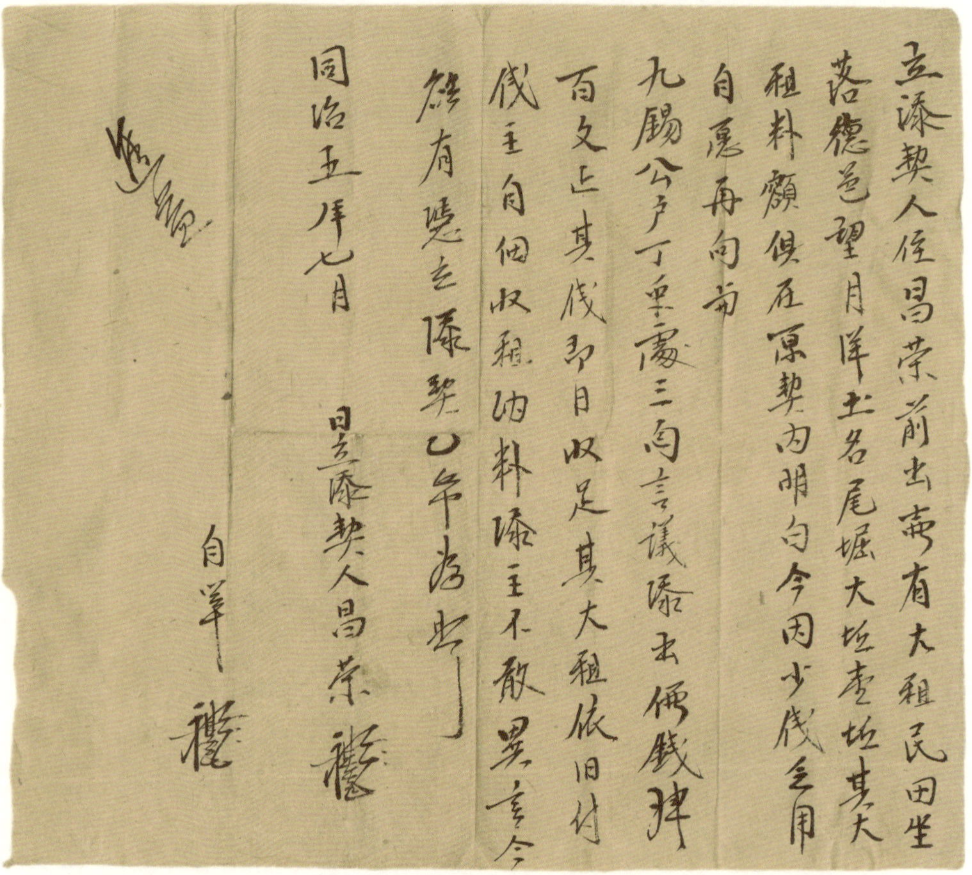

立添契人侄昌荣前出売有大租民田坐
落德邑望月洋土名尾堀大坵壹坵其大
租料額俱在原契内明白今因乏錢應用
自愿再向前
九錫公户丁叟處三面言議添出佛錢肆
百文正其錢即日收足其大租依旧付
錢主自佃收租納料添主不敢異言今
欲有憑立添契一紙為照
同治五年七月　日立添契人昌荣（押）
自筆（押）

10-5-29-4　清同治五年七月黄昌榮立添大租民田契

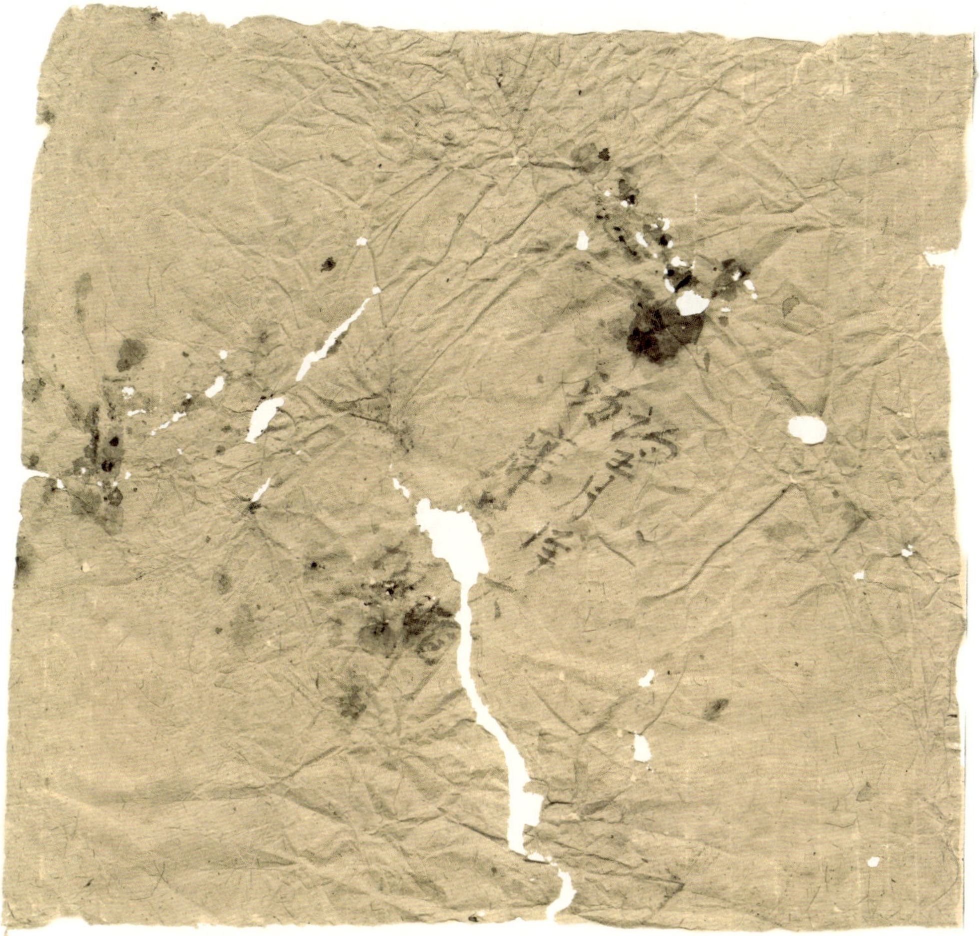

10-5-30-1　包契紙

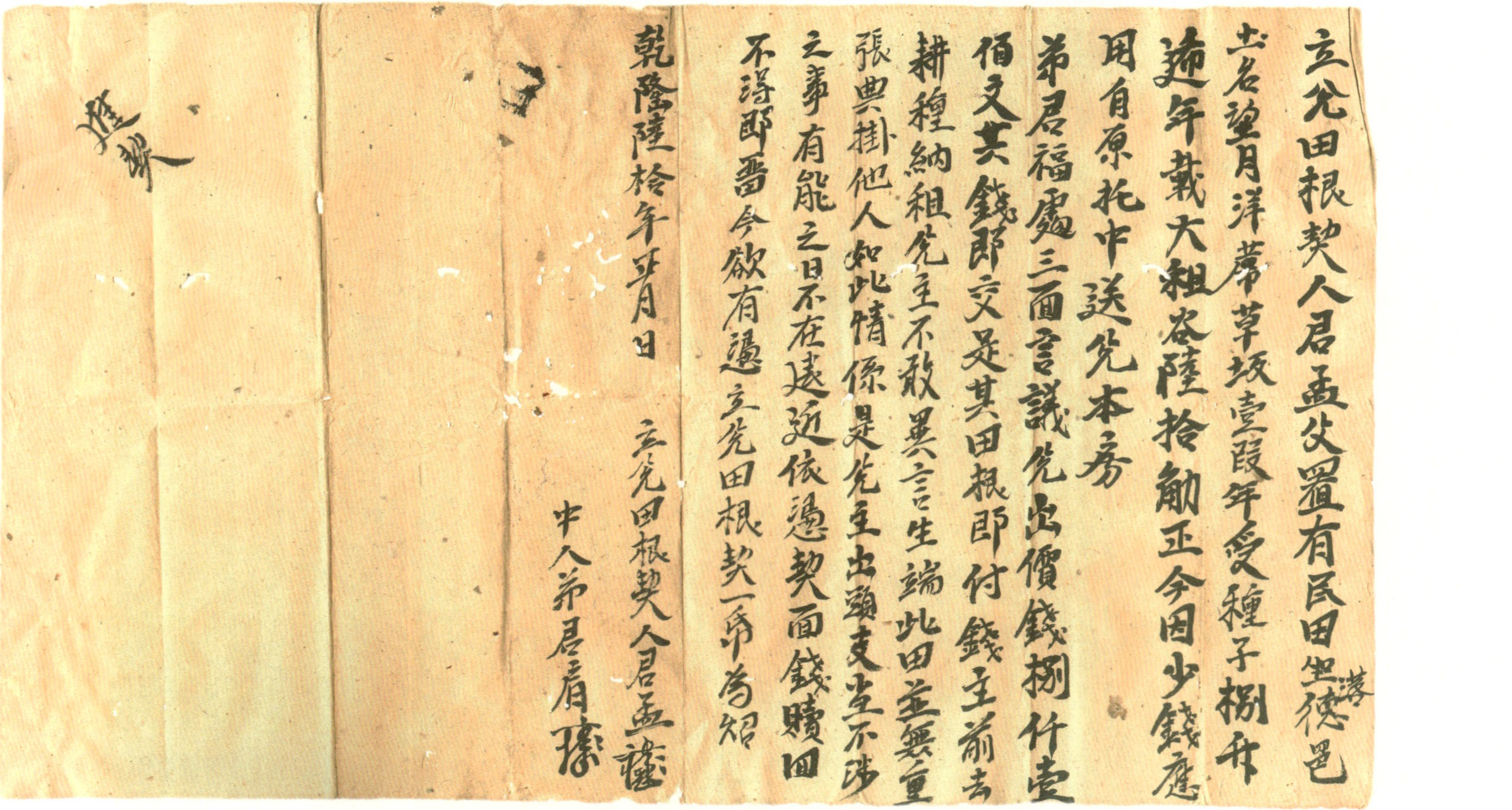
立兑田根契人君孟父置有民田坐落德邑
土名望月洋蔣草坂壹段年受種子捌升
迹年載大粗谷陸拾觔正今因少錢應
用自原托中送兑本房
弟君福處三面言議兑出價錢捌仟壹
佰文其錢即交足其田根即付錢主前去
耕種納租兑主不敢異言生端此田並無重
張典掛他人如此情係是兑主出頭支当不涉
之事有能之日不在遠近依邊契面錢贖回
不得郎番今欲有邊立兑田根契一帋為炤
乾隆陸拾年正月日
立兑田根契人君孟
中人弟君肩

10-5-30-2　清乾隆六十年正月黃君孟立兑民田根契

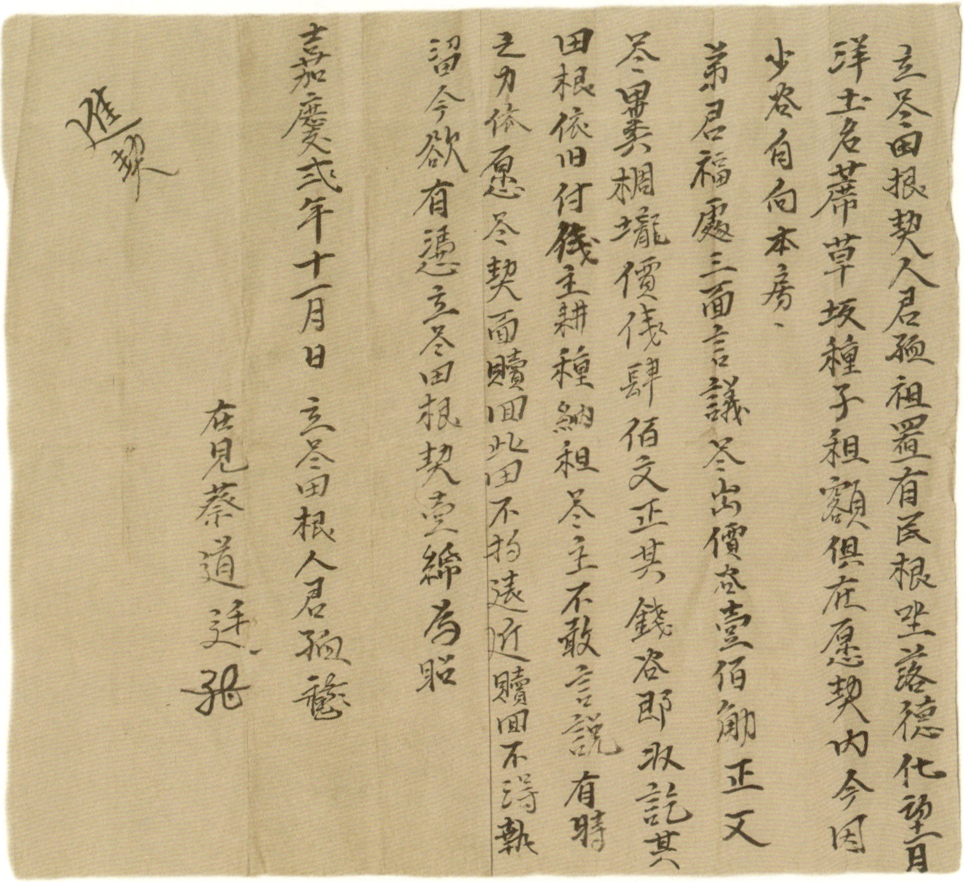
立盡田根契人君孟祖置有民根坐落德化望月洋土名芾草坂種子租額俱在原契內今因少欠自向本房々弟君福處三面言議盡出價吝壹佰[illegible]正文盡畢其椆墘價錢肆佰文正其錢吝即收訖其田根依旧付錢主耕種納租盡主不敢言說有房之力依愿盡契面贖回此田不拘遠近贖回不得執留今欲有憑立盡田根契壹紙為照

嘉慶弍年十一月日 立盡田根人君孟 押

在見蔡道廷 押

准契

10-5-30-3 清嘉慶二年十一月黄君孟立盡民田根契

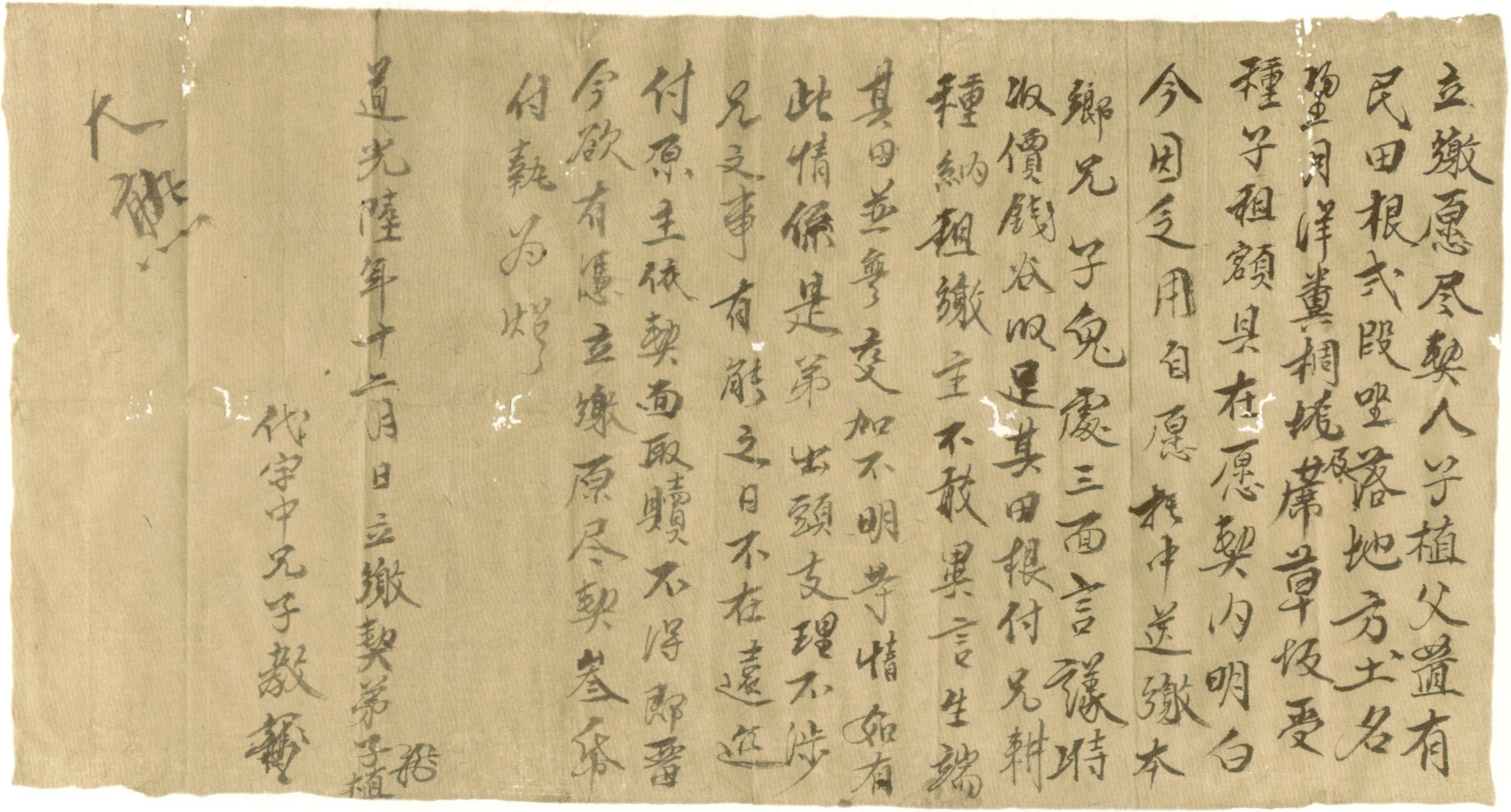
立繳愿尽契人子植父置有
民田根弍段坐落地方土名
坮里月洋黄桐垅庵草坂受
種子租額具在愿契内明白
今因乏用自愿托中送繳本
鄉兄子免處三面言議時
收價錢谷收足其田根付兄耕
種納租繳主不敢異言生端
其田並無交加不明等情如有
此情係是弟出頭支理不涉
兄之事 有能之日不在遠近
付原主依契面取贖不得郎留
今欲有憑立繳原尽契叁紙
付執為照
道光陸年十二月　日立繳契弟子植（押）
代字中兄子敬（押）
大繳

10-5-30-4　清道光六年十二月黄子植立繳原盡民田根契

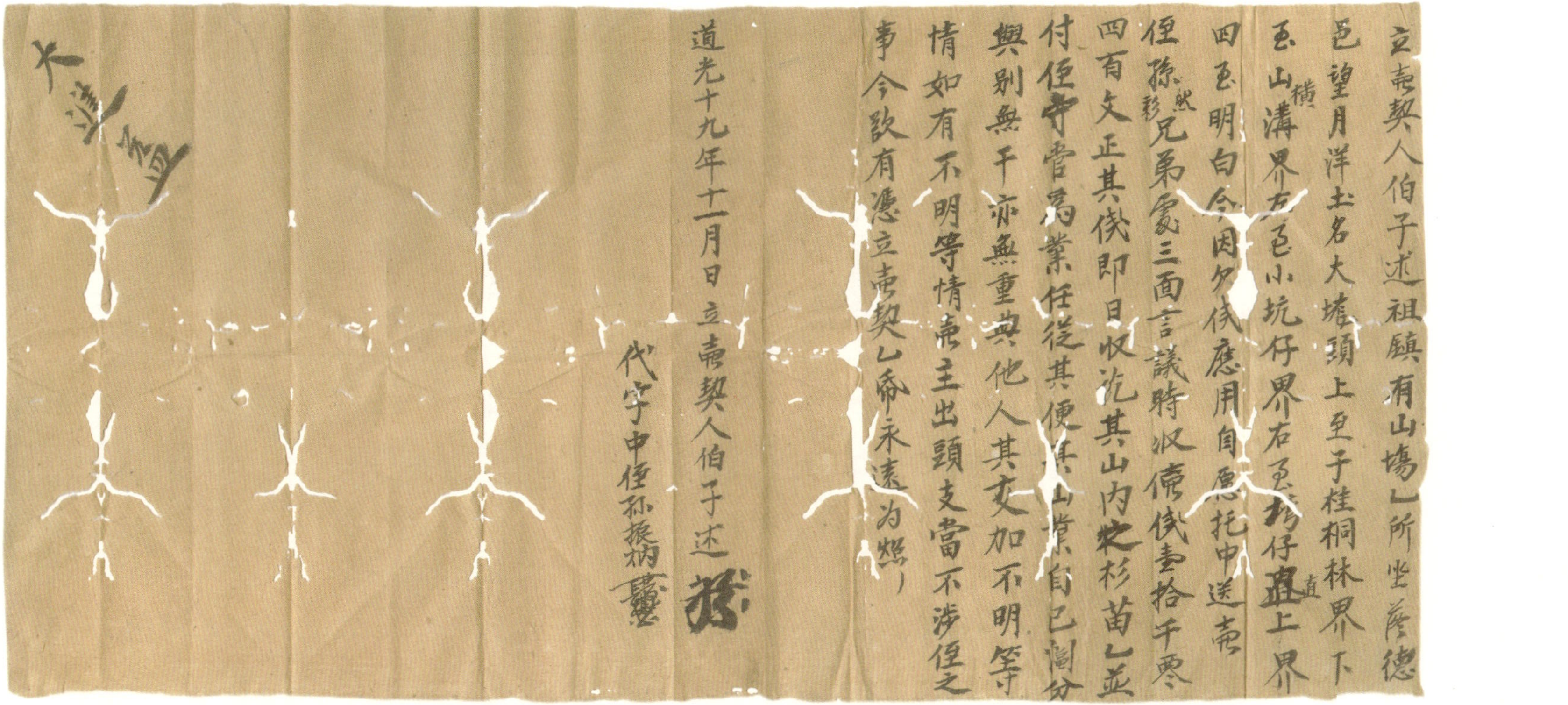
立賣契人伯子述祖鎮有山場乙所坐落德
邑望月洋土名大堘頭上至于桂桐林界下
至山橫溝界左至小坑仔界右至杉仔直上界
四至明白今因乏銀應用自愿托中送賣
侄孫彩然兄弟處三面言議時值價銀壹拾千零
四百文正其銀即日收訖其山内松杉苗乙並
付侄孫管為業任從其便其山業自己鬮分
與別無干亦無重典他人其交加不明等
情如有不明等情賣主出頭支當不涉侄之
事今欲有憑立賣契山永遠為照

道光十九年十一月日立賣契人伯子述（押）
代字中侄孫振炳（押）

大進寶

10-5-30-5　清道光十九年十一月黄子述立賣山場契

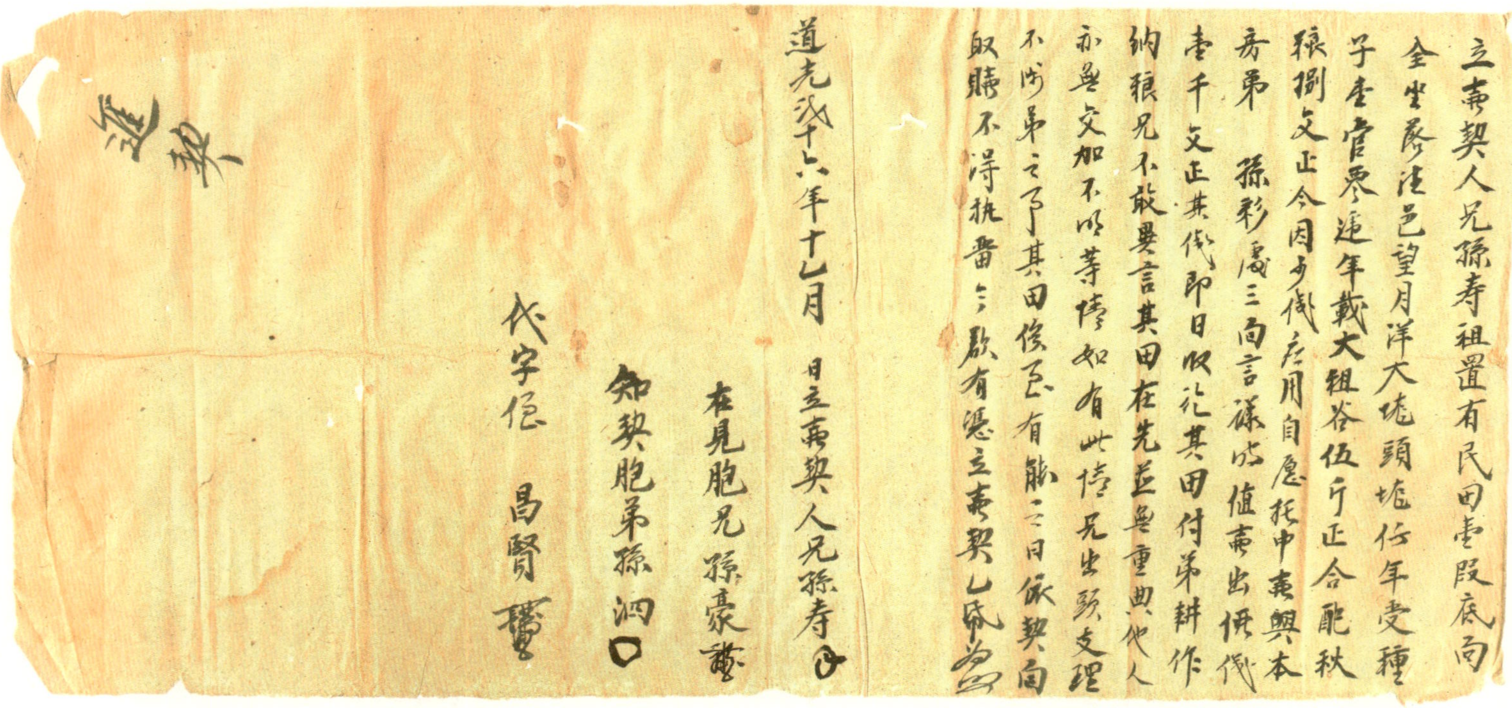
立賣契人兄孫寿祖置有民田壹段底面
全坐落洼邑望月洋大垅頭垙伍年受種
子壹官斗運年載大租谷伍斤正合配秋
粮捌文正今因乏錢應用自愿托中賣與本
房弟 孫彩處三面言議時值賣出價錢
壹千文正其錢即日收訖其田付弟耕作
納粮兄不敢異言其田在先並無重典他人
亦無交加不明等情如有此情兄出頭支理
不干弟之事其田係已有贖之日依契面
取贖不得執留之歟有憑立賣契一紙為照
道光貳十六年十一月 日立賣契人兄孫寿（押）
在見胞兄孫豪（押）
知契胞弟孫泗（押）
代字侄 昌賢（押）
退契

10-5-30-6 清道光二十六年十一月黃孫寿立賣底面全民田契

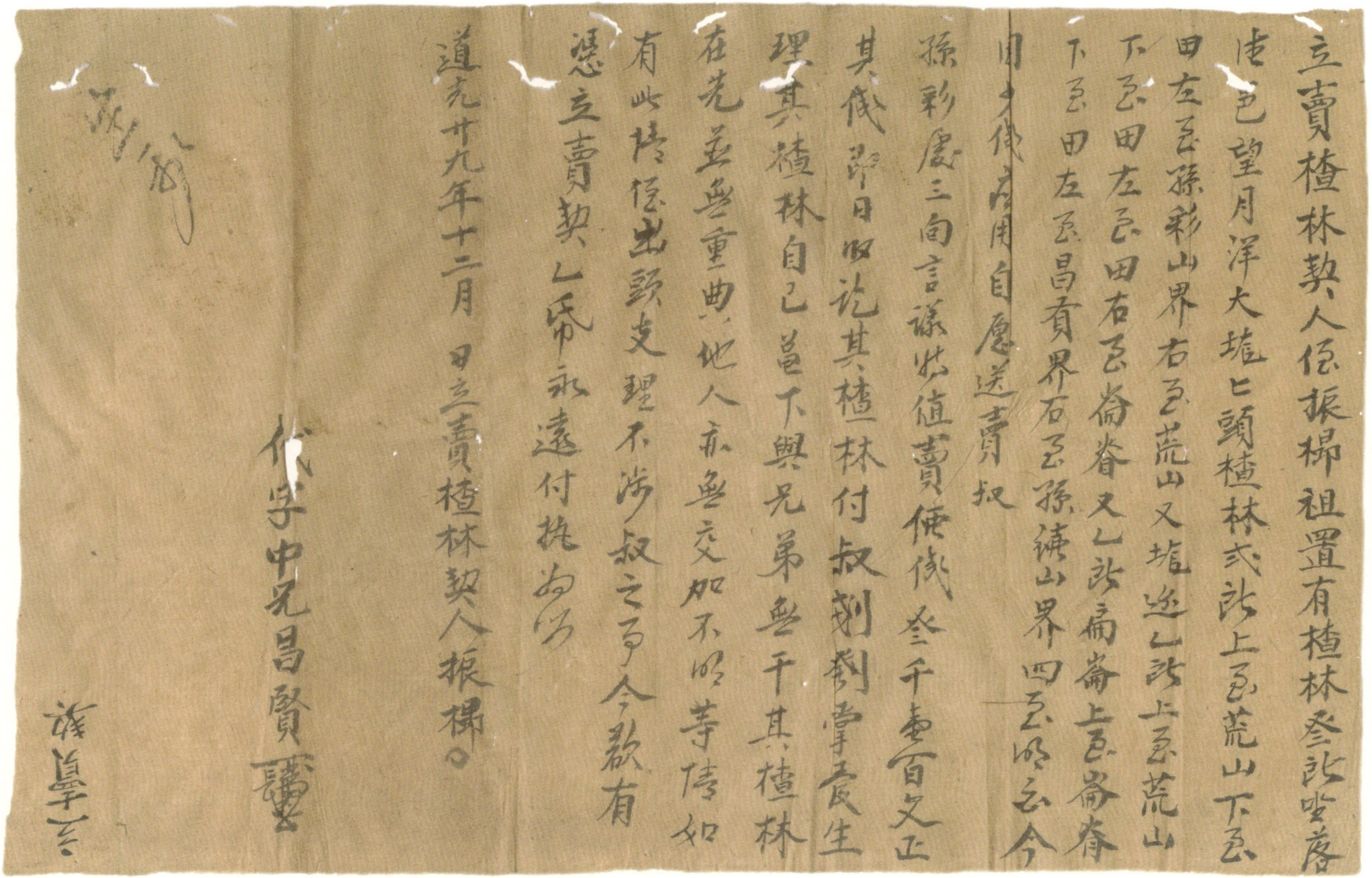

立賣楮林契人侄振榻，祖置有楮林叁處，坐落
土名望月洋大堆頭楮林式處，上至荒山，下至
田，左至孫彩山界，右至荒山；又堆边一處，上至荒山，
下至田，左至田，右至崙脊；又一處，崙上至崙脊，
下至田，左至昌貴界，右至孫璜山界，四至明白。今
因乏錢應用，自愿送賣叔
孫彩處，三面言議，時值賣價錢叁千壹百文正。
其錢即日收訖，其楮林付叔到劄掌管生
理。其楮林自己邑下與兄弟無干，其楮林
在先並無重典他人，亦無交加不明等情。如
有此情，侄出頭支理，不涉叔之事。今欲有
憑，立賣契一紙，永遠付執為照。
道光廿九年十二月　日立賣楮林契人振榻○
代字中兄昌賢（押）

10-5-30-7　清道光二十九年十二月黃振榻立賣楮林契

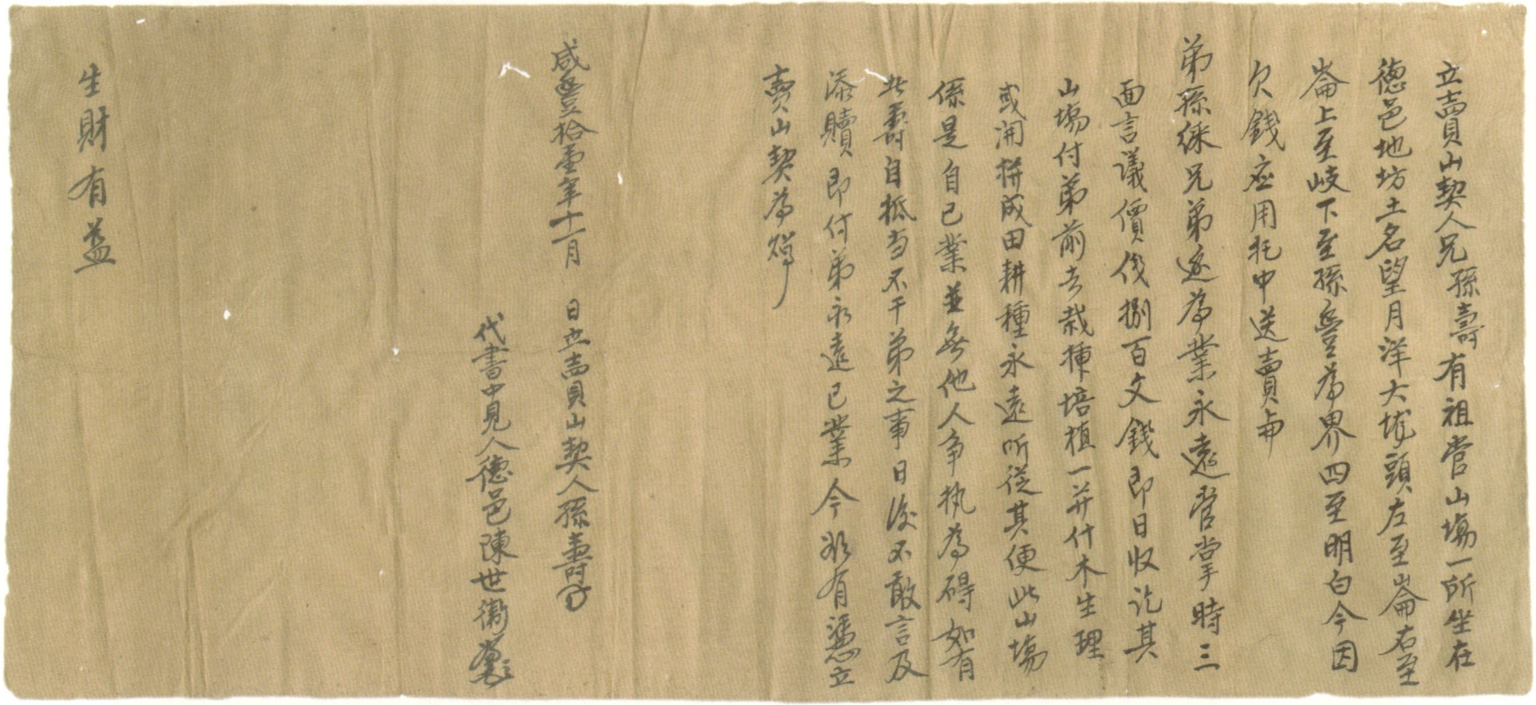

立賣山契人兄孫壽 有祖置山場一所坐在
德邑地坊土名望月洋大坵頭左至崙右至
崙上至岐下至孫壹為界四至明白今因
欠錢應用託中送賣與
弟孫徠兄弟邊為業永遠管掌時三
面言議價錢捌百文錢即日收訖其
山場付弟前去栽插培植一并竹木生理
或開掛成田耕種永遠所從其便此山場
係是自己業並無他人爭執為碍如有
此壽自抵當不干弟之事日後不敢言及
添贖即付弟永遠己業今欲有憑立
賣山契為照

咸豐拾壹年十一月 日立賣山契人孫壽（押）
代書中見人德邑陳世衛（押）

生財有益

10-5-30-8 清咸豐十一年十一月黃孫壽立賣山場契

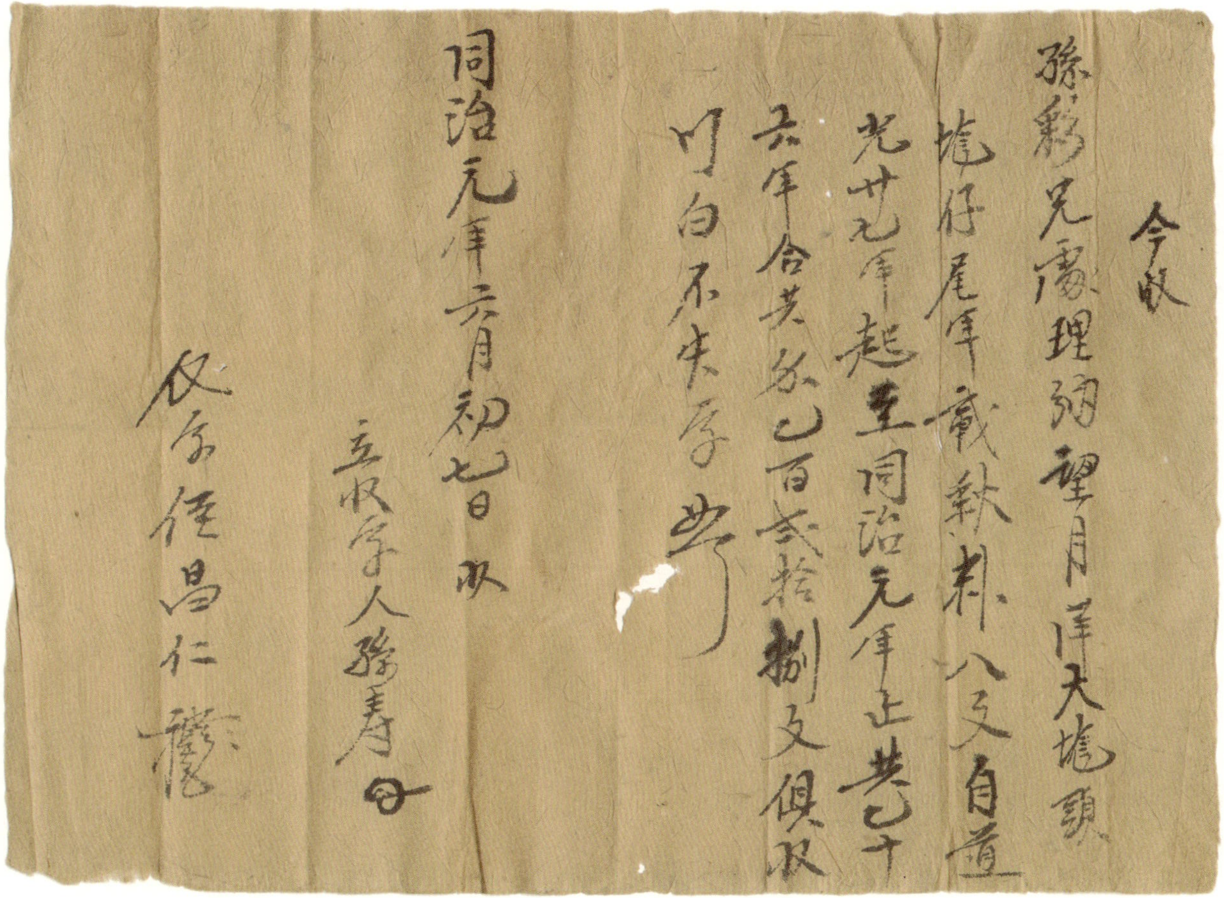
今收
孫彩兄處理嶺望月洋大墘頭
墘仔尾年載秋粮八文自道
光廿九年起至同治元年止共乙十
六年合共錢乙百式拾捌文俱收
明白不欠字照
同治元年六月初七日　收
立收字人孫壽
代字侄昌仁

10-5-30-9　清同治元年六月黄孫寿立收秋糧錢字

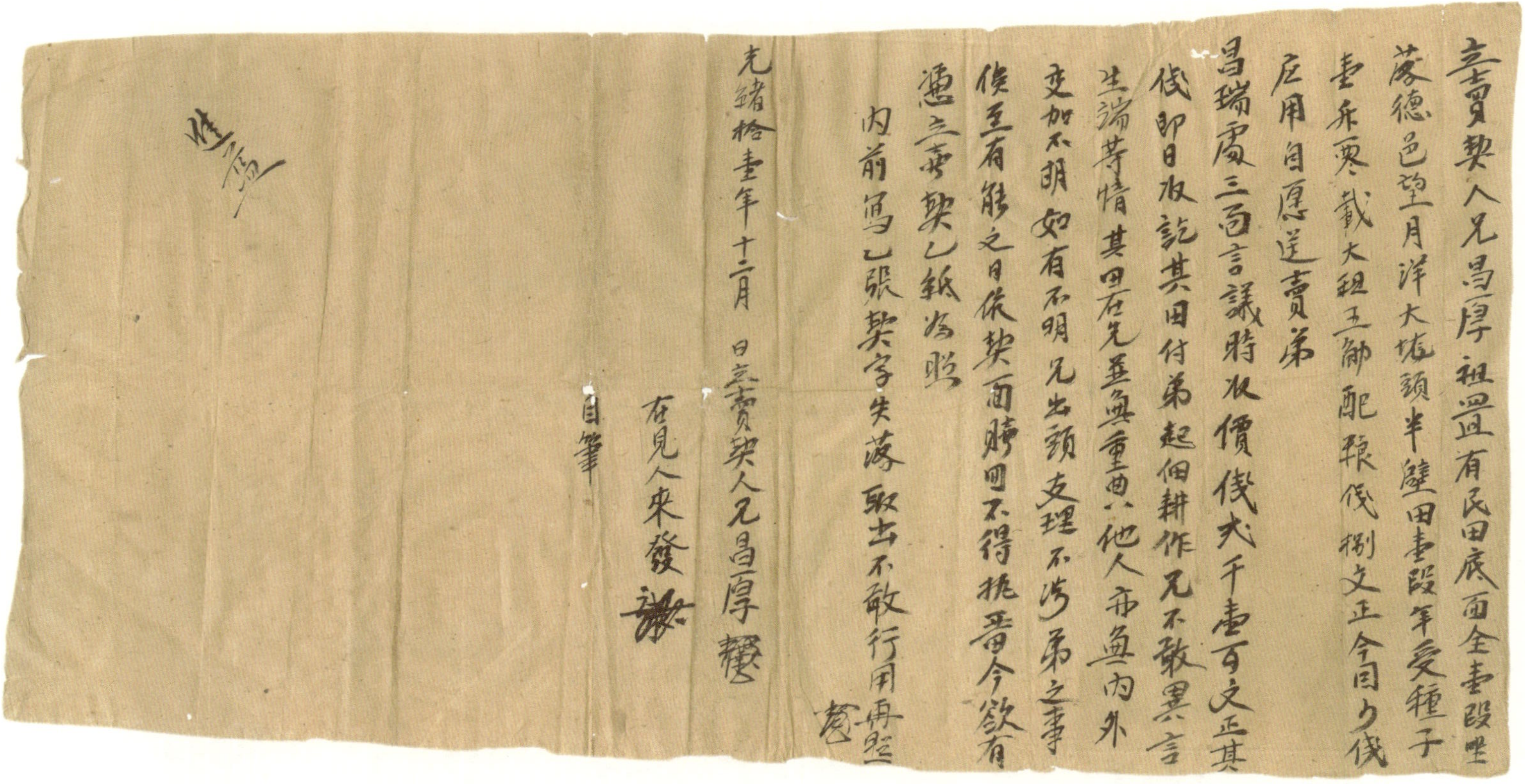
立賣契人兄昌厚祖置有民田底面全壹段，坐
落德邑廿望月洋大垅頭半壁，田壹段，年受種子
壹弁零，載大租五斛，配粮錢捌文正。今因乏錢
應用，自愿送賣弟
昌瑞處，三面言議，時值價錢弍千壹百文正，其
錢即日收訖，其田付弟起佃耕作，兄不敢異言
生端等情。其田在先並無重典他人，亦無內外
支加不明，如有不明，兄出頭支理，不涉弟之事。
俟至有能之日，依契面贖回，不得執留。今欲有
憑，立賣契乙紙為照。
內前寫乙張契字失落，取出不敢行用，再照。
光緒拾壹年十二月　日立賣契人兄昌厚（押）
在見人來發（押）
自筆

10-5-30-10　清光緒十一年十二月黃昌厚立賣底面全民田契

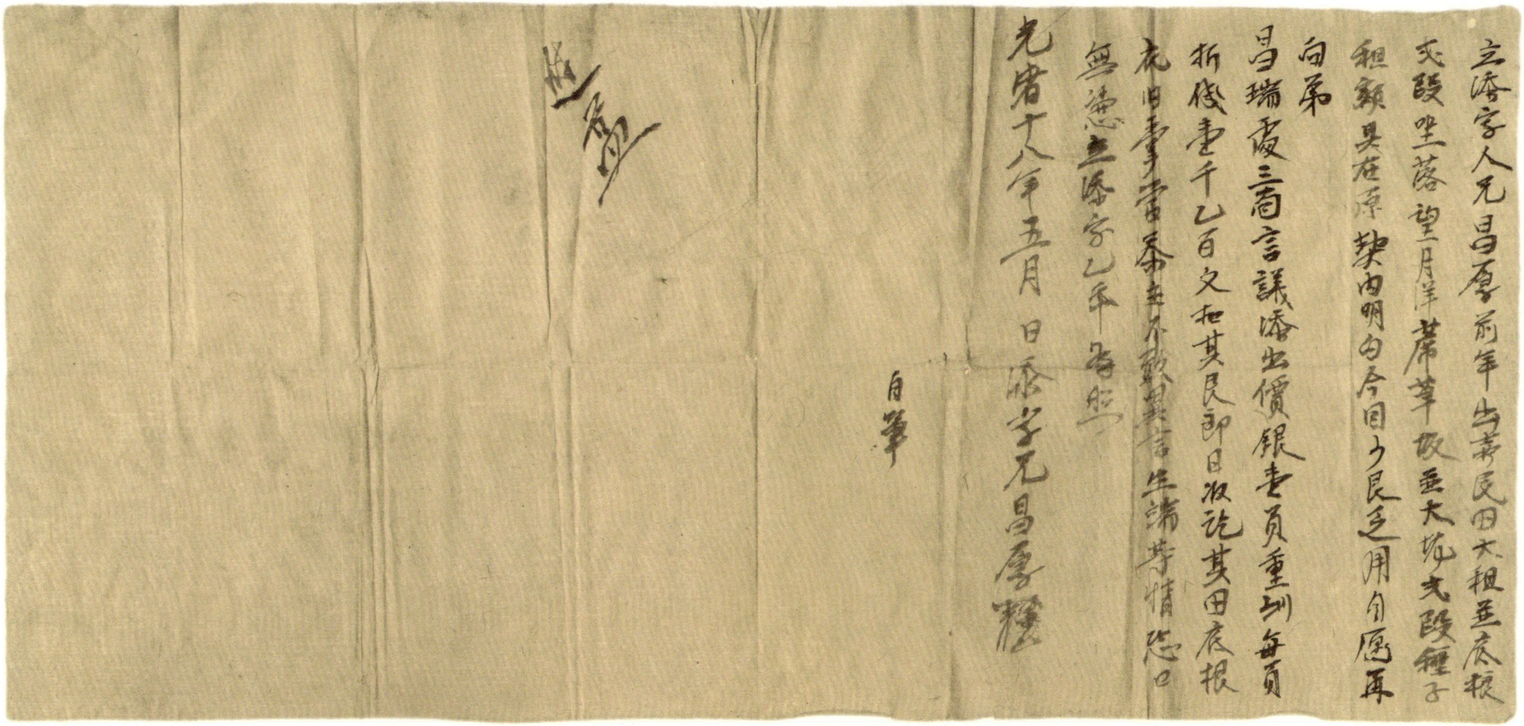
立添字人兄昌厚前年出[illegible]民田大租並底粮
弍段坐落[illegible]洋[illegible]並大坵弍段種子
租額具在原契內明白今因乏[illegible]用自愿再
向弟
昌瑞處三面言議添出價銀壹員重[illegible]每員
折錢壹千乙百文正其銀即日收訖其田底粮
在[illegible]不敢異言生端等情恐口
無憑立添字乙帋為照
光緒十八年五月 日添字兄昌厚[illegible]
自筆

10-5-30-11 清光緒十八年五月黃昌厚立添民田大租並底糧字

10-5-31-1　包契紙

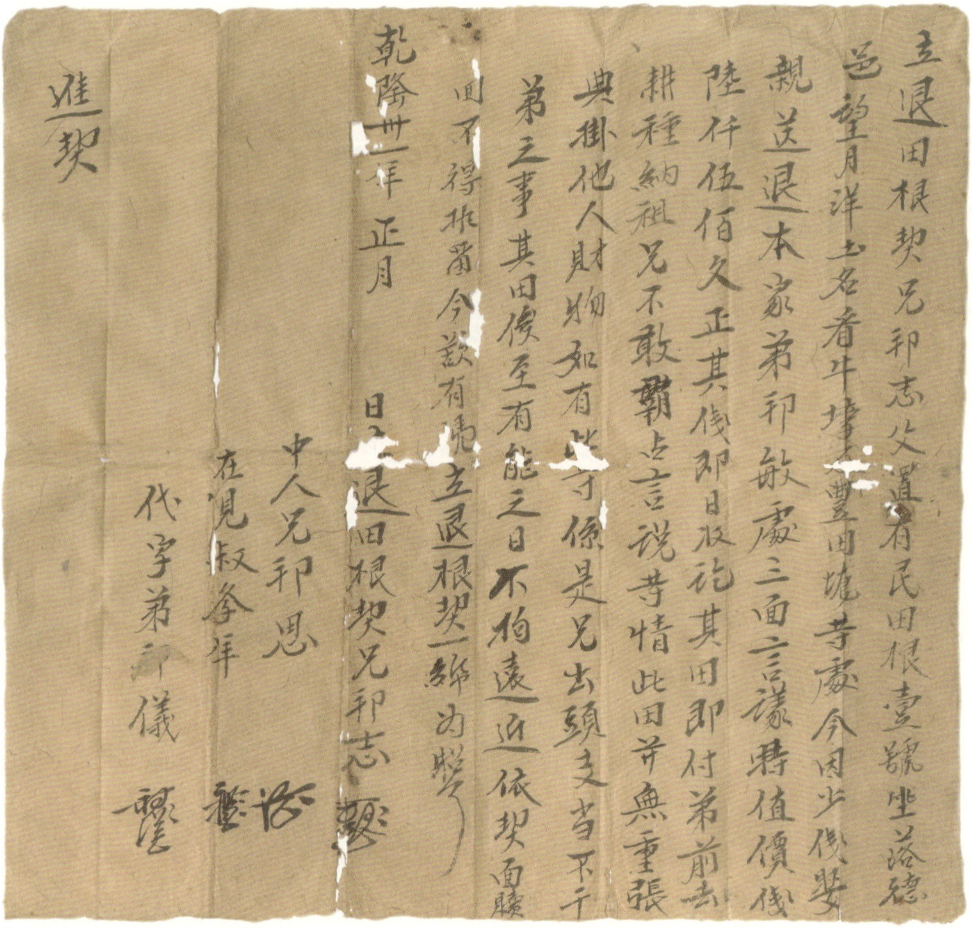
立退田根契兄邦志，今置有民田根壹號，坐落德邑望月洋，土名看牛埔大豐田壠等處。今因乏錢娶親，送退本家弟邦敏處，三面言議，時值價錢陸仟伍佰文正。其錢即日收訖，其田即付弟前去耕種納租，兄不敢覇占言說等情。此田并無重張典掛他人財物，如有此等，係是兄出頭支當，不干弟之事。其田候至有能之日，不拘遠近，依契面贖回，不得拒留。今欲有憑，立退根契一紙為照。

乾隆卅一年正月　日立退田根契兄邦志（押）

中人兄邦恩（押）

在見叔參年（押）

代字弟邦儀（押）

退契

10-5-31-2　清乾隆三十一年正月黄邦志立退民田根契

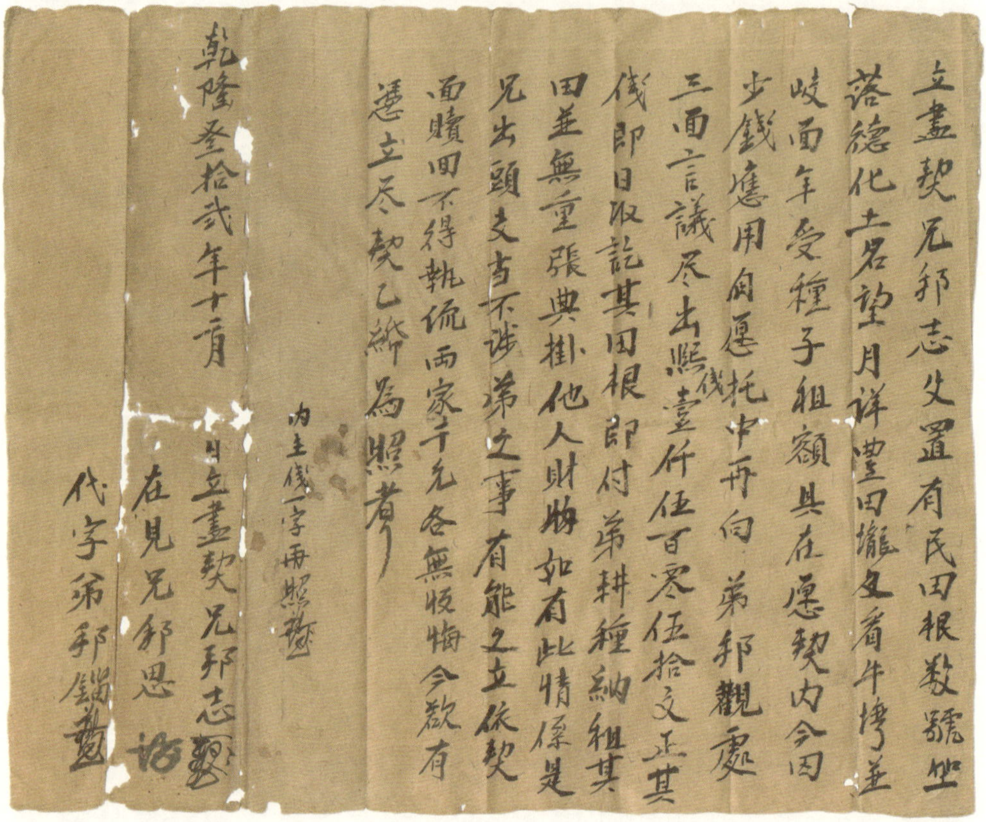
立盡契兄邦志父置有民田根數號坐
落德化土名塗月洋豐田壠又看牛塼並
岐面年受種子租額具在原契内今因
乏錢應用自愿托中再向弟邦觀處
三面言議盡出賣錢壹仟伍百零伍拾文正其
錢即日收訖其田根即付弟耕種納租其
田並無重張典掛他人財物如有此情係是
兄出頭支當不涉弟之事有能之立依契
面贖回不得執阻兩家甘允各無反悔今欲有
憑立盡契乙紙為照者
内主錢一字再照
乾隆叁拾弍年十二月 日立盡契兄邦志
在見兄邦恩
代字弟邦錫

10-5-31-3　清乾隆三十二年十二月黄邦志立盡民田根契

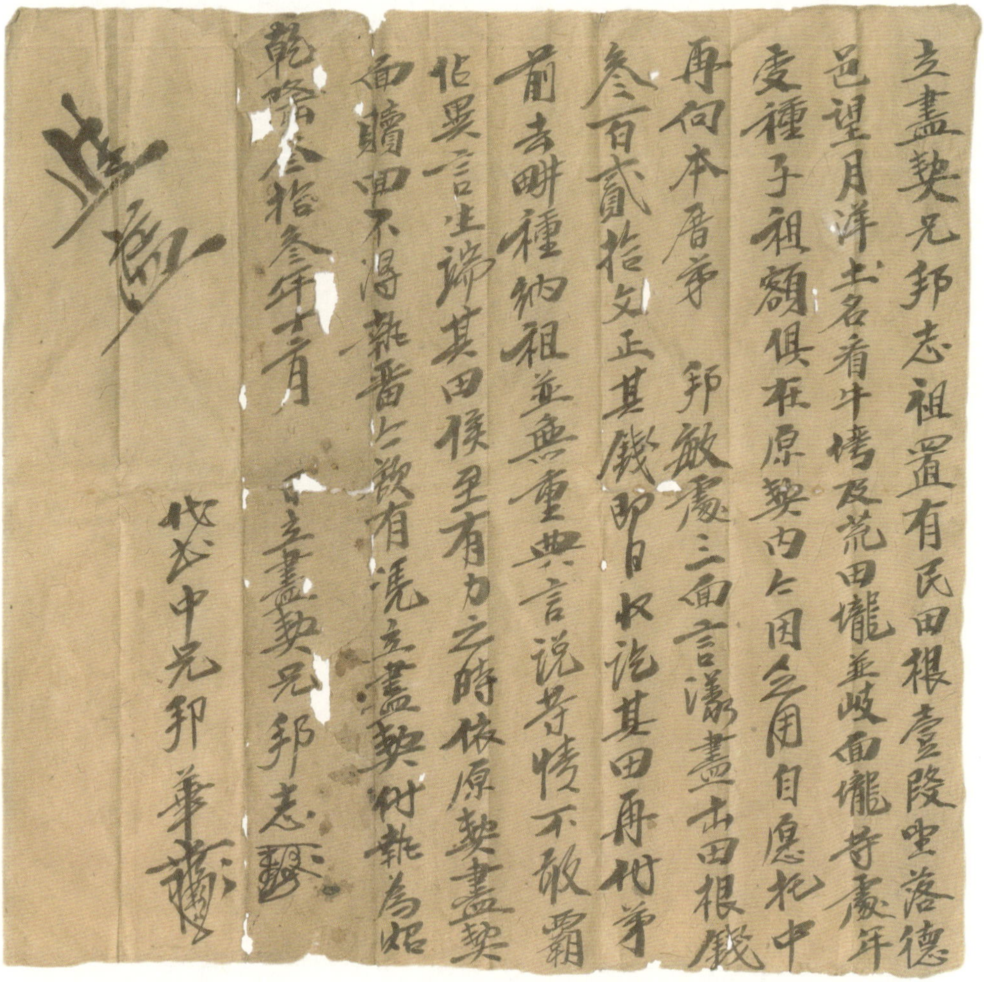
立盡契兄邦志祖置有民田根壹段坐落德
邑望月洋土名看牛墇及荒田壠並岐面壠等處年
受種子祖額俱在原契內，今因乏用自愿托中
再向本房弟邦敏處三面言議盡出田根錢
叁百貳拾文正，其錢即日收訖，其田再付弟
前去耕種納租，並無重典言說等情，不敢霸
佔異言生端，其田係至有力之時依原契盡契
面贖，田不得執留。今欲有憑，立盡契付執為炤。
乾隆叁拾叁年十二月　日立盡契兄邦志（押）
代書中兄邦華（押）

10-5-31-4　清乾隆三十三年十二月黄邦志立盡民田根契

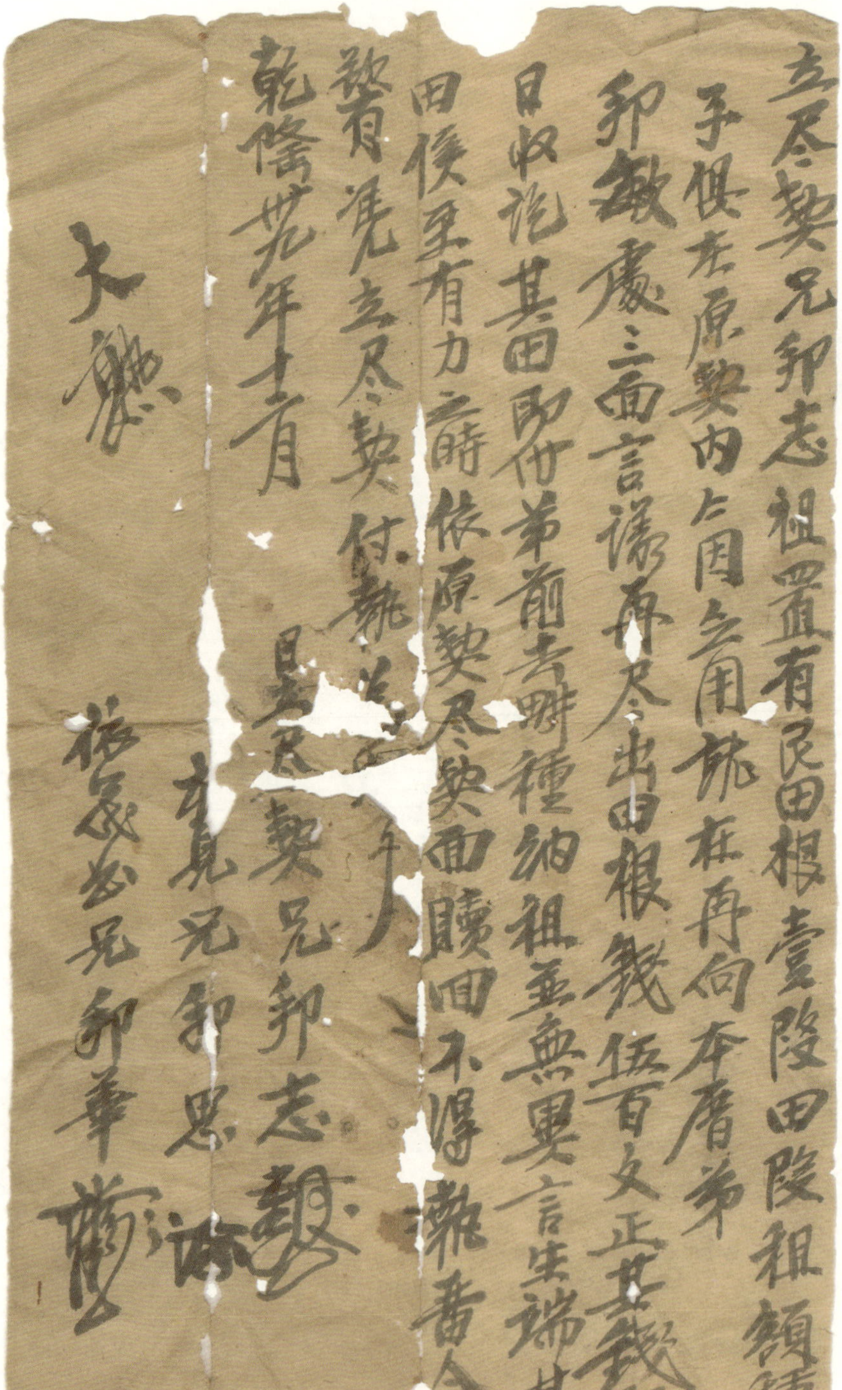

立尽契兄邦志祖置有民田根壹段田段祖額種
子俱在原契内今因乏用就在再向本房弟
邦敏處三面言議再尽出田根錢伍百文正其錢即
日收訖其田即付弟前去耕種納租並無異言生端其
田候至有力之時依原契尽契面贖回不得執番今
欲有憑立尽契付執為照
日立尽契兄邦志
在見兄邦思
乾隆卅九年十二月
代筆兄邦華
大熟

10-5-31-5　清乾隆三十九年十二月黄邦志立盡民田根契

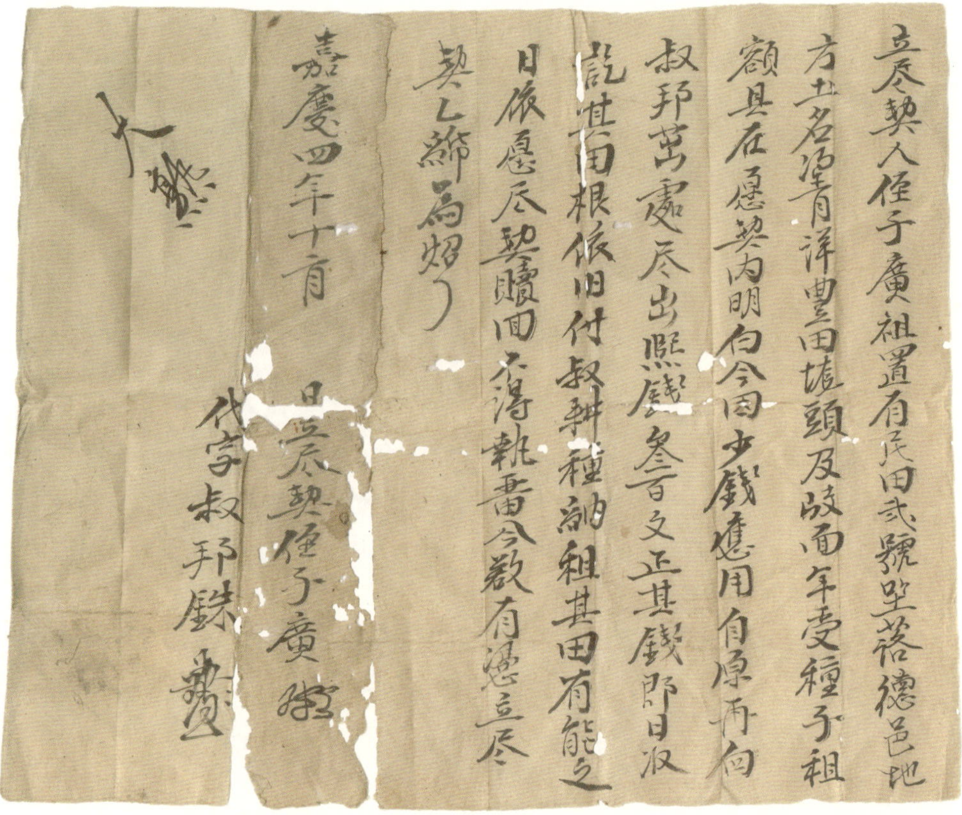

立盡契人侄子廣祖置有民田弍號坐落德邑地方土名洎青洋豐田墘頭及岐面年受種子租額具在盡契内明白今因乏錢應用自愿再向叔邦萬處盡出時錢叁百文正其錢即日収訖其田根依旧付叔耕種納租其田有能之日依愿盡契贖回不得執番今欲有憑立盡契乙紙為照

嘉慶四年十二月　日立盡契侄子廣（押）

代字叔邦錄（押）

大吉

10-5-31-6　清嘉慶四年十二月黄子廣立盡民田契

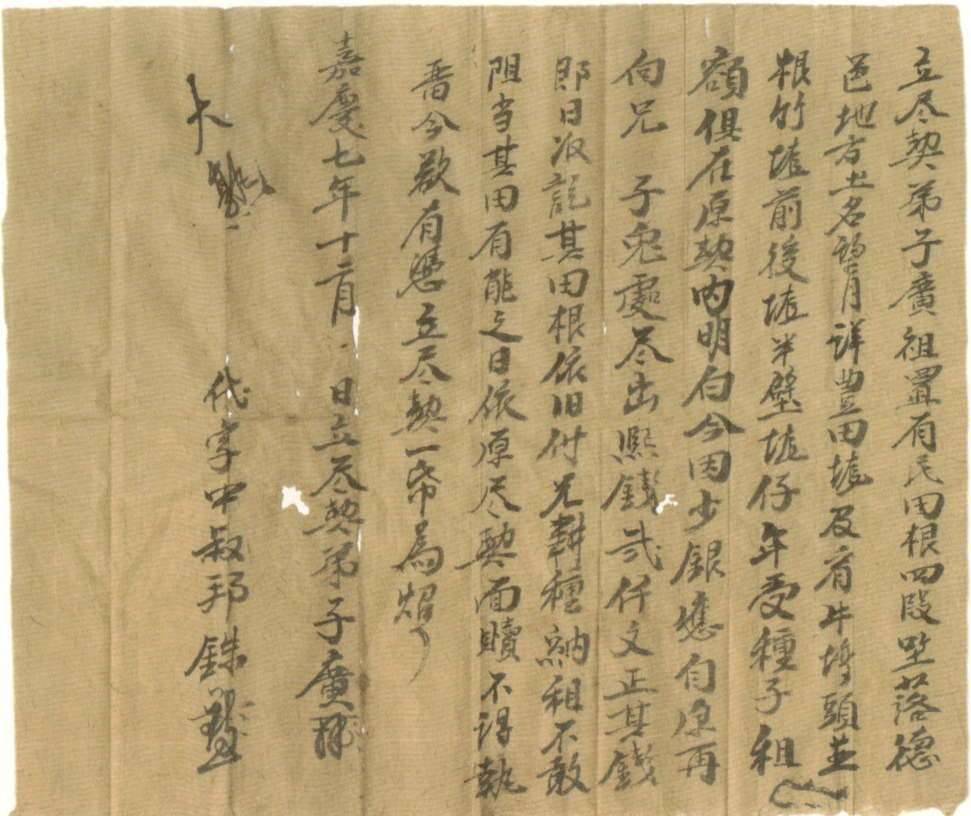
立盡契弟子廣祖置有民田根四段坐落德
邑地方土名鴿月詳豐田墘及肯牛塆頭並
根竹墘前後墘半壁墘仔年受種子祖
額俱在原契內明白今因乏銀應用自愿再
向兄　子兔處盡出縣錢貳仟文正其錢
即日收訖其田根依旧付兄耕種納租不敢
阻当其田有能之日依原盡契面贖不得執
吝今欲有憑立盡契一帋為炤
嘉慶七年十二月　日立盡契弟子廣（押）
代字中叔邦銖（押）
大[illegible]

10-5-31-7　清嘉慶七年十二月黄子廣立盡民田根契

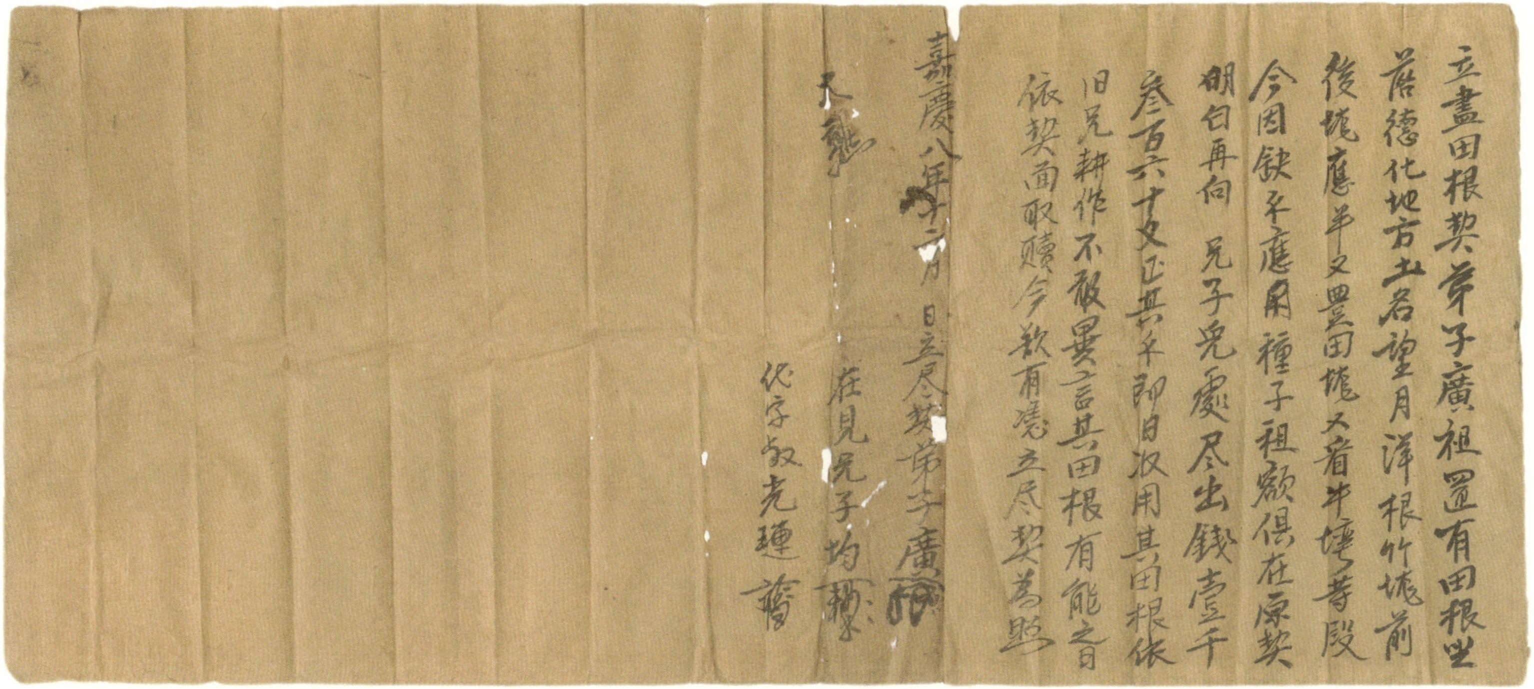

立盡田根契弟子廣祖置有田根坐
落德化地方土名望月洋根竹塊前
後塊應半又置田塊大着半塍普段
今因缺乏應用種子租額俱在原契
明白再向　兄子免處盡出錢壹千
叁百六十文正其乎即日收用其田根依
旧兄耕作不敢異言其田根有能之日
依契面取贖今欲有憑立盡契為照

嘉慶八年十二月　日立盡契弟子廣（押）
在見兄子均（押）
代字叔光璉（押）
大[illegible]

10-5-31-8　清嘉慶八年十二月黄子廣立盡田根契

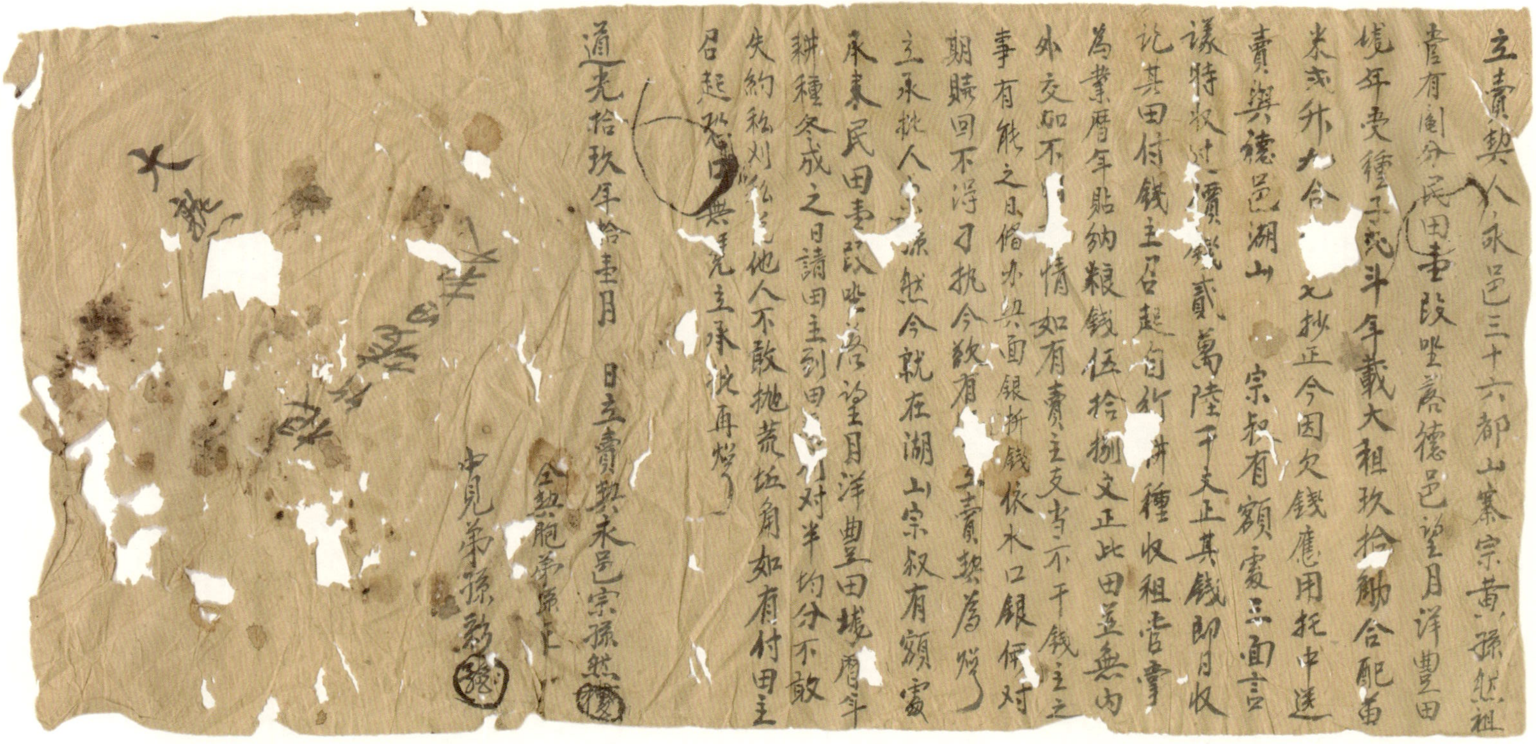

立賣契人承邑三十六都山寨宗黄孫然祖
置有閹分民田壹段坐落德邑望月洋豐田
垅并受種子弍斗年載大租玖拾觔合配苗
米弍升六合 又抄正今因欠錢應用托中送
賣與德邑湖山 宗叔有顏處三面言
議特收过價錢貳萬陸千文正其錢即日收
訖其田付錢主召起自行耕種收租管業
為業曆年貼納粮錢伍拾捌文正此田並無內
外交加不明情 如有賣主支当不干錢主之
事有能之日備办英面銀折錢依水口銀佃对
期贖回不得刁执今欲有憑立賣契為炤
立承批人孫然今就在湖山宗叔有顏處
承来民田壹段坐落望月洋豐田垅曆年
耕種冬成之日請田主到田對半均分不敢
失約私刈私收 他人不敢抛荒坵角如有付田主
召起 [illegible] 無干 另立承批再炤
道光拾玖年拾壹月 日立賣契承邑宗孫然
仝契胞弟 [illegible]
中見弟孫 [illegible]

10-5-31-9 清道光十九年十一月黃孫然等立賣民田契（廢契）

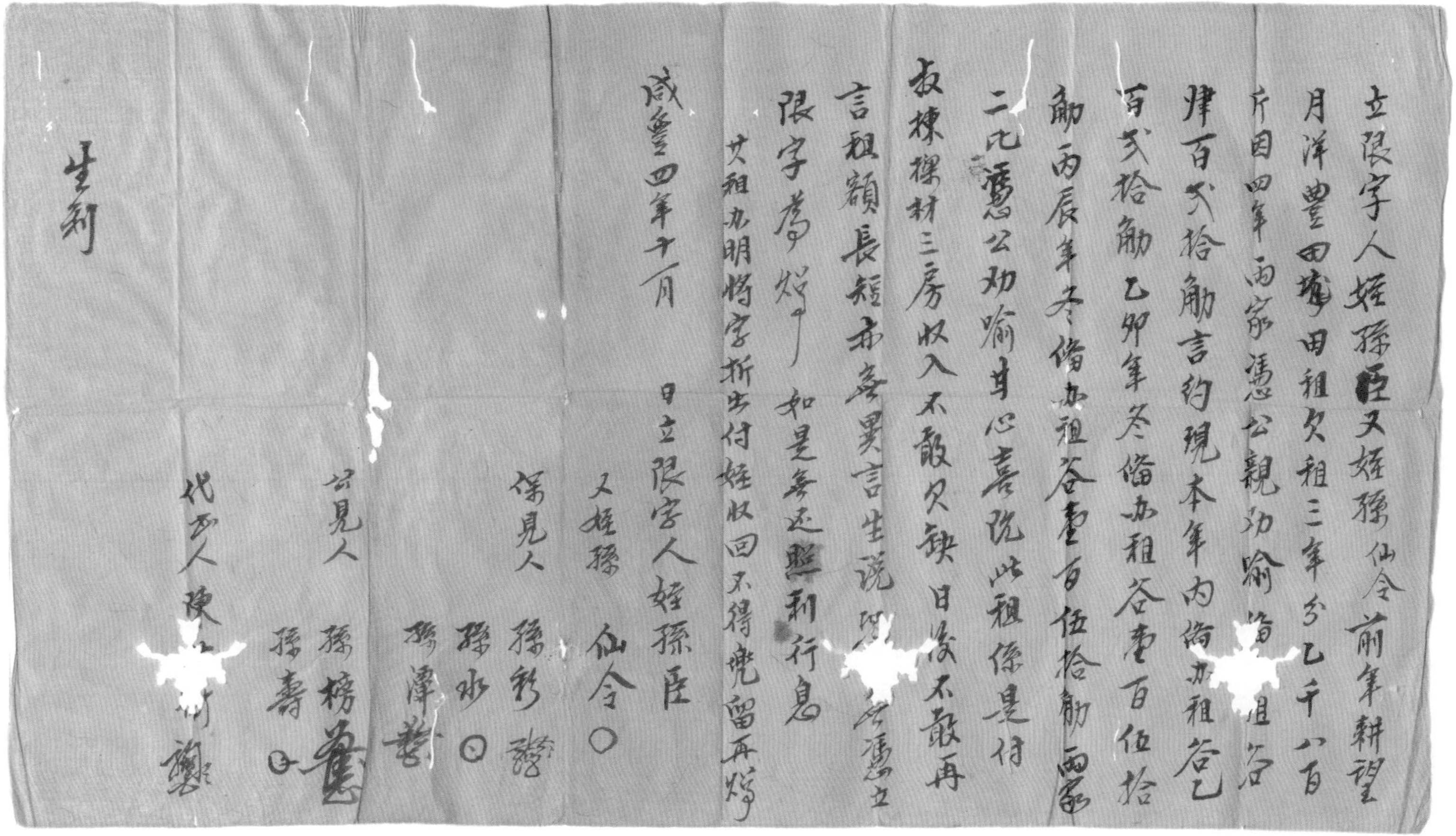
立限字人姪孫臣、又姪孫仙令，前年耕望
月洋豐田墘田租，欠租三年，分乙千八百
斤。因四年兩家憑憑公親劝諭，除租谷
肆百弍拾觔，言約現本年内備办租谷乙
百弍拾觔，乙卯年冬備办租谷壹百伍拾
觔，丙辰年冬備办租谷壹百伍拾觔。兩邊
二比憑公劝諭，甘心喜悦。此租係是付
友棟樑材三房收入，不敢欠缺，日後不敢再
言租額長短，亦無異言生端。[illegible]憑立
限字為炤。如是無还，照利行息。
其租办明，將字折出付姪收回，不得兜留，再炤。

咸豐四年十一月　日立限字人姪孫臣
又姪孫　仙令○
保見人　孫彩（押）
孫必○
孫澤（押）
公見人　孫榜（押）
孫壽○
代書人　陳[illegible]樹（押）

生利

10-5-31-10　清咸豐四年十一月黃孫臣等立限字

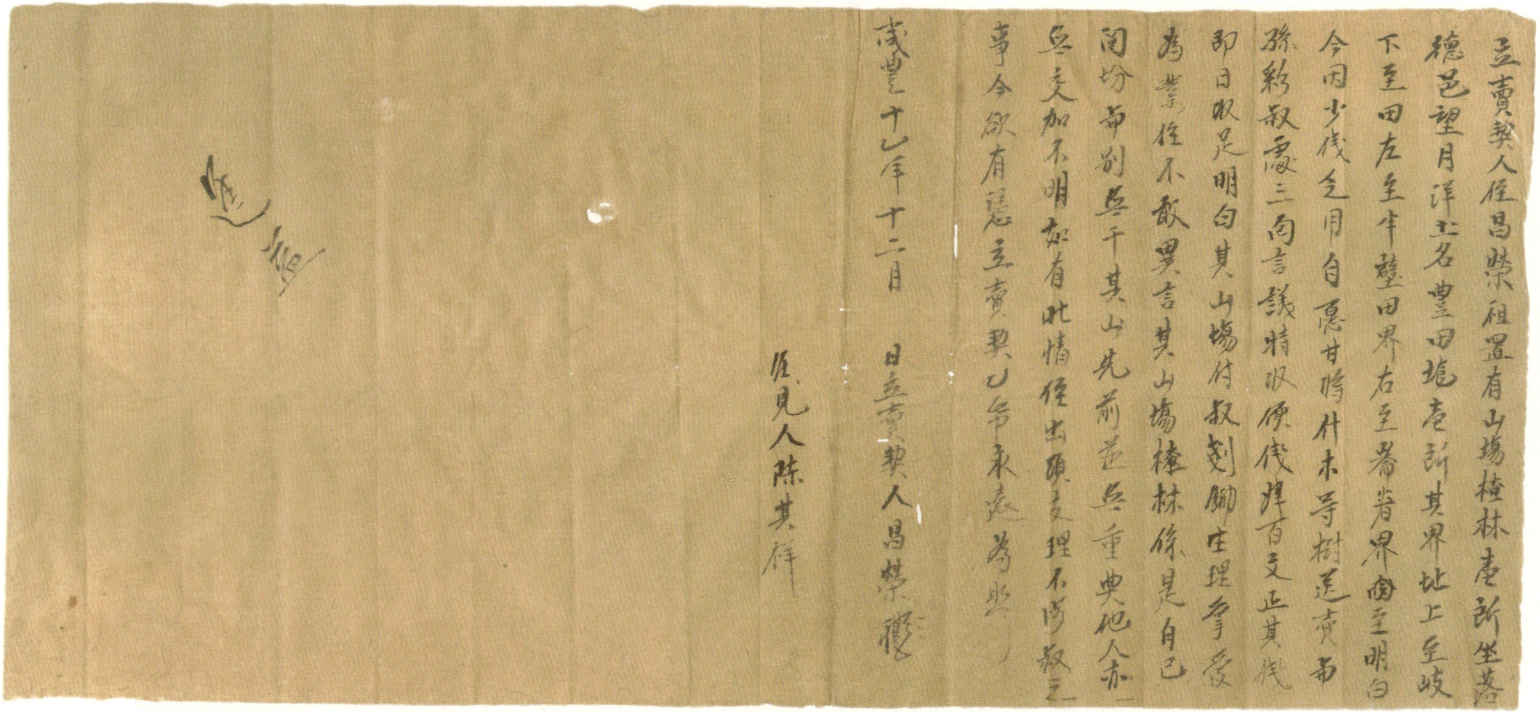
立賣契人侄昌棨祖置有山場椏林壹所坐落
德邑望月洋土名豐田垅壹所其界址上至岐
下至田左至牛壁田界右至嵛背界四至明白
今因少錢乏用自愿甘將什木等樹送賣与
孫叔邊三面言議時價錢肆百文正其錢
即日收足明白其山場付叔劉脚生理掌管
為業侄不敢異言其山場椏林係是自己
間份并别無干其山先前並無重典他人亦
無交加不明如有此情侄出頭支理不干叔之
事今欲有憑立賣契乙帋永遠為照
咸豐十一年十二月　日立賣契人昌棨
在見人陳其祥

10-5-31-11　清咸豐十一年十二月黄昌棨立賣山場椏林契

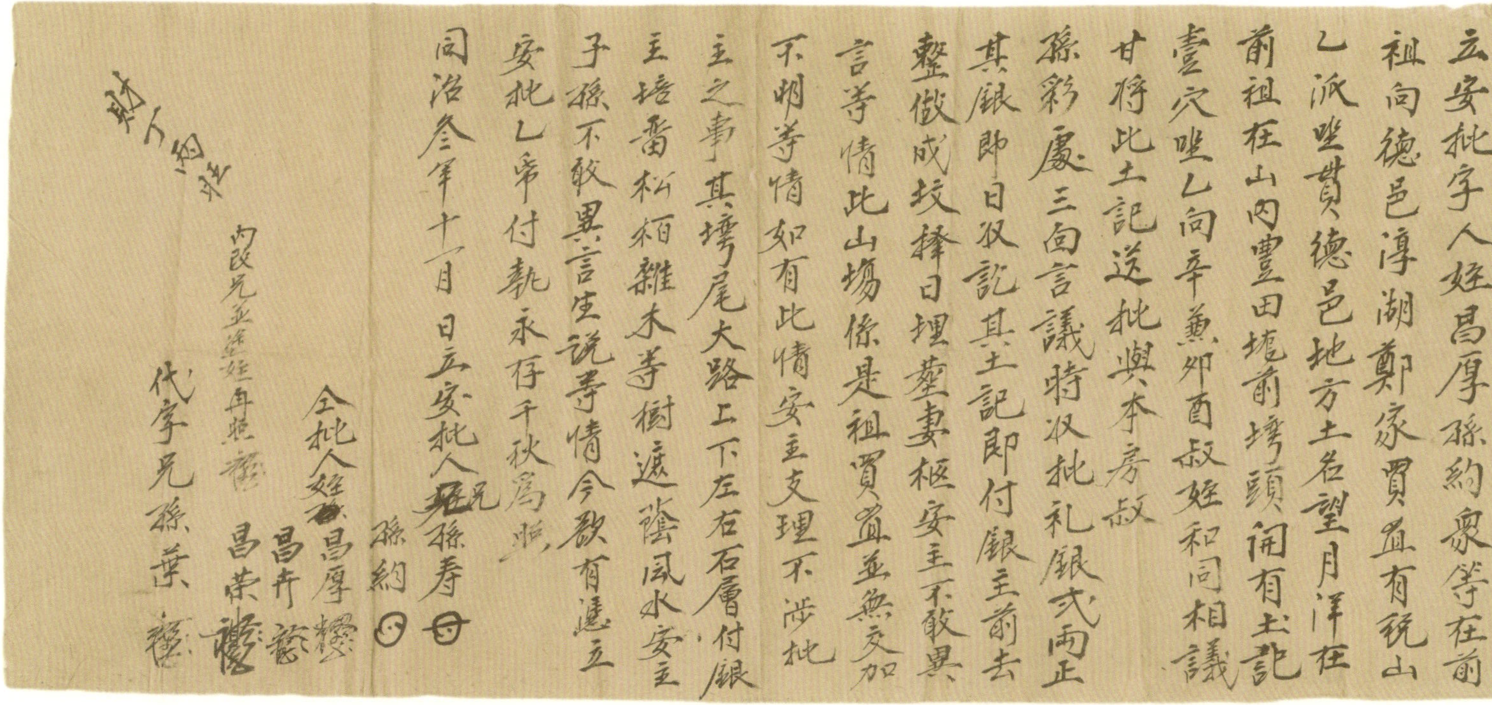
立安批字人姪昌厚孫約衆等在前
祖向德邑淳湖鄭家買並有稅山
乙派坐貫德邑地方土名望月洋在
前祖在山内豐田墘前墿頭開有土記
壹穴坐乙向辛兼卯酉叔姪和同相議
甘將此土記送批與本房叔
孫彩處三面言議將洋批礼銀弍両正
其銀即日收訖其土記即付銀主前去
整做成坟擇日埋葬妻柩安主不敢異
言等情此山場係是祖買並無交加
不明等情如有此情安主支理不涉批
主之事其墿尾大路上下左右石層付銀
主培蓄松栢雜木等樹遮蔭風水安主
子孫不敢異言生說等情今欲有憑立
安批乙帋付執永存千秋爲照
同治叁年十一月　日立安批人兄孫寿
孫約
仝批人姪昌厚
昌卉
昌榮
內改兄並姪弍字 再批
代字兄孫葉
財丁兩旺

10-5-31-12　清同治三年十一月黃孫寿等立安批土記字

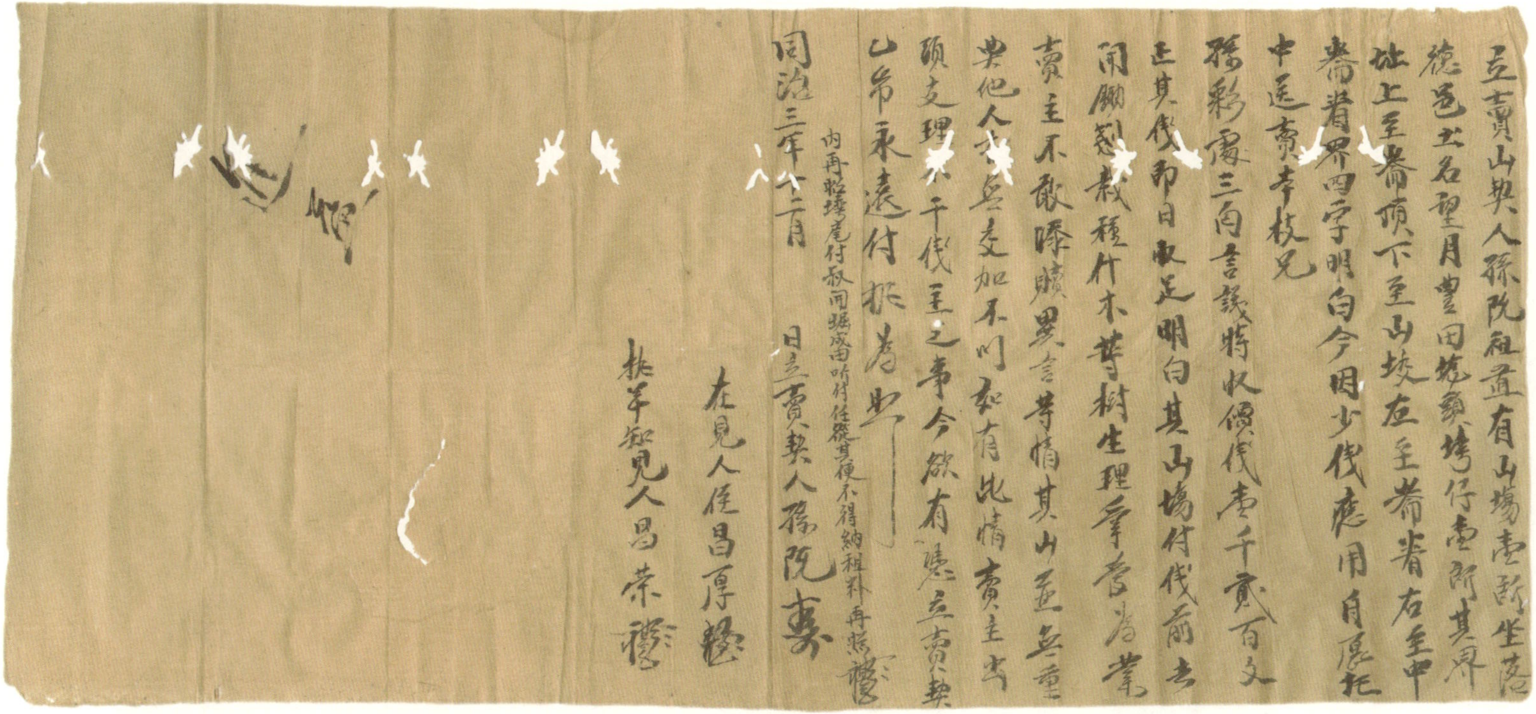

立賣山契人孫阮祖置有山場壹所坐落
德邑土名望月豐田坑頭場仔壹所其界
址上至崙頂下至山坑左至崙脊右至中
崙脊界四字明白今因乏錢應用自愿托
中送賣與孝枝兄
稱彩處三面言議時收價錢壹千貳百文
正其錢即日收足明白其山場付錢前去
開剷栽種竹木杉樹生理管為業
賣主不敢阻擋異言等情其山並無重
典他人亦無交加不明如有此情賣主出
頭支理不干錢主之事今欲有憑立賣契
一帋永遠付照為炤
內再批壇尾付叔田坵成田聽付侄發其便不得納租料再照
同治三年十二月　日立賣契人孫阮（押）
在見人侄昌厚（押）
執筆知見人昌榮（押）

10-5-31-13　清同治三年十二月黃孫阮立賣山場契

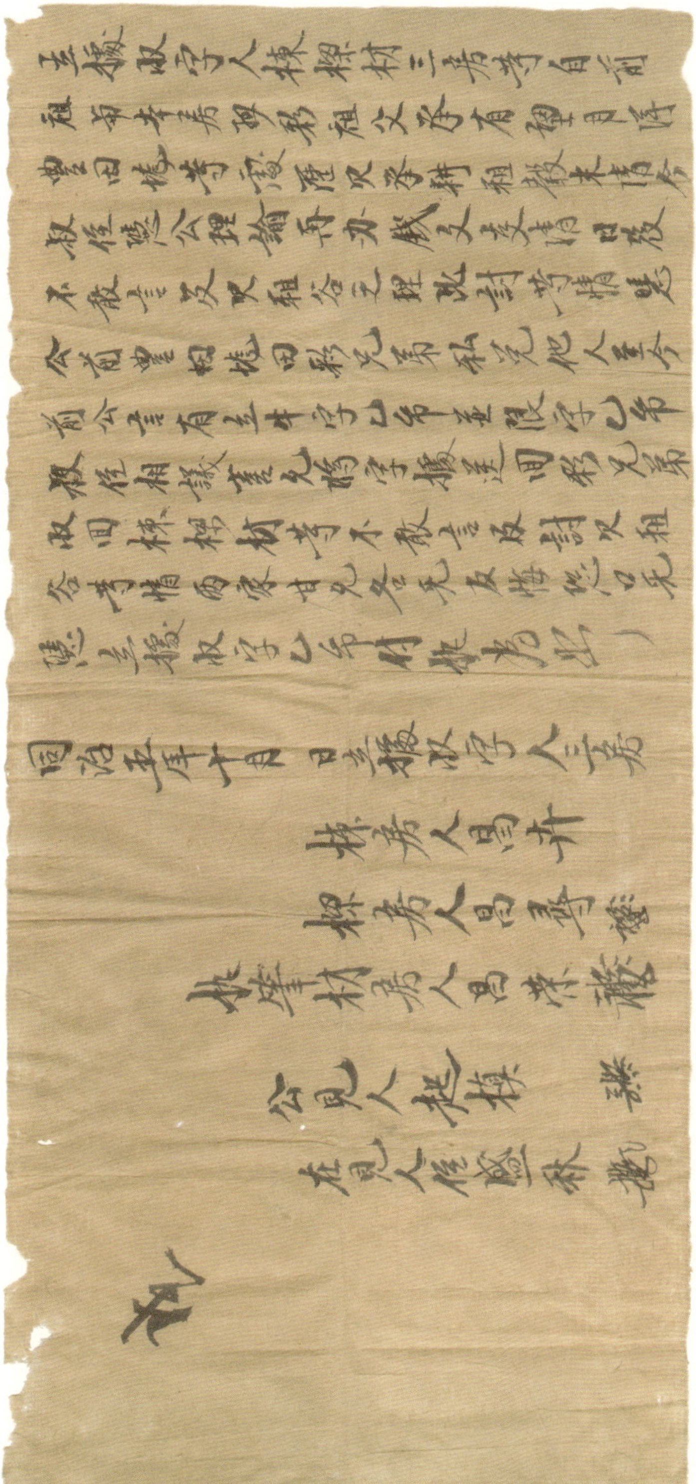
立據收字人棟樑村三房等自前
同治五年十月 日立據收字人三房

10-5-31-14 清同治五年十月黃氏棟樑村三房立租穀據收字

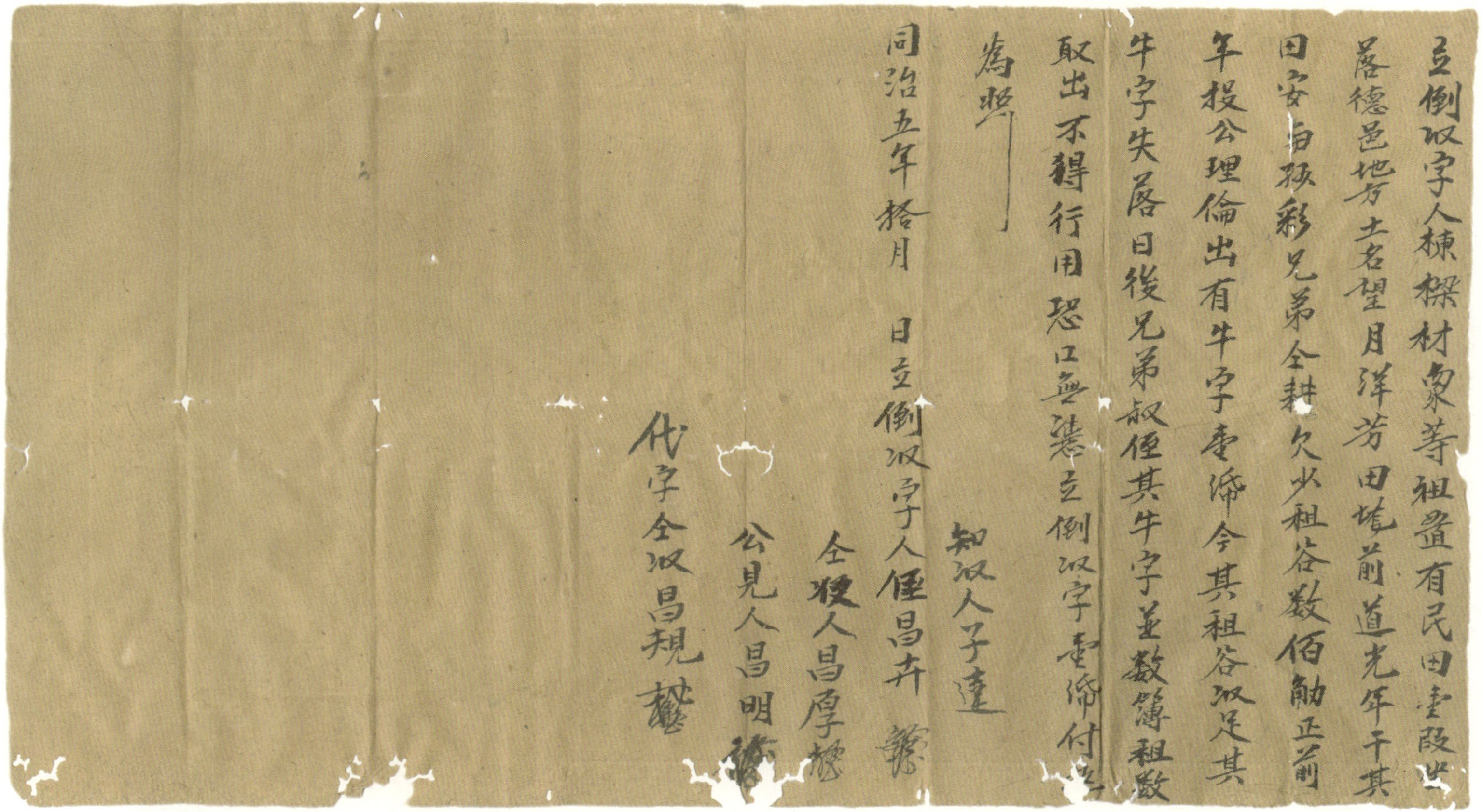

立倒收字人棟樑材衆等祖置有民田壹段坐
落德邑地方土名望月洋芳田墘前道光年千其
田安白孫彩兄弟全耕欠少租谷數佰觔正前
年投公理倫出有牛字壹紙今其租谷收足其
牛字失落日後兄弟叔侄其牛字並數簿租數
取出不得行用恐口無憑立倒收字壹紙付
為照
同治五年拾月　日立倒收字人侄昌卉
知收人子達
仝收人昌厚
公見人昌明
代字仝收昌規

10-5-31-15　清同治五年十月黄氏棟樑材三房立倒收字

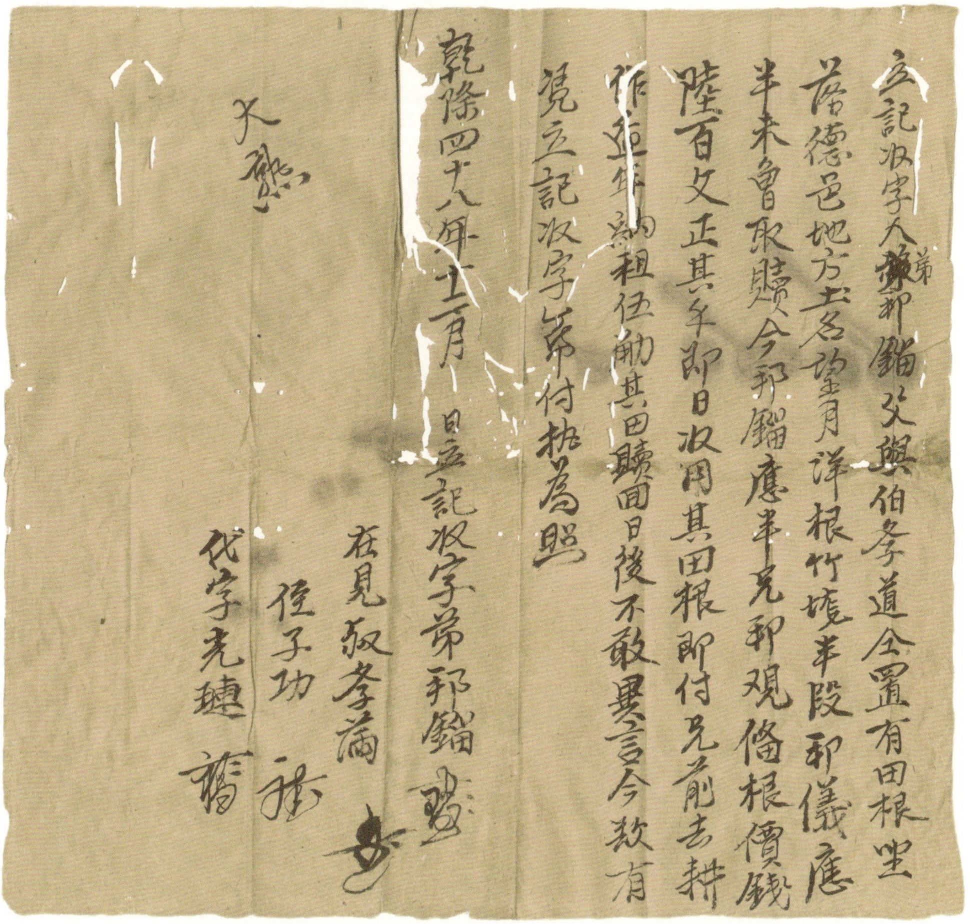
立記收字人弟邦鏥父與伯孝道仝置有田根坐
落德邑地方土名望月洋根竹墘半段邦儀應
半未曾取贖今邦鏥應半兄邦覌備根價錢
陸百文正其錢即日收用其田根即付兄前去耕
作逐年納租伍斤其田贖回日後不敢異言今欲有
憑立記收字弟付執為照
乾隆四十八年十二月　日立記收字弟邦鏥（押）
在見叔孝滿（押）
侄子功（押）
代字兄璉（押）
大吉

10-5-32-1　清乾隆四十八年十二月黄邦鏥等立記收田根字

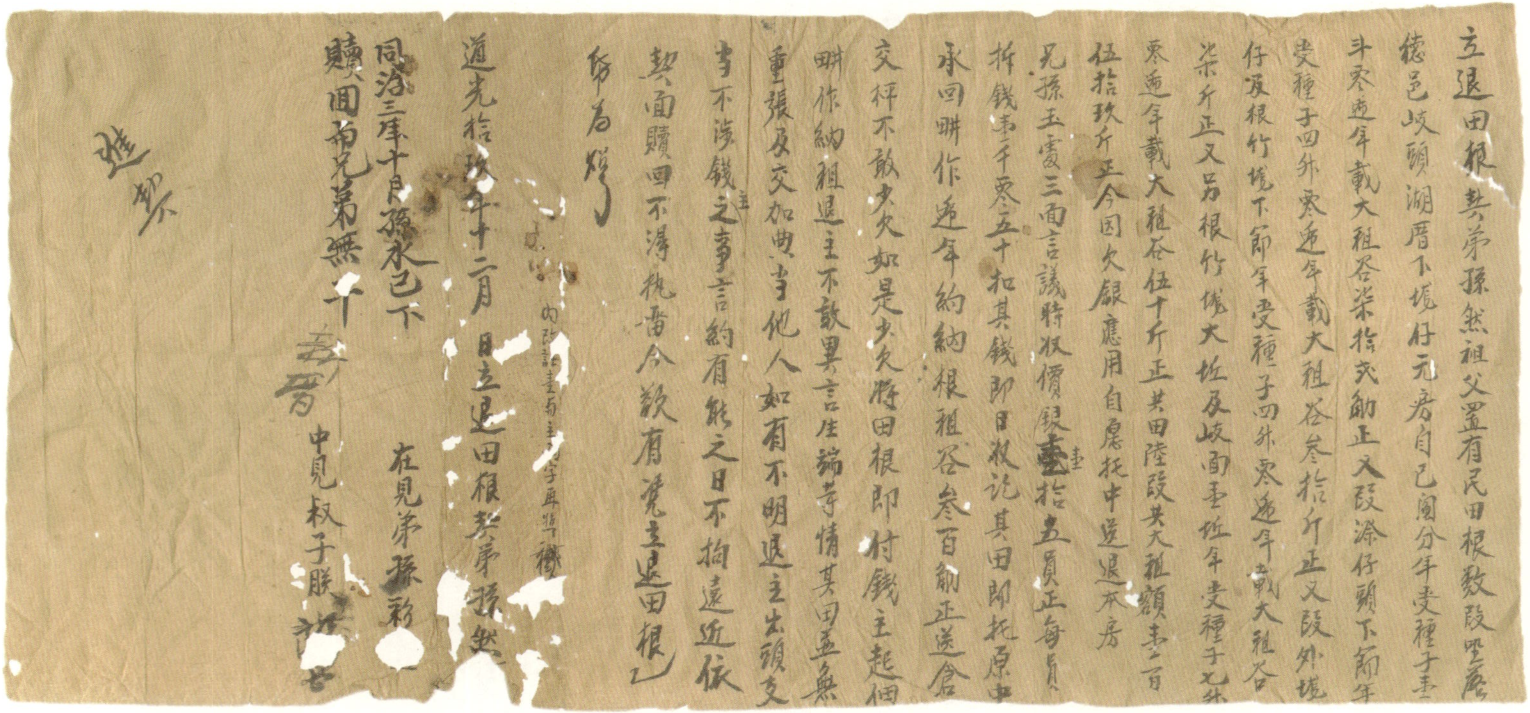
立退田根契弟孫然祖父置有民田根數段坐庵
德邑岐頭湖厝下垅仔元房自己阄分年受種子壹
斗零递年載大租谷柒拾弍觔正又段潒仔頭下節年
受種子四升零递年載大租谷叁拾斤正又段外垅
仔頂根竹垅下節年受種子四升零递年載大租谷
柒斤正又另根竹垅大坵及岐面壹坵年受種子乙升
零递年載大租谷伍十斤正共田陸段共大租額壹百
伍拾玖斤正今因欠銀應用自愿托中送退本房
兄孫玉處三面言議時價銀壹拾五員正每員
折錢壹千零五十扣其錢即日收訖其田即托原中
承回耕作递年納根租谷叁百觔正送倉
交秤不敢少欠如是少欠將田根即付錢主起佃
耕作納租退主不敢異言生端等情其田並無
重張及交加典當他人如有不明退主出頭支
當不涉錢主之事言約有能之日不拘遠近依
契面贖回不得執留今欲有憑立退田根
字為照
道光拾玖年十二月 日立退田根契弟孫然
在見弟孫彩
中見叔子勝
同治三年十月孫永己下
贖回前兄弟無干
退契

10-5-32-2　清道光十九年十二月黄孫然立退民田根契

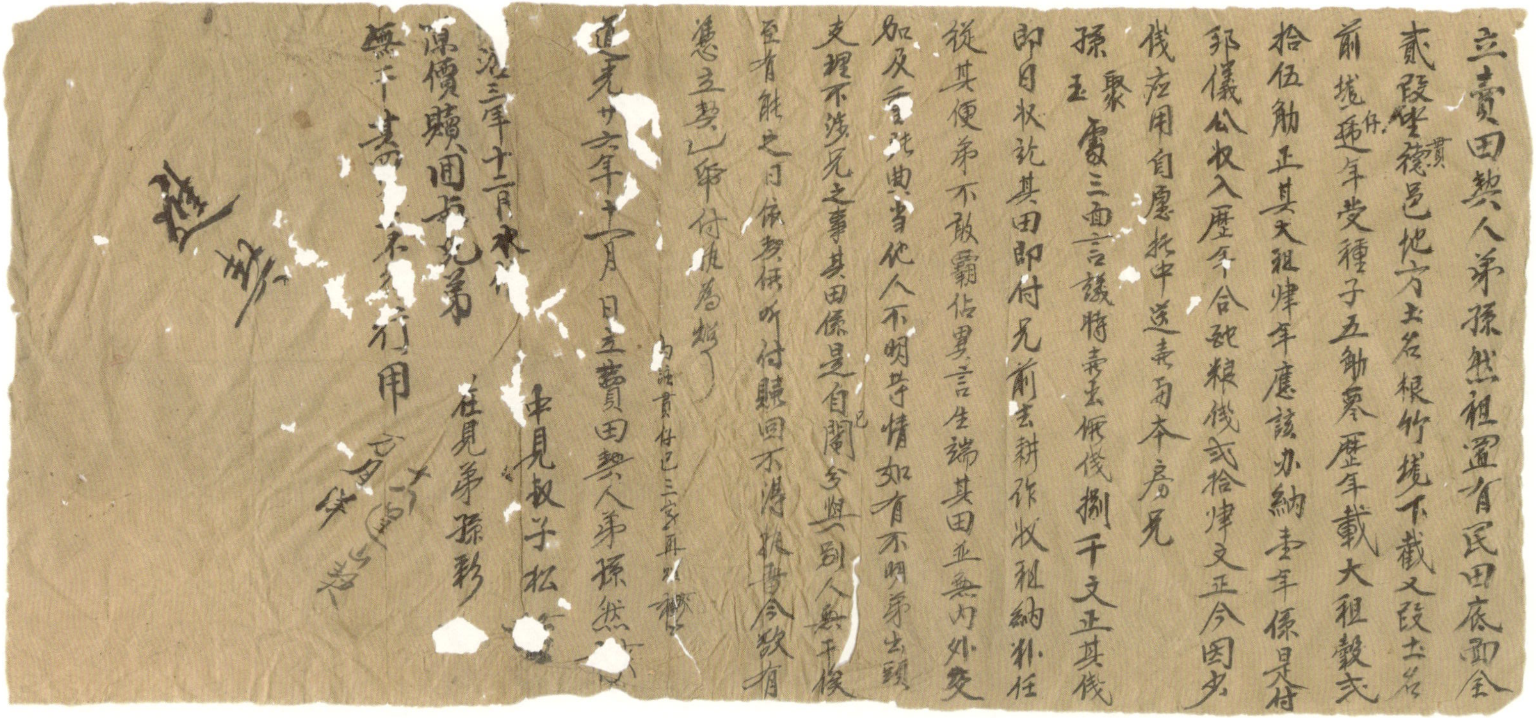
立賣田契人弟孫然，祖置有民田底面全
貳段，坐産德邑地方，土名貫根竹垅下，載丈段，土名
前垅仔，逐年受種子五勧零，歷年載大租穀弍
拾伍觔正，其大租肆年應該办納壹年，係是付
邦儀公收入，歷年今合乾糧錢弍拾肆文正。今因乏
錢應用，自愿托中送兄本房兄
孫玉聚處三面言議，時值出價錢捌千文正，其錢
即日收訖，其田即付兄前去耕作收租納粮，任
從其便，弟不敢霸佔異言生端。其田並無內外交
加及重張典當他人不明等情，如有不明，弟出頭
支理，不涉兄之事。其田係是自閹分與己，別人無干係。
至有能之日，依契價所付贖回，不得執留。今欲有
憑，立賣契一紙，付執為照。
內添貴字任已三字再照
道光廿六年十一月　日立賣田契人弟孫然
中見叔子松
在見弟孫彩
[illegible]
咸豐三年十二月[illegible]
照價贖回兄弟[illegible]
無干[illegible]不得行用
[illegible]

10-5-32-3　清道光二十六年十一月黃孫然立賣底面全民田契

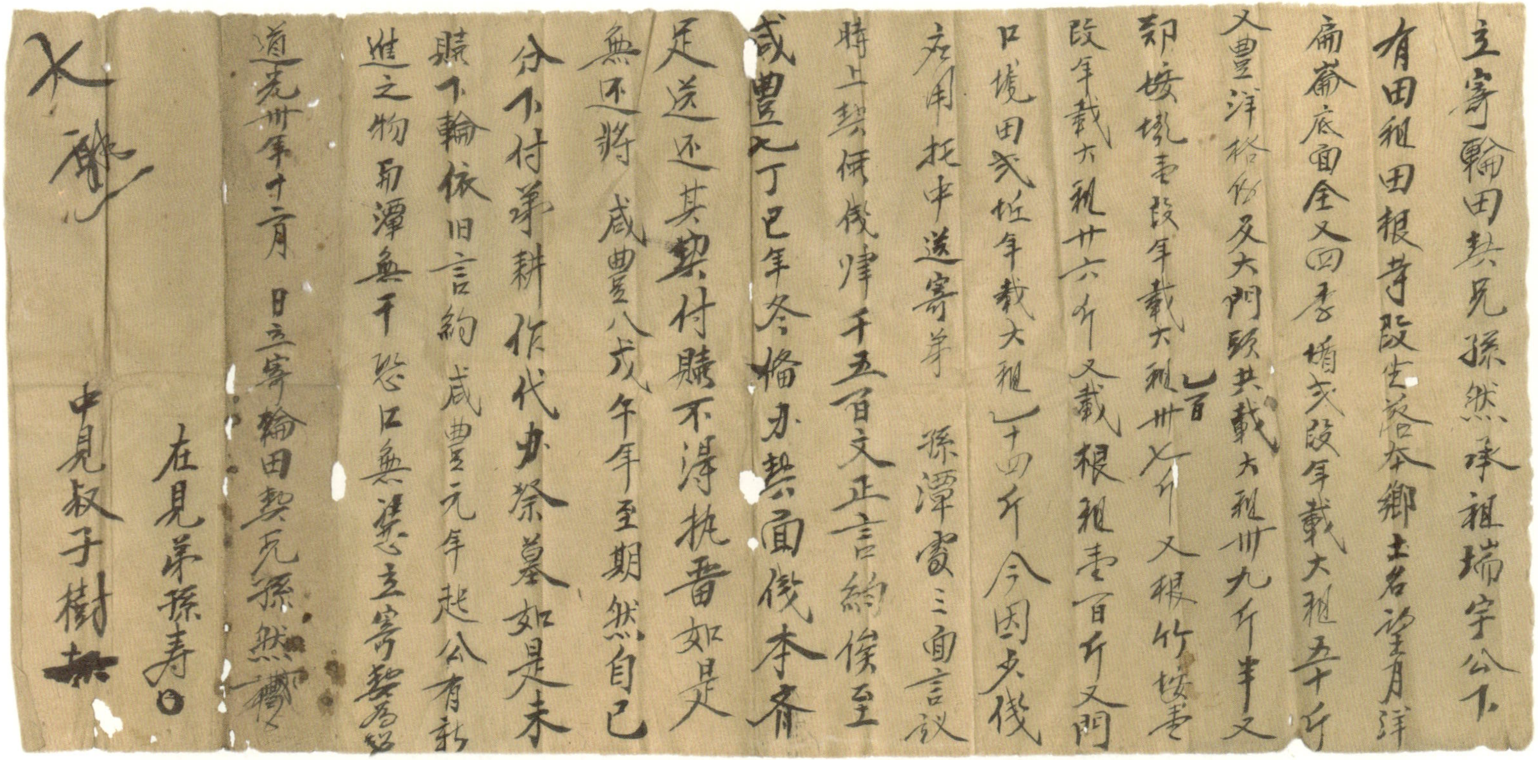
立寄輪田契兄孫然承祖瑞宇公下
有田租田根等段坐落本鄉土名塗月垟
扁崙底面全又四季墻头段年載大租五十斤
又豐垟裕份及大門頭共載大租卅九斤半又
鄭婆墘壹段年載大租卅七斤又根竹桉壹
段年載大租廿六斤又載根租壹百斤又門
口墘田贰坵年載大租一十四斤今因乏錢
應用托中送寄與 孫潭霞三面言議
時上契價錢肆千五百文正言約俟至
咸豐丁巳年冬輪办契面錢本齊
足送还其契付贖不得執番如是
無还將 咸豐八戊午年至期然自己
分下付弟耕作代办祭墓如是未
贖下輪依旧言約 咸豐元年起公有新
進之物与潭無干恐口無凭立寄契爲照
道光卅年十二月 日立寄輪田契兄孫然（押）
在見弟孫寿（押）
中見叔子樹（押）
大吉

10-5-32-4 清道光三十年十二月黃孫然立寄輪田根契

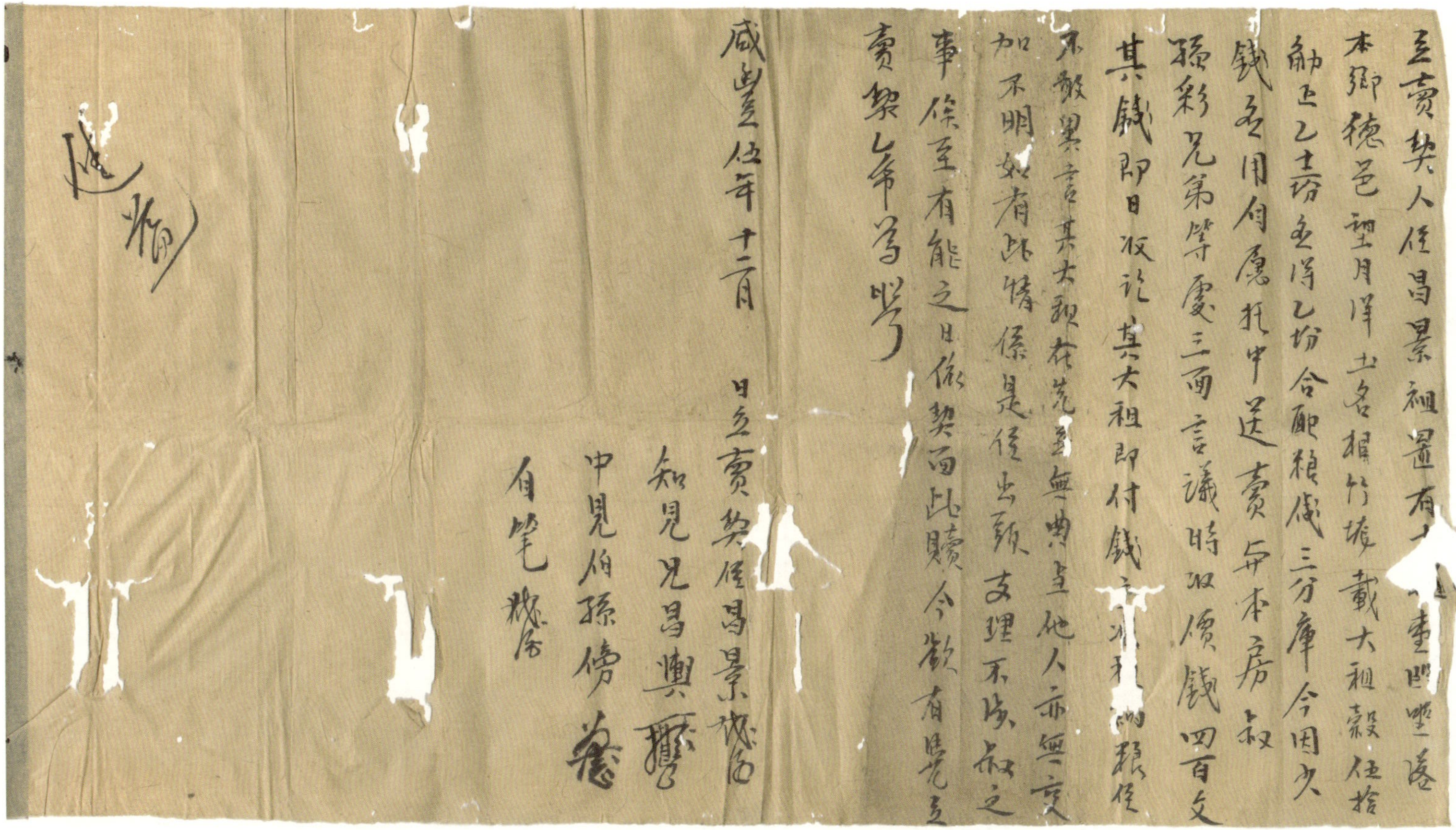

立賣契人侄昌景祖置有[illegible]坐落
本鄉德邑望月洋土名相竹壠載大租穀伍拾
觔正乙十份之內得乙份合配粮伐三分庫今因欠
錢應用自愿托中送賣與本房叔
孫彩兄弟等處三面言議時收價錢四百文
其錢即日收訖其大租即付[illegible]收粮侄
不敢異言其大租在先並無典置他人亦無交
加不明如有此情係是侄出頭支理不干叔之
事係至有能之日依契面取贖今欲有憑立
賣契乙帋為照

咸豐伍年十二月　日立賣契侄昌景（押）
知見兄昌興（押）
中見伯孫傍（押）
自筆（押）

10-5-32-5　清咸豐五年十二月黄昌景立賣民田大租契

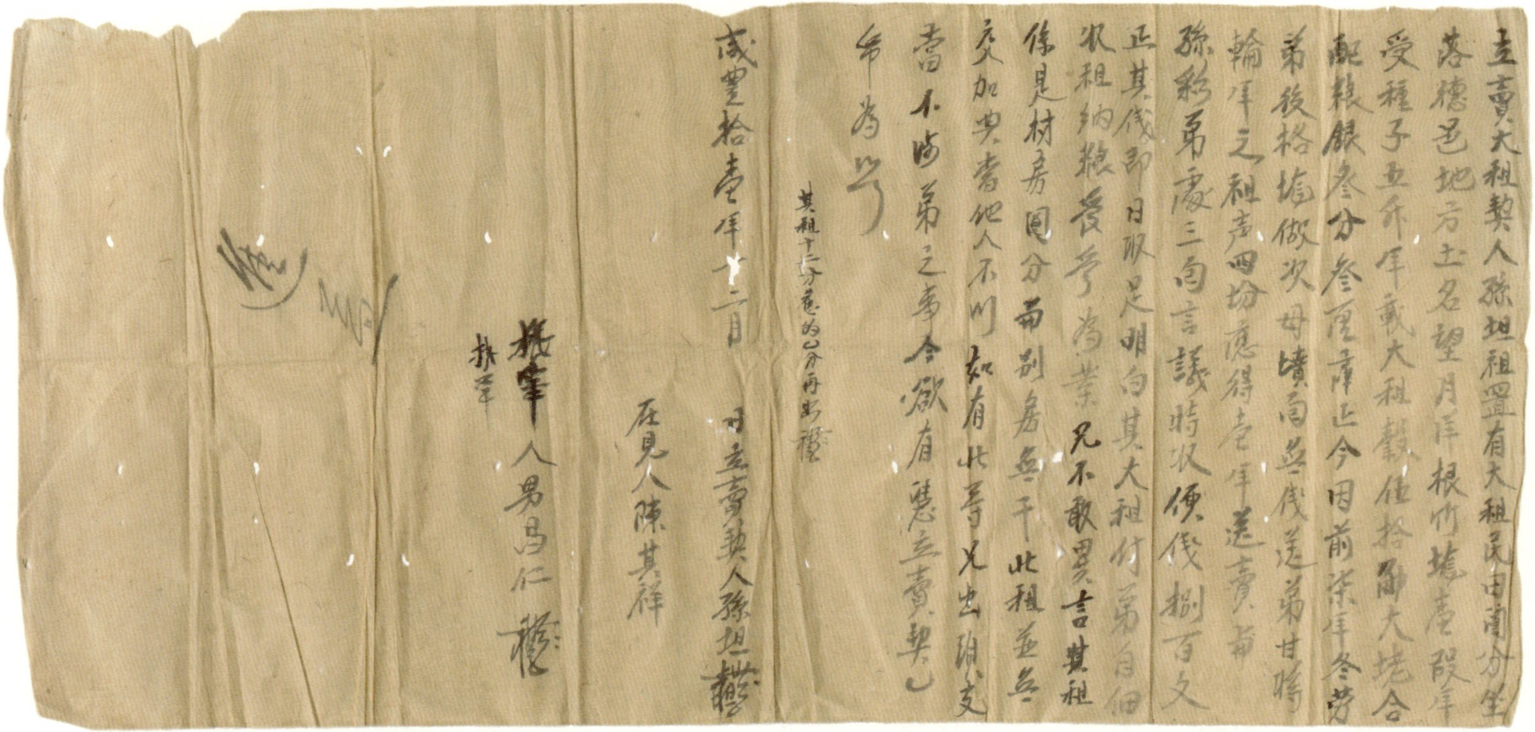

立賣大租契人孫坦祖置有大租民田壹分坐
落穗邑地方土名望月洋根竹墘壹段年
受種子五斤年載大租穀伍拾勵大埕合
配粮銀叁分叁厘正今因前深年叁房
弟後格墻做次毋讀回無伐送弟甘將
輸年之租壹四坋應得壹年送賣弟
孫彩弟處三面言議時收便伐捌百文
正其伐即日取足明白其大租付弟自佃
收租納粮管爲業兄不敢異言其租
係是材房閏分而別房無干此租並無
交加典當他人不明如有此等兄出頭支
當不涉弟之事今欲有慿立賣契乙
帋為炤

其租十二分慿的乙分再照

咸豐拾壹年十二月　日立賣契人孫坦（押）

在見人陳其祥

代筆人男呂仁（押）

執筆

10-5-32-6　清咸豐十一年十二月黃孫坦立賣民田大租契

同治乙丑年正月起叁月止
根竹墘前後墘開田
做壚作工共作五十五工每工以谷扣
米價貴，每禾廿算，工貴
的開田工米共
買料米用艮洋一〇三千
向後取贖之田其米隨田
山並取贖

10-5-32-7　清同治四年正月黃氏開田作工賬單

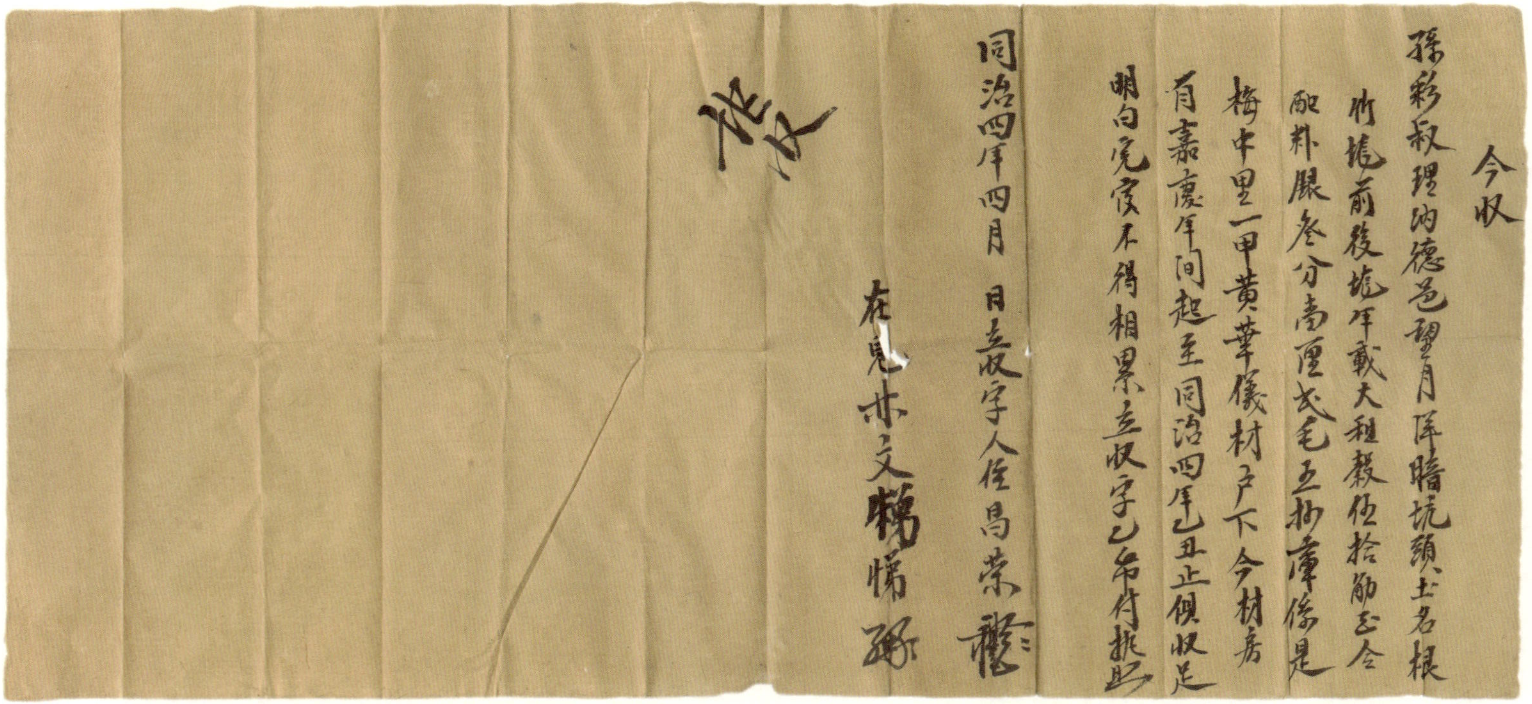

今收

孫彩叔理納德邑望月洋暗坑頭土名根

竹坑前後坑年載大租穀伍拾觔正合

配粮聚冬分壹厘弍毛五抄庫係是

梅中里一甲黃華儀材户下今材房

肖嘉慶年間起至同治四年乙丑止俱收足

明白完寳不得相累立收字已付執照

同治四年四月　日立收字人侄昌棨

在見叔文暢

收

10-5-32-8　清同治四年四月黃昌棨立收大租穀字

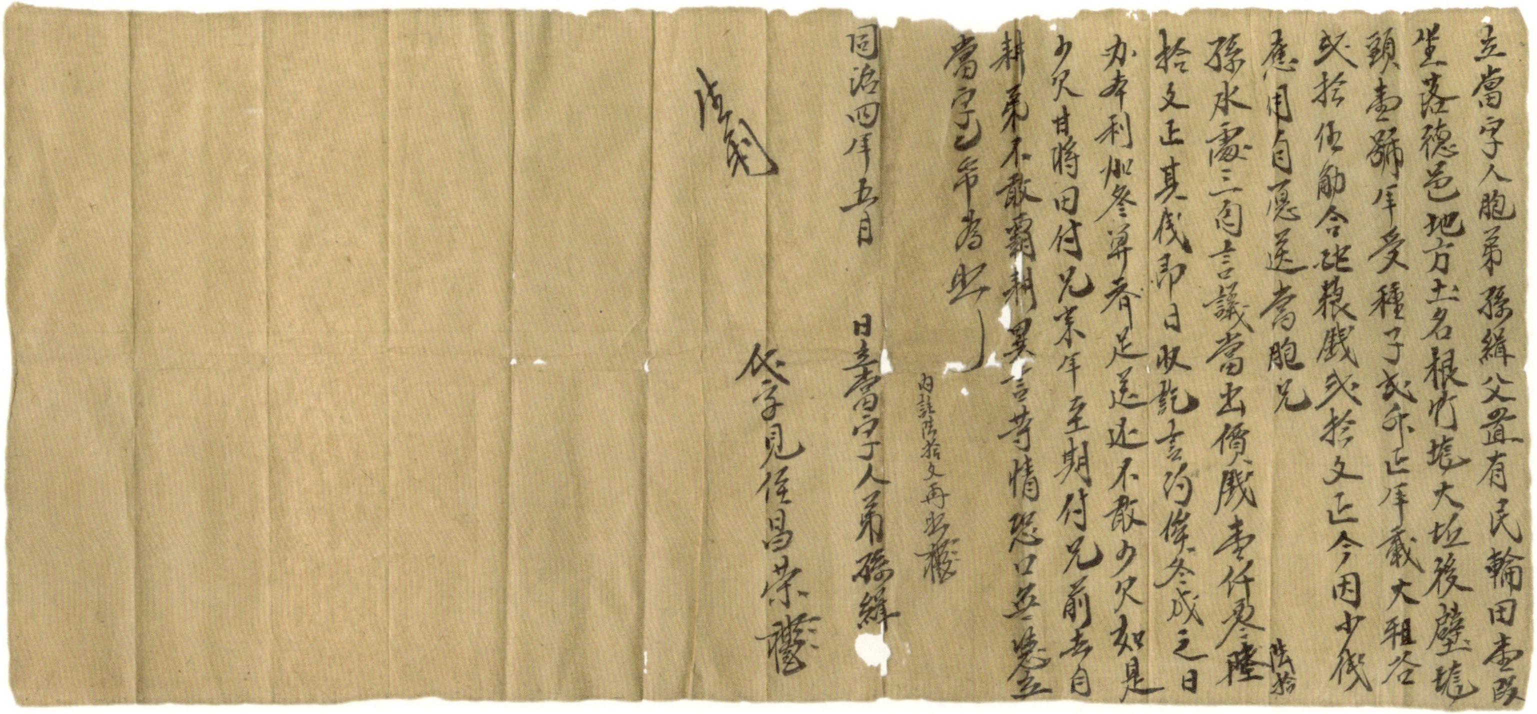

立當字人胞弟孫緝父置有民輪田壹段
坐落德邑地方土名根竹垅大垃後壁垅
頭壹號年受種子弍斗正年載大租谷
弍拾伍觔合砫粮錢弍拾文正今因乏錢
應用自愿送當胞兄
孫水處三面言議當出價錢壹仟叁陸 陸拾
拾文正其錢即日收訖言約係冬成之日
办本利加冬算脊足送還不敢少欠如是
少欠甘將田付兄某年至期付兄前去自
耕弟不敢霸耕異言等情恐口無憑立
當字一帋為照

內註陸拾文再批（押）

同治四年五月　日立當字人弟孫緝（押）

代字見侄昌榮（押）

吉利

10-5-32-9　清同治四年五月黃孫緝立當民輪田字

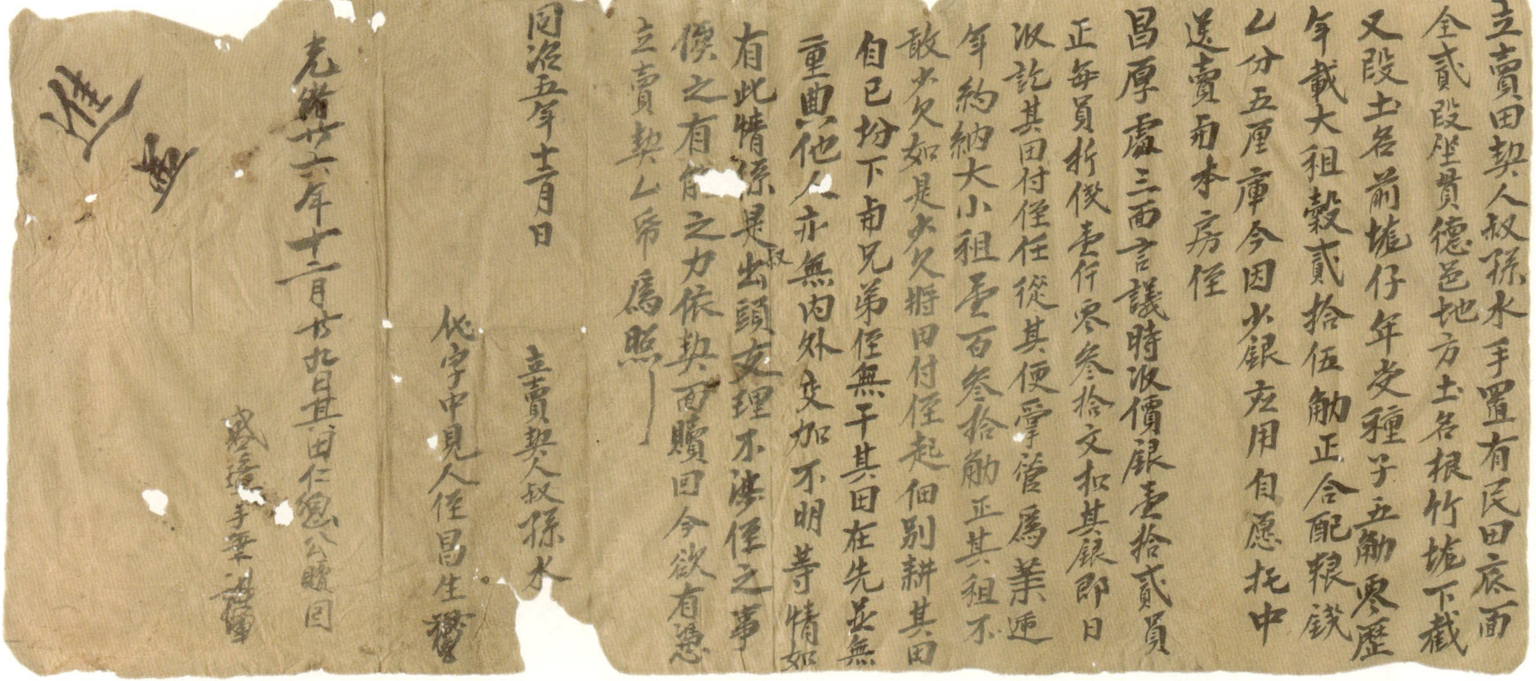
立賣田契人叔孫水手置有民田底面
全貳段坐貫德邑地方土名根竹壠下截
又段土名前壠仔年交種子五觔零歷
年載大租穀貳拾伍觔正仝配粮銀[illegible]
乙分五厘庫今因乏銀應用自愿托中
送賣与本房侄
昌厚處三面言議時價銀壹拾貳員
正每員折儎壹仟零叁拾文扣其銀即日
收訖其田付侄任從其便掌管爲業逓
年納大小租壹百叁拾觔正其租不
敢少欠如是少欠將田付侄起佃别耕其田
自己分下與兄弟侄無干其田在先並無
重典他人亦無內外交加不明等情如
有此情係叔是出頭支理不涉侄之事
候之有銀之力依契面贖回今欲有憑
立賣契乙帋爲照
同治五年十二月日
立賣契人叔孫水
代字中見人侄昌生
光緒廿六年十二月廿九日其田仁[illegible]公贖回
[illegible]手筆
准

10-5-32-10 清同治五年十二月黄孫水立賣底面全民田契

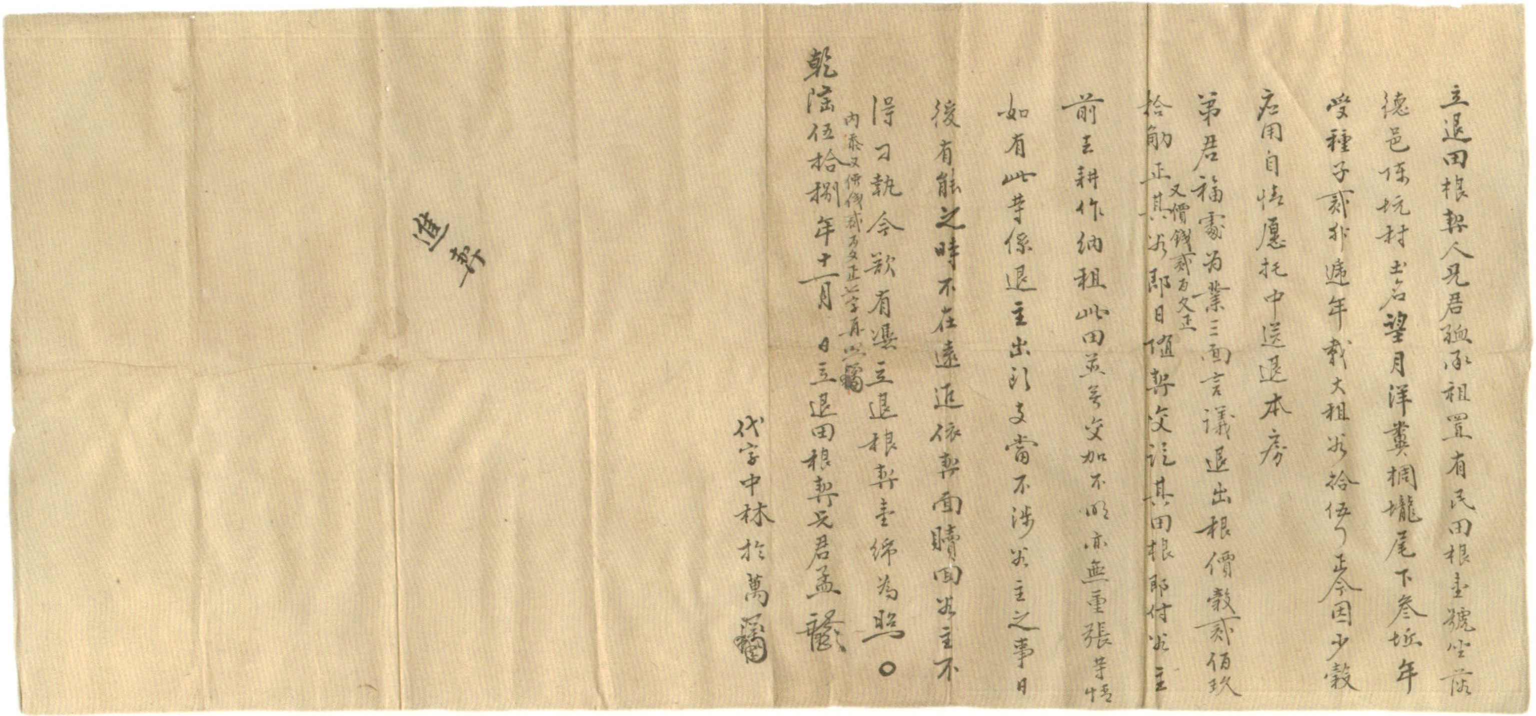

立退田根契人兄君孟承祖置有民田根壹號，坐產
德邑洑杭村，土名望月洋葉㘵壠尾下，叁坵，年
受種子貳升，遞年載大租谷拾伍斤正。今因少穀
應用，自情愿托中退還本房
弟君福處為業。三面言議，退出根價錢貳佰玖
拾觔正。（文價錢貳百文正）其谷即日隨契交訖，其田根即付弟主
前去耕作納租。此田兄弟交加不明，亦無重張等情。
如有此等，係退主出頭支當，不涉弟主之事。日
後有能之時，不在遠近，依契面贖回，弟主不
得刁執。今欲有憑，立退根契壹紙為照。○
（內添文價錢貳百文正，照字再照）
乾隆伍拾捌年十一月 日立退田根契兄君孟（押）
代字中 林於萬（押）

退契

10-5-33-1 清乾隆五十八年十一月黃君孟立退民田根契

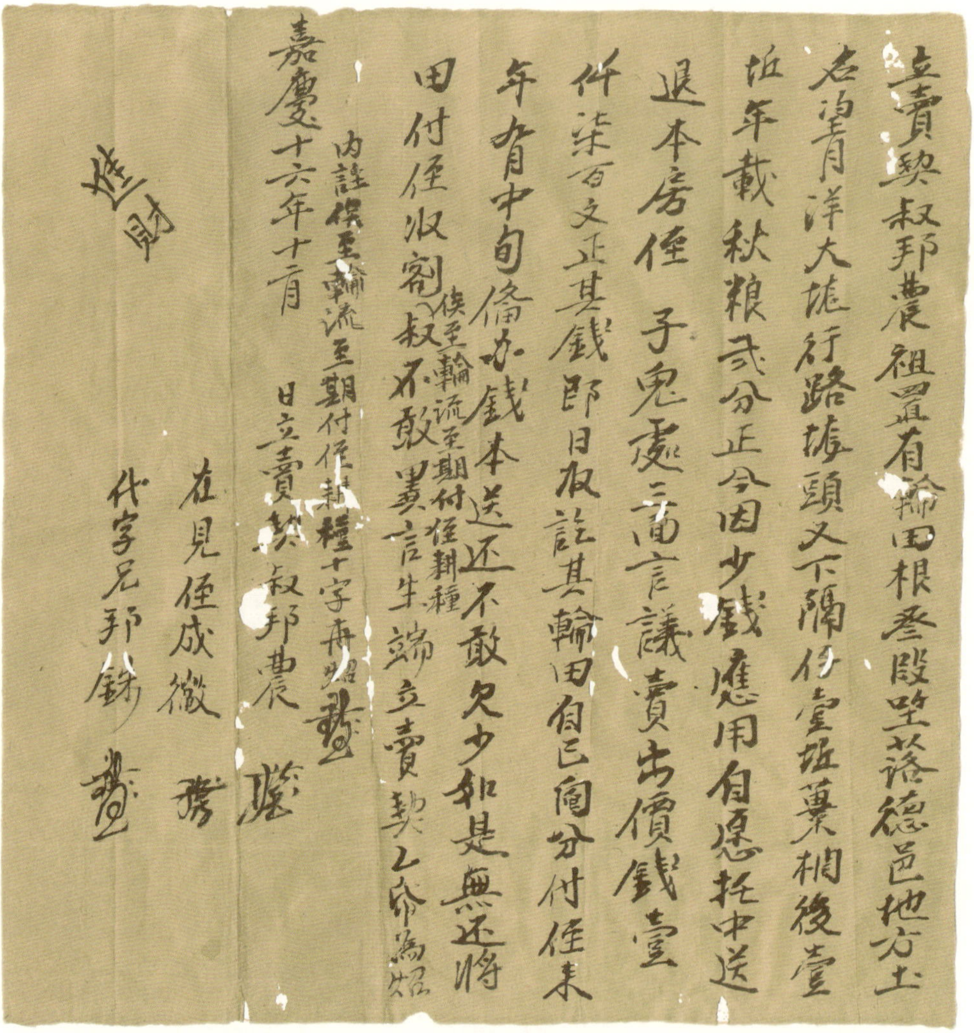
立賣契叔邦農祖置有輪田根叁段坐落德邑地方土
名白肖洋大坵行路墘頭又下隔仔壹坵萬桐後壹
坵年載秋粮貳分正今因少錢應用自愿托中送
退本房侄　子鬼處二面言議賣出價錢壹
仟柒百文正其錢即日收訖其輪田自己甸分付侄耒
年育中旬備办錢本送还不敢欠少如是無还將
田付侄收割（俟至輪流至期付侄耕種）叔不敢異言生端立賣契乙紙為炤
內註俟至輪流至期付侄耕種十字再炤（押）
嘉慶十六年十二月　日立賣契叔邦農（押）
在見侄成徽（押）
代字兄邦銖（押）
進財

10-5-33-2　清嘉慶十六年十二月黄邦農立賣輪田根契

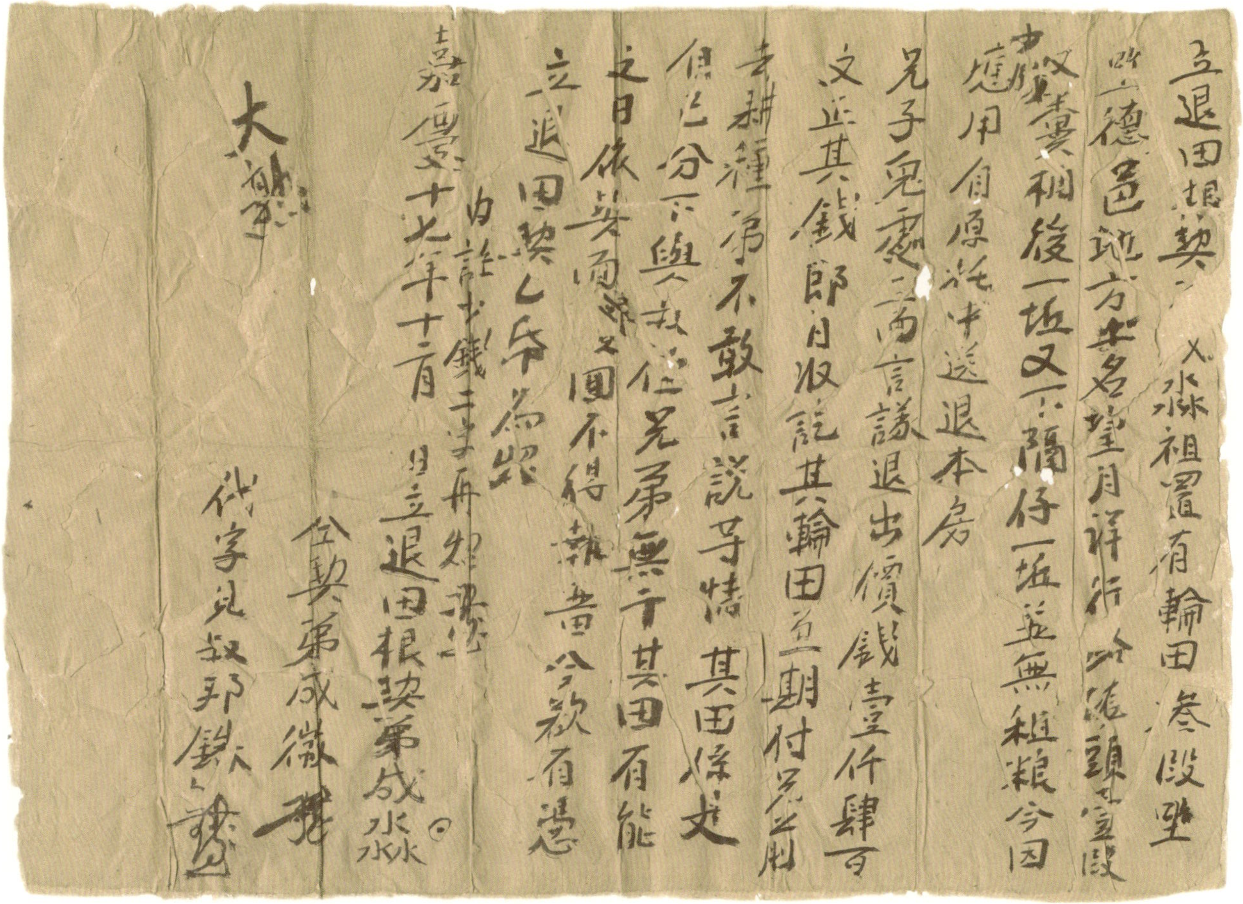

立退田根契人成淼，祖置有輪田叁段，坐
址二德邑坵方土名望月洋，坵頭壹段
又叢蕉後一坵又下隔仔一坵，並無租粮。今因
缺錢用，自願托中送退本房
兄子兔惠前來言議，退出價錢壹仟肆百
文，其錢即日收訖，其輪田並一期付兄子前
去耕種，弟不敢言說等情。其田係是
但己分下與叔侄兄弟無干，其田有能
之日，依契面錢回，不得執留。今欲有憑，
立退田契乙紙為照。
内註錢三字再炤
嘉慶十七年十二月 日立退田根契弟成淼
仝契弟成徽
代字兄叔郑欽
大吉

10-5-33-3 清嘉慶十七年十二月黃成淼立退輪田根契

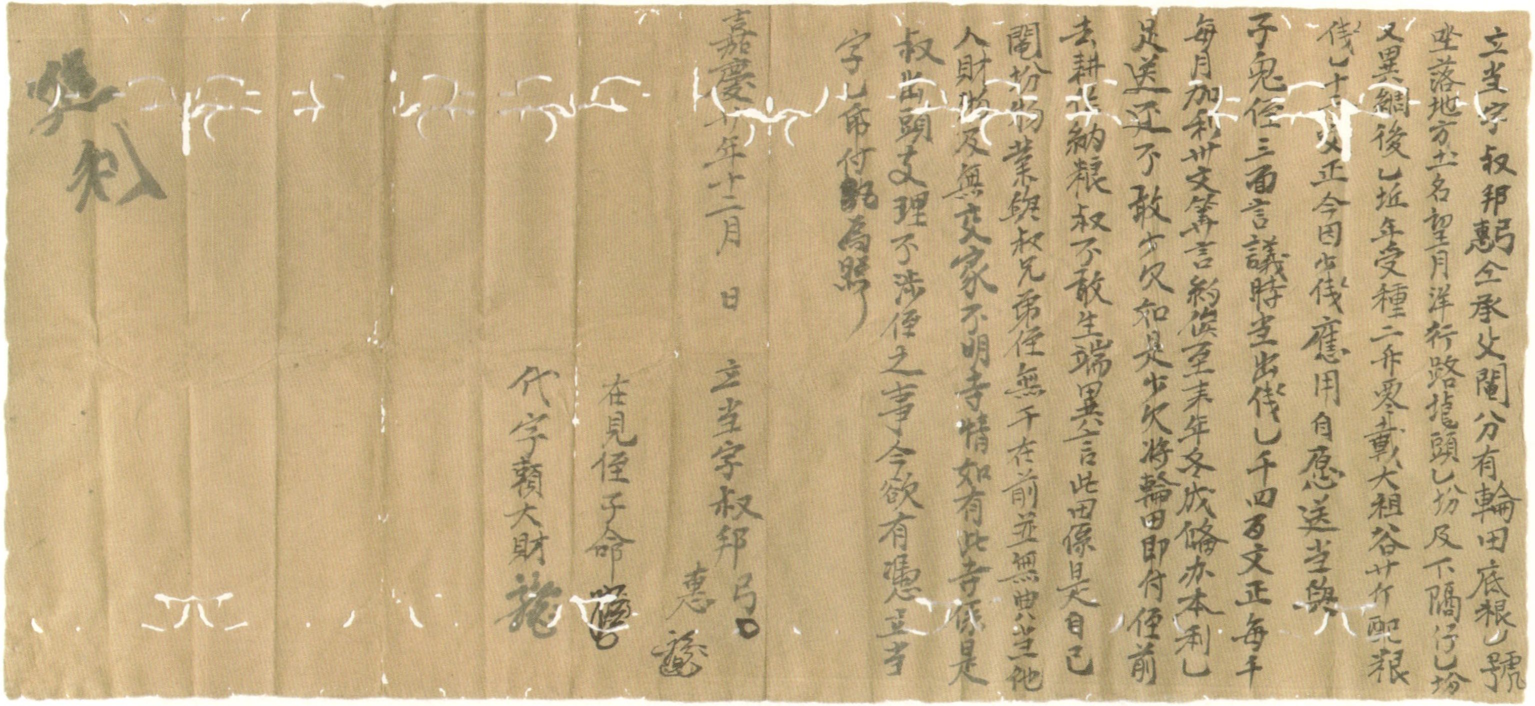

立当字叔邦弓仝承父闡分有輪田底根一號，坐落地方土名望月洋行路堘頭一坵及下隔仔一坵，又果綱後一坵，年受種二斗，要載大租谷廿斤，配根錢一十千文正。今因少錢應用，自愿送当與子兄侄三面言議，時当出錢一千四百文正，每千每月加利廿文算，言約俟至来年冬成，備办本利一足送还，不敢少欠。如是少欠，將輪田即付侄前去耕种納粮，叔不敢生端異言。此田係是自己闡分物業，與叔兄弟侄無干，在前並無典当他人財物，及無交家不明等情。如有此等，係是叔出頭支理，不涉侄之事。今欲有憑，立当字一帋付執為照。

嘉慶廿年十二月　日　立当字叔邦弓、惠

在見侄子命

代字賴大財

10-5-33-4　清嘉慶二十年十二月黃邦弓等立當輪田底根字

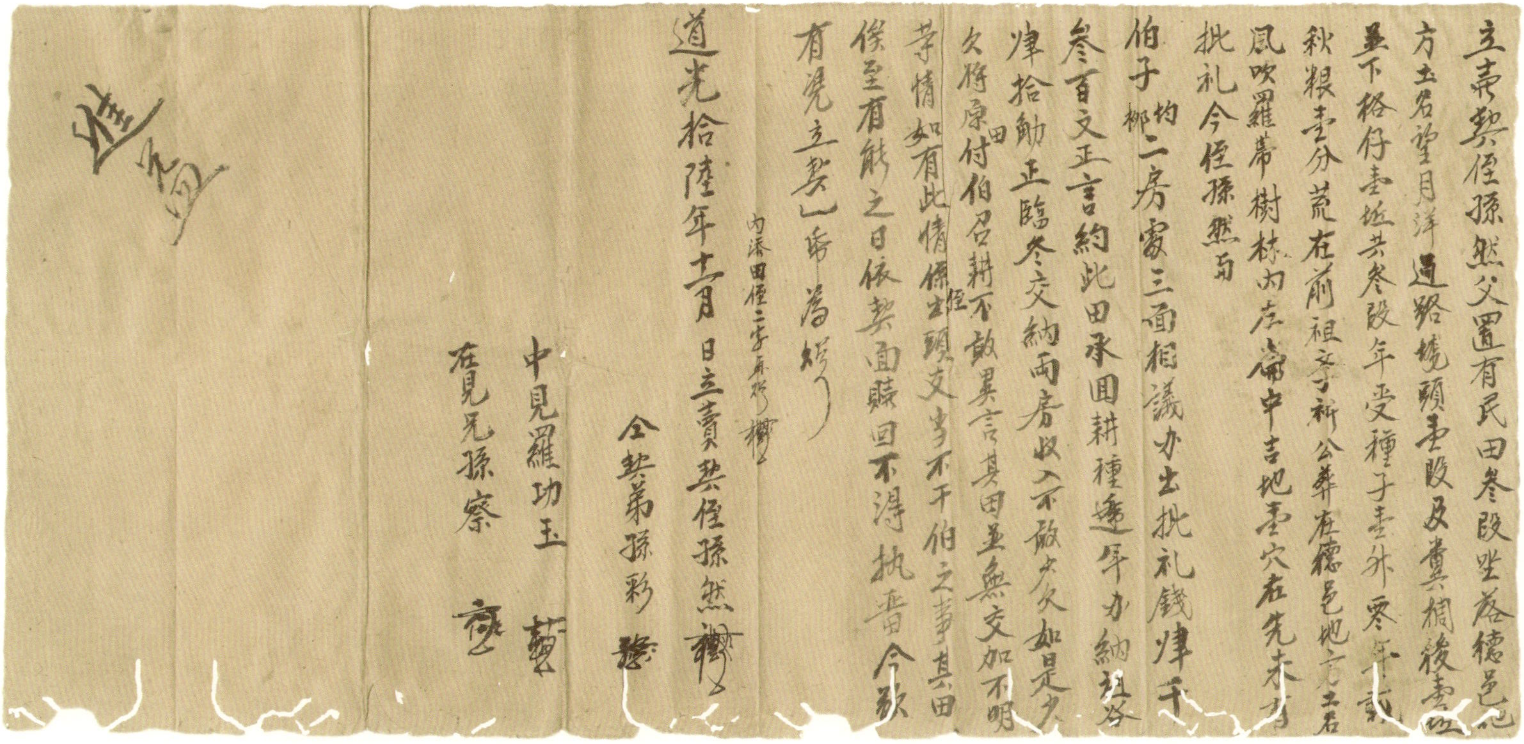

10-5-33-5　清道光十六年十一月黃孫然等立賣民田契

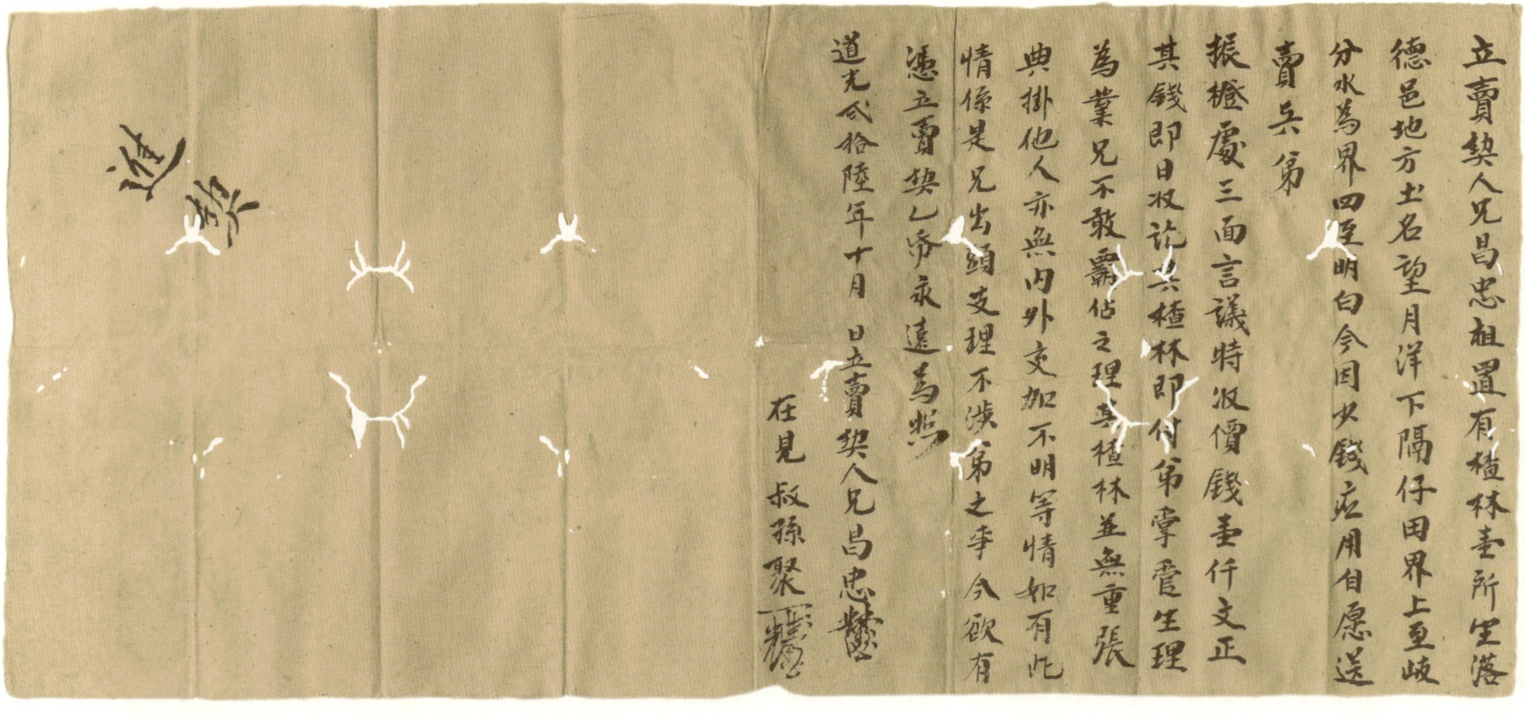

立賣契人兄昌忠祖置有楂林壹所坐落
德邑地方土名望月洋下隔仔田界上至岐
分水爲界四至明白今因乏錢應用自愿送
賣與弟
振擡處三面言議特收價錢壹仟文正
其錢即日收訖其楂林即付弟掌管生理
爲業兄不敢霸佔之理其楂林並無重張
典掛他人亦無内外支加不明等情如有此
情係是兄出頭支理不涉弟之事今欲有
憑立賣契乙帋永遠爲照
道光貳拾陸年十月　日立賣契人兄昌忠
在見　叔孫聚
進契

10-5-33-6　清道光二十六年十月黄昌忠立賣楂林契

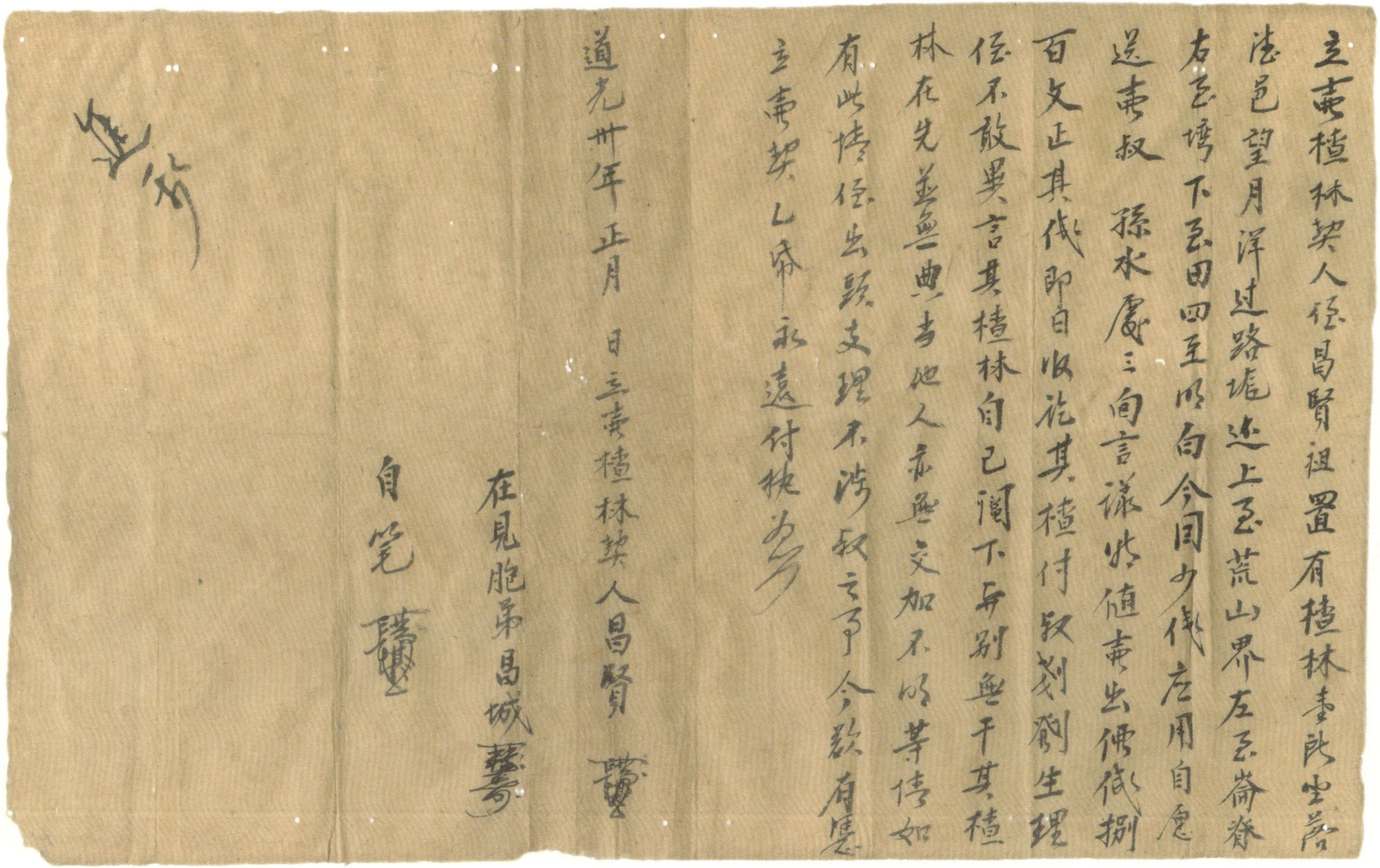
立賣楂林契人侄昌賢祖置有楂林壹段坐落
洑邑望月洋过路墘，上至荒山界，左至崙脊，
右至塆，下至田，四至明白。今因乏代應用，自愿
送賣叔　孫水處，三面言議，時值賣出價銭捌
百文正，其錢即日收訖，其楂付叔劉生理，
侄不敢異言。其楂林自己闔下分別，無干其楂
林在先並無典当他人，亦無交加不明等情，如
有此情，侄出頭支理，不涉叔之事。今欲有憑，
立賣契乙紙，永遠付执为照。
道光卅年正月　日立賣楂林契人昌賢（押）
在見胞弟昌城（押）
自笔（押）

10-5-33-7　清道光三十年正月黄昌賢立賣楂林契

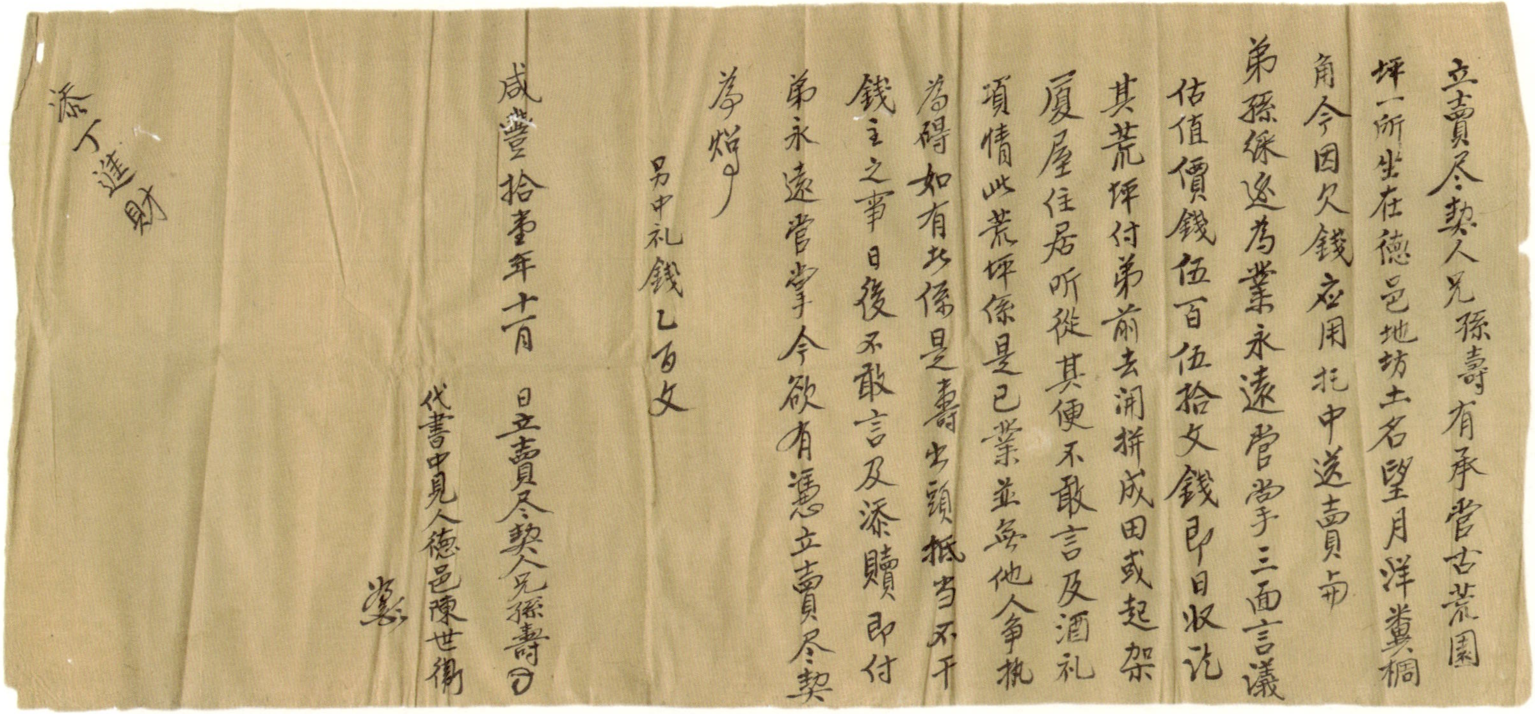
立賣盡契人兄孫壽有承管古荒園
坪一所坐在德邑地坊土名望月洋糞槅
角今因欠錢應用託中送賣胞
弟孫縧邊為業永遠管掌三面言議
估值價錢伍百伍拾文錢即日收訖
其荒坪付弟前去開拼成田或起架
厦屋住居听從其便不敢言及酒礼
項情此荒坪係是己業並無他人爭執
為碍如有此係是壽出頭抵當不干
錢主之事日後不敢言及添贖即付
弟永遠管掌今欲有憑立賣盡契
為炤
另中礼錢乙百文
咸豐拾壹年十一月　日立賣盡契人兄孫壽（押）
代書中見人德邑陳世衛（押）
添丁進財

10-5-33-8　清咸豐十一年十一月黃孫壽立賣盡古荒園坪契

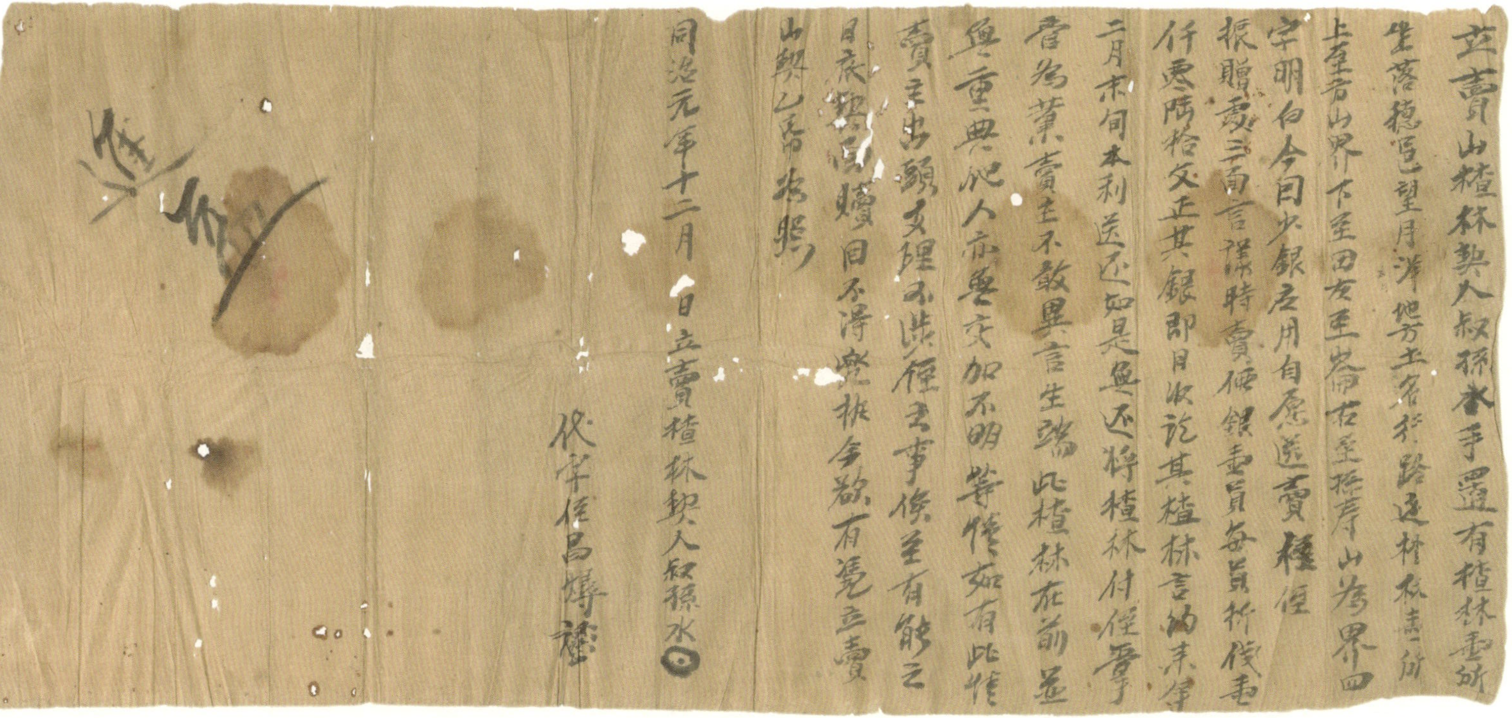

立賣山楂林契人叔孫水，今手置有楂林壹號，
坐落穩匣望月洋地方，土名於路邊杉林壹所，
上至青山界，下至田，左至崙，右至孫厝山為界，四
字明白。今因少銀應用，自愿送賣楂侄
振聰處，三面言議時價價銀壹員，每員折伐壹
仟零陸拾文正。其銀即日收訖，其楂林言約來年
二月末旬本利送還，如是無還，將楂林付侄掌
管為業，賣主不敢異言生端。此楂林在前並
無重典他人，亦無交加不明等情，如有此情，
賣主出頭支理，不涉侄之事。係至有能之
日辰[illegible]原價贖回，不得[illegible]全數，有憑立賣
山契乙紙為照。

同治元年十二月　日立賣楂林契人叔孫水（押）

代字侄昌[illegible]

10-5-33-9　清同治元年十二月黄孫水立賣楂林契

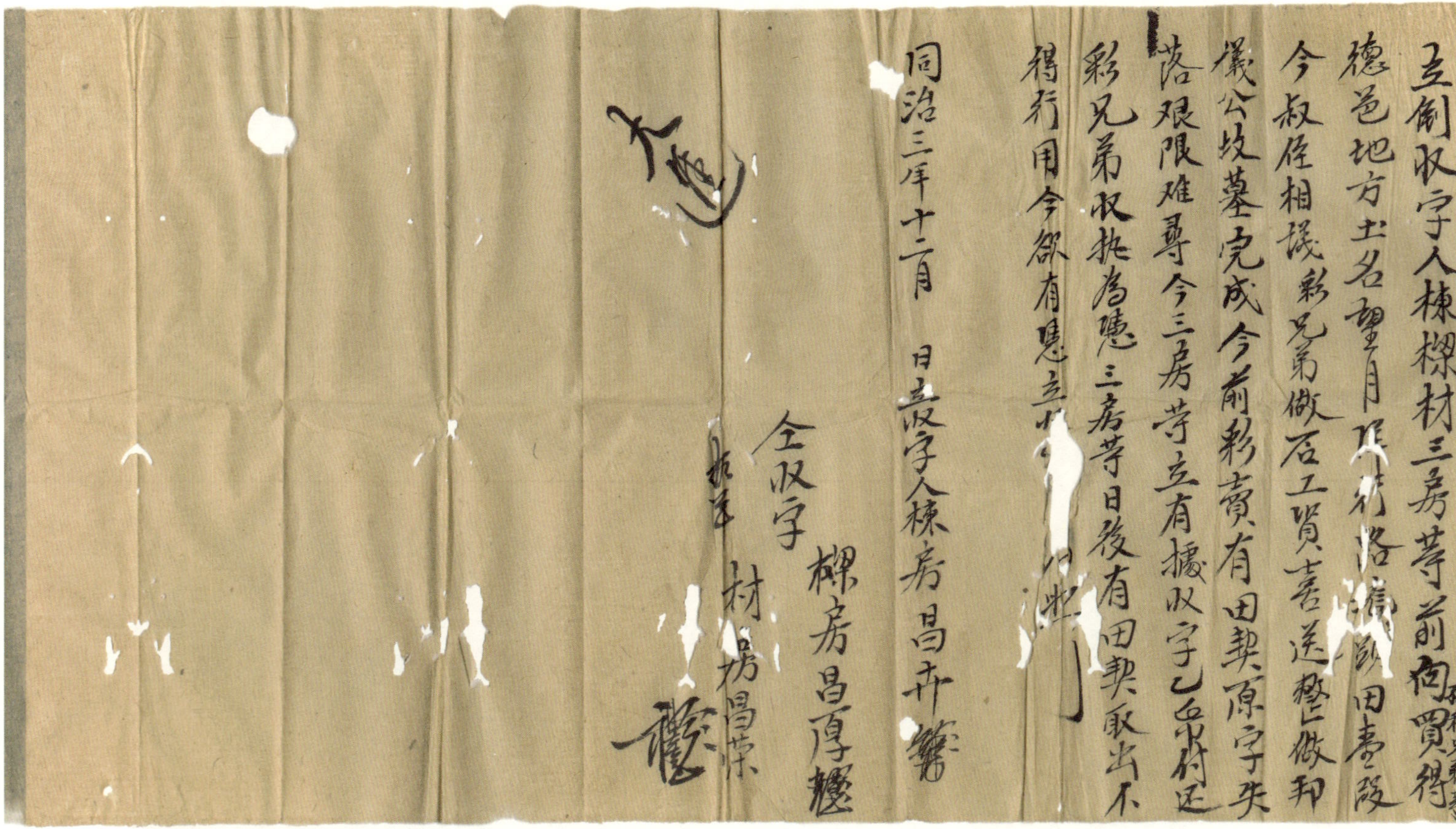
立倒收字人棟櫟材三房等前向孫彩兄弟等買得
德邑地方土名望月坪[illegible]行路[illegible]田壹段
今叔侄相議彩兄弟做石工貲喜送[illegible]做邦
儀公坟墓完成今前彩賣有田契原字失
落艰限难尋今三房等立有據收字乙紙付还
彩兄弟收执為憑三房等日後有田契取出不
得行用今欲有憑立收[illegible]紙
同治三年十二月　日立收字人棟房昌[illegible]押
櫟房昌厚押
全收字　材房昌榮
執筆 [illegible]

10-5-33-10　清同治三年十二月黃氏棟櫟材三房立倒收字

立賣糞桐地人侄昌規仝榮祖置有糞桐壹桐
坐落德邑望月洋土名楊坵下壹桐上至椽
尭下至地基地今因少錢應用自愿送
賣本房叔
孙彩處三面言議賣出價錢壹千陸百文
正其錢即日收訖其糞桐付叔收拾管
為業任從其便築廠住居賣主不敢異言
添贖等情其地基並無交加不明如有此
情賣主出頭支理不涉叔之事今欲有憑
立賣契乙帋為照

同治四年二月　日立賣契人侄昌規（押）

執筆仝契人昌榮（押）

在見人昌陰（押）

10-5-33-11　清同治四年二月黄昌規等立賣糞桐地契

立賣大租契人兄昌厚，承祖置有民田大租壹
段，坐落德邑望月半过路弍坵，年受種子壹秤零，應
納大租壹拾伍觔正，仝配粮錢玖厘庫。今因
少錢應用，自愿送賣本房弟
昌瑞處，三面言議時價價伐壹仟捌佰之正。
其伐即日收訖，其大租付弟自耕自收租，兄不
敢異言生端等情。其田在前並無重典他人，亦
無內外交加不明等情。如有此情，係是兄出
頭支理，不涉弟之事。其大租自己闽下，兄
弟侄無干。今欲有憑，立賣契一紙為照。

內註年受二字再照 據

同治六年十二月　日　立賣契兄昌厚 據

在見弟昌濃（押）

自筆 據

10-5-33-12　清同治六年十二月黃昌厚立賣民田大租契

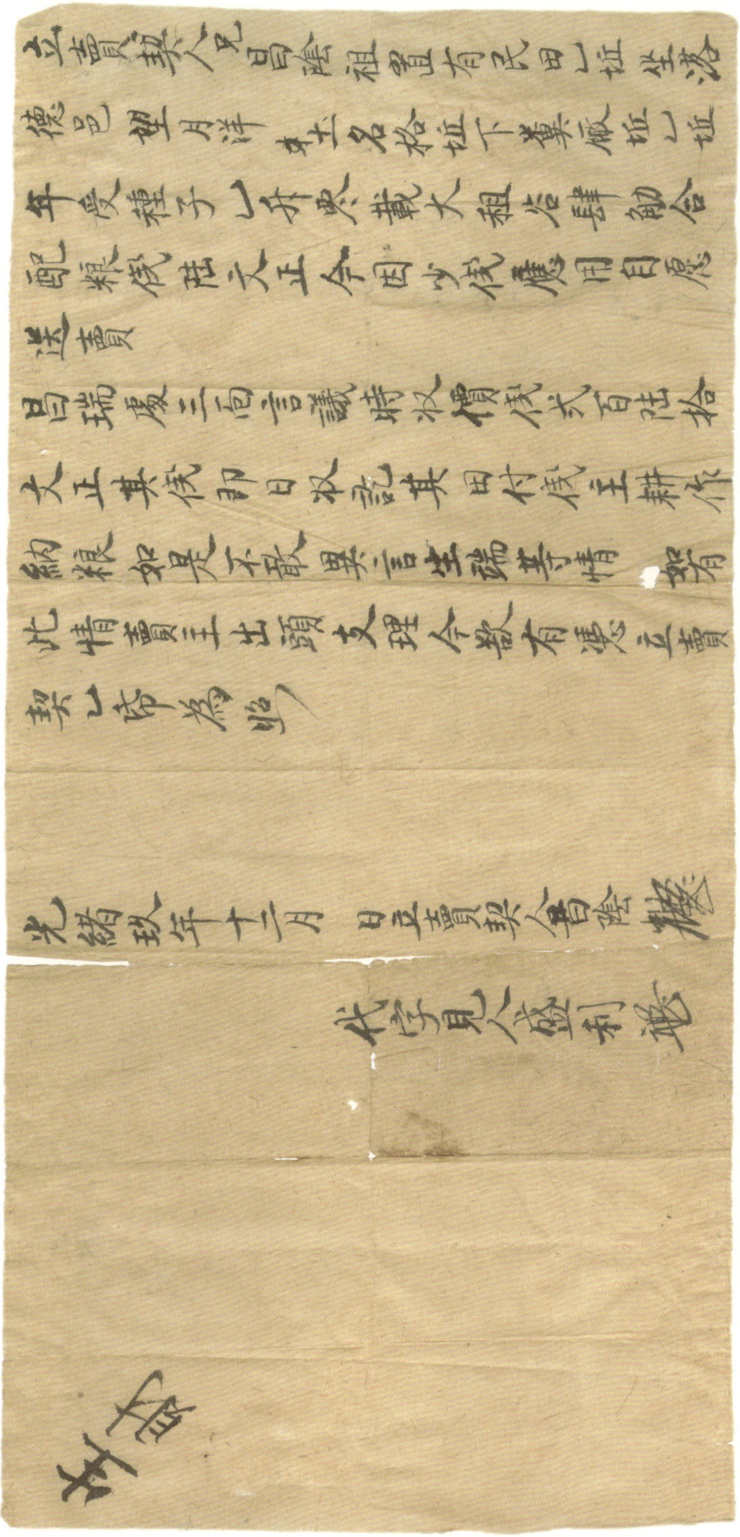

立賣契人黃昌陰祖置有民田一坵坐落
德邑望月洋土名松坵下墓廠坵一坵
年受種子一斤東載大租谷肆觔合
配糧錢莊文正今因少錢應用自愿
送賣
黃昌瑞處三面言議時值價錢弍百陸拾
文正其錢即日收訖其田付錢主耕作
納糧如是不敢異言生端甚事情如有
此情賣主出頭支理今欲有憑立賣
契一紙永為照

光緒玖年十二月　日立賣契人黃昌陰
代字見人盛利

10-5-33-13　清光緒九年十二月黃昌陰立賣民田契

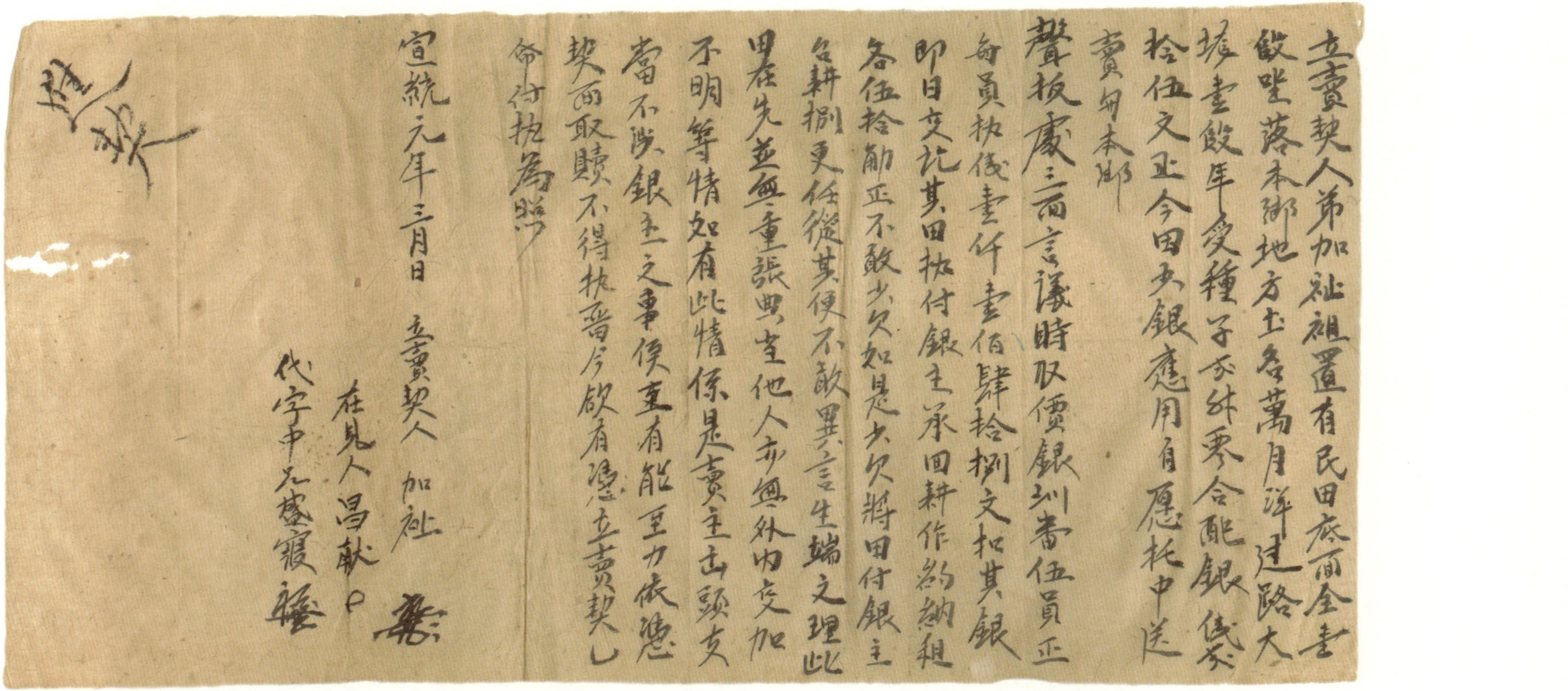

10-5-33-14　清宣統元年三月黃加祉立賣底面全民田契

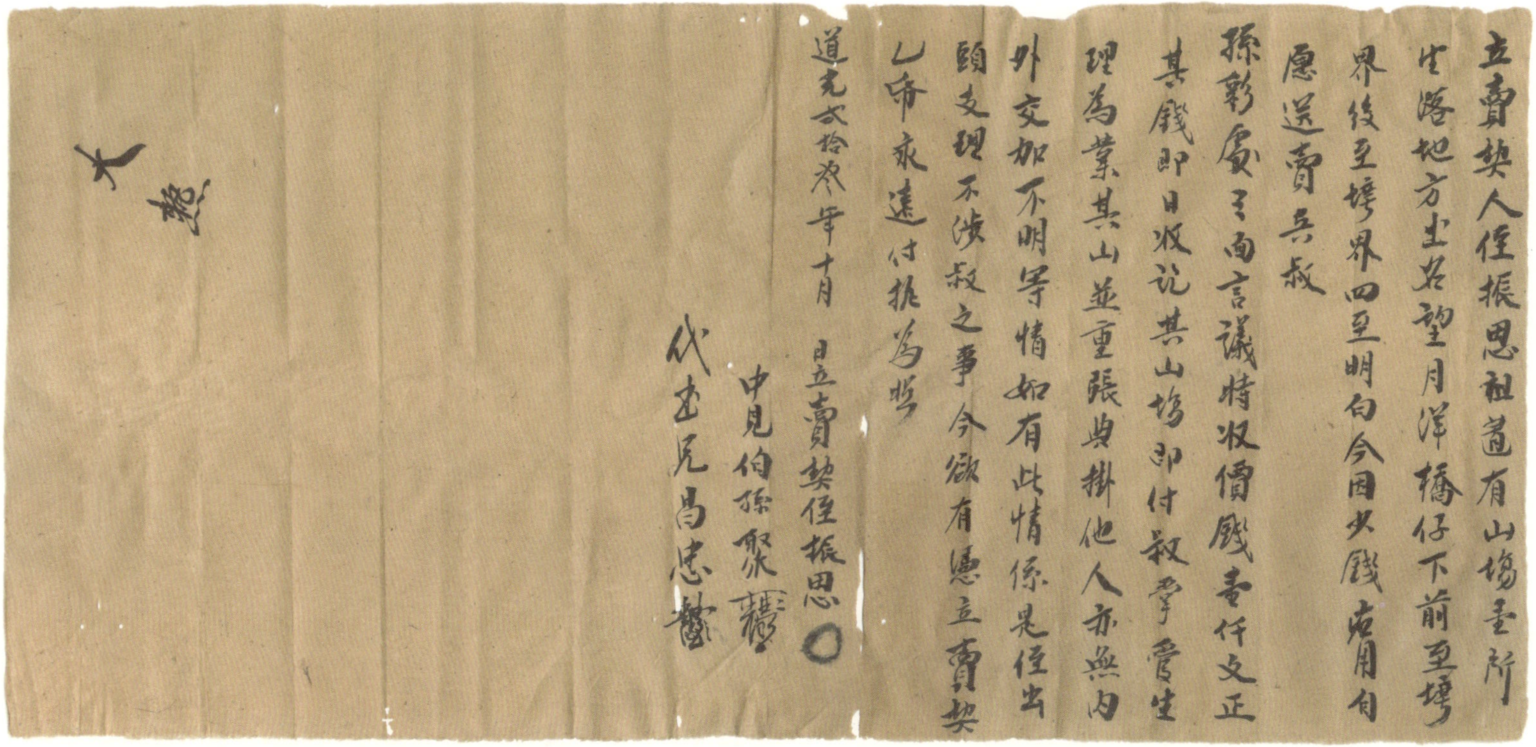
立賣契人侄振思祖置有山場壹所
坐落地方土名望月洋橋仔下前至塝
界後至塝界四至明白今因乏錢應用自
愿送賣與叔
孫彰處三面言議時收價錢壹仟文正
其錢即日收訖其山場即付叔掌管生
理為業其山並重張典掛他人亦無內
外交加不明等情如有此情係是侄出
頭支理不涉叔之事今欲有憑立賣契
乙帋永遠付執為照
道光貳拾叁年十月　日立賣契侄振思
中見伯孫聚禮
代書兄昌忠
大發

10-5-34-1　清道光二十三年十月黃振思立賣山場契

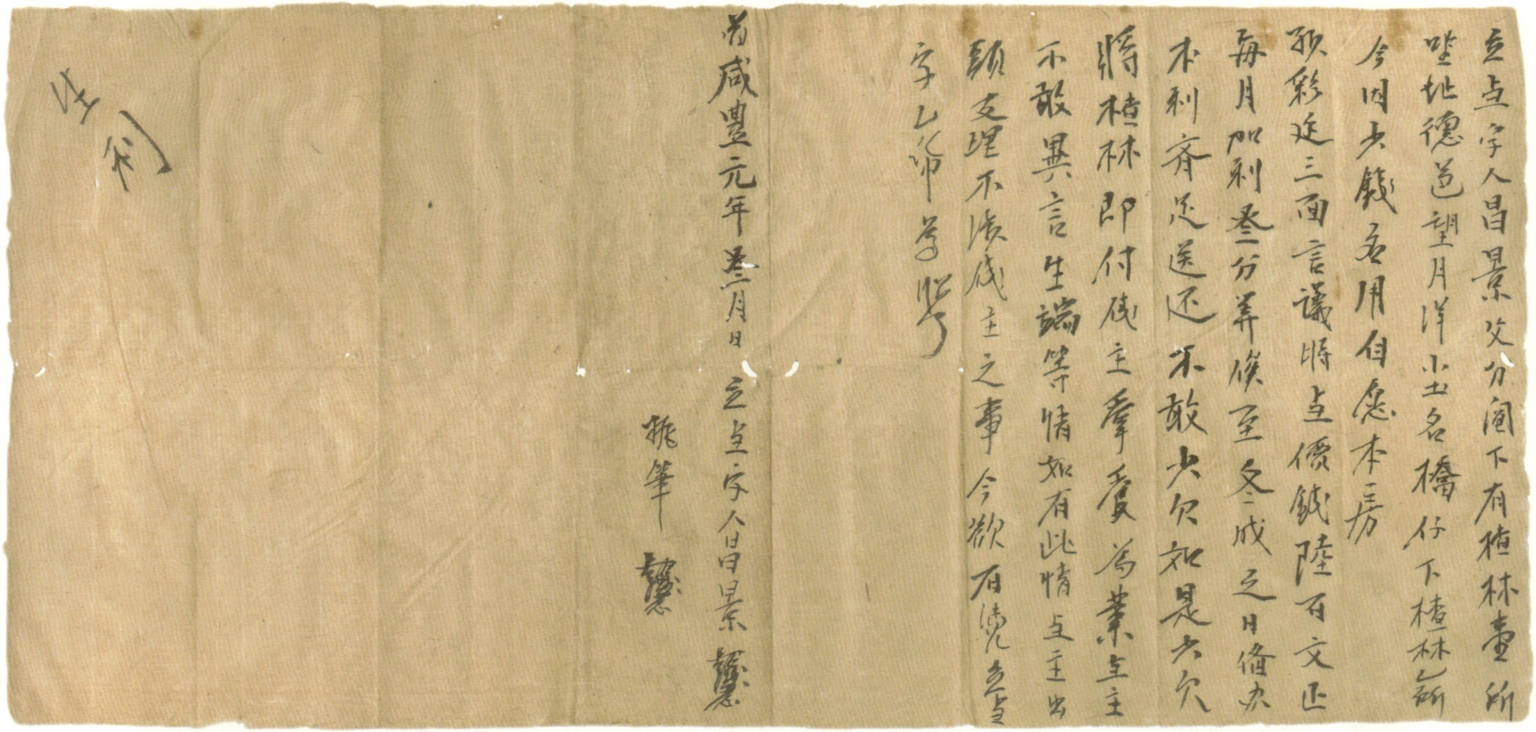
立当字人昌景父分阄下有楂林壹所
坐址德邕望月垟小土名橋仔下楂林山新
今因乏錢应用自愿本房
頭彩廷三面言議將当價錢陸百文正
每月加利叁分算俟至冬成之日備办
本利齊足送还不敢少欠如是少欠
將楂林即付錢主掌管為業立主
不敢異言生端等情如有此情立主出
頭支理不涉錢主之事今欲有憑立当
字一紙為照

咸豐元年叁月　日　立当字人昌景（押）
代筆（押）

生利

10-5-34-2　清咸豐元年三月黃昌景立當楂林字

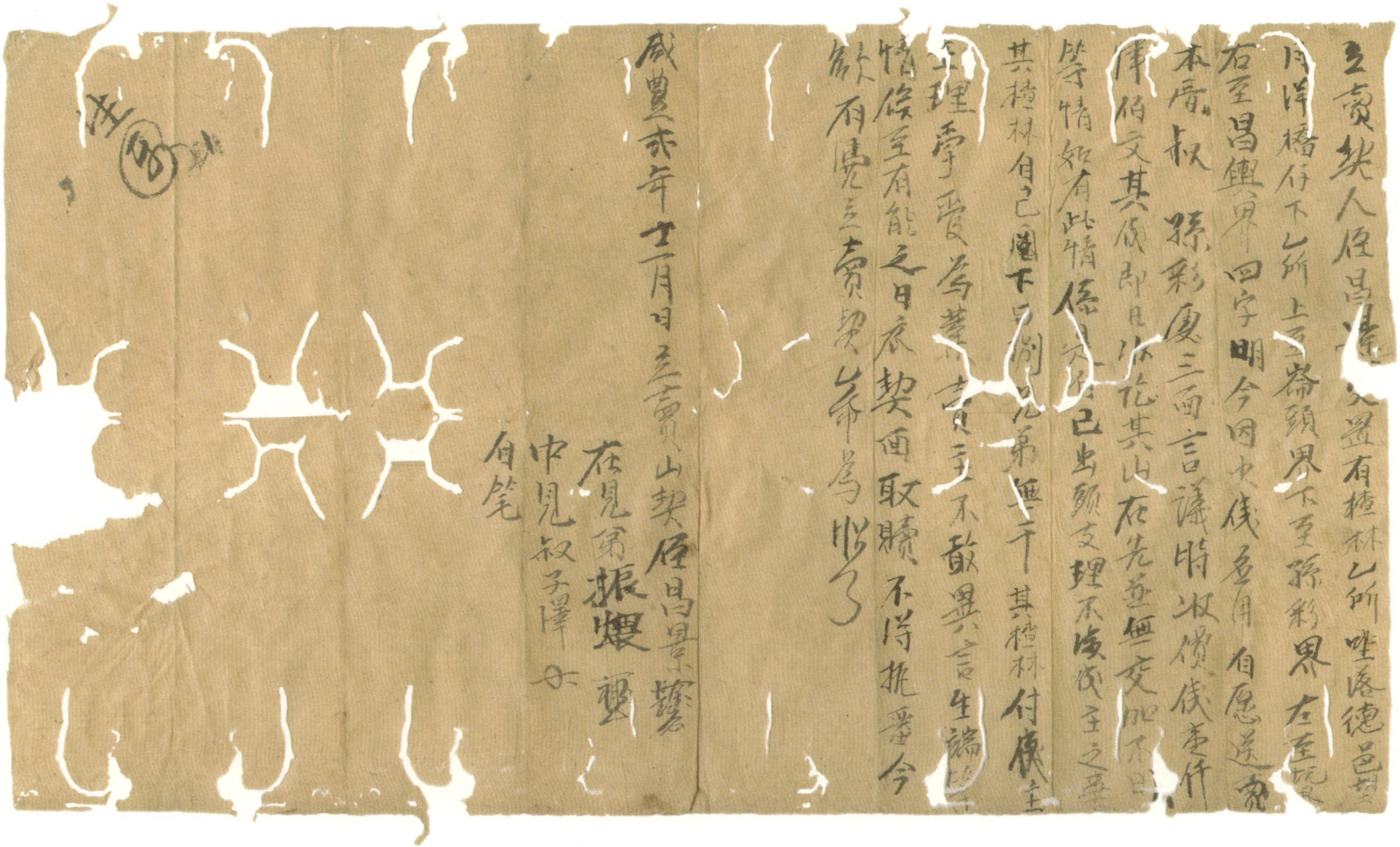

立賣契人侄昌景，[illegible]置有楂林山所，坐落德邑[illegible]
門洋橋仔下山所，上至崙頭界，下至孫彩界，左至[illegible]
右至昌興界，四字明今，因乏錢應用，自愿送賣
本房叔孫彩處，三面言議，時收價錢壹仟
肆佰文。其價即日收訖，其山在先並無交加不明
等情，如有此情，係[illegible]自己出頭支理，不涉[illegible]之事。
其楂林自己鬮下，另[illegible]兄弟無干。其楂林付[illegible]
[illegible]理爲業，[illegible]不敢異言生端[illegible]
情係至有能之日，依契面取贖，不得執留。今
欲有憑，立賣契一紙爲照了。

咸豐貳年十二月日立賣山契侄昌景
在見弟振爕
中見叔子擇
自筆

10-5-34-3　清咸豐二年十二月黄昌景立賣楂林契

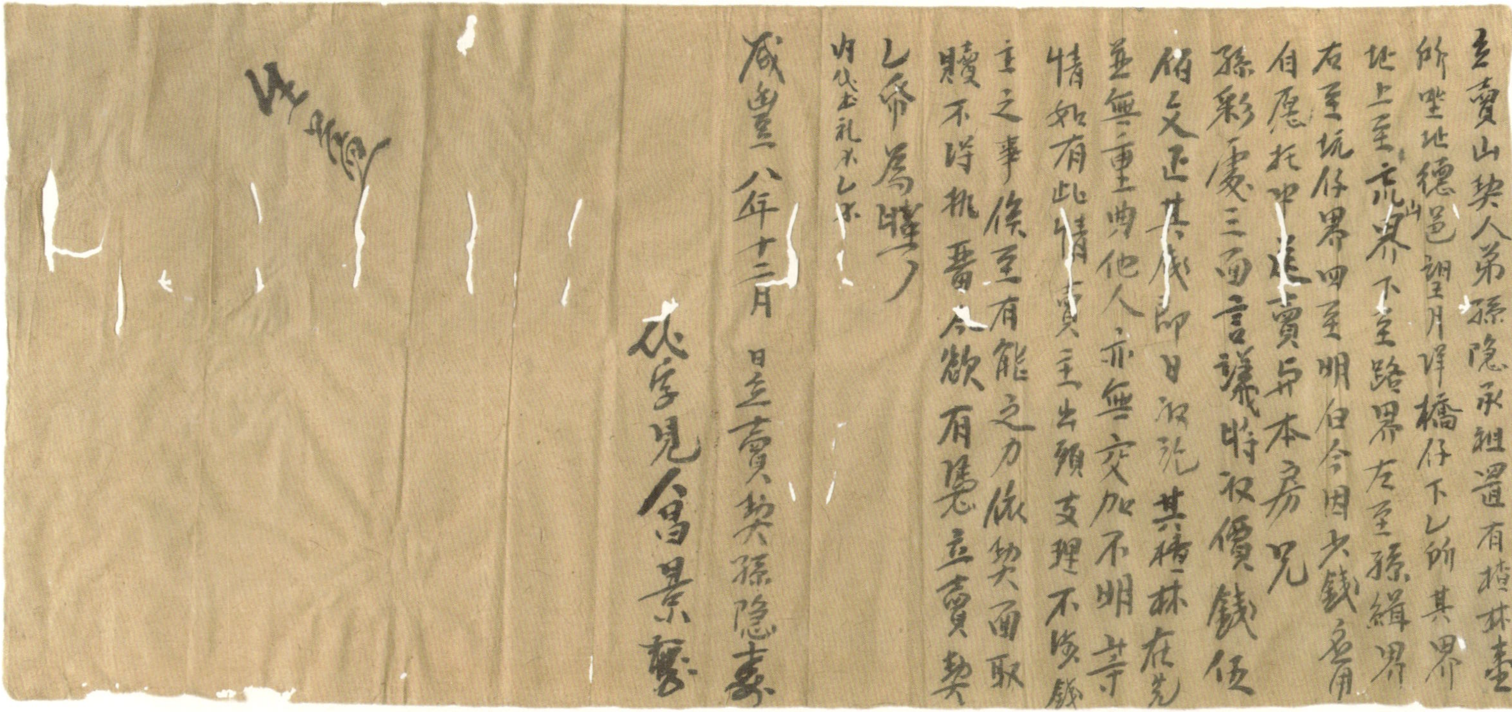

立賣山契人弟孫隱承祖置有楂林壹
所坐址德邑望月洋橋仔下，所其界
址上至亢山界，下至路界，左至孫緝界，
右至坑仔界，四至明白。今因乏錢應用，
自愿托中送賣與本房兄
孫彩處，三面言議時價錢伍
佰文正，其錢即日收訖，其楂林任兄
並無重張典他人，亦無交加不明等
情。如有此情，賣主出頭支理，不涉錢
主之事。倘至有能之力，依契面取
贖，不得執番不欲。有憑，立賣契
一紙為照。
[illegible]
咸豐八年十二月　日立賣契孫隱（押）
代字見人曾景（押）
此照

10-5-34-4　清咸豐八年十二月黃孫隱立賣楂林契

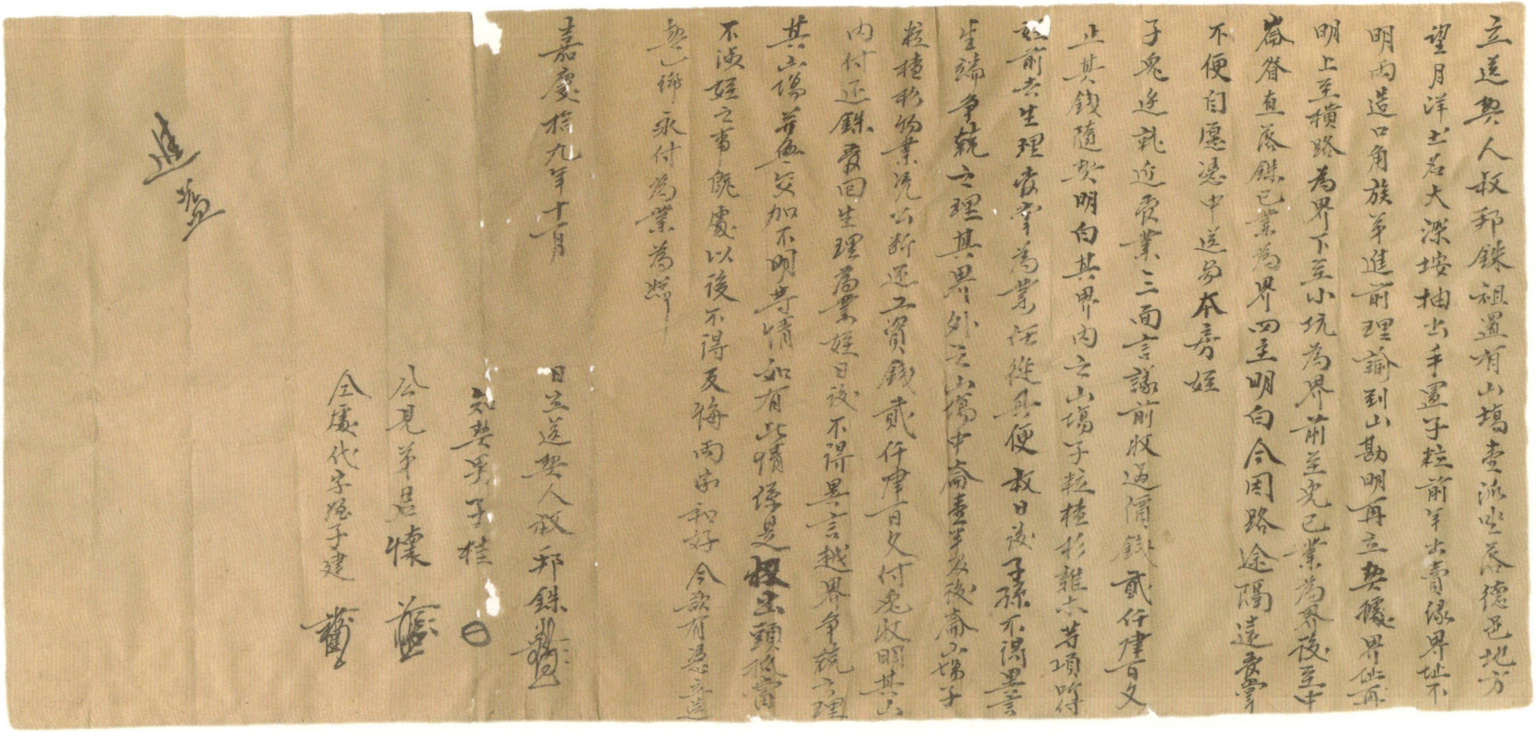
立送契人叔邦銖祖遺有山塲壹派，坐落德邑地方
望月洋，土名大深垵，抽出手置子粒，前年出青緣界址不
明，因造口角，族弟進前理論，到山勘明，再立契據，界址再
明：上至橫路為界，下至小坑為界，前至允己業為界，後至中
崙脊直落銖己業為界，四至明白。今因路途隔遠，管業
不便，自愿送與本房姪
子兆迎執近管業。三面言議，前收送價錢貳仟肆百文
止，其錢隨契明白。其界內之山塲子粒、杉雜木等項，聽(?)
姪前去生理管業為業，任從其便。叔日後子孫不得異言
生端爭競之理。其界外之山塲中崙壹半，及後崙山塲子
粒杉松(?)物業，先以折送工資錢貳仟肆百文付兆收明。其山
內付送銖管回生理為業，姪日後不得異言越界爭競之理。
其山塲並無交加不明等情，如有此情，係是叔出頭抵當，
不涉姪之事。既處以後，不得反悔，兩家和好。今欲有憑，立送
契一紙，永付為業為照。

嘉慶拾九年十一月　日立送契人叔邦銖（押）
知契弟子桂（押）
公見弟是懷（押）
仝處代字姪子建（押）

進益

10-5-35-1　清嘉慶十九年十一月黄邦銖立送山場契

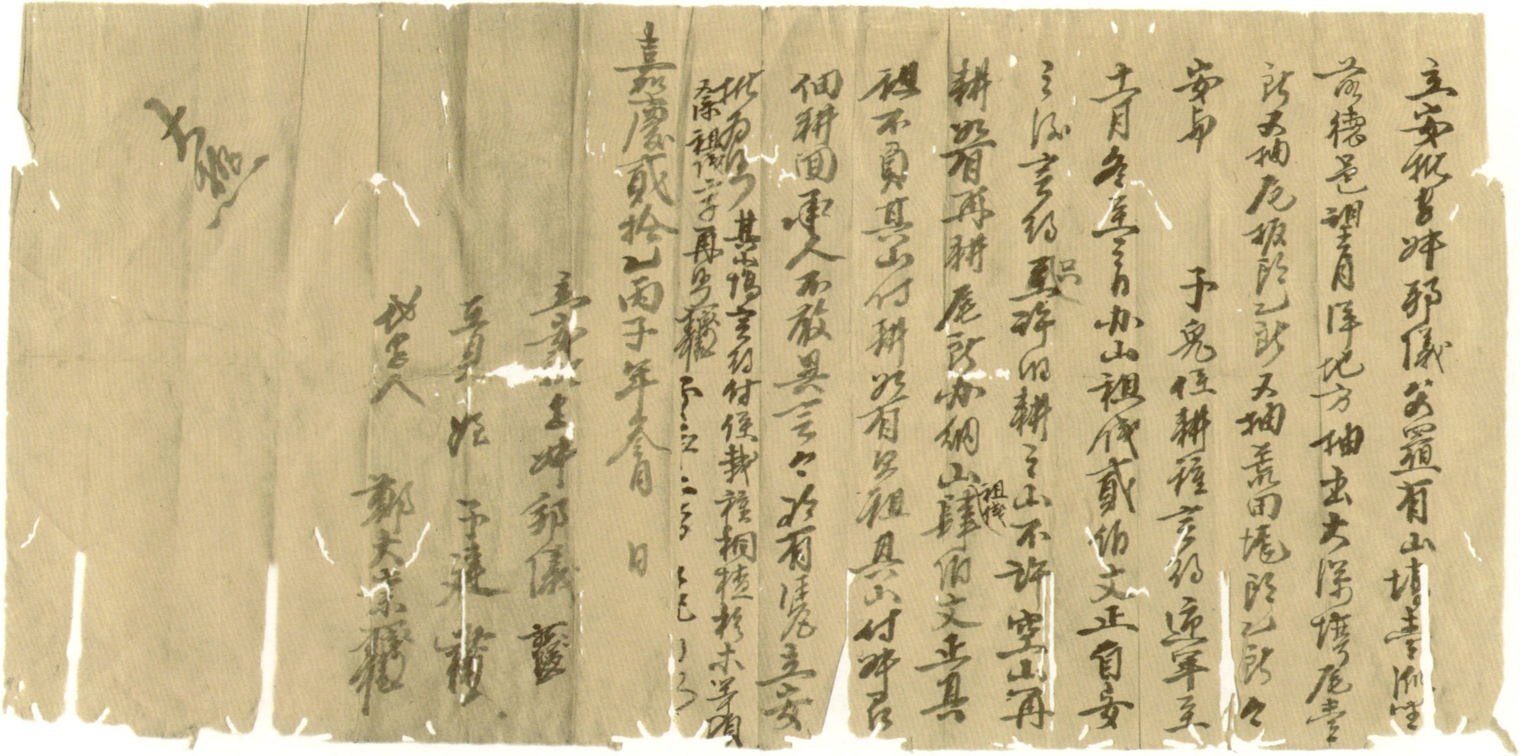

10-5-35-2　清嘉慶二十一年三月黃邦儀立安批山場字

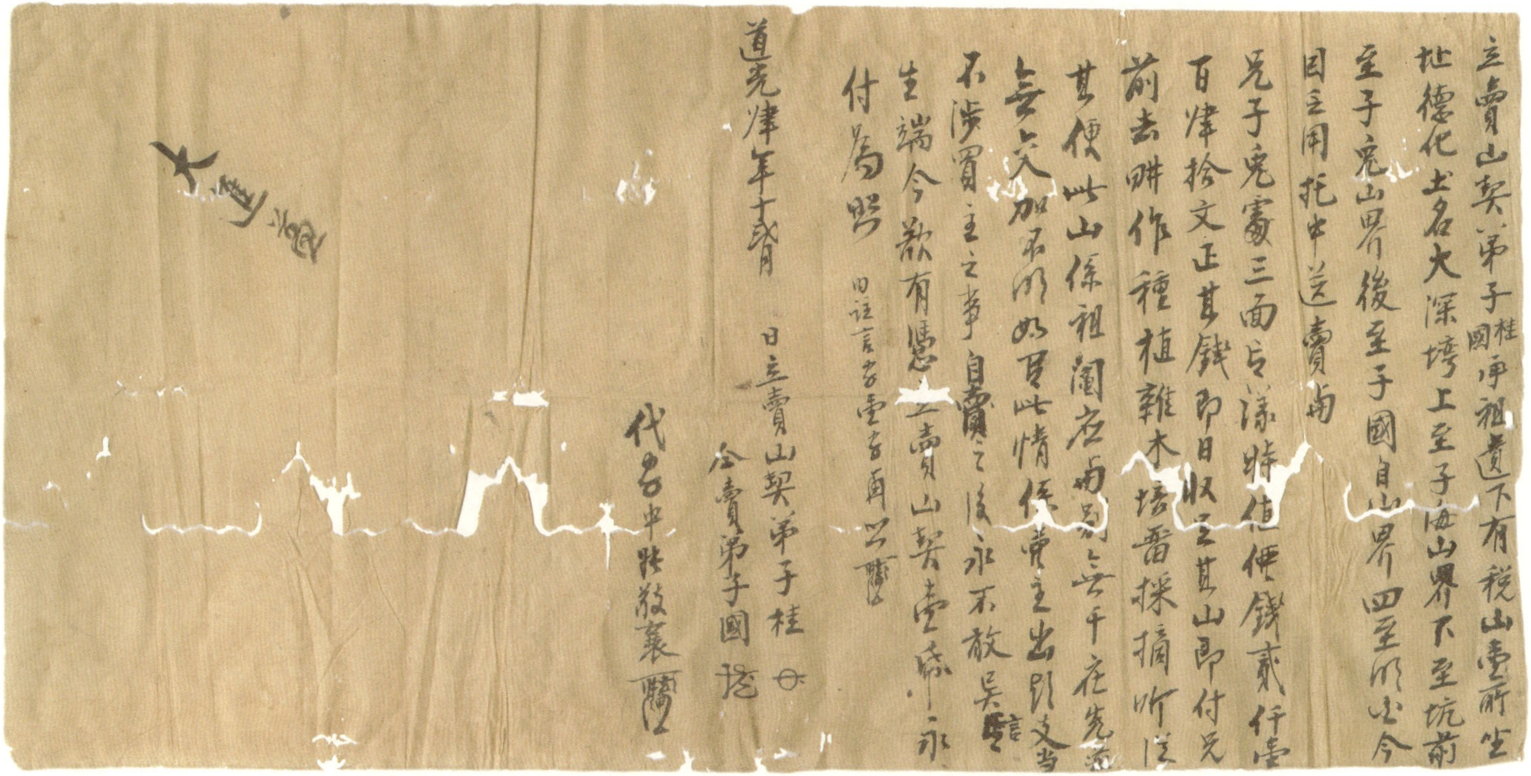
立賣山契人弟子桂、國，承祖遺下有稅山壹所，坐
址德化，土名大深墘，上至子海山界，下至坑，前
至子兜山界，後至子國自山界，四至明白。今
因乏用，托中送賣與
兄子兜處，三面言議，時值價錢貳仟壹
百肆拾文正。其錢即日收足，其山即付兄
前去耕作，種植雜木，培蓄採摘，聽從
其便。此山係祖閹應分之業，與房親人等無干。在先並
無交加不明，如有此情，係賣主出頭支當，
不涉買主之事。自賣之後，永不敢言贖
生端。今欲有憑，立賣山契壹紙，永
付為照。 内註言字壹字再照 押

道光肆年十貳月 日立賣山契弟子桂 押
仝賣弟子國 押
代書中 張發襄 押

10-5-35-3 清道光四年十二月黃子桂等立賣稅山契

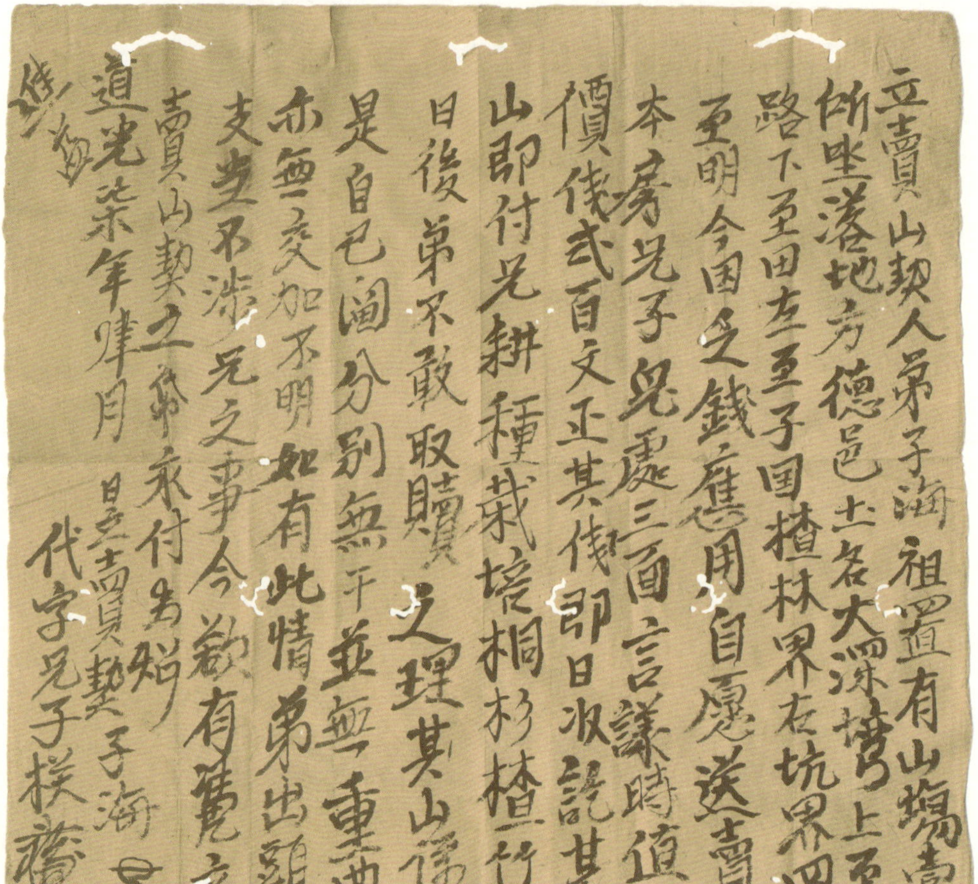

立賣山契人弟子海祖遺有山場壹
所坐落地方德邑土名大洲塆上至
路下至田左至子固植林界右坑界四
至明今因乏錢應用自愿送賣
本房兄子兆處三面言議時值
價錢貳百文正其錢即日收訖其
山即付兄耕種栽培桐杉植竹
日後弟不敢取贖之理其山係
是自己鬮分別無干並無重典
亦無交加不明如有此情弟出頭
支當不涉兄之事今欲有憑立
賣山契乙紙永付為炤
道光柒年肆月　日立賣契子海
代字兄子樣蘭
進益

10-5-35-4　清道光七年四月黄子海立賣山場契

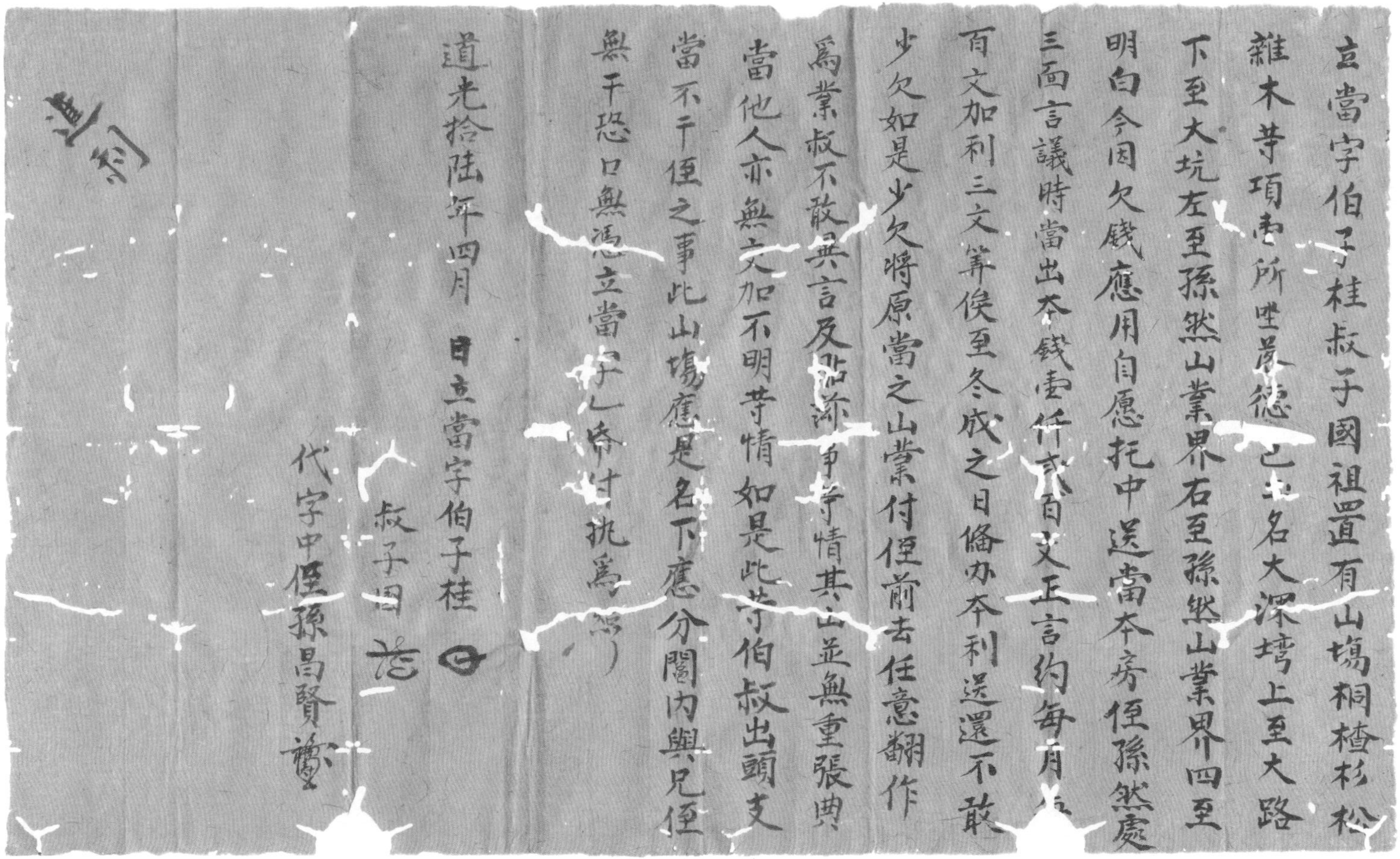
立當字伯子桂叔子國祖置有山場桐檜杉松
雜木等項壹所坐落德已土名大深塆上至大路
下至大坑左至孫然山業界右至孫然山業界四至
明白今因欠錢應用自愿托中送當本房侄孫然處
三面言議時當出本錢壹仟貳百文正言約每月每
百文加利三文算俟至冬成之日備办本利送還不敢
少欠如是少欠將原當之山業付侄前去任意翻作
爲業叔不敢異言反悔等情其山並無重張典
當他人亦無文加不明等情如是此等伯叔出頭支
當不干侄之事此山場應是名下應分閣內與兄侄
無干恐口無憑立當字一紙付執爲照
道光拾陸年四月　日立當字伯子桂
叔子國
代字中侄孫昌賢
退約

10-5-35-5 清道光十六年四月黃子桂等立當山場字

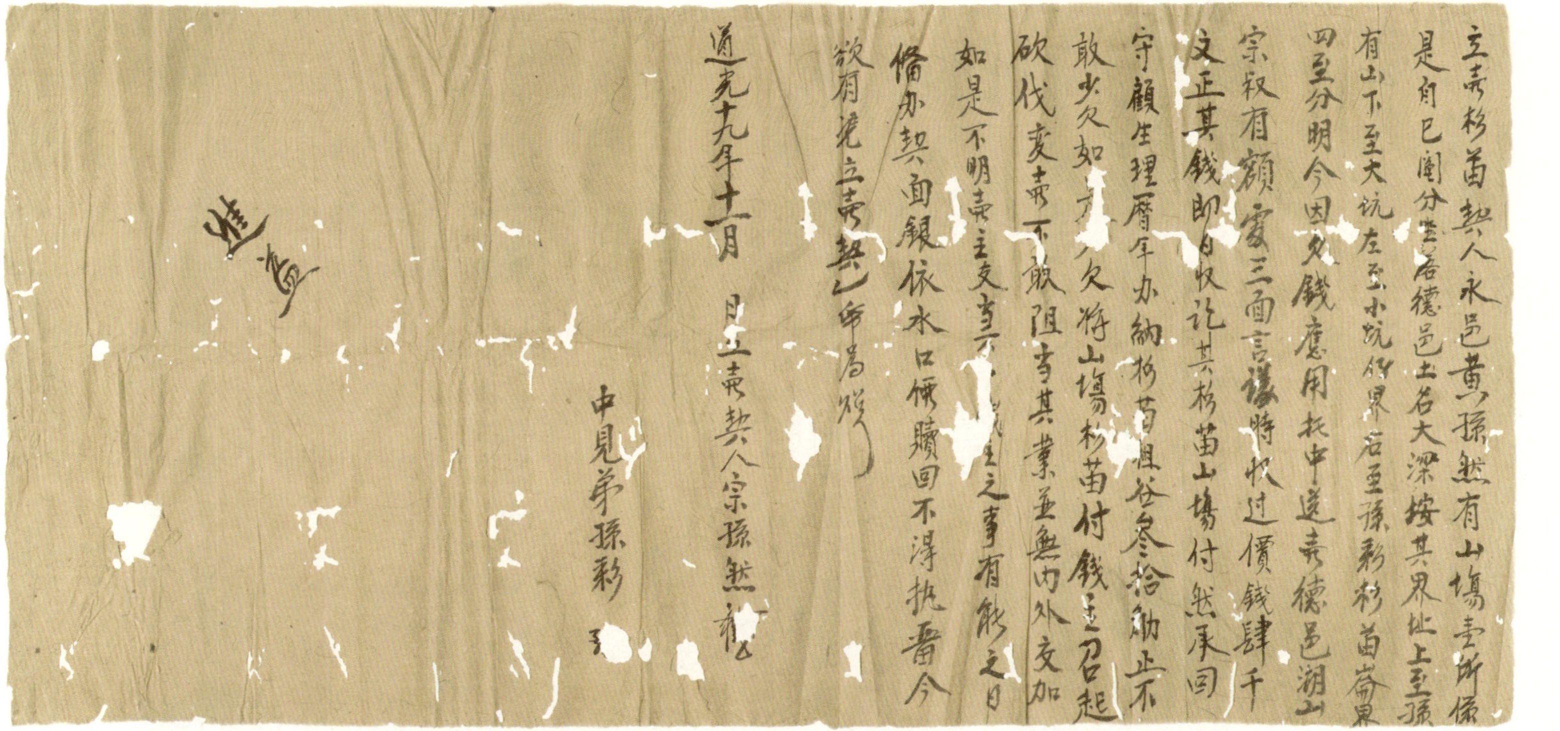

10-5-35-6　清道光十九年十一月黃孫然立賣山場杉苗契

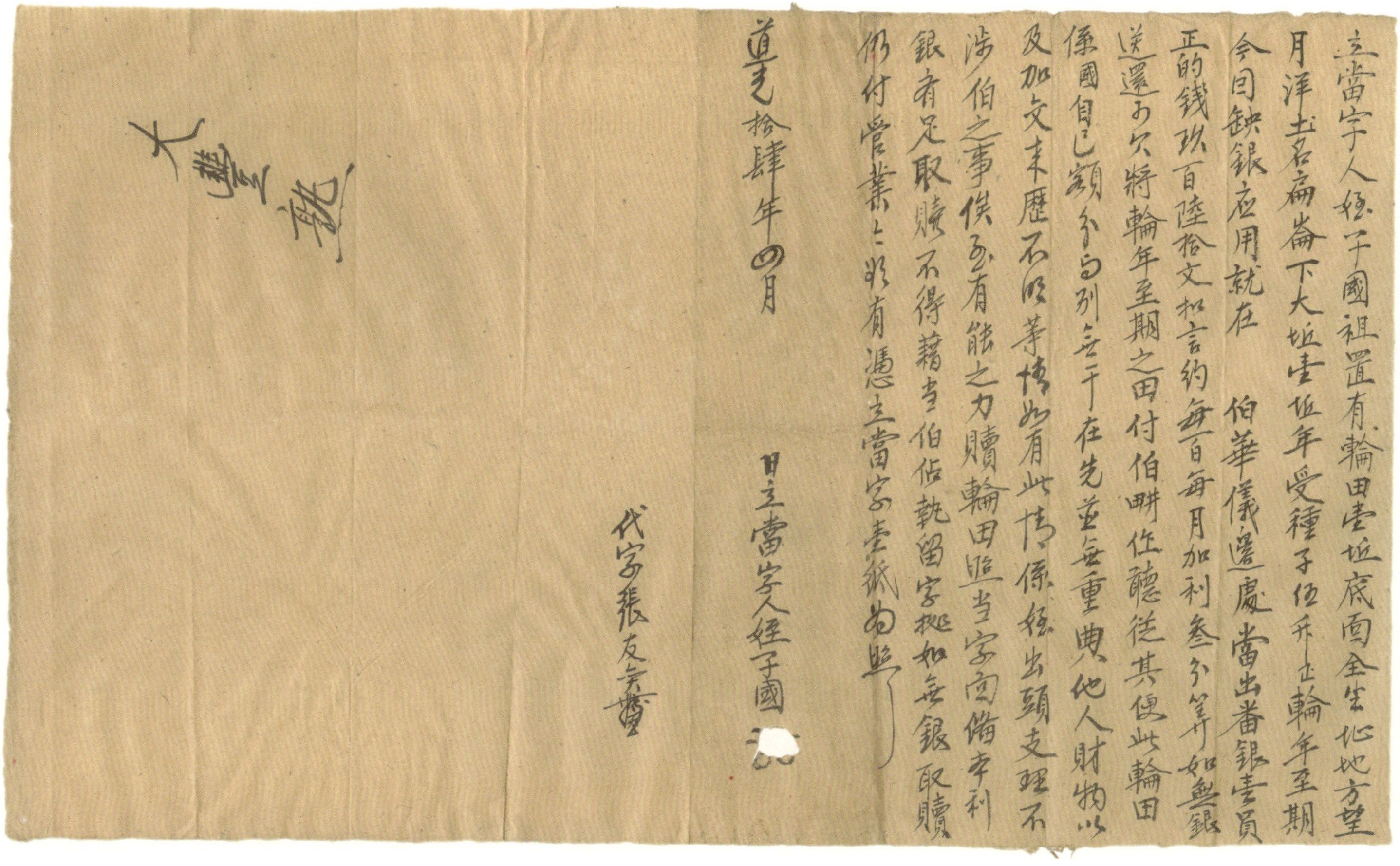
立當字人姪子國祖置有輪田壹坵底面全坐址地方望
月洋土名扁崙下大坵壹坵年受種子伍斗正輪年至期
今因缺銀應用就在　伯華儀邊處當出番銀壹員
正的錢玖百陸拾文相言約每百每月加利叁分算如無銀
送還可只將輪年至期之田付伯掛佃聽從其便此輪田
係國自己額分與別房無干在先並無重典他人財物以
及加文來歷不明等情如有此情係姪出頭支理不
涉伯之事俟后有能之力贖輪田照当字內備本利
銀有足取贖不得藉端伯佔執留字批如無銀取贖
仍付管業之照有憑立當字壹紙為照

道光拾肆年四月　日立當字人姪子國

代字張友奕

10-5-36-1　清道光十四年四月黃子國立當底面全輪田字

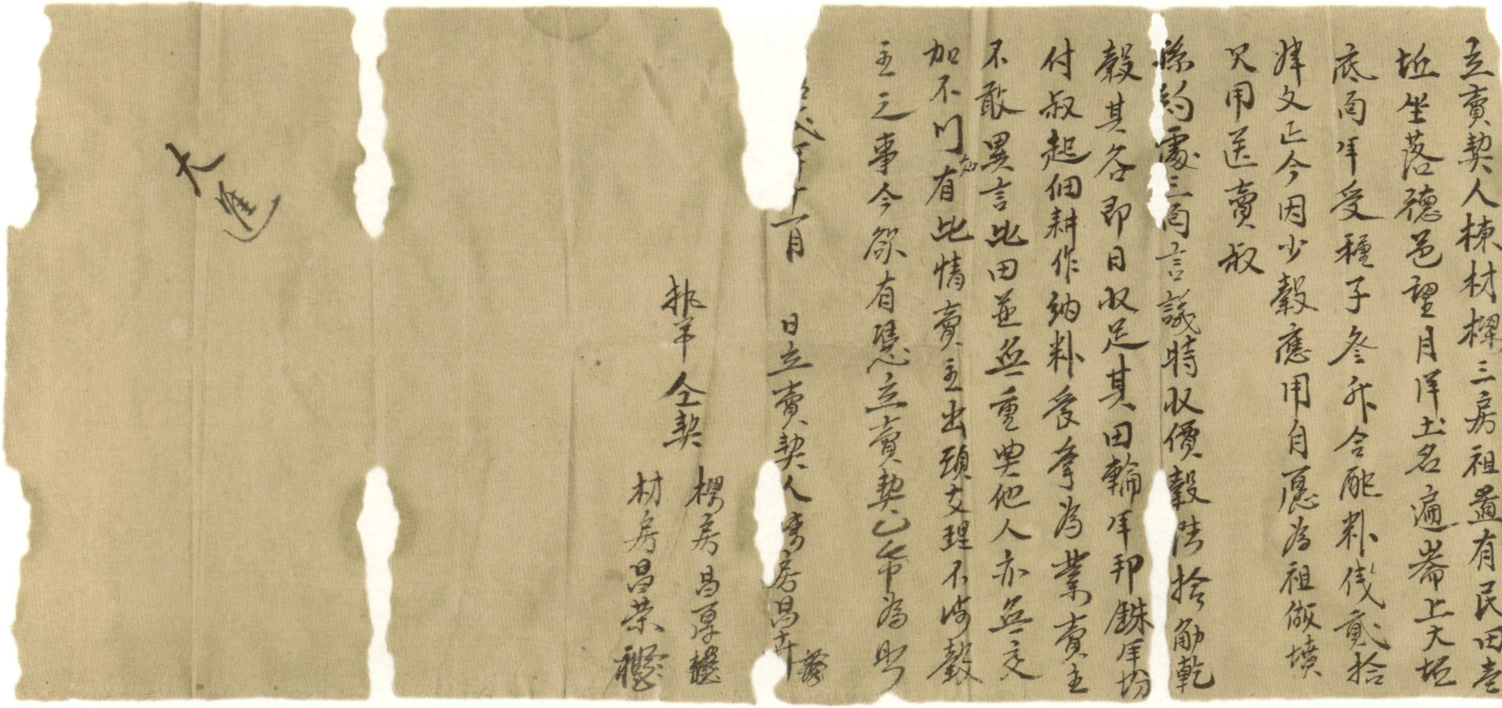
立賣契人棟材樑三房祖置有民田壹
坵坐落穗邑理月洋土名遍崙上大坵
底面洋受種子叁升，今配料伐貳拾
肆文正，今因少穀應用，自愿将祖做墳
只用送賣叔
孫約處，三面言議，時收價穀陸拾觔乾
穀，其谷即日收足。其田輪年耕作均
付叔起佃耕作納料，爰等為業，賣主
不敢異言。此田並無重典他人，亦無交
加不明。如有此情，賣主出頭支理，不涉穀
主之事。今欲有憑，立賣契一紙為照。
…年十一月　日立賣契人棟房昌…
執筆　全契　樑房昌厚
材房昌榮
大進

10-5-36-2　清同治二年十一月黄氏棟樑材三房立賣民田契

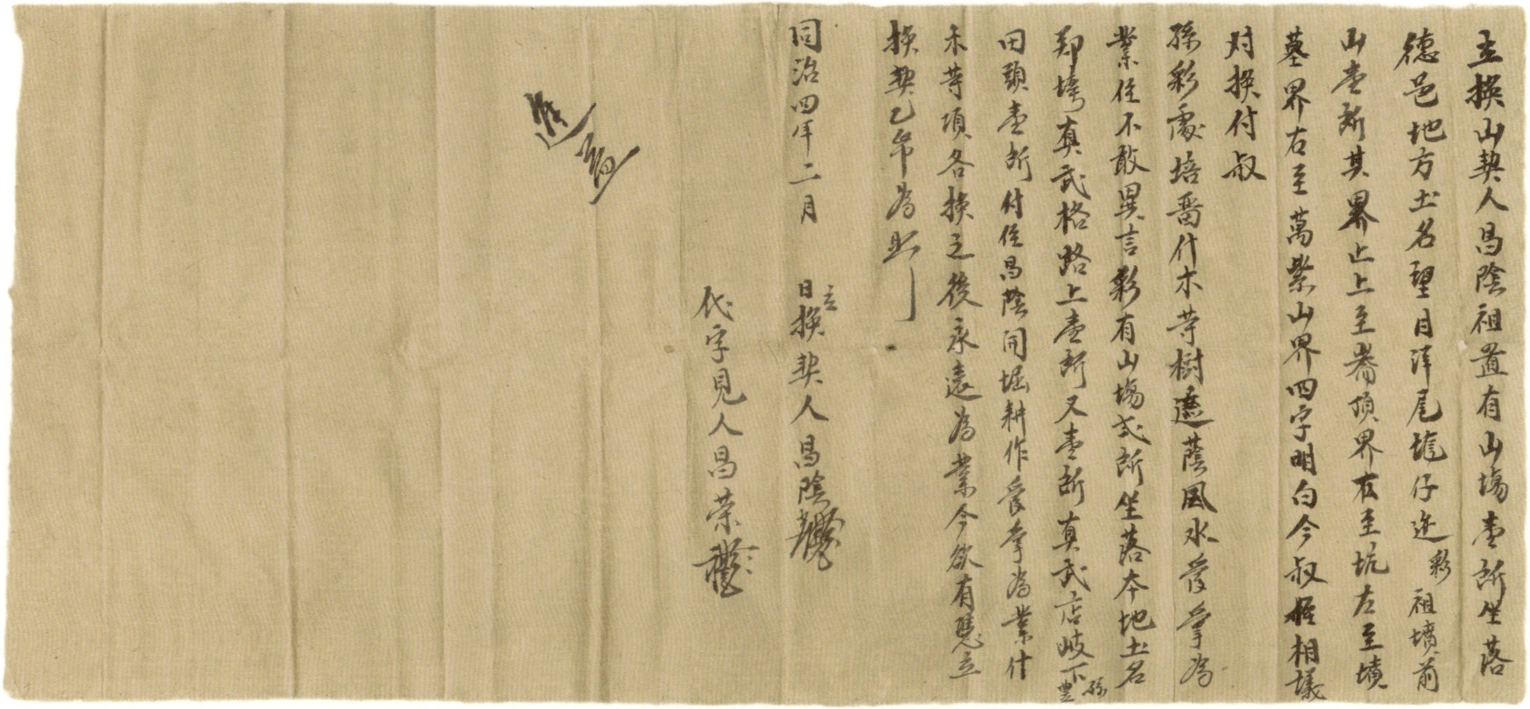

立換山契人昌陰祖置有山場壹所坐落
德邑地方土名望目洋尾墘仔逆彩祖墳前
山壹所其界上至蒼頂界右至坑左至墳
墓界右至萬榮山界四字明白今叔侄相議
對換付叔
孫彩處培畜什木等樹遮蔭風水管掌為
業侄不敢異言彩有山場弍所坐落本地土名
鄭墘真武格路上壹所又壹所真武店岐下孫豐
田頭壹所付侄昌陰同掘耕作管掌為業什
木等項各換之後永遠為業今欲有憑立
換契乙帋為照
同治四年二月　日立換契人昌陰
代字見人昌榮

10-5-37-1　清同治四年二月黃昌陰立換山場契

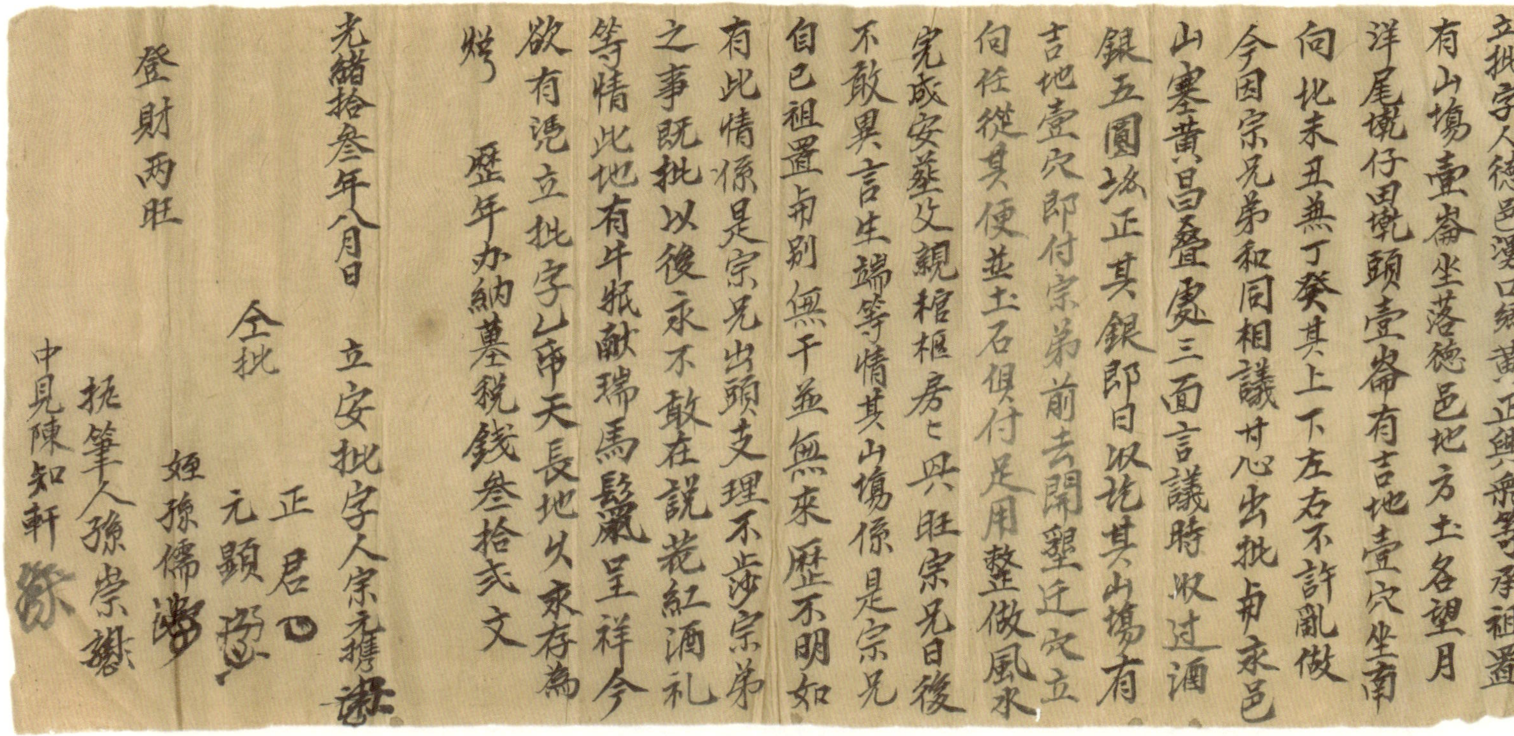

立批字人德邑潯口鄉黄正興衆等承祖置
有山場壹崙坐落德邑地方土名望月
洋尾墘仔田墘頭壹崙有吉地壹穴坐南
向北未丑兼丁癸其上下左右不許亂做
今因宗兄弟和同相議甘心出批与永邑
山塞黄昌叠處三面言議時收过酒
銀五圓正其銀即日收讫其山場有
吉地壹穴即付宗弟前去開壟迁穴立
向任從其便並土石俱付足用整做風水
完成安葬父親棺柩房房與旺宗兄日後
不敢異言生端等情其山場係是宗兄
自己祖置与别無干並無來歷不明如
有此情係是宗兄出頭支理不涉宗弟
之事既批以後永不敢在説花紅酒礼
等情此地有牛眠献瑞馬鬣呈祥今
欲有凭立批字山軍天長地久永存為
照　壓年办納墓税錢叁拾弍文

光緒拾叁年八月日　立安批字人宗元[illegible]

正君

元顕

仝批

姪孫儒

代筆人孫崇

中見陳知軒

登財两旺

10-5-37-2　清光緒十三年八月德化黄正興衆等立安批吉地字

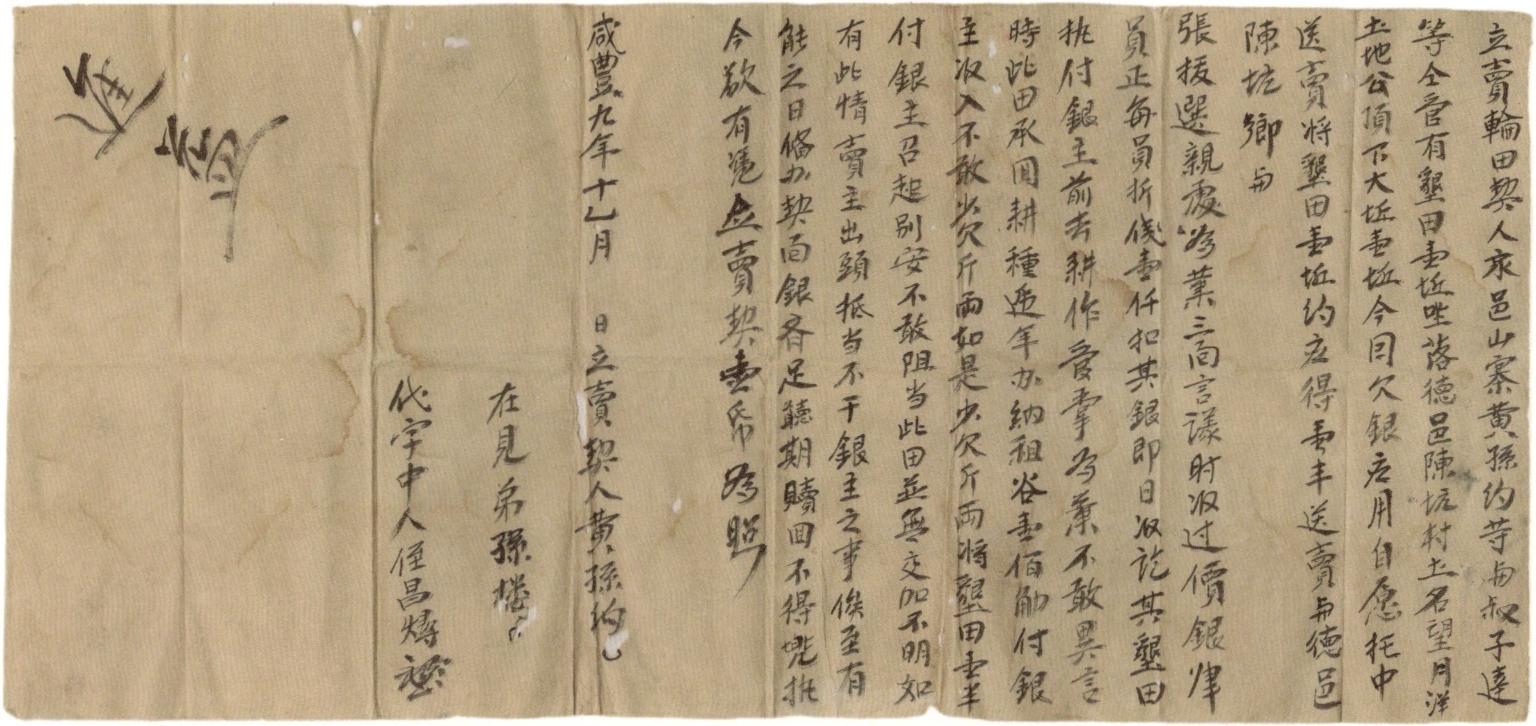
立賣輪田契人本邑山寨黃孫約等兄叔子達
等全管有墾田壹坵坐落德邑陳坑村土名望月洋
土地公頂下大坵壹坵今因欠銀应用自愿托中
送賣將墾田壹坵約应得壹半送賣與德邑
陳坑鄉兄
張援選親處為業三面言議時值價銀肆
員正每員折錢壹仟扣其銀即日收訖其墾田
挑付銀主前去耕作管掌為業不敢異言
時此田承回耕種逐年办納租谷壹佰觔付銀
主收入不敢少欠斤兩如是少欠斤兩將墾田壹半
付銀主召起別安不敢阻当此田並無交加不明如
有此情賣主出頭抵当不干銀主之事倘至有
能之日備办契面銀各足聽期贖回不得[illegible]挑
今欲有憑立賣契壹紙為照
咸豐九年十一月　日立賣契人黃孫約
在見弟孫樓
代字中人侄昌燽

10-5-38-1　清咸豐九年十一月黄孫約立賣輪田契

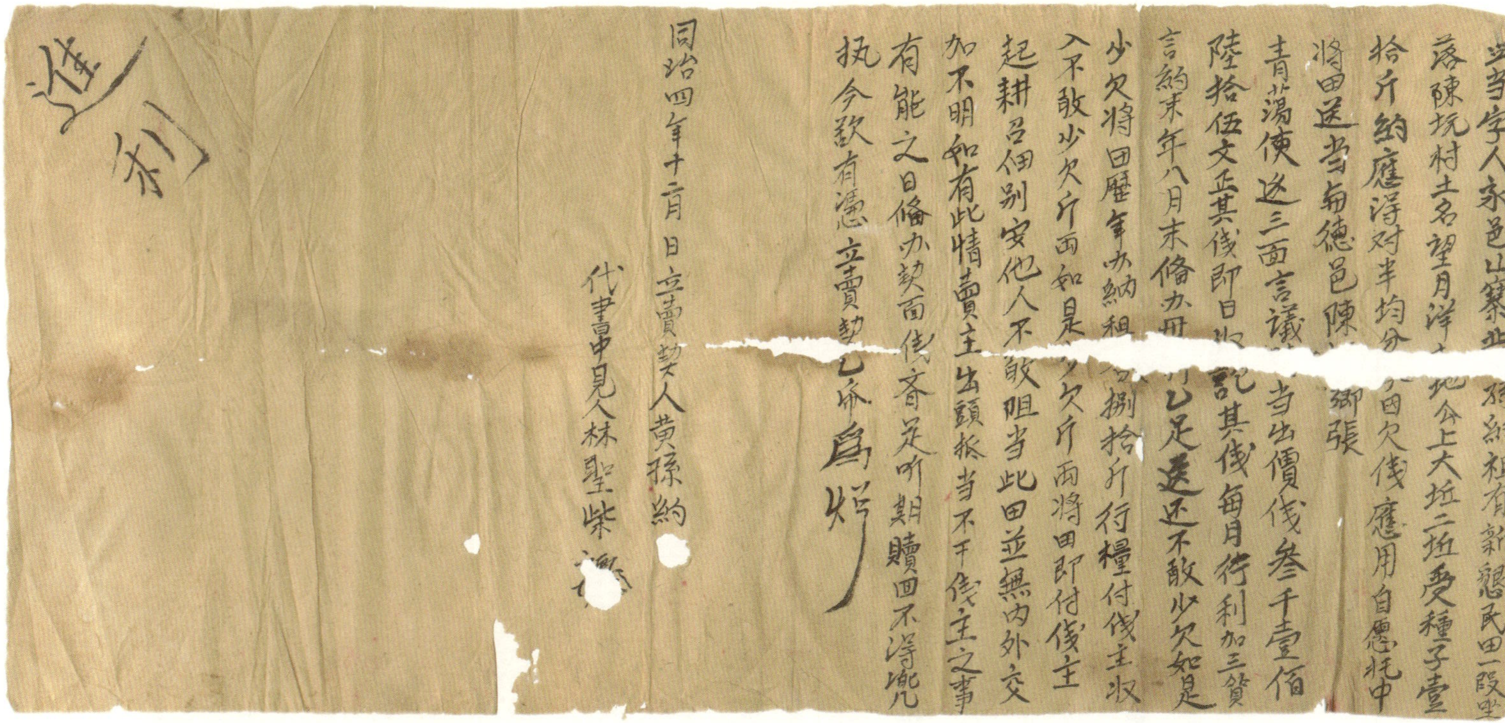

立当字人永邑山寨並孫約祖有新墾民田一段坐
落陳坑村土名望月洋[illegible]地仝上大坵二坵受種子壹
拾斤納庭浮对半均分[illegible]四欠伐應用自愿托中
將田送当与德邑陳[illegible]御張
青蕩使送三面言議[illegible]当出價伐叁千壹佰
陸拾伍文正其伐即日收訖其伐每月行利加三貿
言約來年八月末備办[illegible]足送还不敢少欠如是
少欠將田歷年办納租[illegible]捌拾斤行糧付伐主收
入不敢少欠斤两如是少欠斤两將田即付伐主
起耕召佃别安他人不敢阻当此田並無內外交
加不明如有此情賣主出頭抵当不干伐主之事
有能之日備办契面伐斉足听期贖回不得阻凡
执今欲有憑立賣契乙紙為炤

同治四年十二月　日立賣契人黄孫約

代書中見人林聖柴

送到

10-5-38-2　清同治四年十二月黄孫約立當民田字

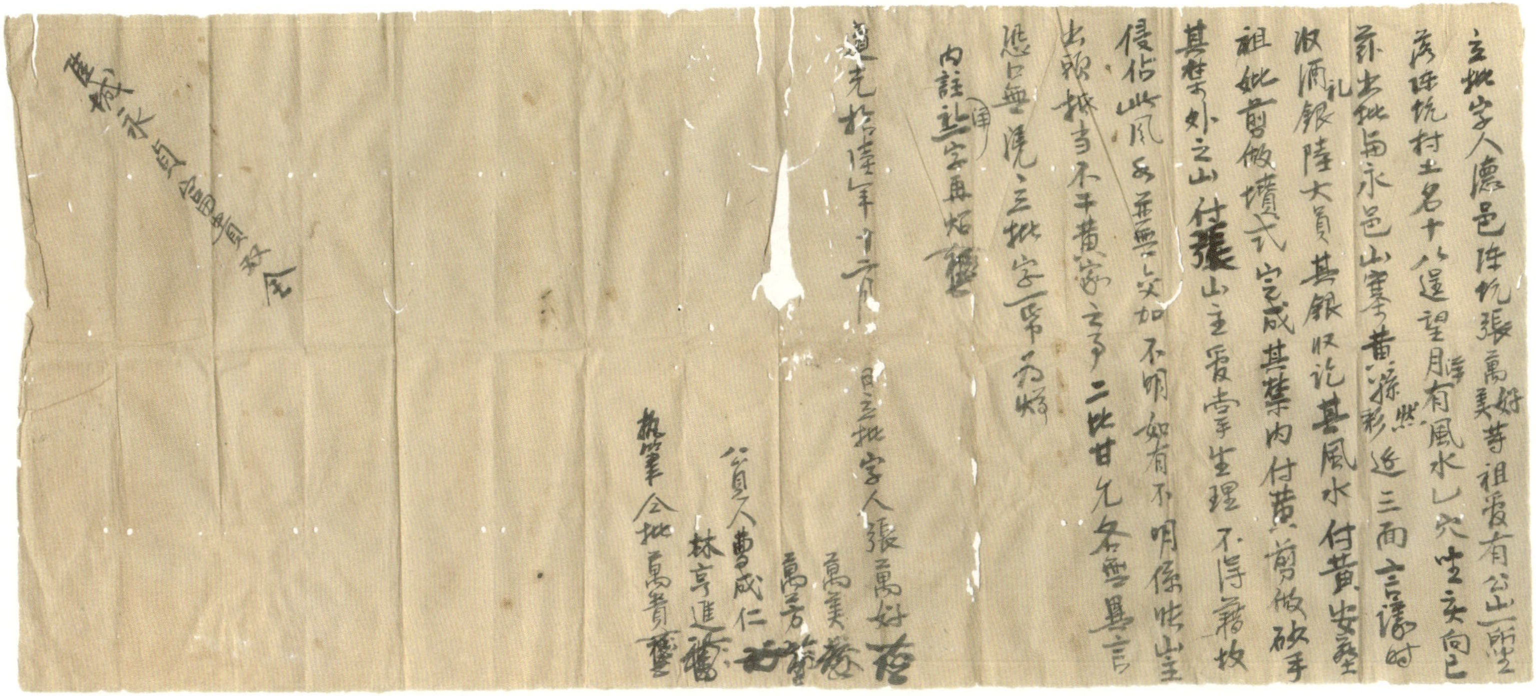

立批字人德邑洋坑張萬好萬美等祖遺有公山一所坐
落洋坑村土名十八逞望月湖有風水山一穴坐亥向巳
乙出批與永邑山寨黃孫彬照近三面言議時
收酒礼銀陸大員，其銀收訖，其風水付黃安塟
祖妣，曾做墳式完成，其塋內付黃剪做砍手
其塋外之山付張山主照舊生理，不得藉故
侵佔此風水並無交加不明，如有不明，係張山主
出頭抵當，不干黃家之事。二比甘允，各無異言
恐口無憑，立批字一帋為炤。
內註礼字再炤
道光拾陸年十二月　日立批字人張萬好
萬美
萬芳
公見人曹成仁
林亭進
執筆公批萬貴

10-5-39-1　清道光十六年十二月德化張萬好等立批風水字

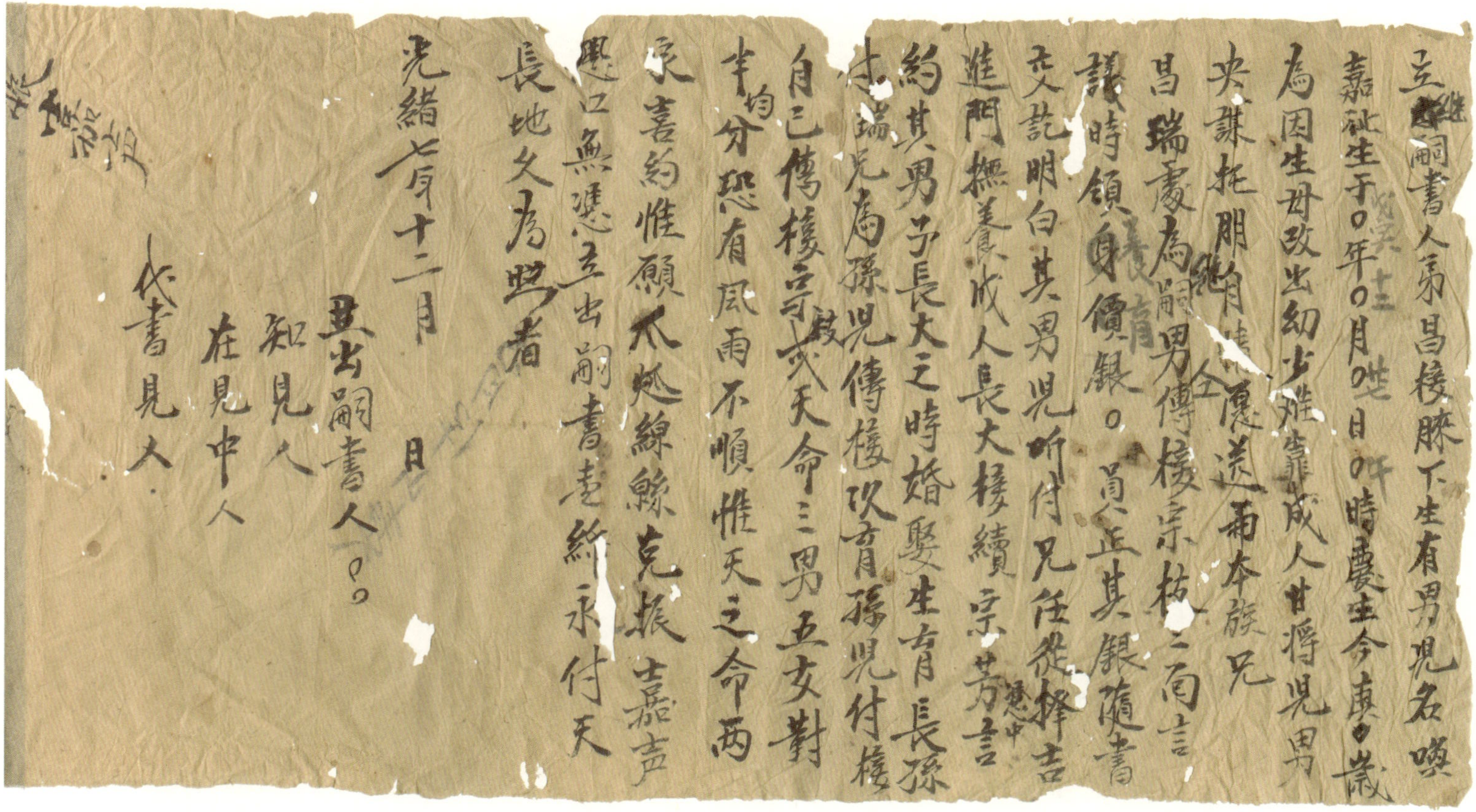

立出嗣書人弟昌樓，膝下生有男兒名喚
嘉祉，生于○年○月○日○時，今庚○歲。
為因生母改出，幼少難靠成人，甘將兒男
央親托朋送與本族兄
昌瑞處為嗣男，傳接宗枝。三面言
議，時領身價銀○員正，其銀隨書
交訖明白。其男兒聽付兄任從擇吉
進門撫養成人，長大接續宗芳。言
約其男子長大之時，婚娶生育長孫
付瑞兄為孫，兒傳樓次育孫兒付樓
自己傳接。天命三男五支對
半均分。恐有風雨不順，惟天之命，兩
家喜約，惟願瓜瓞綿綿，克振嘉聲。
恐口無憑，立出嗣書壹紙，永付天
長地久為照者。

光緒七年十二月　日

立出嗣書人○○
知見人
在見中人
代書見人

10-5-39-2　清光緒七年十二月黃昌樓立出嗣書（草契）

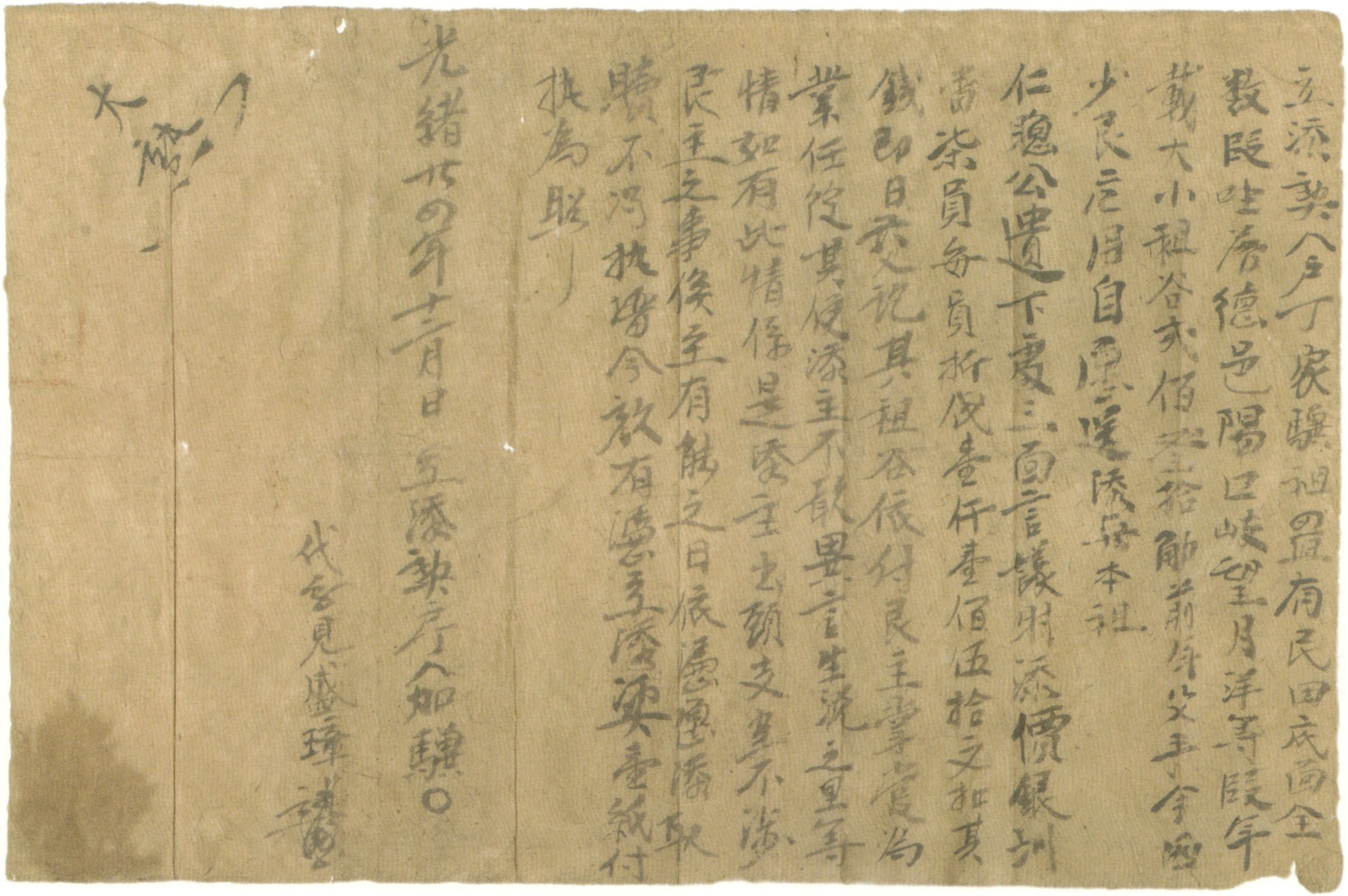
立添契人黃家驤，祖曰置有民田底面全
殺坐落德邑陽口岐望月洋等段，年
載大小租谷貳佰叁拾觔，前年父手全面
少，民應得自愿送添與本祖
仁德公遺下衆三面言議明添價銀圳
番洋員每員折錢壹仟壹佰伍拾文，其
錢即日交訖，其租谷依付民主掌管爲
業，任從其便。添主不敢異言生端之理等
情，如有此情，係是添主出頭支當，不涉
民主之事。係主有能之日依照原添取
贖，不得執留。今欲有憑，立添契壹紙付
執爲照。
光緒廿四年十二月　日立添契人黃家驤〇
代筆見盛璋

10-5-39-3 清光緒二十四年十二月黃家驤立添底面全民田契

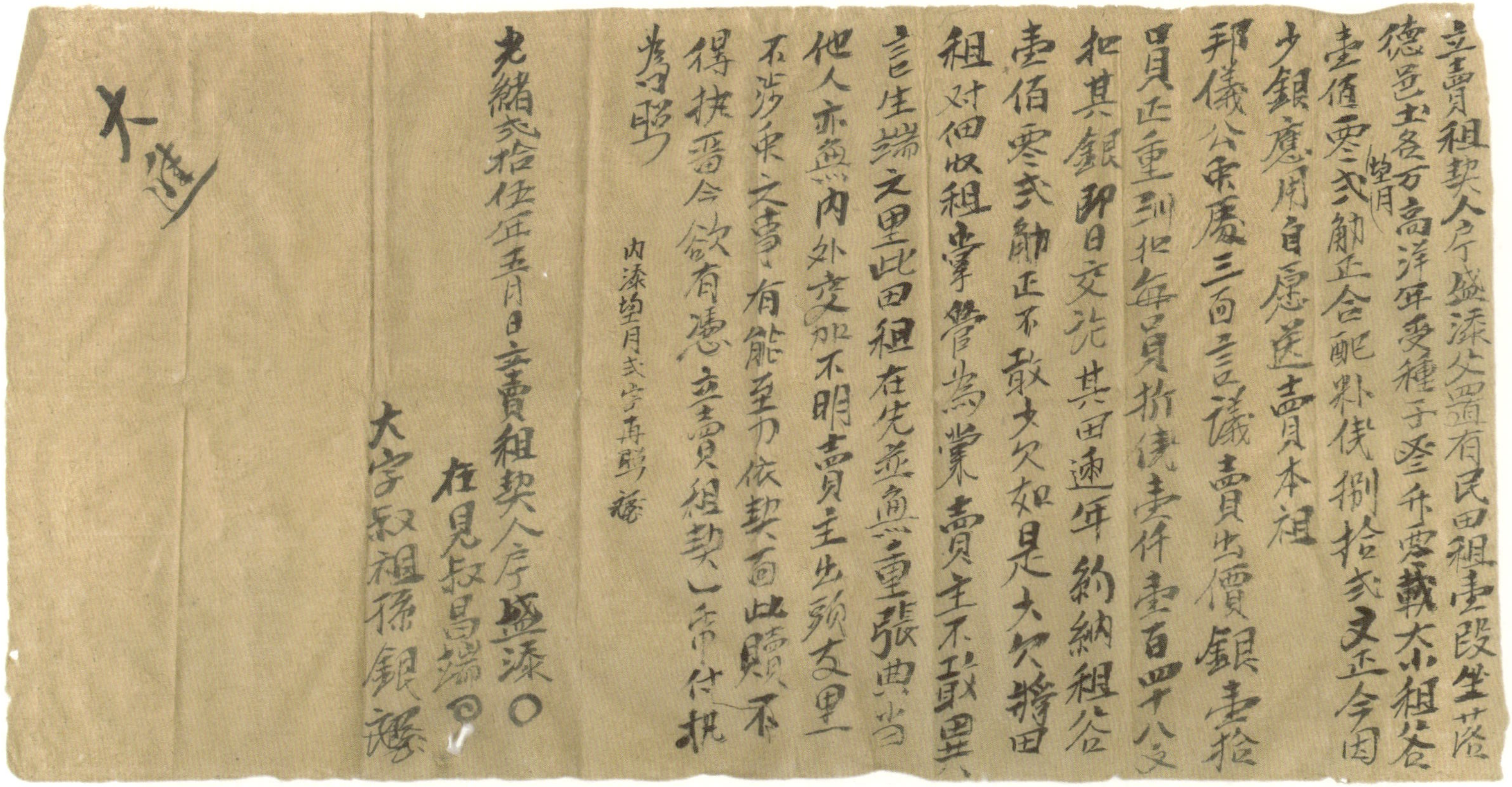

10-5-39-4　清光緒二十五年五月黃盛添立賣民田租契

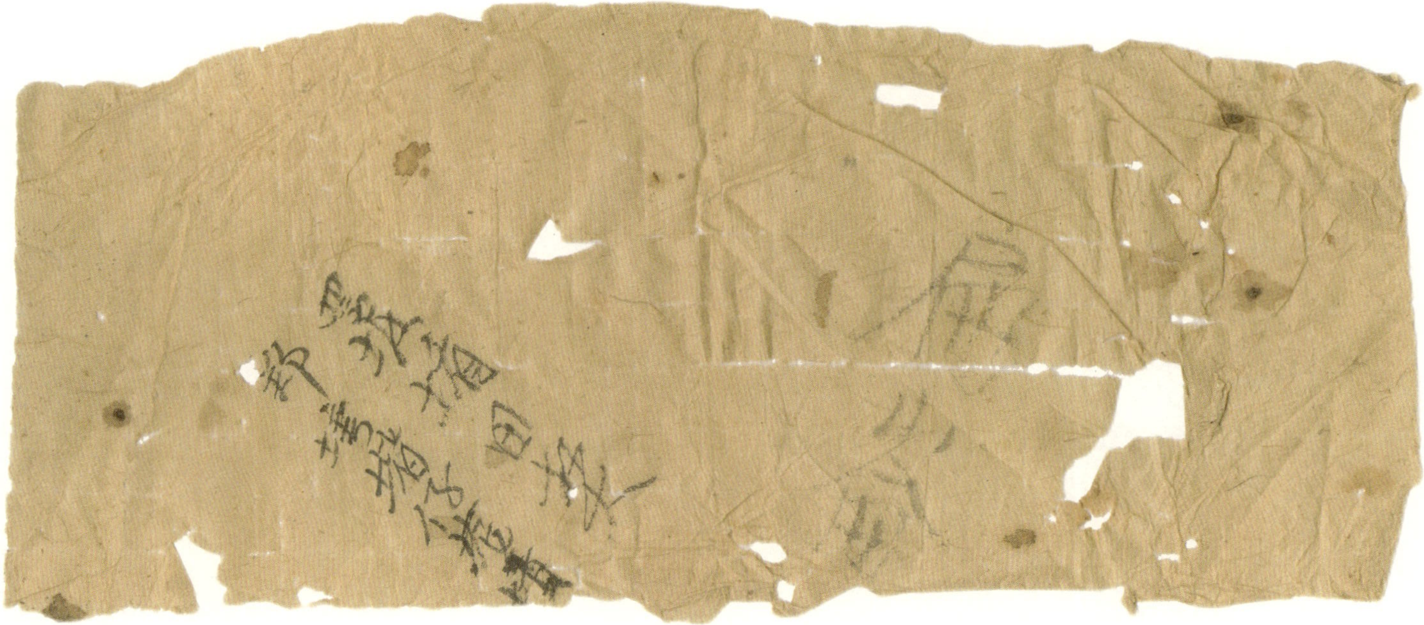

10-5-40-1　包契紙

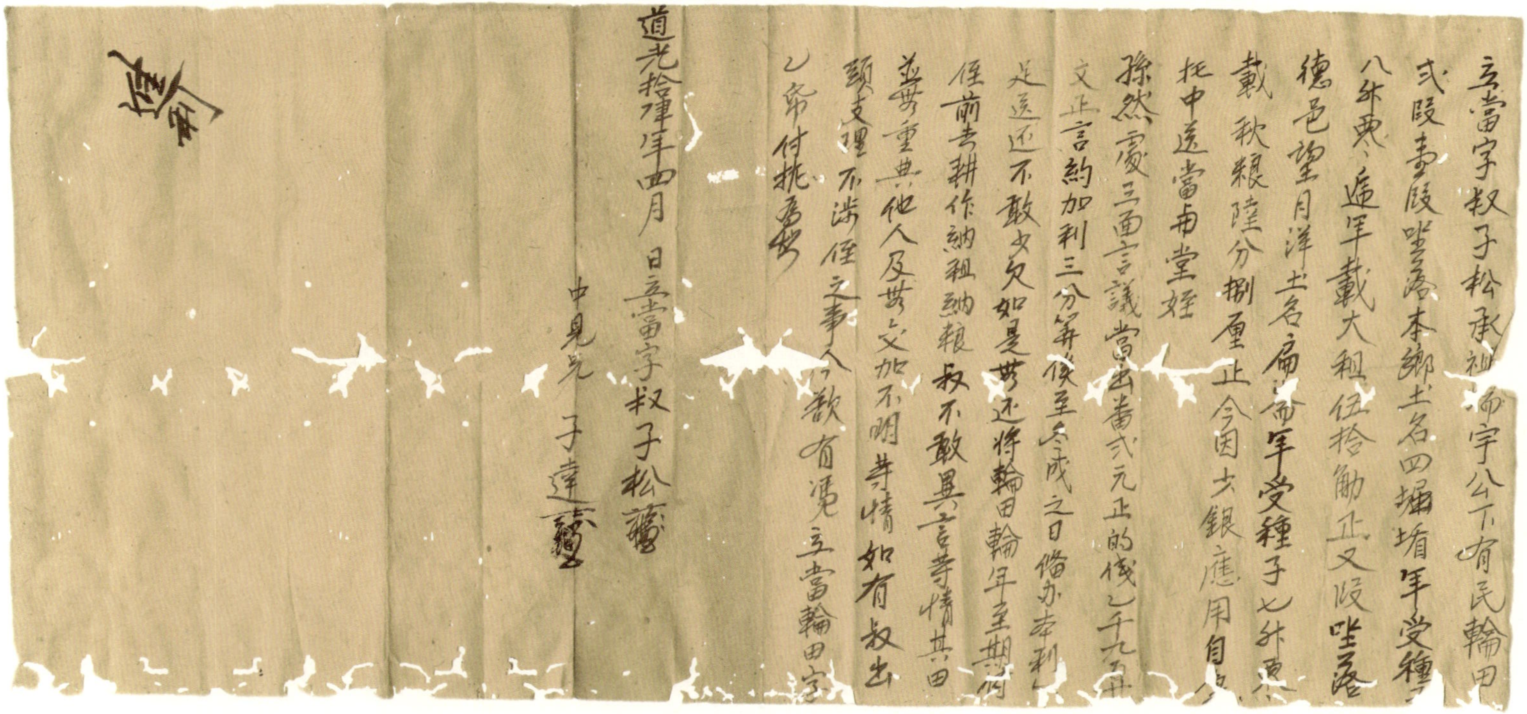

10-5-40-2　清道光十四年四月黄子松立當民輪田字

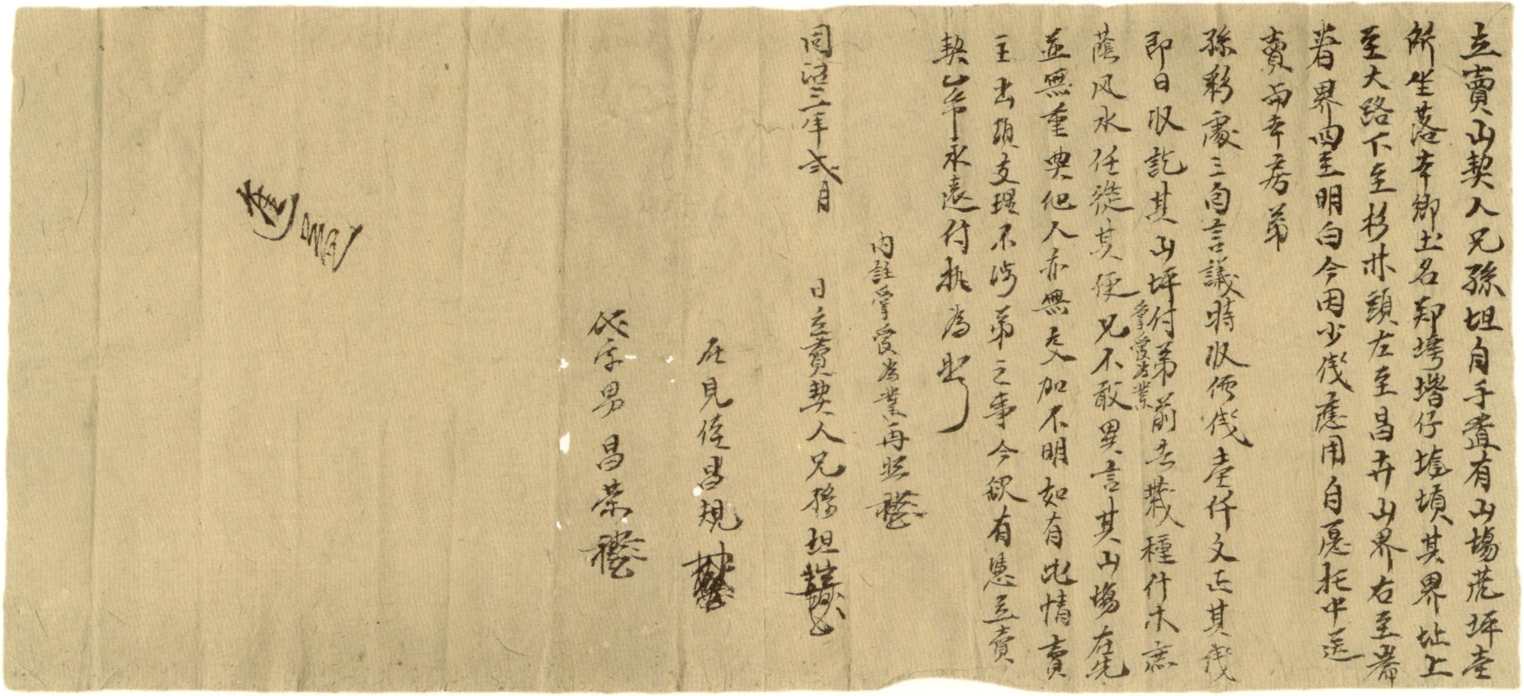
立賣山契人兄孫坦自手置有山場荒坪壹
所，坐落本鄉土名鄭塆墿仔壠墳，其界址上
至大路，下至杉林頭，左至昌卉山界，右至脊
脊界，四至明白。今因少錢應用，自愿托中送
賣與本房弟
孫彩處，三面言議時價錢壹仟文正，其錢
即日收訖，其山坪付弟（管受為業）前去栽種竹木，庶
蔭風水，任從其便，兄不敢異言。其山場在先
並無重典他人，亦無走入加不明，如有此情，賣
主出頭支理，不涉弟之事。今欲有憑，立賣
契山坪一紙，永遠付執為照。

內註管受為業再照（花押）

同治三年弍月　日立賣契人兄孫坦（花押）

在見侄昌規（花押）

代字男昌榮（花押）

10-5-40-3　清同治三年二月黃孫坦立賣山場荒坪契

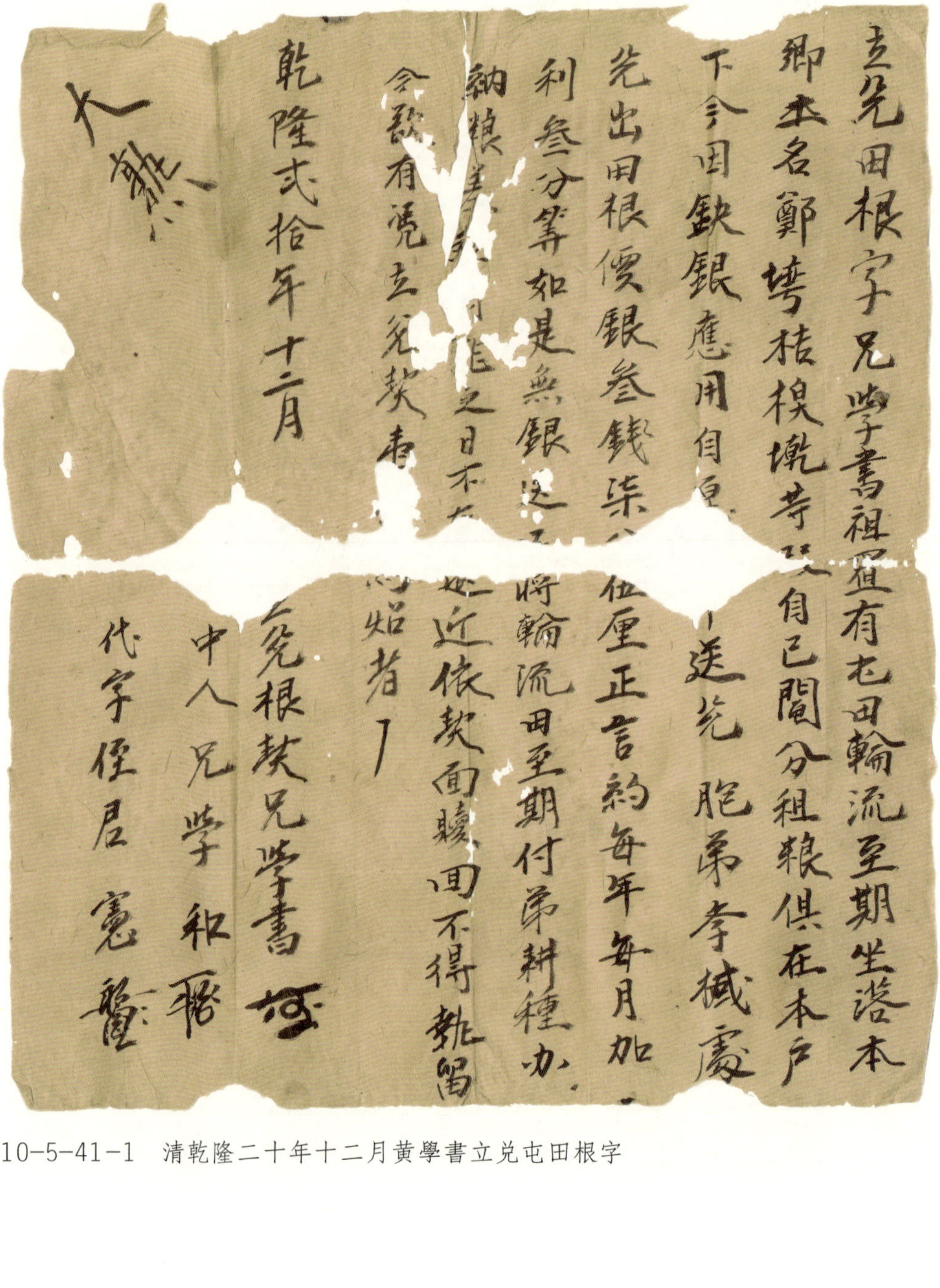

立兑田根字兄学書祖置有屯田輪流至期坐落本
鄉土名鄭塆桔模墘寺[illegible]自己闔分租粮俱在本户
下今因缺銀應用自[illegible]送兑胞弟孝撼處
兑出田根價銀叁錢柒[illegible]伍厘正言約每年每月加
利叁分算如是無銀送還將輪流田至期付弟耕種办
納粮差[illegible]日[illegible]之日不[illegible]延近依契面贖回不得執留
今欲有憑立兑契壹[illegible]為照者
乾隆弍拾年十二月　立兑根契兄学書（押）
中人兄学和（押）
代字侄君憲（押）
大熟

10-5-41-1　清乾隆二十年十二月黄學書立兑屯田根字

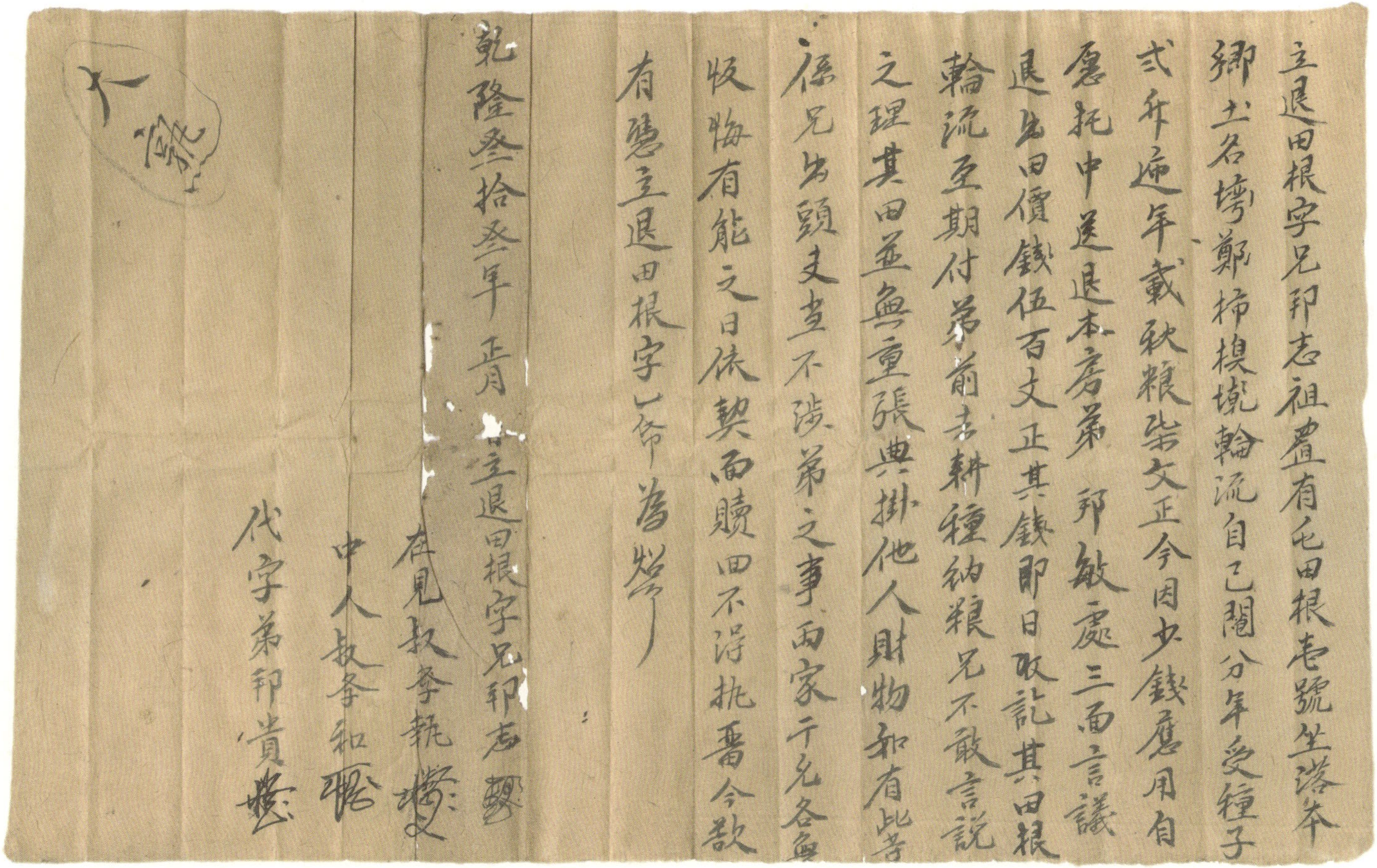
立退田根字兄邦志祖置有屯田根壹號坐落本
鄉土名塆鄭柿模墘輪流自己鬮分年受種子
弍斗廷年載秋粮柴文正今因乏銭應用自
愿托中送退本房弟 邦敏處三面言議
退出田價銭伍百文正其銭即日收訖其田根
輪流至期付弟前去耕種納粮兄不敢言說
之理其田並無重張典掛他人財物和有此等
係兄出頭支当不涉弟之事两家亇允各無
悔有能之日依契面贖田不得執番今欲
有憑立退田根字一帋為照
乾隆叁拾叁年 正月 日立退田根字兄邦志（押）
在見叔李執（押）
中人叔李和（押）
代字弟邦貴（押）

10-5-41-2 清乾隆三十三年正月黄邦志立退屯田根字

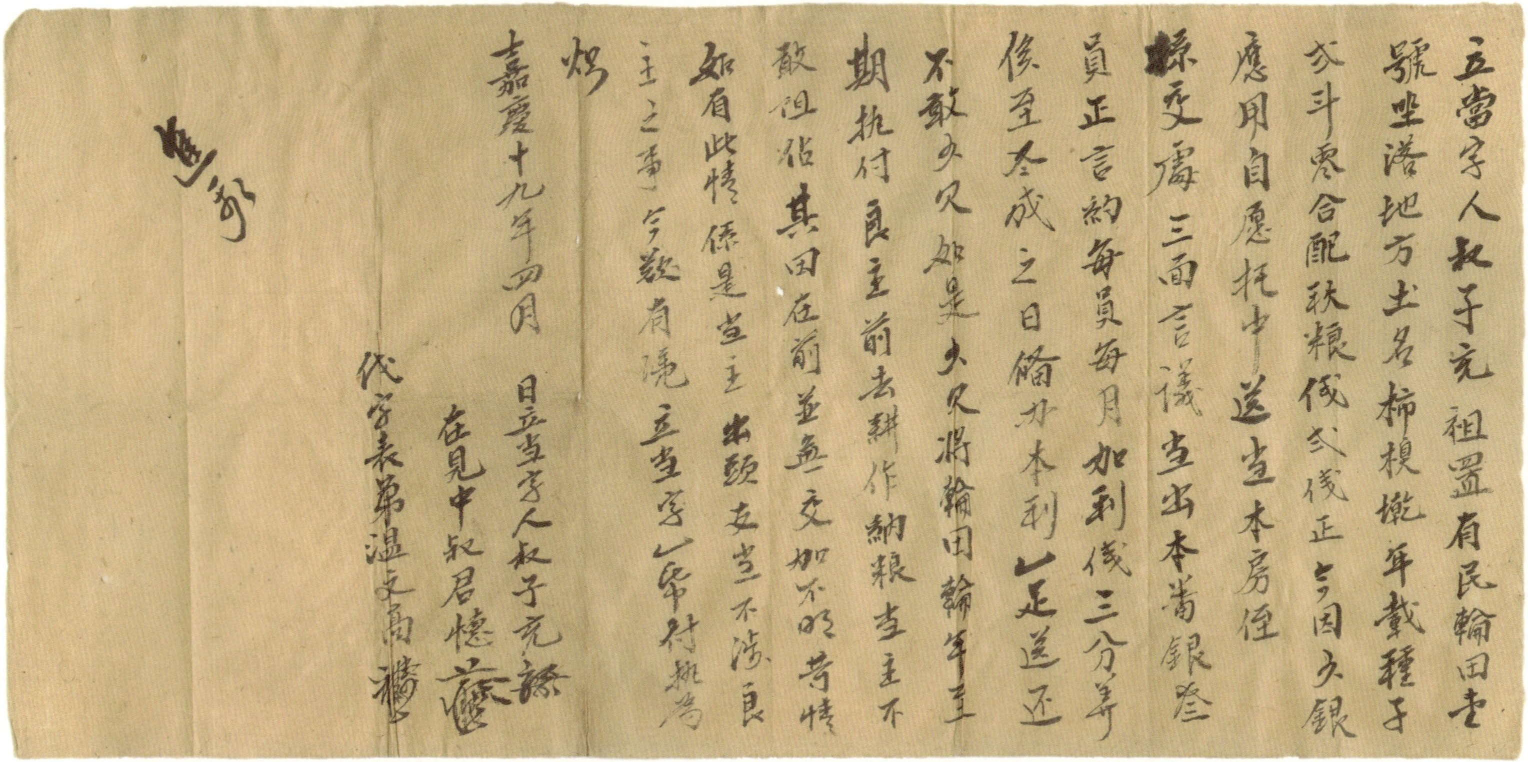
立當字人叔子充 祖置有民輪田壹
號坐落地方土名柿模墘年載種子
弍斗零合配秋粮伐弍伐正 今因乏銀
應用自愿托中送當本房姪
標交處 三面言議當出本番銀叁
員正言約每員每月加利伐三分算
後至冬成之日備办本利一足送还
不敢少欠 如是大欠 將輪田輪年至
期执付銀主前去耕作納粮當主不
敢阻𢭏 其田在前並無交加不明等情
如有此情 係是當主 出頭支當 不涉銀
主之事 今欲有憑 立當字一帋付执為
炤
嘉慶十九年四月　日立當字人叔子充
在見中叔居懥
代字表弟温文高

10-5-41-3　清嘉慶十九年四月黃子充立當民輪田字

立賣山契人黃孫美父置有杉苗山底壹
所坐落鄭塆柿模墘上至衆山為界
下至子均山界左至塆溝界右至孫交界
又壹所坐落柿模墘頭厝墘後壁山壹所
杉苗山底上至子達山界下至厝坪界
左至子香山界右至子達山界四至明白
今因少列年租谷玖百肆拾觔正將此
山底山苗弍所付本保
温文珠兄弟親處三面言議時還租
穀玖百肆拾觔正其杉苗山底弍所即
付穀主前去劉砍生理掌管為業
其山底杉苗與自己閣下與兄弟無干
在前並無典當他人如有此情係是賣主
出頭支理不涉谷主之事今欲有憑立賣
山底杉苗永遠付執為照

道光陸年十月 日立賣契人黃孫美（押）
在見弟孫春（押）
代字弟孫壬（押）

道榮

10-5-41-4 清道光六年十月黃孫美立賣杉苗山底契

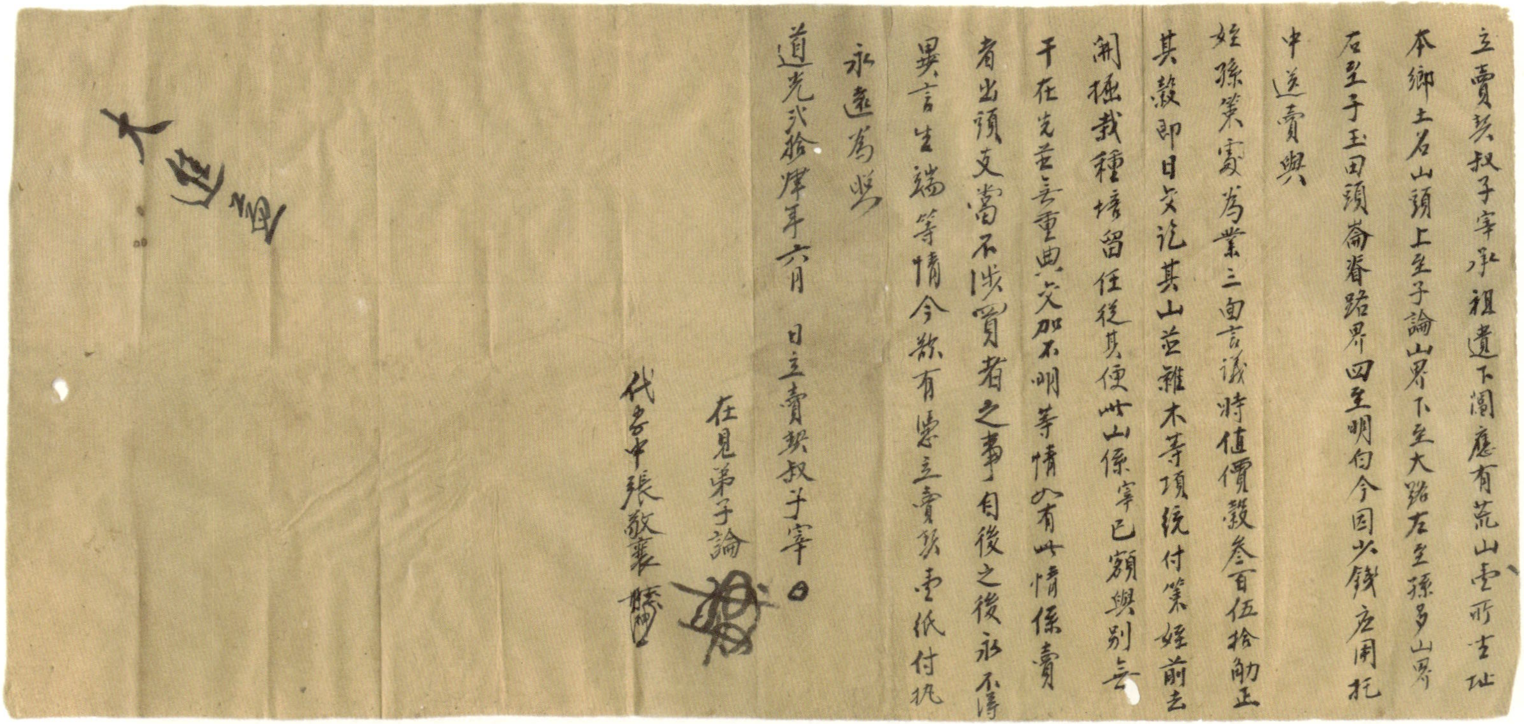

立賣契叔子宰承祖遺下閩應有荒山壹所坐址
本鄉土名山頭上至子論山界下至大路左至孫多山界
右至子玉田頭崙脊路界四至明白今因乏錢應用托
中送賣與
姪孫笑霞為業三面言議時值價穀叁百伍拾觔正
其穀即日交訖其山並雜木等項統付業姪前去
開挖栽種墳留任從其便此山係宰已額與別無
干在先並無重典交加不明等情如有此情係賣
者出頭支當不涉買者之事自後之後永不得
異言生端等情今欲有憑立賣契壹紙付執
永遠為照
道光弍拾肆年六月　日立賣契叔子宰
在見弟子論
代筆中張敬襄

10-5-41-5　清道光二十四年六月黄子宰立賣荒山契

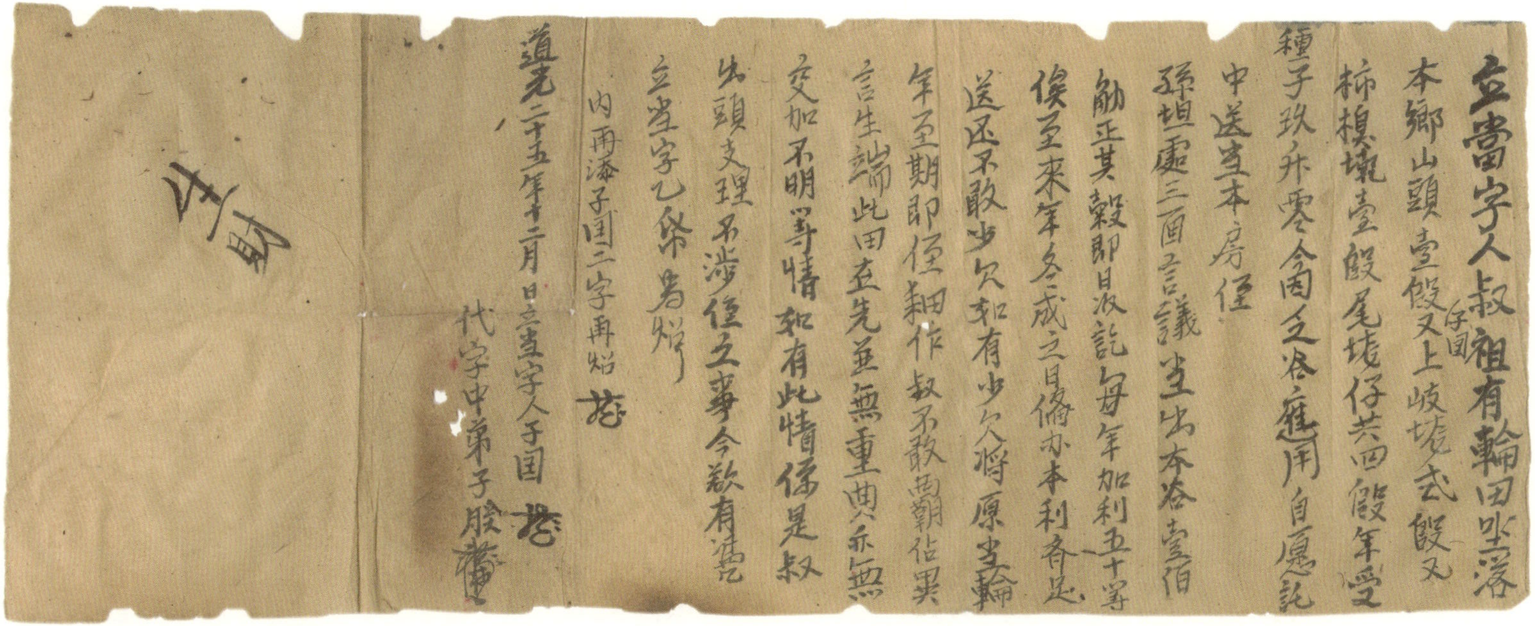
立當字人叔子国祖有輪田坐落
本鄉山頭壹段又上岐垅式段又
柿模壙壹段尾垅仔共四段年受
種子玖升零合正，今因乏谷應用，自愿託
中送當本房侄
孫坦處三面言議，當出本谷壹佰
觔正，其穀即日收訖，每年加利五十觔
俟至來年冬成之日，備办本利备足
送还，不敢少欠，如有少欠，將原當輪
年至期即侄耕作，叔不敢兩霸佔異
言生端。此田在先並無重典，亦無
交加不明等情，如有此情，係是叔
出頭支理，不涉侄之事。今欲有憑，
立當字乙紙為炤。
內兩添子国二字再炤　押
道光二十五年十二月　日立當字人子国　押
代字中弟子騰[illegible]

10-5-41-6　清道光二十五年十二月黃子国立當輪田字

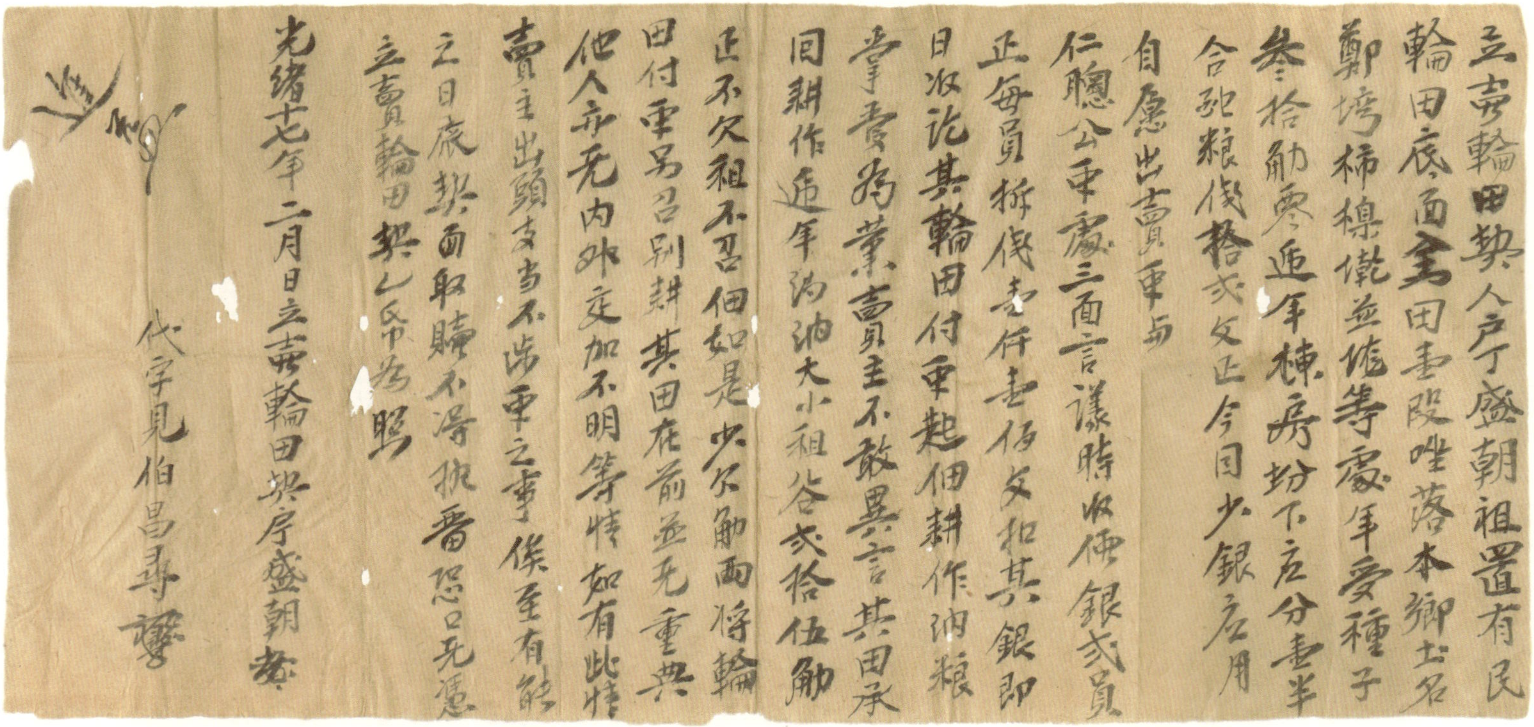
立賣輪田契人戶丁盛朝，祖置有民
輪田底面全田壹段，坐落本鄉土名
鄭塘柿樹坑並後等處，年受種子
叁拾觔零，逐年棟房坋下庄分壹半
合弛粮伐拾弍文正，今因少銀應用，
自愿出賣與
仁聰公衆處，三面言議，時收價銀弍員
正，每員折錢壹仟壹佰文，和其銀即
日收訖，其輪田付衆起佃耕作，納粮
掌管為業。賣主不敢異言。其田承
回耕作，逐年納大小租谷弍拾伍觔
正，不欠租，不召佃，如是少欠觔兩，將輪
田付衆另召別耕。其田在前並無重典
他人，亦無內外走加不明等情，如有此情，
賣主出頭支當，不涉衆之事。係至有能
之日，底契面取贖，不得執番，恐口無憑，
立賣輪田契一紙為照。
光緒十七年二月日立賣輪田契戶盛朝 押
代字見伯昌壽 押

10-5-41-7　清光緒十七年二月黄盛朝立賣底面全輪田契

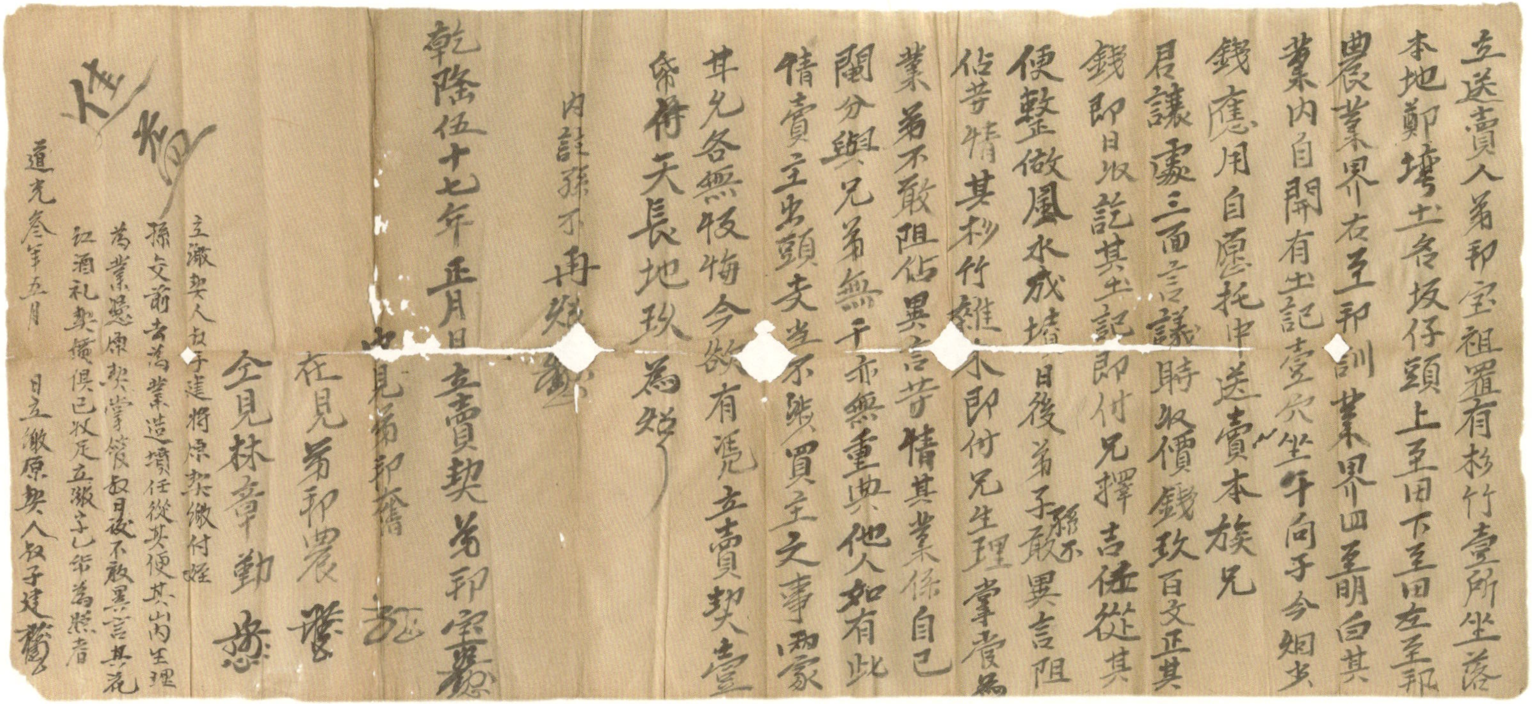
立送賣人弟邦宝祖置有杉竹壹所坐落
本地鄭墘土名坂仔頭上至田下至田左至邦
農業界右至邦訓業界四至明白其
業內自開有土記壹穴坐午向子今因乏
錢應用自愿托中送賣本族兄
君議處三面言議時收價錢玖百文正其
錢即日收訖其土記即付兄擇吉任從其
便整做風水成墳日後弟子孫不敢異言阻
佔并情其杉竹雜木即付兄生理掌管為
業弟不敢阻佔異言并情其業係自己
鬮分與兄弟無干亦無重典他人如有此
情賣主出頭支当不涉買主之事兩家
甘允各無反悔今欲有憑立賣契壹
紙付天長地玖為炤
內註孫不再炤
乾隆伍十七年正月日立賣契弟邦宝
中見弟邦奮
在見弟邦農
仝見林章勤
立繳契人叔子建將原契繳付姪
孫文前去為業造墳任從其便其山內生理
為業照原契掌管叔日後不敢異言其花
紅酒禮契價俱已收足立繳字乙紙為照者
道光叁年五月日立繳原契人叔子建

10-5-42-1　清乾隆五十七年正月黃邦宝立送賣杉竹契

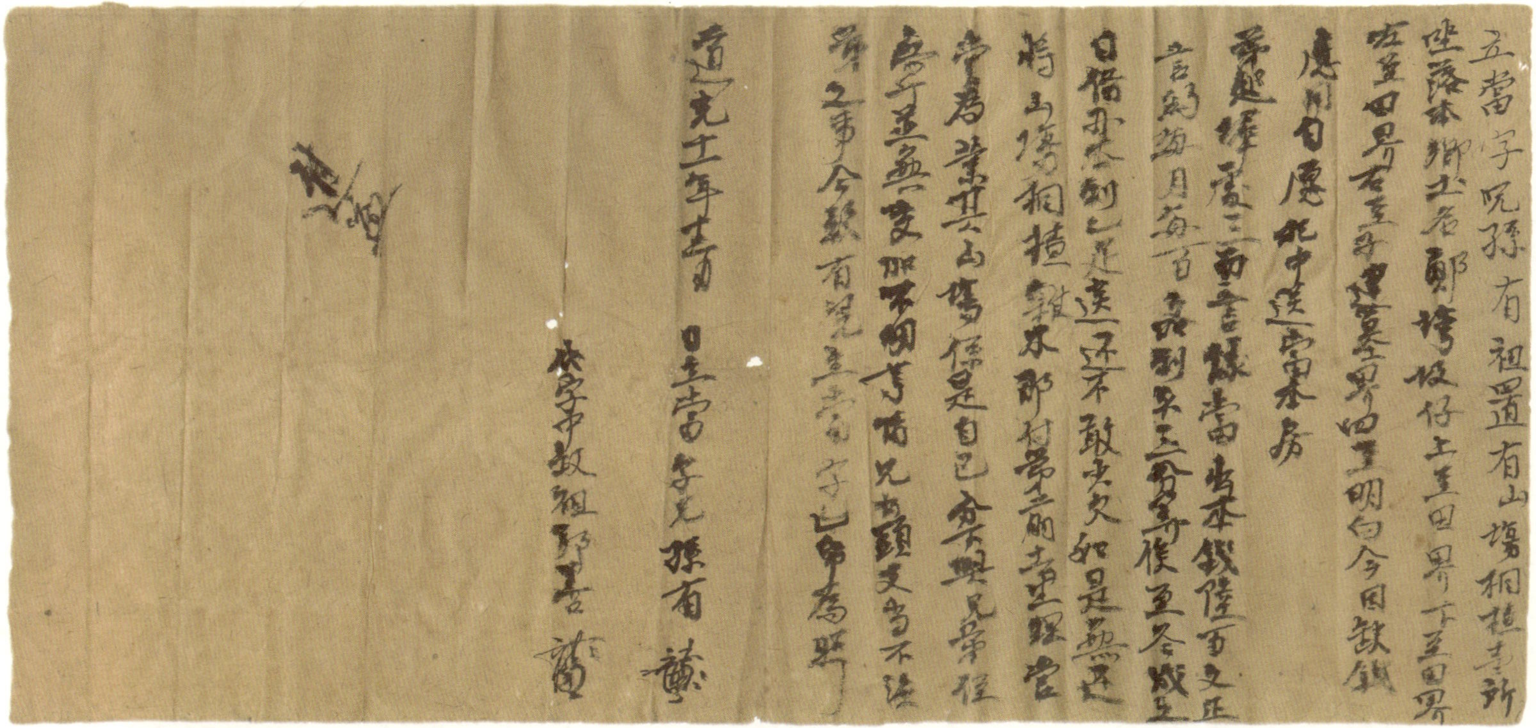

10-5-42-2　清道光十一年十二月黃孫有立當山場桐楂林字

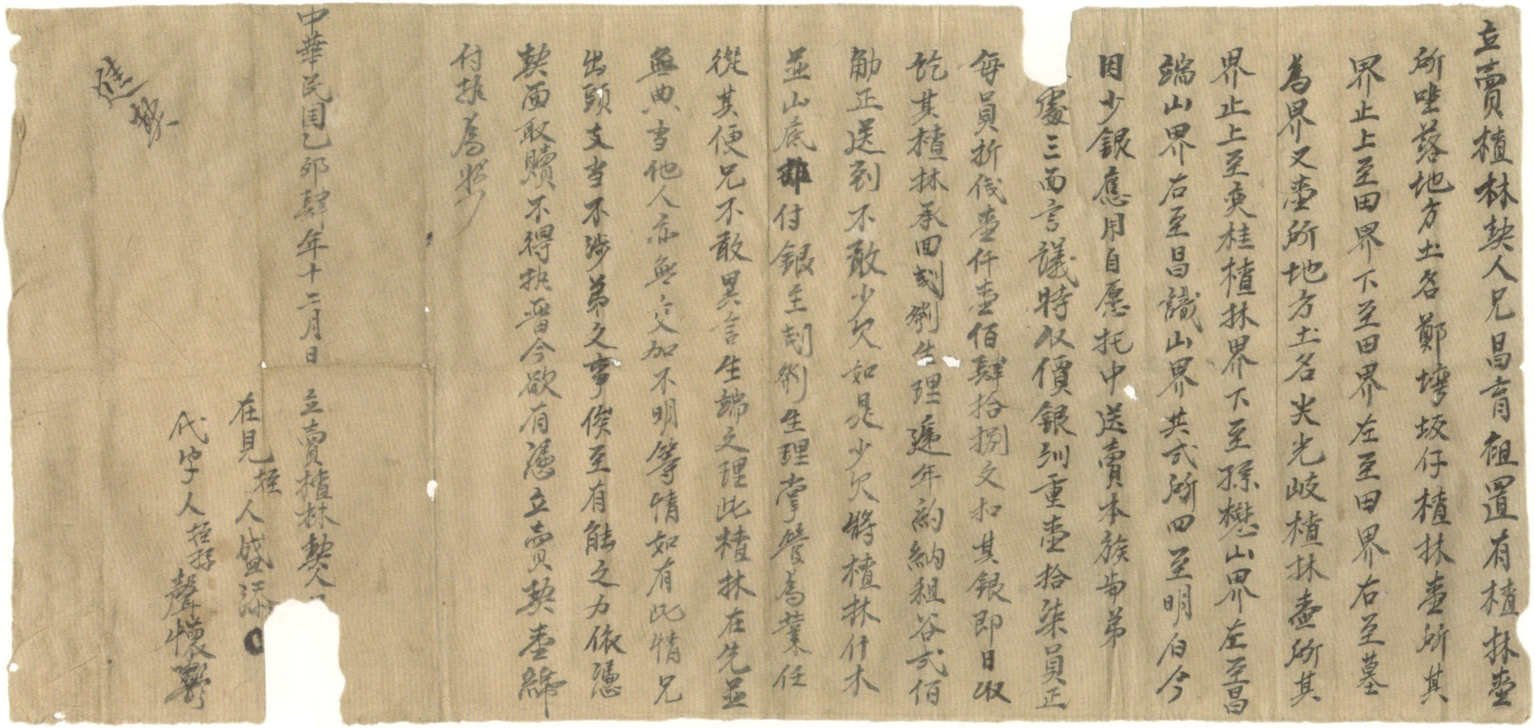
立賣植林契人兄昌育有祖置有植林壹
所坐落地方土名鄭墩坂仔植林壹所其
界止上至田界下至田界左至田界右至墓
為界又壹所地方土名尖光岐植林壹所其
界止上至夷桂植林界下至孫樾山界左至昌
端山界右至昌識山界共貳所四至明白今
因乏銀應用自愿托中送賣本族弟弟
處三面言議特收價銀劝重壹拾柒員正
每員折伐壹仟壹佰肆拾捌文扣其銀即日收
訖其植林承田觔例生理逐年納租谷貳佰
觔正送到不敢少欠如是少欠將植林付木
並山底併付銀主割例生理管為業任
從其便兄不敢異言生端之理此植林在先並
無典当他人亦無交加不明等情如有此情兄
出頭支当不涉弟之事俟至有能之力依憑
契面取贖不得執留今欲有憑立賣契壹紙
付執為照
中華民國乙卯肆年十二月日　立賣植林契人
在見堂人盛添
代字人堂叔聲懷
繕契

10-5-42-3　民國四年十二月黃昌育立賣楂林契

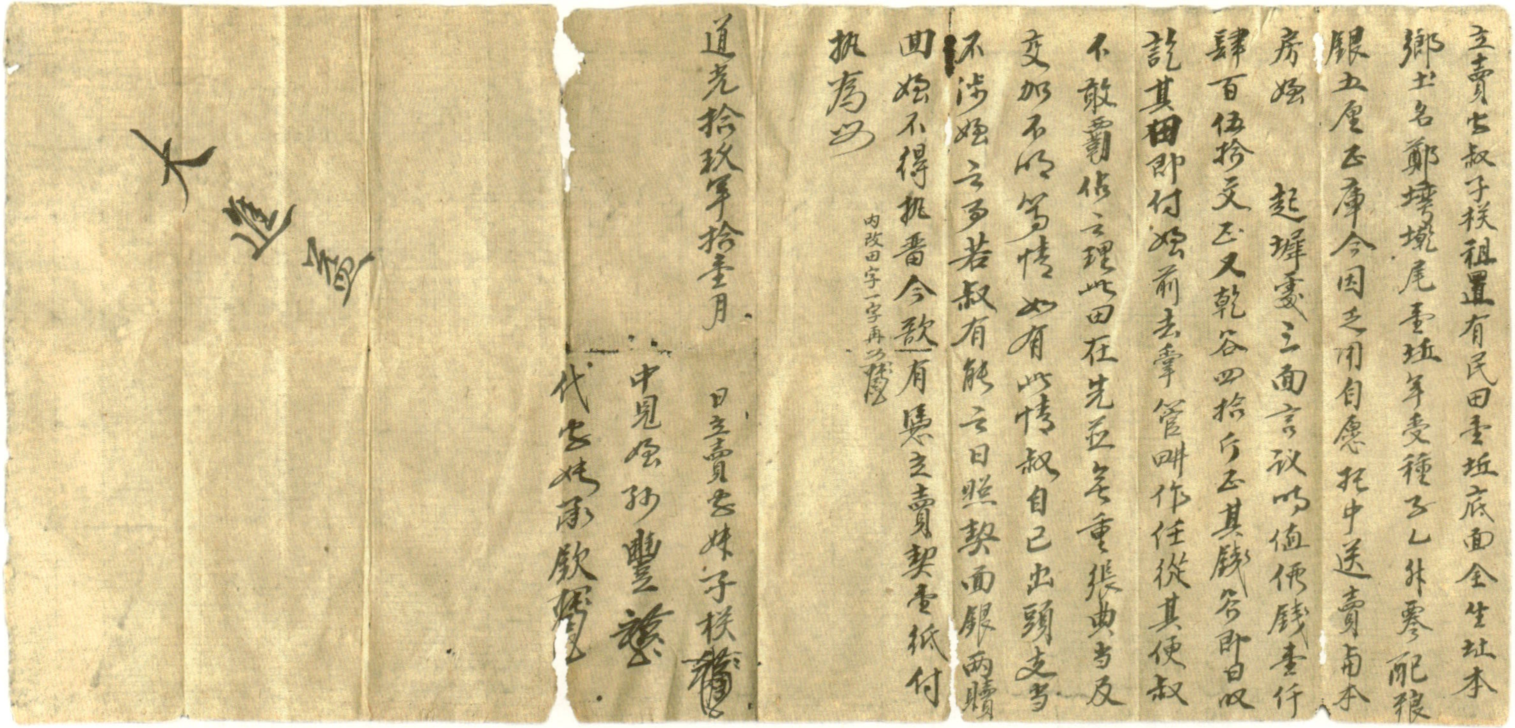

立賣字叔子栚祖置有民田壹坵底面全坐址本
鄉土名鄭墩境尾壹坵年受種子乙升零配粮
銀五厘正庫今因乏用自愿托中送賣與本
房姪　起瑾處三面言議時值價錢壹仟
肆百伍拾文正又乾谷四拾斤正其錢谷即日收
訖其田即付姪前去掌管耕作任從其便叔
不敢霸佔之理此田在先並無重張典當及
交加不明等情如有此情叔自己出頭支當
不涉姪之事若叔有能之日照契面銀兩贖
回姪不得执番今欲有憑立賣契壹紙付
执爲照

內改田字一字再照

道光拾玖年拾壹月　日立賣字叔子栚（押）
中見姪孫豐（押）
代字姪承歡（押）

10-5-43-1　清道光十九年十一月黃子栚立賣底面全民田字

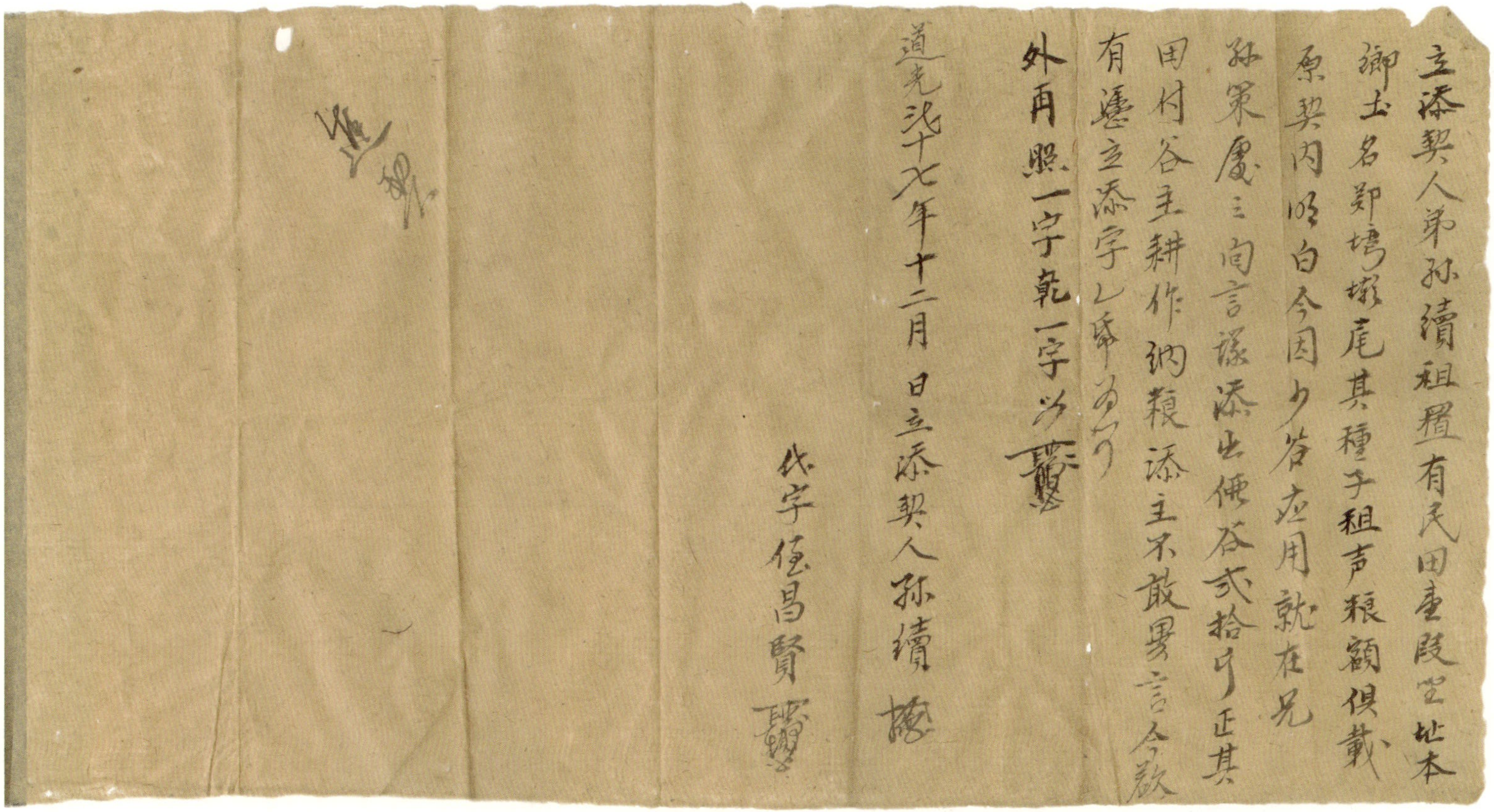
立添契人弟孙續祖躍有民田壹段坐址本
鄉土名鄭墘墩尾其種子租声粮額俱載
原契内明白今因乏谷応用就在兄
孙衆處三面言議添出價谷弍拾斤正其
田付谷主耕作納粮添主不敢異言今欲
有憑立添字乙紙為炤
外再照一字乾一字为
道光廿七年十二月　日立添契人孙續
代字伍昌賢

10-5-43-2　清道光二十七年十二月黃孫續立添民田契

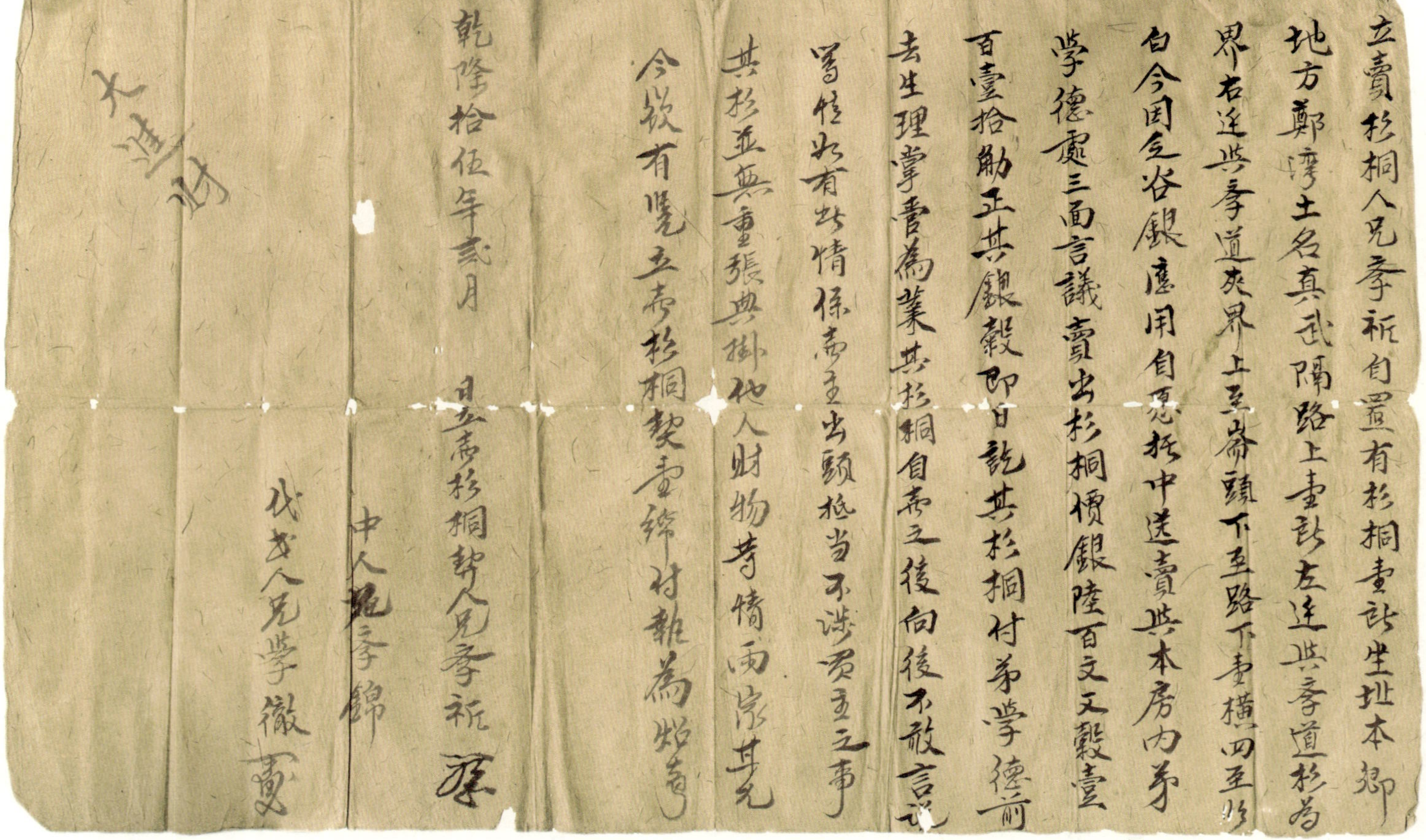

立賣杉桐人兄孝祈，自置有杉桐壹號，坐址本鄉
地方鄭滓土名真武隔路上壹號，左連與孝道杉為
界，右連與孝道夾界，上至崙頭，下至路下壹横，四至明
白。今因乏谷銀應用，自愿托中送賣與本房内弟
學德處，三面言議，賣出杉桐價銀陸百文，又穀壹
百壹拾觔正。其銀穀即日訖，其杉桐付弟學德前
去生理掌管為業。其杉桐自賣之後，向後不敢言說。
冒係此有此情，係賣主出頭抵当，不涉買主之事。
其杉並無重張典掛他人財物等情，兩家甘允。
今欲有憑，立賣杉桐契壹紙，付執為照。

乾隆拾伍年貳月　日立賣杉桐契人兄孝祈（押）
中人施孝錦
代書人兄學徽（押）

大進財

10-5-44-1　清乾隆十五年二月黃孝祈立賣杉桐契

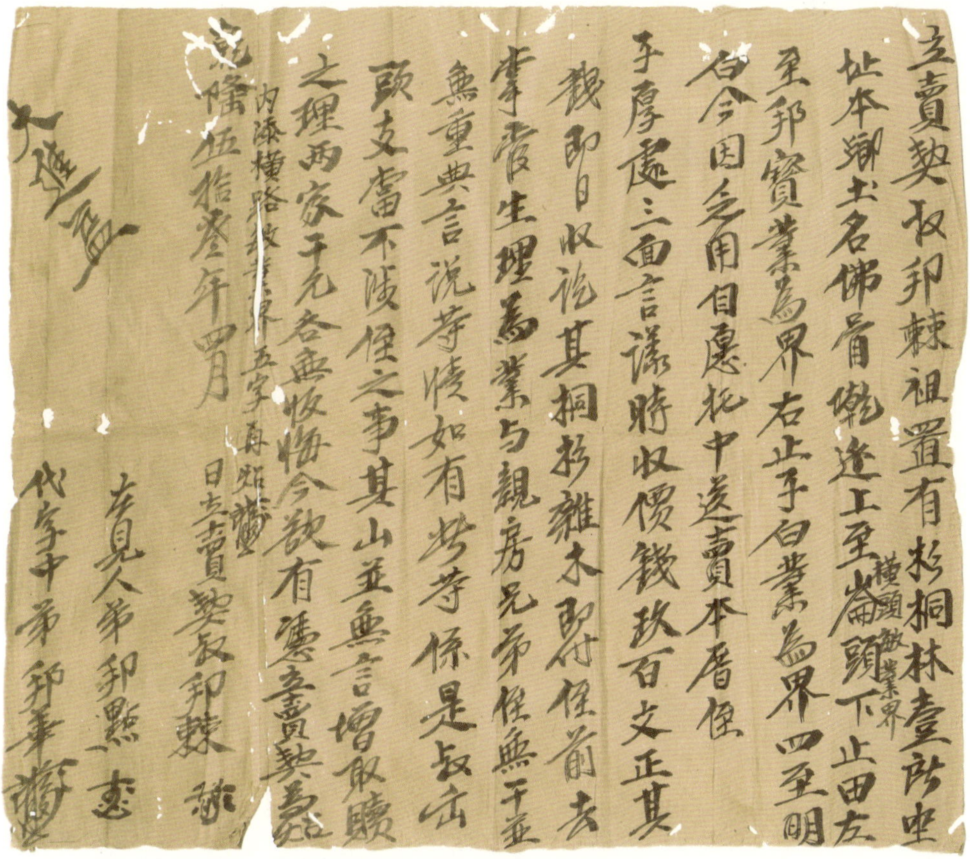

立賣契叔邦棘祖置有杉桐林壹所坐
址本鄉土名佛背嶺進上至崙頭橫頭欽業界下止田左
至邦寶業為界右止邦白業為界四至明
白今因乏用自愿托中送賣本房侄
邦厚邊三面言議時收價錢玖百文正其
錢即日收訖其桐杉雜木即付侄前去
掌管生理為業與親房兄弟侄無干並
無重典言說等情如有此等係是叔出
頭支當不涉侄之事其山並無言增取贖
之理兩家干允各無反悔今欲有憑立賣契為照
內添橫路欽業界五字再照
乾隆伍拾叁年四月　日立賣契叔邦棘　號
在見人弟邦顯
代字中弟邦華
大進益

10-5-44-2　清乾隆五十三年四月黄邦棘立賣杉桐林契

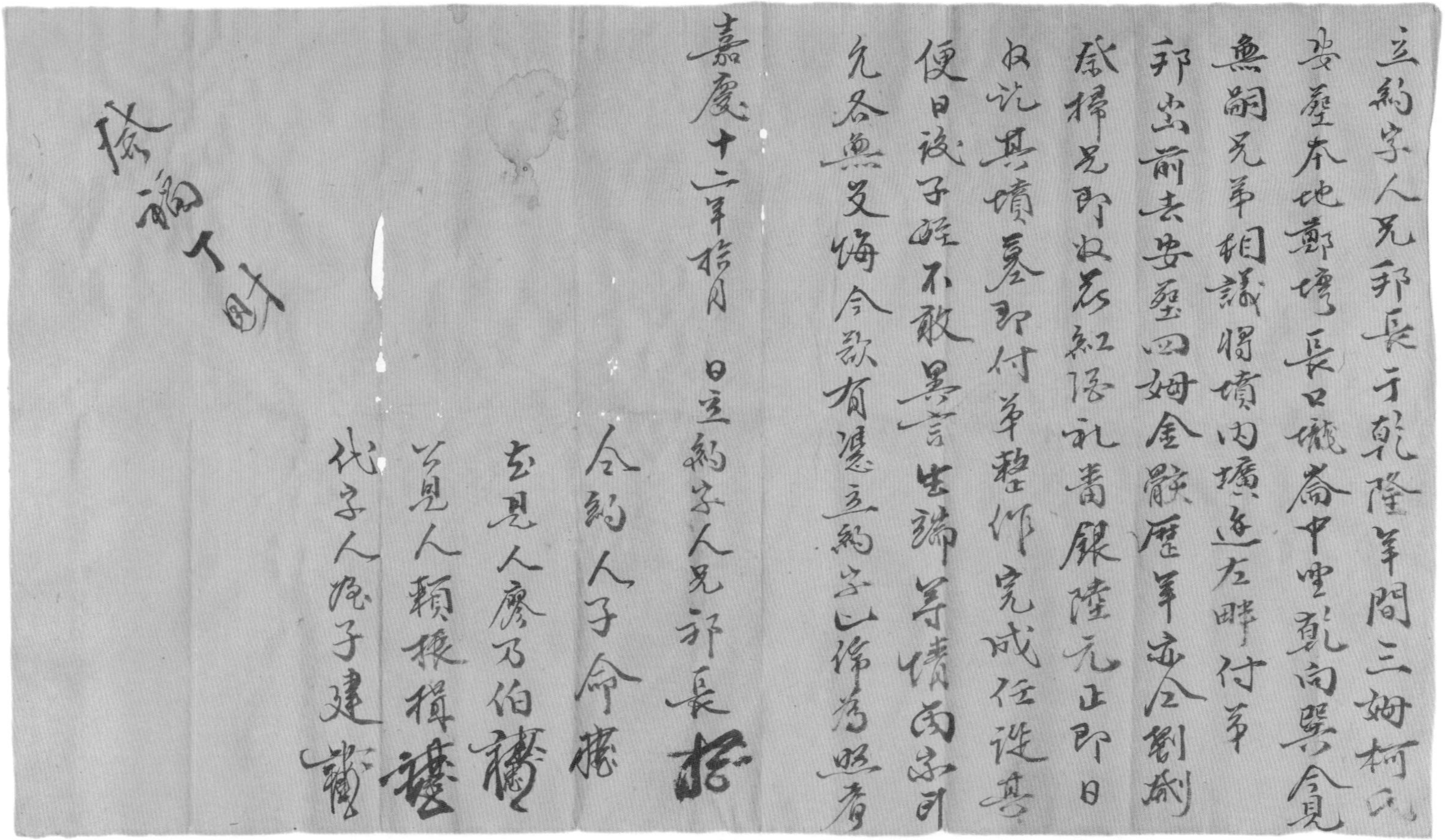

10–5–44–3　清嘉慶十二年十月黃邦長等立約字

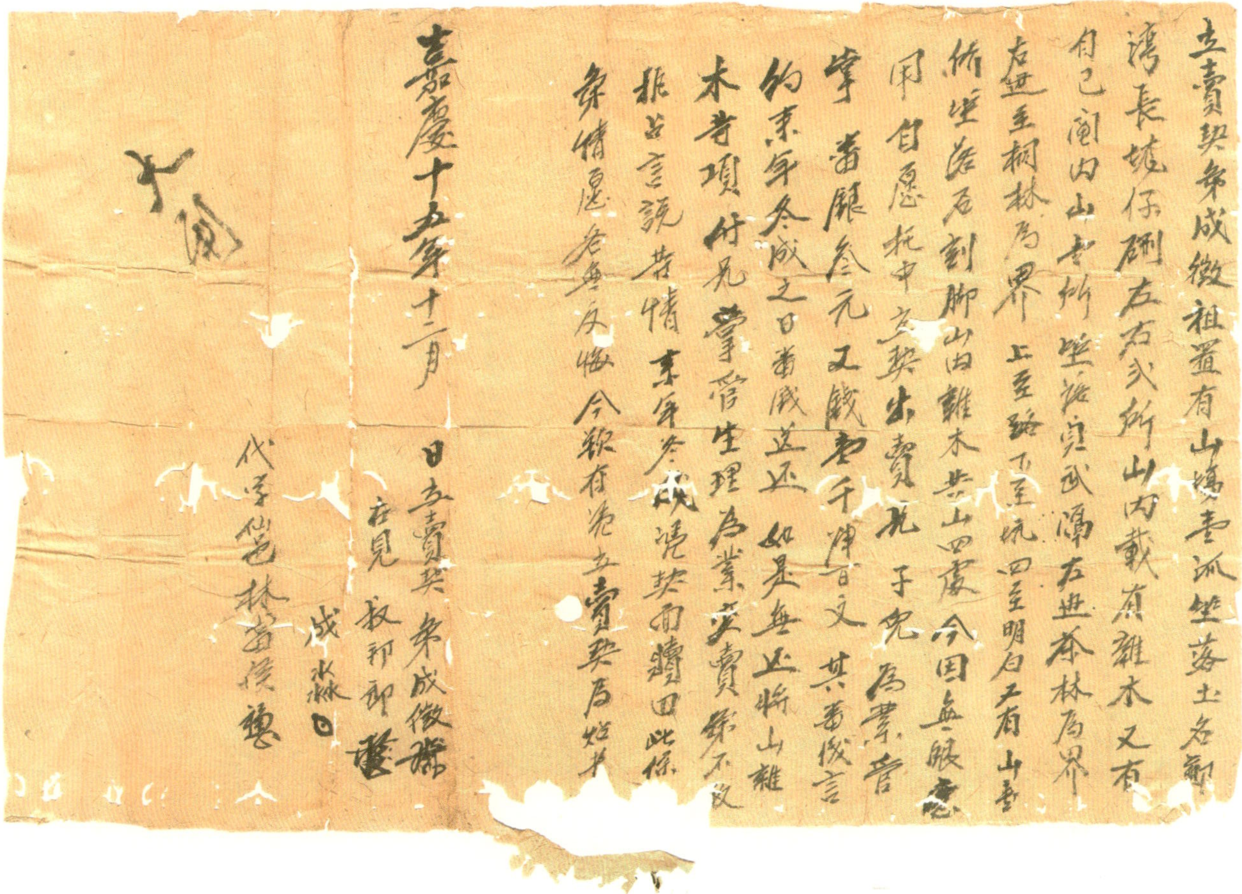

10-5-44-4 清嘉慶十五年十二月黄成徵立賣山場契

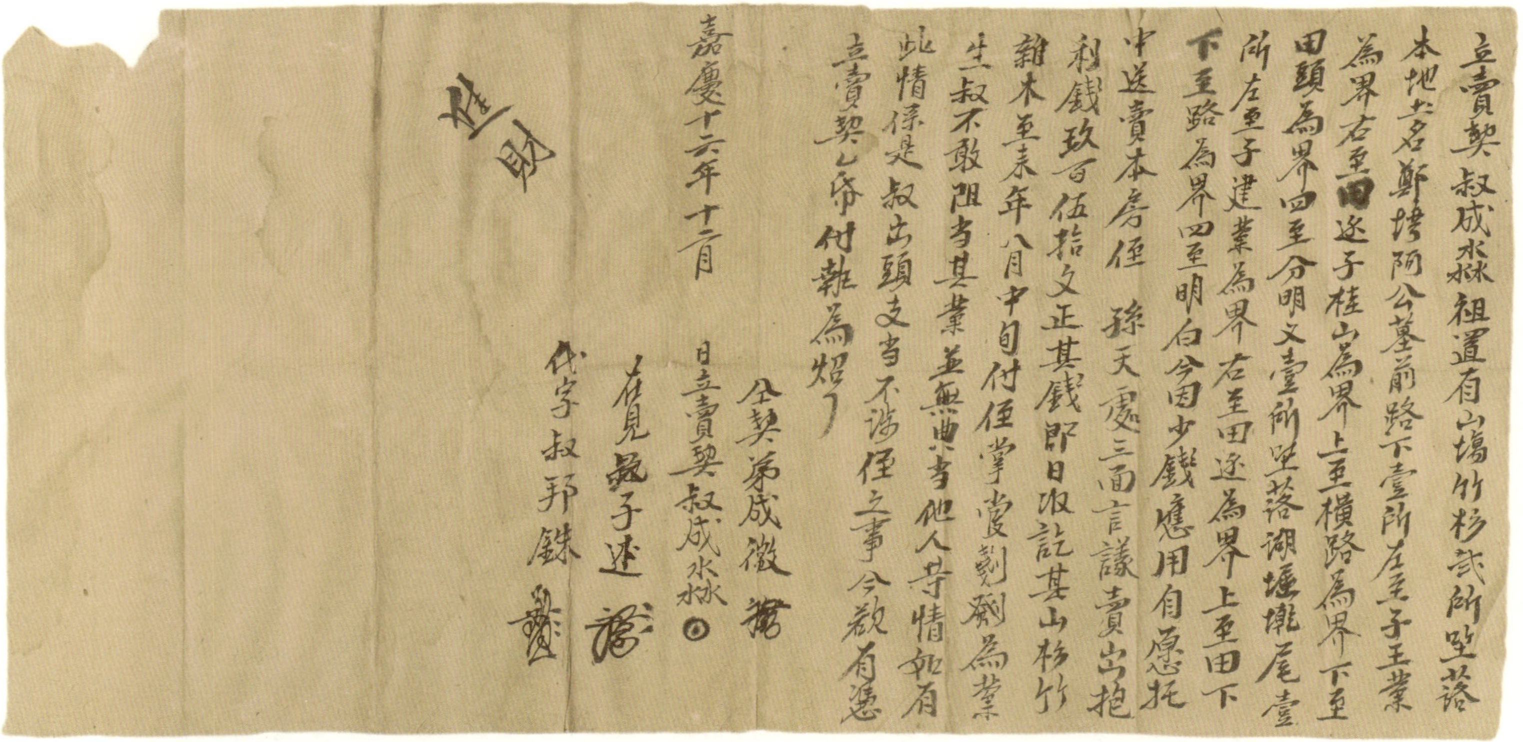
立賣契叔成淼祖遺有山場竹杉貳所坐落
本地土名鄭塆隔公墓前路下壹所左至子王業
為界右至田逐子桂山為界上至橫路為界下至
田頭為界四至分明又壹所坐落湖壢墘尾壹
所左至子建業為界右至田逐為界上至田下
下至路為界四至明白今因少錢應用自愿托
中送賣本房侄 孫天處三面言議賣出抱
利錢玖百伍拾文正其錢即日收訖其山杉竹
雜木至來年八月中旬付侄掌管剗剃為業
生叔不敢阻當其業並無典當他人等情如有
此情係是叔出頭支當不涉侄之事今欲有憑
立賣契一帋付執為照
仝契弟成徵
嘉慶十六年十二月 日立賣契叔成淼
在見親子述
代字叔邦銖

10-5-44-5 清嘉慶十六年十二月黃成淼等立賣山場竹杉契

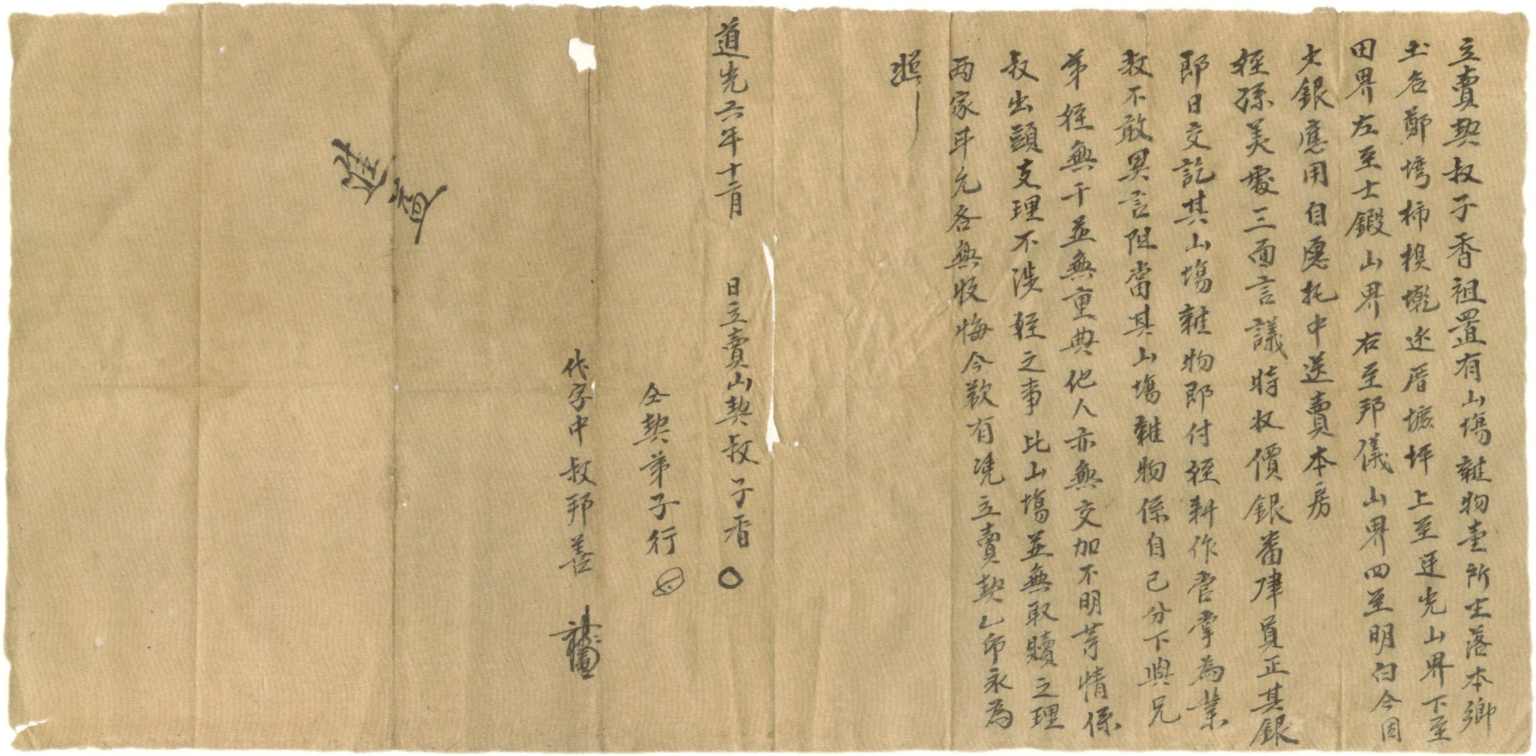

立賣契叔子香祖置有山場雜物壹所坐落本鄉
土名鄭墻柿模墩逐層墘坪上至逕光山界下至
田界左至士鍛山界右至邦儀山界四至明白今因
乏銀應用自愿托中送賣本房
姪孫美震三面言議時收價銀番肆員正其銀
即日交訖其山場雜物即付姪耕作管掌為業
叔不敢異言阻當其山場雜物係自己分下與兄
弟姪無干並無重典他人亦無交加不明等情係
叔出頭支理不涉姪之事此山場並無取贖之理
兩家甘允各無收悔今欲有憑立賣契壹帋永為
照

道光六年十二月　日立賣山契叔子香〇
仝契弟子行
代字中叔邦善

10-5-44-6　清道光六年十二月黃子香等立賣山場雜物契

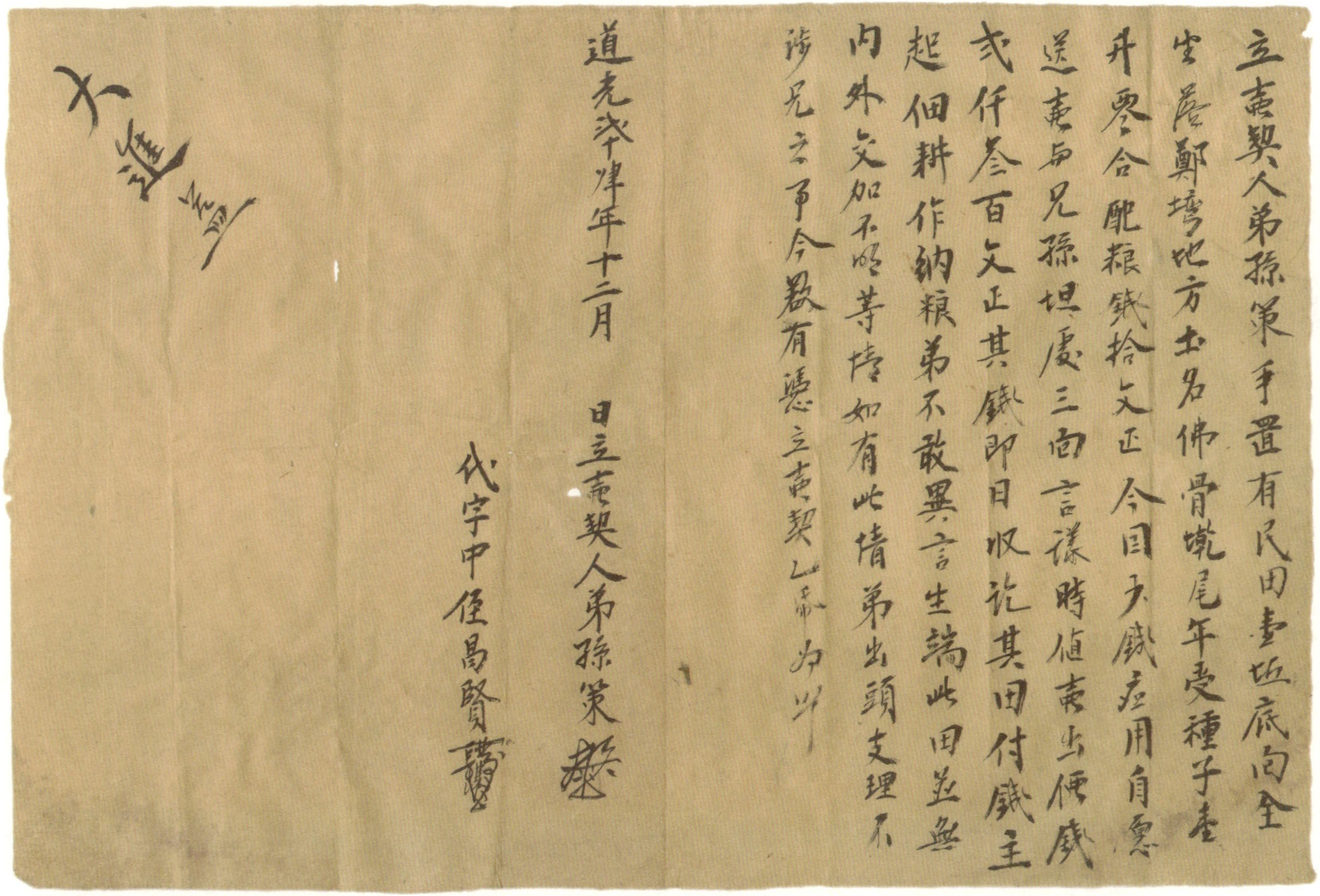
立賣契人弟孫策手置有民田壹坵底面全
坐落鄭墘地方土名佛骨墘尾年受種子壹
升零合配粮錢拾文正今因乏錢應用自愿
送賣與兄孫坦處三面言議時值賣出價錢
弍仟叁百文正其錢即日收訖其田付錢主
起佃耕作納粮弟不敢異言生端此田並無
內外文加不明等情如有此情弟出頭支理不
涉兄之事今欲有憑立賣契一紙為炤
道光弍拾肆年十二月　日立賣契人弟孫策（押）
代字中侄昌賢（押）
大進

10-5-44-7　清道光二十四年十二月黃孫策立賣底面全民田契

10-5-45-1　包契紙

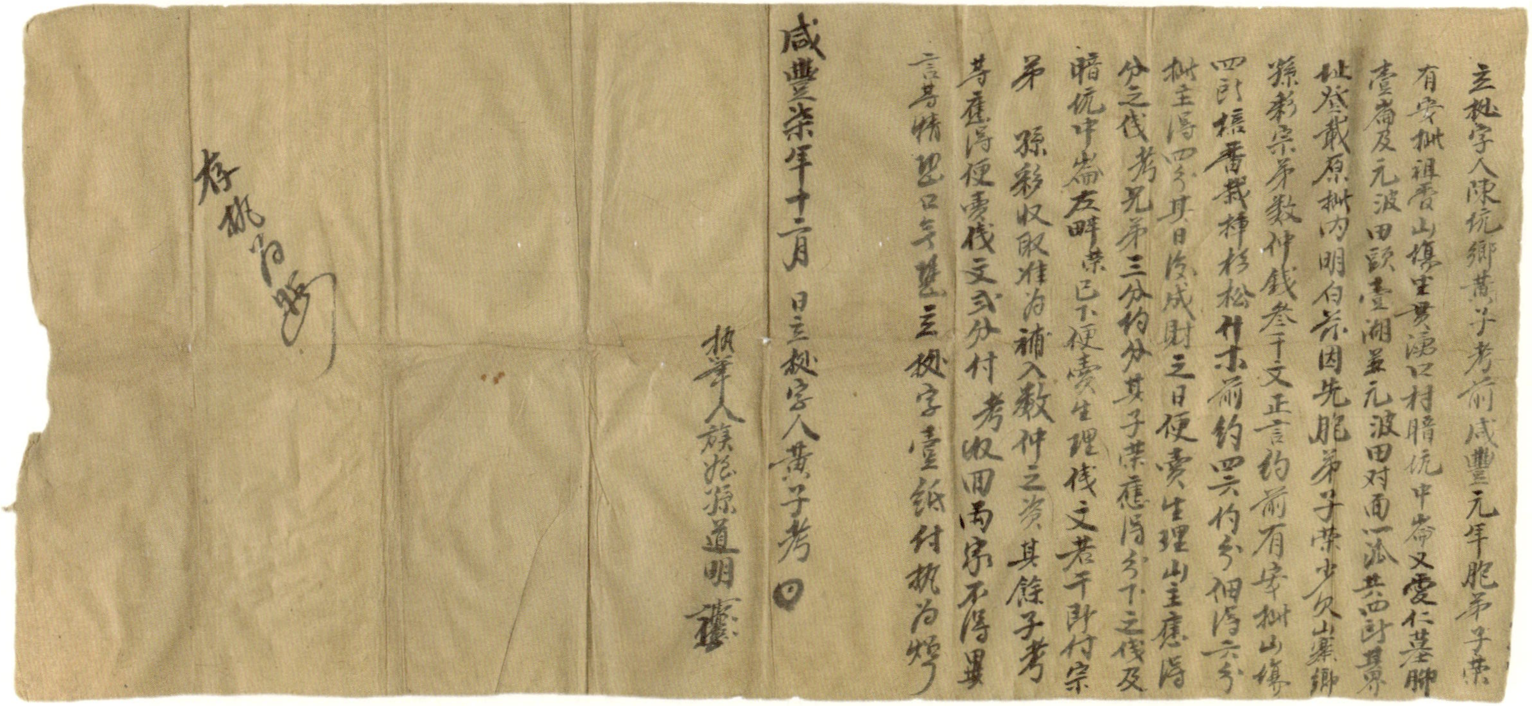
立批字人陳坑鄉黃子考，前咸豐元年胞弟子榮
有安樹祖香山塢坐貫湧口村暗坑中崙又愛仁茎腳
壹崙及元波田頭壹湖并元波田对面一流共四处界
址登載原批內明白，并因先胞弟子榮少欠山寨鄉
孫彩宗弟數仲錢叁千文正，言約前有安樹山塢
四股栽種杉松什木，前約四六均分，佃得六分，
樹主得四分，其日後成財之日，便賣生理，山主應得
分之錢，考兄弟三分均分，其子榮應得分下之錢，及
暗坑中崙左畔榮已下便賣生理錢文若干，計付宗
弟　孫彩收取，准為補入數仲之資，其餘子考
等應得便賣錢文，式分付考收回，爾家不得異
言，若情愿，口恐無憑，立批字壹紙付執為炤。
咸豐柒年十二月　日立批字人黃子考（押）
執筆人族姪孫道明（押）
存批為照

10-5-45-2　清咸豐七年十二月德化黃子考立據字

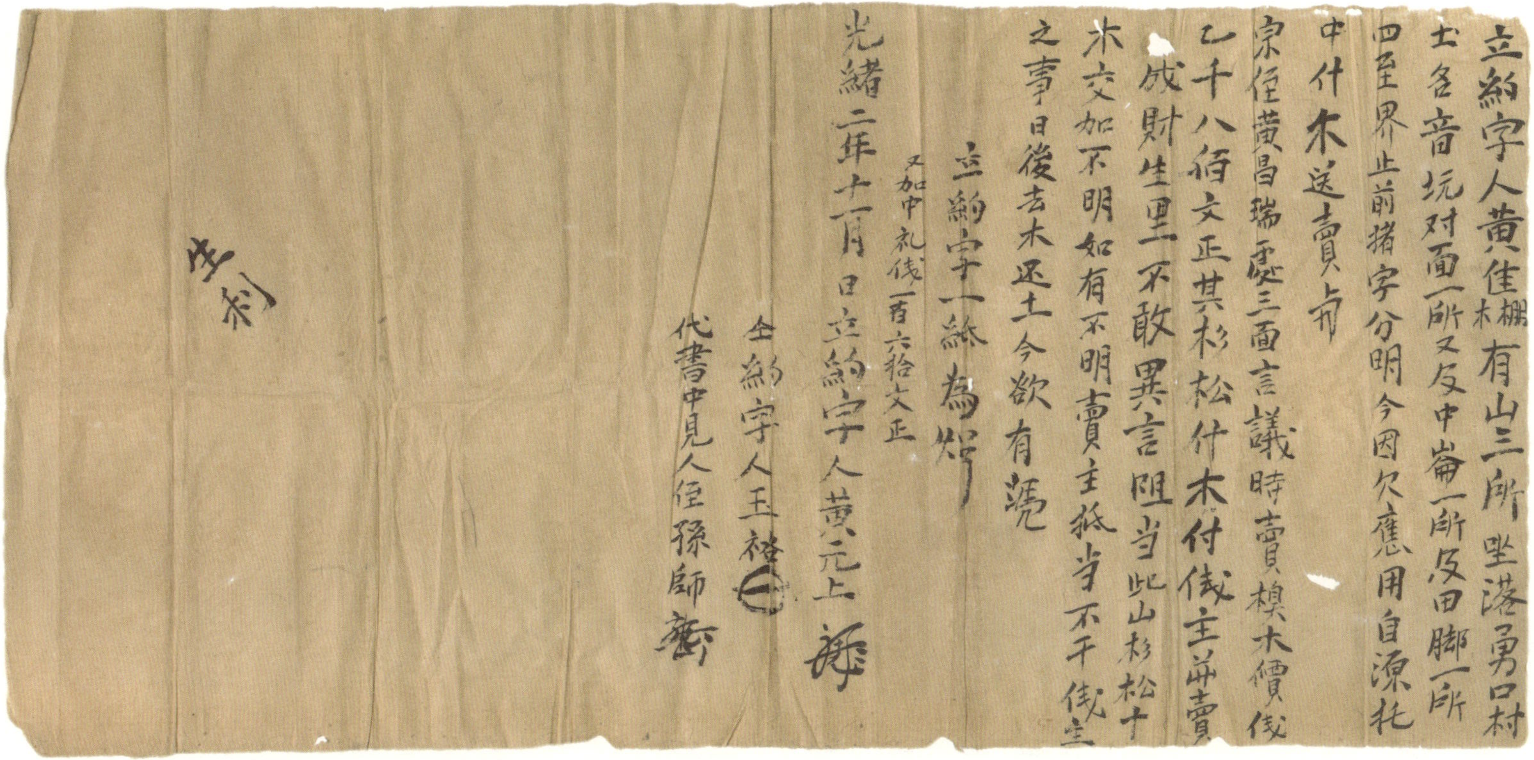

立約字人黃佳棚有山三所坐落勇口村
土名音坑对面一所又及中崙一所及田脚一所
四至界止前指字分明今因欠應用自願托
中付木送賣与
宗侄黃昌瑞處三面言議時賣模木價錢
乙千八佰文正其杉松什木付錢主前賣
成財生理一不敢異言明当此山杉松十
木交加不明如有不明賣主抵当不干錢主
之事日後去木還土今欲有憑
立約字一紙為炤
又加中礼錢一百六拾文正
光緒二年十一月日立約字人黃元上
仝約字人王梯
代書中見人侄孫師
生利

10-5-45-3 清光緒二年十一月黃佳棚等立約字

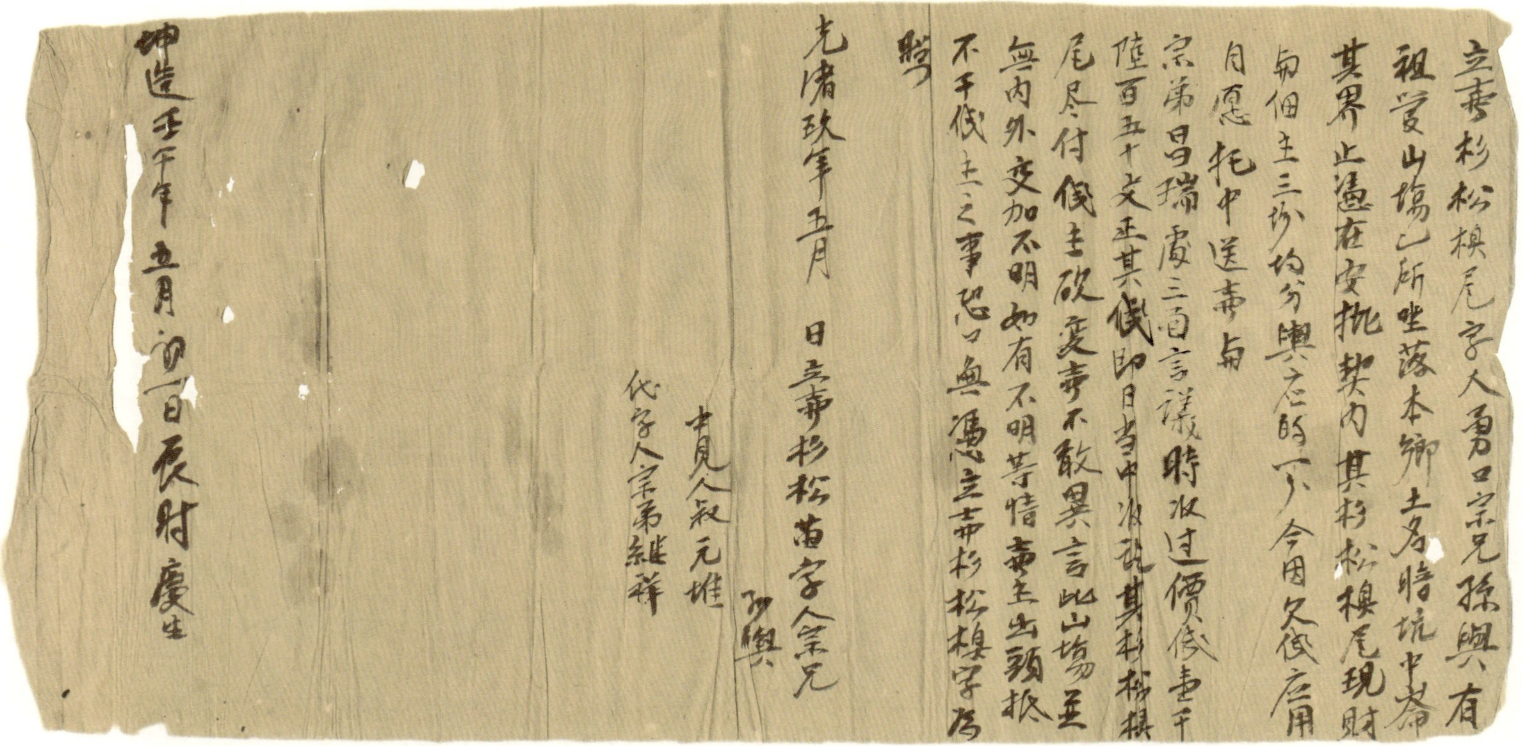

立賣杉松樸尾字人黃口宗兄孫興有
祖管山場一所坐落本鄉土名暗坑中崙
其界址遍在安批契內其杉松樸尾現財
與佃主三份均分興應的一份今因欠錢應用
自愿托中送賣與
宗弟昌瑞處三面言議時值價錢壹千
陸百五十文正其錢即日當中收訖其杉松樸
尾盡付錢主砍伐賣不敢異言此山場並
無內外交加不明如有不明等情賣主出頭抵
不干錢主之事恐口無憑立賣杉松樸字為
照

光緒玖年五月　日立賣杉松苗字人宗兄孫興

中見人叔元雄

代字人宗弟繼祥

坤造壬午年五月初一日辰時慶生

10-5-45-4　清光緒九年五月德化黃孫興立賣杉松樸尾字

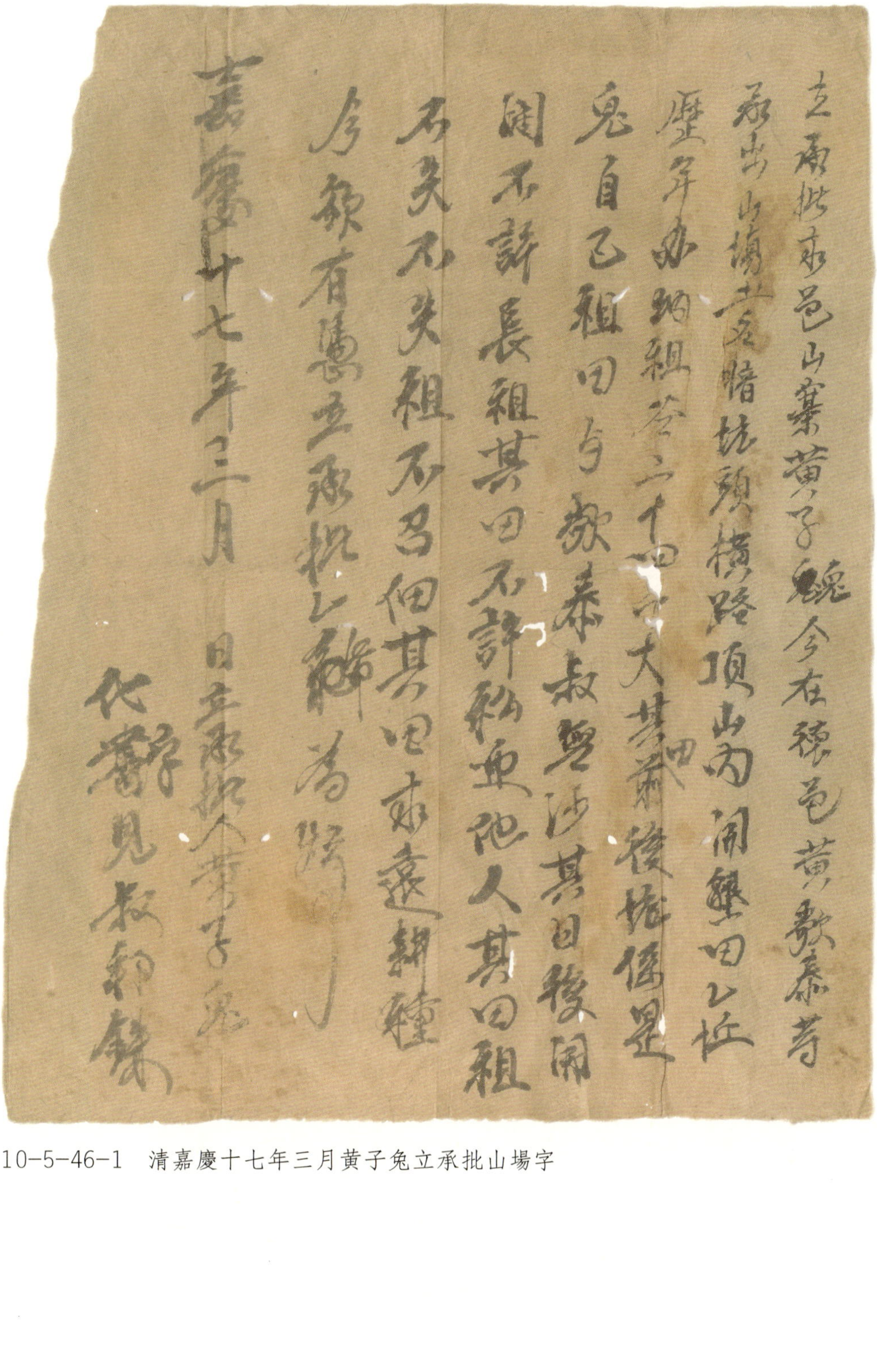
立承批永邑山寨黃子兔今在穗邑黃歆泰等
承出山場土名嗒垅頭橫路頂山內開墾田乙坵
歷年亦納租谷三十四斤大其田後垅係是
兔自己租田與歆泰叔與沙其田後開
闢不許長租其田不許私典他人其田租
不欠不欠租不召佃其田永遠耕種
今欲有憑立承批山場為照
嘉慶十七年三月　日立承批人黃子兔
代筆見叔錦錄

10-5-46-1　清嘉慶十七年三月黃子兔立承批山場字

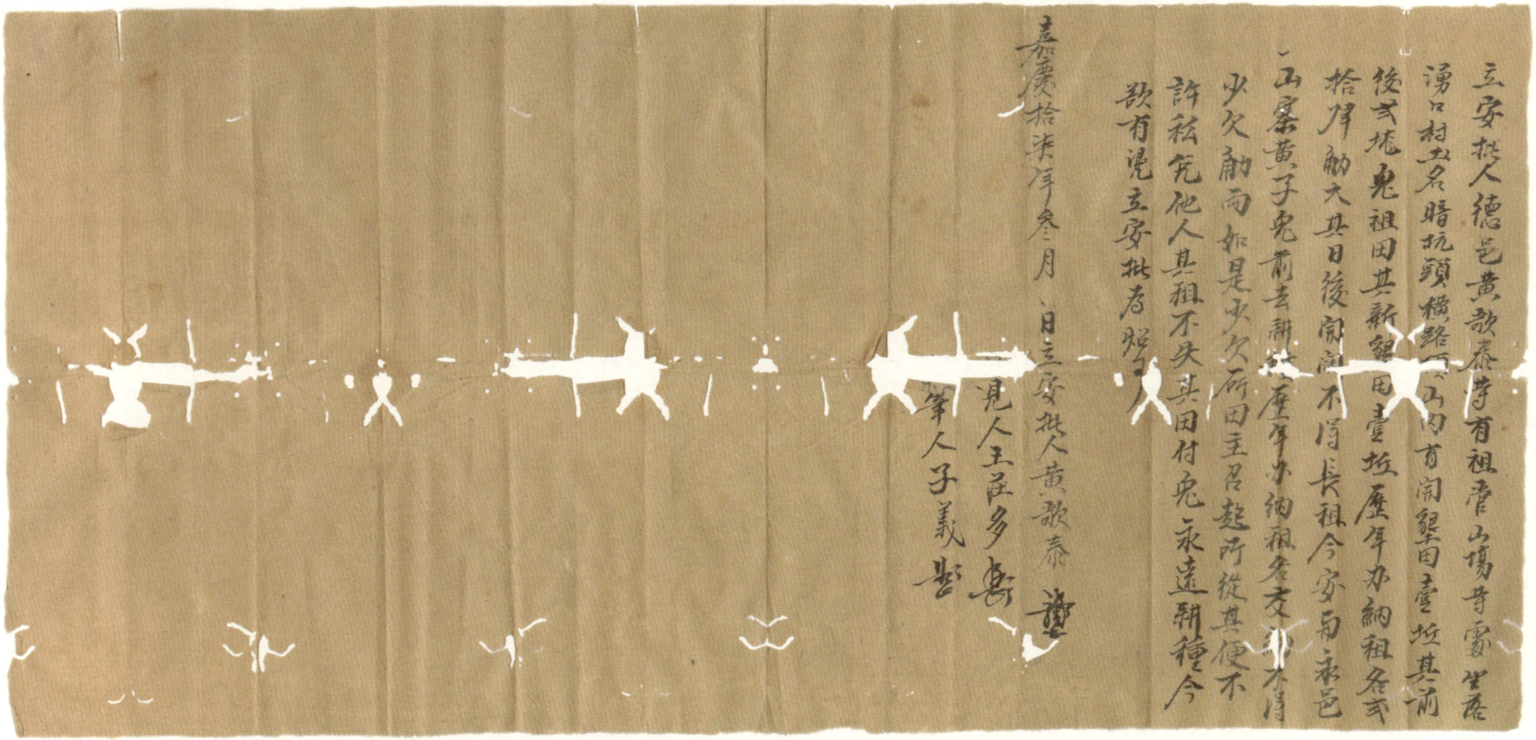
立安批人德邑黄歌泰，有祖耆山場寺露坐落
湧口村土名暗坑頭橫路下，山内有開墾田壹坵，其前
後式坵兒祖田，其新墾田壹坵，歷年亦納租谷式
拾斤，而大共日後開闢不得長租，今安與永邑
山寨黄子兒前去耕種，歷年亦納租谷，支不得
少欠觔兩，如是少欠，所田主召起，所從其便，不
許私兌他人，其租不失，其田付兒永遠耕種。今
欲有憑，立安批存照。
嘉慶拾柒年叁月　日立安批人黄歌泰（押）
見人王莊多（押）
筆人子義（押）

10-5-46-2　清嘉慶十七年三月德化黄歌泰立安批山場字

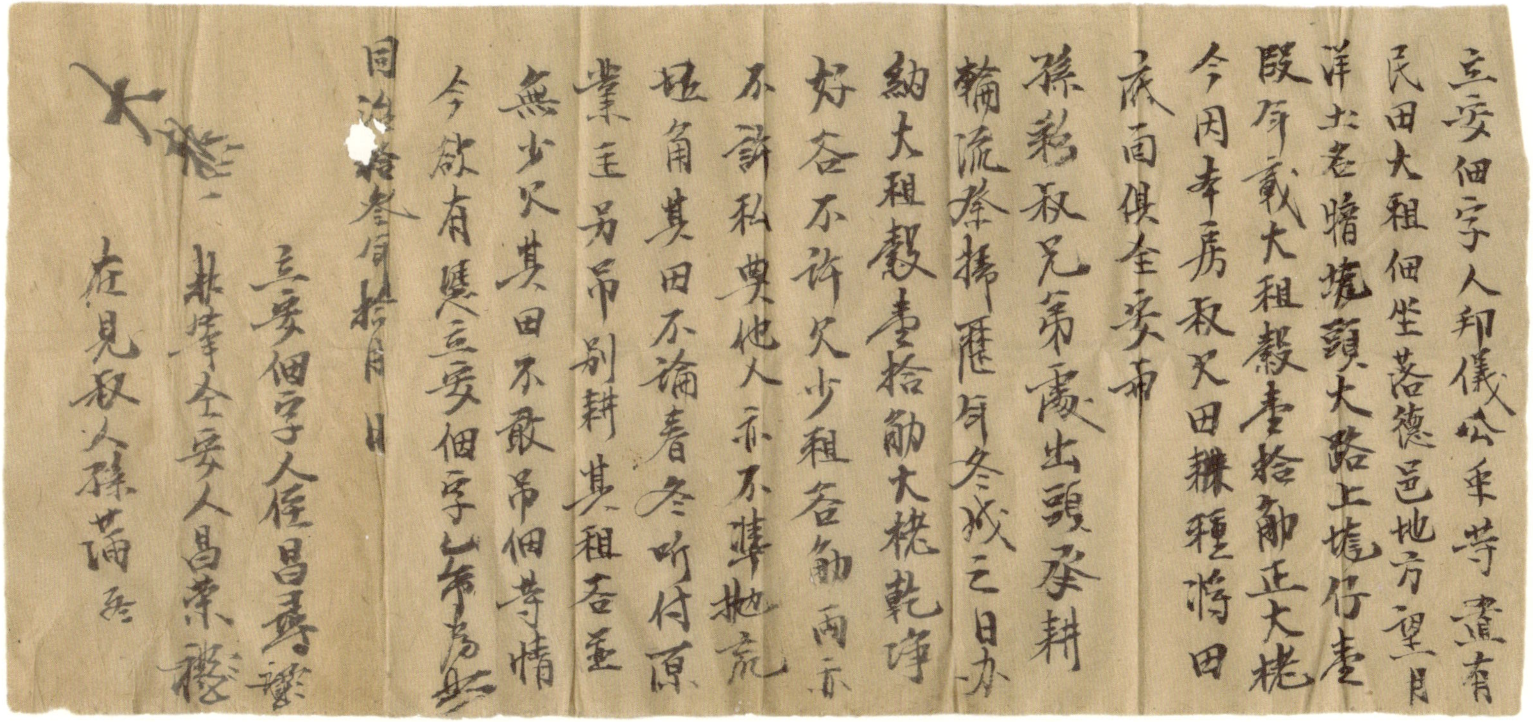
立安佃字人邦儀公秉等盧有
民田大租佃坐落德邑地方望月
洋土名暗坑頭大路上墘仔壹
段年載大租穀壹拾觔正大桃
今因本房叔叉田耕種將田
底面俱全安本
孫彩叔兄弟處出頭承耕
輪流耕種願年冬成之日办
納大租穀壹拾觔大桃乾淨
好谷不許欠少租谷觔兩亦
不許私與他人亦不許拋荒
坵角其田不論春冬聽付原
業主另吊別耕其租谷並
無少欠其田不敢吊佃等情
今欲有憑立安佃字一紙為照
同治拾叁年拾月　日
立安佃字人侄昌尋
兼筆仝安人昌棠
在見叔人孫蒲
大吉

10-5-46-3　清同治十三年十月黃昌尋等立安民田大租佃字

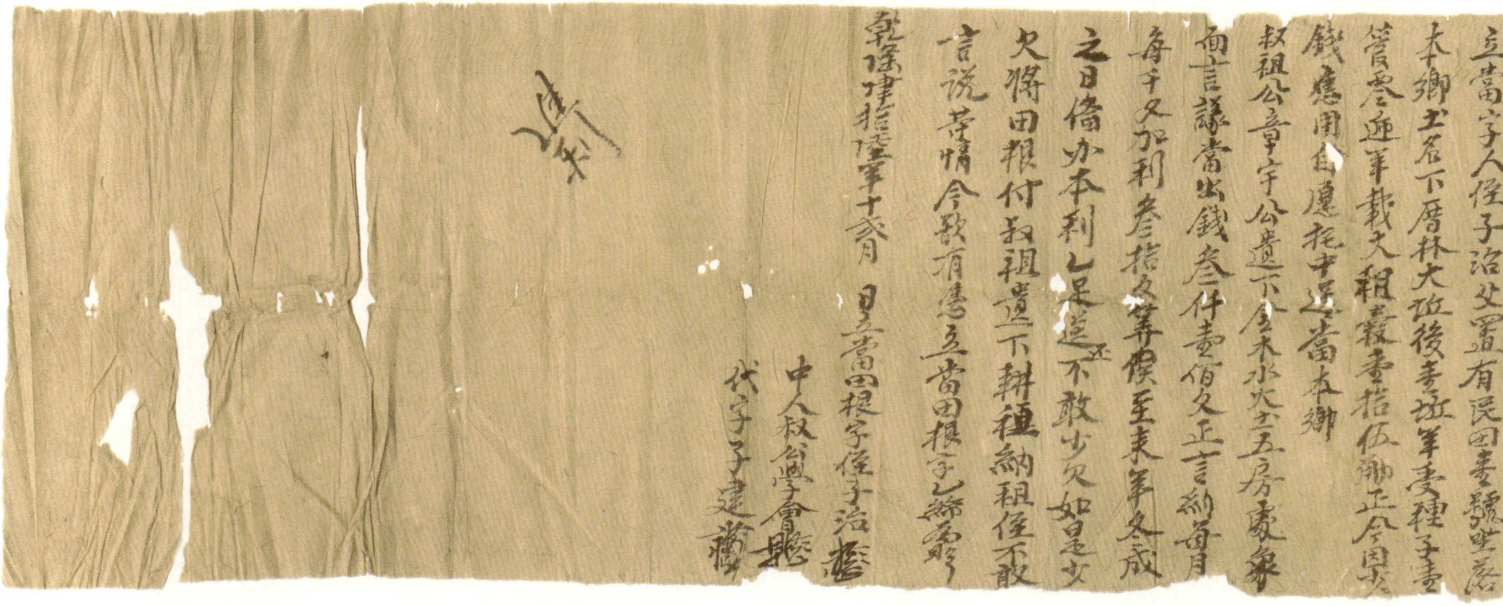
立當字人侄子治父置有民田壹號坐落
本鄉土名下厝林大斑後壹坵年受種子壹
管叁年一載大租穀壹拾伍斤正今因缺
錢應用自愿托中送當本鄉
叔祖公章宇公邊下金木水火土五房處眾
面言議當出錢叁仟壹佰文正言約每月
每千又加利叁拾文算候至來年冬成
之日備办本利一足送還不敢少欠如是欠
欠將田根付叔祖邊下耕種納租侄不敢
言說異情今欲有憑立當田根字一紙為照
乾隆肆拾陸年十弍月　日立當田根字侄子治
中人叔公學會
代字子建

10-5-47-1　清乾隆四十六年十二月黃子治立當民田字

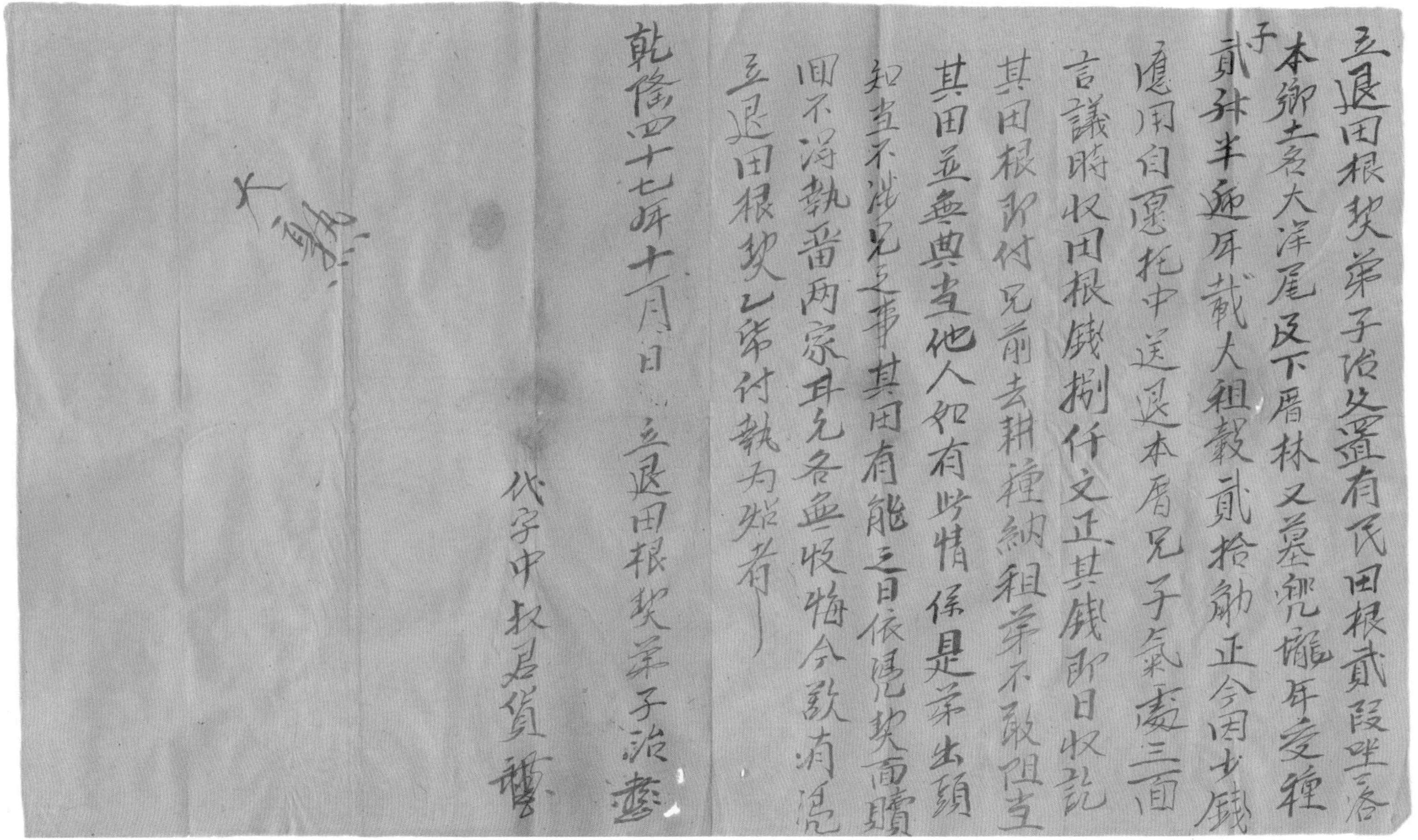

立退田根契弟子治父置有民田根貳段坐落
本鄉土名大洋尾及下厝林又墓兜壠年受種子
貳升半通年載大租穀貳拾觔正今因乏錢
應用自愿托中送退本厝兄子氣處三面
言議時收田根錢捌仟文正其錢即日收訖
其田根即付兄前去耕種納租弟不敢阻當
其田並無典當他人如有此情係是弟出頭
知當不涉兄之事其田有能之日依憑契面贖
回不得執留兩家甘允各無反悔今欲有憑
立退田根契乙紙付執為照者

乾隆四十七年十一月　日　立退田根契弟子治（押）

代字中　叔君貿（押）

大發

10-5-47-2　清乾隆四十七年十一月黃子治立退民田根契

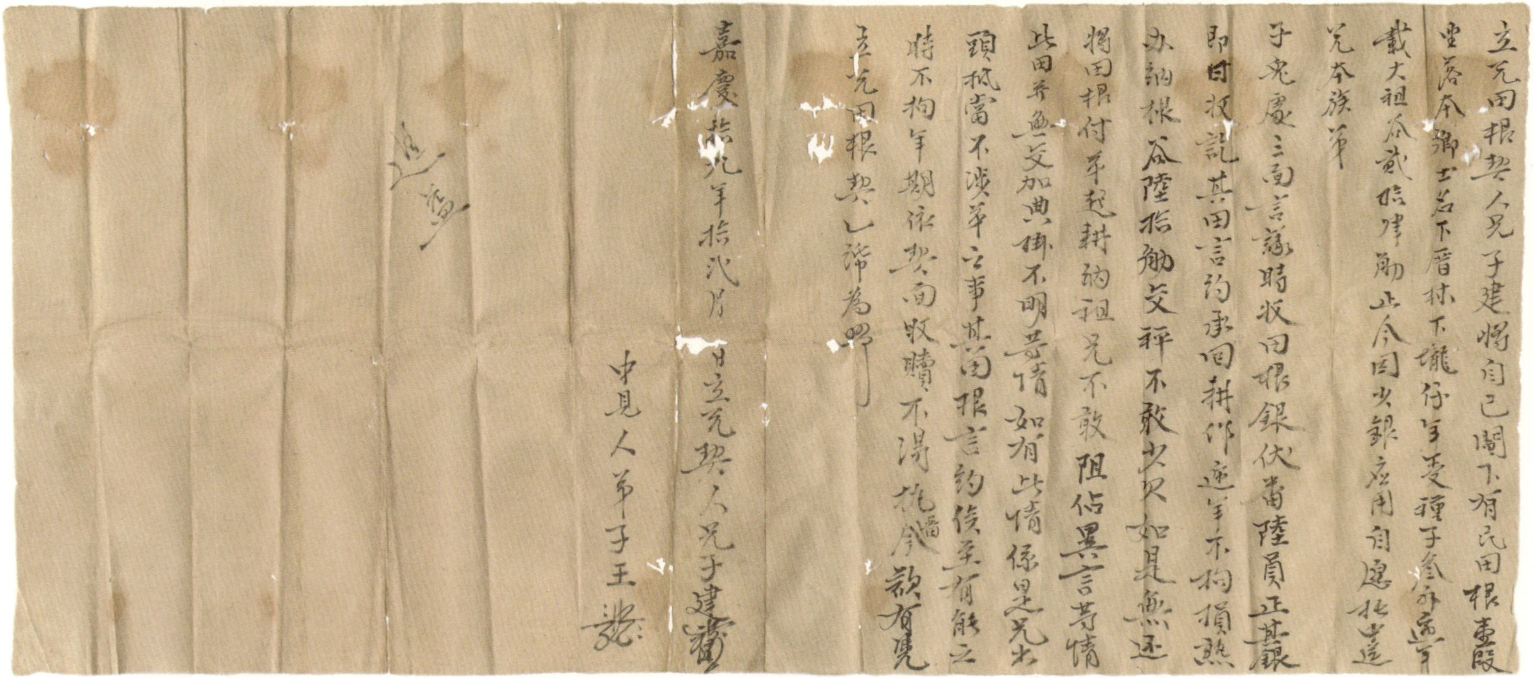

10-5-47-3 清嘉慶十九年十二月黃子建立兑民田根契

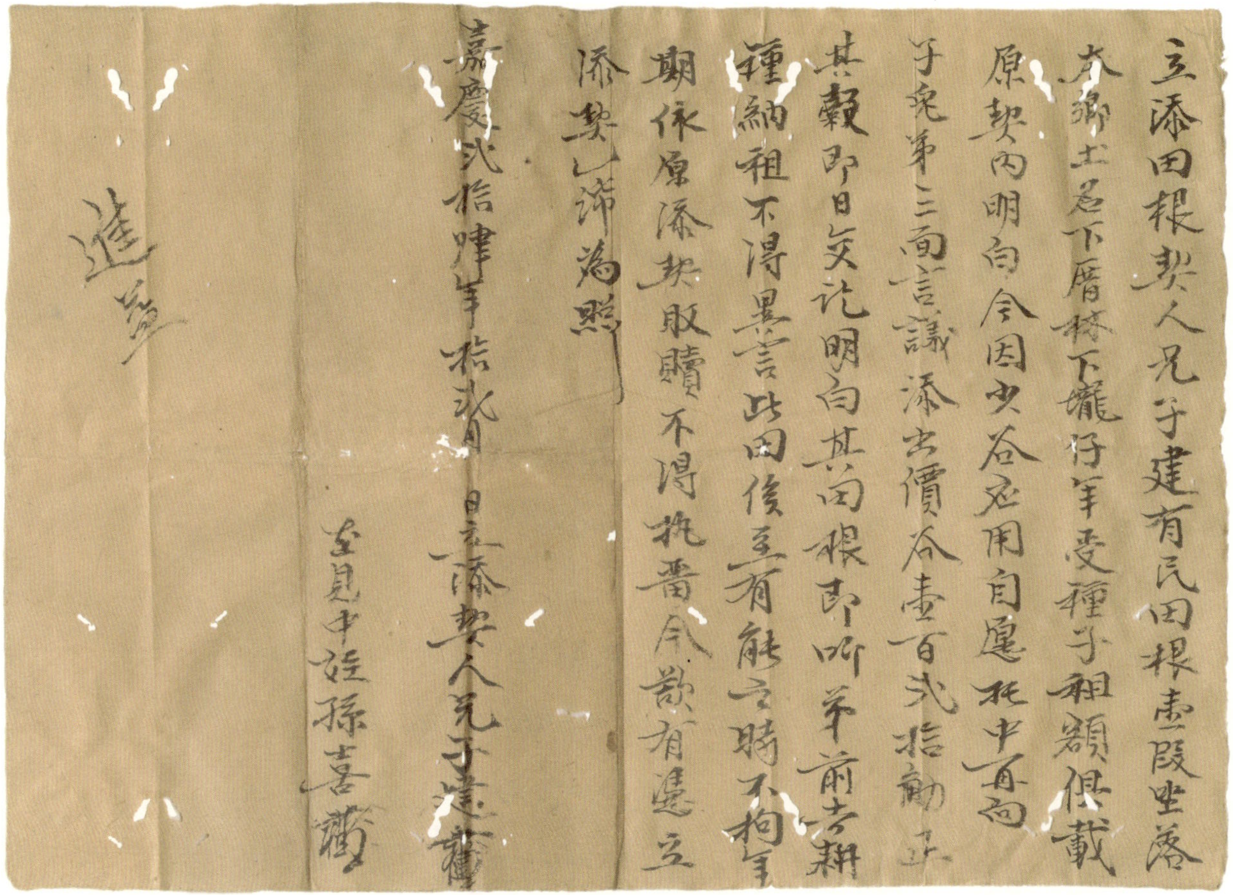
立添田根契人兄子建有民田根壹段坐落
本鄉土名下厝梓下壠仔，年受種子租額俱載
原契內明白。今因要谷乏用，自願托中向
子兑弟三面言議，添出價谷壹百弍拾觔正。
其穀即日交訖明白，其田根即听弟前去耕
種納租，不得異言。此田後至有能之時，不拘年
期，依原添契取贖，不得執留。今欲有憑，立
添契一紙為照。
嘉慶弍拾肆年拾弍月　日立添契人兄子建（押）
在見中侄孫喜（押）
進益

10-5-47-4　清嘉慶二十四年十二月黄子建立添民田根契

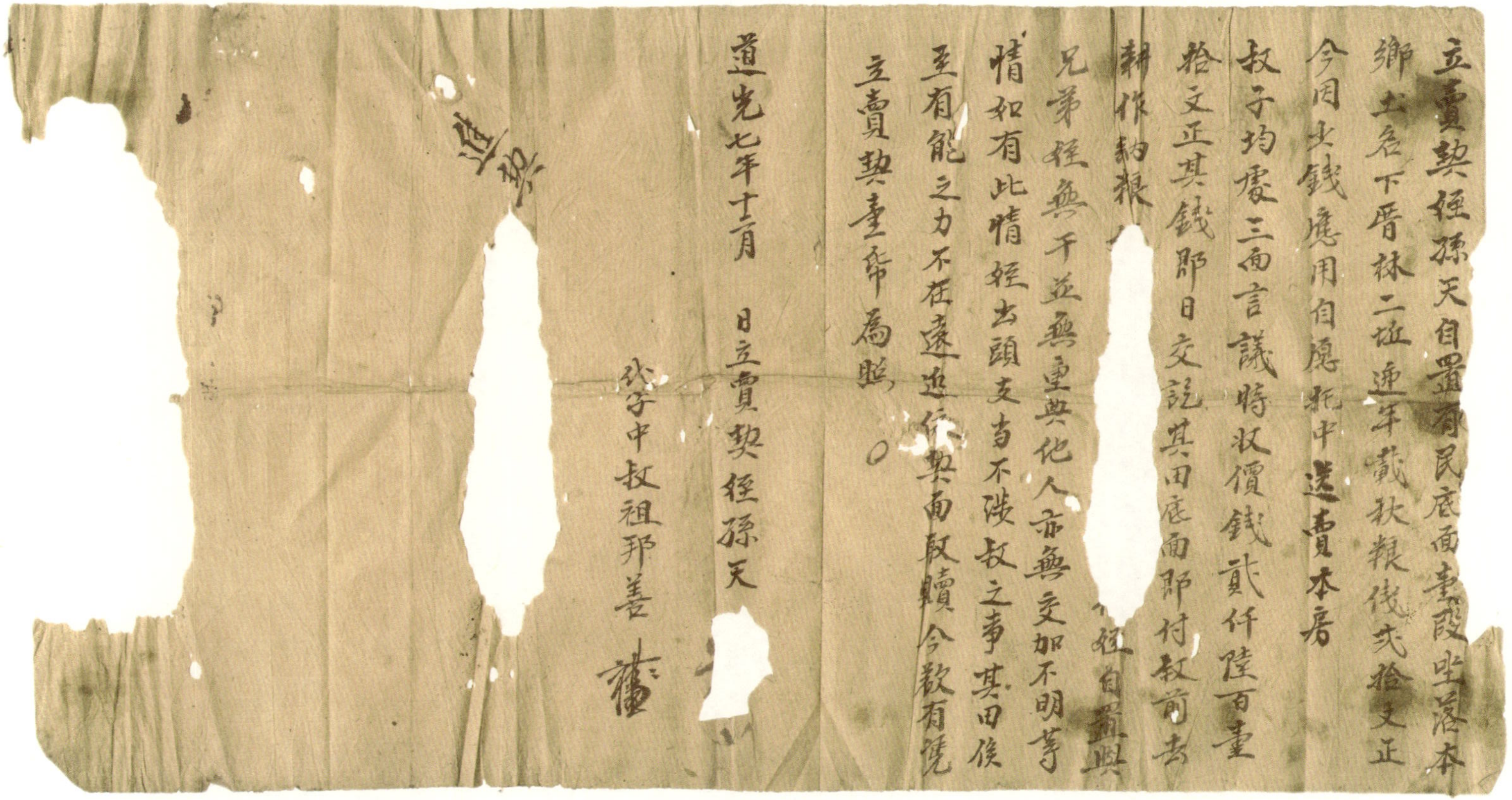

立賣契侄孫天自置有民底面壹段坐落本
鄉土名下晋林二坵逐年載秋粮伐弍拾文正
今因乏錢應用自愿托中送賣本房
叔子均處三面言議時収價錢貳仟陸百壹
拾文正其錢即日交訖其田底面即付叔前去
耕作納粮　侄自置與
兄弟侄無干並無重典他人亦無交加不明等
情如有此情侄出頭支当不涉叔之事其田俟
至有能之力不在遠近任契面取贖今欲有憑
立賣契壹帋為照　○

道光七年十二月　日立賣契侄孫天
代字中叔祖邦善

10-5-47-5　清道光七年十二月黃孫天立賣底面民田契

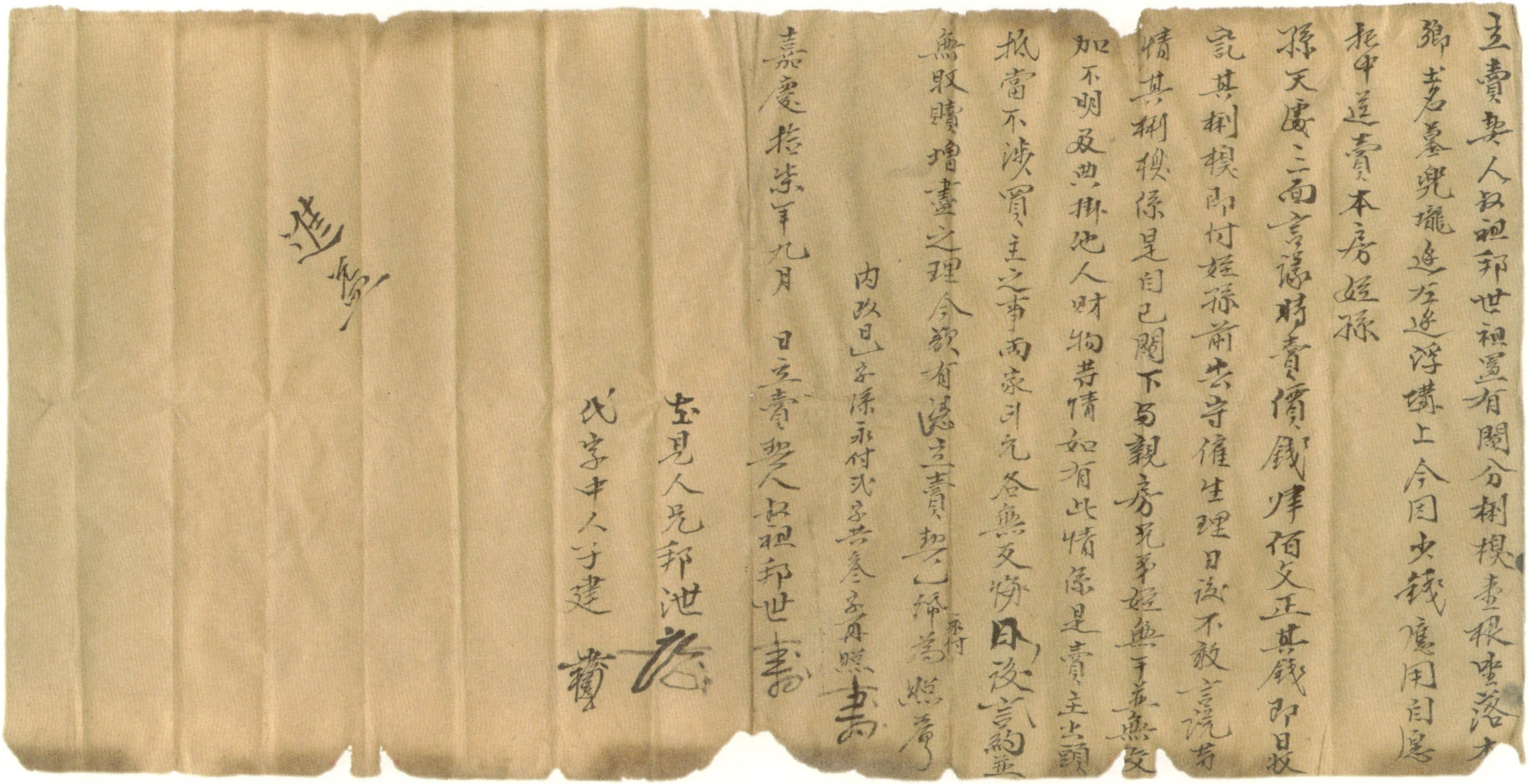
立賣契人叔祖邦世祖置有閩分樹椇壹根坐落本
鄉土名墓兜壠迭左迭浮墘上今因乏錢應用自愿
托中送賣本房姪孫
孫天慶三面言議時賣價錢肆佰文正其錢即日收
訖其樹椇即付姪孫前去守催生理日後不敢言說若
情其樹椇係是自己閩下與親房兄弟姪無干並無交
加不明及典掛他人財物等情如有此情係是賣主出頭
抵當不涉買主之事兩家心允各無反悔日後言約並
無取贖增盡之理今欲有憑立賣契一紙永付孫爲照
內改一字係永付弍字共叁字再照　書
嘉慶拾柒年九月　日立賣契人叔祖邦世　書
在見人兄邦泄
代字中人子建

10-5-48-1　清嘉慶十七年九月黃邦世立賣梨椇契

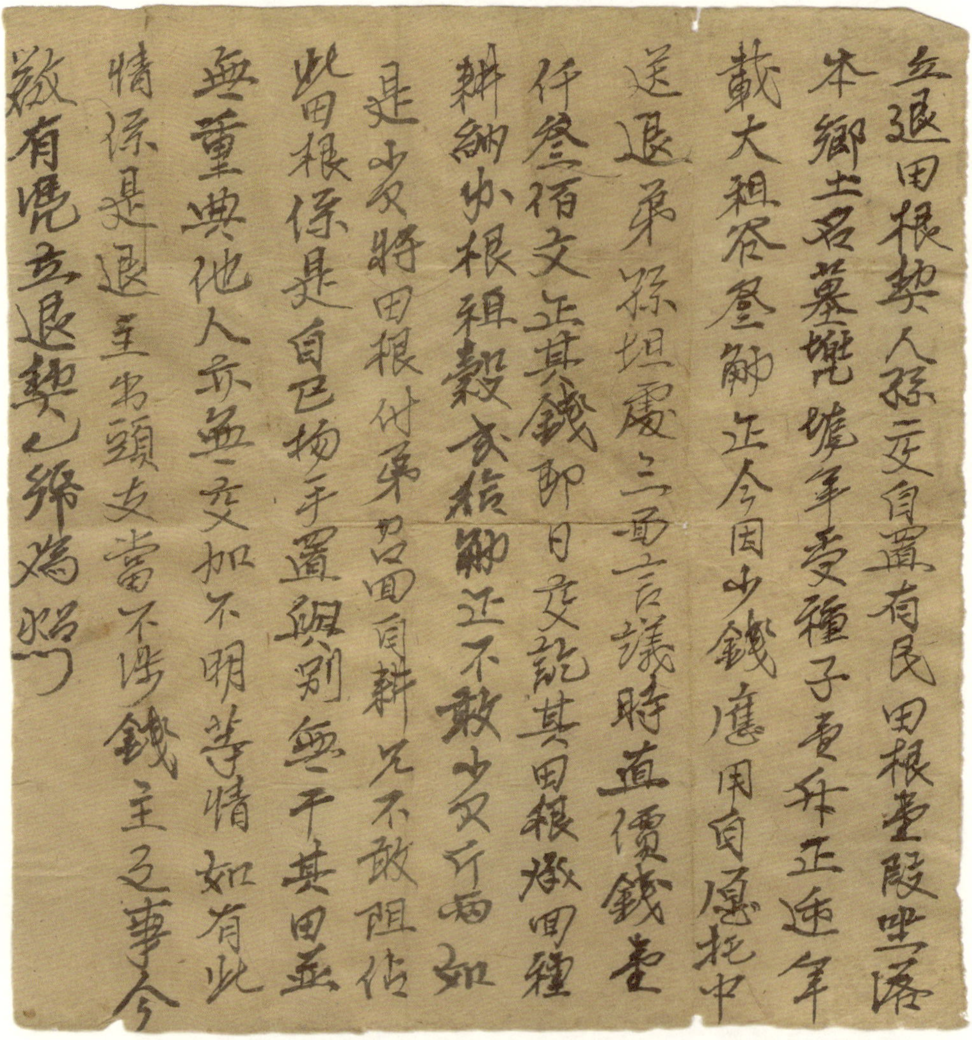
立退田根契人孫交自置有民田根壹段坐落本鄉土名墓壠墘年受種子壹升正逐年載大租谷壹斛正今因少錢應用自愿托中送退弟孫坦慶三面言議時值價錢壹仟叁佰文正其錢即日交訖其田根承佃種耕納小根租穀貳拾斛正不敢少欠斤兩如是少欠將田根付弟另召佃自耕兄不敢阻佔此田根係是自己物手置與別無干其田並無重典他人亦無交加不明等情如有此情係是退主出頭支當不涉錢主之事今欲有憑立退契一紙爲照

10-5-48-2　清嘉慶道光年間黄孫交立退民田根契

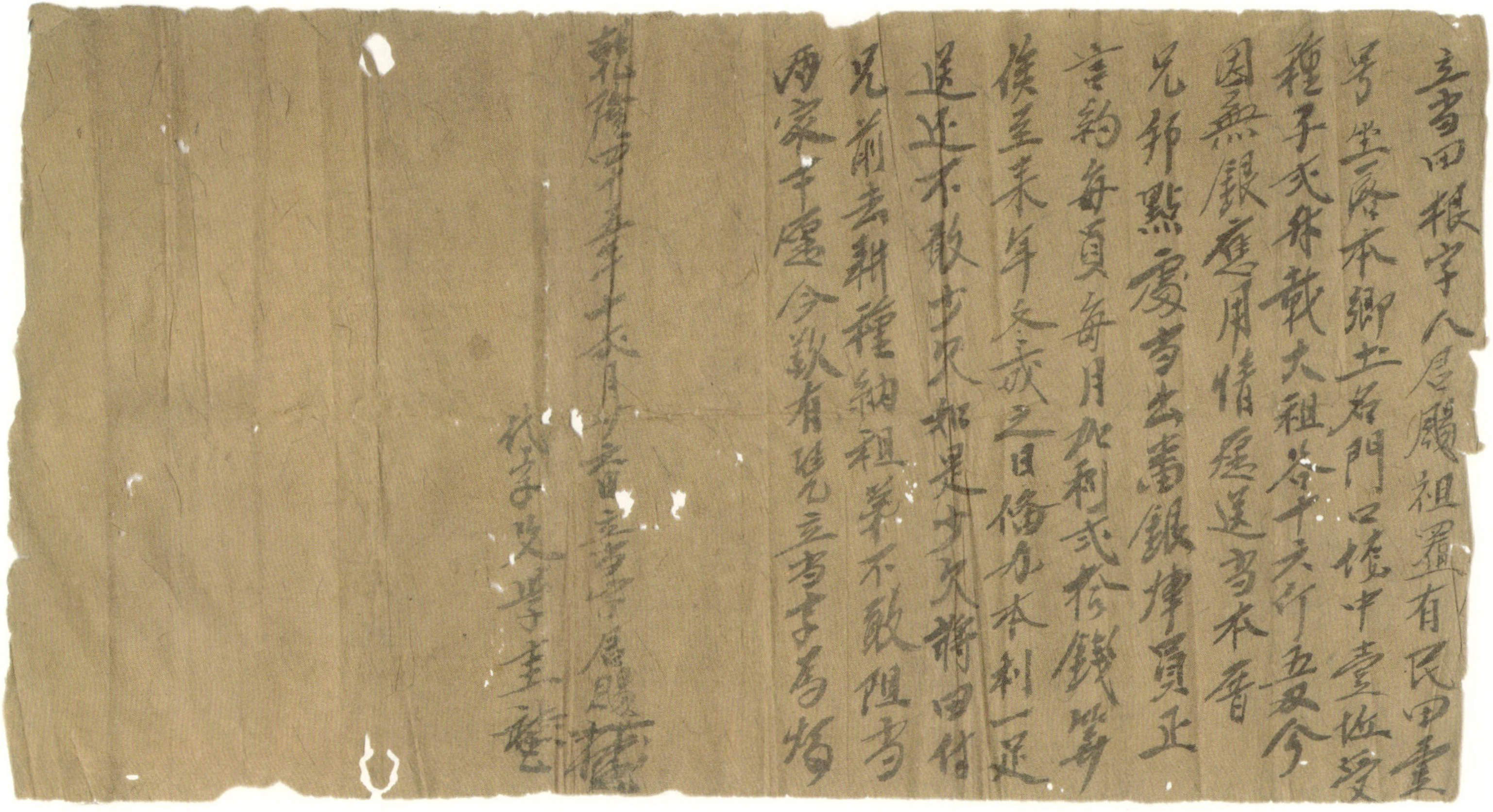

立當田根字人君颺，祖遺有民田壹
號，坐落本鄉土名門口垅，中壹坵，受
種子弍斗，載大租谷十六斤五兩。今
因無銀應用，情愿送當本厝
兄邦點處，當出番銀肆員正。
言約每員每月加利弍拾錢算，
俟至來年冬成之日，備办本利一足
送还，不敢少欠。如是少欠，將田付
兄前去耕種納租，業不敢阻当。
兩家甘愿，今欲有憑，立當字為照。

乾隆四十五年十二月　日立當字人君颺（押）
代字叔文學奎（押）

10-5-49-1　清乾隆四十五年十二月黃君颺立當民田根字

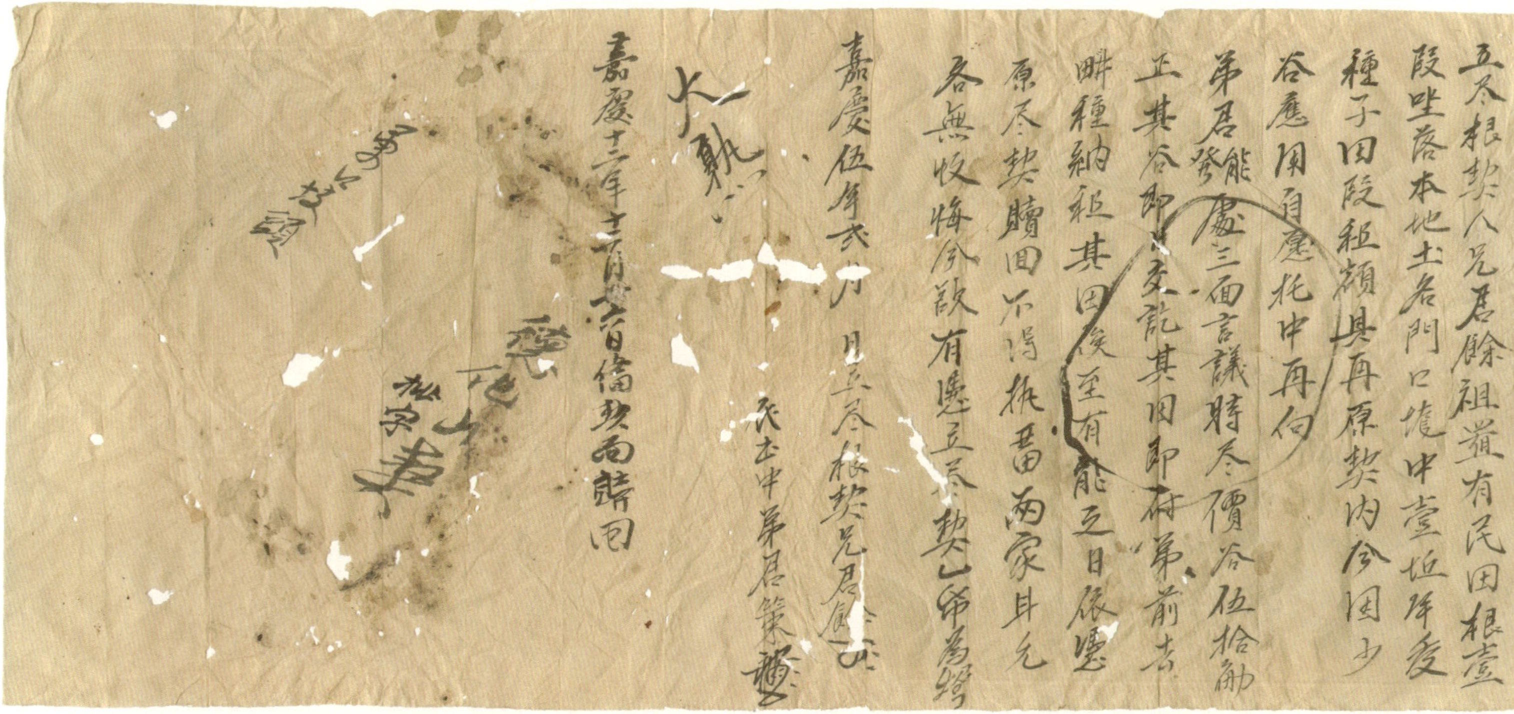

10-5-49-2　清嘉慶五年二月黄君餘立盡民田根契（廢契）

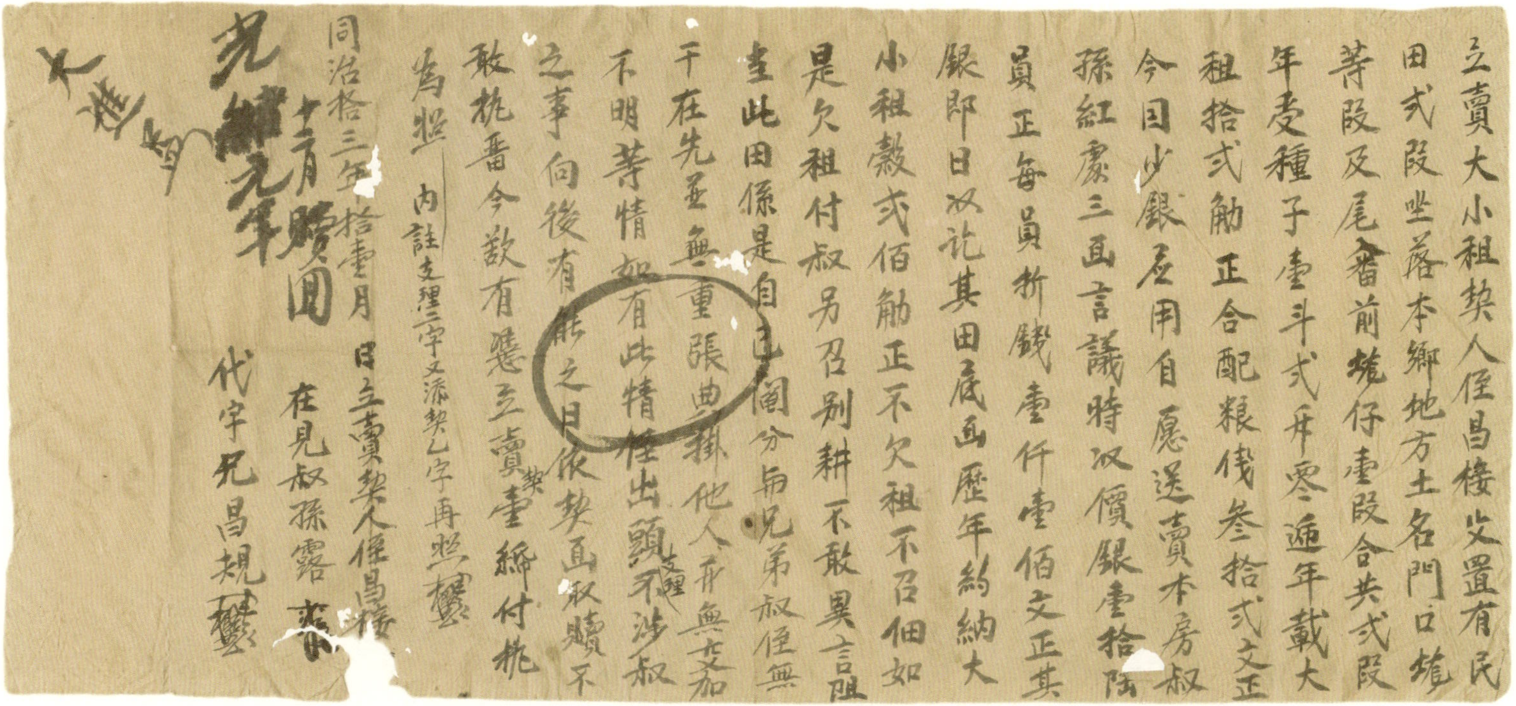
立賣大小租契人侄昌梫父置有民
田弍段坐落本鄉地方土名門口塆
等段及尾畲前塆仔壹段合共弍段
年受種子壹斗弍升零遞年載大
租拾弍觔正合配粮錢叁拾弍文正
今因少銀應用自愿送賣本房叔
孫紅素三面言議特取價銀壹拾陸
員正每員折錢壹仟壹佰文正其
銀即日收訖其田底面歷年納大
小租穀弍佰觔正不欠租不召佃如
是欠租付叔另召別耕不敢異言阻
主此田係是自己閹分與兄弟叔侄無
干在先並無重張典掛他人亦無交加
不明等情如有此情侄出頭支理不涉叔
之事向後有能之日依契面叔贖不
敢執畨今欲有憑立賣契壹紙付執
為照　內註支理二字又添契乙字再照
同治拾三年拾壹月　日立賣契人侄昌梫
在見叔孫露
代字兄昌規
光緒元年十一月贖回
大吉

10-5-49-3　清同治十三年十一月黃昌梫立賣民田大小租契（廢契）

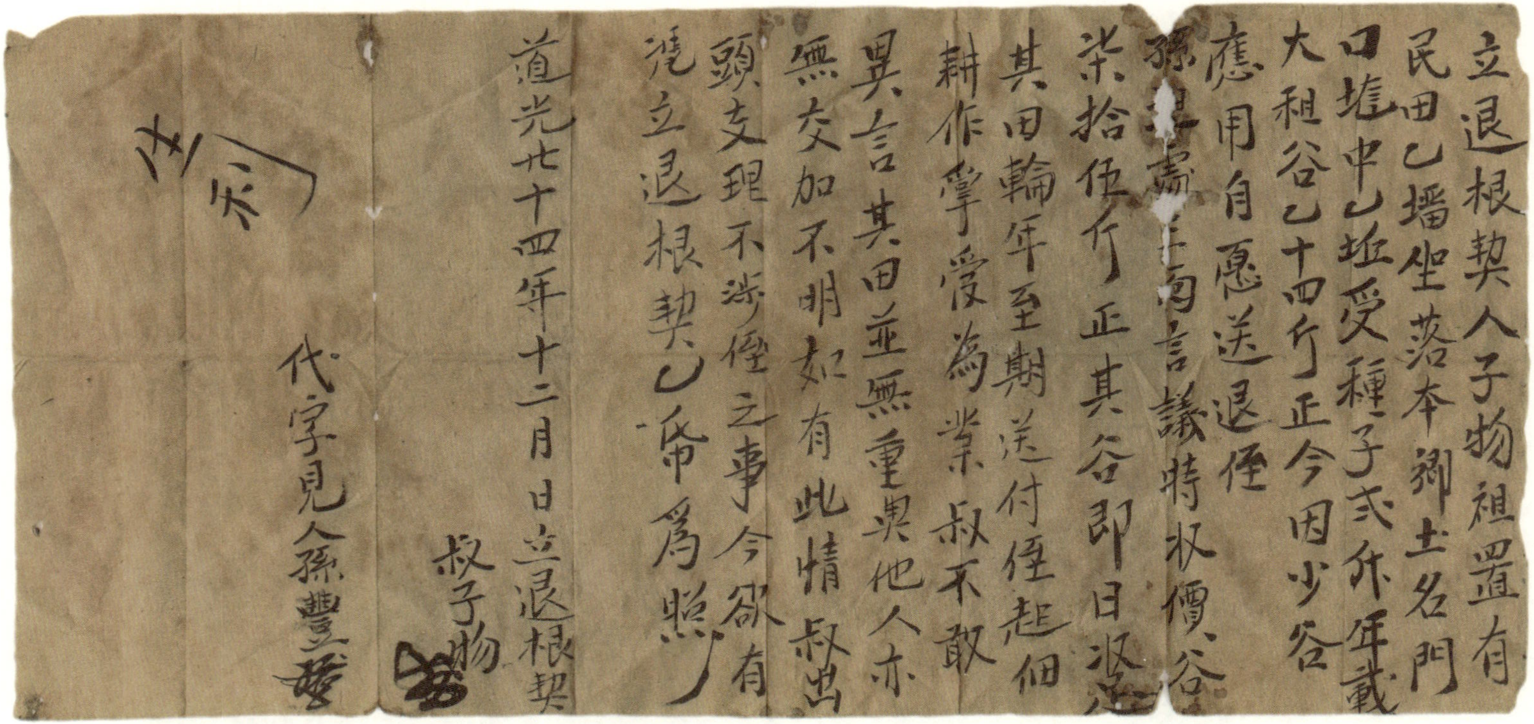

立退根契人子物祖置有
民田乙塅坐落本鄉土名門
口壠中山坵受種子弍斤年載
大租谷乙十四斤正今因少谷
應用自愿送退侄
孫[illegible]出首言議特收價谷
柒拾伍斤正其谷即日收足
其田輪年至期送付侄起佃
耕作掌管為業叔不敢
異言其田並無重典他人亦
無交加不明如有此情叔出
頭支理不涉侄之事今欲有
憑立退根契乙紙為照
道光廿十四年十二月日立退根契
叔子物（押）
代字見人孫豐盛（押）
全利

10-5-49-4　清道光二十四年十二月黄子物立退民田根契

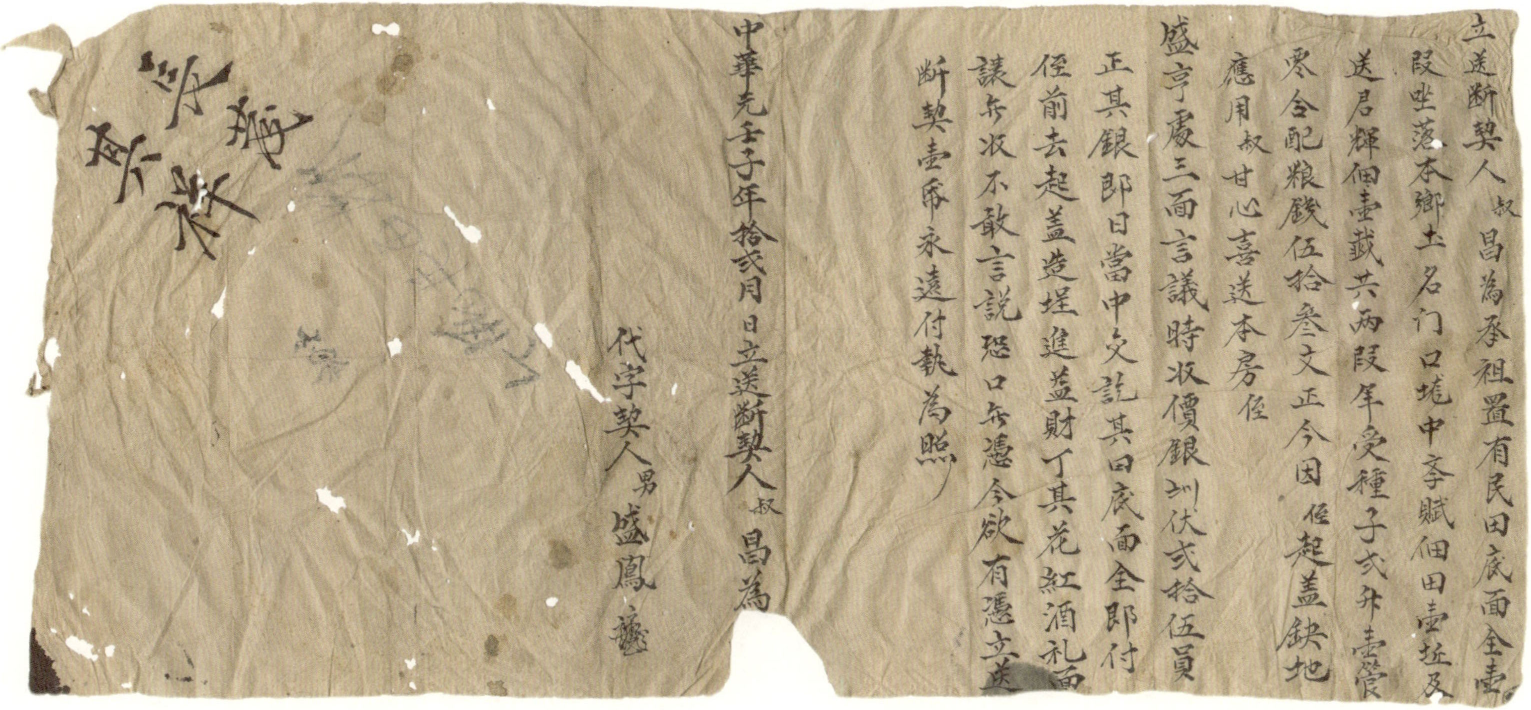
立送斷契人叔昌爲承祖置有民田底面全壹
段坐落本鄉土名门口垅中夲賦佃田壹坵及
送君粦佃壹截共兩段年受種子弍升壹管
叁合配粮錢伍拾叁文正今因侄起蓋缺地
應用叔甘心喜送本房侄
盛亨處三面言議時收價銀別伏弍拾伍員
正其銀即日當中交訖其田底面全即付
侄前去起蓋造堘進益財丁其花紅酒礼面
議今收不敢言說恐口無憑今欲有憑立送
斷契壹帋永遠付執爲照
中華元壬子年拾弍月　日立送斷契人叔昌爲
代字契人男盛鳳（押）

10-5-49-5　民國元年十二月黄昌爲立送斷底面全民田契

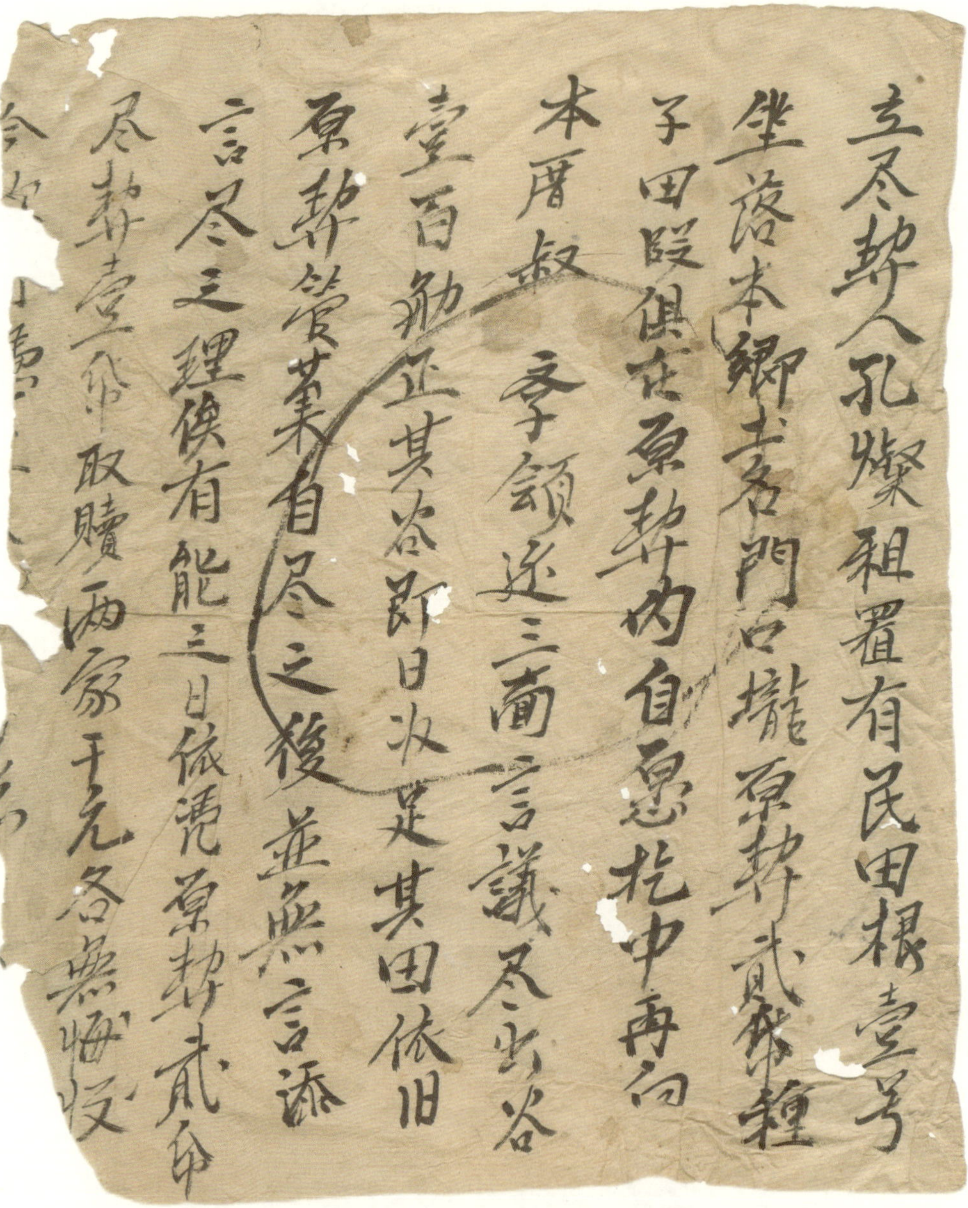
立盡契人孔燦祖置有民田根壹號
坐落本鄉土名門口壠原契貳秤種
子田段俱在原契内自愿托中再向
本房叔　李頌述三面言議盡出谷
壹百觔正其谷即日收足其田依旧
原契管業自盡之後並無言添
言盡之理倘有能三月依憑原契貳秤
盡契壹紙取贖兩家甘允各無悔反
今欲

10-5-49-6　黄孔燦立盡民田根契（年代不詳，廢契）

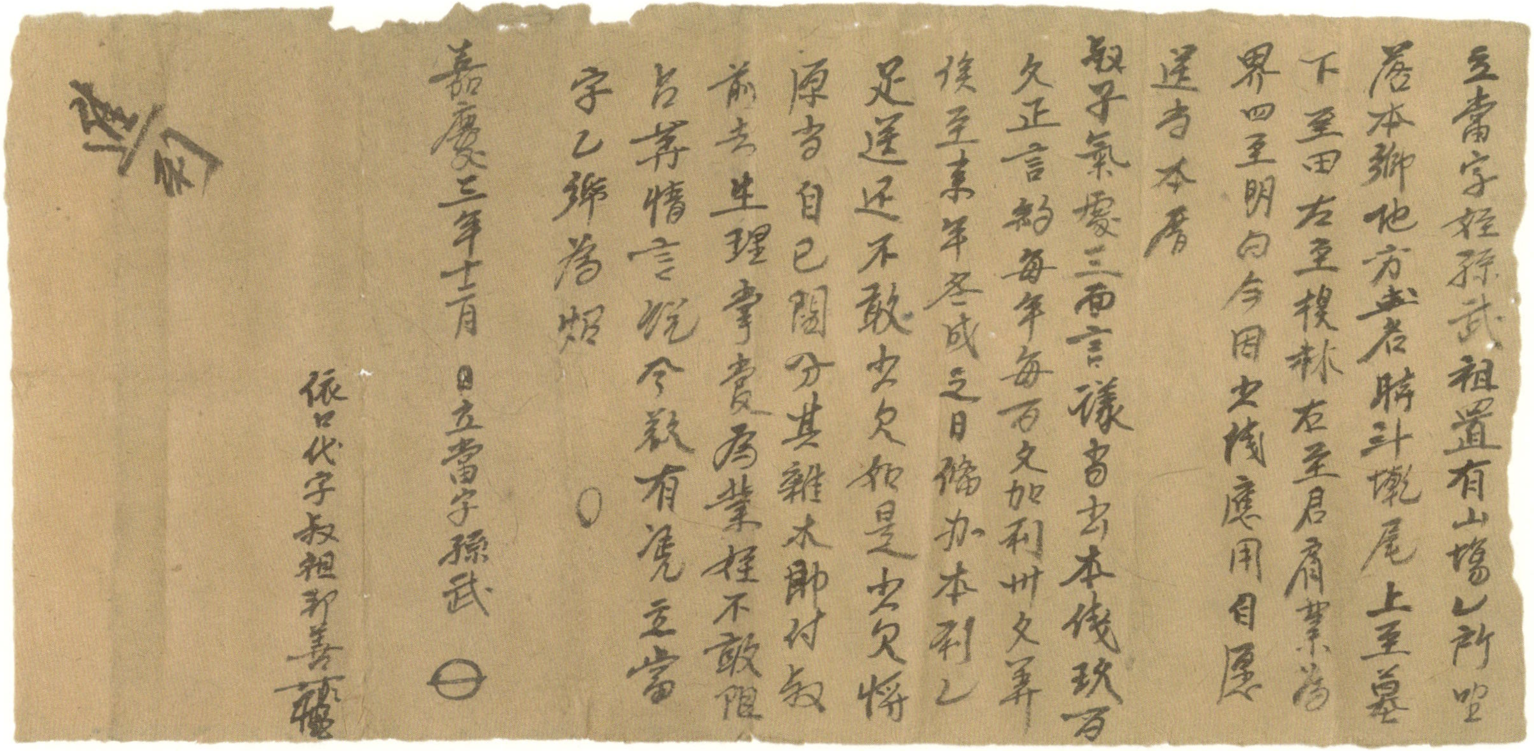

立當字姪孫武祖置有山場一所坐
落本鄉地方土名騎斗壠尾上至墓
下至田右至樸林左至君甫業為
界四至明白今因乏錢應用自愿
送當本房
叔子氣愛三面言議當出本錢玖百
文正言約每年每百文加利卅文算
俟至來年冬成之日備办本利乙
足送还不敢少欠如是少欠將
原當自己闔分其雜木聽付叔
前去生理掌管為業姪不敢阻
占等情言說今欲有憑立當
字乙紙為照

嘉慶三年十二月 日立當字孫武

依口代字叔祖邦善

10-5-50-1 清嘉慶三年十二月黃孫武立當山場字

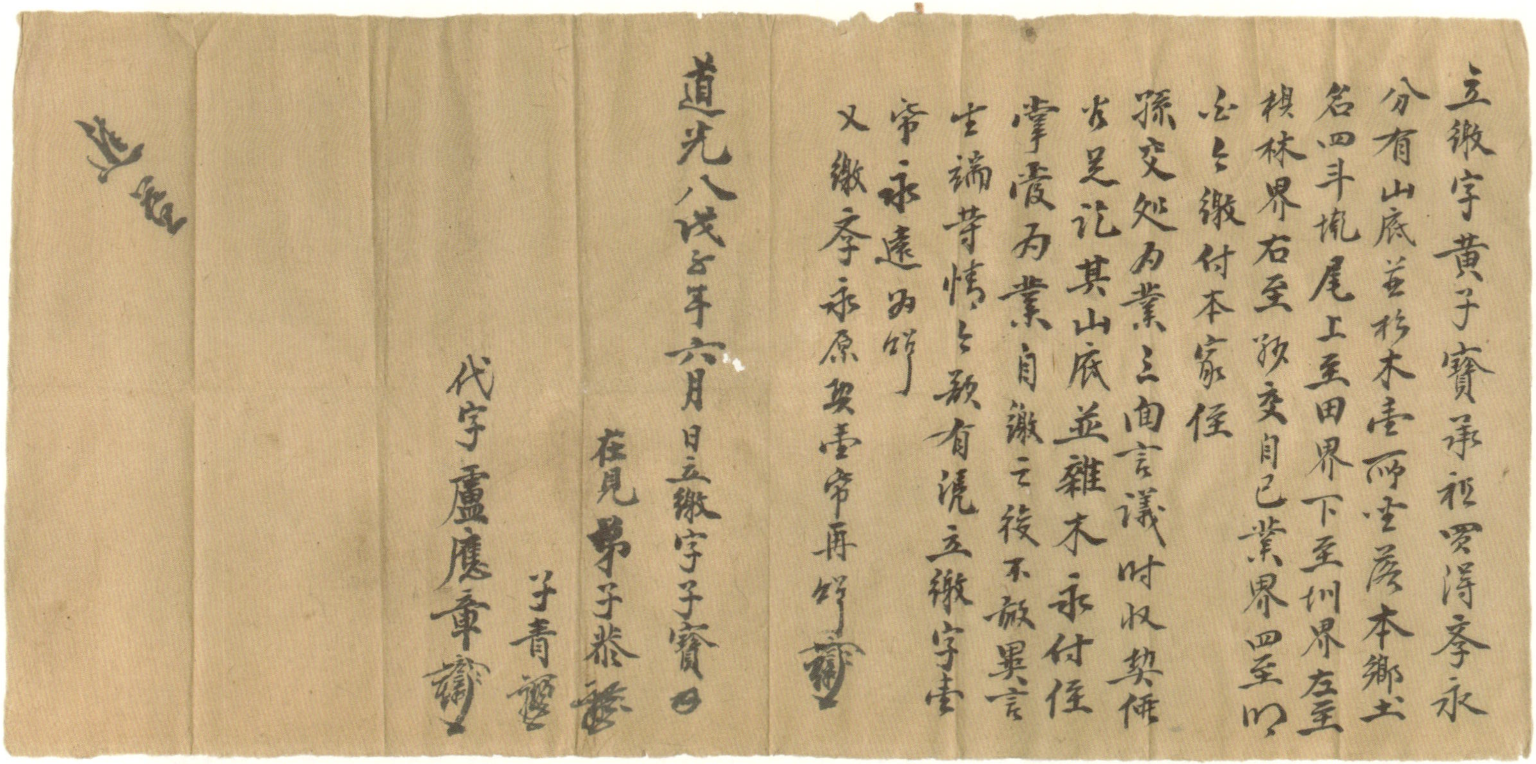
立繳字黃子寶承祖買得李永
分有山底並杉木壹所，坐落本鄉土
名四斗坵尾，上至田界，下至圳界，左至
楓林界，右至孫交自己業界，四至明
白，今繳付本家侄
孫交處為業，三面言議，时收契價
收足訖，其山底並雜木永付侄
掌管為業，自繳之後，不敢異言
生端等情，今欲有憑，立繳字壹
帋永遠為炤
又繳李永原契壹帋再炤

道光八戊子年六月　日立繳字子子寶
在見　弟子恭
子青
代字　盧應章

10-5-50-2　清道光八年六月黃子寶立繳山底並杉木字

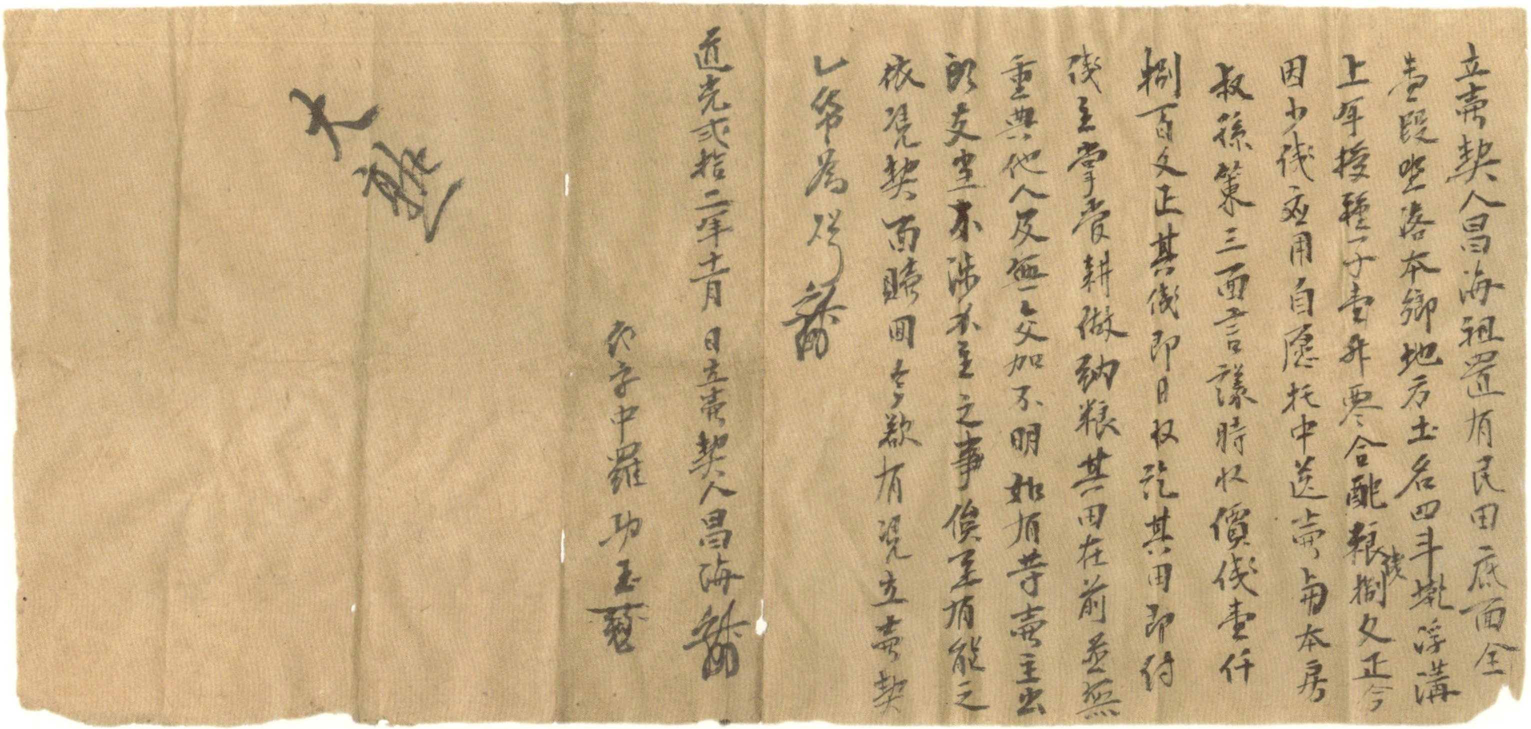

立賣契人昌海祖置有民田底面全
壹段坐落本鄉地方土名四斗堀浮溝
上年接種一斗壹升界合配粮錢捌文正今
因少錢應用自愿托中送賣與本房
叔孫策三面言議時值價錢壹仟
捌百文正其錢即日收訖其田即付
錢主掌管耕做納粮其田在前並無
重典他人及無交加不明如有等賣主出
頭支當不涉錢主之事候至有能之
辰照契面贖回兩款有憑立賣契
一紙為照
道光式拾二年十一月　日立賣契人昌海
代字中羅功玉

10-5-50-3　清道光二十二年十一月黃昌海立賣底面全民田契

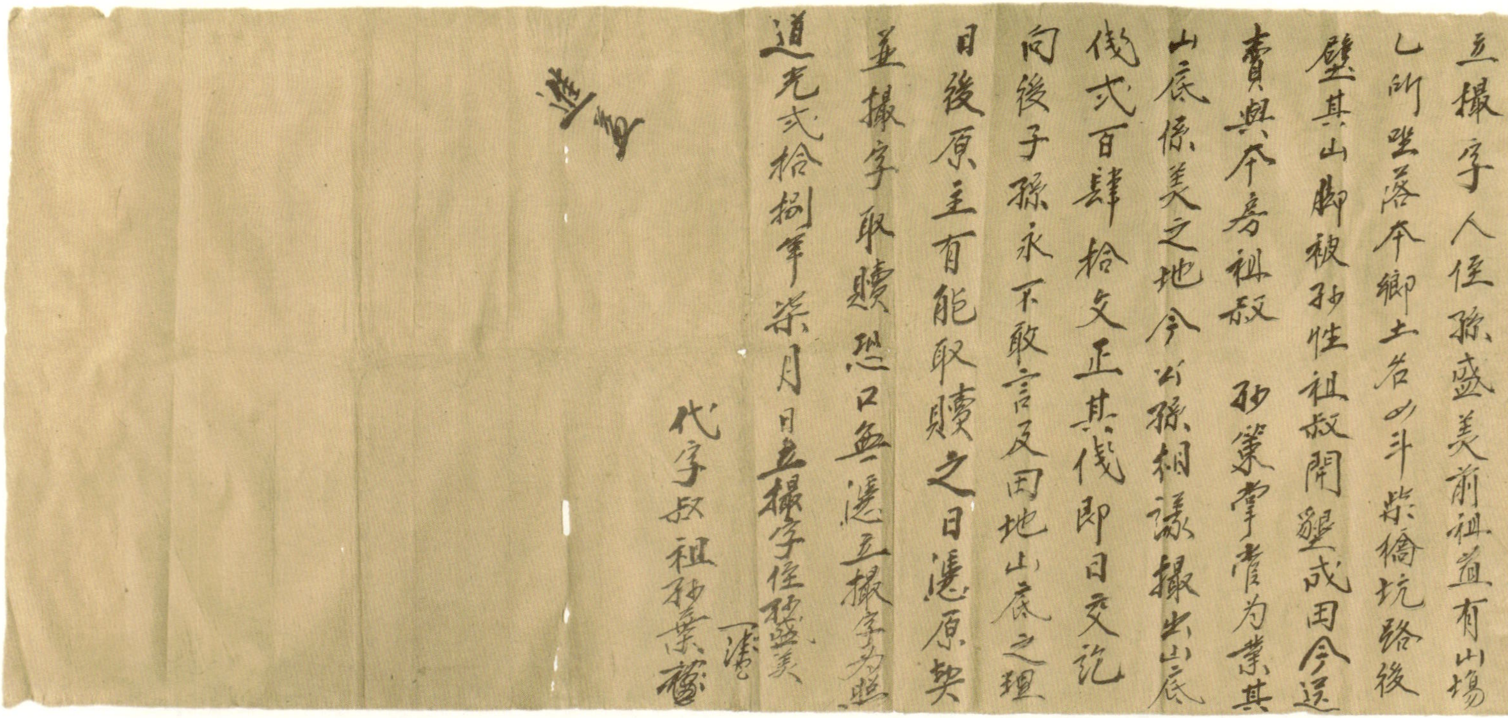
立撮字人侄孫盛美前祖置有山場
乙所坐落本鄉土名ㄙ斗紫㮶坑路後
壁其山腳被孙性祖叔開墾成田今送
賣與本房祖叔　孙業掌管為業其
山底係美之地今出孫相議撮出山底
伐式百肆拾文正其伐即日交訖
向後子孫永不敢言及田地山底之理
日後原主有能取贖之日憑原契
並撮字取贖恐口無憑立撮字為照
道光式拾捌年柒月　日立撮字侄孫盛美
代字叔祖孙業

10-5-50-4　清道光二十八年七月黄盛美立撮字

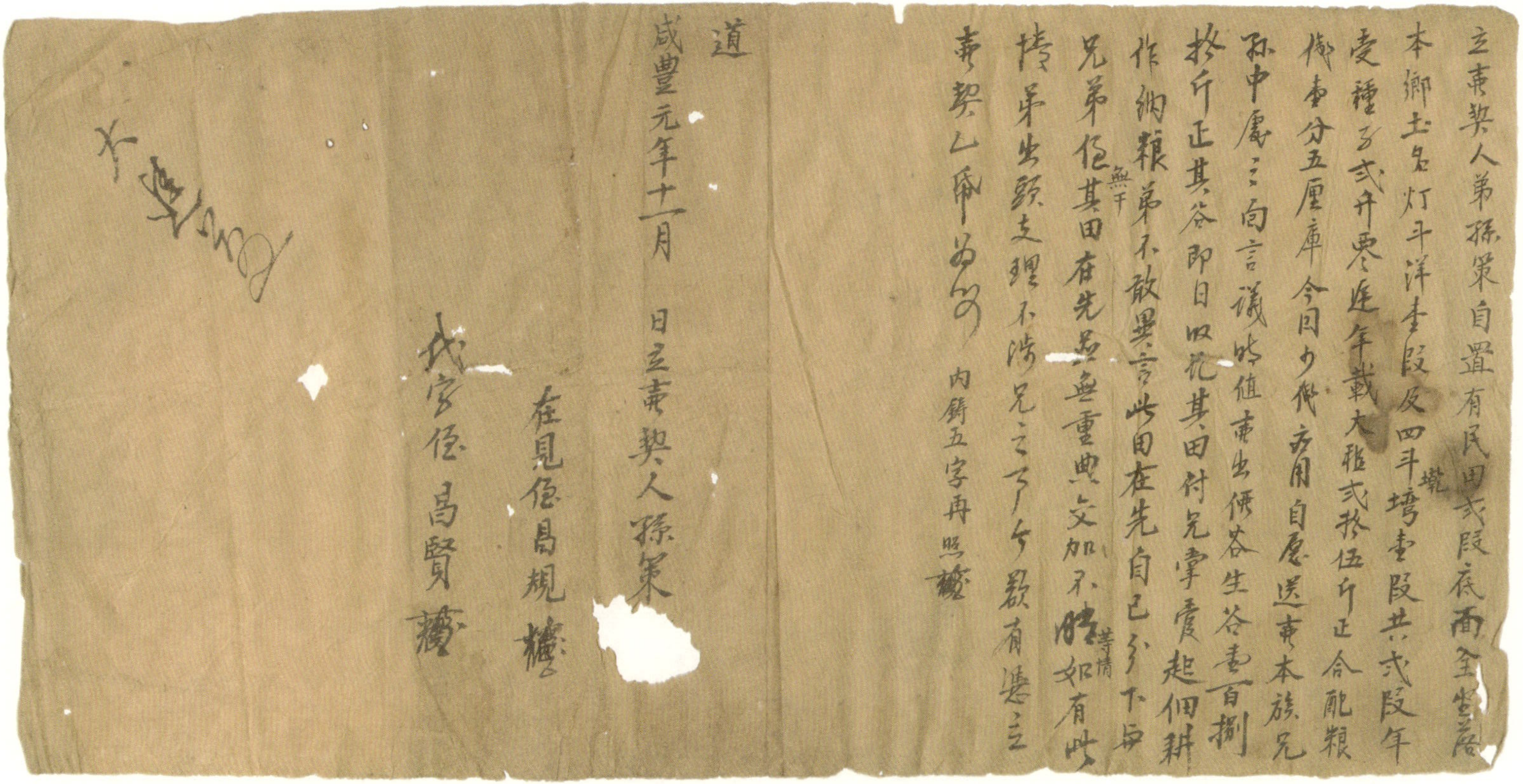

立賣契人弟孫策自置有民田弍段，底面全，坐落本鄉土名灯斗洋壹段，又四斗墩壹段，共弍段，年受種子弍升零，年載大租弍拾伍斤正，合配粮銀壹分五厘庫。今因乏錢，自愿送賣本族兄孫中處三面言議，時值賣出價谷生谷壹百捌拾斤正。其谷即日收訖，其田付兄掌管，起佃耕作納粮，弟不敢異言。此田在先自己分下，與兄弟侄無干。其田在先並無重典交加不明等情，如有此情，弟出頭支理，不涉兄之事。今欲有憑，立賣契一紙為照。

內錯五字再照。

道

咸豐元年十一月　日立賣契人孫策

在見侄昌規

代字侄昌賢

10-5-50-5　清咸豐元年十一月黃孫策立賣底面全民田契

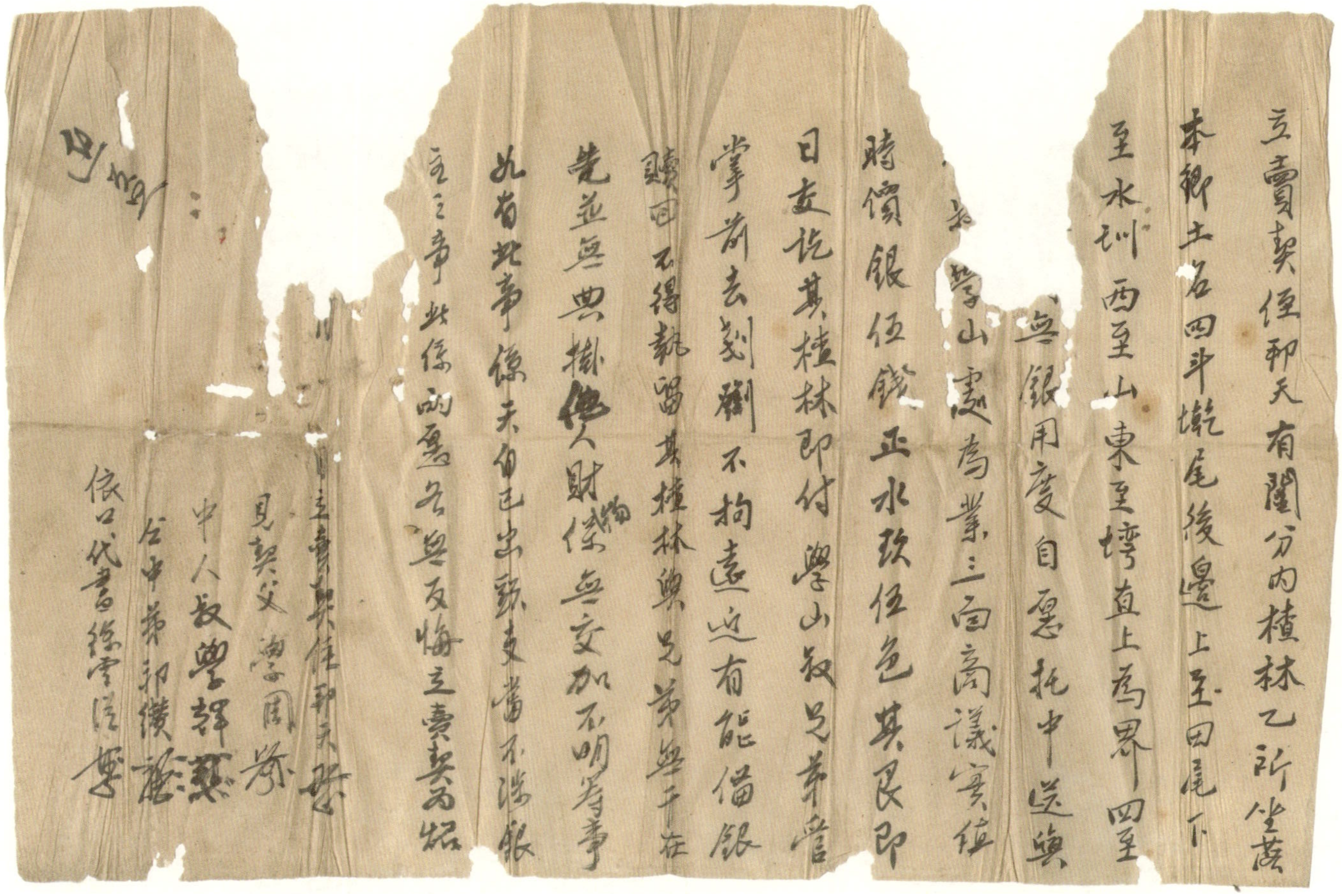
立賣契侄邦天有闔分内檀林乙所坐落
本鄉土名四斗墘尾後邊上至田尾下
至水圳西至山東至塝直上爲界四至
無銀用度自愿托中送與
[illegible]山處爲業三面商議實值
時價銀伍錢正水玖伍色其銀即
日交訖其檀林即付學山叔兄弟管
掌前去割斵不拘遠近有能備銀
贖回不得執留其檀林與兄弟無干在
先並無典掛他人財物係無交加不明等事
如有此事係天自己出頭支當不涉銀
主之事此係兩愿各無反悔立賣契爲炤
立賣契侄邦天
見契父學周
中人叔學輝
合中弟邦儀
依口代書侄[illegible]

10-5-50-6　黄邦天立賣檀林契（年代不詳）

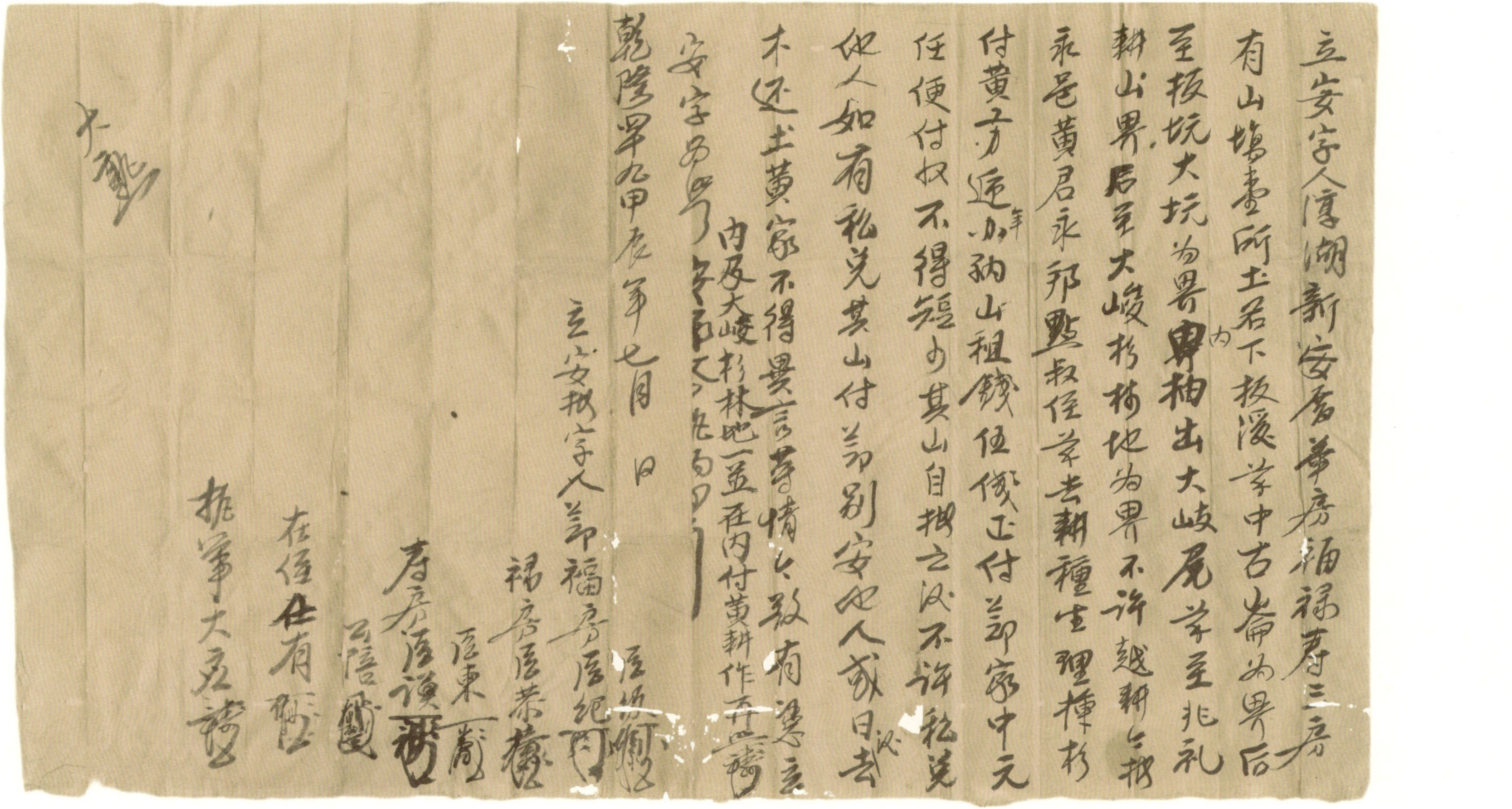
立安字人德湖新安房華房福祿壽三房
有山場壹所土名下坂溪等中古崙為界后
至坂坑大坑為界內東柚出大岐尾等至北礼
耕山界后至大峻杉樹地為界不許越耕亡批
永邑黃君永邦點叔侄等去耕種生理樟杉
付黃方延年加納山租錢伍仟正付與鄭家中元
任便付收不得短少其山自批之後不許私兌
他人如有私兌其山付與別安他人或日後
不還土黃家不得異言等情致有憑立
內及大峻杉林地一並在內付黃耕作再批
安字為照
乾隆四十九甲辰年七月　日
立安批字人鄭福房侄紀
侄順
祿房侄恭
侄東
壽房侄謨
侄營
在侄任有
執筆大應
大鄭

10-5-51-1　清乾隆四十九年七月德化鄭氏福禄壽三房立安批山場字

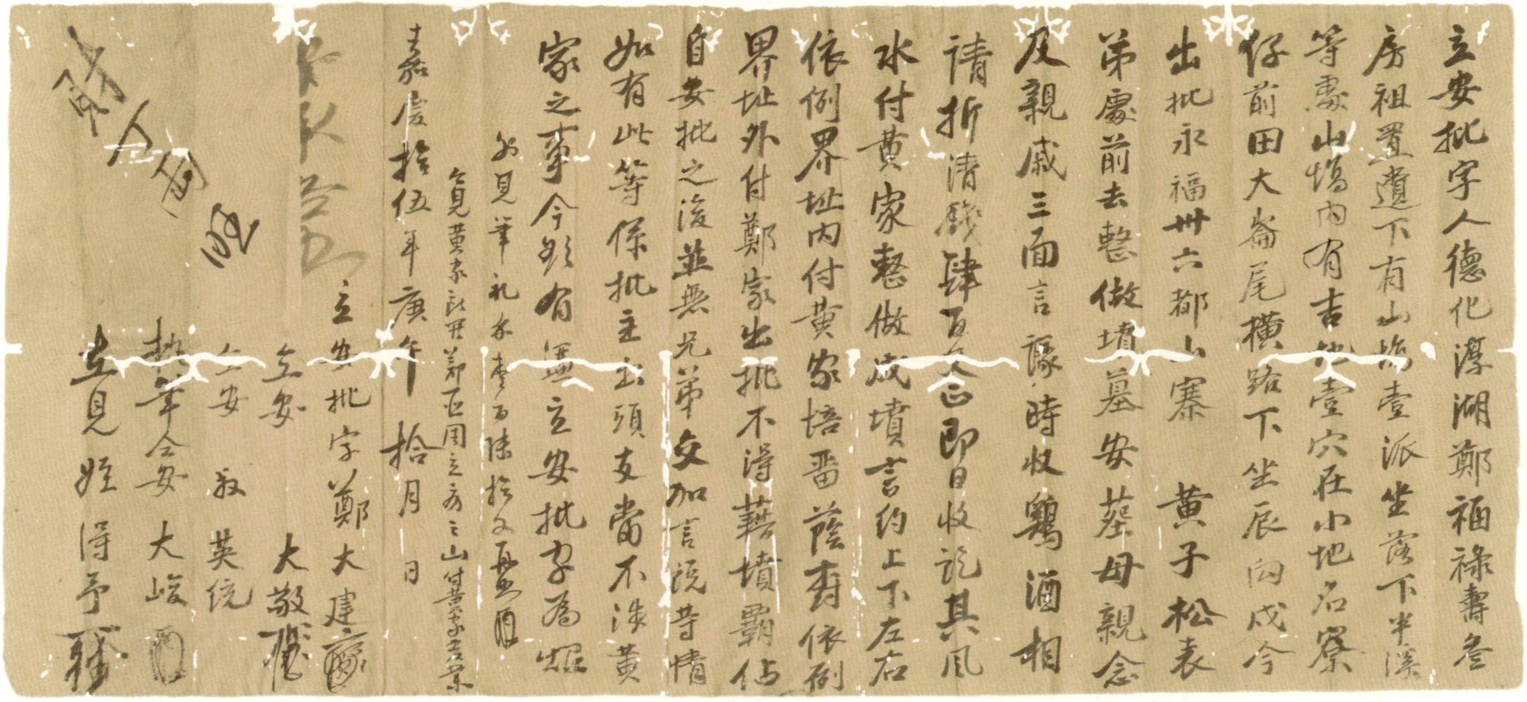

立安批字人德化潯湖鄭福祿壽叁
房祖置遺下有山場壹派坐落下半溪
等處山場內有吉地壹穴在小地名寮
仔前田大崙尾横路下坐辰向戍今
出批永福卅六都山寨　黃子松表
弟處前去造做墳墓安葬母親念
及親戚三面言議時收鷄酒相
請折清錢肆百文正即日收訖其風
水付黃家整做成墳言約上下左右
依例界址內付黃家培蔭蓄依例
界址外付鄭家出批不得藉墳霸佔
自安批之後並無兄弟叔侄加言說并情
如有此等係批主出頭支當不涉黃
家之事今欲有憑立安批字為炤

嘉慶拾伍年庚午拾月　日

10-5-51-2　清嘉慶十五年十月德化鄭氏福禄壽三房立安批吉地字

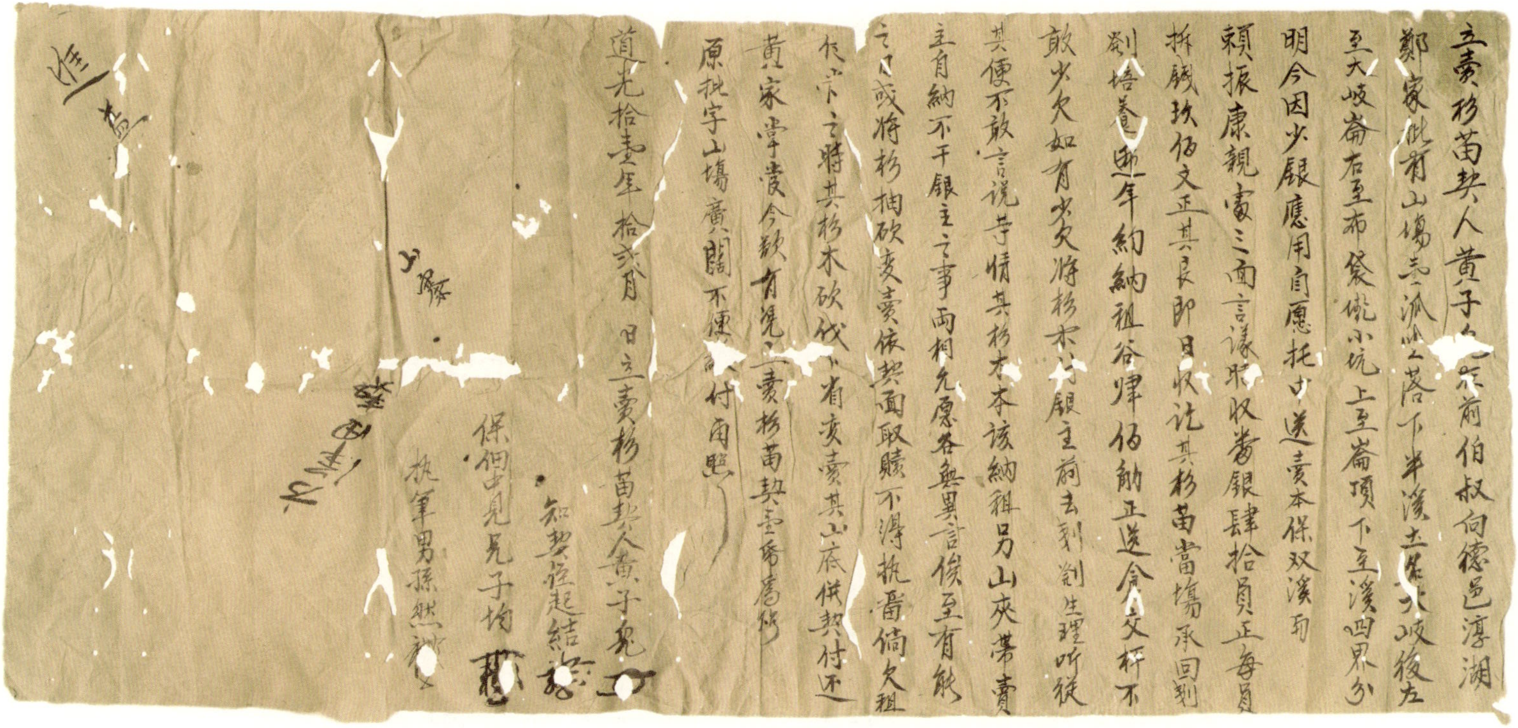

立賣杉苗契人黃子兔□前伯叔向德邑淳湖
鄭家批有山場壹派，坐落下半溪，土名大岐後，左
至大岐嶺，右至布袋坑小坑，上至嶺頂，下至溪，四界分
明。今因少銀應用，自願托中送賣本保双溪句(?)
頭振康親處，三面言議時收價銀肆拾員正，每員
折錢玖佰文正。其艮即日收訖，其杉苗當場承回劉
劉培養(?)，逐年約納租谷肆佰觔正，送(?)合(?)文杆不
敢少欠。如有少欠，將杉木付銀主前去剝劉生理，聽從
其便，不敢言說等情。其杉木本該納租，另山夾帶賣
主自納，不干銀主之事。兩相允愿，各無異言，候至有能
之日，或將杉抽砍变賣，依契面取贖，不得執留，倘欠租
不(?)下之時，其杉木砍伐，不(?)有变賣，其山底併契付还
黃家掌管。今欲有憑，立賣杉苗契壹紙為照。
原批：字山場廣闊不便□付為照。

道光拾壹年拾弍月　日立賣杉苗契人黃子兔（押）
知契侄起結（押）
保佃中見兄子均（押）
執筆男孫然（押）

10-5-51-3　清道光十一年十二月黄子兔立賣杉苗契

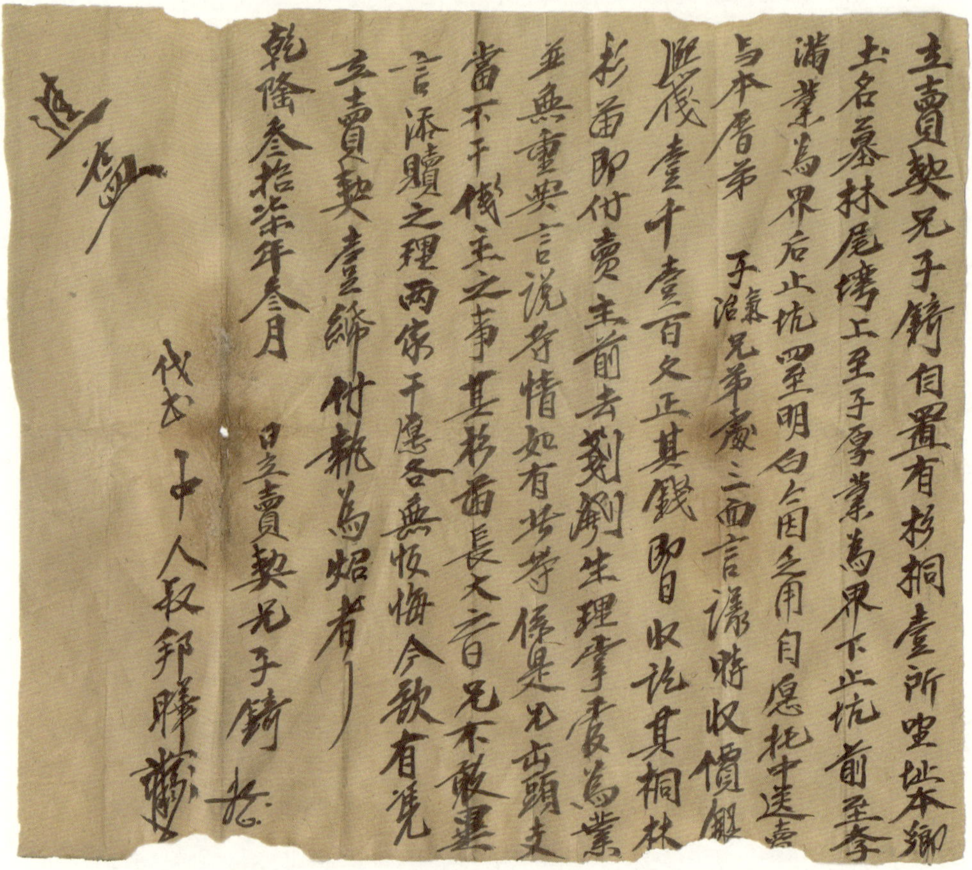

立賣契兄子錡自置有杉桐壹所坐址本鄉
土名墓林尾塆上至子厚業為界下止坑前至李
滿業為界后止坑四至明白今因乏用自愿托中送賣
與本房弟子泉、子沼兄弟處三面言議時收價銅
錢壹千壹百文正其錢即日收訖其桐林
杉苗即付賣主前去鋤劉生理掌管為業
並無重典言說存情如有此等係是兄出頭支
當不干買主之事其杉苗長大之日兄不敢異
言添贖之理兩家甘愿各無反悔今欲有憑
立賣契壹紙付執為炤者
乾隆叁拾柒年叁月　日立賣契兄子錡　押
代字　中人叔鄭勝　押

10-5-52-1　清乾隆三十七年三月黄子錡立賣杉桐契

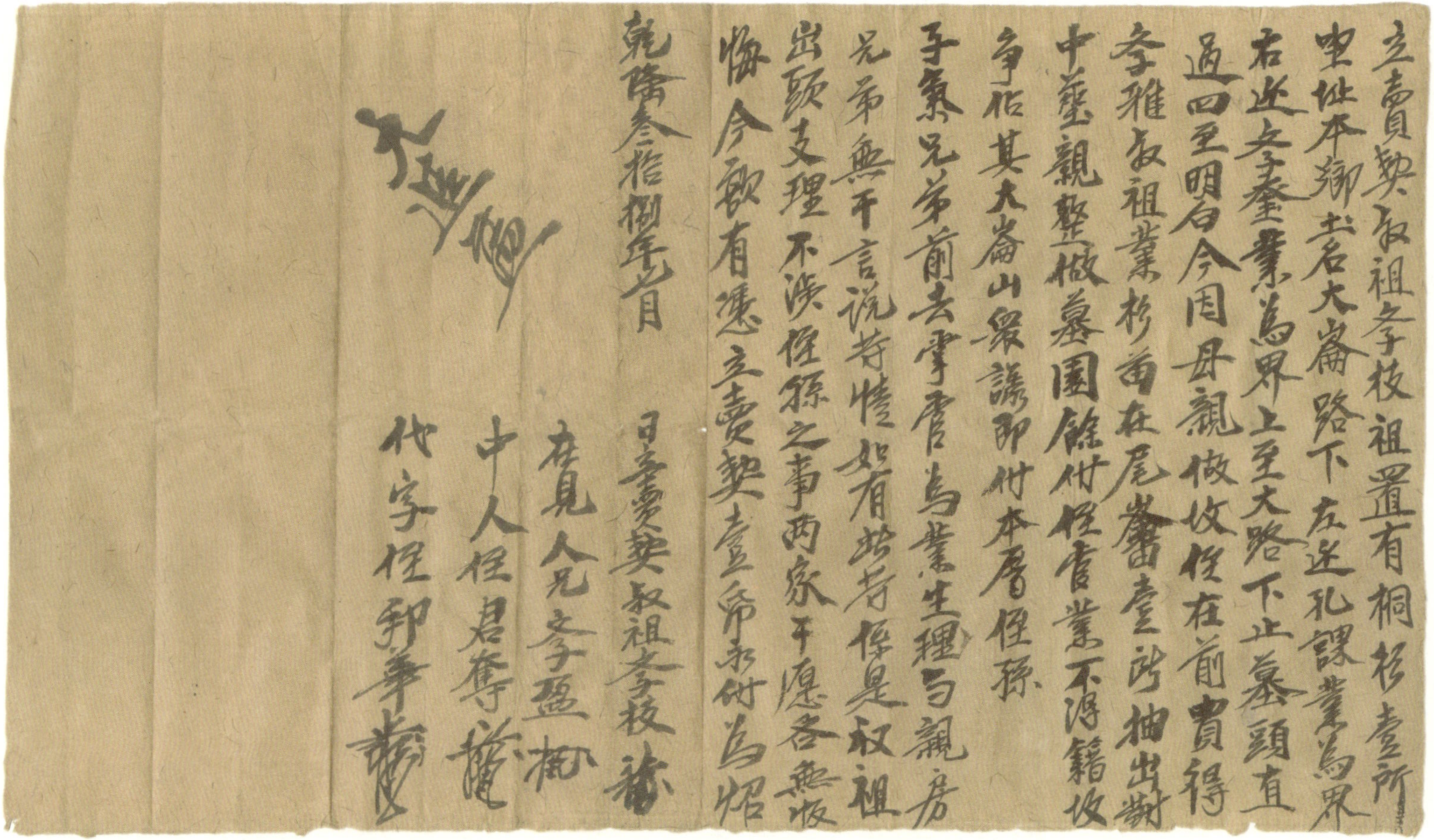
立賣契叔祖孝枝祖置有桐杉壹所
坐址本鄉土名大崙路下左逆孔課業爲界
右逆孝奎業爲界上至大路下止墓頭直
過四至明白今因母親收伩任在前賣得
孝雅叔祖業杉苗在尾崙壹所抽出斷
中塋親墊做墓園餘付侄書業不得藉收
爭佔其大崙山衆議即付本房侄孫
孝秦兄弟前去掌管爲業生理與親房
兄弟無干言說若情如有此等係是叔祖
出頭支理不涉侄孫之事兩家干愿各無反
悔今欲有憑立賣契壹帋永付爲炤
乾隆叁拾捌年七月　日立賣契叔祖孝枝（押）
在見人兄之孝盈（押）
中人侄君奪（押）
代字侄邦華（押）

10-5-52-2　清乾隆三十八年七月黄孝枝立賣桐杉契

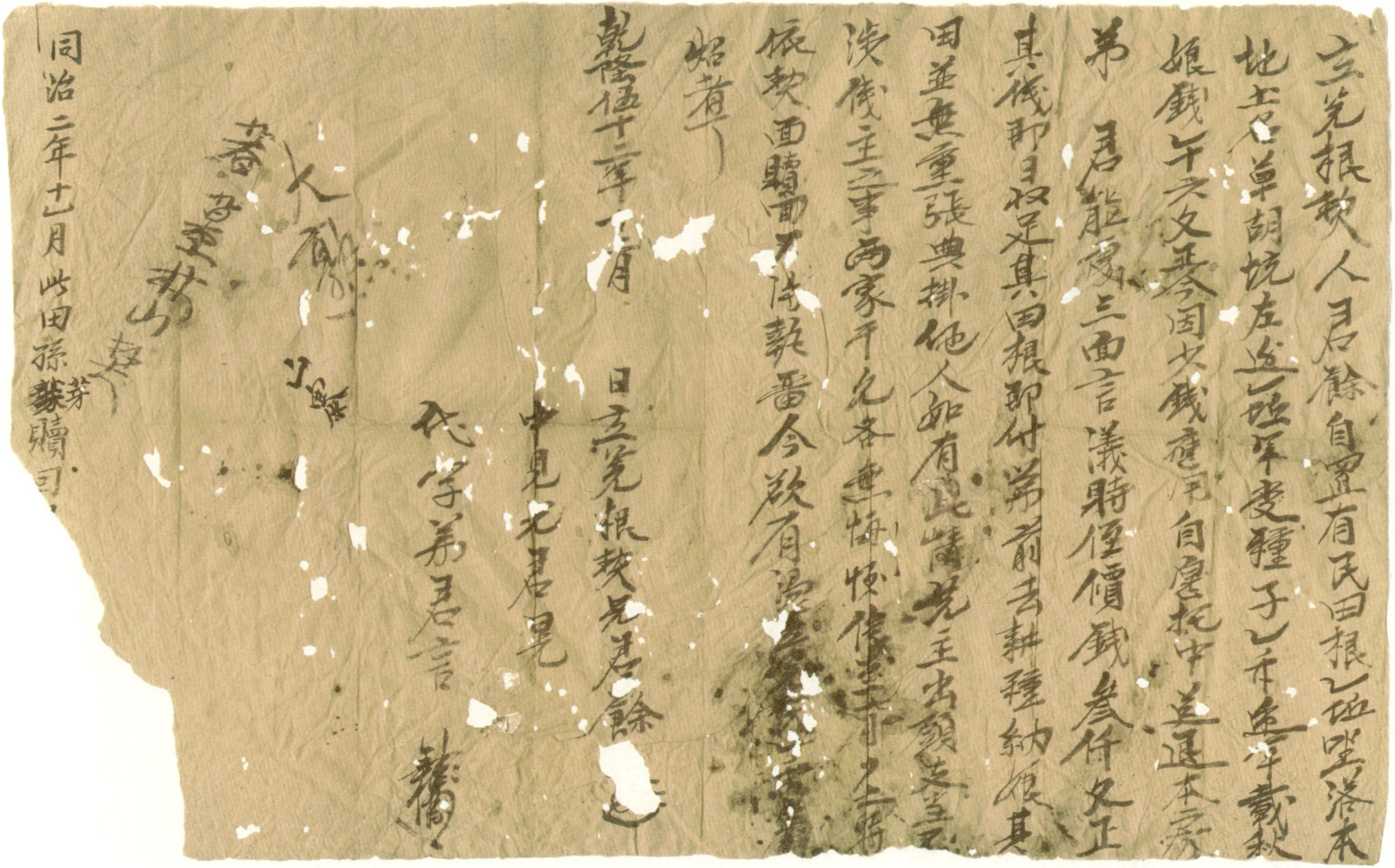

10-5-52-3　清乾隆五十二年十二月黃君餘立兑民田根契

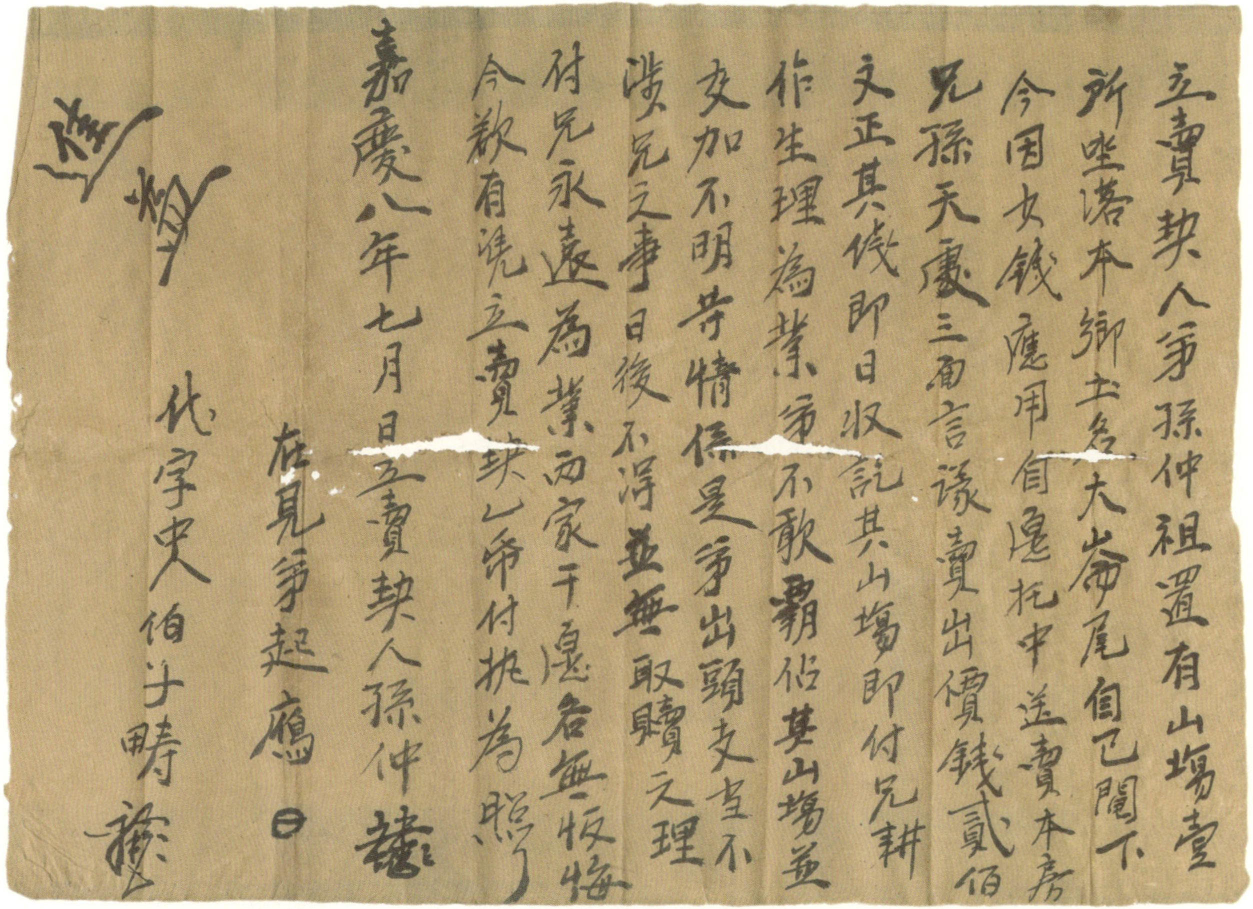

立賣契人弟孫仲祖置有山場壹
所坐落本鄉土名大崙尾自己閣下
今因乏錢應用自愿托中送賣本房
兄孫天慶三面言議賣出價錢貳佰
文正其錢即日收訖其山場即付兄耕
作生理為業弟不敢霸佔其山場並
交加不明等情係是弟出頭支當不
涉兄之事日後不得並無取贖之理
付兄永遠為業兩家干愿各無反悔
今欲有憑立賣契付執為照
嘉慶八年七月 日立賣契人孫仲
在見弟起鷹
代字史伯子畴

10-5-52-4 清嘉慶八年七月黃孫仲立賣山場契

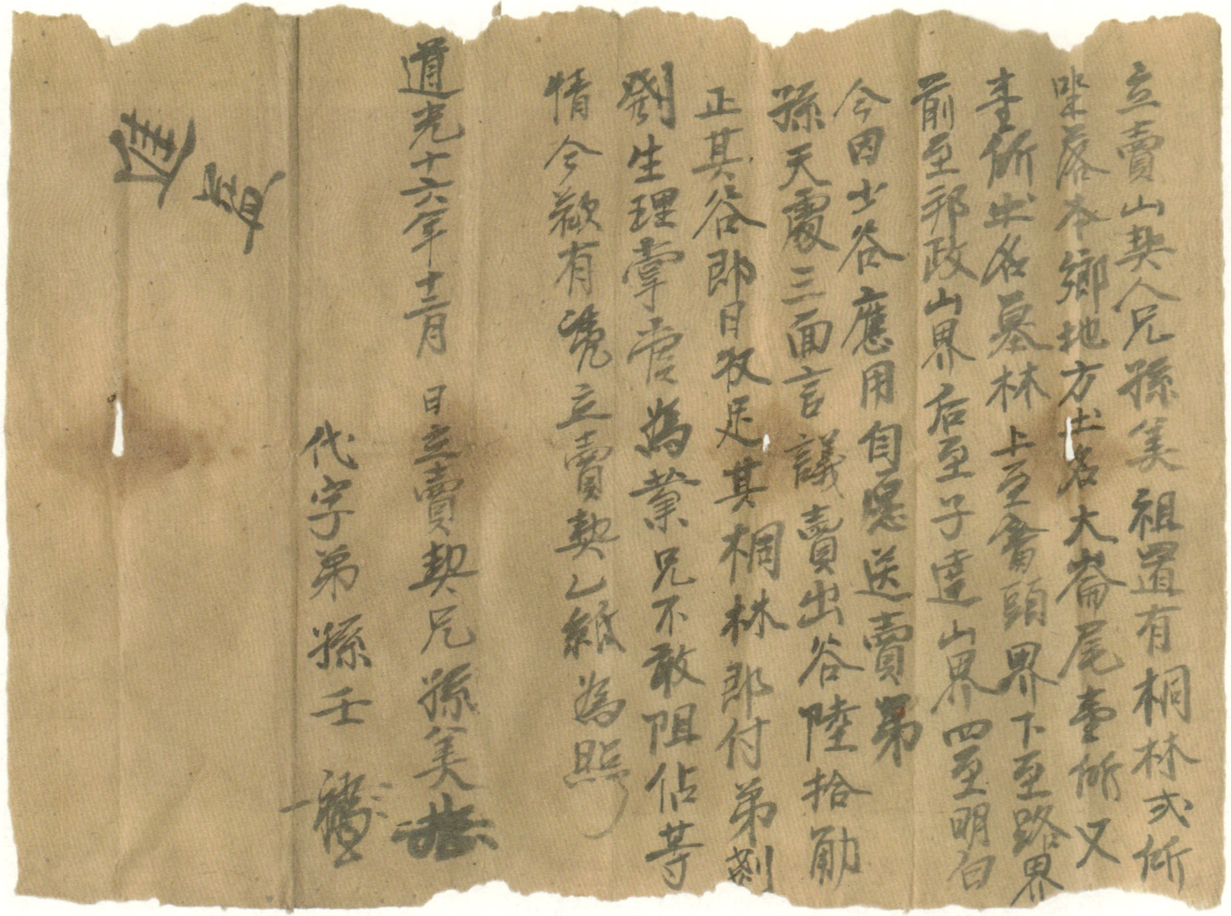
立賣山契人兄孫美祖置有桐林弍所
坐落本鄉地方土名大畬尾壹所又
壹所土名墓林上至畬頭界下至路界
前至邦政山界后至子達山界四至明白
今因出谷應用自愿送賣弟
孫天處三面言議賣出谷陸拾觔
正其谷即日收足其桐林即付弟刻
劉生理掌管為業兄不敢阻佔等
情今欲有憑立賣契一紙為照
道光十六年十二月　日立賣契兄孫美
代字弟孫壬

10-5-52-5　清道光十六年十二月黃孫美立賣桐林契

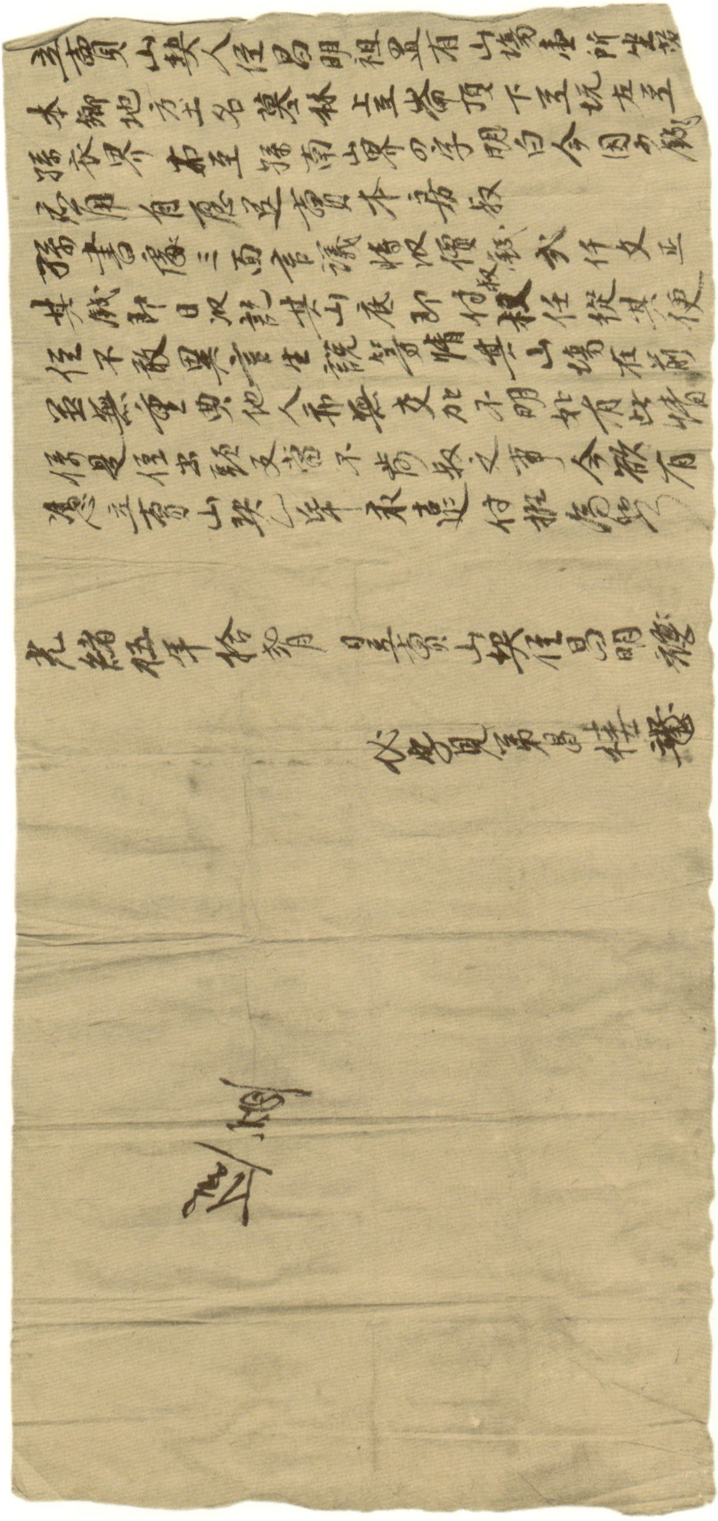
立賣山契人侄昌明祖置有山場壹所坐落
本鄉地方土名墓林上至崙頂下至坑左至
孫衣界右至孫南山界四字明白今因乏銀
應用自愿立賣本房叔
孫書康三面言議時價錢弍仟文正
其錢即日收訖其山底即付叔任從其便
任不敢異言生詭等情其山場在前
並無重典他人亦無交加不明如有此情
係是侄出頭支當不涉叔之事今欲有
憑立賣山契一紙永遠付執爲照
光緒伍年拾貳月　日立賣山契侄昌明
代筆見弟昌桂

10-5-52-6　清光緒五年十二月黄昌明立賣山場契

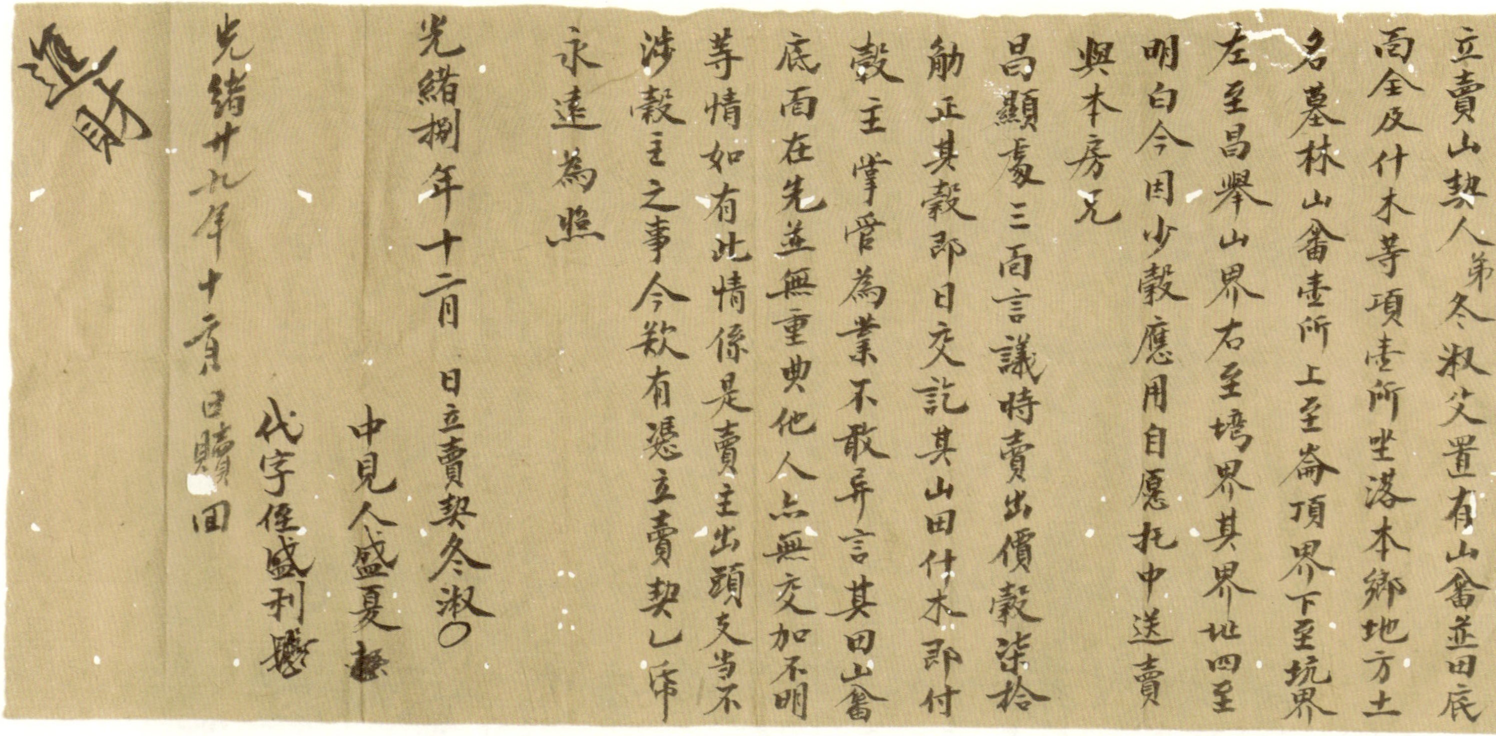
立賣山契人弟冬淑父置有山畲並田底
面全及什木等項壹所坐落本鄉地方土
名墓林山畲壹所上至崙頂界下至坑界
左至昌舉山界右至墘界其界址四至
明白今因少穀應用自愿托中送賣
與本房兄
昌顯處三面言議時賣出價穀柒拾
觔正其穀即日交訖其山田什木即付
穀主掌管為業不敢异言其田山畲
底面在先並無重典他人亦無交加不明
等情如有此情係是賣主出頭支当不
涉穀主之事今欲有憑立賣契一帋
永遠為照
光緒捌年十二月　日立賣契冬淑〇
中見人盛夏押
代字侄盛利押
光緒廿九年十二月日贖回
退財

10-5-52-7　清光緒八年十二月黄冬淑立賣山畲等契

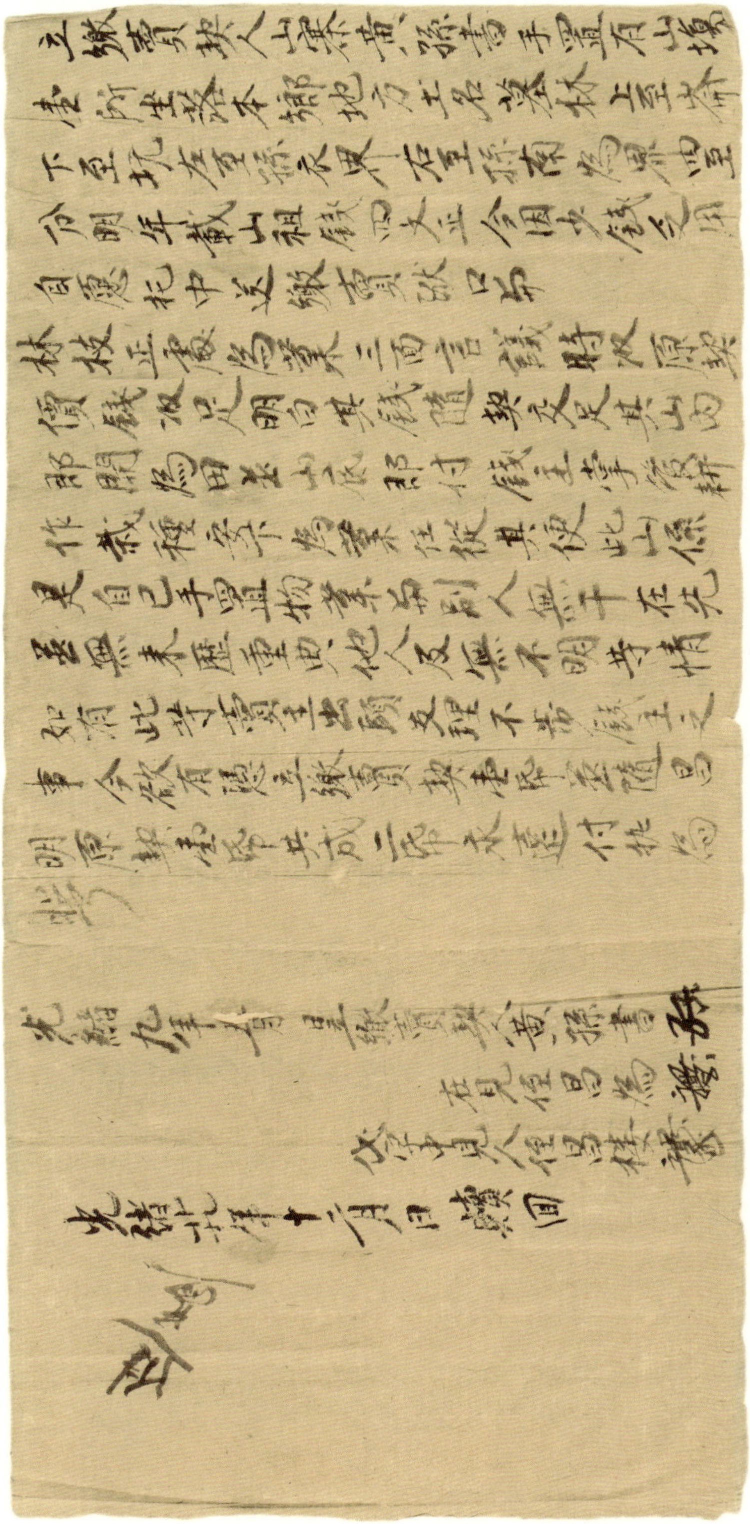

立繳賣契人山寨黃孫書手置有山場
壹所坐落本鄉地方土名茶林上至崙
下至坑左至孫家界右至孫家為界四至
分明年載山租錢四文正今因乏錢之用
自願托中送繳賣與叔邊為
林枝正處為業三面言議時收原契
價錢收足明白其錢隨契交足其山內
即開為田茶山依此付錢主掌管耕
作栽種永為業任從其便此山係
是自己手置物業與別人無干在先
並無來歷重典他人及無不明等情
如有此等係賣主出頭支理不涉錢主之
事今欲有憑立繳賣契壹紙帶原契隨同
明原契壹紙共貳紙永遠付執為
照

光緒九年五月　日立繳賣契人黃孫書（押）
在見侄昌為（押）
代字見人侄昌桂（押）

光緒廿九年十二月　日贖回

10-5-52-8　清光緒九年五月黃孫書立繳賣山場契

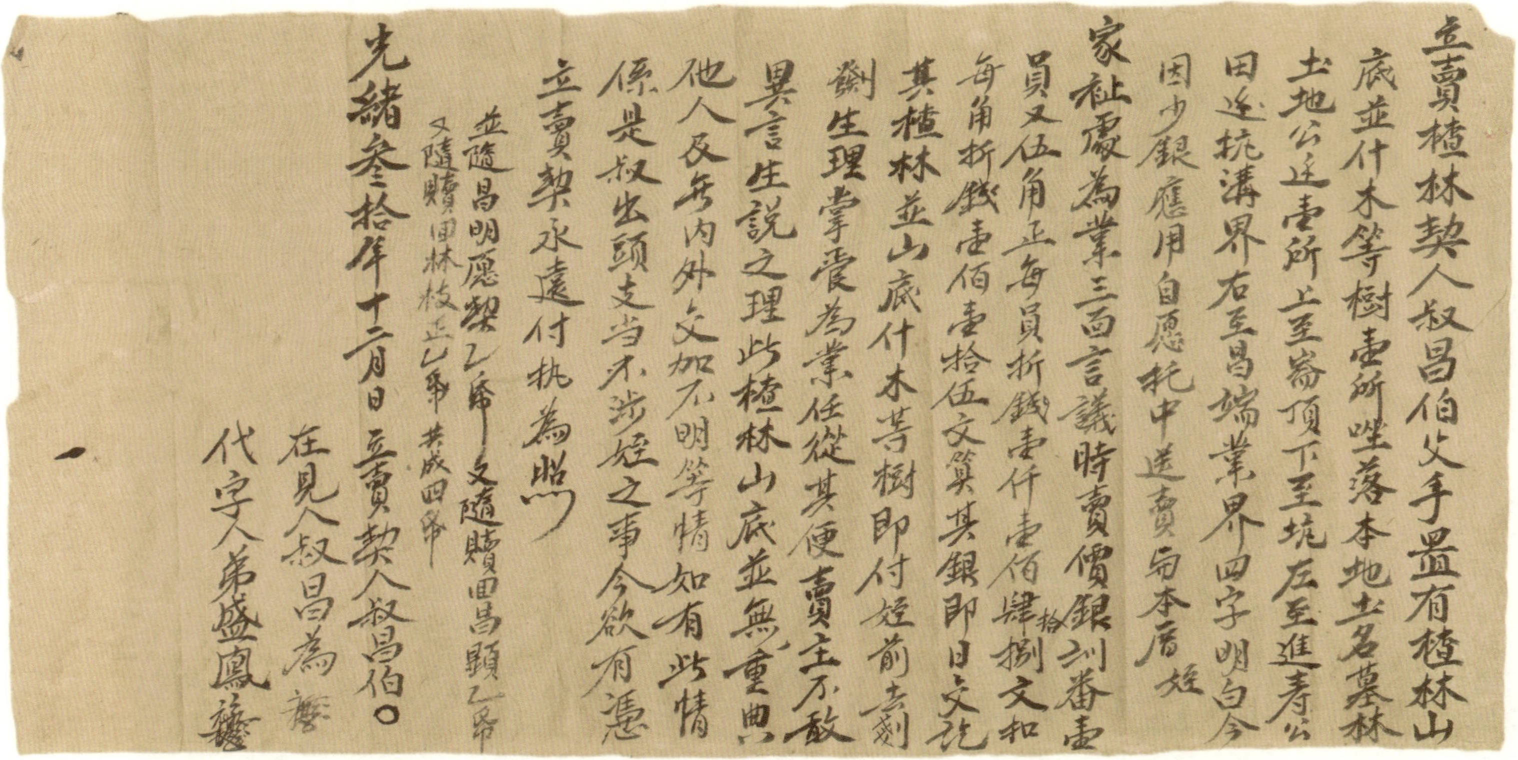
立賣楂林契人叔昌伯父手置有楂林山
底並什木等樹壹所坐落本地土名墓林
土地公迷壹所上至嶺頂下至坑左至進寿公
田迷坑溝界右至昌端業界四字明白今
因少銀應用自愿托中送賣與本房姪
家祉處為業三面言議時賣價銀訓番壹
員又伍角正每員折錢壹仟壹佰肆拾捌文和
每角折錢壹佰壹拾伍文算其銀即日交訖
其楂林並山底什木等樹即付姪前去砍
劉生理掌管為業任從其便賣主不敢
異言生說之理此楂林山底並無重典
他人及在內外文加不明等情如有此情
係是叔出頭支当不涉姪之事今欲有憑
立賣契永遠付執為照
並隨昌明應契乙帋 又隨贖田昌顯乙帋
又隨贖田林枝正乙帋 共成四帋
光緒叁拾年十二月日 立賣契人叔昌伯○
在見人叔昌為
代字人弟盛鳳

10-5-52-9 清光緒三十年十二月黄昌伯立賣楂林山底等契

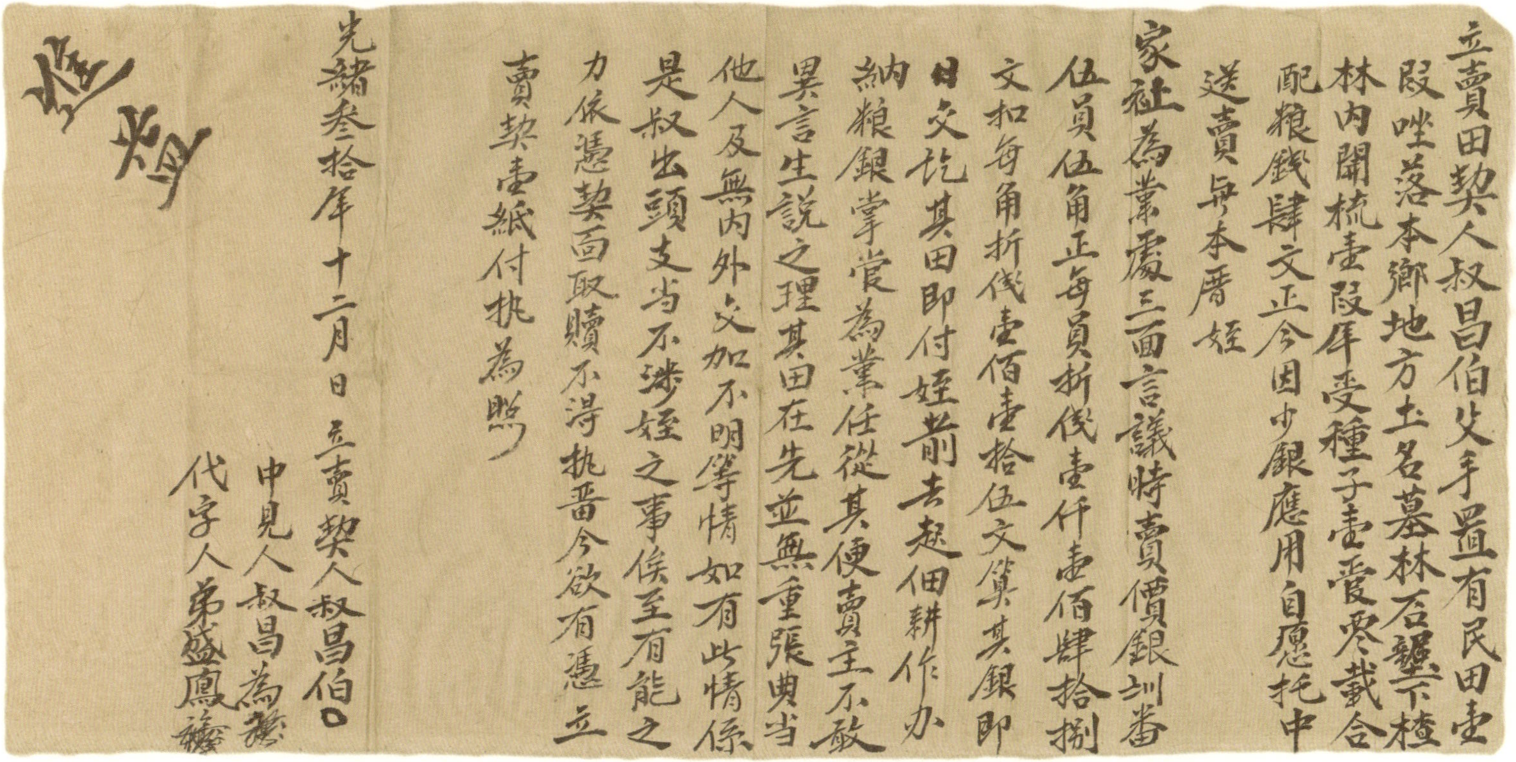
立賣田契人叔昌伯父手置有民田壹
段坐落本鄉地方土名墓林石壟下桂
林内開梳壹段年受種子壹骨叁載合
配粮錢肆文正今因乏銀應用自愿托中
送賣與本房侄
家祉為業處三面言議時賣價銀訓番
伍員伍角正每員折錢壹仟壹佰肆拾捌
文和每角折錢壹佰壹拾伍文算其銀即
日文訖其田即付侄前去起佃耕作办
納粮銀掌管為業任從其便賣主不敢
異言生説之理其田在先並無重張典当
他人及無内外文加不明等情如有此情係
是叔出頭支当不涉侄之事俟至有能之
力依憑契面取贖不得執番今欲有憑立
賣契壹紙付執為照
光緒叁拾年十二月　日　立賣契人叔昌伯
中見人叔昌為
代字人弟盛鳳

10-5-52-10　清光緒三十年十二月黃昌伯立賣民田契

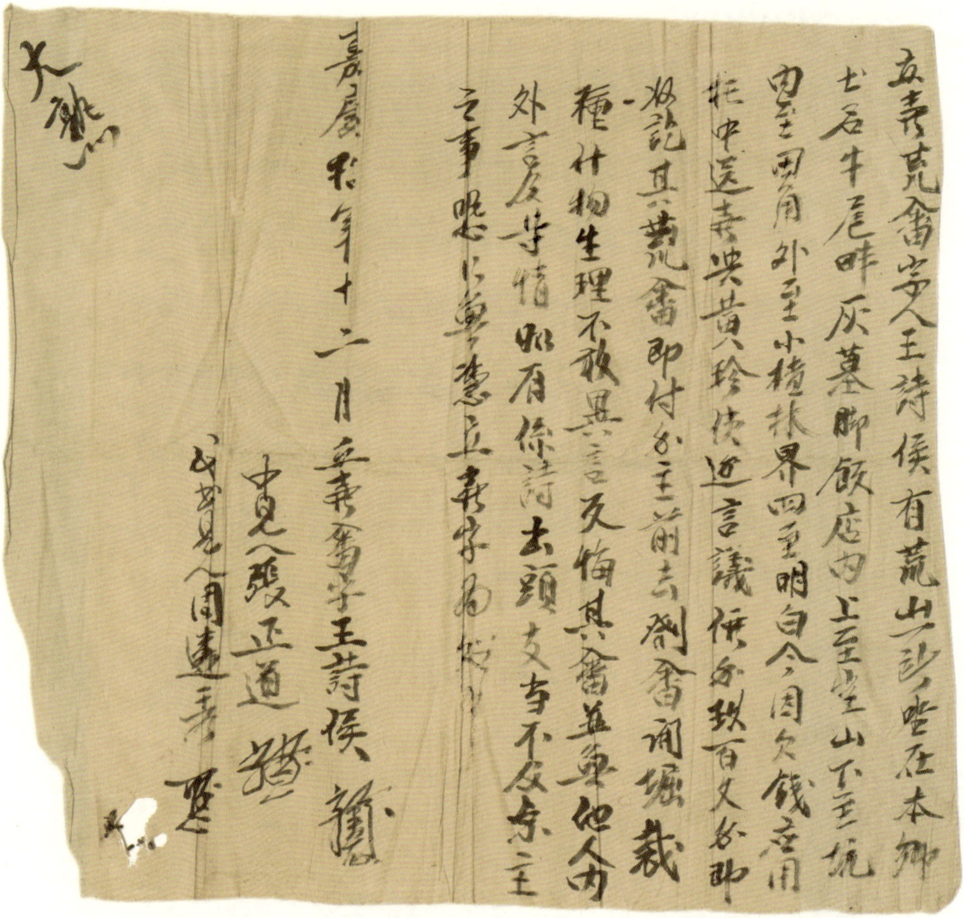

立賣荒畬字人王詩侯，有荒山一片，坐在本鄉
土名牛尾畔灰墓腳飯店內，上至坐山，下至坑，
內至田角，外至小榙抹界，四至明白。今因欠錢應用，
托中送賣與黃玲侯邊，言議價錢玖百文。即日
收訖，其荒畬即付與王前去劉畬開墾栽
種什物生理，不敢異言反悔。其畬並無他人內
外言及等情，如有係詩出頭支當，不干承主
之事。恐口無憑，立賣字為照。

嘉慶拾年十二月　日立賣畬字王詩侯（押）

中見人張廷道（押）

代筆見人周遠吉（押）

大吉

10-5-53-1　清嘉慶十年十二月王詩侯立賣荒畬字

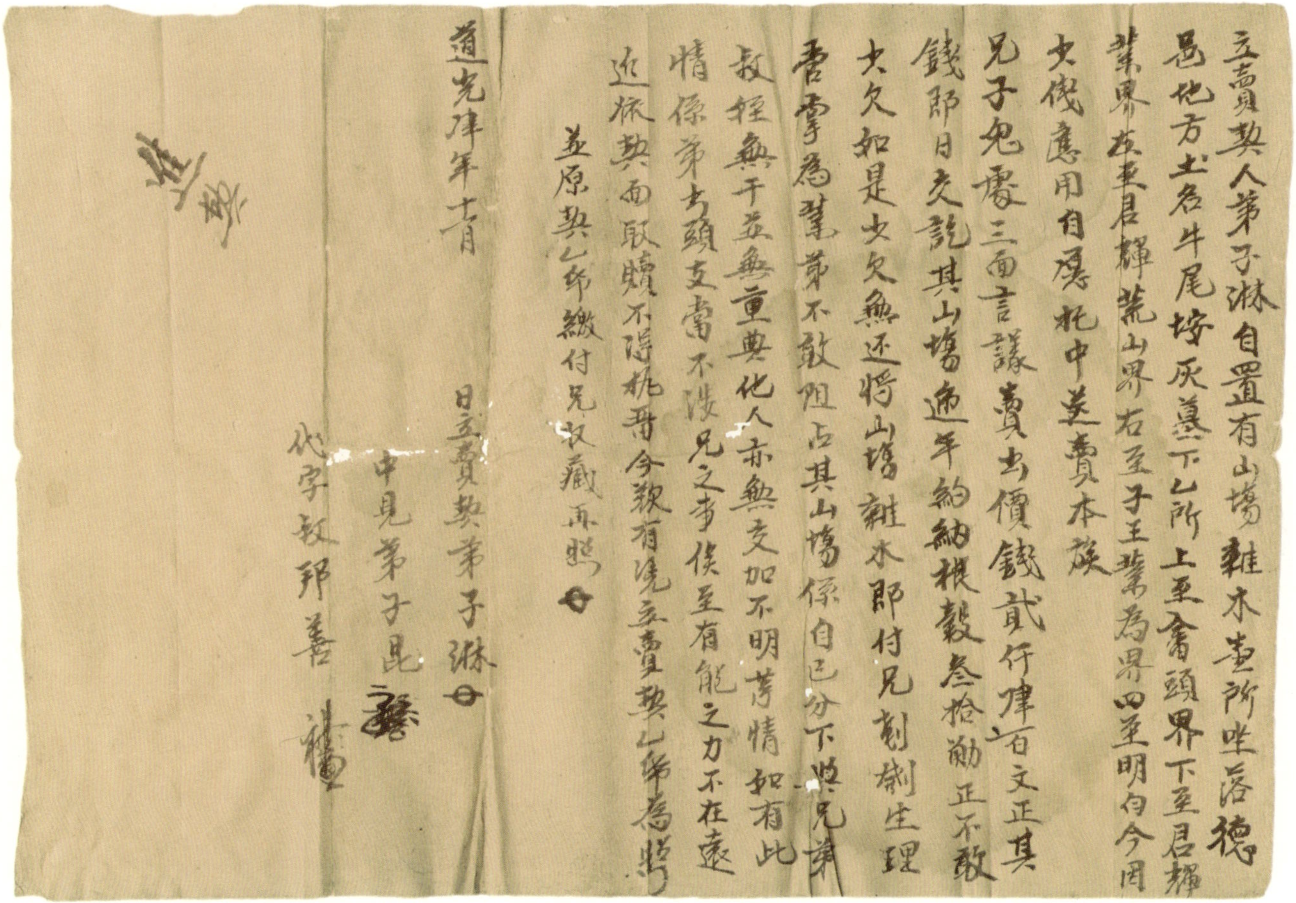
立賣契人弟子淋自置有山場雜木壹所坐落德
邑地方土名牛尾坡灰墓下山所上至窗頭界下至君輝
葉界左至君輝荒山界右至子王葉為界四至明白今因
欠錢應用自愿托中送賣本族
兄子兜處三面言議賣出價錢貳仟肆百文正其
錢即日交訖其山場逐年納根穀叁拾觔正不敢
欠久如是欠久無还將山場雜木即付兄割砍生理
弟等為業弟不敢阻占其山場係自己分下與兄弟
叔侄無干並無重典他人亦無交加不明等情如有此
情係弟出頭支當不涉兄之事俟至有能之力不在遠
近備契面取贖不得執吝今欲有憑立賣契乙紙為照
並原契乙紙繳付兄收藏再照
道光肆年十一月　日立賣契弟子淋
中見弟子昆
代字叔邦善

10-5-53-2 清道光四年十一月黃子淋立賣山場雜木契

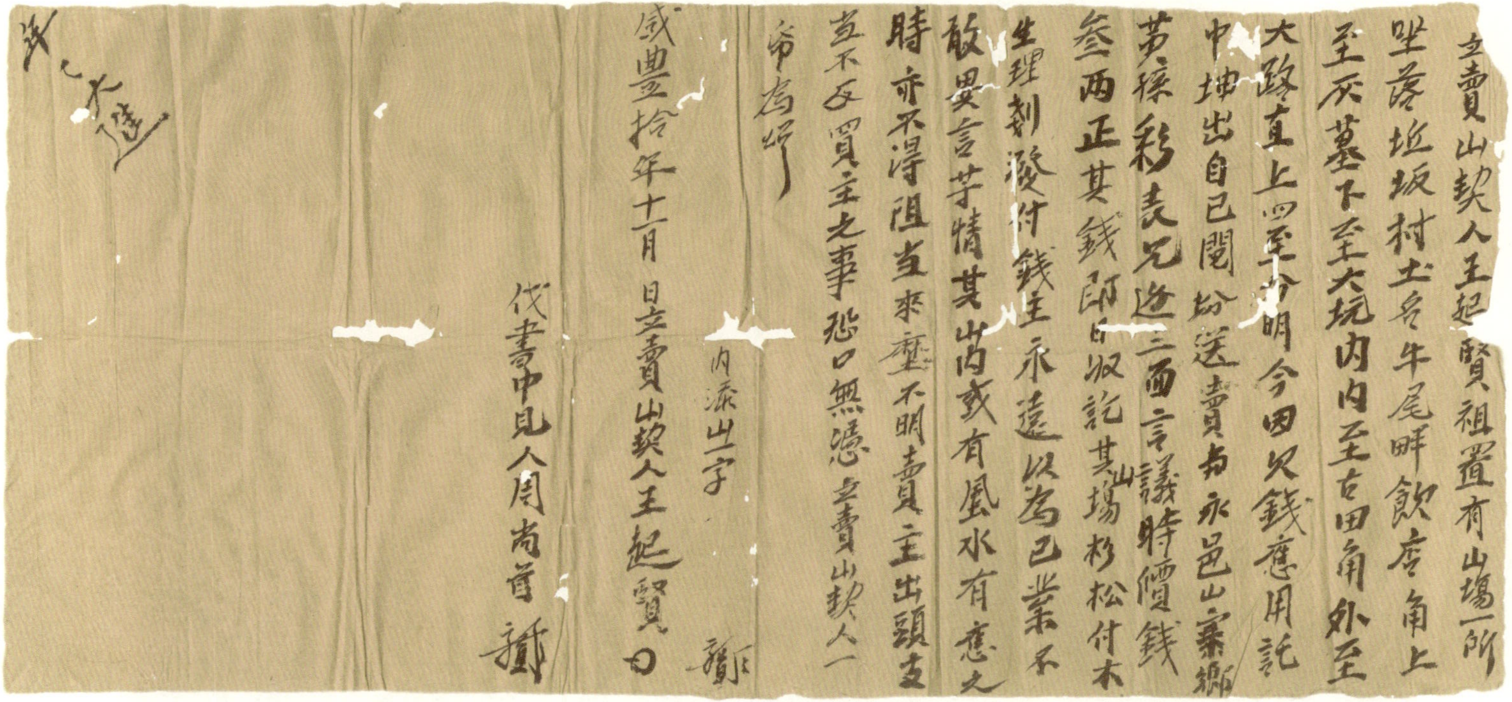
立賣山契人王起賢祖置有山場一所
坐落坵坂村土名牛尾畔飲虔角上
至灰墓下至大坑内内至古田角外至
大路直上四至分明今因欠錢應用託
中坤出自己閹分送賣與永邑山寮鄉
黃孫彩表兄邊三面言議時價錢
叁兩正其錢即日收訖其山場杉松付木
生理剳潑付錢主永遠以爲己業不
敢異言芋情其山内或有風水有意之
時亦不得阻当來歷不明賣主出頭支
当不干買主之事恐口無憑立賣山契人一
帋爲炤
內添山字
咸豐拾年十一月 日立賣山契人王起賢
代書中見人周尚晉
找乙大[illegible]

10-5-53-3 清咸豐十年十一月王起賢立賣山場契

10-5-54-1　包契紙

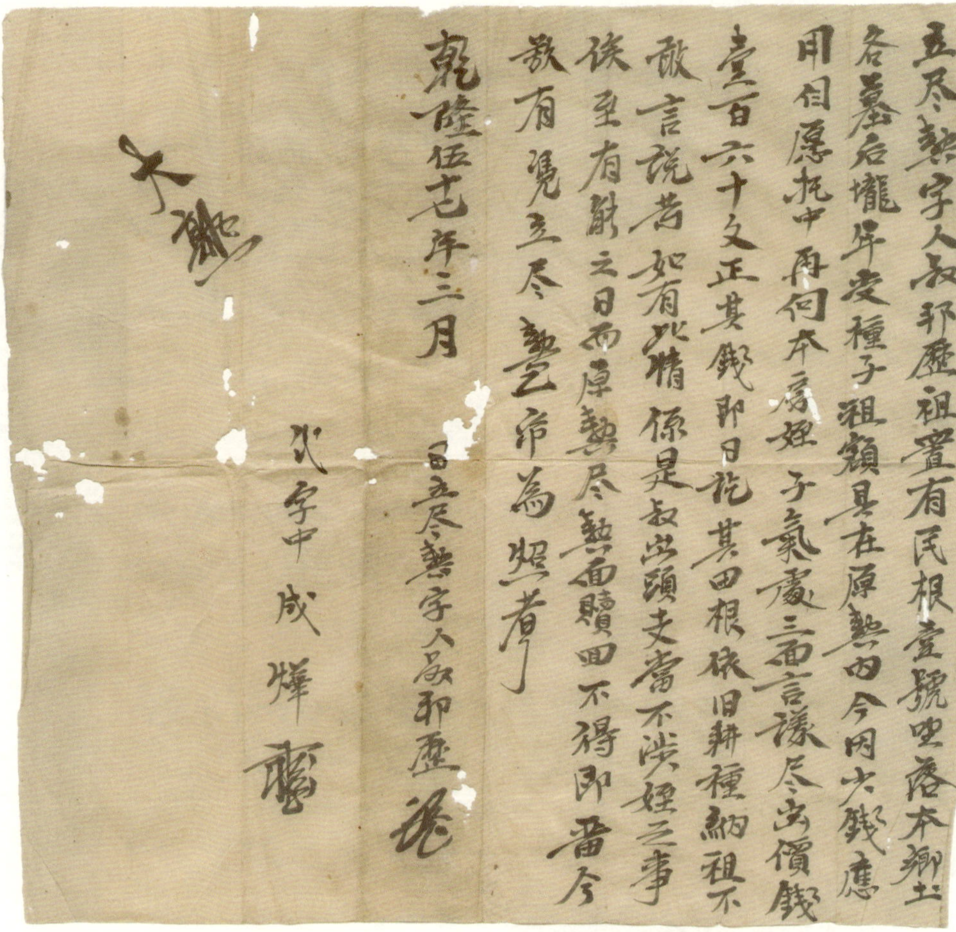
立盡契字人叔邦歷祖置有民根壹號坐落本鄉土
名墓后壠岸受種子租額具在原契内今因乏錢應
用自愿托中再向本房姪 子氣處三面言議盡出價錢
壹百六十文正其錢即日訖其田根依旧耕種納租不
敢言説若 如有此情係是叔出頭支當不涉姪之事
俟至有錢之日而原契盡契無面贖田不得即畱今
欲有憑立盡 契字為照者
乾隆伍十七年三月 日立盡契字人叔邦歷（押）
代字中 成燁（押）
大吉

10-5-54-2 清乾隆五十七年三月黄邦歷立盡民田根字

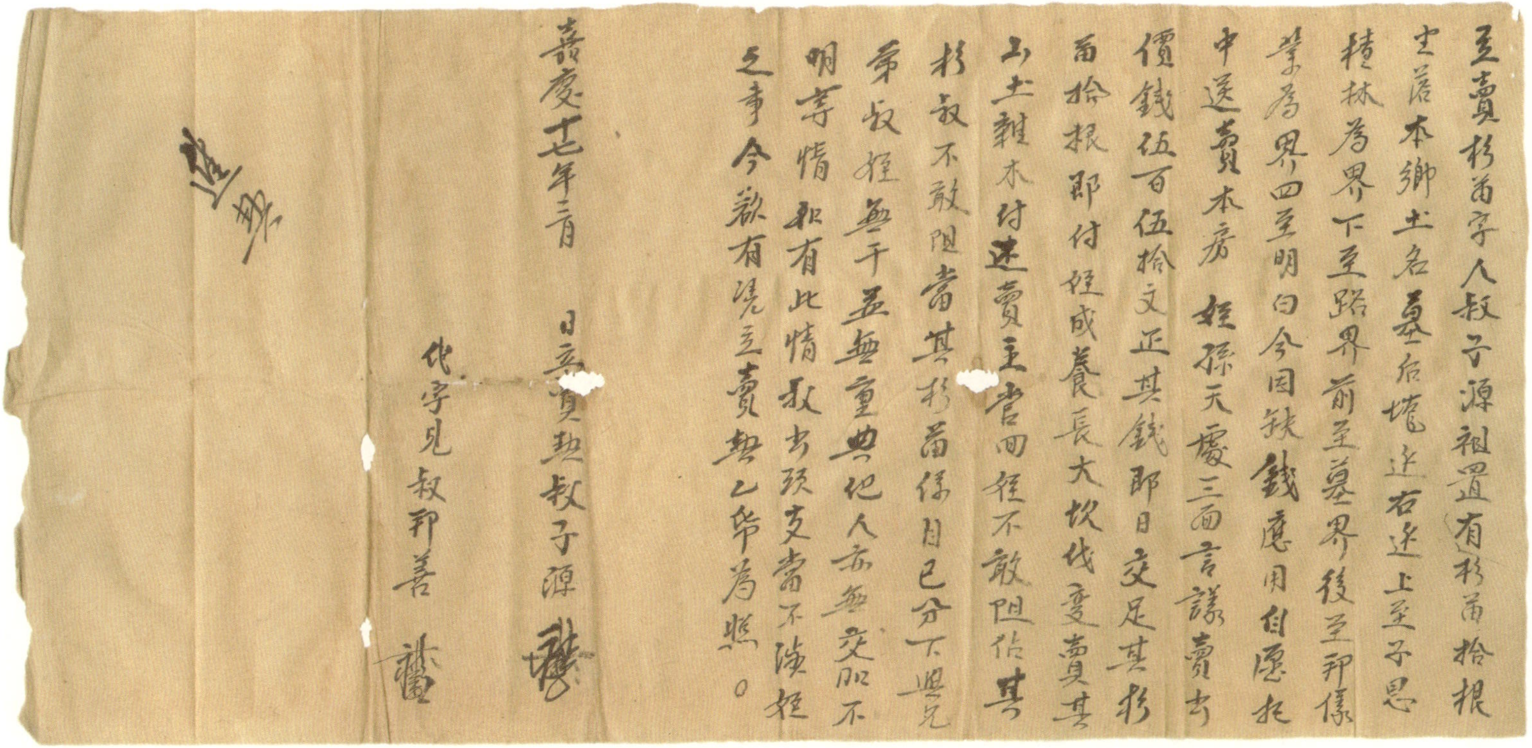
立賣杉苗字人叔子源祖置有杉苗拾根
坐落本鄉土名墓后壠，左近右近，上至子思
杉林為界，下至路界，前至墓界，後至邦儀
業為界，四至明白。今因缺錢應用，自愿托
中送賣本房　姪孫天慶，三面言議賣出
價錢伍百伍拾文正，其錢即日交足。其杉
苗拾根即付姪成養長大砍伐變賣，其
山土雜木付还賣主管回，姪不敢阻佔。其
杉叔不敢阻當。其杉苗係自己分下，與兄
弟叔姪無干，並無重典他人，亦無交加不
明等情。如有此情，叔出頭支當，不涉姪
之事。今欲有憑，立賣契乙紙為照。

嘉慶十七年三月　　日立賣契叔子源（押）

代字兄叔邦善（押）

10-5-54-3　清嘉慶十七年三月黄子源立賣杉苗字

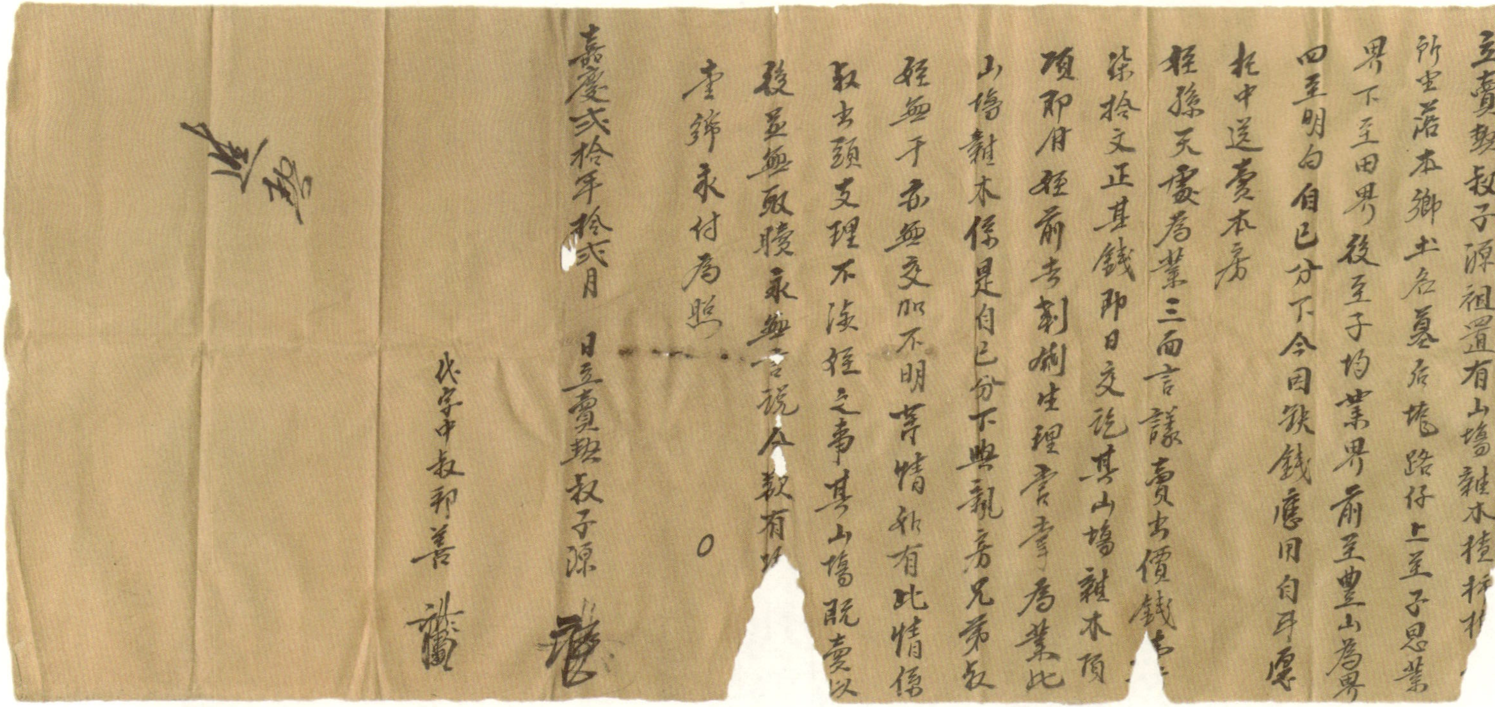
立賣契叔子源祖置有山場雜木桂杉
所坐落本鄉土名墓后境路仔上至子思業
界下至田界從至子均業界前至豐山為界
四至明白自己分下今因缺錢應用自身愿
托中送賣本房
姪孫天𡧛為業三面言議賣出價錢
柒拾文正其錢即日交訖其山場雜木須
憑即用姪前去割斫生理管業為業此
山場雜木係是自己分下與親房兄弟叔
姪無干亦無交加不明等情如有此情係
叔出頭支理不涉姪之事其山場既賣以
後並無取贖永無言說今欲有憑
立賣契永付為照
○
嘉慶弍拾年拾弍月　日立賣契叔子源（押）
代字中叔和善（押）

10-5-54-4　清嘉慶二十年十二月黄子源立賣山場等契

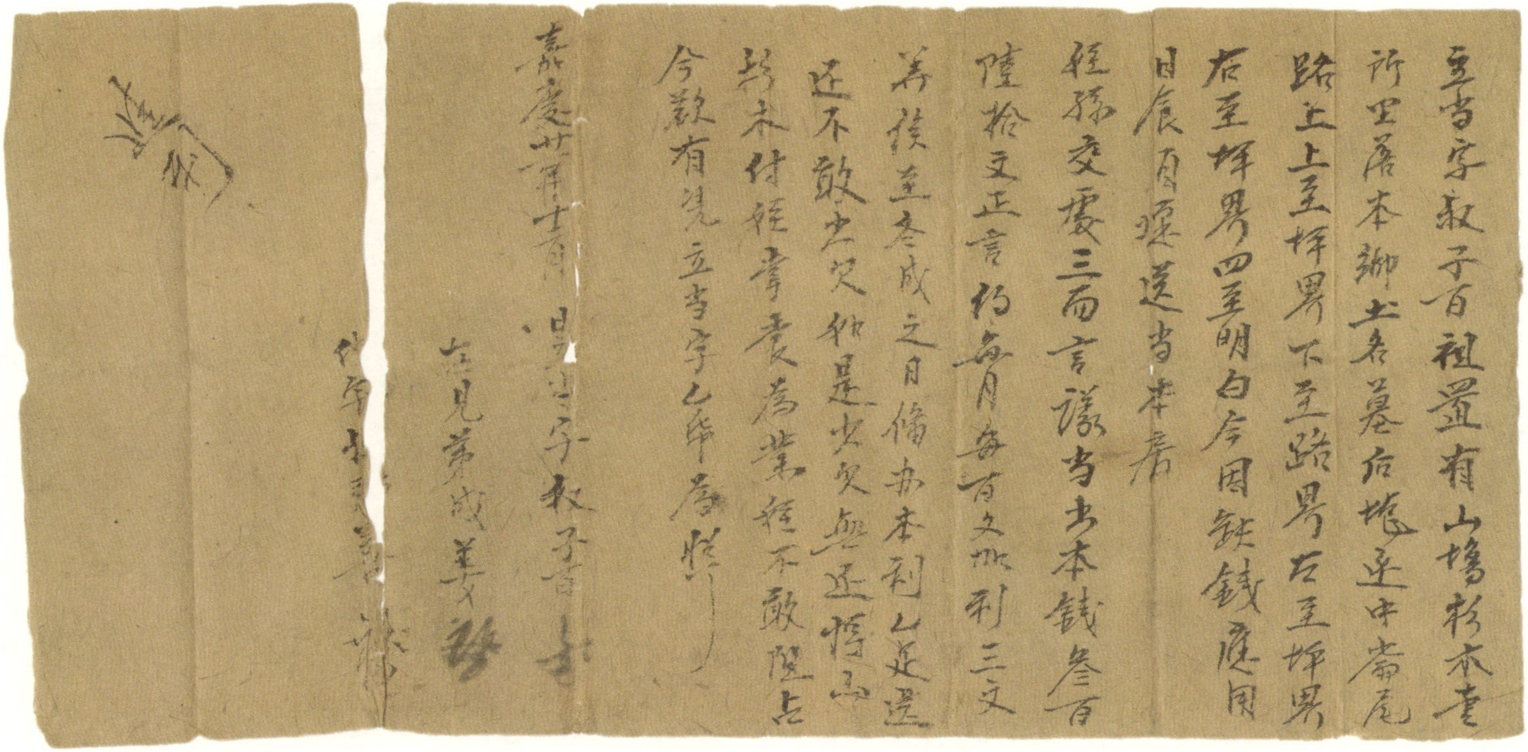

立當字叔子百祖置有山場杉木壹
所坐落本鄉土名墓后墘逆中崙尾
路上上至坪界下至路界右至坪界
左至坪界四至明白今因缺錢應用
自愿將此送當本房
侄孫交處三面言議當出本錢叁百
陸拾文正言約每月每百文加利三文
其錢並冬成之日備出本利山送還
迓不敢出[illegible]外是迓[illegible]無迓悔[illegible]
[illegible]本付侄孫掌管為業侄不敢阻占
今欲有憑立當字乙紙為照
嘉慶廿一年十二月　日立當字叔子百
在見弟成美
代筆[illegible]

10-5-54-5　清嘉慶二十一年十二月黄子百立當山場杉木字

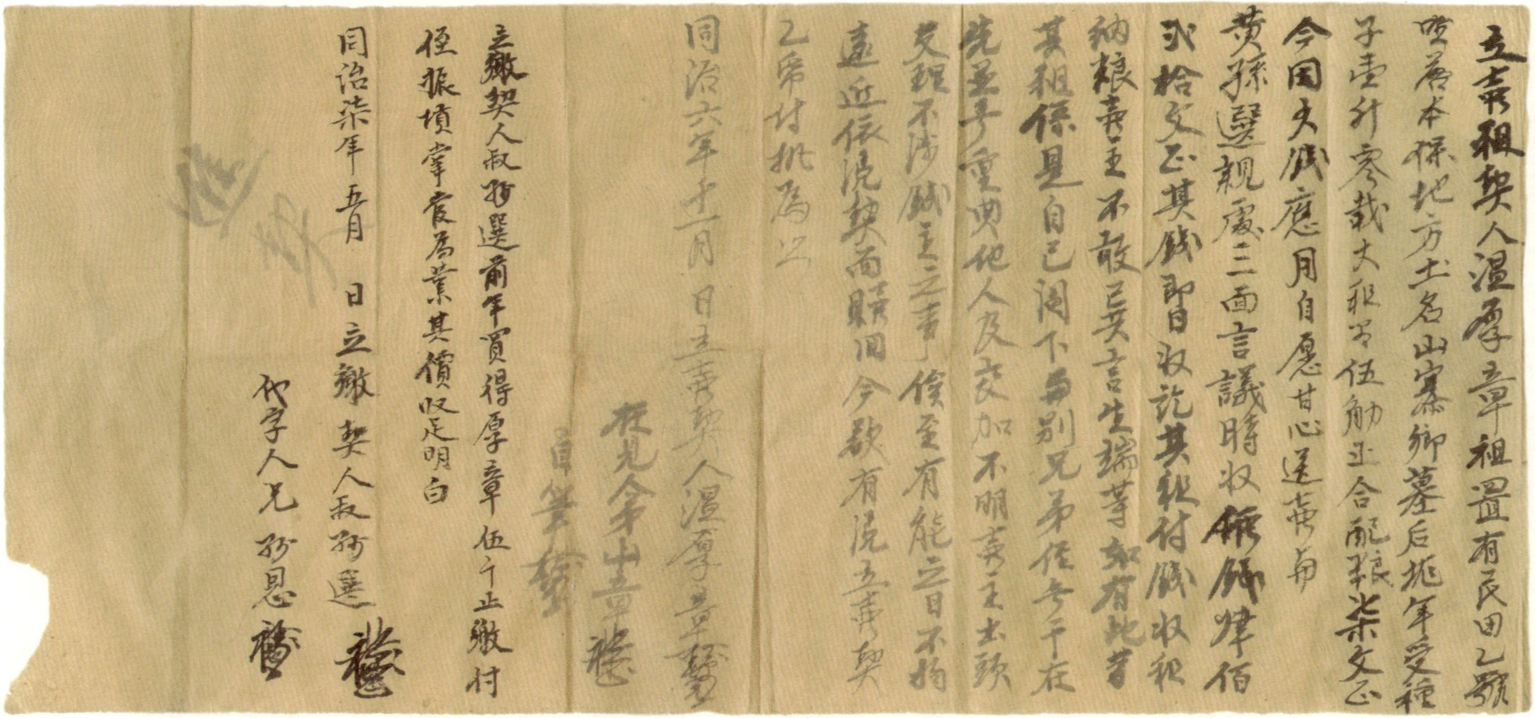
立賣租契人温厚章祖置有民田乙號
坐落本保地方土名山寨鄉墓后址年受種
子壹升零載大租谷伍觔正合配粮米文正
今因乏銀應用自愿甘心送與
黄孫選親處三面言議時收價銀肆佰
貳拾文正其銀即日收訖其租付銀收租
納粮賣主不敢異言生端等弊有此業
其租係是自己閹分不與別兄弟侄亲干在
先並無重典他人及交加不明等弊出頭
支理不涉銀主之事倘至有能之日不拘
遠近依原契面贖回今欲有憑立賣契
乙帋付執為照
同治六年十一月 日立賣契人温厚章
在見令弟士章
代筆
立繳契人叔裕選前年買得厚章伍十正繳付
侄張墳掌管為業其價收足明白
同治柒年五月 日立繳契人叔裕選
代字人兄裕恩

10-5-54-6 清同治六年十一月温厚章立賣民田租契

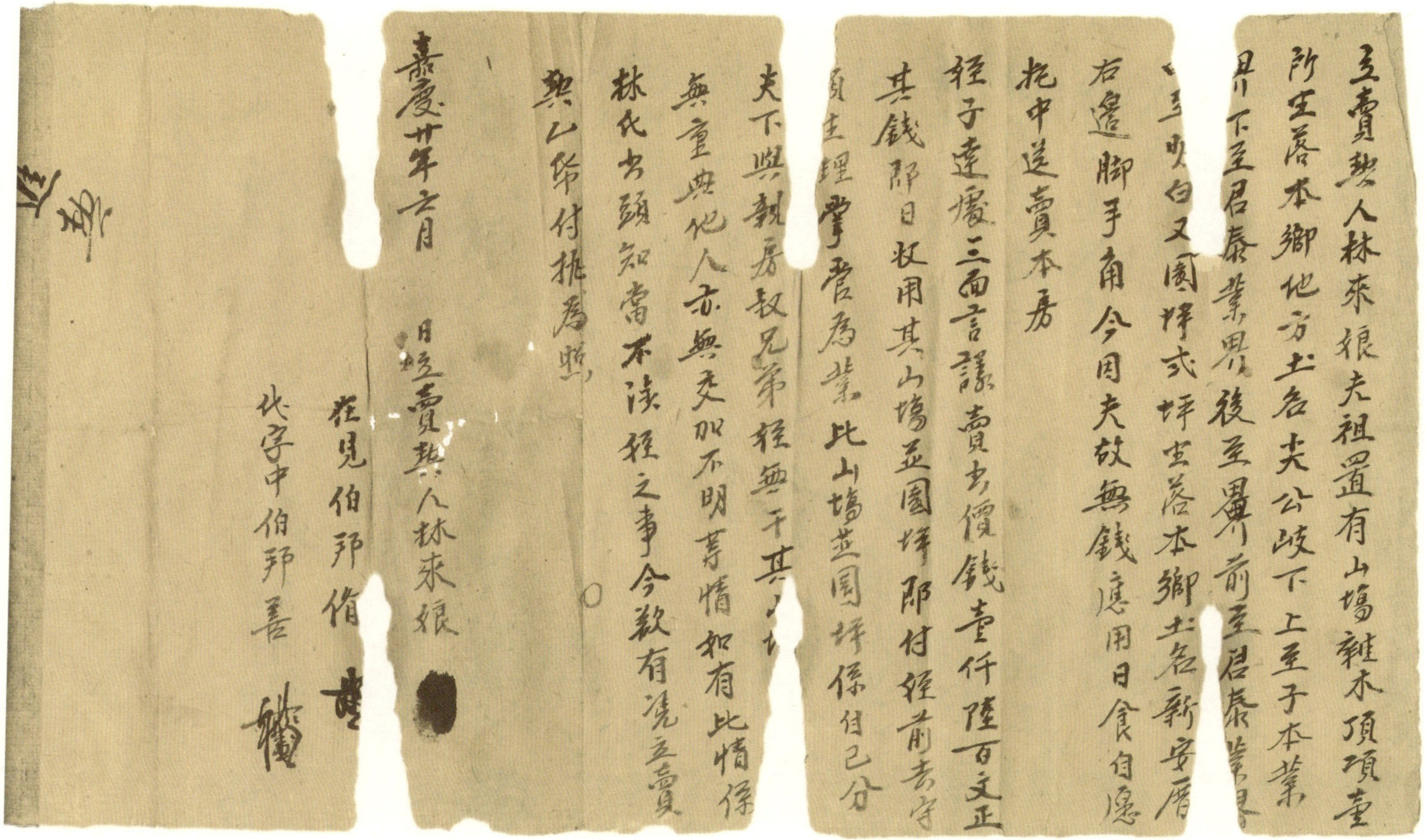

立賣契人林來娘夫祖置有山場雜木項項壹
所坐落本鄉地方土名夫公岐下上至子本業
界下至君泰業界後至界前至君泰業界
四至明白又園坪式坪坐落本鄉土名新安厝
右邊脚手角今因夫故無錢應用日食自愿
托中送賣本房
姪子達儀三面言議賣出價錢壹仟陸百文正
其錢即日收用其山場並園坪即付姪前去守
管主理管為業此山場並園坪係自己分
夫下與親房叔兄弟姪無干其山場
無重典他人亦無交加不明等情如有此情係
林氏出頭知當不涉姪之事今欲有憑立賣
契壹紙付執為照
嘉慶廿年六月　日立賣契人林來娘
在見伯邦偕
代字中伯邦善

10-5-55-1　清嘉慶二十年六月林來娘立賣山場雜木等契

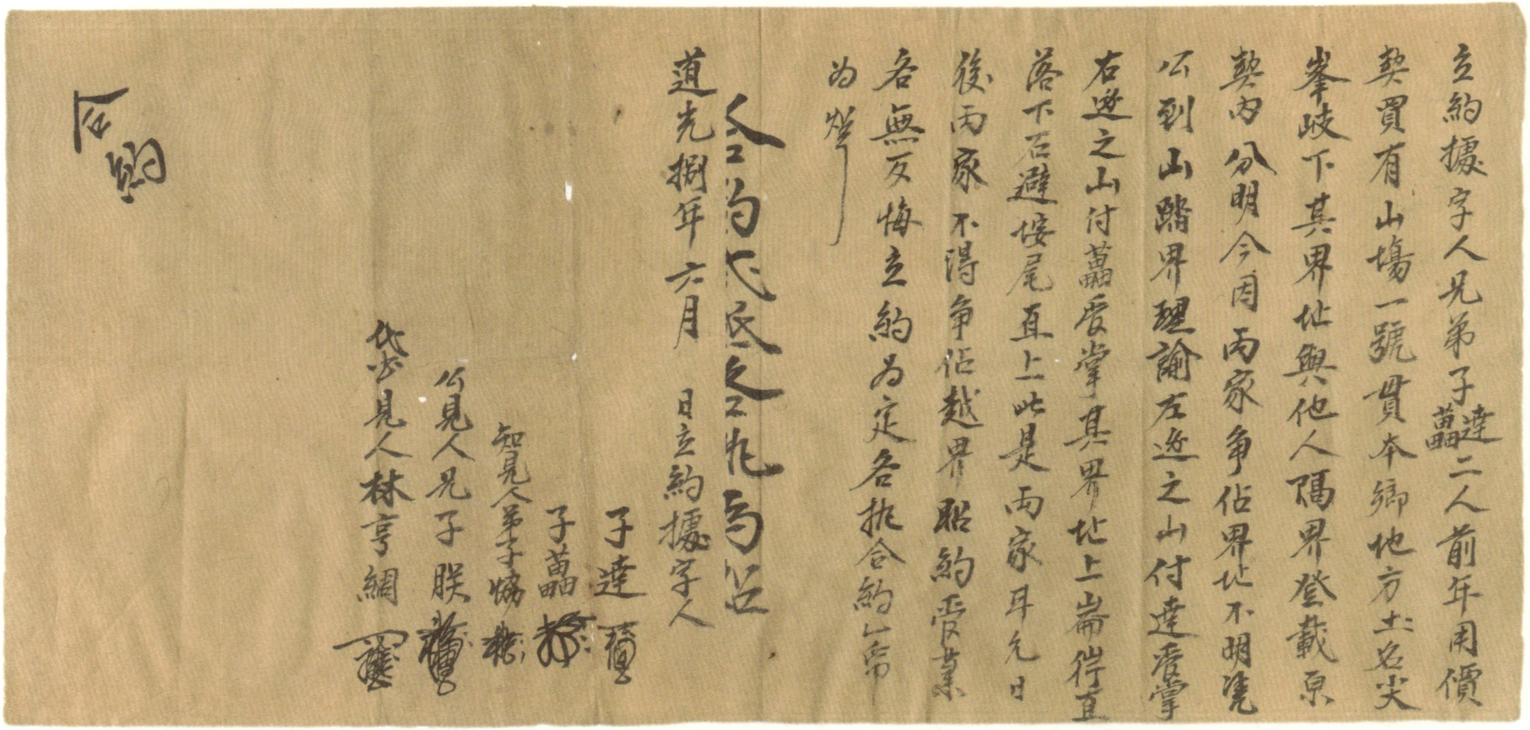
立約據字人兄弟子達矗二人前年用價
契買有山場一號貫本鄉地方土名尖
峯岐下其界址與他人隔界登載原
契內分明今因兩家爭佔界址不明凭
公到山踏界理論左邊之山付達管掌
右邊之山付矗管掌其界址上崙行直
落下石礁接尾直上此是兩家耳允日
後兩家不得爭佔越界照約管業
各無反悔立約為定各執合約一紙
為照
道光捌年六月　日立約據字人
子達（押）
子矗（押）
知見人弟子協（押）
公見人兄子朕（押）
代筆見人林亨綱（押）
合約

10-5-55-2　清道光八年六月黄子達等立約據字

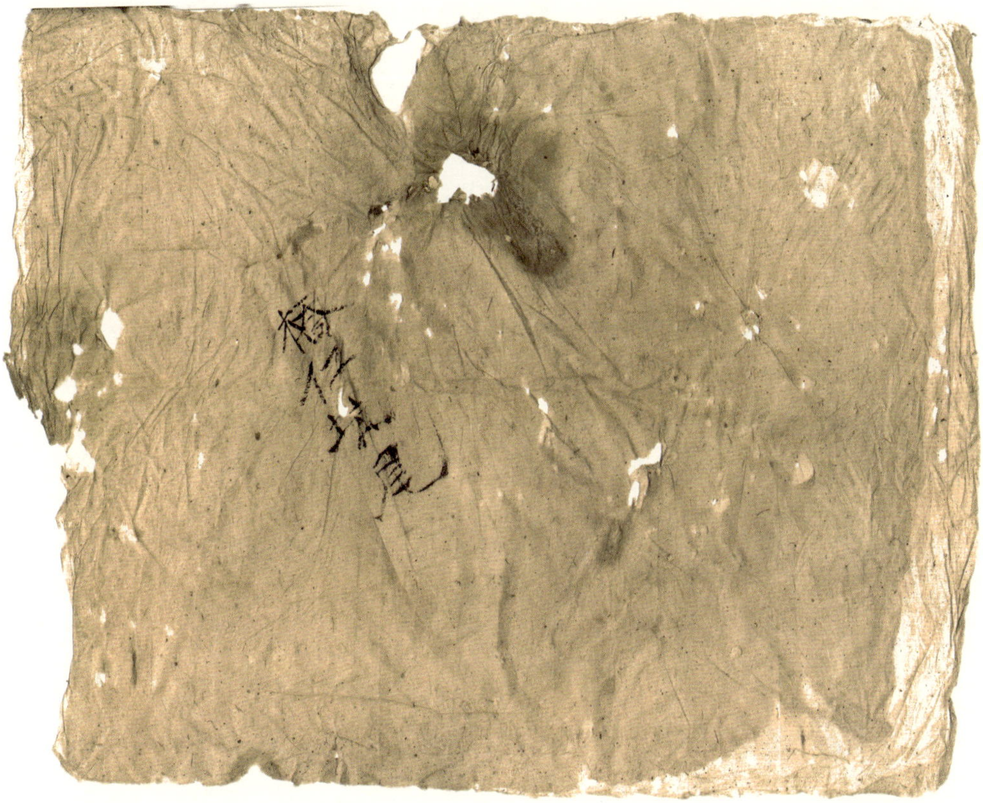

10-5-56-1　包契紙

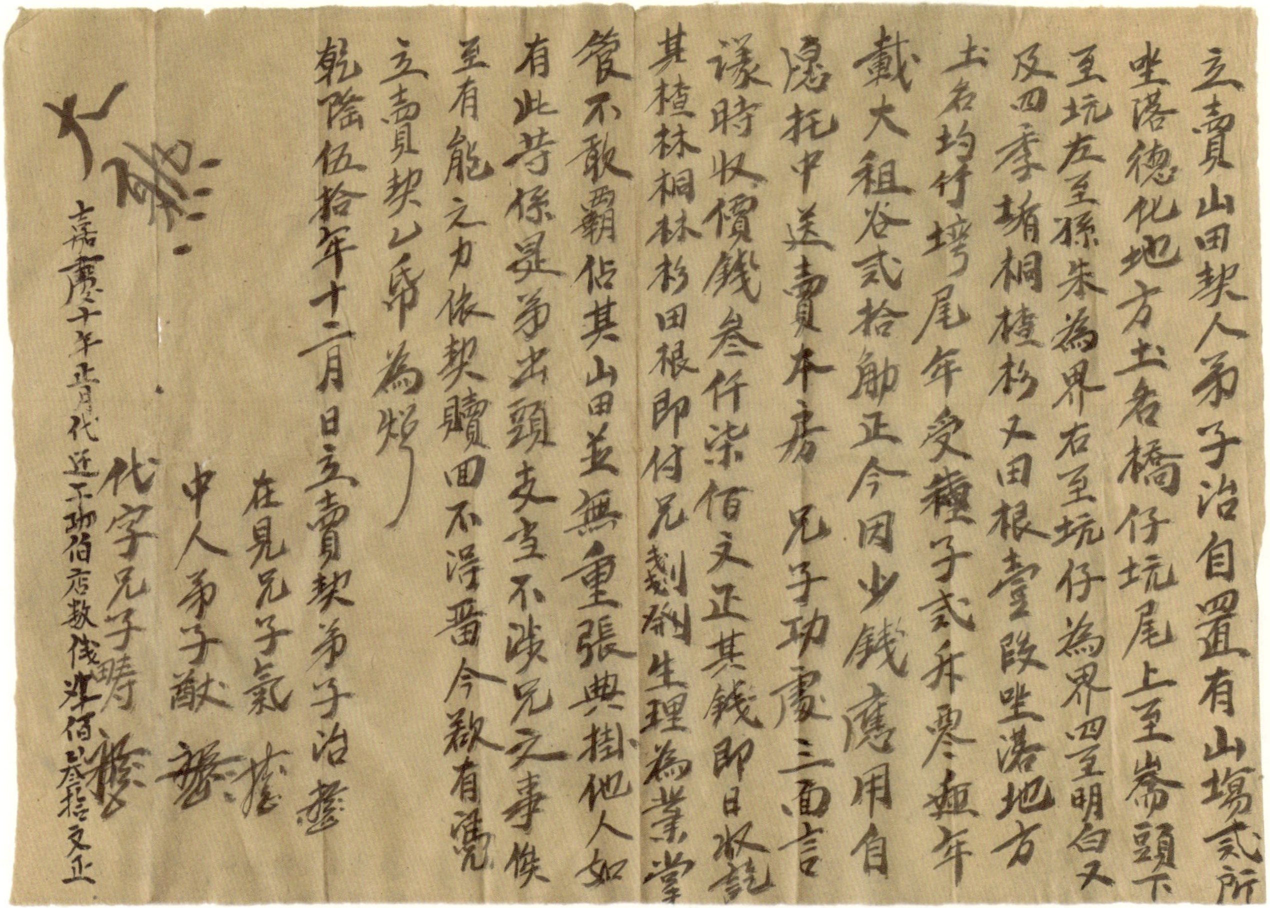
立賣山田契人弟子治自置有山場貳所
坐落德化地方土名橋仔坑尾上至崙頭下
至坑左至孫朱為界右至坑仔為界四至明白又
及四季崙桐植杉又田根壹段坐落地方
土名均竹壢尾年受種子貳升零□年
載大租谷貳拾觔正今因乏錢應用自
愿托中送賣本房 兄子功處三面言
議時收價錢叁仟柒佰文正其錢即日收訖
其植林桐林杉田根即付兄剗栽生理為業掌
管不敢覇佔其山田並無重張典掛他人如
有此等係是弟出頭支當不涉兄之事候
至有能之力依契贖田不得番今欲有憑
立賣契乙帋為照
乾隆伍拾年十二月 日立賣契弟子治（押）
在見兄子氣（押）
中人弟子猷（押）
代字兄子疇（押）
嘉慶十年正月代近不功伯店敬伐洋佰叁拾文正
[illegible]

10-5-56-2 清乾隆五十年十二月黄子治立賣山田契（一）

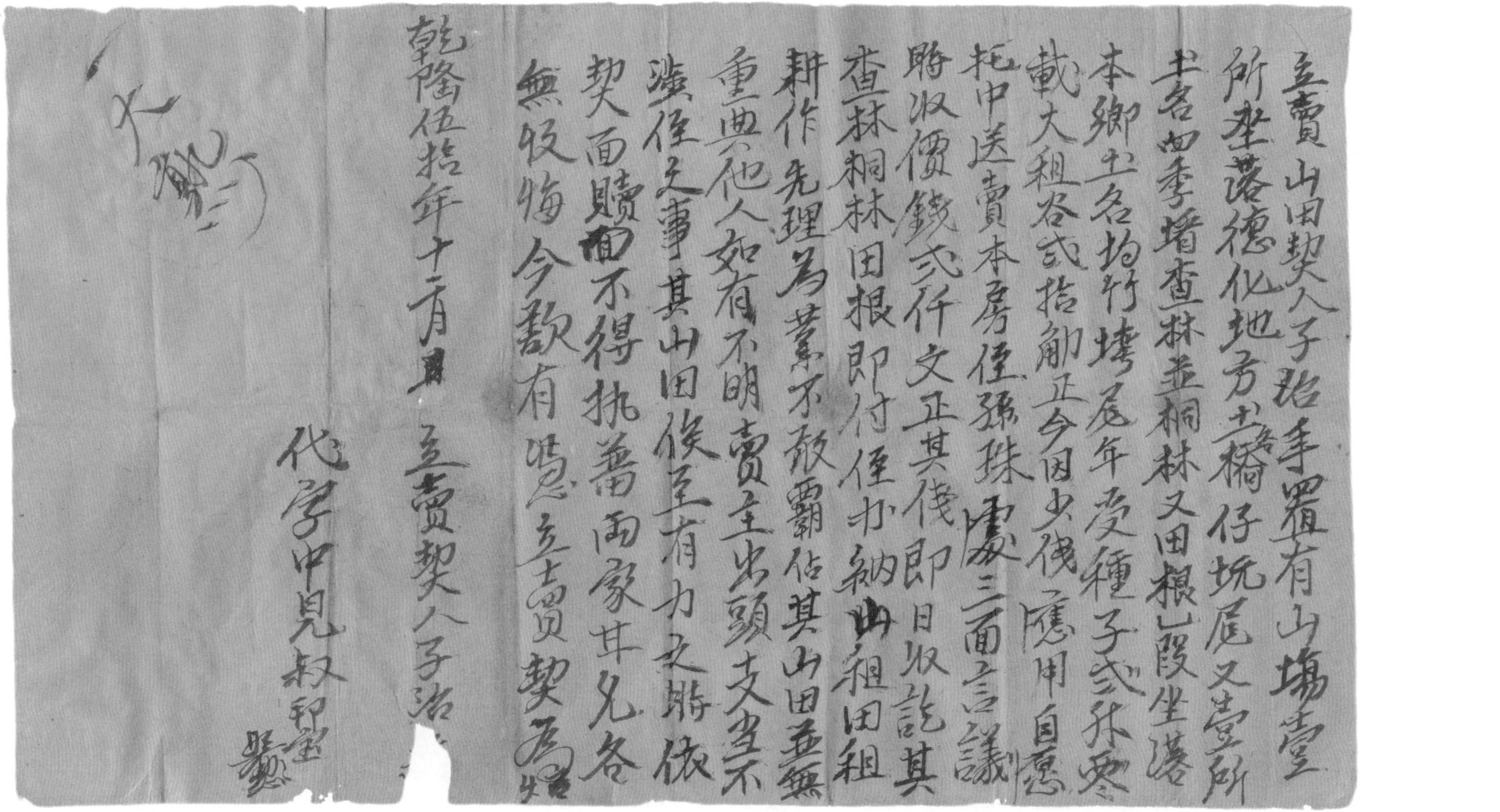
立賣山田契人子治，手置有山場壹
所，坐落德化地方，土名橋仔坑尾，又壹所
土名四季增查林並桐林，又田根山段，坐落
本鄉，土名拍竹塆尾，年受種子式斗零，
載大租谷式拾觔正。今因乏錢應用，自愿
托中送賣本房侄孫珠處，三面言議，
時收價錢式仟文正。其錢即日收訖，其
查林桐林田根即付侄孫納山租田租
耕作，先理為業，不敢覇佔。其山田並無
重典他人，如有不明，賣主出頭支當，不
涉侄之事。其山田候至有力之時，依
契面贖回，不得挑蕃。兩家甘允，各
無反悔，今欲有憑，立賣契為照。
乾隆伍拾年十二月　日　立賣契人子治
代字中見叔邦塗

10-5-56-3　清乾隆五十年十二月黃子治立賣山田契（二）

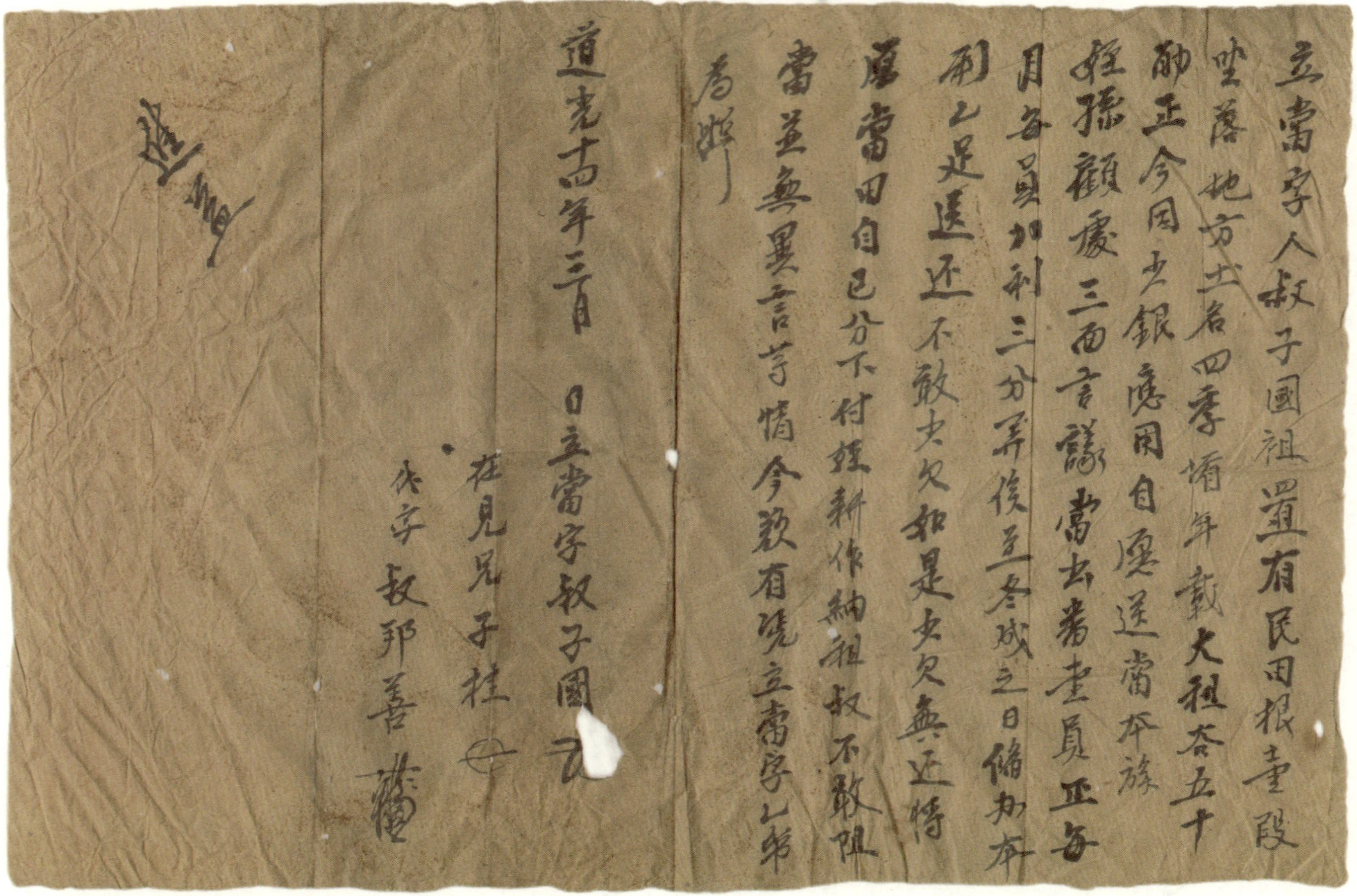
立當字人叔子國祖置有民田根壹段
坐落地方土名四季墻年載大租谷五十
觔正今因乏銀應用自愿送當本族
姪孫顧處三面言議當出番壹員正每
月每員加利三分算，後至冬成之日備办本
利已足送还不敢欠欠如是欠欠無还將
此當田自己分不付姪耕作納租叔不敢阻
當並無異言等情今欲有憑立當字一紙
為照
道光十四年三月　日立當字叔子國　記
在見兄子柱
代字　叔邦善
送還

10-5-56-4　清道光十四年三月黄子國立當民田根字

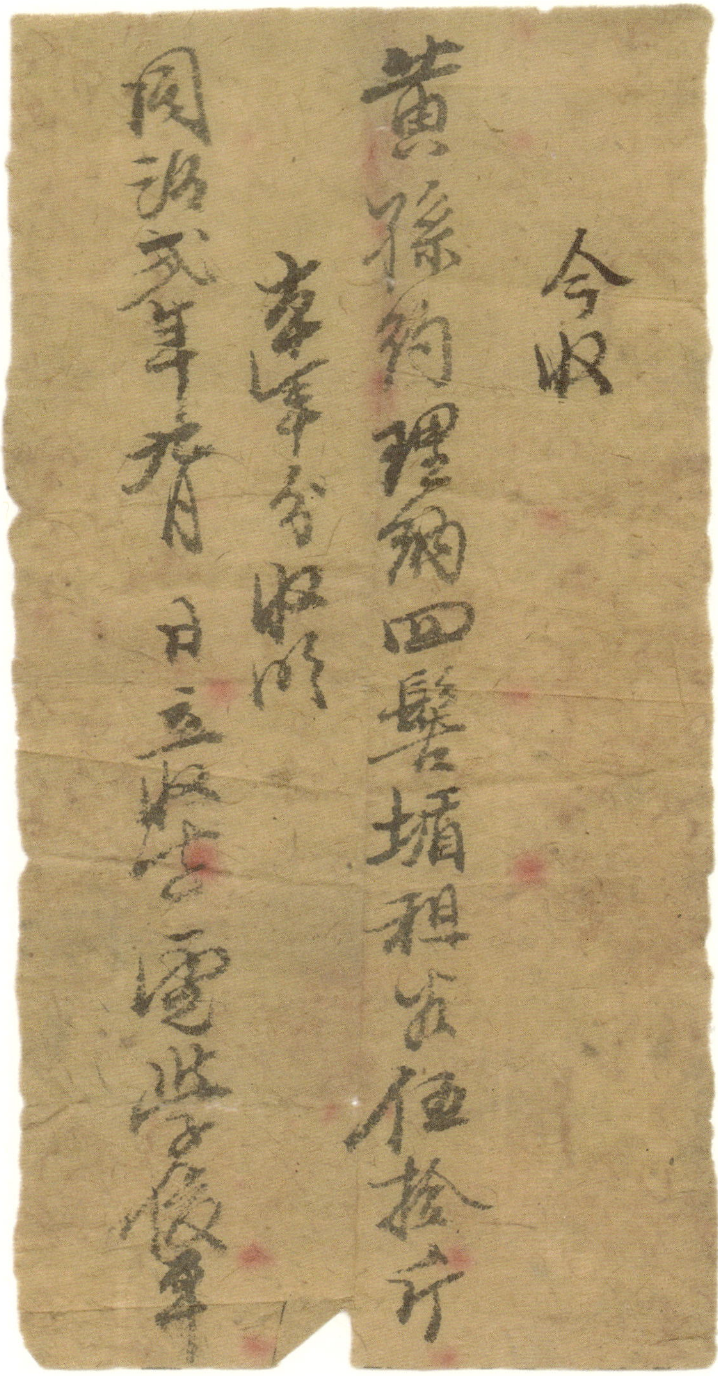

今收
黄孫約理綱四髻墳租谷伍拾斤
其年分收明
同治貳年玖月　日立收字盧學俊筆

10-5-56-5　清同治二年九月盧學俊立收租穀字

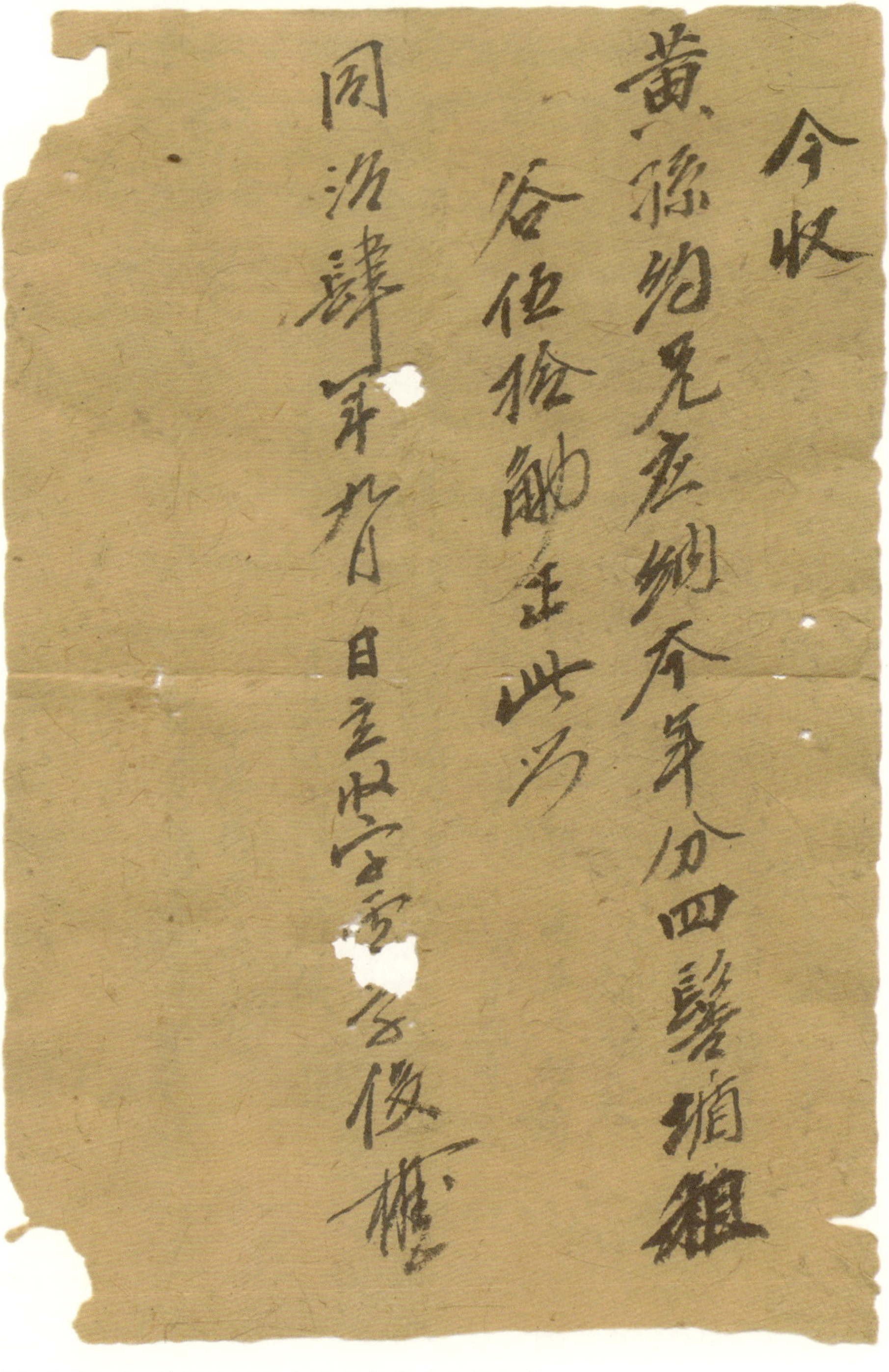

今收

黃孫約兄處納本年分四髮墳租

谷伍拾觔正此照

同治肆年九月　日立收字盧學俊押

10-5-56-6　清同治四年九月盧學俊立收租穀字

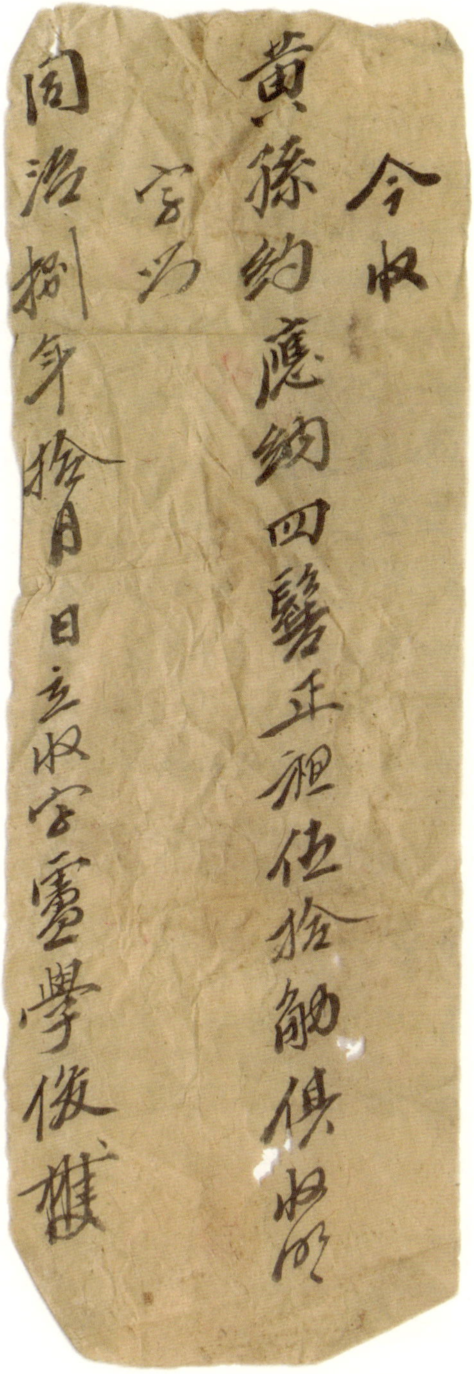
今收
黄孫約應納四鬮正租伍拾觔俱收明
字為
同治捌年拾月　日立收字盧學俊

10-5-56-7　清同治八年十月盧學俊立收正租字

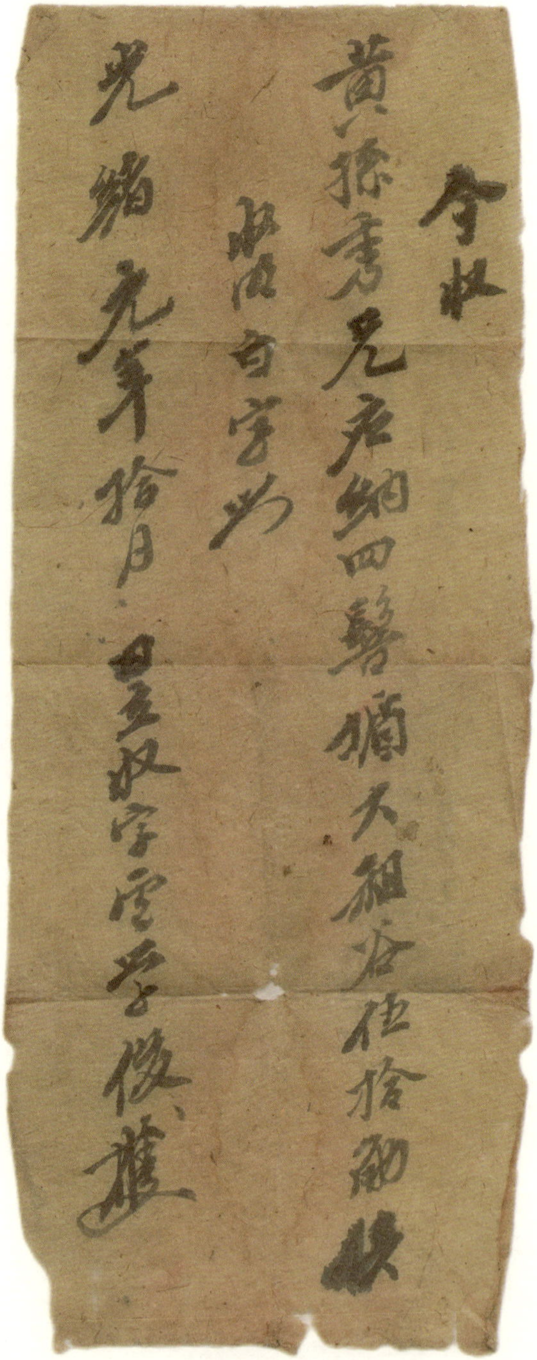
今收
黃孫秀兄應納四磐猶大租谷伍拾觔足
收訖付字炤
光緒元年拾月　日立收字盧學俊（押）

10-5-56-8　清光緒元年十月盧學俊立收大租穀字

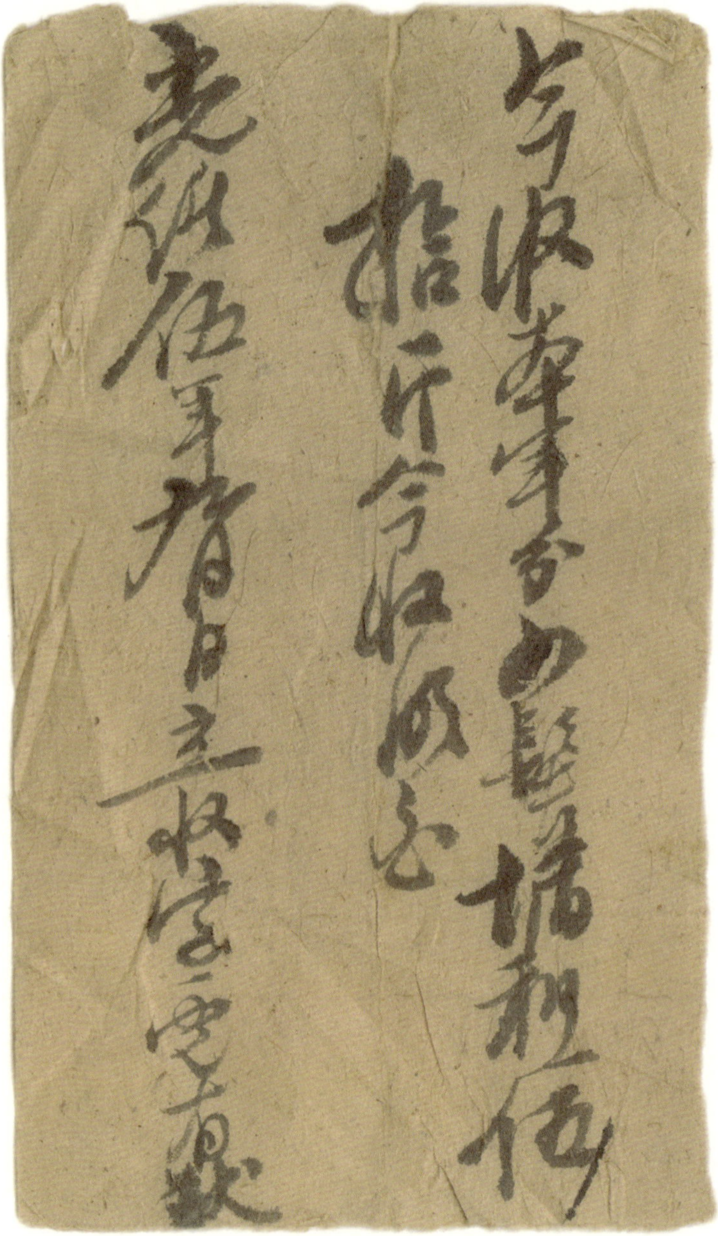

10-5-56-9　清光緒五年九月盧有猷立收租穀字

八閩文庫

專題彙編 第二種

福建民間契約文書

廈門大學民間歷史文獻研究中心 編
鄭振滿 主編

44

海峽出版發行集團
THE STRAITS PUBLISHING & DISTRIBUTING GROUP
福建人民出版社

本册目録

第十卷　永泰縣洑口鄉山寨村契約文書（二）

第五帙　黄國語户

第十卷　永泰縣洑口鄉山寨村契約文書（二）

本卷主編　鄭鵬程

第五帙　黄國語户

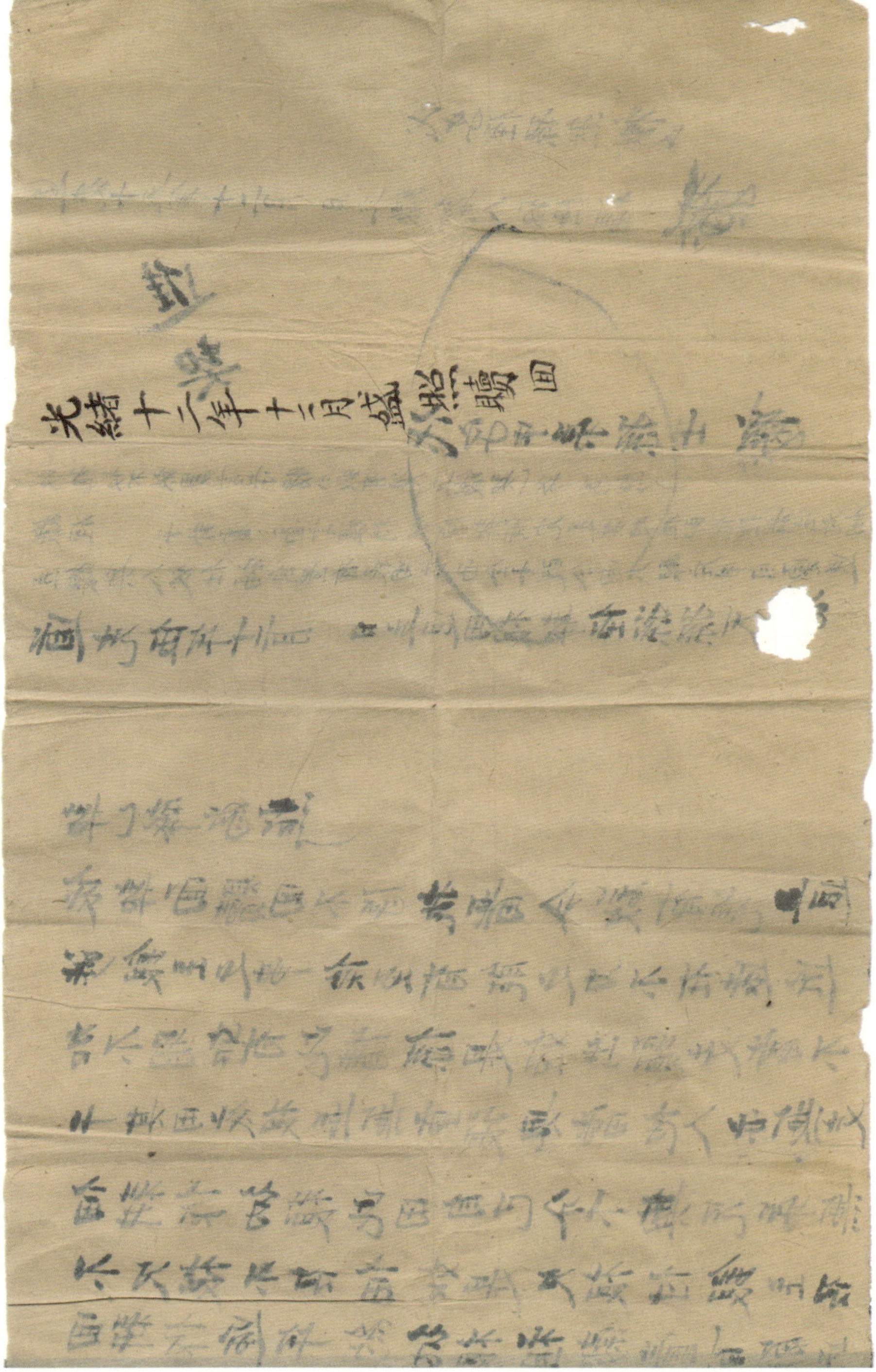
光緒十二年十二月

10-5-57-1　包契紙

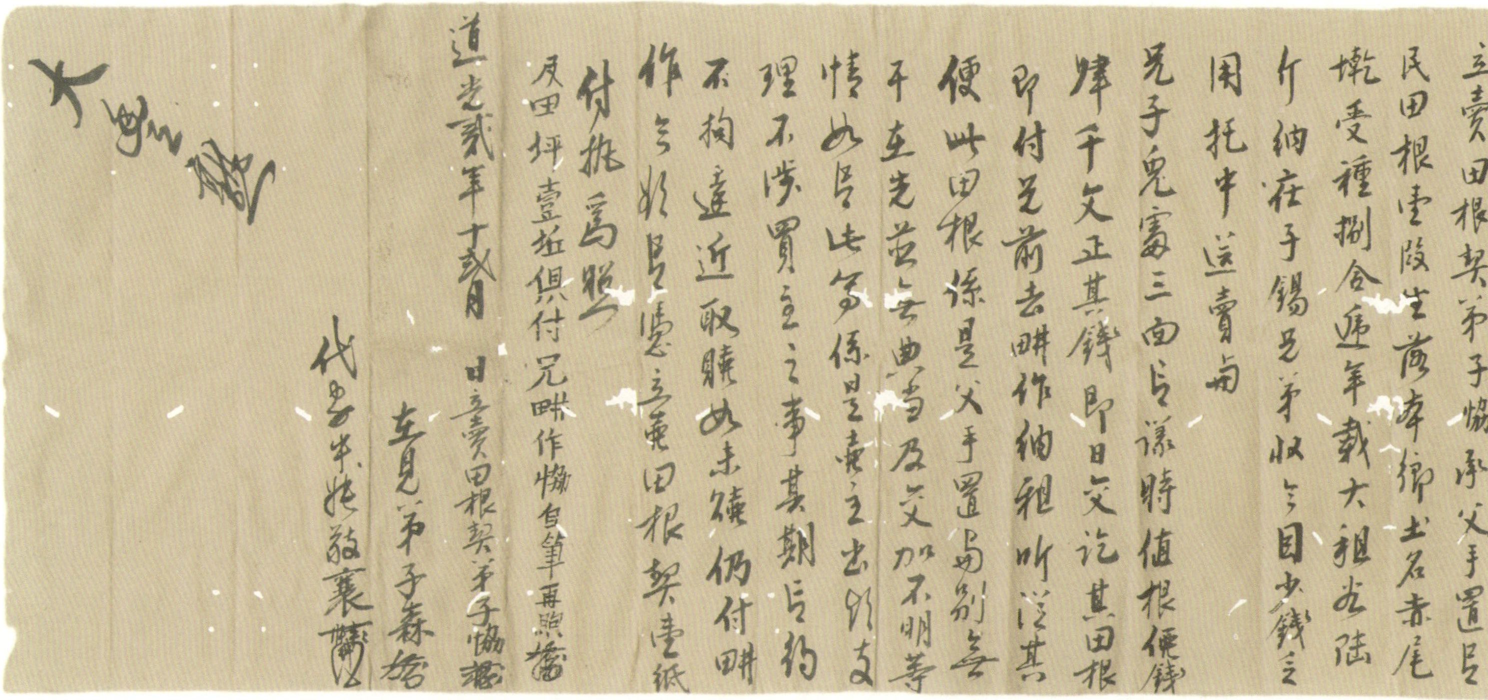

立賣田根契弟子協承父手置民
民田根壹段坐落本鄉土名赤尾
墘受種捌合逐年載大租米陸
斤納在子錫兄弟收今因少錢之
用托中送賣與
兄子兗官三面言議時值根價錢
肆千文正其錢即日交訖其田根
即付兄前去耕作納租听從其
便此田根係是父手置與別無
干在先並無典當及交加不明等
情如有此等係是賣主出頭支
理不涉買主之事其期言約
不拘遠近取贖如未贖仍付耕
作今欲有憑立賣田根契壹紙
付執爲照
又田坪壹坵俱付兄耕作協自筆再照（押）
道光貳年十弍月　日立賣田根契弟子協（押）
在見弟子森（押）
代書族姪敬襄（押）
大吉

10-5-57-2　清道光二年十二月黄子協立賣民田根契

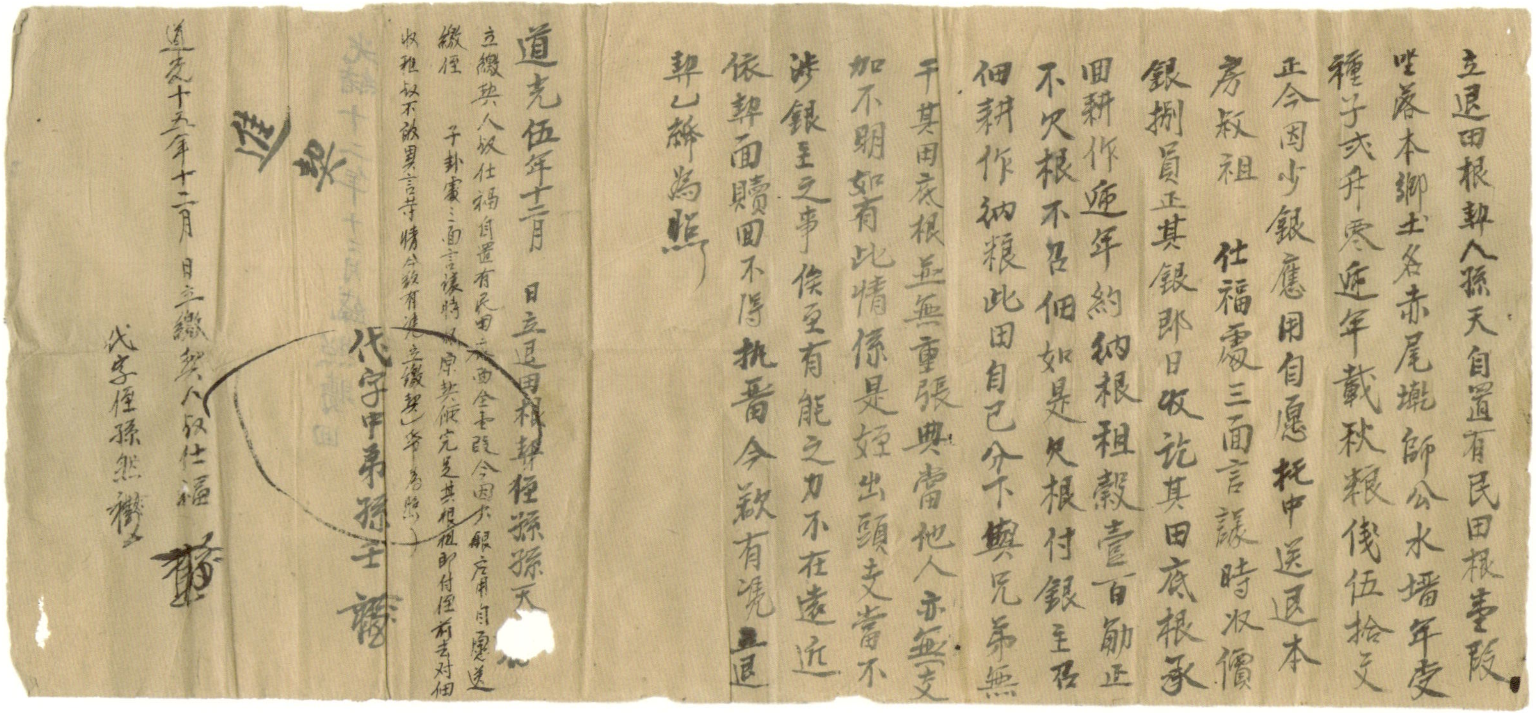
立退田根契人孫天自置有民田根壹段
坐落本鄉土名赤尾墘師公水墻年受
種子弍升零逐年載秋粮錢伍拾文
正今因少銀應用自愿托中送退本
房叔祖 仕福處三面言議時值價
銀捌員正其銀即日收訖其田底根承
田耕作逐年約納根租穀壹百觔正
不欠根不得佃如是欠根付銀主召
佃耕作納粮此田自己分下與兄弟無
干其田底根並無重張典當他人亦無文
加不明如有此情係是姪出頭支當不
涉銀主之事候至有能之力不在遠近
依契面贖回不得執留今欲有憑立退
契一紙為照

道光伍年十二月 日立退田根契姪孫孫天
代字中弟孫壬

立繳契人叔仕福自置有民田[illegible]自愿送
繳侄 子卦處三面言議時[illegible]原契[illegible]完足其根租即付侄前去对佃
收租叔不敢異言等情今欲有憑立繳契一紙為照

繳契

道光十五年十二月 日立繳契人叔仕福
代字侄孫[illegible]

10-5-57-3 清道光五年十二月黃孫天立退民田根契（廢契）

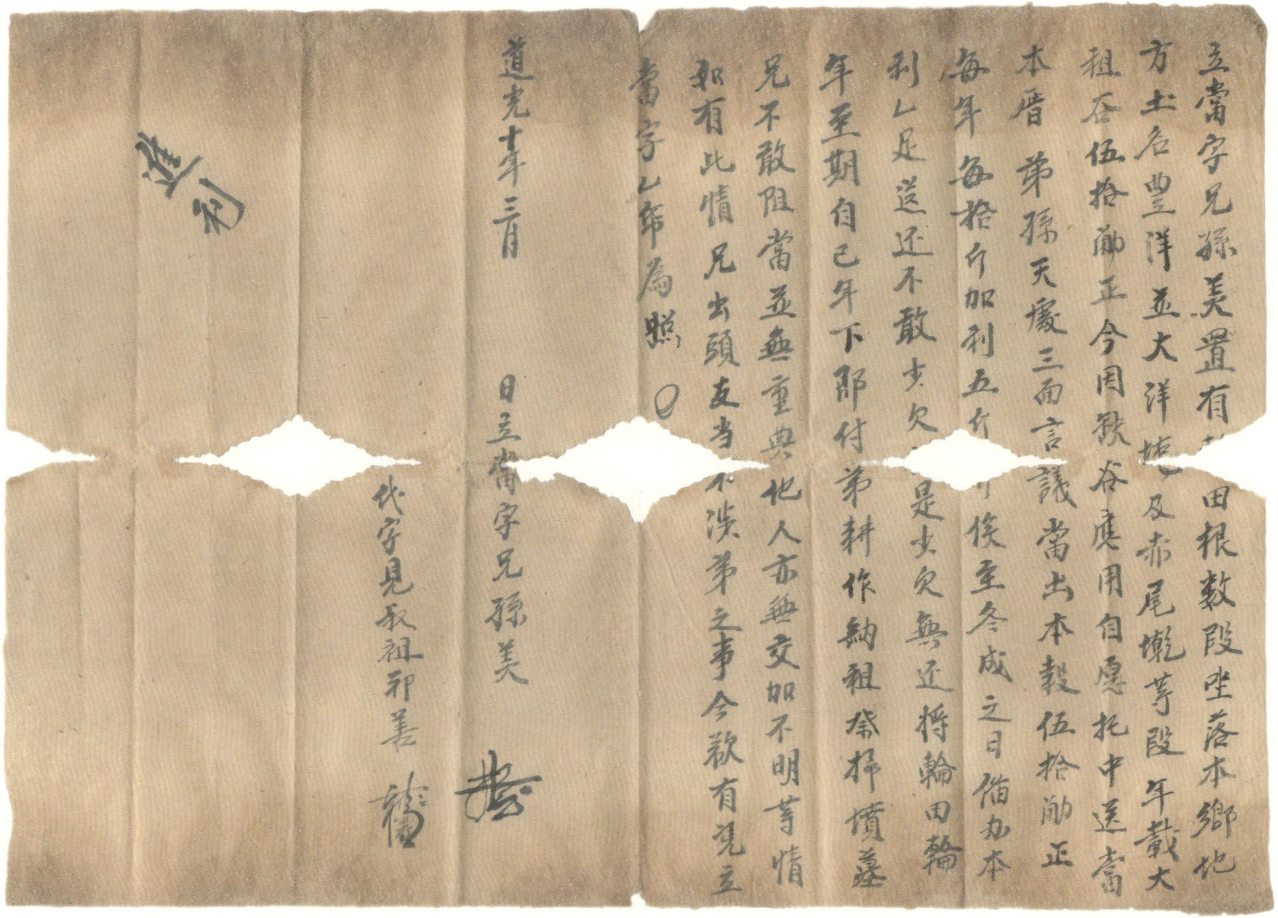
立當字兄孫美置有□田根數段坐落本鄉地
方土名豊洋並大洋墘及赤尾墘等段年載大
租谷伍拾觔正今因缺谷應用自愿托中送當
本厝 弟孫天壕三面言議當出本穀伍拾觔正
每年每拾斤加利五斤□俟至冬成之日備办本
利一足送还不敢少欠。□是少欠無还將輪田輪
年至期自己年下即付弟耕作納租衿掃墳墓
兄不敢阻當並無重典他人亦無交加不明等情
如有此情兄出頭支当不涉弟之事今欲有凭立
當字一紙為照
道光十年三月　日立當字兄孫美
代字見叔祖邦善

10-5-57-4　清道光十年三月黄孫美立當輪田根字

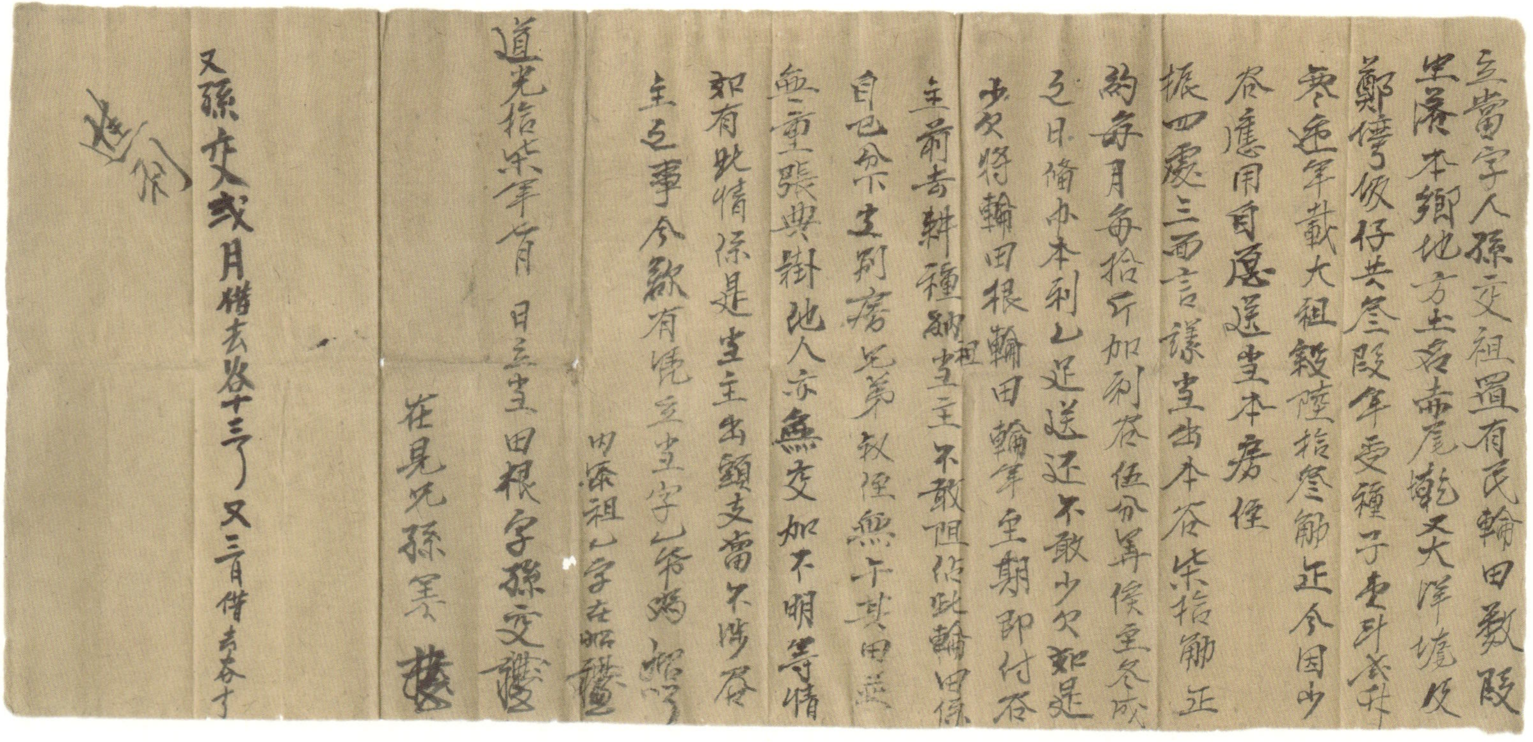

立當字人孫交祖置有民輸田數段
坐落本鄉地方土名赤尾乾又大洋境伋
鄭傳[illegible]伋仔洪叁段年受種子壹斗叁升
全年載大祖穀陸拾叁觔正今因少
谷應用自愿送坐本房侄
振四處三面言議坐出本谷柒拾觔正
約每月每拾斤加利谷伍分算俟至冬成
之日備办本利一足送還不敢少欠如是
少欠將輪田根輪田輪年至期即付谷
主前去耕種納租坐主不敢阻佔此輪田係
自己分下之別房兄弟叔侄無干其田並
無重張典掛他人亦無交加不明等情
如有此情係是坐主出頭支當不涉谷
主之事今欲有憑立坐字一紙為照
內添祖一字在照[illegible]
道光拾柒年七月　日立坐田根字孫交[illegible]
在見兄孫[illegible]　[illegible]
又孫交戊月借去谷十三了　又三月借去谷十
[illegible]

10-5-57-5　清道光十七年七月黃孫交立當民輸田契

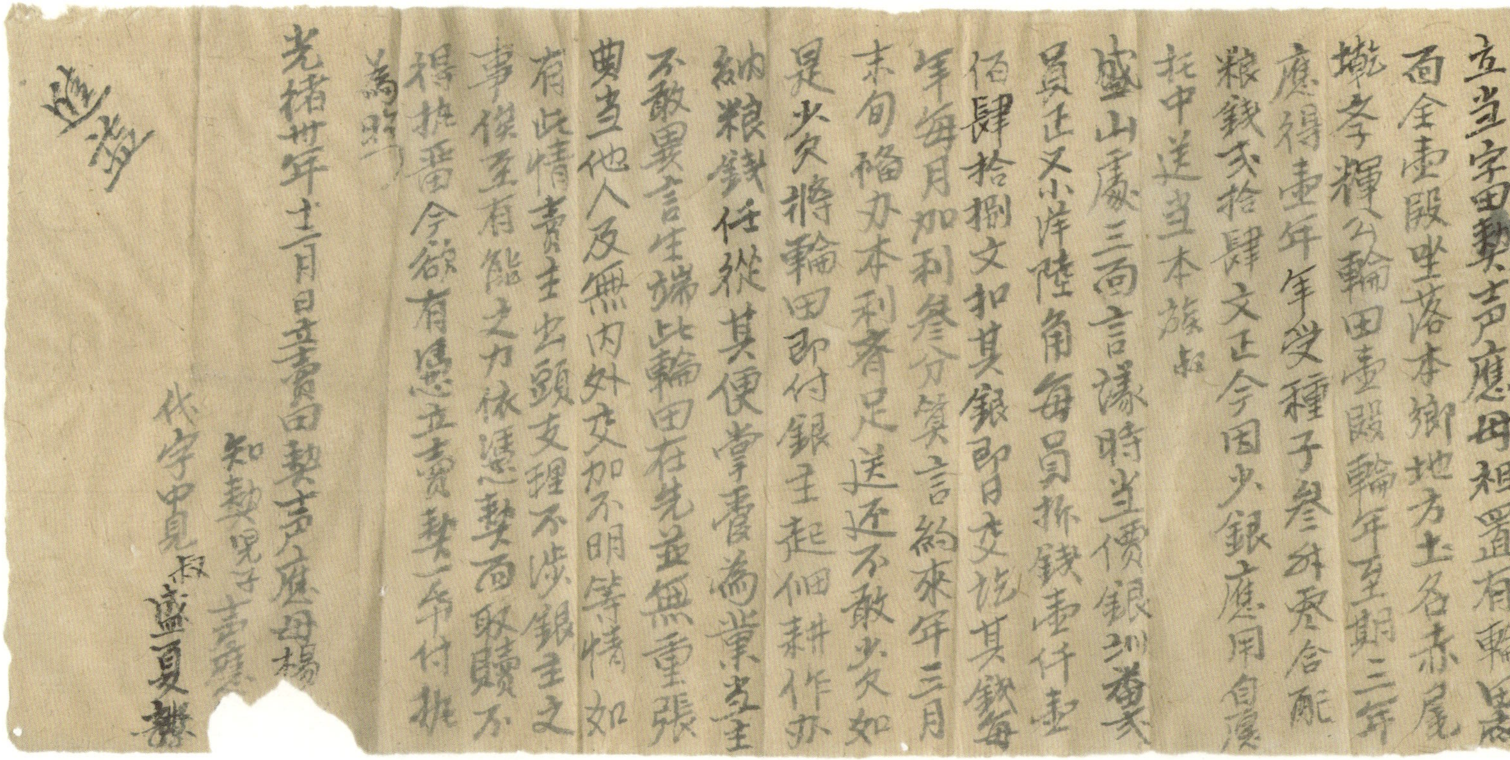
立当字田契黄声應母祖置有輪田思
面全壹段坐落本鄉地方土名赤嶺
墩李輝公輪田壹段輪年至期三年
應得壹年，年受種子叁斗零合配
粮錢弍拾肆文正，今因少銀應用，自應
托中送当本族叔
盛山處三面言議，時当價銀洋番弍
員正，又小洋陸角，每員折錢壹仟壹
佰肆拾捌文，扣其銀即日交訖，其錢每
年每月加利叁分算，言約來年三月
未旬輪办本利齊足送还，不敢少欠，如
是少欠，將輪田即付銀主起佃耕作，办
納粮錢，任從其便掌管為業，出主
不敢異言生端。此輪田在先並無重張
典当他人，及無内外交加不明等情，如
有此情，責主出頭支理，不涉銀主之
事。倘至有能之力，依憑契面取贖，不
得執留。今欲有憑，立賣契一帋付執
為照。
光緒卅年十二月　日立賣田契黄声應母楊
知契兒子　黄声應
代字中見叔　盛夏[illegible]

10-5-57-6　清光緒三十年十二月黄声應母楊氏立賣底面全輪田字

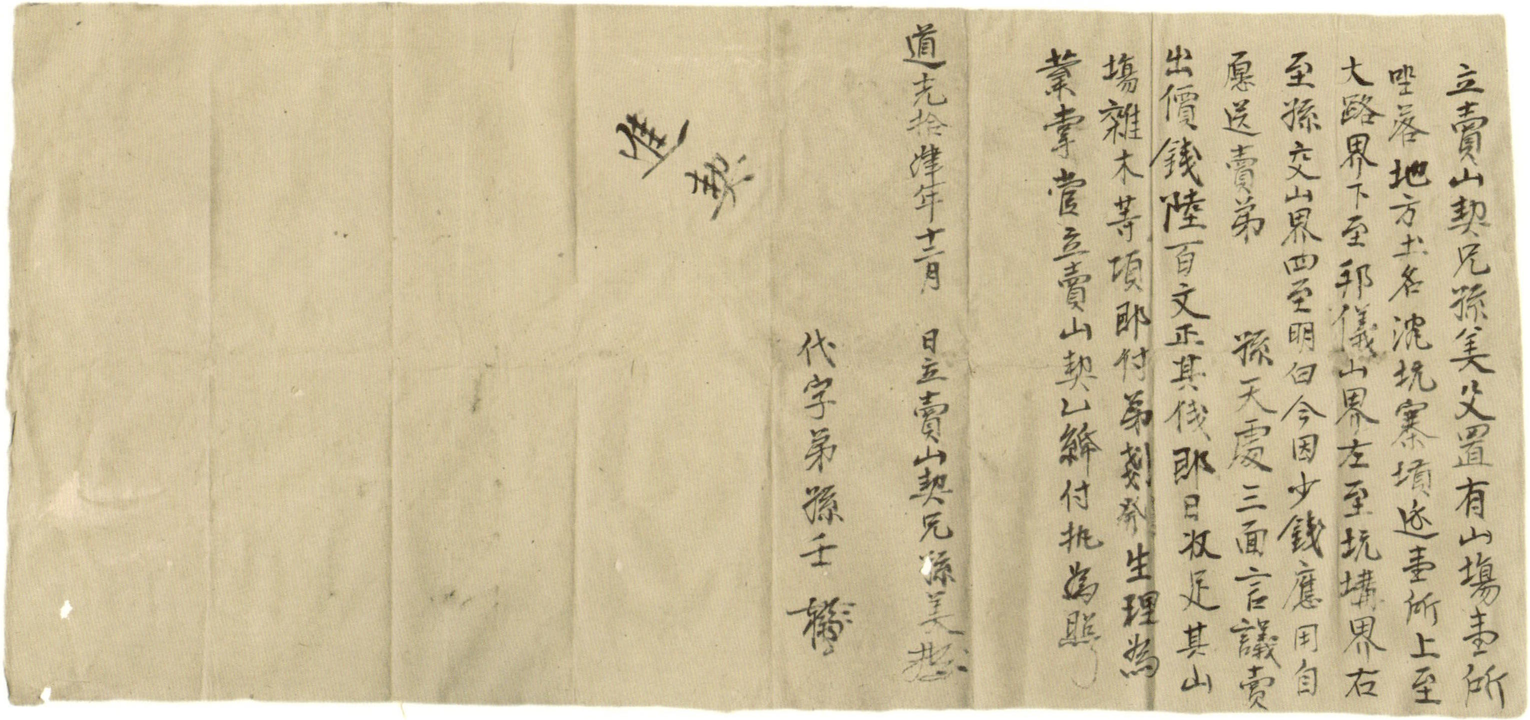

立賣山契兄孫美文置有山場壹所
坐落地方土名洮坑寨墳迹壹所上至
大路界下至邦儀山界左至坑墘界右
至孫文山界四至明白今因少錢應用自
愿送賣弟　孫天震三面言議賣
出價錢陸百文正其錢即日收足其山
場雜木等項即付弟刻砍生理為
業當立賣山契乙紙付執為照

道光拾肆年十二月　日立賣山契兄孫美文
代字弟孫壬

10-5-58-1　清道光十四年十二月黃孫美立賣山場契

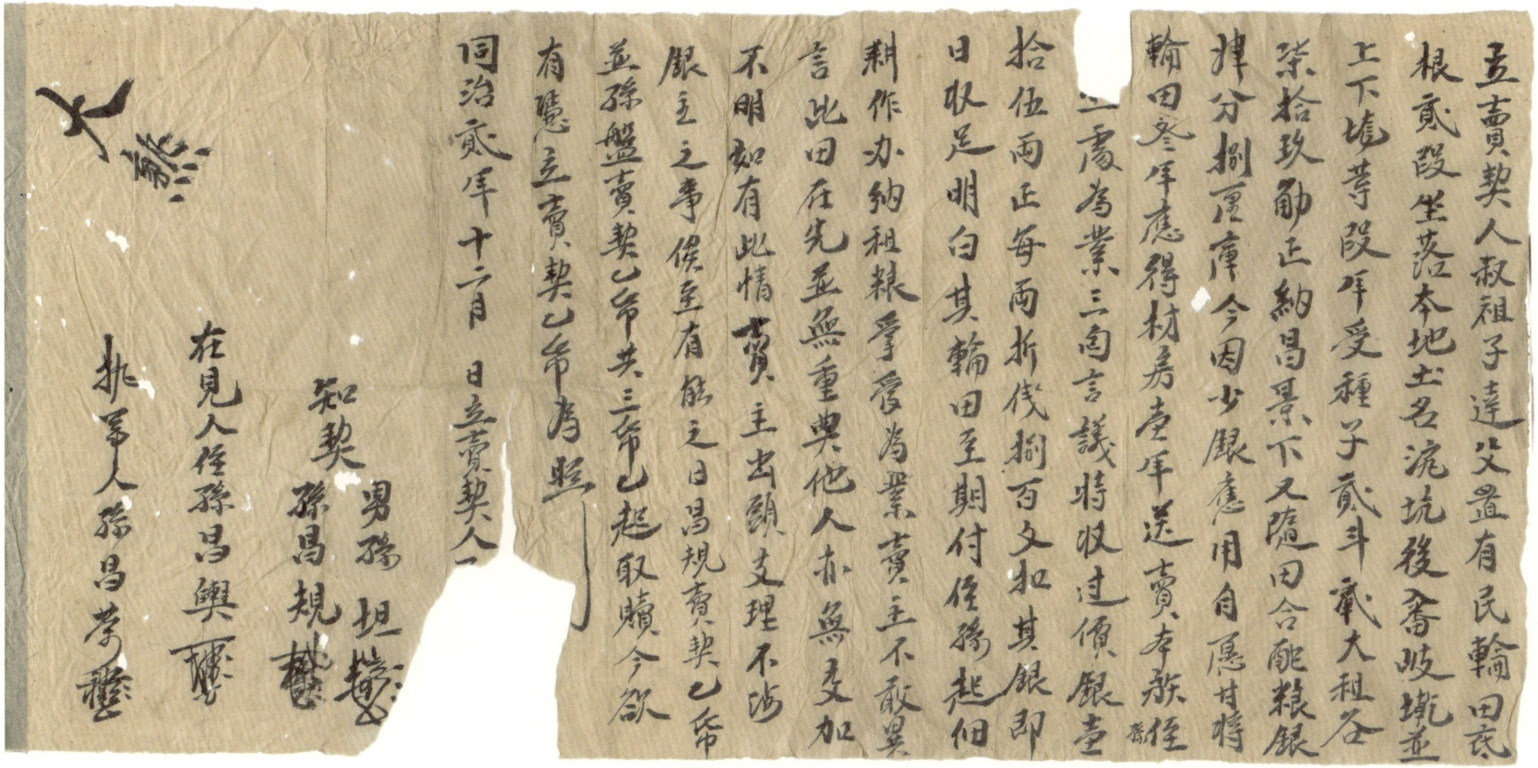
立賣契人叔祖子達，父置有民輸田底
根貳段，坐落本地土名流坑後壽坡墘並
上下墘等段，年受種子貳斗，載大租谷
柒拾玖觔正，納昌景下，又隨田合配粮銀
肆分捌厘庫。今因乏銀應用，自愿甘將
輸田叁年應得材房壹年，送賣本族侄孫
□處為業，三面言議，時收過價銀壹
拾伍兩正，每兩折伐捌百文扣，其銀即
日收足明白。其輸田至期付侄孫起佃
耕作，办納租粮，掌管為業，賣主不敢異
言。此田在先並無重典他人，亦無交加
不明。如有此情，賣主出頭支理，不涉
銀主之事。俟至有銀之日，昌規賣契乙紙
並孫盤賣契乙紙，共三紙乙起取贖。今欲
有憑，立賣契乙紙為照。
同治貳年十二月　日立賣契人
男孫坦
知契孫昌規
在見人侄孫昌興
執筆人孫昌孝

10-5-58-2　清同治二年十二月黃子達立賣民輸田底根契

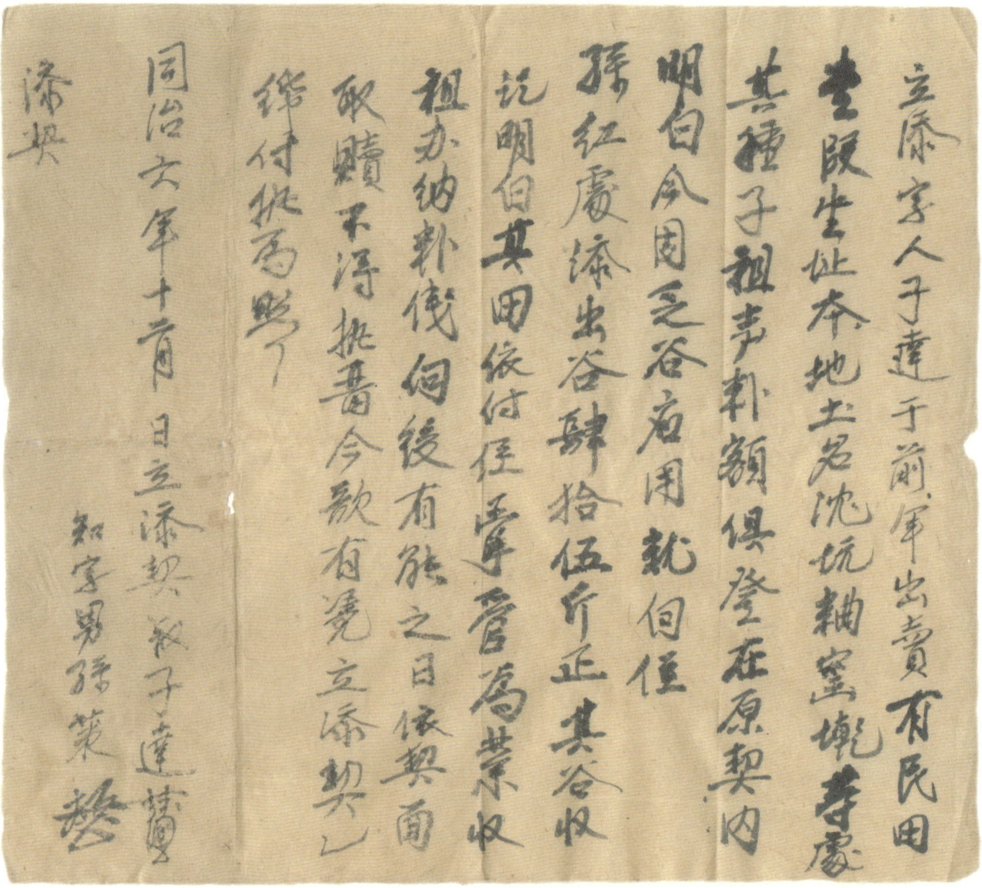

立添字人子達于前年出賣有民田
壹段坐址本地土名沈坑釉窯墘等處
其種子租声粮額俱登在原契內
明白今因乏谷應用就向侄
孫紅慶添出谷肆拾伍斤正其谷收
訖明白其田依付侄孫管爲業收
租办納粮倘向後有能之日依契面
取贖不得执番今欲有憑立添契一
紙付执爲照

同治六年十二月　日立添契叔子達（押）
知字男孫策（押）

添契

10-5-58-3　清同治六年十二月黃子達立添民田字

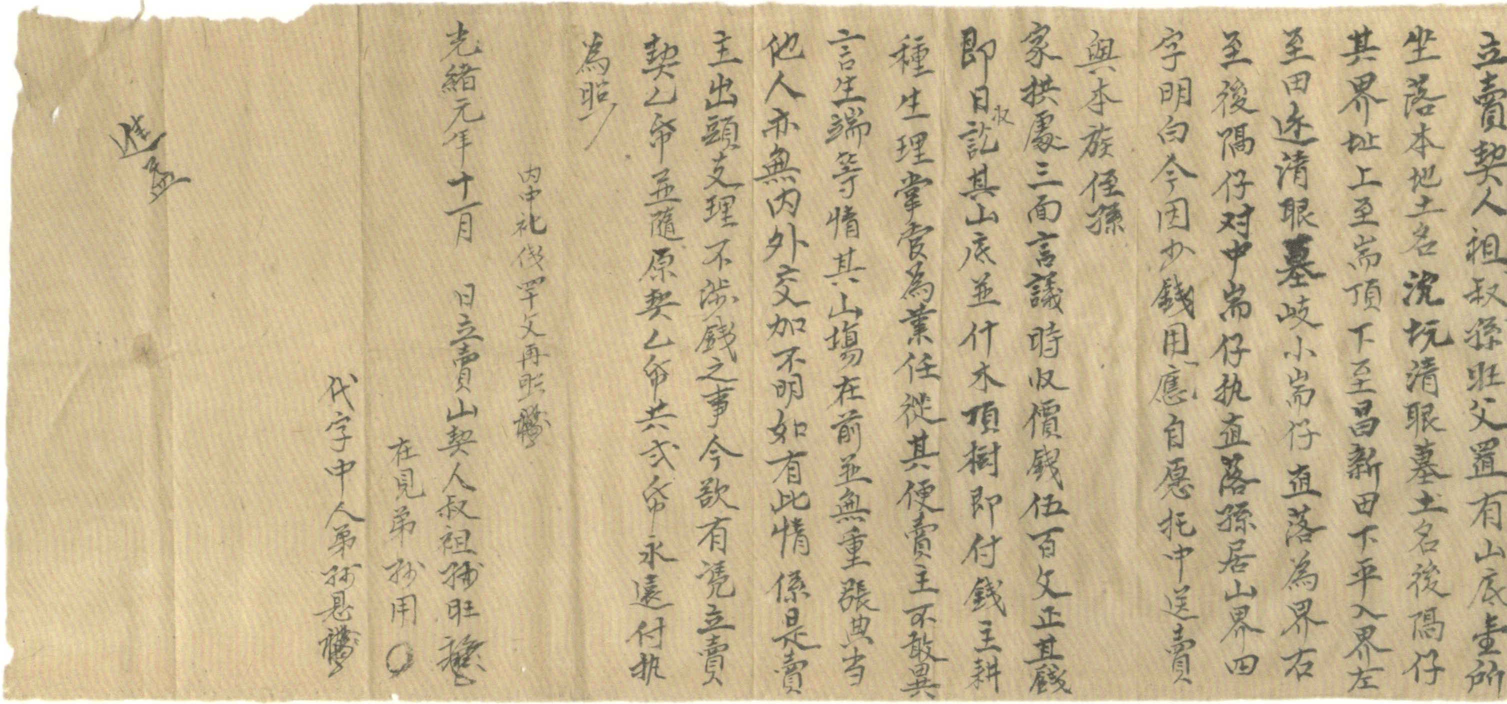
立賣契人祖叔孫旺父置有山底壹所
坐落本地土名洸坑清眼墓土名後隅仔
其界址上至崗頂下至昌新田下平入界左
至田迹清眼墓岐小崗仔直落為界右
至後隅仔对中崗仔执直落孫居山界四
字明白今因少錢用愿自愿托中送賣
與本族侄孫
家掛處三面言議時收價錢伍百文正其錢
即日叔訖其山底並什木項樹即付錢主耕
種生理掌管為業任從其便賣主不敢異
言生端等情其山塲在前並無重張典当
他人亦無內外交加不明如有此情係是賣
主出頭支理不涉錢之事今欲有憑立賣
契乙帋並隨原契乙帋共弍帋永遠付执
為照
内中礼併字文再照
光緒元年十一月 日立賣山契人叔祖孫旺
在見弟孫用
代字中人弟孫恩
進益

10-5-58-4 清光緒元年十一月黃孫旺立賣山底契

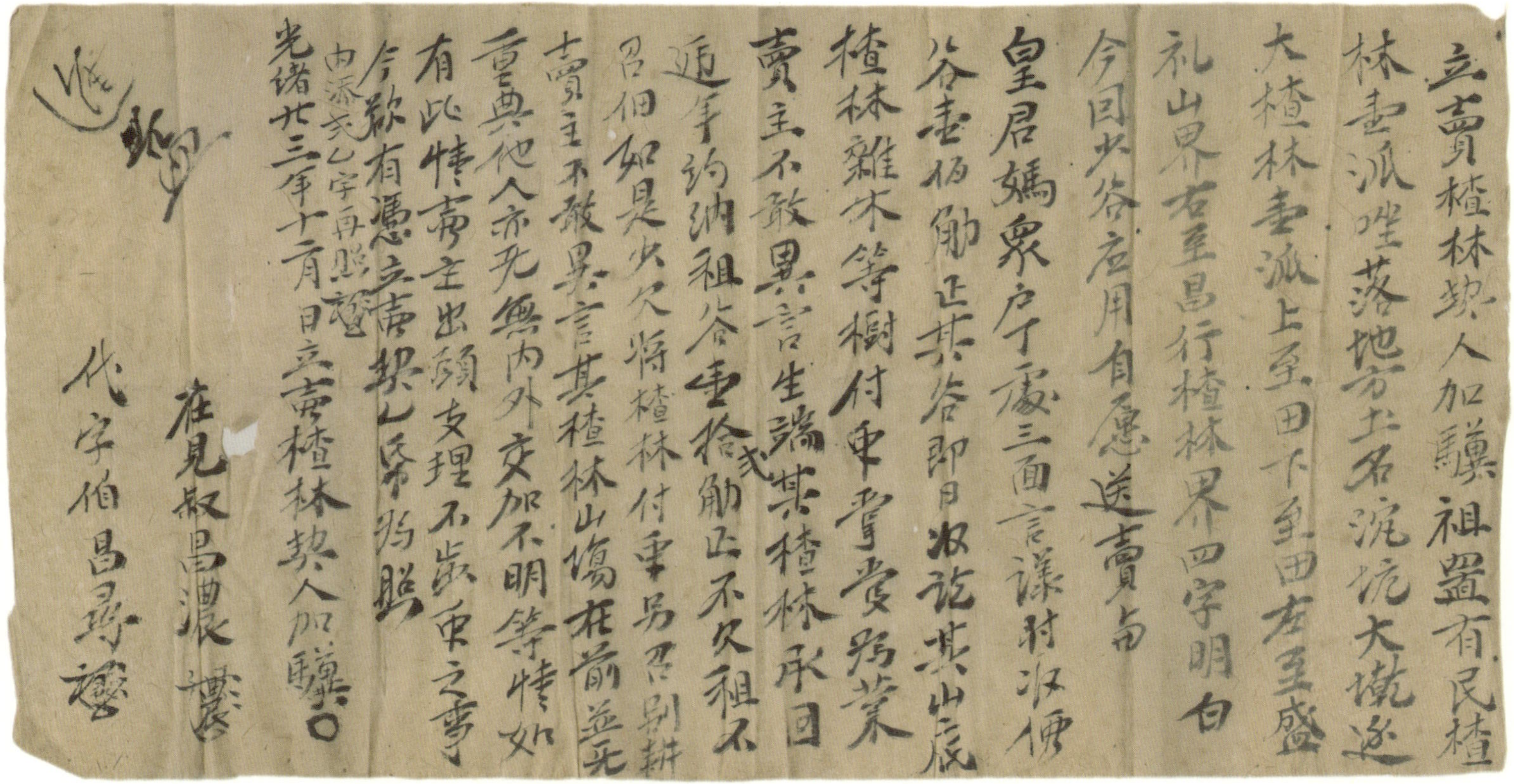

立賣楂林契人加驥，祖置有民楂
林壹派，坐落地方土名泥沆大墘邊
大楂林壹派，上至田，下至田，左至盛
礼山界，右至昌行楂林界，四字明白。
今因少谷應用，自愿送賣與
皇居媽衆戶丁處，三面言議時價
谷壹佰觔正，其谷即日收訖，其山底
楂林雜木等樹付與買主為業。
賣主不敢異言生端，其楂林承回
追年納祖谷壹拾貳觔正，不欠祖，不
召佃，如是少欠，將楂林付與另召別耕，
賣主不敢異言。其楂林山場在前並无
重典他人，亦無內外交加不明等情，如
有此情，賣主出頭支理，不與買主之事。
今欲有憑，立賣契乙紙為照。
內添貳乙字再照。
光緒廿三年十二月　日立賣楂林契人加驥（押）
在見叔昌灃（押）
代字伯昌尋（押）

10-5-58-5　清光緒二十三年十二月黃加驥立賣民楂林契

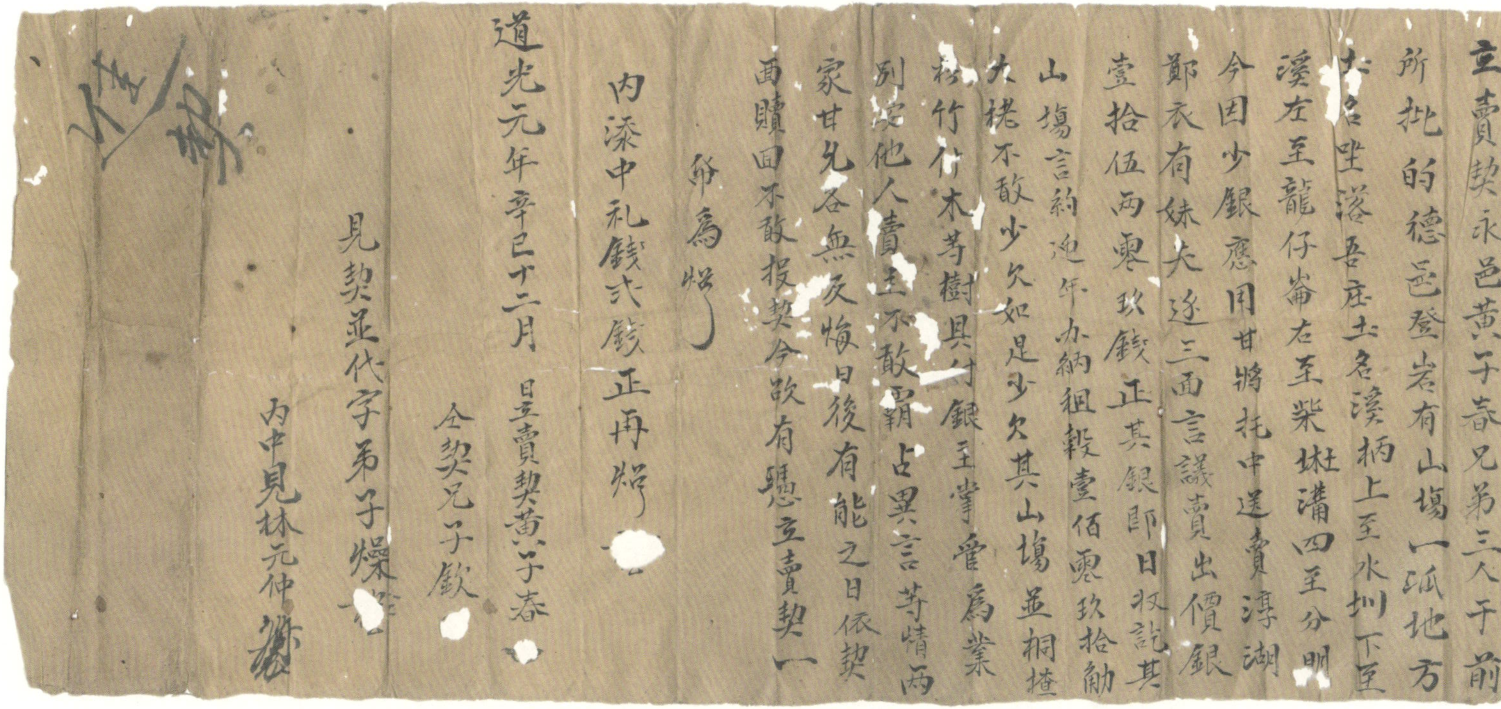

立賣契永邑黄子春兄弟三人于前
所批的德邑登岩有山場一坵地方
土名坐落吾庄土名溪柄上至水圳下至
溪左至龍仔崙右至柴杜潽四至分明
今因少銀應用甘將托中送賣淳湖
鄭衣有妹夫边三面言議賣出價銀
壹拾伍兩零玖錢正其銀即日收訖其
山場言約迫年办納租穀壹佰零玖拾觔
大桃不敢少欠如是少欠其山場並桐楂
杉竹什木等樹具付銀主掌管爲業
別安他人賣主不敢霸占異言等情兩
家甘允各無反悔日後有能之日依契
面贖回不敢抵契今欲有憑立賣契一
紙爲照

内添中私錢弍錢正再照

道光元年辛巳十二月　日立賣契黄子春
仝契兄子欽
見契並代字弟子燦
内中見林元仲

10-5-59-1　清道光元年十二月黄子春等立賣山場契

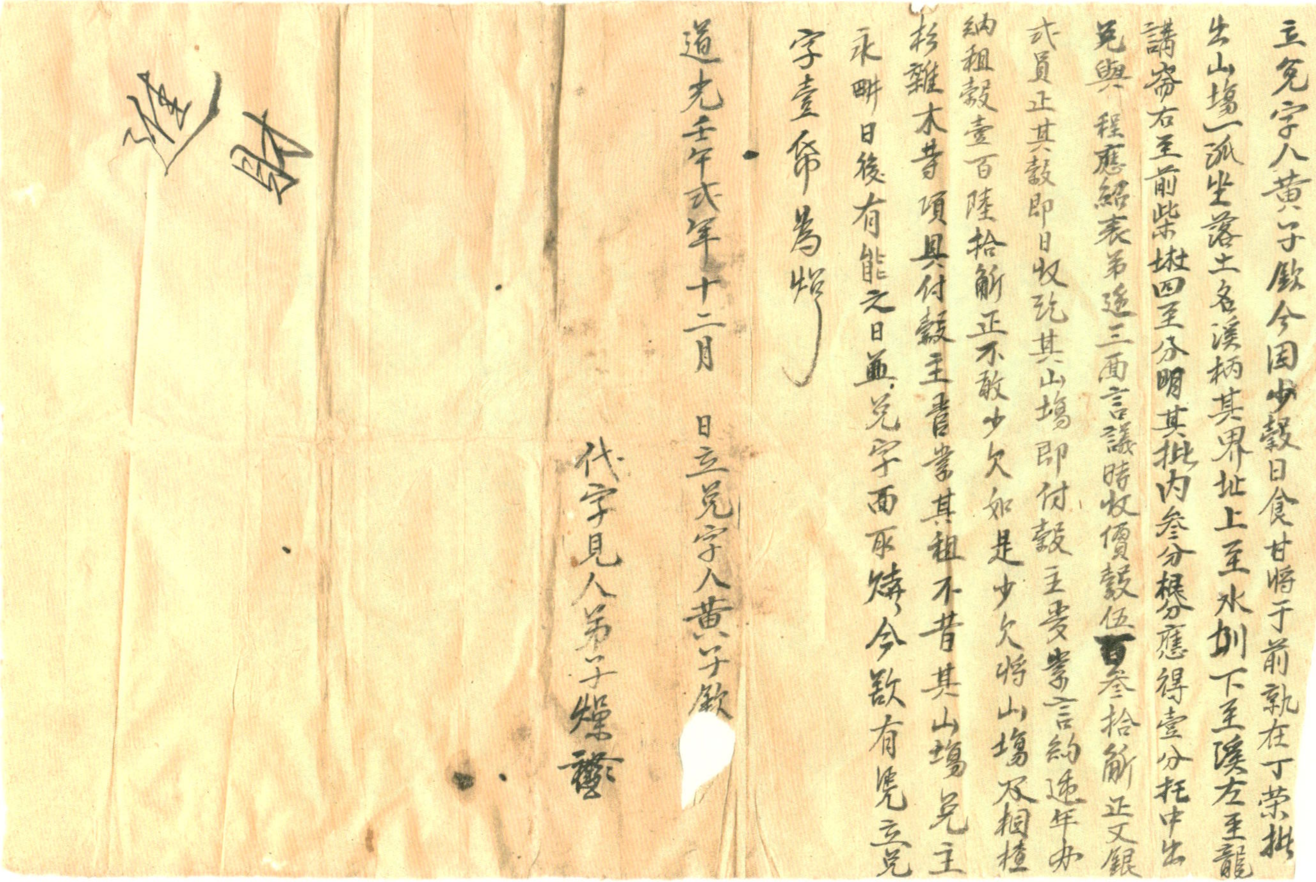

立兑字人黄子欽今因少穀日食甘將于前就在丁榮批
出山塲一派坐落土名溪柄其界址上至水圳下至溪左至龍
講窩右至前柴垯四至分明其批内叁分[illegible]應得壹分托中出
兑與 程應紹表弟邊三面言議時收價穀伍百叁拾觔正又銀
弍員正其穀即日收訖其山塲即付穀主受業言約逐年办
納租穀壹百陸拾觔正不敢少欠如是少欠將山塲及桐植
杉雜木等項具付穀主管業其租不昔其山塲兑主
永畊日後有能之日照兑字而取贖今欲有憑立兑
字壹紙爲照

道光壬午弍年十二月 日立兑字人黄子欽

代字見人弟子燦

10-5-59-2　清道光二年十二月黄子欽立兑山場字

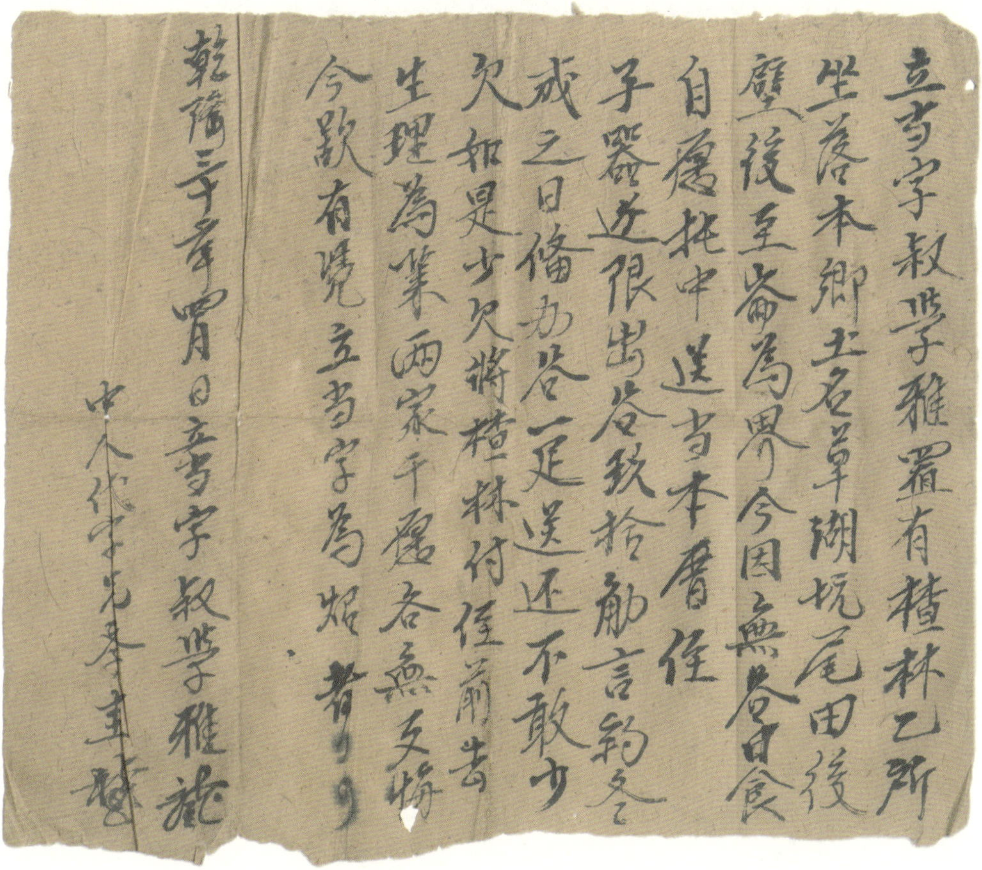
立當字叔學雅置有楂林乙所
坐落本鄉土名草湖坑尾田後
壟後至崙為界今因無谷日食
自愿托中送當本房侄
子器邊限出谷玖拾觔言約冬
成之日備办谷一足送还不敢少
欠如是少欠將楂林付侄前去
生理為業两家甘愿各無反悔
今欲有憑立當字為照
乾隆三十二年四月日立當字叔學雅（花押）
中人代字兄李重筆

10-5-60-1　清乾隆三十二年四月黄學雅立當楂林字

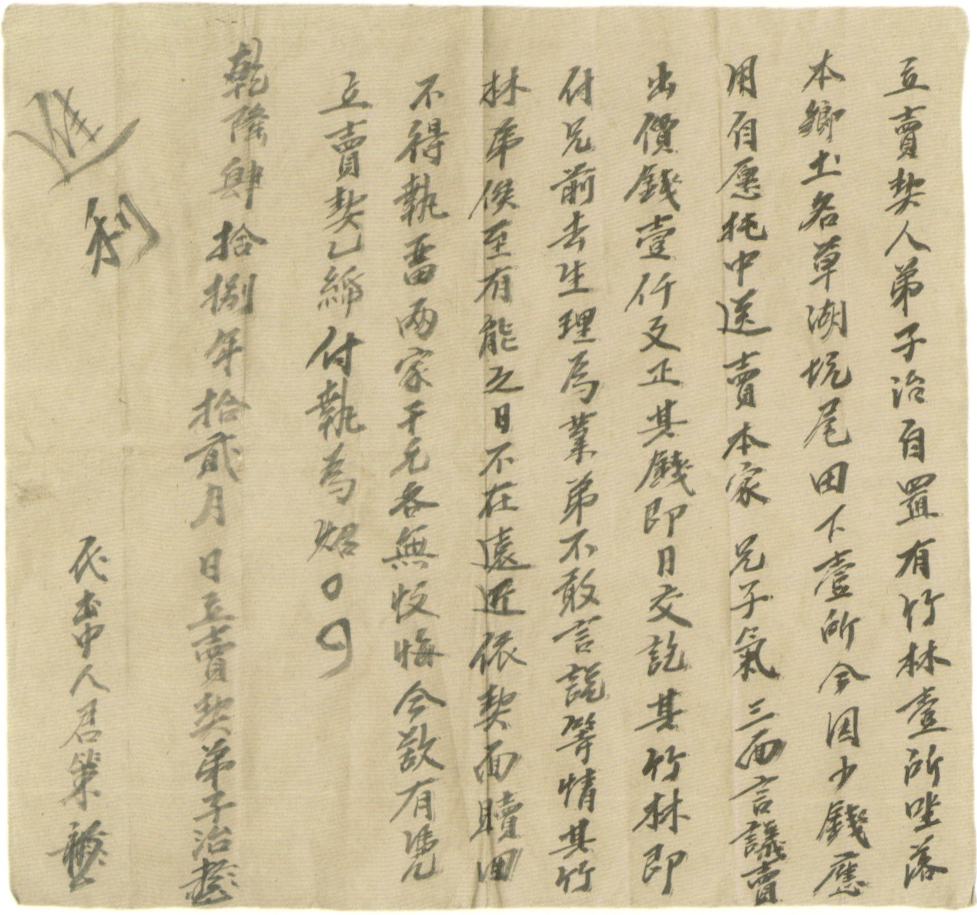

立賣契人弟子治自置有竹林壹所坐落
本鄉土名草湖坑尾田下壹所今因少錢應
用自愿托中送賣本家兄子氣三面言議賣
出價錢壹仟文正其錢即日交訖其竹林即
付兄前去生理為業弟不敢言說等情其竹
林并係至有能之日不在遠近依契面贖回
不得執畱兩家千允各無反悔今欲有憑
立賣契乙紙付執為炤○○
乾隆肆拾捌年拾貳月　日立賣契弟子治
代書中人君榮
利

10-5-60-2　清乾隆四十八年十二月黃子治立賣竹林契

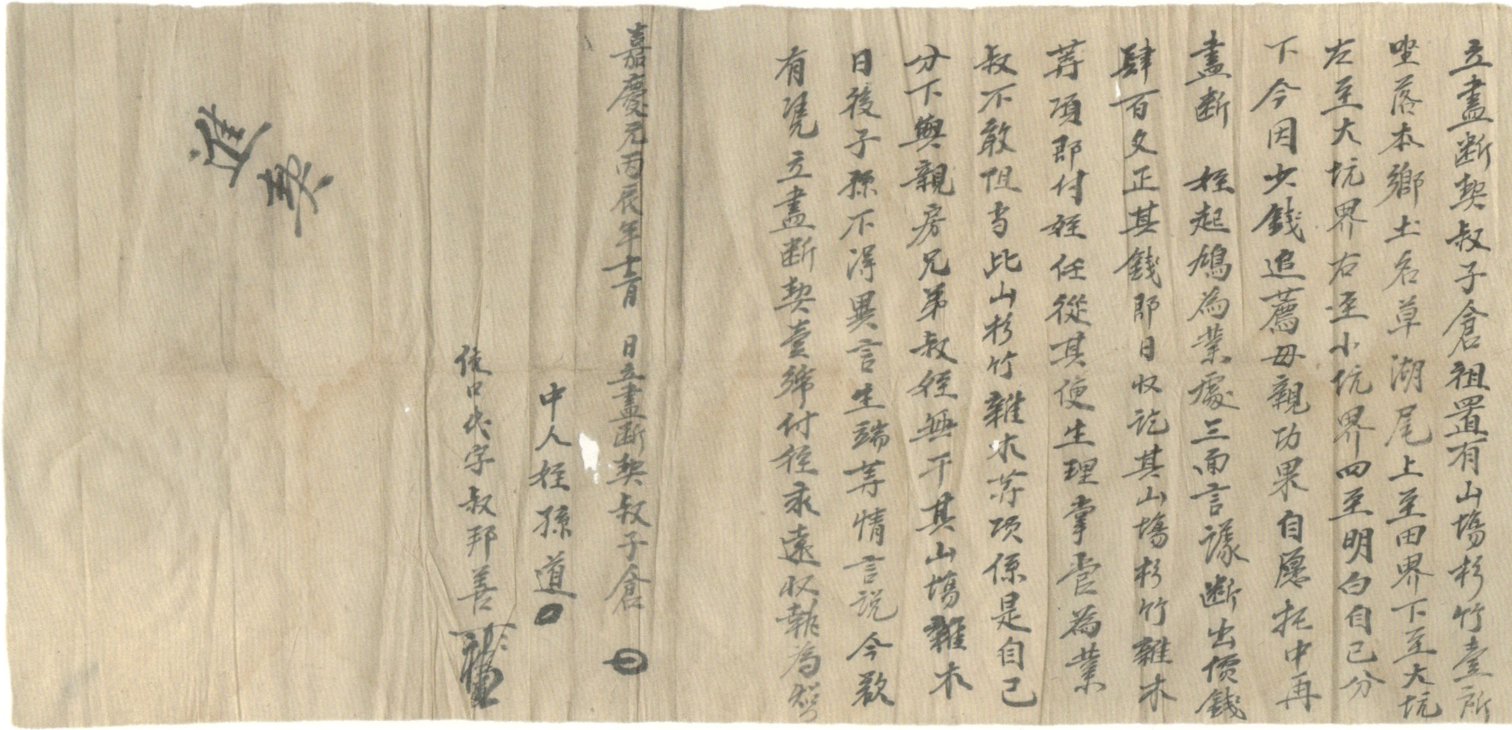
立盡斷契叔子倉祖置有山場杉竹壹所
坐落本鄉土名草湖尾上至田界下至大坑
左至大坑界右至小坑界四至明白自己分
下今因少錢追薦母親功果自愿托中再
盡斷　侄起鴆為業，當三面言議斷出價錢
肆百文正其錢即日收訖其山場杉竹雜木
等項即付侄任從其便生理掌管為業
叔不敢阻當此山杉竹雜木等項係是自己
分下與親房兄弟叔侄無干其山場雜木
日後子孫不得異言生端等情言說今欲
有憑立盡斷契壹紙付侄永遠收執為照
嘉慶元丙辰年十二月　日立盡斷契叔子倉
中人侄孫道
依口代字叔邦善
進契

10-5-60-3　清嘉慶元年十二月黃子倉立盡斷山場杉竹契

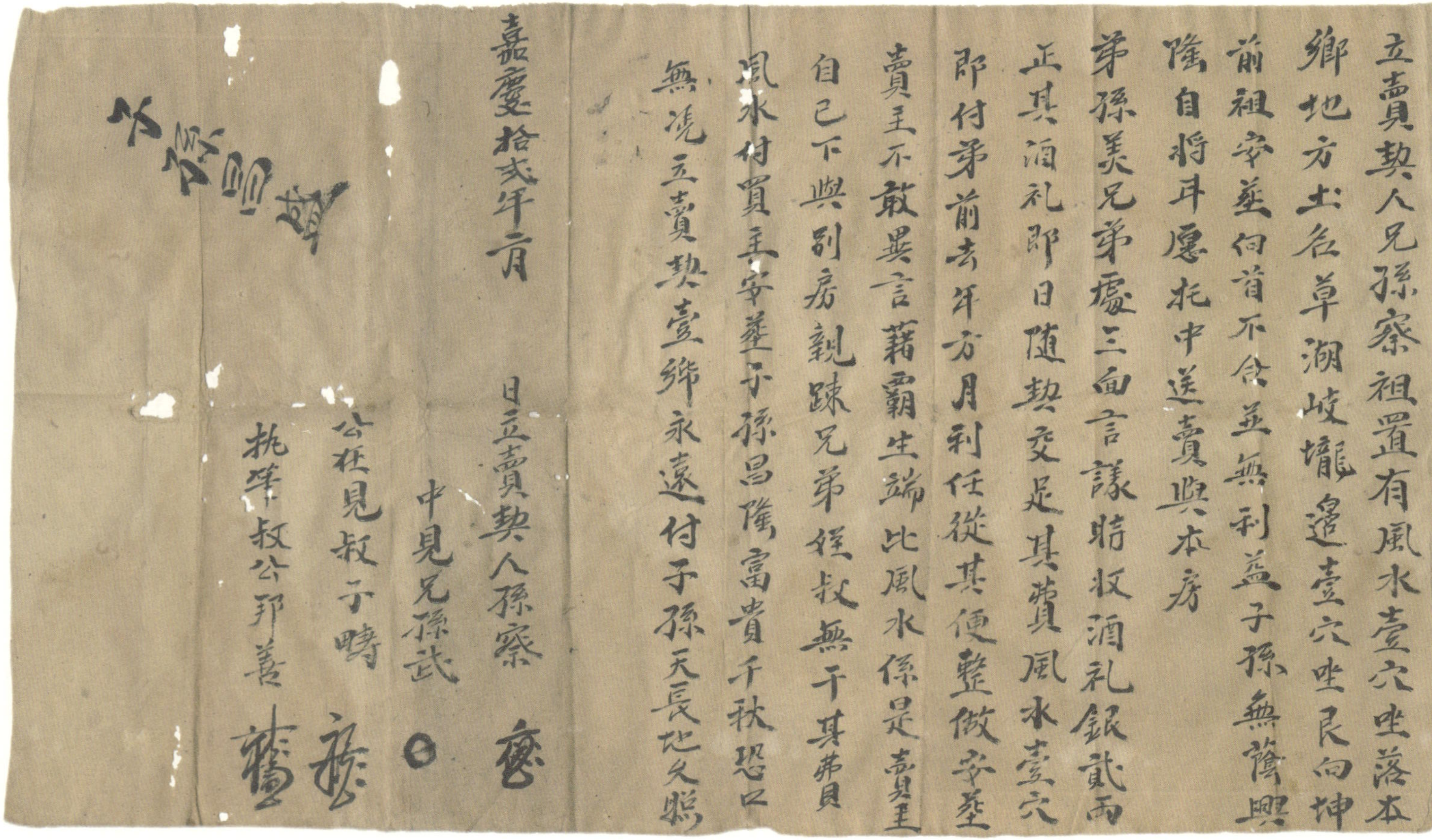
立賣契人兄孫察祖置有風水壹穴坐落本
鄉地方土名草湖岐壠邊壹穴坐艮向坤
前祖安葬伯首不合並無利益子孫無蔭興
隆自將井願托中送賣與本房
弟孫美兄弟處三面言議時價酒礼銀貳両
正其酒礼即日隨契交足其賣風水壹穴
即付弟前去年方月利任從其便整做安葬
賣主不敢異言藉霸生端此風水係是賣主
自己下與別房親疎兄弟侄叔無干其弟貝
風水付買主安葬子孫昌隆富貴千秋恐口
無憑立賣契壹紙永遠付子孫天長地久照
嘉慶拾弍年二月
日立賣契人孫察
中見兄孫武
公在見叔子疇
执筆叔公邦善
子孫昌盛

10-5-60-4　清嘉慶十二年二月黃孫察立賣風水契

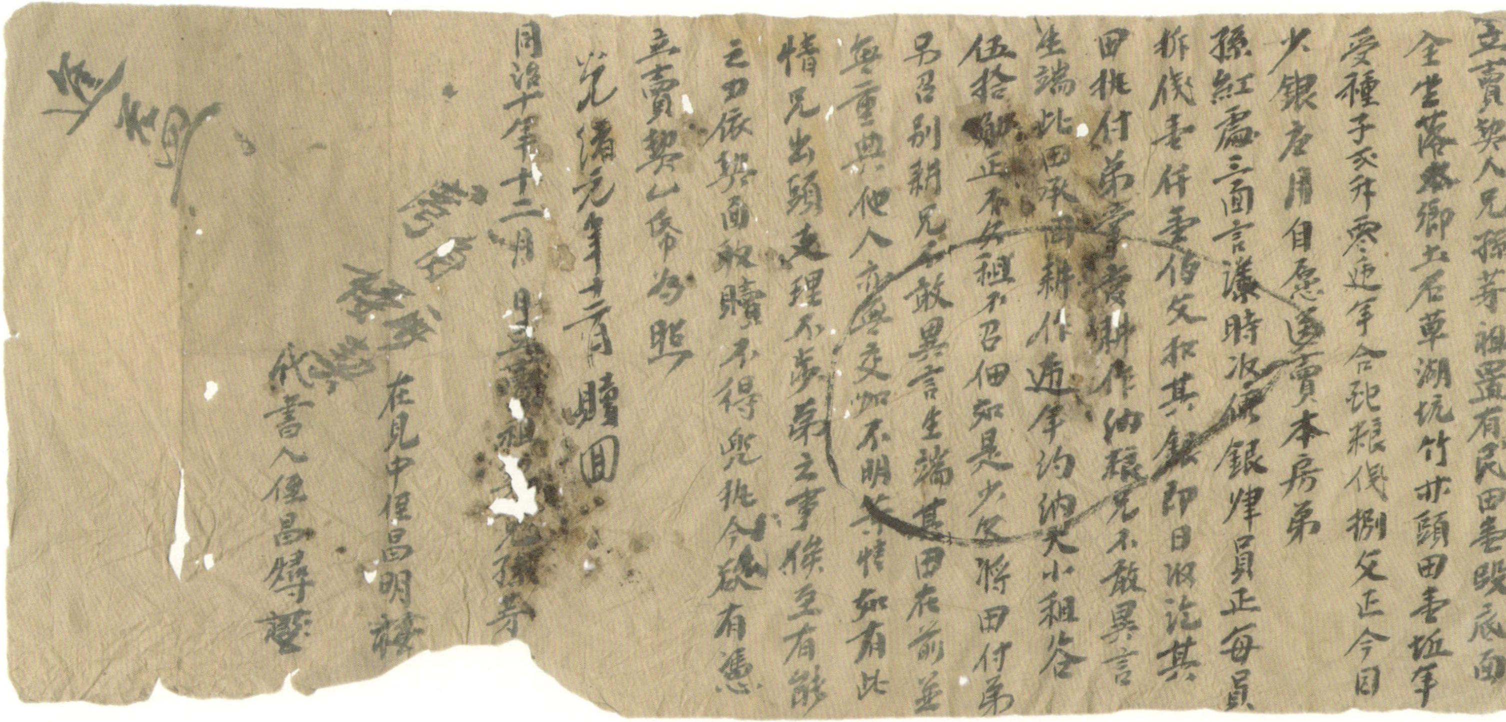

10-5-60-5　清同治十年十二月黄孫芽立賣底面全民田契（廢契）

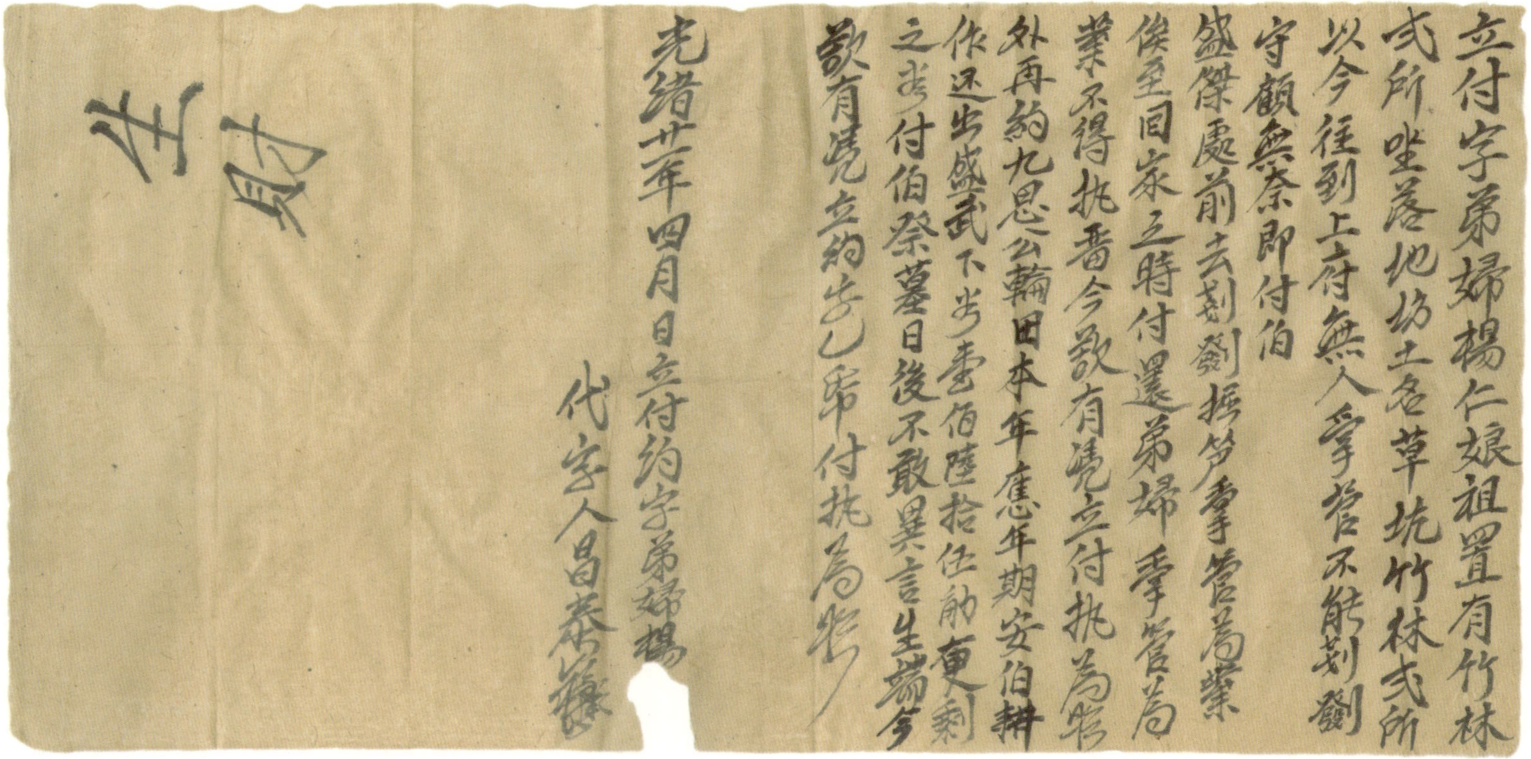

立付字弟婦楊仁娘祖置有竹林
弍所坐落地坑土名草坑竹林弍所
以今往到上付無人掌管不能剗劉
守顧無奈即付伯
盛傑處前去剗劉採笋掌管為業
候至回家之時付還弟婦 掌管為
業不得執番今欲有憑立付執為照
外再約九思公輪田本年應年期安伯耕
作還出盛武下半壹佰陸拾任納東剩
之半付伯祭墓日後不敢異言生端等
款有憑立約字乙帋付執為照

光緒廿一年四月　日立付約字弟婦楊
代字人呂恭蔭

付字

10-5-60-6　清光緒二十一年四月楊仁娘立付竹林約字

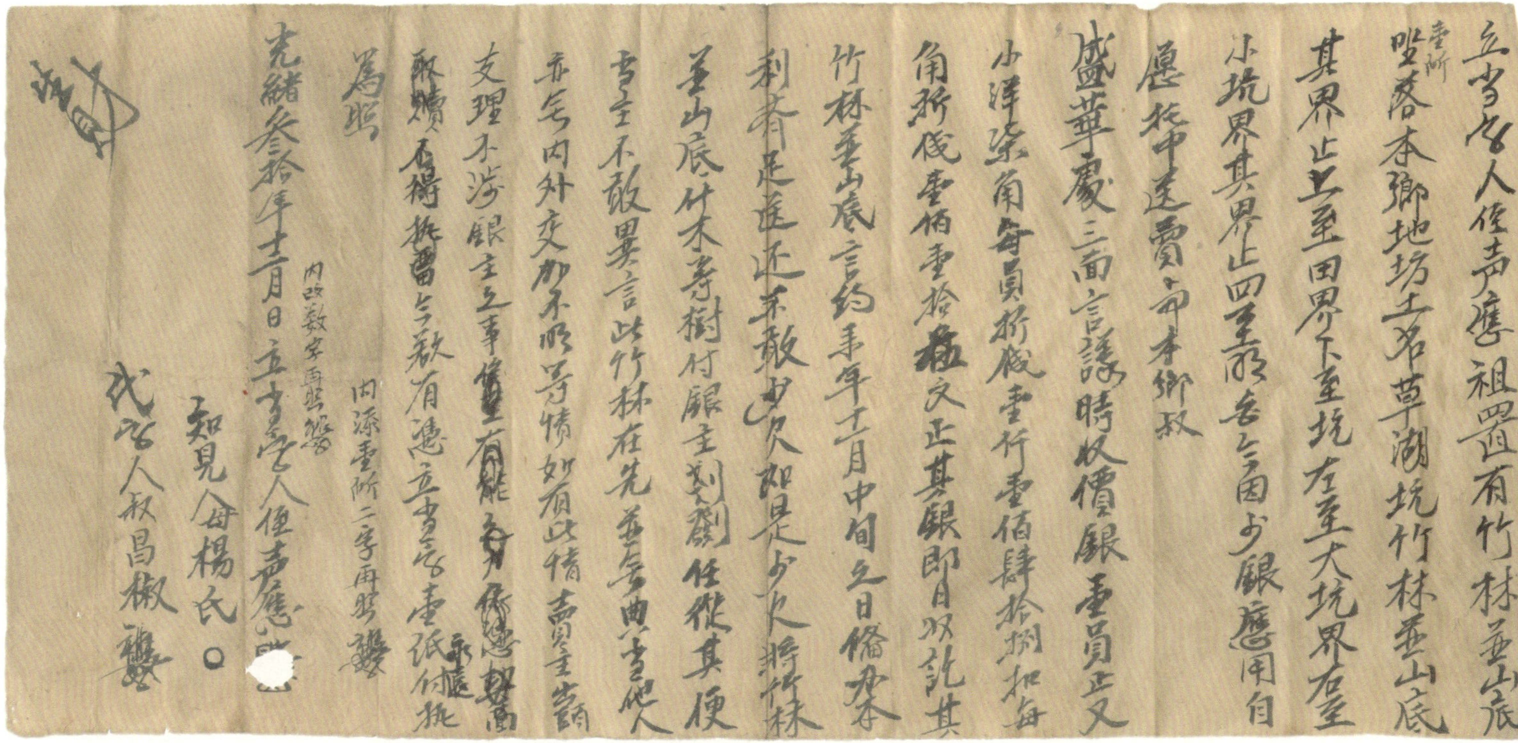

10-5-60-7　清光緒三十年十二月黄声應立當竹林並山底字

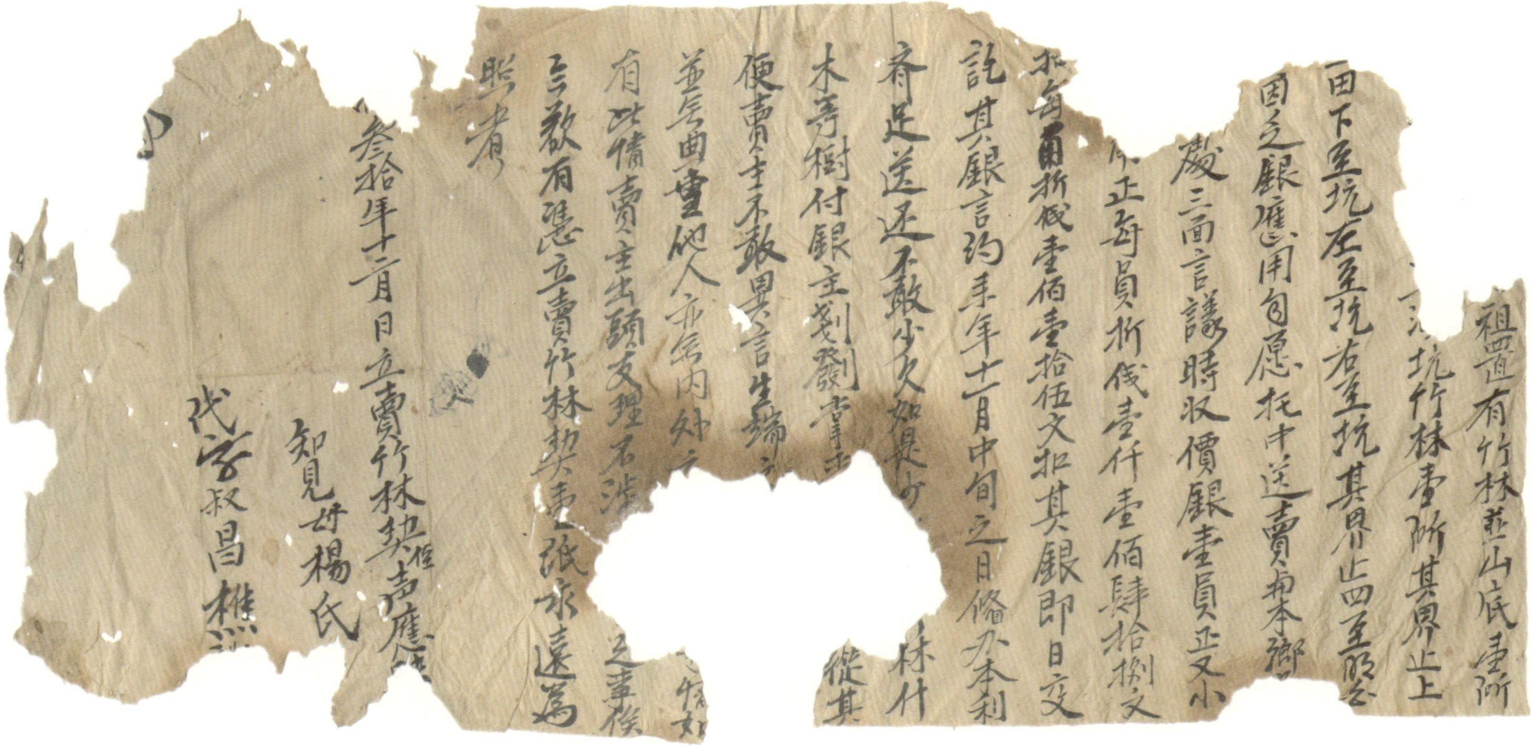

10-5-60-8　清光緒三十年十二月黄声應立賣竹林並山底字

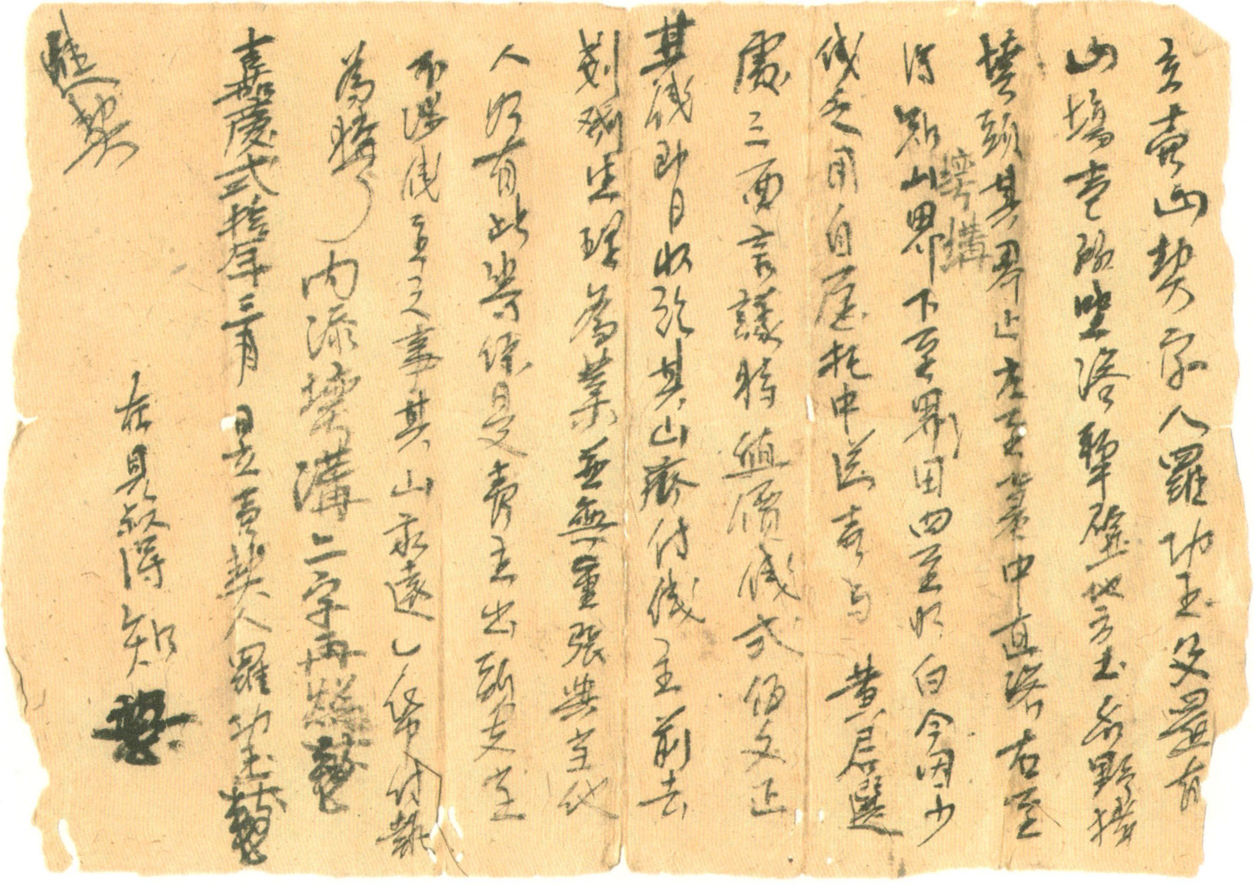

立賣山契字人羅功玉父置有
山場壹路坐落犁盤坵[illegible]野猪
墘頭其界止左至[illegible]中直落右至
河斜山界下至界田四至明白今因乏
錢乏用自愿托中送去與黄[illegible]處
三面言議時值價錢弍佰文正
其錢即日收訖其山場付錢主前去
[illegible]生理為業並無重張[illegible]
人收有此等情是賣主出頭支當
不涉錢主之事其山永遠[illegible]付錢
為據 內添壕溝二字再照
嘉慶弍拾年三月 日立賣契人羅功玉
在見叔[illegible]知
[illegible]契

10-5-61-1　清嘉慶二十年三月羅功玉立賣山場契

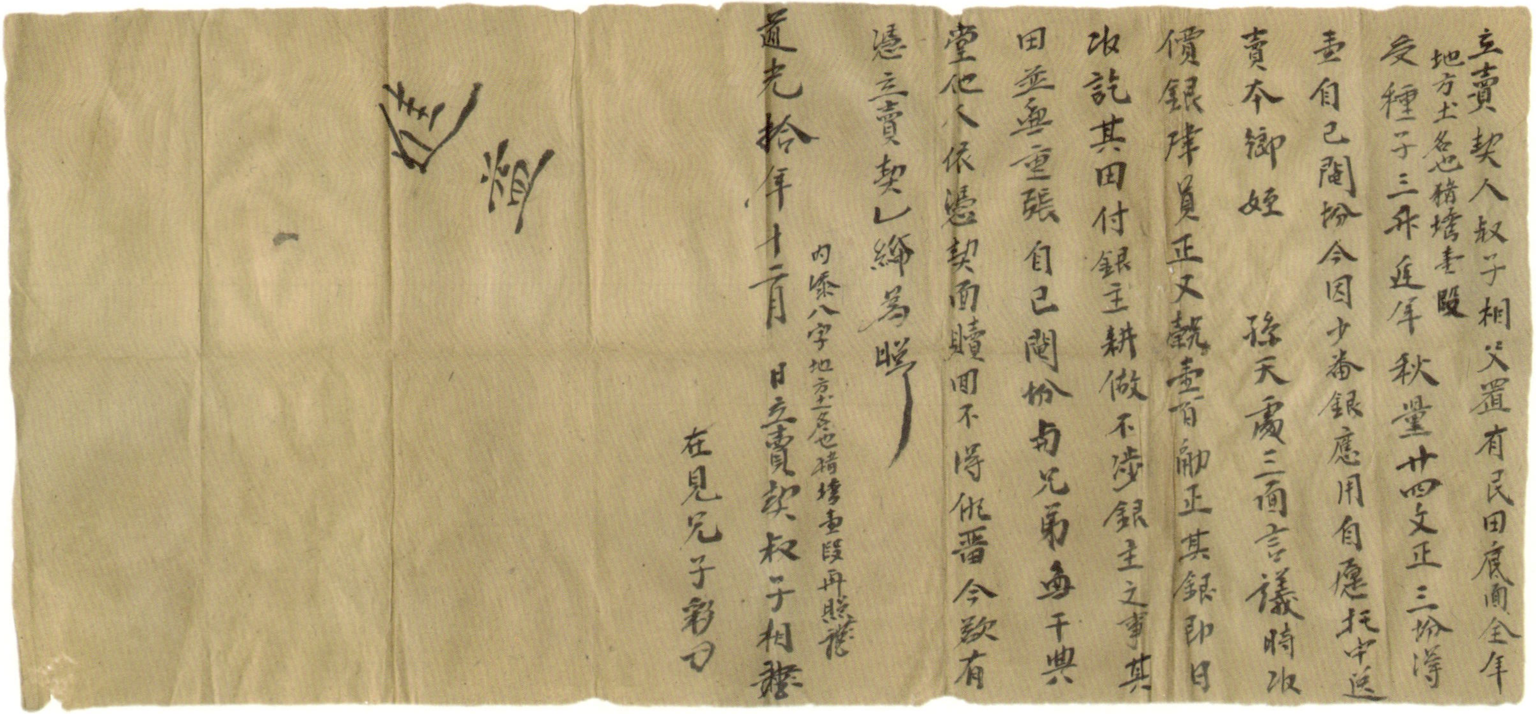

立賣契人叔子相父置有民田底面全年
地方土名也楮墻壹股
受種子三升逐年秋量廿四文正三拾淨
壹自己閹份今因少番銀應用自愿托中送
賣本鄉姪　孫天處三面言議時作
價銀肆員正又錢壹百[illegible]正其銀即日
收訖其田付銀主耕做不涉銀主之事其
田並無重張自己閹份與兄弟無干與
堂他人依憑契面贖回不得但晋今欲有
憑立賣契一紙為照
內添八字地方土名也楮墻壹股再照
道光拾年十二月　日立賣契叔子相
在見兄子彩

10-5-61-2　清道光十年十二月黄子相立賣底面全民田契

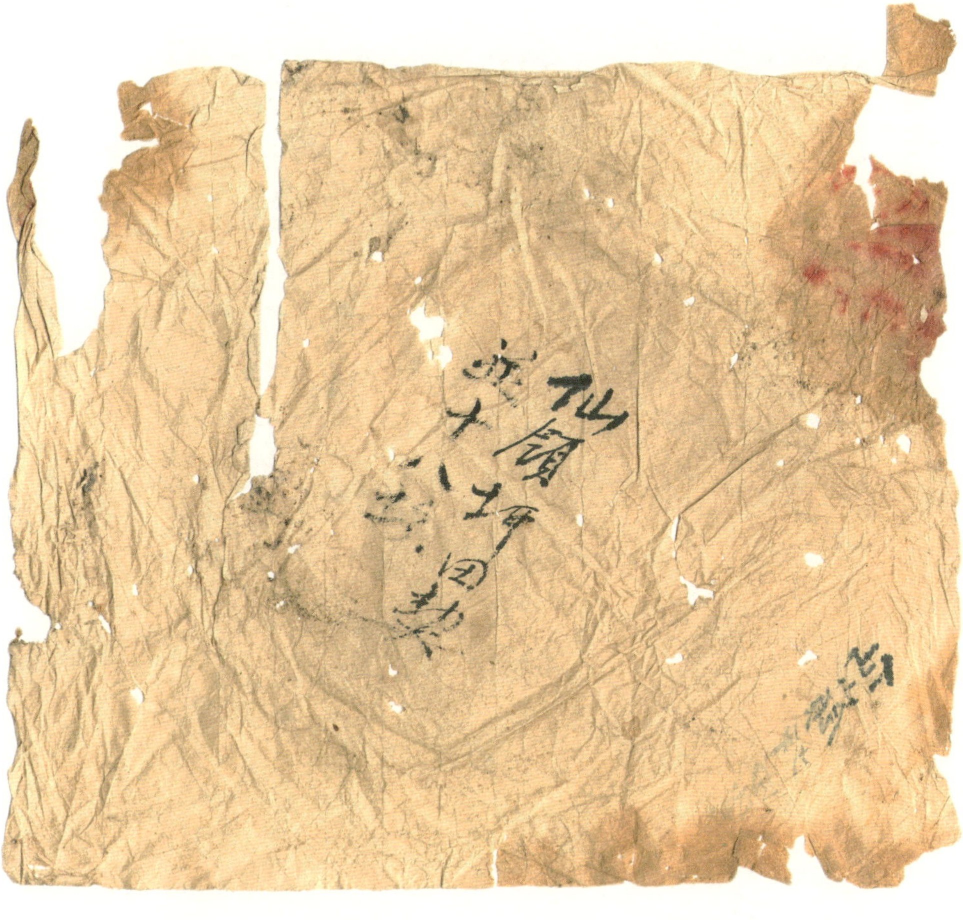
仙領坪田契

10-5-62-1　包契紙

10-5-62-2　包契紙

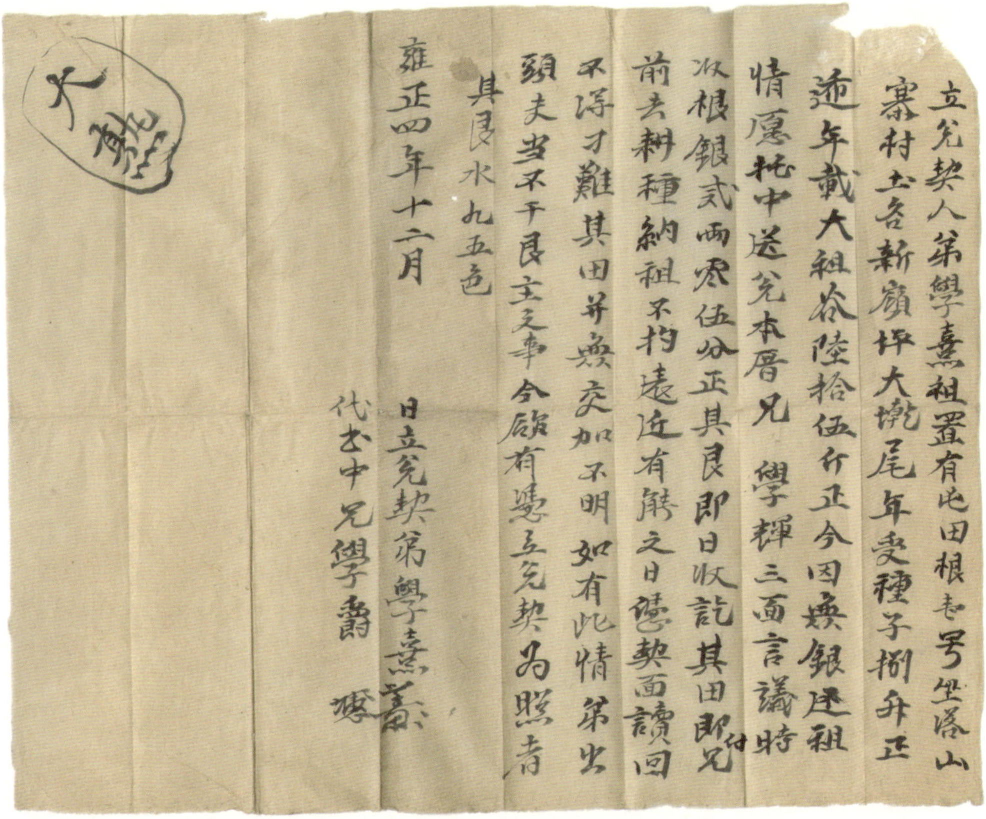

立兑契人弟學熹祖置有屯田根壹号坐落山
寨村土名新嶺坪大墩尾年受種子捌升正
递年載大租谷陸拾伍斤正今因乏銀建祖
情愿托中送兑本厝兄　學輝三面言議時
收根銀弍兩柒伍分正其艮即日收訖其田即付兄
前去耕種納租不拘遠近有艮之日憑契面讀回
不得刁難其田并無交加不明　如有此情弟出
頭夫当不干艮主之事今欲有憑立兑契為照者
其艮水九五色

雍正四年十二月　日立兑契弟學熹（押）
代书中兄學爵（押）

10-5-62-3　清雍正四年十二月黄學熹立兑屯田根契

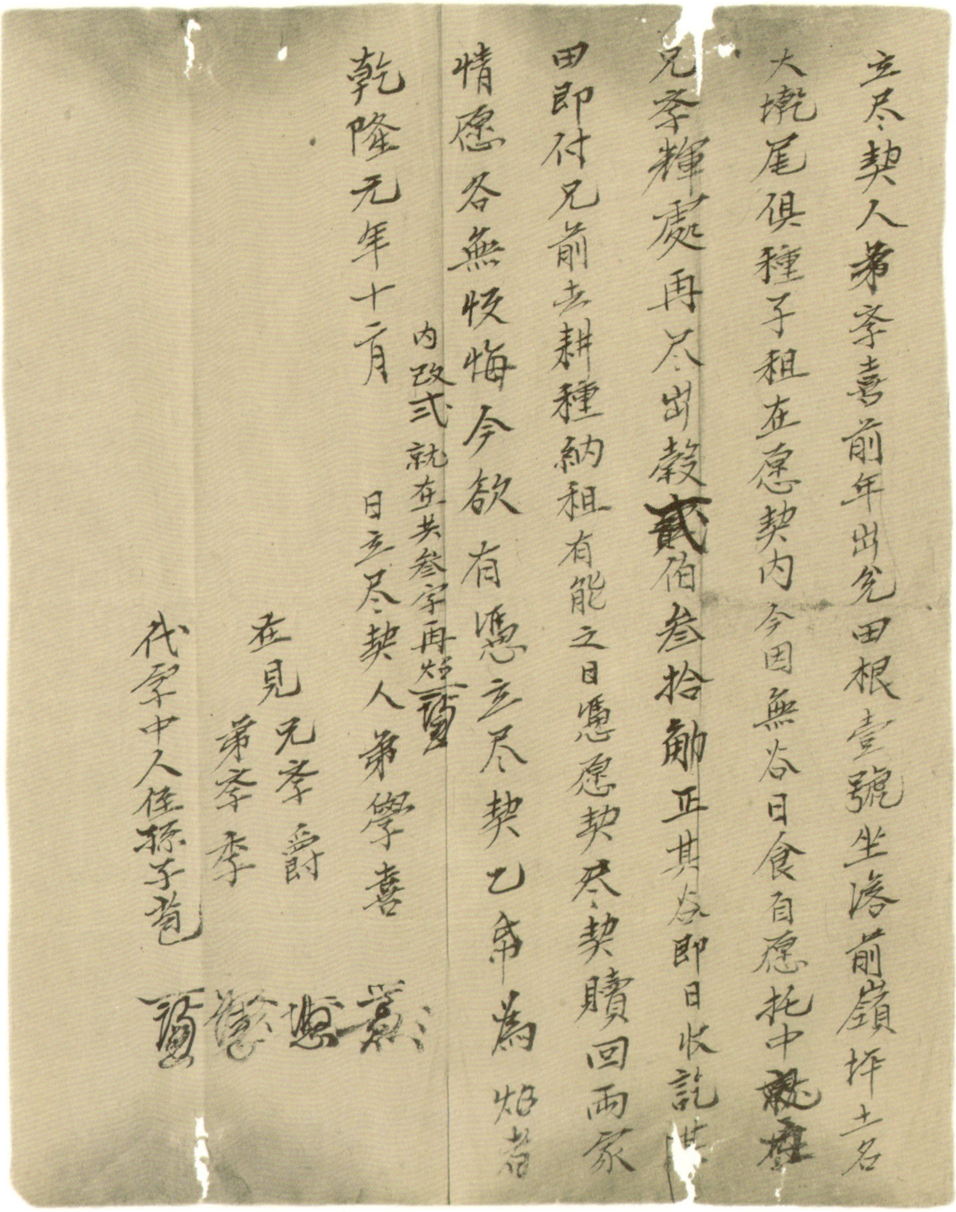

立盡契人弟李喜前年出兑田根壹號坐落前嶺坪土名
大坵尾俱種子租在應契內今因無谷日食自愿托中就在
兄李輝處再盡出穀貳伯叁拾觔正其谷即日收訖其
田即付兄前去耕種納租有能之日憑愿契盡契贖回兩家
情愿各無悔悔今欲有憑立盡契乙紙為炤
內改弍就在共叁字再炤
乾隆元年十二月 日立盡契人弟學喜
在見兄李爵
弟李李
代字中人侄孫子苞

10-5-62-4 清乾隆元年十二月黄李喜立盡田根契

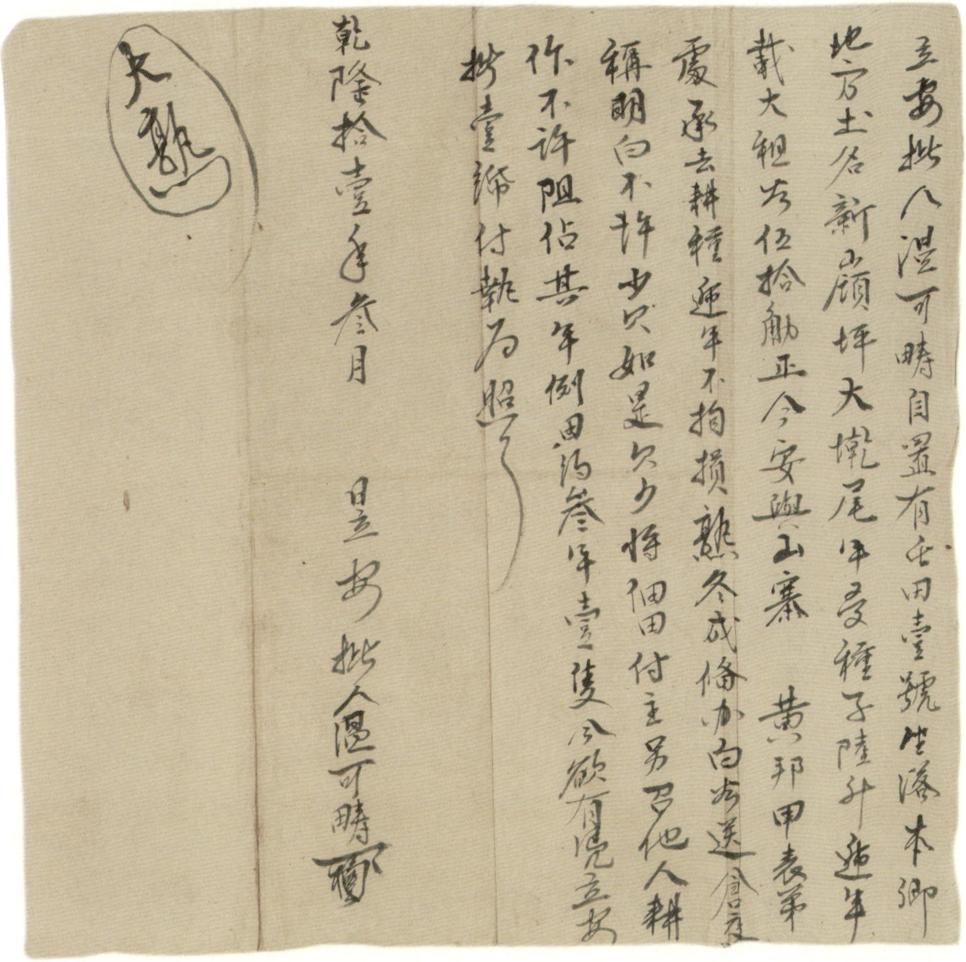
立安批人温可畤自置有屯田壹號坐落本鄉
地方土名新山嶺坪大墈尾田受種子陸升逐年
載大租谷伍拾觔正今安與山寨　黃邦甲表弟
處承去耕種逐年不拘損熟冬成備办白谷送倉交
稱明白不許少欠如是欠少將佃田付主另召他人耕
作不許阻佔其年例田約叁年壹換公欲有憑立安
批壹紙付執爲照
乾隆拾壹年叁月　日立安批人温可畤（押）
大號

10-5-62-5　清乾隆十一年三月温可畤立安批屯田字

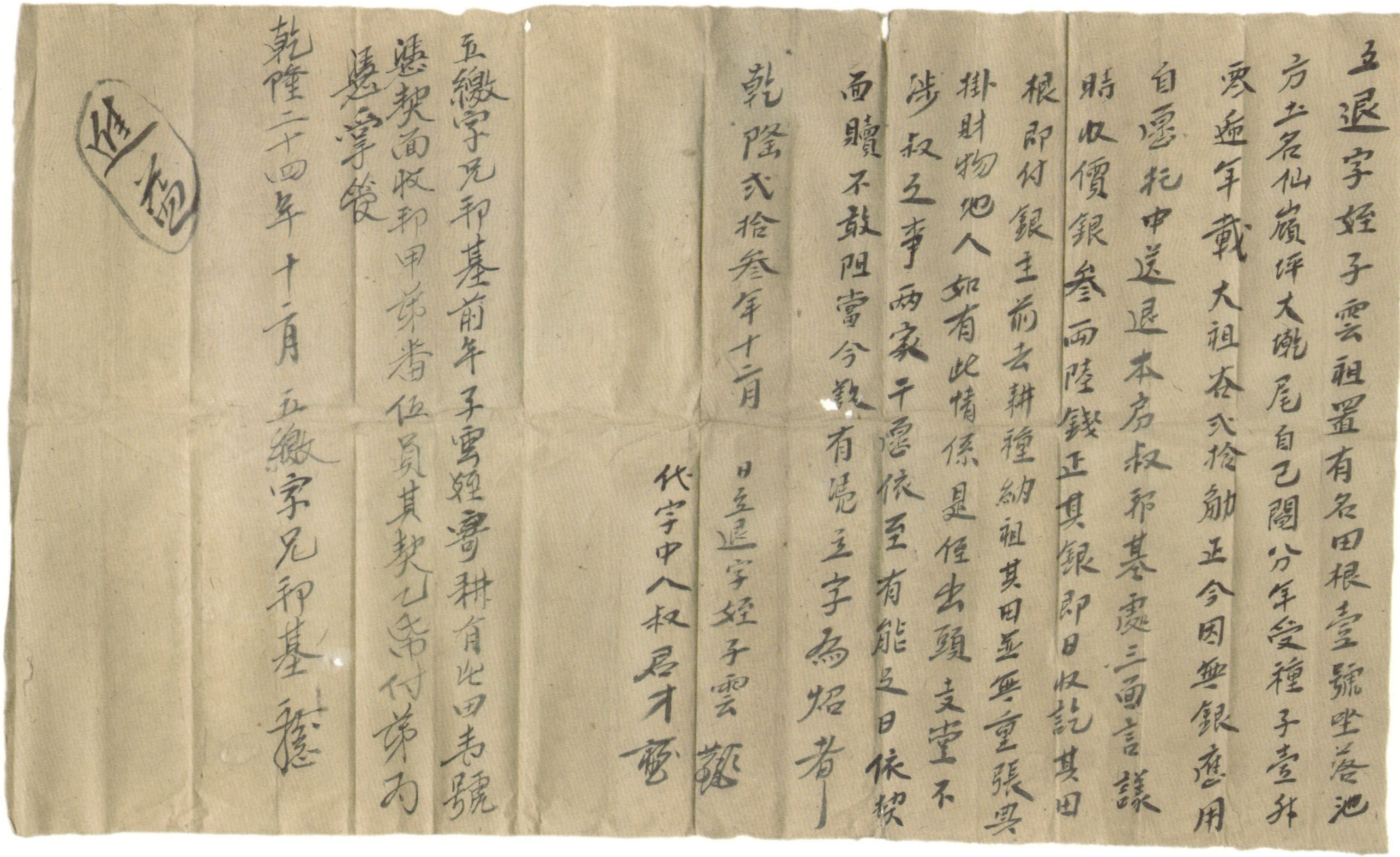

立退字姪子雲祖置有名田根壹號坐落池
方土名仙嶺坪大墘尾自己鬮分年受種子壹升
零過年載大租谷弍拾觔正今因無銀應用
自愿托中送退本房叔邦基處三面言議
時收價銀叁兩陸錢正其銀即日收訖其田
根即付銀主前去耕種納租其田並無重張典
掛財物他人如有此情係是侄出頭支當不
涉叔之事兩家干愿依至有能之日依契
面贖不敢阻當今欲有憑立字為炤者
乾隆弍拾叁年十二月
日立退字姪子雲（押）
代字中人叔居才（押）

立繳字兄邦基前年子雲姪寄耕有此田壹號
憑契面收邦甲弟番伍員其契已付弟爲
憑立字發
乾隆二十四年十二月 立繳字兄邦基（押）

10-5-62-6 清乾隆二十三年十二月黄子雲立退屯田根字

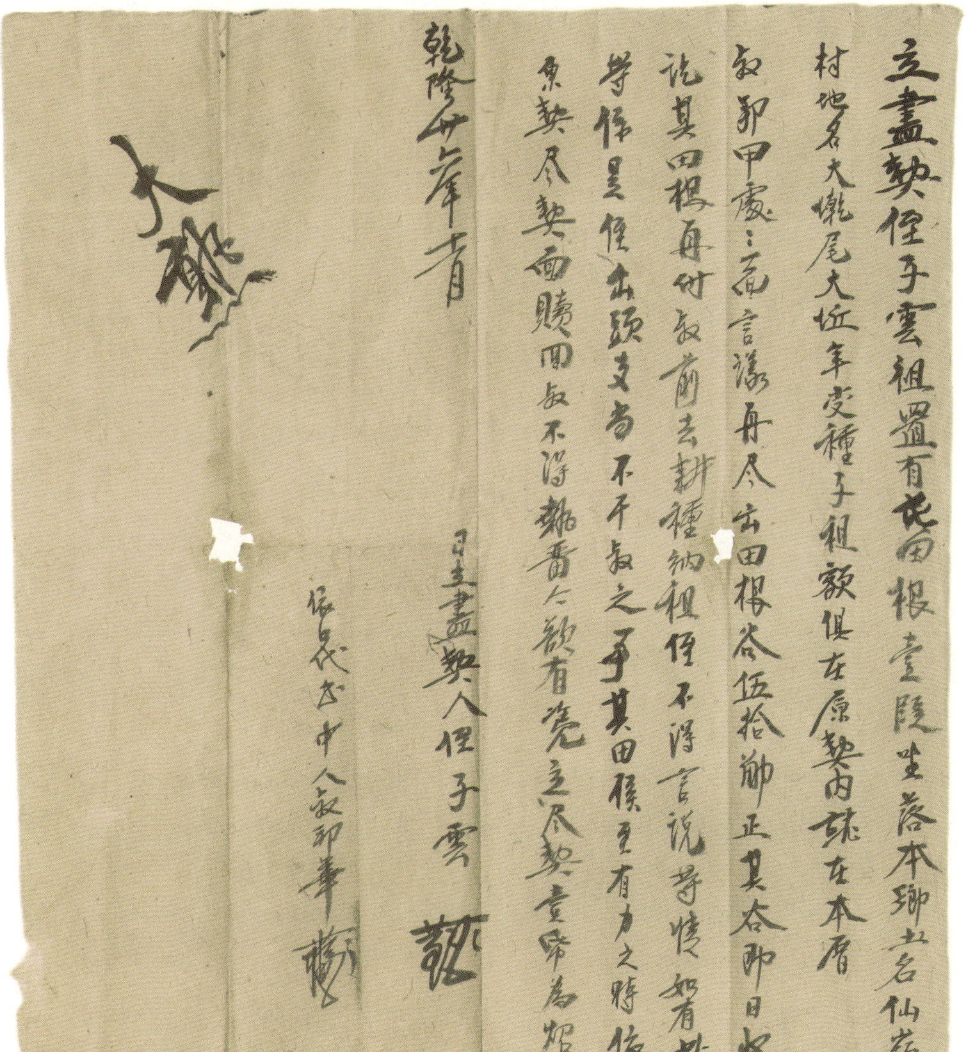

立盡契侄子雲祖置有屯田根壹段坐落本鄉土名仙嶺村地名大墩尾大坵年交種子租穀俱在原契內載在本房叔邦甲處，三面言議，再盡出田根谷伍拾觔正，其谷即日收訖，其田根再付叔前去耕種納租，侄不得言說等情。如有此等，係是侄出頭支當，不干叔之事。其田係至有力之時，依原契盡契面贖回，叔不得執留。今欲有憑，立盡契壹帋為炤。

乾隆廿六年十一月　日立盡契人侄子雲（押）

依口代書中人叔邦華（押）

10-5-62-7　清乾隆二十六年十一月黄子雲立盡屯田根契

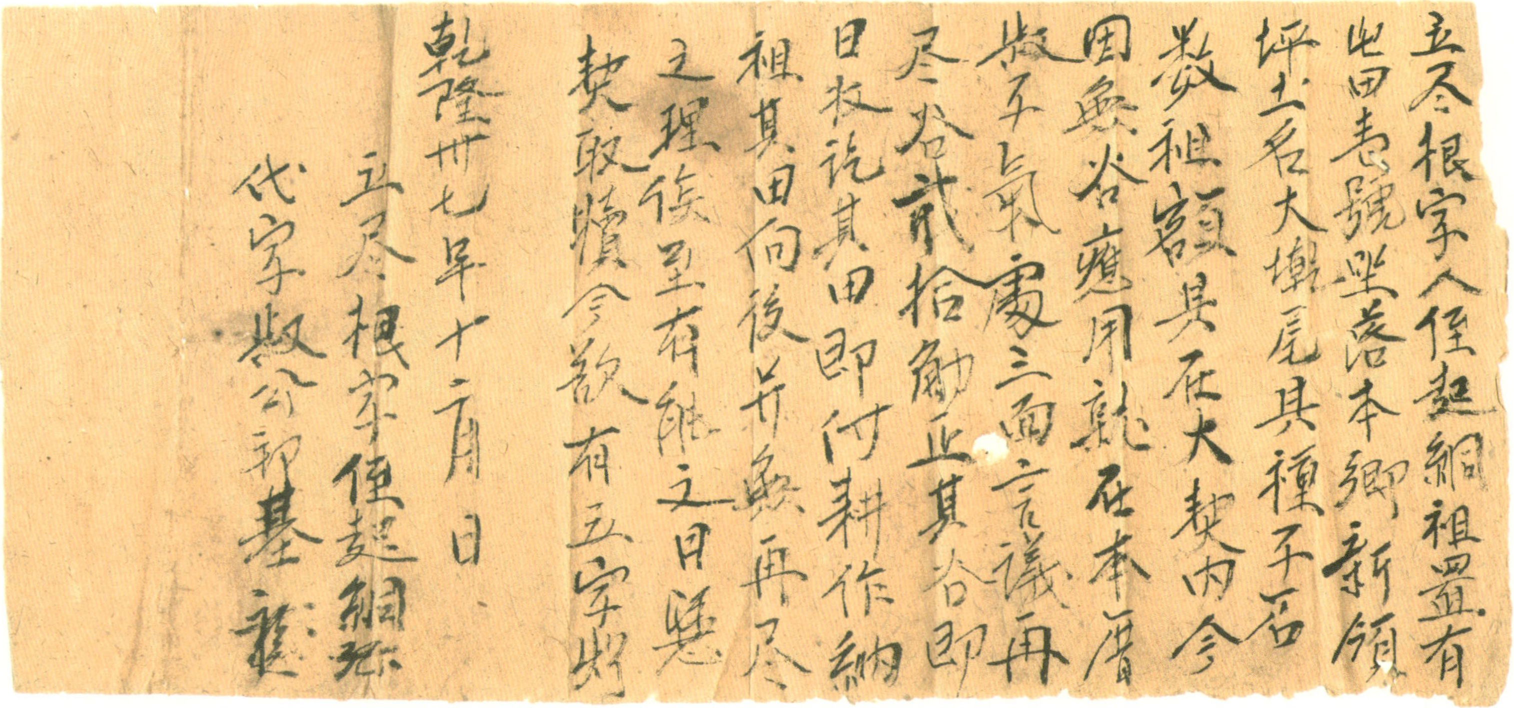

立尽根字人侄起絧祖置有
屯田壹號坐落本鄉新領
坪土名大墩尾其種子石
数祖額具在大契內今
因無谷應用就在本厝
叔子亮處三面言議再
尽谷貳拾觔正其谷即
日收訖其田即付耕作納
祖其田向後并無再尽
之理後至有能之日照
契取贖今欲有立字炤

乾隆卅七年十二月　日
立尽根字侄起絧（押）
代字叔公邦基（押）

10-5-62-8　清乾隆三十七年十二月黄起絧立盡屯田根字

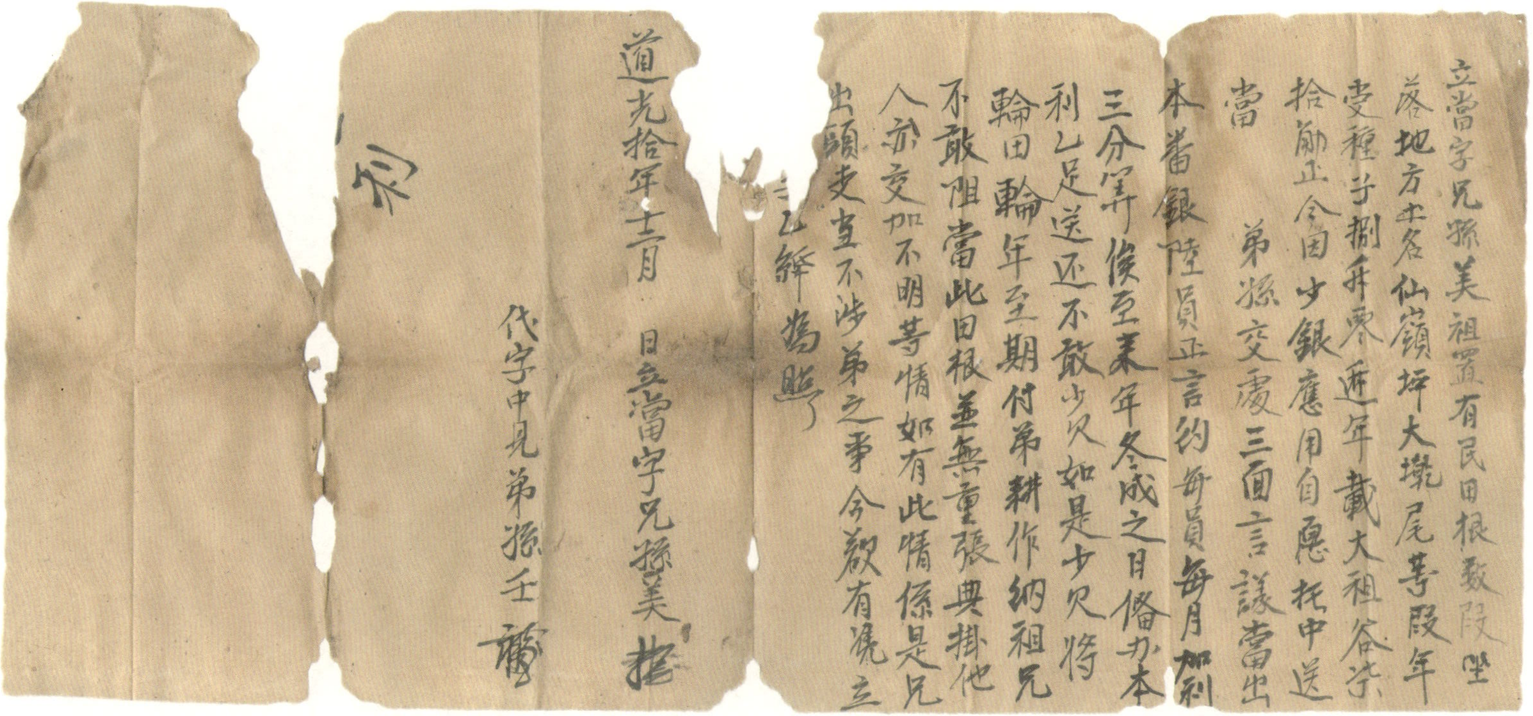

立當字兄孫美祖置有民田根數段，坐落地方土名仙嶺坪大墩尾等段，年受種子捌升零，逓年載大租谷染拾觔正，今因少銀應用，自愿托中送當

弟孫交處，三面言議，當出本番銀陸員正，言約每員每月加利三分算，條至來年冬成之日備办本利一足送还，不敢少欠。如是少欠，將輪田輪年至期付弟耕作納租，兄不敢阻當。此田根並無重張典掛他人亦交加不明等情，如有此情，係是兄出頭支直，不涉弟之事。今欲有憑，立當字一紙為照。

道光拾年十二月　日立當字兄孫美（押）

代字中見弟孫壬（押）

10-5-62-9　清道光十年十二月黃孫美立當民田根字

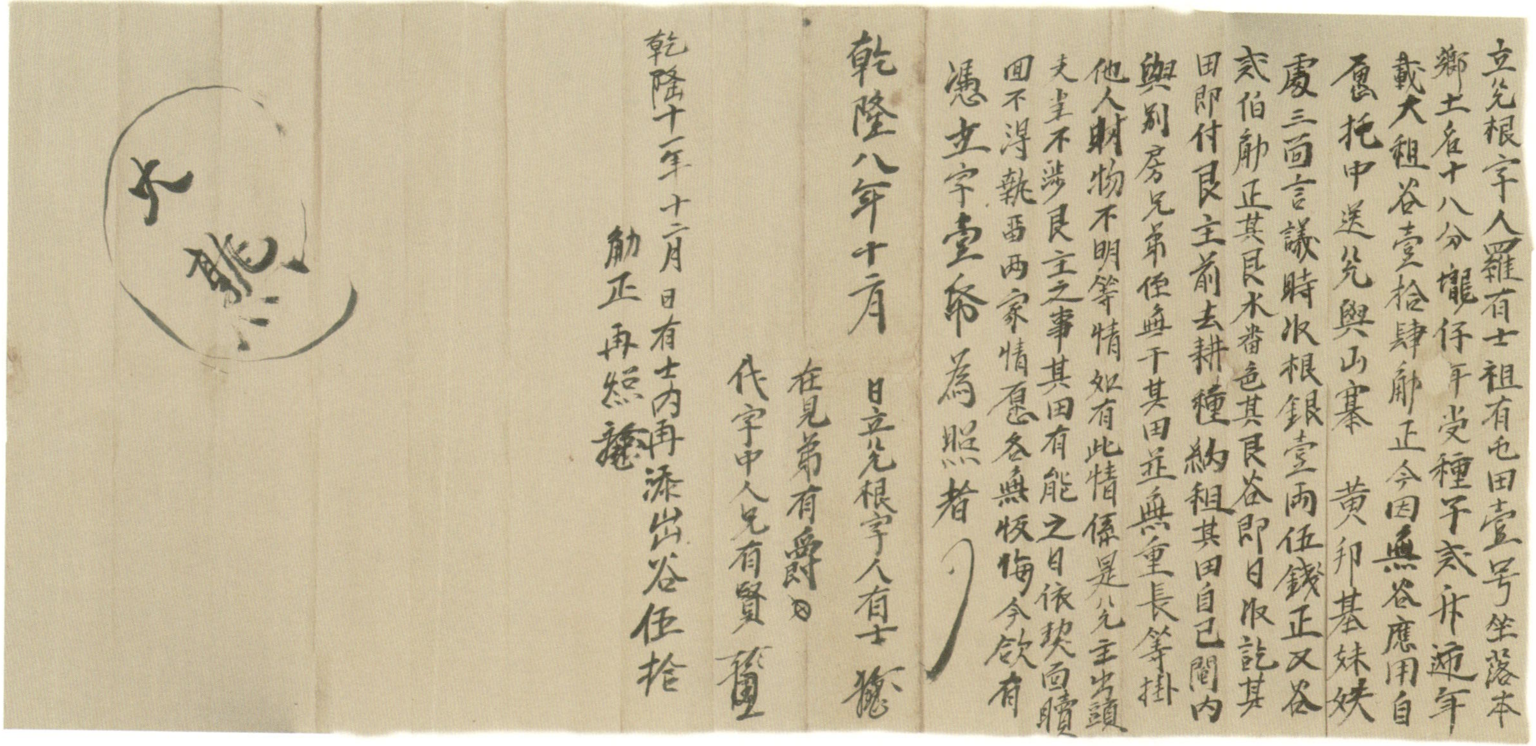
立兑根字人羅有士祖有屯田壹号坐落本
鄉土名十八分壠仔年受種子贰升逓年
載大租谷壹拾肆觔正今因無谷應用自
愿托中送兑與山寨　黄邦基妹妖
處三面言議時收根銀壹兩伍錢正又谷
贰伯觔正其艮木畨色其艮谷即日收訖其
田即付艮主前去耕種納租其田自己閶内
與别房兄弟侄無干其田並無重張等掛
他人財物不明等情如有此情係是兑主出頭
支当不涉艮主之事其田有能之日依契面贖
回不得執吝两家情愿各無反悔今欲有
憑立字壹紙為照者

乾隆八年十月　日立兑根字人有士
在見弟有爵
代字中人兄有賢
乾隆十一年十二月日有士内再添出谷伍拾
觔正再照

10-5-63-1　清乾隆八年十二月羅有士立兑屯田根字

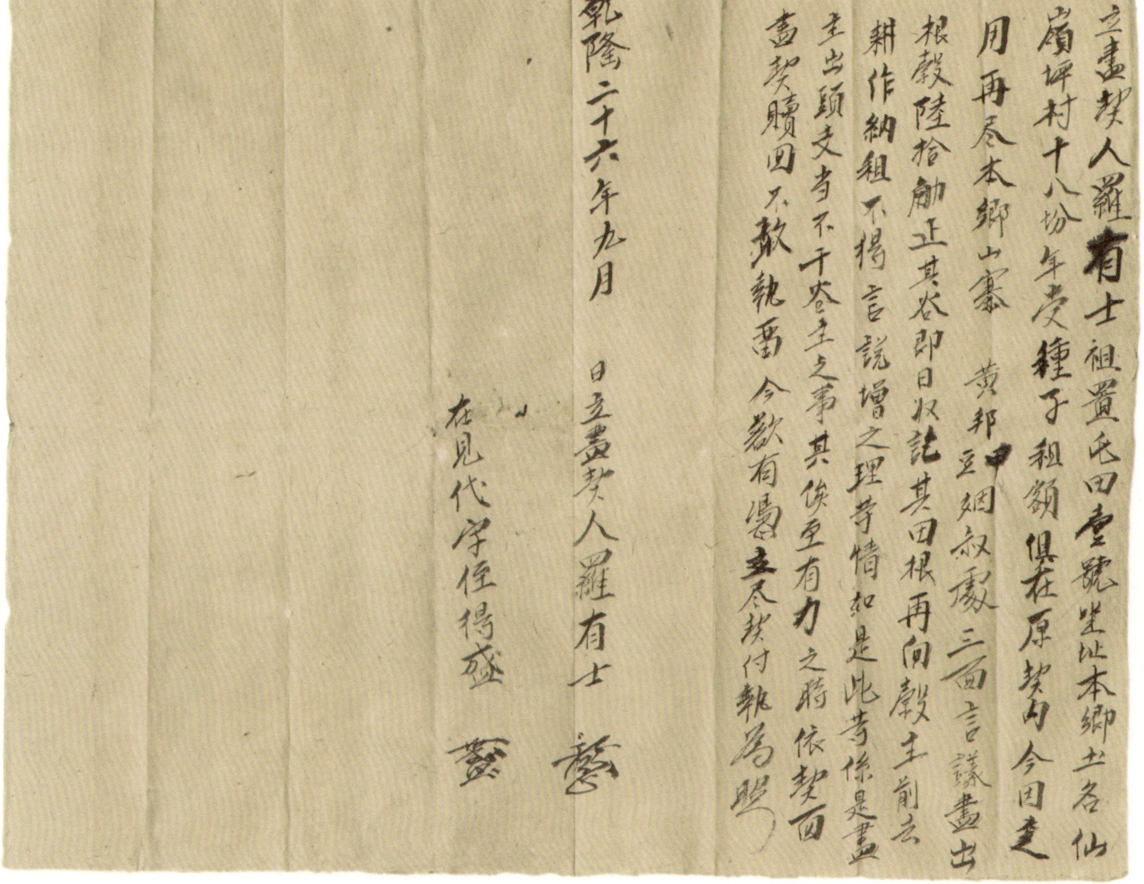

立盡契人羅有士祖置屯田壹號坐址本鄉土名仙
嶺坪村十八坋年受種子租額俱在原契內今因乏
用再盡本鄉山寨　黄邦申　豆絅叔處三面言議盡出
根穀陸拾觔正其穀即日收訖其田根再向穀主前去
耕作納租不得言說增之理等情如是此等係是盡
主出頭支當不干穀主之事其俟至有力之時依契回
盡契贖回不敢執留今欲有憑立盡契付執爲照

乾隆二十六年九月　　日立盡契人羅有士（押）

在見代字侄得盛（押）

10-5-63-2　清乾隆二十六年九月羅有士立盡屯田契

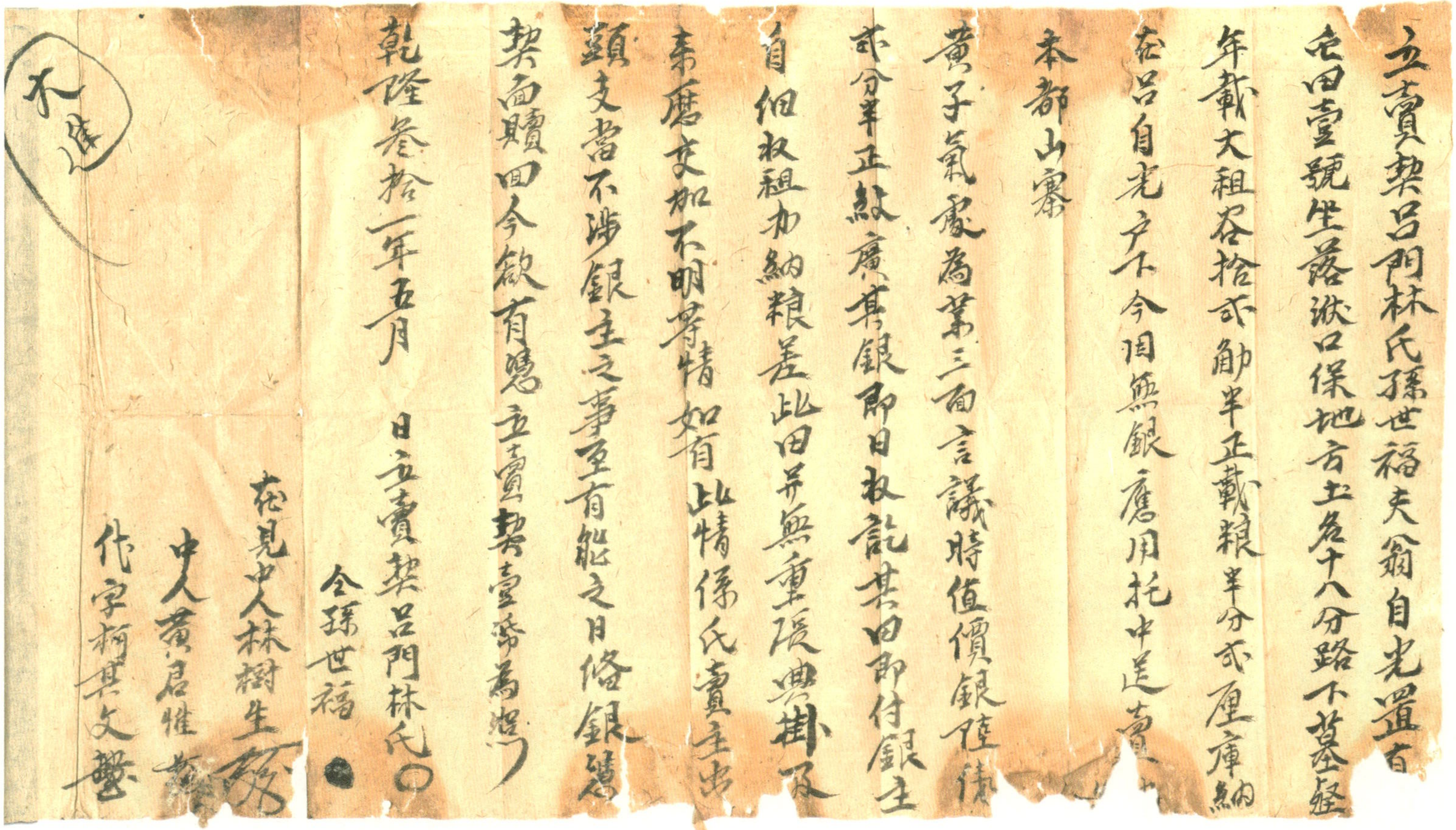
立賣契呂門林氏孫世福夫翁自光置有
屯田壹號坐落洑口保地方土名十八分路下墓壁
年載大租谷拾貳觔半正載粮半分貳厘庫納
在呂自光户下今因無銀應用托中送賣
本都山寨
黄子氣處為業三面言議時值價銀陸兩
貳分半正紋廣其銀即日收訖其田即付銀主
自佃收租办納粮差此田并無重張典掛不
未歷交加不明等情如有此情係氏賣主出
頭支當不涉銀主之事至有能之日偹銀送
契面贖回今欲有憑立賣契壹紙為照
乾隆叁拾一年五月　日立賣契呂門林氏〇
仝孫世福
在見中人林樹生
中人黄启惟
代字柯其文
不准

10-5-63-3　清乾隆三十一年五月呂門林氏等立賣屯田契

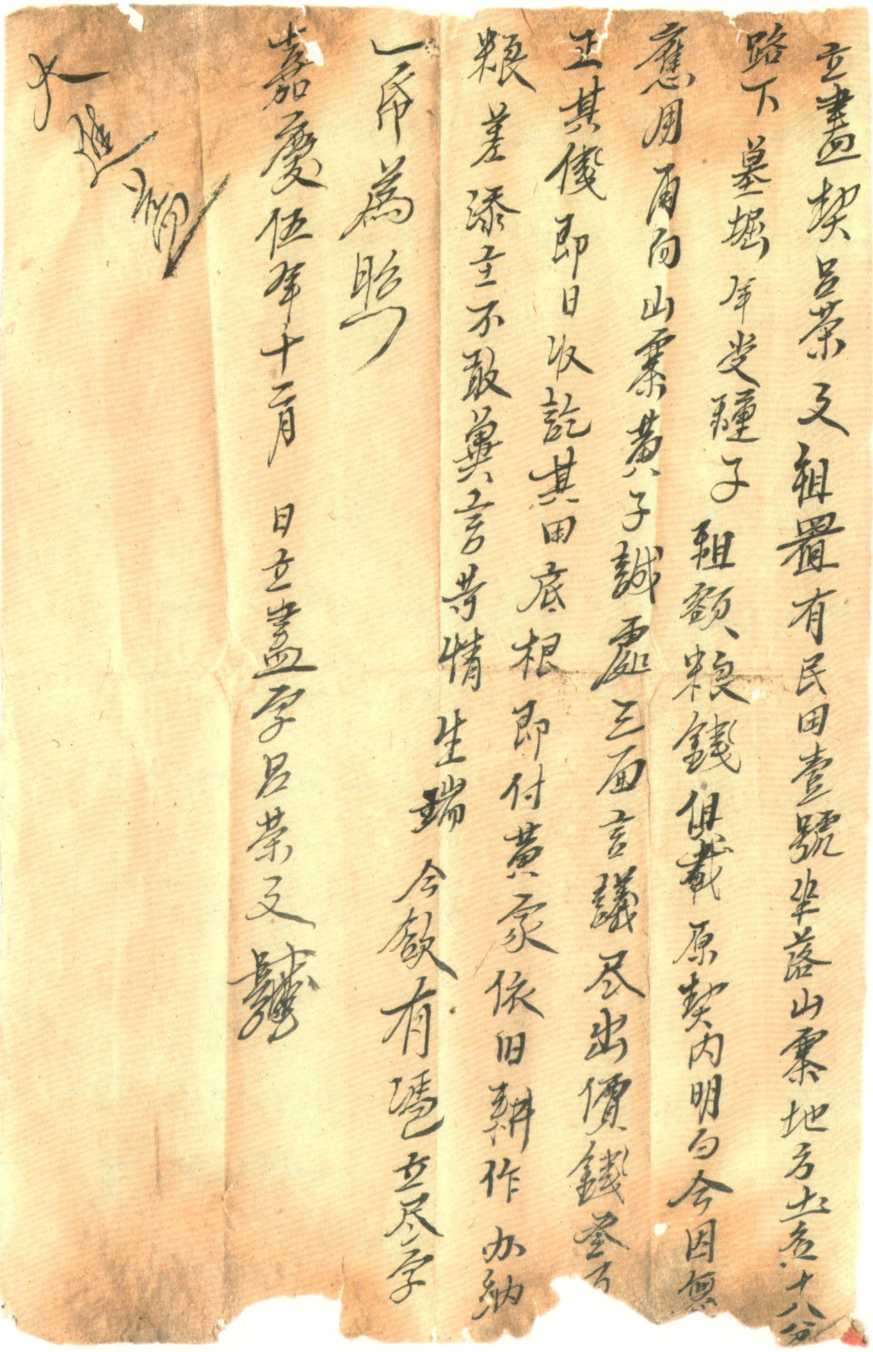

立盡契呂荣文祖置有民田壹號坐落山寮地方土名十八分
路下墓坵年受種子 租額、粮錢俱載原契內明白今因無
應用自向山寮黃子誠處三面言議盡出價錢叁[illegible]
正其價即日收訖其田底根即付黃家依舊耕作办納
粮差添立不敢異言等情 生端 今欲有憑立盡字
一紙為照
嘉慶伍年十二月 日立盡字呂荣文 號
大進

10-5-63-4 清嘉慶五年十二月呂荣文立盡民田契

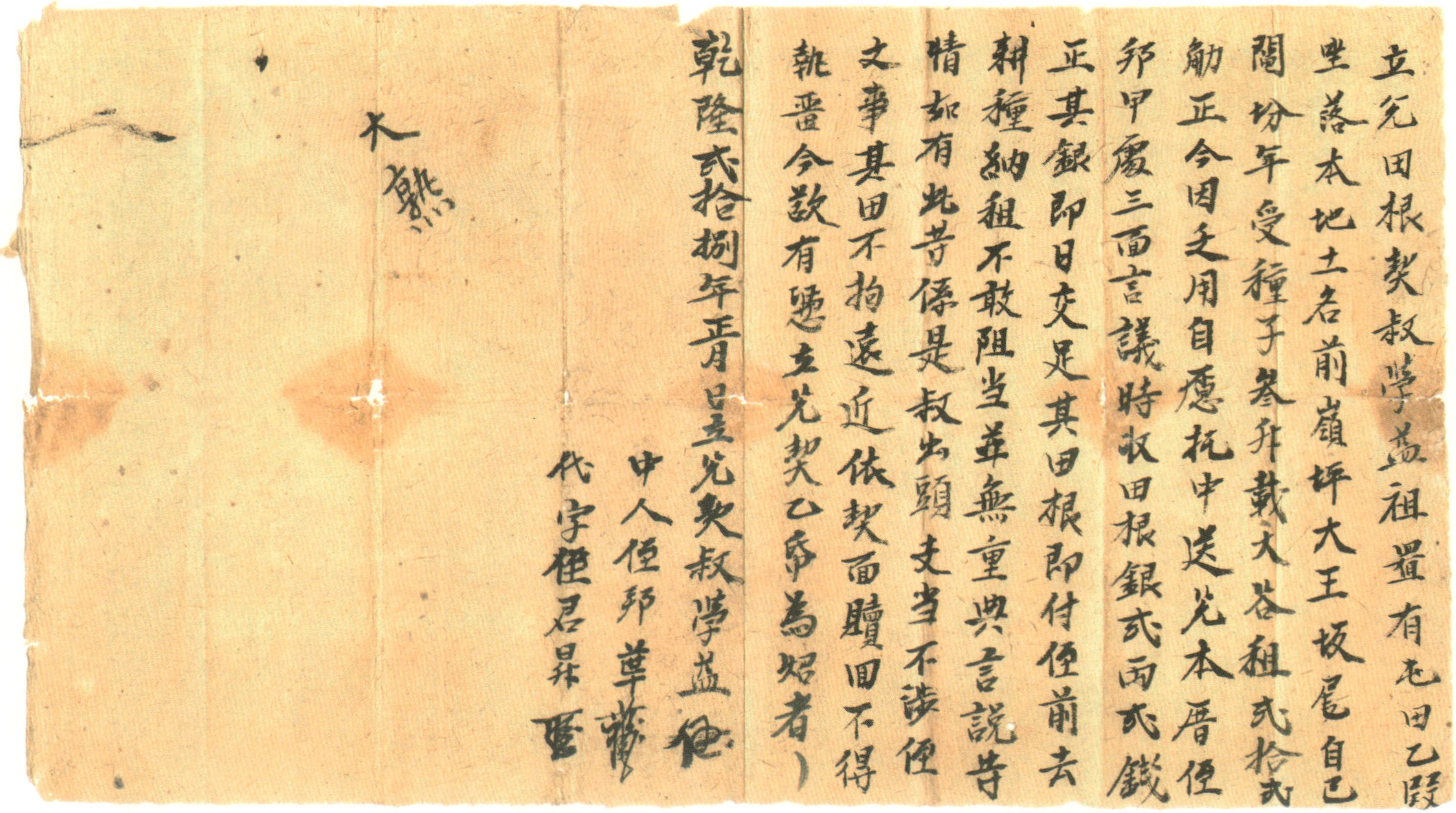
立兑田根契叔學益祖置有屯田乙段
坐落本地土名前嶺坪大王坂尾自己
閣份年受種子叁升載大谷租弍拾弍
觔正今因乏用自愿托中送兑本房侄
邦甲處三面言議時收田根銀弍両弍錢
正其銀即日交足其田根即付侄前去
耕種納租不敢阻当並無重典言說并
情如有此等係是叔出頭支当不涉侄
之事其田不拘遠近依契面贖回不得
執霸今欲有憑立兑契乙紙為炤者）
乾隆弍拾捌年正月 日立兑契叔學益
中人侄邦華
代字侄君昇
大熟

10-5-64-1 清乾隆二十八年正月黄學益立兑屯田根契

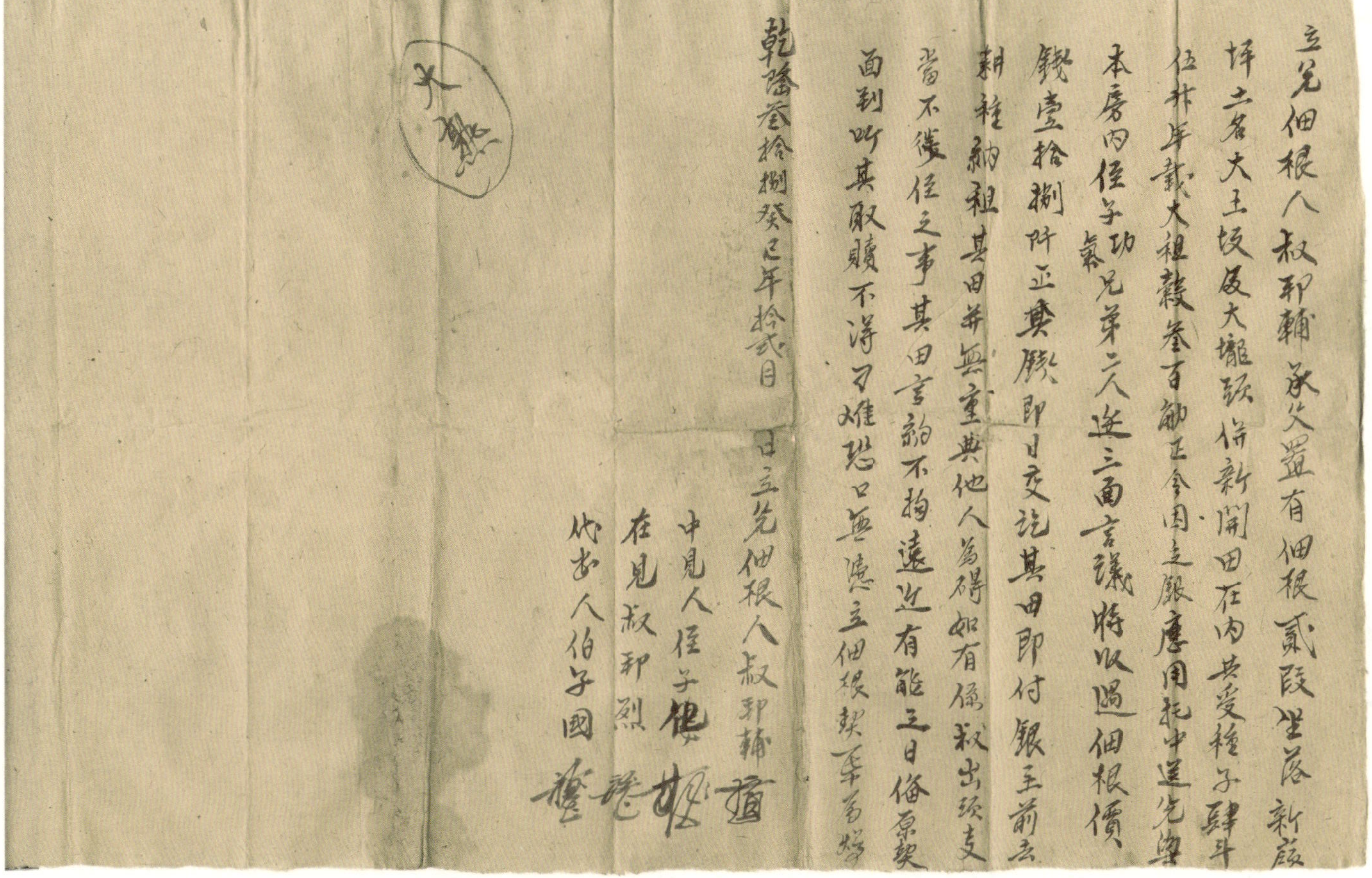

立兑佃根人叔邦輔承父置有佃根貳段坐落新嵌
坪土名大王坂及大壠頭併新開田在内共受種子肆斗
伍升年載大租穀叁百觔正今因乏銀應用托中送兑與
本房内侄子功象兄弟二人邊三面言議時収過佃根價
錢壹拾捌千正其錢即日交訖其田即付銀主前去
耕種納租其田并無重典他人爲碍如有係叔出頭支
當不涉侄之事其田言約不拘遠近有能三日備原契
面到听其取贖不得刁難恐口無憑立佃根契一紙爲照

乾隆叁拾捌癸巳年拾貳月 日立兑佃根人叔邦輔
中見人侄子
在見叔邦烈
代書人伯子國

10-5-64-2 清乾隆三十八年十二月黃邦輔立兑佃根契

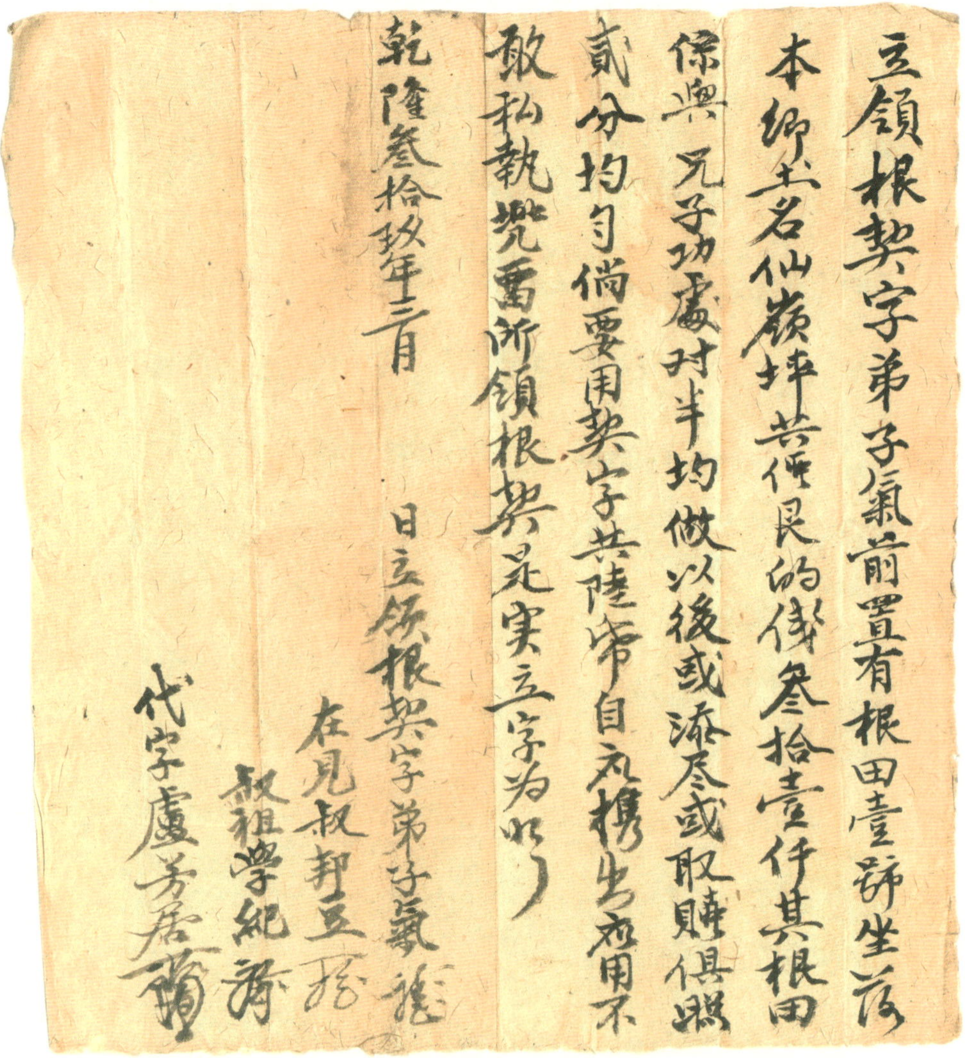

立領根契字弟子氣前置有根田壹爵坐落
本鄉土名仙嶺坪共伍艮的伐叁拾壹仟其根田
保與兄子功處对半均做以後或添叁或取贖俱照
貳分均匀倘要用契字共陸帝自应携出应用不
敢私執搅需所領根契是实立字为照

乾隆叁拾玖年三月　日立領根契字弟子氣（押）

在見叔邦豆（押）

叔祖學紀（押）

代字盧芳居（押）

10-5-64-3　清乾隆三十九年三月黄子氣立領根田契字

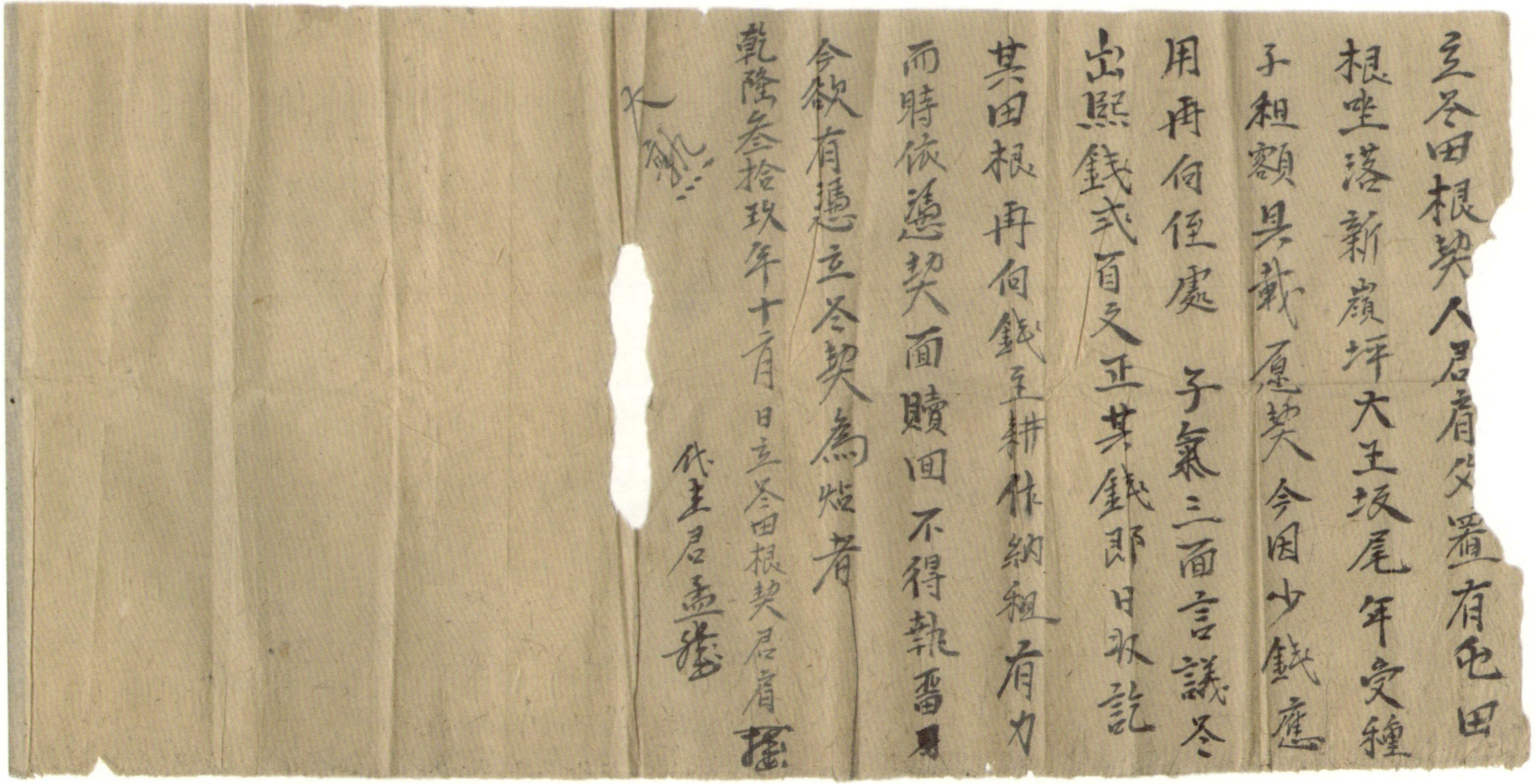

立盡田根契人君肩父置有屯田
根坐落新嶺坪大王坂尾年交種
子租額具載原契今因少錢應
用再向侄處　子氣三面言議盡
出照錢弍百文正其錢即日收訖
其田根再向錢主耕作納租有力
而時依憑契面贖回不得執畱
今欲有憑立盡契為炤者
乾隆叁拾玖年十二月　日立盡田根契君肩（押）
代書君盡（押）
不贖

10-5-64-4　清乾隆三十九年十二月黄君肩立盡屯田根契

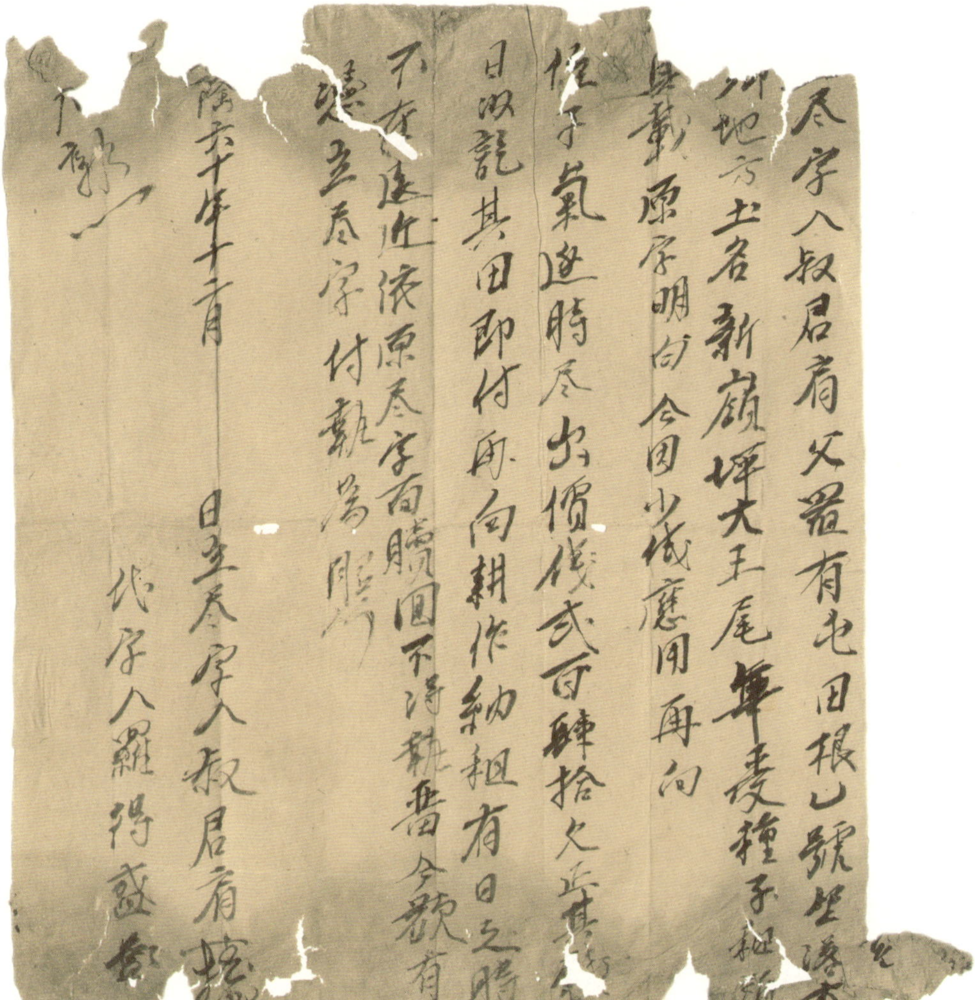
立盡字人叔君肩父置有屯田根山號坐落本
鄉地方土名新嶺坪大王尾年麦種子租
又載原字明白今因少錢應用再向
侄子氣進時盡出價錢貳百肆拾文正其錢即
日收訖其田即付再向耕作納租有日之時
不拘遠近依原盡字面贖回不得執留今欲有
憑立盡字付執為照
乾隆六十年十二月　日立盡字人叔君肩（押）
代字人羅得盛（押）

10-5-64-5　清乾隆六十年十二月黃君肩立盡屯田根字

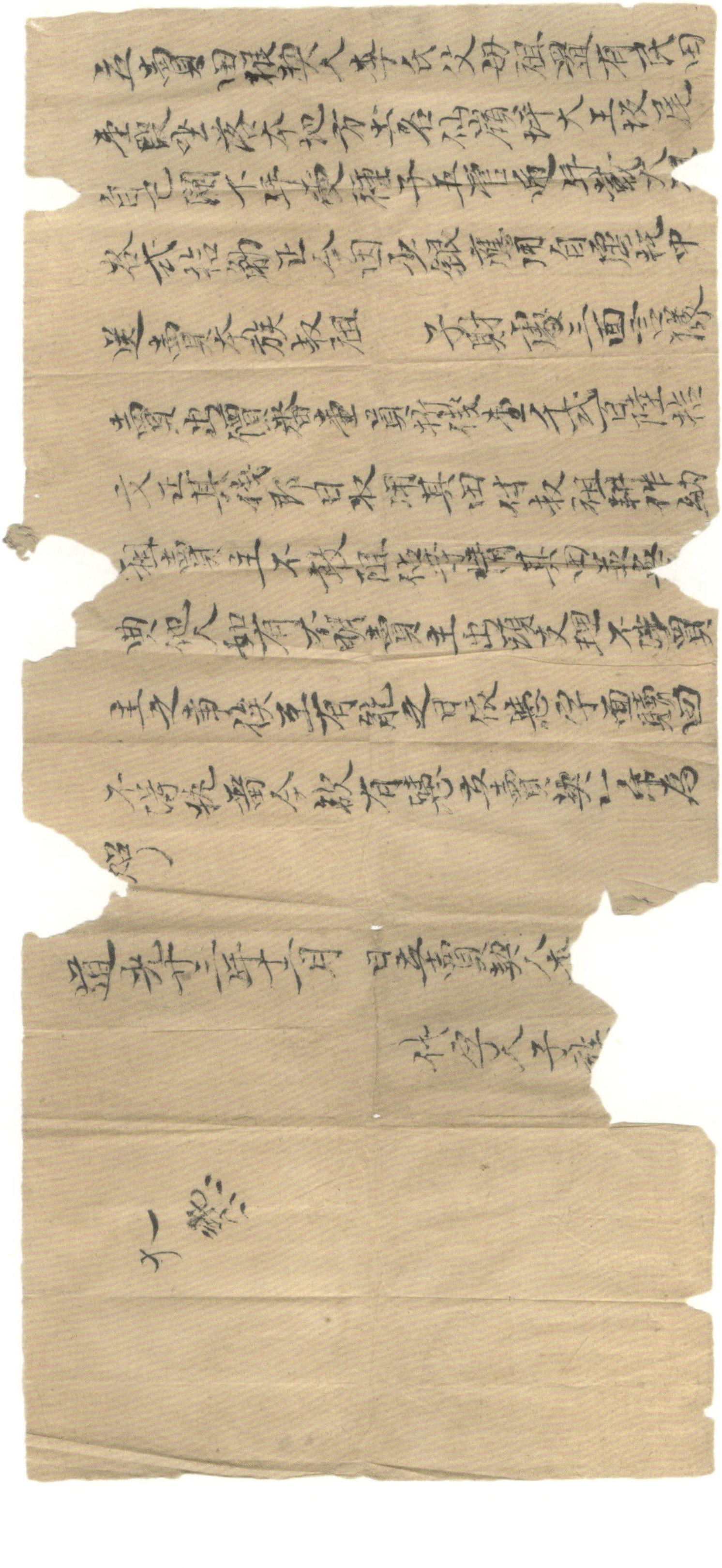

10–5–64–6　清道光二十三年十二月李氏立賣民田根契

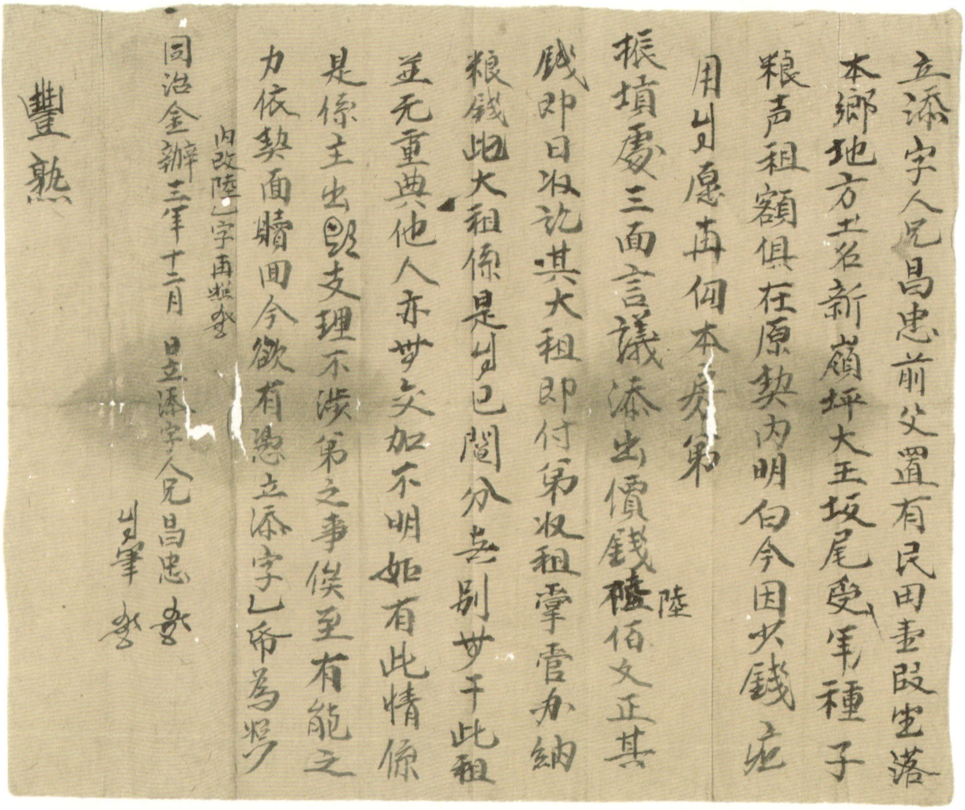
立添字人黄昌忠前父置有民田壹段坐落
本鄉地方土名新嶺坪大王坂尾受種子
粮声租額俱在原契內明白今因乏錢應
用甘愿再向本房弟
振墳處三面言議添出價錢陸佰文正其
錢即日收訖其大租即付弟收租掌管办納
粮錢此大租係是甘己閣分之別無干此租
並无重典他人亦無交加不明如有此情係
是係主出頭支理不涉弟之事倘至有能之
力依契面贖回今欲有憑立添字乙紙為照
內改陸乙字再照（押）
同治叁年十二月　日立添字人黄昌忠（押）
自筆（押）
豐熟

10-5-64-7　清同治三年十二月黄昌忠立添民田字

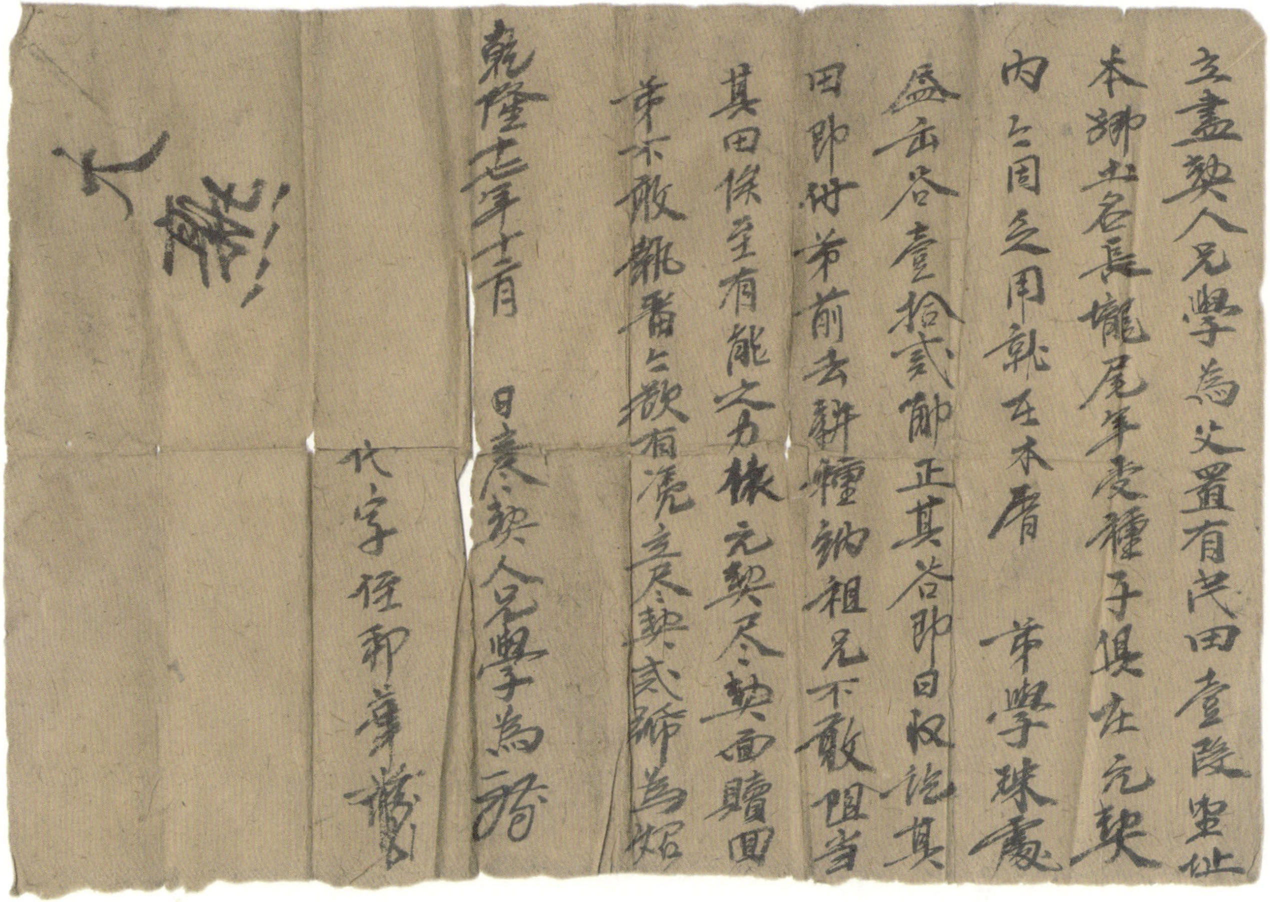

立盡契人兄學爲父置有民田壹段坐址
本鄉土名長壠尾年受種子俱在元契
内，今因乏用，就在本厝　弟學琳處
盡出谷壹拾貳節正，其谷即日收訖，其
田即付弟前去耕種納租，兄不敢阻當。
其田係至有能之力備元契、盡契面贖回，
弟不敢執番。今欲有憑，立盡契貳紙爲炤。
乾隆十七年十二月　日盡契人兄學爲（押）
代字侄和華（押）
大發

10-5-65-1　清乾隆十七年十二月黃學爲立盡民田契

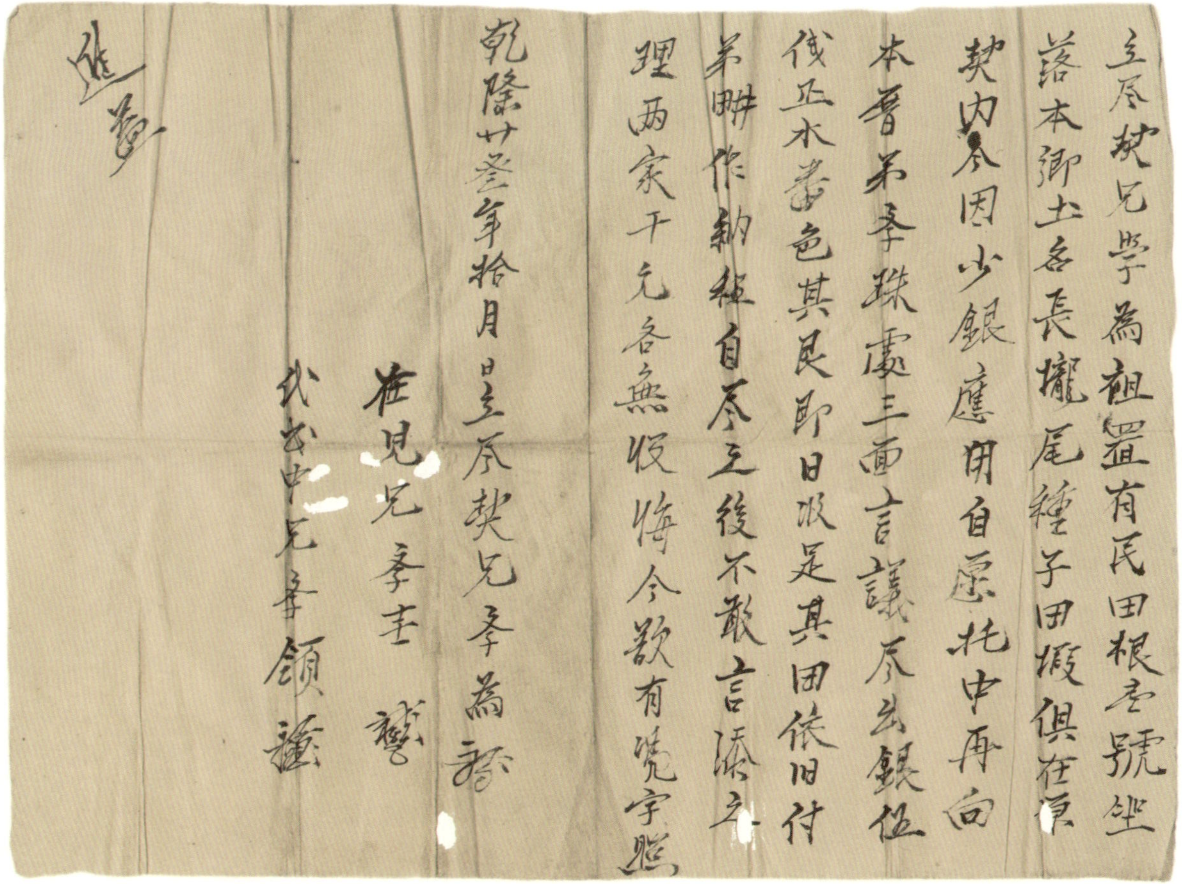
立盡契兄學爲祖置有民田根壹號坐
落本鄉土名長壠尾種子田段俱在原
契内今因少銀應用自愿托中再向
本晉弟季珠處三面言議盡出銀伍
錢正水番色其艮即日收足其田依旧付
弟贌作納租自盡之後不敢言添之
理两家干允各無反悔今欲有凭字照
乾隆廿叁年拾月　日立盡契兄季爲
在見兄季圭
代書中兄季領
進盡

10-5-65-2　清乾隆二十三年十月黃學爲立盡民田根契

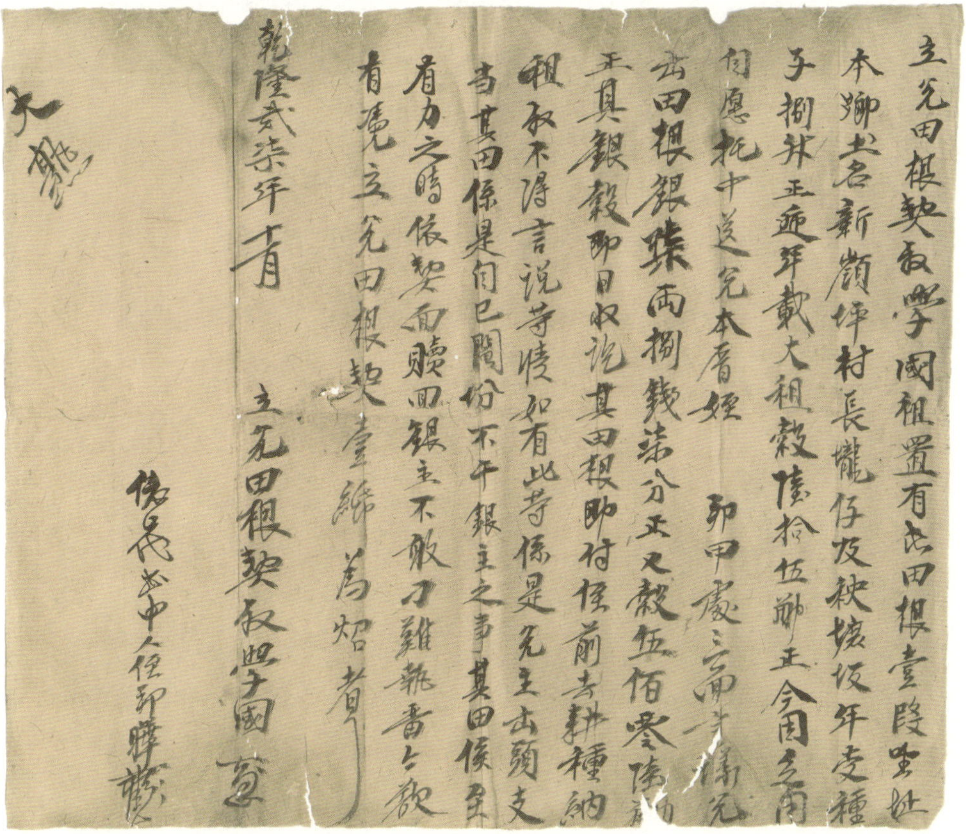
立兌田根契叔學國祖置有屯田根壹段，坐址
本鄉土名新嶺坪村長壠仔及秧墩坂，年受種
子捌斗正，疊年載大租穀陸拾伍觔正。今因乏用，
自愿托中送兌本房姪　卯甲處三弟兄，
出田根銀柒兩捌錢柒分正，又穀伍佰叁陸□
正，其銀穀即日收訖。其田根即付侄前去耕種納
租，叔不得言說等情。如有此等，係是兌主出頭支
當。其田係是自己鬮份，不干銀主之事。其田係□
有力之時，依契面贖回，銀主不敢刁難執畱乙欵。
有憑，立兌田根契壹紙為炤者。
乾隆貳柒年十一月　　立兌田根契叔學國（押）
依口代書中人侄卯暉（押）
大□

10-5-65-3　清乾隆二十七年十一月黃學國立兌屯田根契

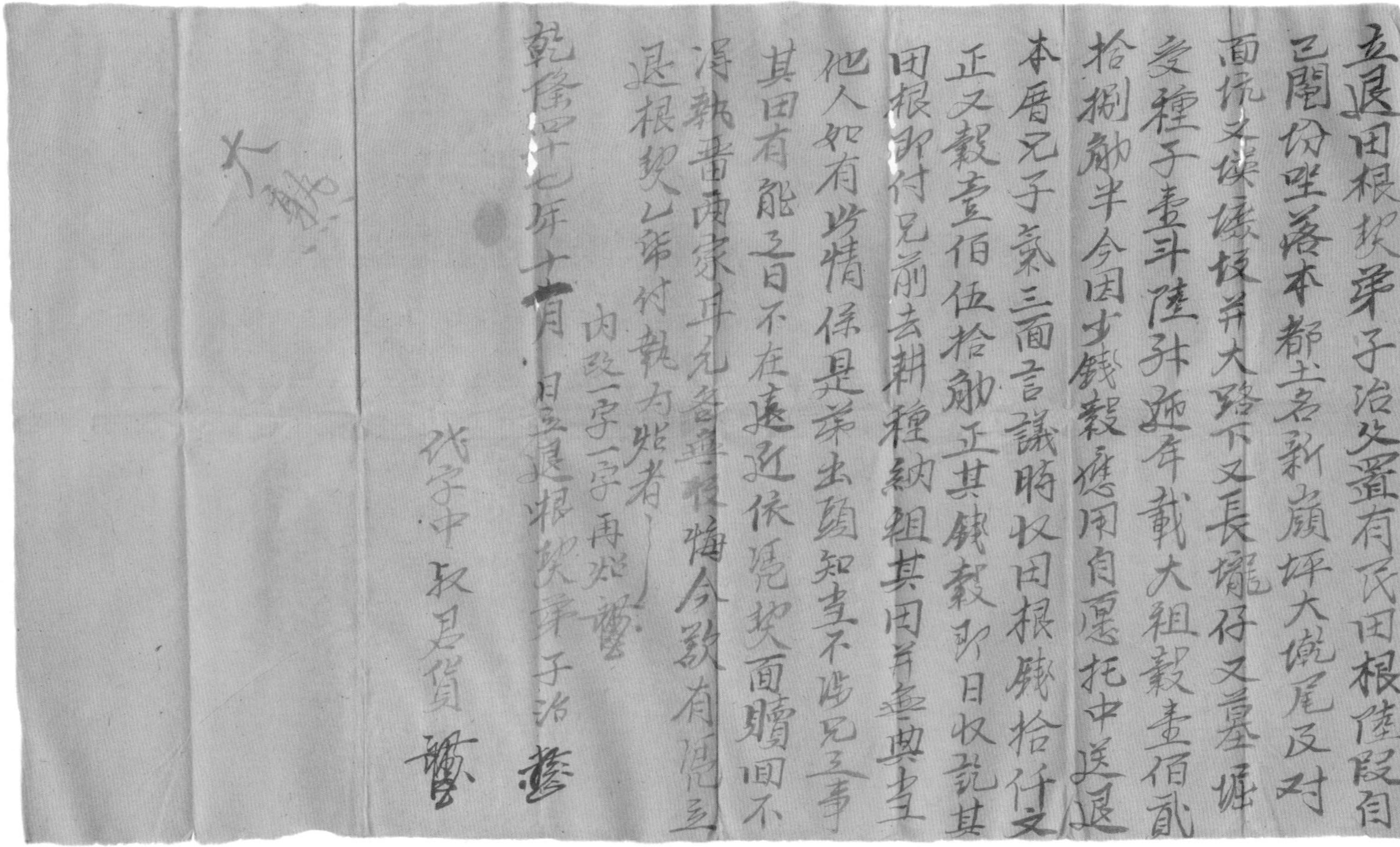

立退田根契弟子治父置有民田根陸段自
己閹份坐落本都土名新嶺坪大墘尾及对
面坑又墘壋坂并大路下又長壠仔又墓坪
受種子壹斗陸升逐年載大租穀壹佰貳
拾捌觔半今因少錢穀應用自愿托中送退
本厝兄子棨三面言議時收田根錢拾仟文
正又穀壹佰伍拾觔正其錢穀即日收訖其
田根即付兄前去耕種納租其田并無典当
他人如有此情保是弟出頭知当不涉兄之事
其田有能之日不在遠近依憑契面贖回不
得執番兩家再允無反悔今欲有憑立
退根契山寨付執為照者
內改一字再照
乾隆四十七年十一月 日立退根契弟子治
代字中 叔 昆貨

10-5-65-4 清乾隆四十七年十一月黄子治立退民田根契

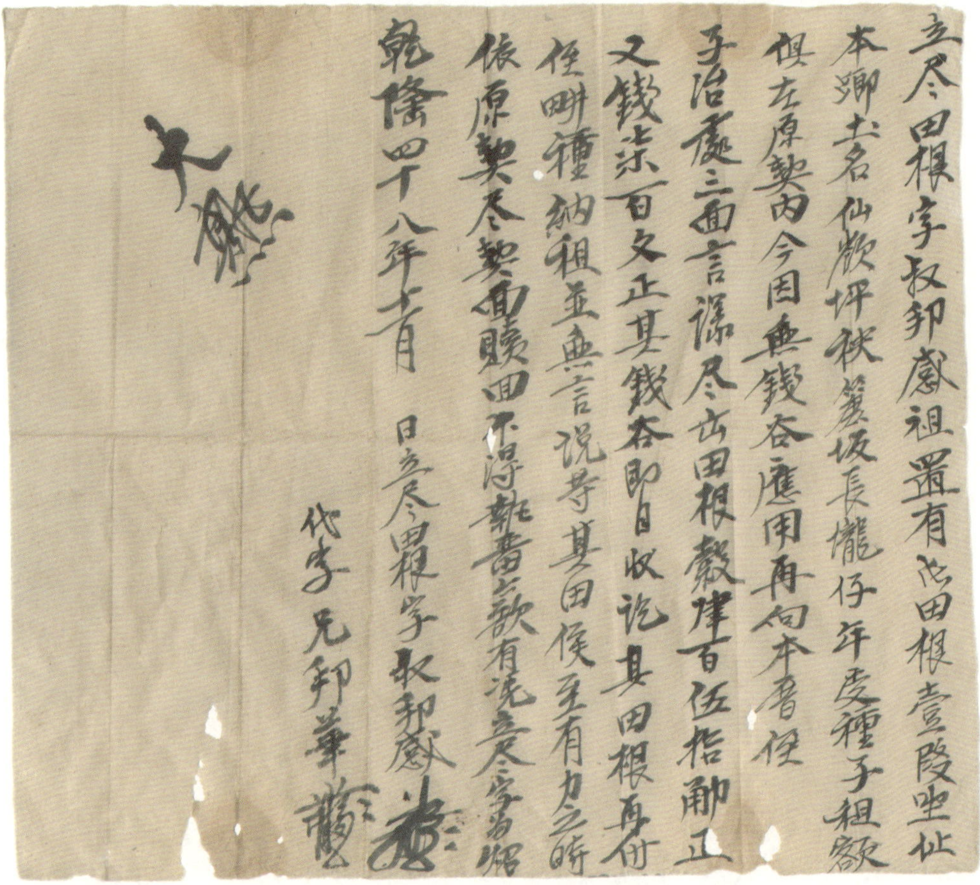
立尽田根字叔邦感祖置有屯田根壹段坐址本鄉土名仙嶺坪秋蓑坂長壠仔年受種子租穀俱在原契內今因無錢各應用再向本房侄子治處三面言議尽出田根穀肆百伍拾觔正又錢柒百文正其錢各即日收訖其田根再付侄畊種納租並無言說等其田係至有力之時依原契尽契面贖田不得執留等款有洗立尽字為照

乾隆四十八年十一月　日立尽田根字叔邦感（押）

代字　兄邦華（押）

10-5-65-5　清乾隆四十八年十一月黄邦感立盡屯田根字

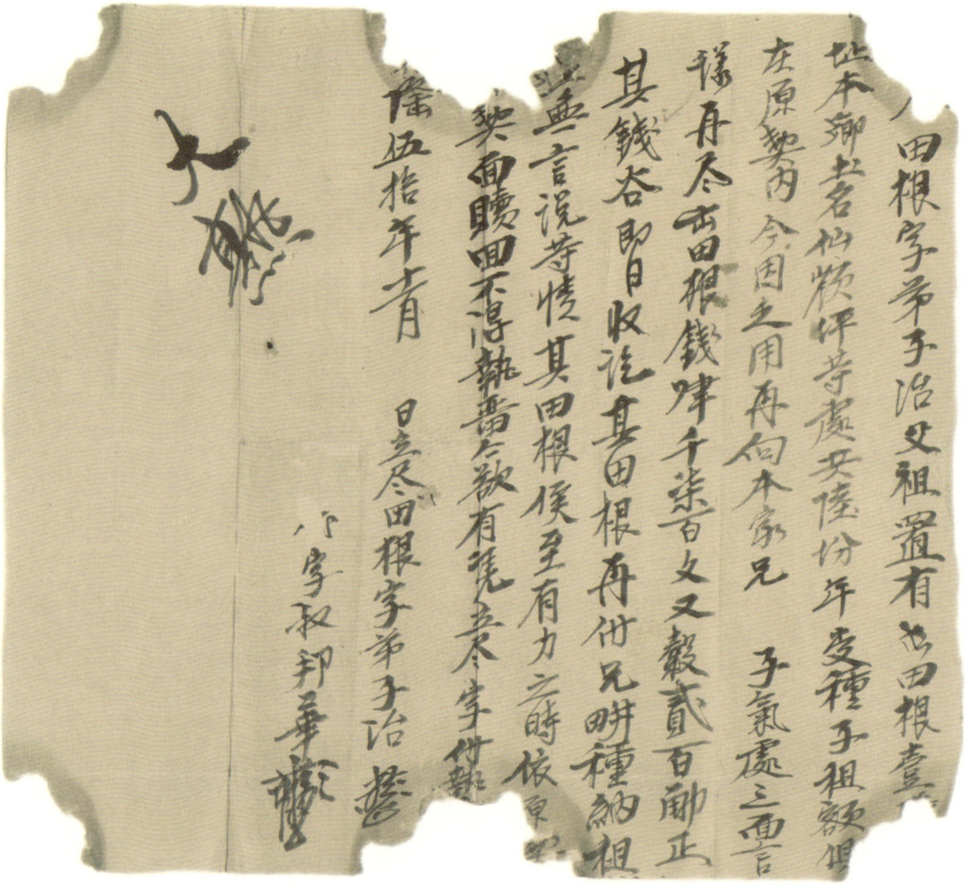

田根字弟子治父祖置有屯田根壹
址本鄉土名仙嶺坪等處安陸份年交種子租穀俱
在原契內今因乏用再向本家兄　子氣處三面言
議再盡屯田根錢肆千柒百文又穀貳百觔正
其錢谷即日收訖其田根再付兄耕種納租
無言說等情其田根係至有力之時依原
契面贖回不得執留今欲有憑立盡字付執
隆伍拾年十一月　日立盡田根字弟子治（押）
代字叔邦華（押）

10-5-65-6　清乾隆五十年十一月黄子治立盡屯田根字

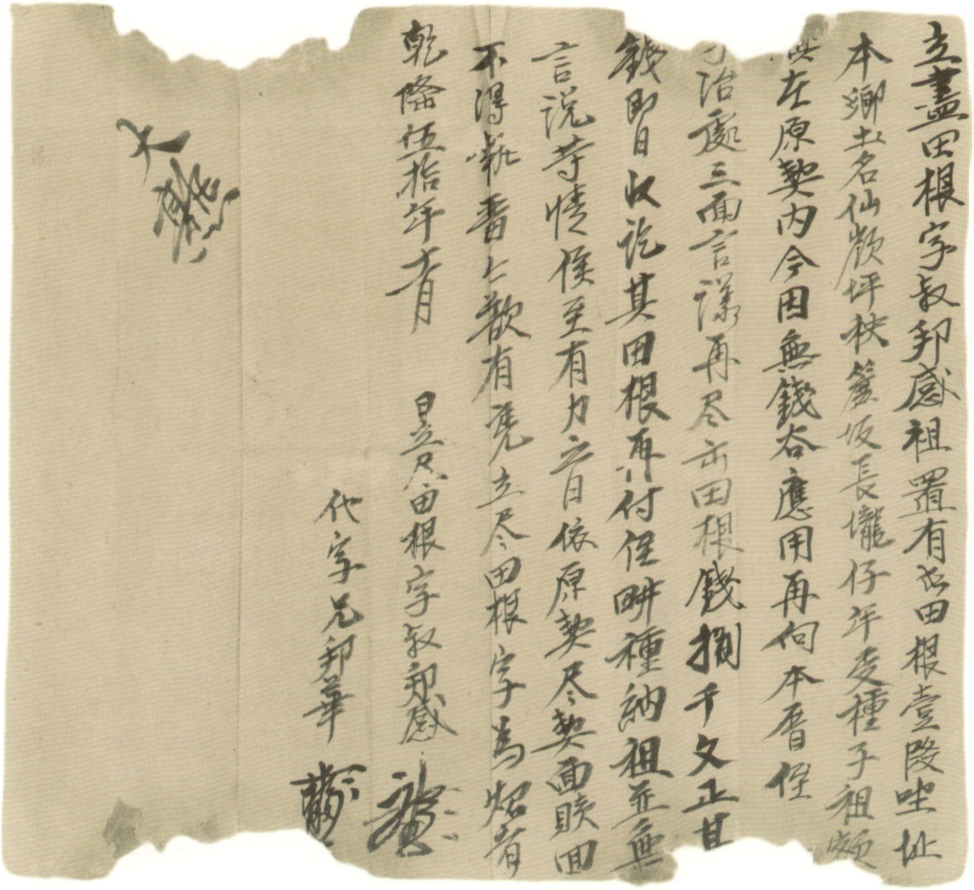
立盡田根字叔邦感祖置有屯田根壹段坐址本鄉土名仙嶺坪秧簝坂長壠仔年受種子祖頭……在原契內今因無錢不應用再向本房侄……治處三面言議再盡屯田根錢捌千文正其錢即日收訖其田根再付侄耕種納租並無言說等情候至有力之日依原契盡契面贖田不得[illegible]執番匕欲有憑立盡田根字為炤者

乾隆伍拾年十一月　日立盡田根字叔邦感（押）

代字兄邦華（押）

大發

10-5-65-7　清乾隆五十年十一月黄邦感立盡屯田根字

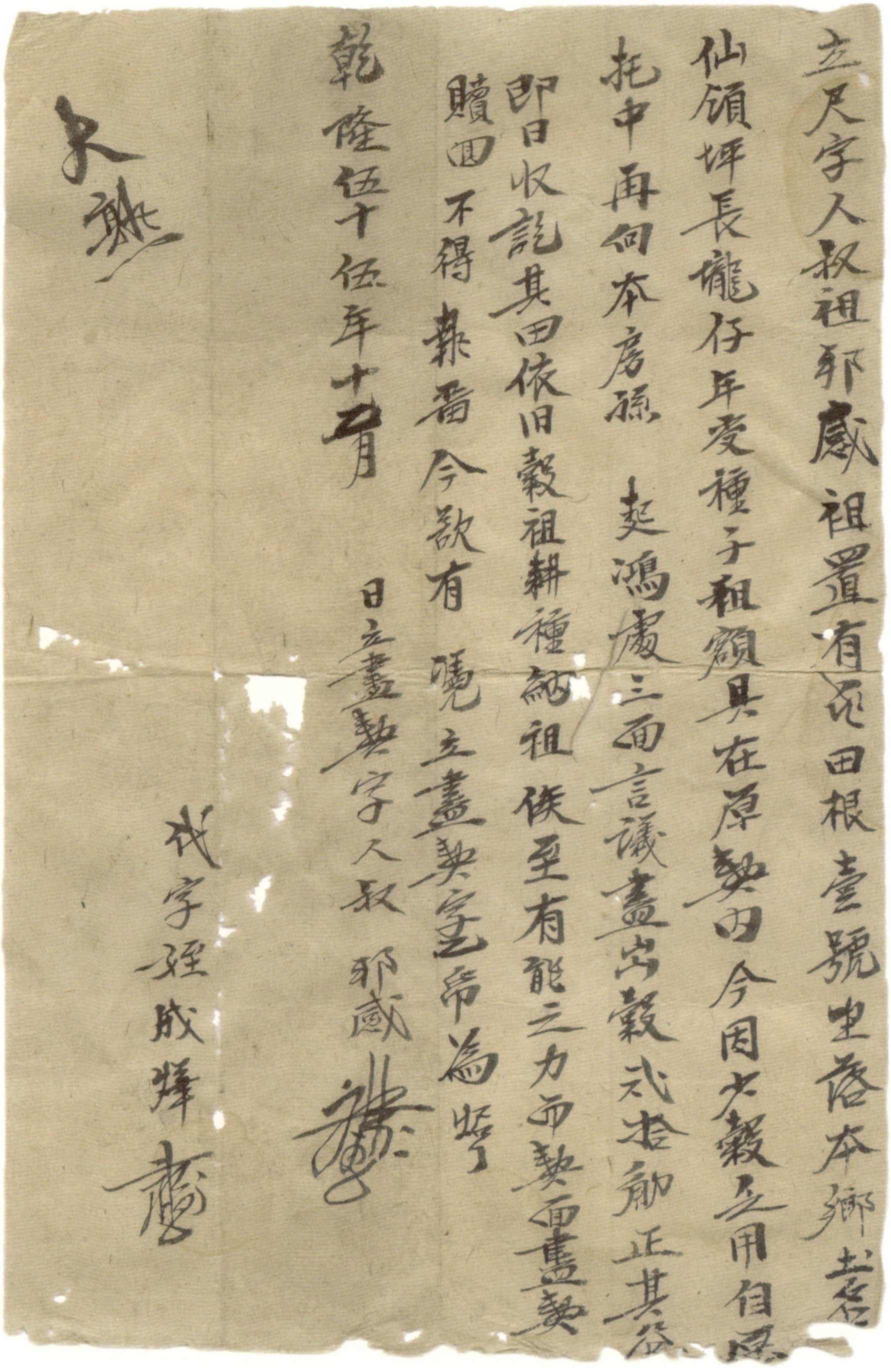
立尽字人叔祖邦感祖置有屯田根壹號坐落本鄉土名
仙領坪長龍仔年受種子租額具在原契内今因大穀之用自愿
托中再向本房孫　廷鴻處三面言議盡出穀弍拾觔正其穀
即日收訖其田依旧穀祖耕種納祖　俟至有能之力而契面盡契
贖回不得執留今欲有憑立盡契字壹帋為照
乾隆伍拾伍年十一月　日立盡契字人叔　邦感（押）
代字姪成輝（押）
大吉

10-5-65-8　清乾隆五十五年十一月黄邦感立盡屯田根契字

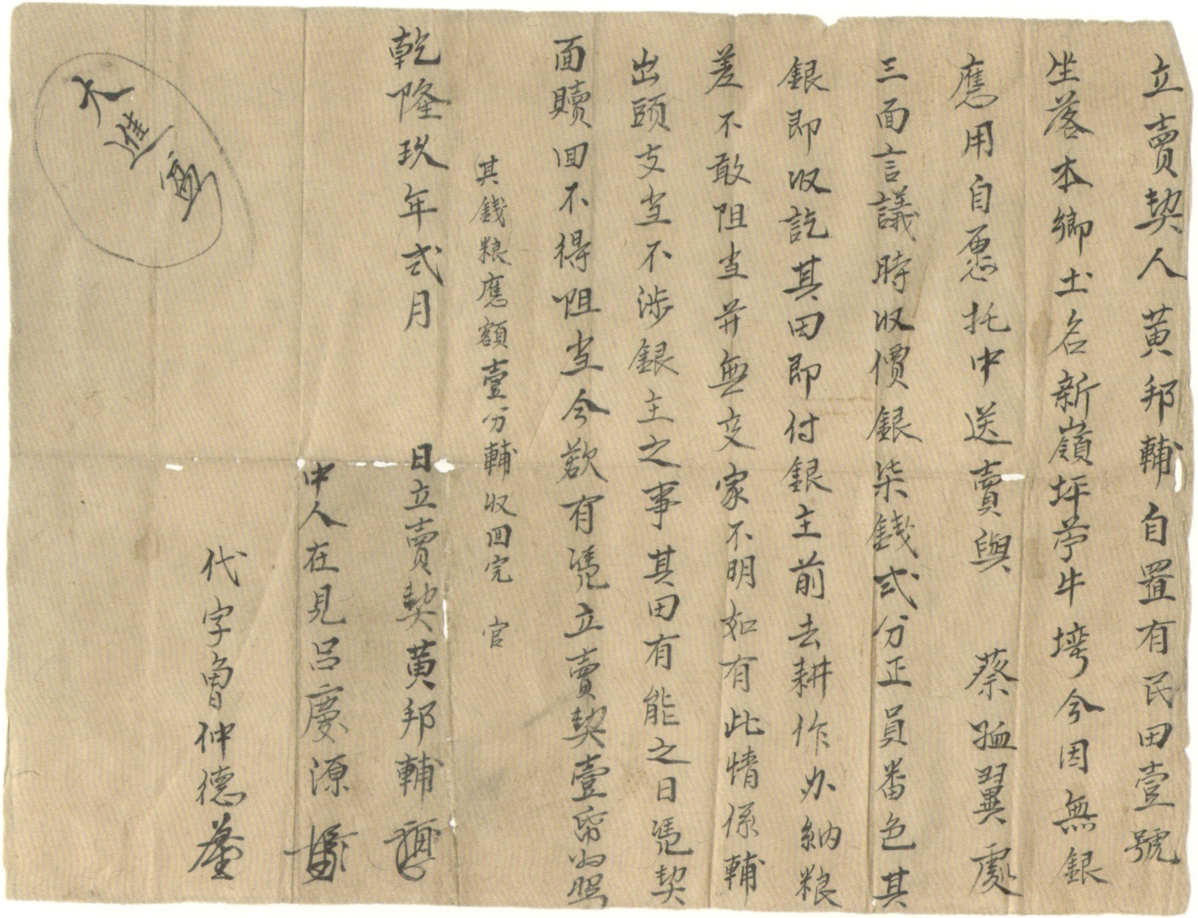

立賣契人黄邦輔自置有民田壹號
坐落本鄉土名新嶺坪亭牛墩今因無銀
應用自愿托中送賣與　蔡弼翼處
三面言議時収價銀柒錢弍分正員番色其
銀即収訖其田即付銀主前去耕作办納粮
差不敢阻当并無交家不明如有此情係輔
出頭支当不涉銀主之事其田有能之日憑契
面贖回不得阻当今欲有憑立賣契壹帋為照

其錢粮應額壹分輔収回完　官

乾隆玖年弍月　日立賣契黄邦輔
中人在見呂慶源
代字曾仲德

10-5-66-1　清乾隆九年二月黄邦輔立賣民田契

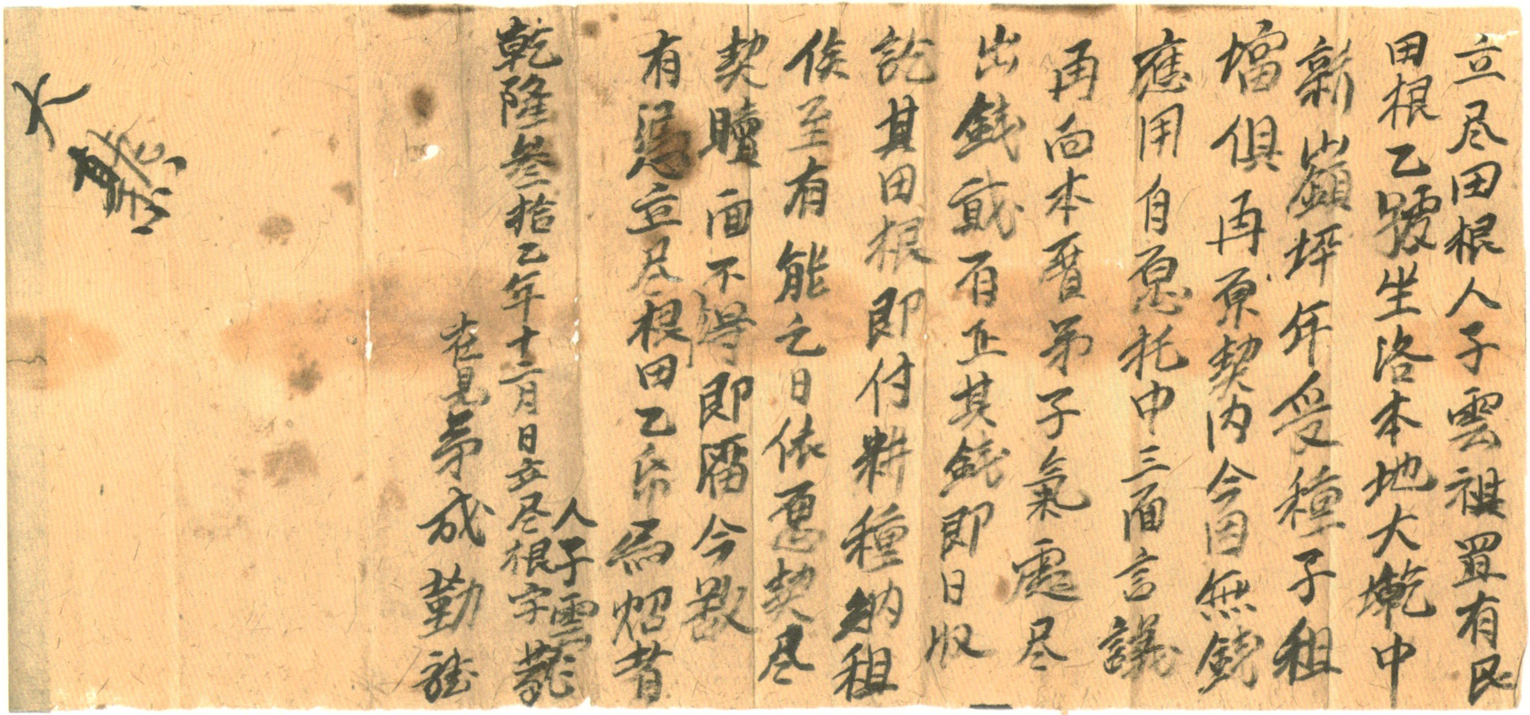

立尽田根人子雲祖置有民
田根乙號坐洛本地大墘中
新嶺坪年受種子租
壇俱再原契內今因無錢
應用自恩托中三面言議
再向本厝弟子氣處尽
出錢貳百正其錢即日收
訖其田根即付粘種納租
係至有能之日依原契尽
契贖面不得即厝今欲
有憑立尽根田乙紙爲炤者
乾隆叁拾乙年十二月　日立尽根字人子雲（押）
在見弟成勤（押）

10-5-66-2　清乾隆三十一年十二月黄子雲立盡民田根字

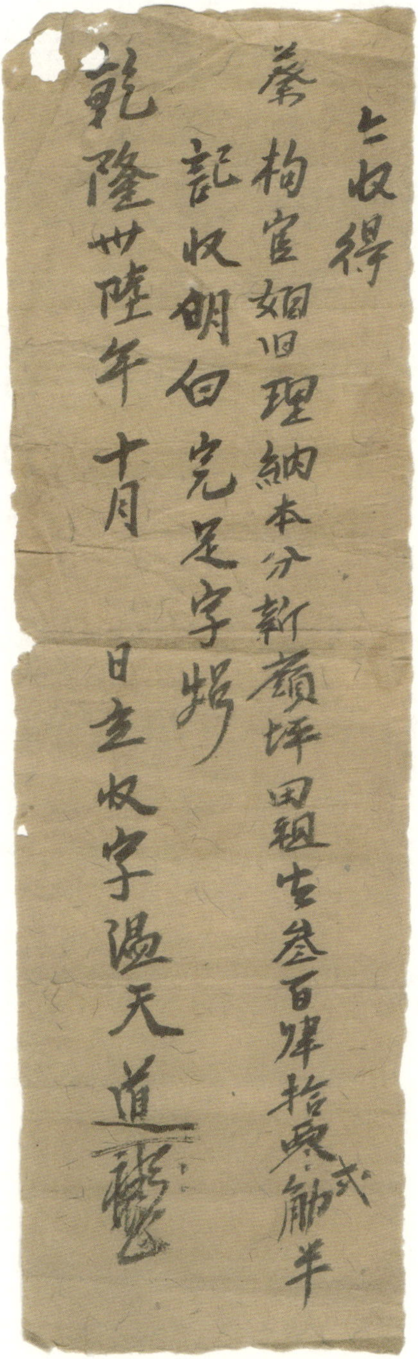
仝收得
蔡梅官姻旧理納本分新嶺坪田租穀叁百肆拾貳觔半
記收明白完足字照
乾隆卅陸年十月　日立收字溫天道（押）

10-5-66-3　清乾隆三十六年十月温天道立收田租穀字

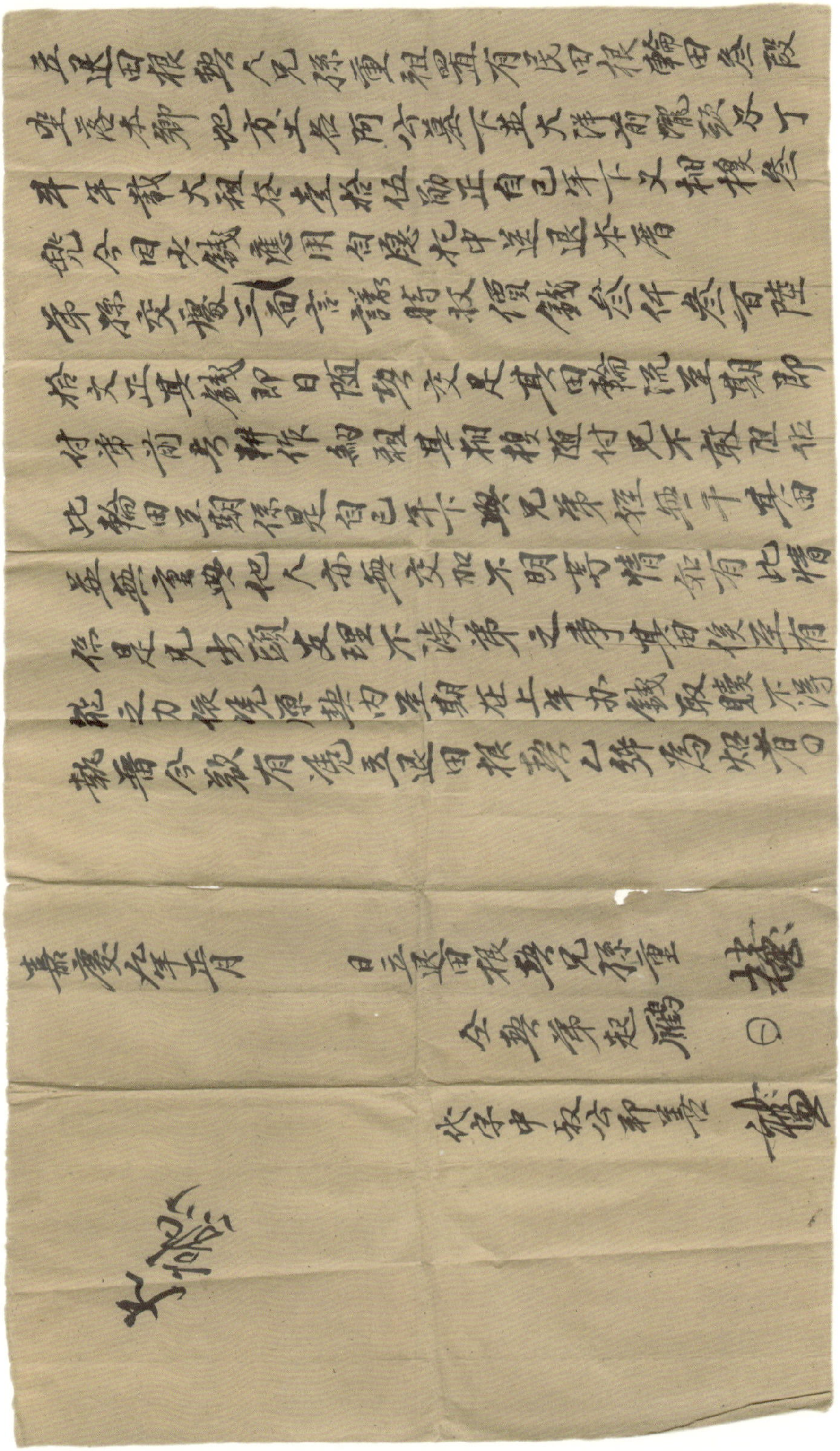
立退田根契人兄孫重祖置有民田根輸田叁段
坐落本鄉地方土名門口墓下並大洋前曬頭丁
年年載大租谷壹拾伍觔正自己年下又相共叁
號今因乏錢應用自情愿托中送退本房
弟孫交邊三面言議時值價錢叁仟叁百陸
拾文正其錢即日隨契交足其田輸流至期即
付弟前去耕作納租其租相根隨付兄不敢阻執
此輸田至期係是自己年下與兄弟侄無干其田
係兄己業與別人無交加不明等情如有此情
係兄自出頭支理不涉弟之事其田係至有
執之日依仍原契內至期在上年办錢取贖不得
執留今欲有憑立退田根契乙紙爲炤者

嘉慶九年正月　日立退田根契兄孫重
全契弟起鵬
代字中叔公邦呈

10-5-66-4　清嘉慶九年正月黃孫重立退民輸田根契

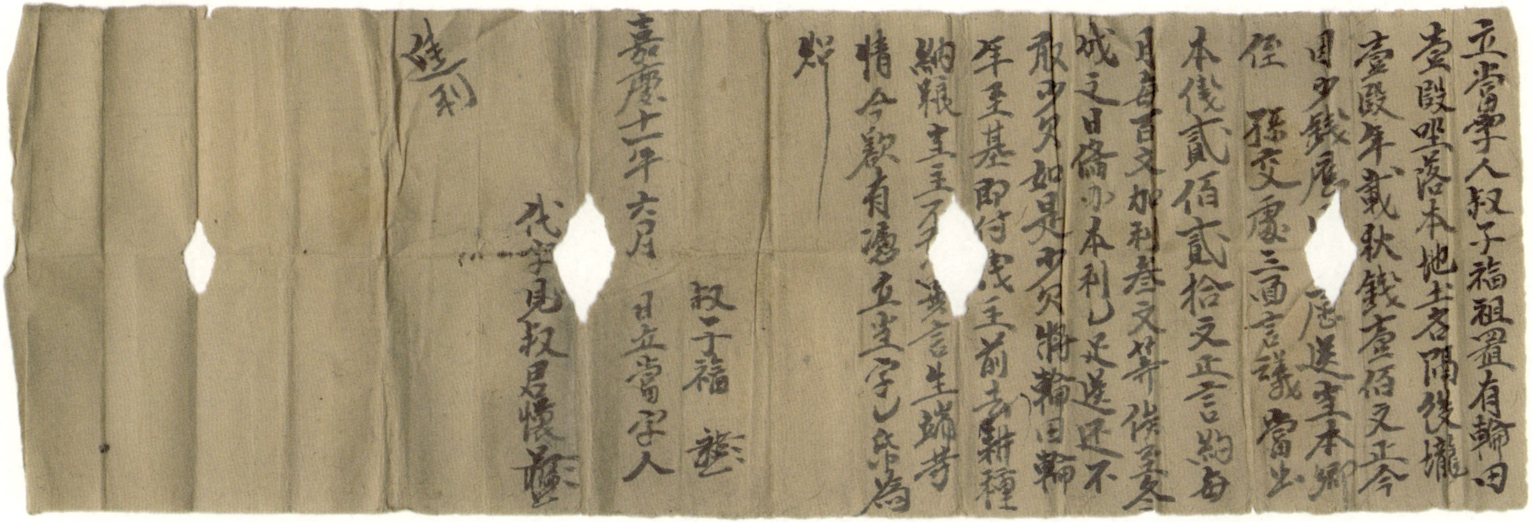
立當字人叔子福祖置有輪田
壹段坐落本地土名隔後壠
壹段年載秋錢壹佰文正今
因乏錢應用，愿送至本鄉
侄 孫文慶三面言議當出
本錢貳佰貳拾文正言約每
月每百文加利叁文算，候至冬
成之日備辦本利足送還不
敢少欠，如是少欠，將輪田輪
年至期即付錢主前去耕種
納粮，業主不得異言生端等
情。今欲有憑，立當字一紙為
照
叔子福（押）
嘉慶十一年六月 日立當字人
代字見叔君懷（押）
進利

10-5-66-5 清嘉慶十一年六月黄子福立當輪田字

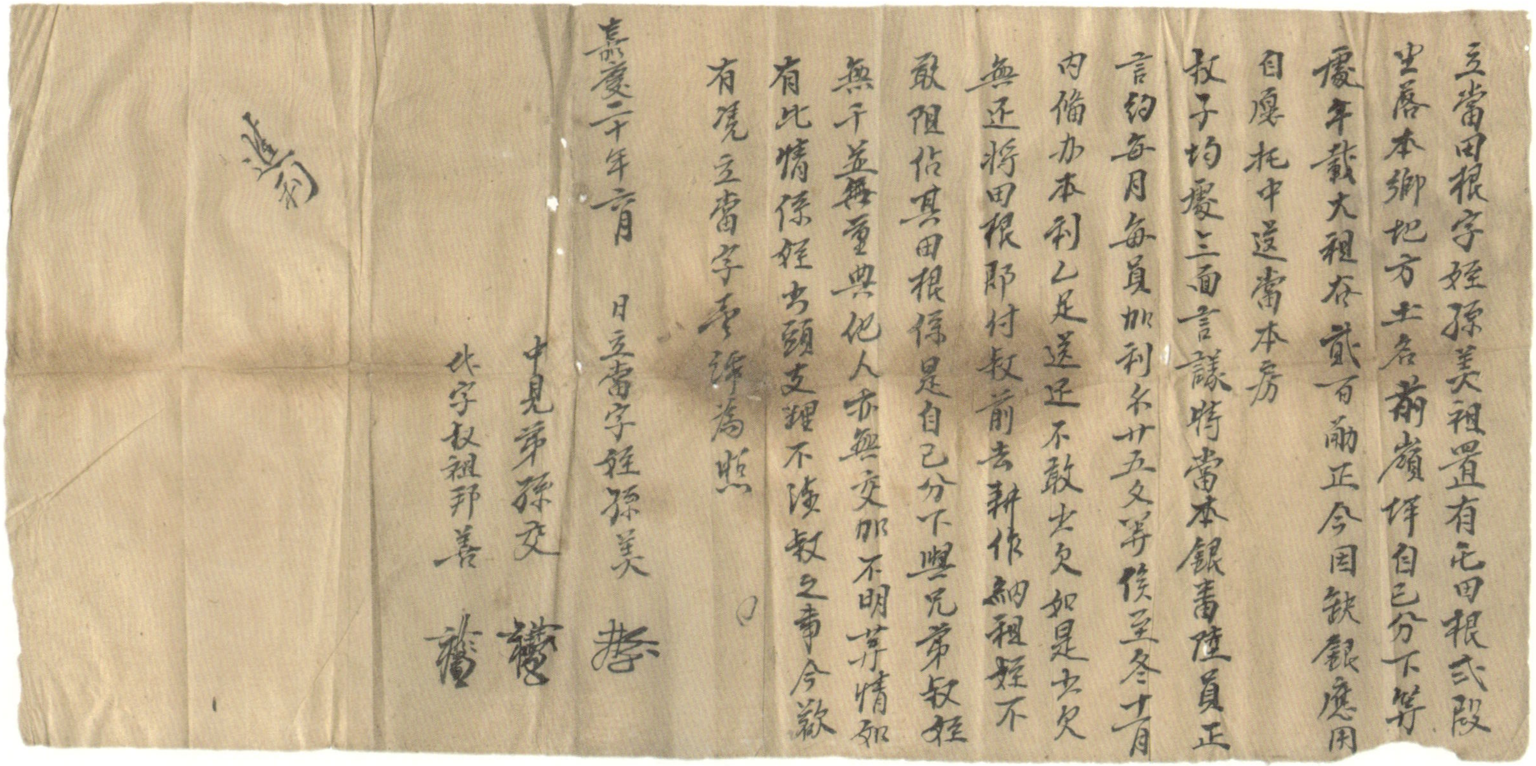

立當田根字姪孫美，祖置有屯田根弍段，坐落本鄉地方，土名莿嶺，係自己分下等處，年載大租谷貳百觔正。今因缺銀應用，自愿托中送當本房叔子均處，三面言議，時當本銀壹員正，言約每月每員加利錢廿五文，其錢至冬十月內備辦本利一足送还，不敢少欠。如是少欠無还，將田根即付叔前去耕作納租，姪不敢阻佔。其田根係是自己分下，與兄弟叔姪無干，並無重典他人，亦無交加不明等情。如有此情，係姪出頭支理，不涉叔之事。今欲有憑，立當字一紙為照。

嘉慶二十年六月　日立當字姪孫美（押）

中見弟孫交（押）

代字叔祖邦善（押）

10-5-66-6　清嘉慶二十年六月黄孫美立當屯田根字

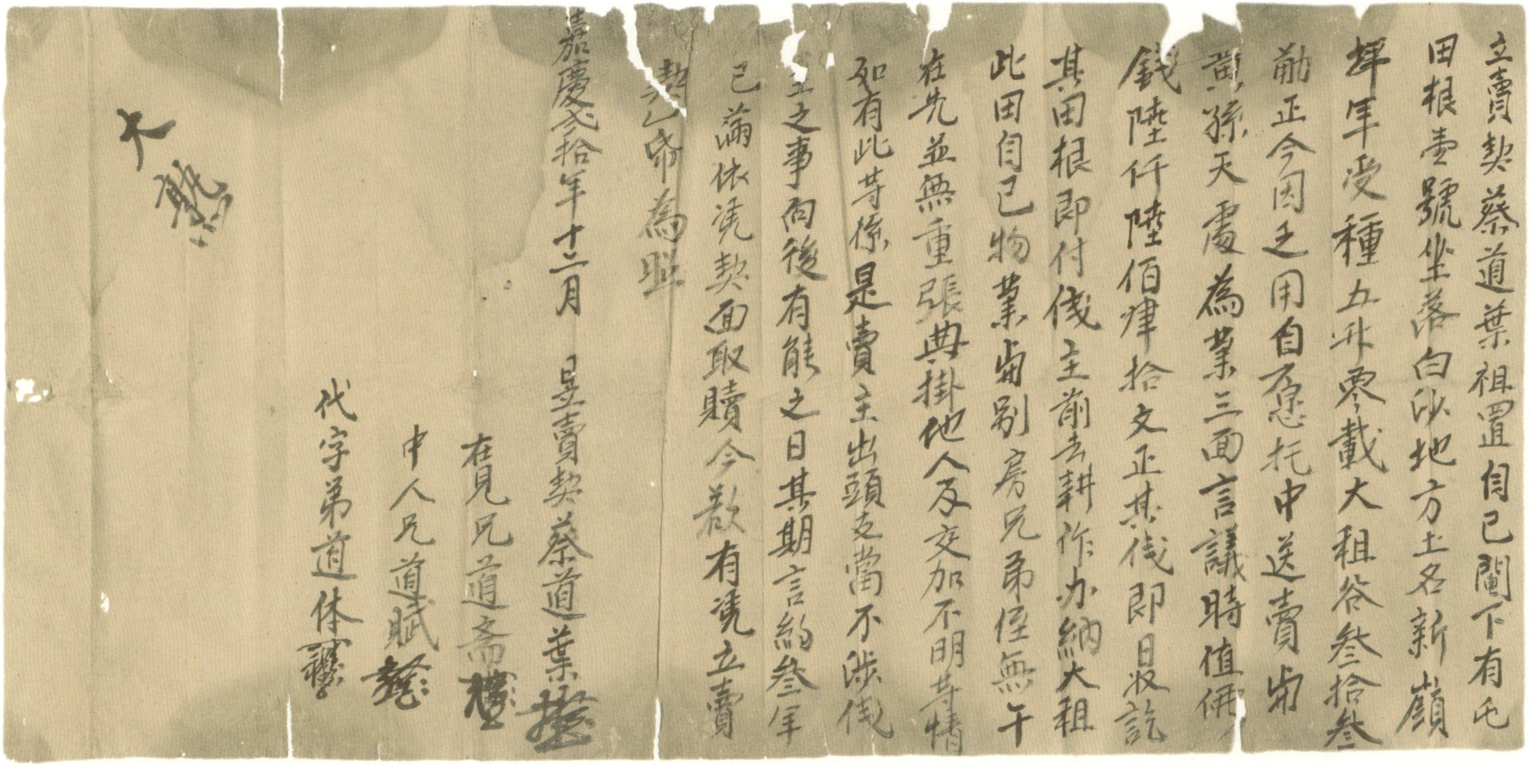
立賣契蔡道葉祖置自己閫下有屯
田根壹號坐落白沙地方土名新嶺
坪年受種五升零載大租谷叁拾叁
觔正今因乏用自愿托中送賣與
堂孫天處爲業三面言議時值價
錢陸仟陸佰肆拾文正其錢即日收訖
其田根即付錢主前去耕作办納大租
此田自己物業與别房兄弟侄無干
在先並無重張典掛他人及交加不明等情
如有此等係是賣主出頭支當不涉錢
主之事向後有能之日其期言約叁年
已滿依照契面取贖今欲有憑立賣
契一紙爲照
嘉慶弍拾年十二月　立賣契蔡道葉
在見兄道斋
中人兄道賦
代字弟道休

10-5-66-7　清嘉慶二十年十二月蔡道葉立賣屯田根契

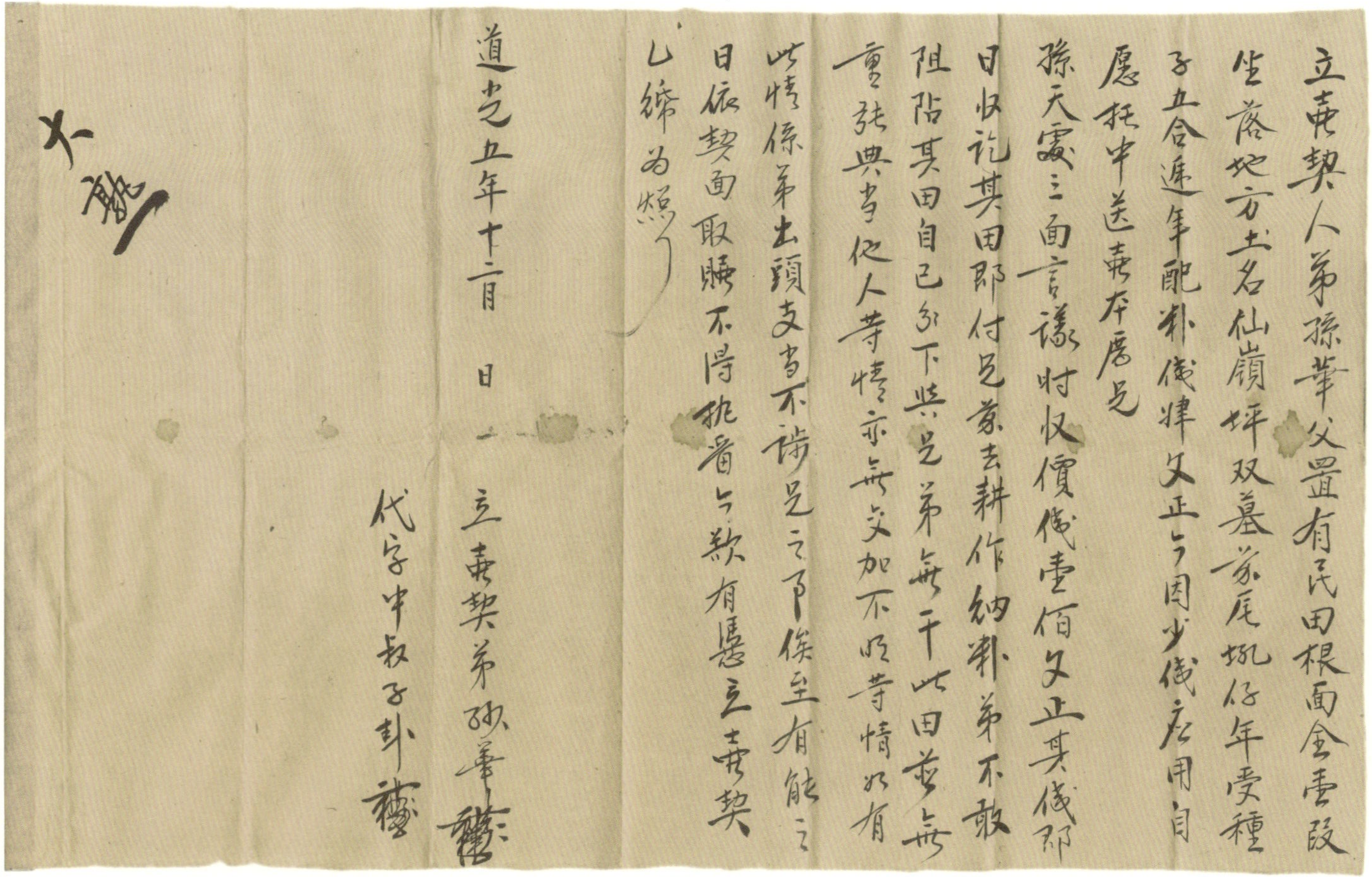
立賣契人弟孫華父置有民田根面全壹段
坐落地方土名仙嶺坪双墓前尾坑仔年受種
子五合遞年配米伐肆文正今因乏伐應用自
愿托中送賣本房兄
孫天處三面言議时價伐壹佰文正其伐即
日收訖其田即付兄前去耕作納米弟不敢
阻阽其田自己分下與兄弟無干此田並無
重張典當他人等情亦無交加不明等情如有
此情係弟出頭支當不涉兄之事係至有能之
日依契面取贖不得執番今欲有憑立賣契
乙紙為照

道光五年十二月 日 立賣契弟孫華
代字中叔子卦

大吉

10-5-66-8 清道光五年十二月黄孫華立賣根面全民田契

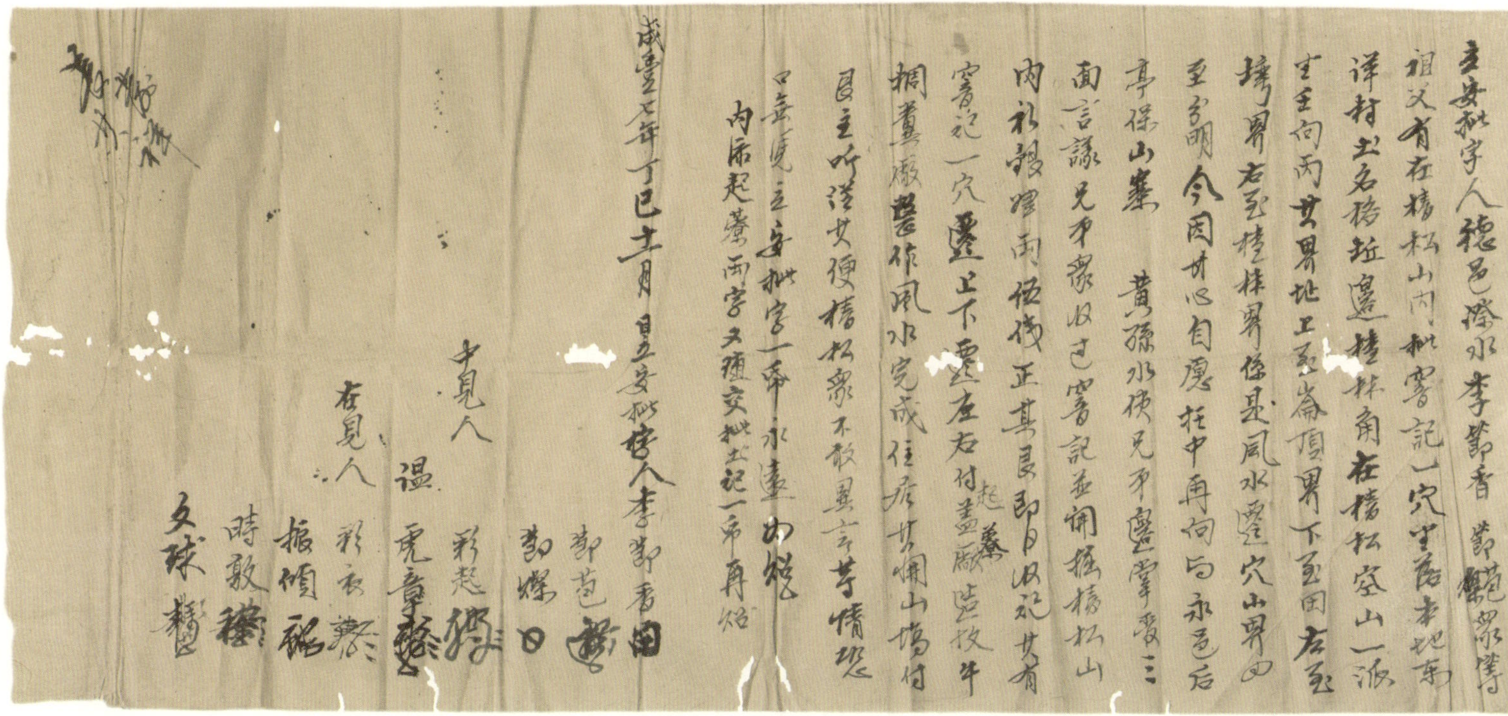

10-5-67-1　清咸豐七年十一月德化李節香等立安批窨記字（一）

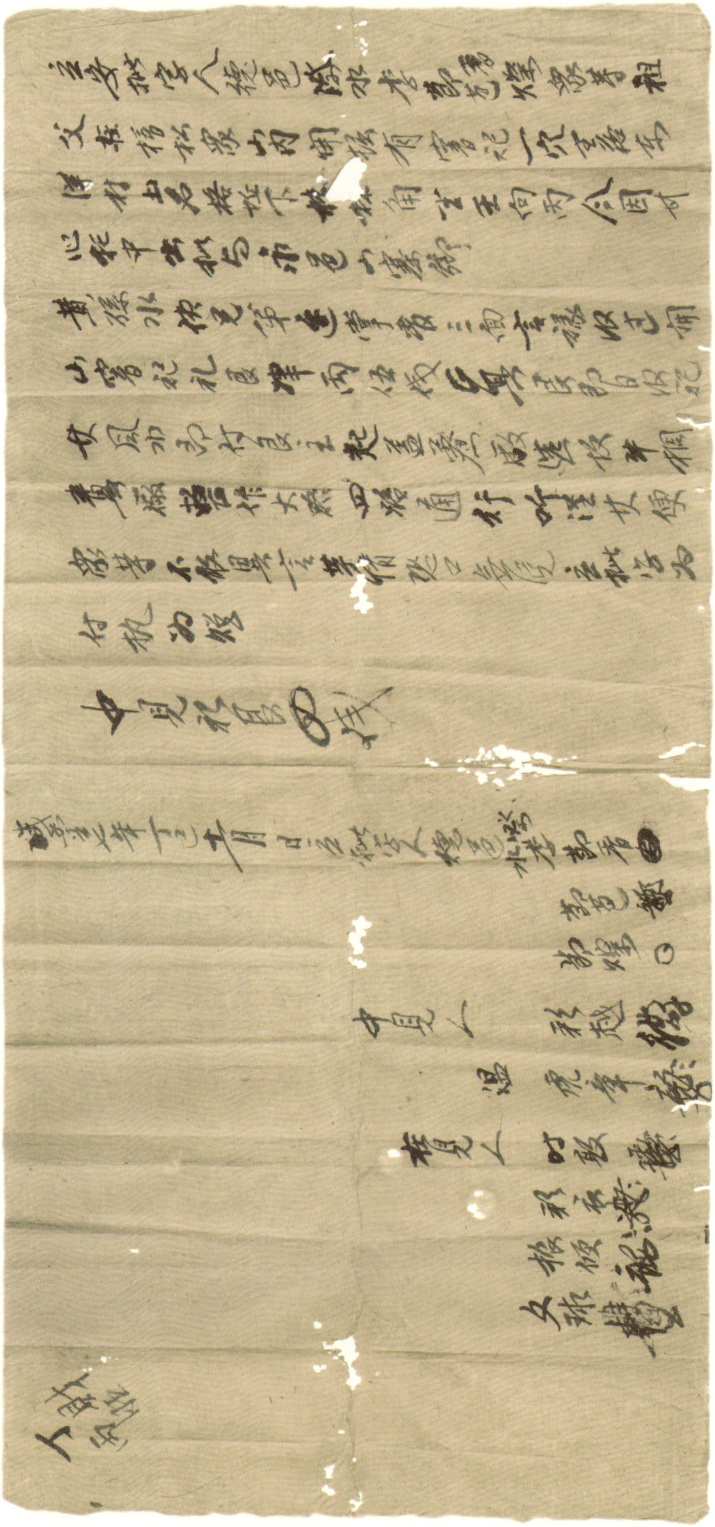

10–5–67–2 清咸豐七年十一月德化李節香等立安批窨記字（二）

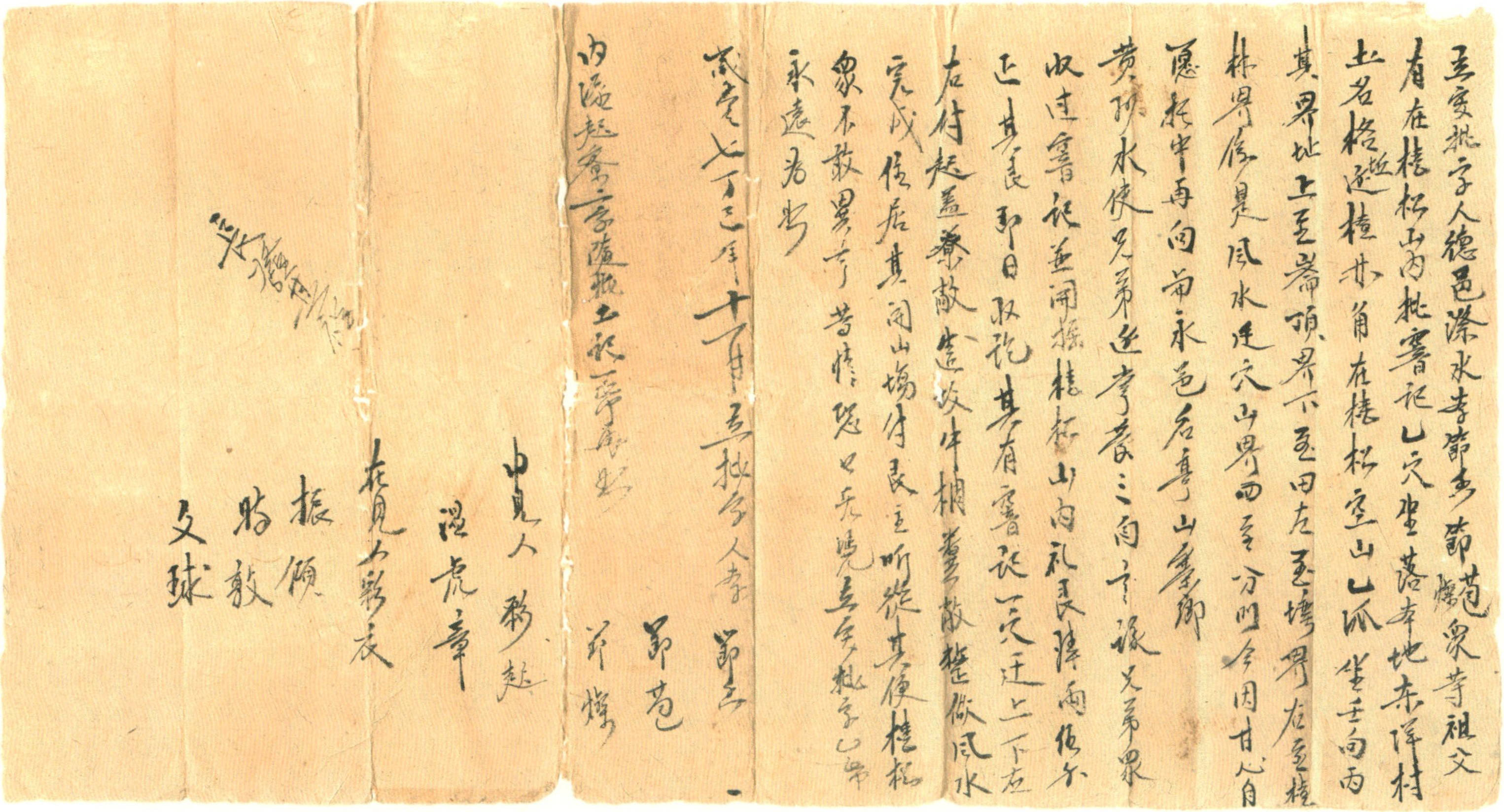

10-5-67-3　清咸豐七年十一月德化李節香等立安批窨記字（三）

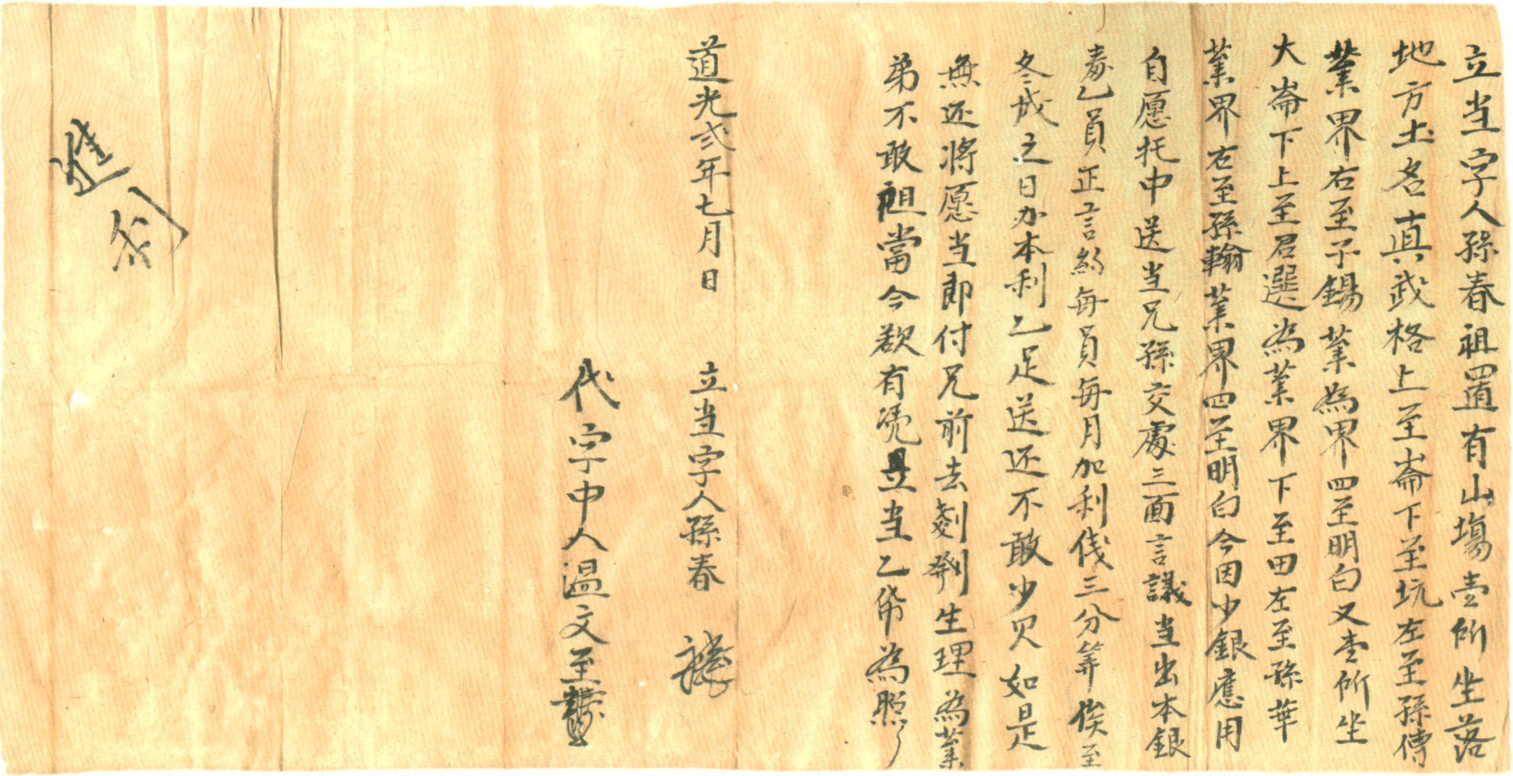

立当字人孫春祖置有山場壹所坐落
地方土名直峎格上至崙下至坑左至孫傳
業界右至子錫業為界四至明白又壹所坐
大崙下上至居選為業界下至田左至孫華
業界右至孫輸業界四至明白今因少銀應用
自愿托中送当兄孫交處三面言議当出本銀
壹員正言約每員每月加利伐三分算俟至
冬成之日办本利乙足送还不敢少欠如是
無还將愿当即付兄前去刻刹生理為業
弟不敢阻當今欲有憑立当乙紙為照

道光弍年七月日　立当字人孫春　號
代字中人温文至　號

10-5-68-1　清道光二年七月黃孫春立當山場字

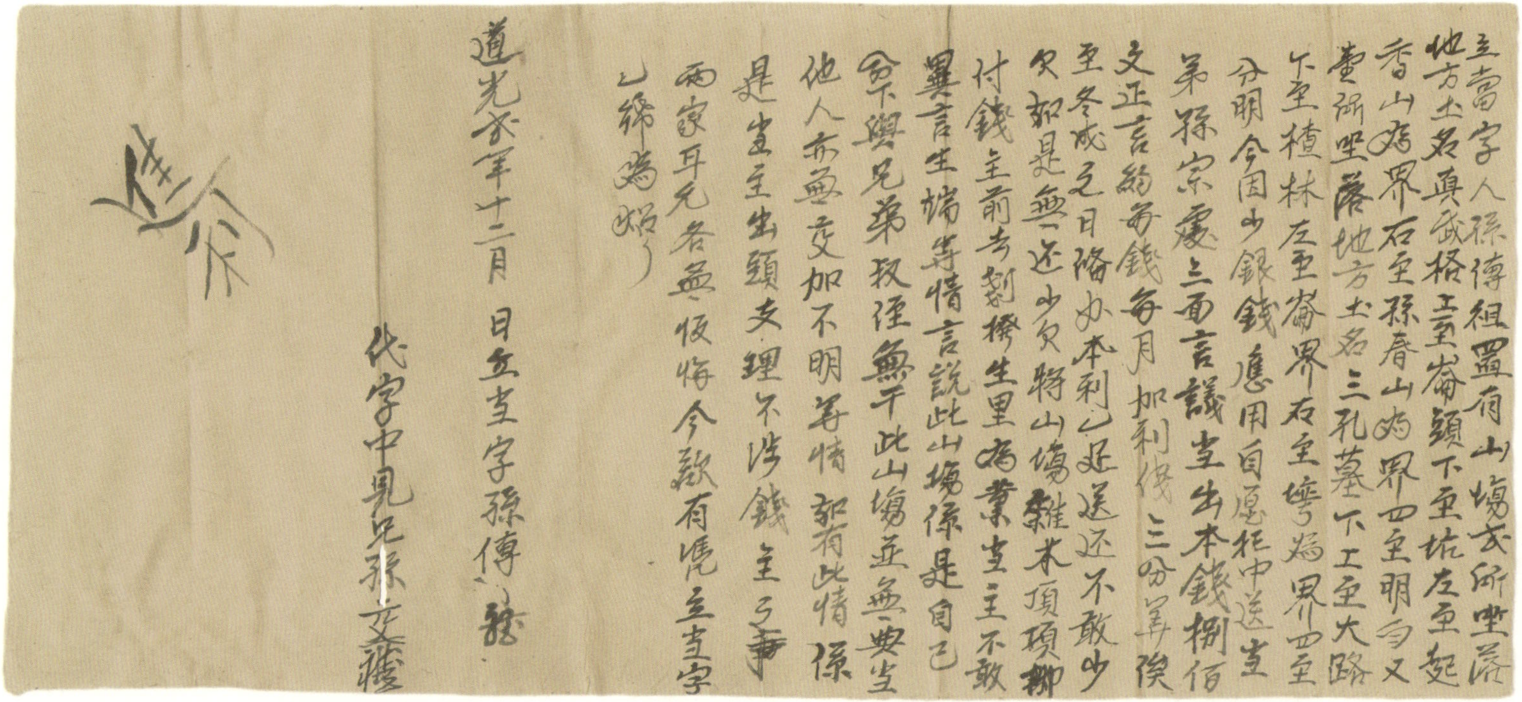
立當字人孫傳祖置有山場弍所坐落
地方土名眞武格上至嶺頭下至坑左至起
香山為界右至孫春山為界四至明白又
壹所坐落地方土名三孔墓下上至大路
下至植林左至嶺界右至塆為界四至
分明今因少銀錢應用自愿托中送當
弟孫宗處三面言議當出本錢捌佰
文正言約每錢每月加利係三分算俟
至冬成足日除如本利一足送還不敢少
欠如是無還少欠將山場雜木頂項挪
付錢主前去割採生里為業當主不敢
異言生端等情言說此山場係是自己
分下與兄弟叔侄無干此山場並無典當
他人亦無交加不明等情 如有此情 係
是當主出頭支理不涉錢主之事
兩家耳允各無反悔今欲有憑立當字
山場為照
道光貳年十二月 日立當字孫傳號
代字中見兄孫文蘭

10-5-68-2 清道光二年十二月黄孫傳立當山場字

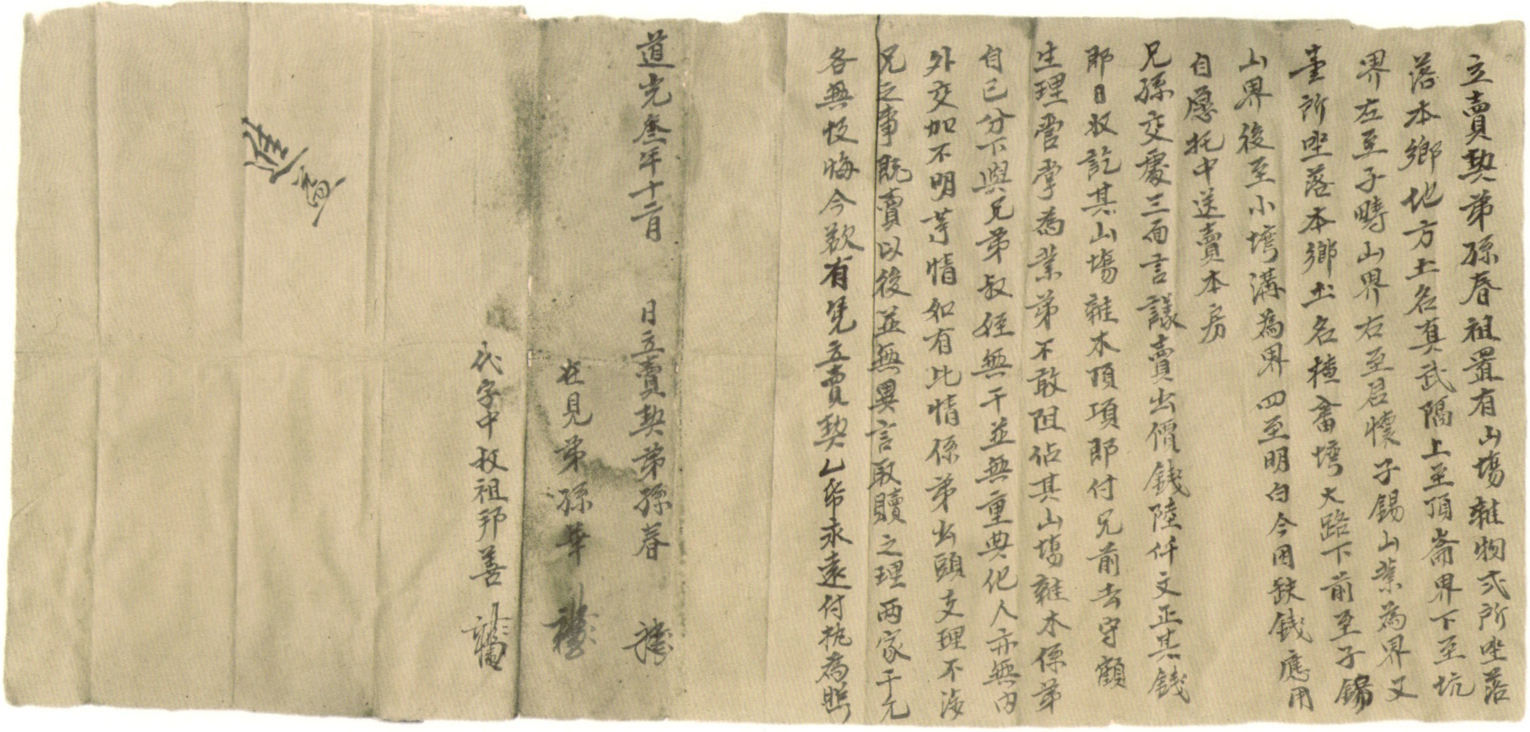

立賣契弟孫春祖置有山場雜物弍所坐落
落本鄉地方土名真武隔上至頂崙界下至坑
界左至子時山界右至昌懷子錫山業為界又
一所坐落本鄉土名楂畲墇大路下前至子錫
山界後至小墇溝為界四至明白今因缺錢應用
自愿托中送賣本房
兄孫交處三面言議賣出價錢陸仟文正其錢
即日收訖其山場雜木項項即付兄前去守顧
生理管掌為業弟不敢阻佔其山場雜木係弟
自己分下與兄弟叔侄無干並無重典他人亦無內
外交加不明等情如有此情係弟出頭支理不涉
兄之事既賣以後並無異言取贖之理兩家干允
各無反悔今欲有憑立賣契山帋永遠付執為照

道光叁年十二月　日立賣契弟孫春（押）
在見弟孫華（押）
代字中叔祖邦善（押）

10-5-68-3　清道光三年十二月黃孫春立賣山場雜物契

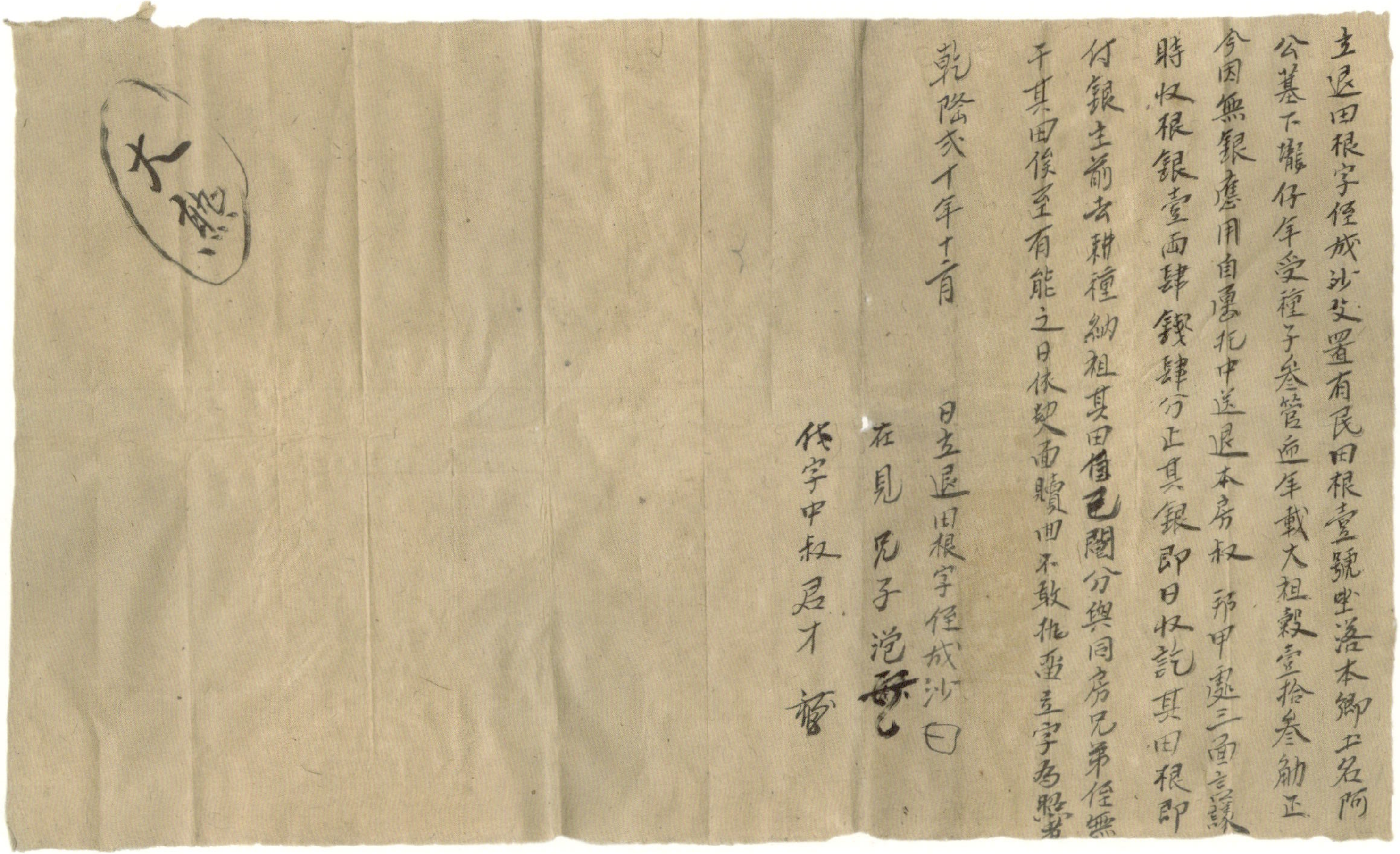
立退田根字侄成沙，父置有民田根壹號，坐落本鄉土名阿
公墓下壠仔，年受種子叁管，逓年載大租穀壹拾叁觔正。
今因無銀應用，自愿托中送退本房叔　邦甲處，三面言議
時收根銀壹兩肆錢肆分正，其銀即日收訖，其田根即
付銀主前去耕種納租，其田係已鬮分與同房兄弟侄無
干，其田俟至有能之日依契面贖回，不敢推阻，立字為照。
乾隆弍十年十二月　日立退田根字侄成沙（押）
在見兄子澄（押）
代字中叔君才（押）

10-5-69-1　清乾隆二十年十二月黃成沙立退民田根字

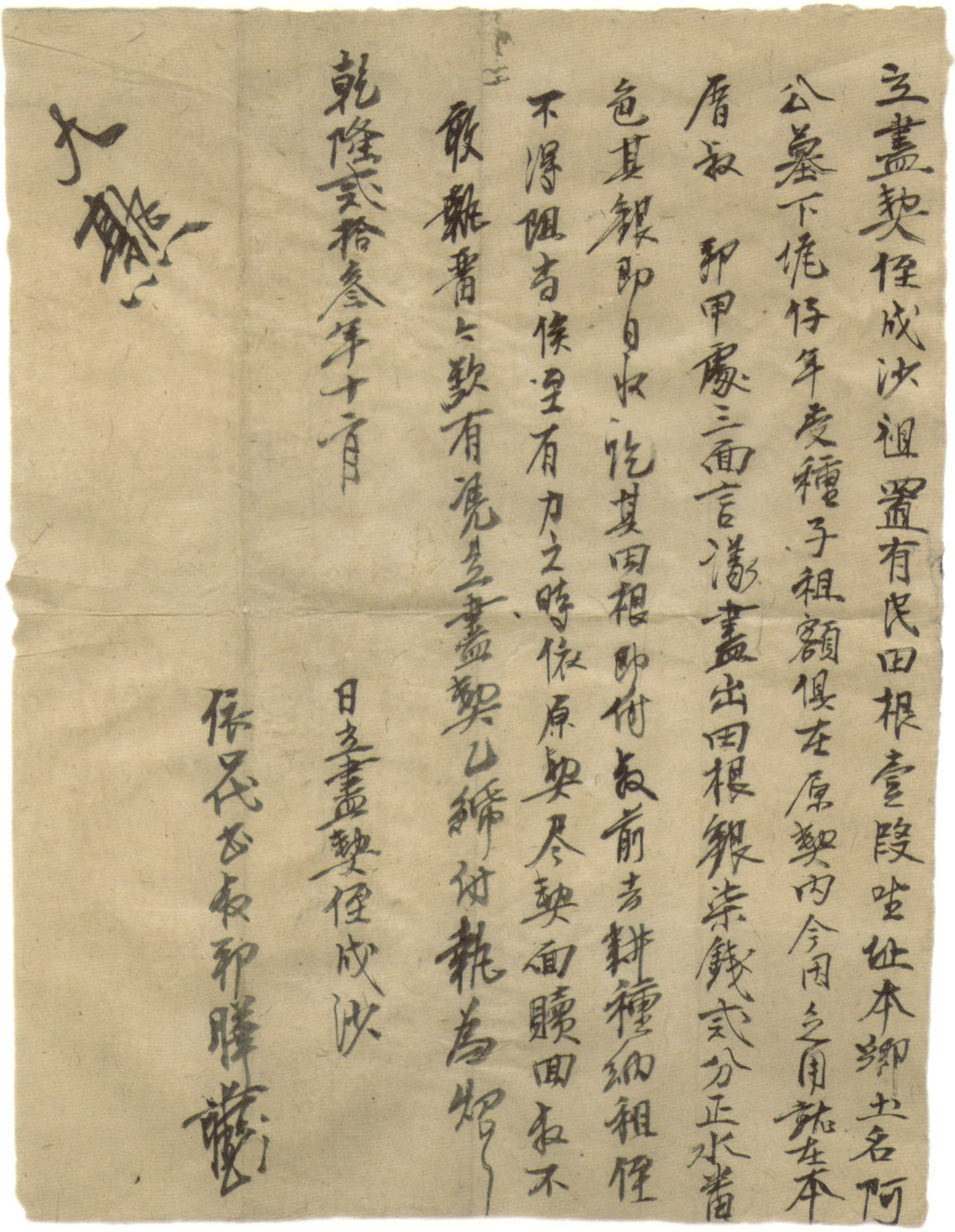

立盡契侄成沙祖置有民田根壹段坐址本鄉土名阿
公墓下俵仔年受種子租額俱在原契內今因乏用就在本
房叔　郭甲處三面言議盡出田根銀柒錢贰分正水當
色其銀即日收訖其田根即付叔前去耕種納租侄
不得阻当俟至有力之時依原契尽契面贖回叔不
敢難昔今欲有憑立盡契乙紙付執為炤
乾隆贰拾叁年十二月　日立盡契侄成沙
依口代書叔郭驊

10-5-69-2　清乾隆二十三年十二月黄成沙立盡民田根契

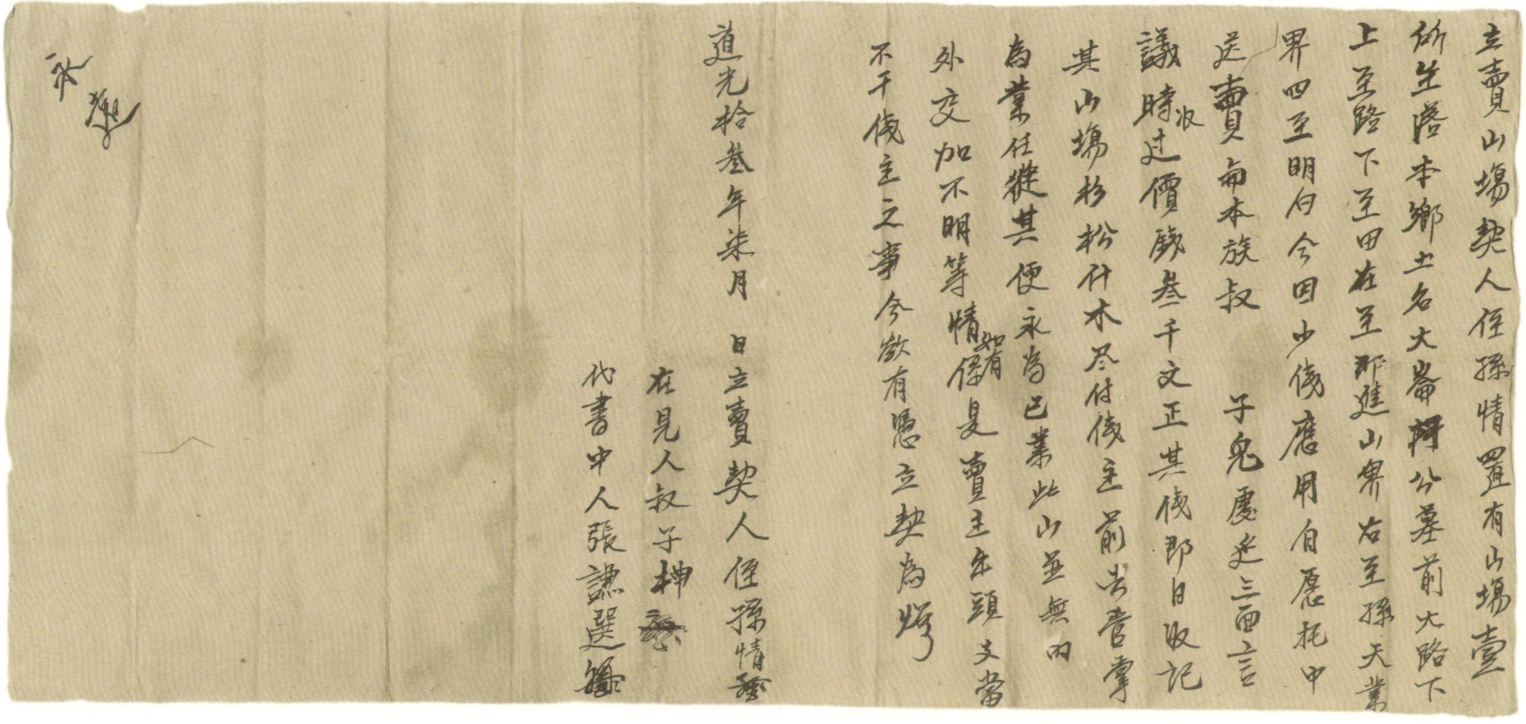

立賣山場契人侄孫情置有山場壹
所坐落本鄉土名大嵛坪公墓前大路下
上至路下至田左至郡進山界右至孫天叢
界四至明白今因少錢應用自愿托中
送賣與本族叔　　子兔處送三面言
議時值價錢叁千文正其錢即日收訖
其山場杉松什木尽付錢主前去管業
為業任從其便永為己業此山並無內
外交加不明等情如有係是賣主出頭支當
不干錢主之事今欲有憑立契為照

道光拾叁年柒月　日立賣契人侄孫情
在見人叔子坤
代書中人張謀選

永遠

10-5-69-3　清道光十三年七月黃孫情立賣山場契

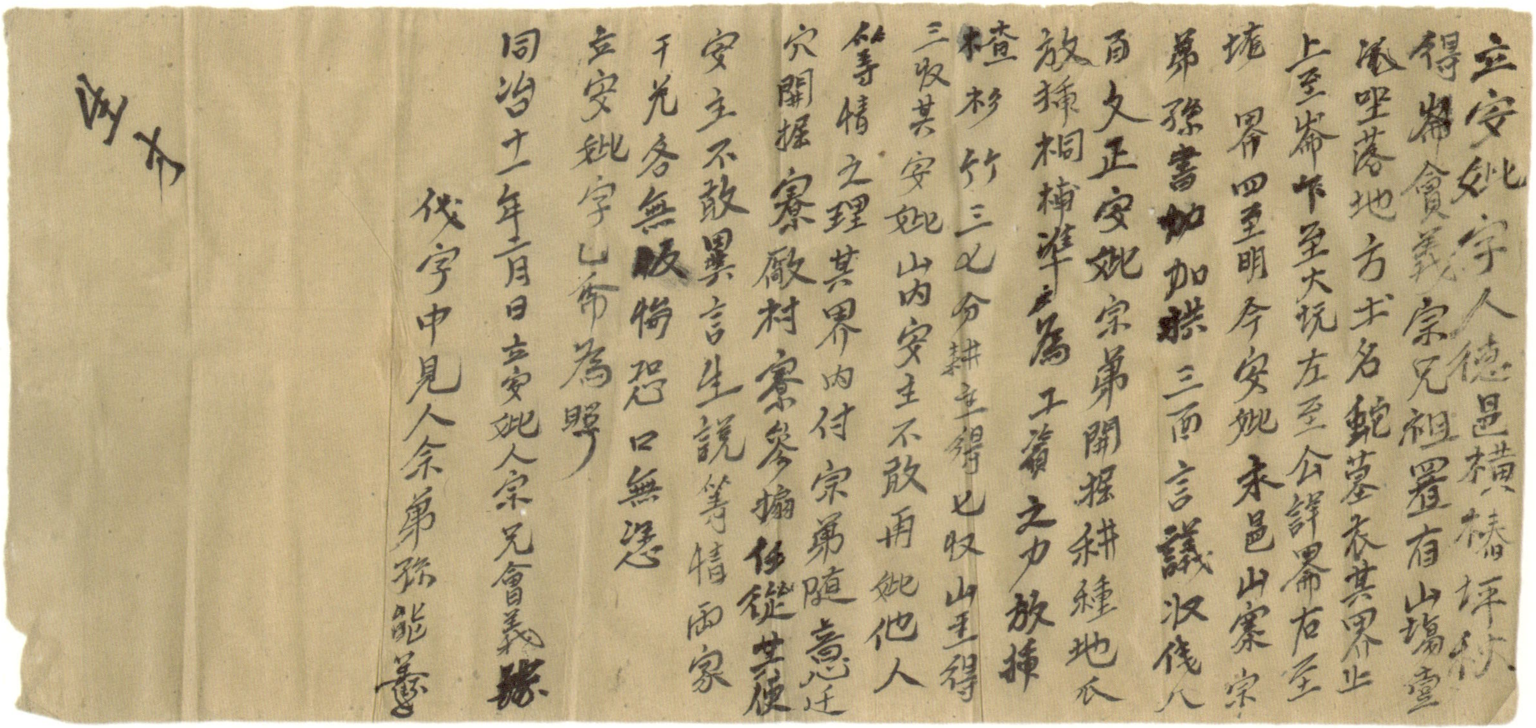

立安姚字人德邑横椿坪黄
得嵛會義宗兄祖置有山塲壹
處坐落地方土名蛇墓衣其界址
上至崙下至大坑左至公評界右至
墘 界四至明今安姚來邑山寨宗
弟孫壽如加勝三面言議收伐八
百文正安姚宗弟開掘耕種地瓜
放插桐樟準爲工資之力放插
楂杉竹三七分耕主得七收山主得
三收其安姚山内安主不敢再姚他人
等情之理其界内付宗弟隨意迁
穴開掘寨敞村寨參攔任從其便
安主不敢異言生説等情兩家
干允各無反悔恐口無憑
立安姚字山帋爲照
同治十一年二月日立安姚人宗兄會義（押）
代字中見人宗弟孫能（押）

10-5-70-1 清同治十一年二月德化黄會義立安批山場字

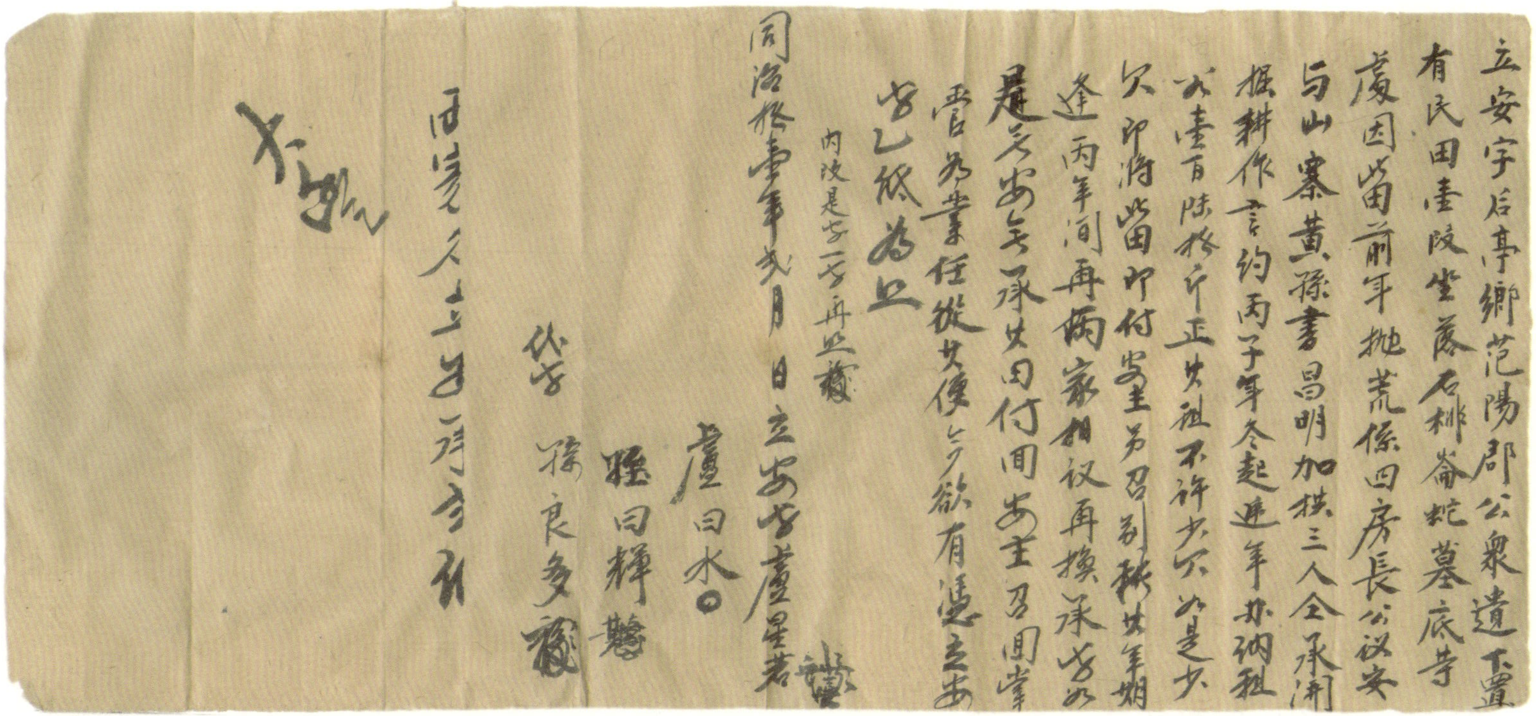
立安字后亭鄉范陽郡公衆遺下置
有民田壹段坐落石排畲蛇墓底等
處因當前年拋荒係四房長公議安
與山寨黃孫書昌明加拱三人全承佃
掘耕作言約丙子年冬起進年亦納租
谷壹百陸拾斤正其租不許少欠如是少
欠即將此田即付安主另召别耕其年期
逢丙年間再兩家相議再換承安如
是無安無承其田付回安主召回掌
管為業任從其便今欲有憑立安
字一紙為照
內改是字一字再照
同治拾壹年弍月　日立安字盧星若
盧同水
盧同輝
代字孫良多

10-5-70-2　清同治十一年二月盧星若等立安民田字

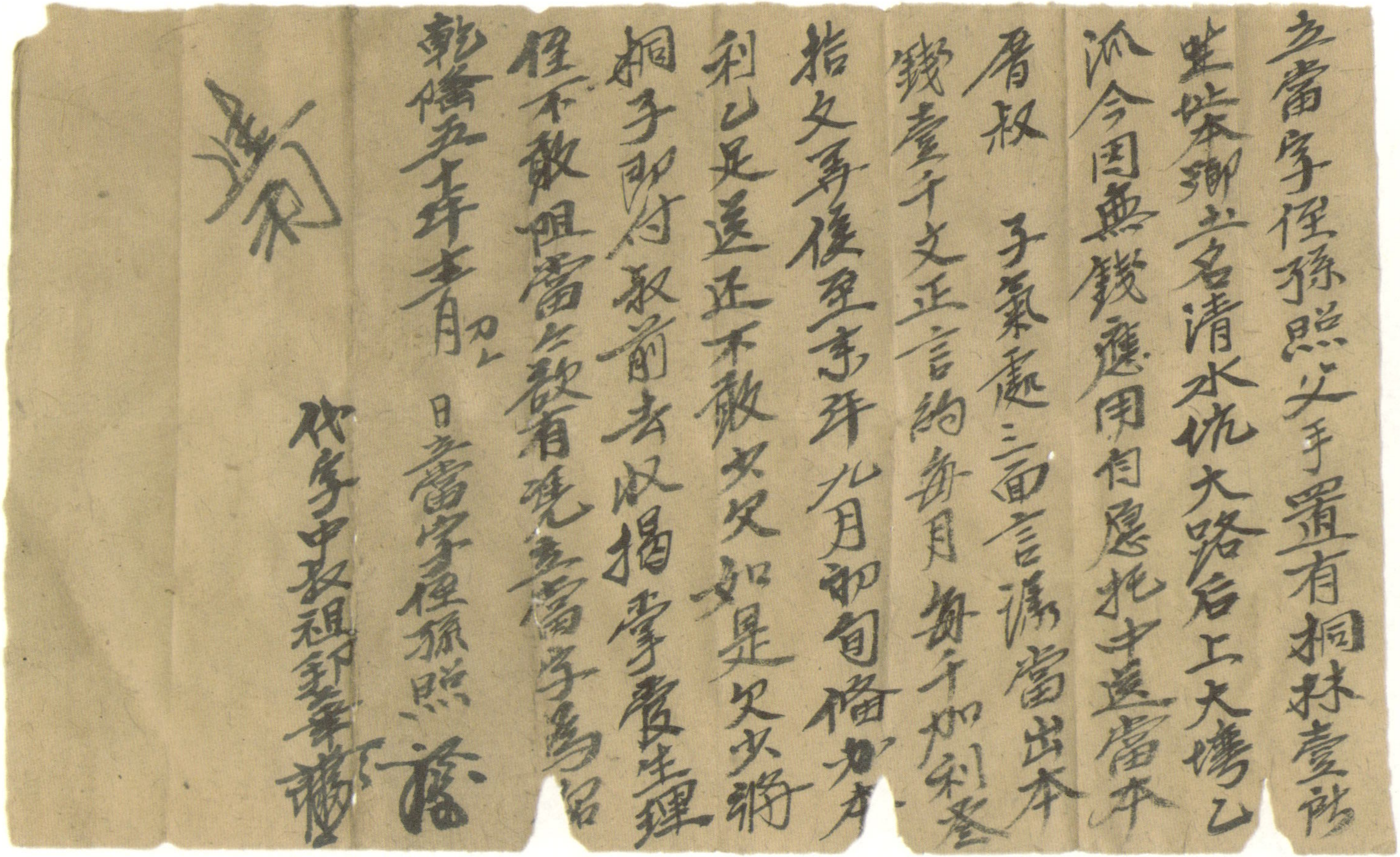
立當字侄孫照，父手置有桐林壹所，
坐址本鄉土名清水坑大路右上大塆乙
派。今因無錢應用，自愿托中送當本
房叔　子氣處，三面言議，當出本
錢壹千文正，言約每月每千加利叁
指文，另候至來年九月初旬備辦本
利，一足送還，不敢少欠。如是欠少，將
桐子即付叔前去收摘掌管生理，
侄不敢阻當。今欲有憑，立當字為照。
乾隆五十年十二月　日立當字侄孫照（押）
代字中叔祖邦華（押）

10-5-71-1　清乾隆五十年十二月黄孫照立當桐林字

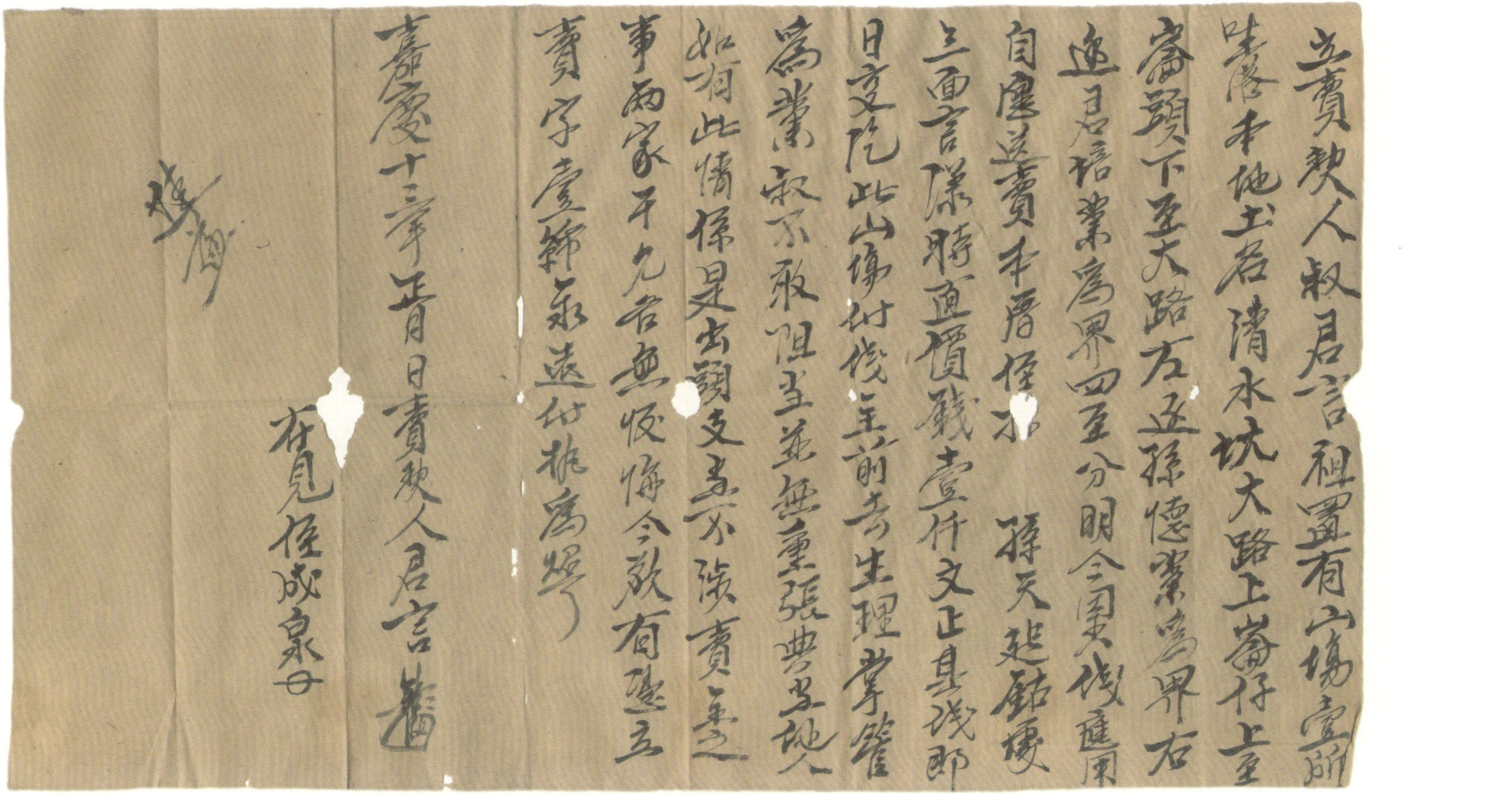
立賣契人叔君言祖置有山場壹所
坐落本地土名清水坑大路上嶺仔上至
嶺頭下至大路左至孫德業為界右
至君培業為界四至分明今因乏錢應用
自愿立賣本房侄[illegible] 孫天廷鈞邊
三面言議時值價錢壹仟文正其錢即
日交訖此山條付錢主前去生理掌管
為業叔不敢阻當並無重張典當他人
如有此情係是出頭支當不涉買主之
事兩家甘允各無反悔今欲有憑立
賣字壹紙永遠付執為照
嘉慶十三年正月日賣契人君言（押）
在見侄成泉（押）

10-5-71-2 清嘉慶十三年正月黄君言立賣山場契

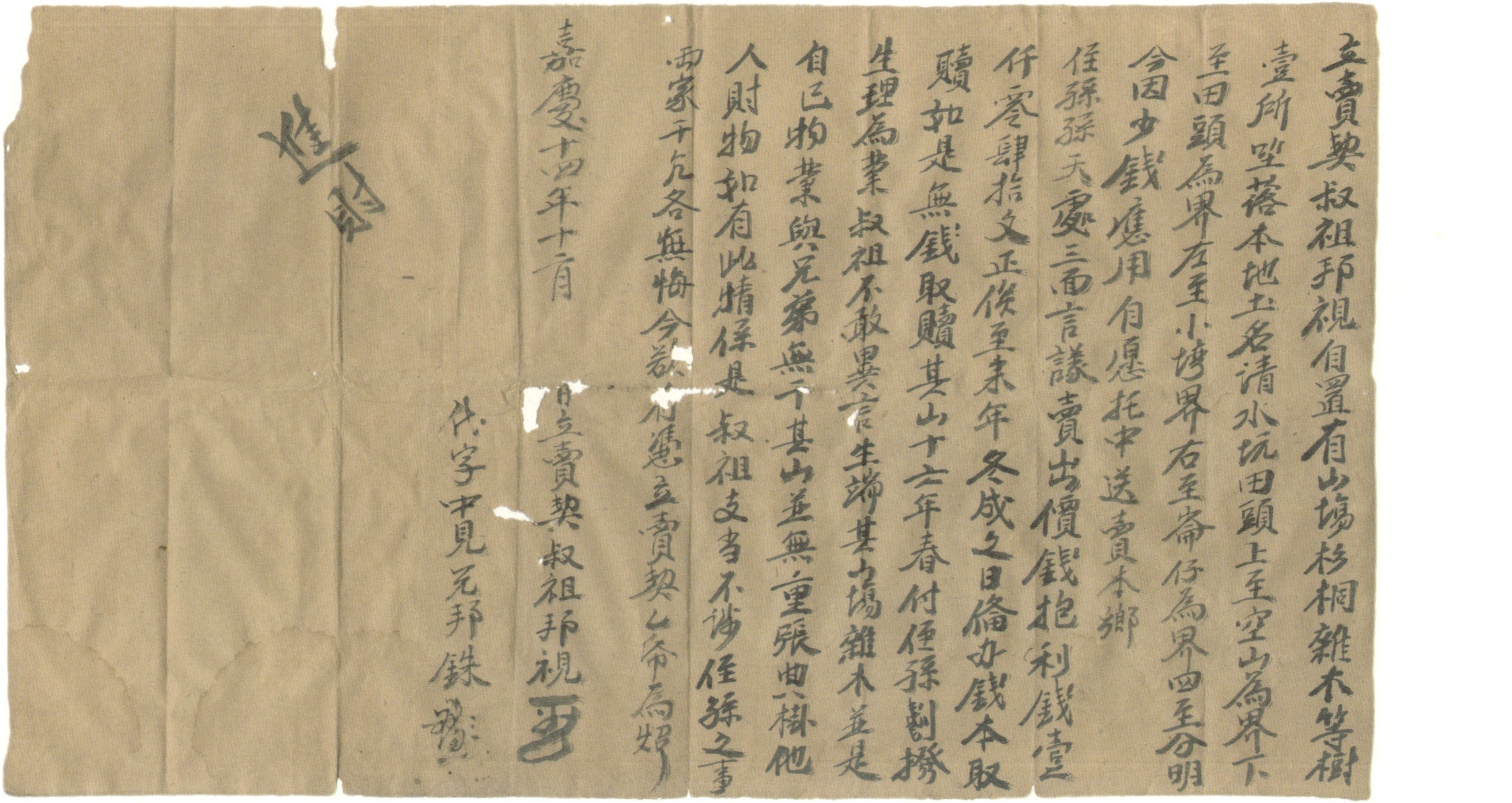
立賣契叔祖邦視自置有山場杉桐雜木等樹
壹所坐落本地土名清水坑田頭上至空山為界下
至田頭為界左至小塆界右至崙仔為界四至分明
今因乏錢應用自愿托中送賣本鄉
侄孫孫天慶三面言議賣出價錢抱利錢壹
仟零肆指文正從至來年冬成之日備办錢本取
贖如是無錢取贖其山十六年春付侄孫劉撥
生理為業叔祖不敢異言生端其山場雜木並是
自己物業與兄弟無干其山並無重張典掛他
人財物如有此情係是叔祖支當不涉侄孫之事
兩家千允各無悔今欲有憑立賣契山帋為炤
嘉慶十四年十二月
日立賣契叔祖邦視（押）
代字中見兄邦銖（押）

10-5-71-3 清嘉慶十四年十二月黄邦視立賣山場等契

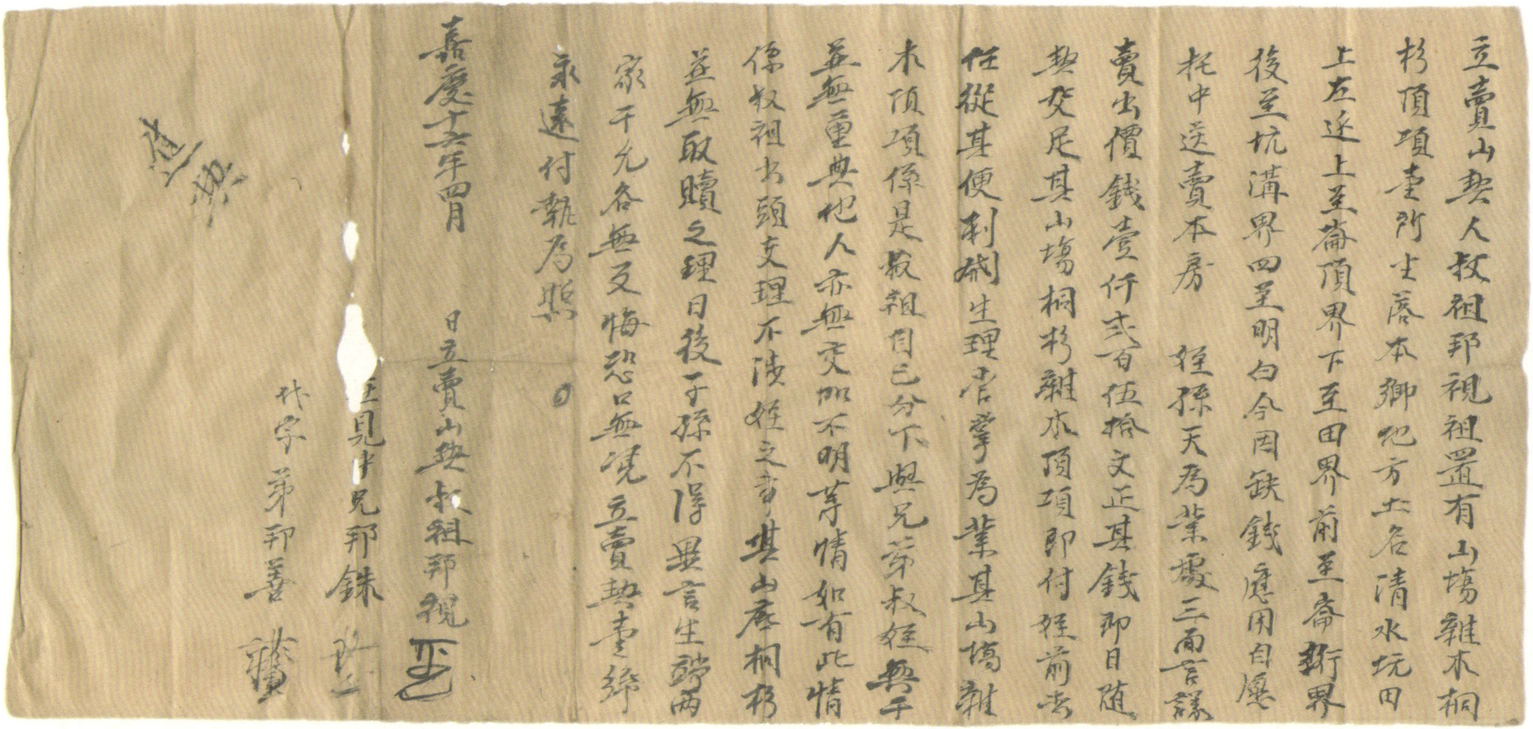

立賣山契人叔祖邦視祖置有山場雜木桐
杉頂項坐所土名本鄉地方土名清水坑田
上左邊上至崙頂界下至田界前至崙斬界
後至坑溝界四至明白今因缺錢應用自愿
托中送賣本房　姪孫天為業處三面言議
賣出價錢壹仟弍百伍拾文正其錢即日隨
契交足其山場桐杉雜木頂項即付姪前去
任從其便刹砍生理管掌為業其山場雜
木頂項係是叔祖自己分下與兄弟叔姪無干
並無重典他人亦無交加不明等情如有此情
係叔祖出頭支理不涉姪之事其山應桐杉
並無取贖之理日後子孫不得異言生端兩
家甘允各無反悔恐口無憑立賣契壹紙
永遠付執為照

嘉慶十六年四月　日立賣山契叔祖邦視（押）
在見中兄邦銖（押）
代字弟邦善（押）

10-5-71-4　清嘉慶十六年四月黃邦視立賣山場等契

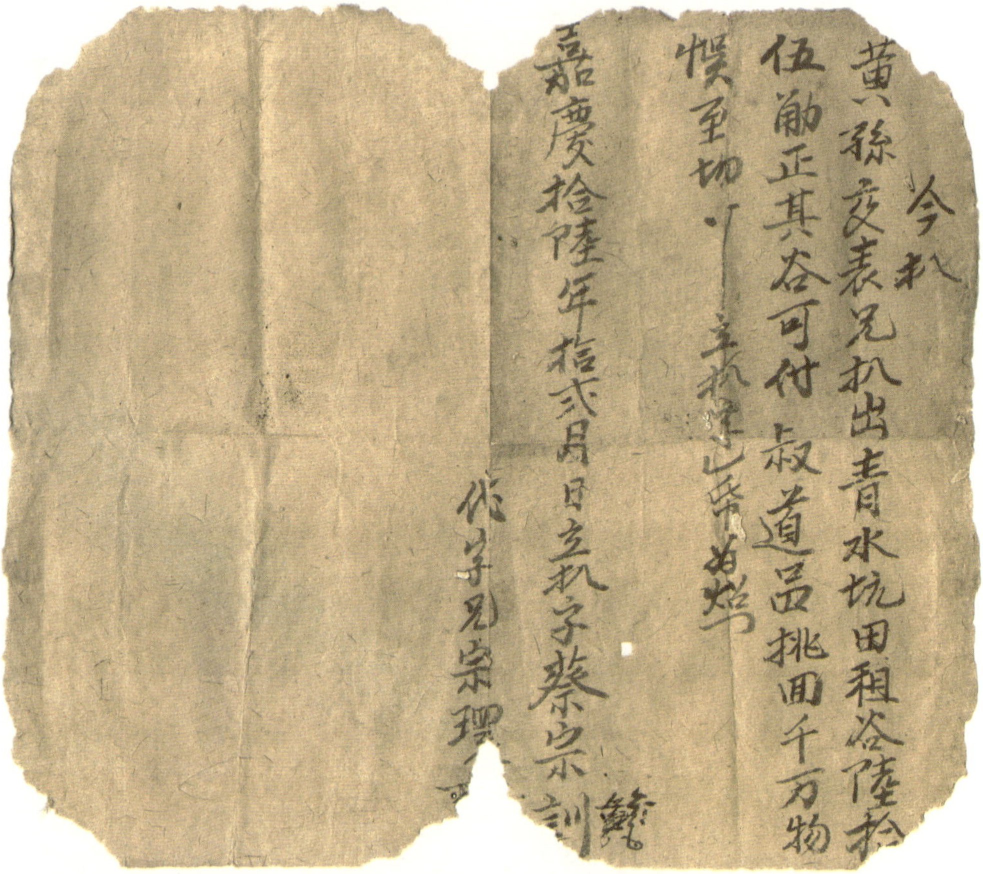

今扒

黃孫友表兄扒出青水坑田租谷陸拾

伍觔正其谷可付 叔道品挑回千万物

懊至切 立扒字[illegible]為照

嘉慶拾陸年拾弍月日立扒字蔡宗訓

代字兄宗環

10-5-71-5　清嘉慶十六年十二月蔡宗訓立扒田租穀字

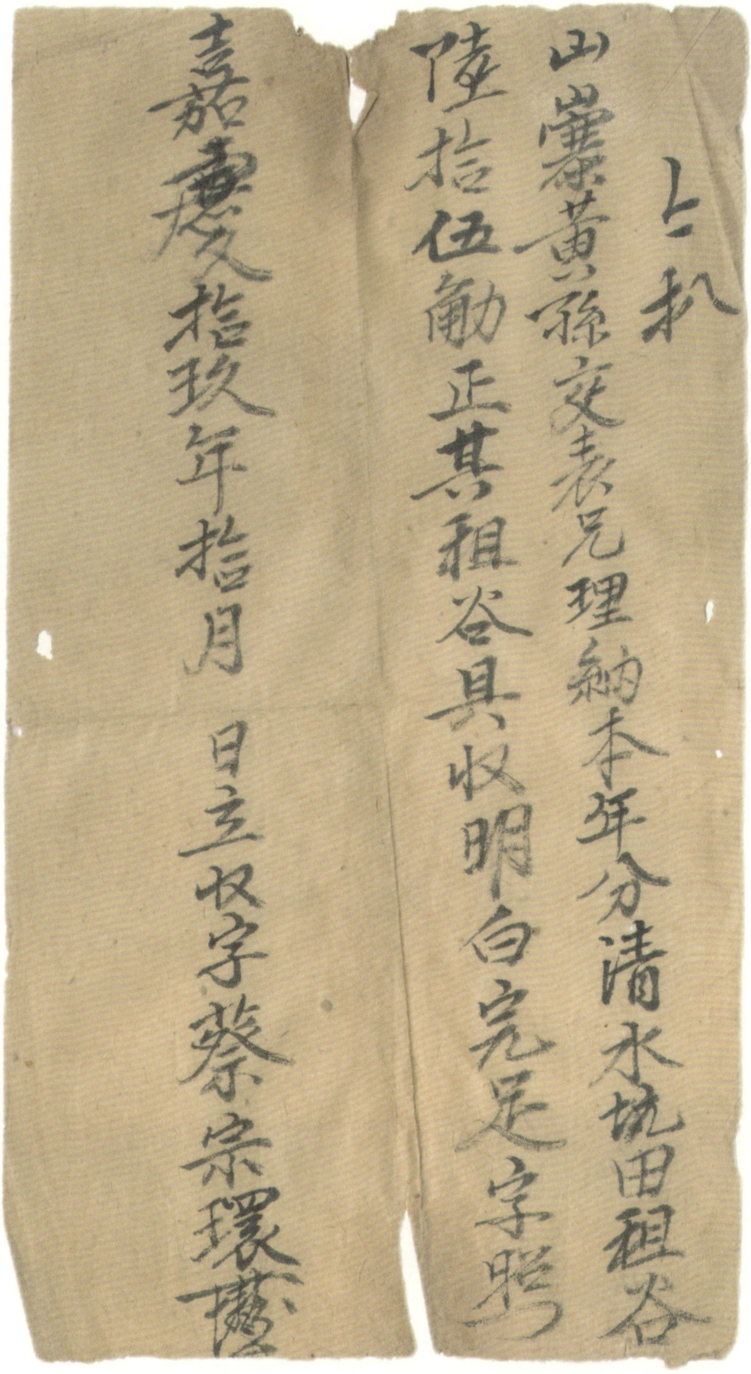

上扎
山寨黄孫交表兄理納本年分清水坑田租谷
陸拾伍觔正其租谷具收明白完足字照
嘉慶拾玖年拾月 日立收字蔡宗環據

10-5-71-6　清嘉慶十九年十月蔡宗環立收田租穀字

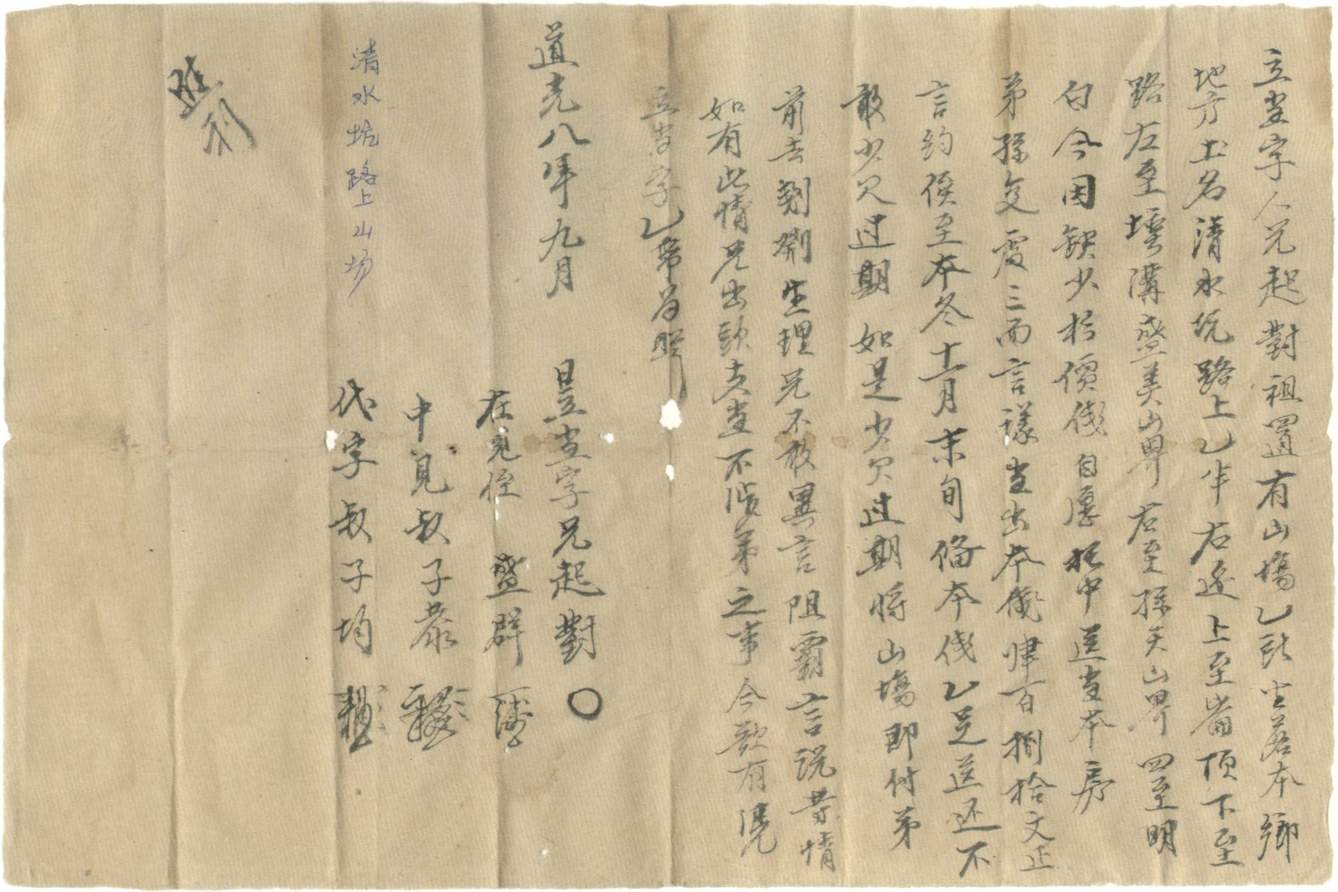

10-5-71-7　清道光八年九月黄起對立當山場字

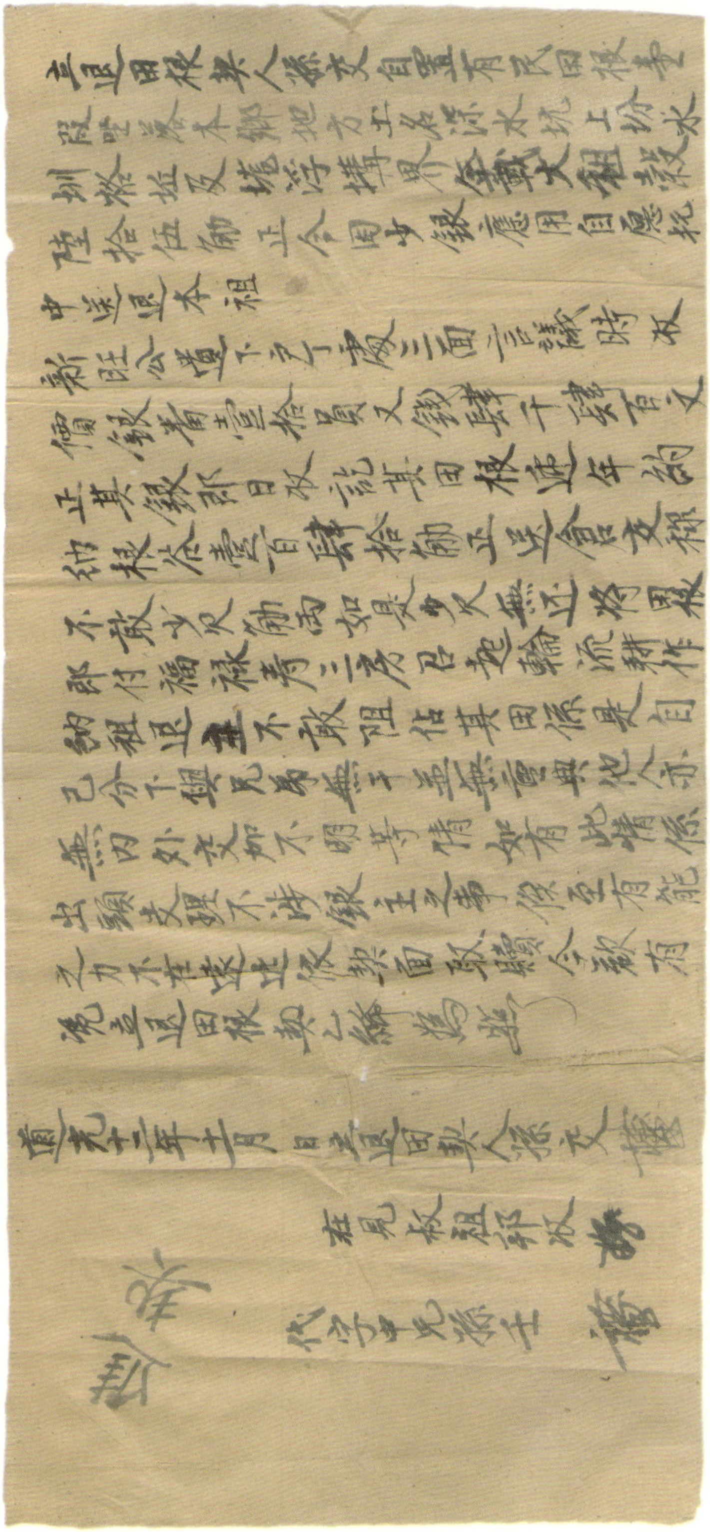
立退田根契人孫交，自置有民田根壹
段，坐落本鄉地方，土名洋頭水坑上坪永
圳搽坵及塘岸埒界分明，載大租穀
陸拾伍觔正。今因乏銀應用，自愿托
中送退本祖
新旺公遺下子孫三面言議，時值
價銀壹拾貳員又錢肆千肆百文
正，其銀即日收訖，其田根隨退年納
納租谷壹百肆拾觔正，送入倉交耕，
不敢少欠觔兩，如是少欠無過，將田根
即付福祿壽三房召佃起輪流耕作
納租，退主不敢阻佔。其田係是自
己分下物業，兄弟無干，並無重典他人，亦
無內外叔伯不明等情，如有此情，係
出退主支理，不涉銀主之事。係兩家主有能
之力，不在逼迫，係非罔敢騙，今欲有
憑，立退田根契一紙為照。

道光十二年十一月 日立退田根契人孫交（押）
在見叔祖孫旅（押）
代字中見孫壬（押）

10-5-71-8 清道光十二年十一月黃孫交立退民田根契

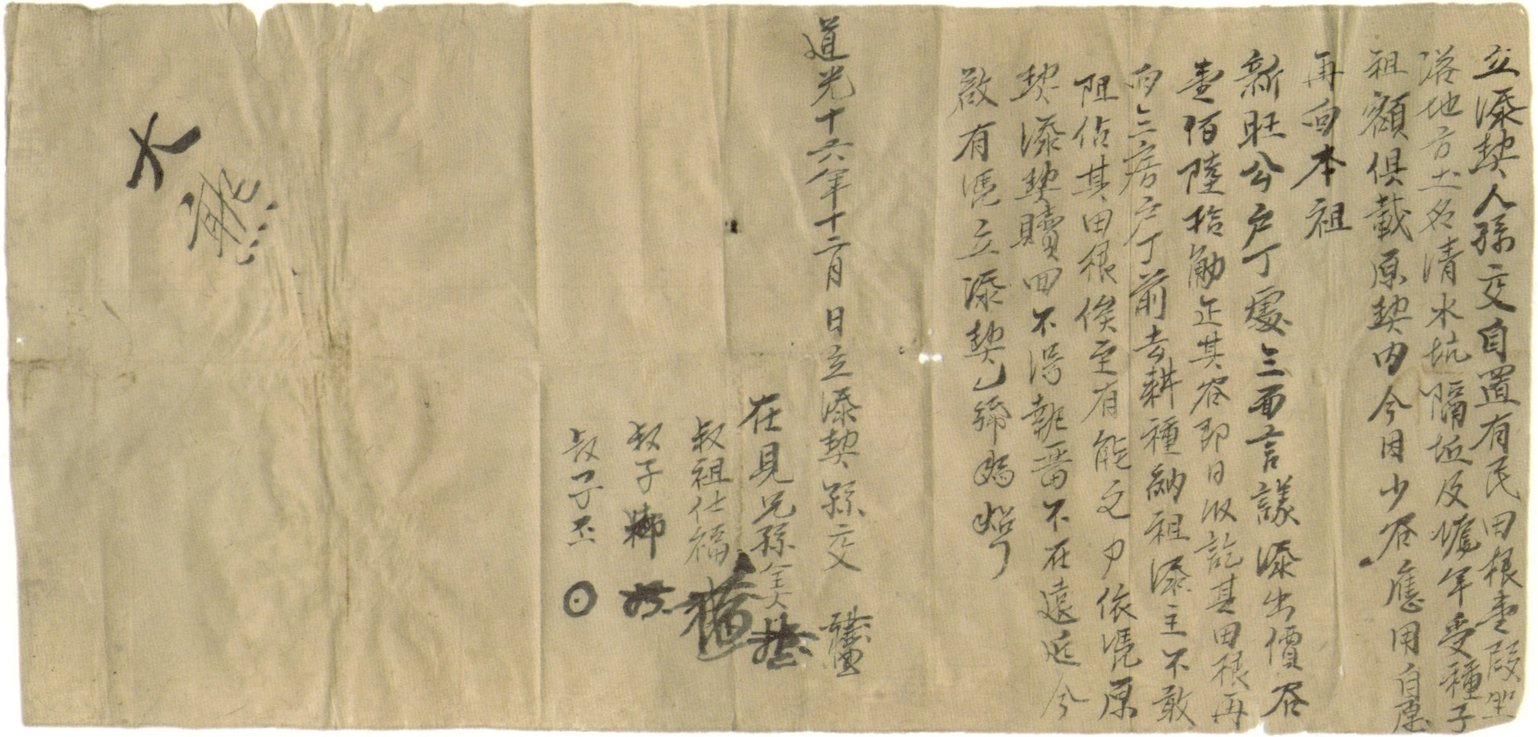

立添契人孫交自置有民田根壹段，坐
落地方土名清水坑隔垅反壠，年受種子
祖額俱載原契內。今因少谷應用，自應
再向本祖
新旺公户丁處三面言議，添出價谷
壹佰陸拾觔正。其谷即日收訖，其田根再
向三房户丁前去耕種納租，添主不敢
阻佔。其田根俟至有能之日，依憑原
契添契贖回，不得執留，不在遠近。今
欲有憑，立添契一紙爲炤。

道光十六年十二月 日立添契孫交

在見兄孫全文

叔祖仕福

叔子䊹

叔子杰

10–5–71–9 清道光十六年十二月黃孫交立添民田根契

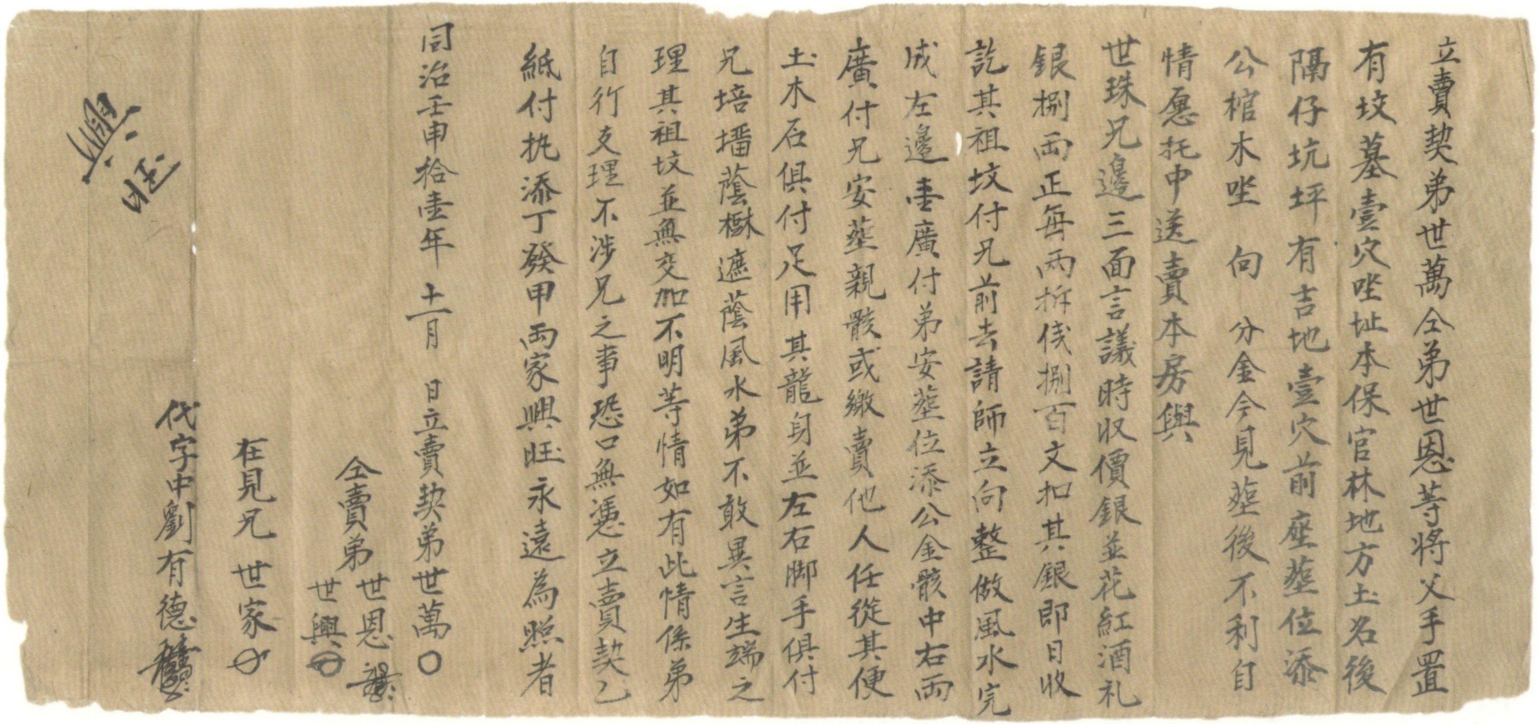

立賣契弟世萬仝弟世恩等将父手置
有坟墓壹穴坐址本保官林地方土名後
陽仔坑坪有吉地壹穴前座葬位添
公棺木坐　向　分金今見葬後不利自
情愿托中送賣本房與
世珠兄邊三面言議時收價銀並花紅酒礼
銀捌两正每两折伐捌百文扣其銀即日收
訖其祖坟付兄前去請師立向整做風水完
成左邊壹廣付弟安葬位添公金骸中右两
廣付兄安葬親骸或繳賣他人任從其便
土木石俱付兄用其龍身並左右脚手俱付
兄培播蔭樹遮蔭風水弟不敢異言生端之
理其祖坟並無交加不明等情如有此情係弟
自行支理不涉兄之事恐口無憑立賣契乙
紙付执添丁發甲两家興旺永遠為照者
同治壬申拾壹年十一月　日立賣契弟世萬〇
仝賣弟世恩（押）
世興（押）
在見兄世家（押）
代字中劉有德（押）

10-5-72-1　清同治十一年十一月白世萬等立賣墳墓契

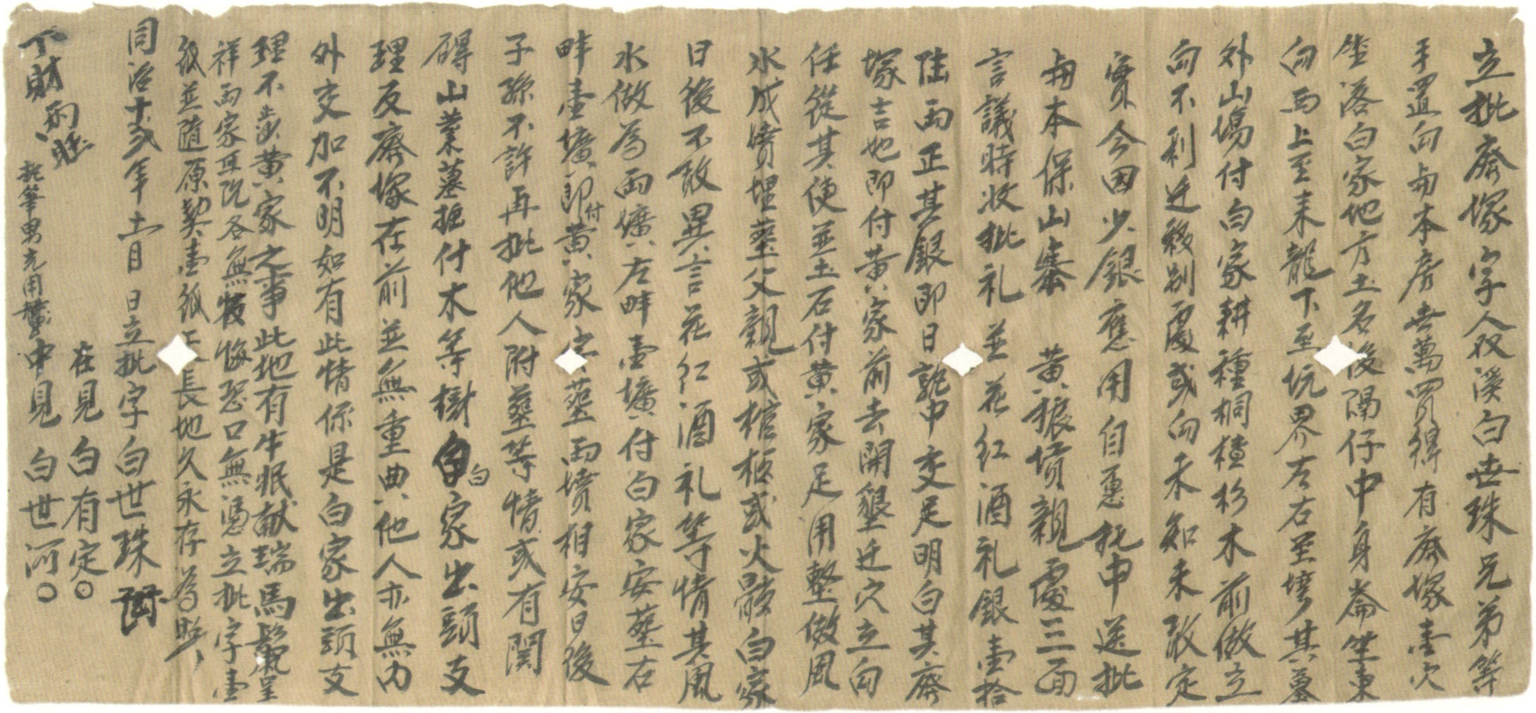
立批廢塚字人洑漠白世珠兄弟等
手置向南本房出萬買得有廢塚壹穴
坐落白家地方土名後陽仔中身崙竿東
向西上至末龍下至坑界左右至墈其墓
外山場付白家耕種桐樟杉木前做立
向不利近幾別處或向未知未就定
賣今因少銀應用自愿托中送批
南本保山寨　黃根墳親處三面
言議特收批礼並花紅酒礼銀壹拾
陸兩正其銀即日憑中交足明白其廢
塚吉地即付黃家前去開壟迁穴立向
任從其便並土石付黃家足用整做風
水成墳埋葬父親或棺板或火骸白家
日後不敢異言花紅酒礼等情其風
水做為兩墳左畔壹墳付白家安葬左
畔壹墳即付黃家安葬兩墳相安日後
子孫不許再批他人附葬等情或有闌
碍山業墓樹付木等樹白家出頭支
理及廢塚在前並無重曲他人亦無內
外交加不明如有此情係是白家出頭支
理不涉黃家之事此地有牛眠獻瑞馬鬣呈
祥兩家毋說各無悔恐口無憑立批字壹
紙並隨原契壹紙正長地久永存為照
同治十二年十一月　日立批字白世珠（押）
在見白有定○
批筆男光用　中見白世河○
下財兩訖

10-5-72-2　清同治十二年十一月白世珠立批廢塚字

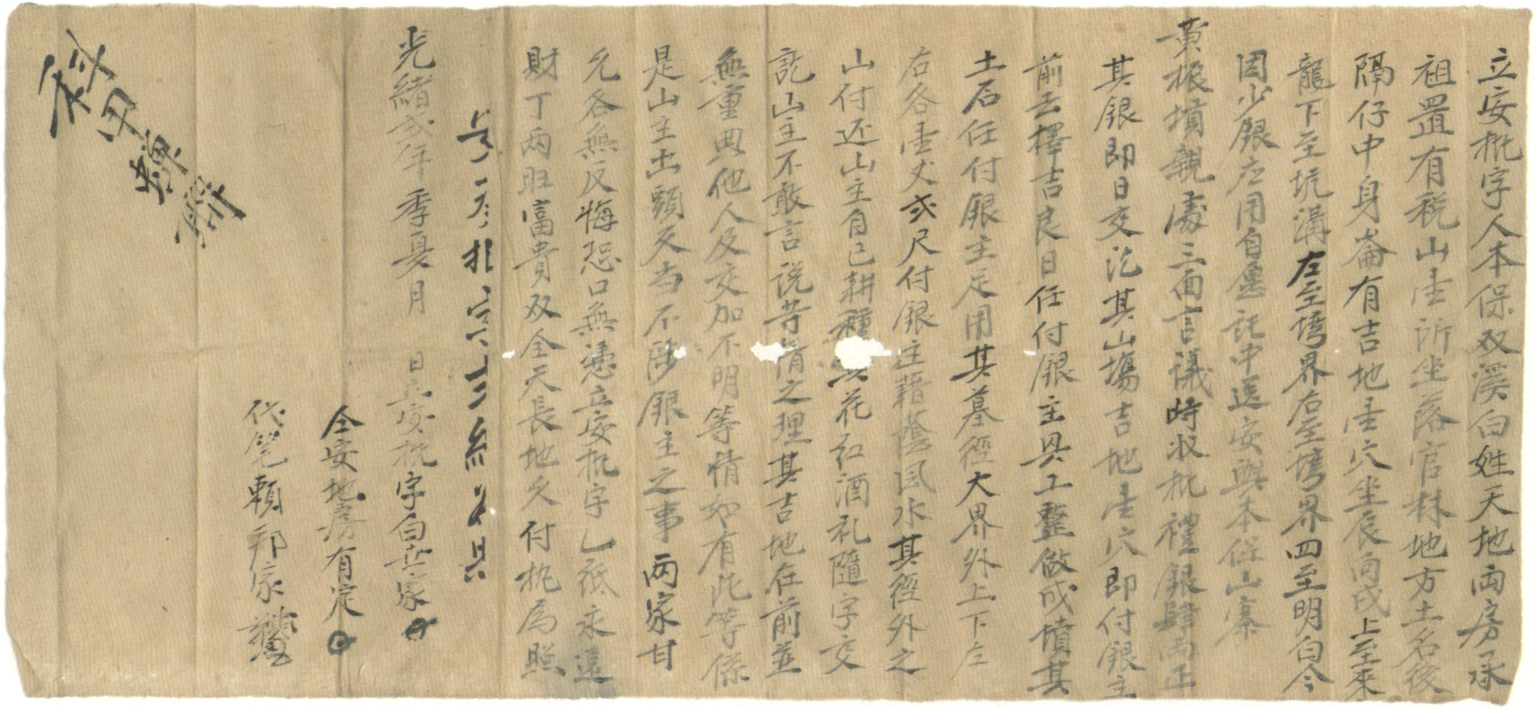

立安批字人本保双溪白姓天地两房承
祖置有税山壹所坐落官林地方土名後
隔仔中身崙有吉地壹穴坐辰向戌上至來
龍下至坑溝左至墳界右至墳界四至明白今
因少銀應用自愿託中送安與本保山寨
黄根墳親處三面言議時收批禮銀肆両正
其銀即日交訖其山場吉地壹穴即付銀主
前去擇吉良日任付銀主興工整做成墳其
土石任付銀主應用其墓徑大界外上下左
右各壹丈弍尺付銀主籍蔭風水其徑外之
山付还山主自己耕種[hole]花紅酒礼隨字交
訖山主不敢言説苛情之理其吉地在前並
無重典他人及交加不明等情如有此等係
是山主出頭支当不涉銀主之事兩家甘
允各無反悔恐口無憑立安批字一紙永遠
財丁兩旺富貴双全天長地久付批為照
[illegible]
光緒弍年季夏月　日立安批字白天房
全安地房有定
代筆賴邦家
[illegible]

10-5-72-3　清光緒二年六月雙溪白氏天地兩房立安批吉地字

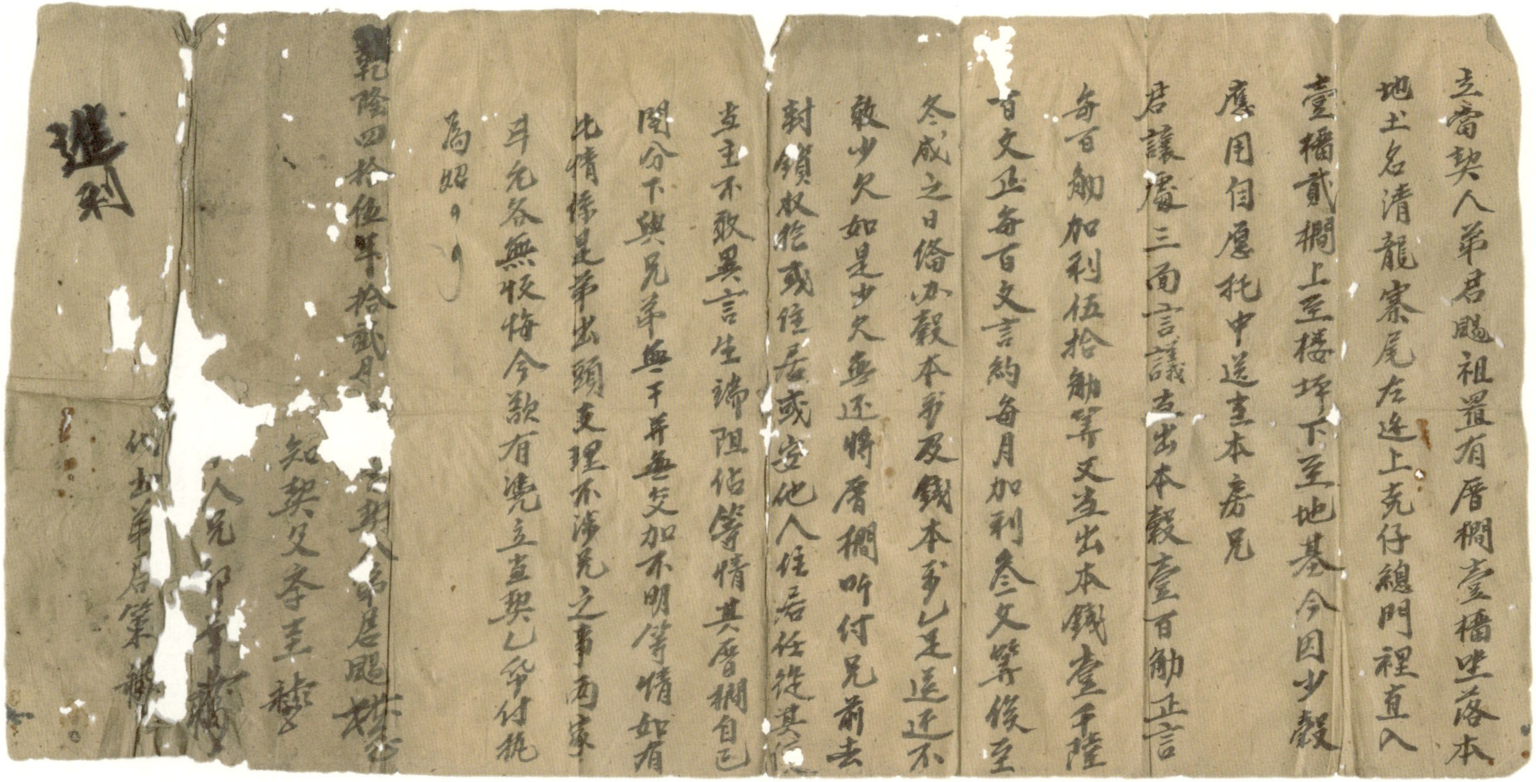

立當契人弟君颺祖置有厝樃壹橺坐落本
地土名清龍寨尾右邊上克仔總門裡直入
壹橺貳樃上至樓坪下至地基今因少穀
應用自愿托中送至本房兄
君議處三面言議立出本穀壹百觔正言
每百觔加利伍拾觔筭又立出本錢壹千陸
百文正每百文言約每月加利叁文筭後至
冬成之日備办穀本利及錢本利足送还不
敢少欠如是少欠無还將厝樃听付兄前去
封鎖收花或住居或安他人住居任從其[illegible]
主不敢異言生端阻佔等情其厝樃自己
鬮分下與兄弟無干并無交加不明等情如有
此情係是弟出頭支理不涉兄之事兩家
甘允各無反悔今欲有憑立當契乙紙付執
為照。

乾隆四拾伍年拾貳月　日立當契人弟君颺（押）
知契叔李圭（押）
[illegible]人兄[illegible]（押）
代書弟君業（押）

退契

10-5-73-1　清乾隆四十五年十二月黃君颺立當厝樃契

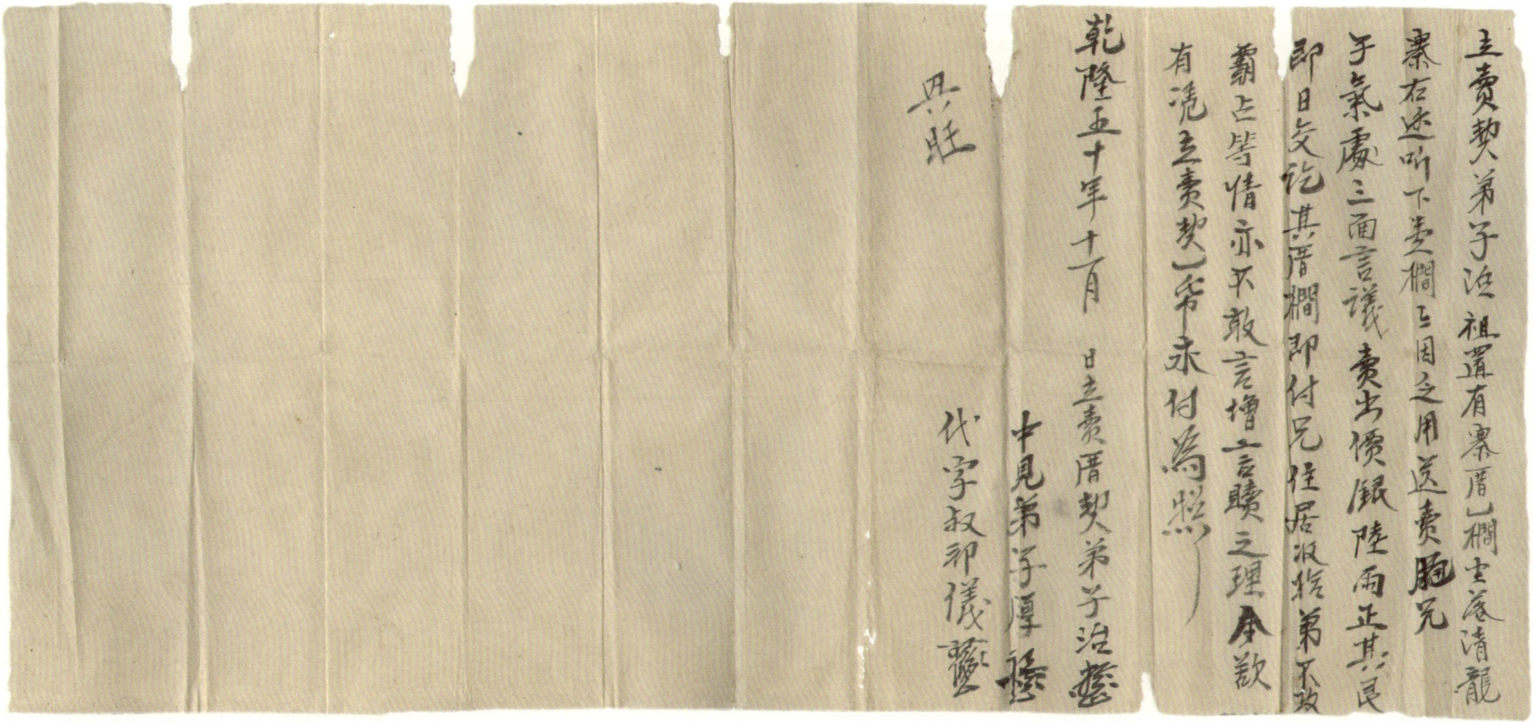
立賣契人弟子治，祖置有寨厝乙欄，坐落清龍
寨右边叫下头乙欄，今因乏用，送賣與兄
子氣處，三面言議，賣出價銀陸兩正，其銀
即日交訖，其厝欄即付兄住居，收拾，弟不敢
霸占等情，亦不敢言增言贖之理。今欲
有憑，立賣契乙紙，永付為照。
乾隆五十年十一月　日立賣厝契人弟子治（押）
中見弟子厚（押）
代字叔印儀（押）
興旺

10-5-73-2　清乾隆五十年十一月黄子治立賣寨厝契

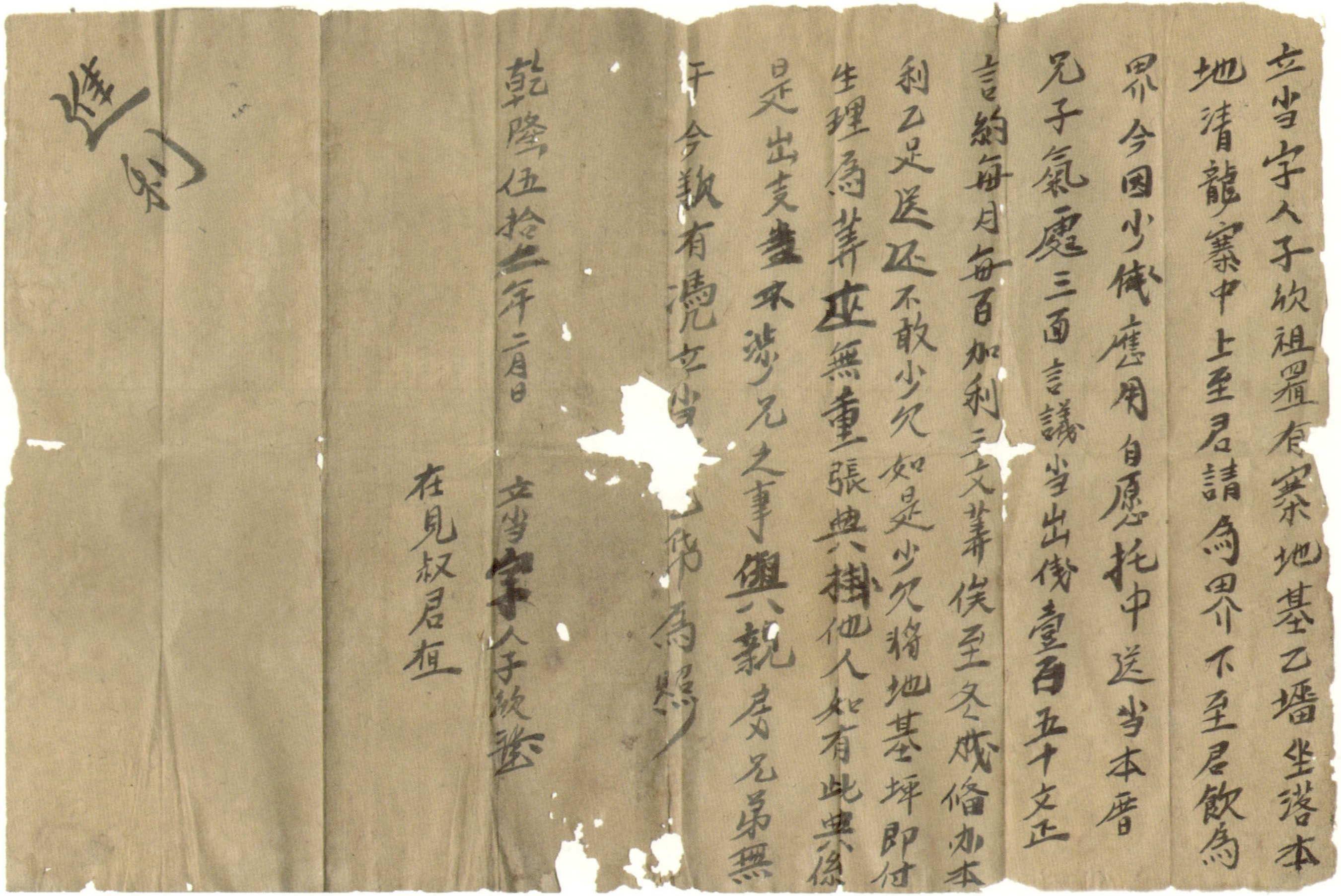

立当字人子欣祖遺有寨地基乙墻坐落本
地清龍寨中上至君請為界下至君飲為
界今因少錢應用自愿托中送当本厝
兄子氣處三面言議当出錢壹百五十文正
言約每月每百加利三文華俟至冬成備办本
利乙足送还不敢少欠如是少欠将地基坪即付
生理為業並無重張典掛他人如有此典係
是出支盡承不涉兄之事與親房兄弟無
干今欲有憑立当□為照

乾隆伍拾二年二月日　立当字人子欣押

在見叔君在

進利

10-5-73-3　清乾隆五十二年二月黄子欣立當寨地基字

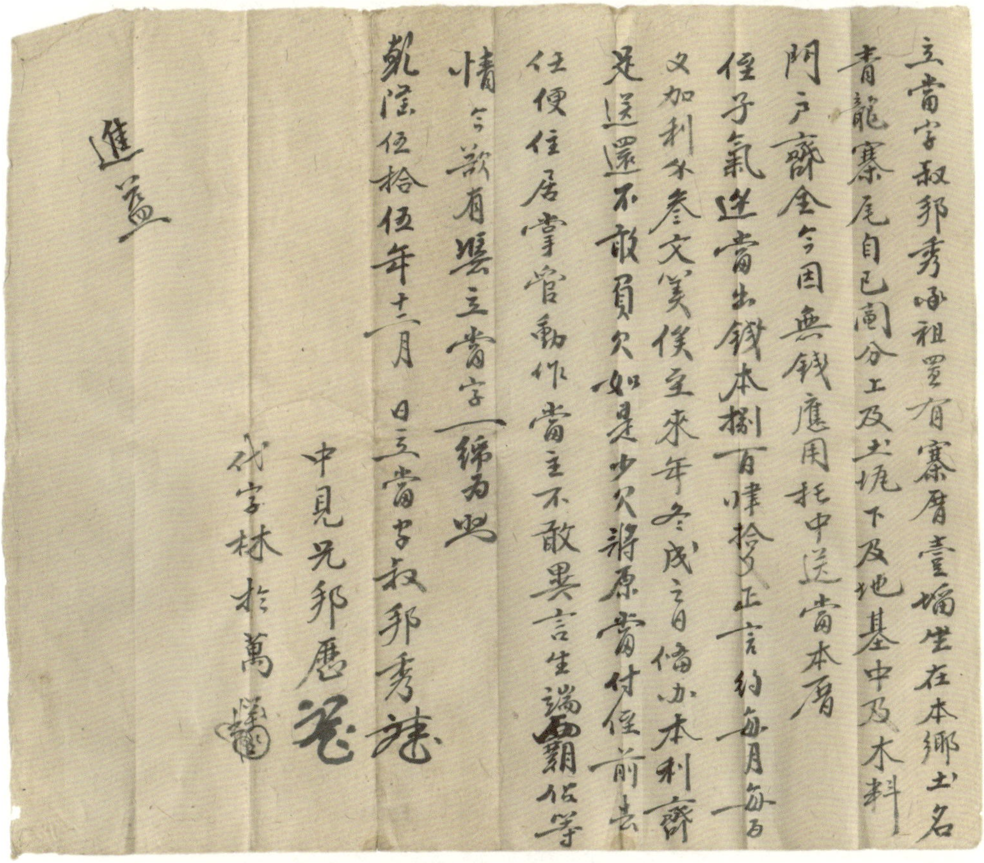

立當字叔邦秀承祖置有寨厝壹塆坐在本鄉土名
青龍寨尾自己閹分上及土垸下及地基中及木料
門户齊全今因無錢應用托中送當本厝
侄子氣進當出錢本捌百肆拾文正言約每月每百
文加利外叁文算俟至來年冬成之日備办本利齊
足送還不敢負欠如是少欠將原當付侄前去
任便住居掌管動作當主不敢異言生端霸佔等
情今欲有憑立當字一紙為照
乾隆伍拾伍年十二月　日立當字叔邦秀
中見兄邦應
代字林於萬
進益

10-5-73-4　清乾隆五十五年十二月黄邦秀立當寨厝字

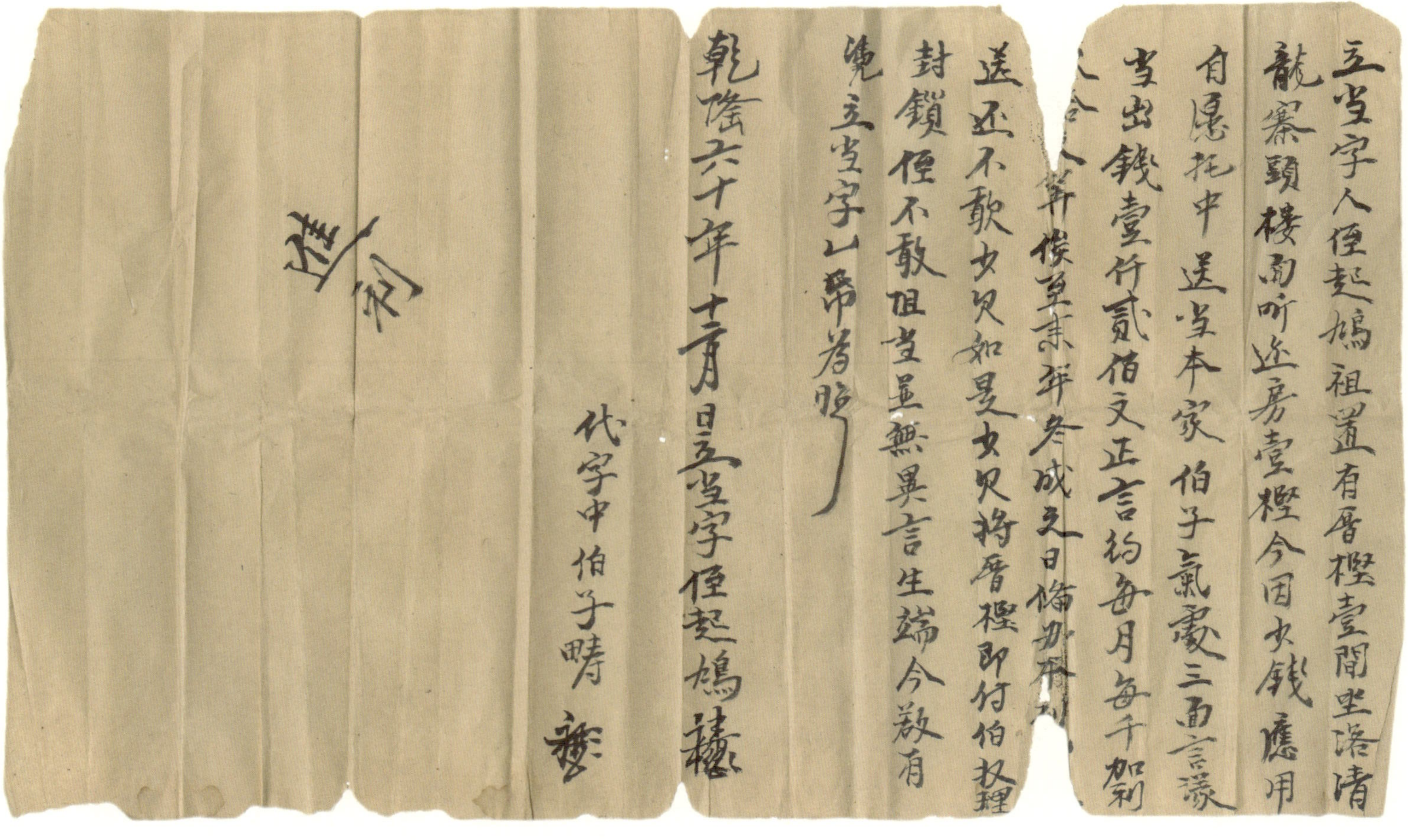

立當字人侄起鳩祖置有厝檉壹間坐落清
龍寨頭樓內所遞房壹檉今因乏錢應用
自愿托中送當本家伯子氣處三面言議
當出錢壹仟貳伯文正言約每月每千加利
八合□算候至來年冬成之日備办本利
送還不敢少欠如是少欠將厝檉即付伯收理
封鎖侄不敢阻當並無異言生端今欲有
憑立當字一帋為照
乾隆六十年十二月　日立當字侄起鳩（押）
代字中伯子晴（押）

10-5-73-5　清乾隆六十年十二月黄起鳩立當厝檉字

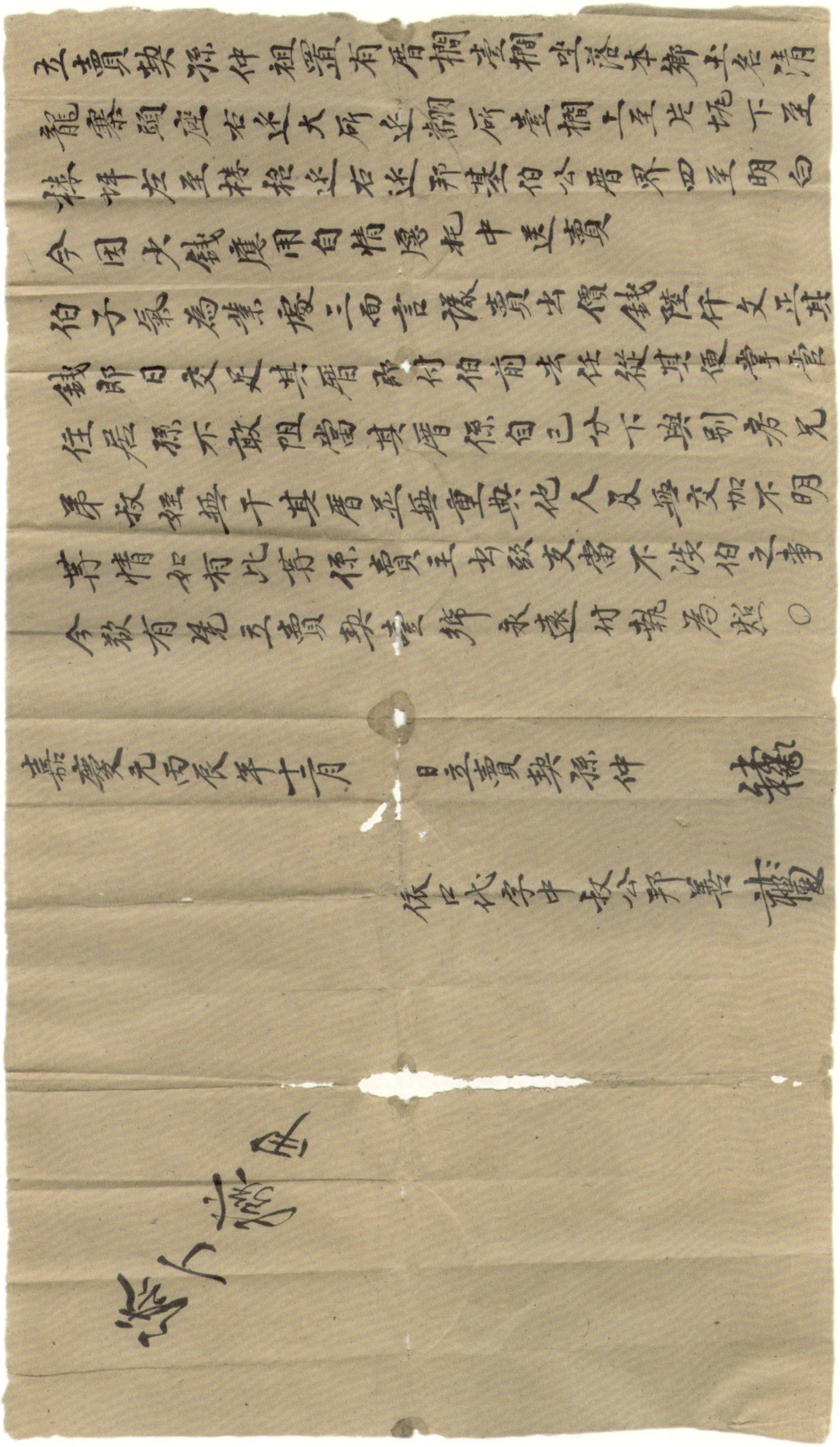

立賣契孫仲祖置有厝桷壹桷，坐落本鄉，土名清
龍寨頭，座右止大硎止，前硎所壹桷，上至片瓦，下至
地坪，左至桿梠止，右止邦叔伯公厝界，四至明白。
今因乏錢應用，自情愿托中送賣
伯子象為業，憑三面言議出價錢陸仟文正，其
錢即日交足，其厝聽付伯前去任從其便掌管
住居，孫不敢阻當。其厝係自己分下，與別房兄
弟叔侄無干。其厝並無重典他人，及無交加不明
等情。如有此等，係賣主出頭支當，不涉伯之事。
今欲有憑，立賣契壹紙，永遠付執為照。○

嘉慶元丙辰年十二月 日立賣契孫仲（押）
依口代字中叔公邦（押）

10-5-73-6 清嘉慶元年十二月黃孫仲立賣厝桷契

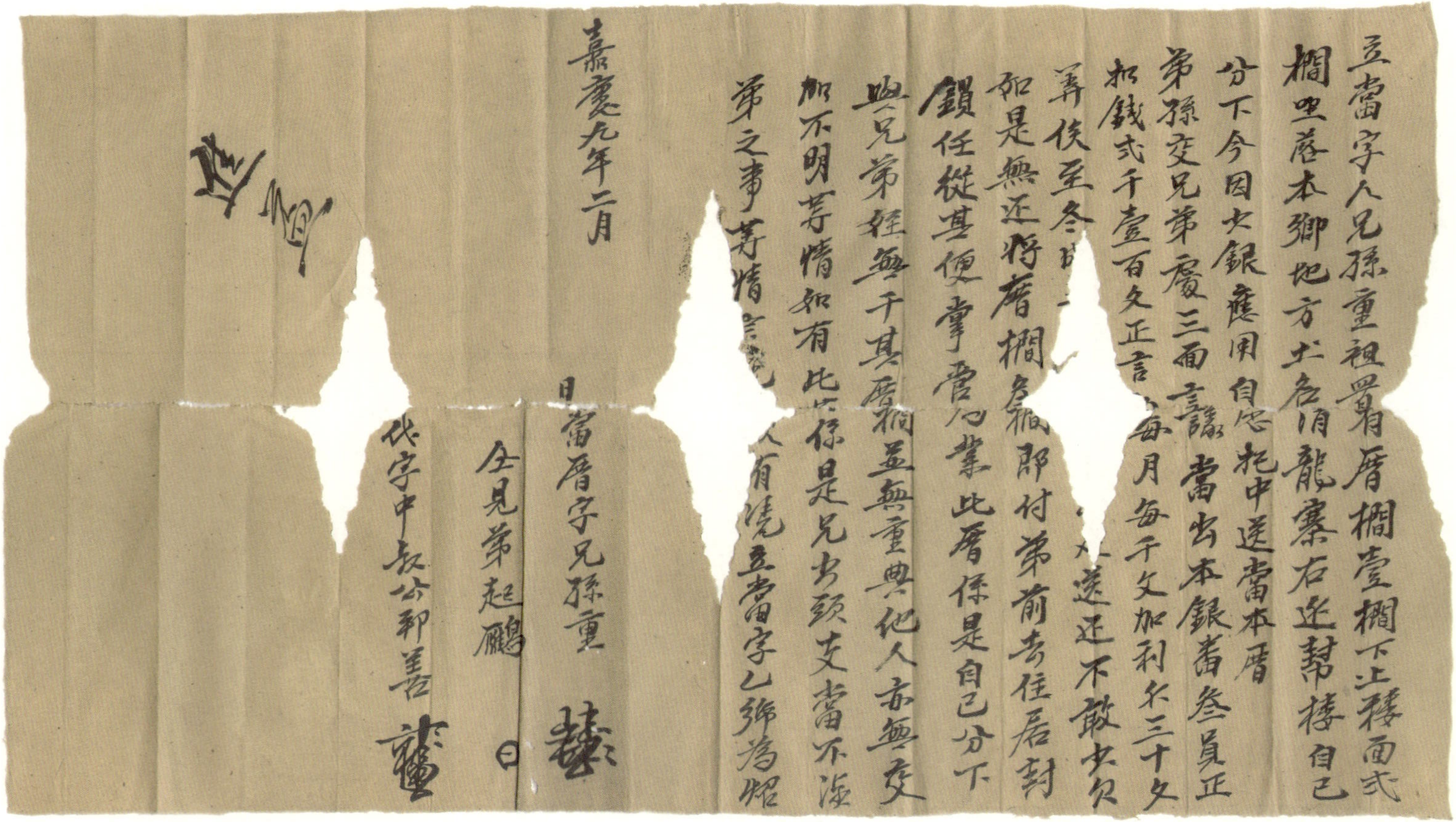
立當字人兄孫重祖置有厝櫚壹櫚下上樓面式
櫚坐落本鄉地方土名消龍寨右邊帮椄自己
分下今因乏銀應用自愿托中送當本厝
弟孫交兄弟慶三面言議當出本銀番叁員正
扣錢式千壹百文正言[illegible]每月每千文加利錢三十文
算俟至冬[illegible]送還不敢欠欠
如是無還將厝櫚[illegible]付弟前去住居封
鎖任從其便掌管為業此厝係是自己分下
與兄弟姪無干其厝櫚並無重典他人亦無交
加不明等情如有此[illegible]係是兄出頭支當不涉
弟之事等情[illegible]有憑立當字乙紙為照

嘉慶九年二月　日當厝字兄孫重
仝見弟起鵬
代字中表公郭善告

10-5-73-7　清嘉慶九年二月黄孫重立當厝榍字

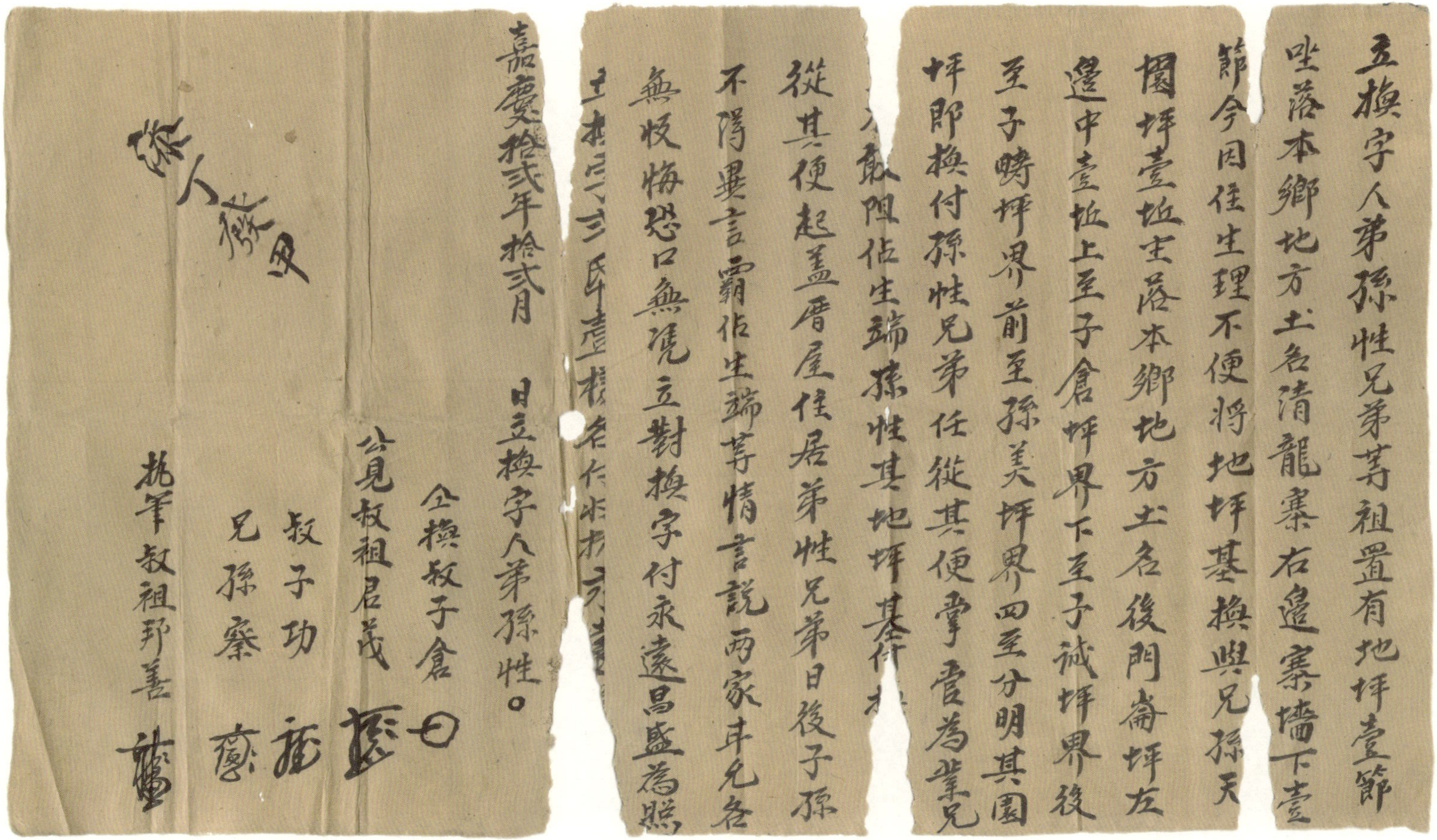

立換字人弟孫性兄弟等祖置有地坪壹節
坐落本鄉地方土名清龍寨右邊寨墻下壹
節今因往生理不便將地坪基換與兄孫天
闔坪壹坵坐落本鄉地方土名後門崙坪左
邊中壹坵上至子倉坪界下至子誠坪界後
至子畤坪界前至孫美坪界四至分明其園
坪即換付孫性兄弟任從其便掌管為業兄
不敢阻佔生端孫性其地坪基什[illegible]
從其便起蓋厝屋住居弟性兄弟日後子孫
不得異言霸佔生端等情言說兩家甘允各
無反悔恐口無憑立對換字付永遠昌盛為照
[illegible]
嘉慶拾弍年拾弍月　日立換字人弟孫性○
仝換叔子倉　押
公見叔祖君茂　押
叔子功　押
兄孫察　押
執筆叔祖邦善　押
添人發丁

10-5-73-8　清嘉慶十二年十二月黃孫性等立換地坪字

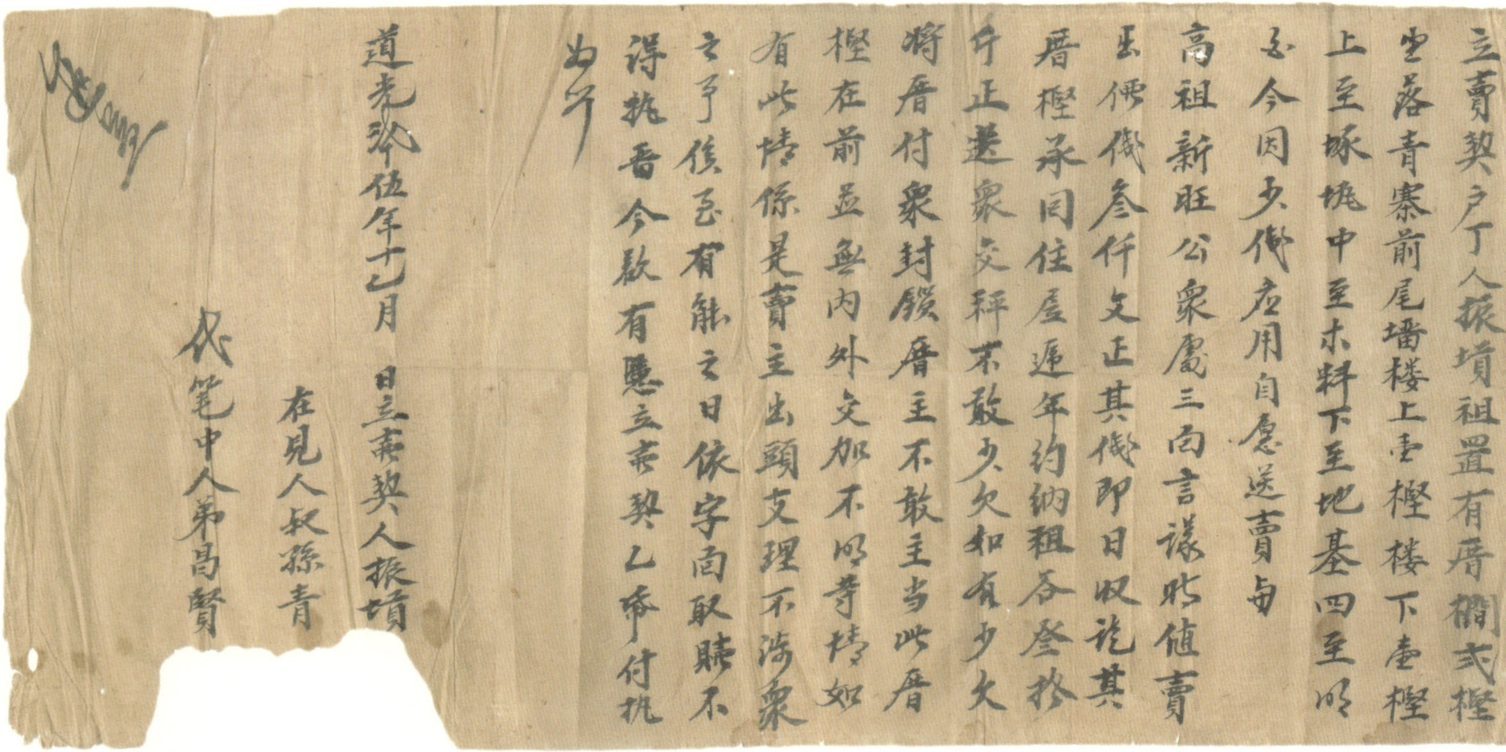
立賣契戶丁人振墳祖置有厝橺貳椏
坐落青寨前尾墻樓上壹椏樓下壹椏
上至椽桃中至木料下至地基四至明
白今因乏銀應用自愿送賣與
高祖新旺公衆處三面言議時值賣
出價銀叁仟文正其價即日收訖其
厝椏承回住居逐年約納租谷叁拾
斤正送衆交秤不敢少欠如有少欠
將厝付衆封鎖厝主不敢主當此厝
椏在前並無內外交加不明等情如
有此情係是賣主出頭支理不涉衆
之事係亦有能之日依字面取贖不
得執吝今欲有憑立賣契乙紙付執
為照
道光貳拾伍年十一月　日立賣契人振墳
在見人叔孫青
代筆中人弟昌賢

10-5-73-9　清道光二十五年十一月黃振墳立賣厝𥕢契

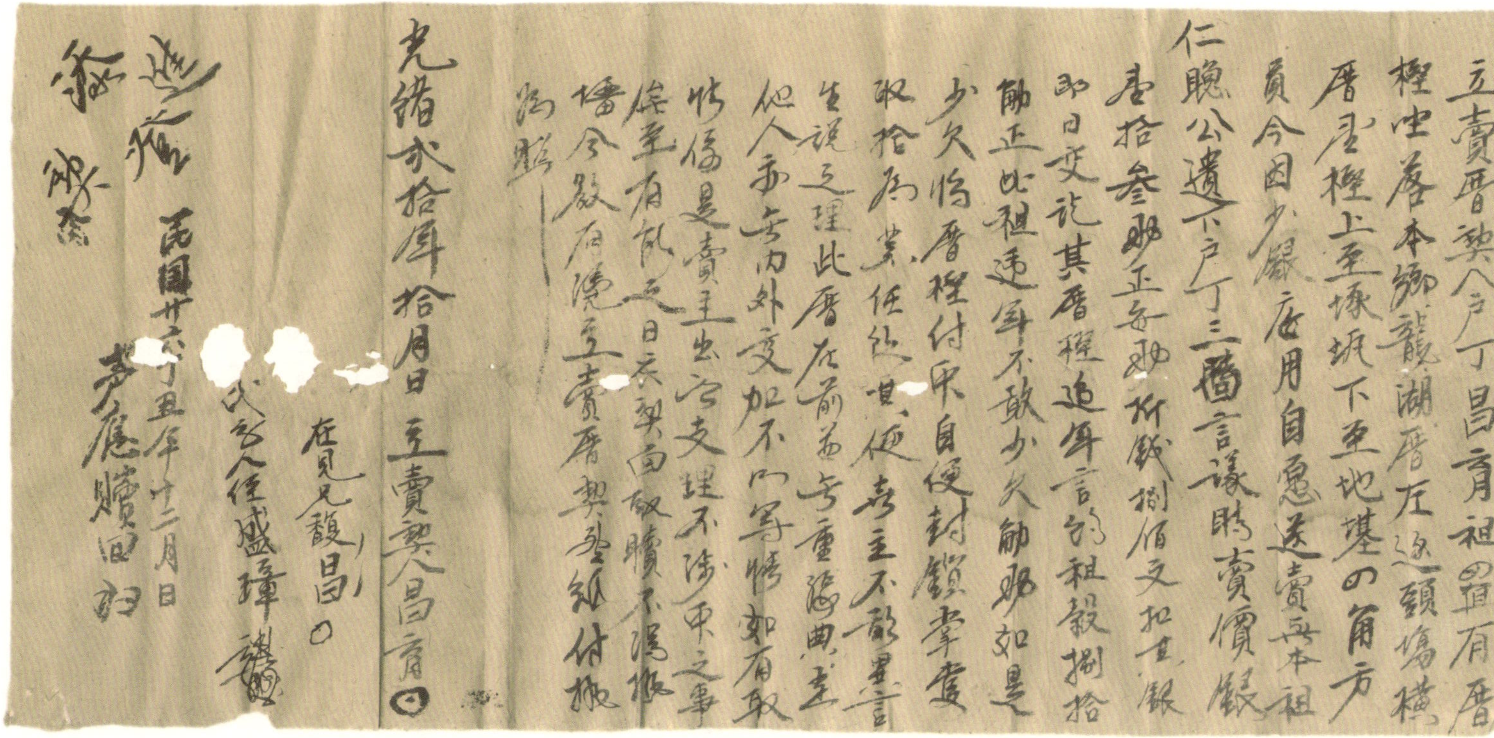
立賣厝契人户丁昌育祖置有厝
樫坐落本鄉龍湖厝左邊頭埸横
厝壹樫上至埭坵下至地基四角方
員今因少銀應用自愿送賣與本祖
仁聰公遺下户丁三房言議時賣價銀
壹拾叁兩正每兩所戥捌佰文扣去銀
即日交訖其厝樫追年言約租穀捌拾
觔正此祖逐年不敢少欠觔兩如是
少欠將厝樫付東自便封鎖掌管
收拾為業任從世便出主不敢異言
生說之理此厝在前並無重張典並
他人亦無內外交加不明寫情如有取
贖係是賣主出頭支理不涉東之事
倘至有取之日不契面取贖不得執
播今欲有憑立賣厝契壹紙付執
為照
光緒貳拾年拾月日　立賣契人昌育〇
在見兄馥昌〇
代筆人侄盛璋
民國廿六年丁丑年十二月日
黄應贖回訖
[illegible]
[illegible]

10-5-74-1　清光緒二十年十月黄昌育立賣厝樫契

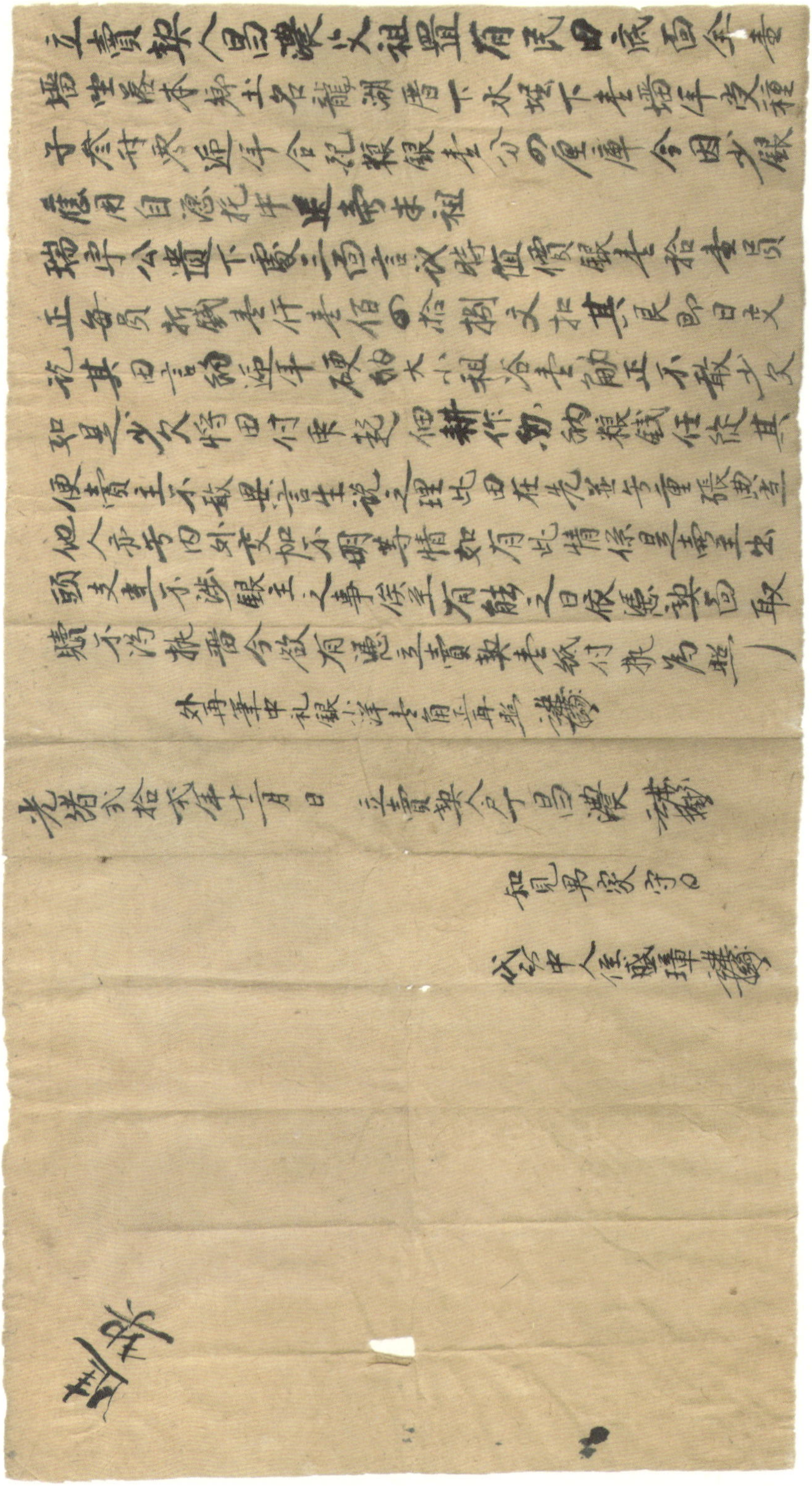

立賣契人黄昌濃父祖置有民田底面全壹
墙坐落本鄉土名龍湖厝下水堪下壹墙年受種
子叁升零逅年合記粮銀壹分四厘庫今因少銀
應用自愿托中送賣本祖
瑞亭公遺下處三面言議時值價銀壹拾壹員
正每員折錢壹仟壹佰四拾捌文扣其民即日交
訖其田言约逅年硬納大小租谷壹觔正不敢少欠
如是少欠將田付乎起佃耕作納粮錢任從其
便賣主不敢異言生説之理此田在先並无重張典賣
他人亦无内外交加不明等情如有此情係是賣主出
頭支当不涉銀主之事侯至有銀之日依憑契面取
贖不得执留今欲有憑立賣契壹紙付执為照
外再筆中礼銀小洋壹角正再照
光緒貳拾貳年十二月　日　立賣契人户丁昌濃
知見男家守
代字中人侄盛璋

10-5-74-2　清光緒二十二年十二月黄昌濃立賣底面全民田契

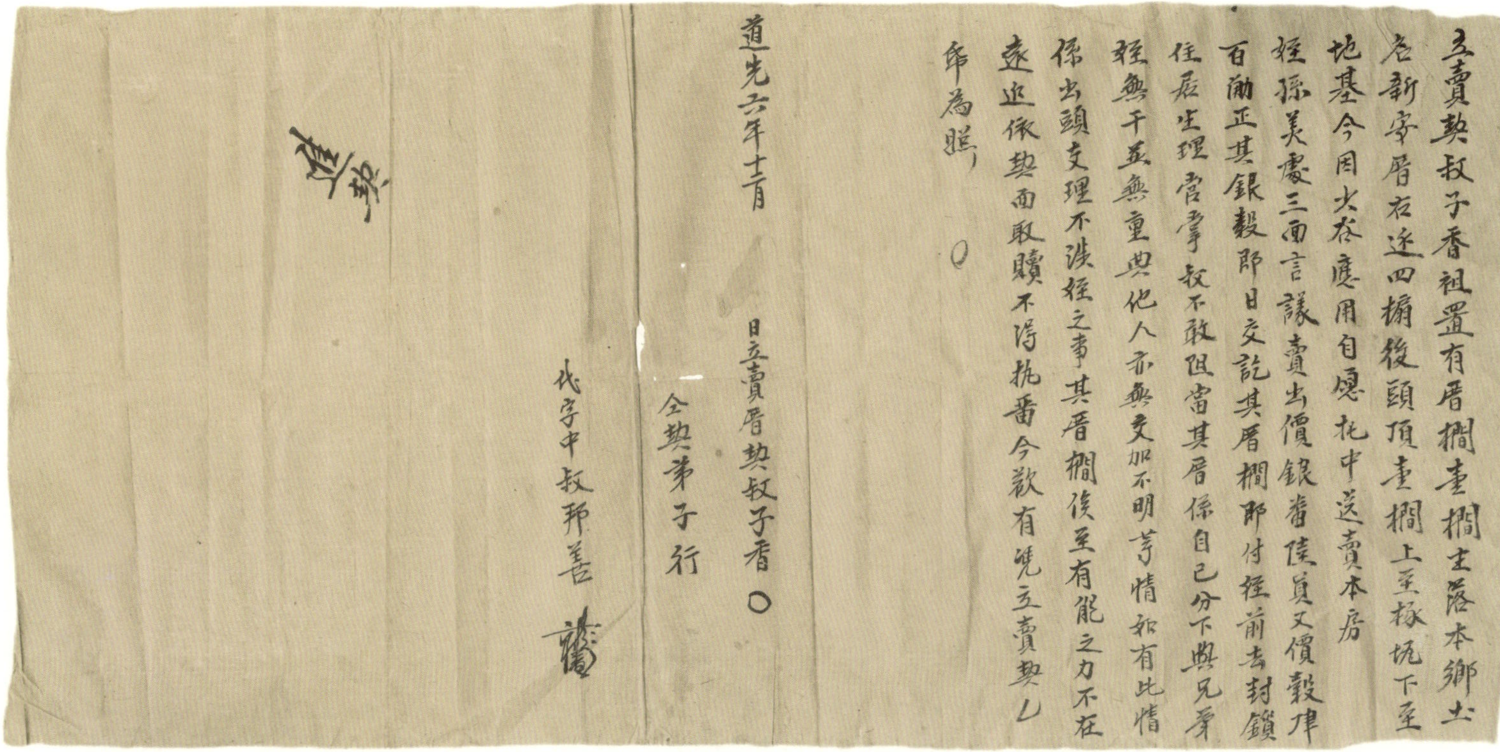

立賣契叔子香祖置有厝棡壹棡坐落本鄉土
名新宮厝右边四桷後頭頂壹棡上至椽坑下至
地基今因欠谷應用自愿托中送賣本房
侄孫美慶三面言議賣出價銀番陸員又價穀肆
百觔正其銀穀即日交訖其厝棡即付侄前去封鎖
住居生理管掌叔不敢阻當其厝係自己分下與兄弟
侄無干並無重典他人亦無交加不明等情如有此情
係出頭支理不涉侄之事其厝棡後至有能之力不在
送还依契面取贖不得执番今欲有凭立賣契乙
帋為照

道光六年十二月　日立賣厝契叔子香〇
仝契弟子行
代字中叔邦善

10-5-75-1　清道光六年十二月黄子香等立賣厝棡契

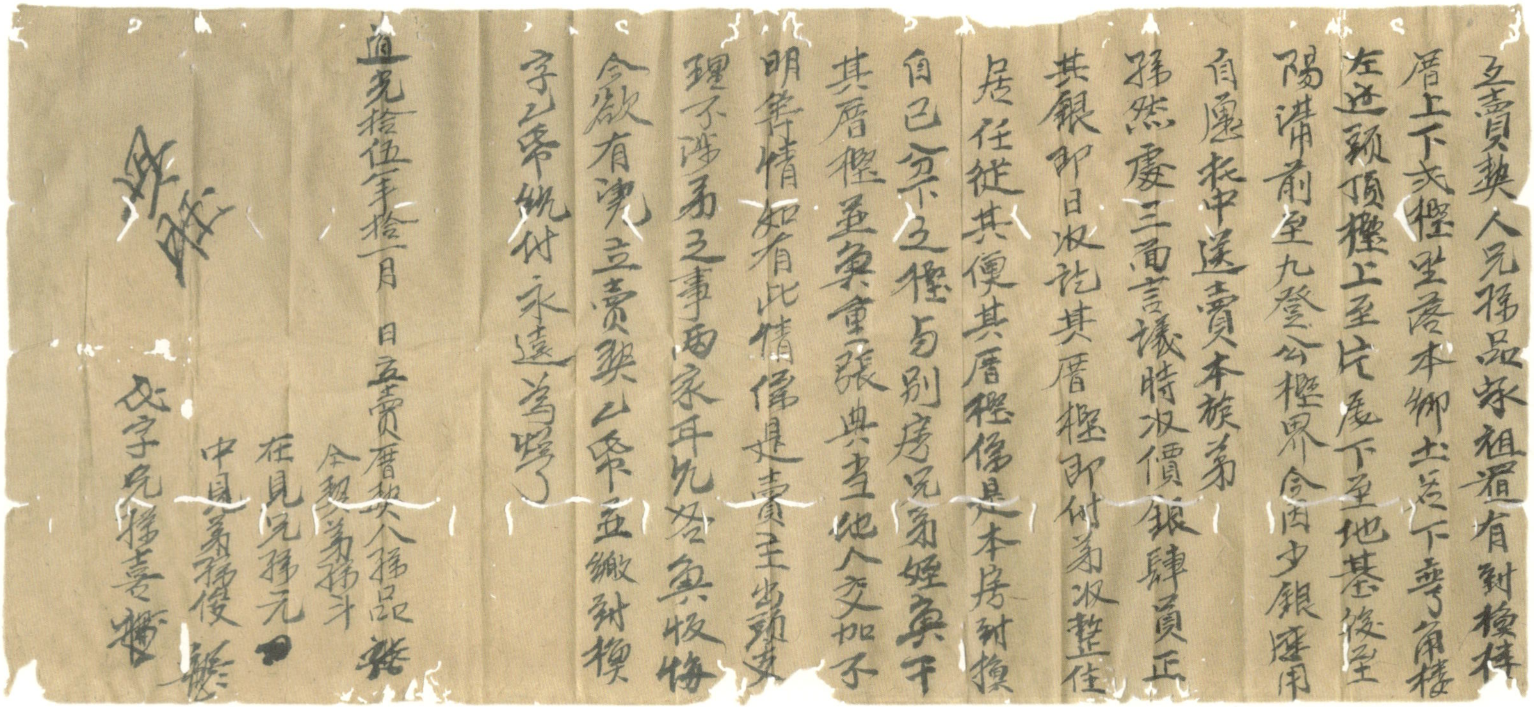

立賣契人兄孫品家祖置有對樓株
厝上下式欖坐落本鄉土名下亭角樓
左边頭頂樓上至比尾下至地基後至
陽溝前至九登公樓界今因乏銀應用
自愿托中送賣本族弟
孫然處三面言議時值價銀肆員正
其銀即日收訖其厝樓即付弟收整住
居任從其便其厝樓係是本房對換
自己分下之樓与別房兄弟姪無干
其厝樓並無重張典当他人交加不
明等情如有此情係是賣主出頭支
理不涉弟之事两家甘允各無反悔
今欲有憑立賣契山帋五繳對換
字山帋繳付永遠為照

道光拾伍年拾一月　日立賣厝契人孫品記
仝契弟孫才
在見兄孫元
中見弟孫傻
代字兄孫喜

10-5-75-2　清道光十五年十一月黃孫品等立賣樓厝契

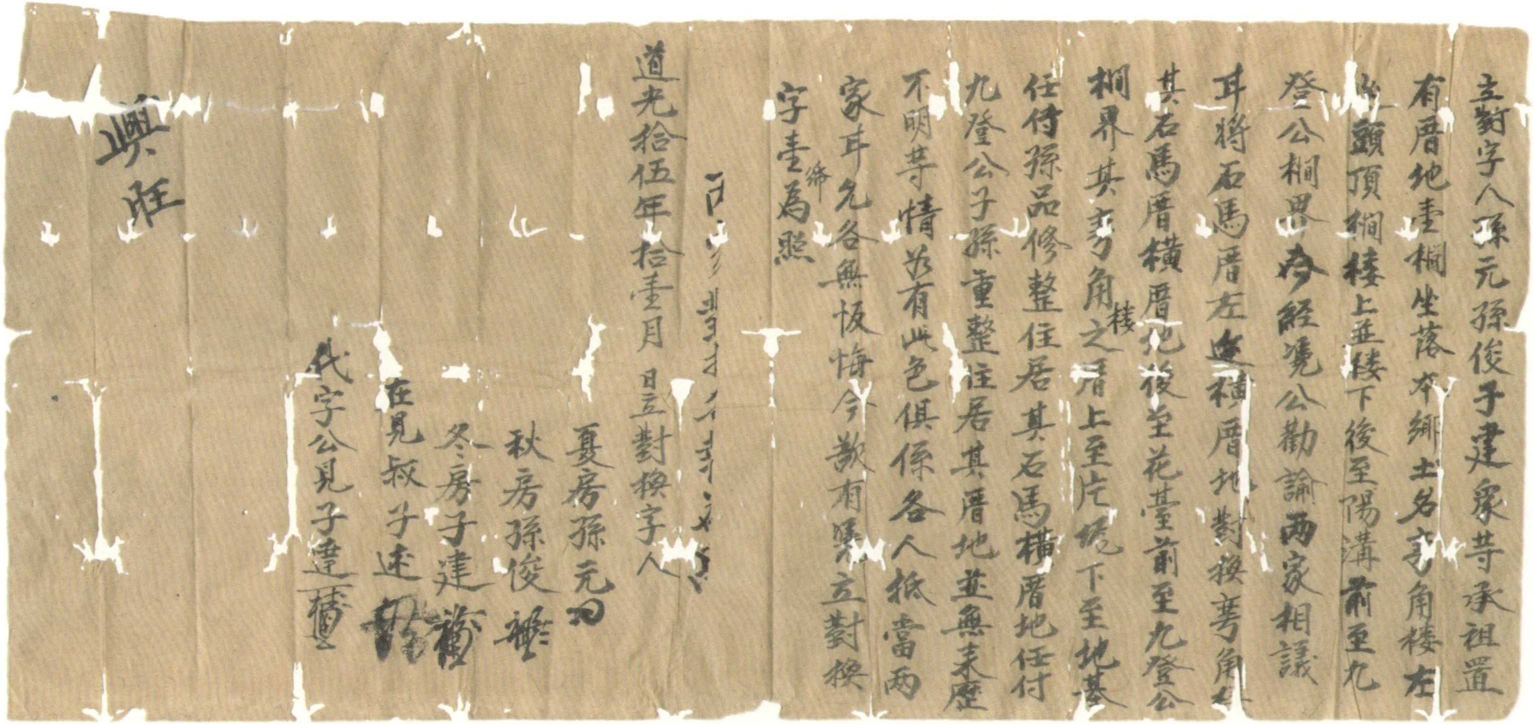

10-5-75-3　清道光十五年十一月黄孫元等立對換厝地字

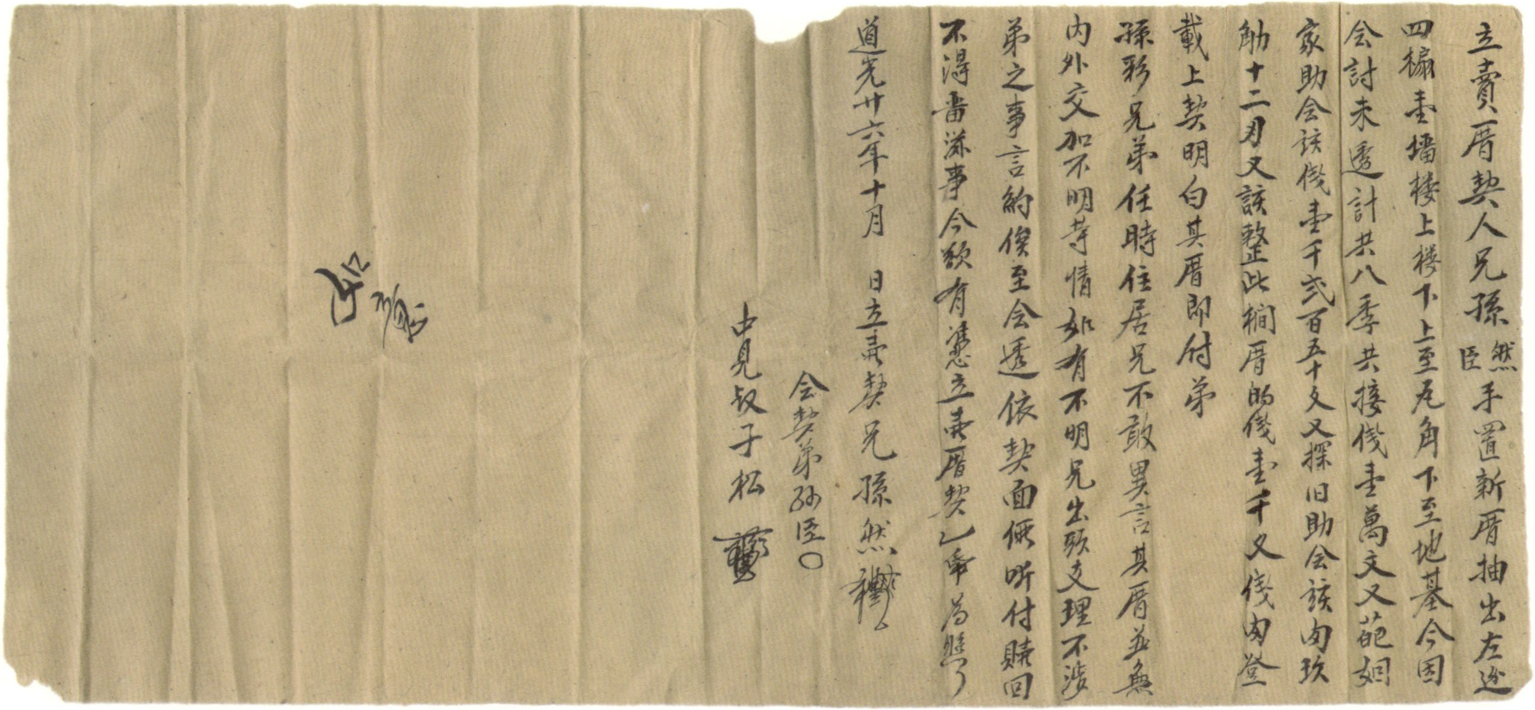

立賣厝契人兄孫然、臣手置新厝抽出左邊
四編壹墻樓上樓下上至瓦角下至地基今因
会討未邊計共八季共接钱壹萬文又葩姻
家助会該钱壹千弍百五十文又探旧助会該內玖
舫十二月又該整此稠厝的钱壹千文钱內登
載上契明白其厝即付弟
孫彩兄弟任時住居兄不敢異言其厝並無
內外交加不明等情如有不明兄出頭支理不涉
弟之事言約俟至会邊依契面價听付贖回
不得當㴱事今欲有憑立賣厝契一帋為照
道光廿六年十月　日立賣契兄孫然
会契弟孫臣〇
中見叔子松

10-5-75-4　清道光二十六年十月黃孫然等立賣厝契

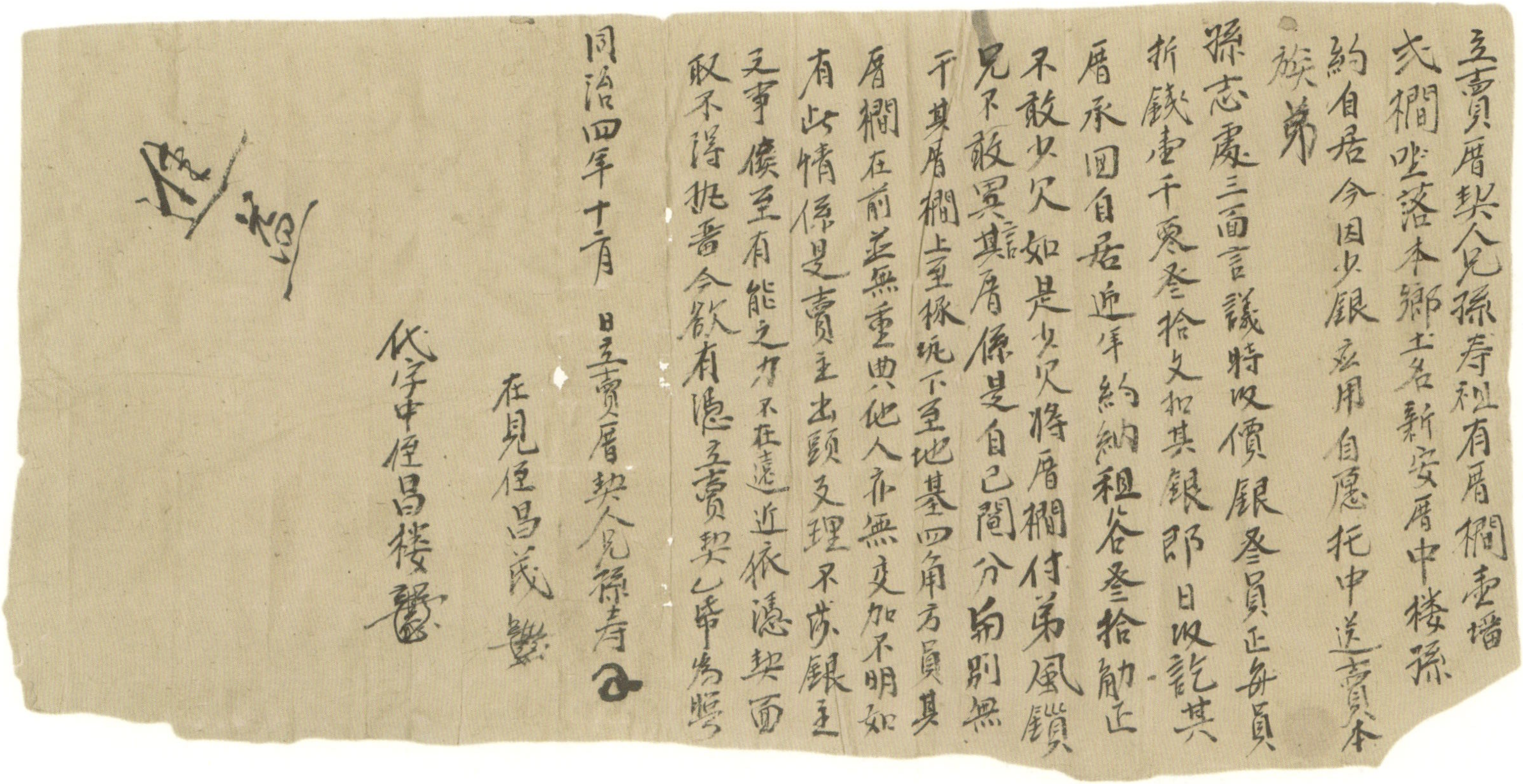
立賣厝契人兄孫壽祖有厝櫚壹𣱏
弍間坐落本鄉土名新安厝中樓孫
約自居今因少銀應用自愿托中送賣本
族弟
孫志處三面言議時價銀叁員正每員
折錢壹千零叁拾文扣其銀即日收訖其
厝承回自居逐年約納租谷叁拾觔正
不敢少欠如是少欠將厝櫚付弟風鎖
兄不敢異說其厝係是自己閻分的別無
干其厝櫚上至椽瓦下至地基四角方員其
厝櫚在前並無重典他人亦無交加不明如
有此情係是賣主出頭支理不干銀主
之事倘至有能之力不在遠近依憑契面
取不得挑番今欲有憑立賣契乙帋為照
同治四年十二月　日立賣厝契人兄孫壽（押）
在見侄昌茂（押）
代字中侄昌樓（押）

10-5-75-5　清同治四年十二月黃孫壽立賣厝櫚契

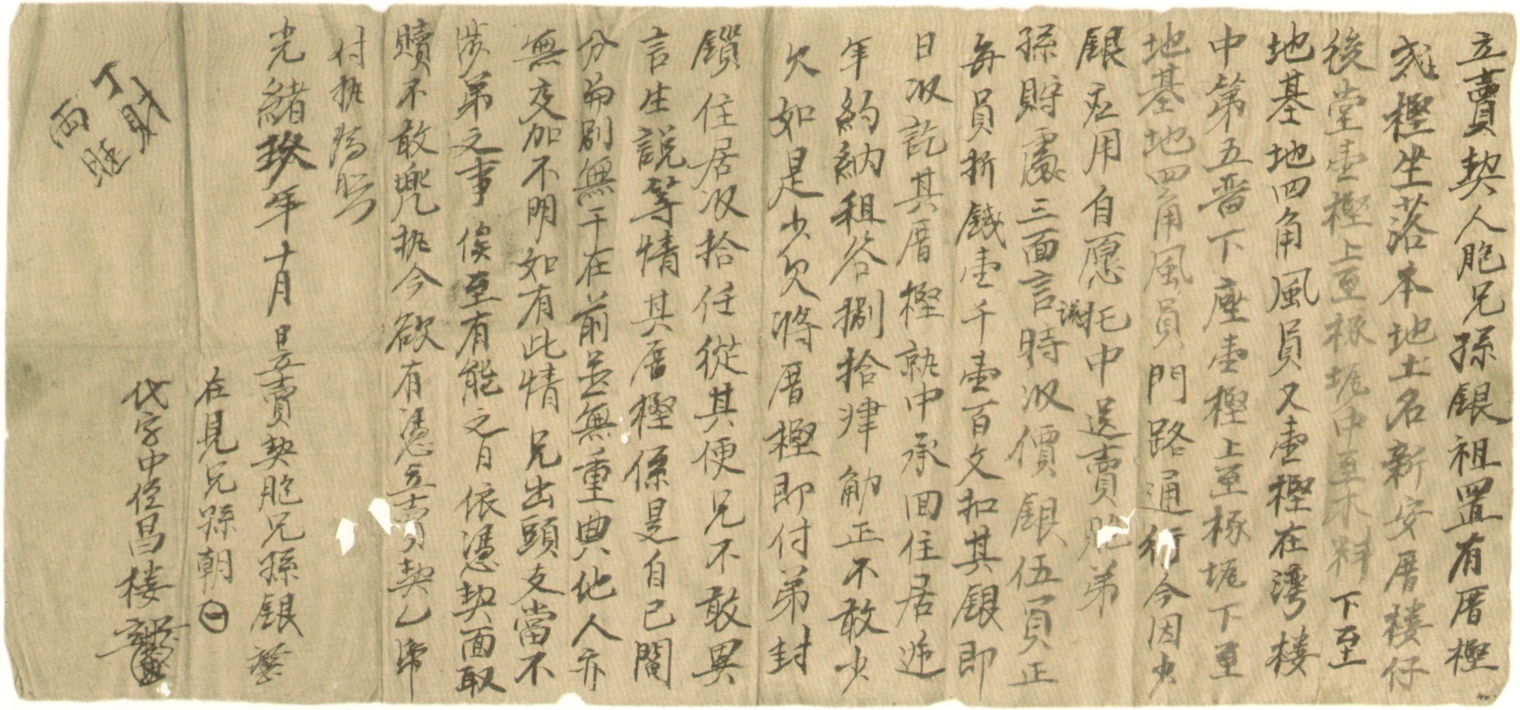
立賣契人胞兄孫銀祖置有厝橕
戍橕坐落本地土名新安厝樓仔
後堂壹橕上至椽墘中至木料下至
地基地四角風員又壹橕在灣樓
中第五晋下座壹橕上至椽墘下至
地基地四角風員門路通行今因乏
銀應用自愿托中送賣胞弟
孫財處三面言議時值價銀伍員正
每員折錢壹千壹百文和其銀即
日收訖其厝橕就中承回住居迭
年約納租谷捌拾肆觔正不敢少
欠如是少欠將厝橕即付弟封
鎖住居收拾任從其便兄不敢異
言生說等情其厝橕係是自己鬮
分物別無干在前並無重典他人亦
無交加不明如有此情兄出頭支當不
涉弟之事倘至有能之日依憑契面取
贖不敢兜執今欲有憑立賣契乙帋
付執爲照
光緒玖年十月　日立賣契胞兄孫銀(押)
在見兄孫朝㊀
代字中侄昌樓(押)
丁財兩旺

10-5-75-6 清光緒九年十月黃孫銀立賣厝橕契

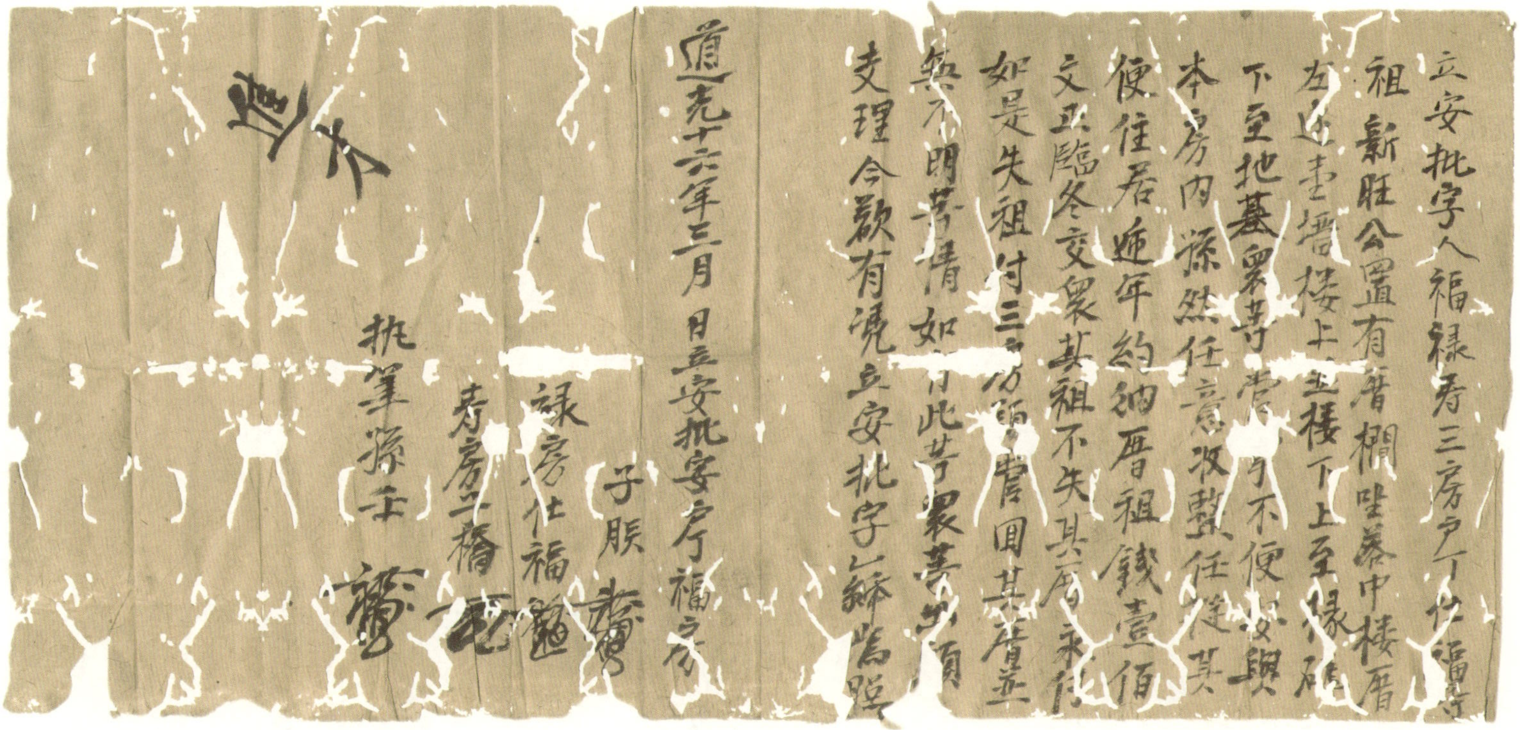
立安批字人福禄寿三房户丁仕福□
祖新旺公置有厝榍壹落中楼厝
左边壹榍楼上一楼下上至椽□
下至地基众等□□不便□安与
本房内孙然任意收整任从其
便住居逐年约纳厝租钱壹佰
文至临冬交众其祖不失其房永□
如是失祖付三房所管回其厝並
無不明等情如□此等众等出頭
支理今欲有凭立安批字一纸為照
道光十六年三月　日立安批字房福房
子　朕
禄房仕福
寿房仁橋
批筆孫壬

10-5-76-1　清道光十六年三月黄氏福禄壽三房立安批厝榍字

立当字叔子顯父置有厝欄坐落地方土名中數厝
右边横厝弟弍墻壹墻弍欄上至椽瓦下至地基
四角風還四至明白今因少銀應用自愿托中送
当本房　侄孫聚處三面言議時值價錢壹
仟叁佰文正每年每月加利叁分算候至冬成
之日備办本利壹足送还不敢少欠如是少欠其
厝欄即付錢主封贌其厝欄並無重張典当他人財
物及無交加不明当主出頭支当不涉錢主之事今
欲有憑立当字壹紙付執為照｜
道光拾柒年六月日
立当字叔子顯
仝兄子焫
弟子拗
代字温文界

10-5-76-2　清道光十七年六月黄子顯等立當厝欄字

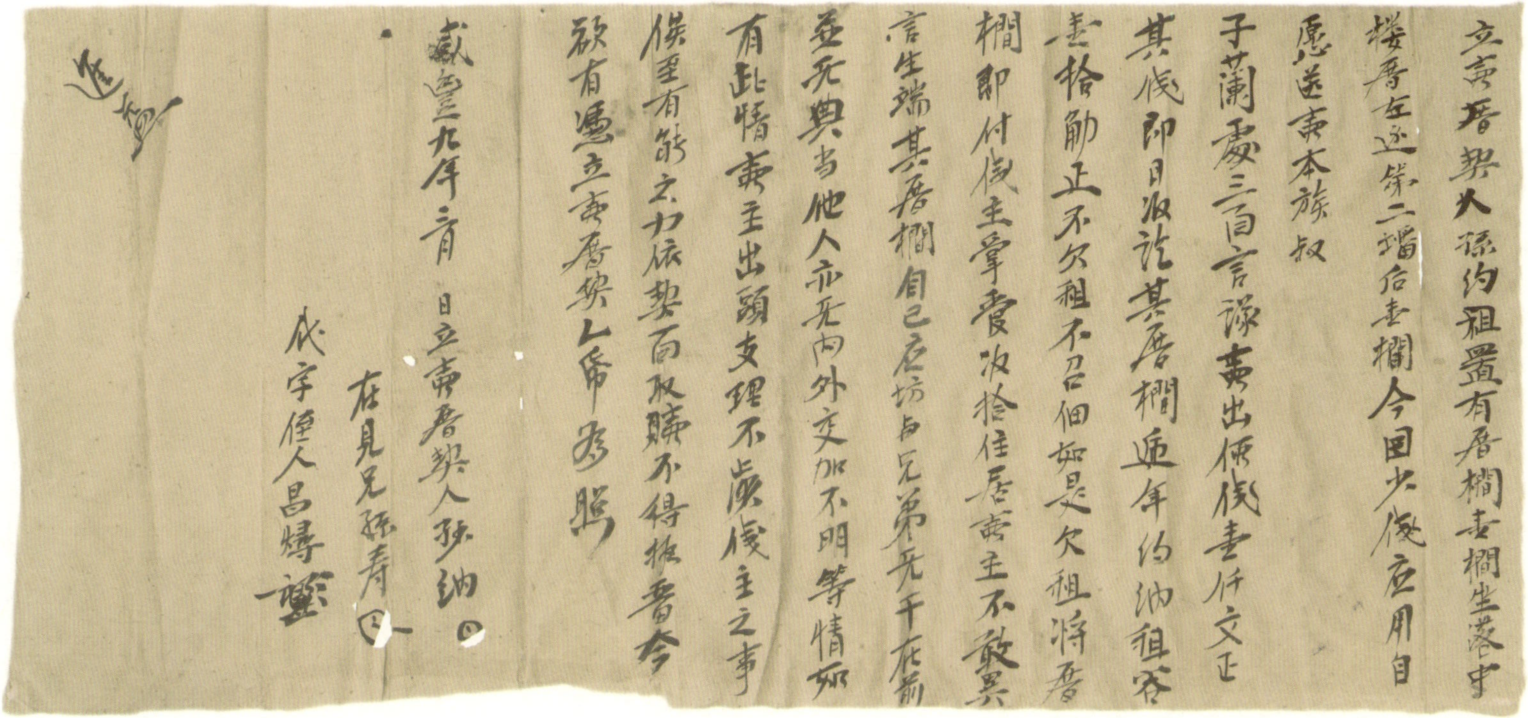
立賣厝契人孫約祖置有厝椆壹椆坐落中
樓厝左边第二擋后壹椆今因乏錢应用自
愿送賣本族叔
子蘭處三面言議賣出價錢壹仟文正
其錢即日收訖其厝椆逐年約納租谷
壹拾觔正不欠租不召佃如是欠租將厝
椆即付錢主掌管收拾佳厝賣主不敢異
言生端其厝椆自己应坊与兄弟无干在前
並无與当他人亦无內外交加不明等情如
有此情賣主出頭支理不涉錢主之事
候至有能之力依契面取贖不得執留今
欲有憑立賣厝契人爲照
咸豐九年三月　日立賣厝契人孫約
在見兄孫壽
代字侄人昌煒

10-5-76-3　清咸豐九年三月黃孫約立賣厝椆契

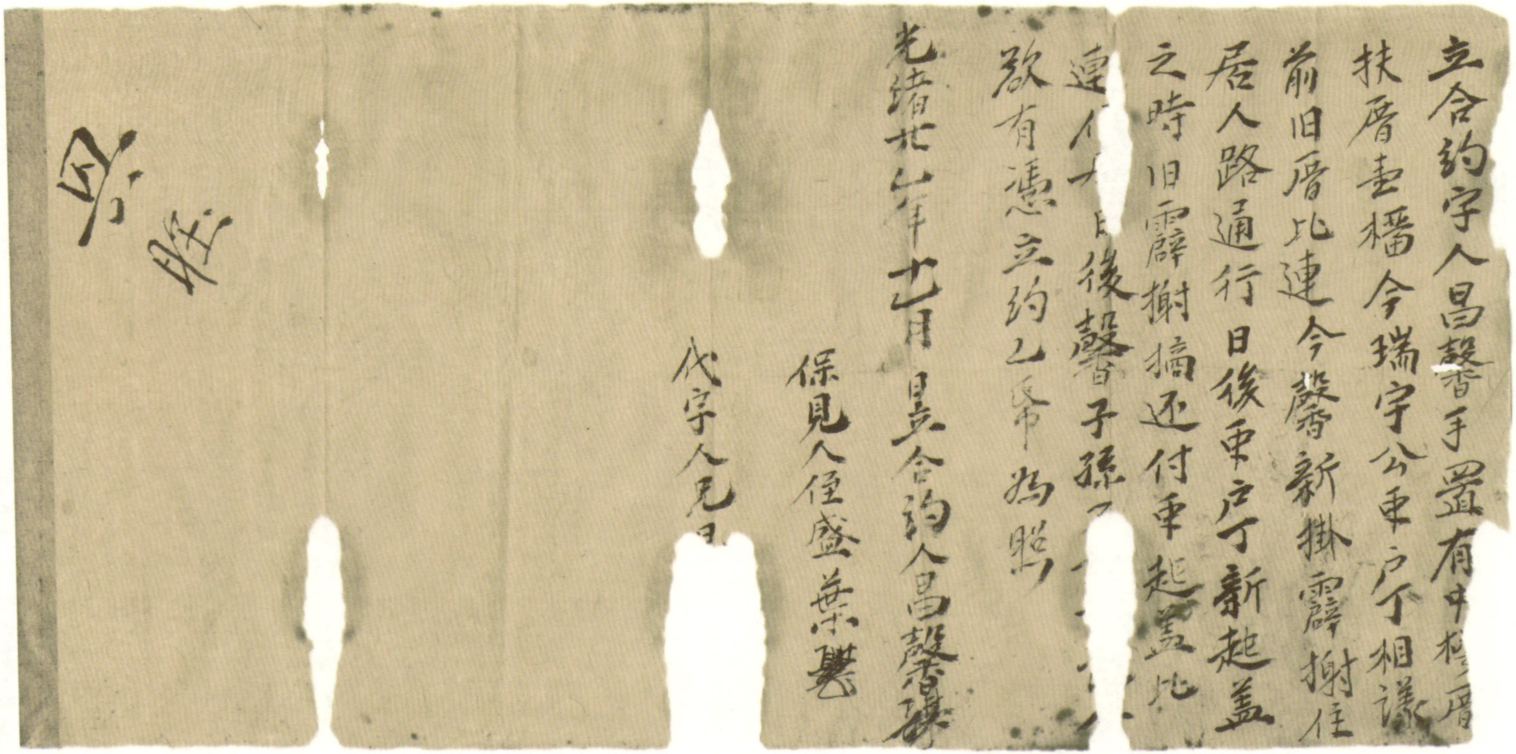

立合約字人昌馨手置有中桙厝
扶厝壹播（?）令瑞字公眾戶丁相議
前旧厝北連今馨新掛霹靂樹住
居人路通行日後眾戶丁新起蓋
之時旧霹靂樹搞还付眾起蓋北
邊□□□後馨子孫□□□□
致有憑立約山條爲照

光緒廿一年十一月 日立合約人昌馨（押）
保見人侄盛榮（押）
代字人見□

10-5-76-4 清光緒二十一年十一月黄昌馨立合約字

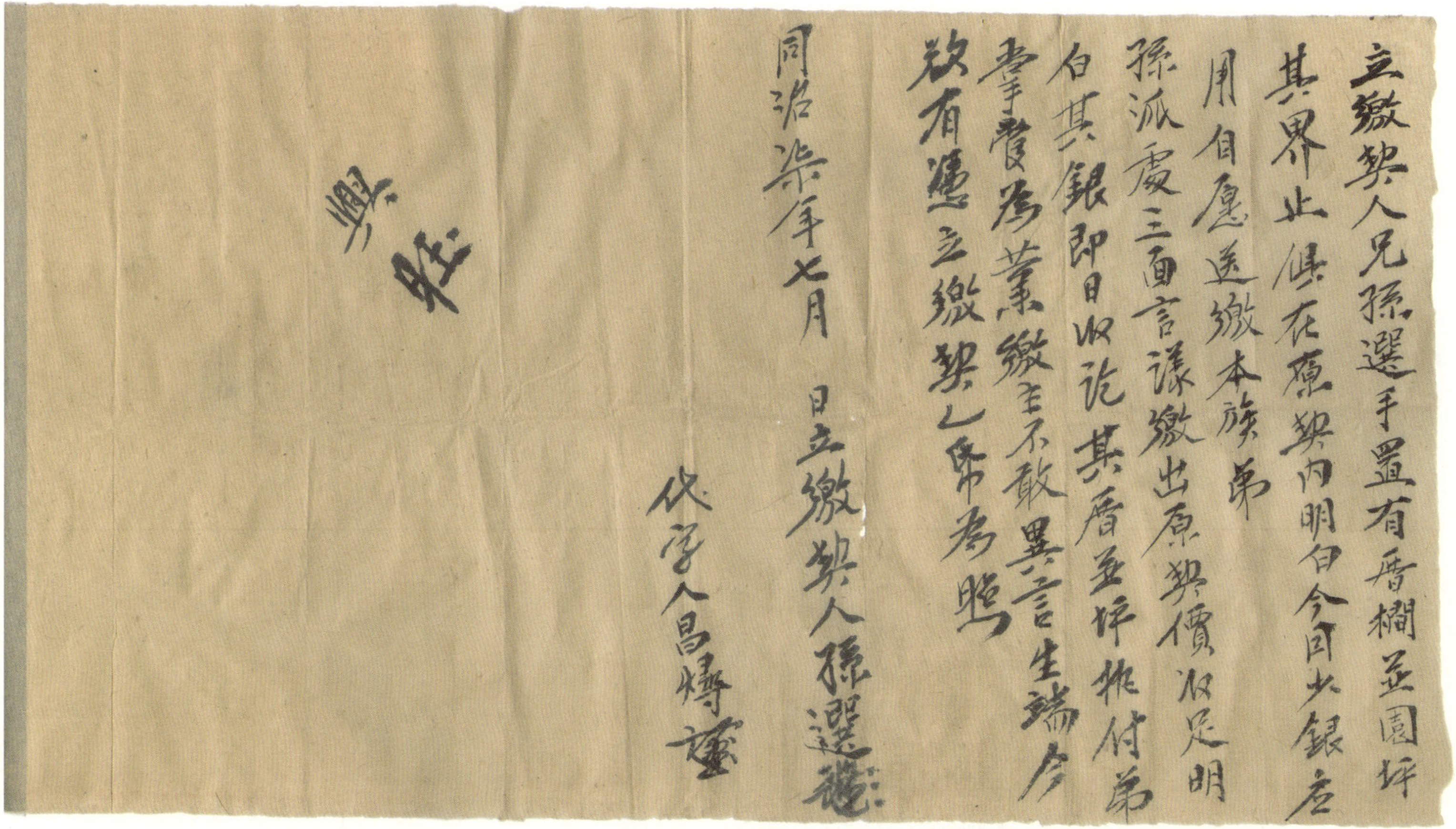
立繳契人兄孫選手置有厝棡并園坪
其界址俱在原契內明白今因乏銀應
用自愿送繳本族弟
孫派處三面言議繳出原契價收足明
白其銀即日收訖其厝并坪概付弟
掌管為業繳主不敢異言生端今
欲有憑立繳契一紙為照
同治柒年七月　日立繳契人孫選
代字人昌𤇆

10-5-77-1　清同治七年七月黃孫選立繳厝棡等契

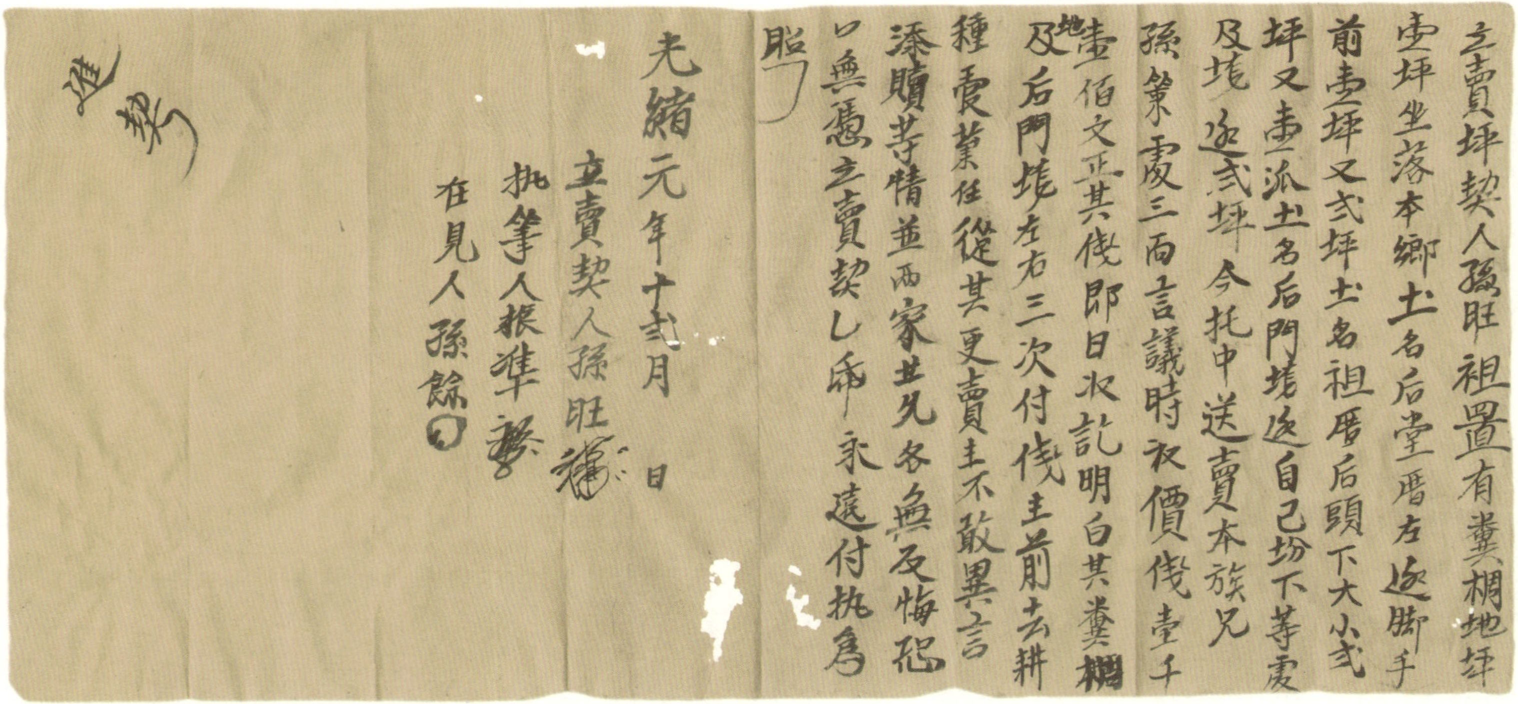

立賣坪契人孫旺祖置有龔榈地坪
壹坪坐落本鄉土名后堂厝左邊脚手
前壹坪又弍坪土名祖厝后頭下大小弍
坪又壹泒土名后門垅邊自己坋下等處
及垅邊弍坪今托中送賣本族兄
孫棠處三面言議時值價錢壹千
壹佰文正其錢即日収訖明白其龔榈地
及后門垅左右三次付錢主前去耕
種管業任從其更賣主不敢異言
添贖等情並兩家甘允各無反悔恐
口無憑立賣契乙帋永遠付執爲
照

光緒元年十弍月　日　立賣契人孫旺
执筆人根準
在見人孫餘

退契

10-5-77-2　清光緒元年十二月黄孫旺立賣龔榈地坪契

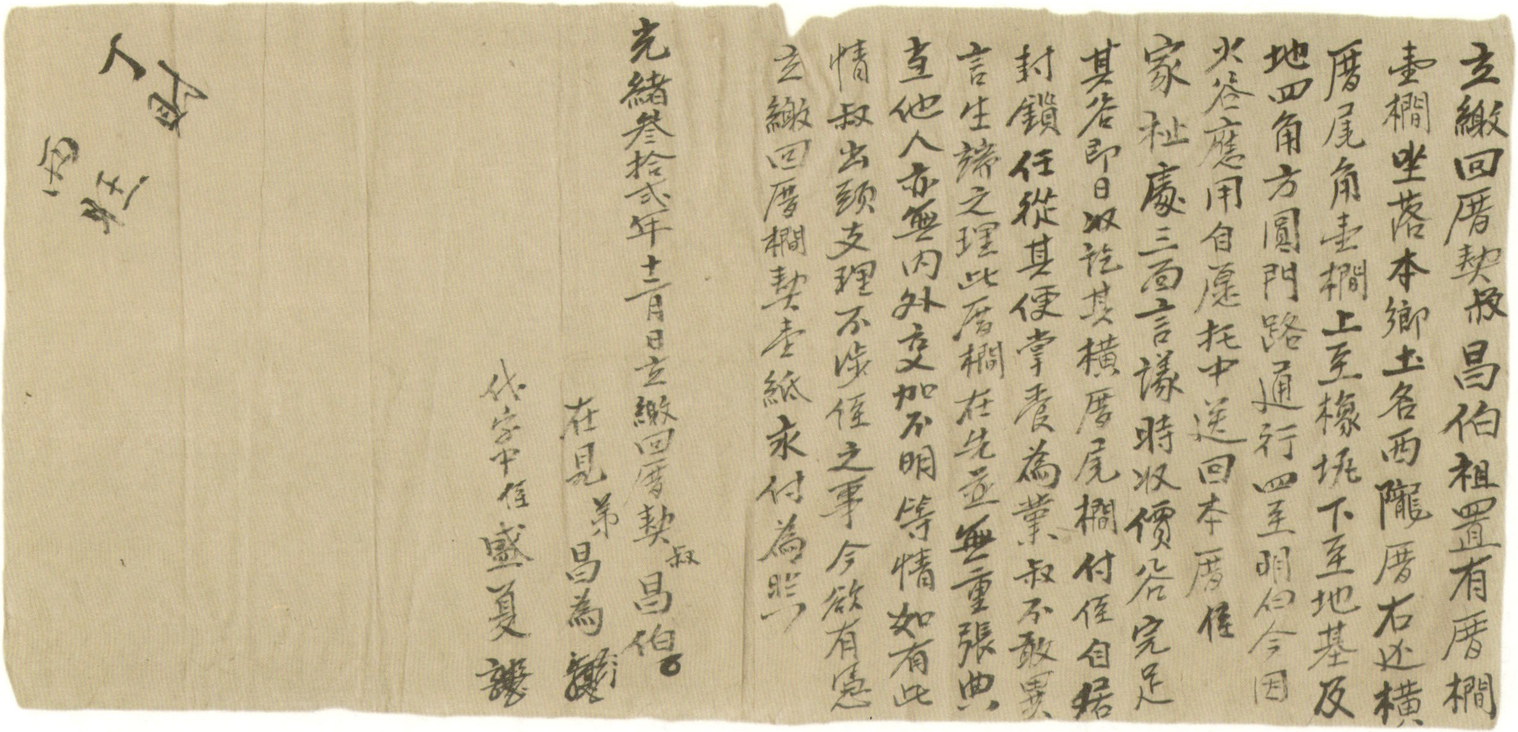
立繳回厝契叔昌伯祖置有厝棡
壹棡坐落本鄉土名西隴厝右边橫
厝尾角壹棡上至椽桃下至地基及
地四角方圓門路通行四至明白今因
火谷應用自愿托中送回本厝侄
家社處三面言議時収價谷完足
其谷即日收訖其橫厝尾棡付侄自掌
封鎖任從其便掌管為業叔不敢異
言生端之理此厝棡在先並無重張典
立他人亦無內外交加不明等情如有此
情叔出頭支理不涉侄之事今欲有憑
立繳回厝棡契壹紙永付為照
光緒叁拾弍年十二月日立繳回厝契叔昌伯
在見弟昌為
代字中侄盛夏

10-5-77-3　清光緒三十二年十二月黃昌伯立繳回厝棡契

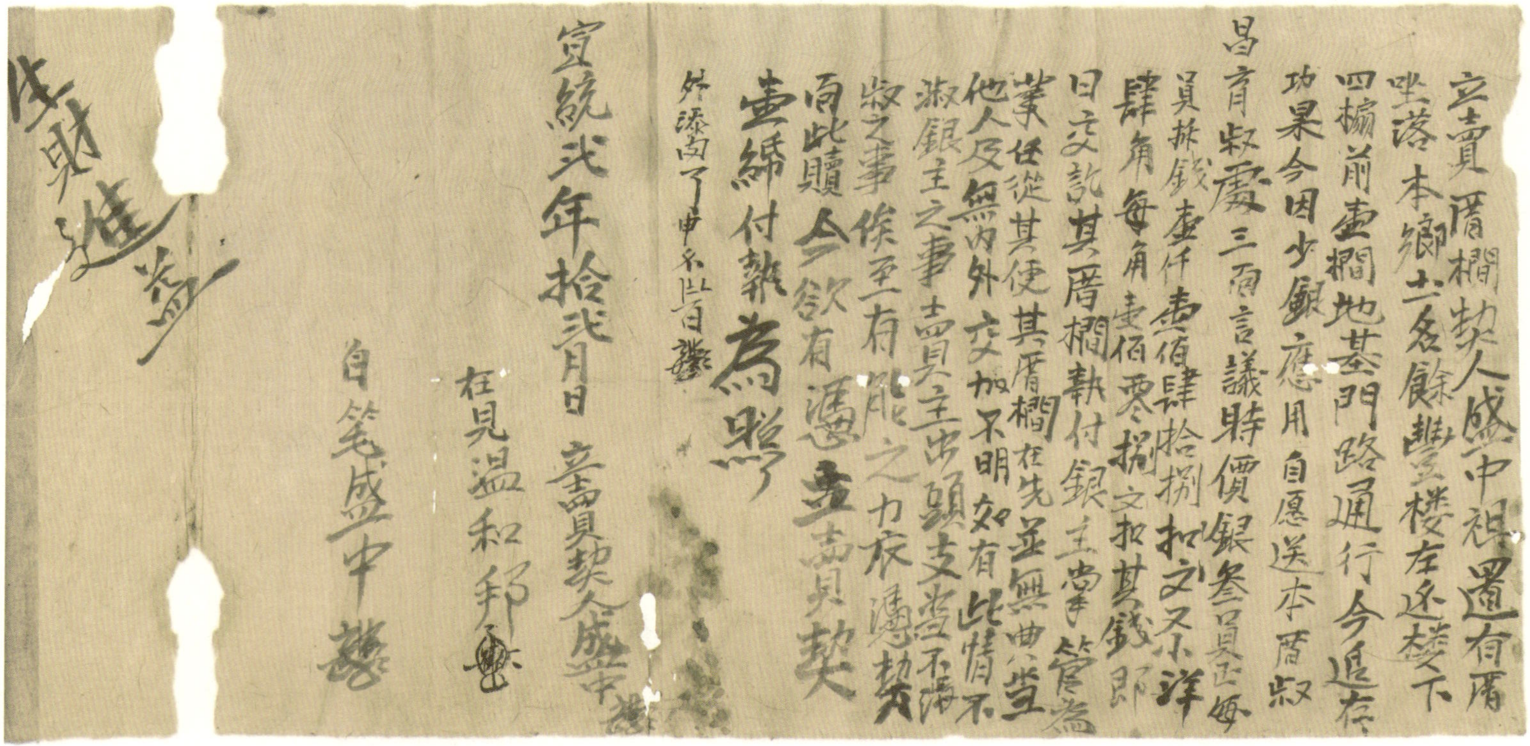

立賣厝欄契人盛中，祖遺有厝
坐落本鄉土名餘豐樓左邊樓下
四榀前壹欄地基門路通行，今退存
功果，今因少銀應用，自愿送本厝叔
昌育叔處三面言議，時價銀叁員正，每
員林錢壹仟壹佰肆拾捌文，又小洋
肆角，每角壹佰零捌文，扣其錢郎
日交訖，其厝欄執付銀主掌管為
業，任從其使，其厝欄在先並無典當
他人，及無內外交加不明，如有此情，不
涉銀主之事，賣主出頭支當，不涉
叔之事，候至一有能之力，依憑契
面此贖，今欲有憑，立賣契
壹紙付執為照。
外添內了[illegible]
宣統弍年拾弍月　日　立賣契人盛中（押）
在見温和邦（押）
自筆盛中（押）
生財進益

10-5-77-4　清宣統二年十二月黃盛中立賣厝欄契

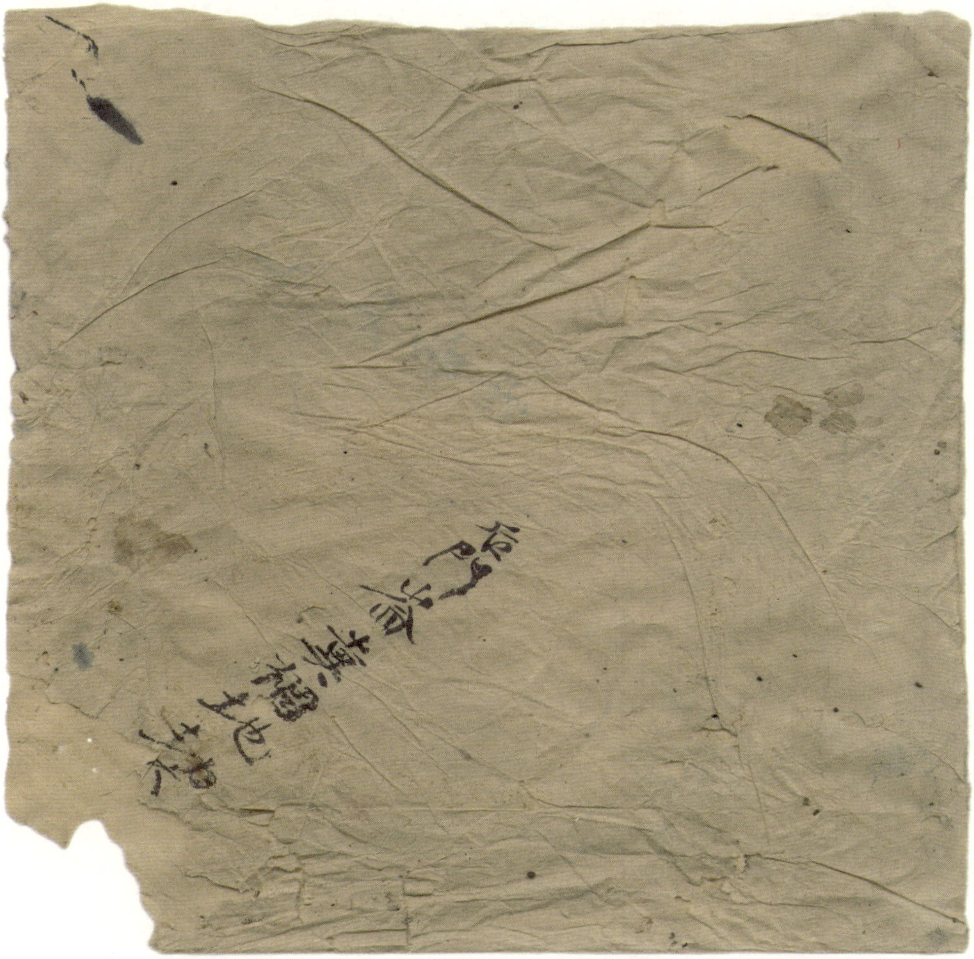

10-5-78-1 包契紙

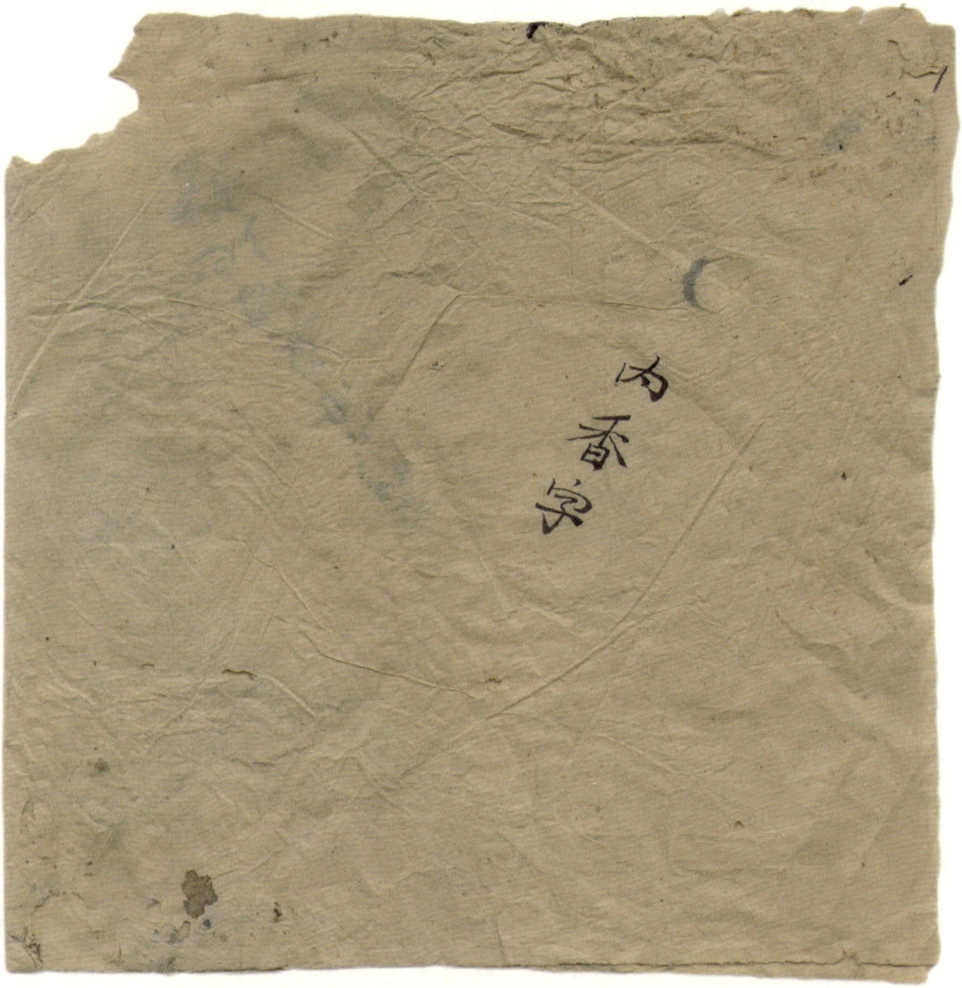

10-5-78-2 包契紙

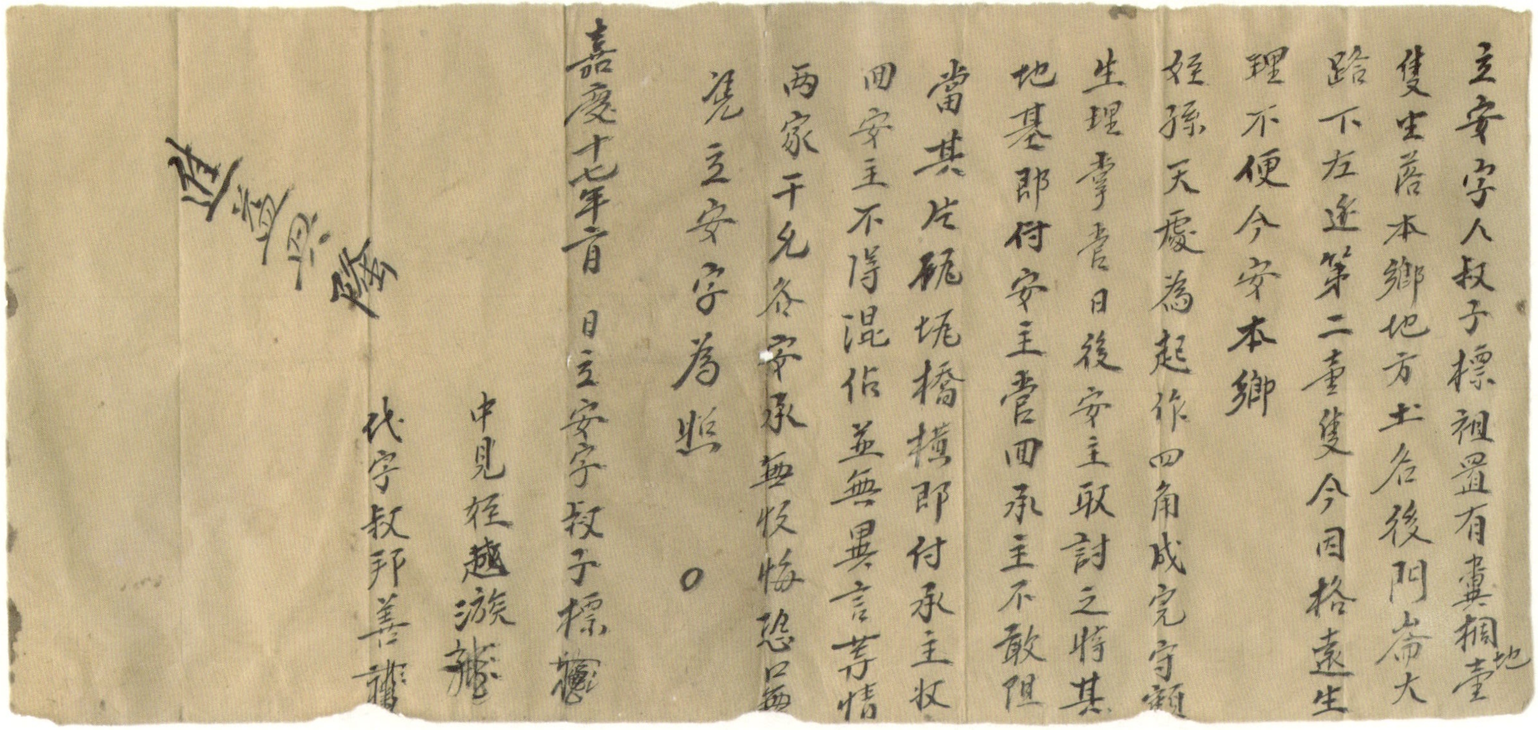

10-5-78-3 清嘉慶十七年二月黃子標立安糞棡地字

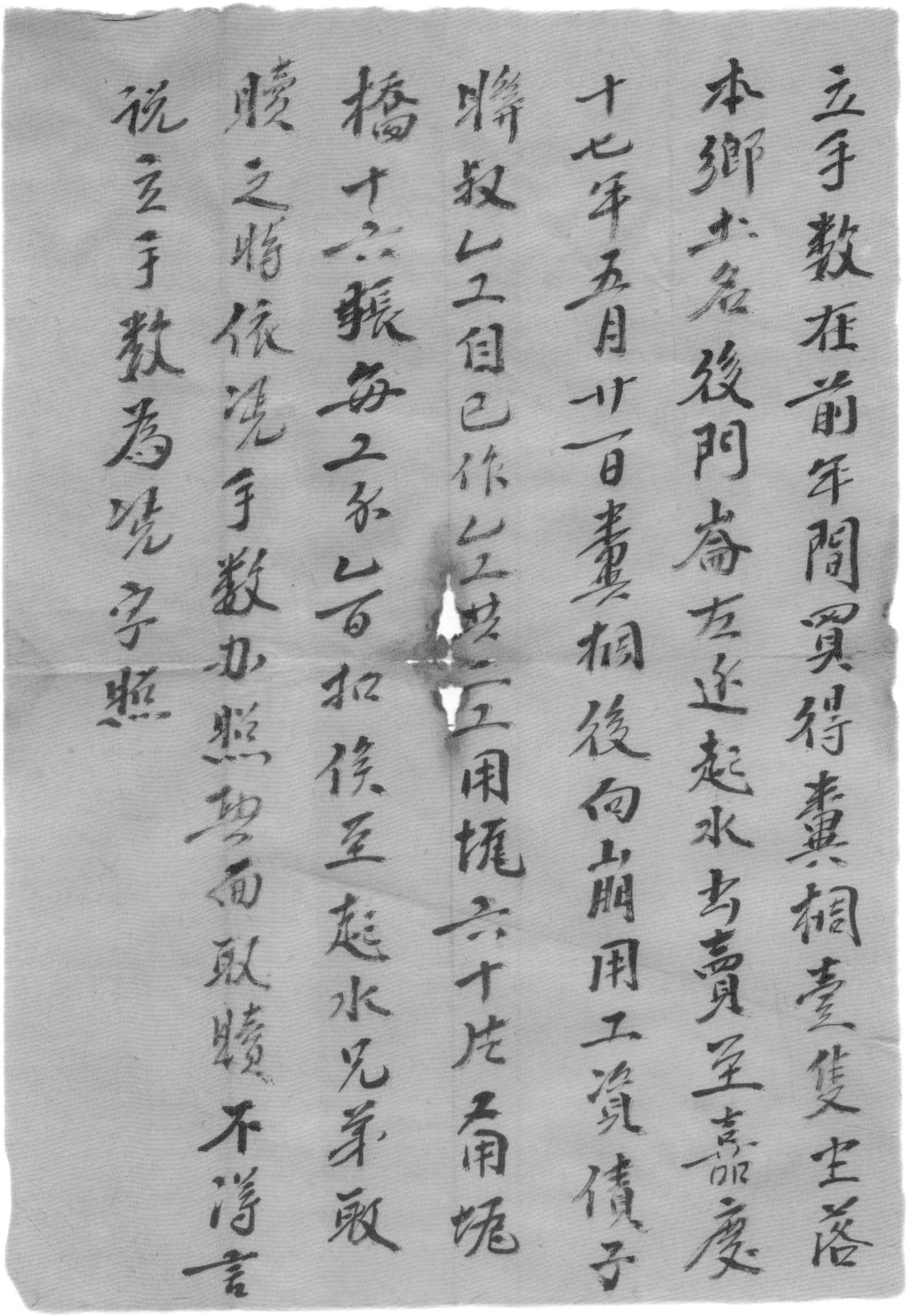
立手数在前年間買得畫冀桐壹隻坐落本鄉土名後門崙左邊起水出賣至嘉慶十七年五月廿日畫冀桐後向山崩用工資債于將叔山工自己作山工共工用塊六十片工用塊橋十六張每工承山百扣後至起水兄弟敢贖之將依洗手數加照無面取贖不得言說立手數為洗字照

10-5-78-4　清嘉慶十七年五月黄氏立手數憑字

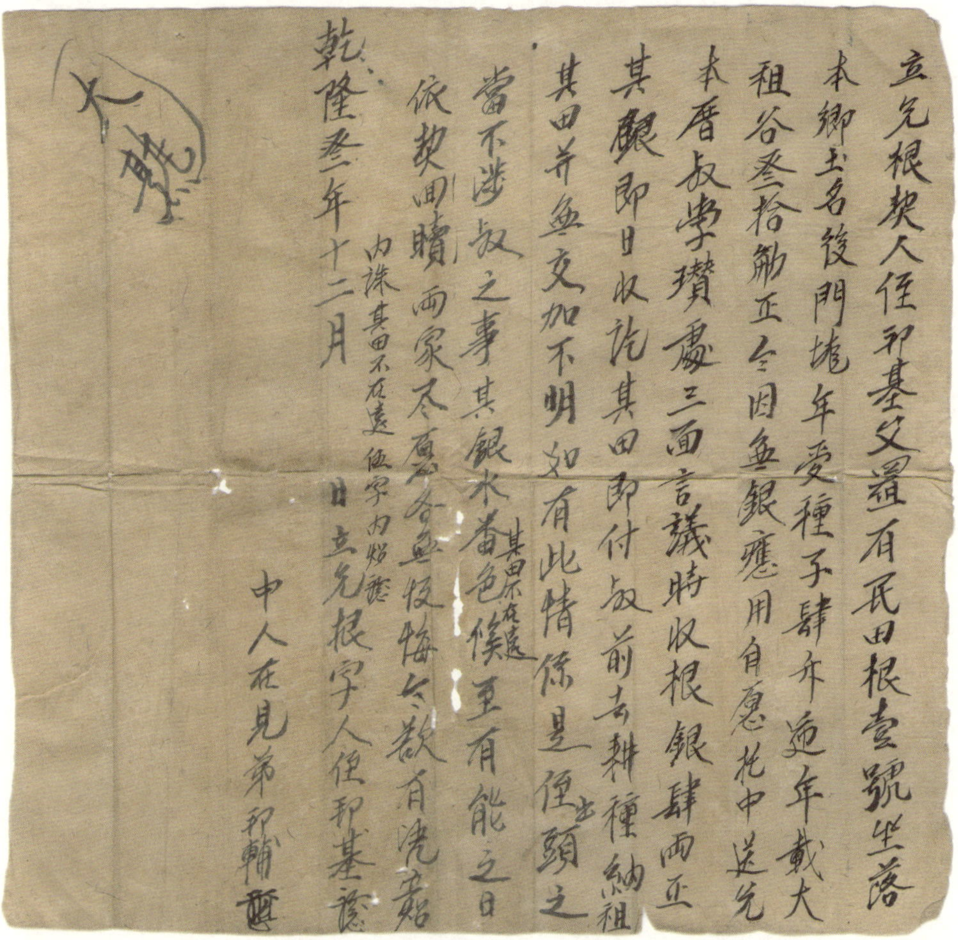
立兑根契人侄邦基父遺有民田根壹號坐落
本鄉土名後門墘年受種子肆斤遞年載大
租谷叁拾觔正今因無銀應用自愿托中送兑
本厝叔學瓚處三面言議時收根銀肆兩正
其銀即日收訖其田即付叔前去耕種納租
其田并無交加不明如有此情係是侄出頭之
當不涉叔之事其銀水番色其田不在遠候至有能之日
依契回贖兩家各愿各無反悔今欲有凭立兑
內誅其田不在遠伍字內炤號
乾隆叁年十二月日立兑根字人侄邦基號
中人在見弟邦輔號

10-5-79-1　清乾隆三年十二月黄邦基立兑民田根契

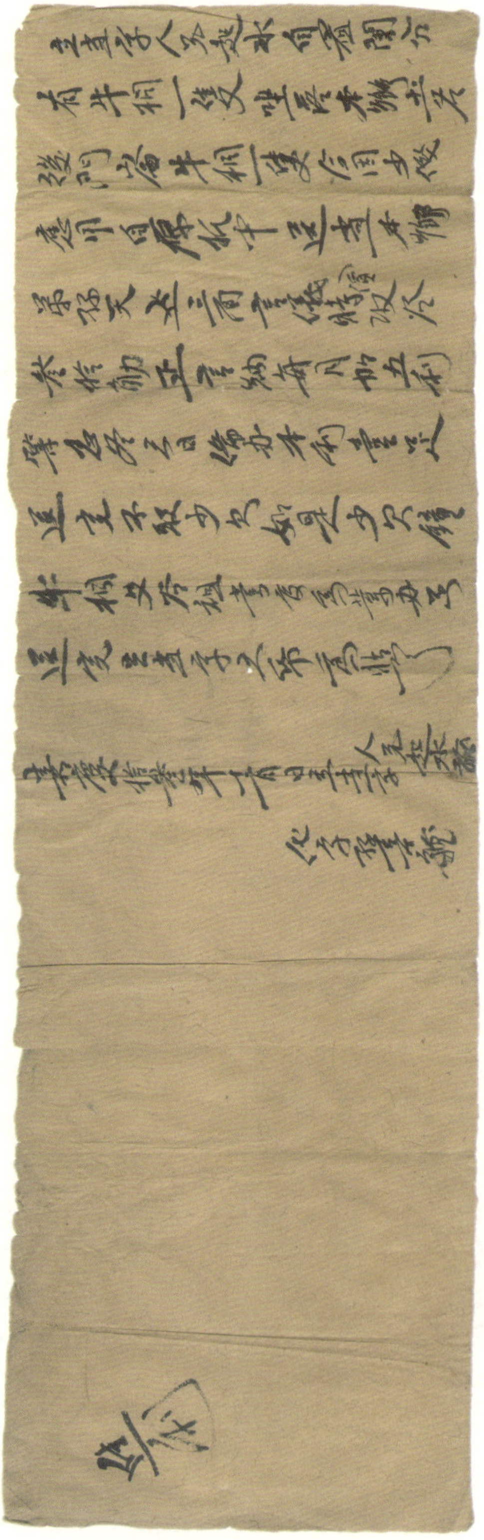

10-5-79-2 清嘉慶十三年十二月黃起水立當牛椆字

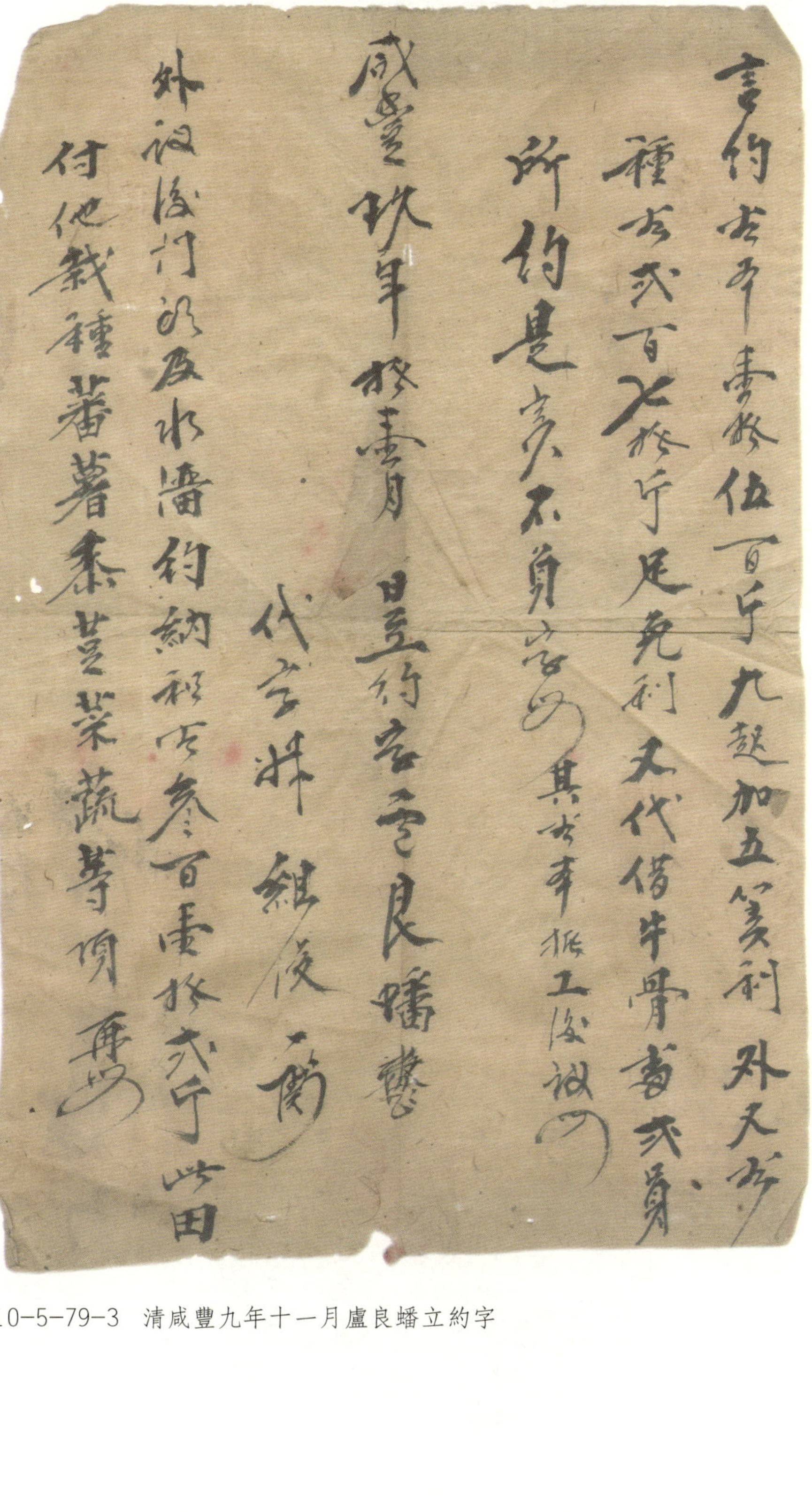

立約字本壹拾伍百斤九起加五算利 外又字
種字弍百七拾斤足兌利 又代借牛骨壹弍角
所約是實不負字也 其字本拆工後約內
咸豐玖年拾壹月 日立約字盧良蟠 押
代字林 維俊 筆
外約後門路及水漕約納租穀參百壹拾弍斤此田
付他栽種蕃薯黍豈菜蔬等項 再照

10-5-79-3　清咸豐九年十一月盧良蟠立約字

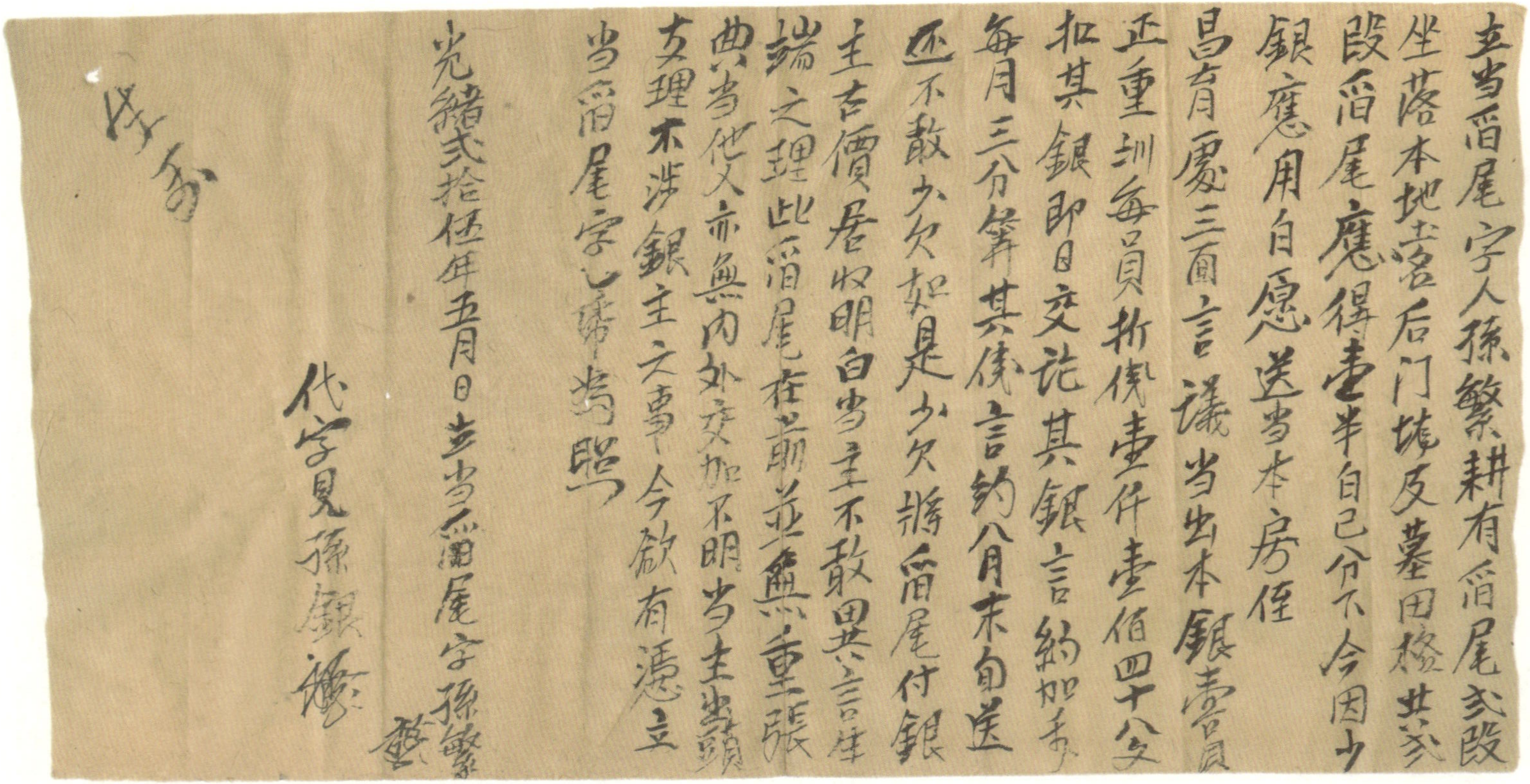

立当稻尾字人孫繁耕有稻尾弍段
坐落本地土名后门埔及墓田檢共弍
段稻尾應得壹半自己分下今因少
銀應用自愿送当本房侄
昌育處三面言議当出本銀壹員
正重训每員折俵壹仟壹佰四十文
扣其銀即日交訖其銀言約加手
每月三分算其俵言約八月末自送
还不敢少欠如是少欠將稻尾付銀
主古價居收明白当主不敢異言生
端之理此稻尾在前並無重張
典当他人亦無内外交加不明当主出頭
支理不涉銀主之事今欲有憑立
当稻尾字一紙為照
光緒弍拾伍年五月日立当稻尾字孫繁
代字見孫銀標

10-5-79-4　清光緒二十五年五月黃孫繁立當稻尾字

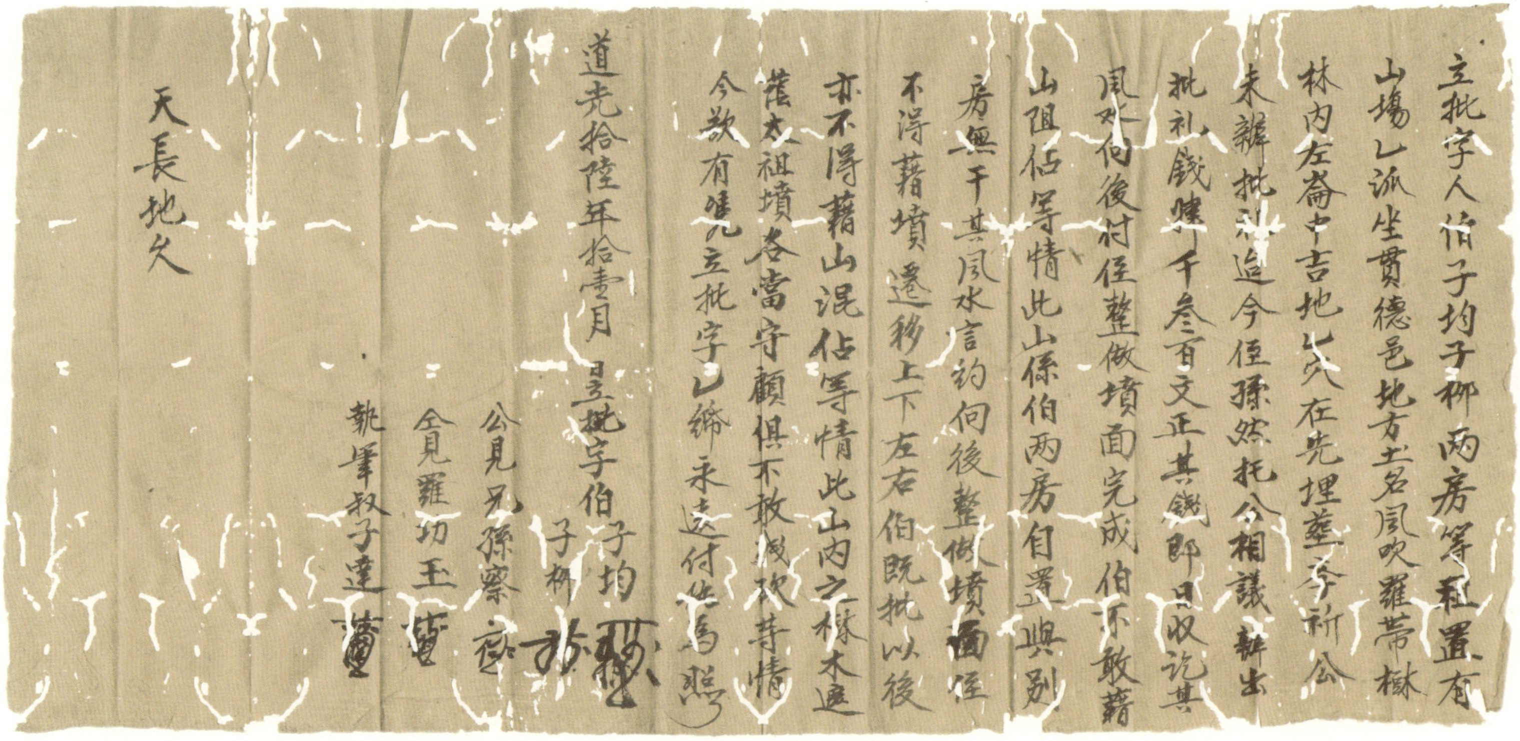

立批字人伯子均子柳兩房等承置有
山場乙派坐貫德邑地方土名鳳吹羅帶樹
林內左畔中吉地乙穴在先埋葬今祈公
未辦批礼迨今侄孫然托公相議斷出
批礼錢肆千叁百文正其錢即日收訖其
風水伯後付侄整做墳面完成伯不敢藉
山阻佔等情此山係伯兩房自置與別
房無干其風水言約向後整做墳面侄
不得藉墳遷移上下左右伯既批以後
亦不得藉山混佔等情此山內之樹木遞
蔭太祖墳各當守顧俱不敢砍伐等情
今欲有憑立批字乙紙永遠付侄為照
道光拾陸年拾壹月　日立批字伯子均（押）
子柳（押）
公見兄孫察（押）
仝見羅功玉（押）
執筆叔子達（押）
天長地久

10-5-80-1　清道光十六年十一月黄子均等立批吉地字

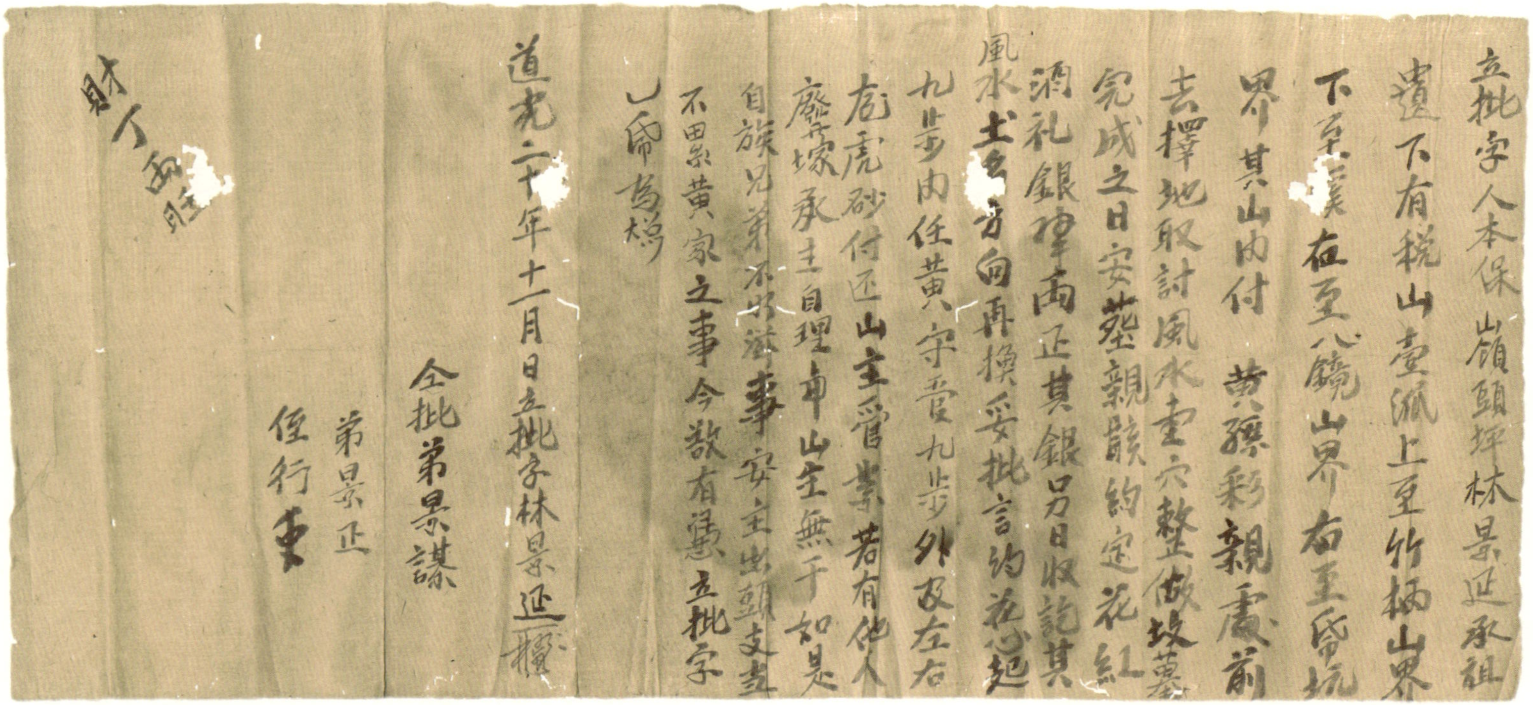
立批字人本保山嶺頭坪林景延承祖
遺下有税山壹派上至竹柄山界
下至□溪左至八鏡山界右至□坑
界其山內付　黃孫彩親處前
去擇地取討風水壹穴整做坟墓
完成之日安葬親骸約定花紅
酒礼銀肆兩正其銀即日收訖其
風水土□方向再換妥批言約□心起
九步內任黃、守管九步外及左右
龍虎砂付延山主管業若有他人
廢壞承主自理與山主無干如是
自族兄弟不得滋事安主出頭支當
不田□黃家立事今欲有憑立批字
一帋為據
道光二十年十一月日立批字林景延
仝批弟景謀
弟景正
侄行東
財丁兩旺

10-5-80-2　清道光二十年十一月林景延等立批風水字

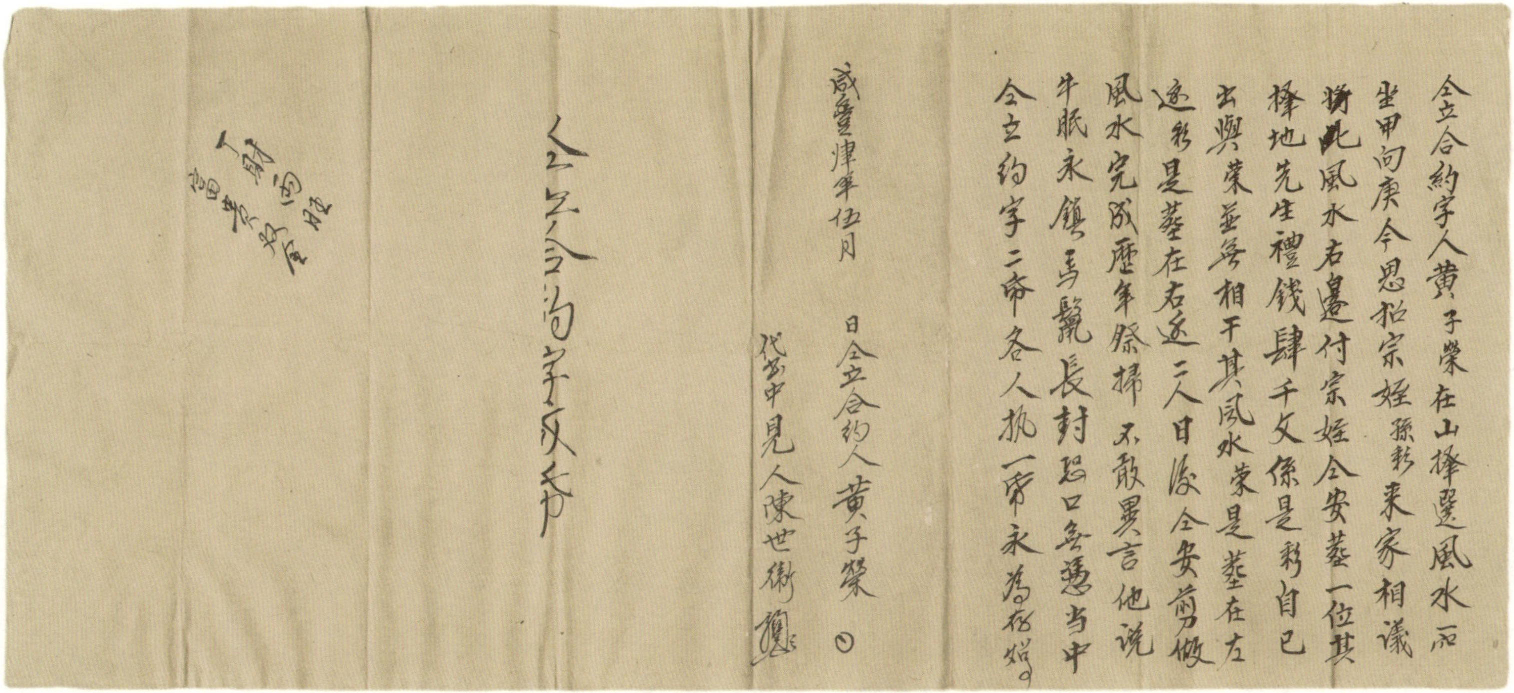

仝立合約字人黄子榮在山擇選風水，丙
坐甲向庚，今思招宗姪孫彩来家相議，
將此風水右邊付宗姪仝安葬一位。其
擇地先生禮錢肆千文，係是彩自己
出與榮並無相干。其風水榮是葬在左
邊，彩是葬在右邊，二人日後仝安蔭做
風水，完成歷年祭掃，不敢異言他說。
牛眠永鎮，馬鬣長封。恐口無憑，当中
仝立約字二帋，各人執一帋，永為存炤。

咸豐肆年伍月　日仝立合約人黄子榮
代書中見人陳世衛

仝立合約字[illegible]

10-5-80-3　清咸豐四年五月黃子榮仝立合約字

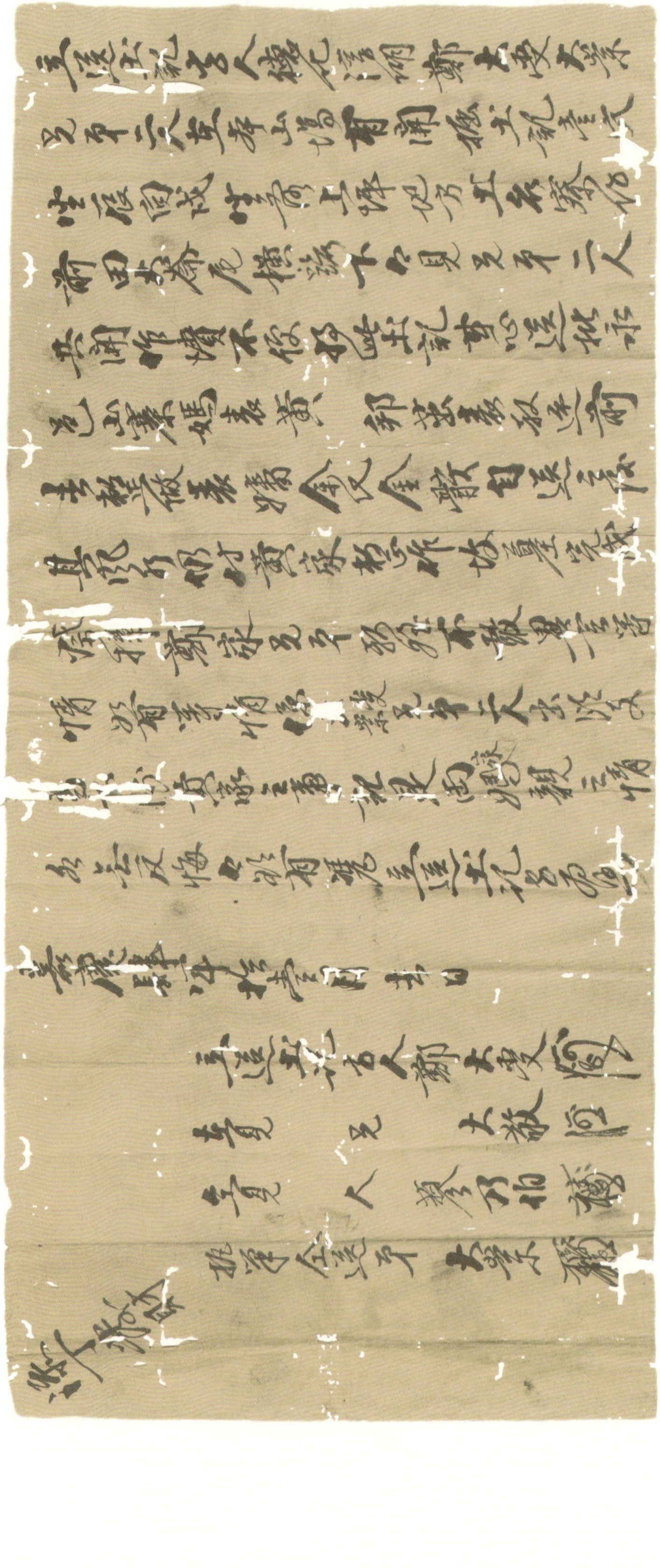

立送土記字人德化湑洲鄭大受、大榮
兄弟二人，在本山場有開墾土記壹穴，
坐辰向戌，地方土名寮仔
前田尾横路下。今見兄弟二人
共開作墳不便，將此土記甘心送批永
遠山寨媽表黃　郭茲表叔送前
去新埕做表孀金氏金骸，自送之后，
其墳仍付黃家永遠作故墓，完成
祭掃。鄭家兄弟務務不敢異言等
情。此者等情，係大榮兄弟二人出于送
與黃家之事，此是兩願親親之情，
不至反悔。今欲有憑，立送土記字為照。
嘉慶肆年拾壹月　日
立送土記字人鄭大受（押）
在見　兄　大敬（押）
在見　人　黎乃伯（押）
執筆　仝送弟　大榮（押）
添丁發財

10-5-81-1　清嘉慶四年十一月德化鄭大受等立送土記字

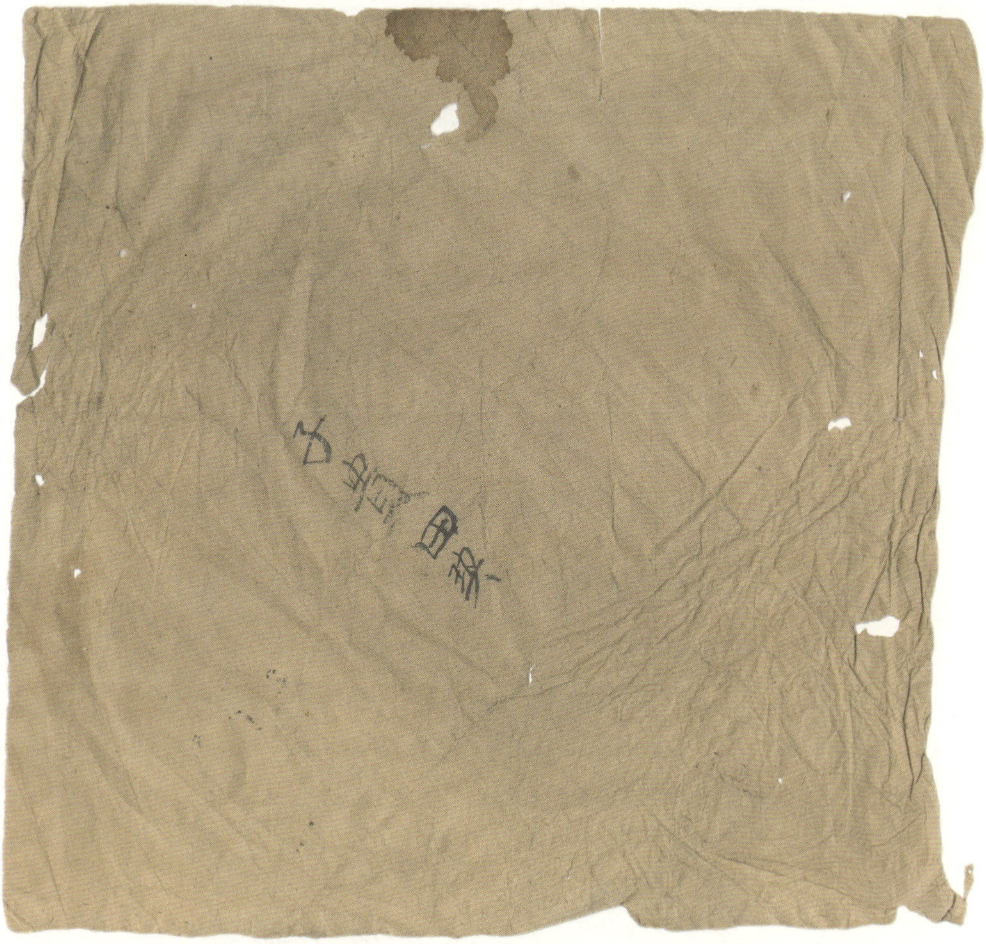

10-5-82-1　包契紙

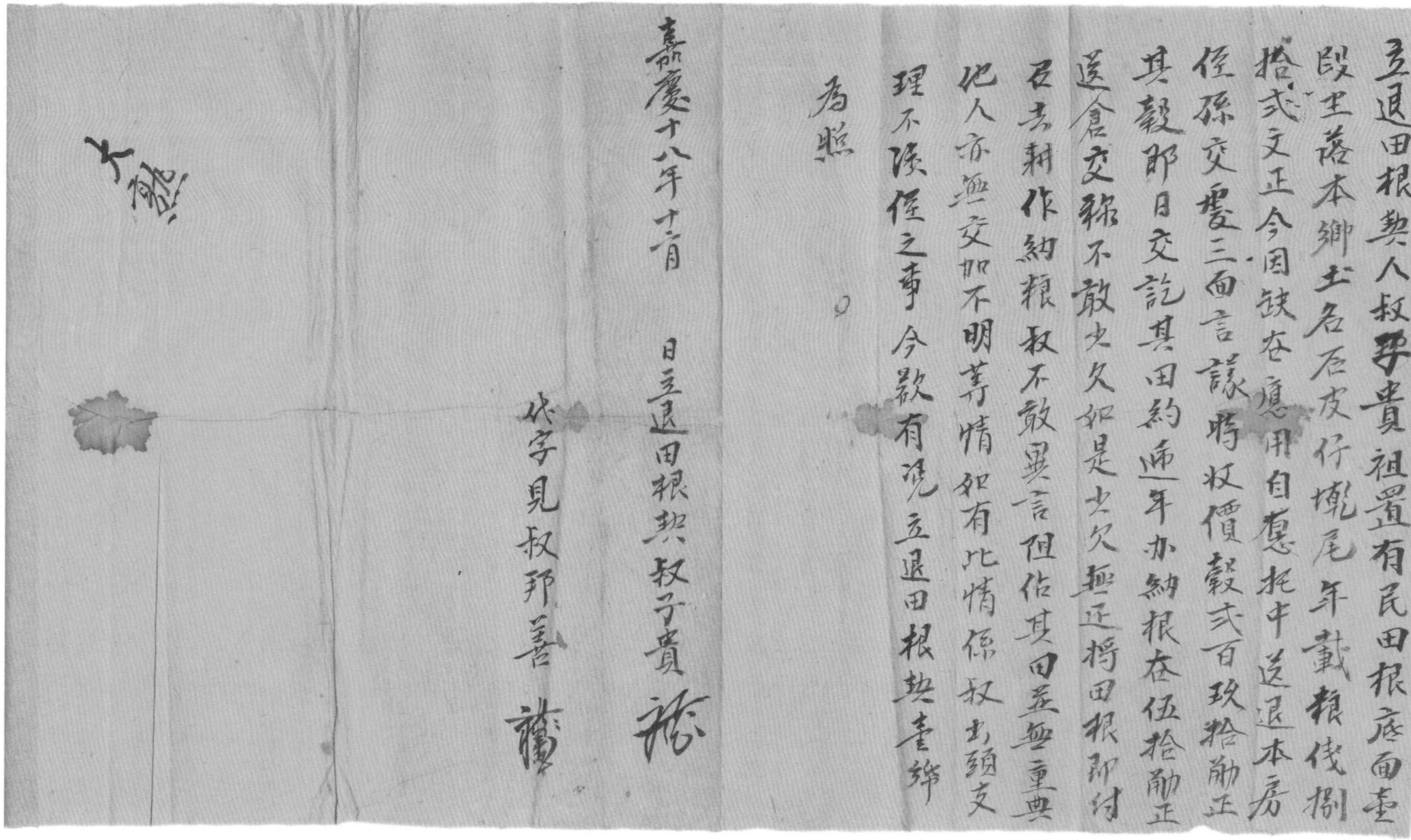

立退田根契人叔子貴祖置有民田根底面壹
段坐落本鄉土名石皮仔墘尾年載粮伐捌
拾式文正今因缺在應用自愿托中送退本房
侄孫交畫三面言議將收價穀式百玖拾觔正
其穀即日交訖其田約亦逐年加納根在伍拾觔正
送倉交秤不敢少欠如是少欠應從將田根即付
侄去耕作納粮叔不敢異言但佔其田並無重典
他人亦無交加不明等情如有此情係叔出頭支
理不涉侄之事今欲有憑立退田根契壹紙
為照

嘉慶十八年十二月　日立退田根契叔子貴

代字見叔邦善

大吉

10-5-82-2　清嘉慶十八年十二月黃子貴立退民田根契

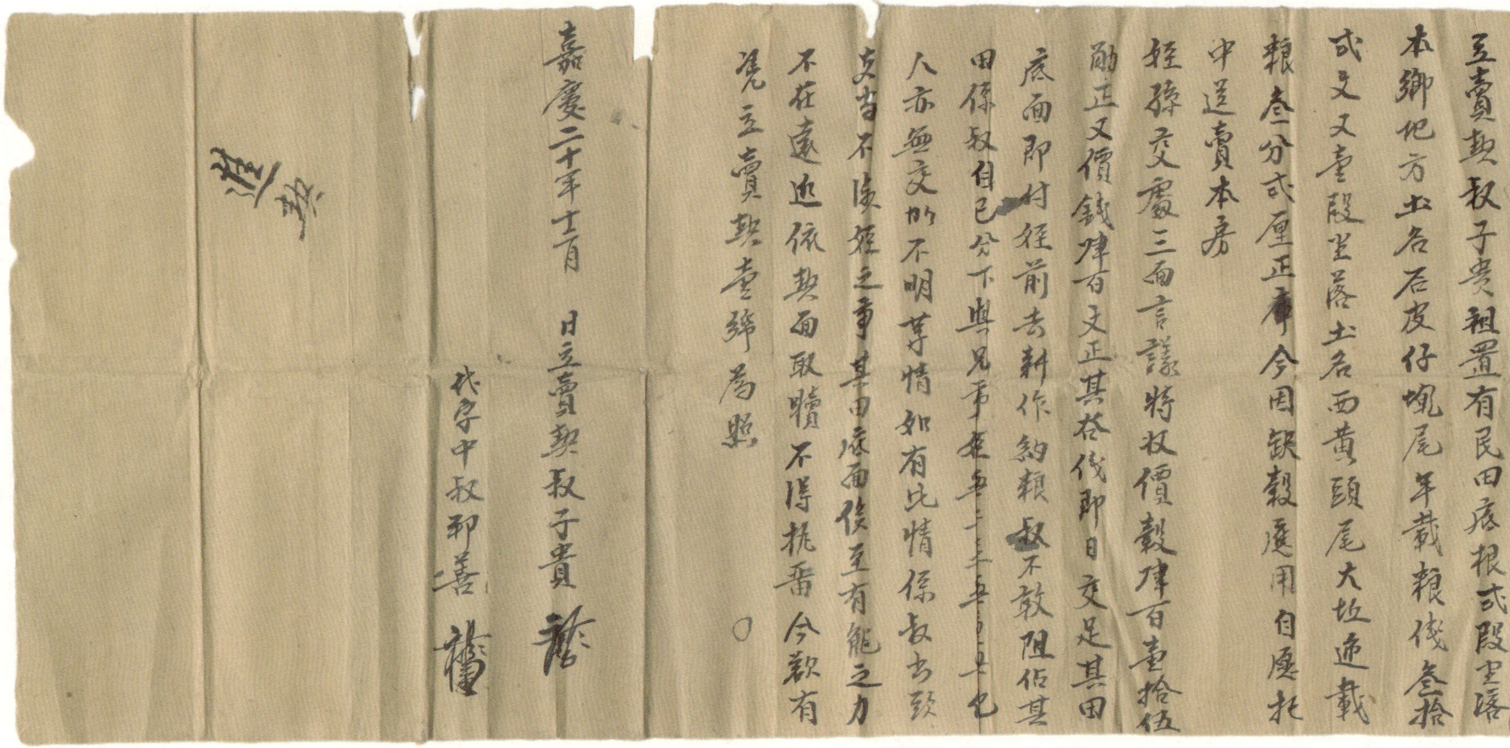

立賣契叔子貴祖置有民田底根弍段坐落
本鄉化方土名石皮仔蜆尾年載粮錢叁拾
弍文又壹段坐落土名西黄頭尾大坵迹載
粮叁分弍厘正今因缺穀應用自愿托
中送賣本房
姪孫交處三面言議時值價穀肆百壹拾伍
觔正又價錢肆百文正其谷錢即日交足其田
底面即付姪前去耕作納粮叔不敢阻佔其
田係叔自己分下與兄弟[illegible]也
人亦無交加不明等情如有此情係叔出頭
支當不涉姪之事其田底面後至有能之力
不在遠近依契面取贖不得挑番今欲有
憑立賣契壹紙為照　○
嘉慶二十年十二月　日立賣契叔子貴（押）
代字中叔郁善（押）
[illegible]

10-5-82-3　清嘉慶二十年十二月黃子貴立賣民田底根契

子錦道光柒年借字

10-5-83-1　包契紙

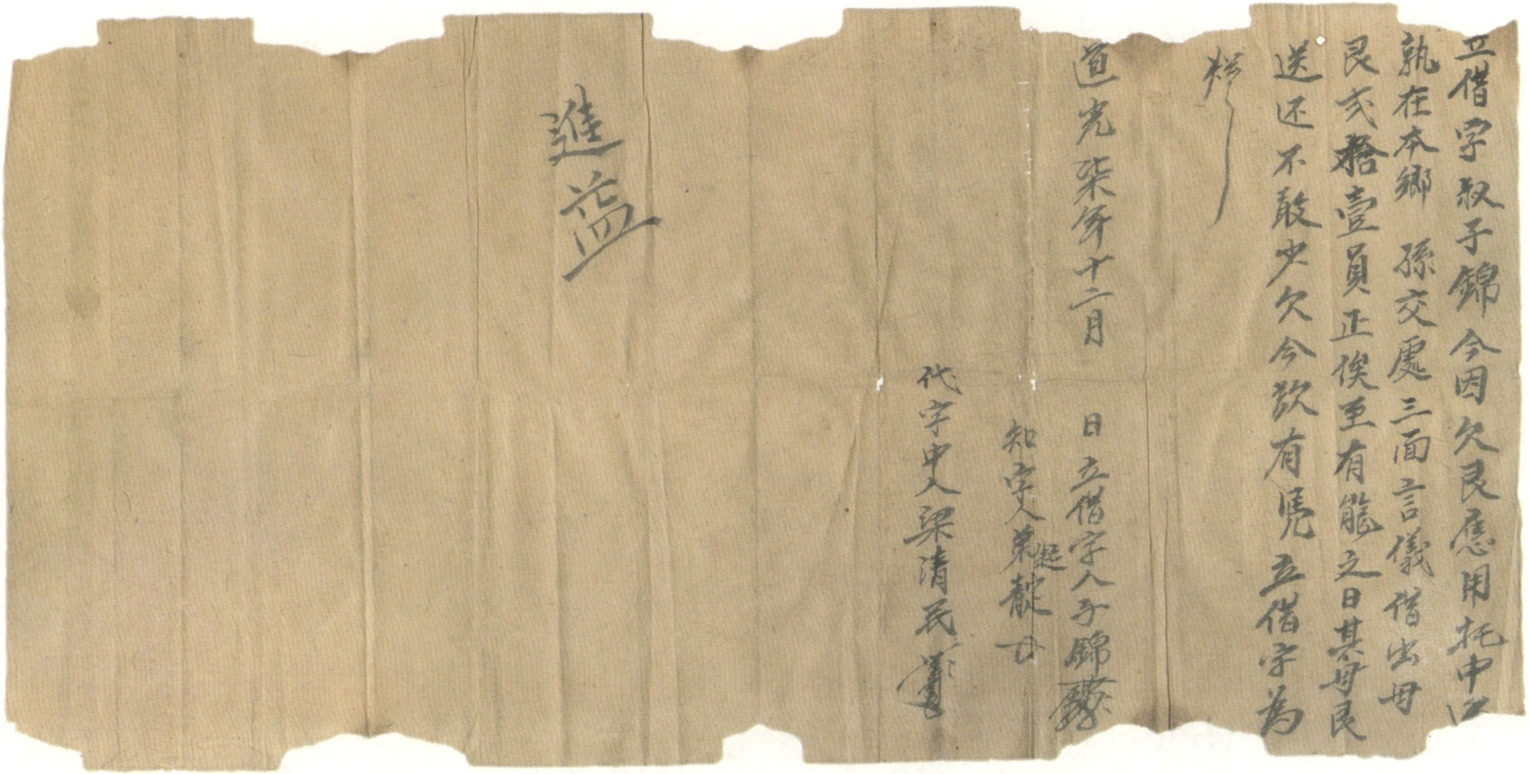
立借字叔子錦今因欠艮應用托中送
就在本鄉　孫交處三面言議借出母
艮弍拾壹員正俟至有能之日其母艮
送还不敢少欠今欲有凭立借字為
炤

道光柒年十二月　日立借字人子錦（押）
知字人葉起猷
代字中人梁清氏（押）

進益

10-5-83-2　清道光七年十二月黄子錦立借母銀字

[illegible]書田契

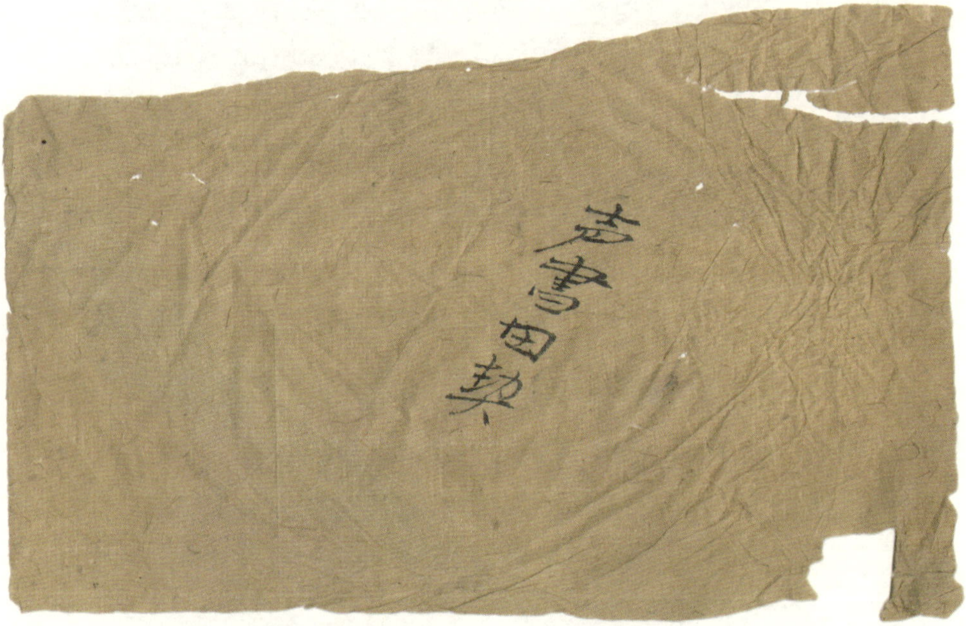

10-5-84-1　包契紙

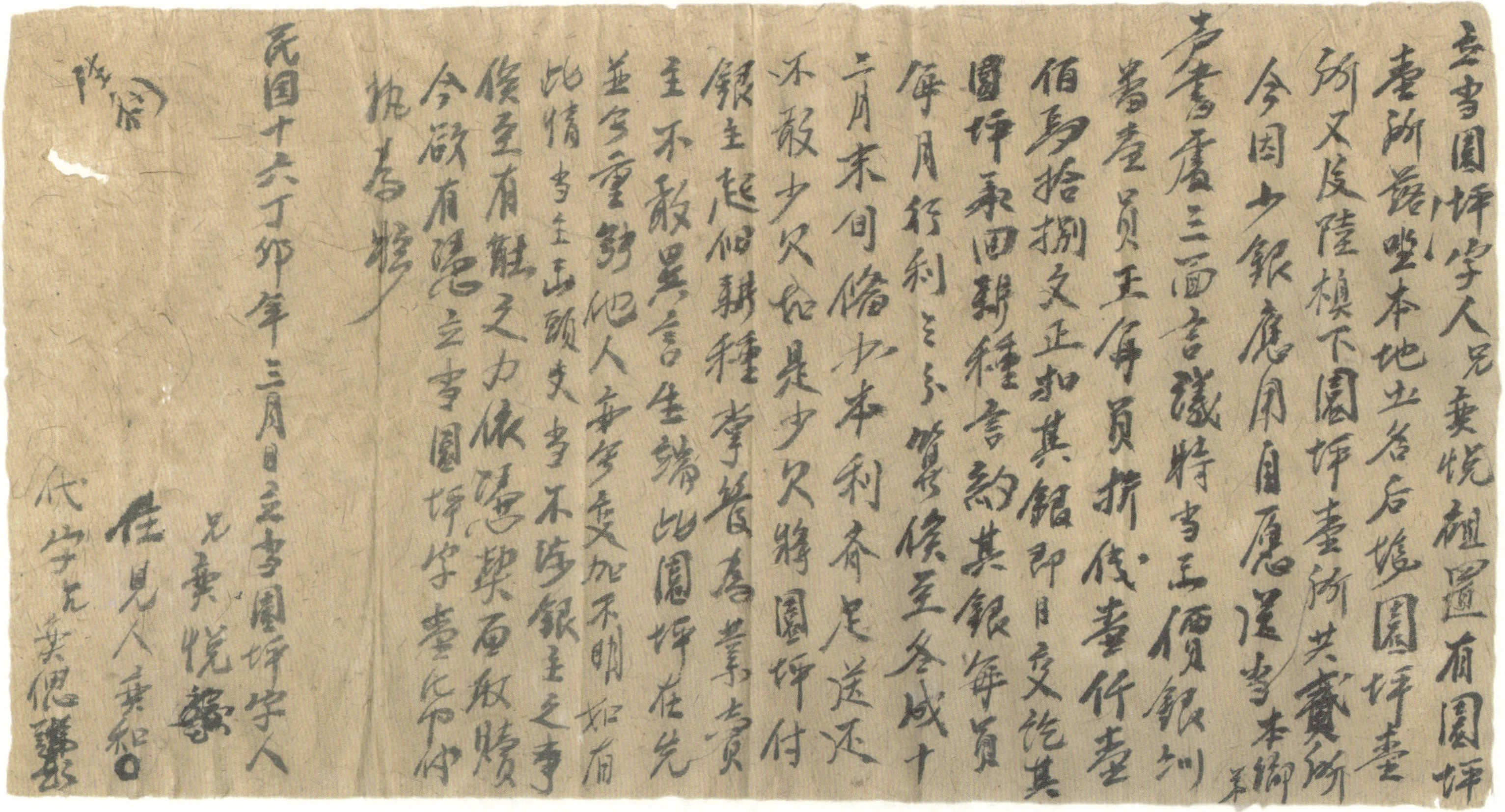
立當園坪字人兄奕悅，祖置有園坪
壹所，落坐本地土名后塆園坪壹
所，又及陸模下園坪壹所，共貳所，
今因少銀應用，自愿送當本鄉弟
壽處，三面言議，特當去價銀捌
拾壹員正，每員折錢壹仟壹
佰馬拾捌文正，如其銀即日交訖，其
園坪永佃耕種，言約其銀每員
每月行利ミ分算，候至冬成十
二月末日備本利齊足送還，
不敢少欠。如是少欠，將園坪付
銀主起佃耕種，掌管為業，當
主不敢異言生端。此園坪在先
並無重典他人，亦無交加不明。如有
此情，當主出頭支當，不涉銀主之事。
候至有甦之力，依照契面取贖。
今欲有憑，立當園坪字壹紙，付
執為照。
民國十六丁卯年三月 日立當園坪字人
兄奕悅（押）
在見人弟奕和（押）
代字兄奕偲（押）

10-5-84-2 民國十六年三月黃奕悅立當園坪字

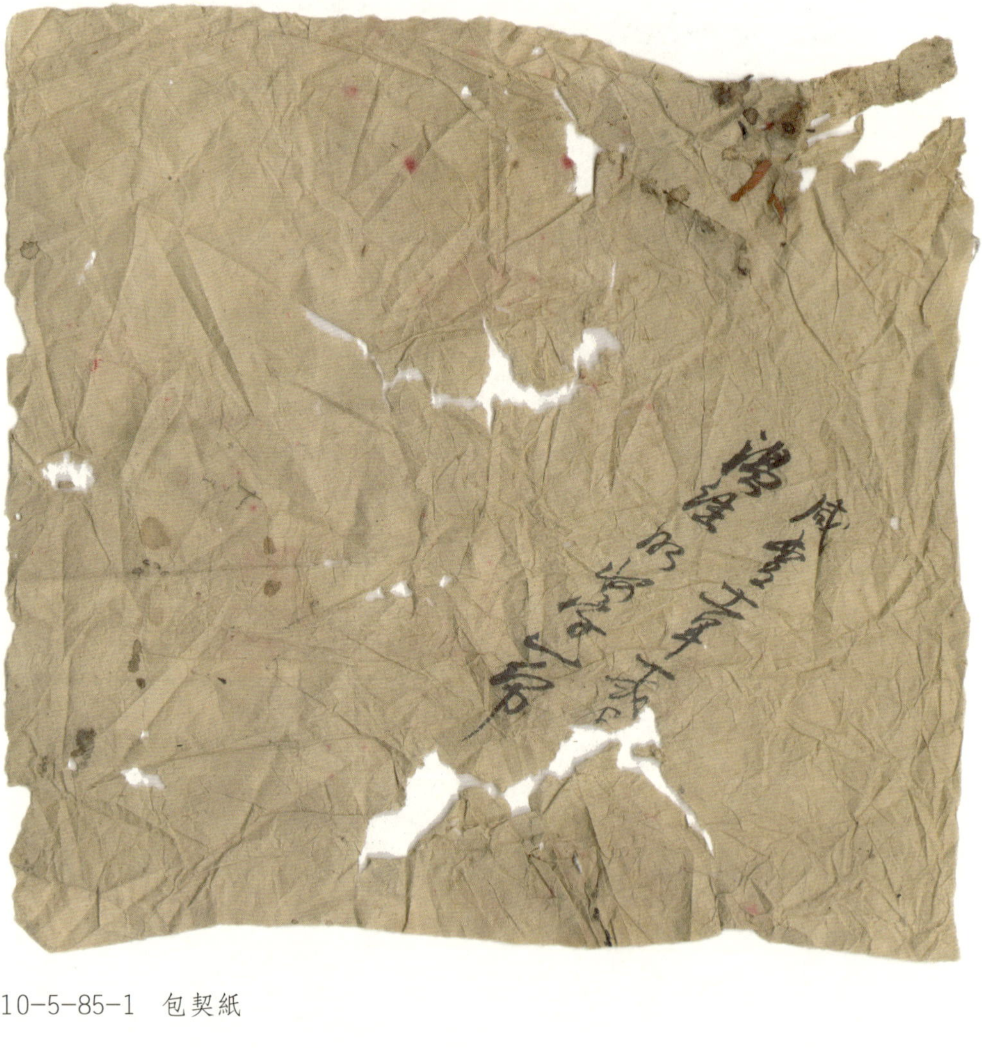

10-5-85-1　包契紙

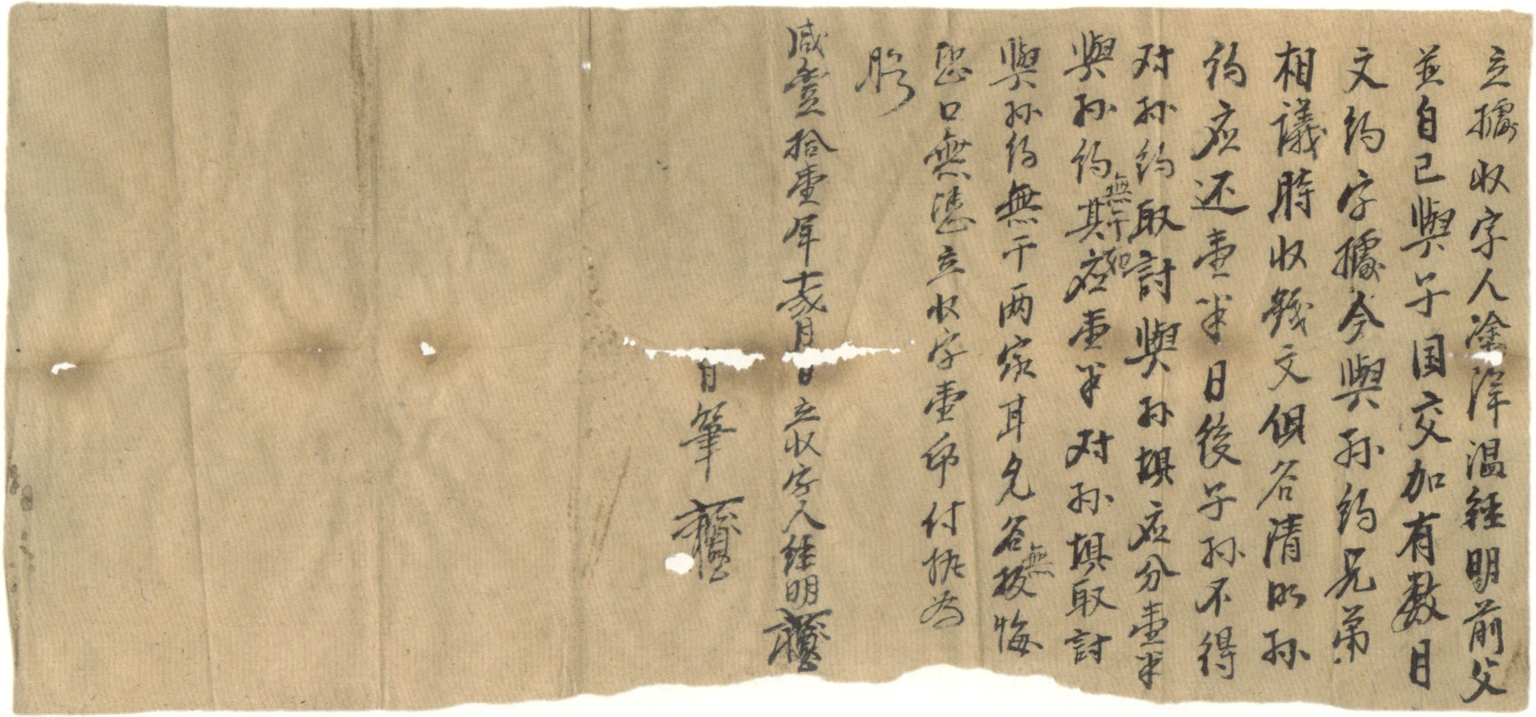

10-5-85-2　清咸豐十一年十二月温經明立據收字

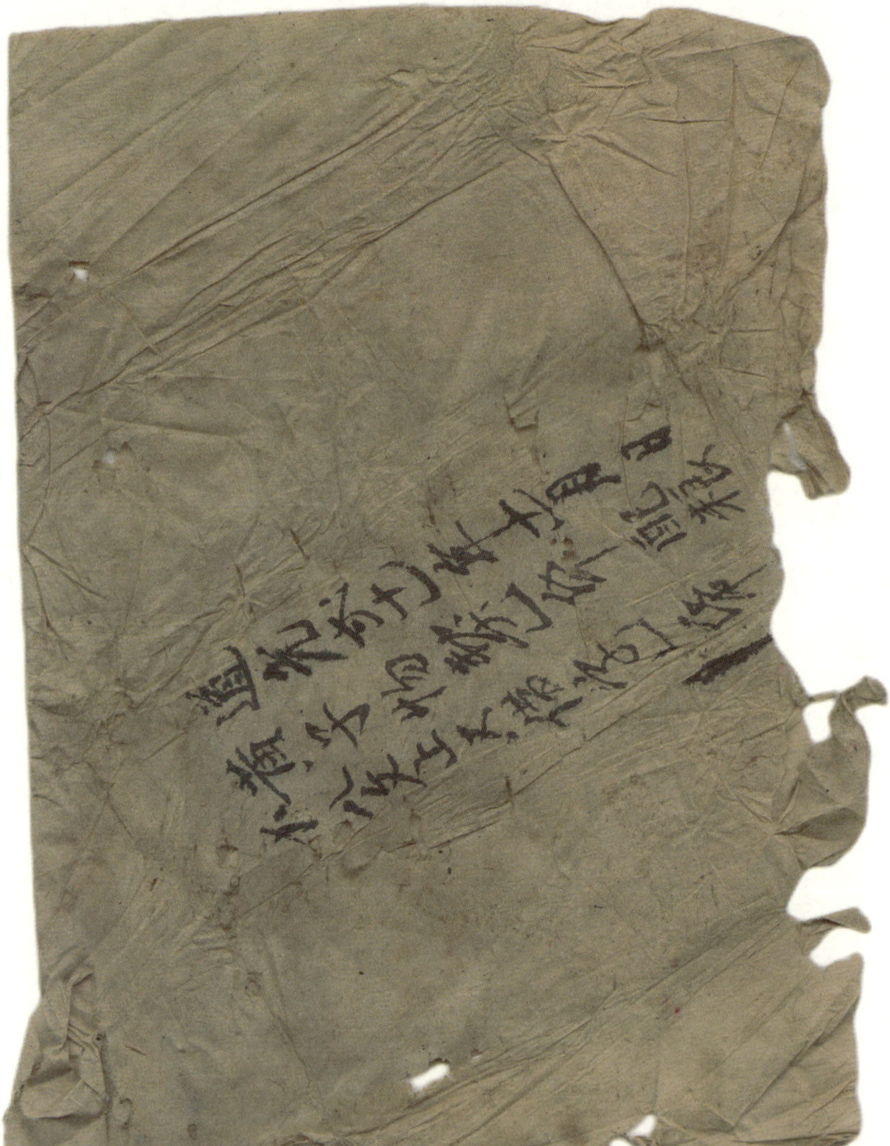

10-5-86-1　包契紙

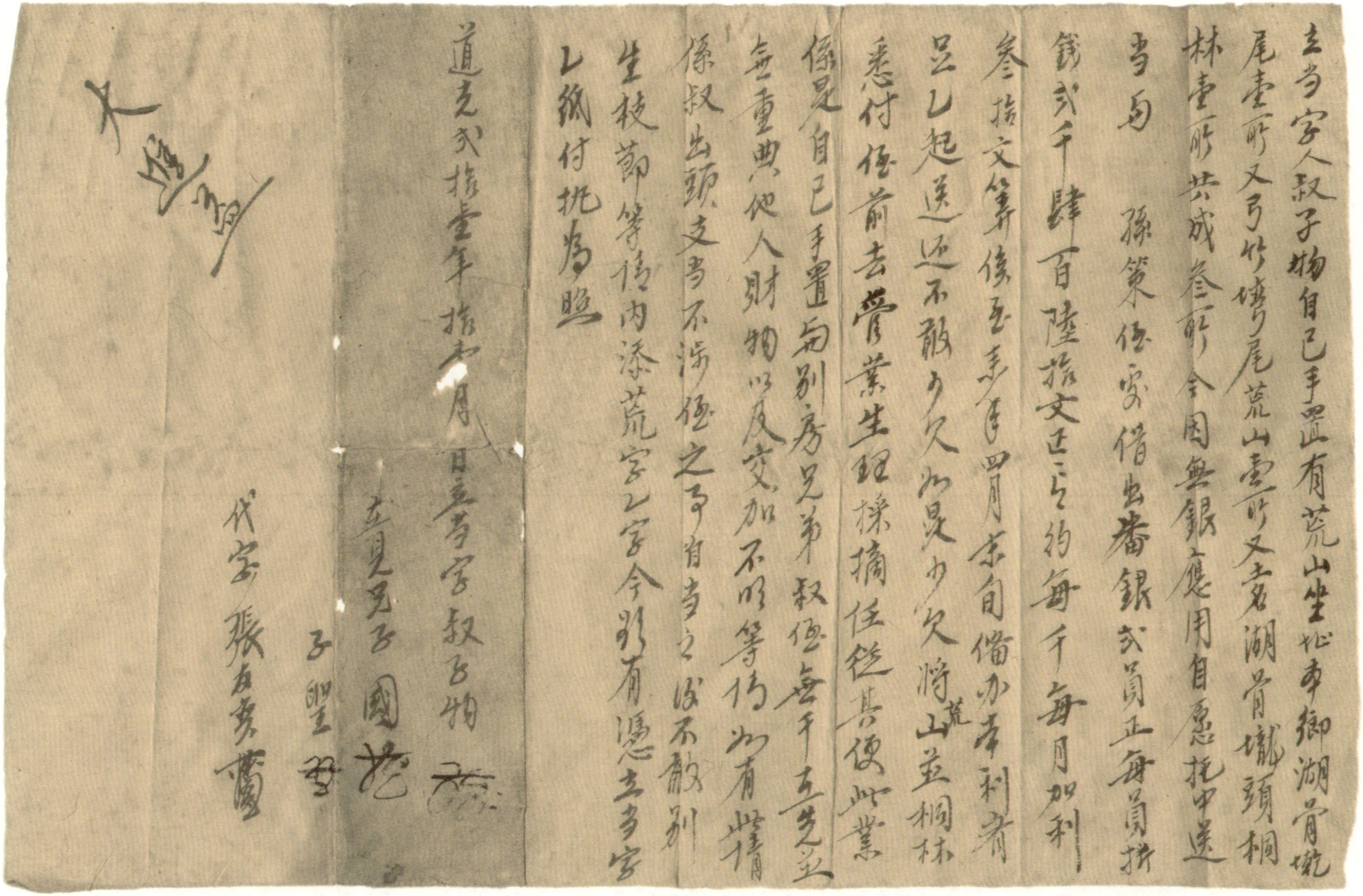

10-5-86-2　清道光二十一年十一月黄子物立當荒山字

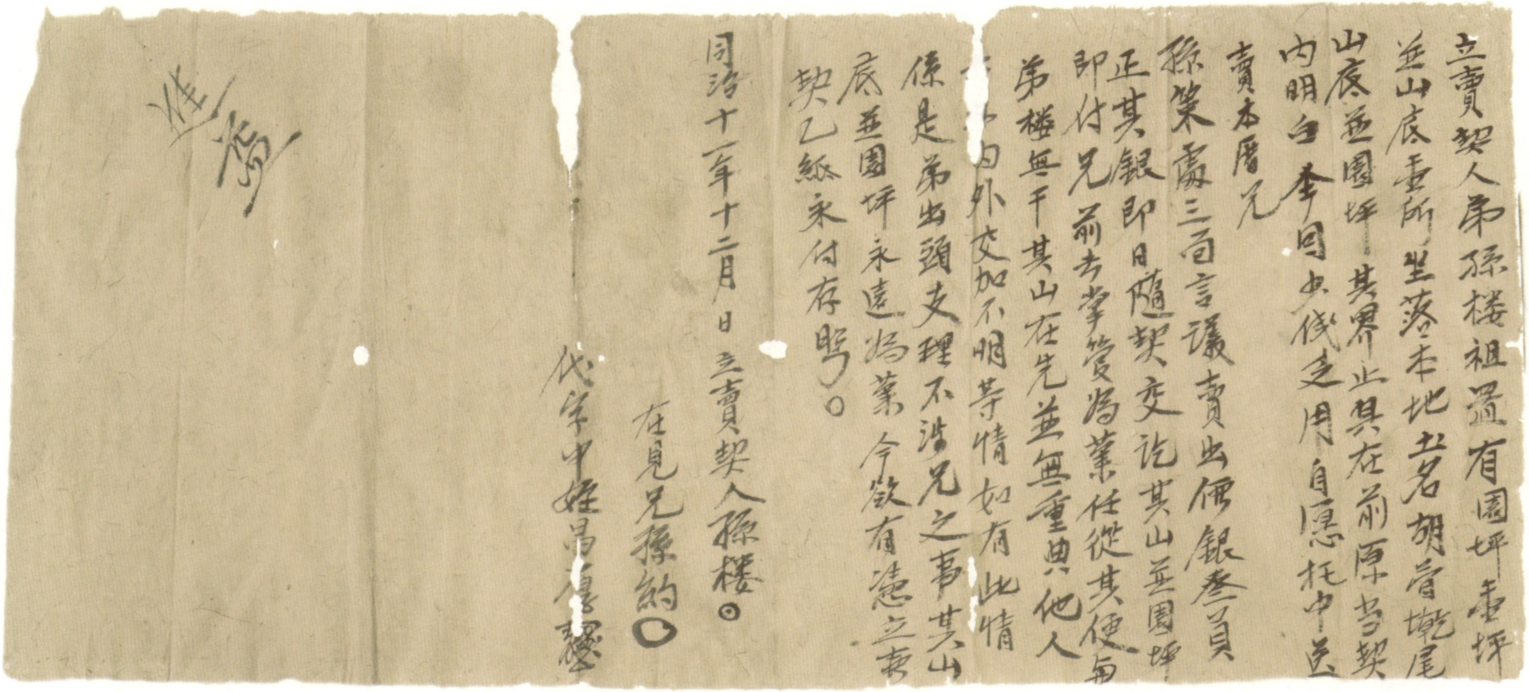

立賣契人弟孫樓祖置有園坪壹坪
並山底壹所，坐落本地土名胡音墘尾
山底並園坪，其界止具在前原老契
內明白。今因無錢乏用，自愿托中送
賣本厝兄
孫策處，三面言議賣出價銀叁員
正，其銀即日隨契交訖，其山並園坪
即付兄前去掌管爲業，任從其便，與
弟樓無干。其山在先並無重典他人
[illegible]內外交加不明等情，如有此情
係是弟出頭支理，不涉兄之事。其山
底並園坪永遠爲業，今欲有憑，立賣
契乙紙，永付存照。○

同治十一年十二月　日立賣契人孫樓○

在見兄孫約○

代筆中姪昌鑾

進賣

10-5-86-3　清同治十一年十二月黄孫樓立賣園坪契

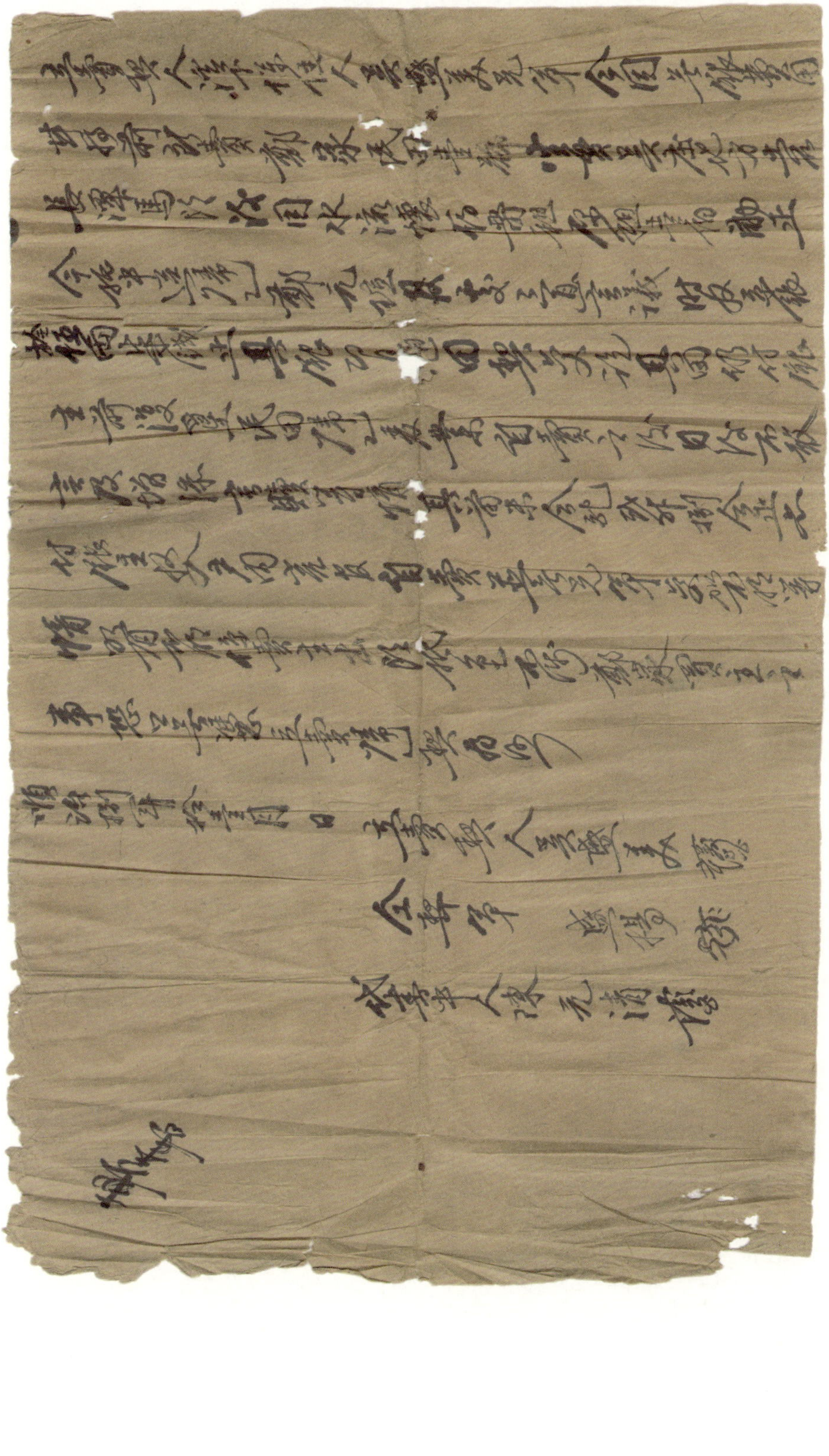

10-5-87-1　清順治八年十一月吳盛美等立賣民田契

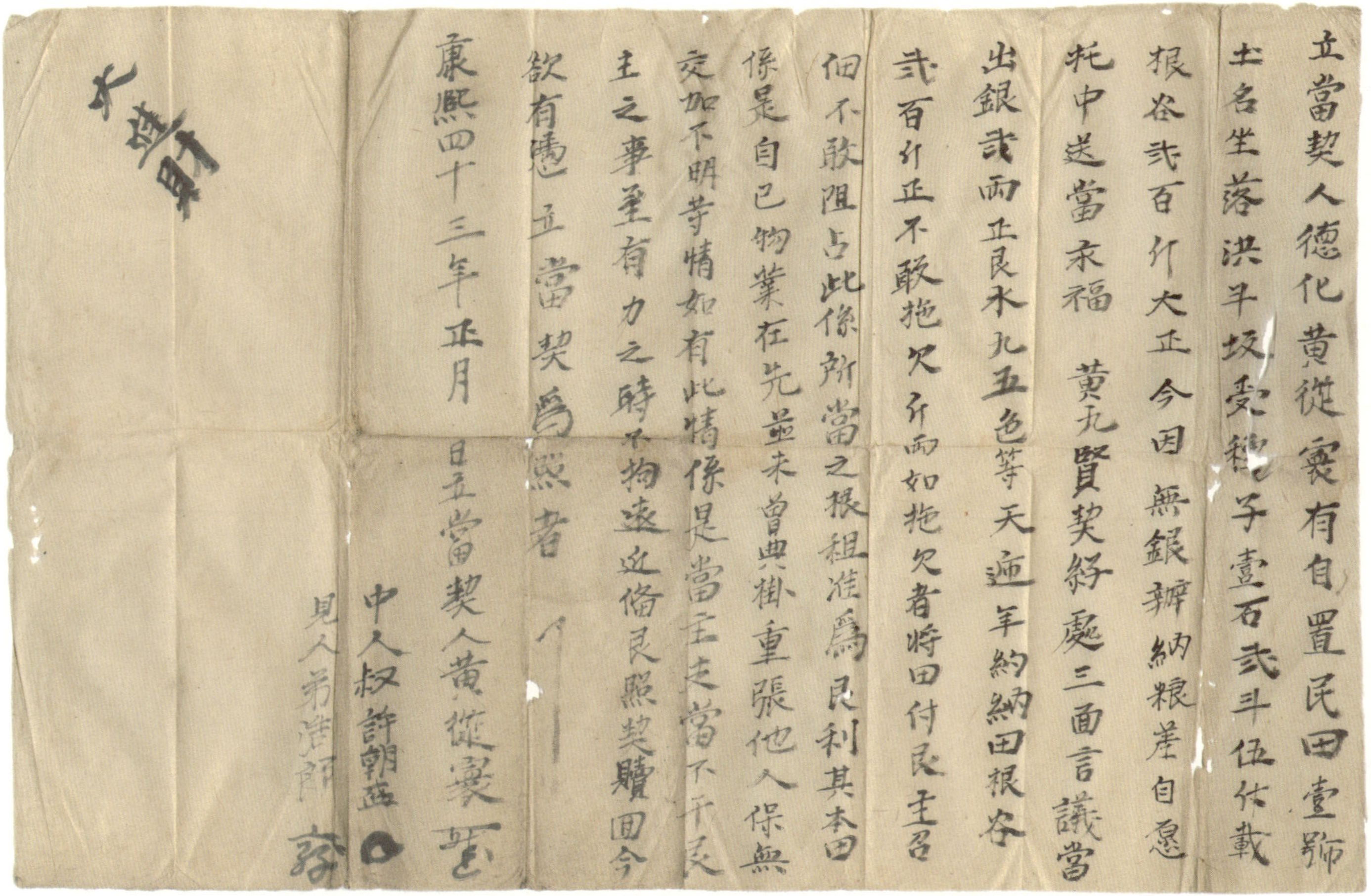

立當契人德化黃從寰有自置民田壹號
土名坐落洪斗坂受種子壹石式斗伍升載
根谷式百斤大正今因無銀辨納粮差自愿
托中送當求福　黃九賢契舒處三面言議當
出銀式兩正良水九五色等天運年約納田根谷
式百斤正不敢拖欠斤兩如拖欠者將田付艮主召
佃不敢阻占此係所當之根租准爲艮利其本田
係是自已物業在先並未曾典掛重張他人保無
交加不明等情如有此情係是當主支當不干艮
主之事至有力之時不拘遠近備艮照契贖回今
欲有憑立當契爲照者
康熙四十三年正月　日立當契人黃從寰（押）
中人叔許朝璉（押）
見人弟若節（押）

10-5-87-2　清康熙四十三年正月德化黃從寰立當民田契

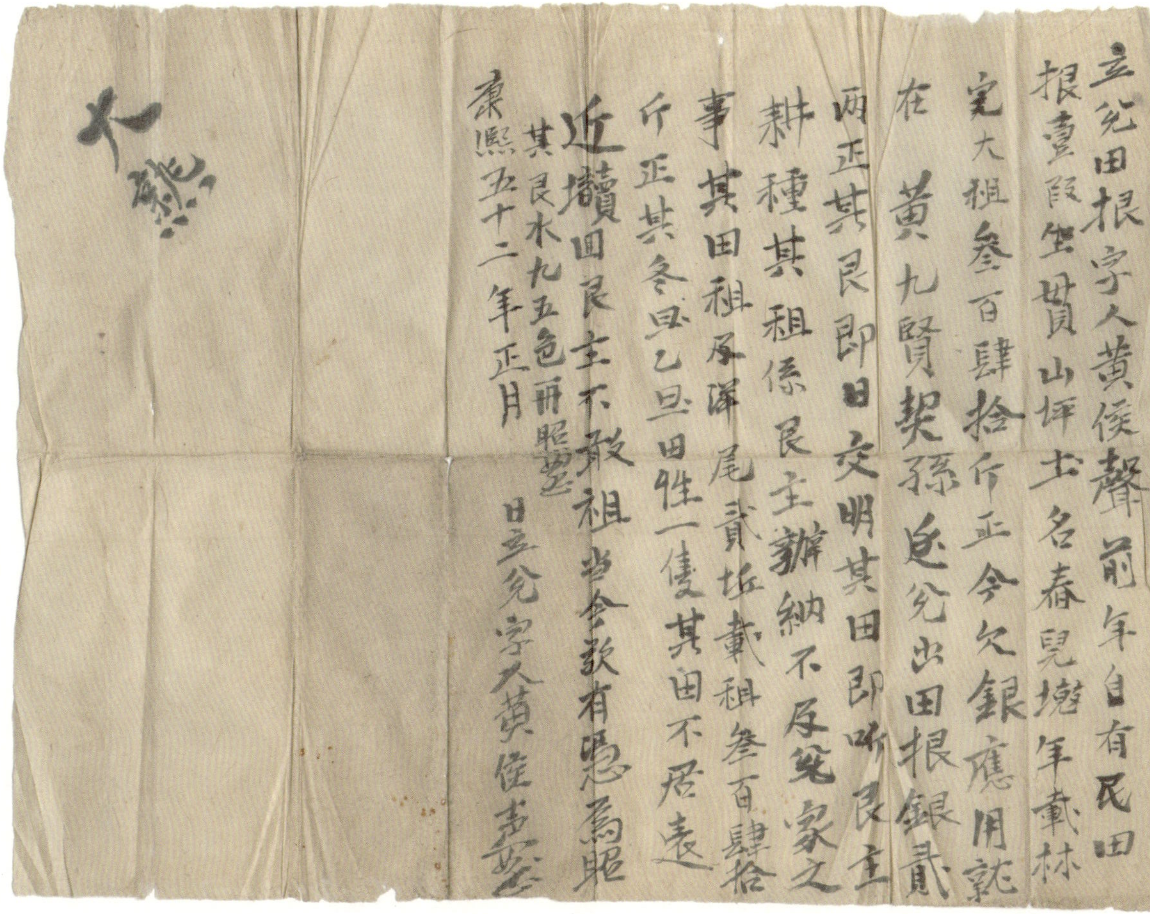

立兑田根字人黃侯聲，前年自有民田
根壹段，坐貫山坪土名春晃塆，年載林
完大租叁百肆拾斤正，今欠銀應用，就
在黃九賢契孫邊兑出田根銀貳
兩正，其艮即日交明，其田即听艮主
耕種，其租係艮主辦納，不干兑家之
事。其田租尾洋尾貳坵，載租叁百肆拾
斤正，其冬旦乙旦田牲一隻，其田不拘遠
近，贖回艮主不敢祖，此今欲有憑，為照。
其艮水九五色，再照。
康熙五十二年正月　日立兑字人黃侯聲

10-5-87-3　清康熙五十二年正月黃侯聲立兑民田根字

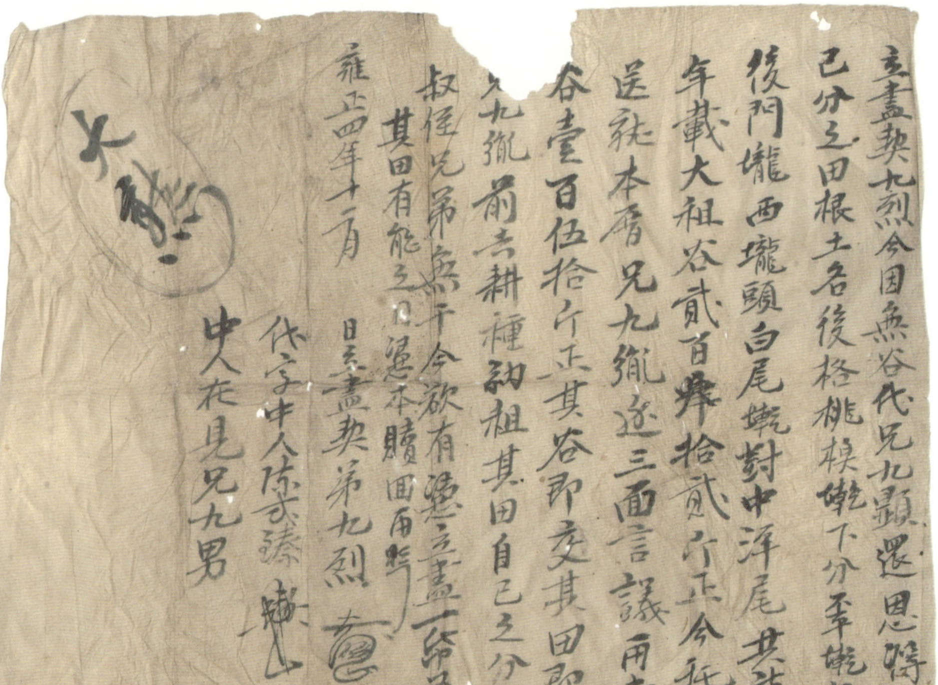

立盡契九烈今因無谷代兄九顯還恩將兄
己分之田根土名後格桃樸墘下分平墘仔
後門壠西壠頭白尾墘對中洋尾共柒分
年載大租谷貳百肆拾貳斤正今托中
送就本房兄九衡邊三面言議甫盡土
谷壹百伍拾斤正其谷即交其田即付
兄九衡前去耕種納租其田自己之分與
叔侄兄弟無干今欲有憑立盡一紙爲照
其田有能之日還本贖田爲照
雍正四年十二月　日立盡契弟九烈
代字中人陈式臻
中人在見兄九男

10-5-87-4　清雍正四年十二月黃九烈立盡田根契

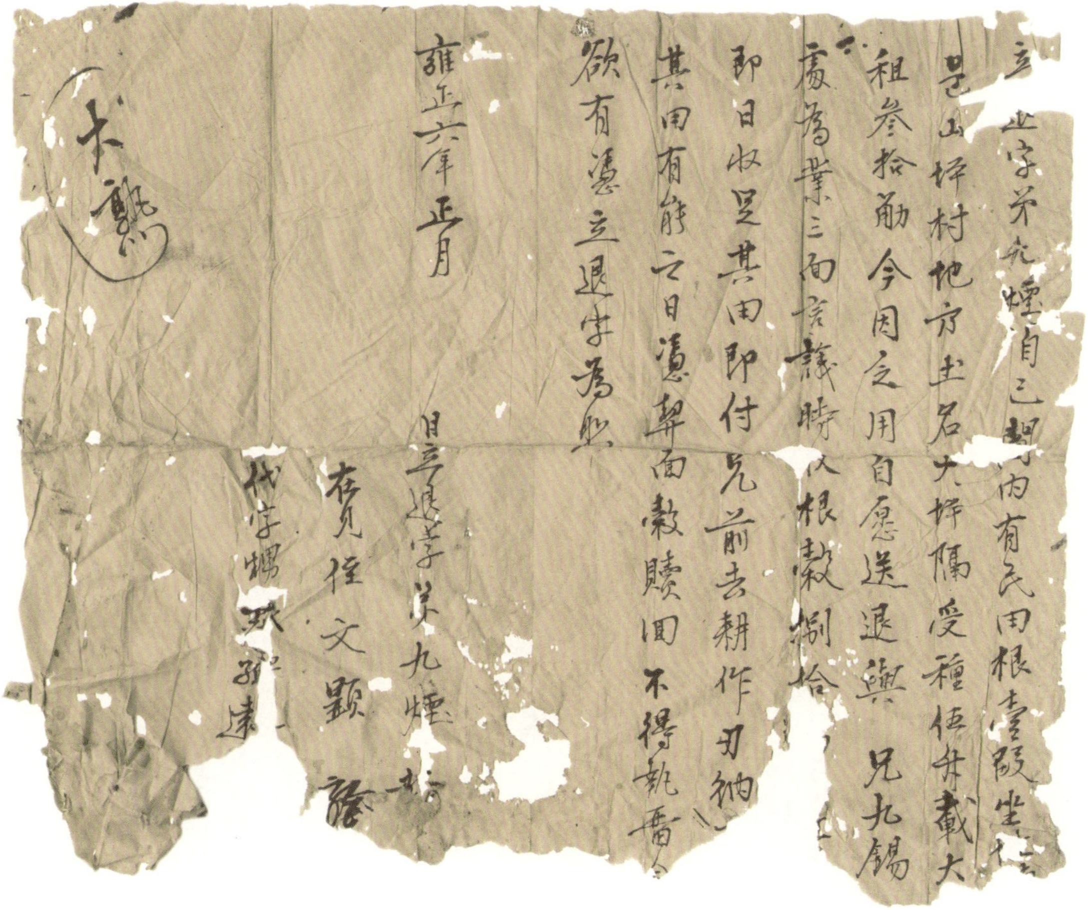

10-5-87-5 清雍正六年正月黃九煙立退民田根字

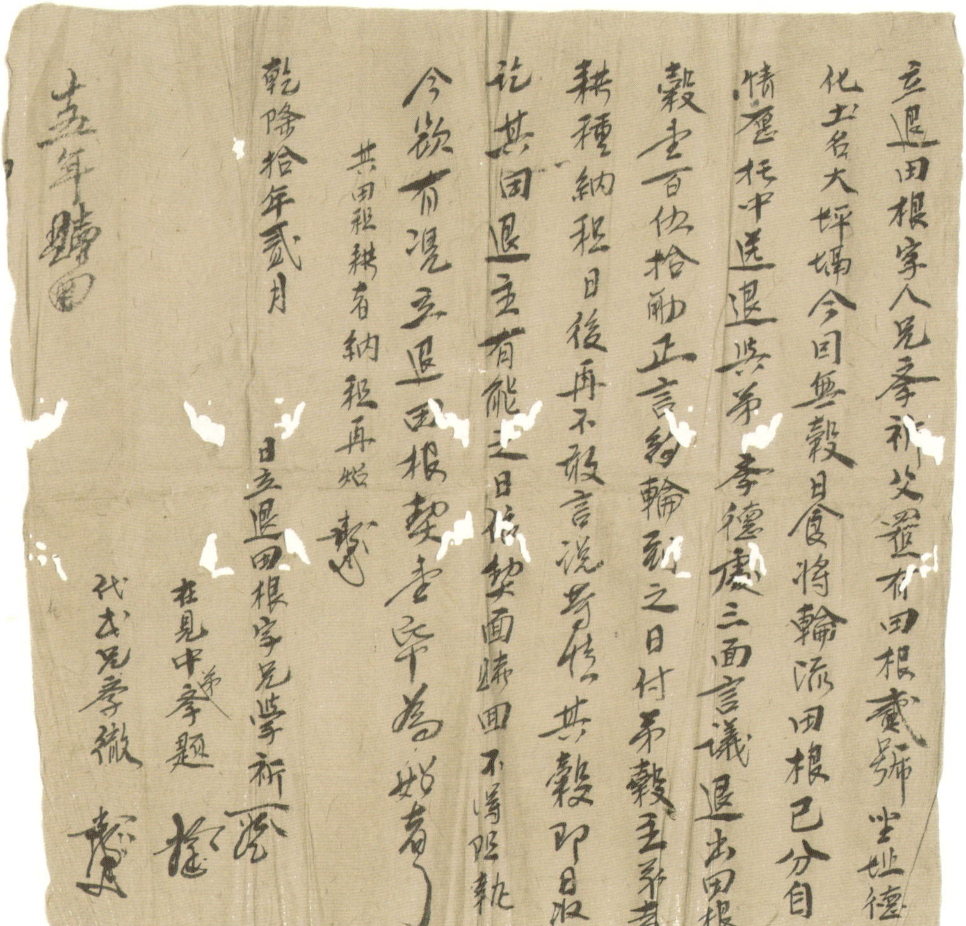

立退田根字人兄學祈父置有田根貳號坐址德
化土名大坪墘今因無穀日食將輪流田根已分自
情愿托中送退與弟學德處三面言議退出田根
穀壹百伍拾觔正言約輪到之日付弟穀主弟去
耕種納租日後再不敢言說找價其穀即日收
訖其田退主有能之日依契面歸田不得阻執
今欲有憑立退田根契壹紙為炤者
其田租耕者納租再炤 批
乾隆拾年貳月 日立退田根字兄學祈
在見中弟學題
代書兄學徹
[illegible]年贖

10-5-87-6 清乾隆十年二月黃學祈立退田根字

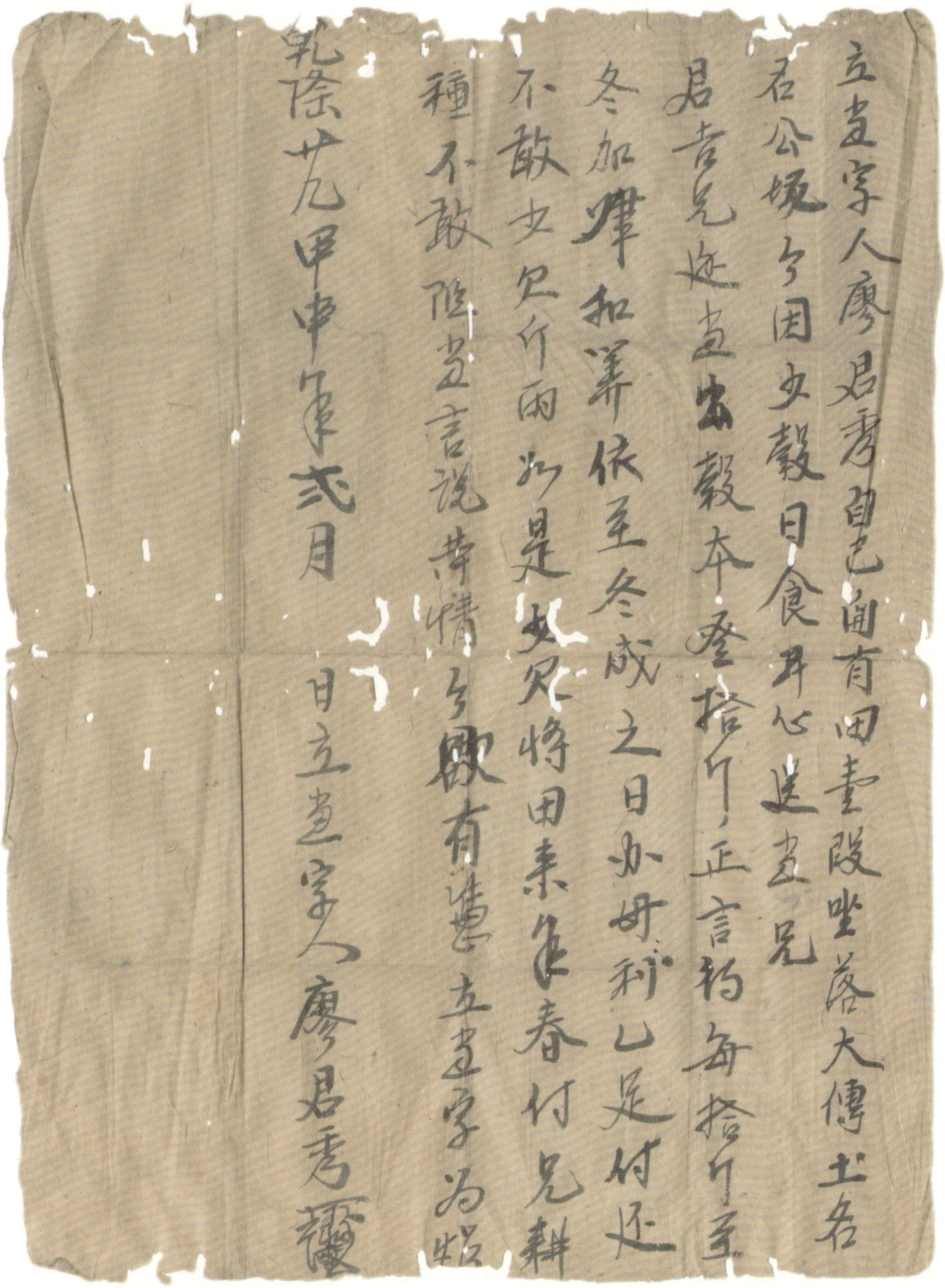
立当字人廖君秀自己置有田壹段坐落大傳土名
石公垅，今因乏穀日食，甘心送当兄
君吉兄边，当出穀本叁拾斤正，言約每拾斤至
冬加肆和筭，依至冬成之日办母利已足付还，
不敢乏欠斤兩，如是乏欠，將田來年春付兄耕
種，不敢阻当言說。其情今欲有憑，立当字為照。
乾隆廿九甲申年弍月　日立当字人廖君秀（押）

10-5-87-7　清乾隆二十九年二月廖君秀立當田字

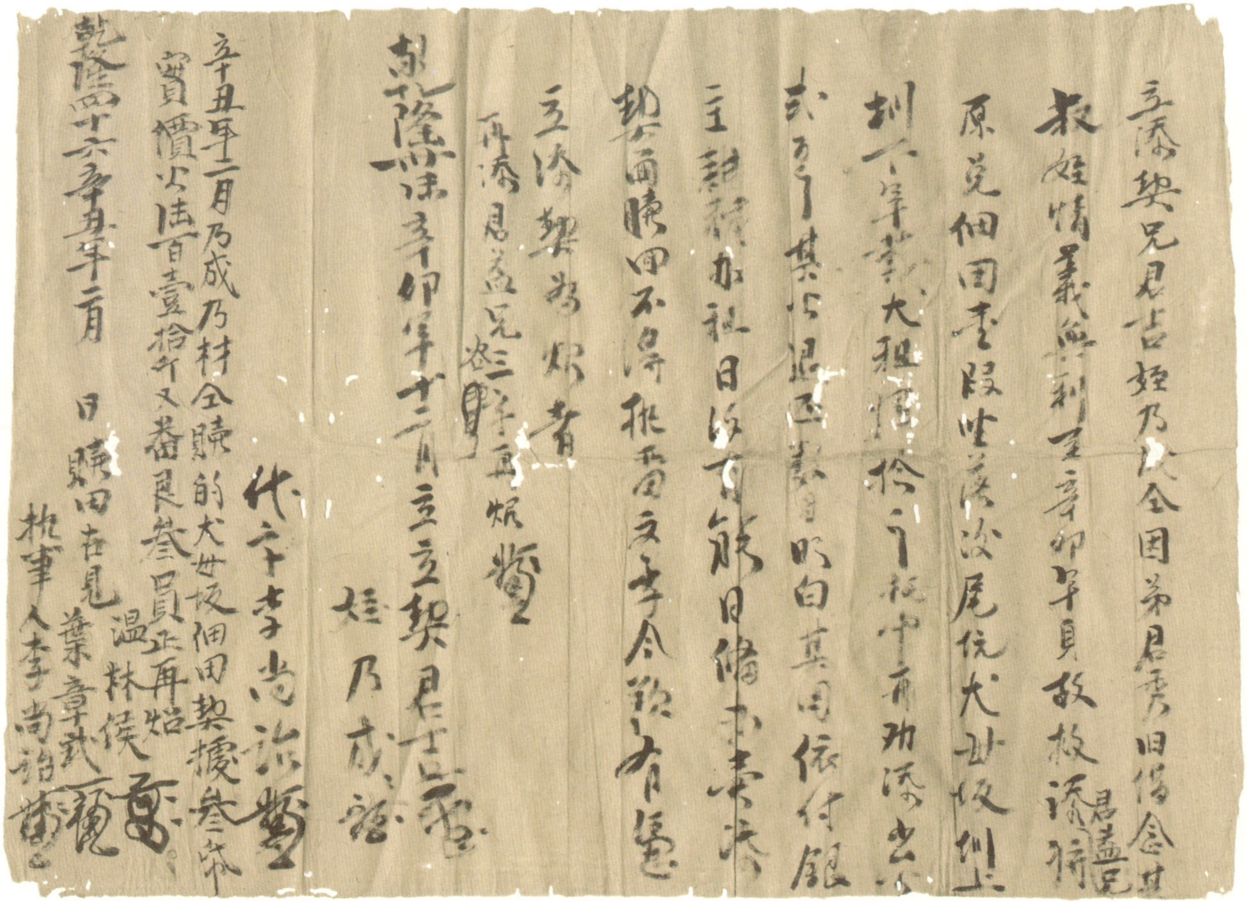
立添契兄君吉姪乃成仝因弟君秀旧借仝甘
叔姪情義無利至辛卯年負叔叔添得君盖兄
原覔佃田壹段坐落洑尾佐大丗坂俱上
扦六年蕃大租[illegible]拾[illegible]秤中有功添出
式方了其頂退面數目明白其田依付侄
主耕種办租日後有能日備出來添
契面贖回不得執留反悔今欲有憑
立添契為炤者
再添君盖兄[illegible]再炤
乾隆三十六年辛卯年十二月立立契君吉
姪乃成
代字李尚詠
辛丑年十二月乃成乃村全贖的大丗坂佃田契據叁帋
實價[illegible]伍佰壹拾千又番艮叁員正再炤
乾隆四十六年辛丑年十二月　日贖回在見葉章武
溫林侯
執筆人李尚詒

10-5-87-8　清乾隆三十六年十二月黄君吉等立添佃田契

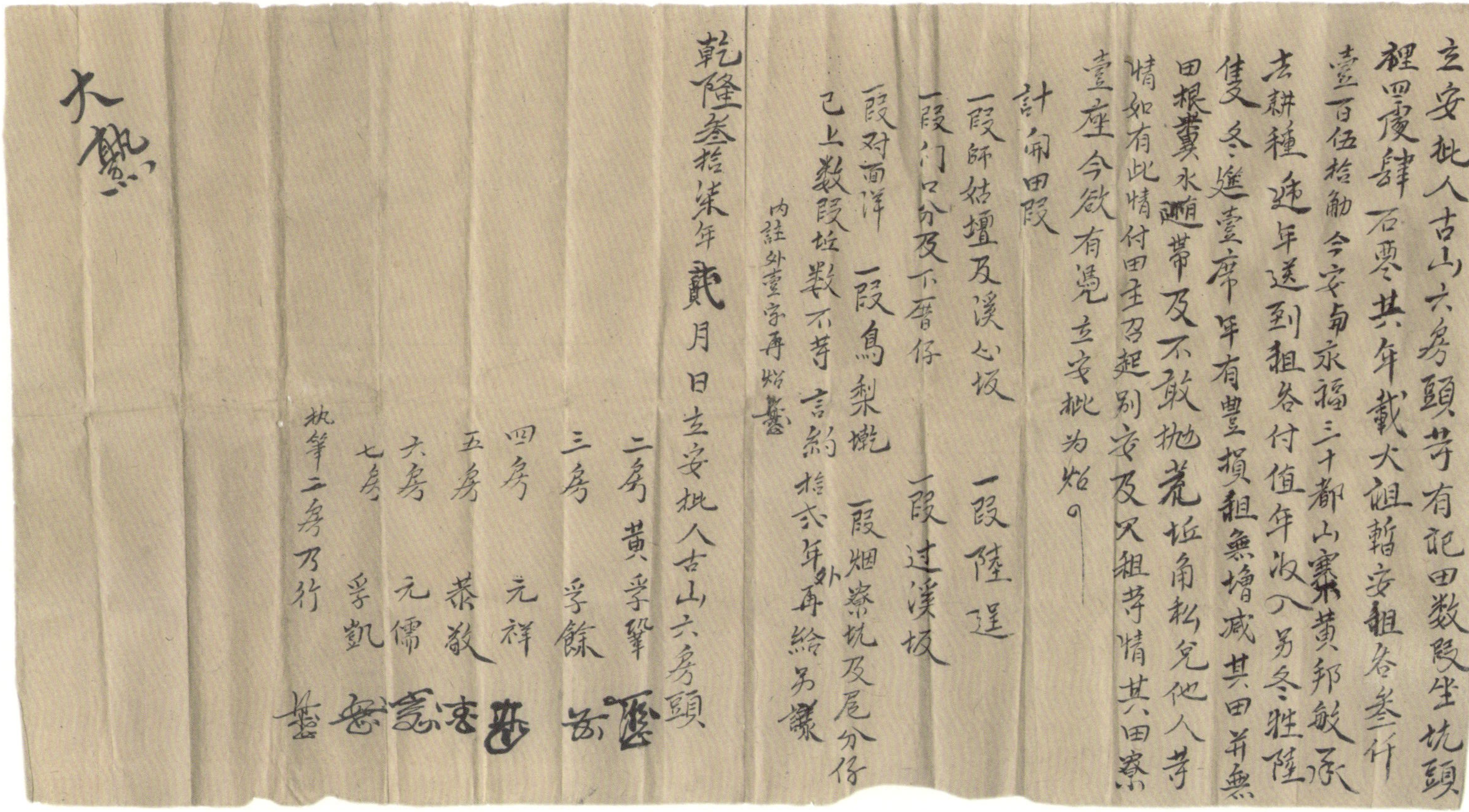
立安批人古山六房頭等有祀田数段坐坑頭
裡四慶肆石零共年載大租暫安祖各叁什
壹百伍拾觔今安向永福三十都山寨黄邦敍承
去耕種逐年送到祖各付值年收入另冬牲陞
隻冬進壹席年有豐損租無增減其田并無
田根糞水通帶及不敢抛荒垃角私兑他人等
情如有此情付田主召起别安及又租等情其六田寮
壹座今欲有憑立安批为炤。
計開田段
一段師姑壇及溪心坂　一段陸逞
一段门口分及下厝仔　一段过溪坂
一段对面洋　一段鳥梨墘　一段烟寮坑及尾分仔
已上数段垃数不等　言約栺六年外再給另贌
内註外壹字再炤（押）
乾隆叁拾柒年貳月　日立安批人古山六房頭
二房　黄孚肇（押）
三房　孚餘（押）
四房　元祥（押）
五房　恭敬（押）
六房　元儒（押）
七房　孚凱（押）
執筆二房乃行（押）
大熟

10-5-87-9　清乾隆三十七年二月德化黄氏六房頭立安批祀田字

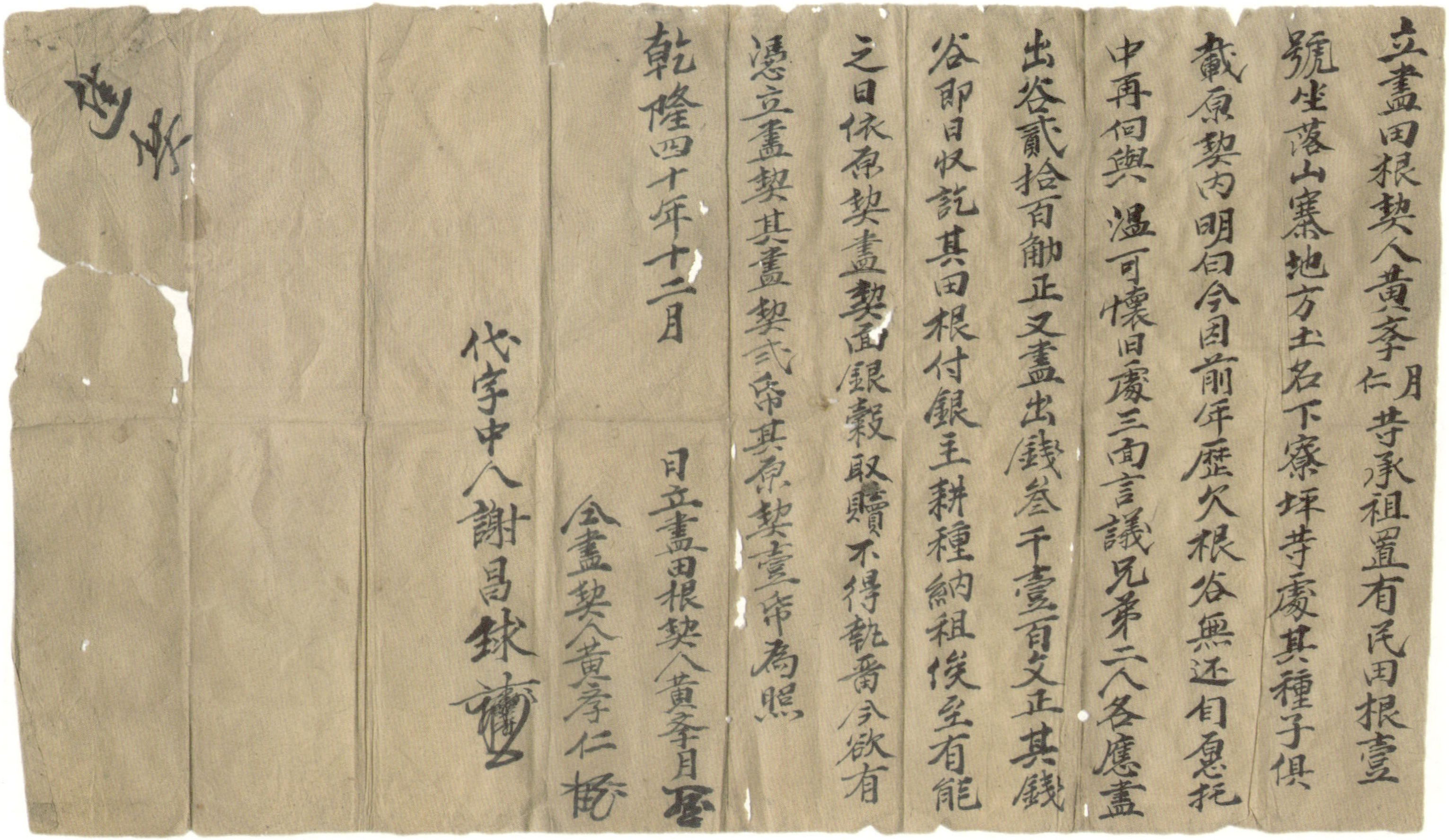

立盡田根契人黄孝月、仁等承祖置有民田根壹
號坐落山寨地方土名下寮坪等處其種子俱
載原契內明白今因前年歷欠根谷無还自思托
中再向與温可懷日處三面言議兄弟二人各應盡
出谷貳拾百觔正又盡出錢叁千壹百文正其錢
谷即日收訖其田根付銀主耕種納租倘至有能
之日依原契盡契面銀穀取贖不得執留今欲有
憑立盡契其盡契弍帋其原契壹帋為照

乾隆四十年十二月　日立盡田根契人黄孝月（押）
仝盡契人黄孝仁（押）
代字中人謝昌球（押）

為照

10-5-87-10　清乾隆四十年十二月黄孝月等立盡民田根契

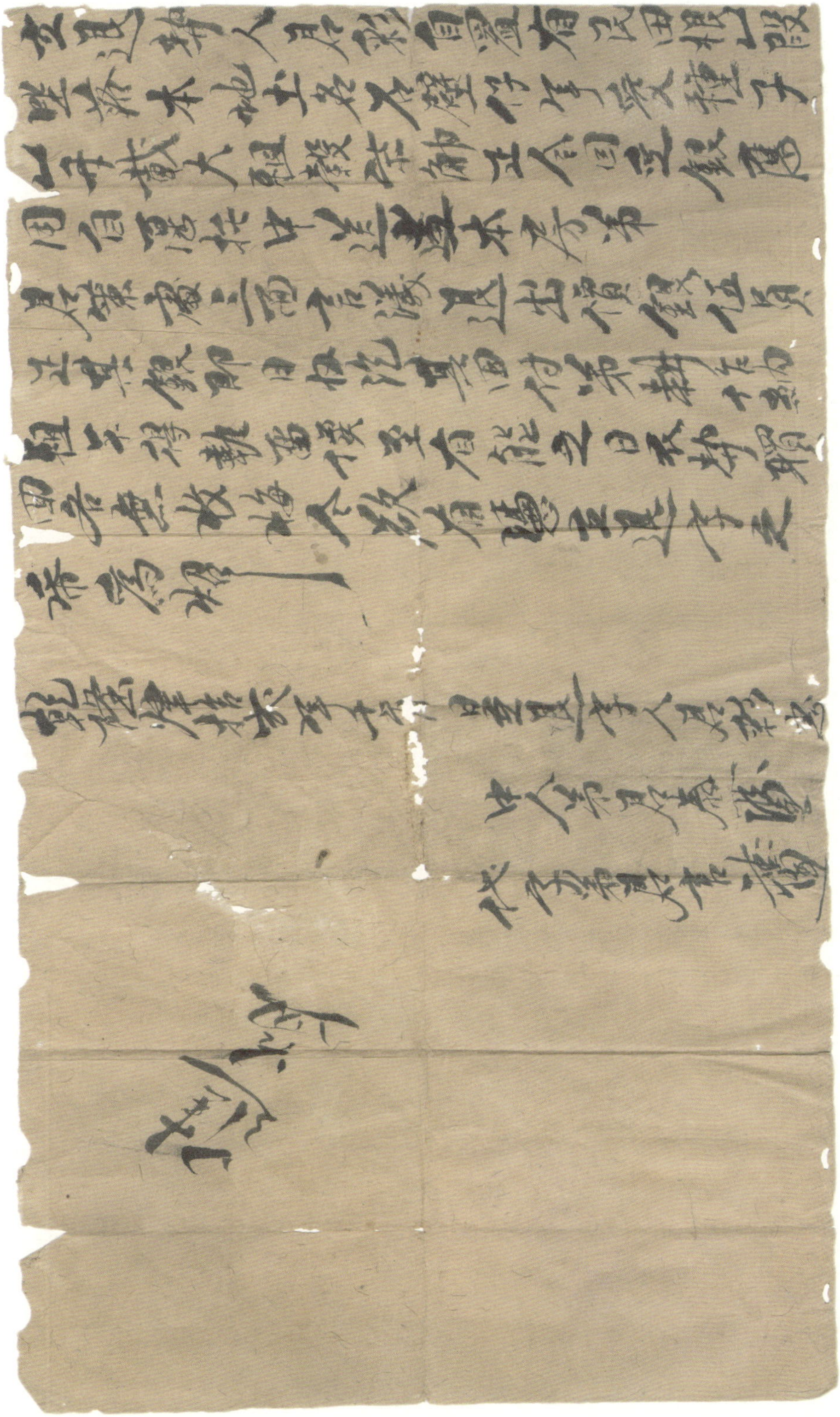

10-5-87-11　清乾隆四十二年十二月黄君彩立退民田根契

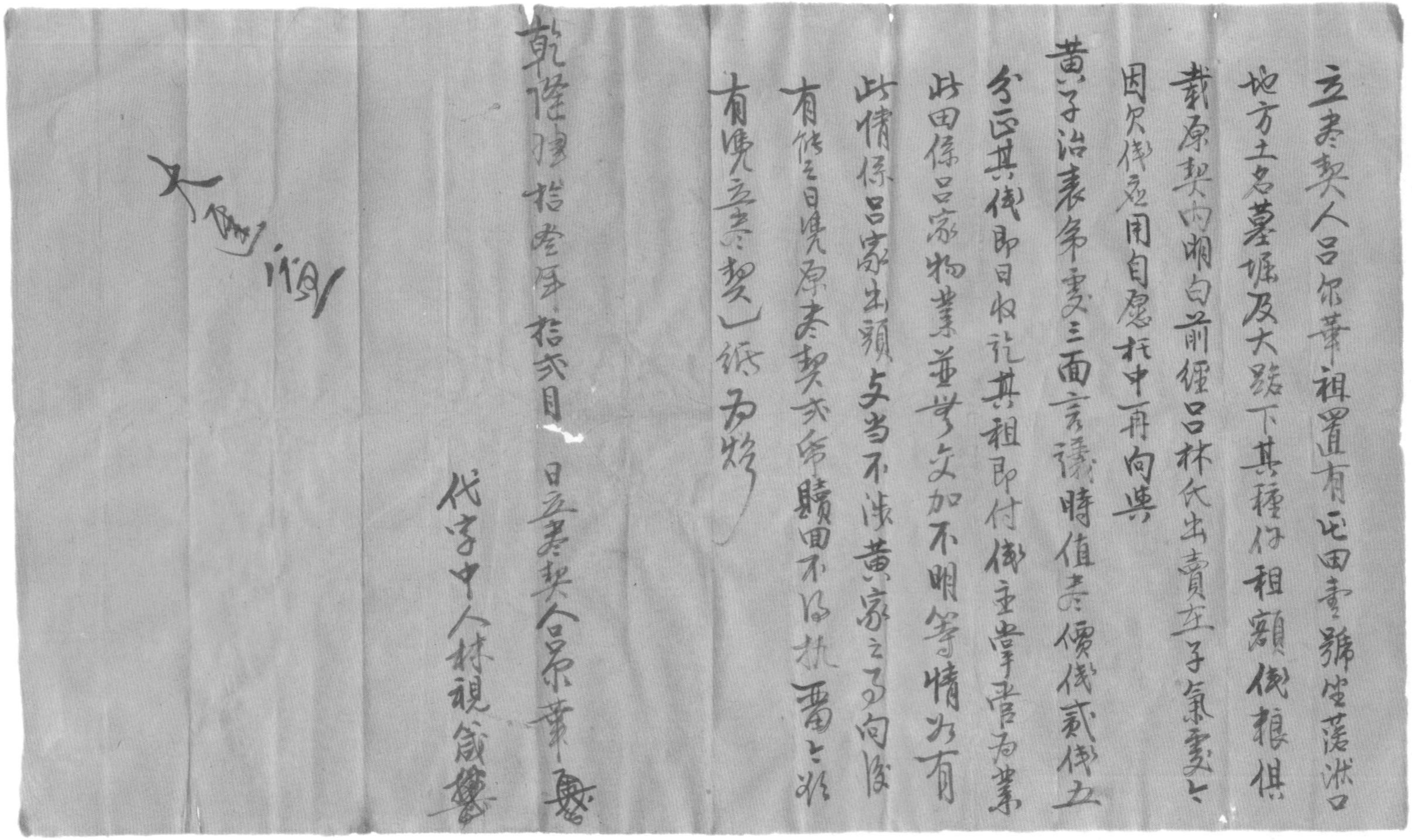

立盡契人吕尔華祖置有屯田壹號坐落洑口
地方土名墓塬及大路下其種仔租額錢粮俱
載原契内明白前經吕林氏出賣左子氣叟叟
因欠錢應用自愿托中再向與
黃〻子治表弟叟三面言議時值盡價錢貳錢五
分正其錢即日收訖其租即付錢主掌管為業
此田係吕家物業並無交加不明等情為有
此情係吕家出頭支当不涉黃家之事向後
有能之日憑原盡契式帋贖田不得執留之處
有憑立盡契一紙為炤

乾隆肆拾叁年拾貳月　日立盡契人吕尔華（押）
代字中人林視儀（押）

大吉

10–5–87–12　清乾隆四十三年十二月吕尔華立盡屯田契

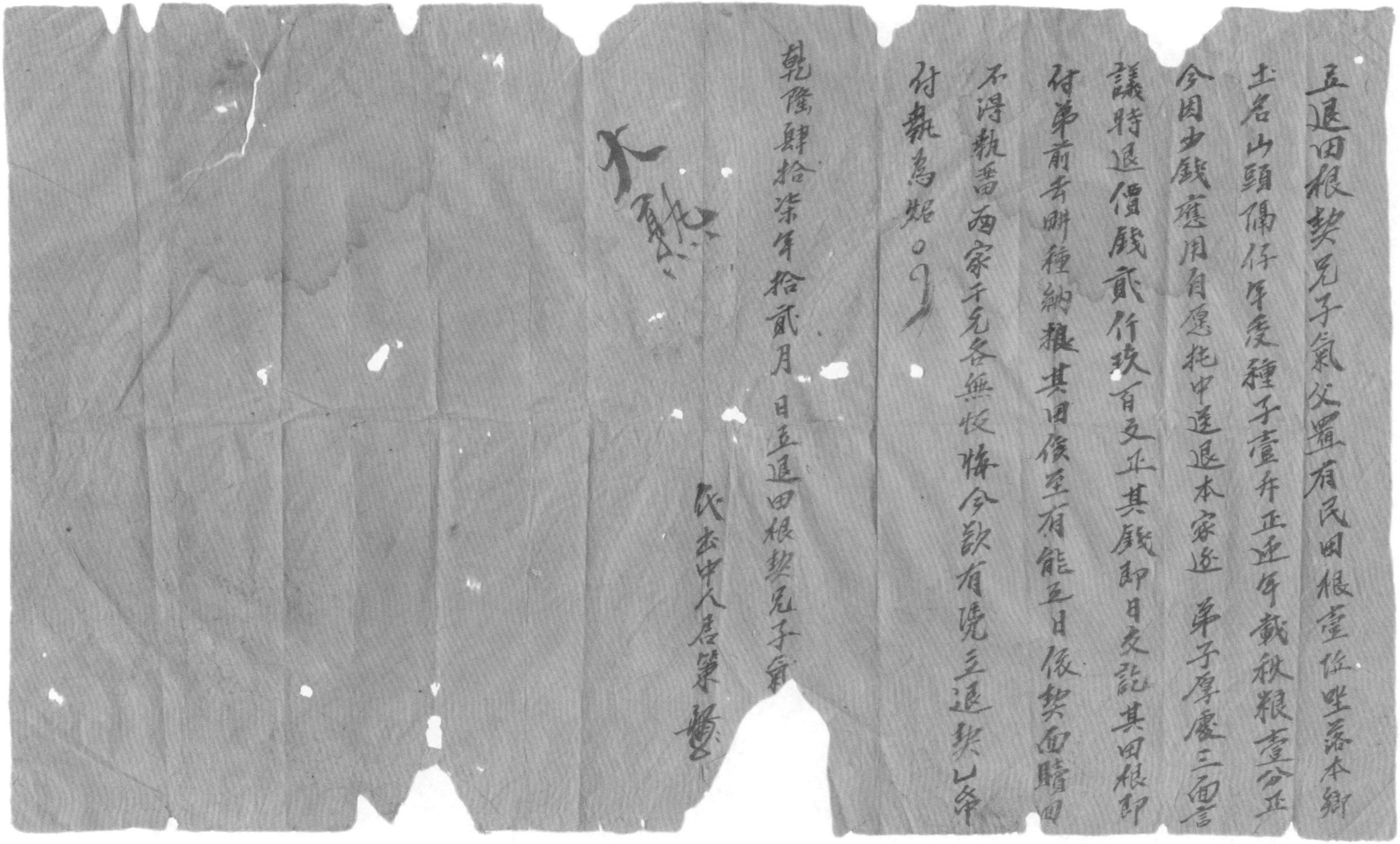
立退田根契兄子氣父置有民田根壹位坐落本鄉
土名山頭隔仔年受種子壹斗正逐年載秋粮壹分正
今因乏錢應用自愿托中送退本家弟 華子厚處三面言
議時退價錢貳仟玖百文正其錢即日交訖其田根即
付弟前去耕種納粮其田係至有能立日依契面贖回
不得執番兩家甘允各無枝悔今欲有憑立退契一帋
付執為照。
乾隆肆拾柒年拾貳月　日立退田根契兄子氣
代書中人居策
大熟

10-5-87-13　清乾隆四十七年十二月黄子氣立退民田根契

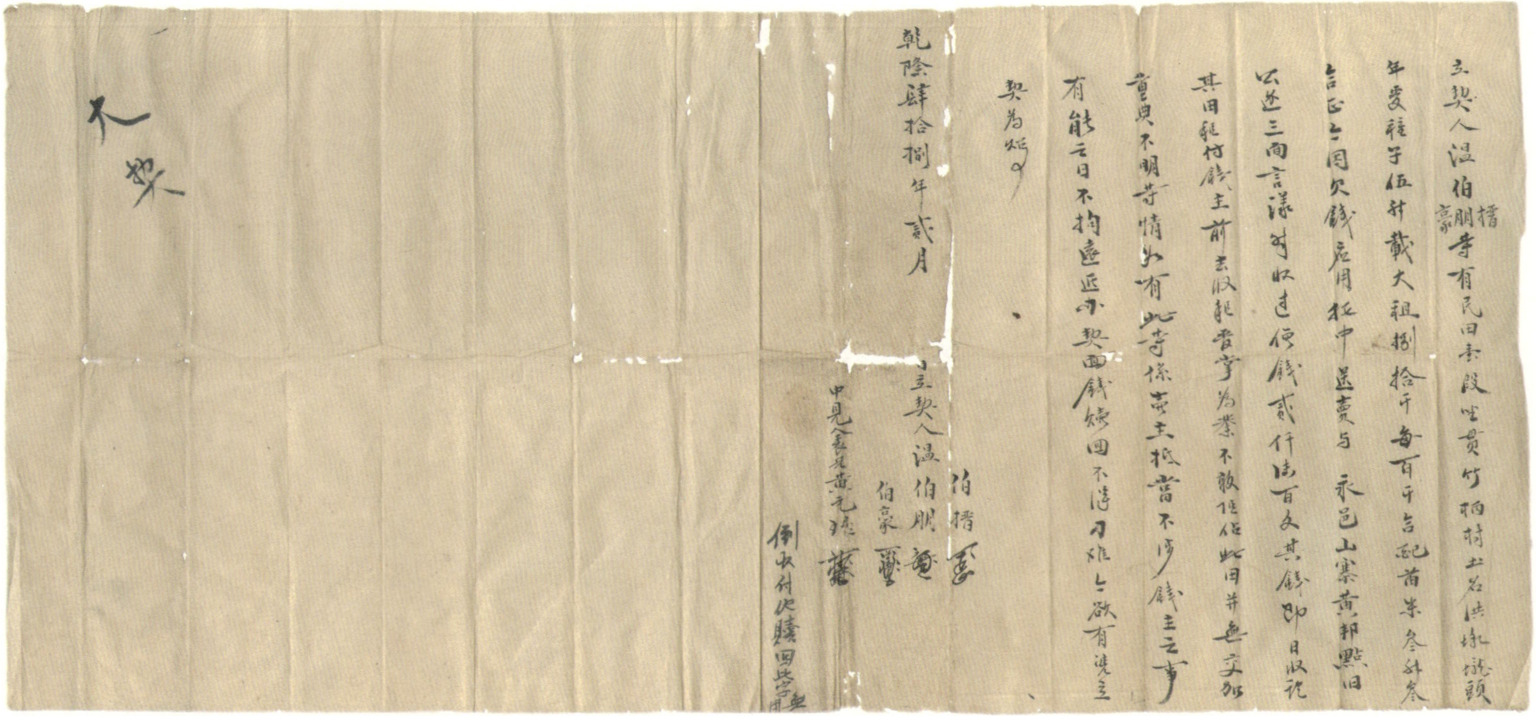
立契人温伯朋（揩、豪）等有民田壹段坐貫竹柄村土名洪坑坑頭
年受種子伍升載大租捌拾斤每百斤合配苗米叁升叁
合正今因欠錢應用托中送賣與永邑山寨黃邦點旧
以邊三面言議時收过價錢貳仟陸百文其錢即日收訖
其田聽付錢主前去收租管業為業不敢阻佔此田并無交加
重典不明等情如有此等係業主抵當不涉錢主之事
有能之日不拘遠近亦契面錢贖回不得刁難今欲有憑立
契為炤
乾隆肆拾捌年貳月　日立契人温伯朋（押）
伯揩（押）
伯豪（押）
中見人表兄黃元琰（押）
倒收付訖贖回此字無用
不契

10-5-87-14　清乾隆四十八年二月温伯朋等立賣民田契

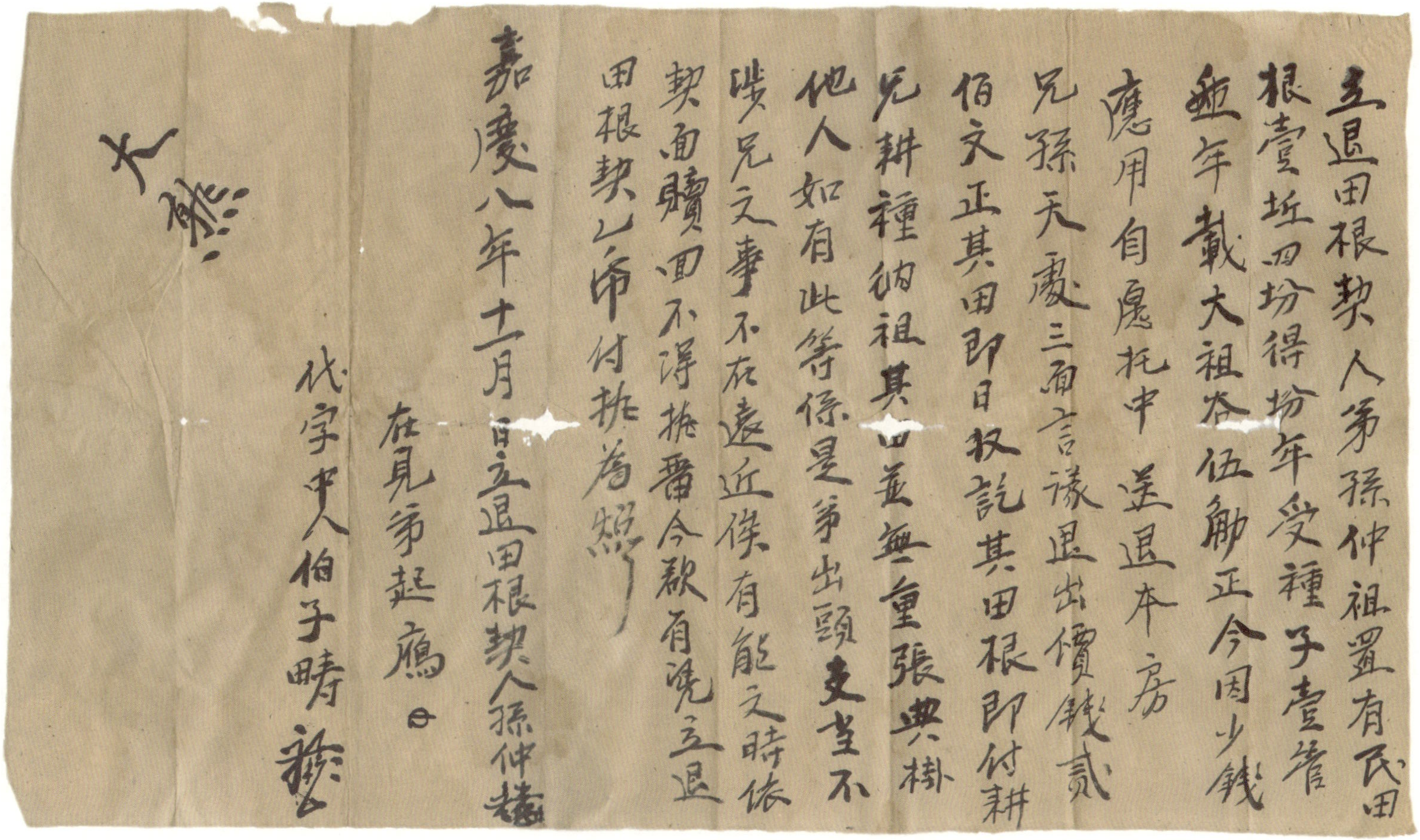
立退田根契人弟孫仲祖置有民田
根壹坵四坵得坵年受種子壹管
無年載大祖谷伍觔正今因少錢
應用自愿托中送退本房
兄孫天慶三面言議退出價錢貳
佰文正其田即日收訖其田根即付耕
兄耕種納祖其田並無重張典掛
他人如有此等係是弟出頭支當不
涉兄之事不在遠近併有能之時依
契面贖回不得推番今欲有凭立退
田根契山帋付執為照
嘉慶八年十一月日立退田根契人孫仲（押）
在見弟廷鴈（押）
代字中人伯子晴（押）
大發

10-5-87-15 清嘉慶八年十一月黃孫仲立退民田根契

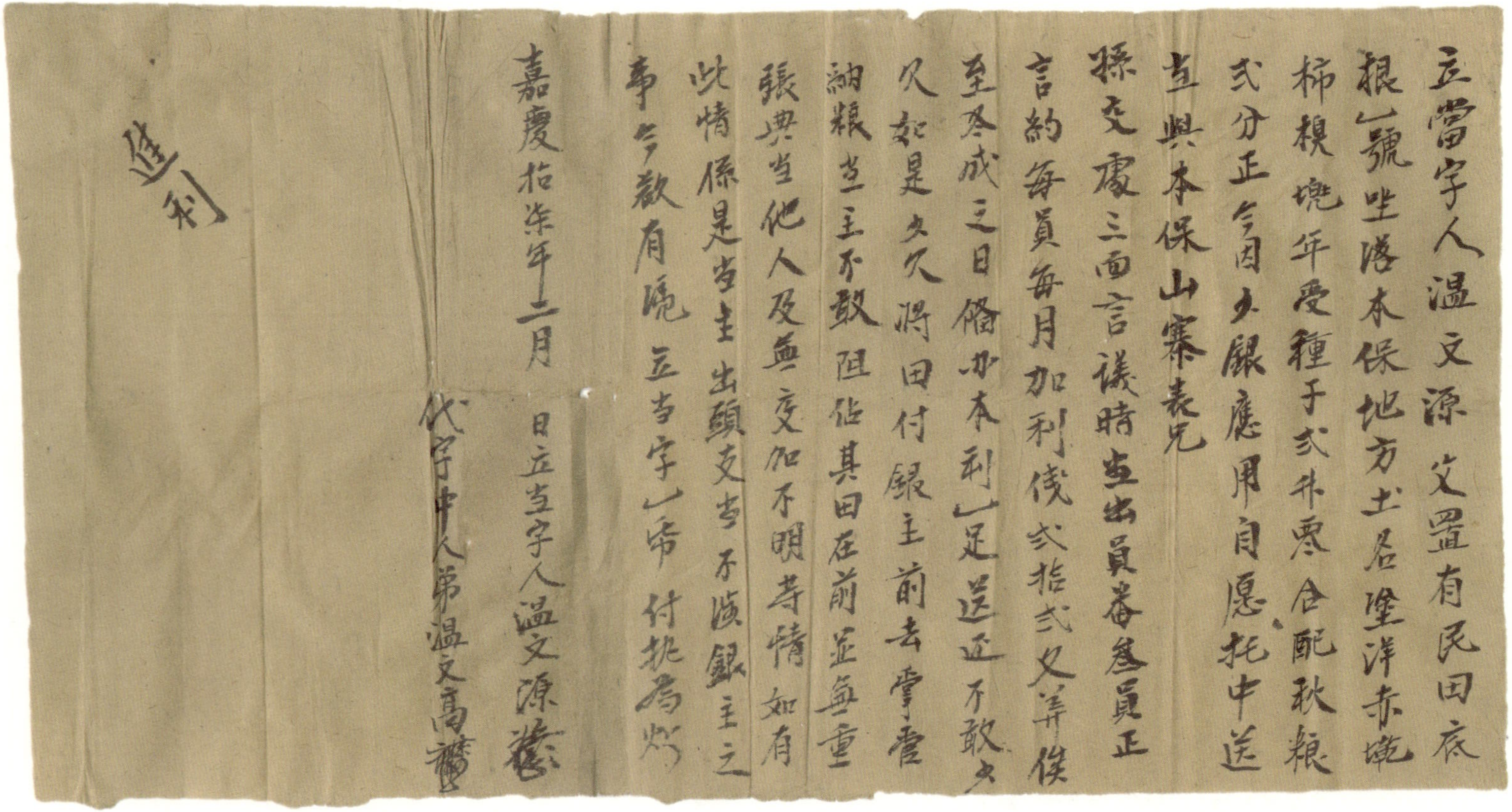
立當字人温文源　文置有民田底
根一號坐落本保地方土名塗洋赤墘
柿根墘年受種子弍升零　仝配秋粮
弍分正　今因乏銀應用自愿托中送
與本保山寨表兄
孫文慶三面言議時出員番叁員正
言約每員每月加利伐弍指弍文算　俱
至冬成三日備办本利一足送还不敢欠
欠如是欠欠　將田付銀主前去掌管
納粮　當主不敢阻佔　其田在前並無重
張典當他人及無交加不明等情　如有
此情係是當主出頭支當　不涉銀主之
事　今欲有憑　立當字一帋　付執爲炤
嘉慶拾柒年二月　　日立當字人温文源（押）
代字中人弟温文高（押）
進利

10-5-87-16　清嘉慶十七年二月温文源立當民田底根字

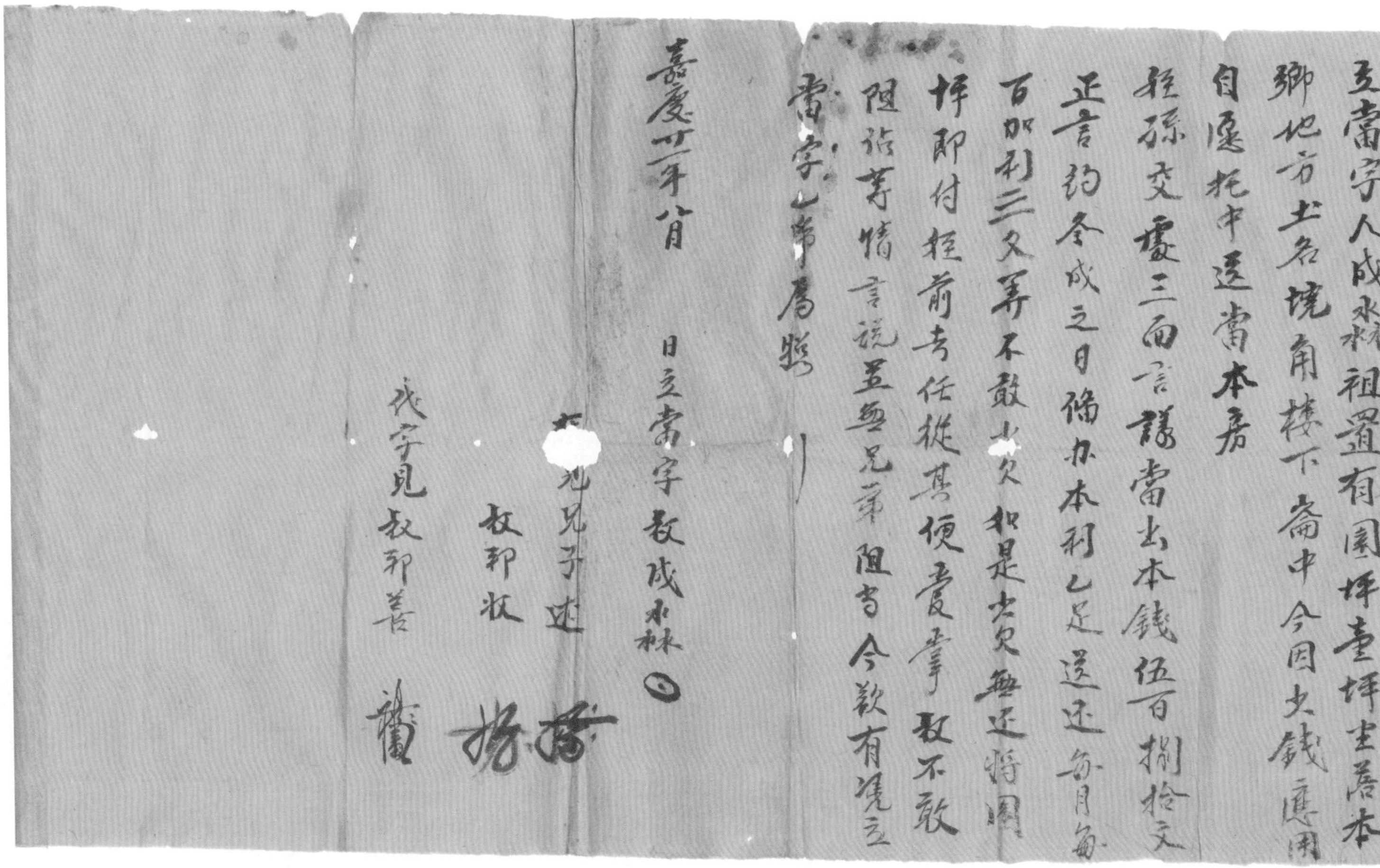
立當字人成淼祖置有園坪壹坪，坐落本鄉地方土名境角樓下，崙中今因乏錢應用，自愿托中送當本房
姪孫交農三面言議，當出本錢伍百捌拾文，
正言約各成之日備辦本利乙足送还，每月每
百加利三文算，不敢少欠。如是少欠無还，將園
坪即付姪前去任從其便耕掌，叔不敢
阻诰等情。言说並無兄弟阻当。今欲有凭，立
當字乙帋為照。

嘉慶廿一年八月　日立當字叔成淼（押）

在見兄子述

叔郭狀

代字見叔郭善

10-5-87-17　清嘉慶二十一年八月黃成淼立當園坪字

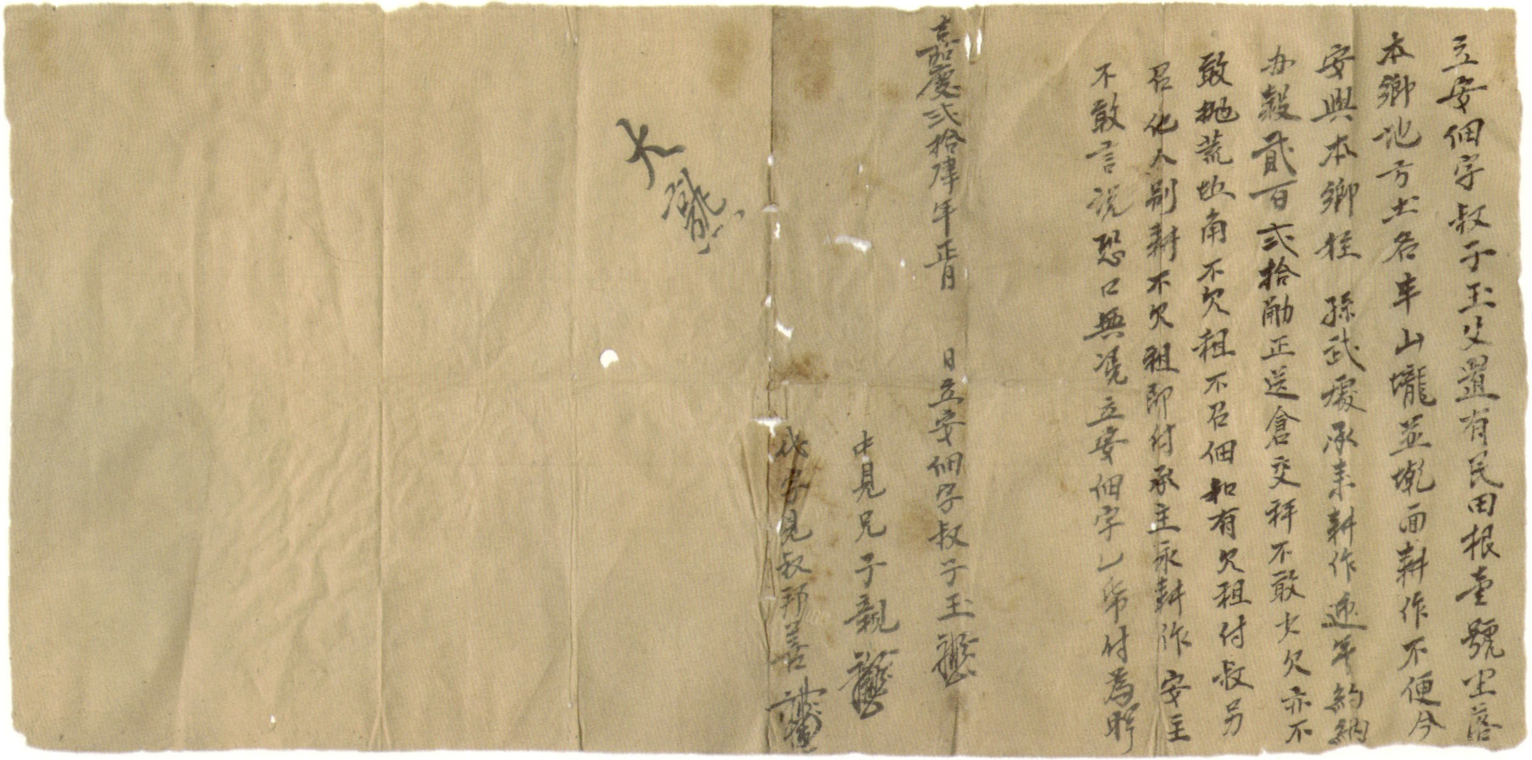

立安佃字叔子玉父置有民田根壹號坐落
本鄉地方土名車山壠並墘面耕作不便今
安與本鄉侄孫武嫒承耒耕作逐年約納
谷穀貳百弍拾觔正送倉交秤不敢欠欠亦不
敢拋荒曲角不欠租不召佃如有欠租付叔另
召他人別耕不欠租即付承主永耕作　安主
不敢言說恐口無憑立安佃字一帋付為照
嘉慶弍拾肆年正月　日立安佃字叔子玉
中見兄子觀
代字見叔邦善

10-5-87-18　清嘉慶二十四年正月黄子玉立安佃民田根字

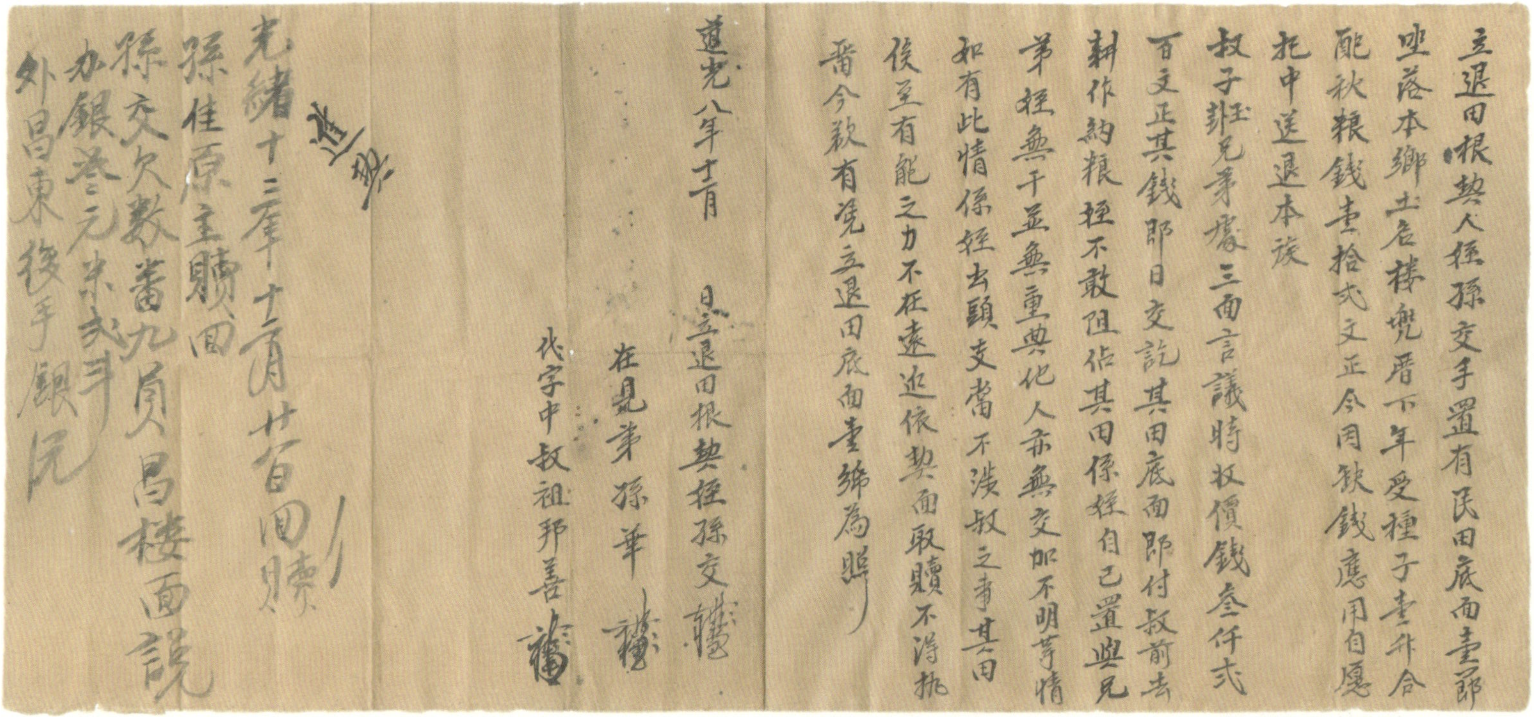
立退田根契人侄孫交手置有民田底面壹郎
坐落本鄉土名樓兜厝下年受種子壹升合
配秋粮錢壹拾弍文正今因缺錢應用自愿
托中送退本族
叔子班兄弟處三面言議時值價錢叁仟弍
百文正其錢即日交訖其田底面即付叔前去
耕作納粮侄不敢阻佔其田係侄自己置與兄
弟侄無干並無重典他人亦無交加不明等情
如有此情係侄出頭支當不涉叔之事其田
後至有能之力不在遠近依契面取贖不得執
留今欲有凭立退田底面壹紙為照
道光八年十二月　日立退田根契侄孫交
在見弟孫華
代字中叔祖邦善
光緒十三年十二月廿五日回贖
退契
孫佳原主贖回
孫交欠數蕃九員昌樓面說
加銀叁元米弍斗
外昌東後手銀況

10-5-87-19　清道光八年十二月黃孫交立退民田根契

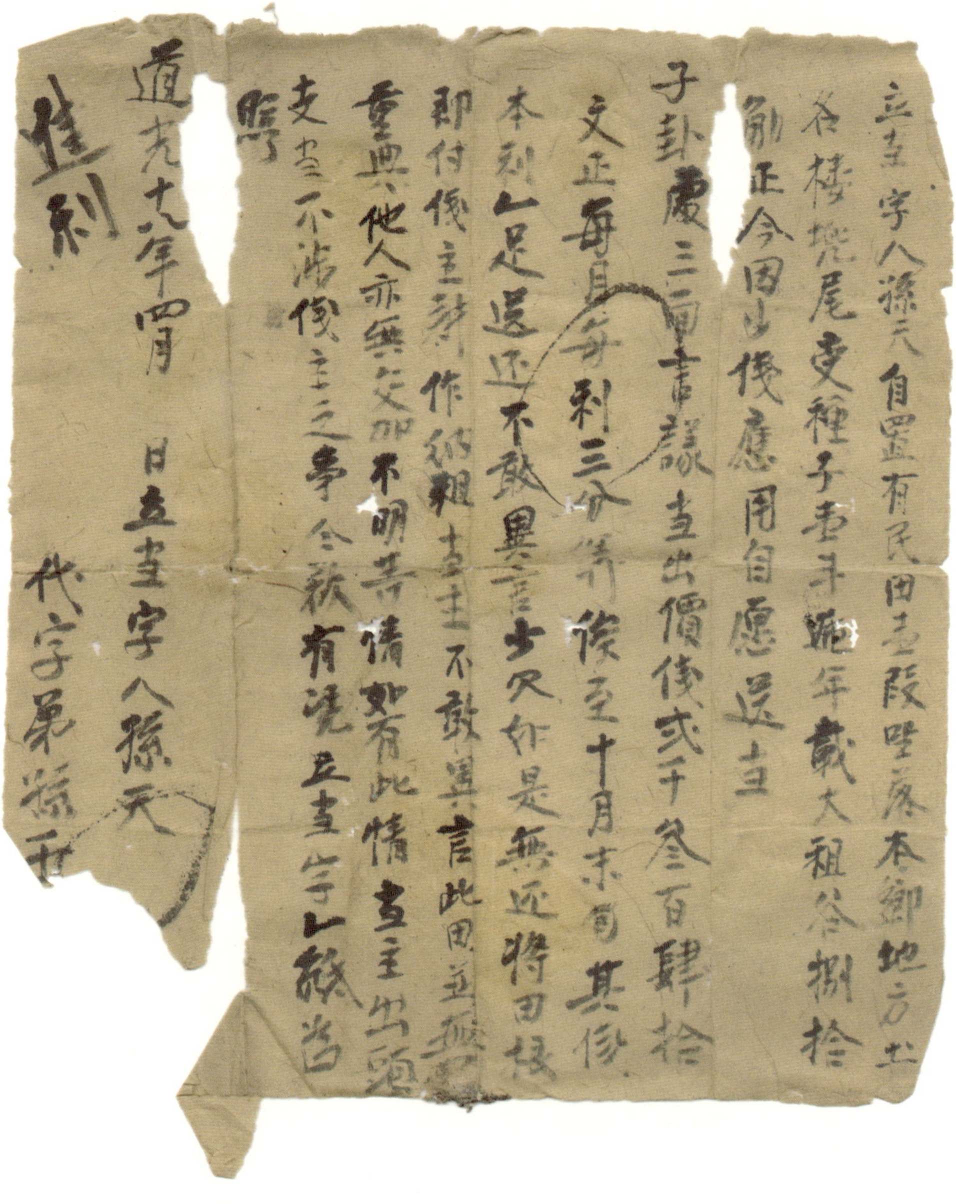
立當字人孫天自置有民田壹段坐落本鄉地方土
名樓墘尾受種子壹斗施年載大租谷捌拾
觔正今因乏銭應用自愿退立
當子卦處三面言議出價銭弍千叁百肆拾
文正每月每利三分行候至十月末旬其價
本利一足送还不敢異言如只是無还將田拔
即付銭主耕作納粮當主不敢異言此田並無
重典他人亦無交加不明等情如有此情當主出頭
支當不涉銭主之事今欲有凭立當字一紙為
照
道光十八年四月　日立當字人孫天
代字
進利

10-5-87-20　清道光十八年四月黄孫天立當民田字（廢契）

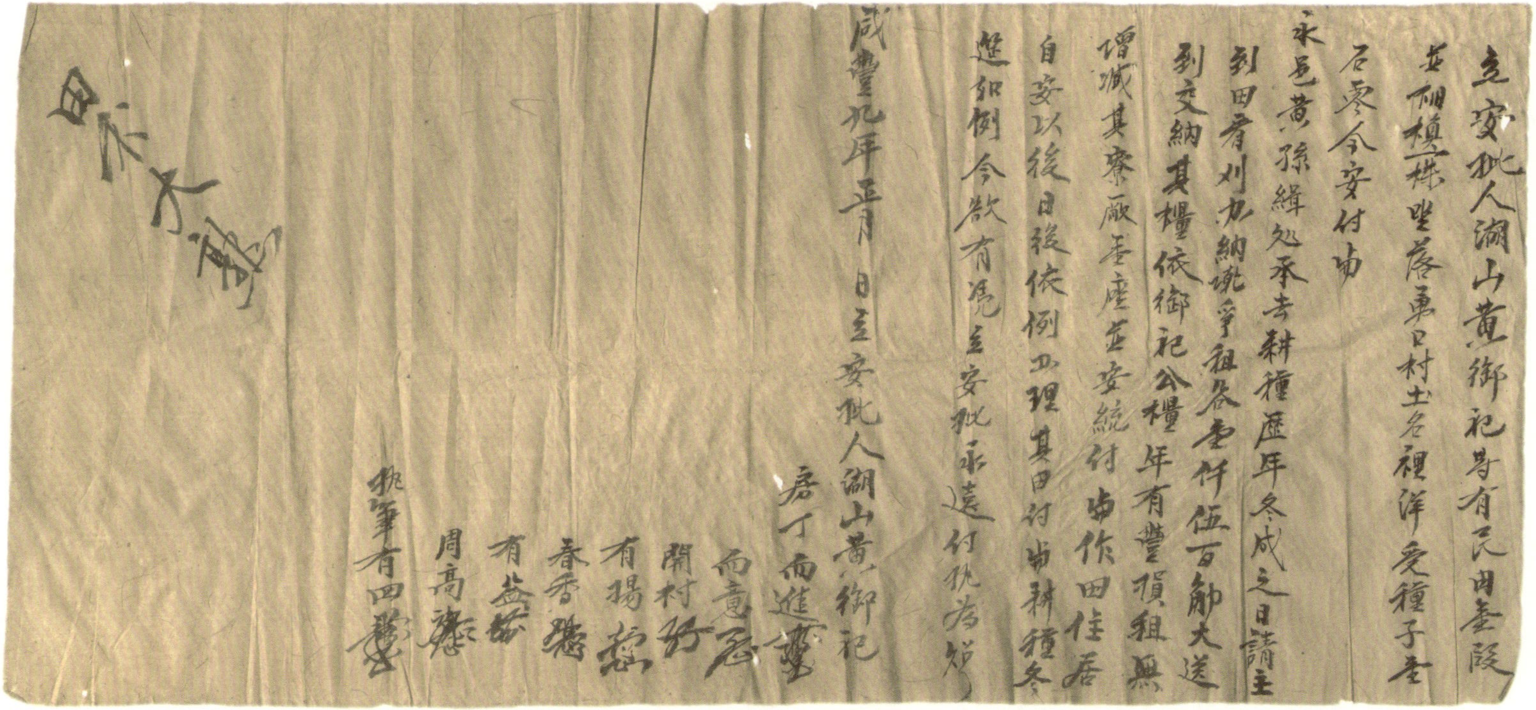

立安批人湖山黃御祀號有民田壹段
在硎楨株坐落東口村土名裡洋受種子壹
石零合安付由
永邑黃孫緯旭承去耕種歷年冬成之日請主
到田看刈加納硯爭租各壹仟伍百觔大送
到交納其糧依御祀公糧年有豐歉租無
增減其寮廠壹座在安統付出作田住居
自安以後日後依例照理其田付出耕種冬
違約例今欲有憑立安批永遠付執為炤
咸豐九年正月　日立安批人湖山黃御祀
房丁而進
而意
闌村
有揚
春香
有益
周高
執筆有四
田不大宜

10-5-87-21　清咸豐九年正月德化黃御祀等立安批民田字

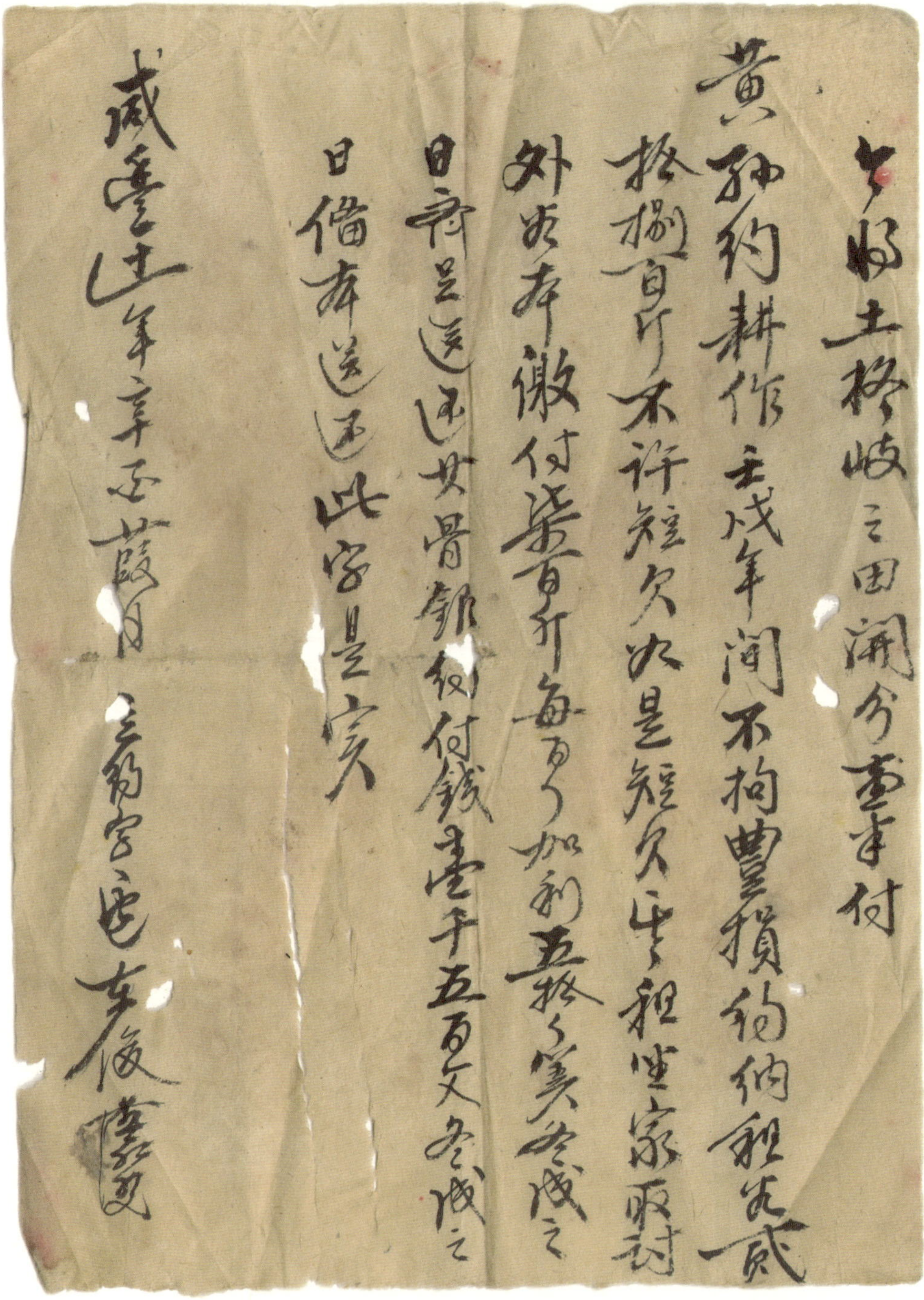
今將土格岐之田澗分壹半付
黃孫約耕作壬戌年間不拘豐損納租谷貳
拾捌百斤不許短欠次是短欠其租任家取討
外其本徵付其谷百斤每百斤加利五拾斤算冬成之
日齊呈送還其骨銀付錢壹千五百文冬成之
日備本送還此字是實
咸豐十一年辛酉葭月 日立合約字人盧在俊

10-5-87-22 清咸豐十一年十一月盧在俊立合約字

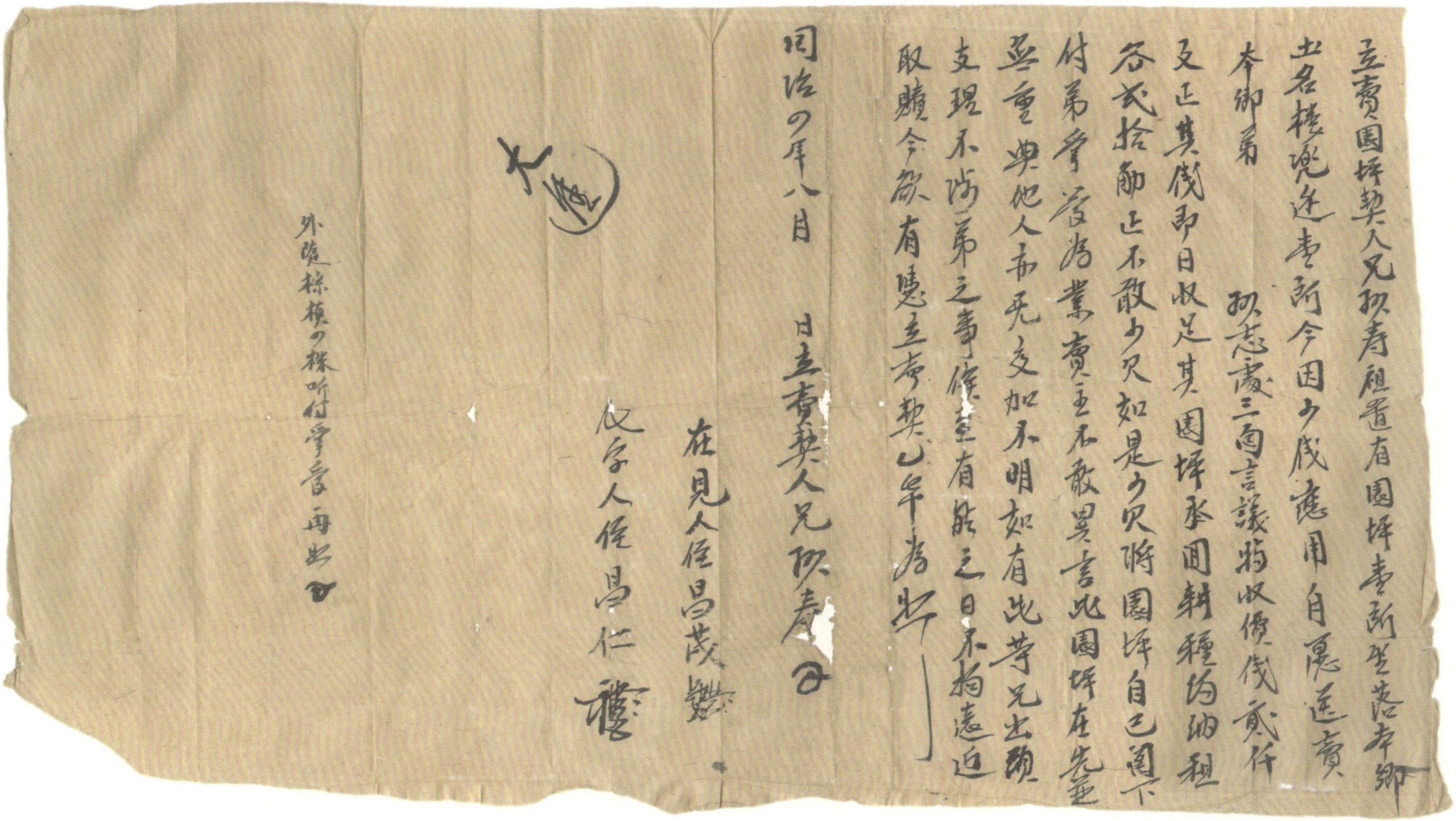

立賣園坪契人兄孫寿祖置有園坪壹所坐落本鄉
土名樓兜迷壹所今因乏錢應用自愿送賣
本鄉弟 孫志處三面言議將收價錢貳仟
文正其錢即日收足其園坪承回耕種約納租
谷貳拾觔正不敢少欠如是少欠將園坪自己閭下
付弟管為業賣主不敢異言此園坪在先並
無重典他人亦无交加不明如有此等兄出頭
支理不涉弟之事係是有銀之日不拘遠近
取贖今欲有憑立賣契乙紙為照
同治四年八月 日立賣契人兄孫寿（押）
在見人侄昌茂（押）
代字人侄昌仁（押）
外添棕樹四株听付弟管再照（押）

10-5-87-23 清同治四年八月黃孫寿立賣園坪契

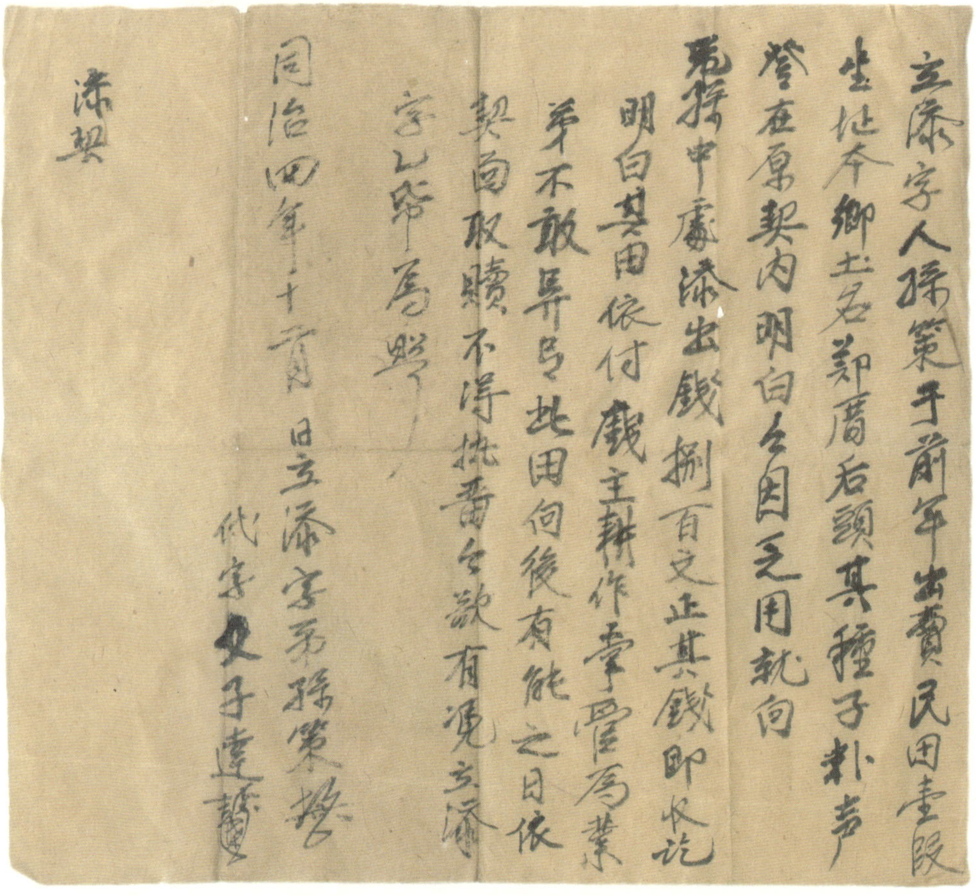
立添字人孫策于前年出賣民田壹段
坐址本鄉土名鄭厝后頭其種子[illegible]卜声
登在原契內明白今因乏用就向
見孫中處添出錢捌百文正其錢即收訖
明白其田依付錢主耕作管業
革不敢異言此田向後有能之日依
契面取贖不得執番今欲有憑立添
字一帋為照
同治四年十二月　日立添字弟孫策（押）
代字　文子達（押）
添契

10-5-87-24　清同治四年十二月黃孫策立添民田字

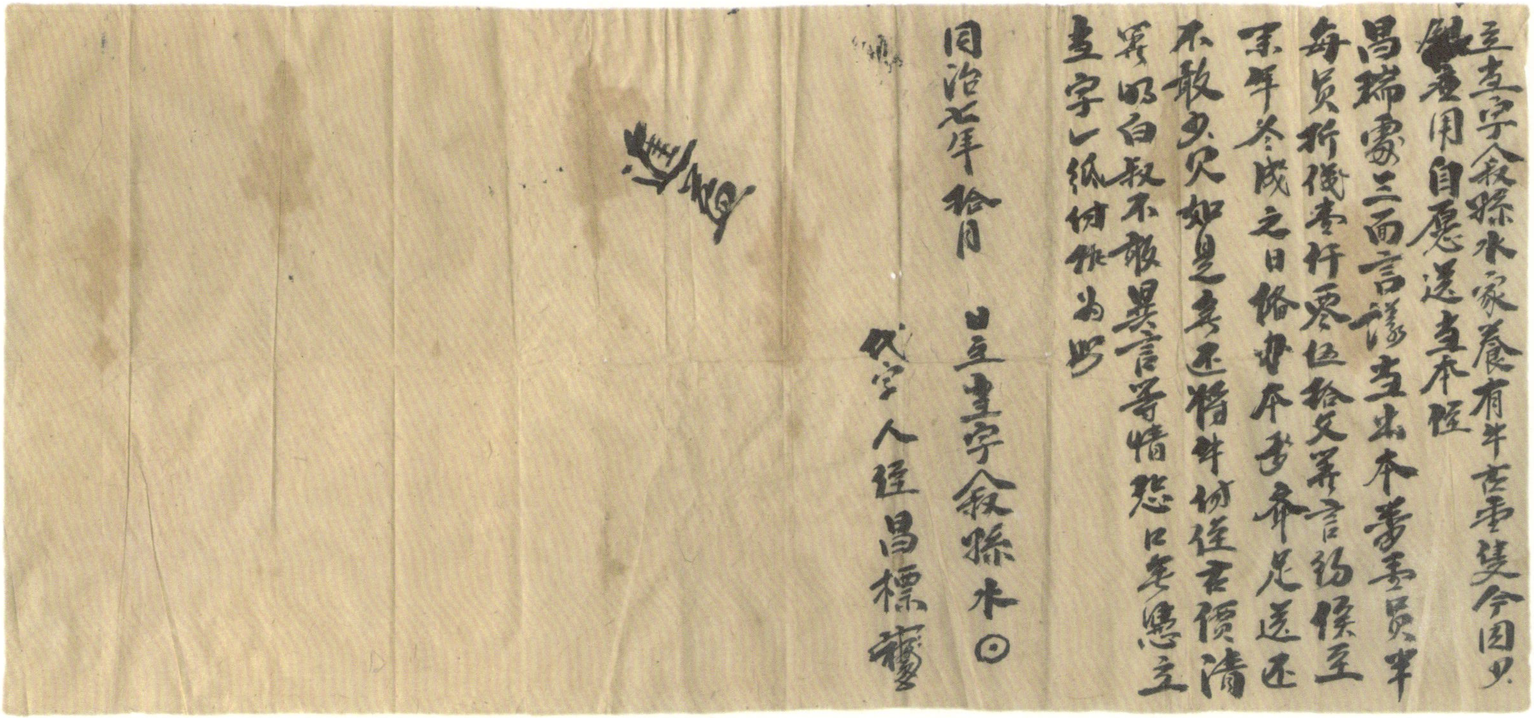

10-5-87-25　清同治七年十月黃孫水立當牛古字

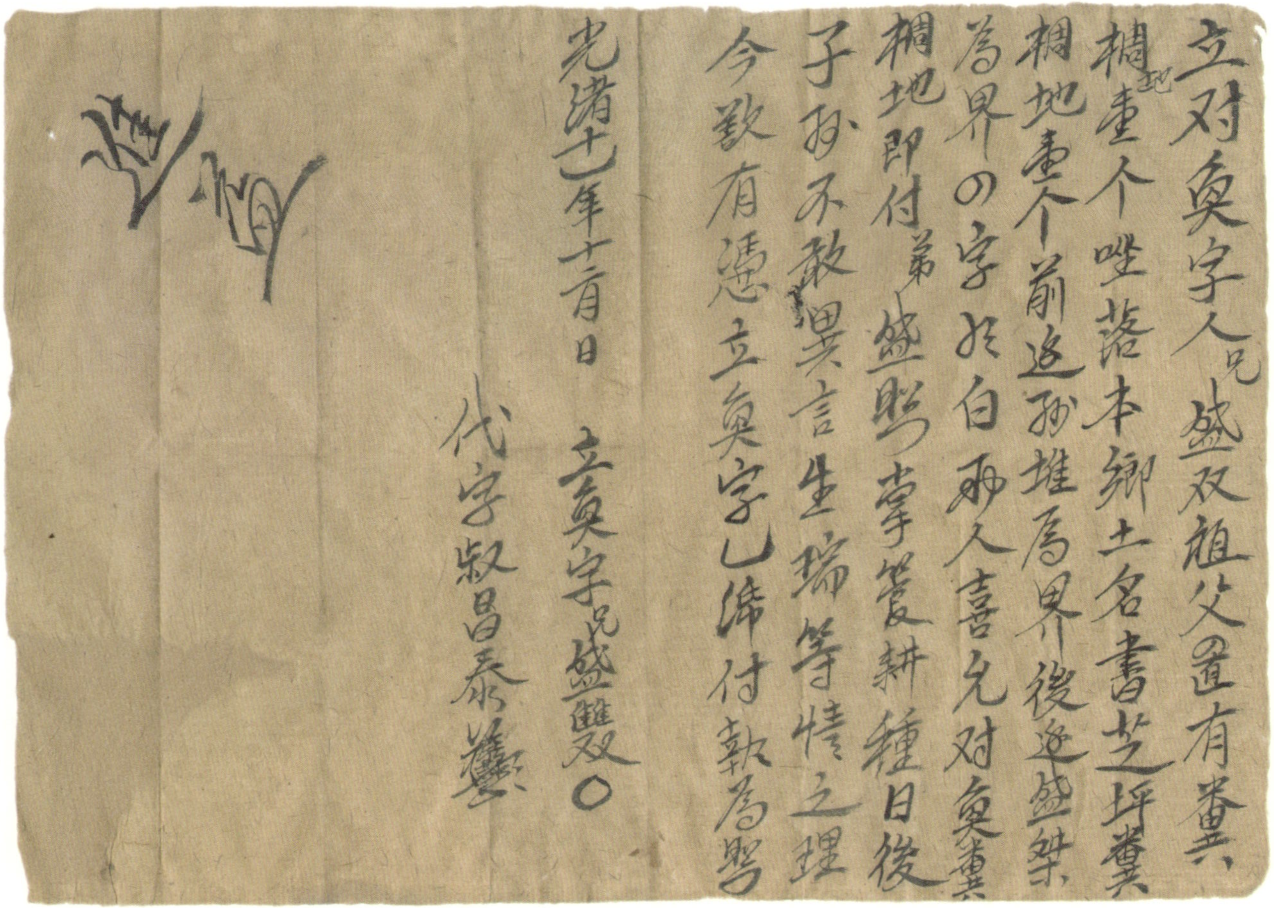

立对奂字人兄盛双祖父置有糞
椆地壹个坐落本鄉土名書芝坪糞
椆地壹个前返弟堆為界後返盛糞
為界の字於白兩人喜允对奂糞
椆地即付弟盛照管耕種日後
子孙不敢異言生瑞等情之理
今欲有憑立奂字乙纸付執為照

光绪十一年十二月日　立奂字兄盛雙〇

代字叔昌泰筆

10-5-87-26　清光緒十一年十二月黄盛雙立對換糞椆地字

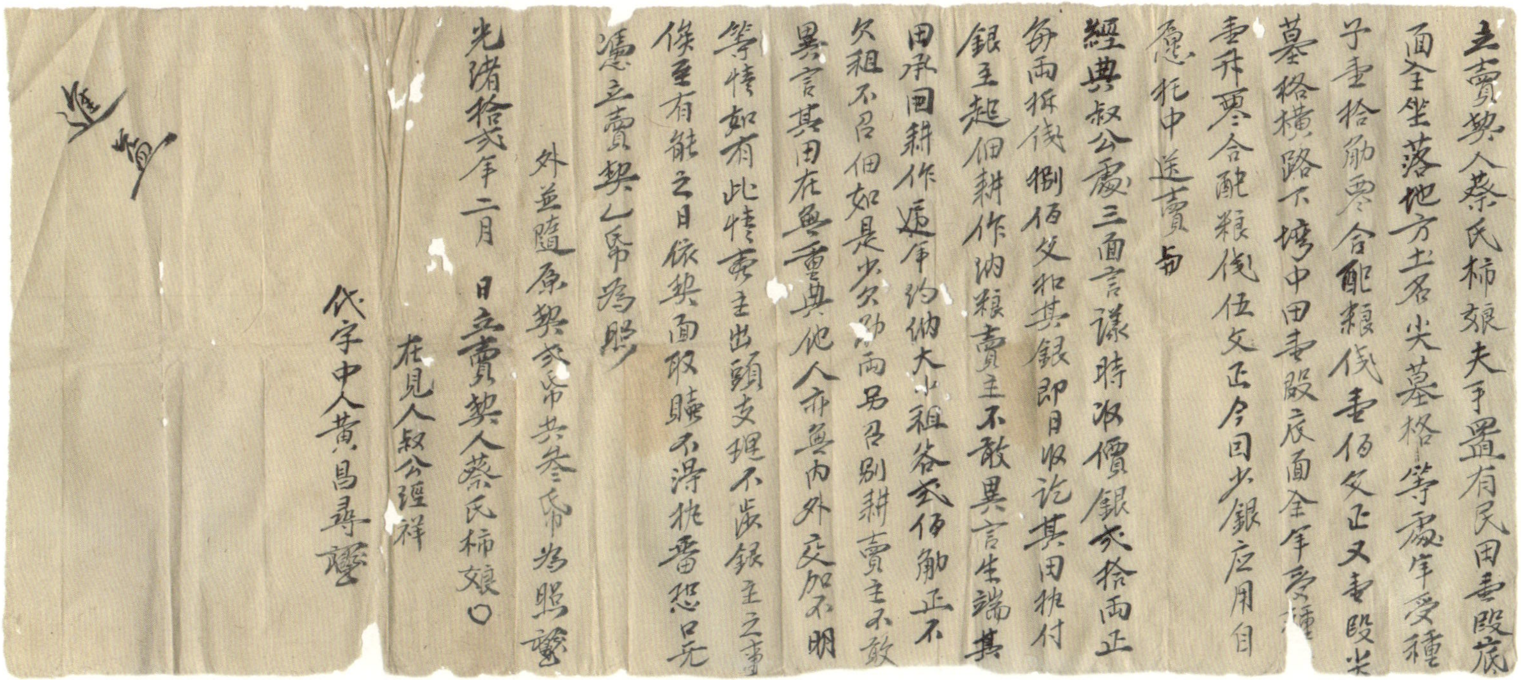

立賣契人蔡氏柿娘夫手置有民田壹段底
面全坐落地方土名尖墓格等處年受種
子壹拾觔零合配糧伐壹佰文正又壹段尖
墓格橫路下壋中田壹段底面全年受種
壹升要合配糧伐伍文正今因乏銀應用自
愿托中送賣與
經典叔公處三面言議時值價銀貳拾兩正
每兩拆伐捌佰文和其銀即日收訖其田執付
銀主起佃耕作納糧賣主不敢異言生端其
田承回耕作逐年約納大小租谷貳佰觔正不
欠租不召佃如是少欠兩另召別耕賣主不敢
異言其田在無重典他人亦無內外交加不明
等情如有此情賣主出頭支理不涉銀主之事
倘至有能之日依契面取贖不得執番恐口無
憑立賣契一紙為照
外並隨原契貳紙共叁紙為照
光緒拾貳年二月　日立賣契人蔡氏柿娘〇
在見人叔公運祥
代字中人黃昌壽
進[illegible]

10-5-87-27　清光緒十二年二月蔡氏柿娘立賣底面全民田契

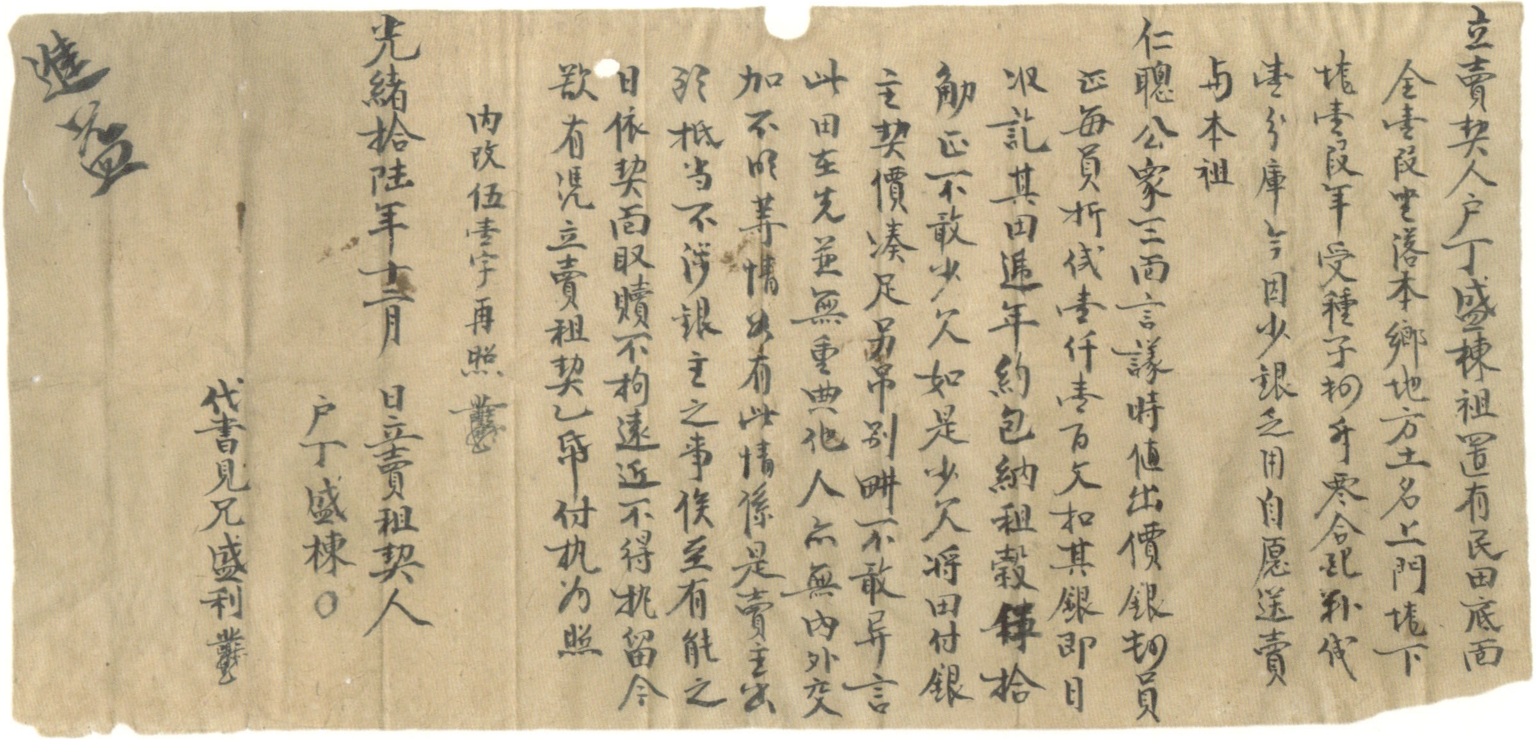
立賣契人户丁盛棟祖置遺有民田底面
全壹段坐落本鄉地方土名上門壠下
壠壹段年受種子捌升零合計秋代
壹分庫今因少銀乏用自愿送賣
与本祖
仁聰公家三面言議時值出價銀捌員
正每員折錢壹仟壹百文扣其銀即日
收訖其田遞年約包納租穀肆拾
觔正不敢少欠如是少欠將田付銀
主契價湊足另佃別耕不敢异言
此田在先並無重典他人亦無內外交
加不明等情如有此情係是賣主出
頭抵當不涉銀主之事俟至有能之
日依契面取贖不拘遠近不得执留今
欲有憑立賣租契一帋付执為照
内改伍壹字再照
光緒拾陸年十二月　日立賣租契人
户丁盛棟○
代書見兄盛利
進益

10-5-87-28　清光緒十六年十二月黄盛棟立賣底面全民田契

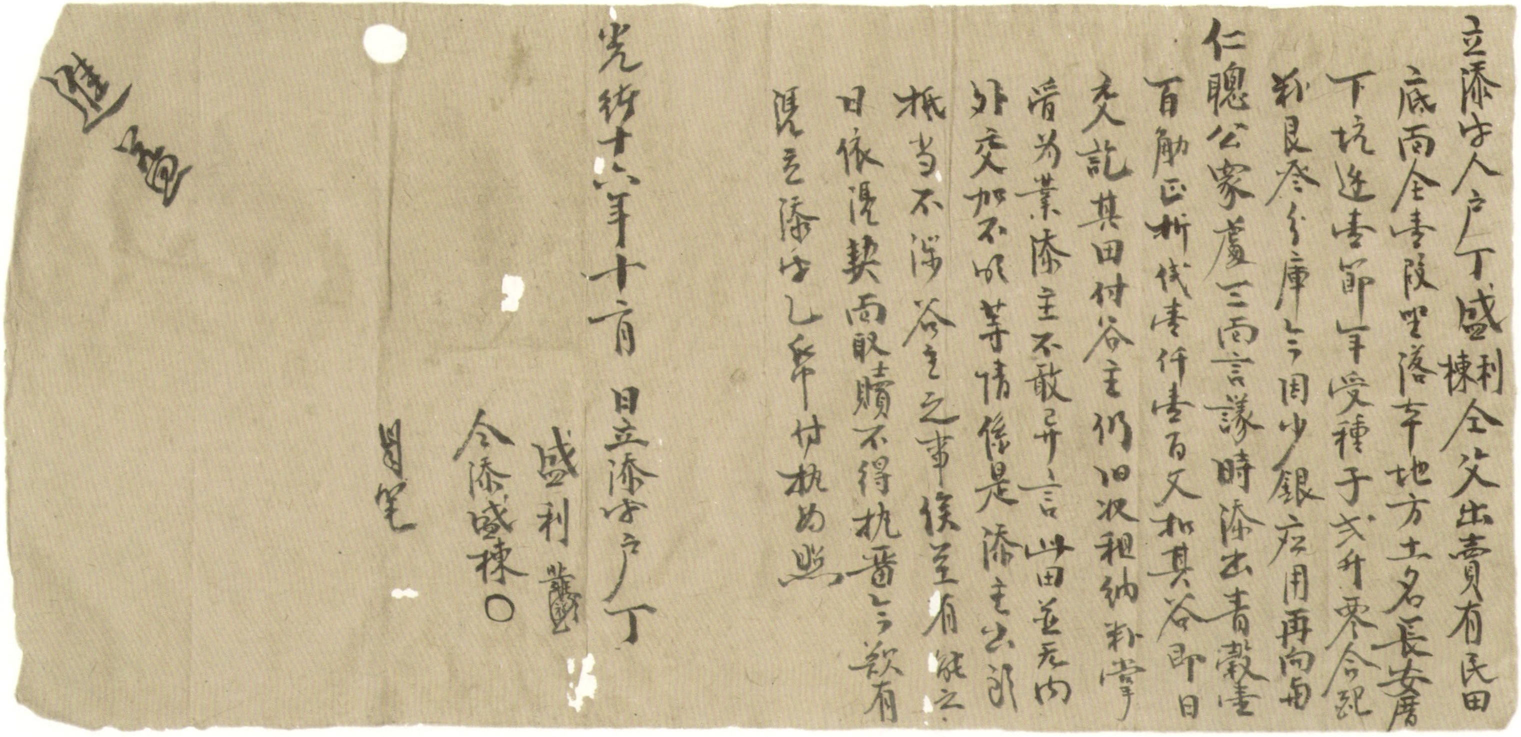
立添字人户丁盛利棟仝父出賣有民田
底面仝壹段坐落本地方土名長安唐
下坑迷壹節年受種子弍升零合號
粎良參分庫今因少銀應用再向與
仁聰公家處三面言議時添出青穀壹
百觔正折錢壹仟壹百文扣其谷即日
交訖其田付谷主仍旧収租納粮掌
管為業添主不敢异言此田並無內
外交加不明等情係是添主出頭
抵当不涉谷主之事倘至有銀之
日依憑契面取贖不得執番今欲有
憑立添字乙紙付执為照

光緒十六年十二月　日立添字户丁
盛利（押）
仝添盛棟〇
自筆

10-5-87-29　清光緒十六年十二月黄盛利等立添底面全民田字

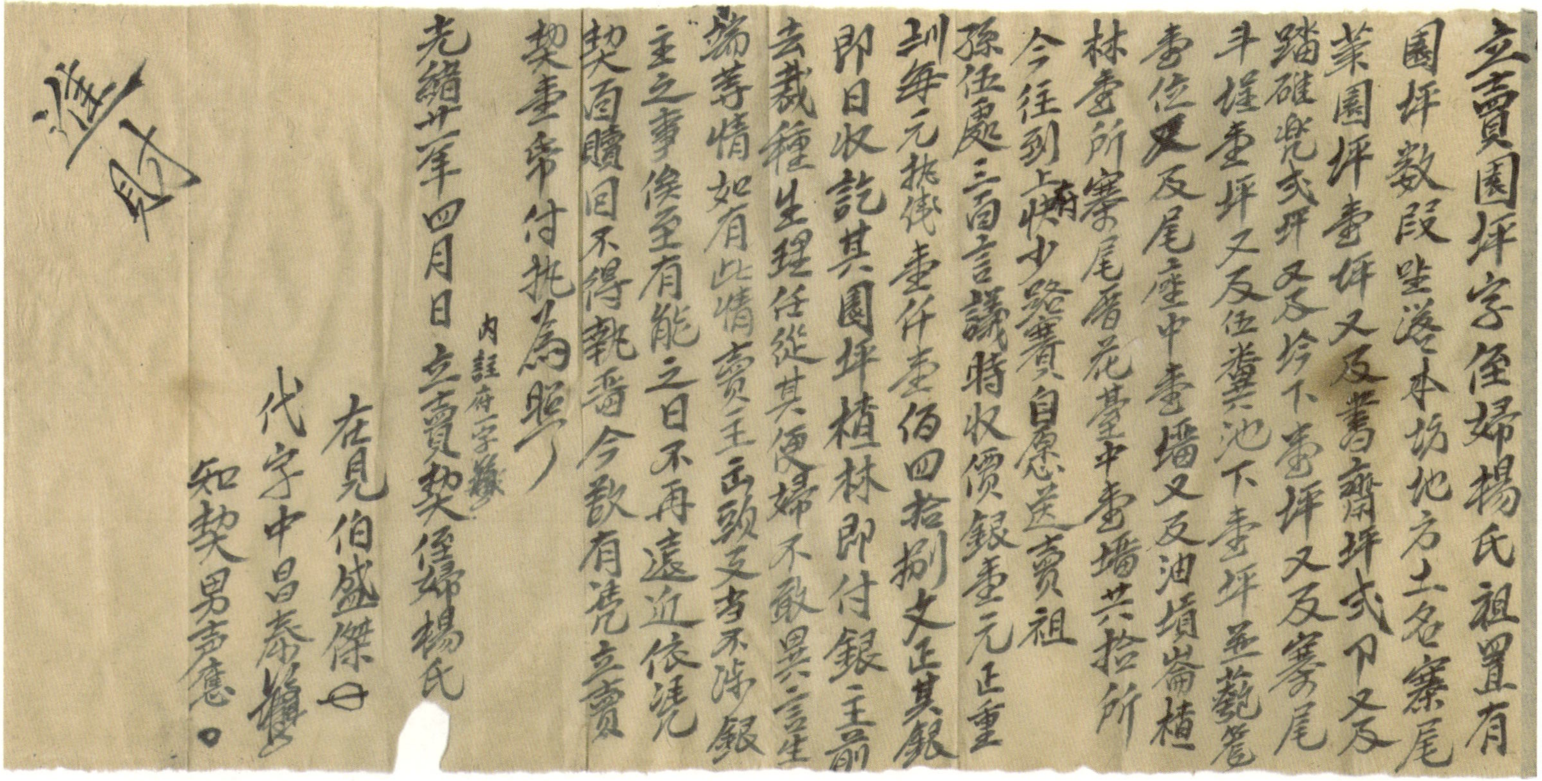

立賣園坪字侄婦楊氏祖置有
園坪數段，坐落本坊地方土名寨尾
業園坪壹坪，又及舊齋坪式丫，又及
踏碓兜式坪，又及圩下壹坪，又及寨尾
斗埕壹坪，又及伍叢池下壹坪，並藝園
壹位，又及尾座中壹墻，又及油墳崙植
林壹所，寨尾厝花基中壹墻，共拾所，
今往到上南缺少銀費，自愿送賣祖
孫伍處，三面言議，特收價銀壹元正，重
訓每元扣錢壹仟壹佰四拾捌文正，其銀
即日收訖，其園坪植林即付銀主前
去栽種生理，任從其便，婦不敢異言生
端等情。如有此情，賣主出頭支當，不涉銀
主之事。後至有能之日，不再遠近，依洗
契面贖回，不得執留。今欲有憑，立賣
契壹帋付執為照。
內註府一字
光緒廿一年四月日立賣契侄婦楊氏
在見伯盛傑
代字中昌泰
知契男吉應

10-5-87-30　清光緒二十一年四月楊氏立賣園坪字

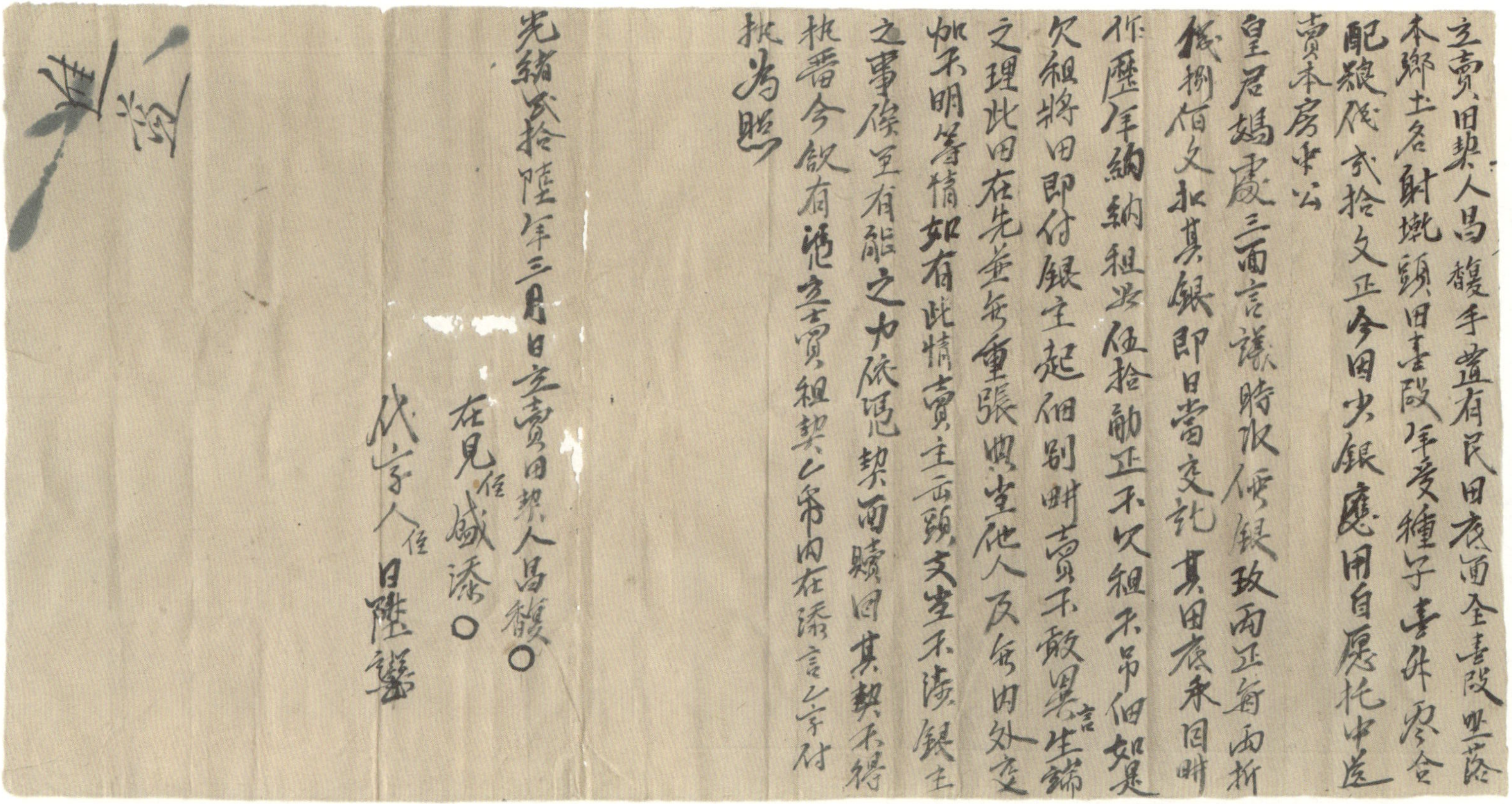
立賣田契人昌馥，手置有民田底面全一段，坐落
本鄉土名尉墩頭，田壹段，年受種子壹斗零合，
配粮伐貳拾文正。今因乏銀應用，自愿托中送
賣本房中公
皇君媽處，三面言議，時價銀玖兩正，每兩折
錢捌佰文，其銀即日當交訖。其田底面同時
作歷年納納租谷伍拾觔正，不欠租，不吊佃。如是
欠租，將田即付銀主起佃別耕，賣不敢異言生端
之理。此田在先並無重張典當他人，及無內外交
加不明等情。如有此情，賣主出頭支當，不涉銀主
之事。倘日有能之力，依憑契面贖回，其契不得
執留。今欲有憑，立賣租契一紙，內在添言一字，付
執為照。

光緒貳拾陸年三月　日立賣田契人昌馥○
在見侄　盛添○
代字人侄　日陞

10-5-87-31　清光緒二十六年三月黃昌馥立賣底面全民田契

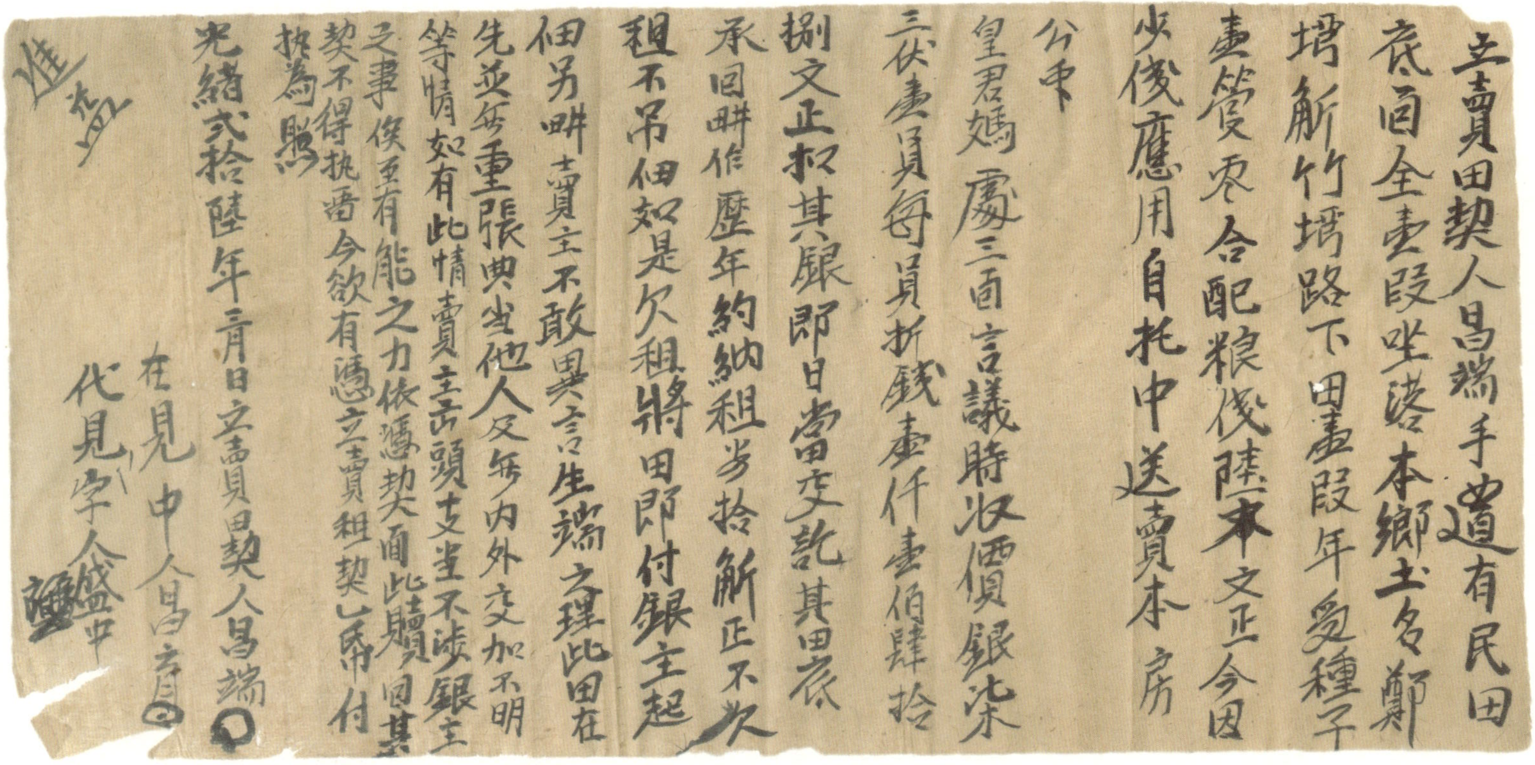

立賣田契人昌端手置有民田
底面全壹段坐落本鄉土名鄭
墘舖竹墘路下田壹段年受種子
壹管零合配粮戥陸本文正今因
少錢應用自托中送賣本房
公甲
皇君媽處三面言議時收價銀柒
三伕壹員每員折錢壹仟壹佰肆拾
捌文正其銀即日當交訖其田底
承回耕作歷年約納租谷拾觔正不欠
租不吊佃如是欠租將田即付銀主起
佃另耕賣主不敢異言生端之理此田在
先並無重張典當他人及無內外交加不明
等情如有此情賣主出頭支当不涉銀主
之事俟至有能之力依憑契面贖回其
契不得執番今欲有憑立賣租契付
執為照
光緒式拾陸年三月日立賣田契人昌端
在見中人昌育
代見字人盛中
進益

10-5-87-32 清光緒二十六年三月黄昌端立賣底面全民田契

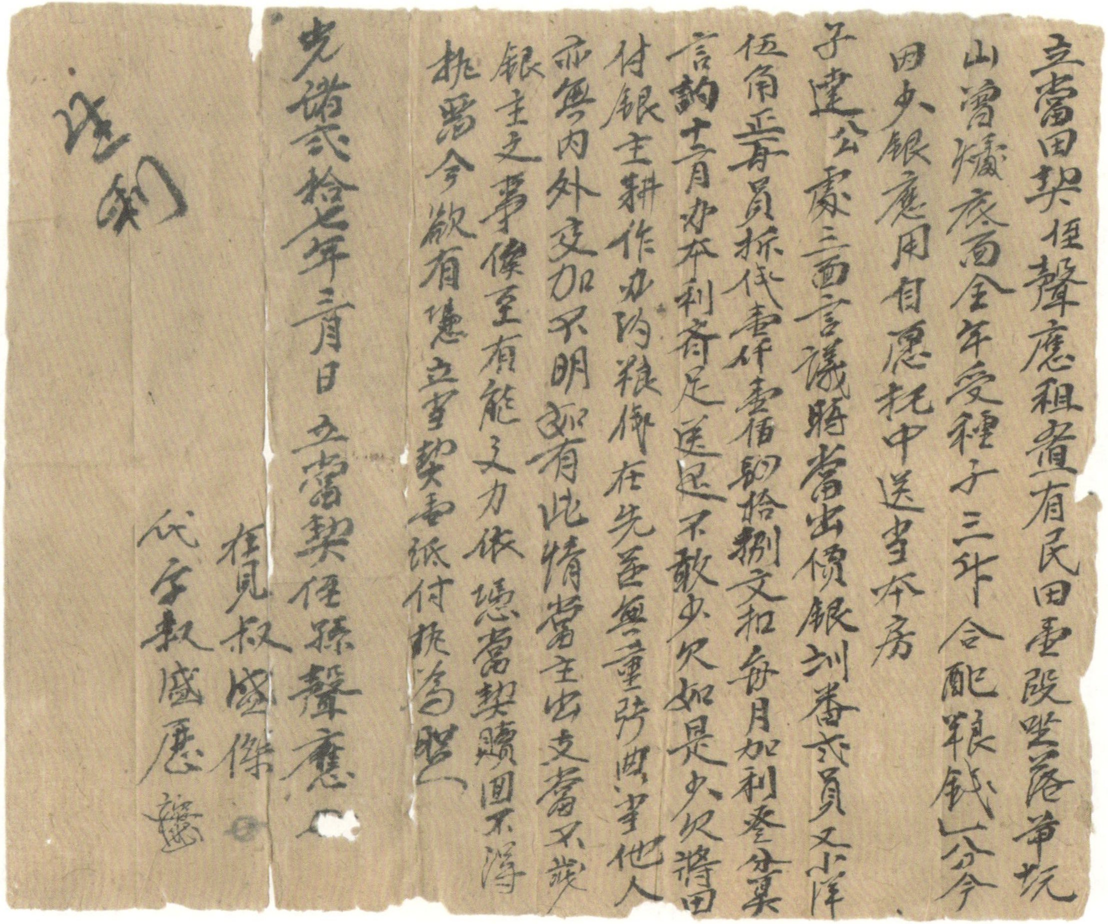
立當田契侄聲應祖置有民田壹段坐落華坑
山灣墘底面全年受種子三升一合配粮錢一分一
田出銀應用自愿托中送出本房
子建公處三面言議贌當出價銀洋番貳員又小洋
伍角正每員拆代壹仟壹佰捌拾捌文和每月加利叁分算
言約十二月母本利齊足送還不敢少欠如是少欠將田
付銀主耕作母約粮係在先並無重張典當他人
亦無內外支加不明如有此情當主出支當不涉
銀主之事係至有能之力依照當契贖回不得
挑留今欲有憑立當契壹紙付執為照
光緒貳拾柒年三月日 立當契侄孫聲應
在見叔盛傑
代字叔盛應
進利

10-5-87-33 清光緒二十七年三月黃聲應立當底面全民田契

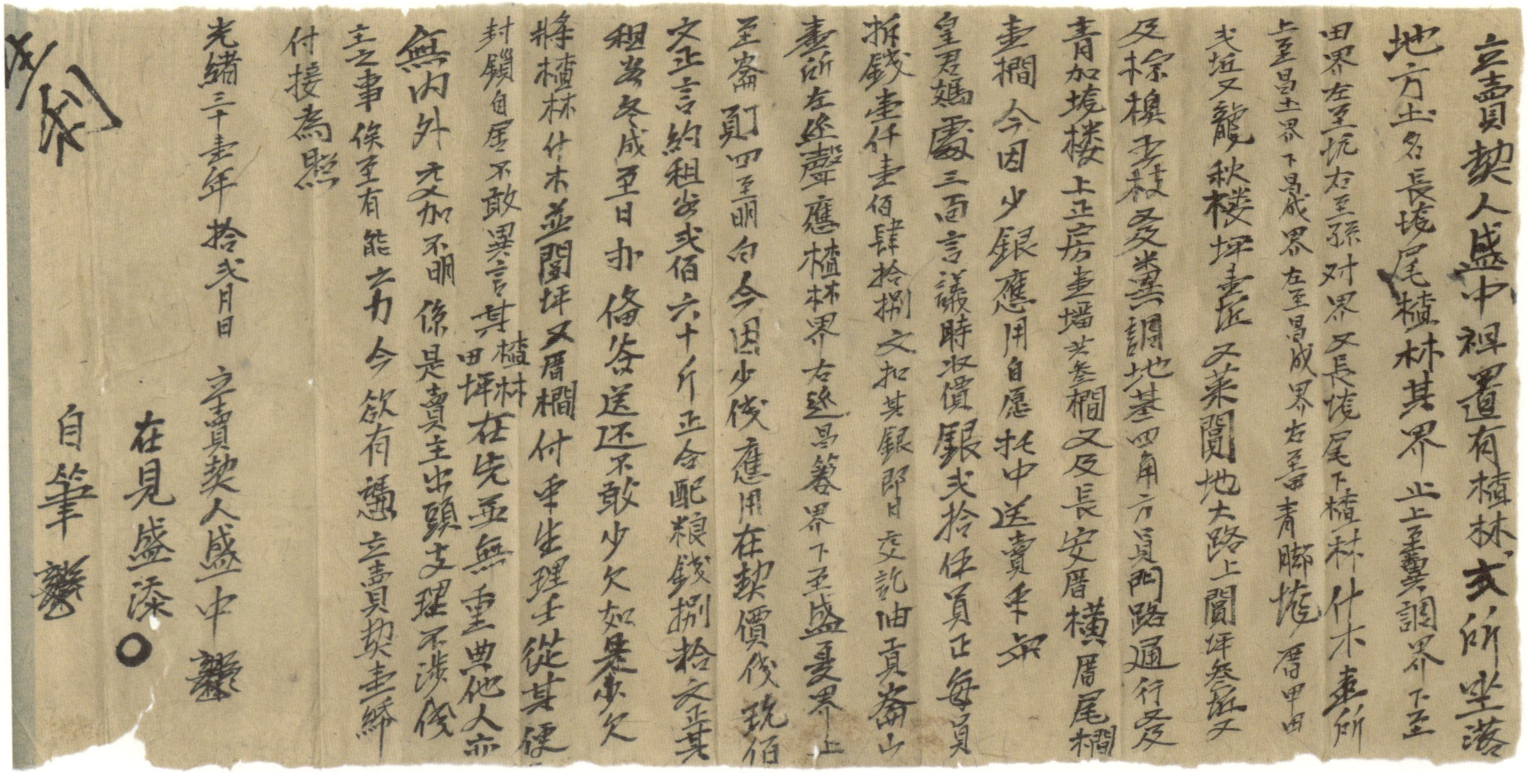
立賣契人盛中祖置有楂林弍所坐落
地方土名長垅尾楂林其界上至壟調界下至
田界左至坑右至孫対界又長垅尾下楂林什木壹所
上至昌土界下昌成界左至昌成界右至田青腳垅厝甲田
弍坵又龍秋樓坪壹坵又菜園地大路上園坪叁坵又
及棕樹壹枝及墓調地基四角方員門路通行及
青加垅樓上正房壹墻共叁棢又及長安厝橫厝尾棢
壹棢今因少銀應用自愿托中送賣手知
皇君嫣霞三面言議時收價銀弍拾伍員正每員
拆錢壹仟壹伯肆拾捌文扣其銀即日交訖由貢嵛山
壹所在坐壟應楂林界右至昌簽界下至盛夏界上
至嵛頂四至明白今因少錢應用在契價錢玖佰
文正言約租米弍佰六十斤正合配粮錢捌拾文正其
租米冬成至日亦備答送還不敢少欠如是少欠
將楂林什木並園坪又厝棢付主生理任從其便
封鎖自居不敢異言其楂林田坪在先並無重典他人亦
無內外交加不明係是賣主出頭支理不涉錢
主之事係主有能之力今欲有憑立賣契壹紙
付接為照
光緒三十壹年拾弍月日　立賣契人盛中（押）
在見盛添○
自筆（押）

10–5–87–34　清光緒三十一年十二月黃盛中立賣楂林等契

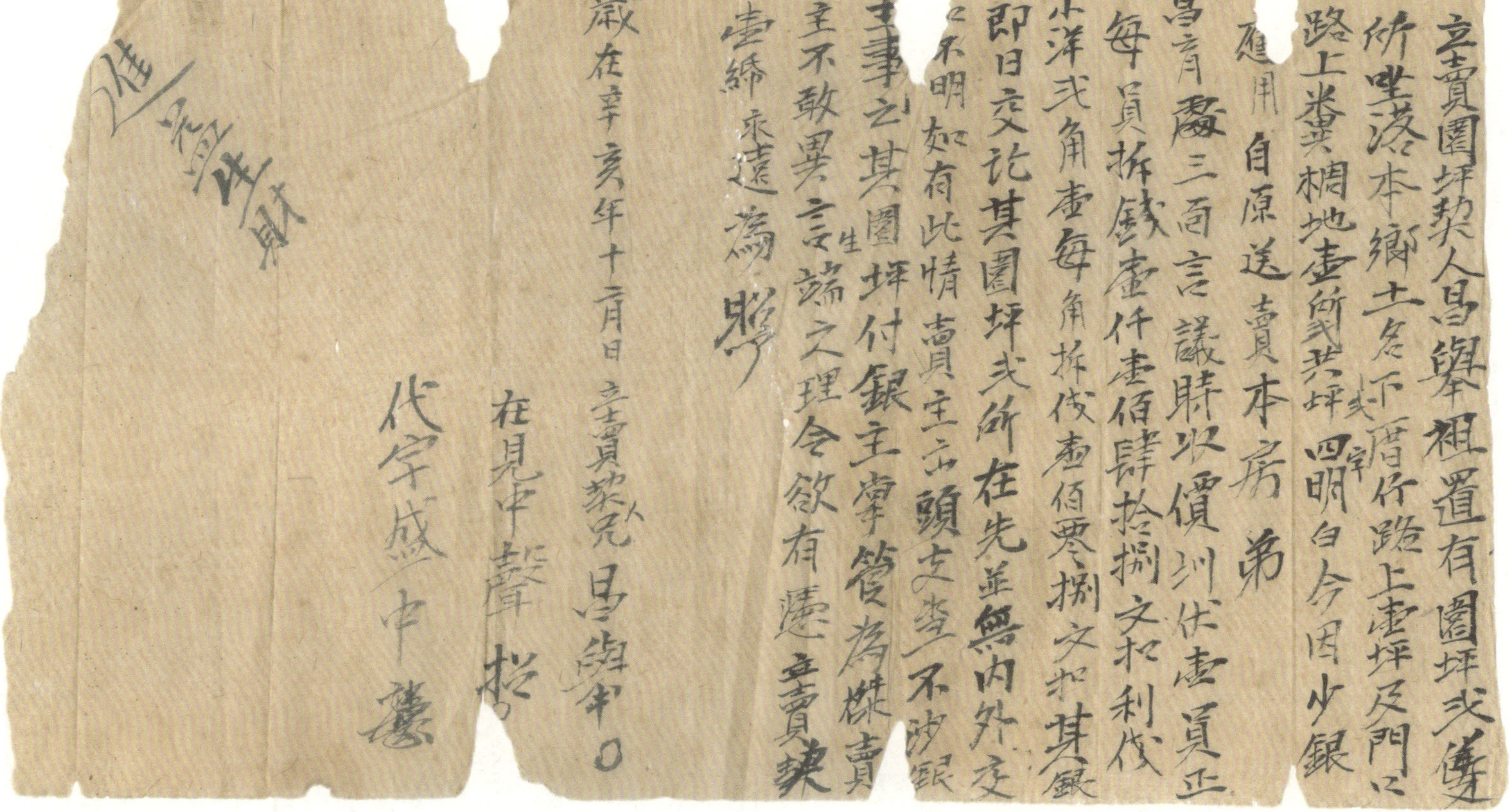

10-5-87-35　民國元年十二月黃昌舉立賣園坪契

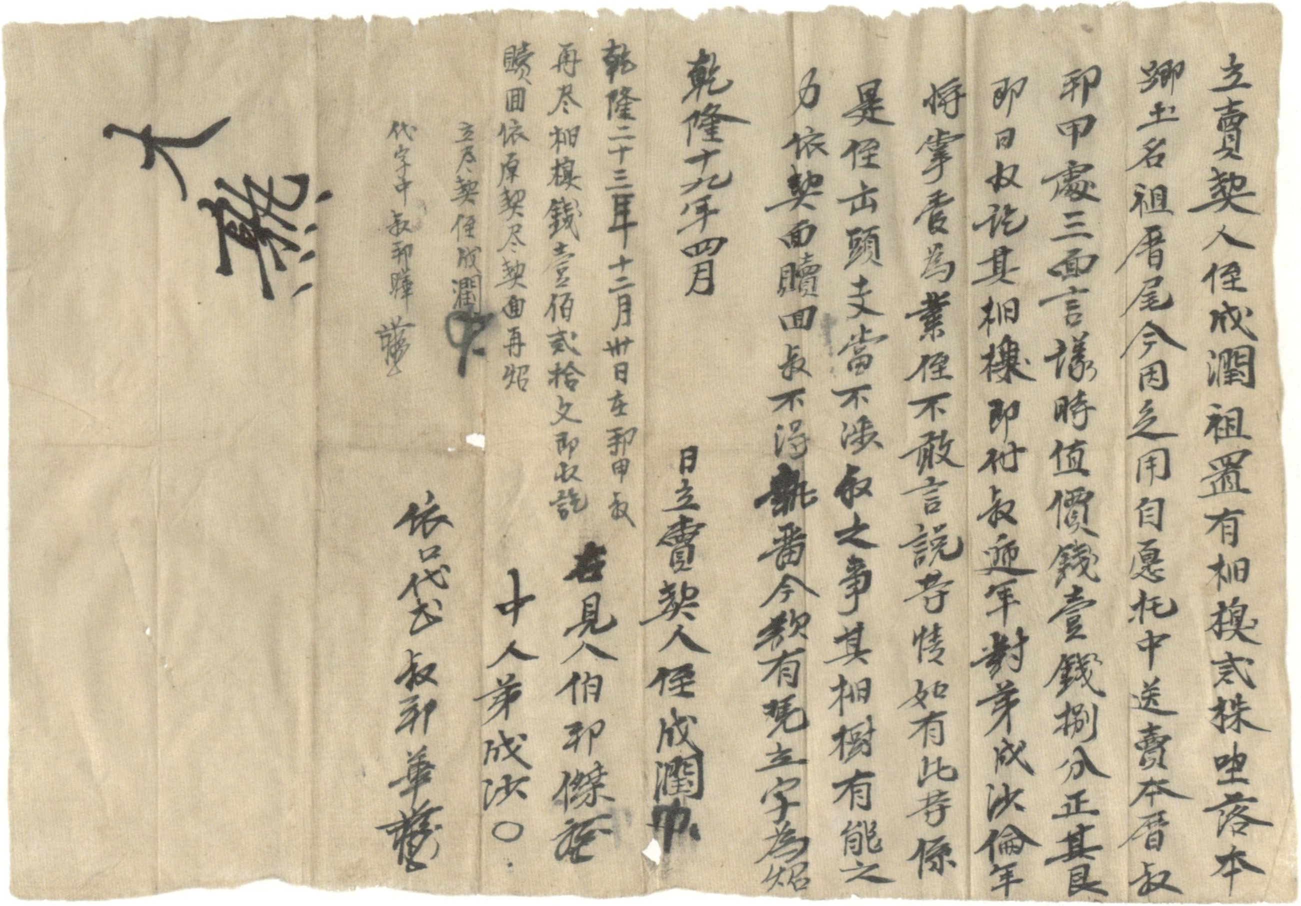

立賣契人侄成潤祖置有相模貳株坐落本
鄉土名祖厝尾今因乏用自愿托中送賣本厝叔
邦甲處三面言議時值價錢壹錢捌分正其艮
即日收訖其相模即付叔邊年對第成汱倫年
將掌管為業侄不敢言說等情如有此等係
是侄出頭支當不涉叔之事其相樹有能之
日依契面贖回叔不得執番今欲有憑立字為炤
乾隆十九年四月　日立賣契人侄成潤
在見人伯邦傑
中人弟成汱〇
依口代书叔邦華

乾隆二十三年十二月廿日在邦甲叔
再盡相模錢壹佰貳拾文即收訖
贖回依原契盡契面再炤
立盡契侄成潤
代字中叔邦璋

10-5-88-1　清乾隆十九年四月黃成潤立賣相模契

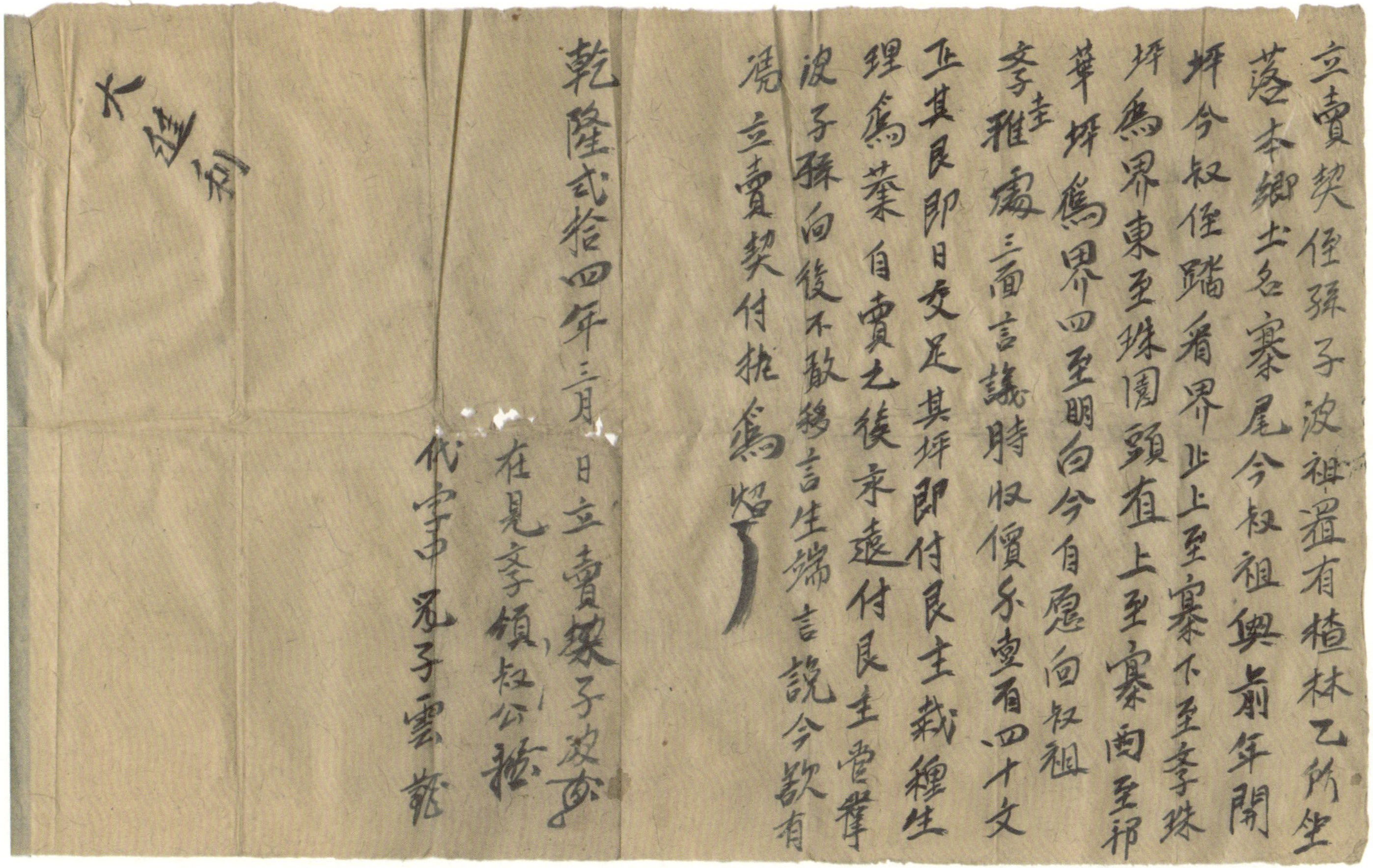

立賣契侄孫子波祖遺有楂林乙所坐
落本鄉土名寨尾今叔祖與前年開
坪今叔侄踏看界止上至寨下至李珠
坪爲界東至珠園頭直上至寨西至邦
華坪爲界四至明白今自愿向叔祖
李圭雅處三面言議時收價錢壹佰四十文
正其艮即日交足其坪即付艮主栽種生
理爲業自賣之後永遠付艮主管業
波子孫向後不敢幾言生端言說今欲有
憑立賣契付執爲炤

乾隆弍拾四年三月　日立賣契子波（押）
在見　李領叔公（押）
代字　兄子雲（押）

10-5-88-2　清乾隆二十四年三月黃子波立賣楂林契

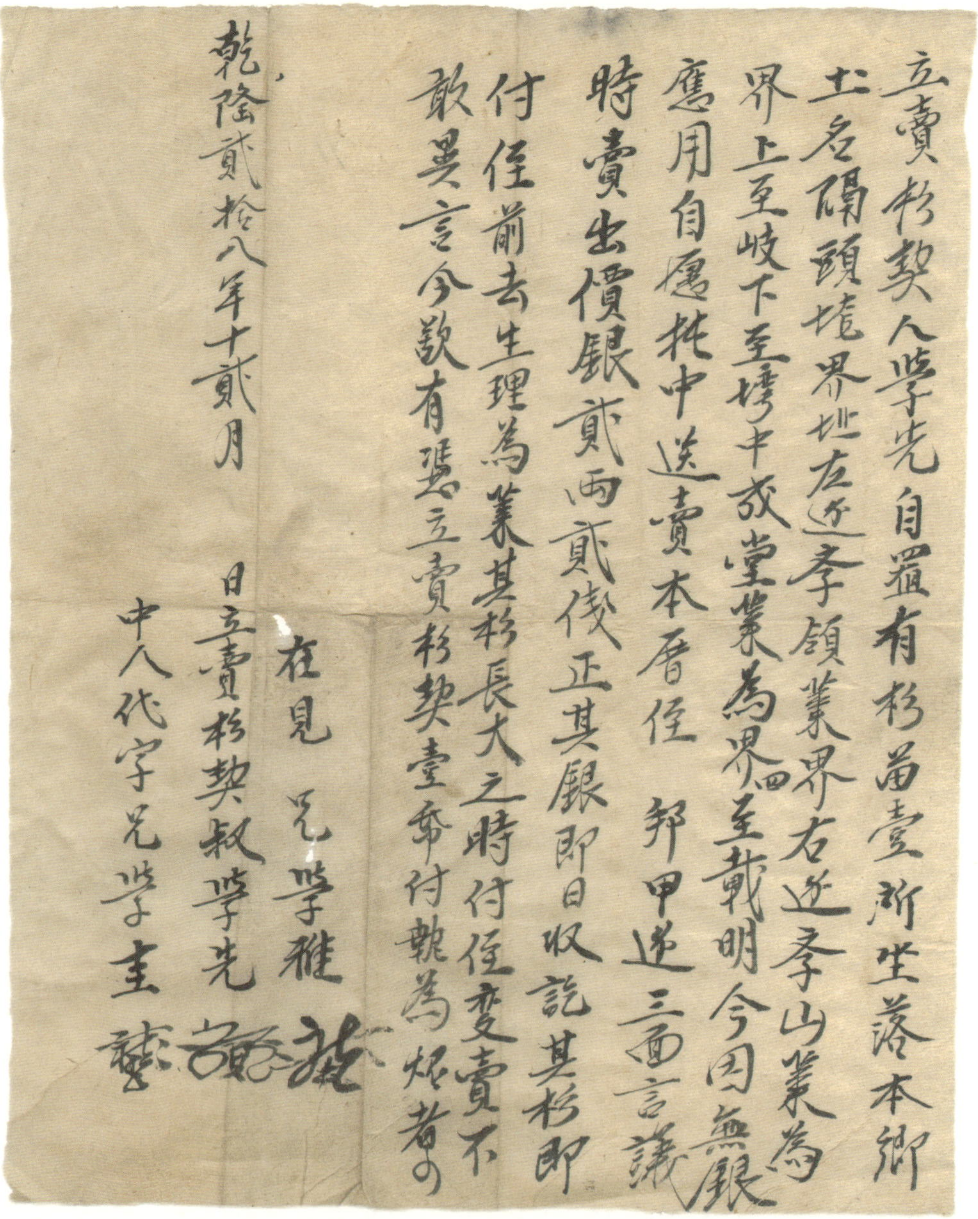
立賣杉契人學先自置有杉苗壹所坐落本鄉
土名陽頭墘界址左至李領業界右至李山業為
界上至岐下至塘中成堂業為界四至載明今因無銀
應用自愿托中送賣本厝侄　邦甲近三面言議
時賣出價銀貳兩貳錢正其銀即日收訖其杉即
付侄前去生理為業其杉長大之時付侄變賣不
敢異言今欲有憑立賣杉契壹帋付執為炤者

乾隆貳拾八年十貳月　　日立賣杉契叔學先
在見兄學稚
中人代字兄學圭

10-5-88-3　清乾隆二十八年十二月黃學先立賣杉苗契

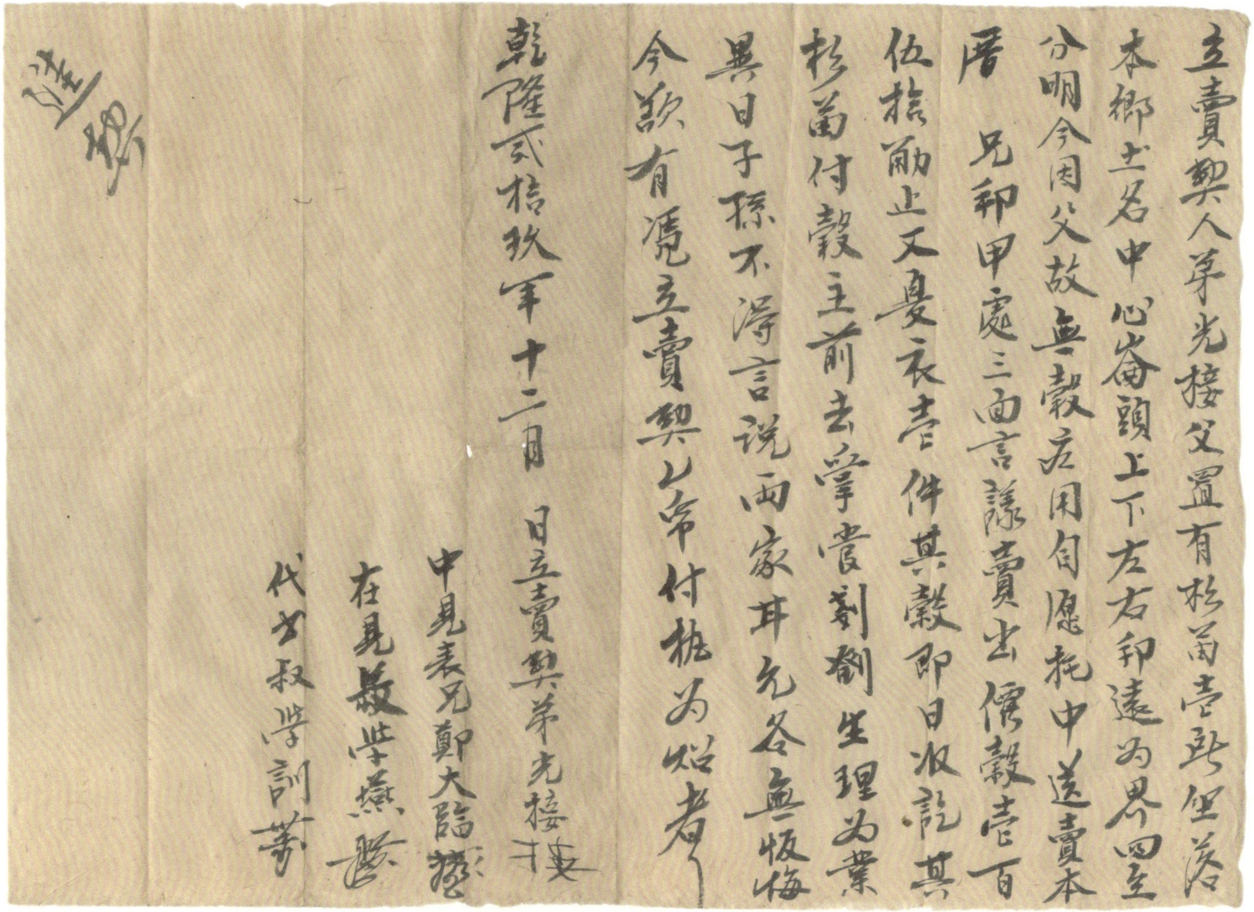
立賣契人黃光桉父置有杉苗壹段坐落
本鄉土名中心崙頭上下左右仰遠為界四至
分明今因父故無穀應用自愿托中送賣本
厝　兄和甲處三面言議賣出價穀壹百
伍拾斤正又裊衣壹件其穀即日收訖其
杉苗付穀主前去掌管割劇生理為業
異日子孫不得言說兩家甘允各無反悔
今欲有憑立賣契壹帋付執為炤者
乾隆貳拾玖年十二月　日立賣契黃光桉
中見表兄鄭大臨
在見叔學燕
代書叔學訓

10-5-88-4　清乾隆二十九年十二月黄光桉立賣杉苗契

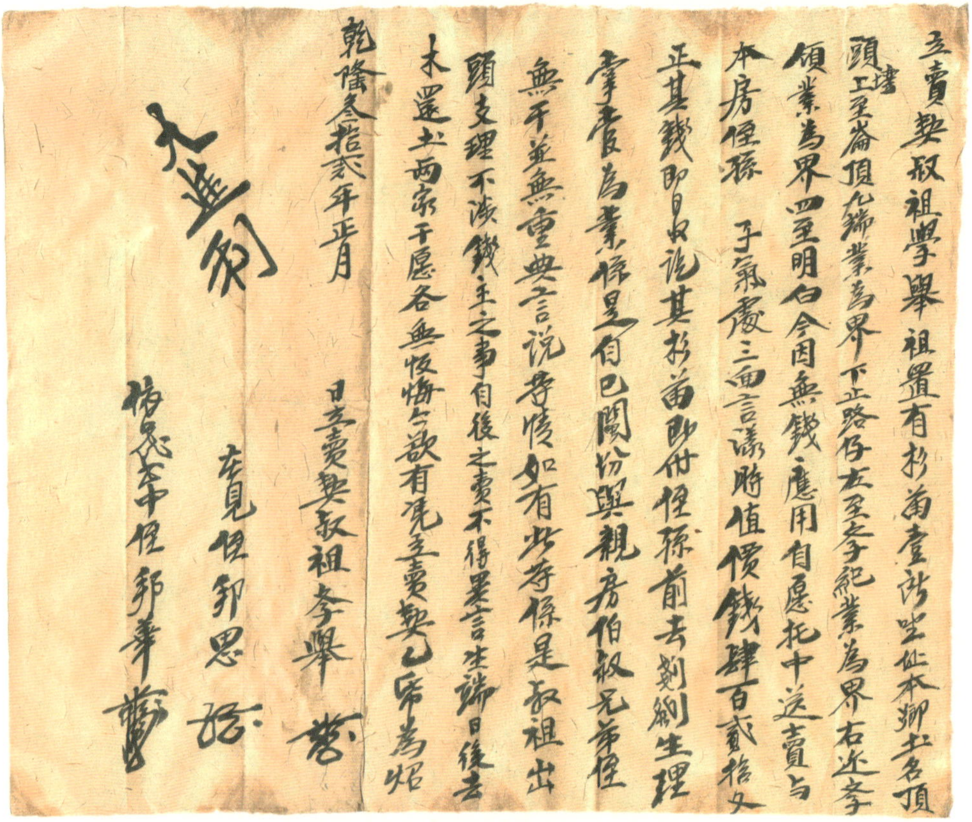
立賣契叔祖學舉，祖置有杉苗壹所，坐址本鄉土名頂
頭壠，上至崙頂乞鄰業為界，下止路仔，左至李紀業為界，右近李
領業為界，四至明白。今因無錢應用，自愿托中送賣與
本房侄孫　子氣　處，三面言議，時值價錢肆百貳拾文
正，其錢即日收訖，其杉苗即付侄孫前去剗劉生理
掌管為業，係是自己鬮分，與親房伯叔兄弟侄
無干，並無重典言說等情，如有此等，係是叔祖出
頭支理，不涉錢主之事。自後之責不得異言生端，日後去
木還山，兩家甘愿，各無反悔。今欲有憑，立賣契一紙為炤。
大進利
乾隆叁拾貳年正月　日立賣契叔祖學舉　押
在見侄邦思　押
代筆本甲侄邦華　押

10-5-88-5　清乾隆三十二年正月黃學舉立賣杉苗契

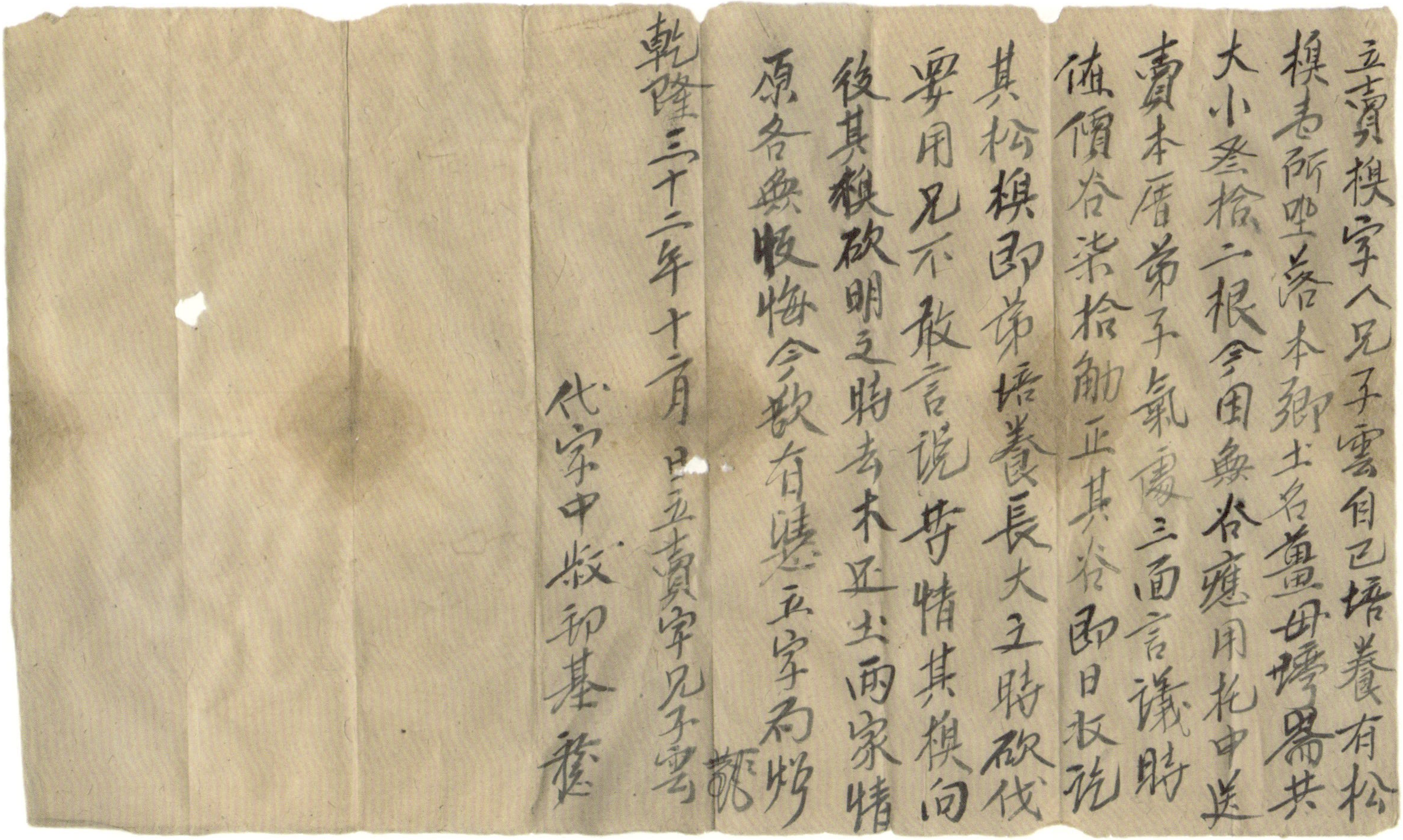

立賣松模字人兄子雲自己培養有松
模壹所坐落本鄉土名蓋母塘果共
大小叁拾二根今因無谷應用托中送
賣本房弟子氣處三面言議時
值價谷柒拾觔正其谷即日收訖
其松模即弟培養長大之時砍伐
要用兄不敢言說其情其模向
後其模砍明之時去木还土兩家情
原各無反悔今欲有憑立字爲炤
乾隆三十二年十二月　日立賣字兄子雲
代字中叔　初基　筆

10-5-88-6　清乾隆三十二年十二月黃子雲立賣松模字

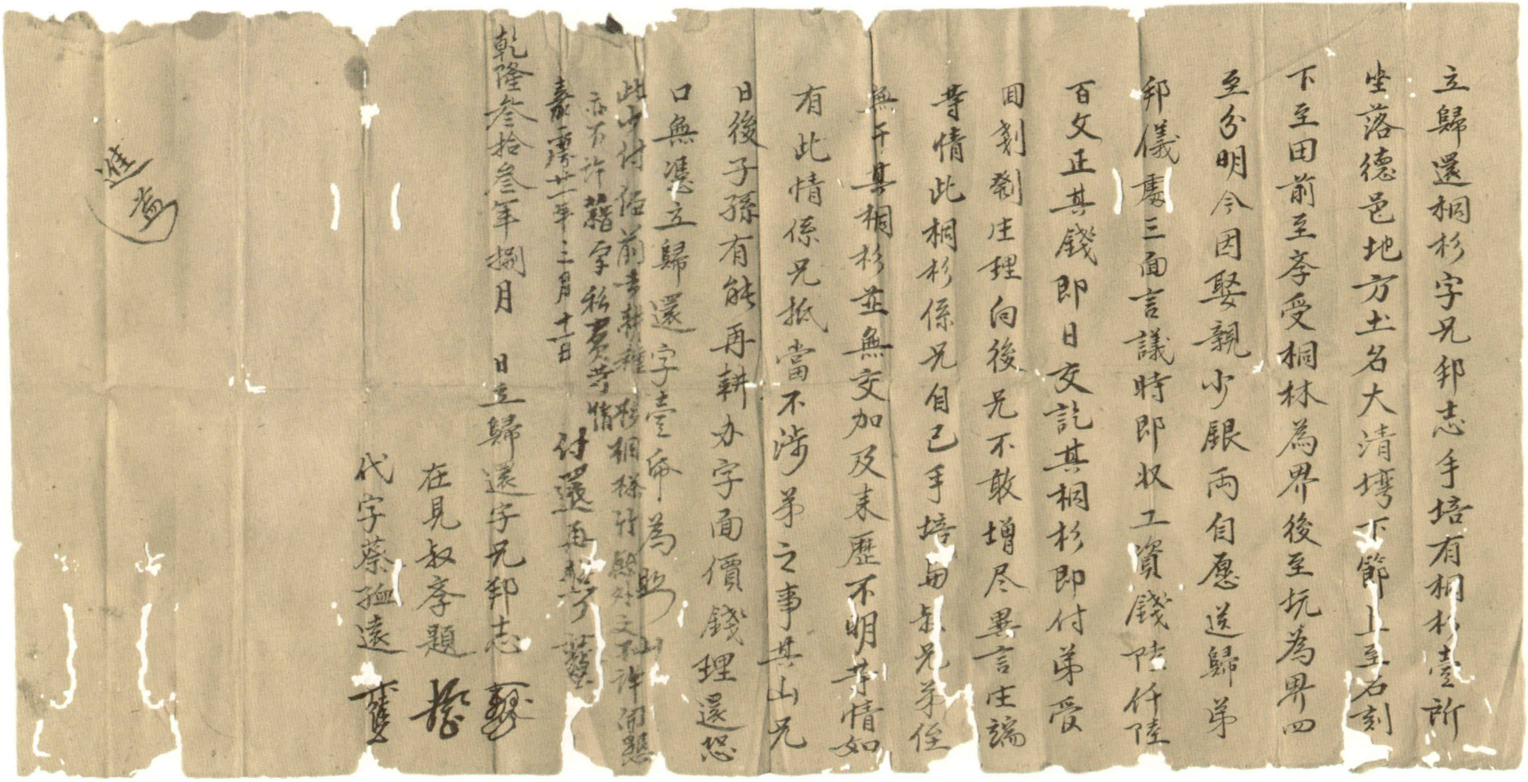
立歸還桐杉字兄邦志手培有桐杉壹所
坐落德邑地方土名大清墘下節上至石刻
下至田前至李受桐林為界後至坑為界四
至分明今因娶親少賬兩自愿送歸弟
邦儀處三面言議時即收工資錢陸仟陸
百文正其錢即日交訖其桐杉即付弟管
回劄劄生理向後兄不敢增尽異言生端
其情此桐杉係兄自己手培與兄弟侄
無干其桐杉并無交加及未歷不明等情如
有此情係兄抵當不涉弟之事其山兄
日後子孫有能再耕办字面價錢理還惣
口無憑立歸還字壹帋為照
此山付侄前去耕種杉桐係侄照分之額津開懇
亦不許贖字私裁等情
嘉慶廿一年三月十一日 付還再批字
乾隆叁拾叁年捌月 日立歸還字兄邦志
在見叔李題
代字蔡㴱遠
進賣

10-5-88-7 清乾隆三十三年八月黃邦志立歸還桐杉字

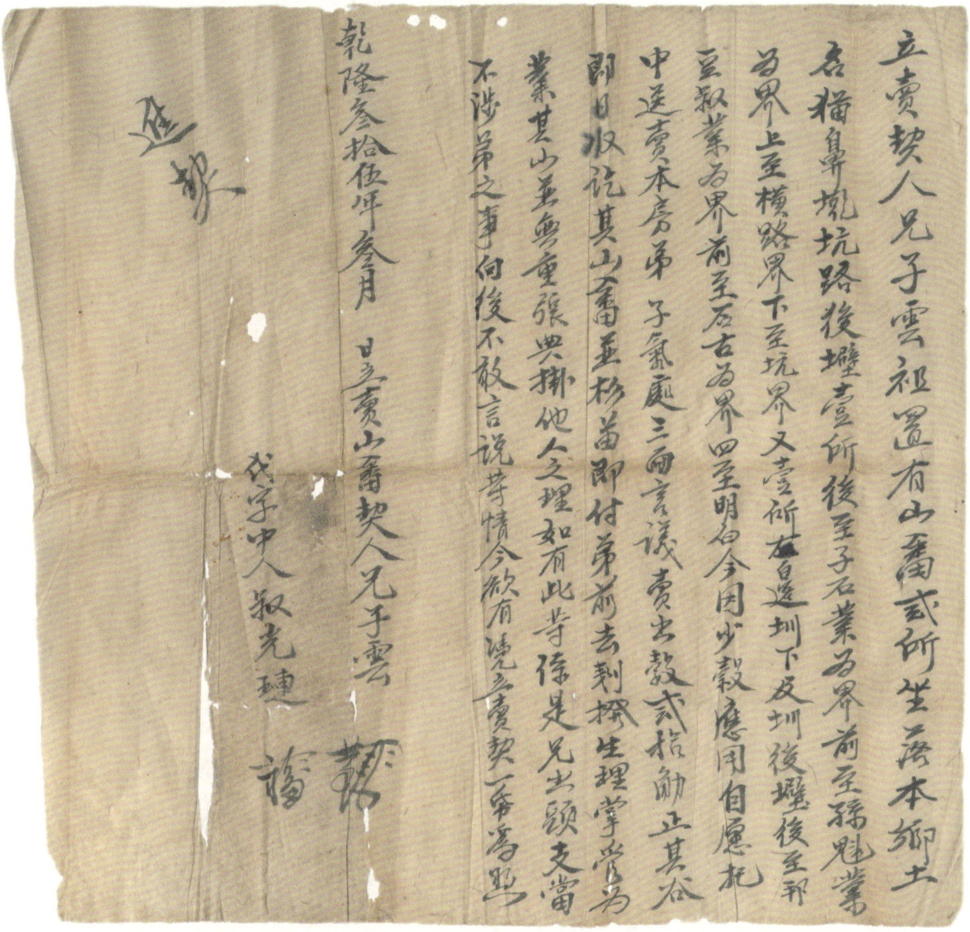
立賣契人兄子雲祖置有山畬貳所坐落本鄉土
名猫鼻境坑路後壠壹所後至子右業為界前至孫魁業
為界上至橫路界下至坑界又壹所在白邊圳下友圳後壠後至邦
豆叔業為界前至石古為界四至明白今因少穀應用自愿托
中送賣本房弟 子氣處三面言議賣出穀貳拾觔正其谷
即日收訖其山畬並杉苗即付弟前去剸採生理掌管為
業其山並無重張典掛他人之理如有此等係是兄出頭支當
不涉弟之事向後不敢言說等情今欲有憑立賣契一紙為照
乾隆叁拾伍年叁月 日立賣山畬契人兄子雲（押）
代字中人叔光璉（押）
進契

10-5-88-8 清乾隆三十五年三月黄子雲立賣山畬契

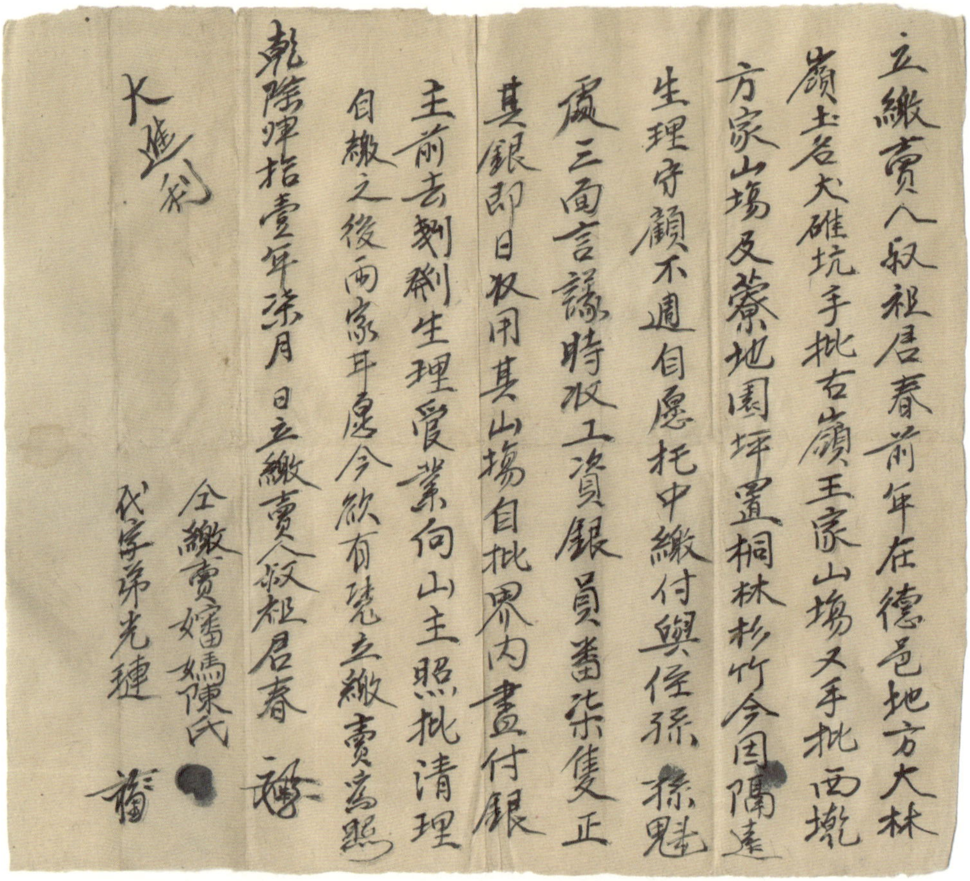
立繳賣人叔祖君春前年在德邑地方大林嶺土名大碓坑手批古嶺王家山場又手批西墘方家山場及藔地園坪置桐林杉竹今因隔遠生理守顧不週自愿托中繳付與侄孫孫魁處三面言議時收工資銀員番柒隻正其銀即日收用其山場自批界內盡付銀主前去剗刹生理管業向山主照批清理自繳之後兩家甘愿今欲有憑立繳賣爲照

乾隆肆拾壹年柒月　日立繳賣人叔祖君春

仝繳賣嬸嫣陳氏

代字弟光璉

大進利

10-5-88-9　清乾隆四十一年七月黄君春等立繳賣山場等契

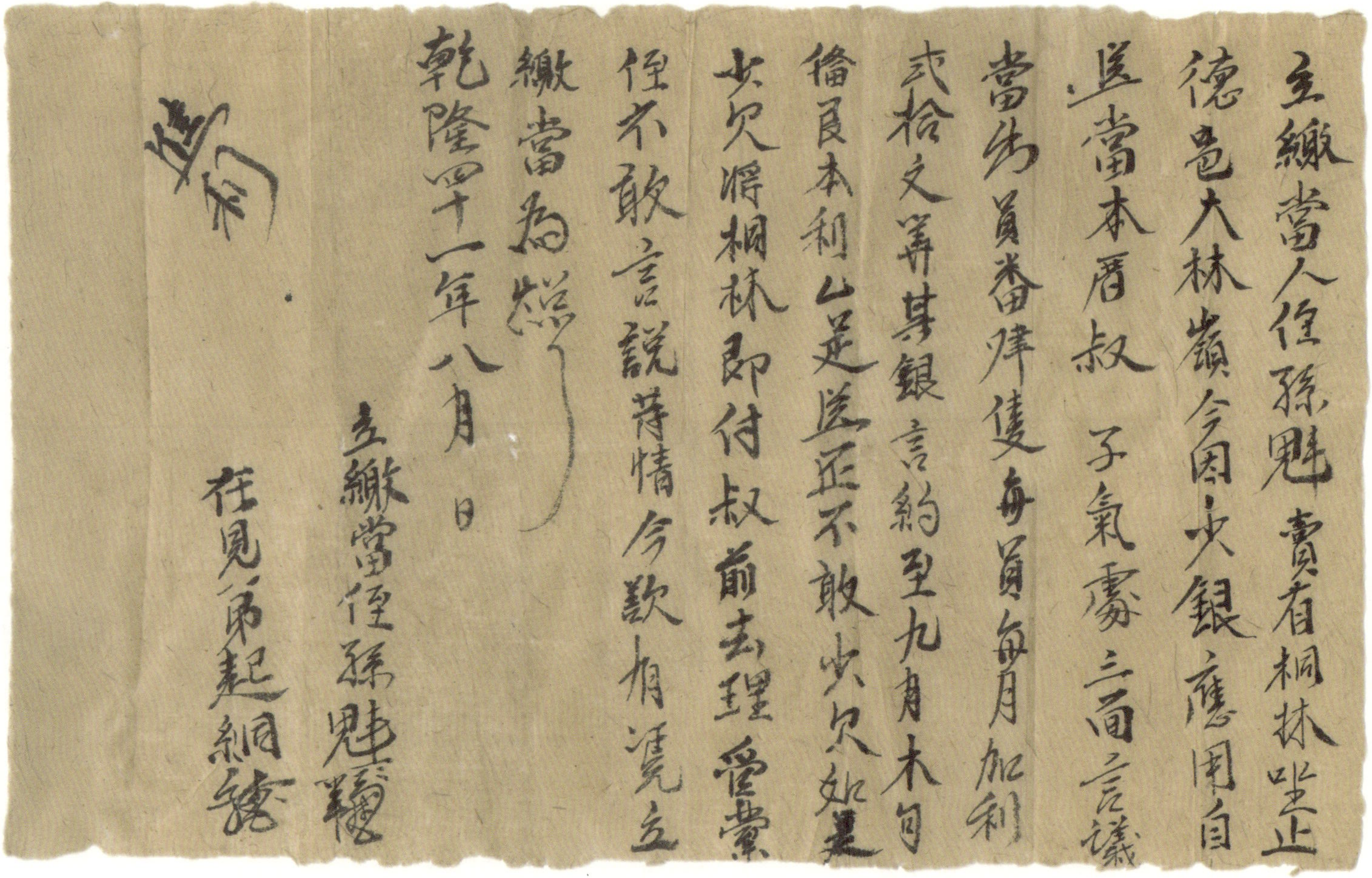
立繳當人侄孫魁，實有桐林坐止
德邑大林嶺，今因欠銀應用，自
送當本房叔子氣處，三面言議
當出員番肆隻，每員每月加利
式拾文算，其銀言約至九月本日
備員本利，如是送還不敢少欠，如是
少欠，將桐林即付叔前去理管掌業，
侄不敢言說，兩情兩歡，相憑立
繳當爲照。
乾隆四十一年八月　日
立繳當侄孫魁（押）
在見弟起綢（押）

10-5-88-10　清乾隆四十一年八月黃孫魁立繳當桐林字

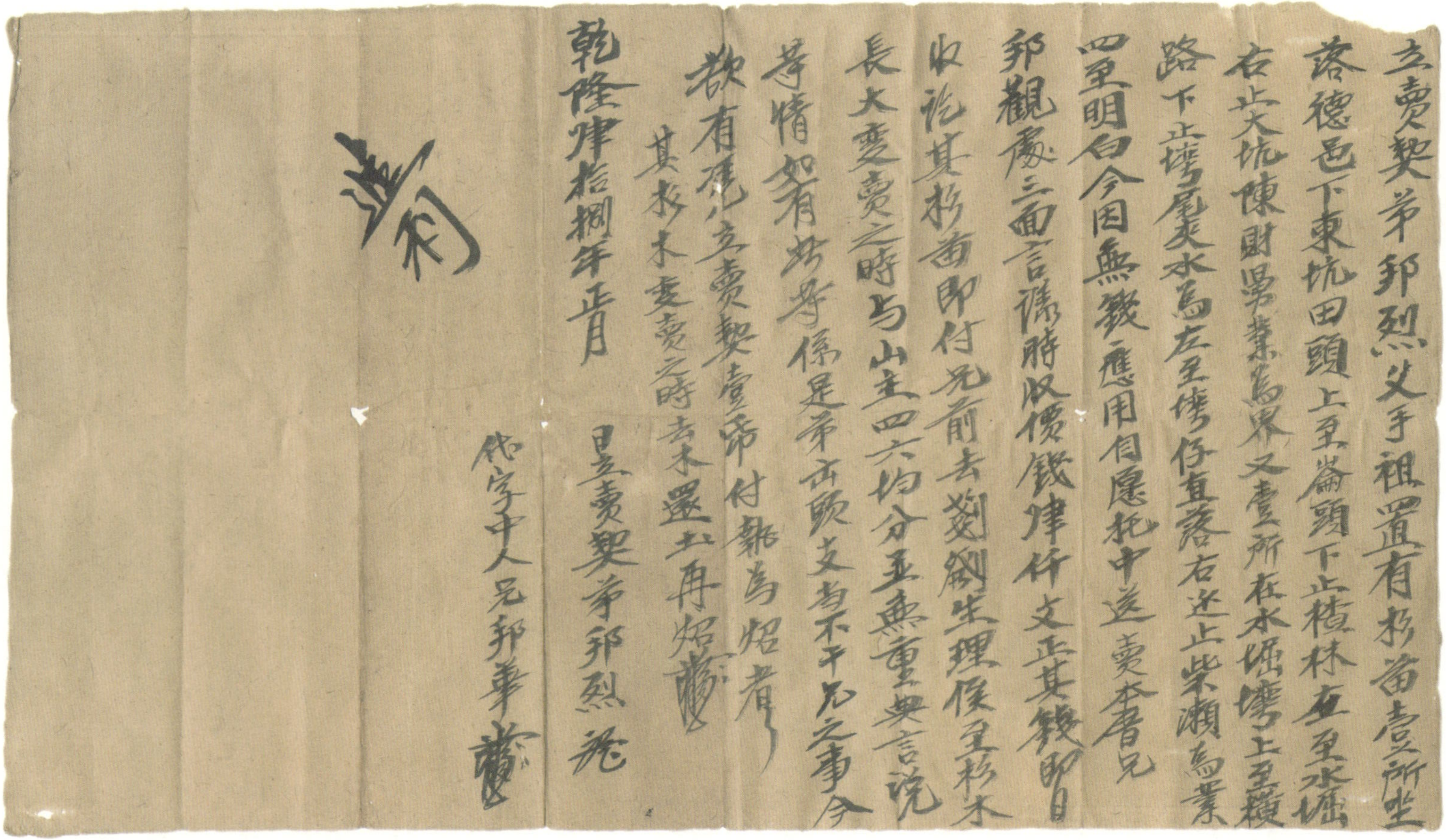
立賣契弟邦烈，父手祖置有杉苗壹所，坐
落德邑下東坑田頭，上至崙頭，下止積林，左至水堀，
右止大坑陳尉男業為界。又壹所在水堀墘，上至横
路，下止墘尾夾水為，左至墘仔直落，右迄上柴瀨為業，
四至明白。今因無錢應用，自愿托中送賣本房兄
邦觀處，三面言議時值價錢肆仟文正，其錢即日
收訖，其杉苗即付兄前去劉剷生理，俟至杉木
長大變賣之時，與山主四六均分，並無重典言說
等情。如有此等，係是弟出頭支當，不干兄之事。今
欲有憑，立賣契壹紙付執為炤者。
其杉木変賣之時，去木還土，再炤。
乾隆肆拾捌年正月
立賣契弟邦烈（押）
代字中人兄邦華（押）

10-5-88-11　清乾隆四十八年正月黃邦烈立賣杉苗契

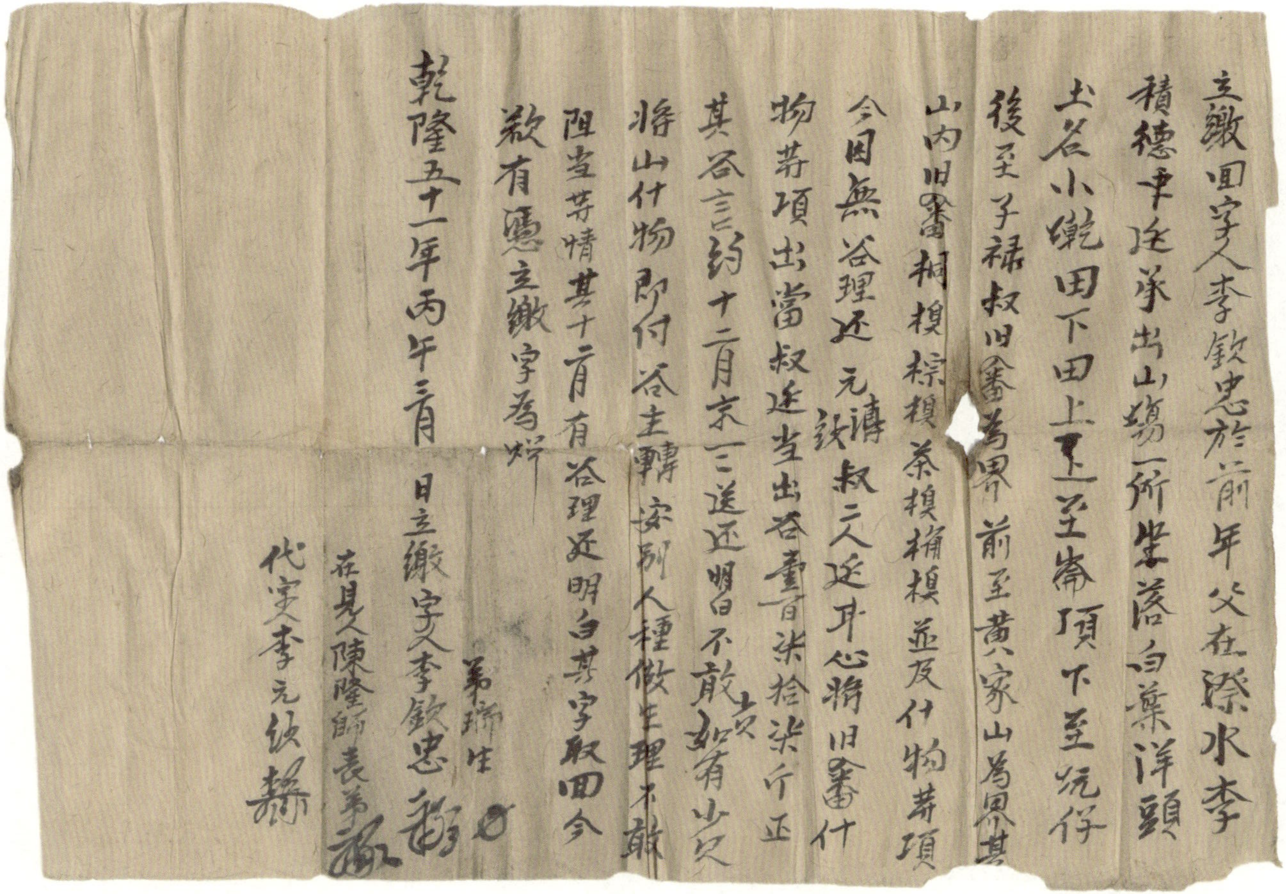
立繳回字人李欽忠於前年父在滌水李
積德手邊承出山場一所坐落白蕉洋頭
土名小鍬田下田上至崙頂下至坑仔
後至子祿叔田畲為界前至黃家山為界其
山內田畲桐模棕模茶模楠模並及什物等項
今因無從理還元靖叔二人邊开心將田畲什
物等項出當叔邊出谷壹百柒拾柒斤正
其谷言約十二月交□三送還明白不敢少欠如有少欠
將山什物即付谷主轉安別人種做生理不敢
阻当等情其十二月有谷理還明白其字取回今
欲有憑立繳字為照
乾隆五十一年丙午三月　日立繳字人李欽忠（押）
弟瑞生（押）
在見人陳隆師表弟（押）
代字人李元銀（押）

10-5-88-12　清乾隆五十一年三月李欽忠等立繳回山場字

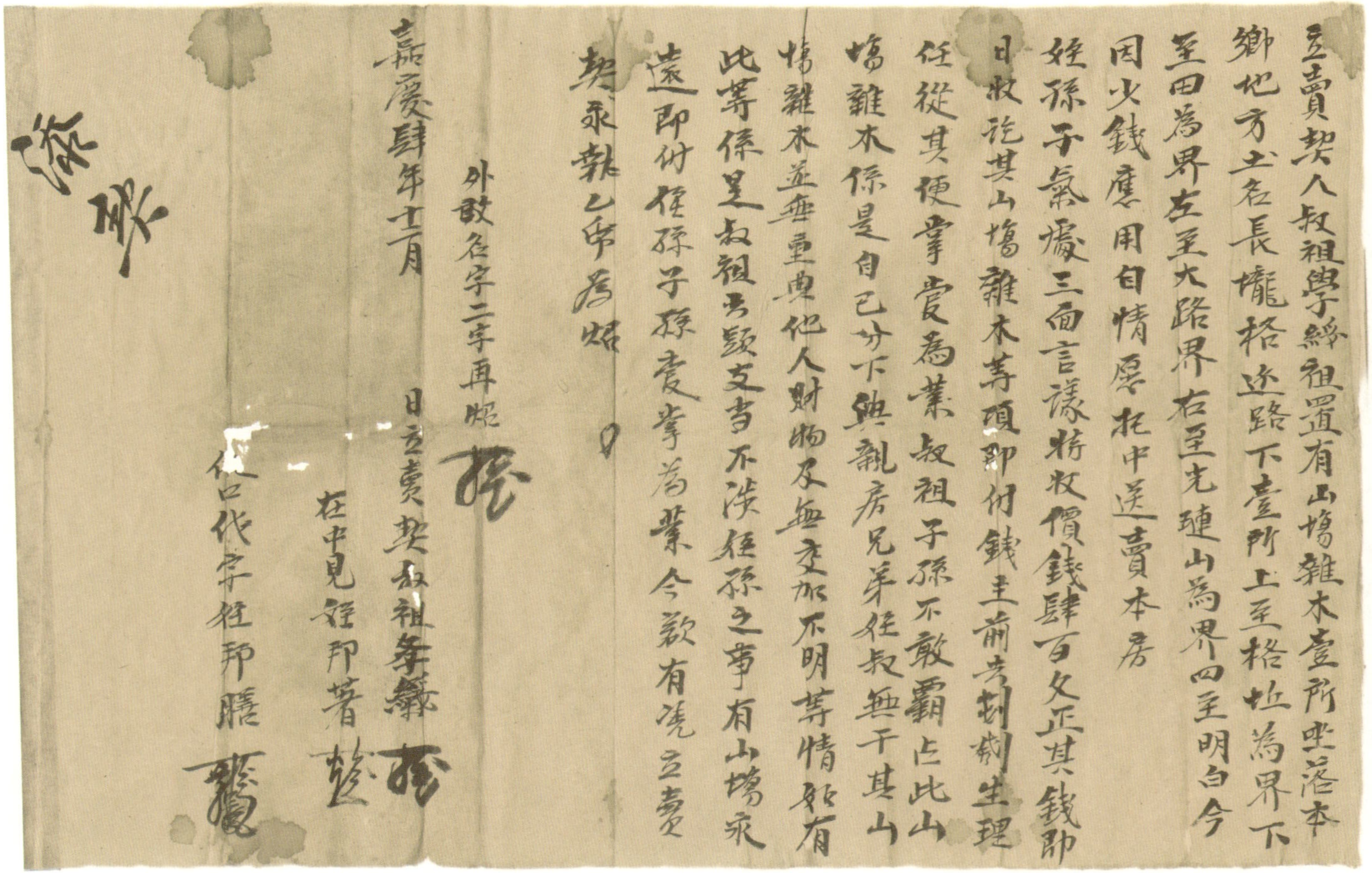

立賣契人叔祖學綬祖置有山場雜木壹所坐落本
鄉地方土名長壠格迭路下壹所上至格垃為界下
至田為界左至大路界右至先璉山為界四至明白今
因乏錢應用自情愿托中送賣本房
姪孫子氣壕三面言議時收價錢肆百文正其錢即
日收訖其山場雜木等項即付錢主前去斫剝生理
任從其便掌管為業叔祖子孫不敢霸占此山
場雜木係是自己分下與親房兄弟姪叔無干其山
場雜木並無重典他人財物及無交加不明等情如有
此等係是叔祖出頭支當不涉姪孫之事有山場永
遠即付姪孫子孫受掌為業今欲有憑立賣
契永執已存為炤

外改名字二字再炤

嘉慶肆年十二月　日立賣契叔祖學綬
在中見証邦著
依口代字姪邦勝

添契

10-5-88-13　清嘉慶四年十二月黃學綬立賣山場雜木契

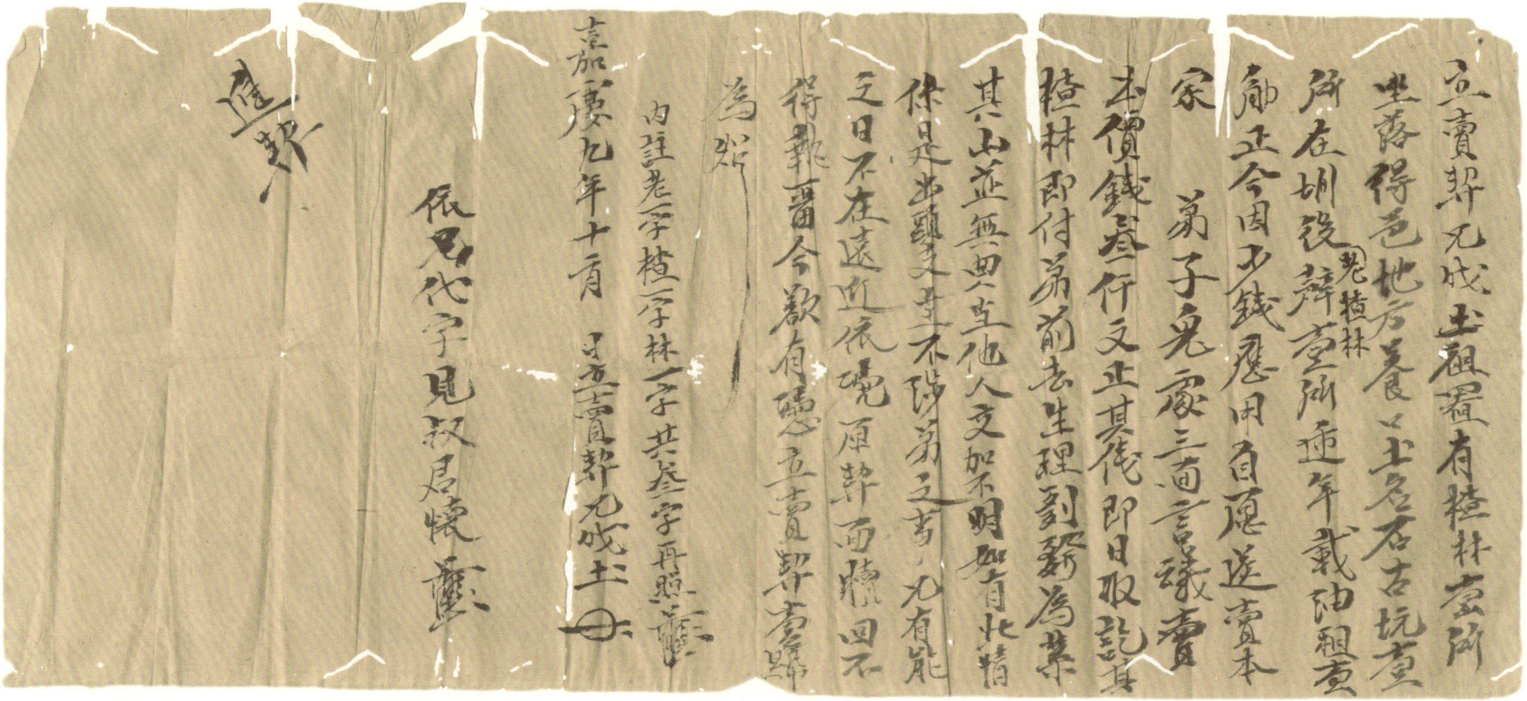
立賣契兄成土，祖遺有楂林壹所，坐落得邑地方養〻，土名石古坑，壹所在圳後，辞兄楂林壹所，逐年載納租壹斤正。今因少錢應用，自愿送賣本家弟子兔處，三面言議賣本價錢叁仟文正，其錢即日收訖。其楂林即付弟前去生理剗髮為業。其山並無與他人交加不明，如有此情，係是兄自理，不涉弟之事。兄有能之日，不在遠近，依原契面贖回，不得執留。今欲有憑，立賣契壹紙為照。

內註老字、楂字、林字共叁字，再照。

嘉慶九年十月 日 立賣契兄成土（押）

依口代字見叔君懷（押）

退契

10-5-88-14 清嘉慶九年十二月黄成土立賣楂林契

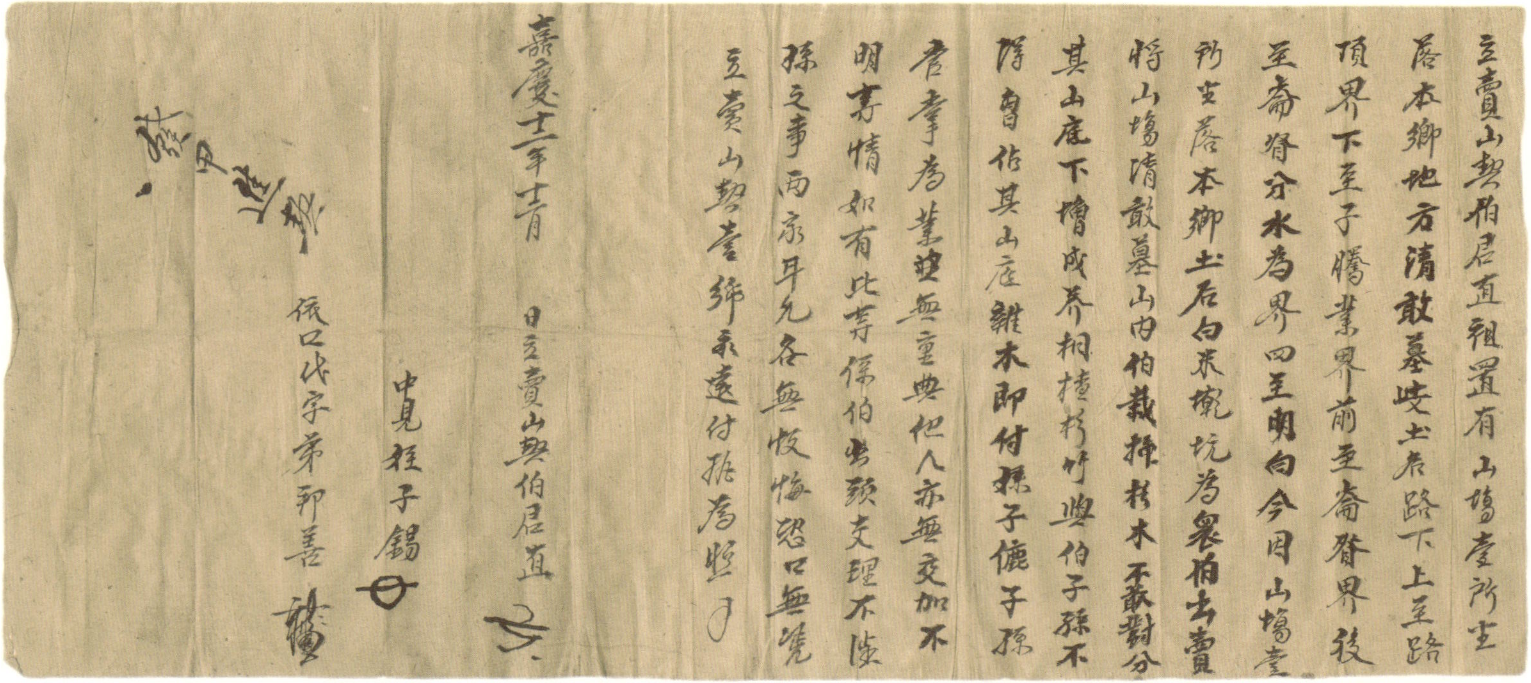

立賣山契伯君直祖置有山場壹所，坐
落本鄉地方清敢墓歧，土名路下，上至路
頂界，下至子騰業界，前至斋脊界，後
至斋脊分水為界，四至明白。今因山場壹
所，坐落本鄉，土名白米碗坑，為衆伯出賣，
將山場清敢墓山內伯栽插杉木不敢對分，
其山底下僧成養相插杉竹與伯子孫不
得自佔，其山底雜木即付孫子儦子孫
管掌為業，並無重典他人，亦無交加不
明等情。如有此等，係伯出頭支理，不涉
孫之事。兩家甘允，各無反悔，恐口無憑，
立賣山契壹紙，永遠付孫為照。

嘉慶十二年十二月　日立賣山契伯君直

中見侄子錫

依口代字弟邦善

10-5-88-15　清嘉慶十二年十二月黃君直立賣山場契

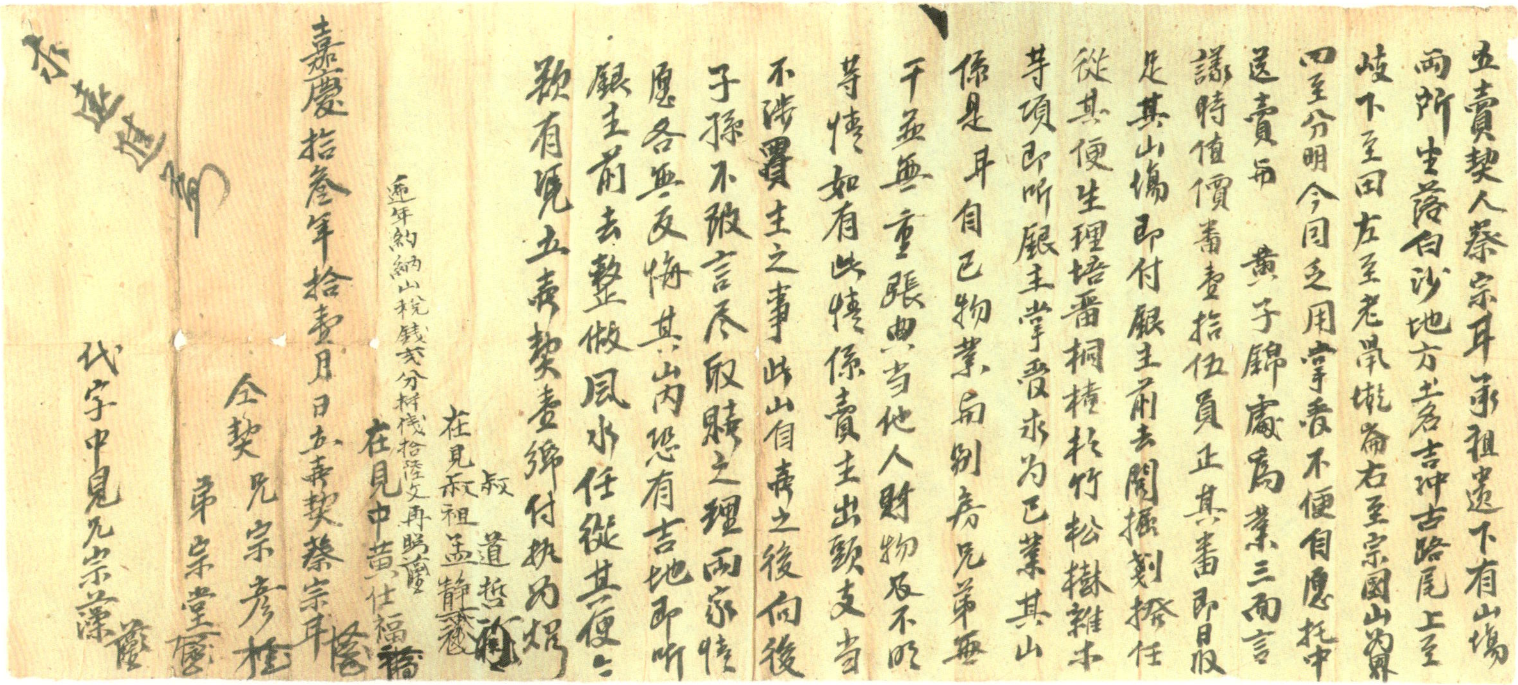

立賣契人蔡宗年承祖遺下有山場
兩所坐落白沙地方土名吉坪古路尾上至
岐下至田左至老鼠崙右至宗國山為界
四至分明今因乏用掌?不便自愿托中
送賣與 黄子錦處爲業三面言
議時值價番壹拾伍員正其番即日收
足其山場即付銀主前去開掘?撥?任
從其便生理培番桐樟杉竹松樹雜木
等項即听銀主掌管永為己業其山
係是年自己物業與别房兄弟無
干並無重張典当他人財物及不明
等情如有此情係賣主出頭支当
不涉買主之事此山自賣之後向後
子孫不敢言尽取贖之理兩家情
愿各無反悔其山内恐有吉地即听
銀主前去整做風水任從其便亡?
恐有憑立賣契壹紙付執爲炤

在見叔道哲
叔祖孟静
逓年納納山税錢貳分捐錢拾陸文再照
在見中黄仕福

嘉慶拾叁年拾壹月 日立賣契蔡宗年
仝契兄宗彦
弟宗堂
代字中見兄宗藻

10-5-88-16 清嘉慶十三年十一月蔡宗年等立賣山場契

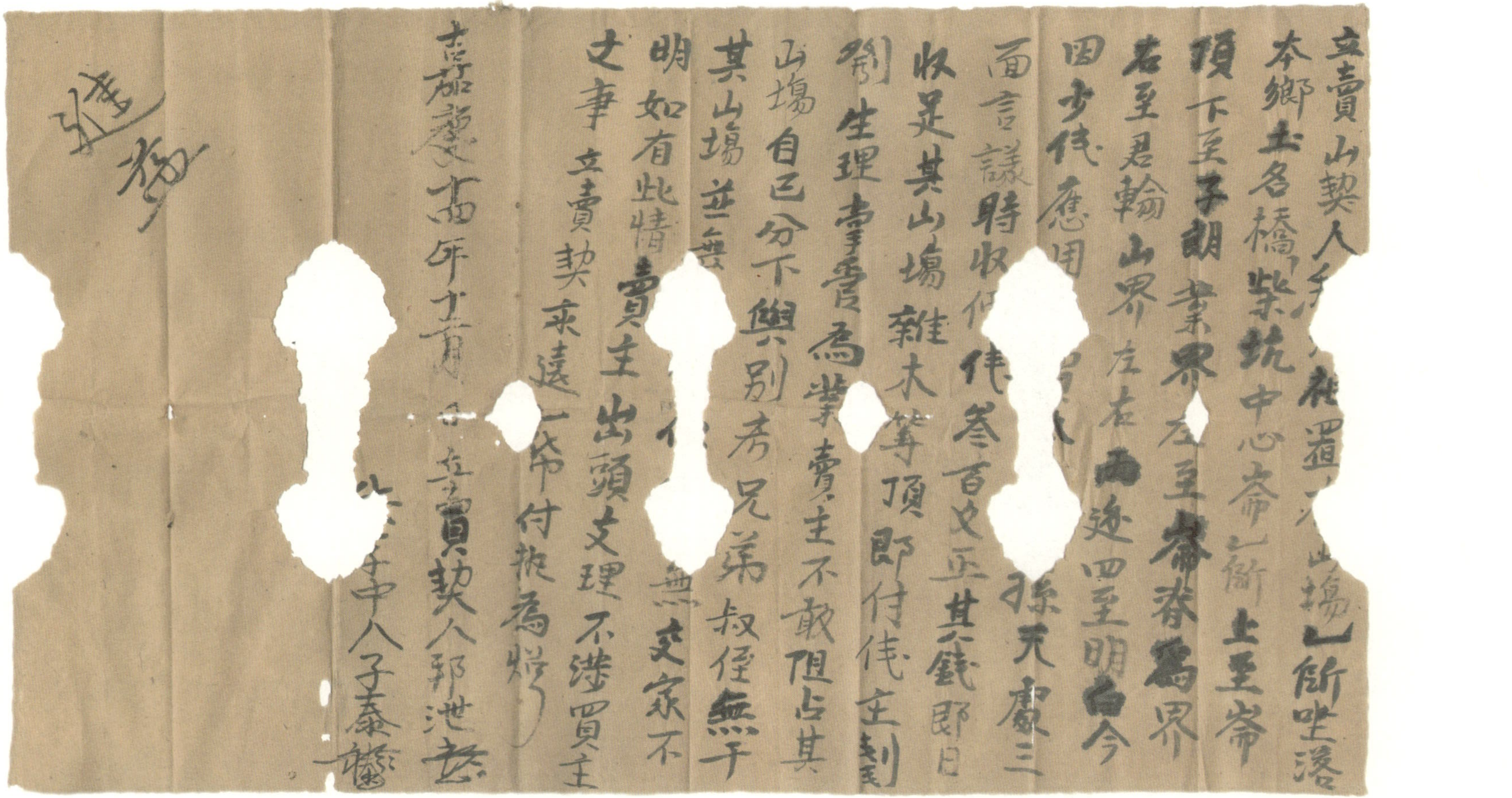
立賣山契人黄[illegible]，有置[illegible]山場一所坐落
本鄉土名橋紫坑中心崙山衕，上至崙
頂，下至子朗業界，左至崙脊為界，
右至君輸山界，左右兩邊四至明白。今
因乏錢應用，[illegible]孫天慶三
面言議，時收價錢叁百文正，其錢即日
收足，其山場雜木等項即付錢主割
劉生理掌管為業，賣主不敢阻占。其
山場自己分下，與別房兄弟叔侄無干。
其山場並無[illegible]無交家不
明，如有此情，賣主出頭支理，不涉買主
之事。立賣契永遠一本付執為照。
嘉慶拾四年十二月　日　立賣契人邦泄
代字中人子泰
進契

10-5-88-17　清嘉慶十四年十二月黄邦泄立賣山場契

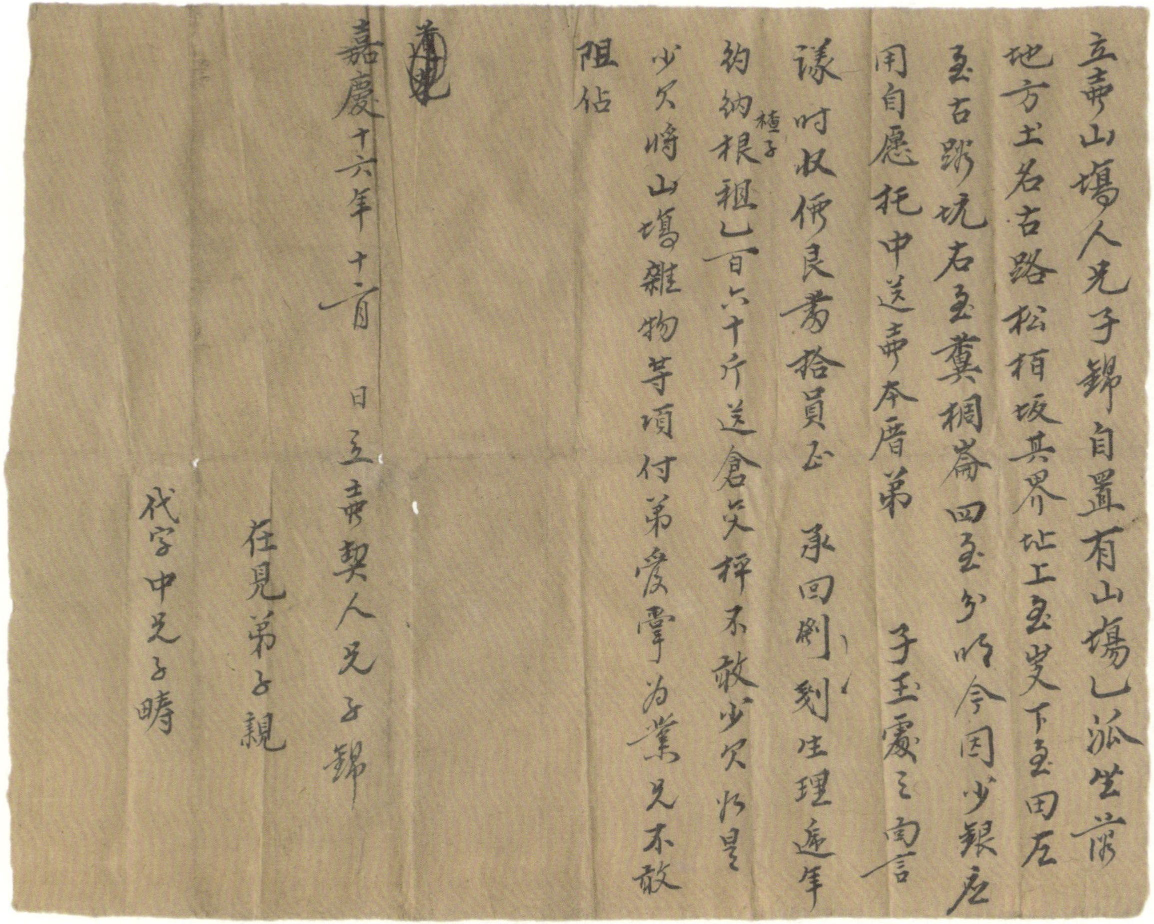

立賣山場人兄子錦自置有山場乙派坐落
地方土名古路松柏坂其界址上至岌下至田左
至古路坑右至冀桐崙四至分明今因乏銀應
用自愿托中送賣本房弟　　子玉處三面言
議時收價艮壹拾員正　承回劃刈生理遞年
納納（種子）根租乙百六十斤送倉交秤不敢少欠如是
少欠將山場雜物等項付弟發賣為業兄不敢
阻佔

嘉慶十六年十二月　日立賣契人兄子錦
在見弟子親
代字中兄子晴

10-5-88-18　清嘉慶十六年十二月黃子錦立賣山場契

10-5-88-19　清道光四年十二月黃士衿立賣山坪契

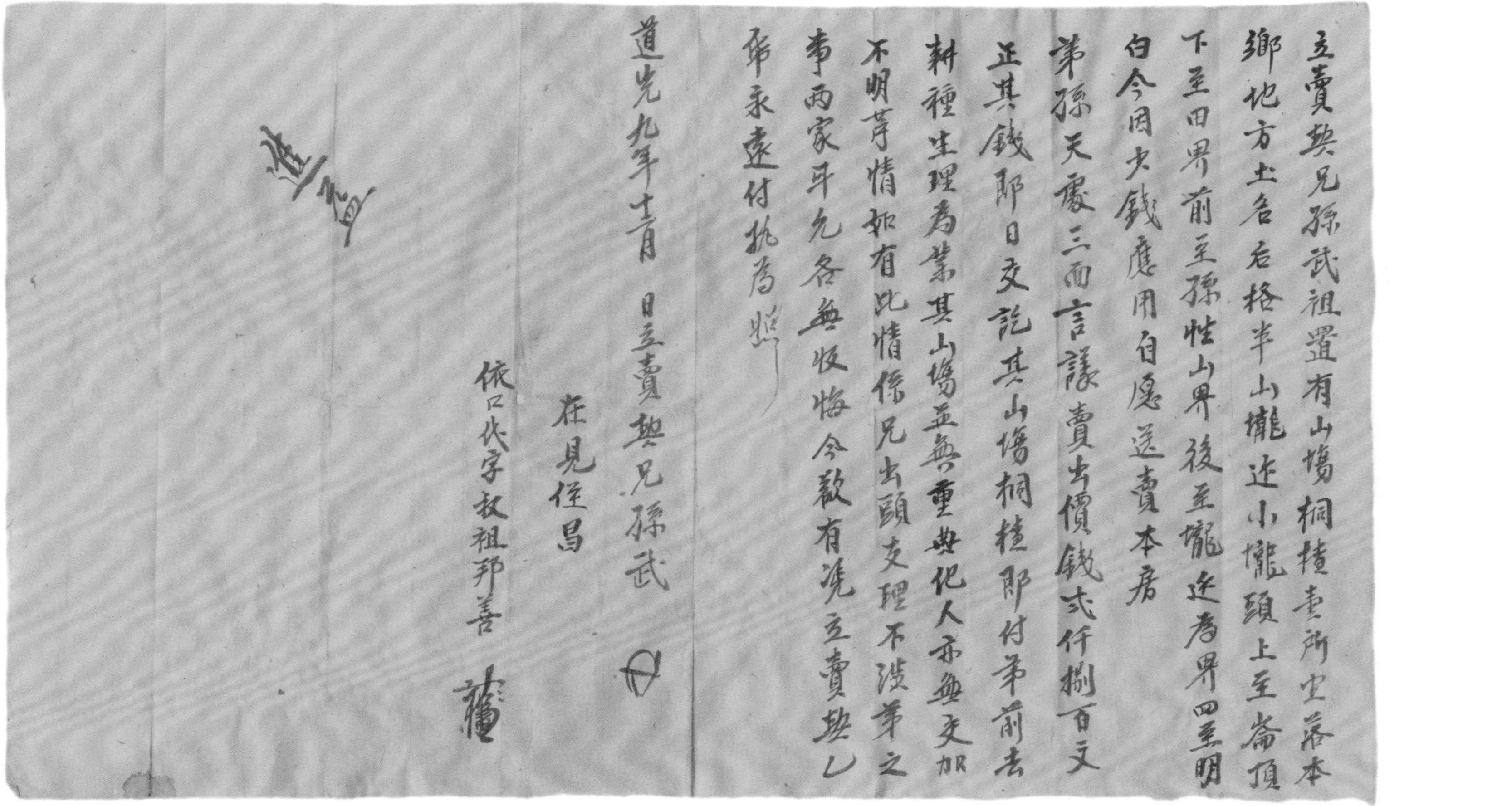

立賣契兄孫武祖置有山場桐樟壹所坐落本
鄉地方土名石格半山壠迷小壠頭上至崙頂
下至田界前至孫牲山界後至壠迷為界四至明
白今因欠錢應用自愿送賣本房
弟孫天震三面言議賣出價錢弍仟捌百文
正其錢即日交訖其山場桐樟即付弟前去
耕種生理為業其山場並無重典他人亦無交加
不明等情如有此情係兄出頭支理不涉弟之
事兩家甘允各無反悔今欲有憑立賣契乙
帋永遠付執為照

道光九年十二月　日立賣契兄孫武
在見侄昌
依口代字叔祖邦善

10-5-88-20　清道光九年十二月黃孫武立賣山場桐楂契

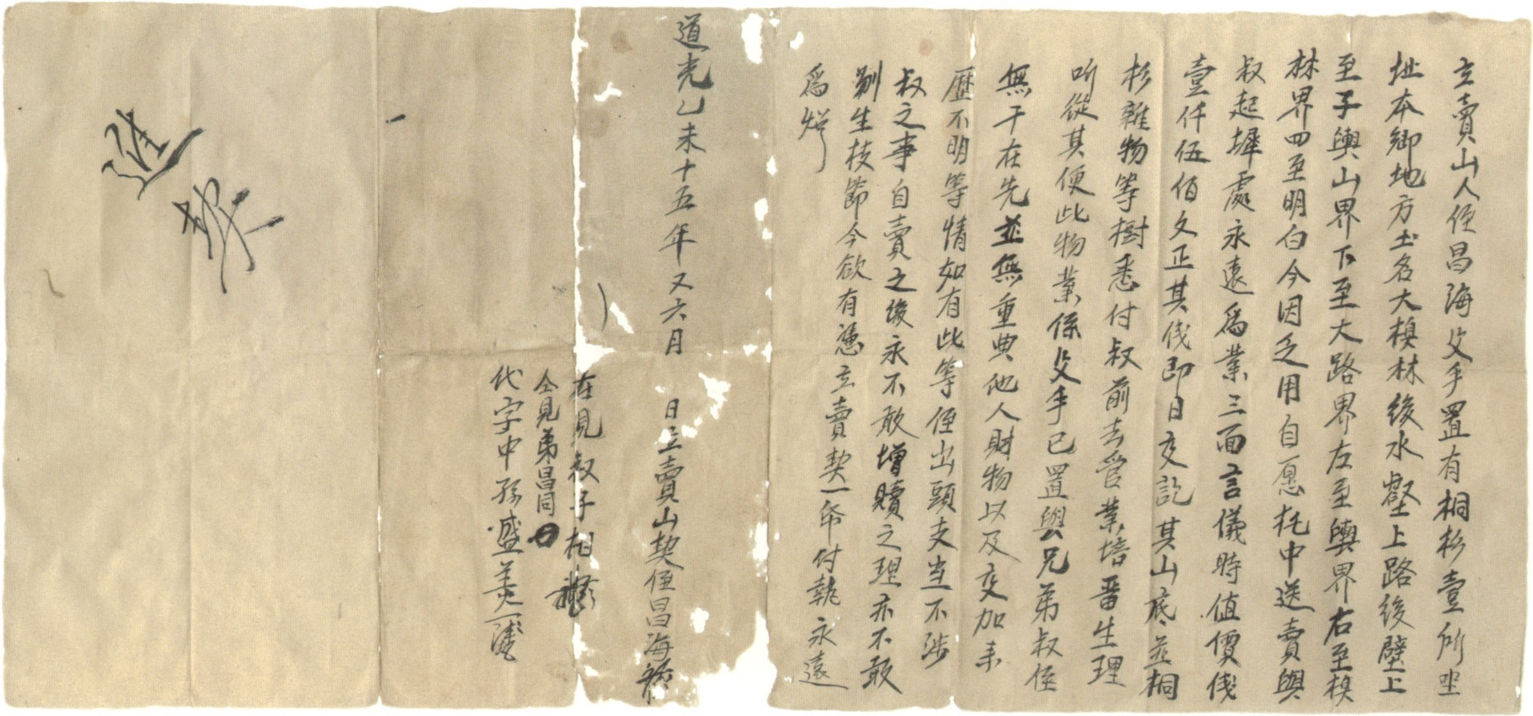

立賣山人侄昌海父手置有桐杉壹所坐
址本鄉地方土名大模林林後水壑上路後壁上
至子興山界下至大路界左至興界右至模
林界四至明白今因乏用自愿托中送賣與
叔起墀處永遠爲業三面言儀時值價伐
壹仟伍佰文正其伐即日交訖其山底並桐
杉雜物等樹悉付叔前去管業培番生理
听從其便此物業係父手已置與兄弟叔侄
無干在先並無重典他人財物以及交加未
歷不明等情如有此等侄出頭支當不涉
叔之事自賣之後永不敢增贖之理亦不敢
劃生枝節今欲有憑立賣契一帋付執永遠
爲炤

道光乙未十五年又六月　日立賣山契侄昌海（押）
在見叔子相（押）
仝見弟昌同（押）
代字中孫盛美（押）

10-5-88-21　清道光十五年閏六月黄昌海立賣桐杉契

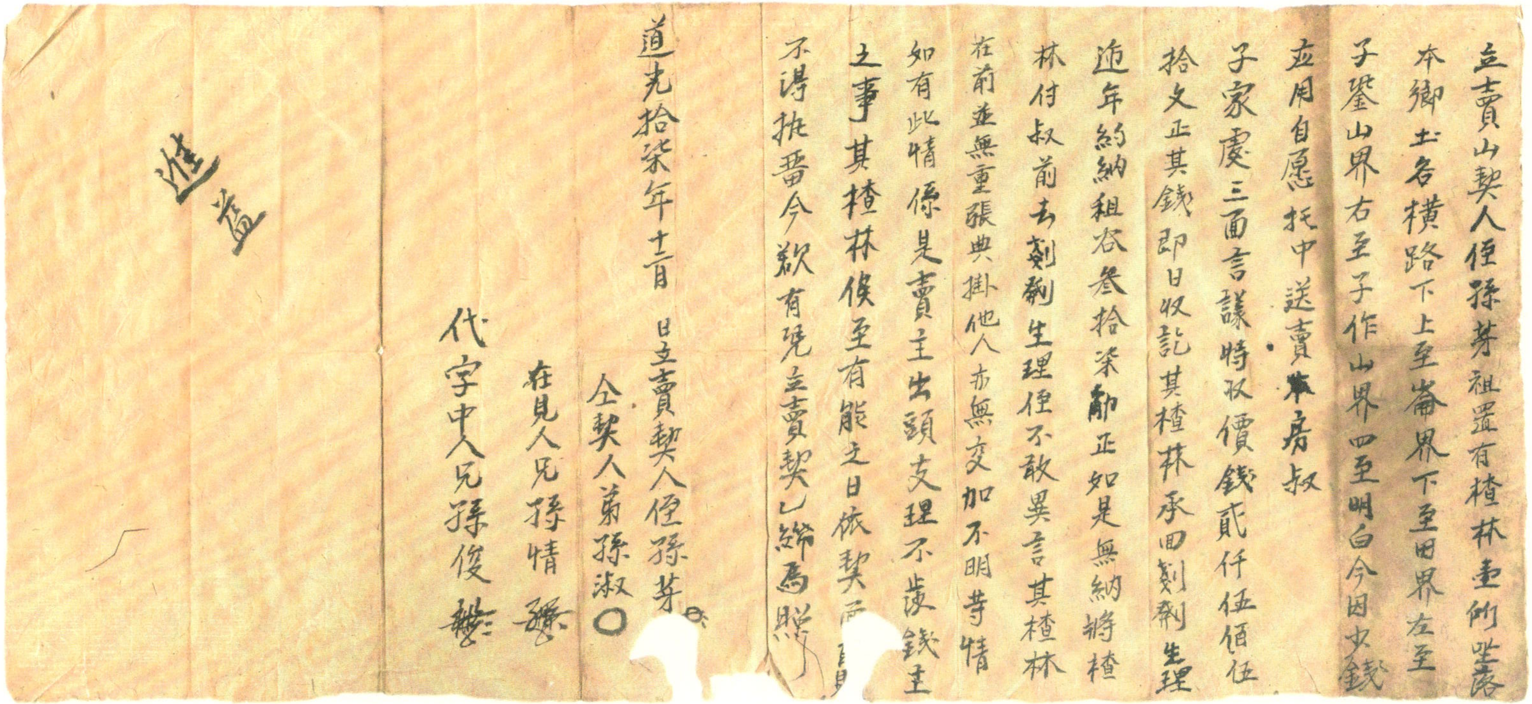

10-5-88-22 清道光十七年十二月黄孫芽等立賣楂林契

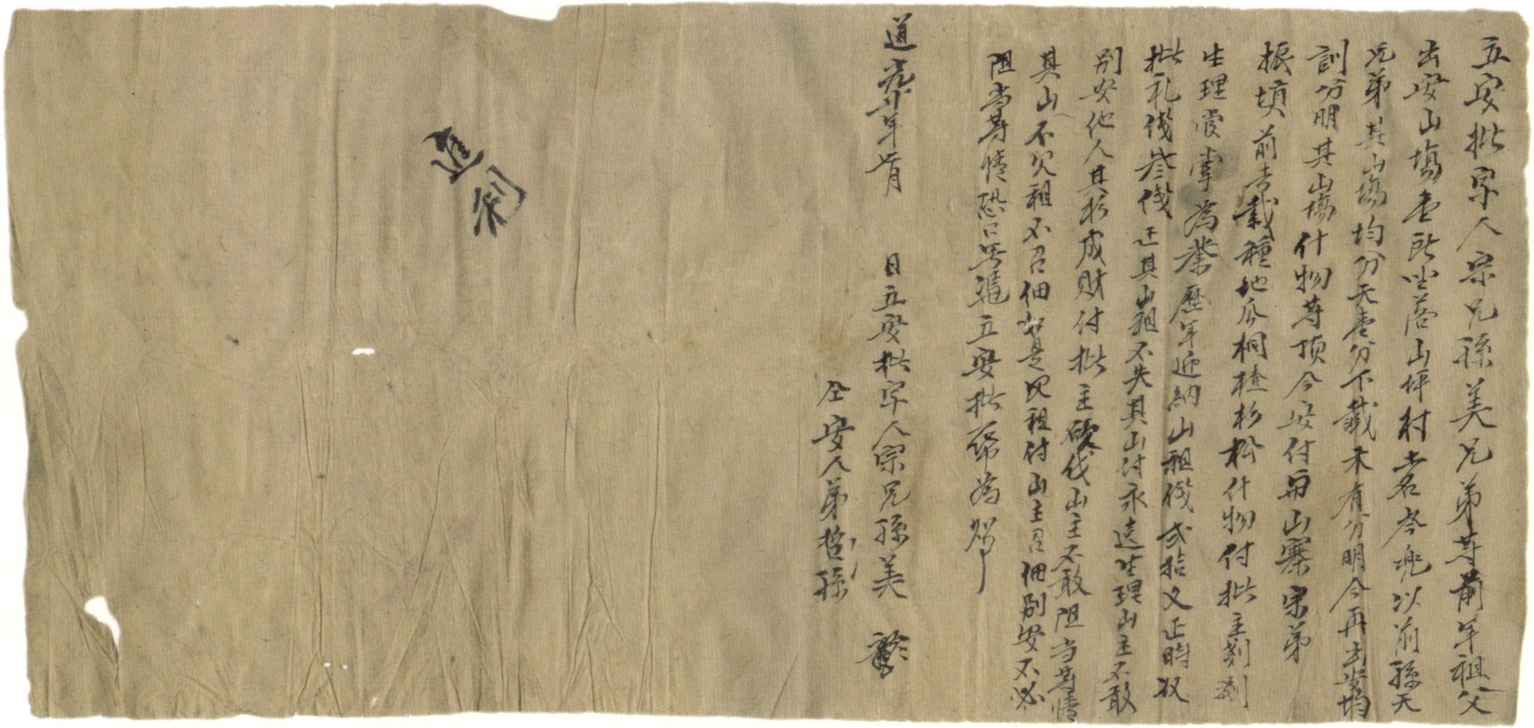

立安批字人宗兄孫美兄弟等，前年祖父
出安山場壹所，坐落山坪村，土名岑垱，以淅孫天
兄弟，其山場均分天叁分，不載未有分明，今再立批均
訓分明，其山場什物等項，今安付與山寨宗弟
振頊前去栽種地瓜、桐、桂、杉、松什物，付批主[illegible]
生理，嘗掌為業，歷年廷納山租錢式拾文正，照[illegible]
批礼錢叁錢正，其山租不失，其山付永遠生理，山主不敢
別安他人，其杉成財，付批主砍伐，山主不敢阻當，[illegible]
其山不欠租，不召佃，如是欠租，付山主召佃別安，不必
阻當。恐口無憑，立安批字為炤。

道光二十年七月　日立安批字人宗兄孫美
仝安人弟[illegible]孫

10-5-88-23　清道光二十年七月黄孫美等立安批山場字

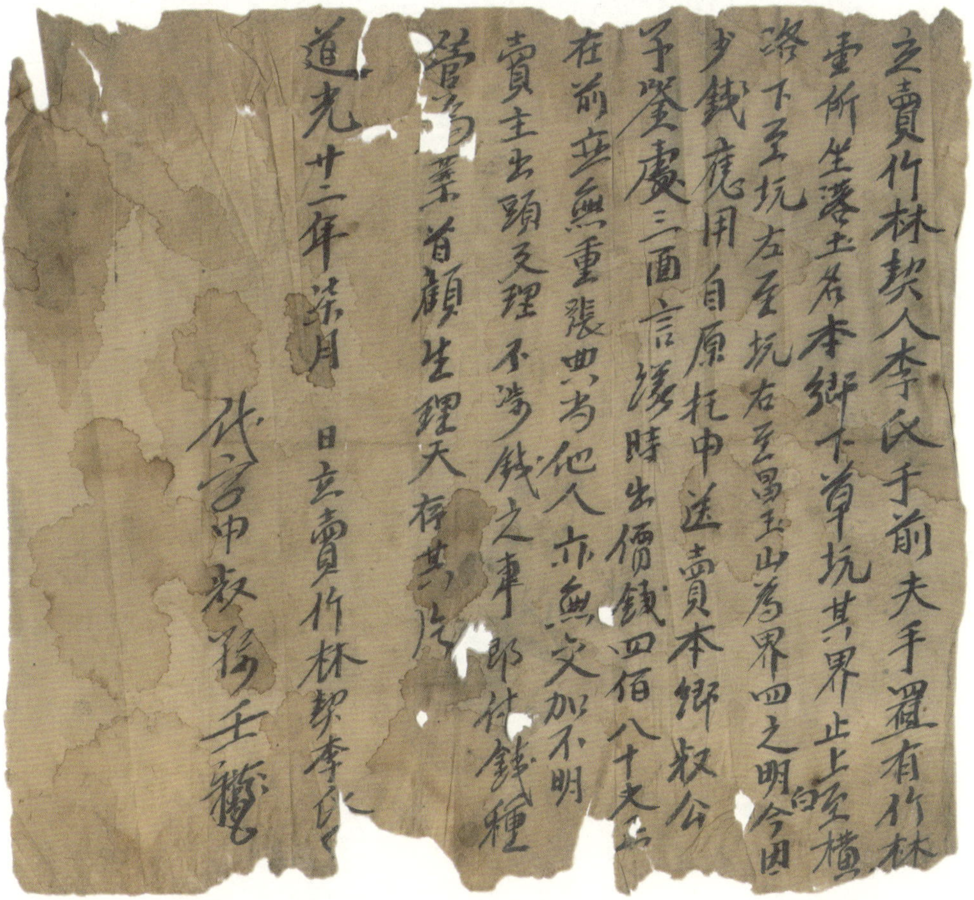
立賣竹林契人李氏手前夫手置有竹林
壹所坐落土名本鄉下首坑其界止上至橫
路下至坑左至坑右至昌玉山為界四至明白今因
少錢應用自原托中送賣本鄉叔公
子鑾慶三面言議時出價錢四佰八十文正
在前並無重張典當他人亦無交加不明
賣主出頭支理不涉錢之事即付錢種
管為業首顧生理天存其后
道光廿二年柒月　日立賣竹林契李氏
代字中叔孫壬鑾

10-5-88-24　清道光二十二年七月李氏立賣竹林契

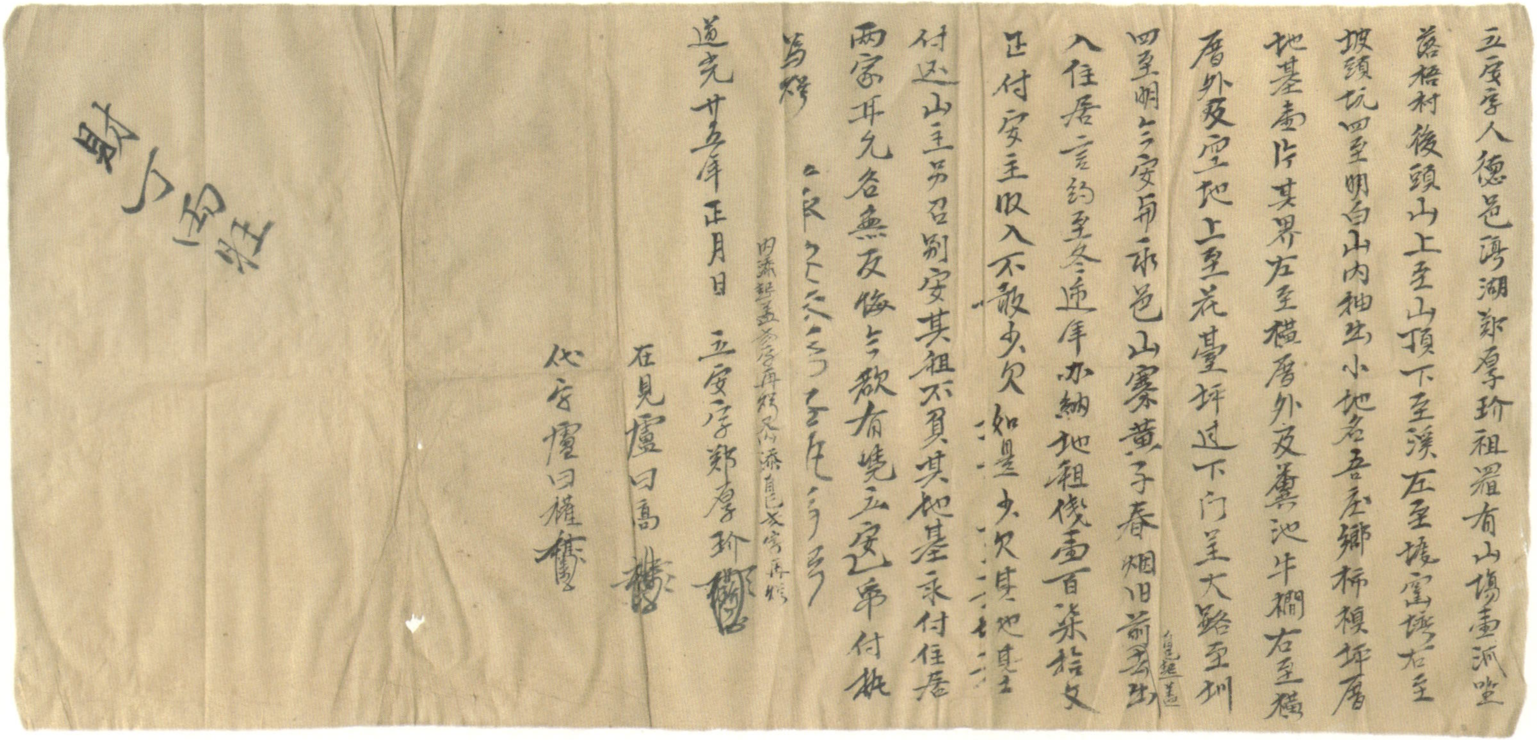
立安字人德邑溽湖鄭厚玠祖置有山場壹泒坐
落梧村後頭山上至山頂下至溪左至壙窟壙ㄨ右至
坡頭坑四至明白山内抽出小地名吾庄鄉柿樹坪厝
地基壹片其界左至横厝外叐糞池牛欄右至横
厝外叐空地上至花臺坪过下门埕大路至圳
四至明ㄣㄣ安吊永邑山寨黃子春烟旧前去出
入住居言約至冬逐年亦納地租錢壹百柒拾文
正付安主收入不敢少欠如是少欠其地基
付还山主另召别安其祖不貝其地基永付住居
两家再允各無反悔ㄣㄣ欲有憑立安吊付执
為照
道光廿五年正月日　立安字鄭厚玠
在見盧曰高
代字盧曰權
財丁兩旺

10-5-88-25　清道光二十五年正月德化鄭厚玠立安山場字

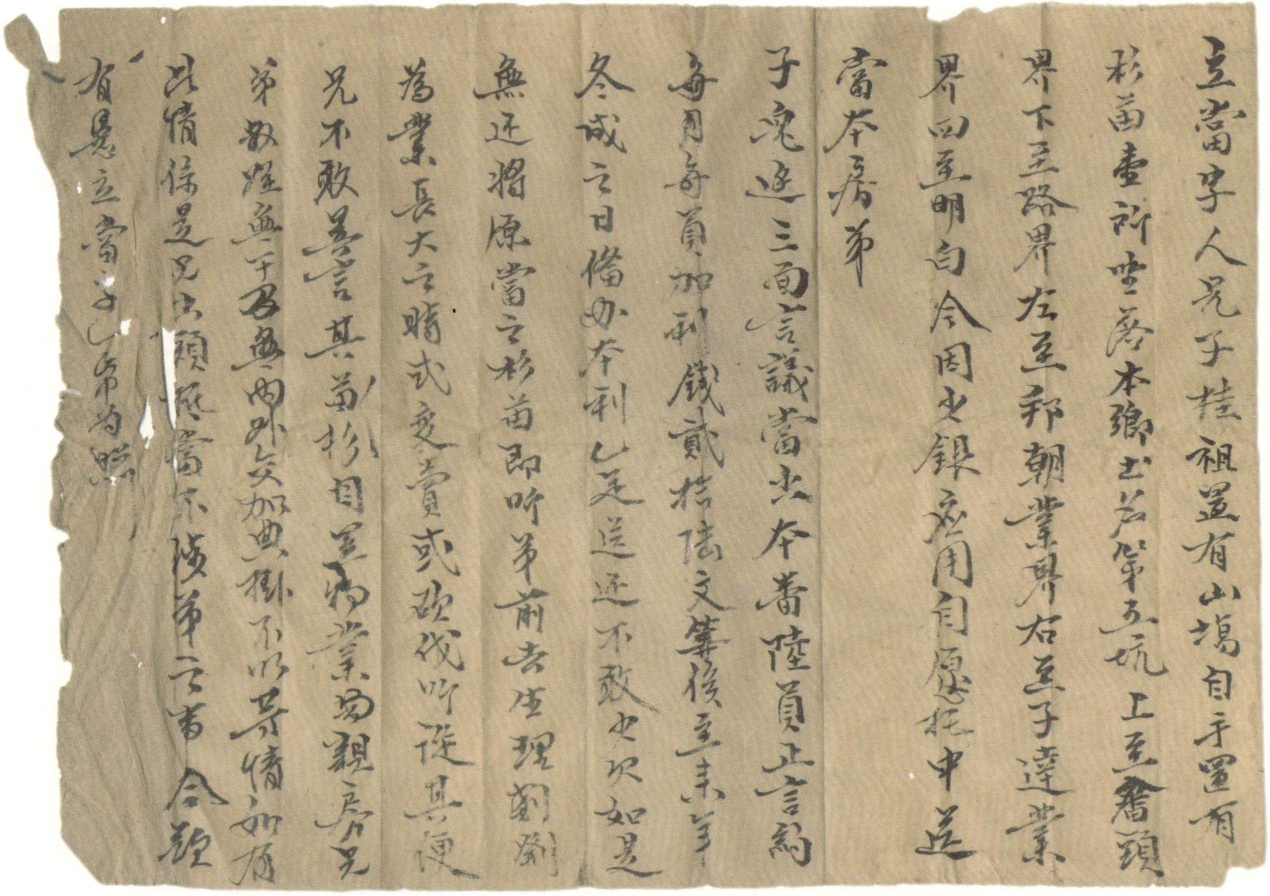
立當字人兄子桂祖置有山場自手置有
杉苗壹所坐落本鄉土名芦笨坑上至番頭
界下至路界左至邦朝業界右至子達業
界四至明白今因乏銀應用自愿托中送
當本房弟
子滾邊三面言議當出本番陸員正言約
每月每員加利錢貳拾陆文筭後至未年
冬成之日備办本利乙足送還不敢少欠如是
無還將原當之杉苗即听弟前去生理割劉
為業長大之時或变賣或砍伐听從其便
兄不敢異言其苗杉自置為業與親房兄
弟叔姪無干另無内外交加典掛不明等情如有
此情係是兄出頭抵當不陂弟之事今欲
有憑立當字乙帋為照

10-5-88-26 清道光年間黄子桂立當山場杉苗字

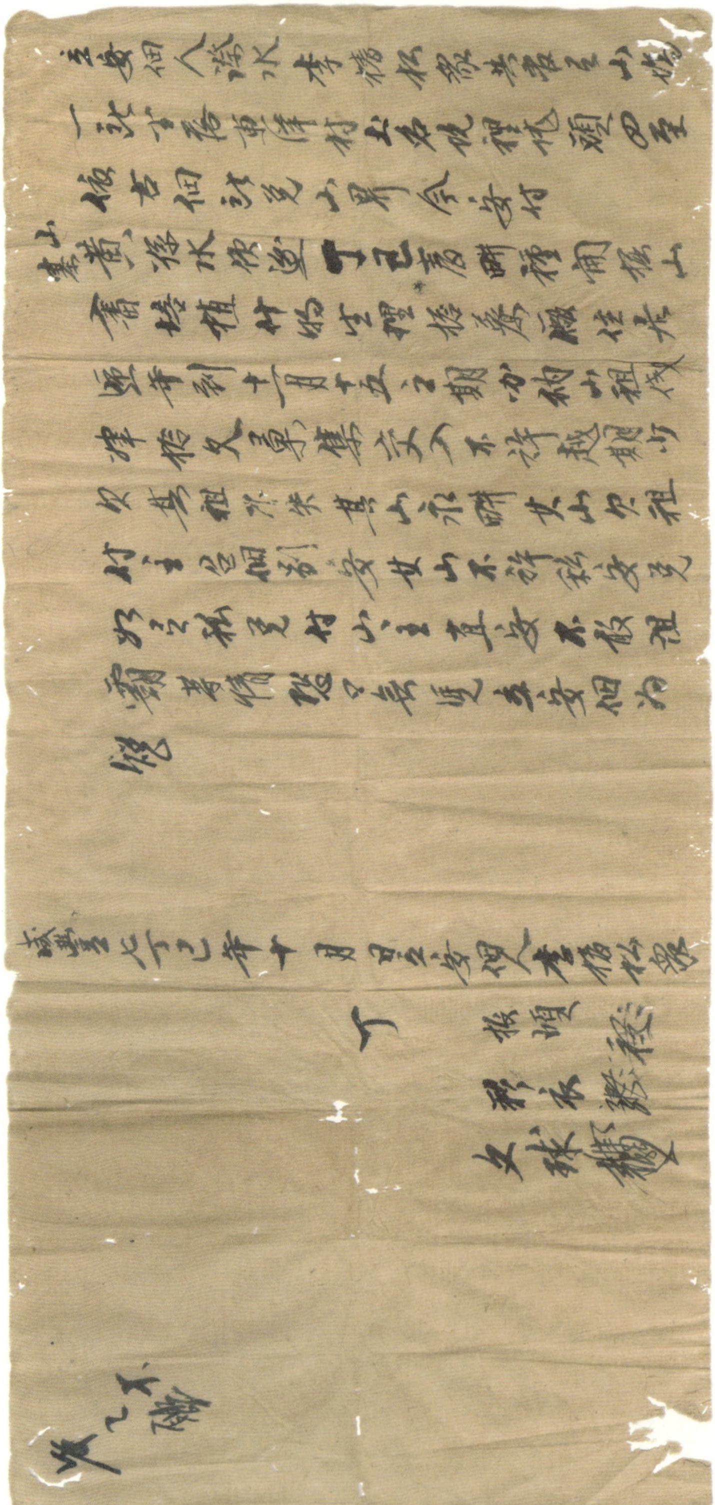

10-5-88-27　清咸豐七年十月李椿松衆立安佃山場契

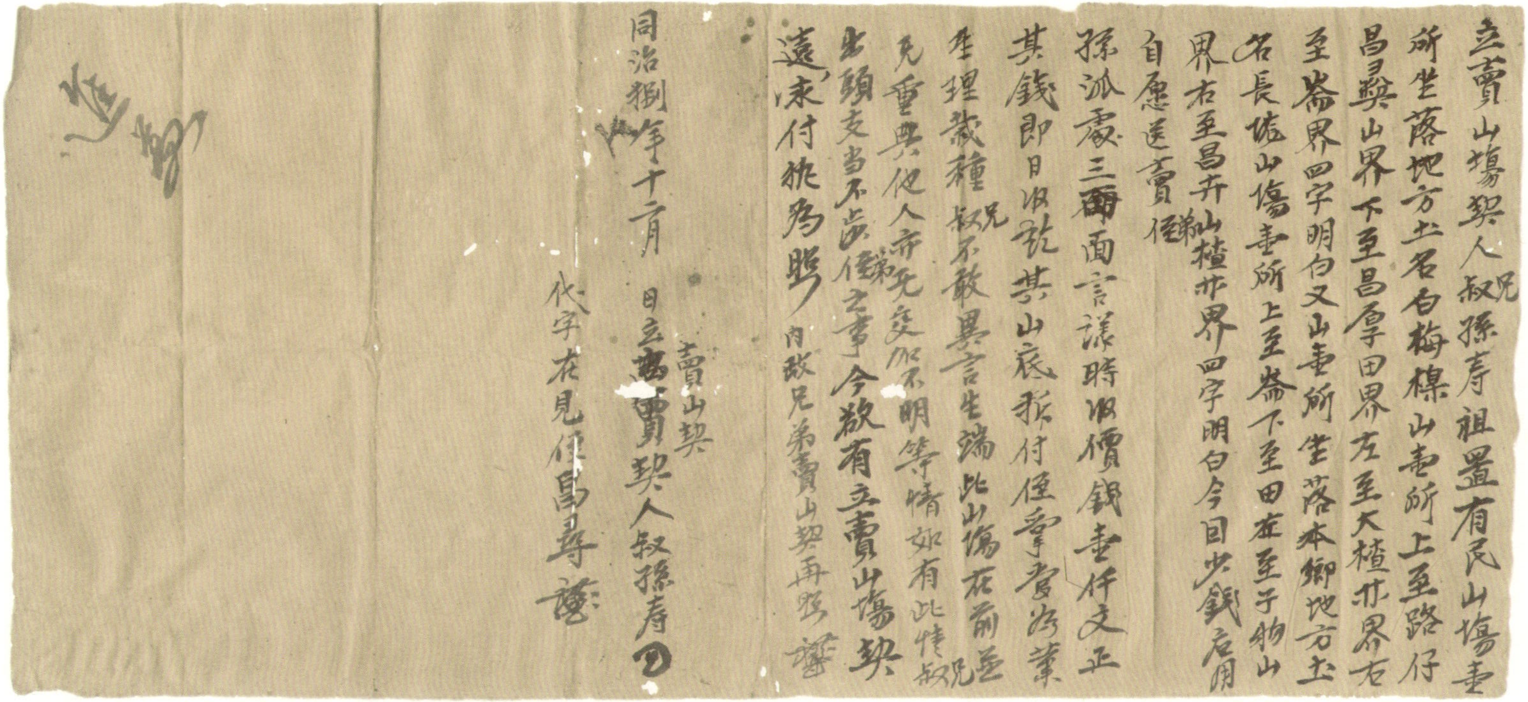
立賣山場契人叔兄孫寿祖置有民山場壹
所坐落地方土名白梅樏山壹所上至路仔
昌䓁山界下至昌亭田界左至大植林界右
至嵛界四字明白又山壹所坐落本鄉地方土
名長坵山場壹所上至嵛下至田左至子物山
界右至昌卉山植林界四字明白今因少錢應用
自愿送賣侄弟
孫泒處三面言議時價錢壹仟文正
其錢即日收訖其山憑孫付侄掌管為業
生理栽種叔兄不敢異言生端此山場在前並
无重典他人亦无交加不明等情如有此情叔兄
出頭支當不涉侄弟之事今欲有立賣山場契
遠付孫為照 內敌兄弟賣山契再照
同治捌年十二月 日立賣山契 賣契人叔孫寿
代字在見侄昌哥

10–5–88–28 清同治八年十二月黃孫寿立賣民山場契

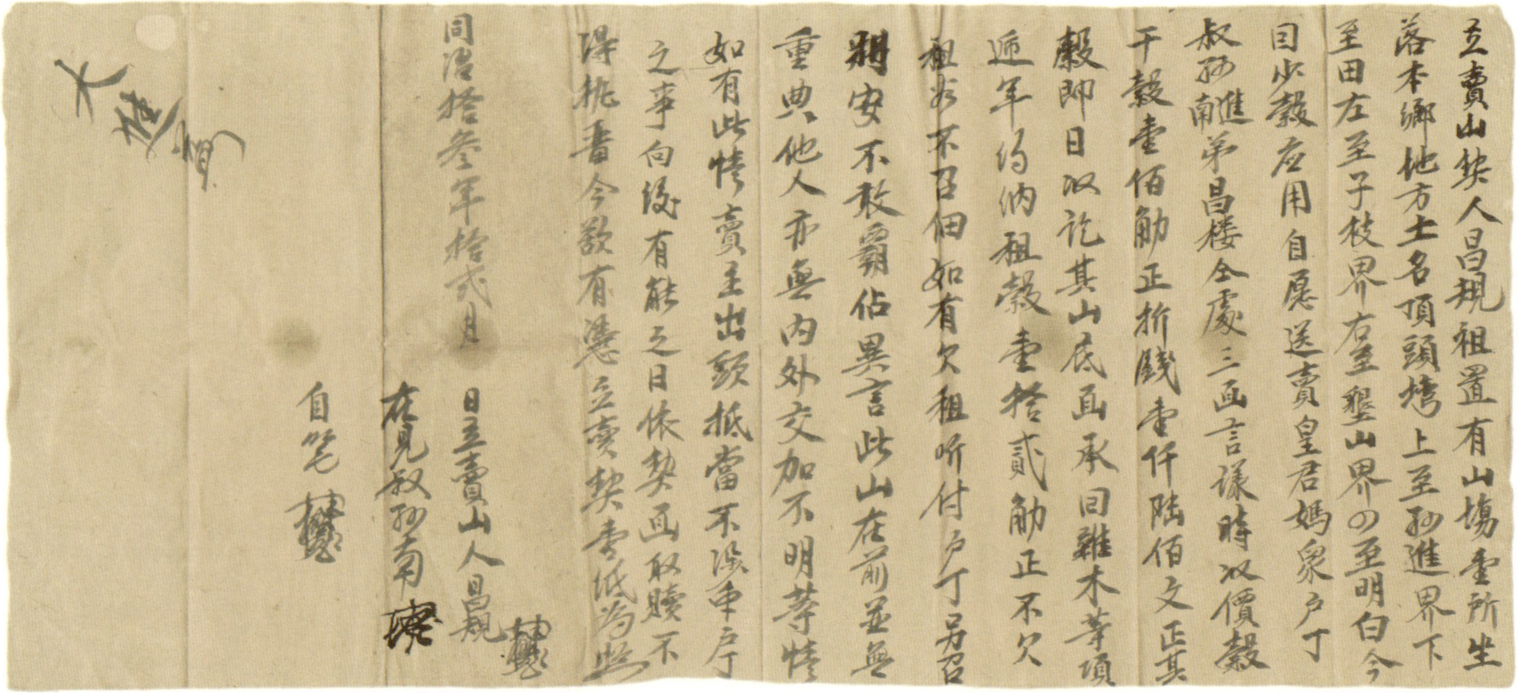
立賣山契人昌規祖置有山場壹所坐
落本鄉地方土名頂頭塆上至孙進界下
至田左至子枝界右至壟山界四至明白今
因少穀應用自愿送賣皇君媽衆户丁
叔孙南進弟昌楼仝處三面言議時值價穀
干穀壹佰觔正折錢壹仟陆佰文正其
穀即日収訖其山底面承回雜木等項
遞年約納租穀壹拾貳觔正不欠
租如有欠租听付户丁另召
別安不敢霸佔異言此山在前並無
重典他人亦無内外交加不明等情
如有此情賣主出頭抵當不涉争户丁
之事向後有能之日依契面取贖不
得枇番今欲有憑立賣契壹紙為照
同治拾叁年拾弍月　日立賣山人昌規（押）
在見叔孙南（押）
自笔（押）

10-5-88-29　清同治十三年十二月黃昌規立賣山場契

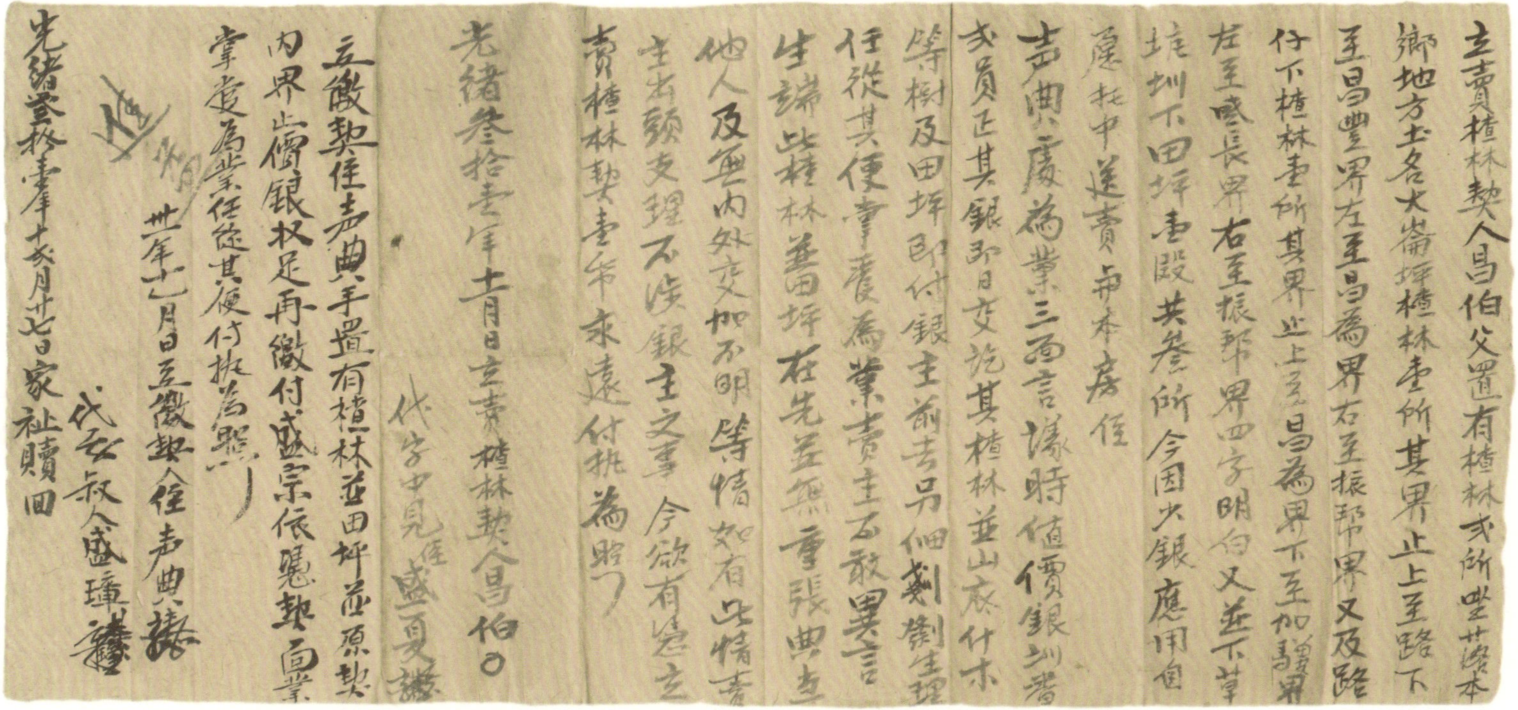
立賣楂林契人昌伯父置有楂林弍所坐址[illegible]洋本
鄉地方土名大嵛坪楂林壹所其界止上至路下
至昌豐界左至昌爲界右至振邦界又及路
付下楂林壹所其界止上至昌爲界下至加驥界
左至咸長界右至振邦界四字明白又並下草
坑圳下田坪壹段共叁所今因火銀應用自
愿托中送賣與本房侄
声典處爲業三面言議時值價銀弍[illegible]番
弍員正其銀即日交訖其楂林並山底什木
等樹及田坪即付銀主前去另佃[illegible]生理
任從其便管業爲業賣主不敢異言
生端此楂林並田坪在先並無重張典在
他人及無內外交加不明等情如有此情賣
主出頭支理不涉銀主之事今欲有憑立
賣楂林契壹紙永遠付執爲照
光緒叁拾壹年十一月日立賣楂林契人昌伯〇
代字中見侄盛[illegible]押
立繳契侄声典手置有楂林並田坪並原契
內界止價銀收足再繳付盛宗依照契面管
掌產爲業任從其便付執爲照
卅年十一月日立繳契人侄声典押
代字叔人盛璋押
光緒叁拾[illegible]年十[illegible]月廿七日家祉贖回

10-5-88-30 清光緒三十一年十一月黄昌伯立賣楂林契

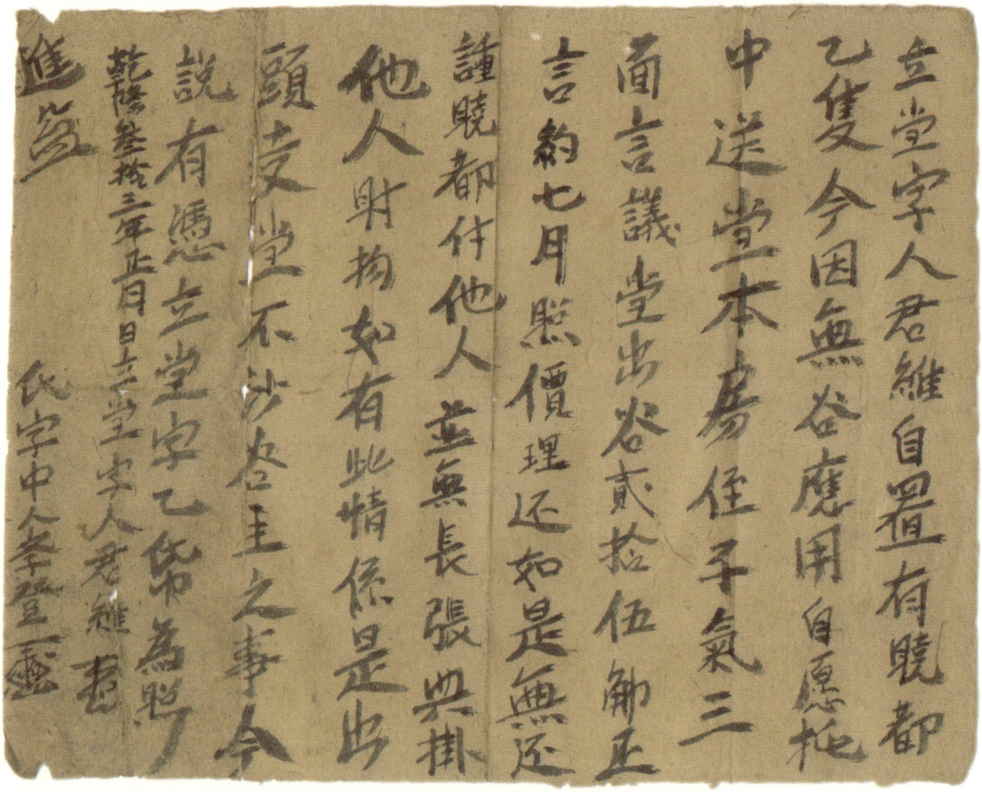
立當字人君維自置有曉都
乙隻今因無谷應用自愿托
中送當本房侄子氣三
面言議當出谷貳拾伍觔正
言約七月照價理还如是無还
謹曉都付他人並無長張與掛
他人財物如有此情係是出
頭支當不涉谷主之事今
說有憑立當字乙紙為照
乾隆叁拾三年正月日立當字人君維書
進筆
氏字中人李登盛

10-5-89-1　清乾隆三十三年正月黄君維立當曉都字

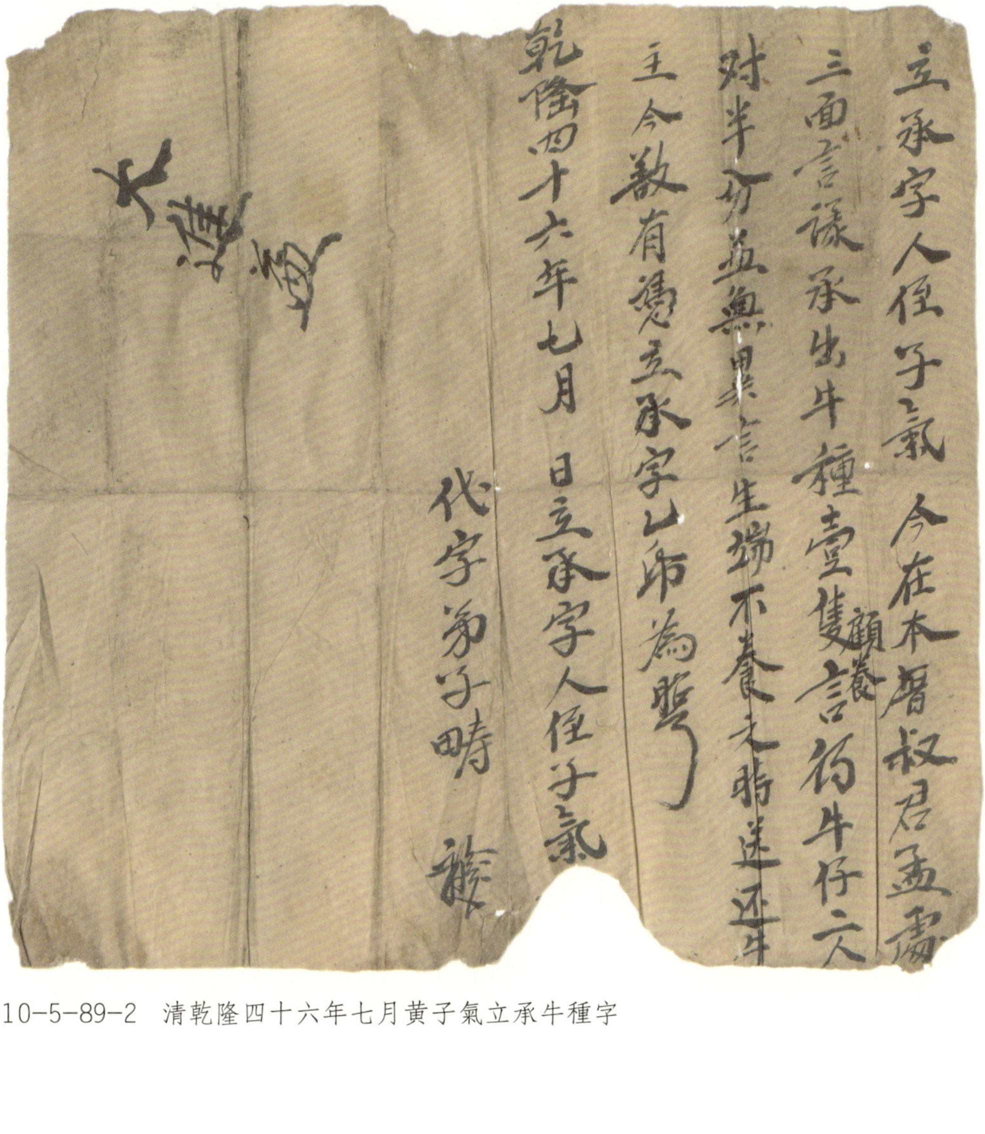
立承字人侄子氣 今在本房叔君孟處
三面言議承出牛種壹隻顧養言議将牛仔六人
对半分並無異言生端不養之弊送还牛
主今欲有憑立承字山為照
乾隆四十六年七月 日立承字人侄子氣
代字弟子畤 筆

10-5-89-2　清乾隆四十六年七月黄子氣立承牛種字

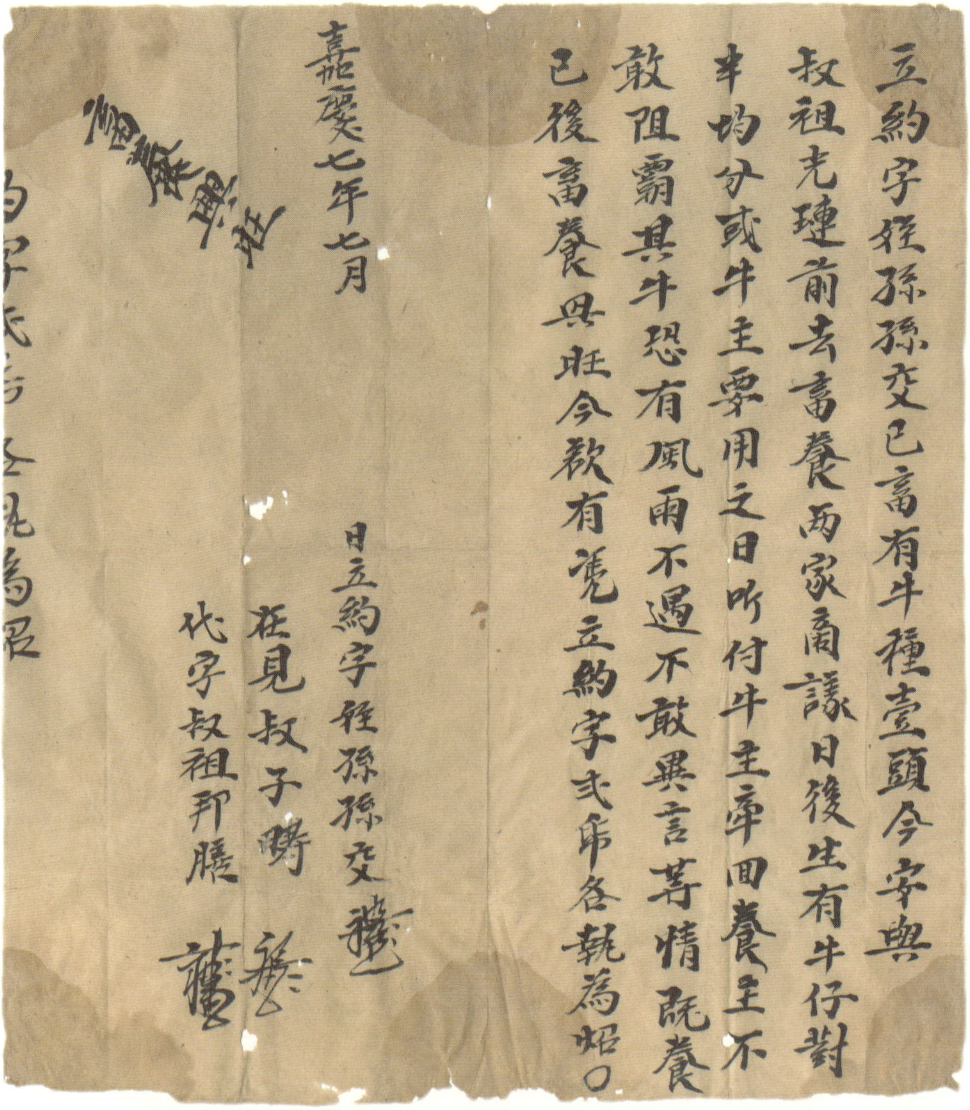
立約字侄孫孫交已畜有牛種壹頭今字與
叔祖光璉前去畜養兩家商議日後生有牛仔對
半均分或牛主要用之日听付牛主牽回養主不
敢阻霸其牛恐有風雨不過不敢異言等情既養
已後畜養毋旺今欲有憑立約字弍帋各執為炤〇
嘉慶七年七月　日立約字侄孫孫交（押）
在見叔子時（押）
代字叔祖邦勝（押）
畜養興旺

10-5-89-3　清嘉慶七年七月黃孫交立約字

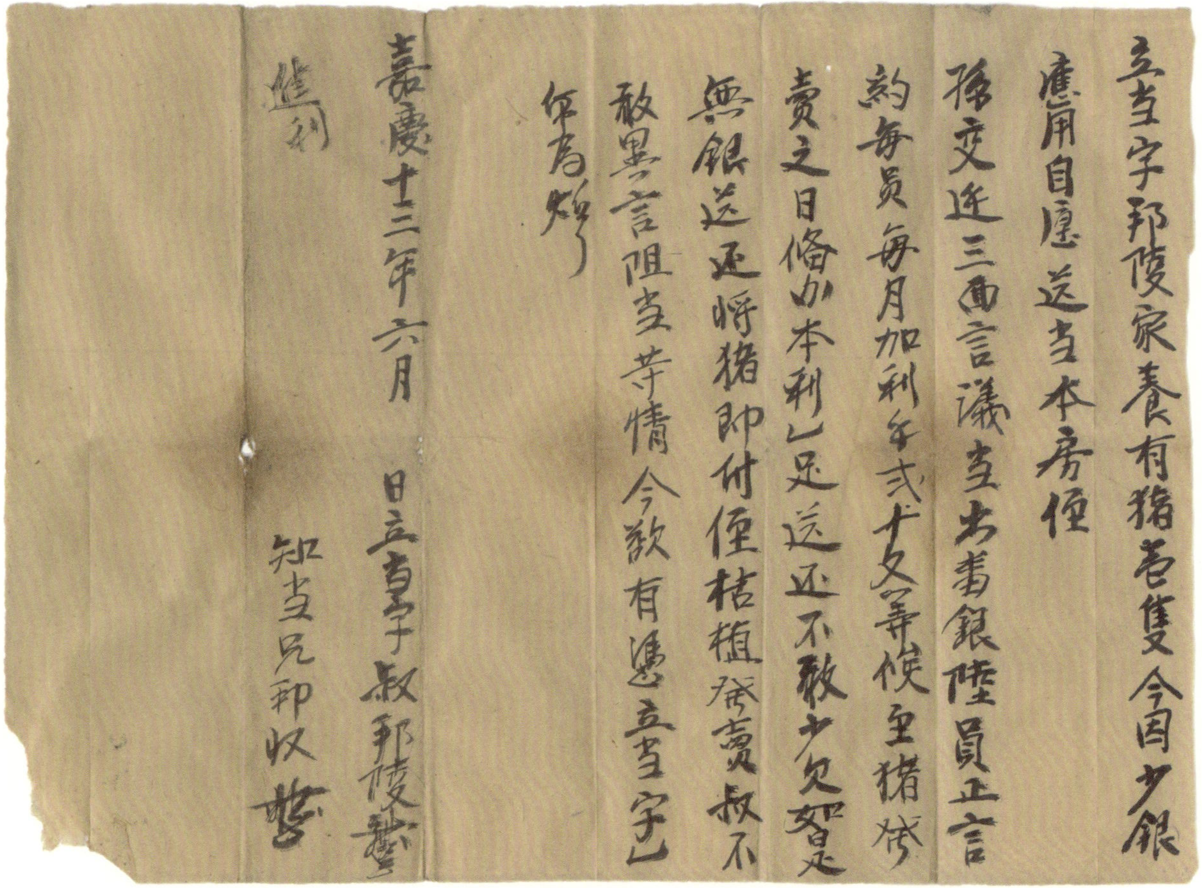
立当字邦陵家養有猪壹隻今因少銀
應用自愿送当本房侄
孫交近三面言議当出番銀陸員正言
約每員每月加利錢弍十文算俟至猪發
賣之日備办本利足送還不敢少欠如是
無銀送還將猪即付侄枯植發賣叔不
敢異言阻当等情今欲有憑立当字為
炤
嘉慶十三年六月　　日立当字叔邦陵（押）
知当兄邦收（押）
進利

10-5-89-4　清嘉慶十三年六月黄邦陵立當猪字

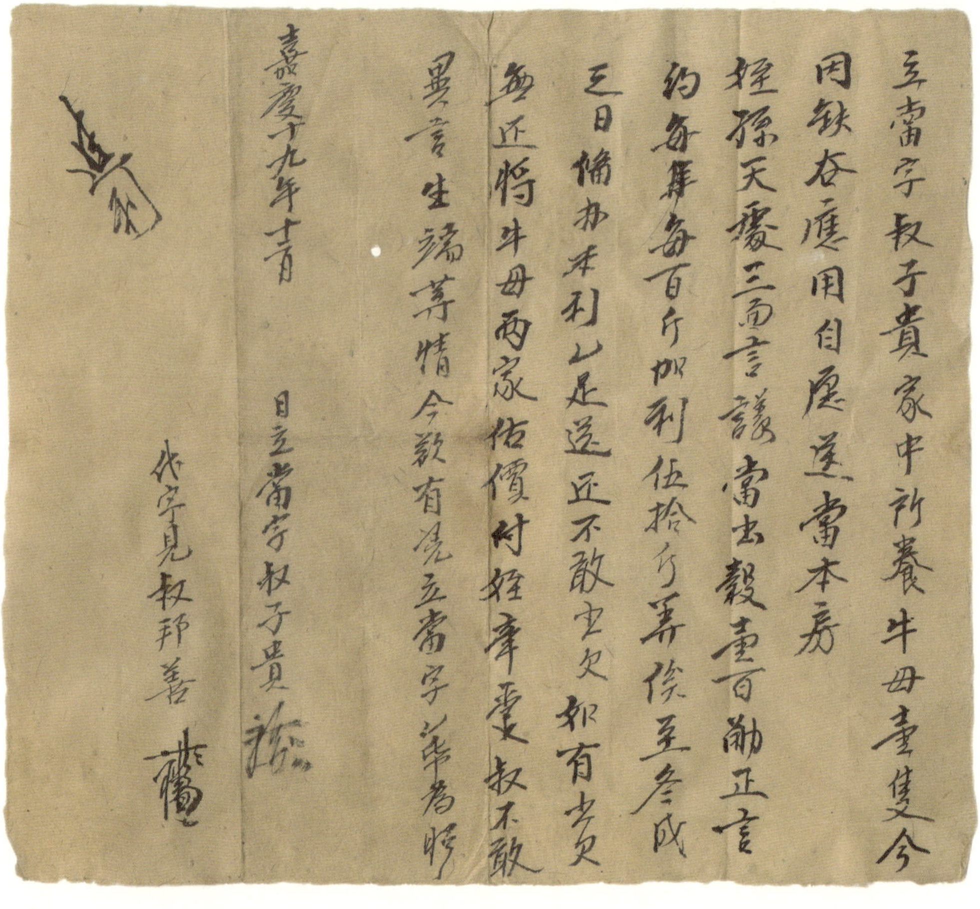

立當字叔子貴家中所養牛母壹隻今
因缺本應用自愿送當本房
姪孫天發三面言議當出穀壹百觔正言
約每年每百斤加利伍拾斤算俟至叁成
之日備办本利山足送还不敢少欠如有少欠
無还將牛母两家估價付姪牵变叔不敢
異言生端等情今欲有凭立當字一紙為照
嘉慶十九年十二月　日立當字叔子貴　押
代字見叔邦善　押

10-5-89-5　清嘉慶十九年十二月黄子貴立當牛母字

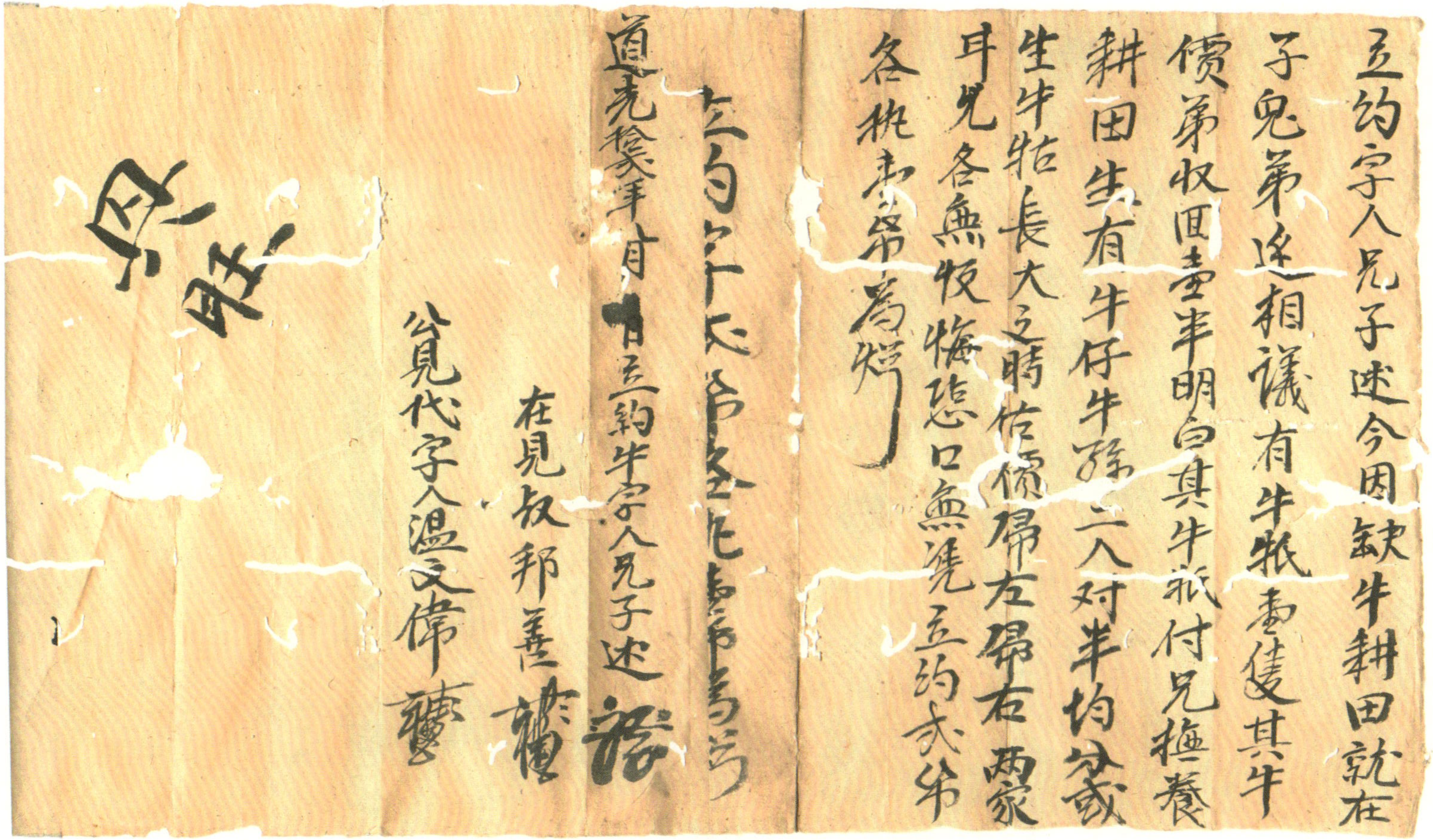
立約字人兄子述今因缺牛耕田就在
子兒弟姪相議有牛牝壹隻其牛
價弟收回壹半明白其牛牝付兄撫養
耕田生有牛仔牛孫二人对半均分
生牛牯長大之時估價歸左歸右兩家
日後各無反悔憑口無憑立約式紙
各執壹紙爲照
立約字人兄子述各執壹紙爲照
道光拾貳年八月　日立約牛字人兄子述（押）
在見叔邦善（押）
代字人温文偉（押）

10-5-89-6　清道光十二年八月黄子述立約字

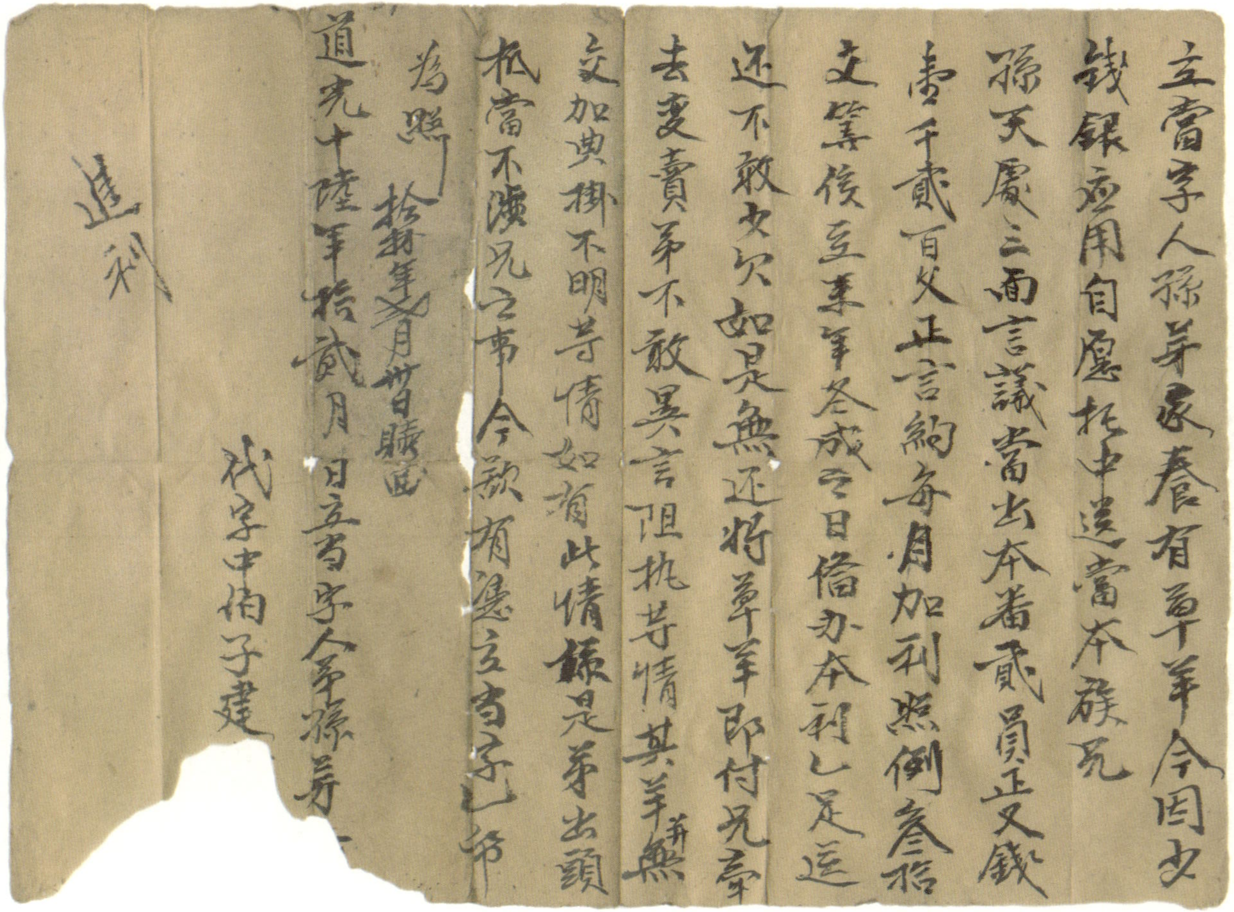
立當字人孫芽家養有草羊今因乏
錢銀應用自愿托中送當本族兄
孫天慶三面言議當出本番貳員正又錢
壹千貳百文正言約每月加利照例叁拾
文算俟至來年冬成之日備办本利一足送
還不敢少欠如是無還將草羊即付兄牽
去變賣弟不敢異言阻執等情其羊并無
交加典掛不明等情如有此情係是弟出頭
抵當不涉兄之事今欲有憑立當字一紙
為照　拾柒年又月廿日贖回
道光十陸年拾貳月　日立當字人弟孫芽
代字中侄子建
進利

10-5-89-7　清道光十六年十二月黃孫芽立當草羊字

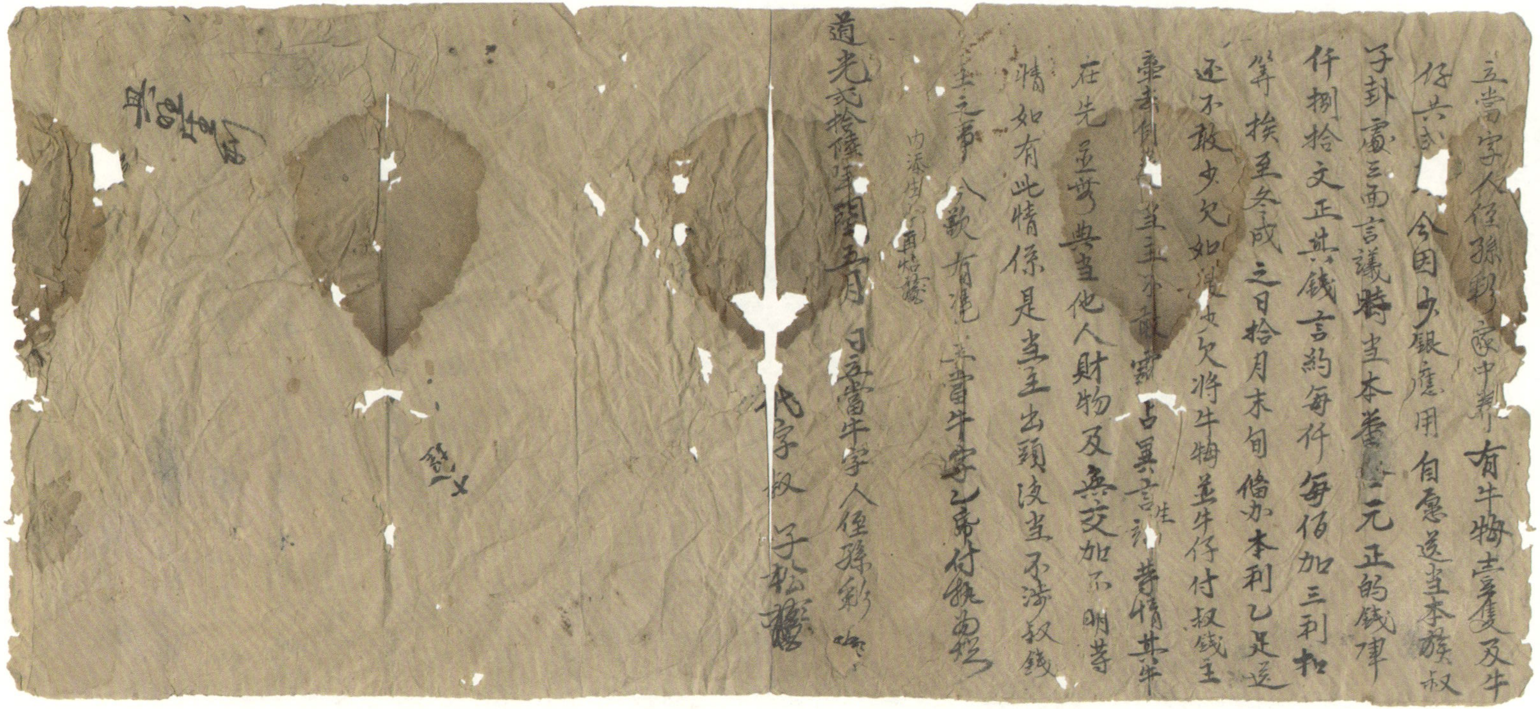
立當字人侄孫彩[illegible]有牛牳壹隻及牛
仔共貳[illegible]今因乏銀應用自愿送至本族叔
子卦處三面言議將至本番[illegible]元正的錢肆
仟捌拾文正其錢言約每仟每佰加三利扣
算挨至冬成之日拾月末旬備办本利乙足送
还不敢少欠如有少欠將牛牳並牛仔付叔錢主
牽去[illegible]當主不敢[illegible]占異言生端其牛
在先並無典當他人財物及無交加不明等
情如有此情係是當主出頭沒當不涉叔錢
主之事今欲有憑立當牛牳字乙紙付執為照
內添[illegible]字再照
道光貳拾陸年閏五月 日立當牛牳字人侄孫彩
代字叔 子松

10-5-89-8　清道光二十六年閏五月黃孫彩立當牛牳字

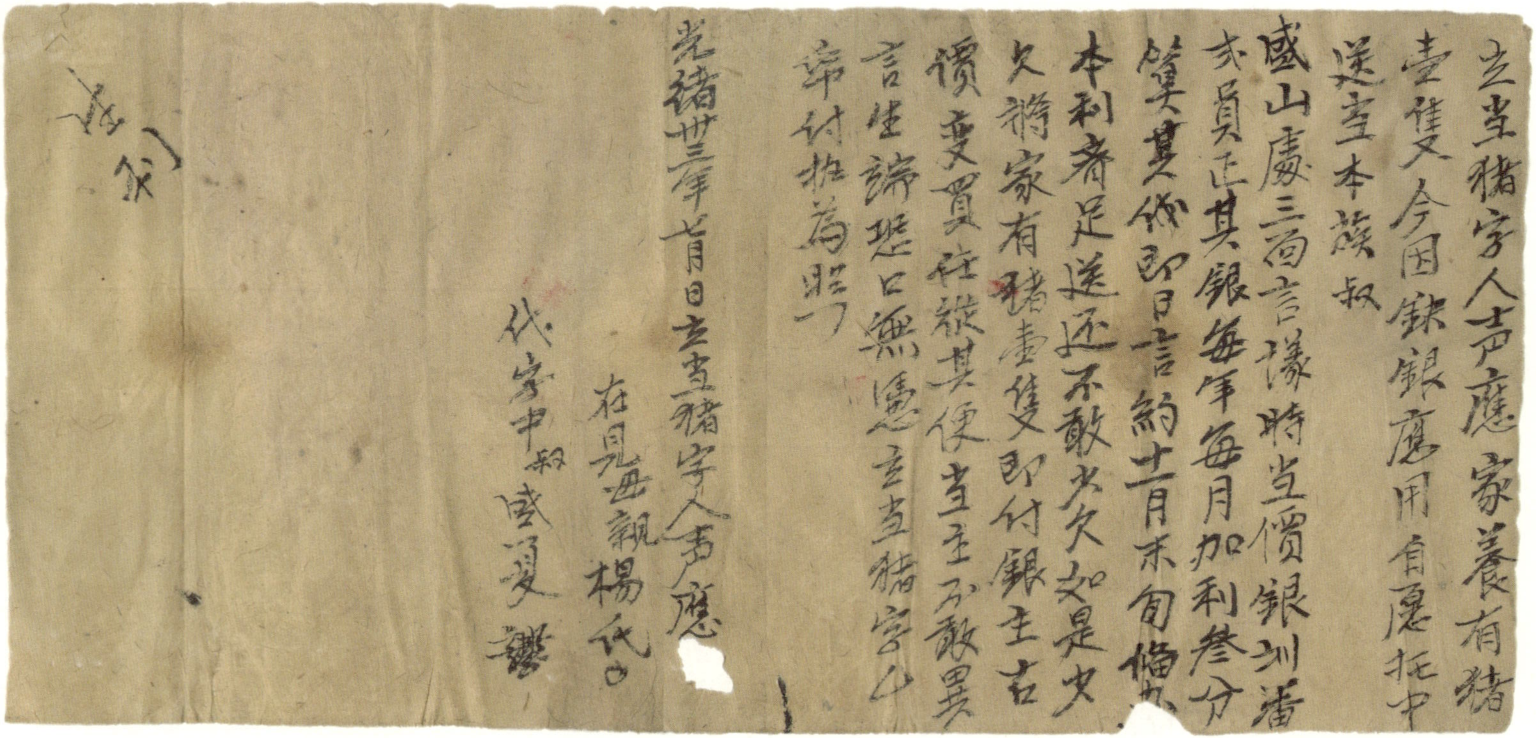

立当猪字人声應，家養有猪
壹隻，今因缺銀應用，自愿托中
送當本族叔
盛山處，三面言議時当價銀訓番
式員正，其銀每年每月加利叁分
算，其係即日言約十二月末旬備
本利齊足送还，不敢少欠。如是少
欠，將家有猪壹隻即付銀主吉
價变賣，任從其便，当主不敢異
言生端。恐口無憑，立当猪字乙
帋，付执為照。

光緒卅三年七月日立当猪字人声應
在見母親楊氏〇
代字中叔盛夏

10-5-89-9　清光緒三十三年七月黄声應立當猪字

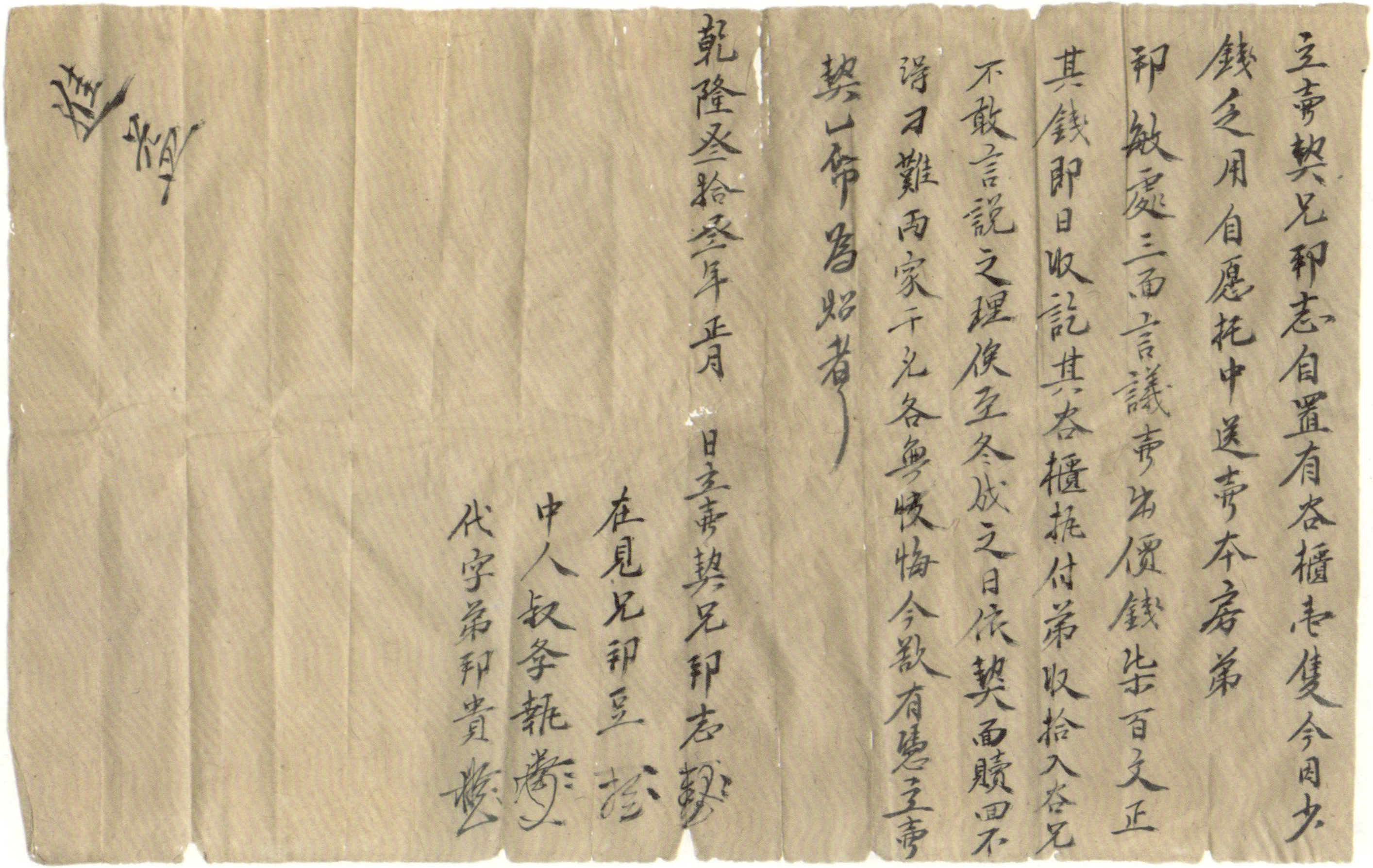
立賣契兄邦志自置有谷櫃壹隻今因乏
錢乏用自愿托中送賣本房弟
邦敏處三面言議賣出價錢柒百文正
其錢即日收訖其谷櫃抵付弟收拾入谷兄
不敢言說之理俟至冬成之日依契面贖回不
得刁難兩家干允各無反悔今欲有憑立賣
契一紙為照者
乾隆叁拾叁年正月　日立賣契兄邦志
在見兄邦旦
中人叔条耗
代字弟邦貴

10-5-90-1　清乾隆三十三年正月黃邦志立賣穀櫃契

立賣契弟子治祖置有大倉壹隻坐落下
樓面自己鬮分今因乏谷應用自愿托中
送賣本家　兄子亮處三面言議賣出
價谷貳佰觔正其谷即日收訖其大倉即
付兄收理封鎖不敢兩覇佔其倉並無重
張典掛他人如有此[illegible]係是出頭支当不
涉兄之事俟至有能之力依契面贖回
不得执留今欲有憑立賣契一帋為炤

乾隆伍拾年十二月　日立賣契弟子治（押）

在見兄子功（押）

代字中子晴（押）

10-5-90-2　清乾隆五十年十二月黄子治立賣大倉契

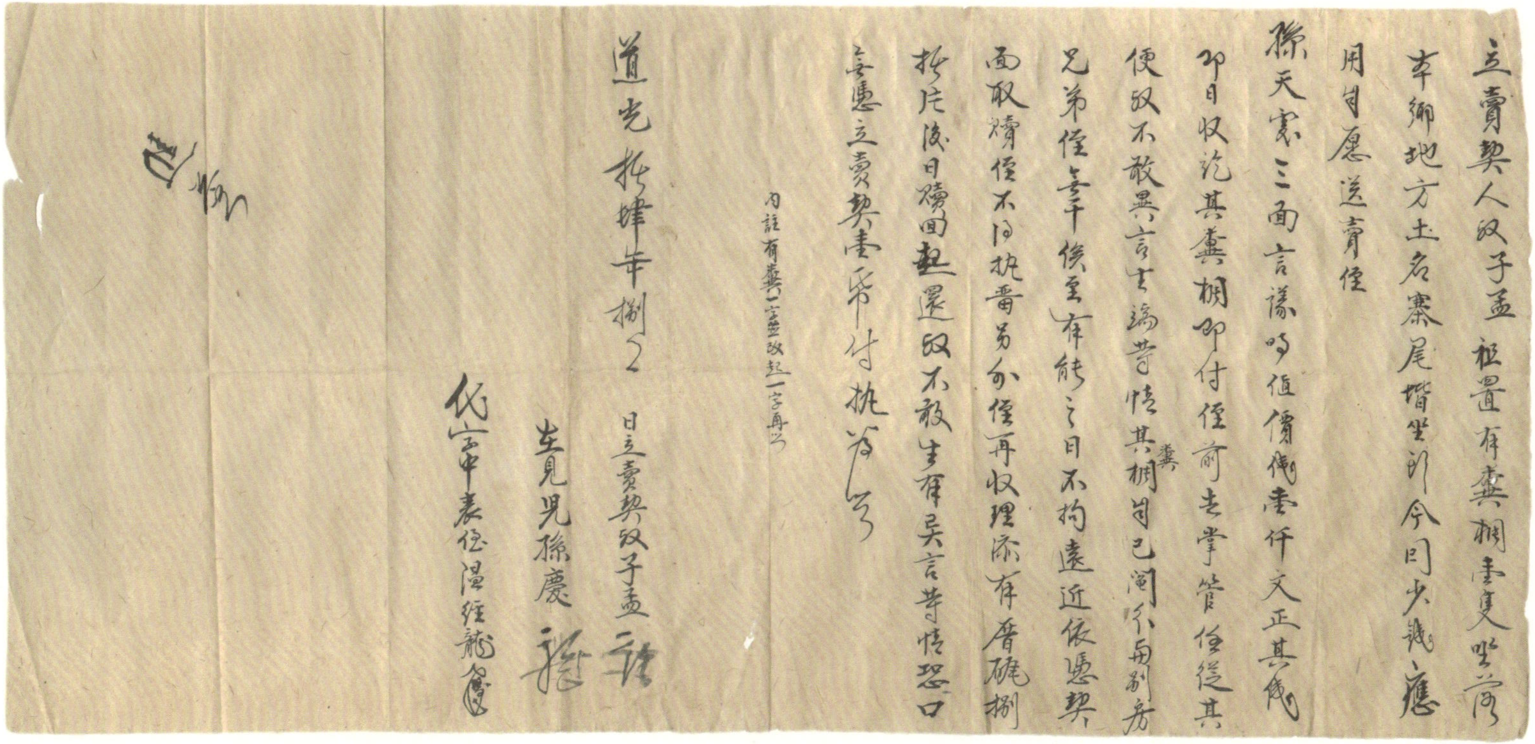
立賣契人叔子孟　祖置有糞棡壹隻坐落
本鄉地方土名寨尾墻坐訂今因乏錢應
用自愿送賣侄
孫天寶三面言議時值價錢壹仟文正其錢
即日收訖其糞棡即付侄前去掌管任從其
便叔不敢異言生端等情其糞棡自己鬮分與別房
兄弟侄無干係至有能之日不拘遠近依憑契
面取贖侄不得執留另分侄再收理添有磨碾棡
拓庇後日贖回起還叔不敢生有異言等情恐口
無憑立賣契壹紙付執為照

內註有糞一字並改起一字再照

道光拾肆年捌月　日立賣契叔子孟（押）
在見兒孫慶（押）
代筆表侄温經龍（押）

己物

10-5-90-3　清道光十四年八月黄子孟立賣糞棡契

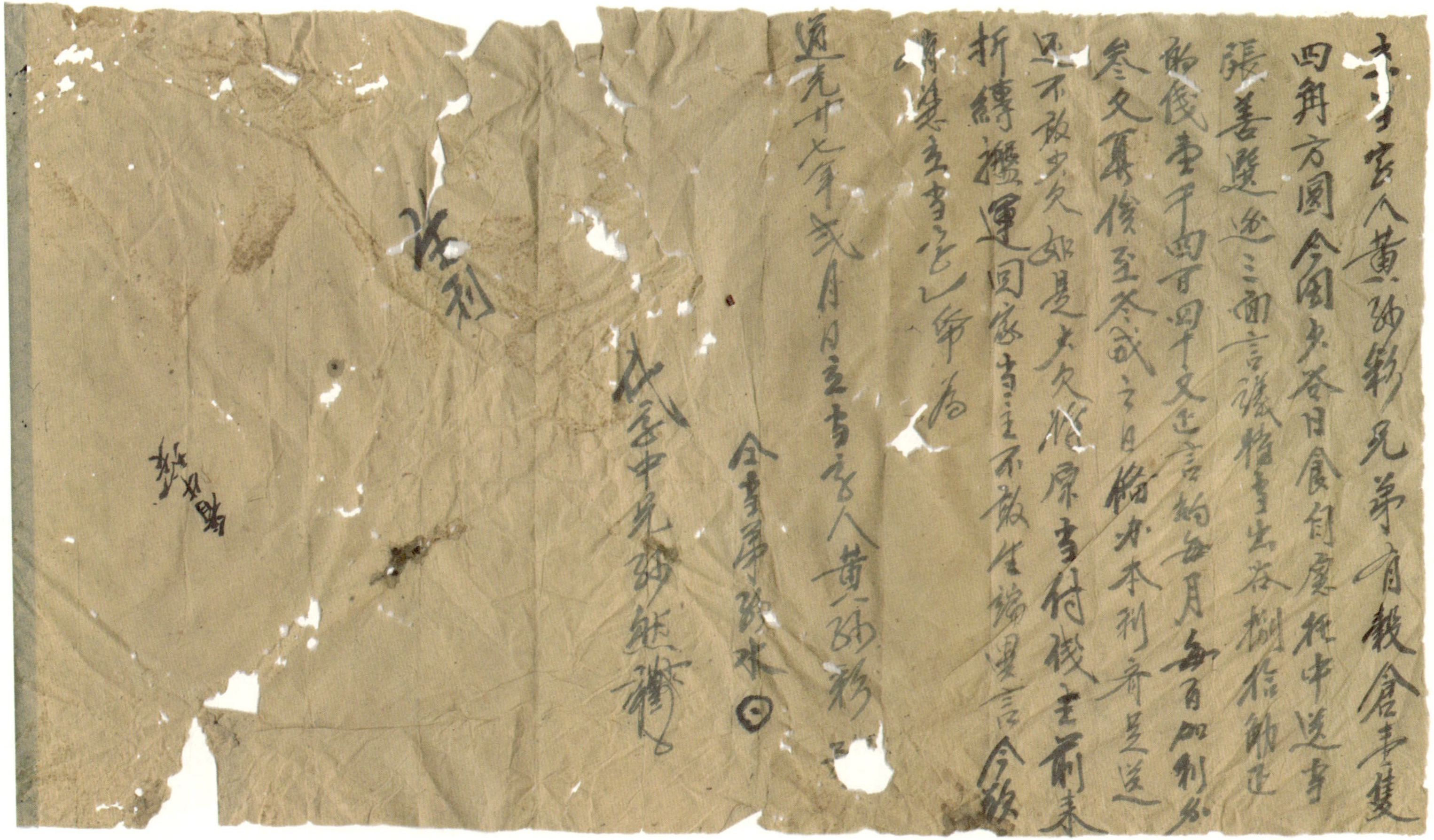

立當字人黄孫彩兄弟有穀倉壹隻
四角方圓，今因乏谷日食，自愿托中送與
張善選邊，三面言議，將當出谷捌拾觔正，
該錢壹千四百四十文正，言約每月每百加利貳
叁文算，條至冬成之日，將出本利齊足送
還，不敢少欠，如是少欠，將原當付錢主前來
折縛搬運回家，當主不敢生端異言。今欲
有憑，立當字一紙為
道光廿七年貳月　日立當字人黄孫彩
仝當弟孫水 ○
代筆中兄孫魁
批利

10-5-90-4　清道光二十七年二月黃孫彩等立當穀倉字

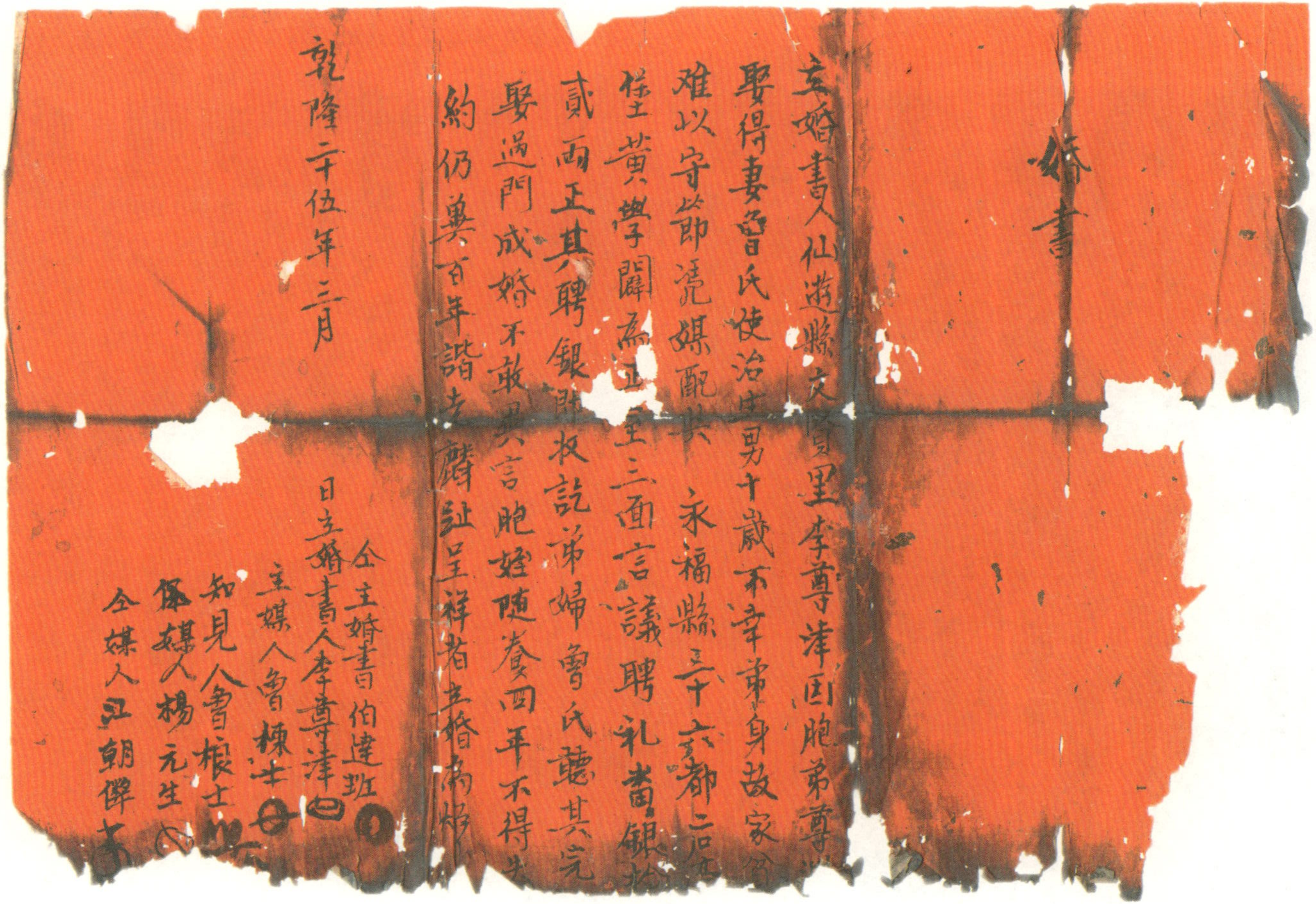

婚書

立婚書人仙遊縣文賢里李尊津，因胞弟尊□娶得妻曾氏，使治生男十歲，不幸弟身故，家貧難以守節，浼媒配與永福縣三十六都二□□徑黄學闢爲正，至三面言議，聘礼番銀柒貳両正，其聘銀即收訖。弟婦曾氏聽其完娶過門成婚，不敢異言，胞姪隨養四年不得生□約，仍與百年諧老，麟趾呈祥者立婚爲炤。

乾隆二十伍年三月　日立婚書人李尊津

仝主婚書伯建班

主婚書人李尊津

主媒人曾棟士

知見人曾根士

保媒人楊元生

仝媒人江朝傑

10-5-91-1　清乾隆二十五年三月仙遊李尊津立婚書

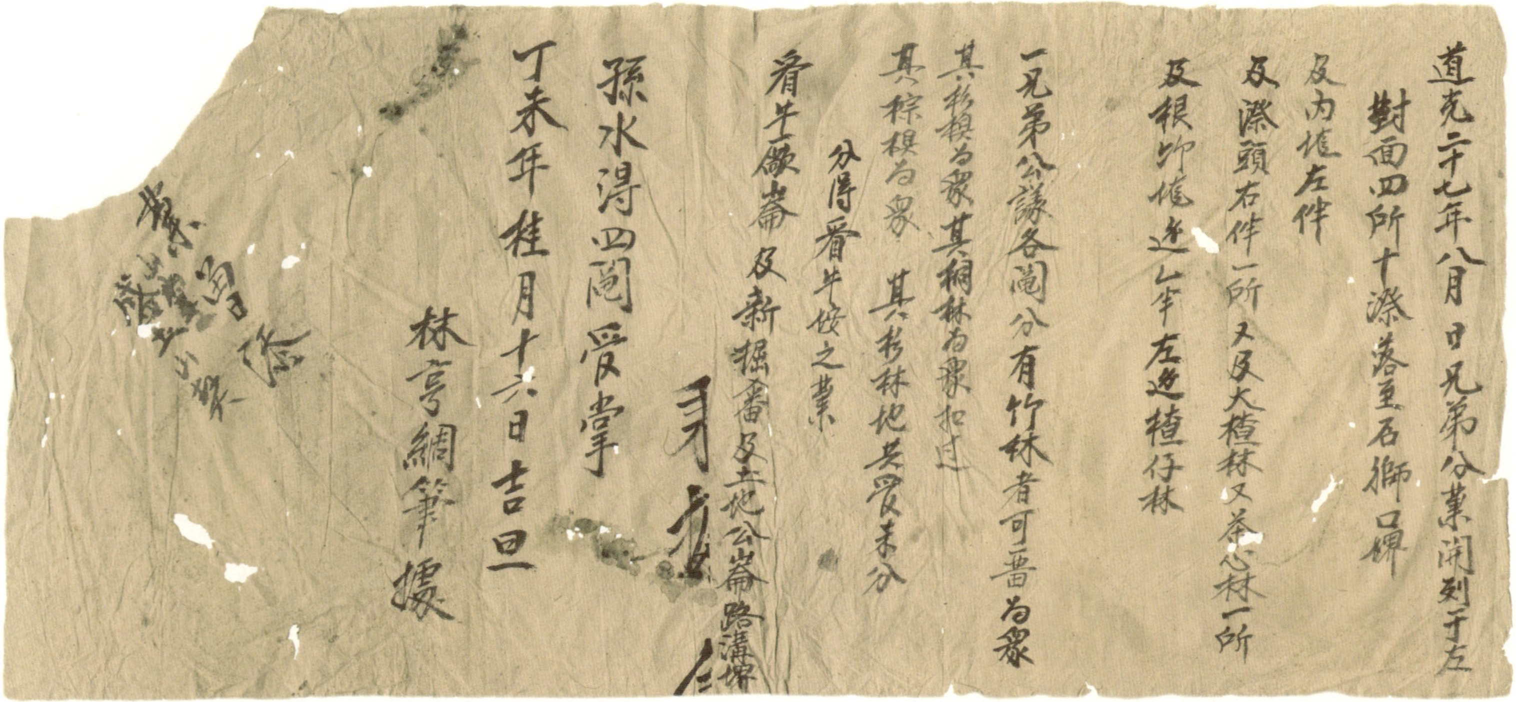

道光二十七年八月日兄弟分業開列于左
對面四所十漈落至石獅口牌
及内堆左件
及漈頭右件一所又及大楂林又茶心林一所
及根竹堆送山半左邊楂仔林
一兄弟公議各阄分有竹林者可畨為衆
其杉根為衆 其桐林為衆扣过
其棕根為衆 其杉林比共買未分
分得看牛按之業
看牛厥崙 及新掘畨及土地公崙路溝塆
手 存 仁
孫水得四阄受掌
丁未年桂月十六日吉旦
林亨綱筆據
[illegible]

10-5-91-2　清道光二十七年八月黃孫水鬮書

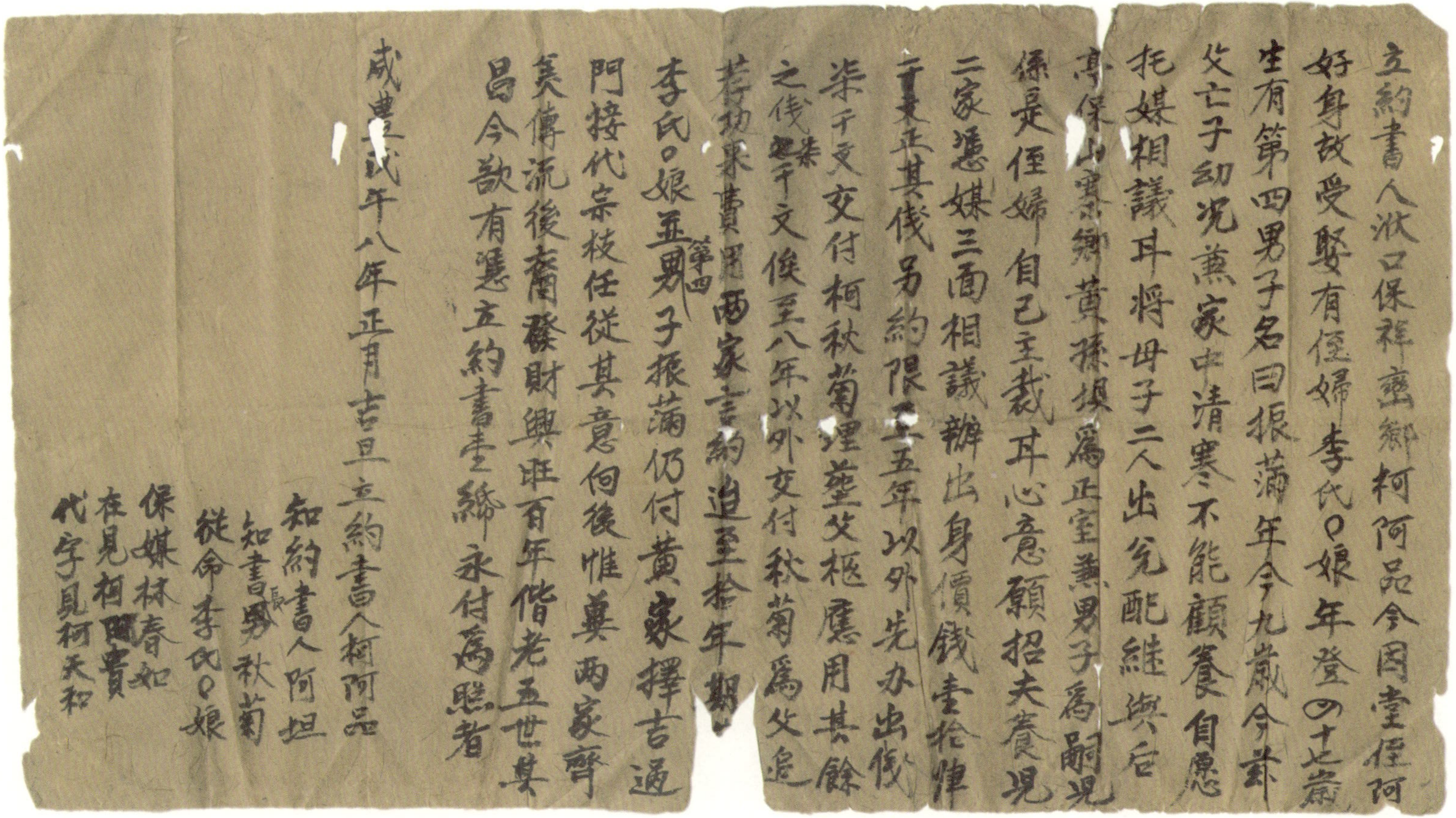
立約書人洑口保祥塞鄉柯阿品今因堂侄阿
好身故受娶有侄婦李氏○娘年登四十七歲
生有第四男子名曰振蒲年今九歲今因
父亡子幼况兼家中清寒不能顧養自愿
托媒相議耳將母子二人出允配維與仁
亭保山霞鄉黃孫垻為正室兼男子為嗣児
係是侄婦自己主裁耳心意願招夫養児
二家憑媒三面相議辦出身價錢壹拾陸
千文正其錢另約限五年以外先办出錢
柒千文交付柯秋菊埋葬父柩應用其餘
之錢柒千文俟至八年以外交付秋菊為父追
薦功果費用兩家言約追至拾年期
李氏○娘並第四男子振蒲仍付黃家擇吉過
門接代宗枝任從其意向後惟冀兩家齊
美傳流後裔發財興旺百年偕老五世其
昌今欲有憑立約書壹紙永付為照者

咸豐戊午年八年正月吉旦立約書人柯阿品
知約書人阿坦
知書男秋菊
從命李氏○娘
保媒林春如
在見柯國貴
代字見柯天和

10-5-91-3　清咸豐八年正月柯阿品立約書（草契）

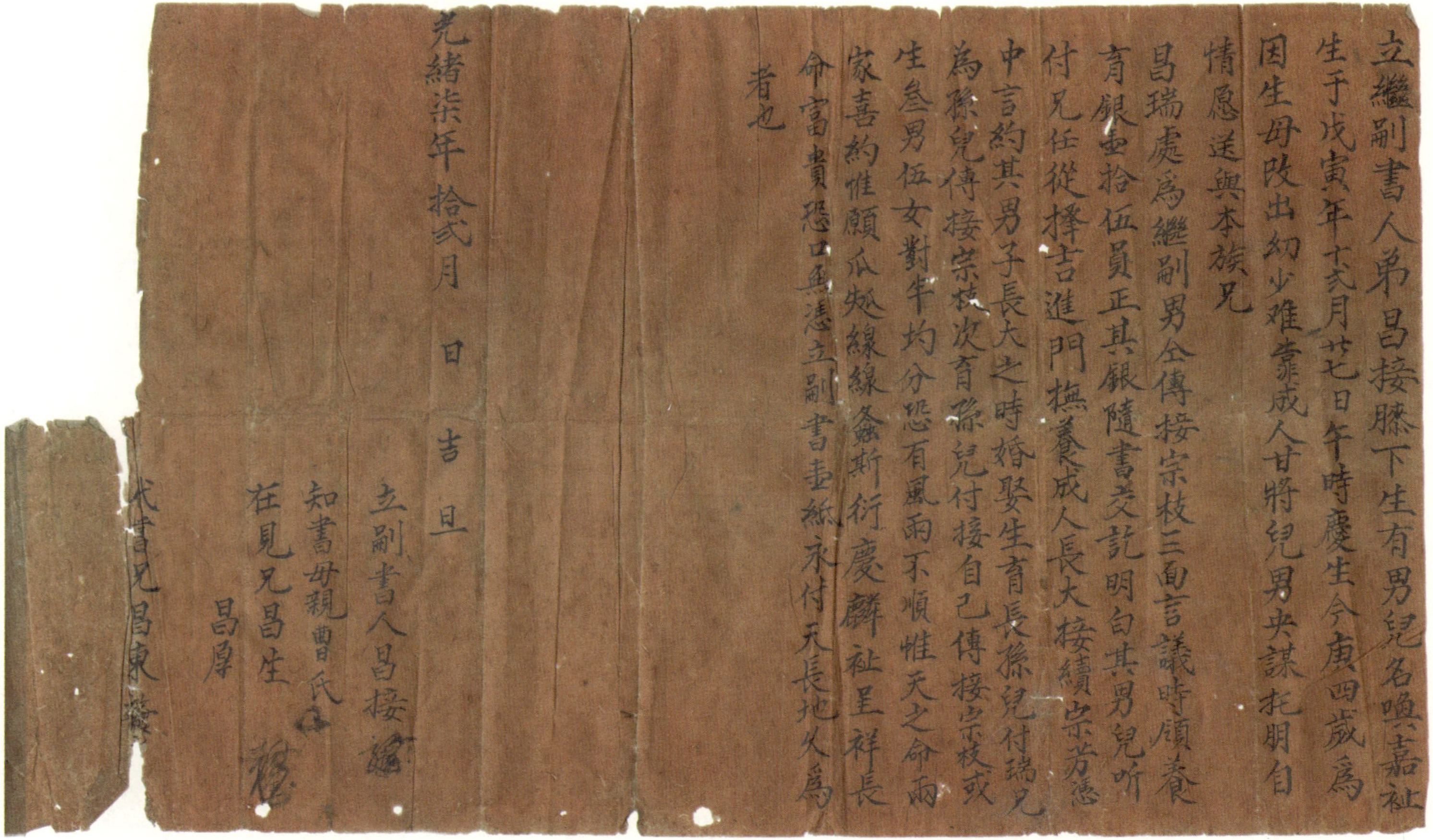

立繼嗣書人弟昌接膝下生有男兒名喚嘉社
生于戊寅年十弍月廿七日午時慶生今庚四歲爲
因生母改出幼少难靠成人甘將兒男央謀托明自
情愿送與本族兄
昌瑞處爲繼嗣男仝傳接宗枝三面言議時領養
育銀壹拾伍員正其銀隨書交訖明白其男兒听
付兄任從擇吉進門撫養成人長大接續宗芳憑
中言約其男子長大之時婚娶生育長孫兒付瑞兄
爲孫兒傳接宗枝次育孫兒付接自己傳接宗枝或
生叁男伍女對半均分恐有風雨不順惟天之命兩
家喜約惟願瓜瓞綿綿螽斯衍慶麟祉呈祥長
命富貴恐口無憑立嗣書壹紙永付天長地久爲
者也

光緒柒年拾弍月　日　吉旦

立嗣書人昌接（押）
知書母親曹氏（押）
在見兄昌生
昌厚（押）
代書兄昌東（押）

10-5-91-4　清光緒七年十二月黃昌接立繼嗣書

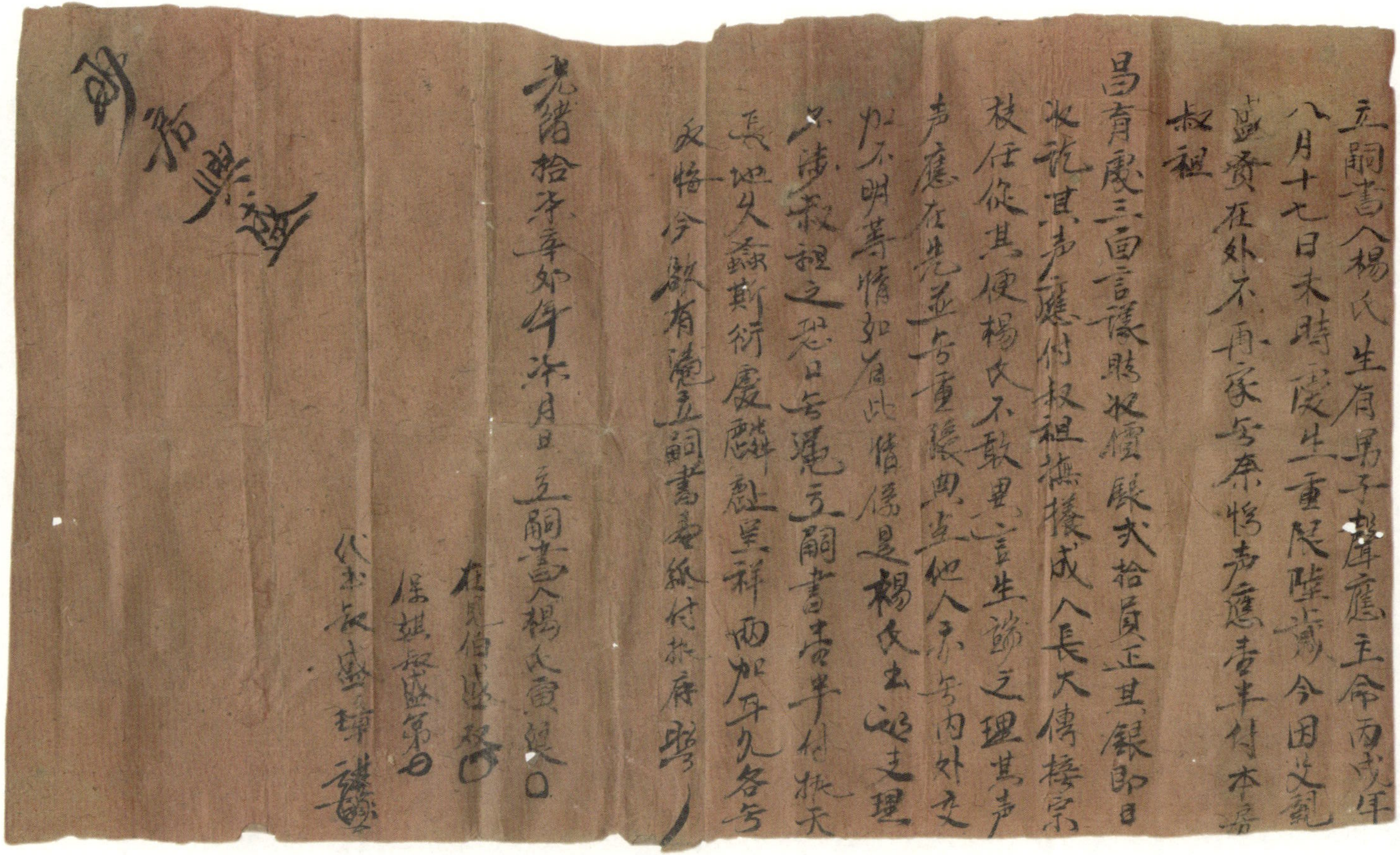
立嗣書人楊氏生有男子聲庠應主命丙戌年
八月十七日未時陵生重孫陞禧今因文亂
盛齋在外不再家無奈將声應壹半付本房
叔祖
昌育處三面言議聘收價銀弍拾員正其銀即日
收訖其声應付叔祖撫養成人長大傳接宗
枝任從其便楊氏不敢異言生端之理其声
應在先並無重張典當他人亦無內外交
加不明等情如有此情係是楊氏出頭支理
不涉叔祖之事恐口無憑立嗣書壹半付執天
長地久孫斯衍慶麟趾呈祥兩加甘允各無
反悔今欲有憑立嗣書壹紙付執存照
光緒拾柒年辛卯年柒月日立嗣書人楊氏

10-5-91-5 清光緒十七年七月楊氏立嗣書

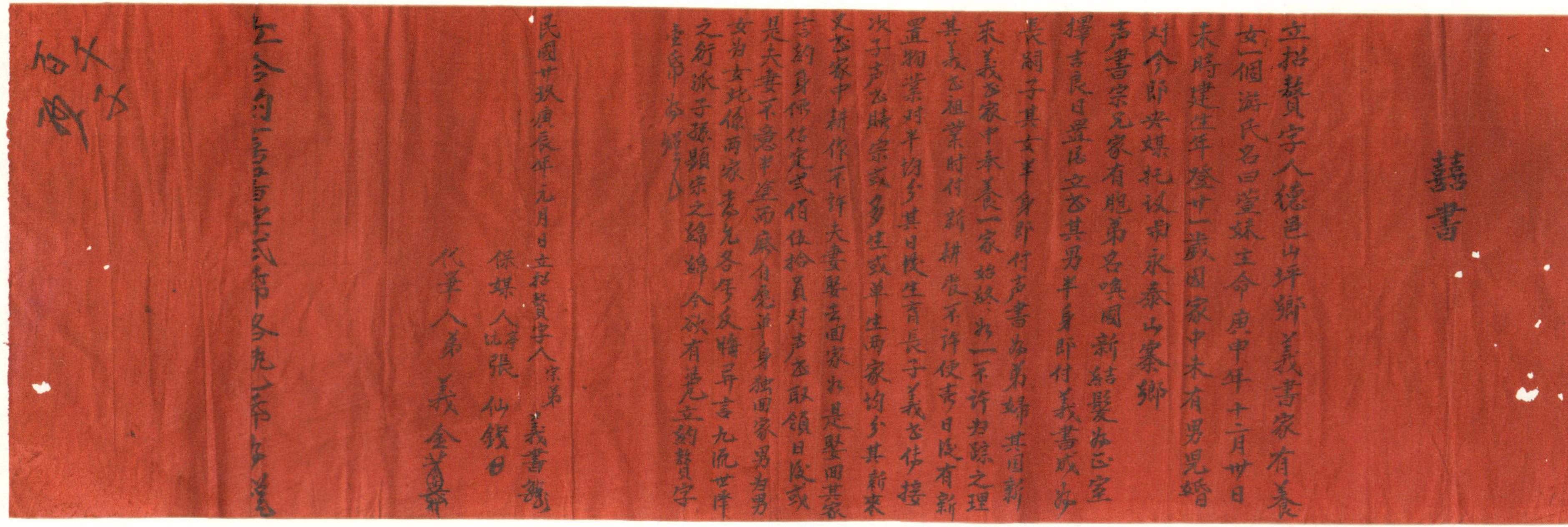
囍書

立招贅字人德邑山坪鄉義書家有養
女一個游氏名曰堂妹，生命庚申年十二月廿日
未時建生，年登廿一歲，因家中未有男兒婚
對，今即央媒托議，向永泰山寨鄉
声書宗兄家有胞弟名喚國新，結髮為正室，
擇吉良日置備立為其男，半身即付義書成為
長嗣子，其女半身即付声書為弟婦。其國新
來義書家中奉養一家始終，永一不許歸踪之理。
其義書祖業時付新耕種，不許使壱日後有新
置物業，对半均分。其日後生育長子義書接，
次子声書接宗，或多生或单生，两家均分。其新來
義書家中耕作，不許夫妻娶去回家，如是娶回其家，
言約身價佑定弍佰伍拾員，对声書取領日後。或
是夫妻不意半途而廢，自愿单身独回家，男为男，
女为女。此係兩家喜允，各無反悔异言，九流世序
之衍派子孫顯宗之綿綿。今欲有憑，立約贅字
壹紙付為照。

民國廿玖庚辰年元月日立招贅字人宗弟義書（押）
保媒人張仙錢（押）
代筆人弟義金（押）

10-5-91-6　民國二十九年正月黄義書立招贅字

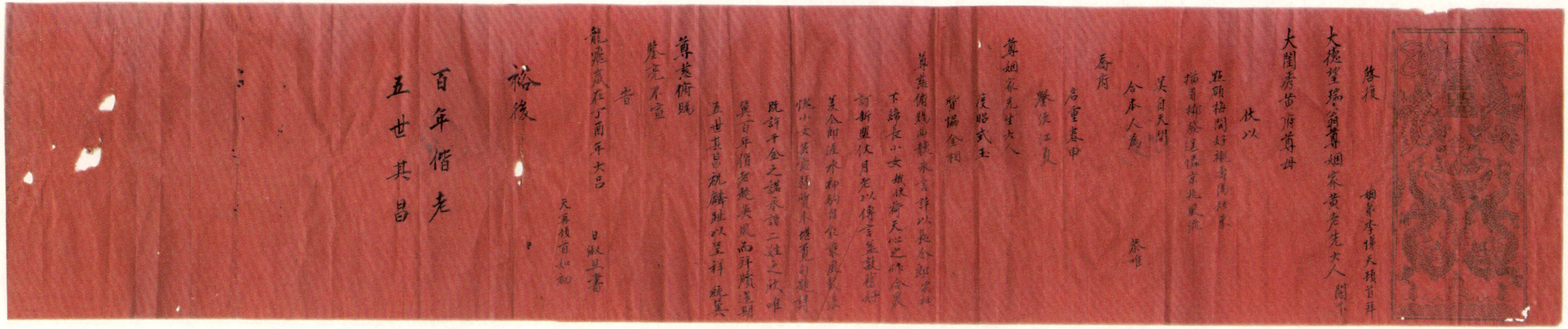

啓復

大德望瑞翁尊姻家黄老先大人 閣下

姻弟李悌天頓首拜

大閨秀黄府尊母

伏以

點額梅開好襯青陽佳景

描眉柳發適協京兆風流

美自天開

合本人爲 恭唯

喬府

名重春申

譽流江夏

尊姻家先生大人

度昭式玉

質協金相

尊慈備賤面禀承言許以長公郎某杜

下締長小女娥使膺天心之作合吳

訂新盟仗月老以傳言兹叙舊好

羨令郎淮水神駒自能乘風歎漁

愧小女蓬窗弱質未嫺覓句題詩

既許千金之諾永諧二姓之歡唯

冀百年偕老樂奏鳳而拜賡期

五世其昌祝麟趾以呈祥 統冀

尊慈俯賜

鑒亮不宣

音

龍飛歲在丁酉年大呂 日敬具書

天爵頓首如初

裕後

百年偕老

五世其昌

10-5-91-7 李悌天立婚書（年代不詳）

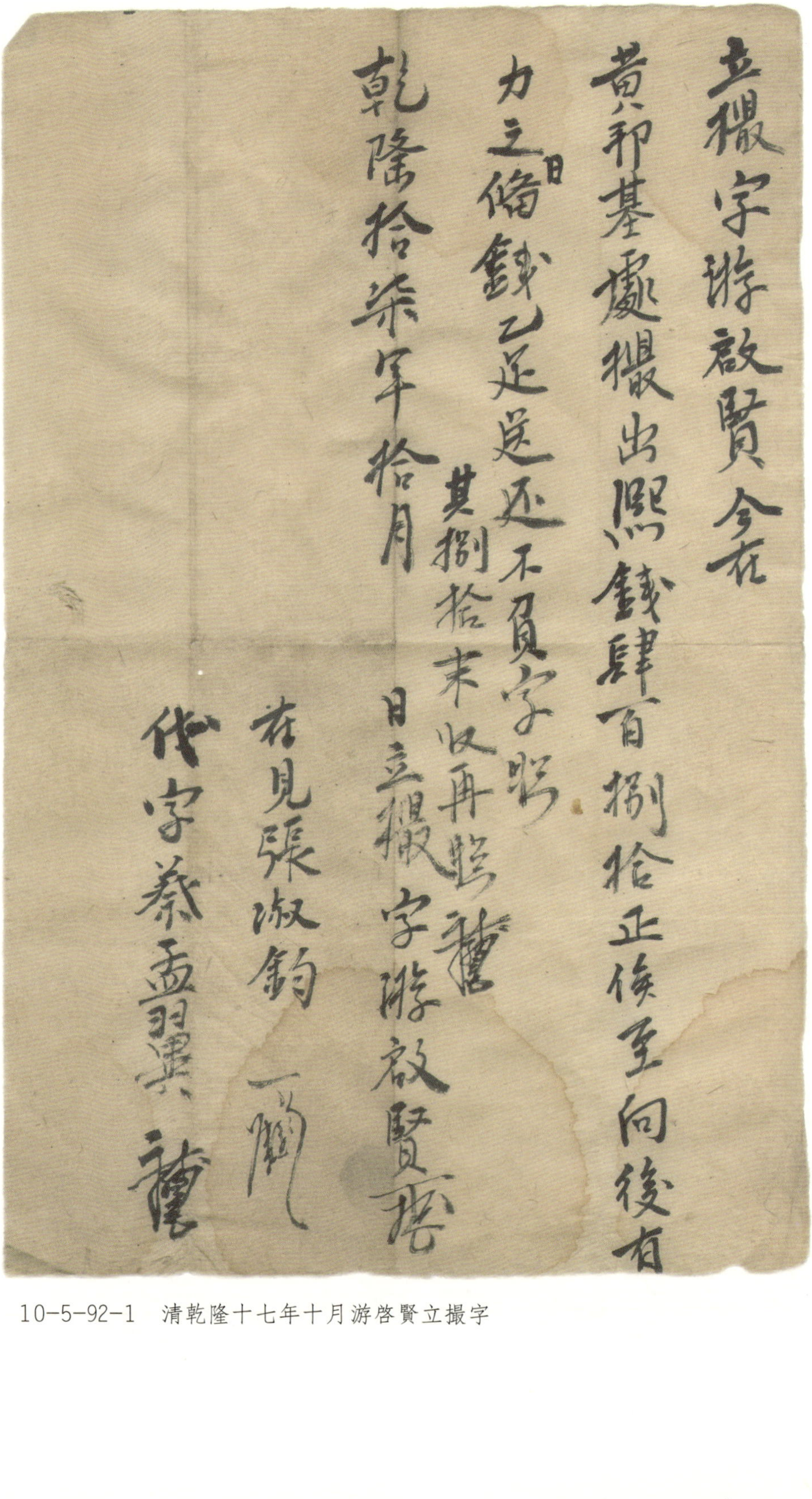

立撥字游啓賢今在
黄邦基處撥出熙錢肆百捌拾正俟至向後有
力之日備錢足足還不負字照
其捌拾未收再照　押
乾隆拾柒年拾月　日立撥字游啓賢押
在見張淑鈞　押
代字蔡孟翼　押

10-5-92-1　清乾隆十七年十月游啓賢立撥字

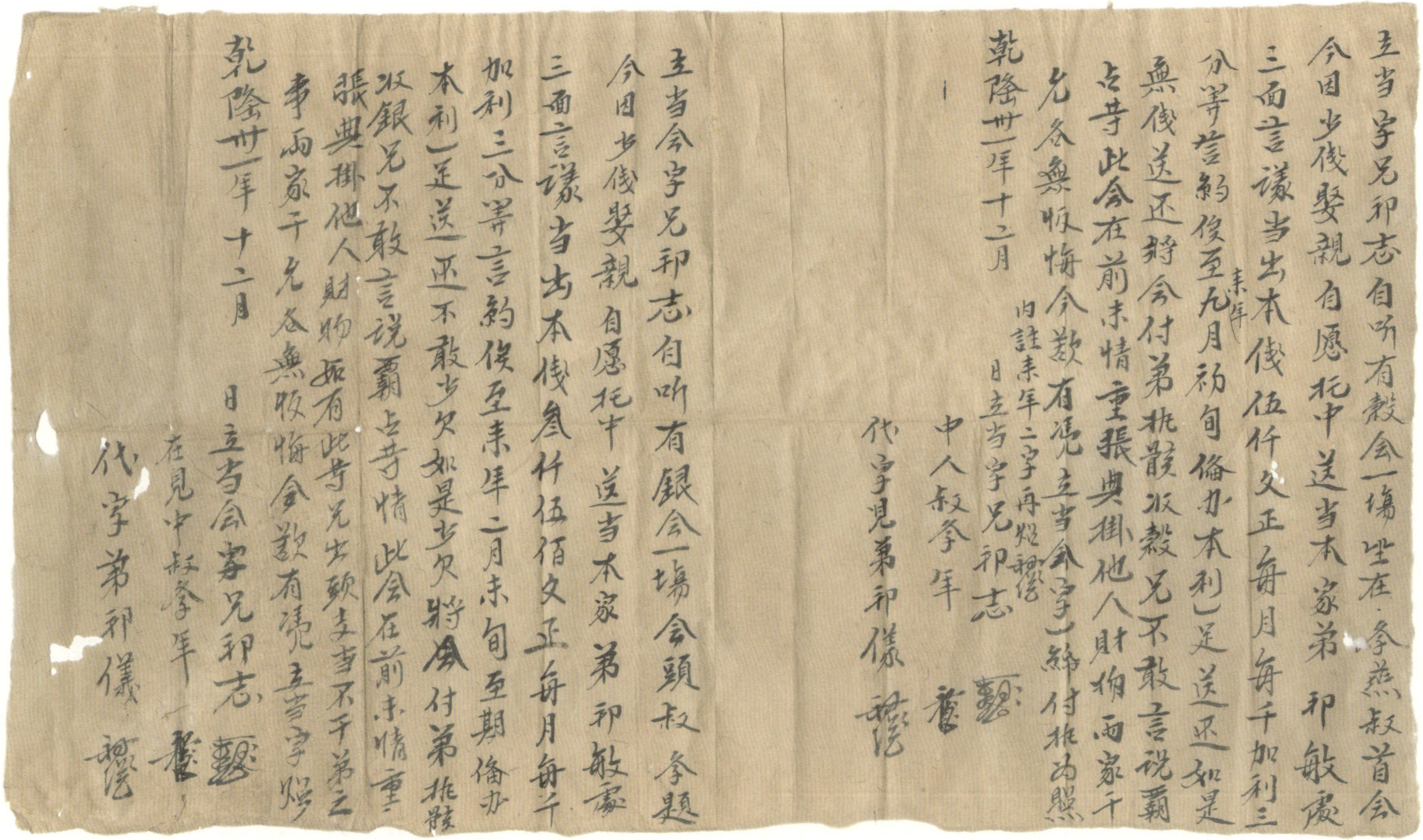
立当字兄邦志自所有穀会一場坐在.参燕叔首会
今因乏钱娶親自愿托中送当本家弟邦敏處
三面言議当出本钱伍仟文正每月每千加利三
分算言約從至来年九月初旬備办本利一足送还如是
無钱送还將会付弟挑穀收穀兄不敢言説霸
占等此会在前未情重張典掛他人財物兩家干
允各無反悔今欲有憑立当会字一紙付执爲照
乾隆卅一年十二月
內註来年二字再照
日立当字兄邦志
中人叔参年
代字兄弟邦儀

立当会字兄邦志自所有銀会一場会頭叔参題
今因乏钱娶親自愿托中送当本家弟邦敏處
三面言議当出本钱叁仟伍佰文正每月每千
加利三分算言約從至来年二月未旬至期備办
本利一足送还不敢少欠如是少欠將会付弟挑穀
收銀兄不敢言説霸占等情此会在前未情重
張典掛他人財物如有此等兄出頭支当不干弟之
事兩家干允各無反悔今欲有憑立当字爲照
乾隆卅一年十二月
日立当会字兄邦志
在見中叔参年
代字弟邦儀

10-5-92-2 清乾隆三十一年十二月黄邦志立當穀會字

10—5—92—3 清道光五年十一月黃成札立當會字

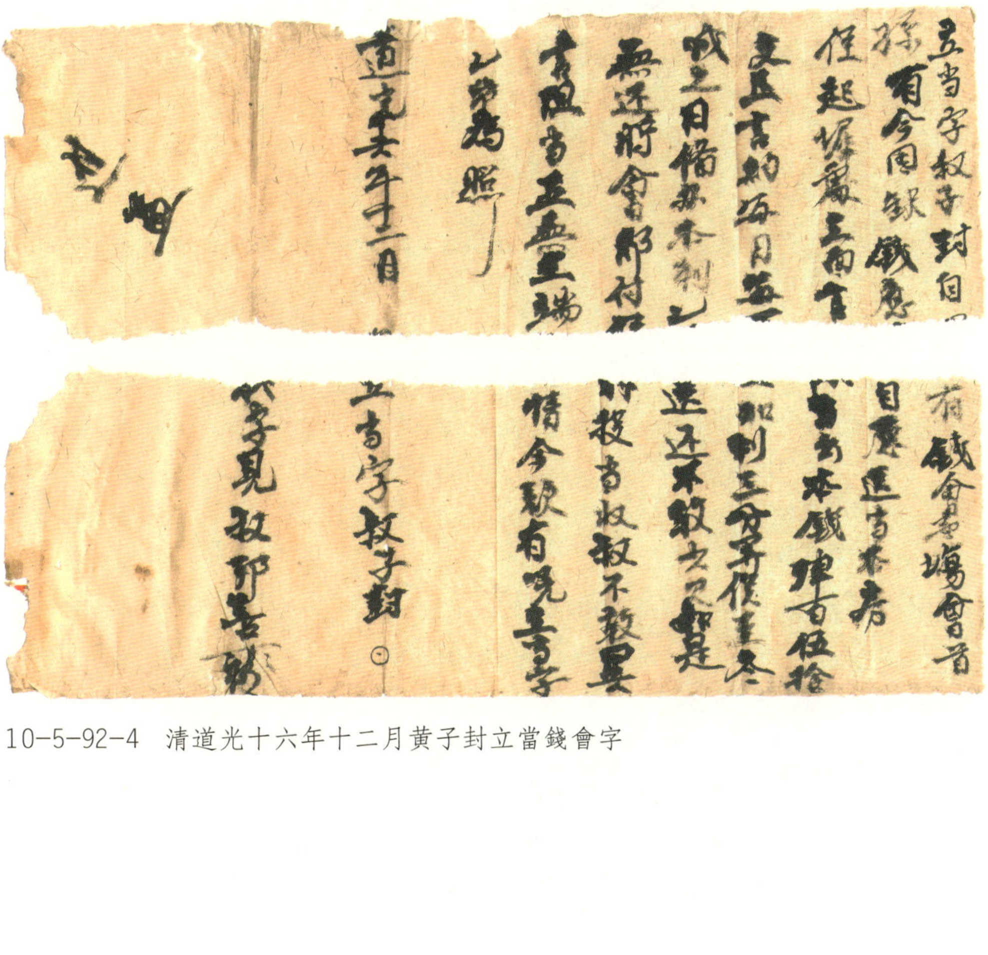

10-5-92-4　清道光十六年十二月黄子封立當錢會字

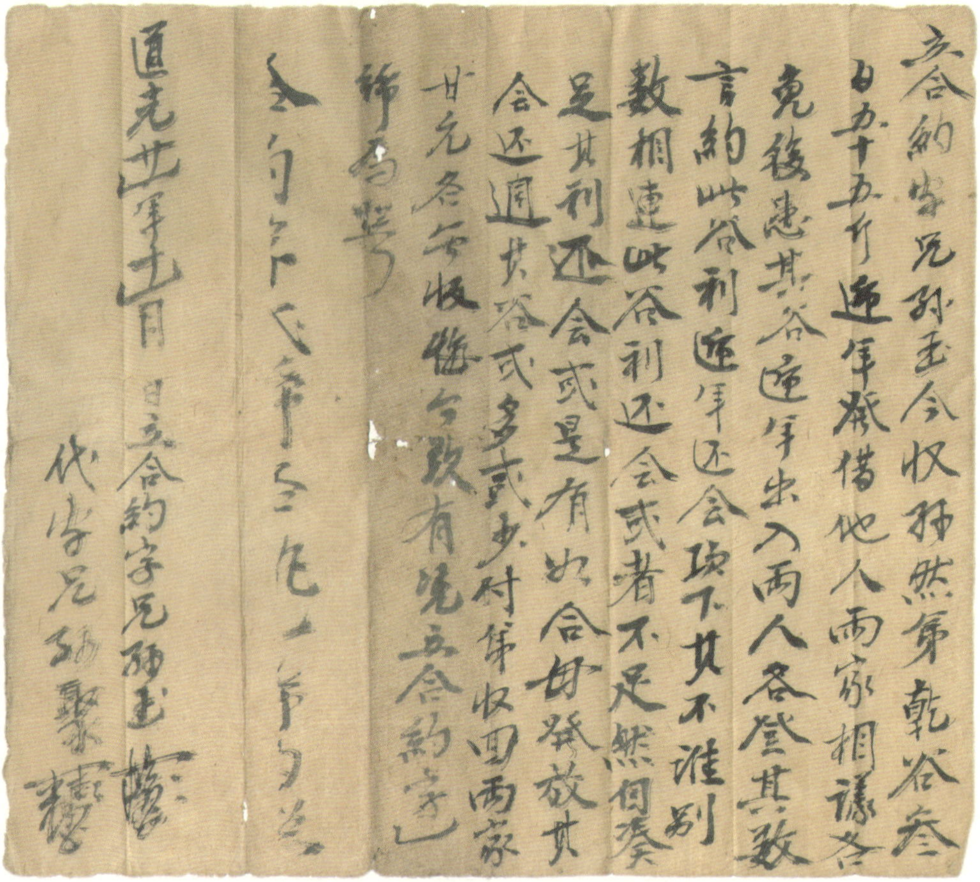

10-5-92-5　清道光二十一年十一月黄孫玉立合約字

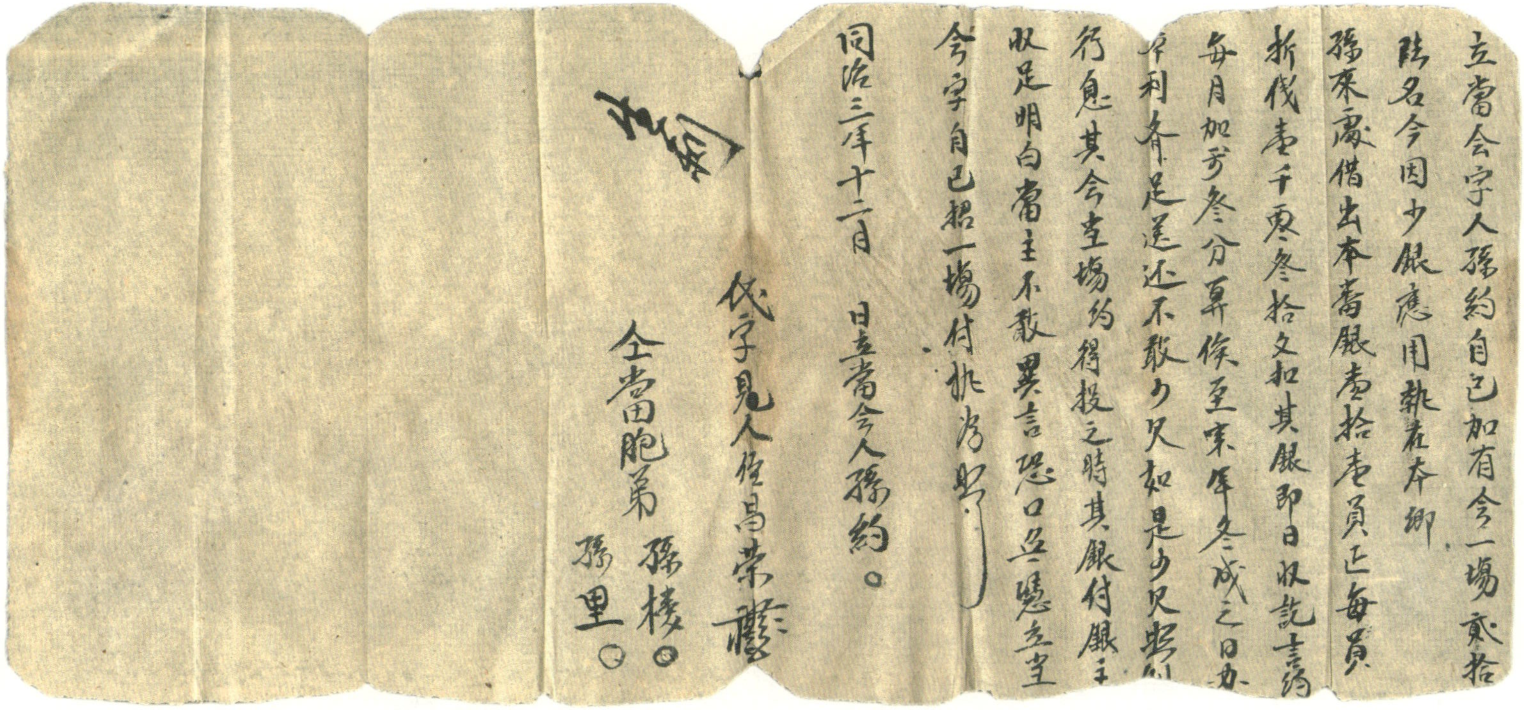
立當会字人孫約自己加有会一場貳拾
陆名今因少銀應用執在本鄉
孫來巖借出本番銀壹拾壹員正每員
折錢壹千叁拾文扣其銀即日收訖言約
每月加弍叁分算候至來年冬成之日办
本利一足送还不敢少欠如是少欠將
行息其会立場約得投之時其銀付銀主
收足明白當主不敢異言恐口無憑立當
会字自己招一場付执為照
同治三年十二月　日立當会人孫約○
代字見人侄昌榮
仝當胞弟孫棲○
孫里○

10-5-92-6　清同治三年十二月黄孫約立當會字

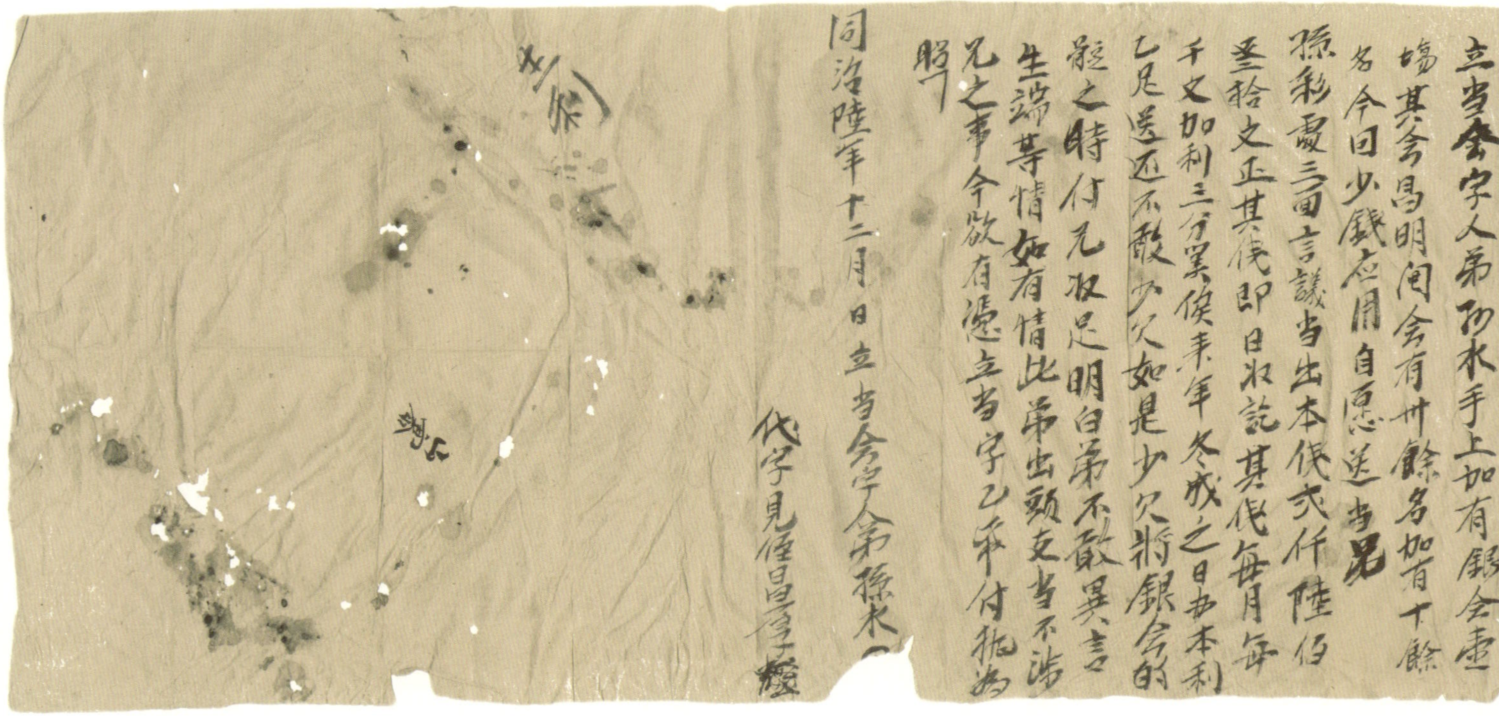

立当会字人弟孙水手上加有銀会壹
場其会為明間会有卅餘名加有十餘
名今因少錢应用自愿送当兄
孫彩處三面言議当出本伕弍仟陆佰
叁拾文正其伕即日收訖其伕每月每
千文加利三分算俟来年冬成之日母本利
乙足送还不敢少欠如是少欠將銀会的
疑之時付兄收足明白弟不敢異言
生端等情如有情此弟出头支当不涉
兄之事今欲有憑立当字乙紙付執为
照

同治陸年十二月　日立当会字人弟孫水（押）
代字見侄昌亨（押）

10-5-92-7　清同治六年十二月黃孫水立當銀會字

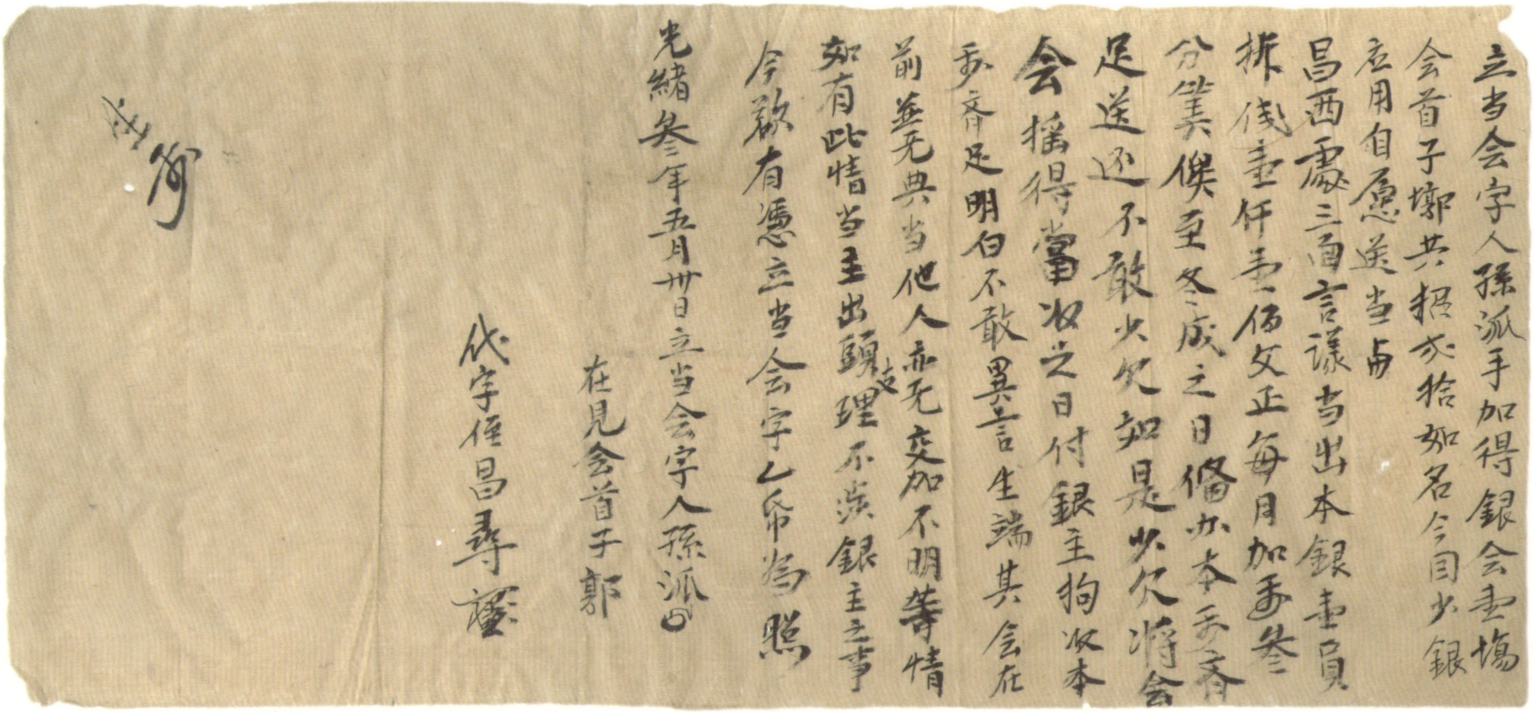

立当会字人孫派手加得銀会壹塲
会首子郭共招贰拾加名今因乏銀
应用自愿送当与
昌西處三面言議当出本銀壹員
排俵壹仟壹佰文正每月加贰叁
分算俟至冬成之日備办本利齊
足送还不敢少欠如是少欠将会
会摇得當收之日付銀主拘收本
利齊足明白不敢異言生端其会在
前並无典当他人亦无交加不明等情
如有此情当主出頭理不涉銀主之事
今欲有憑立当会字乙帋為照
光緒叁年五月廿日立当会字人孫派
在見会首子郭
代字侄昌壽筆
付何

10-5-92-8　清光緒三年五月黄孫派立當銀會字

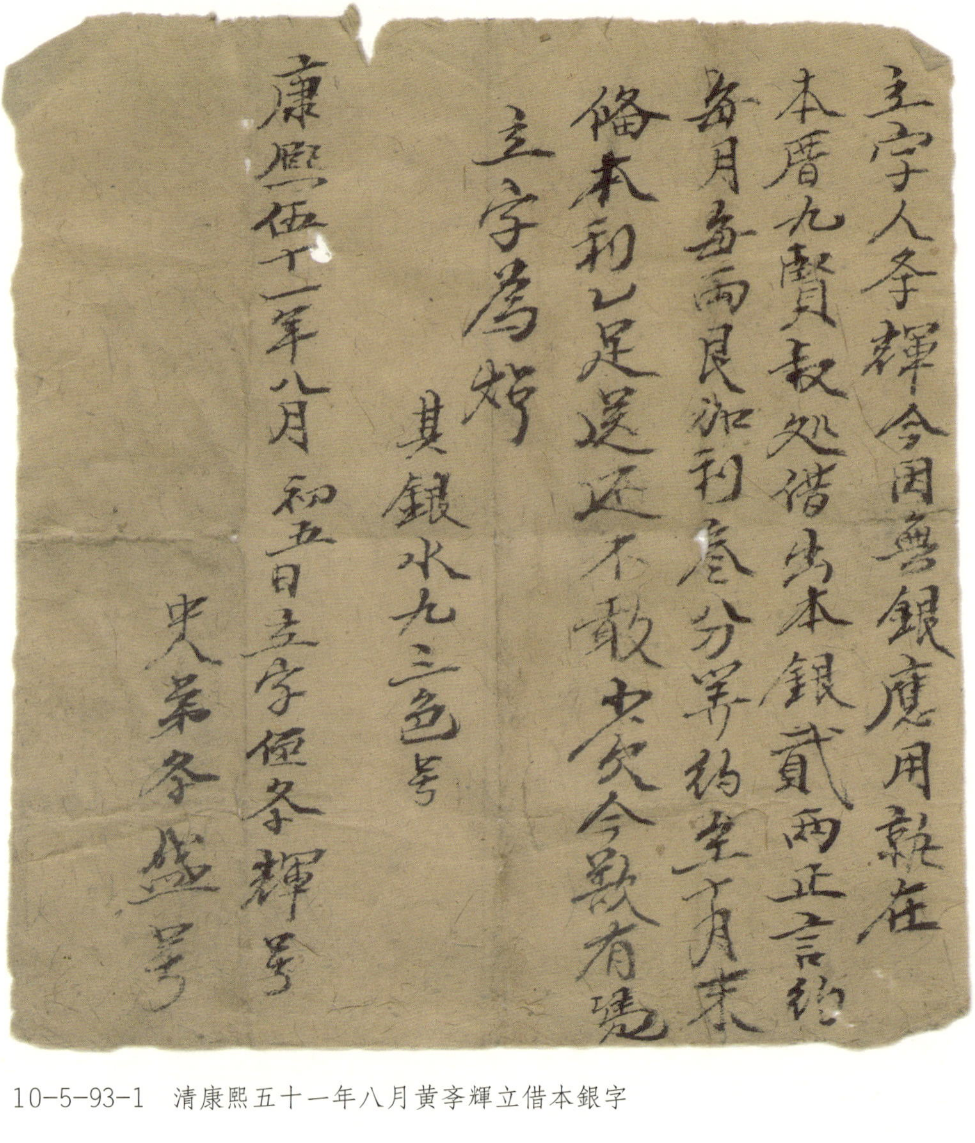

立字人孛輝今因無銀應用就在
本厝九贊叔処借出本銀貳兩正言約
每月每兩良加利叁分算約至十月終
備本利一足送還不敢少欠今欲有憑
立字爲炤
其銀水九三色号
康熙伍十一年八月 初五日立字侄孛輝號
中人弟孛盛号

10-5-93-1　清康熙五十一年八月黄孛輝立借本銀字

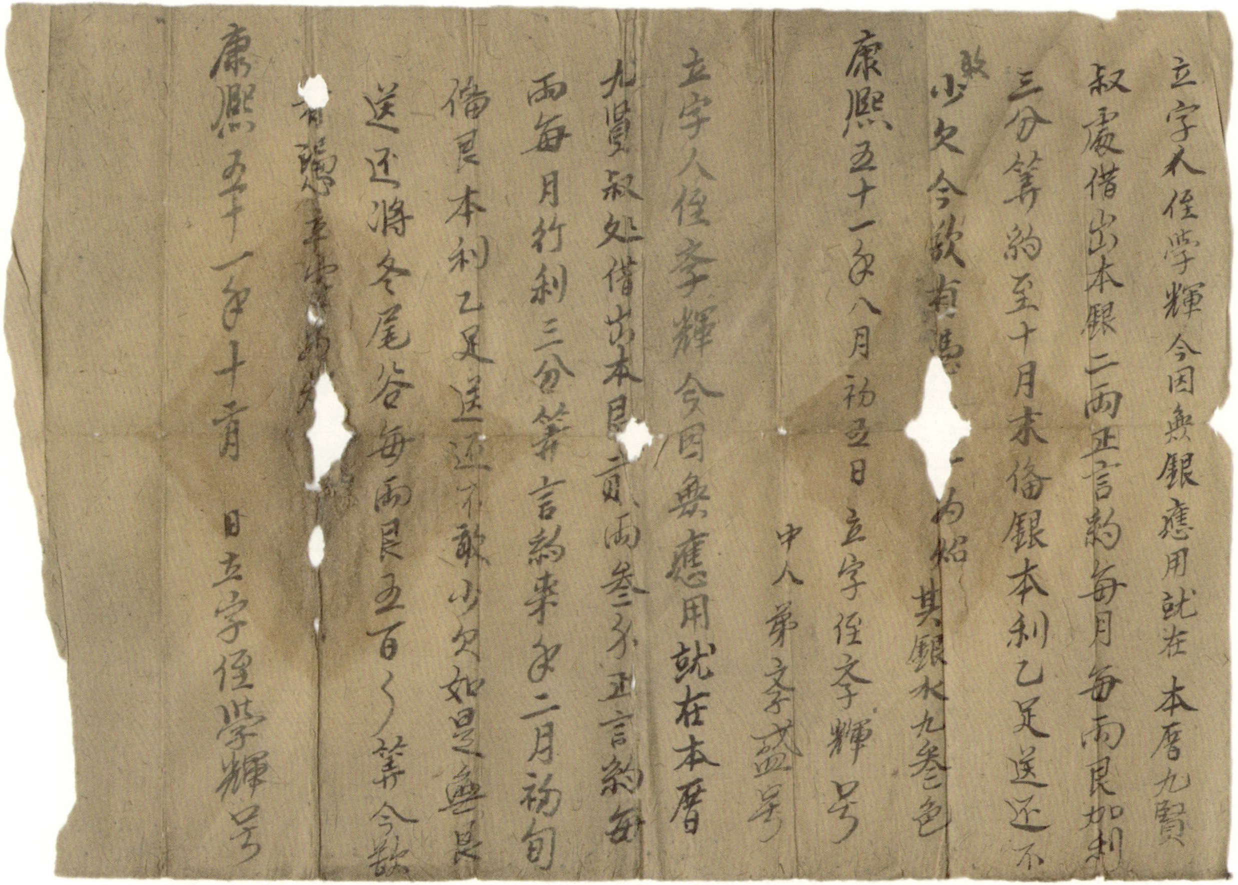

10-5-93-2 清康熙五十一年八月黄學輝立借本銀字

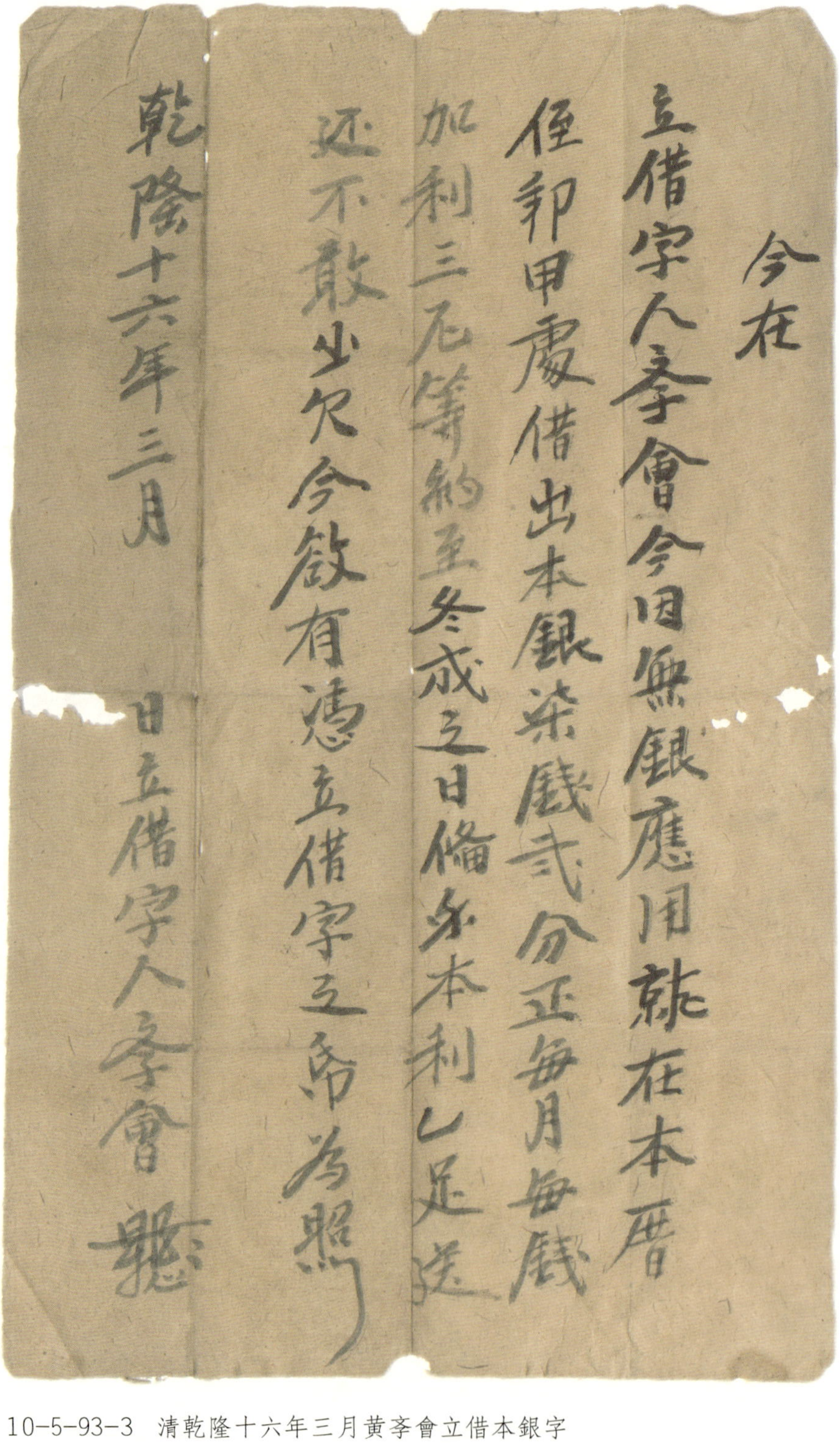
今在
立借字人孝會今因無銀應用就在本厝
侄邦甲處借出本銀柒錢弍分正每月每錢
加利三厘算約至冬成之日備办本利一足送
还不敢少欠今欲有憑立借字為照
乾隆十六年三月　日立借字人孝會[illegible]

10-5-93-3　清乾隆十六年三月黄孝會立借本銀字

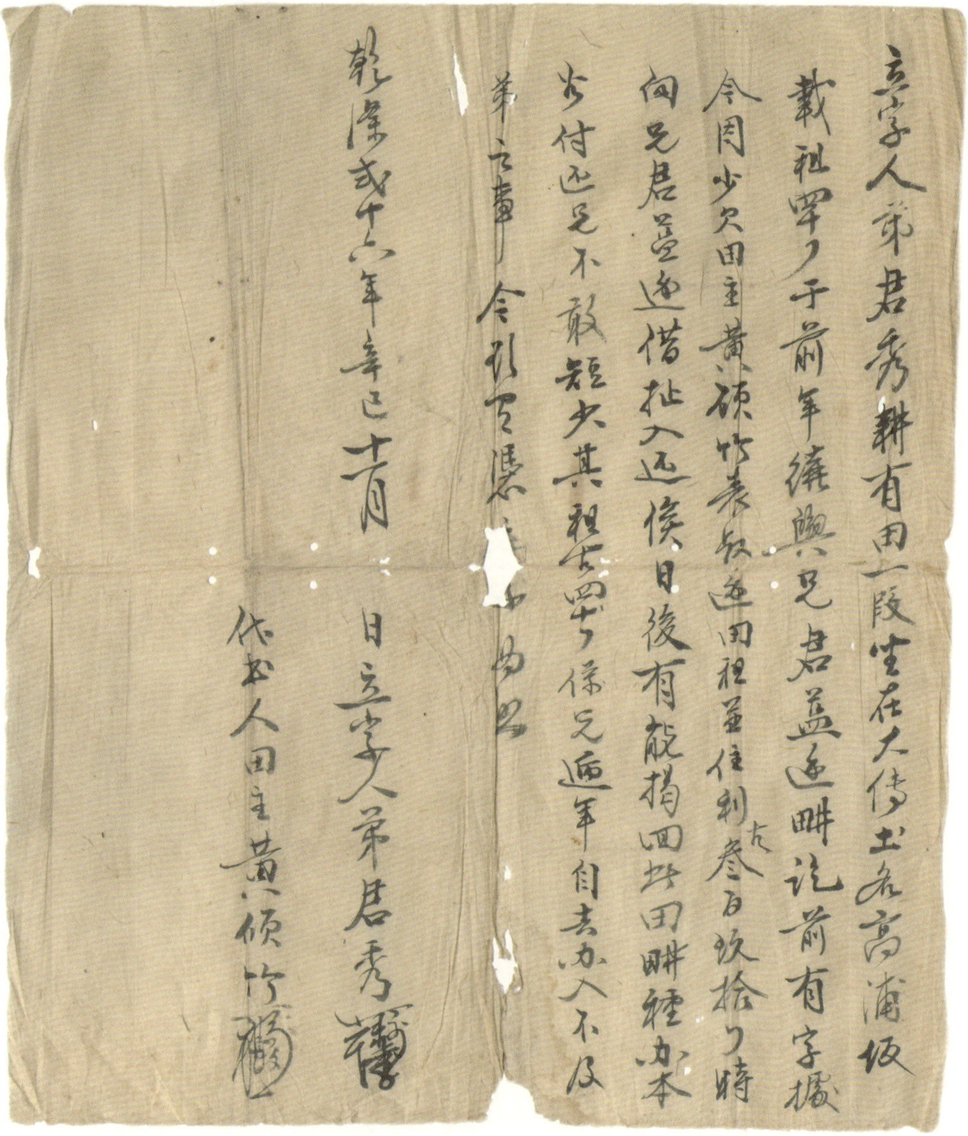

立字人弟君秀耕有田一段坐在大傳土名高浦坂
載租罗乙于前年繳與兄君益邊批記前有字據
今因少欠田主黄傾竹表叔邊田租並佳利叁百玖拾乙時
向兄君益邊借批入還倘日後有能揭回其田耕種亦本
分付還兄不敢短欠其租谷四罗乙係兄邊年自去亦入不及
弟之事今欲有憑[illegible]字為照
乾隆貳拾六年辛巳十一月　日立字人弟君秀（押）
代書人田主黄傾竹（押）

10-5-93-4　清乾隆二十六年十一月黄君秀立借田租穀字

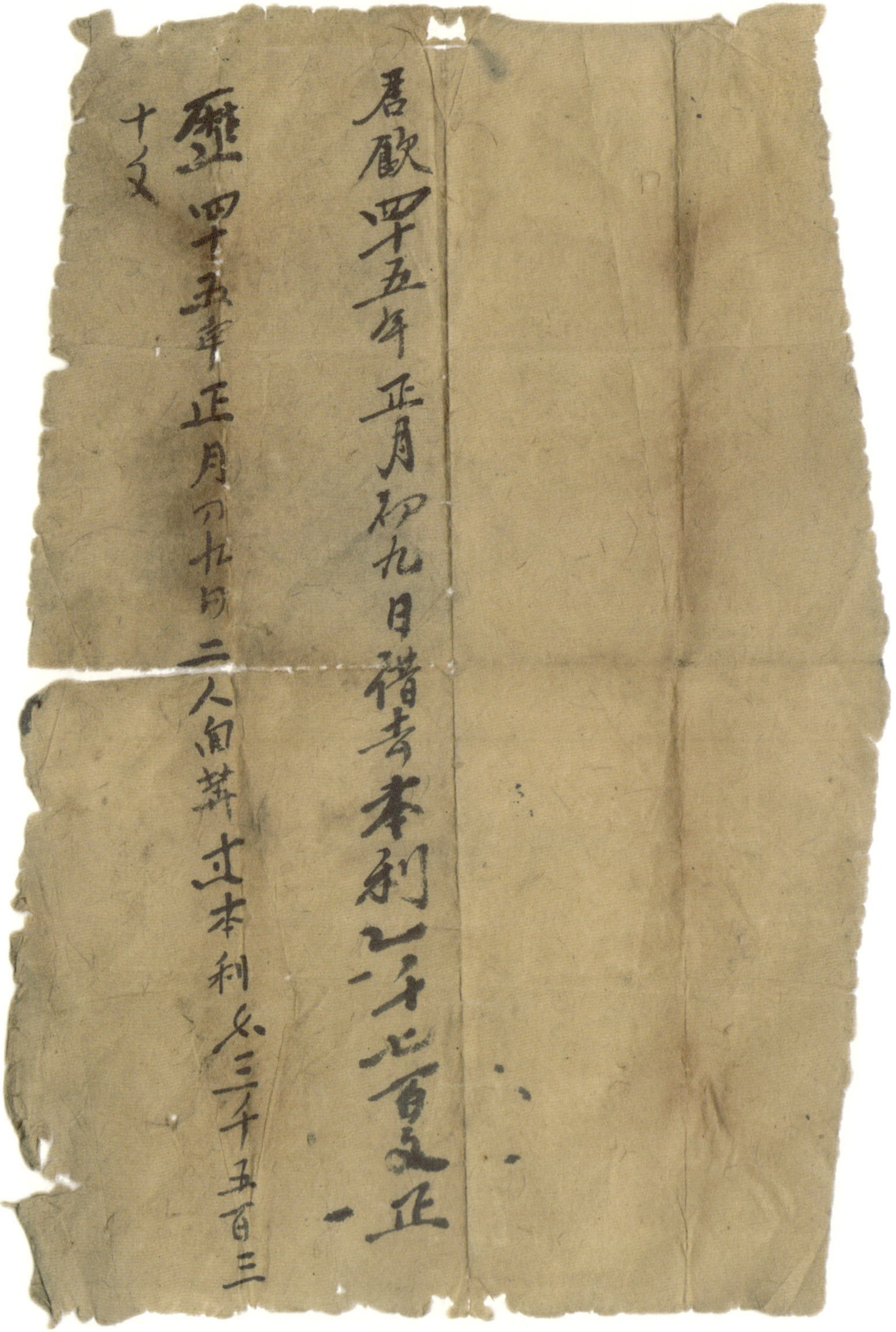

君歆四十五年正月初九日借去本利一千七百文正

乾隆四十五年正月初九日二人白算去本利共三千五百三
十文

10-5-93-5　清乾隆四十五年正月黃君歆借錢賬單

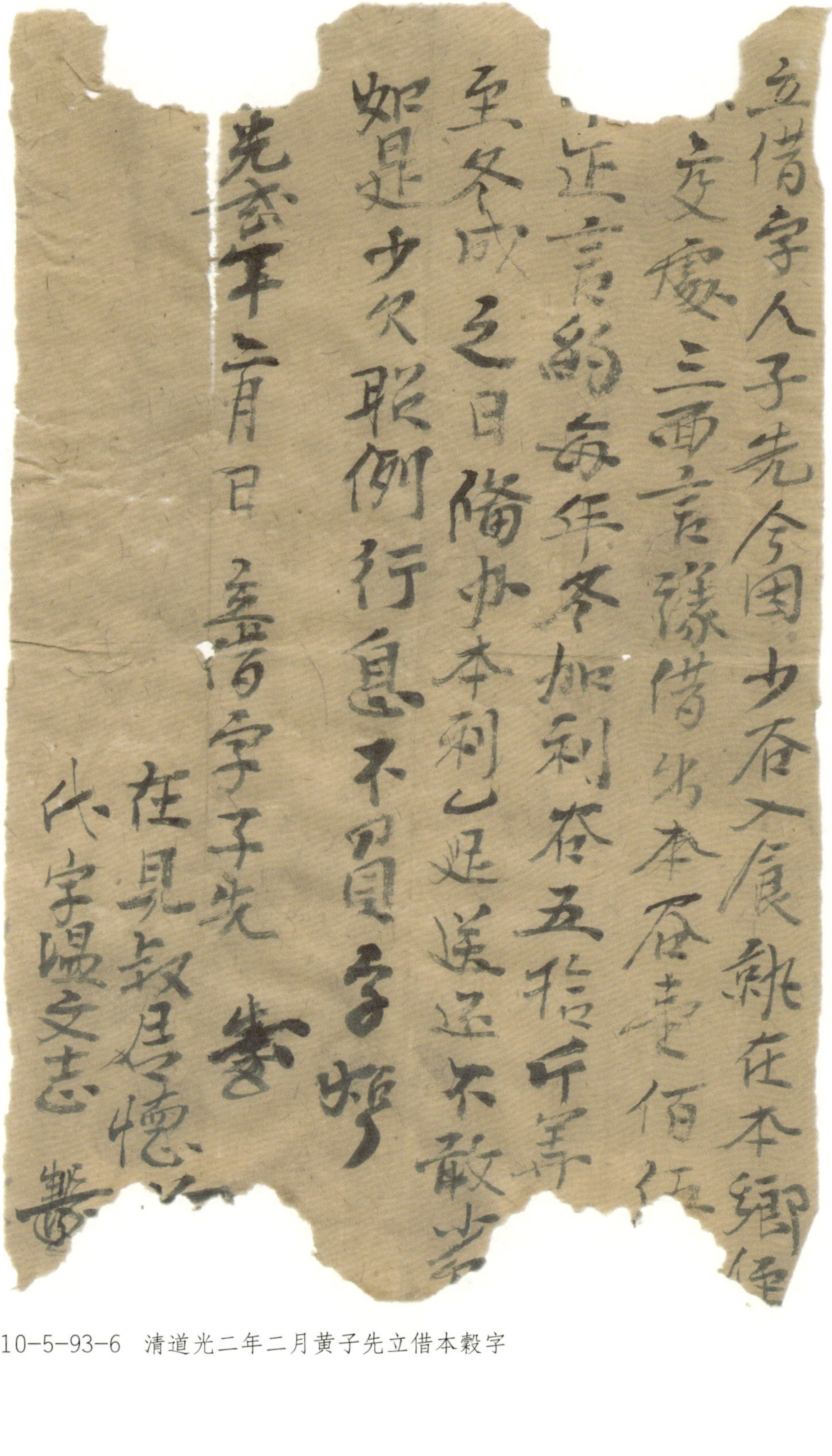
立借字人子先今因少谷乏食，就在本鄉僧
□文處三兩言議借出本谷壹佰伍
□近言約每年冬加利谷五拾斤算
至冬成之日備辦本利一足送還不敢少
如是少欠照例行息不異。字據
光貳年二月日　立借字子先　押
在見叔母憶□
代字温文志　押

10-5-93-6　清道光二年二月黄子先立借本穀字

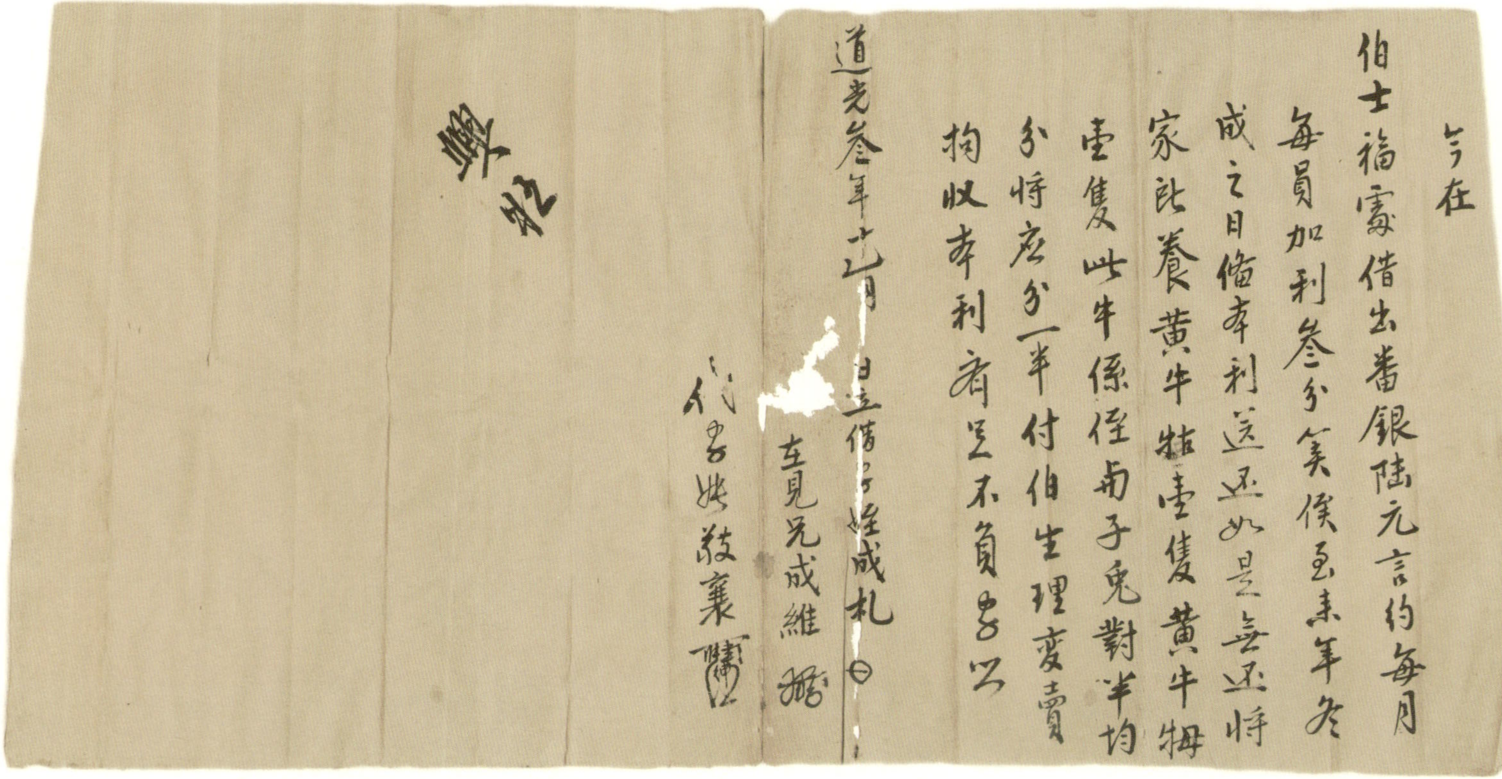
今在
伯士福處借出番銀陸元言约每月
每員加利叁分算侯至来年冬
成之日備本利送还如是無还將
家畋養黃牛牸壹隻黃牛牳
壹隻此牛係侄而子兑對半均
分將底分一半付伯生理变賣
拘收本利清足不負此口
道光叁年十一月　日立借字侄成札 ⊖
在見兄成維 (押)
代書姪敍襄 (押)

10-5-93-7　清道光三年十一月黃成札立借番銀字

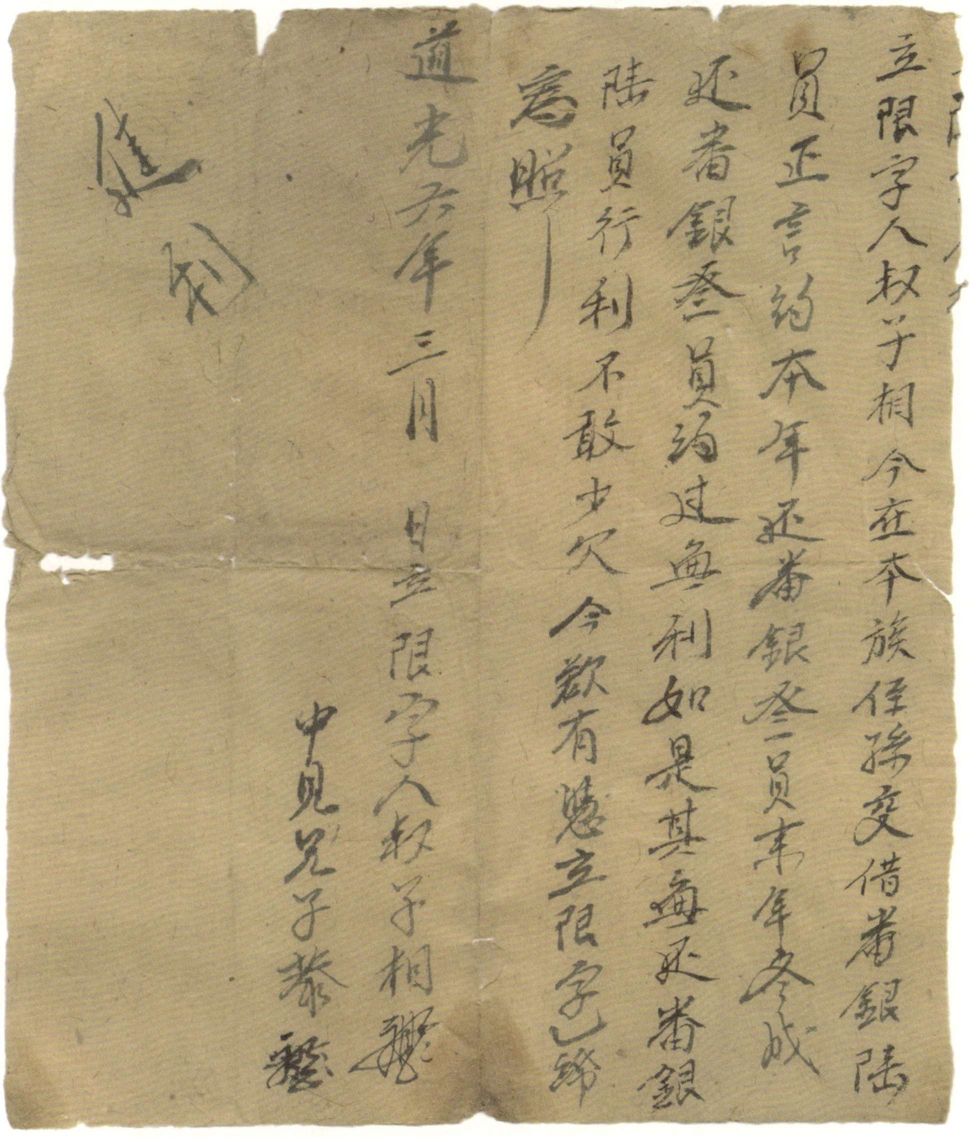

立限字人叔子相今在本族侄孫交借番銀陸員正，言約本年還番銀叁員，來年冬成還番銀叁員，約過無利。如是其無還番銀陸員，行利不敢少欠。今欲有憑，立限字一紙為照。

道光六年三月　日立限字人叔子相（押）

中見兄子恭（押）

10-5-93-8　清道光六年三月黄子相立限字

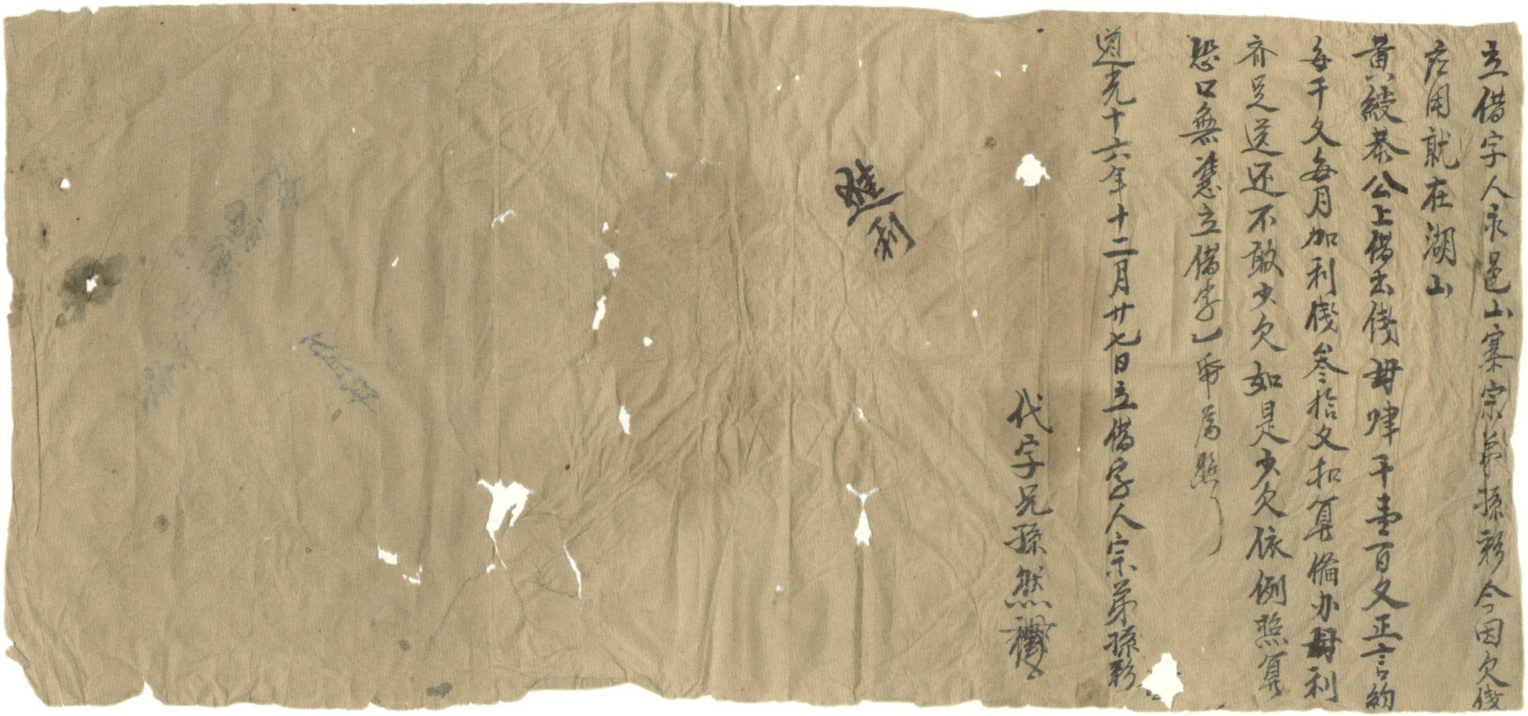
立借字人永邑山寨宗弟孫彩，今因欠錢
應用，就在湖山
黃綾恭公上借出錢母肆千壹百文正，言約
每千文每月加利錢叁拾文，加算，備辦母利
齊足送还，不敢少欠。如是少欠，依例照算。
恐口無憑，立借字一紙為照。
道光十六年十二月廿九日立借字人宗弟孫彩
代字兄孫然儔

10-5-93-9 清道光十六年十二月黃孫彩立借錢字

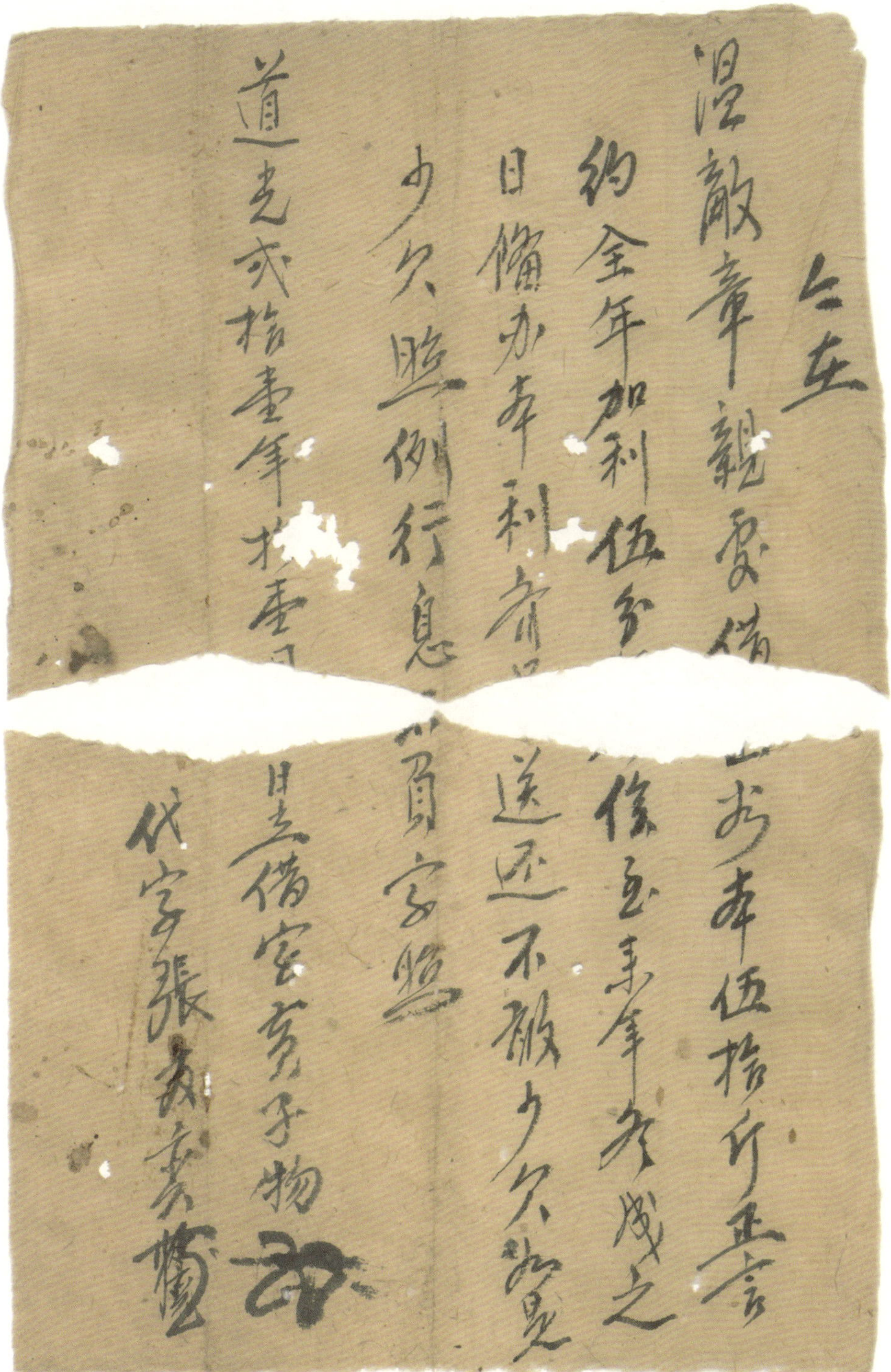

立左
温敞章親處借[illegible]出穀本伍拾斤正云
約全年加利伍分[illegible]條至来年冬成之
日備办本利齊[illegible]送還不敢少欠如是
少欠照例行息[illegible]負字照
道光式拾壹年拾壹月[illegible]日立借字黄子物（押）
代字張友[illegible]

10-5-93-10　清道光二十一年十一月黄子物立借穀字

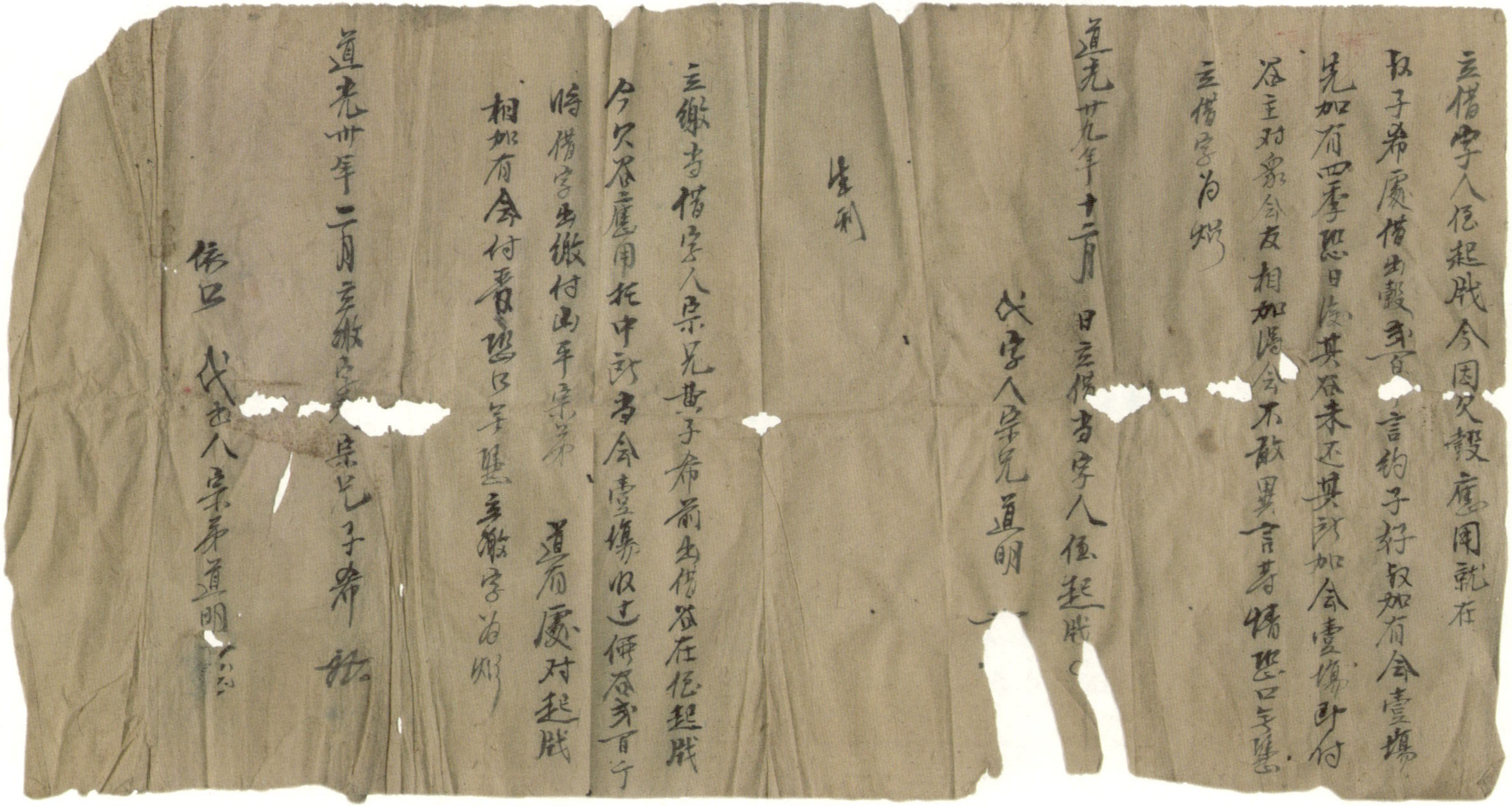
立借字人黃起戕今因欠穀應用就在
叔子希慶借出穀貳百斤言約子籽行加有会壹塲
先加有四季照日後其谷未还其銀加会壹塲对付
谷主对衆会友相加撈会不敢異言等情照口字照
立借字為照
道光廿九年十二月　日立借字人黃起戕
代字人宗兄道明
生利
立繳書借字人宗兄黃子希前出借谷在伍起戕
今欠谷應用托中説書会壹塲收过谷貳百斤
將借字出繳付出平宗弟　道有處对起戕
相加有会付黃照口字照立繳字為照
道光卅年二月立繳字宗兄子希
依口　代書人宗弟道明

10-5-93-11　清道光二十九年十二月黃起戕立借穀字

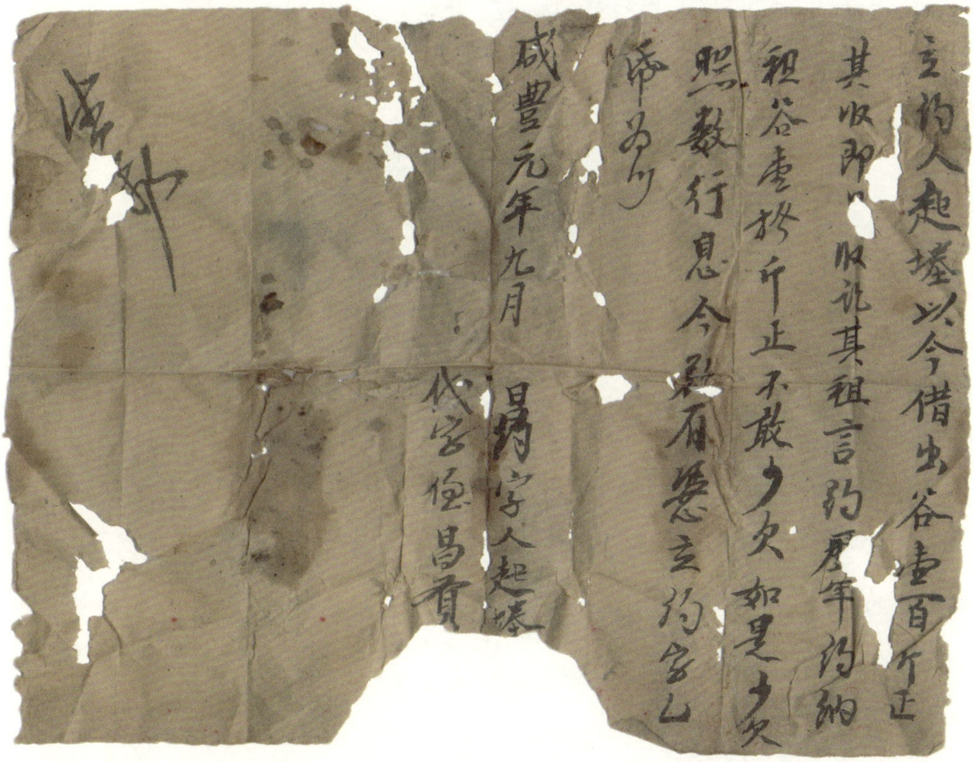

立約人起塋以今借出谷壹百斤正
其收即日收訖其租言約歷年約納
租谷壹拾斤正不敢少欠如是少欠
照數行息今欲有憑立約字人
[illegible]
咸豐元年九月　日立約字人起塋
代字侄昌貴
[illegible]

10-5-93-12　清咸豐元年九月黄起塋立約字

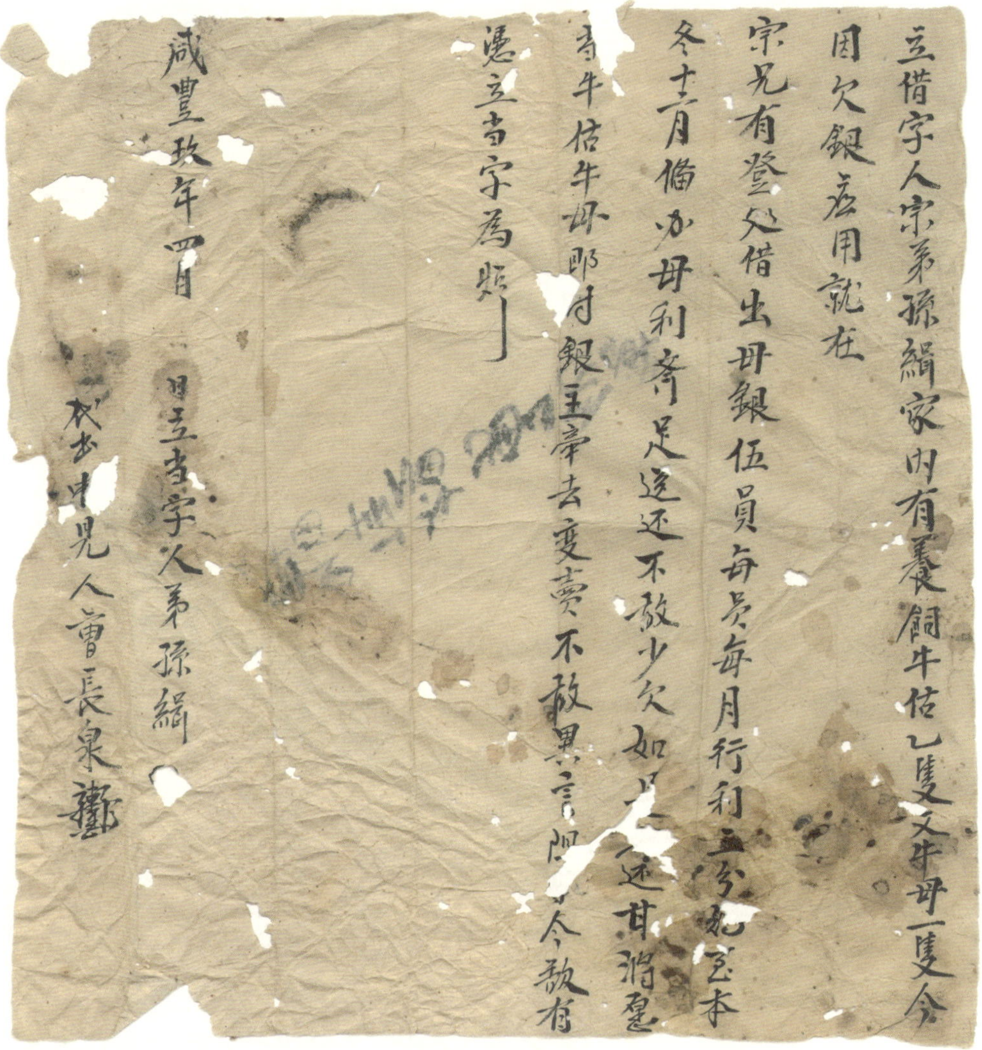
立借字人宗弟孫緝家内有養飼牛估乙隻又牛母一隻今
因欠銀應用就在
宗兄有登处借出母銀伍員每員每月行利五分紀至本
冬十二月備办母利斉足送还不敢少欠如是[illegible]還甘消息
當牛估牛母即付銀主牽去變賣不敢異言[illegible]今欲有
憑立當字爲照
咸豐玖年四月 日立當字人弟孫緝
在場中見人曾長泉

10-5-93-13 清咸豐九年四月黄孫緝立當牛估等字

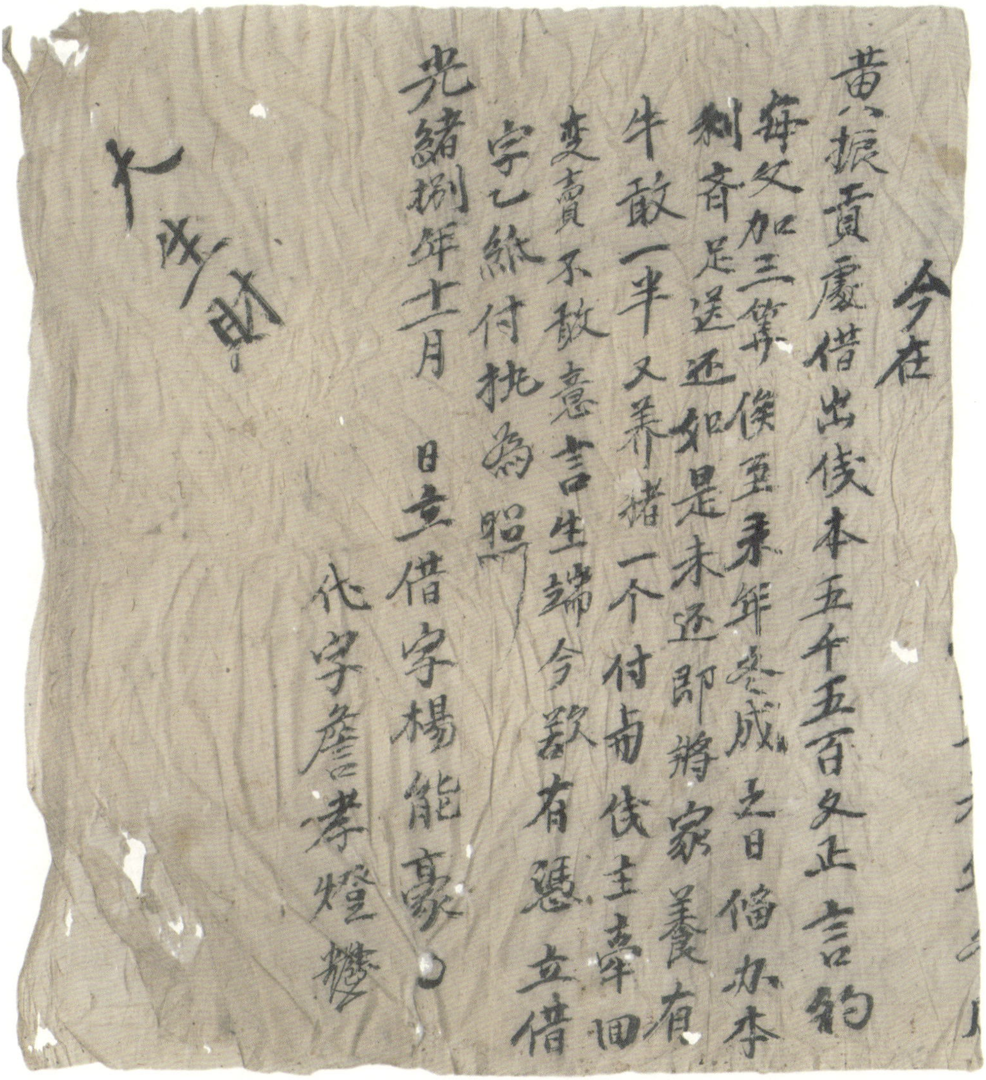
今在
黄八振貢處借出侇本五千五百文正言約
每文加三算係至來年冬成之日備办李
剩齊足送还如是未还即將家養有
牛敢一半又養猪一个付與侇主牽回
变賣不敢意言生端今欲有憑立借
字乙紙付批為照
光緒捌年十一月　日立借字楊能豪○
代字詹孝燈（押）
大吉利

10-5-93-14　清光緒八年十一月楊能豪立借錢字

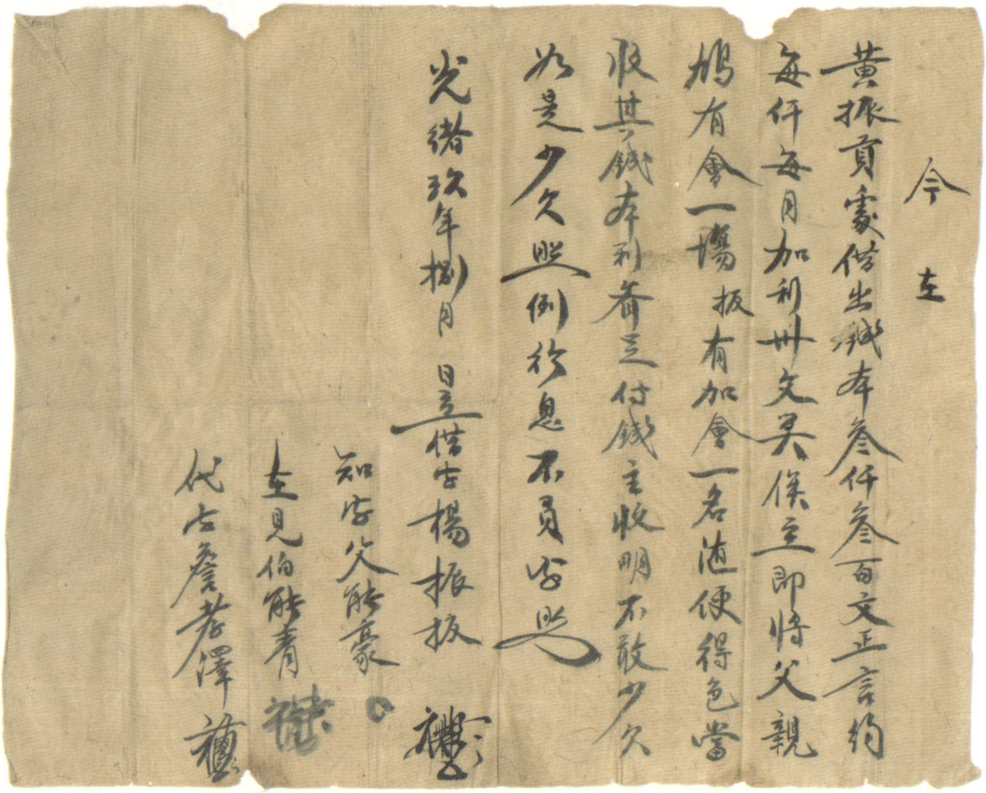

今立

黃振貢處借出錢本叁仟叁百文正，言约每仟每月加利卅文，其係立即將父親鳩有會一場，扳有加會一名，随便得色當收其錢本利，齊立付錢主收明，不敢少欠，如是少欠，照例行息，不負字照。

光緒玖年捌月　日立借字楊振扳（押）

知字父能豪（押）

在見伯能青（押）

代字詹若澤（押）

10-5-93-15　清光緒九年八月楊振扳立借錢字

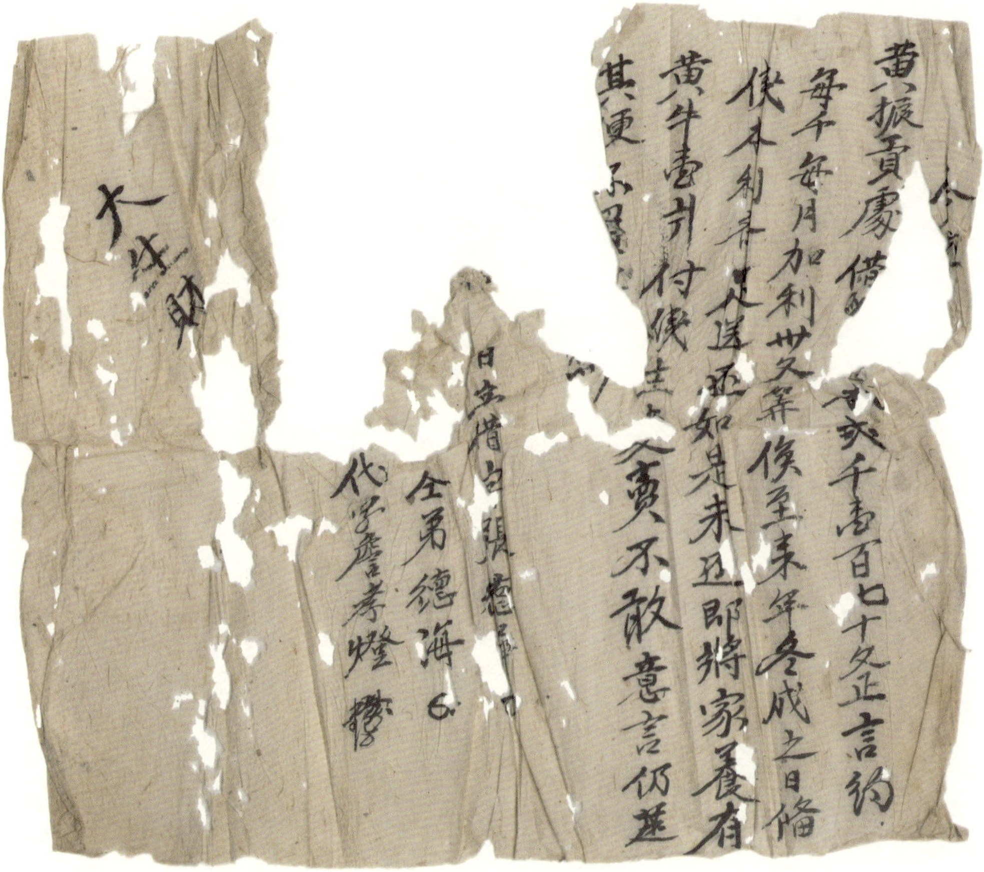
今[illegible]
黄振貴處借[illegible]弍千壹百七十文正言約
每千每月加利廿文算俟至来年冬成之日備
俟本利齊足送還如是来迟即將家養有
黄牛壹只付俟[illegible]人賣不敢意言仍延
其便不[illegible]
[illegible]日立借字張德華
仝弟德海
代字詹孝燈
大生財

10-5-93-16　張德華等立借錢字（年代不詳）

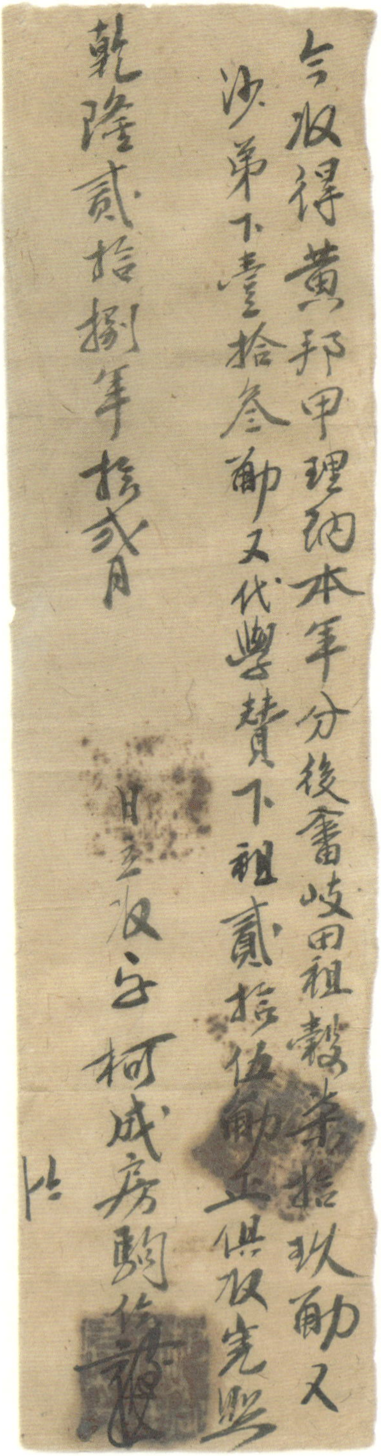

今收得黄邦甲理納本年分後畲岐田租穀柒拾玖斤又
次弟下壹拾叁斤又代與贊下租貳拾伍斤正俱收完照
乾隆貳拾捌年拾貳月　日立收字柯成房駒作
照

10-5-94-1　清乾隆二十八年十二月柯成房立收田租穀字

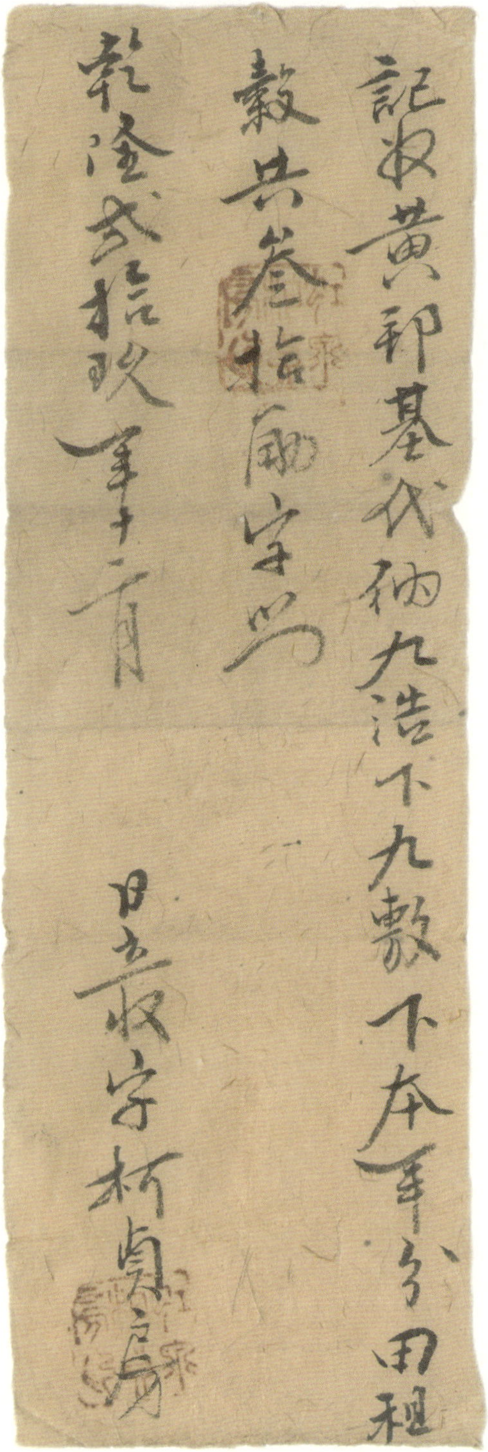

記收黃邦基代納九浩下九數下本年分田租
穀共叁拾兩字照
乾隆貳拾玖年十二月　日立收字柯貞房

10-5-94-2　清乾隆二十九年十二月柯貞房立收田租穀字

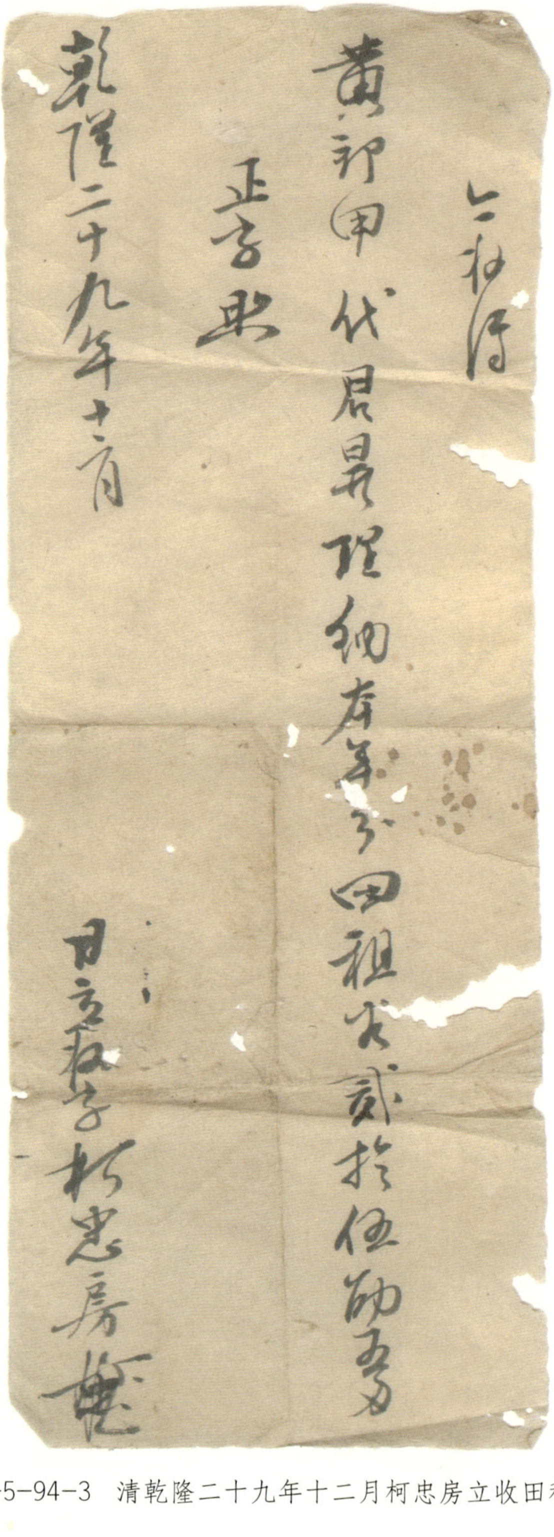

今收得
黃卯甲代君晏理納本年分田租穀貳拾伍觔
正完訖
乾隆二十九年十二月　日立收字柯忠房（押）

10-5-94-3　清乾隆二十九年十二月柯忠房立收田租穀字

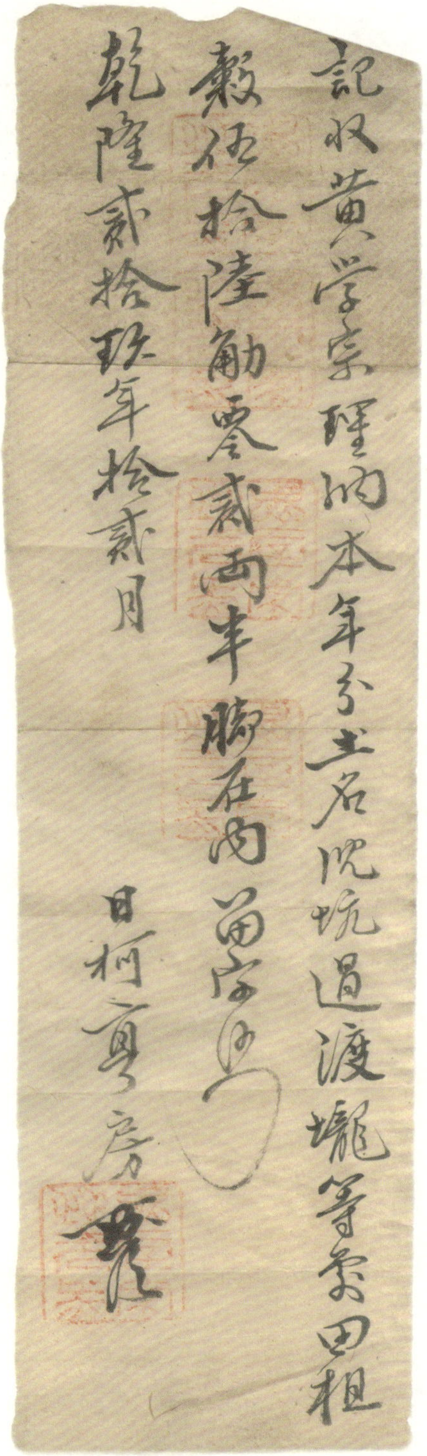
記收黄學宗理納本年分土名浣坑過渡壠等處田租
穀伍拾陸觔零貳兩半，腳在內。留字照
乾隆貳拾玖年拾貳月　　日柯亨房

10-5-94-4　清乾隆二十九年十二月柯亨房立收田租穀字

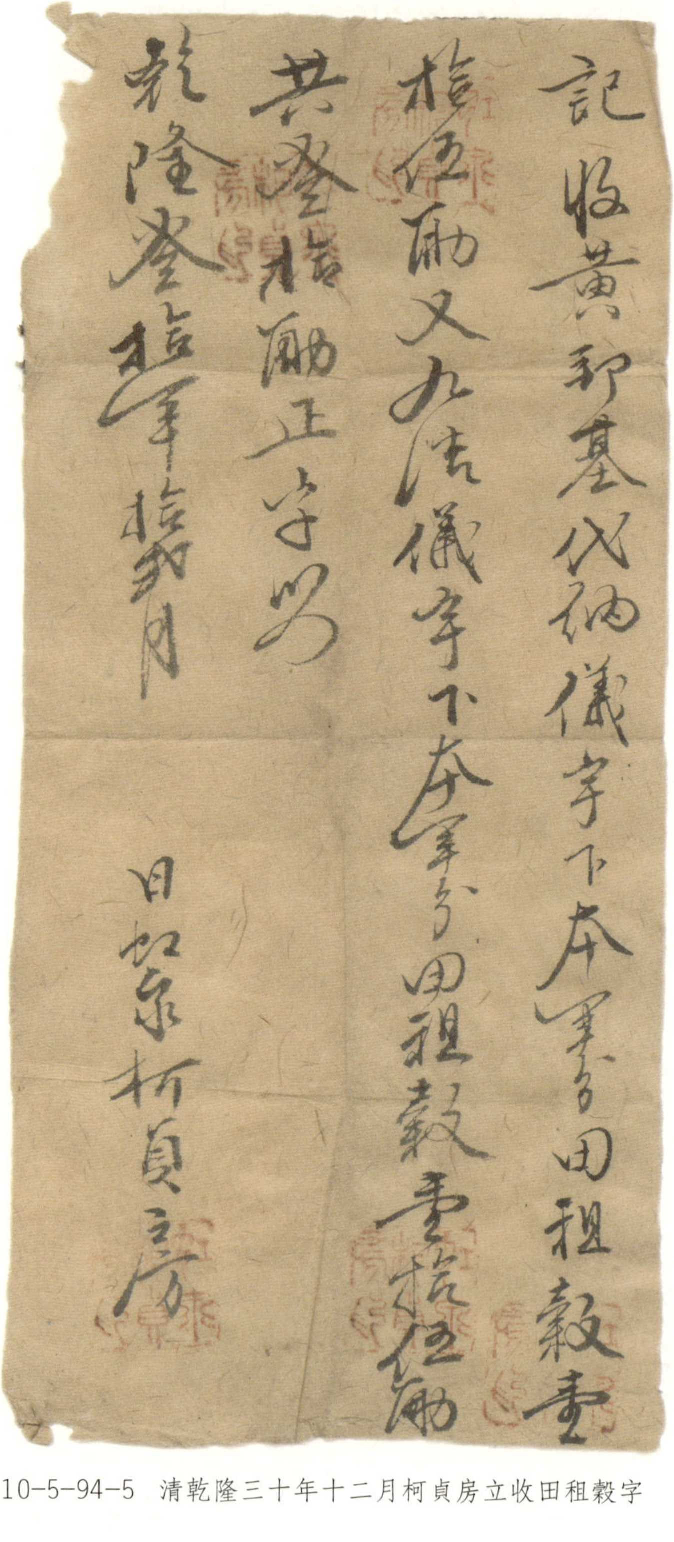
記收黄郊基代納儀字下本年分田租穀壹
拾伍觔又代納法儀字下本年分田租穀壹拾伍觔
共叁拾觔正字照
乾隆叁拾年拾貳月　日收票柯貞房

10-5-94-5　清乾隆三十年十二月柯貞房立收田租穀字

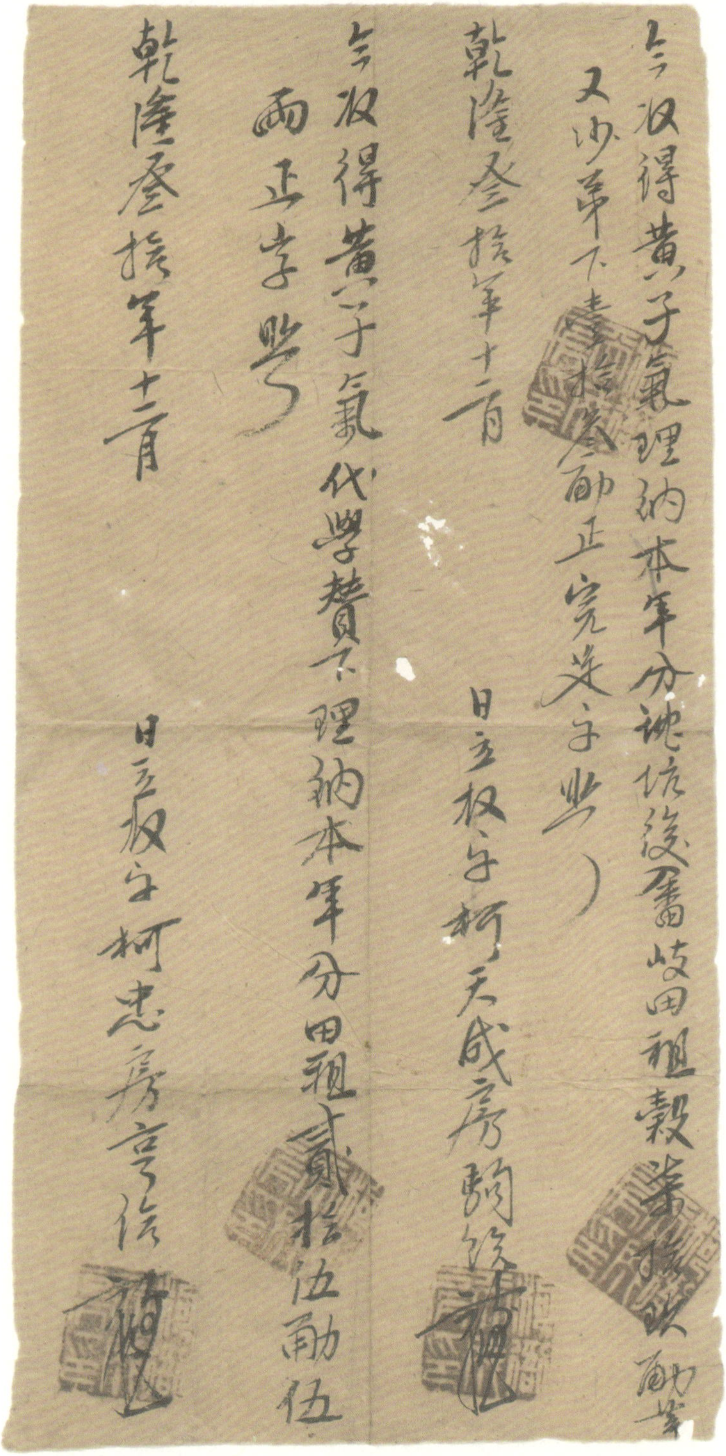

立收得黃子氣理納本年分溪坑後壟岐田租穀叁拾陸觔半
又少苐下壹拾叁觔正完足字照
乾隆叁拾年十二月　日立收字柯天成房駒
立收得黃子氣代學贊下理納本年分田租貳拾伍觔伍兩正字照
乾隆叁拾年十二月　日立收字柯忠房亨信

10-5-94-6　清乾隆三十年十二月柯成房乃駒立收田租穀字

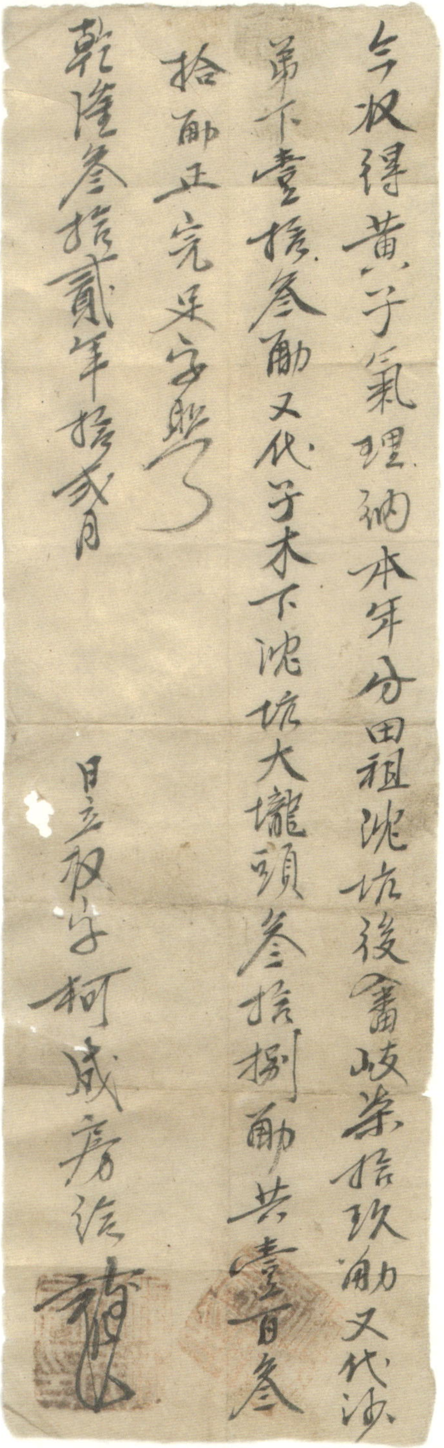
今收得黄子氣理納本年分田租洮坑後畬岐柒拾玖觔又代海
弟下壹拾叁觔又代子木下洮坑大壠頭叁拾捌觔共壹百叁
拾觔正完足字照了
乾隆叁拾貳年拾貳月
日立收字柯成房給

10-5-94-7　清乾隆三十二年十二月柯成房立收田租穀字

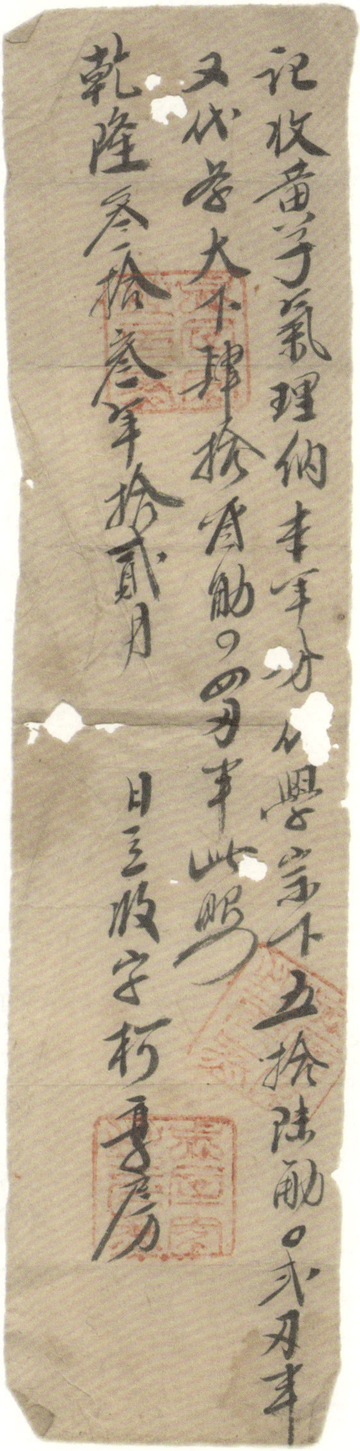

記收畬亨氣理納本年分學宗下五拾陸觔〇貳兩本
又代學大小肆拾貳觔〇四兩本此照
乾隆叁拾叁年拾貳月
日立收字柯亨房

10-5-94-8　清乾隆三十三年十二月柯亨房立收租穀字

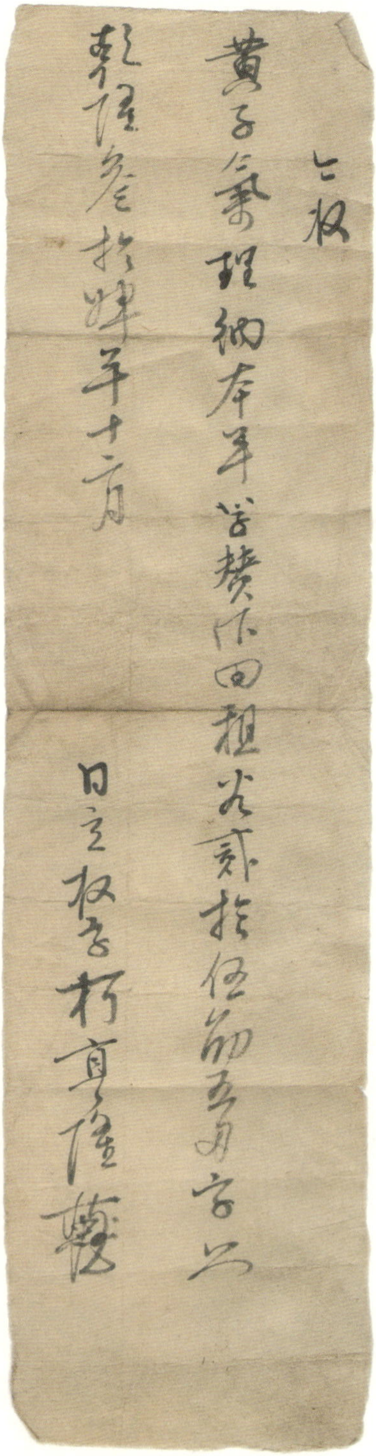

已收

黃子仝兄理納本年份贌作田租米貳拾伍觔五兩字照

乾隆叁拾肆年十二月

日立收字柯亨隆（押）

10-5-94-9　清乾隆三十四年十二月柯亨隆立收田租穀字

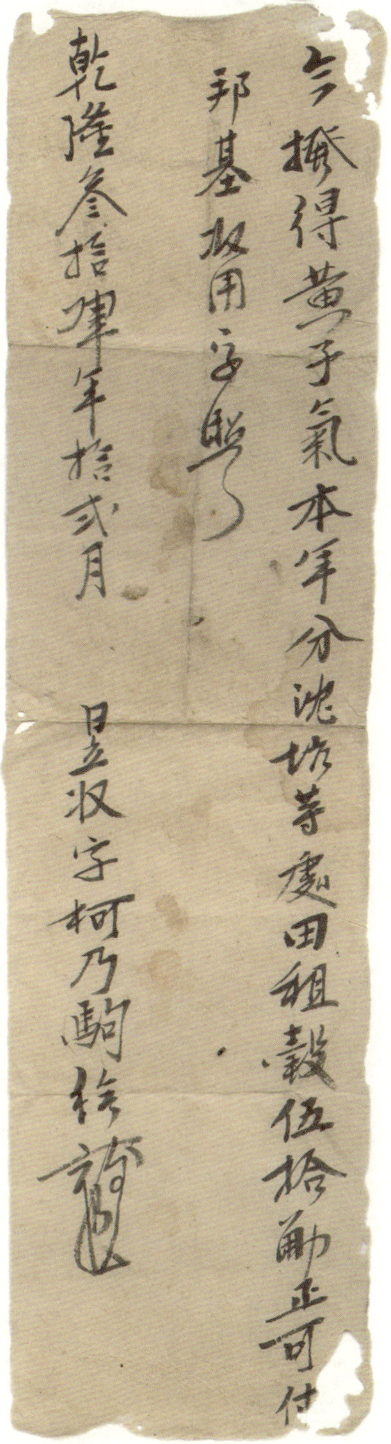

今撥得黄予氣本年分洮坑等處田租穀伍拾觔正可付
邦基收用字照
乾隆叁拾肆年拾貳月　日立收字柯乃駒親筆

10-5-94-10　清乾隆三十四年十二月柯乃駒立收田租穀字

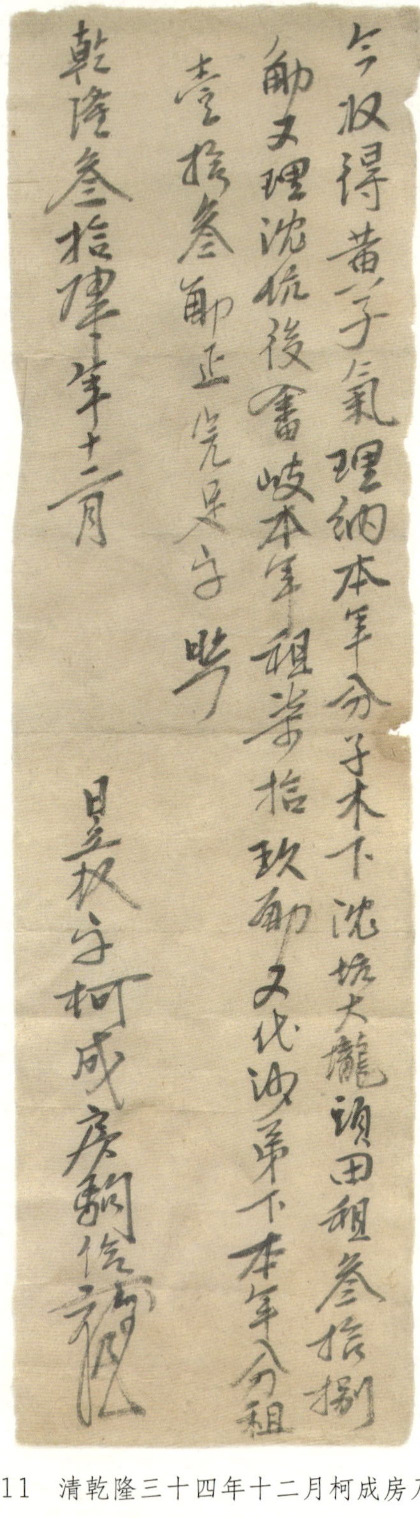

今收得黄子氣理納本年分子木下洸坑大壠頭田租叁拾捌
觔又理洸坑後畬岐本年租米拾玖觔又代泑弟下本年分租
壹拾叁觔正完足字 照
乾隆叁拾肆年十二月
日立收字柯成房駒佁

10-5-94-11　清乾隆三十四年十二月柯成房乃駒立收田租字

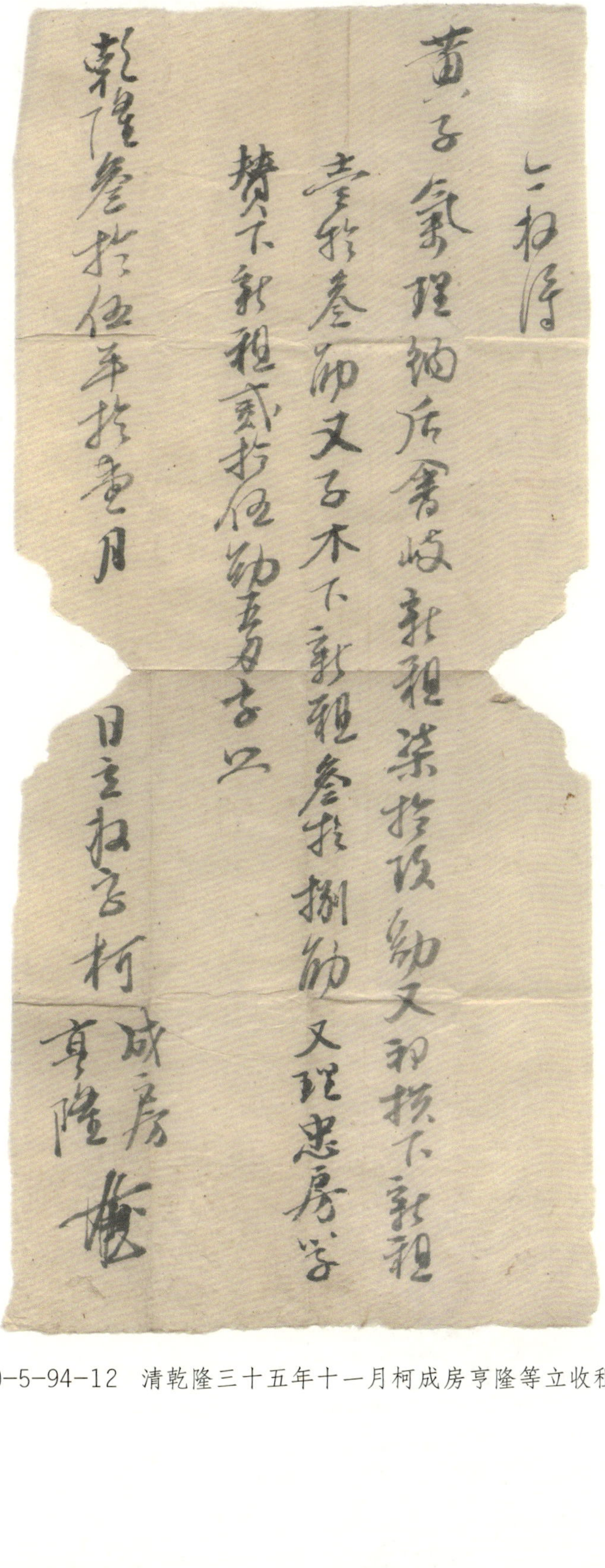
仝收得
黃、子氣理錦店會岐新租柒拾陸觔又租拾下新租
壹拾叁觔又子不下新租叁拾捌觔又理忠房、等
贊下新租貳拾伍觔壹字照
乾隆叁拾伍年拾壹月
日立收字 柯 成房
亨隆 押

10-5-94-12 清乾隆三十五年十一月柯成房亨隆等立收租字

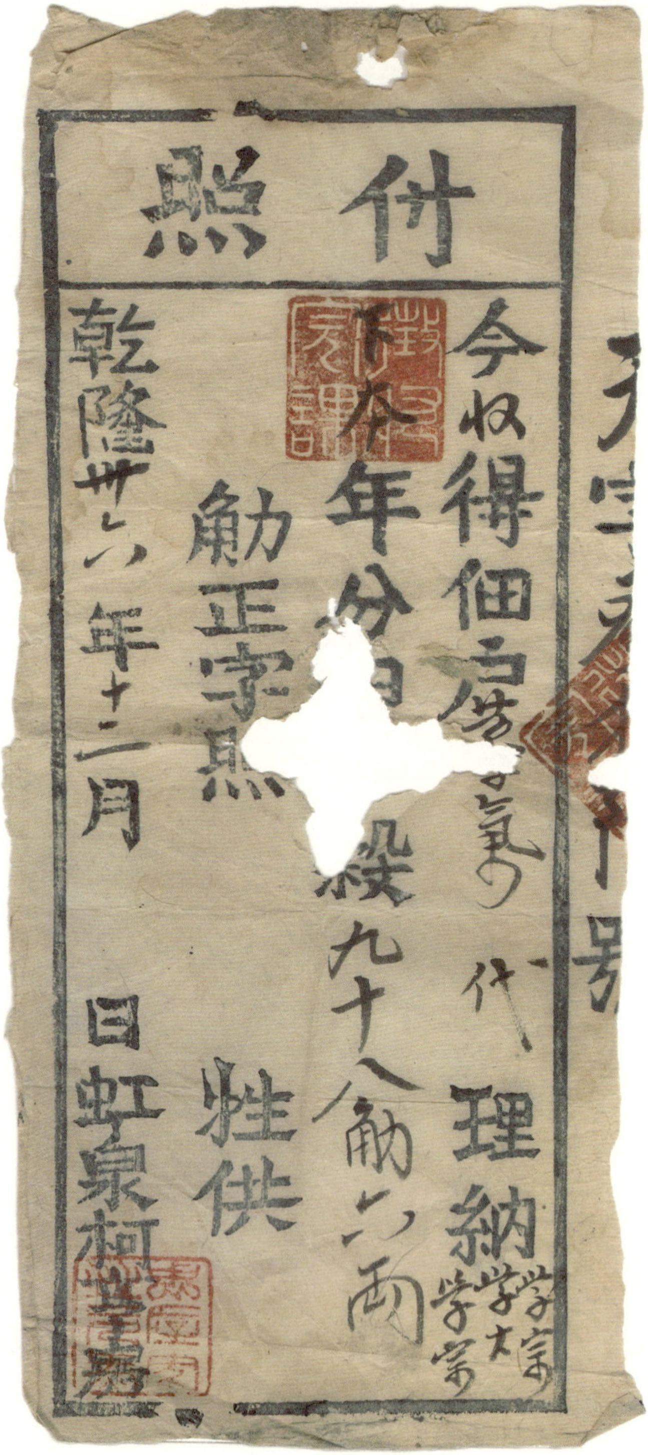

10-5-94-13　清乾隆三十六年十二月柯亨房立收田租穀付照

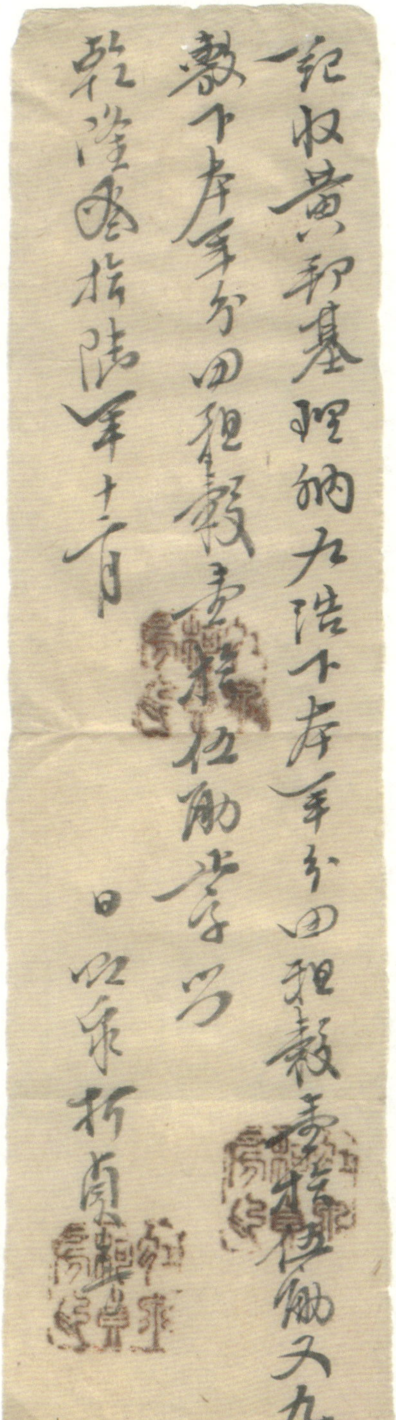
一記收黃和基理納九浩下本年分田租穀壹拾伍觔又九
穀下本年分田租穀壹拾伍觔尖字号
乾隆叁拾陆年十二月　　日收票　柯貞

10-5-94-14　清乾隆三十六年十二月柯貞房立收田租穀字

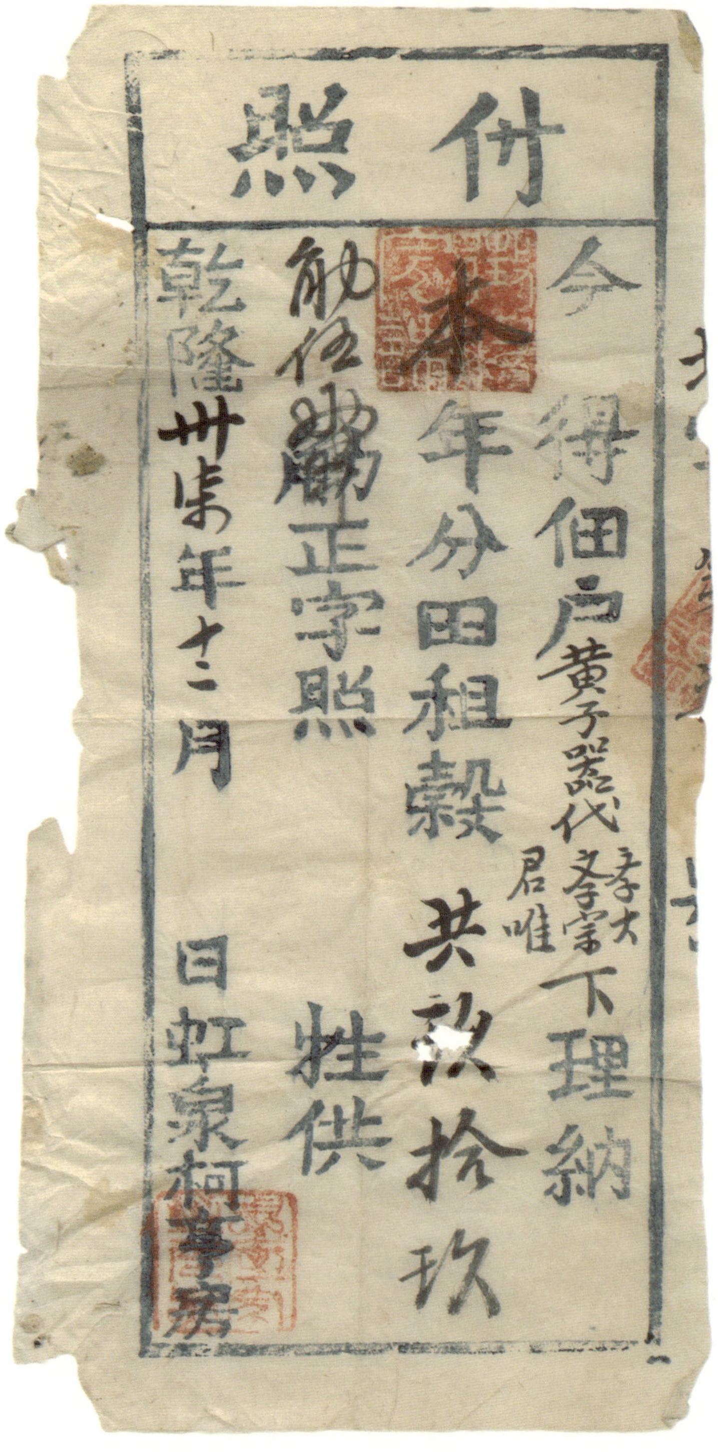

付照

今得佃户黄子器代孝大 孝宗 君唯 下理納

本年分田租穀共叁拾玖

觔伍 觔正字照 牲供

乾隆卅柒年十二月 日 虹泉柯亨房

10-5-94-15 清乾隆三十七年十二月柯亨房立收田租穀付照

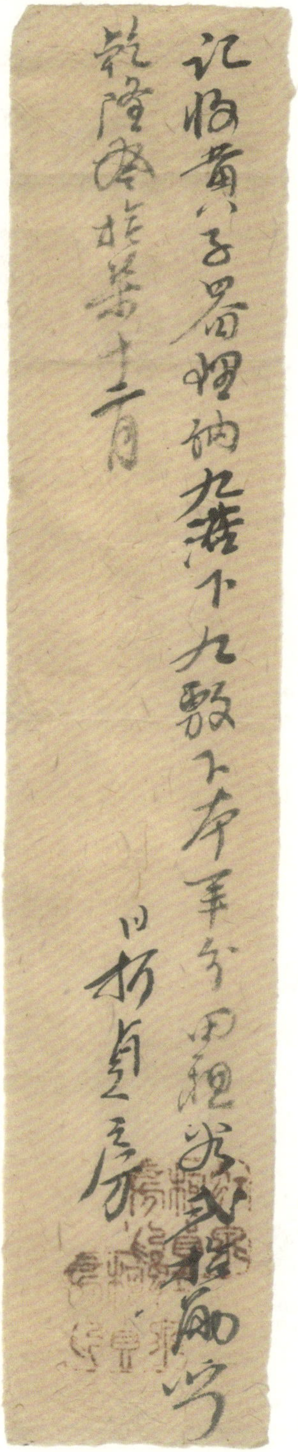

10-5-94-16　清乾隆三十七年十二月柯貞房立收田租穀字

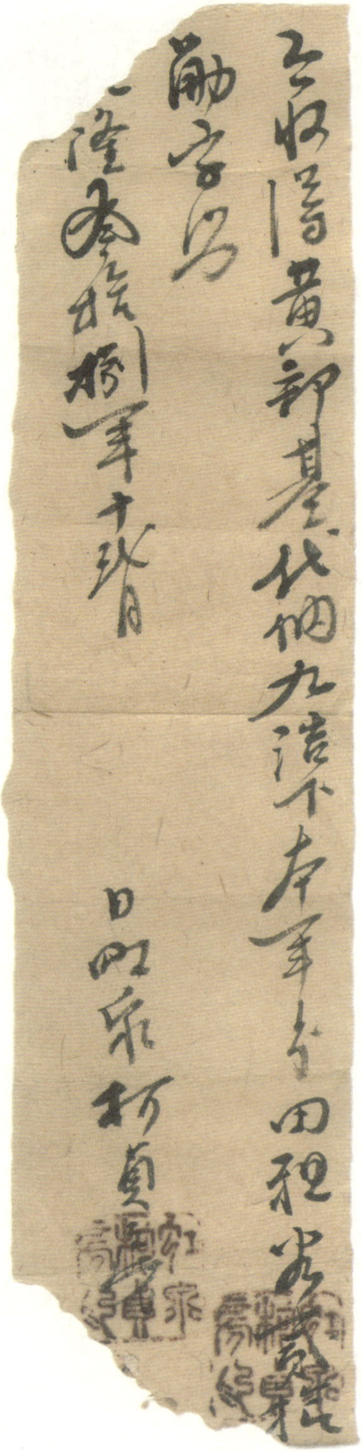

10-5-94-17　清乾隆三十八年十二月柯貞房立收田租穀字

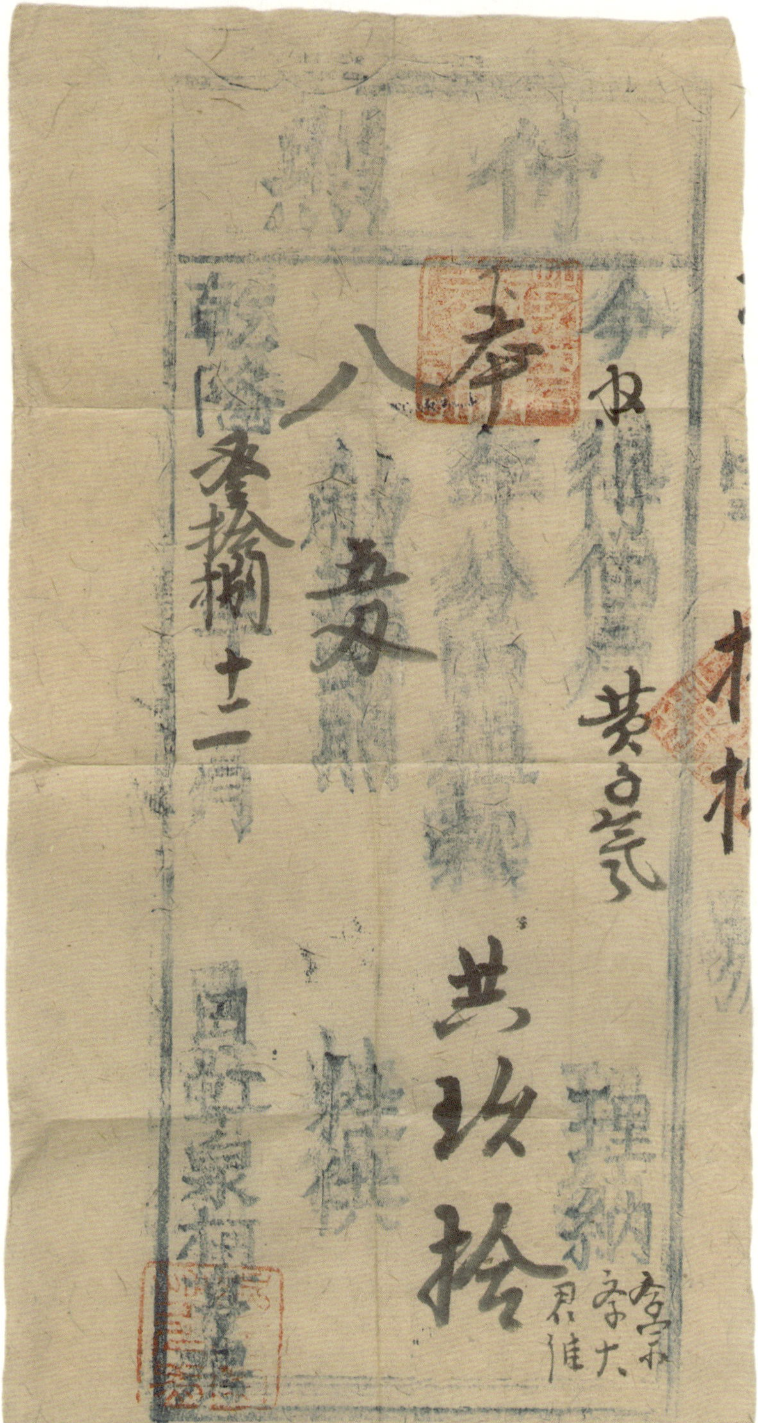

10-5-94-18　清乾隆三十八年十二月柯亨房立收田租穀付照

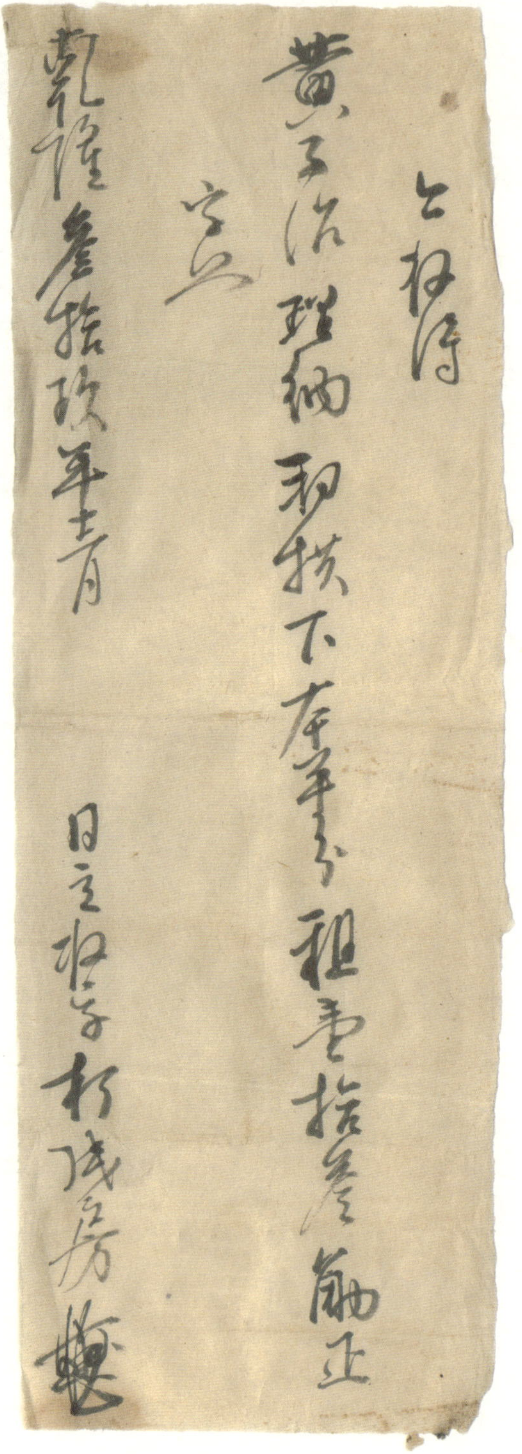
立收得
黃子治理納利穀下本年十二月租壹拾叁觔正
字照
乾隆叁拾玖年十二月
日立收字 柯成房 押

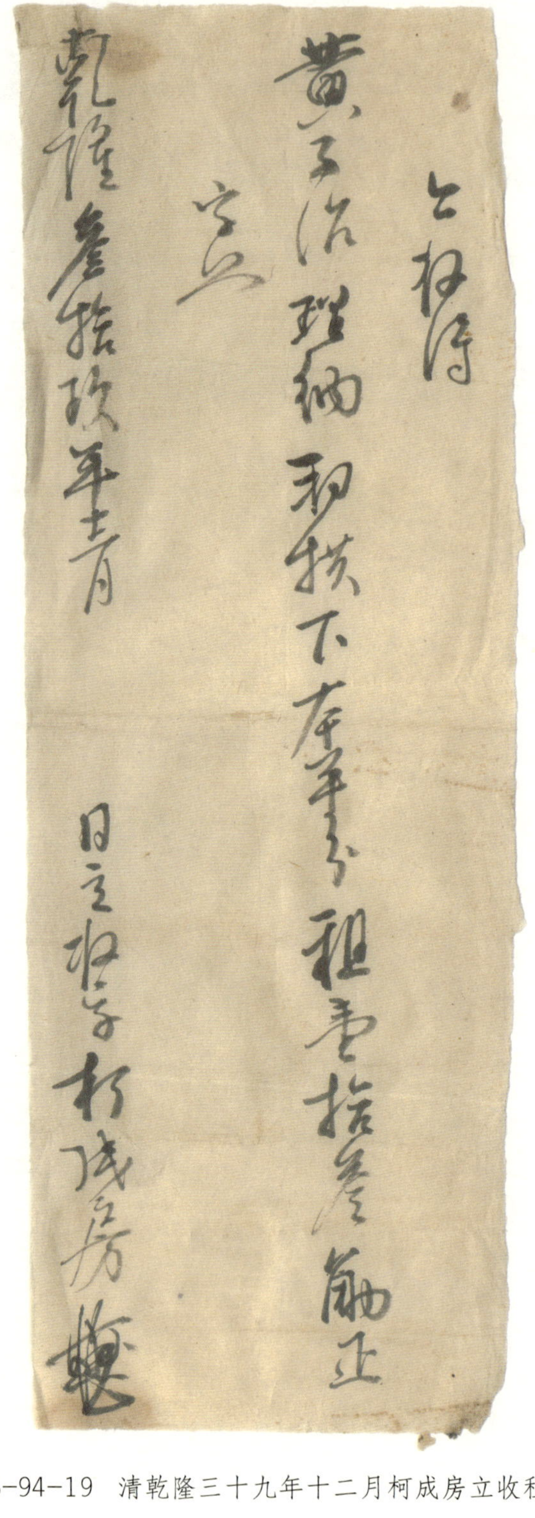

10-5-94-19 清乾隆三十九年十二月柯成房立收租穀字

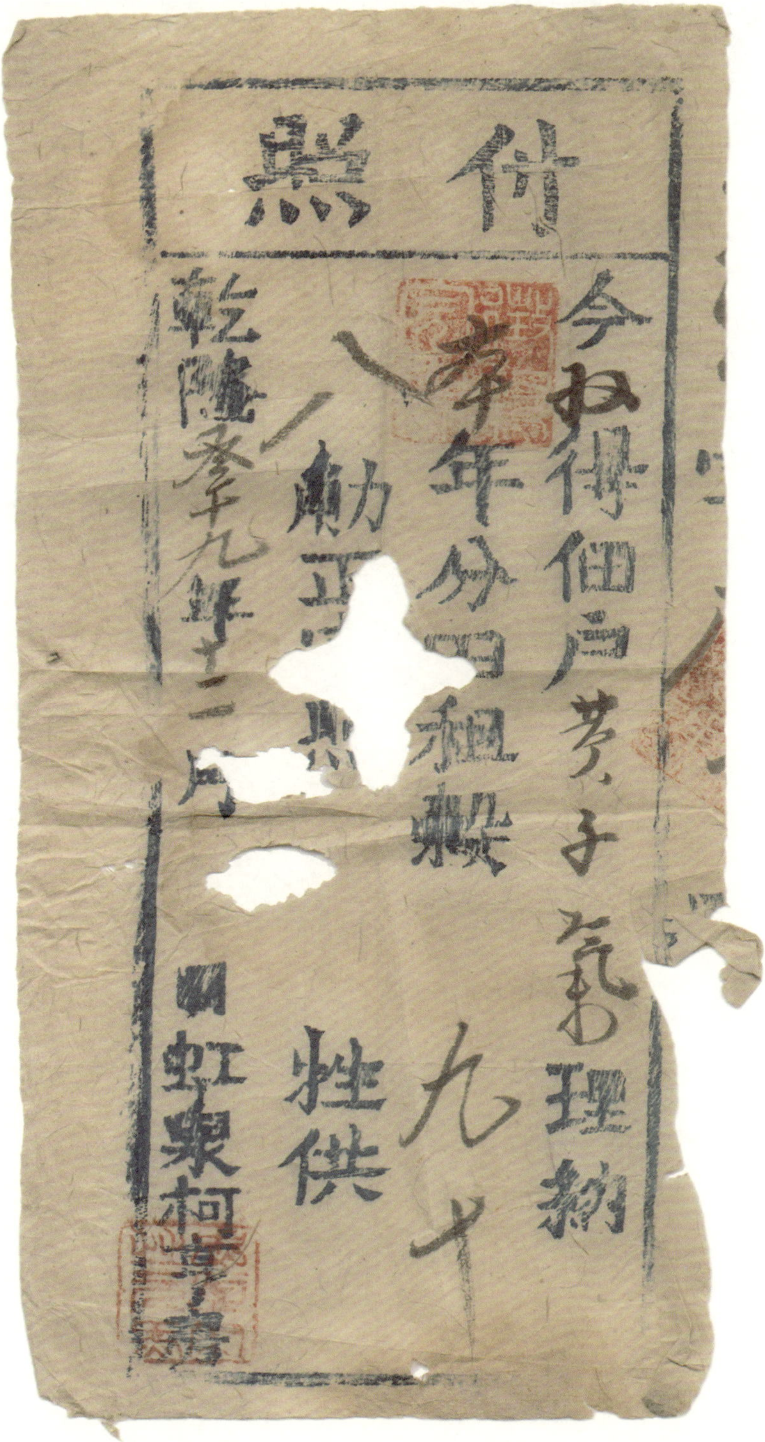
付照

今收得佃戶黃子氣理納

本年分田租穀 九十

觔正照

牲供

乾隆叁十九年十二月

田 虹果柯亨房

10-5-94-20　清乾隆三十九年十二月柯亨房立收田租穀付照

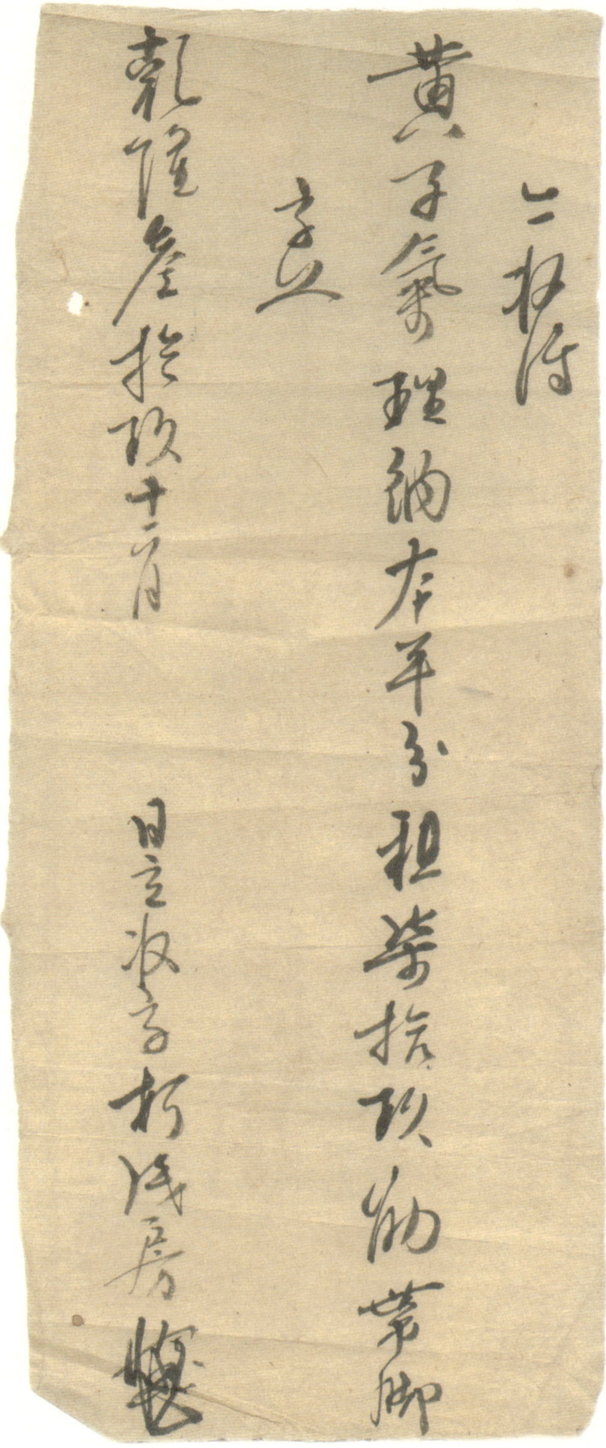

10-5-94-21　清乾隆三十九年十二月柯成房立收租穀字

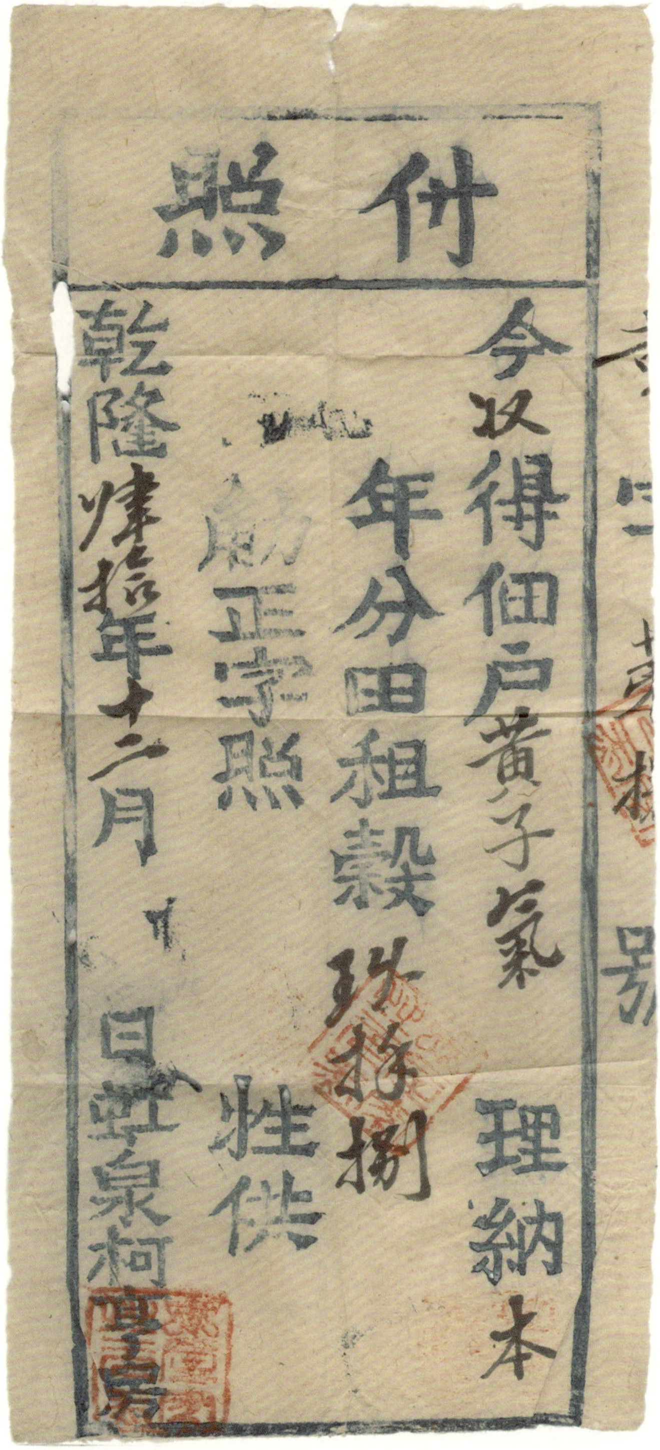

付照

今收得佃戶黃子氣 理納本
年分田租穀玖拾捌
斛正字照 牲供
乾隆肆拾年十二月 日 立泉柯亨房

10-5-94-22　清乾隆四十年十二月柯亨房立收田租穀付照

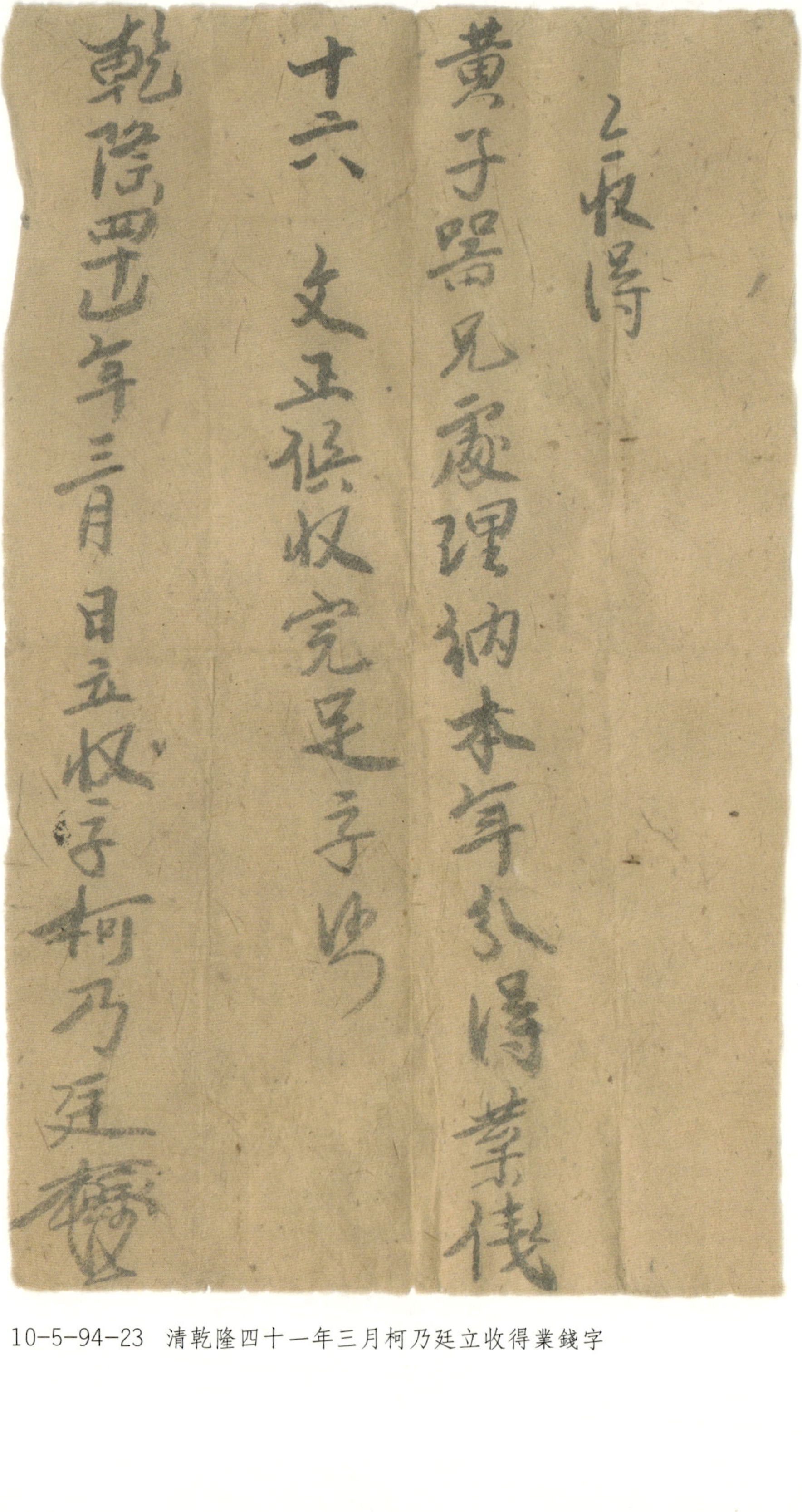
立收得
黄子器兄處理納本年分得業錢
十六文正係收完足字照
乾隆四十一年三月日立收字柯乃廷（押）

10-5-94-23 清乾隆四十一年三月柯乃廷立收得業錢字

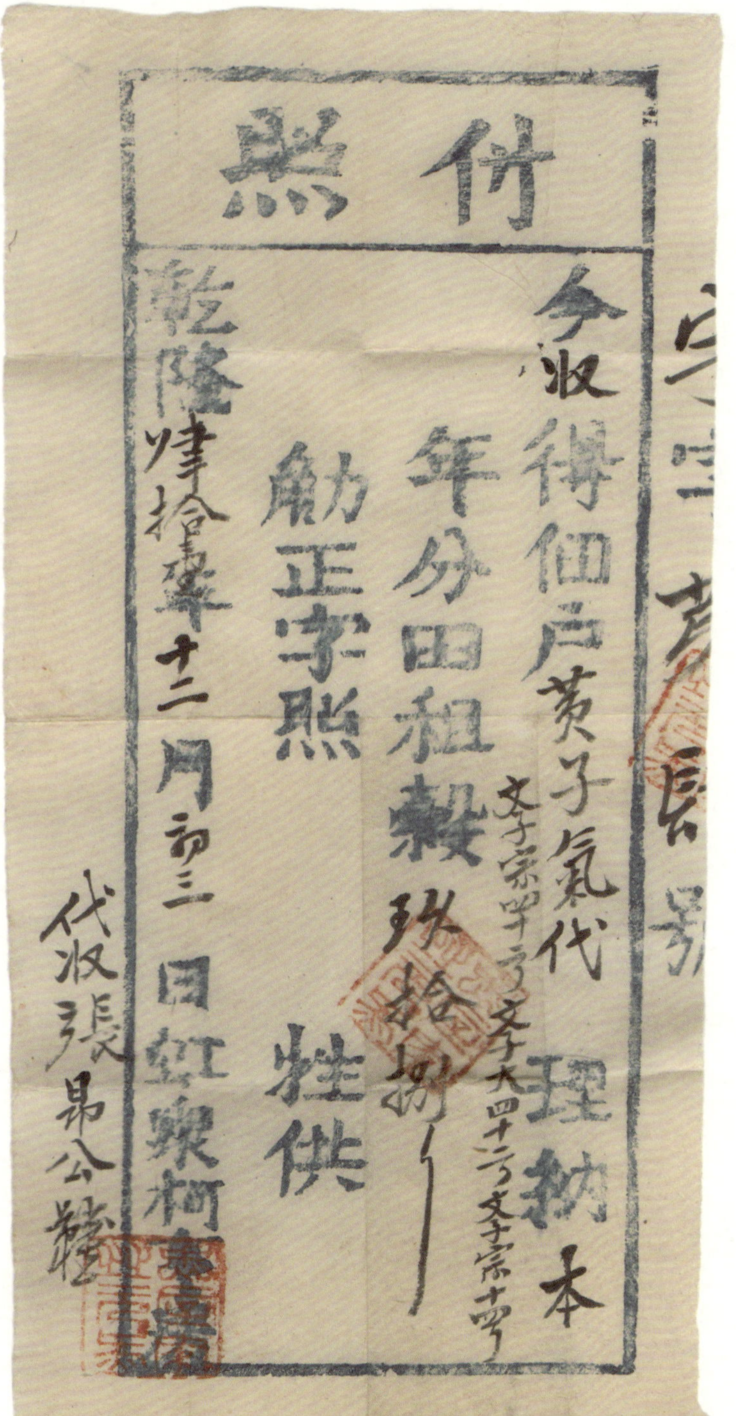

付照

今收得佃户黄子氣代 理納本

年分田租穀玖拾斤 文子宗四十二斤文子大四十二斤文子宗十四斤

勅正字照 牲供

乾隆肆拾壹年十二月初三日給衆柯亨房

代收張昴公筆

10-5-94-24 清乾隆四十一年十二月柯亨房立收田租穀付照

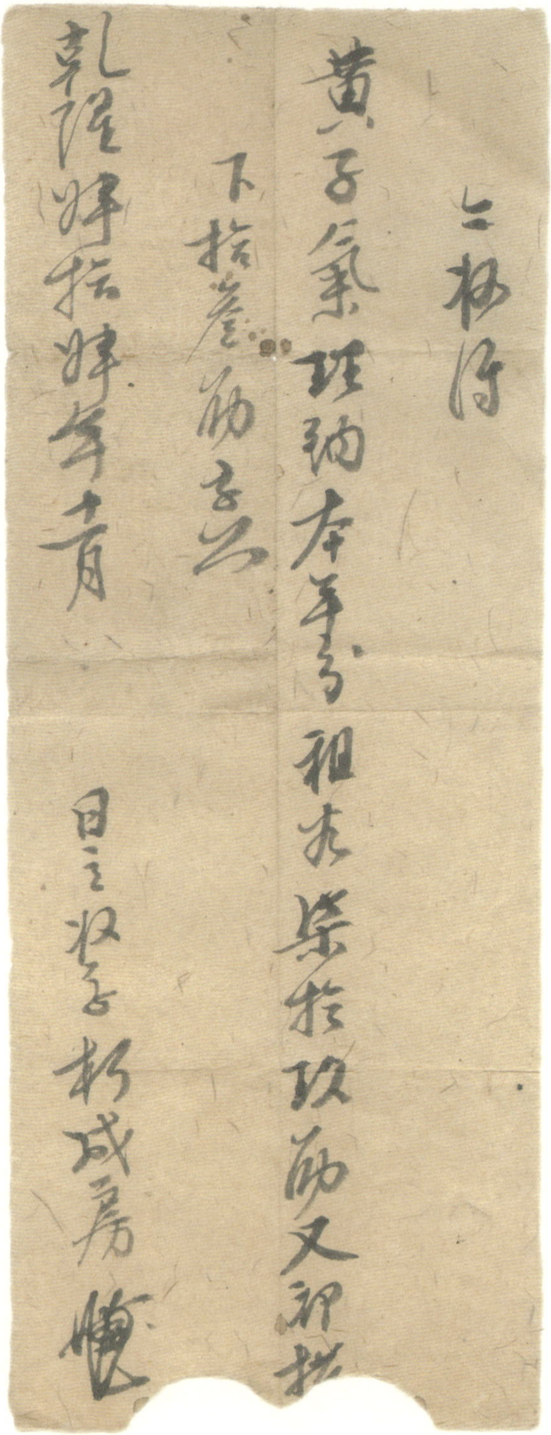

今收得
黄子氣理納本年分租穀柒拾玖觔又秤拾
下拾叁觔完訖
乾隆肆拾肆年十一月
日立收字柯成房（押）

10-5-94-25　清乾隆四十四年十一月柯成房立收租穀字

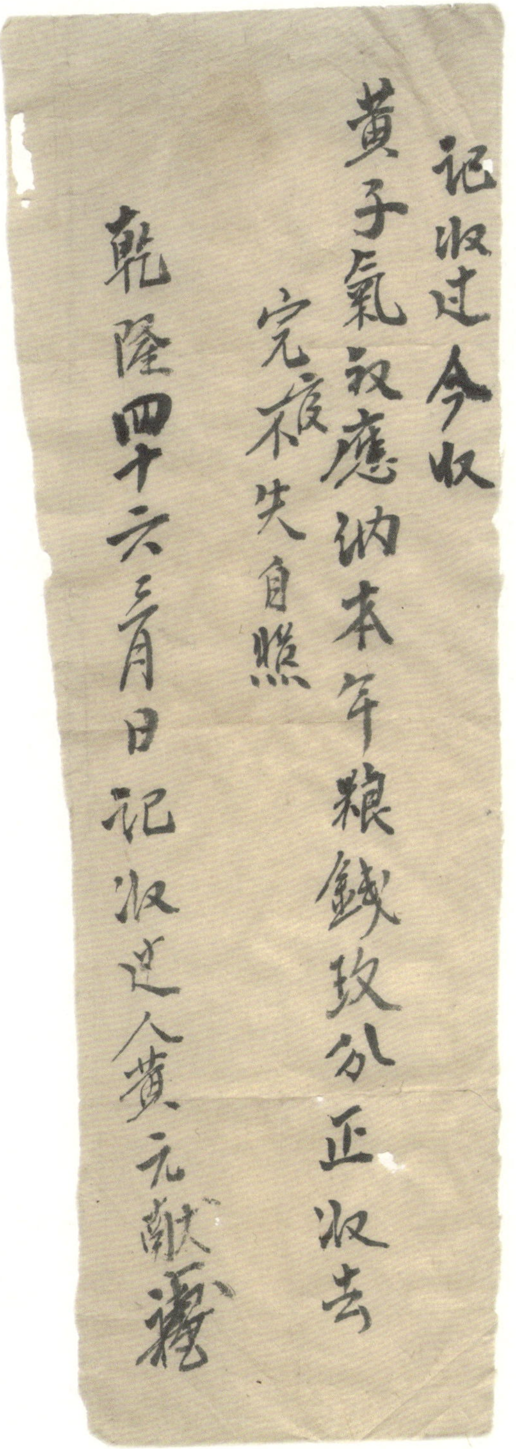
記收過今收
黄子氣叔應納本年粮錢玖分正收去
完後不失自照
乾隆四十六年三月日記收過人黄元獻

10-5-94-26　清乾隆四十六年三月黄元獻記收過糧錢字

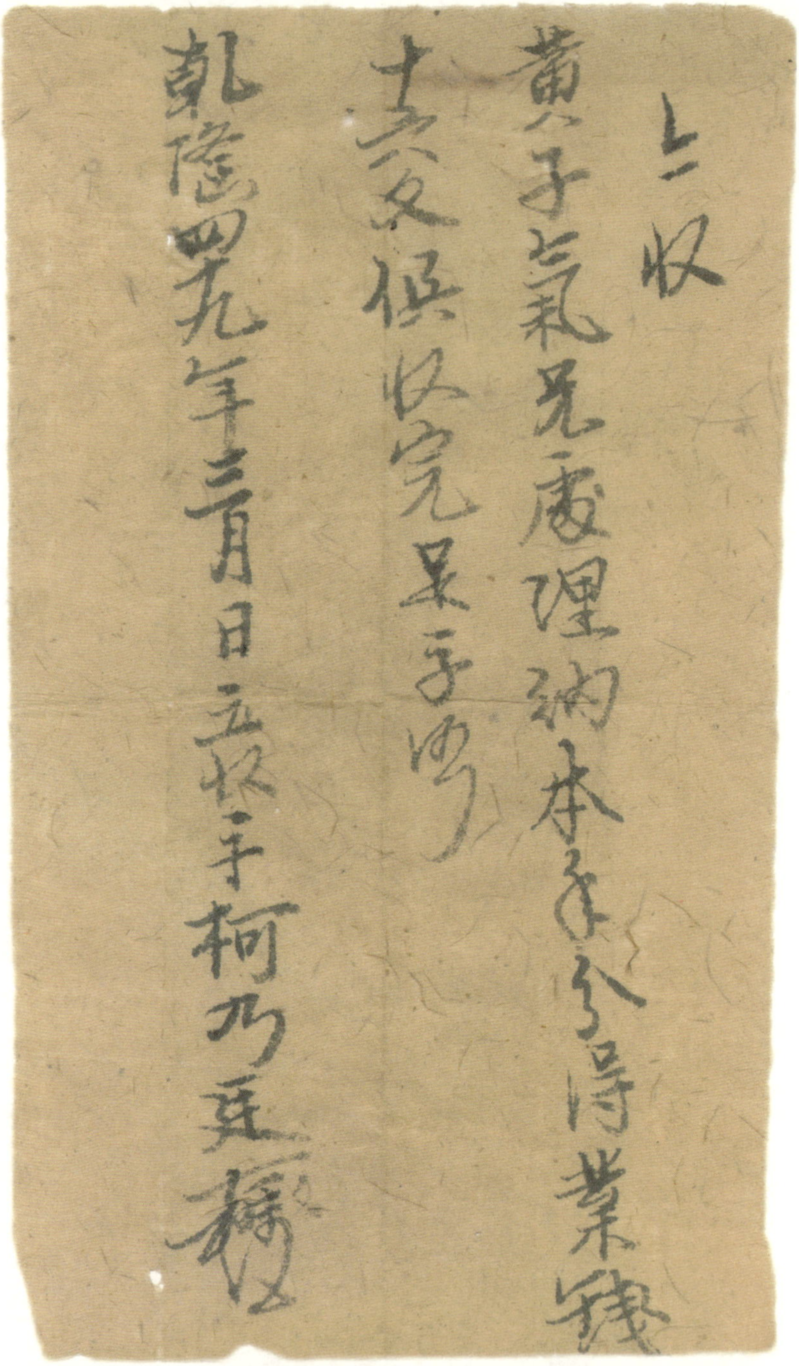
立收
黄子亡氣兄處理納本年分得業錢
十六文俱收完足手照
乾隆四十九年三月日立收字柯乃廷

10-5-94-27　清乾隆四十九年三月柯乃廷立收得業錢字

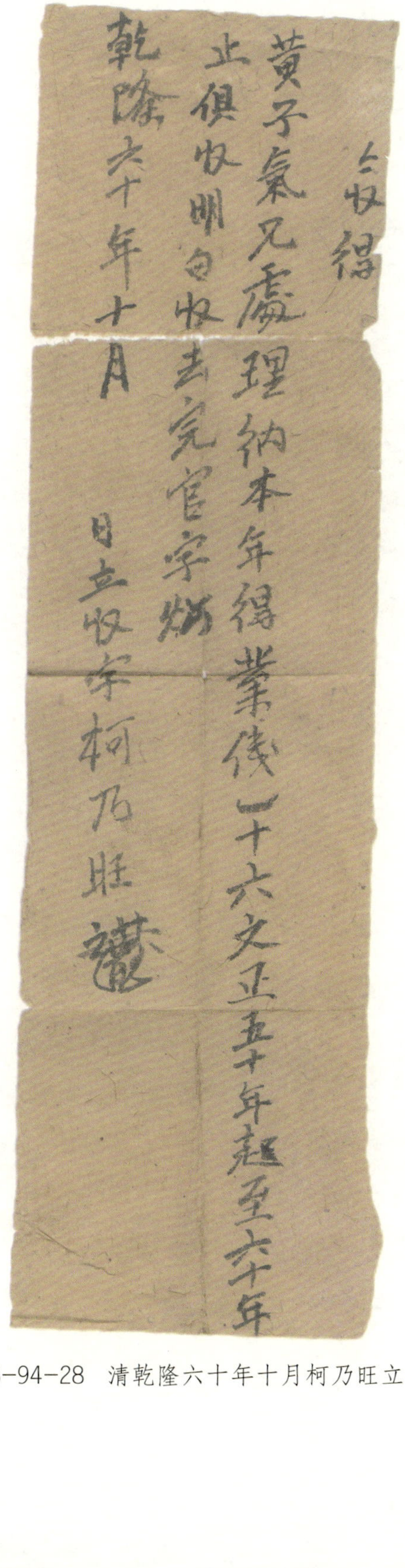
收得

黄子氣兄處理納本年得業錢一十六文正五十年起至六十年

止俱收明白收去完官字照

乾隆六十年十月　日立收字柯乃旺（押）

10-5-94-28　清乾隆六十年十月柯乃旺立收得業錢字

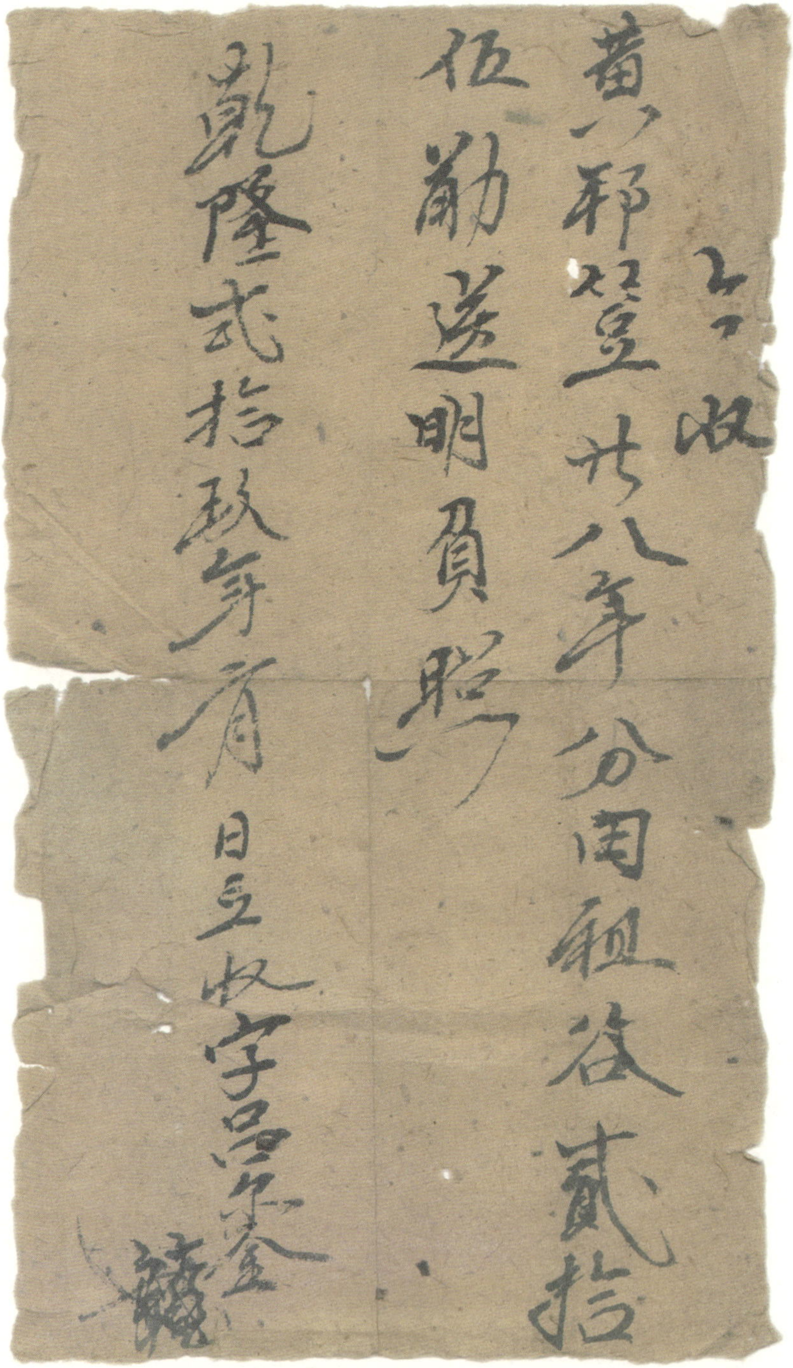
立收
黃八郑登廿八年分田租谷貳拾
伍觔送明員照
乾隆弍拾玖年貳月 日立收字吕尔金

10-5-95-1　清乾隆二十九年二月吕尔金立收田租穀字

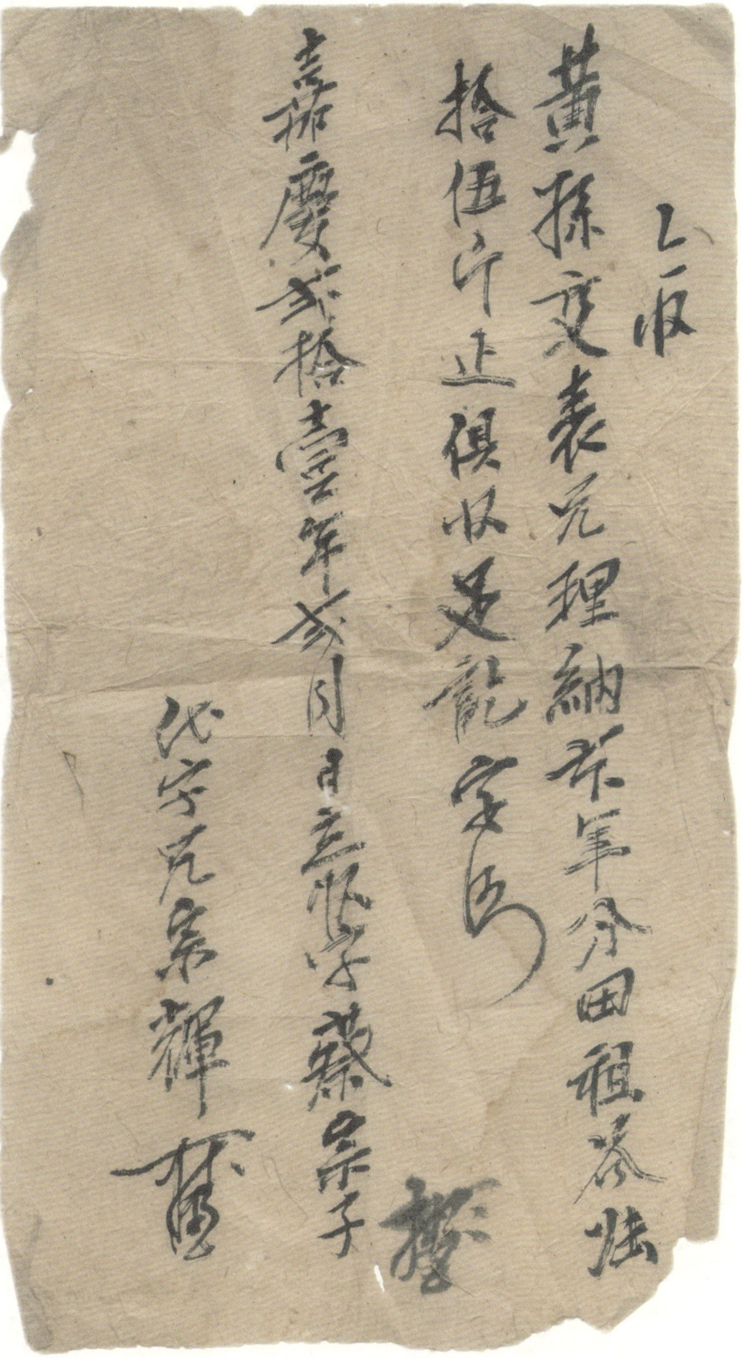
立收
黃孫文表兄理納本年分田租谷柒
拾伍斤正俱收足訖字照
嘉慶貳拾壹年貳月　日立收字蔡宗子　押
代字兄宗輝　押

10-5-95-2　清嘉慶二十一年二月蔡宗子立收田租穀字

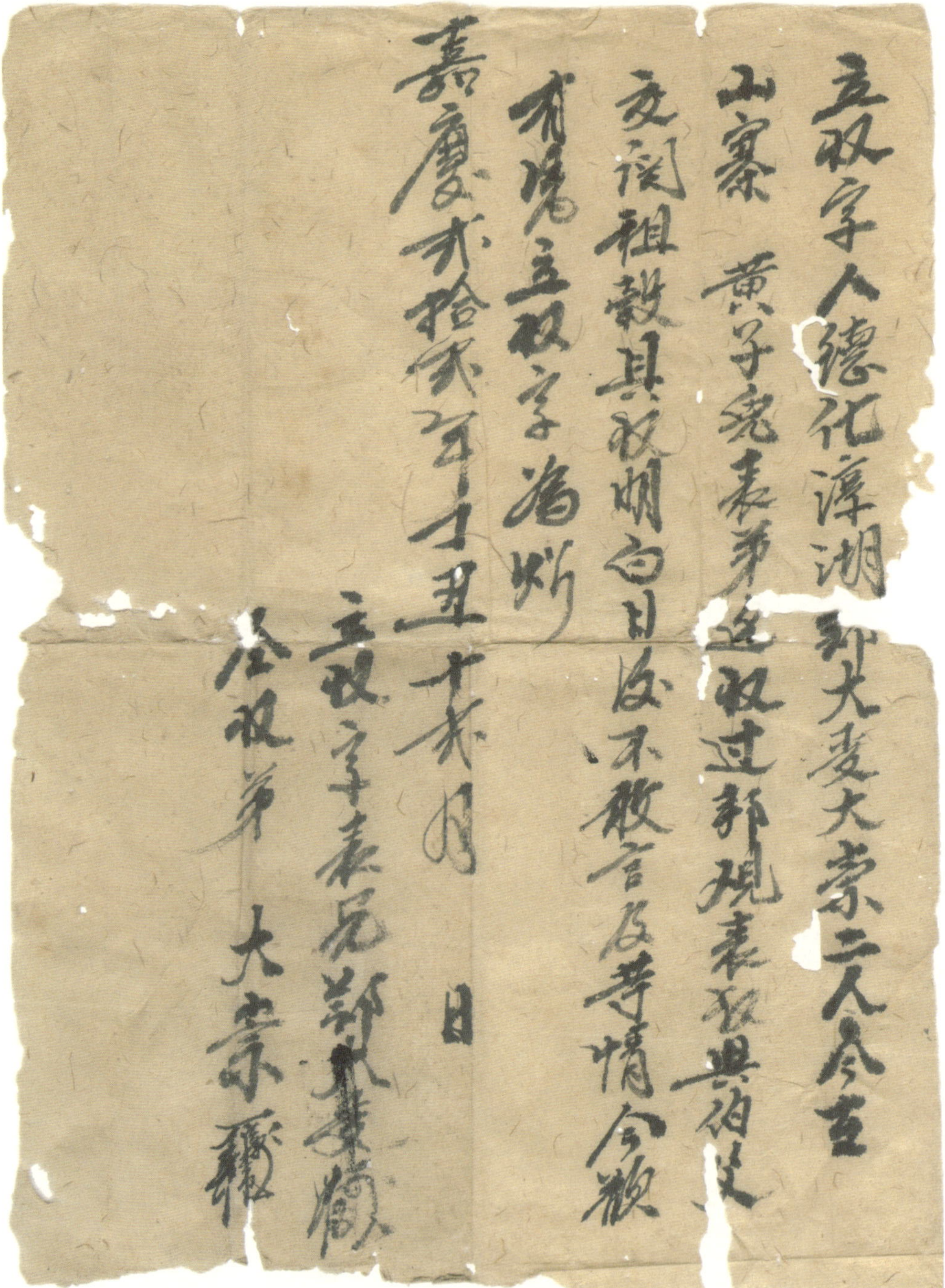

立收字人德化漳湖鄭大受大宗二人今在
山寨 黄子堯表弟边收過鄭觀表叔典佃艮
交納租穀具收明白日後不敢言及等情今欲
有憑立收字爲炤
嘉慶貳拾貳年十二月 日
立收字表兄鄭大受（押）
全收弟 大宗（押）

10-5-95-3 清嘉慶二十二年十二月德化鄭大受等立收租穀字

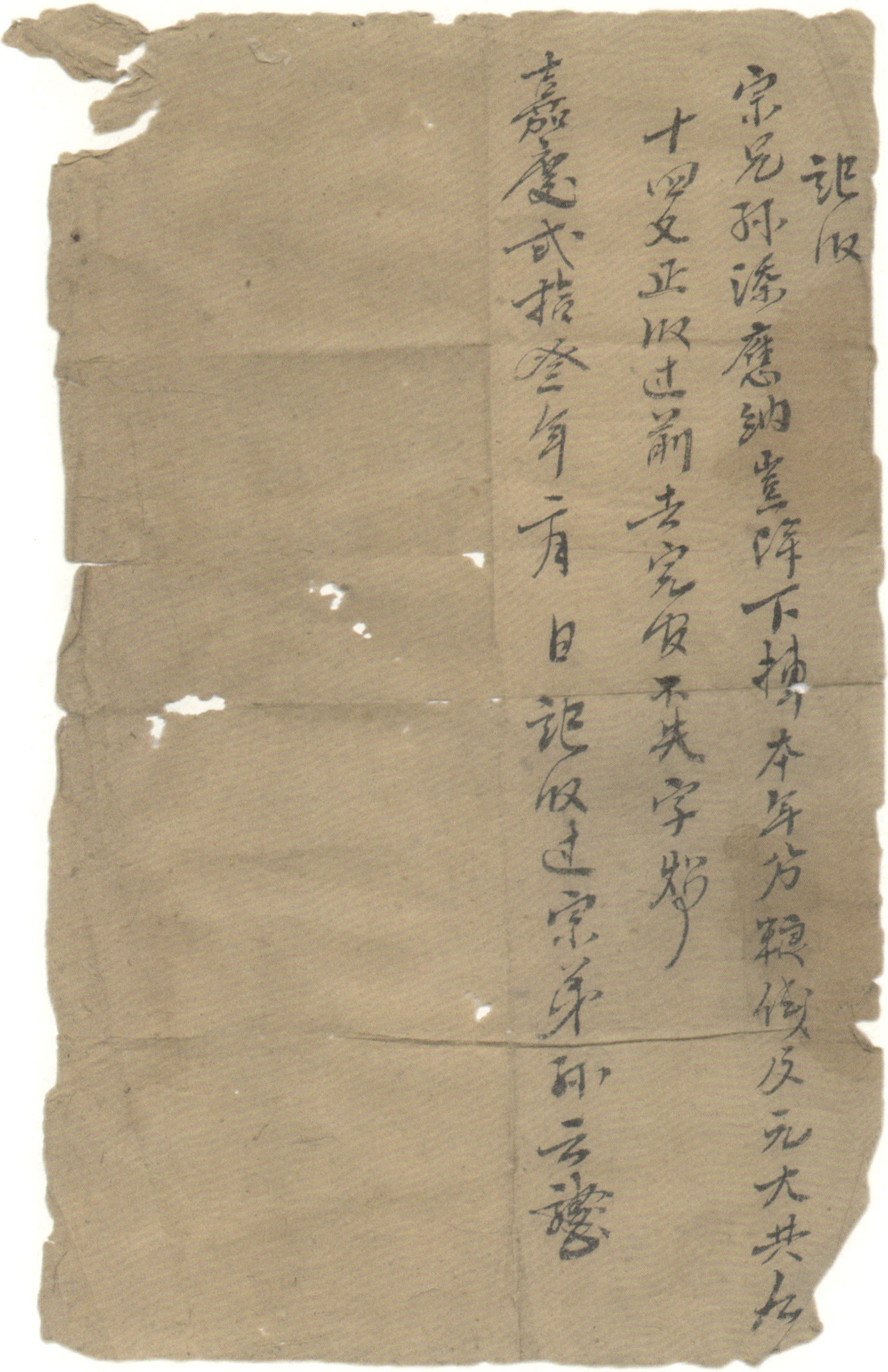

記收

宗兄孫添應納壹洋下換本年分糧錢及元大共九

十四文正收過前去完納不失字據

嘉慶貳拾叁年二月　日記收過宗弟孫云據

10-5-95-4　清嘉慶二十三年二月黃孫云記收過糧錢字

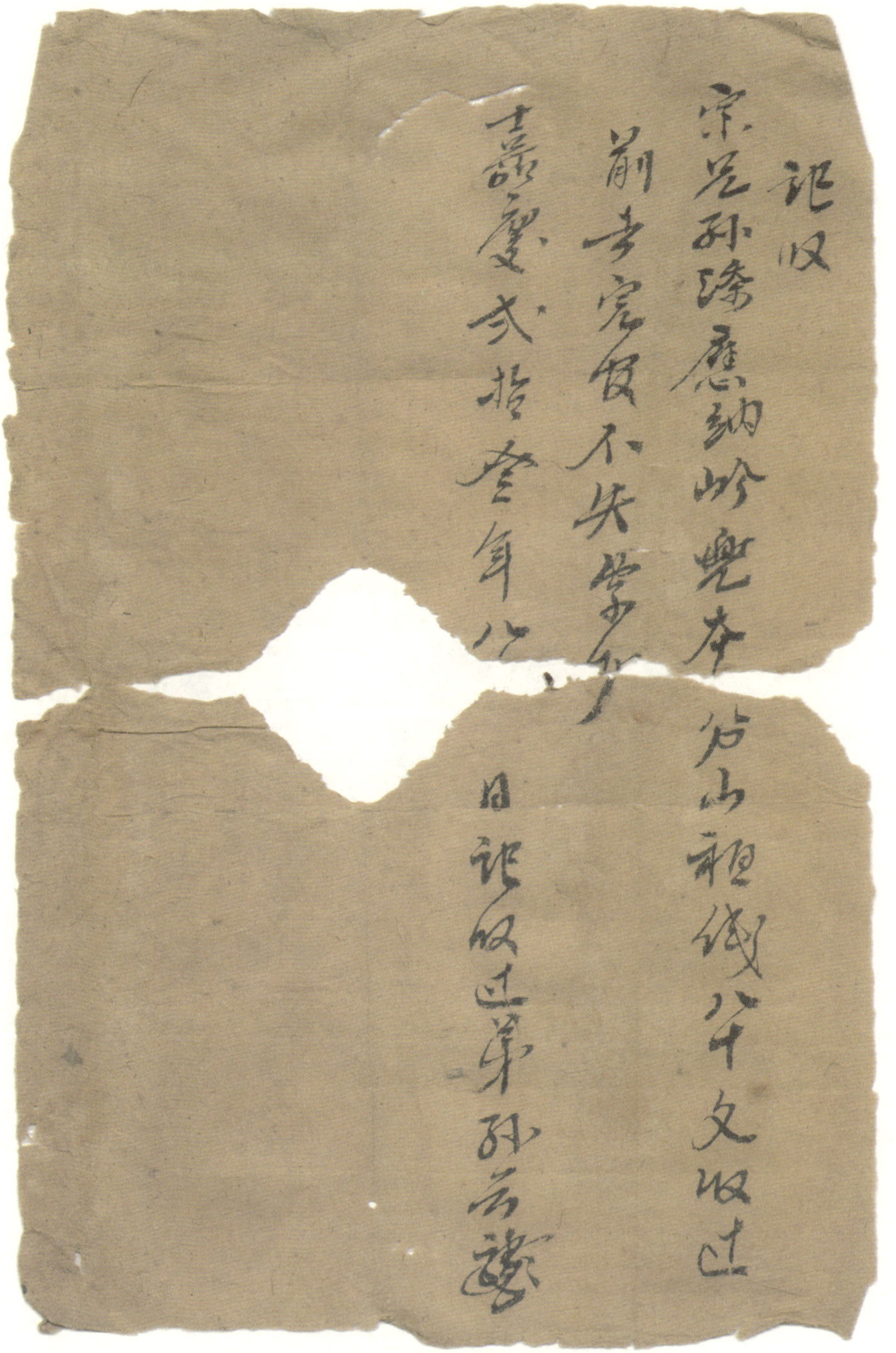
記收
宗兄孫滁應納岭兜本片山租錢八千文收過
前去完足不失字号
嘉慶貳拾叁年八月 日記收過弟孫云識

10-5-95-5 清嘉慶二十三年八月黄孫云記收過山租錢字

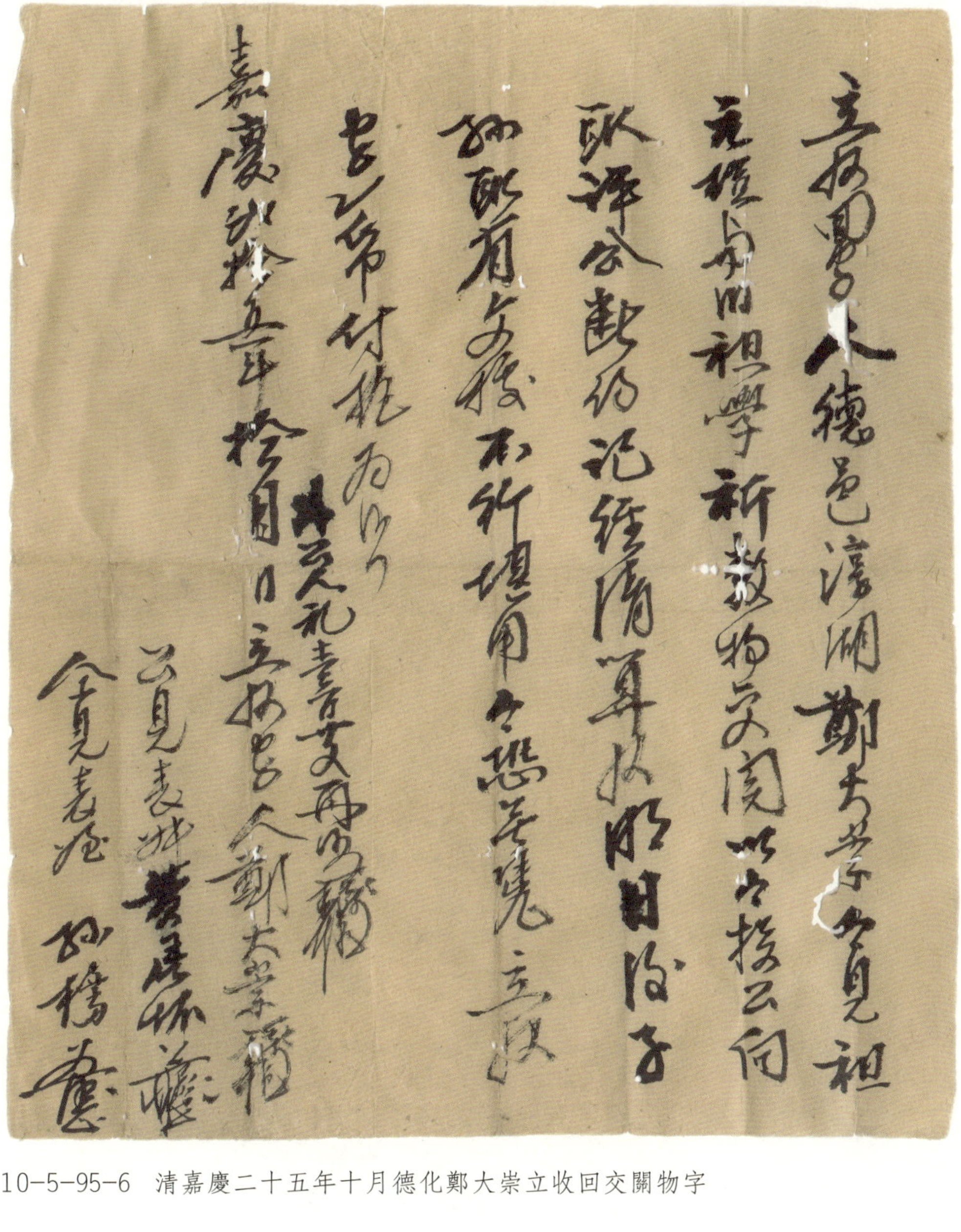

立收回字人德邑滂湖鄭大崇今見祖
立[illegible]上手所祖學祈穀物字閲此次接回向
耿評分數仍照經清算收明自後子
孫耿有文稅不許復用今恐無憑立收
字一帋付執為照
[illegible]人禮書[illegible]再[illegible]押
嘉慶貳拾五年拾月　日立收字人鄭大崇押
在見表叔[illegible]押
全見表姪[illegible]押

10-5-95-6　清嘉慶二十五年十月德化鄭大崇立收回交關物字

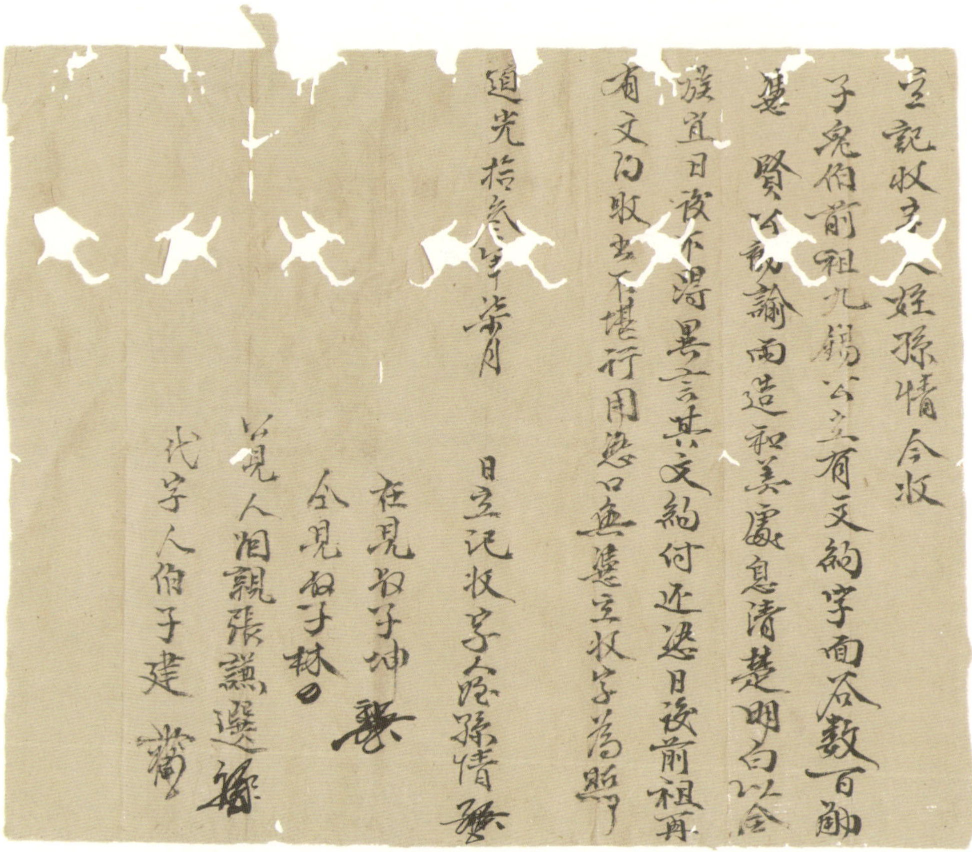
立記收字人姪孫情今收
子晃伯前祖九錫公立有支約字面谷數百觔
其 賢侄親諭而造和美處息清楚明白以合
族宜日后不得異言其支約付近退日後前祖再
有支約收出不堪行用退口無憑立收字為照
道光拾叁年柒月　　日立記收字人姪孫情（押）
在見叔子坤（押）
仝見叔子林（押）
見人胞親張讓選（押）
代字人伯子建（押）

10-5-95-7　清道光十三年七月黃孫情立記收穀字

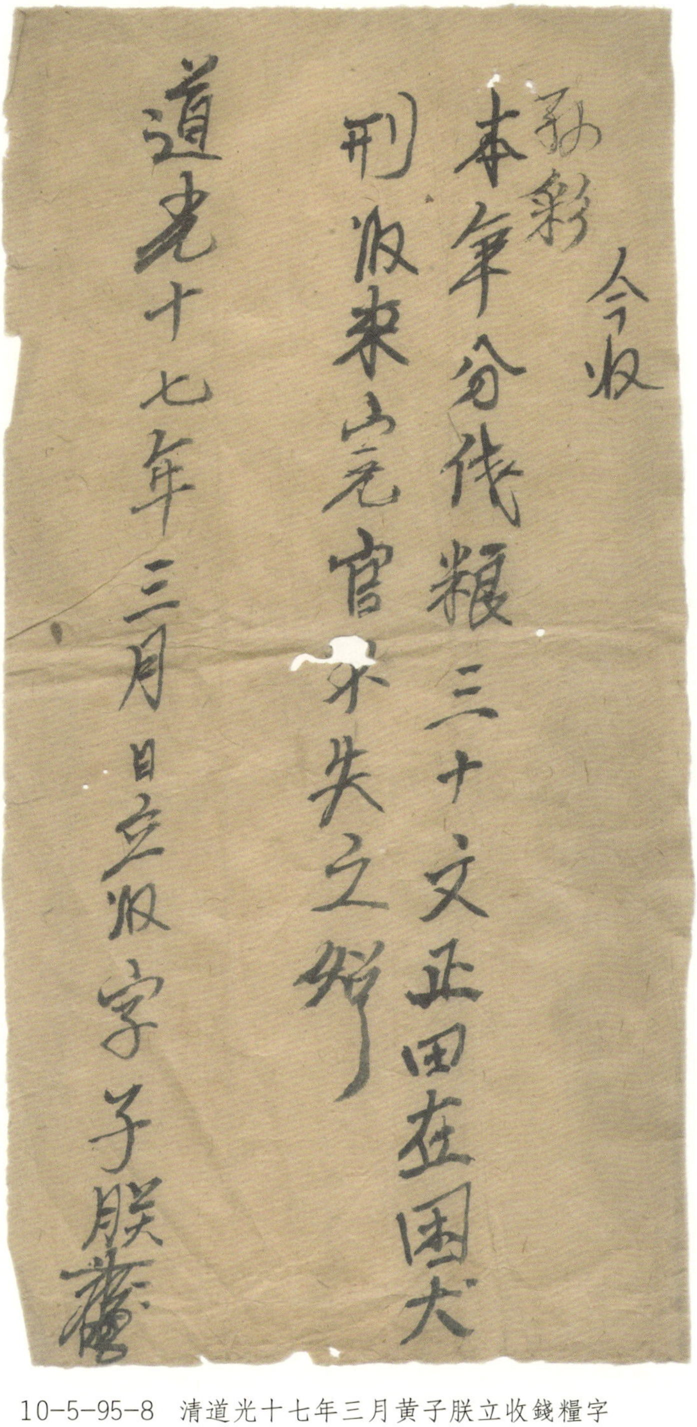
今收
叔彩
本年分代粮三十文正田在困犬
刑收来完官不失之錯
道光十七年三月　日立收字　子朕

10-5-95-8　清道光十七年三月黄子朕立收錢糧字

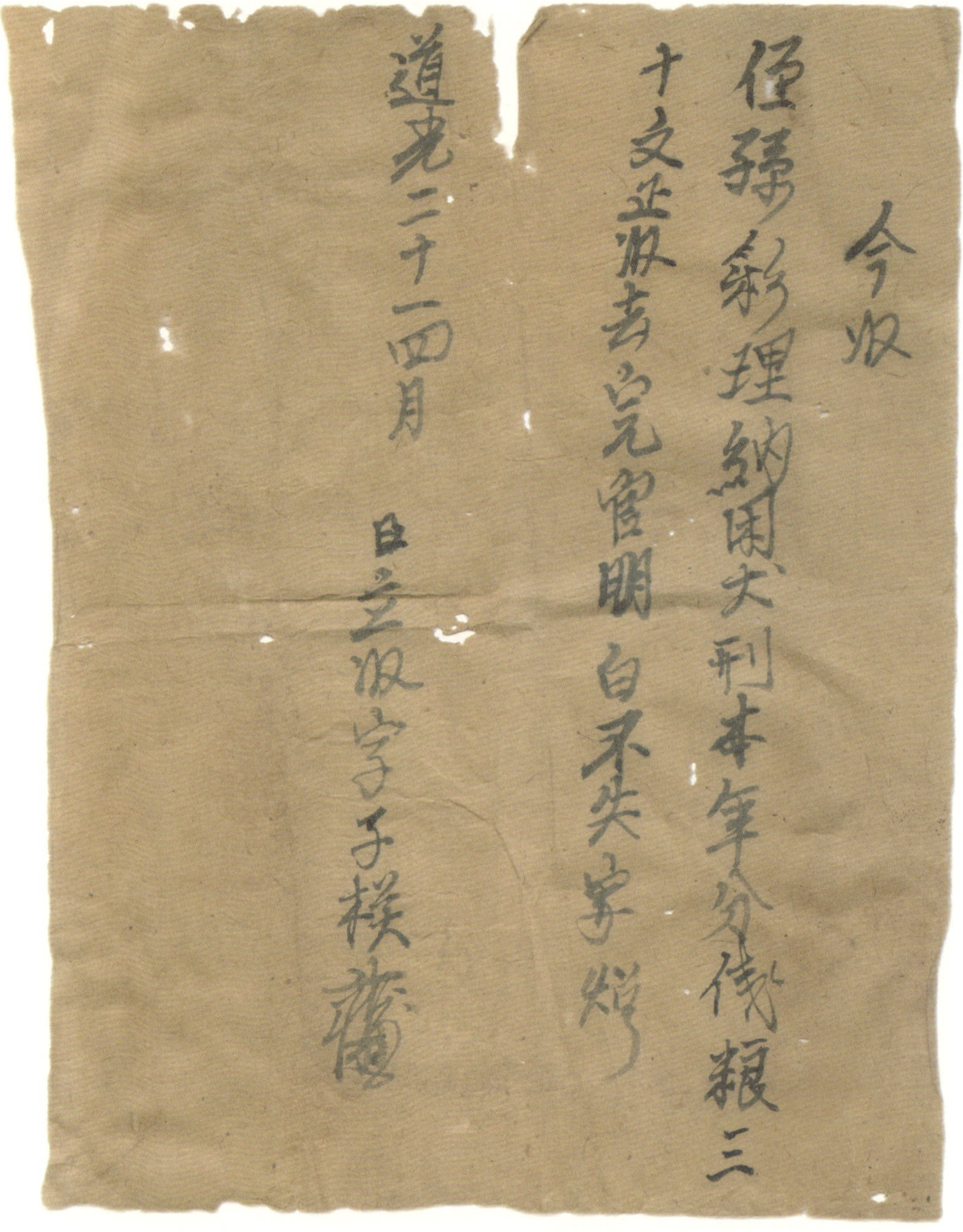
今收
侄孫彩理納因大刑本年分錢粮三
十文正收去完訖明白不失字炤
道光二十一四月
日立收字子栱

10-5-95-9　清道光二十一年四月黄子栱立收錢糧字

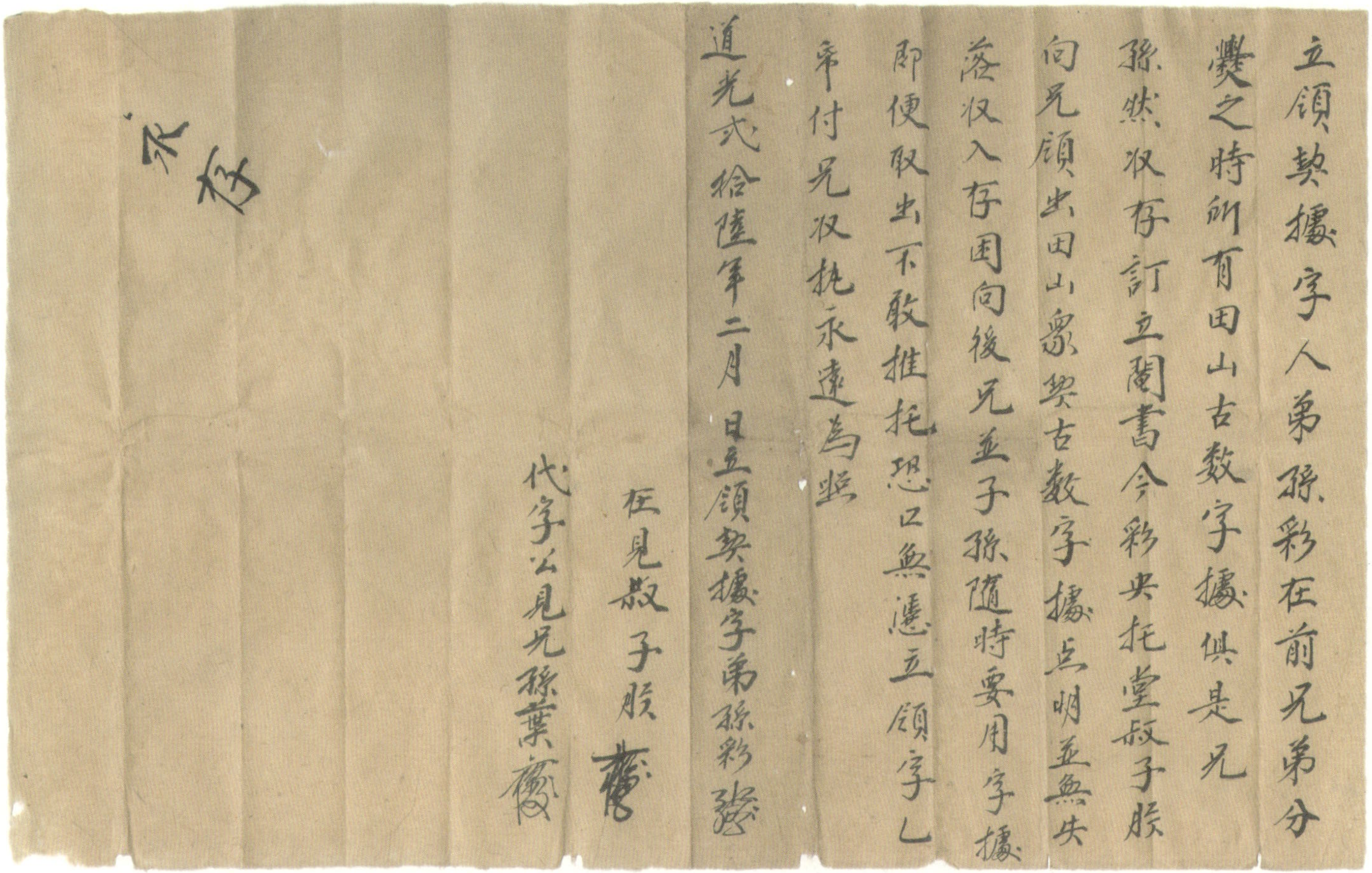

立領契據字人弟孫彩在前兄弟分
爨之時所有田山古數字據俱是兄
孫然收存訂立鬮書今彩央托堂叔子朕
向兄領出田山衆契古數字據點明並無失
落收入存困向後兄並子孫隨時要用字據
即便取出不敢推托恐口無憑立領字乙
帋付兄收執永遠為照
道光弍拾陸年二月　日立領契據字弟孫彩（押）
在見叔子朕（押）
代字公見兄孫葉（押）
永存

10-5-95-10　清道光二十六年二月黄孫彩立領契據字

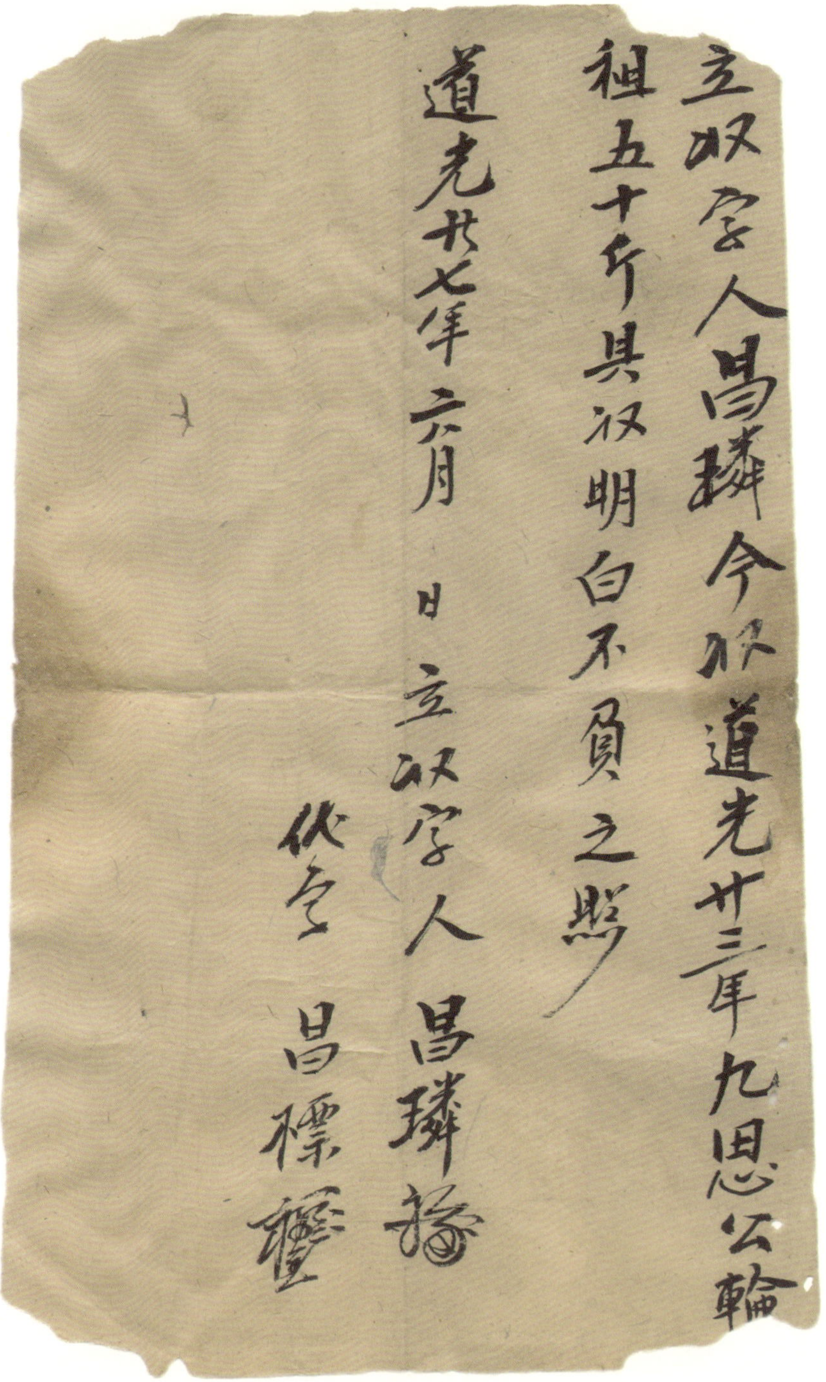

立收字人昌璘今收道光廿三年九思公輪
租五十斤具收明白不負之照
道光廿七年六月　日立收字人昌璘（押）
代字　昌標（押）

10-5-95-11　清道光二十七年六月黄昌璘立收輪租字

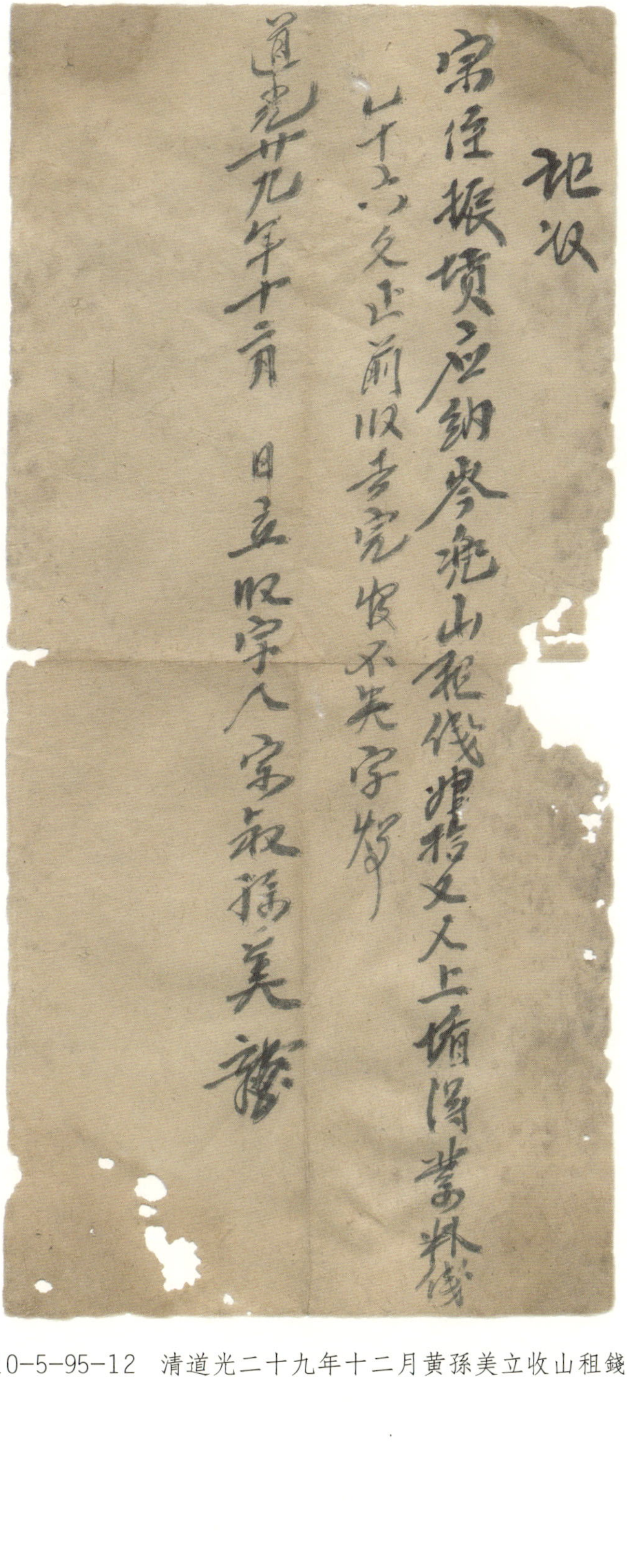
批收
宗侄振璜應納麥兆山租錢理揩又人上墳得業料錢
山十六文正前收去完收不失字據
道光廿九年十二月　日立收字人宗叔孫美號

10-5-95-12　清道光二十九年十二月黄孫美立收山租錢字

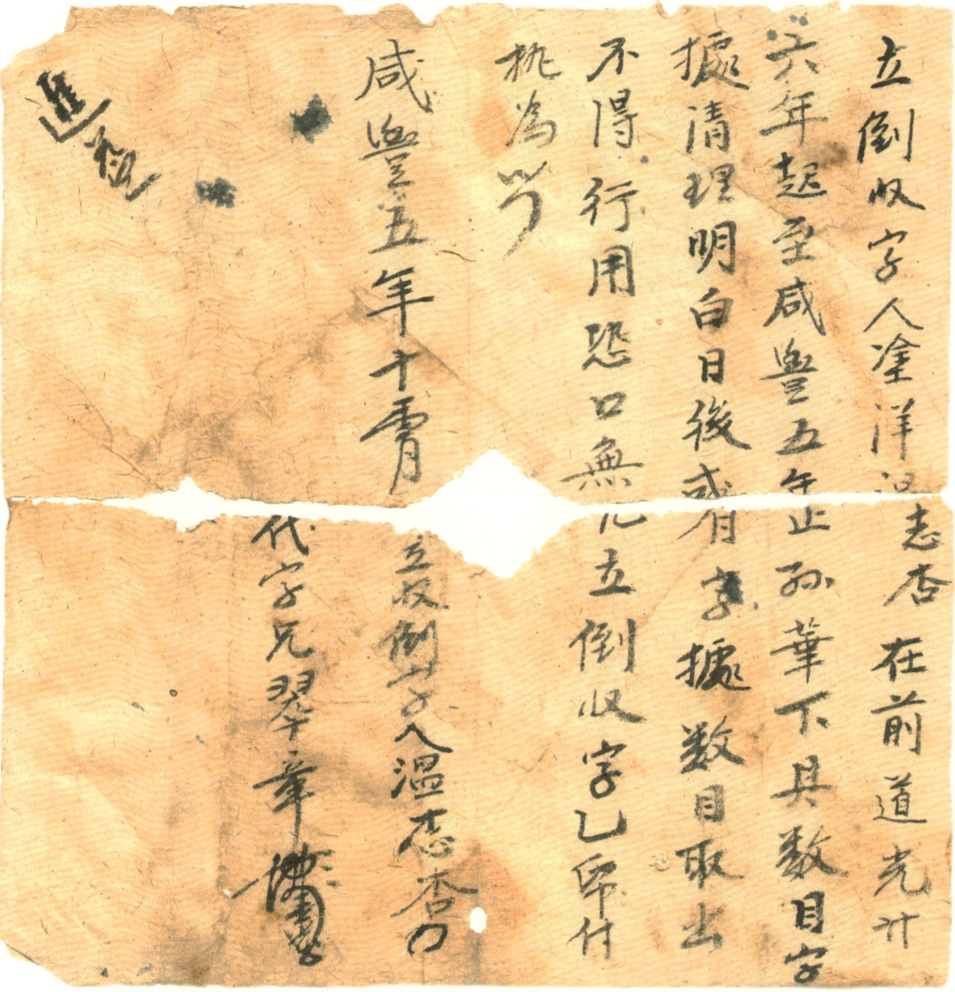

立倒收字人塗洋温志杏在前道光廿
六年起至咸豐五年止所筆下具數目字
據清理明白日後或有字據數目取出
不得行用恐口無憑立倒收字乙帋付
執為炤
咸豐五年十一月　立收倒字人温志杏
代字兄翠華

10-5-95-13　清咸豐五年十一月温志杏立倒收字

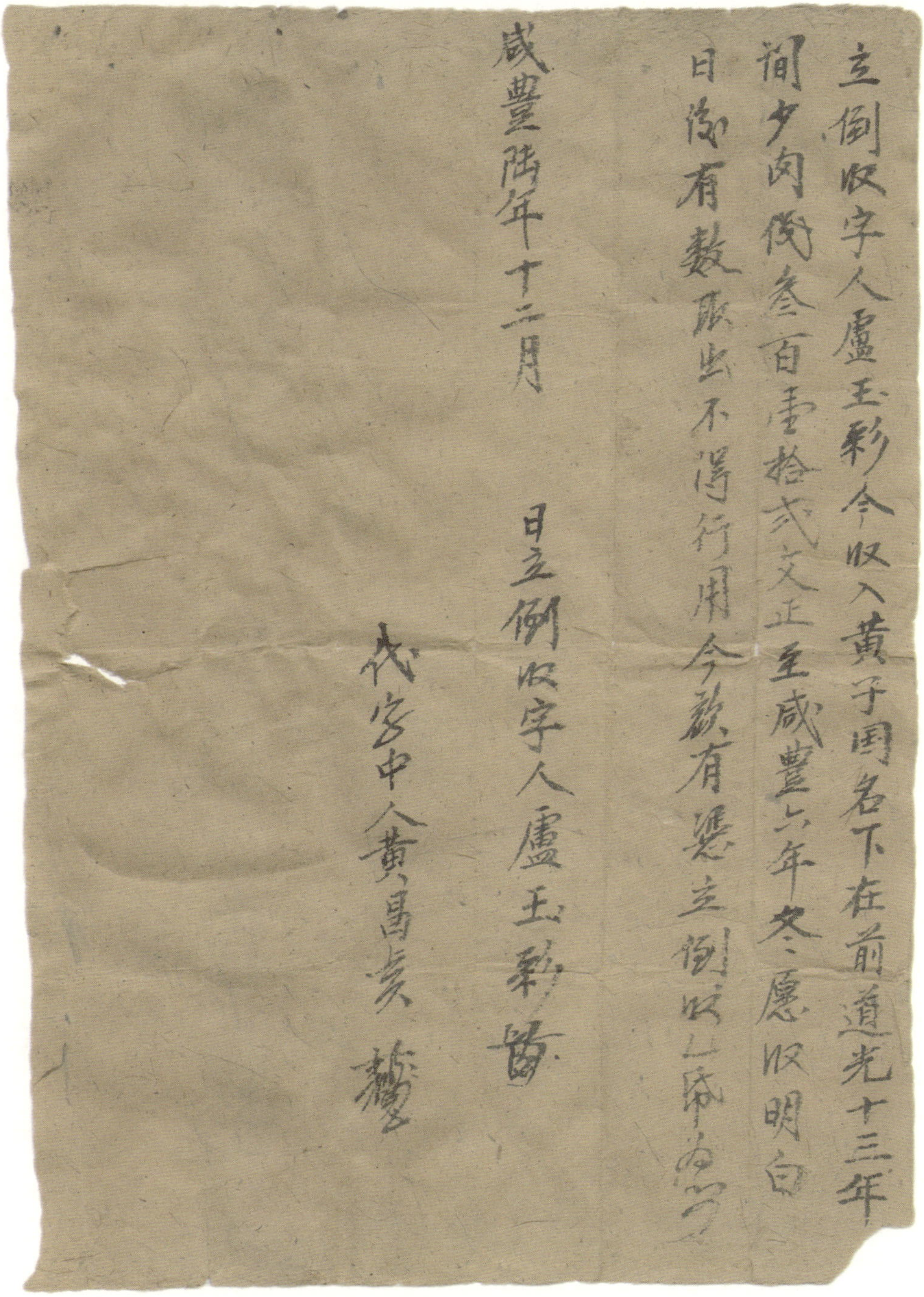

立倒收字人盧玉彩今收入黃子周名下在前道光十三年
間少肉錢叁百壹拾弍文正至咸豐六年冬愿收明白
日後有數聊出不得行用今欲有憑立倒收字爲照
咸豐陸年十二月　日立倒收字人盧玉彩（押）
代字中人黃昌貴（押）

10-5-95-14　清咸豐六年十二月盧玉彩立倒收字

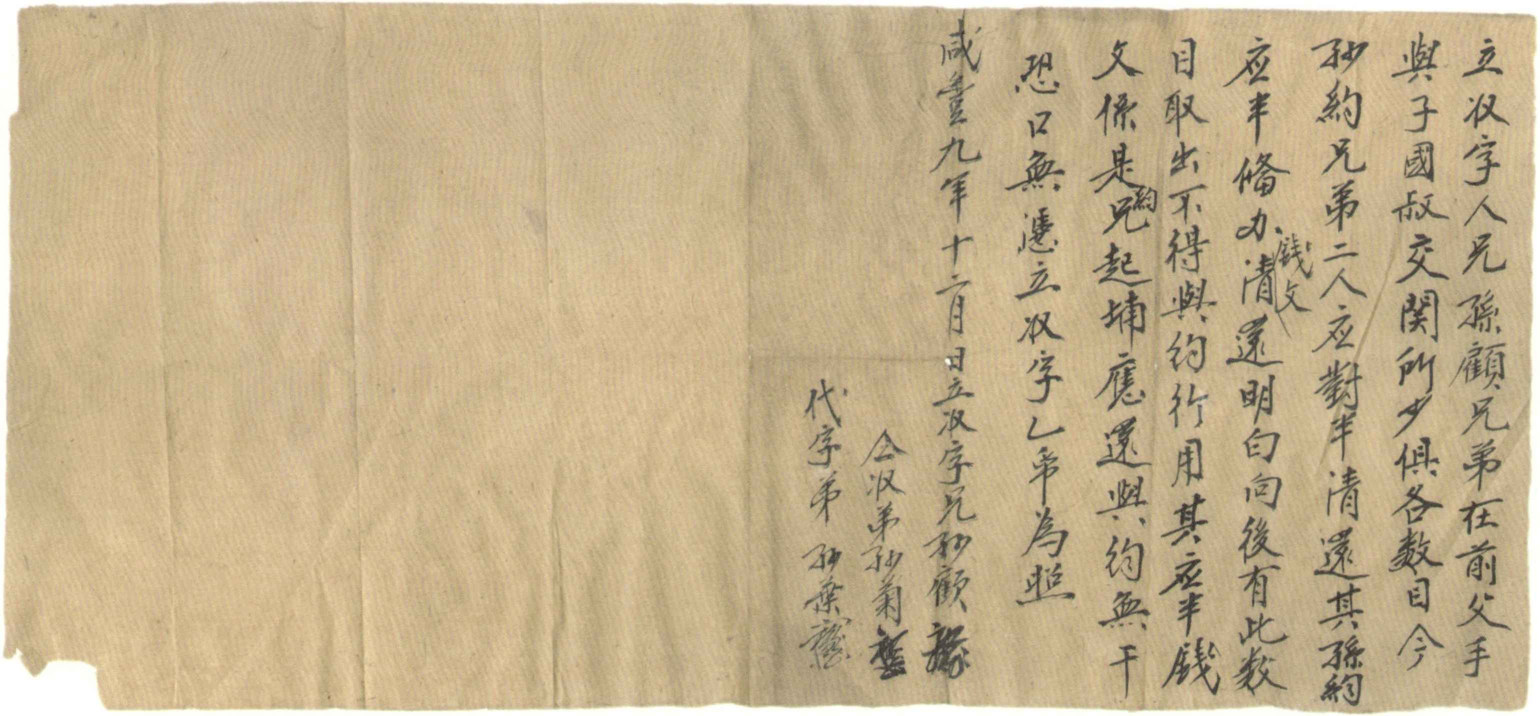

立收字人兄孫顧兄弟在前父手
與子國叔交関所少俱各數目今
孫約兄弟二人應對半清還其孫約
應半備力錢文清還明白向後有此数
目取出不得與約行用其應半錢
文係是約兄起埔應還與約無干
恐口無憑立收字乙帋為照
咸豐九年十二月日立收字兄孫顧
仝收弟孫菊
代字弟孫荣

10-5-95-15　清咸豐九年十二月黃孫顧等立收字

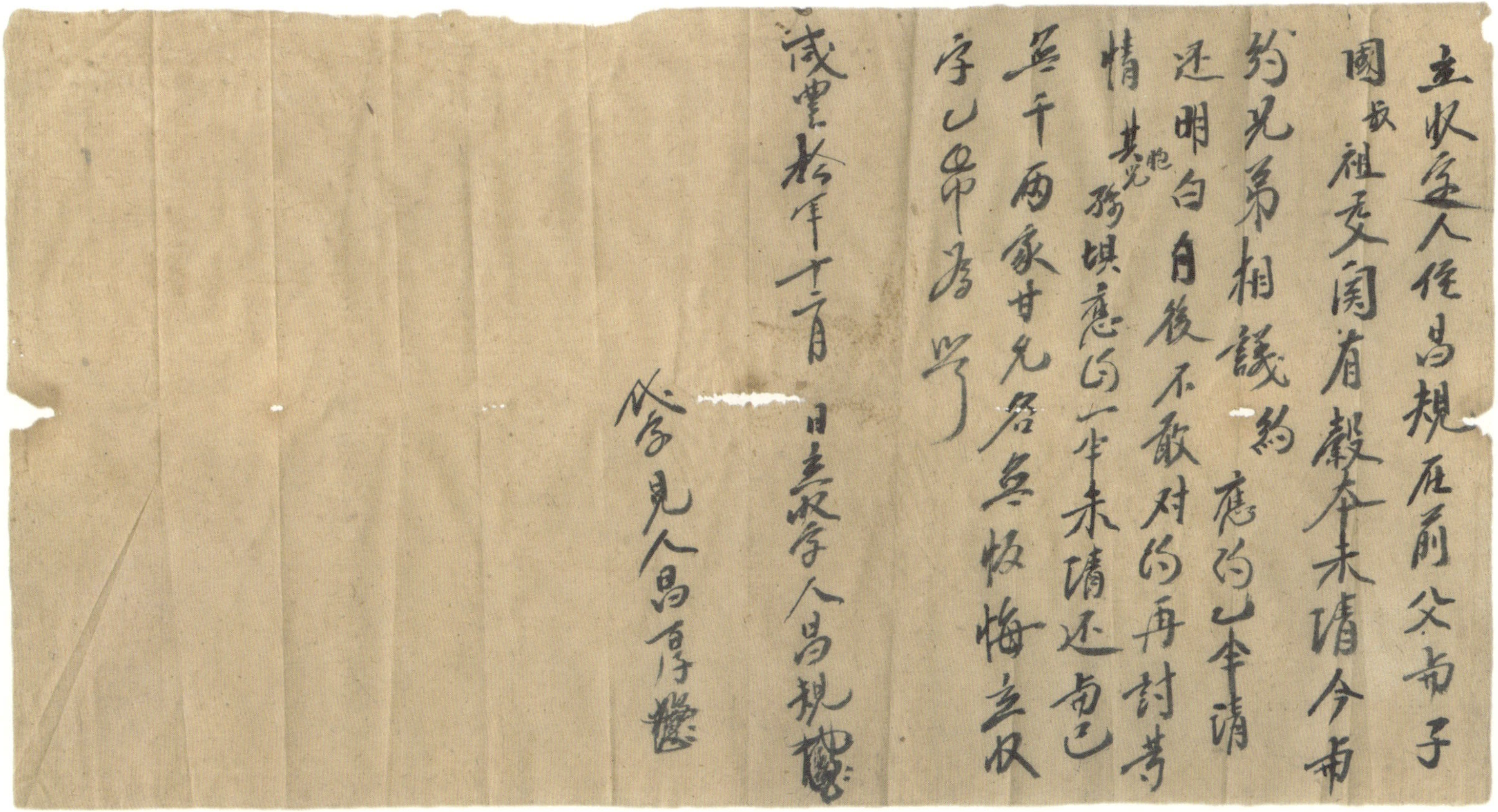
立收字人侄昌規在前父常子
國叔祖處有穀本未清今常
約兄弟相議約應得山全清
還明白自後不敢對得再討
情其胞兄務祺應得一半未清還常己
無干兩家甘允各無反悔立收
字一紙爲照
咸豐拾年十二月　日立收字人昌規（押）
在見人昌亨（押）

10-5-95-16　清咸豐十年十二月黃昌規立收穀本字

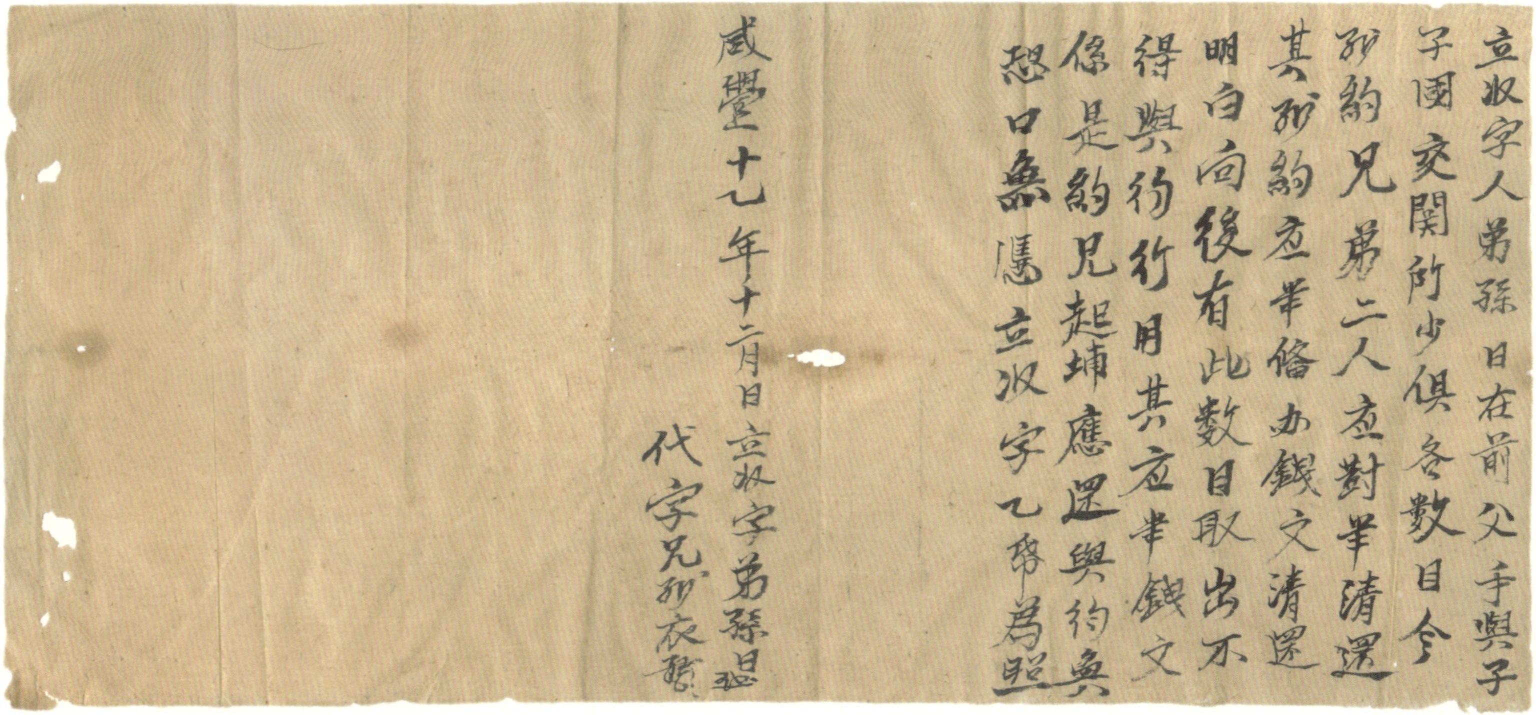
立收字人弟孫日，在前父手與子
子國交關，所少俱各數目，今
別約兄弟二人，應對半清還。
其別約應半備出錢文清還
明白，向後有此數目取出，不
得與行，行用其應半錢文
係是約兄起埔應還，與約無
恐口無憑，立收字乙帋為照。
咸豐十一年十二月　日立收字弟孫日（押）
代字兄別夜（押）

10-5-95-17　清咸豐十一年十二月黃孫日立收字

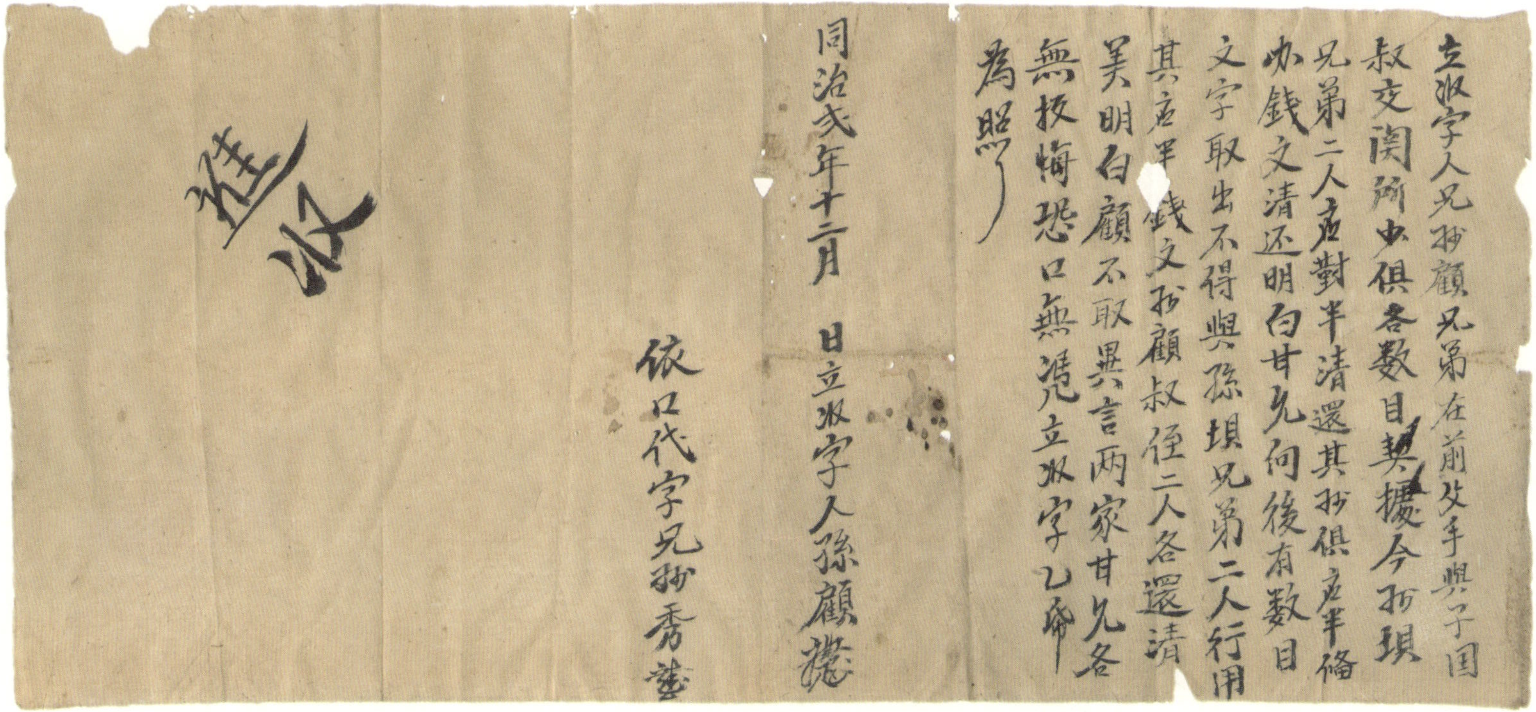
立收字人兄孫顧兄弟在前父手與子国
叔交関所出俱各數目其據今孫琪
兄弟二人應對半清還其孫俱應半備
出錢文清还明白甘允向後有數目
文字取出不得與孫琪兄弟二人行用
其應半錢文孫顧叔侄二人各還清
美明白顧不敢異言兩家甘允各
無技悔恐口無憑立收字乙帋
為照了

同治弍年十二月　日立收字人孫顧（押）

依口代字兄孫秀（押）

10-5-95-18　清同治二年十二月黃孫顧等立收字

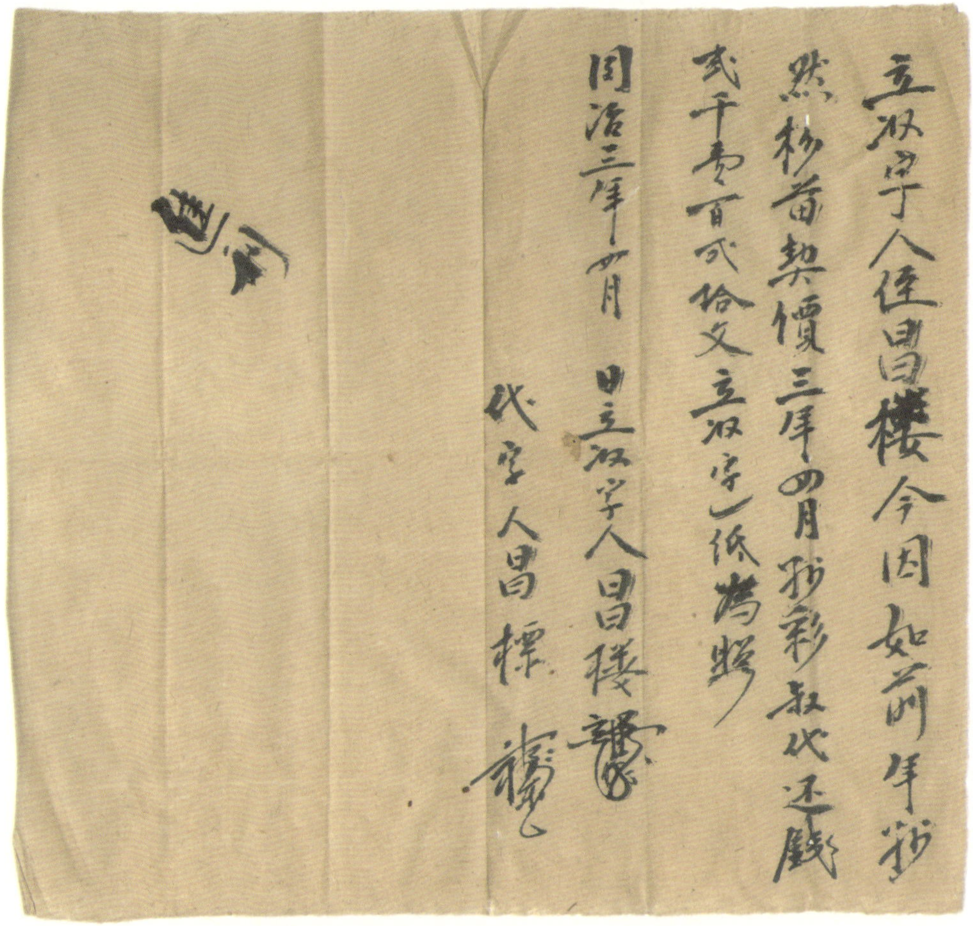

立收字人侄昌樓今因如前年扦
然杉苗契價三年四月扦彩叔代还錢
贰千壹百贰拾文立收字一紙為照
同治三年四月　日立收字人昌樓（押）
代字人昌標（押）

10-5-95-19　清同治三年四月黄昌樓立收錢字

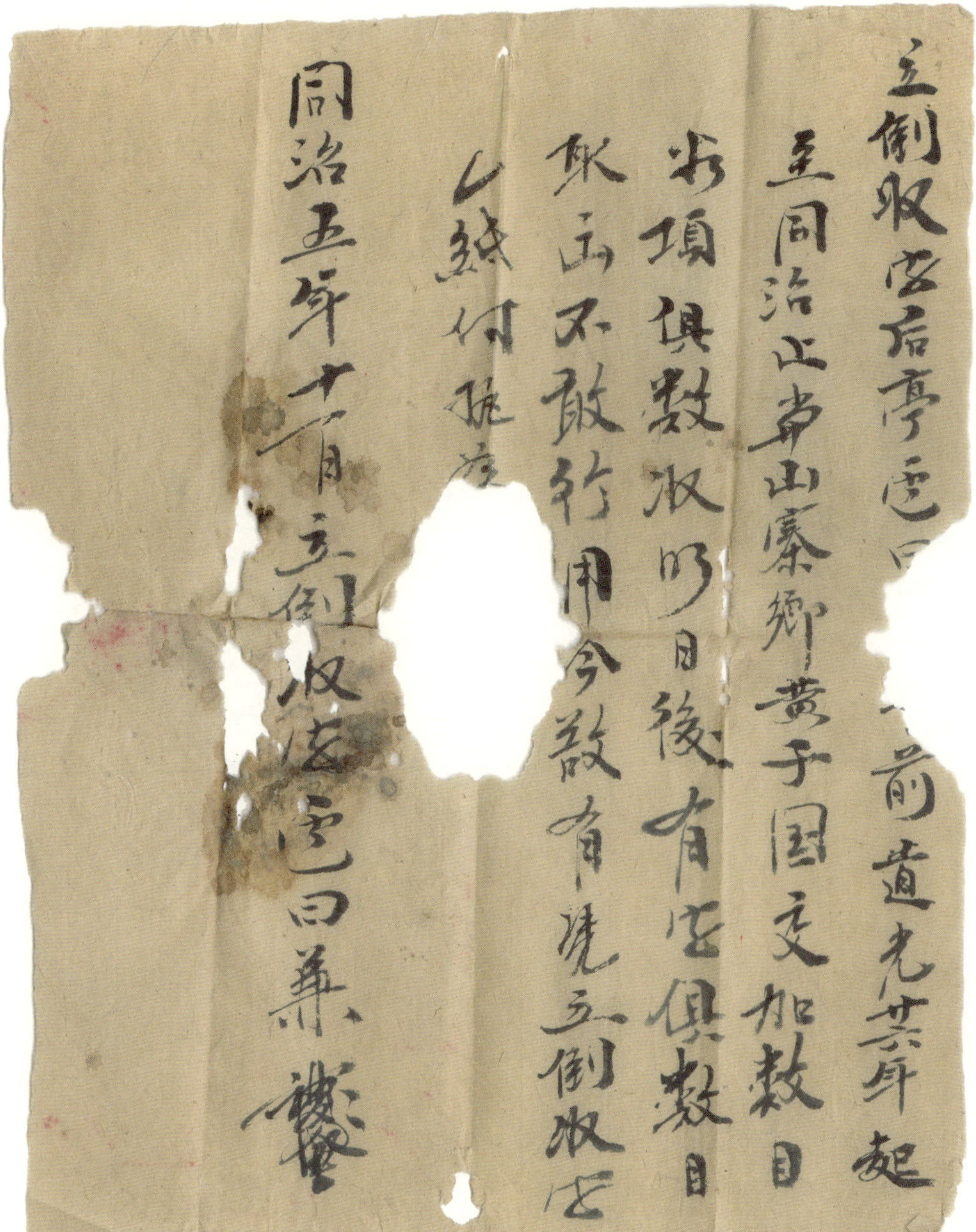
立倒收字后亭盧曰□前道光廿六年起
至同治止本山寨鄉黃子国交加數目
出項俱數收明日後有盧俱數目
取出不敢行用今欲有憑立倒收字
乙紙付照存
同治五年十一月　日立倒收字盧曰兼（押）

10-5-95-20　清同治五年十一月盧曰兼立倒收字

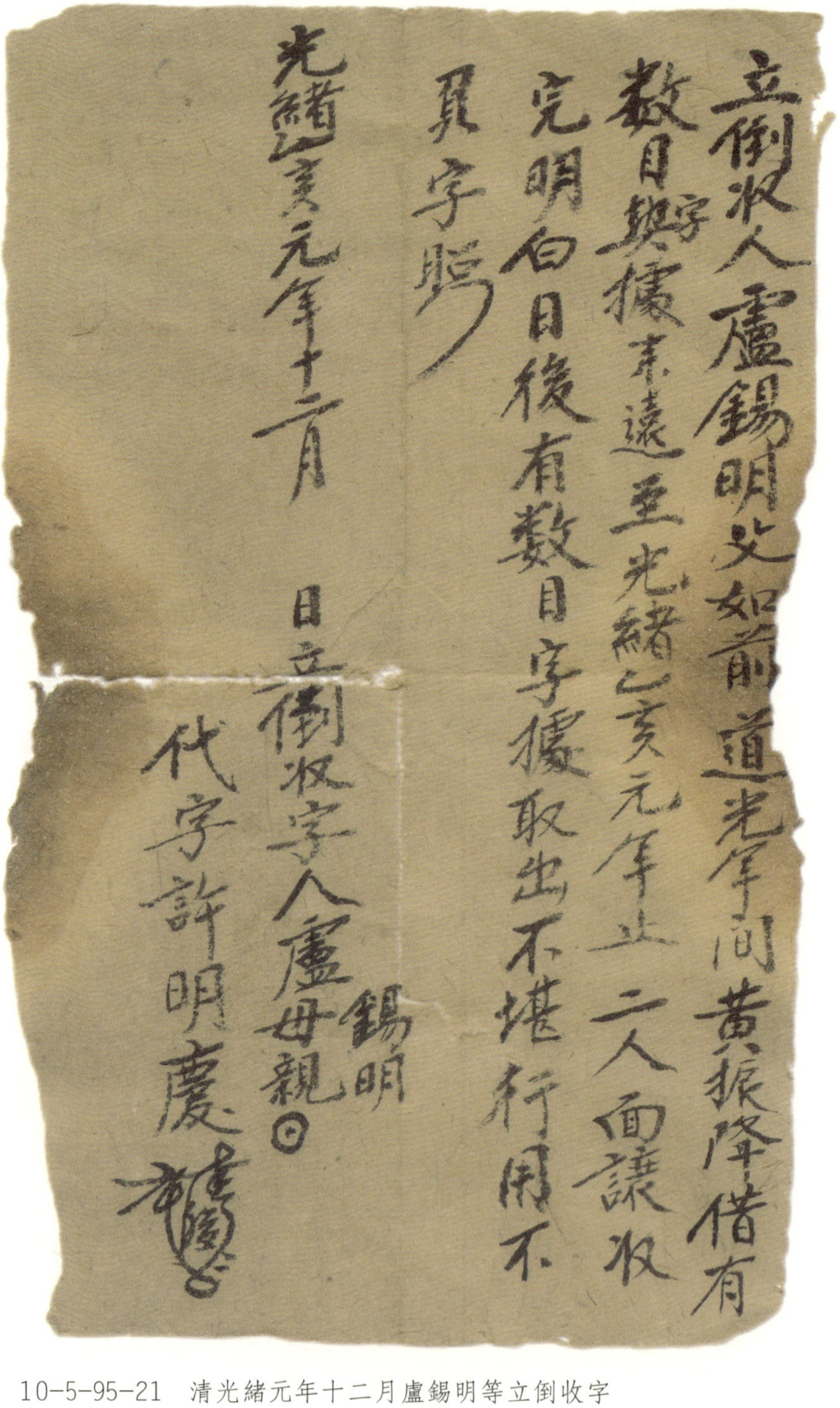

立倒收人盧錫明父如前道光年间黄振降借有
數目與字據未遠至光緒乙亥元年止 二人面讓收
完明白日後有數目字據取出不堪行用不
具字照
光緒乙亥元年十二月 日立倒收字人盧母親⊙ 錫明
代字許明慶

10-5-95-21 清光緒元年十二月盧錫明等立倒收字

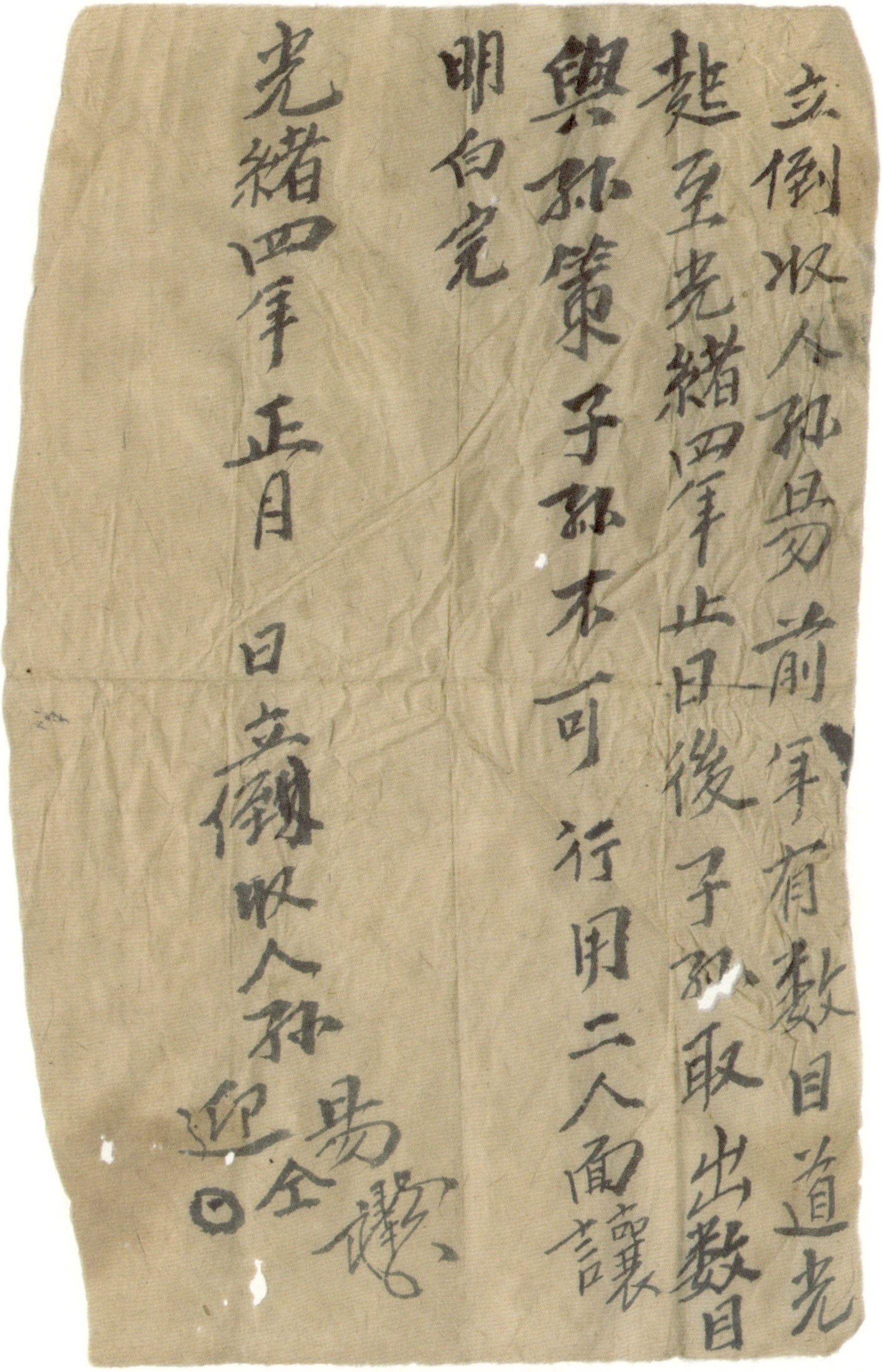
立倒收人孫昜前年有數目道光
起至光緒四年正月日後子孫取出數目
與孫策子孫不可行用二人面讓
明白完
光緒四年正月　日立倒收人孫昜
仝迎

10-5-95-22　清光緒四年正月黄孫昜等立倒收字

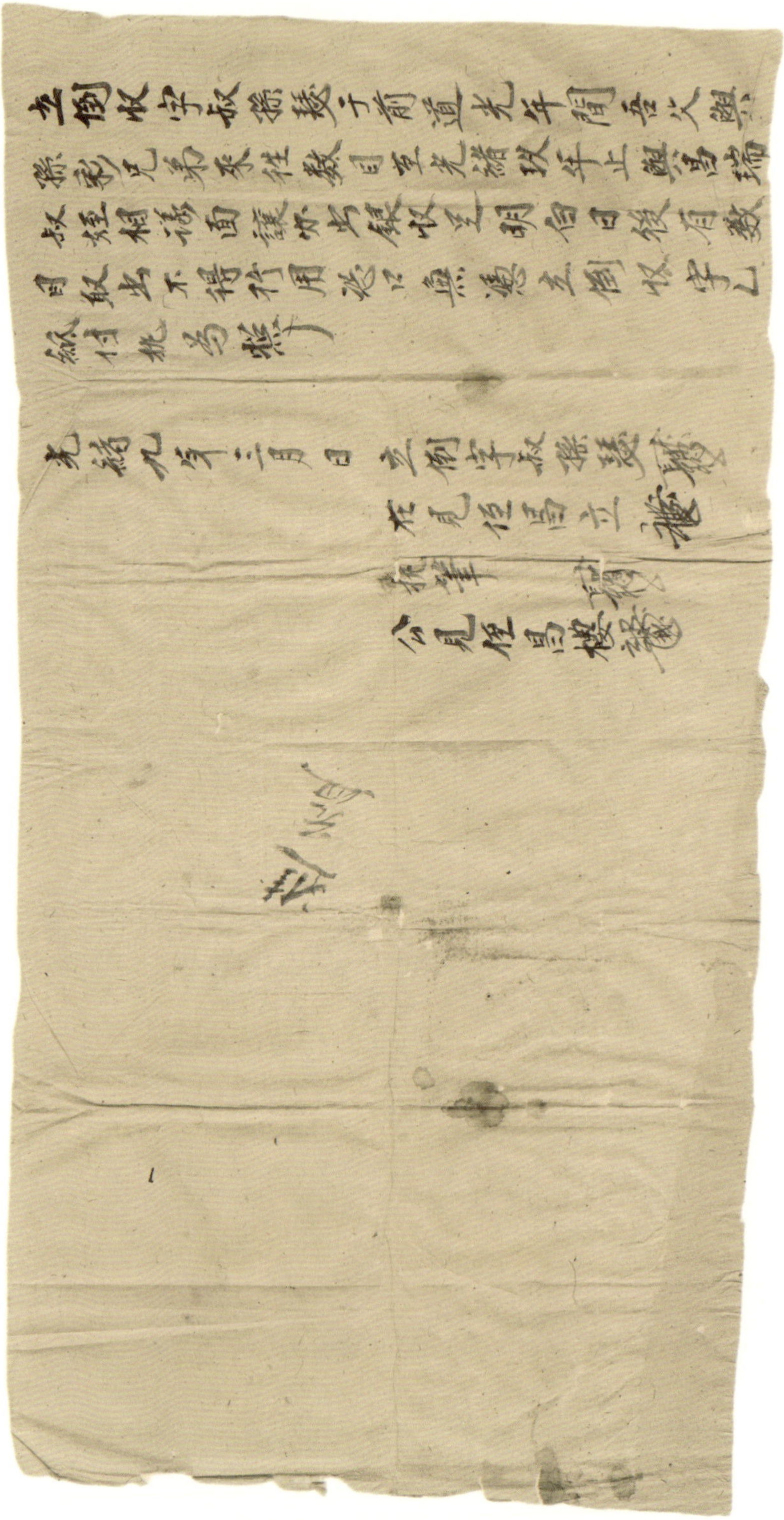

立倒收字叔孫瑟于前道光年間與父親與
孫彩兄弟來往數目至光緒玖年止與姪瑞
叔姪相議面算除出錢收足明白日後有數字
日叔出不得行用恐口無憑立倒收字乙
紙付執為照

光緒九年三月　日　立倒字叔孫瑟（押）
在見侄昌立（押）
代筆（押）
公見侄昌樓（押）

10-5-95-23　清光緒九年三月黃孫瑟立倒收字

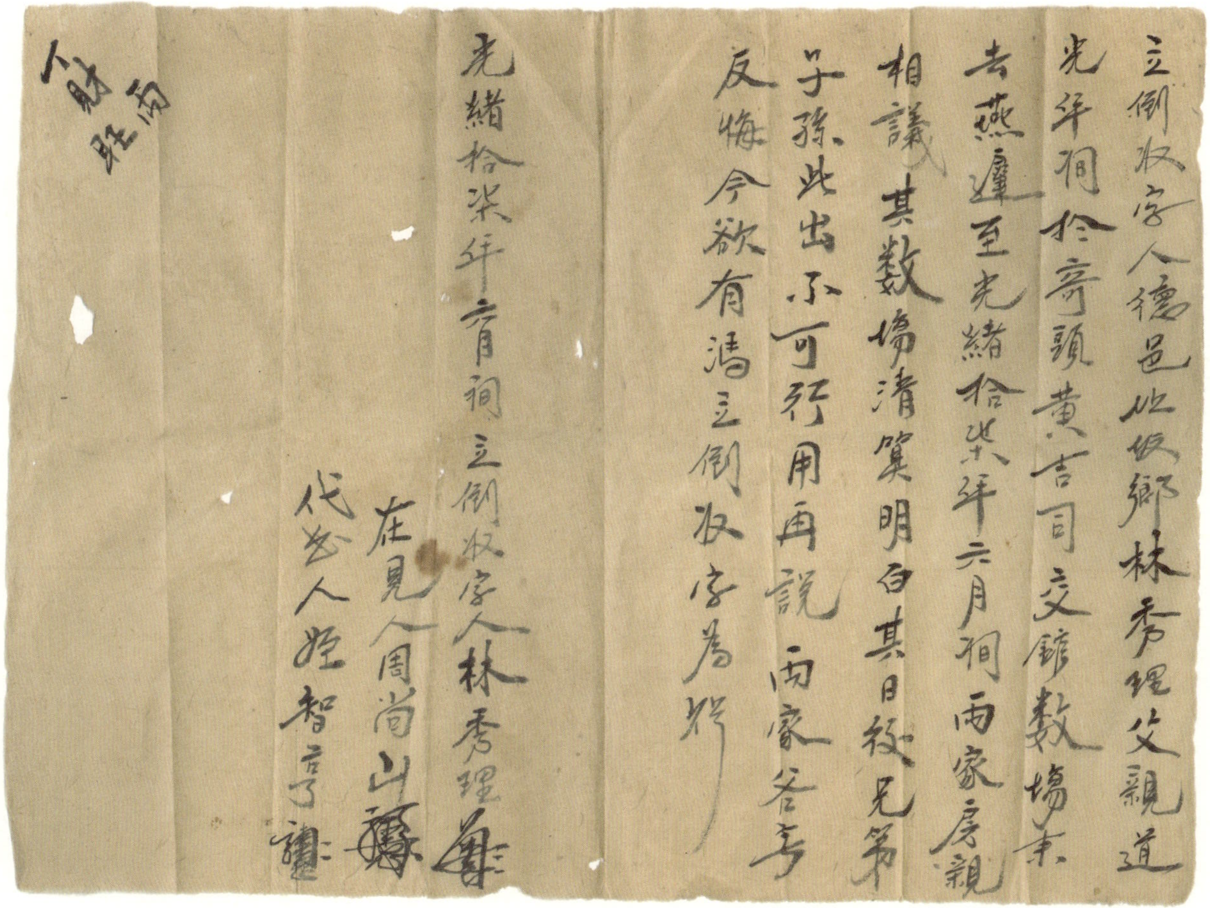

立倒收字人德邑北坂鄉林秀理父親道
光年間於奇頭黄吉司交錢數場未
去燕違至光緒拾柒年六月間兩家房親
相議其數場清算明白其日叔兄弟
子孫此出不可行用再說兩家各無
反悔今欲有憑立倒收字為炤

光緒拾柒年六月間 立倒收字人林秀理（押）

在見人周尚山（押）

代書人姪智亨（押）

10-5-95-24　清光緒十七年六月德化林秀理立倒收字

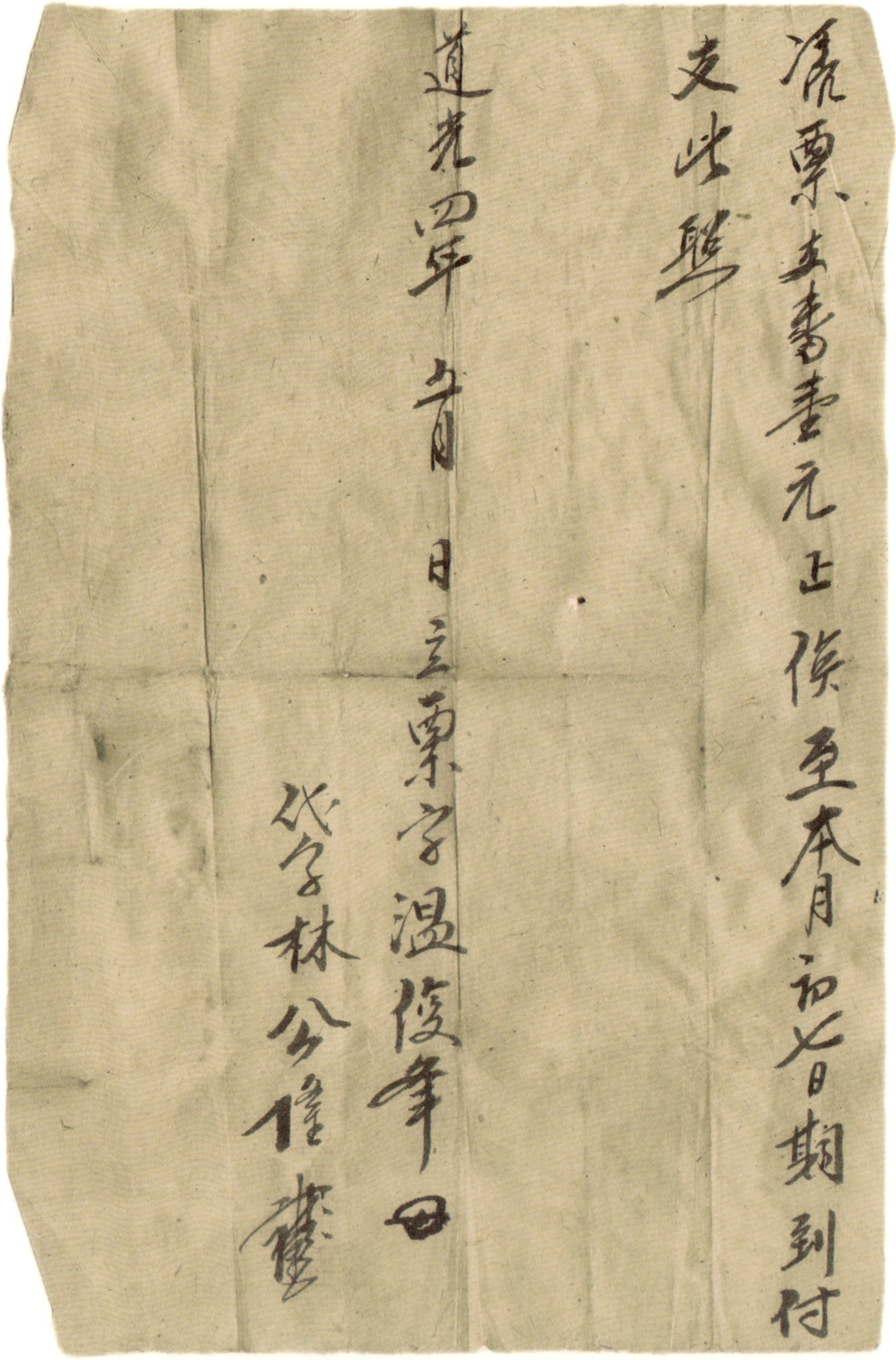

憑票支番壹元正，俟至本月初旬日期到付，
支此照。
道光四年五月　日立票字温俊夆（押）
代字林公佳（押）

10-5-96-1　清道光四年五月温俊夆立支番憑票

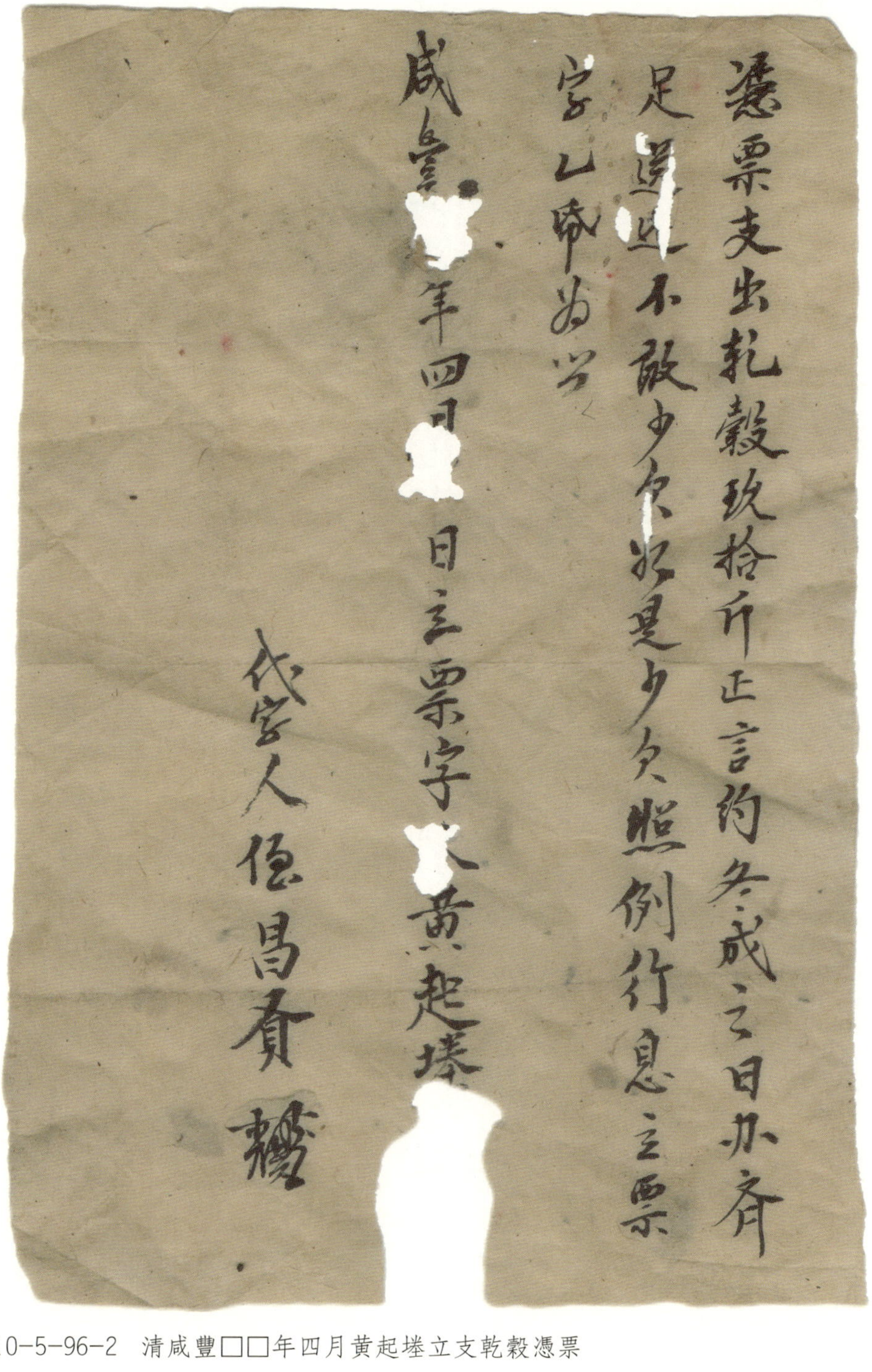

憑票支出乾穀玖拾斤正言約冬成之日亦齊
足還不敢少欠如是少欠照例行息立票
字乙紙為照
咸豐□□年四月□日立票字人黃起堘
代字人倪昌貴

10-5-96-2　清咸豐□□年四月黄起堘立支乾穀憑票

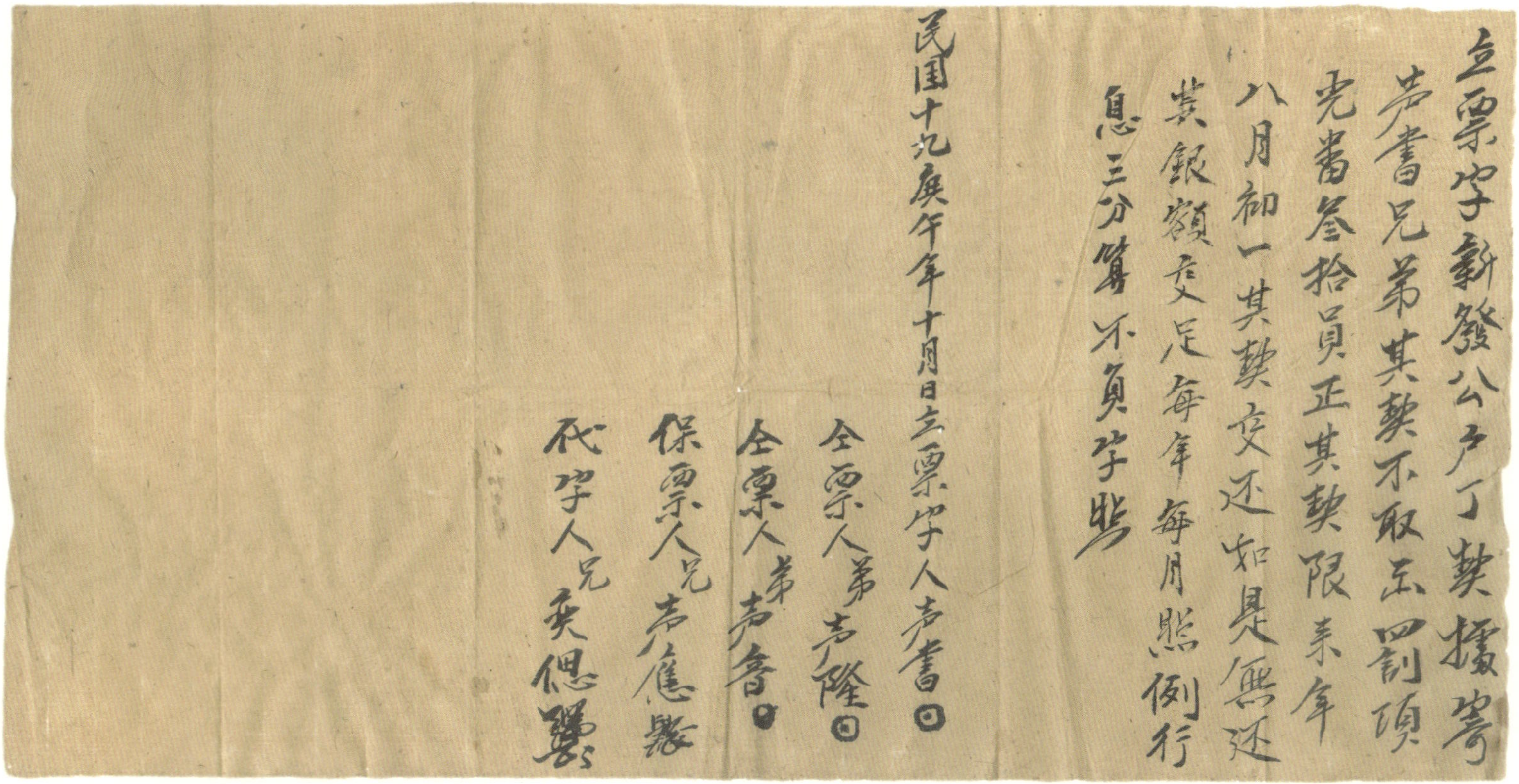

立票字新發公户丁契據寄
声書兄弟其契不取去四副頭
光番叁拾員正其契限來年
八月初一其契交还如是無还
其銀額交足每年每月照例行
息三分算不負字照

民国十九庚午年十月　日立票字人声書（押）
仝票人弟声隆（押）
仝票人弟声會（押）
保票人兄声應（押）
代字人兄奕偲（押）

10-5-96-3　民國十九年十月黃新發户丁立契據票字

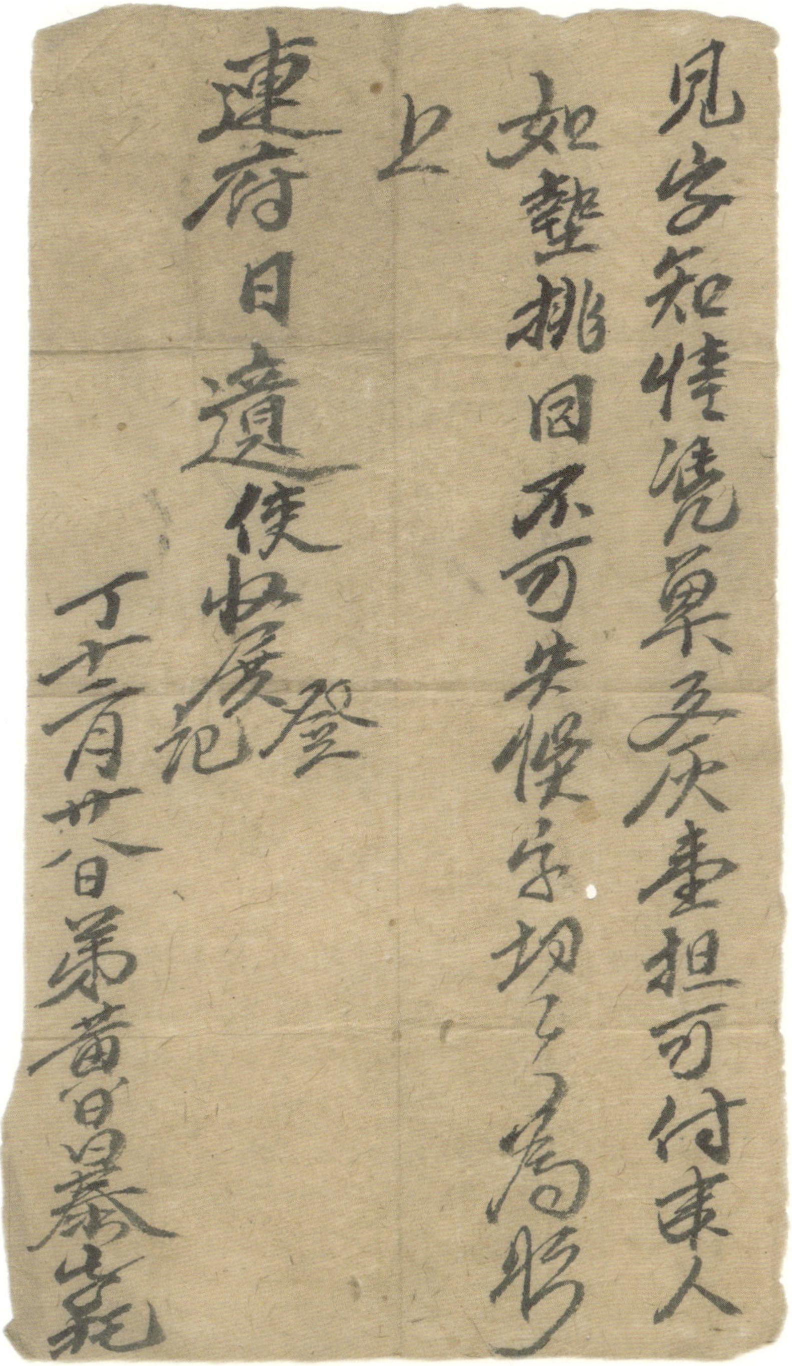
見字知情凭票支灰壹担可付來人
如數挑回不可失悮字切之爲將
上
建府日遺使收房登記
丁十二月廿六日弟黃昌泰字

10-5-96-4　黄昌泰立支灰憑票（年代不詳）

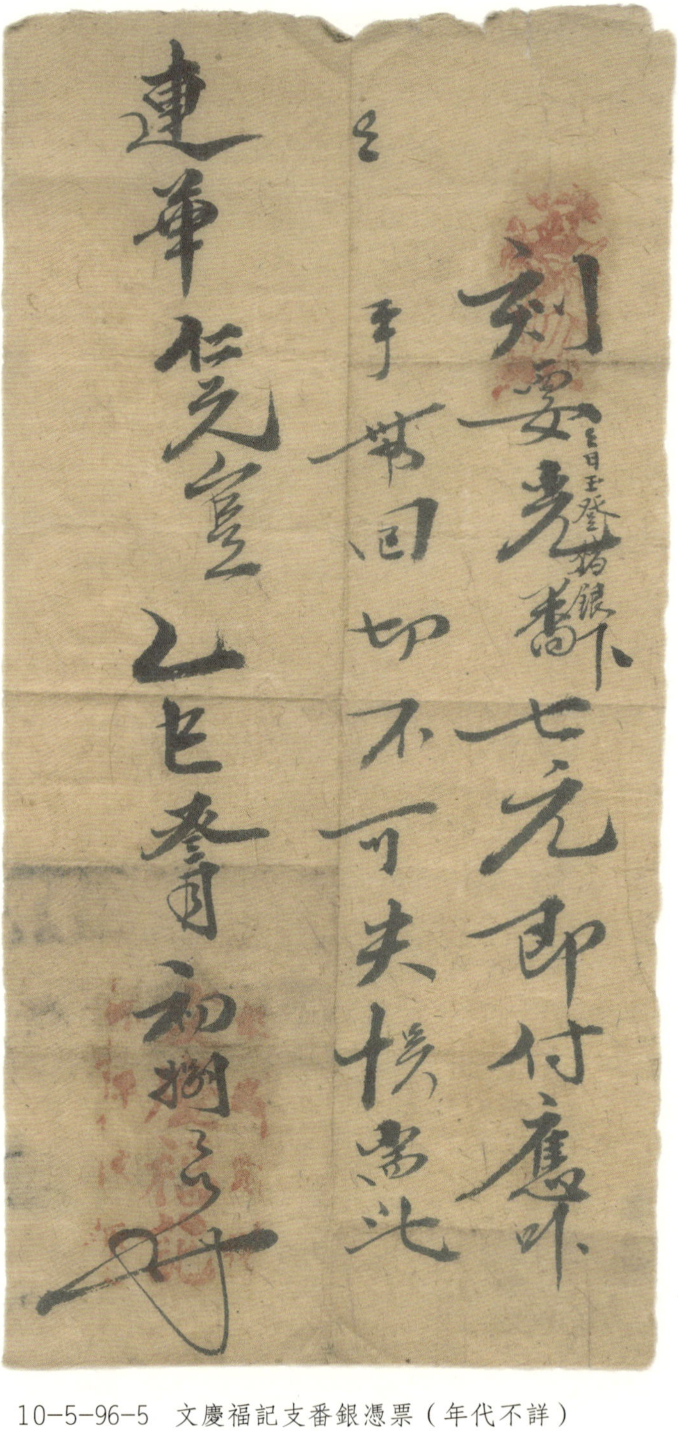

10-5-96-5　文慶福記支番銀憑票（年代不詳）

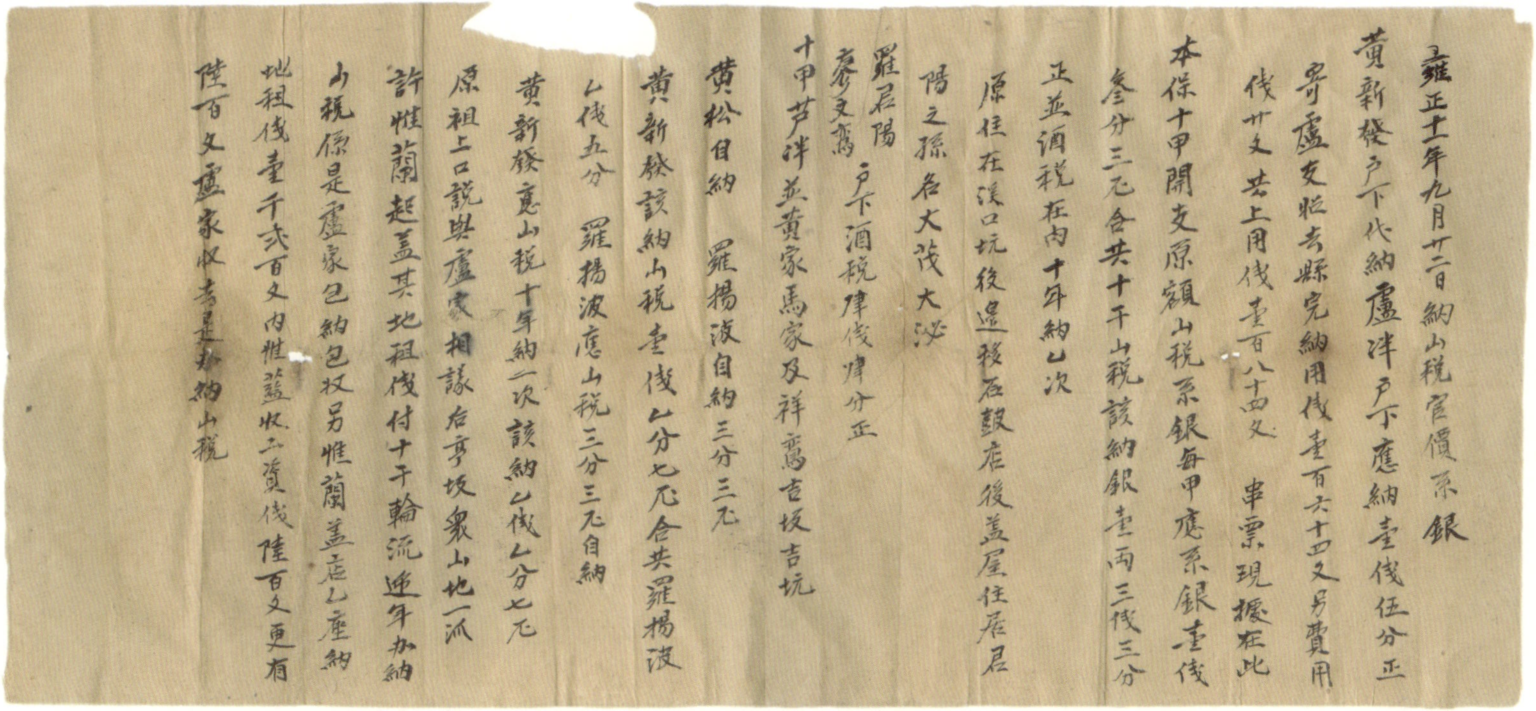
雍正十一年九月廿二日納山稅官價系銀
黃新發戶下代納盧泮戶下應納壹錢伍分正
另盧友粃去縣完納用錢壹百六十四文另費用
錢廿文 共上用錢壹百八十四文 串票現據在此
本保十甲開支原額山稅系銀每甲應系銀壹錢
叁分三厘合共十千山稅該納銀壹兩三錢三分
正並酒稅在內十年納山次
原住在溪口坑後退移石鼓庵後蓋屋住居君
陽之孫名大茂大沙
羅君陽
參文鳶 戶下酒稅肆錢肆分正
十甲芦泮並黃家馬家及祥鳶吉坂吉坑
黃松自納 羅揚波自納三分三厘
黃新發該納山稅壹錢四分七厘合共羅揚波
四錢五分 羅揚波應山稅三分三厘自納
黃新發應山稅十年納一次該納四錢四分七厘
原祖上口說與盧家相議后亭坂衆山地一派
許惟蘭起蓋其地租錢付十千輪流逐年加納
山稅係是盧家包納包收另惟蘭蓋庵乙座納
地租錢壹千弍百文內惟蘭收二貫錢陸百文更有
陸百文盧家收去是抵納山稅

10-5-97-1 清雍正十一年九月后亭保山酒稅賬單

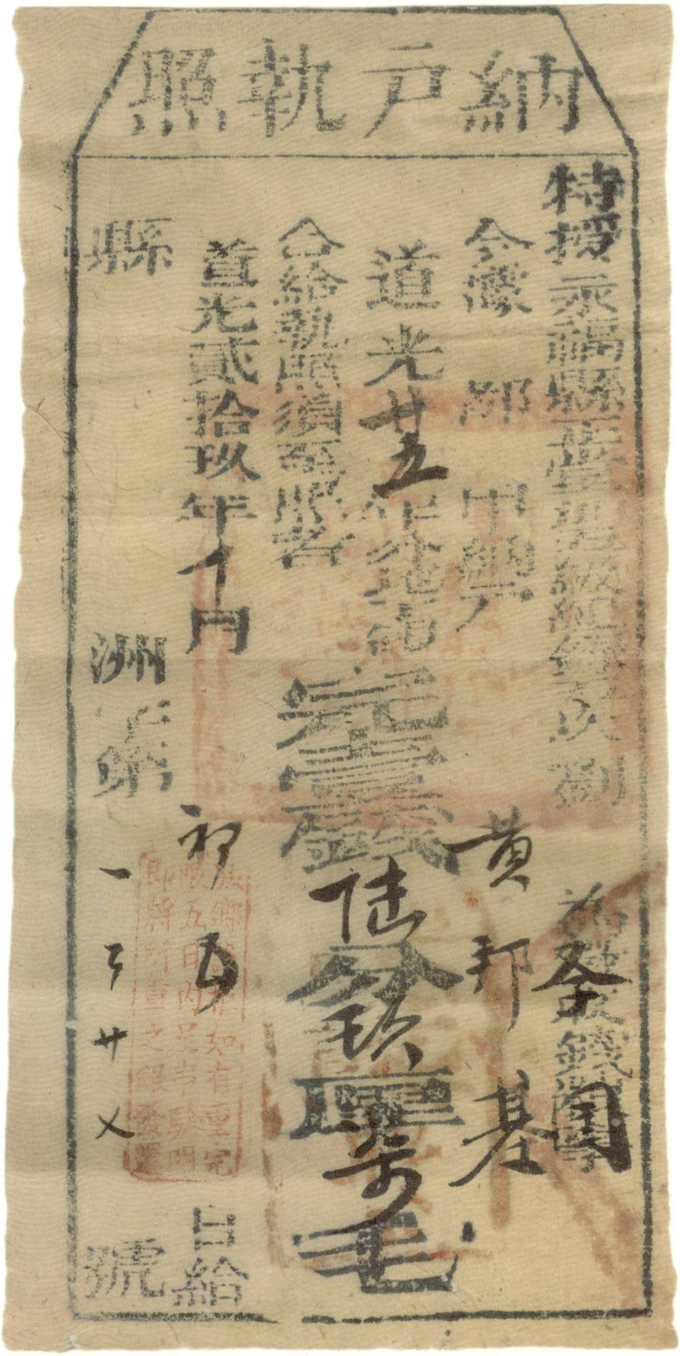

納戶執照

特授永福縣正堂加[illegible]級紀錄[illegible]次劉 為[illegible]
今據 都 甲納戶 黃邦基
道光廿五年[illegible]
合給執照須至照者
道光貳拾玖年十月 初五日給
縣 洲 號

10-5-97-2　清道光二十九年十月黄邦基户纳税執照

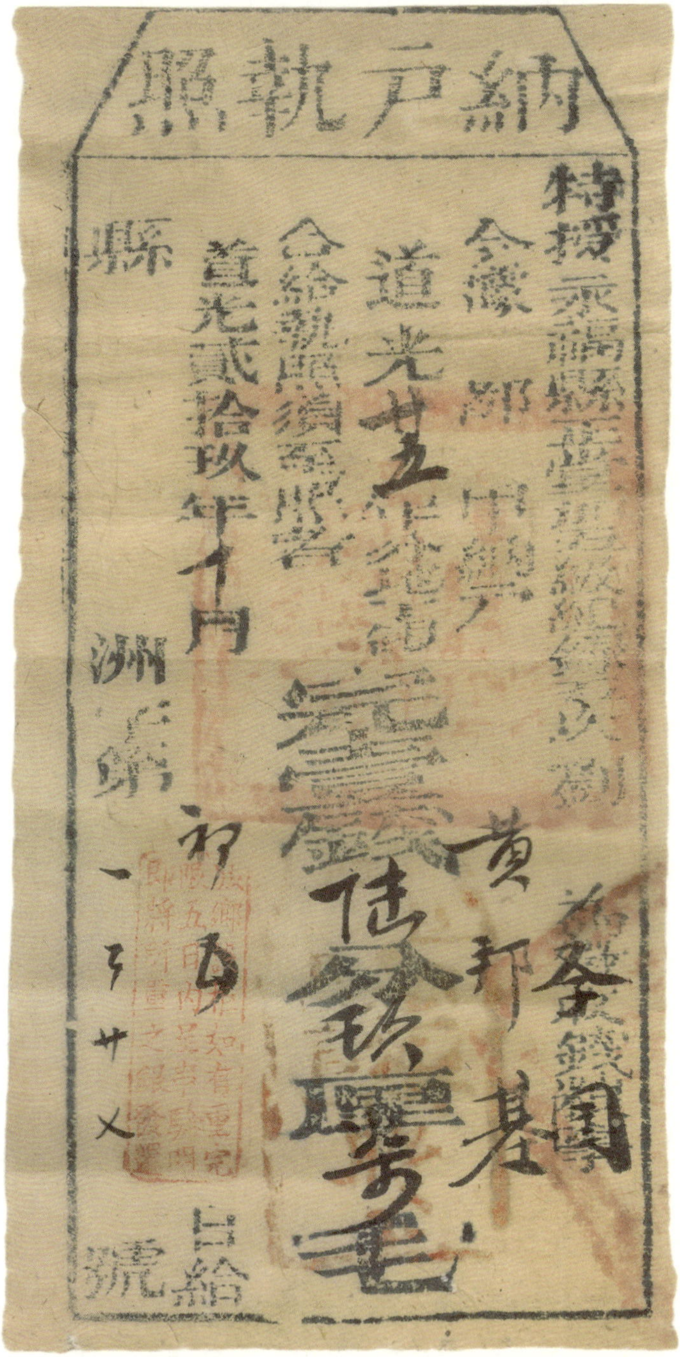

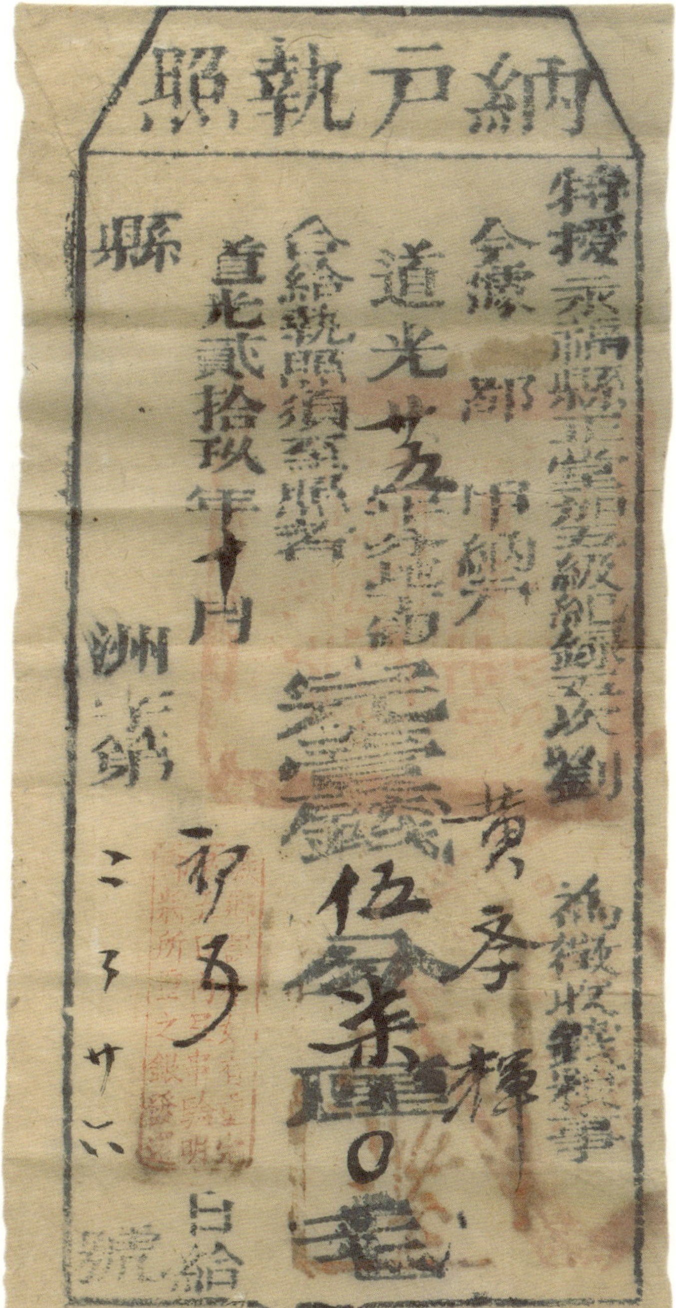

納戶執照

特授永福縣正堂加五級紀錄五次劉　為徵收錢糧事

今據　都　甲納戶黃孝輝

道光

合給執照須至照者

道光貳拾玖年十月初五日

縣

10-5-97-3　清道光二十九年十月黄孝輝户納税執照

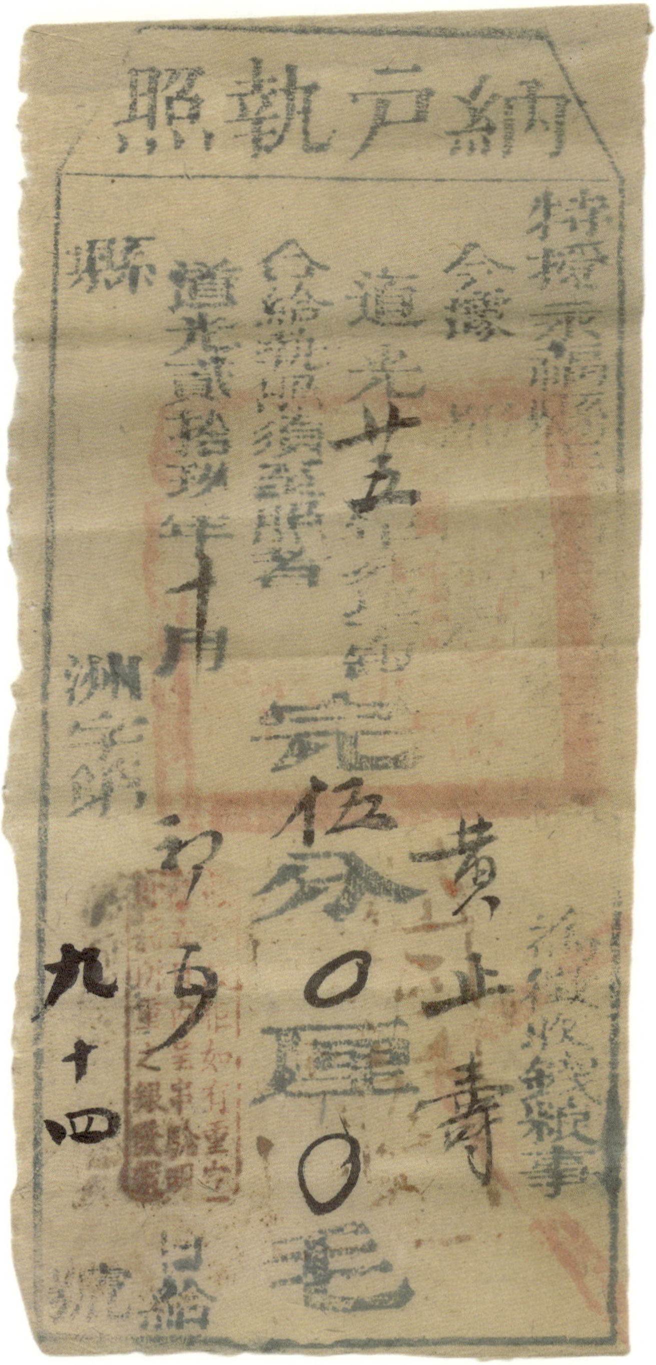
納戶執照

特授永福縣正堂

今據

道光廿五年……元伍分〇厘〇毫

黃正壽

合給執照須至照者

道光貳拾玖年十月初五日給

九十四

10-5-97-4　清道光二十九年十月黃正壽户納税執照

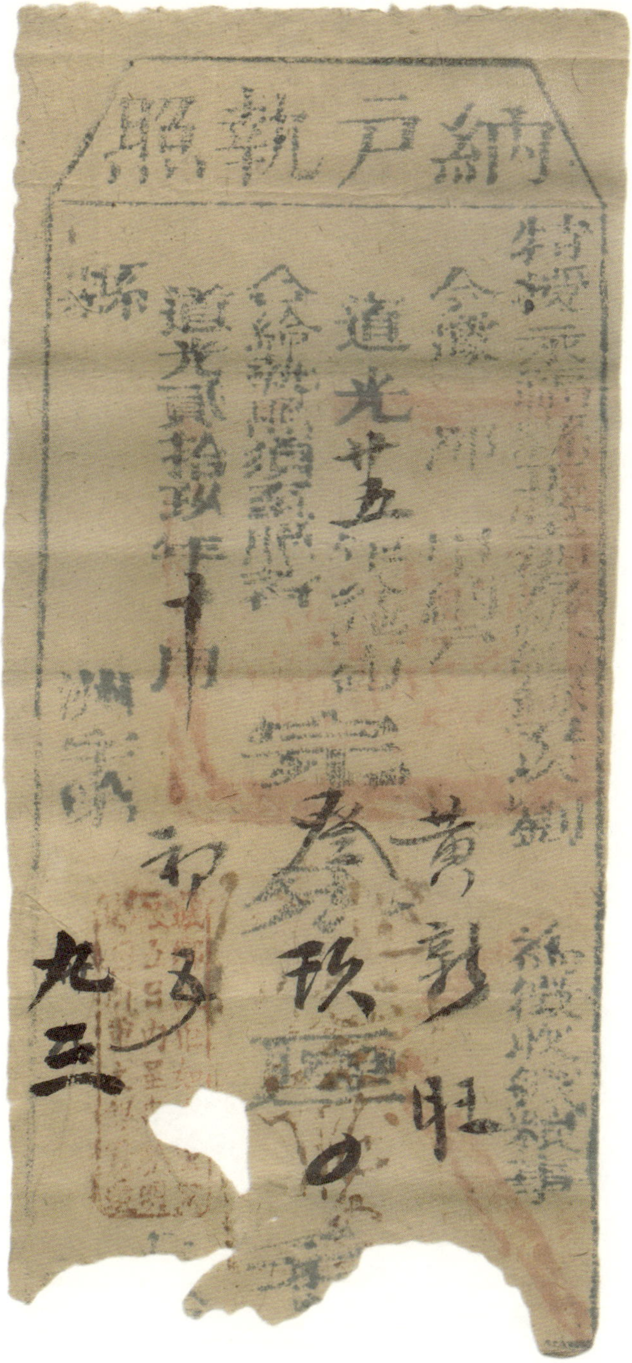

10-5-97-5 清道光二十九年十月黄新旺户納税執照

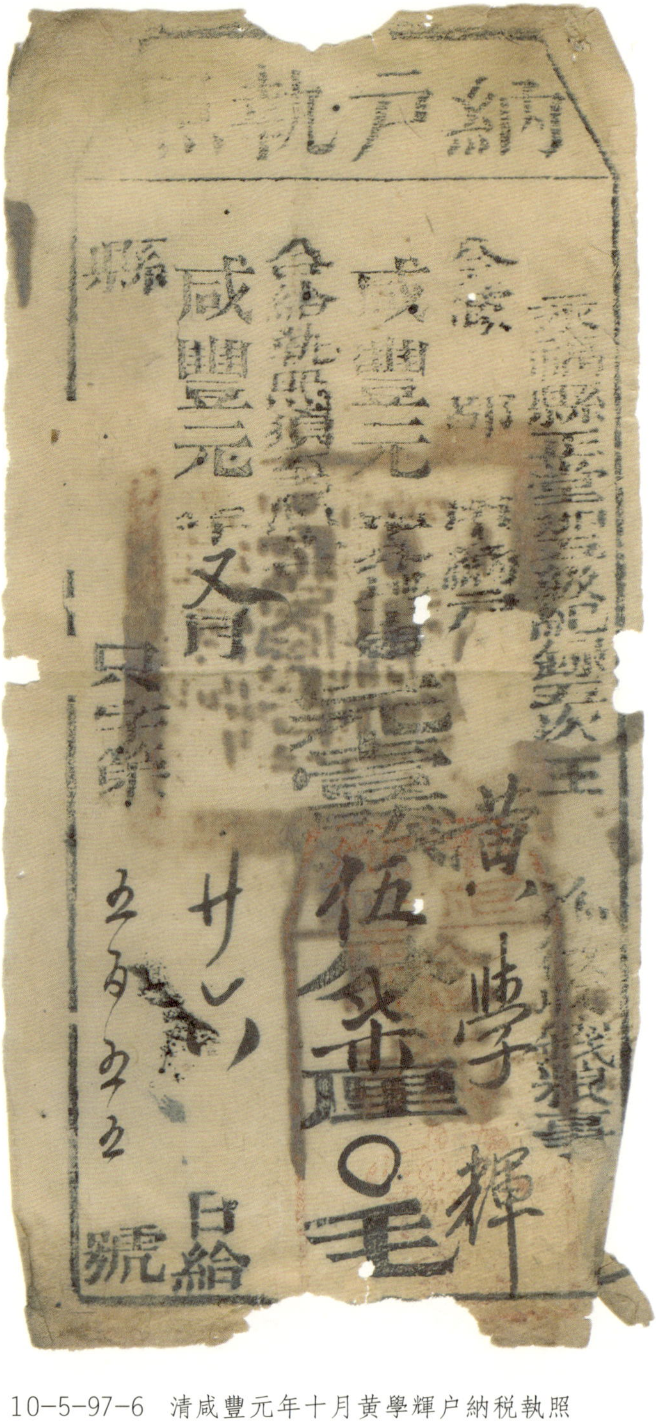
納戸執照
咸豐元 年 月 日給

10-5-97-6　清咸豐元年十月黄學輝户納税執照

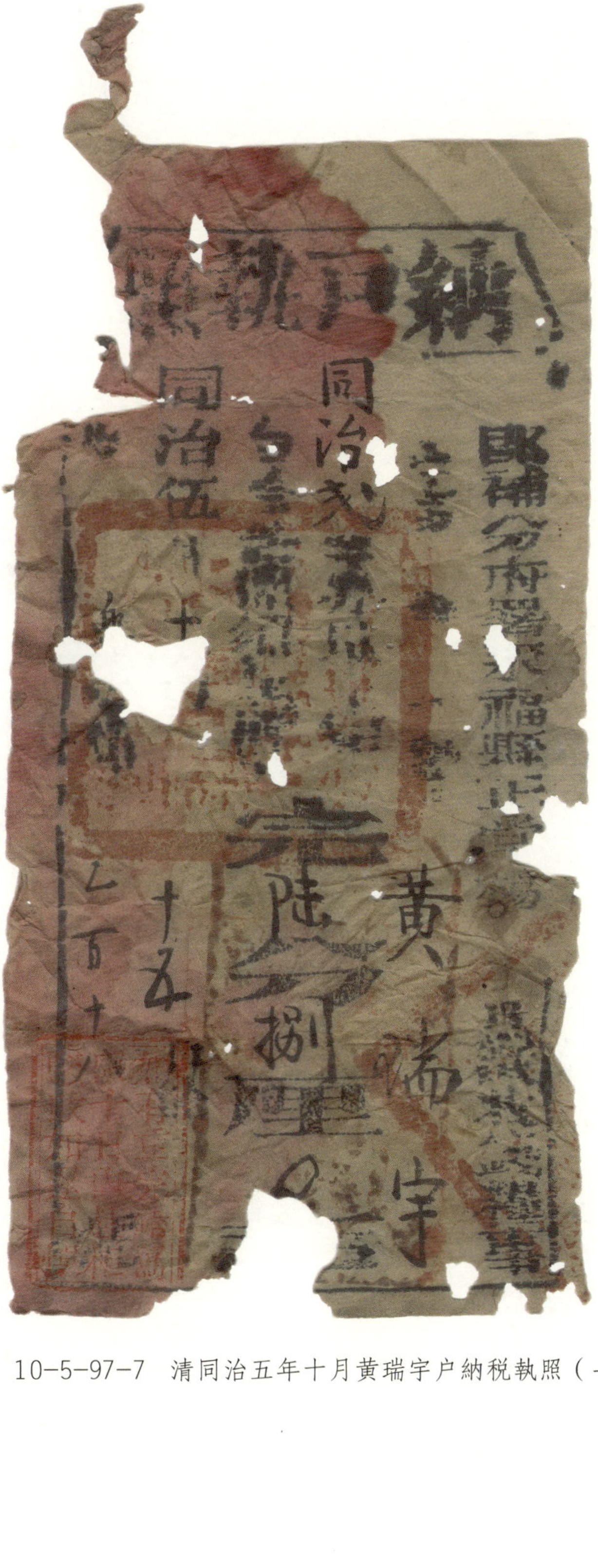

10-5-97-7　清同治五年十月黄瑞宇户納税執照（一）

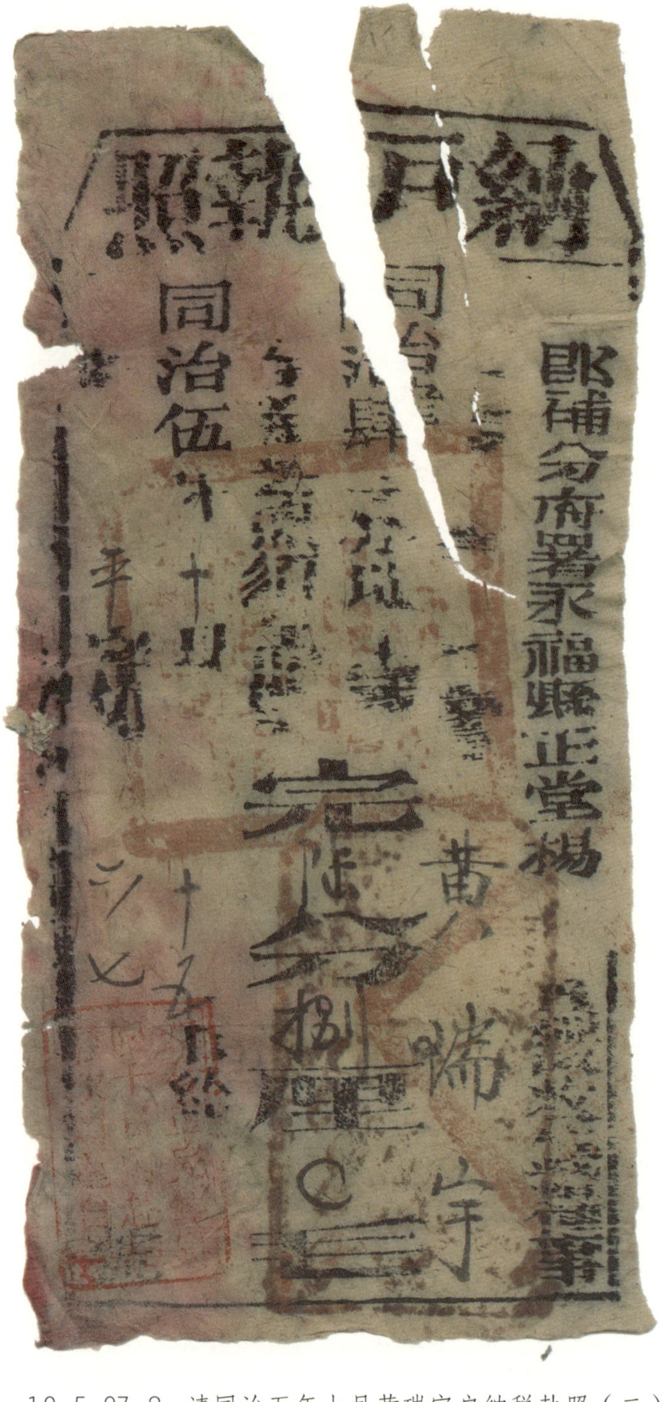

10-5-97-8　清同治五年十月黄瑞宇户納税執照（二）

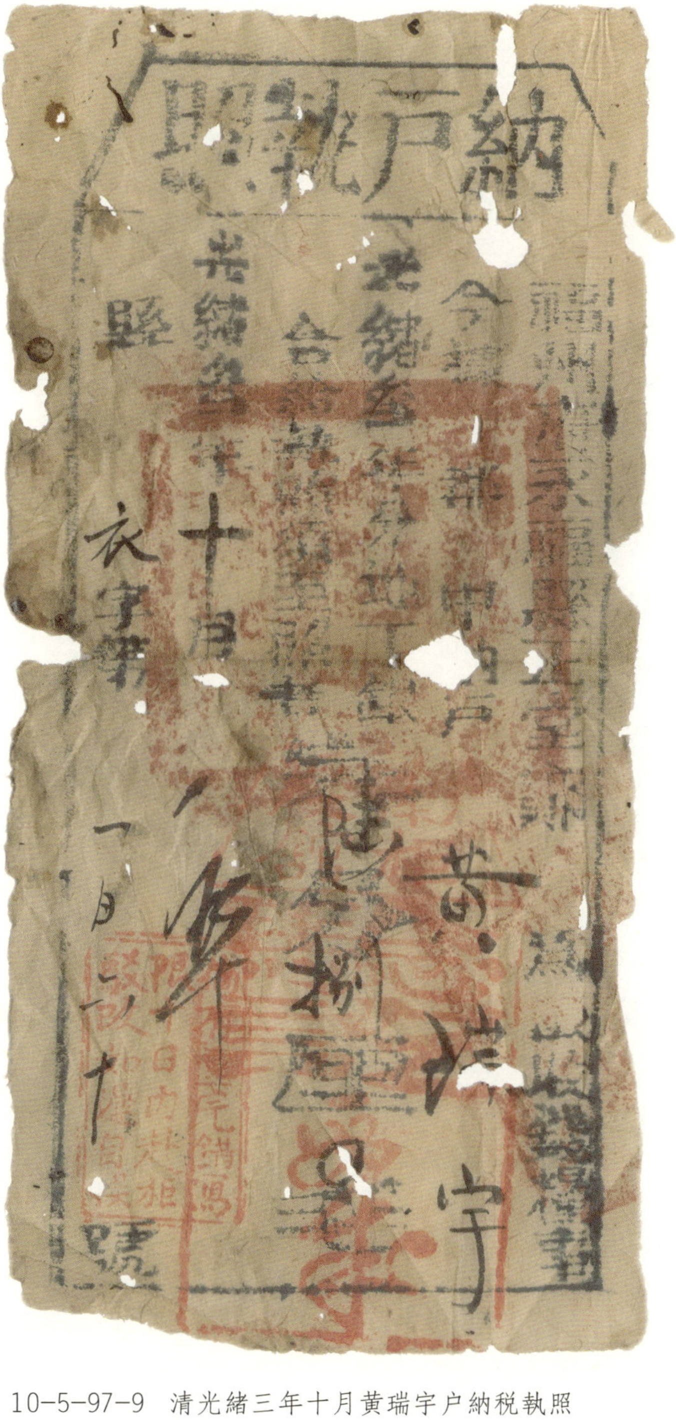

10-5-97-9　清光緒三年十月黃瑞宇戶納稅執照

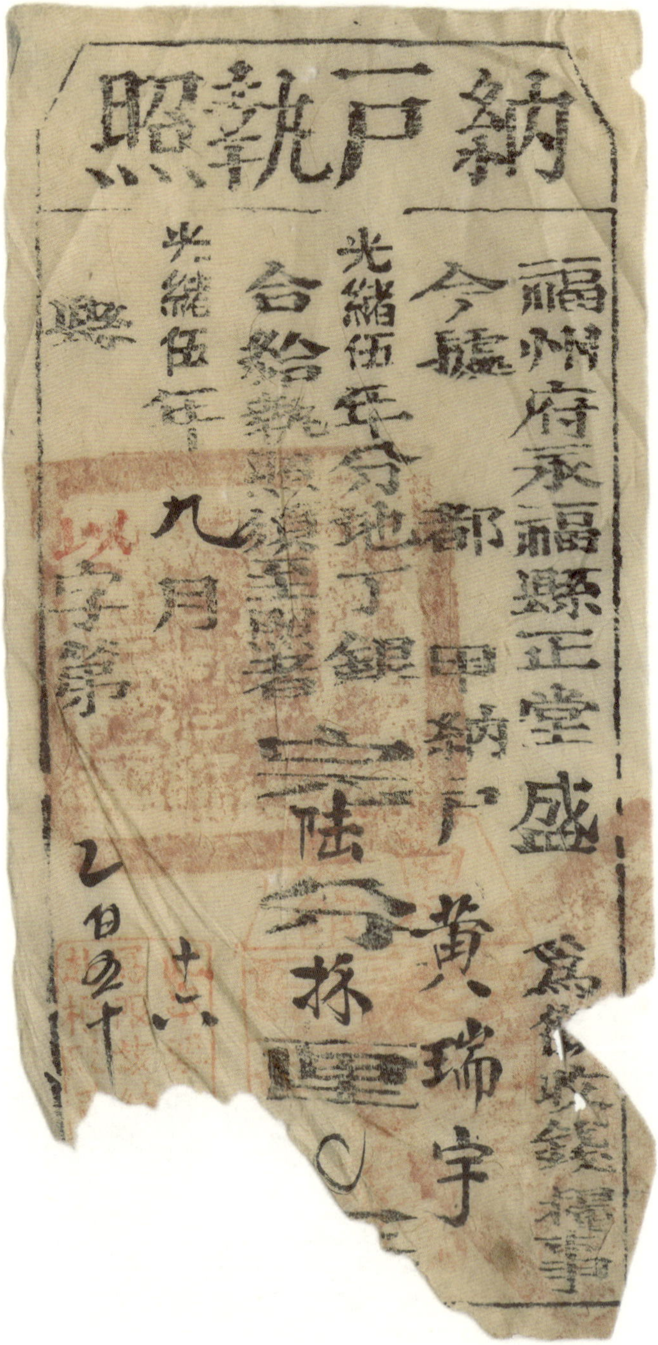
納户執照
福州府永福縣正堂盛　為徵收錢糧事
今據　都　甲納户　黄瑞宇
光緒伍年分地丁銀　三陸分柒釐〇
合給執照須至票者
光緒伍年　九月　十六　日
票　字第二百五十

10-5-97-10　清光緒五年九月黄瑞宇户納税執照

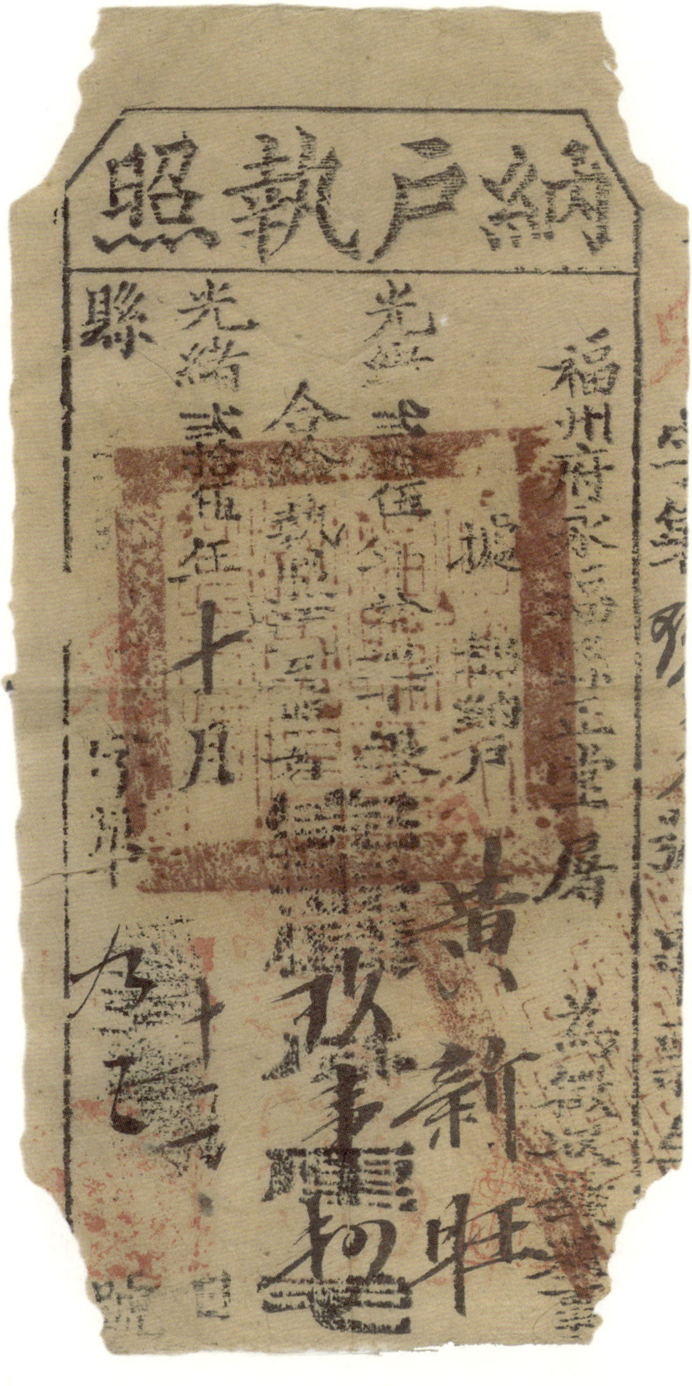
納戶執照

10-5-97-11　清光緒二十五年十月黃新旺户納稅執照

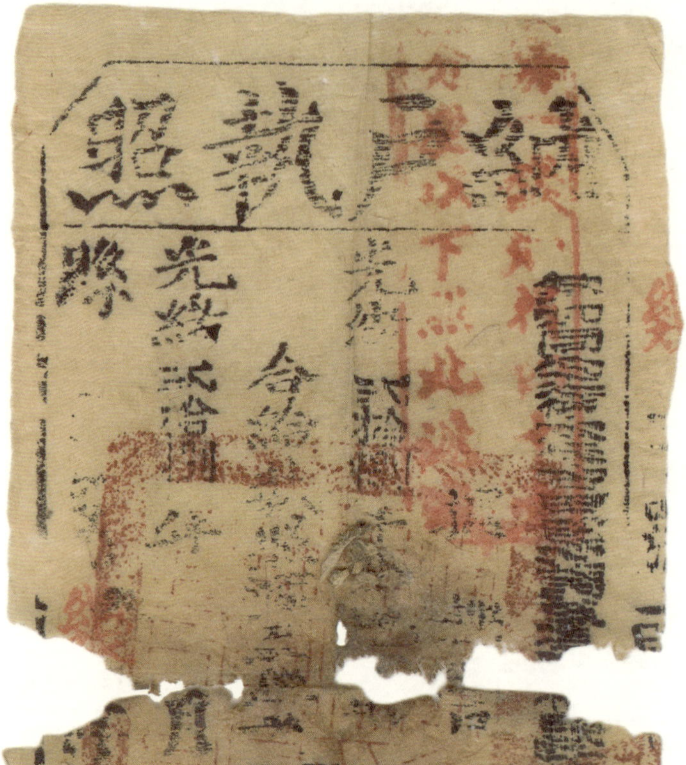

10-5-97-12　清光緒二十八年黄新旺户納稅執照

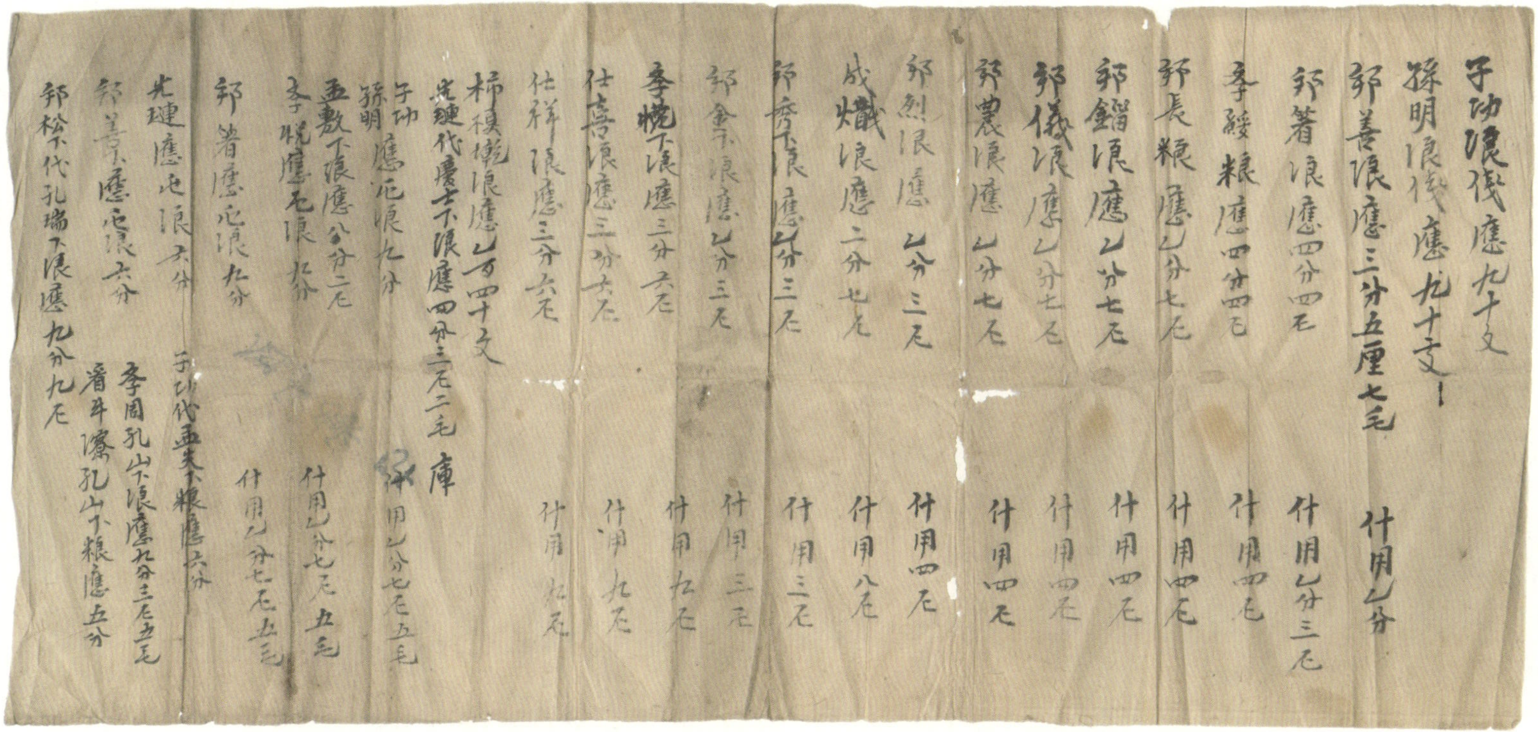

10-5-97-13　黄子功等税糧賬單（年代不詳）

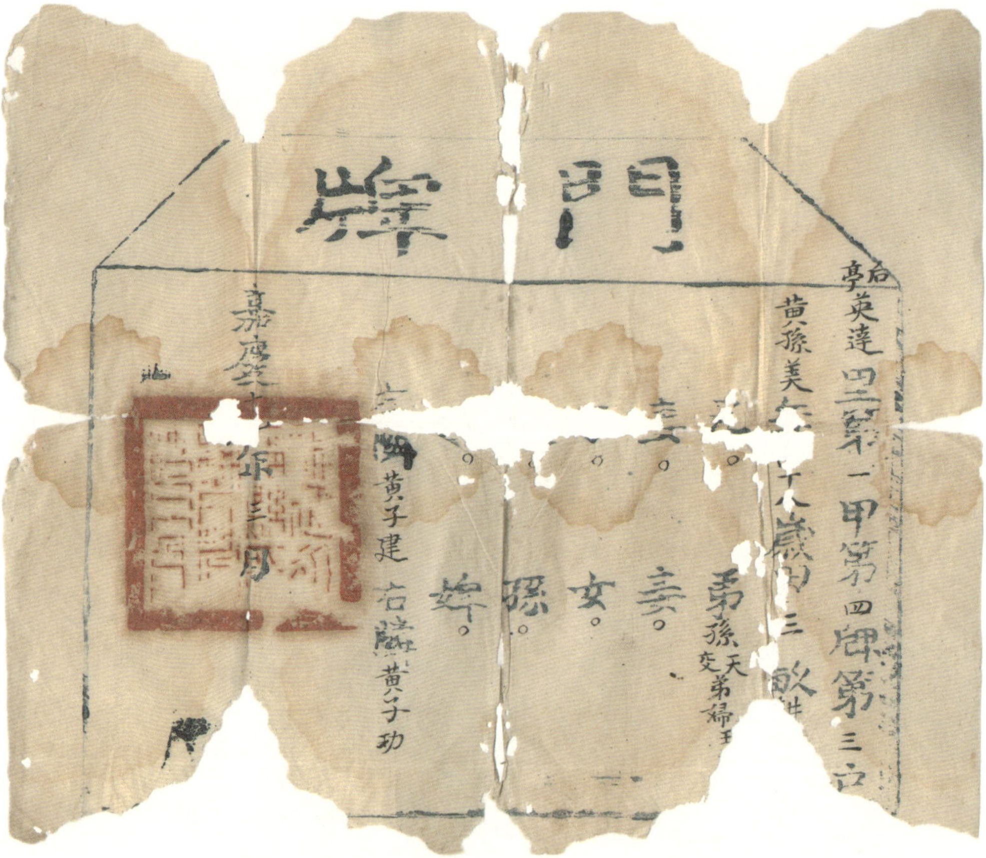
門牌

后亭英達四三都第一甲第四牌第三戶

黄孫美……十八歲……三……

弟孫天 交弟婦王

妻。

女。

孫。

婢。

左鄰黄子建 右鄰黄子功

嘉慶……

10-5-98-1　清嘉慶十九年三月黄孫美門牌

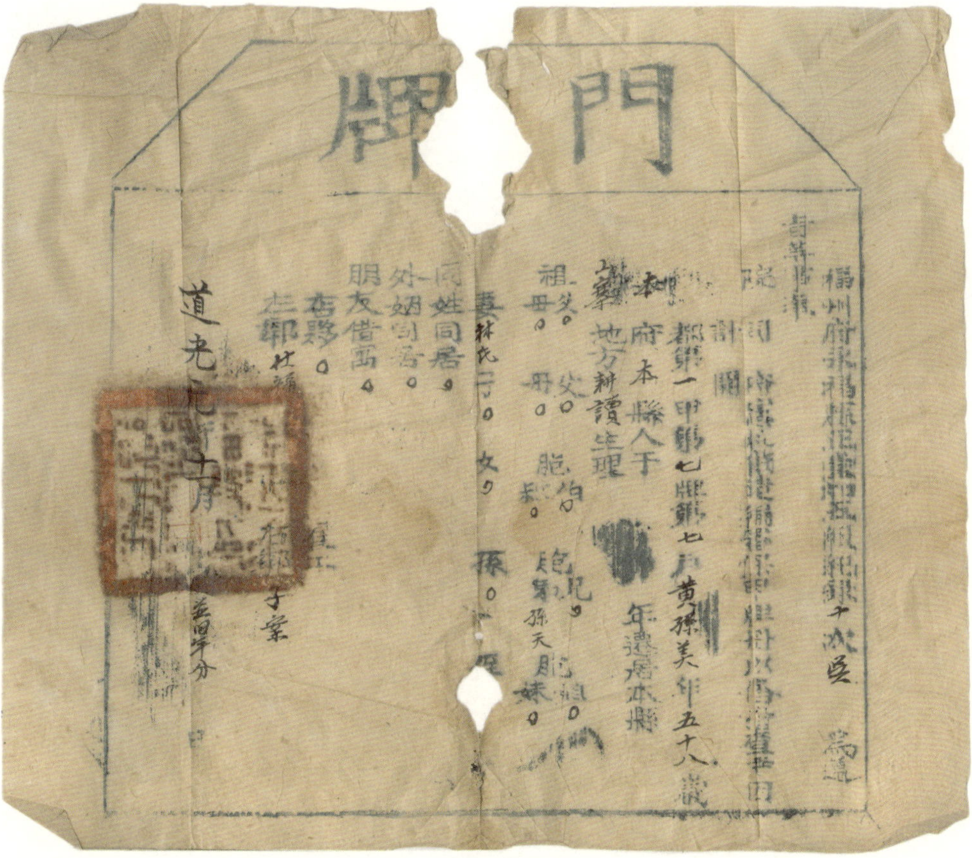
門牌

都第一甲第七牌第七戶黃孫美年五十八歲

本府本縣人于　年遷居本縣

地方耕讀生理

同姓同居

外姻同居

朋友借居

道光元年十一月

10-5-98-2　清道光元年十一月黃孫美門牌

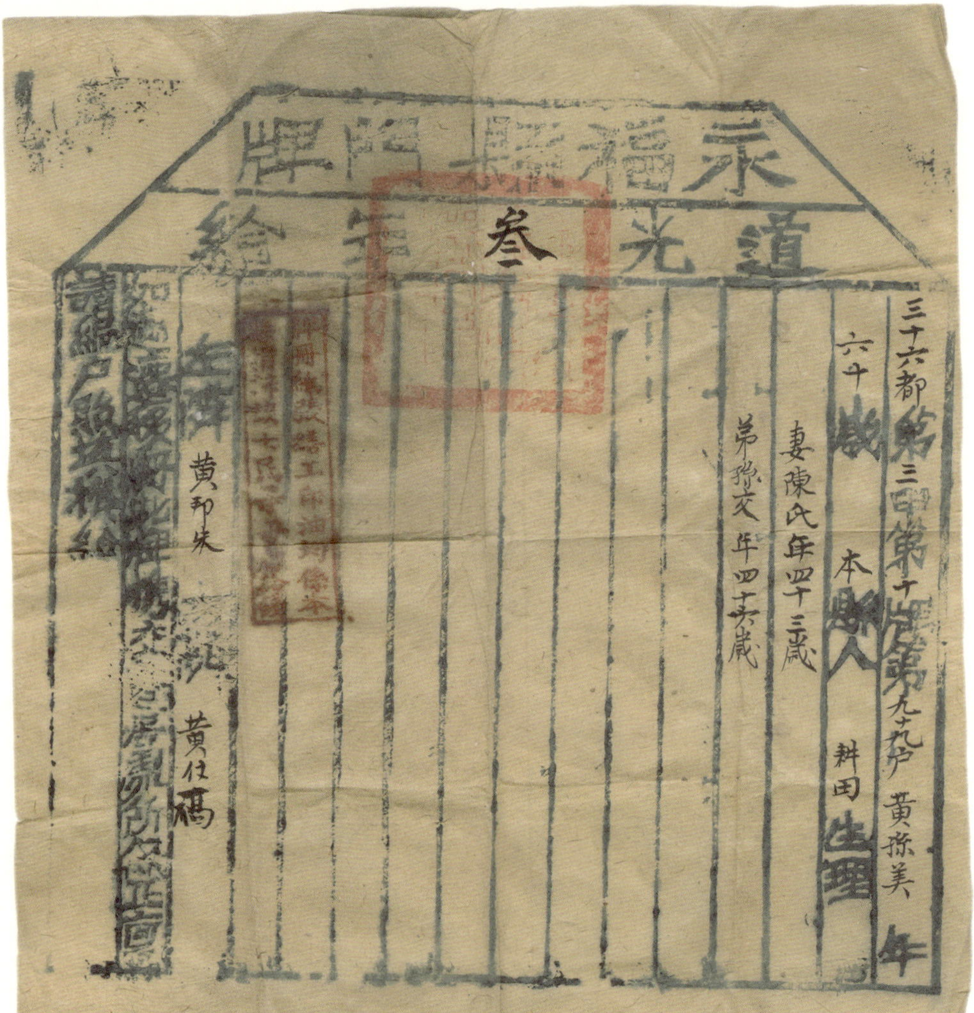

10-5-98-3 清道光三年黄孫美門牌

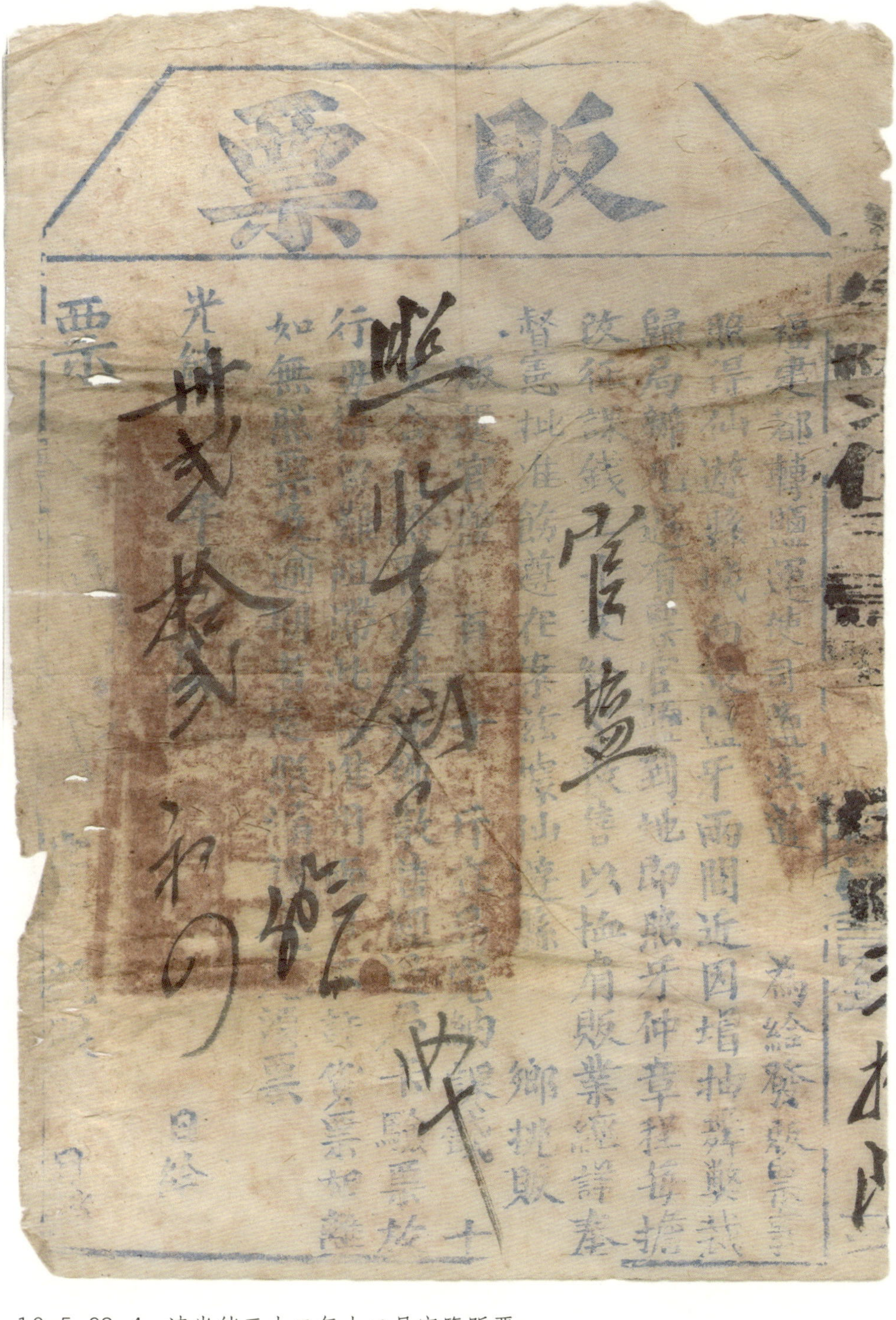
販票

10-5-98-4　清光緒三十二年十二月官鹽販票

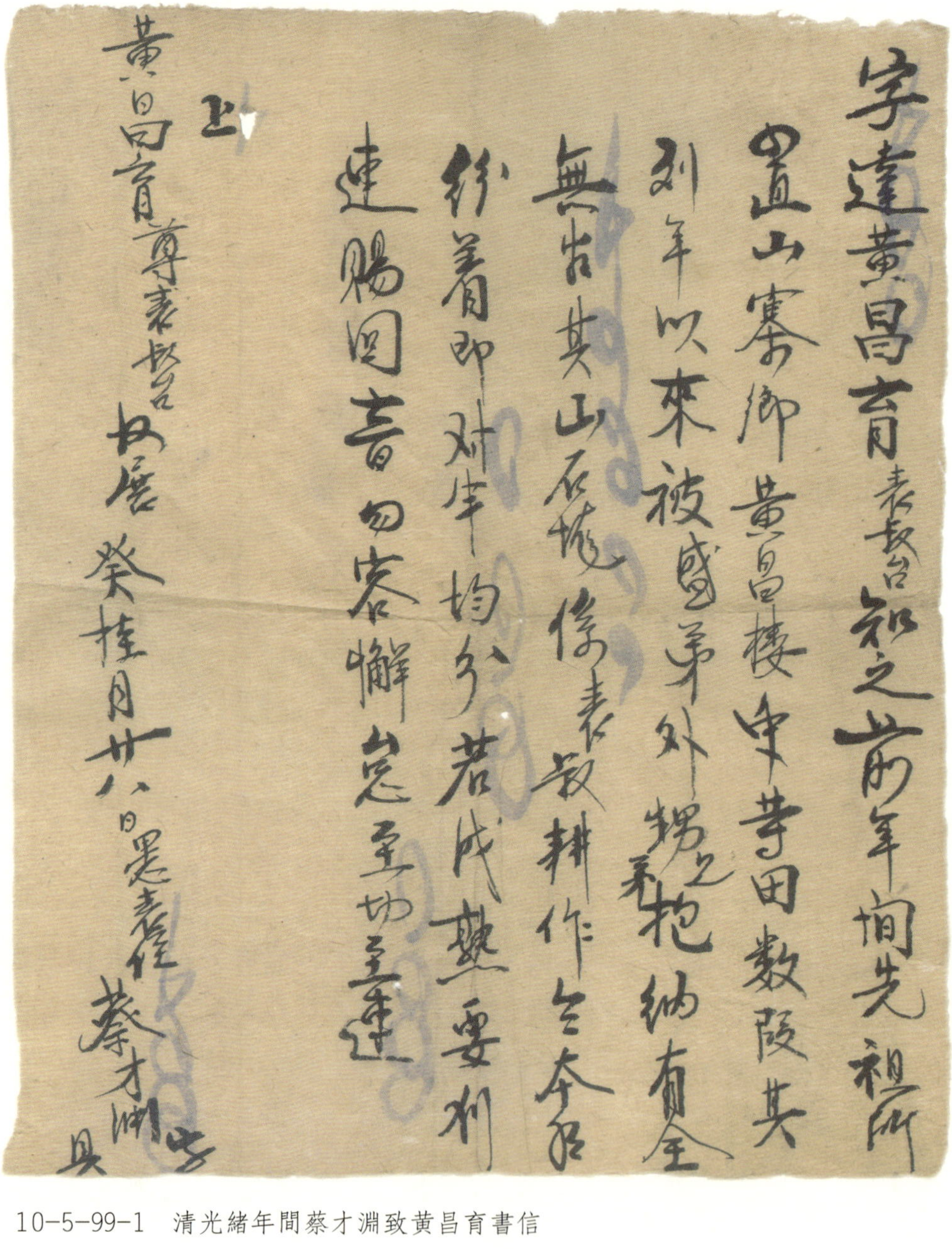
字達黃昌育表叔台知之：前年間先祖所置山寨鄉黃昌樓東畔田數段，其列年以來被盛弟外甥之弟抱納，有全無出其山底塘，係表叔耕作，今承約着即對半均分，若成契要利，速賜回音，勿容懈怠，至切至達。

上

黃昌育尊表叔台 收啟

癸桂月廿八日愚表侄蔡才淵具

10-5-99-1　清光緒年間蔡才淵致黃昌育書信

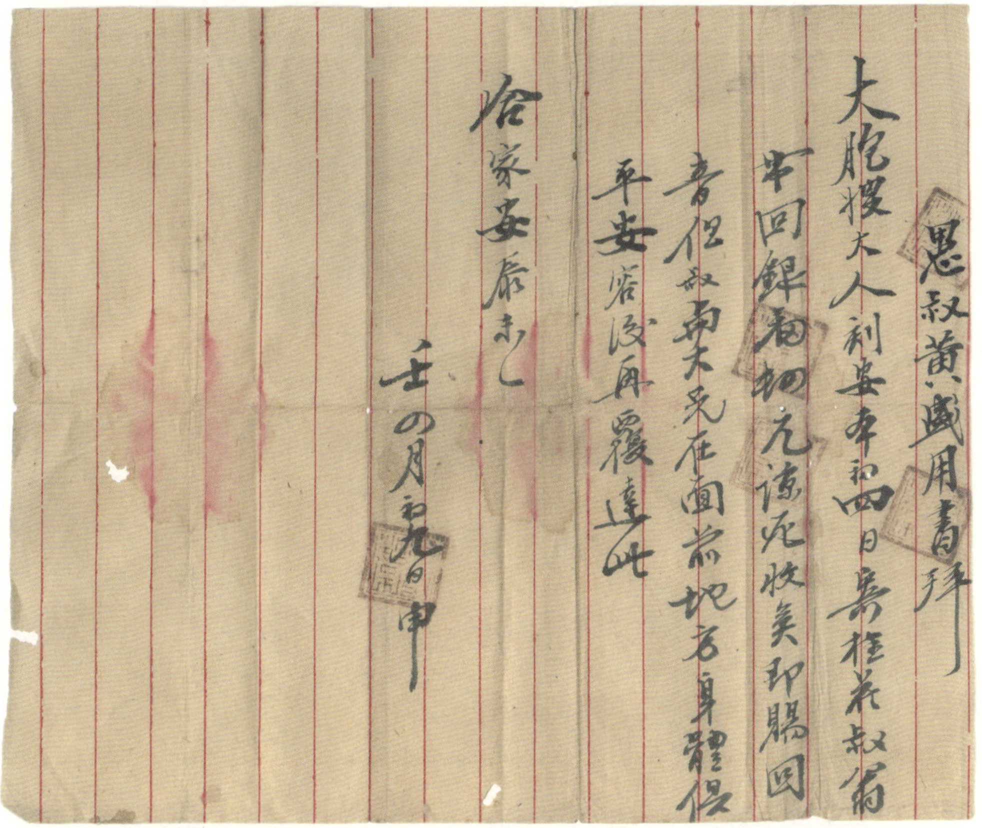
愚叔黃盛用書拜
大胞嫂大人 利安 本初四日寄桂花叔有
帶回銀洋捌元諒元收矣即賜回
音 但叔南大兄在面前地方身體俱
平安 容後再覆達此
合家安泰未已
壬四月初九日申

10-5-99-2 黃盛用致胞嫂書信（年代不詳）

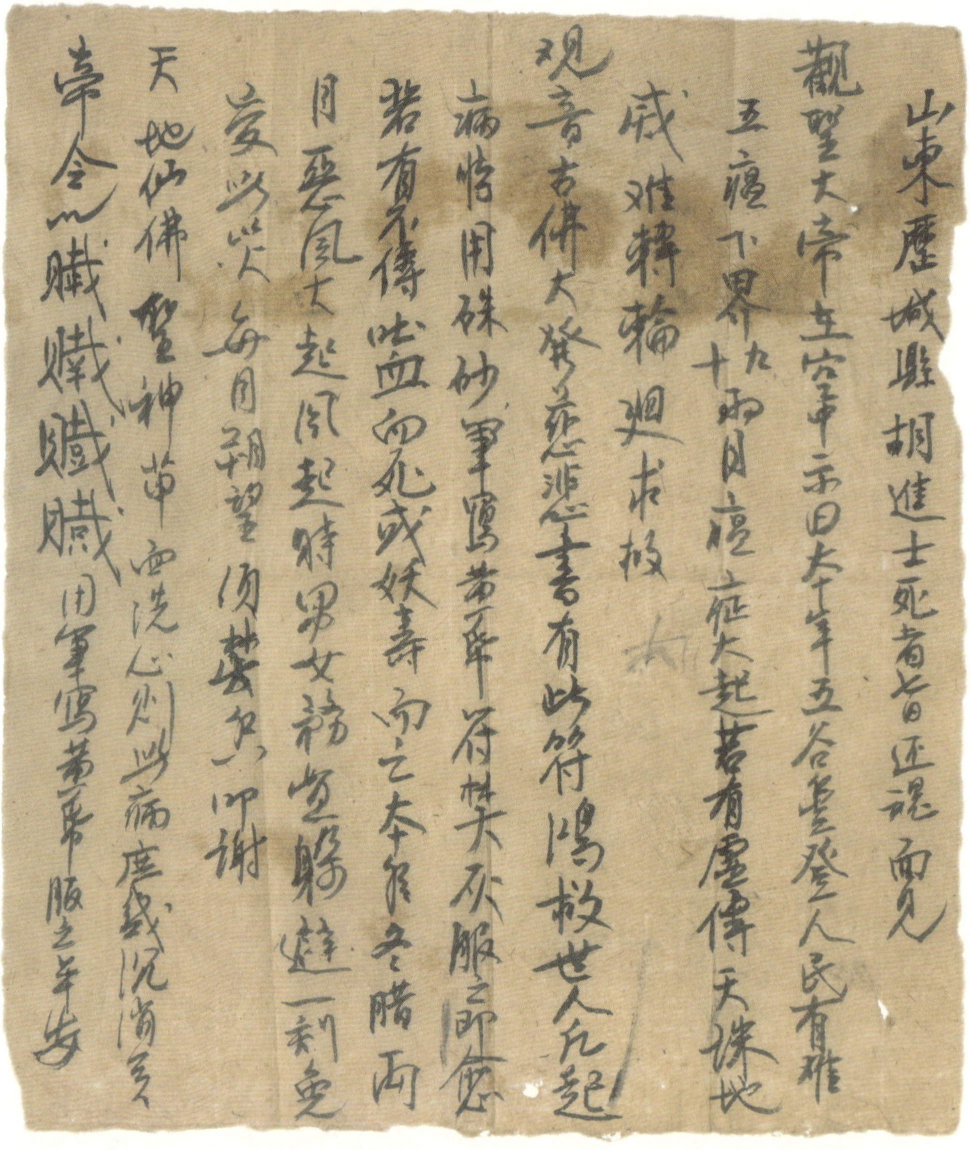

山東歷城縣胡進士死着旨还魂而見
觀聖大帝五宮年示日太十年五谷豐登人民有難
五瘟下界九十兩月瘟症大起若有虚傳天誅地
滅难轉輪廻求救
观音古佛大發慈悲書有此符鳴救世人凡起
病怕用硃砂筆寫[illegible]符焚灰服之即愈
若有不傳吐血而死或妖毒而亡太平今臘兩
月惡風大起風起時男女難然躲避一刹免
災此災人每月朔望須焚香叩謝
天地仙佛聖神節 西洗心灼此病痊愈况消災
帝令山 職 職 職 職 用筆寫[illegible]服之平安

10-5-99-3　胡進士還魂傳觀音賜符（年代不詳）

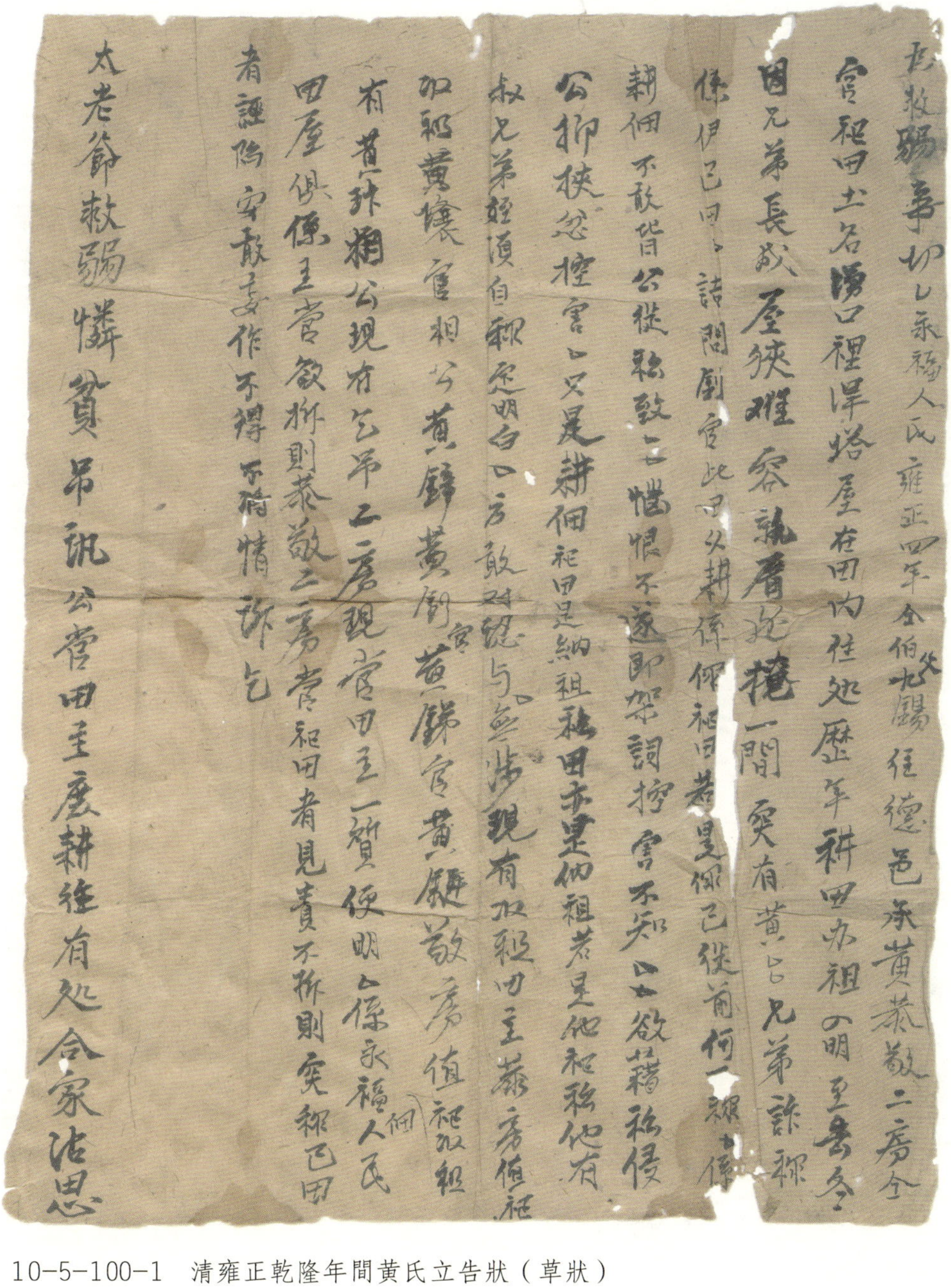

乞救弱事：切切永福人民雍正四年仝伯父九錫往德邑承黄恭敬二房仝
買祀田土名陽口裡垾塔，屋在田內，住処歷年耕田，亦祖〻明，至今各
因兄弟長成，屋狹難容，就厝邊搭一間，突有黄呂兄弟詠稱
係伊己田〻，詰問劉官，此田父耕係佃，係伊祖田，若是伊己，從前何一粮係
耕佃，不敢皆公從秘致之，懷恨不遂，即架詞控官，不知〻〻欲藉秘侵
公抑挾怨控官〻，只是耕佃祀田是納祖秘，田亦是伊祖，若是他祀秘他有
叔兄弟姪須自稱，思明白〻，方敢对懇与〻無涉，現有收秘田主恭房值祀
收秘黄懷官相公、黄鎔、黄創官、黄鍱官、黄鏈敬房值祀收租
有黄抃綢公，現有乞弟二〻房現管田主一質，便明〻係永福人民何
田屋俱係主管，欲拆則恭敬二〻房管祀田者見責，不拆則突稱己田
有誣陷，安敢妄作，不得不稱情，哀乞
太老爺救弱憐貧，吊訊公管田主，庶耕佃有処，合家沾恩

10-5-100-1　清雍正乾隆年間黄氏立告狀（草狀）

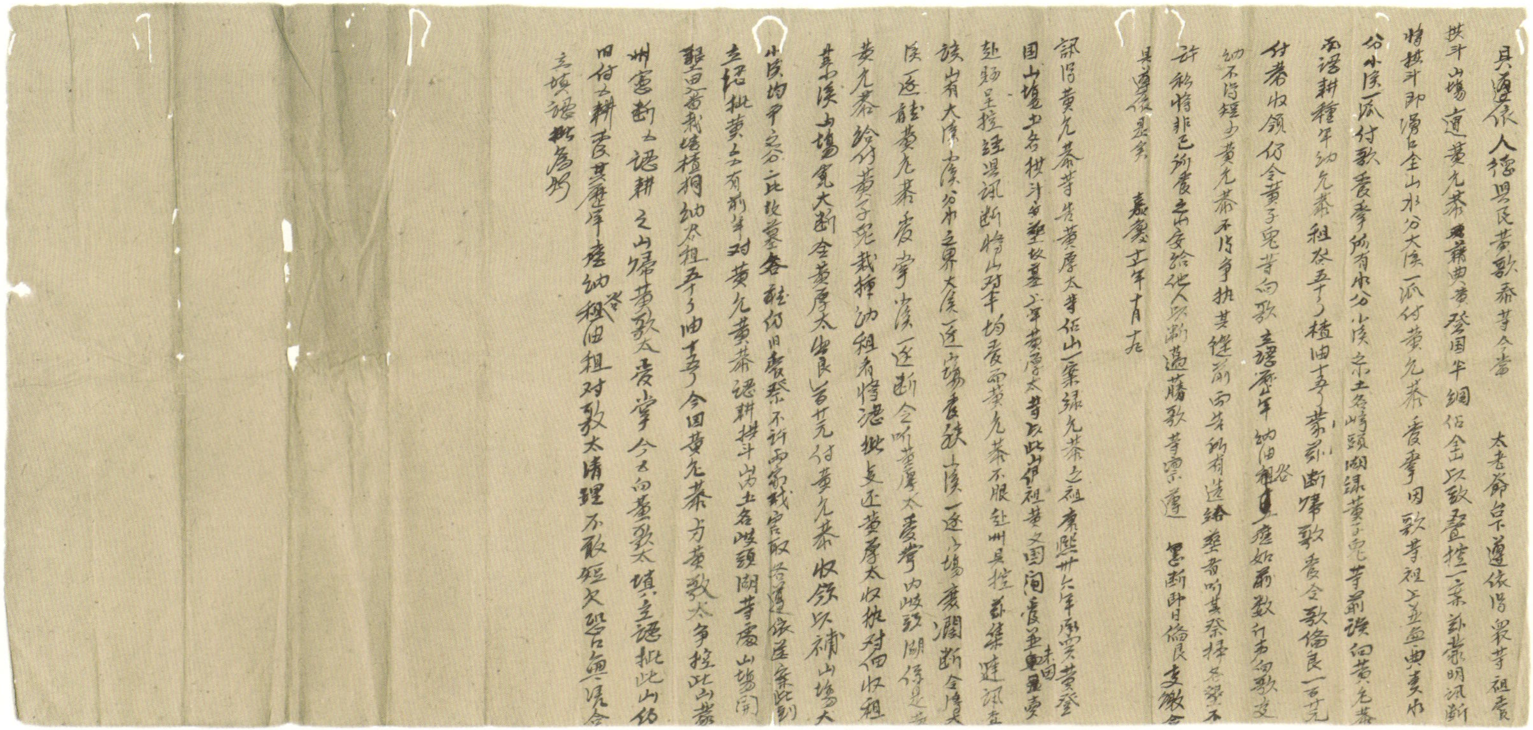

具遵依人[illegible][illegible]民黃歌泰等今當
太老爺台下遵依得衆等祖[illegible]
拱斗山場遺黃允泰[illegible]藉典黃登国半[illegible]佰金以致叠控一案蒙明訊斷
將拱斗即湧口全山水分大溪一派付黃允泰管業因歌等祖上並無典其水
分小溪一派付歌管業所有水分小溪之東土名嶺頭[illegible]綠黃子兜等前向黃允泰
承認耕種年納允泰租谷五斗[illegible]植油十斤蒙斷歸歌管令歌備良一百廿元
付泰收領仍令黃子兜等向歌立認每年納田租谷[illegible]照如前數[illegible]向歌交
納不得短少黃允泰不得爭執其從前所有遺給墾者[illegible][illegible][illegible]各等不
許私將非己所管之山妄給他人以斷[illegible]藤歌等稟遵　罢斷即日備良支繳今
具遵依是實　嘉慶十一年十月[illegible]

訊得黃允泰等告黃厚太等佔山一案緣允泰之祖康熙卅六年承買黃登
国山場土名拱斗[illegible][illegible][illegible][illegible]年黃厚太等以此山係伊祖黃文国[illegible]管並[illegible]畫賣
赴縣呈控經訊斷將山均半均管而黃允泰不服赴州呈控[illegible][illegible][illegible]訊查
該山有大溪小溪分水之界大溪一派山場管歸[illegible]小溪一派山場[illegible]斷令[illegible]
溪一派[illegible]黃允泰管業[illegible]溪一派斷令[illegible]黃厚太管業內嶺頭湖係是
黃允泰給付黃子兜栽種納租有[illegible]批[illegible]黃厚太收執對向收租
其小溪山場現大斷令黃厚太出良一百廿元付黃允泰收領以補山場大
小溪均平之分[illegible]此[illegible][illegible][illegible]仍[illegible][illegible][illegible]不許兩家執管取[illegible]遵依[illegible]案此到
立[illegible]批黃[illegible][illegible]前年對黃允黃泰認耕拱斗[illegible]土名嶺頭湖等處山場[illegible]
墾田[illegible]栽植桐納谷租五斗[illegible]油十斤今因黃允泰方黃歌太爭控此山[illegible]
州憲斷[illegible]認耕之山歸黃歌太管掌今[illegible]向黃歌太填立認批此山仍
田付[illegible]耕管其每年應納[illegible]田租對歌太清理不敢短欠照[illegible]無[illegible]今
立填認批為照

10-5-100-2　清嘉慶十一年十月黃歌泰等遵依狀

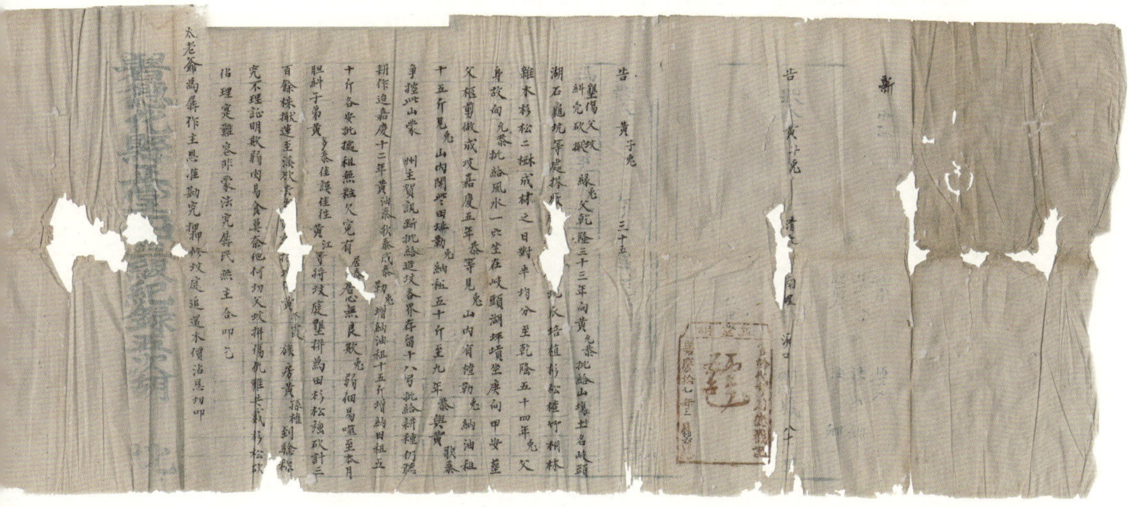

新

告　黄子兌　[illegible]

告　黄子兌　三十五

[illegible]傷父坟斜兌砍擬　緣先父乾隆三十三年向黃先茶批給山壠土名岐頭
湖石龜坑等處搭寮[illegible]批佃種植杉松雜竹桐林
雜木杉松二株成材之日對半均分至乾隆五十四年先父
身故向先茶批給風水一穴生在岐頭湖坪墳坐庚向甲安葬
父柩剪徹成坟嘉慶五年茶等見先山内有植勤先納油租
十五斤見先山内開墾田壠勤先納租五十斤至九年茶與黃　歌泰
爭控此山業　州主賀訊斷批給造坟各界存留十八号批給耕種仍聽
耕作迨嘉慶十二年黃油泰歌泰戌泰勒先增納油租十五斤增納田租五
十斤各安批據租無拖欠先有居泰居心無良欺先弱佃易噬至本月
胆糾子弟黃多泰佳護佳住黃江等持坟庭墾耕為田杉松強砍計三
百餘株擬連至族欺[illegible]黃[illegible]族房黃孫稚到縣[illegible]
究不理訟明欺弱肉易食莫奈他何切父坟拼傷杭雖卅載杉松砍
伐理實難容非蒙法究彝氏無主合叩乞
太老爺為彝作主恩准勤究押將坟庭追還木價沾恩切叩

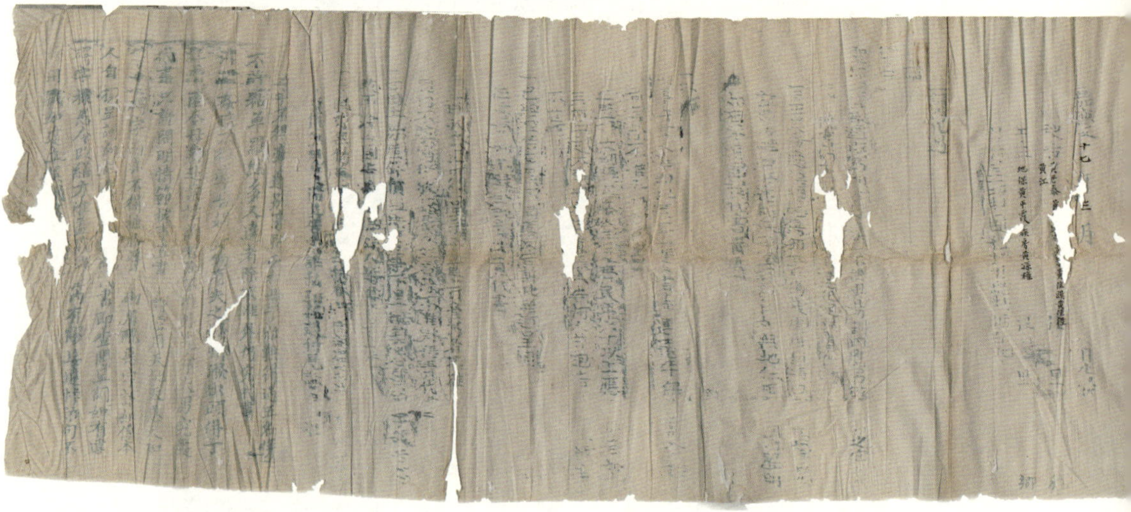

10-5-100-3 清嘉慶十七年三月黄子兔告狀

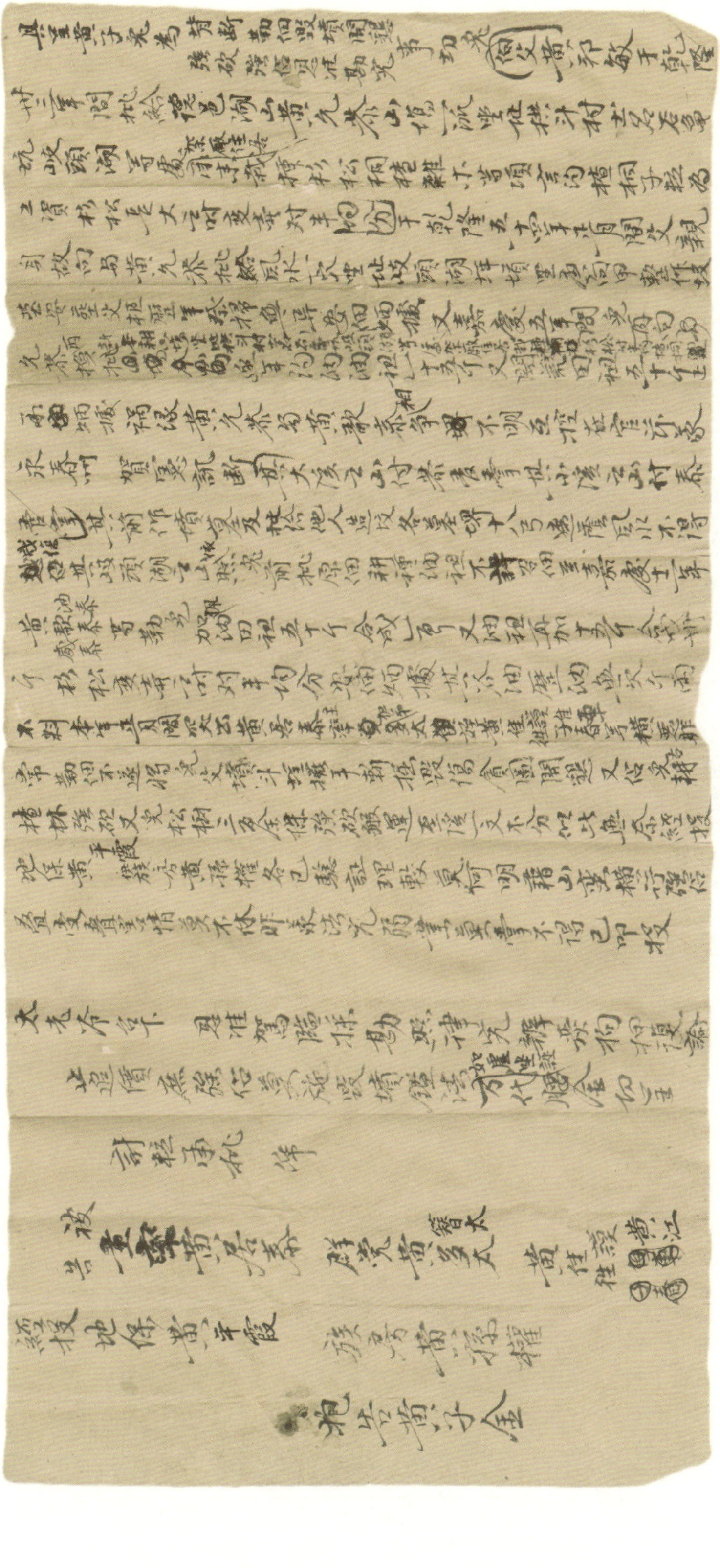

10-5-100-4　清嘉慶十七年黃子兔呈狀

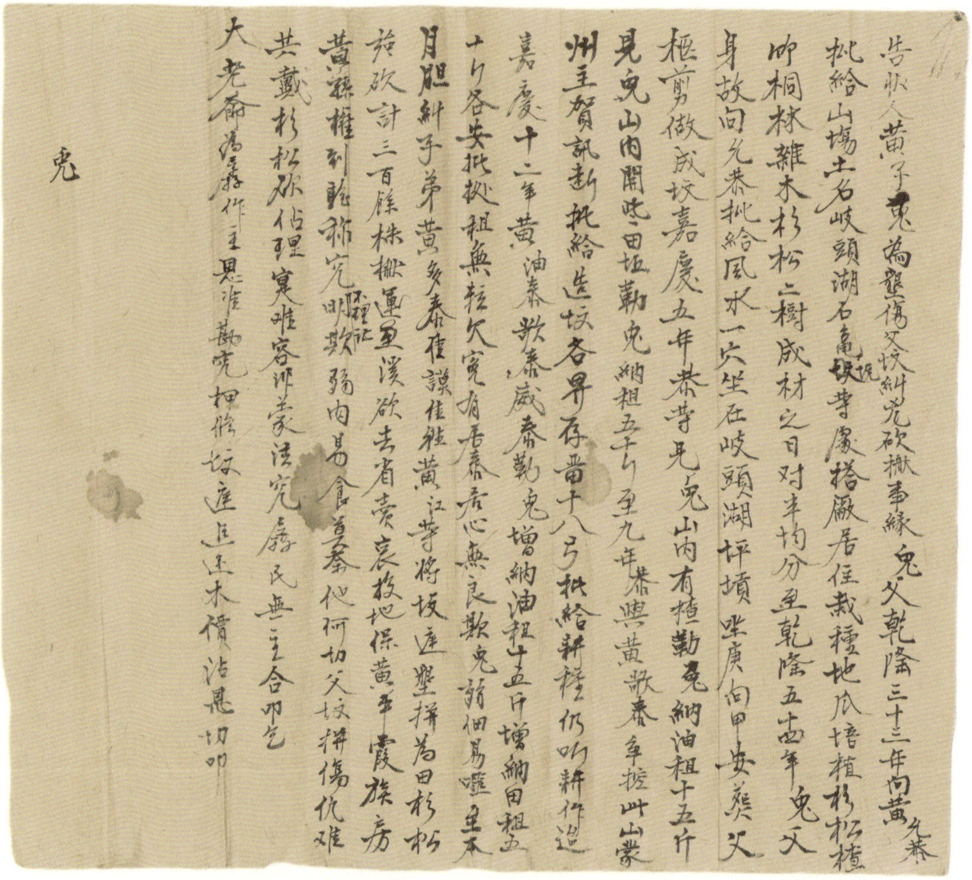
告狀人黃子兎為盤傷父坟糾究砍擳事緣兎父乾隆三十三年向黃允恭
批給山場土名岐頭湖石亀坑等處搭厰居住栽種地瓜培植杉松植
蓄桐梓雜木杉松二樹成材之日對半均分至乾隆五十四年兎父
身故向允恭批給風水一穴坐在岐頭湖坪墳坐庚向甲安葬父
柩剪做成坟嘉慶五年恭等見兎山內有植勤兎納油租十五斤
見兎山內開墾田坵勒兎納租五十斤至九年恭興黃歆泰爭控此山蒙
州主賀訊斷批給造坟各界存留十八号批給耕種仍听耕作迫
嘉慶十二年黃油泰歆泰藏泰勒兎增納油租十五斤增納田租五
十斤各安批據租無拖欠寃有居泰居心無良欺兎錯佃易噬至本
月胆糾子弟黃多泰夜謀住雅黃江等將坟遶墾拼為田杉松
旋砍計三百條株擳運至溪欲去省賣哀投地保黃平霞族房
黃孫權到驗稱究明欺理論弱肉易食黃泰他何切父坟拼傷仇难
共戴杉松砍估理寔难容非蒙法究孱民無二合叩乞
大老爺滈恩作主恩准勘究押修坟遶追还木價沾恩切叩
兎

10-5-100-5　清嘉慶十七年黃子兔告狀

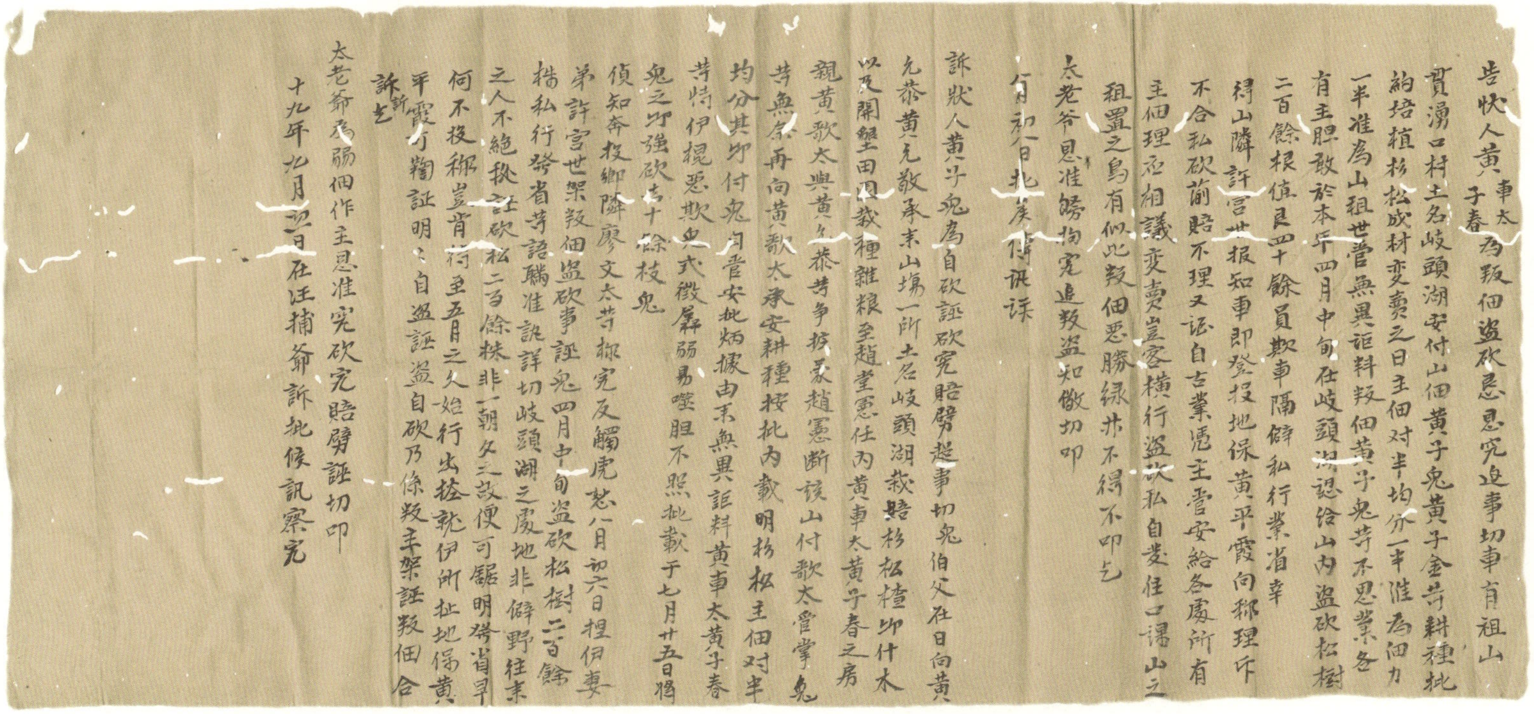
告狀人黃車太、子春為叛佃盜砍懇恩究追事切車肖祖山
貫湯口村土名岐頭湖安付山佃黃子兜黃子金等耕種批
約培植杉松成材變賣之日主佃对半均分一半准為佃力
一半准為山租世管無異詎料叛佃黃子兜等不思業各
有主膽敢於本年四月中旬在岐頭湖認給山內盜砍松樹
二百餘根值艮四十餘員欺車隔僻私行業消車
待山隣許宣世报知事即登投地保黃平霞向索理斥
不合私砍前賠不理又認自古業憑主管安給各處所有
主佃理應相議变賣豈容橫行盜砍私自变佳口謂山之
租置之烏有似此叛佃恶勝綠林不得不叩乞
太老爺恩准驗拘究追叛盜知儆切叩
九月初八日批庚侍訊誎
訴狀人黃子兜為自砍誣砍究賠劈挺事切兜伯父在日向黃
允恭黃允敬承耒山場一所土名岐頭湖栽賠杉松樟卯什木
以及開墾田園栽種雜粮全趙堂憲任內黃車太黃子春之房
親黃歆太興黃允恭等爭控蒙趙憲斷該山付歆太管掌兜
等無尿再向黃歆太承安耕種按批內載明杉松主佃对半
均分其卯付兜自管安批炳據由來無異詎料黃車太黃子春
等恃伊梘恶欺兜式微孱弱易噬胆不照批載于七月廿五日將
兜之卯強砍去十餘枝兜
傾知奔投鄉隣廖文太等擲究反觸虎怒八月初六日捏伊妻
弟許宣世架叛佃盜砍事誣兜四月中旬盜砍松樹二百餘
株私行發省等語蒙准訊詳切岐頭湖之處地非僻野往耒
之人不絕狀誣砍松二百餘株非一朝夕之故便可緊明發省早
何不投稟豈肯待至五月之久始行出控就伊所扯地保黃
平霞可鞫証明：自盜誣盜自砍乃係叛主架誣叛佃合
訴訴乞
太老爺為弱佃作主恩准究砍究賠劈誣切叩
十九年九月廿日在汪捕爺訴批候訊察究

10-5-100-6　清嘉慶十九年九月黃車太等告狀

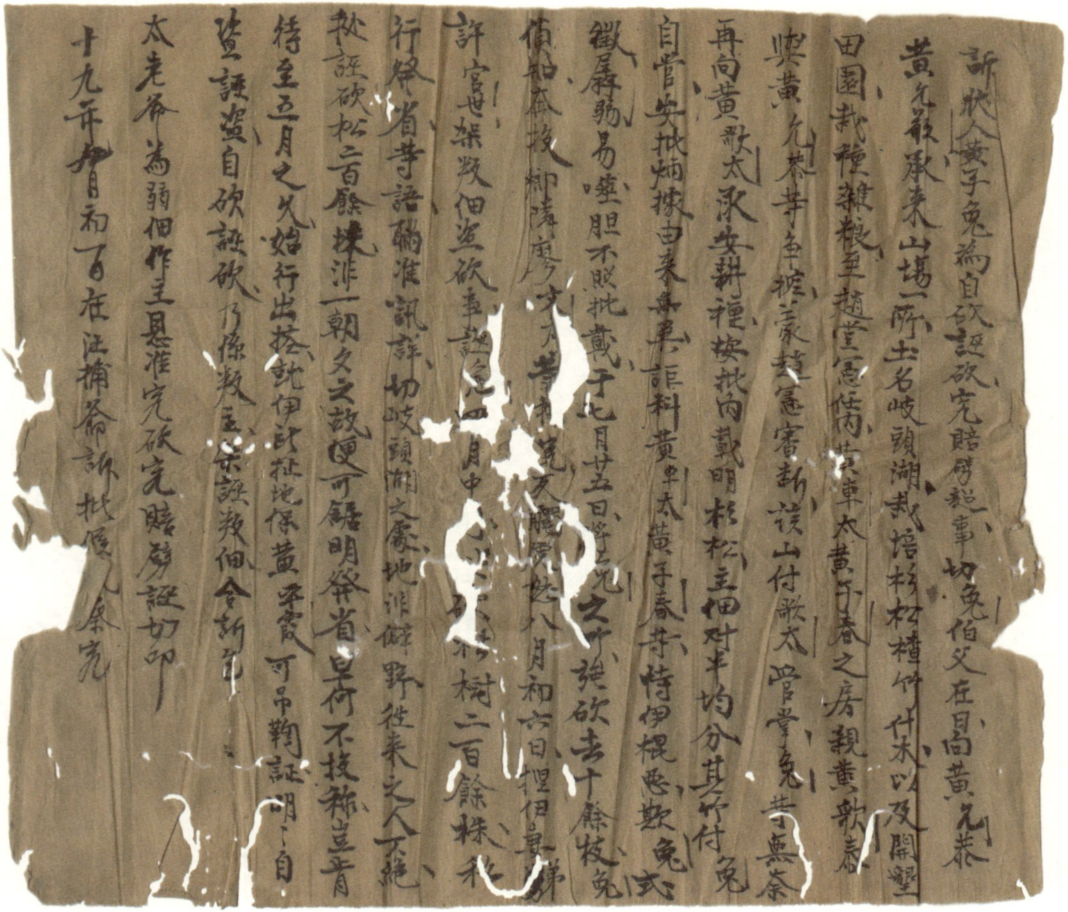

10-5-100-7　清嘉慶十九年九月黃子兔訴狀

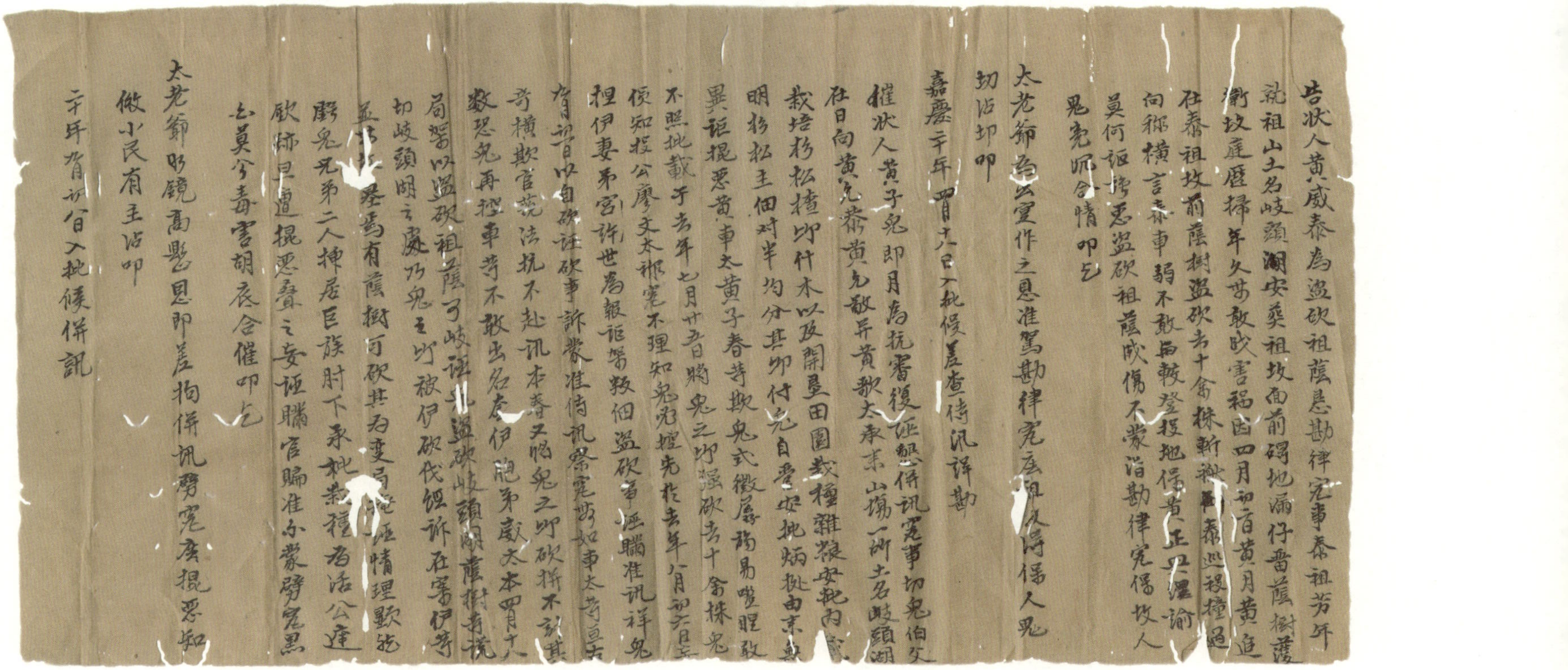
告狀人黃威泰為盜砍祖蔭懇勘律究事。泰祖芳年
號祖山土名岐頭湖安葬祖坟，面前礙地涌仔番蔭樹護
衛坟庭，歷掃年久，莫敢毀害。禍因四月初旬黃月、黃進
在泰祖坟前蔭樹盜砍去十餘株，斬[illegible]。泰巡視撞遇
向稱，橫言泰事弱不敢與較，登投地保黃正[illegible]理諭
莫何，詎恃惡盜砍祖蔭，致傷不蒙，諮勘律究，傷坟人
鬼冤沉，合情叩乞
太老爺為出寔作之恩，准駕勘律究，庶祖坟得保，人鬼
均沾，切叩
嘉慶二十年四月十八日入批：候差查，侍訊詳勘。
催狀人黃子兒即月為抗審復誣，懇併訊究事。切兒伯父
在日向黃允恭、黃允敬并黃歡、太承某山場一所，土名岐頭湖
栽培杉松植竹什木，以及開墾田園，栽種雜粮，安批內載
明杉松主佃對半均分，其竹付兒自覓，安批炳據，由來無
異。詎棍惡黃車太、黃子春等欺兒式微，孱弱易噬，[illegible]敢
不照批載，于去年七月廿五日將兒之竹強砍去十餘株，兒
候知投公廖文太、祁寬不理，知兒控先，於去年八月初六日呈
控伊妻弟宮許世為報詎架教佃盜砍等誣，瞞准訊，詳兒
冤[illegible]甘以自砍誣砍事許蒙准侍訊，察究[illegible]如車太等亘古
奇橫，欺官藐法，抗不赴訊。本春又將兒之竹砍拼不計其
數。恐兒再控，車等不敢出名，合伊胞弟威泰，本四月十八
局架以盜砍祖蔭可岐[illegible]盜砍岐頭湖蔭樹等謊
切岐頭湖之處乃兒之竹，被伊砍伐，經訴在案，伊等
並非[illegible]坟墓有蔭樹可砍，其為變局捏誣，情理[illegible]然。
竊兒兄弟二人，伸居巨族，肘下承批栽種，為活公達
欽沐早遭棍惡叠之妄誣，瞞官賄准，不蒙劈究，黑
白莫分，毒害胡底，合催叩乞
太老爺明鏡高懸，恩即差拘，併訊劈究，庶棍惡知
儆，小民有主，沾叩
二十年四月廿日入批：候併訊。

10-5-100-8 清嘉慶二十年四月黃威泰告狀（一）

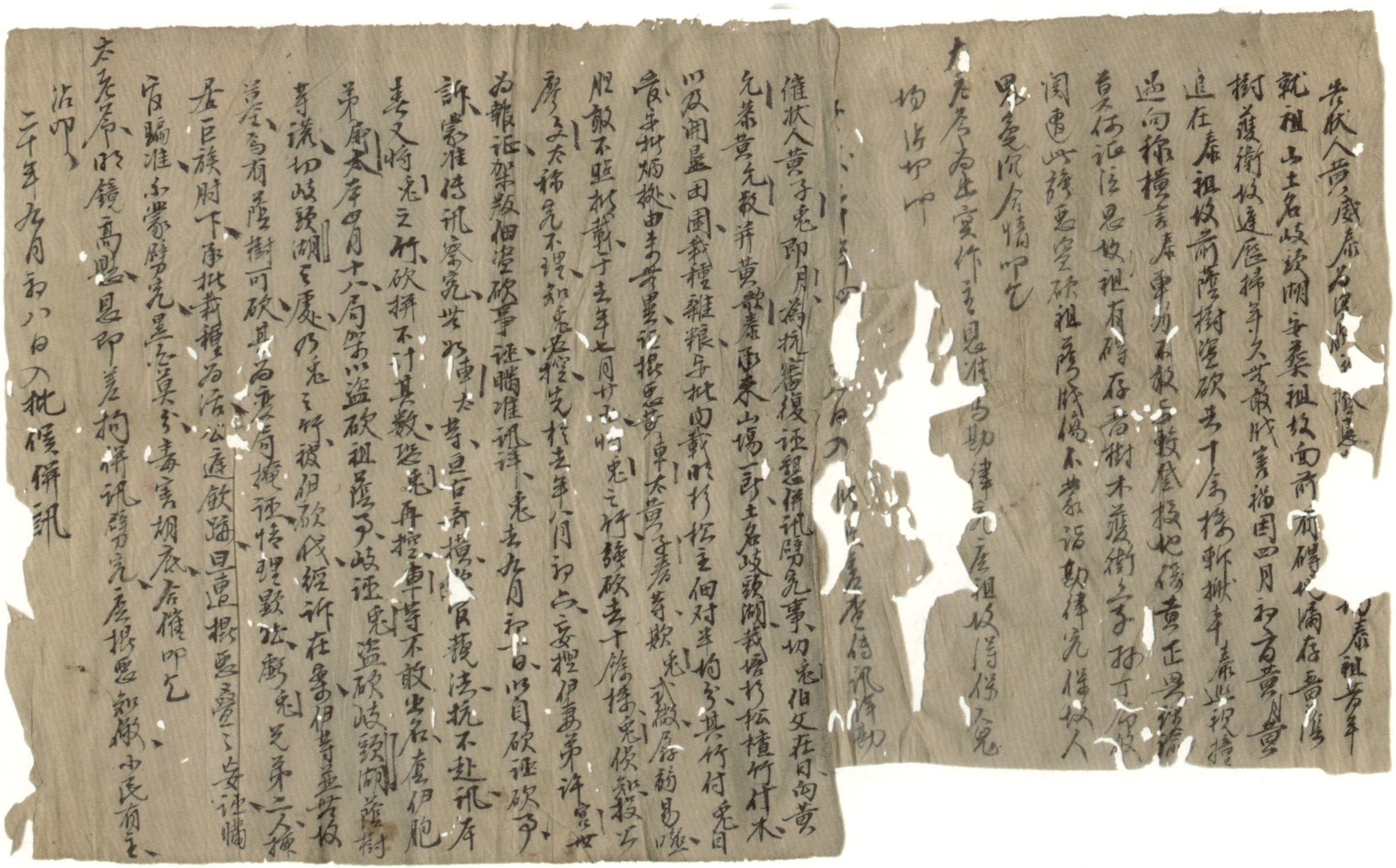

10-5-100-9　清嘉慶二十年四月黃威泰告狀（二）

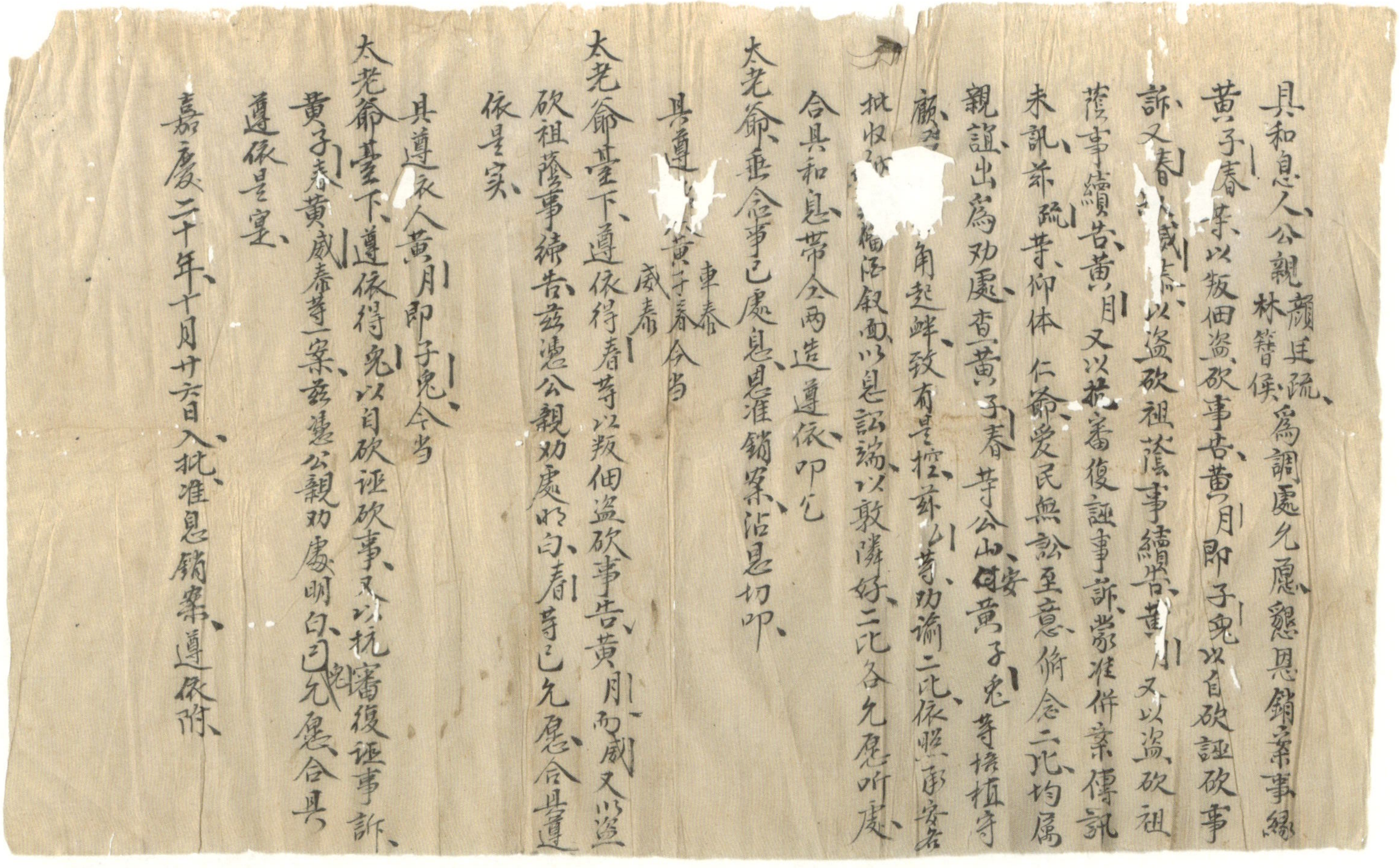

具和息人、公親顏廷疏、林簪侯，為調處允愿懇恩銷案事。緣
黃子春丨等以叛佃盜砍事告，黃月即子兔丨以自砍誣砍事
訴；又春[illegible]威[illegible]以盜砍祖蔭事續告，黃月又以盜砍祖
蔭事續告，黃月又以抗審復誣事訴，蒙准併案傳訊。
未訊，茲疏等仰体仁爺愛民無訟至意，俯念二比均屬
親誼，出為劝處，查黃子春等公山、黃子兔等栽植守
顧[illegible]角起衅，致有是控。茲[illegible]等劝諭二比，依照[illegible]安[illegible]
批收[illegible]備[illegible]叙，面以息訟端，以敦隣好。二比各允愿，听處
合具和息，帶仝兩造遵依，叩乞
太老爺垂念事已處息，恩准銷案，沾恩切叩。
具遵[illegible]黃子春、車春、威泰仝当
太老爺臺下。遵依得春等以叛佃盜砍事告黃月丨、丙威，又以盜
砍祖蔭事續告，茲憑公親劝處明白，春等已允愿，合具遵
依是实。
具遵依人黃月丨、即子兔丨，仝当
太老爺臺下。遵依得兔以自砍誣砍事，又以抗審復誣事訴，
黃子春丨、黃威泰等一案，茲憑公親劝處明白，已允愿，合具
遵依是實。
嘉慶二十年十月廿六日入，批准息銷案，遵依附。

10-5-100-10　清嘉慶二十年十月黃車泰等和息字

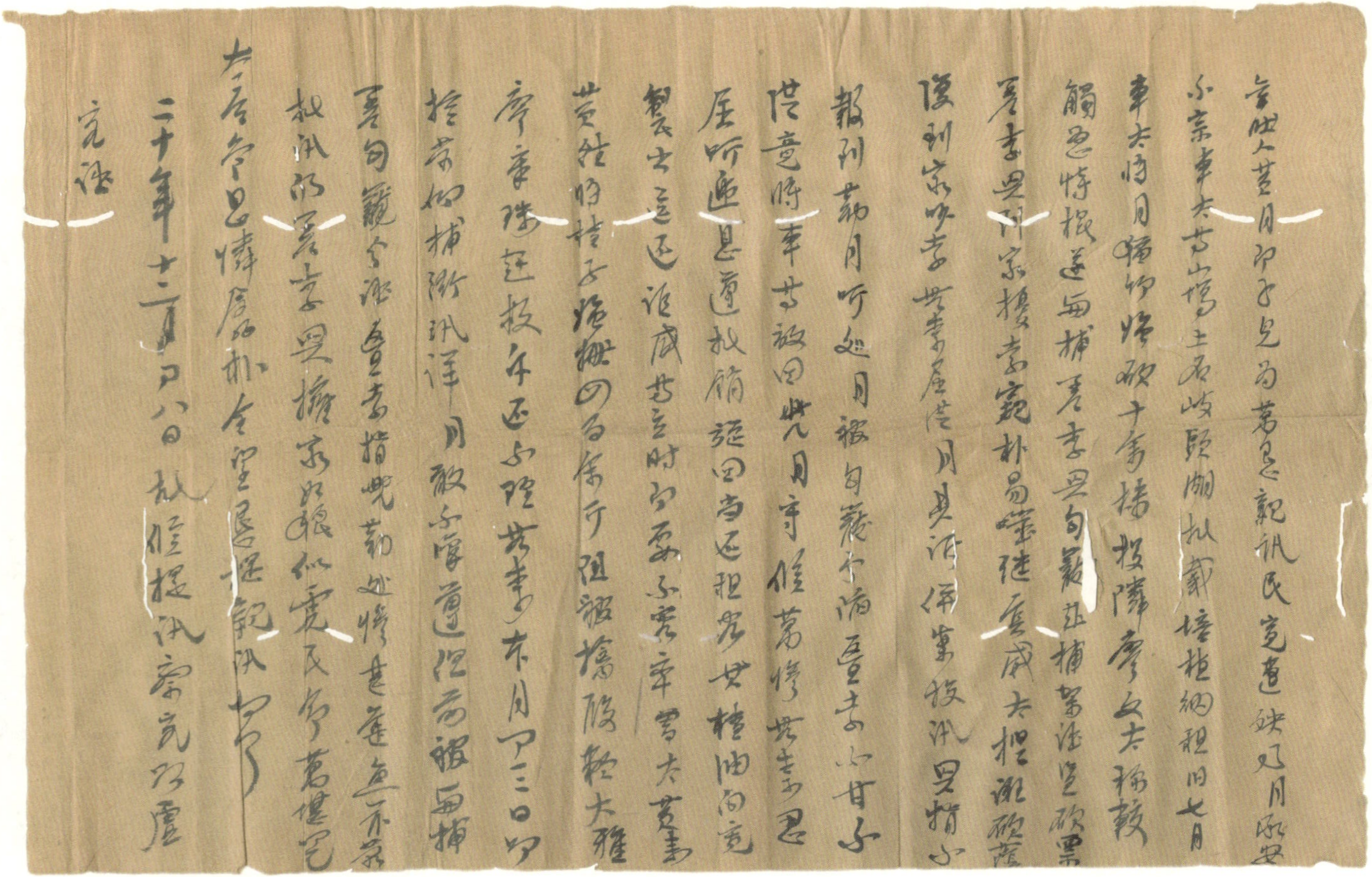

10-5-100-11　清嘉慶二十年十二月黃子兔告狀

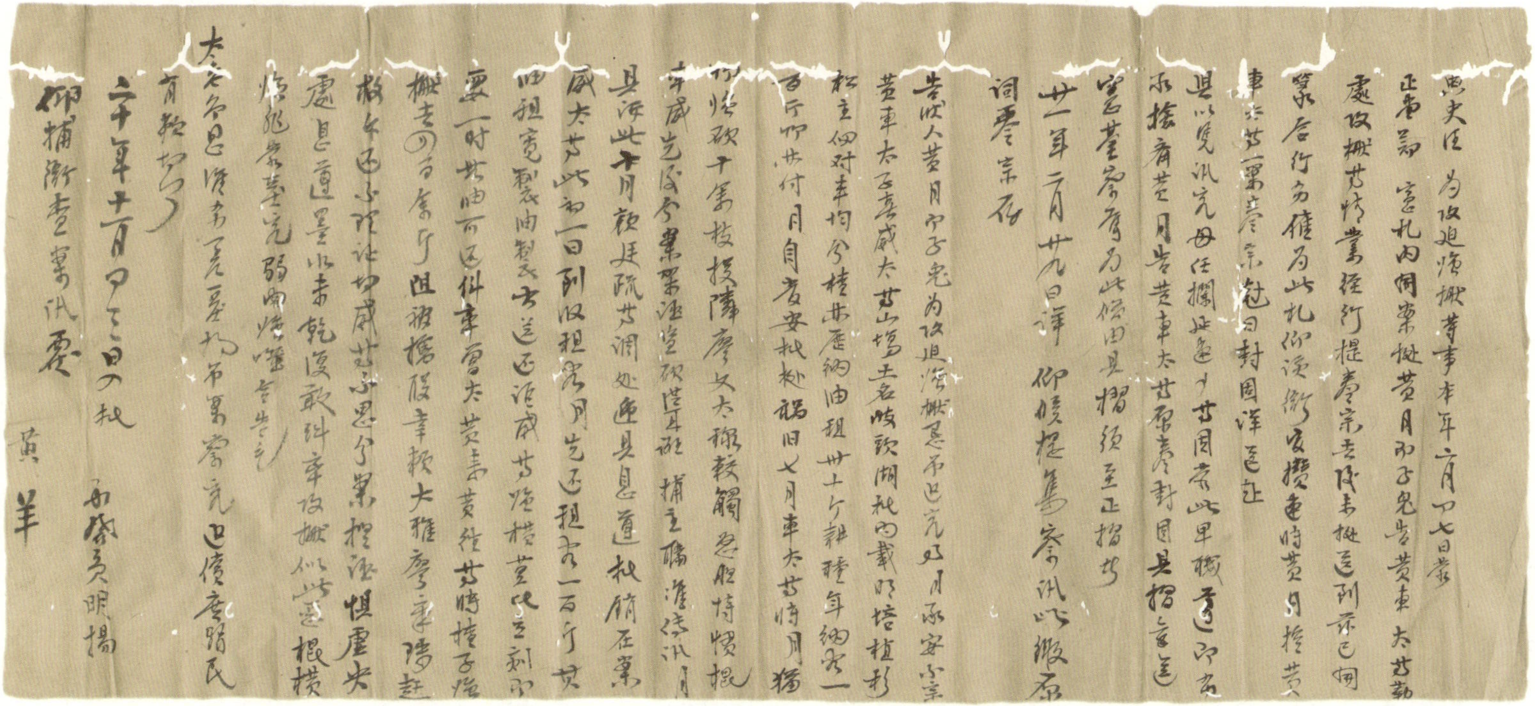

10–5–100–12　清嘉慶二十一年二月典史行文附黃子兔告狀

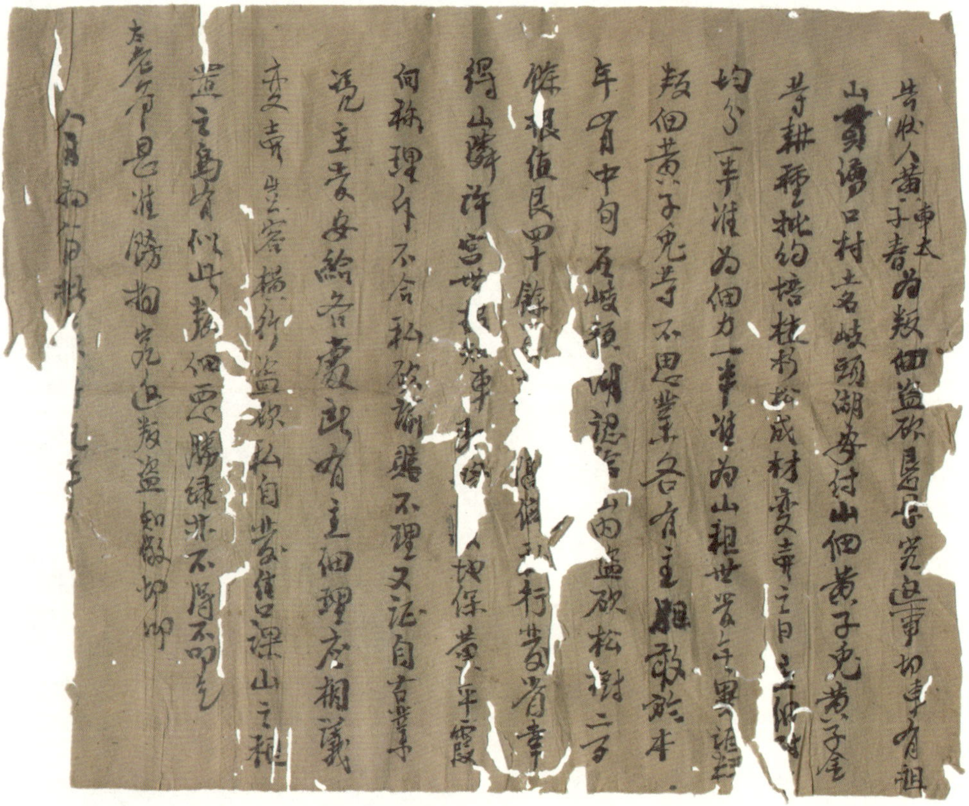
告狀人黃車太、子春為叛佃盜砍懇乞究追事切車有祖
山壹處口村土名岐頭湖安付山佃黃子兔、黃子全
等耕種，批約培植杉松成材，變賣主得[illegible]
均分，一半准為佃力，一半准為山租，世業無異證據
叛佃黃子兔等不思業各有主，膽敢於本
年四月中旬在岐頭湖認[illegible]山內盜砍松樹二百
餘根，值艮四十餘[illegible]僧[illegible]行當皆章
得山價，許高世[illegible]如車太[illegible]地保黃平霞
向[illegible]理，佃不合私砍，論斷不理，又怔自古業
憑主變賣，給各處既有主佃理應相議
變賣，豈容橫行盜砍，私自賣得口踞山之租
豈主為佃，似此叛佃惡勝緣非不得不叩乞
太老爺台前，恩准勝拘究追叛盜，恩激切叩
人目兩日[illegible]

10-5-100-13　清嘉慶年間黃車太等告狀

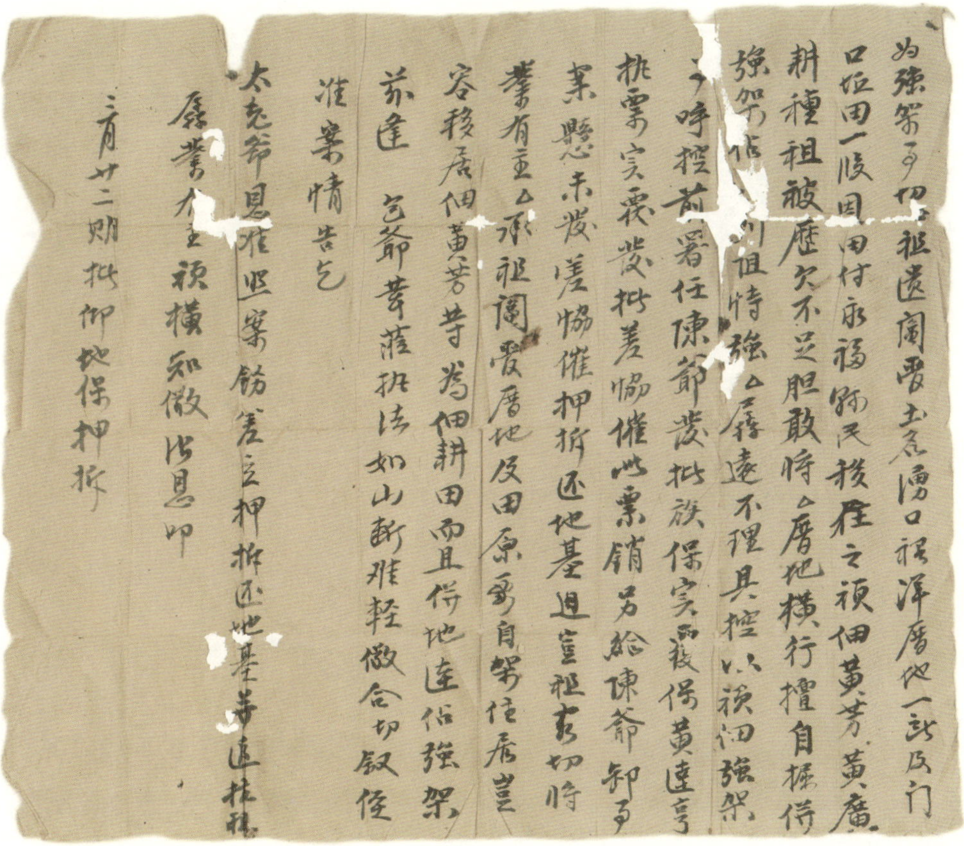

为強架事切□祖遺閹買土名漈口福洋厝地一所及门
口坵田一段，因田付永福帅民移住之頂佃黄芳、黄廣、
耕種，祖被歷欠不足，胆敢恃厶厝地橫、行擅自操侵
強架，□□則阻，恃強厶屢違不理，具控以頂佃強架
子呼控前□署任陳爺，蒙批族保寔而複保黄達亨
抗霸，寔蒙發批差協催，此禀銷，另給陳爺卸子
案懇未發，差協催押拆還地基，週宣祖業切恃
業有主，厶承祖閹買厝地及田原，爭自架住厝，豈
容移居佃黄芳等為佃耕田，而且侵地違佔強架，
前逢　憲爺菩薩執法如山，断难輕徹，合切叙促
准案情告乞
太老爺恩准照案飭差立押拆還地基，並追拄□
屢業有主，頂橫知徹，沾恩叩
二月廿二日批　仰地保押拆

10-5-100-14　清嘉慶年間黄子兔告狀

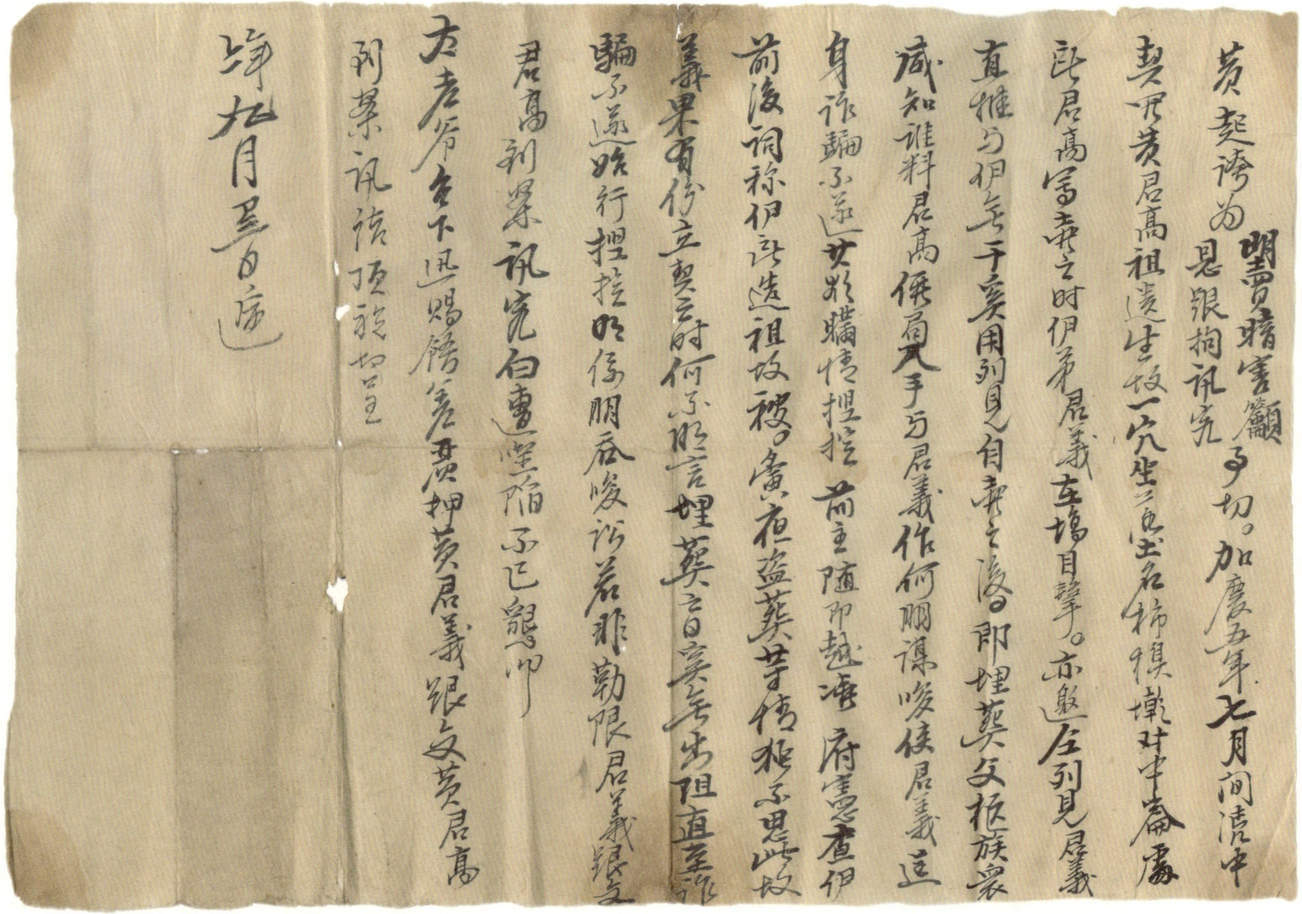

10-5-101-1　清嘉慶七年九月黄起誇告狀

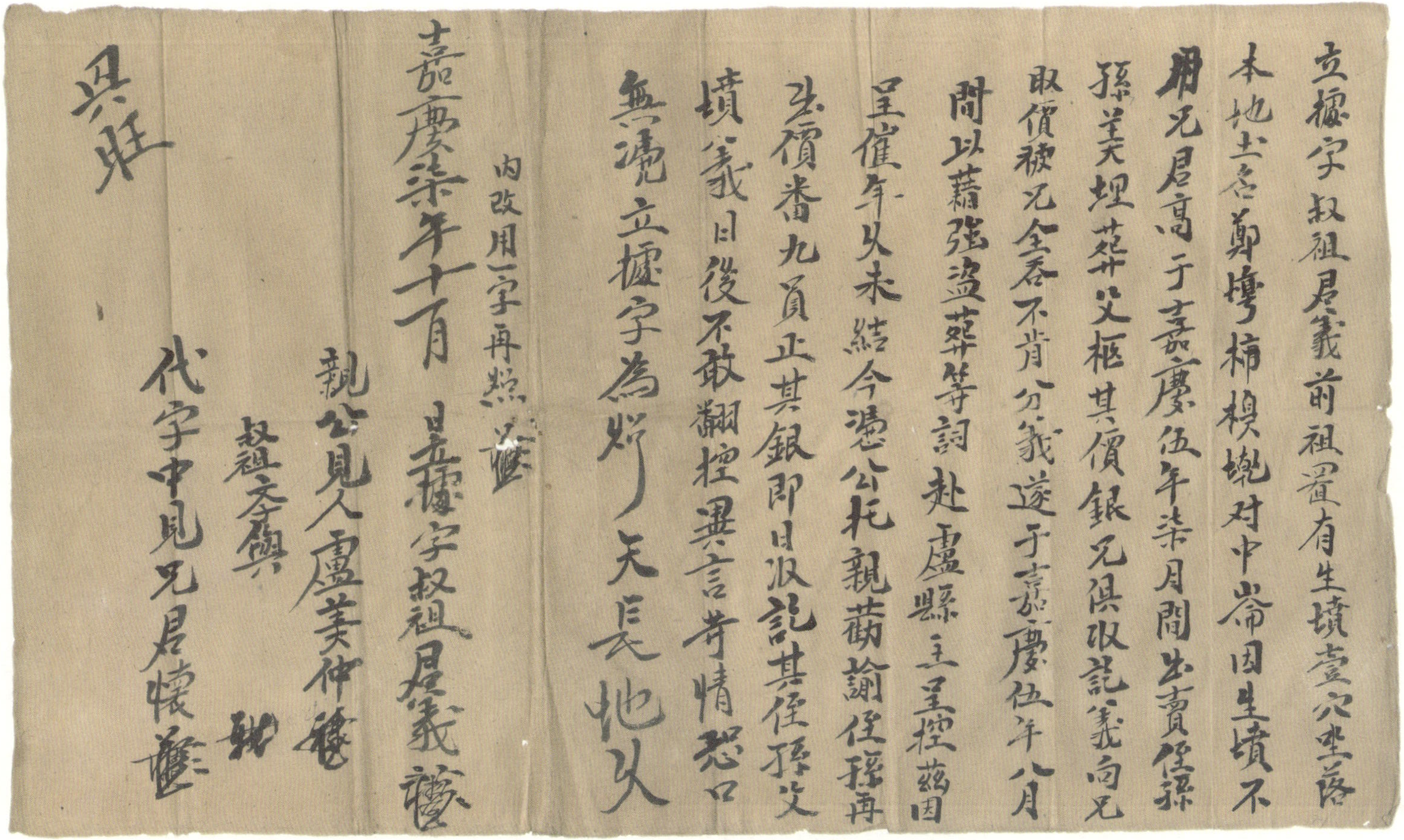
立據字叔祖君義前祖置有生壙壹穴坐落
本地土名鄭墩柿模坳对中崙因生壙不
用兄君高于嘉慶伍年柒月間出賣侄孫
孫美天埋葬父柩其價銀兄俱收訖義向兄
取價被兄全吞不肯分義遂于嘉慶伍年八月
間以藉強盗葬等詞赴盧縣主呈控茲因
呈催年久未結今憑公托親蘅諭侄孫再
出價番九員正其銀即日收訖其侄孫父
墳義日後不敢翻控異言生情怨口
無憑立據字為炤 天長地久
内改用一字再炤
嘉慶柒年十一月 日立據字叔祖君義
親公見人盧美仲
叔祖文奇 與
代字中見兄君懷
興旺

10-5-101-2 清嘉慶七年十一月黃君義立據字

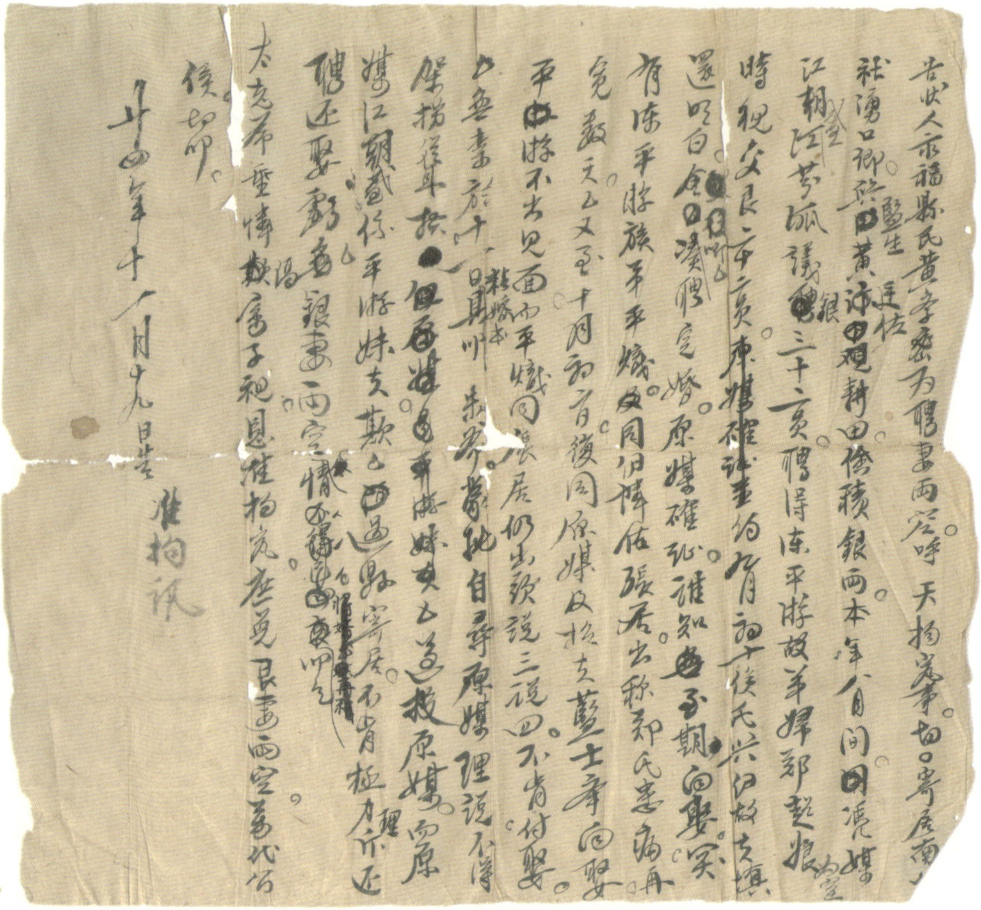

告狀人永福縣民黃孳密為聘妻兩空呼天拘究事[illegible]寄居南[illegible]
洑湧口鄉[illegible]監生黃廷佐[illegible]耕田儉積銀兩，本年八月間，因憑媒
江朝、江芳[illegible]議[illegible]銀三十六員，聘得陳平勝故弟婦鄭超娘為室
時親交艮二十六員，東媒確証，並約十月初十接氏[illegible]故交填
還吃白金[illegible]送聘定婚，原媒確証。誰知[illegible]期向娶，突
有陳平勝族弟平嬌，及同伊弟依張居出稱，鄭氏患病，再
免[illegible]天[illegible]又至十月初[illegible]後，同原媒及[illegible]藍士章向娶
平[illegible]勝不出見面，而平嬌同張居仍出頭謊三謊四，不肯付娶
[illegible]無奈於十一月[illegible]日[illegible]自尋原媒理說，不得
[illegible]但原媒[illegible]平勝妹夫[illegible]道[illegible]原媒[illegible]原
媒江朝[illegible]係平勝妹夫[illegible]寄居，不肯極力[illegible]還
聘還娶[illegible]銀妻兩空，情[illegible]
太老爺垂憐[illegible]拘究[illegible]艮妻兩空[illegible]
僉切叩。

廿四年十一月十九日呈

准拘訊

10-5-101-3 清嘉慶二十四年十一月黃孳密告狀（草狀）

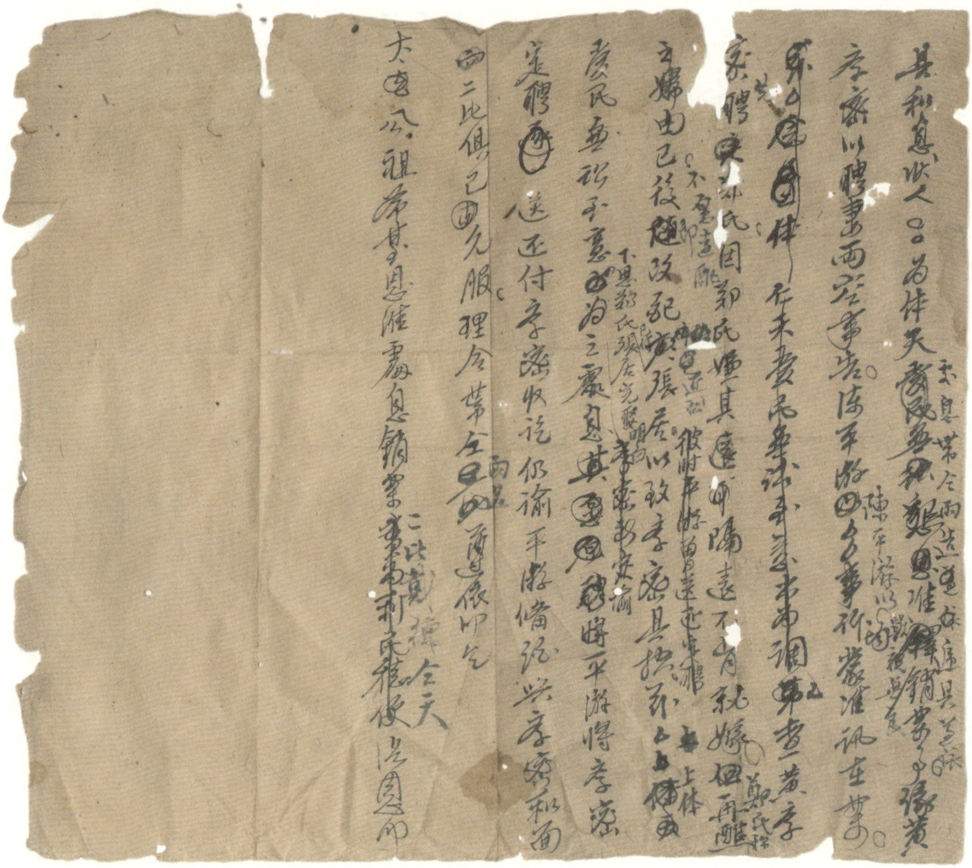

10-5-101-4　清嘉慶年間黄孶密陳平游和息狀

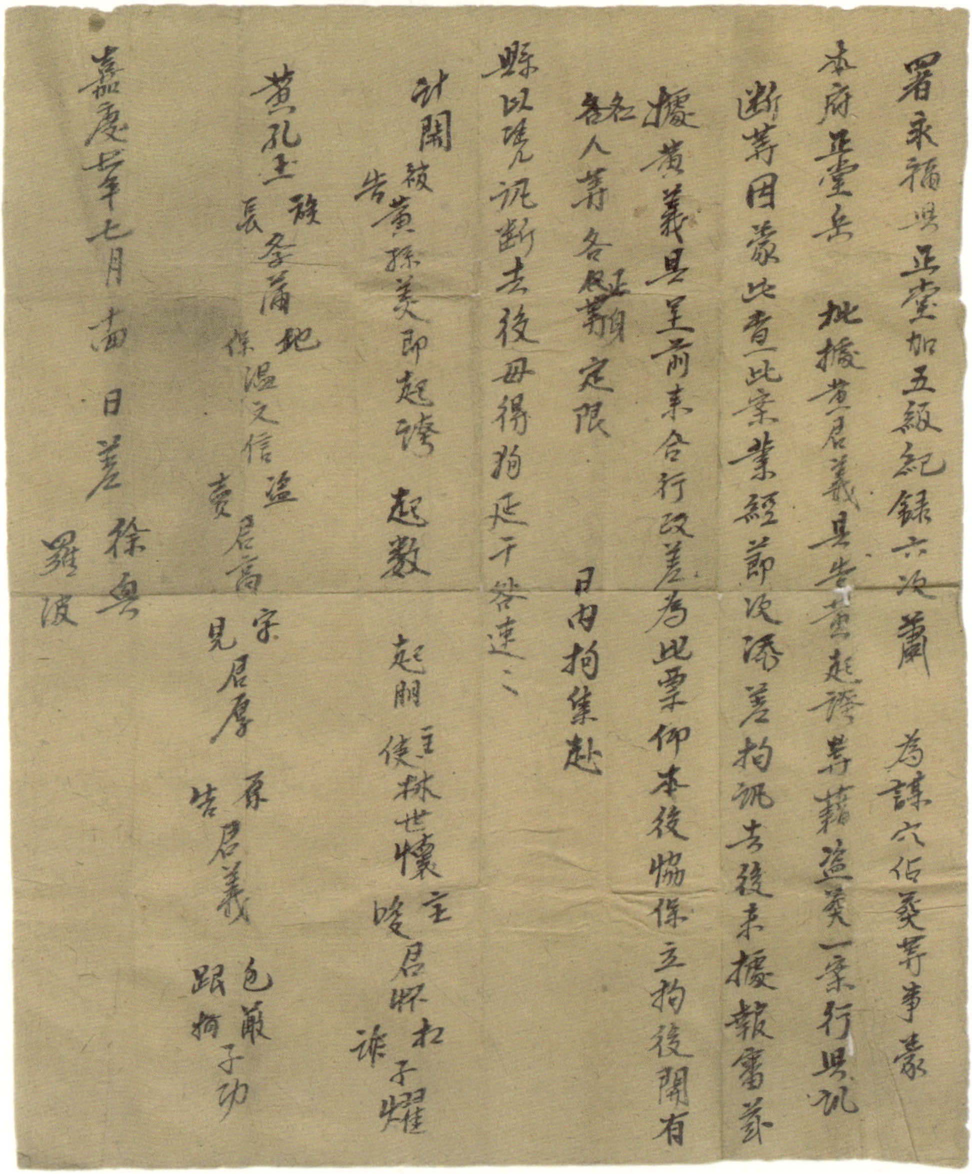

署永福縣正堂加五級紀錄六次蕭　為諜穴佔葬事蒙
本府正堂岳　批據黄君義具告黄起誘等藉盗葬一案行縣訊
斷等因蒙此查此案業經節次添差拘訊去後未據報審兹
據黄義具呈前來合行改差為此票仰本役協保立拘後開有
名人等各正身定限　日內拘集赴
縣以憑訊斷去役毋得拘延干咎速速
計開
被告黄孫美即起誘　起數　起朋　主使林世懷　主唆君懷　和子耀　詐
黄孔玉　族長黄蒼　地保温文信　盗賣君高　宗見君厚　原告君義　色厳　跟拘子功
嘉慶七年七月十四日差　徐奥　羅波

10-5-102-1　清嘉慶七年七月永福縣正堂蕭行票

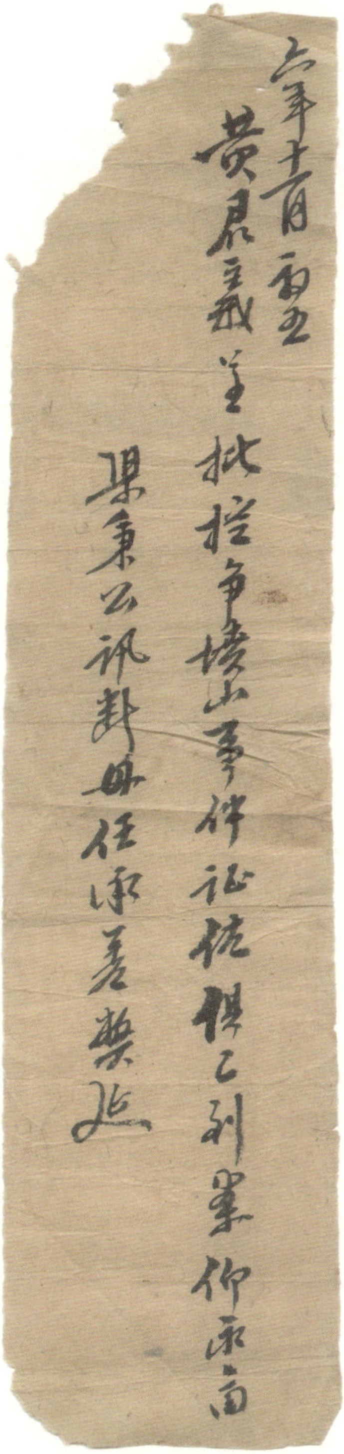

10-5-102-2　清嘉慶年間黄君義承批控爭墳山行票

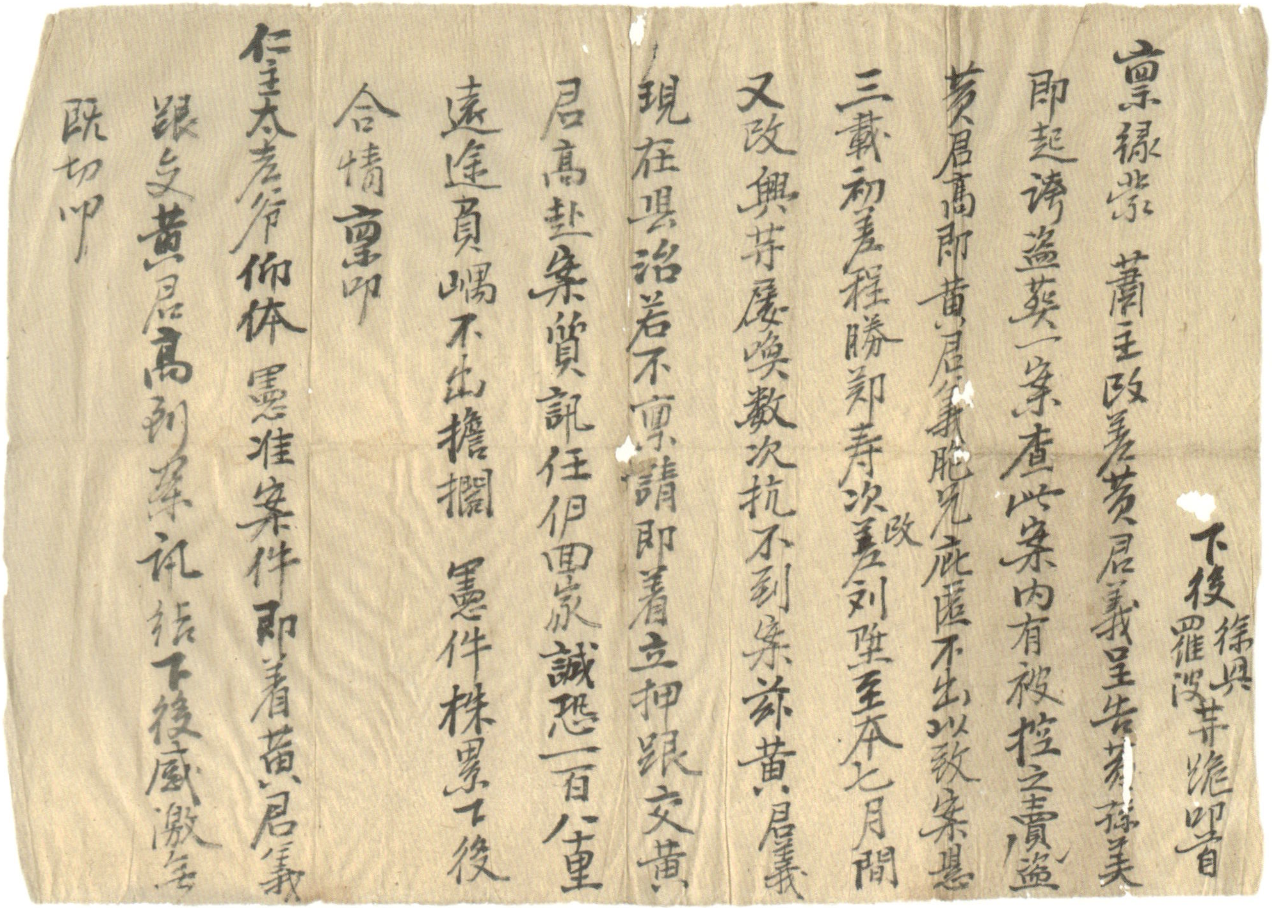
下役徐興羅俊等跪叩首
禀緣崇　蕭主改差黄君義呈告葉孫美
即起誣盜葬一案，查此案內有被控之賣盜
黄君高即黄君義胞兄，庇匿不出，以致案懸
三載。初差程勝、鄭寿，次改差刘堃，至本七月間
又改興等屢喚數次，抗不到案，該黄君義
現在県，詒若不禀請即着立押，跟交黄
君高赴案質訊，任伊固家，誠恐一百八重
遠途負嵎不出，擔擱　憲件，株累下役
合情禀叩
仁主太老爺俯体　憲准案件，即着黄君義
跟交黄君高到案訊結，下役感激無
既切叩

10-5-102-3　清嘉慶年間衙役徐興等禀文

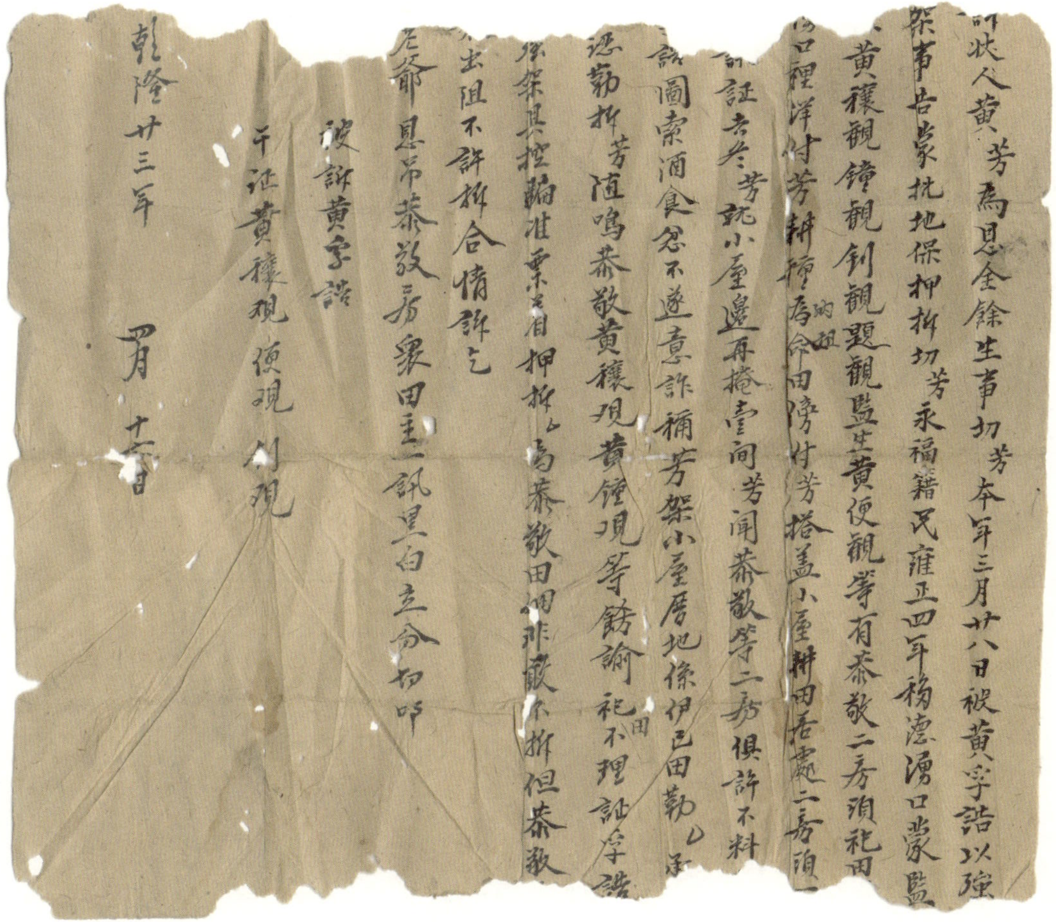
訴狀人黃芳為恩全餘生事切芳本年三月廿八日被黃孚誥以強
架事告蒙批地保押拆切芳永福籍民雍正四年移遷灣口蒙監
黃穰觀鍾觀釗觀題觀監生黃便觀等有恭敬二房頂祀田
仍口程洋付芳耕種的祖房命田陸付芳搭蓋小屋耕田居處二房頂
詞証去冬芳就小屋邊再搭壹間芳聞恭敬等二房俱許不料
誥圖索酒食忽不遂意誥稱芳架小屋屋地係伊己田勒乚
遷勒拆芳值鳴恭敬黃穰觀黃鍾觀等飭諭祀田不理誣孚誥
架具控瞞准票差押拆乚為恭敬田個非敵不拆但恭敬
出阻不許拆合情訴乞
老爺恩吊恭敬二房眾田主一訊是白立分切叩
被訴黃孚誥
干証黃穰觀　便觀　釗觀
乾隆廿三年　四月　十[illegible]日

10-5-103-1　清乾隆二十三年四月黃芳訴狀

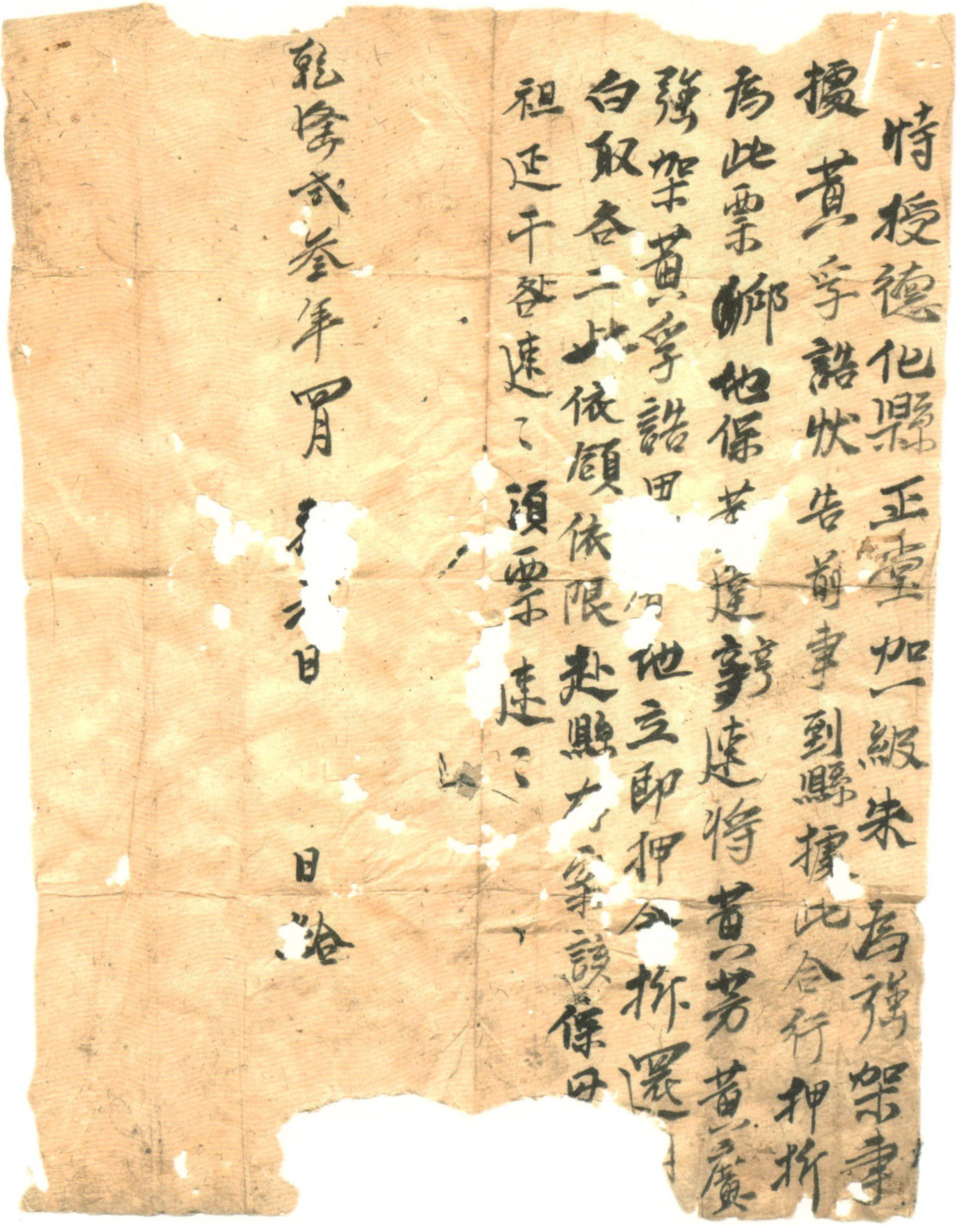

特授德化縣正堂加一級朱　為殘架事
據黃孚詣狀告前事到縣，據此合行押拆
為此票仰鄉地保某達窮速將黃芳、黃廣
殘架黃孚詣田[illegible]地立即押令拆還
白取各二比依領依限赴縣投案，該保毋
祖延干咎。速速須票。速速
乾隆貳叄年四月　[illegible]日
日給

10-5-103-2　清乾隆二十三年四月德化縣正堂朱行票

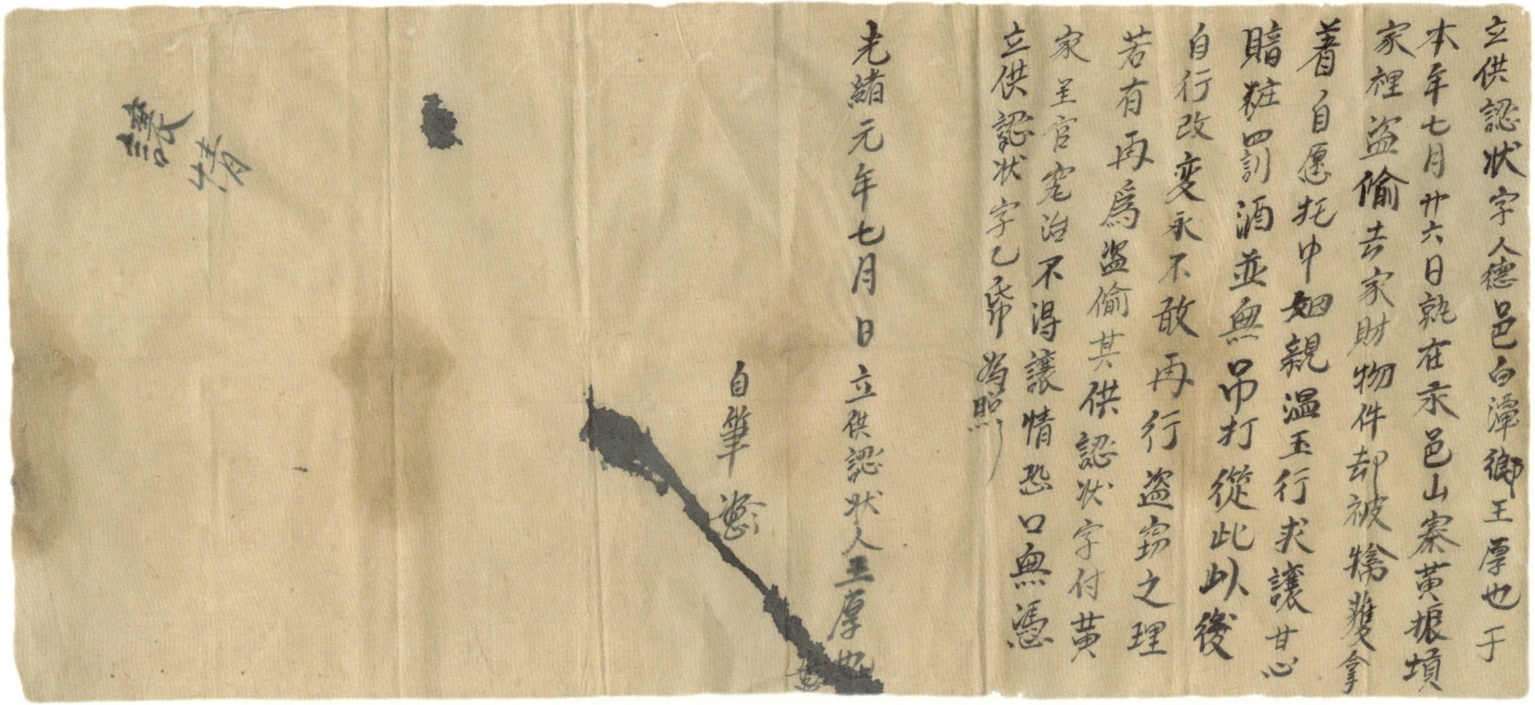

立供認狀字人德邑白潭鄉王厚也于
本年七月廿六日就在永邑山寨黄根墳
家裡盜偷去家財物件却被擒獲拿
着自愿托中姻親温玉行求讓甘心
賠粧四副酒筵無吊打從此以後
自行改变永不敢再行盜竊之理
若有再爲盜偷其供認狀字付黄
家呈官究治不得讓情恐口無憑
立供認狀字乙紙爲照

光緒元年七月　日立供認狀人王厚也
自筆

10-5-104-1　清光緒元年七月德化王厚也供認狀字

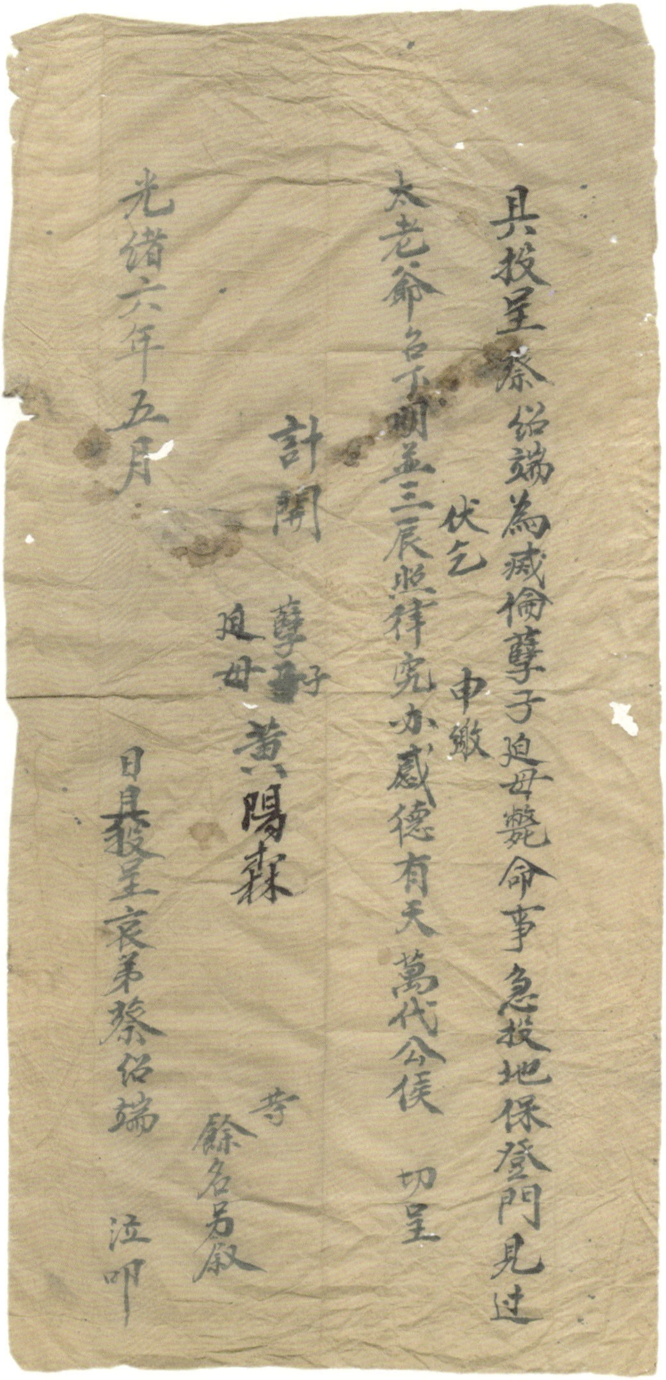

具投呈蔡紹端為滅倫孽子廹母斃命事急投地保登門見过
伏乞 申繳 切呈
太老爺台下明並三辰照律究办感德有天萬代公侯
計開
孽子 廹母 黃陽森
等 餘名另叙
光緒六年五月 日具投呈哀弟蔡紹端 泣叩

10-5-104-2 清光緒六年五月蔡紹端投呈狀

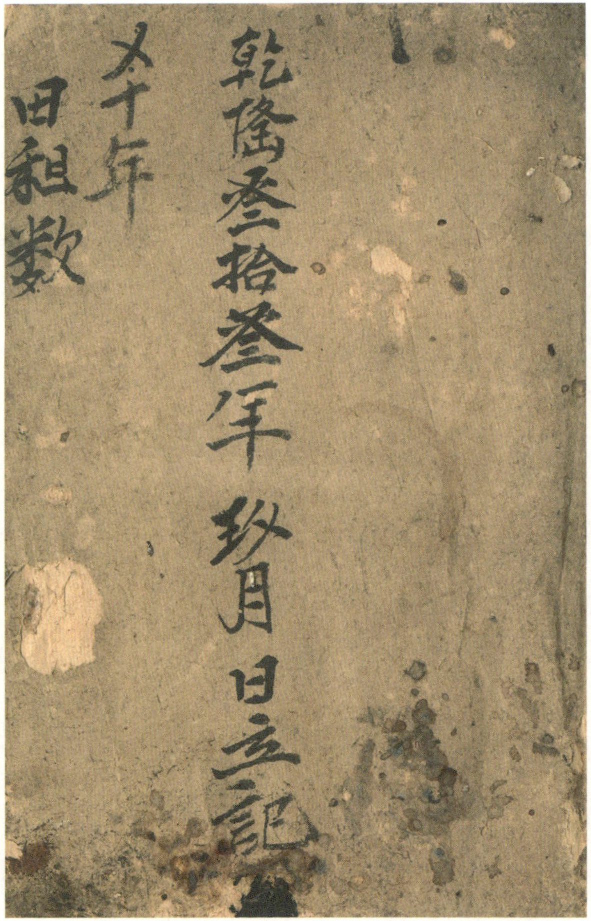
乾隆叁拾叁年拾月日立記
又十年
田租數

10-5-105-1　清乾隆三十三年黃氏立田租數（一）

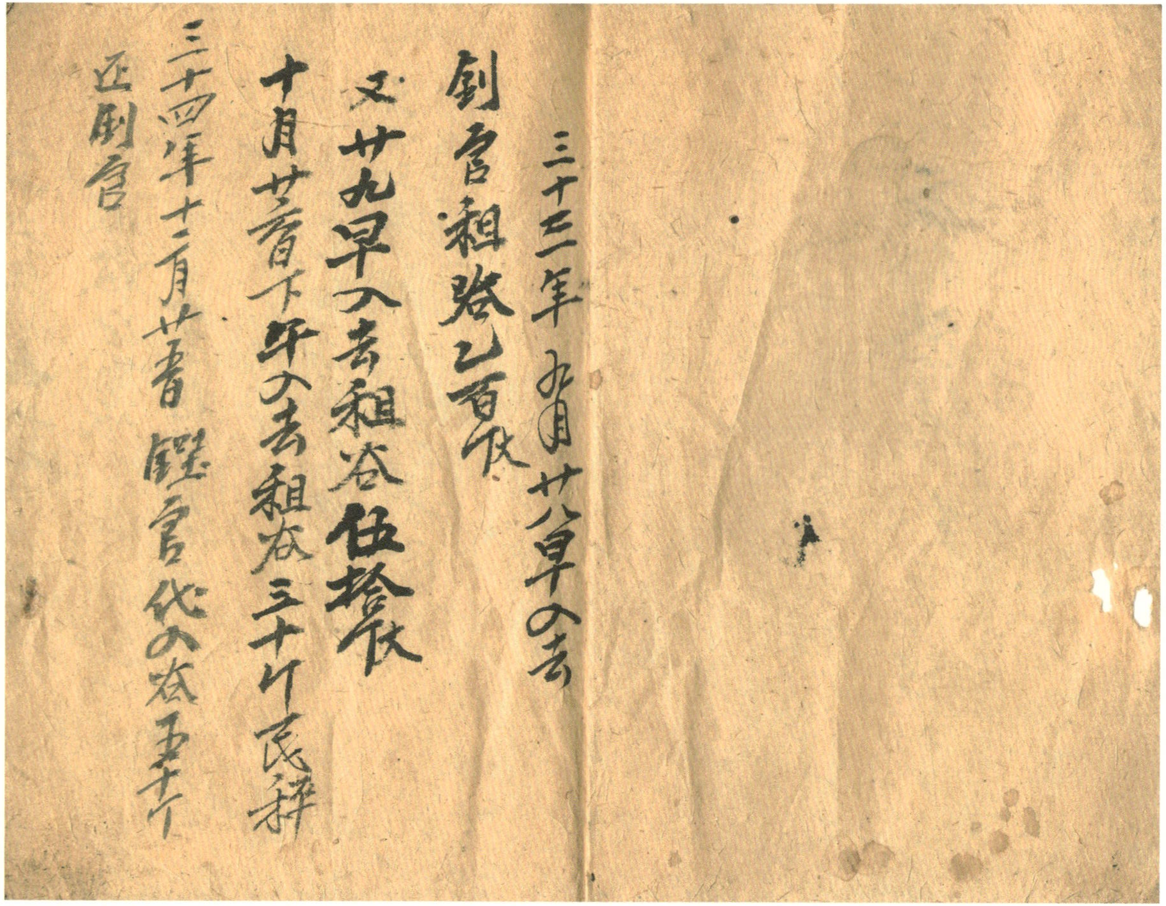
三十三年九月廿八早〇去
劉官租谷乙百仸
又廿九早入去租谷伍拾仸
十月廿三下午入去租谷三十斤 民祥
三十四年十二月廿三 鏗官代〇谷五十斤
還劉官

10-5-105-2　清乾隆三十三年黄氏立田租數（二）

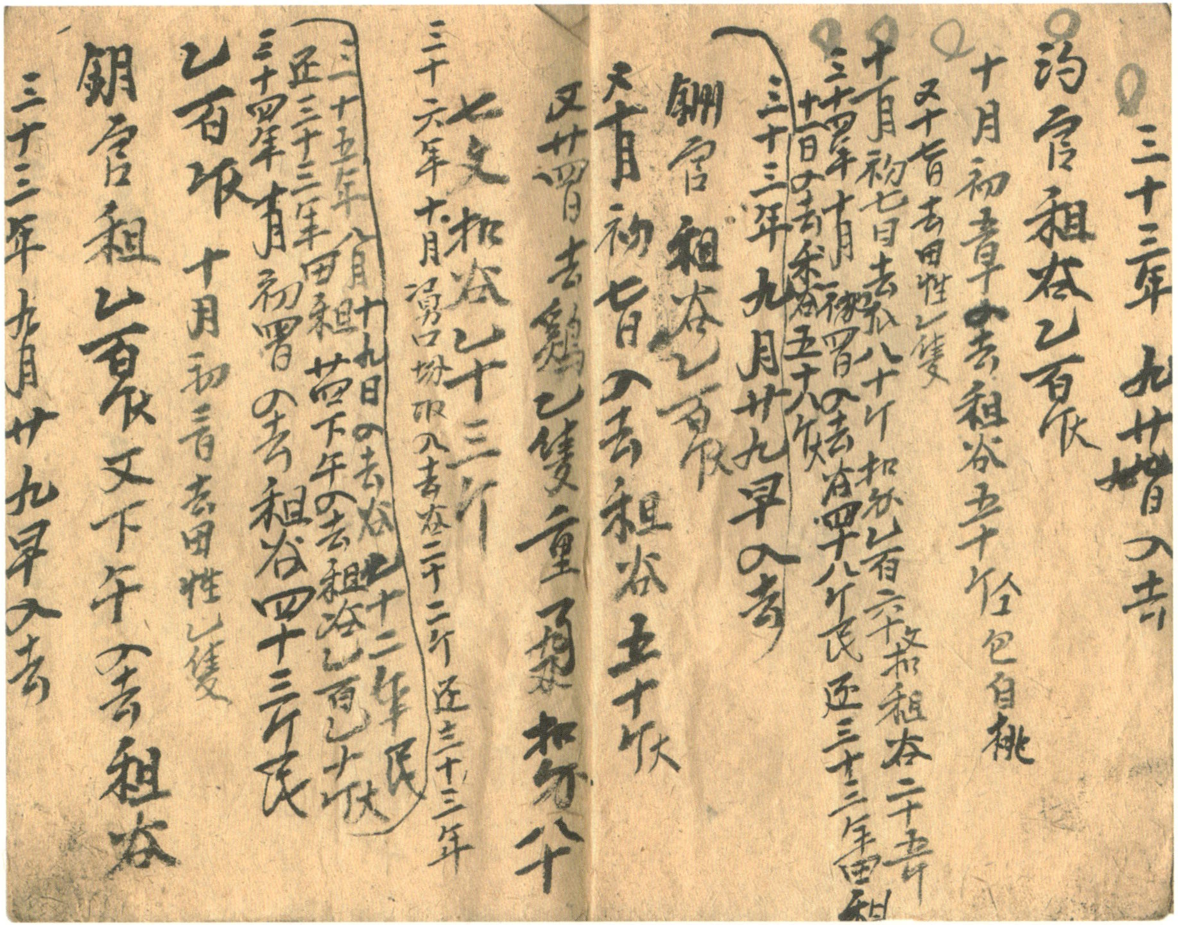

10-5-105-3 清乾隆三十三年黃氏立田租數（三）

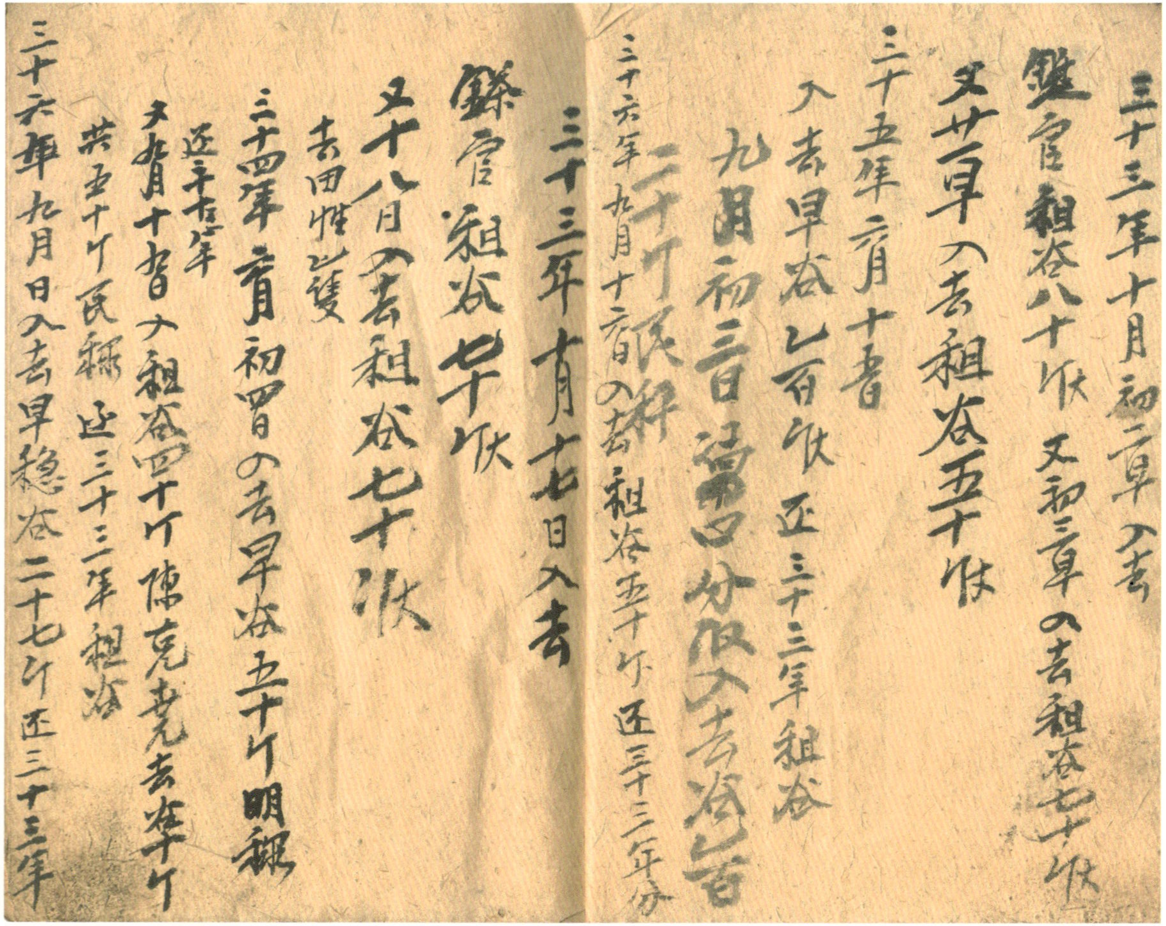
三十三年十月初二早入去
盤官租谷八十斤　又初三早の去租谷七十斤
又廿早入去租谷五十斤
三十五年六月十晝
入去早谷山百斤　还三十三年租谷
九月初三日　分作入去谷山百
三十六年九月十六日の去租谷五十斤　还三十三年分
二十斤氏稱
三十三年六月十七日入去
錢官租谷五十斤
又十八日入去租谷七十斤
去田牲護
三十四年六月初四日の去早谷五十斤明稱
还三十四年
又六月十四日入租谷四十斤　陳克尭去五十斤
共五十斤氏稱　还三十三年租谷
三十六年九月日入去早總谷二十七斤　还三十三年

10-5-105-4　清乾隆三十三年黄氏立田租數（四）

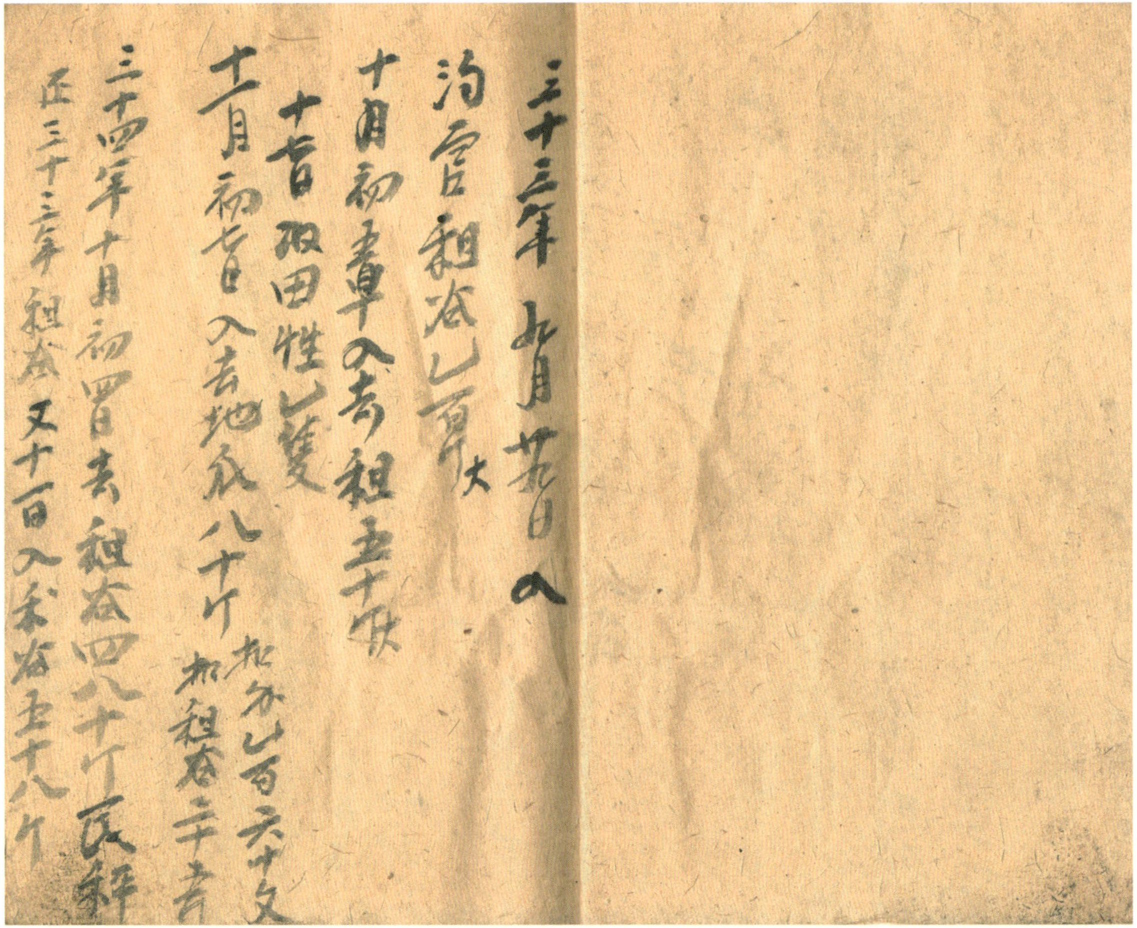
三十三年九月廿四日入
洎會租谷山夏大
十月初叁日入去租五十斤
十一日收田姓山夏
十一月初十日入去地瓜八十斤　扣分山百六十文
扣租谷二十斤
三十四年十月初四日去租谷四八十斤辰秤
还三十三年租谷又十一日入米谷五十八斤

10-5-105-5　清乾隆三十三年黃氏立田租數（五）

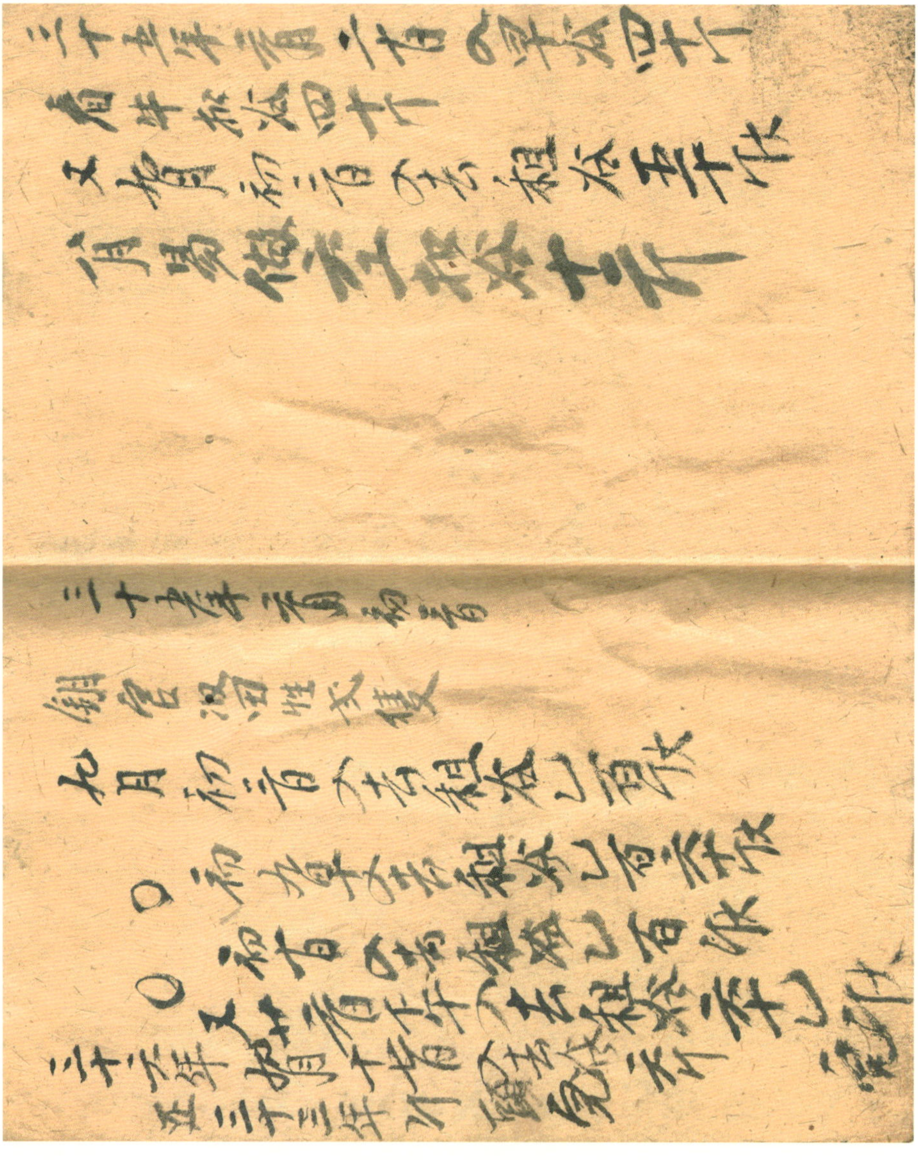

10-5-105-6　清乾隆三十三年黃氏立田租數（六）

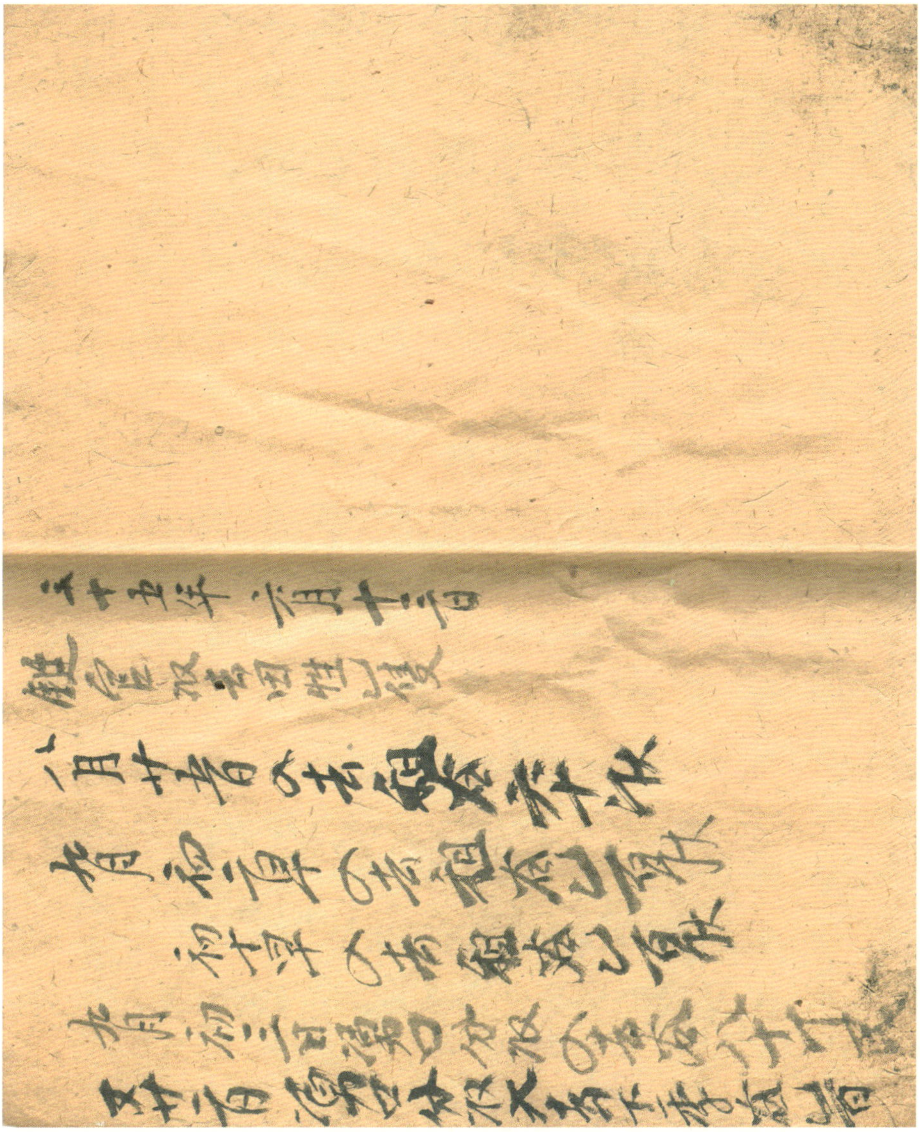

10-5-105-7 清乾隆三十三年黃氏立田租數（七）

10-5-105-8　清乾隆三十三年黃氏立田租數（八）

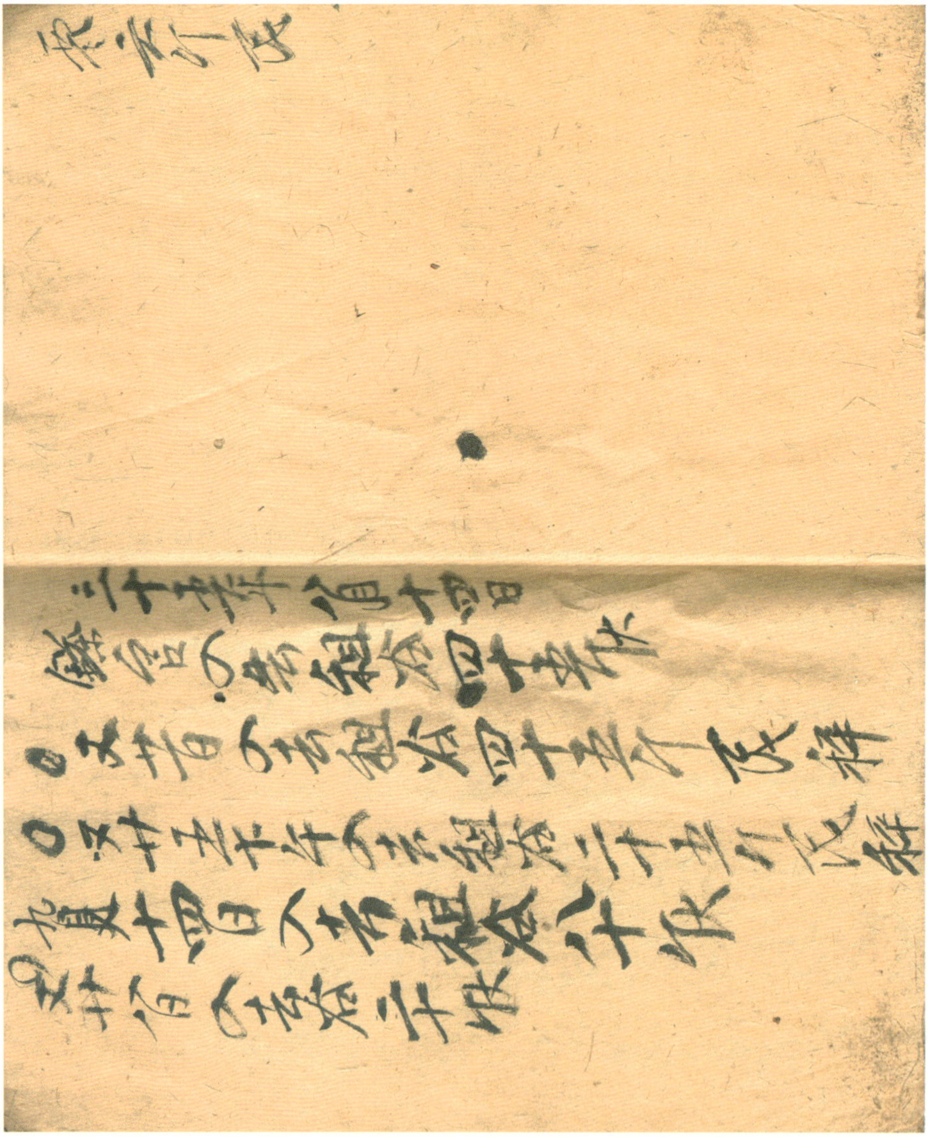

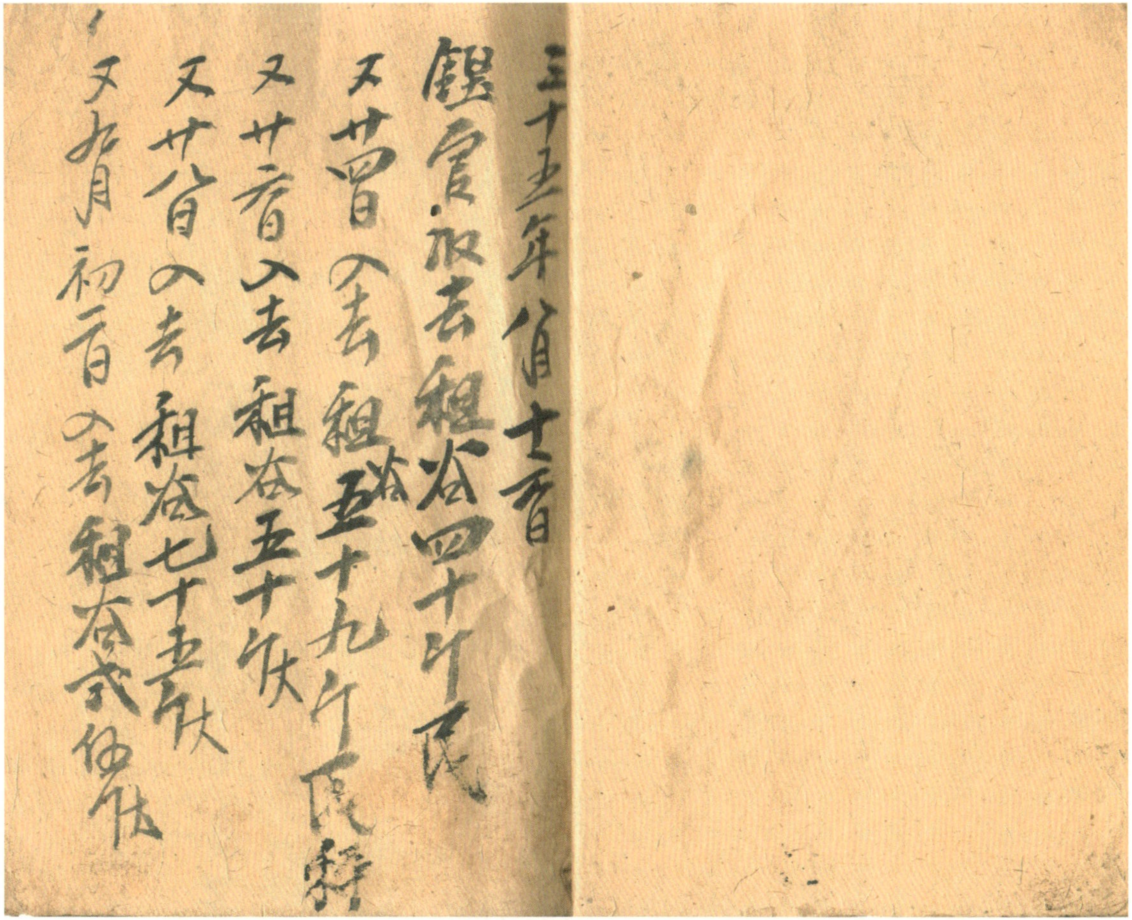

10-5-105-9 清乾隆三十三年黄氏立田租數(九)

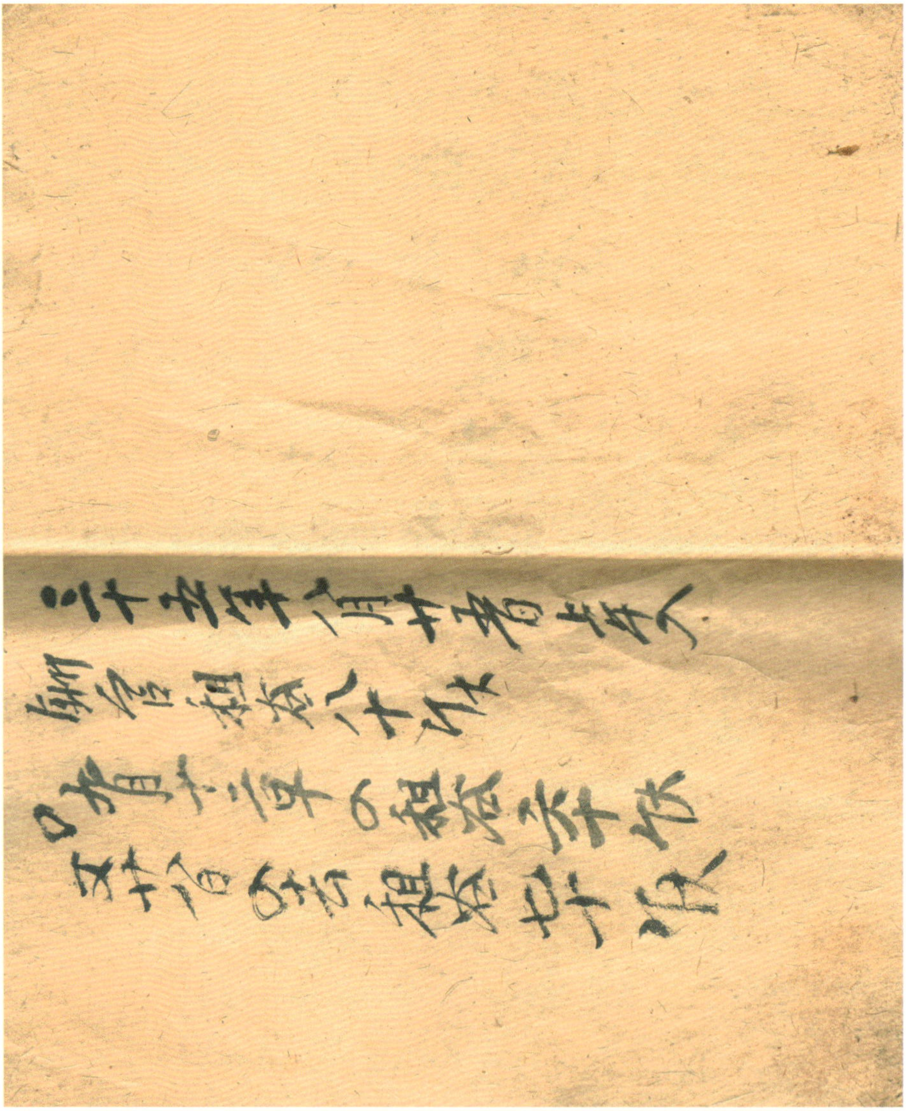

10-5-105-10　清乾隆三十三年黃氏立田租數（一〇）

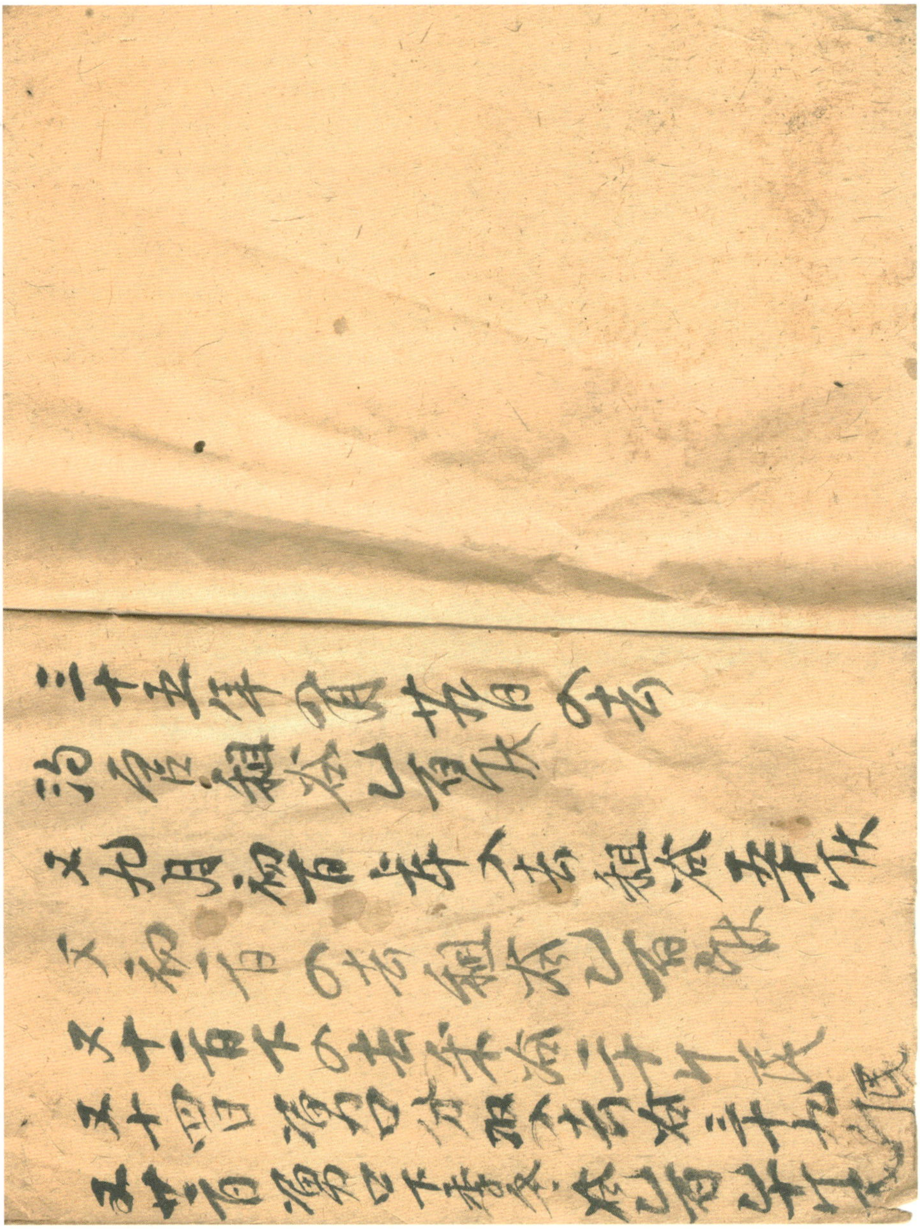

三十五年[illegible]

[illegible]租谷[illegible]

又九月初十日[illegible]租谷[illegible]

又初二日[illegible]租谷[illegible]

又十二月[illegible]

又十四日[illegible]

又廿二日[illegible]

10-5-105-11 清乾隆三十三年黃氏立田租數（一一）

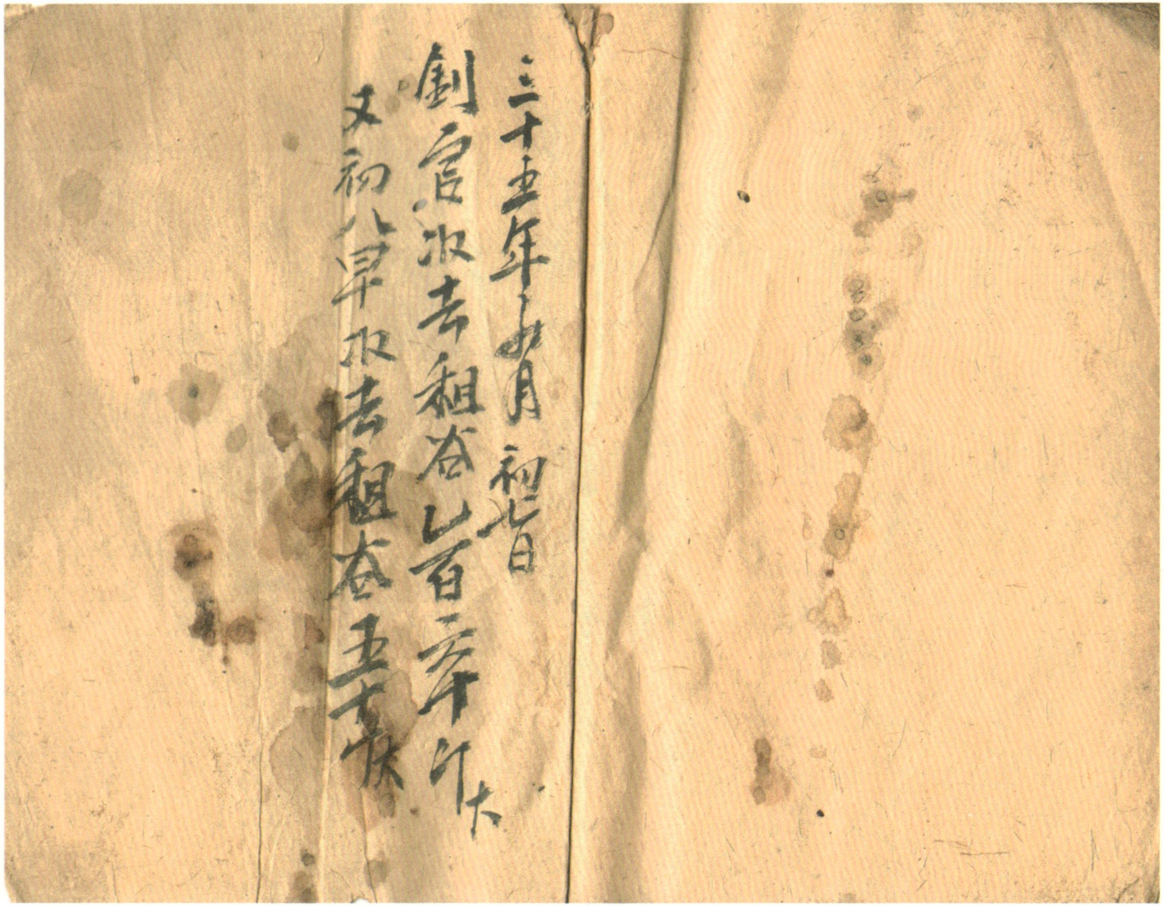
三十三年[illegible]月初七日
劊官收去租谷山首三斗大
又初八日收去租谷五斗[illegible]

10-5-105-12　清乾隆三十三年黃氏立田租數（一二）

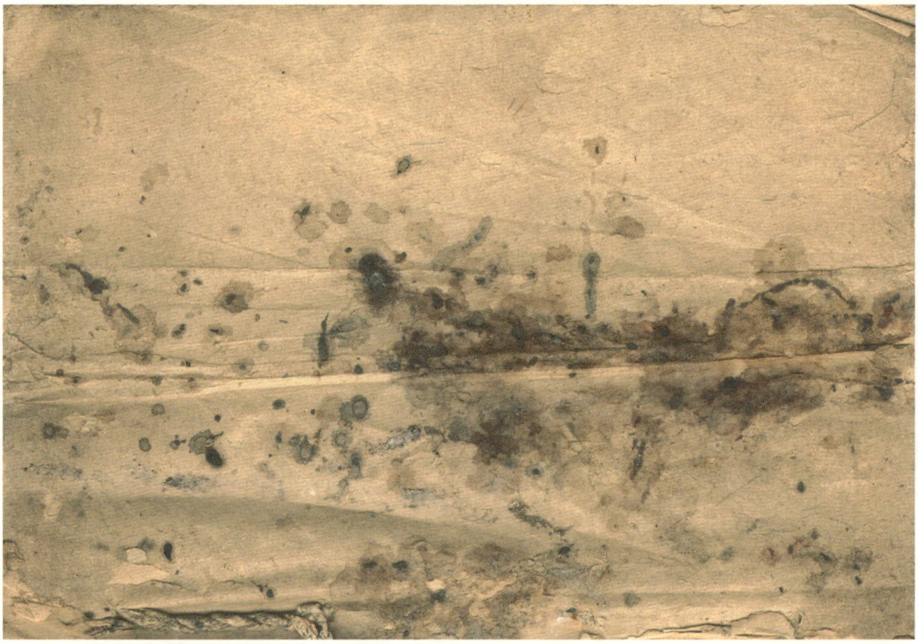

10-5-105-13 清乾隆三十三年黄氏立田租數（一三）

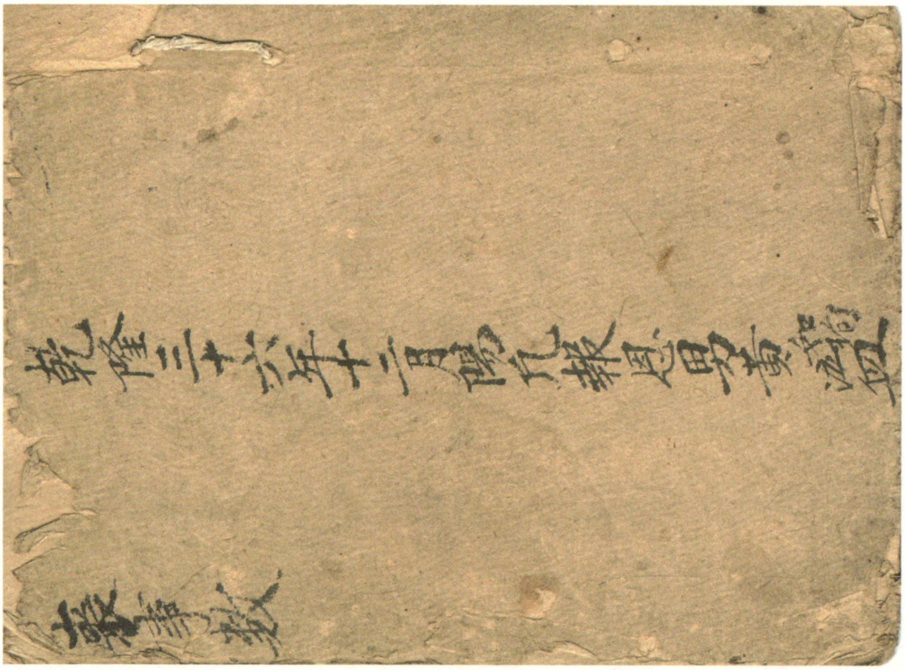

10-5-106-1　清乾隆三十六年黄如珣記喪事數（一）

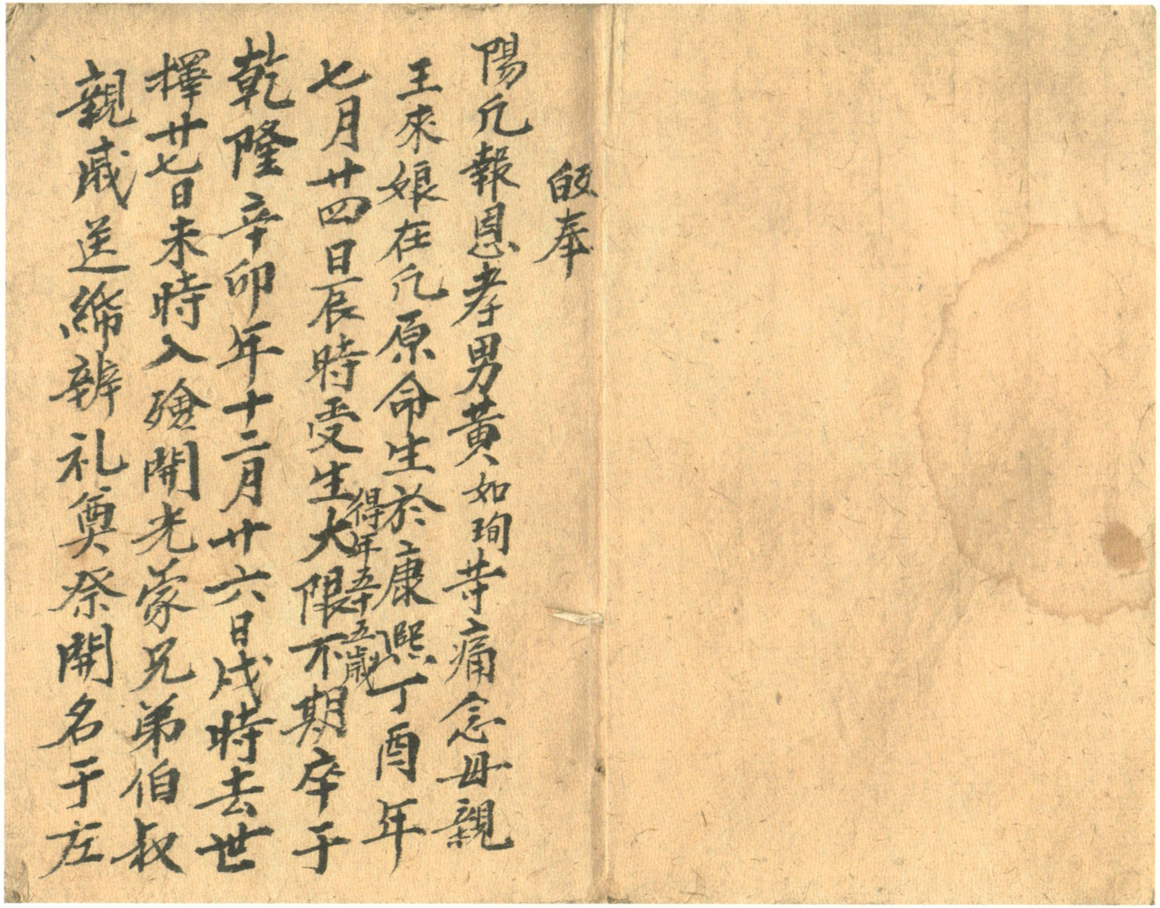
啟奉
陽凡報恩孝男黃如珣等痛念母親
王來娘在凡原命生於康熙丁酉年
七月廿四日辰時受生大(得年五十五歲)限不期享于
乾隆辛卯年十二月廿六日戌時去世
擇廿七日未時入殮開光家兄弟伯叔
親戚送綿鋪礼奠祭開名于左

10-5-106-2 清乾隆三十六年黃如珣記喪事數（二）

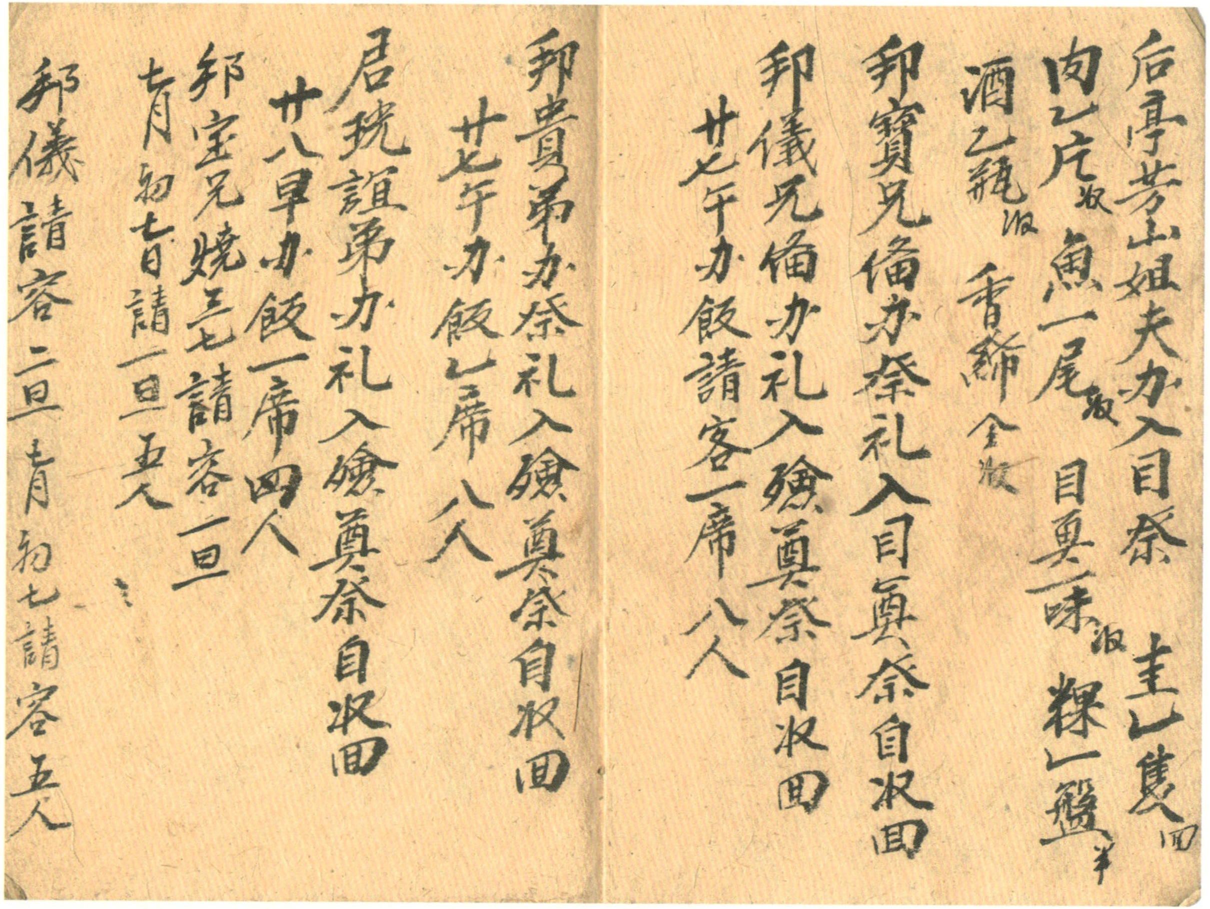

后亭芳山姐夫办入目祭　圭山隻回
肉乙片收　魚一尾收　目奠一味收　粿一盤半
酒乙瓶收　香錦全收
邦寶兄倫办祭礼入目奠祭自收回
邦儀兄倫办礼入錄奠祭自收回
廿七午办飯請客一席八人
邦貴弟办祭礼入錄奠祭自收回
廿七午办飯乙席八人
居琥誼弟办礼入錄奠祭自收回
廿八早办飯一席四人
邦宝兄燒三七請客一旦
七月初七日請一旦五人
邦儀請客二旦　七月初七請客五人

10-5-106-3　清乾隆三十六年黄如珣記喪事數（三）

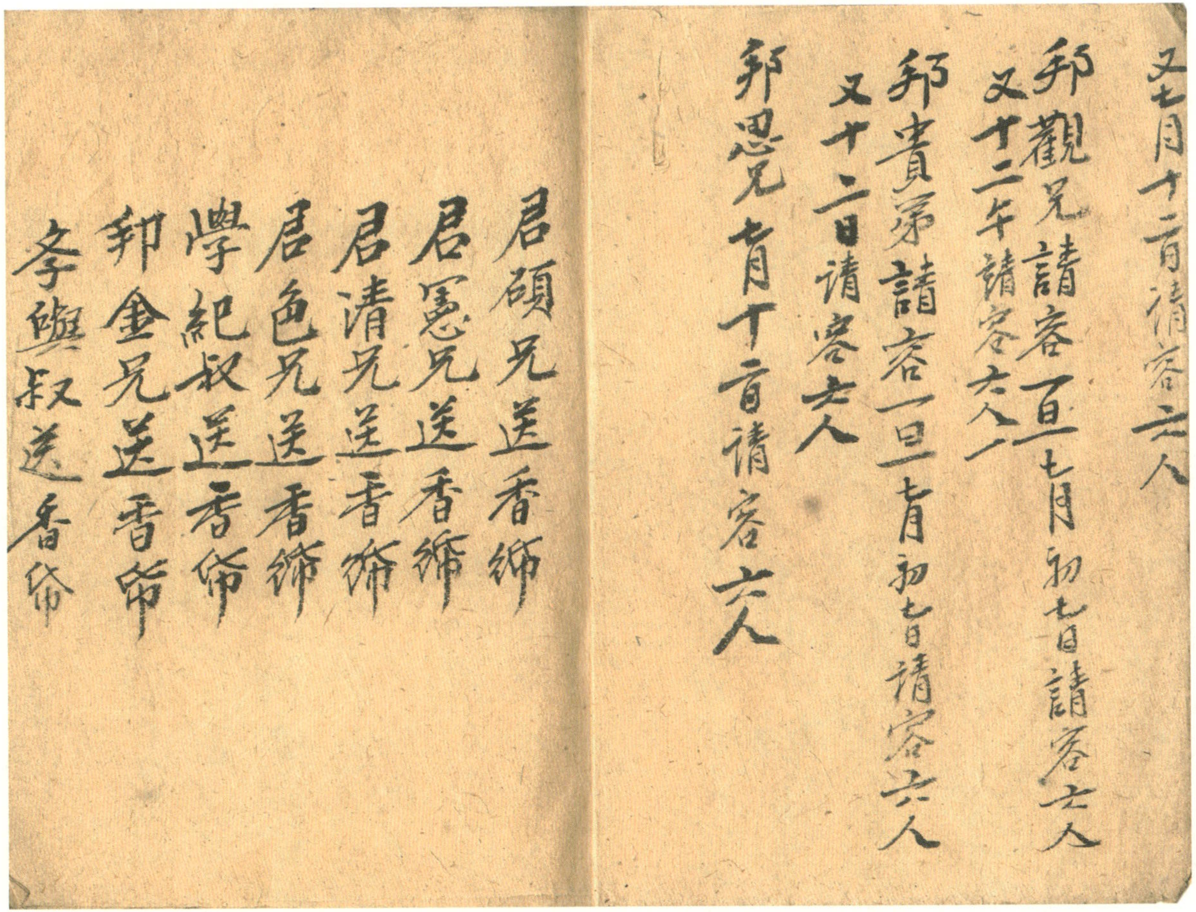
又七月十二日請客六人
邦觀兄請客亘七月初七日請客六人
又十二年請客六人
邦貴第請客一旦十月初七日請客六人
又十二日請客六人
邦恩兄十月十二日請客六人
君碩兄送香飾
君憲兄送香飾
君清兄送香飾
君色兄送香飾
學紀叔送香帋
邦金兄送香帋
孝與叔送香帋

10-5-106-4　清乾隆三十六年黄如珣記喪事數（四）

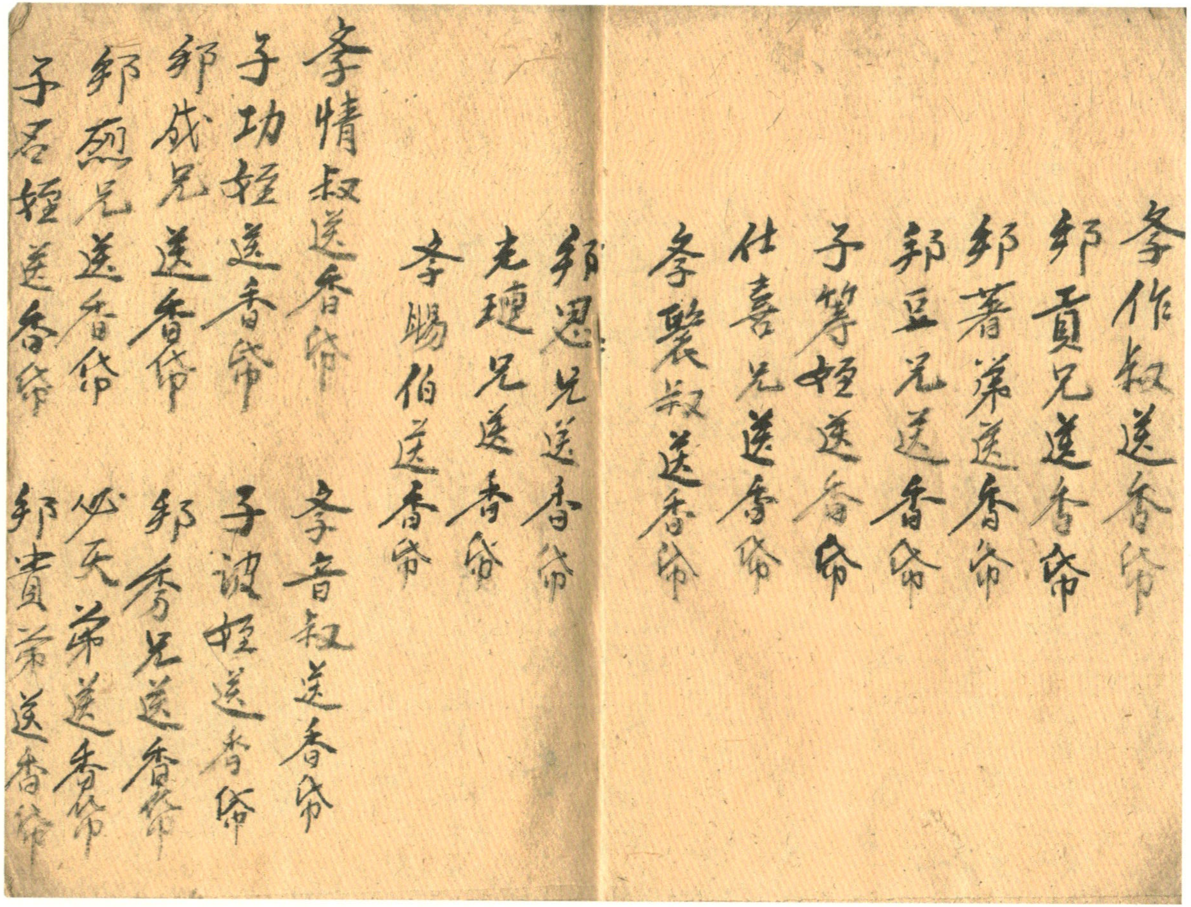

孝作叔送香儀
郑貢兄送香儀
郑著弟送香儀
郑豆兄送香儀
子箬侄送香儀
仕喜兄送香儀
孝襲叔送香儀
郑恩兄送香儀
光理兄送香儀
孝賜伯送香儀
孝情叔送香儀
子功侄送香儀
郑成兄送香儀
郑烈兄送香儀
子君侄送香儀
孝音叔送香儀
子設侄送香儀
郑秀兄送香儀
必天弟送香儀
郑貴弟送香儀

10-5-106-5 清乾隆三十六年黃如玽記喪事數（五）

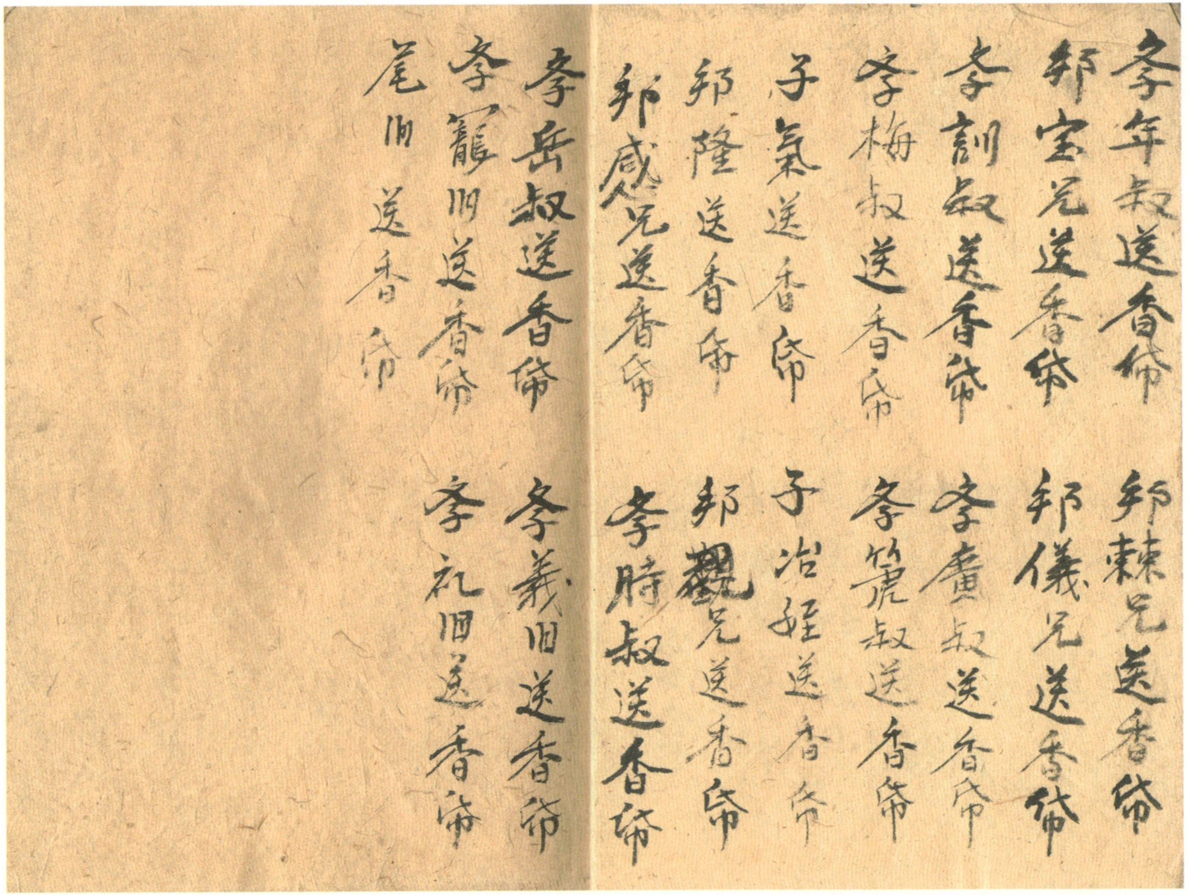
孝年叔送香帋
邦宝兄送香帋
孝訓叔送香帋
孝梅叔送香帋
子氣送香帋
邦隆送香帋
邦咸兄送香帋
孝岳叔送香帋
孝寵侣送香帋
尾侣送香帋
邦棟兄送香帋
邦儀兄送香帋
孝重叔送香帋
孝篪叔送香帋
子治侄送香帋
邦覲兄送香帋
孝時叔送香帋
孝義侣送香帋
孝礼侣送香帋

10-5-106-6　清乾隆三十六年黃如珣記喪事數（六）

天加表兄弟奠米粉一把　香帋

天保表兄奠雞一隻　金艮帋

天璁大旧奠雞一隻　金艮帋

可礼叔公弟奠雞一隻　金艮帋

道存表兄弟奠米粉一把　金艮帋

芳甫姻伯弟奠雞一隻　金艮帋

10-5-106-7　清乾隆三十六年黄如珣記喪事數（七）

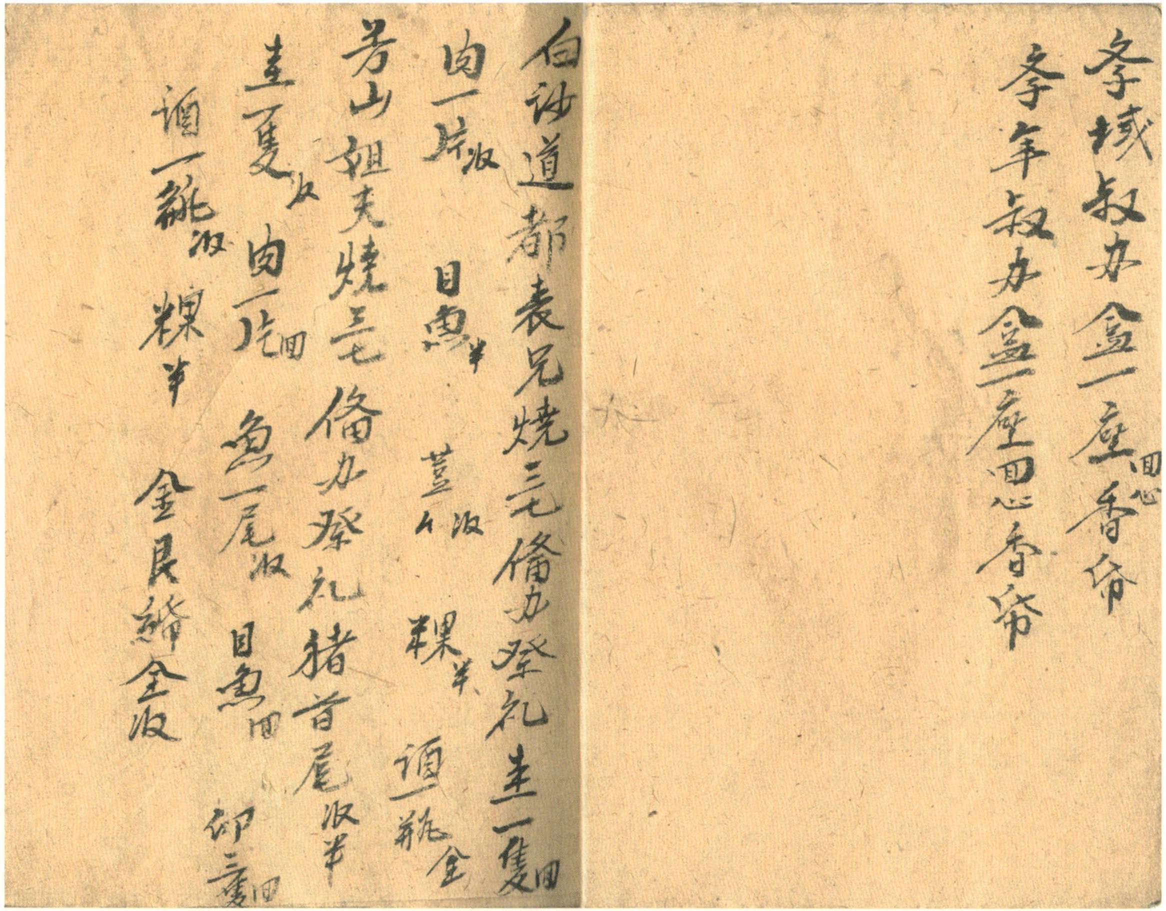

李域叔办盒一座 回心 香帋
李年叔办盒一座 回心 香帋

白沙道都表兄烧三七倫办祭礼 圭一隻回
肉一片收 目魚半 荳仌收 粿半 酒一瓶全
芳山姐夫烧三七倫办祭礼猪首尾收半
圭一隻收 肉一片回 魚一尾收 目魚回 卯二隻回
酒一瓶收 粿半 金艮錼全收

10-5-106-8 清乾隆三十六年黃如珣記喪事數（八）

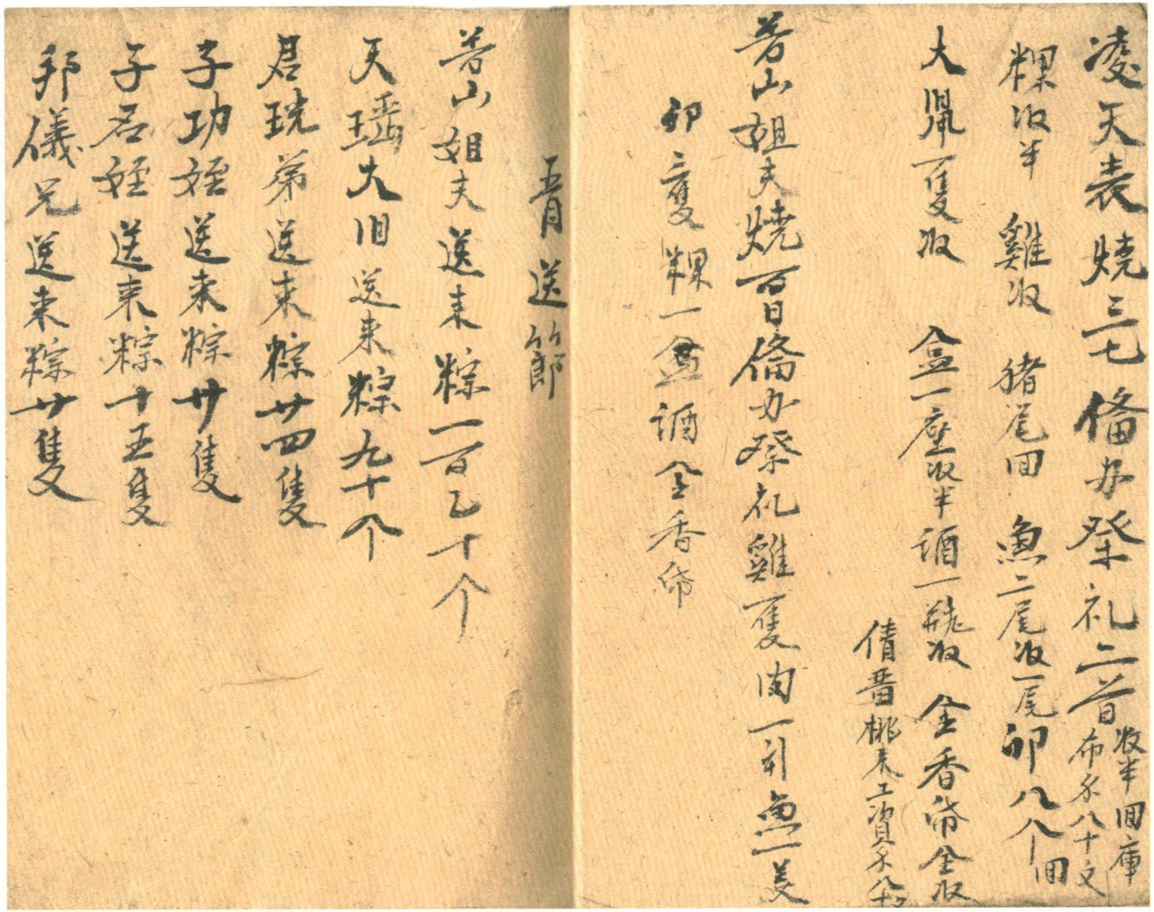
凌天表姨三乇俻办祭礼二着收半田庫布系八十文
粿收半 雞收 猪尾田 魚二尾收一尾 卯八个回
大鼎一隻收 盒一座收半 酒一瓶收 金香爷全收
倩晋郴來工資系分
若山姐夫姨百日俻办祭礼雞一隻肉一刂魚二尾
卯二隻粿一盒酒金香爷

青送節
若山姐夫送來粽一百乙十个
天瑤大旧送來粽九十个
君琥弟送來粽廿四隻
子功姪送來粽廿隻
子君姪送來粽十五隻
邦儀兄送來粽十隻

10-5-106-9 清乾隆三十六年黃如珣記喪事數（九）

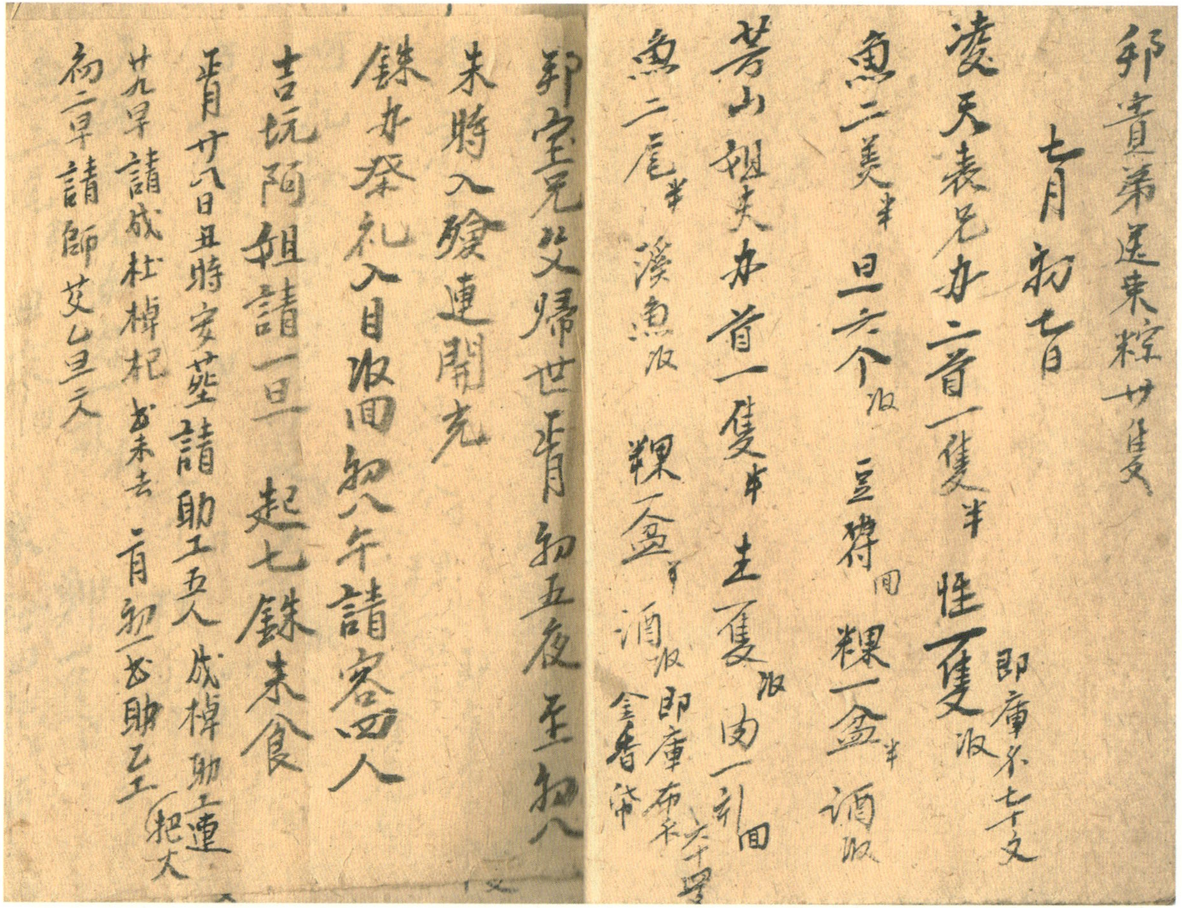

邦賁直弟送東粽廿隻

七月初七日

凌天表兄办三首一隻半 牲一隻 収 即庫布七十文

魚二尾半 旦六个 収 豆餅 回 粿一盒半 酒 収

姜山姻夫办首一隻半 生一隻 収 肉一斤 回

魚二尾半 溪魚 収 粿一盒半 酒 収 即庫布米六十文 金香帋

邦宝兄父歸世 七月初五夜至初八

未時入殮連開光

錄办祭礼入目 収回 初八午請客四人

吉坑阿姐請一旦 起七錄未食

七月廿八日丑時安葬 請助工五人 成樟助工連把大

廿九早請成杜樟杞 出未去 八月初一出助工

初二早請師艾山旦文

10-5-106-10 清乾隆三十六年黄如珣記喪事數（一〇）

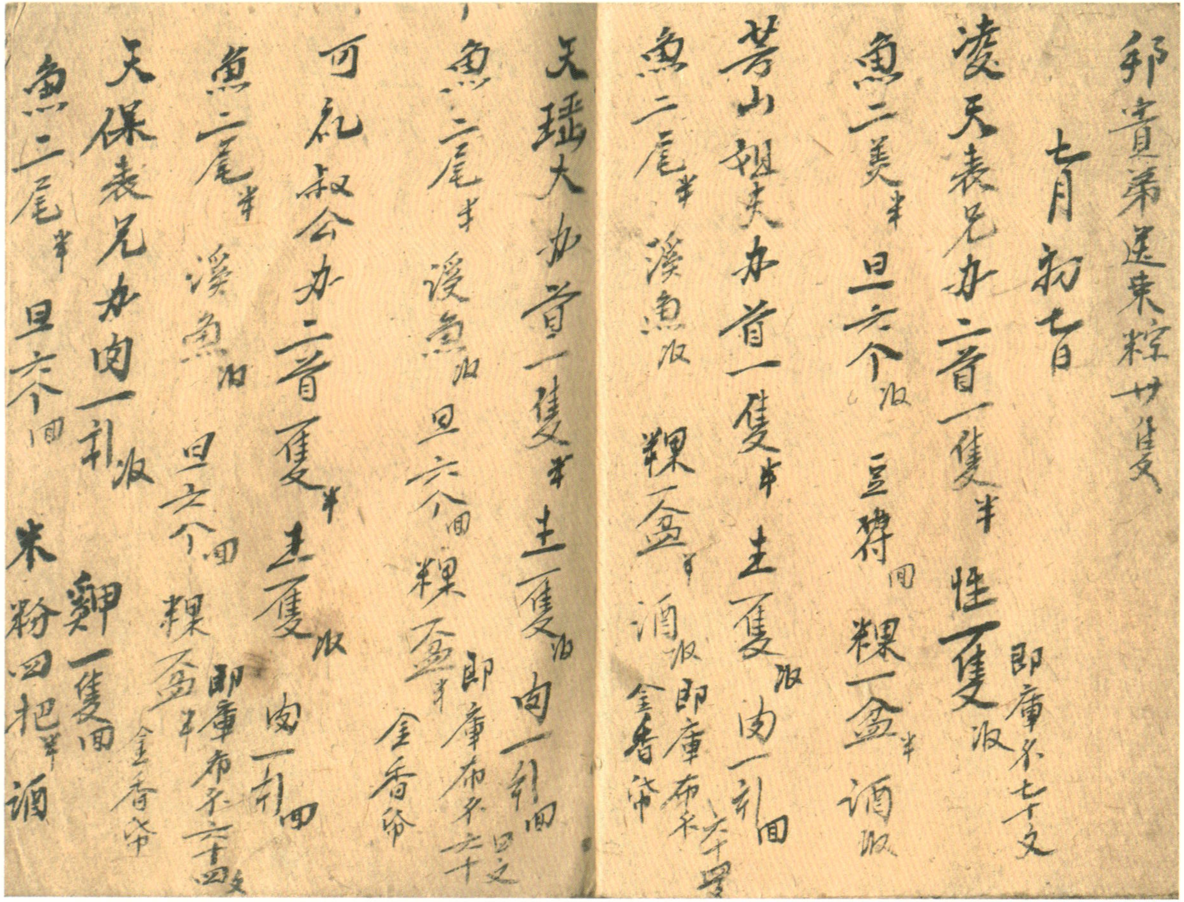

10-5-106-11　清乾隆三十六年黃如珣記喪事數（一一）

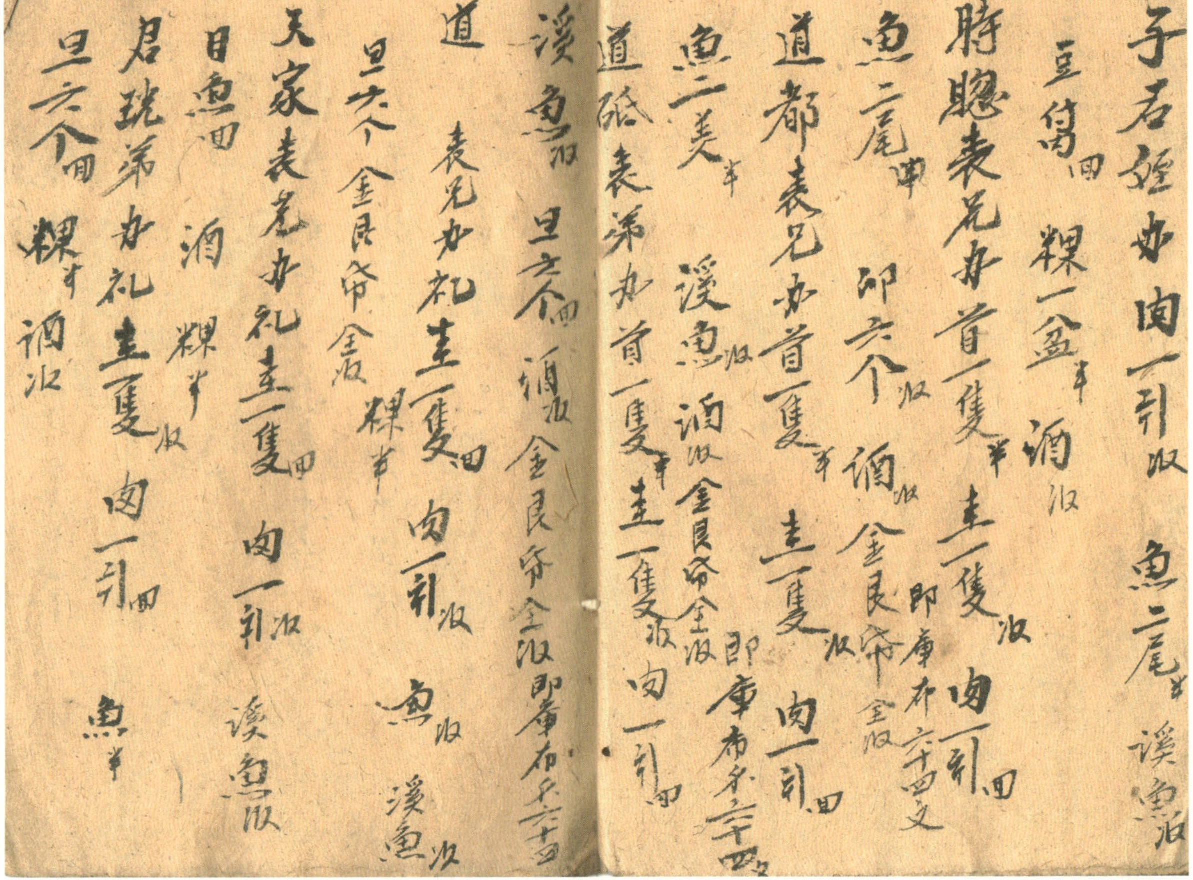
子君侄女 肉一引 魚二尾 溪魚
豆倚 糕一盆 酒
時聰表兄女 首一隻 圭一隻 肉一引
魚二尾 印六个 酒 金艮 即庫布
道都表兄女 首一隻 圭一隻 肉一引
魚二美 溪魚 酒 金艮 即庫布
道孫表弟女 首一隻 圭一隻 肉一引
溪魚 旦六个 酒 金艮 即庫布
道 表兄女礼 圭一隻 肉一引 魚 溪魚
旦六个 金艮 糕
天家表兄女礼 圭一隻 肉一引 溪魚
日魚 酒 糕
君珧弟女礼 圭一隻 肉一引 魚
旦六个 糕 酒

10-5-106-12 清乾隆三十六年黄如珣記喪事數（一二）

謹擇安葬母親在德邑大墓坪
壬辰年十一月廿五日子時進葬完成子
孫昌盛旺丁丙與吉地壹穴坐艮向
坤兼丑未分金辛丑辛未整作墳堂
日師德生花彩錢二百四十文　分經師
兄邦華花彩錢捌拾文　石師兄邦旦
花彩錢捌拾文　內親葬祭办礼

邦賫兄办祭礼収回廿四早請飯乚棹當九人
廿六晚办飯請客當六人
邦儀兄办祭礼収回廿四午办飯乚棹請十三人
廿四晚办飯乚棹請十二人
邦貴弟办祭礼収回廿三晚办飯乚棹請助工當
十人廿五早办飯乚棹請旧公當八人
邦現兄办祭礼収回廿三晚办飯乚棹請助工
當十人廿五午請旧公办飯乚棹當八人
邦思兄廿五晚办飯乚棹請八人

10-5-106-13　清乾隆三十六年黄如珣記喪事數（一三）

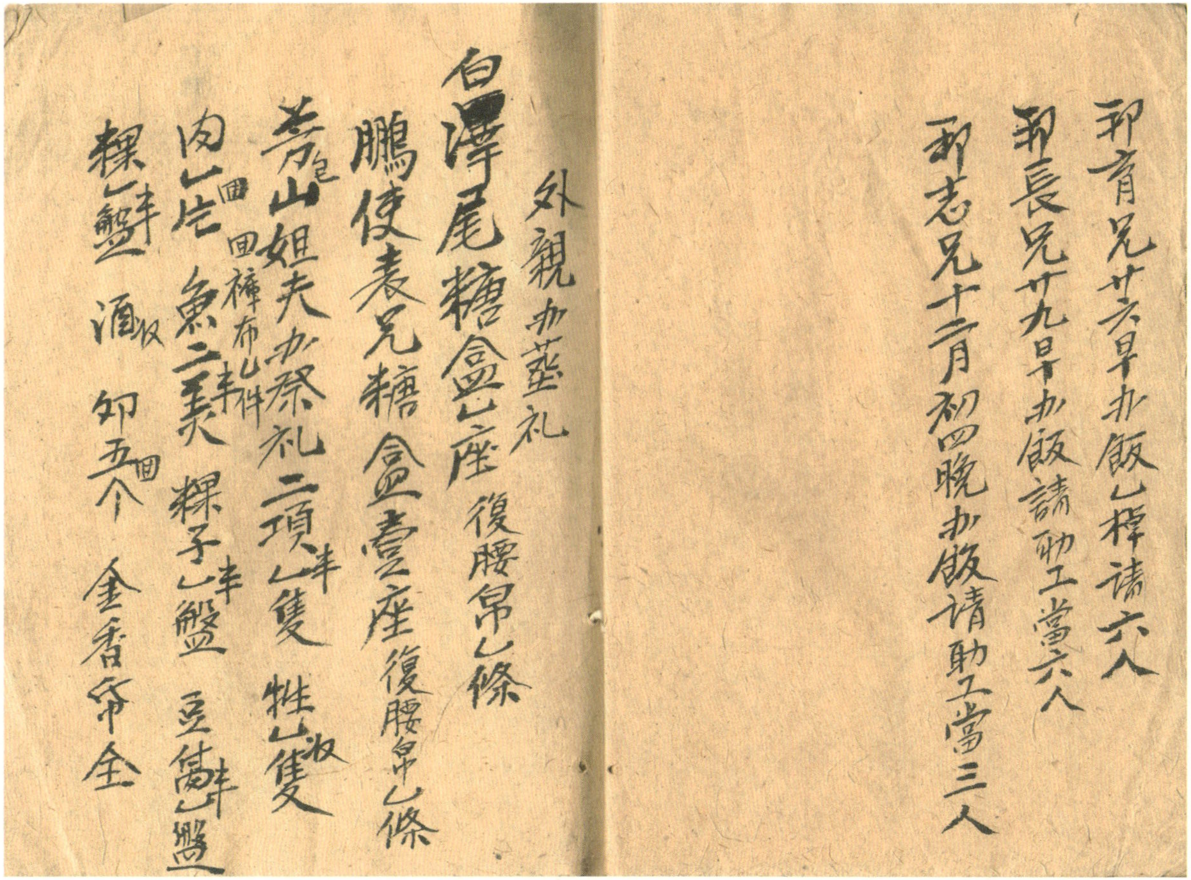

10-5-106-14 清乾隆三十六年黃如珣記喪事數（一四）

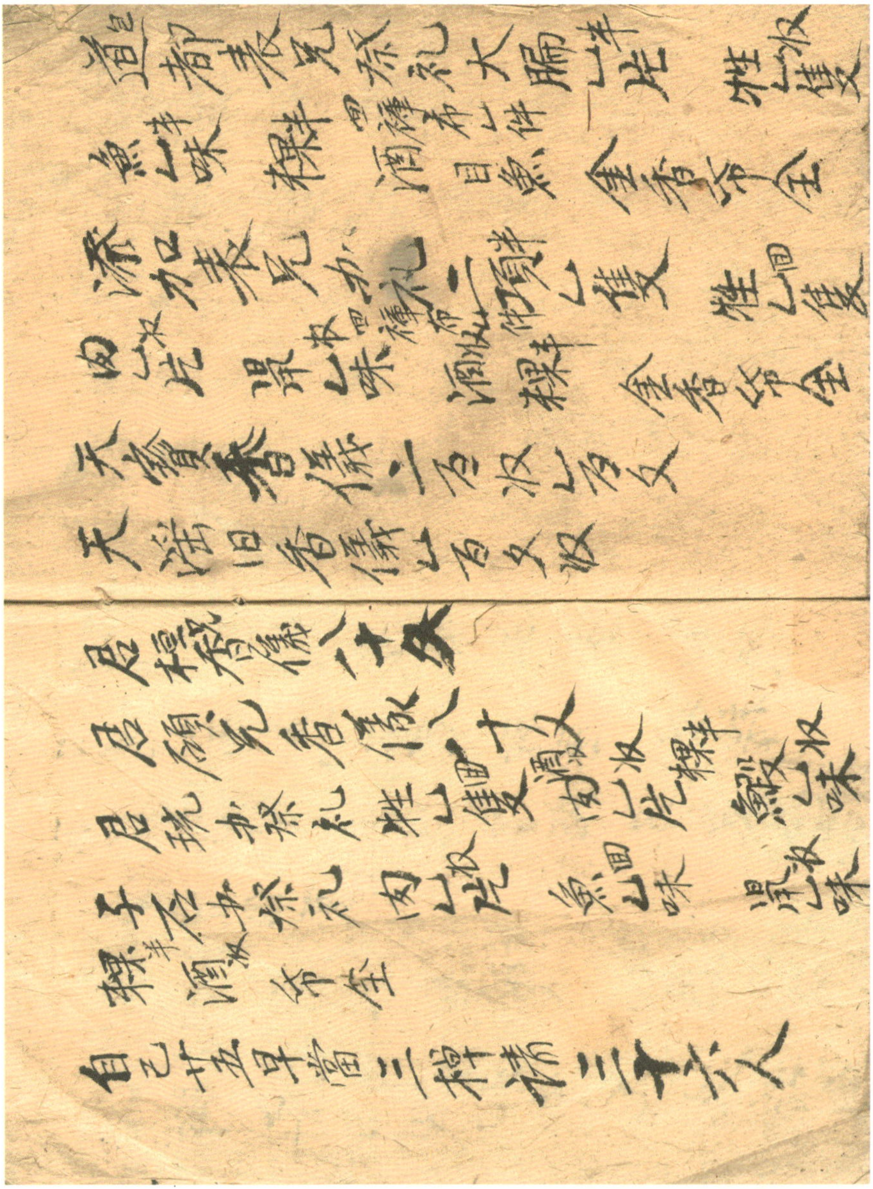

10-5-106-15　清乾隆三十六年黃如珣記喪事數（一五）

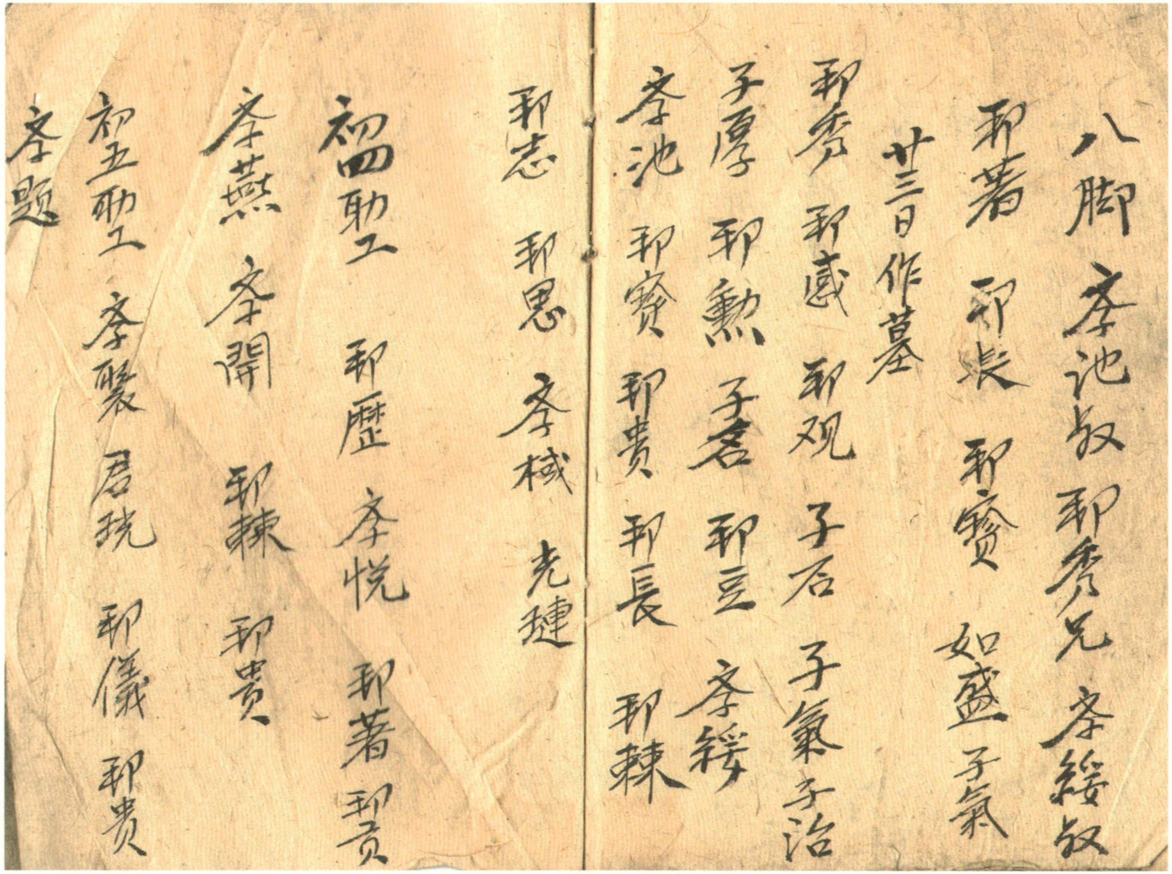
八脚　李池叔　郑秀兄　李綬叔
郑著　郑長　郑賓　如盛　子氣
廿三日作墓
郑秀　郑盛　郑观　子石　子氣　子治
子厚　郑勲　子君　郑亘　李綬
李池　郑賓　郑貴　郑長　郑棟
郑志　郑恩　李棫　光捷
初四聘工　郑歷　李悦　郑著　郑貢
李燕　李開　郑棟　郑貴
初五聘工　李繫　君珖　郑儀　郑貴
李題

10-5-106-16　清乾隆三十六年黄如珣記喪事數（一六）

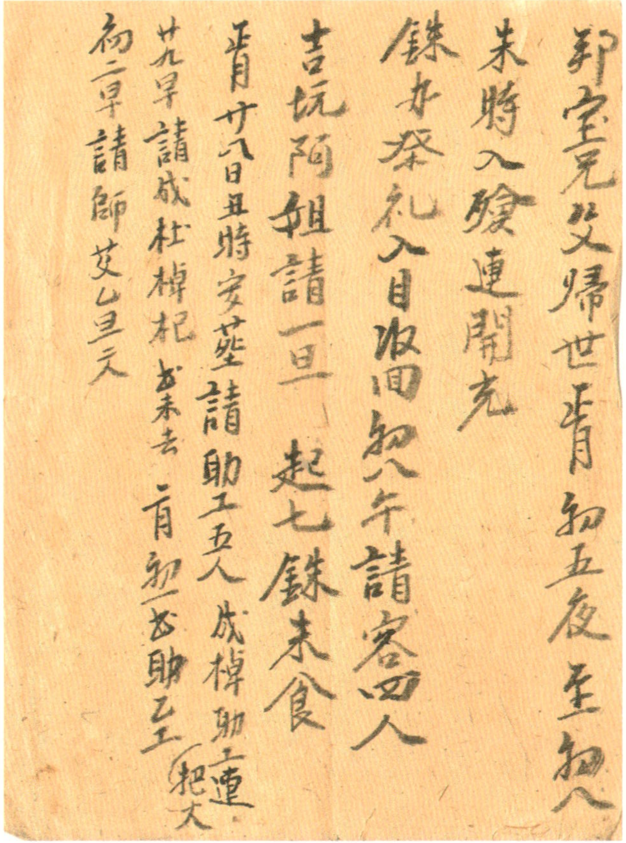

郭宝兄父帰世　正月初五夜至初八
未時入殮連開光
錄女祭礼入目收回初八午請客四人
吉坑阿姐請一旦　起七錄未食
正月廿八日丑時安塟請助工五人　成棹助工連[illegible]把大
廿九早請成杜棹杞出來去　二月初一出助工
初二早請師艾山旦文

10-5-106-17　清乾隆三十六年黃如珣記喪事數（一七）

10-5-106-18 清乾隆三十六年黄如珣記喪事數（一八）

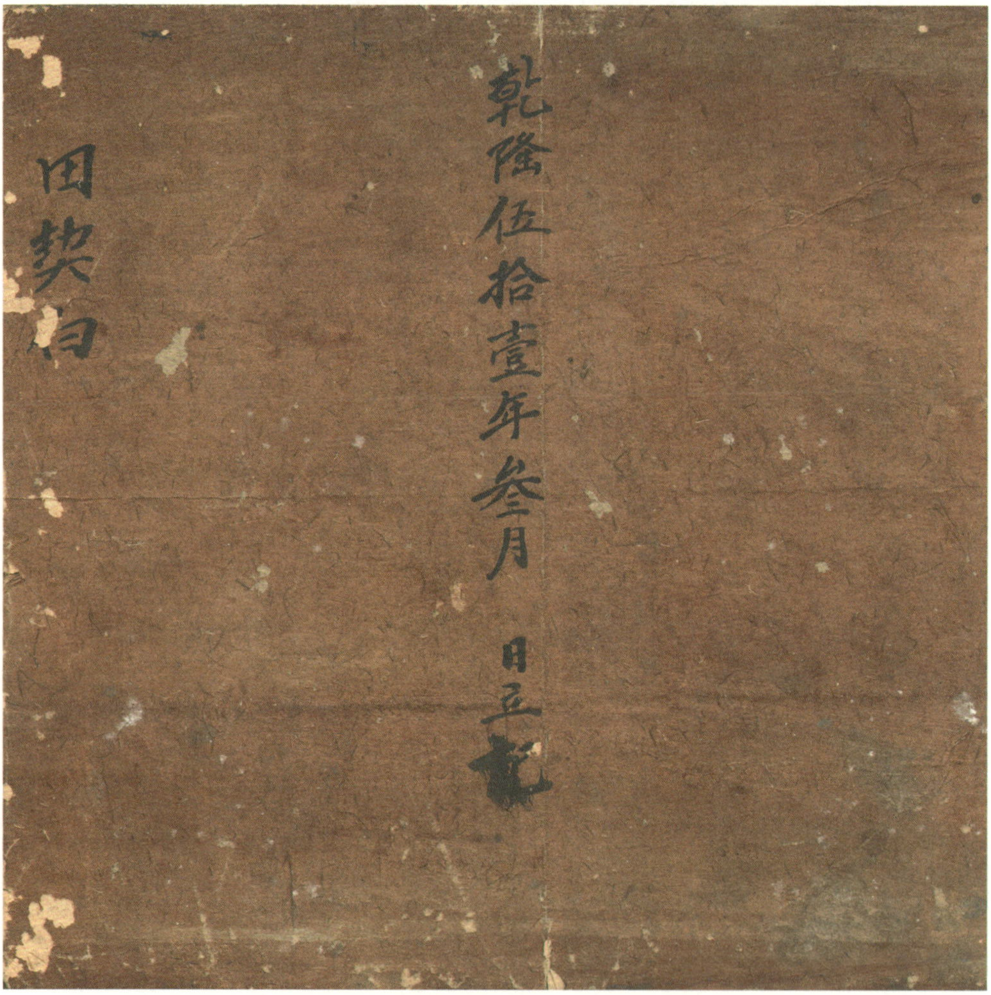
乾隆伍拾壹年叁月　日立

田契白

10-5-107-1　清乾隆五十一年黄氏抄田契簿（一）

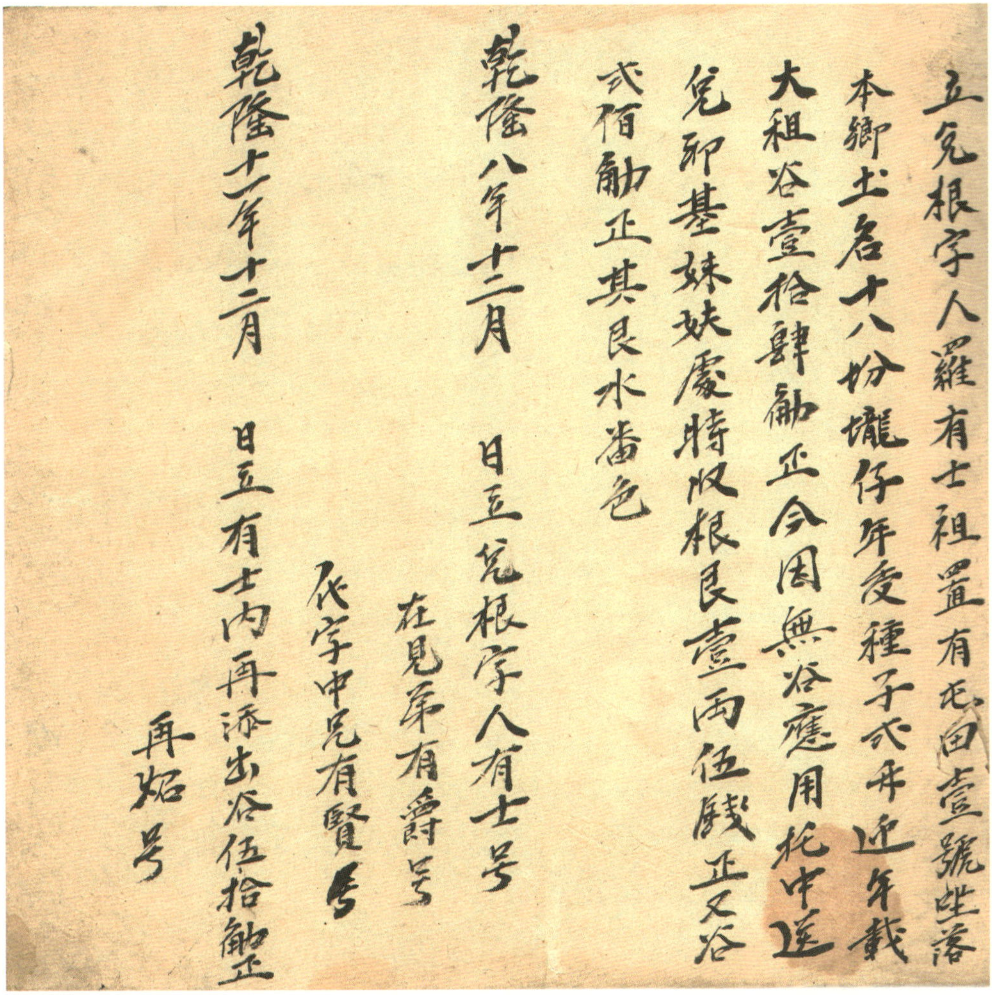

立兑根字人羅有士祖置有屯田壹號坐落
本鄉土名十八坋壠仔年受種子弍升正年載
大租谷壹拾肆觔正今因無谷應用托中送
兑與基妹夫慶特收根艮壹両伍錢正又谷
弍佰觔正其艮水番色
乾隆八年十二月　日立兑根字人有士号
在見弟有爵号
代字中兄有賢号
乾隆十一年十二月　日立有士内再添出谷伍拾觔正
再焰号

10-5-107-2　清乾隆五十一年黄氏抄田契簿（二）

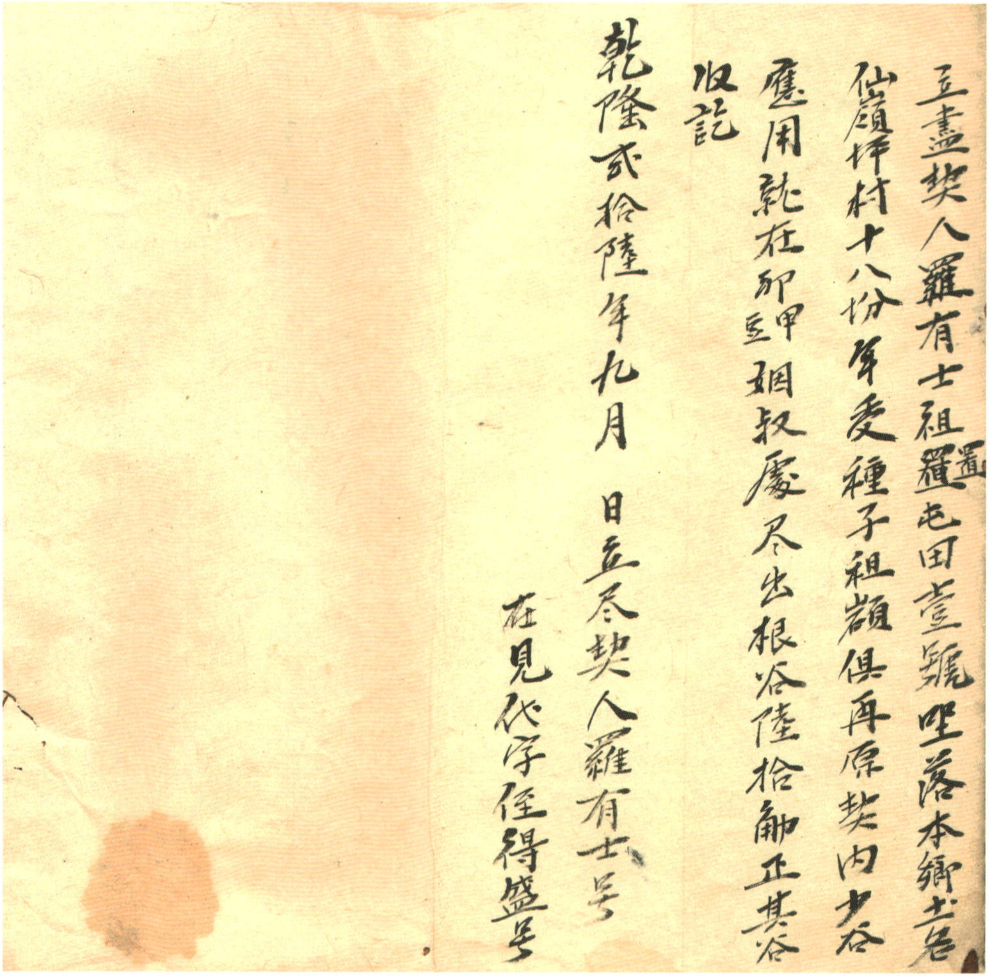

立盡契人羅有士祖遺屯田壹號坐落本鄉土名
仙嶺坪村十八份䒭受種子租額俱再原契內大谷
應用就在卯甲至姻叔慶盡出根谷陸拾觔正其谷
收訖
乾隆貳拾陸年九月　日立盡契人羅有士號
在見代字侄得盛號

10-5-107-3　清乾隆五十一年黄氏抄田契簿（三）

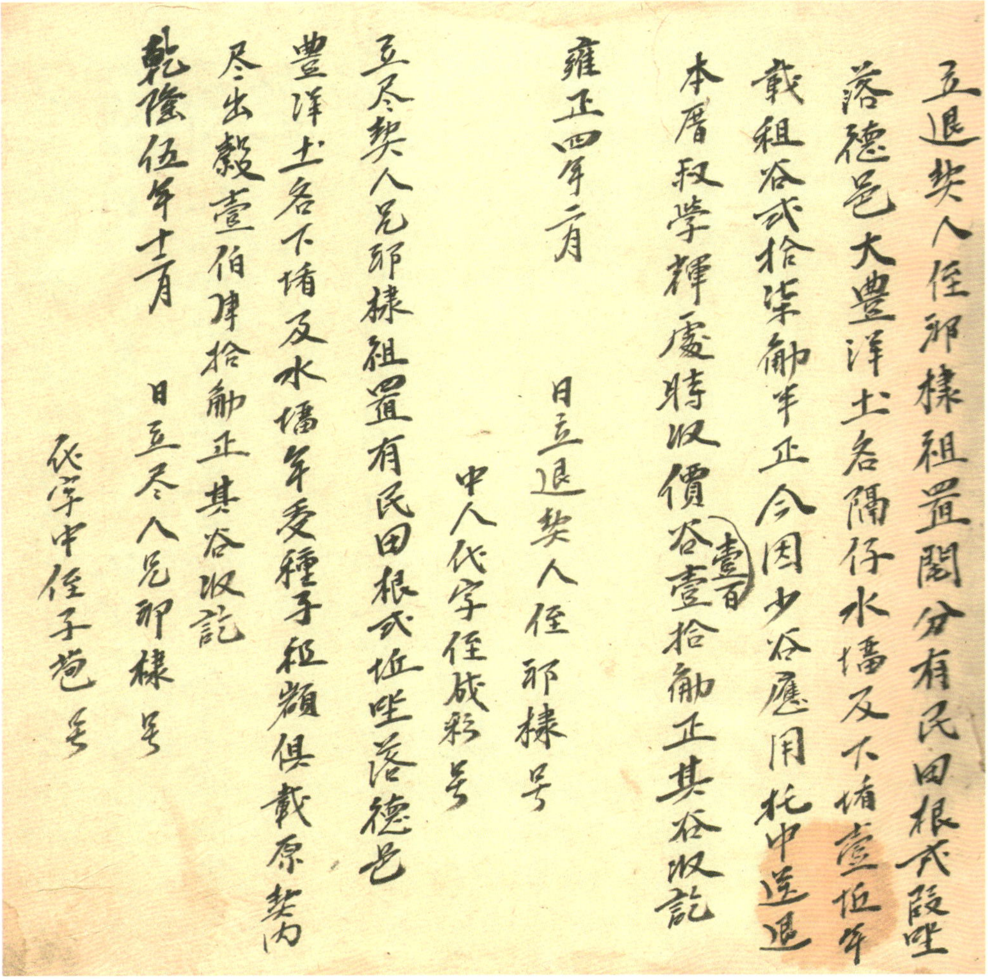
立退契人侄邦棣祖置閹分有民田根弍段坐
落德邑大豐洋土名隔仔水墻及下堵壹坵年
載租谷弍拾柒觔半正今因少谷應用托中送退
本厝叔掌輝處時收價谷壹百壹拾觔正其谷收訖
雍正四年二月　日立退契人侄邦棣号
中人代字侄成彩号
立盡契人兄邦棣祖置有民田根弍坵坐落德邑
豐洋土名下堵及水墻年受種子租額俱載原契內
盡出穀壹伯肆拾觔正其谷收訖
乾隆伍年十月　日立盡契人兄邦棣号
代字中侄子芭号

10-5-107-4　清乾隆五十一年黄氏抄田契簿（四）

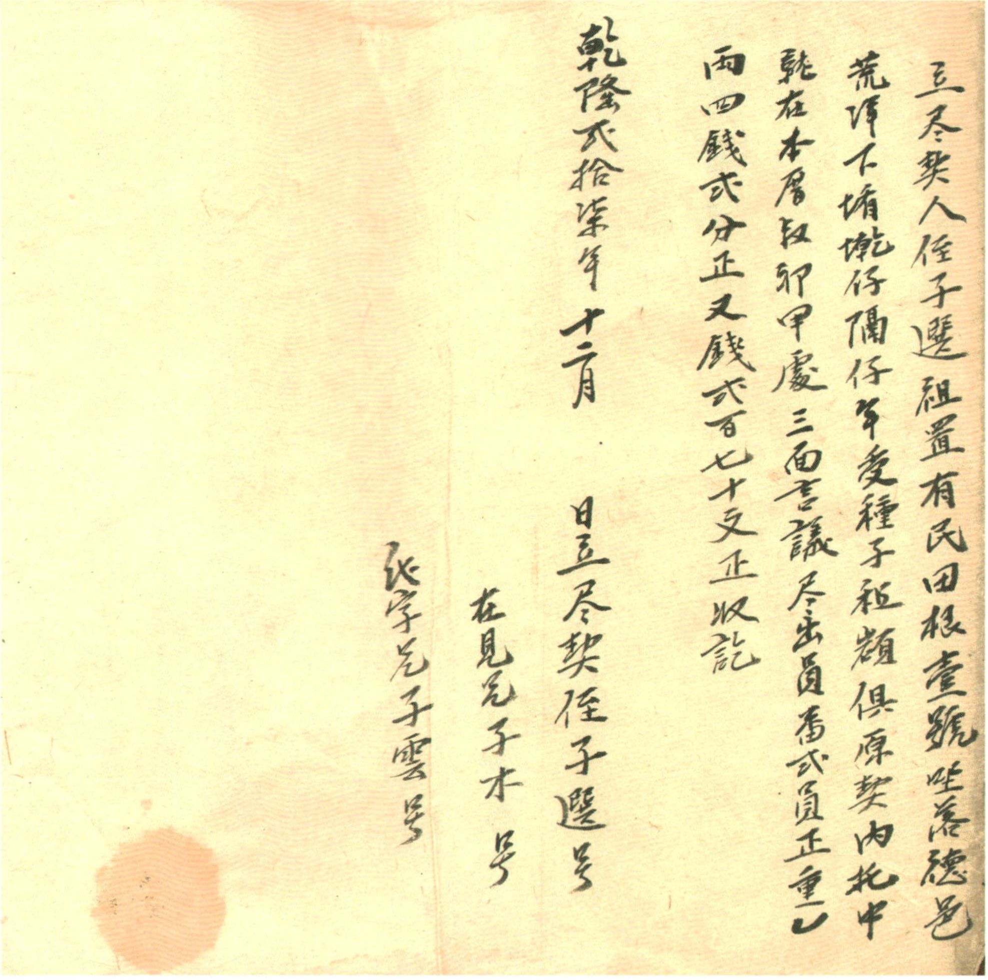

立尽契人侄子選祖置有民田根壹號坐落德邑

荒洋下埔墘仔隔仔等受種子租額俱原契内花中

就在本房叔卯甲處三面言議尽出員番弍員正重一

兩四錢弍分正又錢弍百七十文正收訖

乾隆弍拾柒年十二月　日立尽契侄子選号

在見兄子木号

代字兄子雲号

10-5-107-5　清乾隆五十一年黄氏抄田契簿（五）

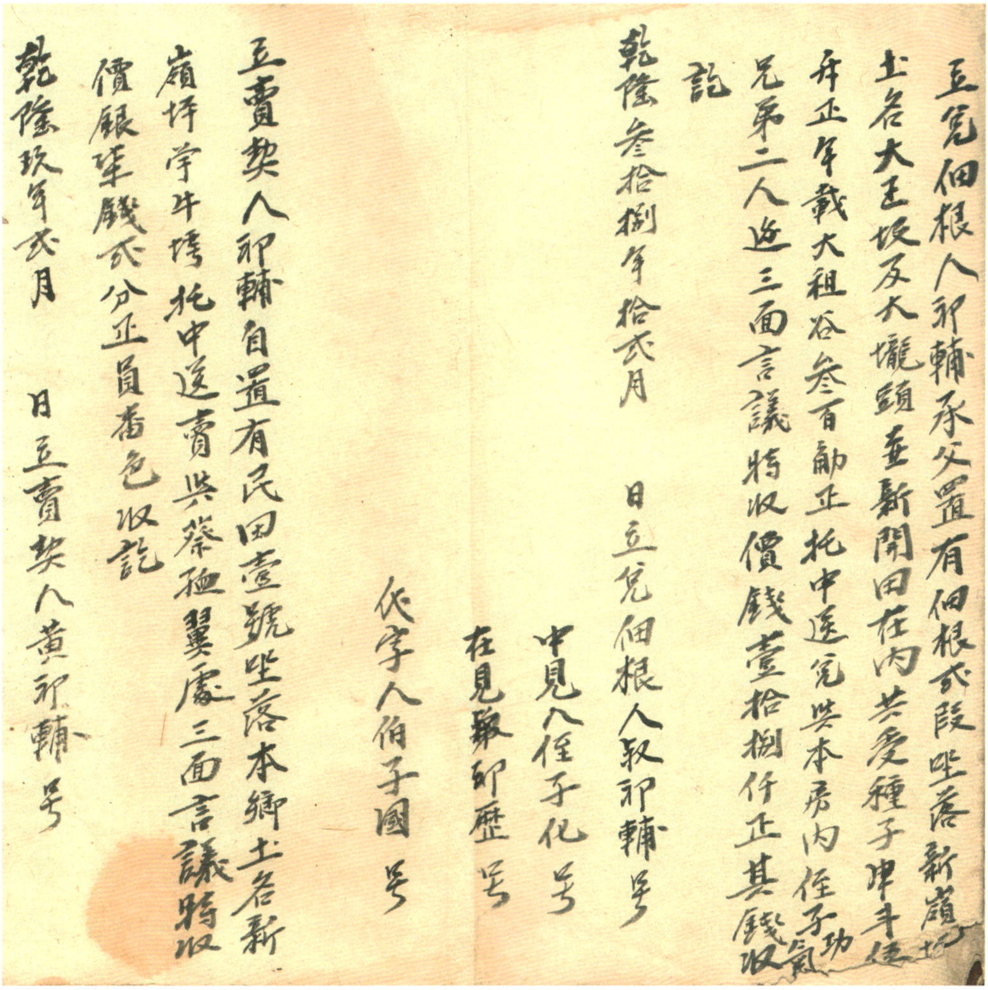

立兑佃根人邦輔承父置有佃根弍段坐落新嶺坵
土名大王坂及大壠頭並新開田在内共受種子肆斗徒
弁正年載大租谷叁百觔正托中送兑與本房内侄子功氣
兄弟二人边三面言議時收價錢壹拾捌仟正其錢收
記

乾隆叁拾捌年拾弍月　　日立兑佃根人叔邦輔号

中見人侄子化号

在見叔邦歷号

代字人伯子國号

立賣契人邦輔自置有民田壹號坐落本鄉土名新
嶺坪掌牛墥托中送賣與蔡䄂翼處三面言議時收
價銀茟錢弍分正員番色收記

乾隆玖年弍月　　日立賣契人黃邦輔号

10-5-107-6　清乾隆五十一年黄氏抄田契簿（六）

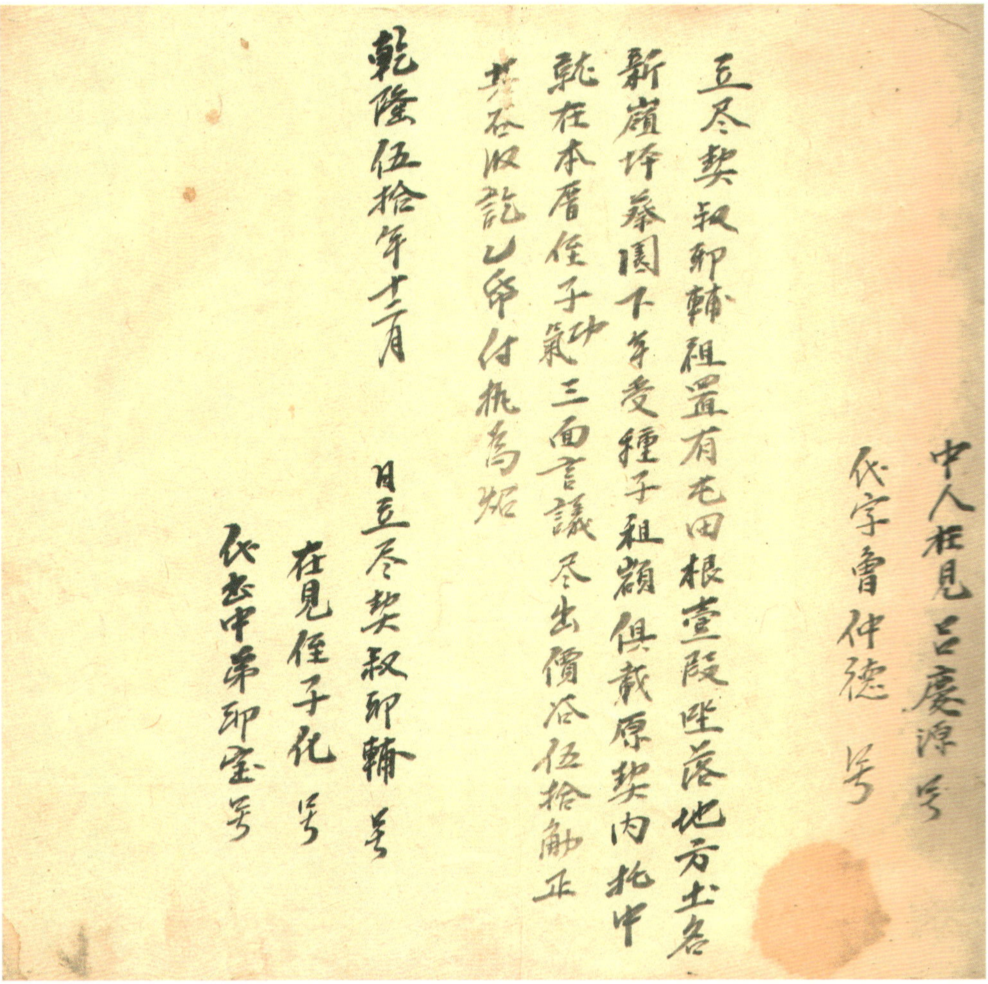

立尽契叔卯輔祖置有屯田根壹段坐落地方土名
新嶺坪蔡園下年受種子租額俱載原契内抽中
就在本厝侄子仲氣三面言議尽出價谷伍拾斛正
其谷收訖已係付執為炤

乾隆伍拾年十二月　日立尽契叔卯輔 号
在見侄子化 号
代書中弟卯宝 号
中人在見呂慶源 号
代字曾仲德 号

10-5-107-7　清乾隆五十一年黄氏抄田契簿（七）

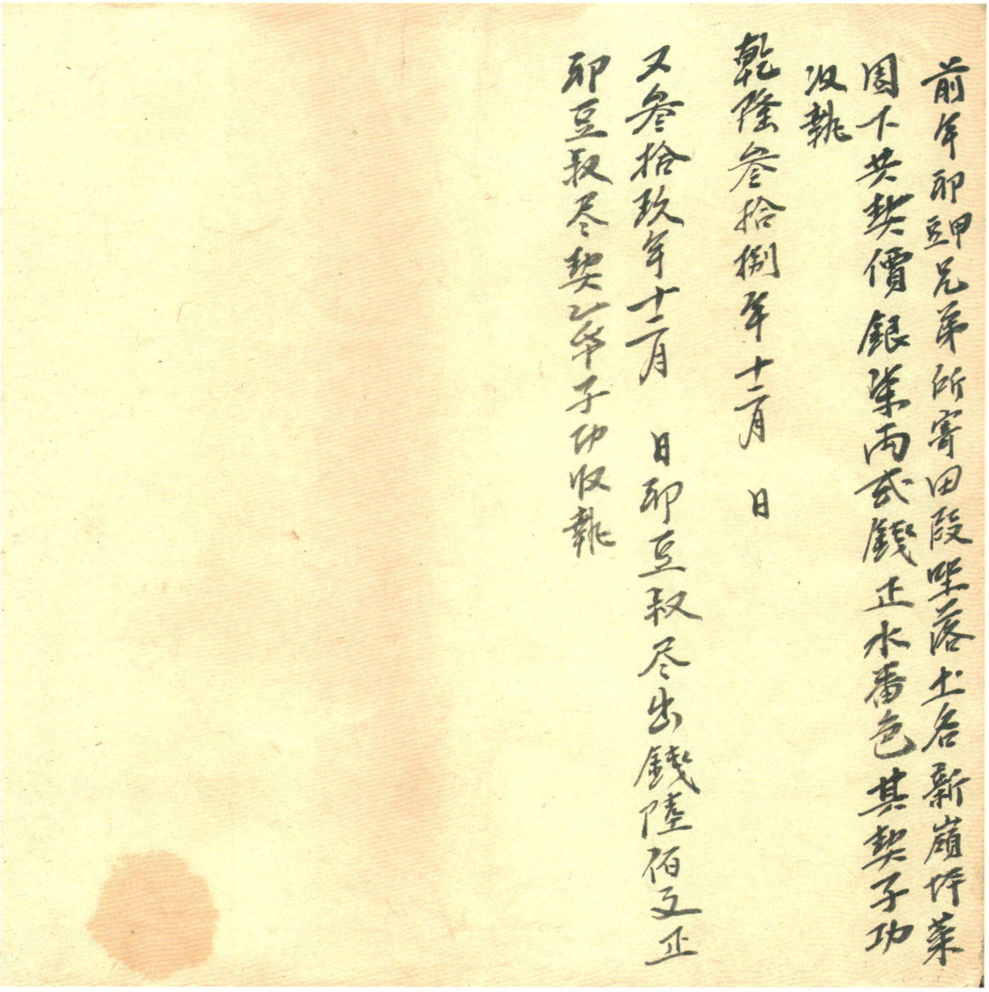
前年卯迴兄弟所寄田段坐落土名新嶺圩菜
園下共契價銀柒兩貳錢正水番色 其契子功
收執
乾隆叁拾捌年十二月 日
又叁拾玖年十二月 日卯亘叔尽出錢陸佰文正
卯亘叔尽契乙紙子功收執

10-5-107-8 清乾隆五十一年黄氏抄田契簿（八）

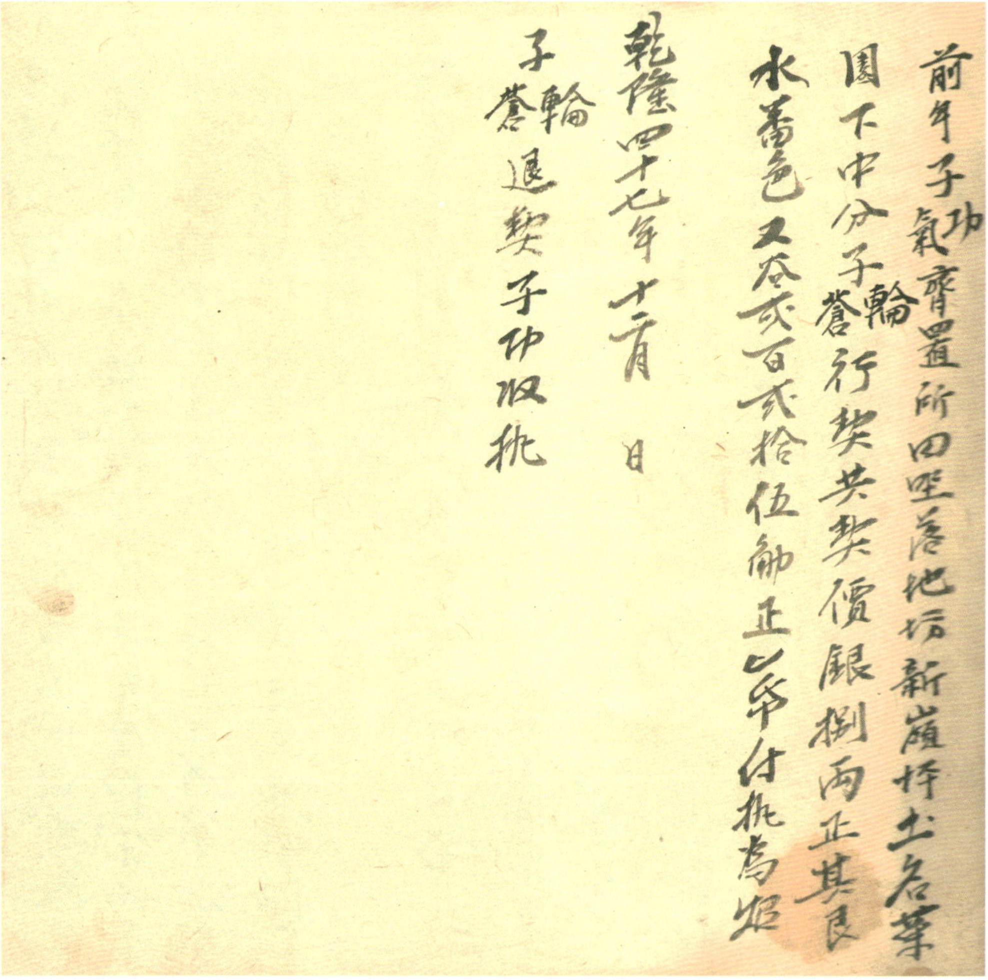

前年子功氣齊置所田坐落地坊新嶺坪土名葉

園下中分子輪蒼行契共契價銀捌兩正其良

水蕃色又兌貳百貳拾伍觔正以帋付批為炤

乾隆四十七年十二月　日

子輪蒼退契子仲收批

10-5-107-9　清乾隆五十一年黃氏抄田契簿（九）

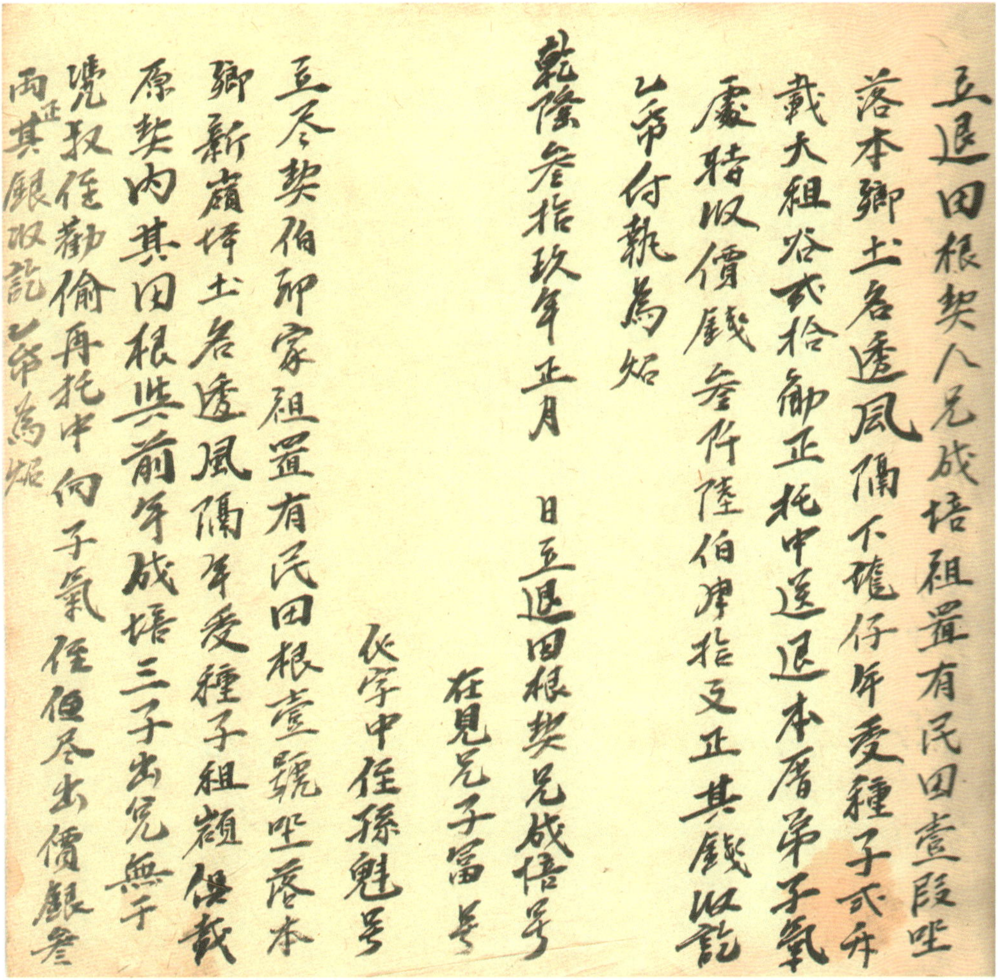

立退田根契人兄成培祖置有民田壹段坐落本鄉土名透風隔下瓏仔年受種子弍升載大租谷弍拾觔正托中送退本房弟子氣處時收價錢叁仟陸伯肆拾文正其錢收訖乙帝付執為炤

乾隆叁拾玖年正月　日立退田根契兄成培号

在見兄子富号

代字中侄孫魁号

立尽契伯卯家祖置有民田根壹號坐落本鄉新嶺坪土名透風隔年受種子租額俱載原契內其田根與前年成培三子出兄無干憑叔侄勸諭再托中向子氣侄俱尽出價銀叁兩正其銀收訖乙帝為炤

10-5-107-10　清乾隆五十一年黄氏抄田契簿（一〇）

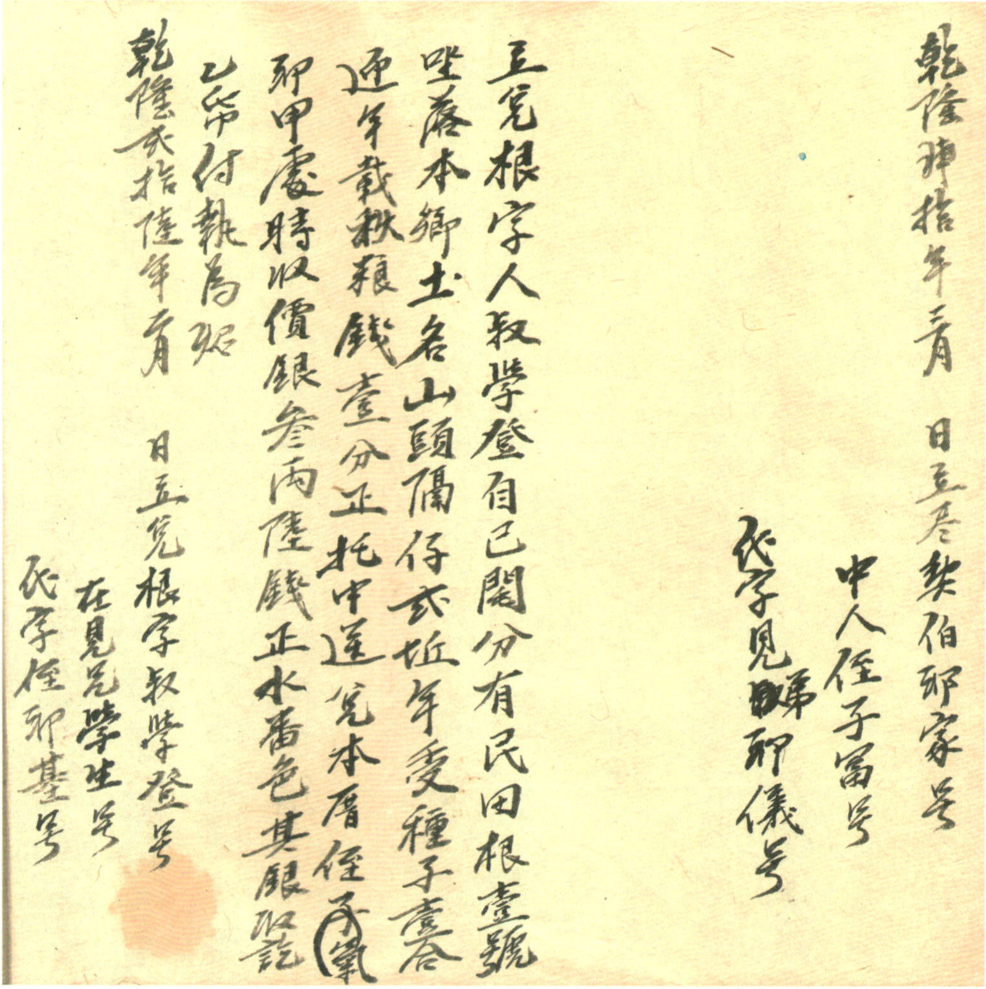
乾隆肆拾年三月　日立尽契伯卯家号
中人侄子富号
代字見叔弟卯儀号

立兑根字人叔學登，自己闔分有民田根壹號，坐落本鄉土名山頭隔仔，弍坵，年受種子壹合，逐年載秋粮錢壹分正，托中送兑本房侄子氣卯甲處，時收價銀叁兩陸錢正，水番色。其根兑訖，立字付執為照。
乾隆弍拾陸年三月　日立兑根字叔學登号
在見兄學生号
代字侄卯基号

10-5-107-11　清乾隆五十一年黃氏抄田契簿（一一）

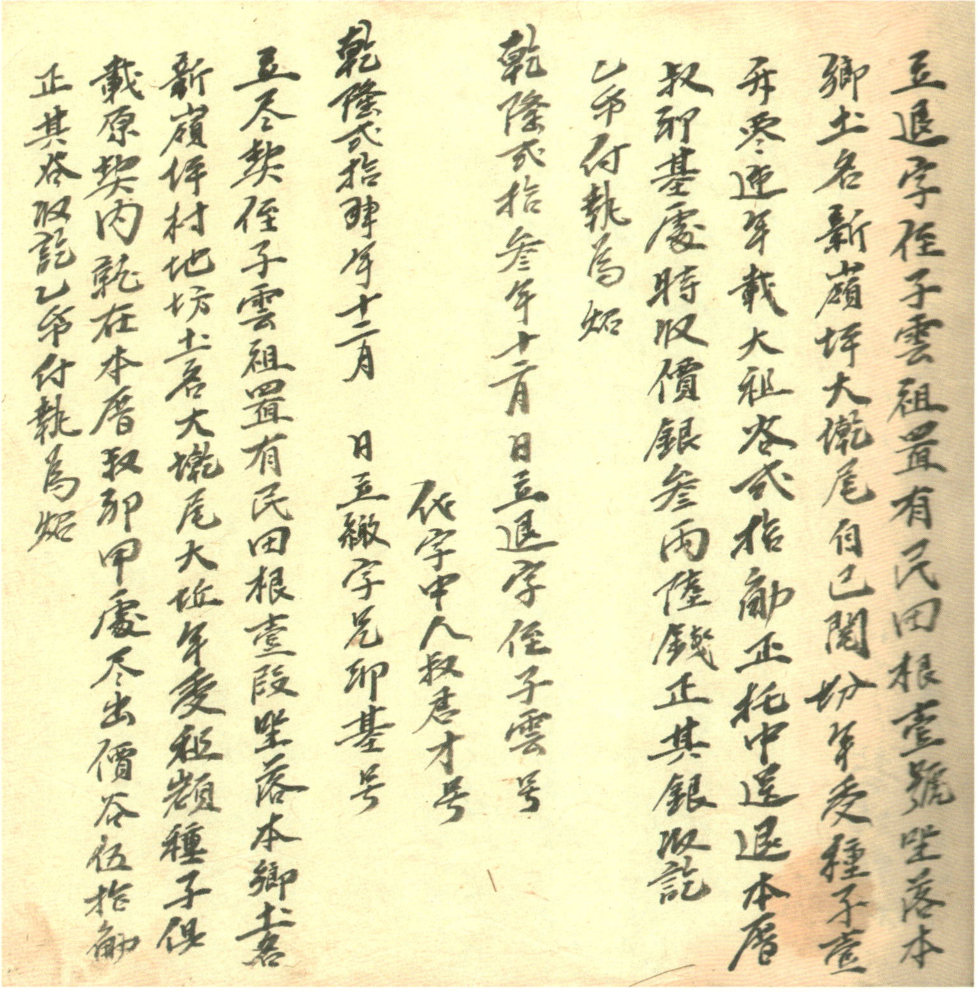

立退字侄子雲祖置有民田根壹號坐落本
鄉土名新嶺坪大墈尾自己閹分年受種子壹
弁零逐年載大租谷弍拾觔正托中退還本房
叔卯基處時收價銀叁兩陸錢正其銀收訖
此帋付執為炤

乾隆弍拾叁年十二月　日立退字侄子雲 号
代字中人叔彦才 号

乾隆弍拾肆年十二月　日立繳字兄卯基 号

立盡契侄子雲祖置有民田根壹段坐落本鄉土名
新嶺坪村地坊土名大墈尾大坵年受租穀種子伍
載原契內就在本房叔卯甲處盡出價谷伍拾觔
正其谷收訖此帋付執為炤

10-5-107-12　清乾隆五十一年黄氏抄田契簿（一二）

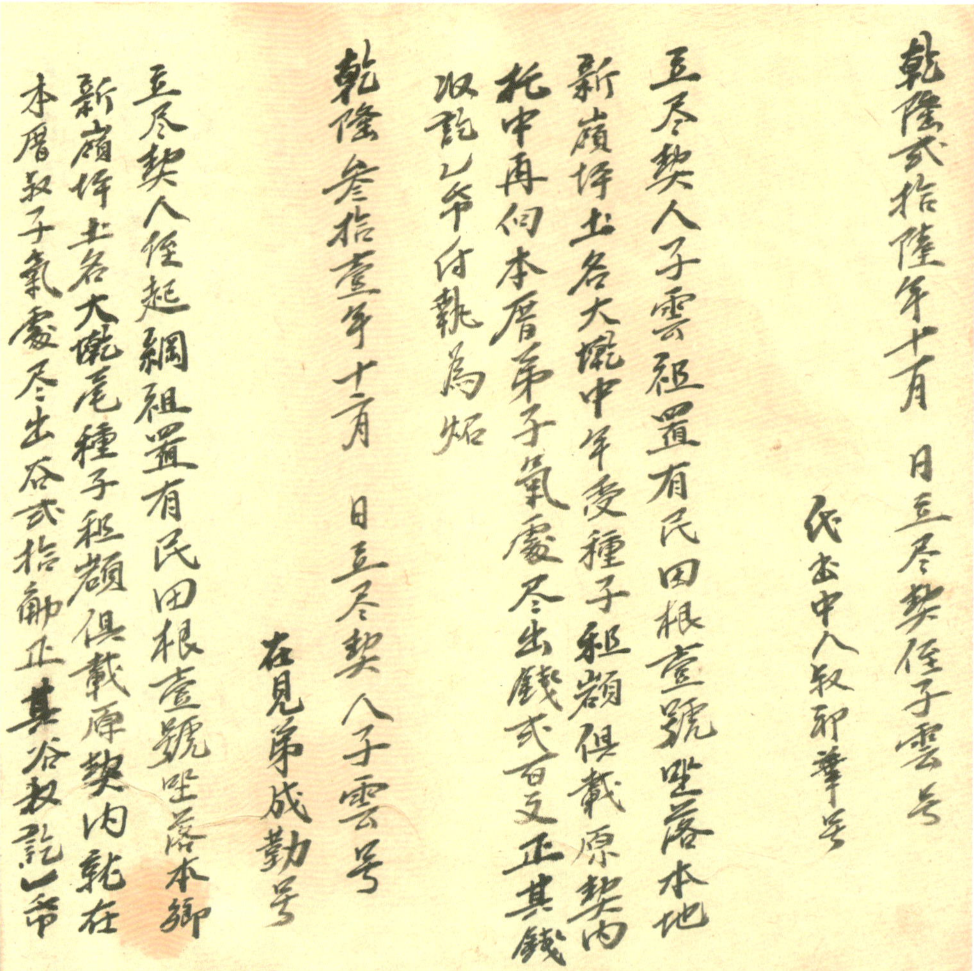

乾隆貳拾陸年十月　日立盡契侄子雲号
氏出中人叔卯華号

立盡契人子雲祖置有民田根壹號坐落本地
新嶺坪土名大垅中竿受種子租額俱載原契内
托中再向本厝弟子氣處盡出錢貳百文正其錢
收訖山爷付執為炤

乾隆叁拾壹年十月　日立盡契人子雲号
在見弟成勤号

立盡契人侄起綱祖置有民田根壹號坐落本鄉
新嶺坪土名大垅尾種子租額俱載原契内乾在
本厝叔子氣處盡出谷貳拾觔正　其谷叔訖山爷

10-5-107-13　清乾隆五十一年黄氏抄田契簿（一三）

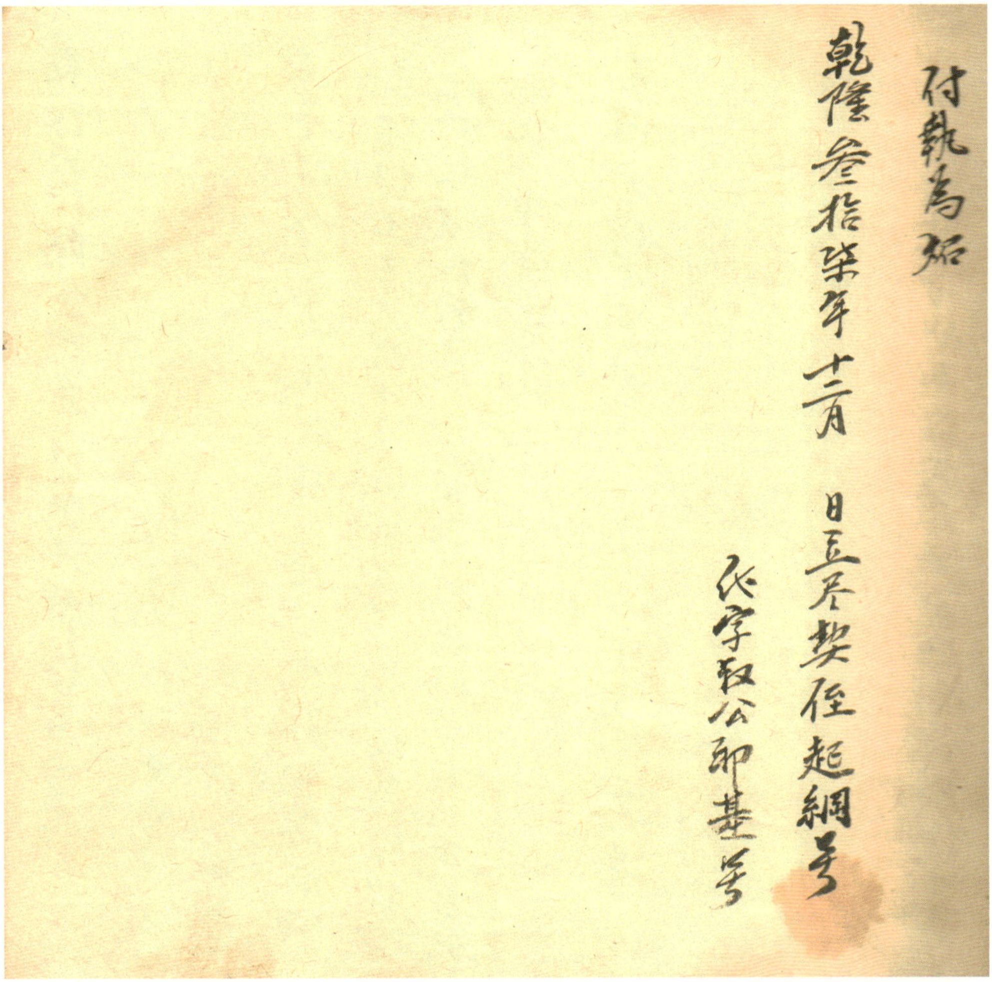
付執爲炤
乾隆叁拾柒年十二月　日立尽契侄起綱号
代字叔公卯基号

10-5-107-14　清乾隆五十一年黃氏抄田契簿（一四）

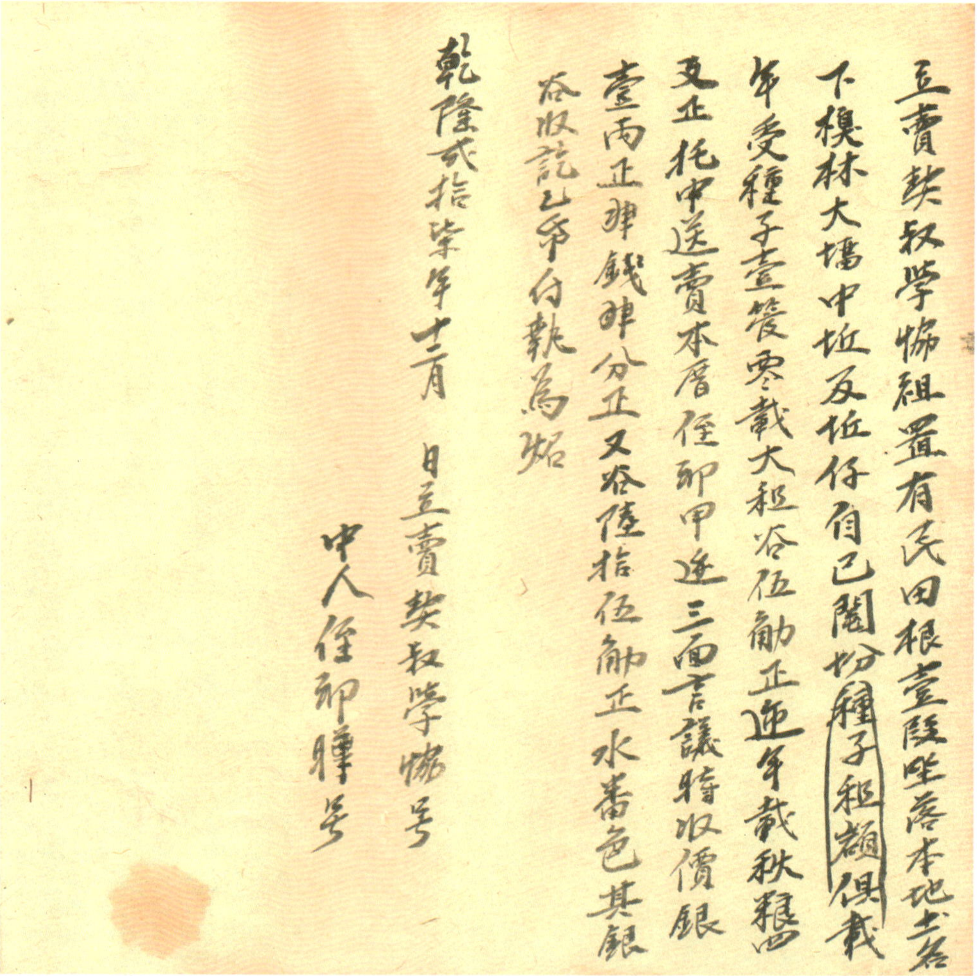

立賣契叔学㣿祖置有民田根壹段坐落本地土名
下模林大墻中垅及垅仔自己鬮分種子租額俱載
年受種子壹簽零載大租谷伍觔正逐年載秋糧
文正托中送賣本厝侄卯甲邊三面言議時收價銀
壹兩正肆錢肆分正又谷陸拾伍觔正水畨色其銀
谷收訖乙帋付執為照
乾隆弍拾柒年十二月　日立賣契叔学㣿号
中人侄卯甲号

10-5-107-15　清乾隆五十一年黃氏抄田契簿（一五）

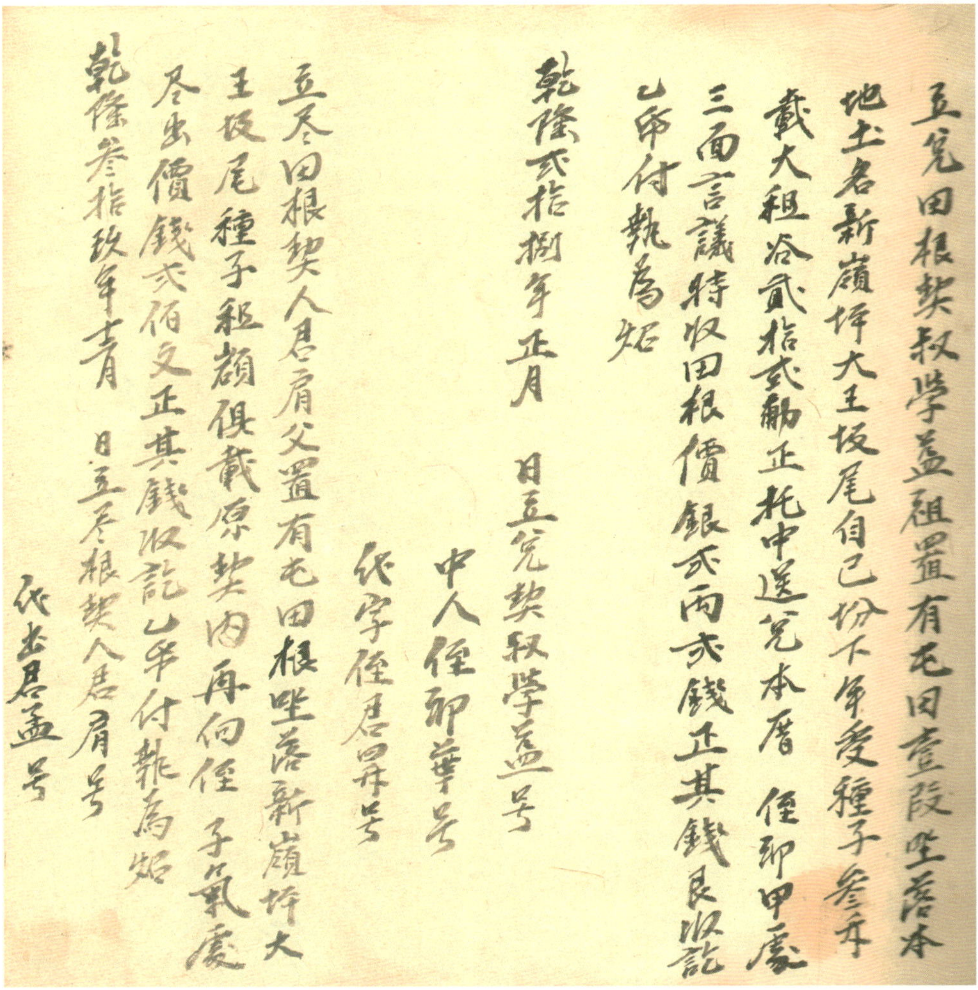

立兑田根契叔學益祖置有毛田壹段坐落本
地土名新嶺坪大王坂尾自己份下年受種子叁斗
載大租谷貳拾弍觔正托中送兑本厝 侄卯甲處
三面言議時收田根價銀弍両弍錢正其錢良收訖
乙帋付執為炤

乾隆弍拾捌年正月 日立兑契叔學益号
中人 侄卯華号
代字 侄君昇号

立尽田根契人君肩父置有毛田根坐落新嶺坪大
王坂尾種子租額俱載原契內 再向侄 子氣處
尽出價錢弍佰文正其錢收訖乙帋付執為炤

乾隆叁拾玖年十二月 日立尽根契人君肩号
代书君益号

10-5-107-16 清乾隆五十一年黄氏抄田契簿（一六）

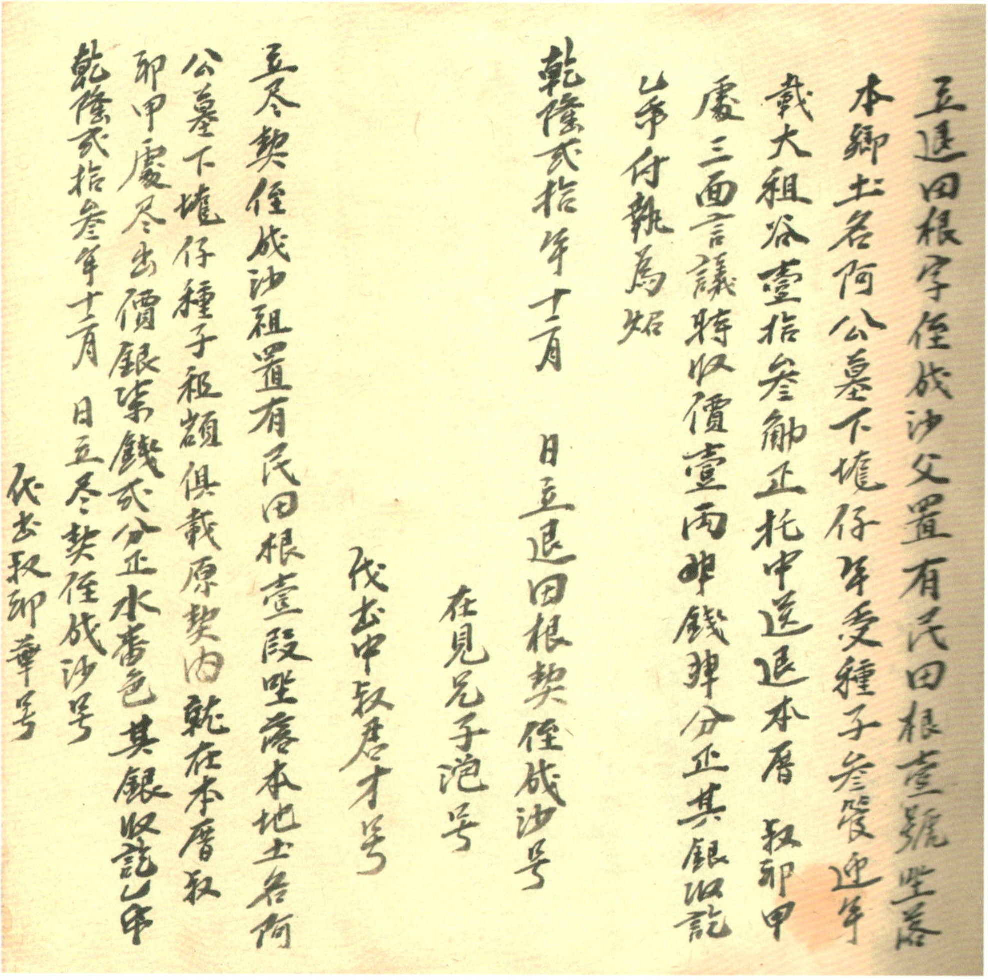

立退田根字侄战沙父置有民田根壹號坐落
本鄉土名阿公墓下墘仔年受種子叁斗逕年
載大租谷壹拾叁觔正托中送退本厝　叔卯甲
處三面言議時收價壹両肆錢肆分正其銀収訖
山年付執為炤

乾隆弍拾年十二月　　日立退田根契侄战沙号

在見兄子泡号

代書中叔君才号

立盡契侄战沙祖置有民田根壹段坐落本地土名阿
公墓下墘仔種子租額俱載原契内該在本厝叔
卯甲處盡出價銀柒錢弍分正水番色其銀收訖山年
乾隆弍拾叁年十二月　　日立盡契侄战沙号

代書叔卯華号

10-5-107-17　清乾隆五十一年黄氏抄田契簿（一七）

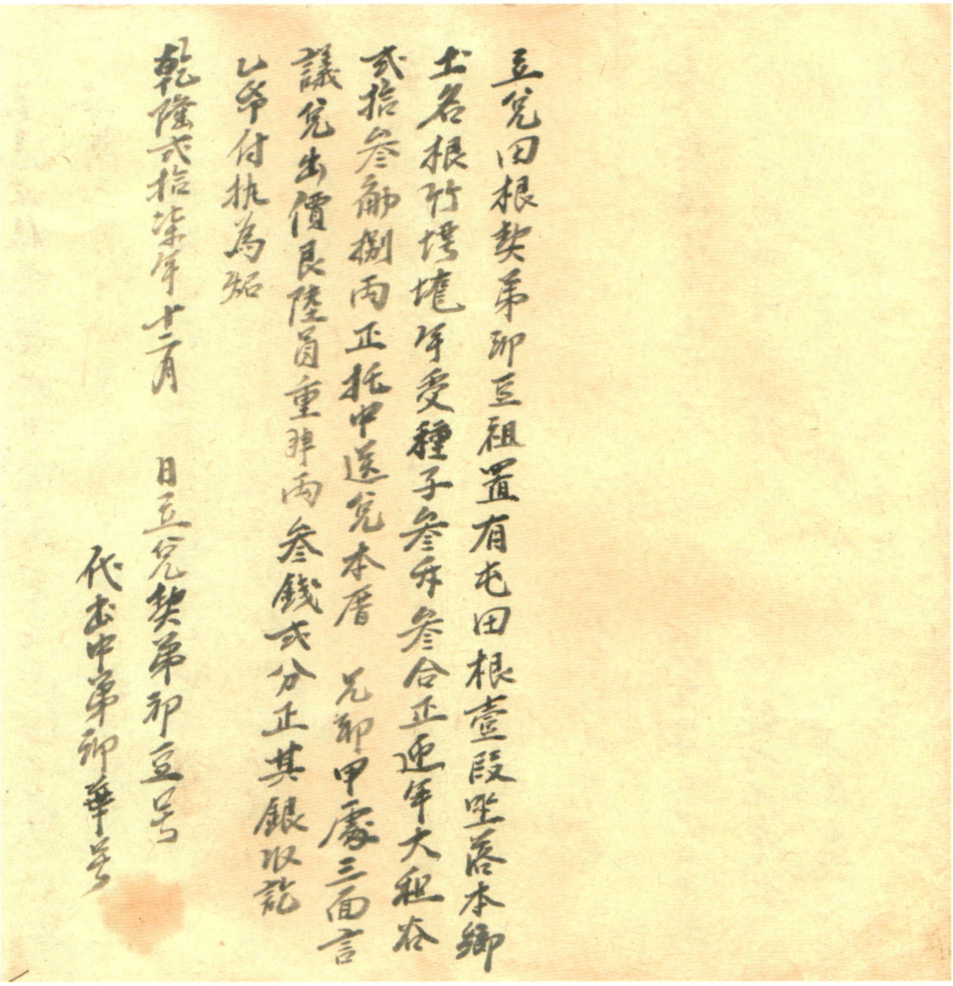
立兑田根契弟卯立祖置有屯田根壹段坐落本鄉
土名根竹塆壠坪受種子叁升叁合正逓年大租谷
贰拾叁觔捌两正托中送兑本厝　兄卯甲處三面言
議兑出價艮陸員重肆两叁錢贰分正其艮收訖
此帋付執為照
乾隆贰拾柒年十二月　日立兑契弟卯立号
代书中弟卯華号

10-5-107-18　清乾隆五十一年黄氏抄田契簿（一八）

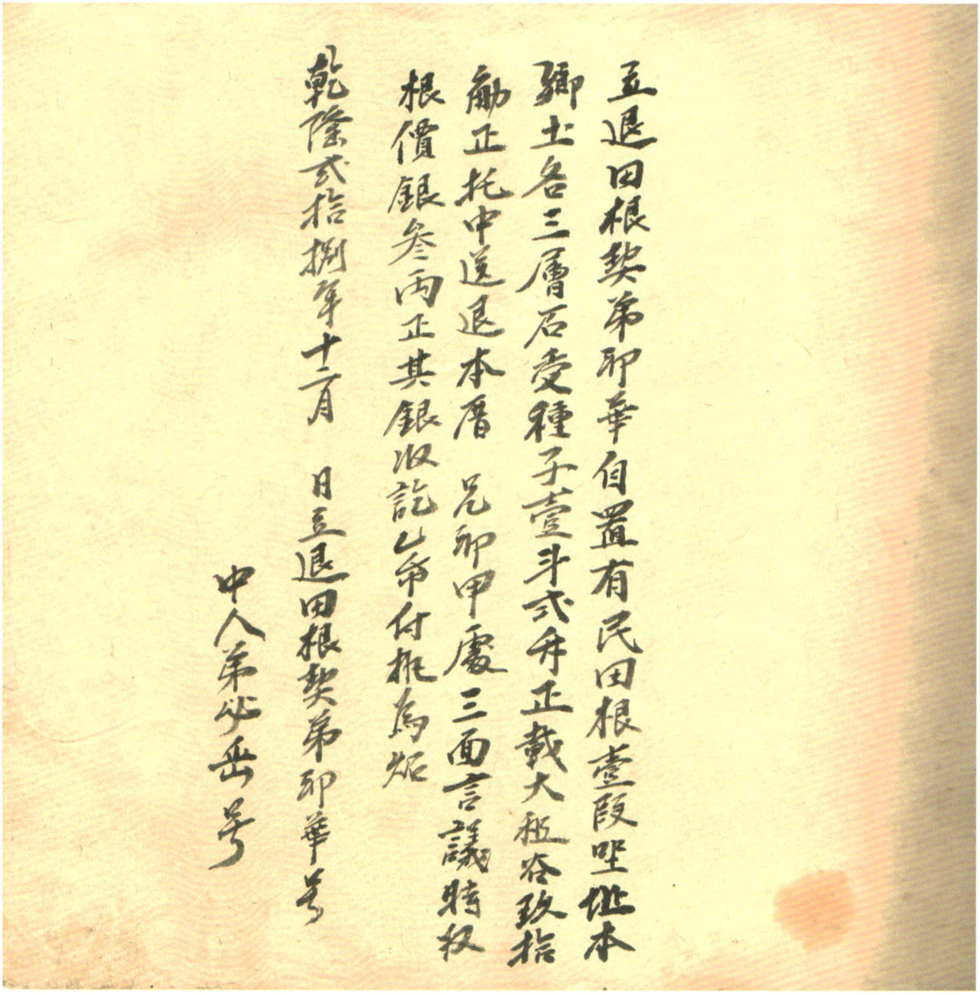

立退田根契弟卯華自置有民田根壹段坐址本
鄉土名三層石受種子壹斗弍升正載大租谷玖拾
觔正托中送退本厝　兄卯甲慶三面言議特收
根價銀叁兩正其銀收訖弟付兄為炤

乾隆弍拾捌年十二月　日立退田根契弟卯華号
中人弟必岳号

10-5-107-19　清乾隆五十一年黄氏抄田契簿（一九）

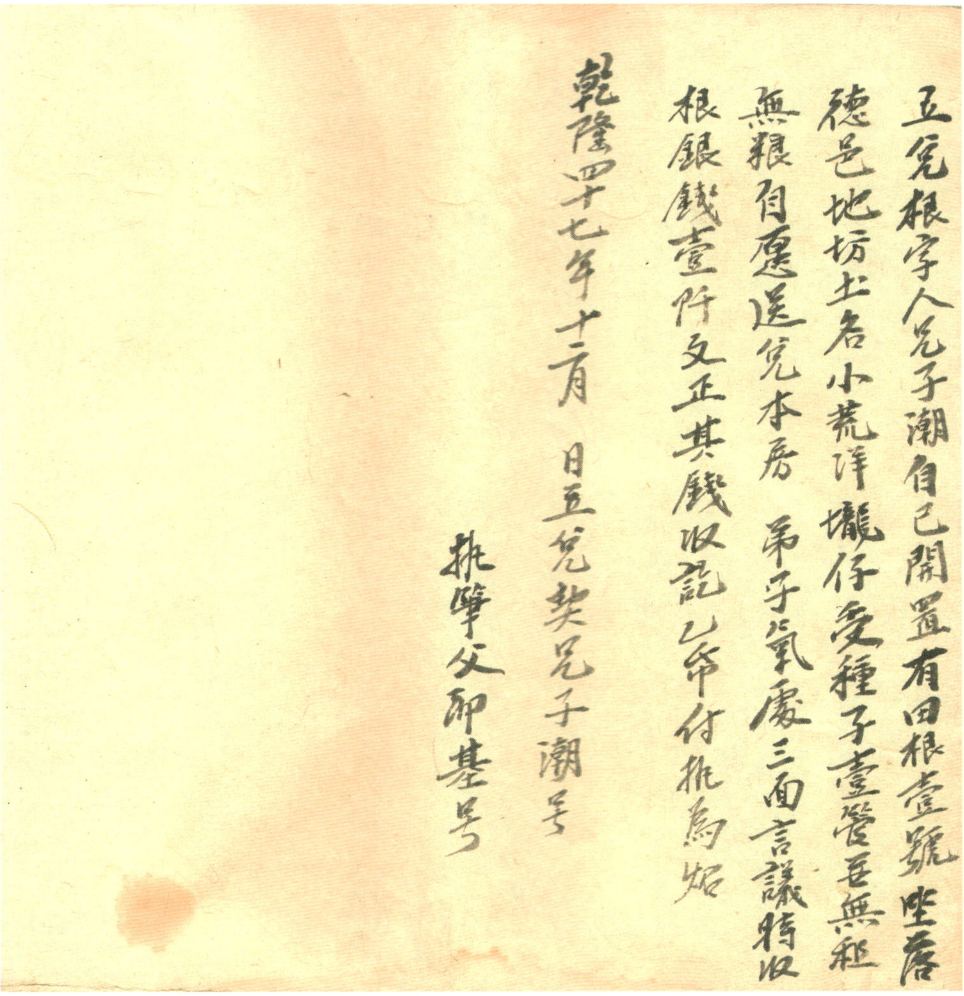
立兑根字人兄子潮自己開置有田根壹號坐落
德邑地坊土名小荒洋壠仔受種子壹管並無租
無粮自愿送兑本房　弟子氣處三面言議特收
根銀錢壹阡文正其錢收訖乙帋付批爲炤
乾隆四十七年十二月　日立兑契兄子潮号
執筆父邱基号

10-5-107-20　清乾隆五十一年黄氏抄田契簿（二〇）

10-5-107-21　清乾隆五十一年黄氏抄田契簿（二一）

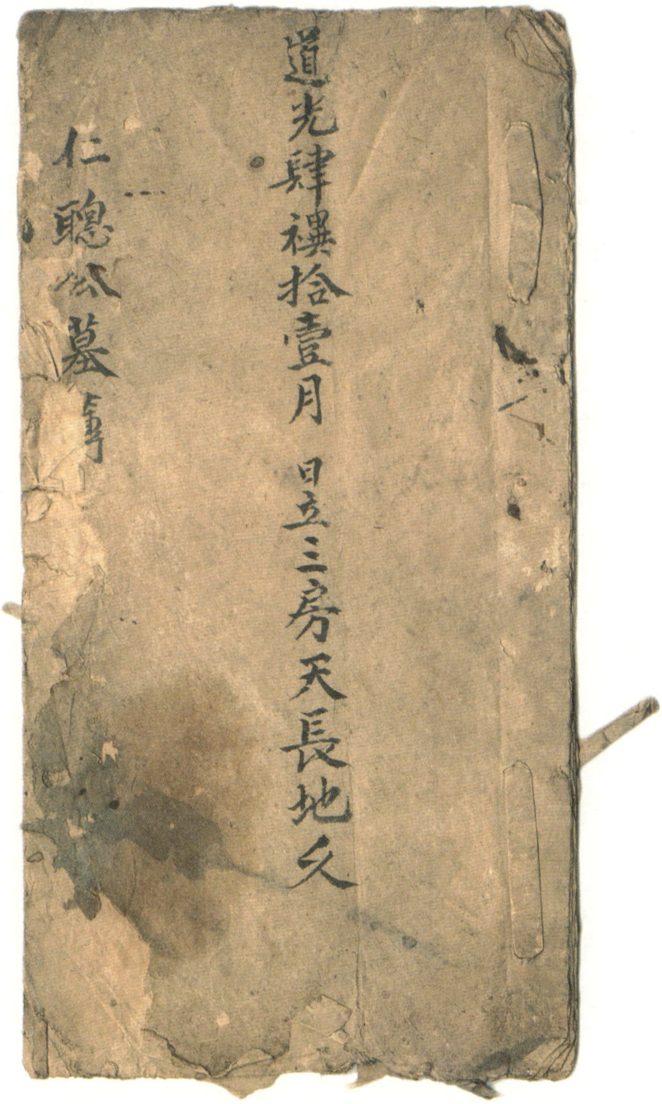
道光肆禩拾壹月　日立三房天長地久
仁聰公墓簿

10-5-108-1　清道光四年黄氏三房立仁聰公墓簿（一）

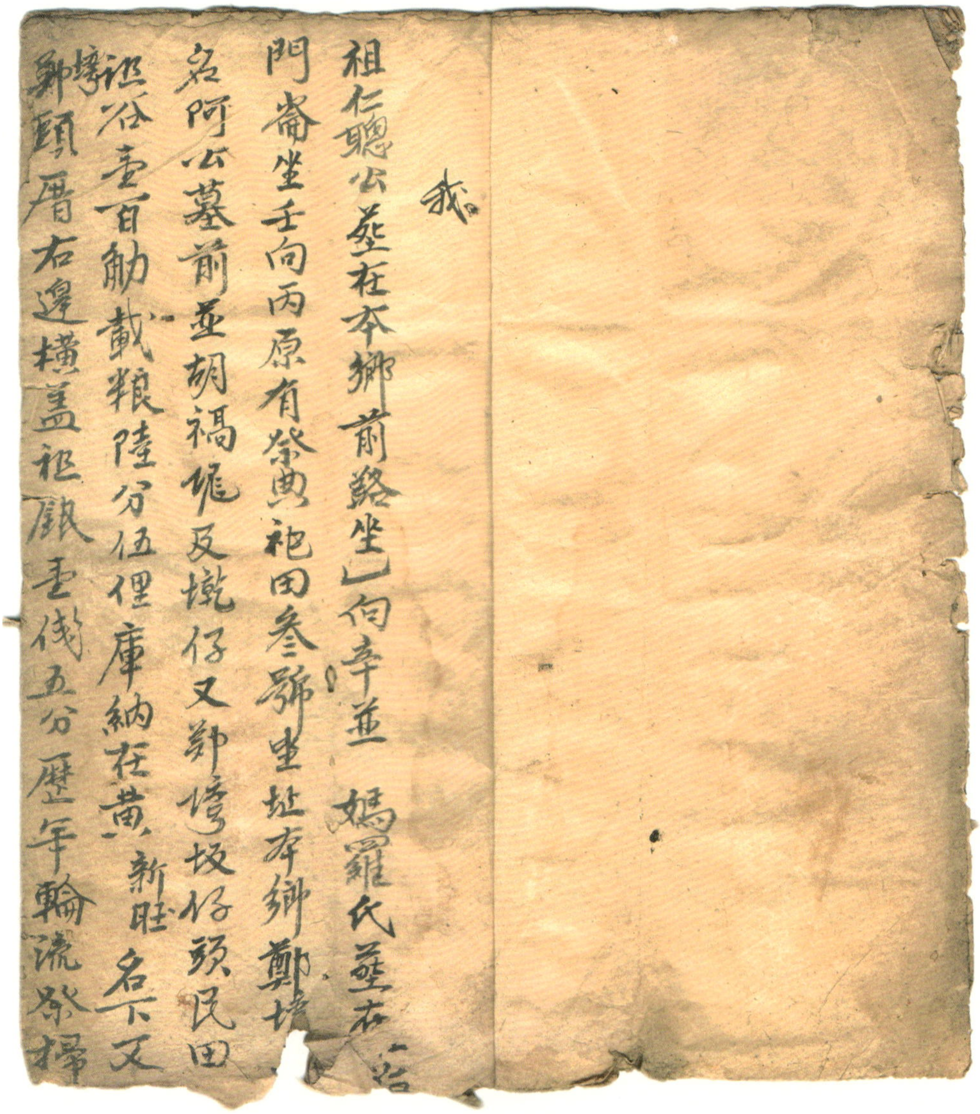
我
祖仁聰公茔在本鄉前路坐乙向辛茔 媽羅氏茔在[illegible]
門崙坐壬向丙原有祭典祀田叁號坐址本鄉鄭墱
名阿公墓前茔胡禍纸反墈仔又鄭墱坂仔頭民田
坵谷壹百觔載粮陸分伍厘庫納在黄 新旺名下又
墱鄭頭厝右邊横盖祖厭壹俵五分歷年輪流祭掃

10-5-108-2 清道光四年黄氏三房立仁聰公墓簿（二）

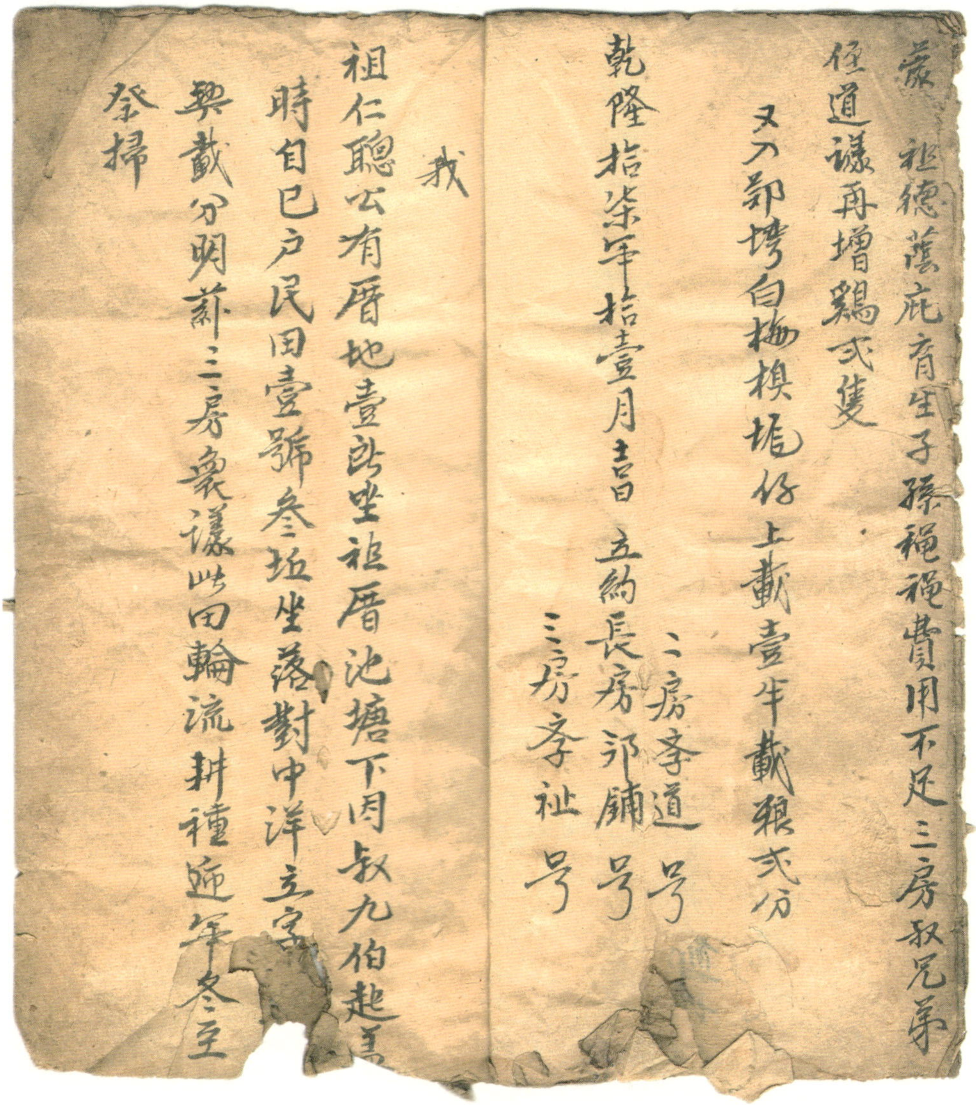
蒙　祖德蔭庇育生子孫繩繩貴用不足三房叔兄弟
侄道議再增鷄弍隻
又乃鄧塆白柳模堀仔上載壹斗載粮弍份
乾隆拾柒年拾壹月吉日　立約長房邦鋪　号
二房孝道　号
三房孝祉　号

我
祖仁聰公有厝地壹所坐祖厝池塘下因叔九伯起蓋
時自己户民田壹號叁坵坐落對中洋立字
契載分明茲三房衆議此田輪流耕種逐年冬至
祭掃

10-5-108-3　清道光四年黄氏三房立仁聰公墓簿（三）

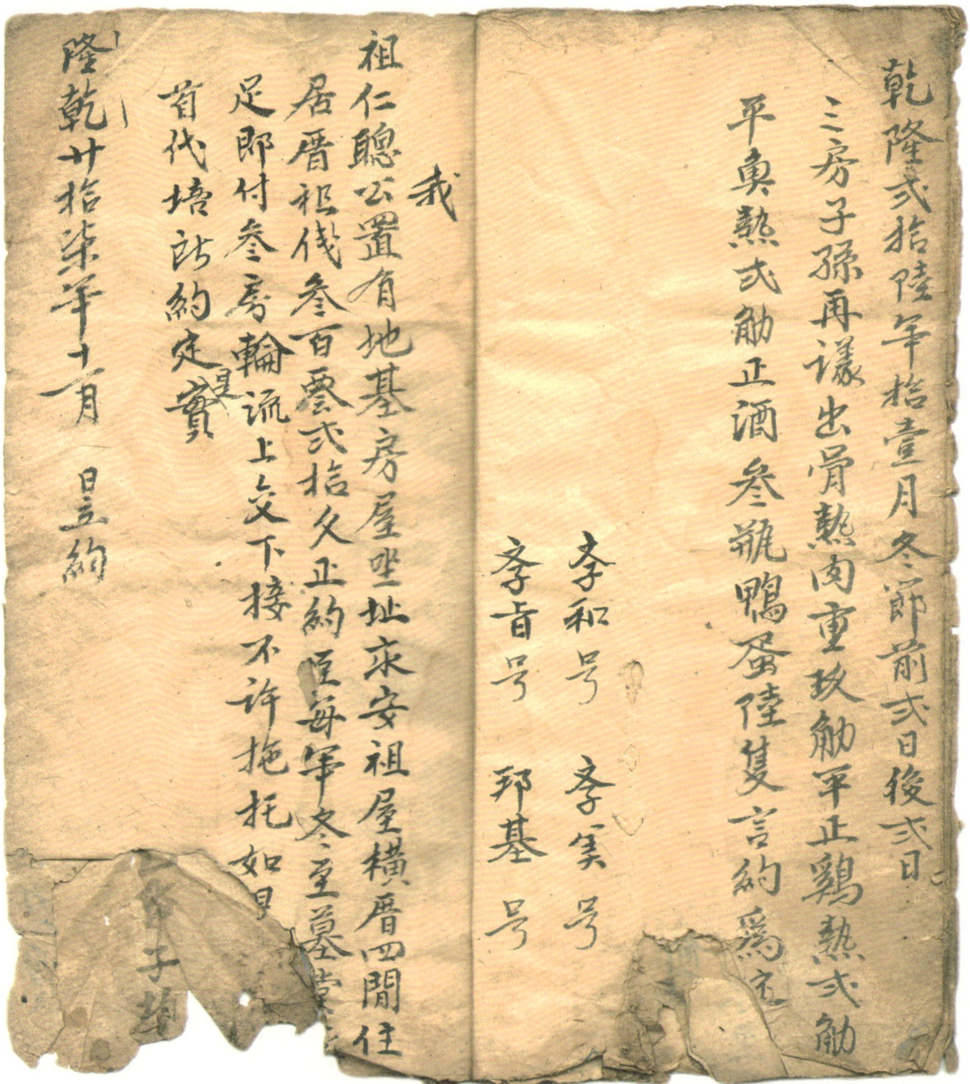
乾隆式拾陸年拾壹月冬節前式日後式日
三房子孫再議出骨熟肉重玖觔平正鷄熟式觔
平奠熟式觔正酒叁瓶鴨蛋陸隻言約爲定
李和号　李寔号
李音号　邦基号

我
祖仁聰公置有地基房屋坐址來安祖屋橫厝四間住
居厝租錢叁百零式拾文正約定每年冬至墓堂
足即付叁房輪流上交下接不許拖托如
首代培訪約定是實
乾隆廿拾柒年十一月　日立約
子趙

10-5-108-4　清道光四年黄氏三房立仁聰公墓簿（四）

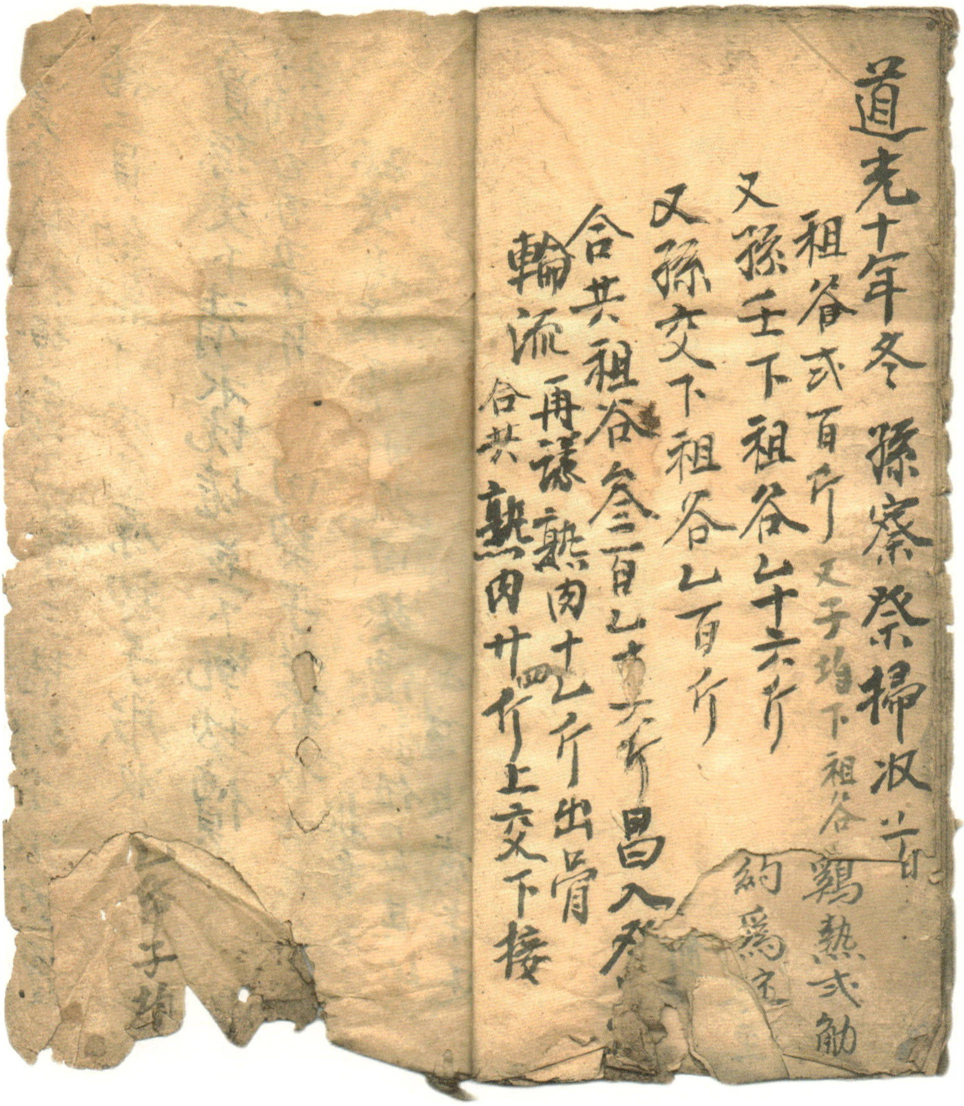
道光十年冬　孫寮祭掃收
祖谷弍百斤　又子均下祖谷　鷄熟弍觔
又孫壬下祖谷山十六斤　約爲定
又孫交下祖谷山百斤
合共祖谷叁百山十六斤　昌入
輪流　再議　熟肉十山斤出骨
合共熟肉廿四斤上交下接

10-5-108-5　清道光四年黄氏三房立仁聰公墓簿（五）

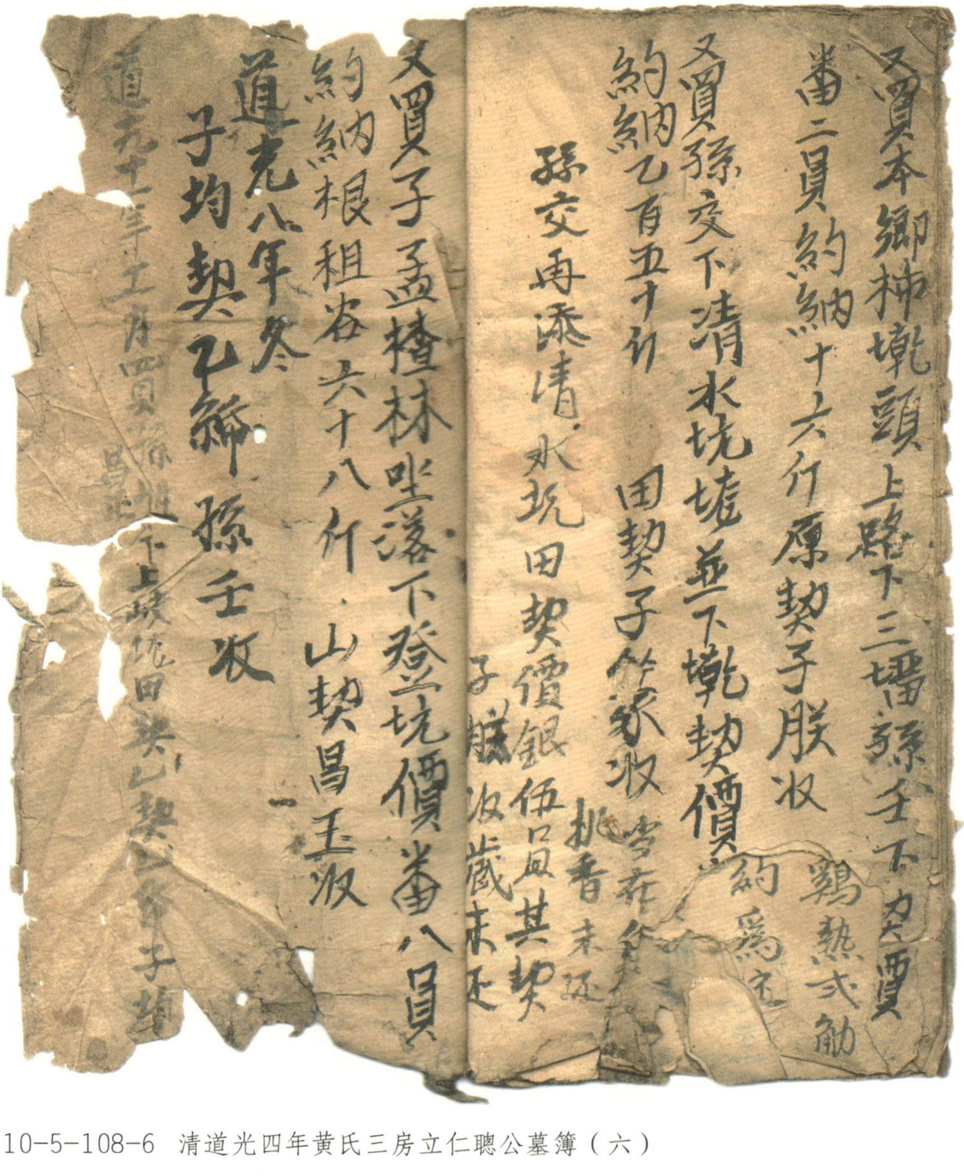

又買本鄉柿墘頭上路下三墻孫壬下契價
番三員 約納十六斤 原契子朕收
又買孫交下清水坑墟並下墘契價
約納乙百五十斤 田契子管家收
孫交再添清水坑田契價銀伍員其契
子朕收藏未还
又買子孟楂林坐落下登坑價番八員
約納根租谷六十八斤 山契昌玉收
道光八年冬
子均契乙紙孫壬收

10-5-108-6 清道光四年黃氏三房立仁聰公墓簿（六）

10-5-108-7　清道光四年黄氏三房立仁聰公墓簿（七）

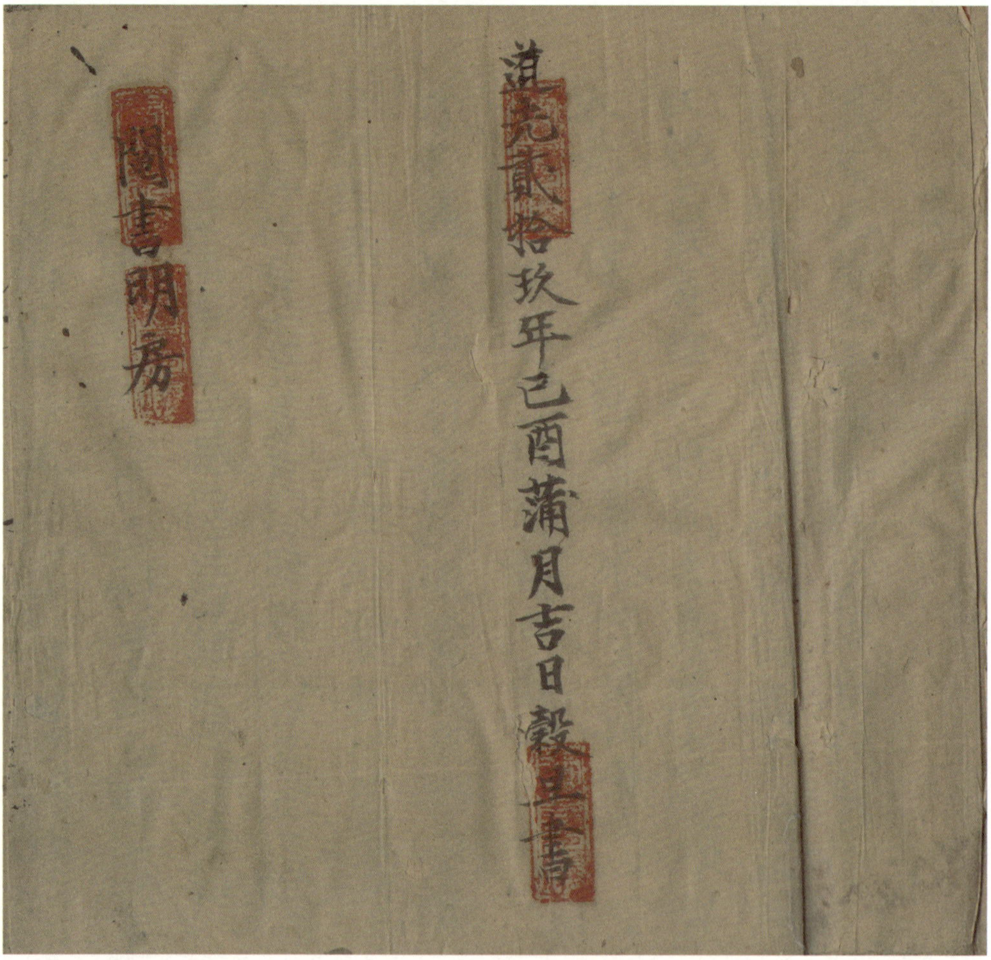

10-5-109-1　清道光二十九年黃子達置明房鬮書（一）

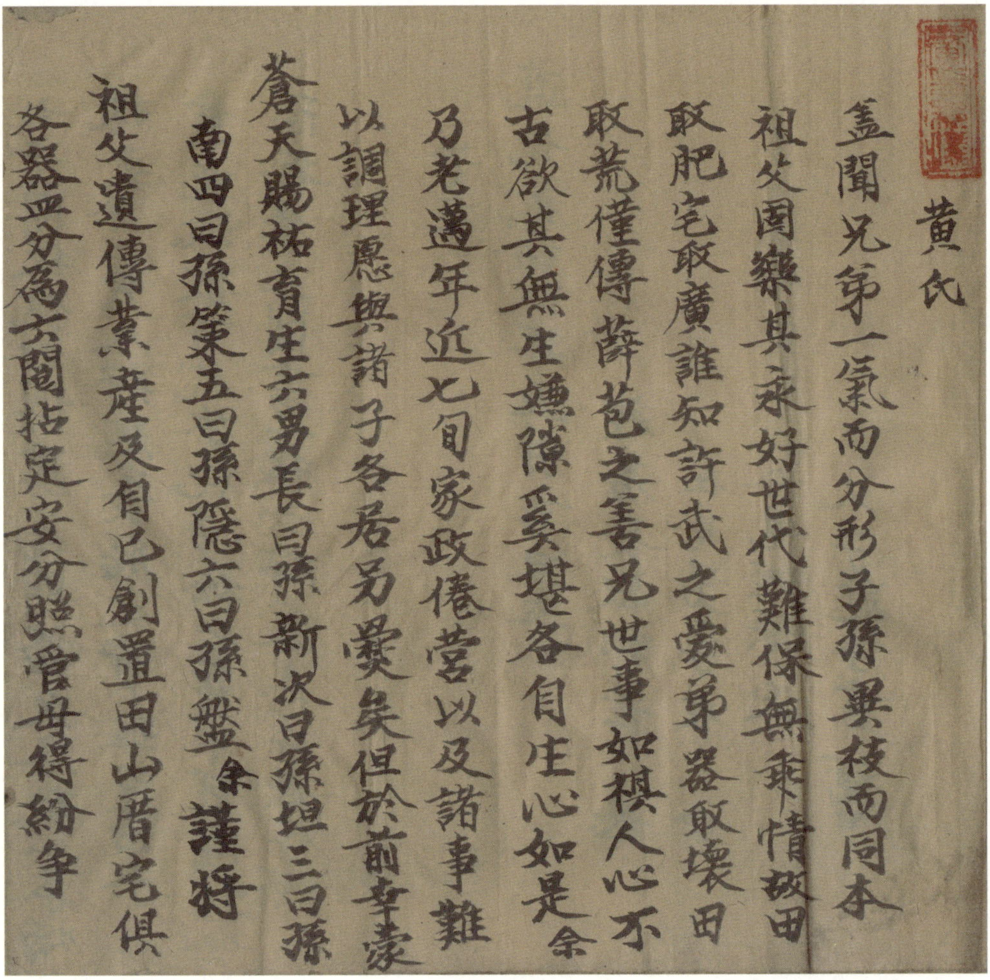

黄氏
蓋聞兄弟一氣而分形子孫異枝而同本
祖父固樂其永好世代難保無乖情啟田
取肥宅取廣誰知許武之愛弟器取壞田
取荒僅傳薛苞之善兄世事如棋人心不
古欲其無生嫌隙奚堪各自生心如是余
乃老邁年近七旬家政倦營以及諸事難
以調理愿與諸子各居另爨矣但於前年蒙
蒼天賜祐育生六男長曰孫新次曰孫坦三曰孫
南四曰孫策五曰孫隱六曰孫盤余謹將
祖父遺傳業產及自己創置田山厝宅俱
各器皿分爲六閹拈定安分照管毋得紛爭

10-5-109-2 清道光二十九年黄子達置明房鬮書（二）

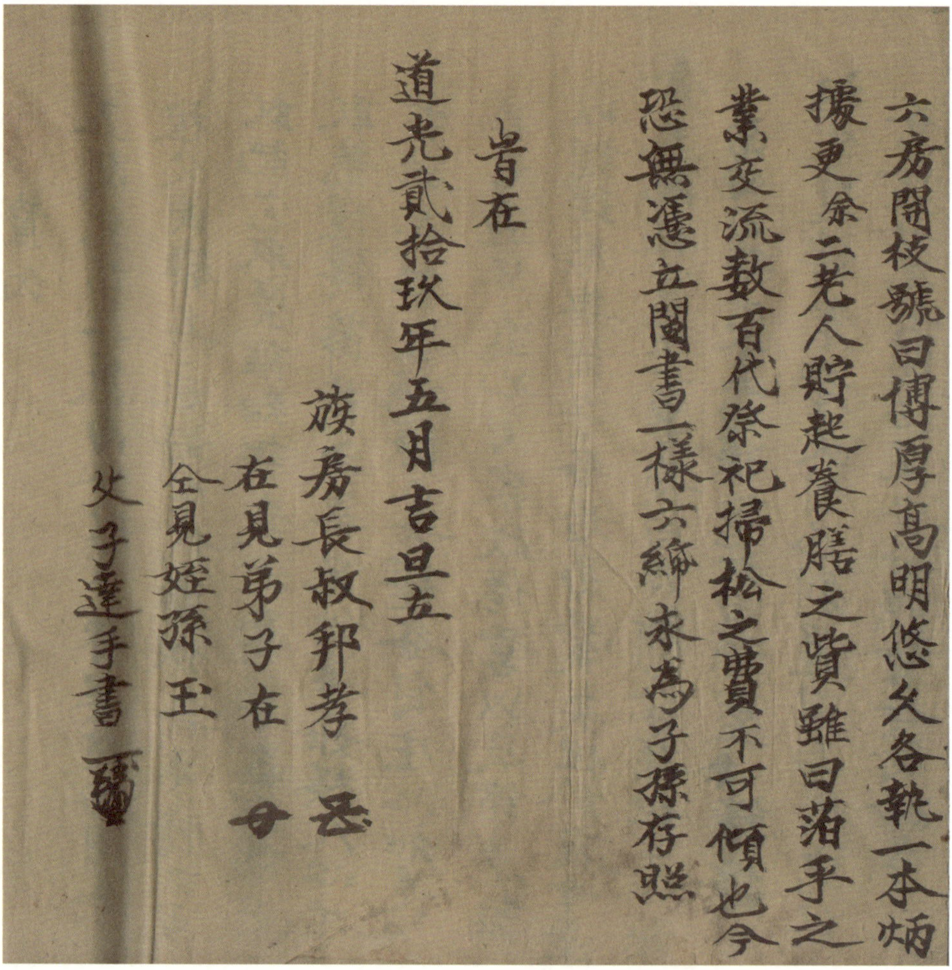
六房鬮枝號曰傳厚高明悠久各執一本炳
據更余二老人貯起養膳之貲雖曰落手之
業交流數百代祭祀掃松之費不可傾也今
恐無憑立鬮書一樣六綿永為子孫存照

旹在

道光貳拾玖年五月吉旦立

族房長叔邦孝

在見弟子在

仝見姪孫玉

父子達手書

10-5-109-3　清道光二十九年黄子達置明房鬮書（三）

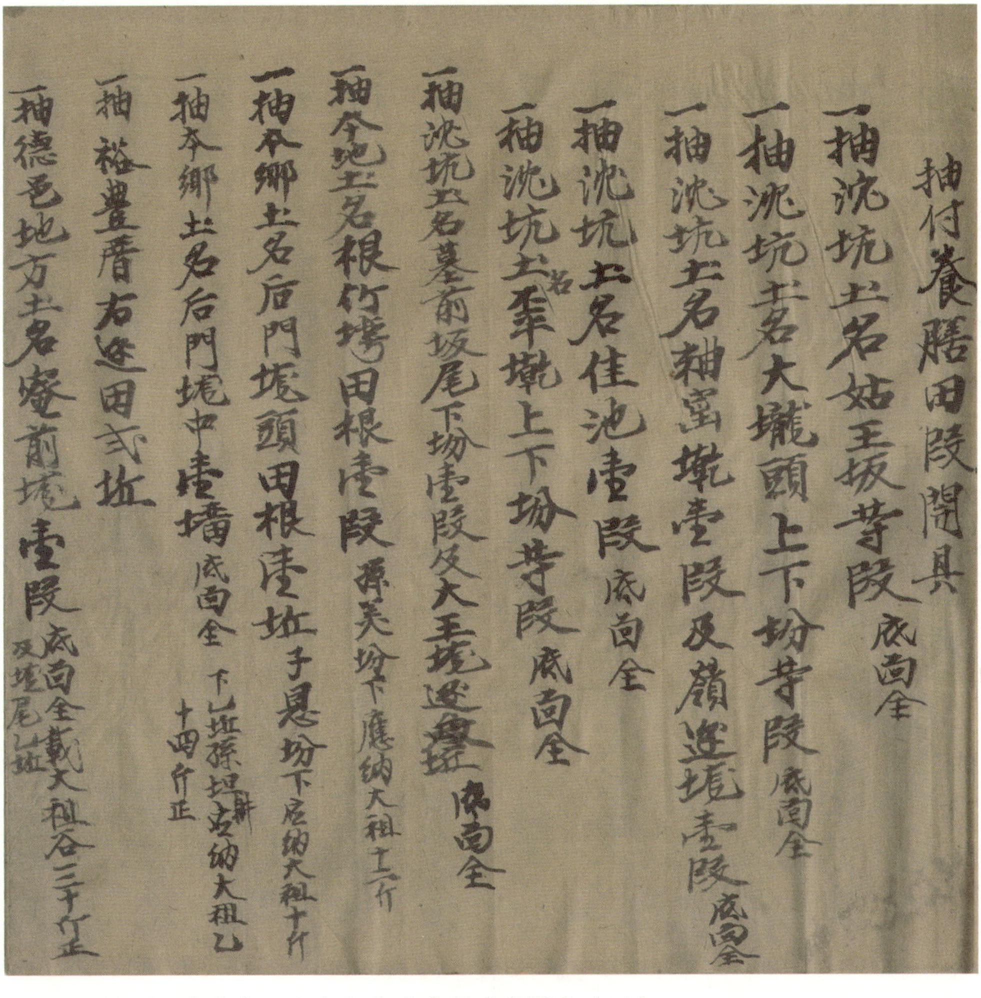
抽付養膳田段開具
一抽沈坑土名姑王坂芋段 底面全
一抽沈坑土名大壠頭上下坋芋段 底面全
一抽沈坑土名釉窟壠壹段及嶺逬墘壹段 底面全
一抽沈坑土名佳池壹段 底面全
一抽沈坑土名峯壠上下坋芋段 底面全
一抽沈坑土名墓前坂尾下坋壹段及大王墘逬盤坵 底面全
一抽本地土名根竹壋田根壹段 孫英坋下應納大租十二斤
一抽本鄉土名后門墘頭田根壹坵 子恳坋下應納大租十斤
一抽本鄉土名后門墘中壹墙 底面全 下山坵孫坦耕 應納大租乙十四斤正
一抽裕豐厝右逬田弍坵
一抽德邑地方土名蜜前墘壹段 底面全 載大租谷三十斤正 及埕尾山坵

10-5-109-4 清道光二十九年黄子達置明房鬮書（四）

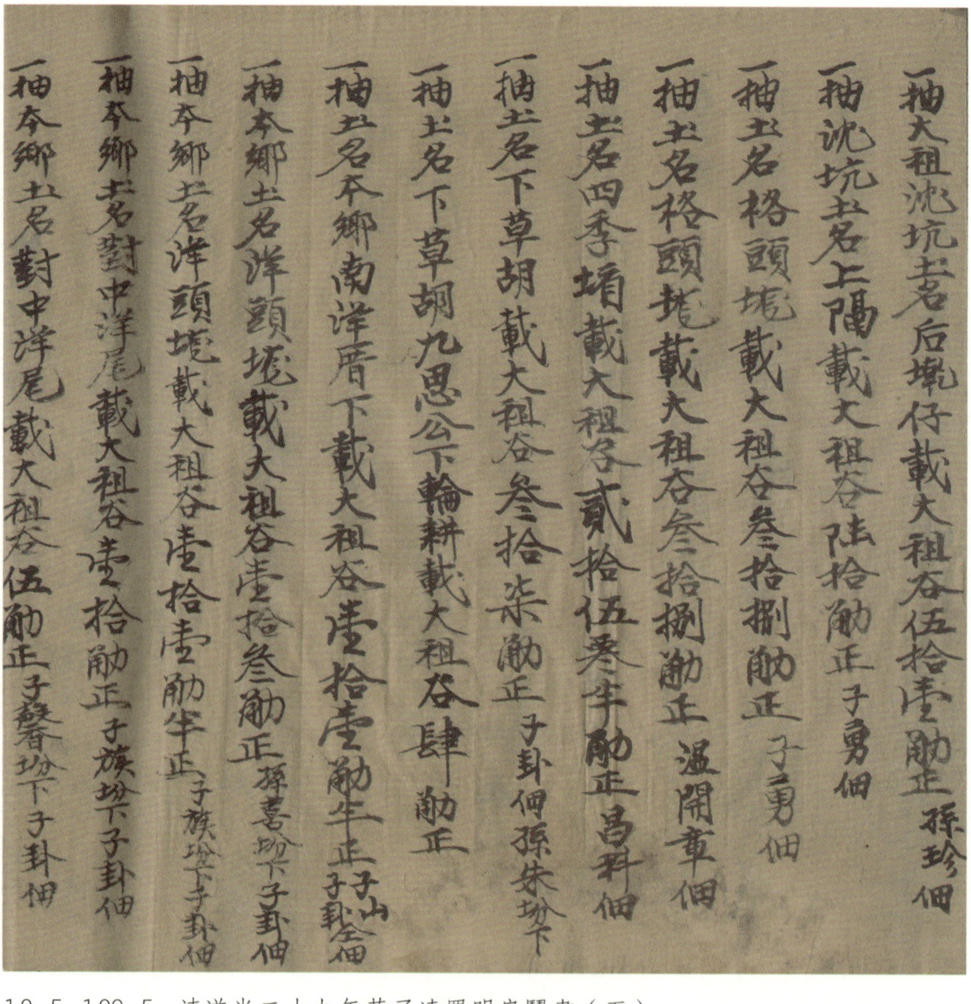
一抽大租沈坑土名后墘仔載大租谷伍拾壹斛正　孫珍佃
一抽沈坑土名上陽載大租谷陆拾斛正　子勇佃
一抽土名格頭墘載大租谷叁拾捌斛正　子勇佃
一抽土名格頭墘載大租谷叁拾捌斛正　温開章佃
一抽土名四季墻載大租谷貳拾伍叒半斛正　昌科佃
一抽土名下草胡載大租谷叁拾柒斛正　子卦佃孫朱垵下
一抽土名下草垌九恩公下輪耕載大租谷肆斛正
一抽土名本鄉南洋厝下載大租谷壹拾壹斛半正　子山 子卦仝佃
一抽本鄉土名洋頭墘載大租谷壹拾叁斛正　孫喜垵下子卦佃
一抽本鄉土名洋頭墘載大租谷壹拾壹斛半正　子旗垵下子卦佃
一抽本鄉土名對中洋尾載大租谷壹拾斛正　子旗垵下子卦佃
一抽本鄉土名對中洋尾載大租谷伍斛正　子馨垵下子卦佃

10-5-109-5　清道光二十九年黄子達置明房鬮書（五）

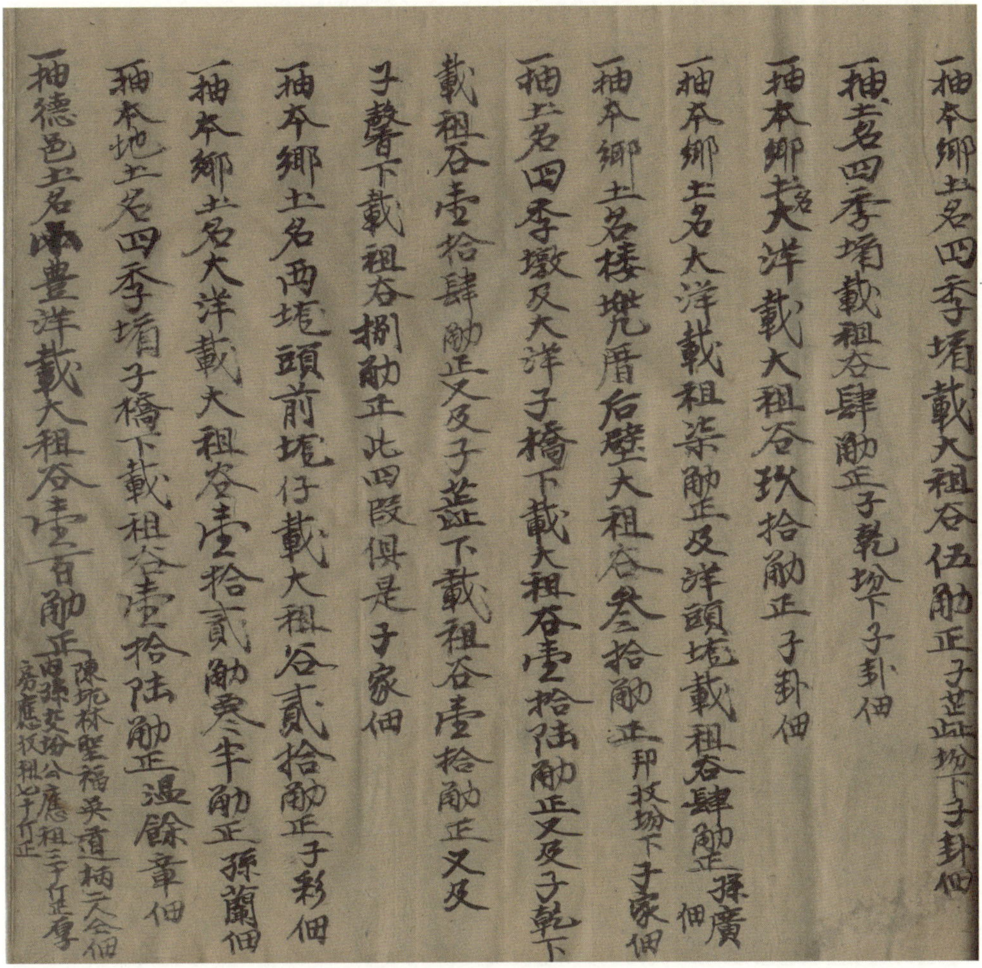

一坵本鄉土名四季墒載大租谷伍斤正子芷岀坋下子卦佃
一坵土名四季墒載租谷肆斤正子乾坋下子卦佃
一坵本鄉土名大洋載大租谷玖拾斤正子卦佃
一坵本鄉土名大洋載租柒斤正及洋頭墘載租谷肆斤正孫廣佃
一坵本鄉土名棲墘厝后壁大租谷叁拾斤正邦技坋下子家佃
一坵土名四季墩及大洋子橋下載大租谷壹拾陸斤正又及子乾下
載租谷壹拾肆斤正又及子蓝下載租谷壹拾斤正又及
子馨下載租谷捌斤正此四段俱是子家佃
一坵本鄉土名西墘頭前墘仔載大租谷貳拾斤正子彩佃
一坵本鄉土名大洋載大租谷壹拾貳斤叁半斤正孫蘭佃
一坵本地土名四季墒子橋下載租谷壹拾陸斤正温餘章佃
一坵德邑土名□豐洋載大租谷壹百斤正陳坑林堅福英道楠二人合佃
內除英紛公應租三斤正學房應收租七斤正

10-5-109-6　清道光二十九年黃子達置明房鬮書（六）

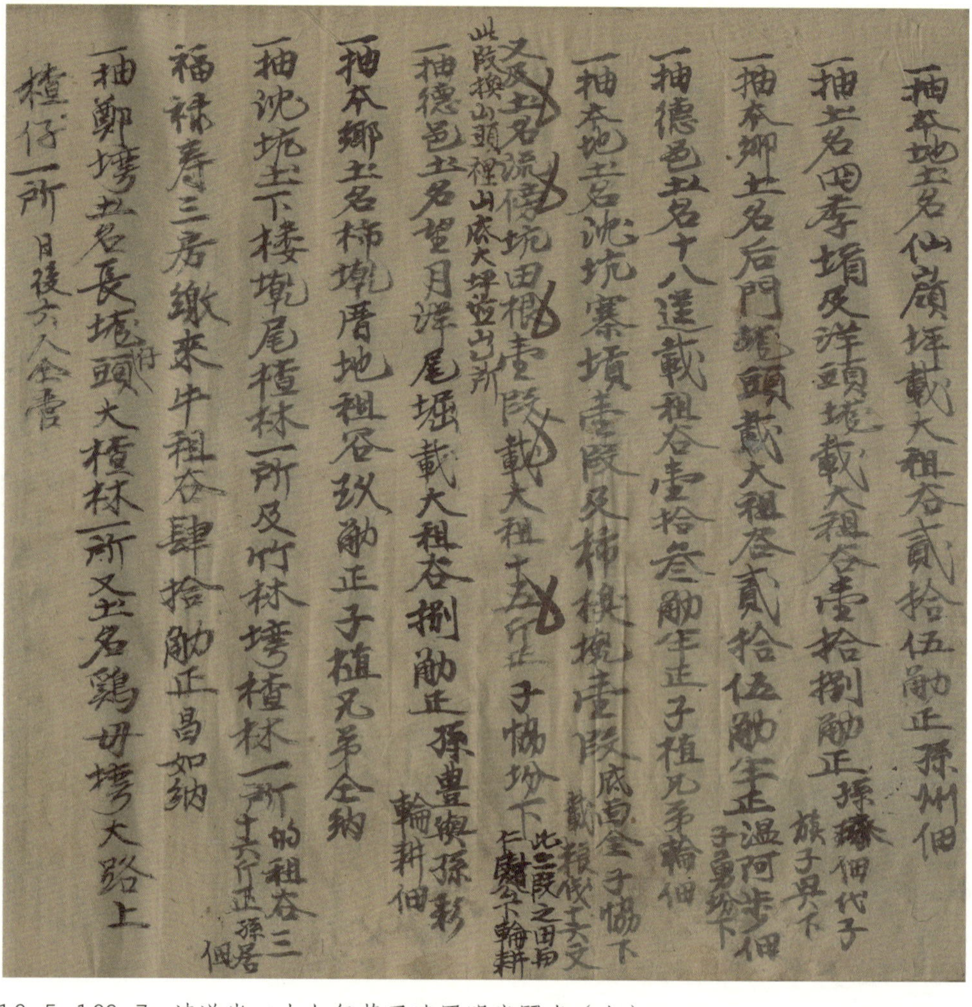
一押本地土名仙嶺坪載大租谷貳拾伍斛正孫州佃
一押土名田寮垱及洋頭墘載大租谷壹拾捌斛正孫□佃代子旗子與下
一押本鄉土名后門墘頭載大租谷貳拾伍斛半正溫阿步佃子弟坋下
一押德邑土名十八蓮載租谷壹拾叁斛半正子植兄弟輪佃
一押本地土名沈坑寨墳壹段及柿㮚墘壹段底面全子協下載租錢十大文
又及土名流傍坑田根壹段載大租十五斤正子協坋下此三段之田面仁財公下輪耕
此段換山頭裡山底大坪並山一所
一押德邑土名望月洋尾堀載大租谷捌斛正孫豐與孫彩輪耕佃
一押本鄉土名柿墘厝地租谷玖斛正子植兄弟全納
一押沈坑土下樓墘尾檀林一所及竹林墘檀林一所的租谷三十大斤正孫居佃
福祿壽三房繳來牛租谷肆拾斛正昌如納
一押鄭墘土名長墘頭大檀林一所又土名雞母墘大路上
檀仔一所 日後六人全書

10-5-109-7　清道光二十九年黃子達置明房鬮書（七）

一抽德邑土名大豊洋載大租谷柒拾伍觔正九公子孫輪耕佃

一抽本地土名下犂壁厝角右邊田底面全壹段載大租谷貳拾觔

抽付家長田段開具

一抽本地土名鄭墩苧坪墩一段底面全又及殺牛墩一段底面全

抽付六房輪流納粮完官田段開具

一抽本鄉土名門口壠子朕下二坵底面全

又及上大坵壹坵底面全又及后門壠子治下一坵應租六斤

一抽本地土名鄭墩柿模墘屯田壹段底面全與福祿壽三房歷年輪流分耕

余抽此數段之田永付六房子孫耕作办納伐粮不許少短負累亦

不許私典盜賣等情若有一二不肖者仍將此奉呈官究治不貸

10-5-109-8　清道光二十九年黄子達置明房鬮書（八）

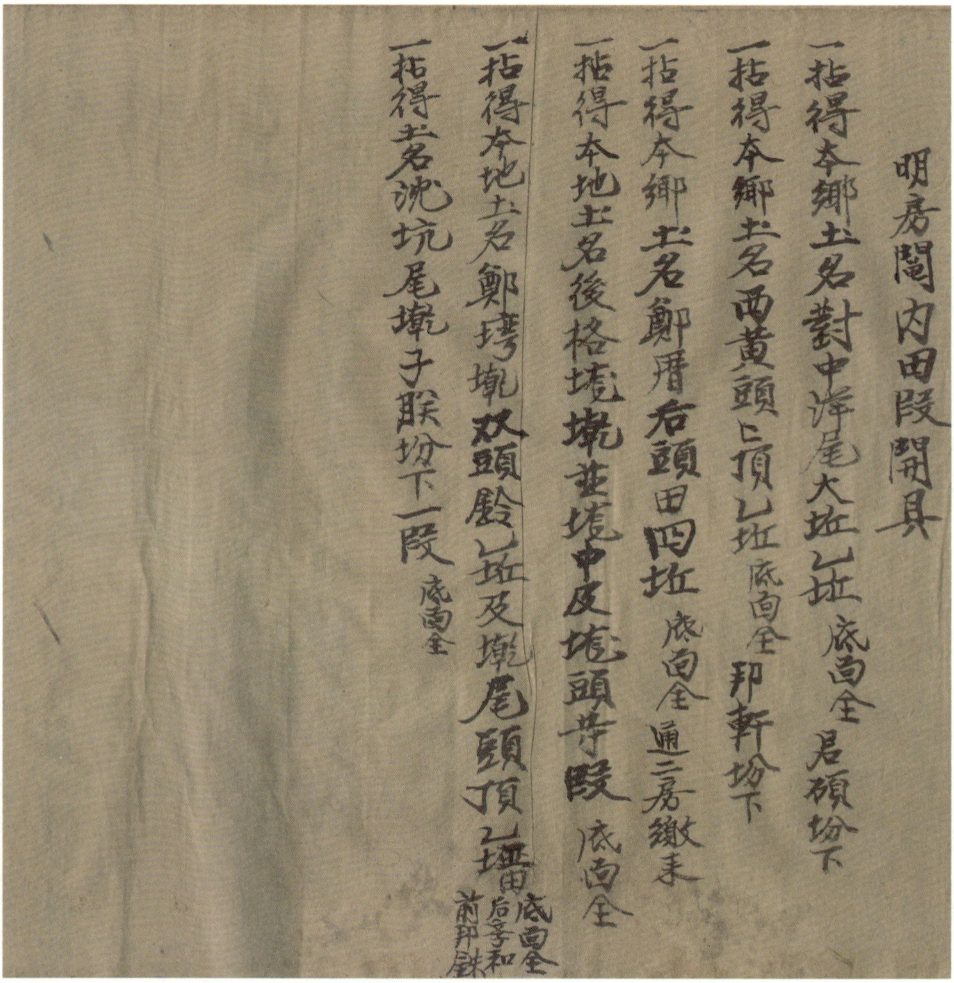
明房閹內田段開具
一拈得本鄉土名對中洋尾大垅山垅 底面全 君碩坋下
一拈得本鄉土名西黄頭上頂山垅 底面全 邦軒坋下
一拈得本鄉土名鄭厝后頭田四垅 底面全 通三房繳来
一拈得本地土名後格墘壠並墘中反墘頭茅段 底面全
一拈得本地土名鄭墇壠双頭嶺山垅及壠尾頭頂山垅田 底面全 后孚和 前邦鉄
一拈得土名洸坑尾壠子眹坋下一段 底面全

10-5-109-9　清道光二十九年黄子達置明房鬮書（九）

10-5-109-10　清道光二十九年黄子達置明房鬮書（一〇）

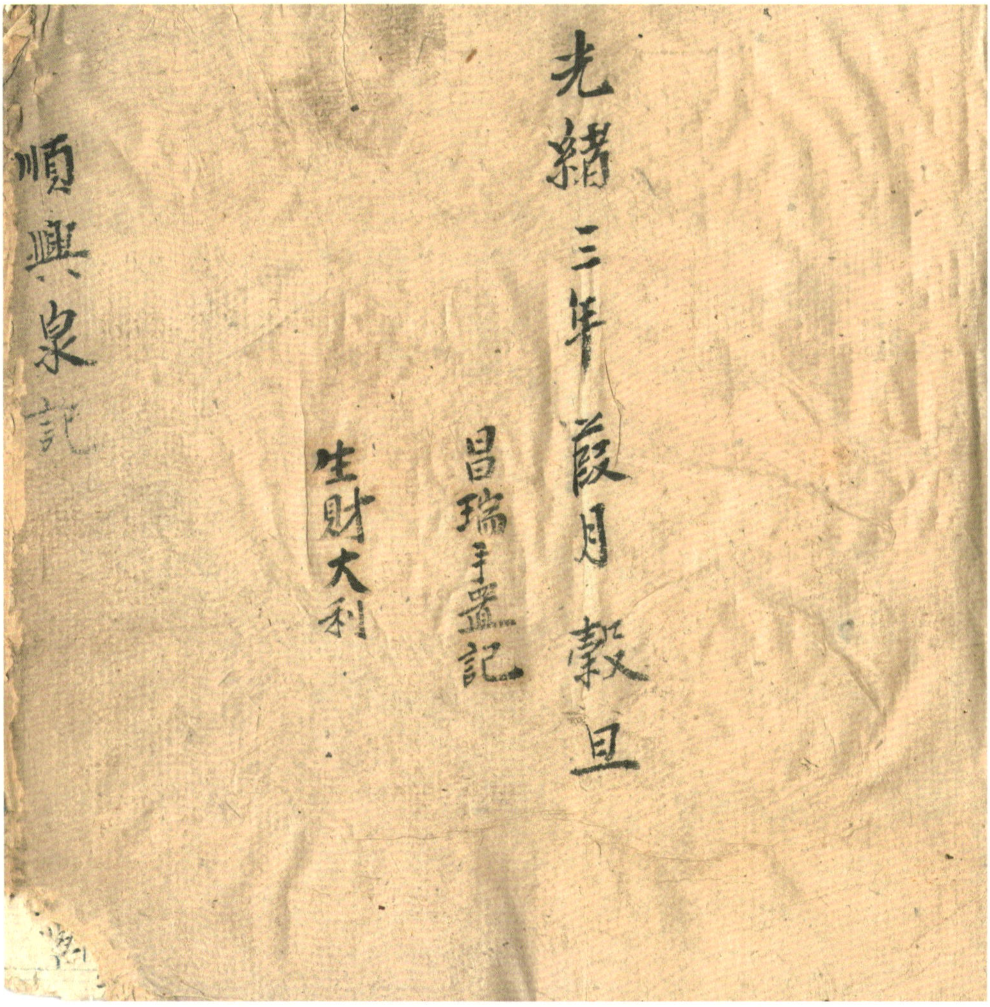
光緒三年葭月穀旦
昌瑞手置記
生財大利
順興泉記

10-5-110-1　清光緒三年黃昌瑞置鳳山寺廣澤尊王會簿（一）

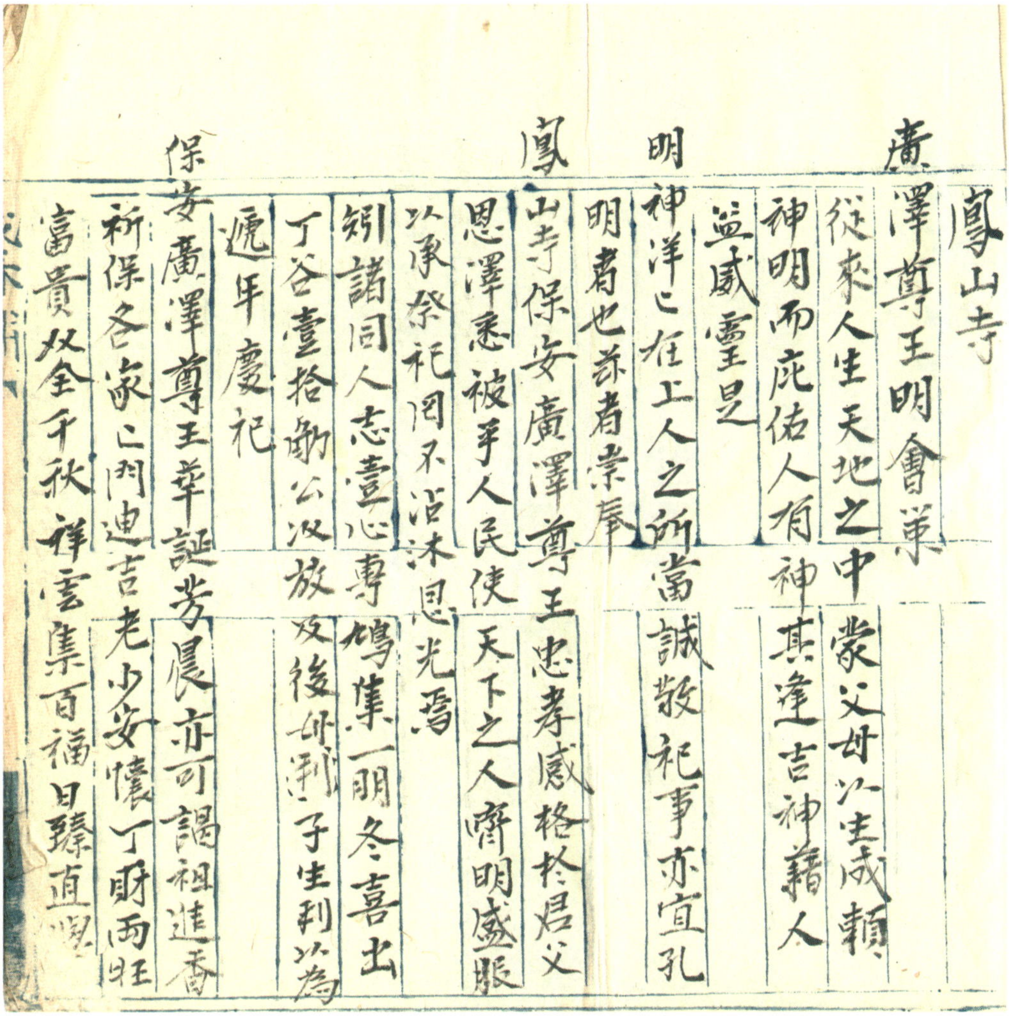
鳳山寺
廣澤尊王明會單
從來人生天地之中蒙父母以生成賴
神明而庇佑人有神其逢吉神藉人
益威靈是
明神洋洋在上人之所當誠敬祀事亦宜孔
明者也茲者崇奉
鳳山寺保安廣澤尊王忠孝感格於君父
恩澤悉被乎人民使天下之人齊明盛服
以承祭祀罔不沾沐恩光爰
糾諸同人志壹心專鳩集一朋冬喜出
丁谷壹拾觔公議放收後母利利子生利以為
遞年慶祀
保安廣澤尊王華誕芳辰亦可謁祖進香
祈保各家門內迪吉老少安懷丁財兩旺
富貴雙全千秋祥雲集百福日臻直[illegible]

10-5-110-2　清光緒三年黃昌瑞置鳳山寺廣澤尊王會簿（二）

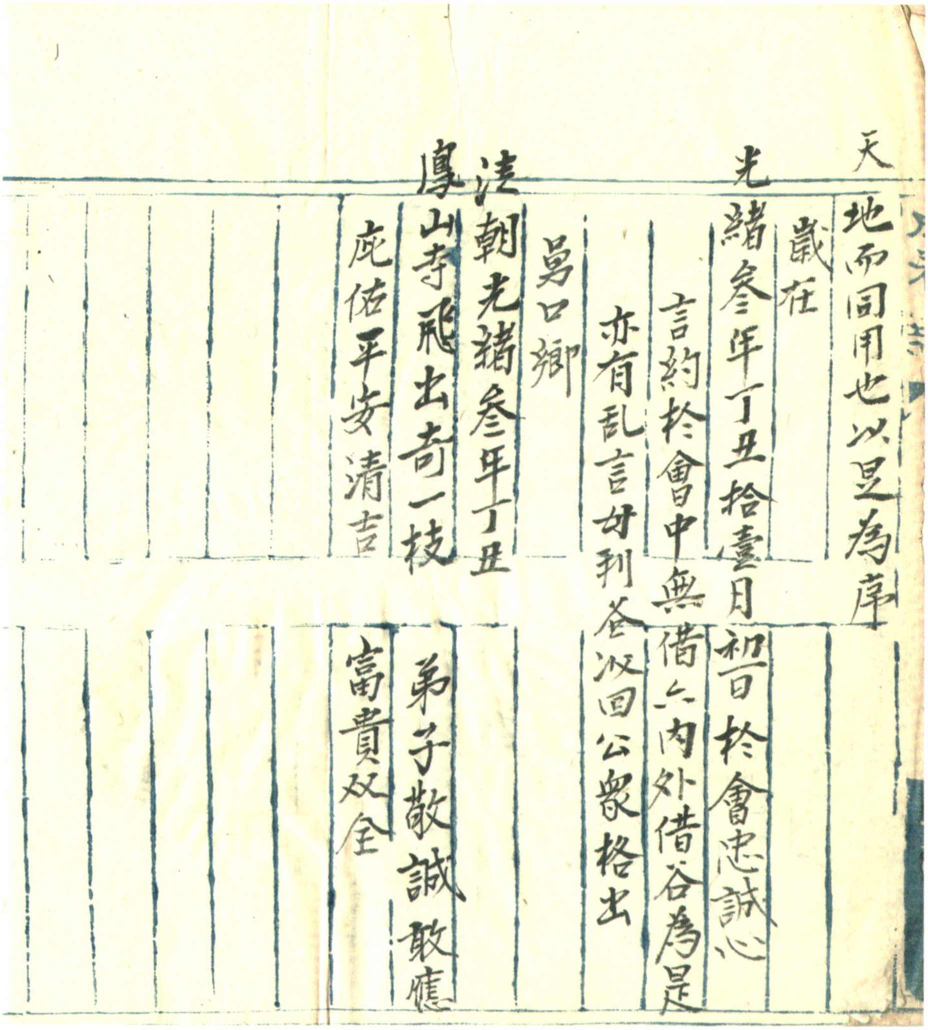

天地而同用也以是為序
歲在
光緒叁年丁丑拾壹月初七日於會忠誠心
言約於會中無借出内外借谷為是
亦有乱言妄判各派回公衆格出
洑口鄉
清朝光緒叁年丁丑
鳳山寺飛出奇一枝
庇佑平安清吉
弟子敬誠敢應
富貴双全

10-5-110-3　清光緒三年黃昌瑞置鳳山寺廣澤尊王會簿（三）

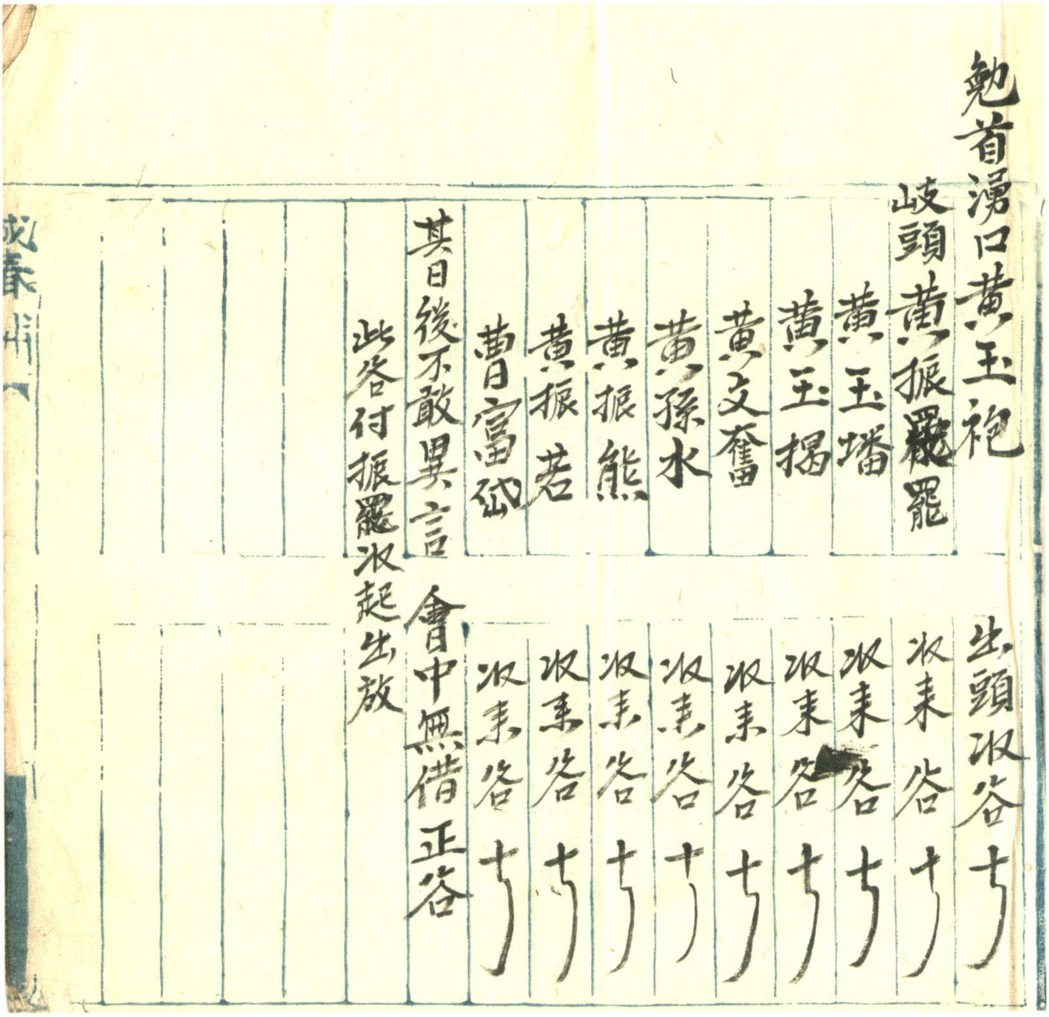
勉首湧口黃玉袍　出頭收谷十斤
岐頭黃振麗　收來谷十斤
黃玉墦　收來谷十斤
黃玉揚　收來谷十斤
黃文奮　收來谷十斤
黃孫水　收來谷十斤
黃振熊　收來谷十斤
黃振若　收來谷十斤
曹富欲　收來谷十斤
其日後不敢異言　會中無借正谷
此谷付振麗收起出放

10-5-110-4　清光緒三年黃昌瑞置鳳山寺廣澤尊王會簿（四）

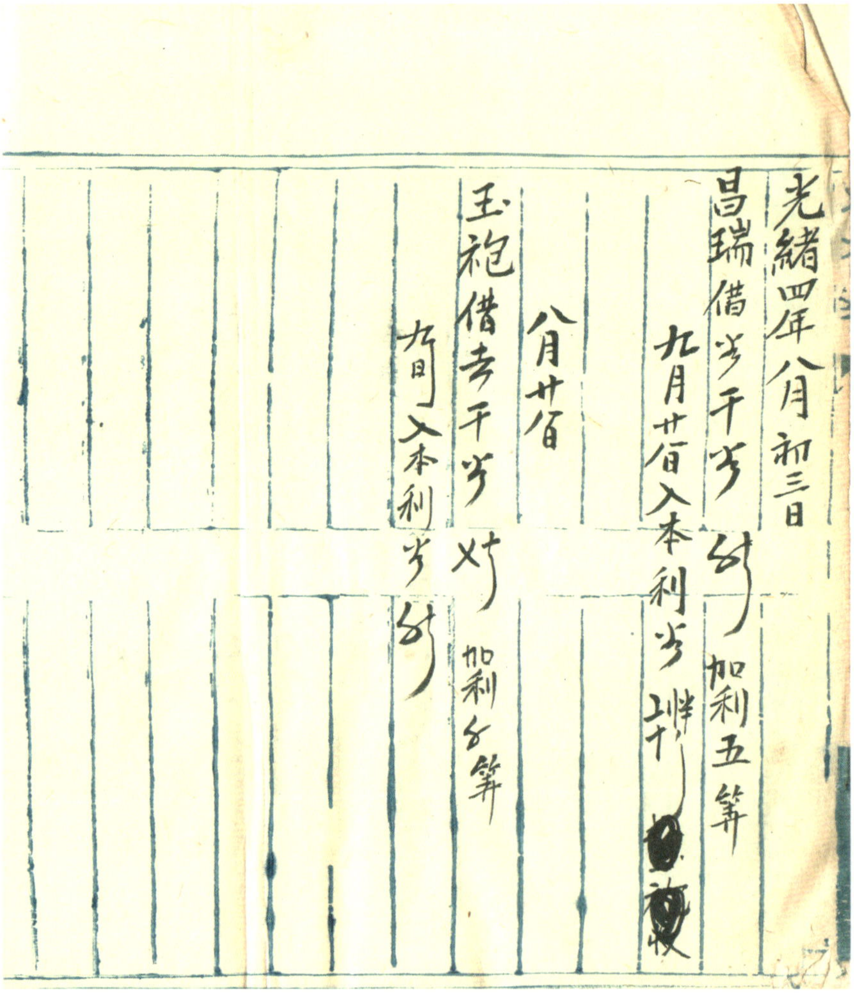

光緒四年八月初三日
昌瑞借钱千钱[illegible]　加利五筭
九月廿四日入本利钱[illegible]　[illegible]收
八月廿四日
玉袍借去千钱[illegible]　加利[illegible]筭
九月[illegible]日入本利钱[illegible]

10-5-110-5　清光緒三年黄昌瑞置鳳山寺廣澤尊王會簿（五）

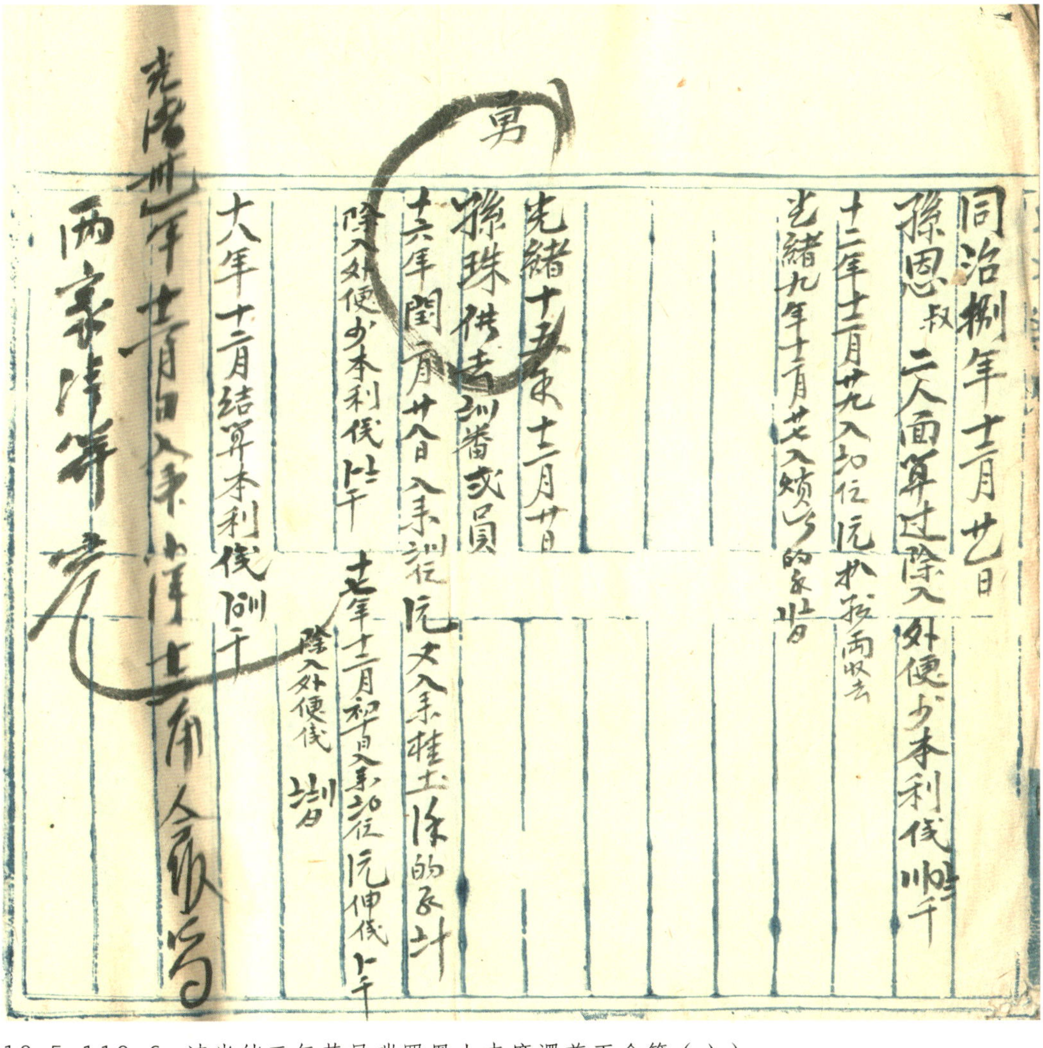
同治捌年十二月廿日
孫恩叔二人面算過除入外便少本利伐[illegible]千
十二年十二月廿九入[illegible]位伉扒叔兩收去
光緒九年十二月廿七入[illegible]
勇
光緒十五年十二月廿日
孫珠供去[illegible]番弍員
十六年閏二月廿八日入[illegible]伉丈入[illegible]桂[illegible]
除入外便少本利伐[illegible]千
十七年十二月初一日入[illegible]伉伸伐[illegible]千
除入外便伐[illegible]
十八年十二月結算本利伐[illegible]千
光緒廿年十二月[illegible]日入[illegible]
兩家清算[illegible]

10-5-110-6 清光緒三年黄昌瑞置鳳山寺廣澤尊王會簿（六）

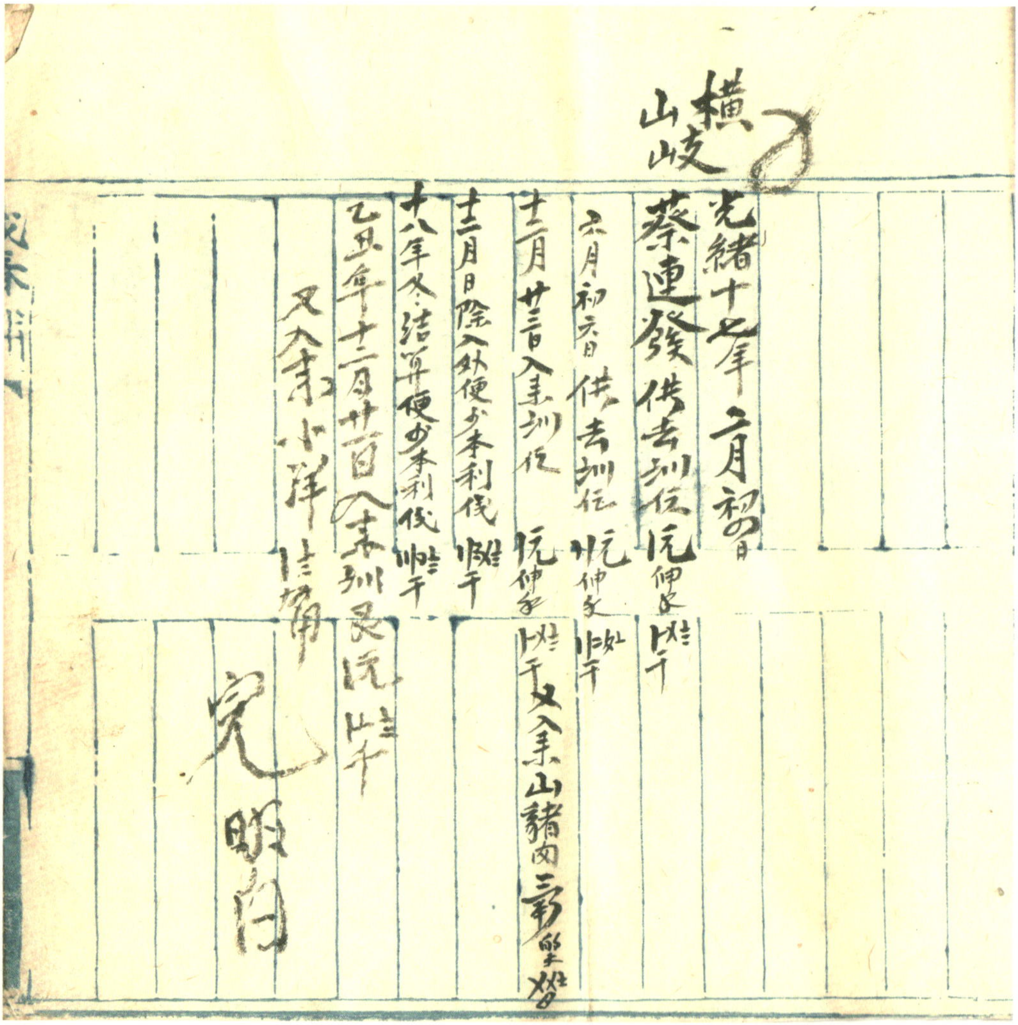
横岐山
光緒十七年二月初一日
蔡連發借去圳伍阮伸良
六月初六日借去圳伍阮伸良
十一月廿三日入来圳伍阮伸良 又入来山豬肉二斤
十二月日除入外便少本利伐
十八年冬結算便少本利伐
乙丑年十二月廿四日入来圳艮阮
又入来扣小洋
完
明白

10-5-110-7　清光緒三年黄昌瑞置鳳山寺廣澤尊王會簿（七）

光緒拾柒年二月廿八日

白古嶺墓

沙

上長圳

夏蘭借去訓佐炕仲

十二月算上便出本利

10-5-110-8 清光緒三年黄昌瑞置鳳山寺廣澤尊王會簿（八）

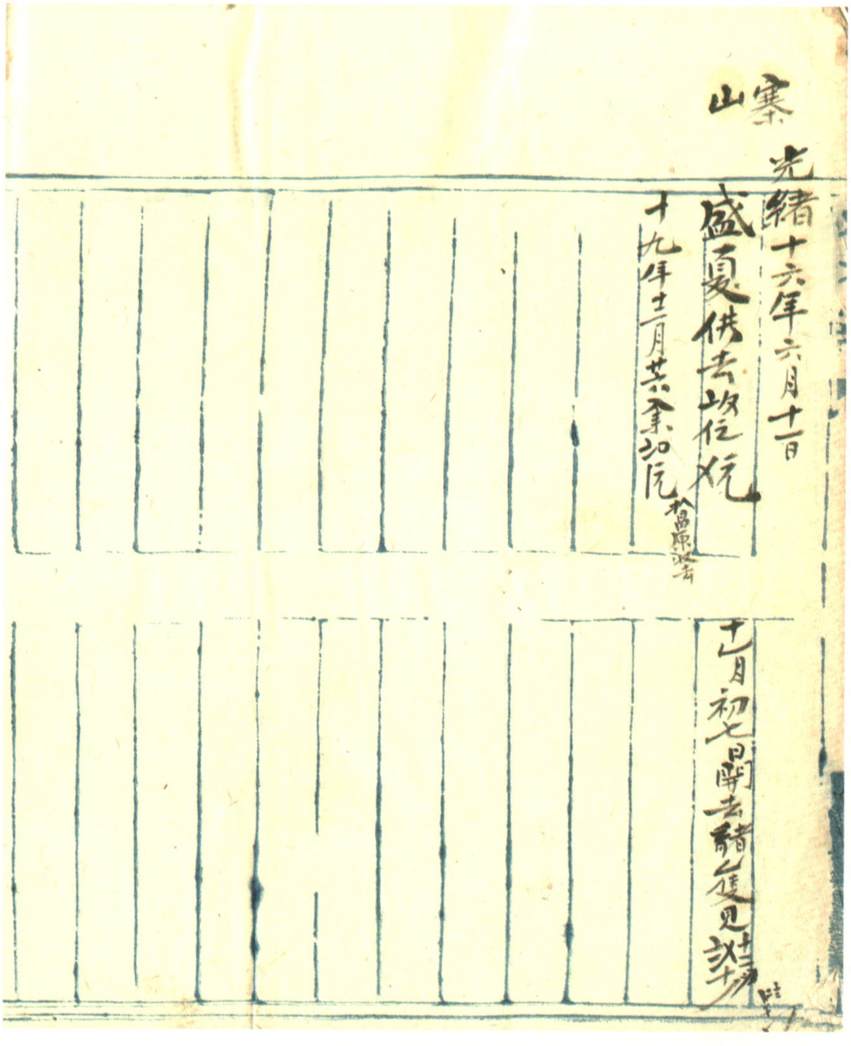
山寨
光緒十六年六月十日
盛夏供去岐位炕
十九年十二月某金加元
松昌原收去
十二月初七日開去緒遙見詠十場

10-5-110-9　清光緒三年黄昌瑞置鳳山寺廣澤尊王會簿（九）

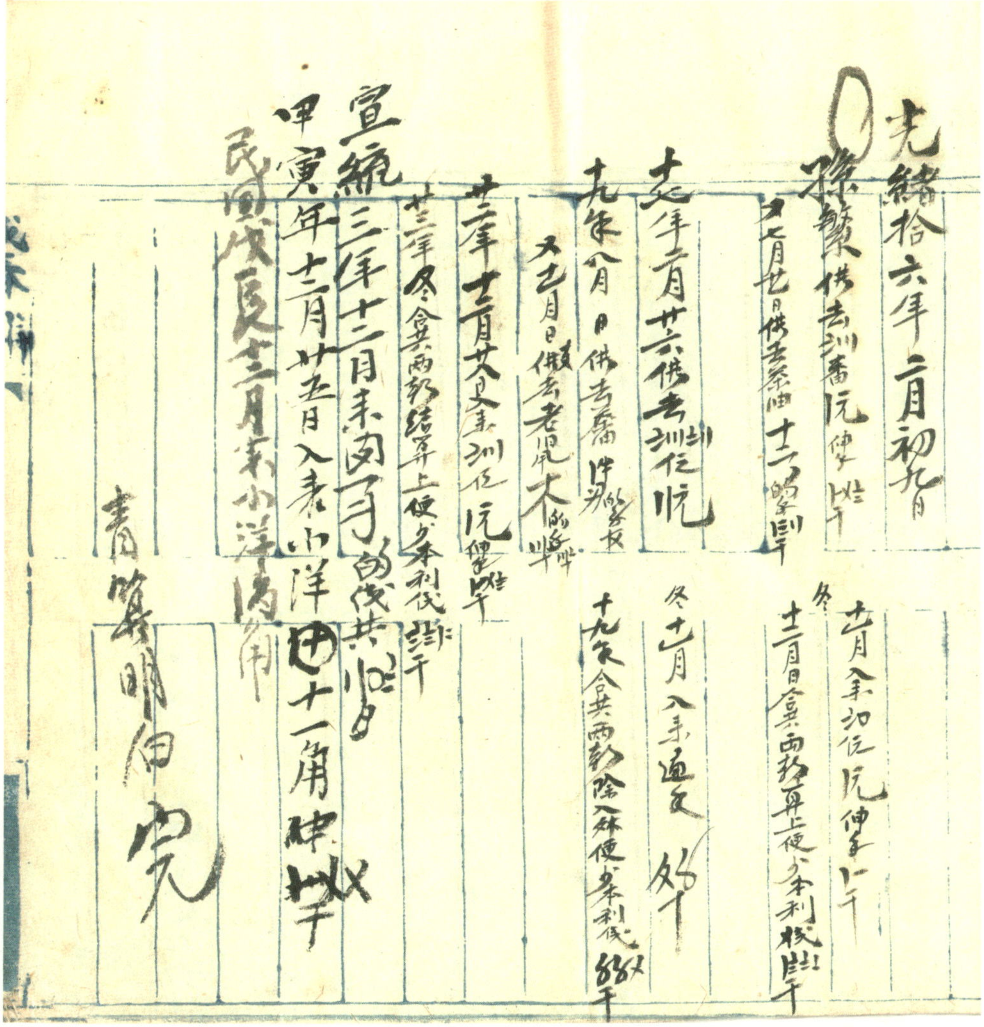

光緒拾六年二月初九日

十七年二月廿六借去

十八年八月 日借去

廿二年十二月廿五日來

宣統三年十二月

甲寅年十二月廿五日入來小洋

民國戊辰十二月來小洋

算明白完

10-5-110-10　清光緒三年黄昌瑞置鳳山寺廣澤尊王會簿（一〇）

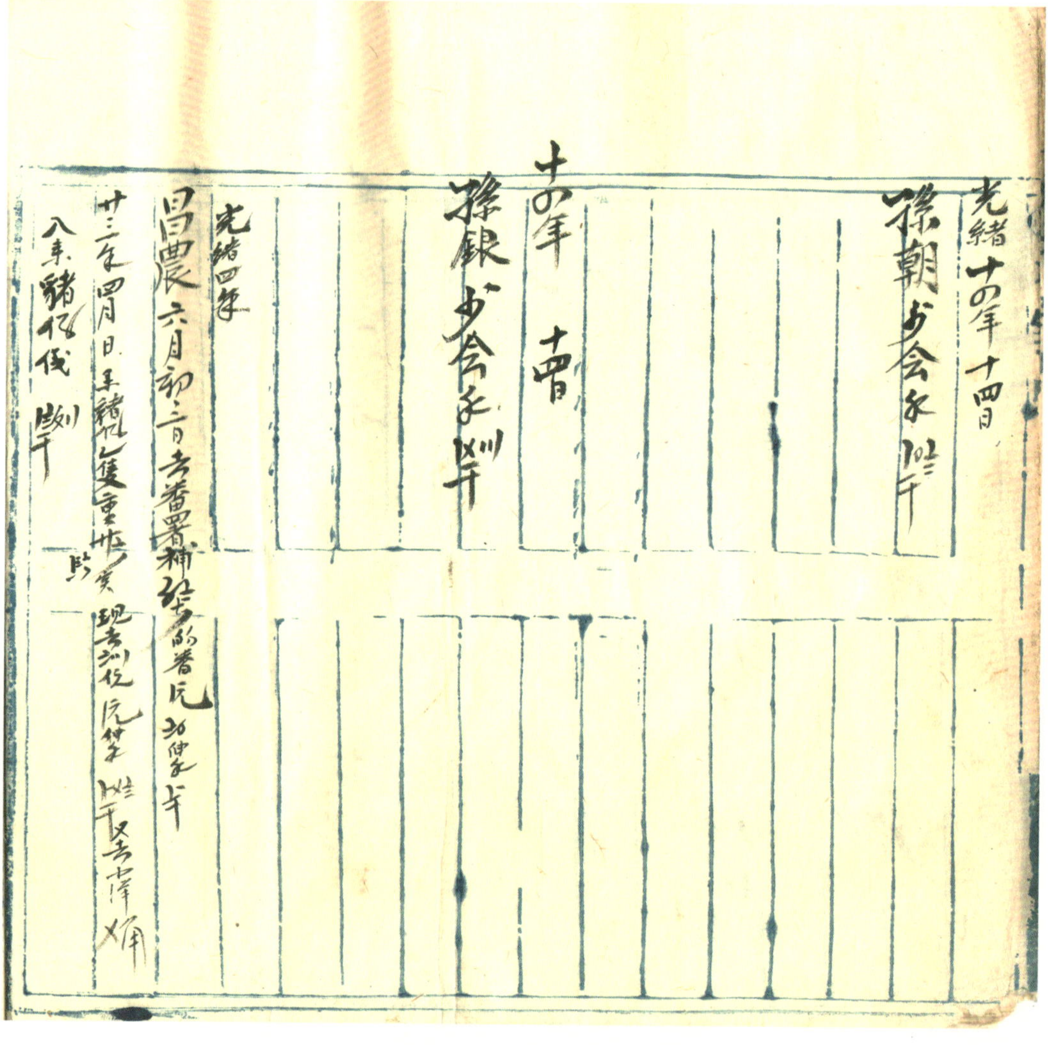
光緒十四年十四日
孫朝
孫銀
光緒四年
昌農 六月初三日
廿三年四月日

10-5-110-11 清光緒三年黄昌瑞置鳳山寺廣澤尊王會簿（一一）

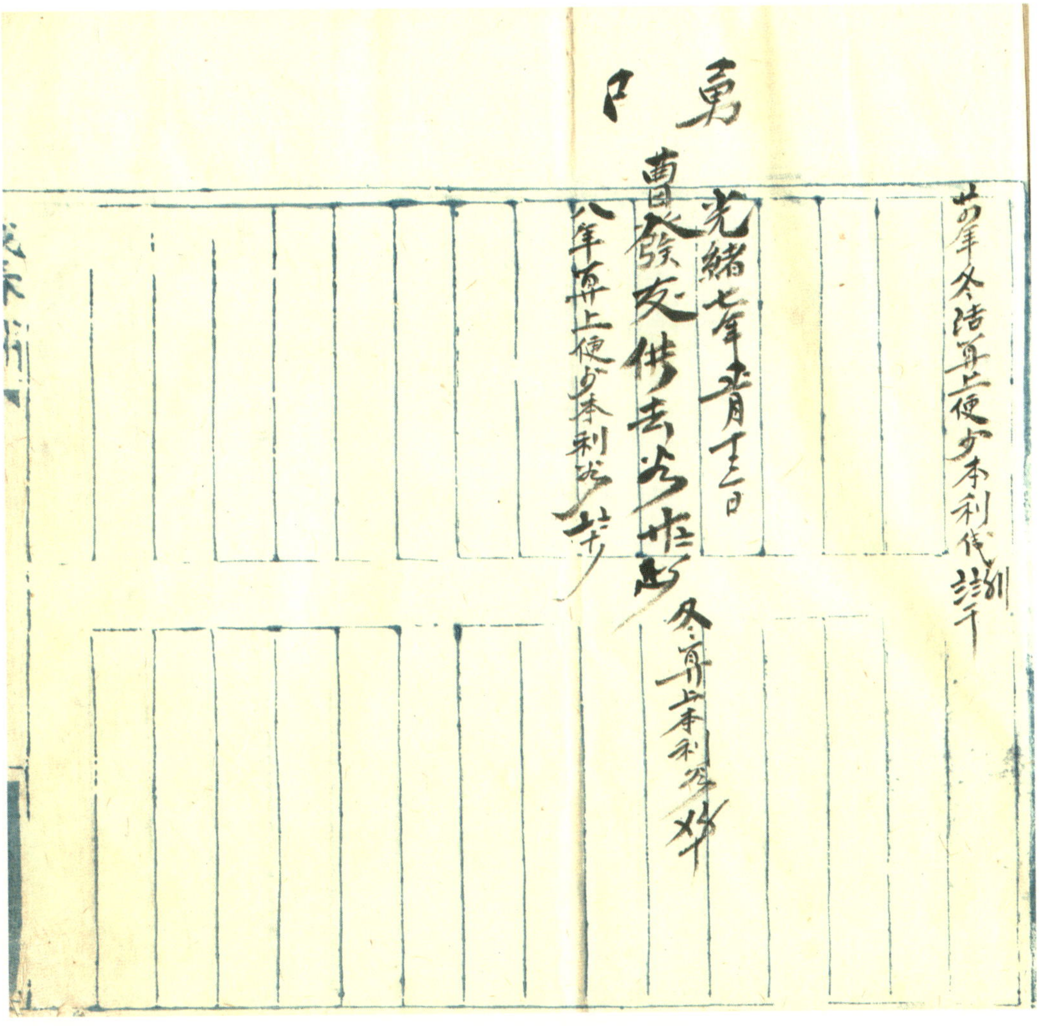
男口

六年冬結算上便少本利代洋三千

光緒七年十二月十二日

曹發友借去洋六元正

冬算上本利洋八千

八年算上便少本利洋廿千

10-5-110-12　清光緒三年黃昌瑞置鳳山寺廣澤尊王會簿（一二）

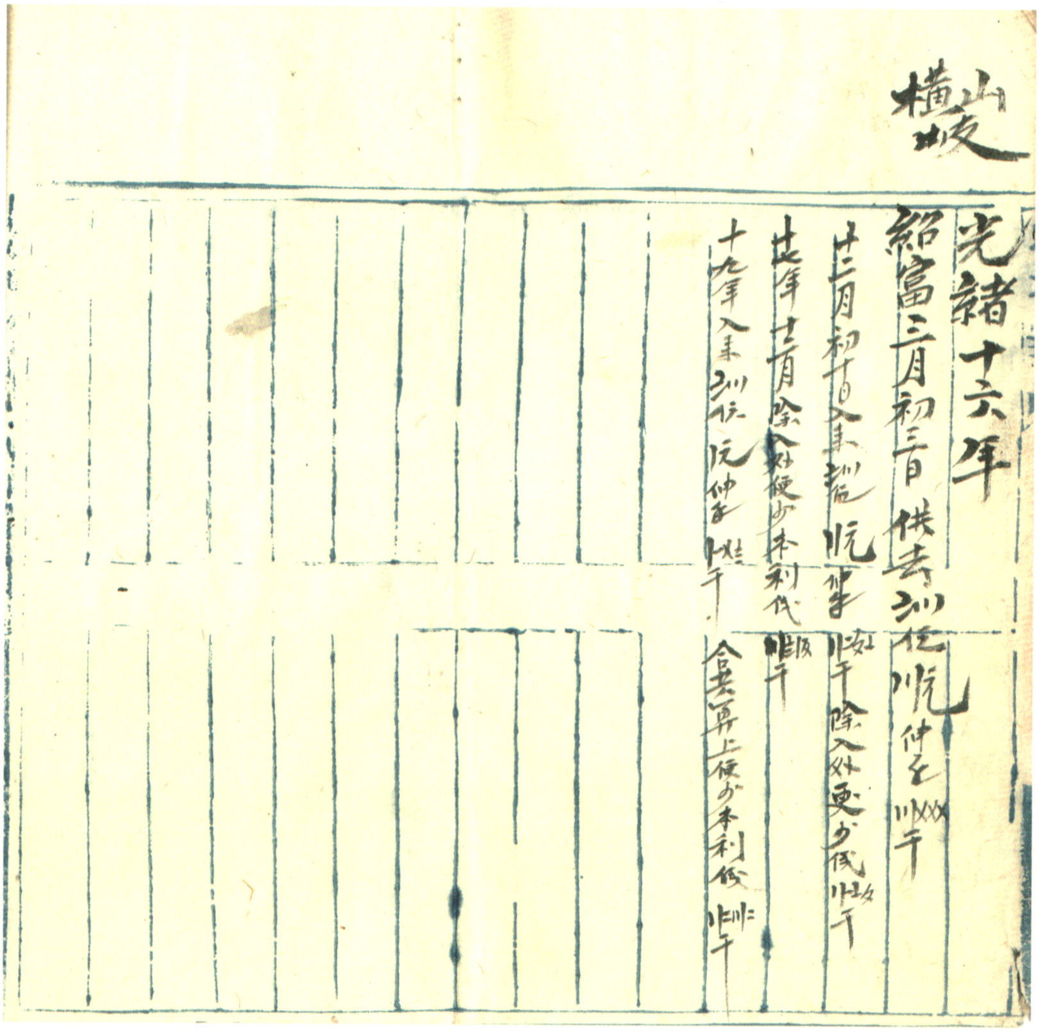
橫山坂

光緒十六年

紹富三月初三日 借去洲佐阮 仲毛 千

十二月初十日入來洲佰阮 仲毛 千 除入外更少代 千

十七年十二月除入外便少本利代 千

十九年入來洲佐阮仲毛 千 合共算上便少本利錢 千

10-5-110-13 清光緒三年黄昌瑞置鳳山寺廣澤尊王會簿（一三）

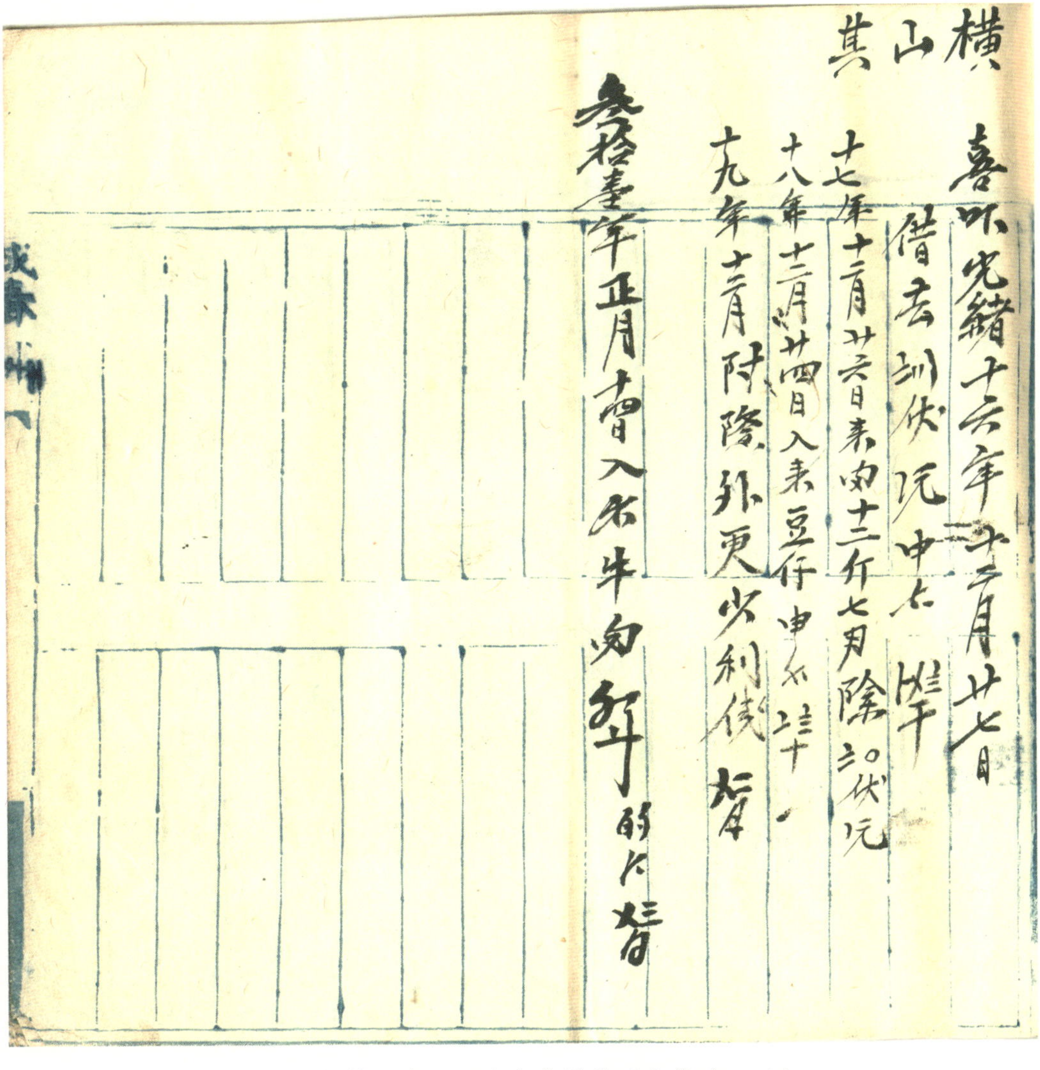

橫　喜叭光緒十六年十二月廿七日
山　借去訓伏元中大洋
其　十七年十二月廿六日来肉十二斤七月除六伏元
十八年十二月廿四日入来豆仔中大〣十
十九年十二月附除外更少利伐大洋
叁拾叁年正月十四日入名牛肉錢的大洋

10-5-110-14　清光緒三年黄昌瑞置鳳山寺廣澤尊王會簿（一四）

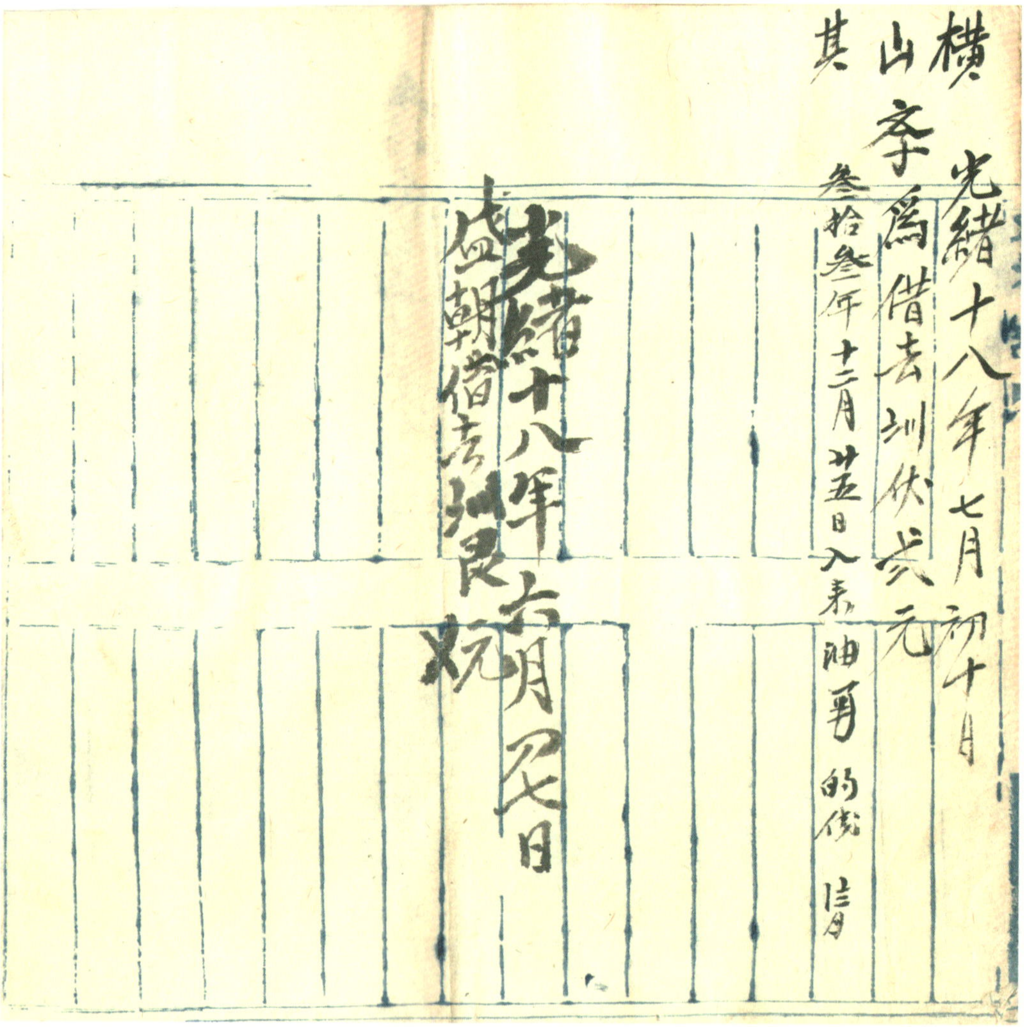

横山李爲 光緒十八年七月初十日
借去訓伏弍元
其 叁拾叁年十二月廿五日入来油耳 的伏 清
光緒十八年六月初七日
盛朝借去訓艮[illegible]元

10-5-110-15 清光緒三年黄昌瑞置鳳山寺廣澤尊王會簿（一五）

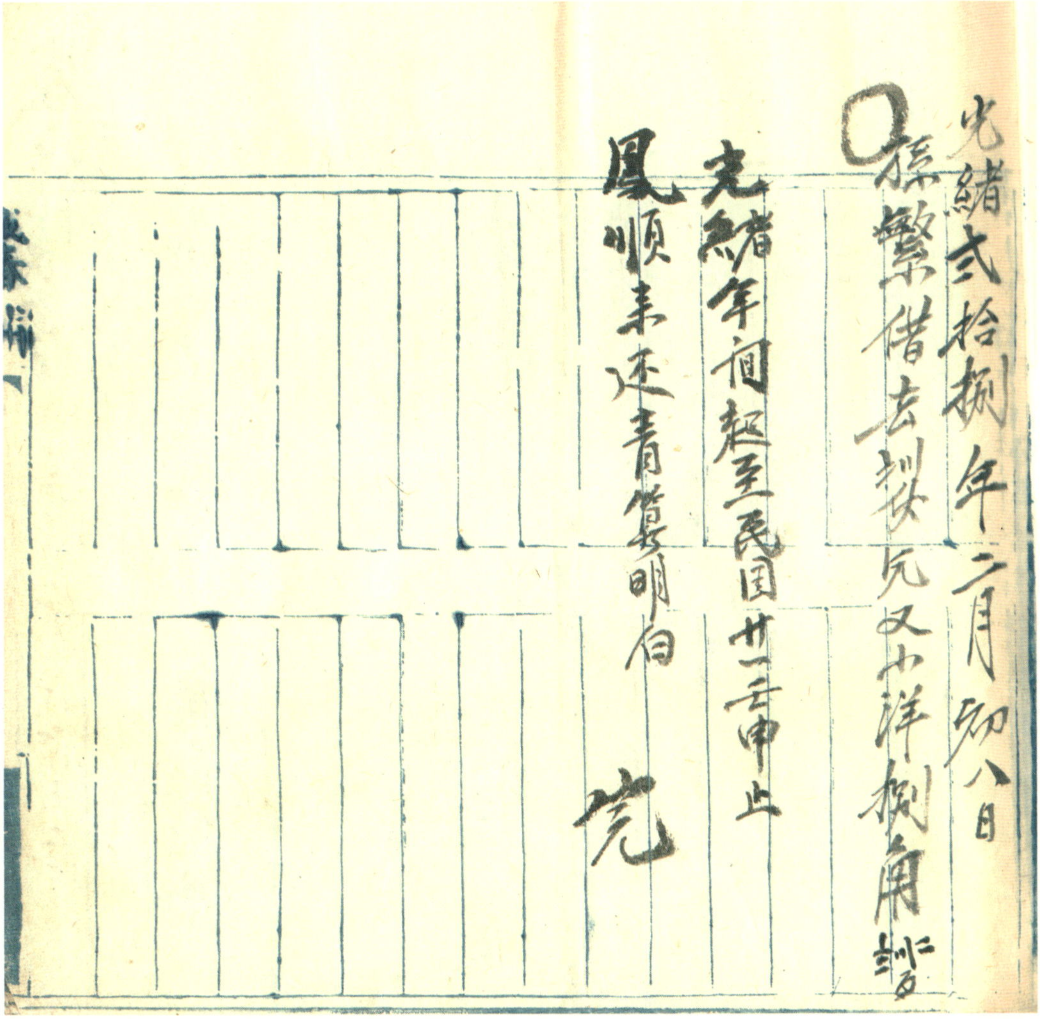

光緒弍拾捌年二月初八日
○孫繁借去捌拾元又小洋捌角用 捌仁万
光緒年間起至民国廿一壬申止
鳳順未还青簽明白 完

10-5-110-16 清光緒三年黄昌瑞置鳳山寺廣澤尊王會簿（一六）

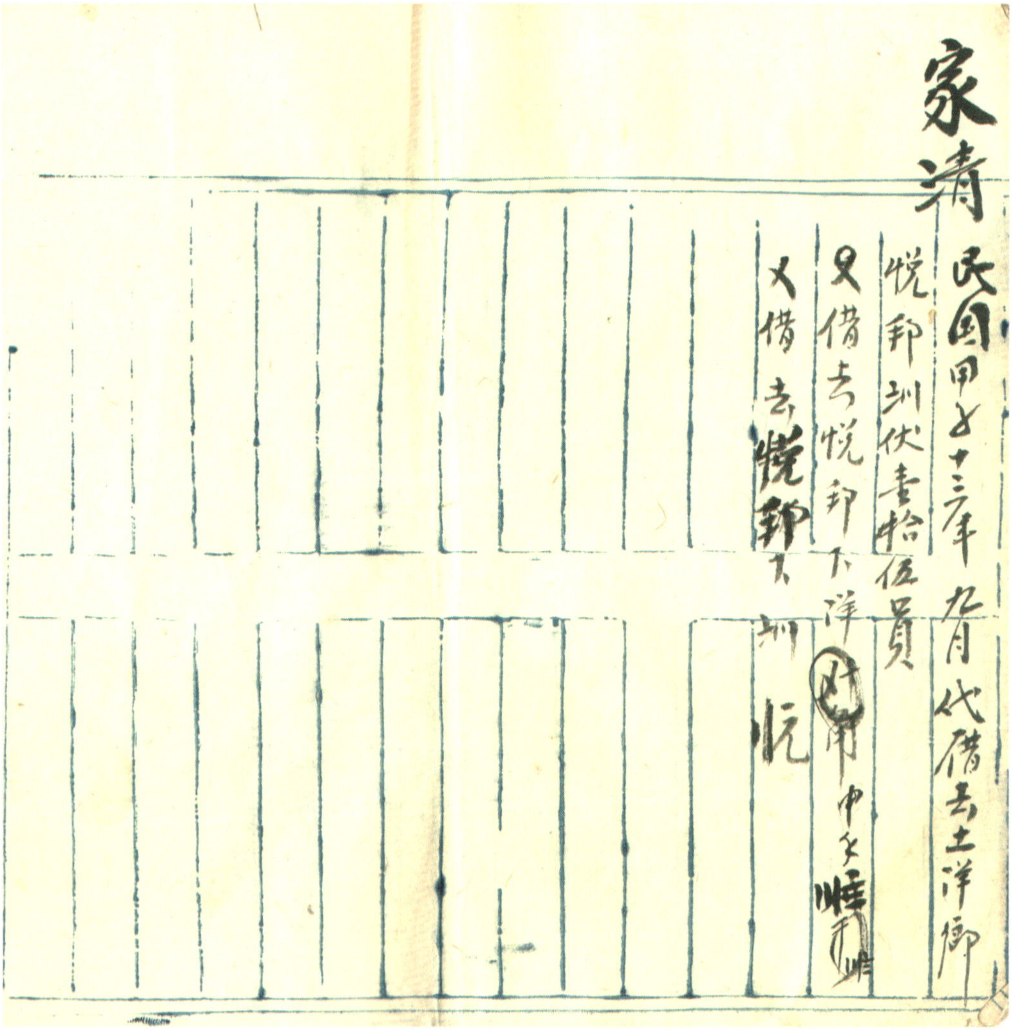

家清
民國甲子十三年九月代借去土洋鄉
悦鄭訓伏壹拾伍員
又借去悦鄭大洋
又借去悦鄭大訓

10-5-110-17　清光緒三年黄昌瑞置鳳山寺廣澤尊王會簿（一七）

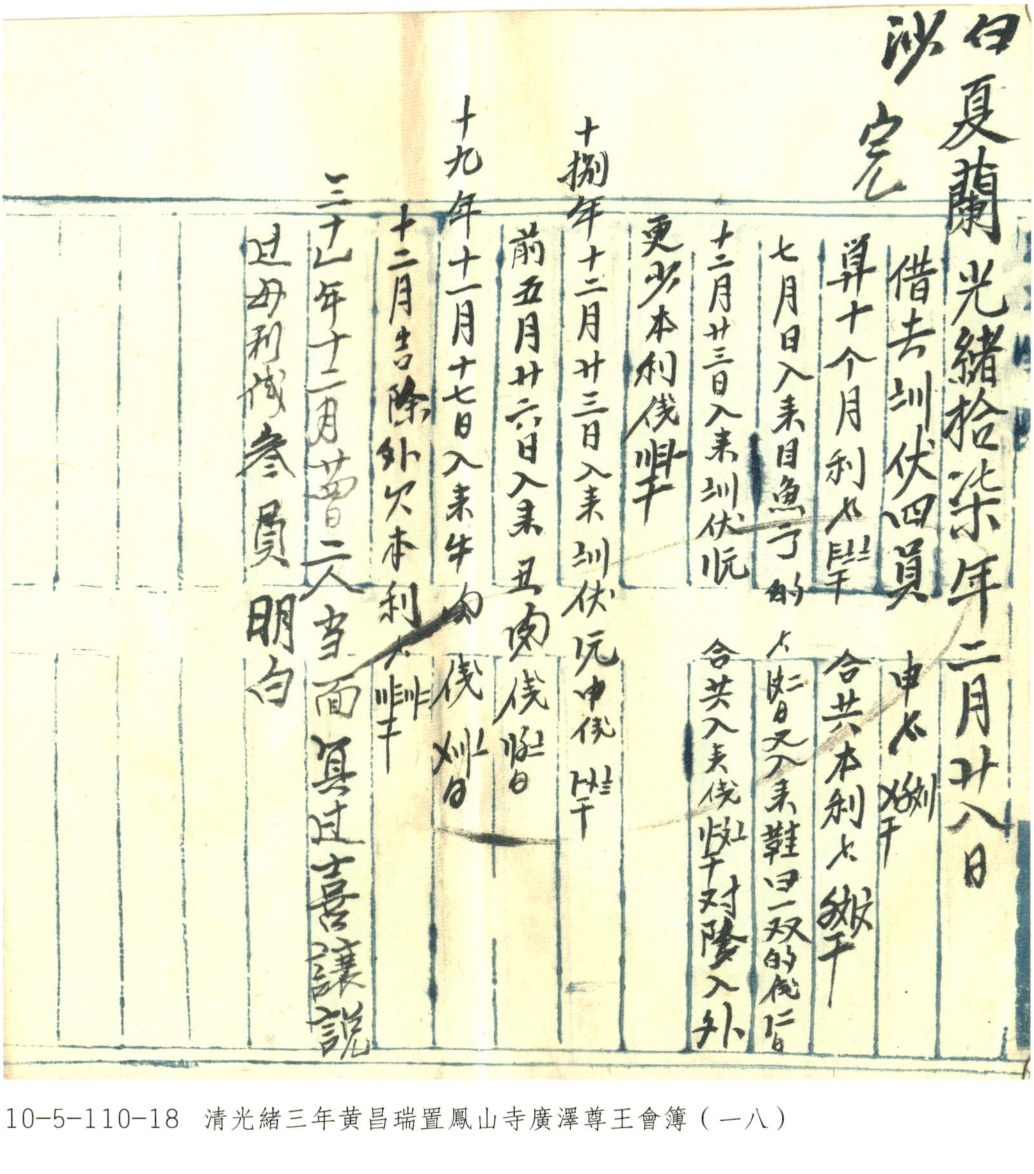

曰夏蘭 光緒拾柒年二月廿八日

沙完

借去圳伏四員 申〻[illegible]

算十个月利〻[illegible] 合共本利〻[illegible]

七月日入來目魚了的〻[illegible]又入來鞋四一双的伐[illegible]

十二月廿三日入來圳伏阮 合共入來伐[illegible]对陰入外

更少本利伐[illegible]

十捌年十二月廿三日入來圳伏阮中伐[illegible]

前五月廿六日入來丑肉伐[illegible]

十九年十一月十七日入來牛肉伐[illegible]

十二月吉除外欠本利〻[illegible]

二十年十二月當曾二人当面算过喜讓說

过母利伐叁員明白

10-5-110-18 清光緒三年黄昌瑞置鳳山寺廣澤尊王會簿（一八）

10-5-110-19 清光緒三年黃昌瑞置鳳山寺廣澤尊王會簿（一九）

八閩文庫

專題彙編
第二種

福建民間契約文書

厦門大學民間歷史文獻研究中心 編
鄭振滿 主編

45

海峽出版發行集團
THE STRAITS PUBLISHING & DISTRIBUTING GROUP
福建人民出版社

本册目録

第十卷　永泰縣洑口鄉山寨村契約文書（三）

第五帙　黄國語户

第六帙　黄朝强户

第十卷 永泰縣洑口鄉山寨村契約文書（三）

本卷主編 鄭鵬程

第五帙　黄國語户

10-5-111-1 清道光十九年黄起數拔亡往生科事文詞（一）

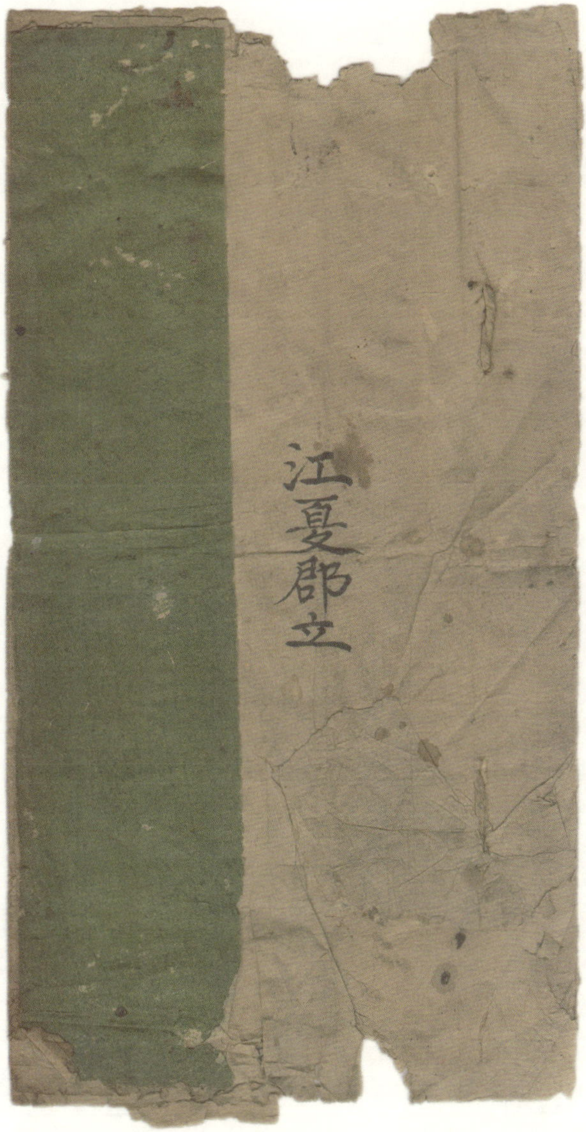

10-5-111-2 清道光十九年黄起數拔亡往生科事文詞（二）

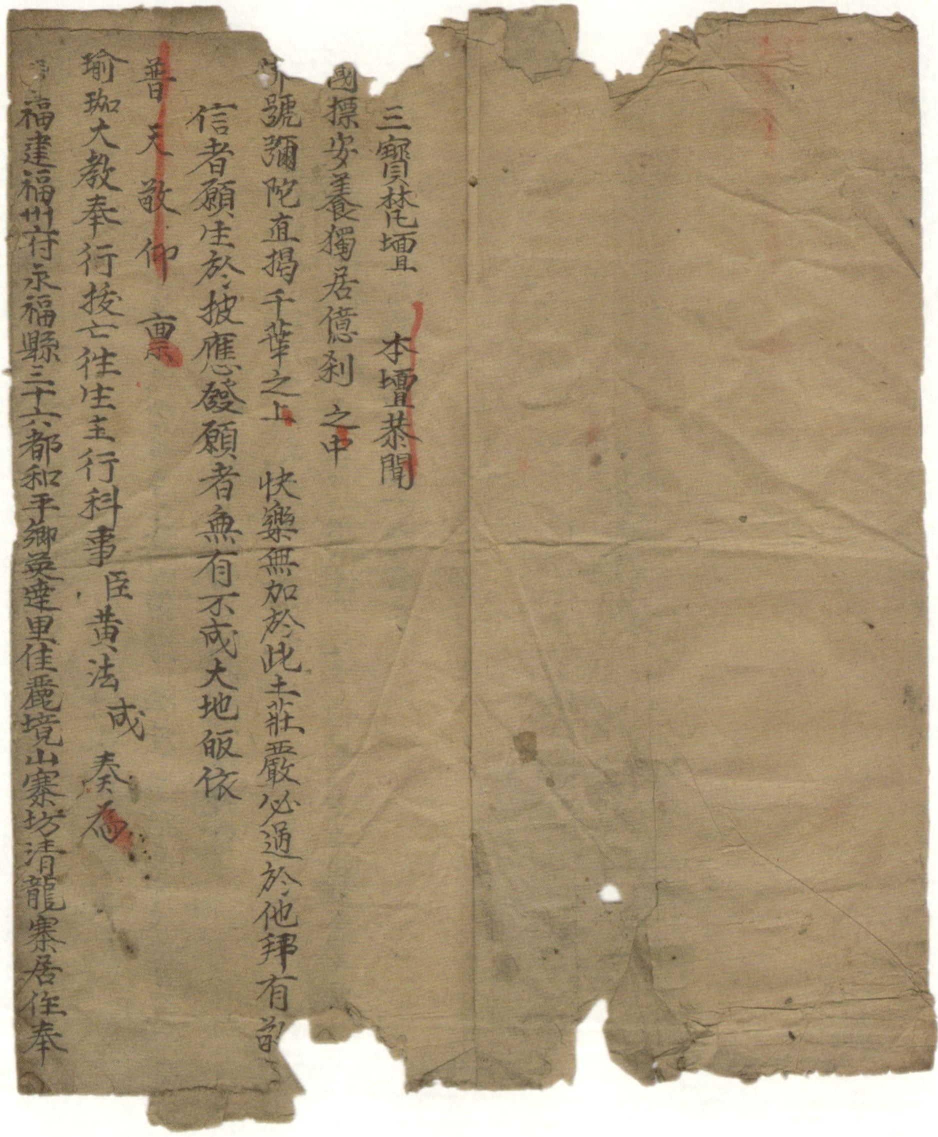
三寶梵壇　本壇恭聞
佛國摽安養獨居德剎之中
佛號彌陀直揭千華之上　快樂無加於此土莊嚴必通於他邦有說
信者願生於彼應感發願者無有不成大地皈依
普天敬仰　稟
瑜珈大教奉行拔亡往生主行科事臣黃法成　奏為
今據福建福州府永福縣三十六都和平鄉安逹里佳麗境山寨坊清龍寨居住奉

10-5-111-3　清道光十九年黃起數拔亡往生科事文詞（三）

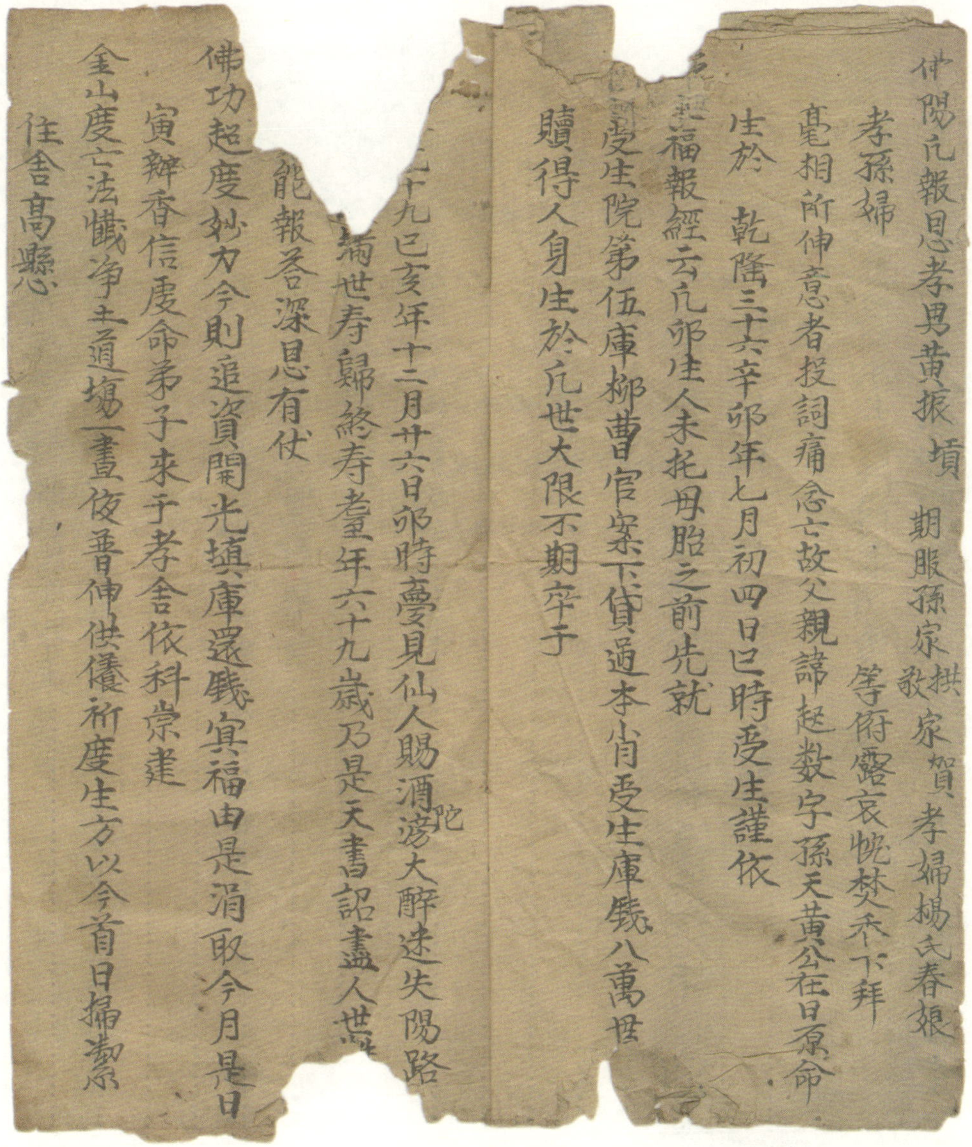

佛陽凡報恩孝男黃振墳　期服孫宗拱敦宗賀　孝婦楊氏春娘
孝孫婦　等俯露哀悃焚香下拜
毫相所伸意者投詞痛念亡故父親諱起數字孫天黃公在日原命
生於　乾隆三十六辛卯年七月初四日巳時受生謹依
□□福報經云凡邻生人未托母胎之前先就
□□受生院第伍庫柳曹官案下貸過本肖受生庫錢八萬貫
贖得人身生於凡世大限不期卒于
□十九巳亥年十二月廿六日卯時夢見仙人賜酒滂沱大醉迷失陽路
滿世寿歸終寿耋年六十九歲乃是天書詔盡人世
能報荅深恩有仗
佛功超度妙力今則追資開光填庫還錢冥福由是涓取今月是日
寅辦香信虔命弟子来于孝舍依科崇建
金山度亡法懺淨土道場一晝夜晉伸供儀祈度生方以今首日掃潔
住舍高懸

10-5-111-4　清道光十九年黃起數拔亡往生科事文詞（四）

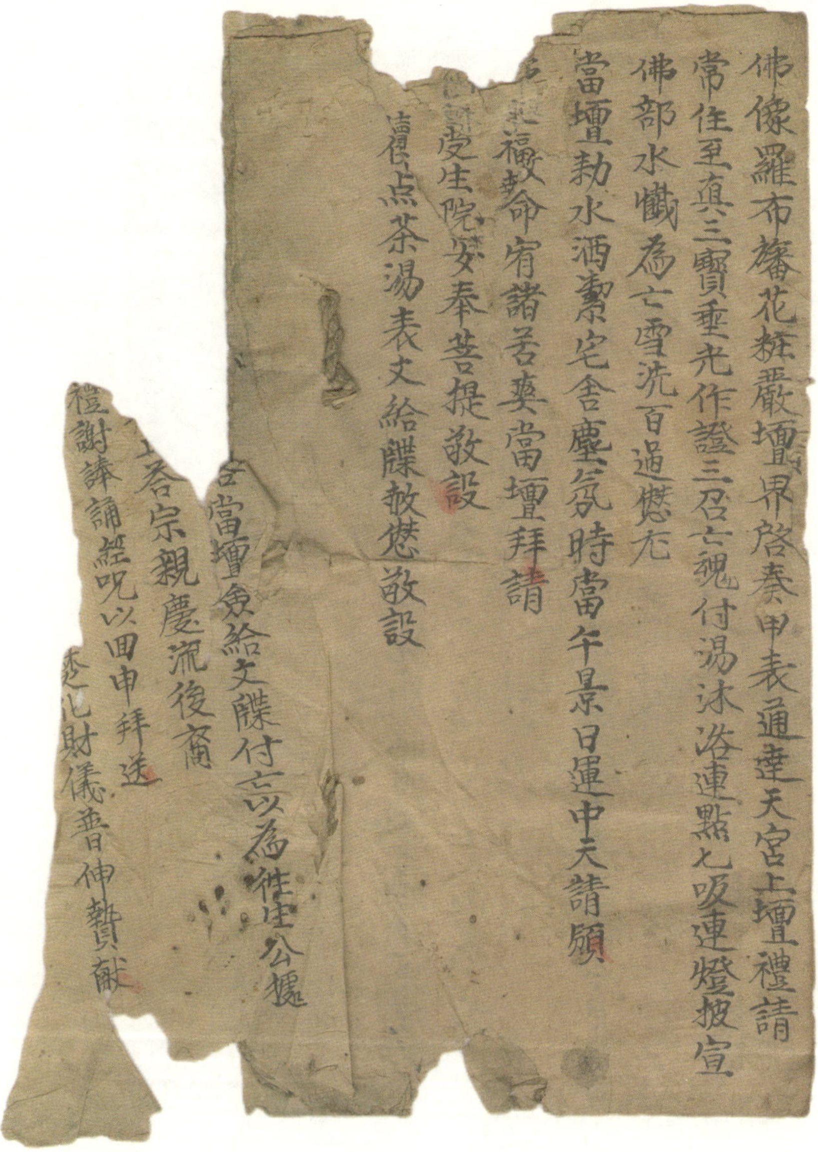

佛像羅布旛花粧嚴壇界啓奏申表通達天宮上壇禮請
常住至真三寶垂光作證三召亡魂付湯沐浴連點七吸連燈披宣
佛部水懺為亡雪洗百過燃右
當壇勅水洒潔宅舍塵氛時當午景日運中天請願
[illegible]延福敕命宥諸善案當壇拜請
[illegible]司度生院安奉菩提敬設
靈位点茶湯表文給牒披燃敬設
召當壇宣給文牒付亡以為往生公據
[illegible]答宗親慶流後裔
禮謝諷誦經呪以回申拜送
焚化財儀普伸贄獻

10-5-111-5　清道光十九年黃起數拔亡往生科事文詞（五）

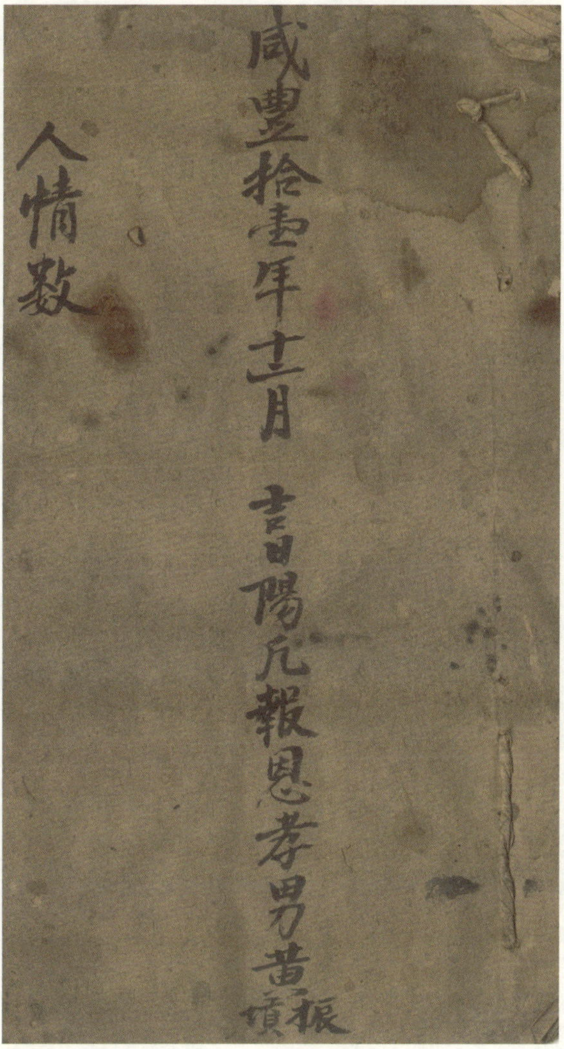
咸豐拾壹年十二月 吉日
陽凡報恩孝男黃振墳
人情数

10-5-112-1　清咸豐十一年黄振墳記父喪禮人情數（一）

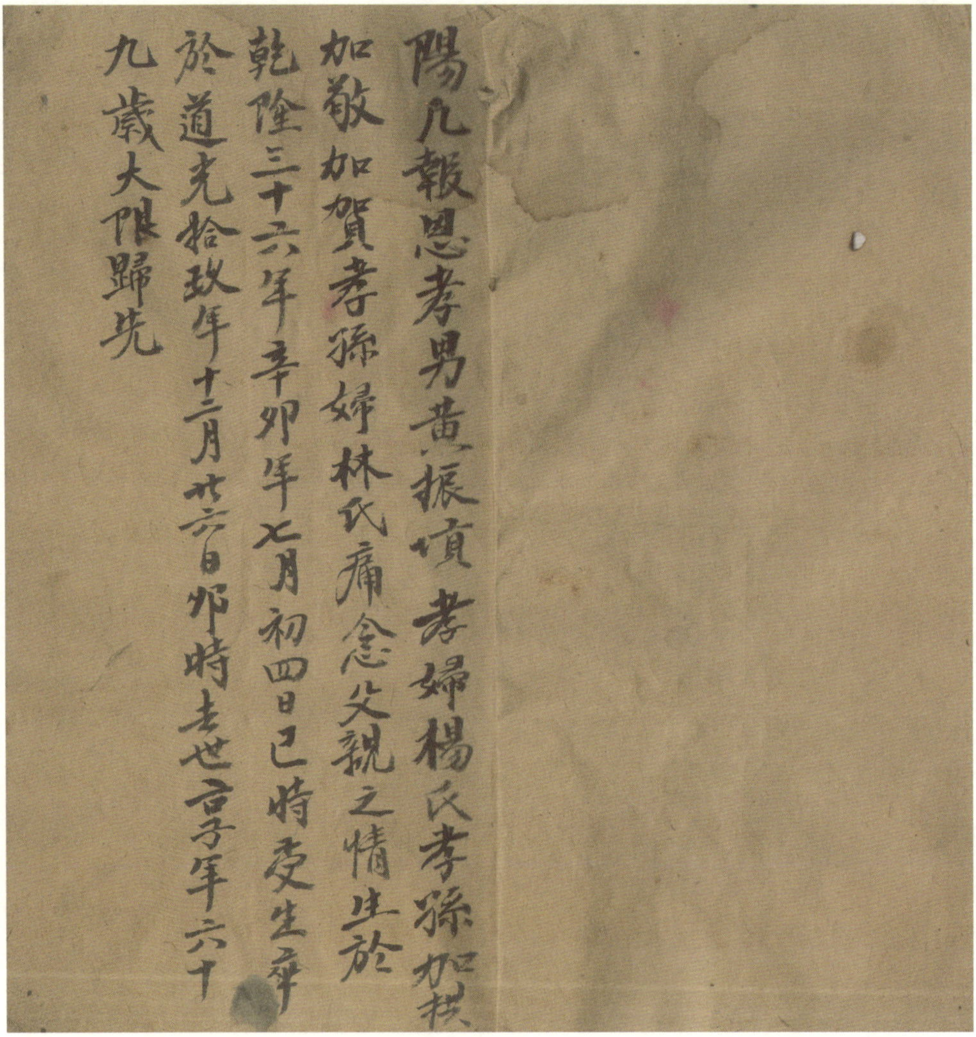
陽九報恩孝男黃振墳　孝婦楊氏孝孫加拱
加敬加賀孝孫婦林氏痛念父親之情生於
乾隆三十六年辛卯年七月初四日巳時受生卒
於道光拾玖年十二月廿六日卯時去世享年六十
九歲大限歸先

10-5-112-2　清咸豐十一年黃振墳記父喪禮人情數（二）

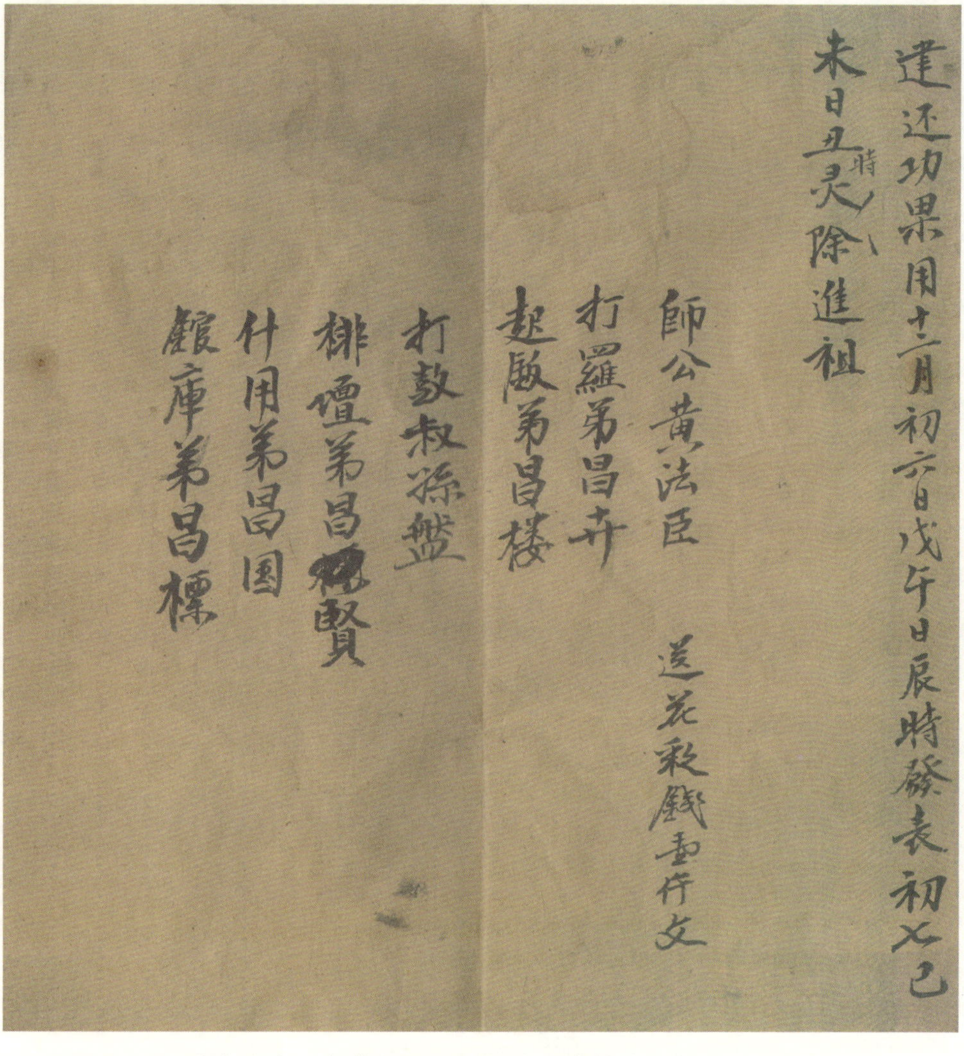
建迭功果用十二月初六日戊午日辰時發表初七己
未日丑時灵除進祖

師公黃法臣　　送花彩戲壹仟文
打羅弟昌卉
起厭弟昌樓
打鼓叔孫盤
排壇弟昌賢
什用弟昌国
館庫弟昌標

10-5-112-3　清咸豐十一年黃振墳記父喪禮人情數（三）

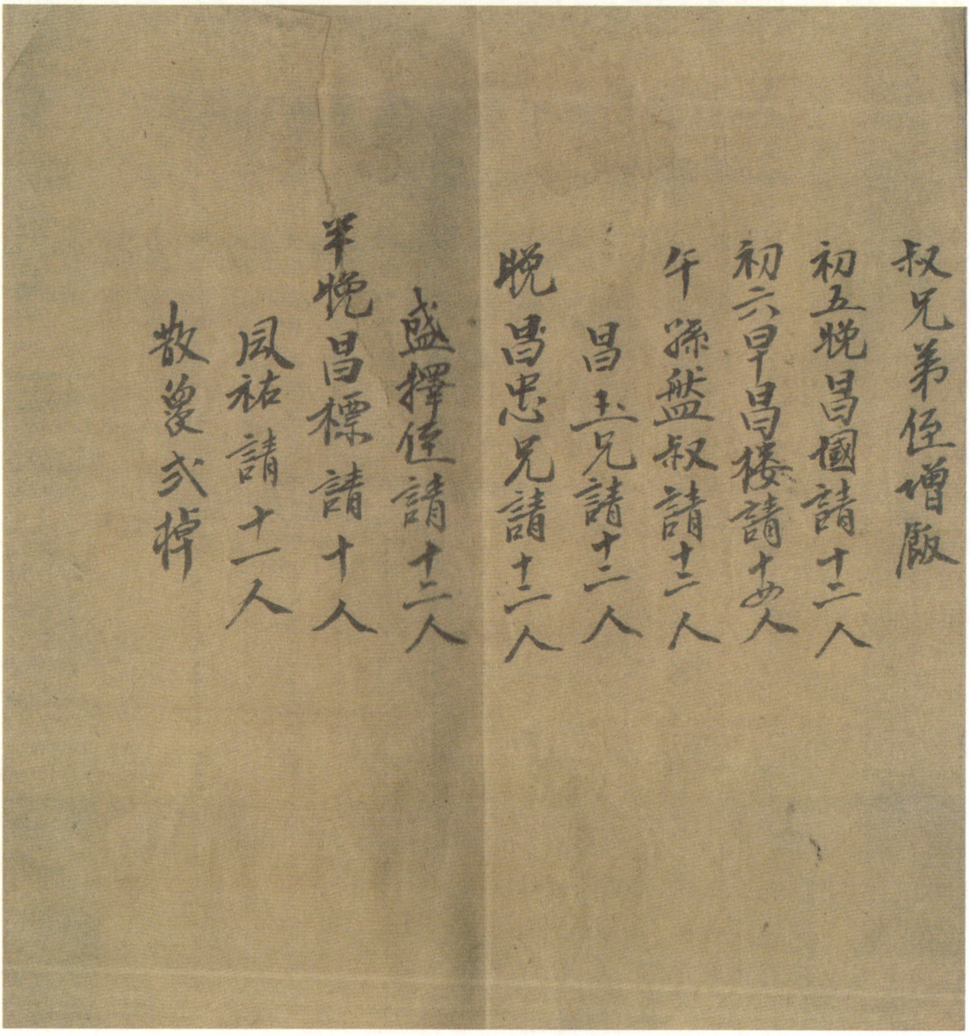
叔兄弟侄增厰
初五晚昌國請十二人
初六早昌楼請十女人
午孫盤叔請十二人
昌玉兄請十二人
晚昌忠兄請十一人
盛擇侄請十二人
早晚昌標請十人
鳳祐請十一人
散變弍棹

10-5-112-4　清咸豐十一年黄振璸記父喪禮人情數（四）

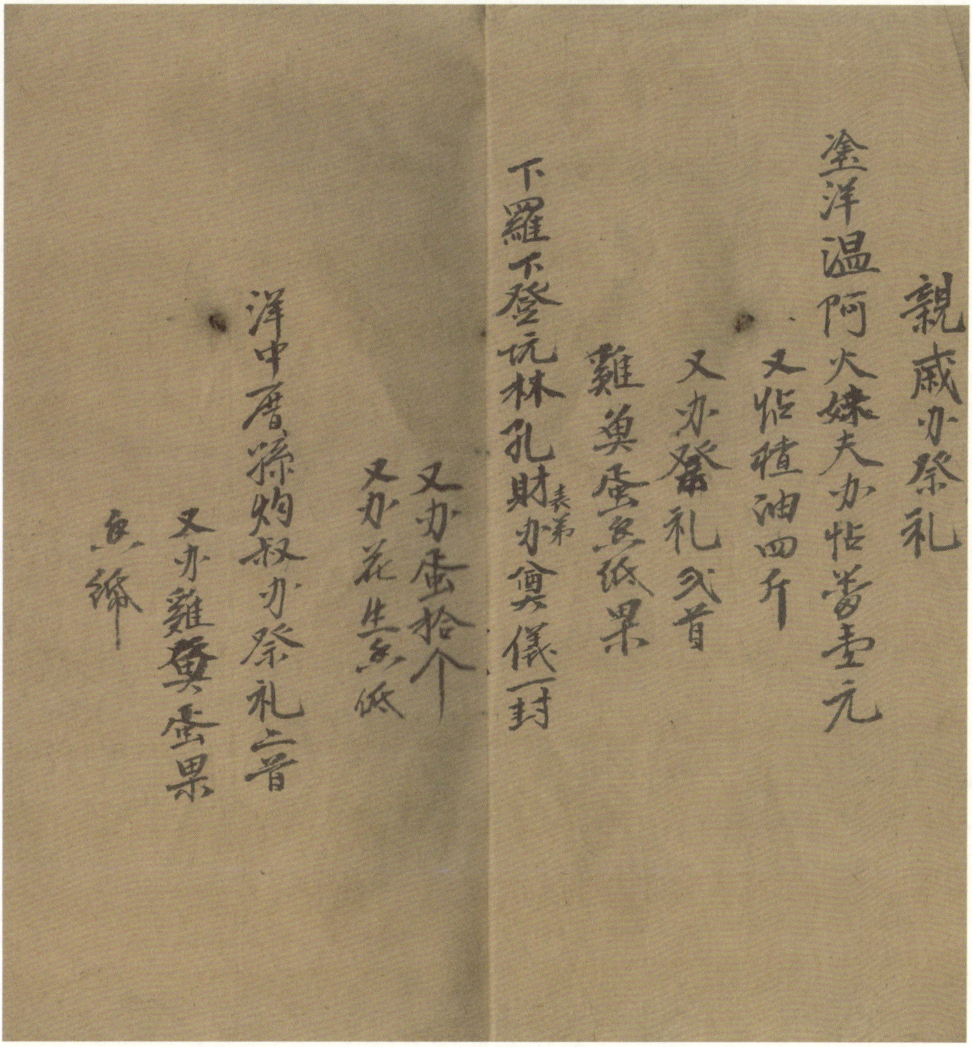
親戚办祭礼
塗洋温阿火妹夫办怡當壹元
又怡植油四斤
又办祭礼弍首
雞魚蛋糸紙果
下羅下登坑林孔財表弟办奠儀一封
又办蛋拾个
又办花生糸紙
洋中厝孫灼叔办祭礼六首
又办雞魚蛋果
魚綿

10-5-112-5 清咸豐十一年黃振墳記父喪禮人情數（五）

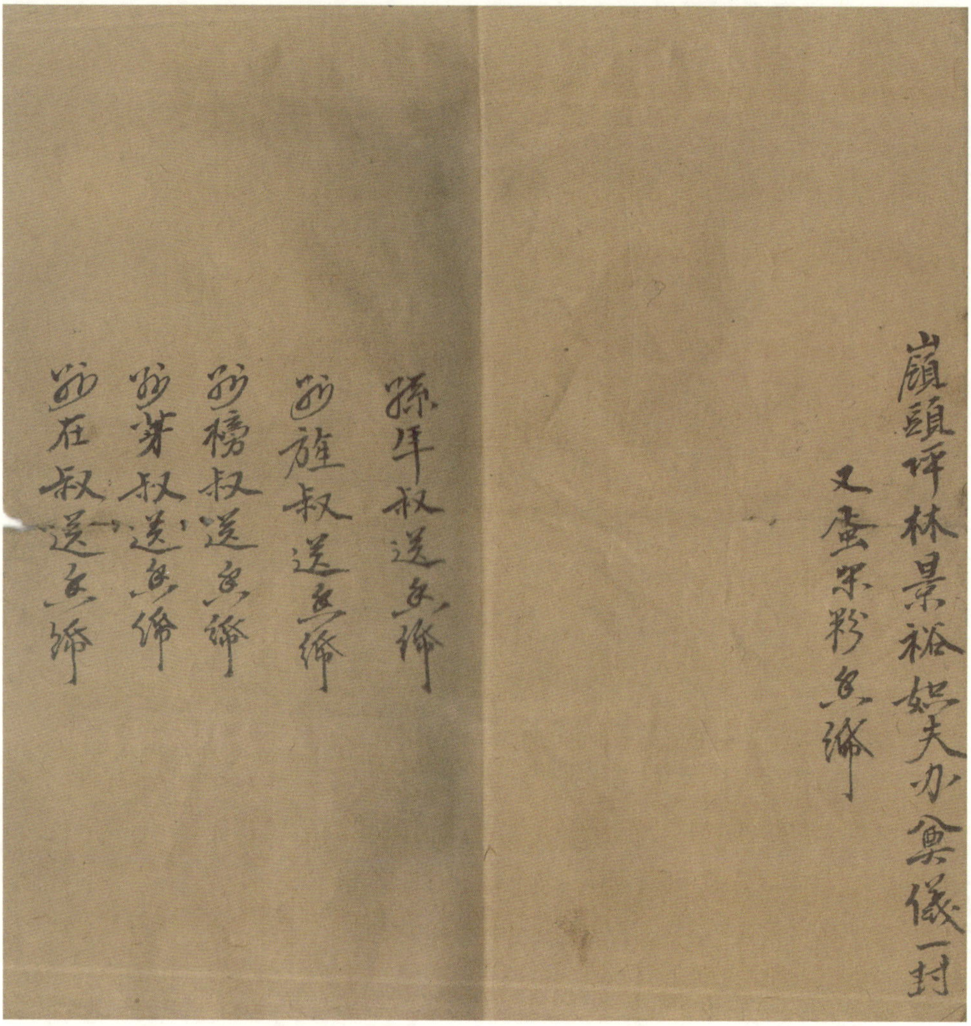

嶺頭坪林景裕姊夫办奠儀一封

又壹米粉烏綈

孫年叔送烏綈

弟旋叔送烏綈

弟榜叔送烏綈

弟茅叔送烏綈

弟在叔送烏綈

10-5-112-6　清咸豐十一年黃振塤記父喪禮人情數（六）

昌賢弟遞乞一絲

10-5-112-7　清咸豐十一年黄振墳記父喪禮人情數（七）

10-5-112-8 清咸豐十一年黃振塤記父喪禮人情數（八）

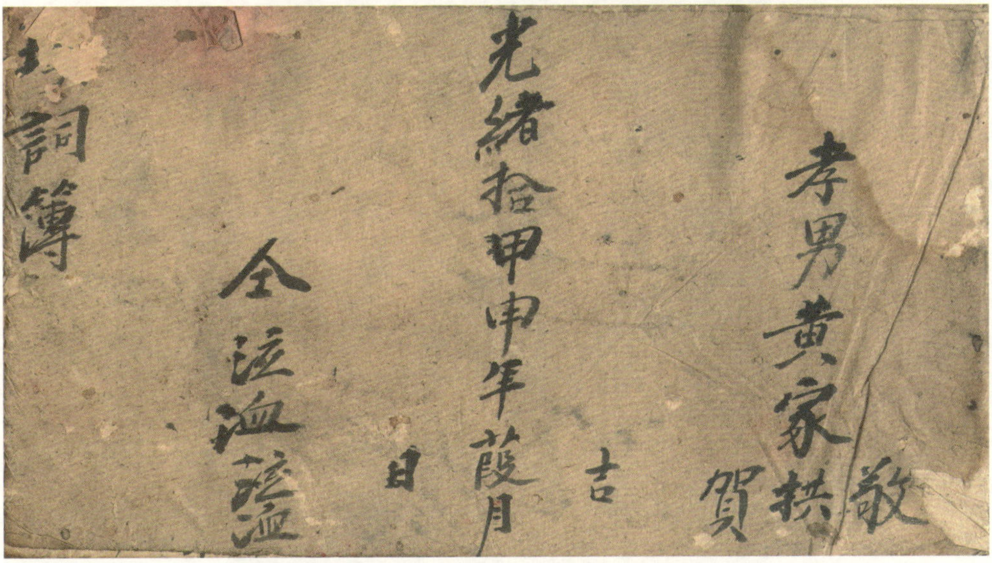
孝男黃家拱敬
賀
吉
光緒拾甲申年葭月
日
仝泣血[illegible]
[illegible]詞簿

10-5-113-1　清光緒十年黃家拱等置父黃振墳喪禮人情簿（一）

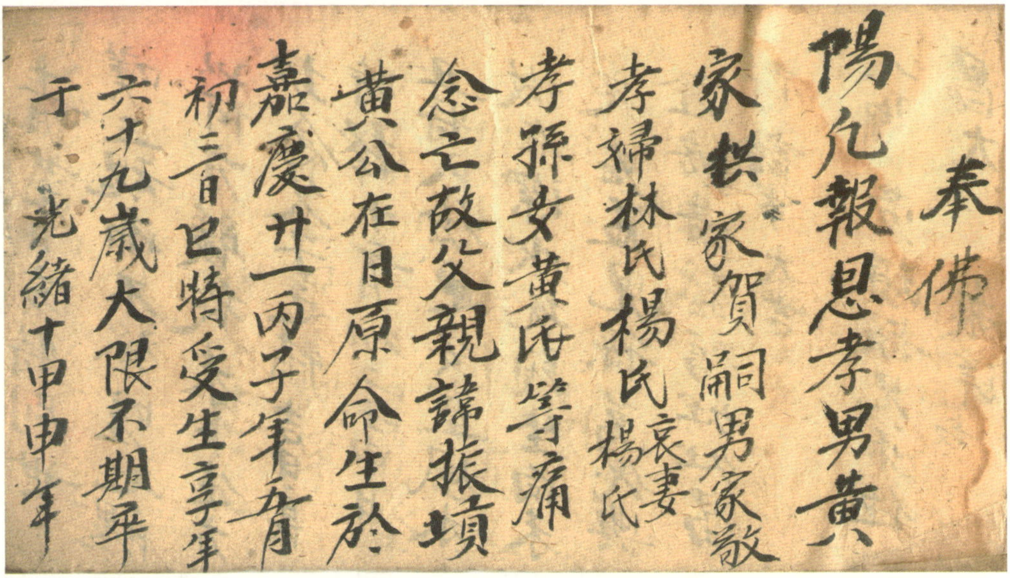

奉佛
陽凡報恩孝男黃
家拱 家賀 嗣男家敬
孝婦林氏 楊氏 哀妻楊氏
孝孫女黃氏等痛
念亡故父親諱振墳
黃公在日原命生於
嘉慶廿一丙子年五月
初三日巳時受生享年
六十九歲大限不期卒
于 光緒十甲申年

10-5-113-2　清光緒十年黃家拱等置父黃振墳喪禮人情簿（二）

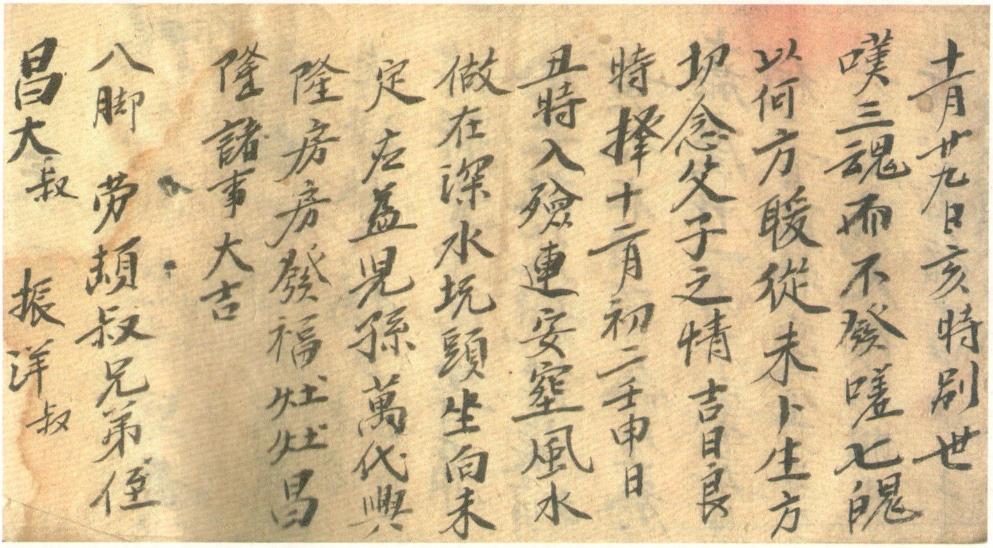
十月廿九日亥時別世
嘆三魂而不發嗟七魄
以何方睃從未卜生方
切念父子之情 吉日良
特擇十二月初二壬申日
丑時入殮連安窆風水
做在深水坑頭坐向未
定座蔭兒孫萬代興
隆房房發福灶灶昌
隆諸事大吉
八脚 勞頻叔兄弟侄
昌大叔 振洋叔

10-5-113-3 清光緒十年黄家拱等置父黄振墳喪禮人情簿（三）

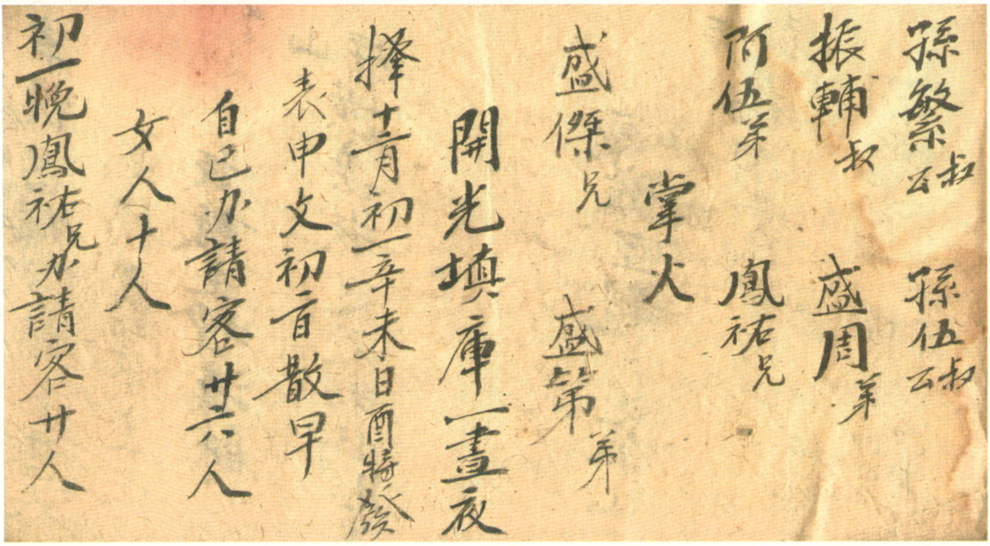
孫繁公叔　孫伍公叔
振輔叔　盛周弟
阿伍弟　鳳祐兄
掌大
盛傑兄　盛第弟
開光墳庫一晝夜
擇十二月初一辛未日酉時發
表申文初二日散早
自己办請客廿六人
女人十人
初一晚鳳祐兄办請客廿人

10-5-113-4　清光緒十年黄家拱等置父黄振墳喪禮人情簿（四）

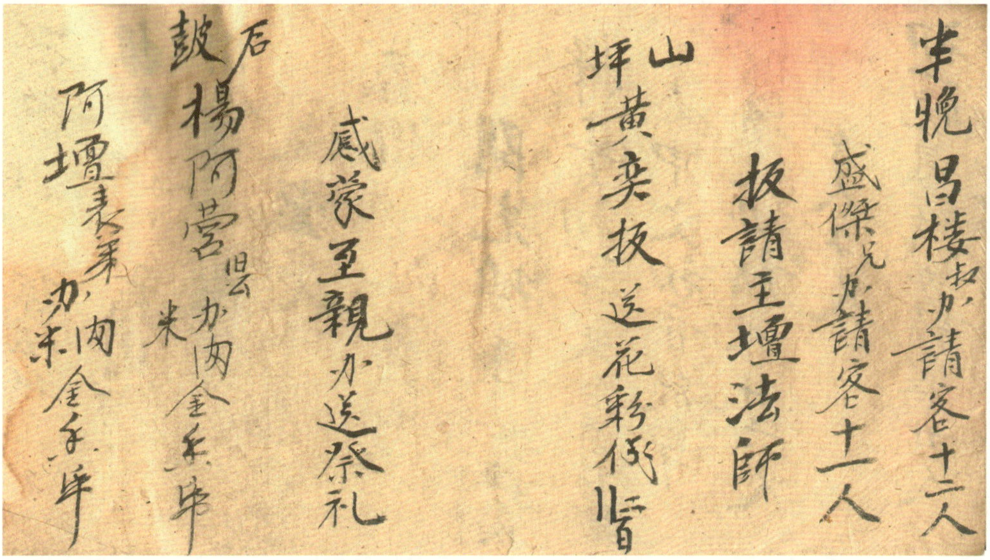
半晚呂樓叔办請客十二人
盛傑兄办請客十一人
扳請王壇法師
山坪黄奕扳送花彩傢皆
感蒙至親办送祭礼
石鼓楊阿營昆办肉金禾毕 米
阿壇表弟办肉金禾毕 米

10-5-113-5　清光緒十年黄家拱等置父黄振墳喪禮人情簿（五）

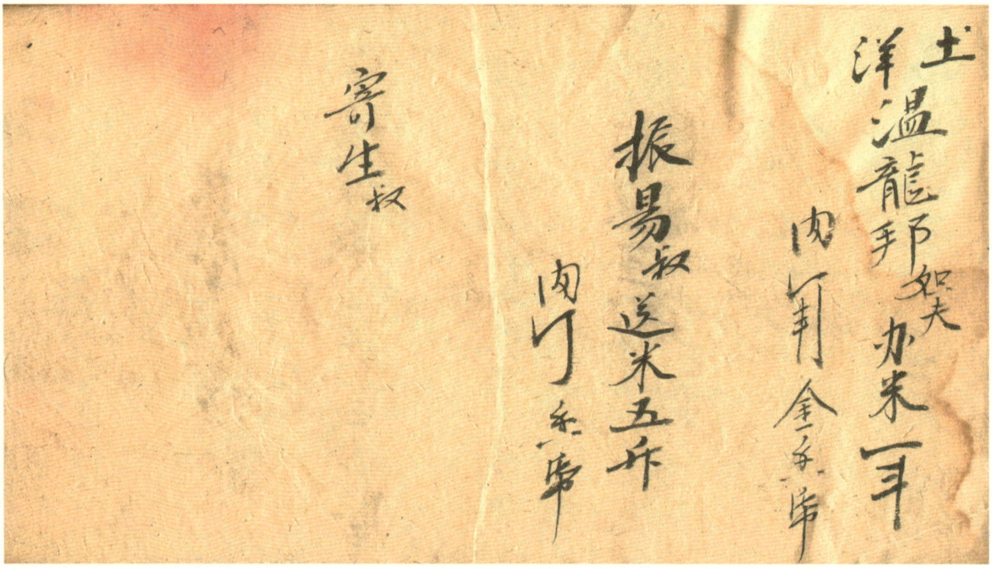
土
洋溫龍邦姐夫 办米一斗
內丁 金和 帋
振易叔 送米五斤
內丁 和 帋
寄生叔

10-5-113-6 清光緒十年黃家拱等置父黃振墳喪禮人情簿（六）

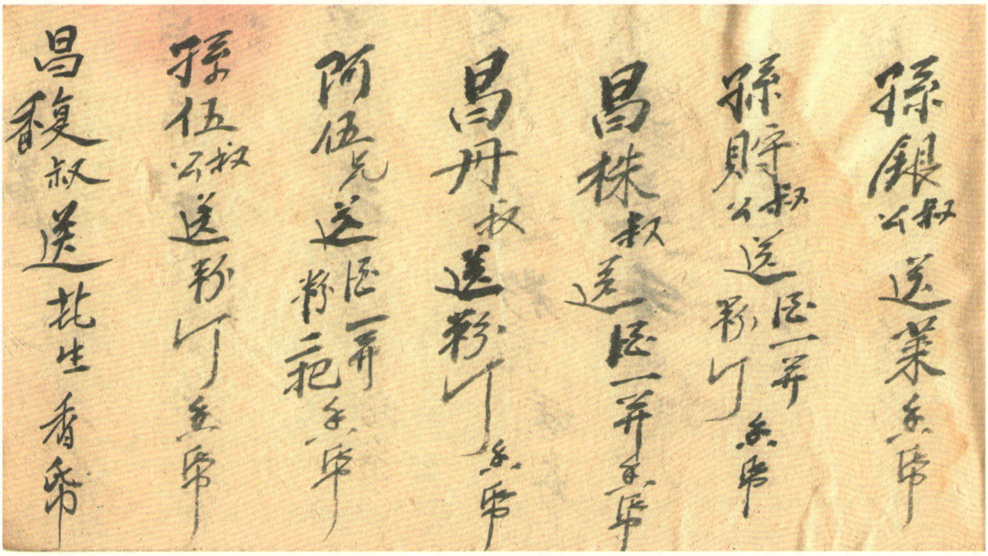
孫銀叔公送菜壹席
孫貯財叔公送經一弁粉丁壹席
昌株叔送經一弁壹席
昌丹叔送粉丁壹席
阿伍兄送經一弁粉粑壹席
孫伍叔公送粉丁壹席
昌馥叔送芘生香席

10-5-113-7 清光緒十年黄家拱等置父黄振墳喪禮人情簿（七）

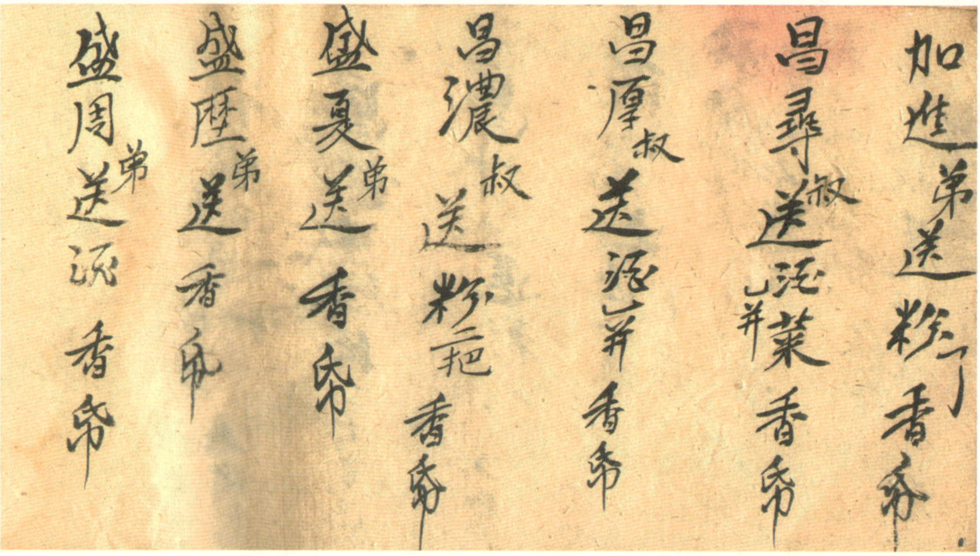
加進弟送粉干香帋
昌尋叔送[illegible]菜山羊香帋
昌厚叔送[illegible]山羊香帋
昌濃叔送粉粑香帋
盛夏弟送香帋
盛歷弟送香帋
盛周弟送[illegible]香帋

10-5-113-8 清光緒十年黄家拱等置父黄振墳喪禮人情簿（八）

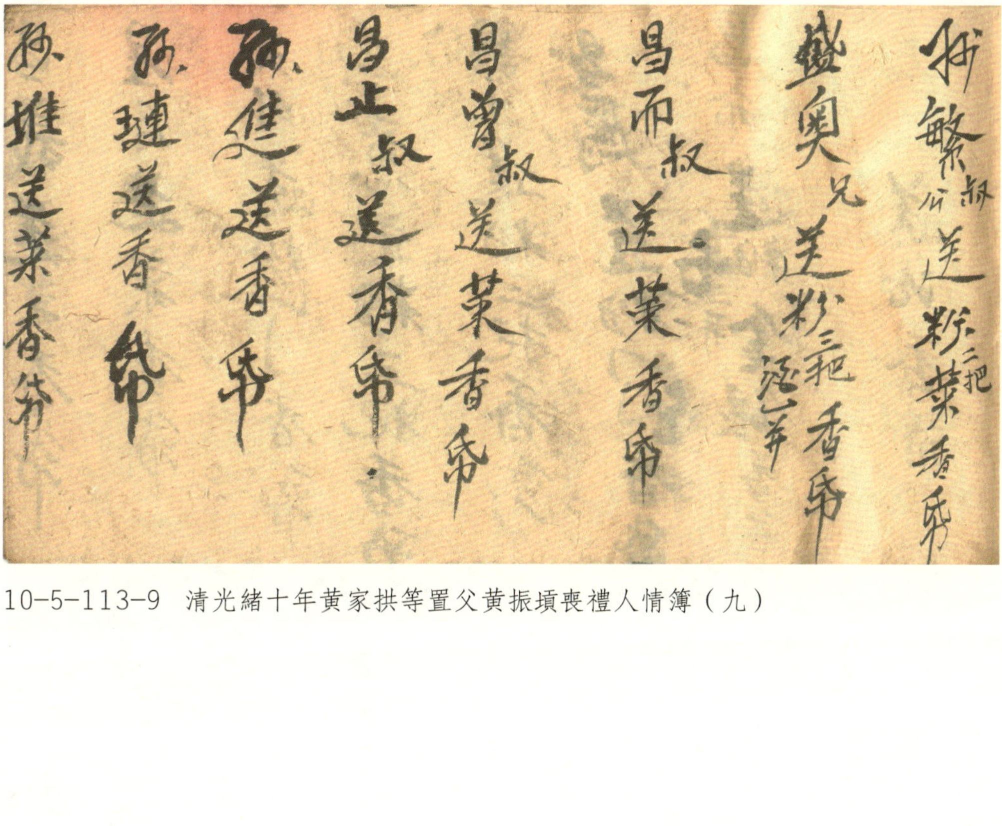
拱繁叔公送粉二把菜香帋
盤奥兄送粉二把酒二斤香帋
昌而叔送菜香帋
昌曾叔送菜香帋
昌止叔送香帋
孫健送香帋
孫璉送香帋
孫堆送菜香帋

10-5-113-9　清光緒十年黃家拱等置父黃振熉喪禮人情簿（九）

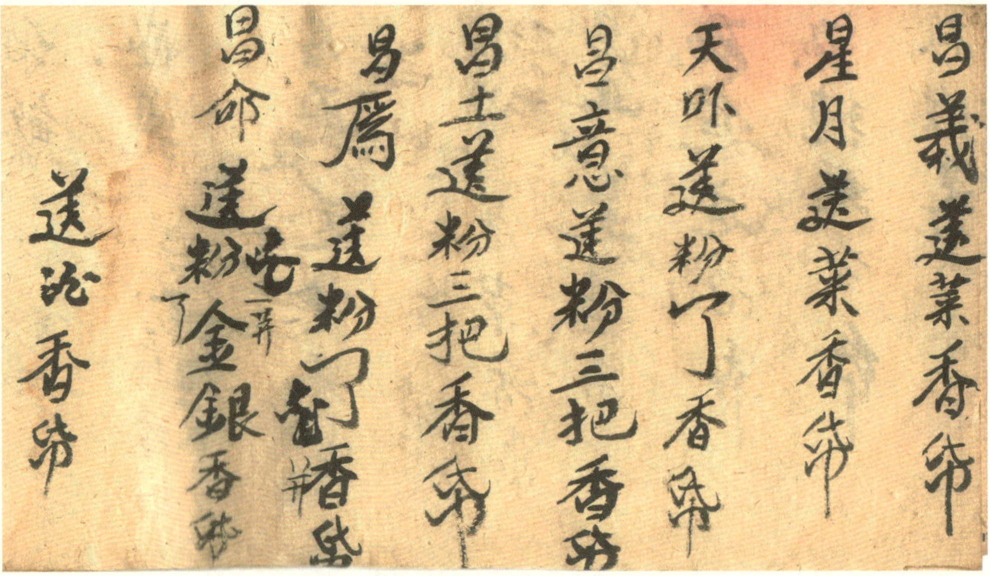

昌義送菜香帋
星月送菜香帋
天外送粉了香帋
昌意送粉三把香帋
昌土送粉三把香帋
昌房送粉了金香帋一并
昌命送粉了金銀香帋一并
送訟香帋

10-5-113-10　清光緒十年黃家拱等置父黃振墳喪禮人情簿（一〇）

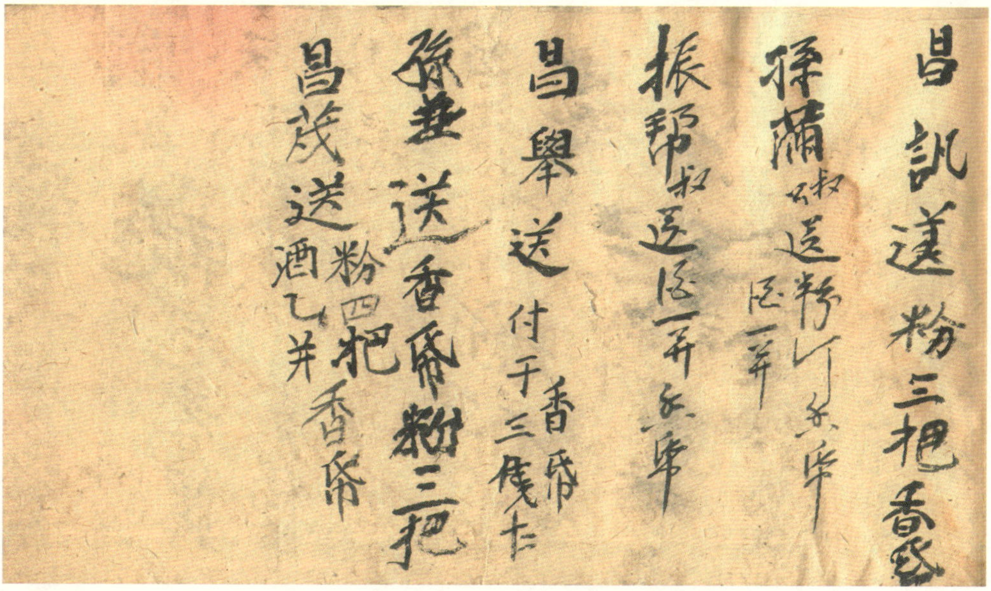
昌訊送粉三把香燭
祿滿叔公送粉斤紙炮燭一并
振邦叔送燭一并紙炮
昌舉送付于香燭三錢七
孫華送香燭粉三把
昌茂送粉四把酒乙并香燭

10-5-113-11　清光緒十年黄家拱等置父黄振墳喪禮人情簿（一一）

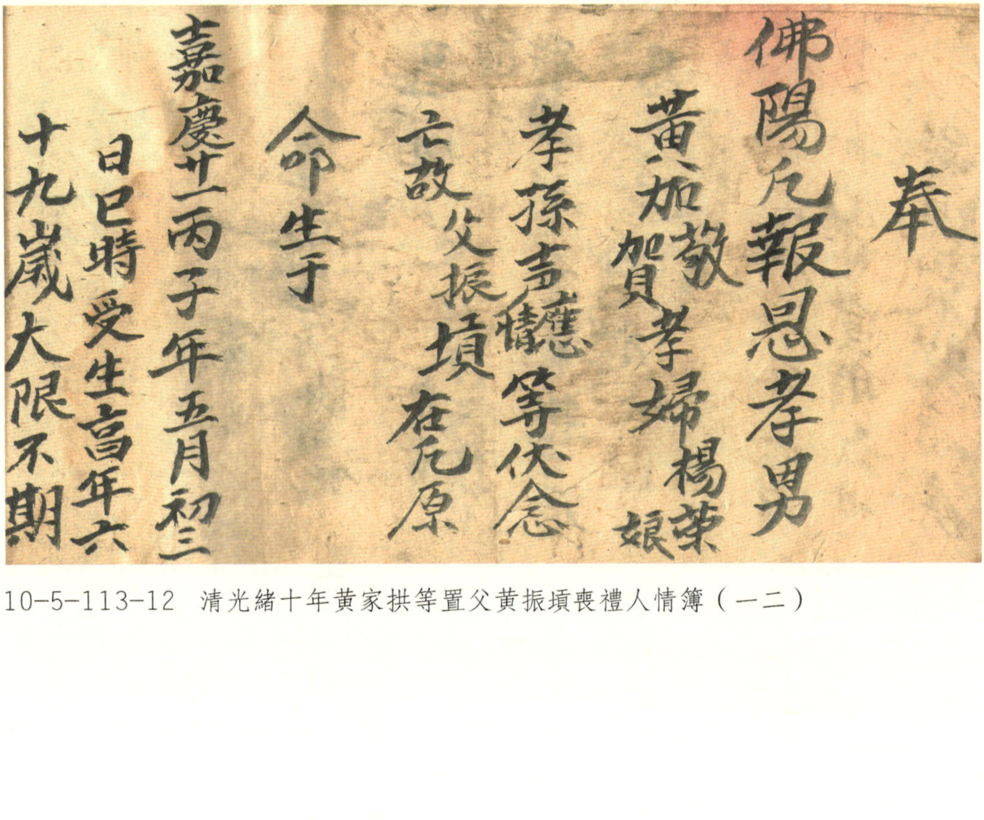
奉
佛陽凡報恩孝男
黃加敬
賀孝婦楊菜娘
孝孫声應情等伏念
亡故父振墳在凡原
命生于
嘉慶廿一丙子年五月初三
日巳時受生享年六
十九歲大限不期

10-5-113-12 清光緒十年黃家拱等置父黃振墳喪禮人情簿（一二）

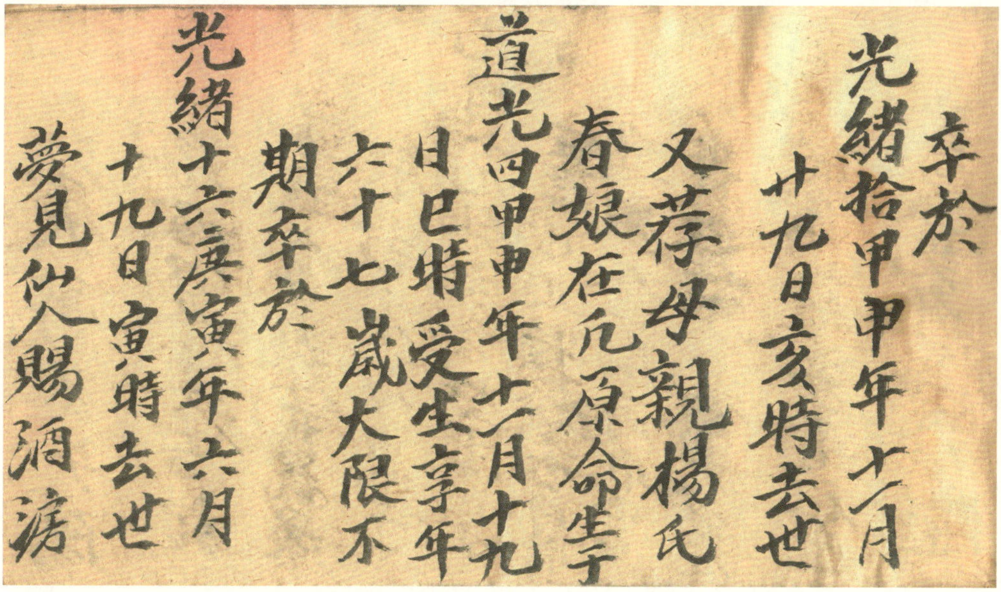
卒於
光緒拾甲申年十一月
廿九日亥時去世
又荐母親楊氏
春娘在凡原命生于
道光四甲申年十一月十九
日巳時受生享年
六十七歲大限不
期卒於
光緒十六庚寅年六月
十九日寅時去世
夢見仙人賜酒滂

10-5-113-13 清光緒十年黃家拱等置父黃振墳喪禮人情簿（一三）

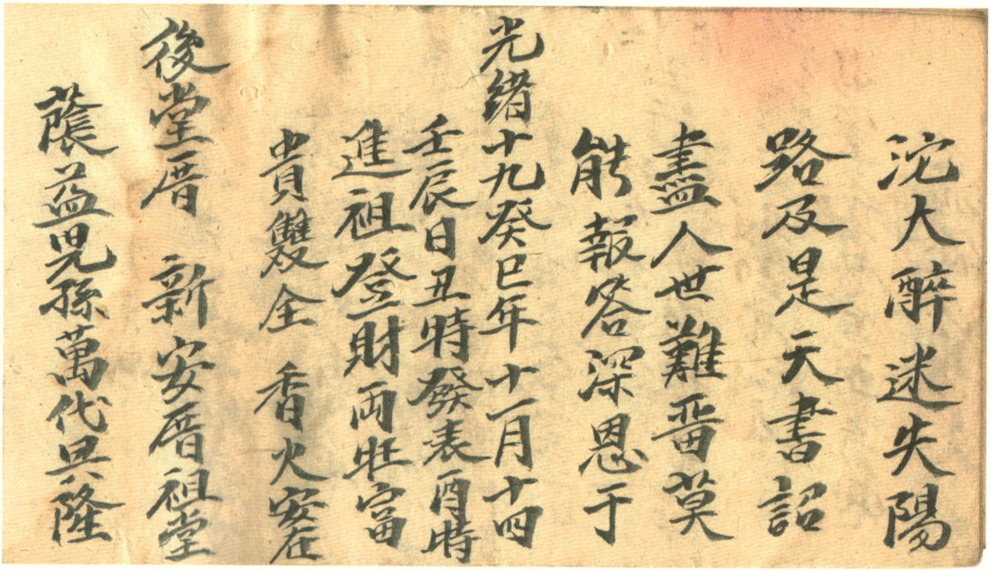
沈大醉迷失陽
路及是天書詔
盡人世難晉莫
能報答深恩于
光緒十九癸巳年十一月十四
壬辰日丑時發表酉時
進祖登財兩旺富
貴雙全 香火安在
後堂厝 新安厝祖堂
蔭益兒孫萬代昌隆

10-5-113-14　清光緒十年黃家拱等置父黃振熉喪禮人情簿（一四）

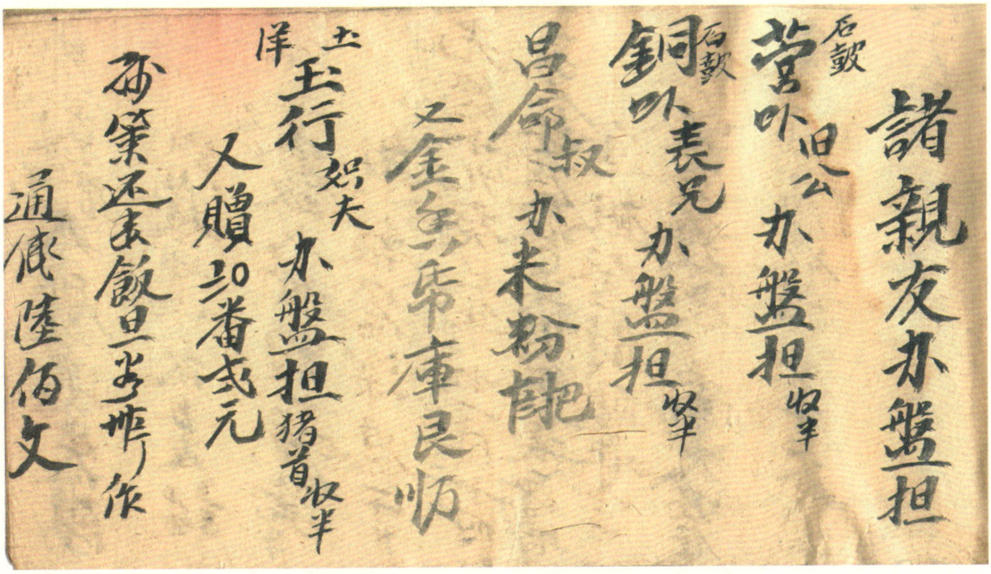
諸親友办盤担

石歛 營吓旦公 办盤担 收半

石歛 銅吓表兄 办盤担 收半

昌命叔 办米粉肥

又金年〢帋庫艮帄

土 玉行 姐夫 办盤担 猪首 收半 洋

又贈〢番弍元

办策还表歛旦一半堆作

通衆陸佰文

10-5-113-15　清光緒十年黄家拱等置父黄振塤喪禮人情簿（一五）

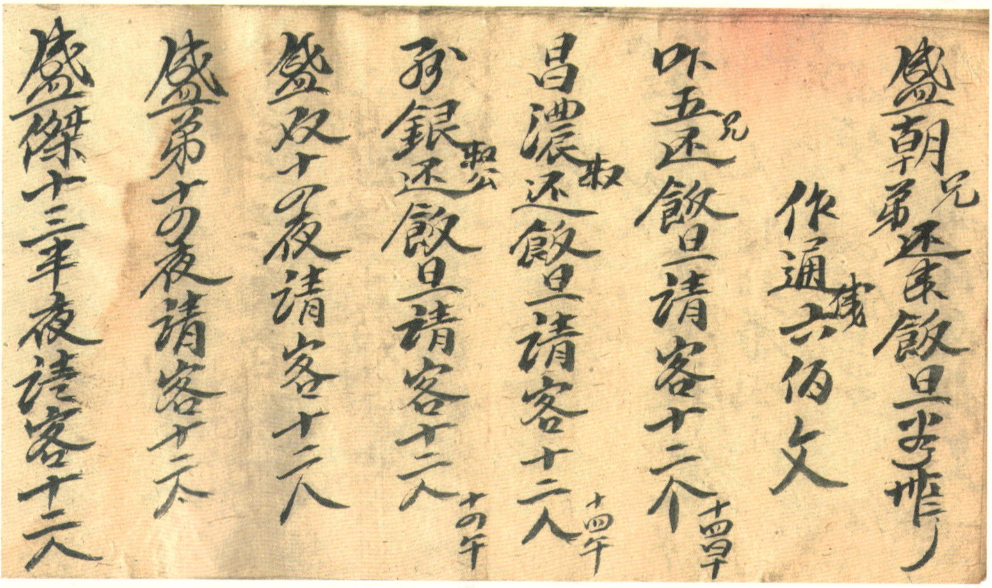

盛朝兄弟还東飯旦半桌
作通錢六佰文
外五兄还餕旦請客十二个　十四年
昌濃叔还餕旦請客十二人　十四年
孫銀叔公还餕旦請客十二人　十四年
盛双十四夜請客十二人
盛弟十四夜請客十二人
盛傑十三年夜請客十二人

10-5-113-16　清光緒十年黄家拱等置父黄振墳喪禮人情簿（一六）

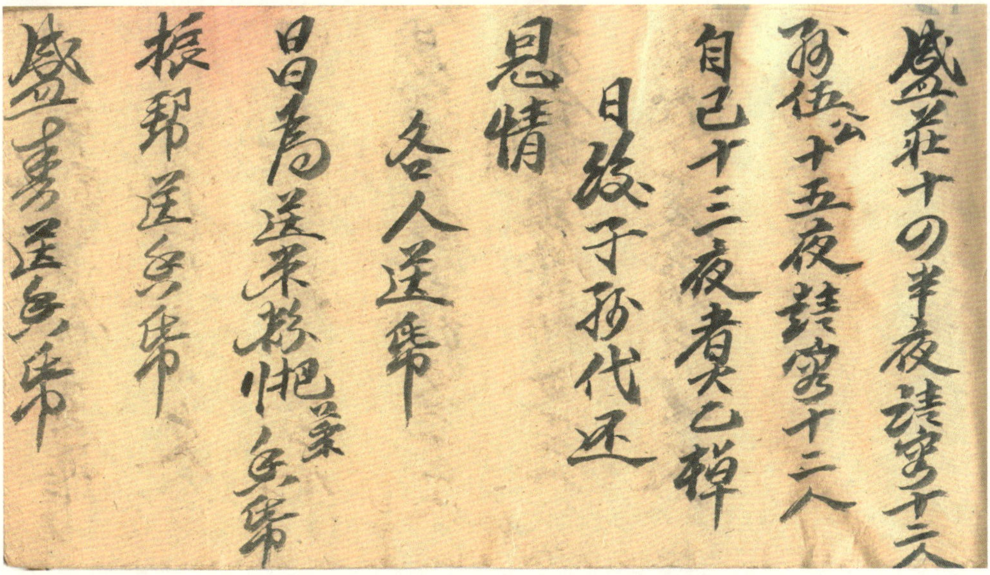

盛莊十四半夜請客十六人
孫伍公十五夜請客十二人
自己十三夜者大乙棹
日後子孫代还
恩情
各人送帋
昌爲送菜粉帕把一桌白帋
振邦送白帋
盛春送白帋

10-5-113-17　清光緒十年黄家拱等置父黄振墳喪禮人情簿（一七）

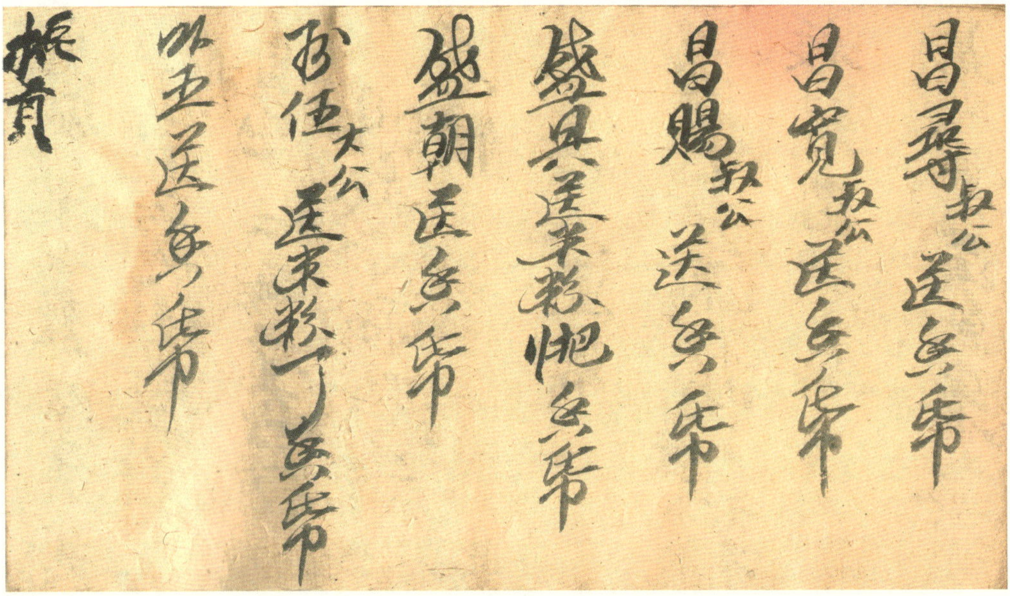

昌壽叔公 送香帋
昌寛叔公 送香帋
昌賜叔公 送香帋
盛興送米粉一包香帋
盛朝送香帋
孙任太公 送米粉一丁香帋
永玉送香帋
振育

10-5-113-18　清光緒十年黃家拱等置父黃振墳喪禮人情簿（一八）

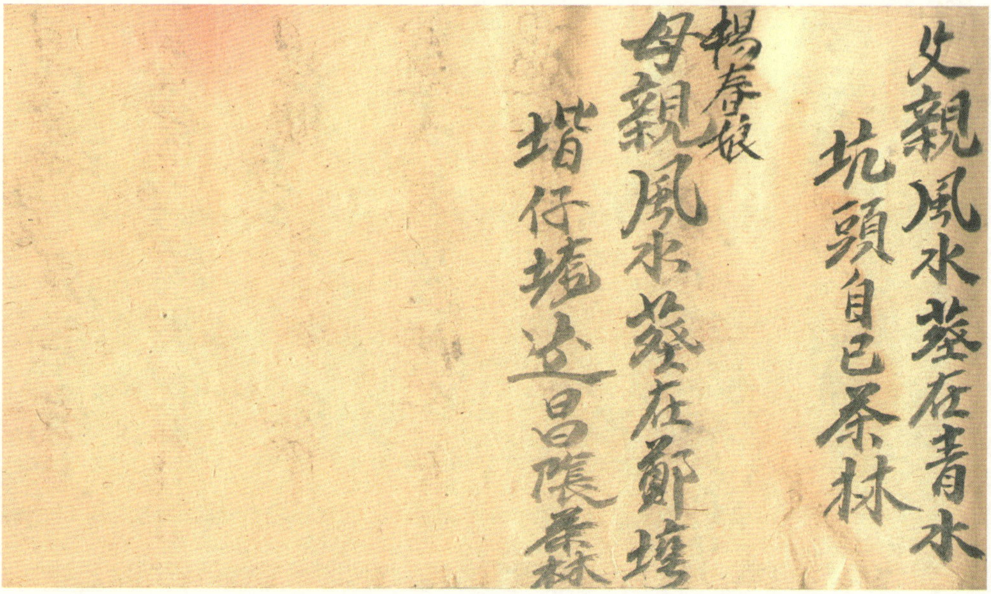
父親風水葬在青水
坑頭自己茶林
楊春娘
母親風水葬在鄭塘
堦仔墻边昌隱茶林

10-5-113-19　清光緒十年黄家拱等置父黄振墳喪禮人情簿（一九）

10-5-113-20 清光緒十年黄家拱等置父黄振墳喪禮人情簿（二〇）

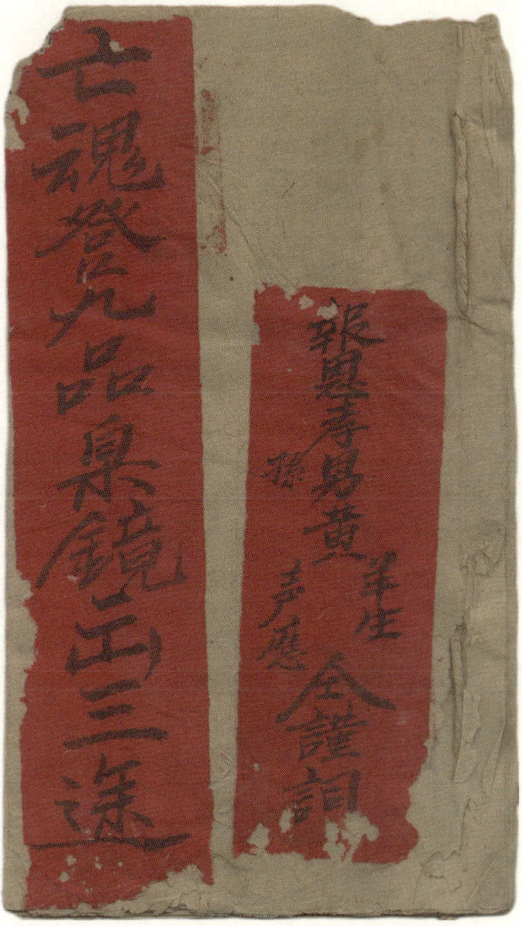
亡魂登九品梟鏡出三途

報恩孝男黄羊生
孫声應
全謹詞

10-5-114-1　清光緒二十四年黄起墀夫婦度亡科事文詞（一）

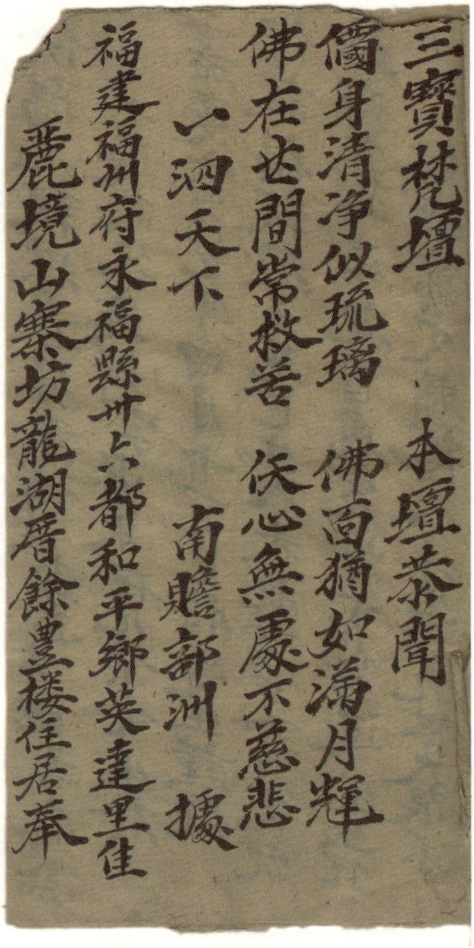

三寶梵壇　本壇恭聞
佛身清淨似琉璃　佛面猶如滿月輝
佛在世間常救苦　仸心無處不慈悲
一泗天下　南贍部洲　據
福建福州府永福縣卅六都和平鄉英達里住
麗境山寨坊龍湖厝餘豐樓住居奉

10-5-114-2　清光緒二十四年黃起墀夫婦度亡科事文詞（二）

伏陽乞報恩孝男黄芊生 孝孫吉應等痛念
亡過故父起墀字孫策在乞原命生於
嘉慶十四己巳年四月十一日巳時受生謹依
佛說福報經云乞巳生人未脫母胎之前先就
坤府第十庫紀曹恩官案下貸過受生冥
財榮萬文贖得人身生於乞世大限不
期卒于
光緒廿四戊戌年正月廿三日未時別世耋年九
十歲 又附薦亡故母親蔡氏瑞娘
在乞原命生於
道光四甲申年八月初五日午時受生謹依
佛說福報經云乞申生人未脫母胎之前先就

10-5-114-3 清光緒二十四年黄起墀夫婦度亡科事文詞（三）

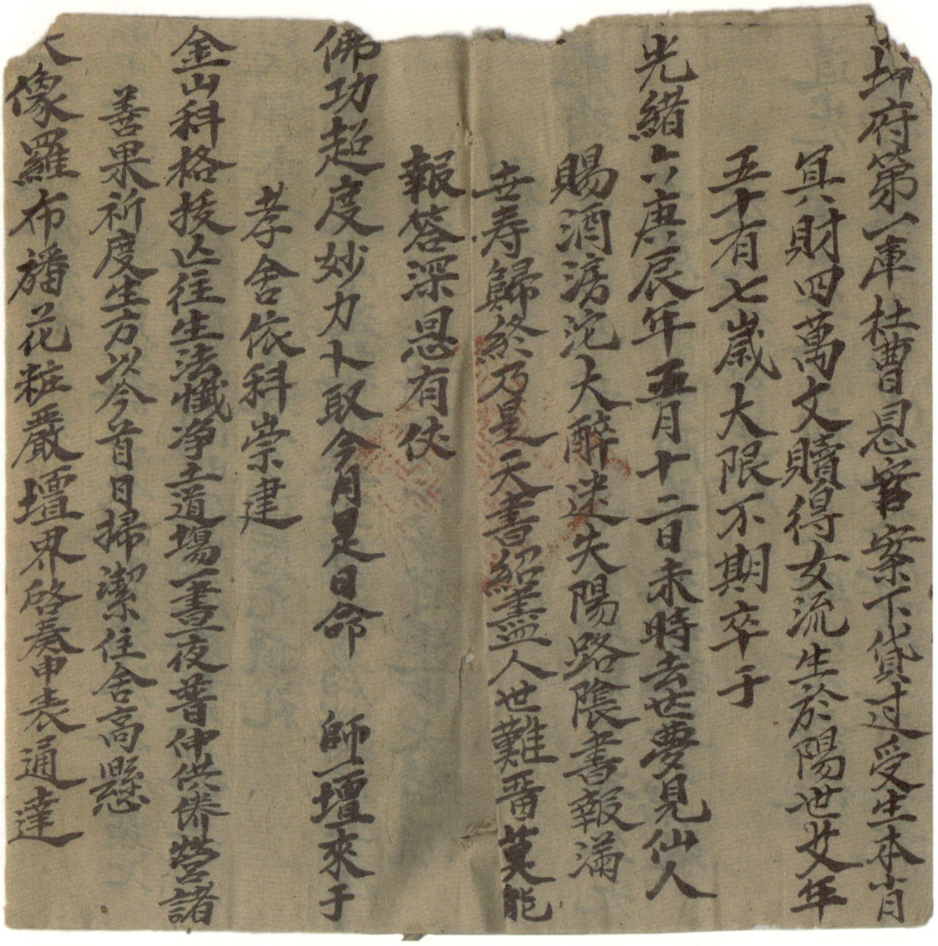
地府第一庫杜曹恩官案下貸过受生本肖
冥財四萬文贖得女流生於陽世享年
五十有七歲大限不期卒于
光緒六庚辰年五月十二日未時去世要見仙人
賜酒蕩沱大醉迷失陽路陰書報滿
壽歸終乃是天書紀盡人世難留莫能
報答深恩有伏
佛功超度妙力卜取今月是日命　師壇來于
孝舍依科崇建
金山科格接引往生法儀淨土道場一晝夜普伸供備營諸
善果祈度生方以今首日掃潔住舍高懸
大像羅布旛花莊嚴壇界啓奏申表通達

10-5-114-4　清光緒二十四年黃起墀夫婦度亡科事文詞（四）

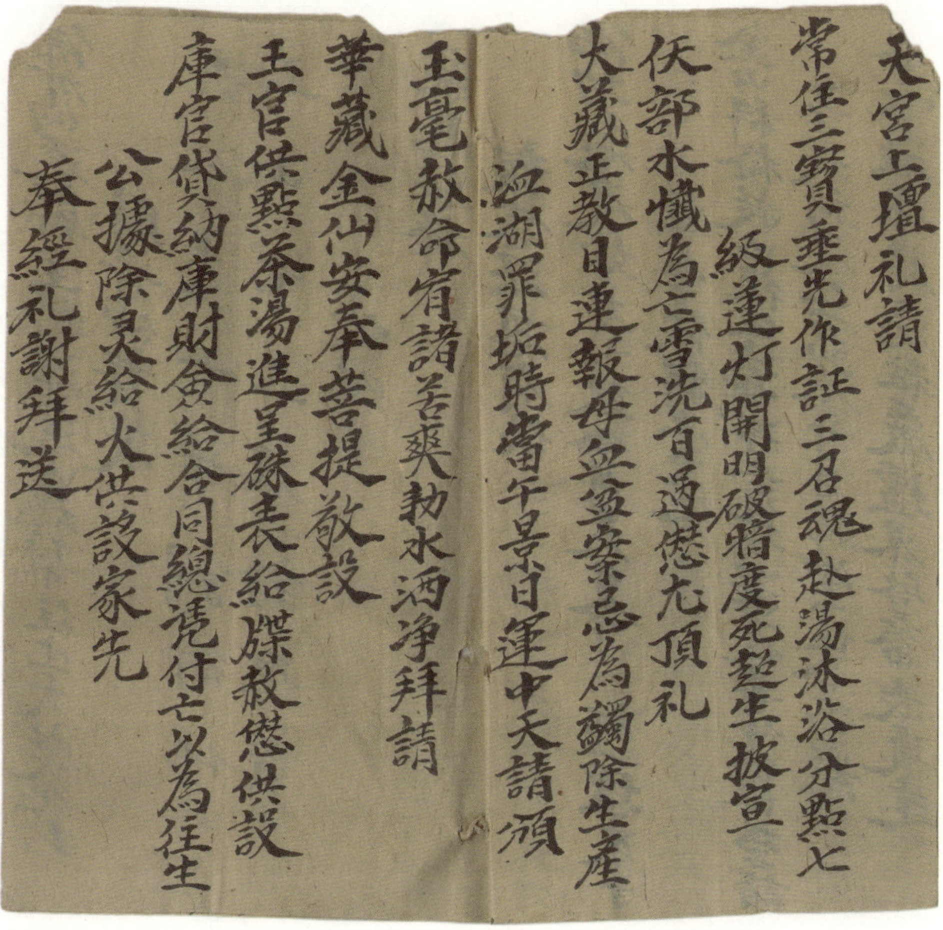
天宮上壇礼請
常住三寶垂光作証三召魂赴湯沐浴分點七
級蓮灯開明破暗度死超生拔宣
伏部水懺為亡雪洗百過懺尤頂礼
大藏正教目連報母血盆寶忌為獨除生產
血湖罪垢時當午景日運中天請須
玉毫赦命宥諸苦爽勅水洒净拜請
華藏金仙安奉菩提敬設
王宮供點茶湯進呈疏表給牒赦懺供設
庫官貸納庫財兌給合同總單付亡以為往生
公據除灵給火供設家先
奉經礼謝拜送

10-5-114-5　清光緒二十四年黄起墀夫婦度亡科事文詞（五）

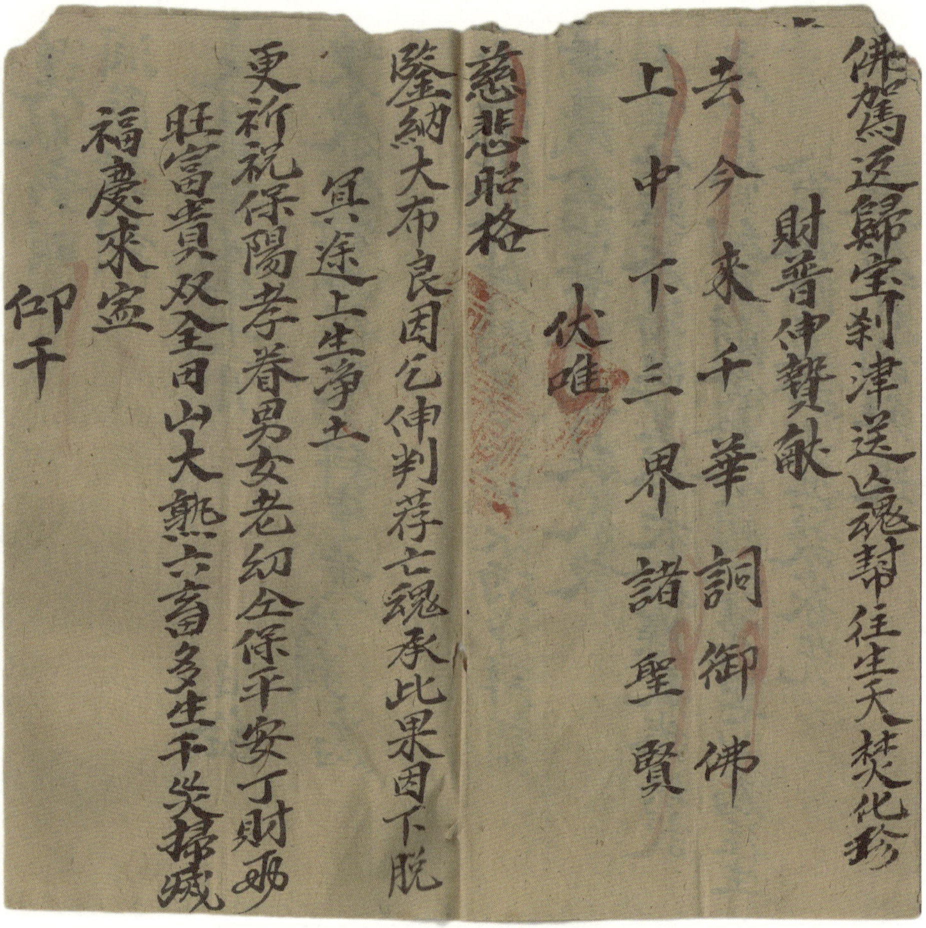

佛駕返歸寶刹津送亡魂封往生天梵化珍
財普伸贊獻
去今來千華詞御佛
上中下三界諸聖賢
伏唯
慈悲昭格
鑒納大布良因乞伸判荐亡魂承此果因下脫
冥途上生淨土
更祈祝保陽孝眷男女老幼仝保平安丁財兩
旺富貴双全田山大熟六畜多生干災掃滅
福慶來盈
仰干

10-5-114-6 清光緒二十四年黃起墀夫婦度亡科事文詞（六）

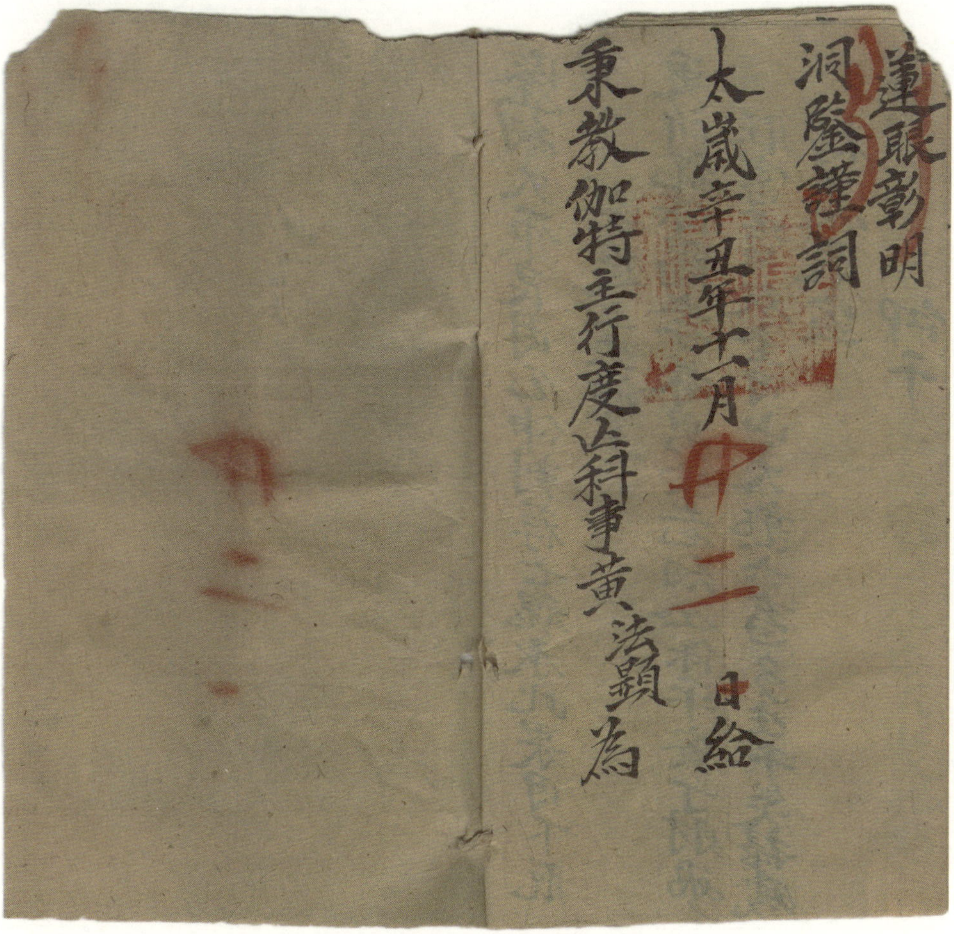

達聦彰明
洞鑒謹詞
太歲辛丑年十一月廿二日給
秉教伽特主行度亡科事黃法顯為

10-5-114-7　清光緒二十四年黃起墀夫婦度亡科事文詞（七）

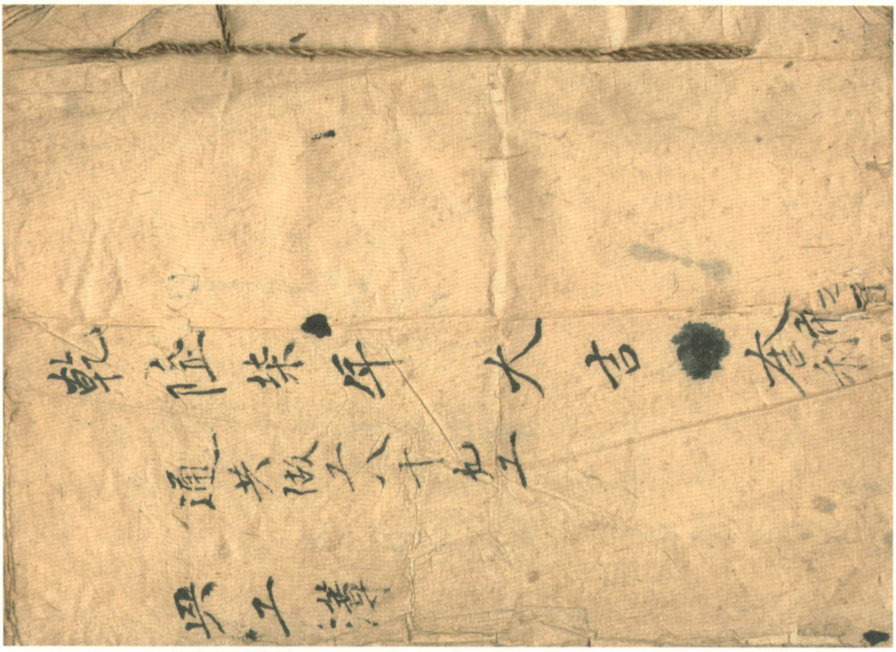

10-5-115-1　清乾隆七年黃學道等興工簿（一）

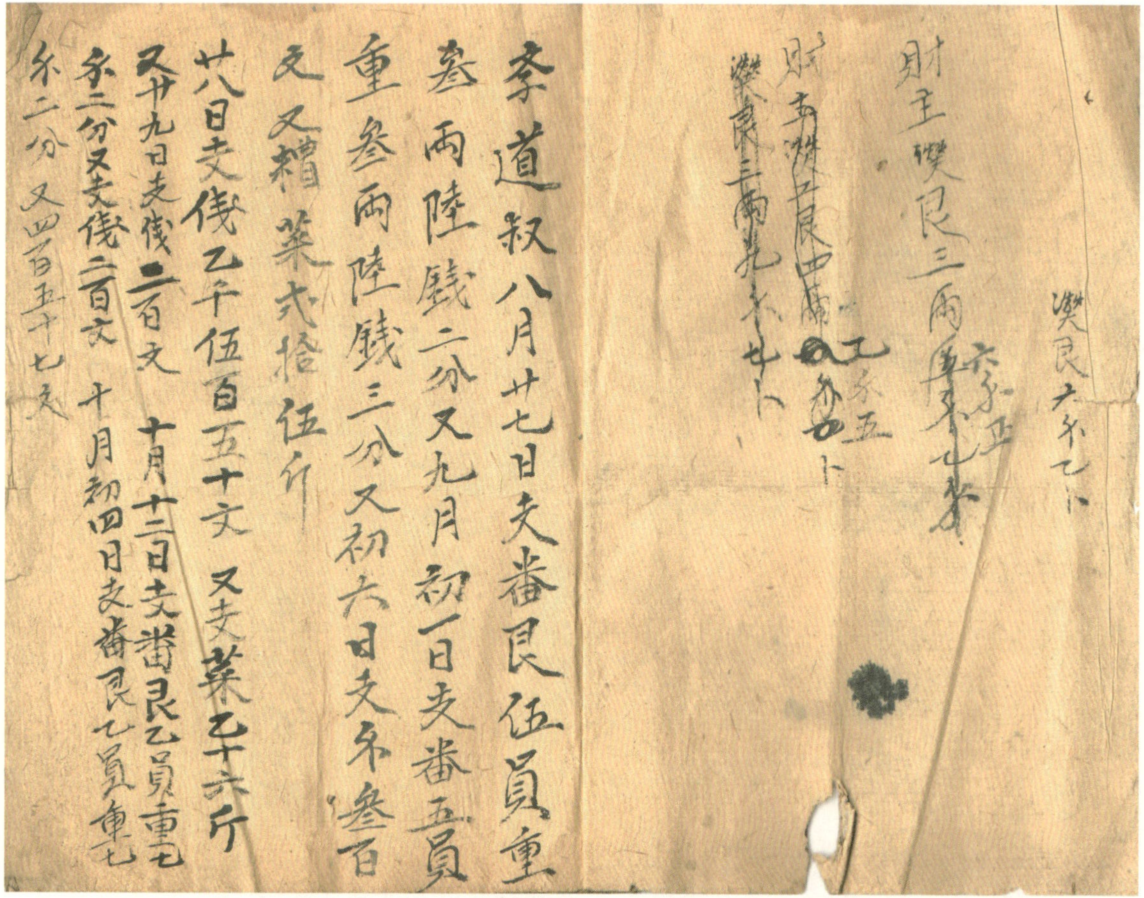

10-5-115-2 清乾隆七年黃學道等興工簿（二）

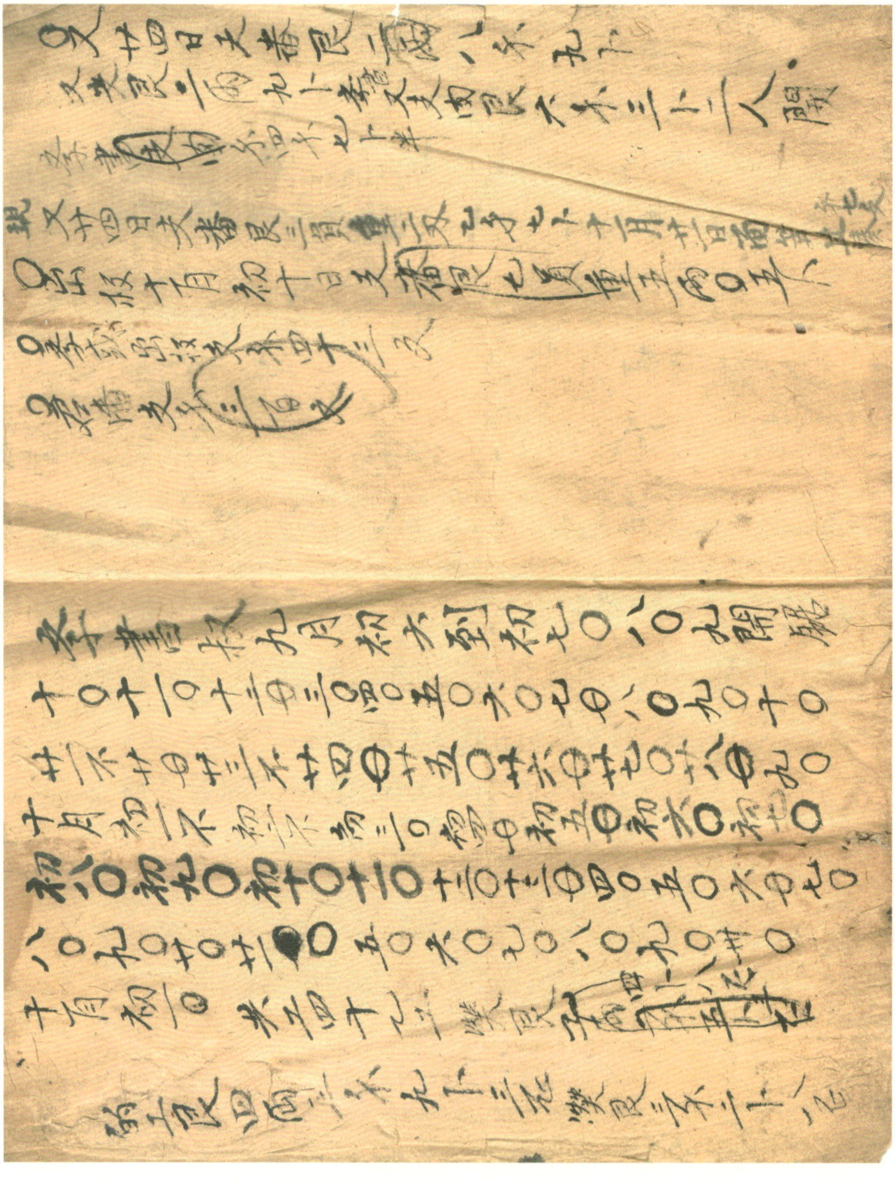

10-5-115-3 清乾隆七年黃學道等興工簿（三）

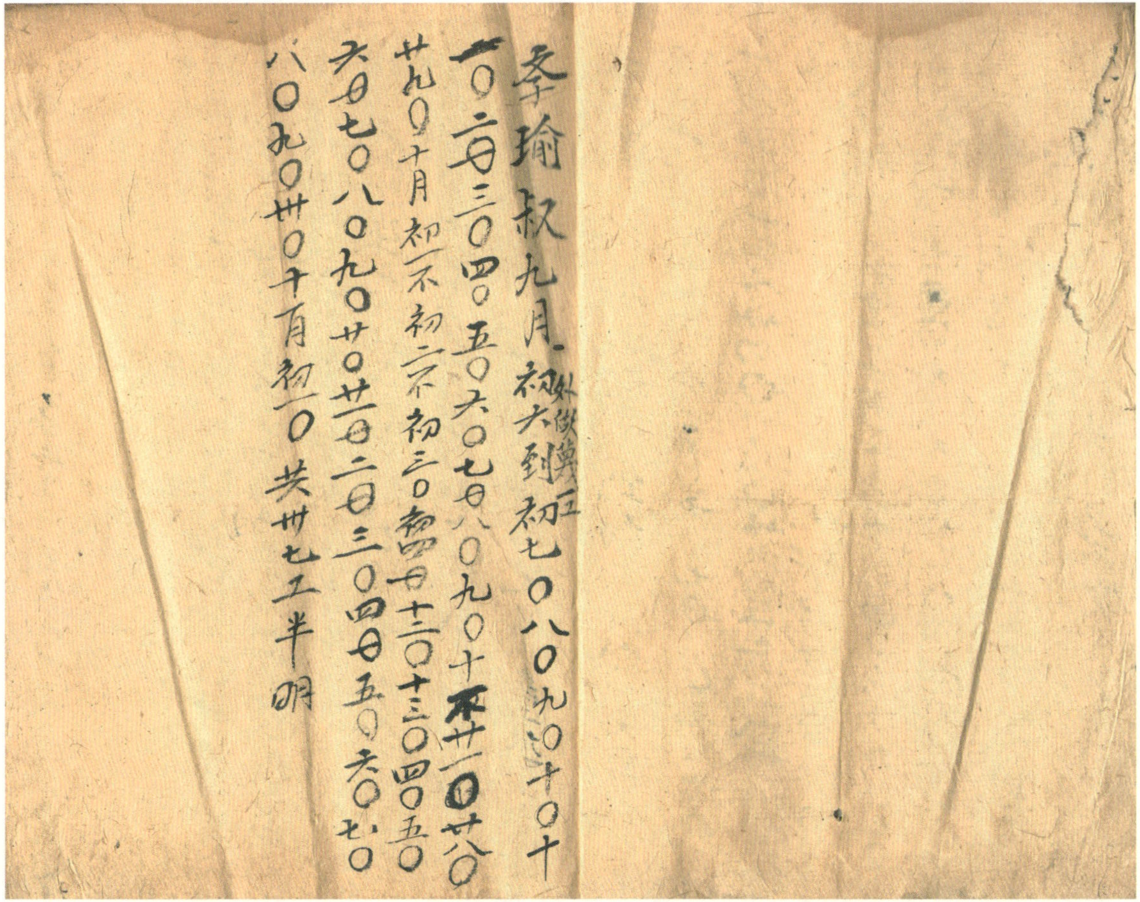
李瑜叔九月初六到初七〇八〇九〇十〇十（外做□工）
一〇二日三〇四〇五〇六〇七日八〇九〇十不廿一日廿六〇
廿九〇十月初一不初二不初三〇初四日十二〇十三〇四〇五〇
六日七〇八〇九〇廿〇廿一日二日三〇四日五〇六〇七〇
八〇九〇卅〇十一月初一〇　共卅七工半
明

10-5-115-4　清乾隆七年黃學道等興工簿（四）

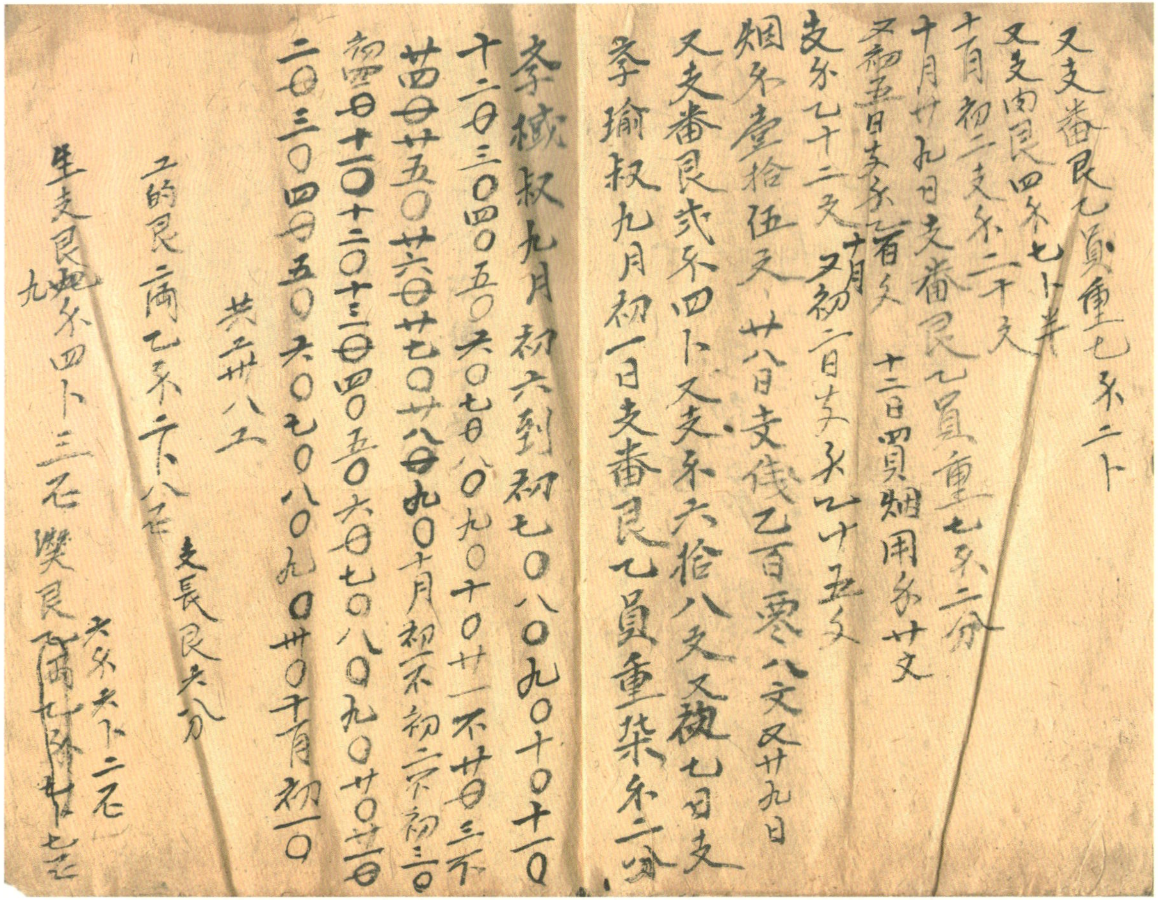
又支番艮乙員重七分二卜
又支肉艮四分七卜并
十一月初二支分二十文
十月廿九日支番艮乙員重七分二分
又初五日支分乙百文　十二日買烟用分廿文
支分乙十二文　十一月又初二日支分乙十五文
烟分壹拾伍文、廿八日支錢乙百零八文　又廿九日
又支番艮弍分四卜　又支分六拾八文　又初七日支
李瑜叔九月初一日支番艮乙員重柒分二分
李棫叔九月初六到初七〇八〇九〇十〇十一〇
十二〇三〇四〇五〇六〇七〇八〇九〇十〇廿一不廿二〇三不
廿四〇廿五〇廿六〇廿七〇廿八〇九〇十月初一不初二不初三〇
初四〇十一〇十二〇十三〇四〇五〇六〇七〇八〇九〇廿〇廿一〇
二〇三〇四〇五〇六〇七〇八〇九〇廿〇十一月初一〇
共工廿八工
工的艮二兩乙分六卜八厘　支長艮六八分
生支艮九分四卜三厘　獎艮乙兩七分[illegible]七厘　六分六卜二厘

10-5-115-5　清乾隆七年黃學道等興工簿（五）

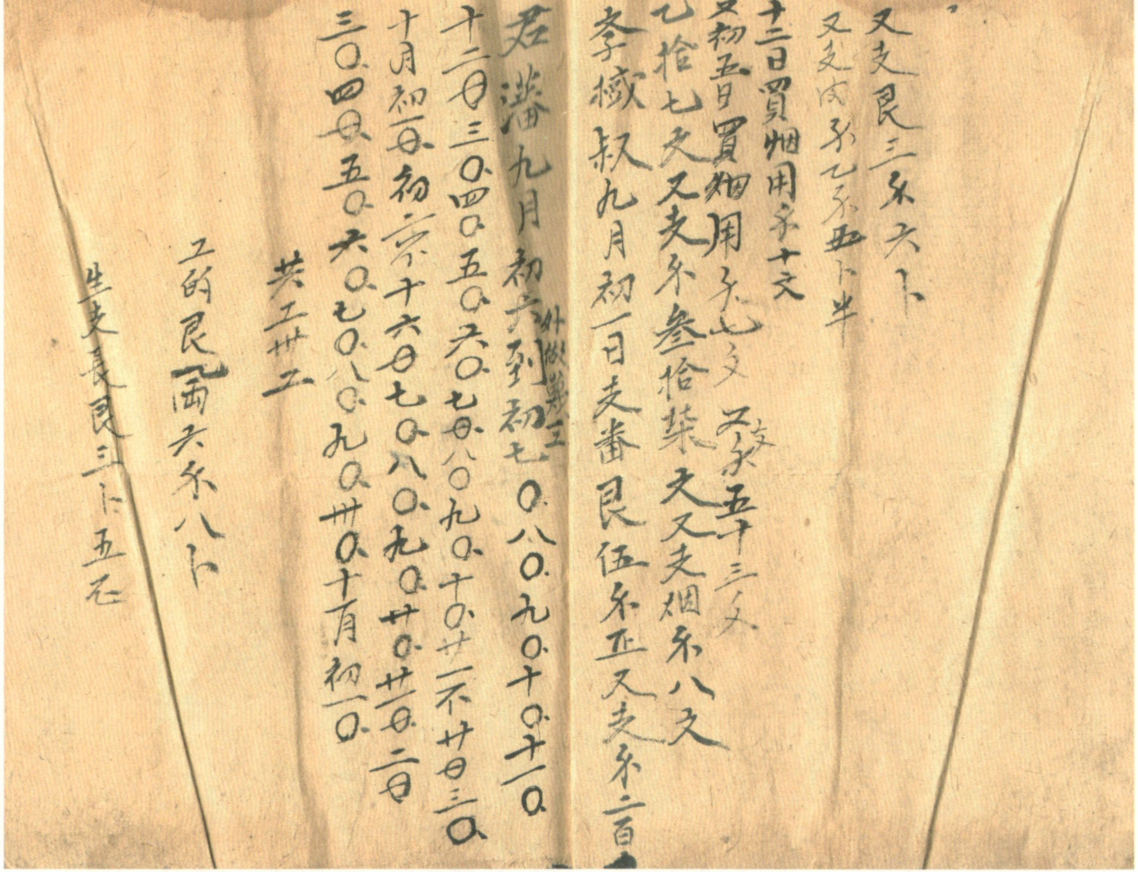
又支艮三分六卜
又支肉分乙分五卜半
十二日買烟用錢十文
又初五日買烟用錢七文　又錢五十三文
乙拾七文又支錢叁拾柒文又支烟錢八文
李樹叔九月初一日支番艮伍錢五又支錢二百
君潘九月初六到初七〇八〇九〇十〇十一〇
十二日三〇四〇五〇六〇七日八〇九〇十〇廿一不廿日三〇
十月初一日初二日十六日七〇八〇九〇廿〇廿二日二日
三〇四日五〇六〇七〇八〇九〇廿〇十月初一〇
共工廿二
工的艮兩六錢八卜
生支長艮三卜五厘

10-5-115-6　清乾隆七年黃學道等興工簿（六）

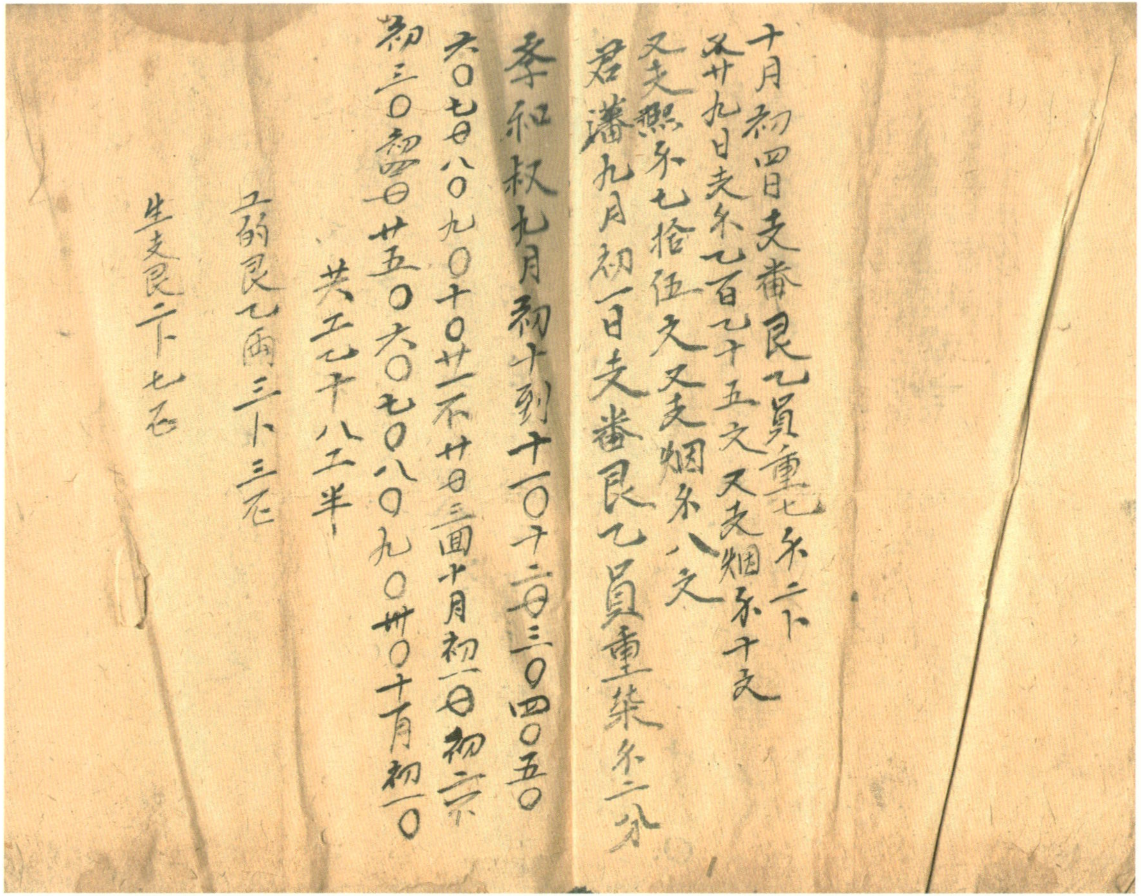
十月初四日支番艮乙員重七分二下
又廿九日支分乙百乙十五文　又支烟分十文
又支照分七拾伍文　又支烟分八文
君藩九月初一日支番艮乙員重柒分二[illegible]
亲和叔九月初十到十〇十二日三〇四〇五〇
六〇七日八〇九〇十〇廿一不廿日三回十月初一日初二[illegible]
初三〇初四日廿五〇六〇七〇八〇九〇卅〇十月初一〇
共工乙十八工半
工前艮乙兩三下三石
生支艮二下七石

10-5-115-7　清乾隆七年黃學道等興工簿（七）

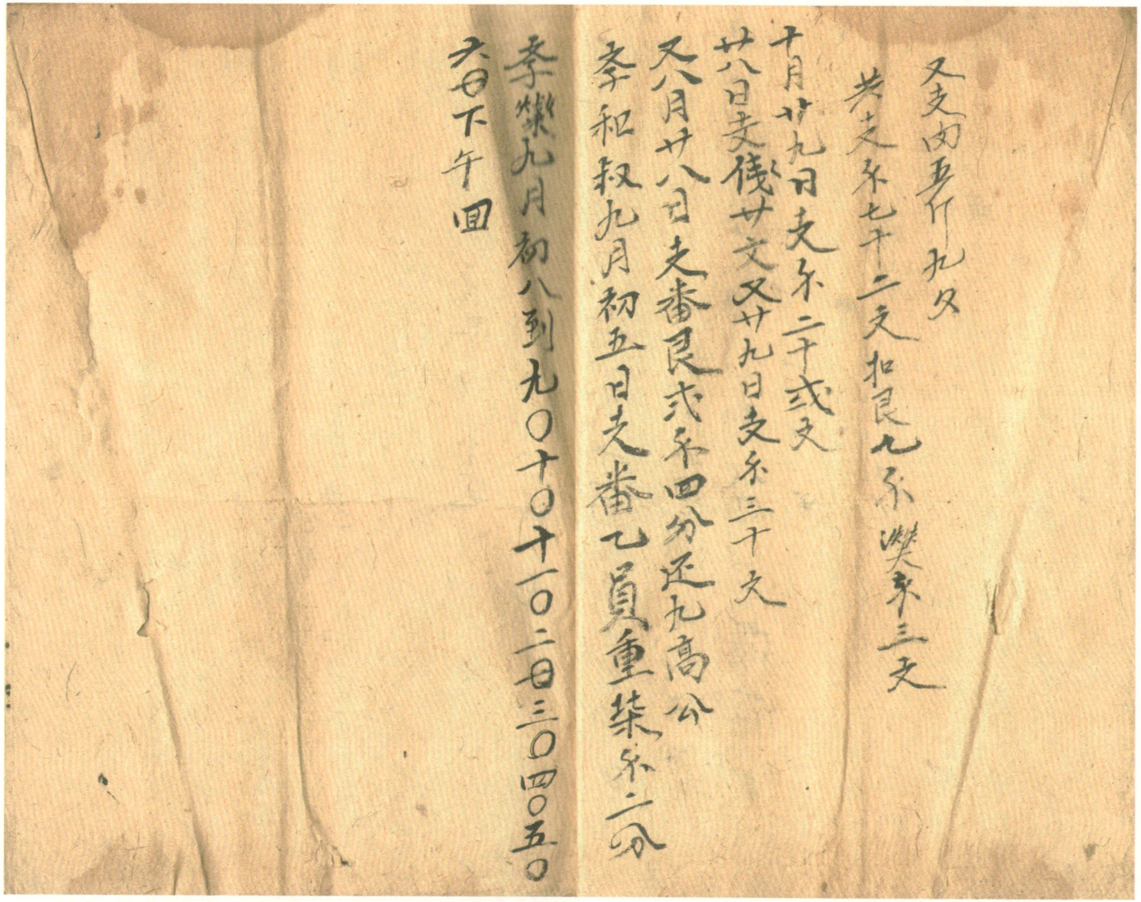

又支肉五斤九夕
共支糸七十二文 扣艮九糸 㶑來三文
十月廿九日支糸二十弍文
廿八日支錢廿文 又廿九日支糸三十文
又八月廿八日支番艮弍糸四分 还九高公
李和叔九月初五日支番乙員重柒糸二分
李㶑九月初八到九〇十〇十一〇二日三〇四〇五〇
六日下午回

10-5-115-8 清乾隆七年黃學道等興工簿（八）

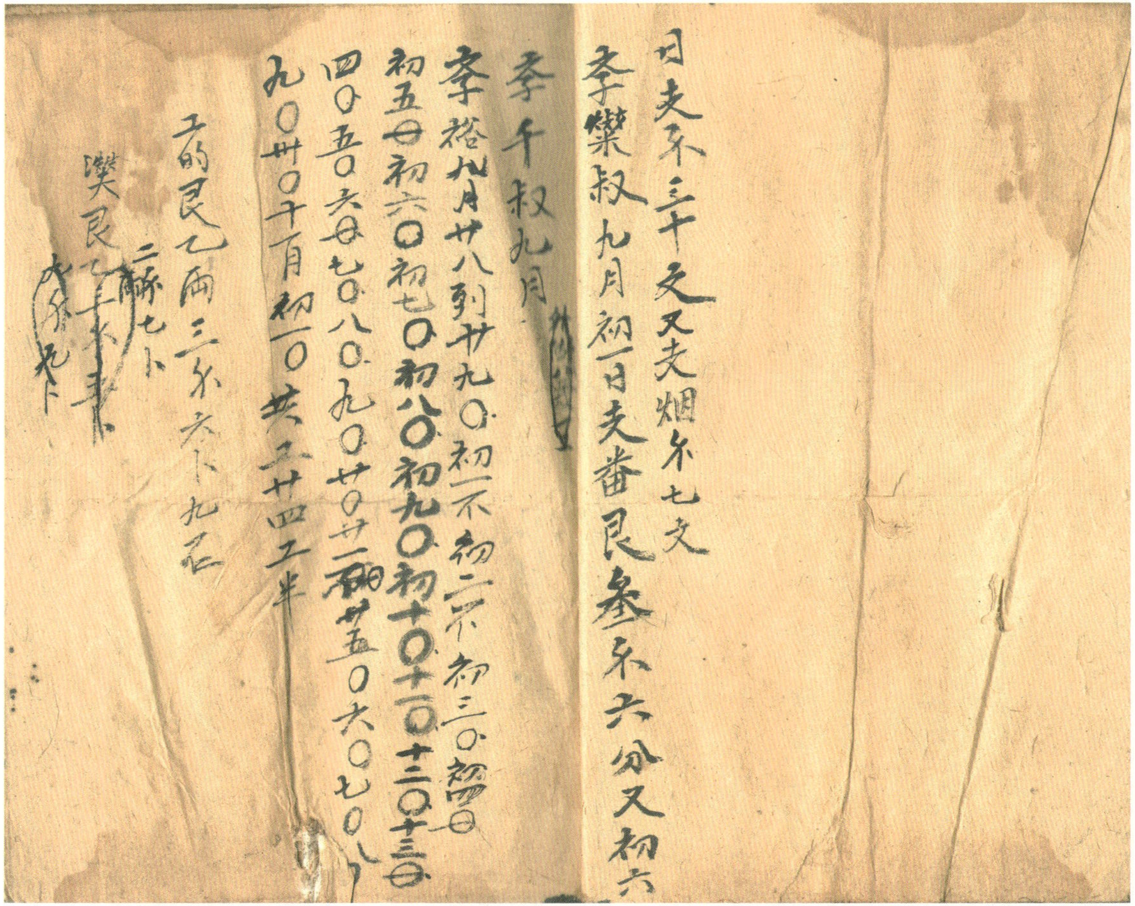

日夫不三十文又夫烟不七文
李欒叔九月初一日夫番艮叁不六分又初六
李千叔九月
李裕九月廿八到廿九〇初一不初二不初三〇初四〇
初五〇初六〇初七〇初八〇初九〇初十〇十一〇十二〇十三〇
四〇五〇六〇七〇八〇九〇廿〇廿一〇廿二〇廿五〇六〇七〇八
九〇卅〇十月初一〇共三十四工半
前艮乙兩三不六卜九厘
欒艮乙千二綿七卜
九卜

10-5-115-9　清乾隆七年黄學道等興工簿（九）

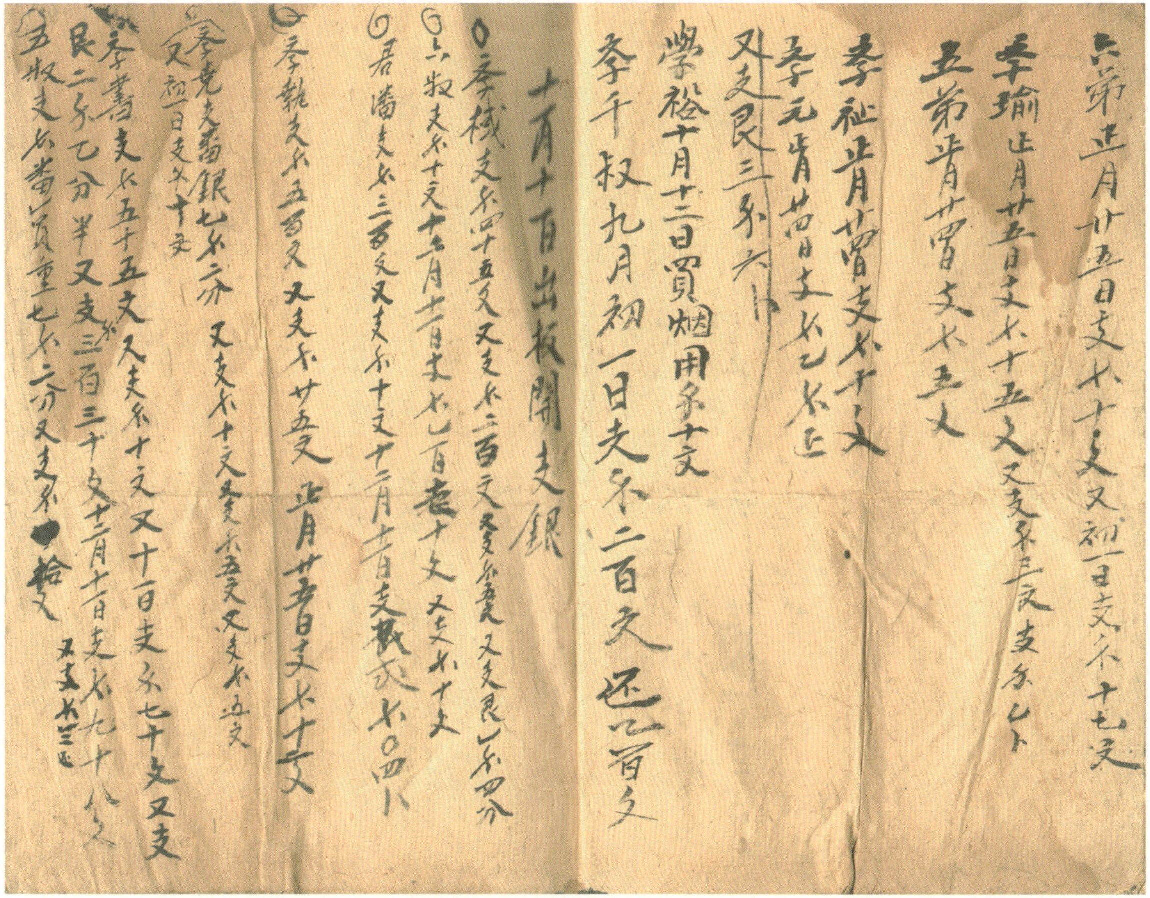

10-5-115-10　清乾隆七年黄學道等興工簿（一〇）

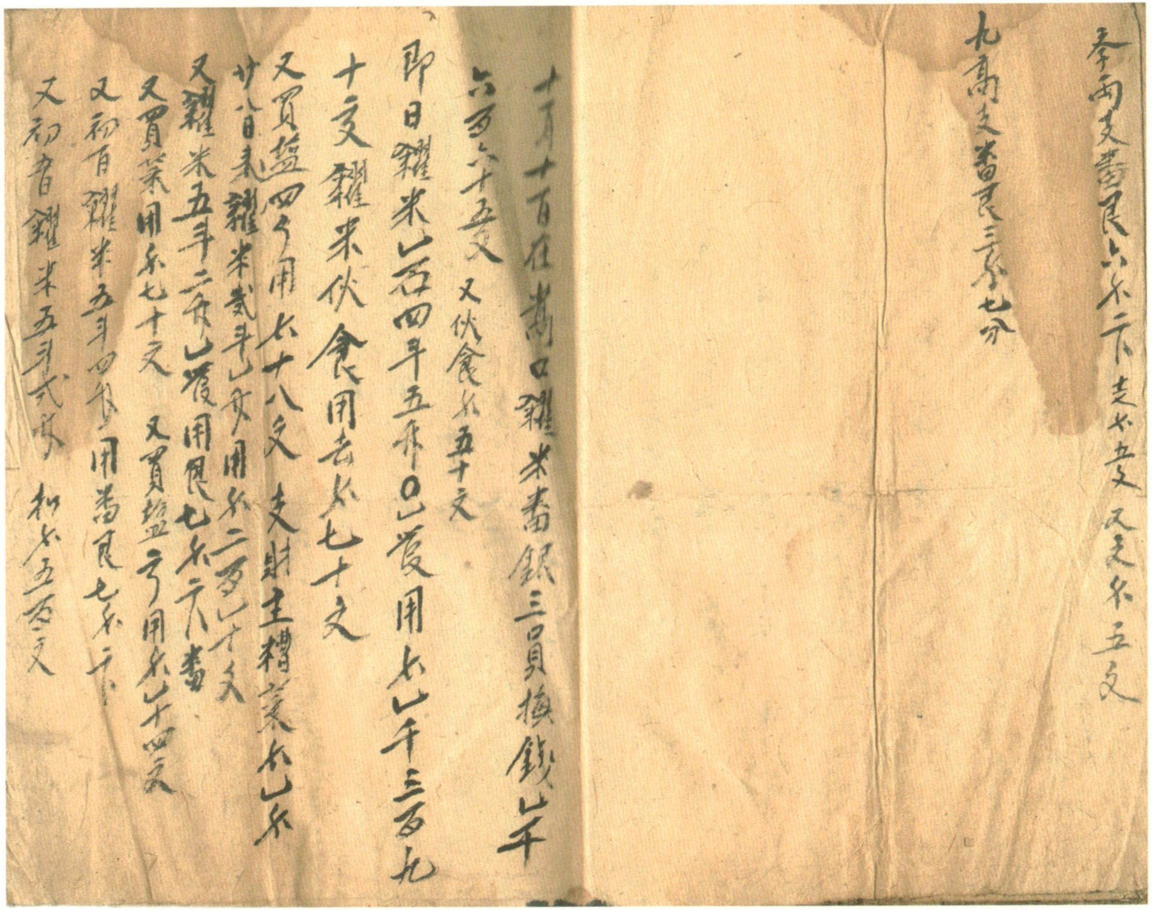

[illegible]雨支番艮[illegible]下　支[illegible]五文　又支[illegible]五文

九高支番艮[illegible]七分

十一月十一日往崙口糴米番銀三員換錢[illegible]千

六百[illegible]十五文　又伙食[illegible]五十文

即日糴米[illegible]石四斗五升[illegible]用[illegible]千三百九

十文　糴米伙食用去[illegible]七十文

又買鹽四斤用[illegible]十八文　支財主糟菜[illegible]

廿八日糴米貳斗[illegible]用[illegible]二百[illegible]十文

又糴米五斗二升[illegible]用艮七[illegible]番

又買菜用[illegible]七十文　又買鹽二斤用[illegible]十四文

又初[illegible]日糴米五斗四升用番艮七[illegible]

又初[illegible]日糴米五斗貳升　扣[illegible]五百文

10-5-115-11　清乾隆七年黃學道等興工簿（一一）

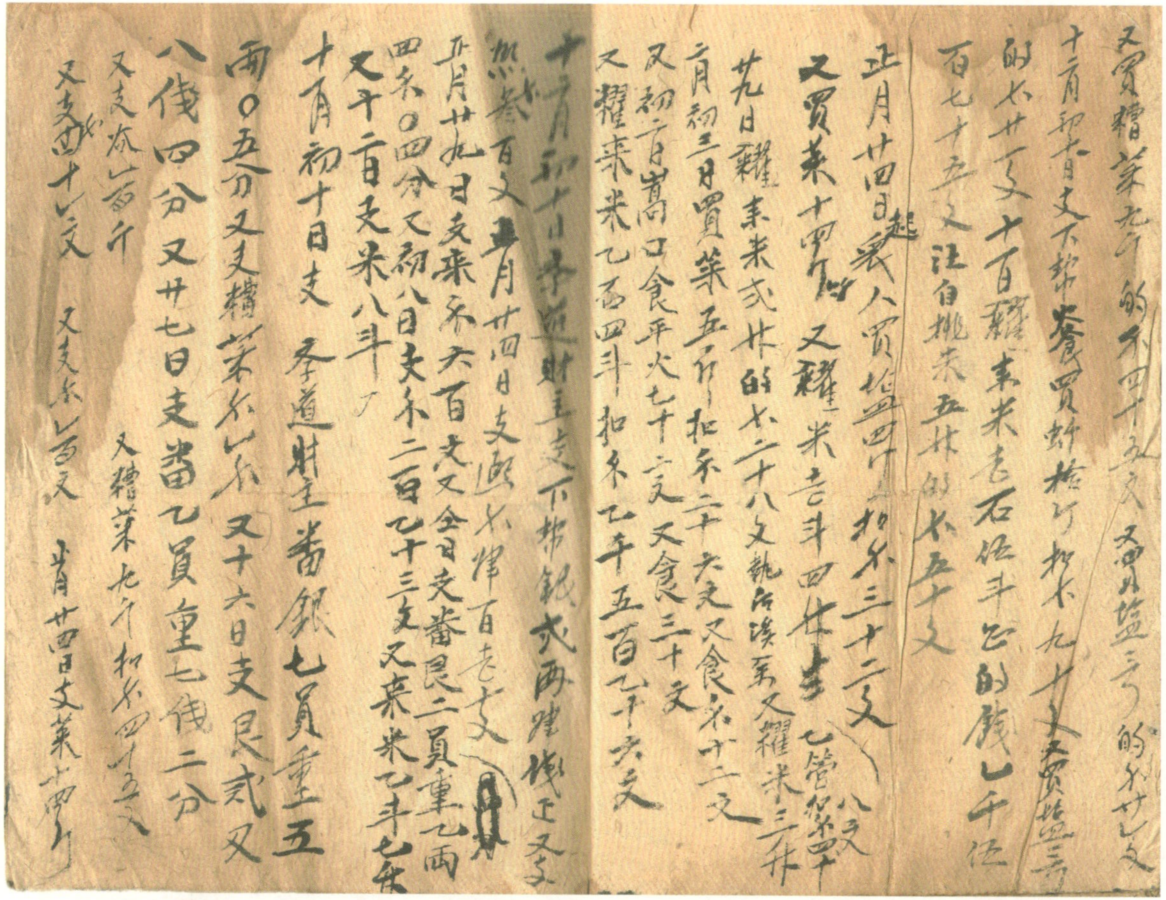

10-5-115-12 清乾隆七年黃學道等興工簿（一二）

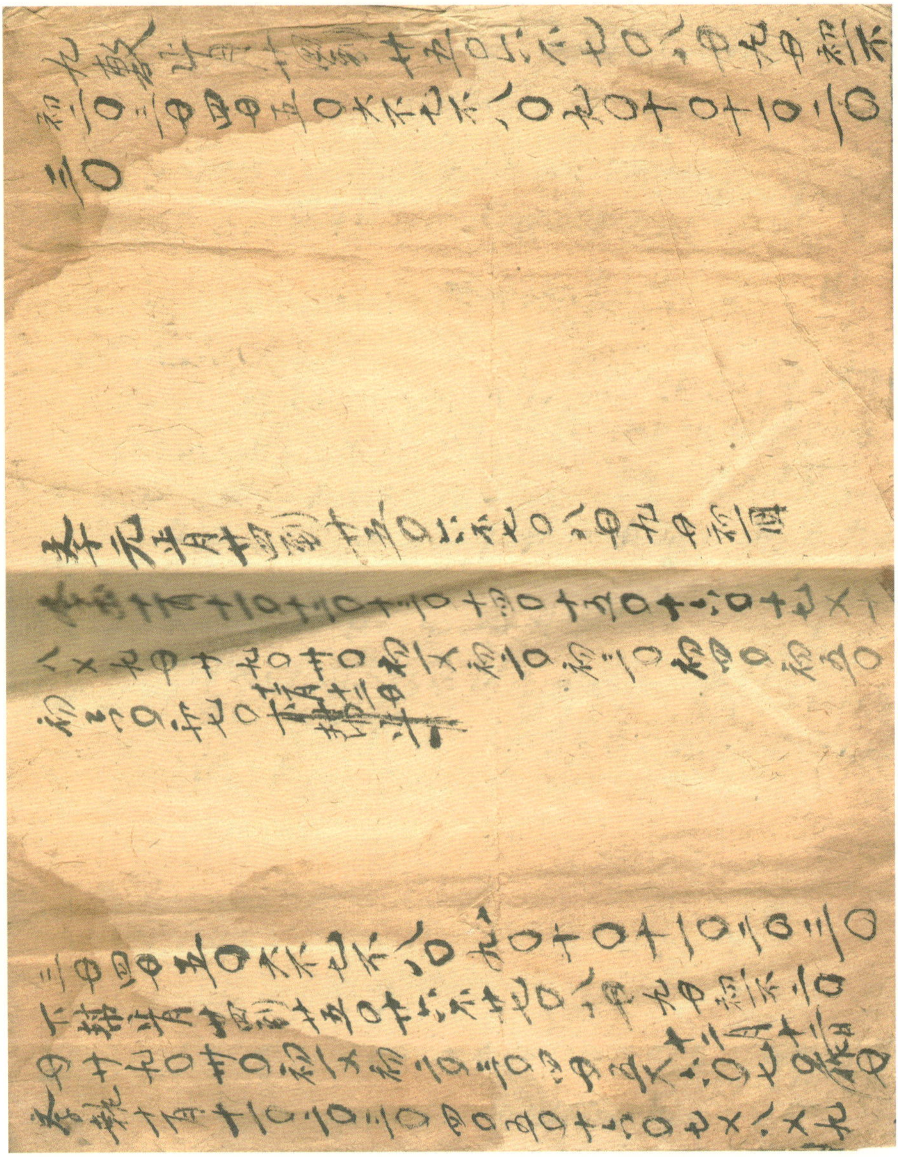

10-5-115-13 清乾隆七年黃學道等興工簿（一三）

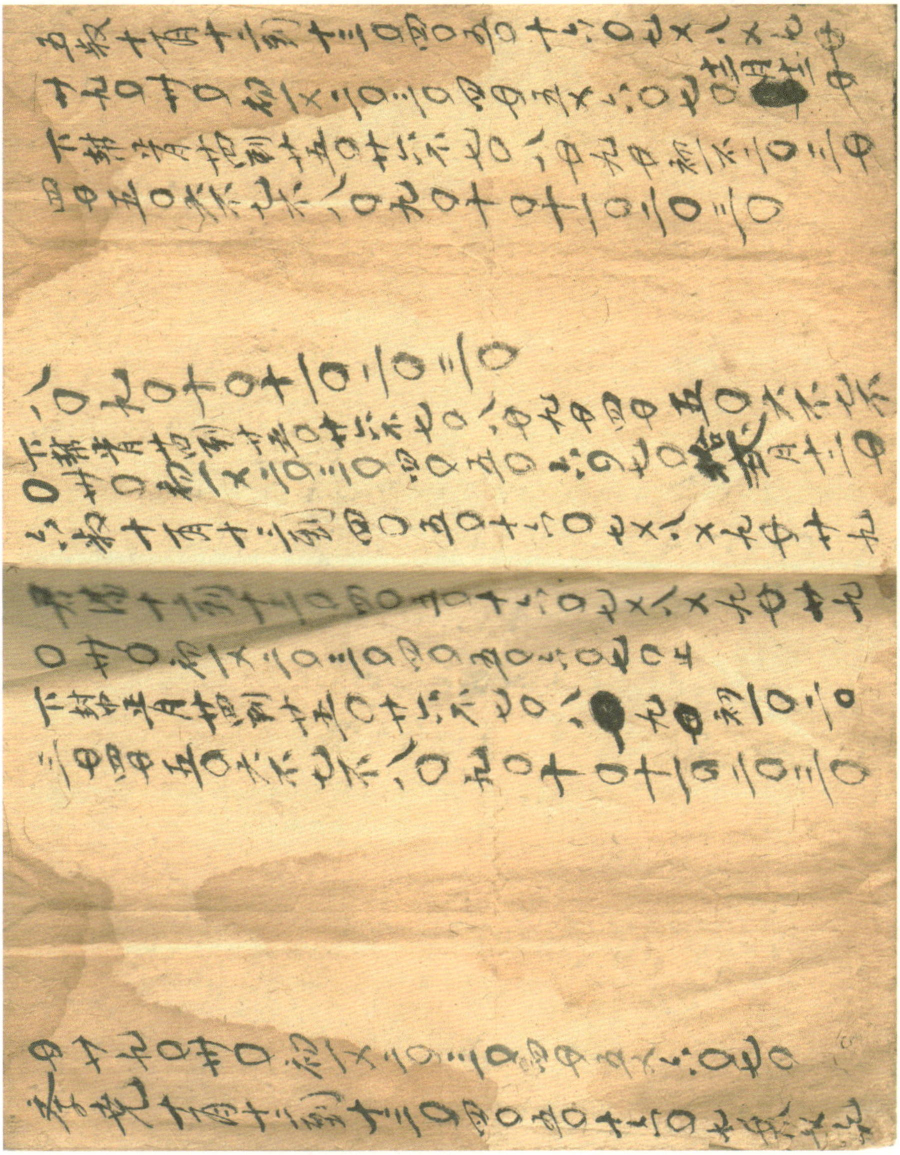

10-5-115-14　清乾隆七年黃學道等興工簿（一四）

10-5-115-15　清乾隆七年黃粵道等興工簿（一五）

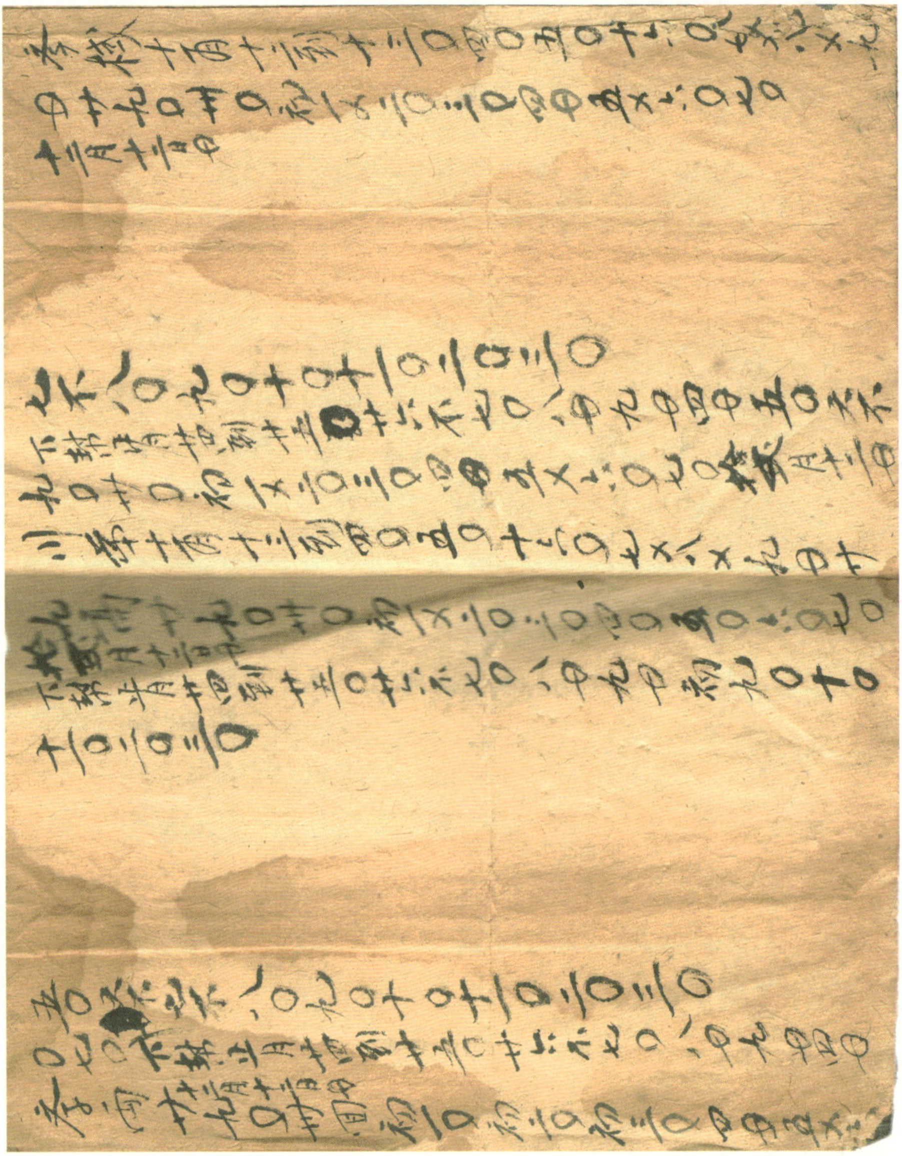

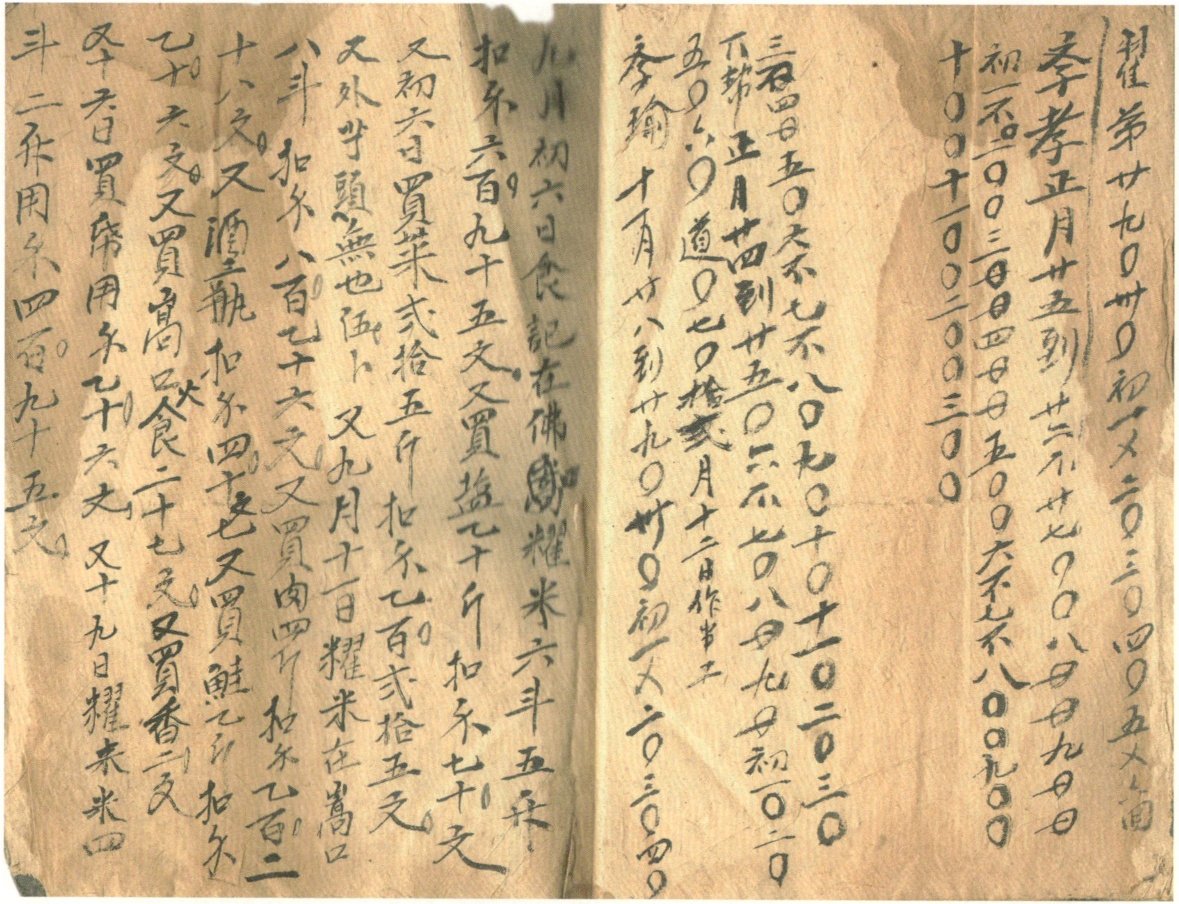

10-5-115-16　清乾隆七年黄學道等興工簿（一六）

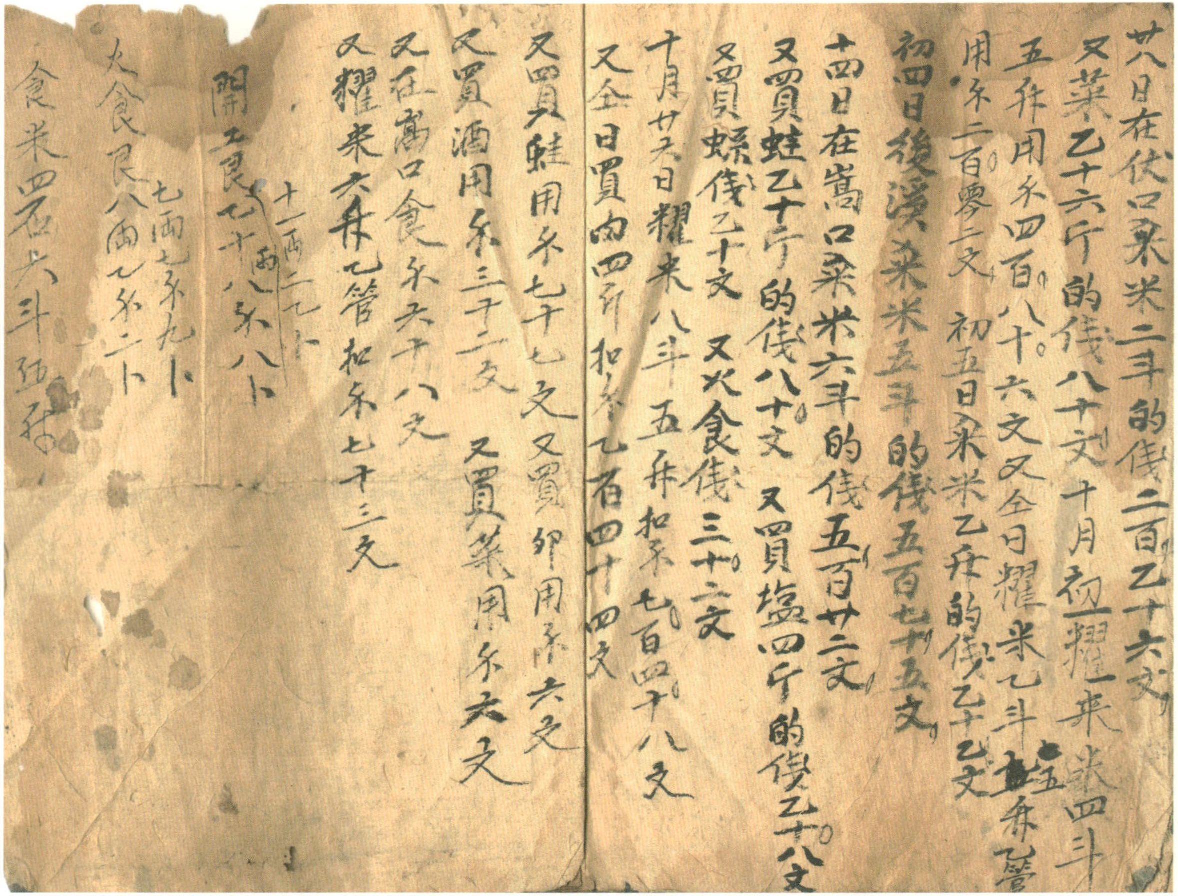

廿六日在洑口粜米二斗的錢二百乙十六文
又菜乙十六斤的錢八十文　十月初一糶来米四斗
五升用錢四百八十六文　又仝日糶米乙斗五升乙管
用錢二百零二文　初五日粜米乙升的錢乙十乙文
初四日後溪粜米五斗的錢五百七十五文
十四日在嵩口粜米六斗的錢五百廿二文
又買蛙乙十斤的錢八十文　又買塩四斤的錢乙十八文
又買螺錢乙十文　又火食錢三十二文
十月廿六日糶来八斗五升和錢七百四十八文
又仝日買肉四斤和錢乙百四十四文
又買蛙用錢七十七文　又買卵用錢六文
又買酒用錢三十二文　又買菜用錢六文
又在嵩口食錢六十八文
又糶来六升乙管和錢七十三文
開工艮七十八两八錢八卜　十二两二錢七卜
火食艮八两乙錢二卜　七两七錢九卜
食米四石六斗[illegible]

10-5-115-17　清乾隆七年黃學道等興工簿（一七）

10-5-115-18　清乾隆七年黃學道等興工簿（一八）

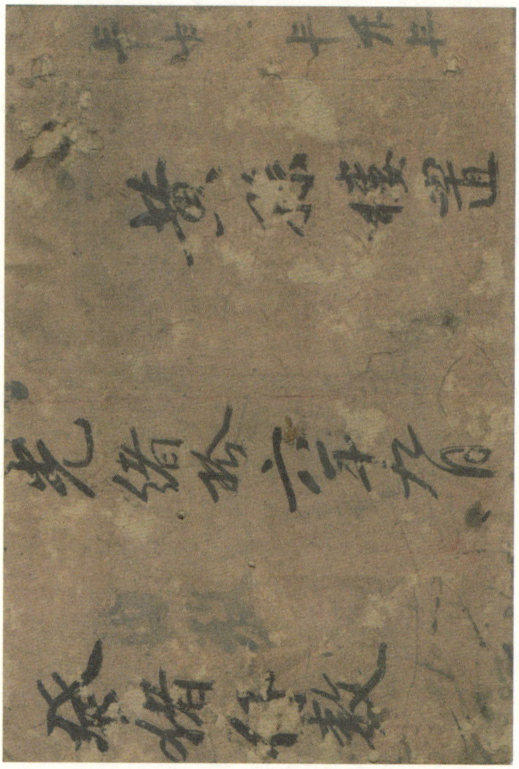
黃孫樓置
光緒拾六年
發猪仔數

10-5-116-1　清光緒十六年黃孫樓置發猪仔數（一）

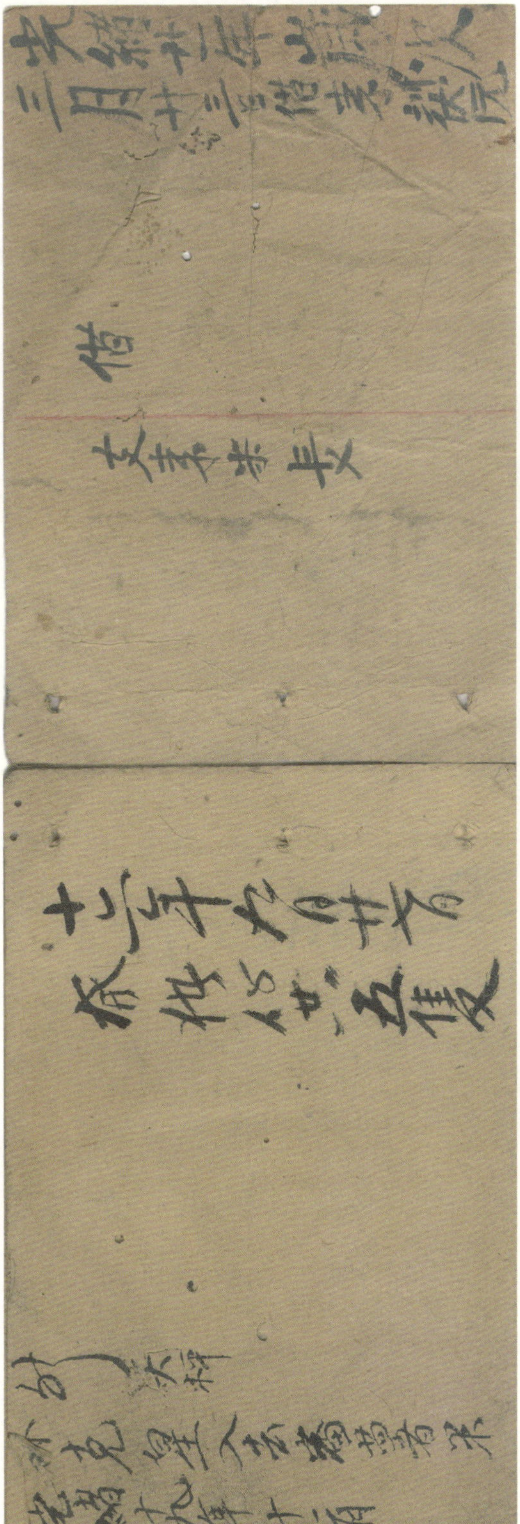

10-5-116-2　清光緒十六年黃孫樓置發猪仔數（二）

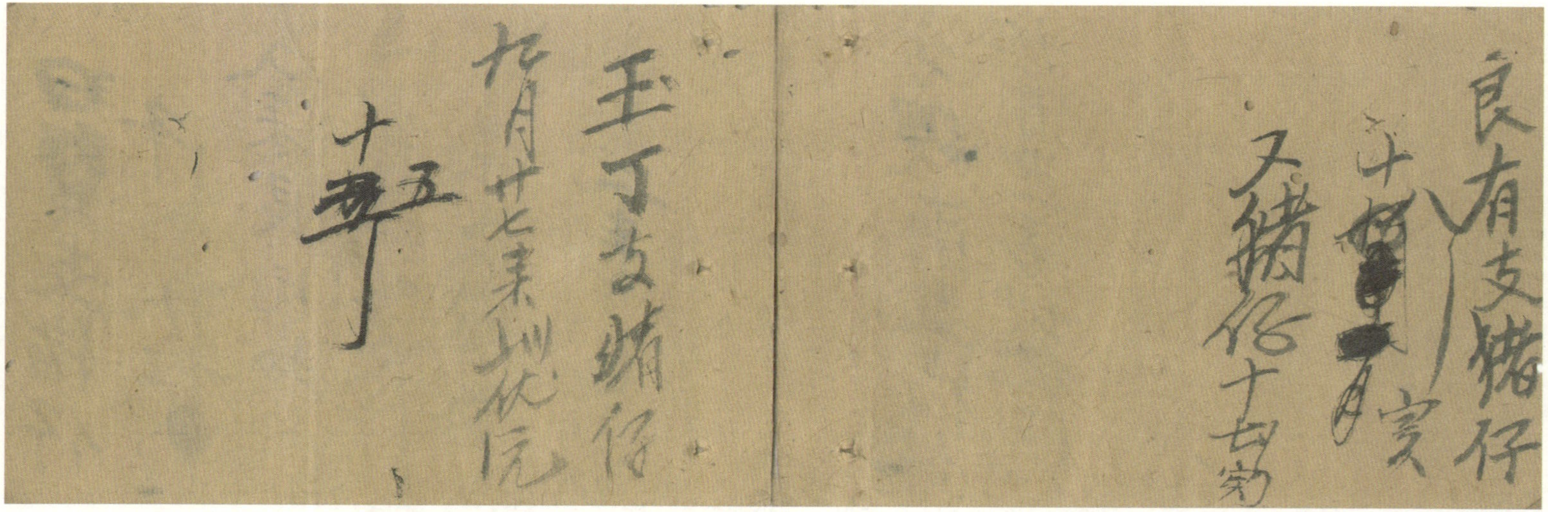

10-5-116-3 清光緒十六年黃孫樓置發猪仔數（三）

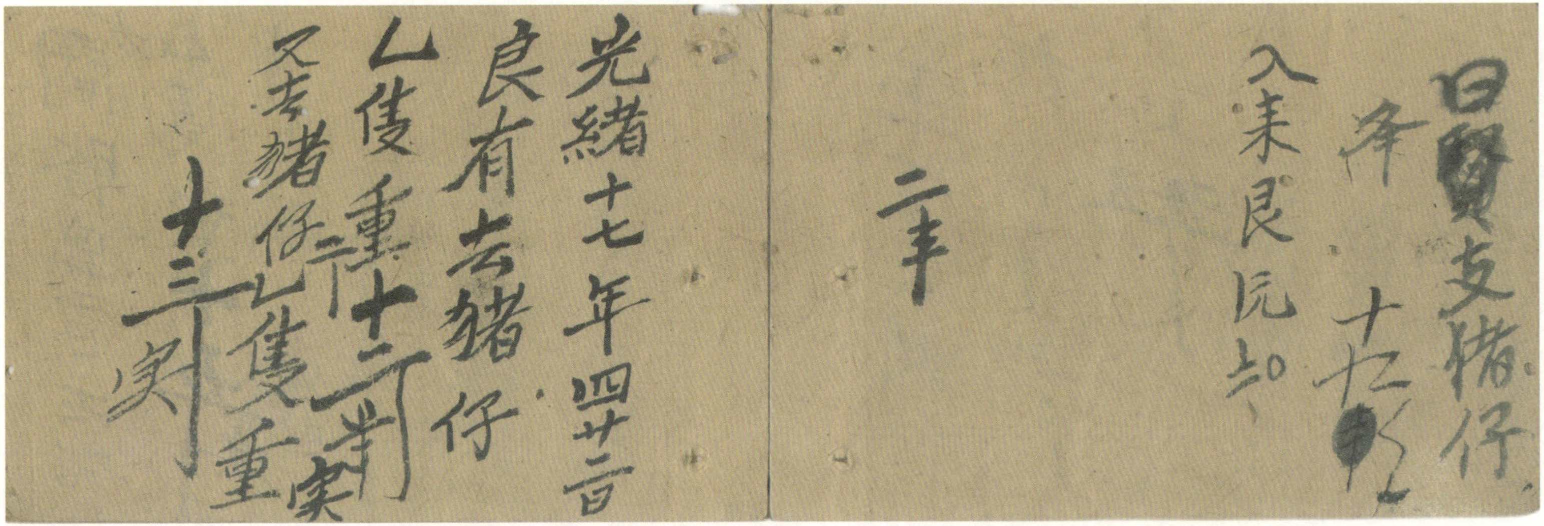

光緒十七年四廿三日
良有去猪仔
乙隻重十二斤实
又去猪仔乙隻重
十三斤实

二年

日[illegible]支猪仔
洋十九
入来艮阮知

10-5-116-4　清光緒十六年黃孫樓置發猪仔數（四）

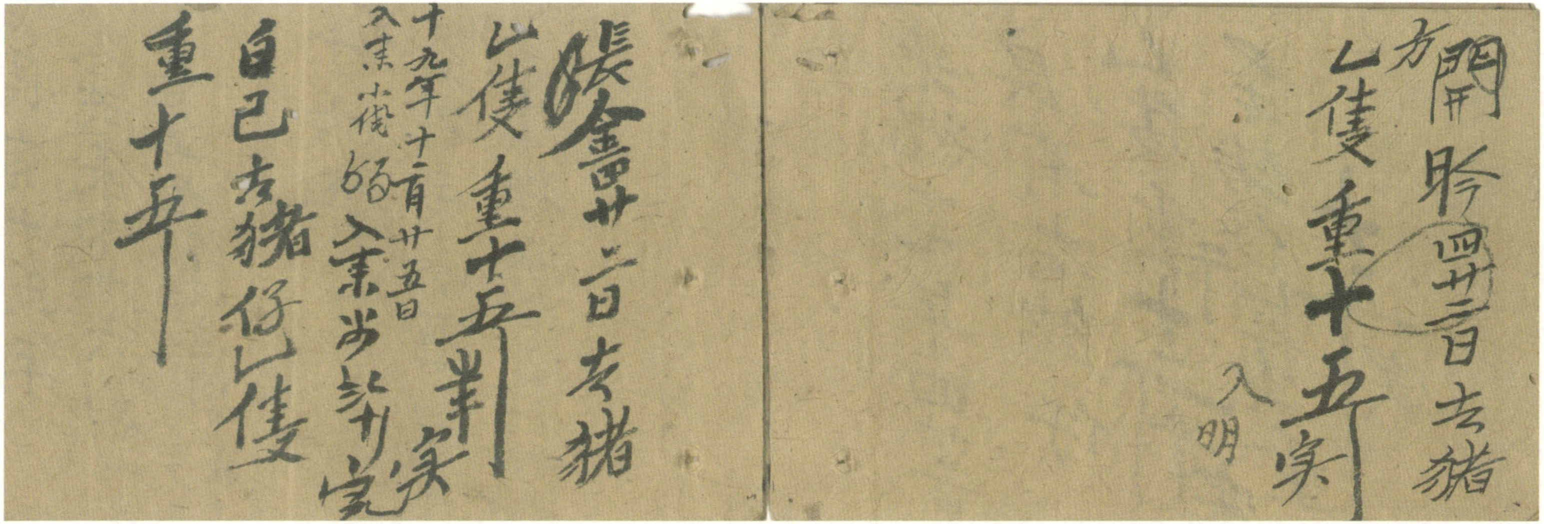

方開聆四廿三日去豬
山傢重十五斤实
入明

張金四廿二日去豬
山傢重十五斤半实
十九年十一月廿五日
入米小猪的入米共斗弍斤完
自己去豬仔山傢
重十五斤

10-5-116-5　清光緒十六年黃孫樓置發猪仔數（五）

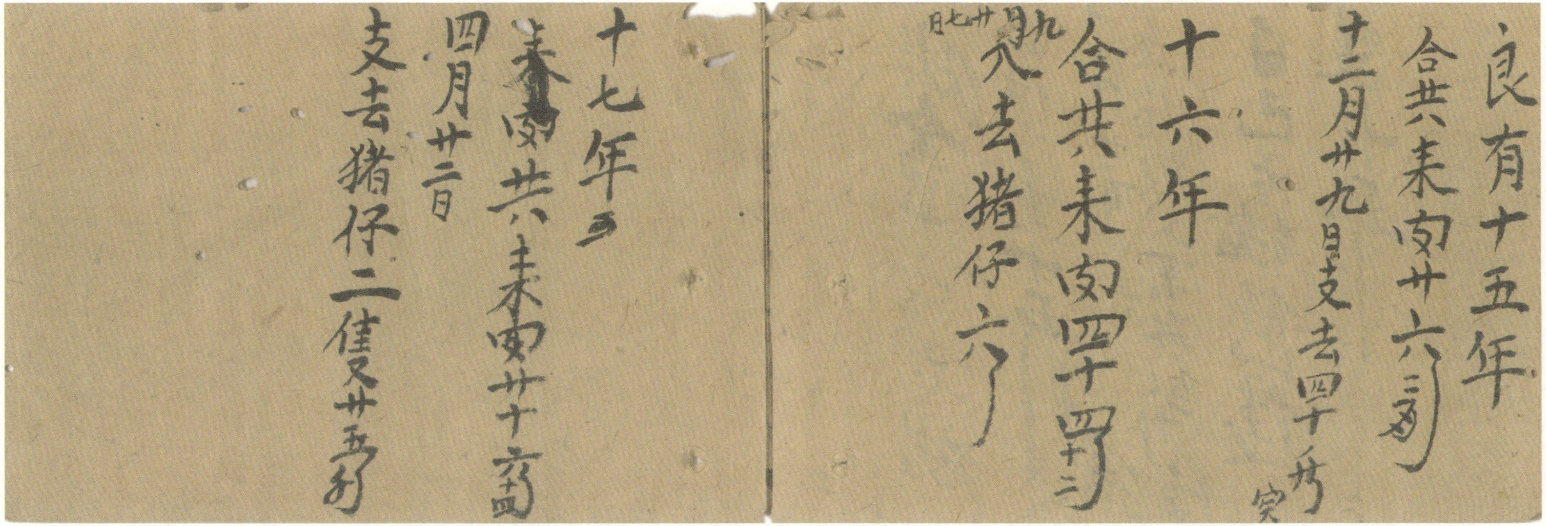

10-5-116-6 清光緒十六年黃孫樓置發猪仔數（六）

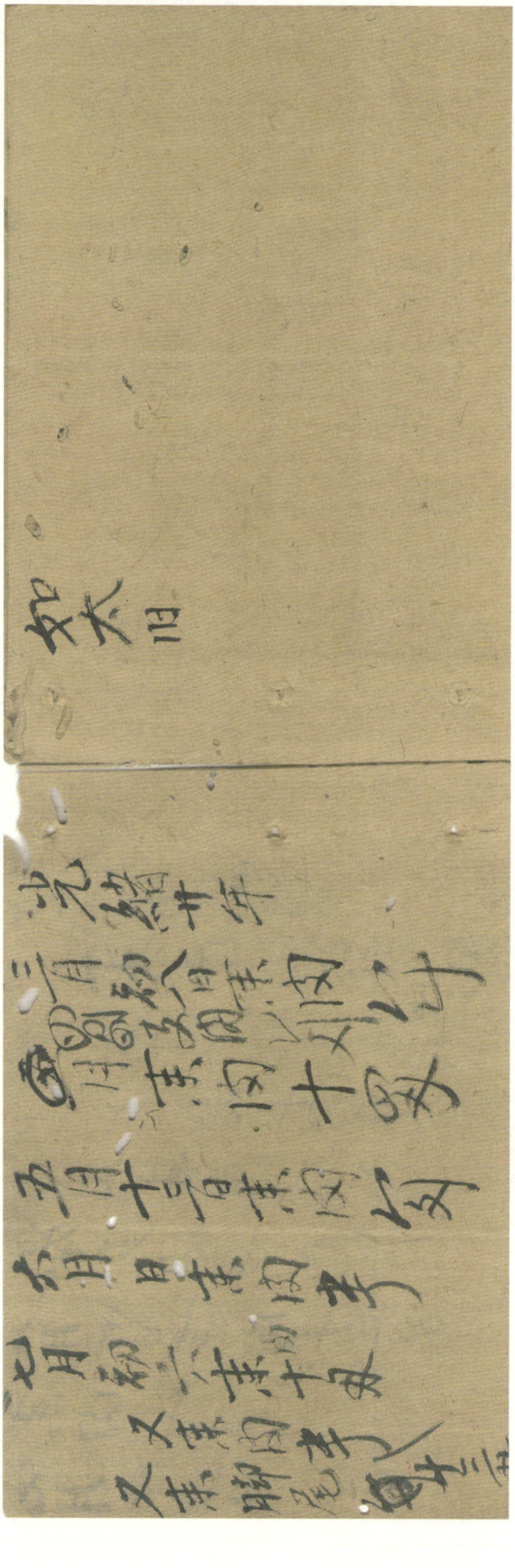

10-5-116-7　清光緒十六年黃孫樓置發猪仔數（七）

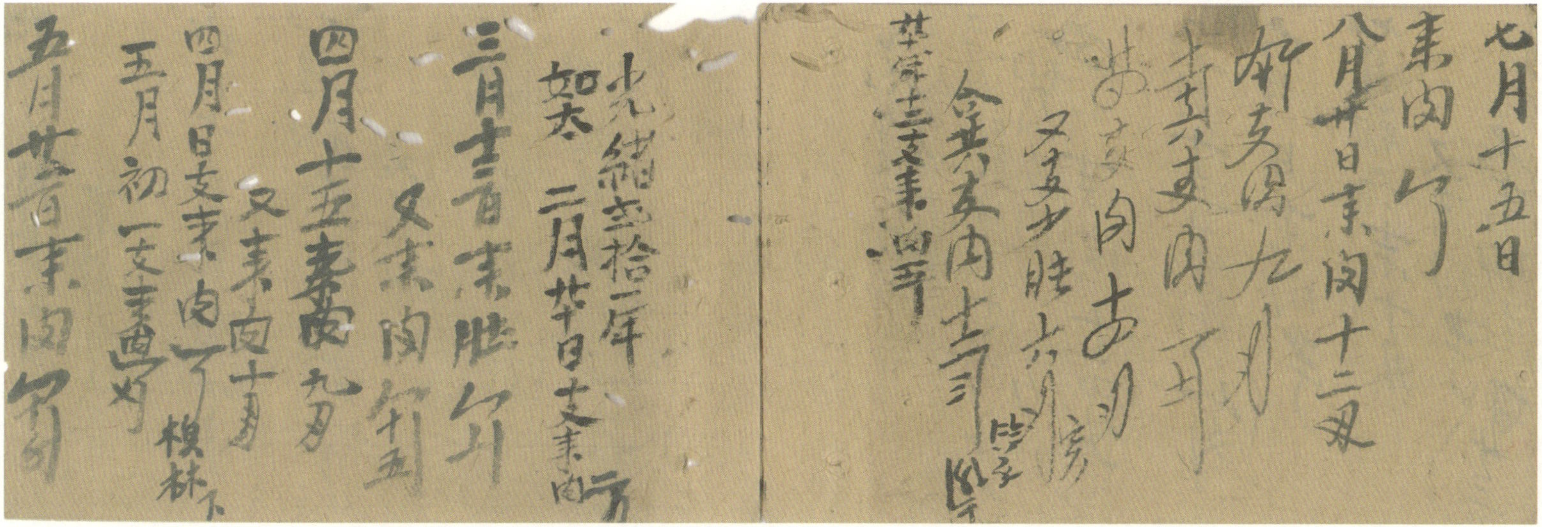

10-5-116-8　清光緒十六年黄孫樓置發猪仔數（八）

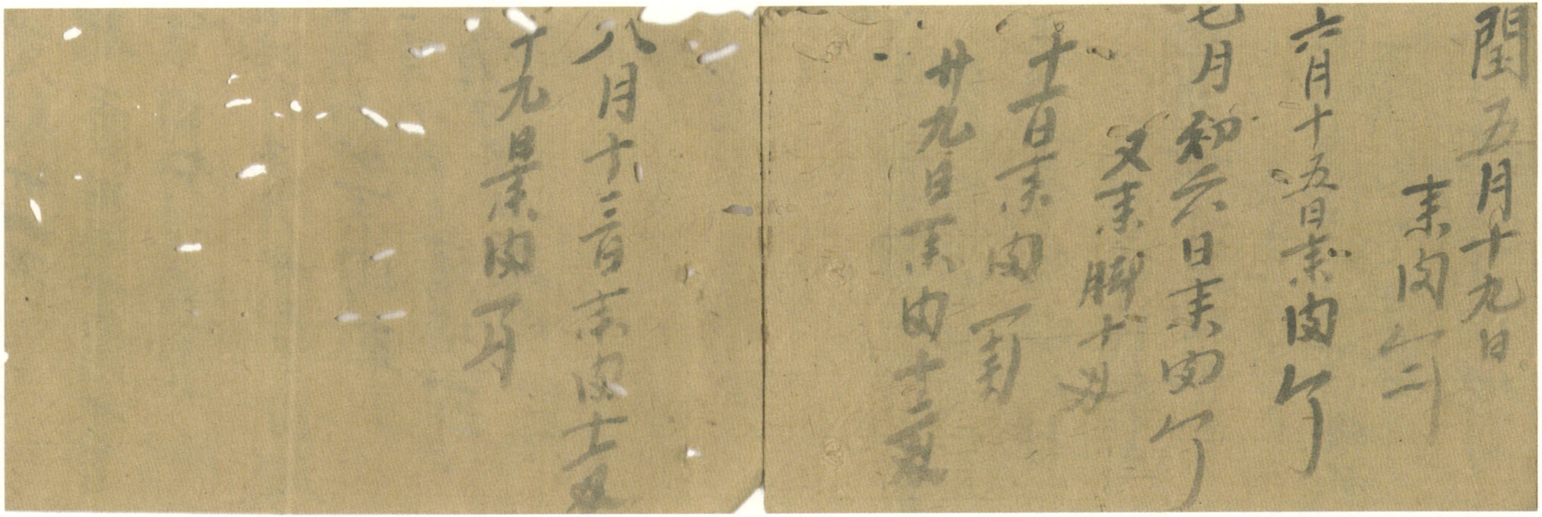

閏五月十九日来肉一斤

六月十五日来肉八斤

七月初八日来肉八斤

又来鮮十斤

十五日来肉三斤

廿九日来肉十三斤

八月十二日来肉五斤

廿九日来肉三斤

10-5-116-9 清光緒十六年黃孫樓置發猪仔數（九）

光緒廿二年
瑞香旧年十二月廿七日
来肉七丨 又来大脤十五
廿二年正月廿九来肉坍
三月初四来肉半斤
二月十九日来肉可
三月廿日来肉勻

10-5-116-10　清光緒十六年黄孫樓置發猪仔數（一〇）

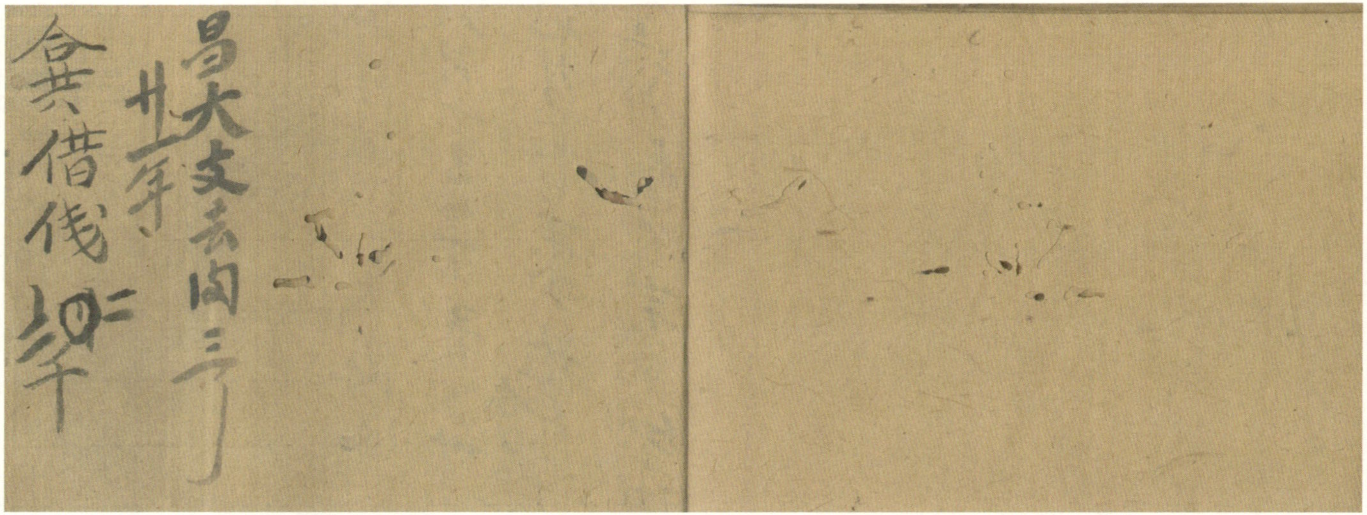

10-5-116-11　清光緒十六年黃孫樓置發猪仔數（一）

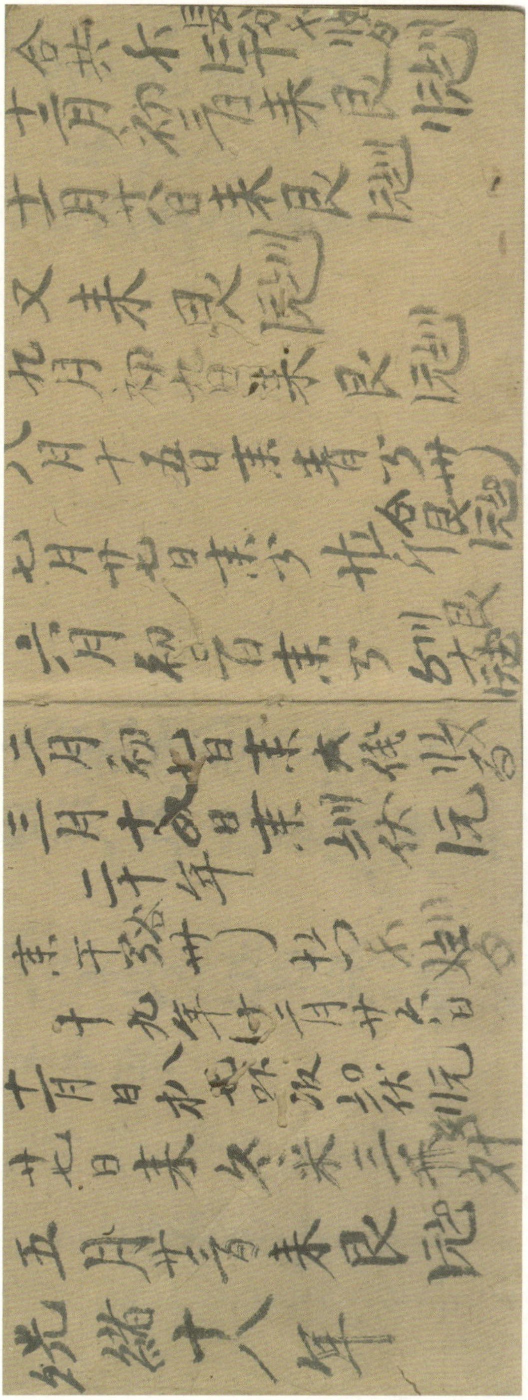

10-5-116-12　清光緒十六年黃孫樓置發豬仔數（一二）

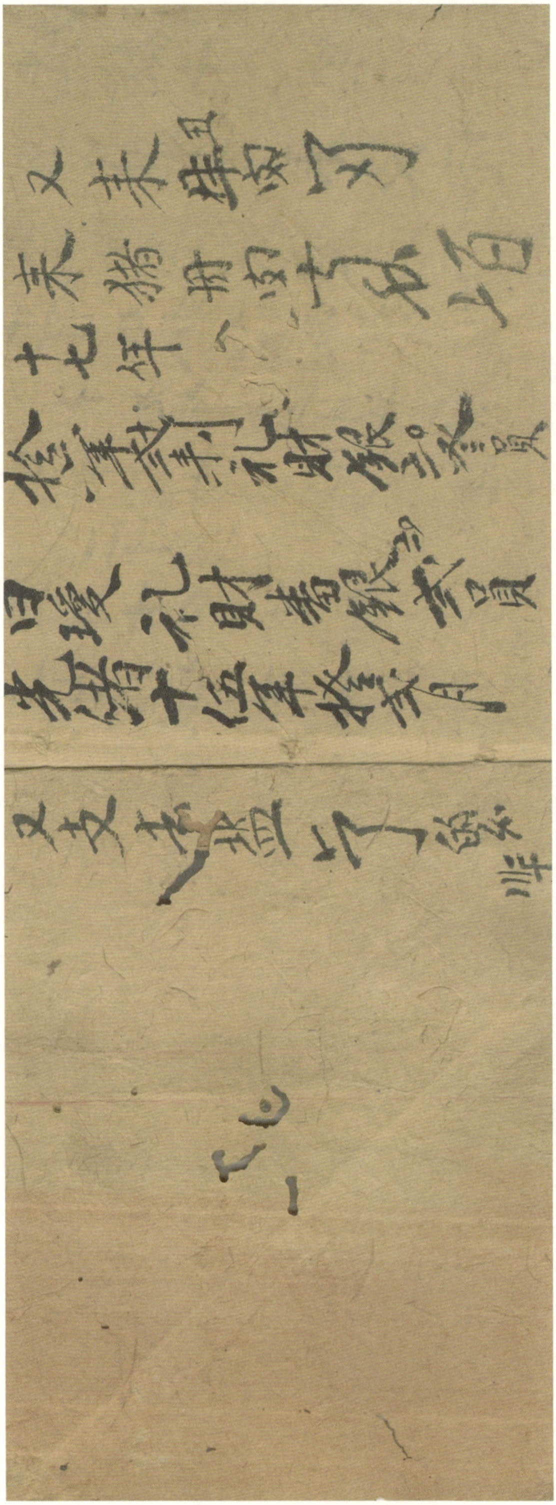

10-5-116-13　清光緒十六年黃孫樓置發楮仔數（一三）

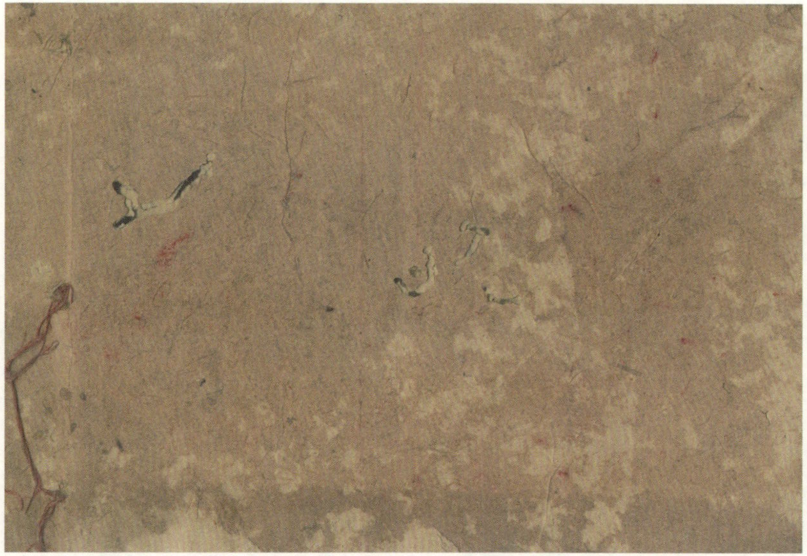

10-5-116-14　清光緒十六年黃孫樓置發猪仔數（一四）

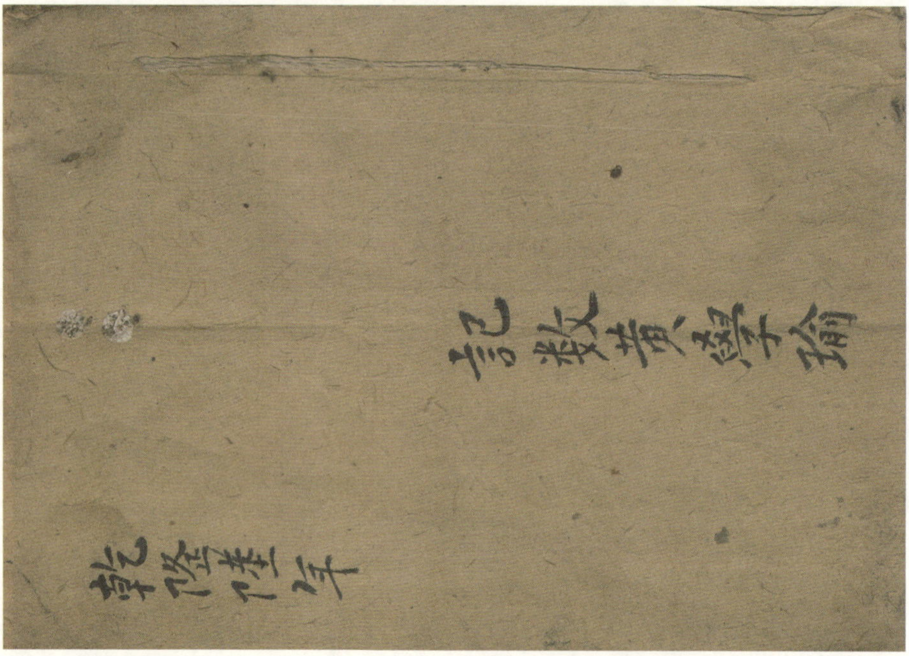

10-5-117-1　清乾隆六年黃學瑜記借支數（一）

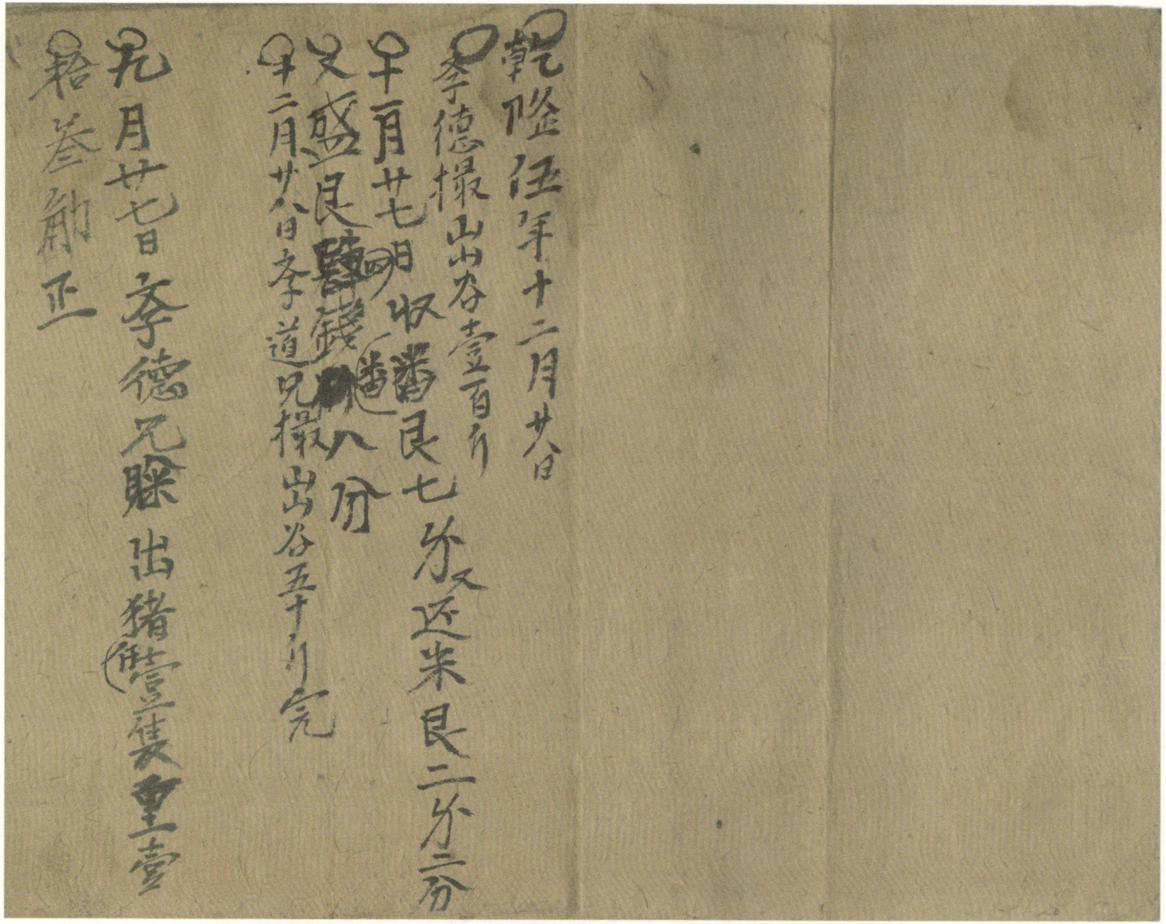

乾隆伍年十二月廿日
李德撮山谷壹百斤
年正月廿七日收番艮七分又还米艮二分二分
又盛艮賒錢八分
年十二月廿八日李道兄撮出谷五十斤完
九月廿七日李德兄賒出猪壹隻重壹
拾叁觔正

10-5-117-2　清乾隆六年黃學瑜記借支數（二）

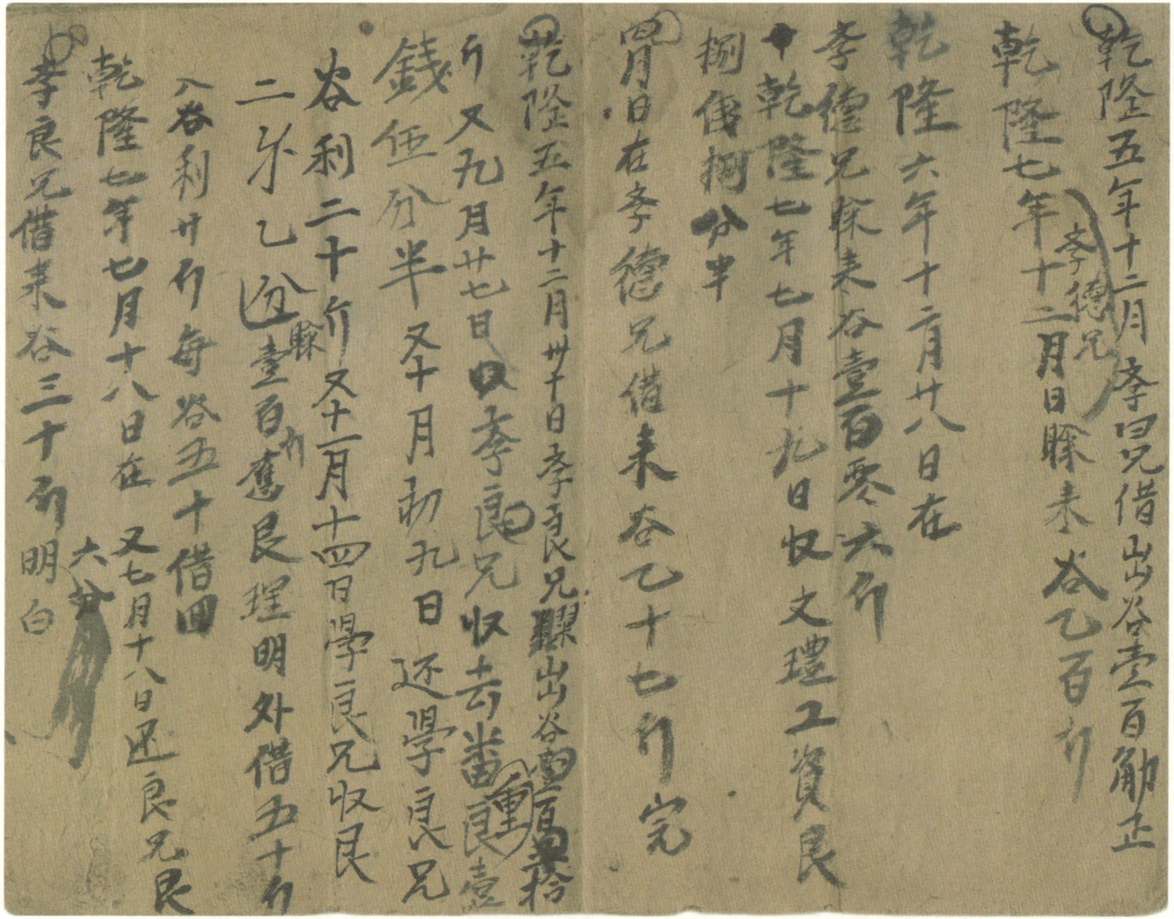

10-5-117-3　清乾隆六年黃學瑜記借支數（三）

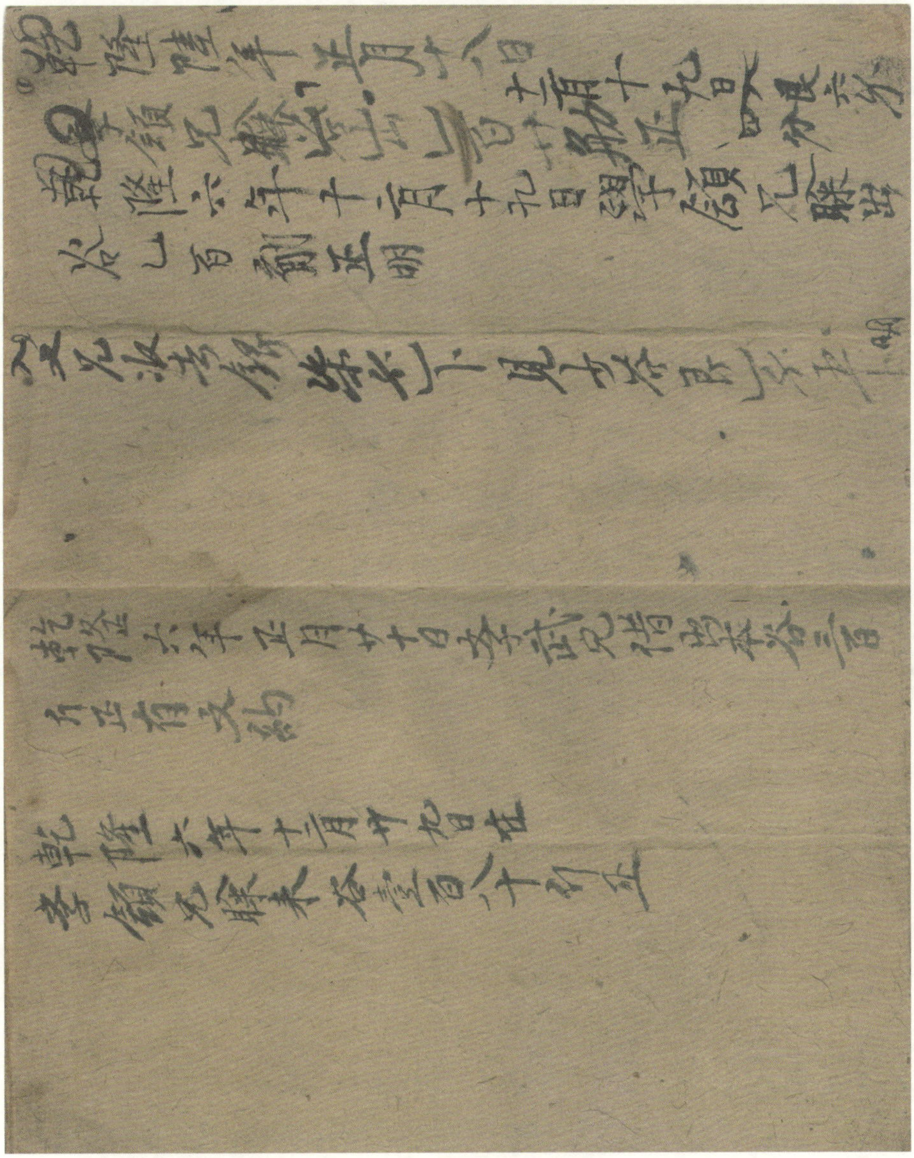

10-5-117-4　清乾隆六年黃學瑜記借支數（四）

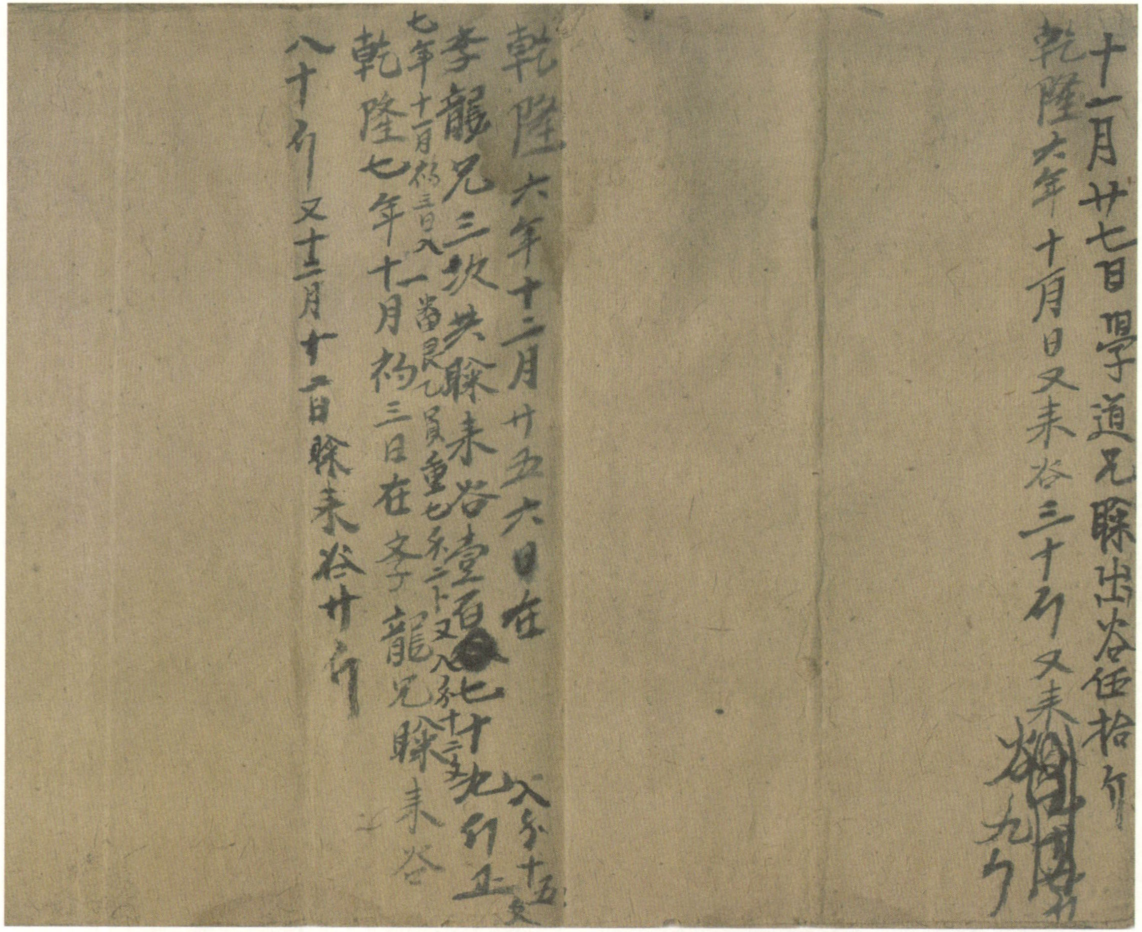
十一月廿七日學道兄賒出谷伍拾斤
乾隆六年十月日又来谷三十斤又来□九斤
乾隆六年十二月廿五六日在
李龍兄三次共賒来谷壹百七十九斤正
七年十月初三日入當艮乙員重七系二卜又入紀十二文
乾隆七年十一月初三日在李龍兄賒来谷
八十斤　又十二月十一日賒来谷廿斤

10-5-117-5　清乾隆六年黃學瑜記借支數（五）

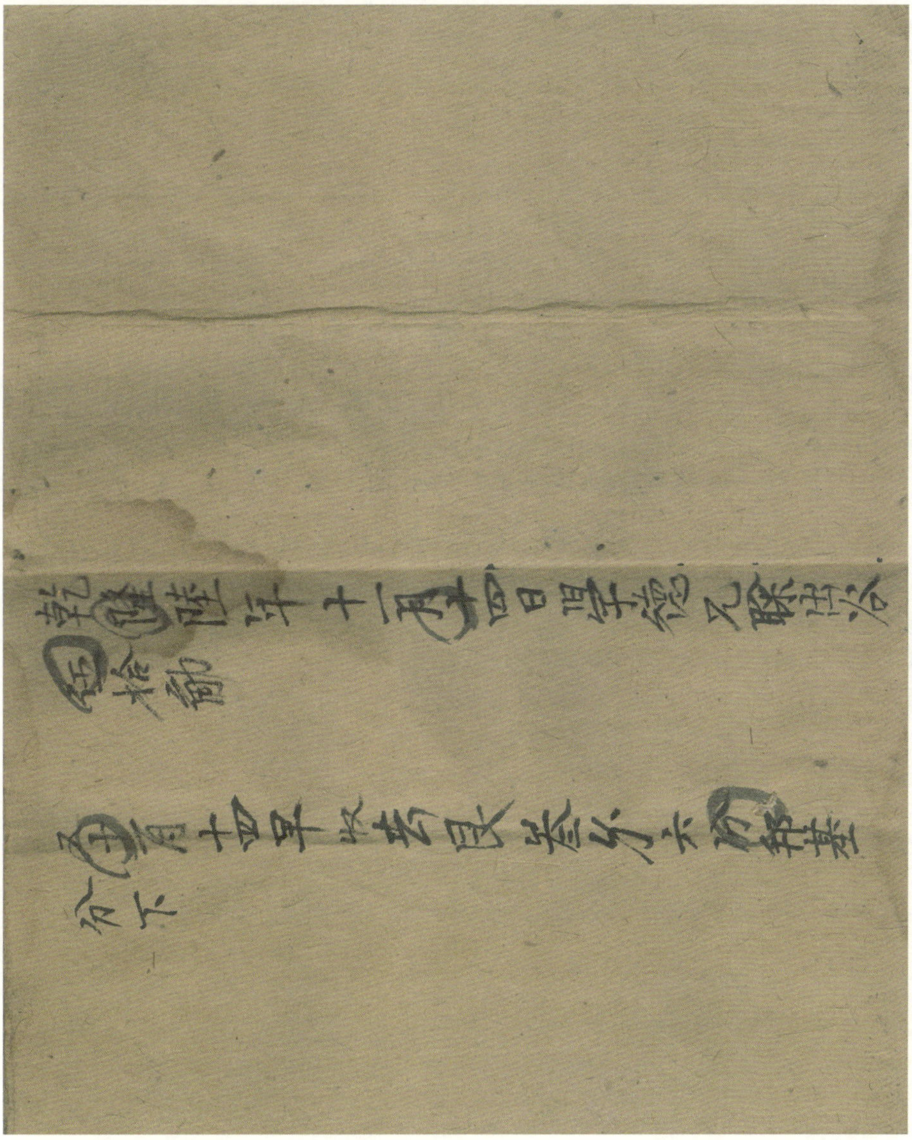

10-5-117-6　清乾隆六年黄學瑜記借支數（六）

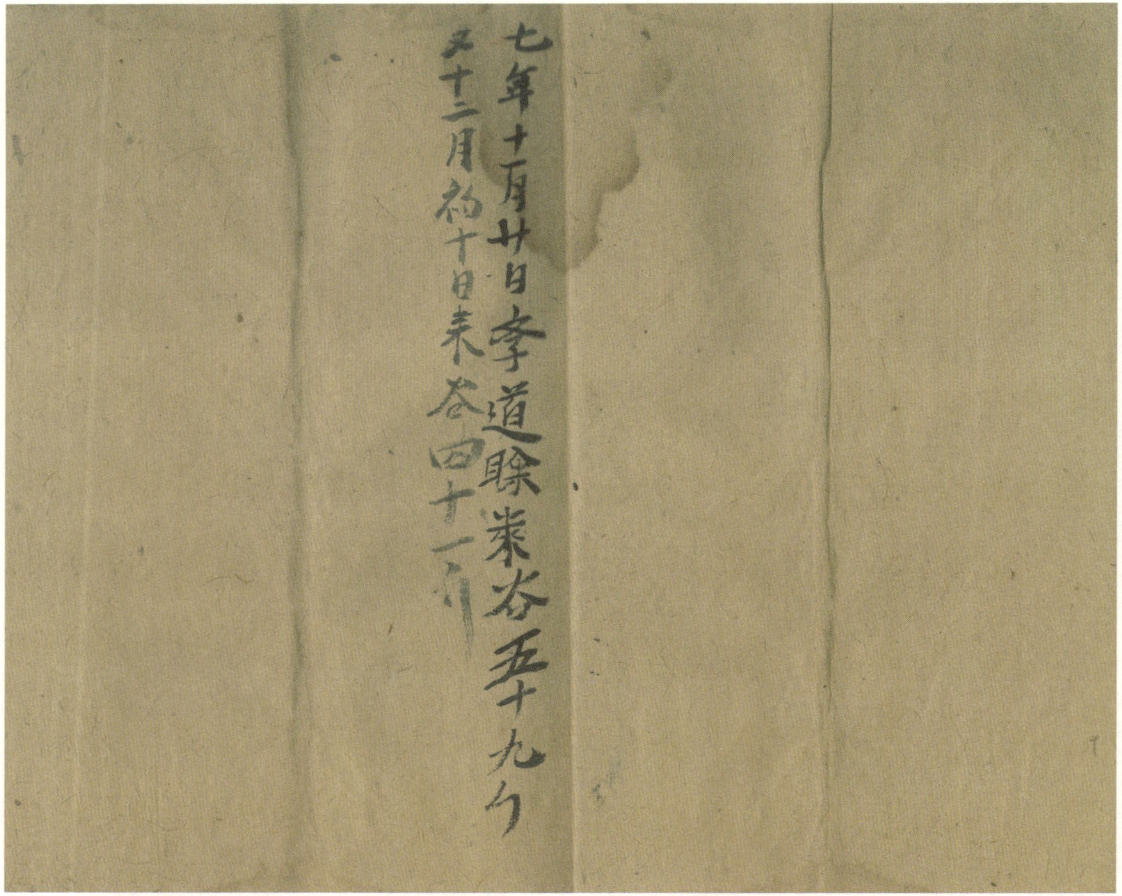
七年十一月廿日李道賒粜谷五十九斤
又十二月初十日粜谷四十一斤

10-5-117-7　清乾隆六年黄學瑜記借支數（七）

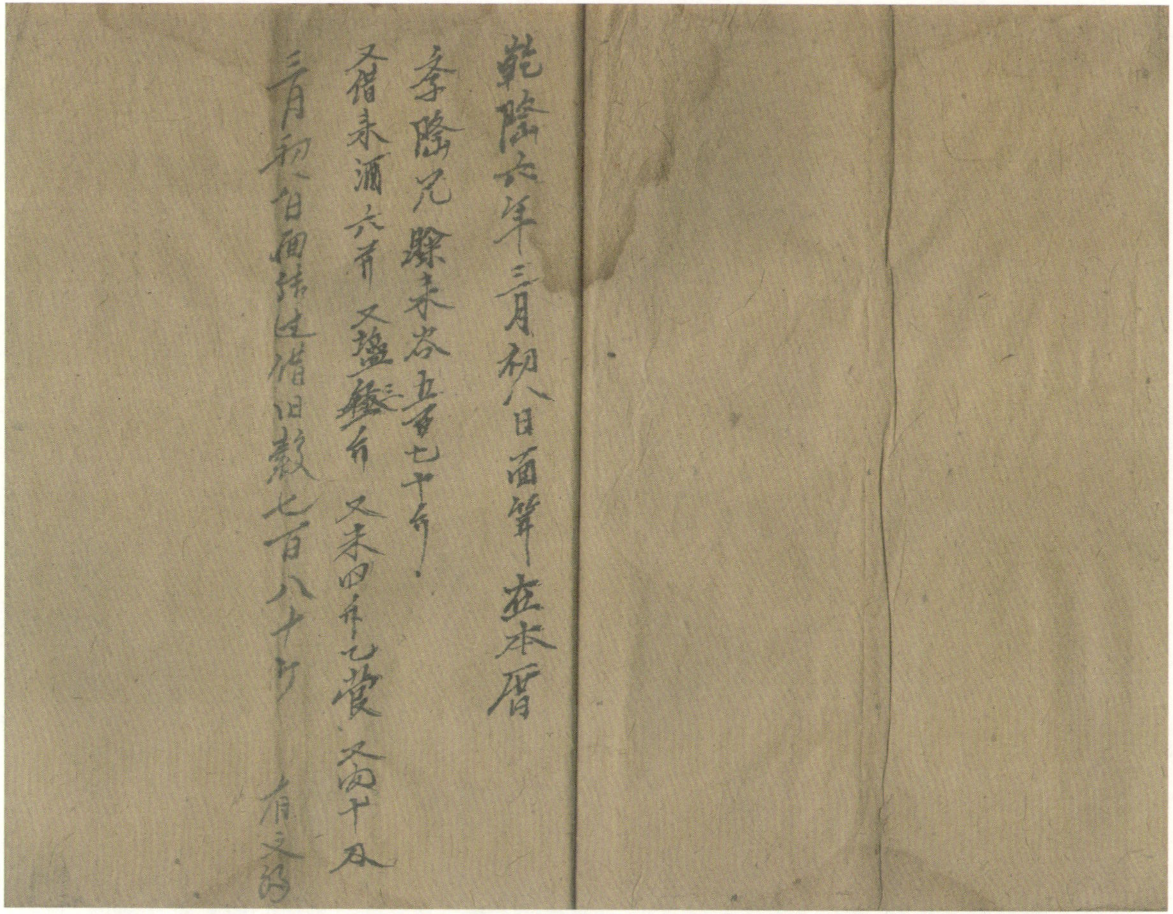

乾隆六年三月初八日面算在本厝
李隆兄賒來谷五百七十斤。
又借來酒六斤 又鹽三斤 又來四斤乙錢 又兩十斤
三月初八日面結過借旧數七百八十斤 有文記

10-5-117-8 清乾隆六年黄學瑜記借支數（八）

10-5-117-9 清乾隆六年黃學瑜記借支數（九）

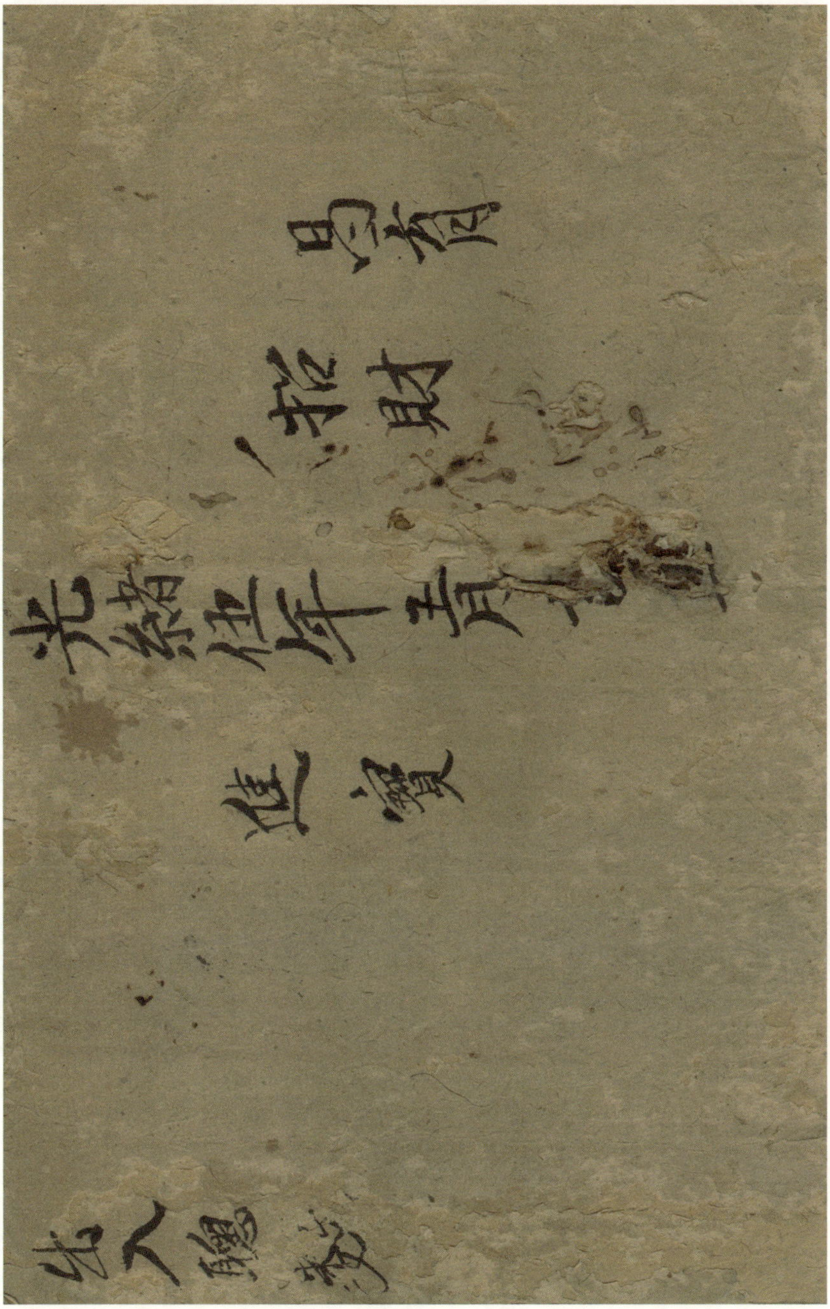

出入總數

光緒伍年

進寶

招財

昌育

10-5-1118-1 清光緒五年黃昌育記出入總數（一）

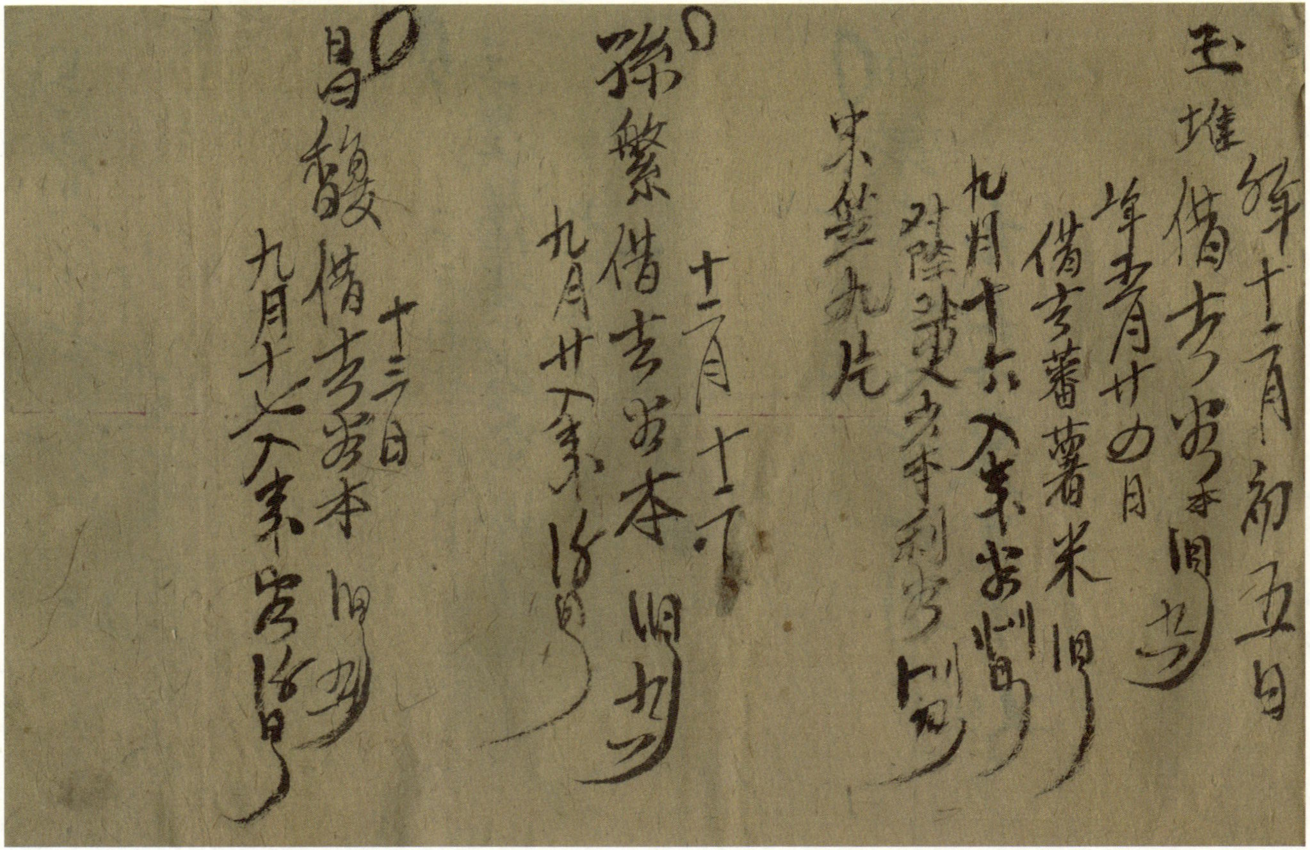
玉
堆　[illegible]年十二月初五日
借去出本[illegible]
[illegible]年十二月廿四日
借去蕃薯米[illegible]
九月十六入来出[illegible]
对除[illegible]出本利[illegible]
[illegible]九元

孫繁　十二月十一
借去出本[illegible]
九月廿入来[illegible]

昌發　十二月日
借去出本[illegible]
九月十七入来[illegible]

10-5-118-2　清光緒五年黄昌育記出入總數（二）

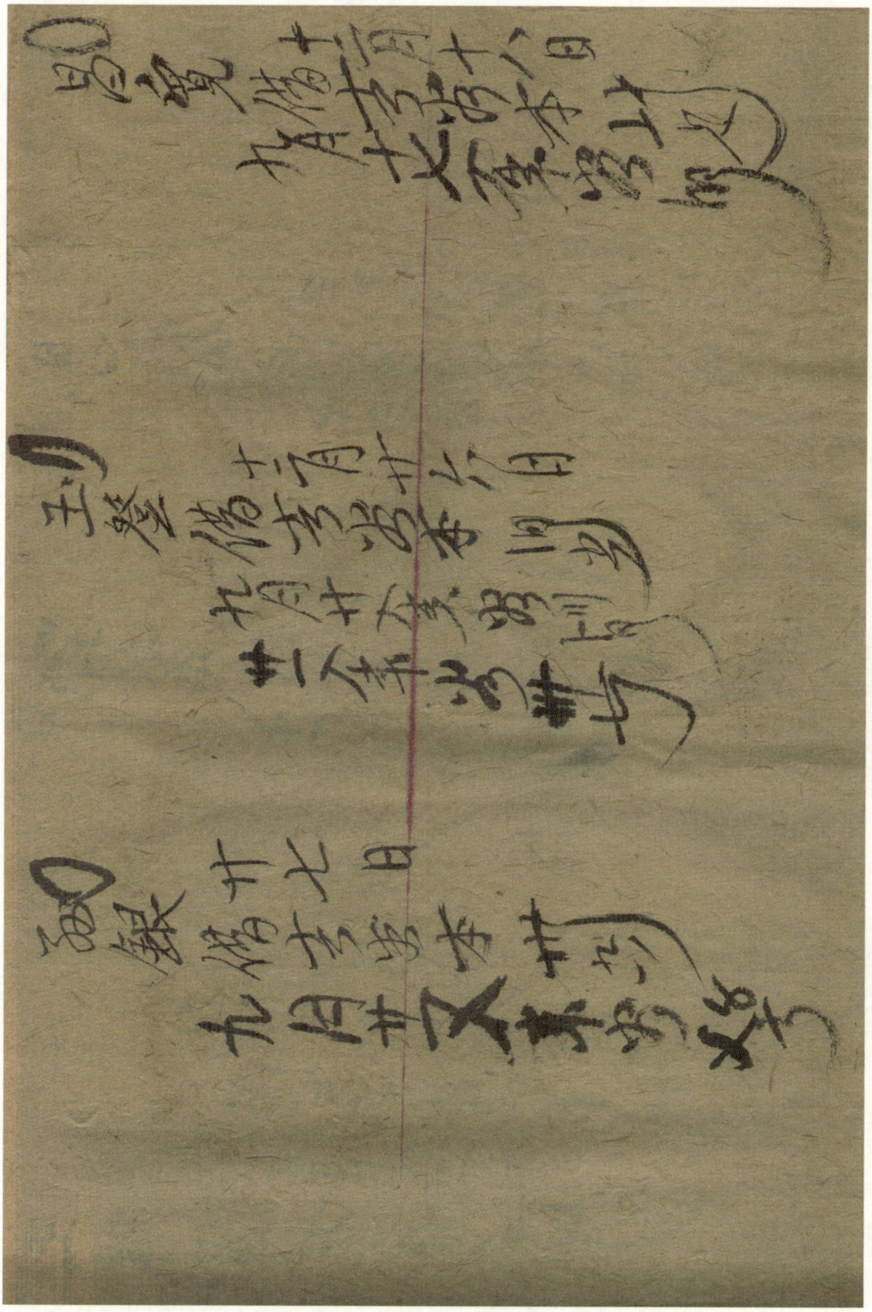

10-5-118-3 清光緒五年黃昌育記出入總數（三）

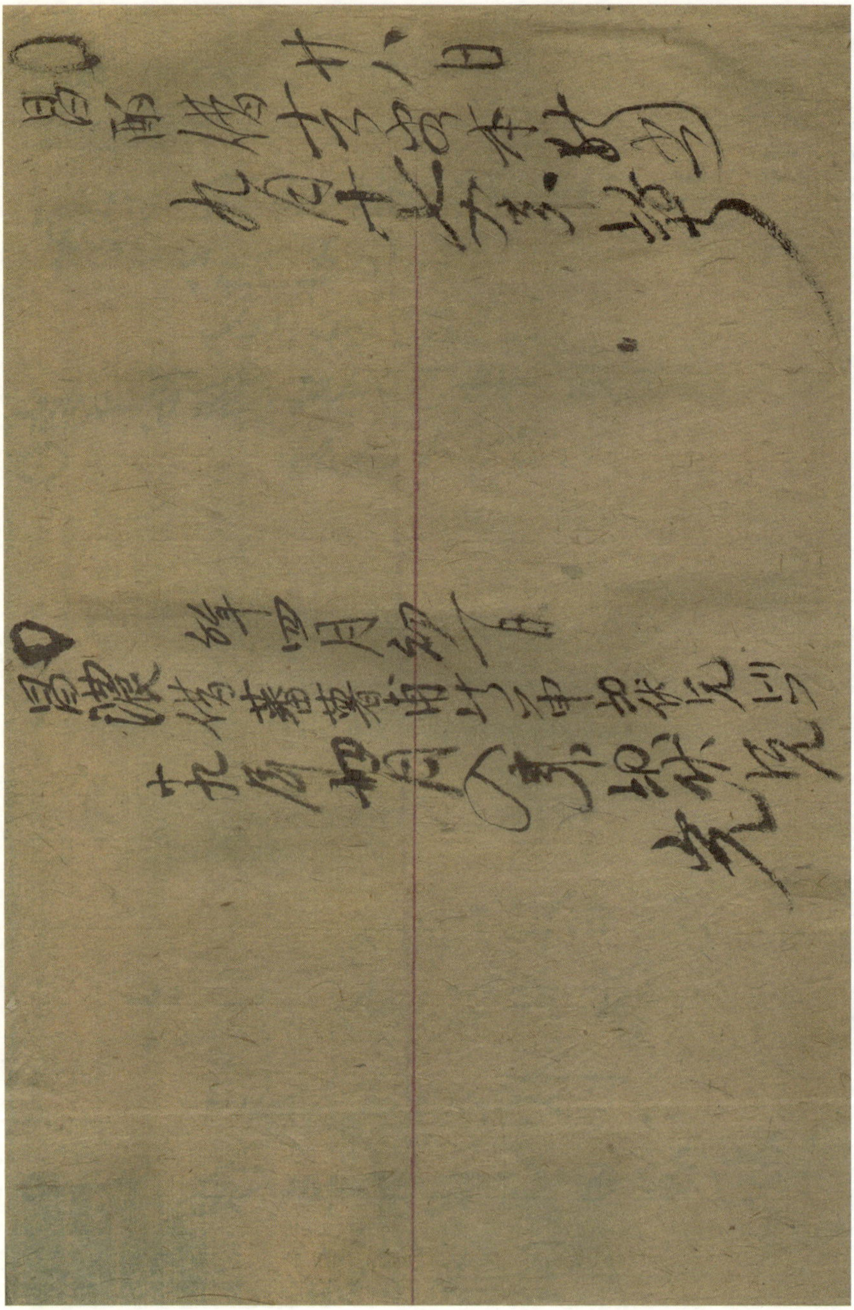

10-5-118-4 清光緒五年黃昌育記出入總數（四）

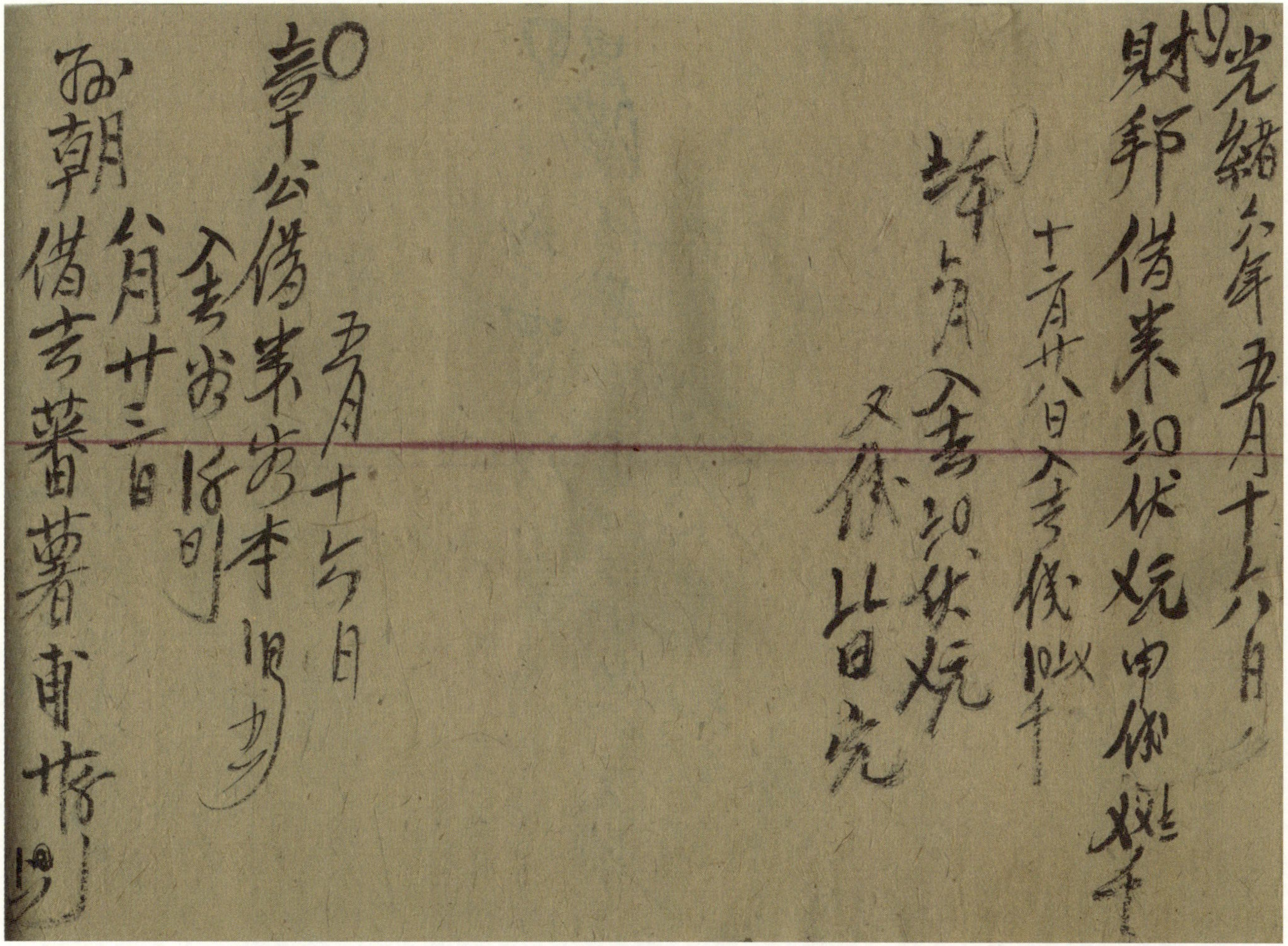
光緒六年五月十六日
財邦借來艮伏烷中保燦手
十二月廿八日入去錢[illegible]千
六年六月入去艮伏烷
又係比日完
五月十六日
章公借來出李個力
全出艮[illegible]明
初月廿三日
和朝借去薯薯甫擔

10-5-118-5　清光緒五年黃昌育記出入總數（五）

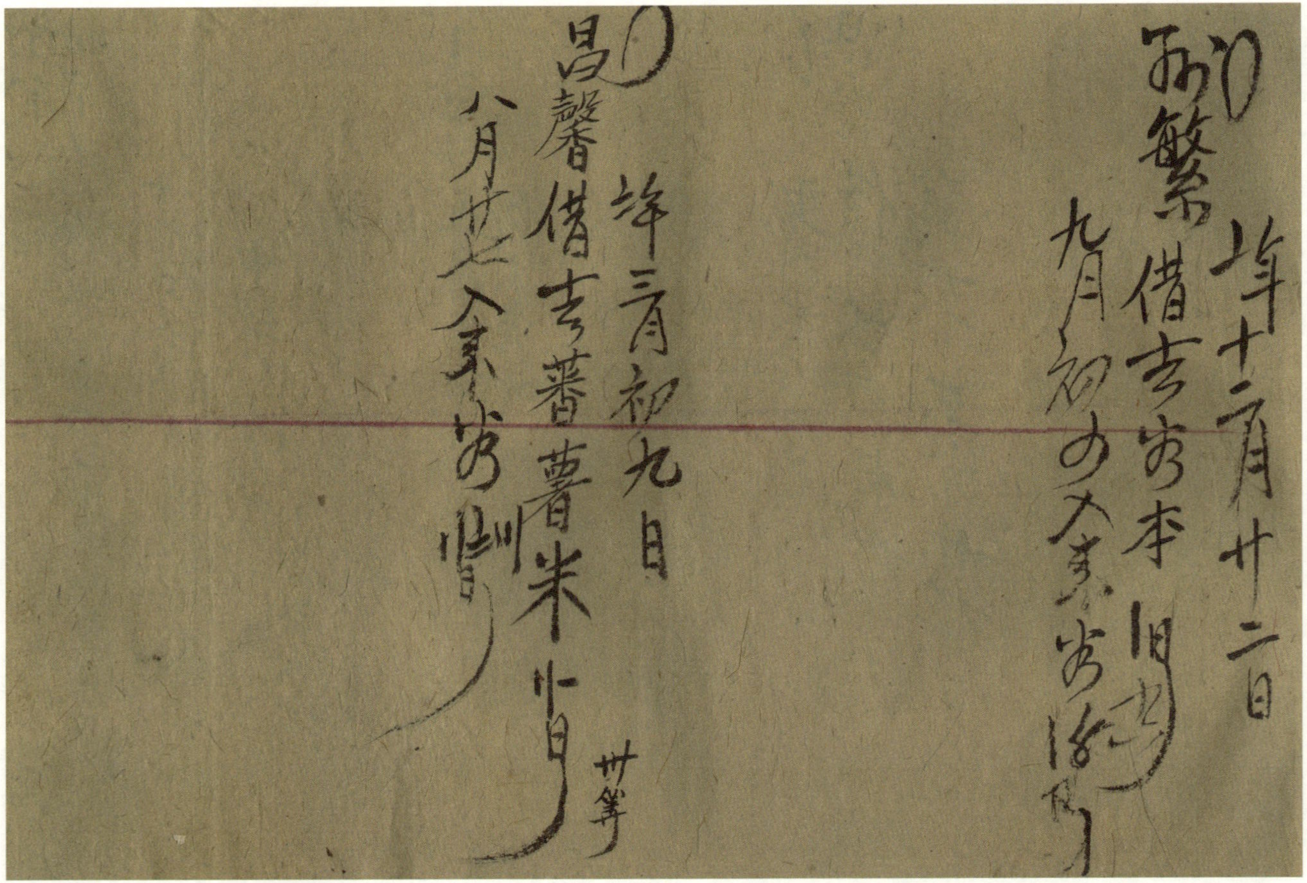

丙繁　年十二月廿二日
借去洋本 [illegible]
九月初四入去洋 [illegible]

昌馨　年三月初九日
借去番薯米 [illegible]
八月廿入去洋 [illegible]
廿筭

10-5-118-6　清光緒五年黄昌育記出入總數（六）

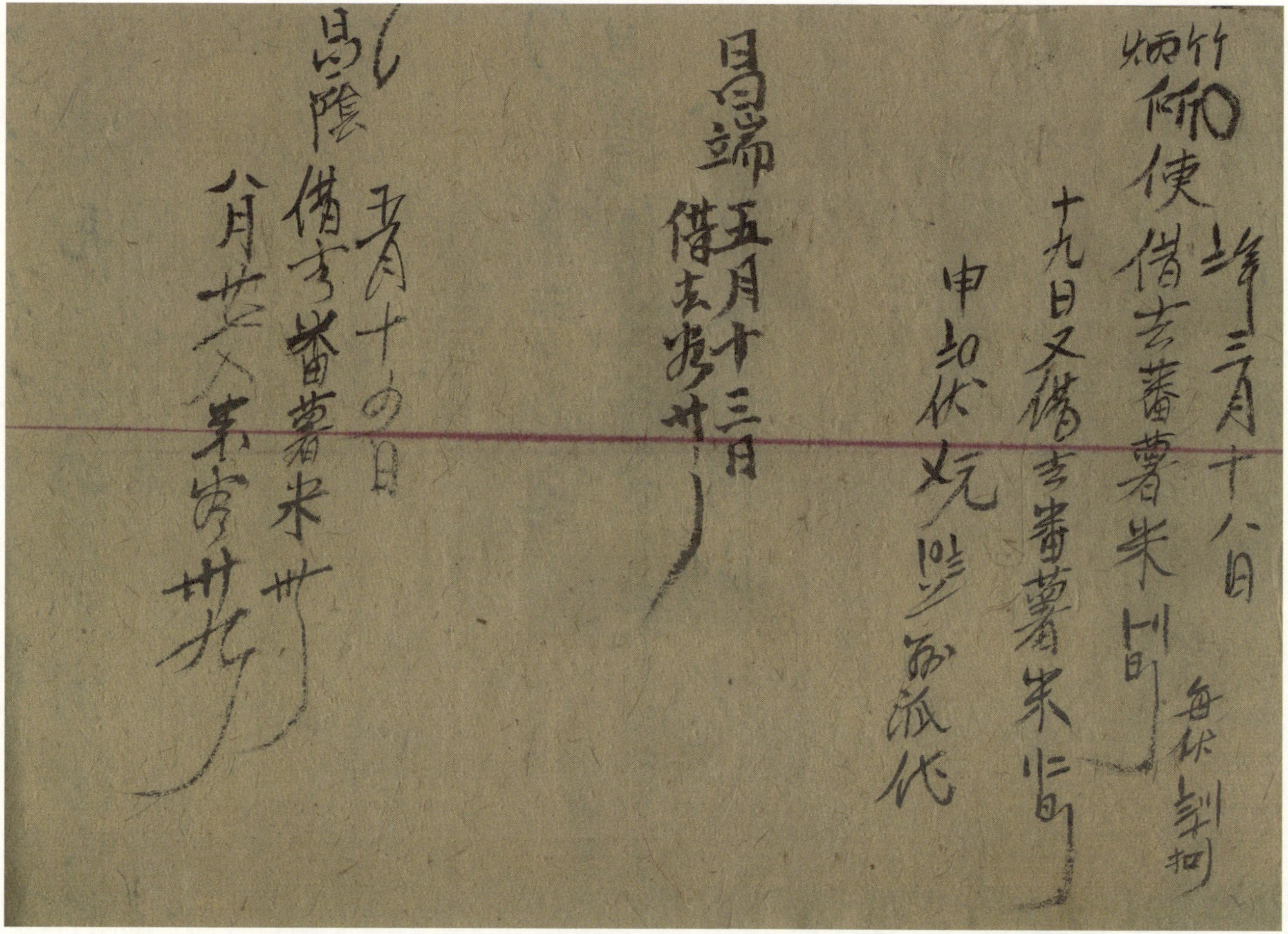

竹炳佩使借去蕃薯米卅斤　三月十八日　每伏[illegible]扣
十九日又借去蕃薯米十斤
申加伏[illegible]元[illegible]派代

昌端借去五月十三日[illegible]卅斤

昌陰借去五月十四日蕃薯米卅斤
八月廿八米[illegible]卅九斤

10-5-118-7　清光緒五年黄昌育記出入總數（七）

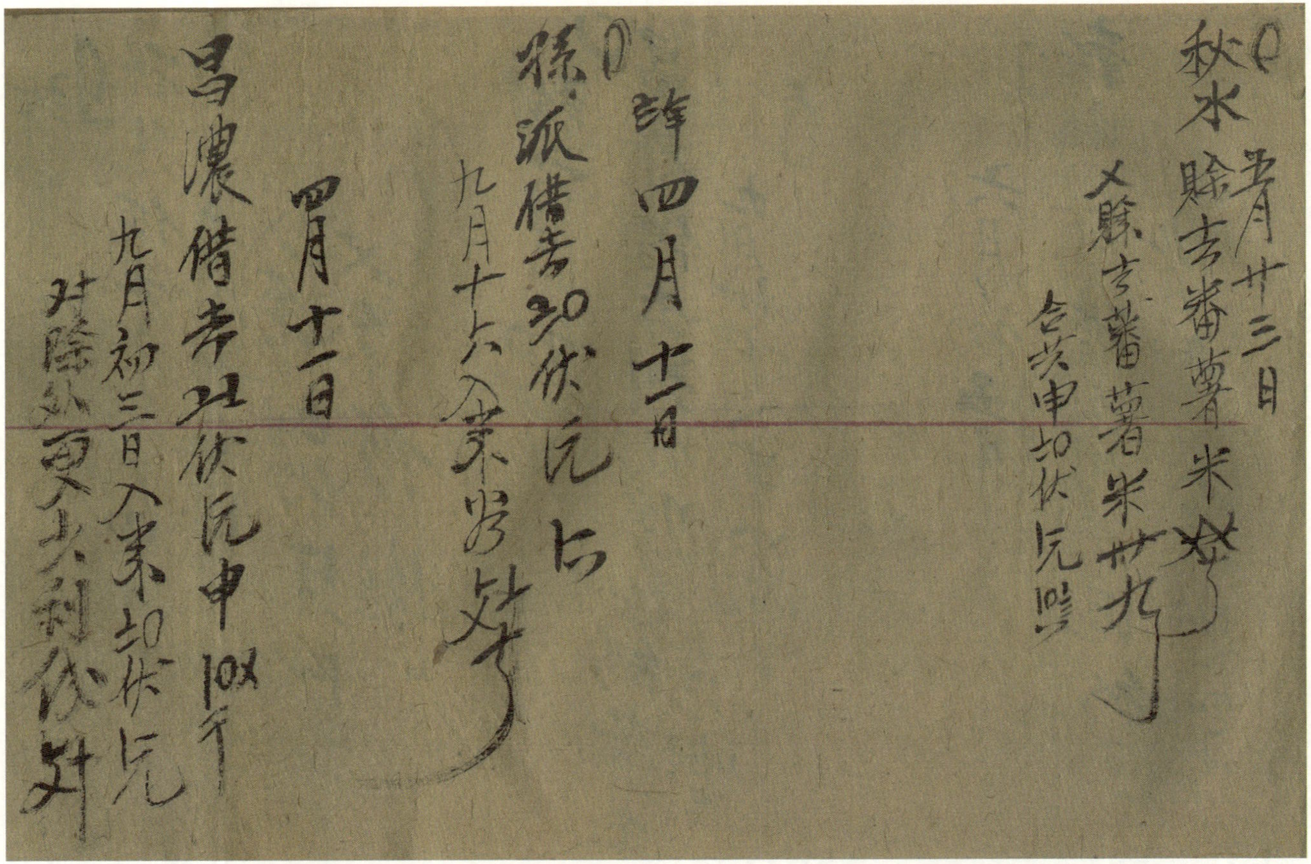
秋水 叁月廿三日
賒去番薯米 [illegible]
又賒去番薯米廿九
合共申扣伏元 [illegible]
許 四月十一日
孫派借去 [illegible] 伏元 [illegible]
九月十六入來 [illegible] 對
四月十一日
昌濃借去 [illegible] 伏元申 [illegible] 千
九月初三日入來扣伏元
扣除 [illegible] 對

10-5-118-8　清光緒五年黄昌育記出入總數（八）

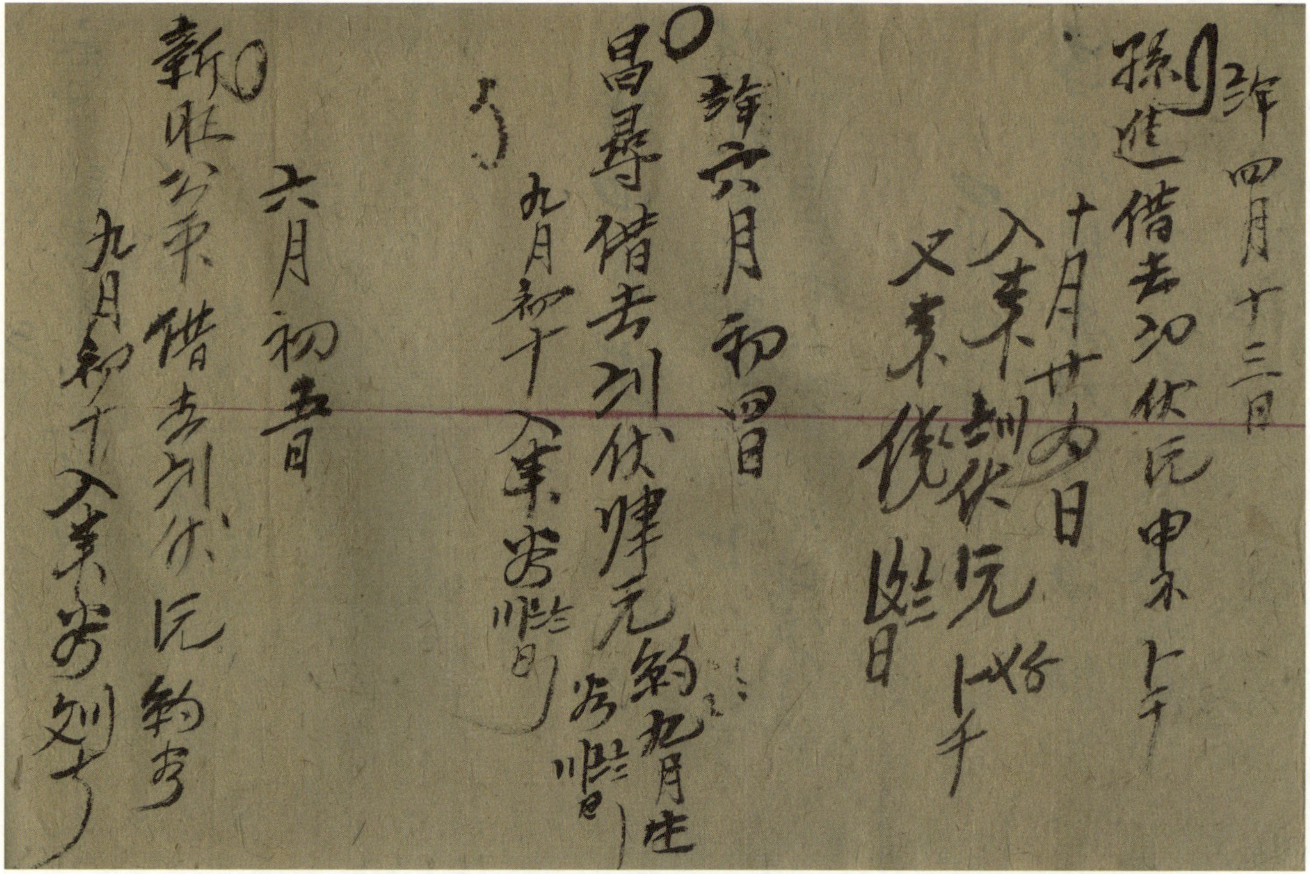

10-5-118-9　清光緒五年黃昌育記出入總數（九）

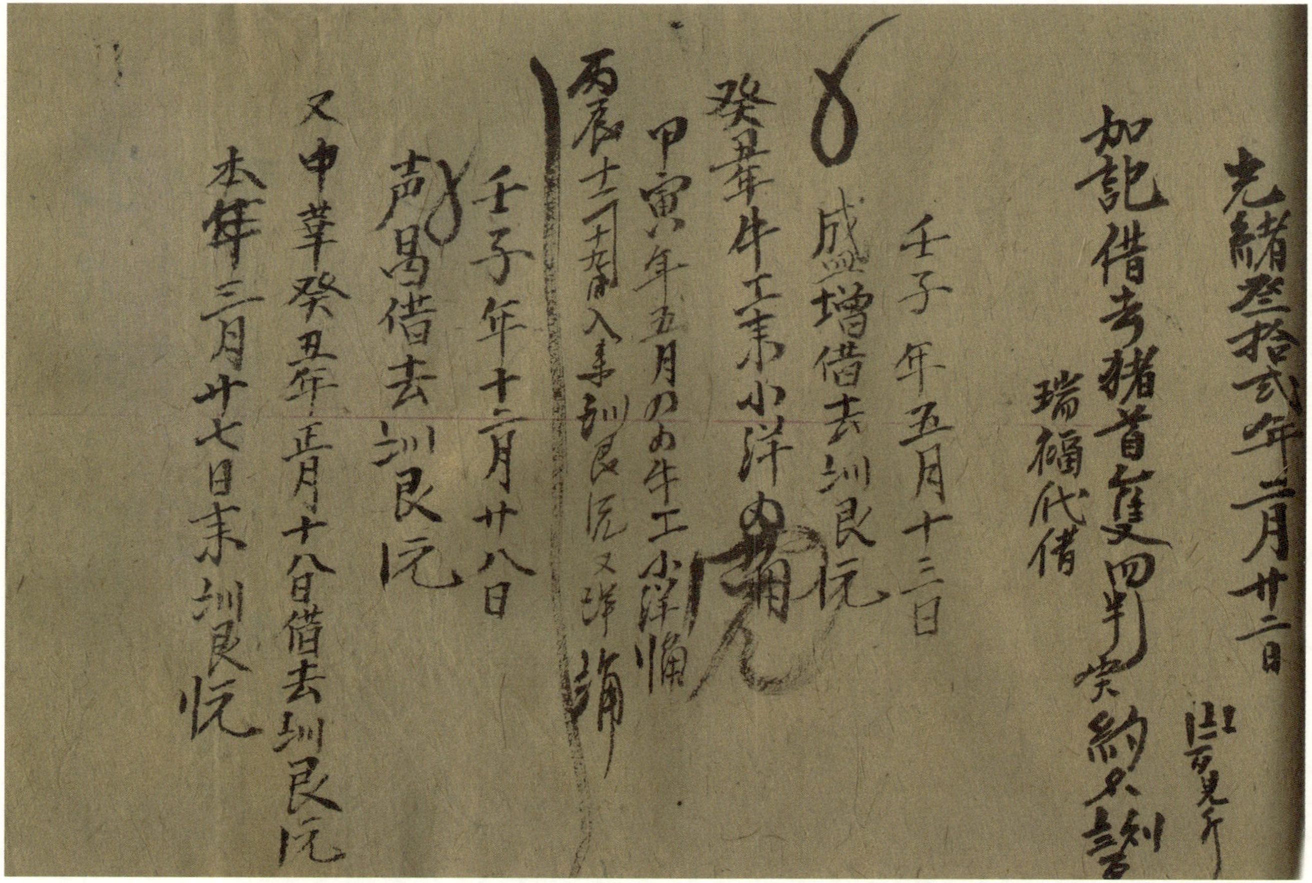
光緒叁拾貳年二月廿二日
加記借去猪首隻四斤實約
瑞福代借
壬子年五月十三日
盛增借去圳良阮
癸丑年牛工來小洋肆角
甲寅年五月初四牛工小洋壹角
丙辰十二月初八入來圳良阮又洋壹角
壬子年十二月廿八日
尚昌借去圳良阮
又申華癸丑年正月十八日借去圳良阮
本年三月廿七日來圳良阮

10-5-118-10　清光緒五年黄昌育記出入總數（一〇）

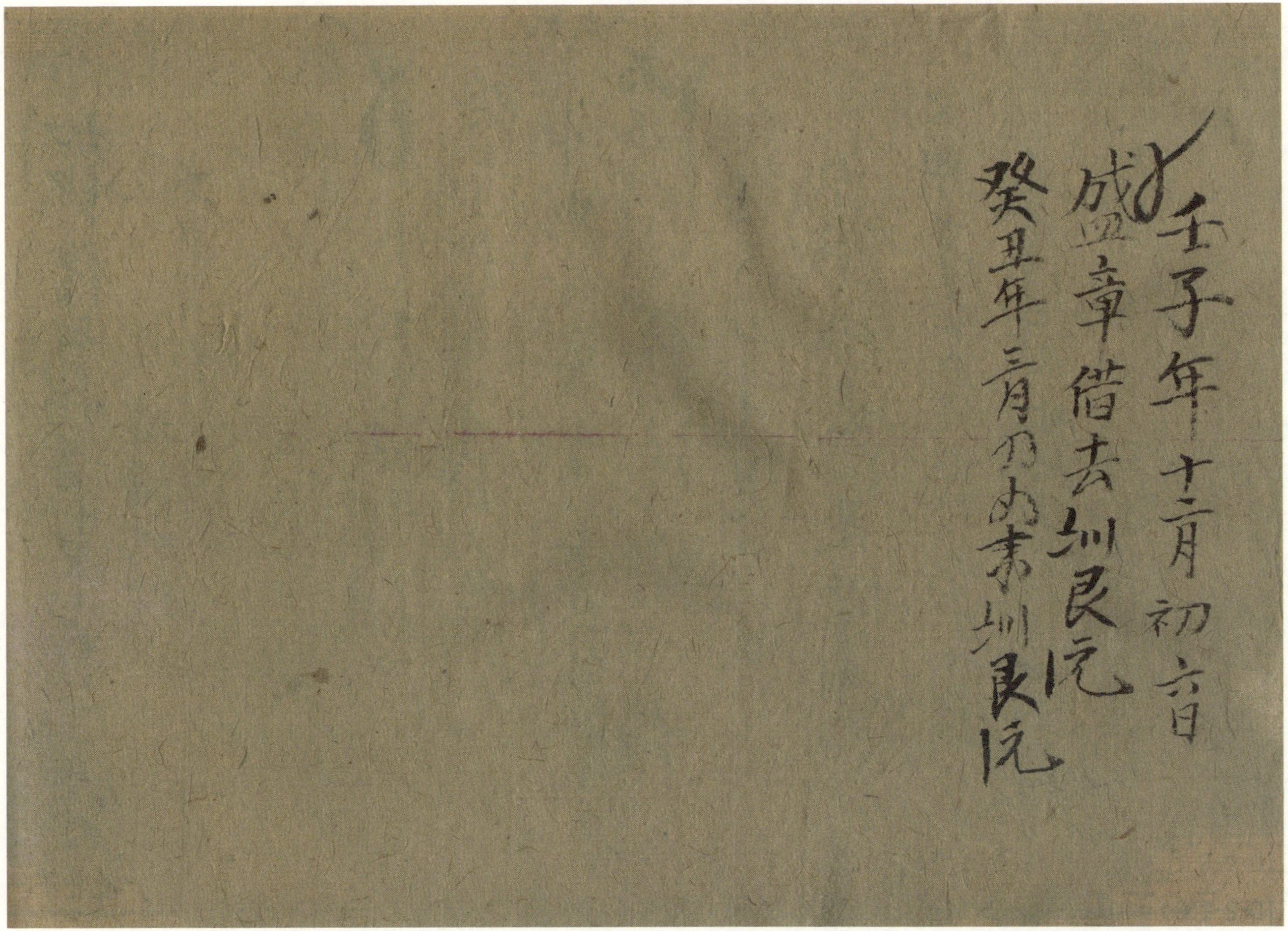

10-5-118-11 清光緒五年黄昌育記出入總數（一一）

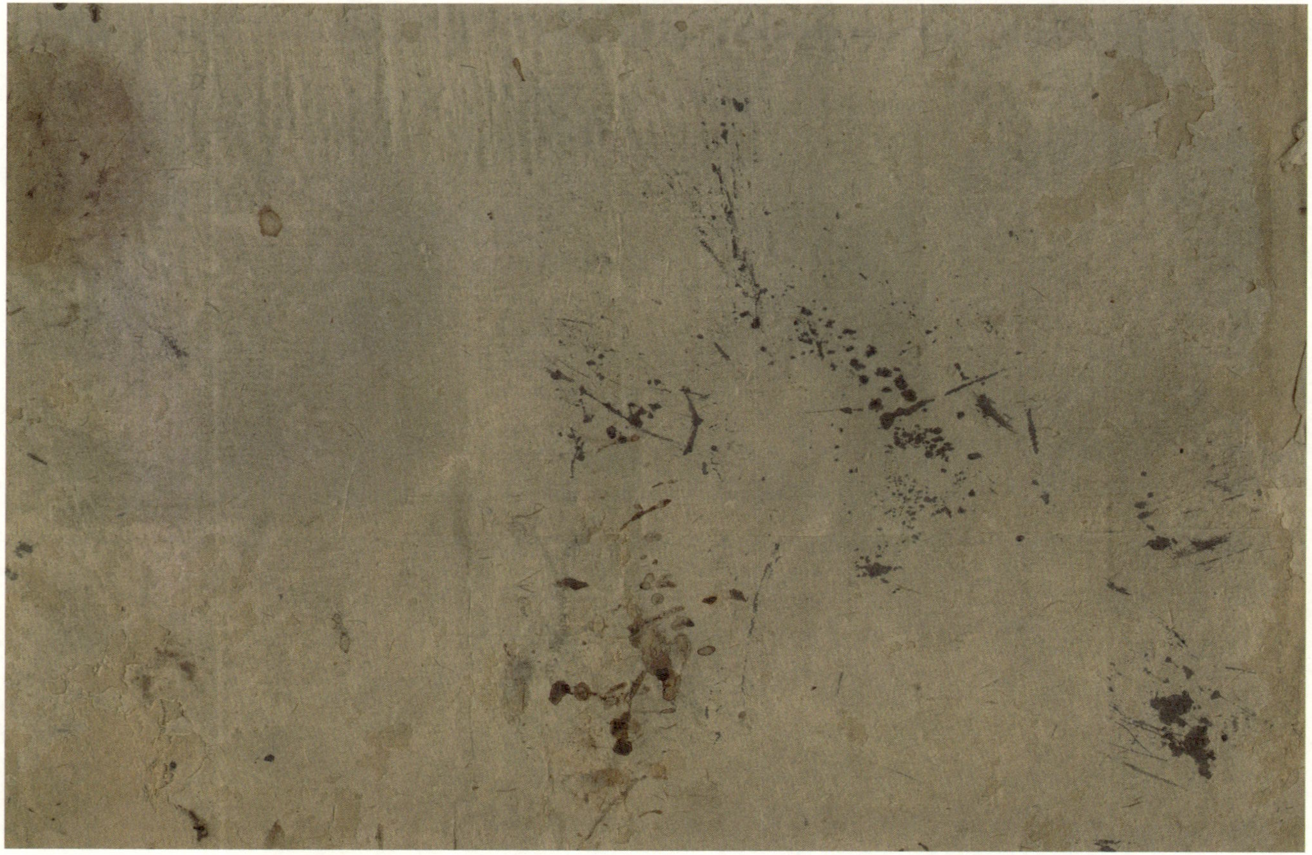

10-5-118-12　清光緒五年黃昌育記出入總數（一二）

第六帙　黄朝强户

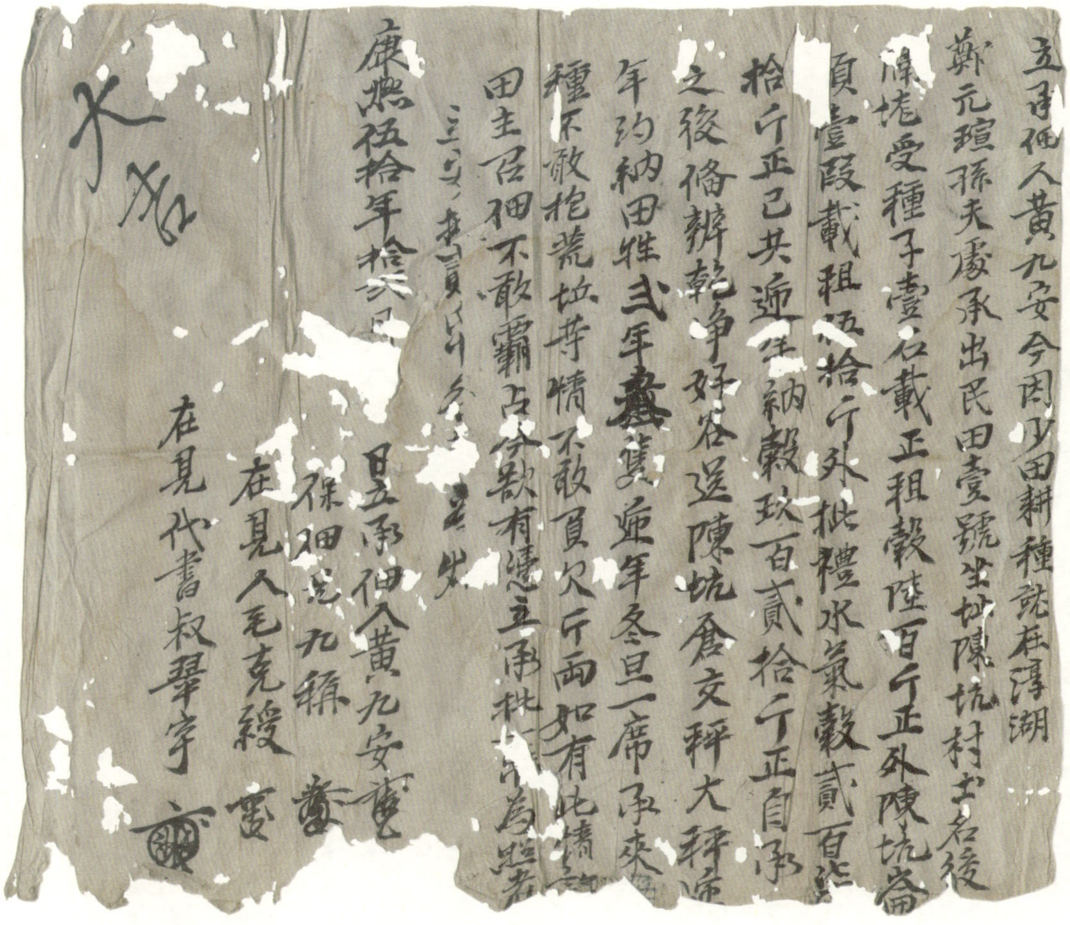

10-6-1-1 清康熙五十年十二月黃九安立承佃民田契

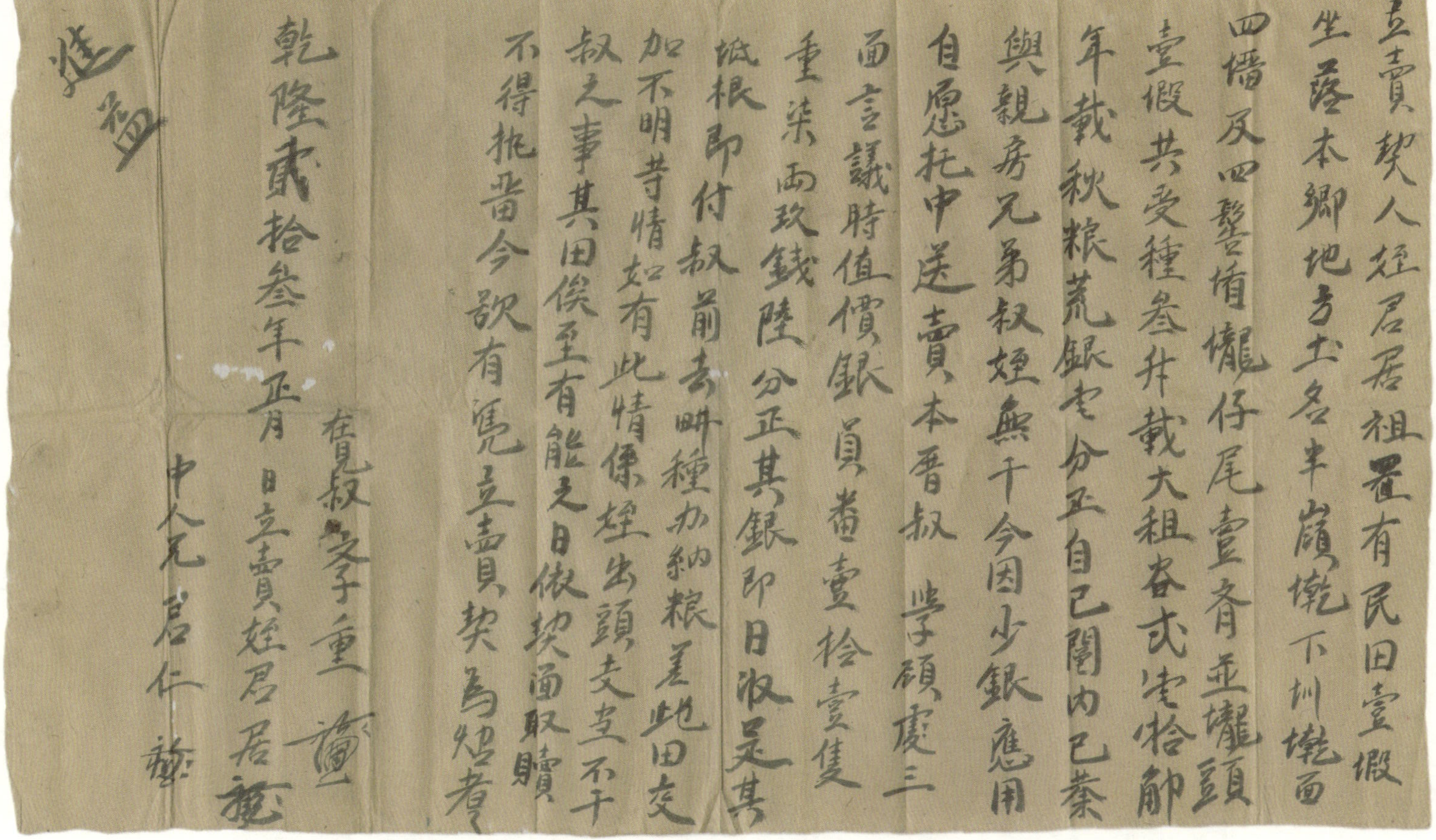
立賣契人姪君居居祖置有民田壹假
坐落本鄉地方土名牛嶺墘下圳墘面
四墻及四磬埔壠仔尾壹脊並壠頭
壹假共受種叁升載大租谷弍定拾觔
年載秋粮荒銀□分正自己閹內己業
與親房兄弟叔姪無干今因少銀應用
自愿托中送賣本房叔 學顕處三
面言議時值價銀員番壹拾壹隻
重柒兩玖錢陸分正其銀即日收足其
紙根即付叔前去耕種办納粮差此田交
加不明等情如有此情係姪出頭支當不干
叔之事其田俟至有能之日依契面取贖
不得執留今欲有憑立賣契為炤者
在見叔 季重
乾隆貳拾叁年正月 日立賣姪君居
中人兄 君仁
姪畫

10-6-1-2 清乾隆二十三年正月黃君居立賣民田契

立盡契柯乃周，于本年八月間有民田壹號，載租谷拾叁勳，賣與本佃黃李領自耕為業，其苗米並及數銀兩俱載原契內明白。今托中再向黃李領處盡出銀壹兩叁錢正，其產自盡之後，不得言盡取贖，永遠為業，其粮過割入戶，不得異言。今欲有憑，立盡契壹紙，併原契共貳紙付執為照。

乾隆叁拾貳年拾月　日立盡契柯乃周（押）

中見弟乃明（押）

秉筆男湖壽（押）

10-6-1-3　清乾隆三十二年十月柯乃周立盡民田契

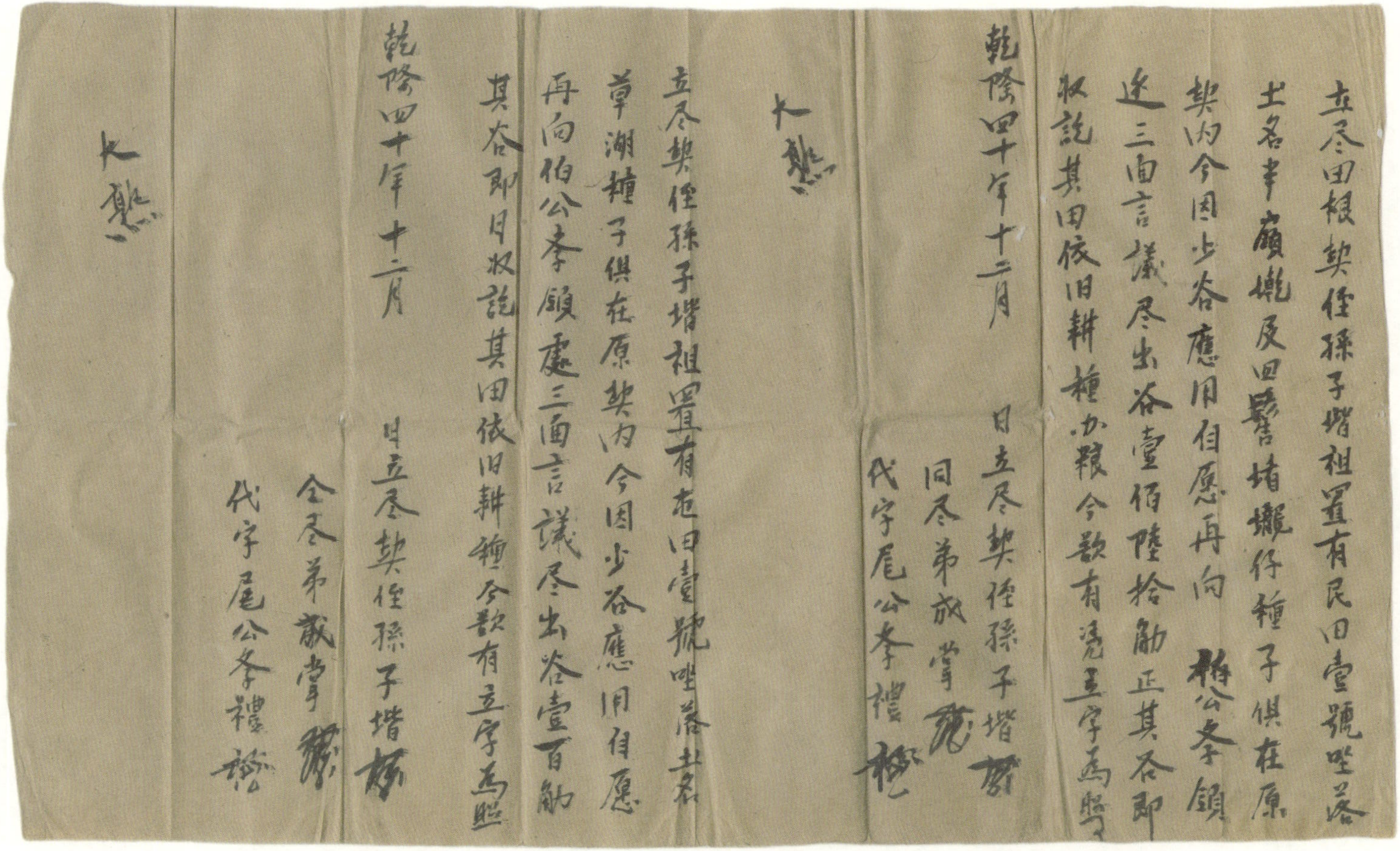
立盡田根契侄孫子堦祖置有民田壹號坐落
土名牛嶺墘及田墘堵壠仔種子俱在原
契內今因少谷應用自愿再向 叔公季領
送三面言議盡出谷壹佰陸拾觔正其谷即
收訖其田依旧耕種办粮今欲有憑立字爲照
乾隆四十年十二月　日立盡契侄孫子堦（押）
同盡弟成掌（押）
代字尾公季禮（押）
大吉

立盡契侄孫子堦祖置有苞田壹號坐落土名
草湖種子俱在原契內今因少谷應用自愿
再向伯公季領處三面言議盡出谷壹百觔
其谷即日收訖其田依旧耕種办粮今欲有立字爲照
乾隆四十年十二月　日立盡契侄孫子堦（押）
仝盡弟葳掌（押）
代字尾公季禮（押）
大吉

10-6-1-4　清乾隆四十年十二月黄子堦等立盡民田根契

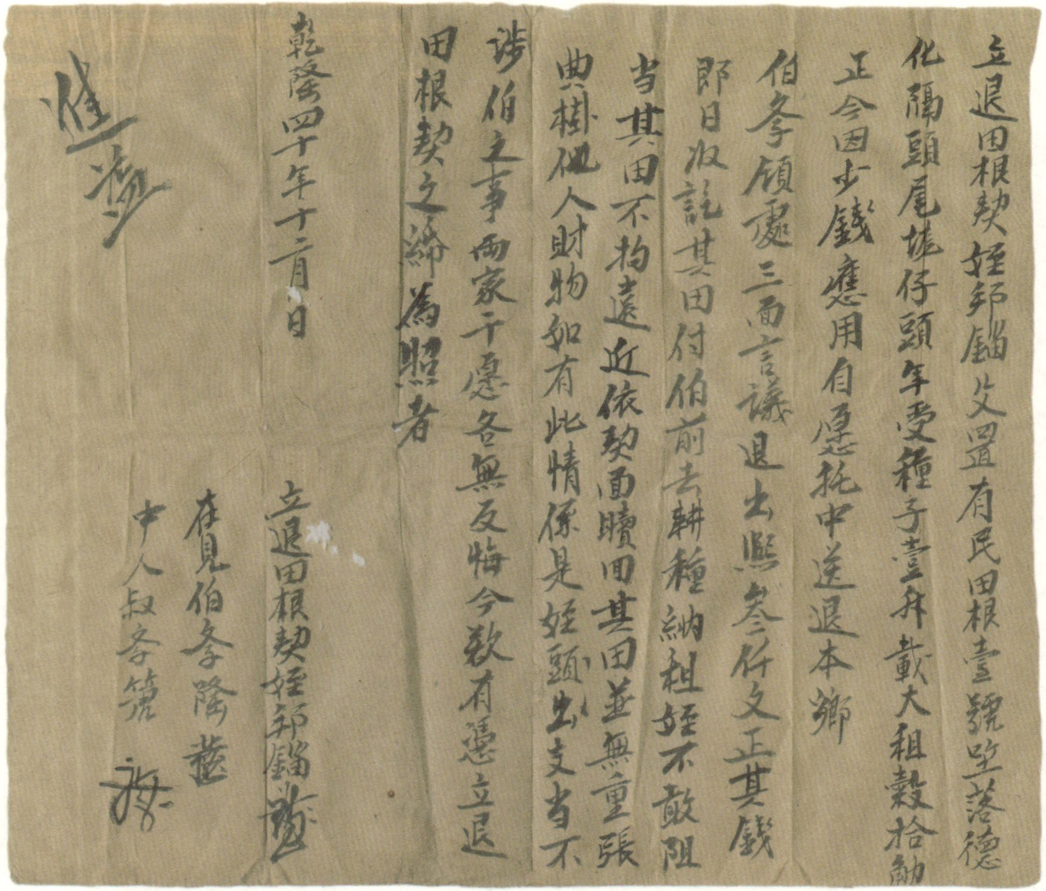
立退田根契侄邦鎦父置有民田根壹號坐落德
化隔頭尾墟仔頭年受種子壹斗載大租穀拾觔
正今因乏錢應用自愿托中送退本鄉
伯參領處三面言議退出照參仟文正其錢
即日收訖其田付伯前去耕種納租侄不敢阻
当其田不拘遠近依契面贖田其田並無重張
典掛他人財物如有此情係是侄頭出支当不
涉伯之事兩家千愿各無反悔今欲有憑立退
田根契乙紙為照者

乾隆四十年十二月　日

立退田根契侄邦鎦（押）

在見伯參隆（押）

中人叔參箎（押）

進益

10-6-1-5　清乾隆四十年十二月黃邦鎦立退民田根契

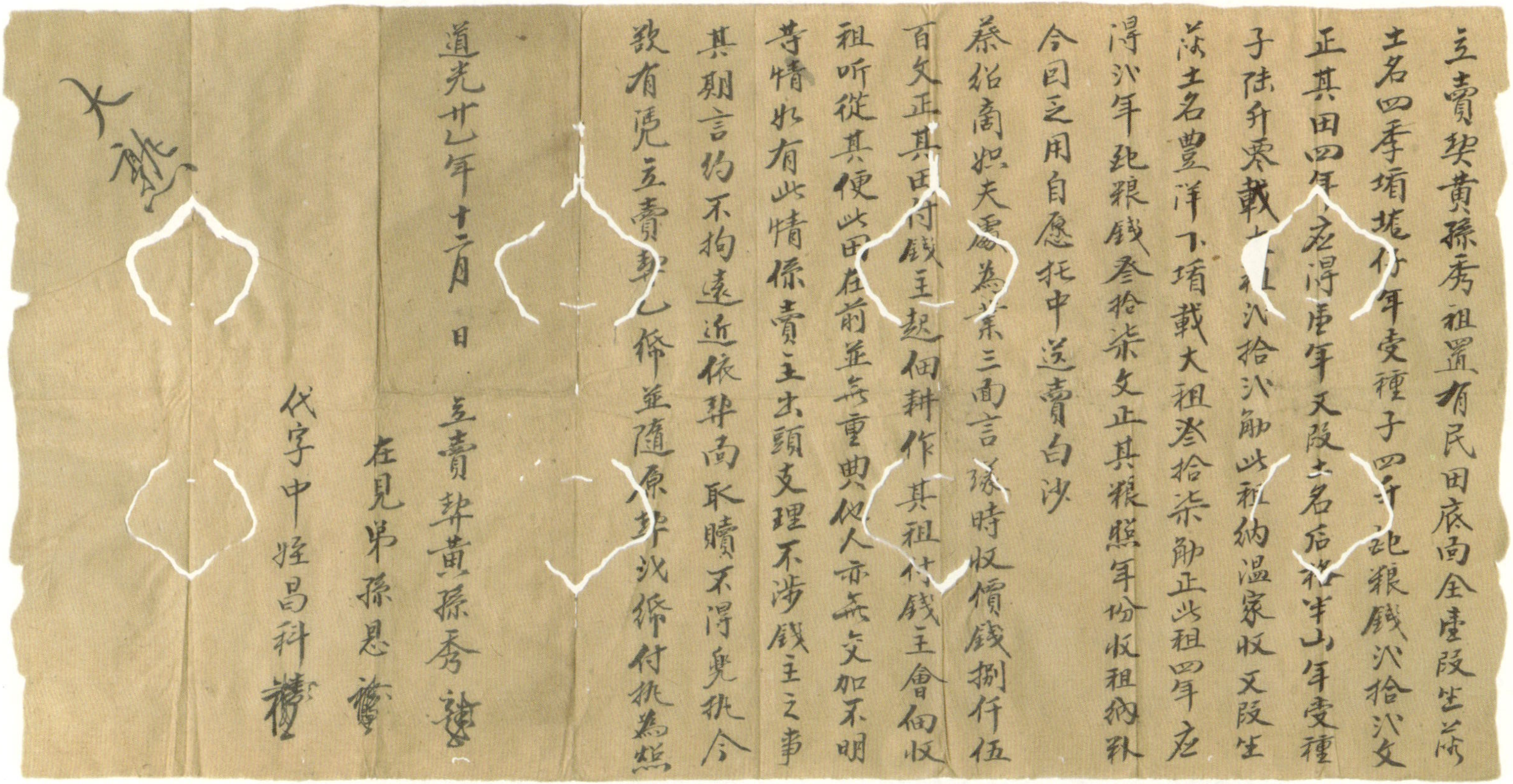
立賣契黃孫秀祖置有民田底面全壹段坐落
土名四季墻垅仔年受種子四升配粮錢弍拾弍文
正其田四年庇得歷年又段土名后孙半山年受種
子陆升零載大租弍拾弍觔此租納温家收又段坐
落土名豐洋下墻載大租叁拾柒觔正此租四年庇
得弍年配粮錢叁拾柒文正其粮照年份收租納秋
今因乏用自愿托中送賣白沙
蔡绍商妲夫處為業三面言議時收價錢捌仟伍
百文正其田付錢主起佃耕作其租付錢主會佃收
租听從其便此田在前並無重典他人亦無文加不明
等情如有此情係賣主出頭支理不涉錢主之事
其期言约不拘遠近依契尚取贖不得異執今
致有憑立賣契乙紙並隨原契弍紙付執為照
道光廿乙年十二月　日　立賣契黃孫秀
在見弟孫恳
代字中姪昌科
大吉

10-6-1-6　清道光二十一年十二月黃孫秀立賣底面全民田契

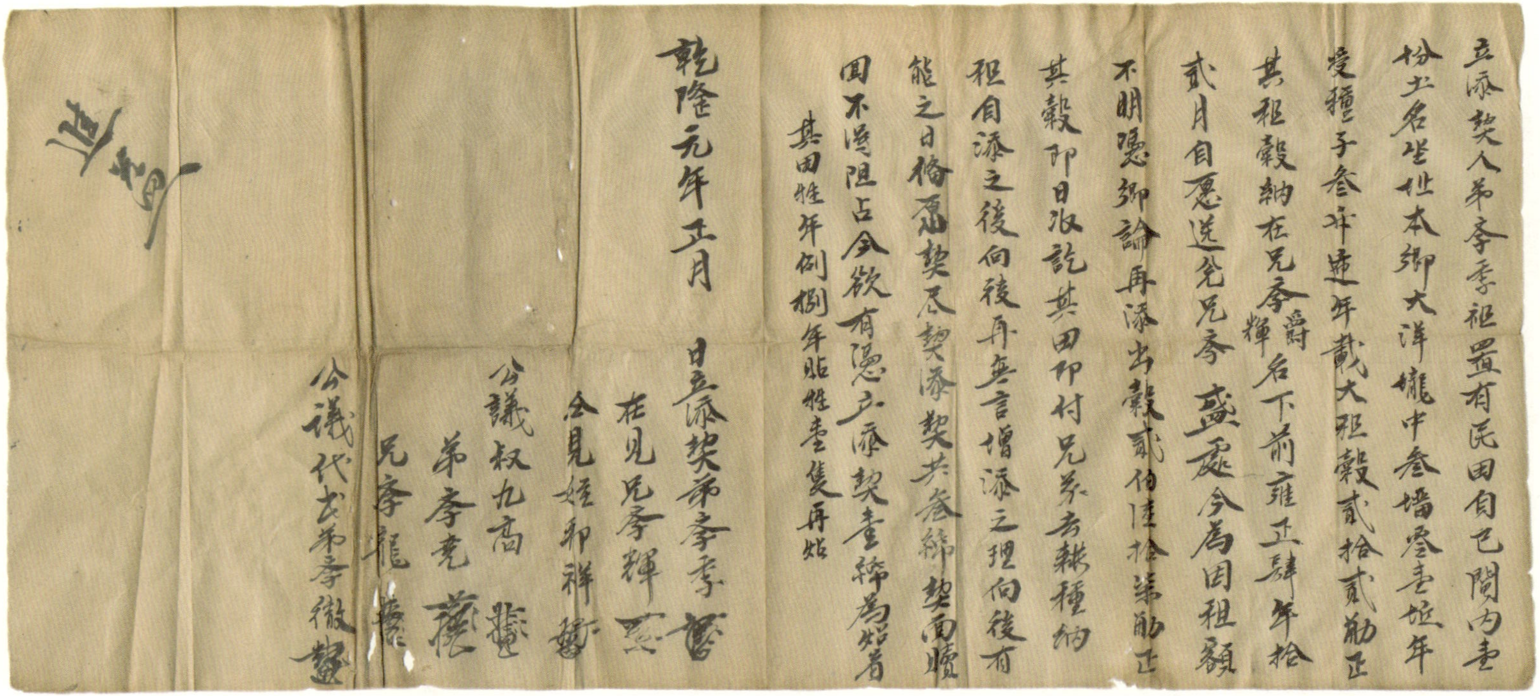

立添契人弟孝季祖置有民田自己鬮內壹
號土名坐址本鄉大洋壠中叁墻叁壹坵年
受種子叁斗遞年載大租穀貳拾貳觔正
其租穀納在兄孝爵輝名下前雍正肆年拾
貳月自愿送兄孝盛處今爲因租額
不明憑鄉論再添出穀貳佰陸拾柒觔正
其穀即日收訖其田即付兄弟去耕種納
租自添之後向後再無言增添之理向後有
能之日備原契添契共叁紙契面贖
回不得阻占今欲有憑立添契壹紙爲照着
其田姓年例捌年貼姓壹隻再姑

乾隆元年正月　日立添契弟孝季（押）
在見兄孝輝（押）
仝見姪和祥（押）
公議叔九高（押）
弟孝亮（押）
兄孝龍（押）
公議代書弟孝徵（押）

10-6-2-1　清乾隆元年正月黄孝季立添民田契

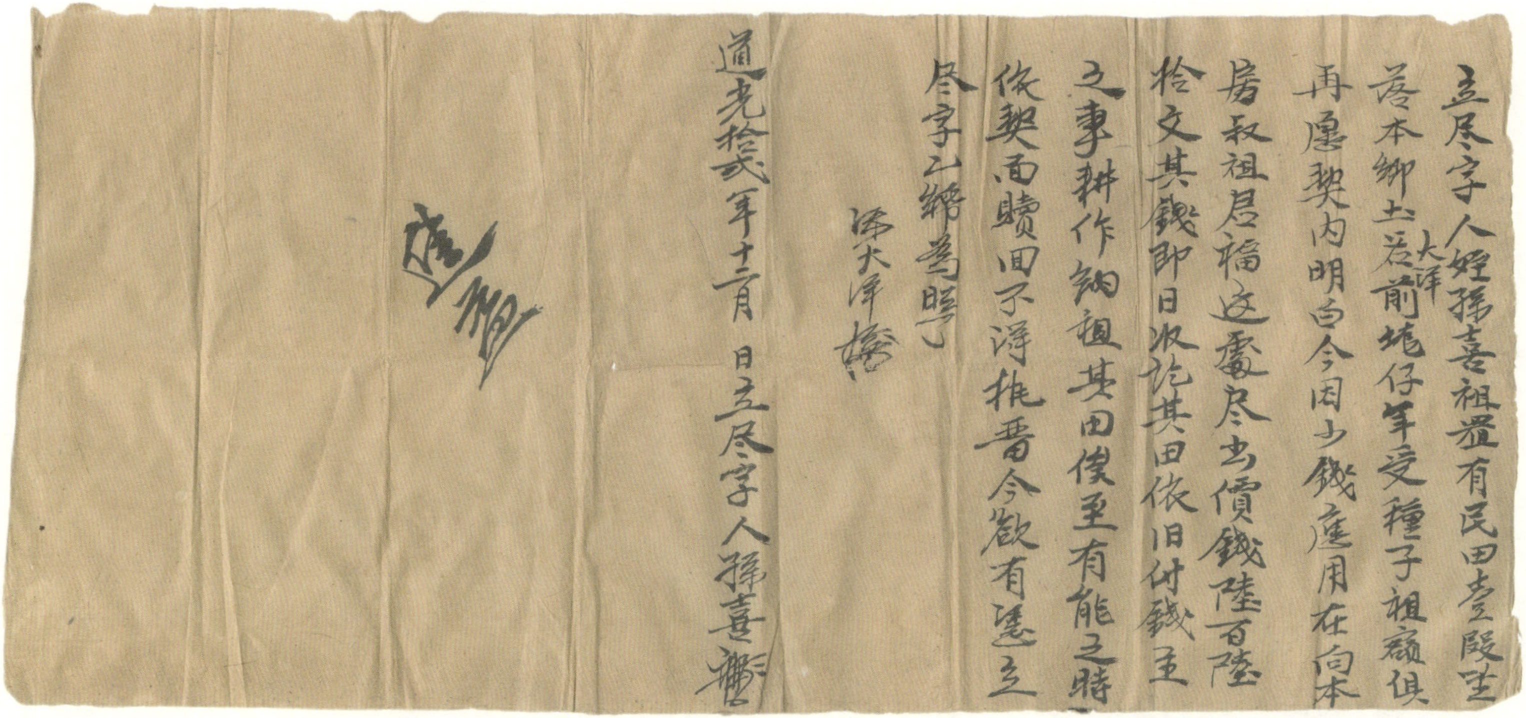
立尽字人姪孫喜祖置有民田壹段坐
落本鄉土名大洋前垅仔早受種子祖額俱
再應契內明白今因乏錢應用在向本
房叔祖居福邊盡尽出價錢陸百陸
拾文其錢即日收訖其田依旧付錢主
之事耕作納租其田俟至有能之時
依契面贖回不得推番今欲有憑立
尽字一紙爲照。
涂大洋（押）
道光拾貳年十二月 日立尽字人孫喜（押）

10-6-2-2 清道光十二年十二月黃孫喜立盡民田契

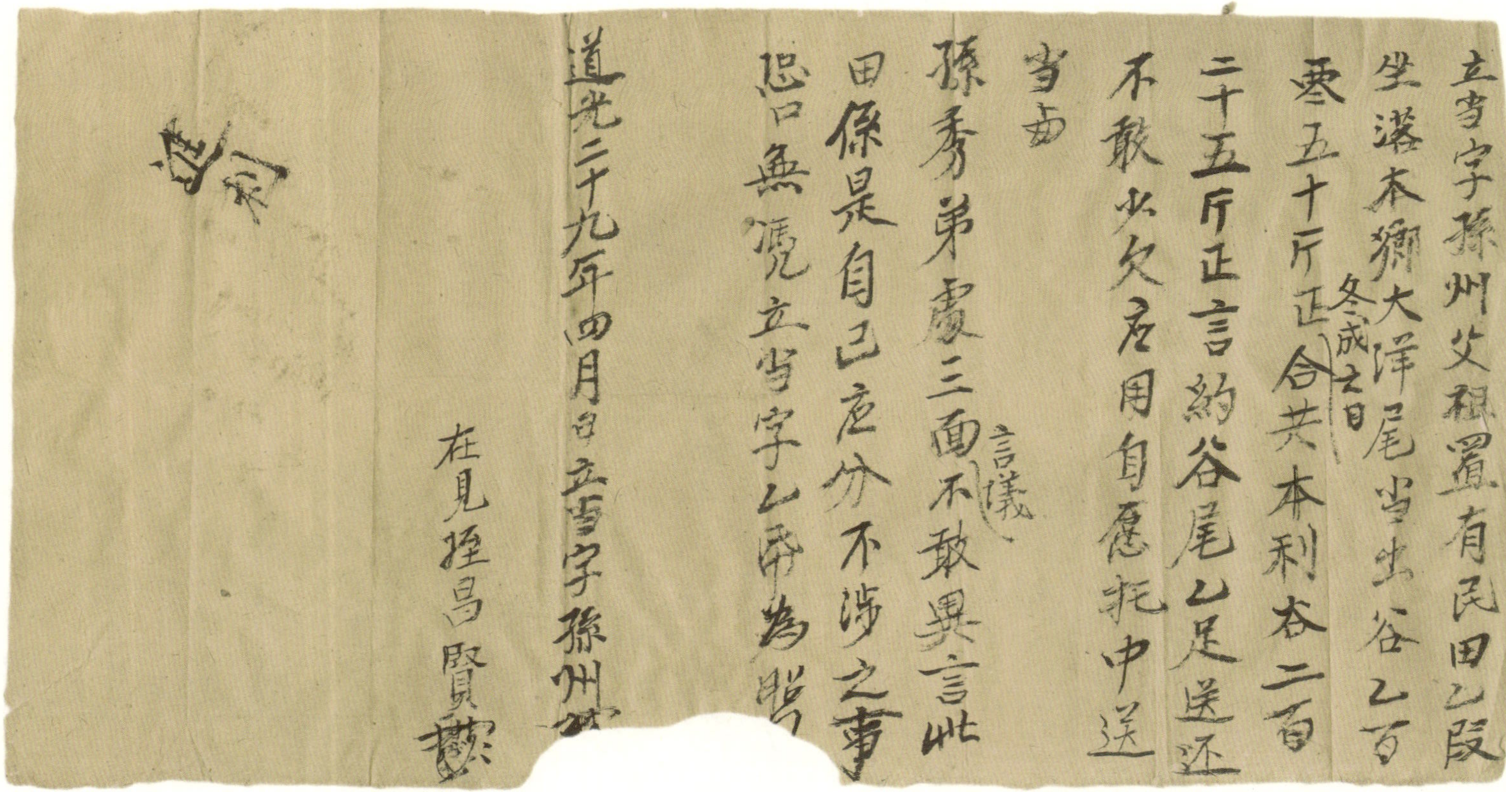

立當字孫州艾祖置有民田乙段
坐落本鄉大洋尾當出谷乙百
零五十斤正冬成之日合共本利谷二百
二十五斤正言約谷尾乙足送还
不敢少欠后用自愿托中送
當与
孫秀弟處三面言議不敢異言此
田係是自己应分不涉之事
恐口無憑立當字乙帋為照
道光二十九年四月日立當字孫州（押）
在見姪昌賢（押）
照

10-6-2-3　清道光二十九年四月黃孫州立當民田字

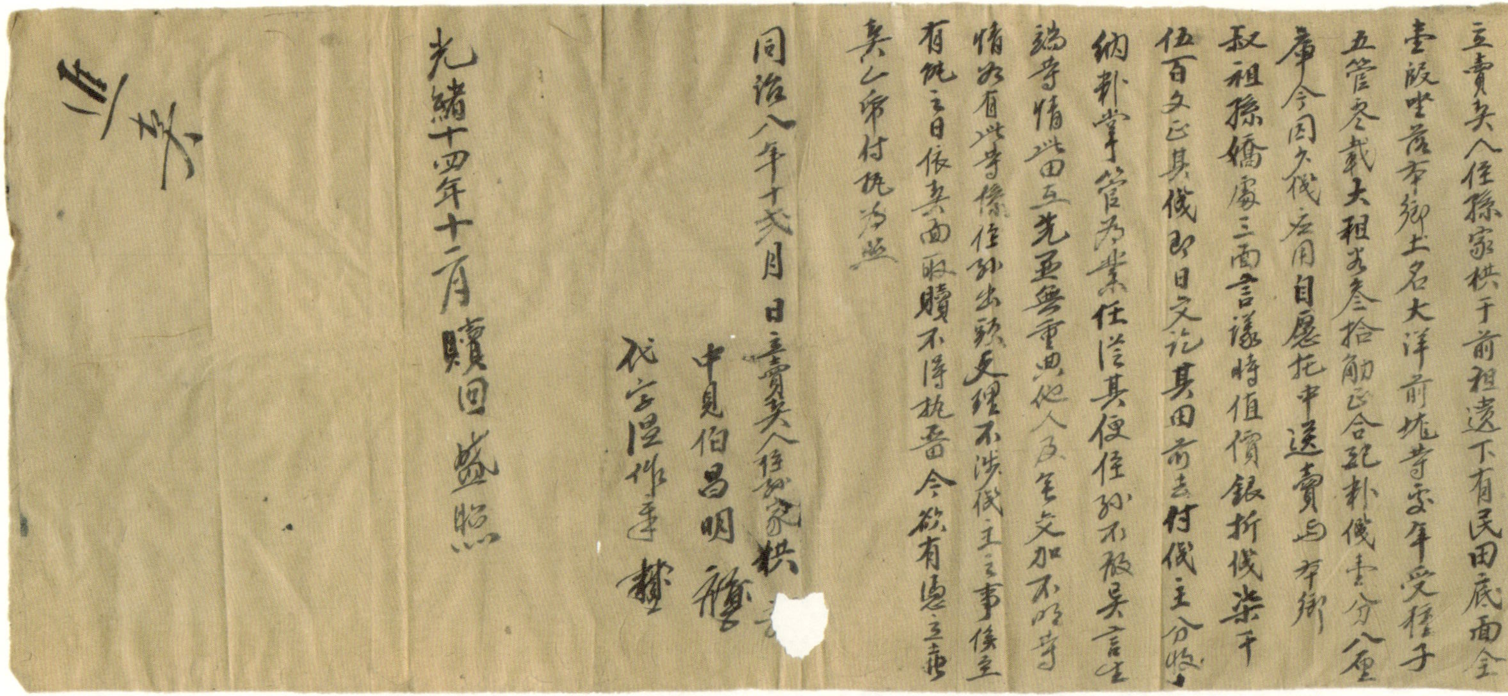

立賣契人侄孫家栱，于前祖遺下有民田底面全
壹段，坐落本鄉土名大洋前坵等處，年受種子
五管，冬載大租米叁拾觔正，合配朴銀壹分八釐
庫。今因欠銀應用，自愿托中送賣與本鄉
叔祖孫嬌處，三面言議時值價銀折銀柒千
伍百文正。其銀即日交訖，其田前去付銀主分收
納掌管為業，任從其便，侄孫不敢異言生
端等情。此田立先並無重典他人及無交加不明等
情。如有此等情，侄孫出頭支理，不涉銀主之事。係立
有統之日，依契面取贖，不得執留。今欲有憑，立賣
契一帋付執為照。

同治八年十二月 日立賣契人侄孫家栱（押）
中見伯昌明（押）
代字侄作手（押）

光緒十四年十二月贖回照

10-6-2-4 清同治八年十二月黃家栱立賣底面全民田契

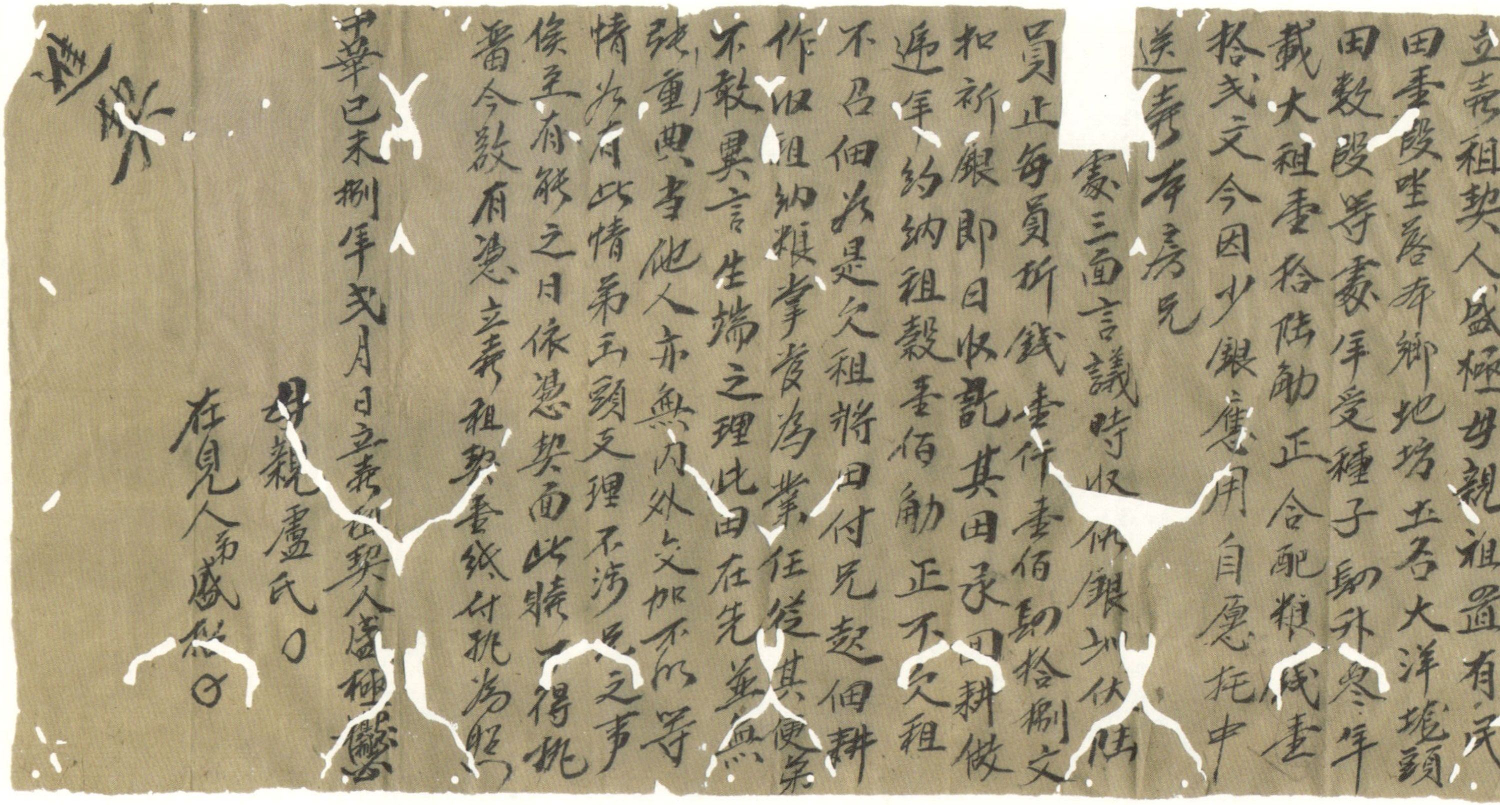
立賣租契人盛極母親祖置有民
田壹段坐落本鄉地坊土名大洋垅頭
田數段等處年受種子貳斗叁年
載大租壹拾陸觔正合配粮民壹
拾弍文今因少銀應用自愿托中
送賣本房兄
處三面言議時收依銀弍伏陸
員正每員折錢壹仟壹佰貳拾捌文
和祈銀即日收訖其田录兄耕做
逐年約納租穀壹佰觔正不欠租
不吕佃為是欠租將田付兄起佃耕
作收租納粮掌管為業任從其便粜
不敢異言生端之理此田在先並無
張重典當他人亦無內外交加不明等
情如有此情弟玉頭支理不涉兄之事
候至有銀之日依憑契面照贖不得執
留今欲有憑立賣租契壹紙付執為照
中華己未捌年弍月　日立賣民租契人盛極
母親盧氏○
在見人弟盛能
賣契

10-6-2-5 民國八年二月黃盛極母盧氏立賣民田租契

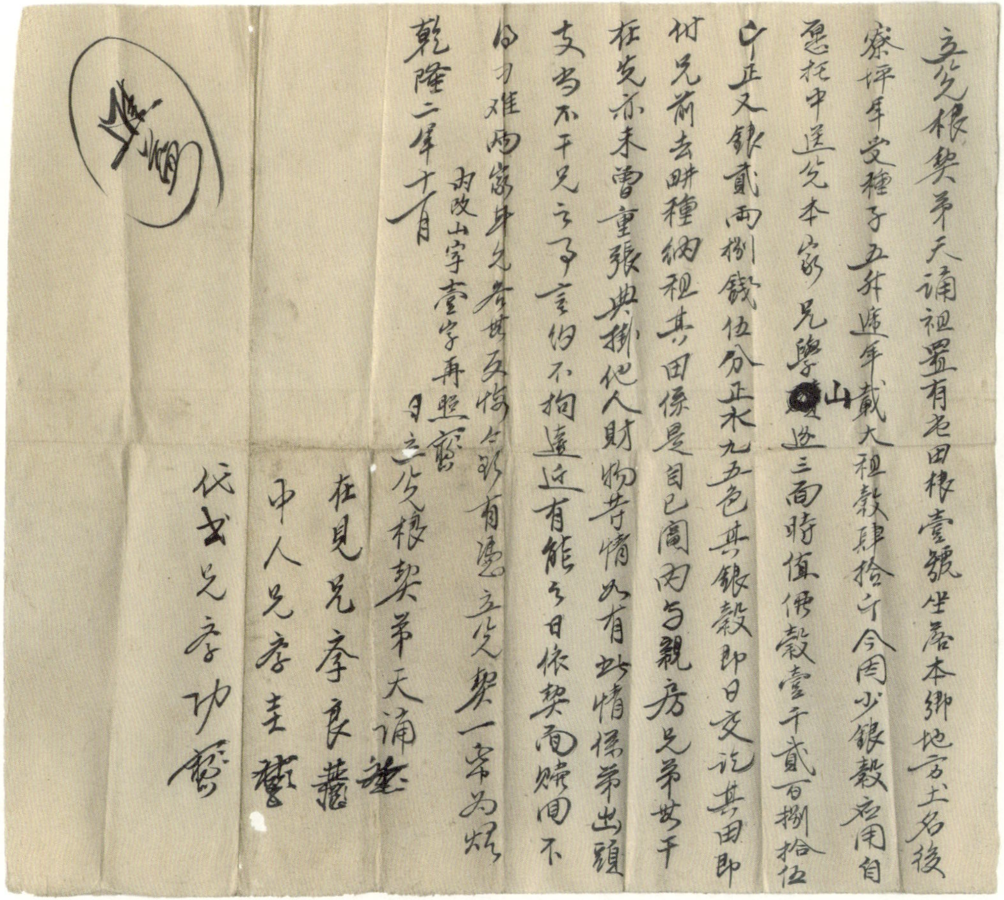
立兌根契弟天誦祖置有屯田根壹號坐落本鄉地方土名後寮坪年受種子五升遞年載大租穀肆拾斤今因少銀穀應用自愿托中送兌本家兄學山邊三面時值價穀壹千貳百捌拾伍斤正又銀貳兩捌錢伍分正水九五色其銀穀即日交訖其田即付兄前去耕種納租其田係是自己鬮內與親房兄弟無干在先亦未曾重張典掛他人財物等情如有此情係弟出頭支當不干兄之事言約不拘遠近有能之日依契面贖回不得刁難兩家甘允各無反悔今欲有憑立兌契一帋為照
内改山字壹字再照
乾隆二年十一月　日立兌根契弟天誦（押）
在見兄李良（押）
中人兄李圭（押）
代書兄李功（押）

10-6-3-1　清乾隆二年十一月黃天誦立兌屯田根契

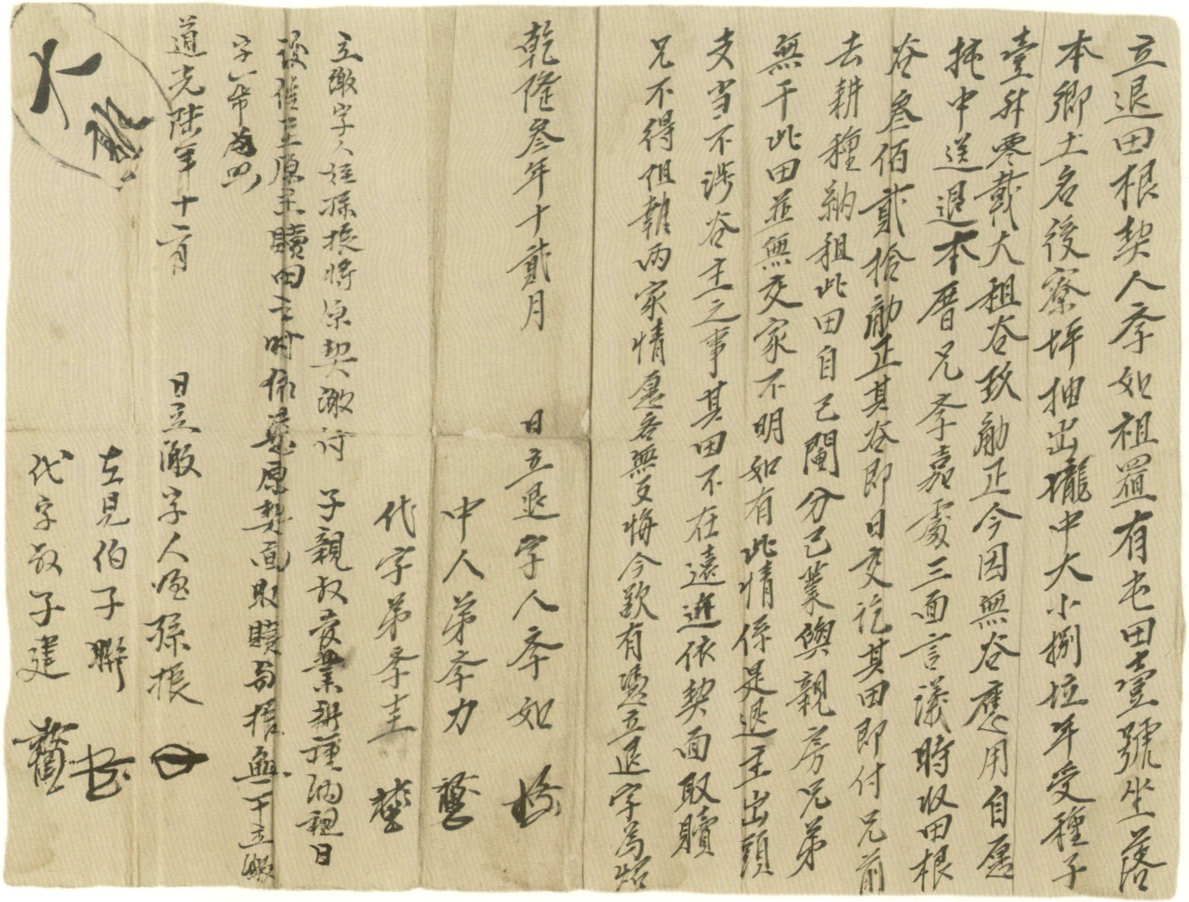
立退田根契人李如祖置有屯田壹號坐落
本鄉土名後寮坪细出壠中大小捌坵斗受種子
壹斗栗貳大租谷玖斛正今因無谷應用自愿
托中送退本厝兄李嘉處三面言議時收田根
谷叁佰貳拾斛正其谷即日交訖其田即付兄前
去耕種納租此田自己閹分己業與親房兄弟
無干此田並無交家不明如有此情係是退主出頭
支當不涉谷主之事其田不在遠近依契面取贖
兄不得阻執兩家情愿各無反悔今欲有憑立退字爲照
乾隆叁年十貳月　日立退字人李如　押
中人弟李力　押
代字弟李圭　押
立繳字人侄孫根將原契一繳付　子親叔孜業耕種納租日後
侄孫不得原契取贖，日後無干立繳字一帋爲照
道光陸年十二月　日立繳字人侄孫根　押
在見伯子聯　押
代字叔子建　押

10-6-3-2　清乾隆三年十二月黄李如立退屯田根契

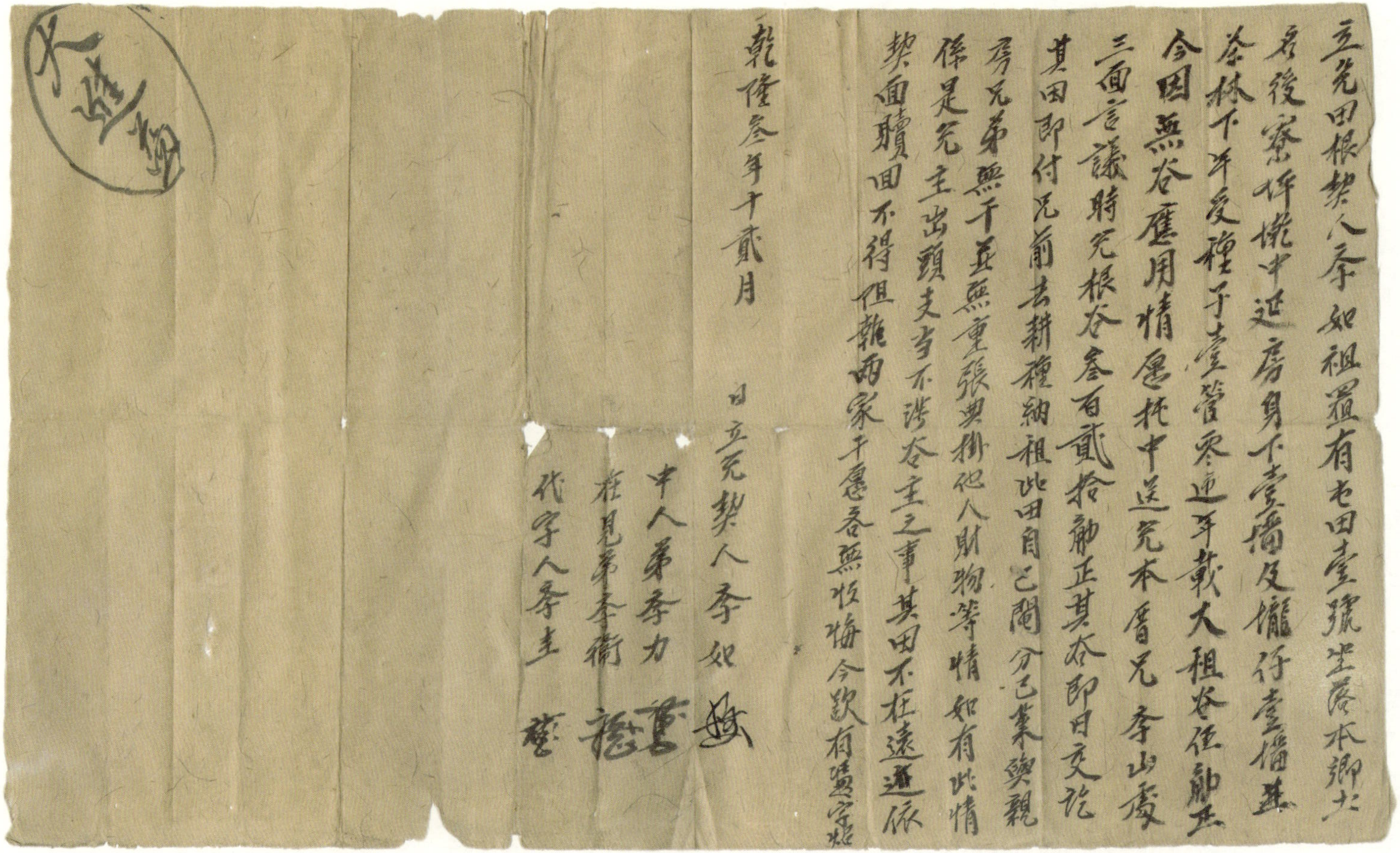

立兑田根契人李如祖置有屯田壹號坐落本鄉大
名後寮坪垅中近旁身下壹備及攏仔壹備其
茶林下年受種子壹管零逐年載大租谷伍斛正
今因無谷應用情愿托中送兑本厝兄李山處
三面言議時兑根谷叁百貳拾斛正其谷即日交訖
其田即付兄前去耕種納租此田自己鬮分己業與親
房兄弟無干並無重張典掛他人財物等情如有此情
係是兑主出頭支当不涉谷主之事其田不在遠近依
契面贖回不得阻執兩家甘愿各無反悔今欲有憑立字炤

乾隆叁年十貳月　日立兑契人李如（押）
中人弟李力（押）
在見弟李衛（押）
代字人李主（押）

10-6-3-3　清乾隆三年十二月黄孝如立兑屯田根契

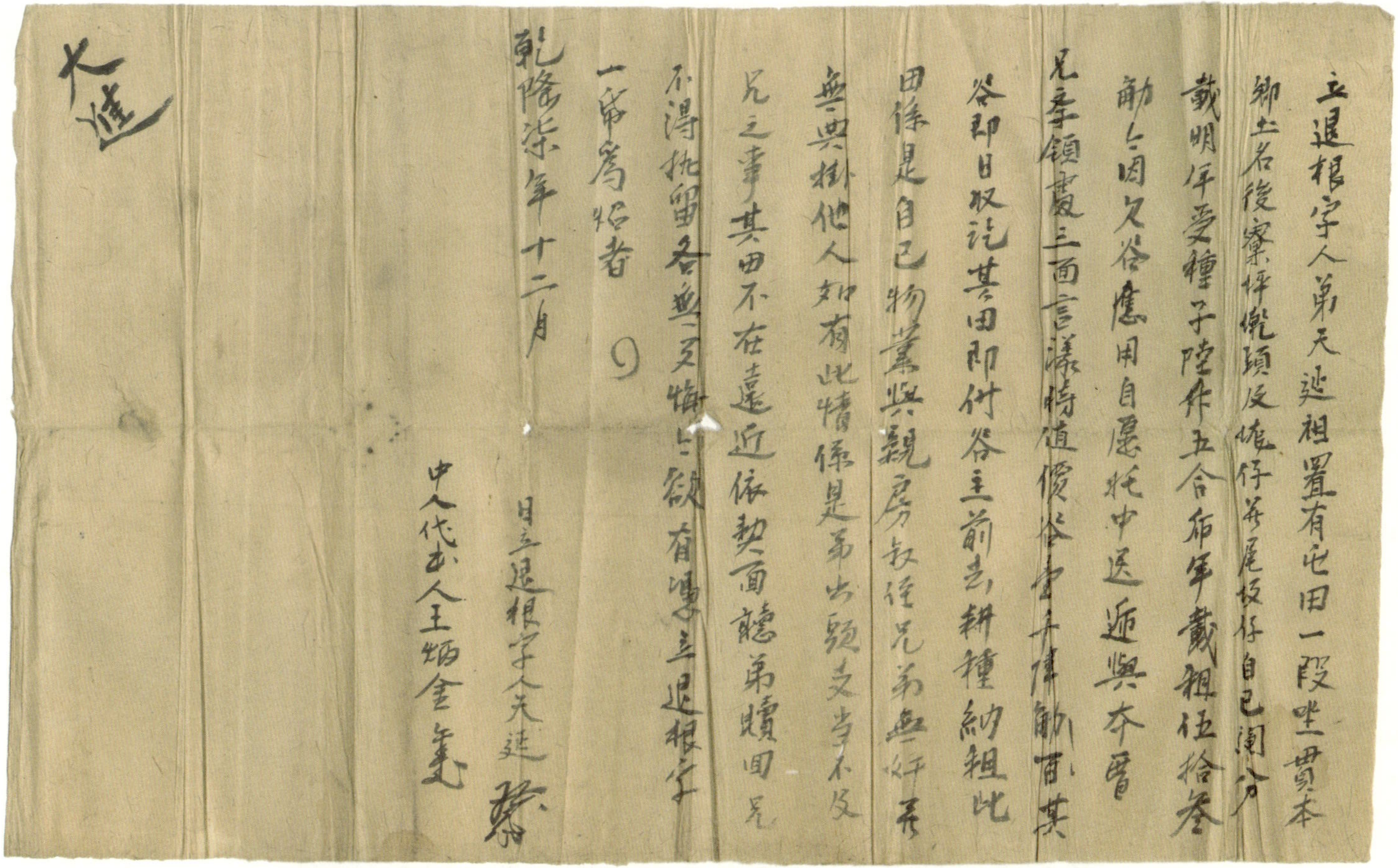

立退根字人弟天延祖置有屯田一段，坐貫本
鄉土名後寮坪仚頭及墘仔并尾坂仔，自己阄分
載明年受種子陸升五合，每年載租伍拾叁
觔。今因欠谷應用，自愿托中送還與本晋
兄承領，當日三面言議時值價谷壹千[illegible]觔。其
谷即日收訖，其田即付谷主前去耕種納租。此
田係是自己物業，與親房叔侄兄弟無干，并
無與掛他人。如有此情，係是弟出頭支当，不及
兄之事。其田不在遠近，依契面聽弟贖回，兄
不得執留，各無反悔。今欲有憑，立退根字
一紙為照者。
⑨
乾隆柒年十二月　日立退根字人天延（押）
中人代書人王炳金（押）
大進

10-6-3-4　清乾隆七年十二月黄天延立退屯田根字

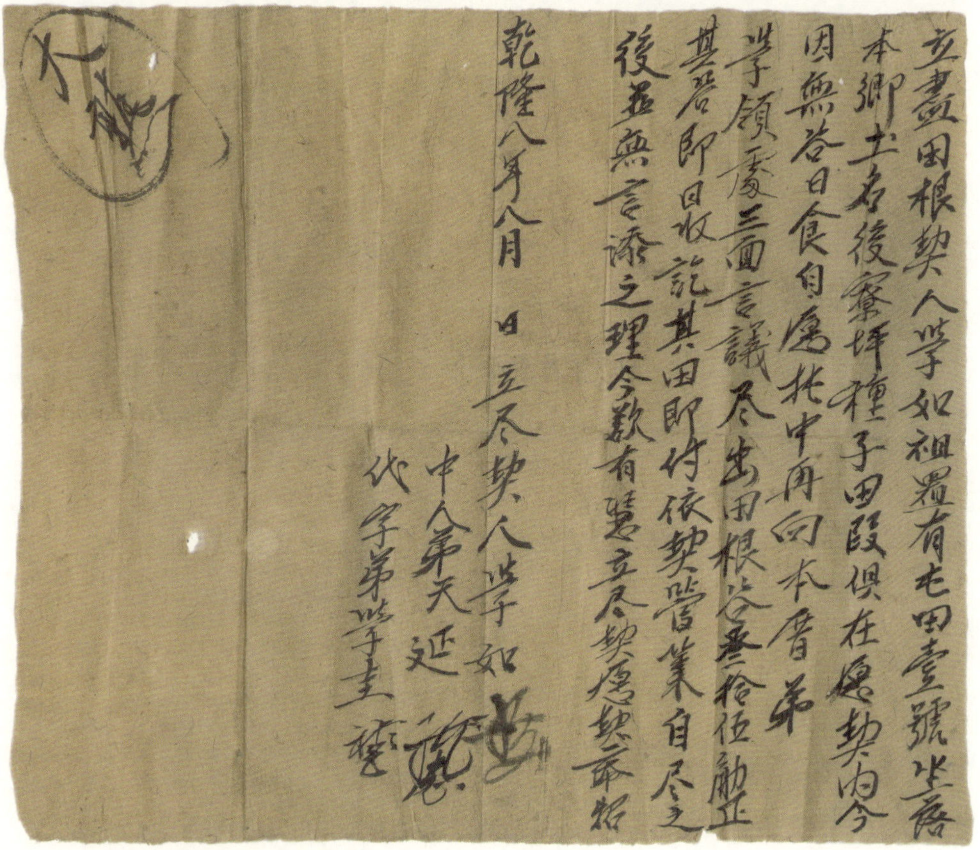
立盡田根契人黄學如祖置有屯田壹號坐落
本鄉土名後窯坪種子田段俱在總契內今
因無谷日食自愿托中再向本房弟
黄學領處三面言議盡出田根谷壹拾伍觔正
其谷即日收訖其田即付依契管業自盡之
後並無言添之理今欲有憑立盡契為照存炤
乾隆八年八月　日　立尽契人黄學如（押）
中人弟天延（押）
代字弟黄學圭（押）

10-6-3-5　清乾隆八年八月黄學如立盡屯田根契

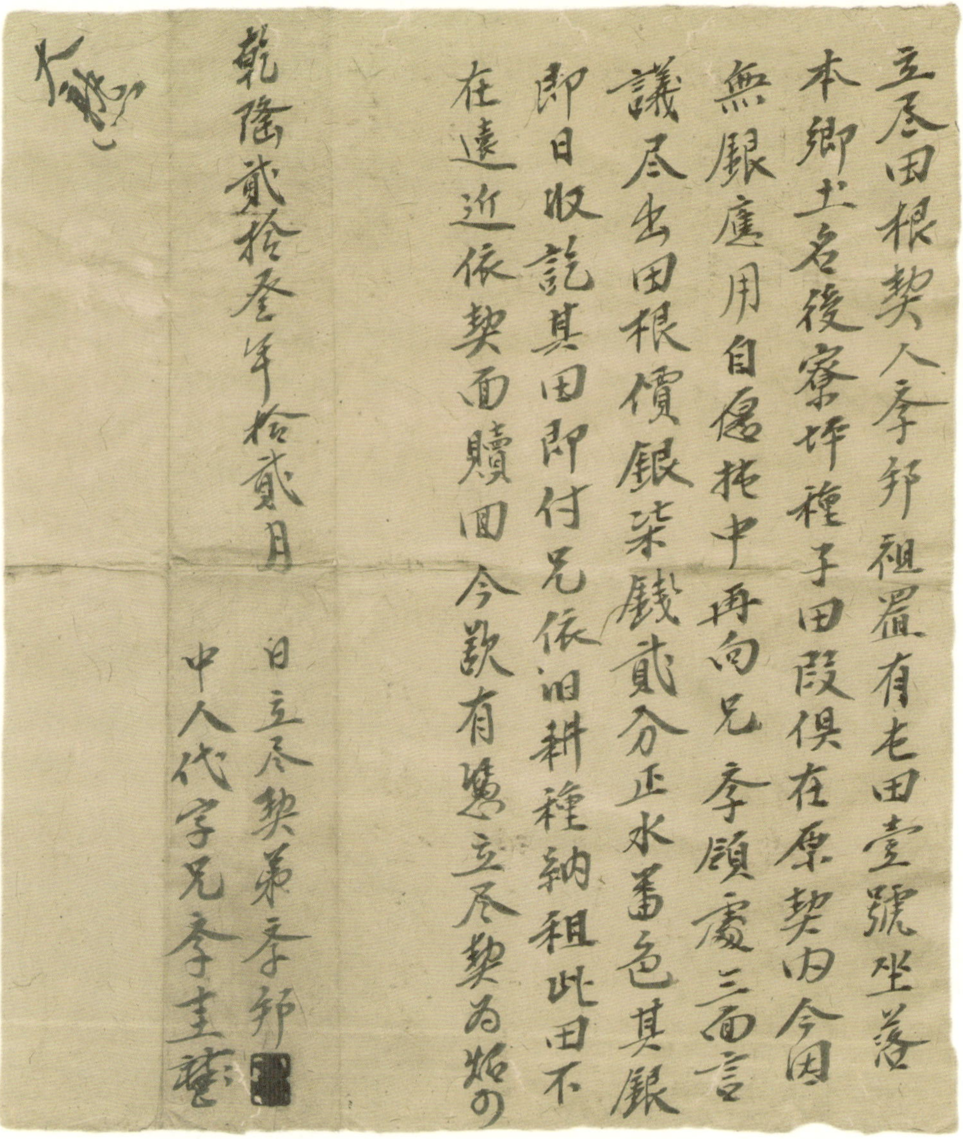
立尽田根契人李邦祖遺有屯田壹號坐落
本鄉土名後寨坪種子田段俱在原契内今因
無銀應用自愿托中再向兄李頤處三面言
議尽出田根價銀柒錢貳分正水蕃色其銀
即日收訖其田即付兄依旧耕種納租此田不
在遠近依契面贖回今欲有憑立尽契為炤
乾隆貳拾叁年拾貳月
日立尽契弟李邦
中人代字兄李圭

10-6-3-6 清乾隆二十三年十二月黄李邦立盡屯田根契

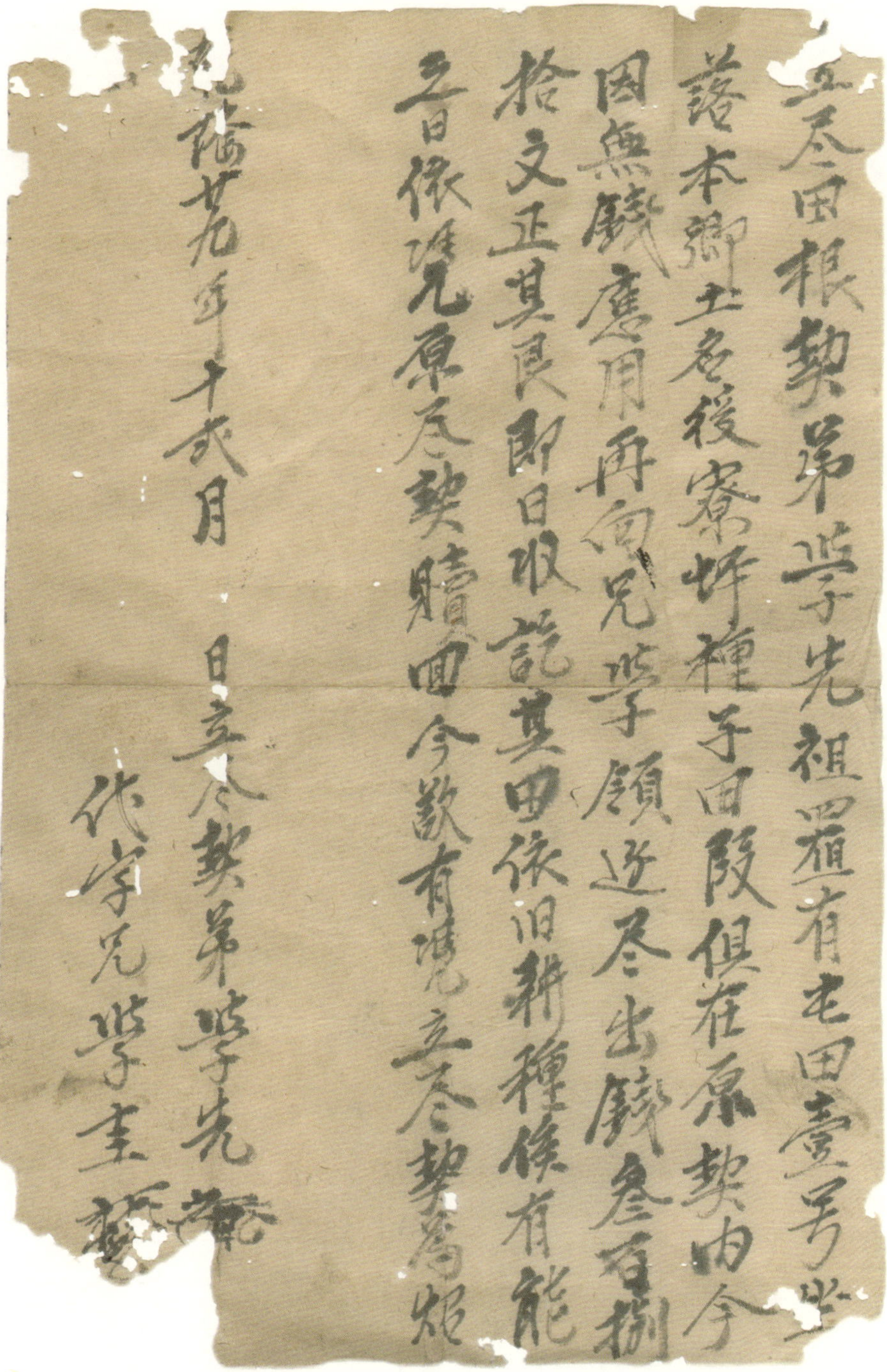

立尽田根契弟黄學先祖置有屯田壹号坐
落本鄉土名後寮坪種子田段俱在原契內今
因無錢應用再向兄學領送尽出錢叁百捌
拾文正其艮即日收訖其田依旧耕種倘有能
之日依照兄原尽契贖回今欲有憑立尽契為炤
乾隆廿九年 十弍月 日立尽契弟黄學先
代字兄黄學奎

10-6-3-7 清乾隆二十九年十二月黃學先立盡屯田根契

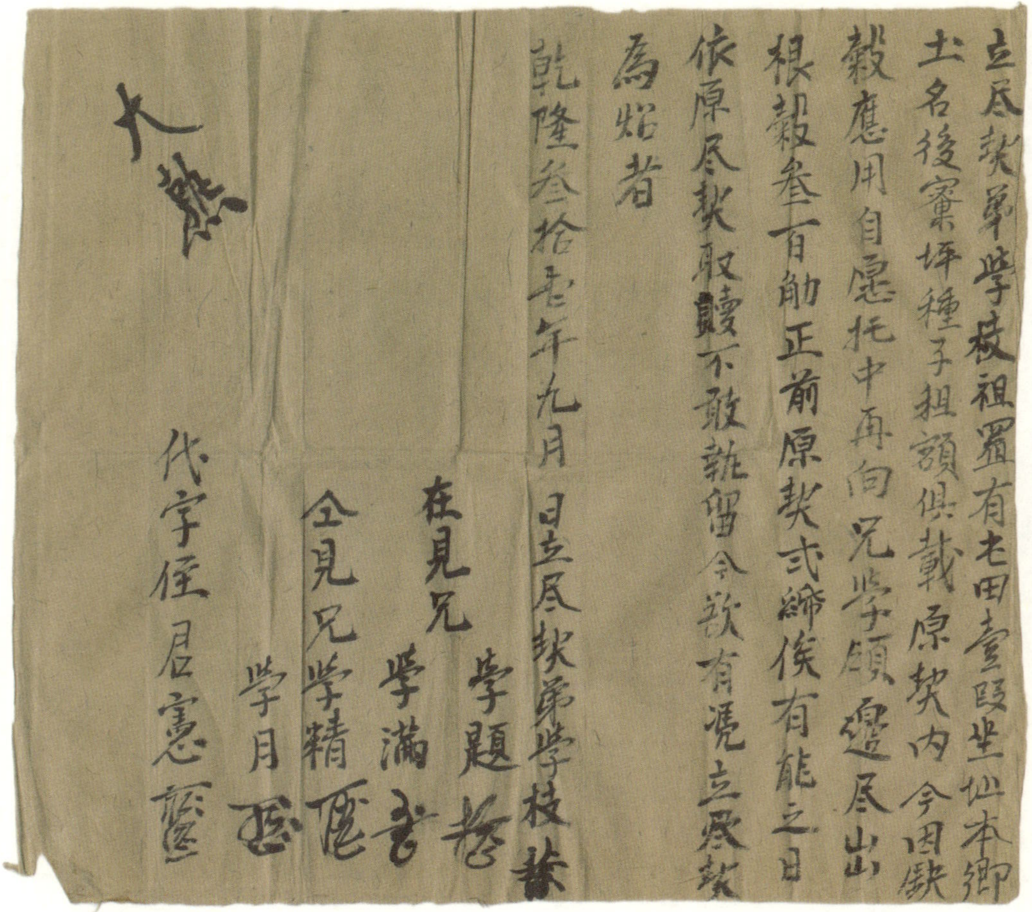
立尽契弟學枝祖置有屯田壹段坐址本鄉
土名後窠坪種子担額俱載原契内今因缺
穀應用自愿托中再向兄學碩邊尽出
根穀叁百觔正前原契式紙俟有能之日
依原尽契取贖不敢執留今欲有凭立尽契
為照者
乾隆叁拾壹年九月　日立尽契弟學枝（押）
在見兄　學題（押）
學滿（押）
仝見兄學精（押）
學月（押）
代字侄　君憲（押）
大吉

10-6-3-8　清乾隆三十一年九月黃學枝立盡屯田契

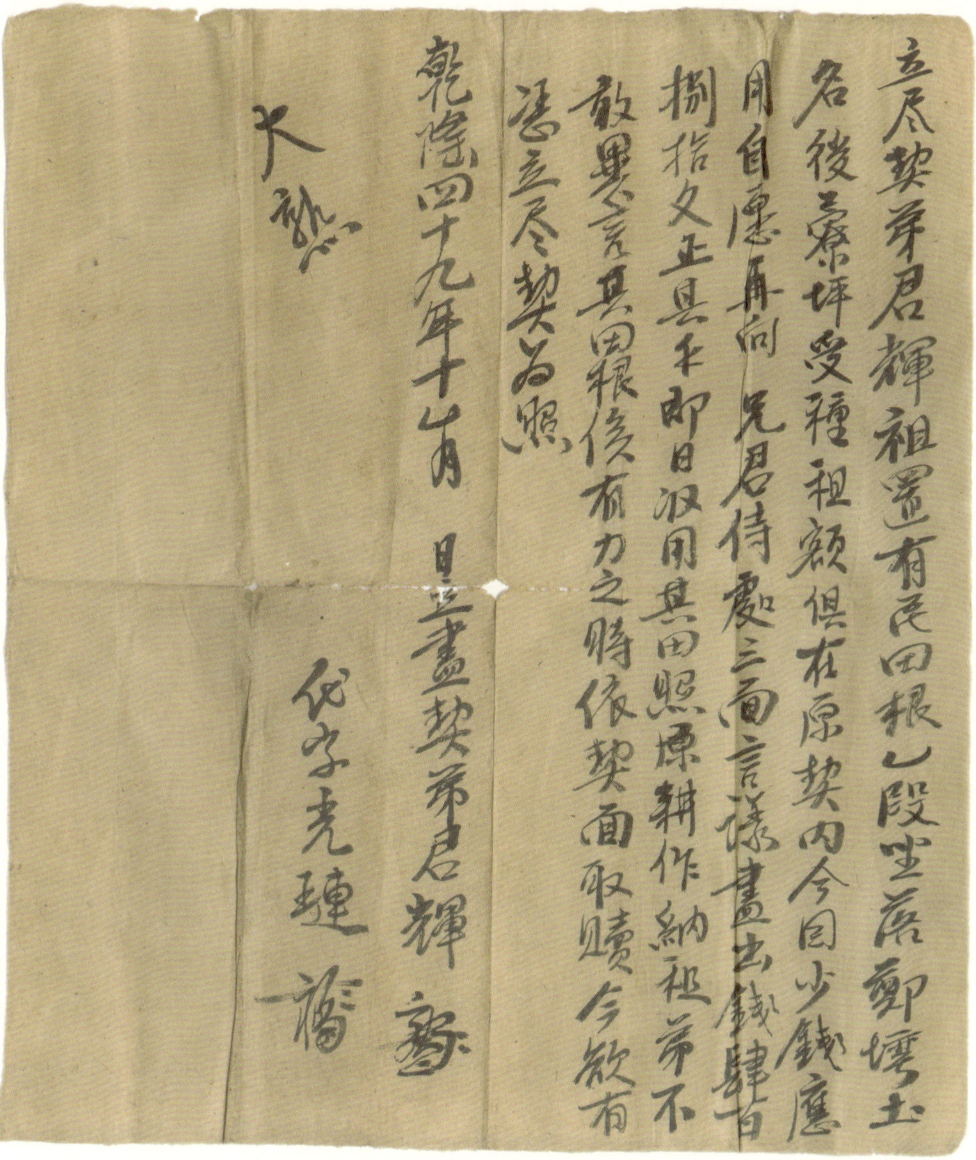
立尽契黄君輝祖置有民田根一段坐落鄭墩土
名後蕉坪受種租額俱在原契内今因少錢應
用自愿再向 兄君侍處三面言議盡出錢肆百
捌拾文正其錢即日収用其田照原耕作納租不
敢異言其田根係有力之時依契面取贖今欲有
憑立尽契為照
乾隆四十九年十一月 日立盡契弟君輝（押）
代字光璉（押）
大發

10-6-3-9 清乾隆四十九年十一月黄君輝立盡民田根契

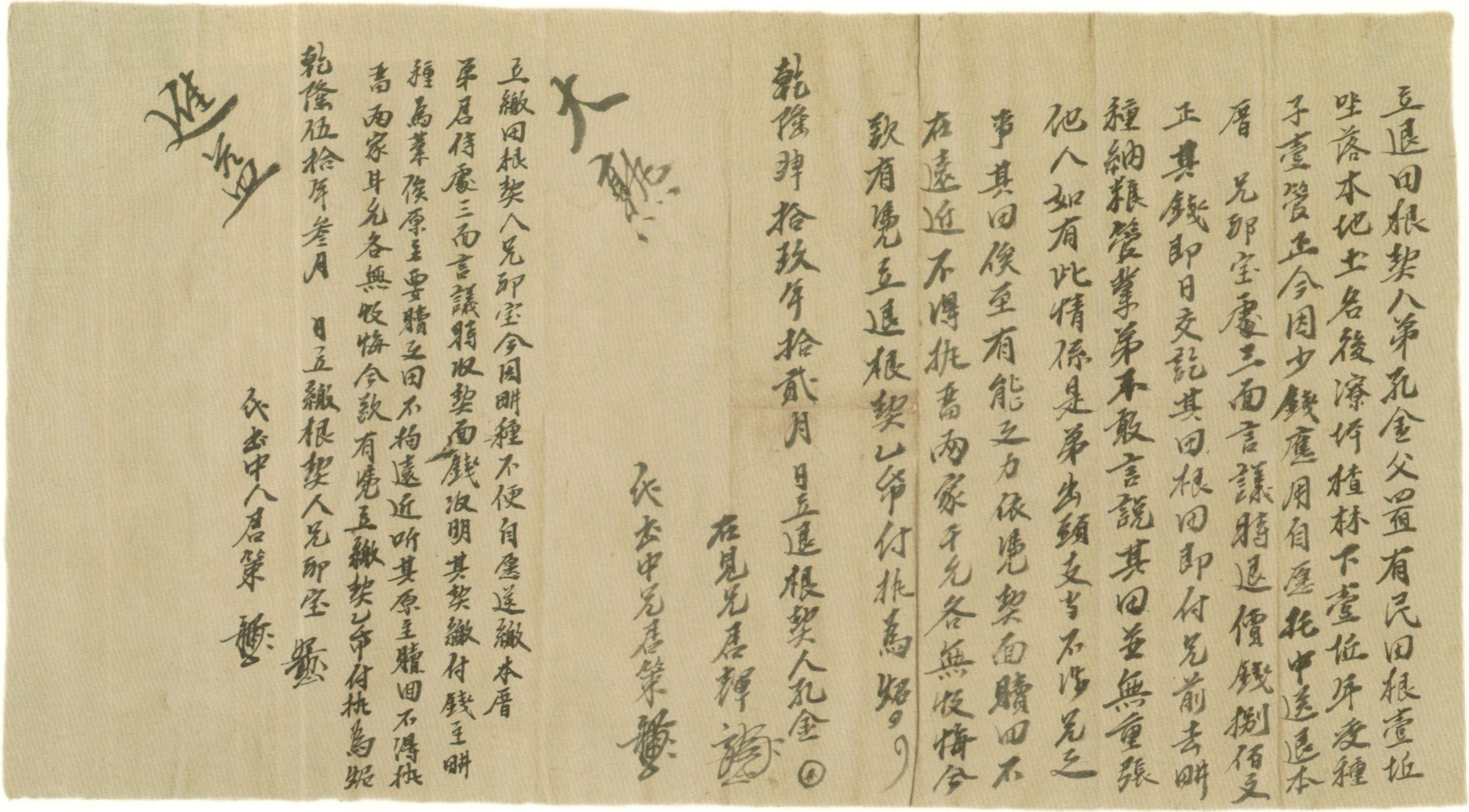
立退田根契人弟孔金父置有民田根壹坵
坐落本地土名後漈圩植林下壹坵年受種
子壹管正今因少錢應用自愿托中送退本
厝　兄卯室處三面言議將退價錢捌佰文
正其錢即日交訖其田根田即付兄前去耕
種納粮管業弟不敢言說其田並無重張
他人如有此情係是弟出頭支當不涉兄之
事其田係至有能之力依憑契面贖回不
在遠近不得執留兩家甘允各無反悔今
欲有憑立退根契一帋付執為照
乾隆肆拾玖年拾貳月　日立退根契人孔金（押）
在見兄居輝（押）
代書中兄居策（押）

立繳田根契人兄卯室今因耕種不便自愿送繳本厝
弟居待處三面言議將收契面錢收明其契繳付錢主耕
種為業後原主要贖立田不拘遠近聽其原主贖回不得執
留兩家甘允各無反悔今欲有憑立繳契一帋付執為照
乾隆伍拾年叁月　日立繳根契人兄卯室（押）
代書中人居策（押）

10-6-3-10　清乾隆四十九年十二月黄孔金立退民田根契

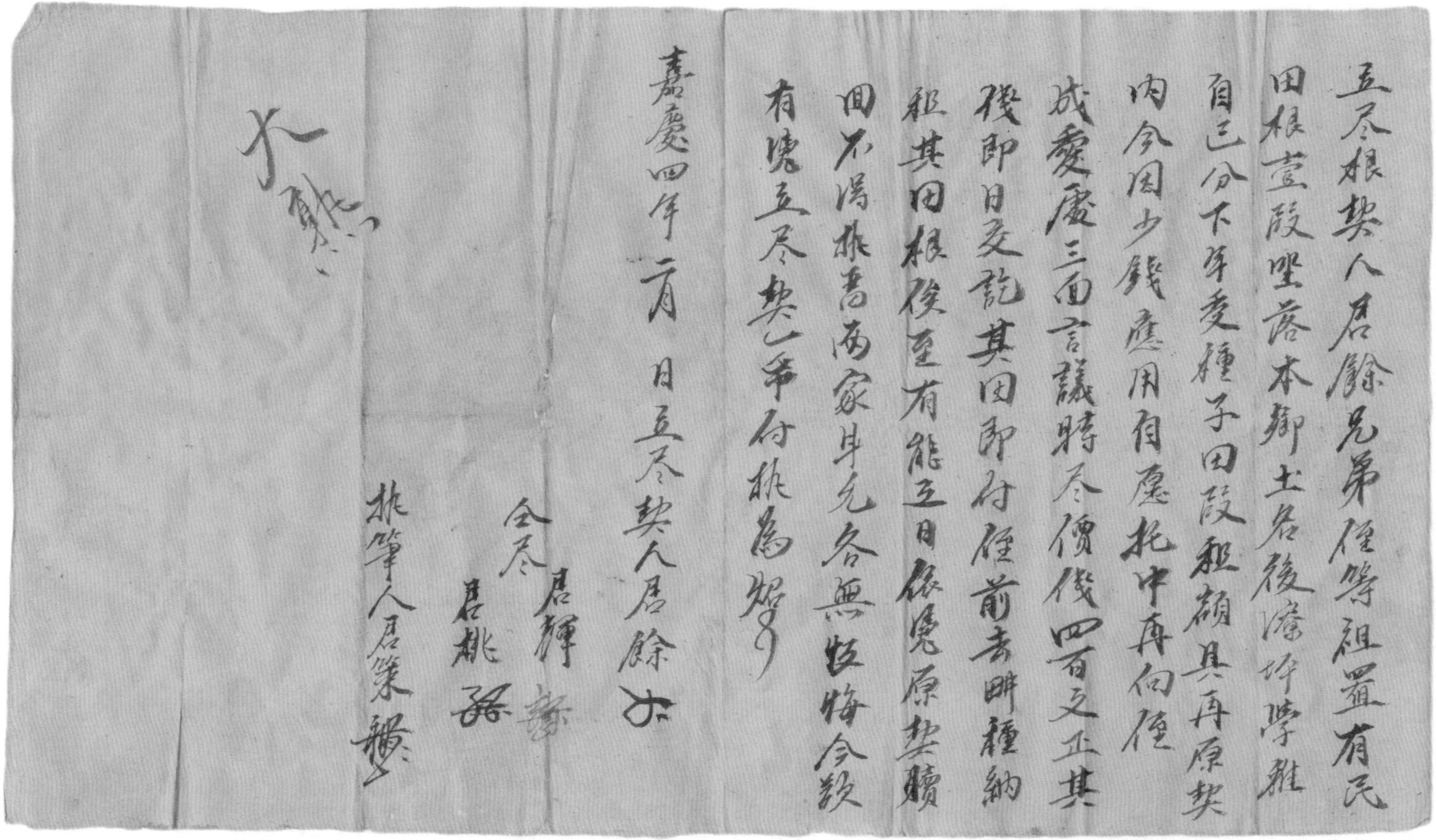
立盡根契人君餘兄弟侄等祖置有民
田根壹段坐落本鄉土名後㘵坪學雅
自己分下年受種子田壹段租額具再原契
內今因少錢應用自愿托中再向侄
成愛處三面言議將盡價錢四百文正其
錢即日交訖其田即付侄前去耕種納
租其田根後至有能立日依見原契贖
回不得執書兩家毋允各無反悔今欲
有憑立盡契一帋付執為照
嘉慶四年二月　日立盡契人君餘（押）
仝盡　君輝（押）
　　　君桃（押）
執筆人君榮（押）

10-6-3-11　清嘉慶四年二月黄君餘等立盡民田根契

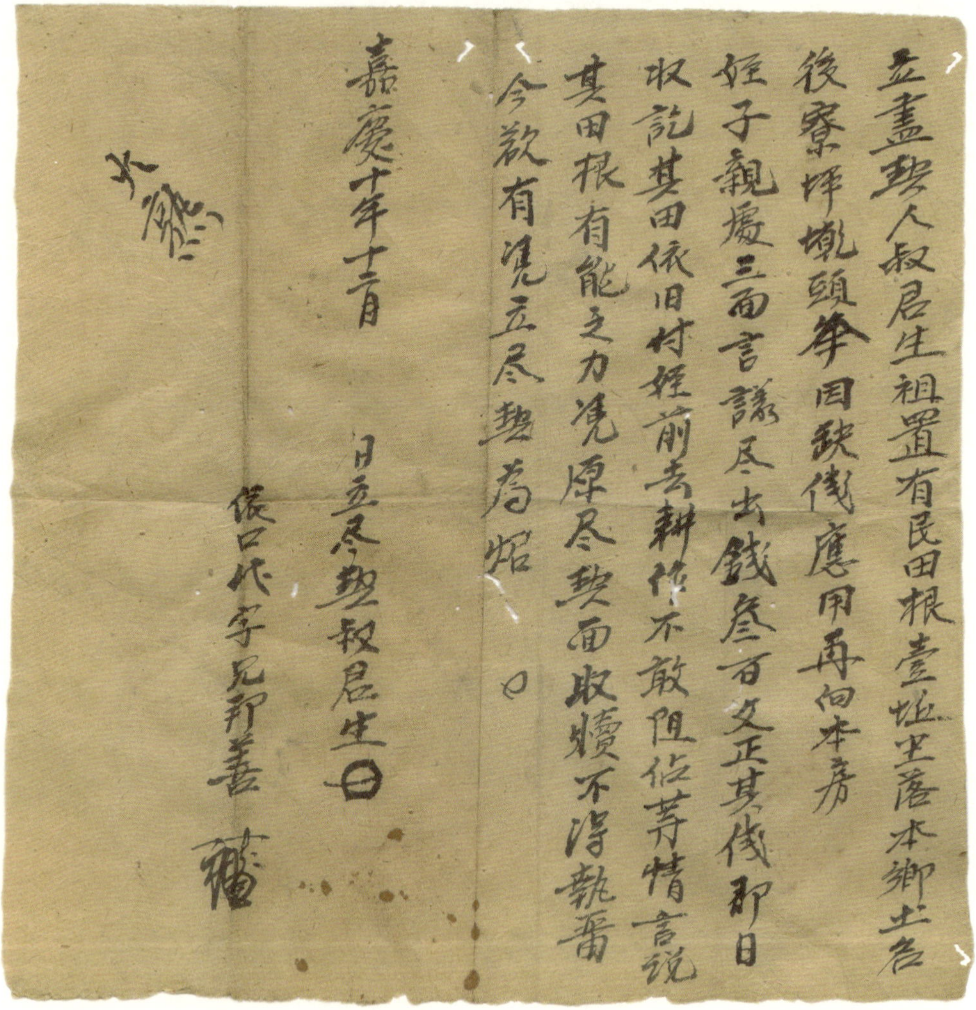
立盡契人叔君生祖置有民田根壹坵坐落本鄉土名
後寮坪墘頭伞田因缺錢應用再向本房
姪子親勸三面言議盡出錢叁百文正其錢即日
收訖其田依旧付姪前去耕作不敢阻佔等情言說
其田根有能之力凭原盡契面收贖不得執番
今欲有凭立盡契為炤
嘉慶十年十二月　日立盡契叔君生
依口代字兄邦善
大發

10-6-3-12　清嘉慶十年十二月黄君生立盡民田根契

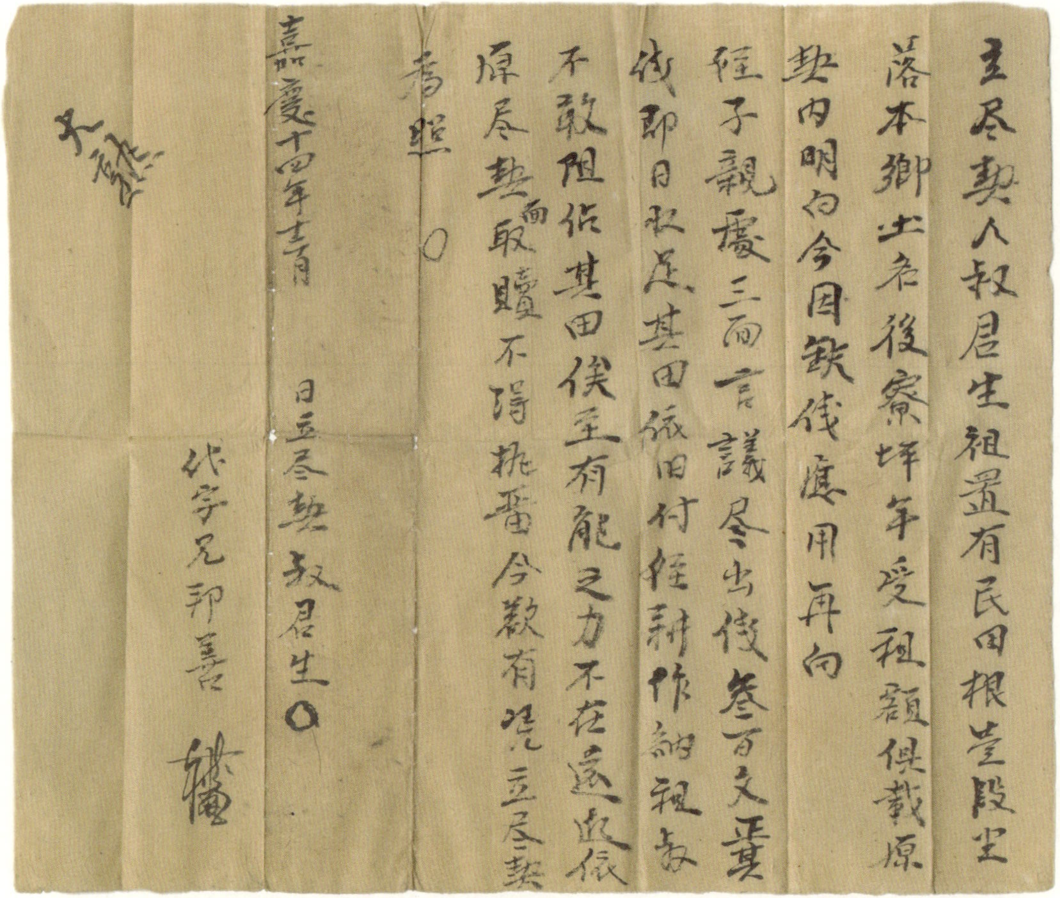
立尽契人叔君生祖置有民田根壹段坐
落本鄉土名後寮坪年受租額俱載原
契内明白今因缺錢應用再向
侄子親邊三面言議尽出錢叁百文正
錢即日收足其田依旧付侄耕作納租叔
不敢阻佔其田俟至有能之力不在遠近依
原尽契面取贖不得挑番今欲有憑立尽契
為照
嘉慶十四年十二月　日立尽契叔君生
代字兄印善

10-6-3-13　清嘉慶十四年十二月黄君生立盡民田根契

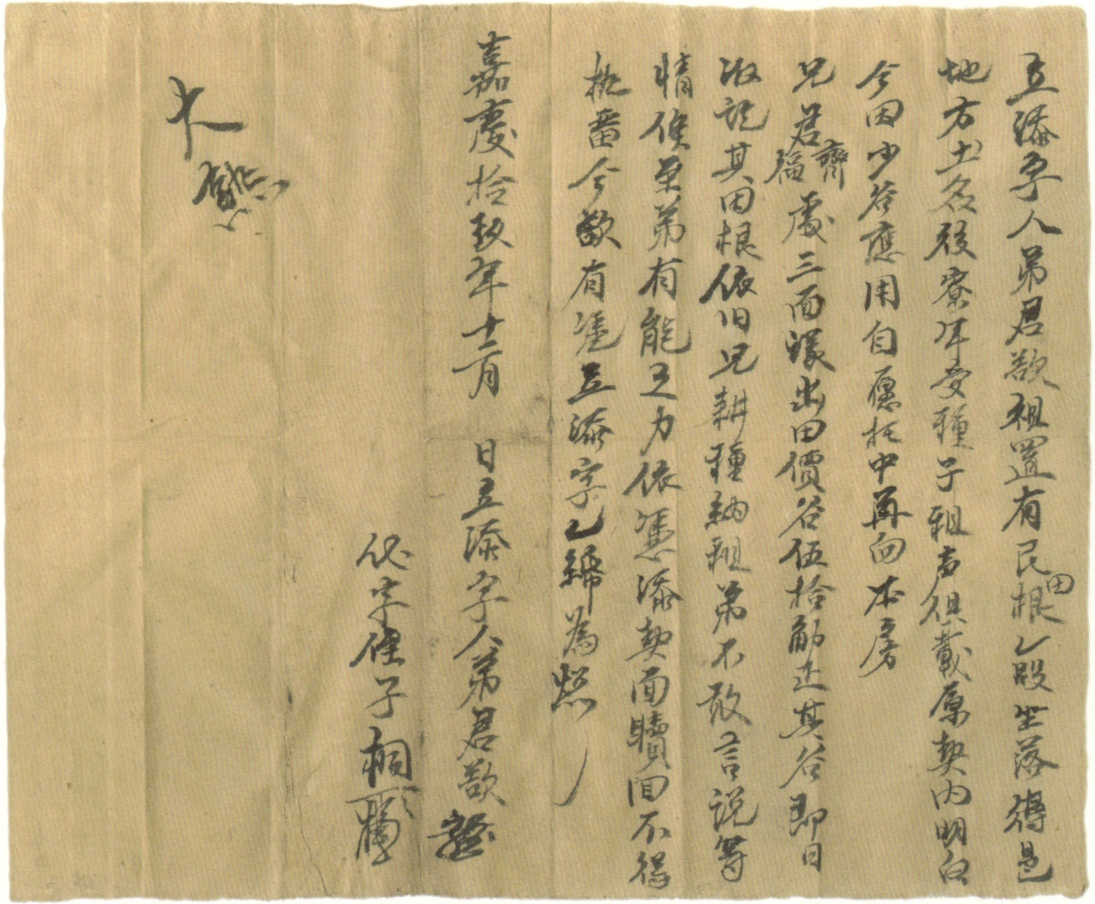
立添字人弟君欲，祖置有民田根乙段，坐落得邑
地方，土名後寮坪，受種子、租声俱載原契內明白。
今因少谷應用，自愿托中再向本房
兄君齊、嵩處三面議出田價谷伍拾觔正，其谷即日
收訖。其田根依旧兄耕種納租，弟不敢言說。兩
情係是弟有能乏力，依凭添契，面贖回不得
執番。今欲有凭，立添字乙紙為照。
嘉慶拾玖年十二月　日立添字人弟君欲（押）
代字侄子桐（押）
大發

10-6-3-14　清嘉慶十九年十二月黃君欲立添民田根字

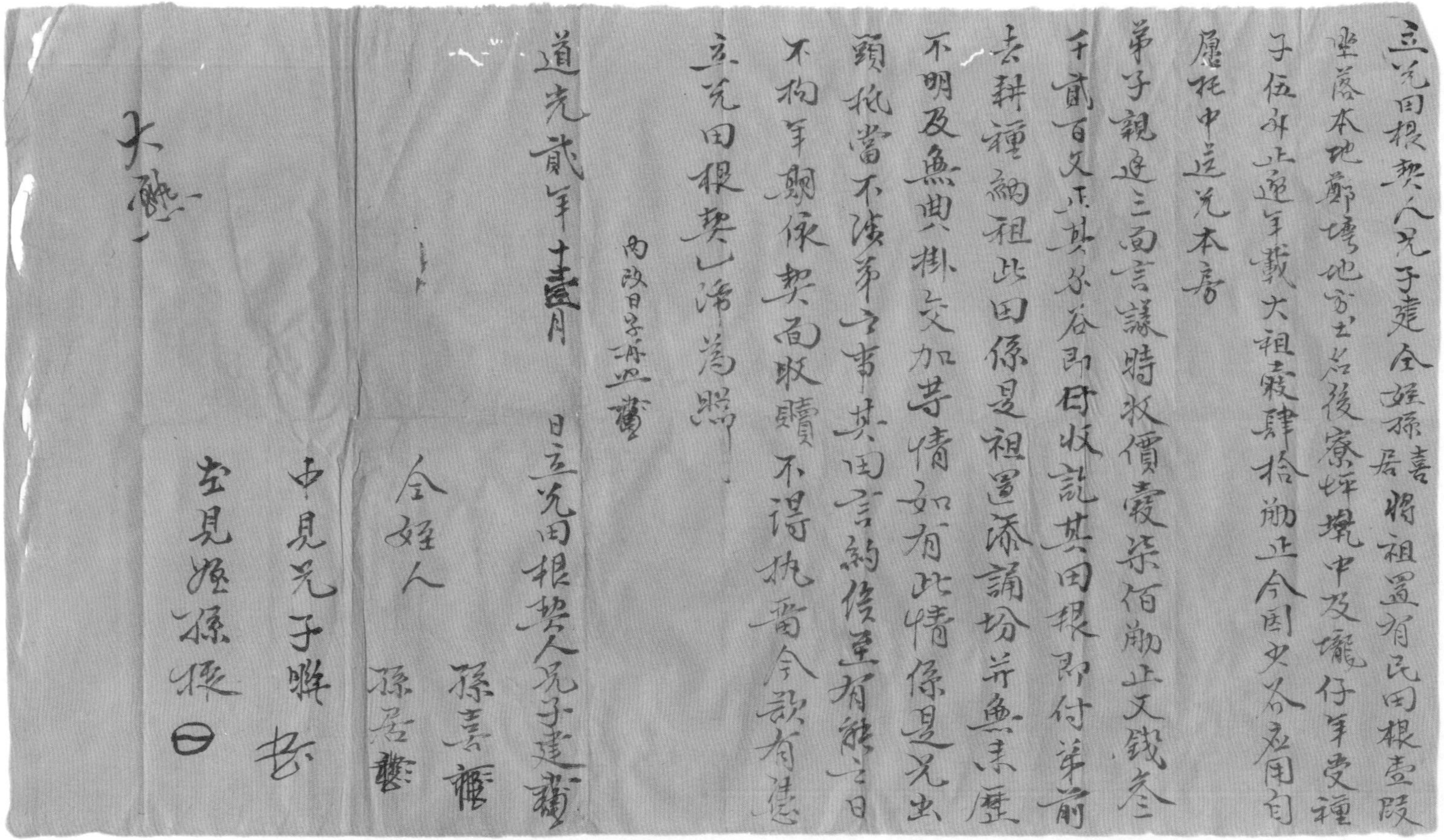
立兑田根契人兄子建仝姪孫喜居將祖置有民田根壹段坐落本地鄭墩地方土名後寮坪墘中及壠仔等处種子伍斗正逐年載大祖穀肆拾觔正今因要谷应用自愿托中兑兄本房弟子親边三面言議時值價錢柒佰觔正又錢叁千貳百文正其谷即付收訖其田根即付弟前去耕種納租此田係是祖置添誦協并無未歷不明及無典掛交加等情如有此情係是兄出頭抵當不涉弟之事其田言約後至有能之日不拘年限依契面取贖不得執留今欲有憑立兑田根契一帋為照

内改日字添四字

道光貳年十二月　日立兑田根契人兄子建

仝姪人　孫喜　孫居

中見兄子牌

在見姪孫槐

大熙

10-6-3-15　清道光二年十二月黃子建等立兑民田根契

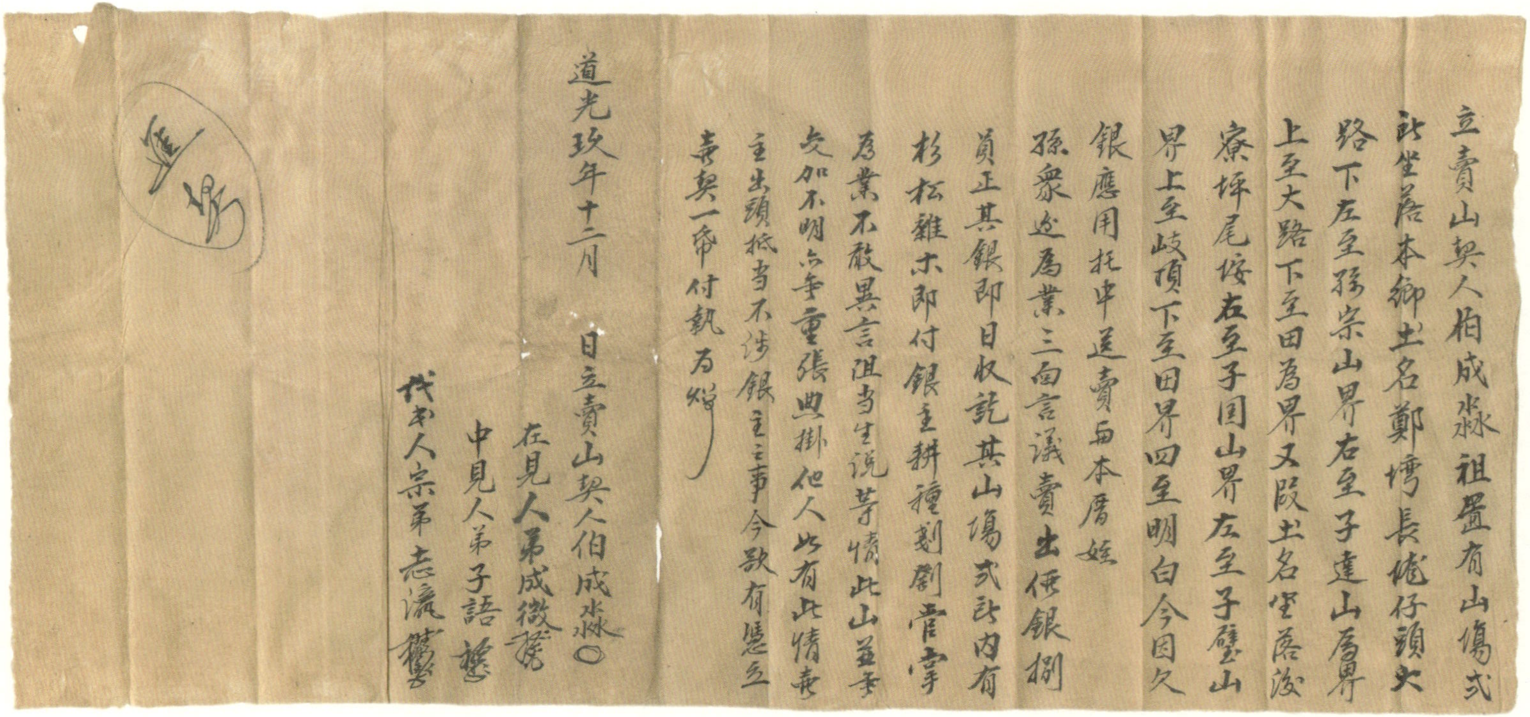
立賣山契人伯成淼，祖置有山場弍
趴，坐落本鄉，土名鄭墘長岭仔頭，又
路下左至孫宗山界，右至子達山爲界，
上至大路，下至田爲界。又段土名坐落後
寮坪尾垵，右至子囯山界，左至子璧山
界，上至岐頂，下至田界，四至明白。今因欠
銀應用，托中送賣與本房姪
孫衆邊爲業，三面言議賣出價銀捌
員正，其銀即日收訖。其山場弍趴內有
杉松雜木，即付銀主耕種、劄劉管掌
爲業，不敢異言阻當生說等情。此山並未
交加不明，亦無重張典掛他人，如有此情，賣
主出頭抵當，不涉銀主之事。今欲有憑，立
賣契一帋付執爲炤。

道光玖年十二月　日立賣山契人伯成淼〇
在見人弟成徽
中見人弟子語
代筆人宗弟志流

10-6-3-16　清道光九年十二月黄成淼立賣山場契

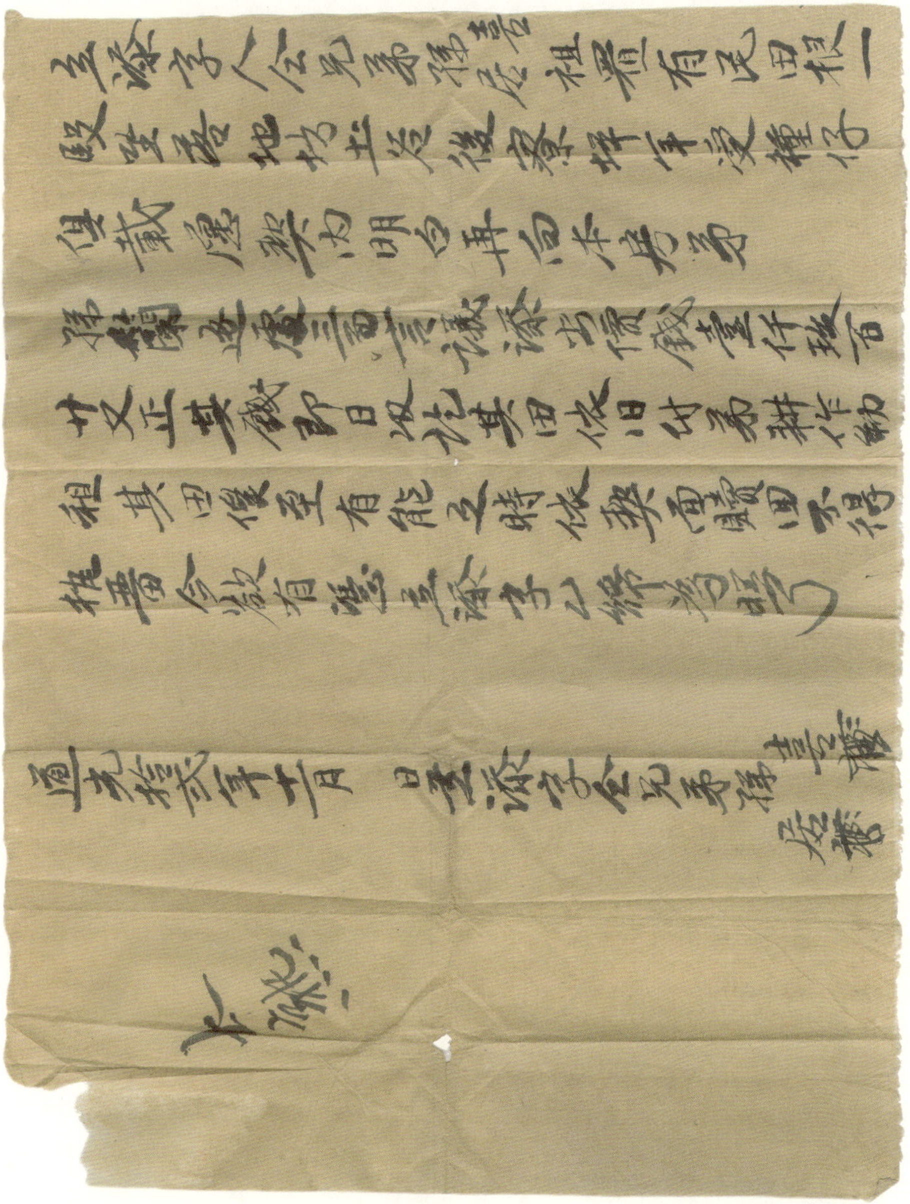
立添字人仝兄弟孫喜仁祖置有民田根一
段坐落地坊土名後寮坪下浸樟仔
但載糧[illegible]內明白再行向本房兄弟
孫[illegible][illegible]邊處三面言議添出價錢壹仟弍百
文正其錢即日收訖其田依舊付弟耕作納
租其田候至有能之時依契面贖回不得
推當今欲有憑立添字乙紙為照
道光拾弍年十一月　日立添字仝兄弟孫喜仁

10-6-3-17　清道光十二年十一月黄孫喜等立添民田根字

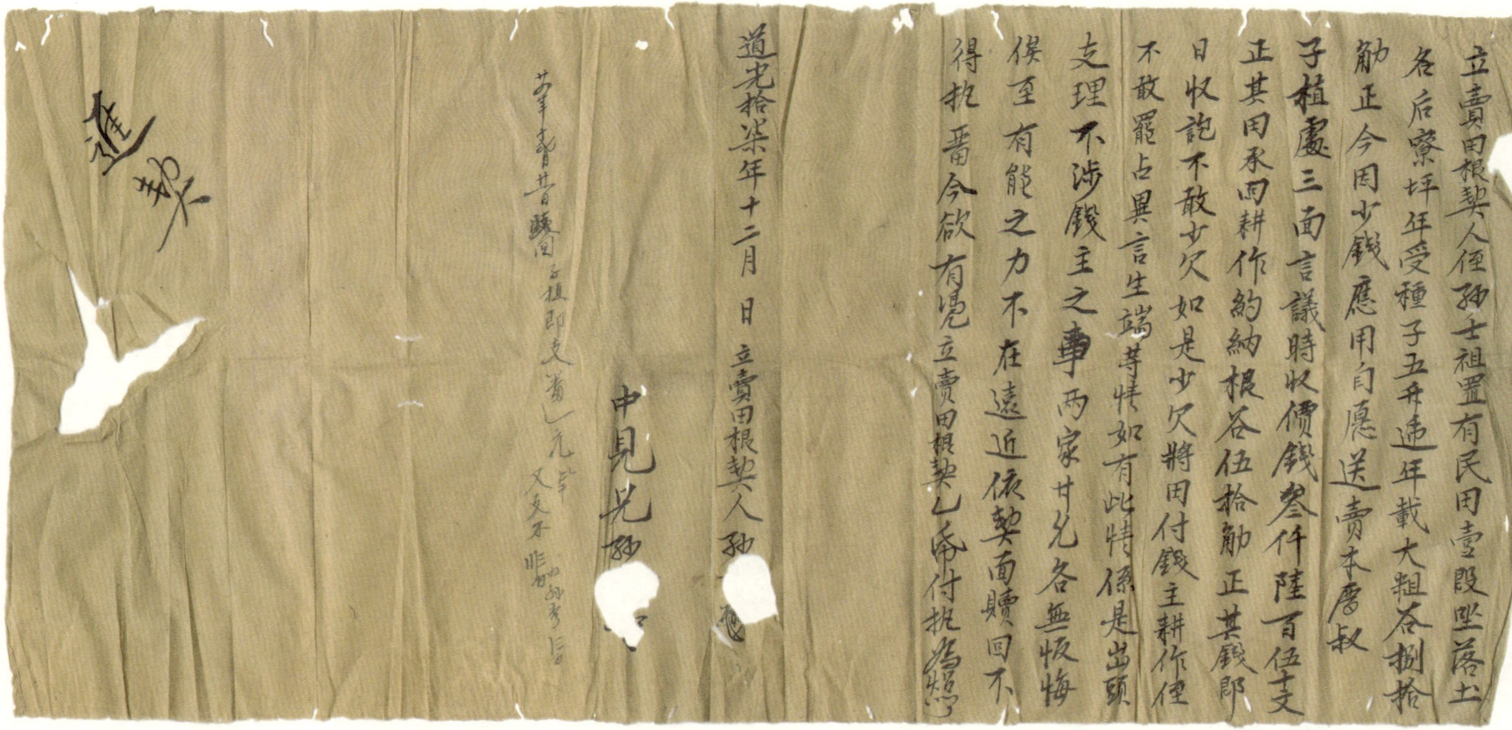

立賣田根契人孫協士祖置有民田壹段坐落土
名后寮坪坵受種子五斗并帶坵載大租谷捌拾
觔正今因乏錢應用自願送賣與本房叔
子植處三面言議時收價錢叁仟陸佰伍拾文
正其田承回耕作約納根谷伍拾觔正其錢即
日收訖不敢少欠如是少欠將田付錢主耕作任
不敢霸占異言生端等情如有此情係是出頭
支理不涉錢主之事兩家甘允各無反悔
係至有能之力不拘遠近依契面價回贖不
得執留今欲有憑立賣田根契乙紙付執為照

道光拾柒年十二月　日立賣田根契人孫[illegible]士（押）

中見兄孫[illegible]

[illegible]

10-6-3-18　清道光十七年十二月黄孫士立賣民田根契

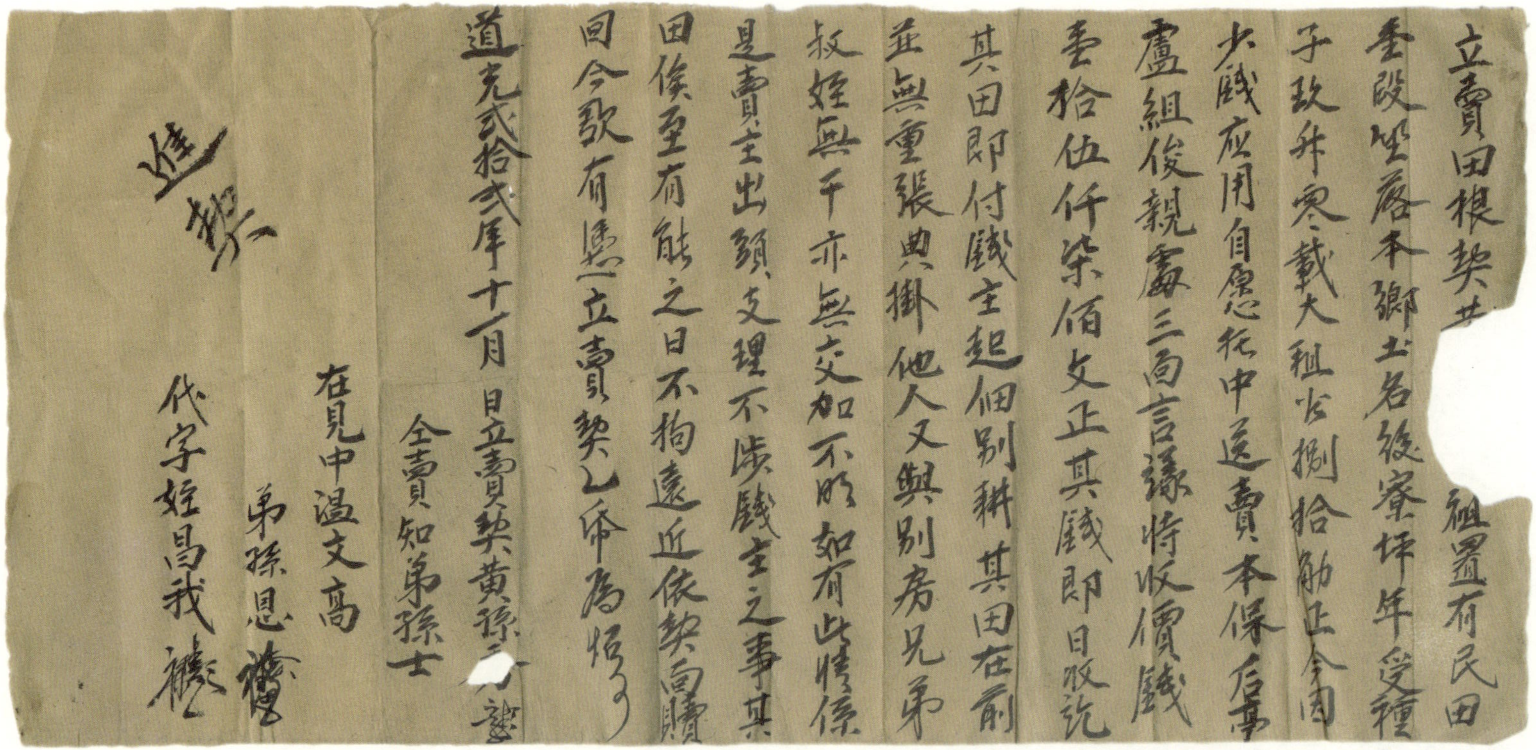
立賣田根契[illegible]　祖置有民田
壹段坐落本鄉土名後寮坪　年受種
子玖升零載大租谷捌拾觔正今因
乏錢應用自愿托中送賣本保后事
盧組俊親處三面言議時收價錢
壹拾伍仟柒佰文正其錢即日收訖
其田即付錢主起佃別耕其田在前
並無重張典掛他人又與別房兄弟
叔姪無干亦無交加不明如有此情係
是賣主出頭支理不涉錢主之事其
田後至有能之日不拘遠近依契面贖
回今欲有憑立賣契乙紙為炤
道光弍拾弍年十一月　日立賣契黃孫[illegible]
仝賣知弟孫士
在見中溫文高
弟孫恩
代字姪昌我
進契

10-6-3-19　清道光二十二年十一月黃孫秀等立賣民田根契

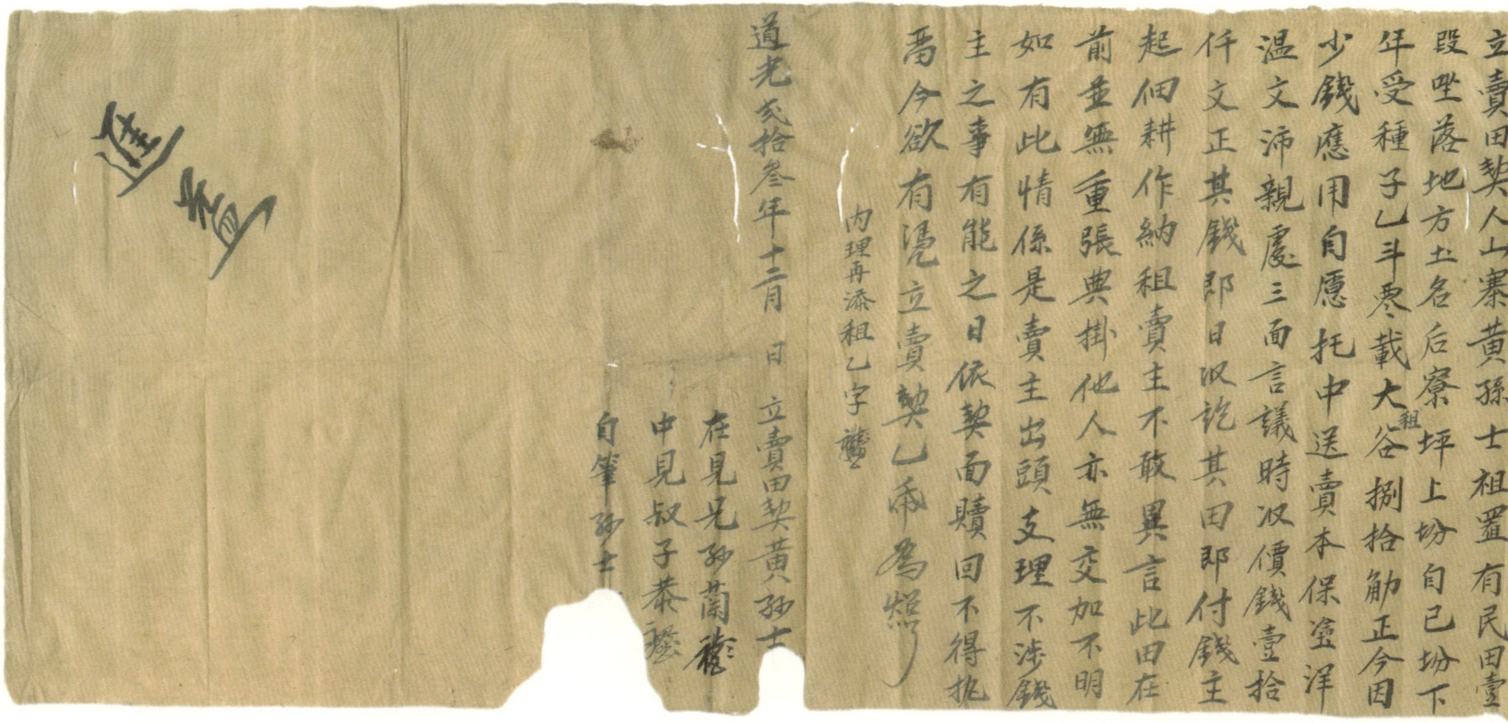
立賣田契人山寨黃孫士祖置有民田壹
段坐落地方土名后寮坪上坋自己坋下
年受種子乙斗叁載大祖谷捌拾觔正今因
少錢應用自愿托中送賣本保盆洋
温文沛親處三面言議時值價錢壹拾
仟文正其錢即日収訖其田即付錢主
起佃耕作納租賣主不敢異言此田在
前並無重張典掛他人亦無交加不明
如有此情係是賣主出頭支理不涉錢
主之事有能之日依契面贖回不得執
留今欲有憑立賣契乙帋為照
內理再添祖乙字
道光貳拾叁年十二月　日　立賣田契黃孫士
在見兄孫蘭
中見叔子恭
自筆孫士

10-6-3-20　清道光二十三年十二月黃孫士立賣民田契

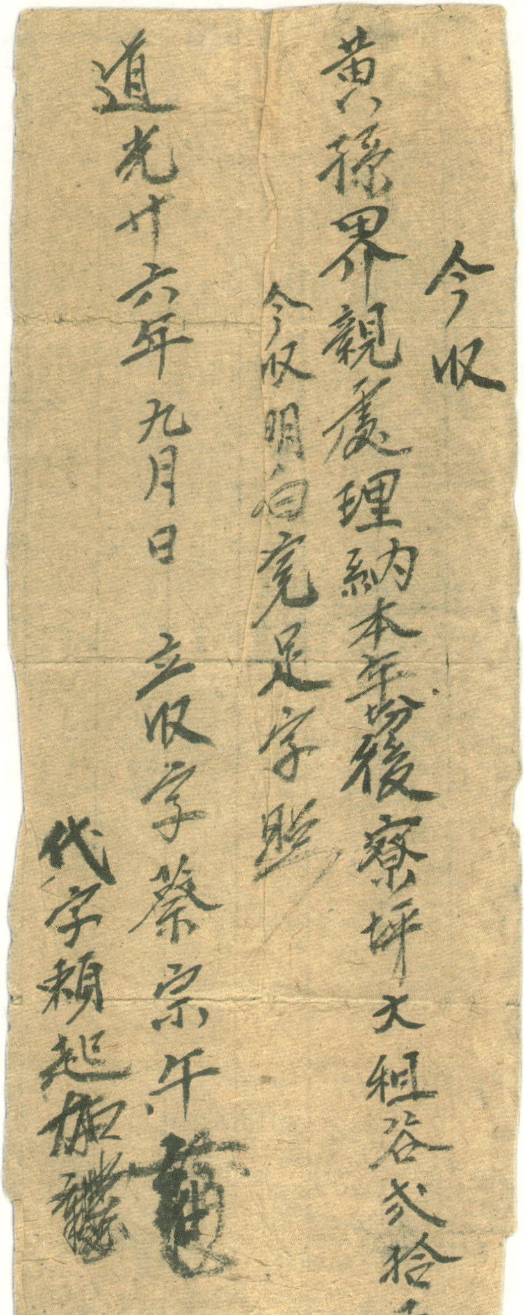

今收
黄〃禄界親處理納本年份後寮坪大租谷弍拾正
今收明白完足字照
道光廿六年九月日　立收字蔡宗午（押）
代字賴起（押）

10-6-3-21　清道光二十六年九月蔡宗午立收大租穀字

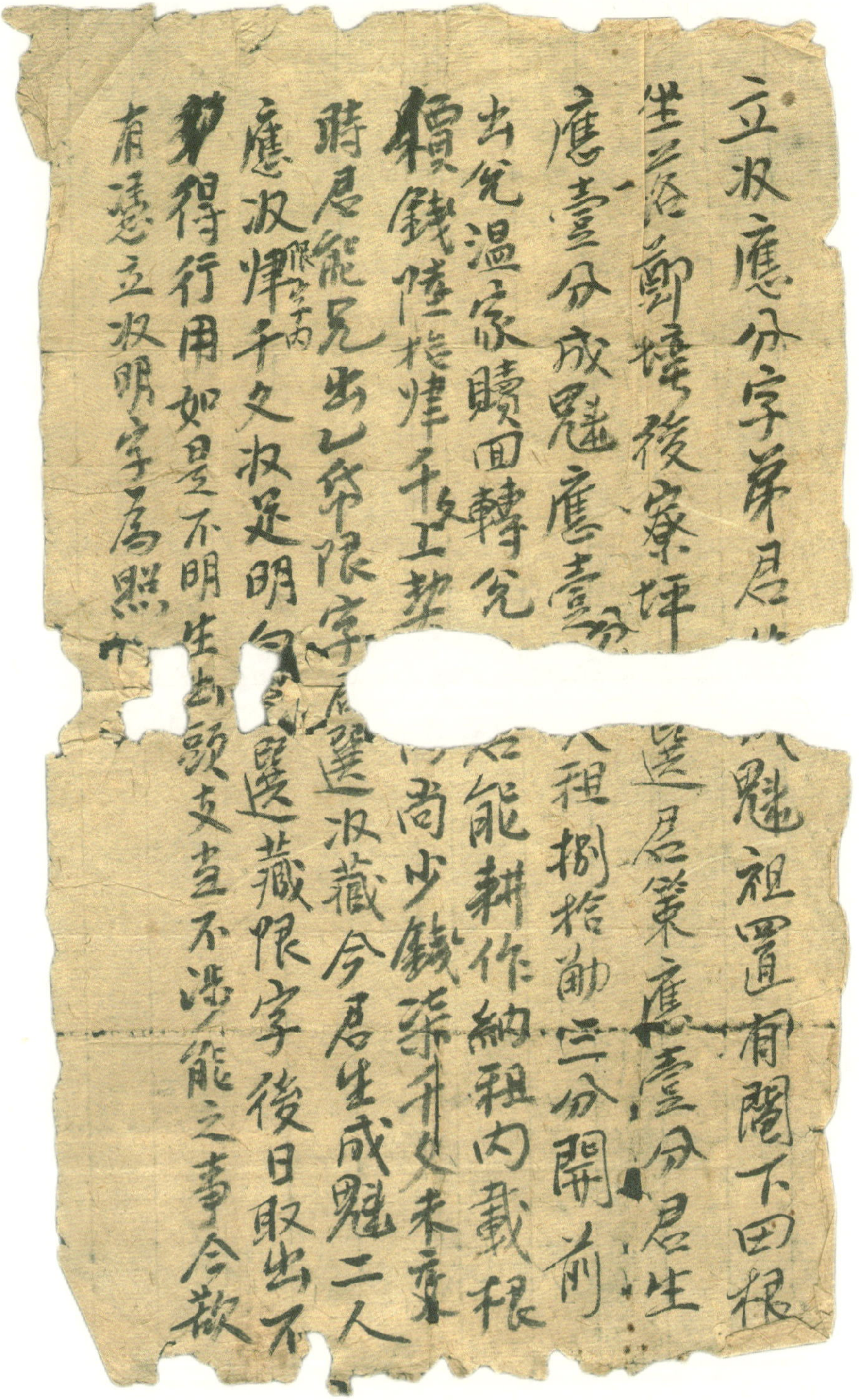
立收應分字黄君生、成魁祖置道有閣下田根
生谷卽鄭塘後寮坪……道君業應壹分君生
應壹分成魁應壹分……祖捌拾觔三分開前
出兑溫家贖回轉兑……君能耕作納租內載根
價錢陸〻拾肆千文工契……尚少錢柒千文未交
時君能兑出山界限字（限字內）君還收藏今君生成魁二人
應收肆千文收足明白……還藏限字後日取出不
得行用如是不明生出頭支不涉能之事今欲
有憑立收明字爲照

10-6-3-22　清道光年間黄成魁等立收應分田根租錢字

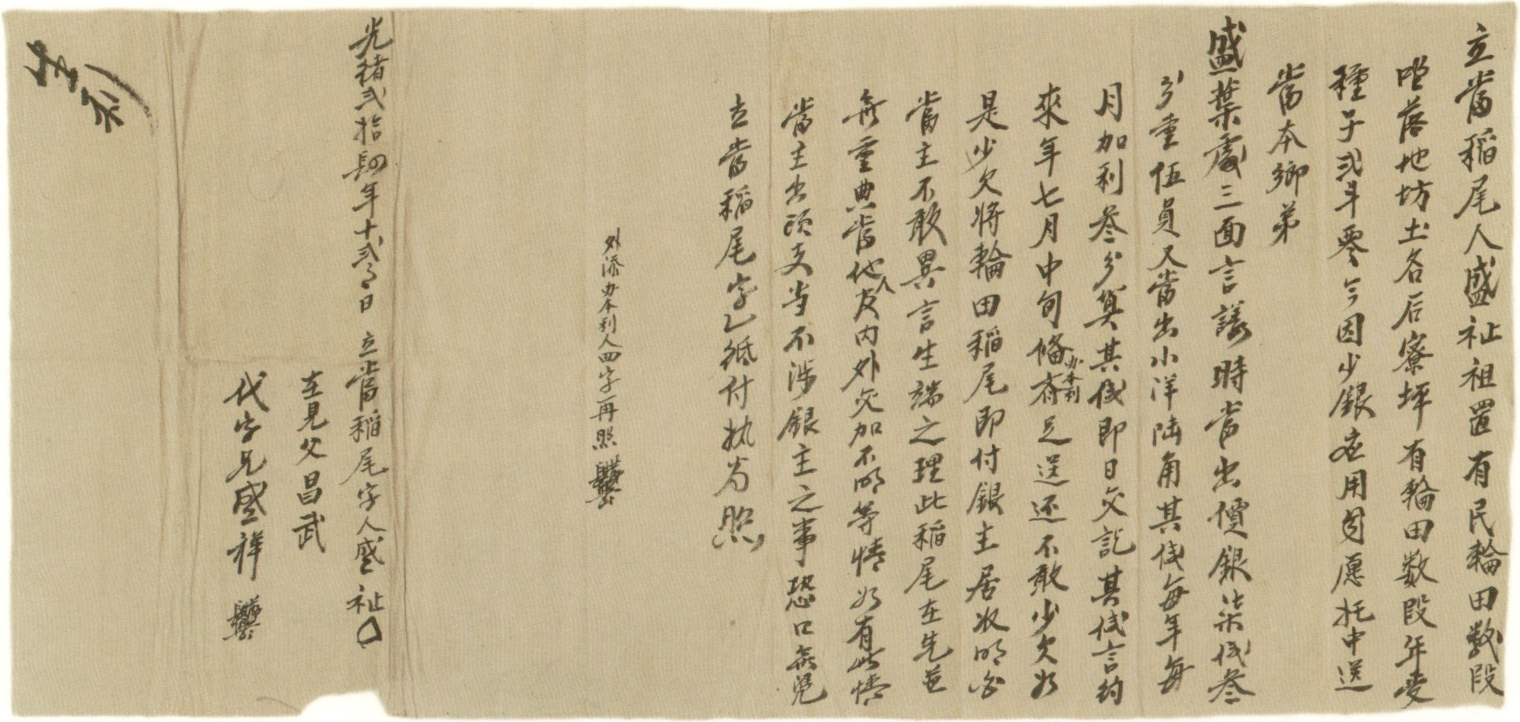
立當稻尾人盛祉，祖置有民輪田數段，坐落地坊土名石寮坪，有輪田數段，年受種子弍斗零，今因乏銀應用，自愿托中送當本鄉弟盛葉處，三面言議，時當出價銀柒拾叁員重伍員，又當出小洋陸角，其錢每年每月加利叁分算，其錢即日交訖，其錢言約來年七月中旬備齊足送还，不敢少欠。如是少欠，將輪田稻尾即付銀主居收明登，當主不敢異言生端之理。此稻尾在先並無重典當他人，內外交加不明等情，如有此情，當主出頭支当，不涉銀主之事。恐口無憑，立當稻尾字一紙，付執為照。

外添加本利人四字再照

光緒弍拾肆年十弍月　日　立當稻尾字人盛祉

在見父昌武

代字兄盛祥

10-6-3-23　清光緒二十四年十二月黃盛祉立當稻尾字

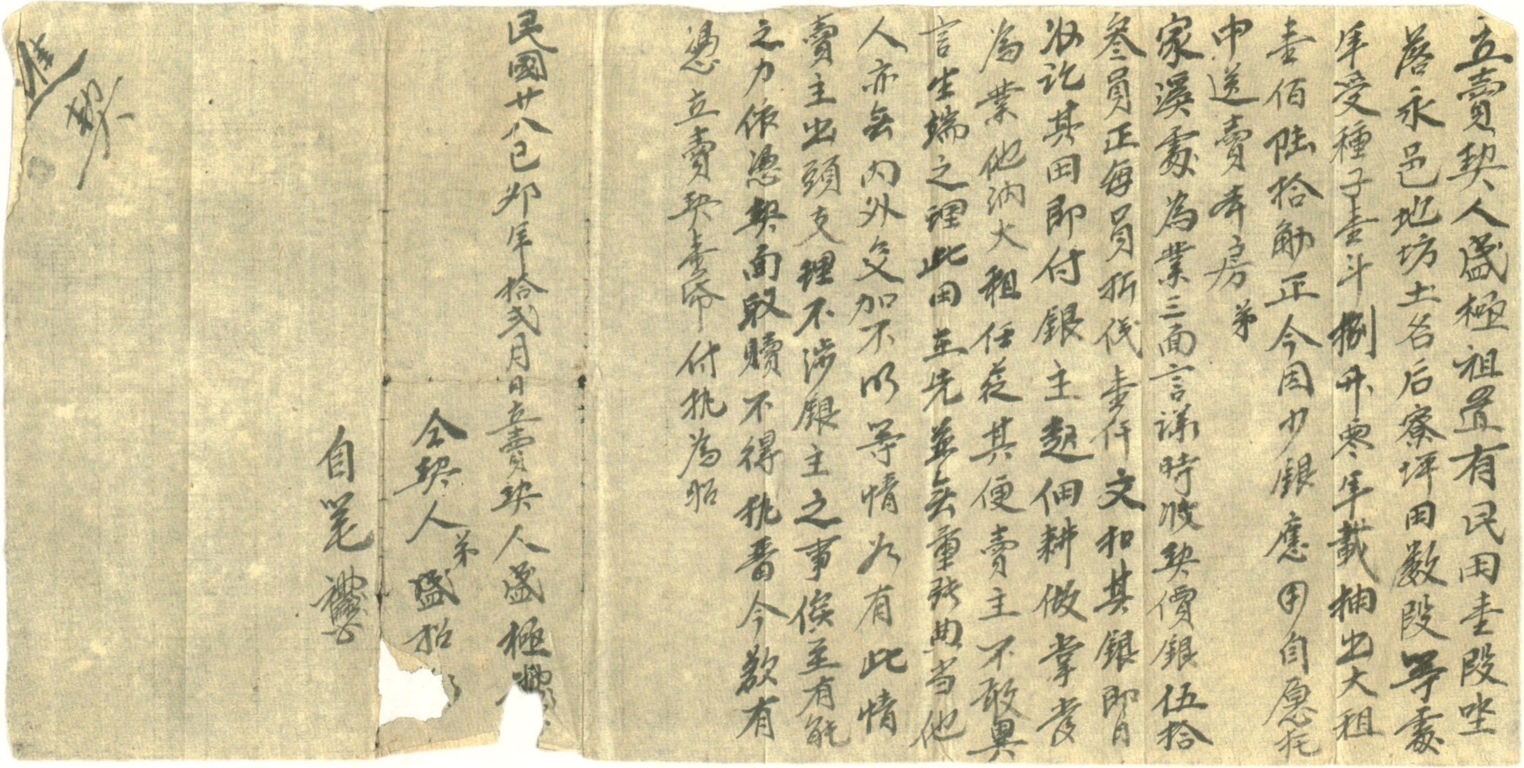
立賣契人盛極祖置有民田壹段坐
落永邑地坊土名后寮坪田數段等處
年受種子壹斗捌升衆年載抽出大租
壹佰陸拾觔正今因少銀應用自愿托
中送賣本房弟
家溪處為業三面言議時價契價銀伍拾
叁員正每員折伐壹仟文和其銀即日
收訖其田即付銀主起佃耕作掌管
為業他納大租任從其便賣主不敢異
言生端之理此田並先並無重張典當他
人亦無內外交加不明等情如有此情
賣主出頭支理不涉銀主之事倘至有能
之力依憑契面取贖不得執留今欲有
憑立賣契壹紙付執為照
民國廿八己卯年拾弍月　日立賣契人盛極
全契人弟盛柏
自筆

10-6-3-24　民國二十八年十二月黃盛極等立賣民田契

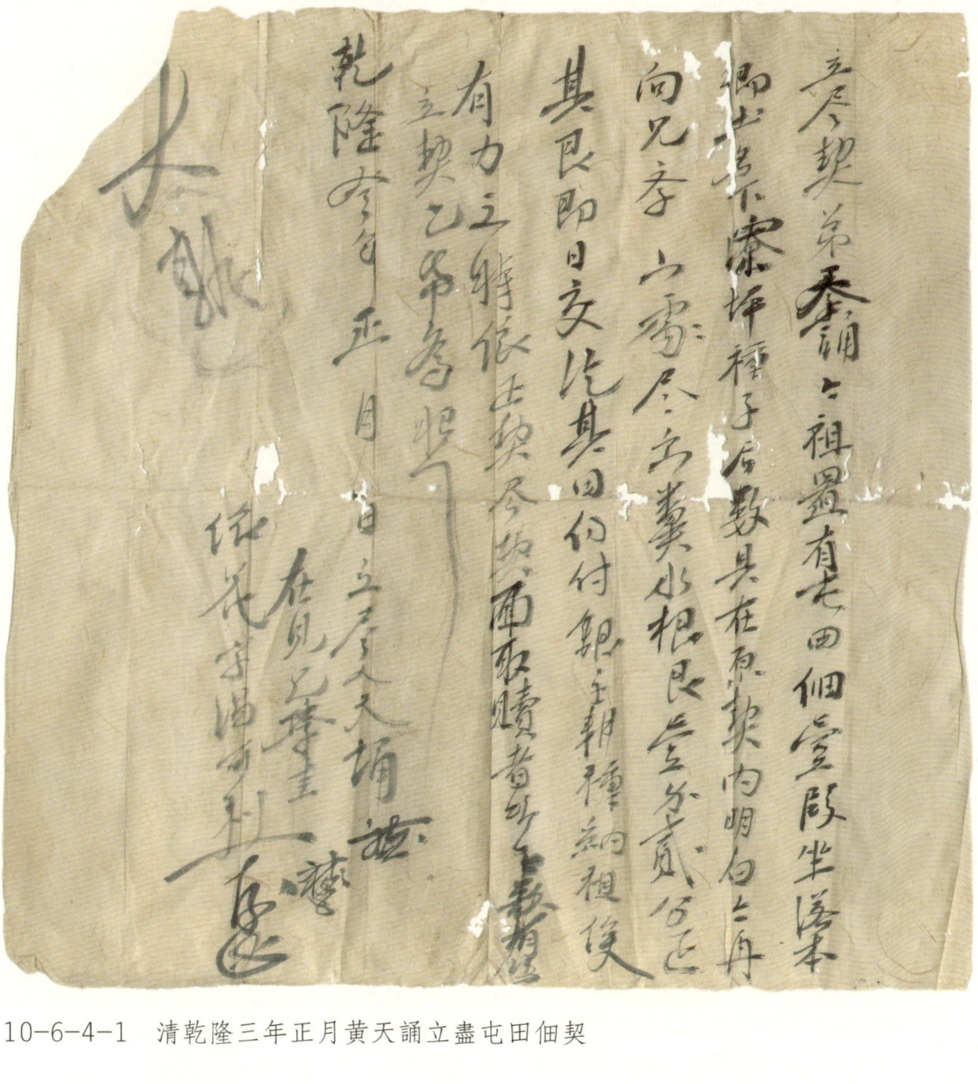

10-6-4-1　清乾隆三年正月黄天誦立盡屯田佃契

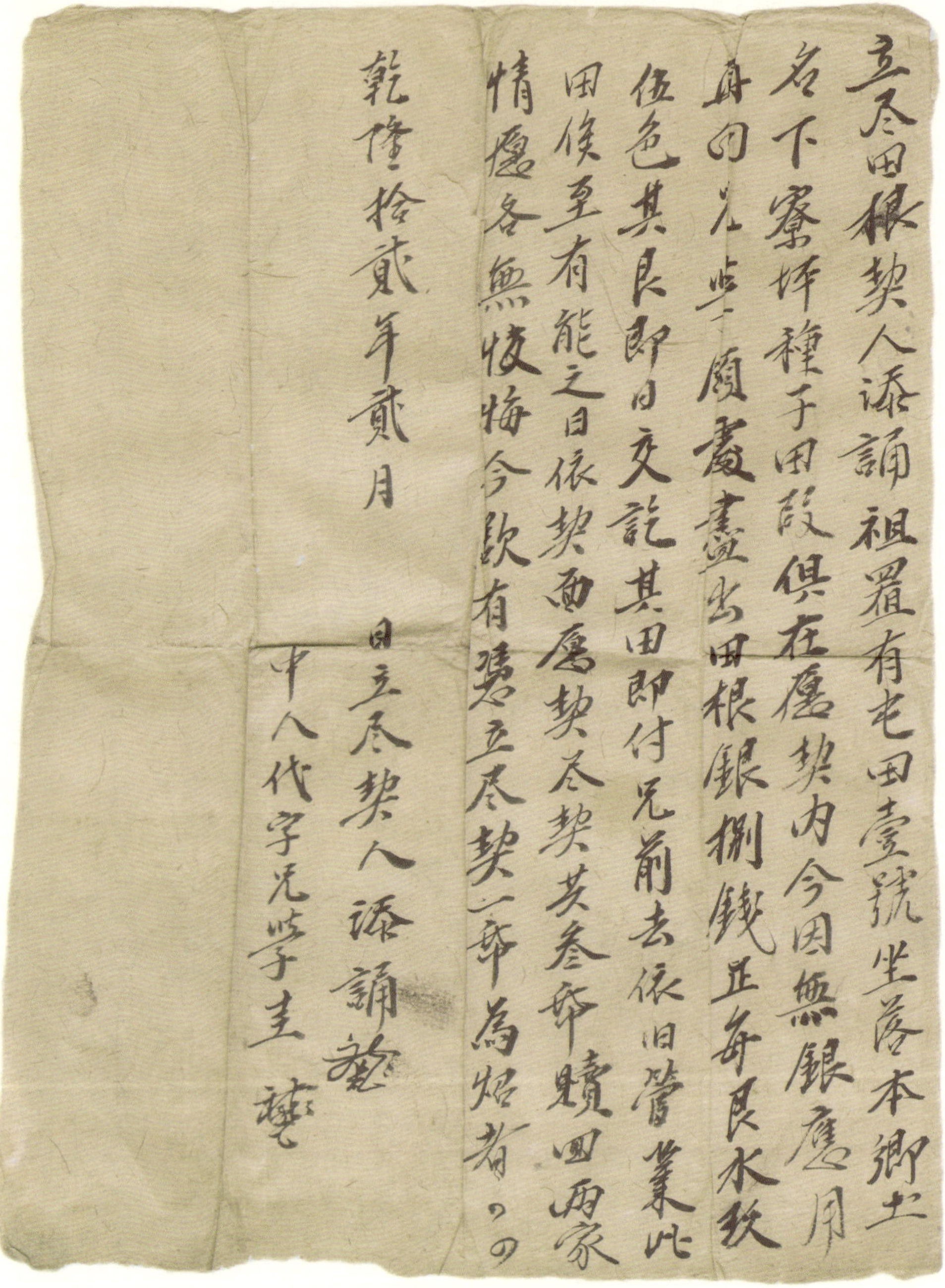

立尽田根契人添誦祖置有屯田壹號坐落本鄉土
名下寨坪種子田段俱在應契內今因無銀應用
自問兄些願處盡出田根銀捌錢正每艮水秋
伍色其艮即日交訖其田即付兄前去依旧營業此
田條至有能之日依契面應契尽契共叁兩贖回兩家
情願各無反悔今欲有憑立尽契一帋為炤者
乾隆拾貳年貳月　日立尽契人添誦
中人代字兄些字主

10-6-4-2 清乾隆十二年二月黃添誦立盡屯田根契

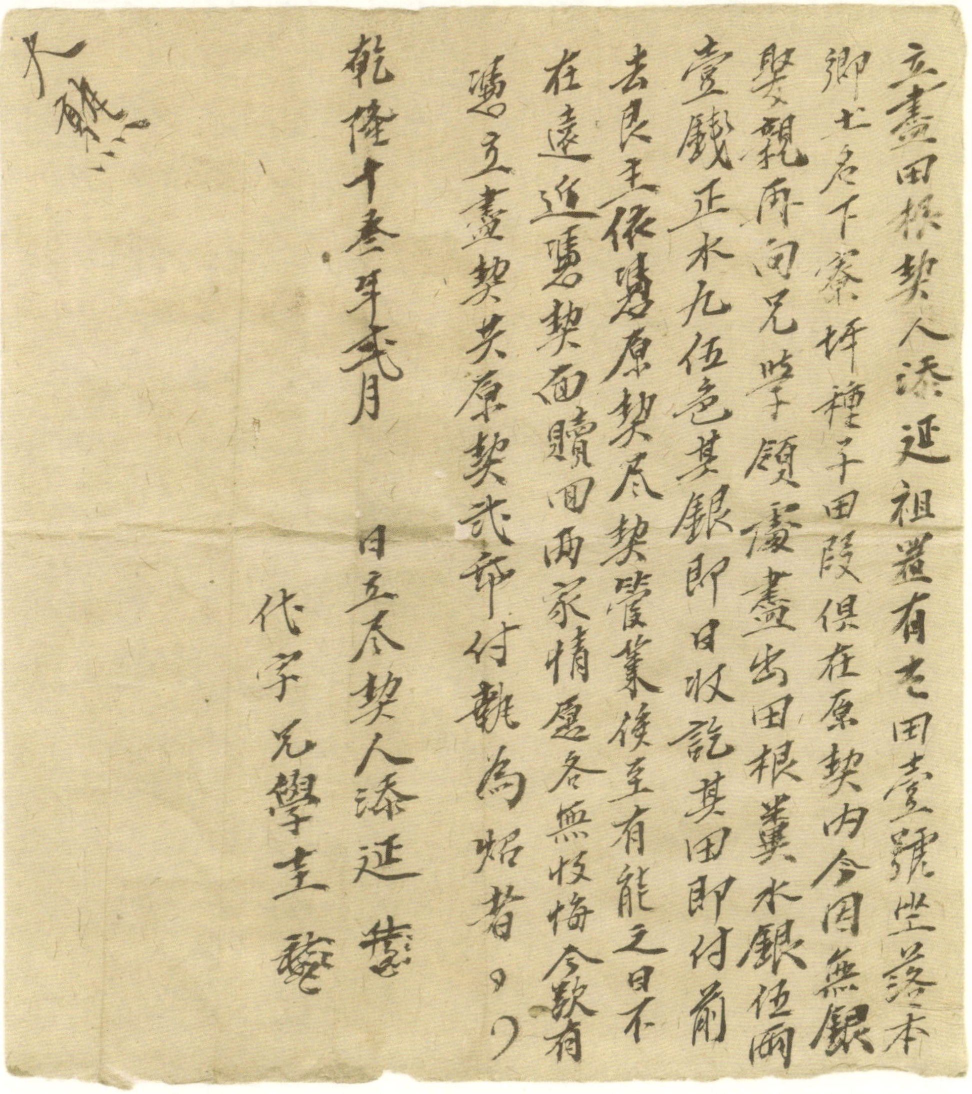
立盡田根契人添延祖置有屯田壹號坐落本
鄉土名下寮坪種子田段俱在原契內今因無銀
娶親再向兄學奎處盡出田根糞水銀伍兩
壹錢正水九伍色其銀即日收訖其田即付前
去艮主依舊原契管業候至有能之日不
在遠近憑契面贖回兩家情愿各無收悔今欲有
憑立盡契共原契貳帋付執為炤者

乾隆十叁年貳月　日立盡契人添延　押
代字兄學奎　筆

10-6-4-3　清乾隆十三年二月黄添延立盡屯田根契

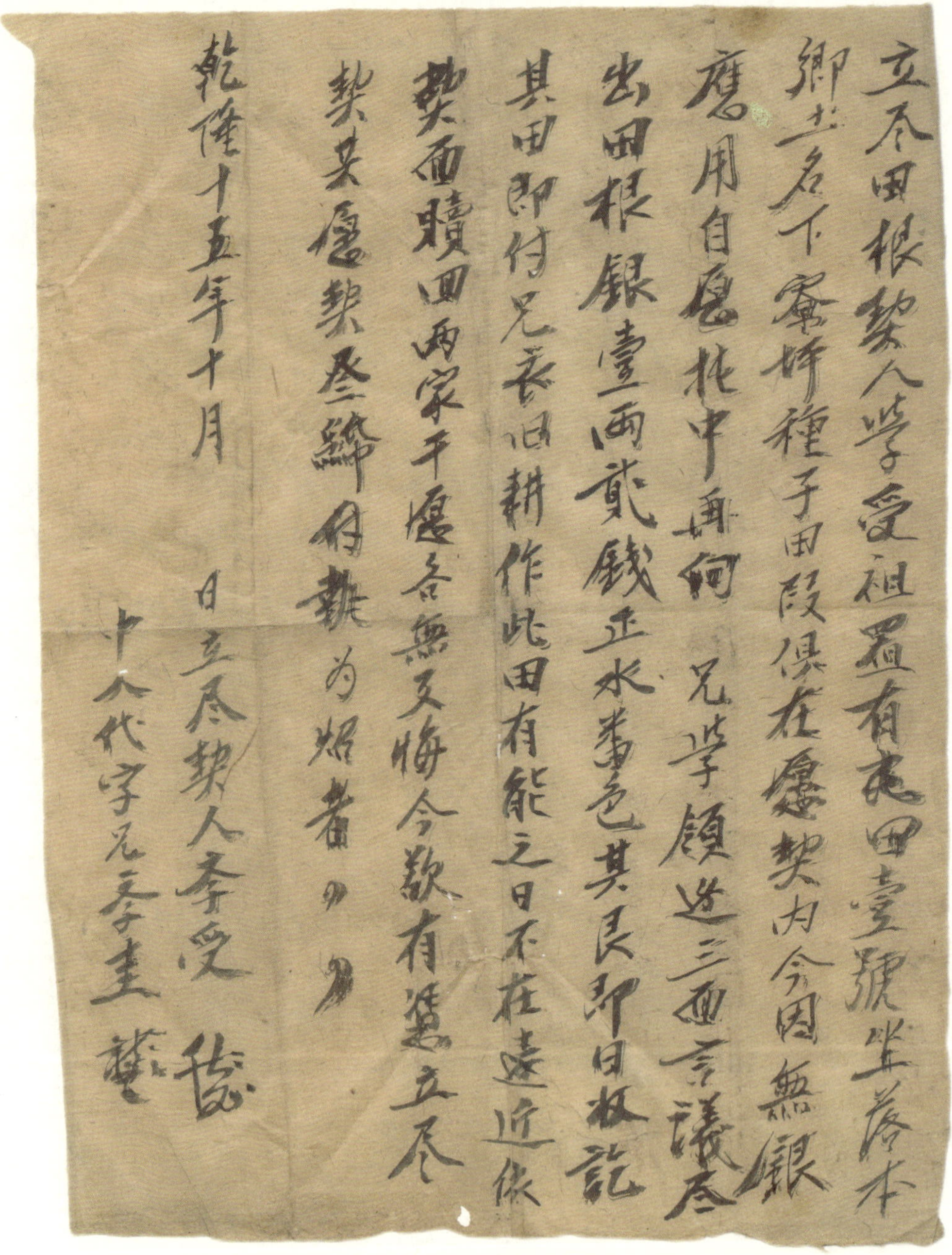

立尽田根契人孶受祖置有屯田壹號坐落本
鄉土名下寨坪種子田段俱在屢契内今因無銀
應用自愿托中再向 兄孶領送三面言議尽
出田根銀壹兩貳錢正水筆包其艮即日收訖
其田即付兄長旧耕作此田有能之日不在遠近依
契面贖回兩家干愿各無反悔今欲有憑立尽
契其屢契尽歸付執為炤者

乾隆十五年十月 日立尽契人孶受（押）
中人代字兄孶圭 筆

10-6-4-4 清乾隆十五年十月黄孶受立盡屯田根契

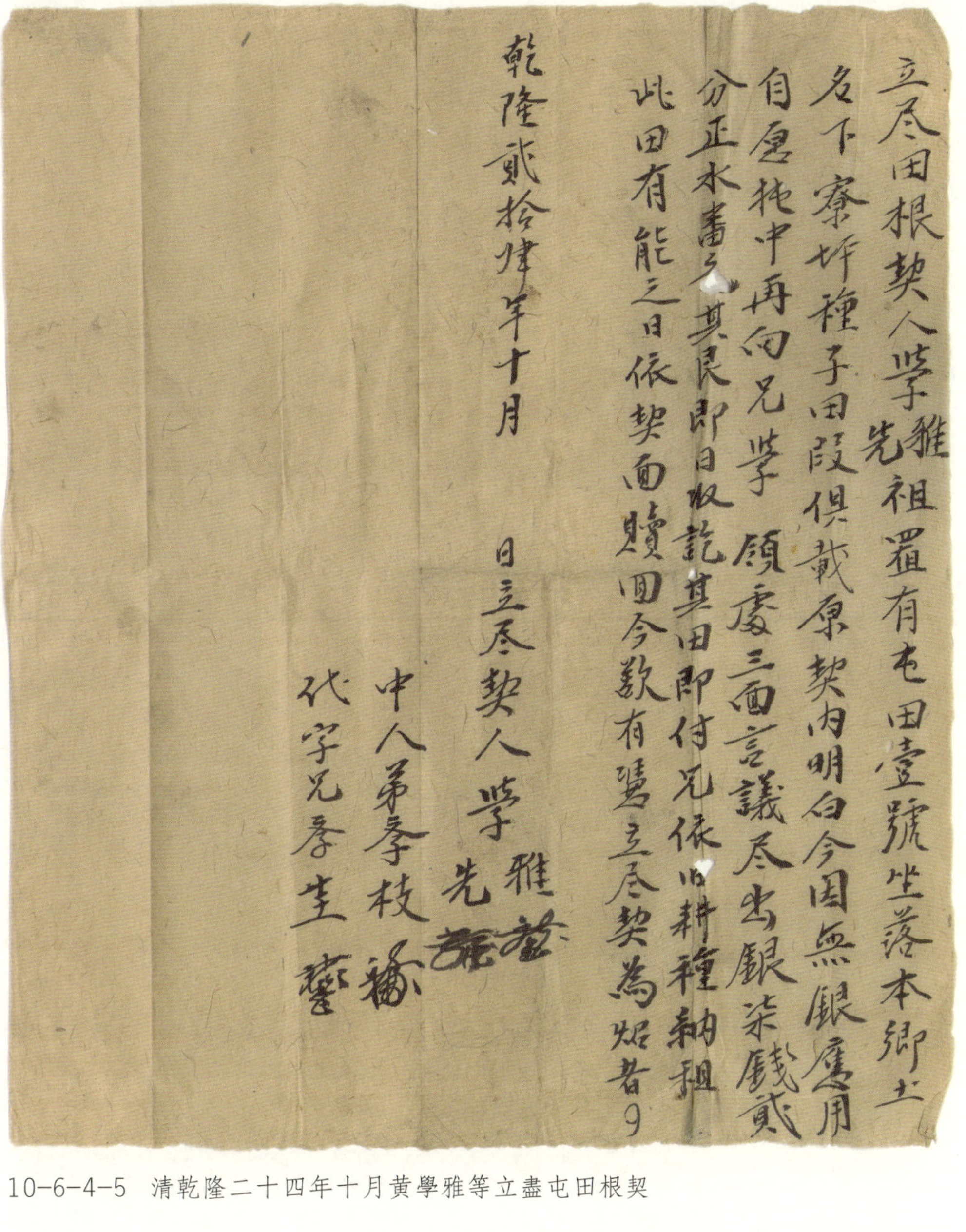

立尽田根契人学雅
先祖置有屯田壹號坐落本鄉土
名下寮坪種子田段俱載原契内明白今因無銀應用
自愿托中再向兄学頌處三面言議尽出銀柒錢貳
分正水尽〻其艮即日收訖其田即付兄依旧耕種納租
此田有能〻日依契面贖回今欲有憑立尽契為炤者
乾隆貳拾肆年十月　　日立尽契人学雅 学先
中人弟学枝
代字兄学生

10-6-4-5　清乾隆二十四年十月黄學雅等立盡屯田根契

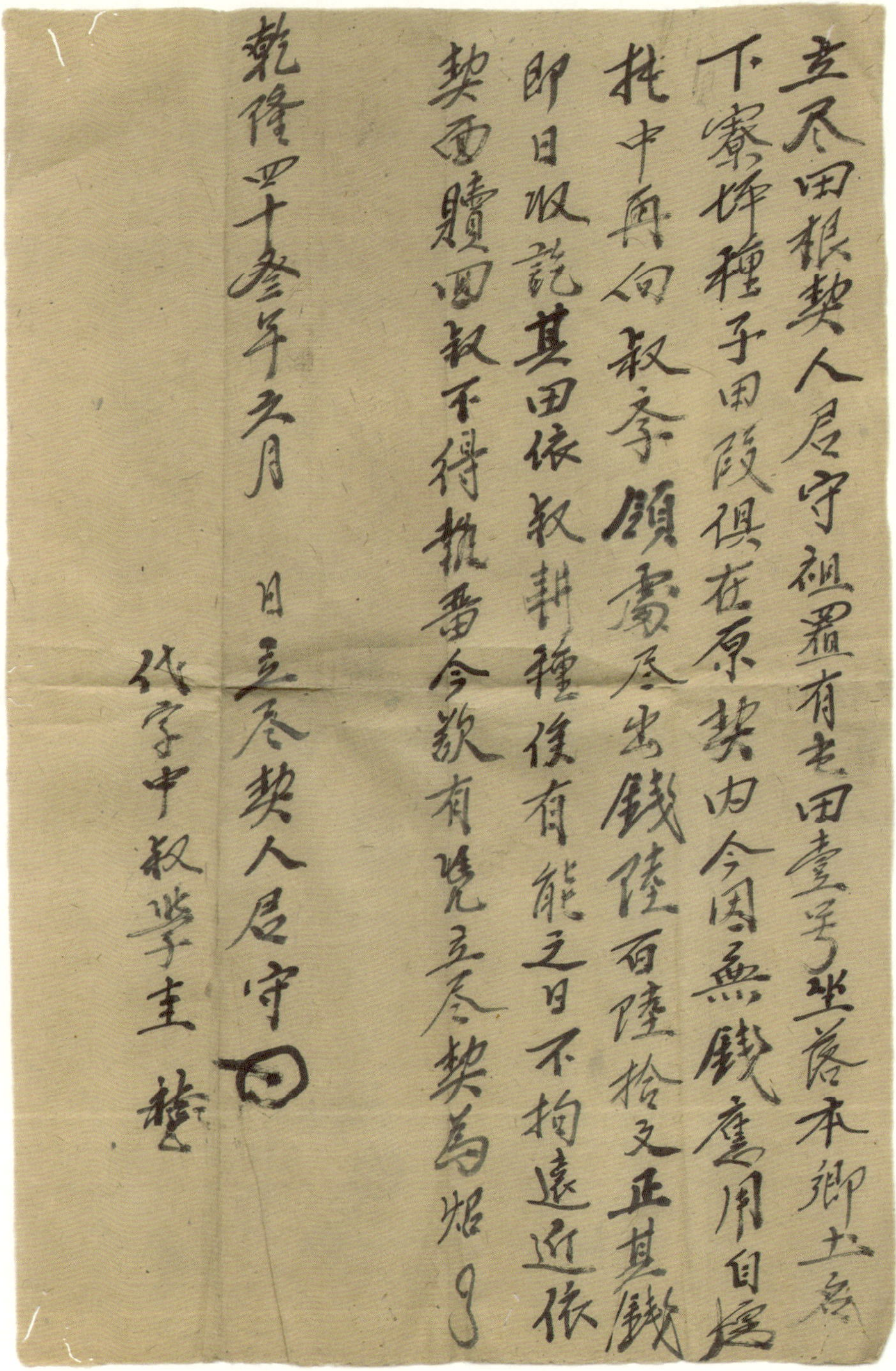
立尽田根契人君守祖置有屯田壹号坐落本鄉土名
下寮坪種子田段俱在原契内今因無錢應用自願
托中再向叔季領處尽出錢陸百陸拾文正其錢
即日收訖其田依叔耕種後有能之日不拘遠近依
契面贖回叔不得執留今欲有憑立尽契為照
乾隆四十叁年六月　日立尽契人君守（押）
代字中叔肇圭筆

10-6-4-6　清乾隆四十三年六月黄君守立盡屯田根契

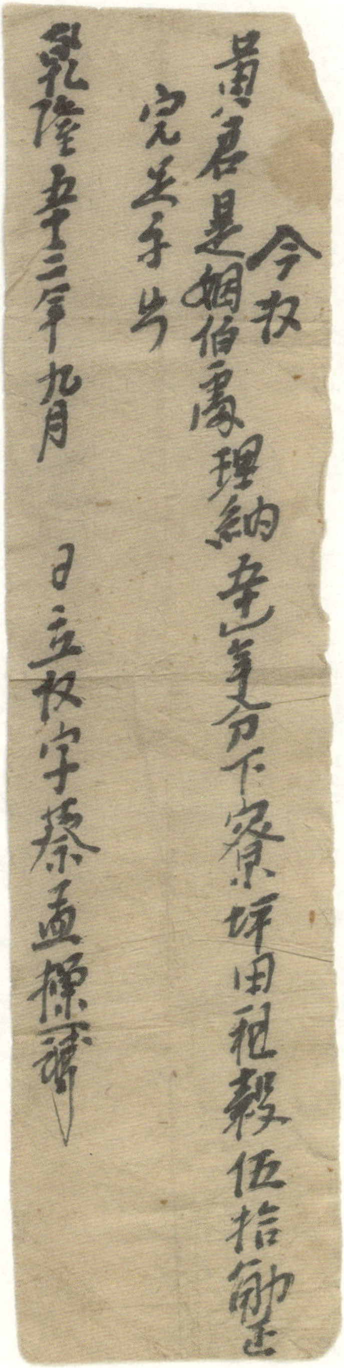

今收
黄君是姻伯處理納本年分下寮坪田租穀伍拾觔正
完足手出
乾隆五十三年九月　日立收字蔡孟操（押）

10-6-4-7　清乾隆五十三年九月蔡孟操立收田租穀字

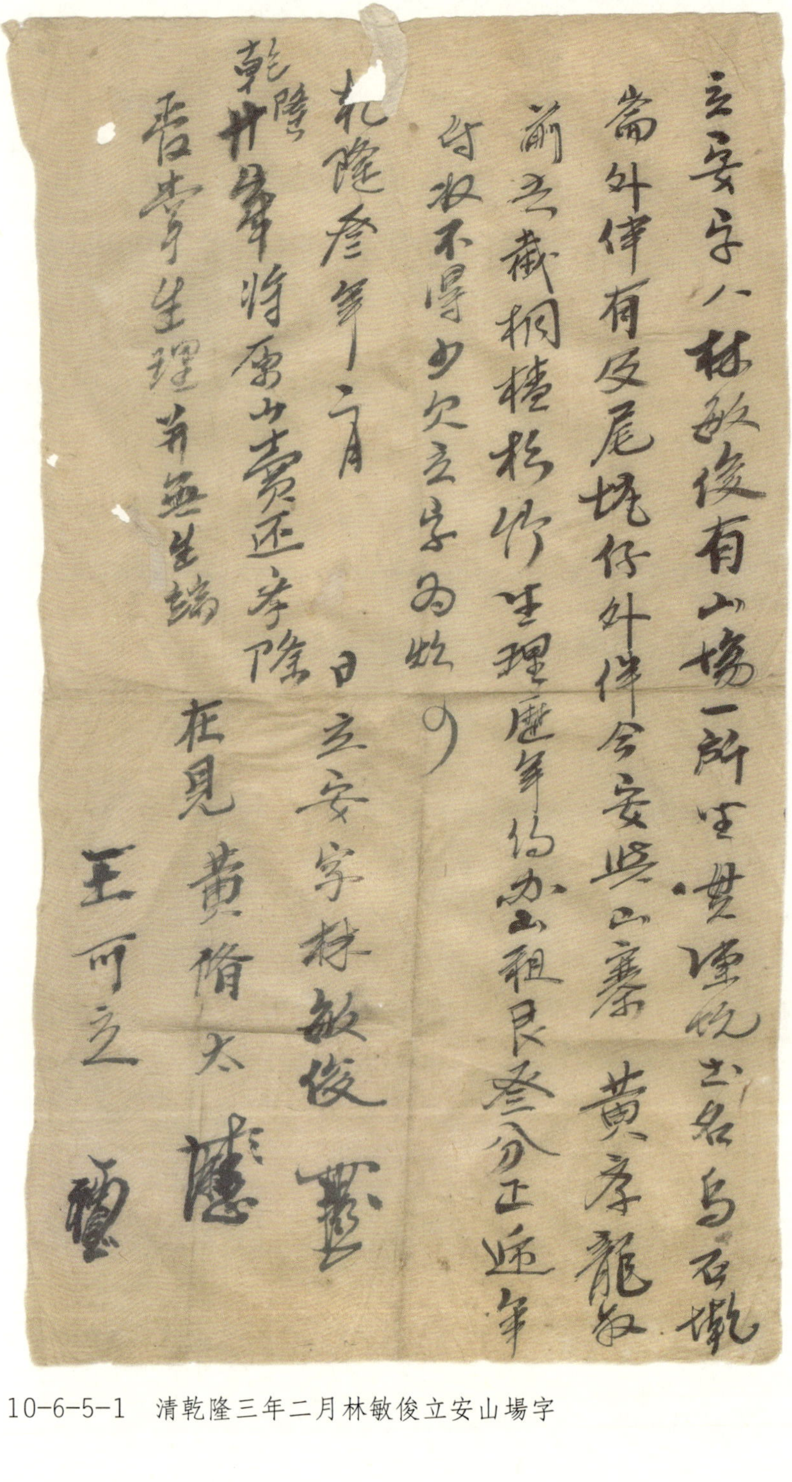

立安字人林敏俊有山場一所坐址坑土名烏石墩
當外併有安尾坭仔外併今安與山寨黄孝龍叔
前去栽桐植杉竹生理歷年納出山租艮叁分正逐年
付收不得少欠立字為炤
乾隆叁年二月　日立安字林敏俊
乾隆廿年將原山賣还孝隆
查其生理并無生端
在見黄脩太
王可立

10-6-5-1　清乾隆三年二月林敏俊立安山場字

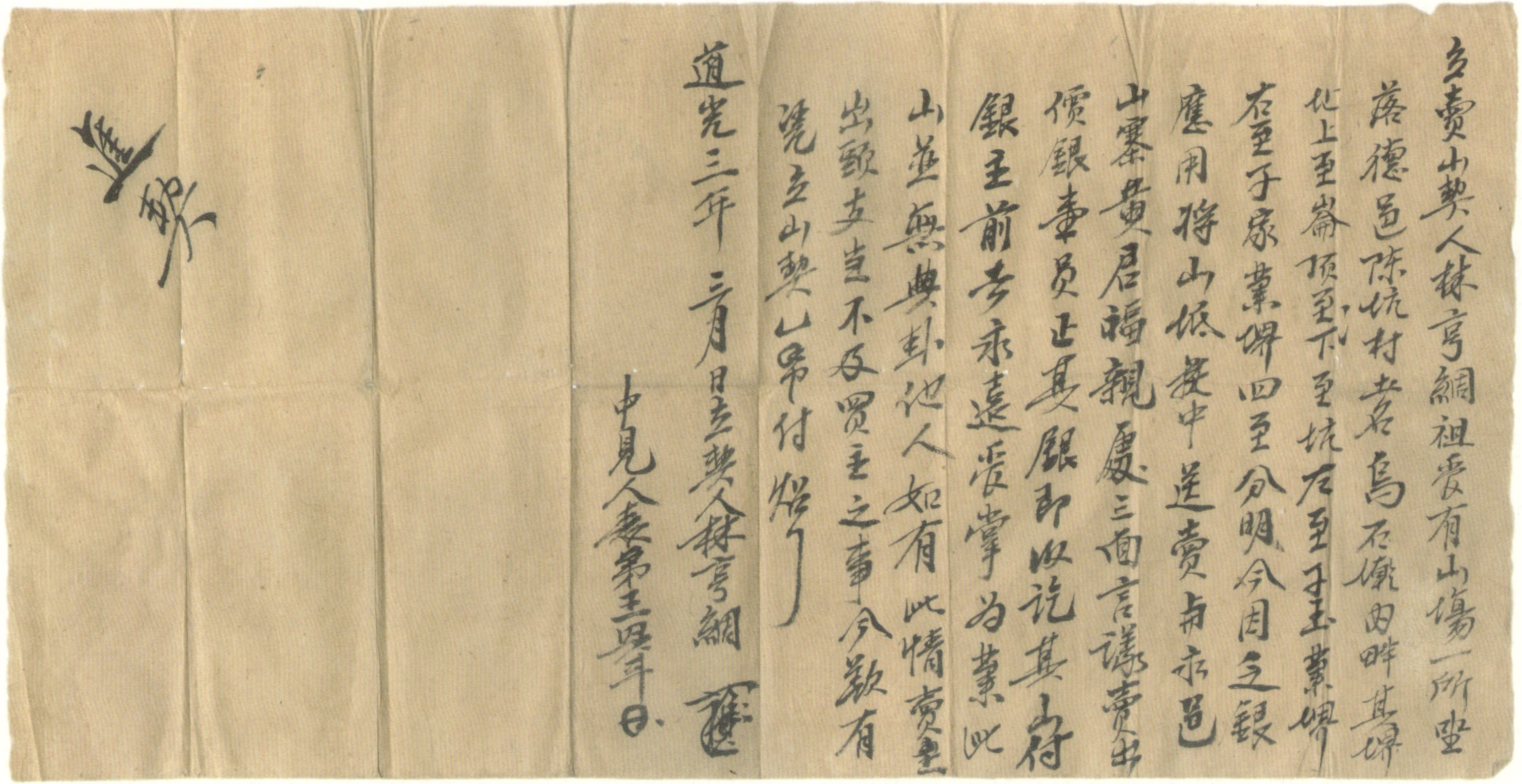

立賣山契人林亨綢祖遺有山場一所坐
落德邑陈坑村土名鳥石仚西畔其界
址上至崙頂至下至坑左至子王業界
右至子家業界四至分明今因乏銀
應用將山依托中送賣與本邑
山寨黃居福親處三面言議賣出
價銀壹員正其銀即收訖其山付
銀主前去永遠管掌為業此
山並無典掛他人如有此情賣主
出頭支当不干買主之事今欲有
憑立山契山吊付照
道光三年 三月 日立契人林亨綢
中見人妻弟王旺平

10-6-5-2 清道光三年三月林亨綢立賣山場契

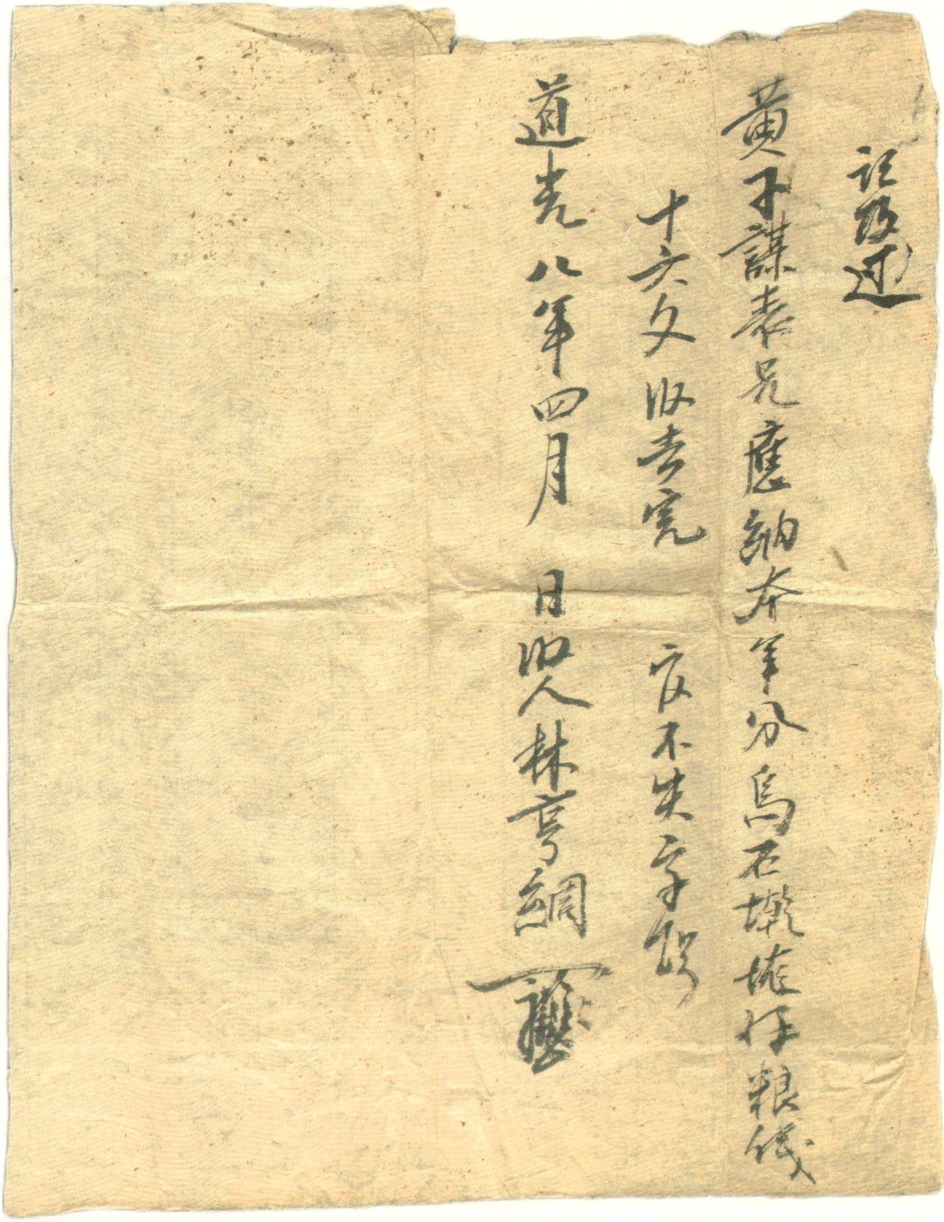
訖收过
黄子謀泰兄處納本年分烏石墘坵秄粮錢
十六文收去完　后不失字照
道光八年四月　日收人林亨綢（押）

10-6-5-3　清道光八年四月林亨綢立收糧錢字

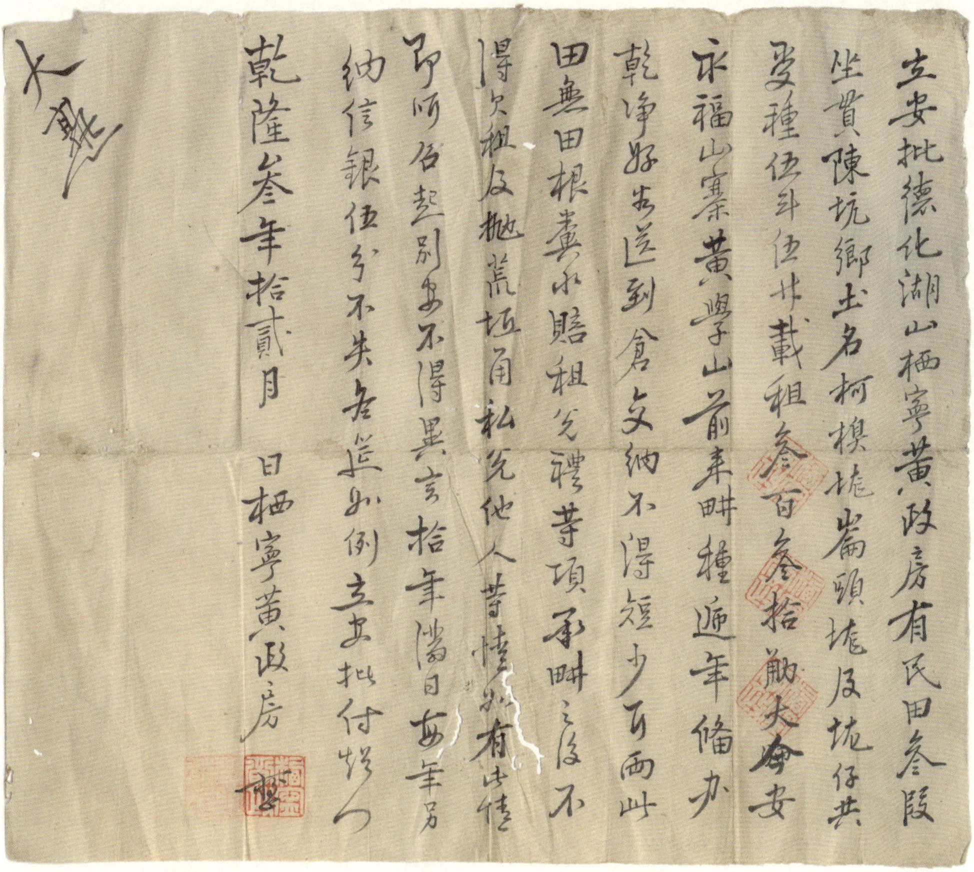

立安批德化湖山栖寧黃政房有民田叁段
坐貫陳坑鄉土名柯模垅崙頭垅及垅仔共
受種伍斗伍升載租叁百叁拾觔大命安
永福山寨黃學山前來佃種逓年備办
乾淨好粟送到倉交納不得短少升合此
田無田根業不賠租分禮等項承佃之後不
得欠租及拋荒坵角私允他人等情如有此情
即行召起別佃不得異言拾年滿日每年另
納信銀伍分不失照例立安批付炤
乾隆叁年拾貳月　日栖寧黃政房（押）
大發

10-6-6-1　清乾隆三年十二月德化黃政房立安批民田契

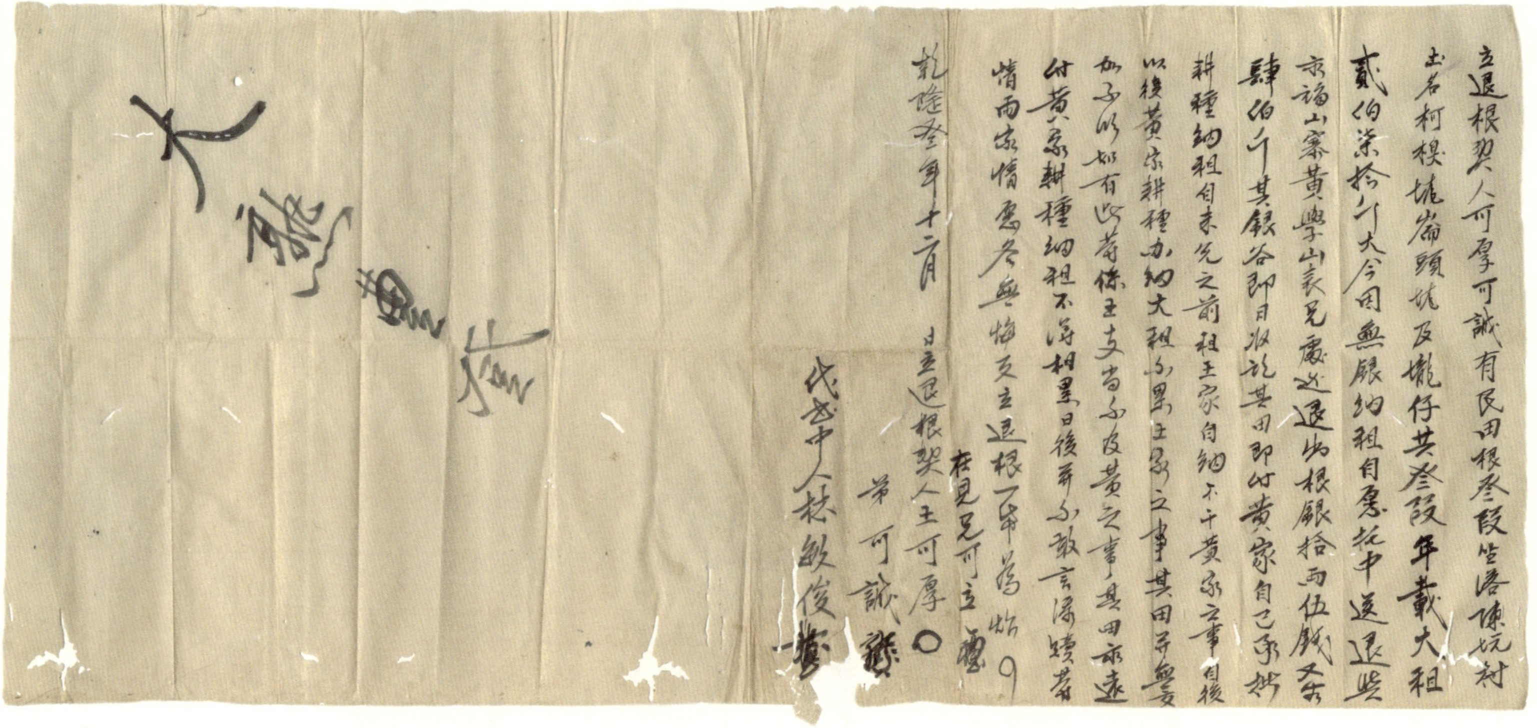

10-6-6-2　清乾隆三年十二月温可厚等立退民田根契

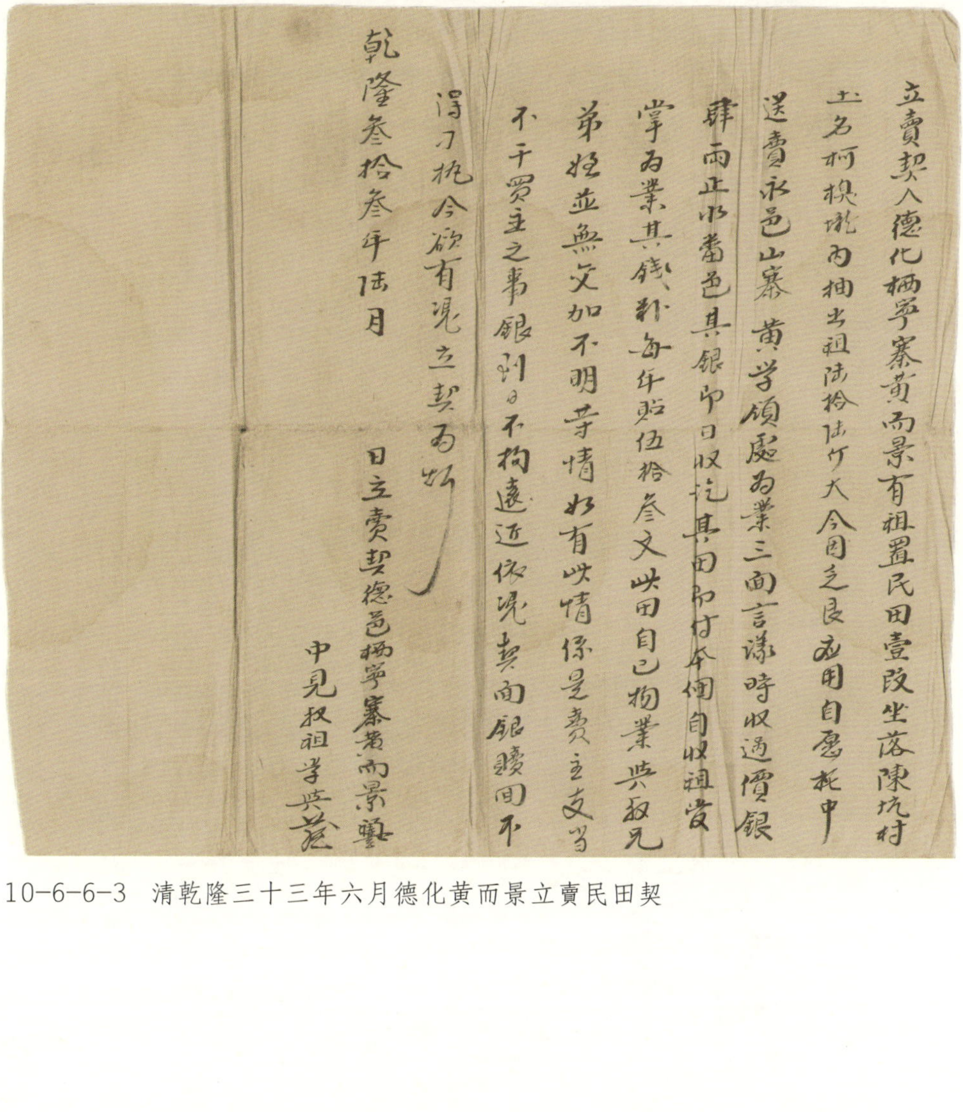
立賣契人德化栖學寨黃而景有祖置民田壹段坐落陳坑村
土名柯樸坑內抽出租陸拾陸ケ大今因乏艮應用自愿托中
送賣永邑山寨　黃學領處爲業三面言議時收過價銀
肆兩正水蓄色具銀即日收訖其田即付本佃自收租當
掌爲業其錢糧每年貼伍拾叁文此田自己物業與叔兄
弟姪並無交加不明等情如有此情係是賣主支當
不干買主之事銀到日不拘遠近依原契面銀贖回不
得刁执今欲有憑立契爲炤
乾隆叁拾叁年陸月　日立賣契德邑栖學寨黃而景
中見叔祖学興

10-6-6-3　清乾隆三十三年六月德化黃而景立賣民田契

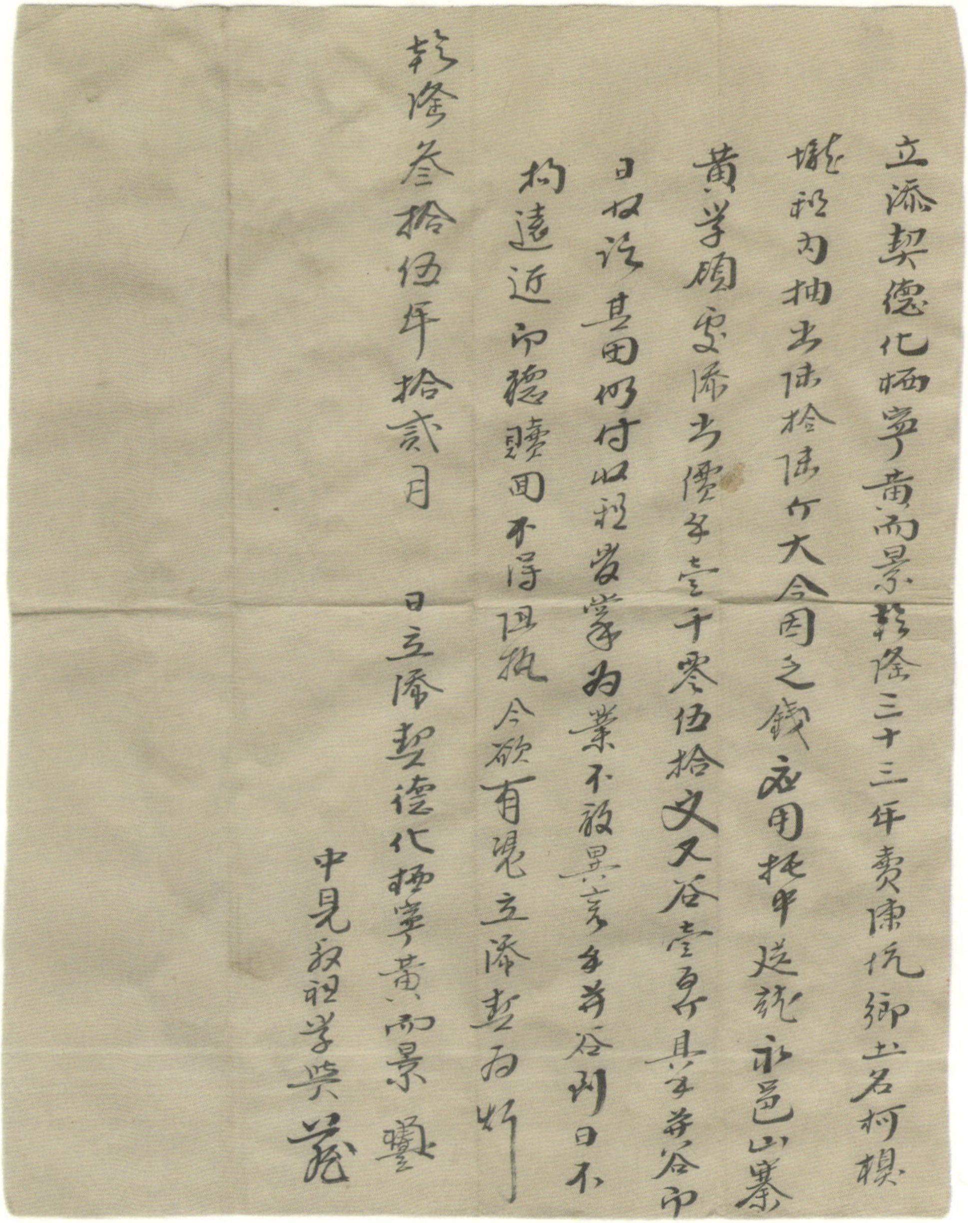
立添契德化梅寧黃而景乾隆三十三年賣陳佩卿土名柯模
墘租內抽出陸拾陸斤大合田之錢在田托中送就永邑山寨
黃宅願要添出價錢壹千零伍拾文又谷壹石斤其錢並谷即
日收訖其田仍付收租掌管為業不敢異言其錢並谷以日不
拘遠近即聽贖田不得阻執今欲有憑立添契為炤
乾隆叁拾伍年拾貳月　日立添契德化梅寧黃而景（押）
中見叔祖学興（押）

10-6-6-4　清乾隆三十五年十二月德化黃而景立添大租契

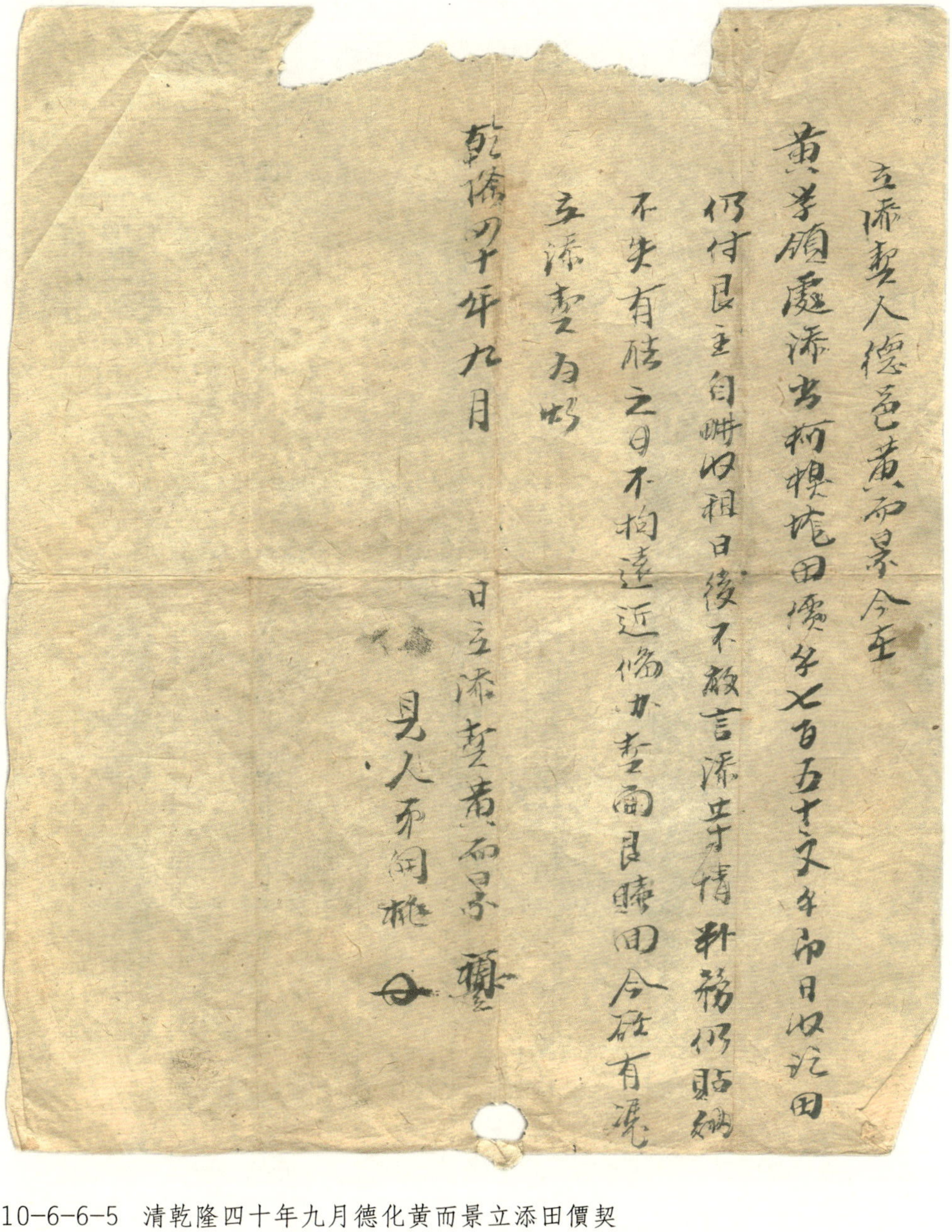

立添契人德邑黄而景今在
黄学顔處添出柯模坵田價錢七百五十文其田日收訖田
仍付艮主自耕收租日後不敢言添生情新務仍貼納
不失有贖之日不拘遠近備辦契面艮贖田今欲有憑
立添契爲照
乾隆四十年九月　日立添契黄而景（押）
見人而阿桃（押）

10-6-6-5　清乾隆四十年九月德化黄而景立添田價契

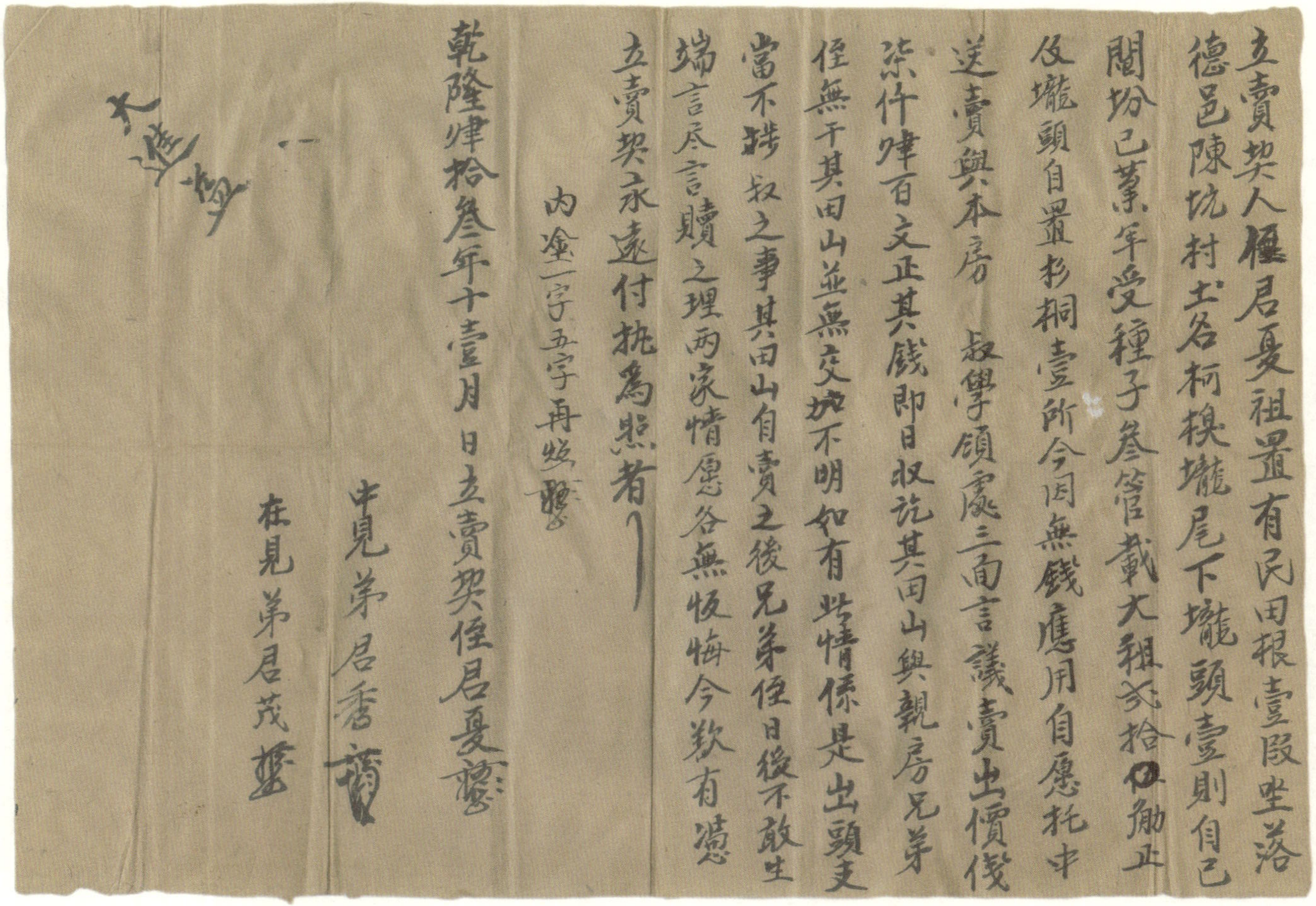
立賣契人黃君夏祖置有民田根壹段坐落
德邑陳坑村土名柯樸壠尾下壠頭壹則自己
鬮分己業年受種子叁管載大租谷拾□觔正
及壠頭自置杉桐壹所今因無錢應用自愿托中
送賣與本房　叔學領處三面言議賣出價錢
柒仟肆百文正其錢即日收訖其田山與親房兄弟
侄無干其田山並無交加不明如有此情係是出頭支
當不涉叔之事其田山自賣之後兄弟侄日後不敢生
端言盡言贖之理兩家情愿各無反悔今欲有憑
立賣契永遠付執為照者
內塗一字五字再照（押）
乾隆肆拾叁年十壹月　日立賣契侄君夏（押）
中見弟君香（押）
在見弟君茂（押）
大進益

10-6-6-6　清乾隆四十三年十一月黃君夏立賣民田根契

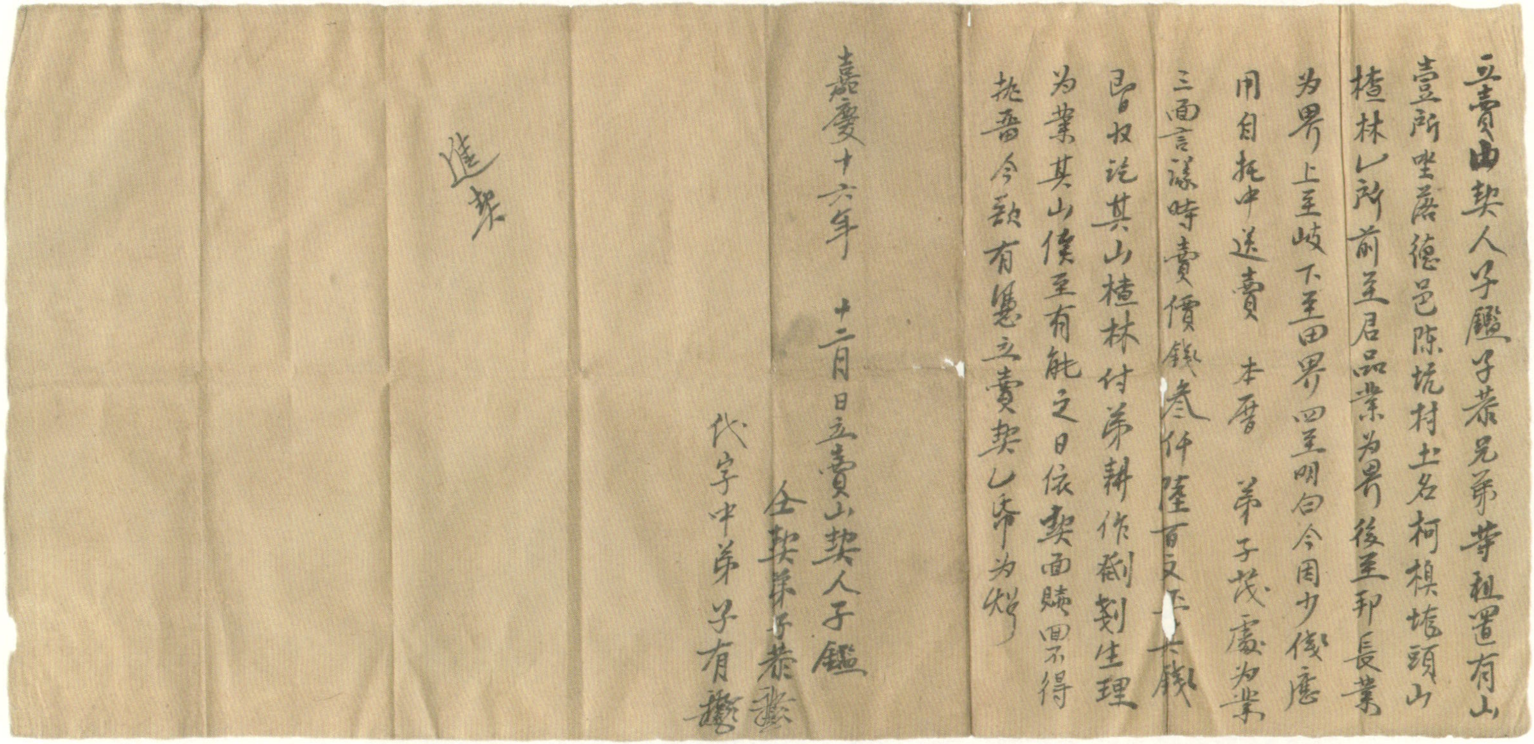

立賣山契人子鑑、子恭兄弟等，祖置有山
壹所，坐落德邑陈坑村，土名柯模垅頭山
植林山所，前至居品業為界，後至印長業
為界，上至岐，下至田界，四至明白。今因少錢應
用，自托中送賣 本厝 弟子茂處為業，
三面言議時賣價錢叁仟陸百文足。其錢
即日收訖，其山植林付弟耕作斫劄生理
為業。其山候至有能之日，依契面贖回，不得
執留。今欲有憑，立賣契山帋為炤。

嘉慶十六年 十二月 日立賣山契人子鑑
仝契弟子恭
代字中弟子有

進契

10-6-6-7　清嘉慶十六年十二月黄子鑑等立賣山契

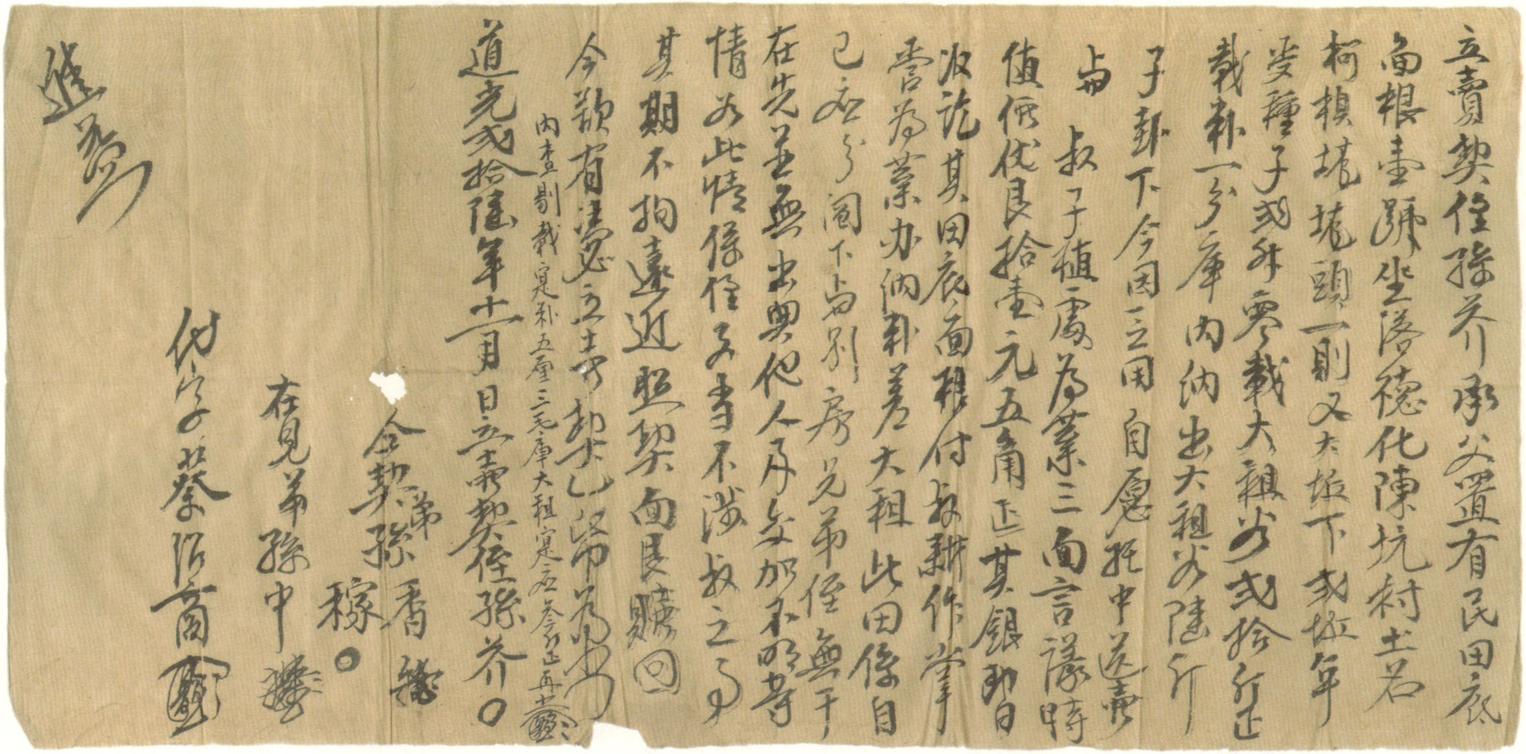

立賣契侄孫芥仔承父置有民田底
面根壹號，坐落德化陳坑村，土名
柯墩坵坵頭一則，又大坵下弍坵，年
受種子弍升零，載大租谷弍拾斤正，
載补一分二厘，內納出大租谷陸斤
于都下。今因乏用，自愿托中送賣
與叔孫植處為業，三面言議，時
值價伏艮拾壹元五角正，其銀即日
收訖，其田底面根付叔耕作掌
管為業，办納补差大租。此田係自
己分之闾下，與別房兄弟侄無干，
在先並無出典他人，再無加不明等
情。如此情係侄之事，不涉叔之事。
其期不拘遠近，照契面價贖回。
今欲有憑，立賣契一紙為照。
內查割載寔补五厘三毛，庫大租寔存叄斤正，再照。
道光弍拾陸年十一月　日立賣契侄孫芥○
仝契弟孫香（押）
　　　　穆○
在見弟孫中（押）
代字蔡□商（押）
進益

10-6-6-8　清道光二十六年十一月黃孫芥等立賣民田底面根契

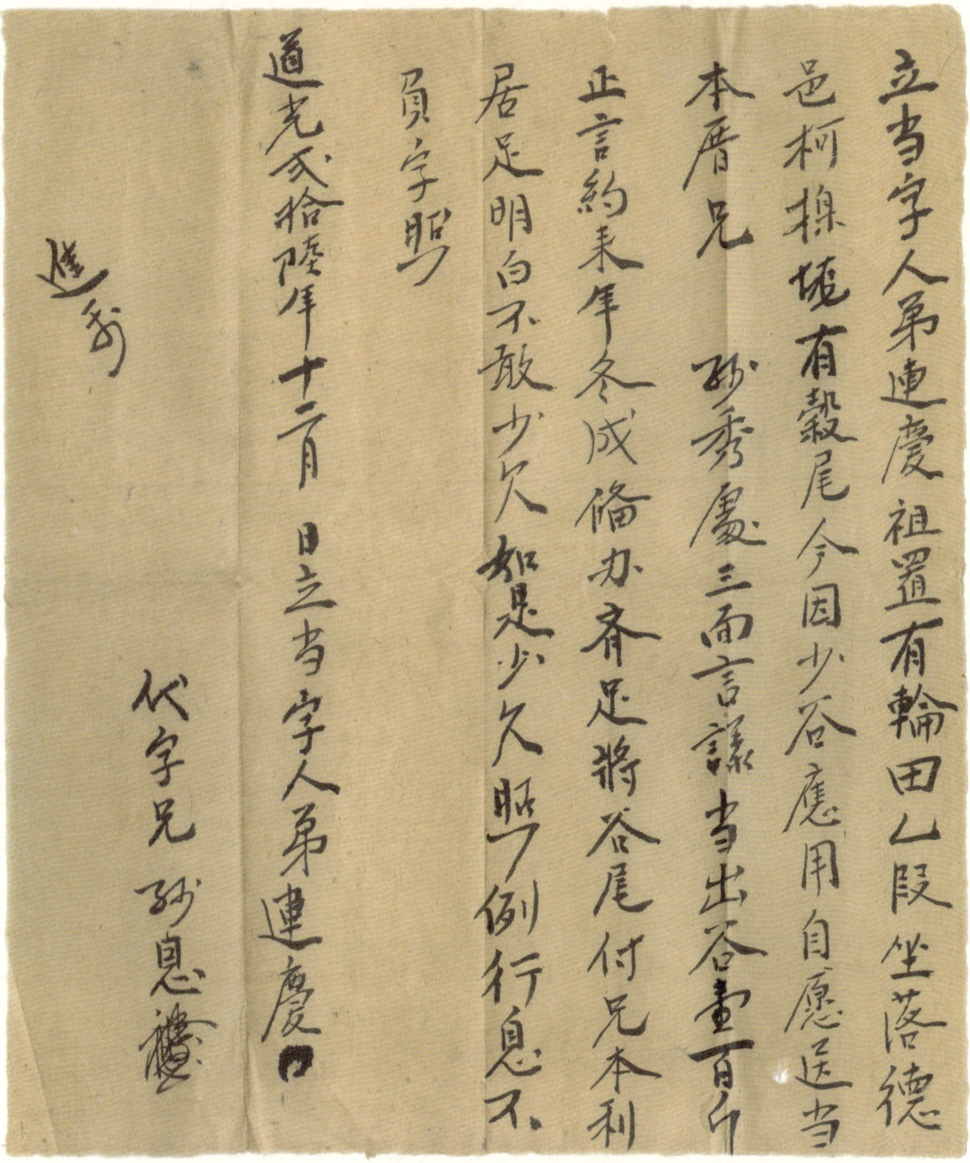

立当字人弟連慶祖置有輪田乙段坐落德
邑柯𣗳墘有穀尾今因少谷應用自愿送当
本房兄　孫秀慶三面言議当出谷壹百斤
正言約来年冬成備办齐足將谷尾付兄本利
居足明白不敢少欠如是少欠照例行息不
負字照
道光貳拾陸年十二月　日立当字人弟連慶（押）
代字兄　孫息樓
進秀

10-6-6-9　清道光二十六年十二月黃連慶立當輪田字

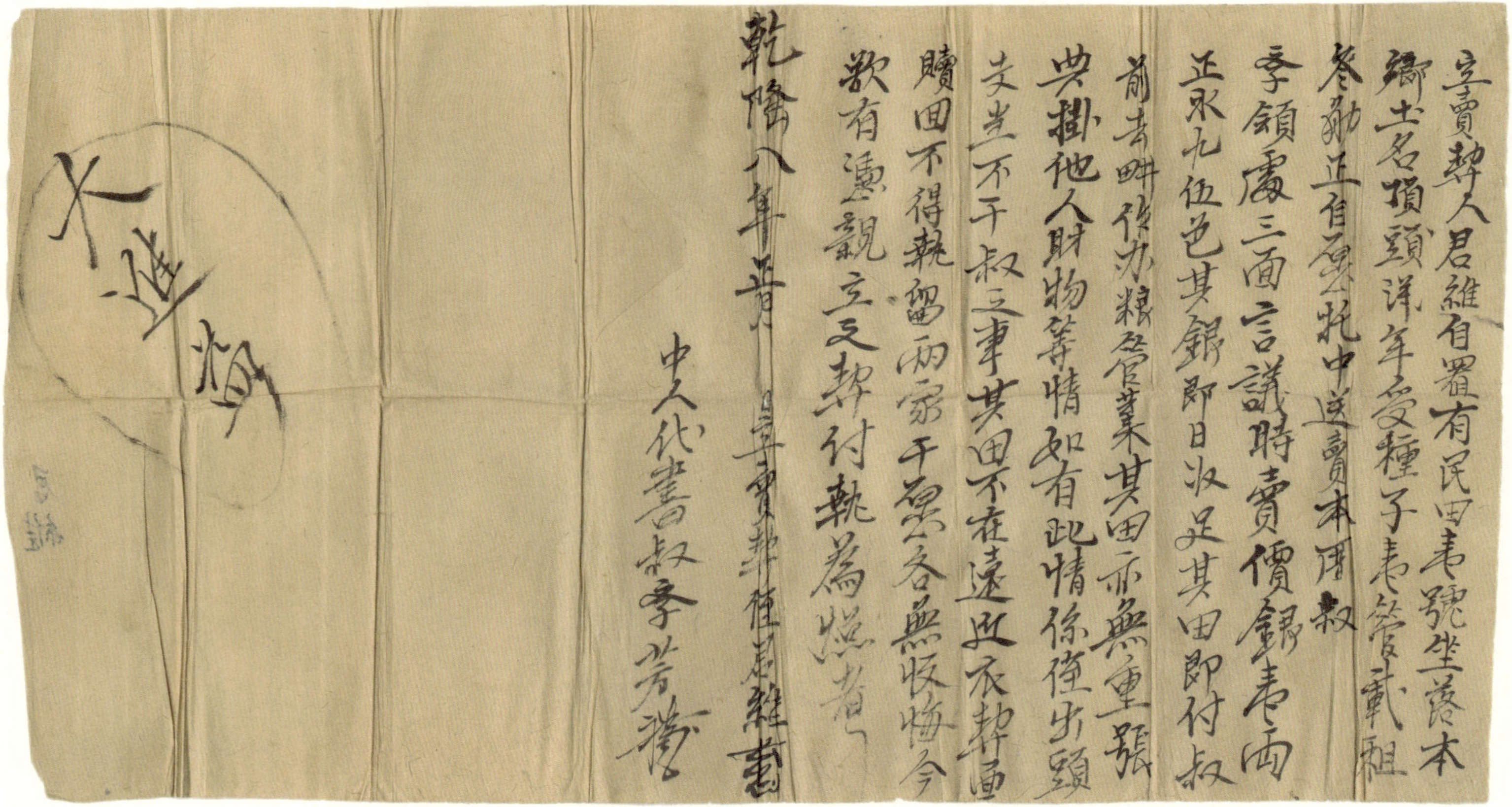
立賣契人君維自置有民田壹號坐落本
鄉土名墳頭洋年受種子壹管載租
叁勳正自愿托中送賣本厝叔
季領處三面言議時賣價銀壹两
正水九伍色其銀即日收足其田即付叔
前去耕作办粮管業其田亦無重張
典掛他人財物等情如有此情係侄出頭
支当不干叔之事其田不在遠近永不取
贖田不得執留兩家甘愿各無反悔今
欲有憑親立文契付執爲照者
乾隆八年正月　日立賣契侄君維
中人代書叔季芳

10-6-7-1　清乾隆八年正月黃君維立賣民田契（一）

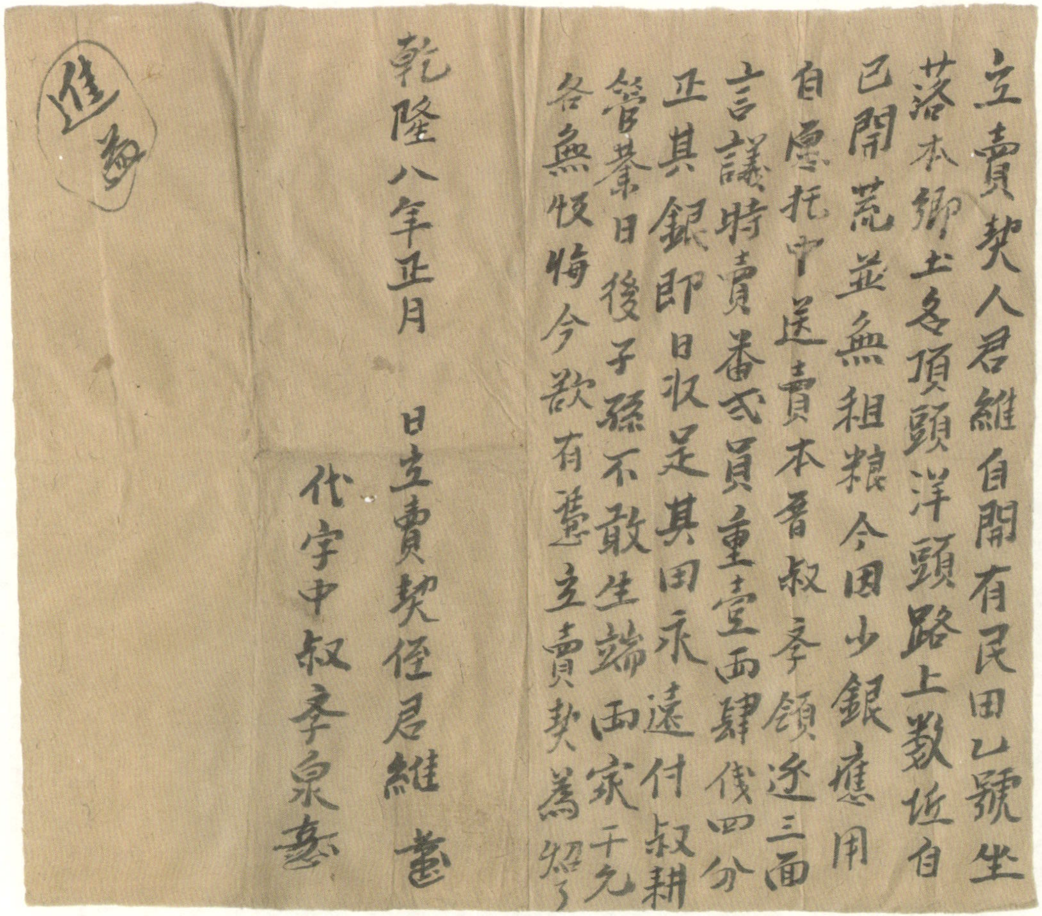
立賣契人君維自開有民田乙號坐
落本鄉土名頂頭洋頭路上數近自
己開荒並無租粮今因少銀應用
自愿托中送賣本胥叔孝領逐三面
言議時賣番式員重壹兩肆伐四分
正其銀即日收足其田永遠付叔耕
管業日後子孫不敢生端兩家千允
各無反悔今欲有憑立賣契爲照
乾隆八年正月　日立賣契侄君維
代字中叔孝泉

10-6-7-2　清乾隆八年正月黃君維立賣民田契（二）

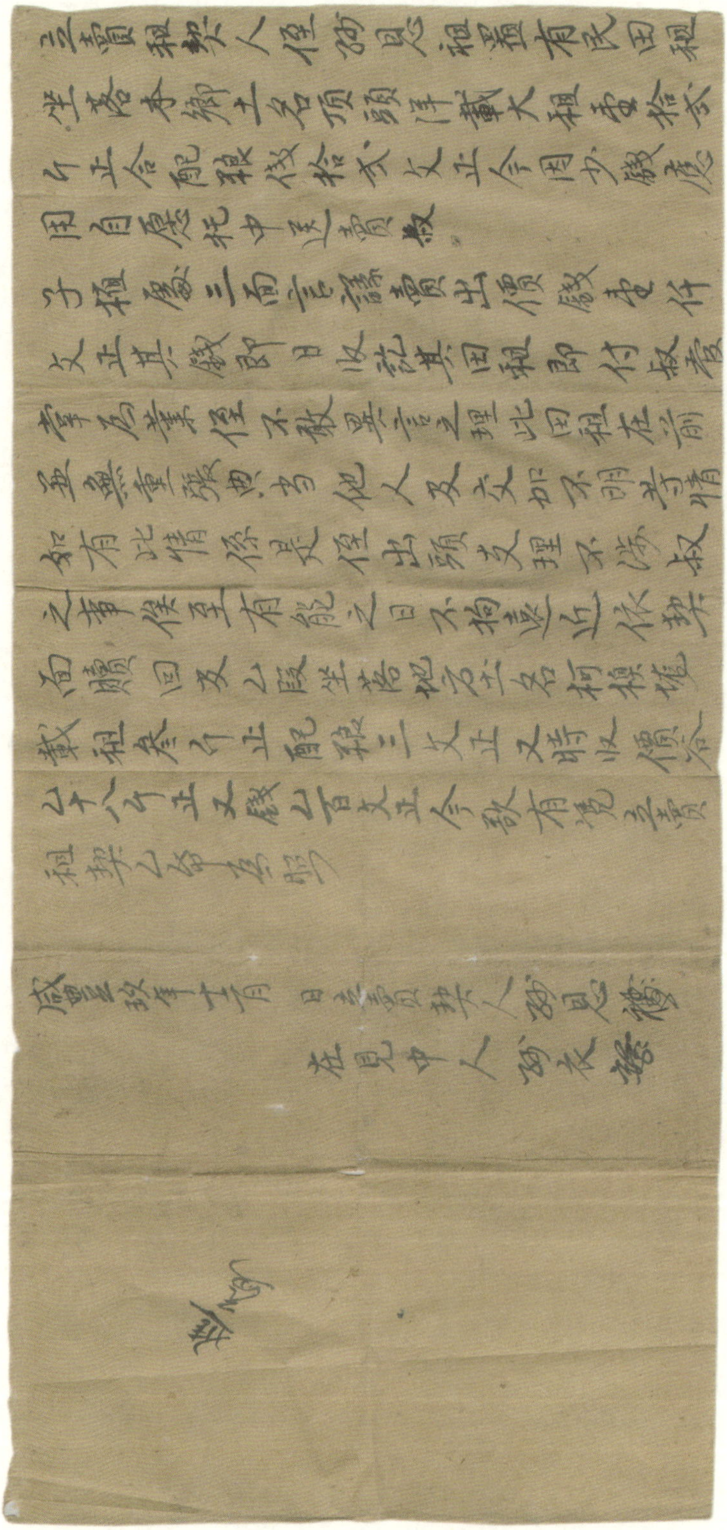

立賣田租契人黄孫恩，祖置有民田租，坐落本鄉土名頂頭洋，載大租壹拾貳斤正，全配租錢拾貳文正。今因乏錢應用，自愿托中送上賣與予稚官，三面言議，賣出價錢壹仟文正。其錢即日收訖，其田租即付叔官掌管爲業，侄不敢異言之理。此田租在前並無重張典当他人，及文加不明等情，如有此情，係是侄出頭支理，不涉叔之事。候至有能之日，不拘遠近，依契面贖回。又乙段坐落地名土名柯模隴，載租叁斤正，配租錢三文正，又時收價會乙十八斤正，又錢乙百文正。今欲有憑，立賣租契乙紙爲照。

咸豐玖年十二月　日立賣田契人黄孫恩
在見中人黄衣

10-6-7-3　清咸豐九年十二月黄孫恩立賣民田租契

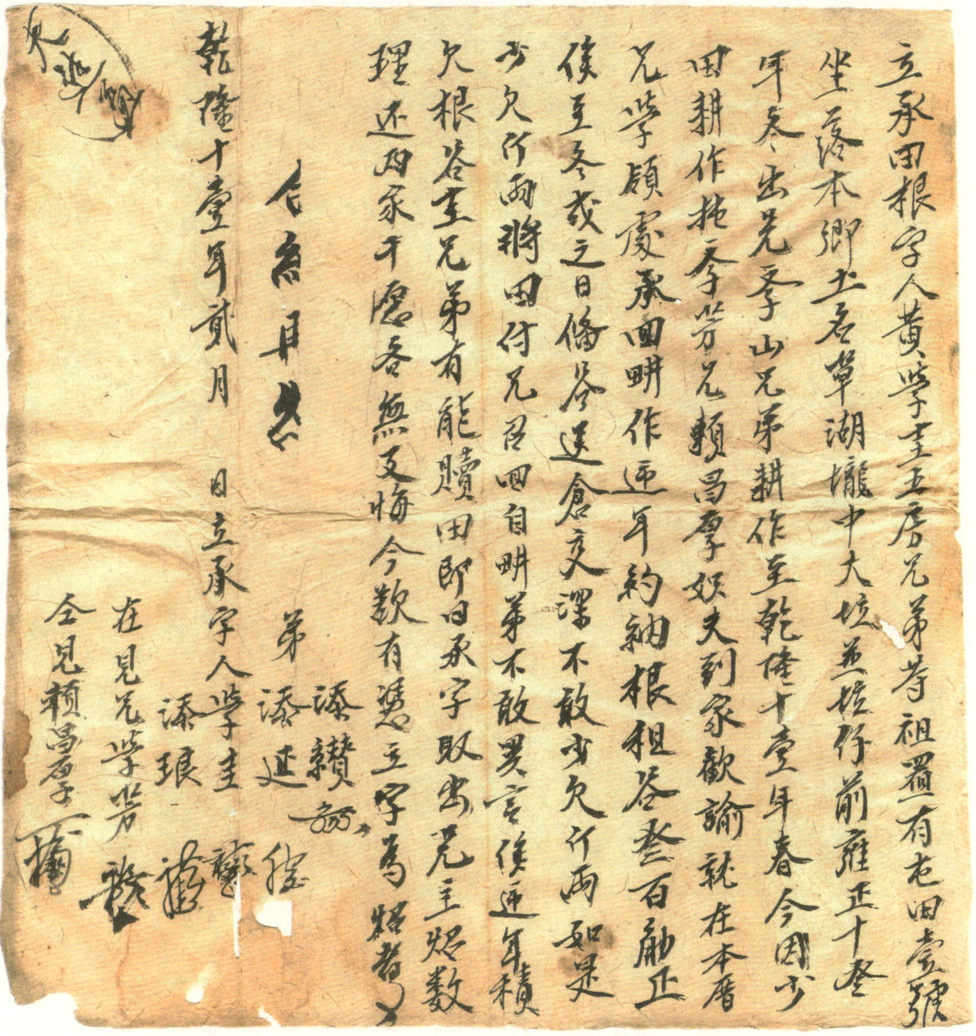
立承田根字人黃學圭兄弟等祖置有屯田壹號
坐落本鄉土名草湖壠中大垃並垃仔前雍正十叁
年冬出兄季山兄弟耕作至乾隆十壹年春今因少
田耕作挽季芳兄賴昌享妹夫到家勸諭就在本厝
兄學顏處承回明作逐年約納根租谷叁百觔正
係至冬收之日備谷送倉交還不敢少欠斤兩如是
少欠斤兩將田付兄召回自耕弟不敢異言係逐年積
欠根谷聽兄弟有能贖田即日承字取出兄至照數
理还两家干愿各無反悔今欲有憑立字為炤者
合為再炤
弟 添讚
添述
乾隆十壹年貳月 日立承字人學圭
添琨
在見兄學芳
仝見賴昌享

10-6-8-1　清乾隆十一年二月黃學圭等立承屯田根字

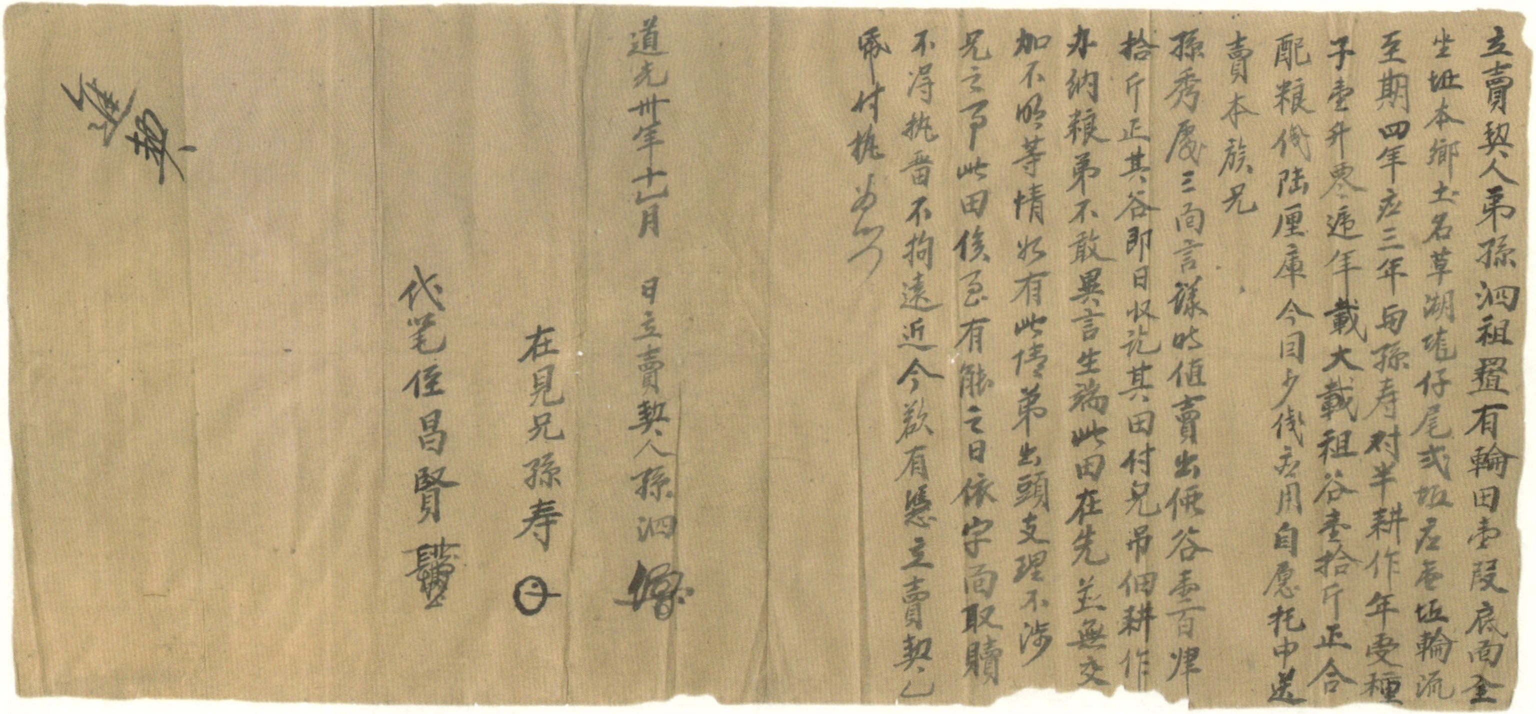
立賣契人弟孫泗祖遺有輪田壹段底面全
生坐址本鄉土名草湖墘仔尾式坵應壹坵輪流
至期四年應三年與孫壽對半耕作年受種
子壹升叁合正年載大載租谷壹拾斤正合
配粮錢陸厘庫今因乏銀應用自愿托中送
賣本族兄
孫秀處三面言議時值賣出價谷壹百肆
拾斤正其谷即日收訖其田付兄另佃耕作
弟納粮弟不敢異言生端此田在先並無交
加不明等情如有此情弟出頭支理不涉
兄之事此田後日有能之日依字面取贖
不得執留不拘遠近今欲有憑立賣契乙
紙付執為照
道光卅年十一月　日立賣契人孫泗（押）
在見兄孫壽（押）
代筆侄昌賢（押）

10-6-8-2　清道光三十年十一月黄孫泗立賣輪田契

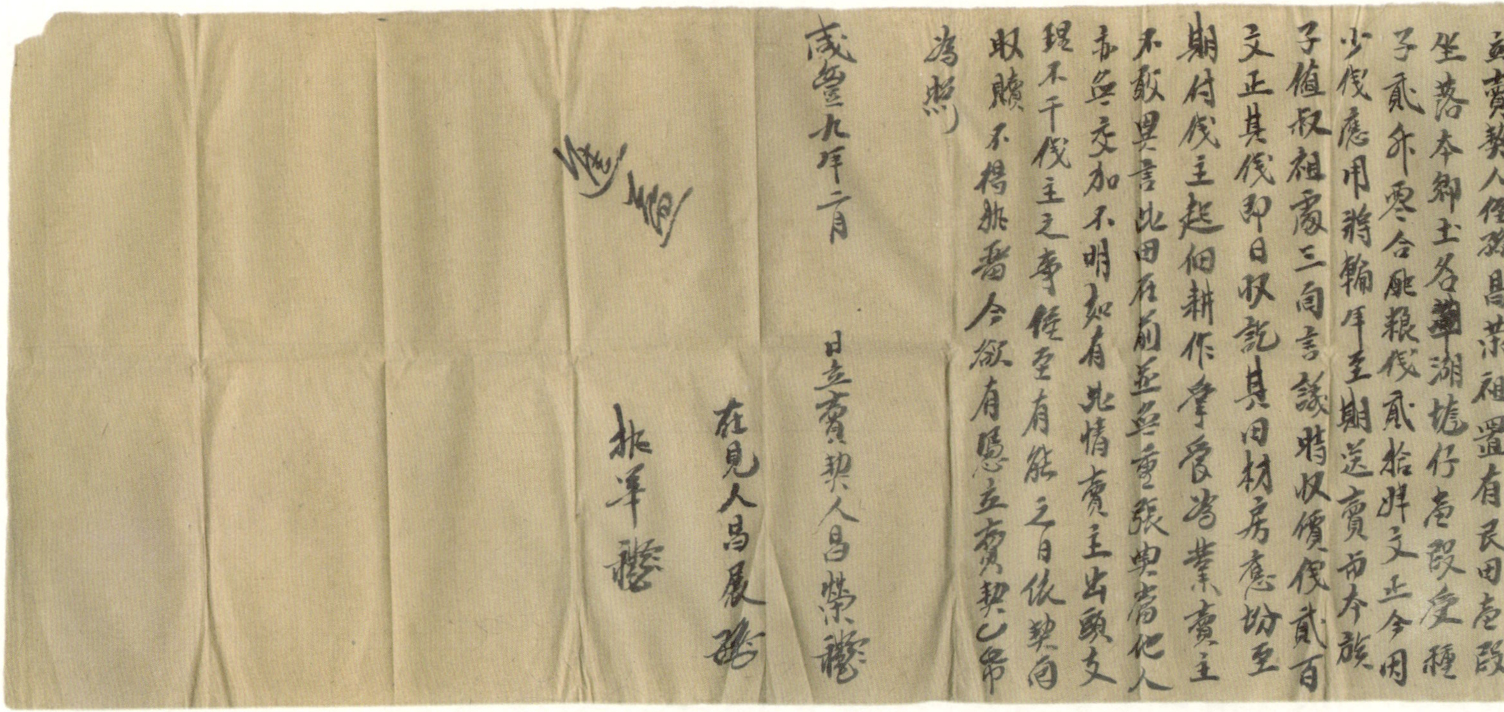

立賣契人侄孫昌榮，祖置有民田壹段，坐落本鄉土名葫湖墘仔，壹段受種子貳升零，合配粮錢貳拾肆文正。今因少錢應用，將輸年並期送賣與本族子值叔祖處，三面言議，時收價錢貳百文正，其錢即日收訖。其田材房應坊至期付錢主起佃耕作，管為業，賣主不敢異言。此田在前並無重張典當他人，亦無交加不明。如有此情，賣主出頭支理，不干錢主之事。候至有能之日，依契面取贖，不得拂留。今欲有憑，立賣契一帋為照。

咸豐九年二月　日立賣契人昌榮（押）

在見人昌晨（押）

執筆（押）

10-6-8-3　清咸豐九年二月黃昌榮立賣民田契

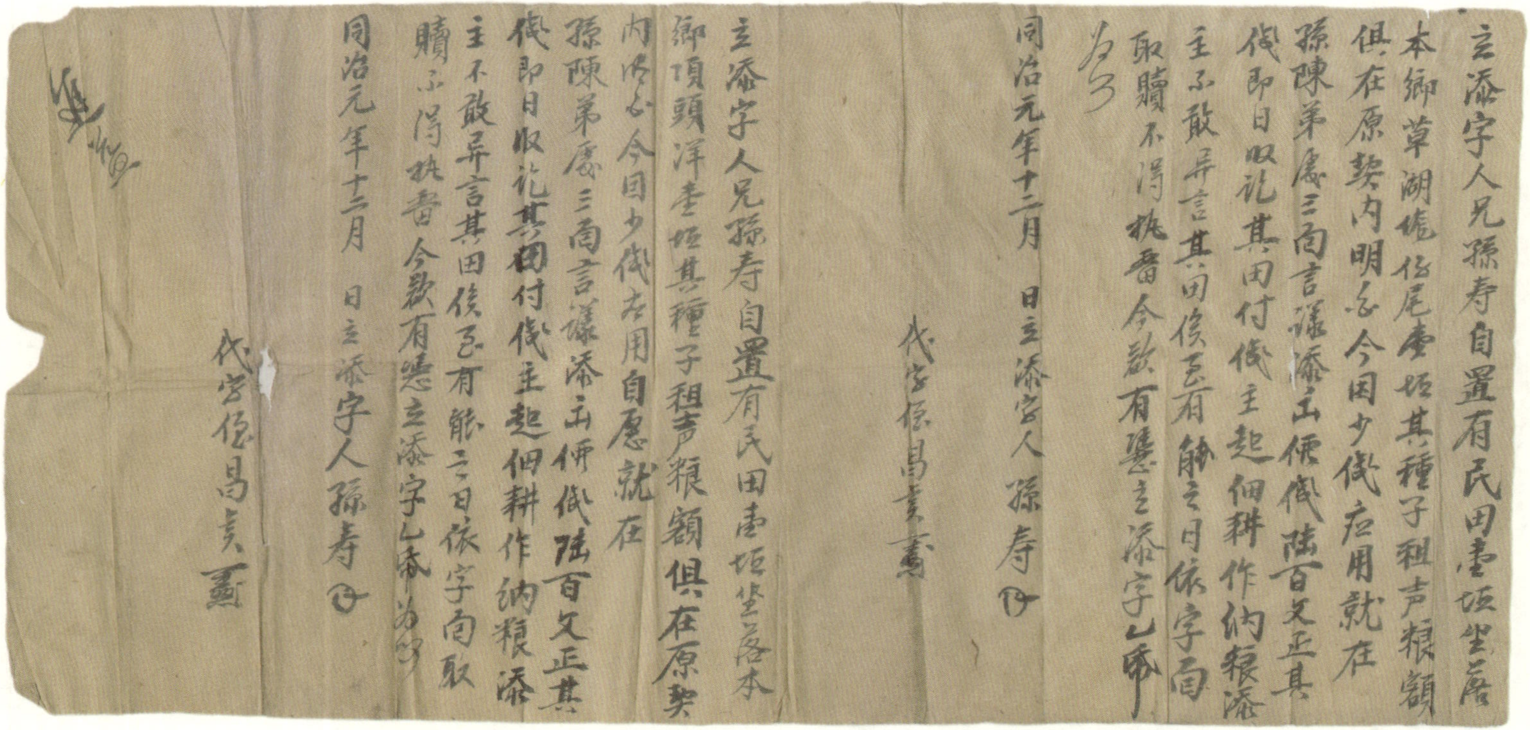
立添字人兄孫寿自置有民田壹坵坐落
本鄉草湖墘俗尾壹坵其種子租声粮額
俱在原契内明白今因少錢應用就在
孫陳弟處三面言議添出佛銀陸百文正其
錢即日收訖其田付錢主起佃耕作納粮添
主不敢異言其田後已有能之日依字面
取贖不得執番今欲有憑立添字一紙為照
同治元年十二月 日立添字人 孫寿（押）
代字侄 昌壽（押）

立添字人兄孫寿自置有民田壹坵坐落本
鄉項頭洋壹坵其種子租声粮額俱在原契
内明白今因少錢應用自愿就在
孫陳弟處三面言議添出佛錢陸百文正其
錢即日收訖其田付錢主起佃耕作納粮添
主不敢異言其田後已有能之日依字面取
贖不得執番今欲有憑立添字一紙為照
同治元年十二月 日立添字人孫寿（押）
代字侄 昌壽（押）

10-6-8-4 清同治元年十二月黄孫寿立添民田字

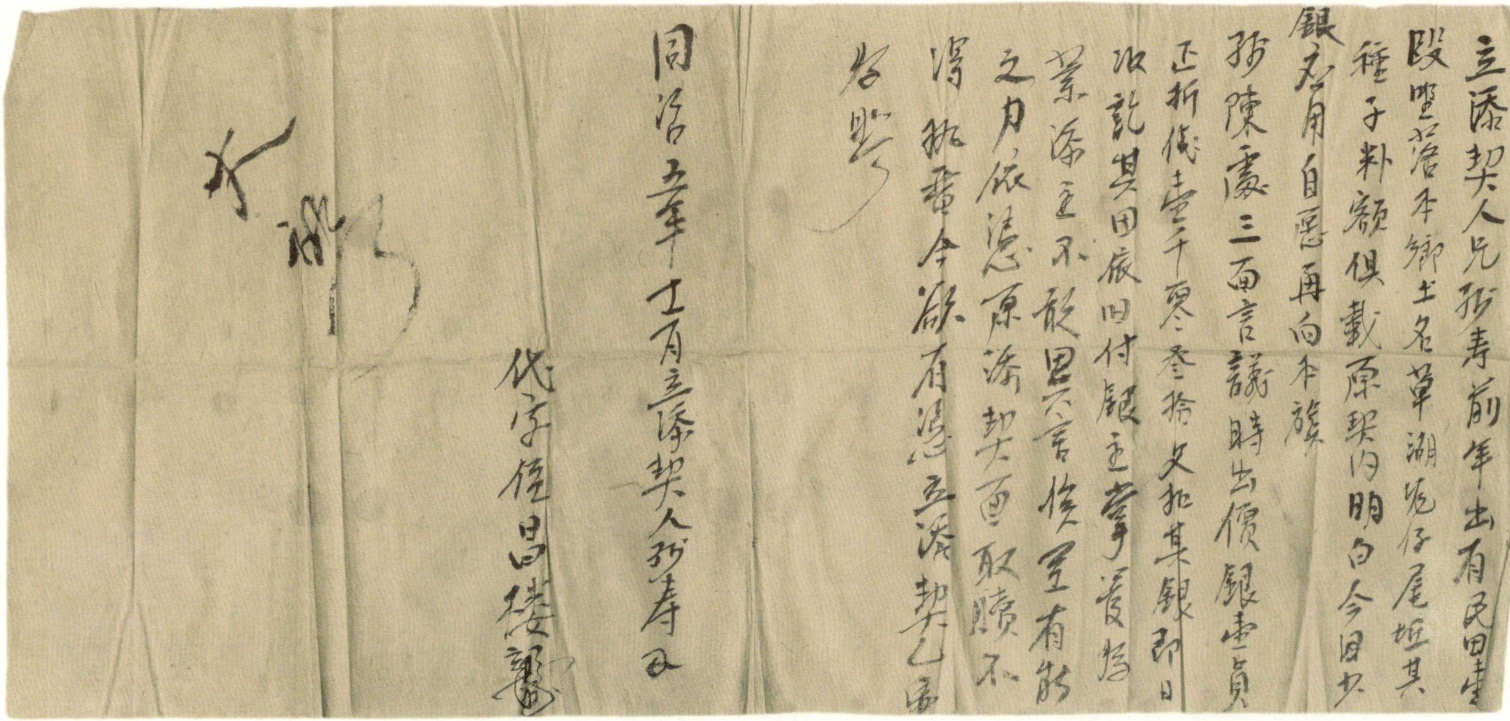
立添契人兄孫寿前年出有民田壹
段，坐落本鄉土名草湖圪仔尾垣，其
種子料額俱載原契內明白，今因乏
銀應用，自愿再向本族
孫陳處三面言議，時出價銀壹員
正，折錢壹千零叁拾文扣其銀，即日
收訖，其田依旧付銀主掌管為
業，添主不敢異言，俟至有能
之日，依憑原添契面取贖，不
得執番。今欲有憑，立添契乙紙
為照。

同治五年十二月　立添契人孫寿（押）

代字侄昌樓（押）

10-6-8-5　清同治五年十二月黄孫寿立添民田契

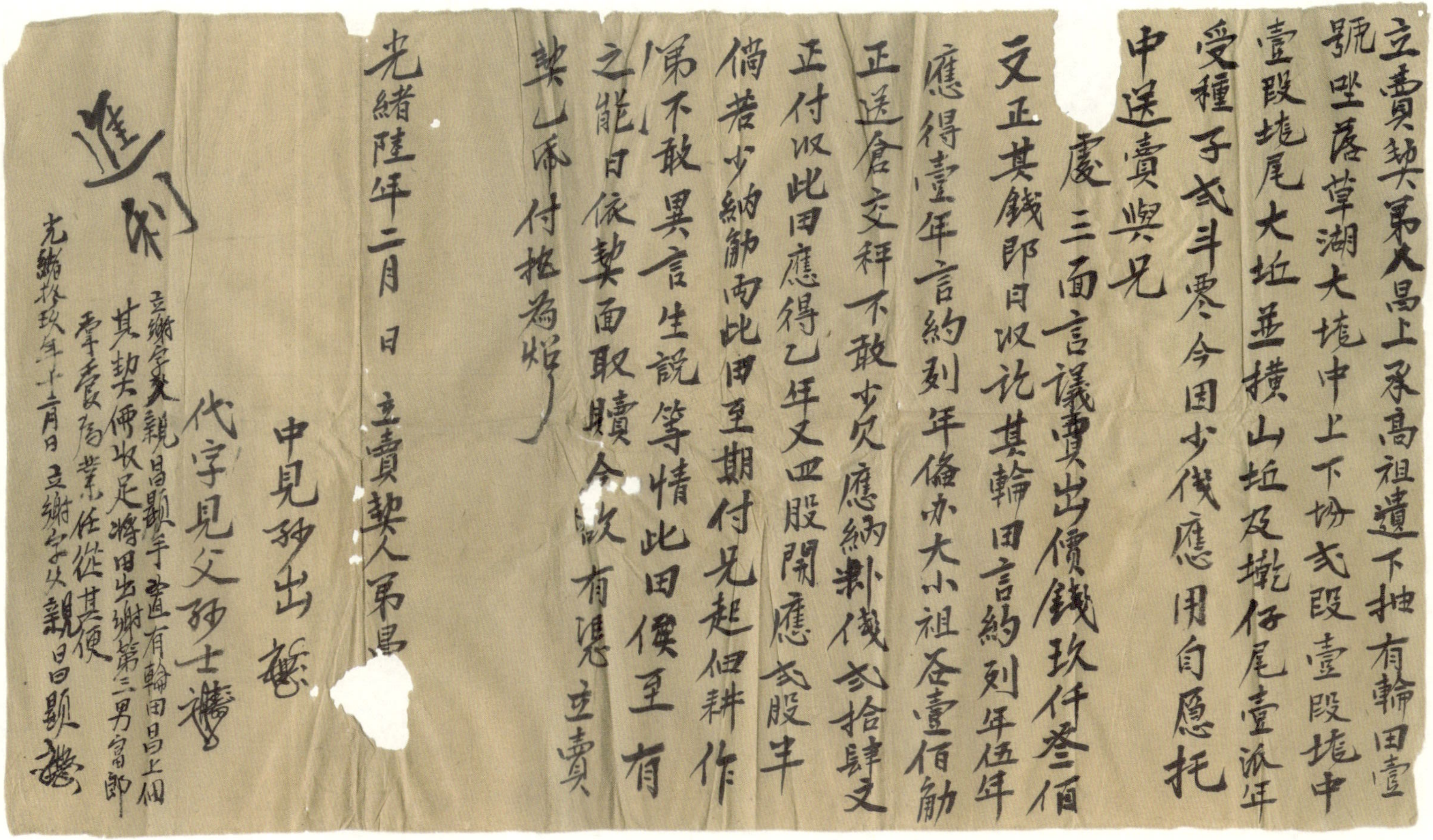
立賣契弟人昌上承高祖遺下抽有輪田壹
號坐落草湖大埕中上下坳弍段壹段埕中
壹段埕尾大垃並横山垃及墘仔尾壹派年
受種子弍斗零今因乏錢應用自願托
中送賣與兄
處三面言議賣出價錢玖仟叁佰
文正其錢即日收訖其輪田言約列年伍年
應得壹年言約列年倫亦大小祖吞壹佰觔
正送倉交秤不敢少欠應納[illegible]錢弍拾肆文
正付收此田應得乙年又四股閑應弍股半
倘若少納觔両此田至期付兄起佃耕作
弟不敢異言生說等情此田係至有
之能日依契面取贖今欲有憑立賣
契一紙付執為炤
光緒陸年二月　日　立賣契人弟昌
中見孙出[illegible]
代字見父孙士[illegible]
進利
立繳字親昌顯手置有輪田昌上個
其契俱收足將田出繳第三男富郎
掌管為業任從其便
光緒拾玖年十二月日　立繳字人親昌顯

10-6-8-6　清光緒六年二月黃昌上立賣輪田契

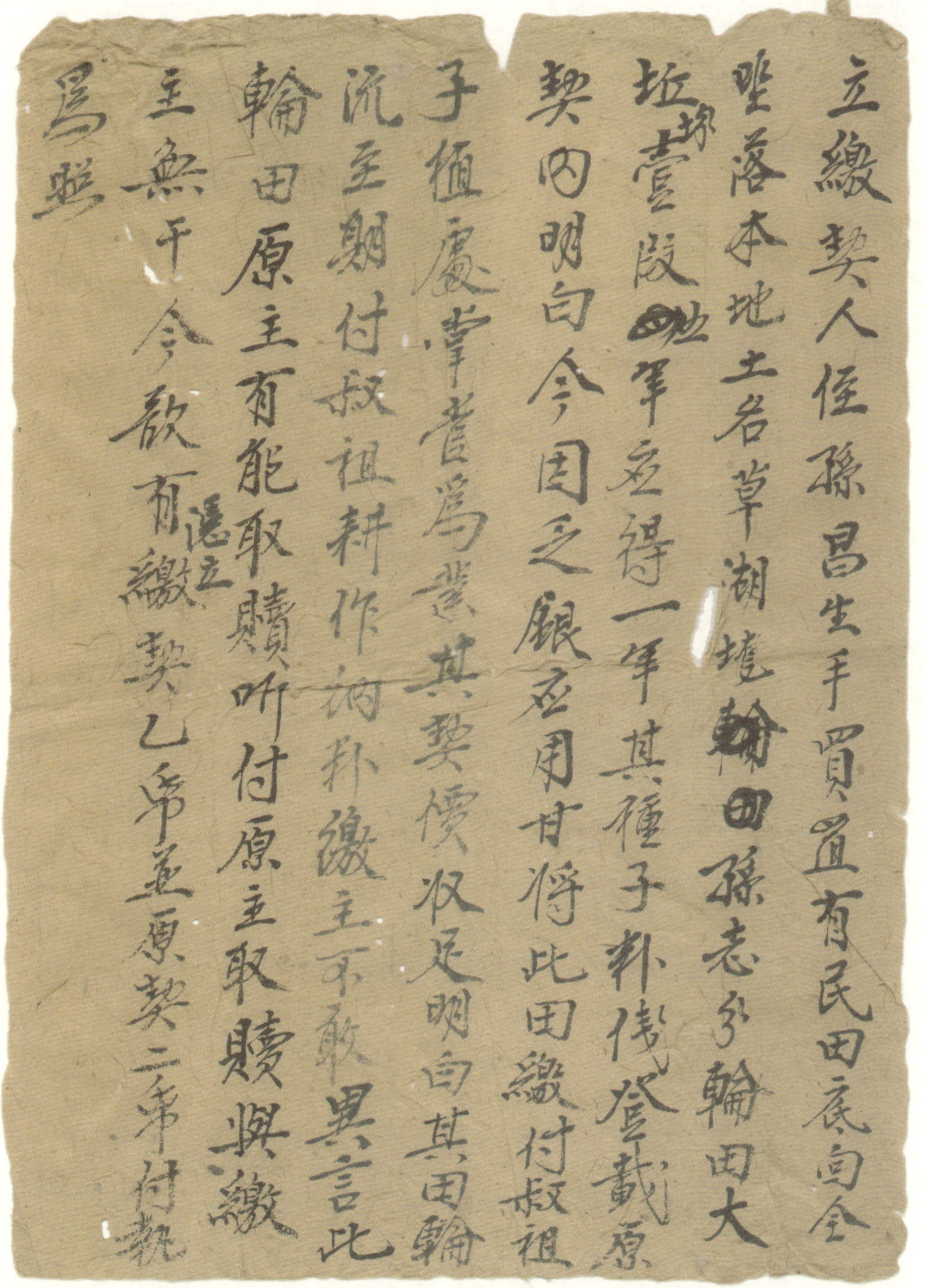

立繳契人侄孫昌生手買置有民田底面全
坐落本地土名草湖墘輪田孫志分輪田大
坵壹段址年應得一年其種子粿代載原
契因明白今因乏銀應用甘將此田繳付叔祖
子極處掌耆為業其契價收足明白其田輪
流至期付叔祖耕作納粿繳主不敢異言此
輪田原主有能取贖聽付原主取贖與繳
主無干今欲有憑立繳契乙帋並原契二帋付執
為照

10-6-8-7　黄孫昌立繳底面全民田契（年代不詳）

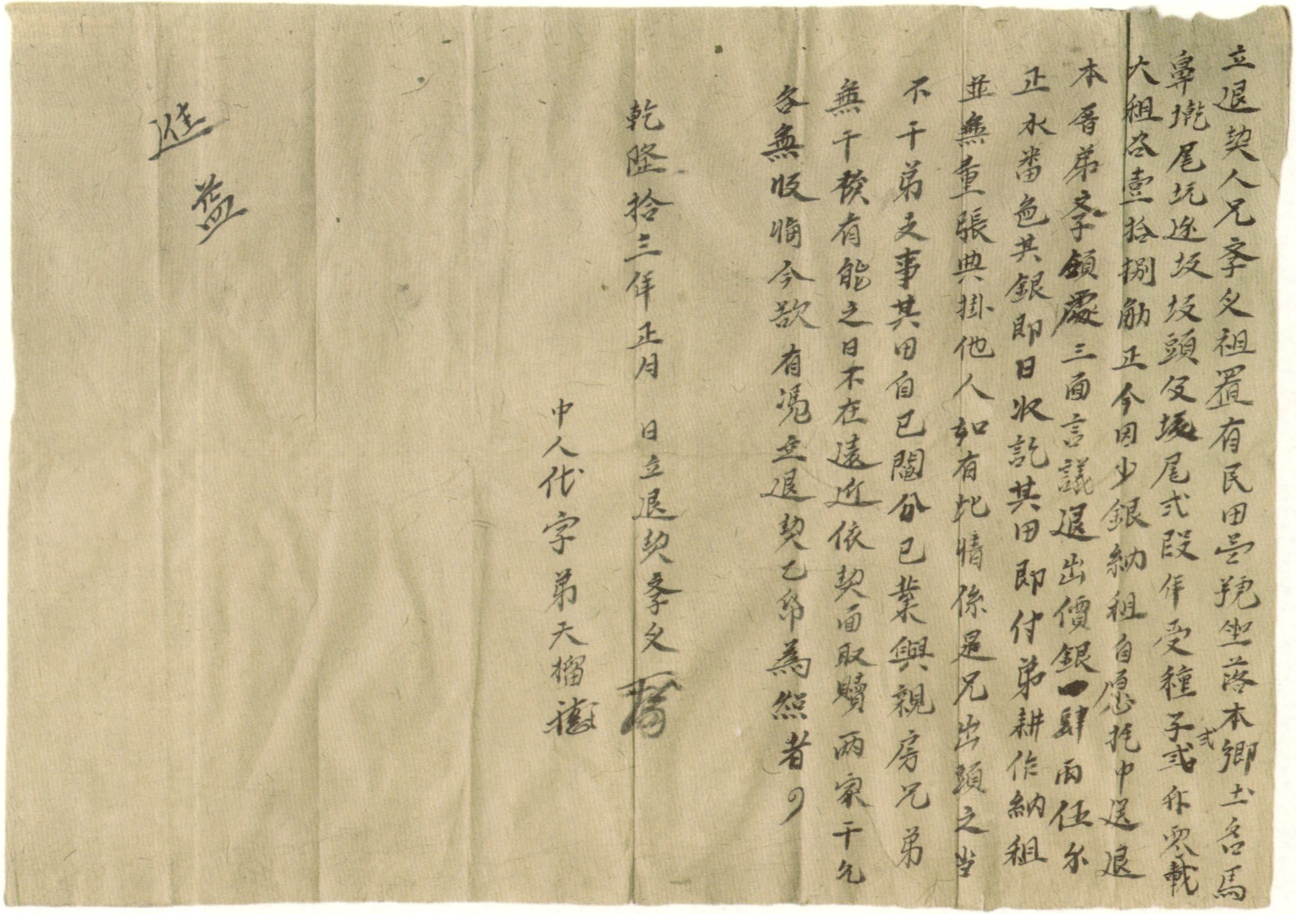
立退契人兄孝久祖置有民田壹號坐落本鄉土名馬
鼻墘尾坑迄坂坂頭仅壋尾弍段作受種子弍弍升照載
大租谷壹拾捌觔正今因少銀納租自愿托中送退
本房弟孝領處三面言議退出價銀一肆兩伍分
正水畨色其銀即日收訖其田即付弟耕作納租
並無重張典掛他人如有此情係是兄出頭之當
不干弟之事其田自己閹分已業與親房兄弟
無干彼有能之日不在遠近依契面取贖兩家干允
各無反悔今欲有憑立退契乙紙爲照者
乾隆拾三年正月　日立退契孝久（押）
中人代字弟天榴（押）
送盡

10-6-9-1　清乾隆十三年正月黄孝久立退民田契

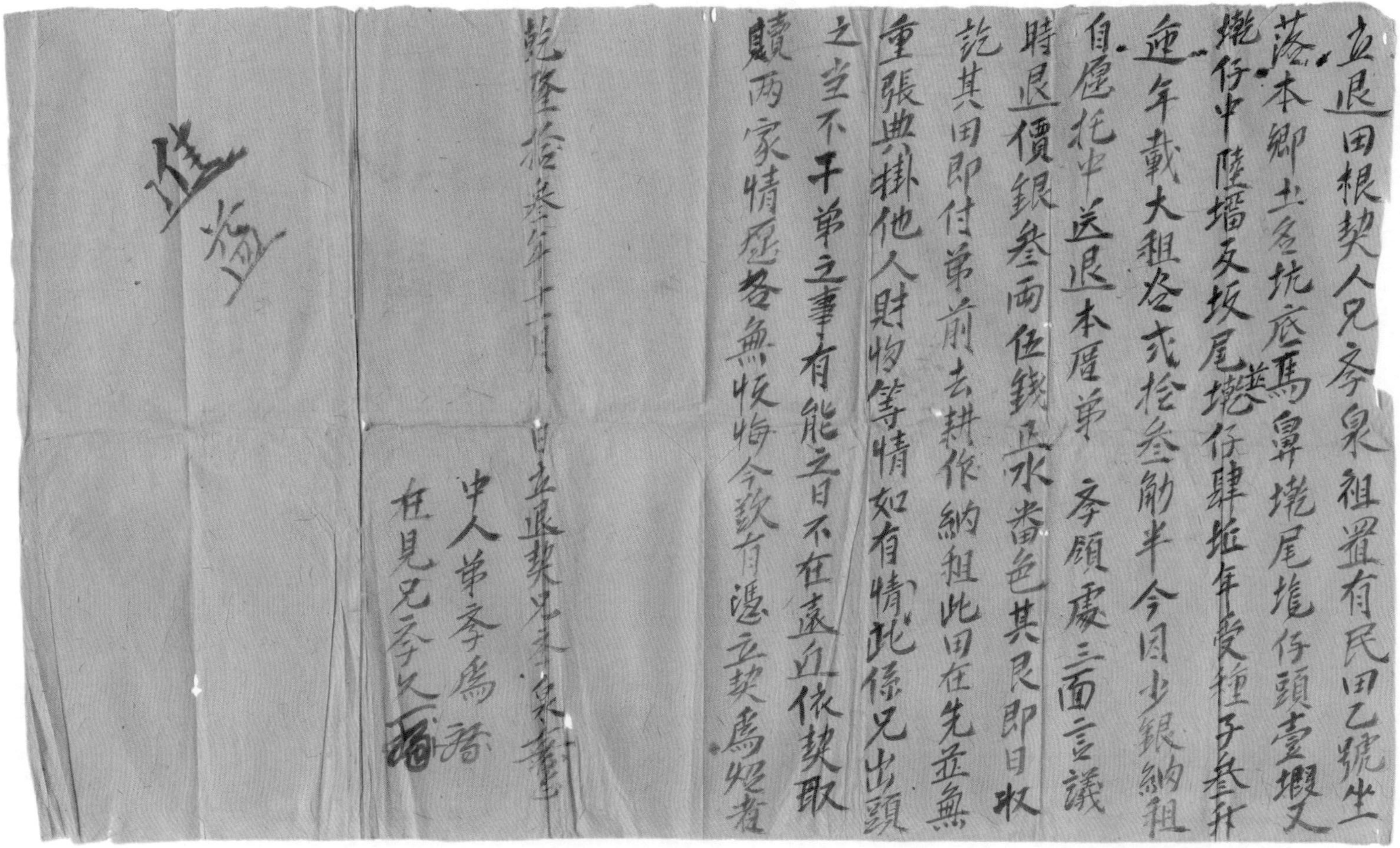
立退田根契人兄李泉祖置有民田乙號坐
落本鄉土名坑底馬鼻墘尾墘仔頭壹坵又
墘仔中陂墻叉坂尾墘仔肆坵年受種子叁升
連年載大租谷弍拾叁觔半今因乏銀納租
自願托中送退本房弟 李領處三面言議
時退價銀叁两伍錢正水番色其艮即日收
訖其田即付弟前去耕作納租此田在先並無
重張典掛他人財物等情如有情弊係兄出頭
之當不干弟之事有能之日不在遠近依契取
贖两家情愿各無悔今欲有憑立契爲炤者
乾隆拾叁年十一月 日立退契兄李泉(押)
中人弟李爲(押)
在見兄李又(押)
進益

10-6-9-2 清乾隆十三年十一月黃李泉立退民田根契

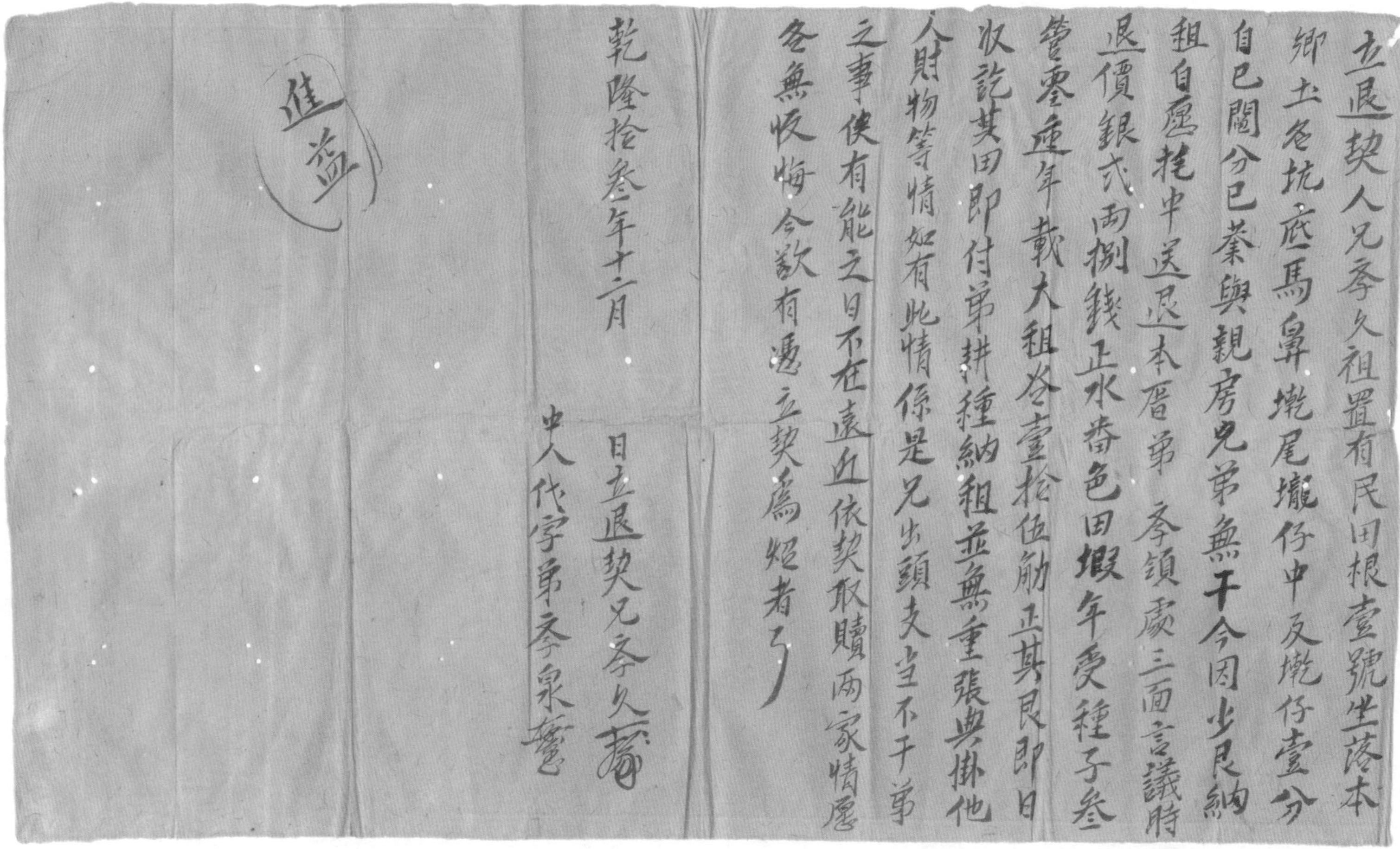
立退契人兄孝久祖置有民田根壹號坐落本
鄉土名坑底馬鼻墘尾壠仔中及墘仔壹分
自己鬮分已業與親房兄弟無干今因乏銀納
租自愿托中送退本厝弟 孝領處三面言議時
退價銀弍兩捌錢正水番色田骰年受種子叁
管叁坵年載大租谷壹拾伍觔正其銀即日
收訖其田即付弟耕種納租並無重張典掛他
人財物等情如有此情係是兄出頭支當不干弟
之事使有能之日不在遠近依契取贖兩家情愿
各無反悔今欲有憑立契爲炤者

進益

乾隆拾叁年十二月
日立退契兄孝久
中人代字弟孝泉

10-6-9-3　清乾隆十三年十二月黄孝久立退民田根契

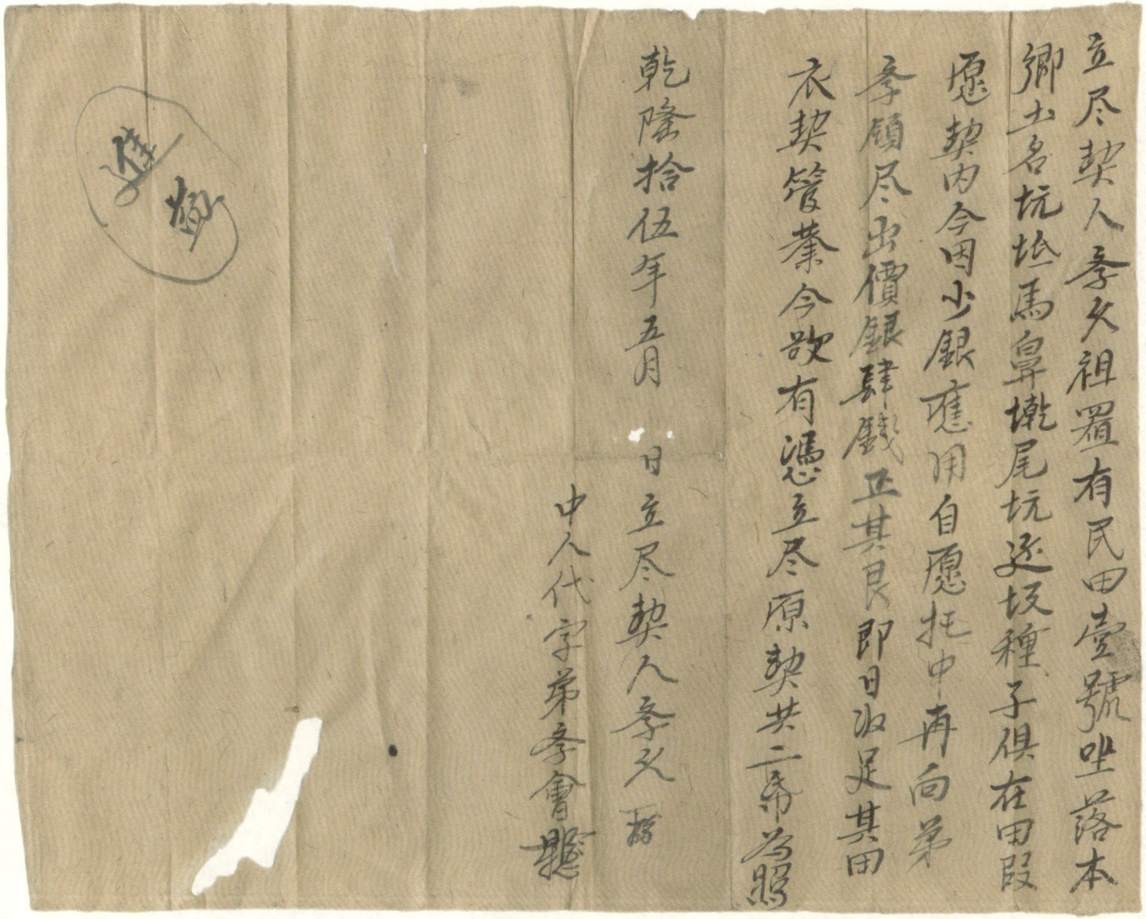

立尽契人孝久祖置有民田壹號坐落本
鄉土名坑垰馬阜墘尾坑逐坂種子俱在田段
愿契內今因少銀應用自愿托中再向弟
孝頓尽出價銀肆錢正其艮即日收足其田
永契管業今欲有憑立尽原契共二紙為照
乾隆拾伍年五月　日立尽契人孝久（押）
中人代字弟孝會（押）

10-6-9-4　清乾隆十五年五月黄孝久立盡民田契

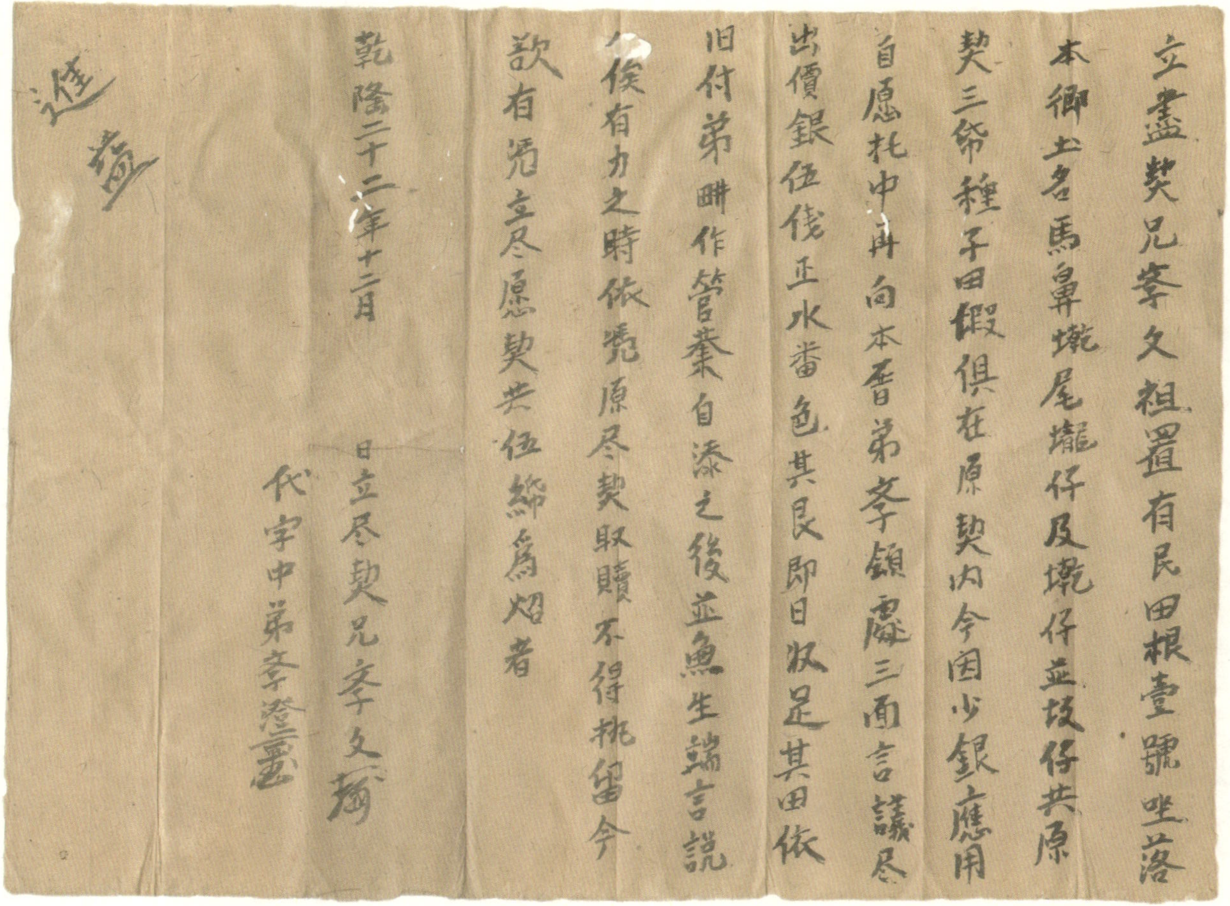

立盡契兄孝文祖置有民田根壹號坐落
本鄉土名馬鼻墘尾壠仔及墘仔並坆仔共原
契三號種子田段俱在原契內今因少銀應用
自愿托中再向本房弟孝鎖處三面言議盡
出價銀伍錢正水畨色其艮即日收足其田依
旧付弟耕作管業自添之後並無生端言說
今後有力之時依凭原盡契取贖不得執留今
欲有凭立盡愿契共伍綿為炤者
乾隆二十二年十二月　日立盡契兄孝文（押）
代字中弟孝澄（押）
進益

10-6-9-5　清乾隆二十二年十二月黃孝久立盡民田根契

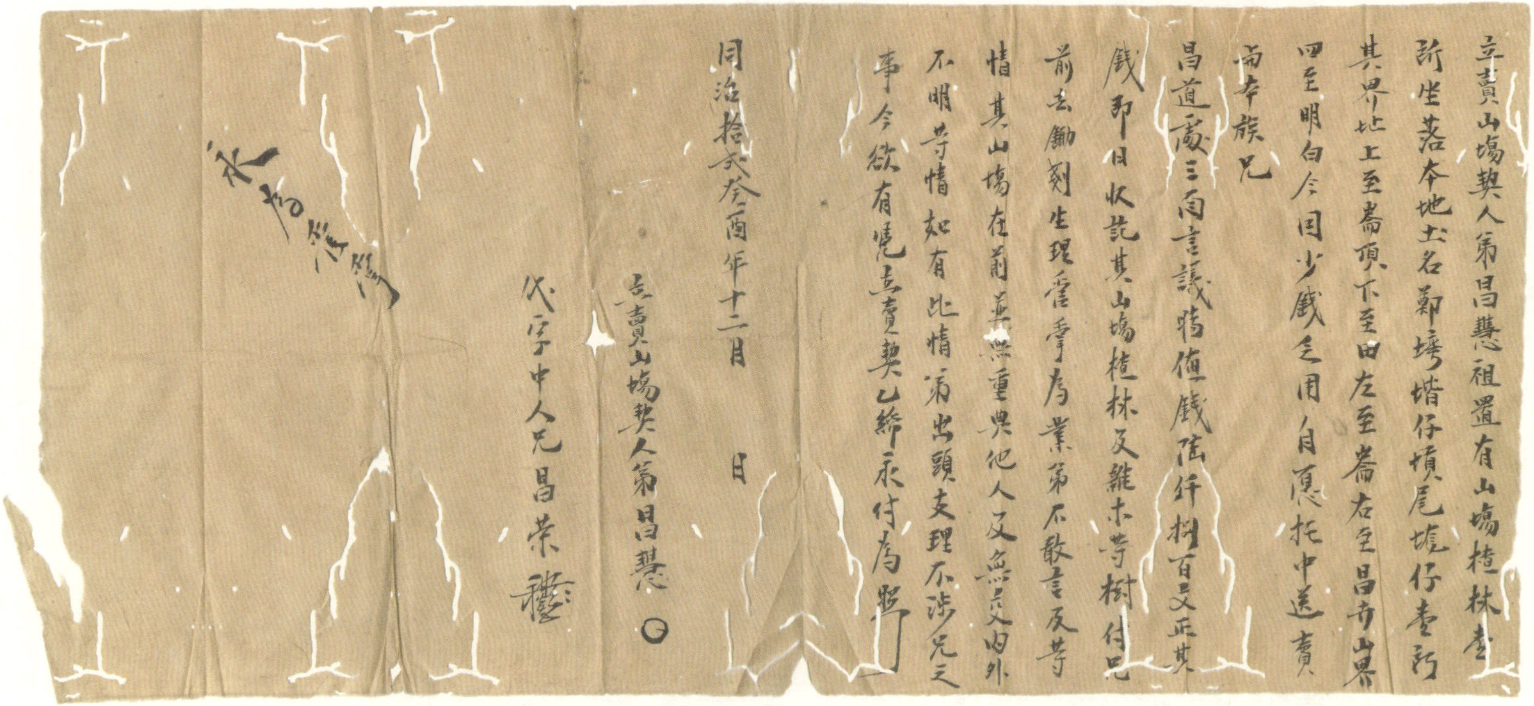

立賣山場契人弟昌慧祖置有山場楂林壹
所坐落本地土名鄭塝墘仔墳尾墘仔壹所
其界址上至崙頂下至田左至崙右至昌亨山界
四至明白今因少錢乏用自愿托中送賣
與本族兄
昌道處三面言議時值錢陸仟捌百文正其
錢即日收訖其山場楂林及雜木等樹付兄
前去斫刻生理管業為業弟不敢言及等
情其山場在前并無重典他人又無上下內外
不明等情如有此情弟出頭支理不涉兄之
事今欲有憑立賣契乙紙永付為照

同治拾弍癸酉年十二月　日

立賣山場契人弟昌慧 ○

代字中人兄昌榮

永扣照照

10-6-9-6　清同治十二年十二月黃昌慧立賣山場楂林契

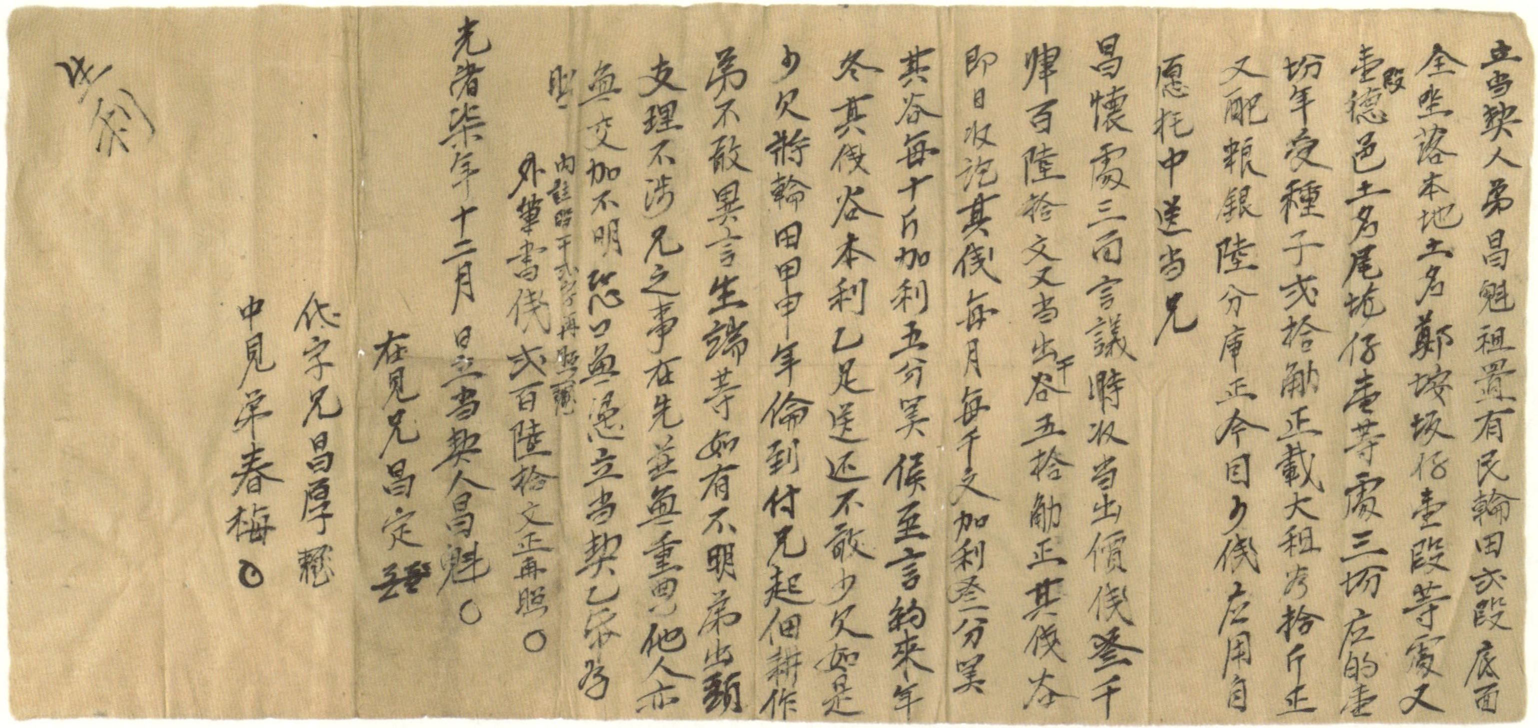
立当契人弟昌魁祖置有民輪田弍段底面
全，坐落本地土名鄭垵坂仔壹段等處，又
壹段德邑土名尾坑仔壹等處三坵，應的壹
坵年受種子弍拾觔正，載大租冇拾斤正，
又配粮銀陸分庫正。今因乏錢應用，自
愿托中送当兄
昌懷處三面言議，時收当出價錢叁千
肆百陸拾文，又当出谷五拾觔正。其錢谷
即日收訖。其錢每月每千文加利叁分算。
其谷每十斤加利五分算，俟至言約來年
冬，其錢谷本利乙足送還，不敢少欠。如是
少欠，將輪田甲申年倫到付兄起佃耕作，
弟不敢異言生端等。如有不明，弟出頭
支理，不涉兄之事。在先並無重典他人，亦
無交加不明。恐口無憑，立当契乙紙為
照。
內註明千弍字再照
外筆書錢弍百陸拾文正再照○
光緒柒年十二月　日立当契人昌魁○
在見兄昌定
代字兄昌厚
中見弟春梅○
收

10-6-9-7　清光緒七年十二月黄昌魁立當底面全民輪田契

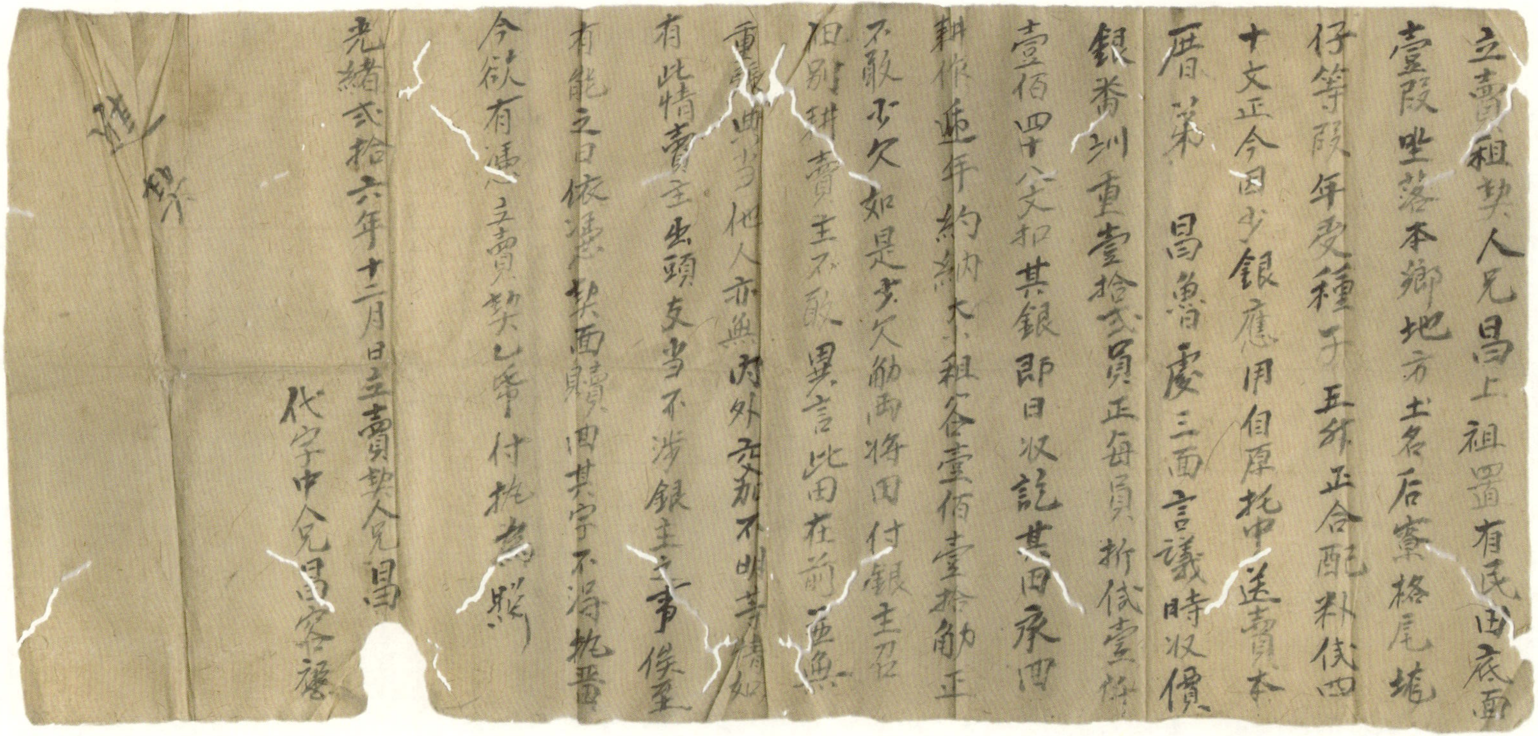

立賣租契人兄昌上祖遺有民田底面
壹段坐落本鄉地方土名后寮格尾墘
仔等段年受種子五升正合配粗伕四
十文正今因乏銀應用自原托中送賣本
房弟　昌魯處三面言議時收價
銀番圳重壹拾弍員正每員折伐壹仟
壹佰四十文扣其銀即日收訖其田原佃
耕作逐年約納大小租谷壹佰壹拾觔正
不敢少欠如是少欠觔両將田付銀主召
佃別耕賣主不敢異言此田在前並無
重張典當他人亦無內外交加不明等情如
有此情賣主出頭支當不涉銀主之事候至
有能之日依憑契面贖回其字不得執留
今欲有憑立賣契一紙付執為照
光緒弍拾六年十二月　日立賣契人兄昌上
代字中人兄昌容
推契

10-6-9-8　清光緒二十六年十二月黃昌上立賣民田底面租契

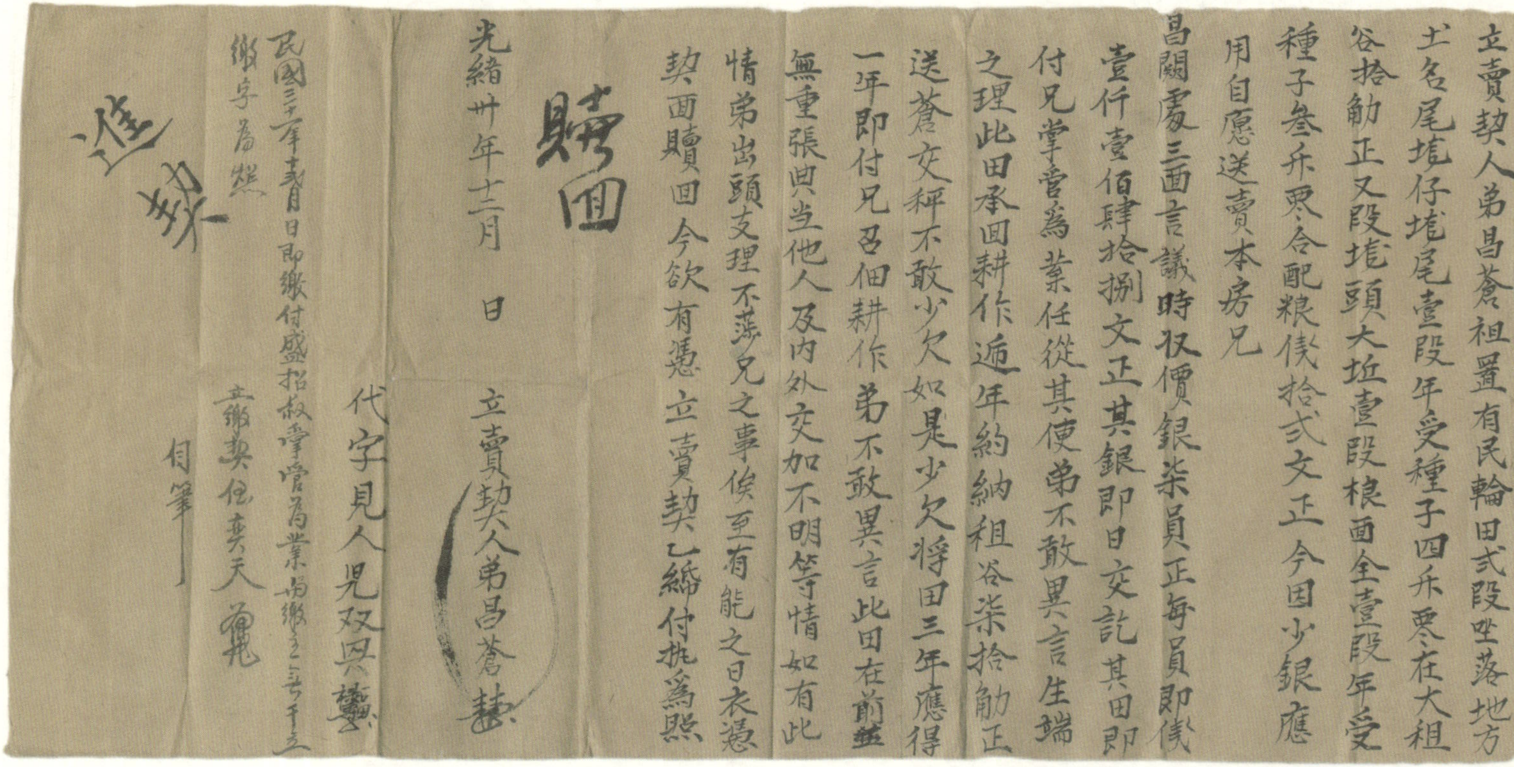
立賣契人弟昌蒼祖置有民輪田弍段坐落地方
土名尾垅仔垅尾壹段年受種子四升要在大祖
谷拾觔正又段垅頭大垃壹段粮面全壹段年受
種子叁升要合配粮儀拾弍文正今因少銀應
用自愿送賣本房兄
昌闕處三面言議時价價銀柒員正每員即儀
壹仟壹佰肆拾捌文正其銀即日交訖其田即
付兄掌管為業任從其便弟不敢異言生端
之理此田承回耕作逓年約納租谷柒拾觔正
送蒼交秤不敢少欠如是少欠將田三年應得
一年即付兄召佃耕作弟不敢異言此田在前
無重張典当他人及内外交加不明等情如有此
情弟出頭支理不涉兄之事俟至有能之日衣憑
契面贖回今欲有憑立賣契一紙付執為照
贖回
光緒卅年十二月 日
立賣契人弟昌蒼（押）
代字見人兒双興（押）
民國三十年十二月日即繳付盛招叔掌管為業尚繳之三十千立
繳字為照
立繳契侄英天（押）
侍筆
進契

10-6-9-9 清光緒三十年十二月黃昌蒼立賣民輪田契

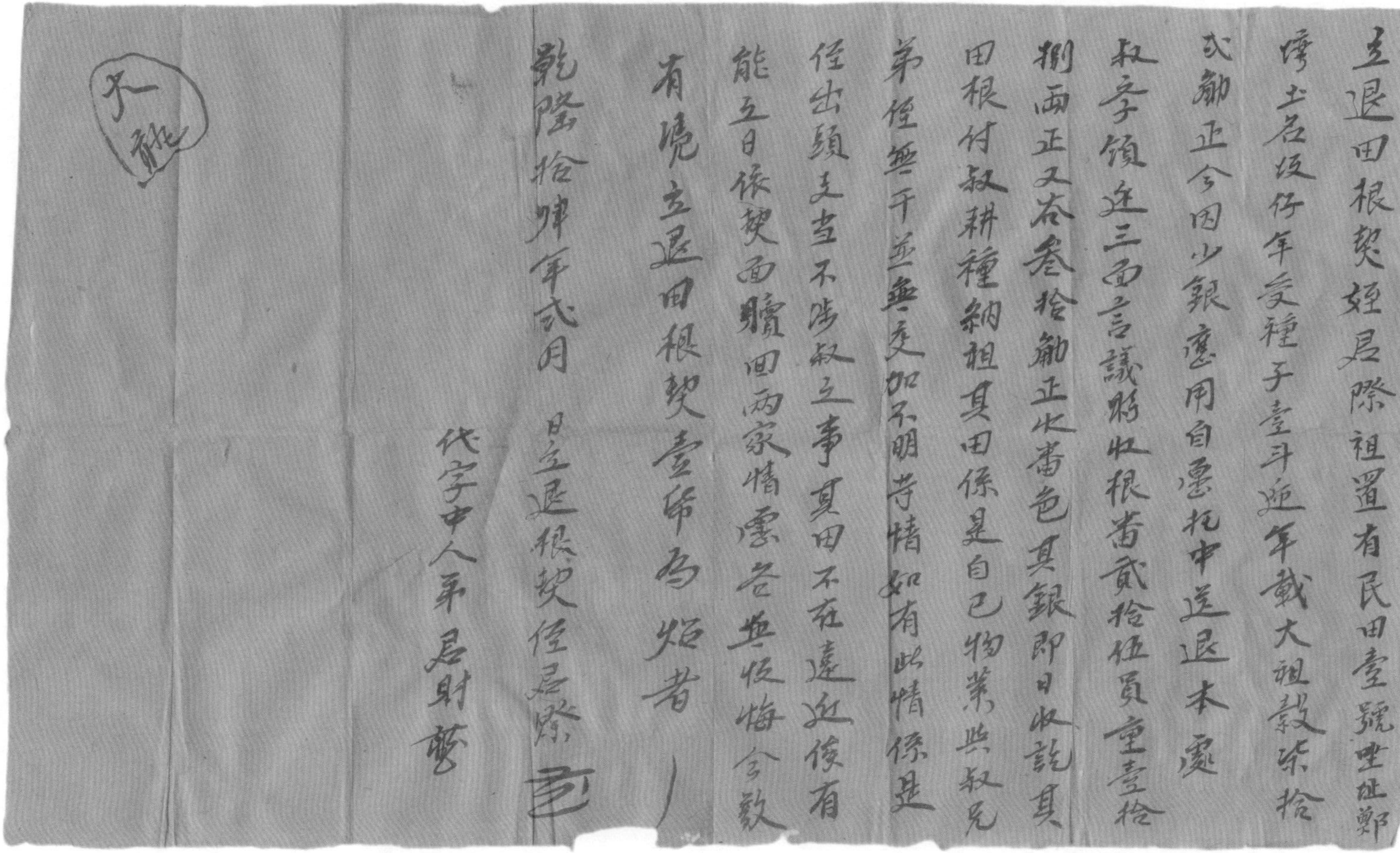

立退田根契姪君際祖置有民田壹號坐址鄭
墩土名坂仔年受種子壹斗逐年載大租穀柒拾
弍觔正今因少銀應用自愿托中送退本處
叔亭領逸三面言議將此根苗貳拾伍員重壹拾
捌兩正又谷叁拾觔正此番色其銀即日收訖其
田根付叔耕種納租其田係是自己物業與叔兄
弟侄無干並無交加不明等情如有此情係是
侄出頭支當不涉叔之事其田不在遠近後有
能五日依契面贖田兩家情愿各無反悔今欲
有憑立退田根契壹紙為炤者
乾隆拾肆年弍月　日立退根契侄君際（押）
代字中人弟君財（押）

10-6-10-1　清乾隆十四年二月黃君際立退民田根契

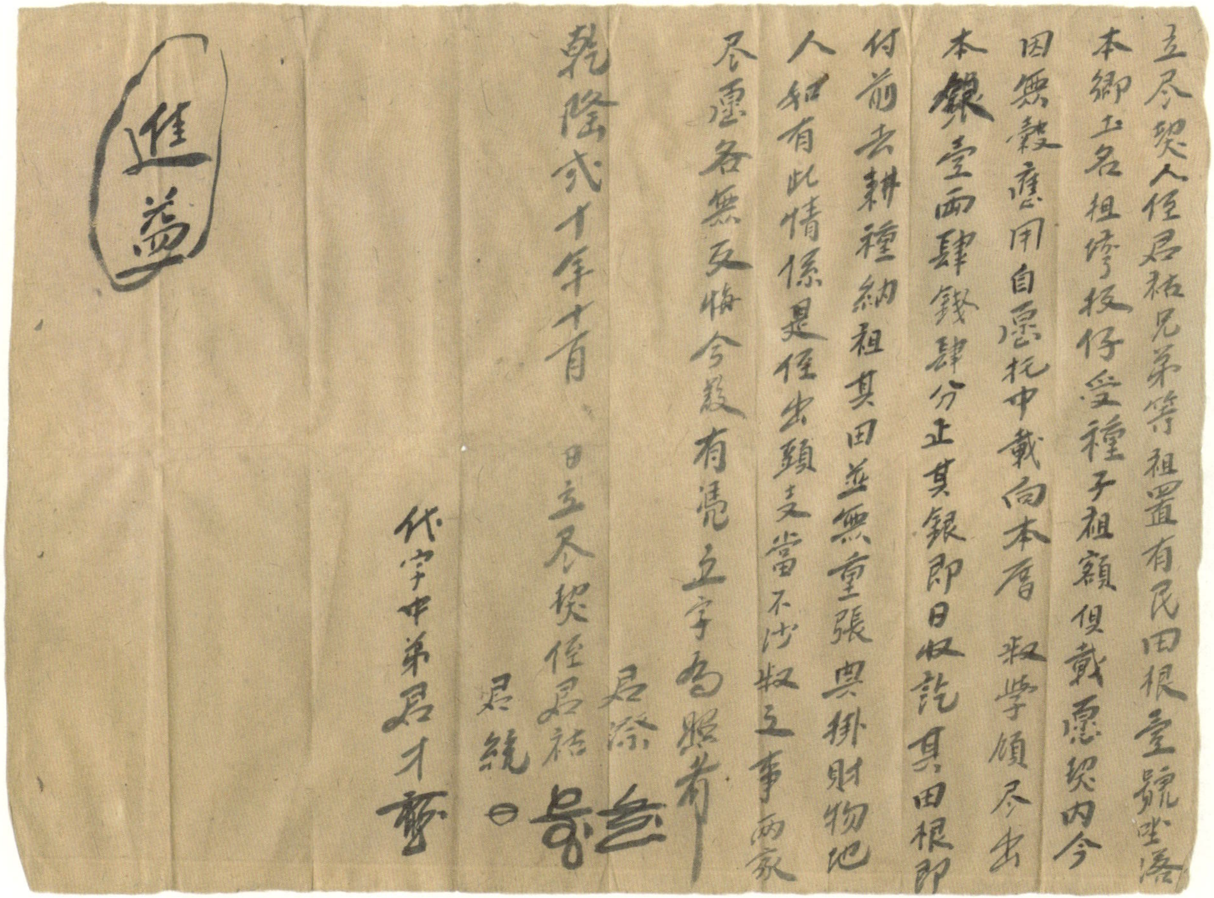

立盡契人侄君祐兄弟等祖置有民田根壹號坐落
本鄉土名祖墩坂仔受種子租額俱載愿契內今
因無銀應用自愿托中載向本厝　叔學領盡出
本銀壹兩肆錢肆分正其銀即日收訖其田根即
付前去耕種納租其田並無重張典掛財物他
人相有此情係是侄出頭支當不涉叔之事兩家
盡愿各無反悔今欲有憑立字為照者
君淙
乾隆貳十年十一月　日立盡契侄君祐
君統
代字中弟君才
進益

10-6-10-2　清乾隆二十年十一月黃君祐等立盡民田根契

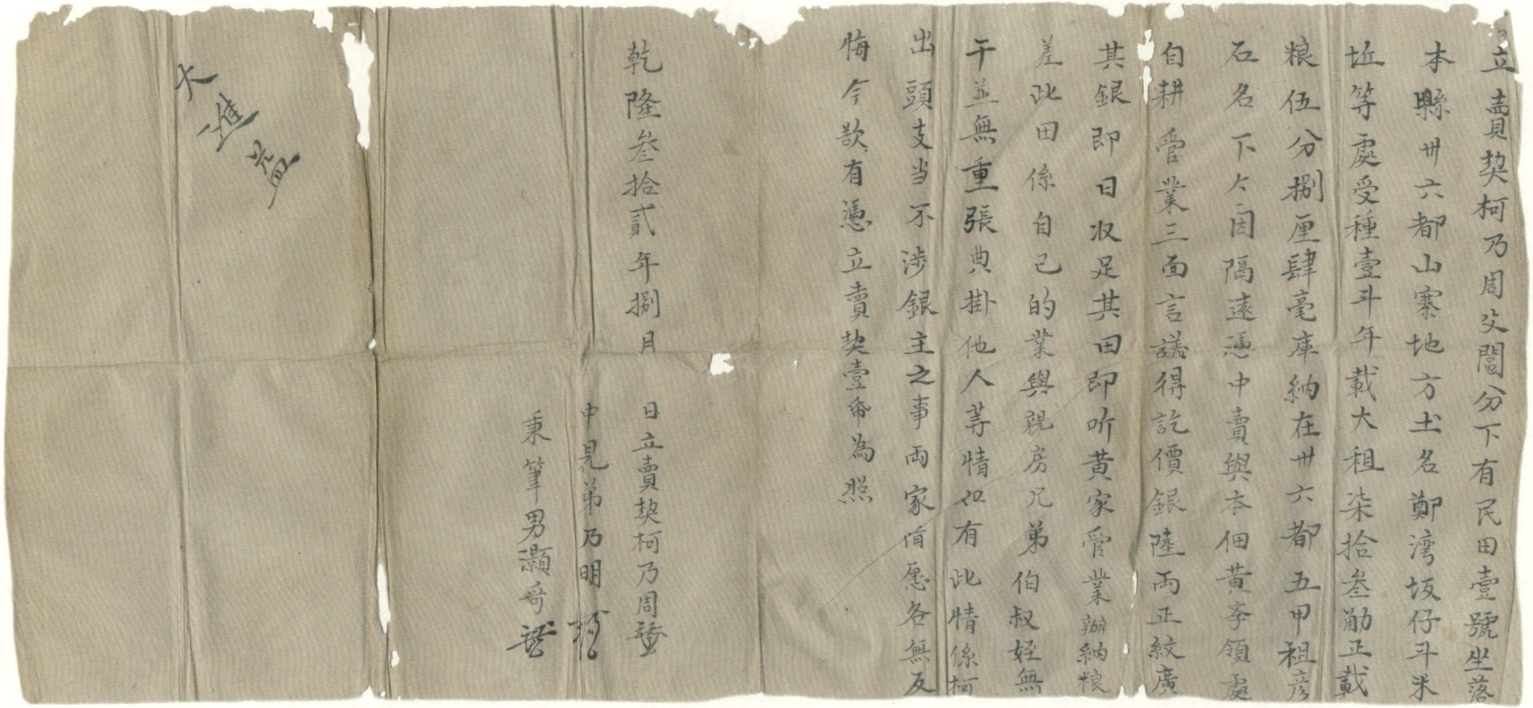

立賣契柯乃周父閻分下有民田壹號坐落
本縣卅六都山寨地方土名鄭灣坂仔斗米
坵等處受種壹斗年載大租柒拾叁觔正載
粮伍分捌厘肆毫庫納在卅六都五甲祖彥
名下今因隔遠憑中賣與本佃黃李領處
自耕管業三面言議得訖價銀陸兩正紋廣
其銀即日收足其田即听黃家管業辦納粮
差此田係自己的業與親房兄弟伯叔姪無
干並無重張典掛他人等情如有此情係柯
出頭支当不涉銀主之事兩家情愿各無反
悔今欲有憑立賣契壹帋為照

乾隆叁拾貳年捌月　日立賣契柯乃周（押）
中見弟乃明（押）
秉筆男灝奇（押）

大進□

10-6-10-3　清乾隆三十二年八月柯乃周立賣民田契

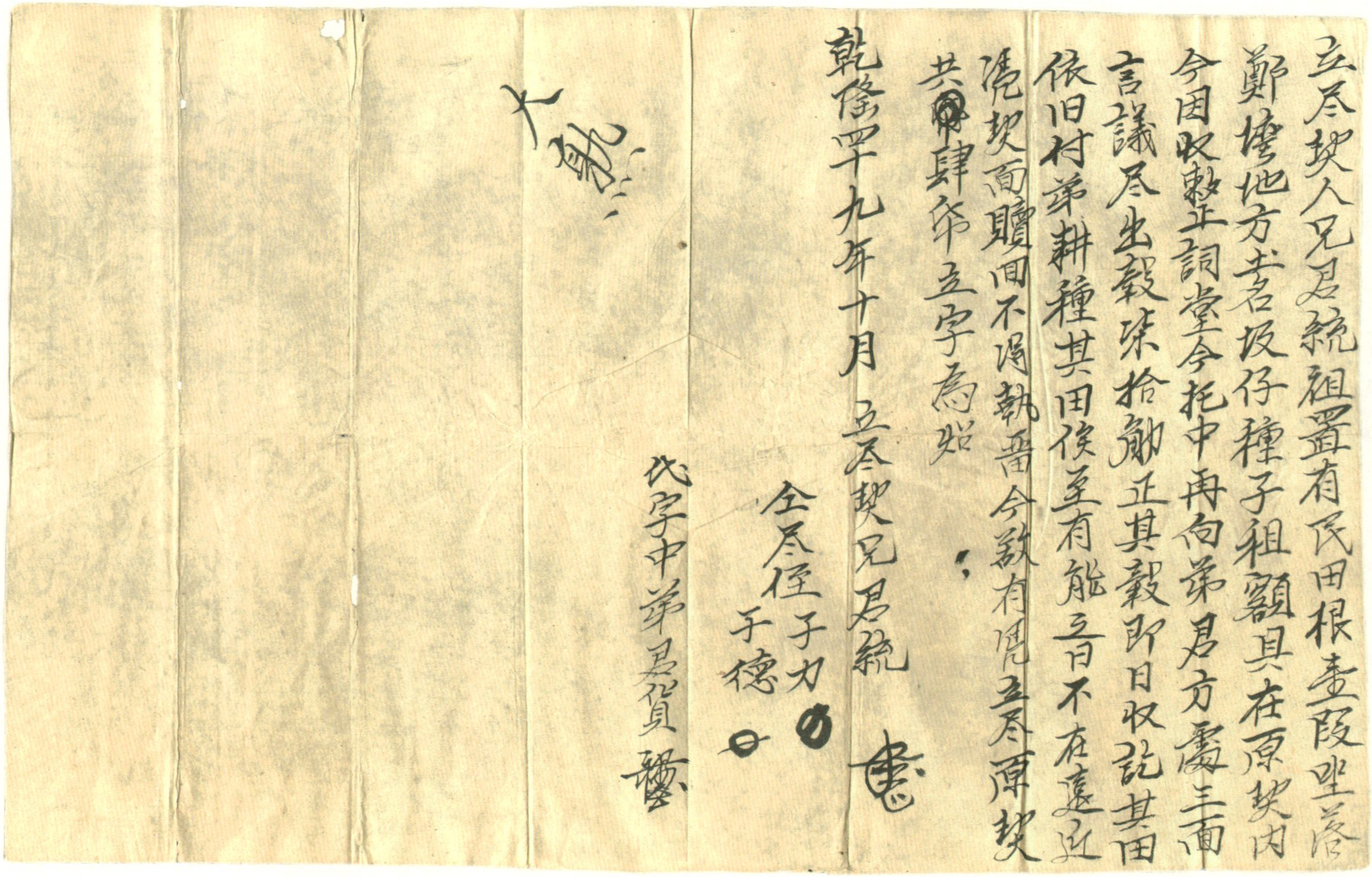

立尽契人兄君統祖置有民田根壹段坐落
鄭墩地方土名坂仔種子租額具在原契内
今因收整祠堂今托中再向弟君方處三面
言議尽出穀柒拾觔正其穀即日收訖其田
依旧付弟耕種其田從至有能之日不在遠近
憑契面贖回不得執留今欲有憑立尽原契
共肆紙立字為炤
乾隆四十九年十月　立尽契兄君統（押）
全尽侄子力（押）
子德（押）
代字中弟君賀（押）
大吉

10-6-10-4　清乾隆四十九年十月黄君統等立盡民田根契

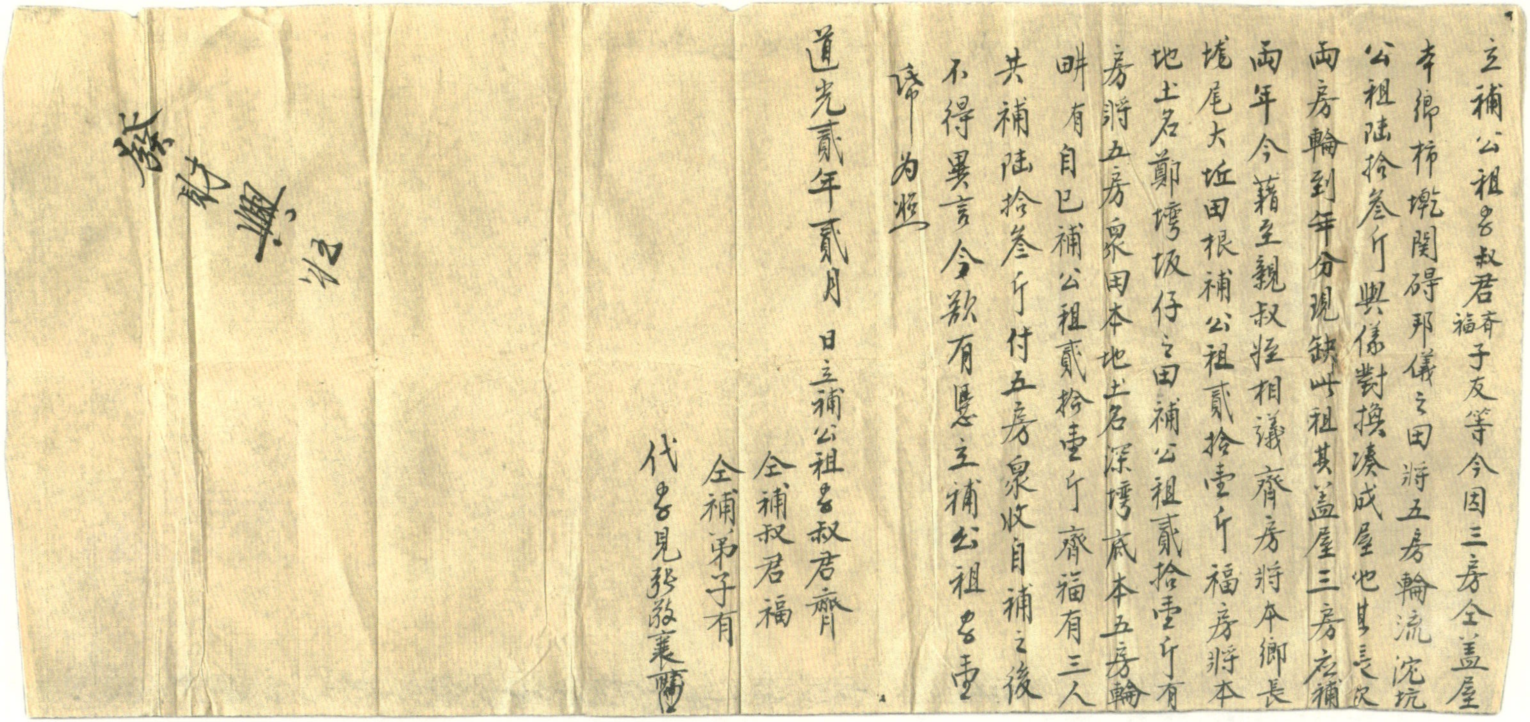
立補公祖字叔君齊福子友等今因三房仝蓋屋
本鄉柿墘閬碍邦儀之田將五房輪流沆坑
公祖陸拾叁斤與儀對換湊成屋地其長次
兩房輪到年分現缺此租其蓋屋三房應補
兩年今藉至親叔侄相議齊房將本鄉長
墘尾大坵田根補公祖貳拾壹斤福房將本
地土名鄭壙坂仔之田補公祖貳拾壹斤有
房將五房泉田本地土名深壙底本五房輪
畊有自己補公祖貳拾壹斤齊福有三人
共補陸拾叁斤付五房泉收自補之後
不得異言今欲有憑立補公祖字壹
紙為照

道光貳年貳月　日立補公祖字叔君齊
仝補叔君福
仝補弟子有
代字見弟敬襄

蔡敦襄公

10-6-10-5　清道光二年二月黃君齊等立補公租字

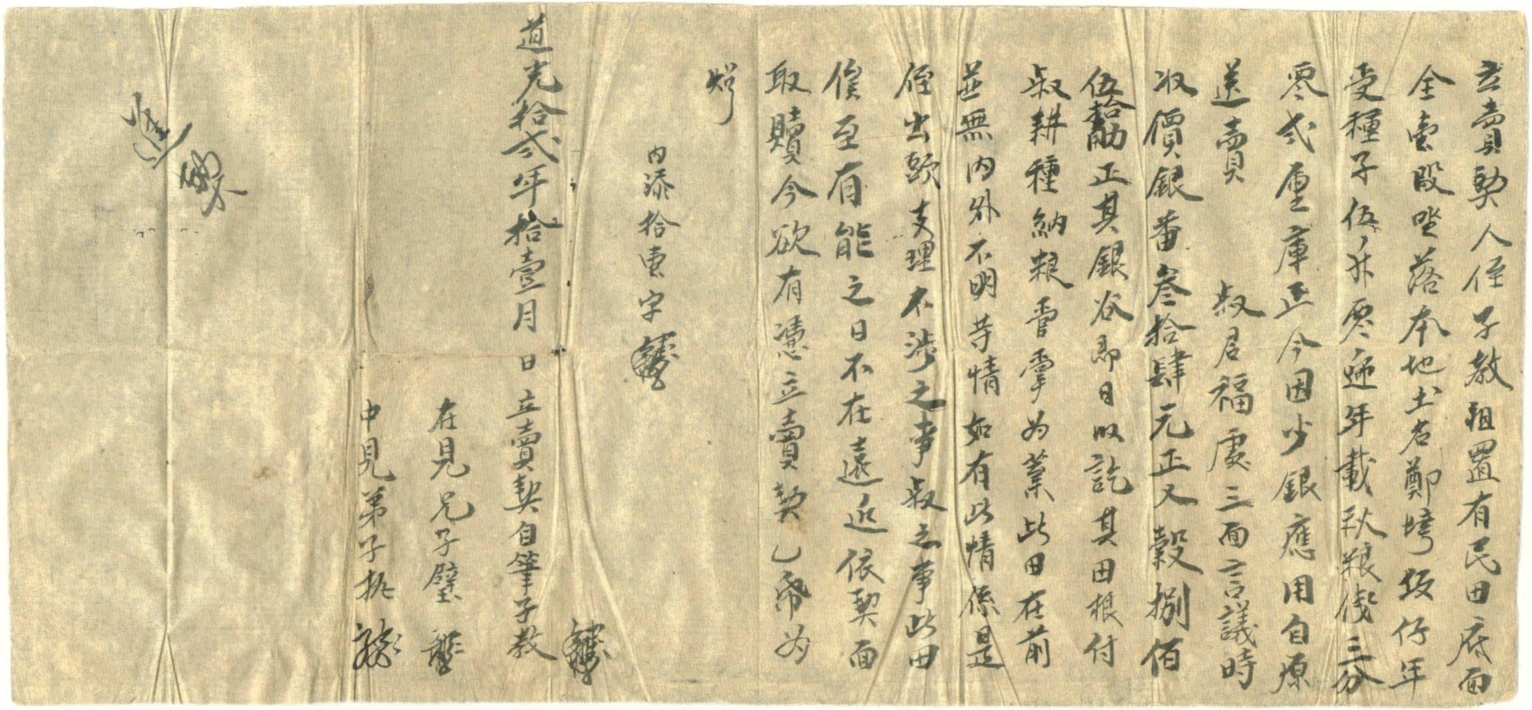

立賣契人侄子敎，祖置有民田底面
全壹段，坐落本地，土名鄭墘坂仔，年
受種子伍斤，原递年載秋粮伐三分
原弍厘庫正。今因少銀應用，自原
送賣　叔君福處，三面言議，時
收價銀番叁拾肆元正，又穀捌佰
伍拾觔正。其銀交即日收訖，其田根付
叔耕種納粮，管掌爲業。此田在前
並無內外不明等情，如有此情，係是
侄出頭支理，不涉之事叔之事。此田
俟至有能之日，不在遠近，依契面
取贖。今欲有憑，立賣契乙帋爲
炤。

內添拾壹字

道光拾弍年拾壹月　日　立賣契自筆子敎

在見兄子璧

中見弟子拔

10-6-10-6　清道光十二年十一月黄子教立賣底面全民田契

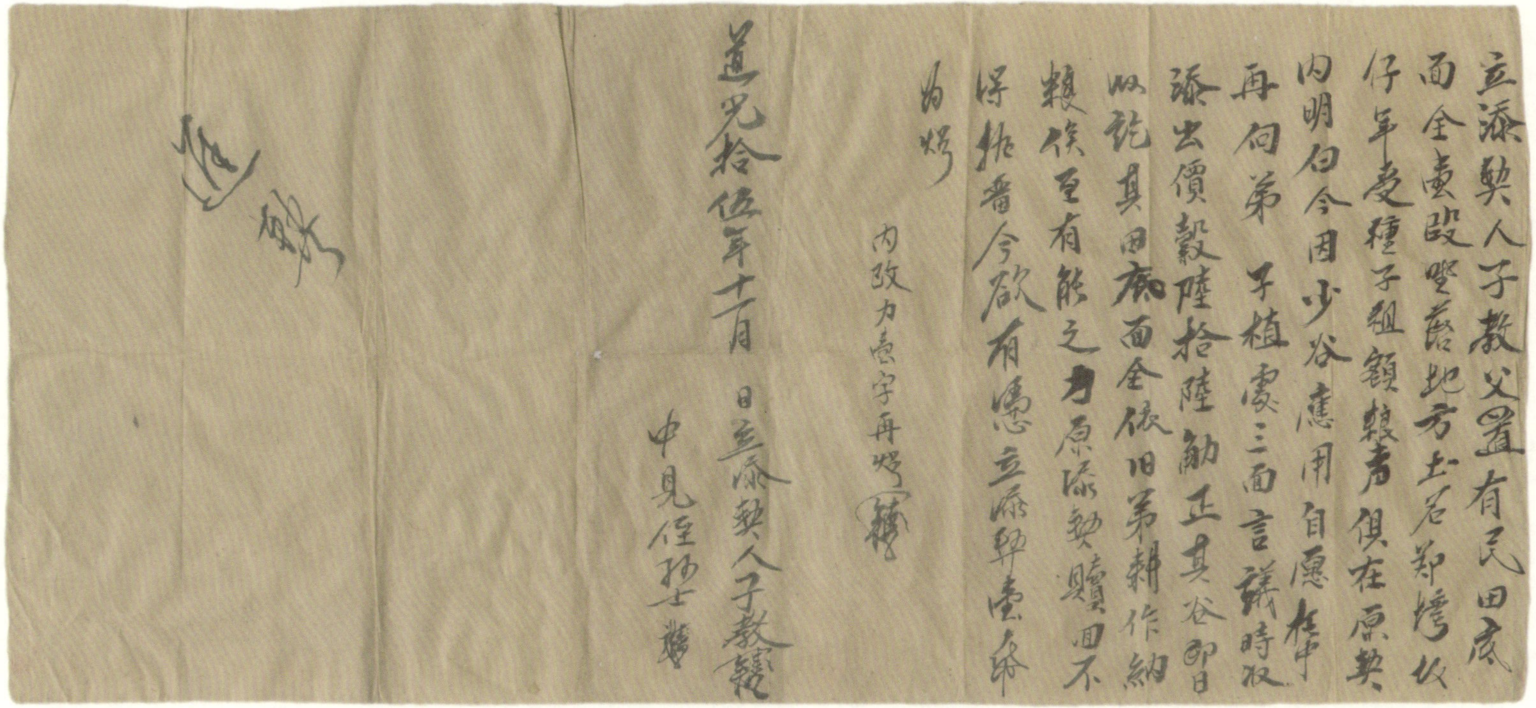
立添契人子教父置有民田底
面全壹段坐落地方土名鄭墩坂
仔年受種子組額粮青俱在原契
內明白今因少谷應用自愿托中
再向弟　子植處三面言議時收
添出價穀陸拾陸觔正其谷即日
收訖其田底面全依旧弟耕作納
粮俟至有能之力原添契贖回不
得推番今欲有憑立添契壹紙
為照

內改力字再照（押）

道光拾伍年十一月　日立添契人子教（押）

中見侄孙士（押）

10-6-10-7　清道光十五年十一月黃子教立添底面全民田契

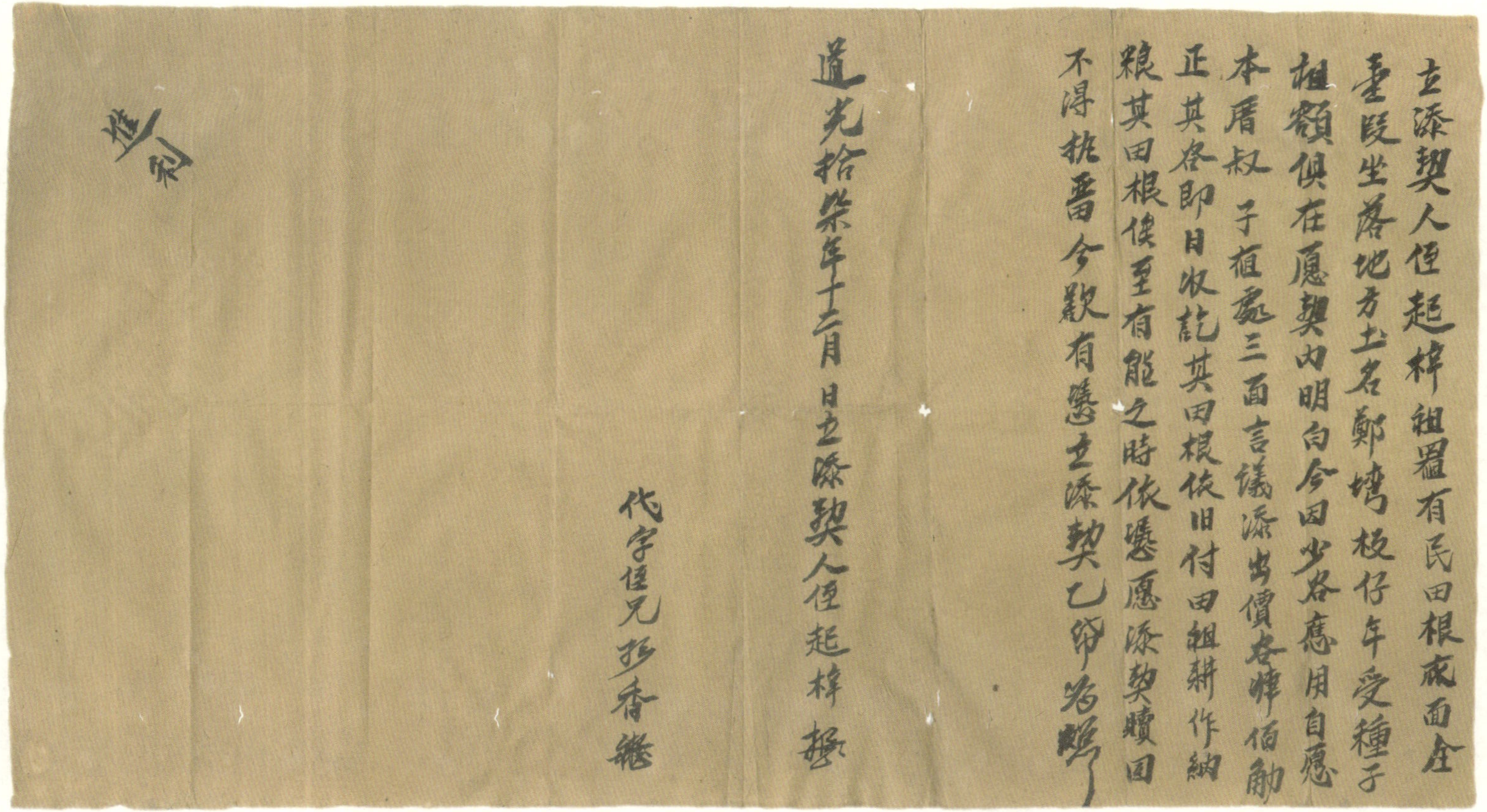

立添契人侄起梓祖置有民田根底面全
壹段坐落地方土名鄭塆核仔年受種子
柤額俱在原契內明白今因少谷應用自愿
本厝叔 子植處三面言議添出價谷肆佰觔
正其谷即日收訖其田根依旧付田紐耕作納
粮其田根俟至有能之時依憑原添契贖回
不得執嗇今歡有憑立添契乙紙為照

道光拾柒年十二月 日立添契人侄起梓（押）

代字侄兄玶香（押）

10-6-10-8 清道光十七年十二月黄起梓立添底面全民田根契

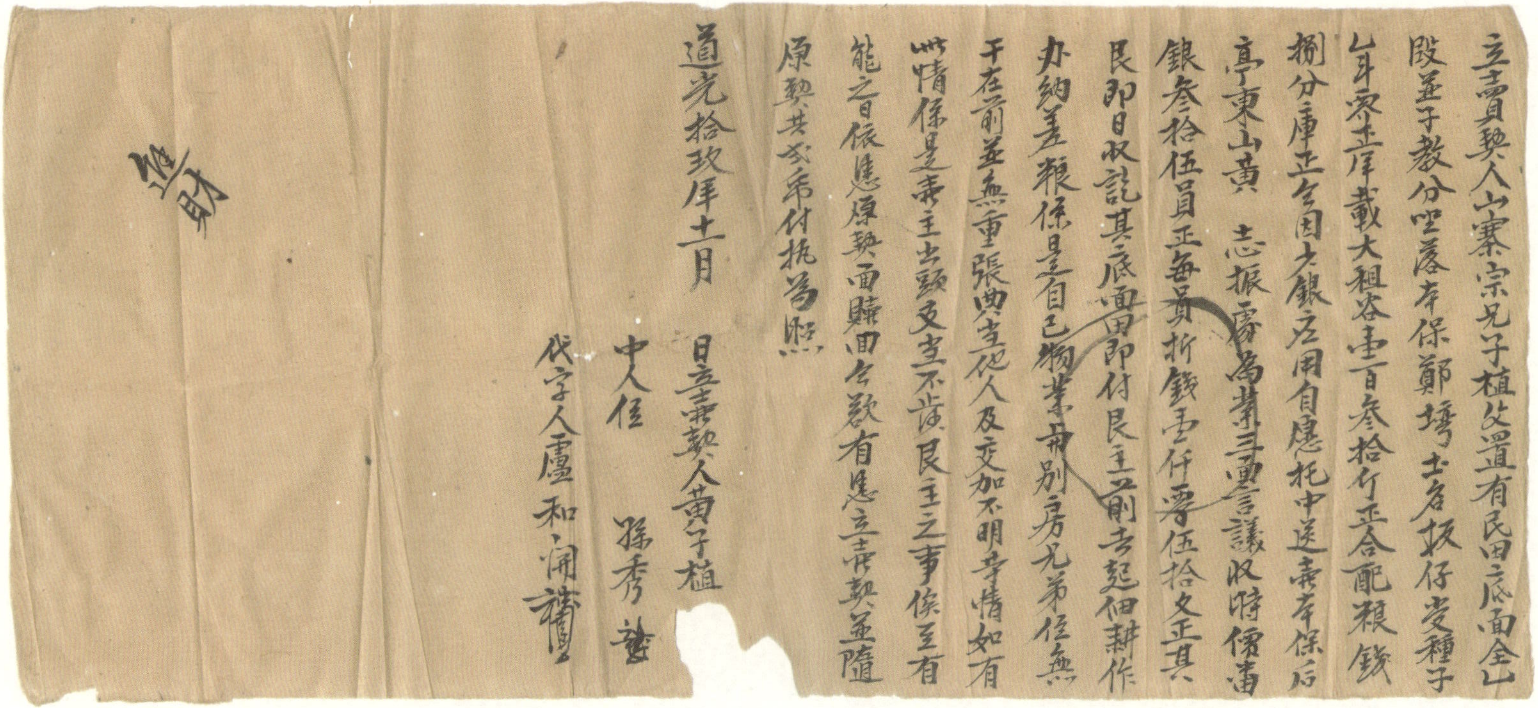
立賣契人山寨宗兄子植父遺有民田底面全山
段并子教分坐落本保鄭塆土名坂仔受種子
山斗零並年載大租谷壹百叁拾斤正合配粮錢
捌分庫並今因乏銀应用自愿托中送賣本保后
亭東山黃 志振處為業三面言議收時價番
銀叁拾伍員正每員折錢壹仟零伍拾文正其
艮即日收訖其底面田即付艮主前去起佃耕作
办納差粮係是自己物業并無別房兄弟侄無
干在前並無重張典當他人及交加不明等情如有
此情係是賣主出頭支當不涉艮主之事係至有
能之日依照原契面贖田銀契有照立賣契並隨
原契共式吊付執為照
道光拾玖年十一月 日立賣契人黃子植
中人侄 孫秀 押
代字人盧和開 押

10-6-10-9 清道光十九年十一月黃子植立賣底面全民田契（廢契）

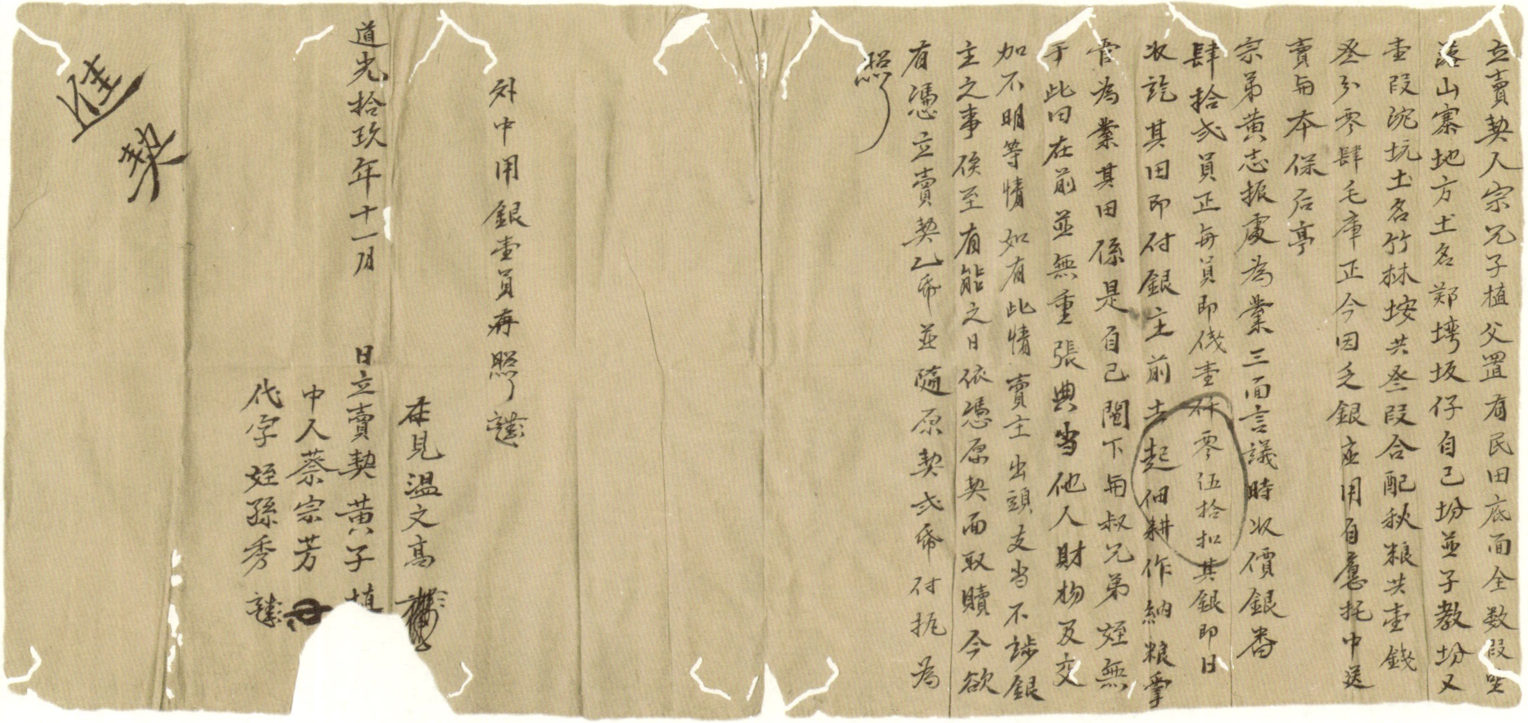

10-6-10-10　清道光十九年十一月黃子植立賣底面全民田契（廢契）

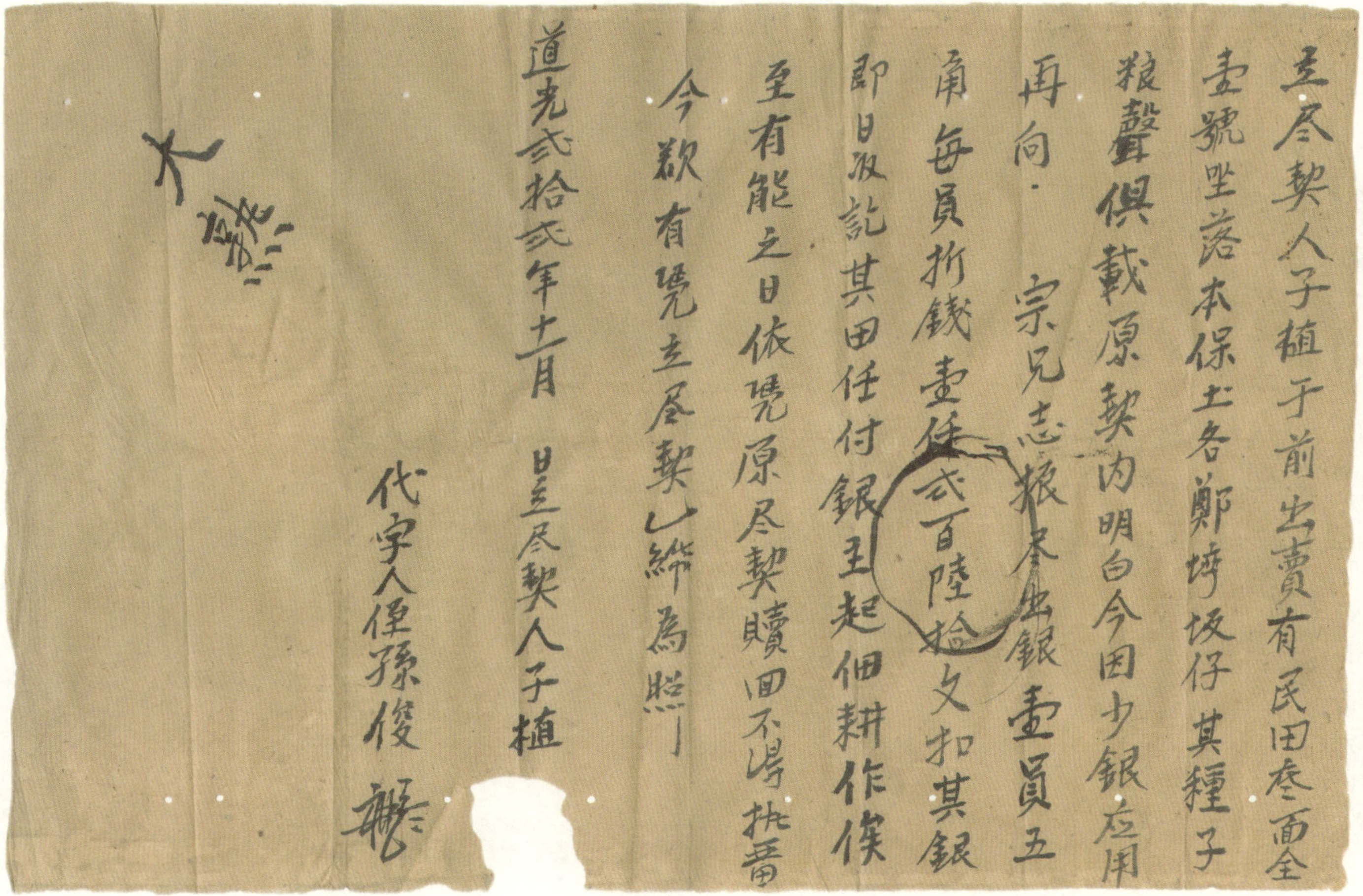

立盡契人子植于前出賣有民田底面全
壹號坐落本保土名鄭墘坂仔其種子
粮聲俱載原契內明白今因少銀應用
再向　宗兄志粮求出銀壹員五
角每員折錢壹仟貳百陸拾文扣其銀
即日收訖其田任付銀主起佃耕作倂
至有能之日依憑原盡契贖田不得执留
今欲有憑立盡契一紙為照｜
道光貳拾貳年十一月　日立盡契人子植
代字人侄孫俊　押

10-6-10-11　清道光二十二年十一月黃子植立盡底面全民田契（廢契）

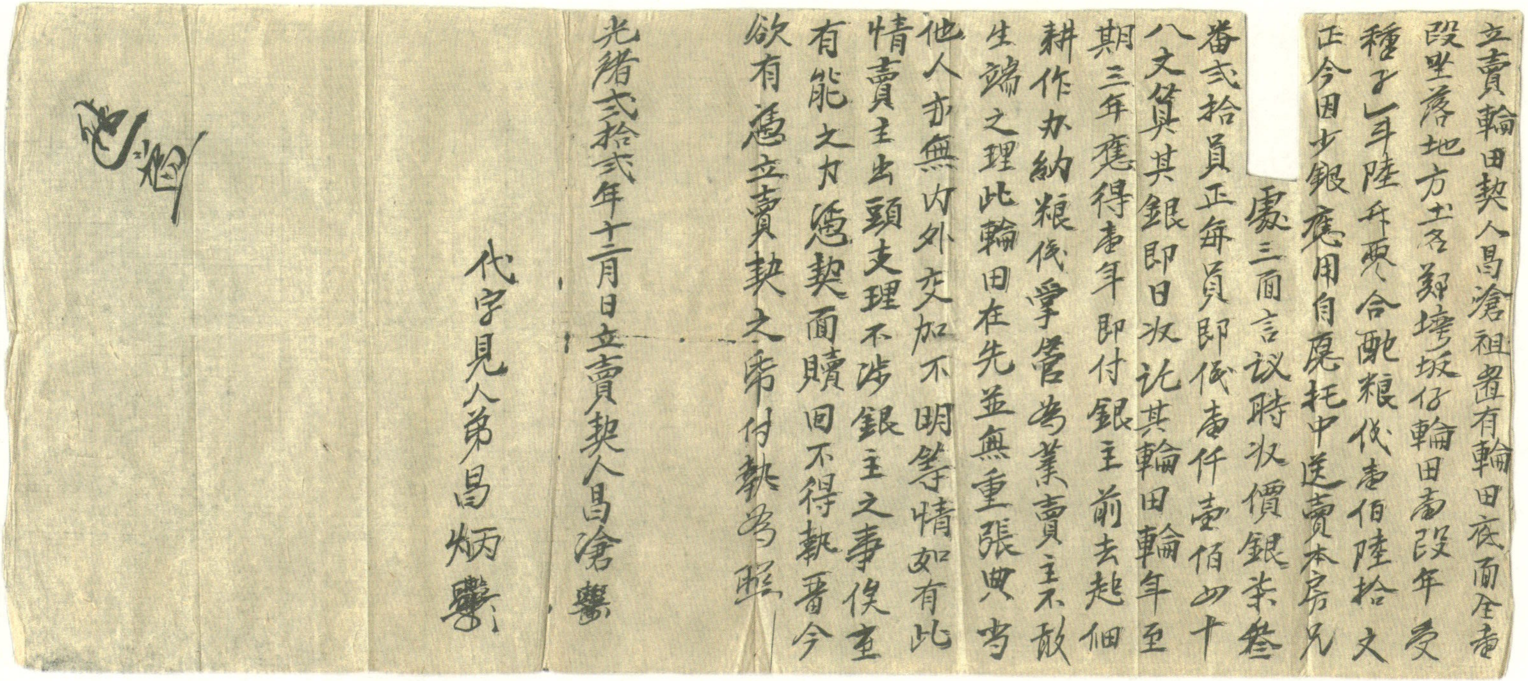
立賣輪田契人昌滄祖置有輪田底面全壹
段坐落地方土名鄭墘坂仔輪田壹段年受
種子一斗陸升正，配合酏粮伐壹佰陸拾文
正。今因少銀應用，自愿托中送賣本房兄
處，三面言議，時值價銀柒拾
番弍拾員正，每員即伐壹仟壹佰廿十
八文算，其銀即日收訖，其輪田輪年至
期三年應得壹年，即付銀主前去起佃
耕作，办納粮伐，掌管為業。賣主不敢
生端之理。此輪田在先並無重張典当
他人，亦無內外交加不明等情，如有此
情，賣主出頭支理，不涉銀主之事。俟至
有能之日，憑契面贖回，不得執吝。今
欲有憑，立賣契之帋付執為照。
光緒弍拾弍年十二月日立賣契人昌滄（押）
代字見人弟昌炳（押）

10-6-10-12　清光緒二十二年十二月黄昌滄立賣底面全輪田契

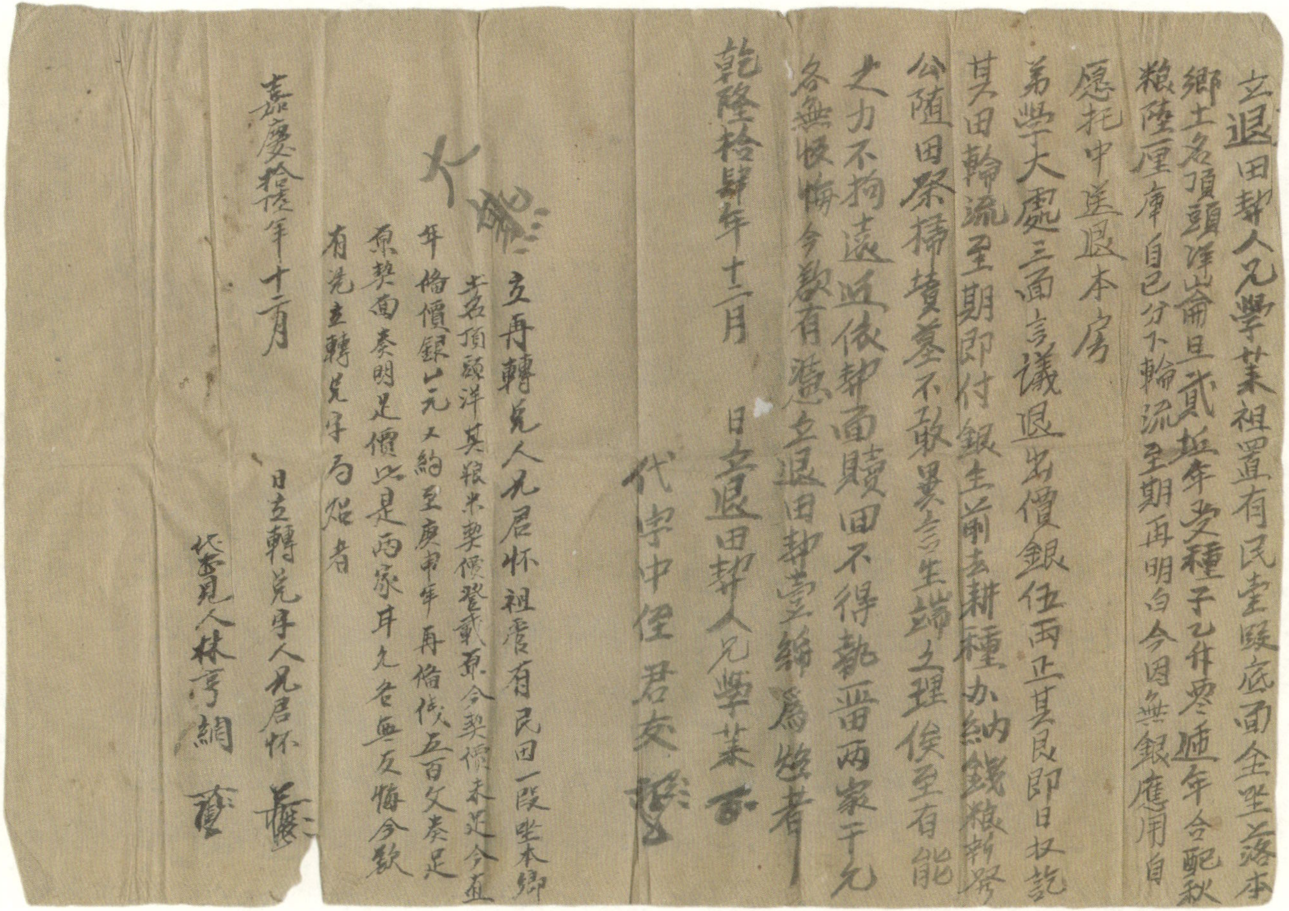
立退田契人兄學業祖置有民壹段底面全坐落本
鄉土名頂頭洋尚前且貳坵年受種子乙升零隨年合配秋
粮陸厘庫自己分下輪流至期再明白今因無銀應用自
愿托中送退本房
弟興大處三面言議退出價銀伍両正其銀即日收訖
其田輪流至期即付銀主前去耕種办納錢粮執帋
公隨田祭掃贊墓不敢異言生端之理倘至有能
之力不拘遠近依契面贖田不得執留兩家千允
各無反悔今欲有憑立退田契壹紙爲照者
乾隆拾肆年十二月　日立退田契人兄學業（押）
代字中侄君交（押）

立再轉見人兄居怀祖置有民田一段坐本鄉
土名頂頭洋其粮米要價登載原今契價未足今在
年倫價銀六元又約至庚申年再倫伐五百文交足
原契面奏明是價此是兩家甘允各無反悔今欲
有憑立轉見字爲照者
嘉慶拾陸年十二月　日立轉見字人兄居怀（押）
代書見人林亨綱（押）

10-6-11-1　清乾隆十四年十二月黃學業立退底面全民田契

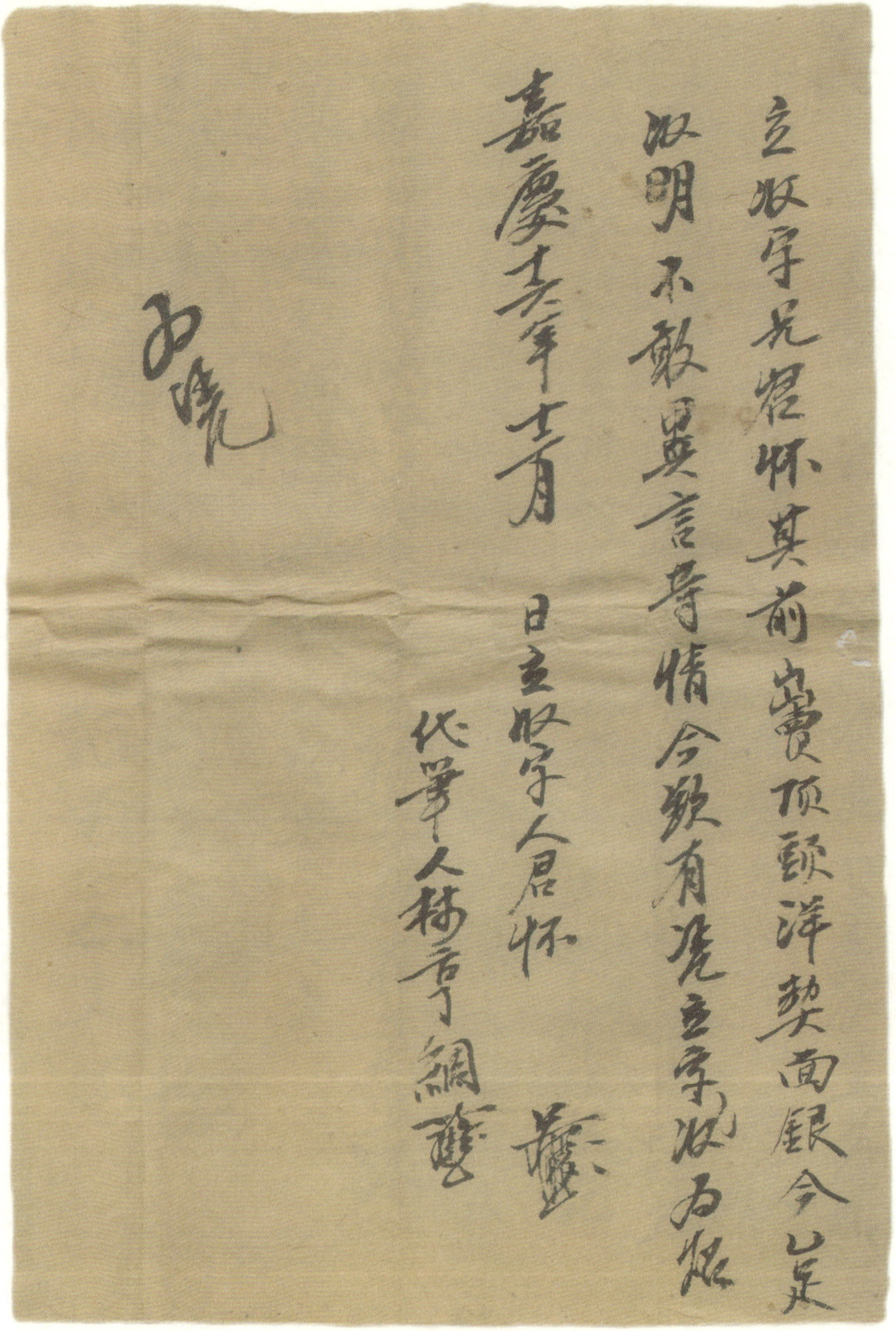
立收字兄君怀其前賣頂踩洋契面銀今足
收明不敢異言等情今欲有憑立字收爲照
嘉慶十六年十二月　日立收字人君怀　押
代筆人梯亨綱　押

10-6-11-2　清嘉慶十六年十二月黄君懷立收契面銀字

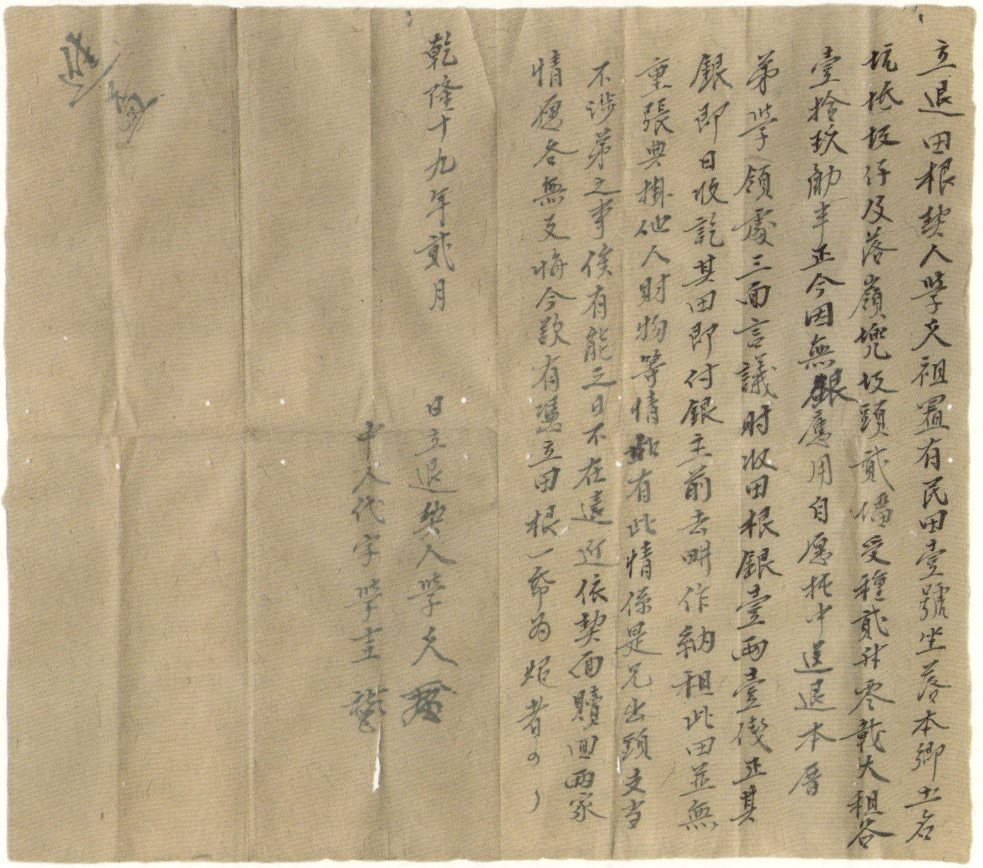

立退田根契人學久祖置有民田壹號坐落本鄉土名坑㮛坂仔及落嶺塆坂頭貳墢受種貳斗零載大租谷壹拾玖觔半正今因無銀應用自愿托中送退本房弟學領處三面言議時收田根銀壹兩壹錢正其銀即日收訖其田即付銀主前去耕作納租此田並無重張典掛他人財物等情亦無有此情係是兄出頭支當不涉弟之事倘有能之日不在遠近依契面贖回兩家情愿各無反悔今欲有憑立退田根一紙為照者

乾隆十九年貳月　日立退契人學久（押）

中人代字學圭（押）

退契

10-6-12-1　清乾隆十九年二月黃學久立退民田根契

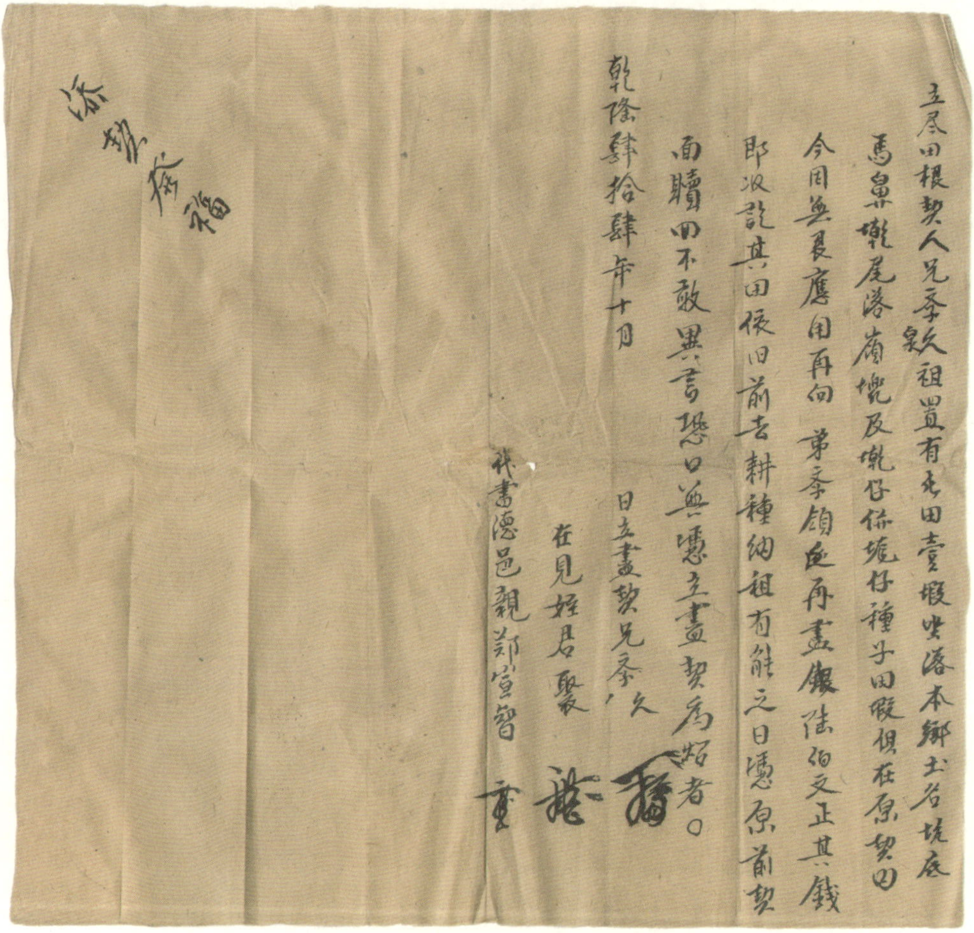
立尽田根契人兄李久、皇祖置有屯田壹段坐落本鄉土名坑底
馬阜墘尾落崙墘及墘仔係坵仔種子田段俱在原契内
今因無銀應用再向　弟李領邊再盡價陸佰文正其錢
即收訖其田依旧前去耕種納租有能之日憑原前契
面贖回不敢異言恐口無憑立盡契爲炤者。
日立盡契兄李久、久
在見姪君聚
代書憑邑親鄭宣智
乾隆肆拾肆年十月
添契李福

10-6-12-2　清乾隆四十四年十月黄李久等立盡屯田根契

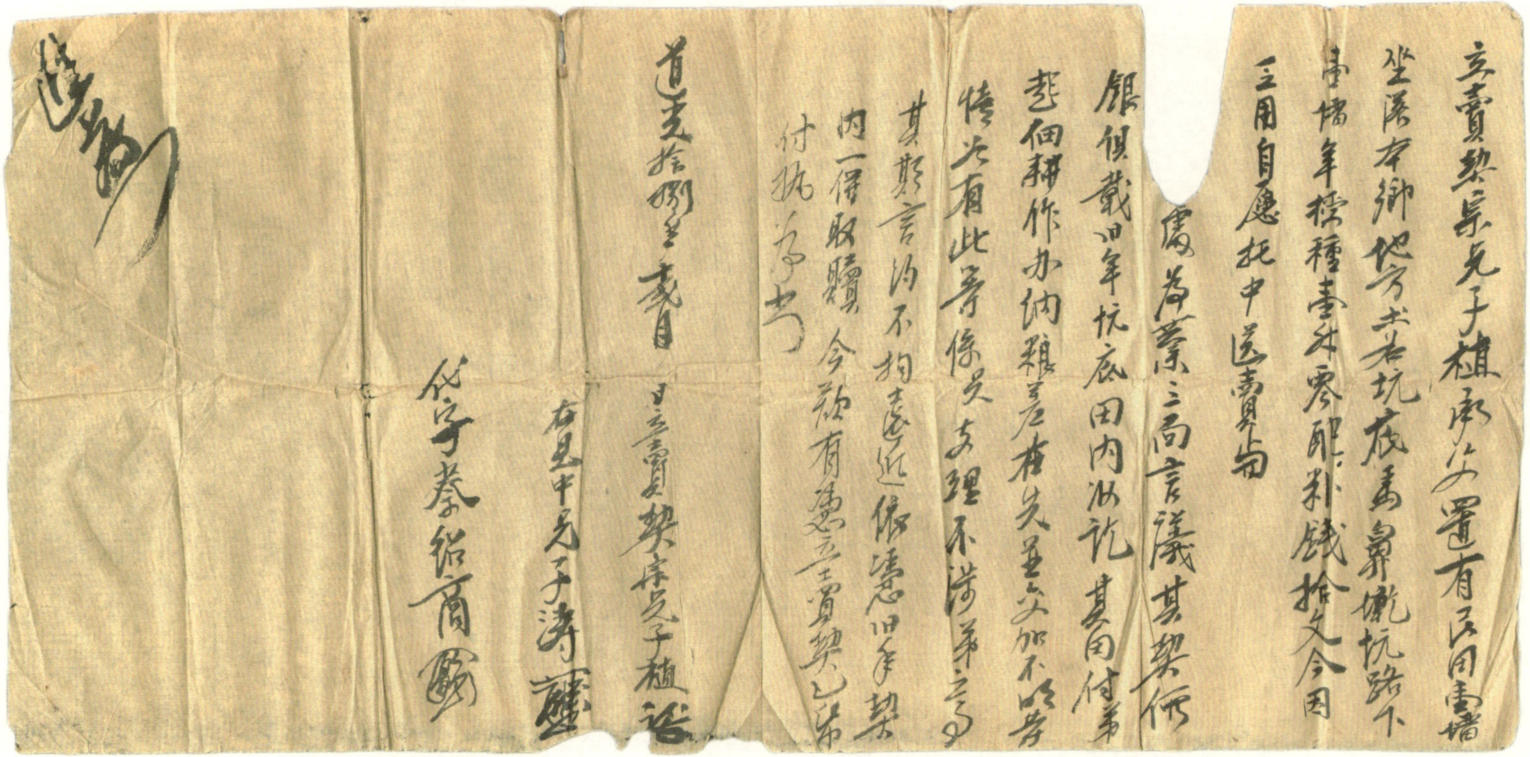

10-6-12-3 清道光十八年十二月黄子植立賣民田契

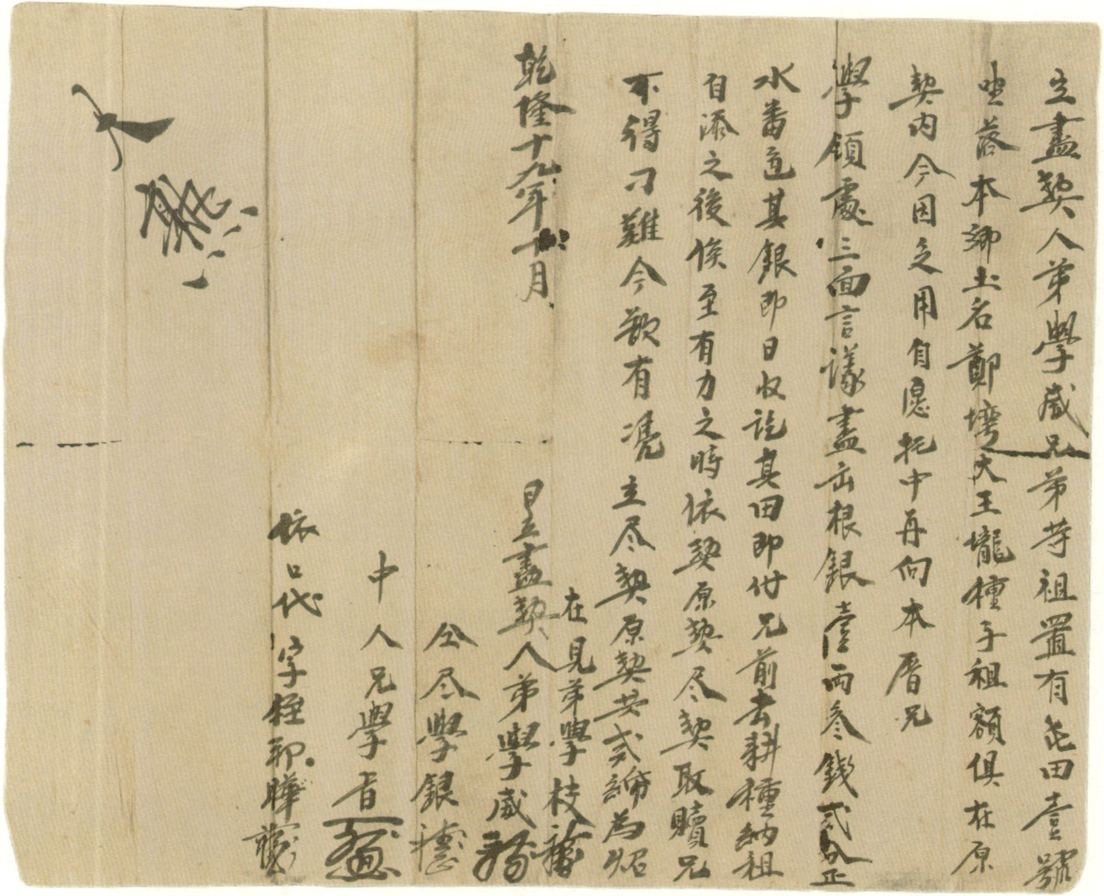

立盡契人弟學威兄弟等祖置有屯田壹號
坐落本鄉土名鄭墘大王壠種子租額俱在原
契內今因乏用自愿托中再向本厝兄
學領處三面言議盡出根銀壹兩叁錢貳分正
水畫适其銀即日收訖其田即付兄前去耕種納租
自添之後倏至有力之時依契原契盡契取贖兄
不得刁難今欲有憑立盡契原契共式紙爲炤
乾隆十九年十月　日立盡契人弟學威（押）
在見弟學枝（押）
仝盡學銀（押）
中人兄學者（押）
依口代字姪郭燁（押）

10-6-13-1　清乾隆十九年十月黄學威等立盡屯田契

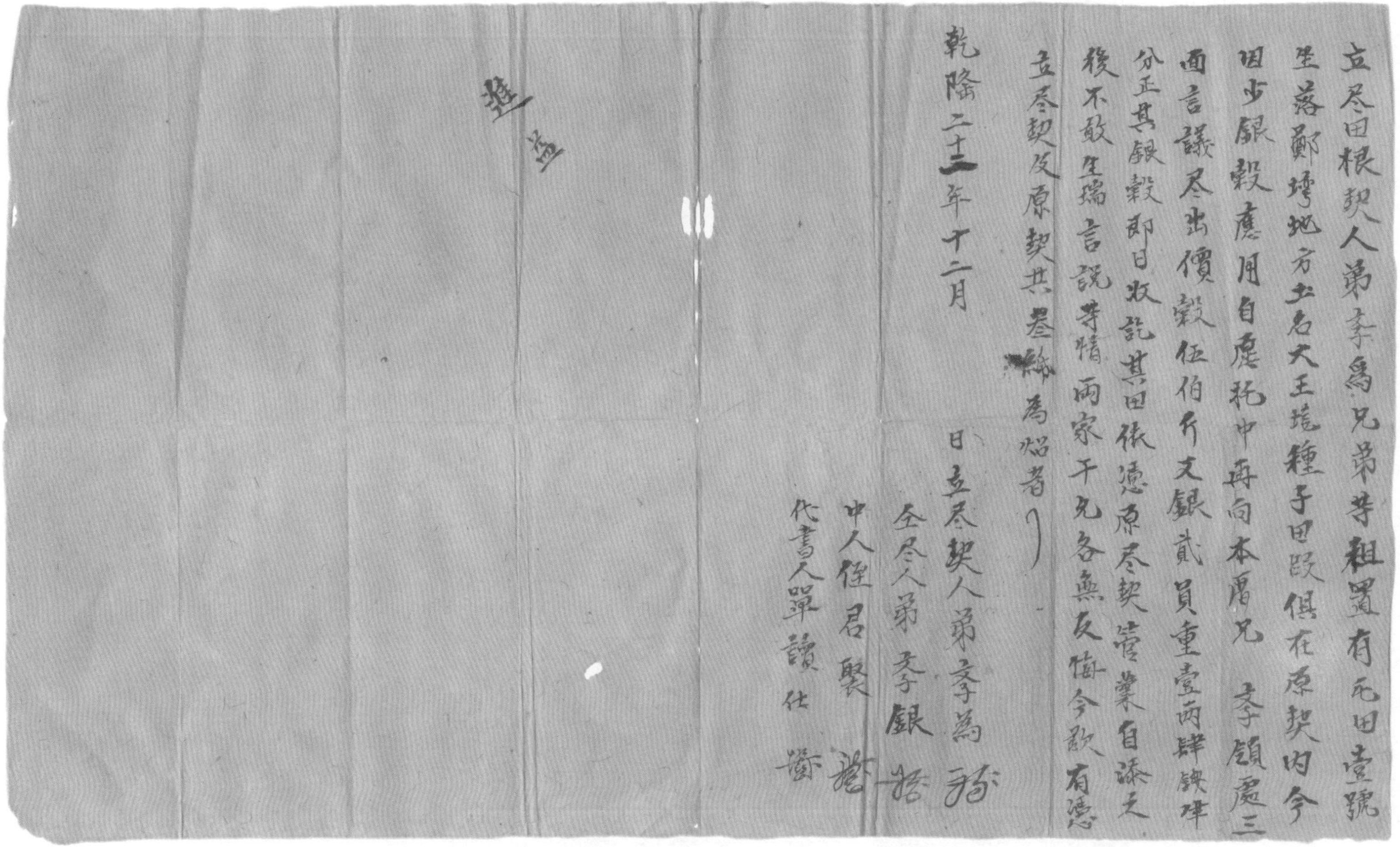

10-6-13-2　清乾隆二十二年十二月黄孝爲等立盡屯田根契

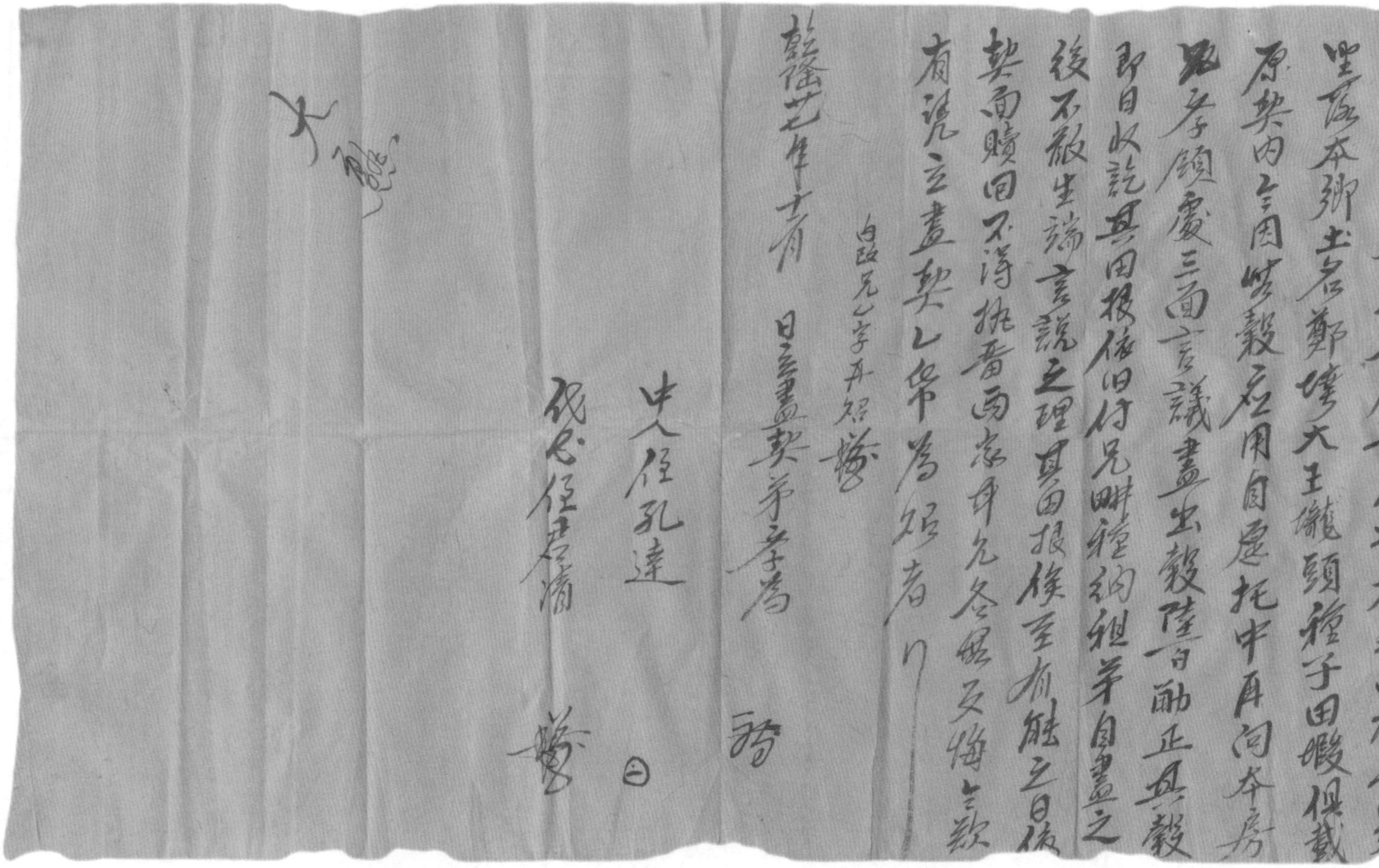
立盡契弟孝爲孝銀等祖置有屯田根壹號
坐落本鄉土名鄭墘大王壠頭種子田暇伍載
原契內云因些穀店用自愿托中再向本房
兄孝領處三面言議盡出穀陸百觔正其穀
即日收訖其田根依舊付兄耕種納租并自盡之
後不敢生端言說之理其田根候至有能之日依
契面贖回不得挑番函求升允各無反悔今欲
有憑立盡契乙帋爲照者
白銀兄立字再照
乾隆廿七年十二月　日立盡契弟孝爲
中人侄孔達
代書侄君清

10-6-13-3　清乾隆二十七年十二月黃孝爲等立盡屯田根契

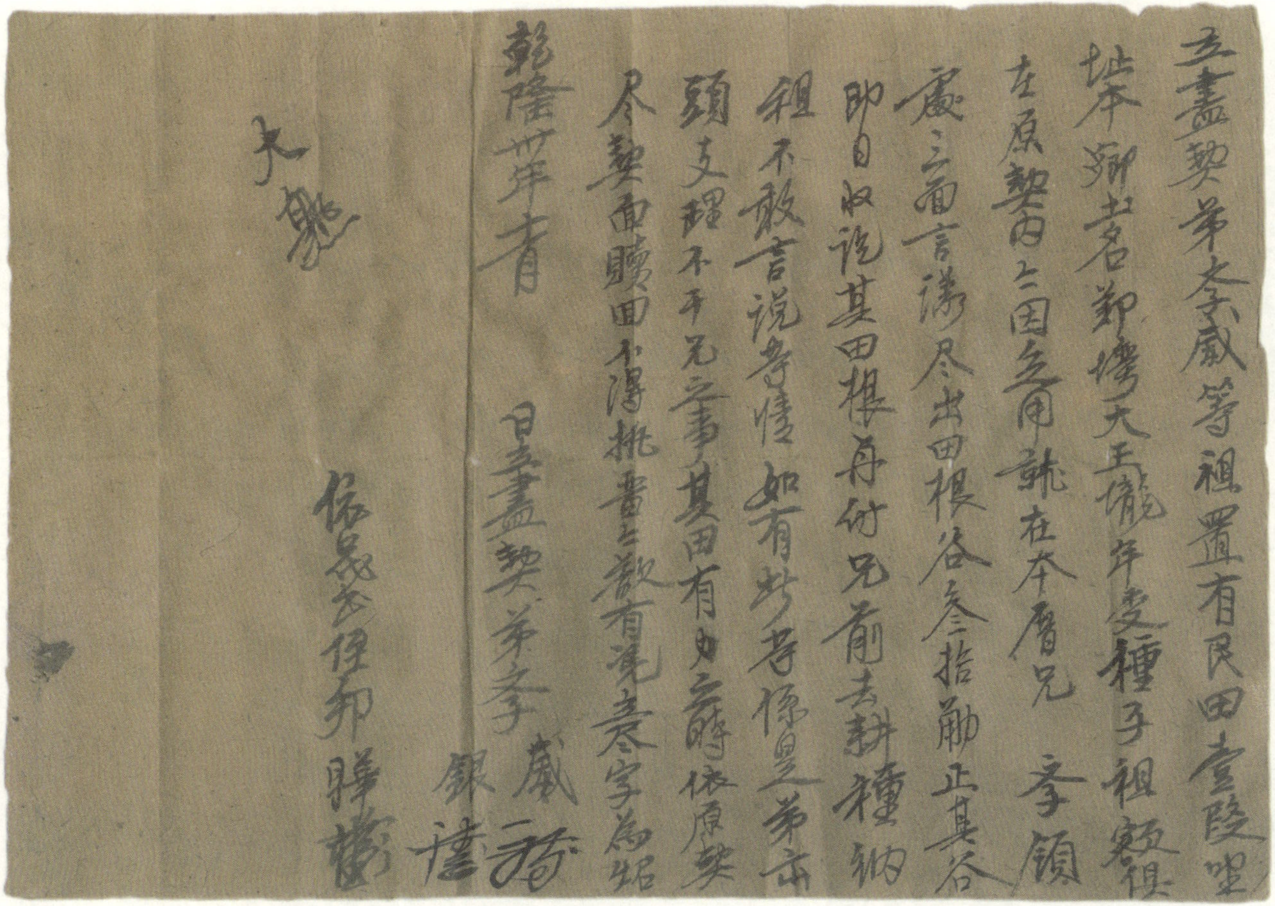
立盡契弟李威等祖置有民田壹段坐
址本鄉土名鄭塆大王墘年受種子祖[illegible]
在原契內之因乏用就在本房兄 李鎮
處三面言議盡出田根谷叁拾觔正其谷
即日收訖其田根付兄前去耕種納
租不敢言說無情如有此等係是弟出
頭支理不干兄之事其田有力之時依原契
盡契面贖田不得挑[illegible]之數有憑立盡字為据
乾隆卅年十一月 日立盡契弟李威
李銀
依[illegible]任邦勝[illegible]
大[illegible]

10-6-13-4 清乾隆三十年十一月黄李威等立盡民田契

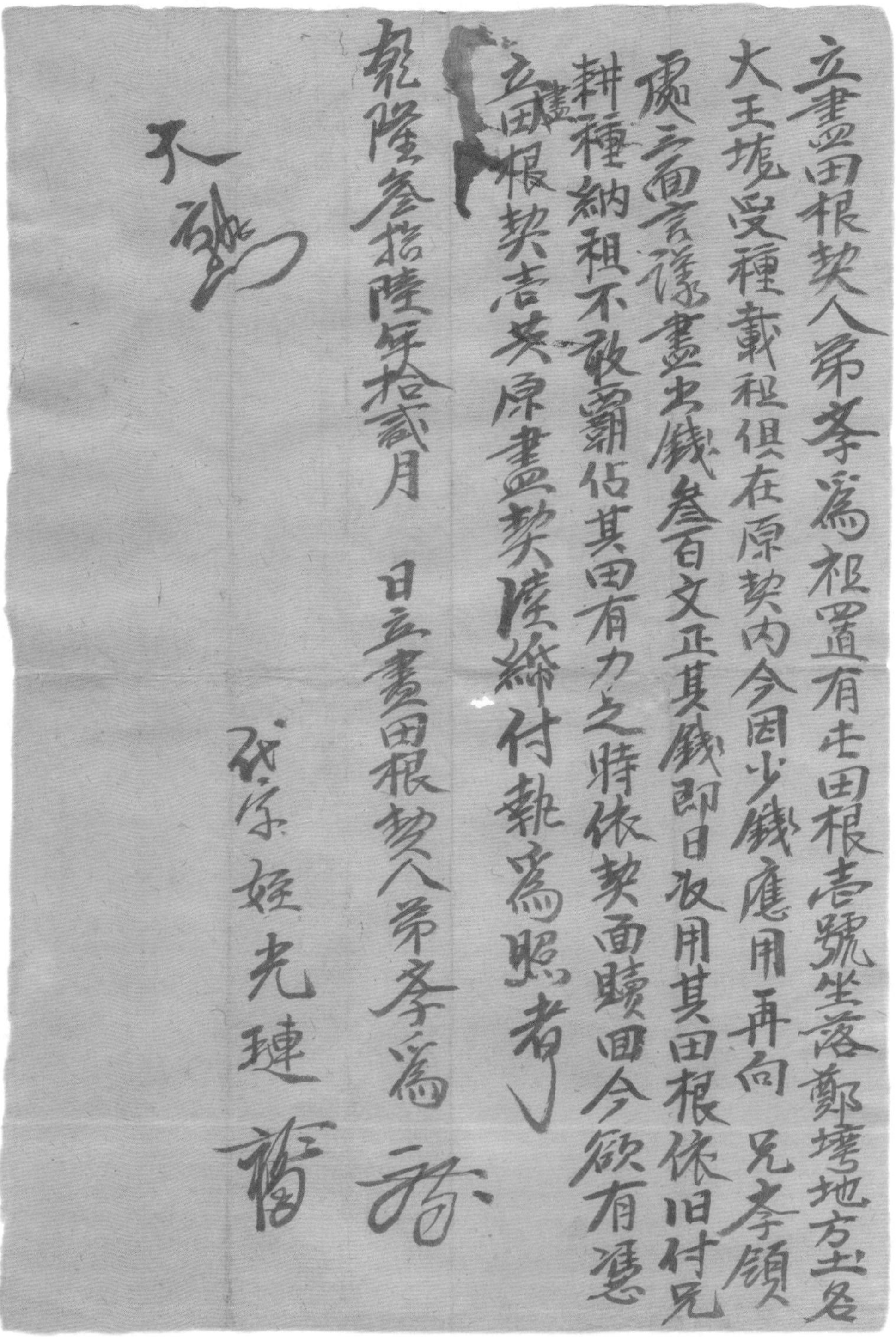

立盡屯田根契人弟李爲，祖置有屯田根壹號，坐落鄭墘地方，土名大王墘，受種載租俱在原契内。今因少錢應用，再向兄李領處三面言議，盡出錢叁百文正。其錢即日收用，其田根依旧付兄耕種納租，不敢霸佔。其田有力之特，依契面贖回。今欲有憑，立盡田根契壹，共原盡契陸紙，付執爲照者。

乾隆叁拾陸年拾貳月　日立盡田根契人弟李爲（押）

代字姪光璉（押）

不贖

10-6-13-5　清乾隆三十六年十二月黄李爲立盡屯田根契

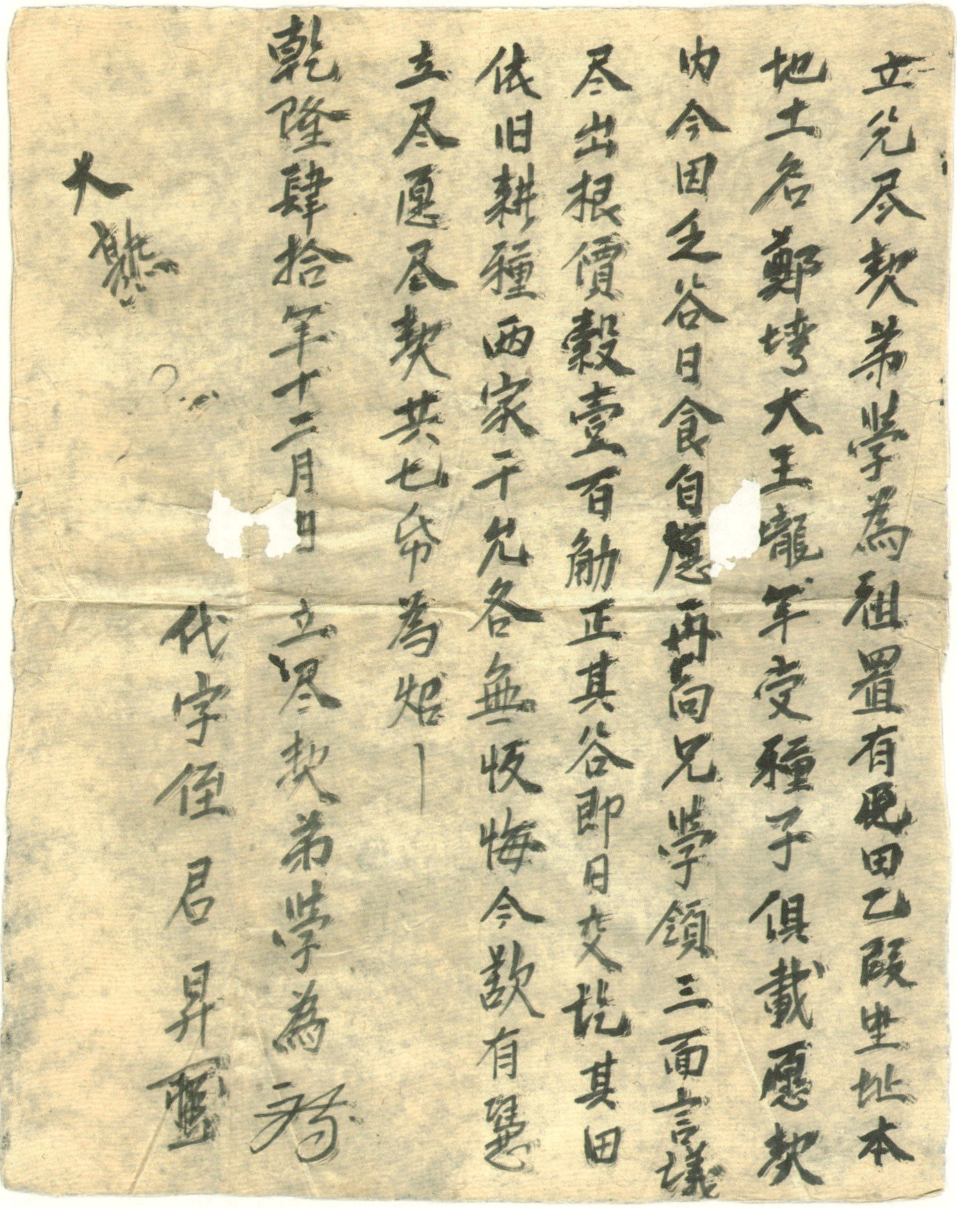
立兑尽契弟学為祖置有民田乙段坐址本
地土名鄭塆大王壠年受種子俱載應契
内今因乏谷日食自愿再向兄学領三面言議
尽出根價穀壹百觔正其谷即日交訖其田
依旧耕種兩家甘允各無返悔今欲有憑
立尽應尽契共七帋為炤｜
乾隆肆拾年十二月　日　立尽契弟学為（押）
代字侄　君昇（押）
大號

10-6-13-6　清乾隆四十年十二月黄學爲立兑盡屯田契

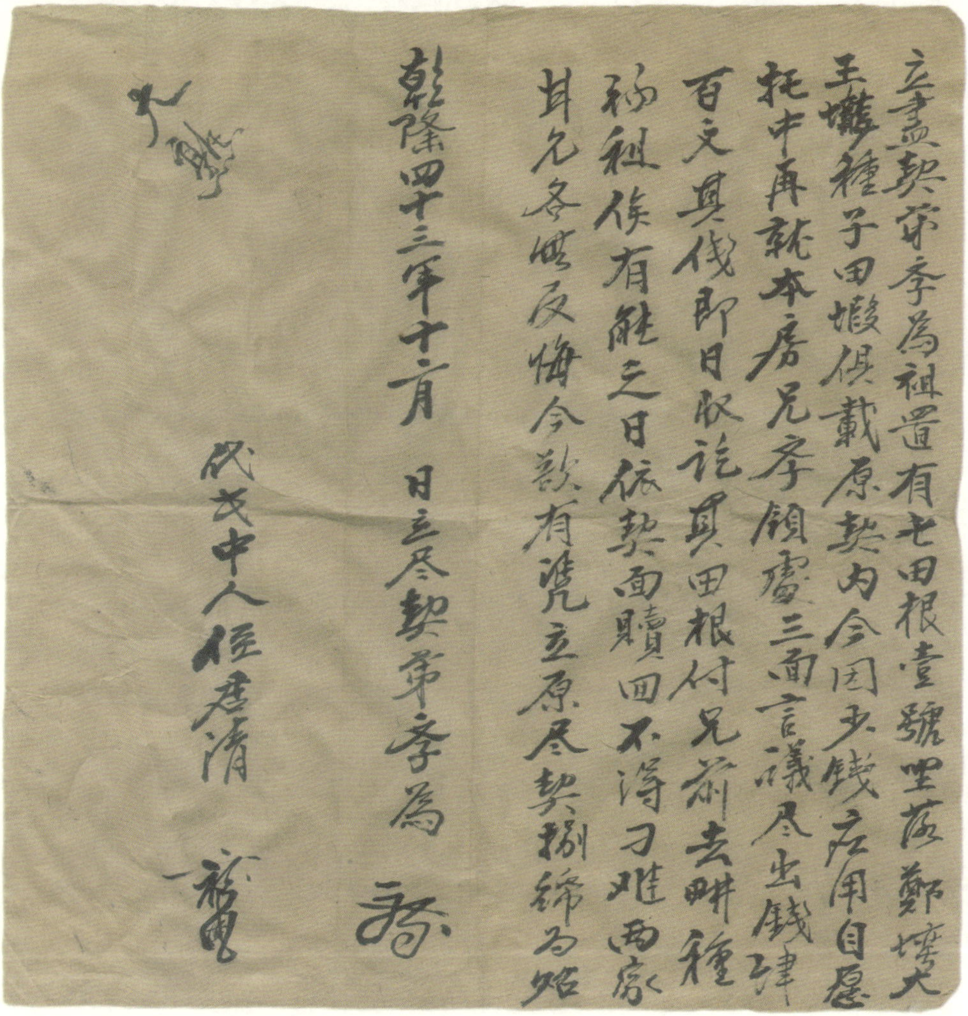

立盡契字李為祖置有屯田根壹號坐落鄭塆大
王壠種子田段俱載原契內今因乏錢應用自愿
托中再就本房兄李領處三面言議盡出錢肆
百文其錢即日收訖其田根付兄前去耕種
永祖候有能之日依契面贖回不得刁难兩家
甘允各無反悔今欲有憑立原盡契捌締為炤

乾隆四十三年十二月　日立盡契弟李為（押）

代筆中人　任君清（押）

10-6-13-7　清乾隆四十三年十二月黃李爲立盡屯田根契

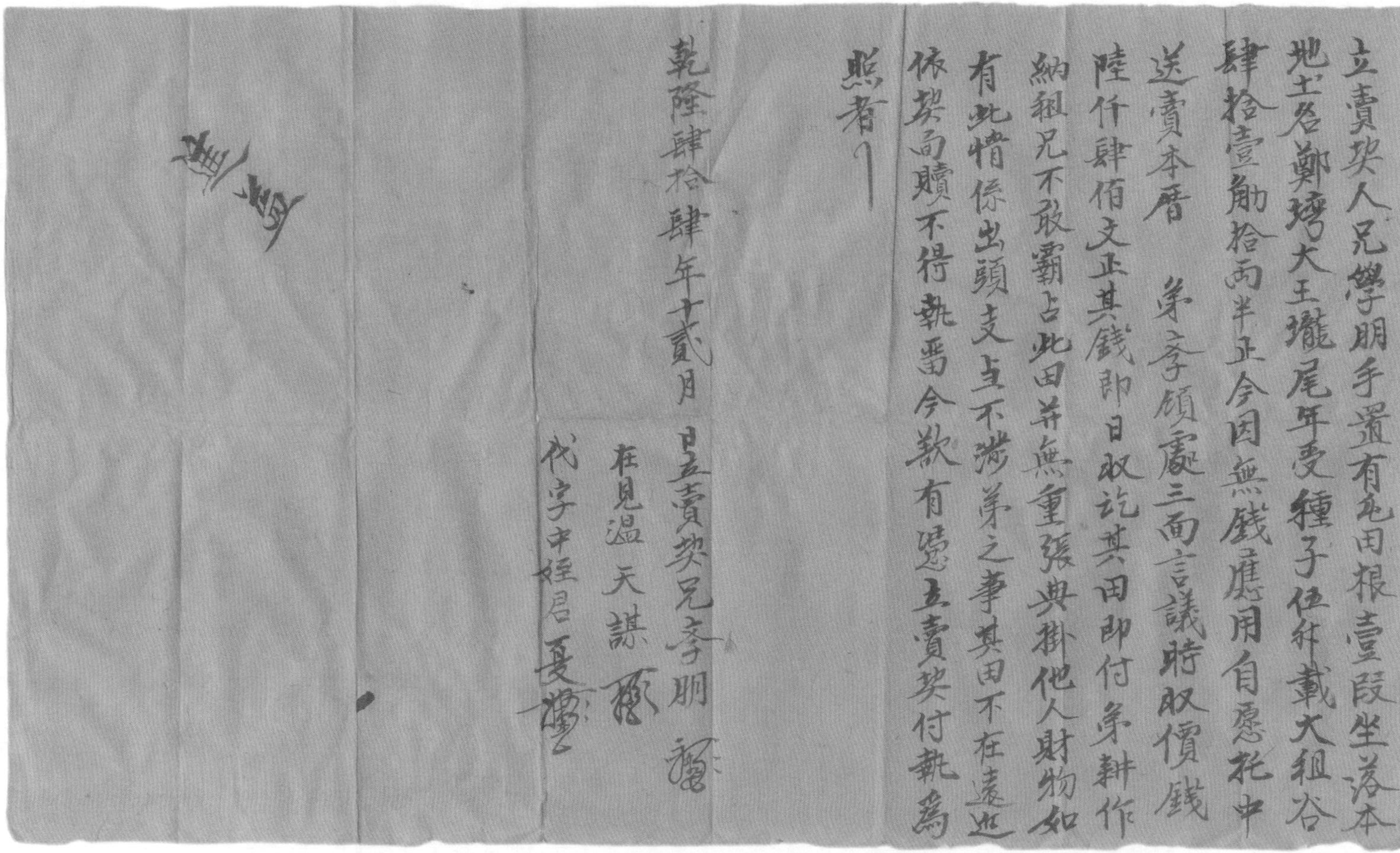
立賣契人兄學朋手置有屯田根壹段坐落本
地土名鄭塆大王壠尾年受種子伍升載大租谷
肆拾壹觔拾兩半正今因無錢應用自愿托中
送賣本厝　弟孝領處三面言議時取價錢
陸仟肆佰文正其錢即日收訖其田即付弟耕作
納租兄不敢霸占此田并無重張典掛他人財物如
有此情係出頭支当不涉弟之事其田不在遠近
依契面贖不得執留今欲有憑立賣契付執為
照者

乾隆肆拾肆年十貳月　日立賣契兄孝朋（押）
在見温天謀（押）
代字中姪昌夏（押）

10-6-13-8　清乾隆四十四年十二月黄孝朋立賣屯田根契

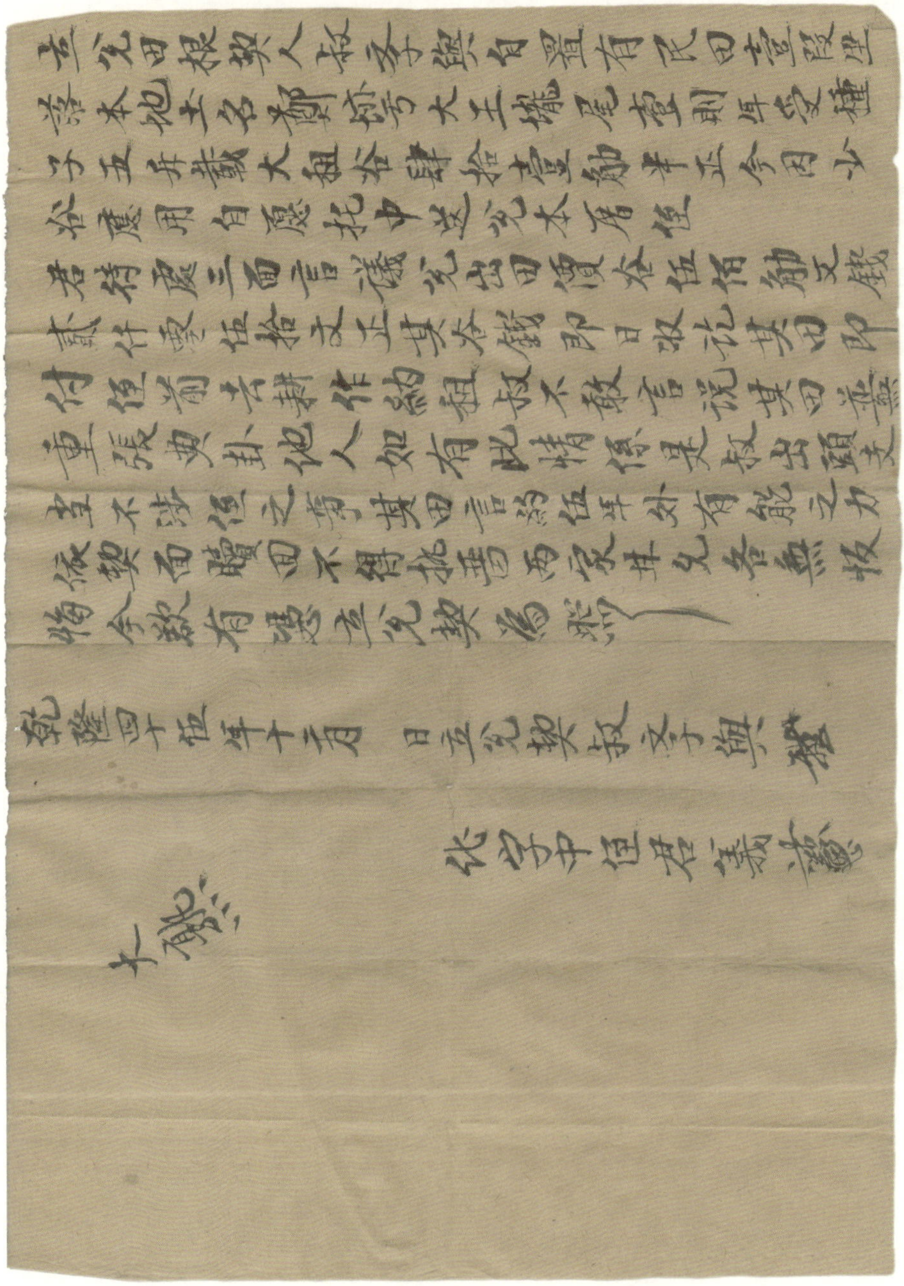
立兑田根契人叔孝興自置有民田壹段坐
落本地土名鄭坑等大王墘尾壹則伍斗受連
子五斤載大租谷肆拾壹觔半正今因乏
銀應用自願托中送兑本房侄
君特處三面言議兑出田價谷伍佰觔又錢
貳仟零伍拾文正其谷錢即日收訖其田即
付侄前去耕作納租叔不敢言說其田盡
重張典掛他人如有此情係是叔出頭支
當不涉侄之事其田言約伍年外有能力收
贖依契面贖回不得執留此係兩家甘允無悔
恐今欲有憑立兑契為照
乾隆四十伍年十二月　日立兑契叔孝興（押）
代字中侄君[illegible]
大[illegible]

10-6-13-9　清乾隆四十五年十二月黃孝興立兑民田根契

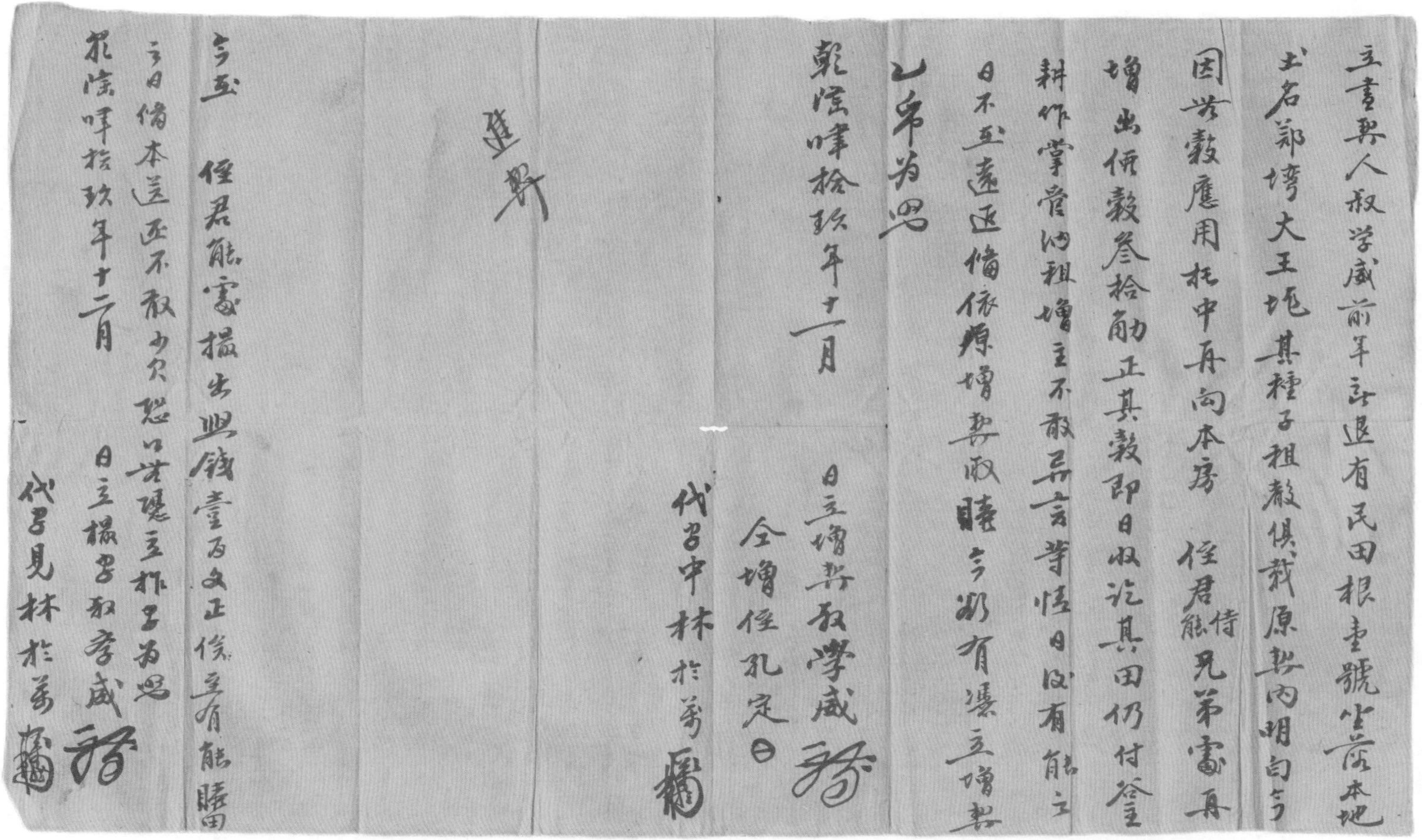

立盡契人叔学威前年承退有民田根壹號坐落本地土名鄭壚大王坵，其種子租穀俱載原契內明白。今因无穀應用，托中再向本房侄君能侍兄弟富再增出価穀叁拾觔正，其穀即日收訖，其田仍付侄耕作掌管納租，增主不敢異言等情，日後有能立日不敢遠延，備依原增契取贖，今欲有憑，立增契一紙為照。

乾隆肆拾玖年十一月　日立增契叔學威（押）

仝增侄孔定（押）

代書中林於萬（押）

進契

今至侄君能富振出盡錢壹兩文正，俟至有能贖回之日備本送还，不敢少欠。恐口無憑，立收字為照。

乾隆肆拾玖年十二月　日立振字叔学威（押）

代書見林於萬（押）

10-6-13-10　清乾隆四十九年十一月黃學威等立盡民田根契

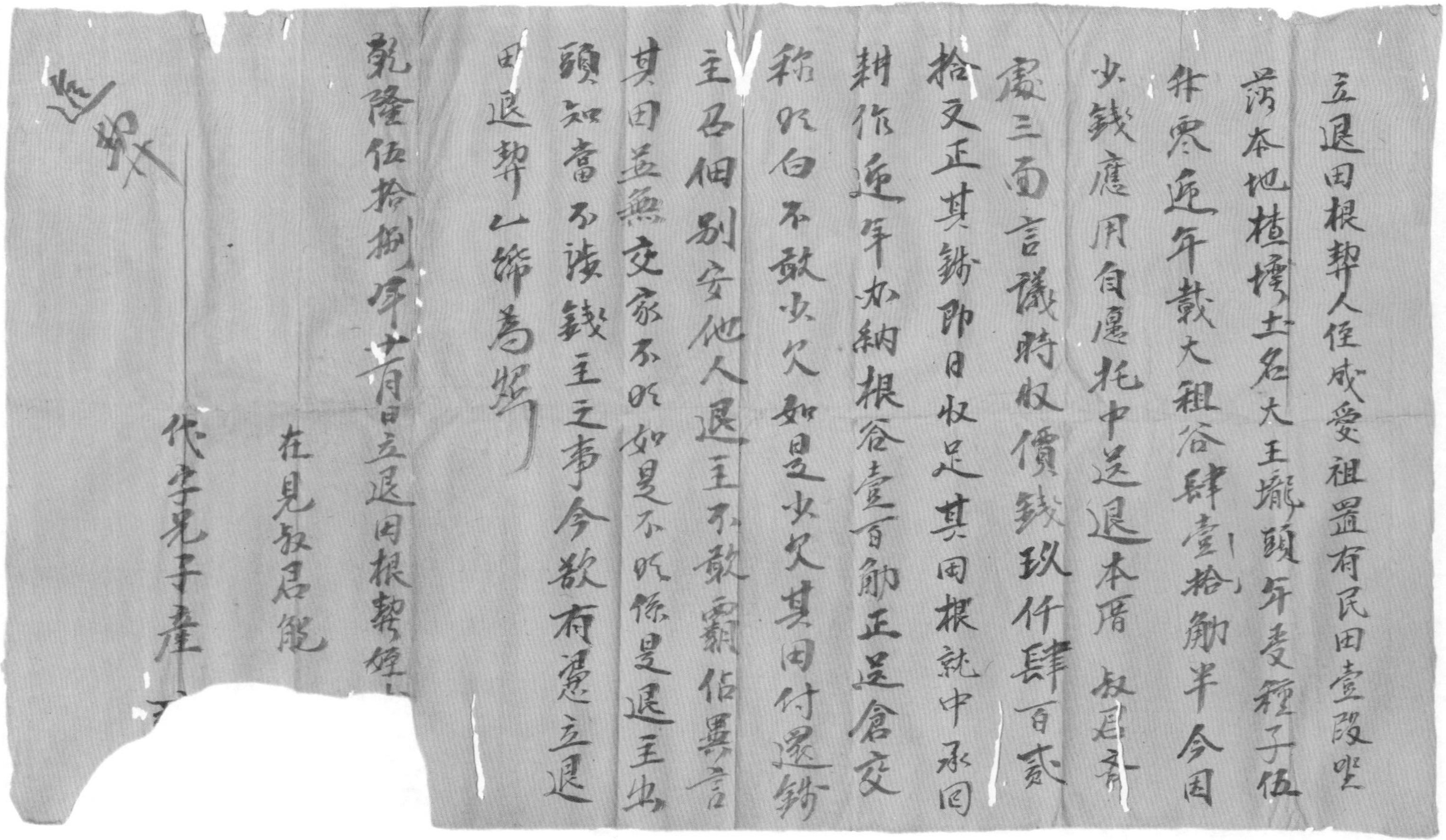
立退田根契人侄成愛祖置有民田壹段坐
落本地植壙土名大王壠頭年受種子伍
升零近年載大租谷肆壹拾觔半今因
少錢應用自愿托中送退本厝　叔君齊
處三面言議時價錢玖仟肆百貳
拾文正其錢即日收足其田根就中承回
耕作逐年办納根谷壹百觔正足倉交
稱明白不敢少欠如是少欠其田付還錢
主召佃別安他人退主不敢霸佔異言
其田並無交家不明如是不明係是退主出
頭知當不該錢主之事今欲有憑立退
田退契一紙為照
乾隆伍拾捌年十一月日立退田根契侄
在見叔君能
代字兄子產
退契

10-6-13-11　清乾隆五十八年十一月黄成愛立退民田根契

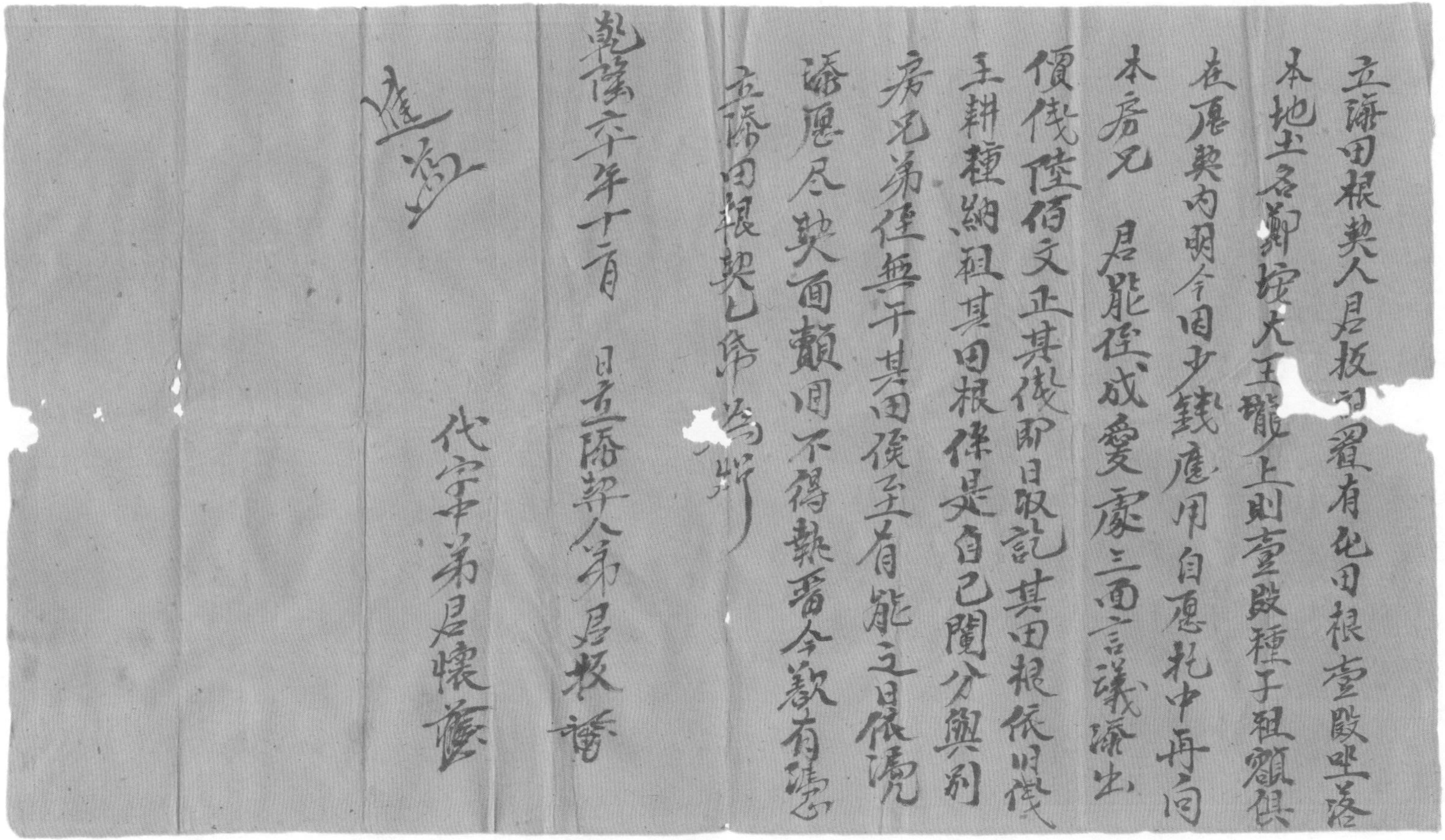
立添田根契人君拔自置有屯田根壹段坐落
本地土名鄭坡大王殿上則壹段種子租額俱
在原契內明今因乏錢應用自愿托中再向
本房兄　君能從成燮處三面言議添出
價錢陸佰文正其錢即日收訖其田根依旧錢
主耕種納租其田根係是自己閫分與別
房兄弟侄無干其田從至有能之日依現
添應尽契面贖回不得執番今欲有憑
立添田根契一紙為炤
乾隆六十年十二月　日立添契人弟君拔（押）
代字弟君懷（押）
進炤

10-6-13-12　清乾隆六十年十二月黃君拔立添屯田根契

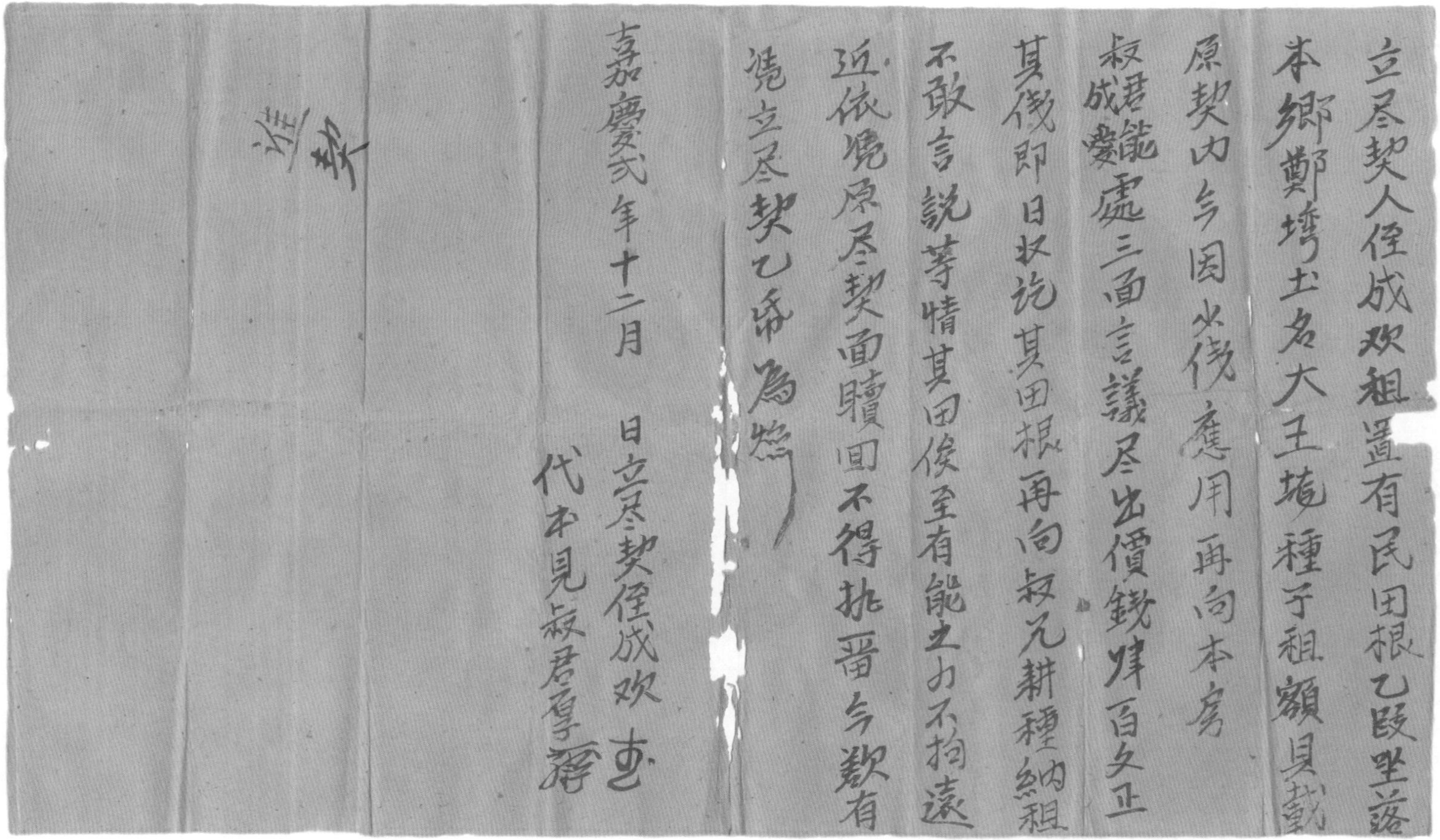
立盡契人侄成欢，祖置有民田根乙段，坐落
本鄉鄭墘，土名大王墘，種子租額具載
原契内。今因乏錢應用，再向本房
叔君能、成燮處三面言議，盡出價錢肆百文正。
其錢即日收訖。其田根再向叔兄耕種納租，
不敢言説等情。其田俟至有能之日，不拘遠
近，依憑原盡契面贖回，不得执留。今欲有
憑，立盡契乙帋為照。
嘉慶弍年十二月　日立盡契侄成欢（押）
代筆見叔君亭（押）
延契

10-6-13-13　清嘉慶二年十二月黄成欢立盡民田根契

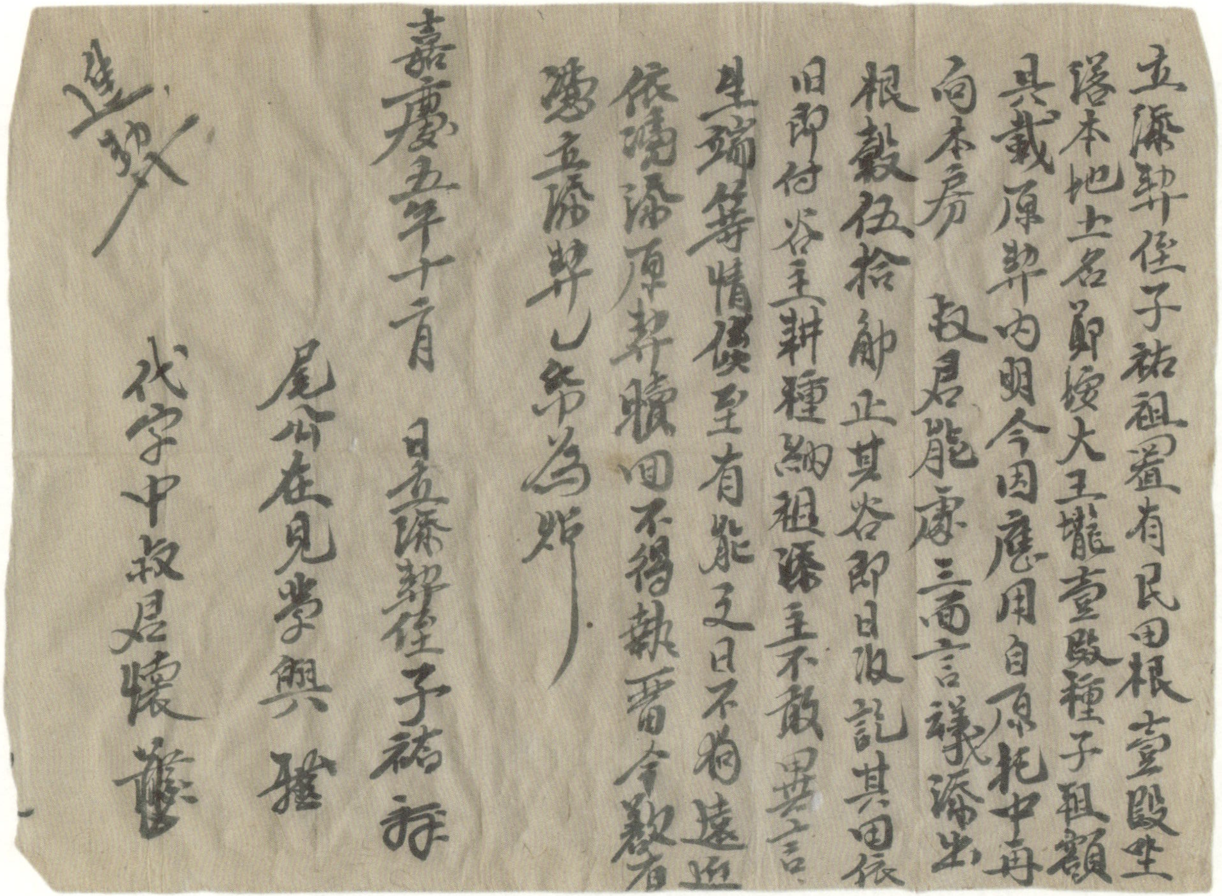
立添契侄子祐祖置有民田根壹段坐
落本地土名節坑大王壠壹段種子租額
具載原契內明今因應用自原托中再
向本房 叔君能處三面言議添出
根穀伍拾觔正其谷即日收訖其田依
旧即付谷主耕種細祖添主不敢異言
生端等情倘至有能之日不拘遠近
依滿添原契贖回不得執留今欲有
憑立添契一紙為炤
嘉慶五年十二月 日立添契侄子祐 押
尾公在見學興 押
代字中叔君懷 押
進契

10-6-13-14 清嘉慶五年十二月黃子祐立添民田根契

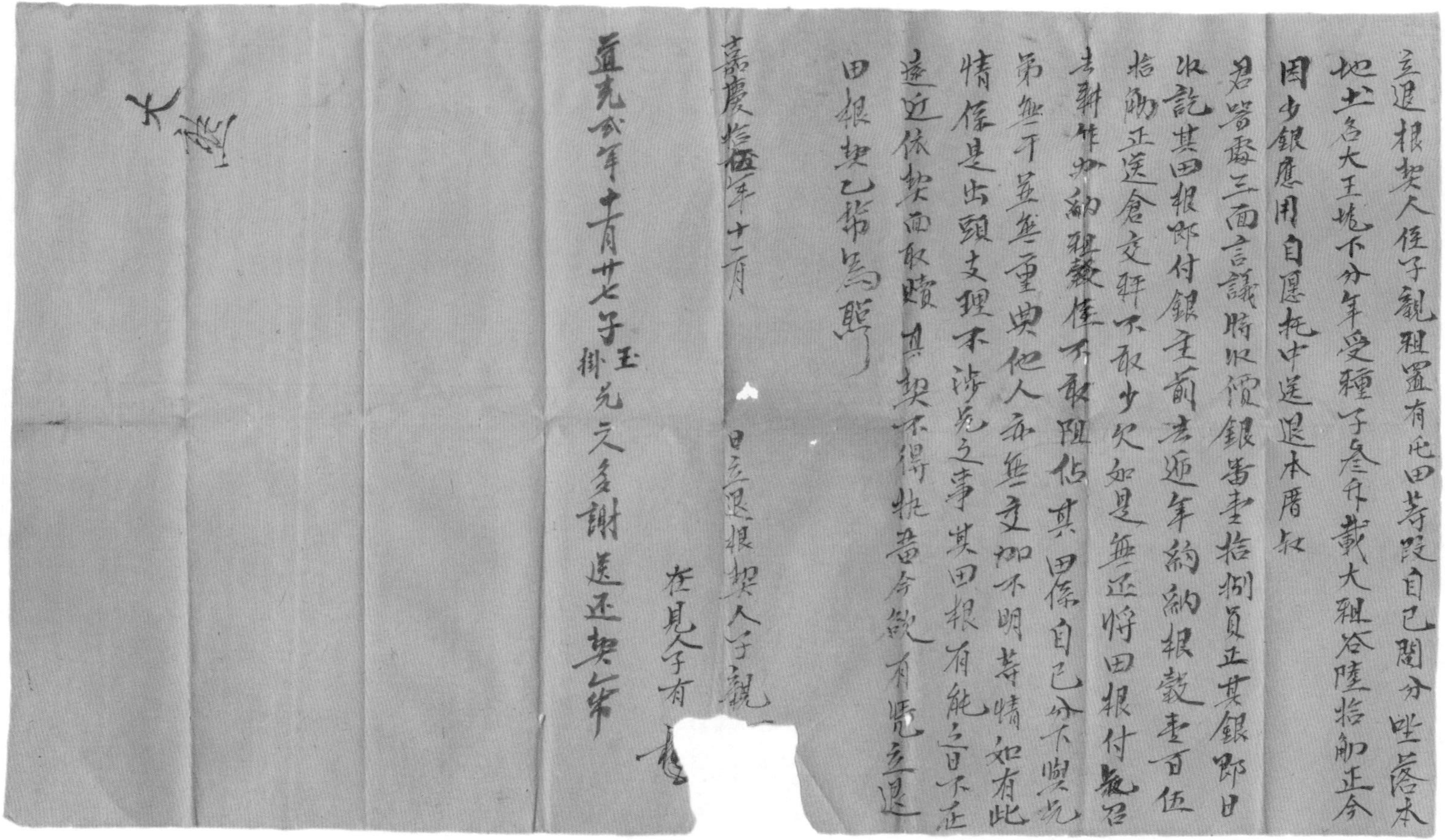
立退根契人侄子親祖置有屯田壹段自己鬮分坐落本
地土名大王坵下今年受種子叁斤載大租谷陸拾觔正今
因少銀應用自愿托中送退本房叔
君當面三面言議時收價銀番壹拾捌員正其銀即日
收訖其田根即付銀主前去延年納根穀壹百伍
拾觔正送倉交秤不敢少欠如是無延將田根付叔召
去耕作如納租穀往不敢阻佔其田係自己分下與兄
弟無干並無重典他人亦無交加不明等情如有此
情係是出頭支理不涉兄之事其田根有能之日不在
遠近依契面取贖其契不得執留今欲有憑立退
田根契乙紙為照
嘉慶拾伍年十二月　日立退根契人子親
在見人子有
道光貳年十二月廿七日子玉掛兄之手謝送退契乙紙

10-6-13-15　清嘉慶十五年十二月黄子親立退屯田根契

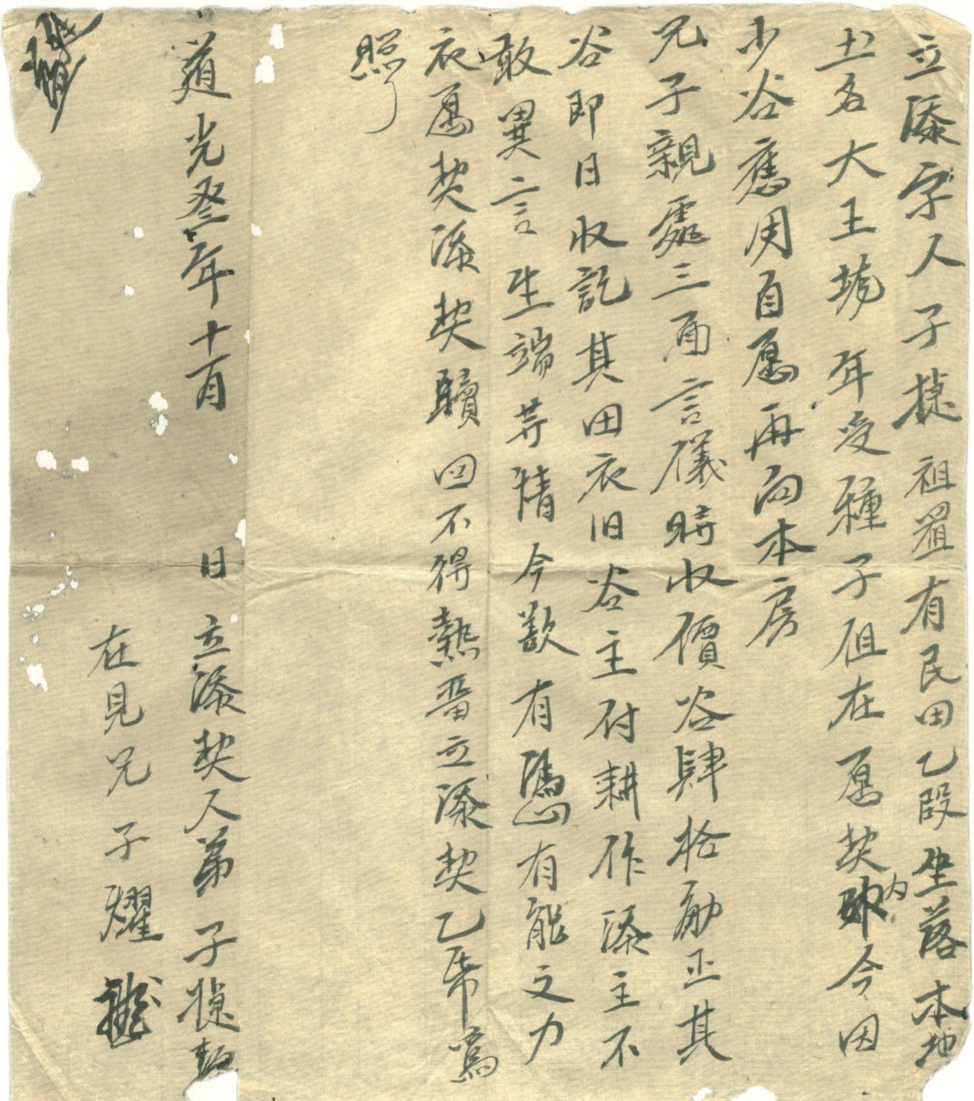

立添契人子捷，祖置有民田乙段，坐落本地土名大王墳，年受種子俎在原契内，今因少谷應用，自愿再向本房兄子親處三面言議，時收價谷肆拾觔正，其谷即日收訖，其田依旧谷主付耕作，添主不敢異言生端等情。今欲有憑，有能支力依原契添契贖回，不得執留，立添契乙紙爲照。

道光叁年十一月　日　立添契人弟子捷（押）

在見兄子耀（押）

10-6-13-16　清道光三年十一月黄子捷立添民田契

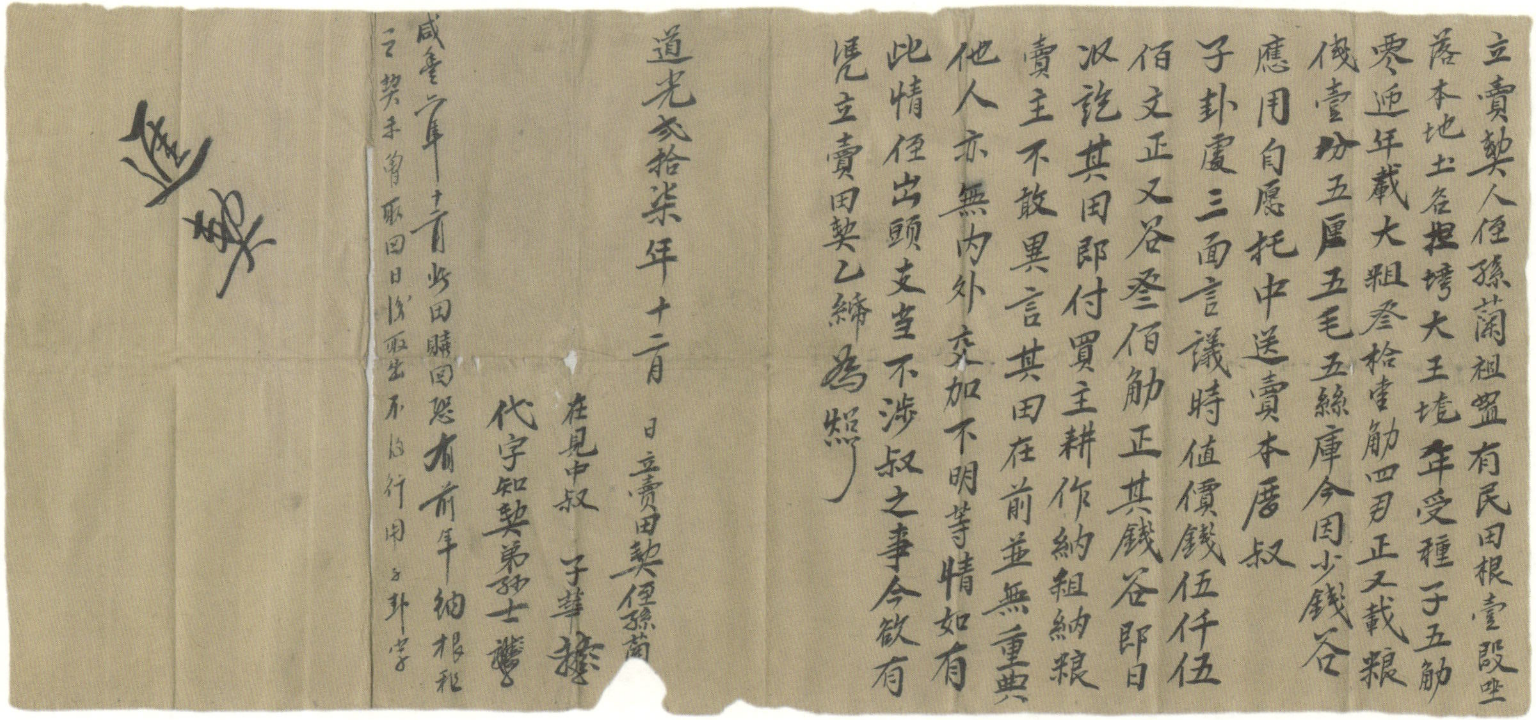
立賣契人侄孫蘭祖置有民田根壹段坐
落本地土名担塆大王墘年受種子五觔
零递年載大粗叁拾壹觔四両正又載粮
銀壹分五厘五毛五絲庫今因少錢谷
應用自愿托中送賣本厝叔
子卦處三面言議時值價錢伍仟伍
佰文正又谷叁佰觔正其錢谷即日
汲訖其田即付買主耕作納租納粮
賣主不敢異言其田在前並無重典
他人亦無內外交加不明等情如有
此情侄出頭支當不涉叔之事今欲有
凴立賣田契乙紙為照
道光貳拾柒年十二月　日立賣田契侄孫蘭
在見中叔　子華
代字知契弟孫士龍
咸豐六年十二月此田贖回恐有前年納根租
立契手曾取田日後取出不的行用　子升字

10-6-13-17　清道光二十七年十二月黄孫蘭立賣民田根契

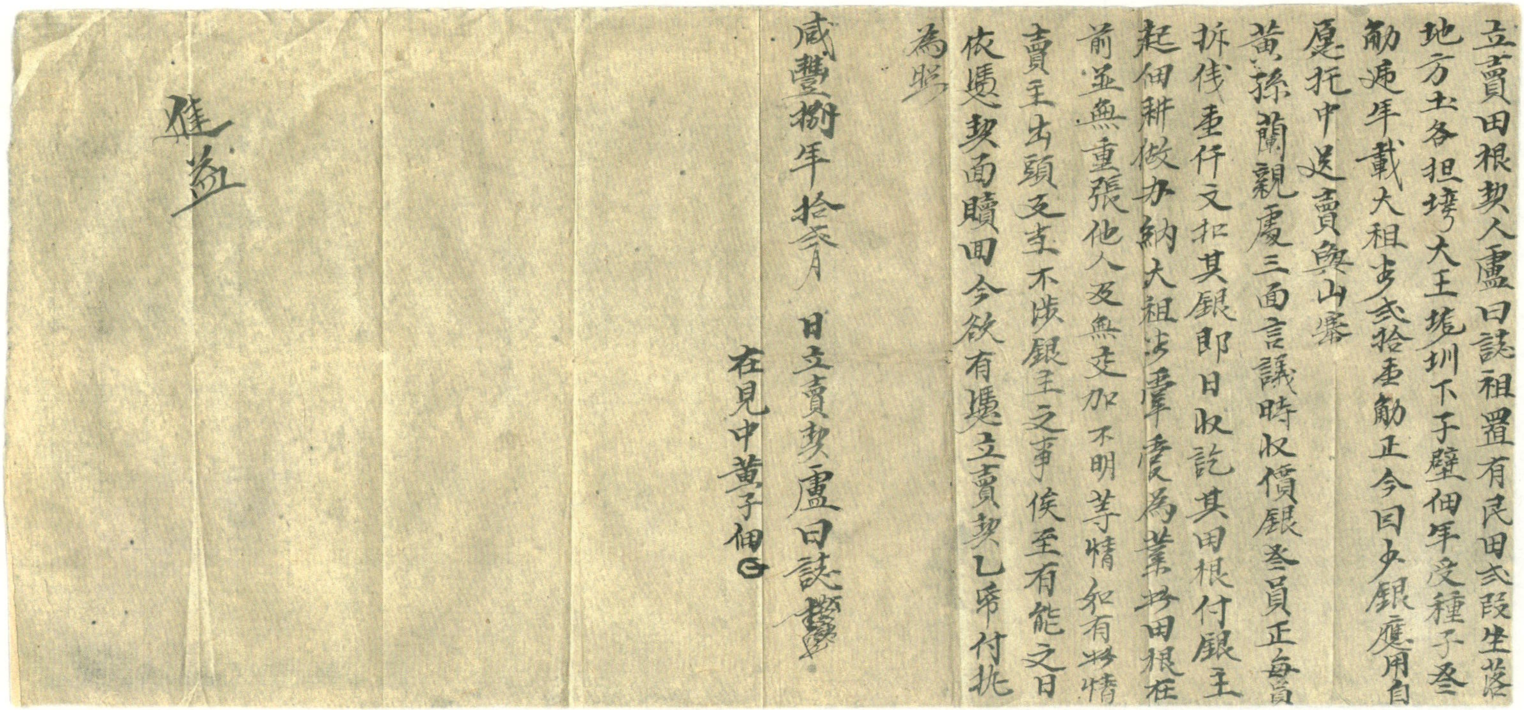
立賣田根契人盧曰誌祖置有民田弍段坐落
地方土名坦墘大王墘圳下子壁佃年受種子叁
觔廼年載大租米弍拾壹觔正今因乏銀應用自
愿托中送賣與山寨
黃孫蘭親處三面言議時收價銀叁員正每員
拆伐壹仟文扣其銀即日收訖其田根付銀主
起佃耕做办納大租米掌管為業此田根在
前並無重張他人及無走加不明等情如有此情
賣主出頭支當不涉銀主之事俟至有能之日
依憑契面贖田今欲有憑立賣契乙紙付執
為照
咸豐捌年拾弍月　日立賣契盧曰誌
在見中黃子佃
進益

10-6-13-18　清咸豐八年十二月盧曰誌立賣民田根契

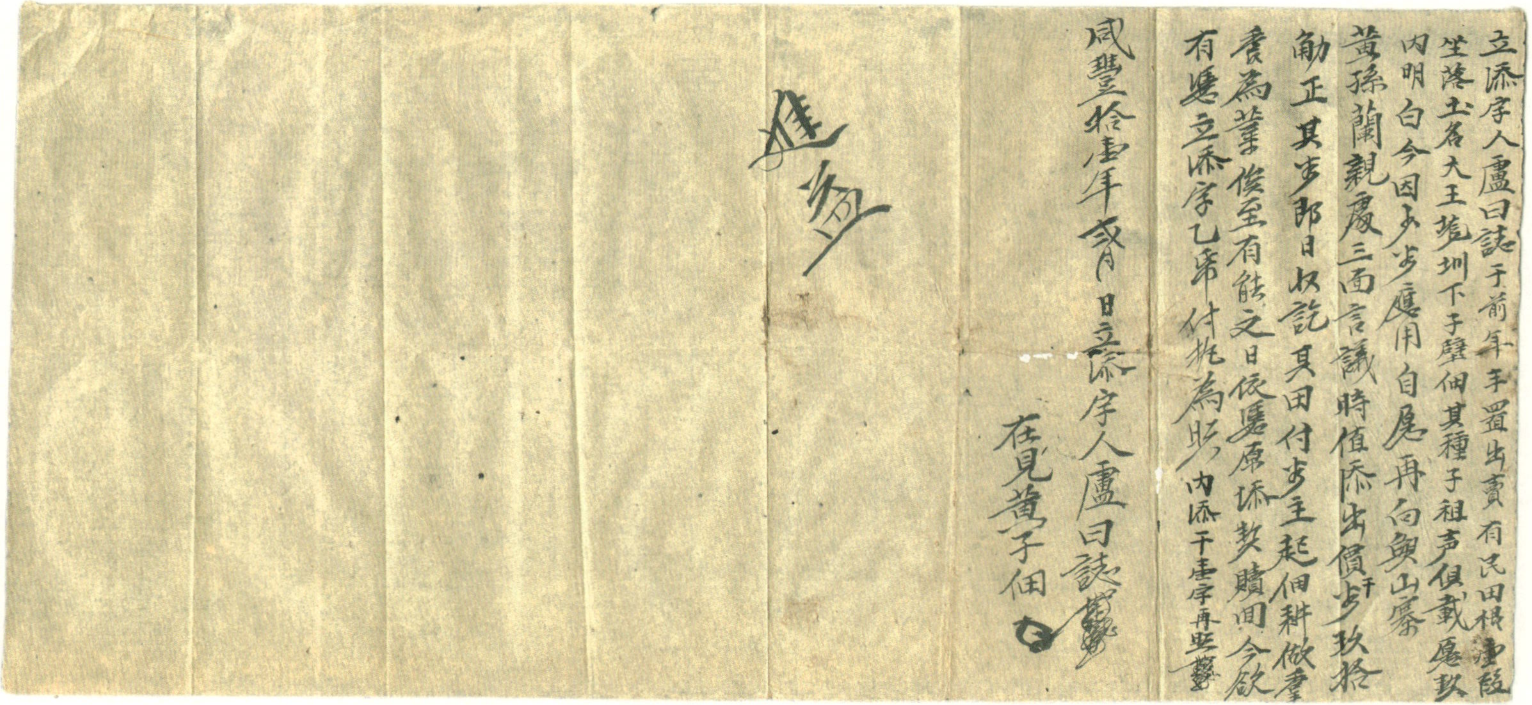
立添字人盧曰誌，于前年手置出賣有民田根壹段，
坐落土名大王墘圳下，于壁佃其種子祖声俱載原契，
内明白。今因乏銀應用，自愿再向與山寨
黃孫蘭親處三面言議，時值添出價錢玖拾
觔正，其銀即日收訖，其田付銀主起佃耕作，管
業為業，後至有能之日，依照原添契贖回。今欲
有憑，立添字乙帋，付执為照。内添"于"壹字再照。
咸豐拾壹年貳月　日立添字人盧曰誌（押）
在見黃子佃（押）

10-6-13-19　清咸豐十一年二月盧曰誌立添民田根契

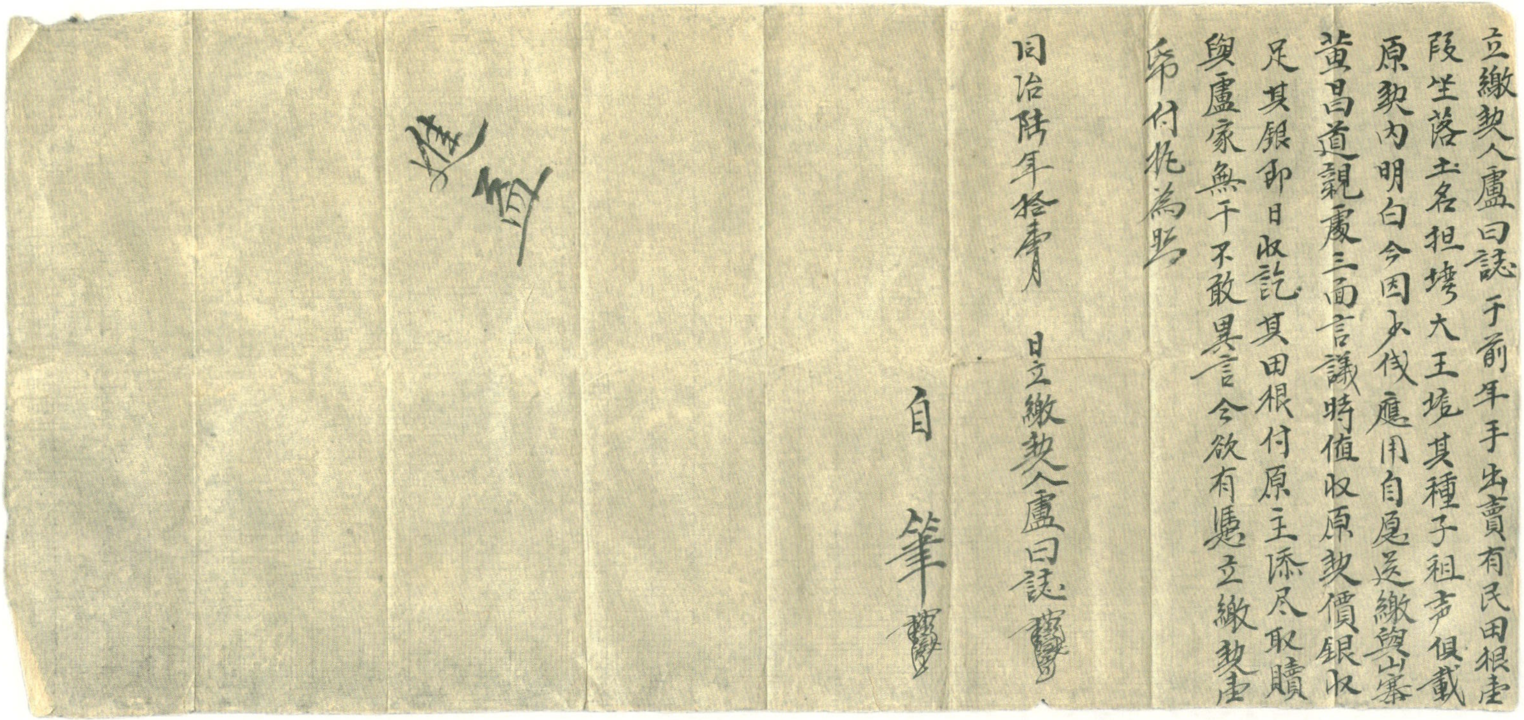
立繳契人盧曰誌，于前年手出賣有民田根壹
段，坐落土名担塘大王垅，其種子租声俱載
原契內明白。今因乏錢應用，自愿送繳與山寨
黄昌道親處，三面言議，時值收原契價銀收
足，其銀即日收訖。其田根付原主添尽取贖
與盧家無干，不敢異言。今欲有憑，立繳契壹
帋付執為照。

同治陸年拾壹月　日立繳契人盧曰誌（押）

自　筆（押）

繳契

10-6-13-20　清同治六年十一月盧曰誌立繳民田根契

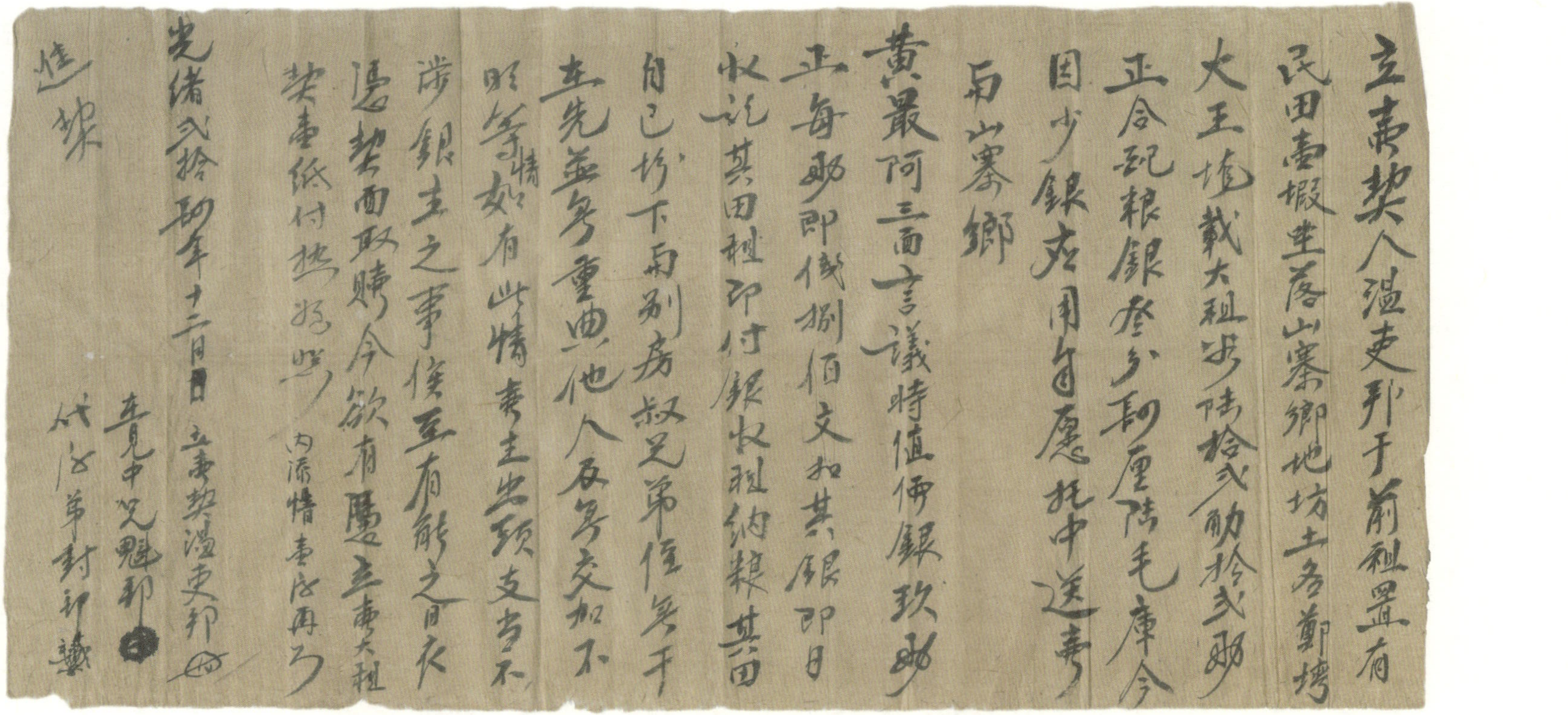

立賣契人溫吏邦，于前祖置有
民田壹坵，坐落山寨鄉地坊土名鄭塆
大王墳，載大租谷陆拾弍觔拾弍觔
正，合配粮銀叁分弍厘陆毛廉。今
因少銀應用，自愿托中送賣與
本山寨鄉
黃最阿三面言議，時值價銀玖觔
正，每觔即價捌佰文扣，其銀即日
收訖，其田祖即付銀收租納粮，其田
自己坊下本別房叔兄弟侄無干，
未先並無重典他人，及無交加不
明等情，如有此情，賣主出頭支當，不
涉銀主之事，係至有能之日，依
還契面取贖，今欲有憑，立賣大租
契壹紙付執為照。　内添情字再照
光緒弍拾肆年十二月　日　立賣契溫吏邦（押）
在見中兄魁邦（押）
代字弟封邦（押）
佳契

10-6-13-21　清光緒二十四年十二月温吏邦立賣民田契

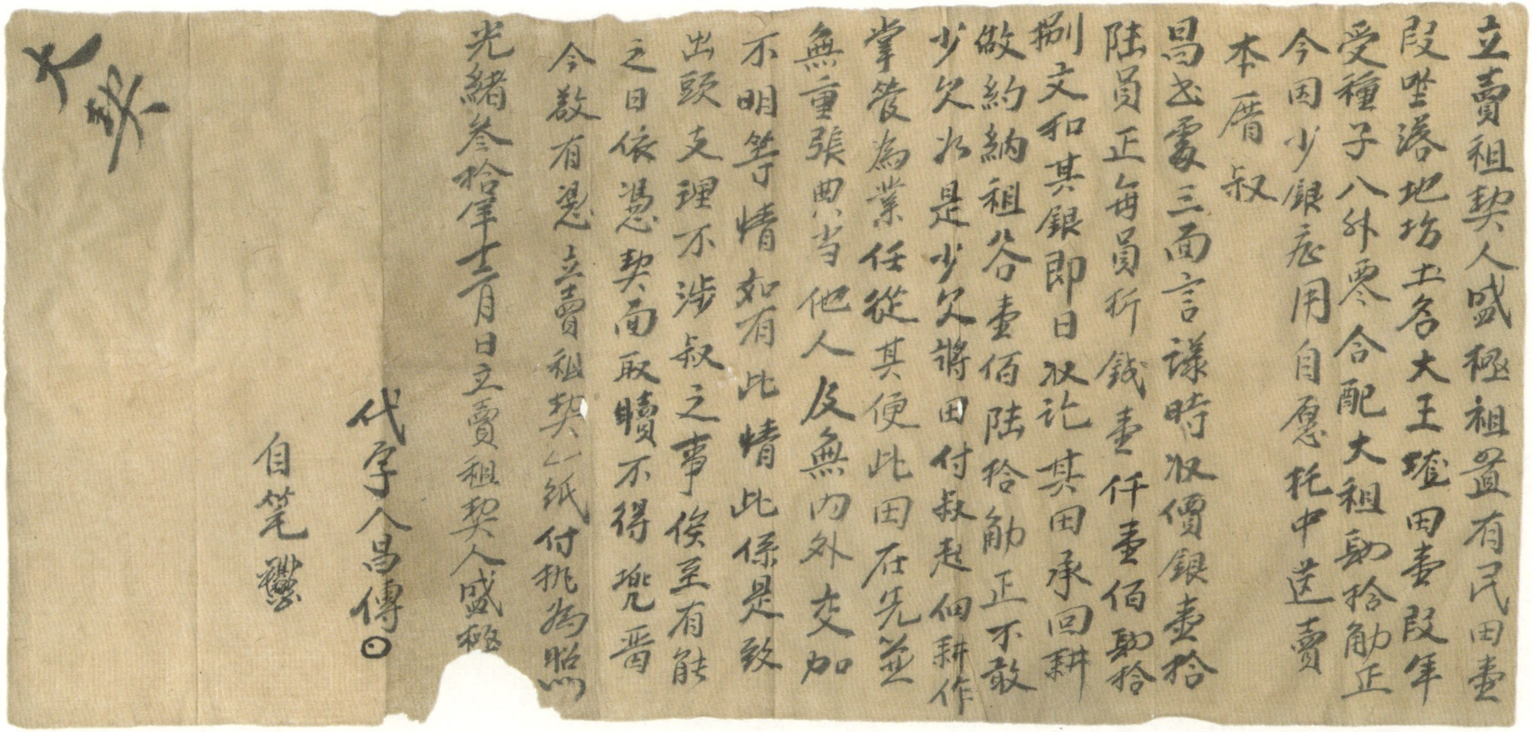

立賣租契人盛極祖置有民田壹
段坐落地坊土名大王墘田壹段年
受種子八升零合配大租肆拾觔正
今因少銀應用自愿托中送賣
本厝叔
昌出處三面言議時價銀壹拾
陸員正每員折錢壹仟壹佰肆拾
捌文和其銀即日收訖其田承回耕
做約納租谷壹佰陸拾觔正不敢
少欠如是少欠將田付叔起佃耕作
掌管為業任從其便此田在先並
無重張典當他人及無內外交加
不明等情如有此情此係是盛
出頭支理不涉叔之事俟至有能
之日依憑契面取贖不得挫吾
今欲有憑立賣租契一紙付執為照
光緒叁拾年十二月日立賣租契人盛極
代字人昌傳（押）
自筆鑾
大契

10-6-13-22　清光緒三十年十二月黄盛極立賣民田租契

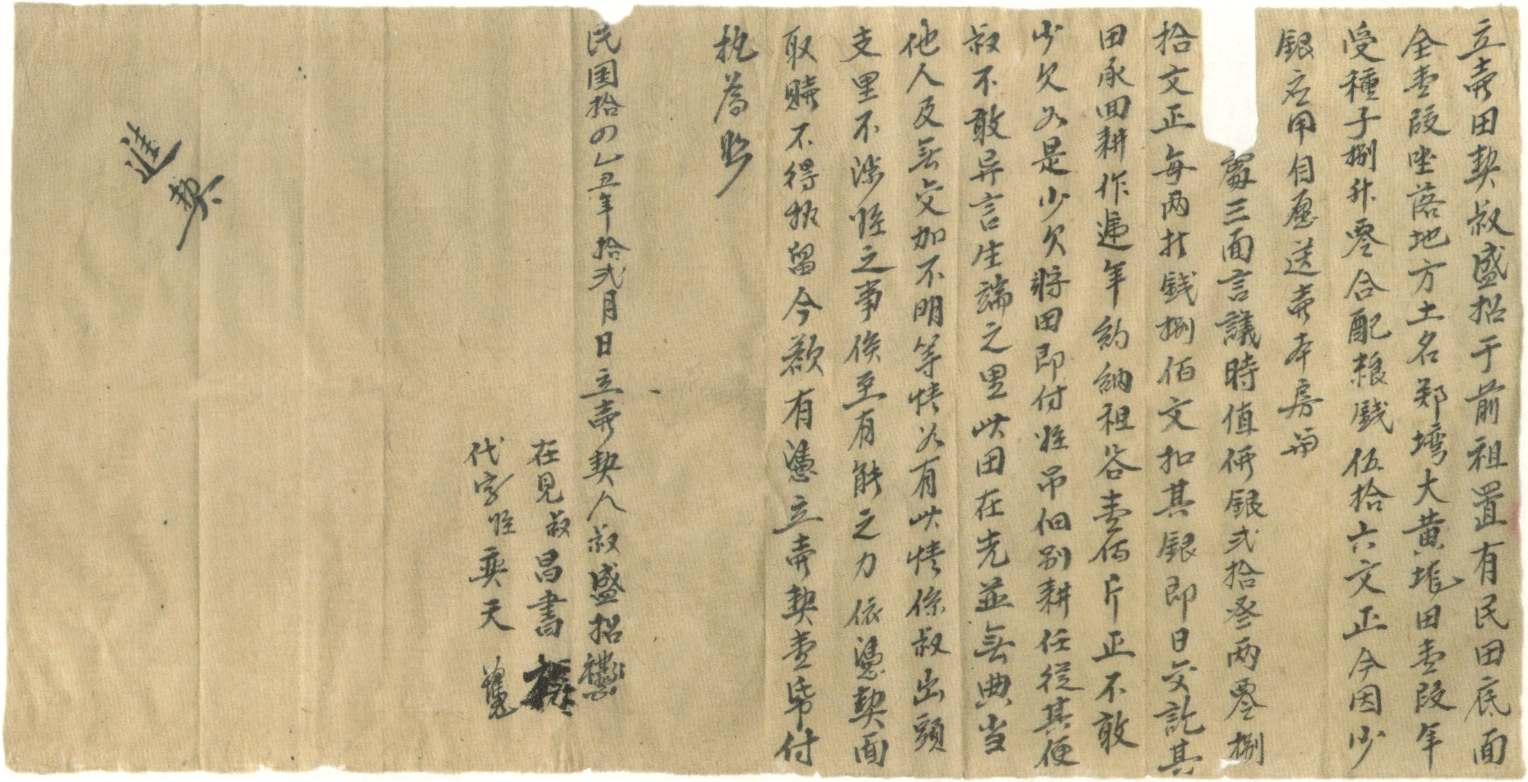
立賣田契叔盛招于前祖置有民田底面
全壹段坐落地方土名郑墙大黄垅田壹段年
受種子捌升零合配粮錢伍拾六文正今因少
銀应用自愿送賣本房弟
爵三面言議時值價銀弍拾叁兩零捌
拾文正每兩扣錢捌佰文扣其銀即日交訖其
田承田耕作逓年約納租谷壹佰斤正不敢
少欠如是少欠將田即付侄吊佃別耕任從其便
叔不敢异言生端之理此田在先並無典当
他人及無交加不明等情如有此情係叔出頭
支理不涉侄之事併至有能之力依憑契面
取贖不得執留今欵有憑立賣契壹紙付
执為照
民国拾四年拾弍月　日立賣契人叔盛招
在見叔昌書
代字侄爽天
進契

10-6-13-23　民國十四年十二月黄盛招立賣底面全民田契

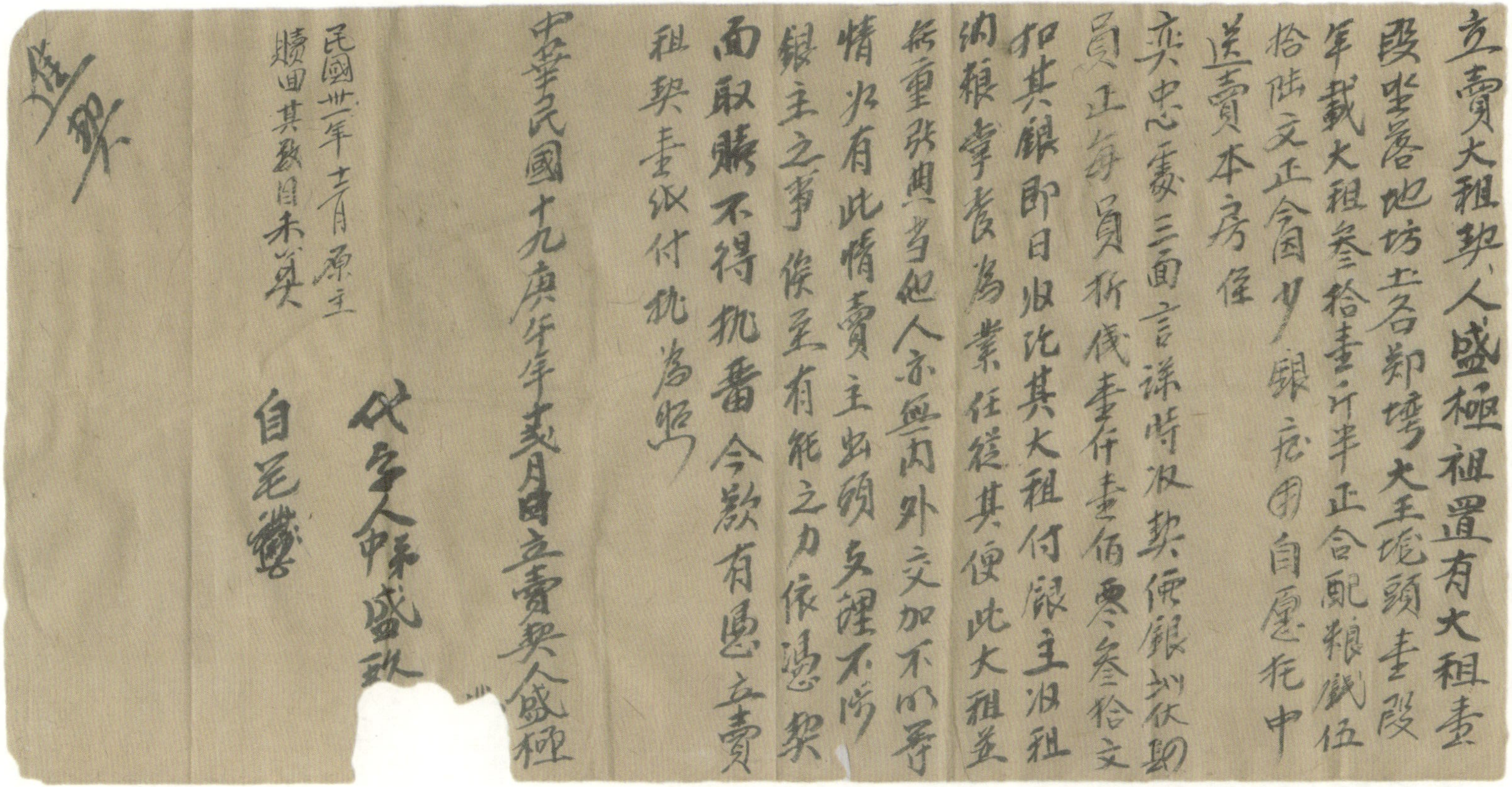
立賣大租契人盛極，祖置有大租壹
段，坐落地坊土名鄭塆大王坵頭壹段，
年載大租叁拾壹斤半正，合配粮錢伍
拾陸文正。今因乏銀應用，自愿托中
送賣本房侄
奕忠處，三面言諒時價，契價銀拟伍
員正，每員折錢壹仟壹佰零叁拾文
扣，其銀即日收訖。其大租付銀主收租
納粮，掌管為業，任從其便。此大租並
無重張典當他人，亦無內外文加不明等
情。如有此情，賣主出頭支理，不涉
銀主之事。係是有能之力，依憑契
面取贖，不得執番。今欲有憑，立賣
租契壹紙，付執為照。
中華民國十九庚午年十二月　日立賣契人盛極
代字人叔盛致
自筆
民國廿一年十二月原主
贖回其款目未收契
佳契

10-6-13-24　民國十九年十二月黃盛極立賣大租契

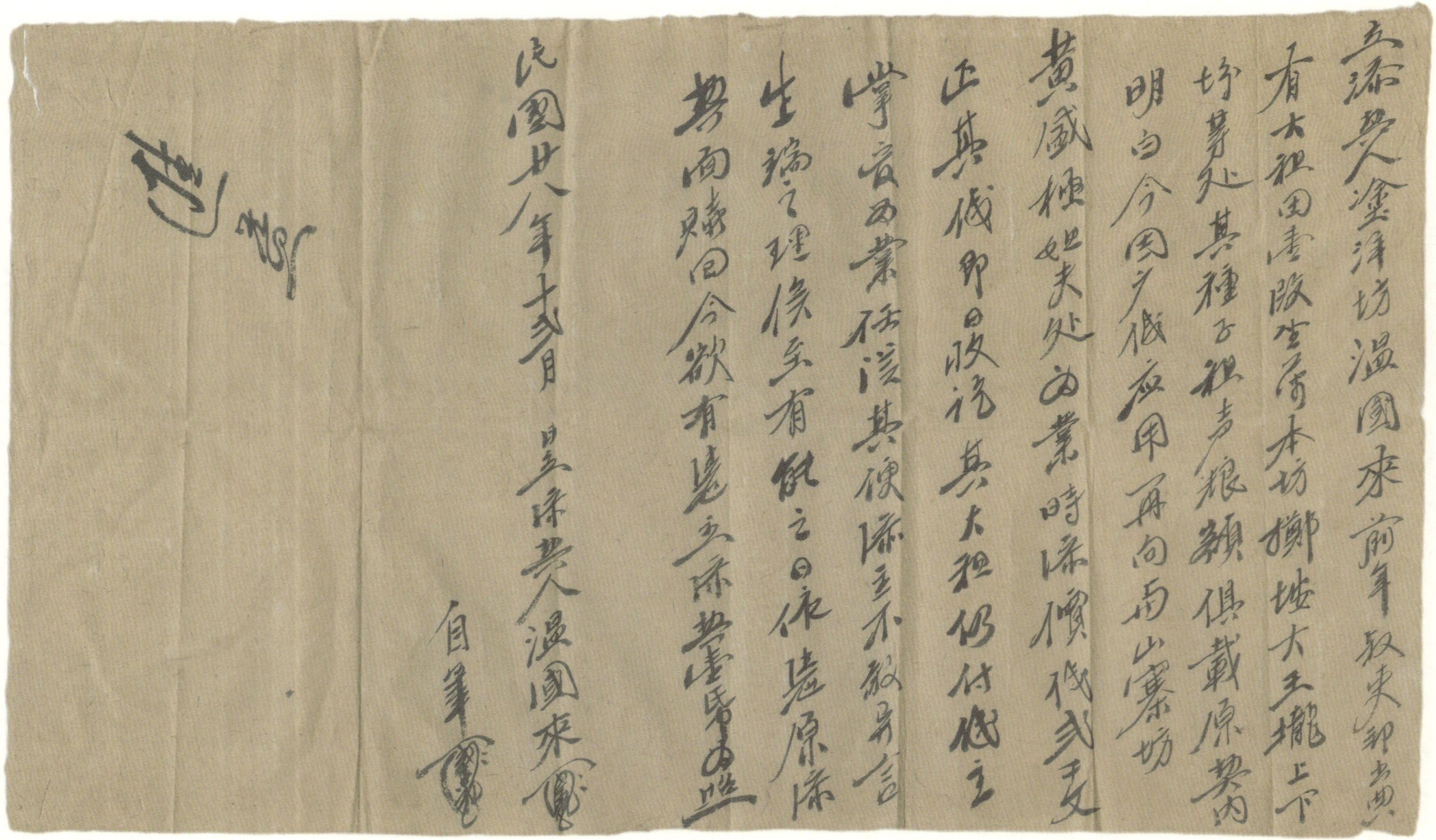

立添契人塗洋坊温國來前年叔夾契出典
有大租田壹段坐落本坊擲地大王壠上下
坵第處其種子租声粮額俱載原契內
明白今因乏艮應用再向山寨坊
黄緘根處出業時添價錢弍元
正其錢即日收訖其大租仍付錢主
掌管出業任從其便添主不敢異言
生端之理倘至有銀之日依照原添
契面贖回今欲有憑立添契壹紙為照
民國廿八年十弍月　日立添契人温國來（押）
自筆（押）

10-6-13-25　民國二十八年十二月温國來立添大租契

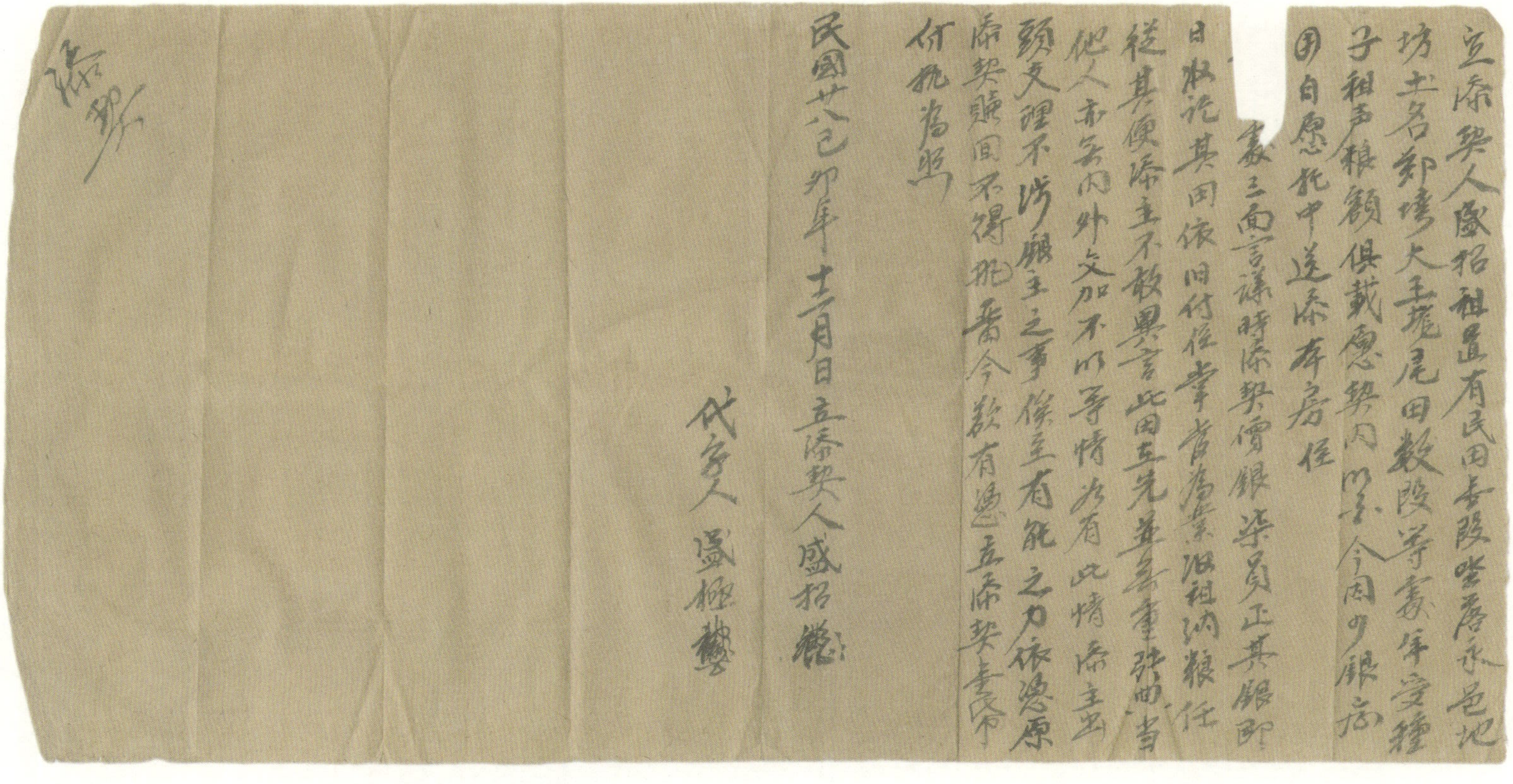
立添契人黄盛招祖遺有民田壹段坐落永邑地
坊土名鄭墘大王瓏尾田數段等處年受種
子租声粮額俱載原契内明白今因乏銀應
用自愿托中送添本房侄
衣三面言議時添契價銀柒員正其銀即
日收訖其田依旧付侄掌管為業收租納粮任
從其便添主不敢異言此田立先並無重張典當
他人亦無内外文加不明等情如有此情添主出
頭支理不涉銀主之事係是有能之力依憑原
添契贖回不得刁難今欲有憑立添契壹紙
付執為照
民國廿八己卯年十二月日立添契人盛招
代字人 盛樾
添契

10-6-13-26 民國二十八年十二月黄盛招立添民田契

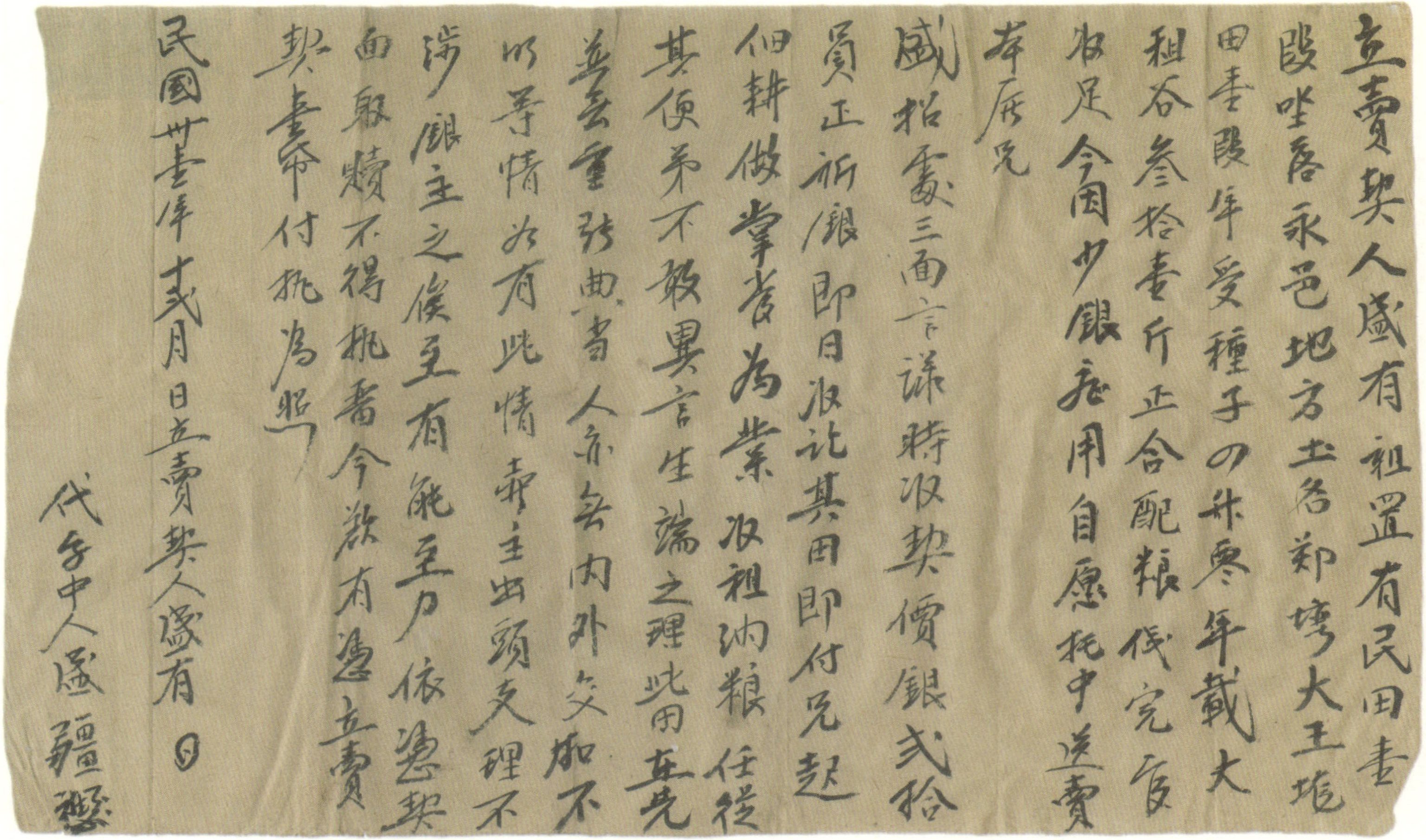

立賣契人盛有，祖置有民田壹
段，坐落永邑地方土名鄭墩大王墘
田壹段，年受種子の升零，年載大
租谷叁拾壹斤正，合配粮代完良
收足。今因少銀應用，自愿托中送賣
本房兄
盛招處，三面言議時値契價銀弍拾
員正，其銀即日收訖，其田即付兄起
佃耕做，掌管爲業，收租納粮，任從
其便，弟不敢異言生端之理。此田兄
並無重張典當人等，亦無內外文加不
明等情，如有此情，賣主出頭支理，不
涉銀主之侯。至有能至力依憑契
面取贖，不得挑番。今欲有憑，立賣
契壹紙付執爲照。

民國卅壹年拾弍月　日立賣契人盛有（押）

代筆中人盛疆（押）

10-6-13-27 民國三十一年十二月黄盛有立賣民田契

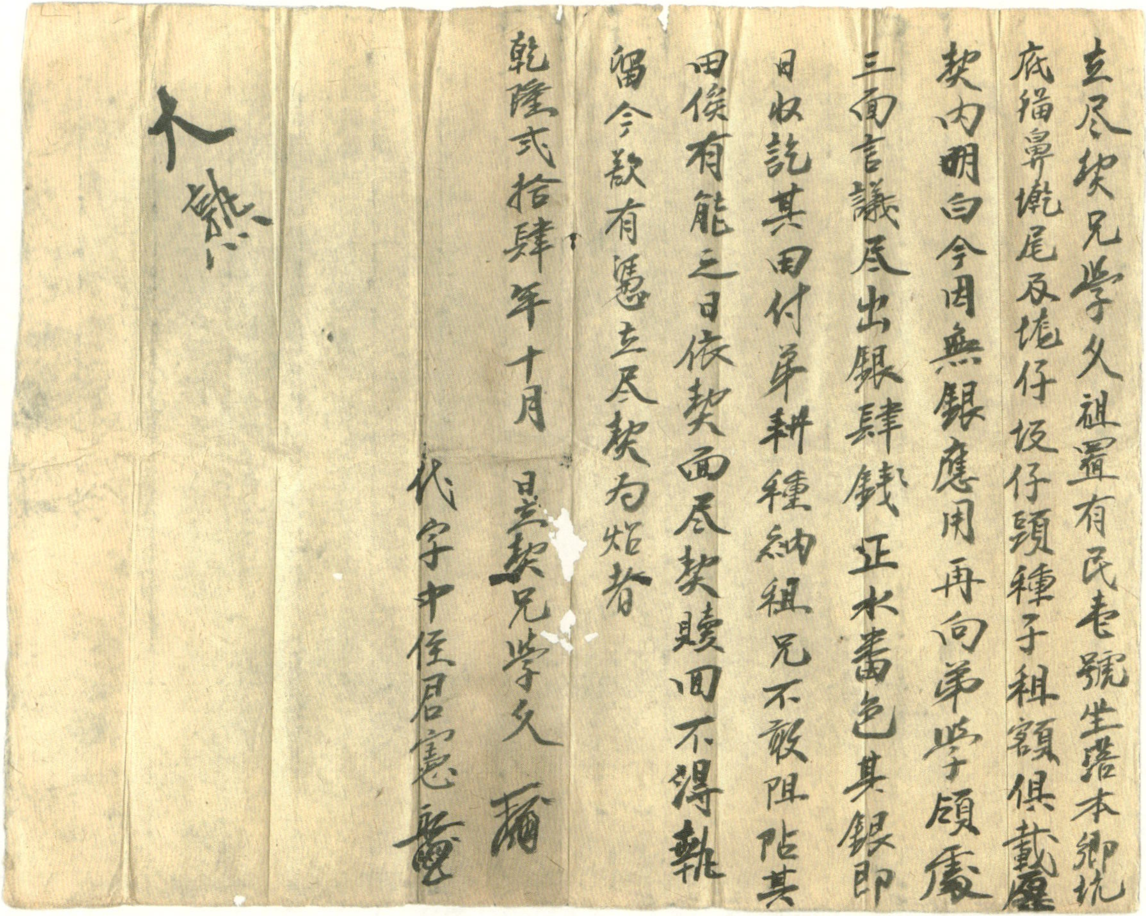
立尽契兄學久祖置有民壹號坐落本鄉坑
底猫鼻墘尾及垅仔坂仔頭種子租額俱載原
契内明白今因無銀應用再向弟學頌處
三面言議尽出銀肆錢正水畨色其銀即
日收訖其田付弟耕種納租兄不敢阻阽其
田俟有能之日依契面尽契贖回不得執
留今欲有憑立尽契為炤者
乾隆貳拾肆年十月　日立尽契兄學久（押）
代字中侄君憲（押）
大熟

10-6-14-1　清乾隆二十四年十月黄學久立盡民田契

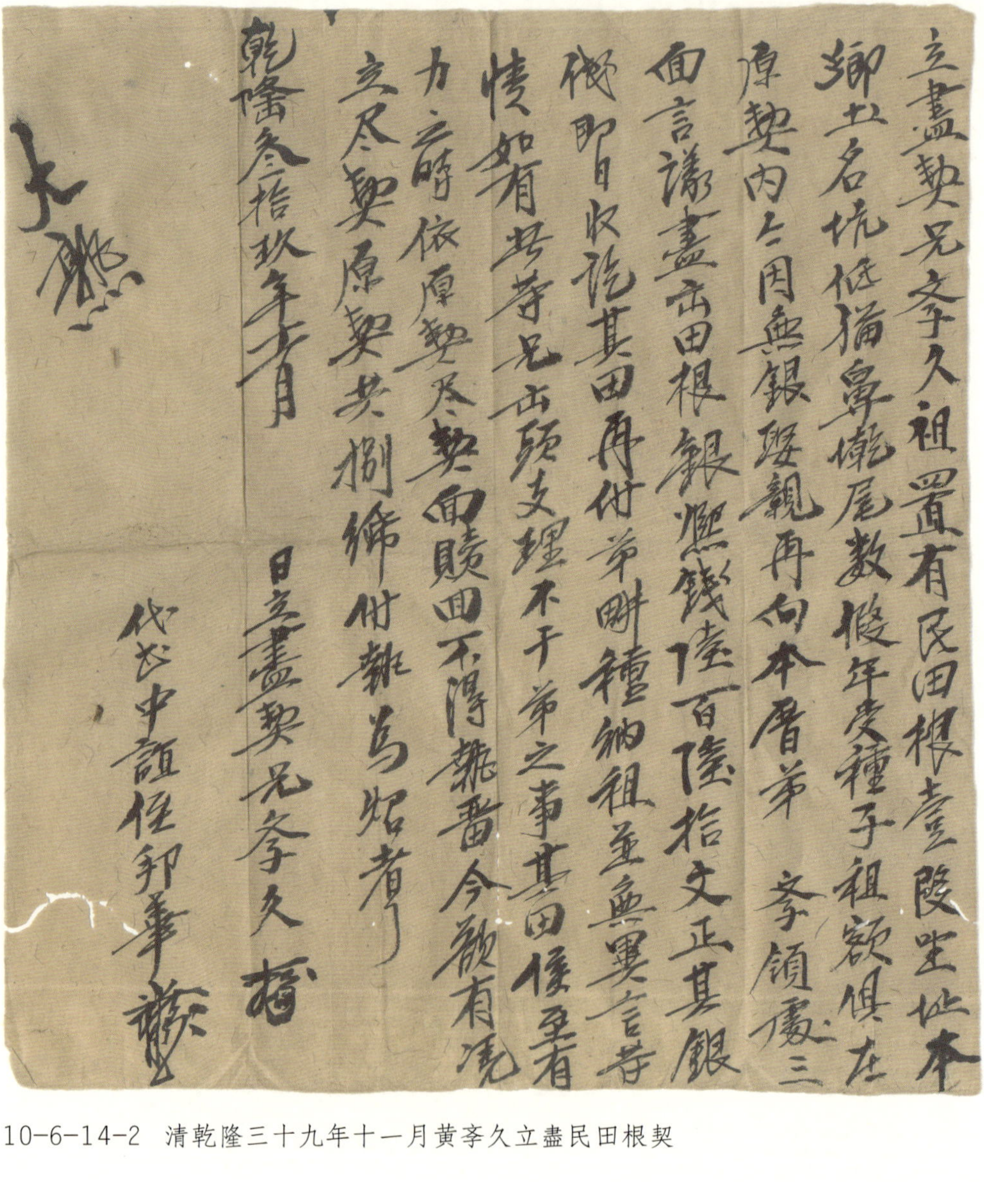
立盡契兄李久祖置有民田根壹段坐址本
鄉土名坑低猫鼻㘦尾數假年受種子祖領俱在
原契内今因無銀應親再向本房弟 李領處三
面言議盡出田根銀價錢陸百陸拾文正其銀
仰即日收訖其田再付弟掛種納租並無異言苦
情如有異等兄出頭支理不干弟之事其田係至有
力之時依原契盡契面贖回不得執留今欲有憑
立盡契原契共捌綵付執為炤者

乾隆叁拾玖年十一月　日立盡契兄李久 押
代書中證侄邦華

10-6-14-2　清乾隆三十九年十一月黄李久立盡民田根契

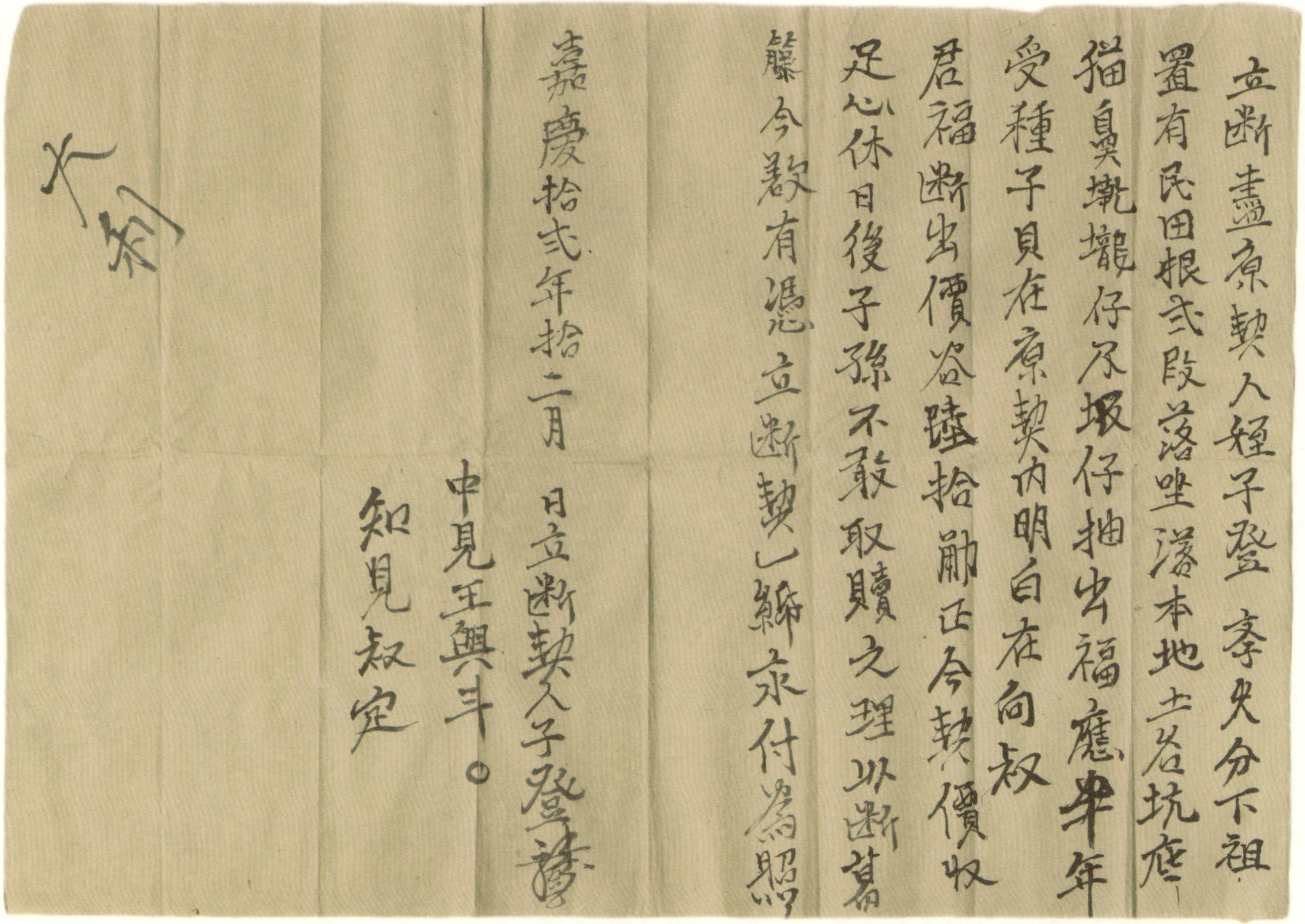
立斷盡原契人侄子登承父分下祖
置有民田根弍段落坐落本地土名坑底
猫鼻墘壠仔尾坝仔抽出福應半年
受種子貝在原契內明白在向叔
君福斷出價谷陸拾觔正今契價收
足訖休日後子孫不敢取贖之理以斷葛
籐今欲有憑立斷契一紙永付為照
嘉慶拾弍年拾二月　日立斷契人子登（押）
中見王興丰（押）
知見叔定
大利

10-6-14-3　清嘉慶十二年十二月黃子登立斷盡民田根契

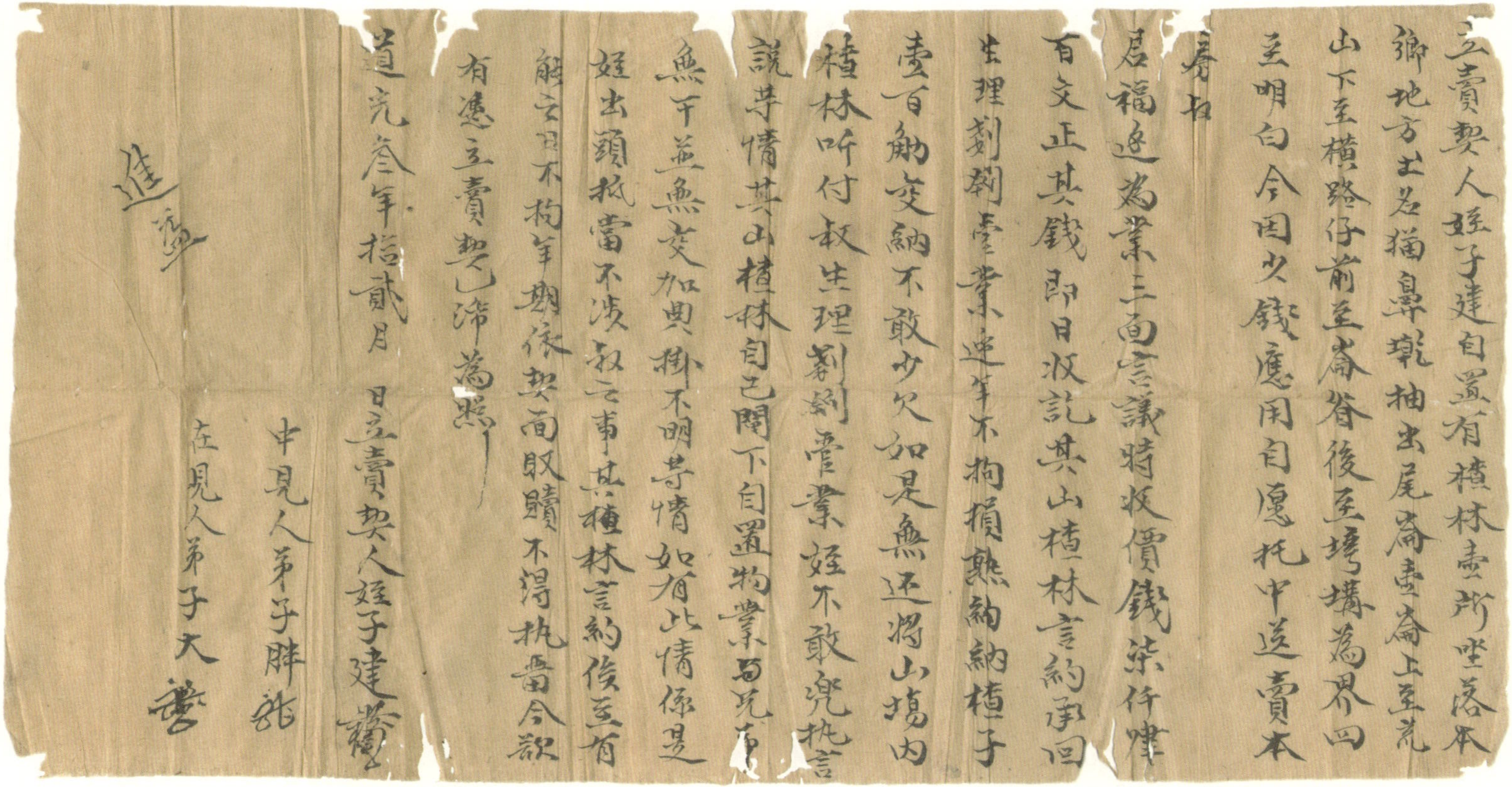

立賣契人姪子建自置有植林壹所坐落本
鄉地方土名猫鼻墘抽出尾崙壹崙上至荒
山下至横路仔前至崙脊後至塆墘為界四
至明白今因乏錢應用自愿托中送賣本
房叔
居福边為業三面言議時收價錢柒仟肆
百文正其錢即日收訖其山植林言約承回
生理劄劉壹業逐年不拘損熟納納植子
壹百觔交納不敢少欠如是無还將山塲内
植林聽付叔生理劄劉管業姪不敢兇執言
說其情其山植林自己開下自置物業與兄弟
無干並無交加典掛不明等情如有此情係是
姪出頭抵當不涉叔之事其植林言約後至有
能之日不拘年月依契面取贖不得执留今欲
有憑立賣契一紙為照
道光叁年拾貳月　日立賣契人姪子建（押）
中見人弟子胖（押）
在見人弟子大（押）
進邁

10-6-14-4　清道光三年十二月黄子建立賣植林契

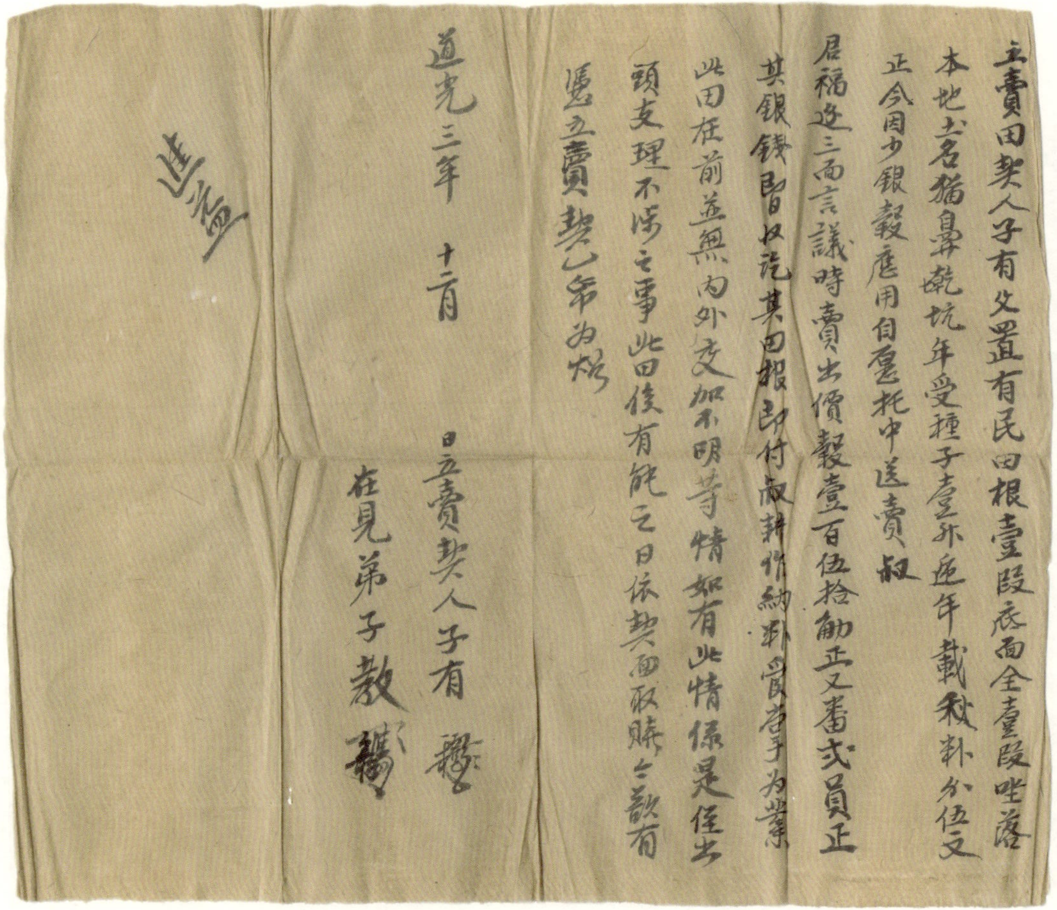
立賣田契人子有父置有民田根壹段底面全壹段坐落
本地土名猫鼻乾坑年受種子壹斗正年載秋斛分伍文
正今因少銀穀應用自愿托中送賣叔
居福邊三面言議時賣出價穀壹百伍拾觔正又畜式員正
其銀錢即日收訖其田根即付叔耕作納斛贌佃為業
此田在前並無內外交加不明等情如有此情係是任出
頭支理不涉之事此田後有贖之日依契面取贖之歉有
憑立賣契乙紙為炤

道光三年　十二月　日立賣契人子有（押）
在見弟子教（押）

進道

10-6-14-5　清道光三年十二月黄子有立賣民田根契

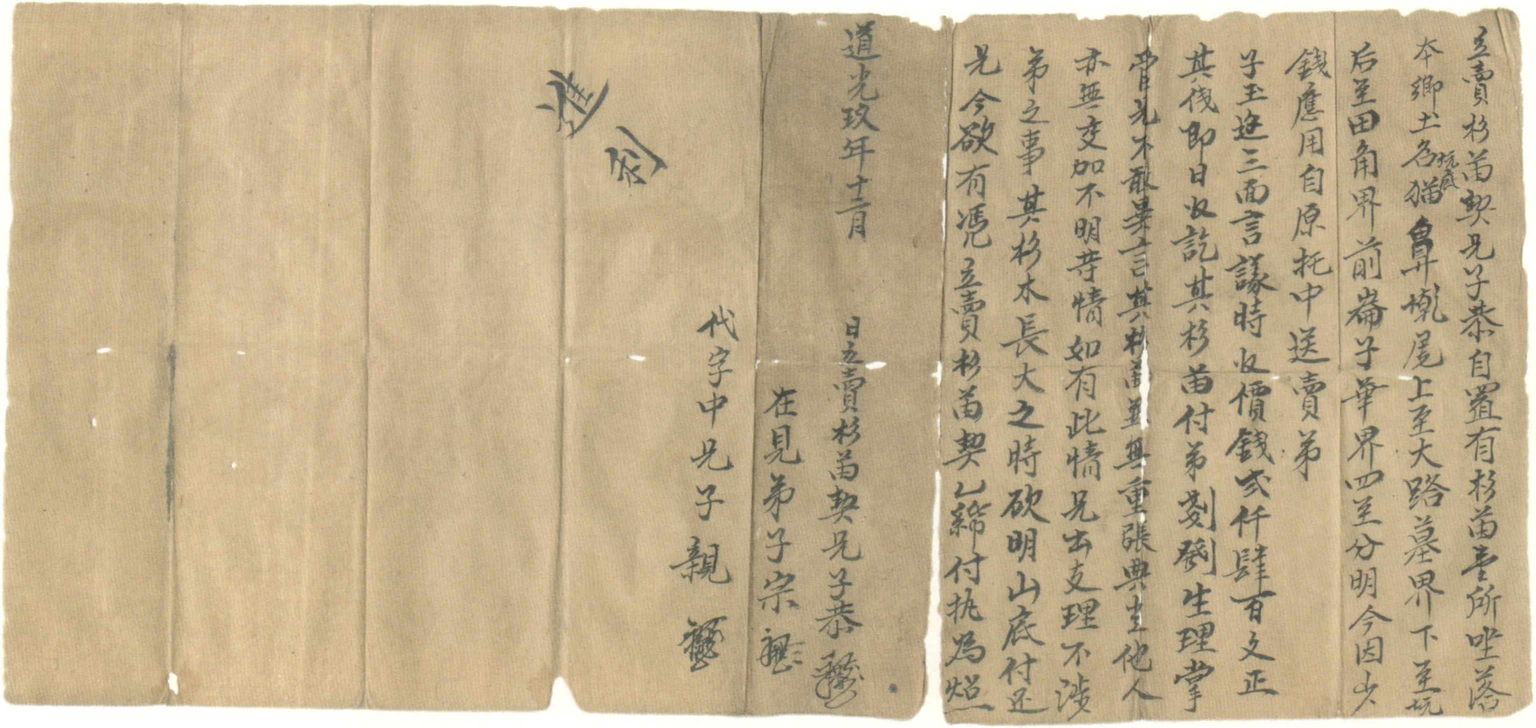

立賣杉苗契兄子恭自置有杉苗壹所坐落
本鄉土名坑底猫鼻墘尾上至大路墓界下至坑
后至田角界前崙子華界四至分明今因乏
錢應用自原托中送賣弟
子玉邊三面言議時收價錢弍仟肆百文正
其錢即日收訖其杉苗付弟劉劉生理掌
管兄不敢異言其杉苗並無重張典與他人
亦無交加不明等情如有此情兄出支理不涉
弟之事其杉木長大之時砍明山底付还
兄今欲有憑立賣杉苗契一紙付执為炤

道光玖年十二月　日立賣杉苗契兄子恭（押）
在見弟子宗（押）
代字中兄子親（押）

進劵

10-6-14-6　清道光九年十二月黄子恭立賣杉苗契

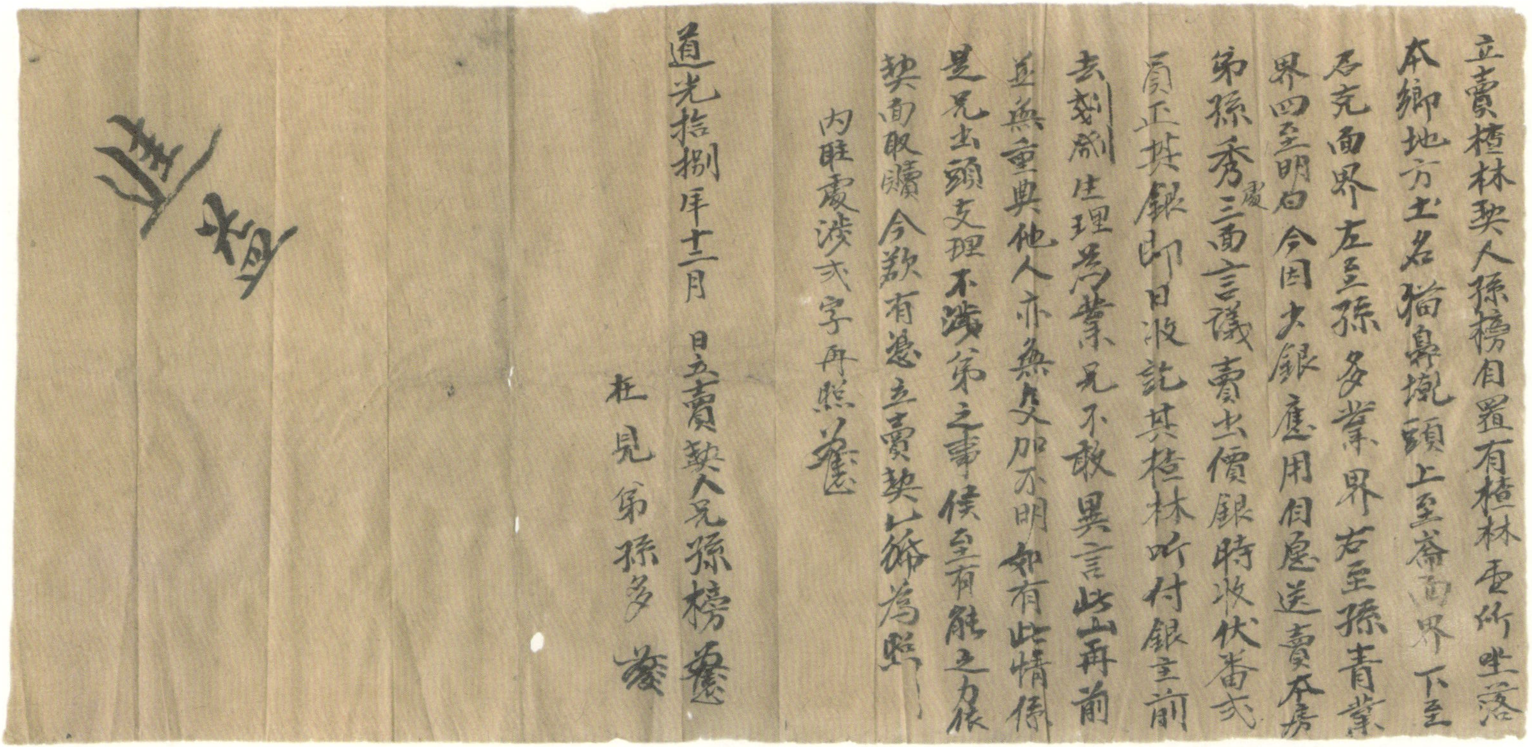
立賣楂林契人孫榜自置有楂林壹所坐落
本鄉地方土名猫鼻坳頭上至喬面界下至
石坑面界左至孫多業界右至孫青業
界四至明白今因乏銀應用自愿送賣本房
弟孫秀處三面言議賣出價銀時收伏番弍
員正其銀即日收訖其楂林听付銀主前
去砍劏生理為業兄不敢異言此山再前
並無重典他人亦無交加不明如有此情係
是兄出頭支理不涉弟之事倘至有能之力依
契面取贖今欲有憑立賣契為照
內註處涉弍字再照
道光拾捌年十二月　日立賣契人兄孫榜
在見弟孫多

10-6-14-7　清道光十八年十二月黄孫榜立賣楂林契

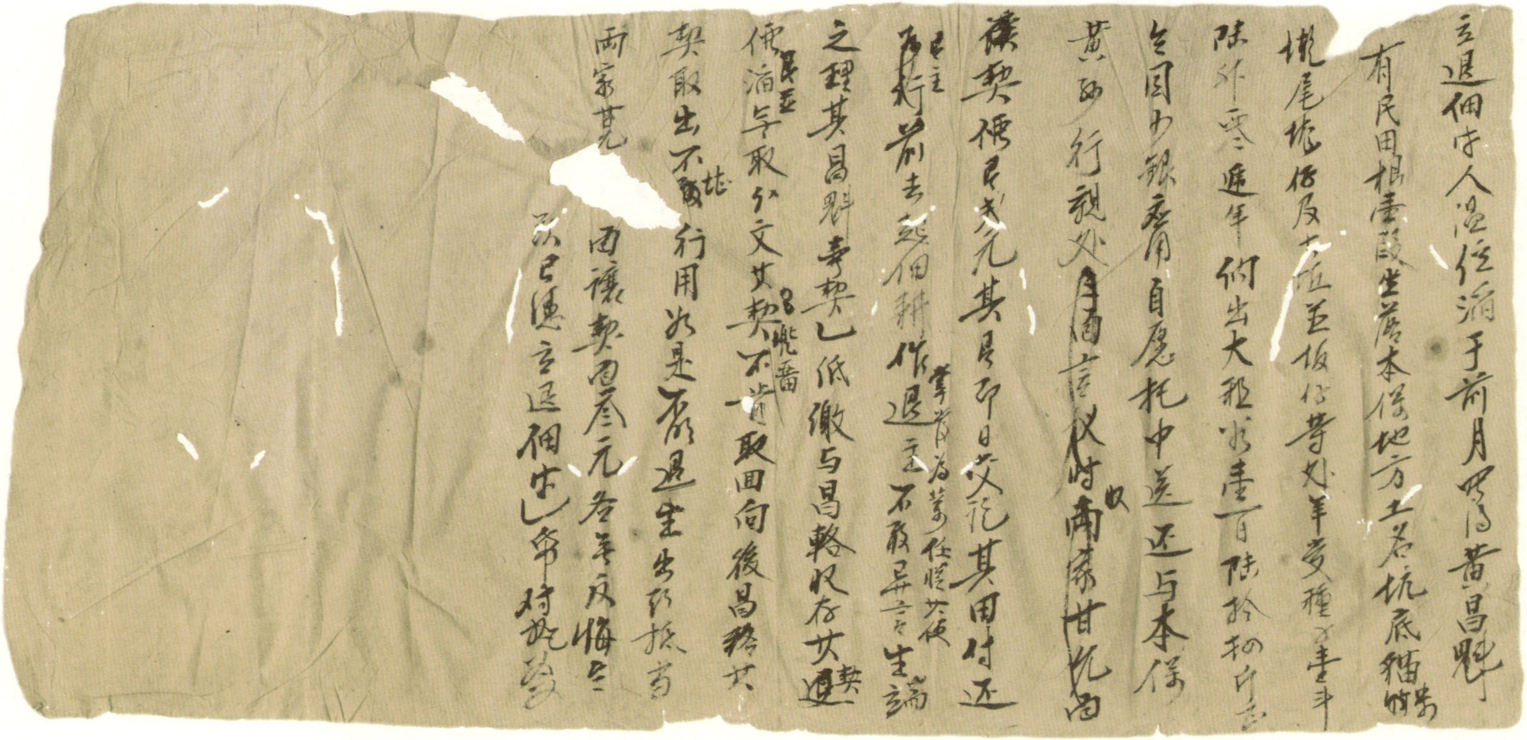

10-6-14-8　温經滔立退民田根佃字（年代不詳，草契）

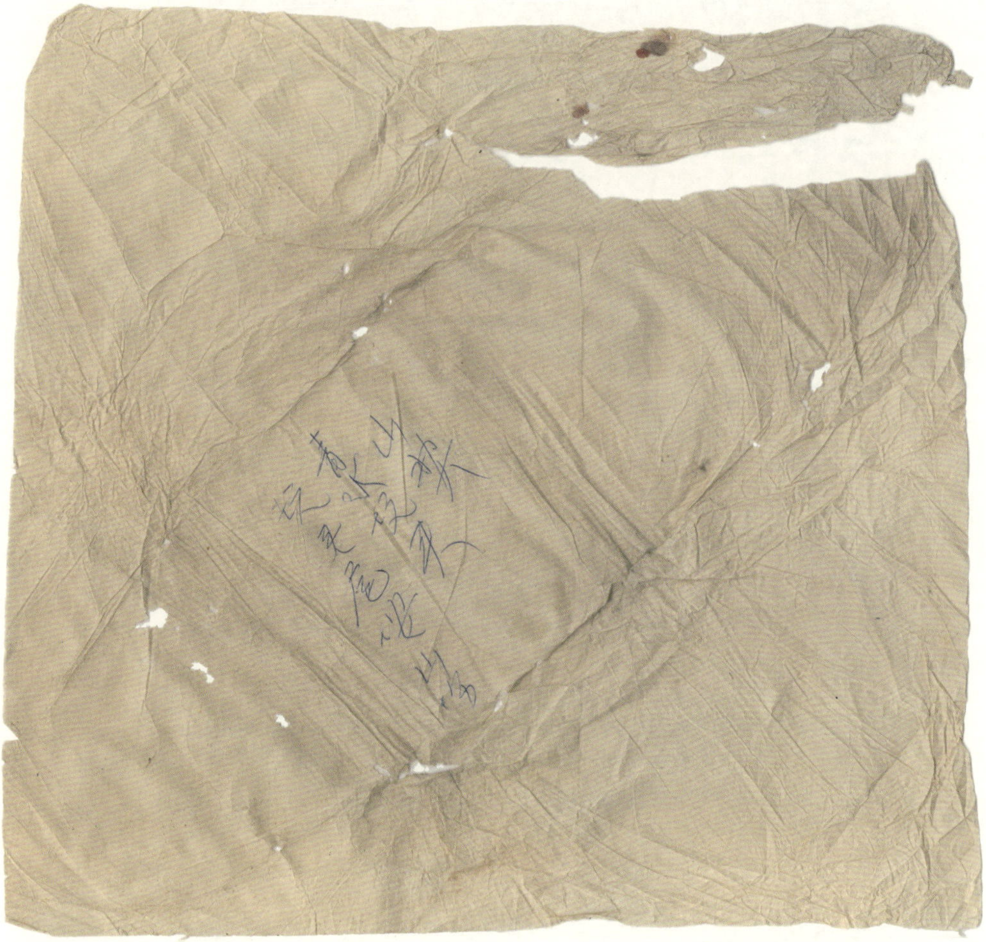

10-6-15-1　包契紙

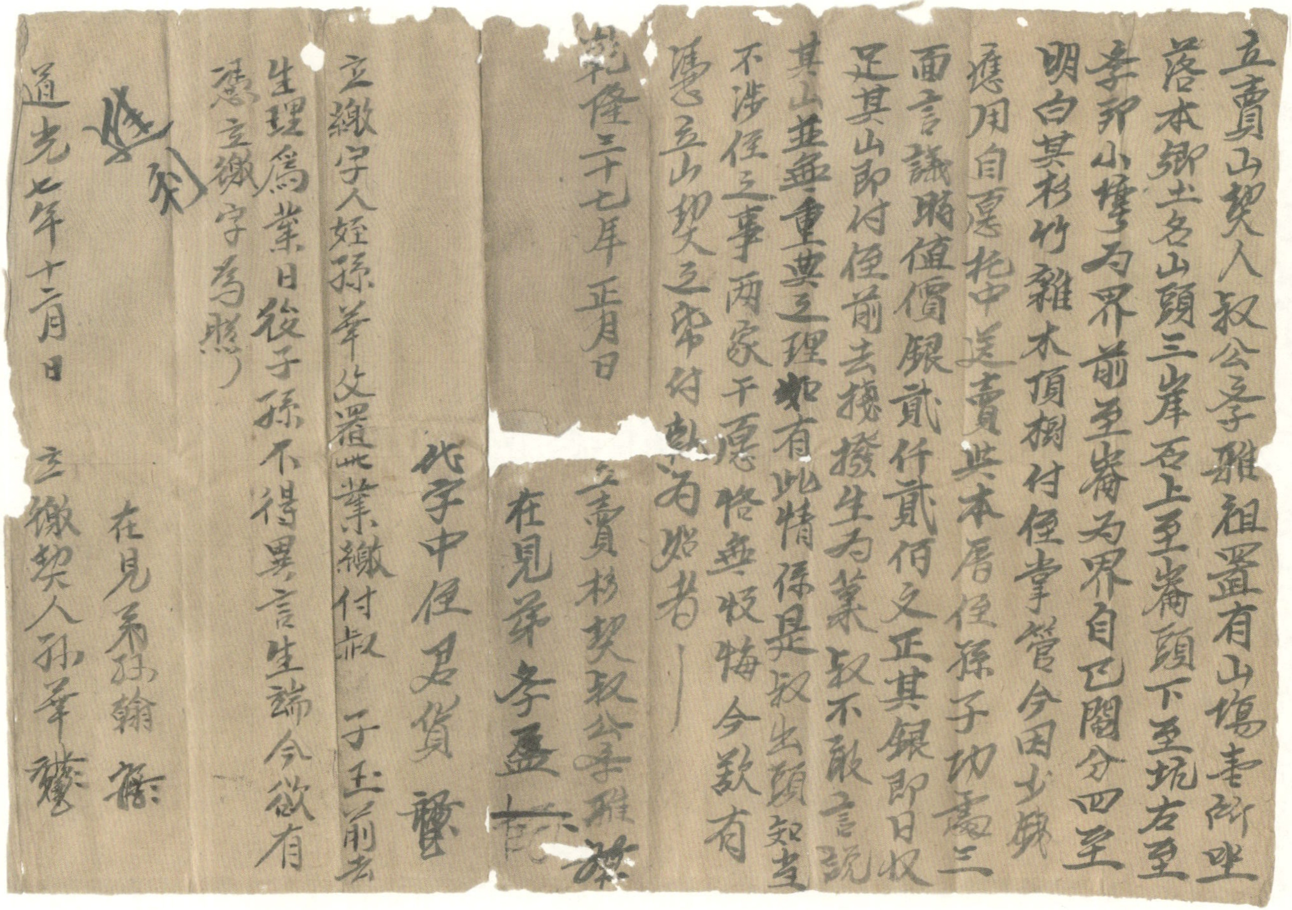

立賣山契人叔公孝雅祖置有山塲壹所坐
落本鄉土名山頭三崖石上至崙頭下至坑右至
孝卯小墘为界前至崙为界自己閤分四至
明白其杉竹雜木頂樹付侄掌管今因乏銀
應用自愿托中送賣與本厝侄孫子功爲三
面言議時值價銀貳仟貳佰文正其銀即日收
足其山即付侄前去掇擾生为業叔不敢言說
其山並無重典之理如有此情係是叔出頭知支
不涉侄之事兩家干愿恪無反悔今欲有
憑立山契一帋付與为照者
乾隆三十七年正月日
立賣杉契叔公孝雅（押）
在見弟孝盈（押）
代字中侄君賀（押）

立繳字人姪孫華文還此業繳付叔　子玉前去
生理爲業日后子孫不得異言生端今欲有
憑立繳字為照
[illegible]
道光七年十二月日
在見弟孫翰（押）
立繳契人孫華（押）

10-6-15-2　清乾隆三十七年正月黃孝雅立賣山場契

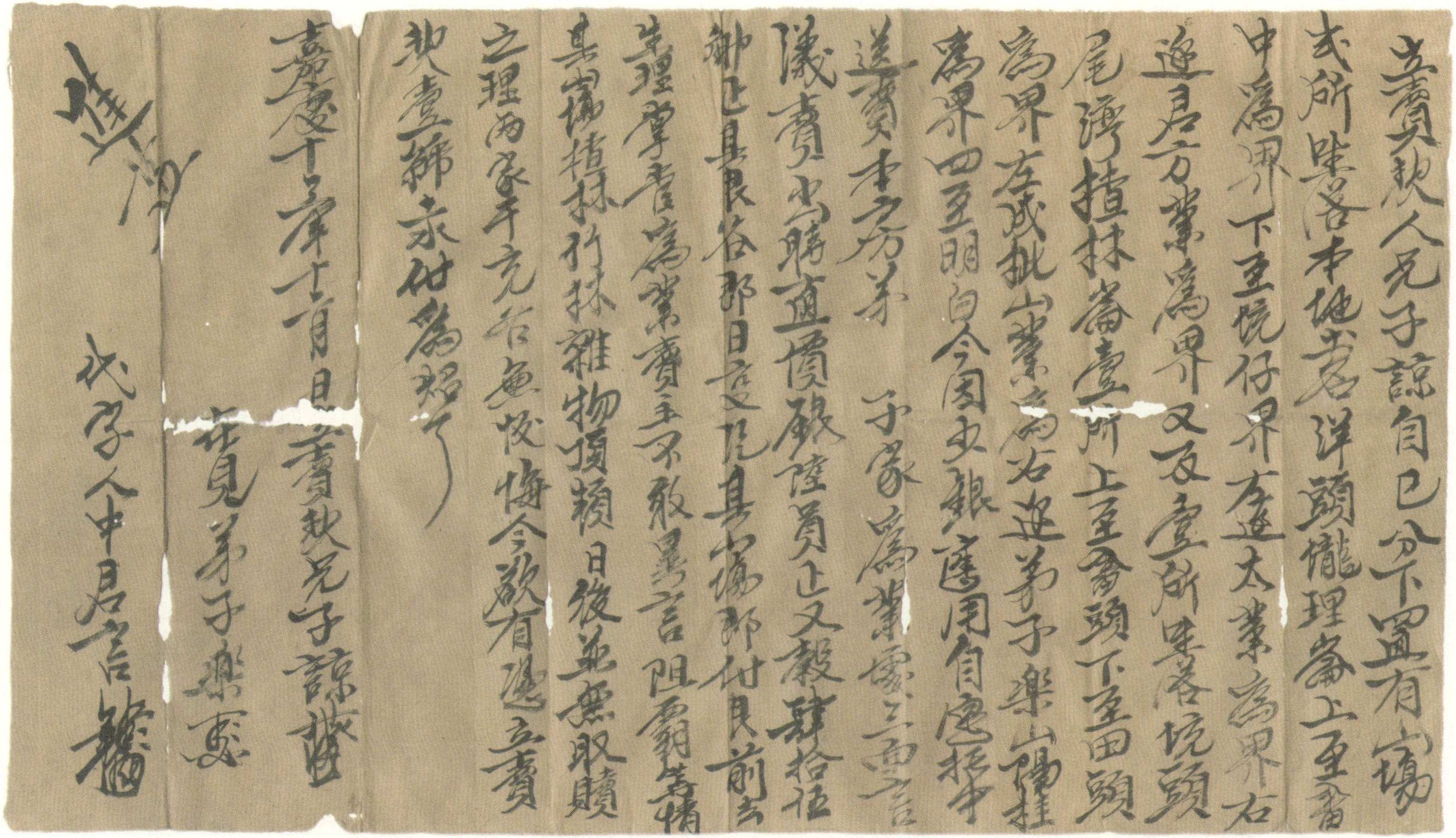
立賣契人兄子諒自己分下置有山場
弍所坐落本地土名洋頭壠理崙上至番
中為界下至坑仔界左邊太業為界右
邊弟方業為界又及壹所坐落坑頭
尾灣插林崙壹所上至番頭下至田頭
為界左至兄批業為界右邊弟子樂山場挂
為界四至明白今因乏銀應用自愿托中
送賣本房弟 子家為業當三面言
議賣出時值價銀陸員正又穀肆拾
觔正其銀谷即日交足其場即付銀前去
掌理管業為業賣主不敢異言阻霸等情
其場插林竹木雜物須賴日後無取贖
之理兩家甘允各無反悔今欲有憑立賣
契壹紙永付為照
嘉慶十三年十二月 日立賣契兄子諒（押）
在見弟子樂（押）
代字人中君（押）
進河

10–6–15–3 清嘉慶十三年十二月黃子諒立賣山場契

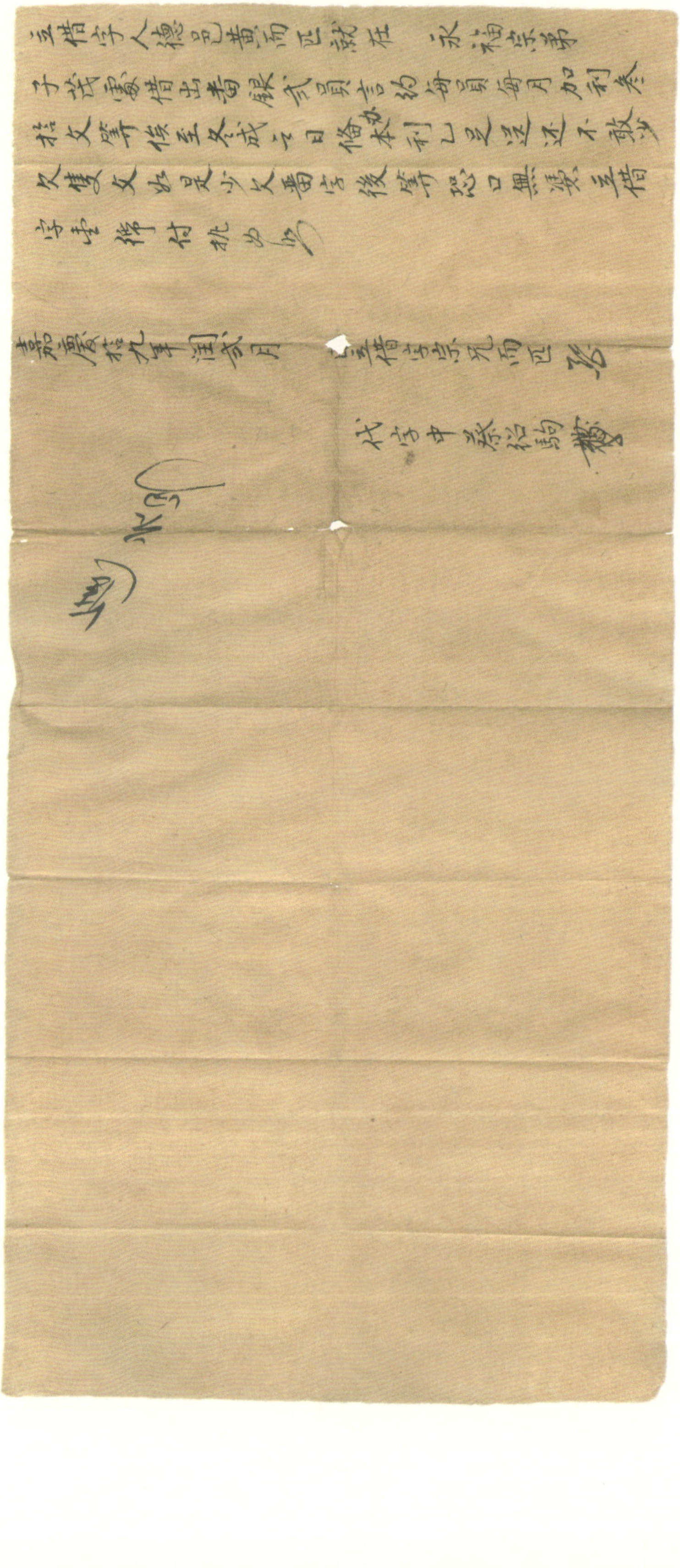
立借字人德化黃而匹，就在　永福宗弟
子茂處借出番銀貳員，言約每員每月加利叁
分，其銀訂至冬成之日，備本利一足送還，不敢少
欠。僅文如足少欠番銀，係後筆恐口無憑，立借
字壹紙付執為照。
嘉慶拾九年閏貳月　日　立借字人黃而匹（押）
代字中人蔡紹駒（押）

10-6-15-4　清嘉慶十九年閏二月德化黃而匹立借番銀字

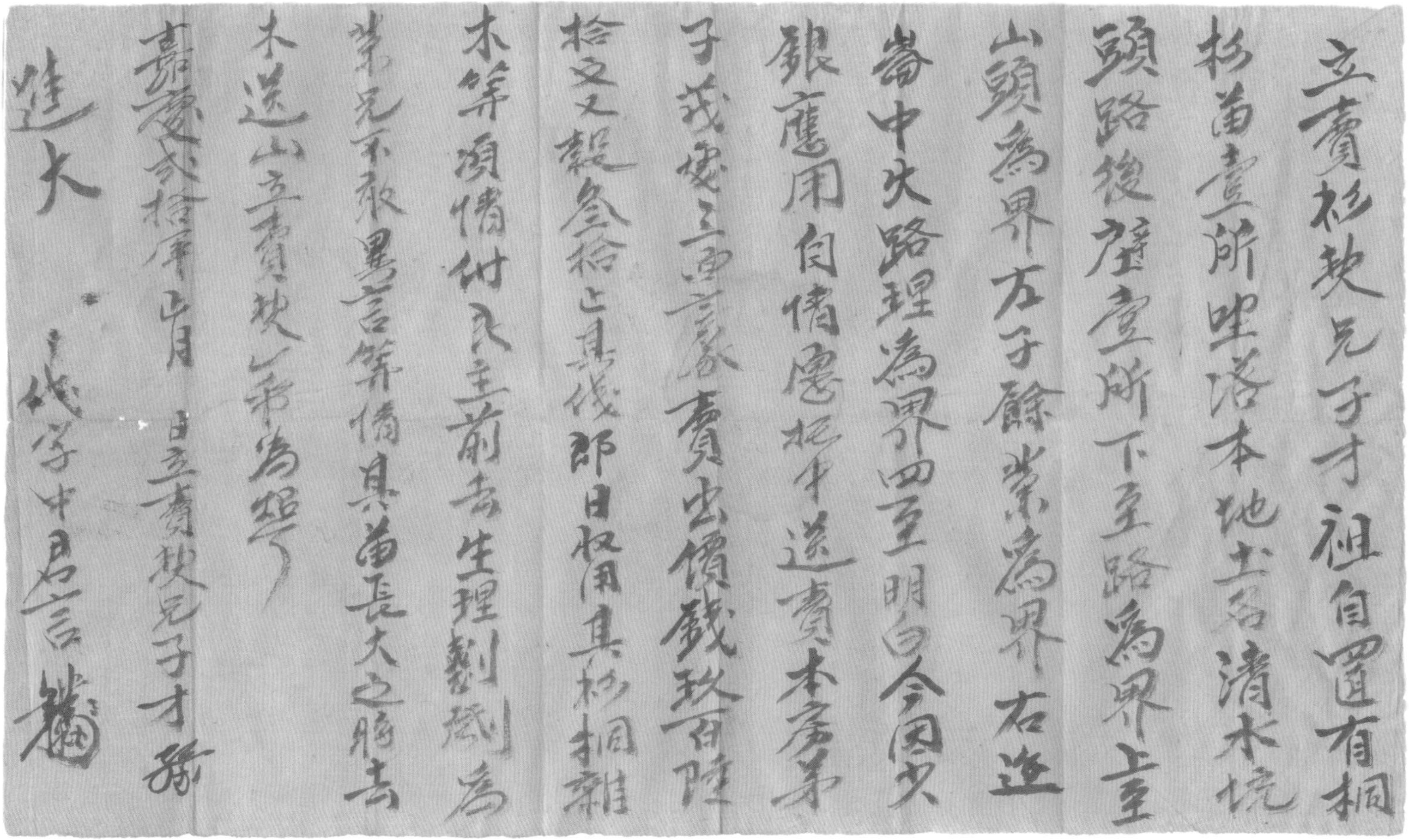
立賣杉契兄子才祖自置有桐
杉苗壹所坐落本地土名清木坑
頭路後磜壹所下至路為界上至
山頭為界左子餘業為界右至
崙中大路理為界四至明白今因欠
銀應用自情愿托中送賣本房弟
子成處三面言義賣出價錢玖百陸
拾文穀叁拾乙其錢即日收用其杉桐雜
木等項情付民主前去生理斫伐為
業兄不敢異言等情其苗長大之將去
木送山立賣契一帋為照
嘉慶貳拾年正月　日立賣契兄子才（押）
代字中君言（押）
進大

10-6-15-5　清嘉慶二十年正月黃子才立賣桐杉苗契

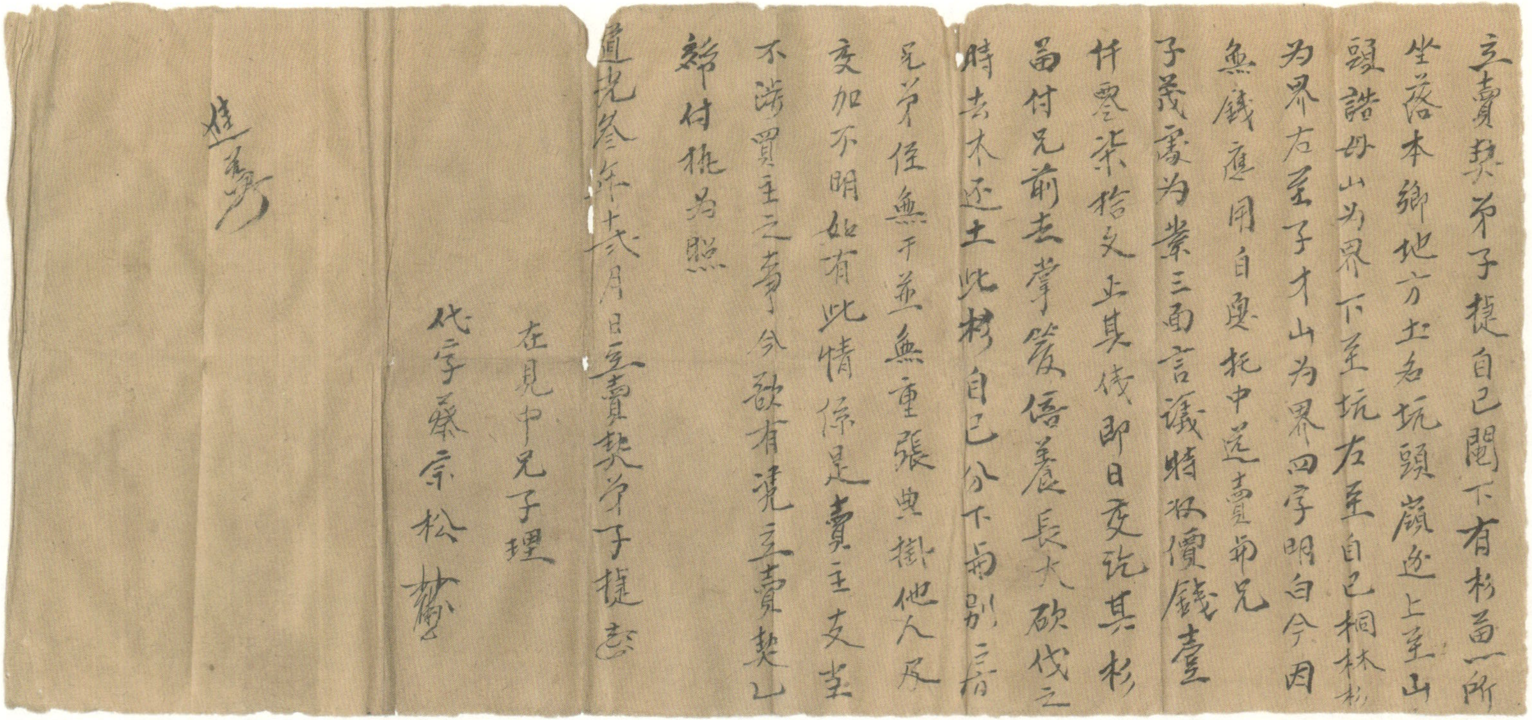

立賣契弟子捷自己閣下有杉苗一所
坐落本鄉地方土名坑頭嶺迻上至山
頭諸母山為界下至坑右至自己桐林杉
為界左至子才山為界四字明白今因
無錢應用自愿托中送賣與兄
子羲處為業三面言議時值價錢壹
仟零柒拾文正其錢即日交訖其杉
苗付兄前去掌管培養長大砍伐之
時去木還土此杉自己分下與別房
兄弟侄無干並無重張典掛他人及
交加不明如有此情係是賣主支當
不涉買主之事今欲有憑立賣契山
約付執為照

道光叁年十弍月　日立賣契弟子捷（押）
在見中兄子理
代字蔡宗松（押）

10-6-15-6　清道光三年十二月黄子捷立賣杉苗契

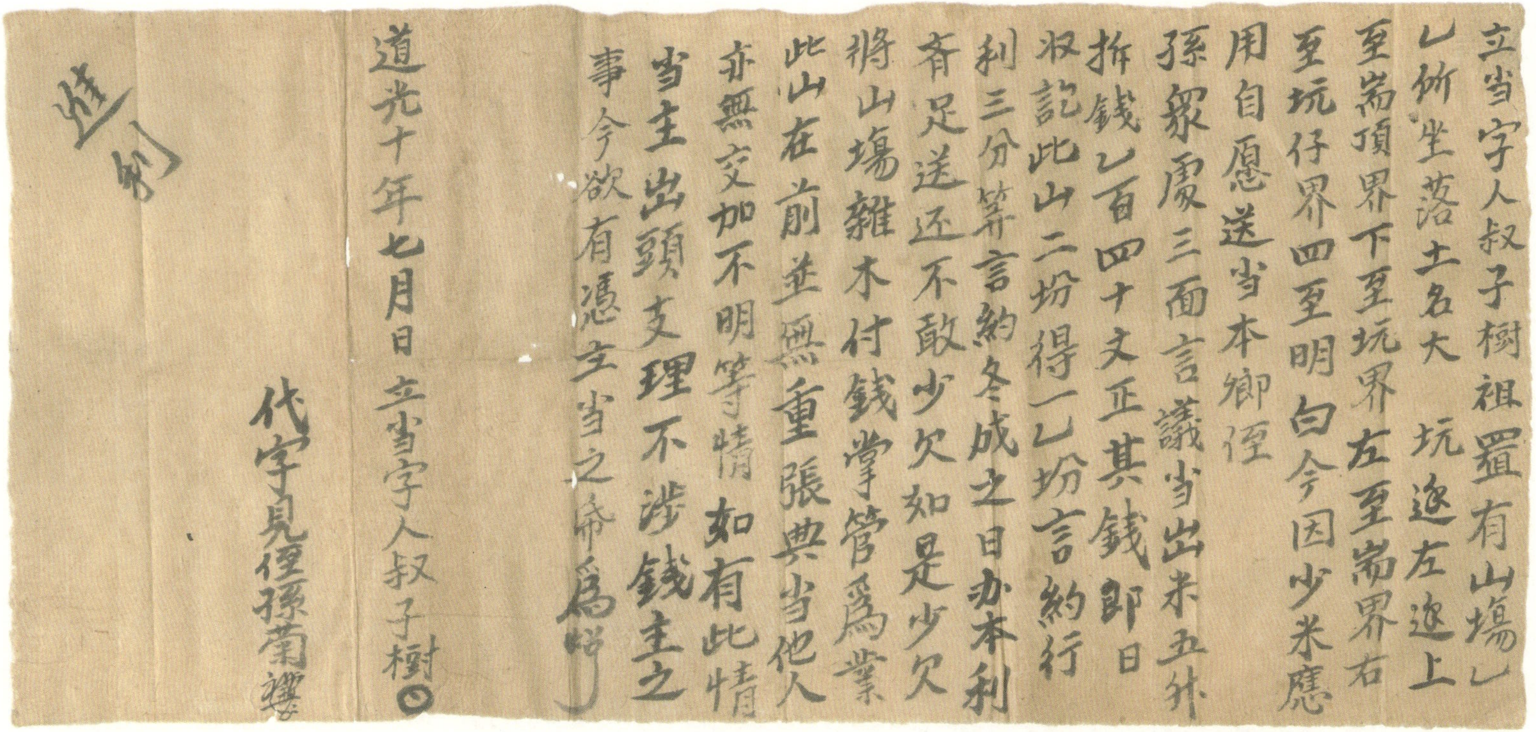

立當字人叔子樹祖還有山塲乚
乚所坐落土名大坑邊左邊上
至崗頂界下至坑界左至崗界右
至坑仔界四至明白今因少米應
用自愿送當本鄉侄
孫叙承愿三面言議當出米五斗
折錢乚百四十文正其錢即日
収訖此山二份得一乚份言約行
扣三分崗言約冬成之日办本利
奇足送还不敢少欠如是少欠
將山塲雜木付錢掌管為業
此山在前並無重張典當他人
亦無交加不明等情如有此情
當主出頭支理不涉銀主之
事今欲有憑立當之字為照

道光十年七月日立當字人叔子樹○

代字見侄孫萬燮

[illegible]

10-6-15-7　清道光十年七月黃子樹立當山場字

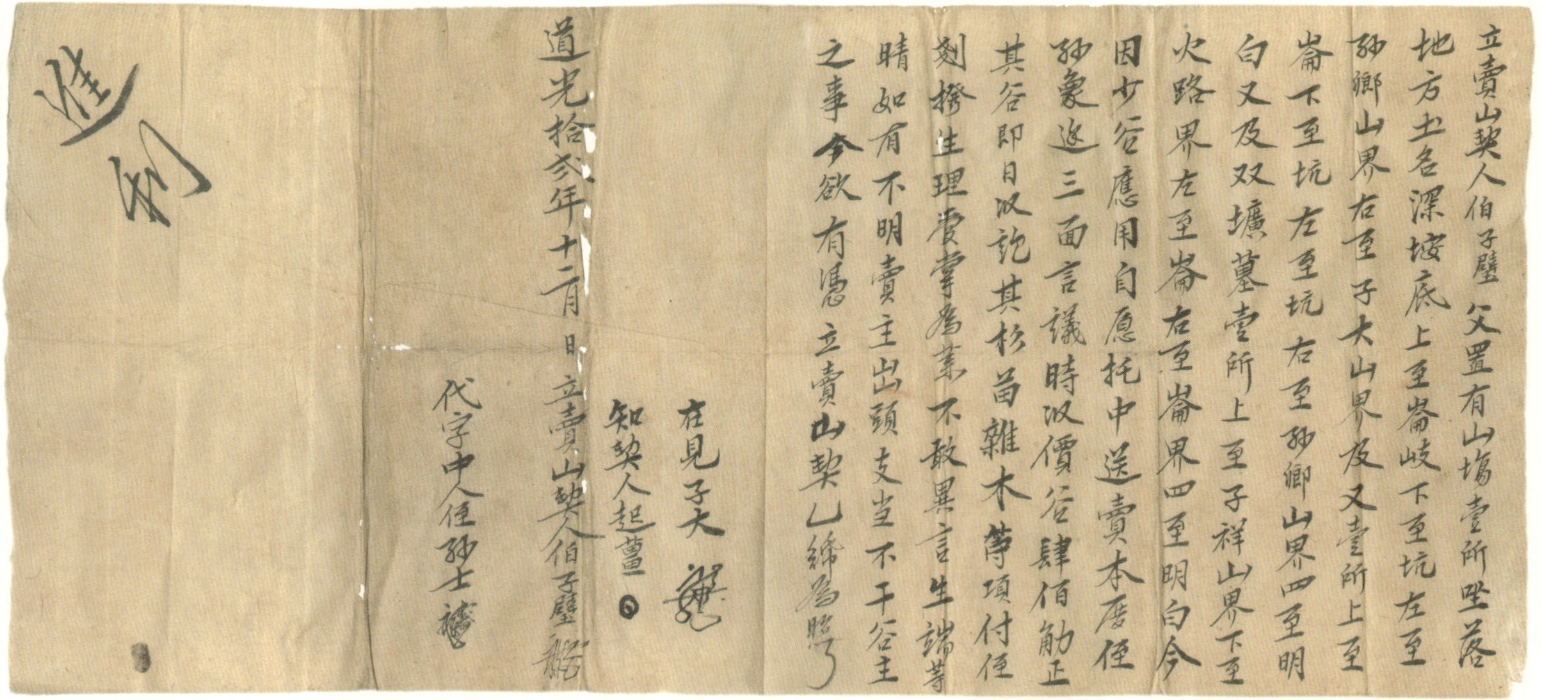

立賣山契人伯子璧，父置有山塲壹所，坐落
地方土名深坡底，上至崙岐，下至坑，左至
孫鄉山界，右至子大山界。及又壹所，上至
崙，下至坑，左至坑，右至孫鄉山界，四至明
白。又及双壙墓壹所，上至子祥山界，下至
火路界，左至崙，右至崙界，四至明白。今
因乏谷應用，自愿托中送賣本房侄
孫象逵，三面言議時價谷肆佰觔正，
其谷即日収訖，其杉苗雜木等項付侄
剗掺生理，當掌爲業，不敢異言生端等
情。如有不明，賣主出頭支当，不干谷主
之事。今欲有憑，立賣山契乙紙爲照。

在見子大
知契人起薑
道光拾叁年十二月　日立賣山契人伯子璧
代字中人侄孫士

10-6-15-8　清道光十二年十二月黄子璧立賣山場契

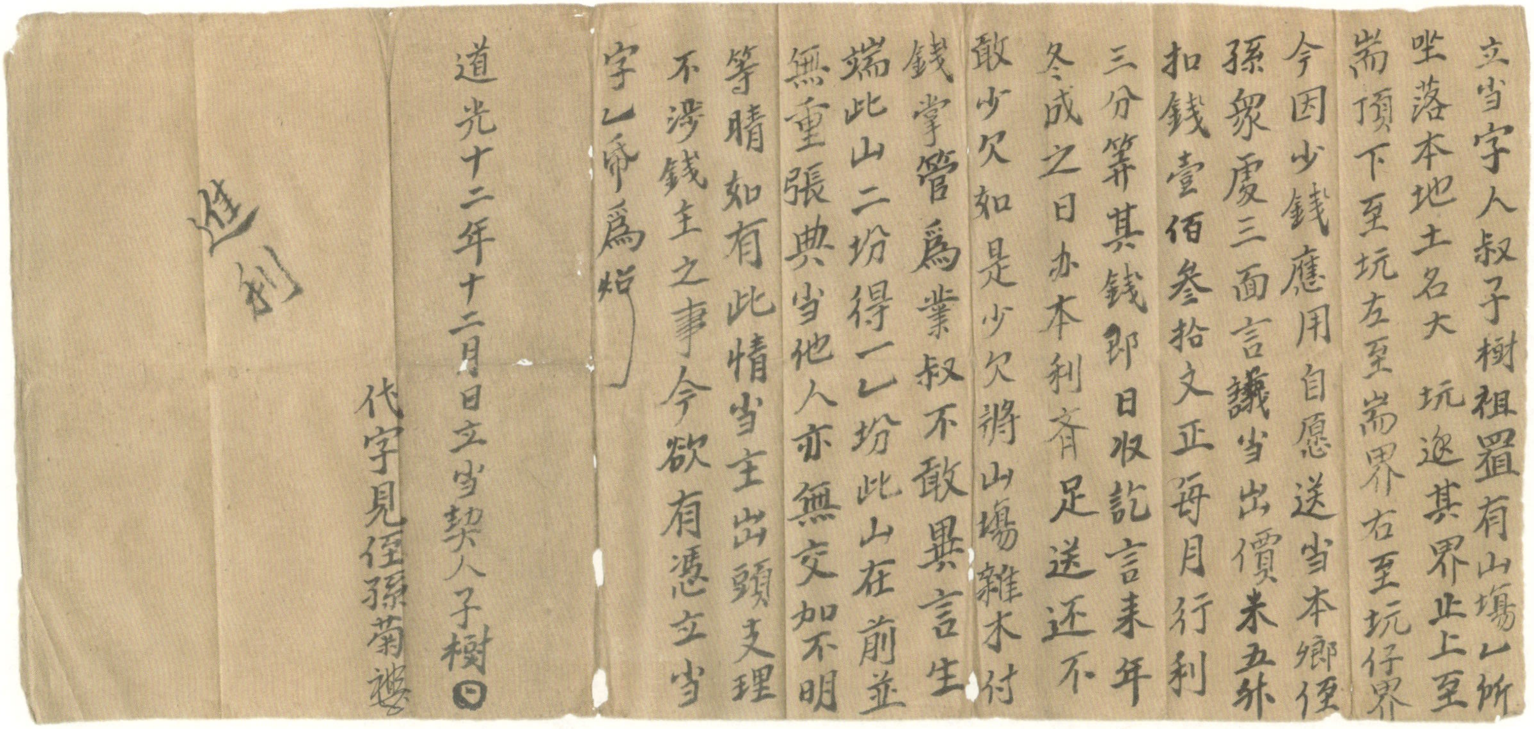

立当字人叔子樹祖置有山塲山所
坐落本地土名大 坑逕其界止上至
崙頂下至坑左至崙界右至坑仔界
今因少錢應用自愿送当本鄉侄
孫衆處三面言議当出價米五𥹰
扣錢壹佰叁拾文正每月行利
三分算其錢即日收訖言未年
冬成之日亦本利齊足送还不
敢少欠如是少欠將山塲雜木付
錢掌管爲業叔不敢異言生
端此山二坋得一坋此山在前並
無重張典当他人亦無交加不明
等睛如有此情当主出頭支理
不涉錢主之事今欲有憑立当
字一紙爲炤

道光十二年十二月日立当契人子樹（押）
代字見侄孫菊蘐

進利

10-6-15-9　清道光十二年十二月黃子樹立當山場字

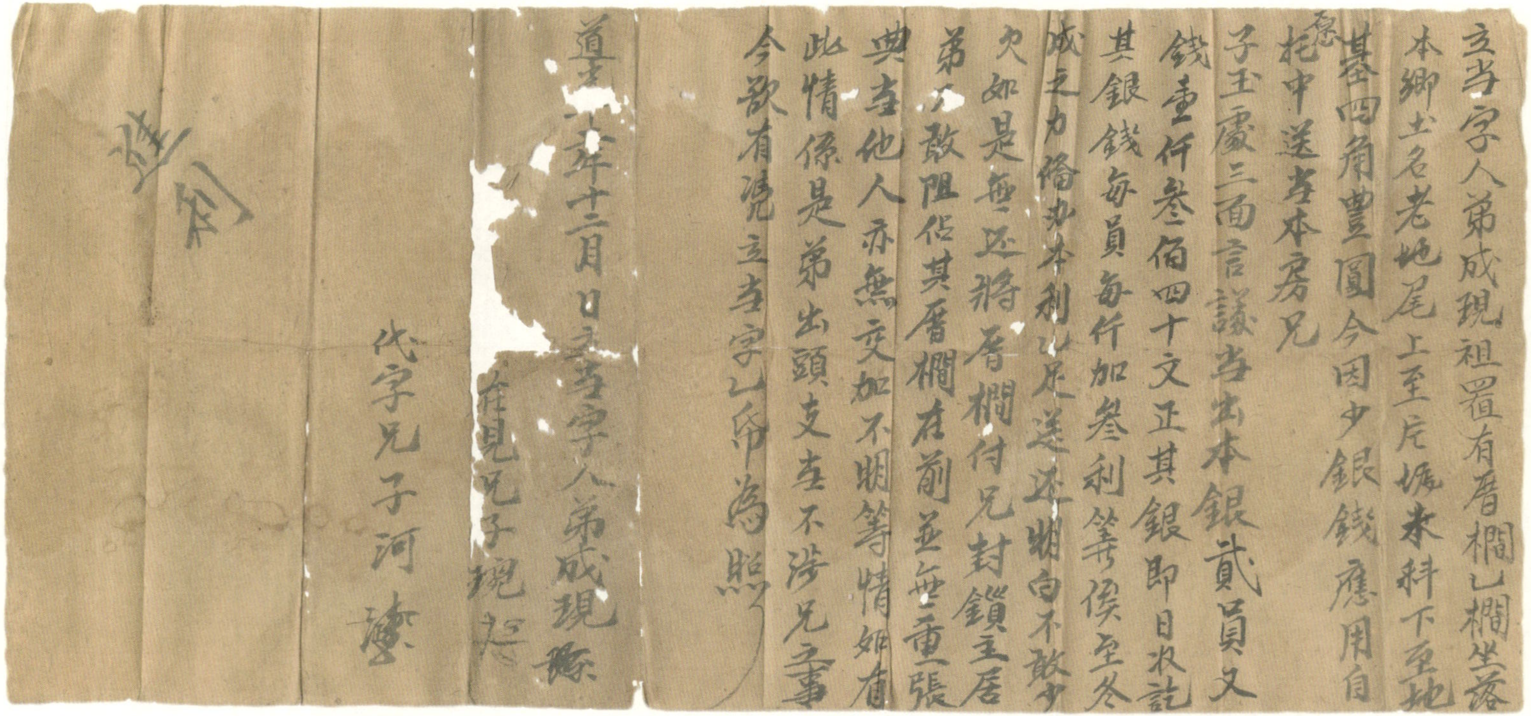

立当字人弟成現祖置有厝榻山榻坐落
本鄉土名老地尾上至片墟来科下至地
基四角豐圖今因少銀錢應用自
愿托中送当本房兄
子玉處三面言議当出本銀貳員文
錢壹仟叁佰四十文正其銀即日收訖
其銀錢每員每仟加叁利筭候至冬
成之力備出本利以足送还明白不敢少
欠如是無还將厝榻付兄封鎖主居
弟不敢阻佔其厝榻在前並無重張
典当他人亦無交加不明等情如有
此情係是弟出頭支当不涉兄之事
今欲有憑立当字山一紙為照

道光十二年十二月　日立当字人弟成現

在見兄子塊起

代字兄子河

10-6-15-10　清道光十二年十二月黃成現立當厝榻字

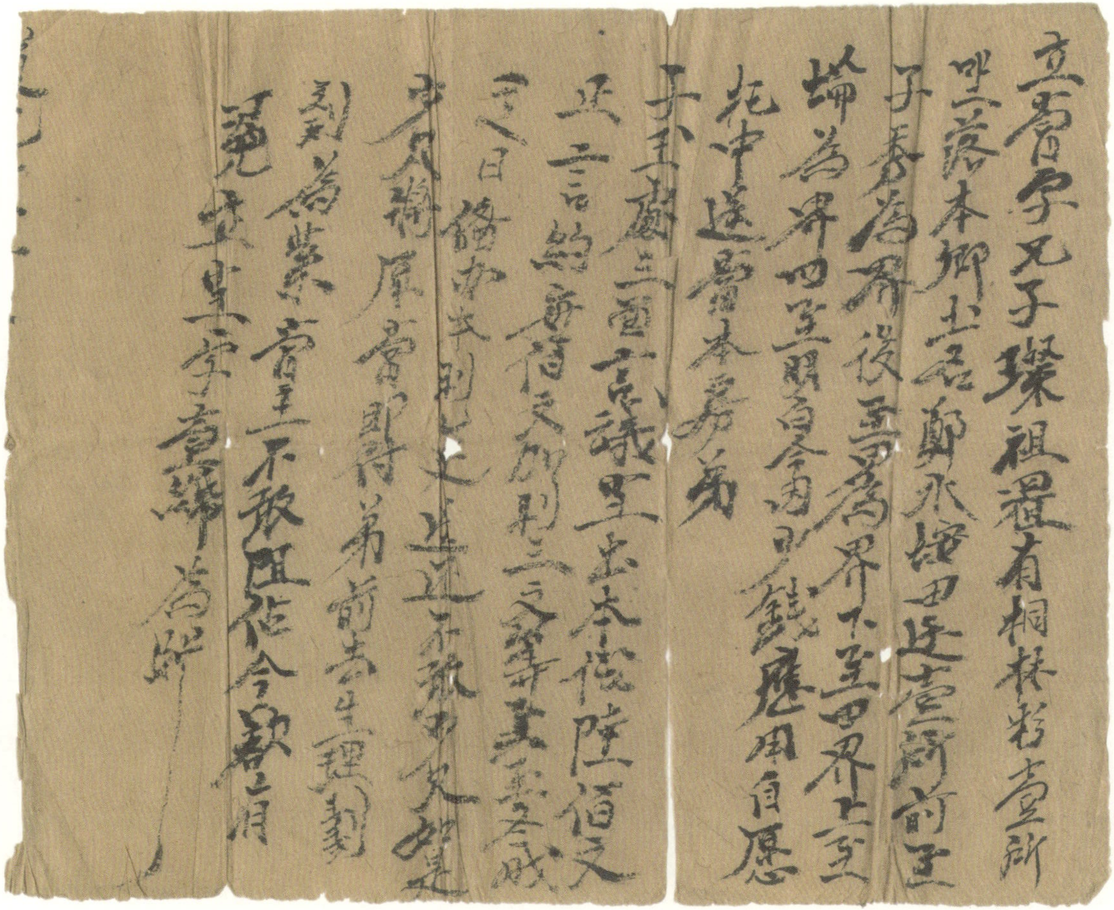
立當字兄子璨祖遺有桐林杉壹所
坐落本鄉土名鄭水塆田迄壹所前至
子春為界後至田為界下至田界上至
崙為界四至明白今因乏錢應用自愿
托中送當本房弟
子玉處三面言議出本價陸佰文
正言約每年行息加利三分每年冬至成
交日後備办本利送還不敢少文如是
本利有欠原當即將弟前去管理割
割為業當主不敢阻佔今欲有憑
立當字一紙付為照

10-6-15-11　清道光年間黃子璨立當桐林杉契

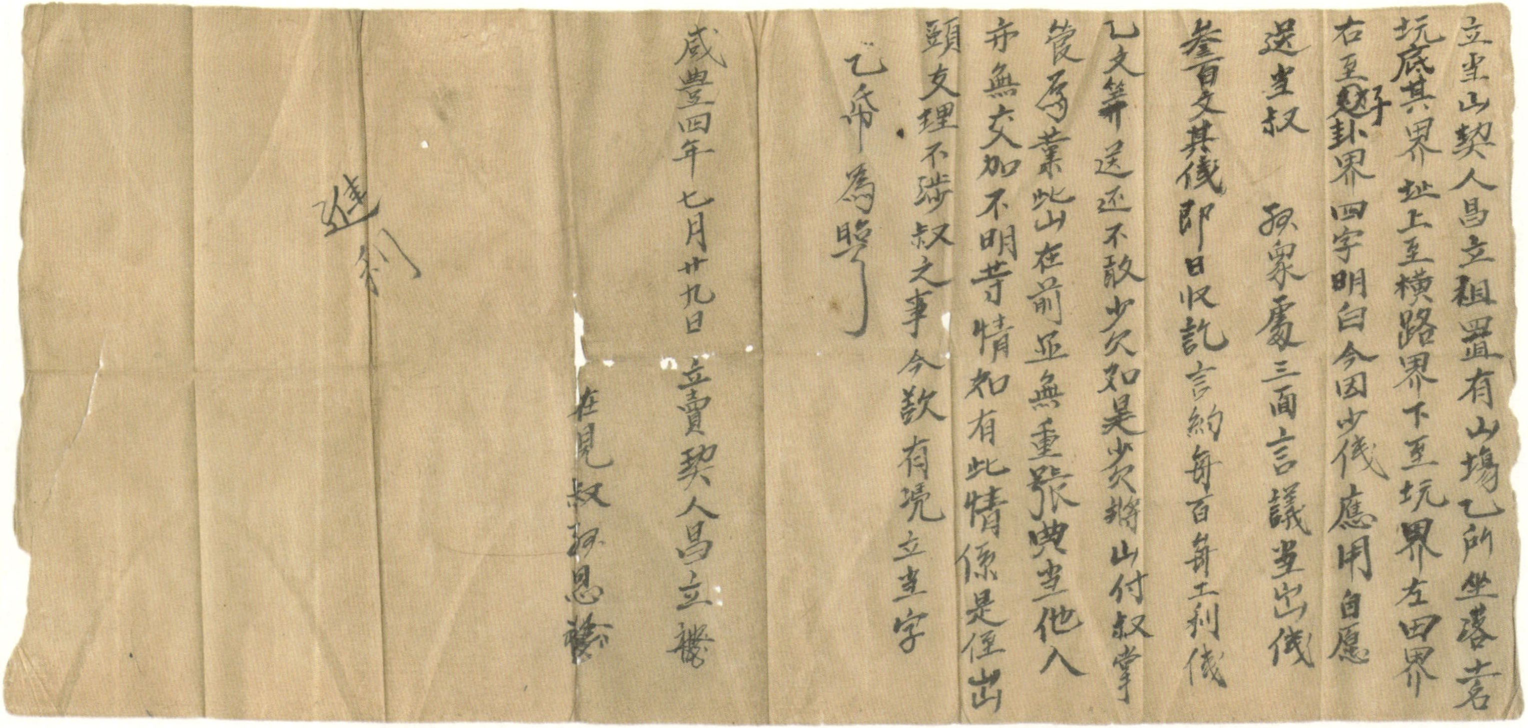

立当山契人昌立祖置有山場乙所坐落土名
坑底其界址上至横路界下至坑界左田界
右至好卦界四字明白今因少钱應用自愿
送当叔　孫衆處三面言議当出钱
叁百文其钱即日收訖言約每百每年利钱
乙文算送还不敢少欠如是少欠將山付叔掌
管爲業此山在前並無重張典当他人
亦無交加不明等情如有此情係是侄出
頭支理不涉叔之事今欲有凭立当字
乙紙爲照
咸豐四年七月廿九日　立賣契人昌立押
在見叔孫恩押
進利

10-6-15-12　清咸豐四年七月黄昌立立當山場契

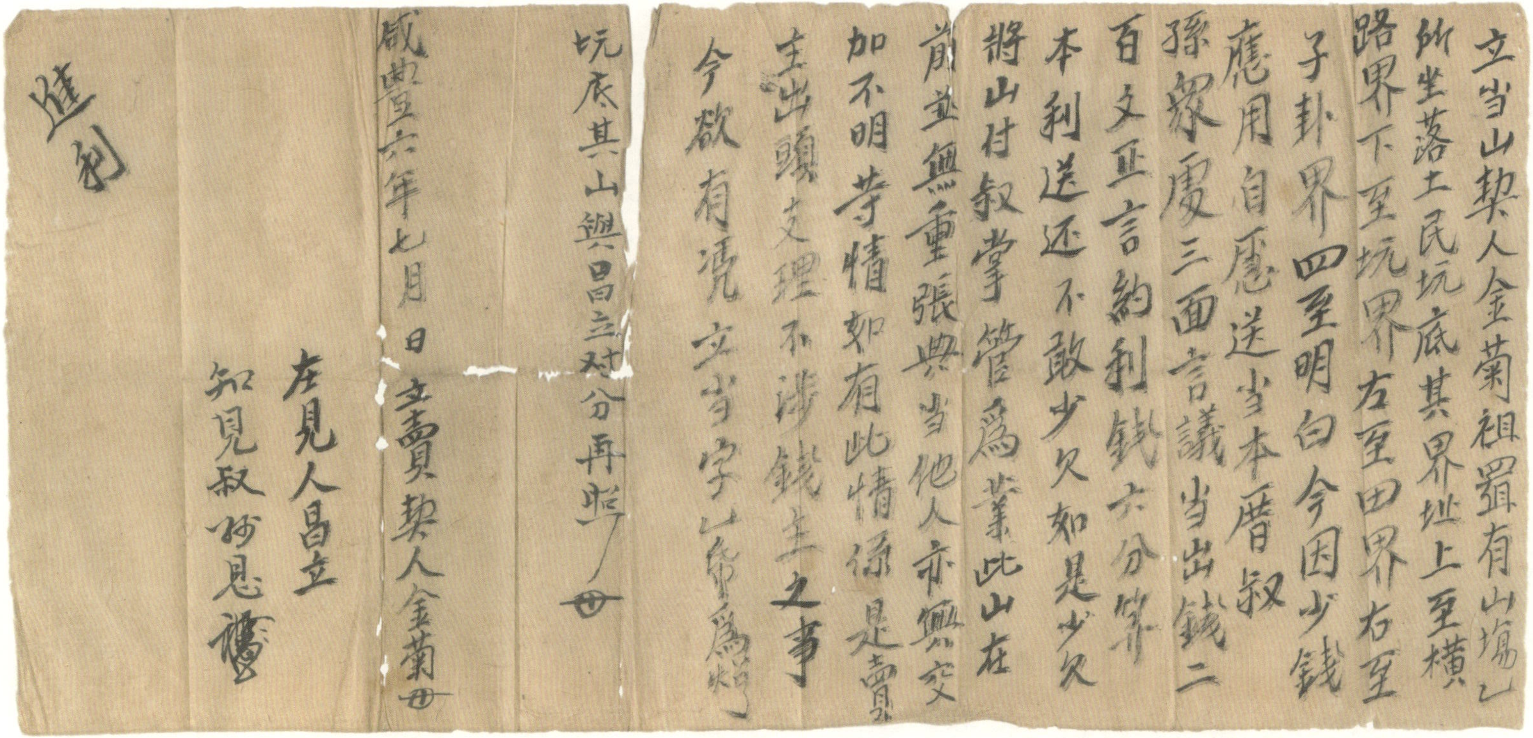
立当山契人金菊祖買有山塲乙
所坐落土民坑底其界址上至横
路界下至坑界左至田界右至
子卦界四至明白今因少錢
應用自愿送当本厝叔
孫家處三面言議当出錢二
百文正言約利錢六分算
本利送还不敢少欠如是少欠
將山付叔掌管為業此山在
前並無重張典当他人亦無交
加不明等情如有此情係是賣
主出頭支理不涉錢主之事
今欲有凭立当字山帋為炤
坑底其山與昌立对分再炤
咸豐六年七月日立賣契人金菊
在見人昌立
知見叔何恩禮
随利

10-6-15-13　清咸豐六年七月黃金菊立當山場契

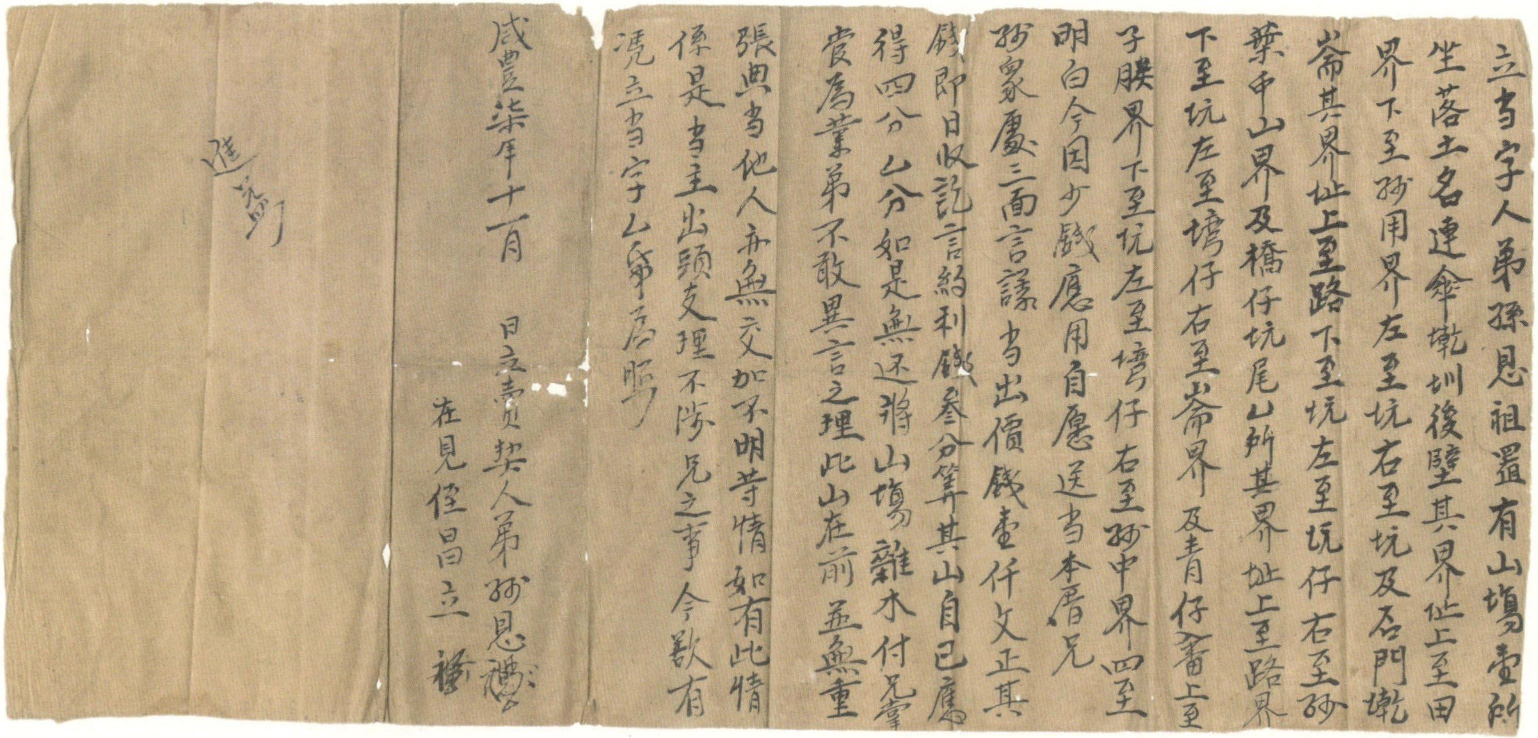
立当字人弟孫恩祖置有山塲壹所
坐落土名連伞墘圳後壁其界址上至田
界下至孙用界左至坑右至坑及石門墘
崙其界址上至路下至坑左至坑仔右至孙
葉甲山界及橋仔坑尾山所其界址上至路界
下至坑左至墘仔右至崙界 及青仔番上至
子朕界下至坑左至墘仔右至孙甲界四至
明白今因少錢應用自愿送当本房兄
孙家處三面言議当出價錢壹仟文正其
錢即日收訖言約利錢叁分算其山自己應
得四分 山分如是無还將山塲雜木付兄掌
管為業弟不敢異言之理此山在前並無重
張與当他人亦無交加不明等情如有此情
係是当主出頭支理不涉兄之事今欲有
凴立当字山塲存照
咸豊柒年十一月 日立當契人弟孙恩
在見侄昌立

10-6-15-14 清咸豐七年十一月黃孫恩立當山場字

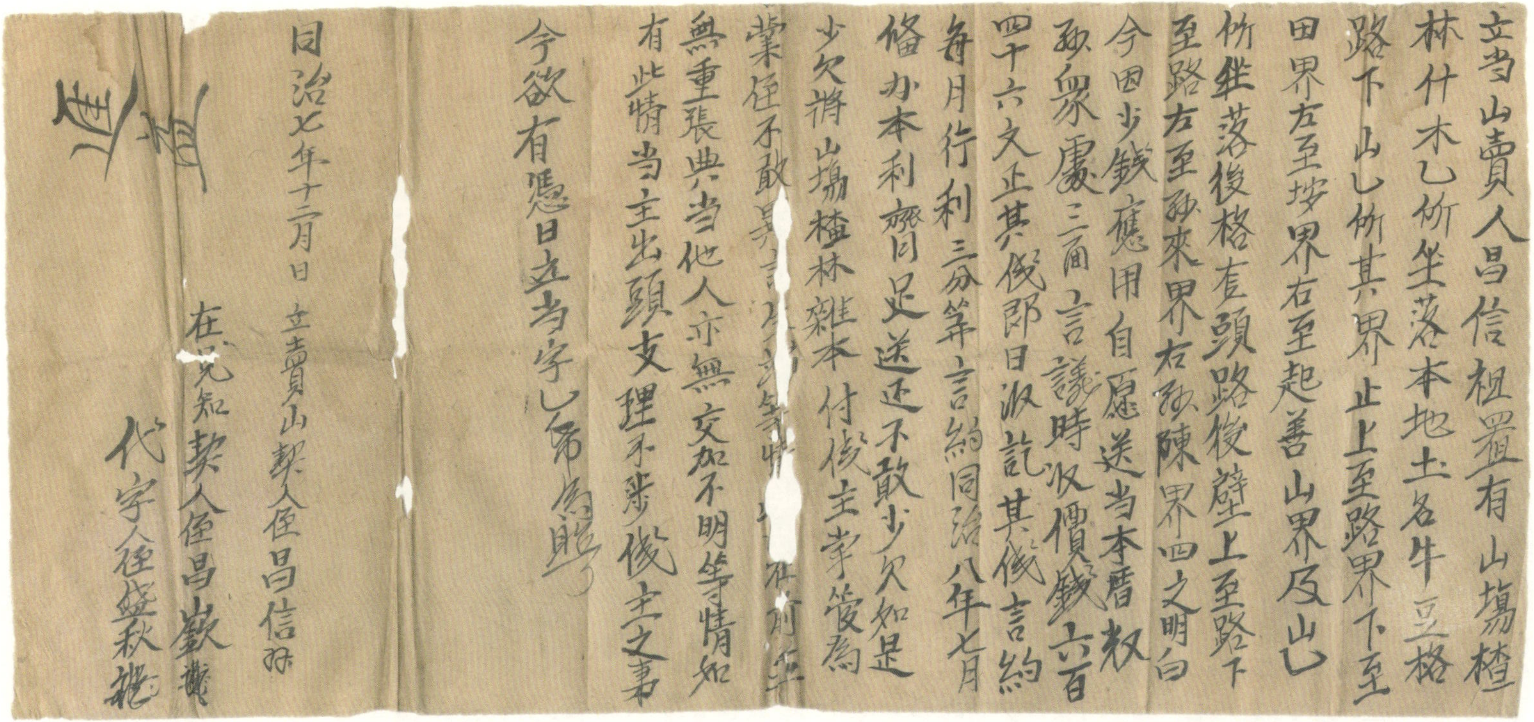
立当山賣人昌信祖置有山塲楂
林什木乙所坐落本地土名牛豆格
路下山乙所其界止上至路界下至
田界左至埁界右至起善山界及山乙
所坐落後格垄頭路後壁上至路下
至路左至孙來界右孙陳界四之明白
今因乏錢應用自愿送当本厝叔
孙象處三面言議時収價錢六百
四十六文正其錢即日収訖其錢言約
每月行利三分算言約同治八年七月
備办本利齊足送还不敢乏欠如是
乏欠將山塲楂林雜木付俵主掌管為
業侄不敢異言[illegible]
無重張典当他人亦無交加不明等情如
有此情当主出頭支理不涉俵主之事
今欲有憑日立当字乙帋為照
同治七年十二月　日　立當山契人侄昌信（押）
在見知契人侄昌歡（押）
代字人侄盛秋（押）

10-6-15-15　清同治七年十二月黃昌信立當山場等契

立当山契人侄昌裔祖置有山場雜木
一所坐落本地土名坑頭儀溪崩上至岗
頂下至坑左至子願界右至岗中界四字
明白今因少錢應用自愿送当本房叔
孫家廈三面言議当出價錢壹仟弍佰文
正其錢即日收訖其錢言約冬成之日行
利三分算備亦本利齊足送還不敢少欠
如是少欠將山場雜木付叔掌管兄弟
不敢異言生端云此山在前並無重張
典当他人亦無交加不明等情如有此情
侄出頭支理不涉叔之事今欲有憑立
当山契一帋為照

同治十年十二月　日　立当山契人侄昌裔（押）

代字弟孫銀（押）

10-6-15-16　清同治十年十二月黃昌裔立當山場雜木契

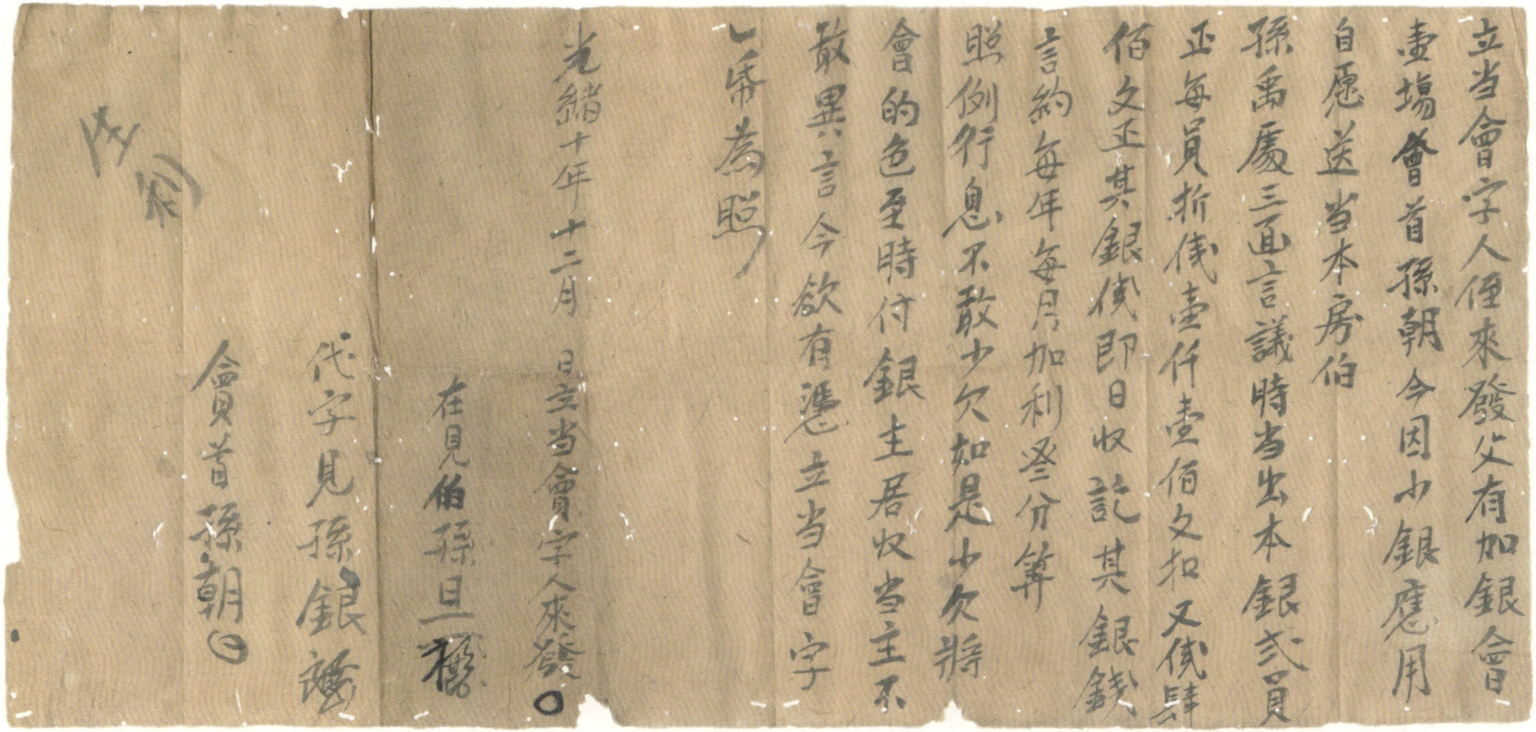

立当會字人侄來發父有加銀會
壹場會首孫朝今因小銀應用
自愿送当本房伯
孫爲處三面言議時当出本銀弍員
正每員折伐壹仟壹佰文扣又伐肆
佰文正其銀伐即日收訖其銀錢
言約每年每月加利叁分算
照例行息不敢少欠如是少欠將
會的至至時付銀主居收当主不
敢異言今欲有憑立当會字
一紙爲照
光緒十年十二月　日立当會字人來發〇
在見伯孫旦[illegible]
代字見孫銀[illegible]
會首孫朝[illegible]

10-6-15-17　清光緒十年十二月黄來發立當銀會字

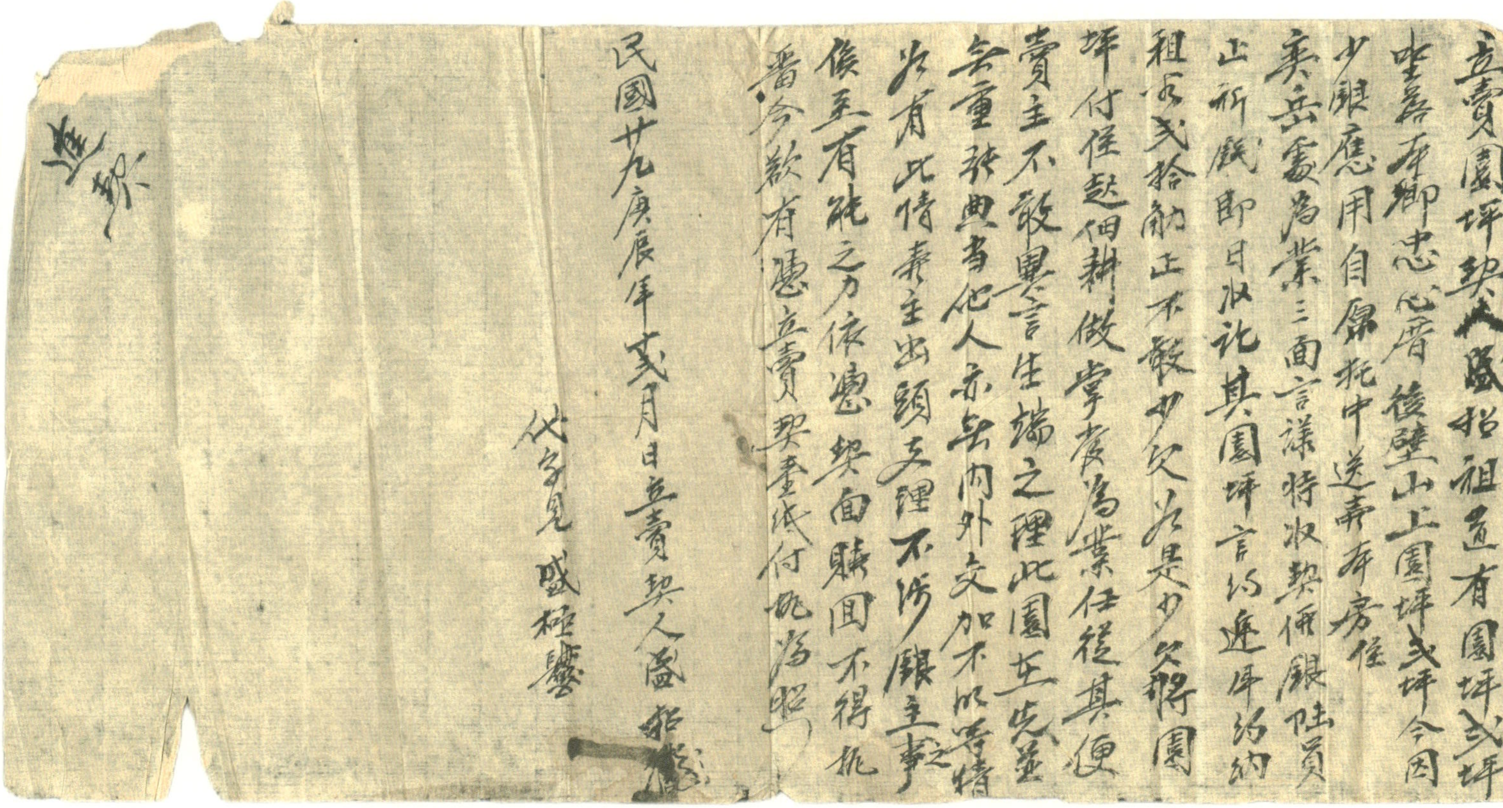

立賣園坪契人盛招祖遺有園坪弍坪
坐落本鄉忠心厝後壁山上園坪弍坪今因
少銀應用自歸托中送弄本房侄
英岳處爲業三面言議特收契價銀陆員
正所銀即日收訖其園坪言約逐年的納
租谷弍拾觔正不敢少欠若是少欠將園
坪付侄起佃耕做掌管爲業任從其便
賣主不敢異言生端之理此園並先並
無重張典當他人亦無內外文加不明等情
如有此情賣主出頭之理不涉銀主之事
係是有能之力依憑契面贖回不得執
留今欲有憑立賣契壹紙付執爲照

民國廿九庚辰年弍月日立賣契人盛招
代字兄　盛極鑾

退契

10-6-15-18　民國二十九年十二月黃盛招立賣園坪契

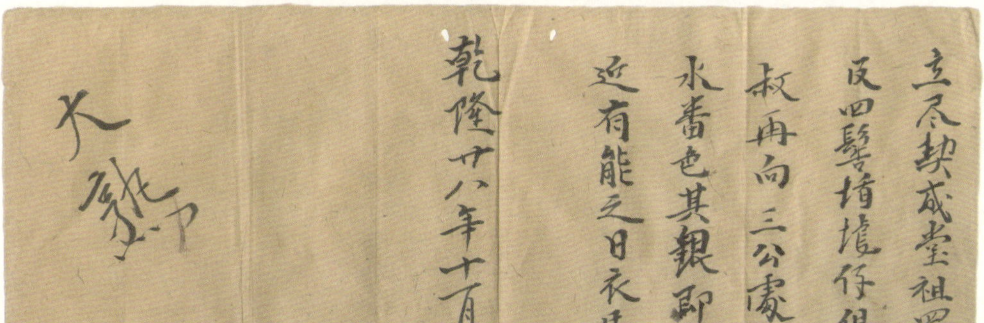

立尽契成堂祖置有民田壹號坐落本鄉土名半嶺墘
民田壹塅仔俱在原契内今因無銀應用自愿托
叔再向 三公處三面言議尽出銀弍兩壹錢弍分
水番色其銀即日收訖其田即付公耕作其田不在遠
近有能之日衣照原尽契取贖今欲有憑立尽為炤
乾隆廿八年十一月 日立尽契成堂
中叔 居相
執筆何公亭山

10-6-16-1　清乾隆二十八年十一月黄成堂立盡民田契

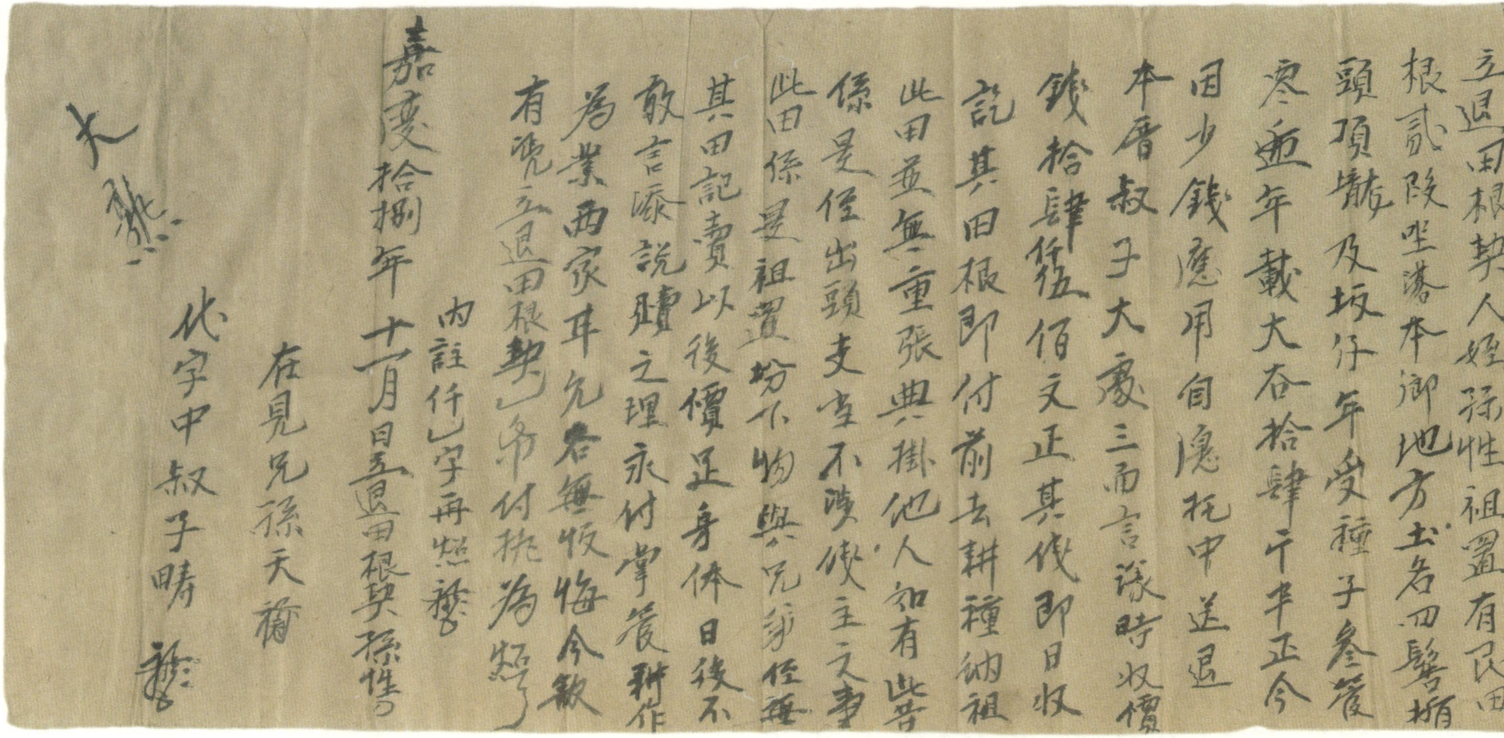
立退田根契人姪孫性祖置有民田
根貳段坐落本御地方土名田壟墘
頭項墘及坂仔年受種子叁籮
叁畝年載大谷拾肆千斗正今
因少錢應用自愿托中送退
本厝叔子大處三面言議時收價
錢拾肆仟伍佰文正其錢即日收
訖其田根即付前去耕種納租
此田並無重張典掛他人如有此等
係是侄出頭支當不涉仕主之事
此田係是祖置物不物與兄弟侄無
其田既賣以後價足身体日後不
敢言添說贖之理永付掌管耕作
為業兩家其允各無悔今欲
有憑立退田根契一帋付執為照
内註什字再照
嘉慶拾捌年十一月　日立退田根契孫性
在見兄孫天福
代字中叔子疇
大吉

10-6-16-2　清嘉慶十八年十一月黃孫性立退民田根契

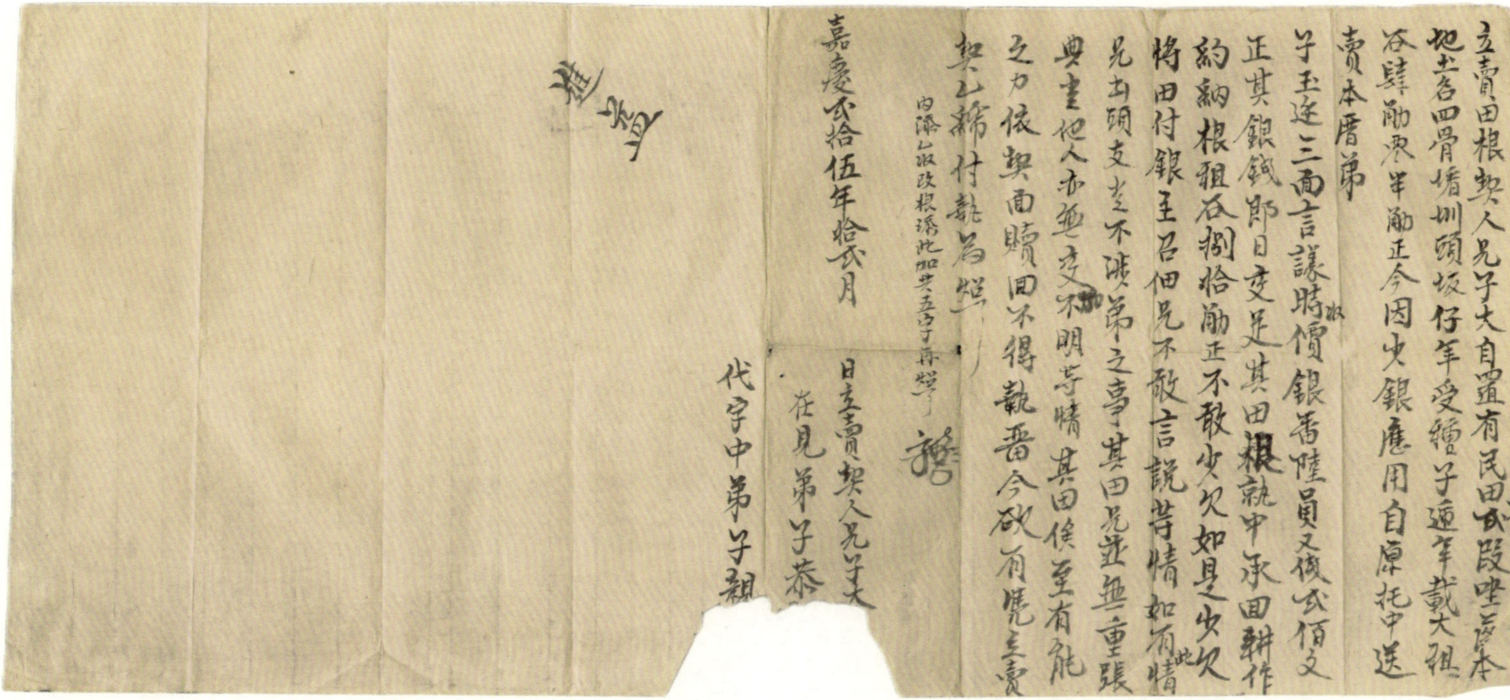
立賣田根契人兄子大自置有民田貳段坐落本
地土名四骨塘圳頭坂仔年受種子通年載大租
谷肆觔乘半觔正今因乏銀應用自願托中送
賣本厝弟
子玉邊三面言議時價銀番陸員又錢貳佰文
正其銀錢即日交足其田根就中承田耕作
納納根租谷捌拾觔正不敢少欠如是少欠
將田付銀主召佃另不敢言說等情如有此情
兄出頭支当不涉弟之事其田兄並無重張
典重他人亦無交加不明等情其田俟至有能
之力依契面贖回不得執番今欲有憑立賣
契山稱付執爲照
内添山叔改根孫此加共五字再照
嘉慶貳拾伍年拾貳月
日立賣契人兄子大
在見弟子恭
代字中弟子親

10-6-16-3　清嘉慶二十五年十二月黃子大立賣民田根契

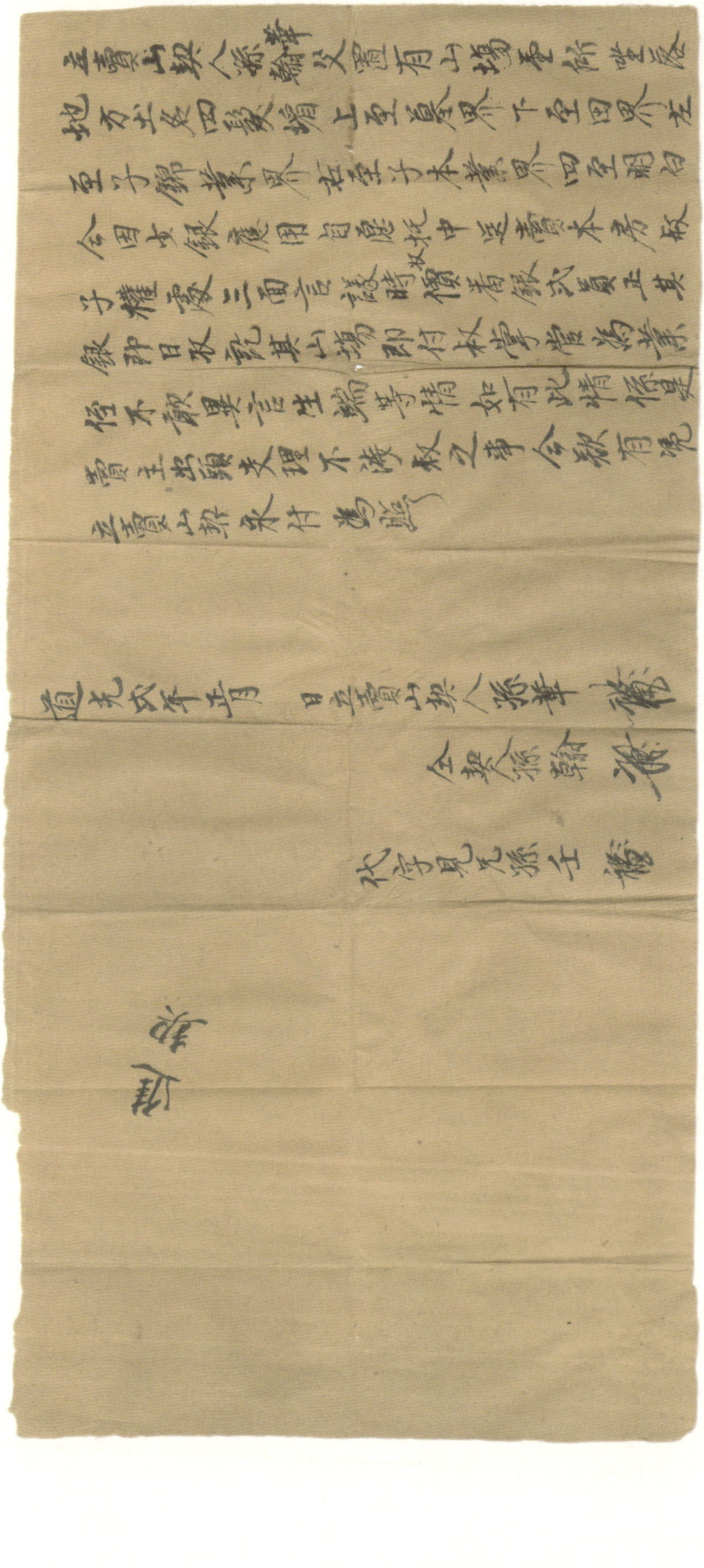

立賣山契人孫華、鎔父置有山場壹所坐落
地方土名長田段墘上至直壑界下至田界左
至子鎔業界右至子本業界四至明白
今因乏銀應用自情愿托中送賣本房叔
子權處三面言議時價番銀貳員正其
銀即日收訖其山場即付叔掌管為業
係不敢異言生端等情如有此情係是
賣主出頭支理不涉叔之事今欲有憑
立賣山契永付為照

道光弍年正月　日立賣山契人孫華（押）
仝契人孫鎔（押）
代字見兄孫壬（押）

10-6-16-4　清道光二年正月黄孫華等立賣山場契

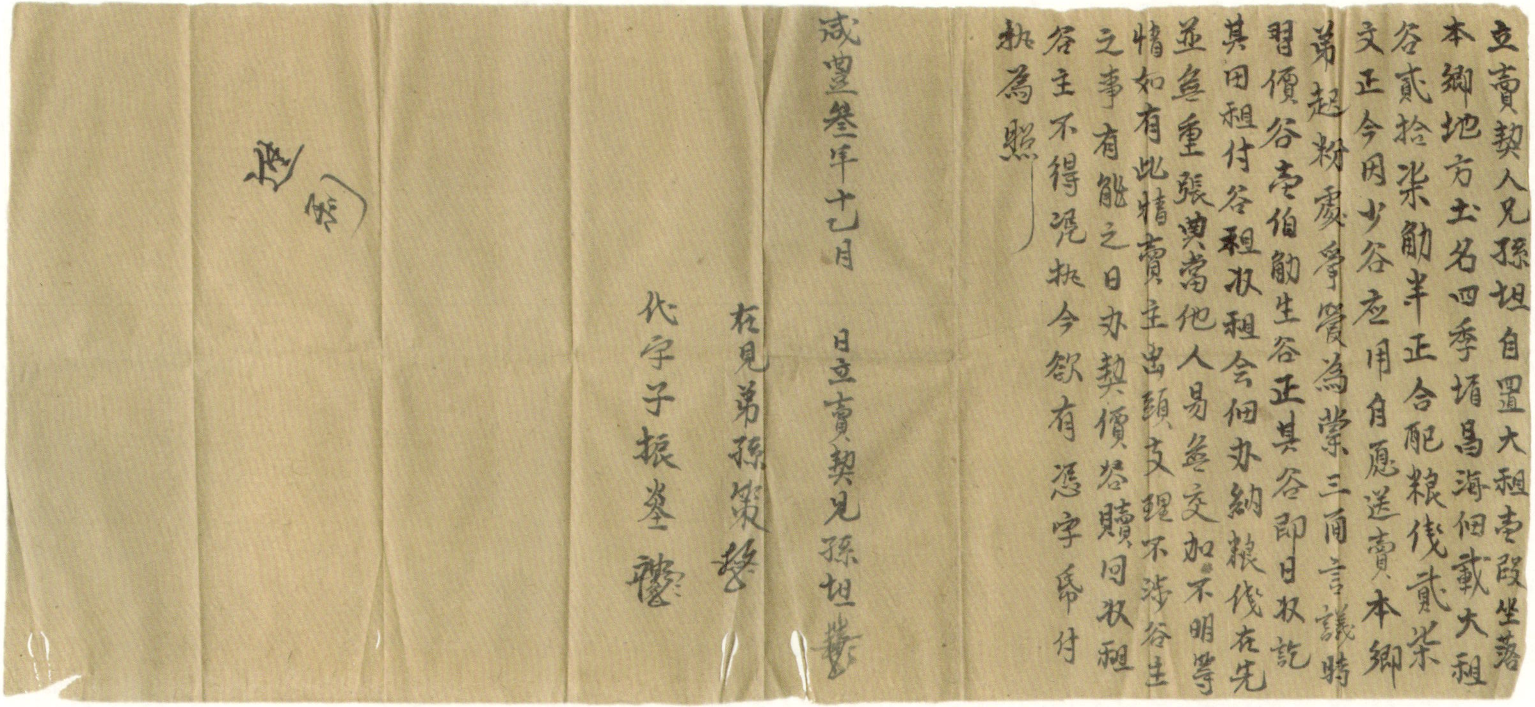
立賣契人兄孫坦自置大租壹段坐落
本鄉地方土名四季埔烏海佃戴大租
谷貳拾柒觔半正合配粮伐貳柒
文正今因乏谷應用自愿送賣本鄉
弟起粉處承買為業三面言議時
得價谷壹伯觔生谷正其谷即日收訖
其田租付谷租收租会佃办納粮伐在先
並無重張典當他人易無交加不明等
情如有此情賣主出頭支理不涉谷主
之事有能之日办契價谷贖回收租
谷主不得混執今欲有憑字乖付
執為照

咸豐叁年十一月　日立賣契兄孫坦

在見弟孫

代字子振墨

10-6-16-5　清咸豐三年十一月黄孫坦立賣大租契

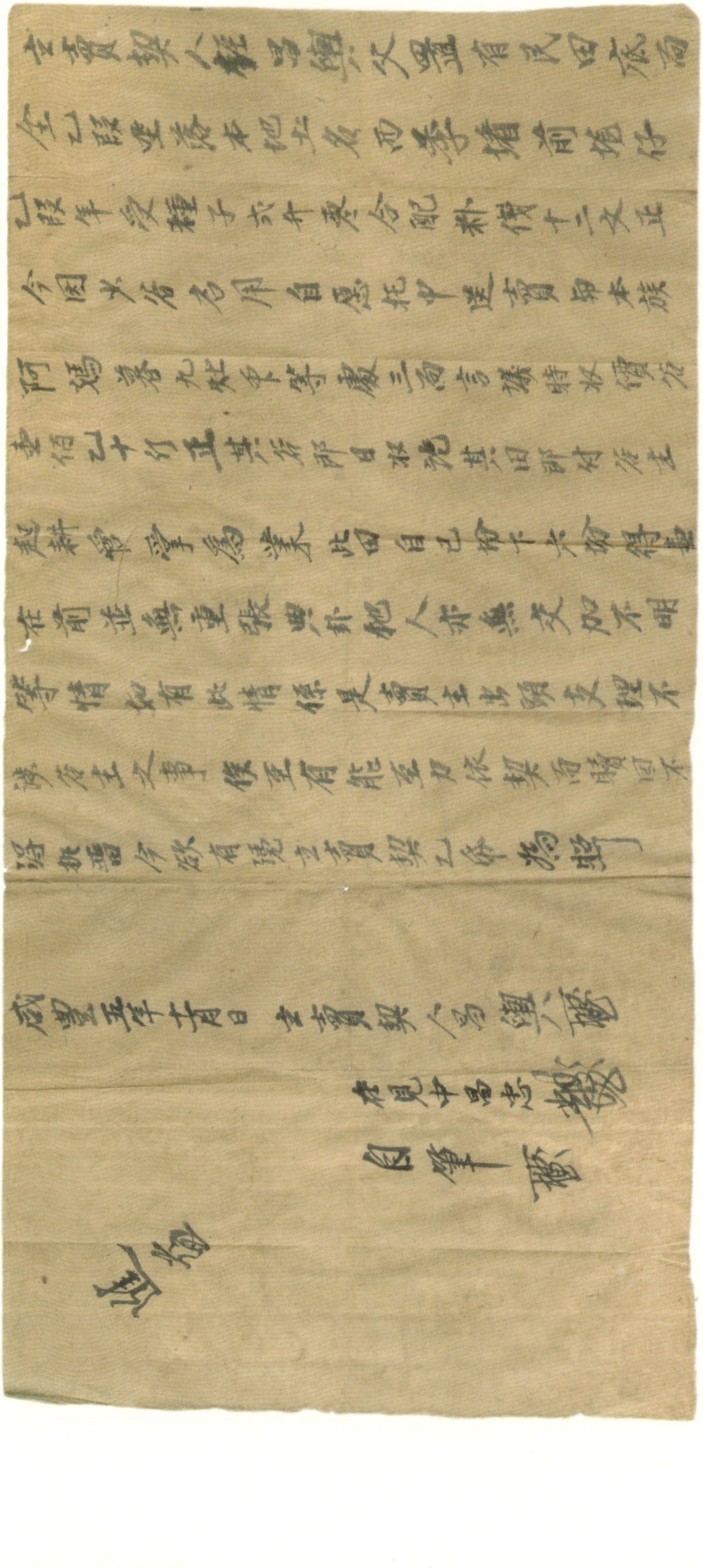
立賣契人黄昌輿仝姪文盛有民田底面
仝乙段坐落本地土名西峯墙前墙仔
乙段年受種子弍斤零合配粮價十二文正
今因乏錢应用自愿托中送賣與本族
阿[illegible]嵩[illegible]叔[illegible]等處三面言議時値價花
[illegible]佰乙十仟正其錢即日收訖其田即付[illegible]主
起耕掌管為業此田自己物下[illegible][illegible][illegible][illegible]
在前並無重張典掛他人亦無交加不明
等情如有此情係是賣主出頭支理不
涉買主之事俟至有能至日依契面贖回不
得執留今欲有憑立賣契乙紙為照
咸豐五年十一月日　立賣契人黄昌輿（押）
在見中昌志（押）
自筆（押）
[illegible][illegible]

10-6-16-6　清咸豐五年十一月黄昌輿立賣底面全民田契

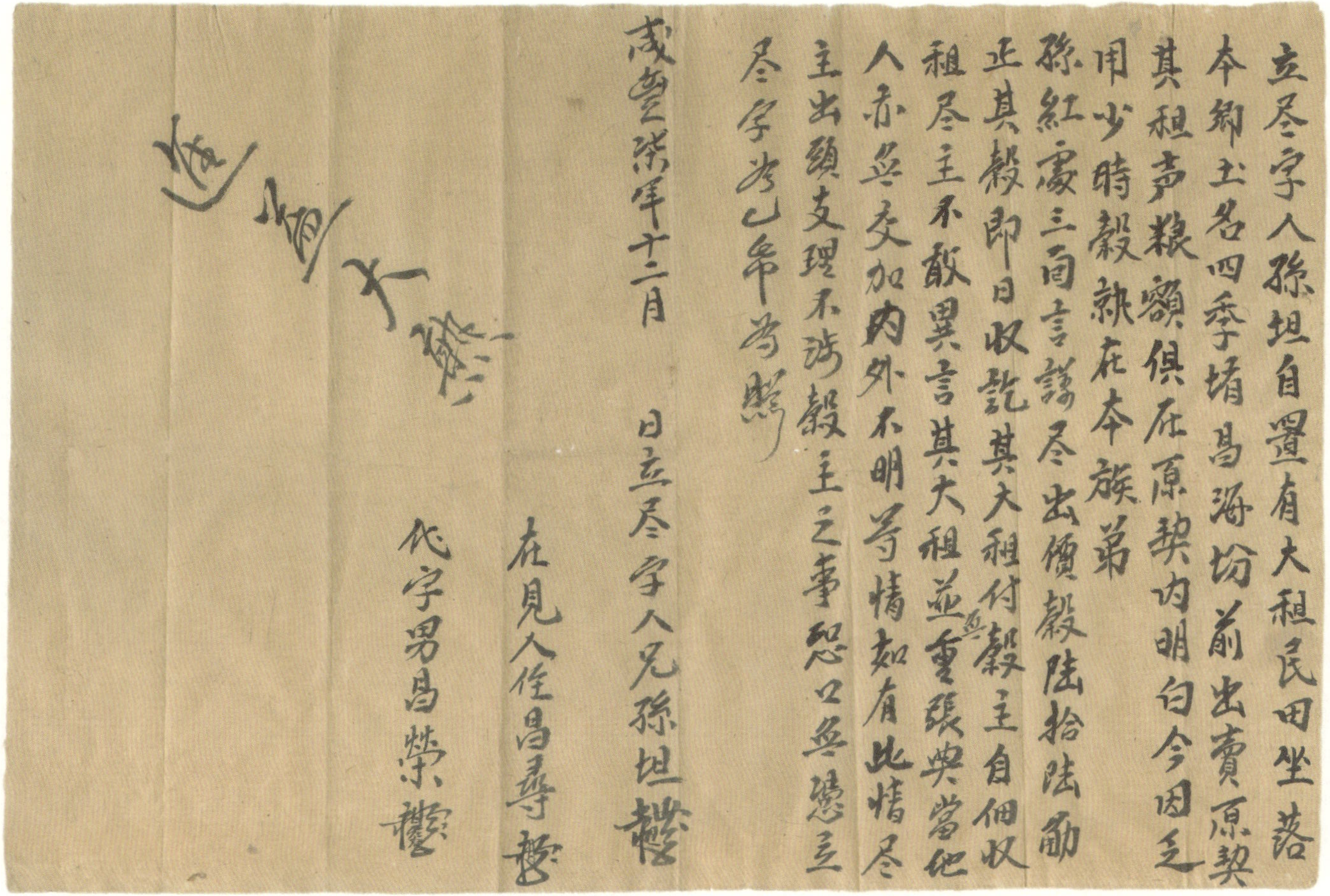
立尽字人孫坦自置有大租民田坐落
本鄉土名四季埔昌海坵前出賣原契
其租声粮額俱在原契内明白今因乏
用少時穀就在本族弟
孫紅處三面言議尽出價穀陆拾陆觔
正其穀即日收訖其大租付穀主自佃收
租尽主不敢異言其大租並無重張典當他
人亦無交加內外不明等情如有此情尽
主出頭支理不涉穀主之事恐口無憑立
尽字為照

咸豐柒年十二月　日立尽字人兄孫坦（押）
在見人侄昌壽（押）
代字男昌榮（押）

送盡大契

10-6-16-7　清咸豐七年十二月黃孫坦立盡大租民田契

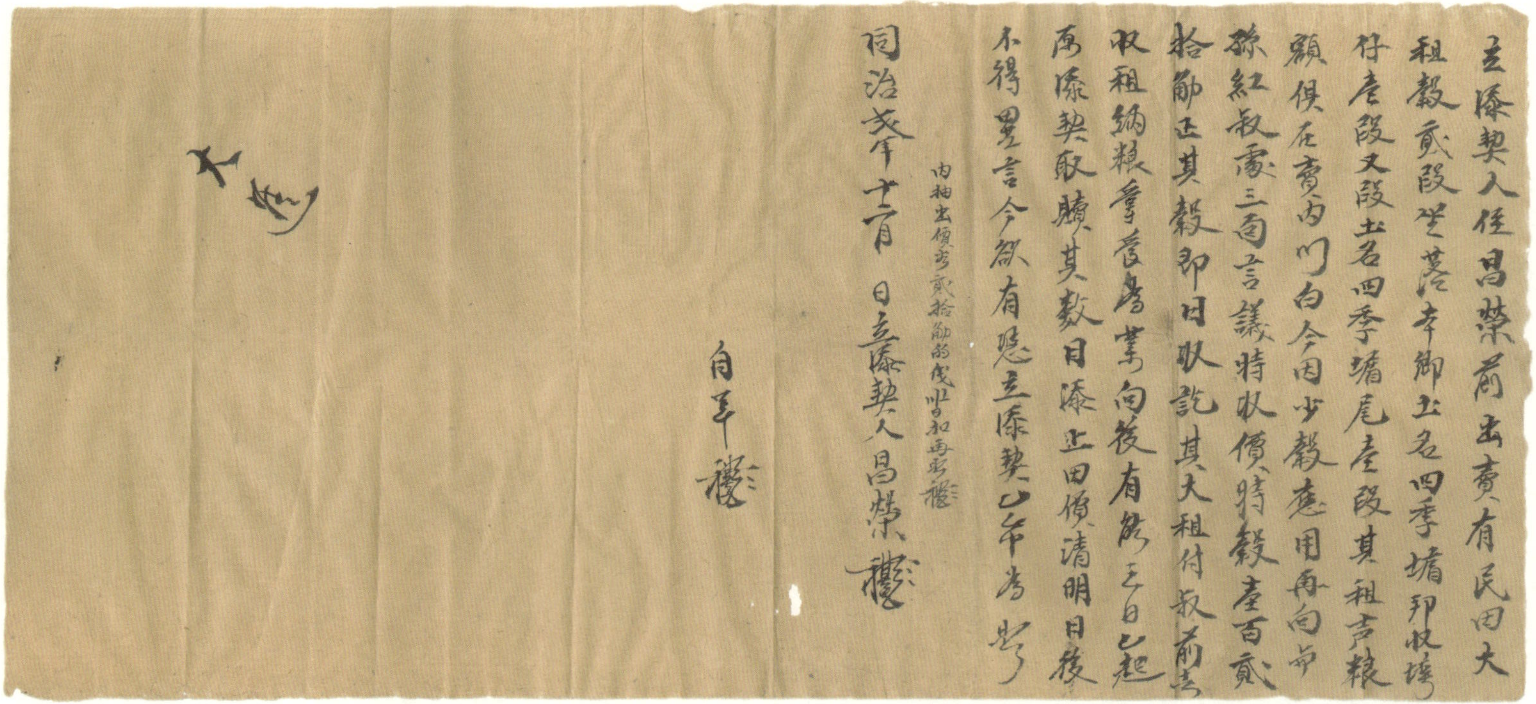

立添契人侄昌榮，前出賣有民田大
租穀貳段，坐落本鄉，土名四季墘卯坑墘
仔壹段，又段土名四季墘尾壹段，其租声粮
額俱在賣內明白。今因乏穀應用，再向叔
孫紅叙處，三面言議，特收價時穀壹百貳
拾觔正，其穀即日收訖。其大租付叔前去
收租納粮，管業為業。向後有能，三年自己起
原添契，敢贖其數，目添土田價，清明日後
不得異言。今欲有憑，立添契一紙為照。

內抽出價錢貳拾觔的，代收日和再彩押

同治貳年十二月　日立添契人昌榮　押

自筆　押

大吉

10-6-16-8 清同治二年十二月黃昌榮立添民田大租穀契

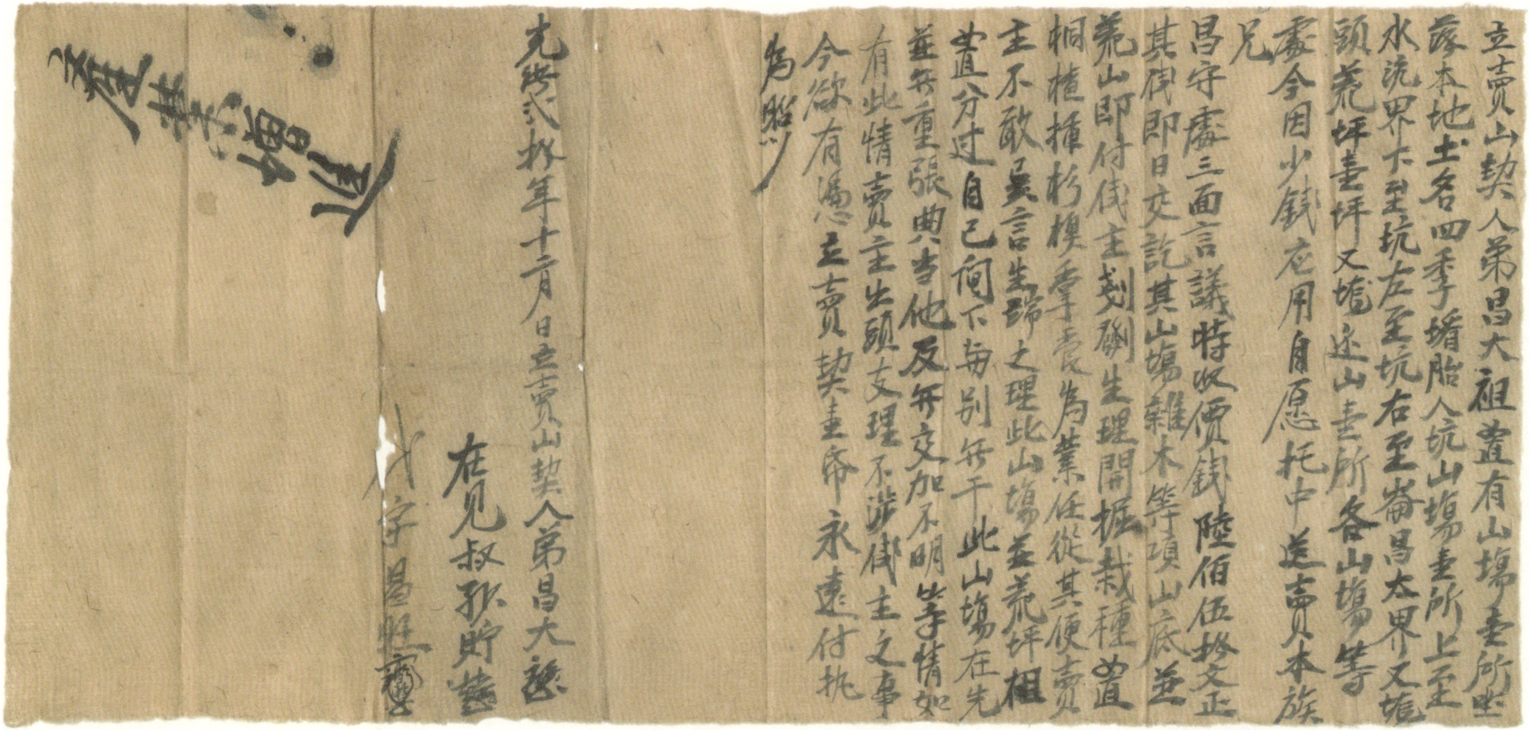

10-6-16-9 清光緒二十年十二月黃昌大立賣山場契

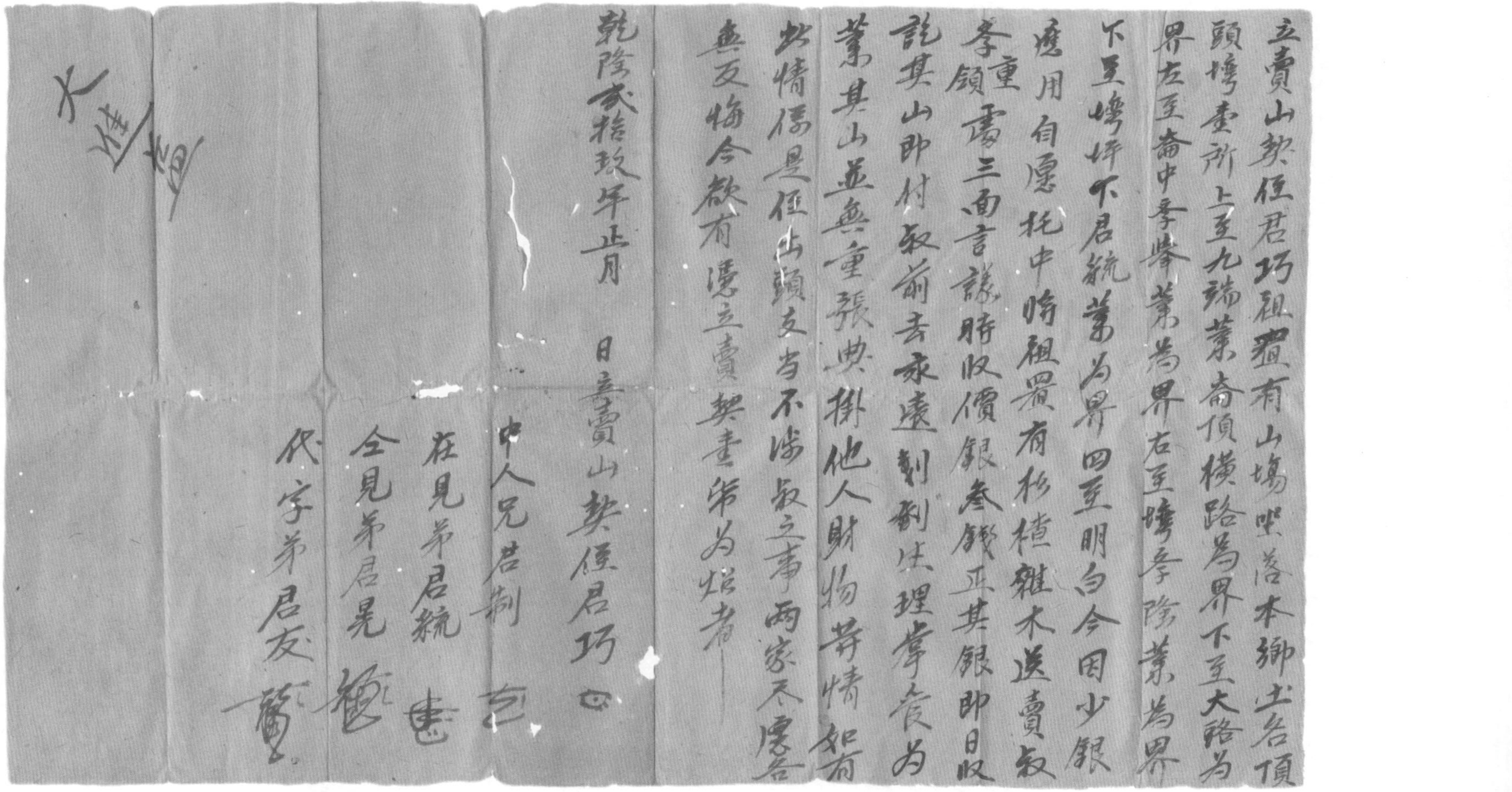

立賣山契侄君巧祖遺有山場坐落本鄉土名頂
頭壚壹所上至九瑞業崙頂橫路為界下至大路為
界左至崙中季崙業為界右至壚季陰業為界
下至壚坪下君統業為界四至明白今因少銀
應用自愿托中將祖買有杉植雜木送賣叔
季重領當三面言議時收價銀叁錢正其銀即日收
訖其山即付叔前去永遠劃割任理管食為
業其山並無重張典掛他人財物等情如有
此情係是侄出頭支当不涉叔之事兩家不虞
無反悔今欲有憑立賣契壹紙為炤者

乾隆貳拾玖年正月　日立賣山契侄君巧
中人兄君制
在見弟君統
仝見弟君晃
代字弟君友

10-6-17-1　清乾隆二十九年正月黃君巧立賣山場契

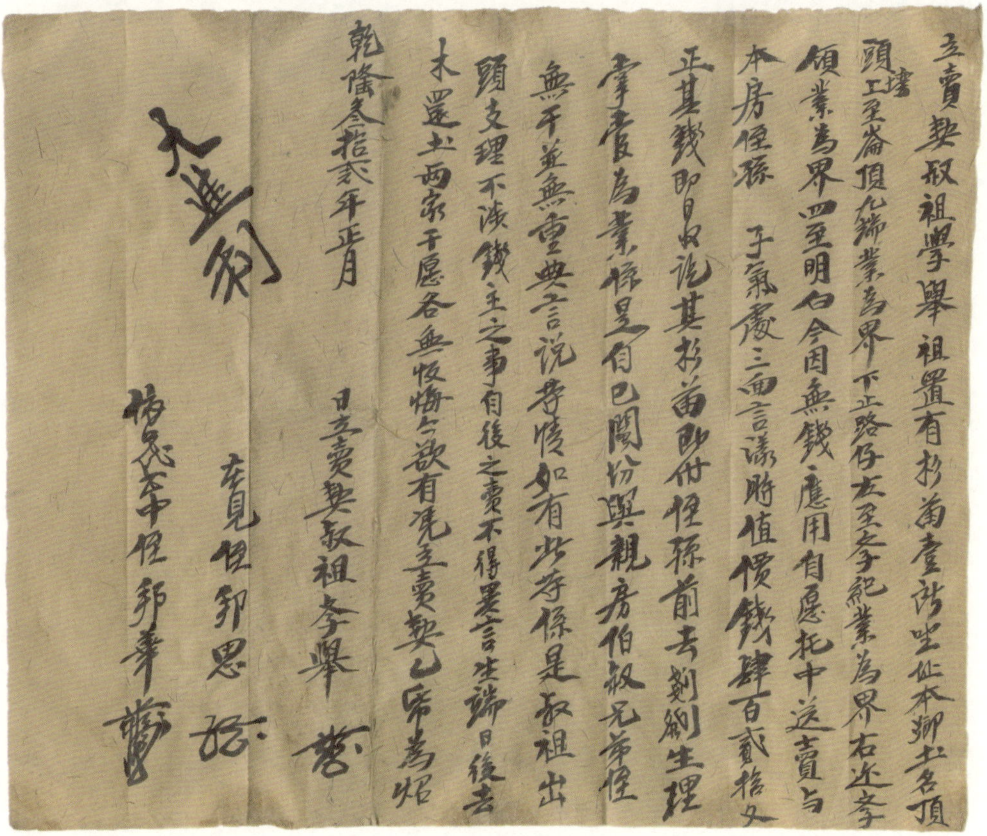

立賣契叔祖孪舉 祖置有杉苗壹片坐址本鄉土名頂
頭墘工至崙頂允錦業為界下止路仔左至之孪紀業為界右止孪
領業為界四至明白今因無錢應用自愿托中送賣与
本房侄孫 子氣處三面言議時值價錢肆百貳拾文
正其錢即日收訖其杉苗即付侄孫前去剗劄生理
掌管為業係是自己關分與親房伯叔兄弟侄
無干并無重典之言說等情如有此等係是叔祖出
頭支理不涉錢主之事自後之賣不得異言生端日後去
木還土兩家干愿各無悔悔欲有憑立賣契乙帋為炤
大進利
乾隆叁拾貳年正月 日立賣契叔祖孪舉 押
在見侄郭思 押
代筆侄邦華 押

10-6-17-2 清乾隆三十二年正月黄孪舉立賣杉苗契

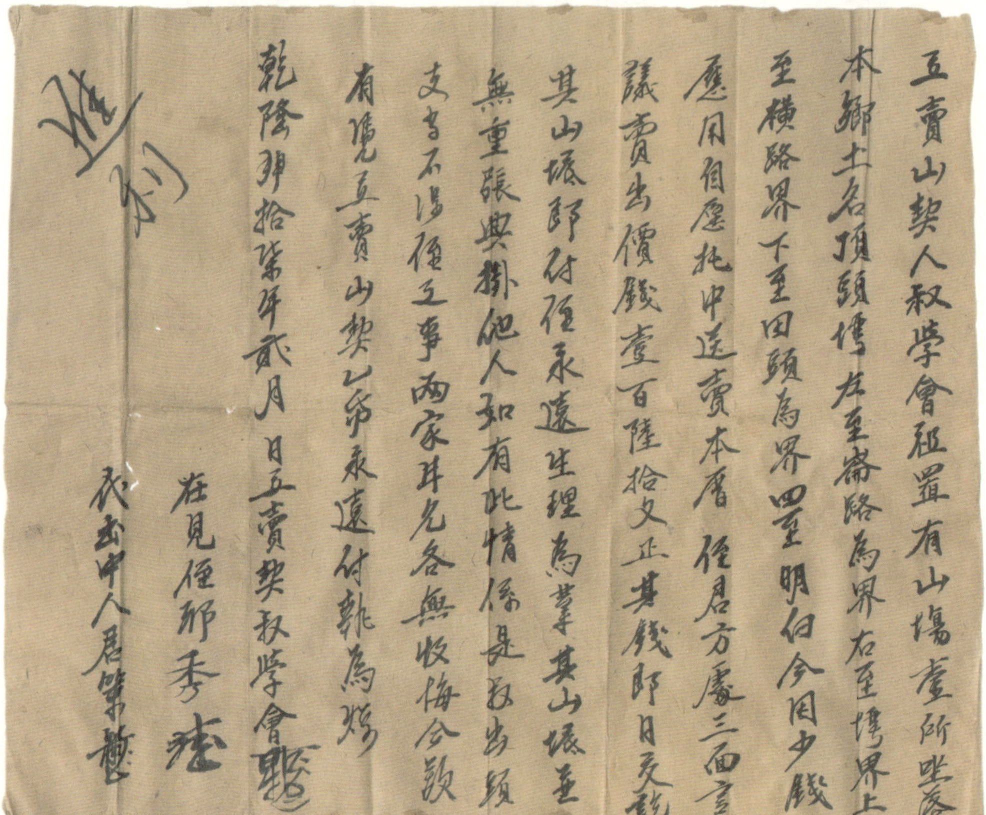

立賣山契人叔學會祖置有山場壹所坐落
本鄉土名頂頭垮，左至崙路為界，右至垮界，上
至橫路界，下至田頭為界，四至明白。今因乏錢
應用，自愿托中送賣本房侄君方處，三面言
議賣出價錢壹百陸拾文正。其錢即日交訖，
其山場即付侄永遠生理為業。其山場並
無重張典掛他人，如有此情，係是叔出頭
支當，不涉侄之事。兩家甘允，各無收悔。今欲
有憑，立賣山契一紙，永遠付執為炤。
乾隆肆拾柒年貳月　日立賣契叔學會
在見侄邦秀
代書中人君策

10-6-17-3　清乾隆四十七年二月黄學會立賣山場契

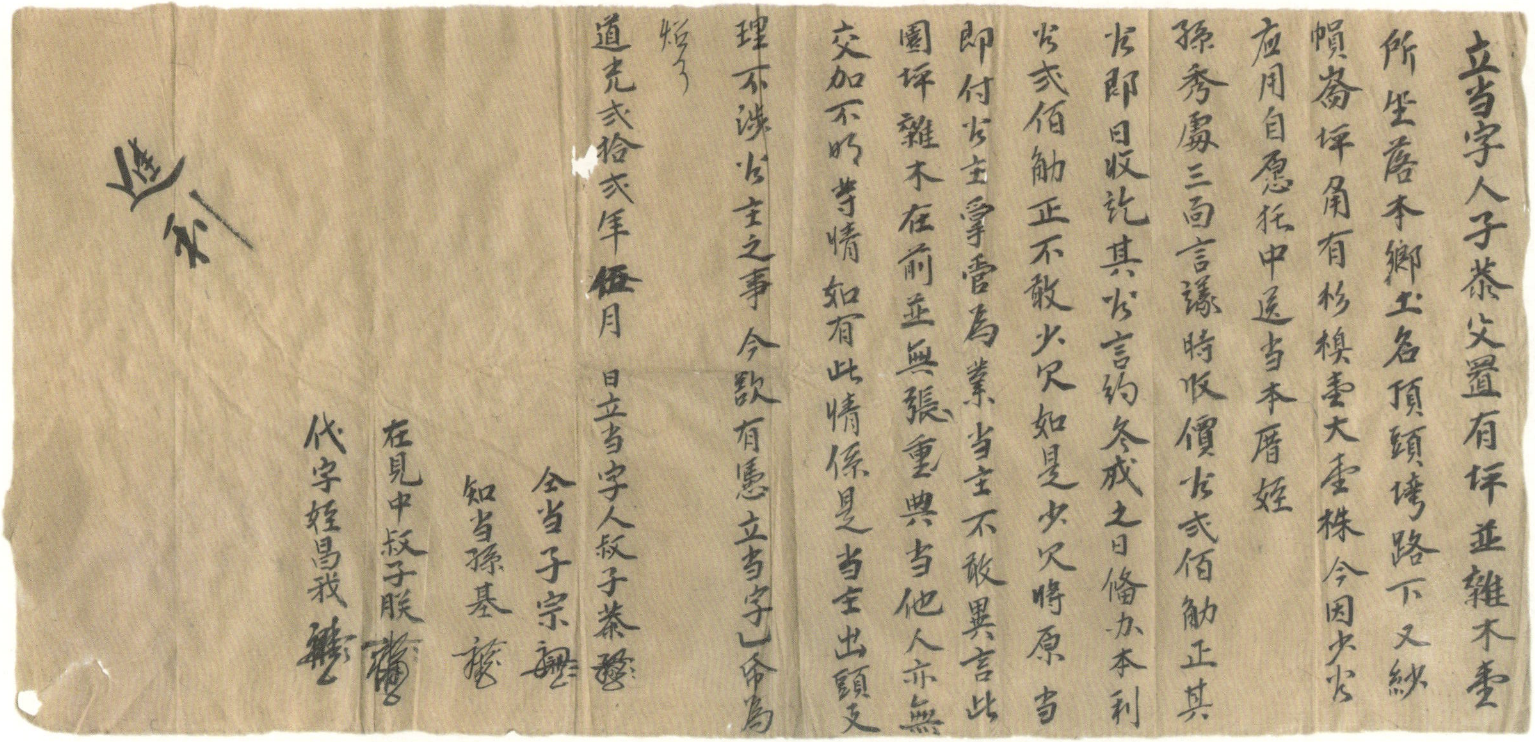
立當字人子恭父置有坪並雜木壹
所，坐落本鄉土名頂頭塝路下，又紗
帽崙坪角有杉樹壹大壹株。今因少谷
應用，自愿托中送當本厝姪
孫秀處，三面言議時價谷式佰觔正。其
谷即日收訖，其谷言約冬成之日備办本利
谷式佰觔正，不敢少欠。如是少欠，時原當
即付谷主掌管為業，當主不敢異言。此
園坪雜木在前並無張重典當他人，亦無
交加不明等情。如有此情，係是當主出頭支
理，不涉谷主之事。今欲有憑，立當字一紙為
炤。
道光式拾式年伍月　日立當字人叔子恭
仝當子宗
知當孫基
在見中叔子朕
代字姪昌我
進利

10-6-17-4　清道光二十二年五月黃子恭等立當坪等字

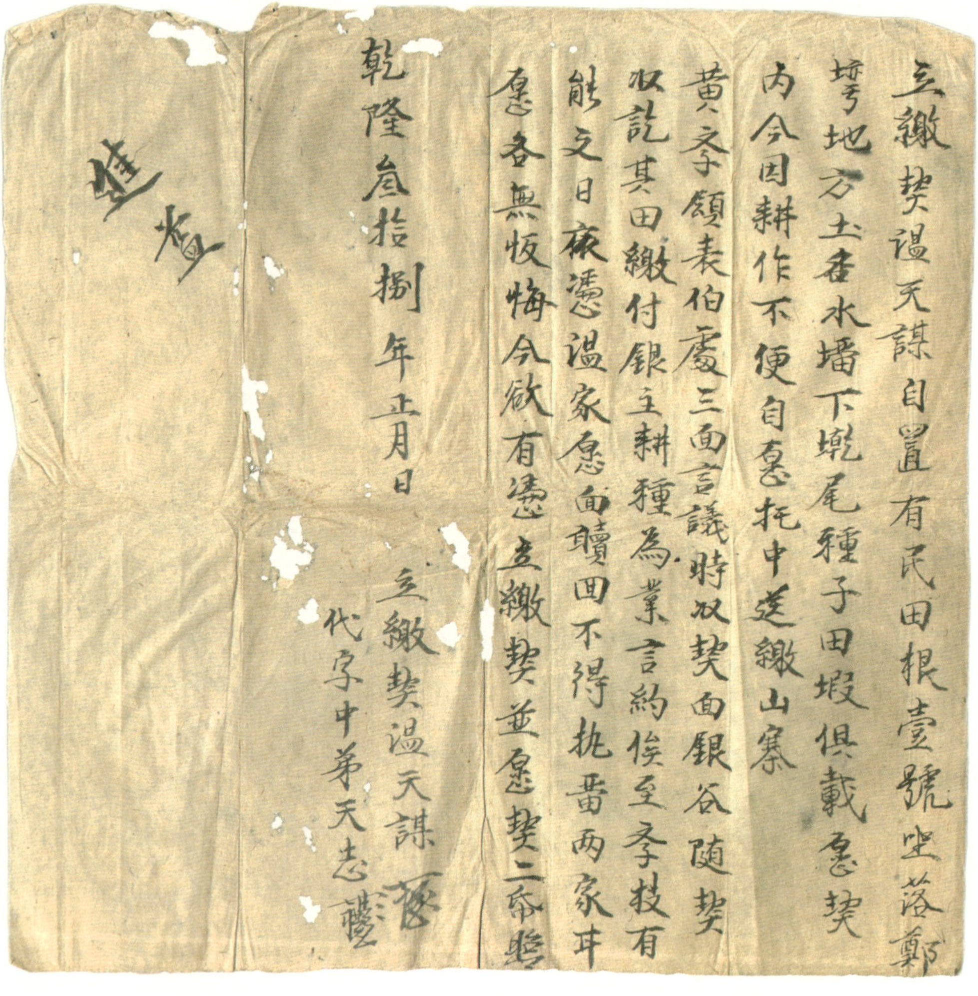

立繳契温天謀自置有民田根壹號坐落鄭
坪地方土名水壋下蚯尾種子田塅俱載愿契
内今因耕作不便自愿托中送繳山寨
黃孝頌表伯處三面言議時收契面銀谷随契
收訖其田繳付銀主耕種為業言約俟至孝枝有
能之日備還温家愿面贖回不得执留兩家甘
愿各無反悔今欲有憑立繳契并愿契二紙

乾隆叁拾捌年正月日

立繳契温天謀（押）
代字中弟天志（押）

進查

10-6-18-1　清乾隆三十八年正月温天謀立繳民田根契

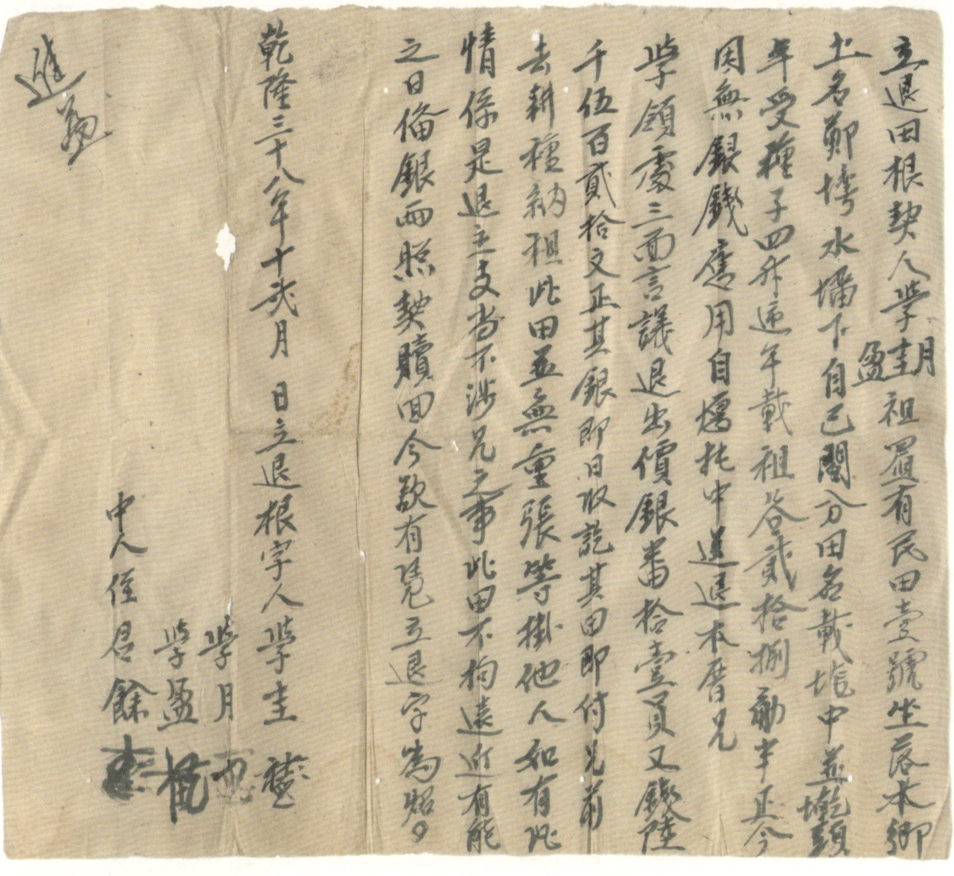
立退田根契人學圭 月 盈祖置有民田壹號坐落本鄉
土名鄭墝水墻下自己閹分田名載垅中並垅頭
年受種子四升逐年載租谷貳拾捌觔半正今
因無銀錢應用自情托中送退本房兄
學領處三面言議退出價銀番拾壹員又錢陸
千伍百貳拾文正其銀即日收訖其田即付兄前
去耕種納租此田並無重張等掛他人如有此
情係是退主之當不涉兄之事此田不拘遠近有能
之日備銀兩照契贖回今欲有憑立退字為照
乾隆三十八年十二月 日立退根字人學圭
學月
學盈
中人 侄 居餘
進益

10-6-18-2 清乾隆三十八年十二月黃學圭等立退民田根契

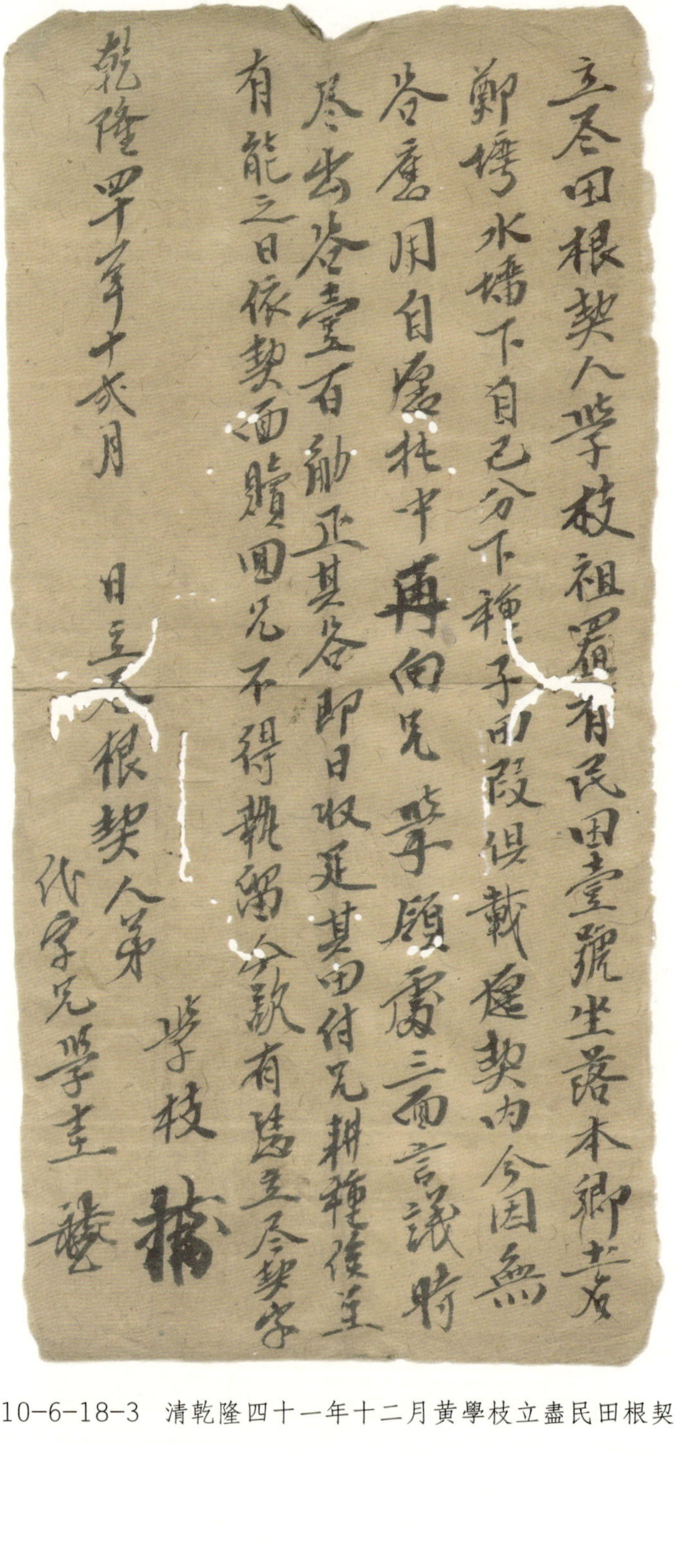
立盡田根契人黃學枝祖置有民田壹號坐落本鄉土名
鄭塝水壋下自己分下種子貳段俱載延契內今因無
銀應用自愿托中再向兄學顯處三面言議將
盡出銀壹百觔正其銀即日收足其田付兄耕種從至
有能之日依契面贖回兄不得執留今欲有憑立盡契字
乾隆四十一年十二月　日立盡根契人弟　學枝
代字兄學奎

10-6-18-3　清乾隆四十一年十二月黃學枝立盡民田根契

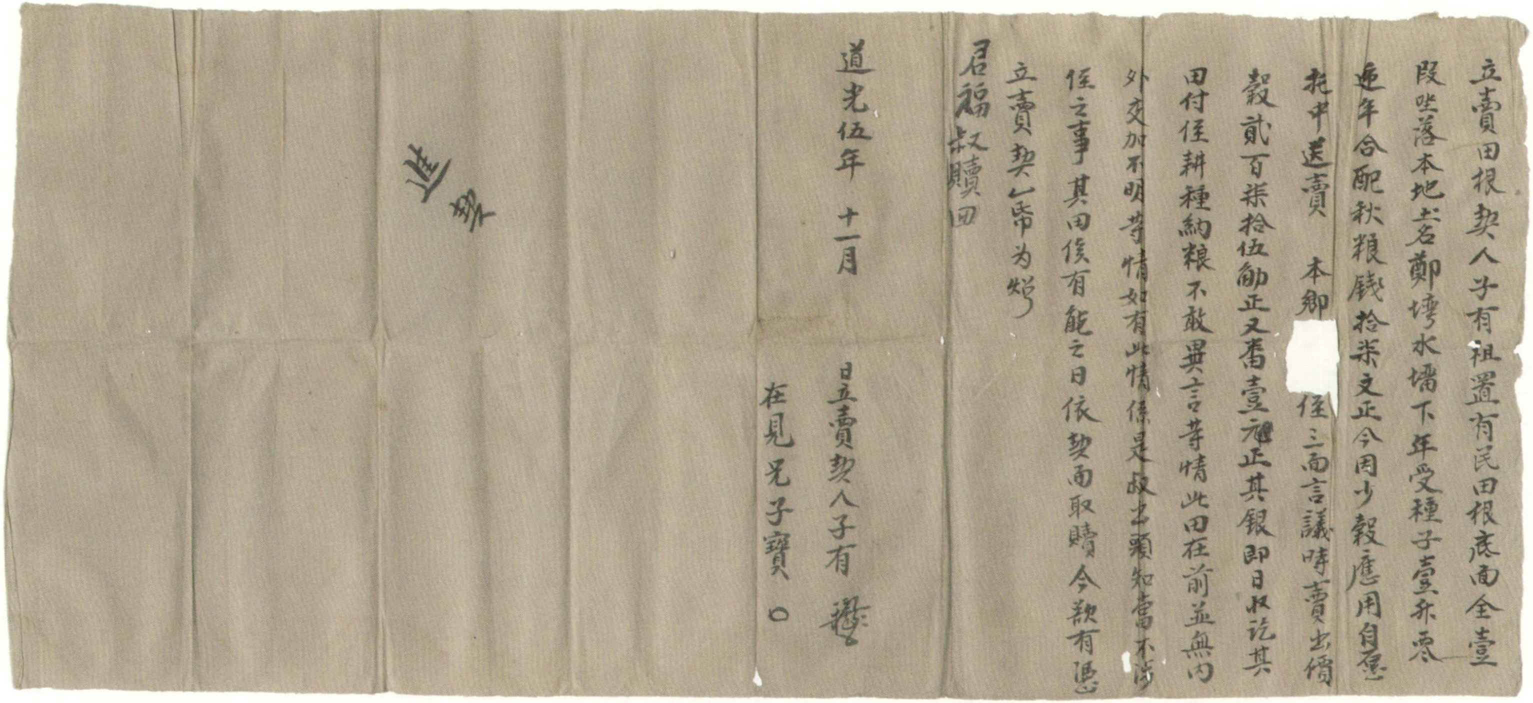
立賣田根契人子有祖置有民田根底面全壹
段坐落本地土名鄭墩水墻下年受種子壹升零
運年合配秋粮錢拾柒文正今因少穀應用自愿
托中送賣 本鄉[illegible] 任三面言議時賣出價
穀貳百柒拾伍觔正又酒壹罈正其銀即日收訖其
田付任耕種納粮不敢異言等情此田在前並無內
外交加不明等情如有此情係是叔出頭知當不涉
任之事其田侯有能之日依契面取贖今欲有憑
立賣契一帋為照
君福叔贖田
道光伍年 十一月 日立賣契人子有（押）
在見兄子寶 ○
進契

10-6-18-4 清道光五年十一月黃子有立賣底面全民田根契

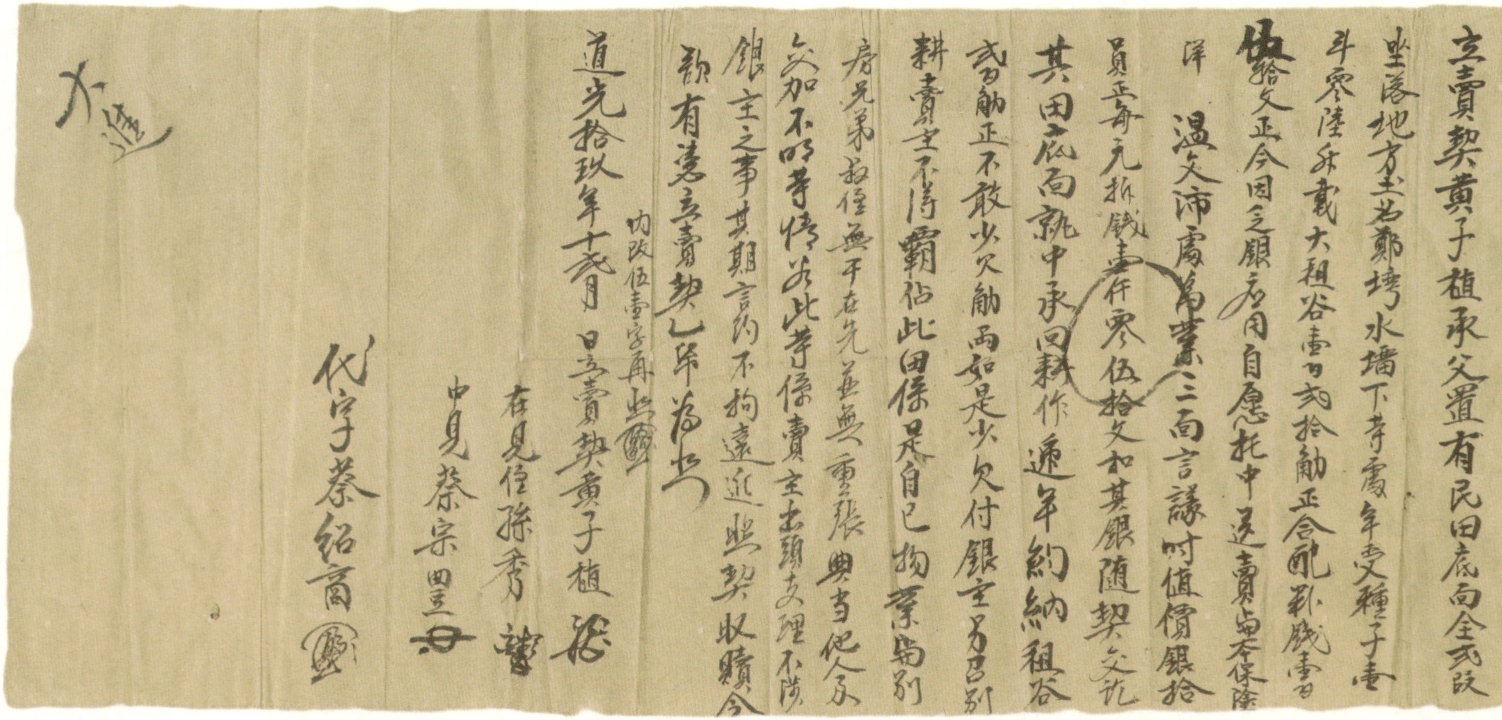
立賣契黃子植承父置有民田底面全貳段
坐落地方土名鄭塆水墻下等處年受種子壹
斗零陸升載大租谷壹百貳拾觔正合配兆錢壹百
伍拾文正今因乏銀應用自愿托中送賣與本保陳
洋　溫文沛處爲業三面言議時值價銀拾
員正每元折錢壹仟零伍拾文其銀隨契交訖
其田底面就中承回耕作遞年約納租谷
貳百觔正不敢少欠觔兩如是少欠付銀主另召別
耕賣主不得霸佔此田係是自己物業與別
房兄弟叔侄無干在先並無重張典當他人
交加不明等情如有此等係賣主出頭支理不涉
銀主之事其期言約不拘遠近照契收贖今
欲有憑立賣契一紙爲照
內改伍壹字再照
道光拾玖年十二月　日立賣契黃子植
在見侄孫秀
中見蔡宗田
代字蔡紹商
不遂

10-6-18-5　清道光十九年十二月黃子植立賣底面全民田契（廢契）

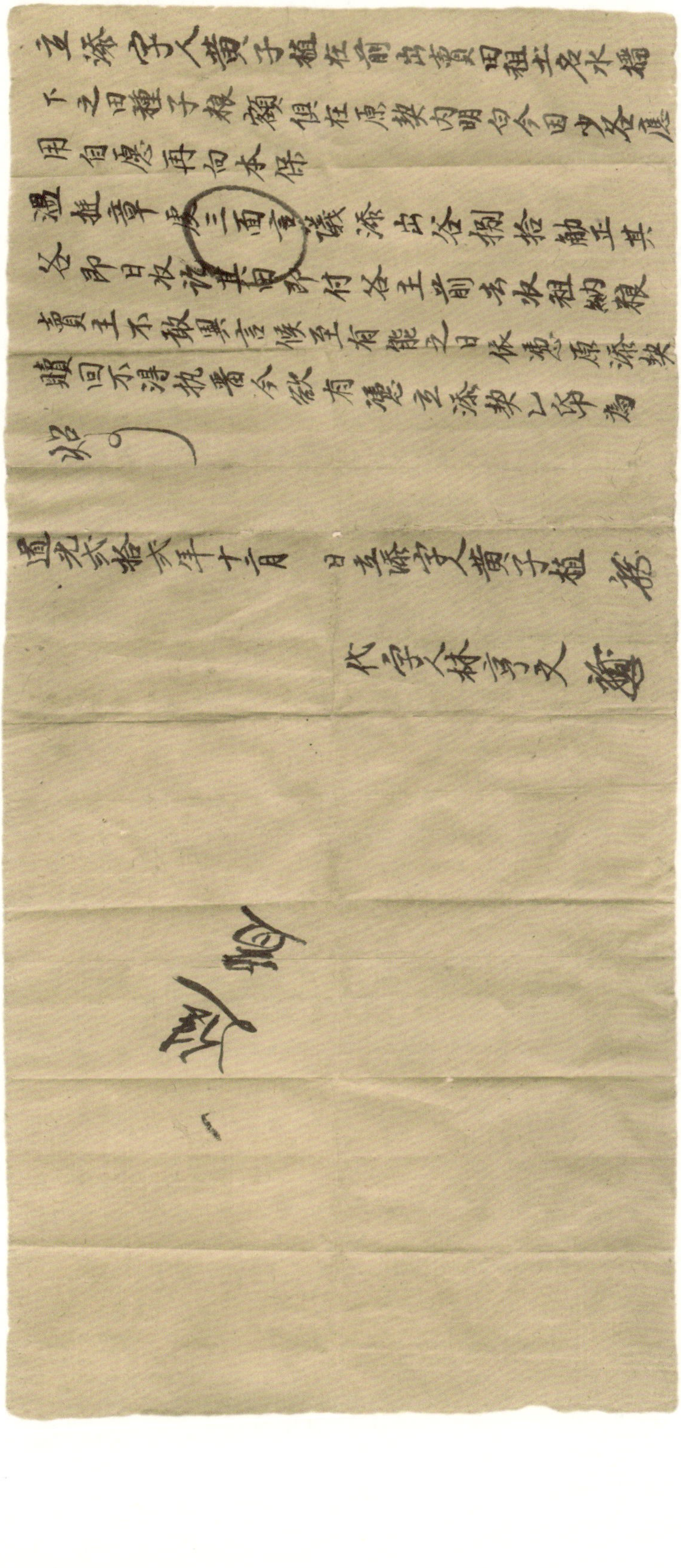
立添字人黄子植，在前出賣田租土名水碓
下之田種子粮額俱在原契內明白，今因乏錢應
用，自愿再向本保
邊姓章卓處三面言議，添出錢捌拾捌正，其
錢即日收訖，其田即付錢主前去收租納粮，
賣主不敢異言，俟至有能之日，依照原添契
贖回，不得抗霸。今欲有憑，立添契一紙為
炤。

道光貳拾貳年十二月　日立添字人黄子植（押）

代字人林□□（押）

10-6-18-6　清道光二十二年十二月黄子植立添田租字（廢契）

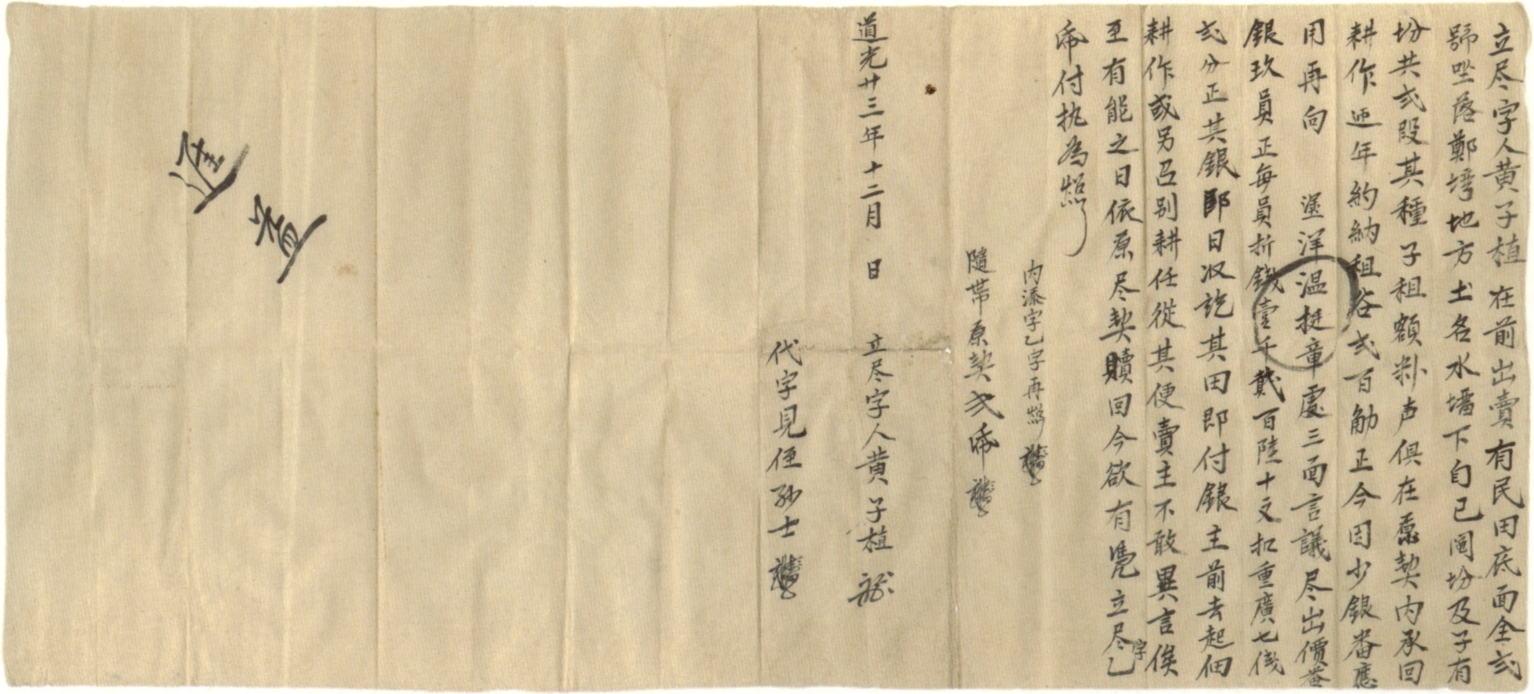

立尽字人黄子植　在前出賣有民田底面全式
號坐落鄭墩地方土名水墻下自己闔坋及子有
坋共式段其種子祖額㪷声俱在原契内承回
耕作逓年約納租谷式百觔正今因乏銀畨應
用再向　邃洋溫挺章處三面言議尽出價畨
銀玖員正每員折錢壹千貳百陸十文扣重廣七錢
式分正其銀即日収訖其田即付銀主前去起佃
耕作或另召别耕任從其便賣主不敢異言倘
至有能之日依原尽契贖回今欲有憑立尽字乙
帋付执為照

内添字乙字再照　押

隨帶原契弍帋　押

道光廿三年十二月　日　立尽字人黄子植　押

代字見侄劢士　押

10-6-18-7　清道光二十三年十二月黄子植立盡底面全民田字（廢契）

立當字人弟孫恩祖置有山場乙所坐落
本鄉土名水墻下竹林其雜木其界址上至路下
至路左至孫顔山界右至昌景山界四至明白
今因少脉麥應用自愿送當兄
孫象處三面言議當出麥四升言約冬
成植子拾陸斤正不敢少欠如是少欠將山付
兄掌管為業弟不敢異言生端等情此山在前
並無重張典當他人亦無交加不明等情如
有此情係是當主出頭支理不涉錢主之事
今欲有凭立當字乙紙為照

咸豐三年四月　日立當字人弟孫恩（押）
在見弟孫沛

進利

五年四月入來米八升半管的水二百文
笋上少水二百文
丙家廿元
連傘梳　連水墻下二紙少代四百五

10-6-18-8　清咸豐三年四月黃孫恩立當山場字

立當字人孫恩祖置有山場乙所坐
落土名鄭水塆其界址上至崙頂下至塆
前至子秀界後至田界四至明白今因少
錢應用自愿送當兄
孫家慶三面言議當出價錢乙百陸拾四
文正言約冬成之日備办本錢送還不敢少
欠如是少欠將山場雜木付兄掌管為
業弟不敢异言此山在前並無重張典
當他人亦無交加不明等情如有此情係
是弟出頭支理不涉兄之事今欲有憑立
當字乙紙為照

内隨原契乙紙為照

咸豐四年又七月　日立當字人弟孫恩（押）
親筆契仝弟孫沛（押）

進利

10-6-18-9　清咸豐四年七月黃孫恩立當山場字

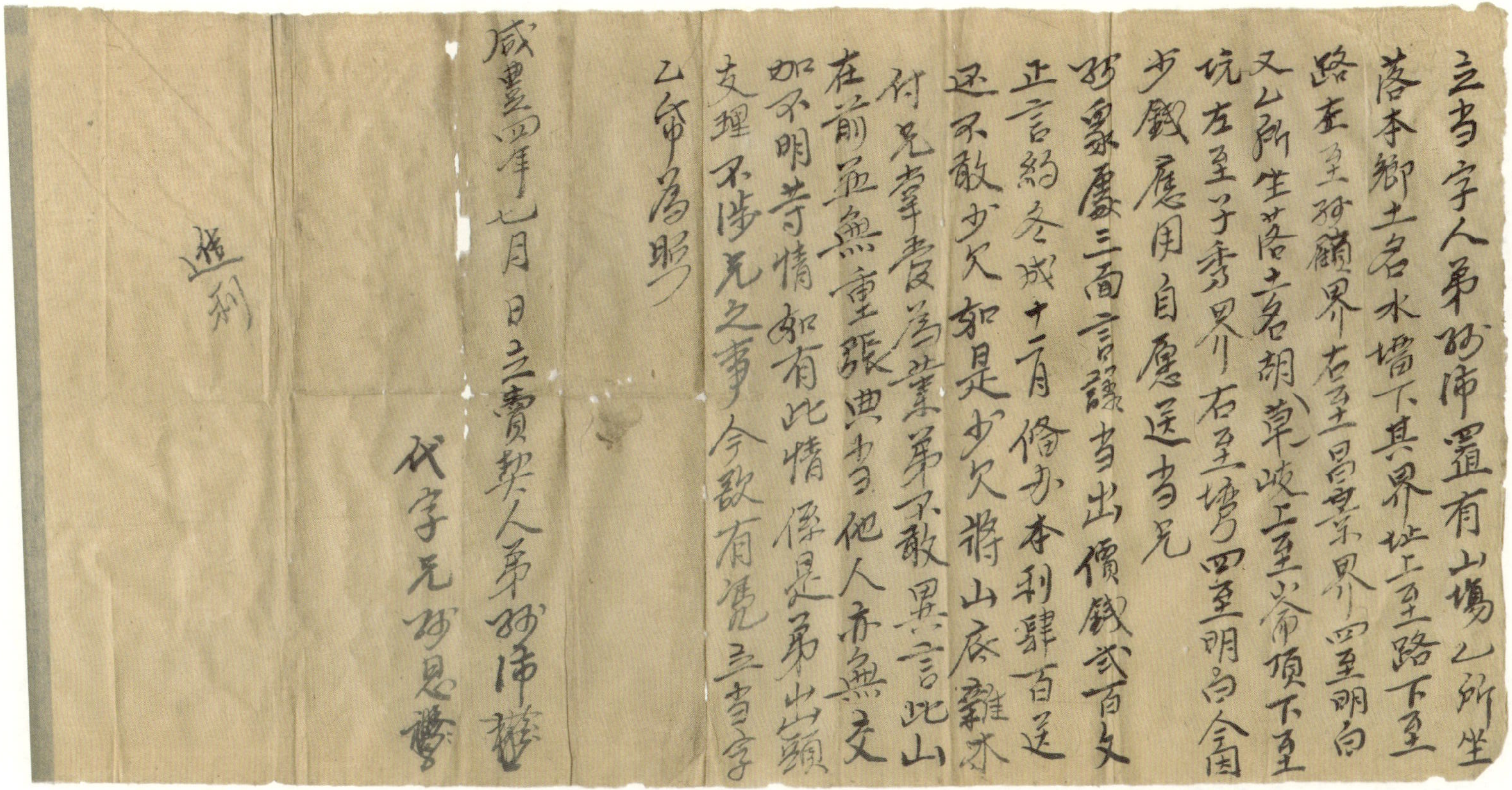
立当字人弟孙沛置有山場乙所坐
落本鄉土名水墻下其界址上至路下至
路左至孙嶺界右至昌業界四至明白
又山所生落土名胡草岐上至火甬頂下至
坑左至子秀界右至塘四至明白今因
少錢應用自愿送当兄
孙象處三面言議当出價錢貳百文
正言約冬成十二月備办本利肆百送
还不敢少欠如是少欠將山底雜木
付兄掌管為業弟不敢異言此山
在前並無重張典当他人亦無文
加不明苛情如有此情係是弟出頭
支理不涉兄之事今欲有憑立当字
乙紙為照
咸豐四年七月　日立賣契人弟孙沛（押）
代字兄孙恩（押）
進利

10-6-18-10　清咸豐四年七月黃孫沛立當山場字

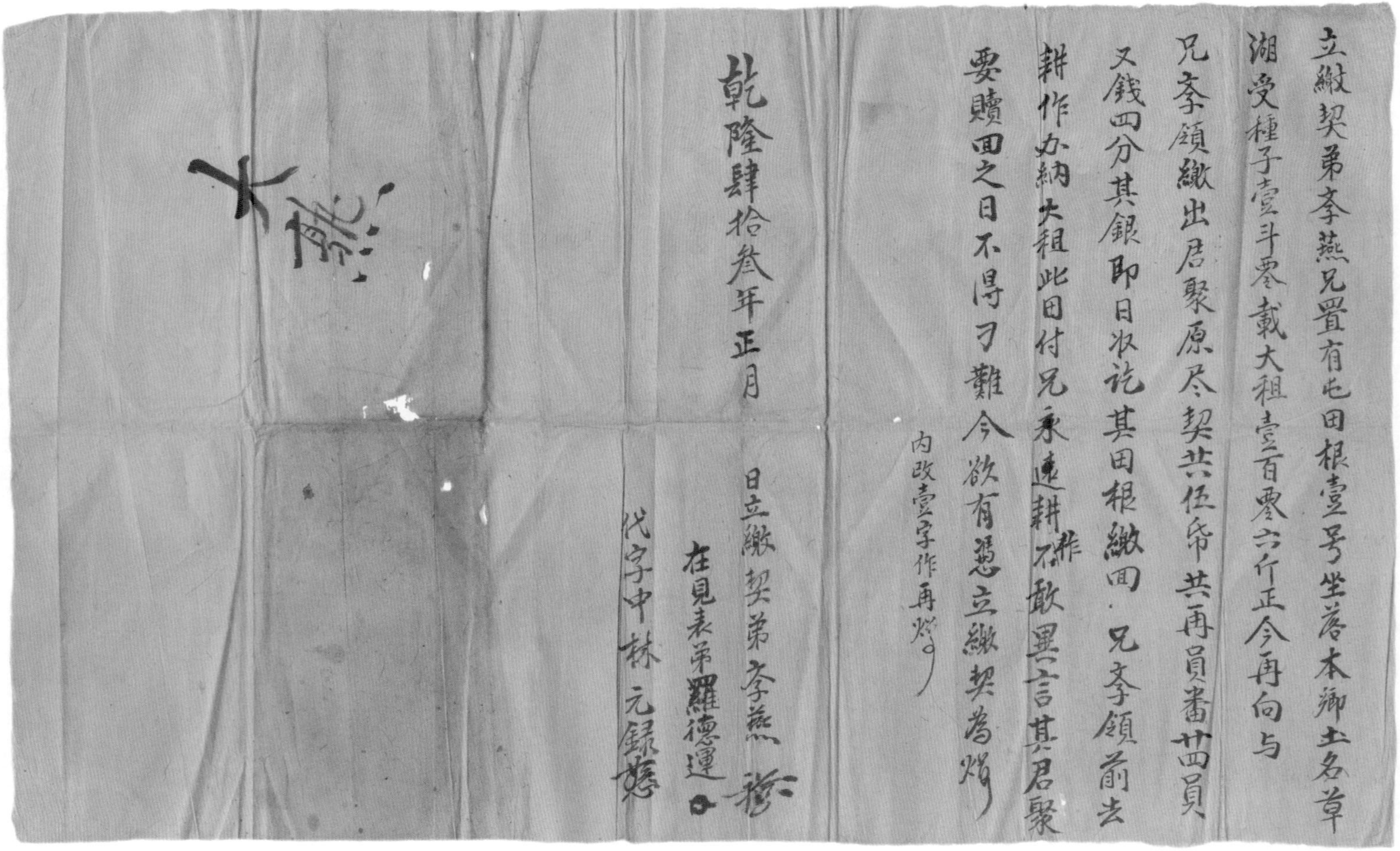

立繳契弟孝燕兄置有屯田根壹号坐落本鄉土名草
湖受種子壹斗零載大租壹百零六斤正今再向与
兄孝領繳出居聚原尽契共伍帋共再員畨卌四員
又錢四分其銀即日收訖其田根繳回，兄孝領前去
耕作办納大租此田付兄永遠耕作不敢異言其居聚
要贖田之日不得刁難今欲有憑立繳契為炤
内改壹字作再炤

乾隆肆拾叁年正月　日立繳契弟孝燕（押）
在見表弟羅德運（押）
代字中林元録（押）

大發

10-6-19-1　清乾隆四十三年正月黃孝燕立繳屯田根契

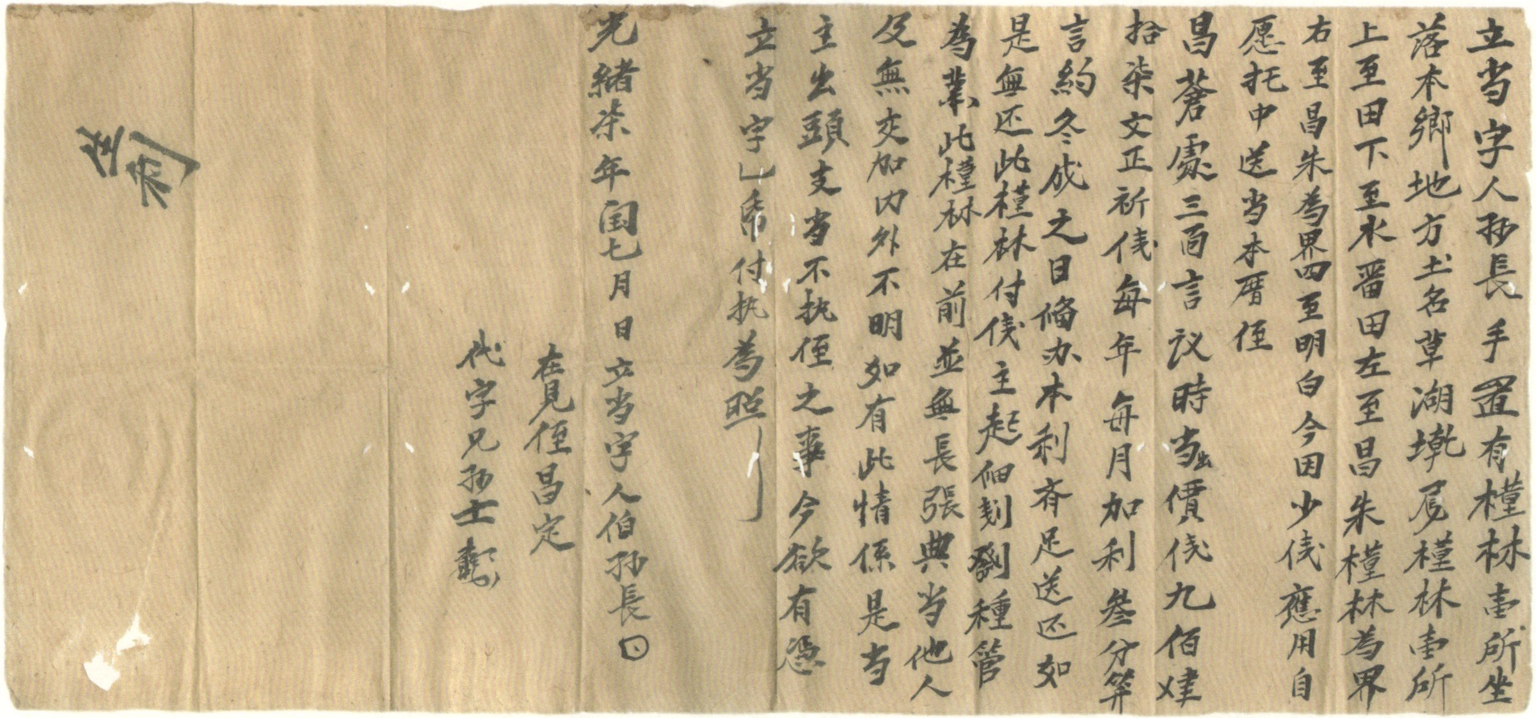
立当字人孙長手置有槿林壹所坐
落本鄉地方土名草湖墘尾槿林壹所
上至田下至水圳田左至昌朱槿林為界
右至昌朱為界四至明白今因少伐應用自
愿托中送当本厝侄
昌蒼處三面言議時值價伐九佰建
拾柒文正祈伐每年每月加利叁分算
言約冬成之日備办本利齊足送还如
是無还此槿林付伐主起佃割劉種管
為業此槿林在前並無長張典当他人
又無交加內外不明如有此情係是当
主出頭支当不執侄之事今欲有憑
立当字一帋付執為照
光緒柒年閏七月　日　立当字人伯孙長（押）
在見侄昌定
代字兄孙士（押）

10-6-19-2　清光緒七年閏七月黃孫長立當槿林字

立当字人昌炳祖遺有民輪田叁段坐落
本鄉地方土名草湖上下叁段年受種子七
升合配粮代大粗原額照開出今因乏
谷應用自愿送当本房弟
昌瞬處三面言议時当出價谷陸拾斤足
其谷即日交讫其谷每年每月行利伍分
算言约来年冬成之日備办本利斉足送
还不敢少欠如是少欠將輪田輪年至期伍
年應得壹年自分下弟兄弟無干抵付谷
主起佃耕作当主不敢異言生端此輪田在
前並無重張典当他人及無內外交不明等
情如有此情係是当出頭支理不涉谷主之
事今欲有憑立当字一帋付执为照

光緒廿一年十二月日立当字人昌炳

在見人昌滄

自筆

10-6-19-3　清光緒二十一年十二月黃昌炳立當民輪田字

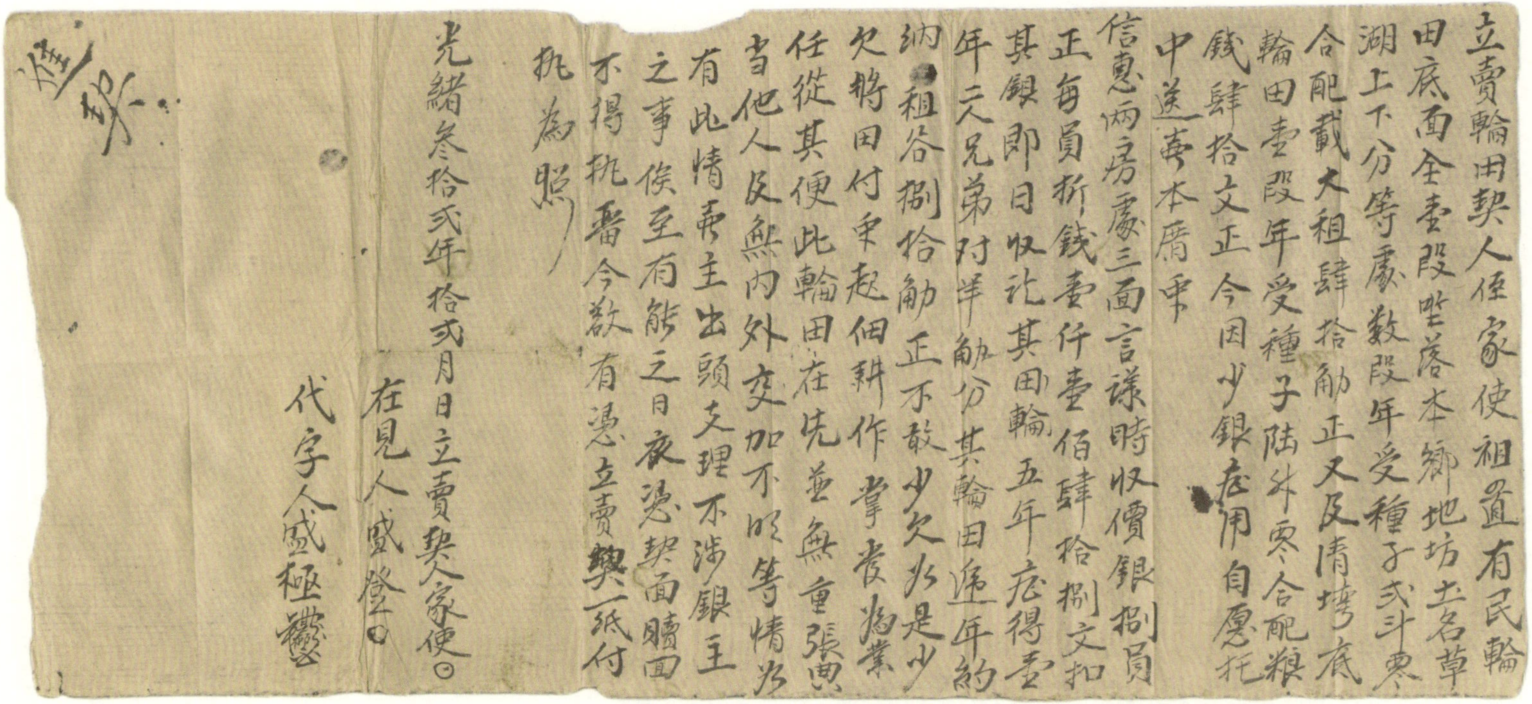

10–6–19–4　清光緒三十二年十二月黃家使立賣底面全民輪田契

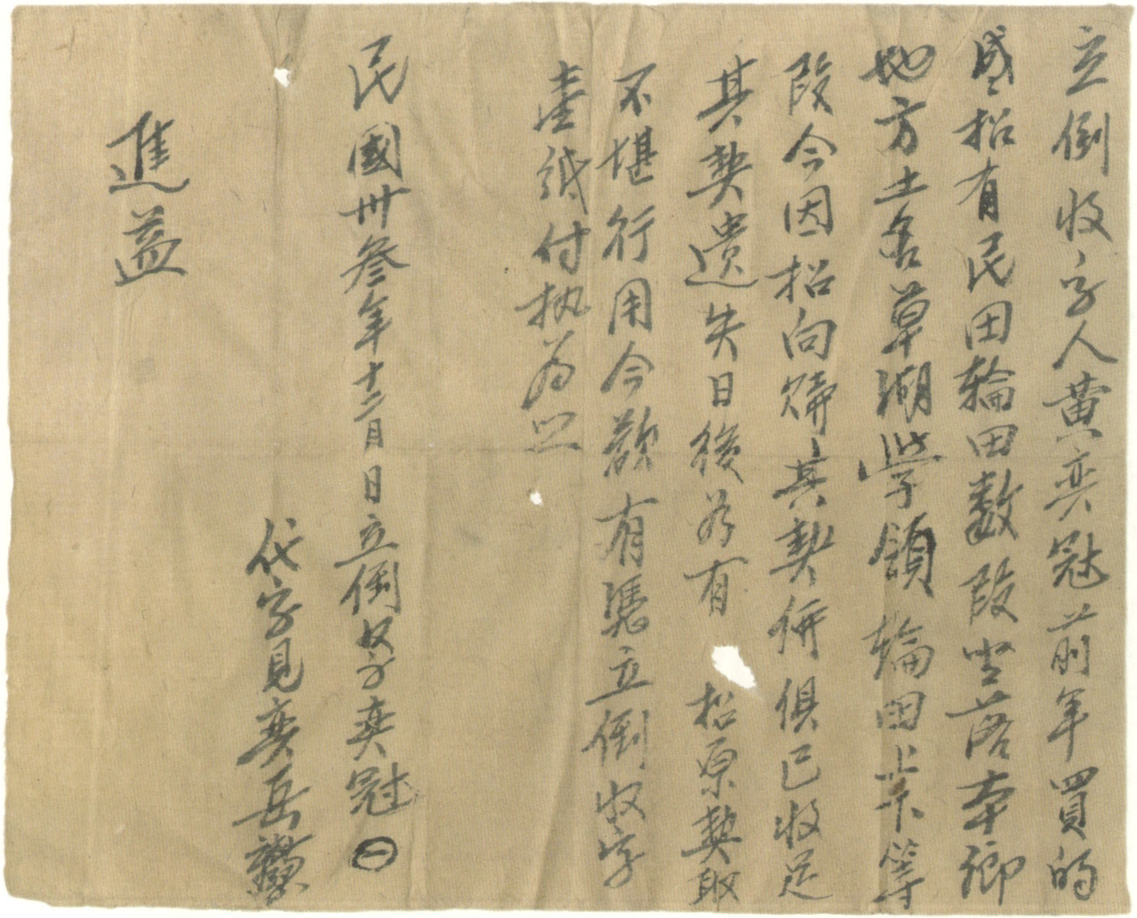

立倒收字人黃奕冠前年買的
盛柗有民田輪田數段坐落本鄉
地方土名草湖學嶺輪田業等
段今因柗向贖其契併俱已收足
其契遺失日後若有柗原契取
不堪行用今欲有憑立倒收字
壹紙付執為照
民國卅叁年十二月日立倒收字奕冠（押）
代字見弟岳鑾
進益

10-6-19-5　民國三十三年十二月黃奕冠立倒收字

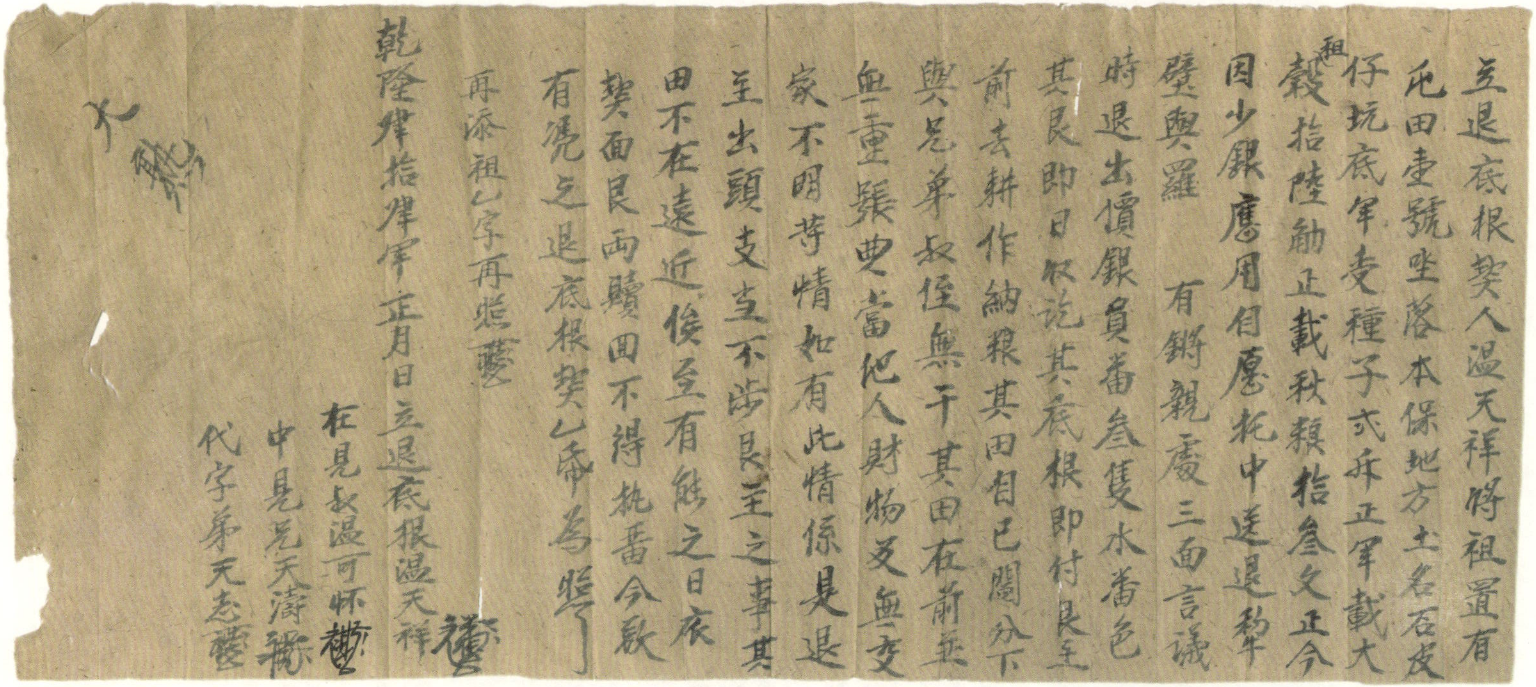
立退底根契人温天祥將祖置有
屯田壹號，坐落本保地方，土名石皮
仔坑底，年受種子弍斗正，年載大
穀（祖）指陸斛正，載秋穀指叁斗正。今
因少銀應用，自愿托中送退與
壁與羅　有鏘親處，三面言議
時退出價銀員番叁隻，水番色，
其艮即日收訖，其底根即付艮主
前去耕作納粮。其田自己閹分下，
與兄弟叔侄無干。其田在前並
無重張典當他人財物，又無交
家不明等情，如有此情，係是退
主出頭支當，不涉艮主之事。其
田不在遠近，俟至有能之日，依
契面艮兩贖田，不得執番。今欲
有憑，立退底根契一紙為照。
再添祖一字再照。
乾隆肆拾肆年正月　日立退底根温天祥
在見叔温可怀
中見兄天濤
代字弟天志
大發

10-6-20-1　清乾隆四十四年正月温天祥立退屯田底根契

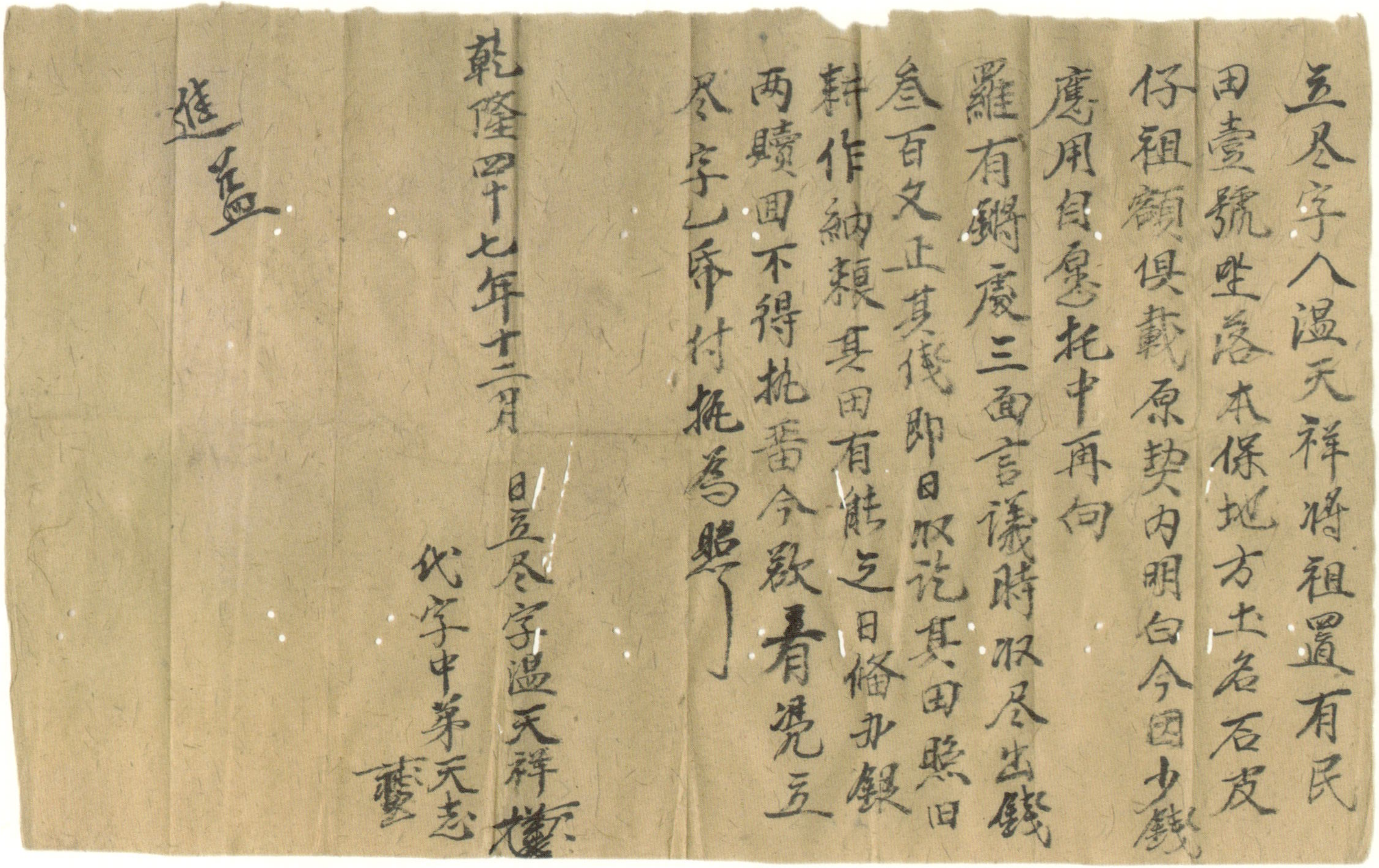

立尽字人温天祥將祖置有民
田壹號坐落本保地方土名石皮
仔租額俱載原契内明白今因少錢
應用自愿托中再向
羅有爵處三面言議時收尽出錢
叁百文正其錢即日收訖其田照旧
耕作納粮其田有能之日備办銀
兩贖回不得執番今欲有憑立
尽字乙帋付執爲照

乾隆四十七年十二月　日立尽字温天祥（押）
代字中弟天志（押）

進益

10-6-20-2　清乾隆四十七年十二月温天祥立盡民田字

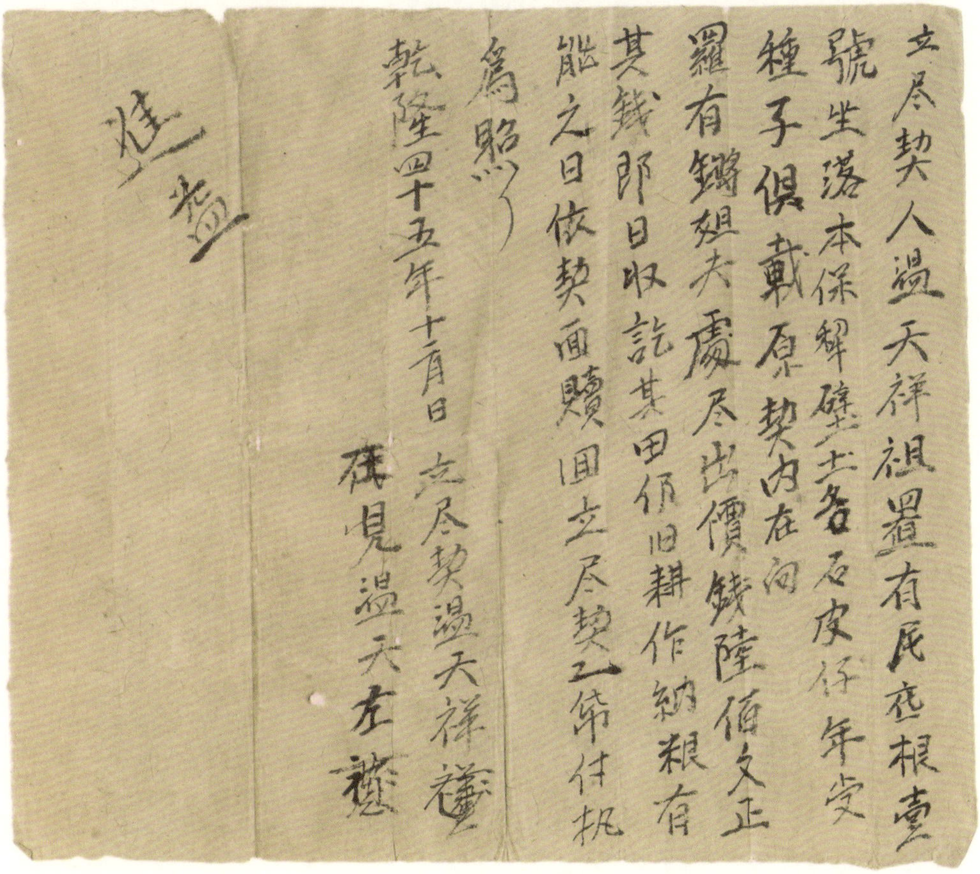
立尽契人温天祥祖置有民底根壹
號坐落本保犁壁土名石皮仔年受
種子俱載原契內在向
羅有鏘姐夫處尽出價錢陸佰文正
其錢即日收訖其田仍旧耕作納粮有
能之日依契面贖回立尽契一紙付执
為照
乾隆四十五年十二月日　立尽契温天祥（押）
在見温天左（押）
娃盡

10-6-21-1　清乾隆四十五年十二月温天祥立盡民田底根契

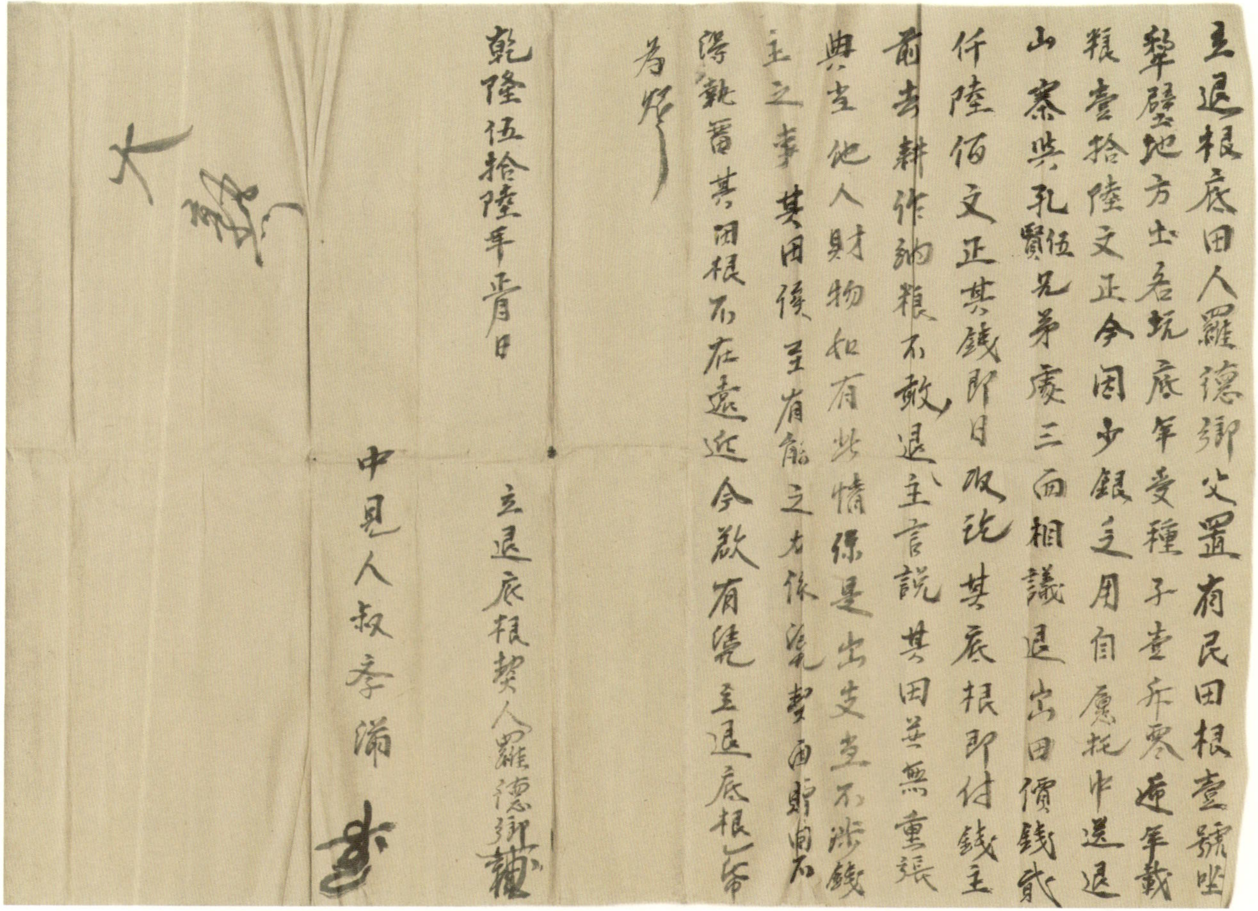

立退根底田人羅德鄉父置有民田根壹號坐
犂壁地方土名坑底年受種子壹斤零逓年載
粮壹拾陸文正今因少銀乏用自愿托中送退
山寨吳孔賢伍兄弟處三面相議退出田價錢貳
仟陸佰文正其錢即日收訖其底根即付錢主
前去耕作納粮不敢退主言說其田並無重張
典当他人財物如有此情係是出支主不涉錢
主之事其田後至有能之日依照契面取贖不
得執留其田根不在遠近今欲有憑立退底根一紙
為照

乾隆伍拾陸年正月日

立退底根契人羅德鄉

中見人叔李滿

大

10-6-21-2　清乾隆五十六年正月羅德鄉立退民田根契

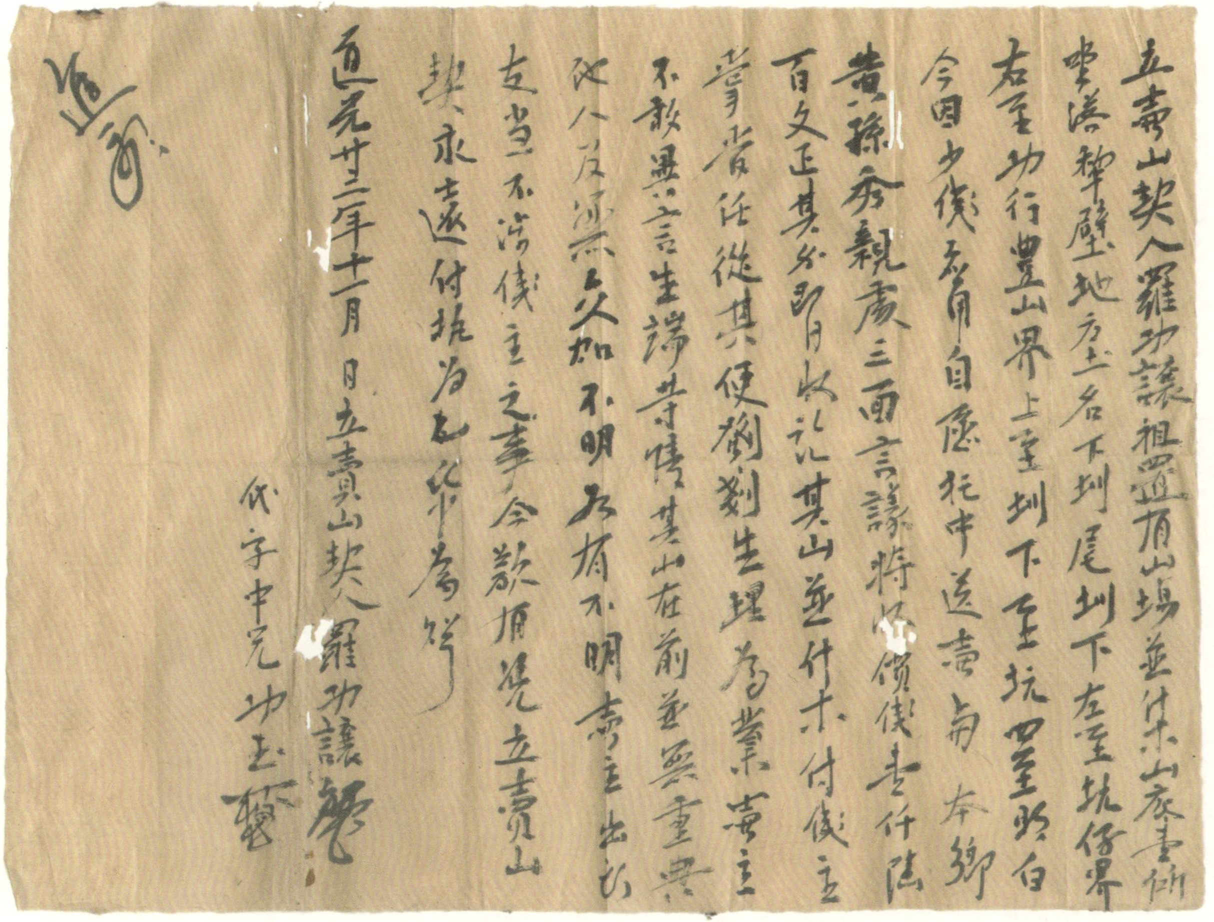
立賣山契人羅功讓祖遺有山場並什木山壹所
坐落犂壁地方土名下圳尾圳下左至坑仔界
右至功行豐山界上至圳下至坑四至明白
今因乏錢應用自愿托中送賣與 本鄉
黃孫秀親處三面言議時價錢壹仟陆
百文正其錢即日收訖其山並什木付錢主
管業任從其便砍劉生理為業 賣主
不敢異言生端等情其山在前並無重典
他人及無交加不明為有不明賣主出力
支當不涉錢主之事今欲有憑立賣山
契永遠付執為照托中為證
道光廿三年十一月 日立賣山契人羅功讓
代字中兄功玉

10-6-21-3　清道光二十三年十一月羅功讓立賣山場等契

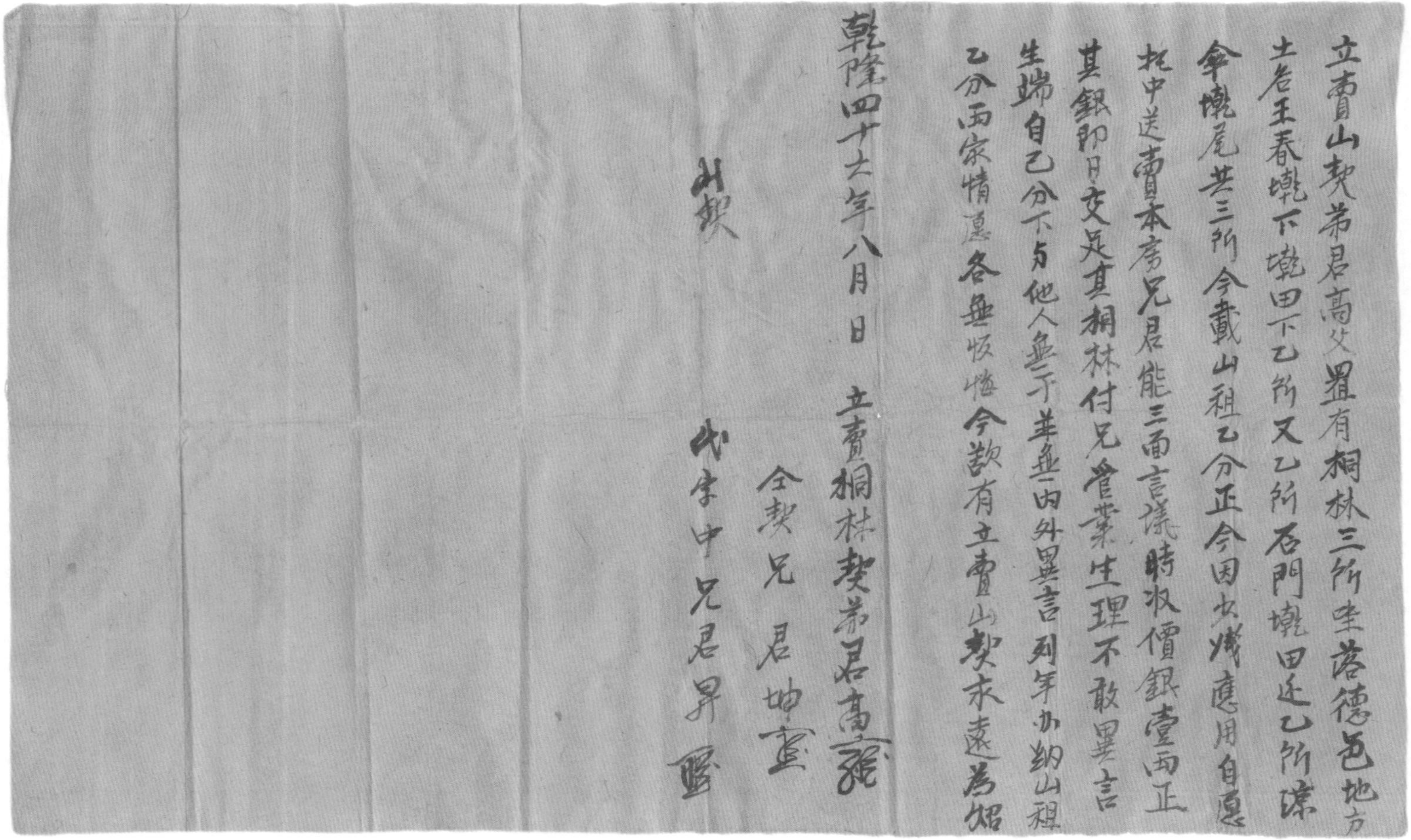

立賣山契弟君高父置有桐林三所坐落德邑地方
土名王春墘下墘田下乙所又乙所石門墘田近乙所漈
傘墘尾共三所今載山租乙分正今因乏用自愿
托中送賣本房兄君能三面言議時収價銀壹両正
其銀即日交足其桐林付兄管業生理不敢異言
生端自己分下与他人無干并無内外異言列年办納山租
乙分両家情愿各無恢悔今欲有立賣山契永遠為炤

乾隆四十六年八月　日　立賣桐林契弟君高
仝契兄　君坤
代字中兄君昇

出契

10-6-22-1　清乾隆四十六年八月黄君高等立賣桐林契

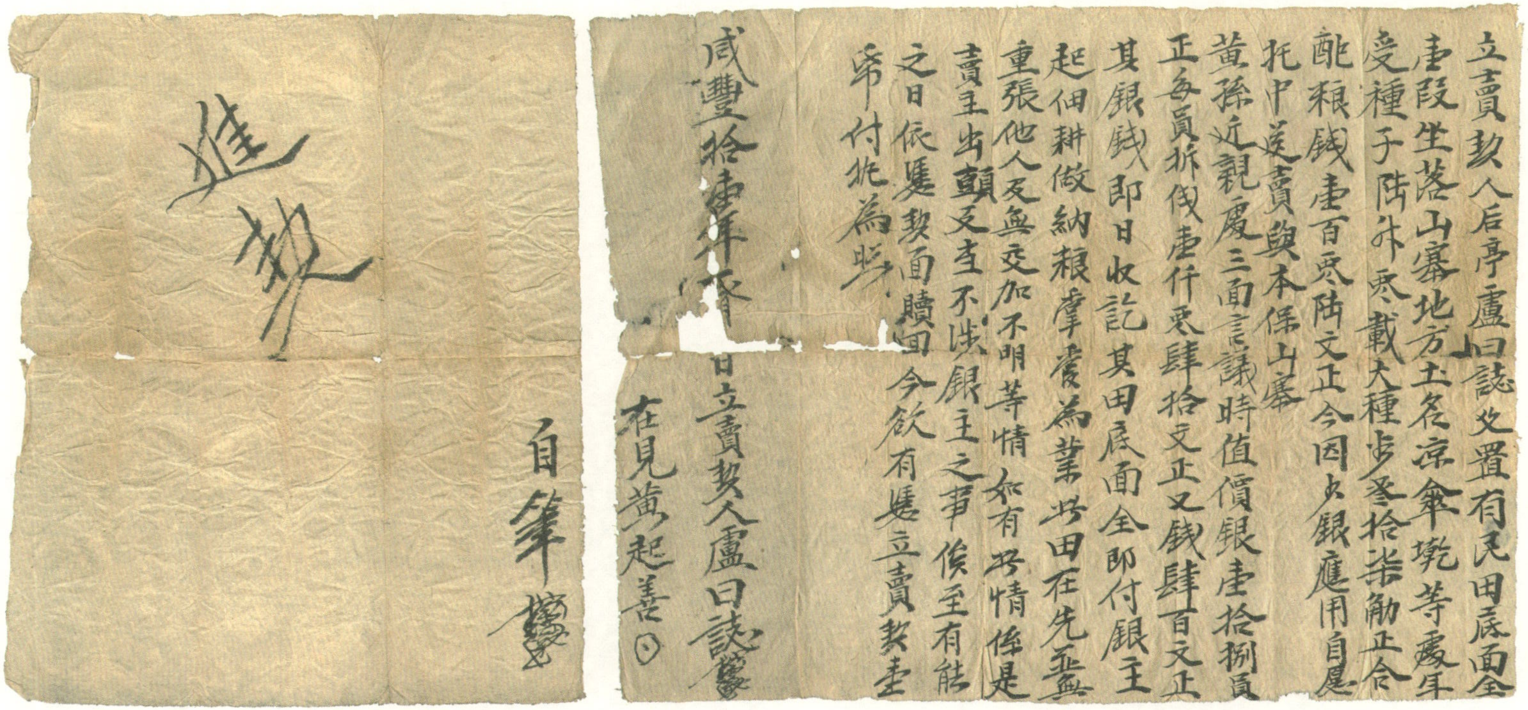
立賣契人后亭盧曰誌，父置有民田底面全
壹段，生落山寨地方，土名涼傘墘等處，年
受種子陆升零，載大種步叁拾柒觔正，合
酏粮錢壹百零陆文正。今因乏銀應用，自愿
托中送賣與本保山寨
黄孫近親處，三面言議時值價銀壹拾捌員
正，每員折錢壹仟零肆拾文正，又錢肆百文正。
其銀錢即日收訖，其田底面全即付銀主
起佃耕作，納粮管業為業。此田在先並無
重張他人，又無交加不明等情，如有此情，係是
賣主出頭支當，不涉銀主之事。後至有能
之日，依憑契面贖回。今欲有憑，立賣契壹
帋，付批為照。

咸豐拾壹年二月　日立賣契人盧曰誌（押）
在見黄起善（押）

延契

自筆（押）

10-6-22-2　清咸豐十一年二月盧曰誌立賣底面全民田契

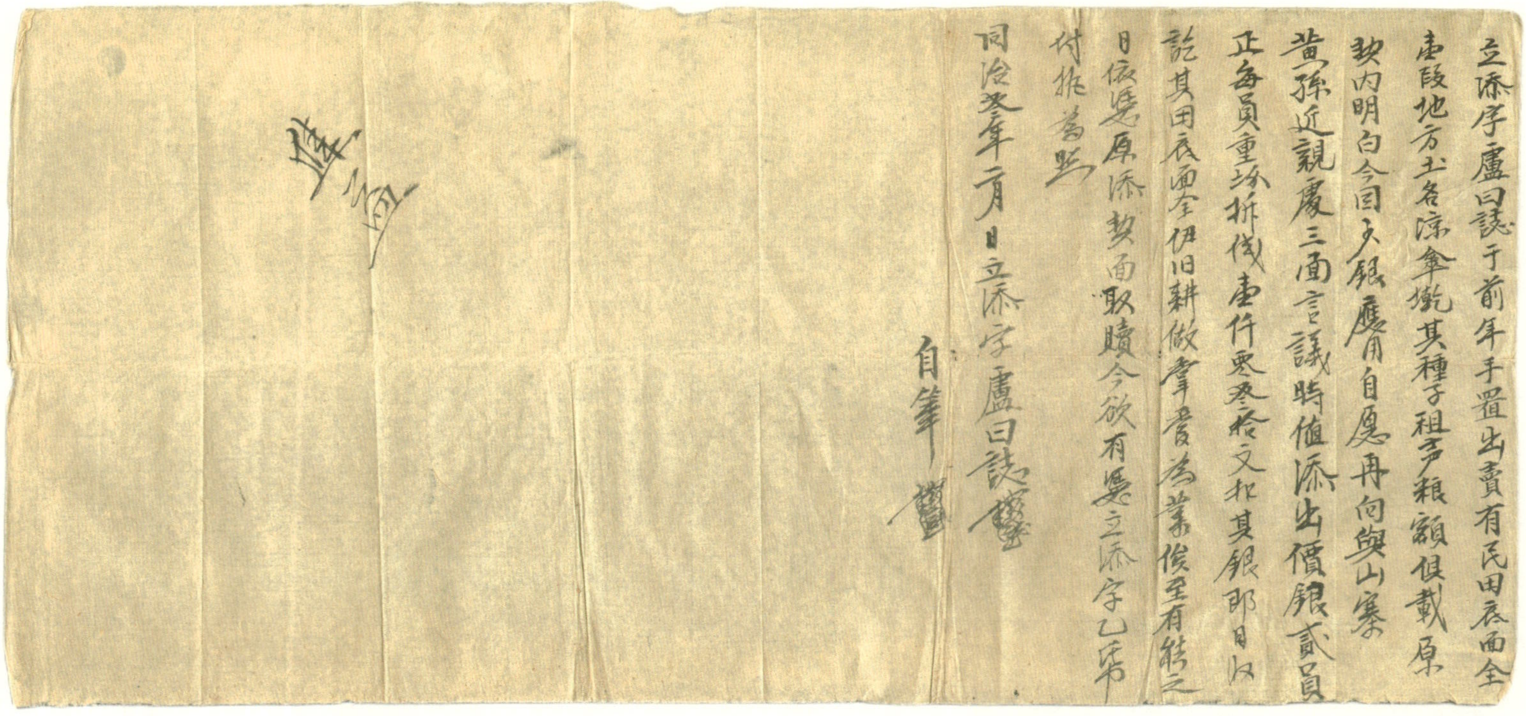
立添字盧曰誌于前年手置出賣有民田底面全
壹段地方土名凉傘墘其種子租戶粮額俱載原
契内明白今因乏銀應用自愿再向與山寨
黄孫近親處三面言議時值添出價銀貳員
正每員重柒錢伍分文扎其銀即日收
訖其田底面全伊旧耕做掌管為業俟至有能之
日依照原添契面取贖今欲有憑立添字乙帋
付執為照
同治叁年二月　日立添字盧曰誌（押）
自筆（押）

10-6-22-3　清同治三年二月盧曰誌立添底面全民田字

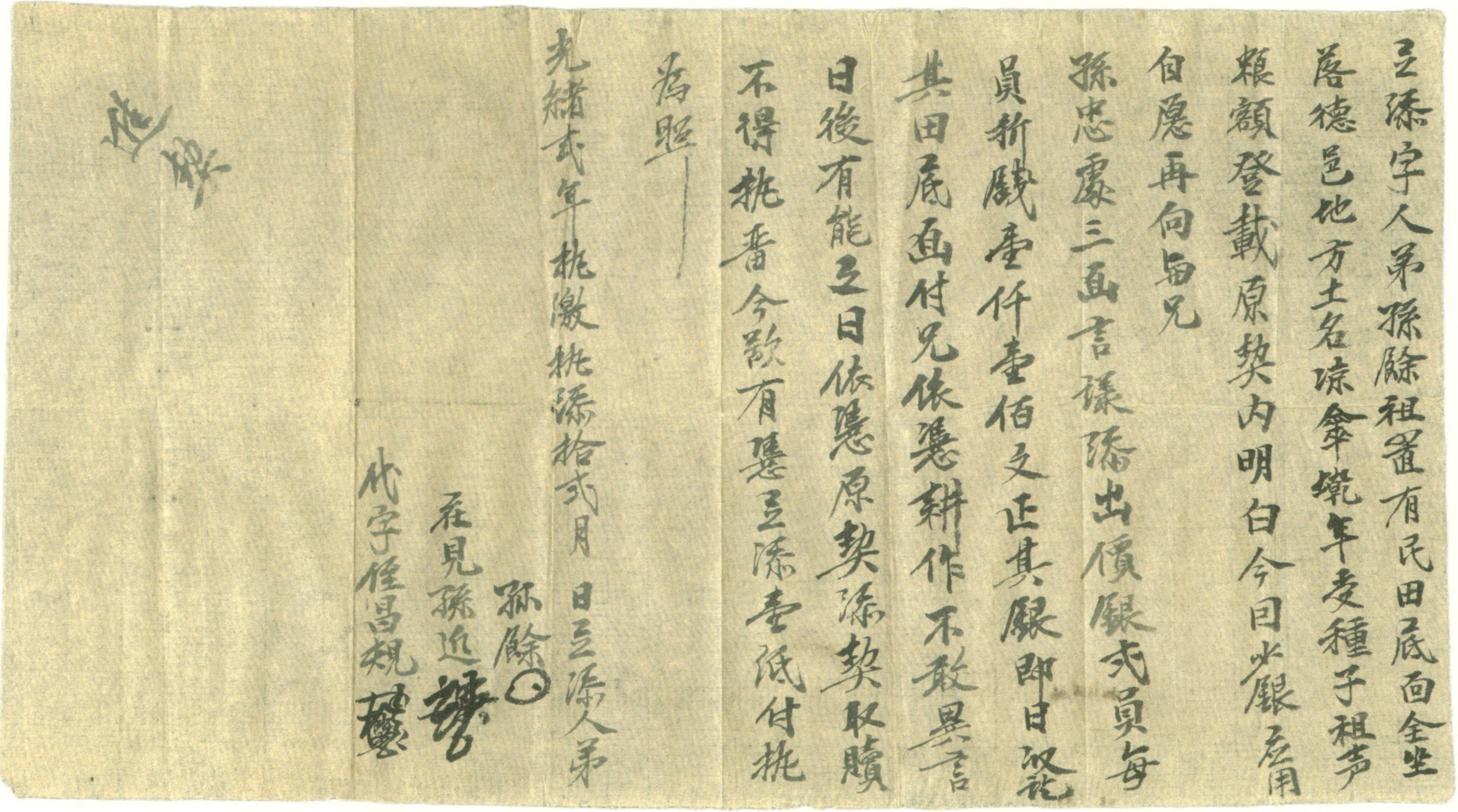
立添字人弟孫餘祖置有民田底面全坐
落德邑他方土名㴔傘坑年麦種子祖声
粮額登載原契内明白今因乏銀応用
自愿再向胞兄
孫忠處三面言議添出價銀弍員每
員折錢壹仟壹佰文正其銀即日收訖
其田底面付兄依憑耕作不敢異言
日後有能立日依憑原契添契取贖
不得挑番今欲有憑立添壹紙付執
為照
光緒弍年 批改 批添 拾弍月 日立添人弟
孫餘（押）
在見孫近（押）
代字侄昌𣈆（押）
佐契

10-6-22-4 清光緒二年十二月黄孫餘立添底面全民田字

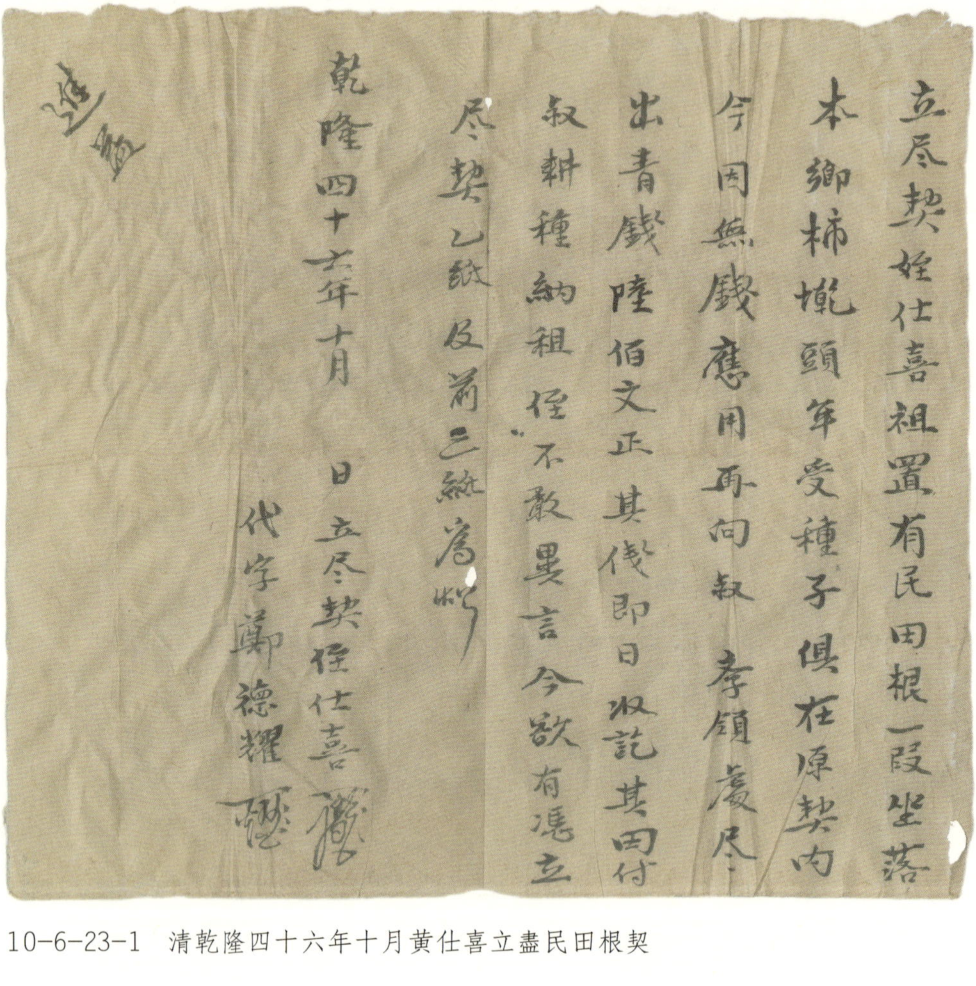
立尽契姪仕喜祖置有民田根一段坐落
本鄉柿墘頭年受種子俱在原契內
今因無錢應用再向叔 孝領處尽
出青錢陸佰文正其錢即日收訖其田付
叔耕種納租侄不敢異言今欲有憑立
尽契乙紙及前三紙爲炤
乾隆四十六年十月 日立尽契侄仕喜（押）
代字鄭德耀（押）

10-6-23-1 清乾隆四十六年十月黄仕喜立盡民田根契

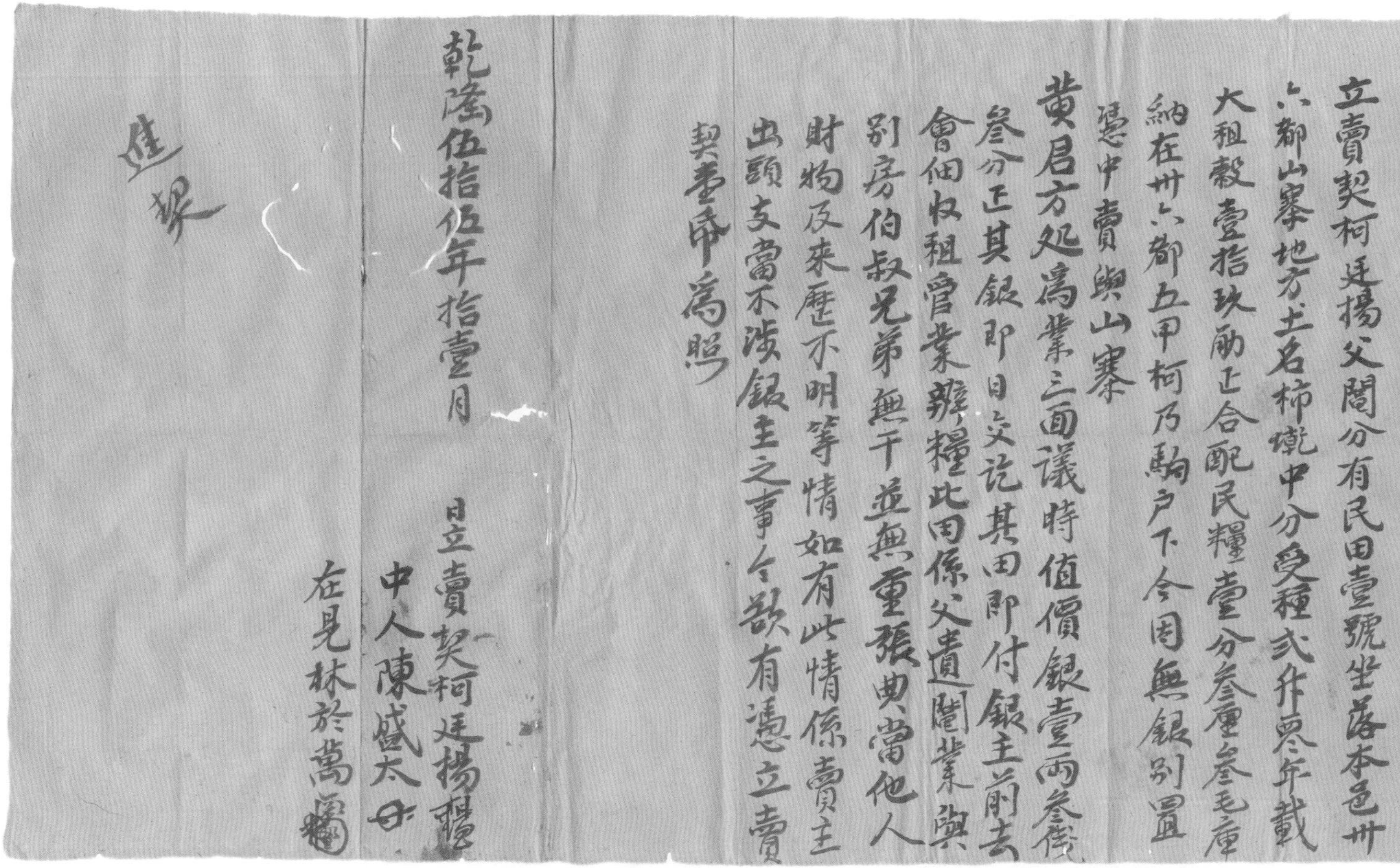
立賣契柯廷揚父鬮分有民田壹號坐落本邑卅
六都山寨地方土名柿墘中分受種弍升叁斗載
大租穀壹指玖觔正合配民糧壹分叁釐叁毛叁庫
納在卅六都五甲柯乃騶戶下今因無銀別置
憑中賣與山寨
黃君方処爲業三面議時值價銀壹兩叁錢
叁分正其銀即日交訖其田即付銀主前去
會佃收租管業辦糧此田係父遺鬮業與
別房伯叔兄弟無干並無重張典當他人
財物及來歷不明等情如有此情係賣主
出頭支當不涉銀主之事今欲有憑立賣
契壹帋爲照
日立賣契柯廷揚（押）
中人陳盛太（押）
在見林於萬（押）
乾隆伍指伍年指壹月
進契

10-6-23-2　清乾隆五十五年十一月柯廷揚立賣民田契

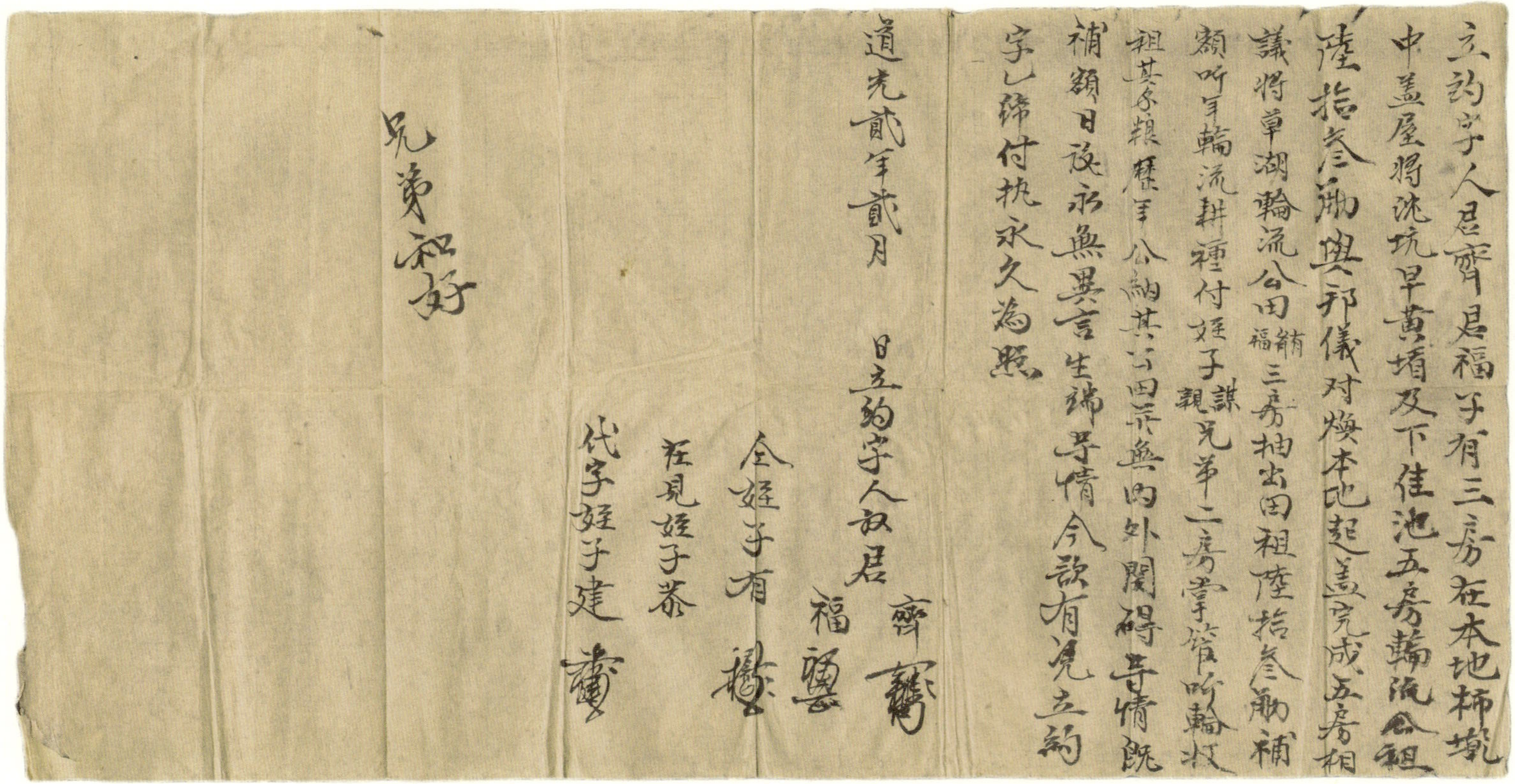

立約字人君齊、君福、子有三房，在本地柿墩
中蓋屋，將洑坑早黃墳及下佳池五房輪流公祖
陸拾叁觔，與邦儀對換本地起蓋完成。五房相
議，將草湖輪流公田福鏘三房抽出田租陸拾叁觔補
額。所有輪流耕種付侄子親謀、兄弟二房掌管所輪收
租，其糧歷年公納。其公田並無內外關碍等情。既
補額日後，永無異言生端等情。今欲有憑，立約
字一綈付執，永久為照。

道光貳年貳月　日立約字人叔君齊（押）
福（押）
仝侄子有（押）
在見侄子茶
代字侄子建（押）

兄弟和好

10-6-23-3　清道光二年二月黃君齊等立約字

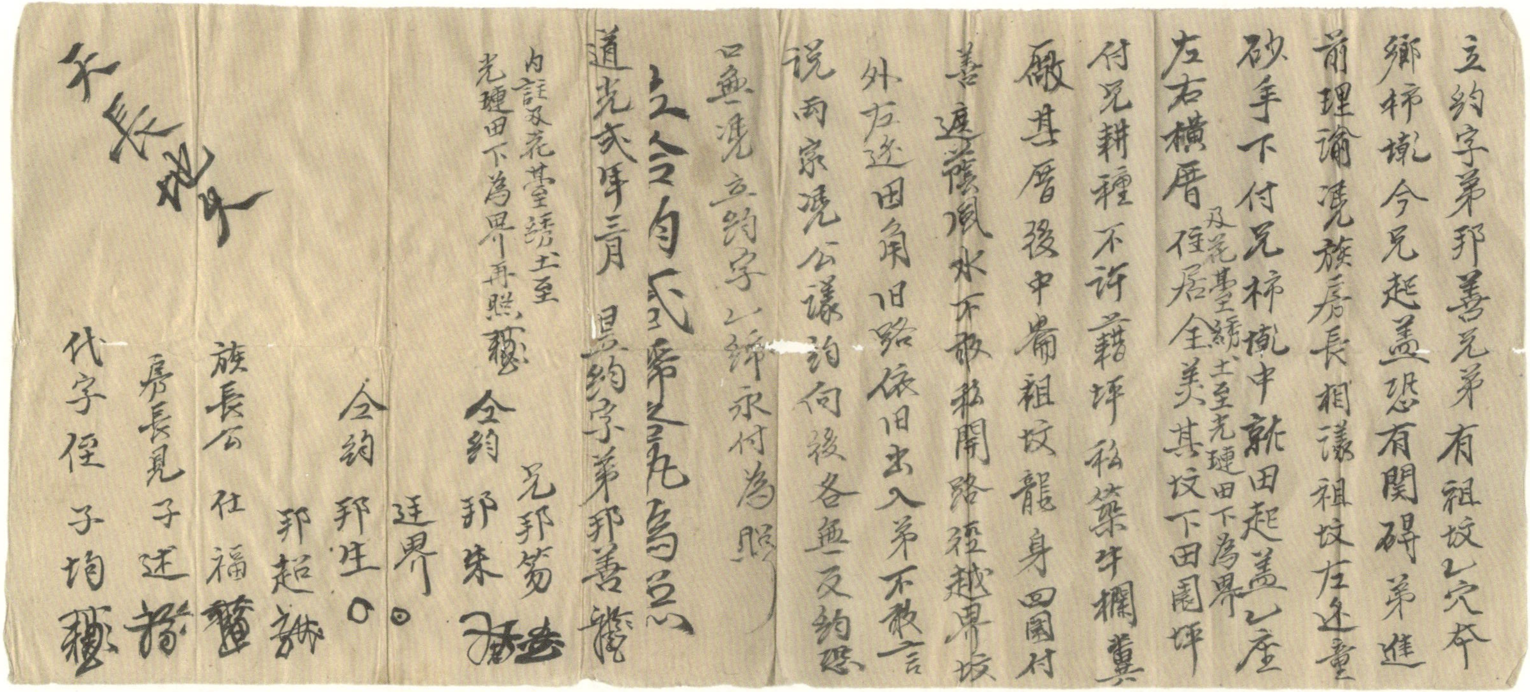
立約字弟邦善兄弟有祖坟乙穴本
鄉柿坑今兄起蓋恐有関碍弟進
前理論浼族房長相議祖坟左边量
砂手下付兄柿坑中新田起蓋乙座
左右横厝任居全美其坟下田園坪（及花基墘士至光墘田下為界）
付兄耕種不許藉坪私築牛欄糞
廐其厝後中崙祖坟龍身四圍付
善返蔭風水不敢私開路径越界坟
外左边田角旧路依旧出入弟不敢一言
說两家浼公議約向後各無反約恐
口無憑立約字一紙永付為照
立合同式帋各執為照
道光弍年三月　日立約字弟邦善
兄邦菊
仝約　邦朱
廷界
仝約　邦生
邦超
族長公　仕福
房長見子　廷述
代字侄　子堉
内註及花基墘士至光墘田下為界再照
天長地久

10-6-23-4　清道光三年三月黄邦善等立約字

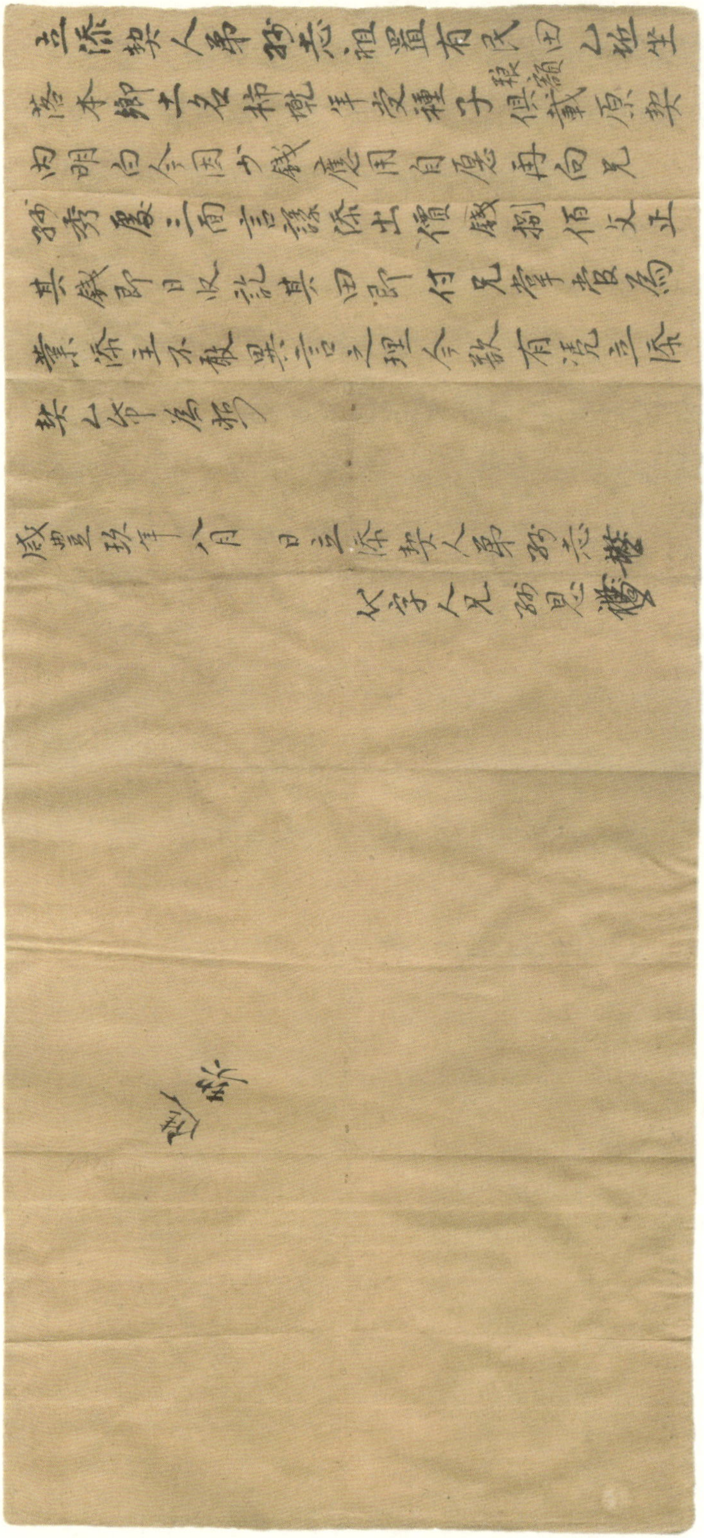
立添契人黄孫志祖置有民田乙坵坐
落本鄉土名柿坑下受種子粮額俱載原契
內明白今因少錢乏用自愿將田向兄
孫秀處三面言議添出價錢捌佰文正
其錢即日收訖其田即付兄掌管為
業添主不敢異言之理今欲有憑立添
契乙紙為照

咸豐玖年八月　日立添契人黄孫志（押）
代字人兄孫員（押）

10-6-23-5　清咸豐九年八月黄孫志立添民田契

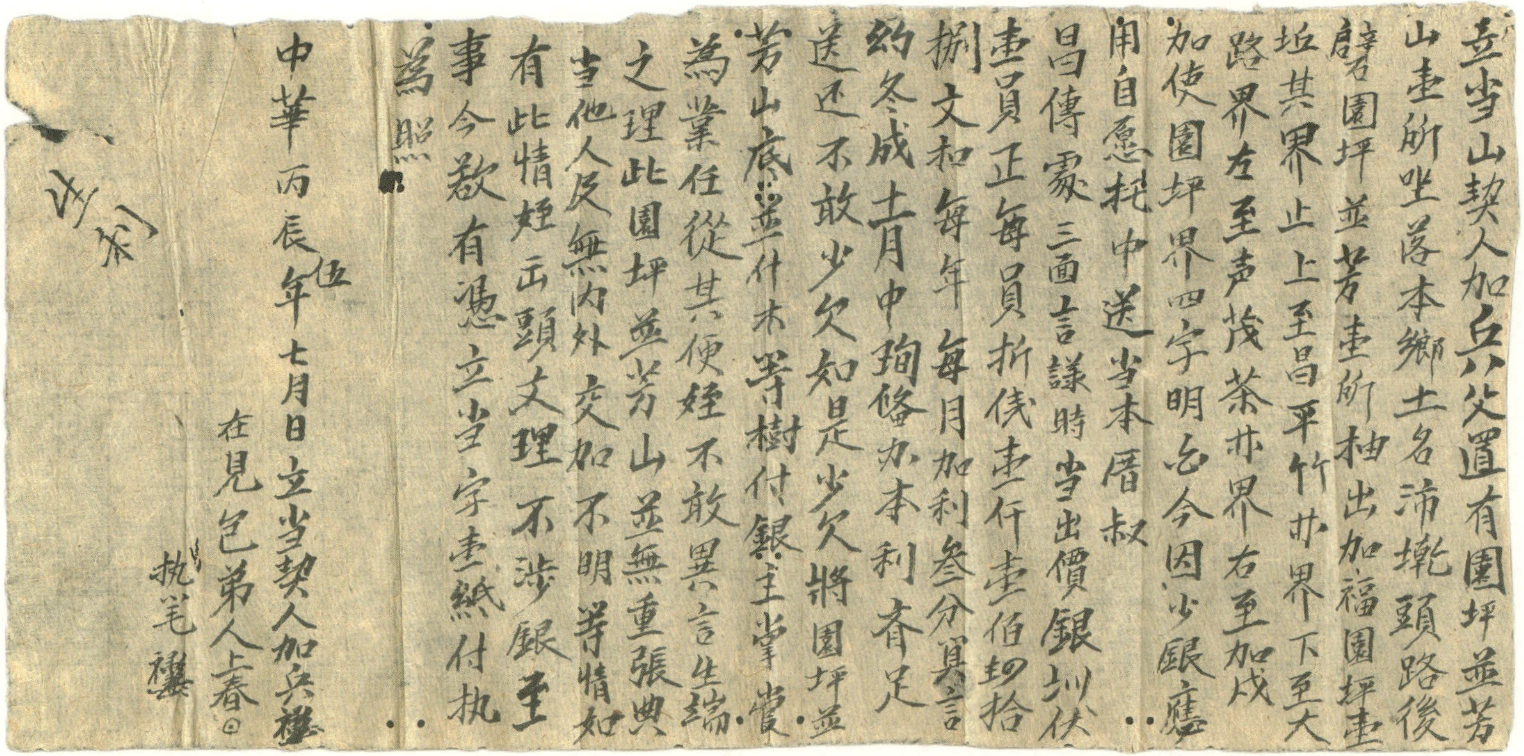

立当山契人加兵，今父置有園坪並芳
山壹所，坐落本鄉土名沛墘頭路後
嶺背園坪並芳壹所，抽出加福園坪壹
坵。其界止上至昌平竹山界，下至大
路界，左至声茂茶山界，右至加戍
加使園坪界，四字明白。今因少銀應
用，自愿托中送当本房叔
昌傳家三面言議，時当出價銀圳伏
壹員正，每員折錢壹仟壹佰捌拾
捌文，和每年每月加利叁分算言
約冬成十月中掏備本利春足
送还，不敢少欠。如是少欠，將園坪並
芳山底並什木等樹付銀主掌管
為業，任從其便，姪不敢異言生端
之理。此園坪並芳山並無重張典
当他人及無內外交加不明等情。如
有此情，姪出頭支理，不涉銀主
事。今欲有憑，立当字壹紙付執
為照。

中華丙辰伍年七月日立当契人加兵
在見包弟人上春
執笔

10-6-23-6　民國五年七月黃加兵立當園坪等契

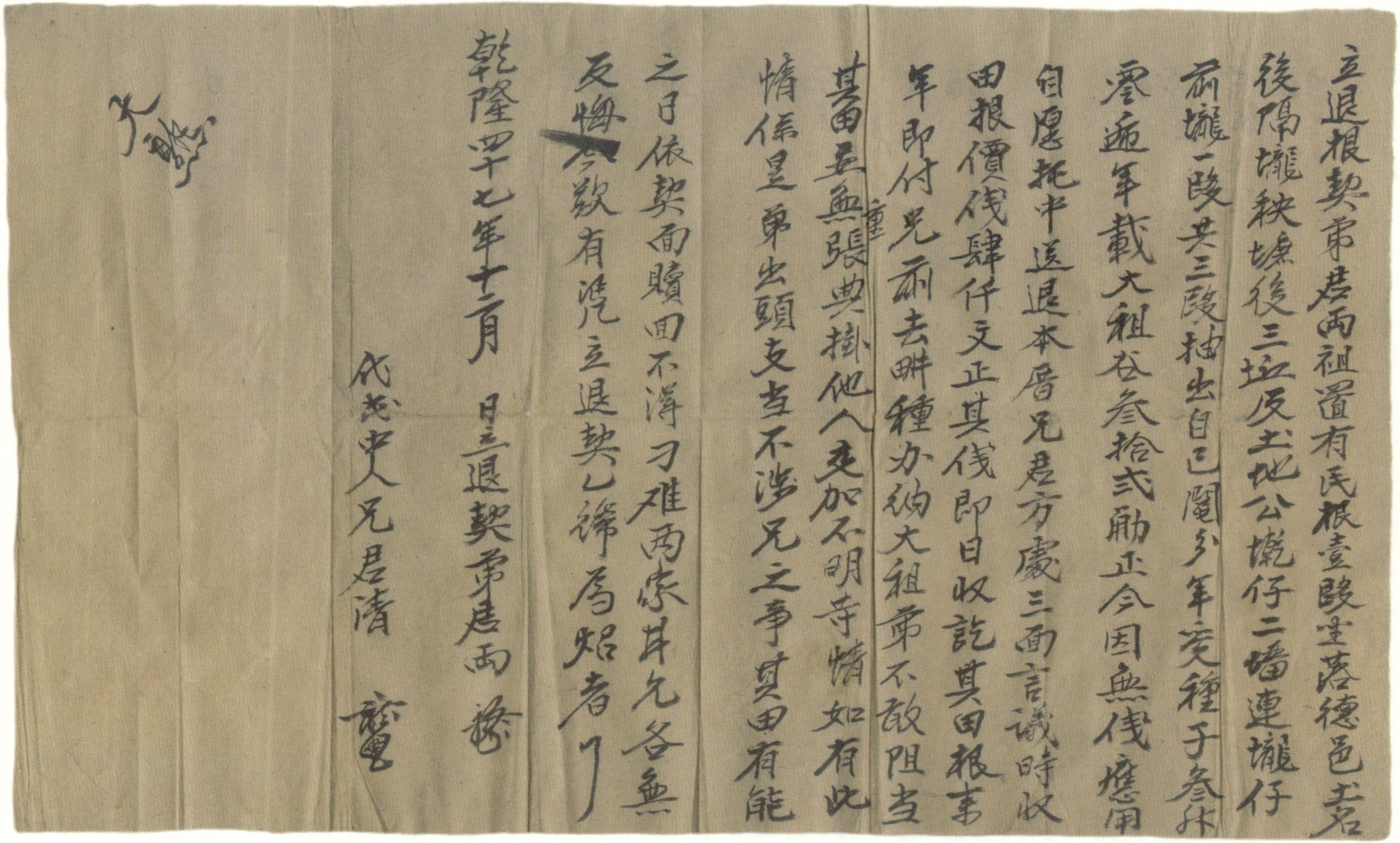
立退根契弟君兩祖置有民根壹段坐落德邑君
後隔壠秧塆後三坵及土地公壠仔二墙連壠仔
前壠一段共三段抽出自己闔分年交種子叁斗
零遞年載大租谷叁拾弍觔正今因無錢應用
自愿托中送退本房兄君方處三面言議時收
田根價錢肆仟文正其錢即日收訖其田根業
年即付兄前去耕種办納大租弟不敢阻当
其田並無重張典掛他人交加不明等情如有此
情係是弟出頭支当不涉兄之事其田有能
之日依契面贖回不得刁难兩家甘允各無
反悔欲有憑立退契乙紙為照者
乾隆四十七年十二月　日立退契弟君兩
代書中人兄君清

10-6-24-1　清乾隆四十七年十二月黃君兩立退民根契

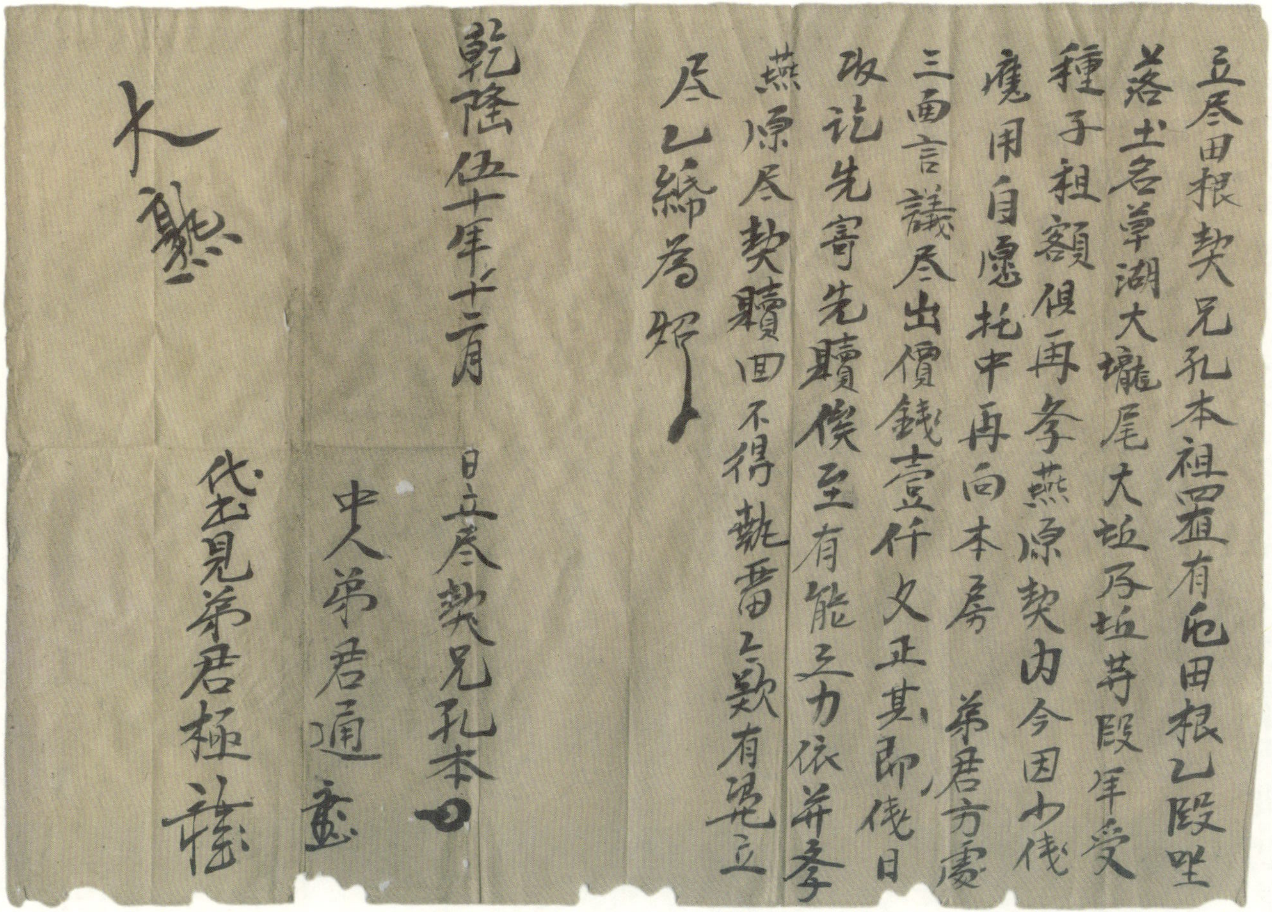
立盡田根契兄孔本祖置有屯田根乙段坐
落土名草湖大壠尾大坵仔坵等段年受
種子祖額俱再夆燕原契内今因少錢
應用自愿托中再向本房　弟君方處
三面言議盡出價錢壹仟文正其即錢日
收訖先寄先贖俟至有能之力依并夆
燕原盡契贖回不得執番之欵有憑立
盡乙綿為炤。

乾隆伍十年十二月　日立盡契兄孔本（押）
中人弟君通（押）
代書見弟君極（押）

大懇

10-6-24-2　清乾隆五十年十二月黄孔本立盡屯田根契

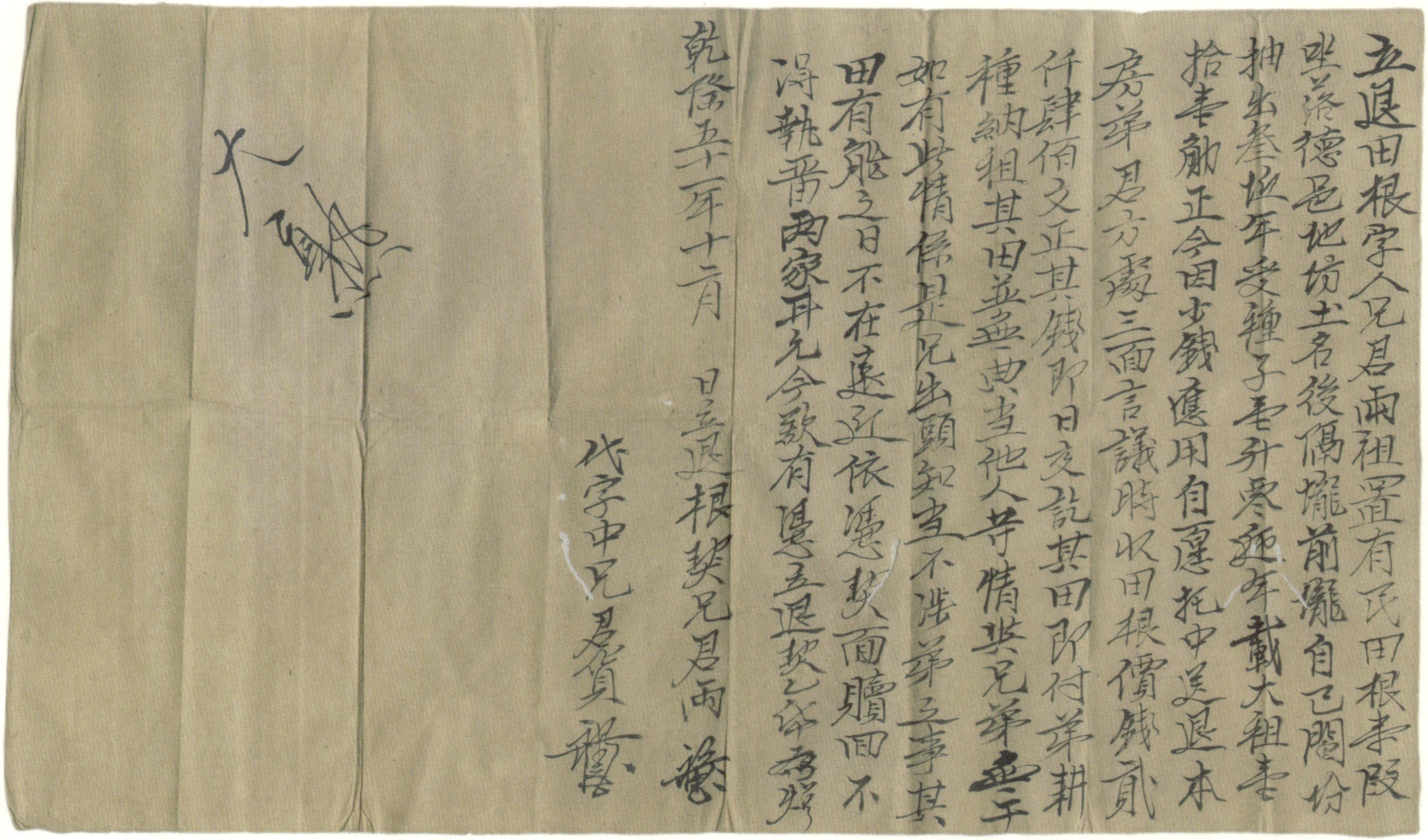
立退田根字人兄君兩祖置有民田根壹段
坐落德邑地坊土名後傷壠前壠自己閣分
抽出叁坵年受種子壹升零延年載大租壹
拾壹觔正今因乏錢應用自愿托中送退本
房弟君方處三面言議時收田根價錢貳
仟肆佰文正其錢即日交訖其田即付弟耕
種納租其田並無典当他人并情其兄弟無干
如有此情係是兄出頭抵当不涉弟之事其
田有能之日不在遠近依憑契面贖回不
得執番兩家甘允今欲有憑立退契一紙為炤
乾隆五十一年十二月　日立退根契兄君兩
代字中兄君賀

10-6-24-3　清乾隆五十一年十二月黄君兩立退民田根字

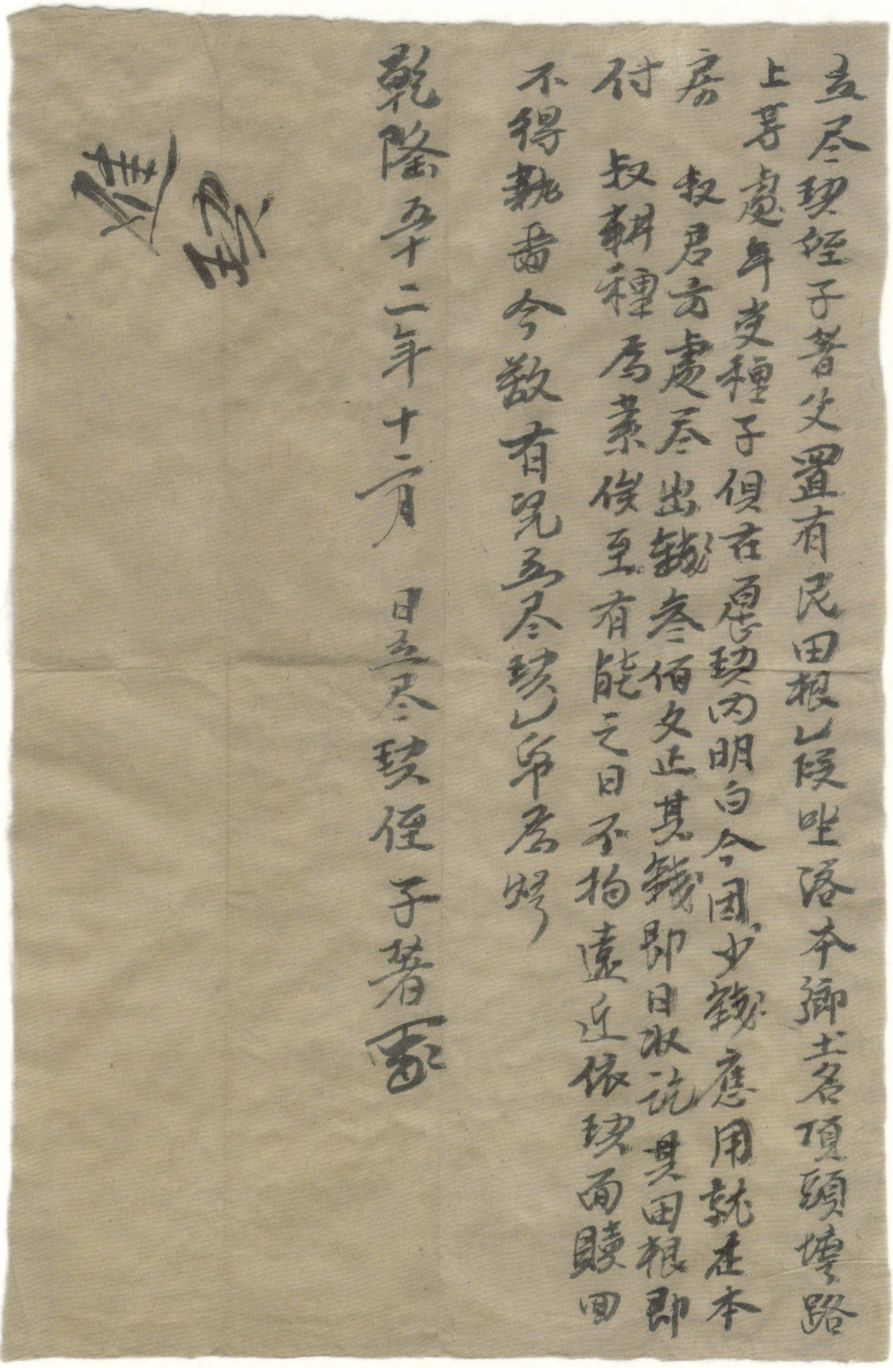

立尽契侄子著今置有民田根山段坐落本鄉土名項頭壋路
上茅處年交種子俱在原契內明白今因少錢應用就在本
房 叔君方處尽出錢叁佰文正其錢即日收訖其田根即
付 叔耕種為業倘至有能之日不拘遠近依契面贖回
不得執留今欲有憑立尽契山帋為照
乾隆五十二年十二月 日立尽契侄子著(押)
[illegible]

10-6-24-4 清乾隆五十二年十二月黃子著立盡民田根契

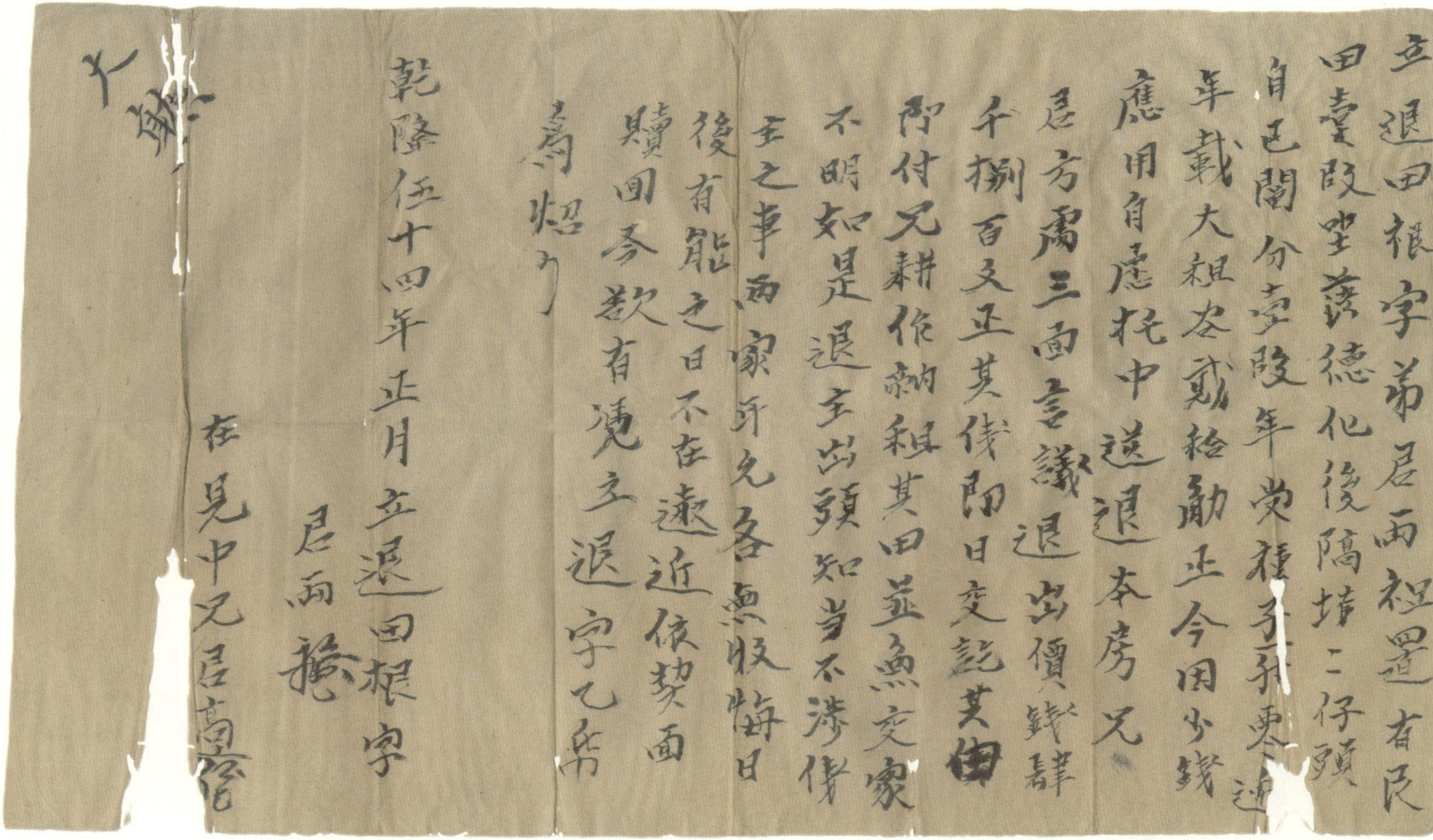
立退田根字弟君两祖置有民
田壹段坐落德化後隔垱二仔頭
自己閹分壹段年帶種子弍[illegible]粟過
年載大租谷貳拾觔正今因乏錢
應用自愿托中送退本房兄
君方處三面言議退出價錢肆
千捌百文正其錢即日交訖其田
即付兄耕作納租其田並無交加
不明如是退主出頭知当不涉借
主之事两家所允各無反悔日
後有能之日不在遠近依契面
贖回各欵有憑立退字乙帋
為照」
乾隆伍十四年正月　立退田根字
君两（押）
在見中兄君高（押）
大發

10-6-24-5　清乾隆五十四年正月黄君兩立退民田根字

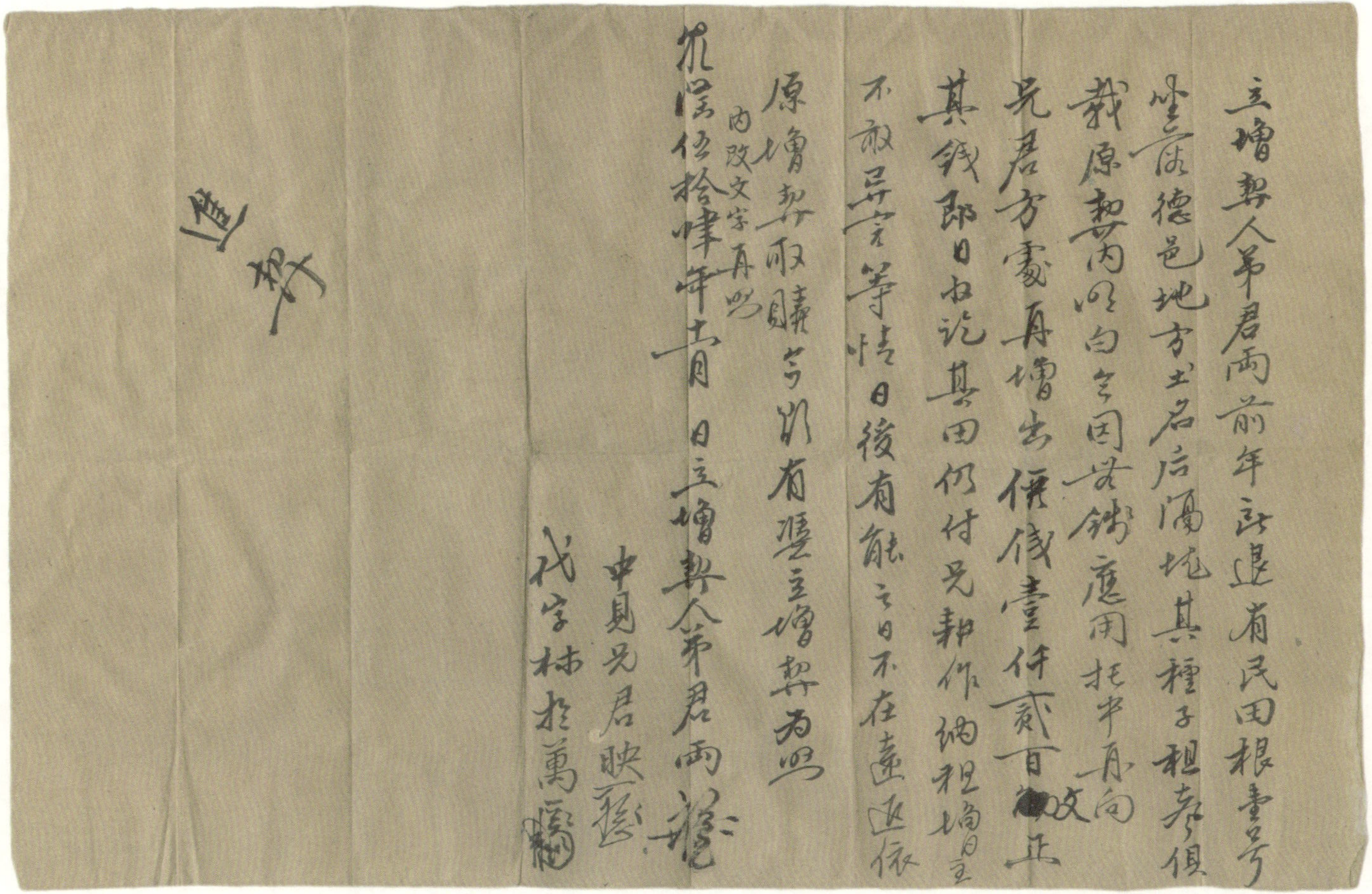
立增契人弟君两，前年立退有民田根壹号，坐落德邑地方，土名后隔坑，其種子租壹斗俱載原契內明白。今因無錢應用，托中再向兄君方處再增出價錢壹仟貳百□文正。其錢即日收訖，其田仍付兄耕作納租，增日立不在遠近，依原增契取贖。不敢异言等情，日後有能之日，不在遠近，依原增契取贖，今欲有憑，立增契為照。

內改文字再照。

乾隆伍拾肆年十一月 日立增契人弟君两（押）

中見兄君映（押）

代字林於萬（押）

10-6-24-6 清乾隆五十四年十一月黄君兩立增民田根契

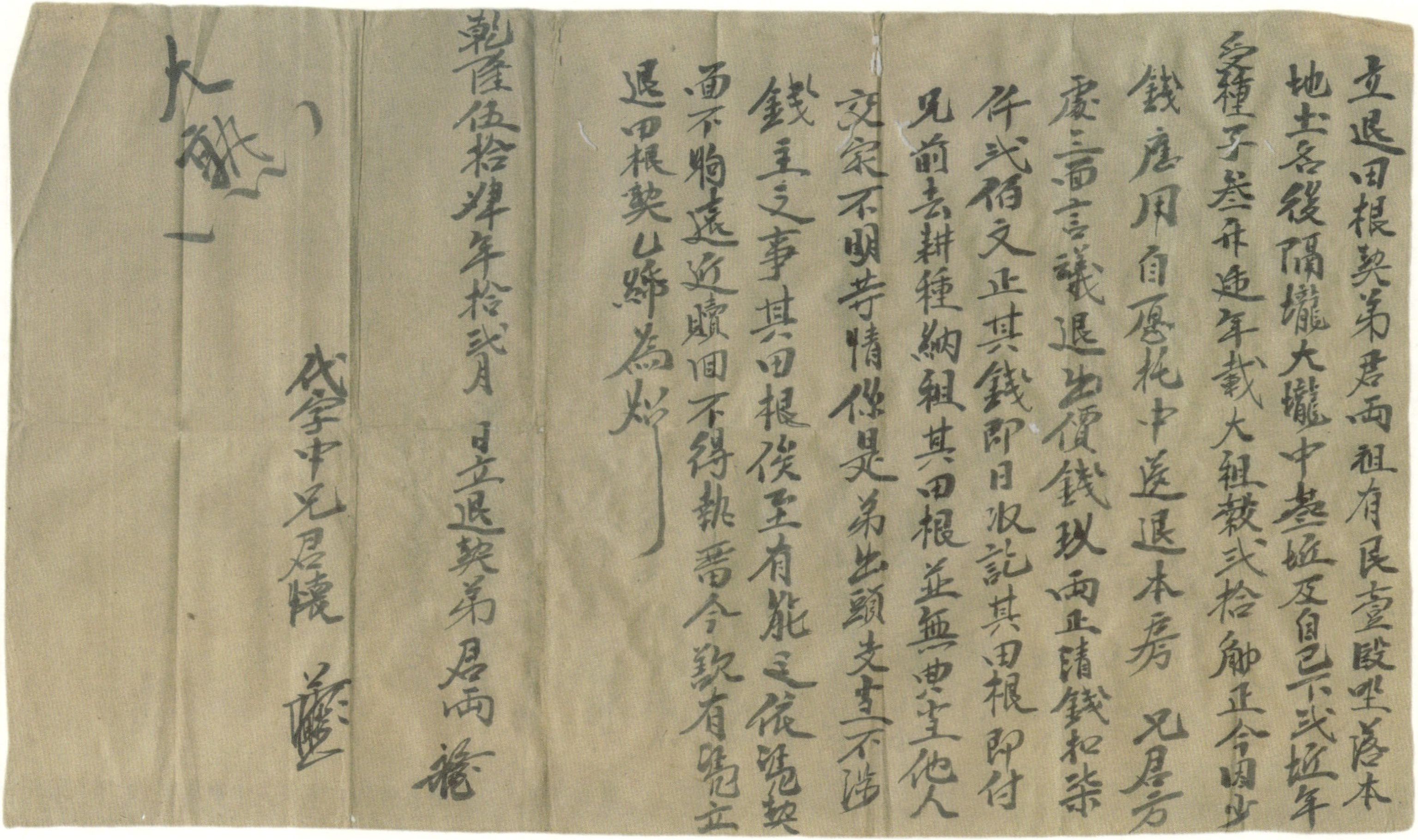
立退田根契弟君兩，祖有民壹段，坐落本
地土名後隔壠大壠中壹坵及自己下弍坵，年
受種子叁升，逐年載大租穀弍拾觔正。今因少
錢應用，自愿托中送退本房　兄君方
處，三面言議，退出價錢玖兩正，隨錢和柒
併弍佰文正，其錢即日收訖，其田根即付
兄前去耕種納租。其田根並無典掛他人
交家不明等情，係是弟出頭支當，不涉
錢主之事。其田根從至有能之依照契
面不拘遠近贖回，不得執留。今欲有憑，立
退田根契一紙為照。
乾隆伍拾肆年拾弍月　日立退契弟君兩（押）
代字中兄君熾（押）
大發一

10-6-24-7　清乾隆五十四年十二月黄君兩立退民田根契

立撮字人鄭大峻兄弟仁莊 黄居方兄弟撮出
番銀肆員正言約日後贖送格坂之田办本付
還二欵有憑立撮字爲炤

嘉慶柒年十一月 日立撮字鄭大峻（押）
立撮弟大果（押）
在見黄初長（押）

10-6-24-8 清嘉慶七年十一月德化鄭大峻立撮字

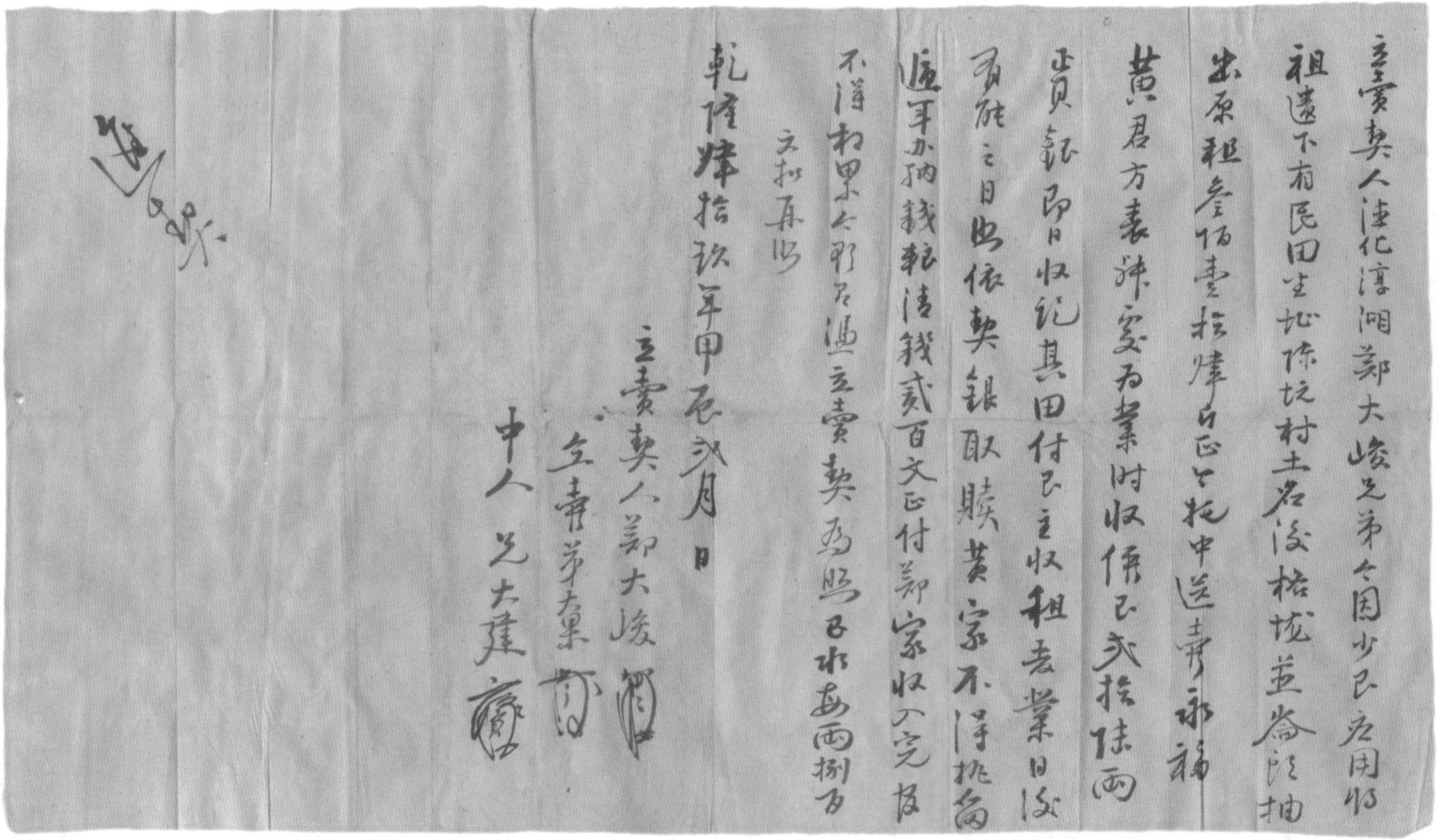

10-6-25-1　清乾隆四十九年二月德化鄭大峻等立賣民田契

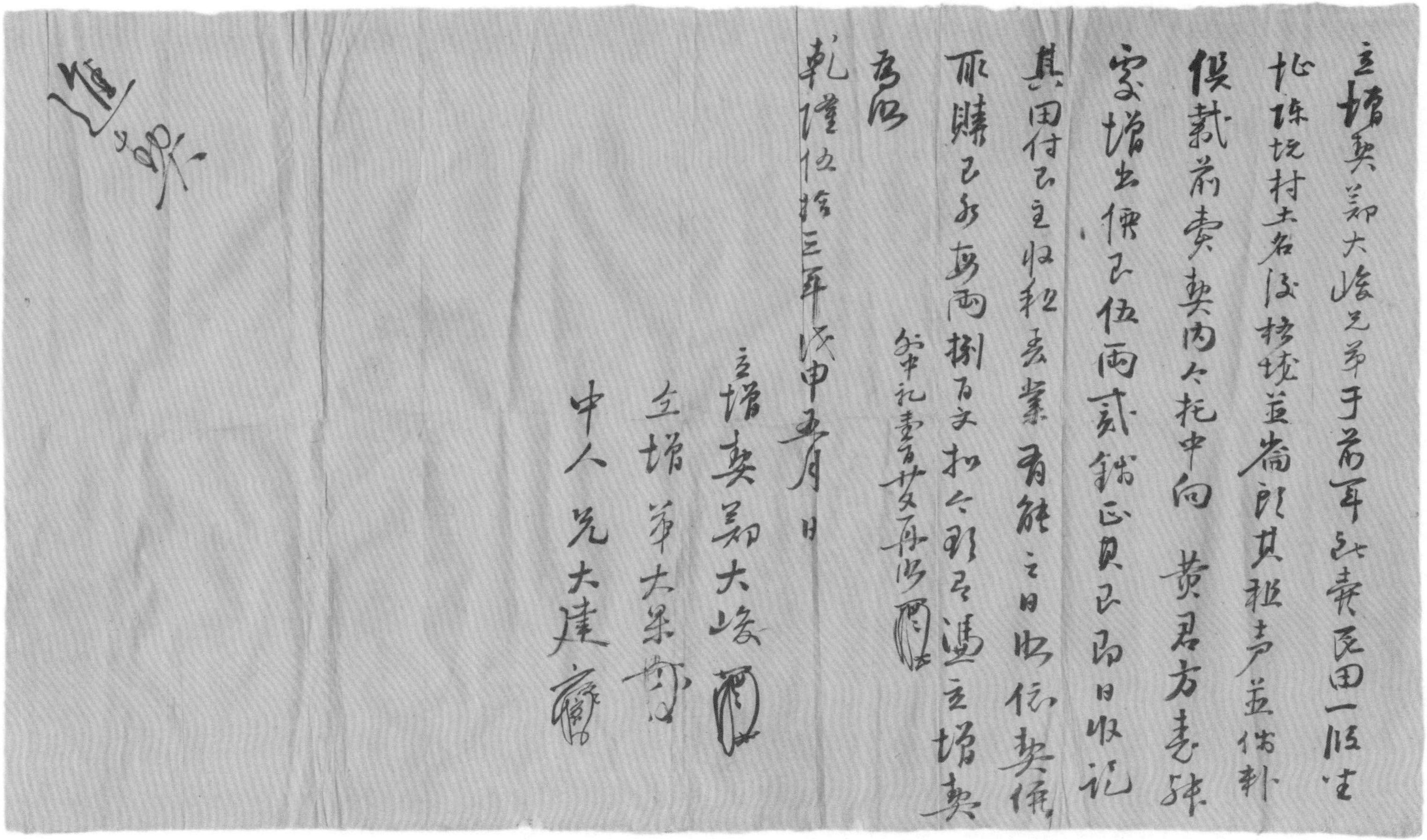

10-6-25-2　清乾隆五十三年五月德化鄭大峻等立增民田契

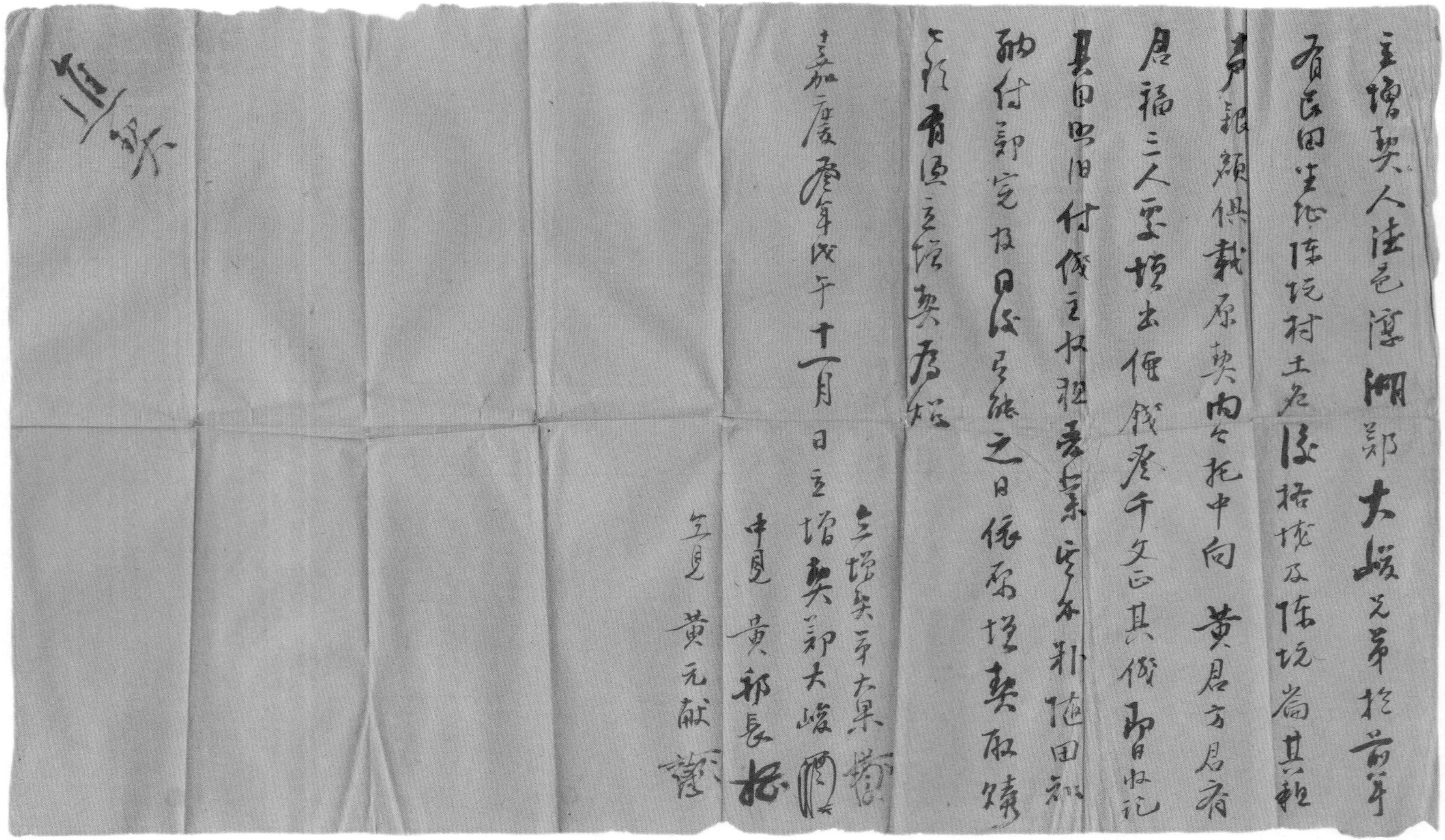
立增契人德邑漈湖鄭大峻兄弟於前年
有民田坐址陳坑村土名隊搭坑及陳坑崙其租
声額俱載原契内，今托中向黄君方、君者、
君福三人要增出佛錢叁千文正，其錢即日收訖，
其田照旧付錢主收租管業，永不找施田祖，
聽付鄭宅取日後另銀之日，依原增契取贖。
今欲有憑，立增契為炤。

嘉慶叁年戊午十一月　日立增契鄭大峻
立增契弟大果
中見黄鄭長
立見黄元献

增契

10-6-25-3　清嘉慶三年十一月德化鄭大峻等立增民田契

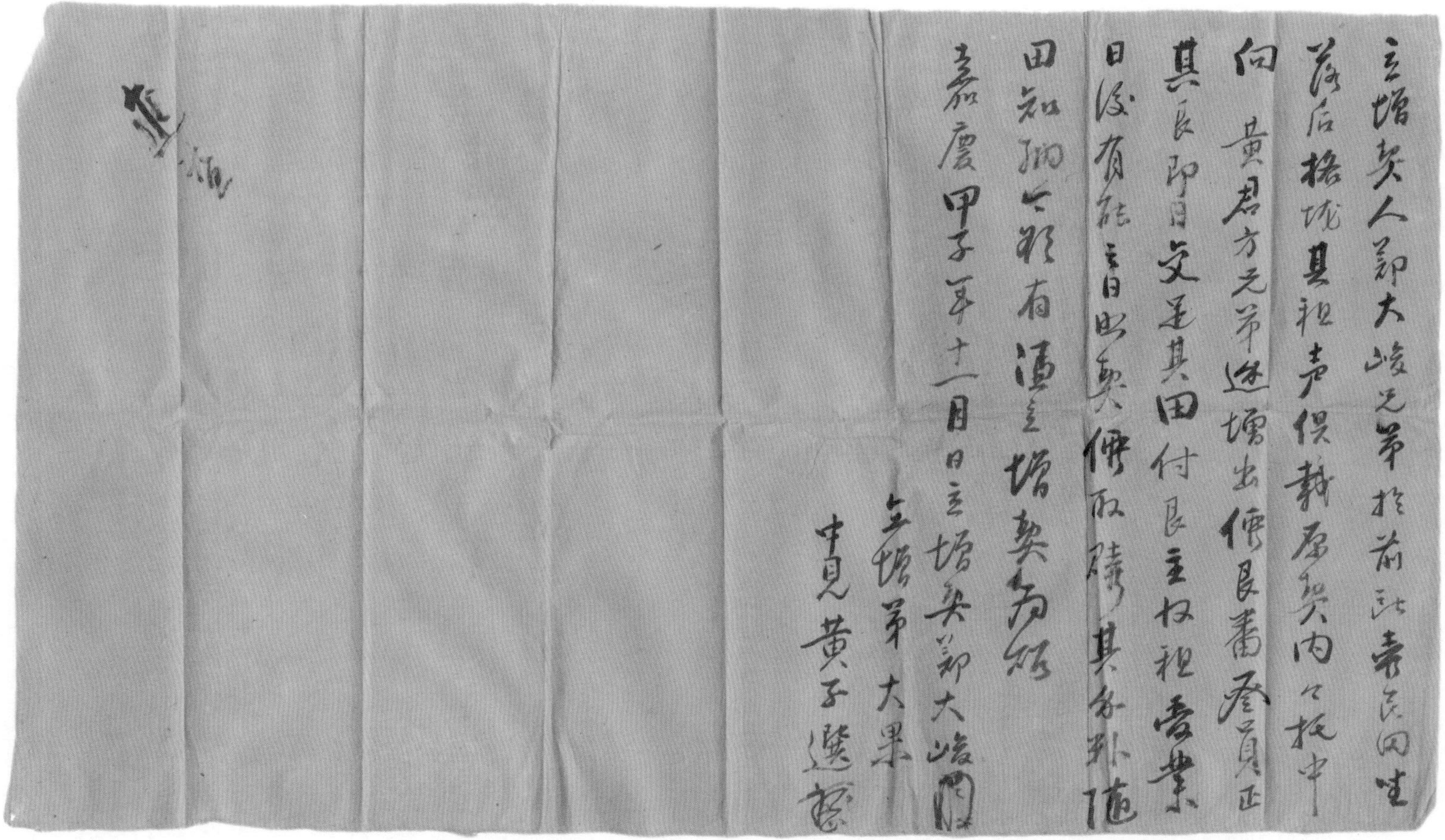
立增契人鄭大峻兄弟，於前年承民田坐
落后格坑，其租聲俱載原契內，今托中
向黃君方兄弟邊增出價艮番叁員正，
其艮即日交足，其田付艮主收租管業，
日後有銀照出契價取贖，其外不補，
田如加不能有增，立增契為照。
嘉慶甲子年十二月　日立增契人鄭大峻（押）
立增弟　大果
中見　黃子選（押）

10-6-25-4　清嘉慶九年十二月德化鄭大峻等立增民田契

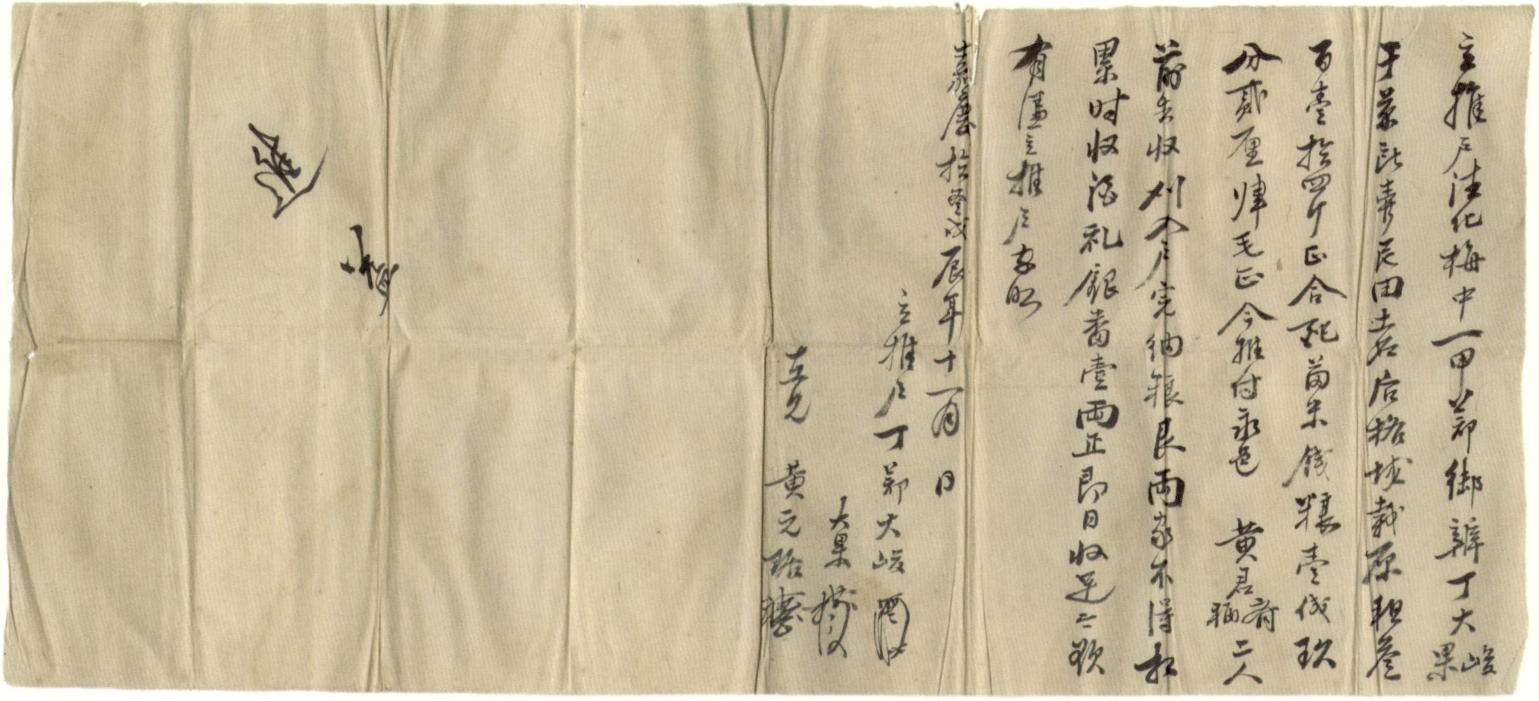
立推户德化梅中一甲鄭鄉辭丁大峻、大果，于嘉慶貳年置民田，土名后橋坑新厝，租壹百壹拾四斤正，合配苗米錢糧壹錢玖分貳厘肆毛正，今推付永邑黃君爵、福二人前去收割完納糧銀，兩家不得執異。時收得禮銀壹兩正，即日收足之欸。有凭，立推户字照。
嘉慶拾叁戊辰年十一月 日 立推户丁鄭大峻、大果
在見 黃元銘

10-6-25-5 清嘉慶十三年十一月德化鄭大峻等立推户字

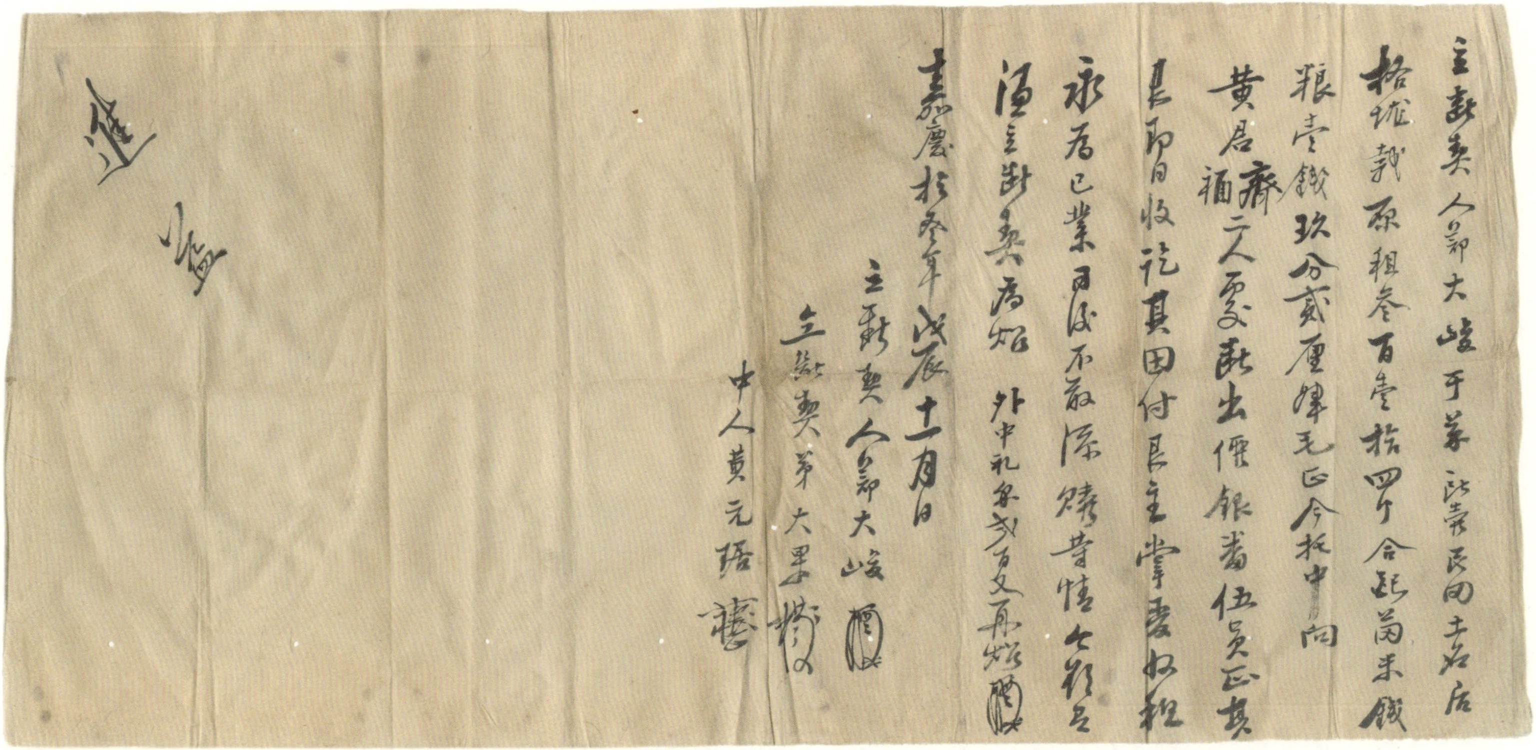

10-6-25-6 清嘉慶十三年十一月德化鄭大峻等立斷民田契

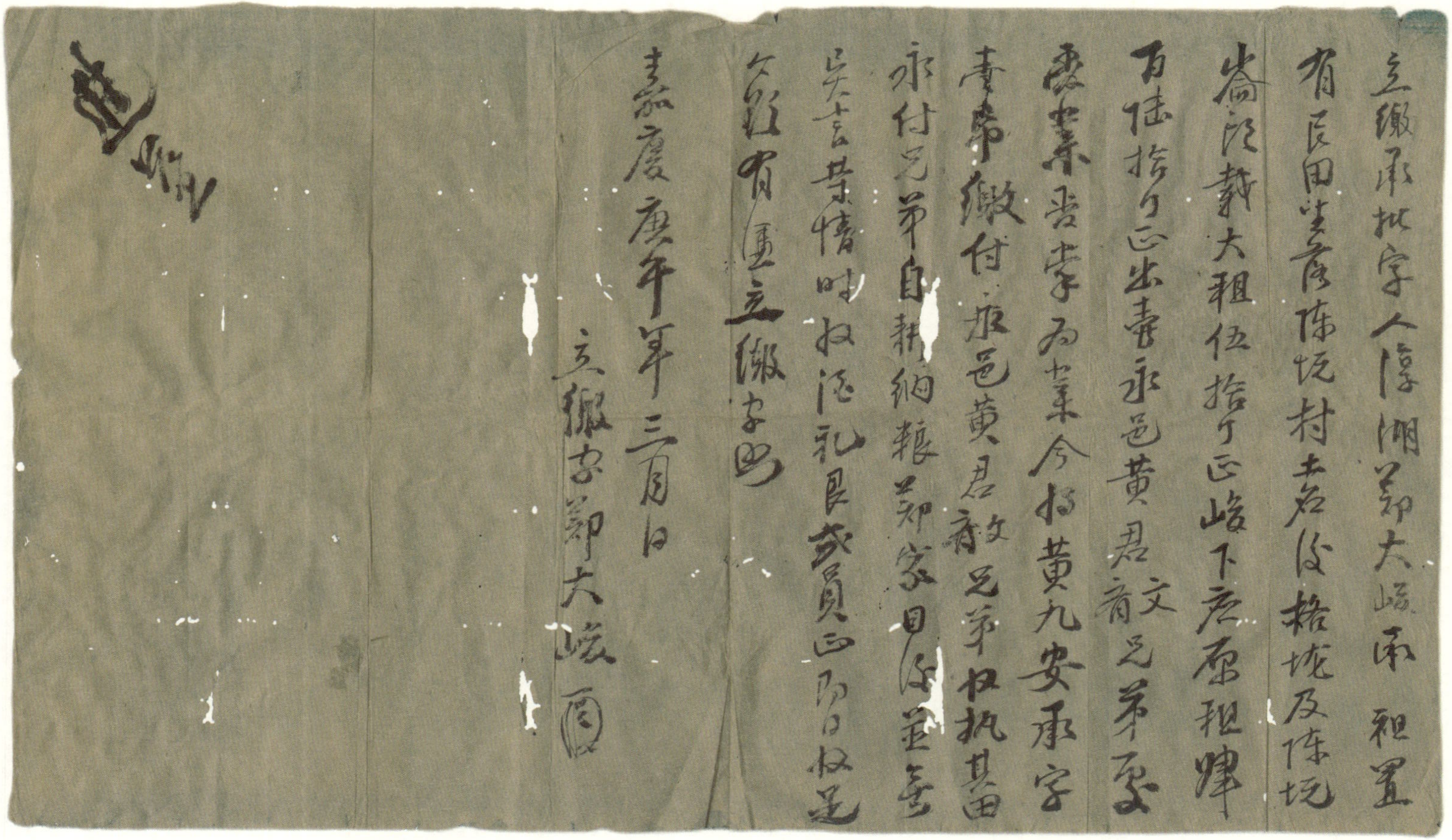

10-6-25-7　清嘉慶十五年三月德化鄭大峻立繳承批民田字

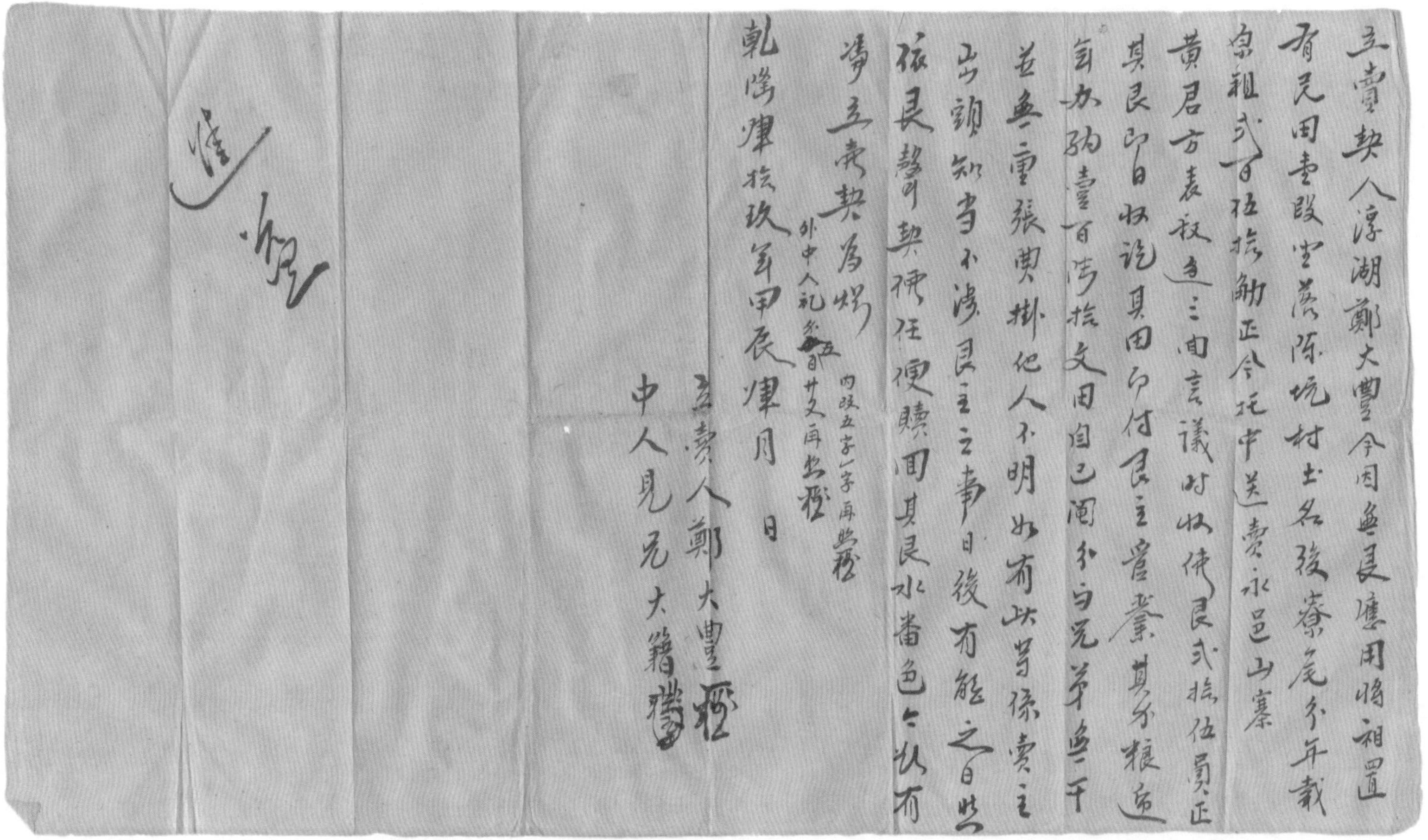

立賣契人淳湖鄭大豐，今因無銀應用，將祖置
有民田壹段，坐落陳坑村，土名後嶺尾，年載
租穀貳石伍拾觔正，今托中送賣永邑山寨
黃君方表叔邊，三面言議，時收價銀貳拾伍員正。
其銀即日收訖，其田即付銀主管業，其粮逐
年加納壹百陸拾文，田自己開，亦與兄弟無干，
並無重張典掛他人，亦明如有此等，係賣主
出頭知當，不涉銀主之事。日後有能之日，照
依銀契兩便，任便贖回，其銀水番色。今欲有
憑，立賣契為炤。

外中人礼銀五百廿文再照

內改五字、添一字再照

乾隆肆拾玖年甲辰肆月　日

立賣人鄭大豐（押）

中人見兄大籍（押）

進照

10-6-26-1　清乾隆四十九年四月德化鄭大豐立賣民田契

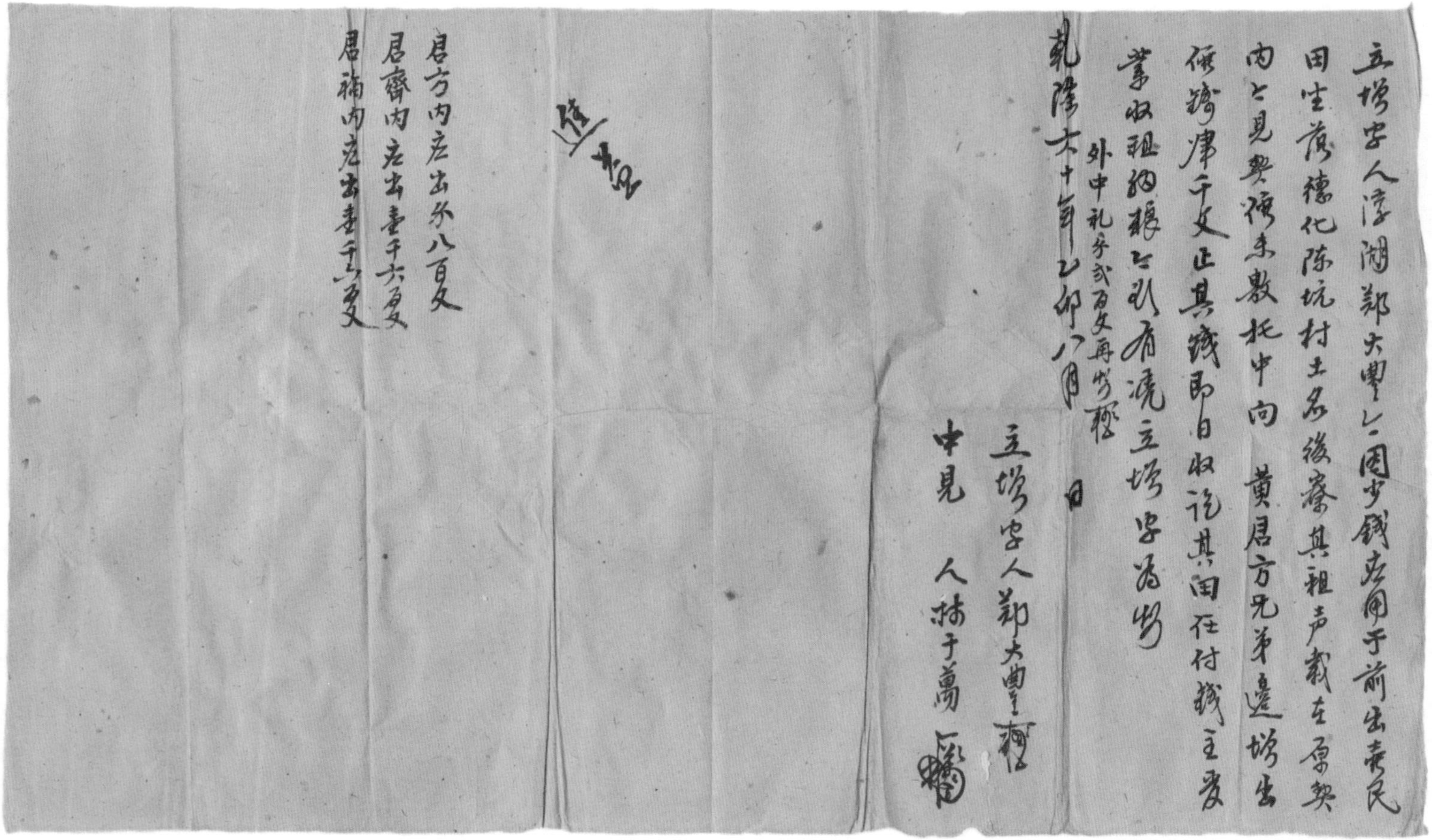

立增字人淳湖鄭大豐，今因少錢應用，于前出賣民
田坐落德化陈坑村土名後寮，其租声載在原契
内，今見契價未敷，托中向黃君方兄弟邊增出
價錢肆千文正，其錢即日收訖，其田任付錢主管
業收租納粮，今欲有憑，立增字為照。
外中礼分贰百文再照
乾隆六十年乙卯八月　日
立增字人鄭大豐（押）
中見人林于萬（押）

增契

君方内應出錢八百文
君齊内應出壹千六百文
君補内應出壹千六百文

10-6-26-2　清乾隆六十年八月德化鄭大豐立增民田字

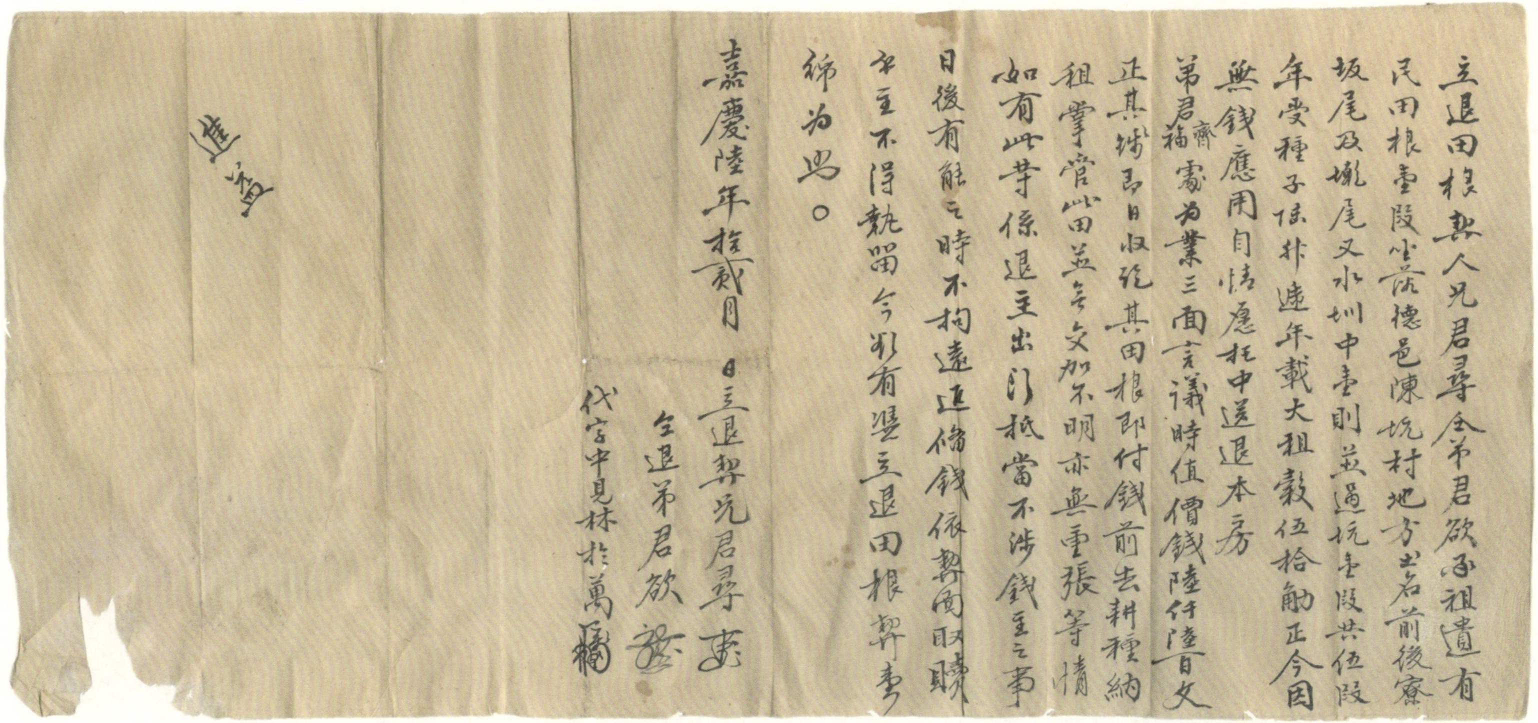
立退田根契人兄君尋仝弟君欽承祖遺有
民田根壹段坐落德邑陳坑村地方土名前後寮
坂尾及墘尾又水圳中壹則並過坑壹段共伍段
年受種子係非連年載大租穀伍拾觔正今因
無錢應用自情愿托中送退本房
弟君福齋處為業三面言議時值價錢陸仟陸百文
正其錢即日收訖其田根即付錢前去耕種納
租掌管此田並無文加不明亦無重張等情
如有此等係退主出頭抵當不涉錢主之事
日後有能之時不拘遠近備錢依契面取贖
錢主不得執留今欲有憑立退田根契壹
紙為照。

嘉慶陸年拾貳月　日立退契兄君尋（押）
仝退弟君欽（押）
代字中見林於萬（押）

進[illegible]

10-6-26-3　清嘉慶六年十二月黃君尋等立退民田根契

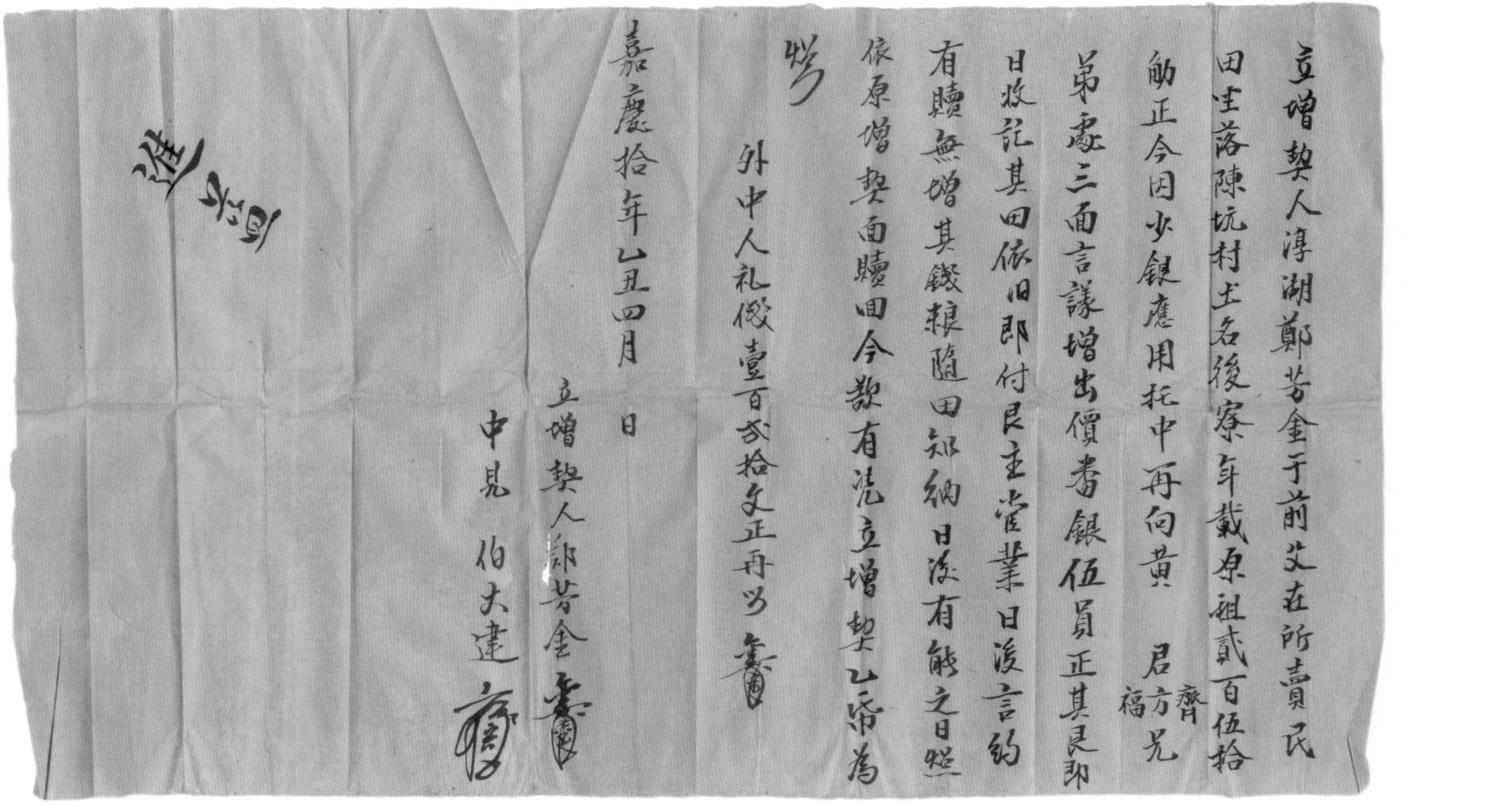

立增契人淳湖鄭芳金于前父在所賣民
田壹落陳坑村土名後寮年載原租貳百伍拾
觔正今因少銀應用托中再向黄　君齊方福兄
弟處三面言議增出價番銀伍員正其艮即
日收訖其田依旧郎付艮主掌業日後言約
有贖無增其錢粮隨田和納日後有能之日照
依原價契面贖回今欲有憑立增契乙帋為
照
外中人礼儀壹百貳拾文正再照
嘉慶拾年乙丑四月　日
立增契人鄭芳金
中見　伯大建

10-6-26-4　清嘉慶十年四月德化鄭芳金立增民田契

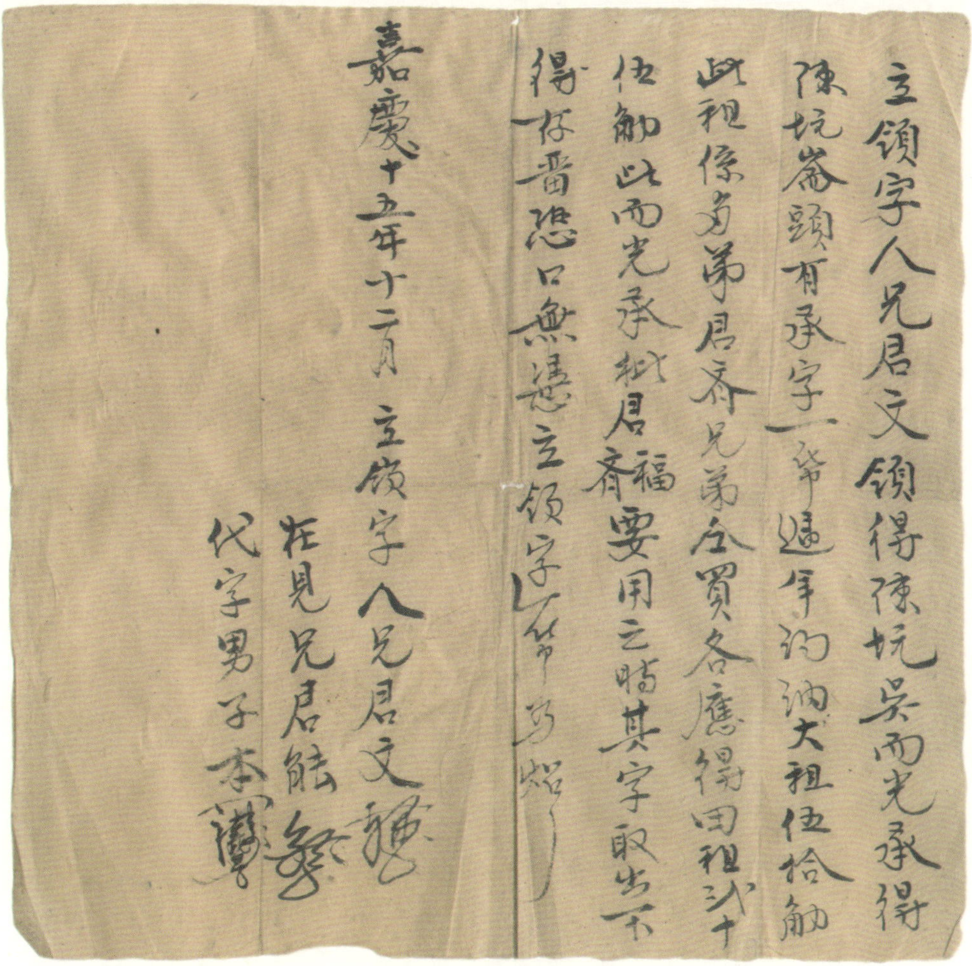

立領字人兄君文領得陳坑吳而光承得
陳坑崙頭有承字一紙遞年約納大租伍拾觔
此租係弟君齊兄弟合買各應得田租弍十
伍觔此而光承批君福齊要用之時其字取出不
得存留恐口無憑立領字一紙付照

嘉慶十五年十二月　立領字人兄君文（押）
在見兄君鮭（押）
代字男子李[illegible]

10-6-26-5　清嘉慶十五年十二月黃君文立領承批字

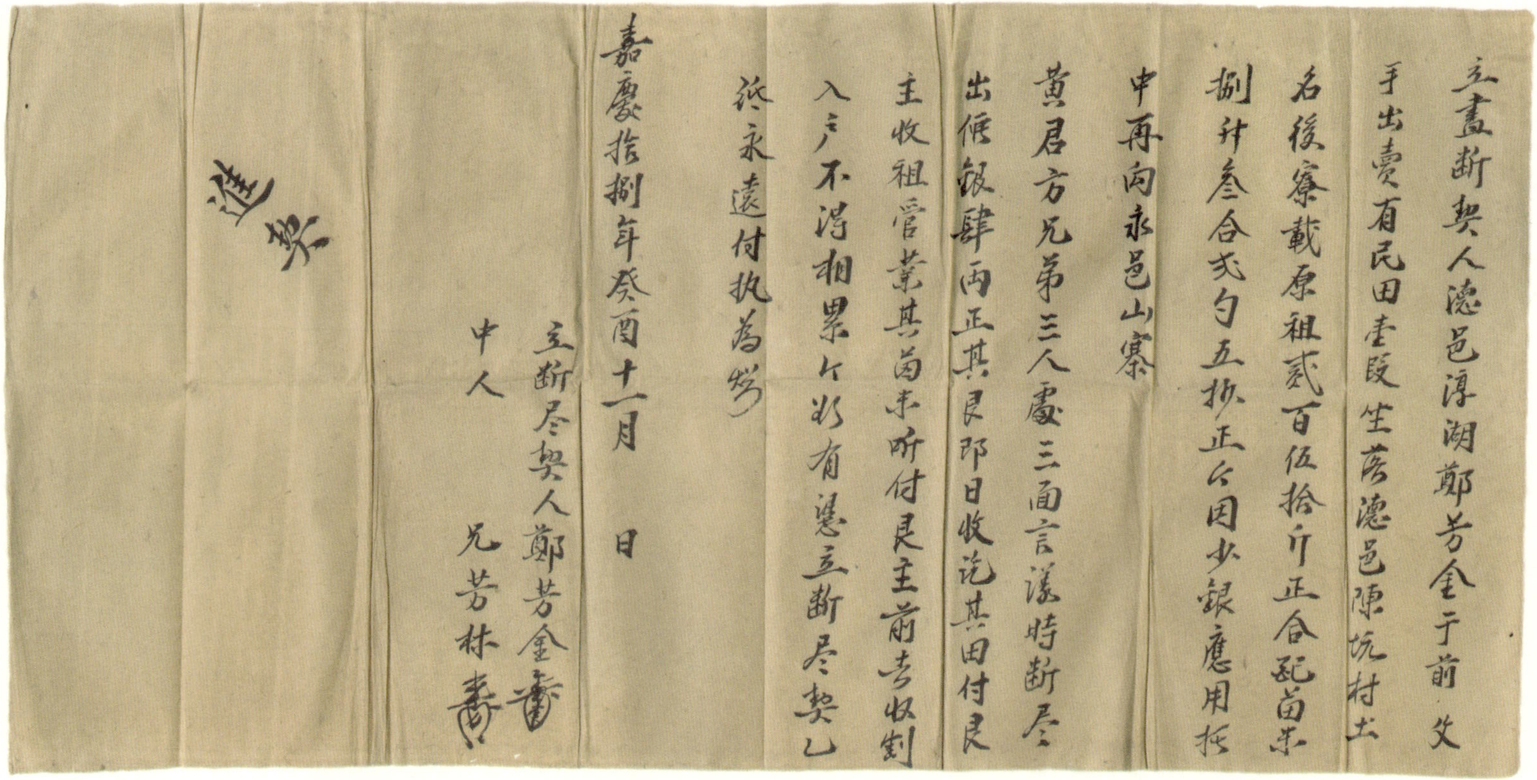

立盡斷契人德邑淳湖鄭芳金于前 文
手出賣有民田壹段，坐落德邑陳坑村土
名後寮，載原租貳百伍拾斤正，合配苗米
捌升叁合弍勺五抄正。今因少銀應用，托
中再向永邑山寨
黄居方兄弟三人處三面言議，時斷尽
出佛銀肆两正，其艮即日收訖，其田付艮
主收租管業，其苗米所付艮主前去收割
入户，不得相異。今欲有憑，立斷尽契乙
紙，永遠付執為照。

嘉慶拾捌年癸酉十一月　　日

立斷尽契人鄭芳金（押）
中人　兄芳林（押）

進契

10-6-26-6 清嘉慶十八年十一月德化鄭芳金立盡斷民田契

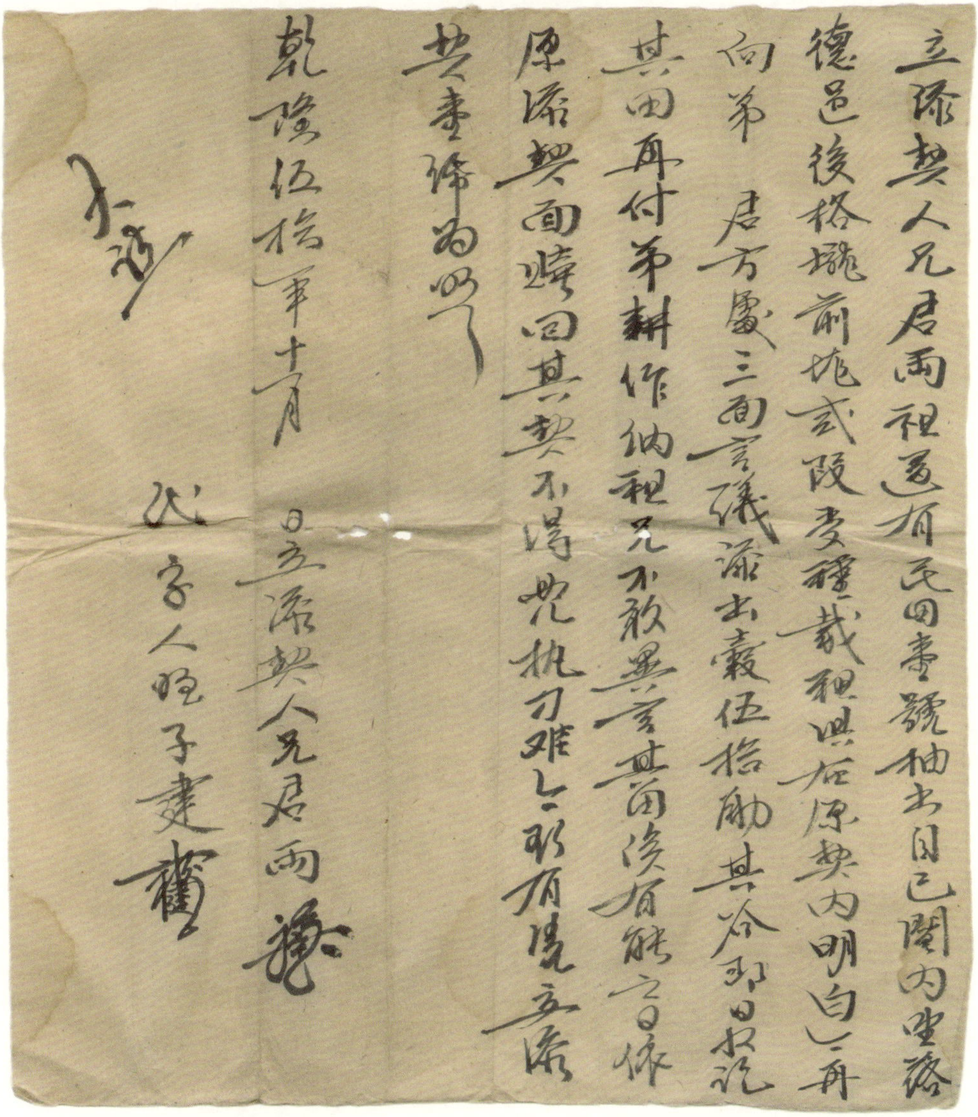
立添契人兄君兩，祖遺有民田壹號，抽出自己鬮內，坐落
德邑後格墘前坵貳段，受種載租照依原契內明白，今再
向弟　君方處三面言議，添出價伍拾觔，其谷即日收訖，
其田再付弟耕作納租，兄不敢異言。其田後有能之日，依
原添契面贖回，其契不得典兄執留難。今欲有憑，立添
契壹紙為照。
乾隆伍拾年十一月　日立添契人兄君兩（押）
代字人姪子建（押）
大吉

10-6-27-1　清乾隆五十年十一月黃君兩立添民田契

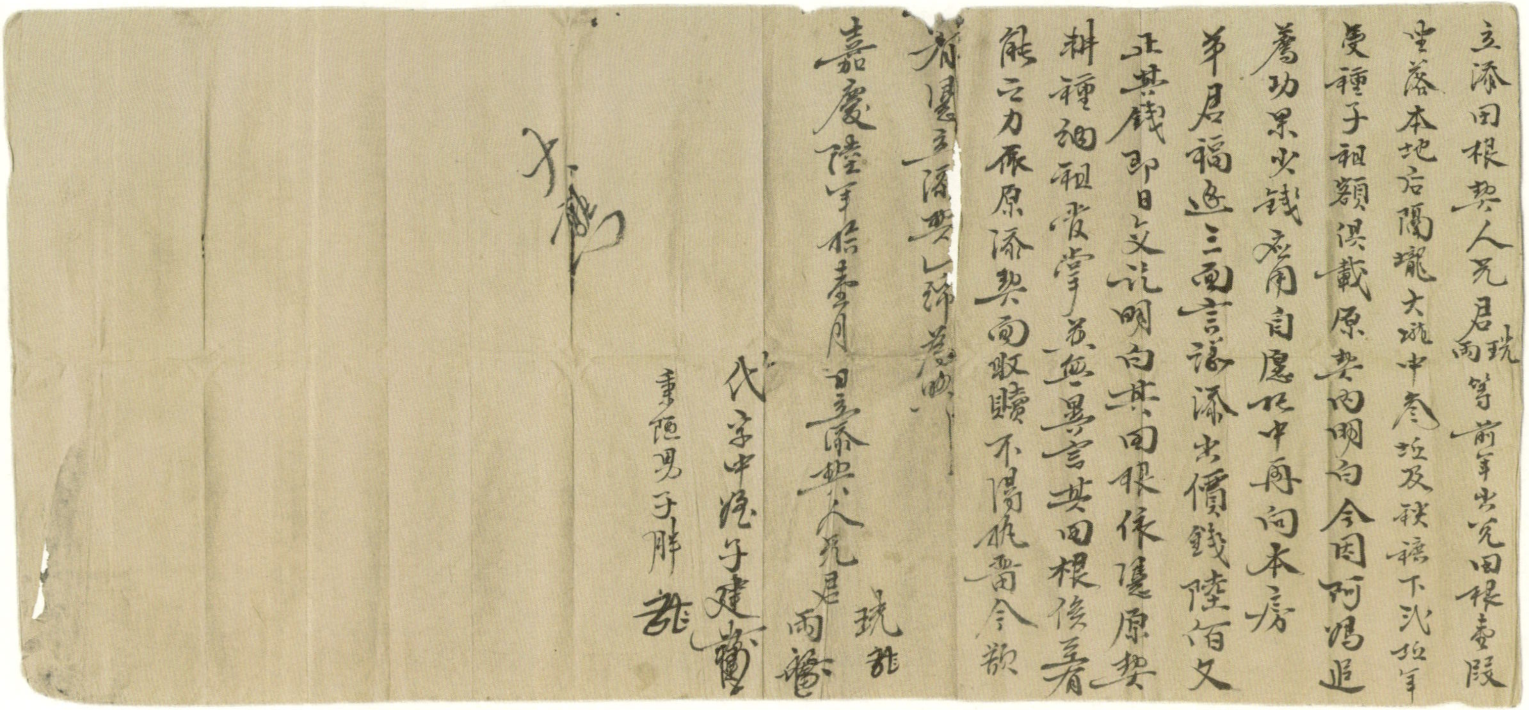
立添田根契人兄君珖、兩等，前年出兌田根壹段，
坐落本地名陽壠大坵中叁坵及秋槽下沉坵，年
受種子、租額俱載原契內明白。今因阿媽過
舊功果少錢應用，自愿托中再向本房
弟君福邊三面言議添出價錢陸佰文
正，其錢即日交訖明白。其田根依舊原契
耕種納租，管掌為業，無異言。其田根後若
能之力，振原添契面收贖，不得執留。今欲
有憑，立添契一紙為照。
嘉慶陸年拾壹月 日立添契人兄君 珖（押） 兩（押）
代字中侄子建（押）
事隨男子胖（押）

10-6-27-2 清嘉慶六年十一月黃君珖等立添田根契

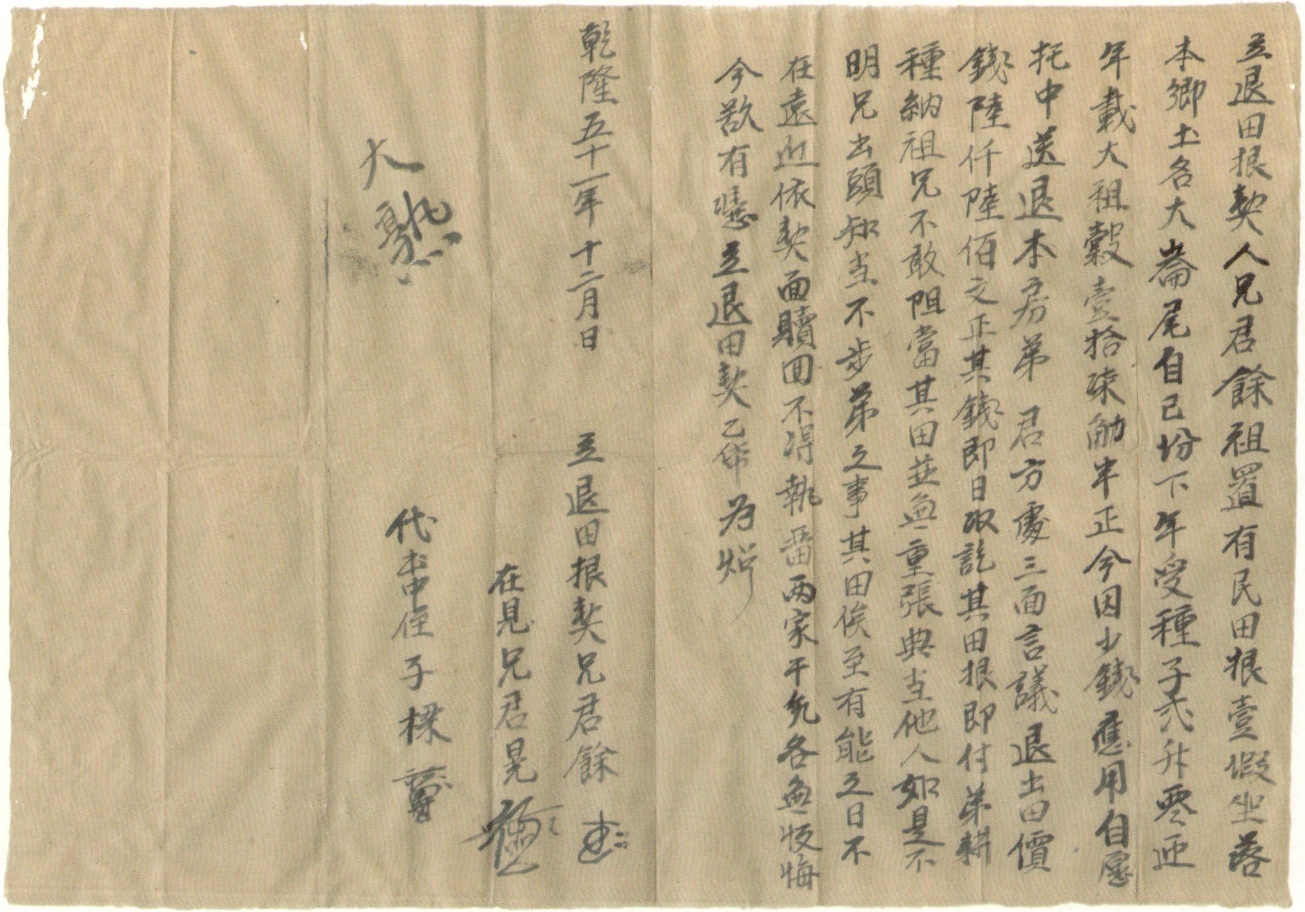
立退田根契人兄君餘祖置有民田根壹段坐落
本鄉土名大崙尾自己分下年受種子弍升零正
年載大租穀壹拾柒觔半正今因乏錢應用自愿
托中送退本房弟君方處三面言議退出田價
錢陸仟陸佰文正其錢即日收訖其田根即付弟耕
種納租兄不敢阻當其田並無重張與至他人如是不
明兄出頭知當不涉弟之事其田候至有能之日不
在遠近依契面贖田不得執留兩家甘允各無反悔
今欲有憑立退田契乙紙為炤

乾隆五十一年十二月日

立退田根契兄君餘
在見兄君晃
代書中侄子棣

大號

10-6-28-1　清乾隆五十一年十二月黃君餘立退民田根契

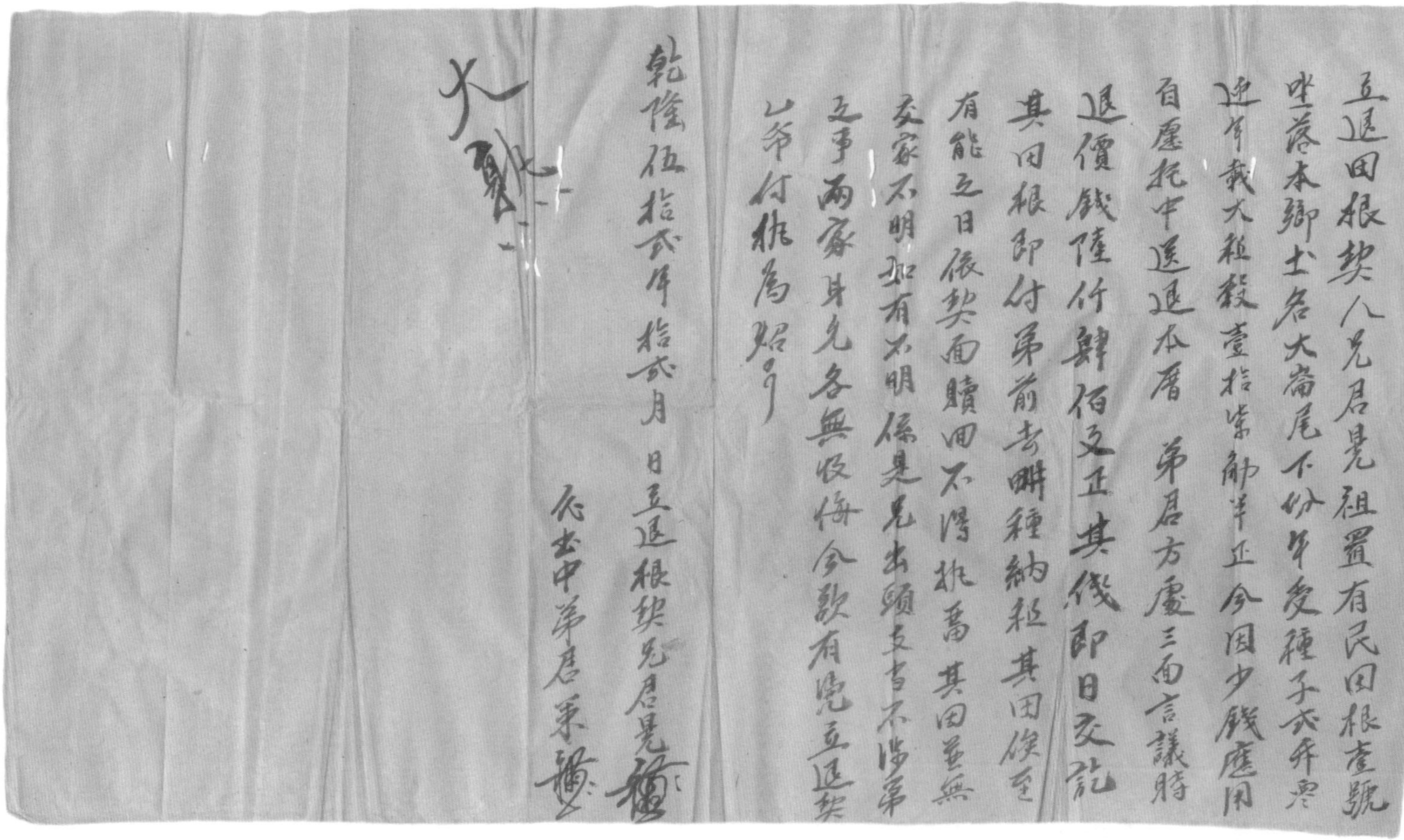
立退田根契人兄君晃祖置有民田根壹號
坐落本鄉土名大崙尾不計畝受種子贰升界
逐年載大租穀壹拾柒觔半正今因少錢應用
自愿托中送退本厝 弟君方處三面言議時
退價錢陸仟肆佰文正其錢即日交訖
其田根即付弟前去掘種納租其田俟至
有能之日依契面贖回不得執留 其田並無
交家不明如有不明係是兄出頭支當不涉弟
之事兩家甘允各無反悔今欲有憑立退契
乙帋付執為照了
乾隆伍拾贰年拾贰月 日立退根契兄君晃（押）
依口中弟君秉（押）
[illegible]

10-6-28-2 清乾隆五十二年十二月黄君晃立退民田根契

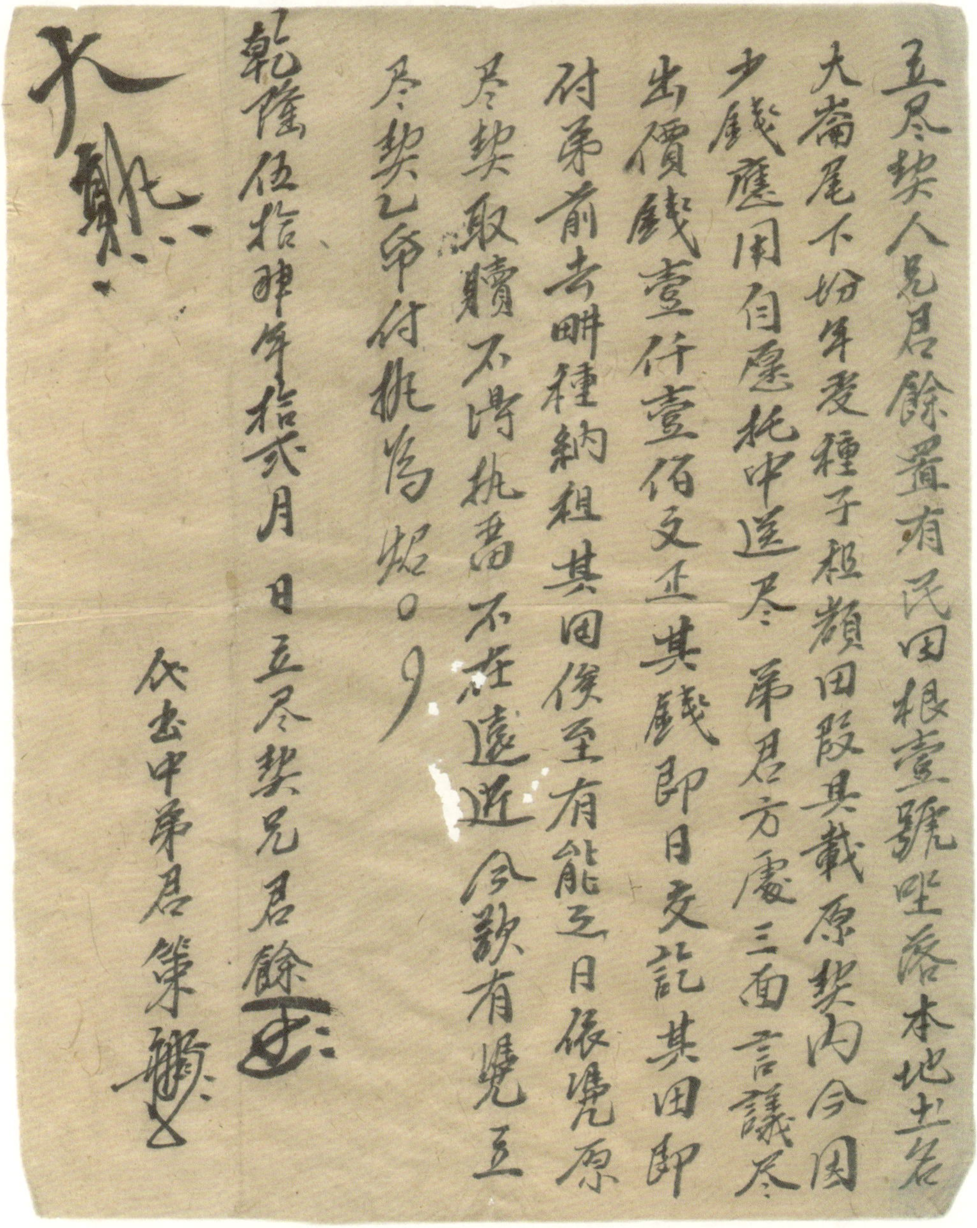

立盡契人兄君餘置有民田根壹號坐落本地土名
大崙尾下坵年受種子拾類田段具載原契內今因
少錢應用自愿托中送盡 弟君方處三面言議盡
出價錢壹仟壹佰文正其錢即日交訖其田即
付弟前去耕種納租其田俟至有能之日依憑原
盡契取贖不得執番不在遠近今欲有憑立
盡契乙帋付執為照。

乾隆伍拾肆年拾弍月 日立盡契兄君餘（押）

代書中弟君策（押）

大熟

10-6-28-3 清乾隆五十四年十二月黄君餘立盡民田根契

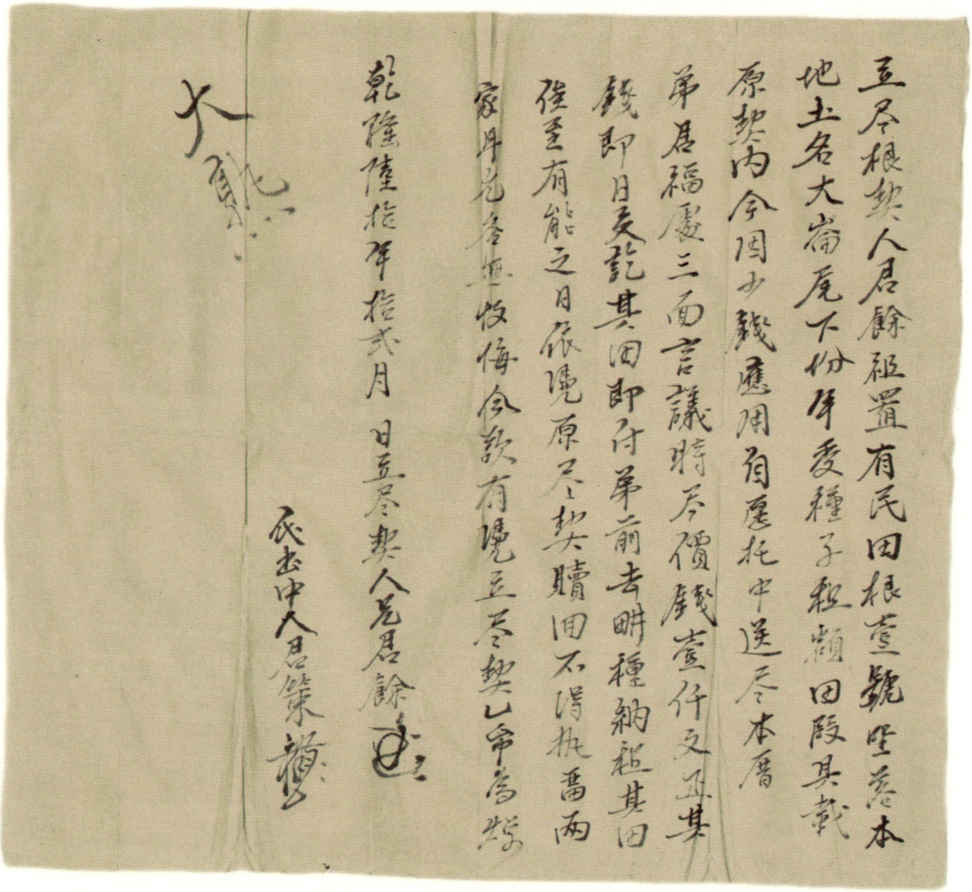
立盡根契人君餘祖置有民田根壹號坐落本
地土名大崙尾下份年受種子粗瀨田段其載
原契內今因少錢應用自愿托中送盡本厝
弟君福處三面言議時盡價錢壹仟文正其
錢即日交訖其田即付弟前去耕種納租其田
從盡有能之日依憑原盡之契贖回不得執畨兩
家甘允各無反悔今欲有憑立盡契乙帋為照
乾隆陸拾年拾貳月　日立盡契人兄君餘（押）
代書中人君策（押）

10-6-28-4　清乾隆六十年十二月黄君餘立盡民田根契

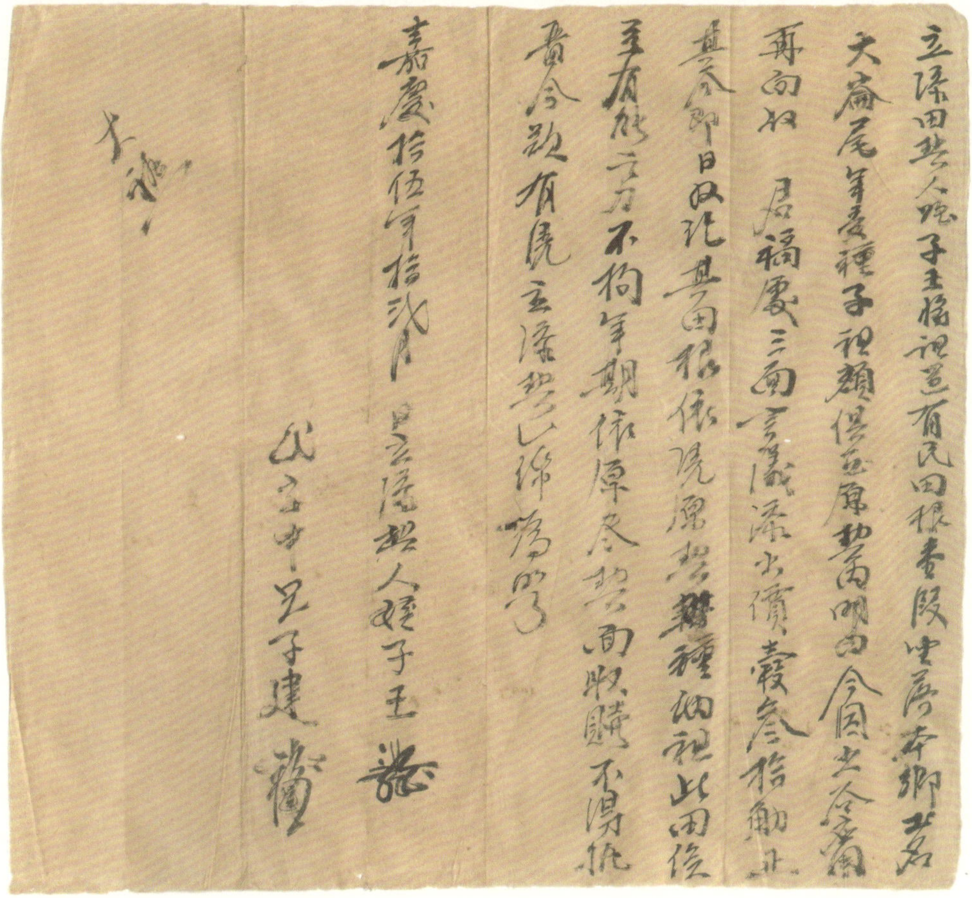
立添田契人姪子王德祖置有民田根壹段坐落本鄉土名
大扁尾年受種子租額係在原契內明白今因乏銀應用
再向叔 居福慶三面言議添出價穀叁拾觔正
其谷即日收訖其田仍依原契耕種納租此田係
主有能力不拘年期依原契面收贖不得抗
留今欲有憑立添契一紙爲照
嘉慶拾伍年拾弍月 日立添契人姪子王（押）
代字中兄子建（押）
大吉

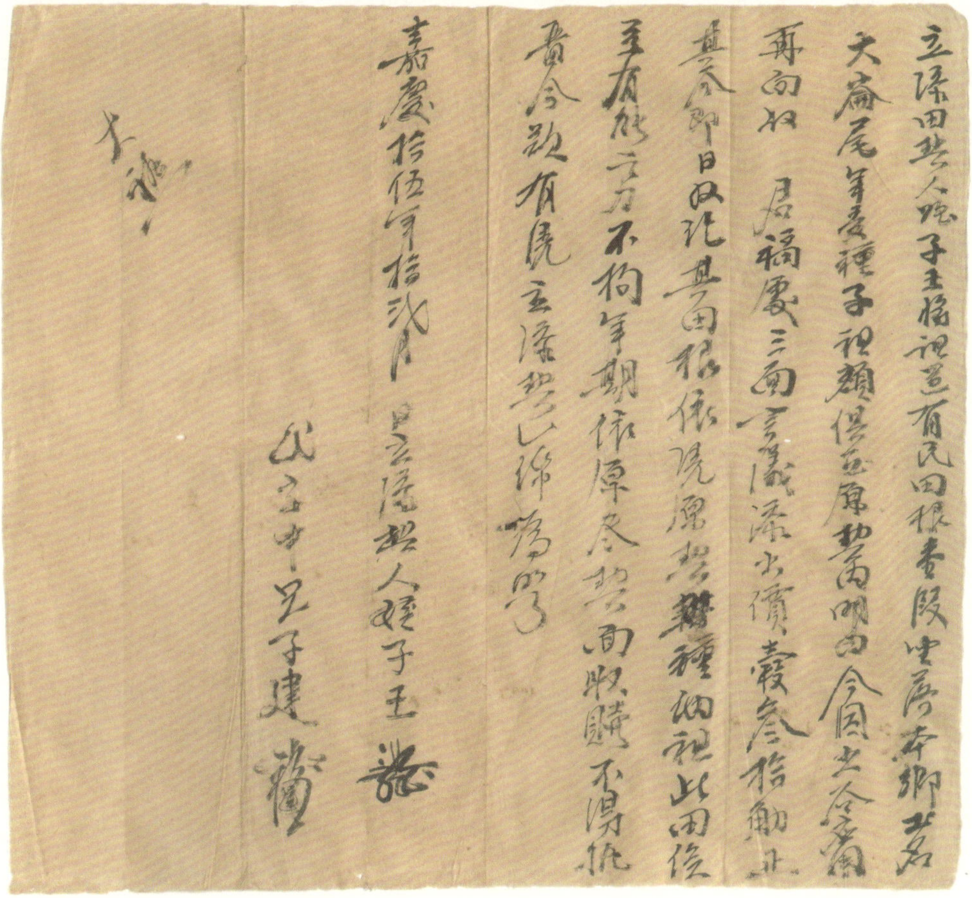

10-6-28-5 清嘉慶十五年十二月黄子王立添民田根契

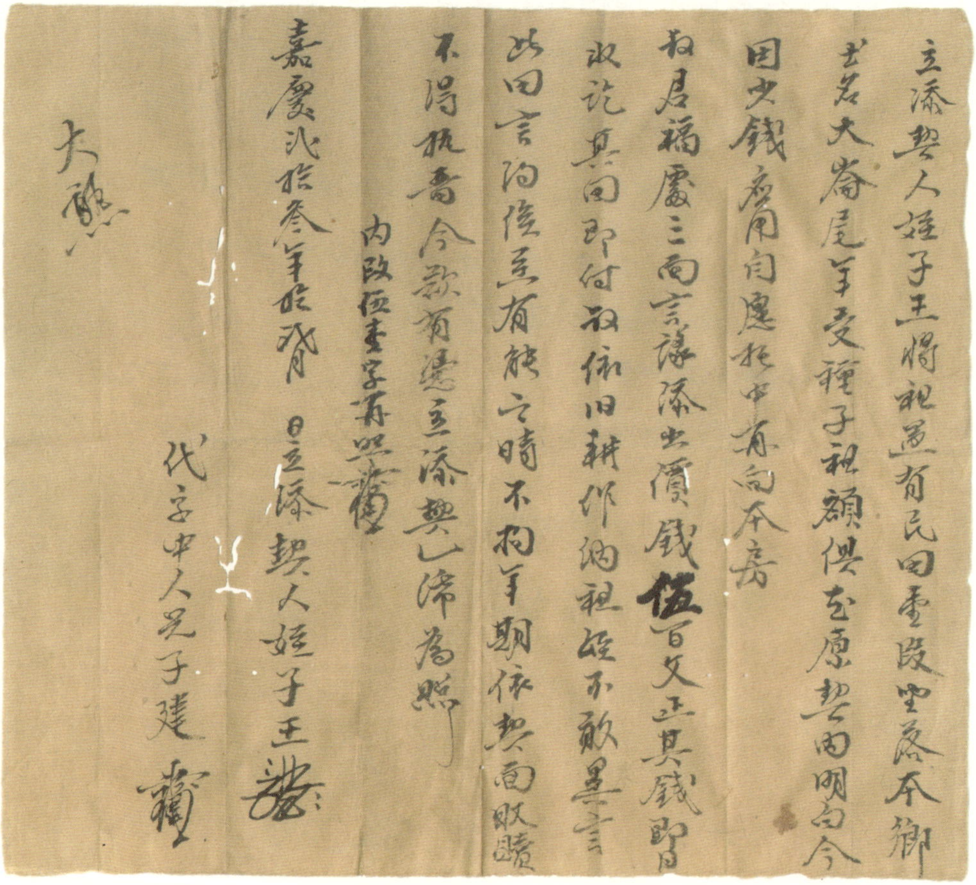

立添契人姪子王將祖遺有民田壹段坐落本鄉
土名大崙尾年受種子租額俱登原契內明白今
因乏錢應用自愿托中向本房
叔君福處三面言議添出價錢伍百文正其錢即日
收訖其田即付叔依旧耕作納租姪不敢異言
此田言約後至有能之時不拘年期依契面取贖
不得執留今欲有憑立添契一紙為照
內改伍壹字再照（押）
嘉慶廿拾叁年拾貳月　日立添契人姪子王（押）
代字中人兄子建（押）
大賺

10-6-28-6　清嘉慶二十三年十二月黄子王立添民田契

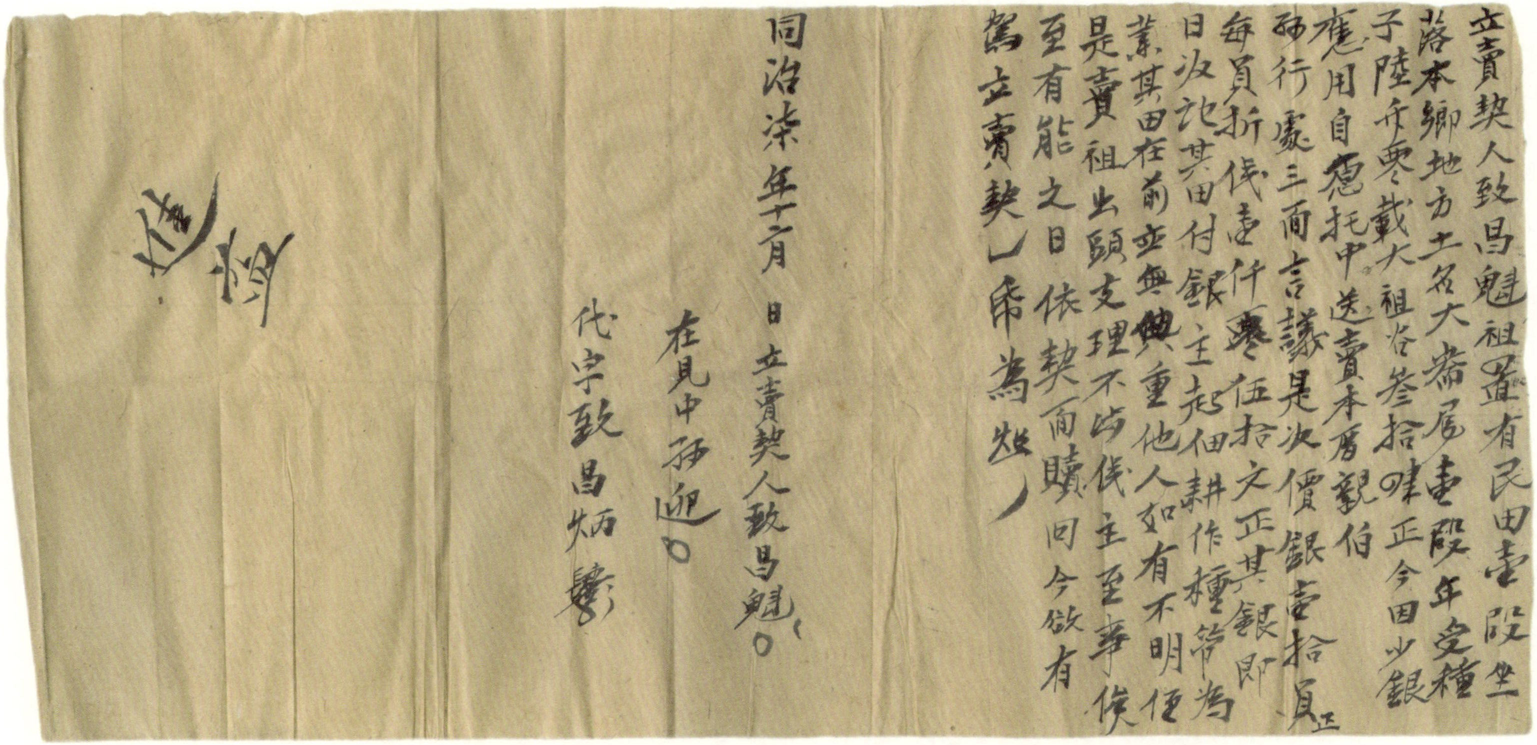
立賣契人致昌魁祖遺有民田壹段坐
落本鄉地方土名大嶺尾壹段年受種
子陸升要載大租谷叁拾肆正今因少銀
應用自愿托中送賣本房親伯
禎行處三面言議是次價銀壹拾員正
每員折俵七仟柒伍拾文正其銀即
日收訖其田付銀主起佃耕作種節為
業其田在前並無典重他人如有不明係
是賣祖出頭支理不干銀主至事係
至有能之日依契面贖回今欲有
憑立賣契一帋為炤

同治柒年十二月　日　立賣契人致昌魁○
在見中孫迎○
代字致昌炳

10-6-28-7　清同治七年十二月黄昌魁立賣民田契

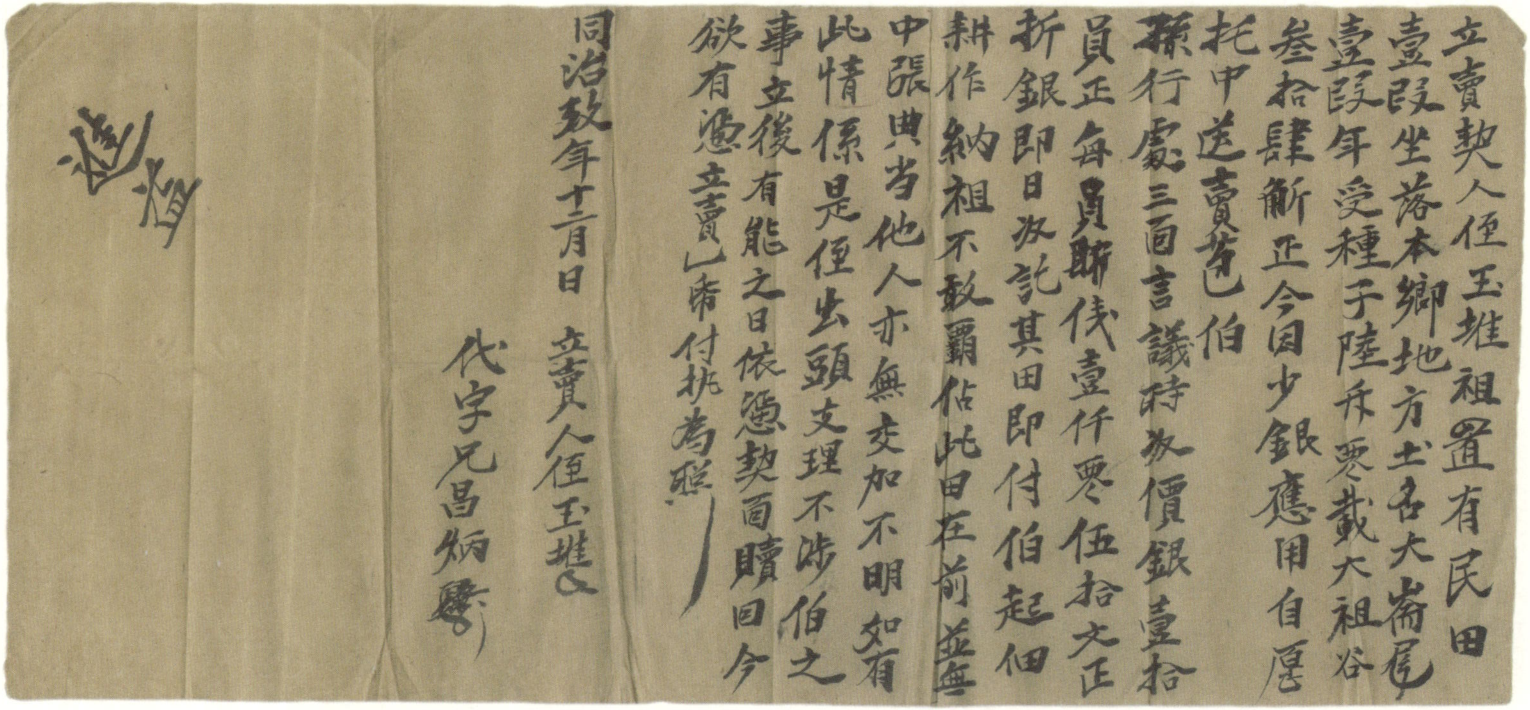
立賣契人侄玉堆祖置有民田
壹段坐落本鄉地方土名大崙尾
壹段年受種子陸升零載大祖谷
叁拾肆觔正今因少銀應用自愿
托中送賣與堂伯
孫行處三面言議時值價銀壹拾
員正每員斷錢壹仟零伍拾文正
折銀即日收訖其田即付伯起佃
耕作納祖不敢覇佔此田在前並無
中張典当他人亦無交加不明如有
此情係是侄出頭支理不涉伯之
事立後有能之日依憑契面贖回今
欲有憑立賣契付执為照
同治玖年十二月日　立賣人侄玉堆
代字兄昌炳
進益

10-6-28-8　清同治九年十二月黃玉堆立賣民田契

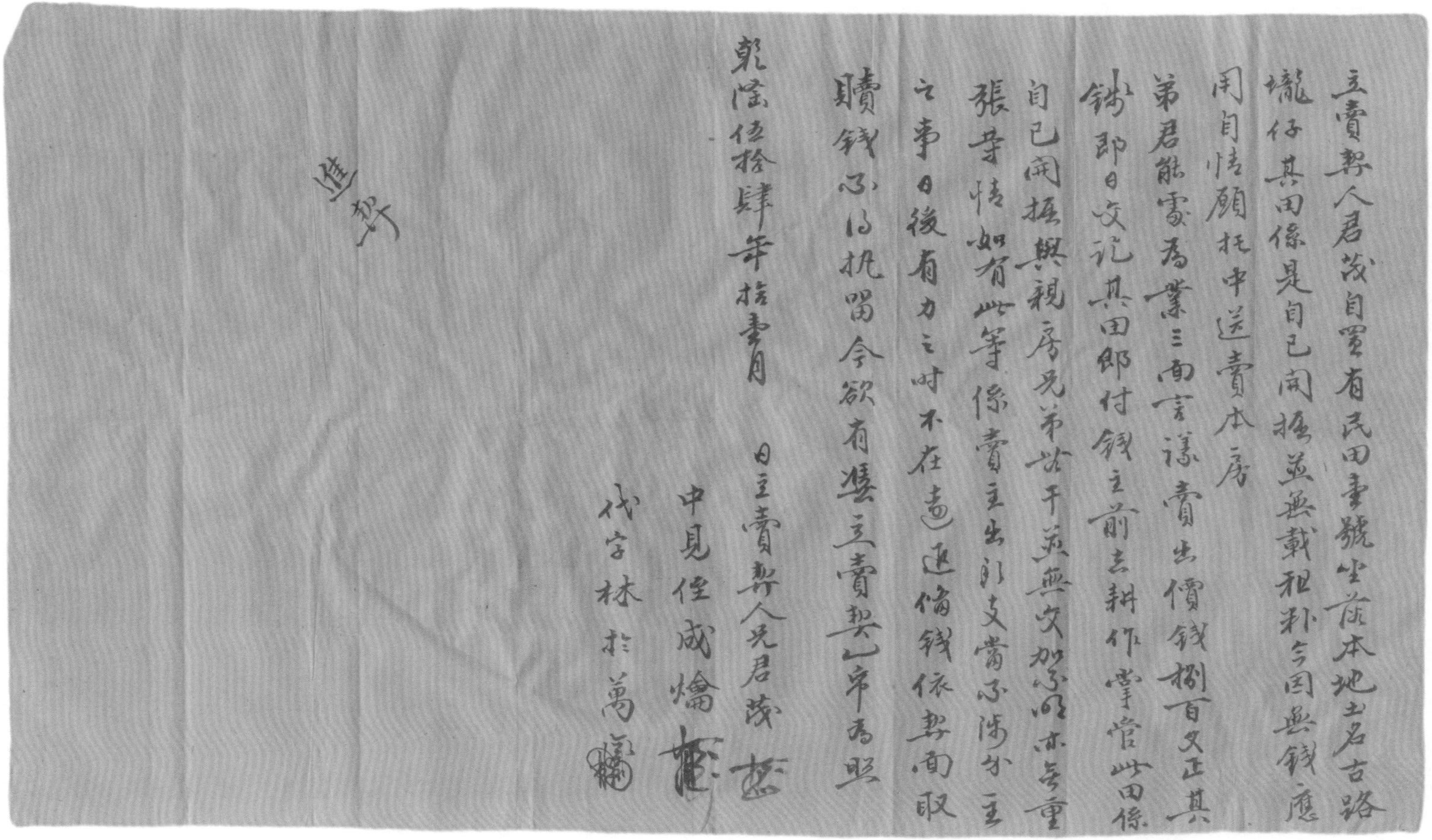

10-6-29-1　清乾隆五十四年十一月黃君茂立賣民田契

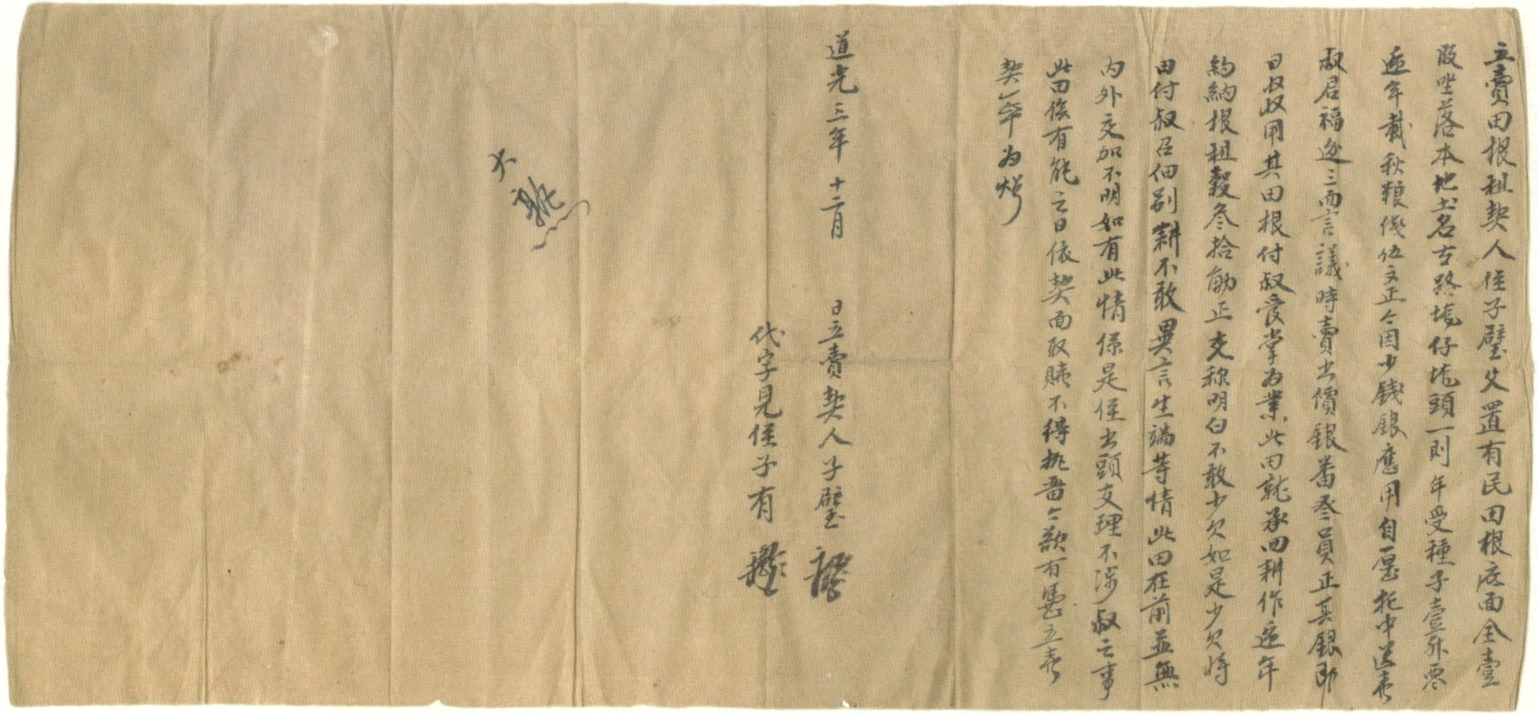

立賣田根租契人侄子璧，父置有民田根底面全壹
段，坐落本処土名吉路境仔坑頭一坵，年受種子壹斗外，原
遞年載秋租穀伍石正，今因乏錢銀應用，自情愿托中送与
叔君福邊三面言議，時賣出價銀叁拾叁員正，其銀即
日收訖明，其田根付叔管掌為業，此田就帶回耕作，逐年
約納根租穀叁拾觔正，交叔明白，不敢少欠，如是少欠，將
田付叔召佃別耕，不敢異言生端等情。此田在前並無
內外交加不明，如有此情，係是侄出頭支理，不涉叔之事。
此田係有能之日，依契面收贖，不得執留。今欲有憑，立賣
契一字為照。

道光三年十二月　日立賣契人侄子璧（押）

代字見侄子有（押）

不贖

10-6-29-2　清道光三年十二月黄子璧立賣底面全民田根租契

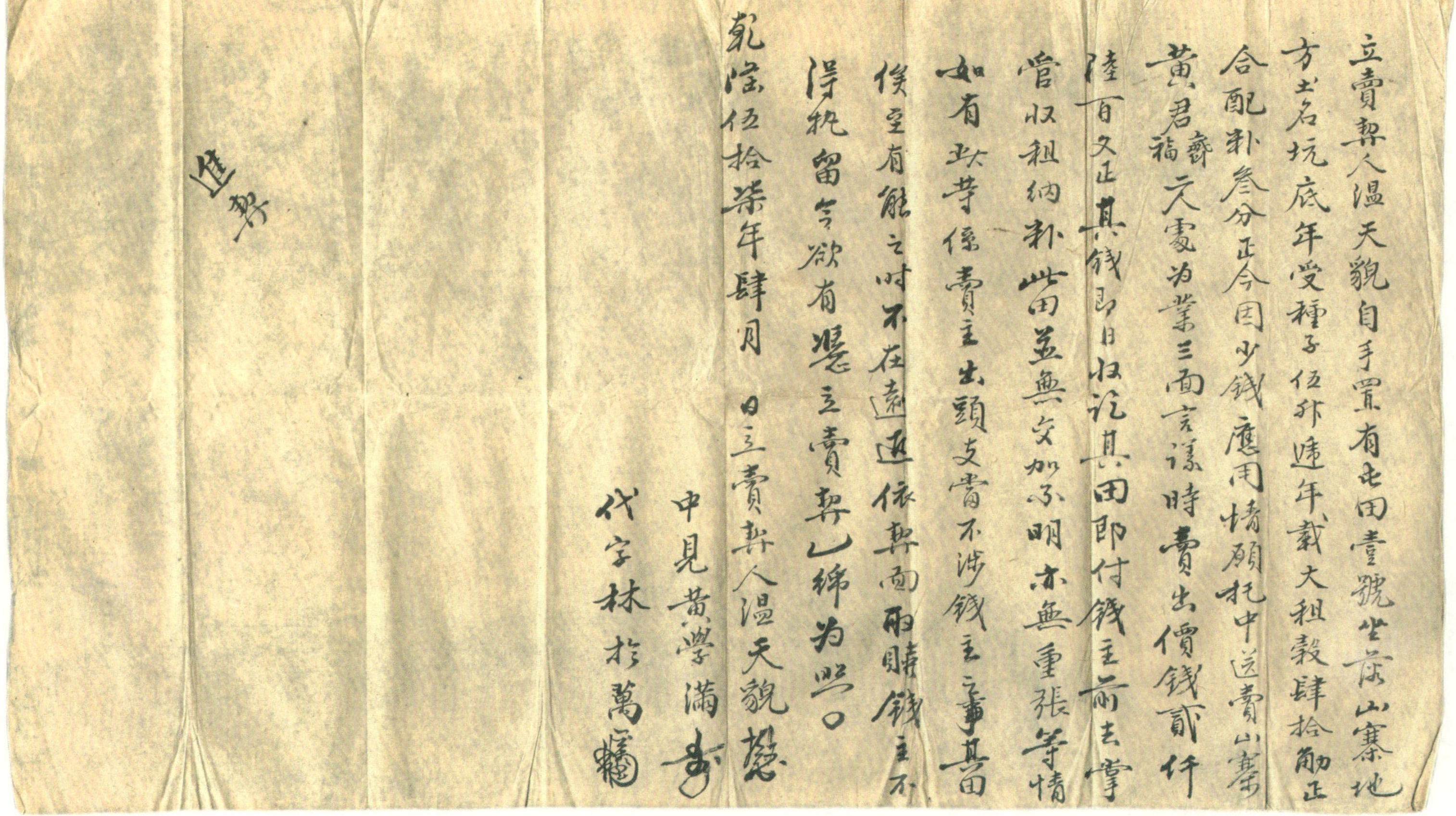
立賣契人温天貌自手置有屯田壹號坐落山寨地
方土名坑底年受種子伍升逓年載大租穀肆拾觔正
合配計叁分正今因少錢應用情願托中送賣山寨
黄君爵福元處為業三面言議時賣出價錢貳仟
陸百文正其錢即日收訖其田即付錢主前去掌
管收租納計此田並無交加不明亦無重張等情
如有此等係賣主出頭支當不涉錢主之事其田
從至有能之时不在遠近依契面取贖錢主不
得執留今欲有憑立賣契一紙為照〇
乾隆伍拾柒年肆月　日立賣契人温天貌（押）
中見黄學滿（押）
代字林於萬（押）
進契

10-6-30-1　清乾隆五十七年四月温天貌立賣屯田契

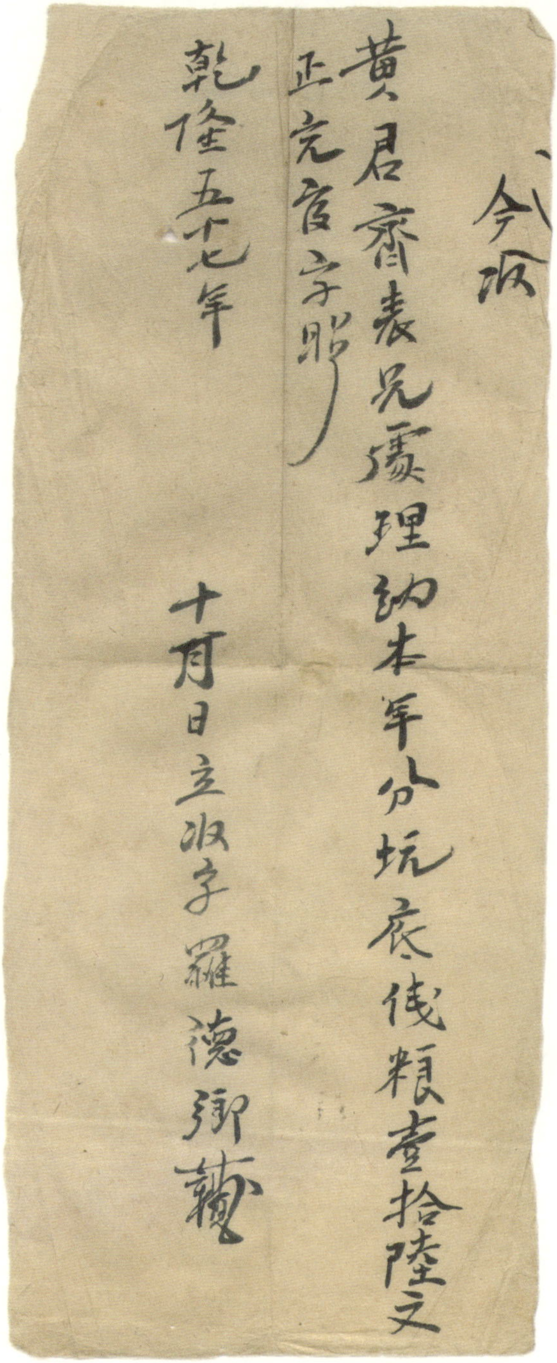
今收
黄君齊表兄處理納本年分坑底錢糧壹拾陸文
正完官字照
乾隆五十七年十月日立收字羅德鄉（押）

10-6-30-2　清乾隆五十七年十月羅德鄉立收錢糧字

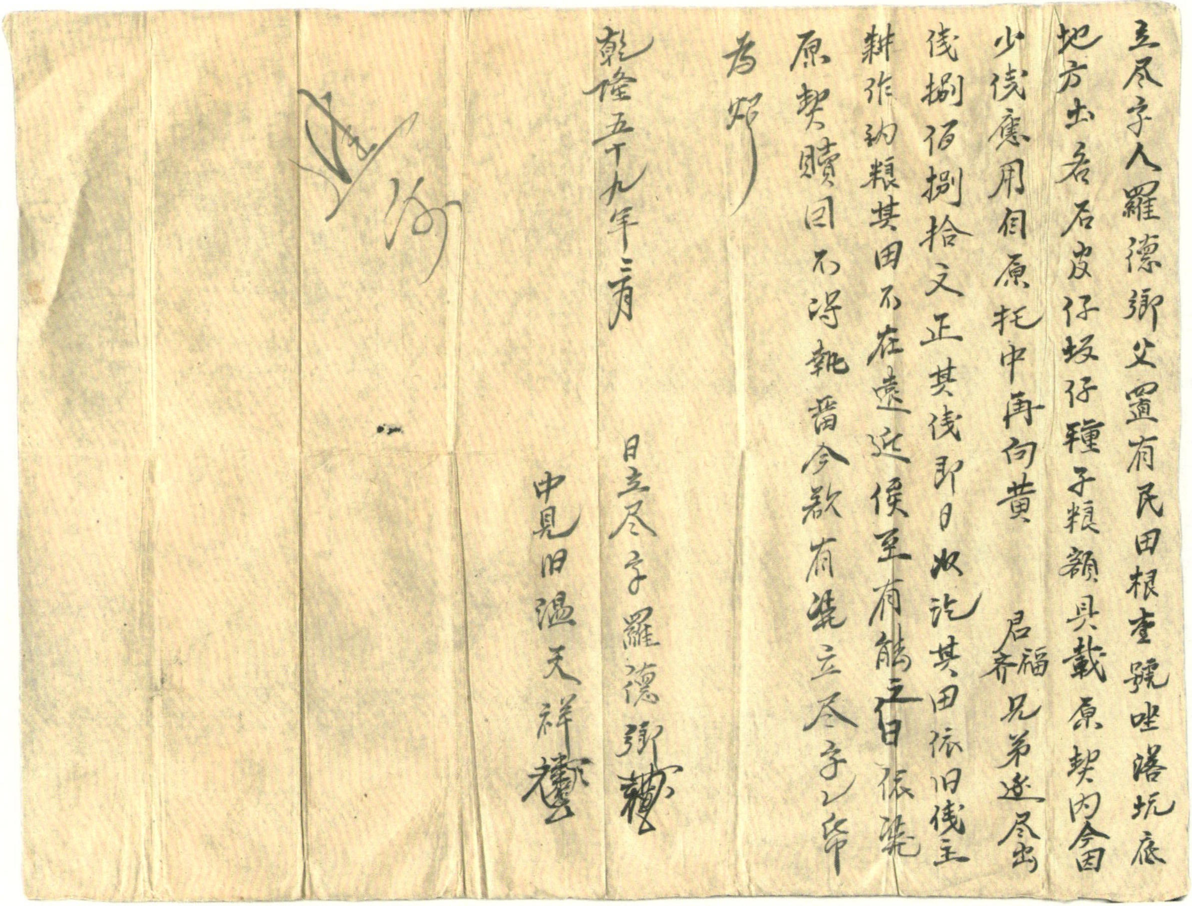
立尽字人羅德鄉父置有民田根壹號坐落坑底
地方土名石皮仔坂仔種子粮額具載原契內今因
少錢應用自原托中再向黄 君福 君齐 兄弟邊尽出
錢捌佰捌拾文正其錢即日收訖其田依旧錢主
耕作納粮其田不在遠近侯至有能之日依照
原契贖回不得執留今欲有憑立尽字乙帋
為照
乾隆五十九年三月
日立尽字羅德鄉
中見旧温天祥

10-6-30-3 清乾隆五十九年三月羅德鄉立盡民田根字

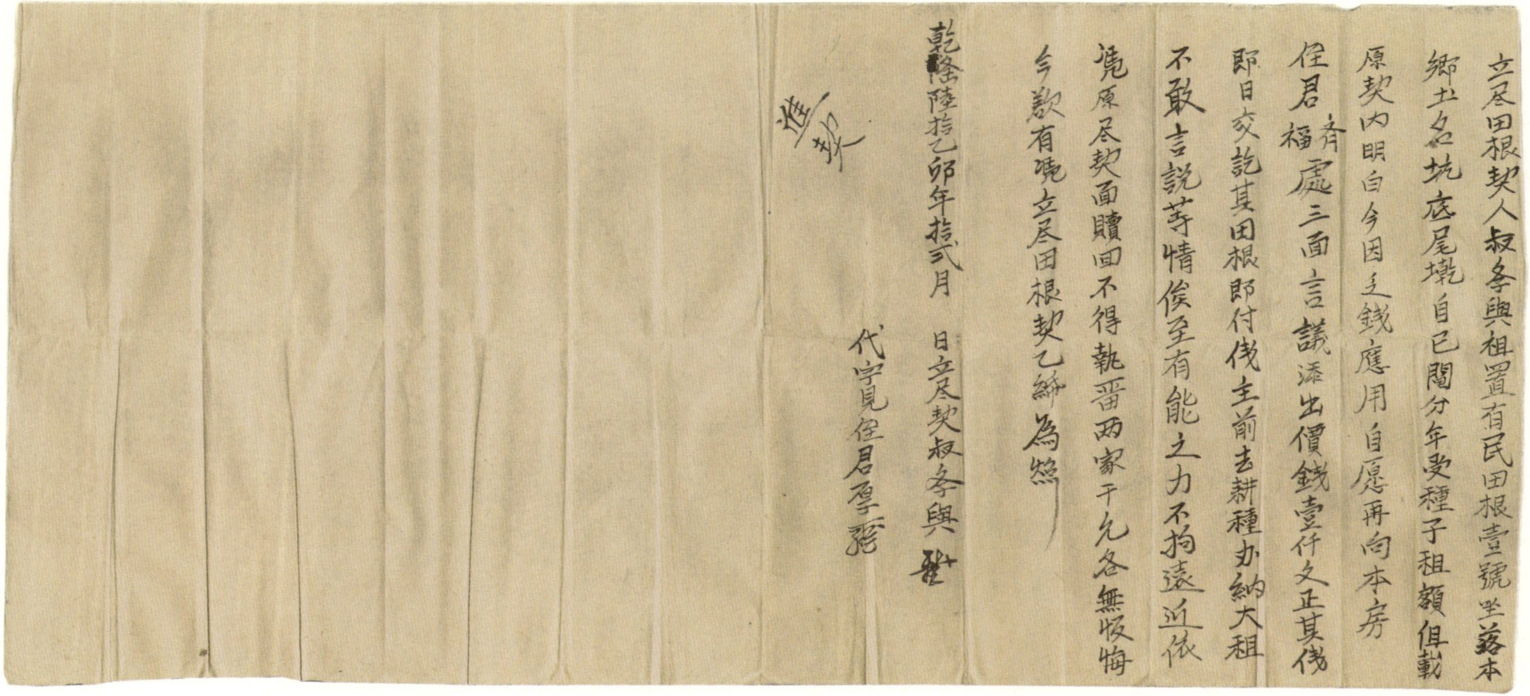
立尽田根契人叔李與祖置有民田根壹號坐落本
鄉土名坑底尾墘自己閹分并受種子租額俱載
原契內明白今因乏錢應用自愿再向本房
侄君福齐處三面言議添出價錢壹仟文正其錢
即日交訖其田根即付錢主前去耕種办納大租
不敢言說等情俟至有能之力不拘遠近依
凭原尽契面贖回不得執留兩家甘允各無反悔
今欲有凭立尽田根契乙紙為照
乾隆陸拾乙卯年拾弍月　日立尽契叔李與（押）
代字見侄君學（押）
進契

10-6-30-4　清乾隆六十一年十二月黃李與立盡民田根契

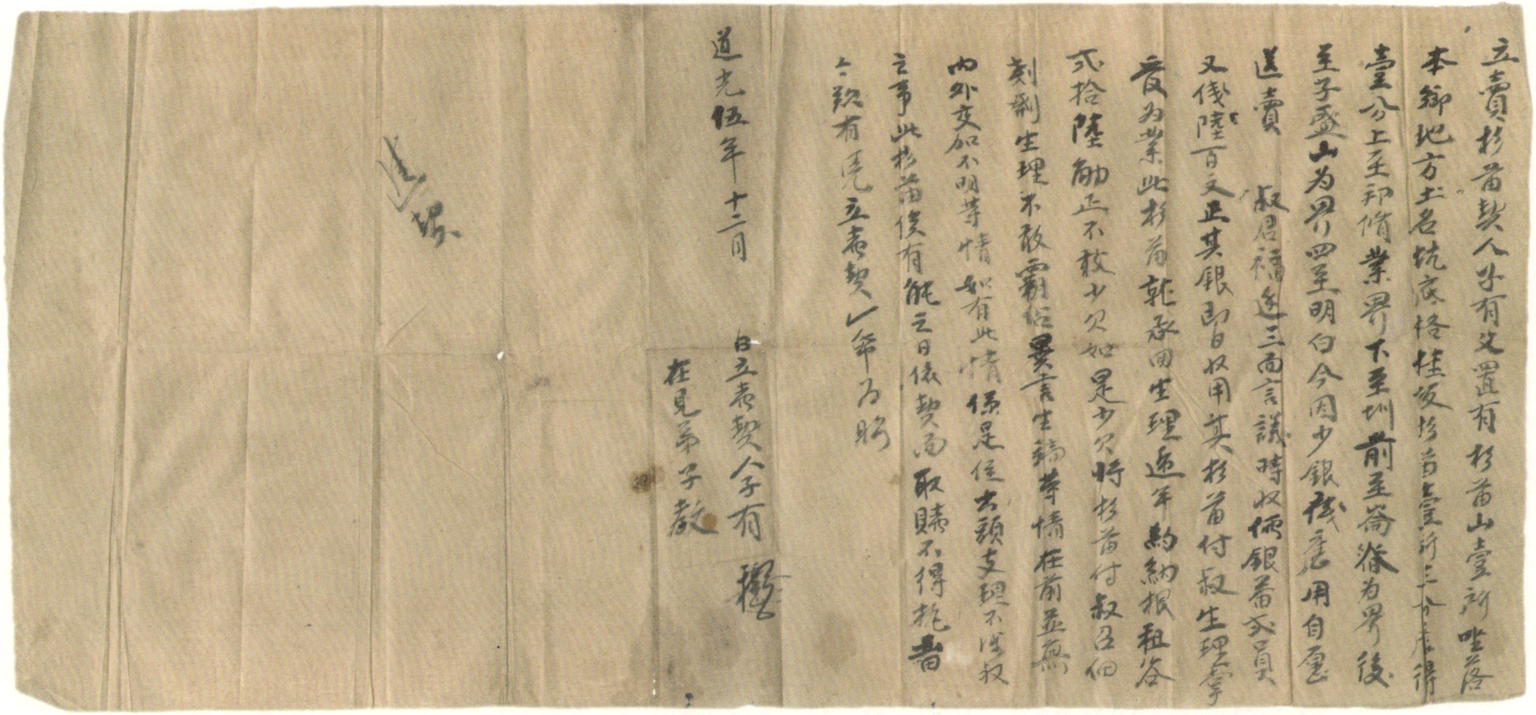

10-6-30-5　清道光五年十二月黄子有立賣杉苗契

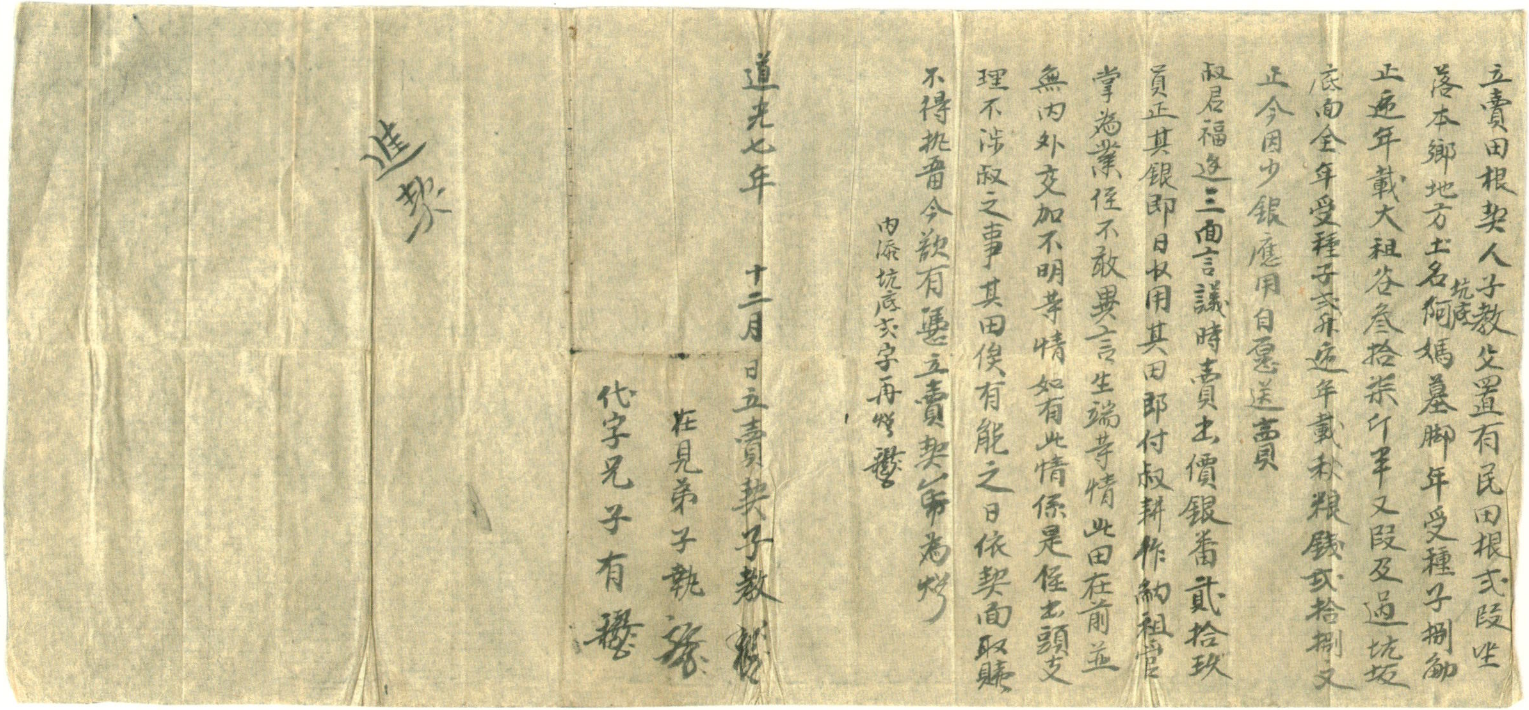

立賣田根契人子教父置有民田根弍段坐
落本鄉地方土名坑底阿媽墓脚年受種子捌觔
正逓年載大租谷叁拾柒斤半又段及逓坑坂
底面全年受種子弍升逓年載秋粮錢弍拾捌文
正今因少銀應用自愿送賣
叔君福邊三面言議時賣出價銀番貳拾玖
員正其銀即日收用其田即付叔耕作納租管
掌為業侄不敢異言生端等情此田在前並
無內外支加不明等情如有此情係是侄出頭支
理不涉叔之事其田俟有能之日依契面取贖
不得執留今欲有憑立賣契一紙為炤
內添坑底弍字再炤

道光七年　十二月　日立賣契子教
在見弟子執
代字兄子有

進契

10-6-30-6　清道光七年十二月黄子教立賣民田根契

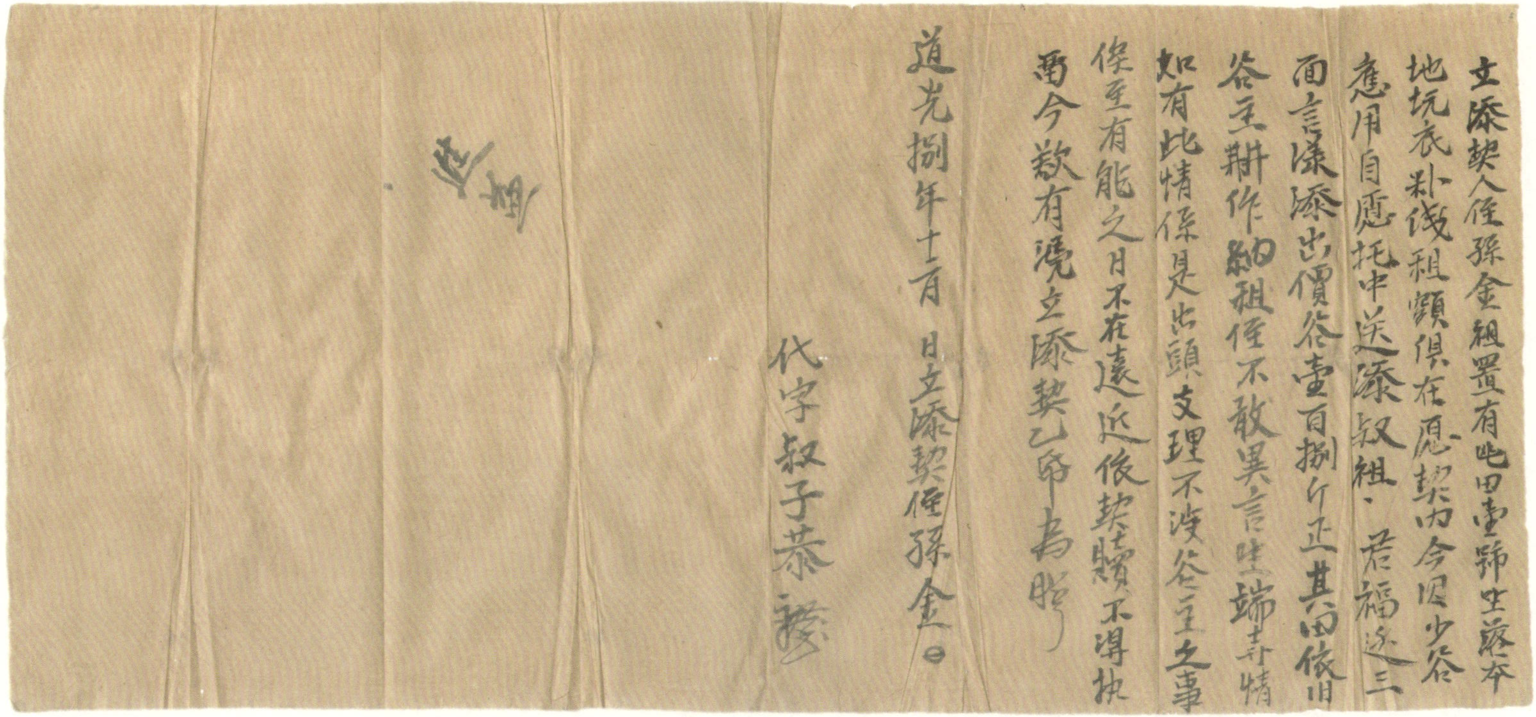

10-6-30-7　清道光八年十二月黄孫金立添屯田契

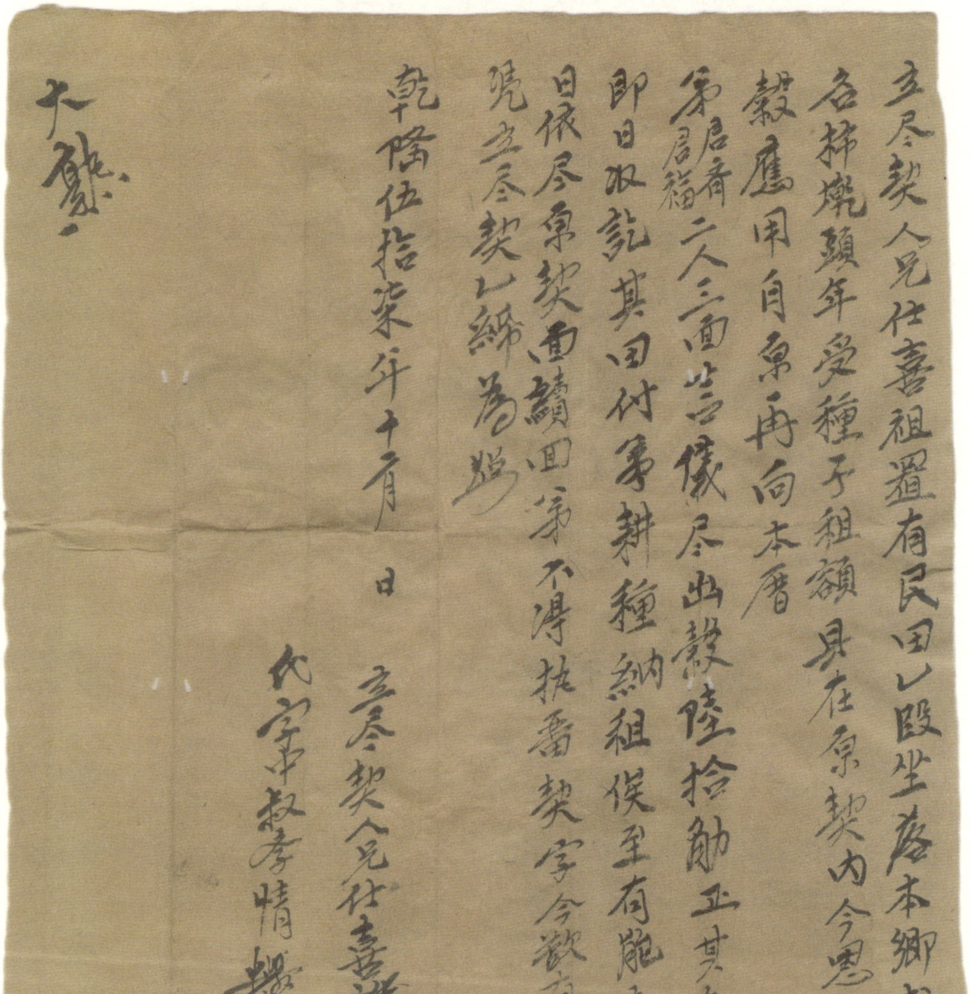

立盡契人黄仕喜祖置有民田山段坐落本鄉土
名柿樹頭年受種子租額具在盡契内今思乏
穀應用自盡再向本厝
兄啓齊　啓福二人三面言議盡出穀陸拾觔正其谷
即日收訖其田付兄耕種納租從至有能之
日依盡契面贖田兄弟不得執番契字今欲有
憑立盡契一紙爲照
乾隆伍拾柒年十二月　日
立盡契人黄仕喜
代字叔孝情
大熟

10-6-31-1　清乾隆五十七年十二月黄仕喜立盡民田契

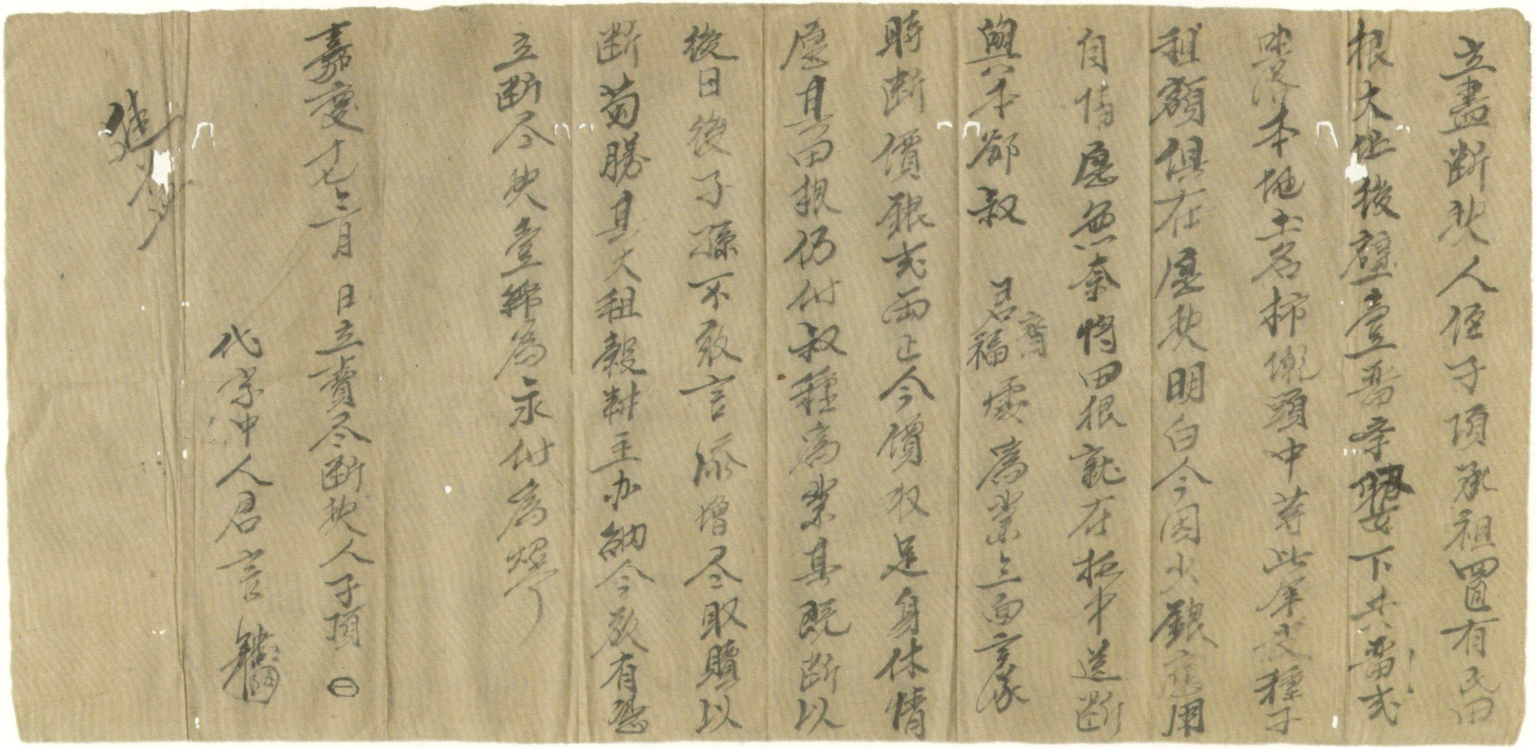

10-6-31-2 清嘉慶十七年三月黃子頂立盡斷民田根契

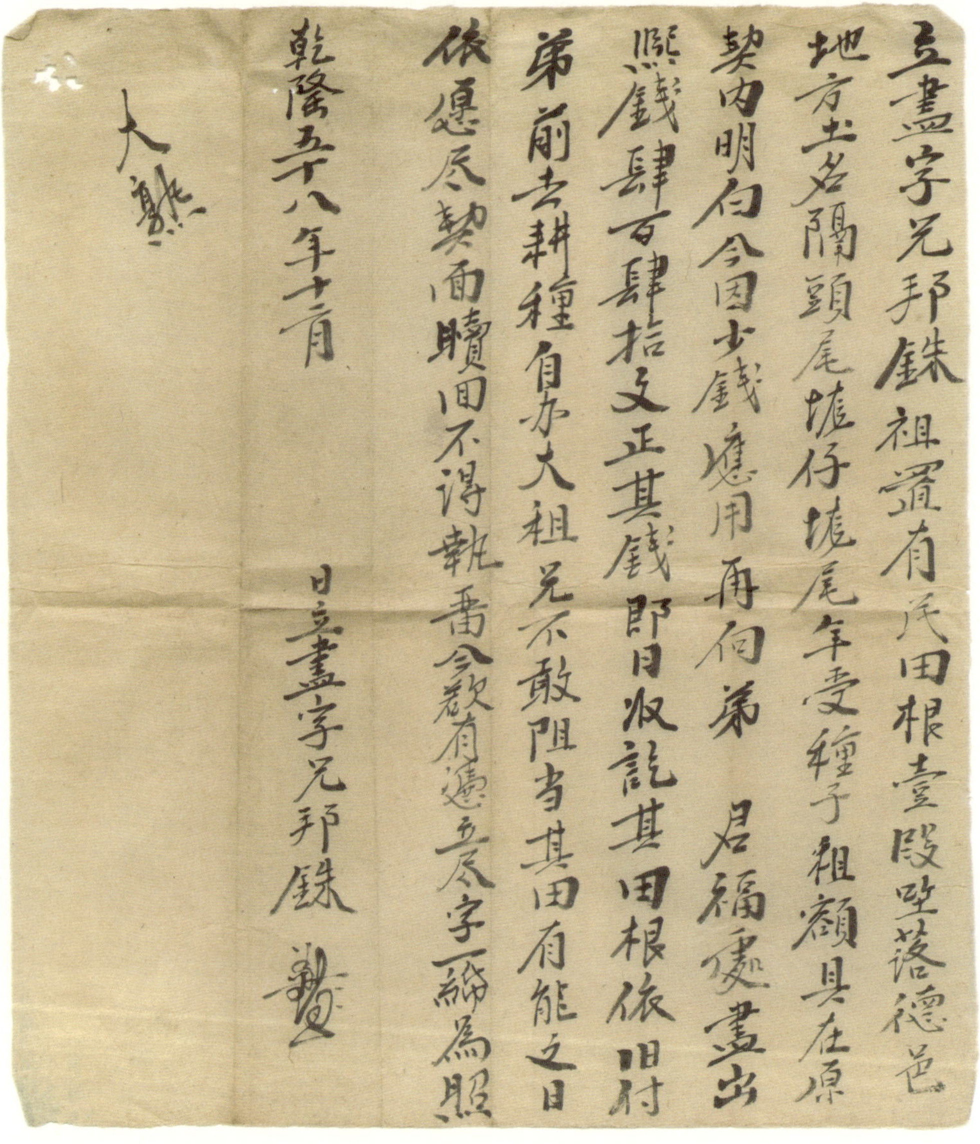

立盡字兄邦銖祖置有民田根壹段坐落德邑
地方土名隔頭尾墟仔墟尾年受種子租額具在原
契内明白今因乏錢應用再向弟 君福處盡出
照錢肆百肆拾文正其錢即日收訖其田根依舊付
弟前去耕種自亦大祖兄不敢阻当其田有能立日
依還原契面贖回不得執番今欲有憑立盡字一紙爲照

乾隆五十八年十二月　日立盡字兄邦銖（押）

大熟

10-6-32-1　清乾隆五十八年十二月黄邦銖立盡民田根字

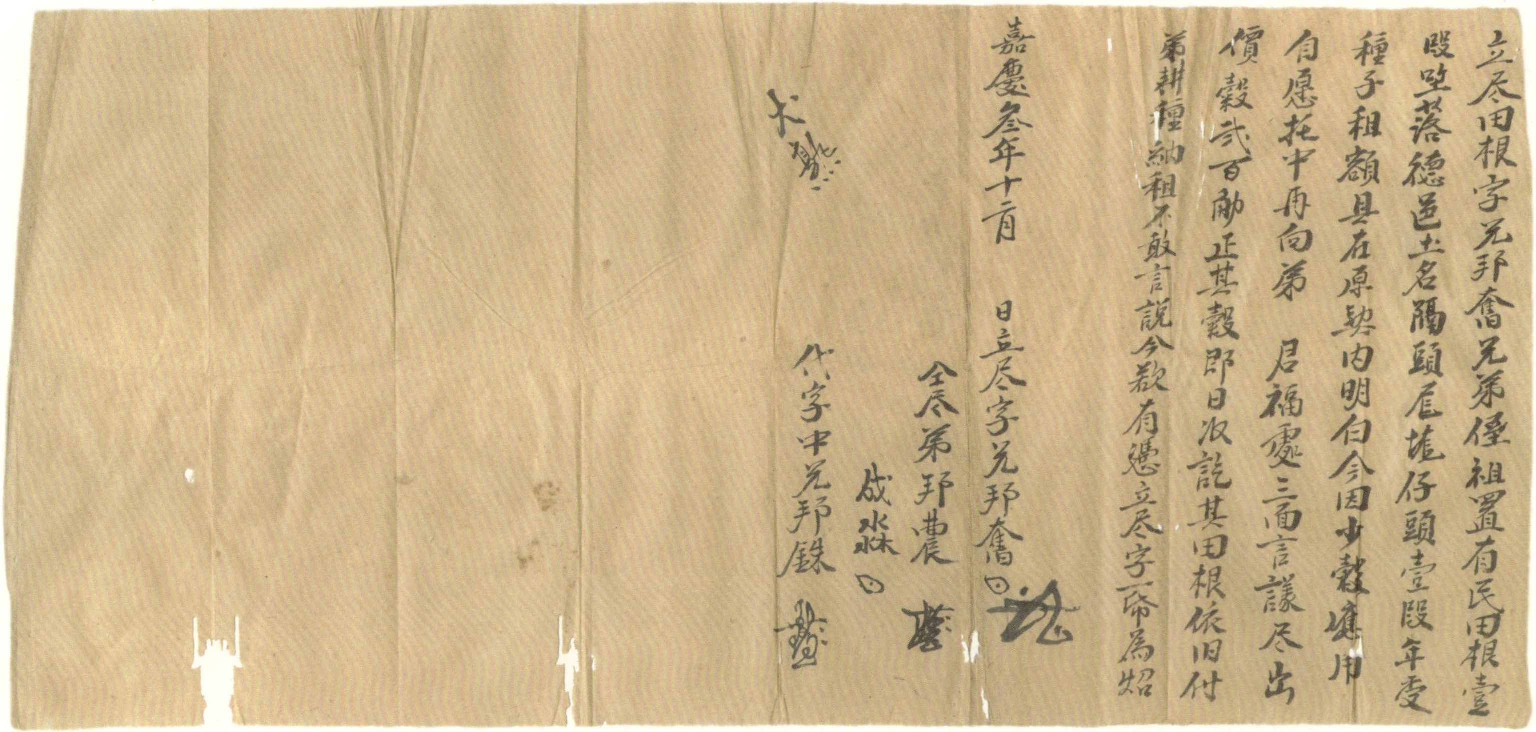

立尽田根字兄邦奮兄弟侄祖置有民田根壹
段坐落德邑土名隔頭尾墘仔頭壹段年受
種子租額具在原契內明白今因乏穀應用
自愿托中再向弟　君福處三面言議尽出
價穀弍百觔正其穀即日收訖其田根依旧付
弟耕種納租不敢言說分款有憑立尽字一帋爲炤

嘉慶叁年十二月　日立尽字兄邦奮（押）
仝尽弟邦農（押）
成淼（押）
代字中兄邦麟（押）

大吉

10-6-32-2　清嘉慶三年十二月黃邦奮等立盡民田根字

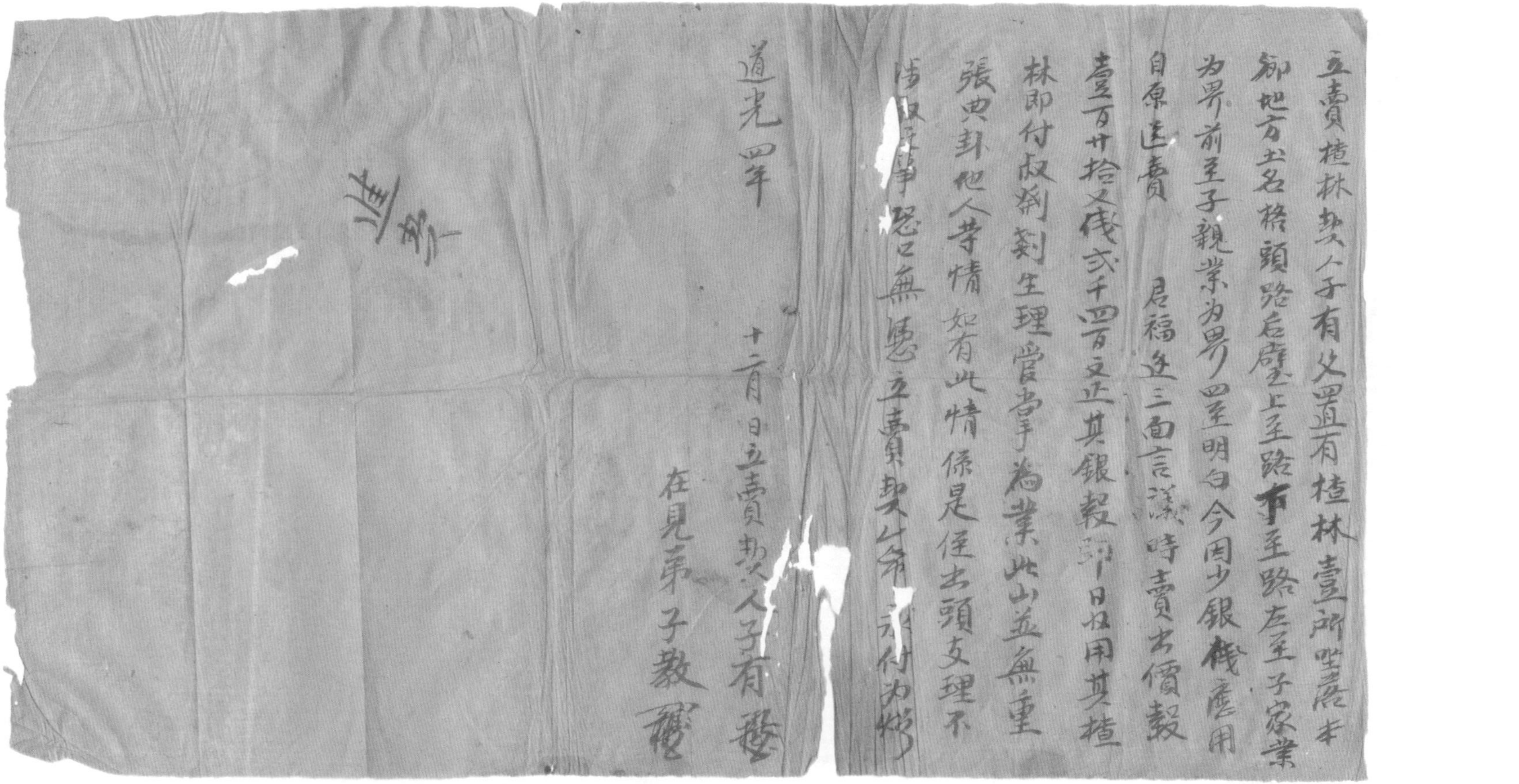
立賣楂林契人子有父置有楂林壹所坐落半
鄉地方土名格頭路后壁上至路下至路左至子家業
为界前至子親業为界四至明白今因少銀錢應用
自原送賣　君福边三面言議時賣出價穀
壹百廿拾文钱弍千四百文正其銀穀即日収用其楂
林即付叔㭁劉生理管掌為業此山並無重
張典卦他人等情　如有此情係是侄出頭支理不
涉叔之事恐口無憑立賣契人存付为炤
道光四年　十二月　日立賣契人子有
在見弟子敎

10-6-32-3　清道光四年十二月黄子有立賣楂林契

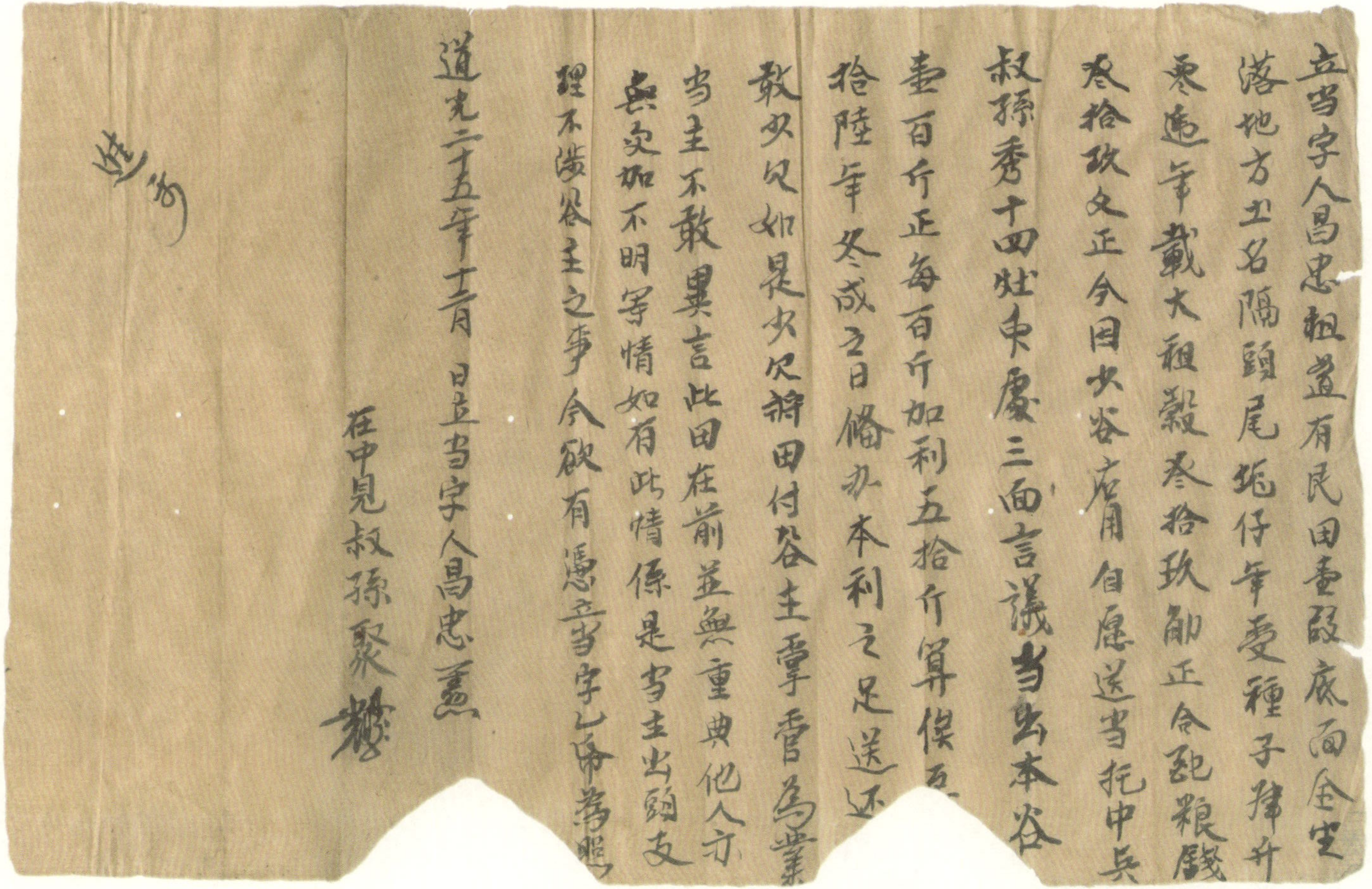
立当字人昌忠祖遺有民田壹段底面全坐
落地方土名隔頭尾坵仟年受種子肆升
乘過年載大租穀叁拾玖觔正仝配粮錢
叁拾玖文正今因乏谷應用自愿送当托中兵
叔孫秀十四坮秉慶三面言議当出本谷
壹百斤正每百斤加利五拾斤算俟至
拾陸年冬成之日備办本利足送还
敦叔兄如是欠欠將田付谷主掌管為業
当主不敢異言此田在前並無重典他人亦
無交加不明等情如有此情係是当主出頭支
理不涉谷主之事今欲有憑立当字乙紙為照
道光二十五年十二月　日立当字人昌忠（押）
在中見叔孫聚（押）

10-6-32-4　清道光二十五年十二月黄昌忠立當底面全民田契

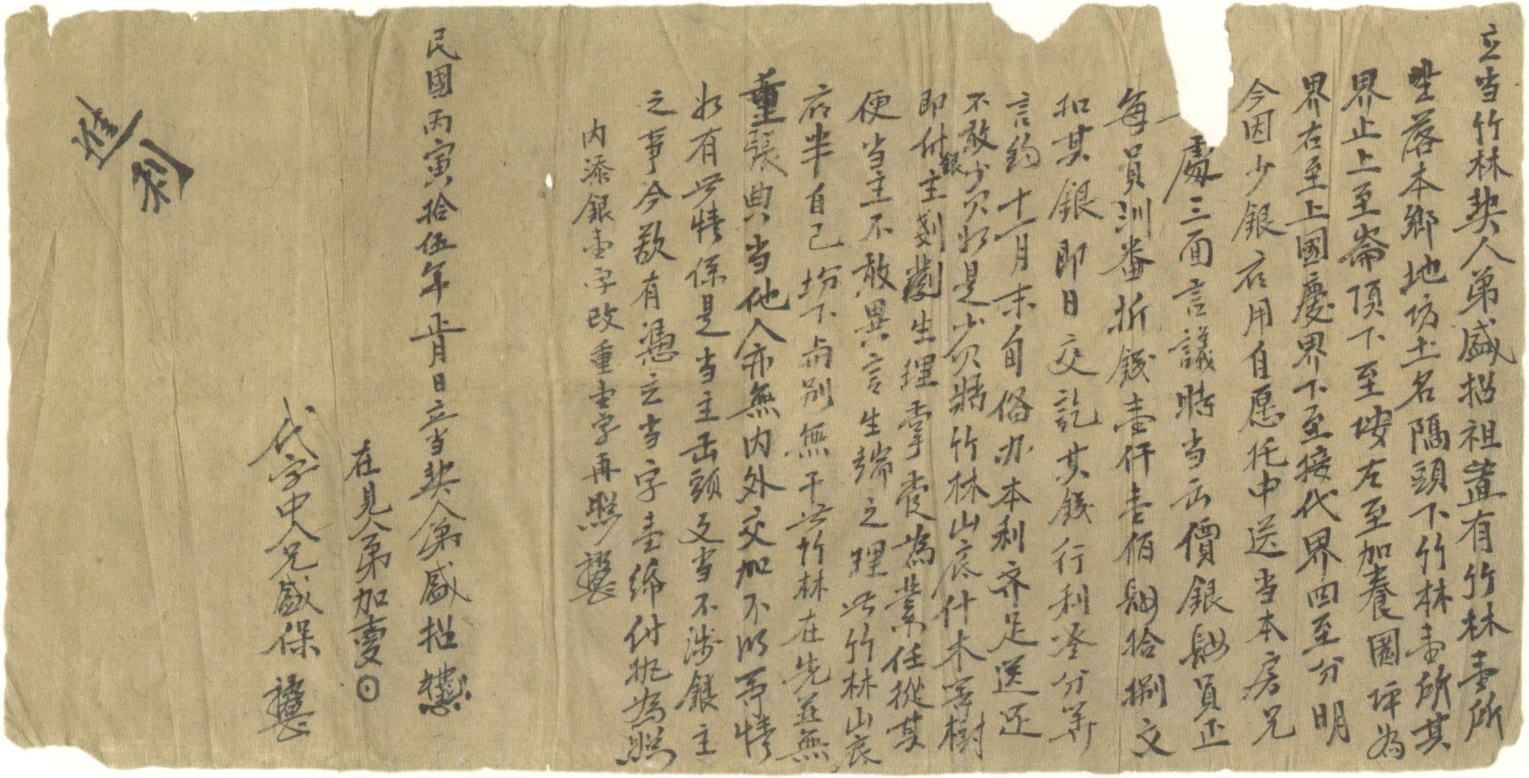
立當竹林契人弟盛招，祖遺有竹林壹所，坐落本鄉地方土名隔頭下竹林壹所，其界止上至崙頂，下至坡，左至加養園坪為界，右至上國慶界，下至接代界，四至分明。今因乏銀應用，自愿托中送當本房兄處，三面言議，時當出價銀弍拾員正，每員訓番折錢壹仟壹佰捌拾捌文，扣其銀即日交訖。其錢行利逐分算，言約十二月末自備出本利齊足送還，不敢少欠。如是少欠，將竹林山底什木雜樹即付銀主砍伐出理，掌管為業，任從其便，當主不敢異言生端之理。其竹林山底係半自己均分，兩別無干。其竹林在先並無重張與當他人，亦無內外交加不明等情，如有此情，係是當主出頭支當，不涉銀主之事。今欲有憑，立當字壹紙付執為照。

內添銀壹字，改重壹字，再照。

民國丙寅拾伍年正月　日立當契人弟盛招（押）

在見人弟加壹（押）

代字中人兄盛保（押）

10-6-32-5　民國十五年正月黃盛招立當竹林契

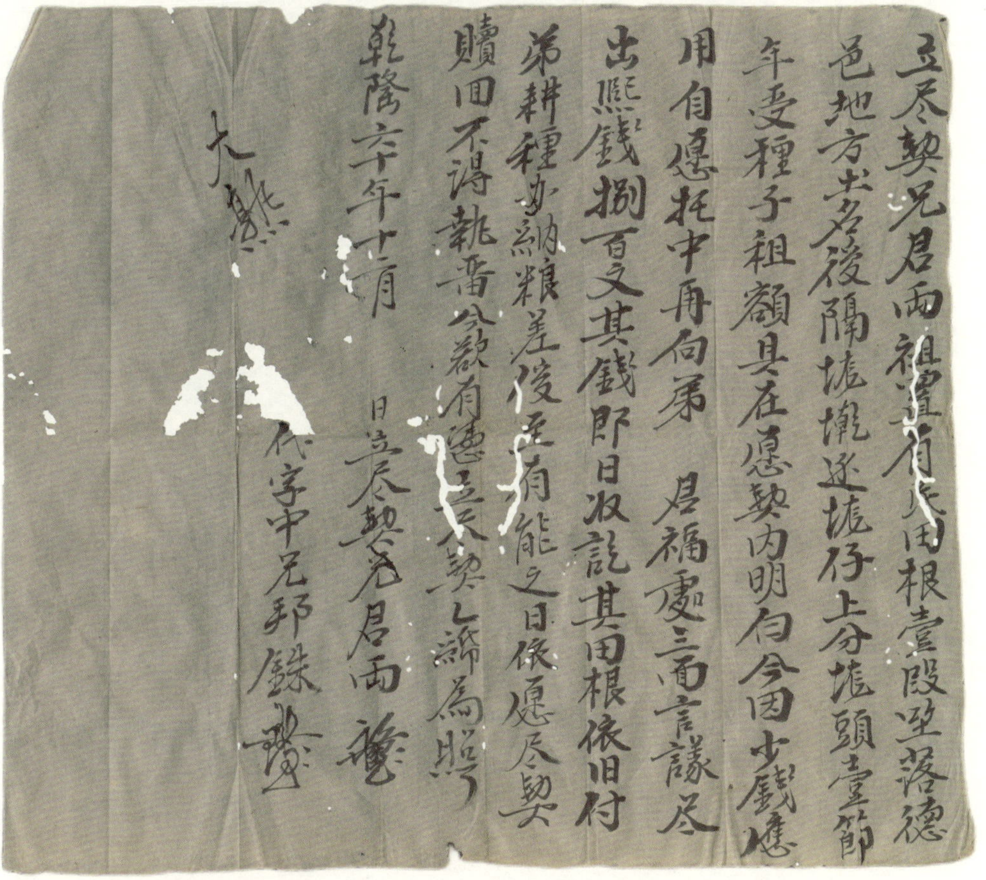

立尽契兄君兩祖置有民田根壹段坐落德
邑地方土名後隔墟墘逆墟仔上分墟頭壹節
年受種子祖額具在尽契內明白今因乏錢應
用自愿托中再向房 君福處三面言議尽
出憑錢捌百文其錢即日收訖其田根依旧付
弟耕種办納粮差役至有能之日依愿尽契
贖回不得執畨今欲有憑立尽契一紙為照
乾隆六十年十二月 日立尽契兄君兩（押）
代字中兄邦錄（押）
大吉

10-6-33-1　清乾隆六十年十二月黄君兩立盡民田根契

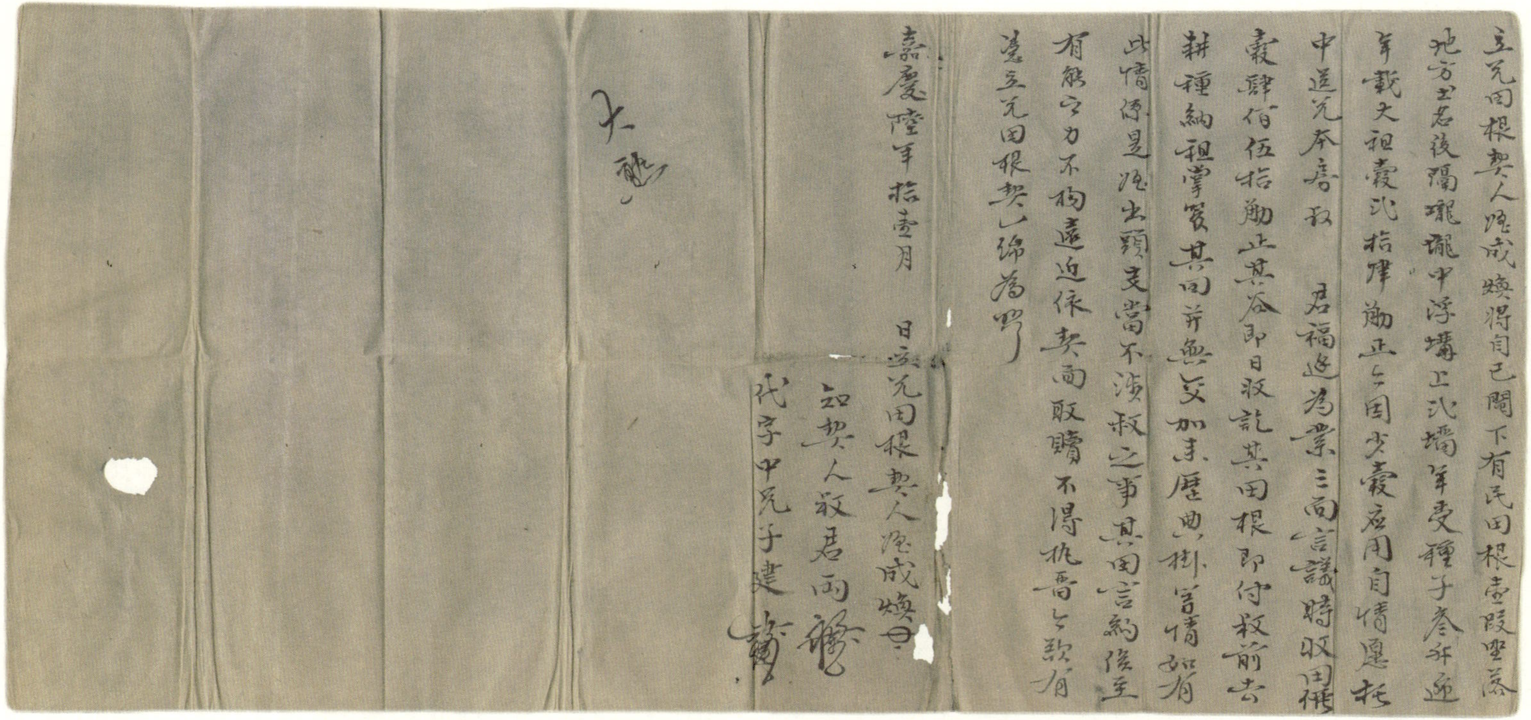

立兑田根契人黃成煥，得自己鬮下有民田根壹段，坐落
地方土名後隔壠壠中浮墑上弍墑，年受種子叁升，逐
年載大租穀弍拾肆觔正，今因少穀應用，自情愿托
中送兑本房叔　君福邊為業，三面言議，時收田價
穀肆佰伍拾觔正，其穀即日收訖，其田根即付叔前去
耕種納租掌管，其田並無交加未歷典掛，等情如有
此情，係是煥出頭支當，不涉叔之事。其田言約後至
有能之力，不拘遠近，依契面取贖，不得執留。今欲有
憑，立兑田根契一紙為照。

嘉慶陸年拾壹月　日　立兑田根契人黃成煥（押）
知契人叔君兩（押）
代字中兄子建（押）

大發

10-6-33-2　清嘉慶六年十一月黄成焕立兑民田根契

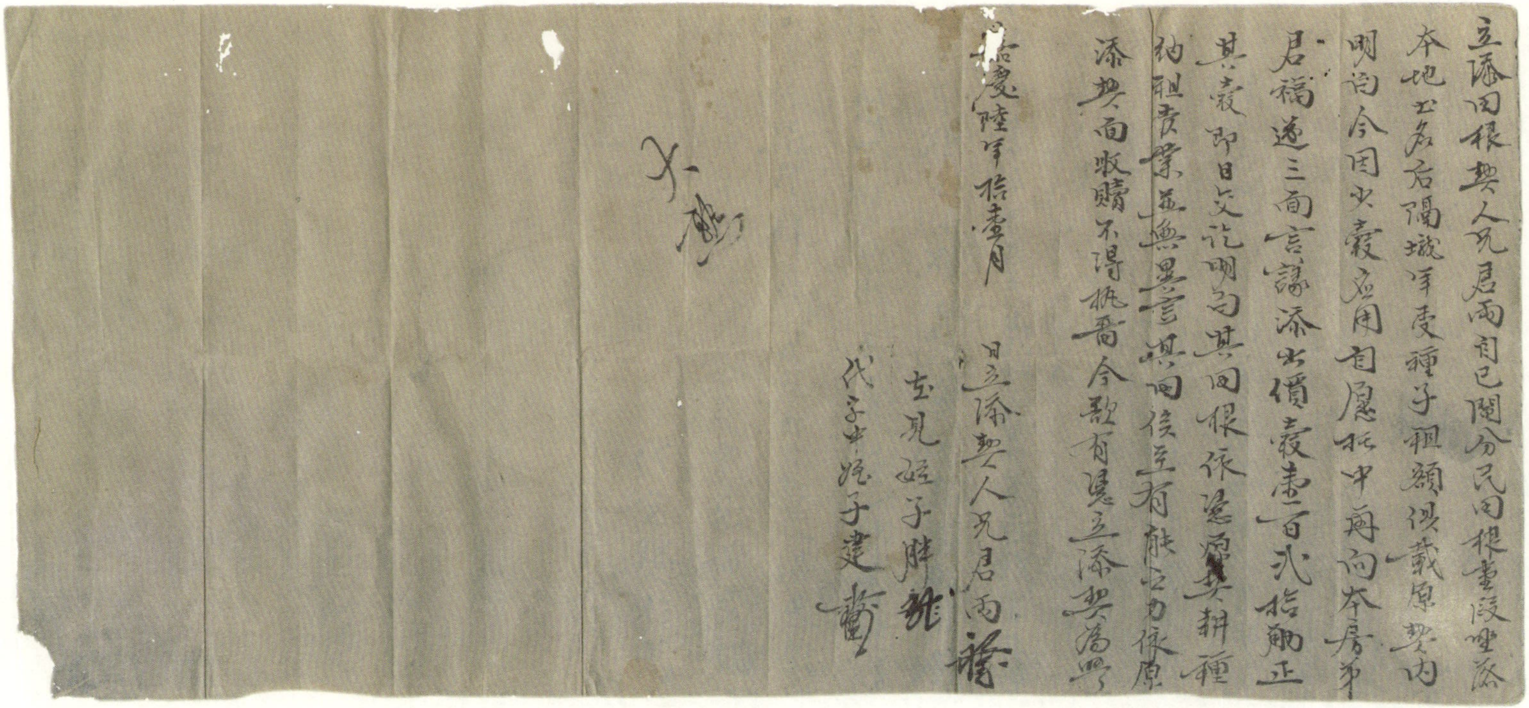
立添田根契人兄君兩，有已閹分民田根壹段，坐落
本地土名后陽墘，年受種子，租額俱載原契內
明白。今因乏銀應用，自愿托中再向本房弟
君福邊三面言議添出價銀壹百貳拾兩正。
其銀即日交訖明白。其田根依照原契耕種
納租，安業無異言。其田後至有能之力，依原
添契兩收贖，不得執留。今欲有憑，立添契為照。
嘉慶陸年拾壹月　日立添契人兄君兩（押）
在見侄子肆（押）
代字中侄子建（押）

10-6-33-3　清嘉慶六年十一月黃君兩立添民田根契

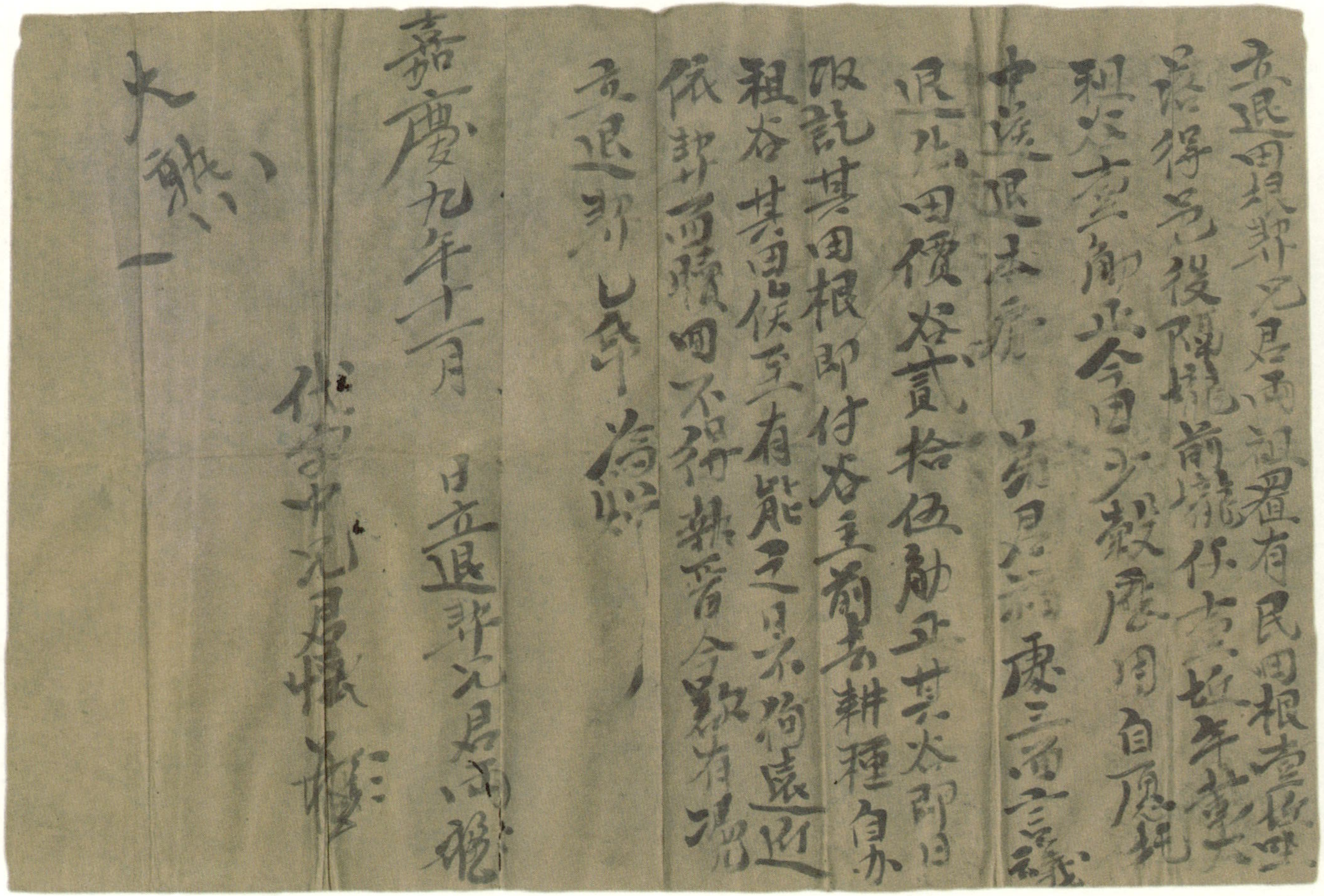

立退田根契兄君兩祖置有民田根壹段坐
落[illegible]後隴[illegible]前[illegible]伏立坵[illegible]
租谷壹[illegible]今因乏穀應用自愿托
中送退本房[illegible]康三面言議
退出田價谷貳拾伍觔其谷即日
收訖其田根即付谷主前去耕種自办
租谷其田係至有能之日不拘遠近
依契面贖回不得執留今欲有憑
立退契一紙為照
嘉慶九年十一月　日立退契兄君兩[illegible]
代字中兄君[illegible]
大號一

10-6-33-4　清嘉慶九年十一月黃君兩立退民田根契

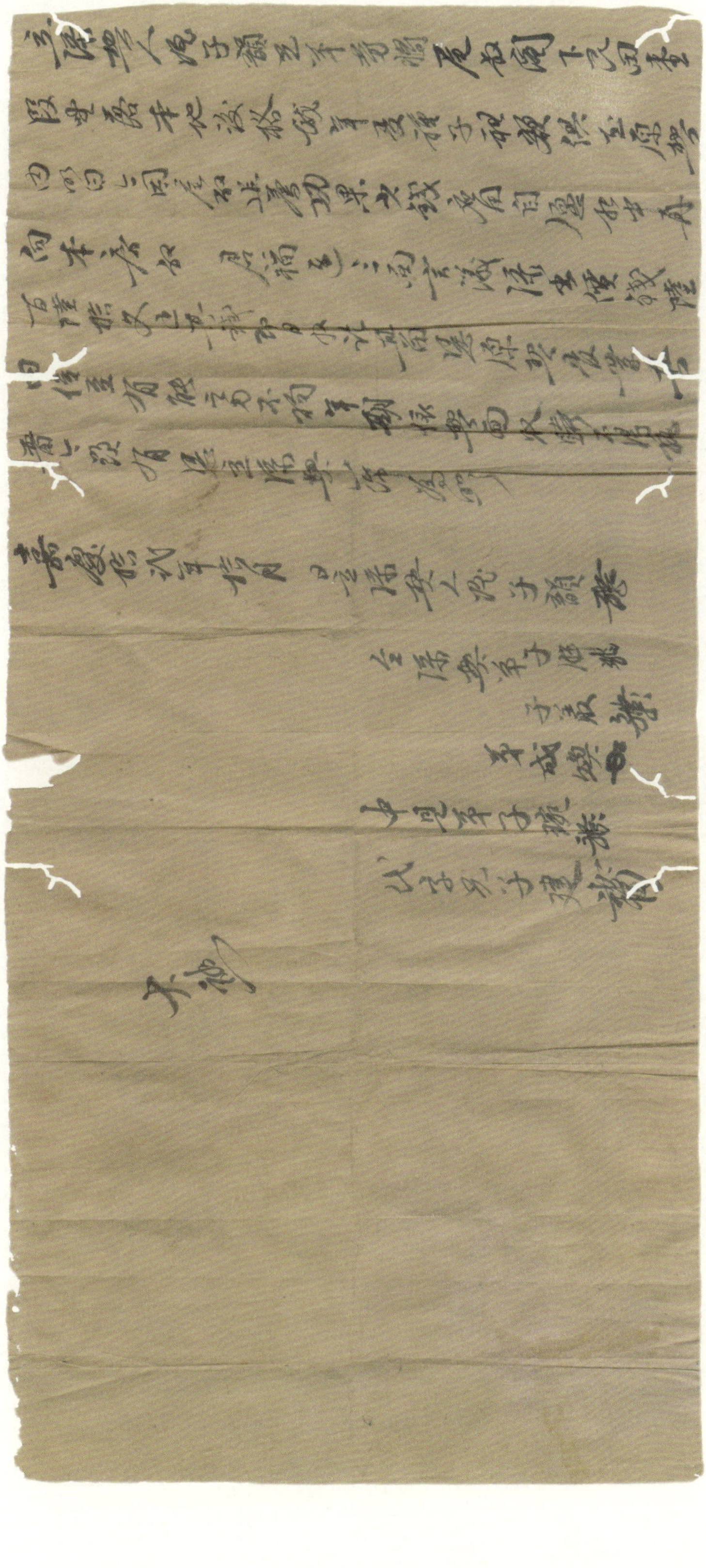

10-6-33-5　清嘉慶十二年十月黃子韻等立添民田契

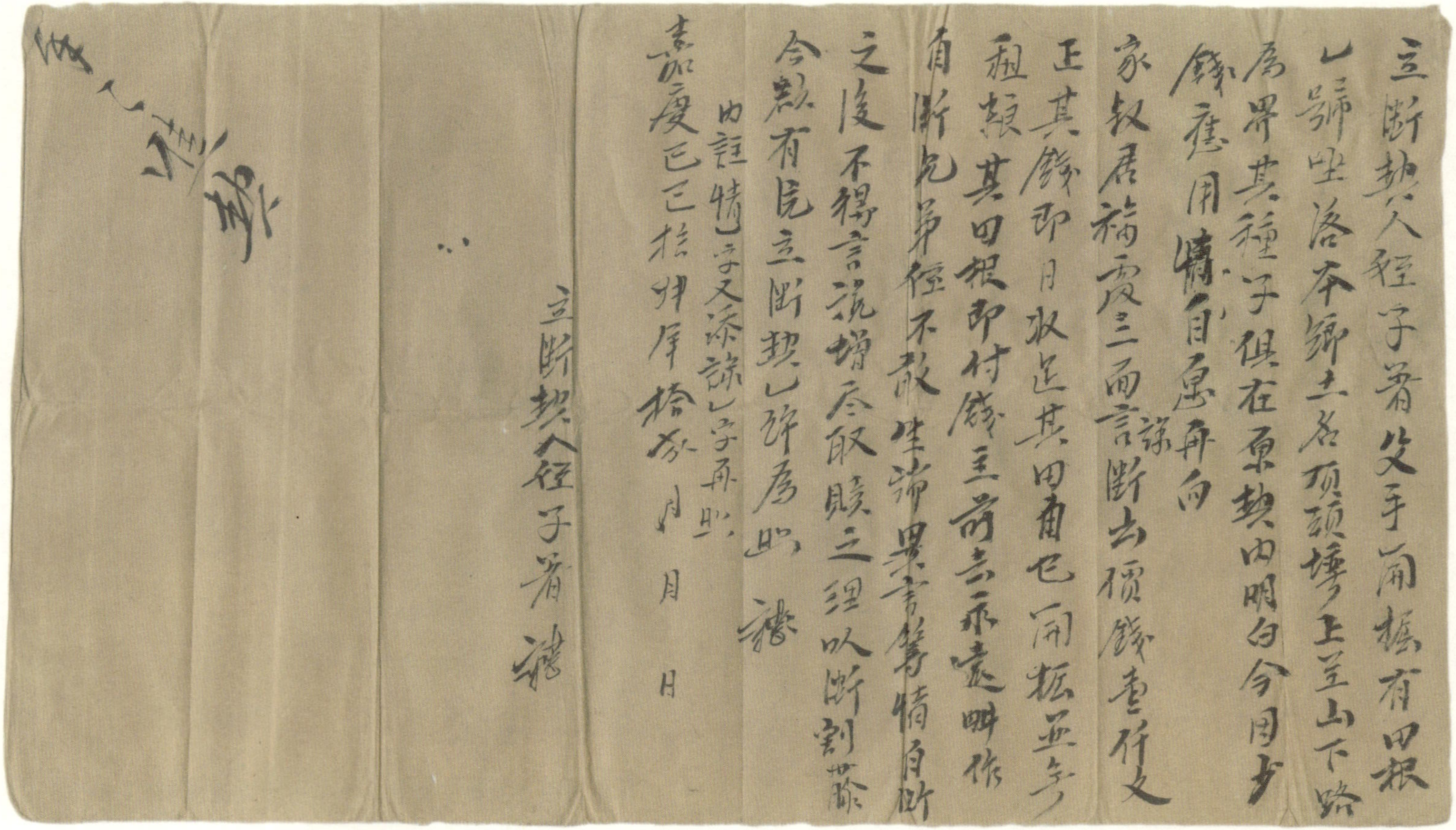

立斷契人程子著父手兩振有田根
一號坐落本鄉土名頂墘上苙山下路
為界其種子俱在原契内明白今因乏
錢應用情自愿再向
家叔居福處三面言議斷出價錢壹仟文
正其錢即日收足其田自己兩振並無
租賴其田根即付錢主前去承遠耕作
自斷兄弟侄不敢生端異言等情自斷
之後不得言說增添取贖之理以斷割藤
今欲有憑立斷契一紙為照。據
内註情一字又添議一字再照。
嘉慶己巳拾肆年拾貳月　日
立斷契人程子著　號

10-6-33-6　清嘉慶十四年十二月黃子著立斷田根契

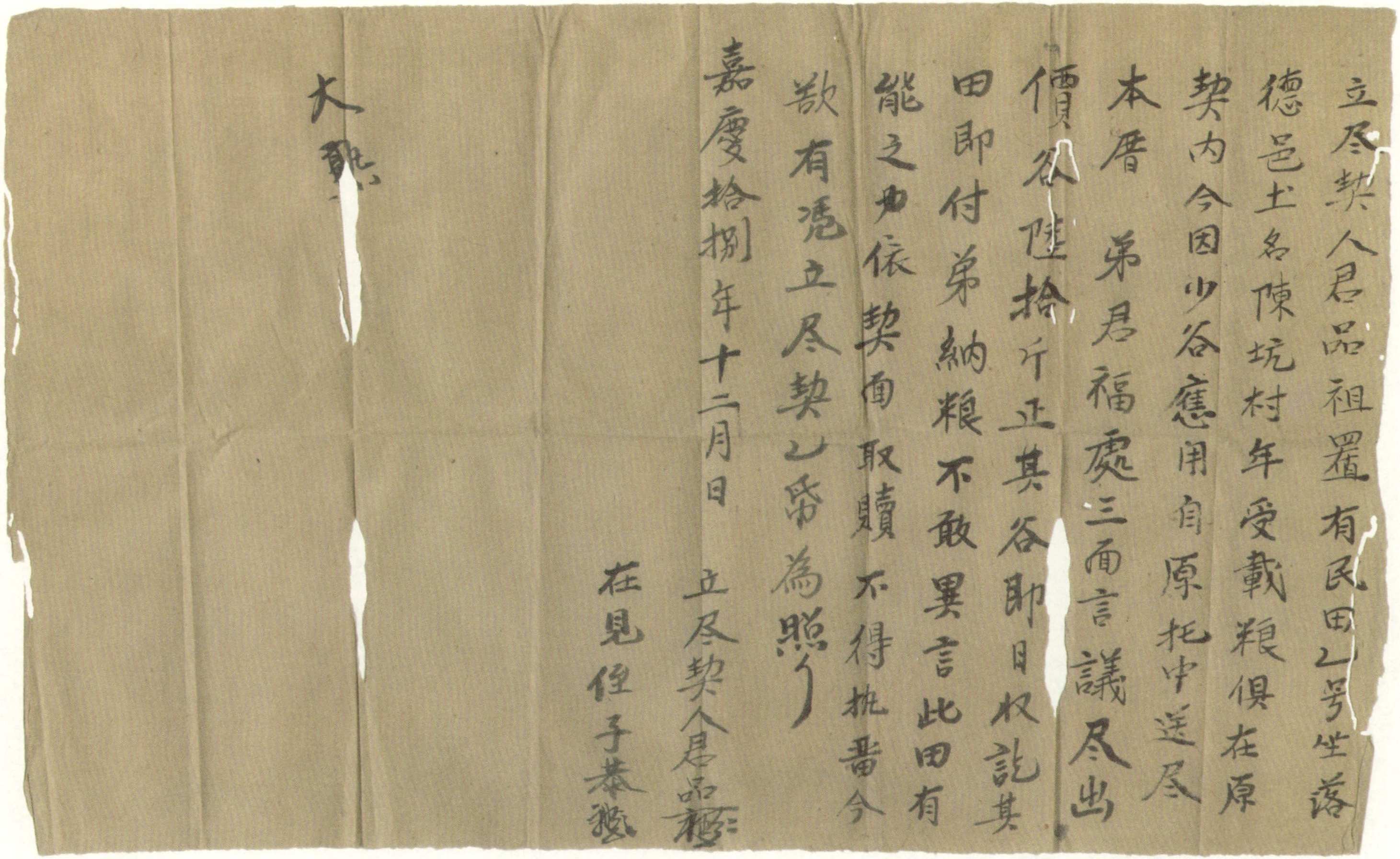
立尽契人君品祖置有民田乙号坐落
德邑土名陳坑村年受載粮俱在原
契内今因少谷應用自原托中送尽
本厝 弟君福處三面言議尽出
價谷陸拾斤正其谷即日收訖其
田即付弟納粮不敢異言此田有
能之日依契面取贖不得執留今
欲有憑立尽契乙帋為照
嘉慶拾捌年十二月 日
立尽契人君品
在見侄子恭
大[illegible]

10-6-33-7 清嘉慶十八年十二月黃君品立盡民田契

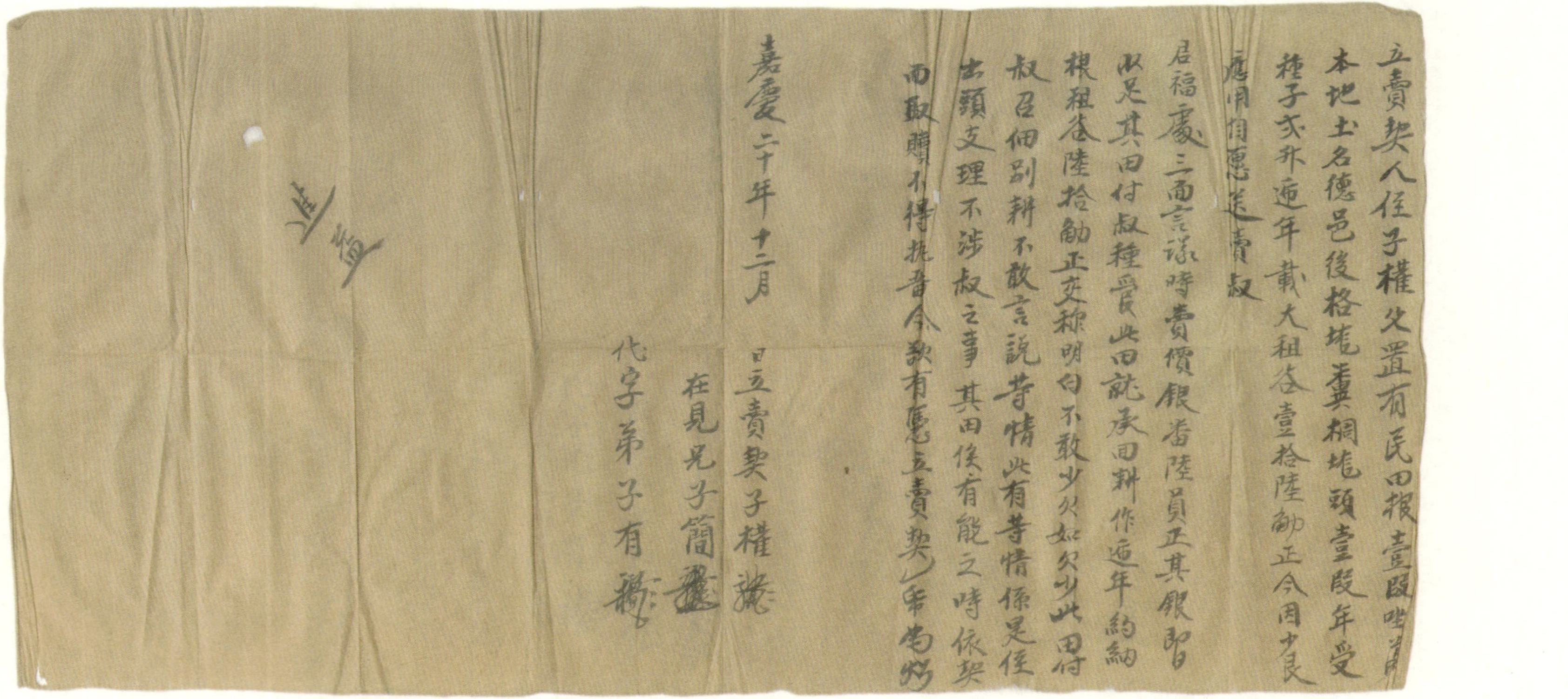

立賣契人侄子權父置有民田根壹段坐落
本地土名德邑後格垱冀桐垱頭壹段年受
種子弍升逓年載大租谷壹拾陸觔正今因乏艮
應用自愿送賣叔
君福處三面言議時賣價銀番陸員正其銀即
收足其田付叔種管此田就承田耕作逓年約納
根租谷陸拾觔正交稱明白不敢少欠如欠少此田付
叔召佃别耕不敢言說等情此有等情係是侄
出頭支理不涉叔之事其田侯有能之時依契
面取贖不得执留今欲有憑立賣契一帋為炤

嘉慶二十年十二月　日立賣契子權
在見兄子簡
代字弟子有

[illegible]

10-6-33-8　清嘉慶二十年十二月黄子權立賣民田根契

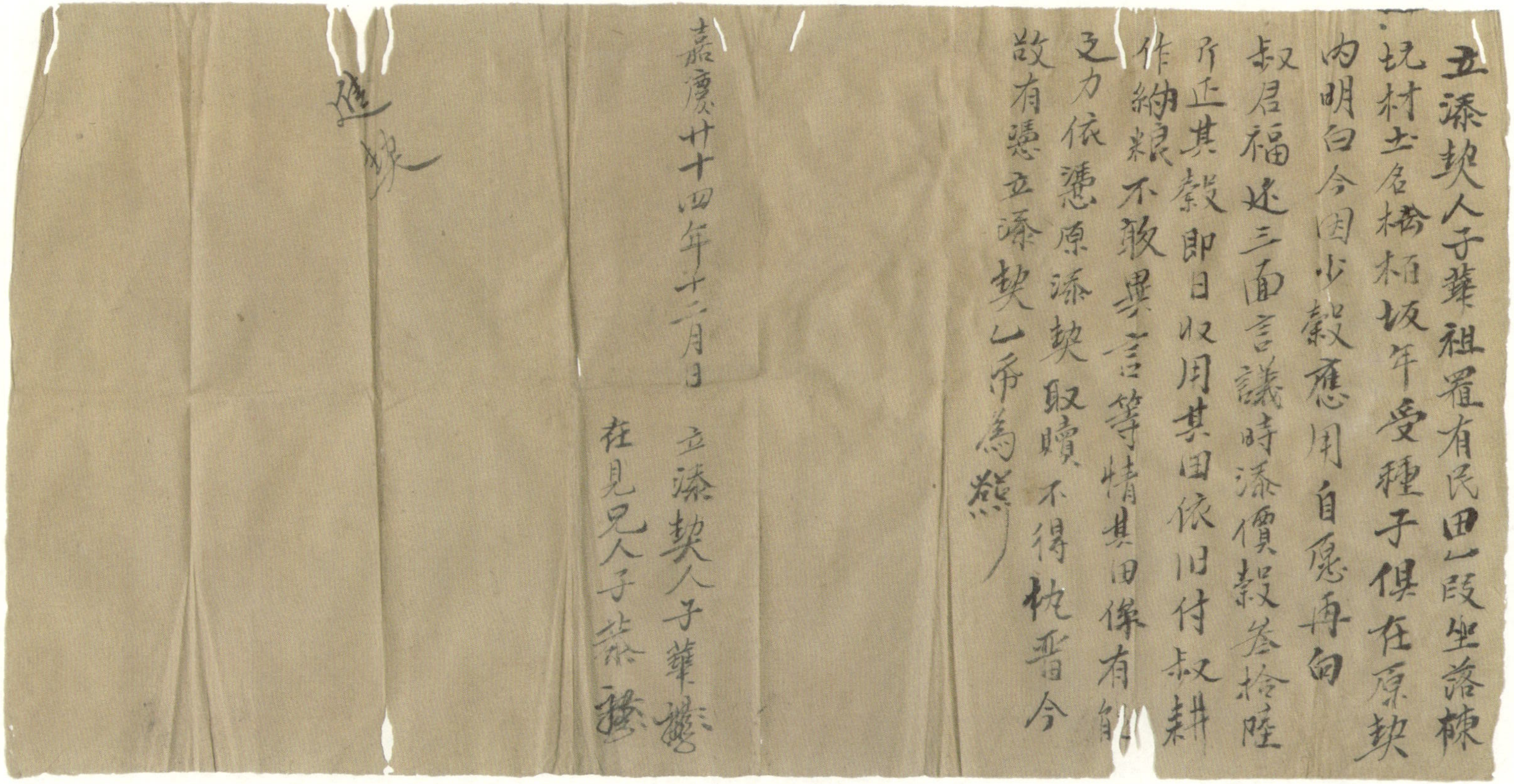
立添契人子華祖置有民田一段坐落棟
玘村土名椸栢坂年受種子俱在原契
內明白今因少穀應用自愿再向
叔君福处三面言議時添價穀叁拾陸
斤正其穀即日收用其田依旧付叔耕
作納粮不敢異言等情其田係有能
之力依憑原添契取贖不得执留今
故有憑立添契一帋為照
嘉慶廿十四年十二月日　立添契人子華（押）
在見兄人子荣（押）
進契

10-6-33-9　清嘉慶二十四年十二月黃子華立添民田契

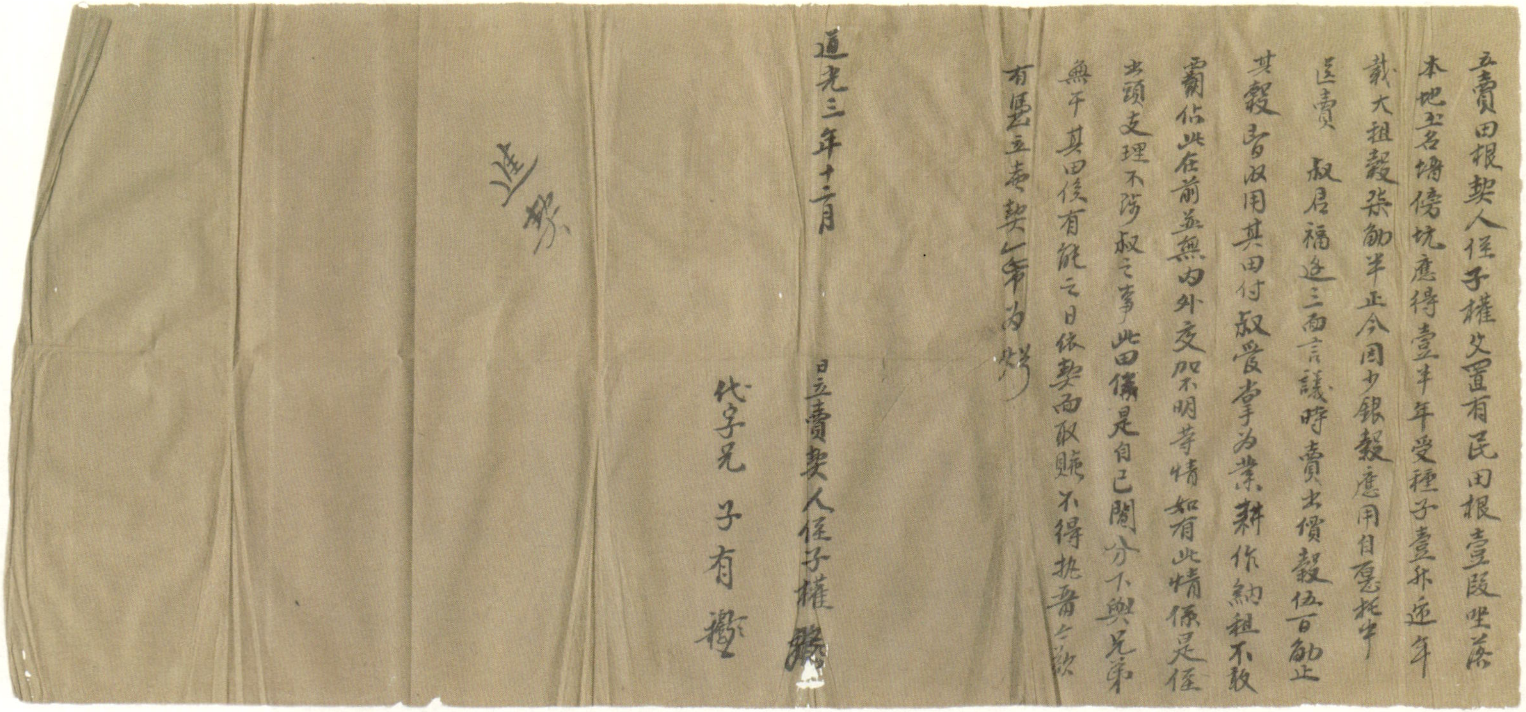

立賣田根契人侄子權，父置有民田根壹段，坐落
本地土名塘傍坑，應得壹半，年受種子壹弁，逐年
載大租穀柒𠮷半正。今因少銀穀應用，自愿托中
送賣　叔居福邊，三面言議，時賣出價穀伍百𠮷正。
其穀當收，用其田付叔管當，手為業耕作納租，不敢
霸佔。此在前並無內外交加不明等情，如有此情，係是侄
出頭支理，不涉叔之事。此田係是自己鬮分，不與兄弟
無干。其田後有能之日，依契面取贖，不得執留。今欲
有憑，立賣契一帋為照。

道光三年十二月　日立賣契人侄子權（押）

代字兄　子有（押）

進契

10-6-33-10　清道光三年十二月黃子權立賣民田根契

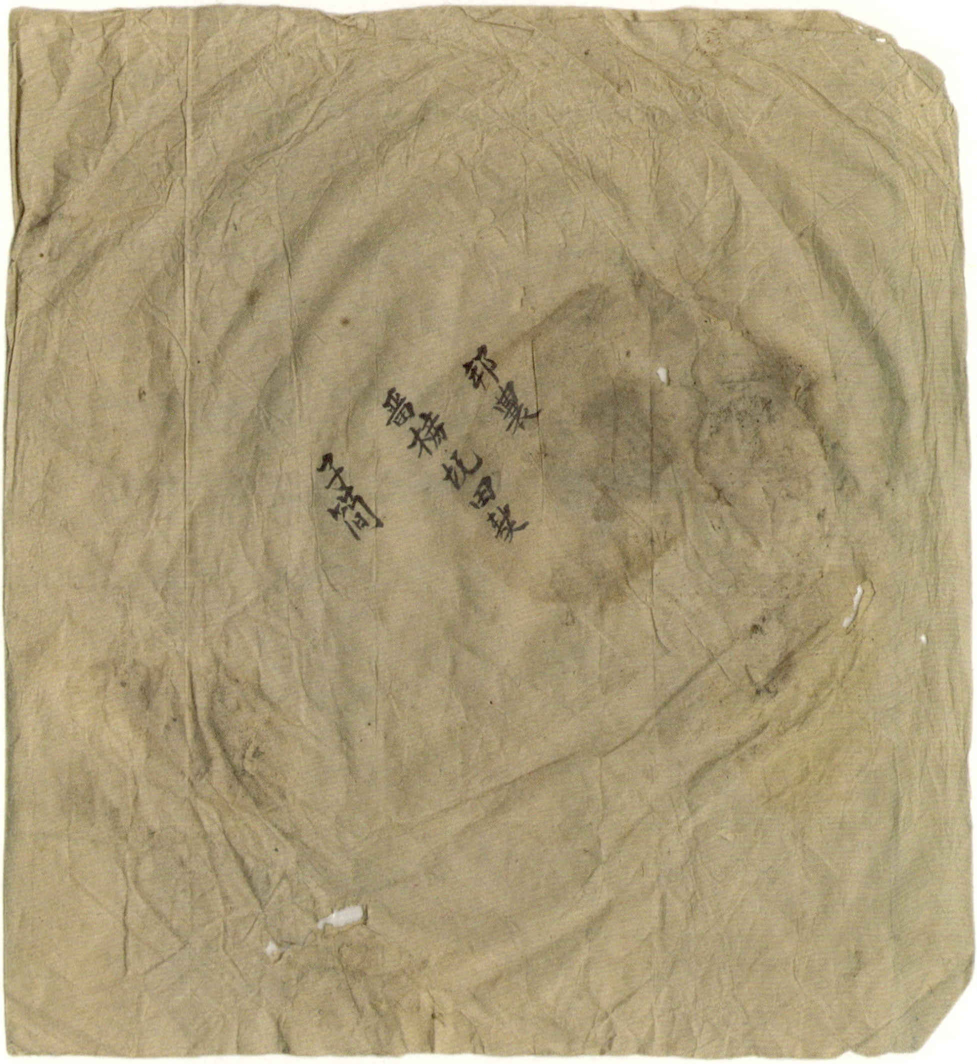

10-6-34-1 包契紙

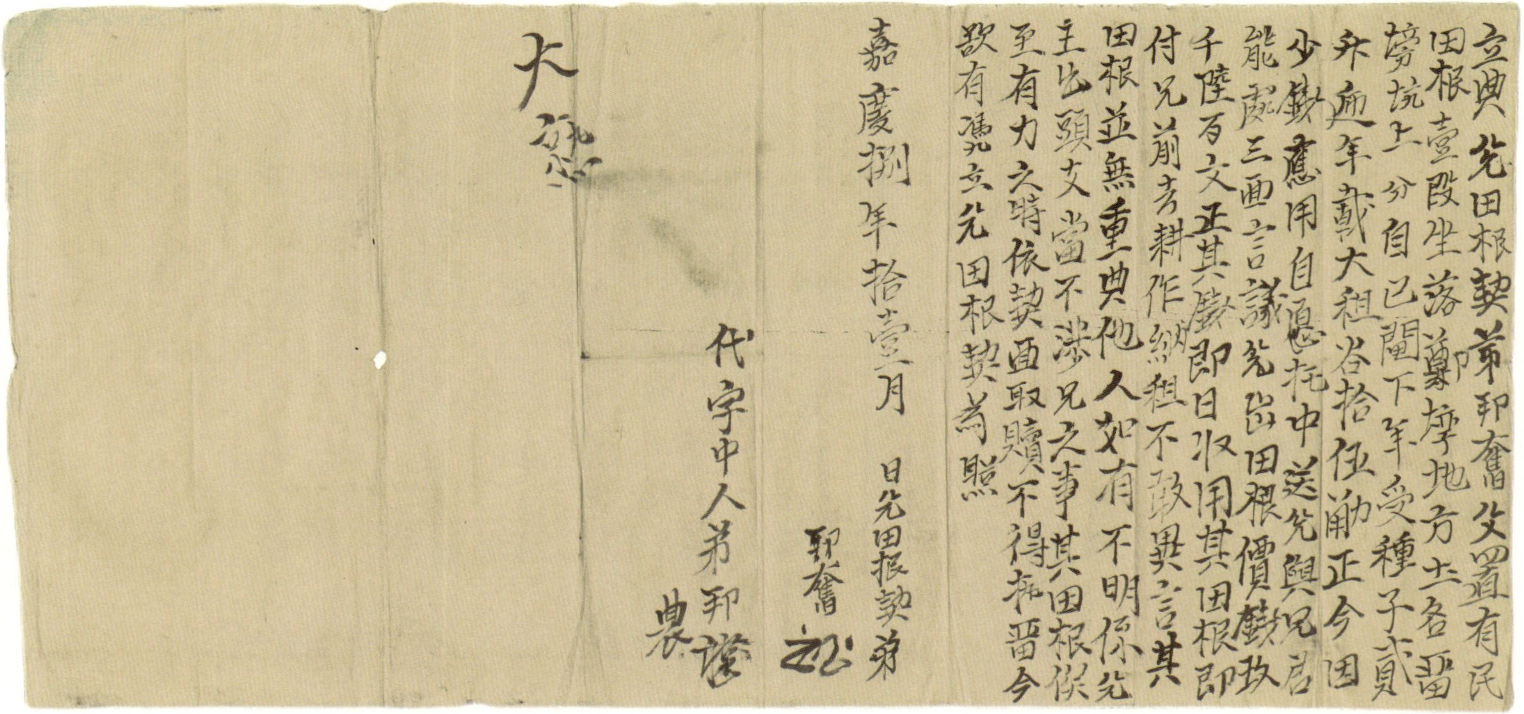
立典兑田根契弟邦奮，父置有民
田根壹段，坐落蒲寨鄉厚地方，土名晋
塝坑上，分自己闔下，年受種子貳員，
并遞年載大租谷拾伍斛正。今因
少錢應用，自愿托中送兑與兄启
能處三面言議，兑出田根價錢玖
千陸百文正，其錢即日收用，其田根即
付兄前去耕作納租，不敢異言。其
田根並無重典他人，如有不明，係兑
主出頭支當，不涉兄之事。其田根從
至有力之時，依契面取贖，不得執留。今
欲有憑，立兑田根契為照。
嘉慶捌年拾壹月　日兑田根契弟
邦奮（押）
代字中人弟邦謹
大忽

10-6-34-2　清嘉慶八年十一月黃邦奮立典兑民田根契

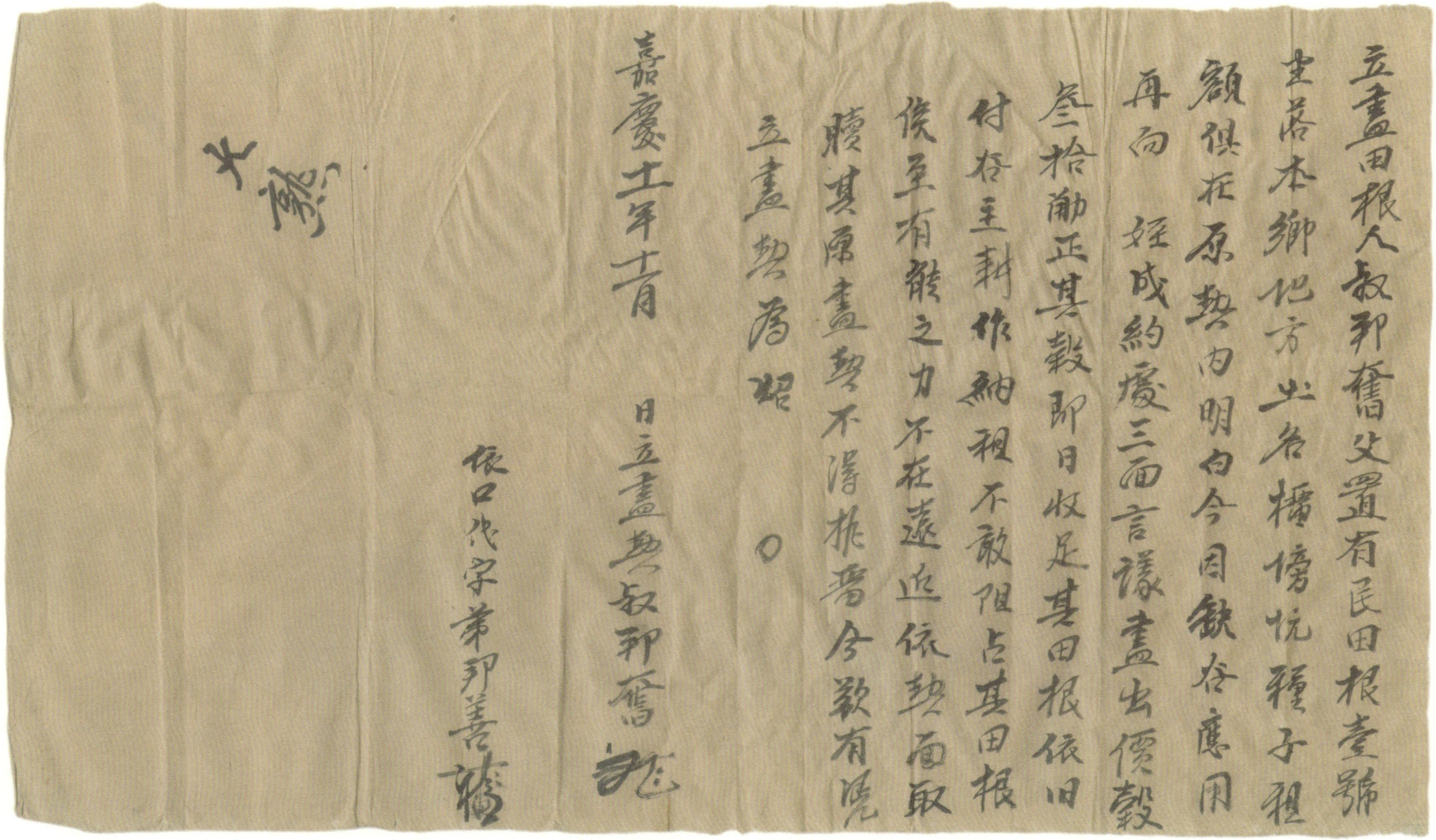
立盡田根人叔邦奮，父置有民田根壹號，
坐落本鄉地方，土名横傍坑，種子租
額俱在原契內明白。今因缺谷應用，
再向侄成約處三面言議，盡出價穀
叁拾觔正，其穀即日收足，其田根依旧
付谷主耕作納租，不敢阻占。其田根
後至有能之力，不在遠近，依契面取
贖，其原盡契不得推留。今欲有憑，
立盡契為照。○

嘉慶十一年十一月　日立盡契叔邦奮（押）

依口代字弟邦善（押）

大發

10-6-34-3　清嘉慶十一年十一月黄邦奮立盡民田根契

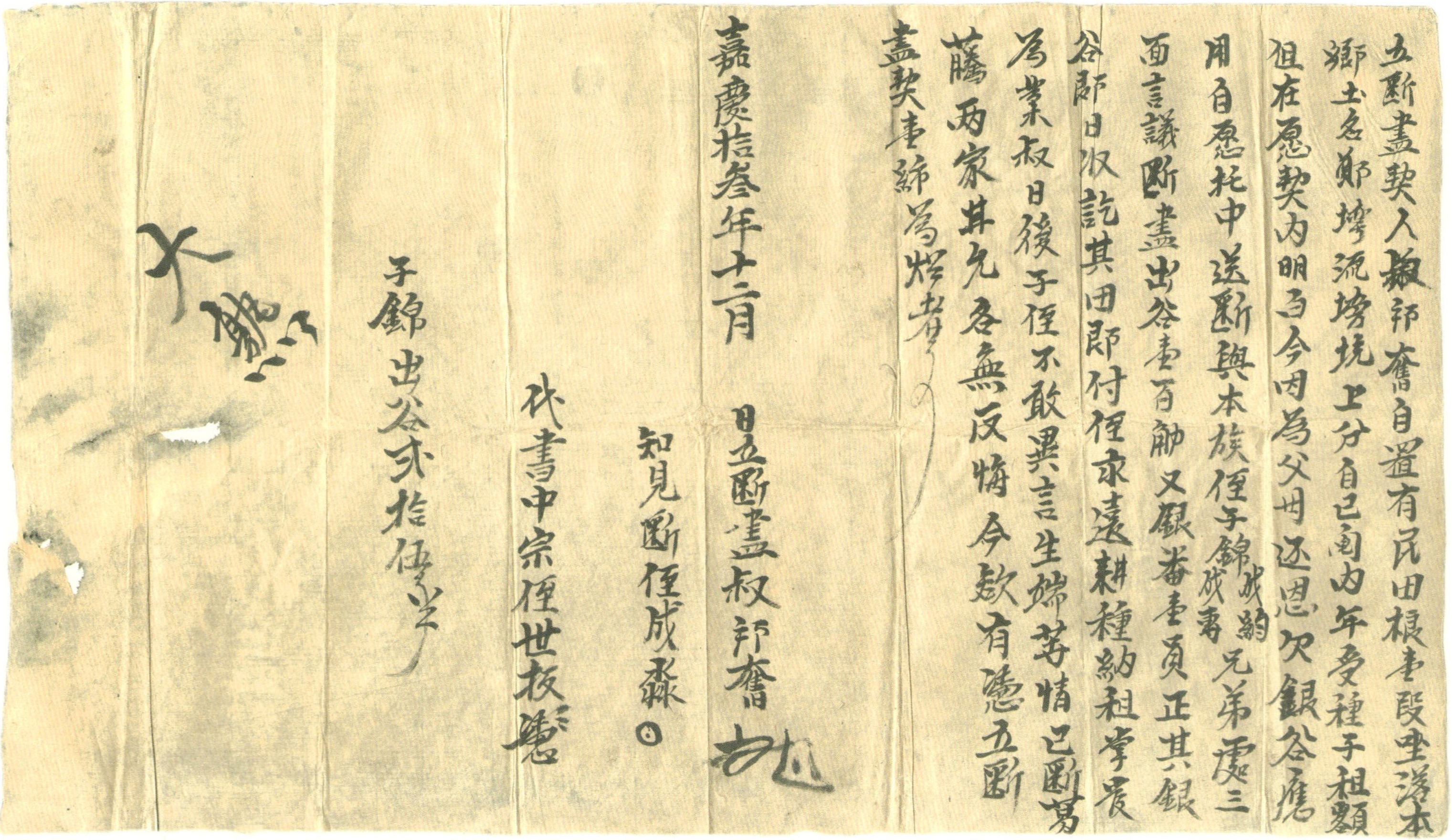

立斷盡契人叔邦奮自置有民田根壹段坐落本
鄉土名鄭墩源墩坑上分自己面內年受種子祖額
但在憑契內明白今因為父母还恩欠銀谷應
用自愿托中送斷與本族侄子錦成兄弟處三
面言議斷盡出谷壹百觔又銀番壹員正其銀
谷即日收訖其田即付侄永遠耕種納租掌管
為業叔日後子侄不敢異言生端等情已斷曷
藤兩家其允各無反悔今欲有憑立斷
盡契壹紙為炤者

嘉慶拾叁年十二月 日立斷盡叔邦奮
知見斷侄成森
代書中宗侄世校
子錦出谷式指任

10-6-34-4 清嘉慶十三年十二月黄邦奮立斷盡民田根契

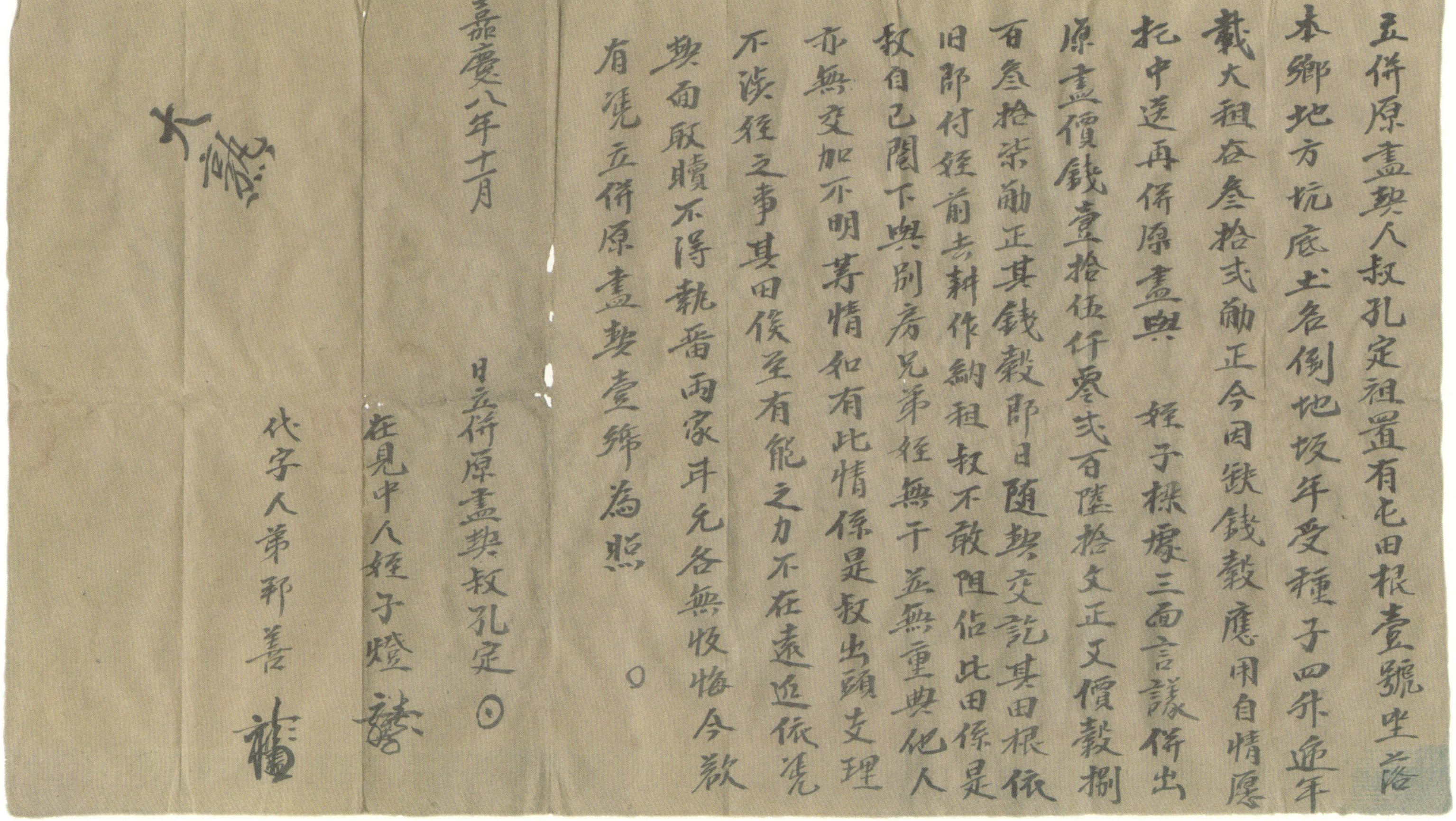
立併原盡契人叔孔定祖置有屯田根壹號坐落
本鄉地方坑底土名倒坵坂年受種子四升逐年
載大租谷叁拾弍觔正今因缺錢穀應用自情愿
托中送再併原盡與　姪子樑琛三面言議併出
原盡價錢壹拾伍仟零弍百陸拾文正又價穀捌
百叁拾柒觔正其錢穀即日隨契交訖其田根依
旧郎付姪前去耕作納租叔不敢阻佔此田係是
叔自己閽下與別房兄弟姪無干並無重典他人
亦無交加不明等情如有此情係是叔出頭支理
不涉姪之事其田後至有能之力不在遠近依凭
契面取贖不得執留兩家并允各無收悔今欲
有凭立併原盡契壹紙為照 ○
嘉慶八年十一月　　日立併原盡契叔孔定 ⊙
在見中人姪子燈
代字人弟邦善

10-6-35-1　清嘉慶八年十一月黃孔定立併原盡屯田根契

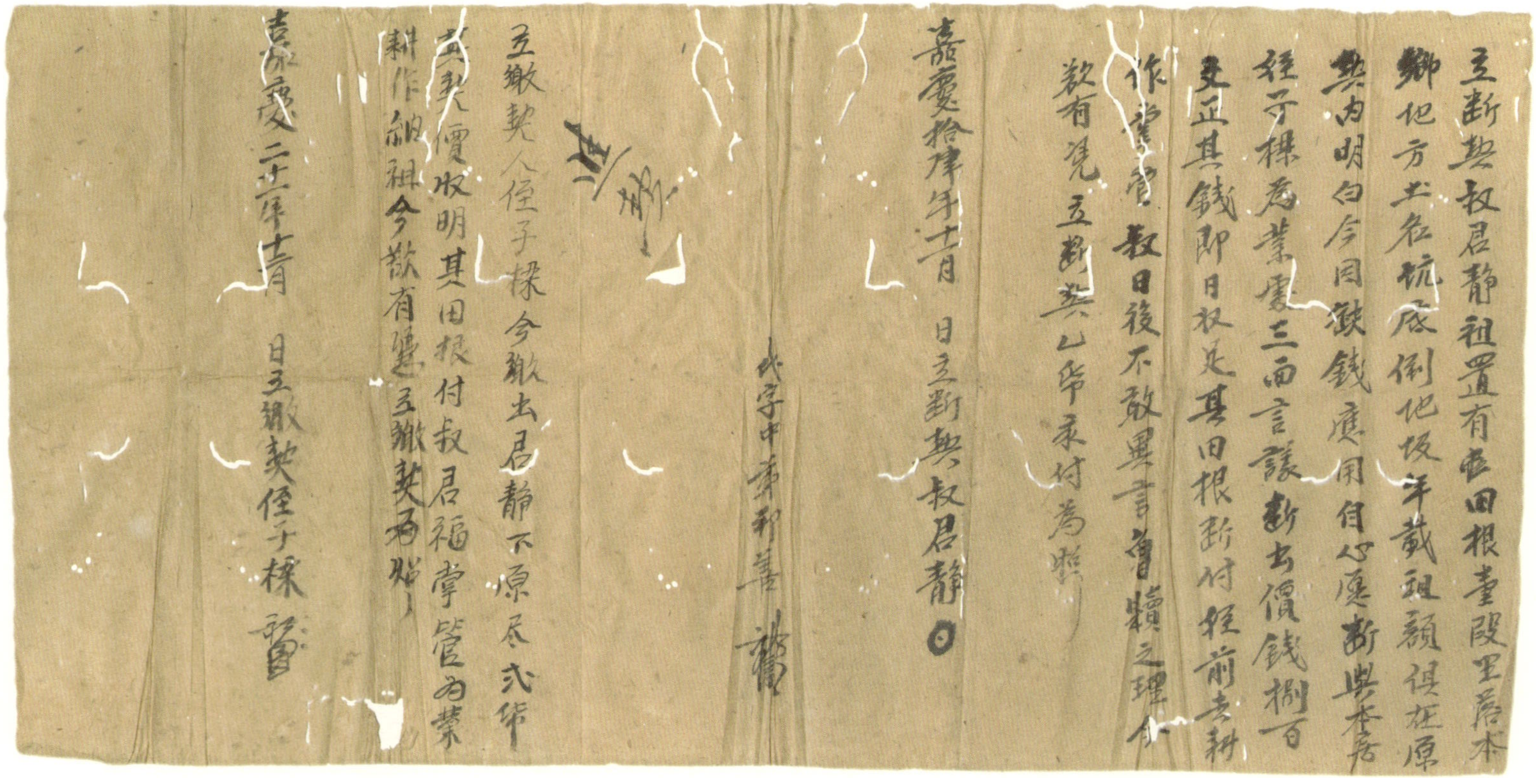
立斷契叔君靜祖置有屯田根壹段坐落本
鄉地方土名坑底倒地坂年載租額俱在原
契內明白今因缺錢應用自心愿斷與姪君
經子樑為業憑三面言議斷出價錢捌百
文正其錢即日收足其田根斷付經前去耕
作管業叔日後不敢異言贖之理今
欲有憑立斷契一帋永付為照
嘉慶拾肆年十一月　日立斷契叔君靜　○
代字中弟和善
批
立繳契人侄子樑今繳出君靜不愿尽式仟
文契價收明其田根付叔君福掌管為業
耕作納租今欲有憑立繳契為照
嘉慶二十年十二月　日立繳契侄子樑

10-6-35-2　清嘉慶十四年十一月黄君静立斷屯田根契

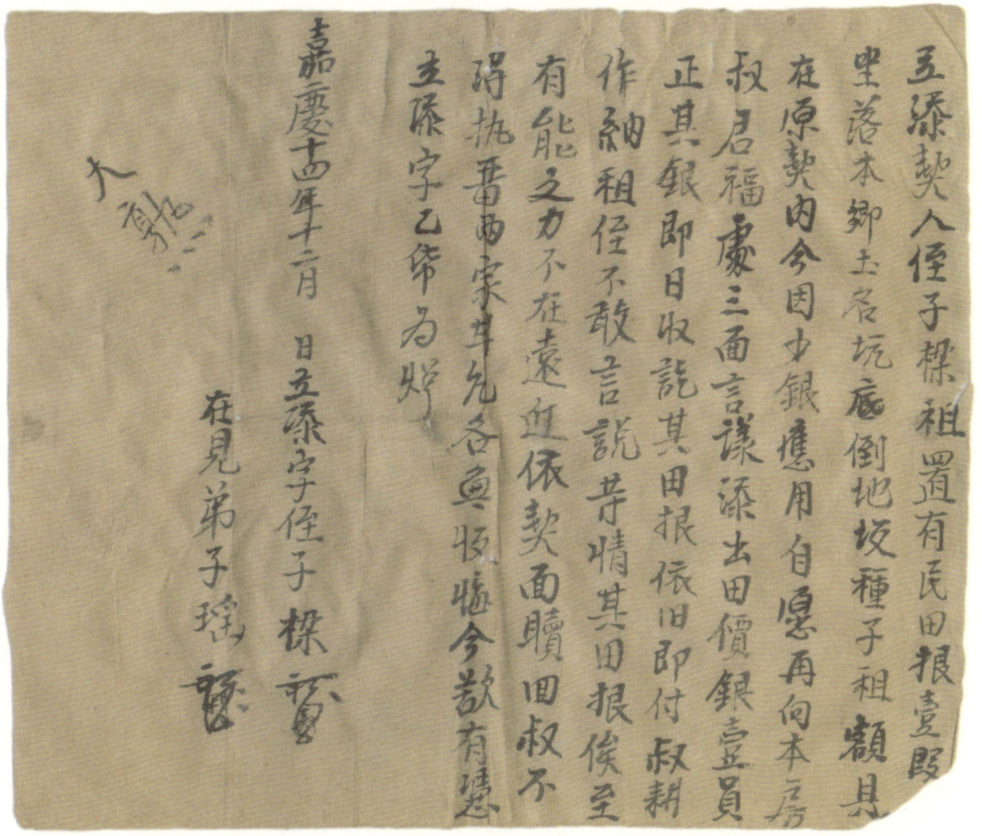
立添契人侄子樑祖置有民田根壹段
坐落本鄉土名坑底倒地坂種子租額具
在原契内今因乏銀應用自愿再向本房
叔居福處三面言議添出田價銀壹員
正其銀即日收訖其田根依旧即付叔耕
作納租侄不敢言說并情其田根倘至
有能之力不在遠近依契面贖回叔不
得執留所宗年允各無悔今欲有憑
立添字乙帋為炤
嘉慶十四年十二月　日立添字侄子樑（押）
在見弟子瑶（押）

10-6-35-3　清嘉慶十四年十二月黄子樑立添民田根契

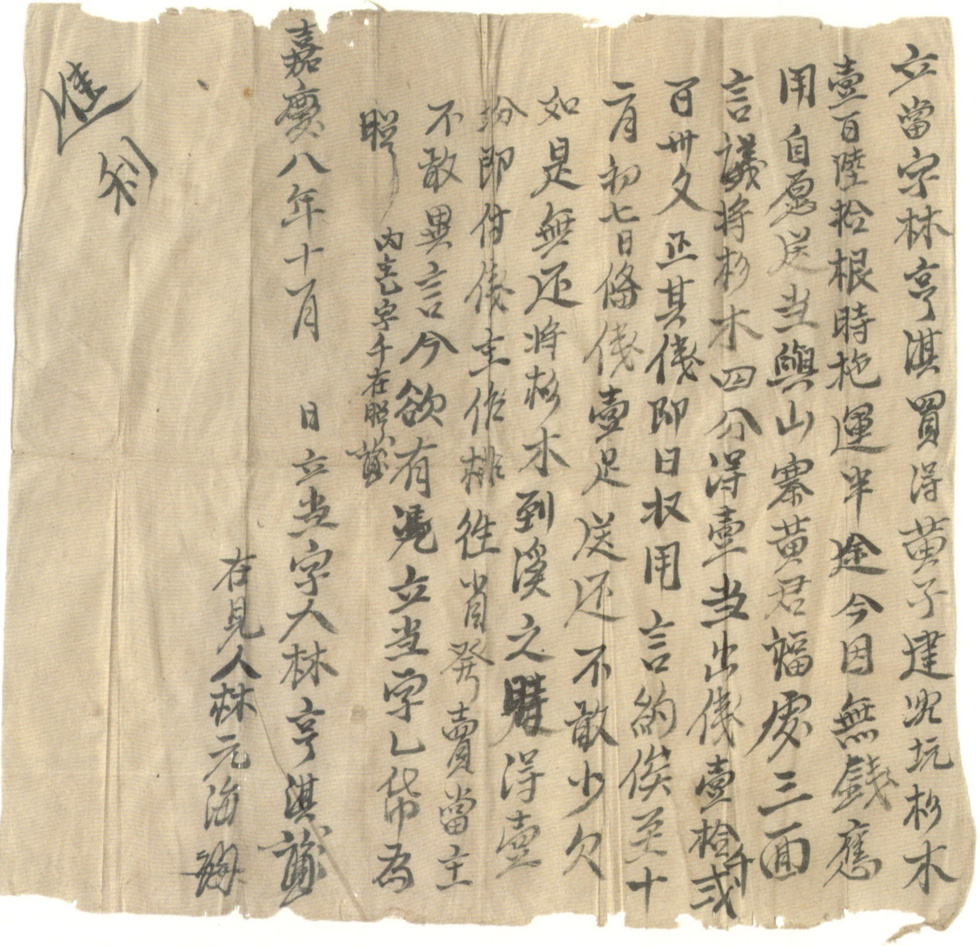
立當字林亨淇買得黃子建兜坑杉木
壹百陸拾根時拋運半途今因無錢應
用自愿送出與山寨黃君福慶三面
言議將杉木四分得壹当出價壹拾貳
百卅文正其價即日收用言約限至十
一月初七日備價壹足送還不敢少欠
如是無還將杉木到溪之時得壹
分即付價主作排往省發賣當主
不敢異言今欲有憑立当字乙紙為
照
内添乙字在照
嘉慶八年十一月　日立当字人林亨淇
在見人林元海
佳利

10-6-36-1　清嘉慶八年十一月林亨淇立當杉木字

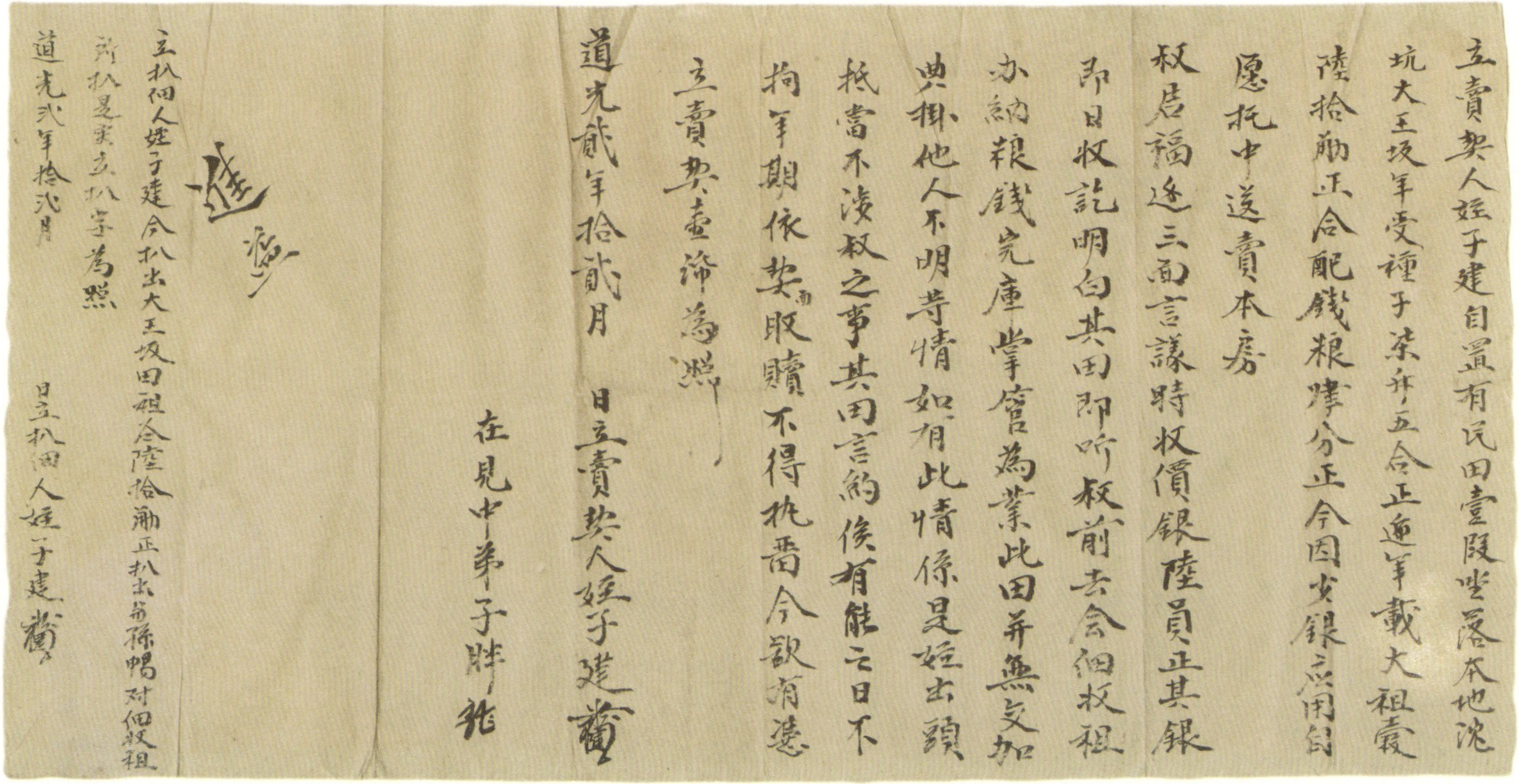
立賣契人姪子建自置有民田壹段坐落本地洸坑大王坂年受種子柒升五合正逓年載大租貳陸拾觔正合配錢粮肆分正今因少銀應用自愿托中送賣本房叔居福边三面言議時值價銀陸員正其銀即日收訖明白其田即听叔前去管佃收租办納粮錢完庫掌管為業此田并無交加典掛他人不明等情如有此情係是姪出頭抵當不涉叔之事其田言約後有能之日不拘年期依契取贖不得执留今欲有憑立賣契壹帋為照

道光貳年拾貳月　日立賣契人姪子建（押）

在見中弟子胖（押）

立扒佃人姪子建今扒出大王坂田租谷陸拾觔正扒出弟孫帽對佃收租所扒是實立扒字為照

道光貳年拾貳月　日立扒佃人姪子建（押）

10-6-36-2　清道光二年十二月黄子建立賣民田契

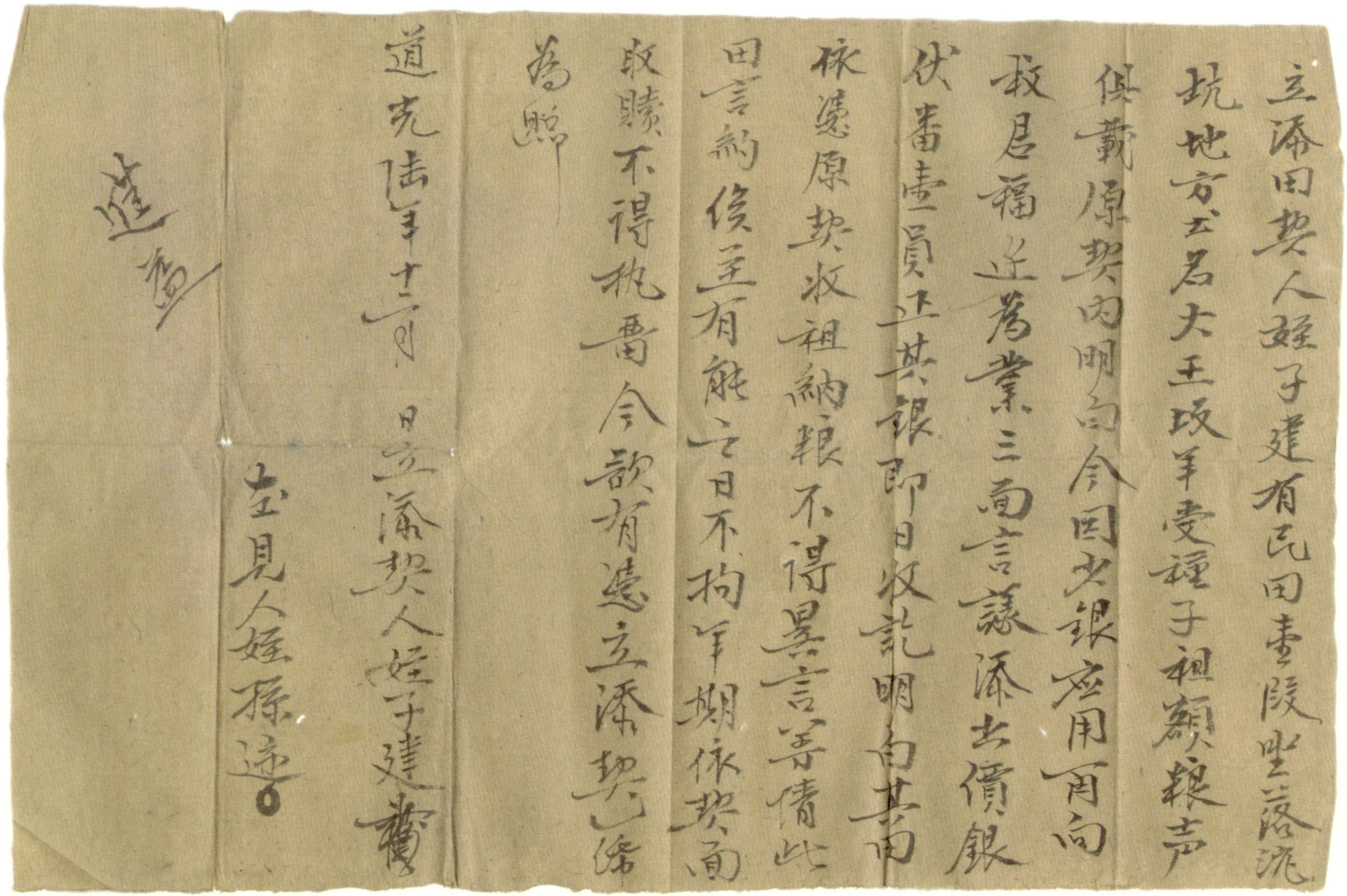
立添田契人姪子建有民田壹段坐落洑
坑地方土名大王坂年受種子祖額糧芦
俱載原契內明白今因乏銀應用再向
叔邊福近爲業三面言議添出價銀
伏番壹員正其銀即日收訖明白其田
係邊原契收租納糧不得異言等情此
田言約後至有能之日不拘年期依契面
取贖不得執留今欲有憑立添契一紙
爲照
道光陸年十二月 日立添契人姪子建
在見人姪孫逵
遂意

10-6-36-3 清道光六年十二月黃子建立添民田契

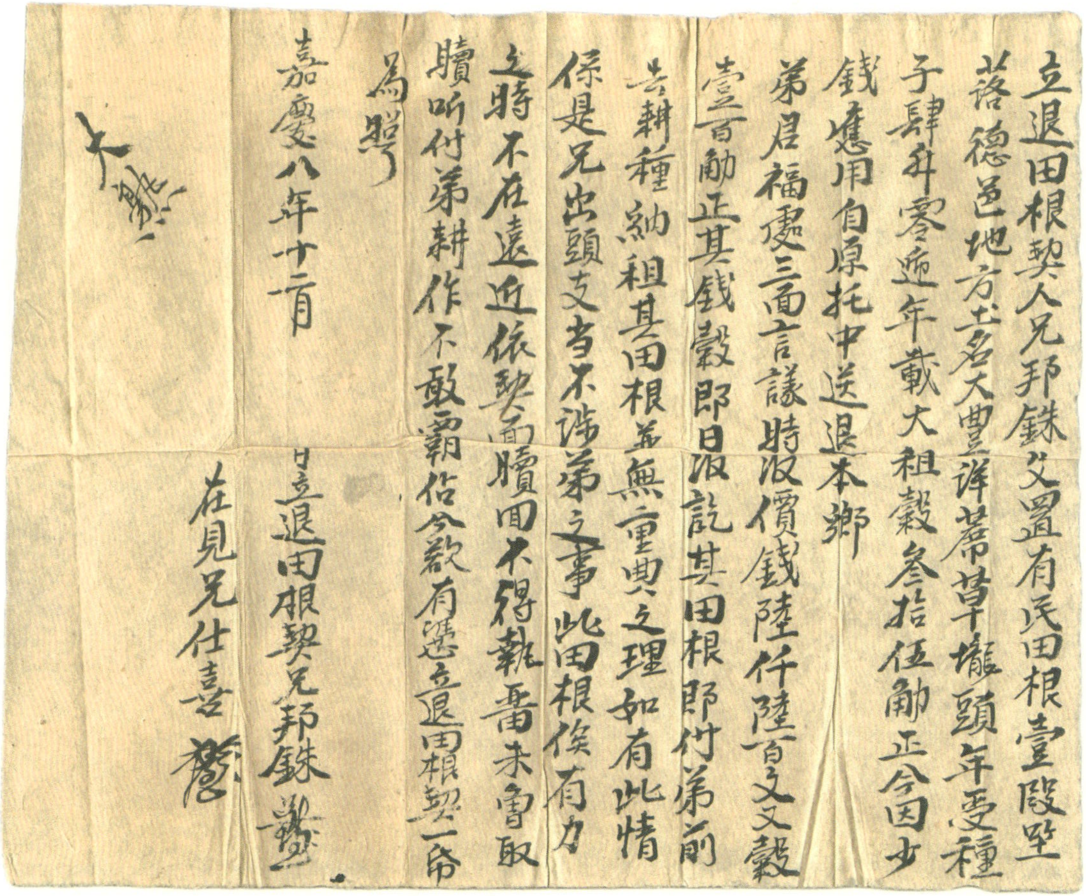
立退田根契人兄邦銖父置有民田根壹段坐
落德邑地方土名大豐洋葛草墘頭年受種
子肆斗零遞年載大租穀叁拾伍觔正今因乏
錢應用自愿托中送退本鄉
弟君福處三面言議時價錢陸仟陸百文穀
壹百觔正其錢穀即日收訖其田根即付弟前
去耕種納租其田根並無重典之理如有此情
係是兄出頭支當不涉弟之事此田根係有力
之時不在遠近依契面贖回不得執番未曾取
贖聽付弟耕作不敢霸佔今欲有憑立退田根契一紙
為照
嘉慶八年十二月
日立退田根契兄邦銖（押）
在見兄仕喜（押）
大吉

10-6-37-1　清嘉慶八年十二月黄邦銖立退民田根契

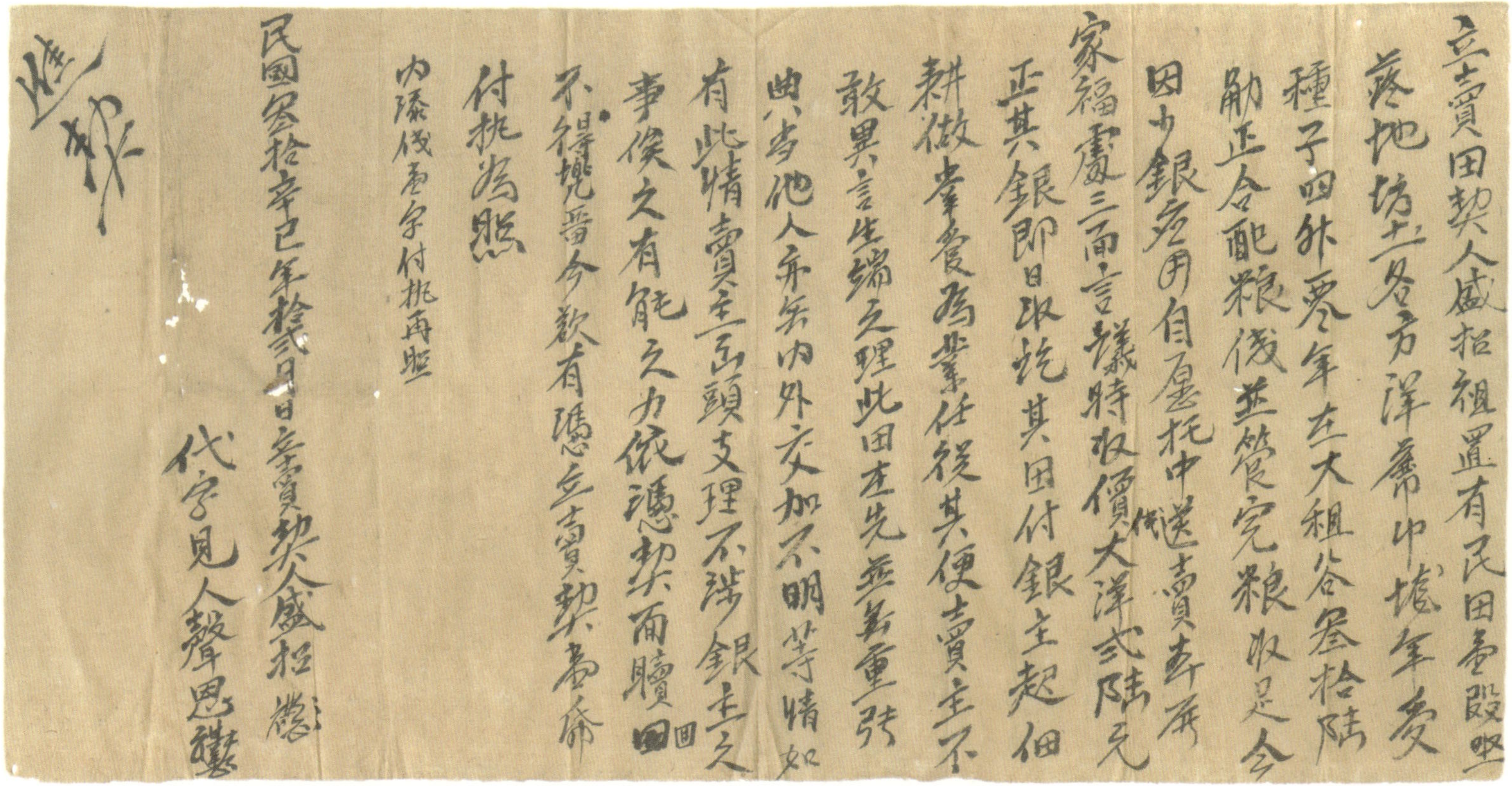
立賣田契人盛招祖置有民田壹段坐
落地方土名方洋厝中墘年受
種子四升零年在大租谷叁拾陸
觔正今配粮戗並管完粮收足今
因少銀応用自愿托中送賣本房
家福處三面言議時收價大洋弍陸元
正其銀即日收訖其田付銀主起佃
耕做管業為業任從其便賣主不
敢異言生端之理此田在先並無重張
典当他人亦無內外交加不明等情如
有此情賣主自頭支理不涉銀主之
事候之有能之力依憑契面贖回
不得執留今欲有憑立賣契壹紙
付執為照
內添戗壹字付執再照
民國叁拾辛巳年拾弍月　日立賣契人盛招
代字見人聲恩

10-6-37-2　民國三十年十二月黄盛招立賣民田契

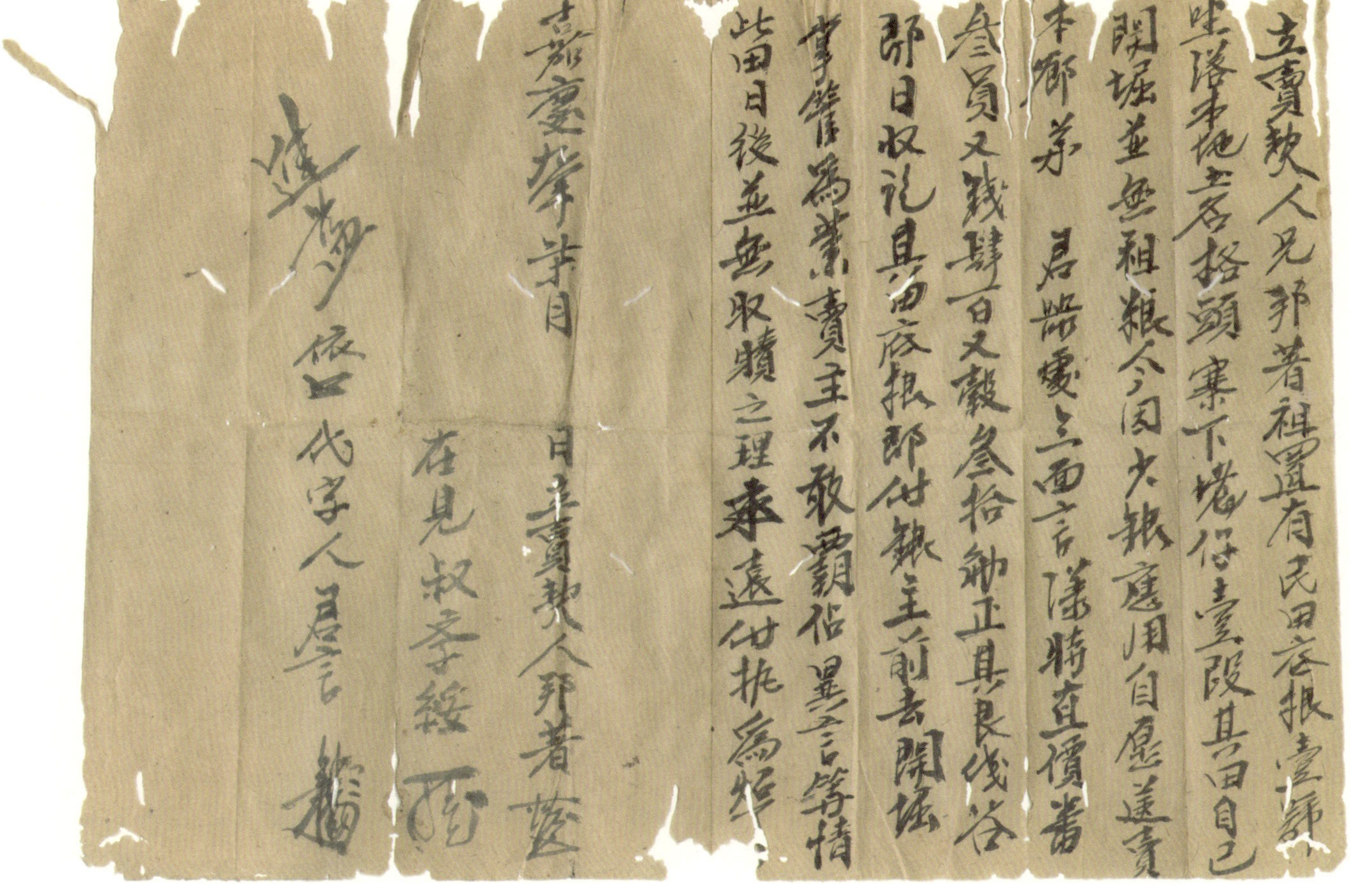

立賣契人兄邦著祖置有民田底根壹號
坐落本地土名梧頭寨下墘俗壹段其田自己
開墾並無租粮今因欠銀應用自愿送賣
本鄉弟　君端處三面言議時值價當
叁員又錢肆百文穀叁拾觔正其艮錢谷
即日收訖其田底根即付銀主前去開墾
掌管為業賣主不敢阻佔異言等情
此田日後並無取贖之理永遠付批為照
嘉慶玖年柒月　日立賣契人邦著（押）
在見叔孝綏（押）
依口代字人君營（押）
達□

10-6-38-1　清嘉慶九年七月黄邦著立賣民田底根契

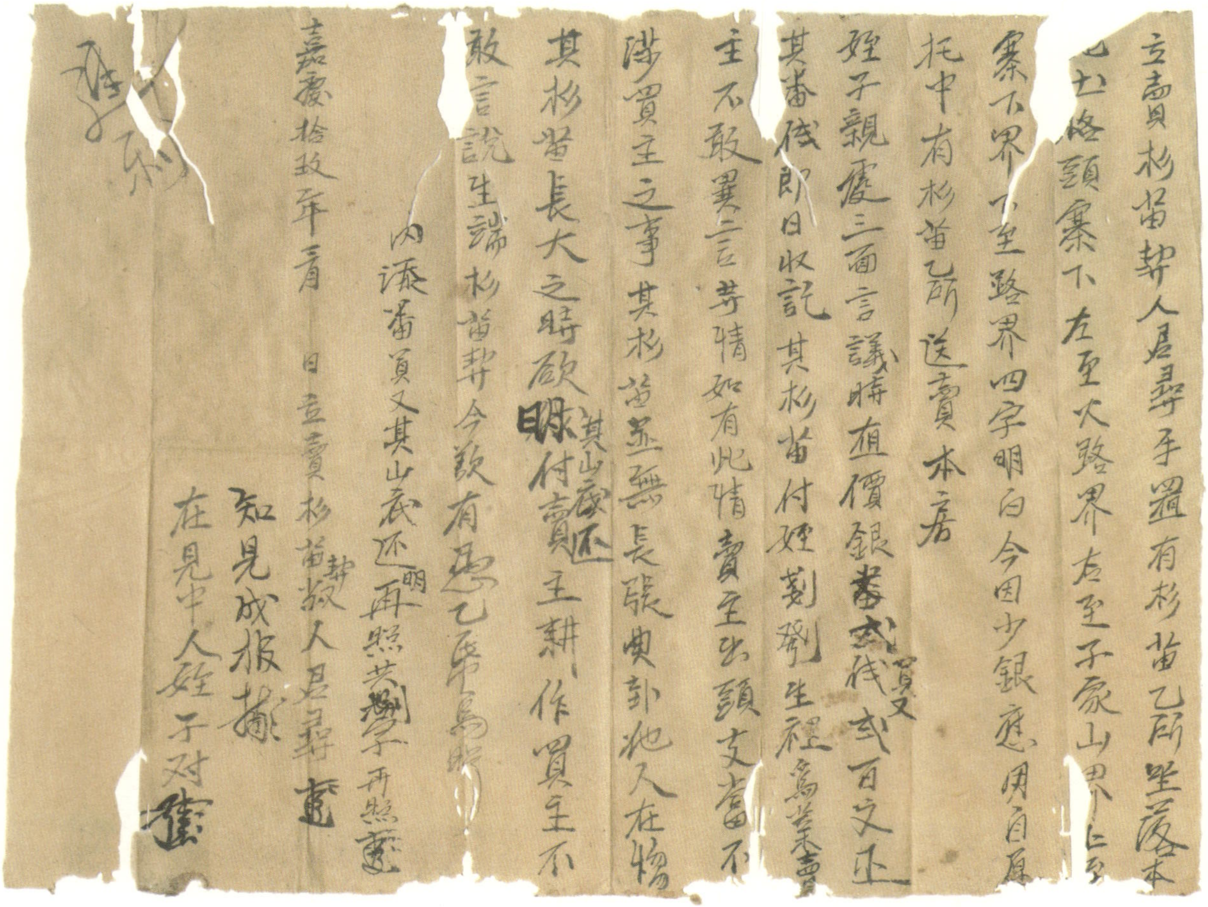
立賣杉苗契人君尋手置有杉苗乙所坐落本
地土名頭寨下，左至大路界，右至子家山界，上至
寨下界，下至路界，四字明白。今因少銀應用，自願
托中有杉苗乙所，送賣本房
姪子親處，三面言議，時值價銀番式[illegible]式百文正。
其番錢即日收訖，其杉苗付姪[illegible]生裡為業，賣
主不敢異言。若情如有此情，賣主出頭支當，不
涉買主之事。其杉苗並無長張典卦他人在物。
其杉苗長大之時，砍[illegible]付賣主耕作，買主不
敢言說生端。杉苗契今欲有憑，乙[illegible]
內添番頁又其山底退明再照[illegible]字再照
嘉慶拾玖年三月　日　立賣杉苗契人君尋
知見成振
在見中人姪子对
[illegible]

10-6-38-2　清嘉慶十九年三月黄君尋立賣杉苗契

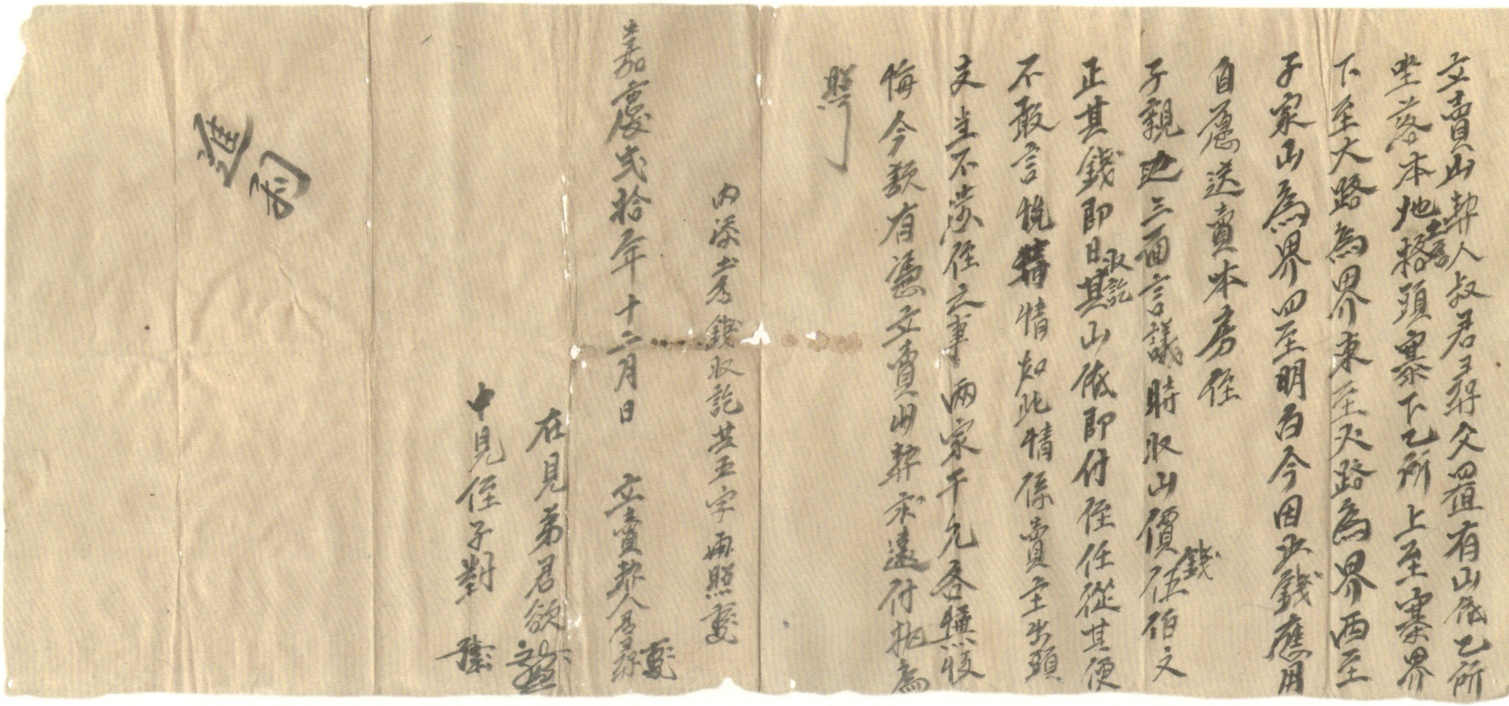
立賣山契人叔君尋，父置有山壹所，
坐落本地格頭寨下乙所，上至寨界，
下至大路為界，東至大路為界，西至
子家山為界，四至明白。今因乏錢應用，
自願送賣本房侄
子觀德三面言議，時取山價錢伍佰文
正，其錢即日收訖，其山依即付侄任從其便，
不敢言說。轄情知此情，係賣主出頭
支當，不涉侄之事。兩家干允，各無反
悔。今欲有憑，立賣山契永遠付執為
照。
內添土名錢收訖共五字 再照
嘉慶貳拾年十二月日 立賣契人君尋
在見弟君欽
中見侄子對
進利

10-6-38-3 清嘉慶二十年十二月黃君尋立賣山底契

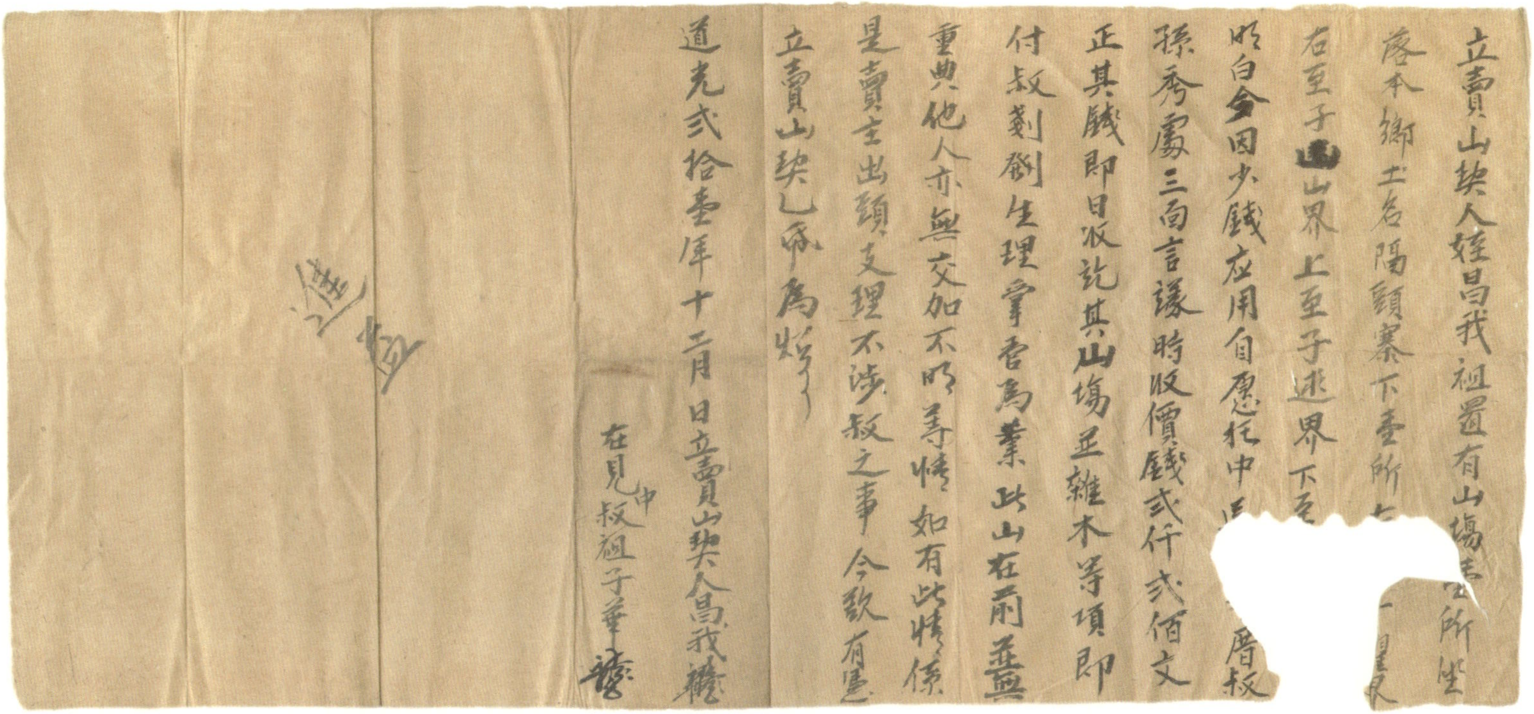

立賣山契人姪昌我，祖置有山場壹所，坐
落本鄉土名隔頭寨下壹所，
右至子山界，上至子述界，下至
明白，今因少錢應用，自愿托中　唐叔
孫秀處三面言議，時价價錢貳仟貳佰文
正，其錢即日收訖，其山場并雜木等項即
付叔劉劉生理掌管為業，此山在前無
重典他人，亦無交加不明等情，如有此情，係
是賣主出頭支理，不涉叔之事。今欲有憑，
立賣山契一紙為照。

道光貳拾壹年十二月　日立賣山契人昌我（押）
在見中叔祖子華（押）

10-6-38-4　清道光二十一年十二月黄昌我立賣山場契

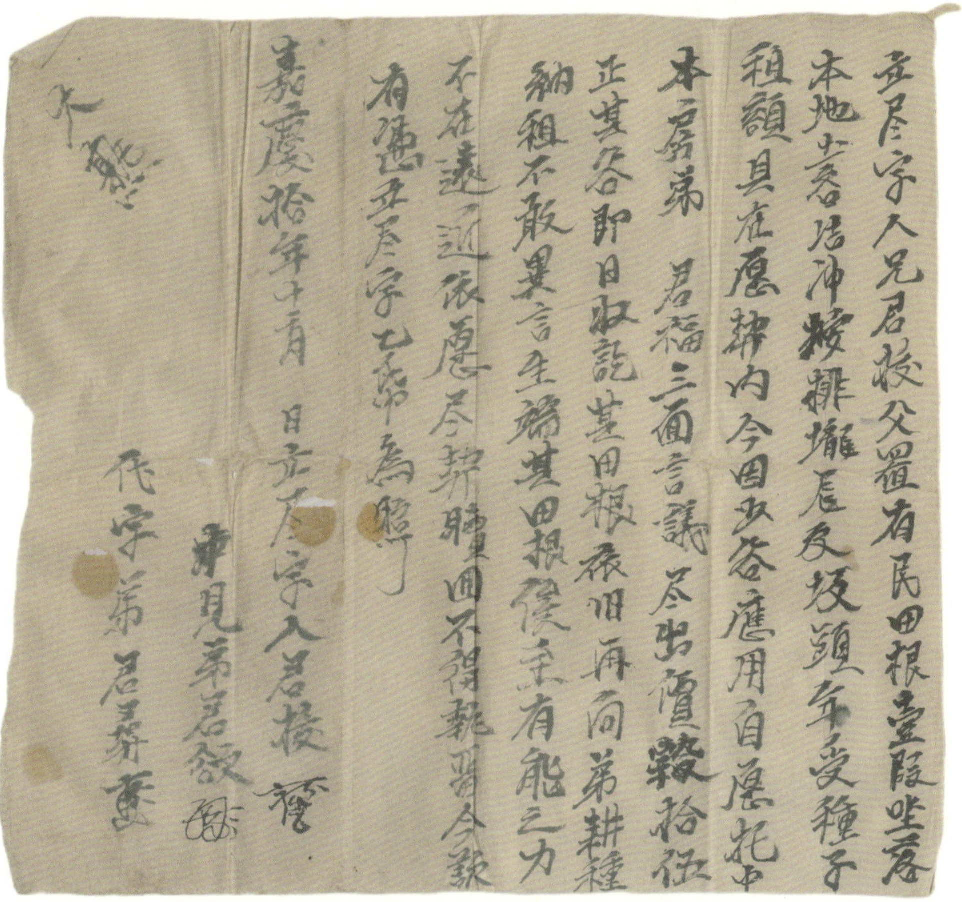
立盡字人兄君拔父置有民田根壹段坐落
本地土名塔沖稜排壠崖反坂頭年受種子
租額具在應耕內今因要谷應用自愿托中
本房弟　君福三面言議盡出價穀拾伍
正其谷即日收訖其田根依旧再向弟耕種
納租不敢異言生端其田根從來有能之力
不在遠近依愿盡契贖回不得執留今欲
有憑立盡字乙紙爲照
嘉慶拾年十二月　日立盡字人君拔
中見弟君發
代字弟　君芬
大發

10-6-39-1　清嘉慶十年十二月黄君拔立盡民田根字

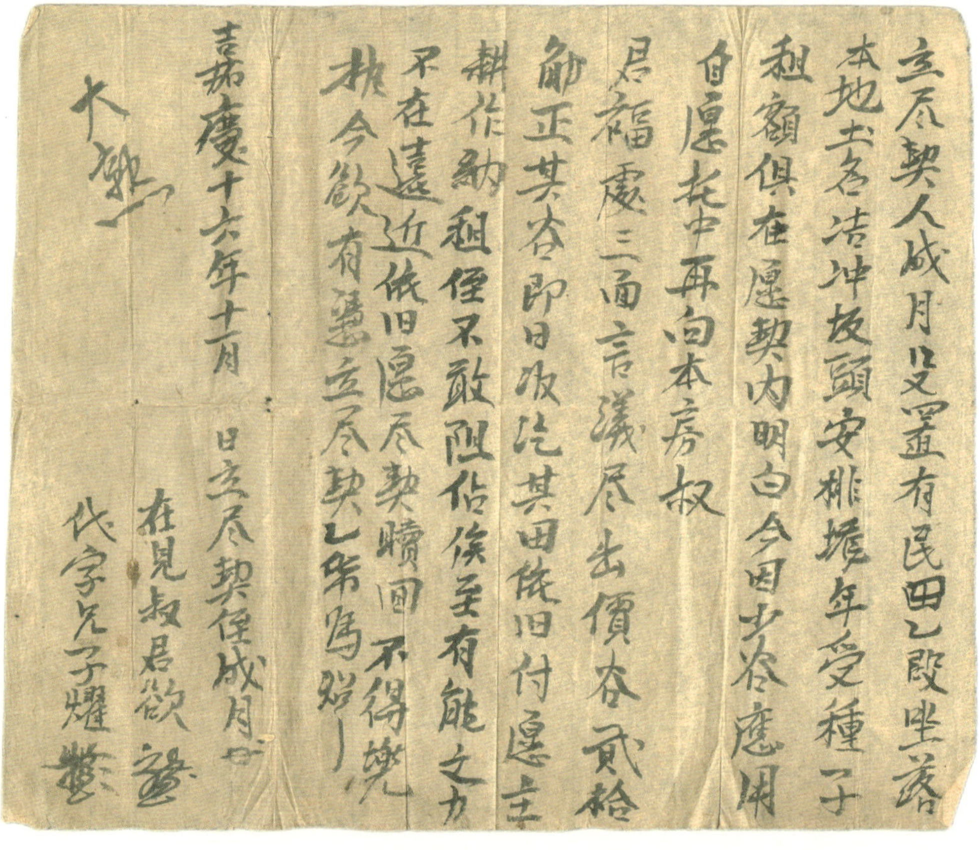

立盡契人成月叏置有民田乙段，坐落
本地土名洁冲坂頭安排壋，年受種子
租額俱在原契內明白。今因乏谷應用，
自愿托中再向本房叔
君福處三面言議，盡出價谷貳拾
觔正。其谷即日收訖，其田依旧付還主
耕作納租，侄不敢阻佔。候至有能之力，
不在遠近，依旧照盡契贖回，不得執
抗。今欲有憑，立盡契乙紙為照。

嘉慶十六年十一月　日立盡契侄成月（押）

在見叔君欲（押）

代字兄子燿（押）

大[illegible]

10-6-39-2　清嘉慶十六年十一月黄成月立盡民田契

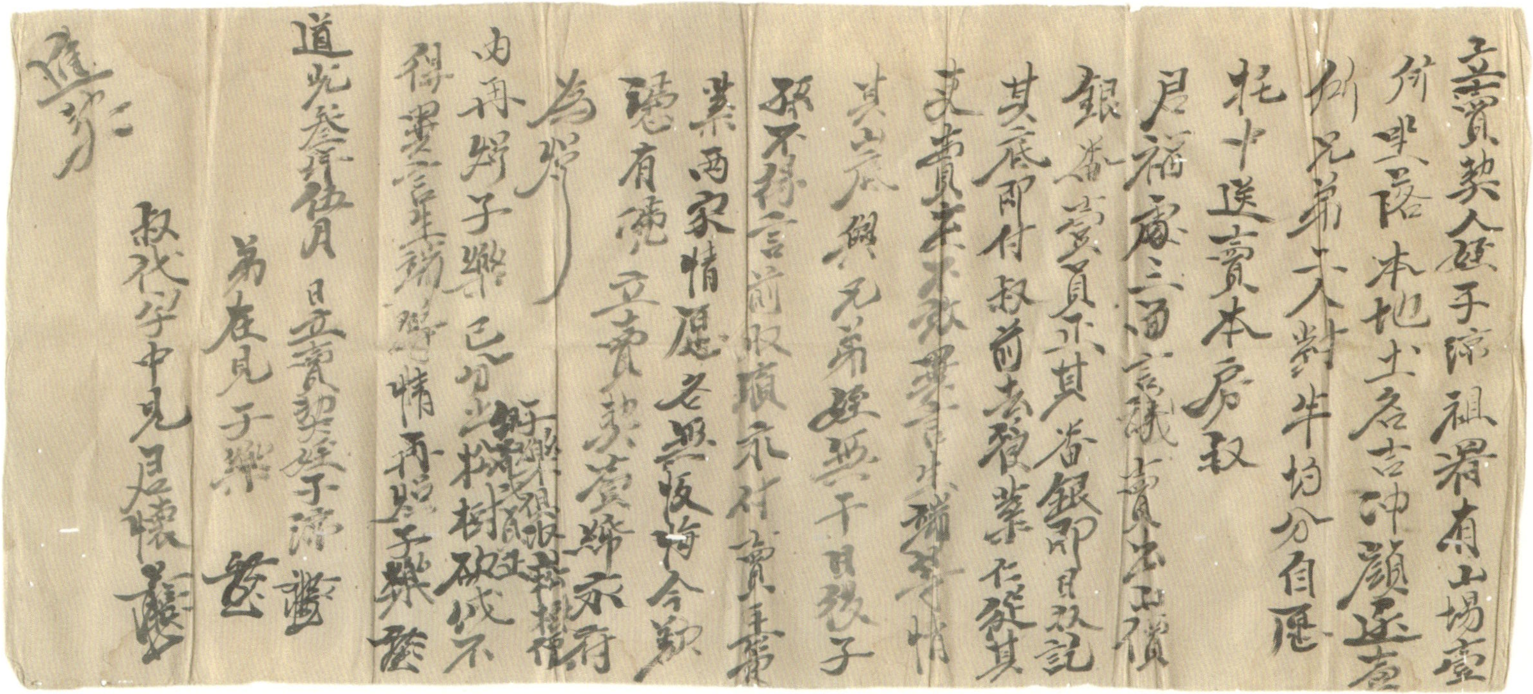

10-6-39-3　清道光三年五月黄子涼立賣山場契

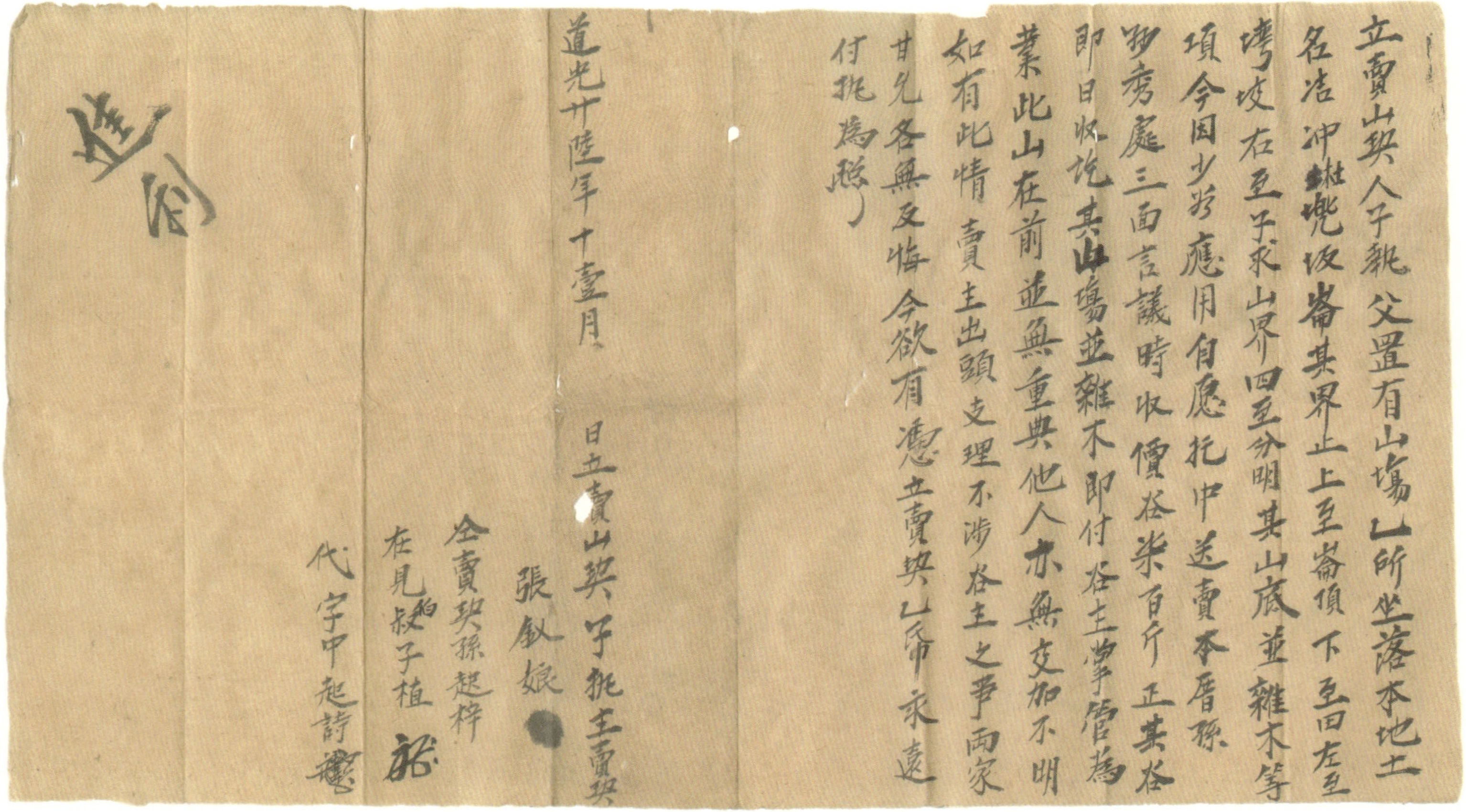
立賣山契人子執 父置有山場一所坐落本地土
名𡉏沖樅樹坂崙其界止上至崙頂下至田左至
塆坎右至子承山界四至分明其山底並雜木等
項今因乏銀應用自愿托中送賣本厝孫
朝旁邊三面言議時收價谷柒百斤正其谷
即日收訖其山場並雜木即付谷主掌管為
業此山在前並無重典他人亦無交加不明
如有此情賣主出頭支理不涉谷主之事兩家
甘允各無反悔今欲有憑立賣契山帋永遠
付執為照）

道光廿陸年十壹月 日立賣山契子執 主賣契
張叙娘
仝賣契孫 起梓
在見叔子植
代字中 起詩

10-6-39-4 清道光二十六年十一月黄子執等立賣山場契

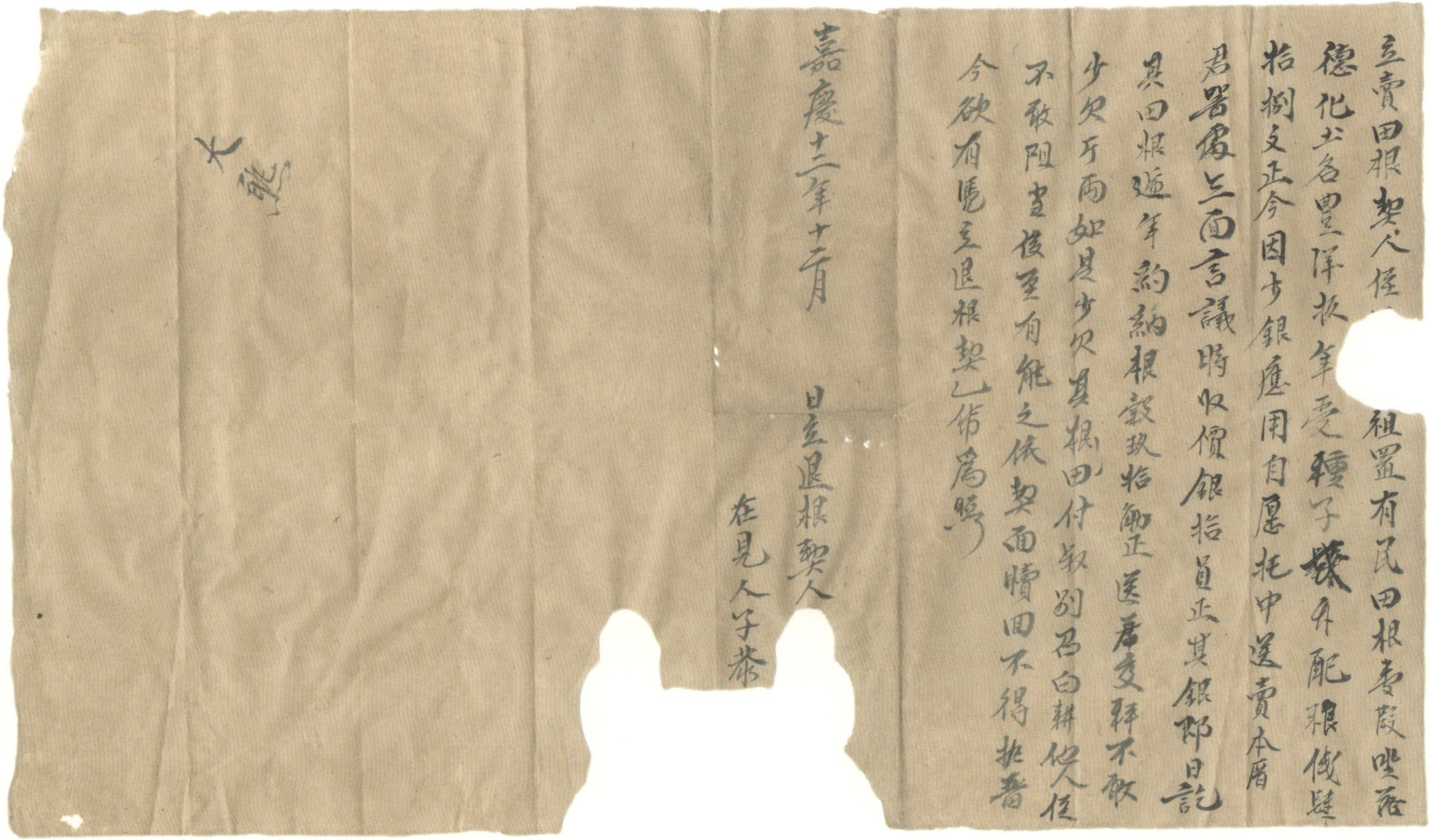

立賣田根契人侄[illegible]祖置有民田根壹段坐落
德化廿名豐洋坂年受種子柒斤配粮伐壁
粭捌文正今因乏銀應用自愿托中送賣本厝
君略處上面言議時收價銀拾員正其銀即日訖
其田根逐年約納根穀玖拾觔正送厝交拜不敢
少欠斤兩如是少欠其根田付叔別召白耕佃人住
不敢阻當後至有能之依契面贖田不得執留
今欲有憑立退根契乙紙爲照

嘉慶十二年十二月　日立退根契人

在見人子恭

大號

10-6-40-1　清嘉慶十二年十二月黃氏立賣民田根契

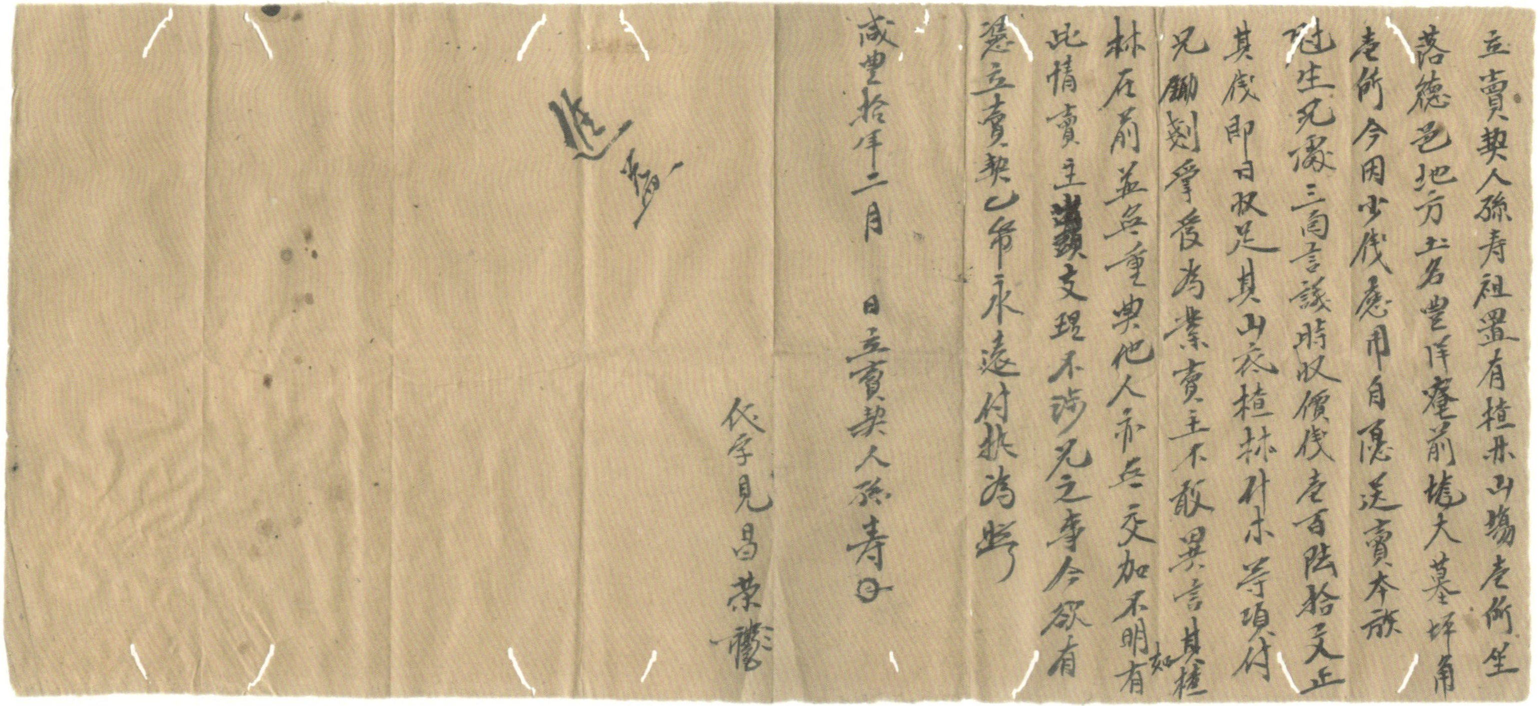
立賣契人孫寿祖置有楂林山場壹所，坐
落德邑地方土名豊洋墘前墘大墓坪角
壹所。今因少錢應用，自愿送賣本族
陞生兄邊，三面言議，時收價錢壹百陸拾文正。
其錢即日收足，其山衣楂林材木等項付
兄鋤劃管長為業，賣主不敢異言。其楂
林在前並無重典他人，亦無交加不明，有如
此情，賣主出頭支理，不涉兄之事。今欲有
憑，立賣契一紙，永遠付執為照。
咸豐拾年二月　日立賣契人孫寿（押）
代字見　昌榮（押）

10-6-40-2　清咸豐十年二月黄孫寿立賣楂林山場契

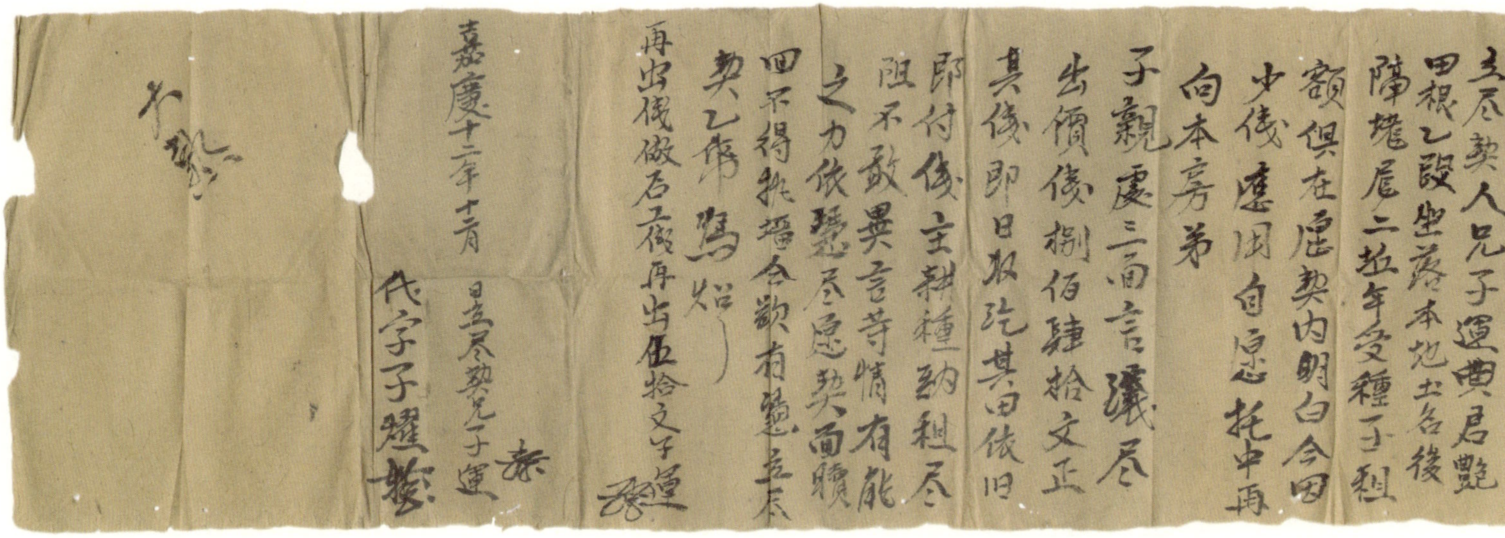
立尽契人兄子運黄君甦
田根乙段坐落本地土名後
陽墘尾二坵年受種一斗租
額俱在尽契内明白今因
少錢應用自愿托中再
向本房弟
子親處三面言議尽
出價錢捌佰肆拾文正
其錢即日收訖其田依旧
即付錢主耕種納租尽
阻不敢異言等情有能
之力依照尽愿契面贖
回不得執擋含欺有憑立尽
契乙紙爲照 炤
再出錢做石工俵再出伍拾文子運
嘉慶十二年十二月　日立尽契兄子運
代字子耀

10-6-41-1　清嘉慶十二年十二月黄子運立盡田根契

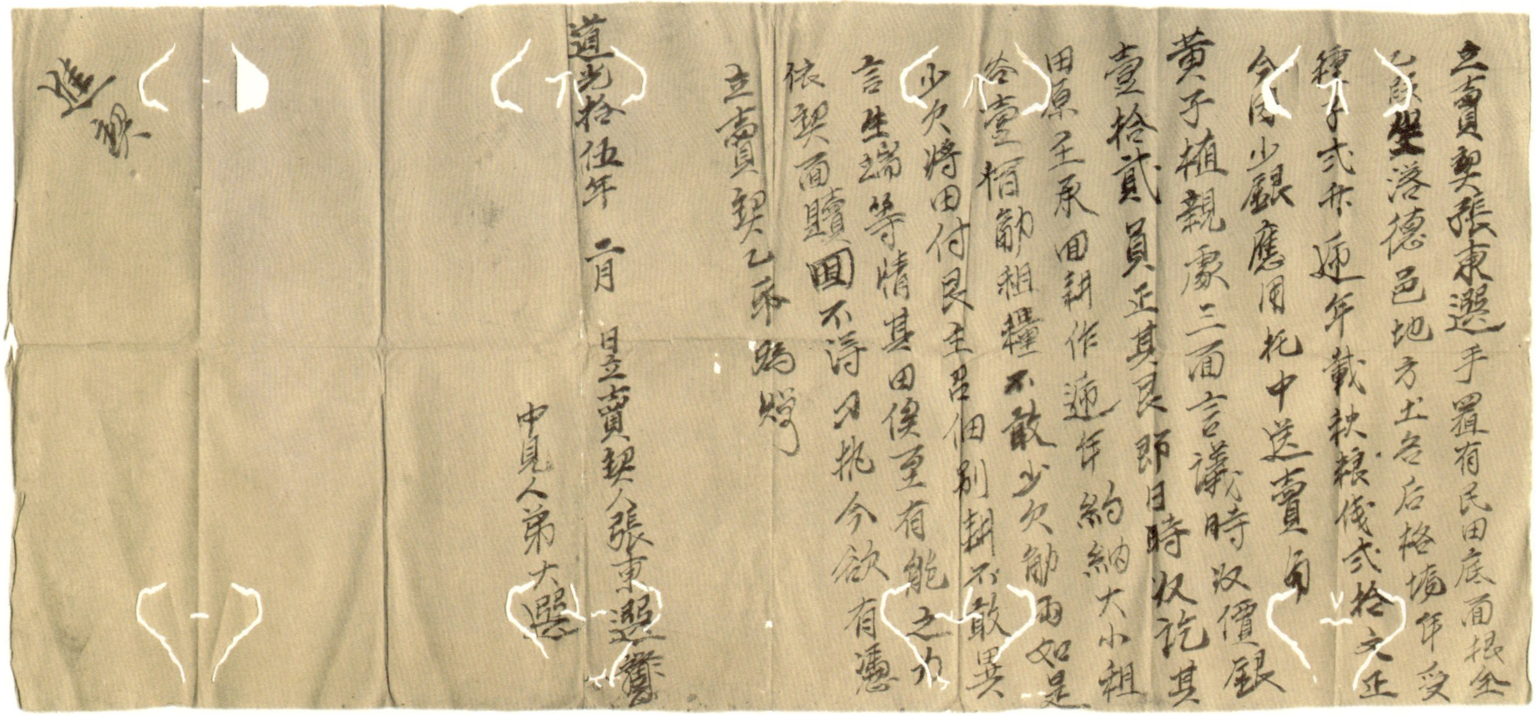
立賣契張東選手置有民田底面根全
乙段坐落德邑地方土名后格墘年受
種子弍升延年載秋粮錢弍拾文正
今因少銀應用托中送賣與
黃子植親處三面言議時價銀
壹拾貳員正其銀即日時收訖其
田原主承田耕作逐年納納大小租
谷壹桶節租糧不敢少欠節兩如是
少欠將田付銀主召佃別耕不敢異
言生端等情其田係至有能之力
依契面贖回不得刁抗今欲有憑
立賣契乙紙為炤
道光拾伍年　二月　日立賣契人張東選（押）
中見人弟大選（押）
延泉

10-6-41-2　清道光十五年二月張東選立賣底面根全民田契

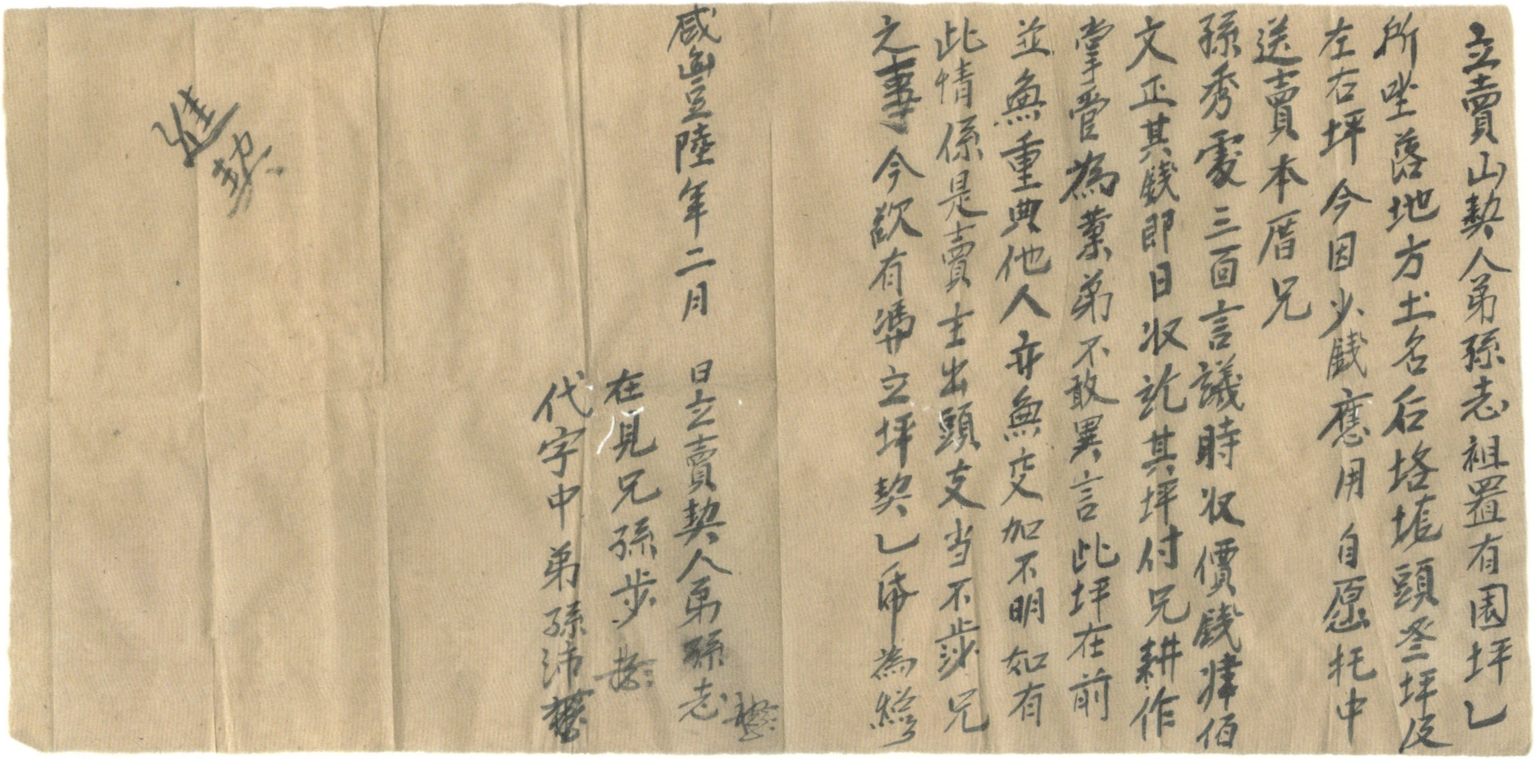

立賣山契人弟孫志祖置有園坪乙
所坐落地方土名石塔墘頭岺坪皮
左右坪今因乏錢應用自愿托中
送賣本厝兄
孫秀雯三面言議時價錢肆佰
文正其錢即日收訖其坪付兄耕作
掌管為業弟不敢異言此坪在前
並無重典他人亦無交加不明如有
此情係是賣主出頭支当不涉兄
之事今欲有憑立坪契乙紙為照

咸豐陸年二月　日立賣契人弟孫志（押）

在見兄孫步（押）

代字中弟孫沛（押）

進契

10-6-41-3　清咸豐六年二月黃孫志立賣園坪契

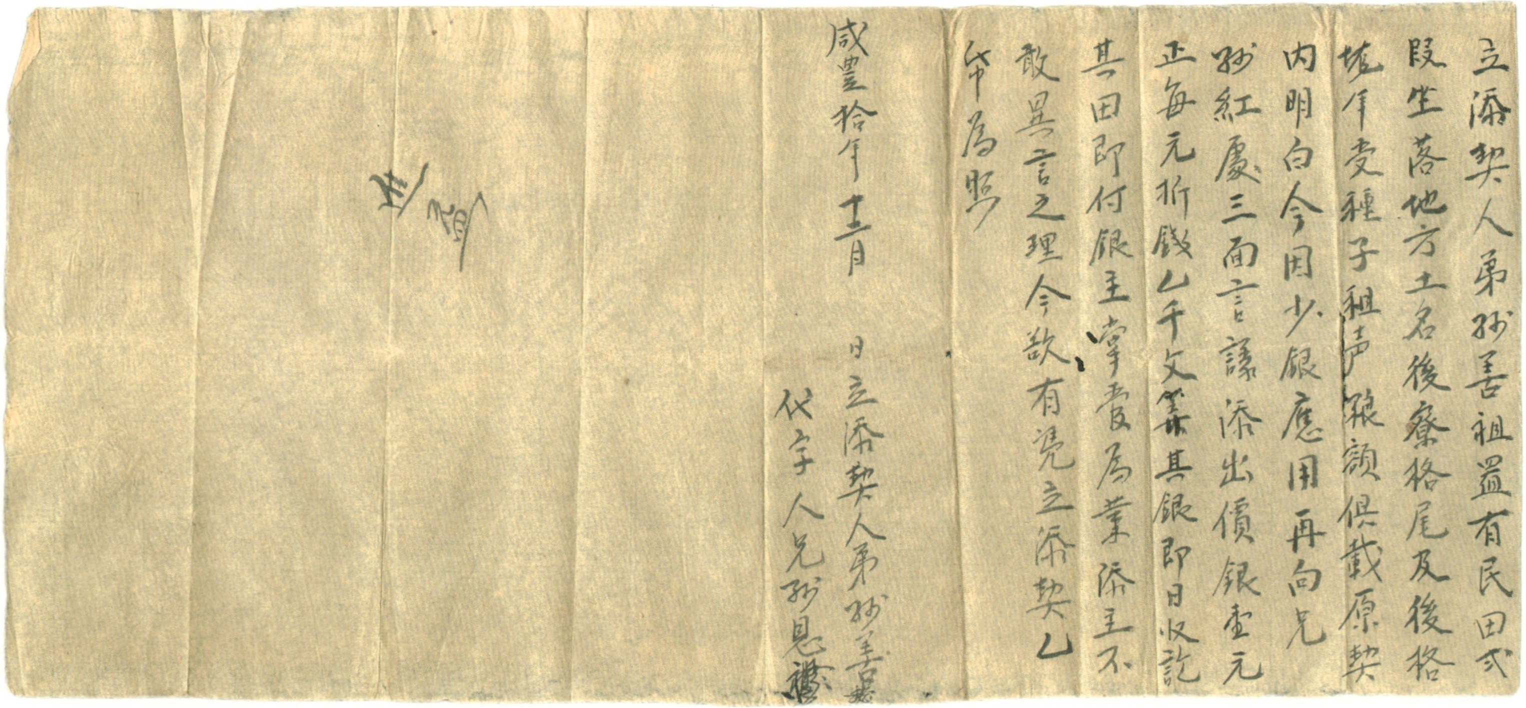

立添契人弟孫善祖置有民田弍
段，坐落地方土名後發洛尾及後洛
垅，年受種子租清銀額俱載原契
內明白。今因少銀應用，再向兄
孫紅慶三面言議，添出價銀壹元
正，每元折錢乙千文算，其銀即日收訖，
其田即付銀主掌管為業，添主不
敢異言之理。今欲有憑，立添契乙
帋為照。

咸豐拾年十二月　日立添契人弟孫善（押）
代字人兄孫恩（押）

對過

10-6-41-4　清咸豐十年十二月黃孫善立添民田契

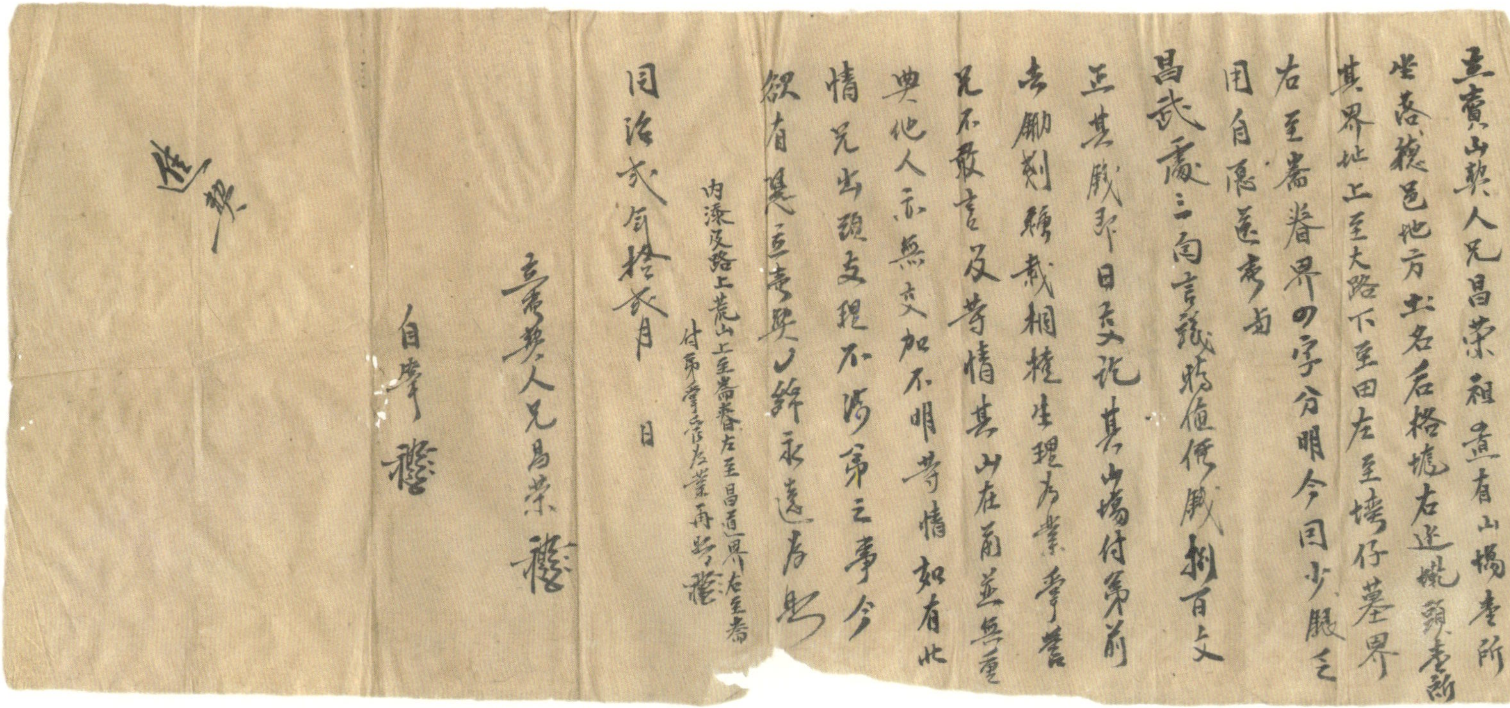
立賣山契人兄昌荣，祖遺有山場壹所，
坐落穗邑地方，土名石格墘，右逆姚頭壹所，
其界址上至大路，下至田，左至墳仔墓界，
右至書眷界，四字分明。今因少銀乏
用，自愿託中
昌武處三面言議時值價錢捌百文
正，其錢即日交訖，其山場付弟前
去劚斫種栽相種生理為業掌管。
兄不敢言及等情，其山在前並無重
典他人，亦無交加不明等情，如有此
情，兄出頭支理，不涉弟之事。今
欲有憑，立賣契一紙，永遠為照。
內添及路上荒山上至書眷，左至昌道界，右至書付弟掌管為業，再照。[押]
同治貳年拾貳月　日
立賣契人兄昌荣[押]
自筆[押]
退契

10-6-41-5　清同治二年十二月黄昌荣立賣山場契

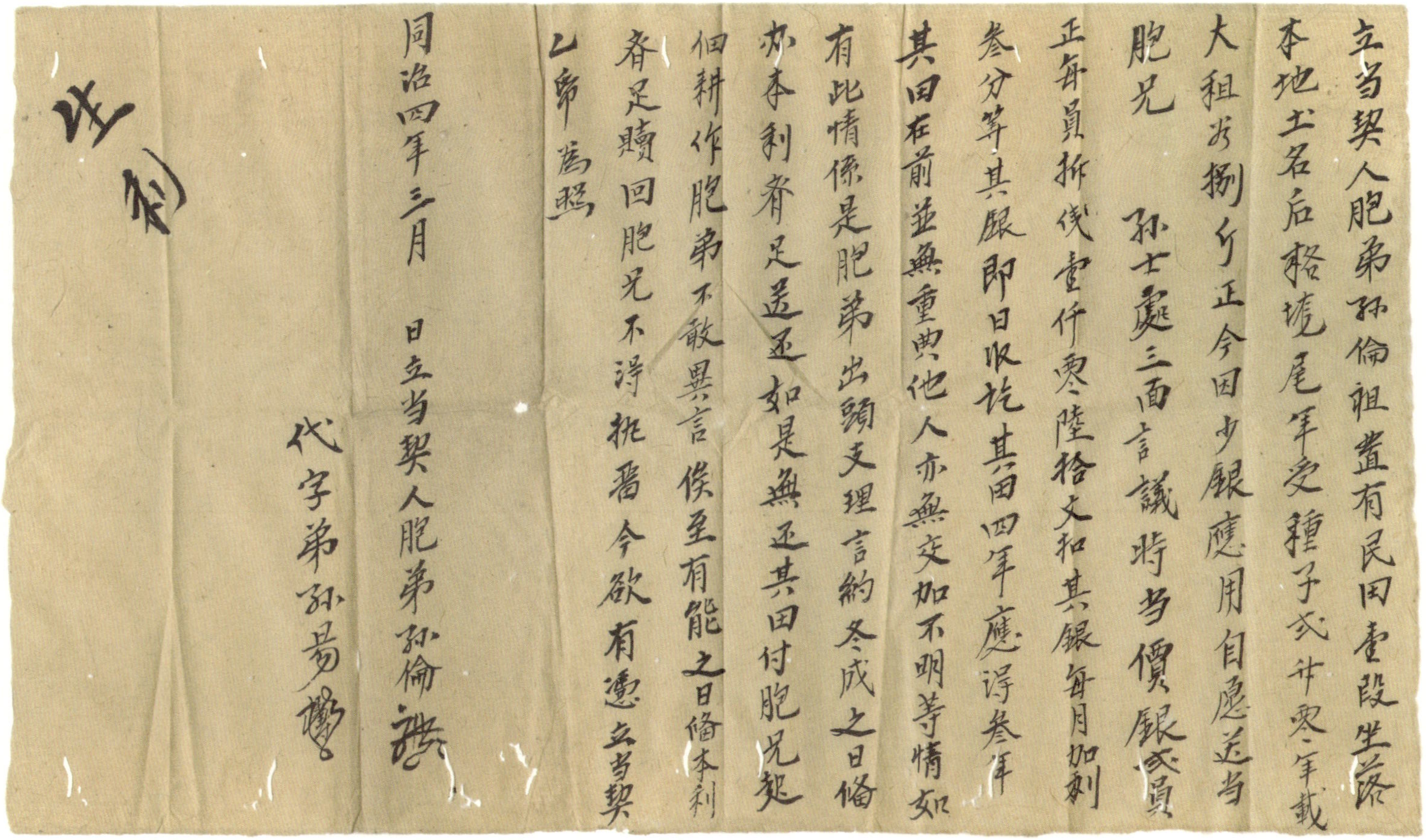
立当契人胞弟孙倫祖置有民田壹段坐落
本地土名后格墘尾年受種子弍升零年載
大租米捌斤正今因少銀應用自愿送当
胞兄　孙士龎三面言議将当價銀弍員
正每員折錢壹仟零陸拾文和其銀每月加剎
叁分算其銀即日收訖其田四年應得叁年
其田在前並無重典他人亦無交加不明等情如
有此情係是胞弟出頭支理言約冬成之日倫
亦本利脊足送还如是無还其田付胞兄起
佃耕作胞弟不敢異言候至有能之日倫本利
脊足贖回胞兄不得執留今欲有憑立当契
一紙為照

同治四年三月　日立当契人胞弟孙倫（押）

代字弟孙昂（押）

生利

10-6-41-6　清同治四年三月黄孫倫立當民田契

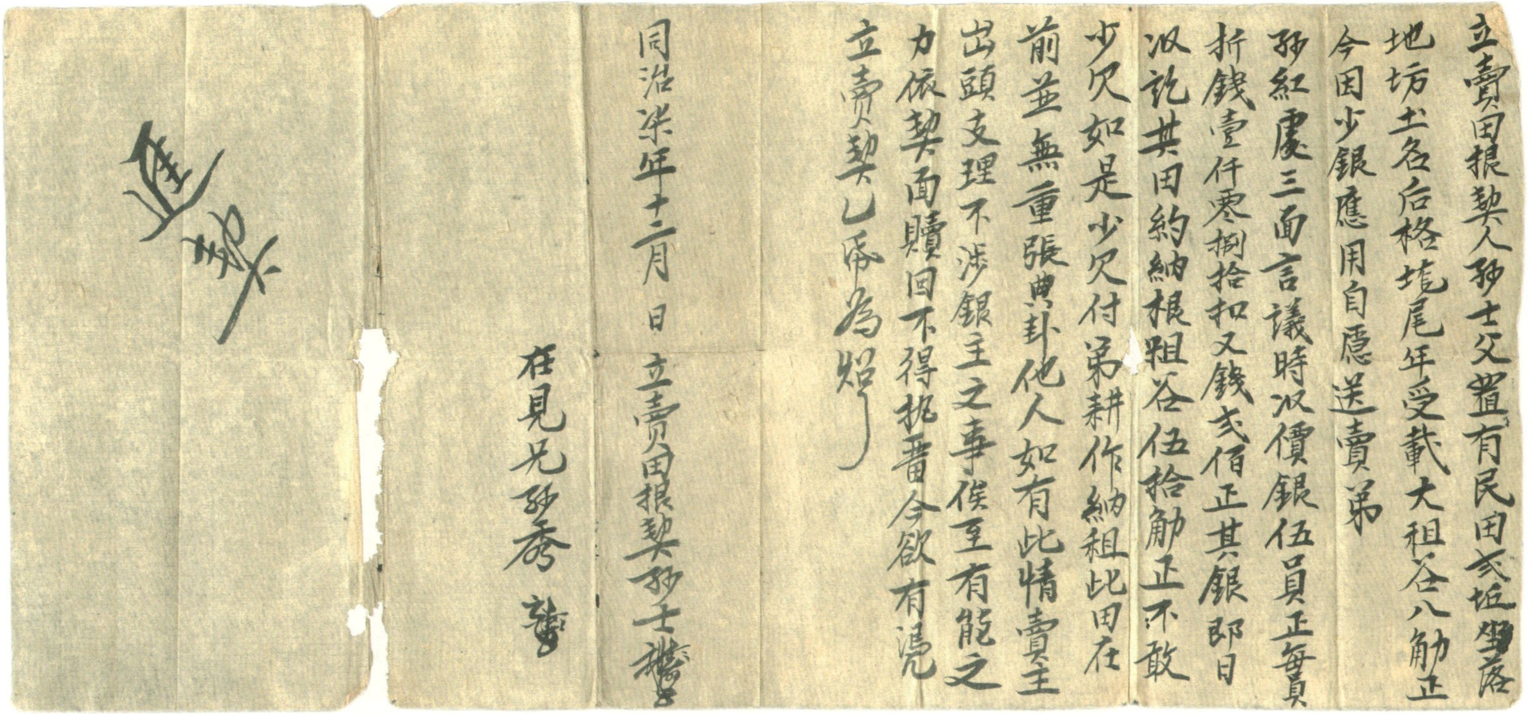
立賣田根契人孫士父置有民田弍坵坐落
地坊土名后格埕尾年受載大租谷八觔正
今因少銀應用自愿送賣弟
孫紅慶三面言議時値價銀伍員正每員
折錢壹仟零捌拾扣又錢弍佰正其銀即日
収訖其田約納根租谷伍拾觔正不敢
少欠如是少欠付弟耕作納租此田在
前並無重張典卦他人如有此情賣主
出頭支理不涉銀主之事候至有能之
力依契面贖回不得執番今欲有憑
立賣契乙紙為照
同治柒年十二月 日 立賣田根契孫士
在見兄孫秀

10-6-41-7 清同治七年十二月黃孫士立賣民田根契

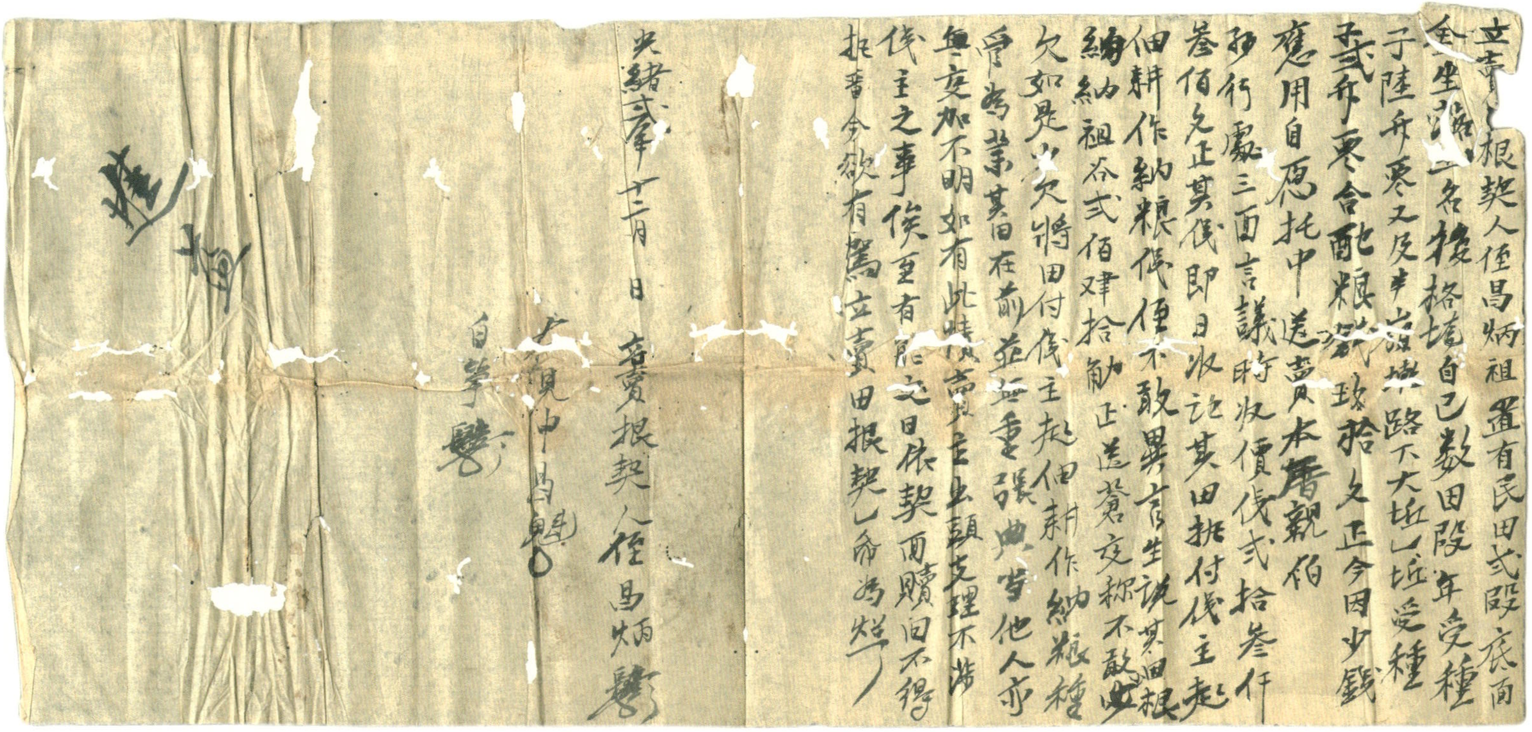

立賣□根契人黃昌炳祖置有民田弍段，底面
全坐落□□土名稜格墘自己数田段，年受種
子陸升叁之，又及半山塝路下大坵乙坵，受種
子弍升叁合，配糧□□□玖拾文正。今因少錢
應用，自愿托中送賣本房親伯
邊行處，三面言議，時收價錢弍拾叁仟
叁佰文正。其錢即日收訖，其田批付錢主起
佃耕作，納糧錢伍不敢異言生說。其田根
綿納租谷弍佰肆拾觔正，送蒼交秤，不敢少
欠。如是少欠，將田付錢主起佃耕作納糧種
受為業。其田在前並無重張典當他人，亦
無交加不明。如有此情，賣主出頭支理，不涉
錢主之事。俟至有能之日，依契面贖回，不得
執番。今欲有憑，立賣田根契乙帋為照。

光緒弍年十二月　日　立賣根契人黃昌炳（押）
見中□昌□（押）
自筆（押）

10-6-41-8　清光緒二年十二月黃昌炳立賣民田根契

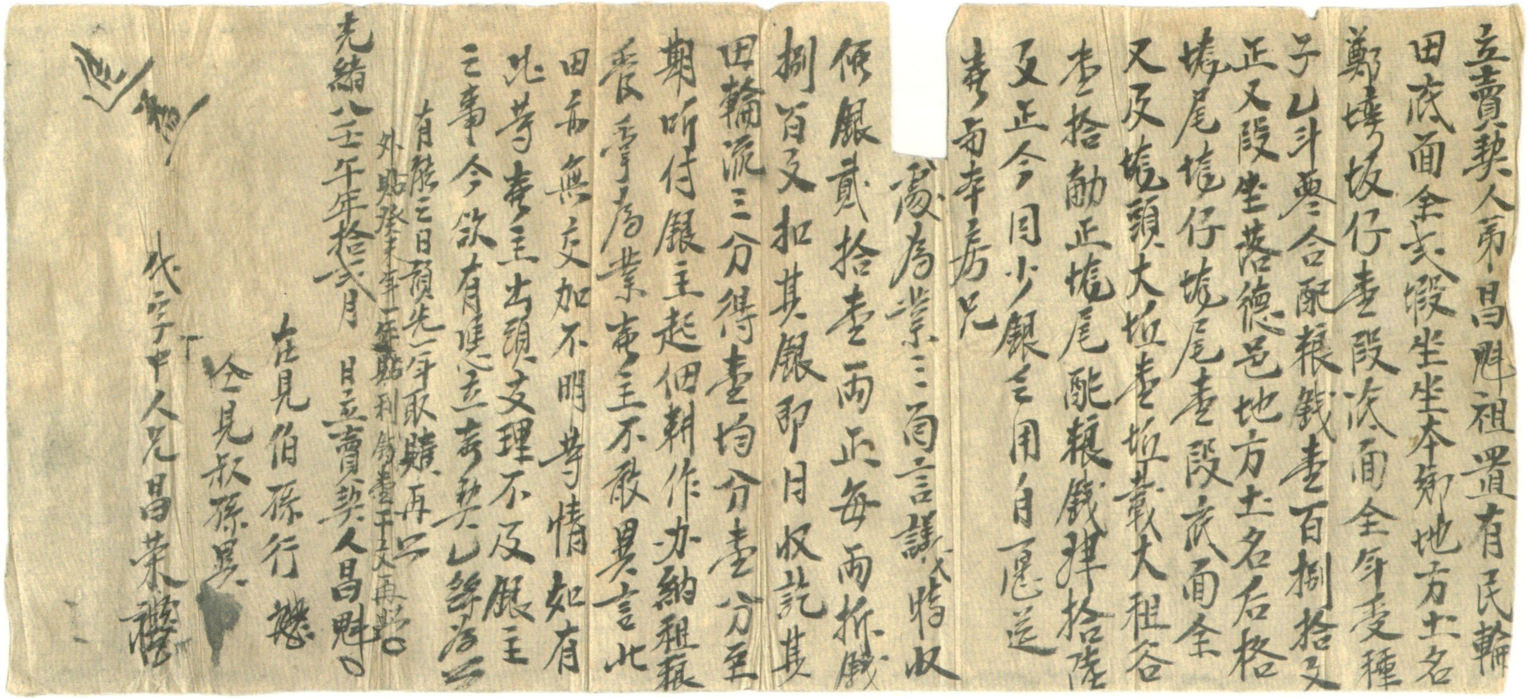

10-6-41-9　清光緒八年十二月黄昌魁立賣底面全民輪田契

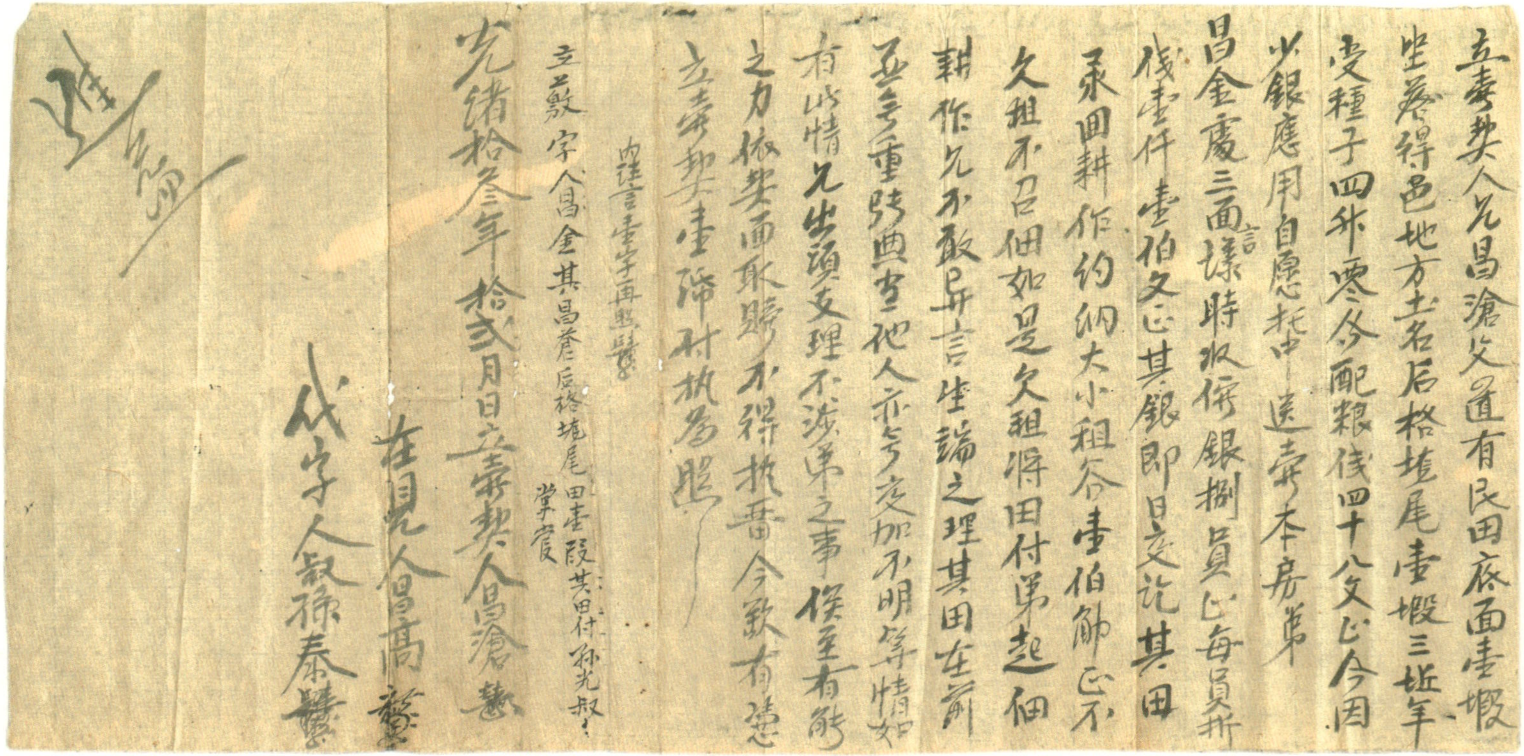

立賣契人兄昌滄父遺有民田底面壹假
坐落得邑地方土名后格墘尾壹假三坵年
受種子四升零今配粮伐四十八文正今因
少銀應用自愿托中送賣本房弟
昌金處三面言議時價銀捌員正每員折
伐壹仟壹伯文正其銀即日交訖其田
隶回耕作約納大小租谷壹伯觔正不
欠租不召佃如是欠租將田付弟起佃
耕作兄不敢异言生端之理其田在前
并無重張典當他人亦無交加不明等情如
有此情兄出頭支理不涉弟之事從至有能
之力依契面取贖不得執留今欲有憑
立賣契壹紙付執為照
內注言壹字再照
立數字人昌金其昌蒼后格墘尾田壹段其田付孫光叔掌管
光緒拾叁年拾貳月日立賣契人昌滄
在見人昌高
代字人叔孫泰

10-6-41-10　清光緒十三年十二月黃昌滄立賣民田底面契

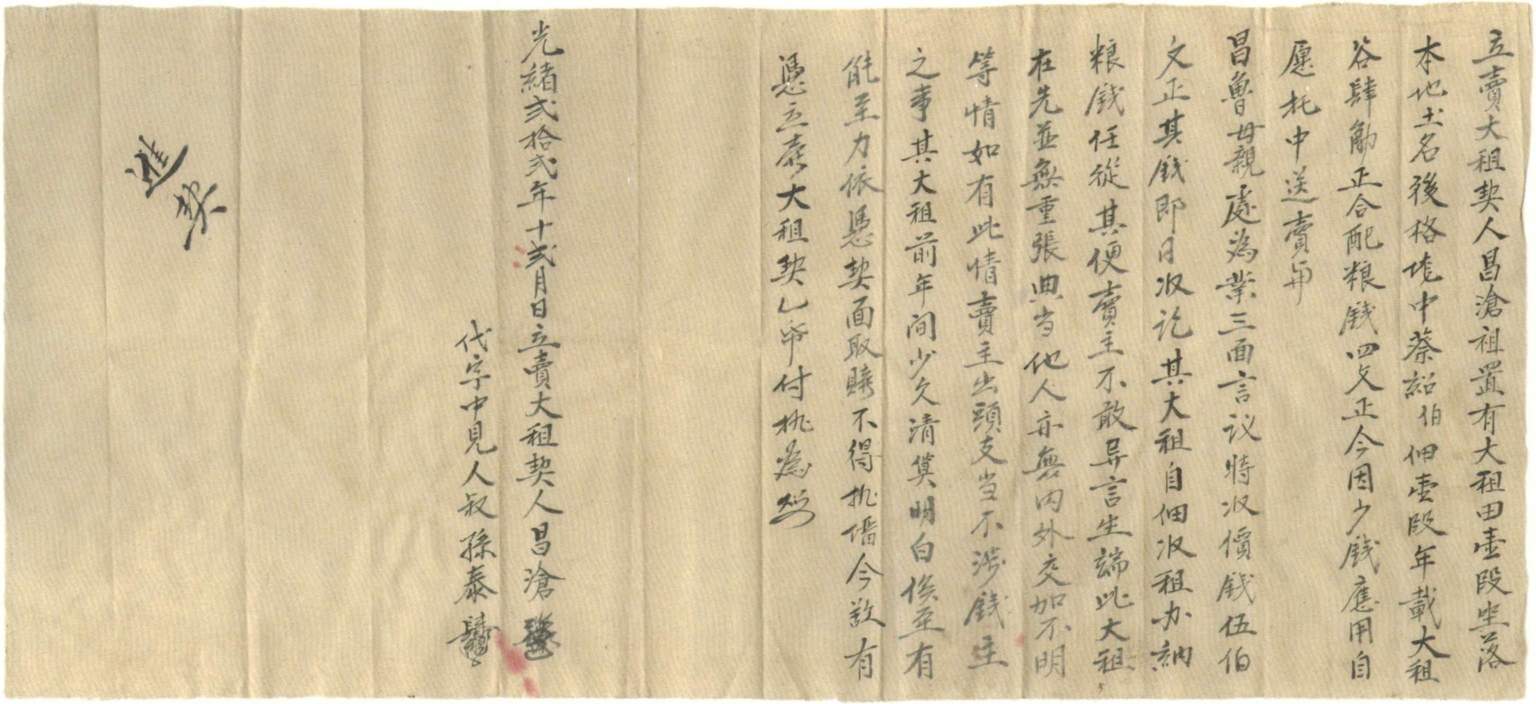
立賣大租契人昌滄祖置有大租田壹段坐落
本地土名後格墘中蔡𢰅伯佃壹段年載大租
谷肆斛正合配粮錢四文正今因乏錢應用自
愿托中送賣與
昌魯母親處爲業三面言议特收價錢伍伯
文正其錢即日收訖其大租自佃收租办納
粮錢任從其便賣主不敢异言生端此大租
在先並無重張典当他人亦無內外交加不明
等情如有此情賣主出頭支当不涉錢主
之事其大租前年间少欠清筭明白係至有
能至力依愚契面取贖不得执墙今欲有
愚立賣大租契一帋付执爲炤
光緒弍拾弍年十弍月日立賣大租契人昌滄
代字中見人叔孫泰
進契

10-6-41-11　清光緒二十二年十二月黃昌滄立賣大租契

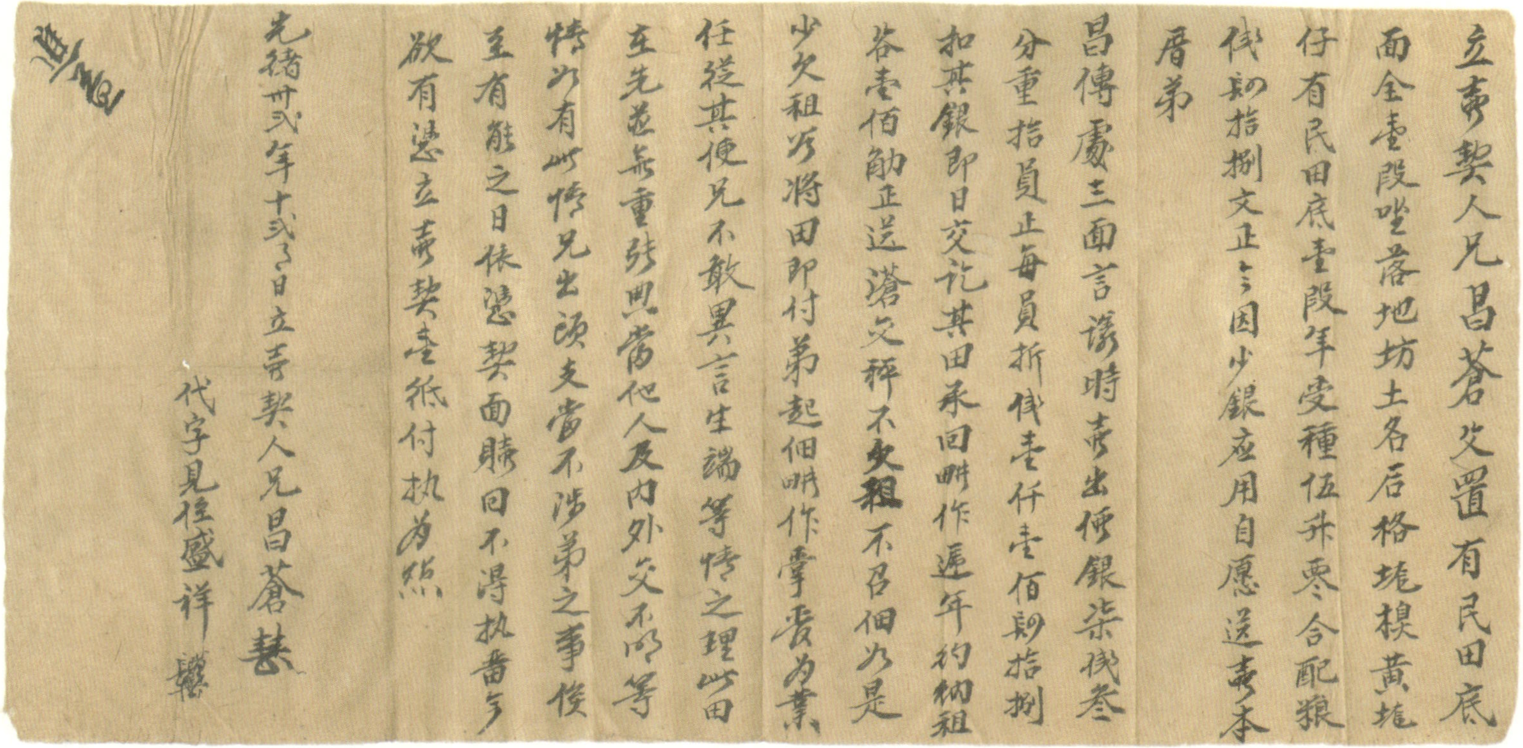
立賣契人兄昌蒼承置有民田底
面全壹段坐落地坊土名后格垅模黃垅
仔有民田底壹段年受種伍升零合配粮
伐錢指捌文正今因少銀應用自愿送賣本
房弟
昌傳處三面言議時賣出價銀柒伐叁
分重指員正每員折伐壹仟壹佰錢指捌
扣其銀即日交訖其田承回佃作逐年約納租
谷壹佰觔正送漈交秤不欠租不召佃乃是
少欠租冇將田即付弟起佃佃作掌管為業
任從其便兄不敢異言生端等情之理此田
在先並無重張典當他人及內外交加不明等
情如有此情兄出頭支當不涉弟之事俟
至有銀之日依憑契面贖回不得執番今
欲有憑立賣契壹紙付執為照
光緒卅弍年十弍月日立賣契人兄昌蒼（押）
代字見侄盛祥（押）

10-6-41-12　清光緒三十二年十二月黃昌蒼立賣底面全民田契

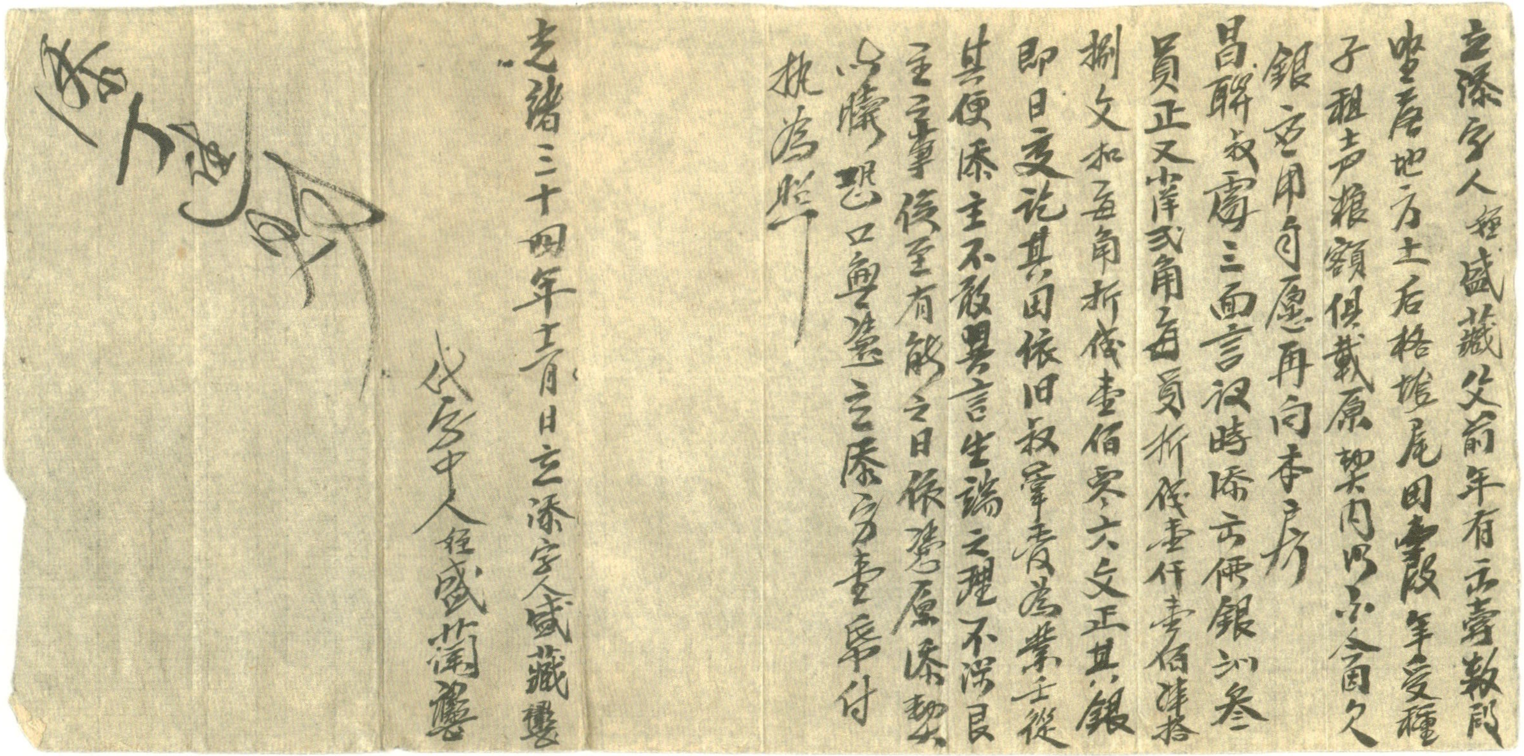
立添字人黄盛藏父前年有立賣斷
坐落地方土名格墘尾田壹段年受種
子租声粮額俱載原契内明不合因欠
銀應用自愿再向李廣
昌聯叔手三面言议時添出佛銀拾叁
員正又小洋弍角每員折錢壹仟壹佰肆拾
捌文扣每角折錢壹佰零六文正其銀
即日交訖其田依旧叔掌管為業任從
其便添主不敢異言生端之理不得另
生言事後至有能之日依照原添契
收贖恐口無凴立添字壹帋付
執為照
光緒三十四年十二月 日立添字人黄盛藏
為中人黄盛蘭
[illegible]

10-6-41-13 清光緒三十四年十二月黄盛藏立添田字

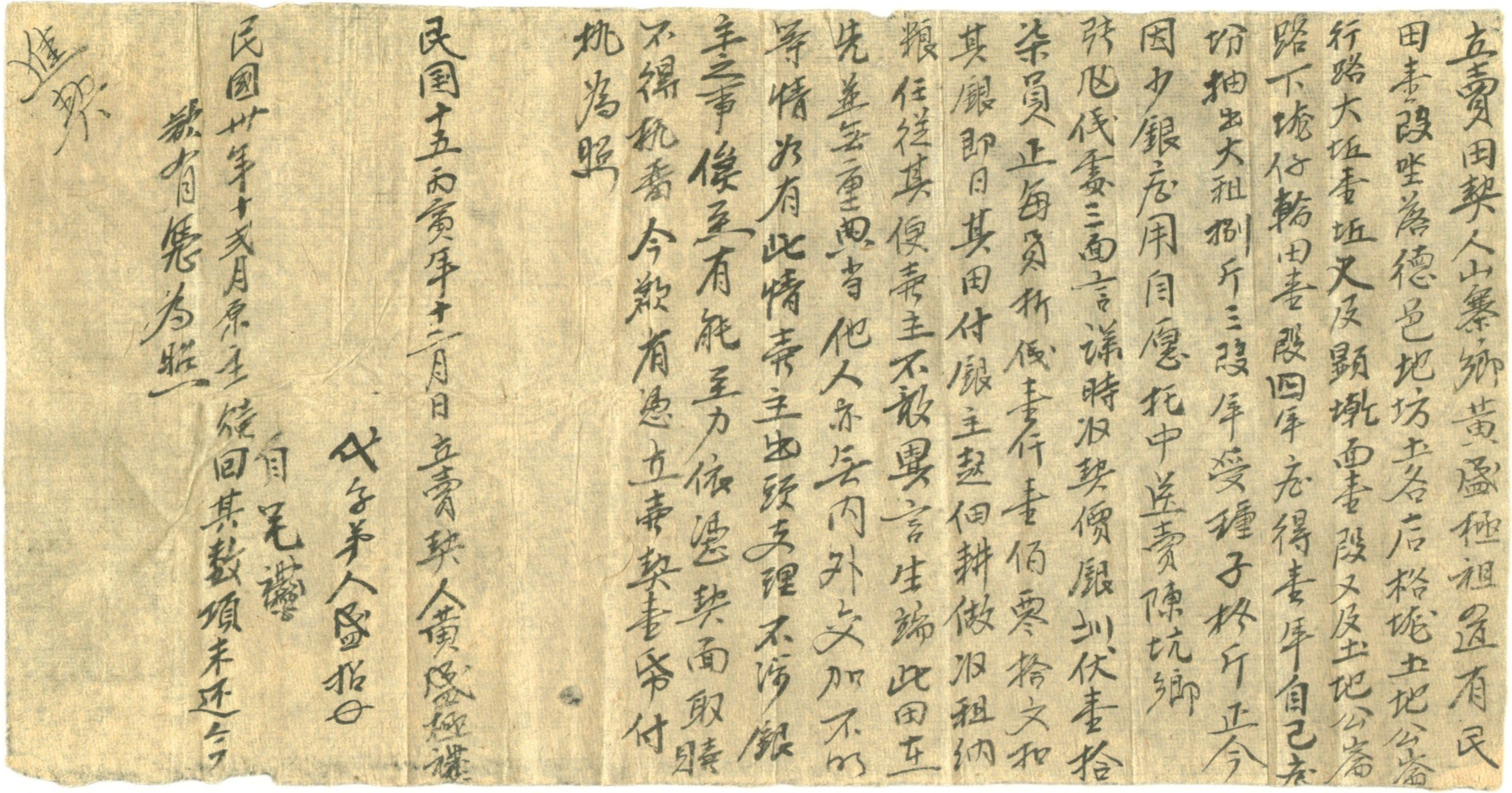
立賣田契人山寨鄉黄盛極祖置有民
田壹段坐落德邑地坊土名后裕垅土地公崙
行路大坵壹坵又及顕垅面壹段又及土地公崙
路下垅仔輪田壹段四年应得壹年自己应
份抽出大租捌斤三段年受種子拾斤正今
因少銀應用自愿托中送賣陳坑鄉
張邑伐壹三面言議時值契價銀圳伏壹拾
柒員正每員折錢壹仟壹佰零拾文和
其銀即日其田付銀主起佃耕做收租納
粮任從其便壹主不敢異言生端此田在立
先並無重典當他人亦無内外文加不明
等情如有此情壹主出頭支理不涉銀
主之事倘至有能至力依憑契面取贖
不得執番今欲有憑立壹契壹帋付
執為照
民國十五丙寅年十二月日立賣契人黄盛極
代字弟人盛招
民國廿年十弍月原主贖回其數項未还今
自筆
款有憑為照
佳契

10-6-41-14　民國十五年十二月黄盛極立賣民田契

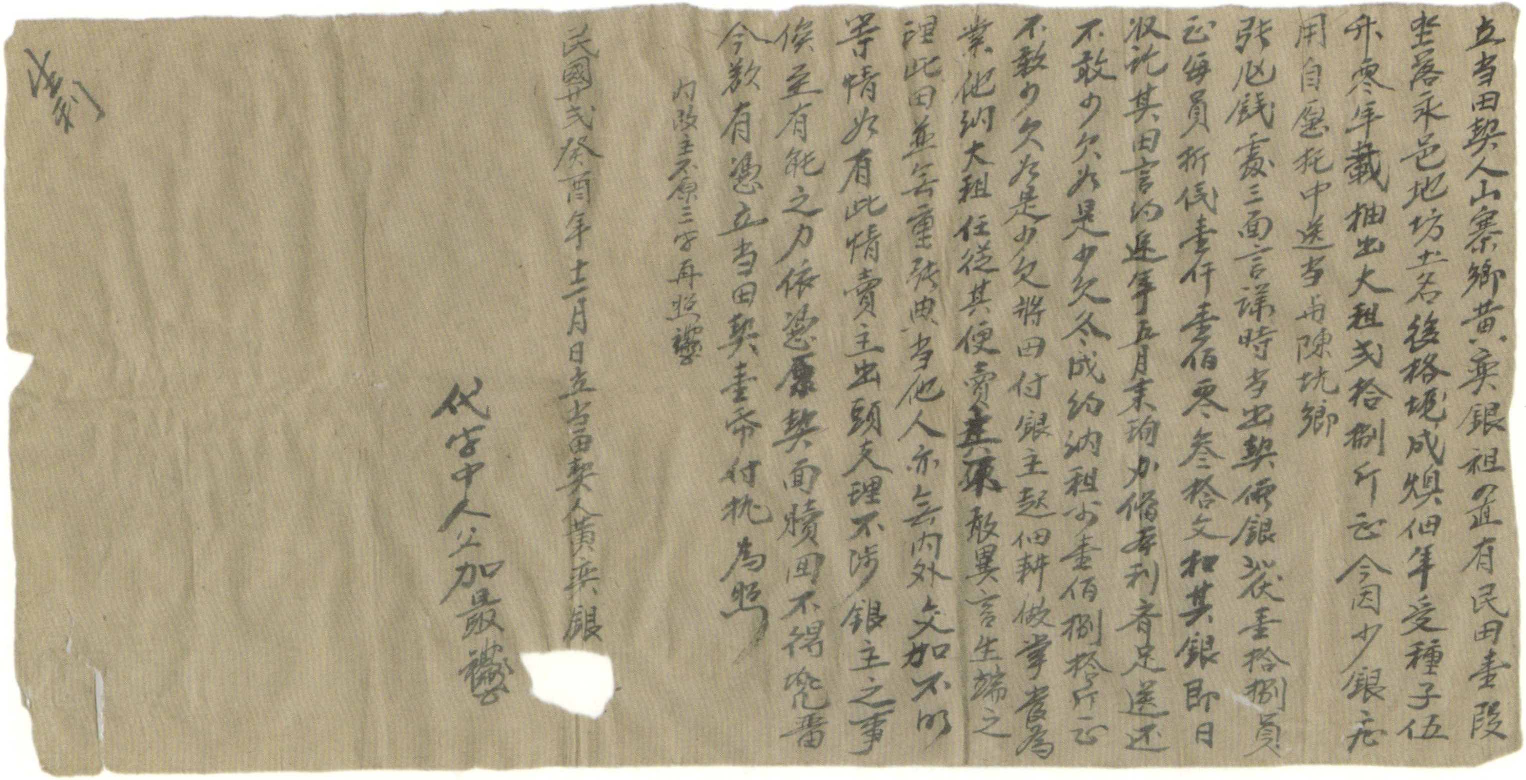
立當田契人山寨鄉黄奕銀祖遺有民田壹段
坐落永邑地坊土名後格垅成填佃年受種子伍
升零年載納出大租弍拾捌斤正今因少銀應
用自愿托中送當與陳坑鄉
張凡錢處三面言議時當出契價銀弍拾捌員
正每員折錢壹仟壹佰零叁拾文和其銀即日
收訖其田言約逐年五月末預办備本利清足送还
不敢少欠如是少欠冬成約納租谷壹佰捌拾斤正
不敢少欠如是少欠將田付銀主起佃耕作掌管為
業他納大租任從其便賣典敢異言生端之
理此田並無重張典當他人亦無內外交加不明
等情如有此情賣主出頭支理不涉銀主之事
倘至有能之力依憑原契面贖回不得阻留
今欲有憑立當田契壹帋付執為照
內改壹字添三字再照
民國廿弍癸酉年十二月　日立當田契人黄奕銀
代字中人公加嚴

10-6-41-15　民國二十二年十二月黄奕銀立當民田契

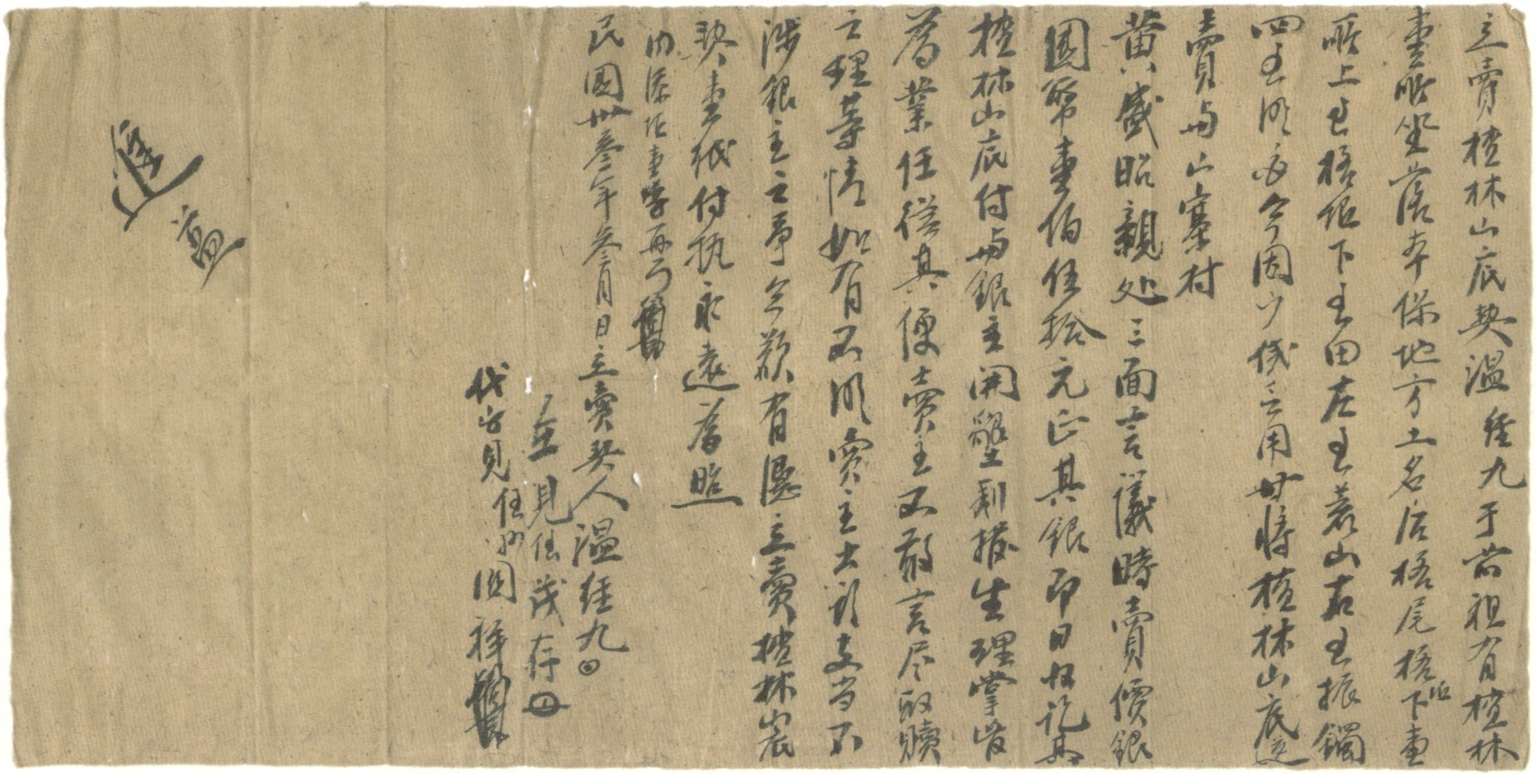

立賣楂林山底契温經九，手有祖分楂林
壹嶺，坐落本保地方，土名后栏尾栏坵下，壹
所，上至楂根，下至田，左至蔡山，右至振鐲，
四至明白。今因少錢應用，甘將楂林山底送
賣與山寨村
黄藏昭親处，三面言議時賣價銀
國幣壹佰伍拾元正。其銀即日收訖，其
楂林山底付與銀主開墾剃插，生理掌管
爲業，任從其便，賣主不敢言尽取贖
之理等情。如有不明，賣主支當，不
涉銀主之事。今欲有憑，立賣楂林山底
契壹紙，付執永遠存照。
內添注壹字再照
民國卅叁年叁月　日　立賣契人温經九（押）
在見伍戊存（押）
代書見伍洲阅祥（押）

10-6-41-16　民國三十三年三月温經九立賣楂林山底契

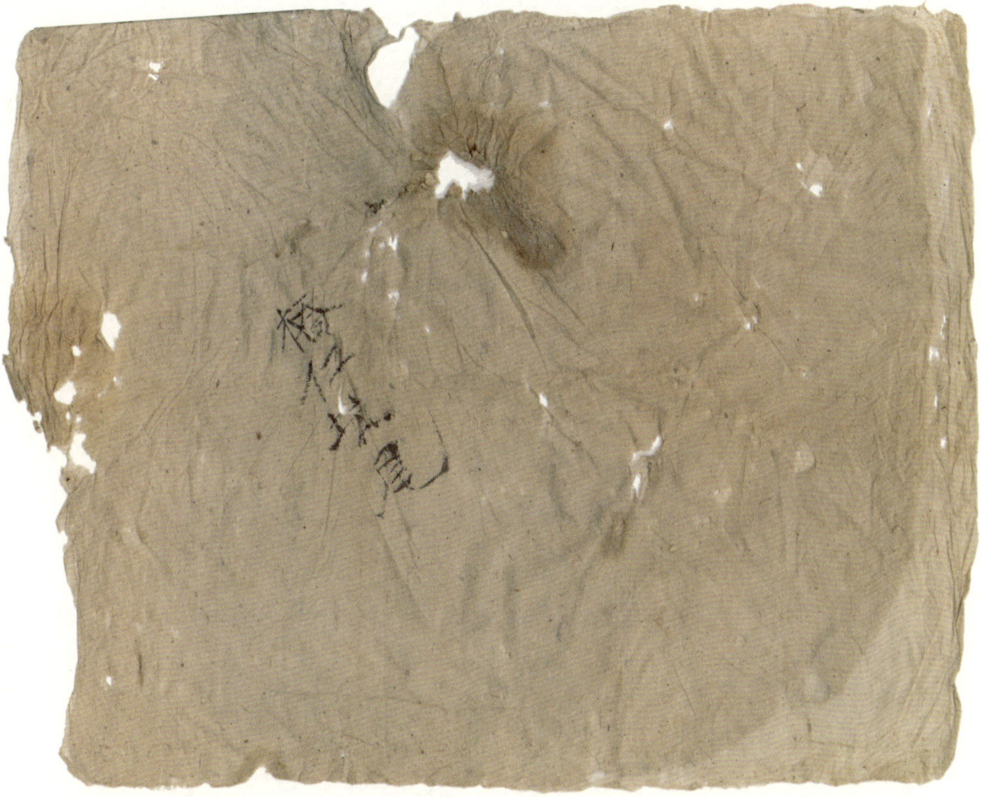

10-6-42-1　包契紙

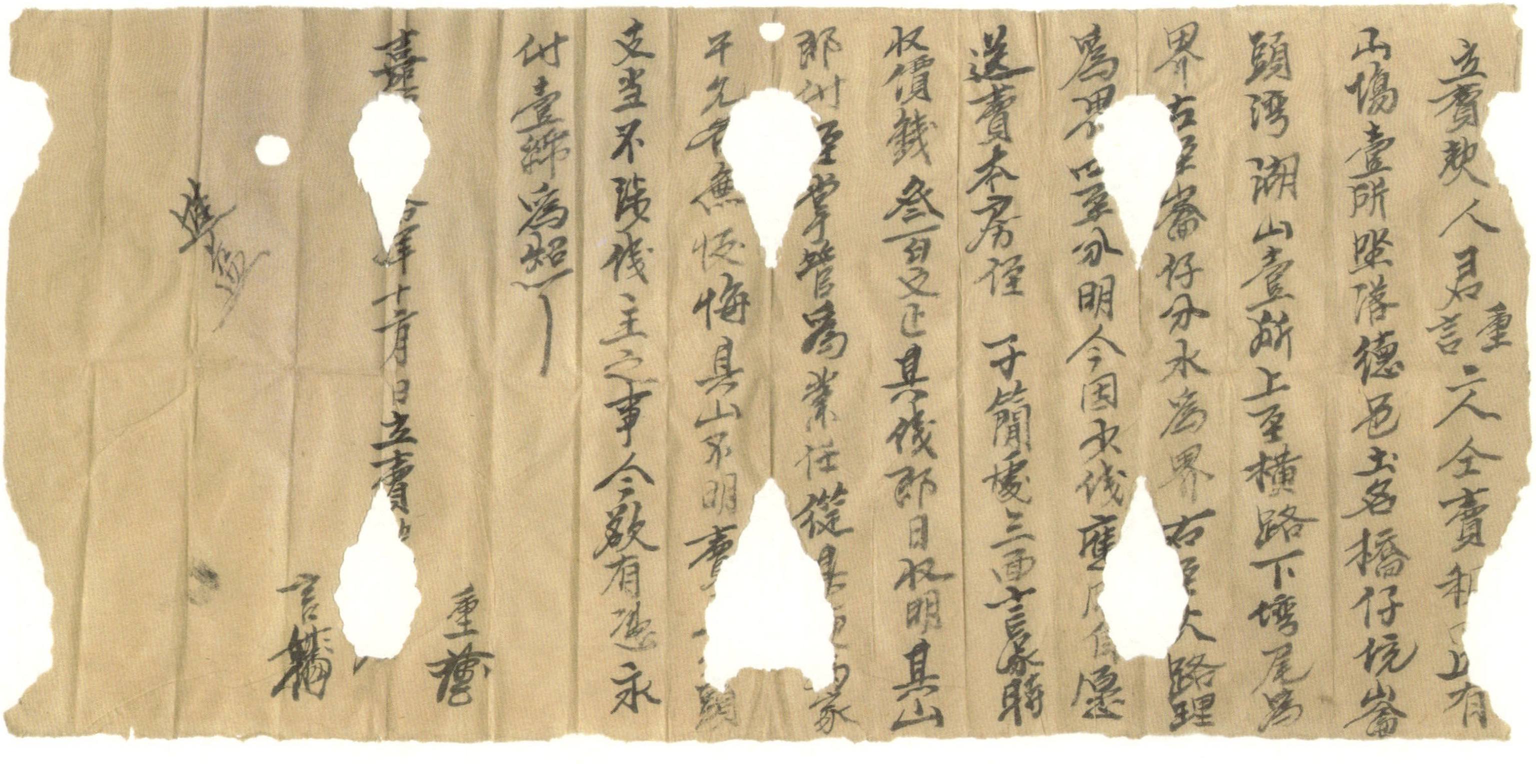
立賣契人君重、言元全賣承□上有
山場壹所坐落德邑土名橋仔坑崙
頭灣湖山壹所上至橫路下至塆尾為
界左至崙仔分水為界右至大路理
為界□□分明今因欠錢應用自愿
送賣本房侄□□簡樓三面言議時
收價錢叁百文正其錢即日收明其山
聽付□□掌管為業任從其□□家
子孫□□無悔其山不明賣□□□
支當不涉錢主之事今欲有憑永
付壹紙為照
嘉慶□□年十二月日立賣□　君重　言

10-6-42-2　清嘉慶□□年十二月黃君重等立賣山場契

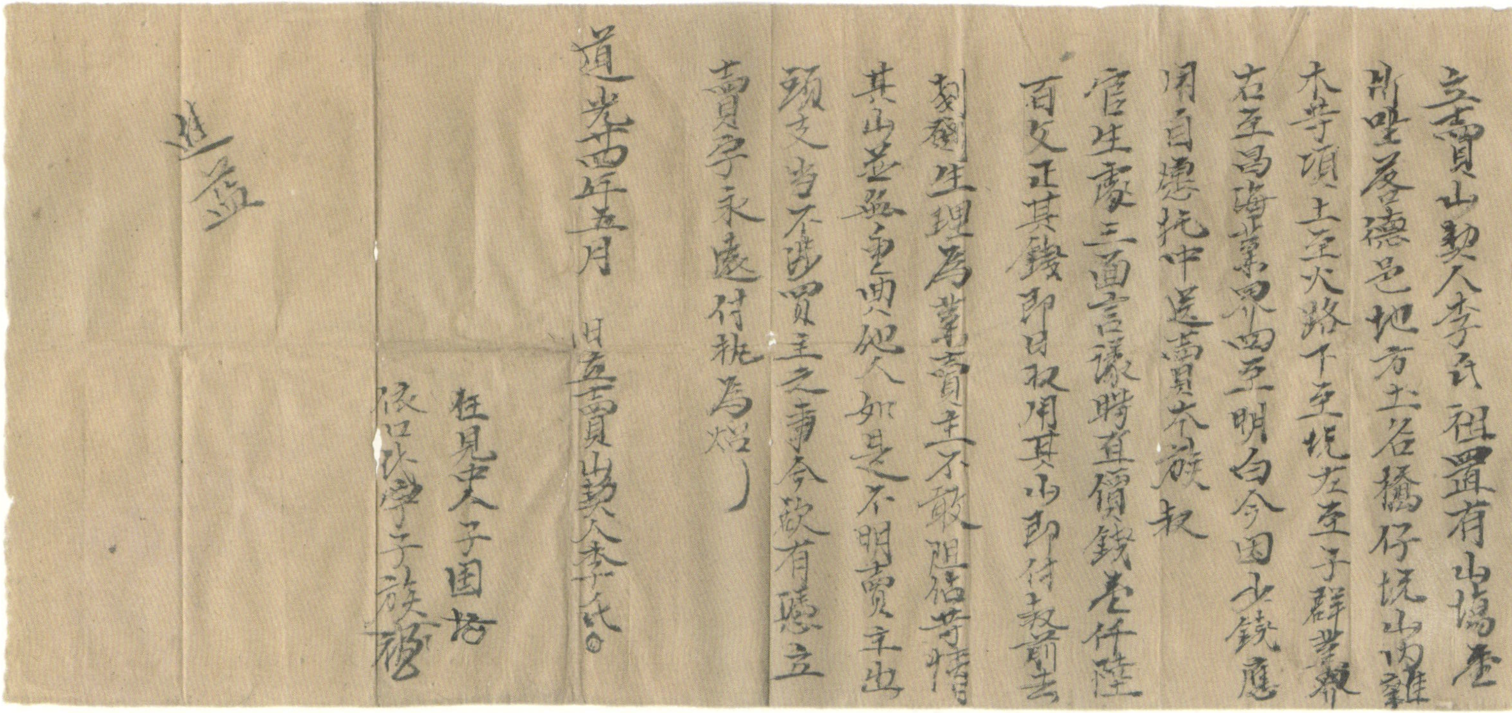
立賣山契人李氏 祖置有山場壹
所坐落德邑地方土名橋仔坑山内雜
木等項 上至火路下至坑左至子群業
右至昌海業界四至明白今因乏錢應
用自愿托中送賣本族 叔
官生處三面言議時值價錢壹仟陸
百文正其錢即日收用其山即付叔前去
刻劉生理為業賣主不敢阻佔等情
其山並無重典他人如是不明賣主出
頭支当不涉買主之事今欲有憑立
賣字永遠付執為照
道光廿四年五月 日立賣山契人李氏（押）
在見中人子国培
依口代筆子子旋禮
進益

10-6-42-3 清道光二十四年五月李氏立賣山場契

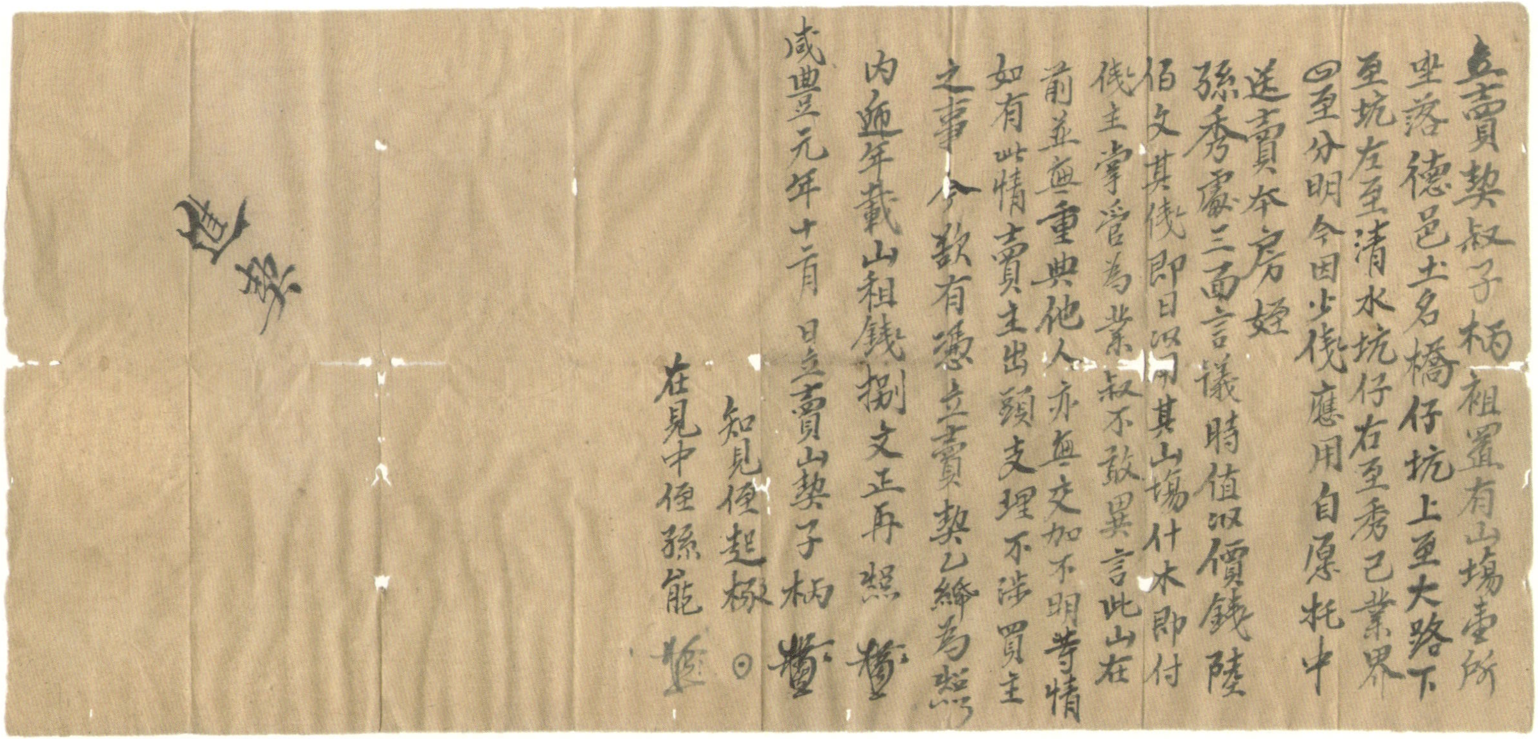
立賣契叔子柄祖置有山場壹所
坐落德邑土名橋仔坑上至大路下
至坑左至清水坑仔右至秀己業界
至分明今因少錢應用自愿托中
送賣與本房姪
孫秀露三面言議時值價錢陸
佰文其錢即日收訖其山場什木即付
錢主掌管為業叔不敢異言此山在
前並無重典他人亦無交加不明等情
如有此情賣主出頭支理不涉買主
之事今欲有憑立賣契山締為照
內通年載山租錢捌文正再照
咸豐元年十二月　日立賣山契子柄
知見侄超椒
在見中侄孫能

10-6-42-4　清咸豐元年十二月黃子柄立賣山場契

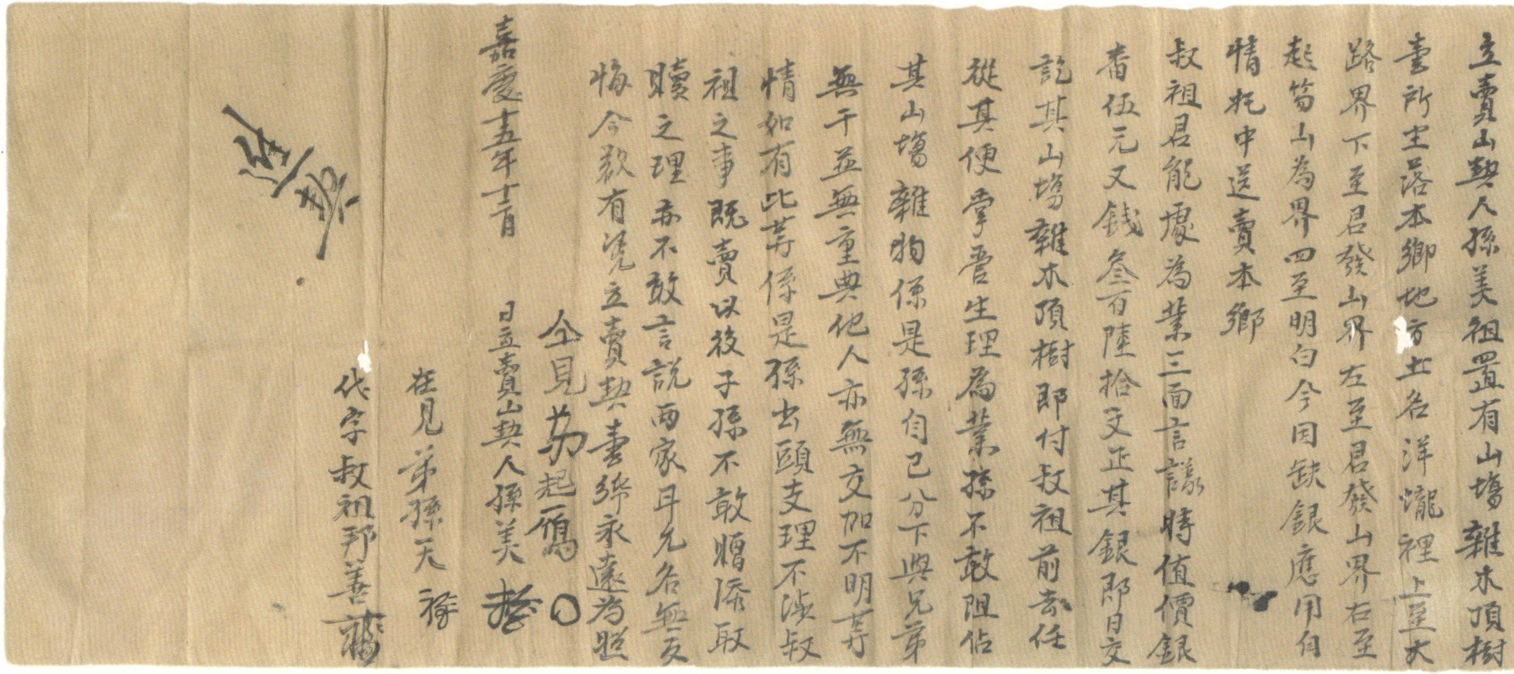
立賣山契人孫美祖置有山場雜木頂樹
壹所坐落本鄉地方土名洋壠裡上至大
路界下至君發山界左至君發山界右至
起筍山為界四至明白今因缺銀應用自
情托中送賣本鄉
叔祖君能處為業三面言議時值價銀
番伍元又錢叁百陸拾文正其銀即日交
訖其山場雜木頂樹即付叔祖前去任
從其便掌管生理為業孫不敢阻佔
其山場雜物係是孫自己分下與兄弟
無干並無重典他人亦無交加不明等
情如有此等係是孫出頭支理不涉叔
祖之事既賣以後子孫不敢贈添取
贖之理亦不敢言說兩家甘允各無反
悔今欲有憑立賣契書壹紙永遠為照
仝見弟起鴻 ○
嘉慶十五年十二月 日立賣山契人孫美
在見弟孫天祿
代字叔祖邦善

10-6-43-1 清嘉慶十五年十二月黃孫美立賣山場等契

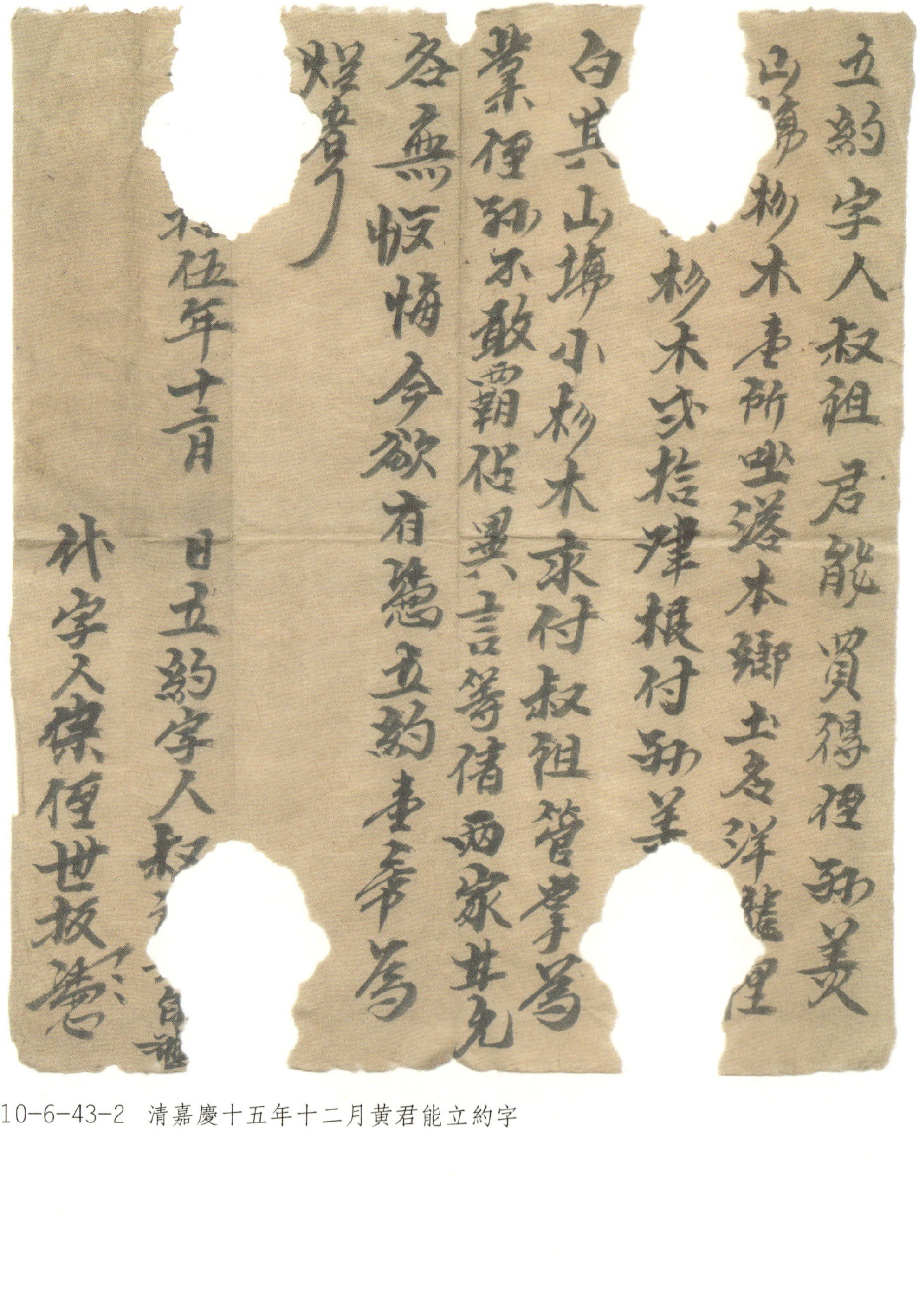
立約字人叔祖君能買得侄孫美灵
山塲杉木壹所坐落本鄉土名洋
杉木弍拾肆根付孫美
白其山塲小杉木求付叔祖管掌爲
業侄孫不敢霸佔異言等情两家甘允
各無反悔今欲有憑立約壹帋爲
照
拾伍年十二月 日立約字人叔
代字人族侄世叔憑

10-6-43-2 清嘉慶十五年十二月黄君能立約字

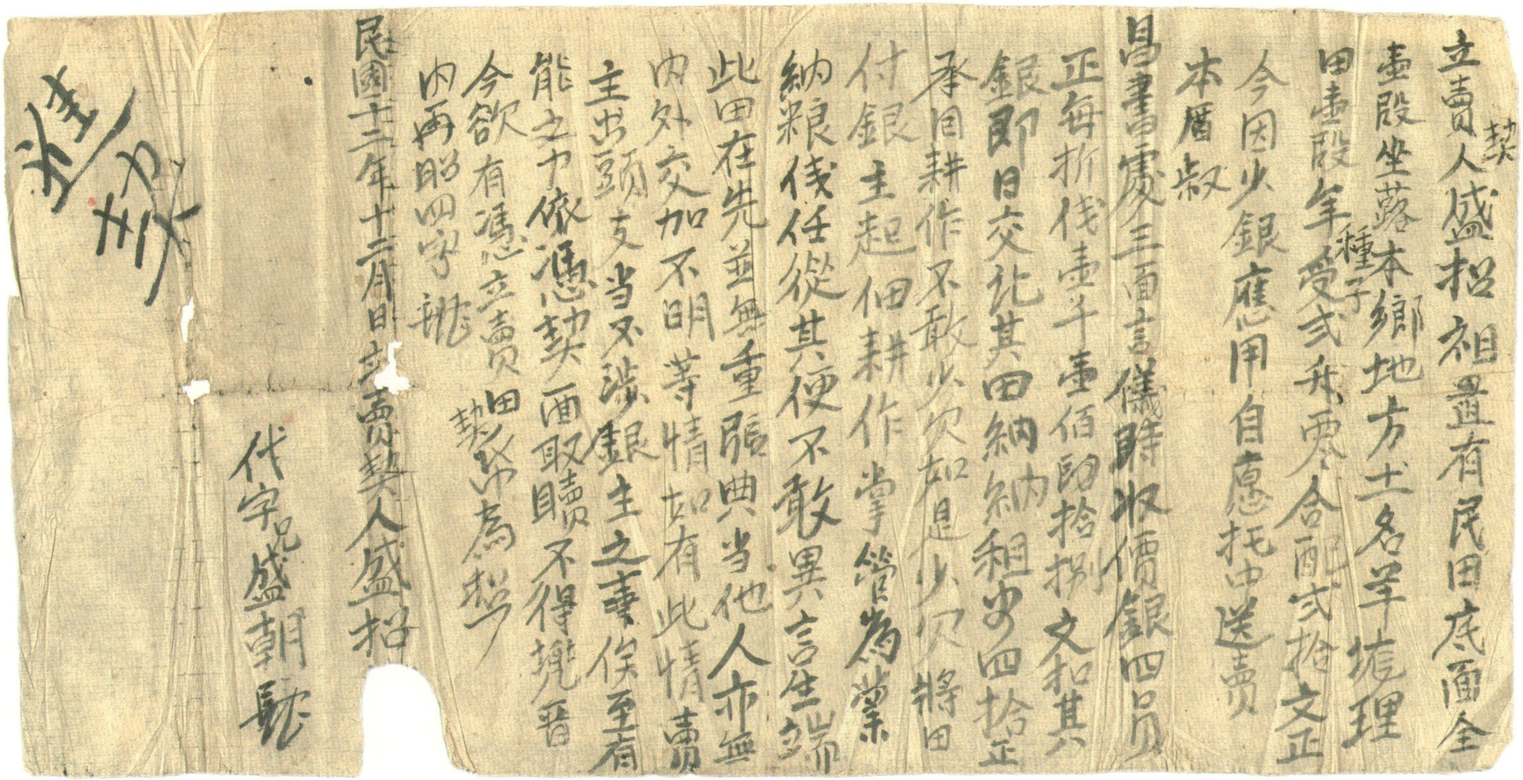

立賣契人盛招祖置有民田底面全
壹段坐落本鄉地方土名羊埏理
田壹段年種子受弍升零合配弍拾文正
今因少銀應用自愿托中送賣
本厝叔
昌書出賣三面言議時收價銀四員
正每折錢壹千壹佰四拾捌文和其
銀即日交訖其田納内納租四拾正
承回耕作不敢少欠如是少欠將田
付銀主起佃耕作掌管為業
納粮錢任從其便不敢異言生端亦
此田在先並無重張典当他人亦無
内外交加不明等情如有此情賣
主出頭支当不涉銀主之事係至有
能之日依憑契面取贖不得挽留
今欲有憑立賣田契永遠為照
内兩明四字號
民國十二年十二月日立賣契人盛招
代字兄盛朝

10-6-43-3 民國十二年十二月黃盛招立賣底面全民田契

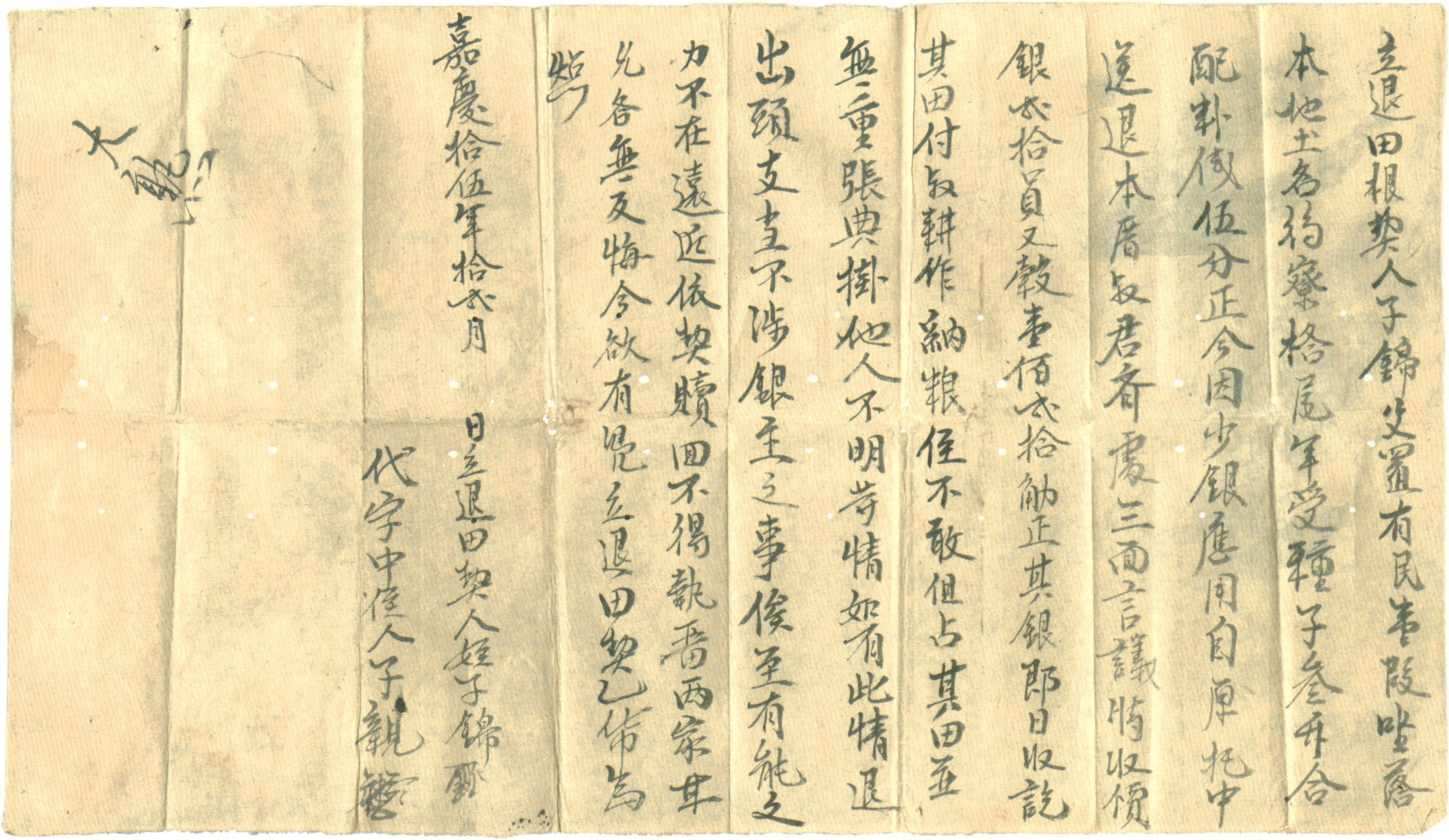
立退田根契人子錦父置有民壹段坐落
本地土名徛寮格尾年受種子叁升合
配租谷伍分正今因少銀應用自愿托中
送退本厝叔君奇處三面言議時收價
銀弍拾員又穀壹佰弍拾觔正其銀即日收訖
其田付叔耕作納粮侄不敢阻占其田並
無重張典掛他人不明等情如有此情退
出頭支當不涉銀主之事後至有能之
力不在遠近依契贖回不得執留兩家甘
允各無反悔今欲有憑立退田契乙紙為
照
嘉慶拾伍年拾弍月　日立退田契人侄子錦
代字中保人子龍

10-6-44-1　清嘉慶十五年十二月黄子錦立退民田根契

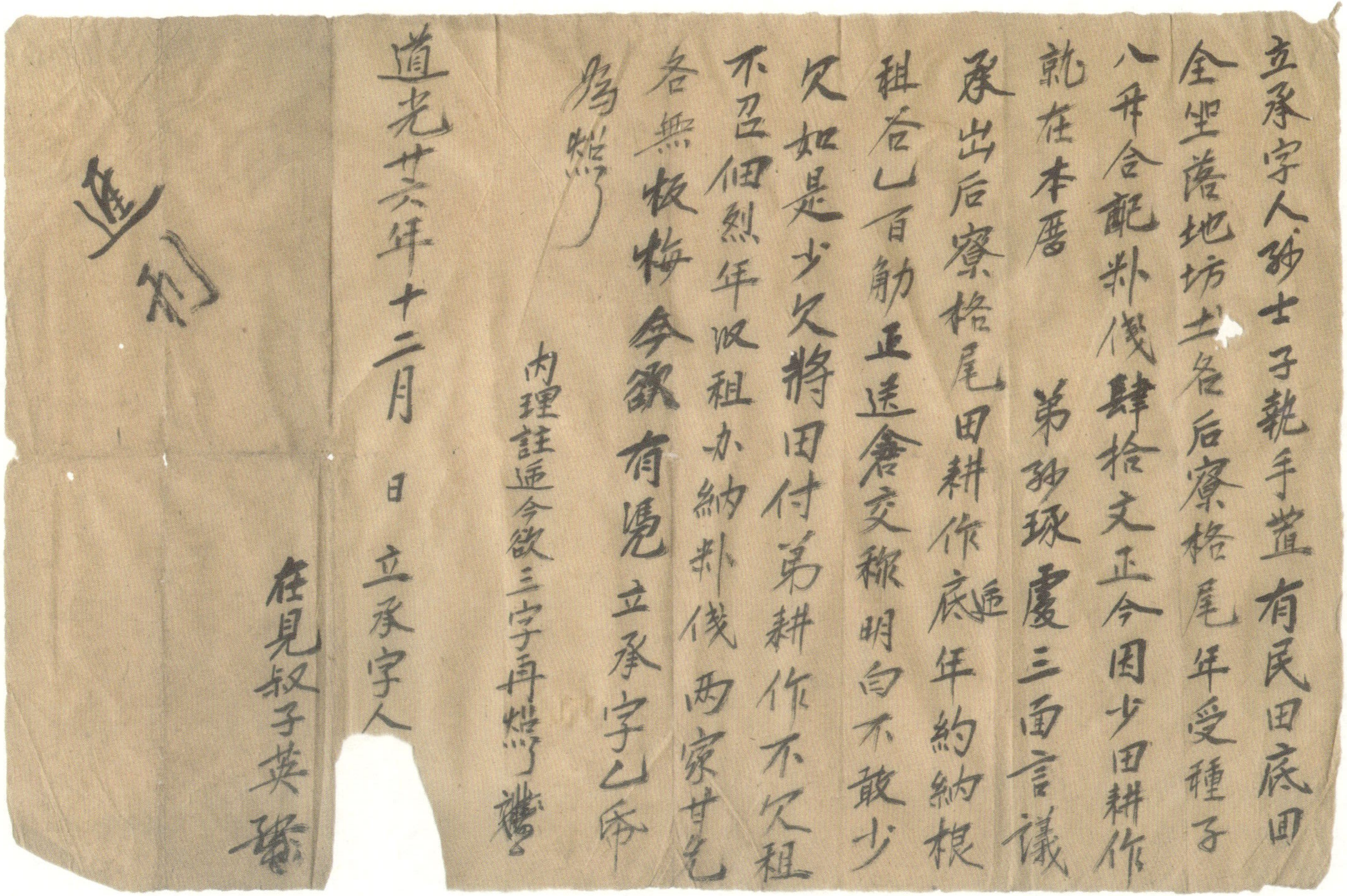
立承字人孫士子執手置有民田底田
全坐落地坊土名后寮格尾年受種子
八升合配𠁾錢肆拾文正今因少田耕作
就在本厝　弟孫球處三面言議
承出后寮格尾田耕作底面年約納根
租谷山百觔正送倉交秤明白不敢少
欠如是少欠將田付弟耕作不欠租
不召佃烈年收租亦納𠁾錢兩家甘允
各無反悔今欲有憑立承字乙紙
為照
内理註延今欲三字再照
道光廿六年十二月　日　立承字人
在見叔子英
進利

10-6-44-2　清道光二十六年十二月黄孫士等立承底面全民田字

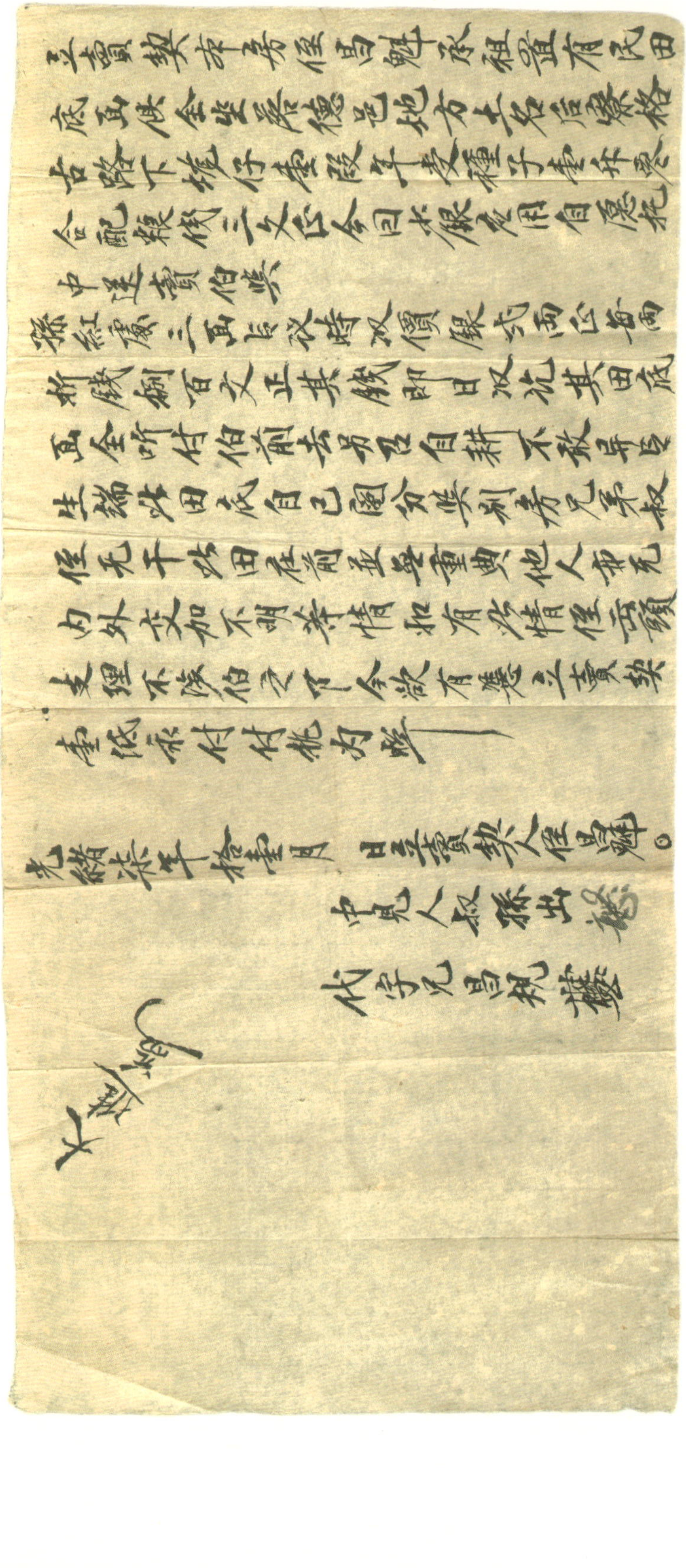

立賣契本房侄昌魁承祖置有民田
底面俱全坐落德邑地方土名后寮格
古路下墘仔壹段年受種子壹升零
合配粮伐三文正今因乏銀應用自愿托
中送賣伯興
孫紅慶三面言議時值價銀弍兩正每兩
析錢捌百文正其錢即日收訖其田底
面全听付伯前去另召自耕不敢異言
生端此田底自己鬮分與別房兄弟叔
侄無干此田在前並無重典他人亦無
內外交加不明等情如有此情侄出頭
支理不涉伯之事今欲有憑立賣契
壹紙永付伯執為照

光緒柒年拾壹月　日立賣契人侄昌魁（押）
中見人叔孫出（押）
代字兄昌規（押）

大進寶

10-6-44-3　清光緒七年十一月黄昌魁立賣底面全民田契

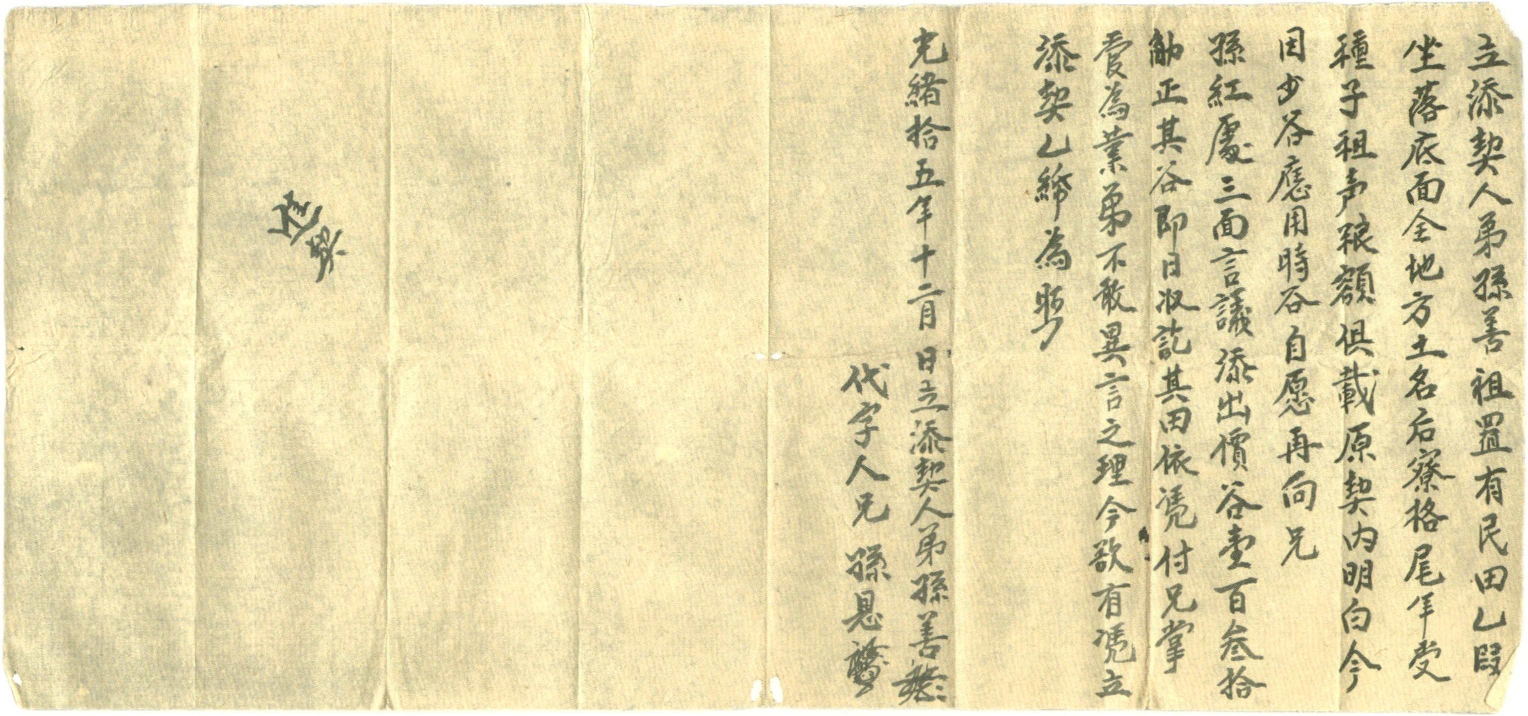
立添契人弟孫善祖置有民田山段
坐落底面全地方土名后寮格尾年受
種子祖声粮額俱載原契内明白今
因少谷應用將谷自愿再向兄
孫紅慶三面言議添出價谷壹百叁拾
觔正其谷即日收訖其田依凭付兄掌
管為業弟不敢異言之理今欲有凭立
添契山紙為照

光緒拾五年十二月　日立添契人弟孫善（押）
代字人兄　孫恩（押）

添契

10-6-44-4　清光緒十五年十二月黃孫善立添民田契

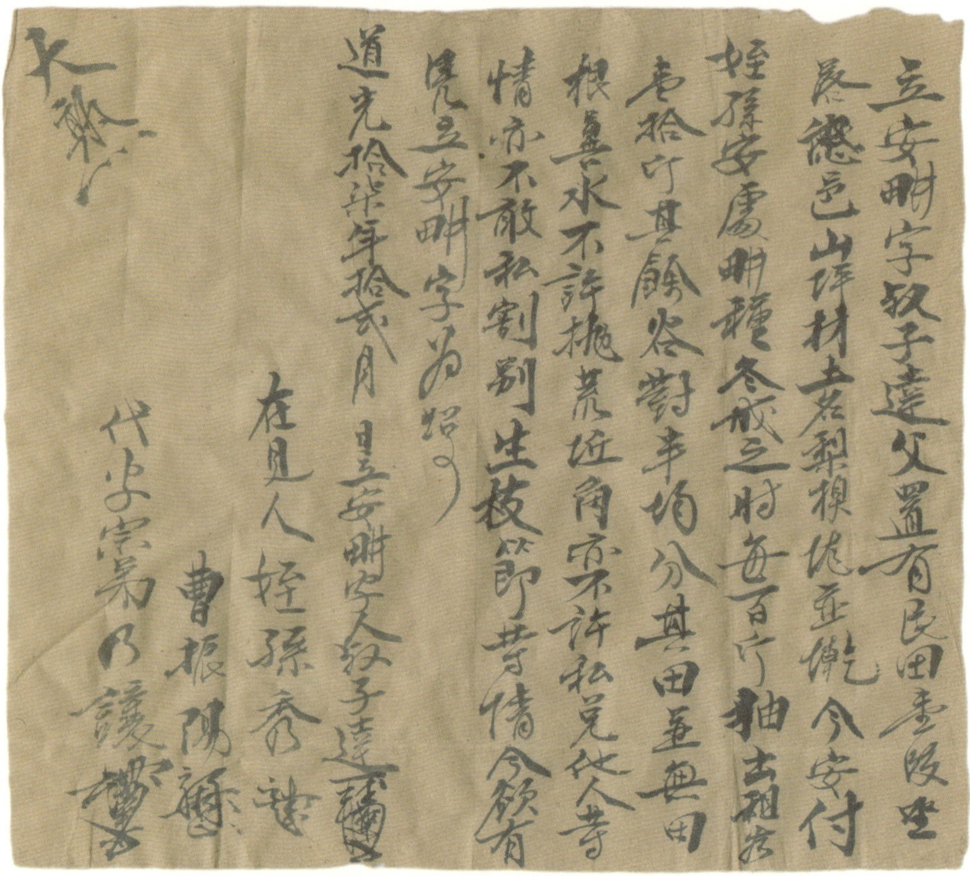

立安耕字叔子達父置有民田壹段坐
長德邑山坪林土名梨樸垅並俺乞今安付
姪孫安處耕種冬成之時每百斤抽出租谷
壹拾斤其餘谷對半均分其田並無田
根無水不許拋荒近角亦不許私見他人等
情亦不敢私割別生枝節等情今欲有
憑立安耕字為照
道光拾柒年拾弍月 日立安耕字人叔子達
在見人 姪孫齊
曹振陽
代字 宗弟乃鑲
大吉

10-6-45-1　清道光十七年十二月黄子達立安耕民田字

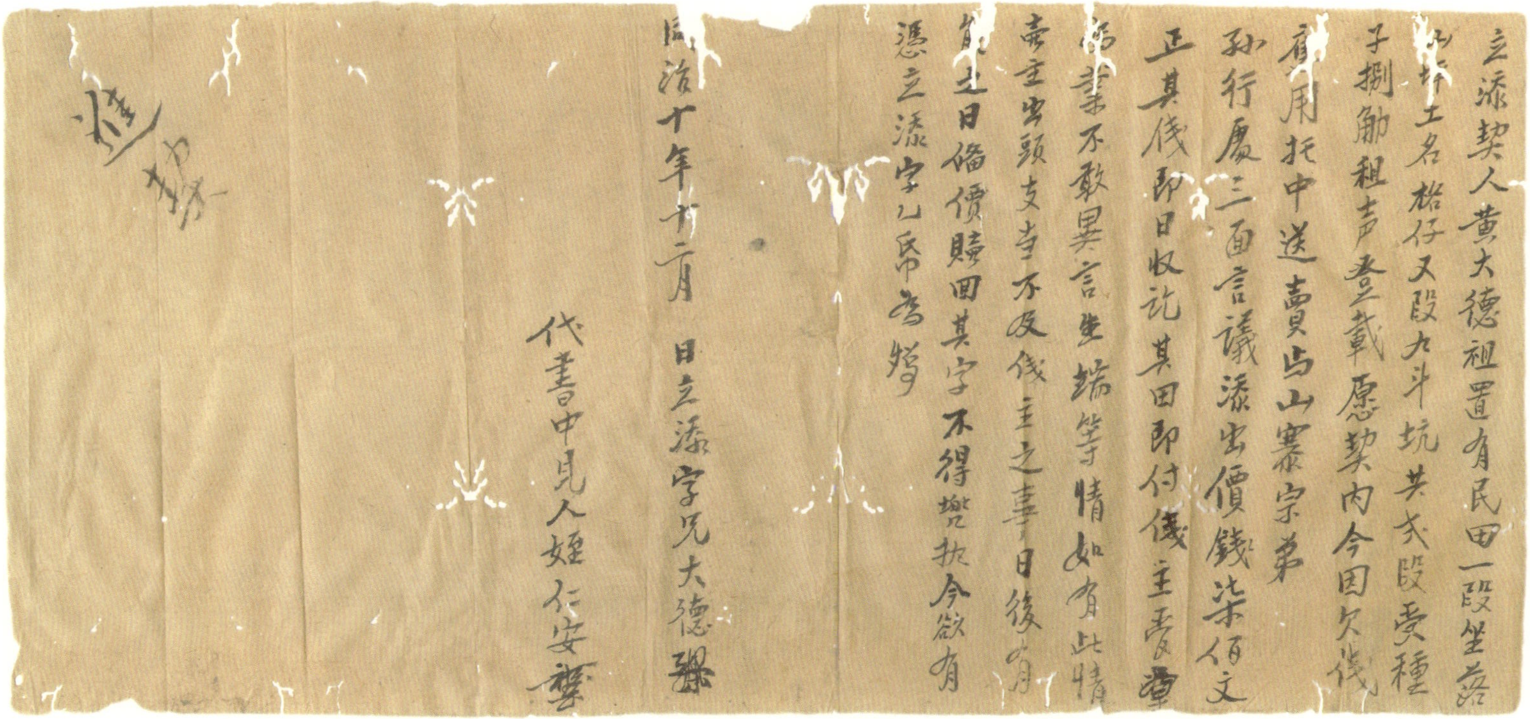
立添契人黃大德祖置有民田一段坐落
本處土名桗仔又段九斗坑共弍段受種
子捌斛租声登載原契内今因欠錢
應用托中送賣与山寨宗弟
和行廈三面言議添出價錢柒佰文
正其錢即日收訖其田即付錢主管
業不敢異言生端等情如有此情
賣主出頭支当不及錢主之事日後有
[illegible]土日備價贖田其字不得執執今欲有
憑立添字乙紙付為照
同治十年十二月　日立添字兄大德（押）
代書中見人姪仁安（押）
[illegible]

10-6-45-2　清同治十年十二月黃大德立添民田契

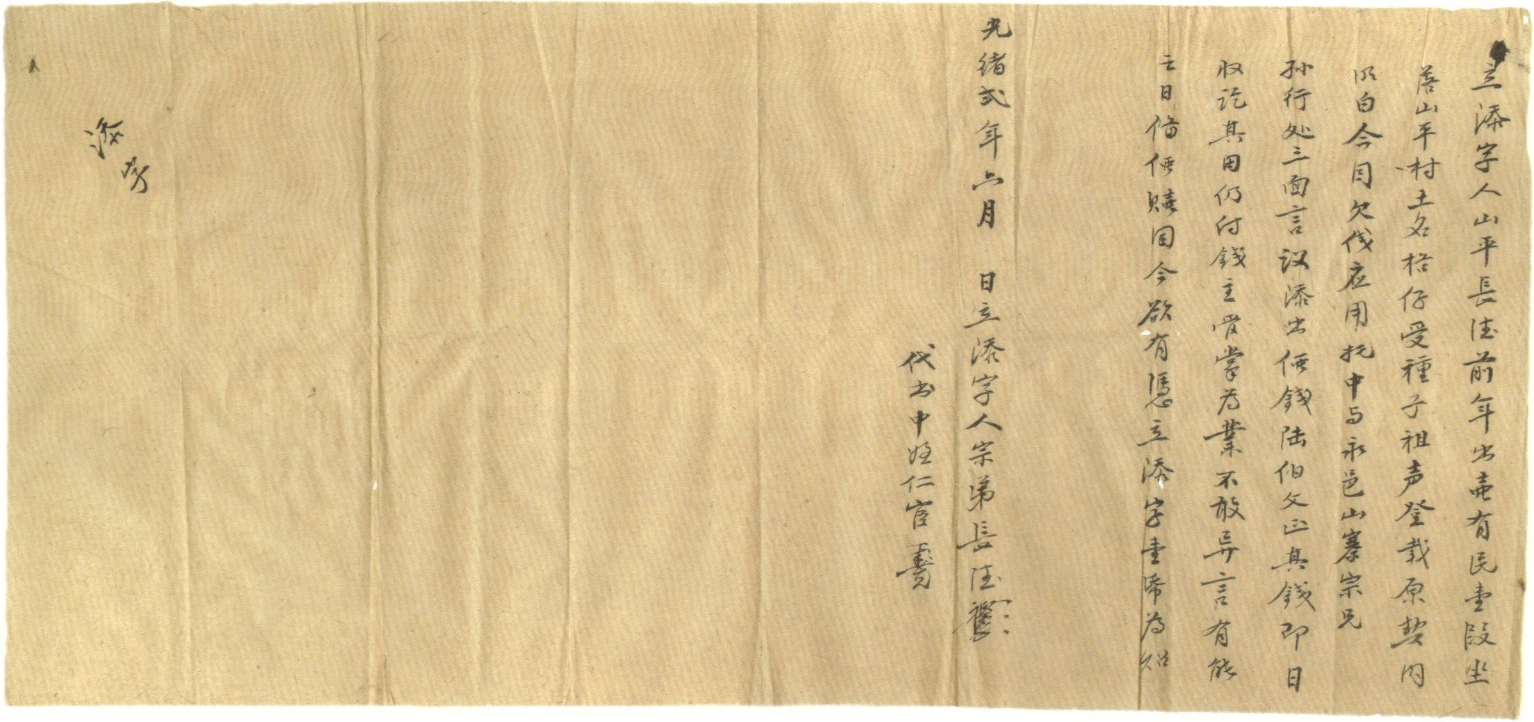

立添字人山平長德前年出賣有民壹段坐
落山平村土名枱仔受種子祖声登載原契內
明白今因欠錢應用托中与永邑山寨宗兄
朴行處三面言议添出佛錢陆佰文正其錢即日
收訖其田仍付錢主管掌為業不敢异言有能
之日備價贖回今欲有憑立添字壹帋為炤

光緒貳年六月　日立添字人宗弟長德（押）

代书中姪仁官書

添字

10-6-45-3　清光緒二年六月德化黃長德立添民田契

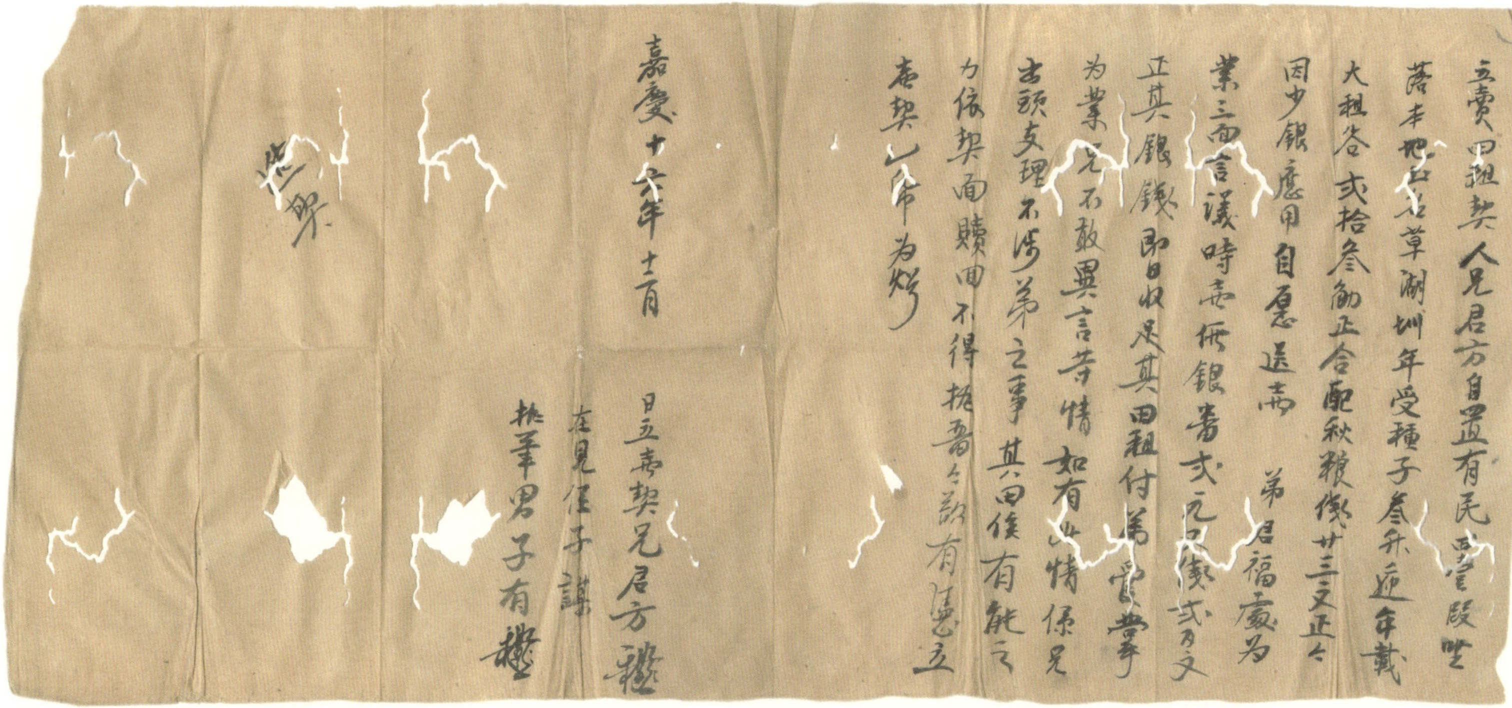

立賣田租契人兄君方自置有民田壹段坐
落本地土名草湖圳，年受種子叁升，逐年載
大租谷式拾叁斤正，仝配秋糧米廿三文正。今
因少銀應用，自愿退去 弟君福處為
業，三面言議時值價銀壹式元，又米式乃文
正，其銀錢即日收足，其田租付弟管業
為業，兄不敢異言生情，如有此情，係兄
出頭支理，不涉弟之事。其田後有能之
力，依契面贖回，不得掯留。今欲有憑，立
賣契一紙為炤。

嘉慶十六年十二月 日立賣契兄君方（押）
在見侄子謙
執筆男子有（押）

炤契

10-6-46-1 清嘉慶十六年十二月黃君方立賣民田租契

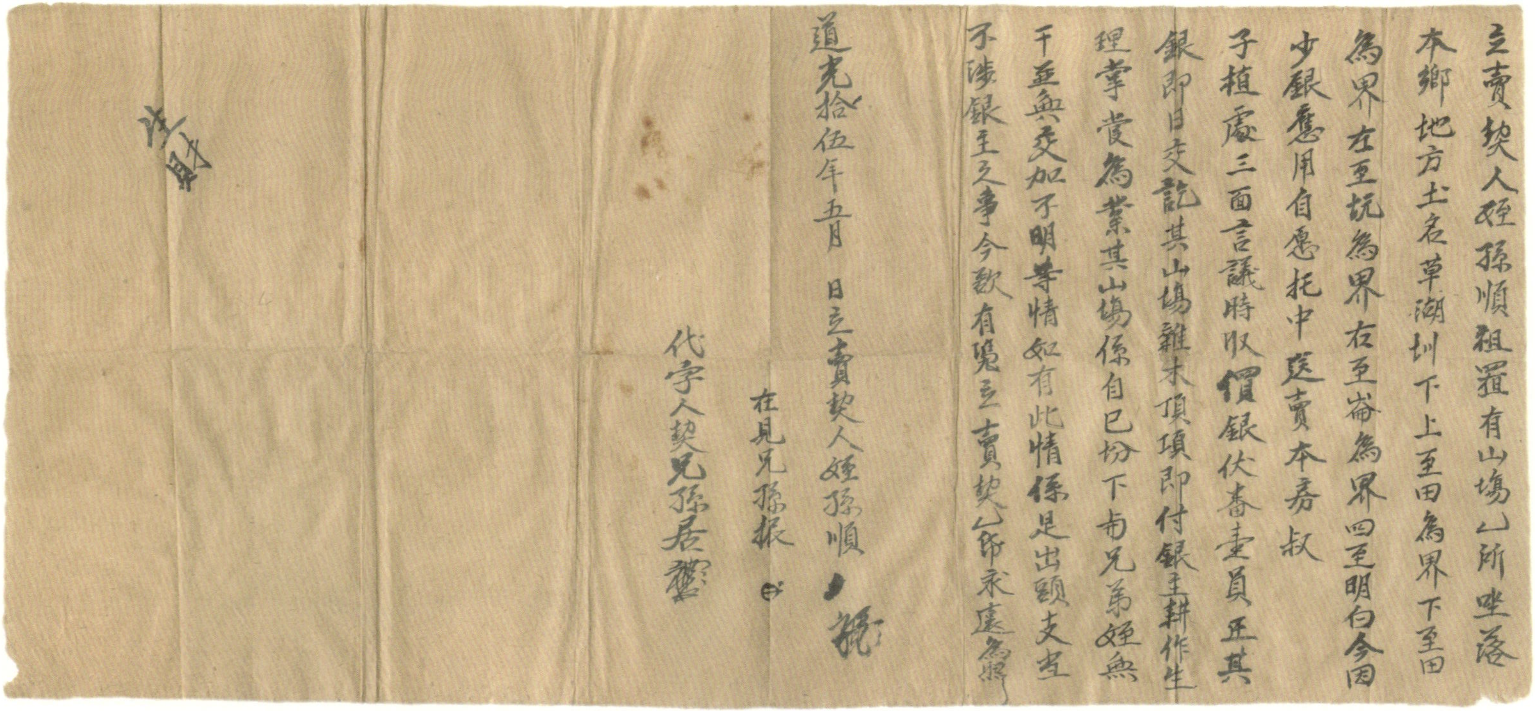
立賣契人姪孫順祖置有山場一所坐落
本鄉地方土名草湖圳下上至田為界下至田
為界左至坑為界右至崙為界四至明白今因
乏銀應用自愿托中送賣本房叔
子植處三面言議時取價銀伏番壹員正其
銀即日交訖其山場雜木項項即付銀主耕作生
理掌管為業其山場係自己分下與兄弟姪無
干並無交加不明等情如有此情係是出頭支當
不涉銀主之事今欲有憑立賣契一紙永遠為照

道光拾伍年五月　日立賣契人姪孫順（押）
在見兄孫振（押）
代字人契兄孫居鑾

10-6-46-2　清道光十五年五月黃孫順立賣山場契

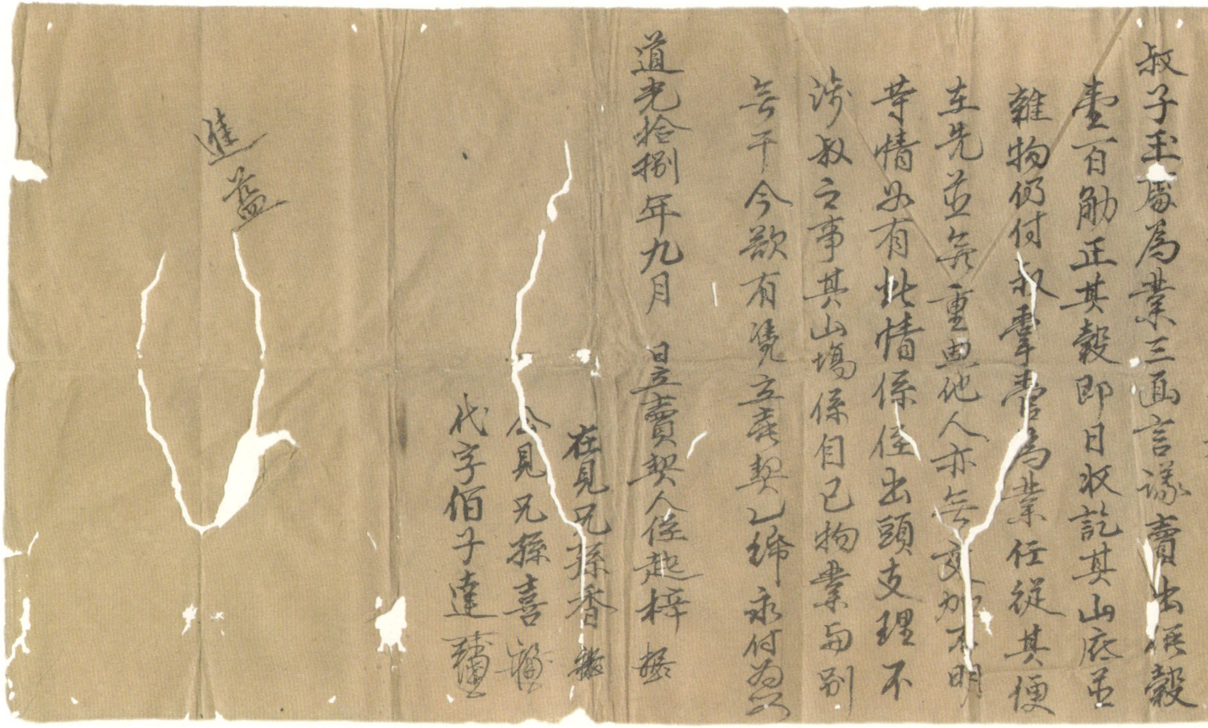

立賣契人侄起梓承祖置有山場壹所
坐落本鄉土名草胡下圳下，其界上至圳
下至坑，前至石墩界，後至子植田界，四
至明白。今因少欠田租，甘將此山場雜
物等項送賣與本房
叔子壬為業，三面言議，賣出價穀
壹百觔正，其穀即日收訖，其山底並
雜物仍付叔掌管為業，任從其便。
在先並無重典他人，亦無交加不明
等情，如有此情，係侄出頭支理，不
涉叔之事。其山場係自己物業，與别
無干。今欲有憑，立賣契一紙，永付為照。
道光拾捌年九月　日立賣契人侄起梓（押）
在見兄孫香（押）
仝見兄孫喜（押）
代字伯子達（押）
進益

10-6-46-3　清道光十八年九月黃起梓立賣山場契

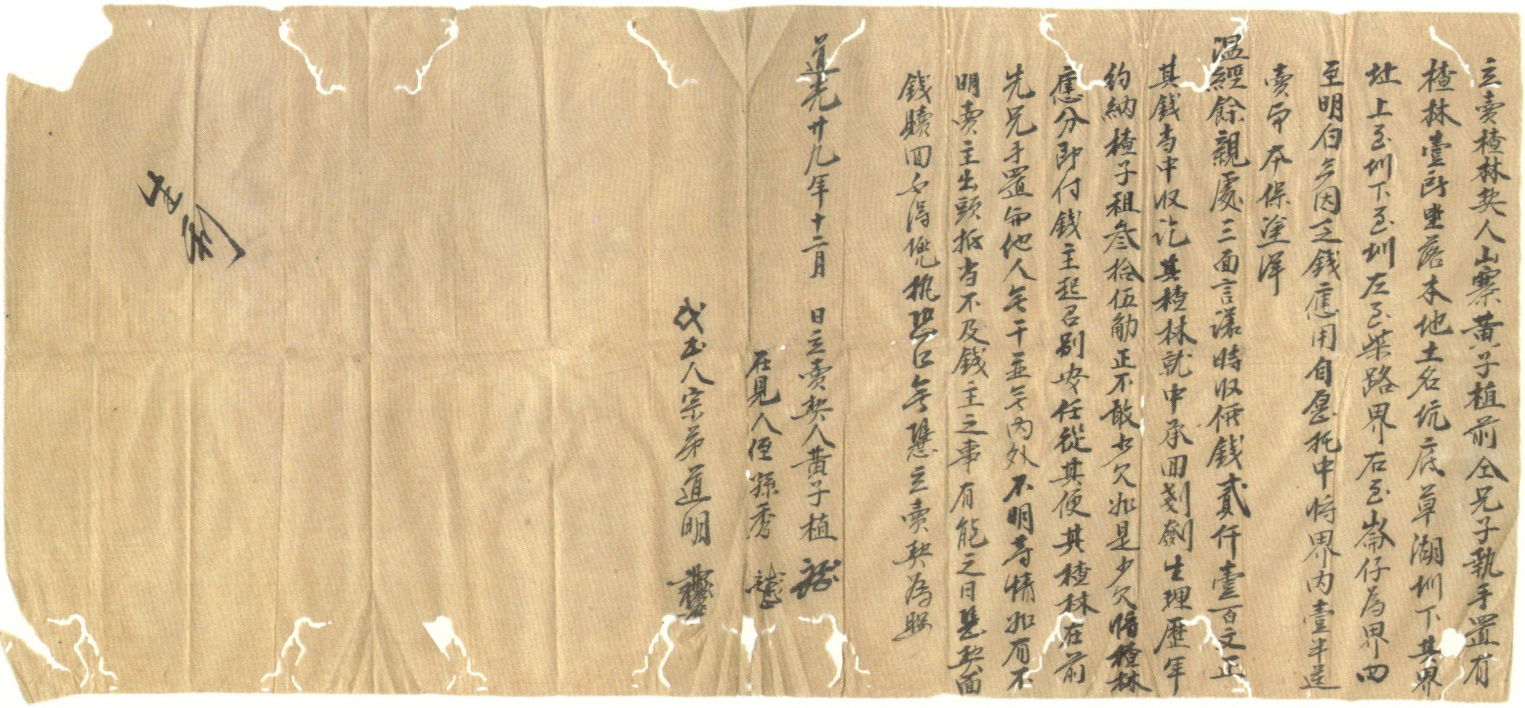

立賣楂林契人山寨黃子植，前仝兄子執手置有
楂林壹所，坐落本地，土名坑底草湖圳下。其界
址上至圳，下至圳，左至崇路界，右至崙仔為界，四
至明白。今因乏錢應用，自愿托中將界内壹半送
賣與本保途洋
溫經餘親處，三面言議，時收價錢貳仟壹百文正。
其錢當中收訖，其楂林就中承田劉劉生理，歷年
約納楂子租叁拾伍觔正，不敢少欠。如是少欠，備楂林
應分，即付錢主起召別佃，任從其便。其楂林在前
先兄手置與他人無干，並無內外不明等情。如有不
明，賣主出頭抵當，不及錢主之事。有能之日，照契面
錢贖回，不得憑執。恐口無憑，立賣契為照。

道光廿九年十二月　日立賣契人黃子植（押）
在見人侄孫秀（押）
代書人宗弟道明（押）

10-6-46-4　清道光二十九年十二月黃子植立賣楂林契

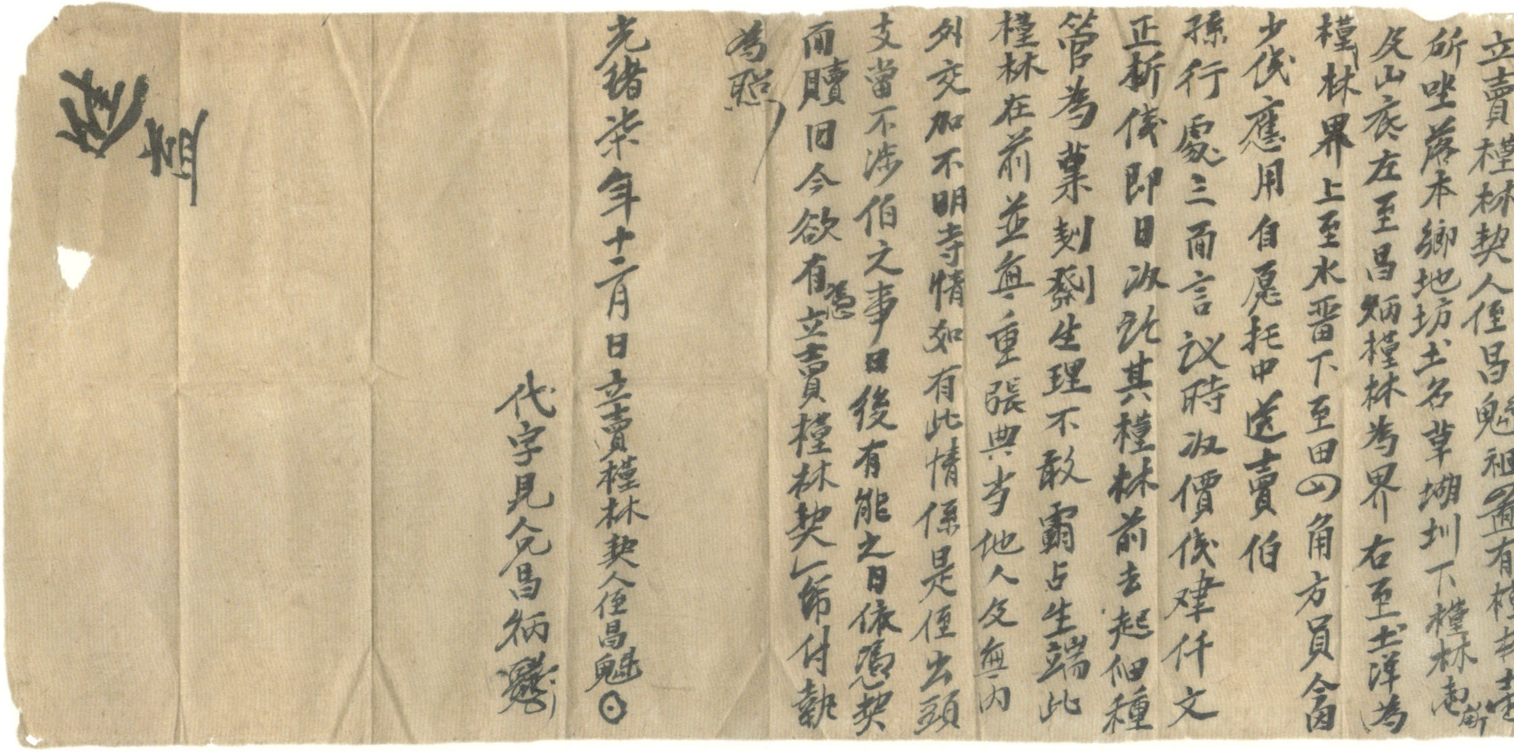
立賣槿林契人侄昌魁祖置有槿林壹
所坐落本鄉地坊土名草塅圳下槿林壹所
其山左至昌炳槿林為界右至土洋為
槿林界上至水圳下至田四角方員俱
出俵應用自愿托中送賣伯
孫行處三面言議時值價錢肆仟文
正斩錢即日收訖其槿林前去起佃種
管為業刻剝生理不敢霸占生端此
槿林在前並無重張典當他人及無內
外交加不明等情如有此情係是侄出頭
支當不涉伯之事日後有能之日依憑契
面贖回今欲有憑立賣槿林契一紙付執
為照
光緒柒年十二月日立賣槿林契人侄昌魁○
代字見兄昌炳

10-6-46-5　清光緒七年十二月黄昌魁立賣槿林契

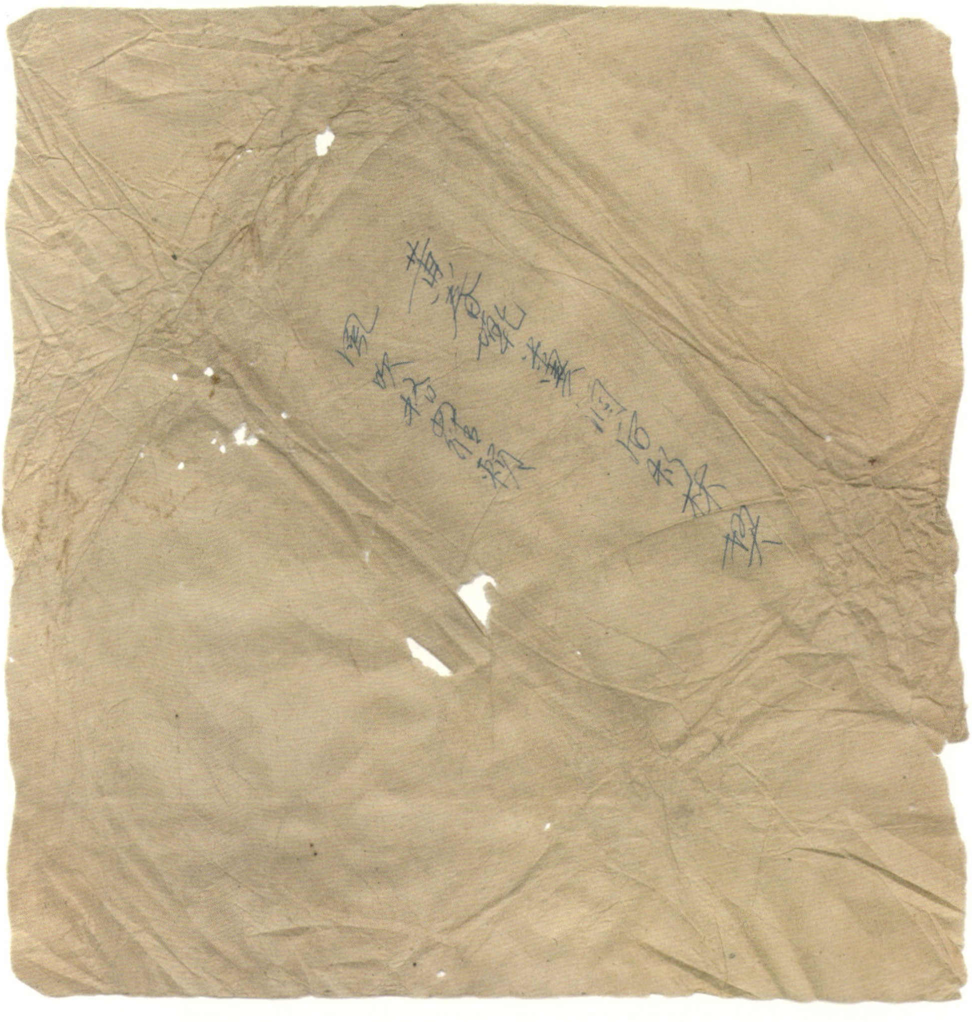

10-6-47-1　包契紙

立賣契人叔君爵祖置有山場壹
所坐落德邑地方土名黄厝坑尾
植林竹林上至田為界下至圳後墘
為界左邊巳業山為界右邊清仔
田邊為界四至明白今因欠銀錢應用
自愿將手邊賣本房侄　子茂為業三
面言議時值價銀員番弍元又錢壹百文
正其錢艮即日收用其山場聽付其雜
木頂洞情付侄前去耕種掌管為業
任從其便日後並無取贖之理其山並無交
加不明如有此情賣頭支当不涉艮主之事兩
家甘允言無悔恨今欲有憑立賣契一帋永遠
付執為照

嘉慶拾柒年四月　日立賣契人叔君爵（押）

代字中人君晉（押）

姪茂

10-6-47-2　清嘉慶十七年四月黄君爵立賣山場契

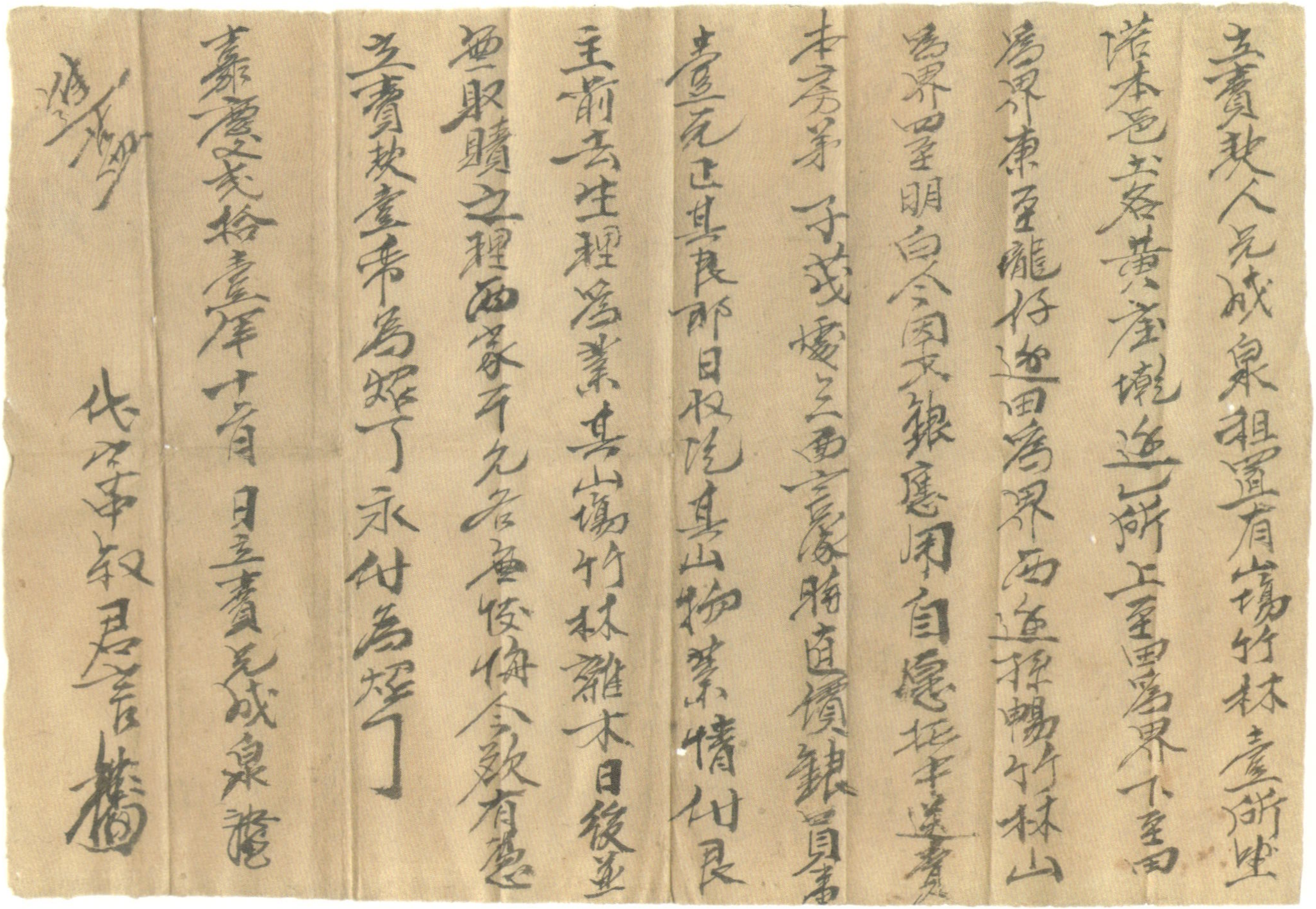
立賣契人兄成泉祖置有山場竹林壹所坐
落本邑土名黄厝墘邊一所上至田為界下至田
為界東至壠仔邊田為界西邊探暢竹林山
為界四至明白今因欠銀應用自愿托中送賣
本房弟　子茂處三面言議時值價銀員壹
壹元正其銀即日收訖其山物業情付良
主前去生理為業其山場竹林雜木日後並
無取贖之理兩家允各無悔今欲有憑
立賣契壹帋為炤丁永付為炤丁
嘉慶貳拾壹年十二月　日立賣契兄成泉（押）
代字叔君善（押）
清[illegible]

10-6-47-3　清嘉慶二十一年十二月黄成泉立賣山場竹林契

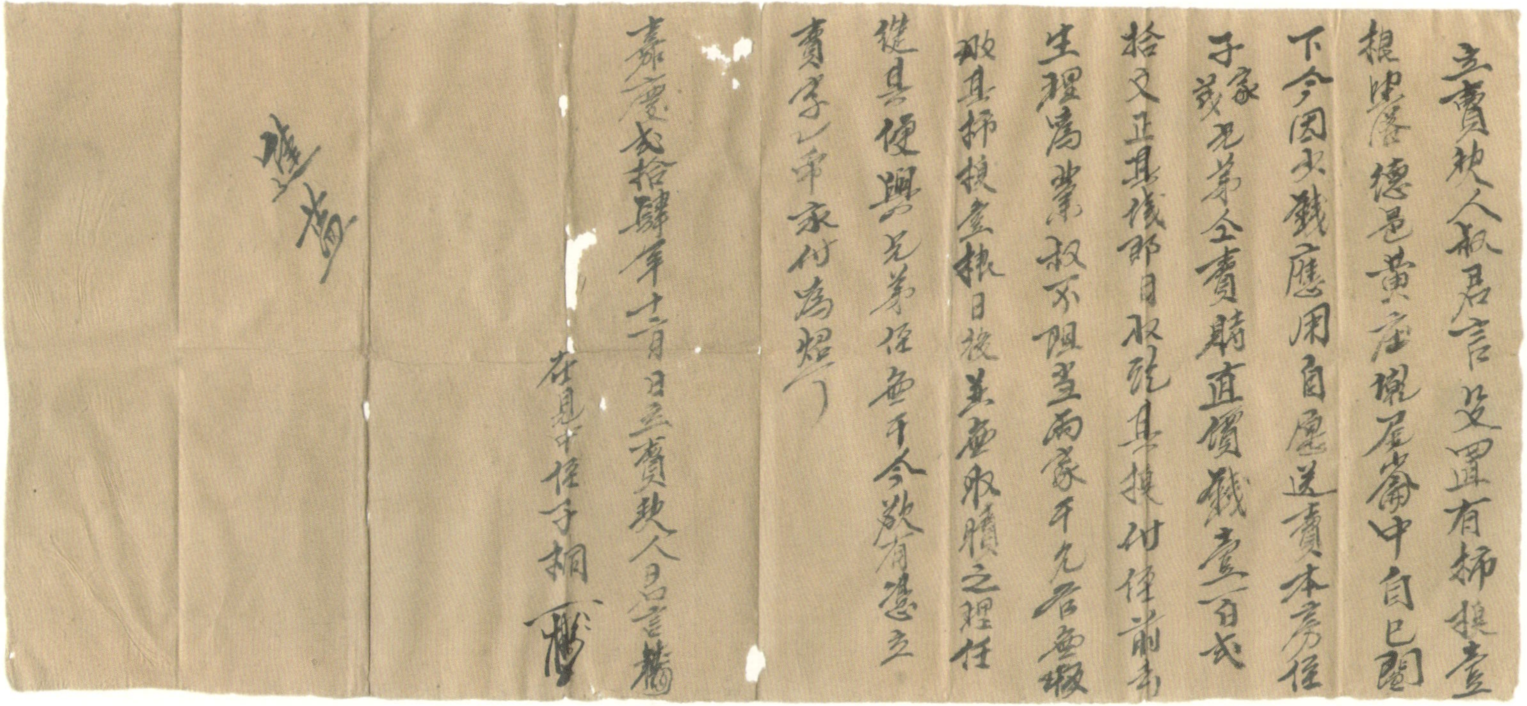
立賣契人叔君言 父置有柿模壹
根坐落德邑黄厝墘厝後中自己園
下今因乏錢應用自愿送賣本房侄
子家𢦏兄弟仝賣時直價錢壹百弍
拾文正其錢即日收訖其柿模付侄前去
生理爲業叔不阻当兩家甘允各無返
悔其柿模壹根日後並無取贖之理任
從其便興兄弟侄無干今欲有憑立
賣字一紙付爲炤
嘉慶弍拾肆年十二月 日立賣契人叔君言（押）
在見中侄子桐（押）
進檜

10-6-47-4　清嘉慶二十四年十二月黄君言立賣柿模契

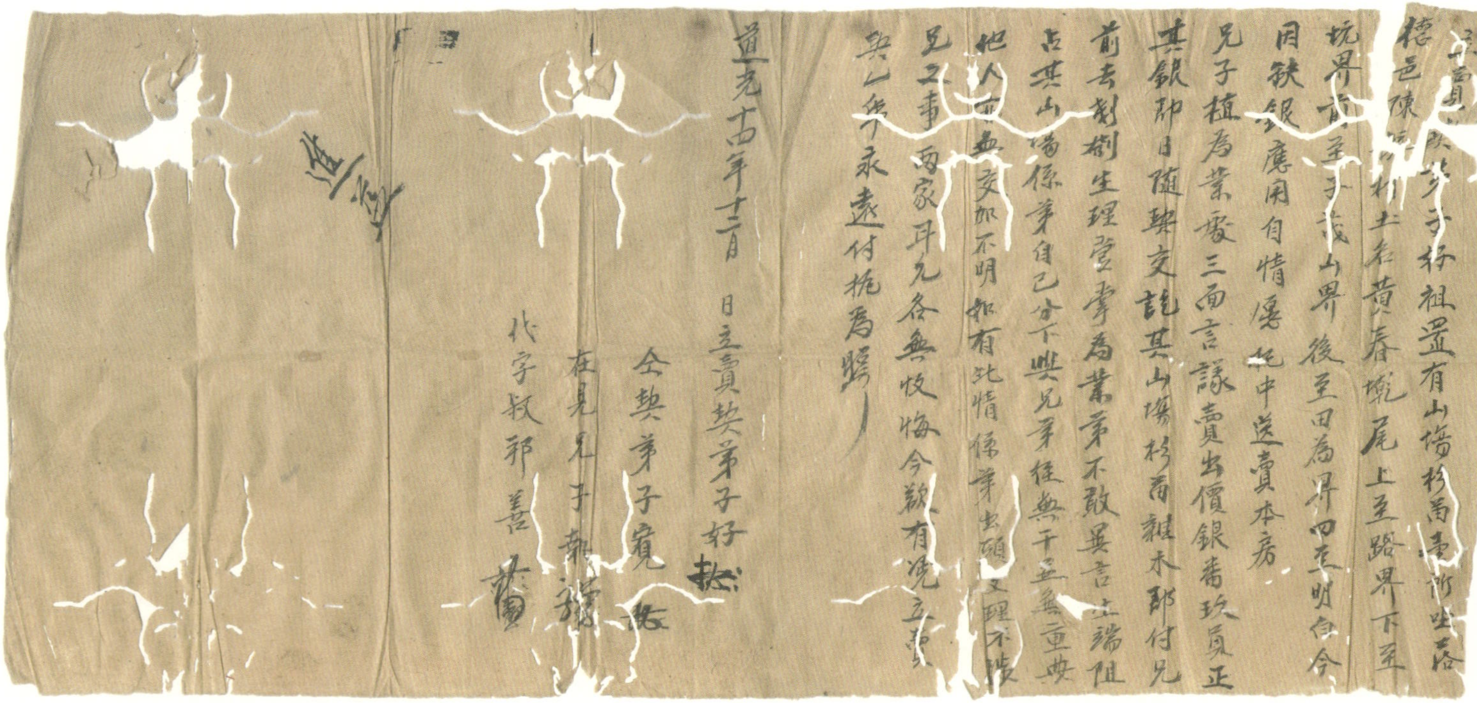
立賣[illegible]子好[illegible]祖置有山場杉苗壹所坐落
德邑陳[illegible]杉土名黃春墘尾上至路界下至
坑界前至[illegible]山界後至田為界四至明白今
因缺銀應用自情愿托中送賣本房
兄子植為業當三面言議賣出價銀番玖員正
其銀即日隨契交訖其山場杉苗雜木即付兄
前去劉樹生理管業為業弟不敢異言生端阻
占其山場係弟自己分下與兄弟侄無干並無重典
他人[illegible]無交加不明如有此情係弟出頭[illegible]理不涉
兄之事兩家甘允各無反悔今欲有憑立賣
契[illegible]永遠付執為照

道光十四年十二月　日立賣契弟子好（押）
全契弟子寬（押）
在見兄子執（押）
代字叔邦善（押）

10-6-47-5　清道光十四年十二月黃子好等立賣山場杉苗契

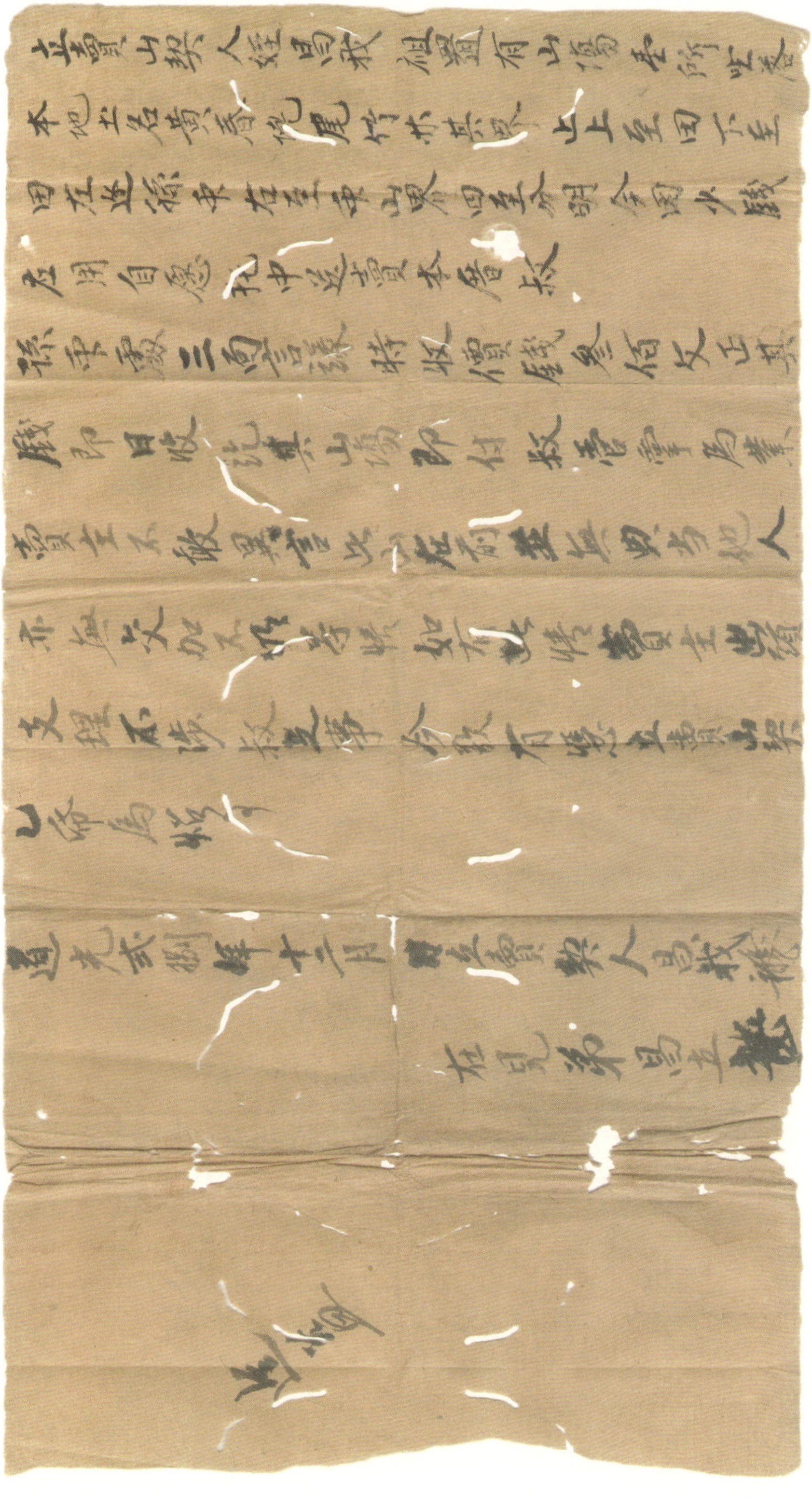
立賣山契人侄昌我，祖置有山場壹所，坐落
本地土名黄首奇侯尾竹林，其界上至田，下至
田，左至路，右至車山界，四至分明。今因少錢
應用，自愿托中送賣本房叔
孫亨處，三面言議，時值價錢叁佰文正，其
錢即日收訖，其山場即付叔孫管業為業，
當賣之后不敢異言，此山並無重典他人，
亦無交加不明等情，如有此情，賣主出頭
支理，不涉叔邊之事。今欲有憑，立賣山契
山字為照。
道光式拾捌年十二月　日立賣山契人昌我（押）
在見弟昌立（押）

10-6-47-6　清道光二十八年十二月黃昌我立賣山場契

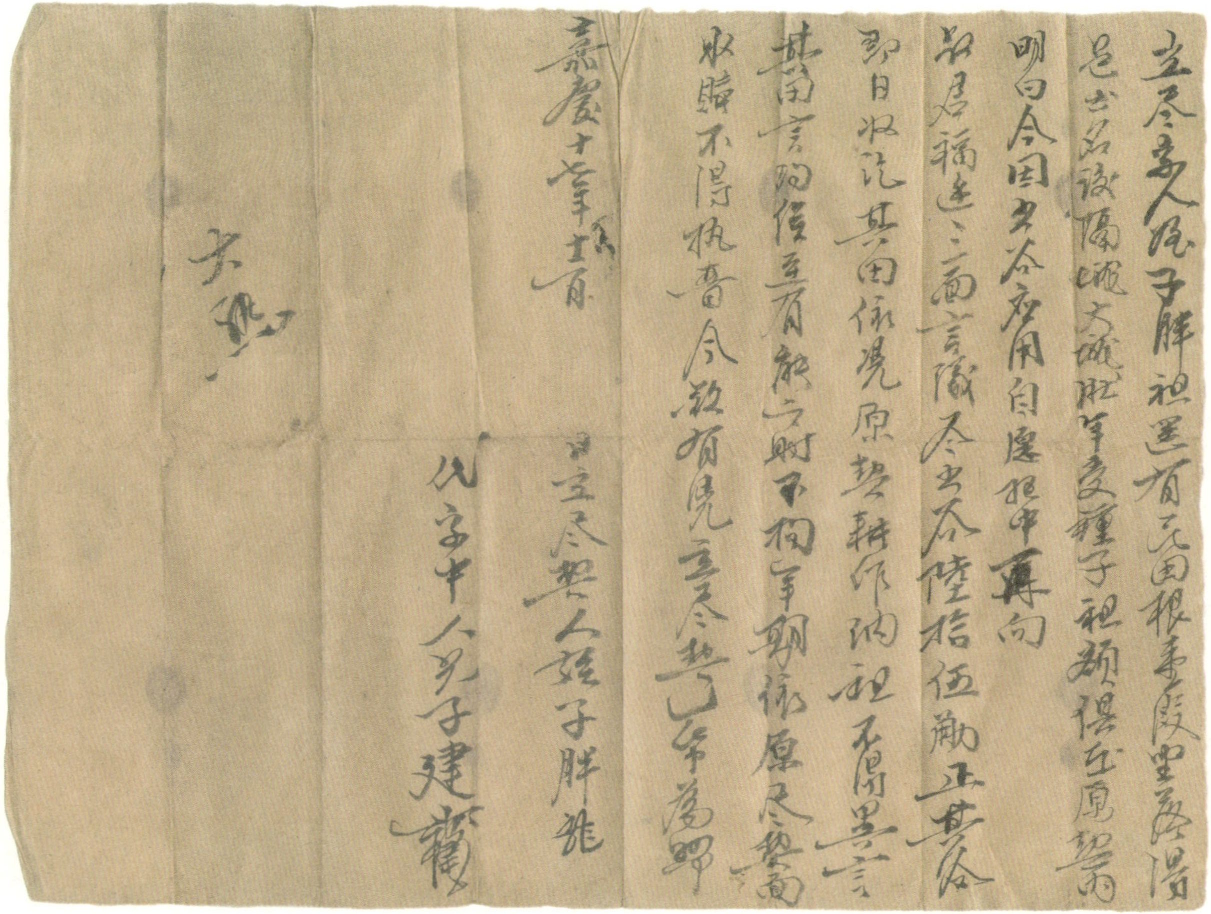
立盡契人黄子胖祖遺有民田根壹段坐落湯
邑土名[illegible]隔垅大垅[illegible]受種子租額[illegible]原契
明白，今因乏銀應用，自愿托中尋向
[illegible]邊三面言議盡出價銀陸拾伍兩正，其銀
即日收訖，其田依現原契耕作納租，不得異言。
其田言明[illegible]
收贖，不得執留。今欲有憑，立盡契一紙爲照。
嘉慶十七年十二月　日　立盡契人姪子胖（押）
代字中人男子建（押）

10-6-48-1　清嘉慶十七年十二月黄子胖立盡民田根字

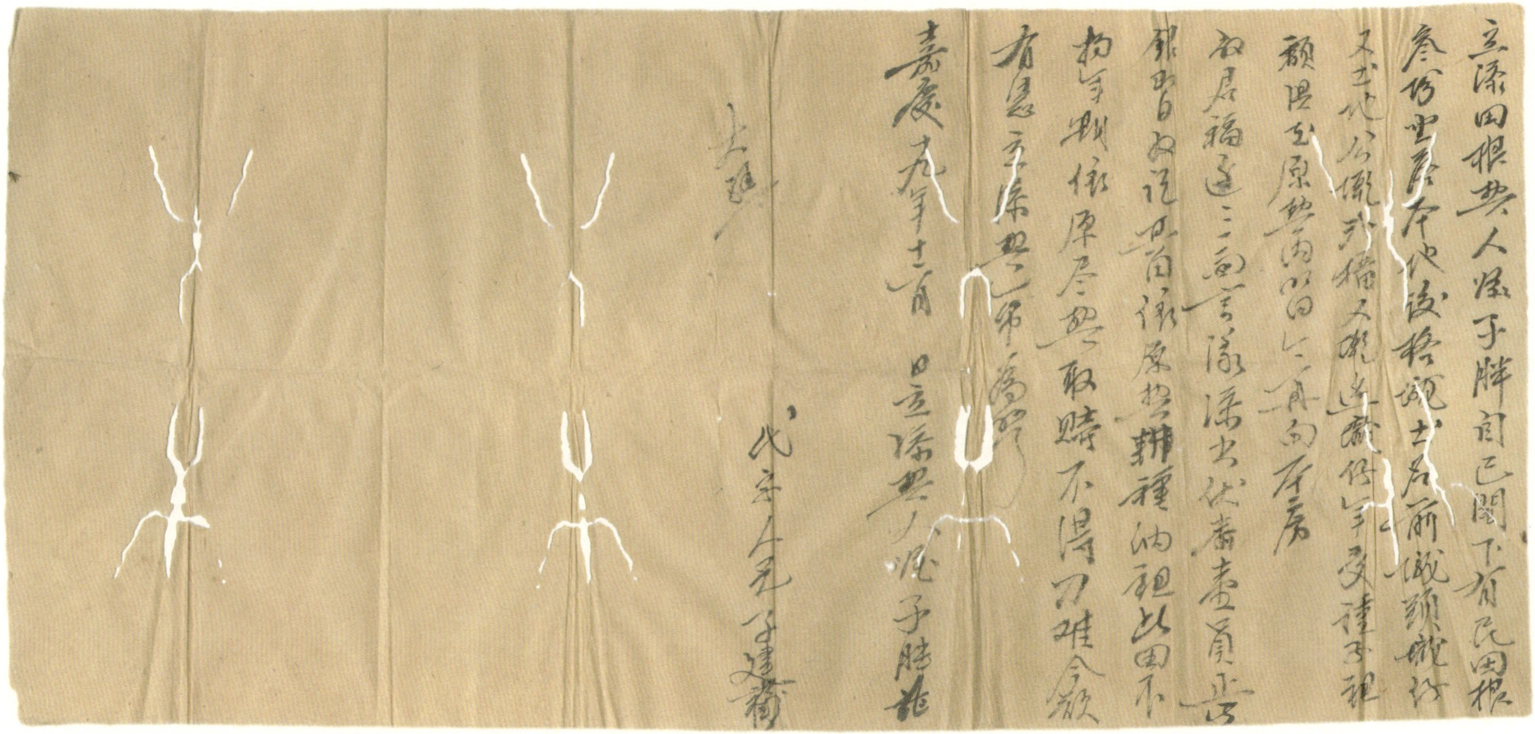
嘉慶十九年十二月　日立添田根契人黄子胖

10-6-48-2　清嘉慶十九年十二月黄子胖立添民田根契

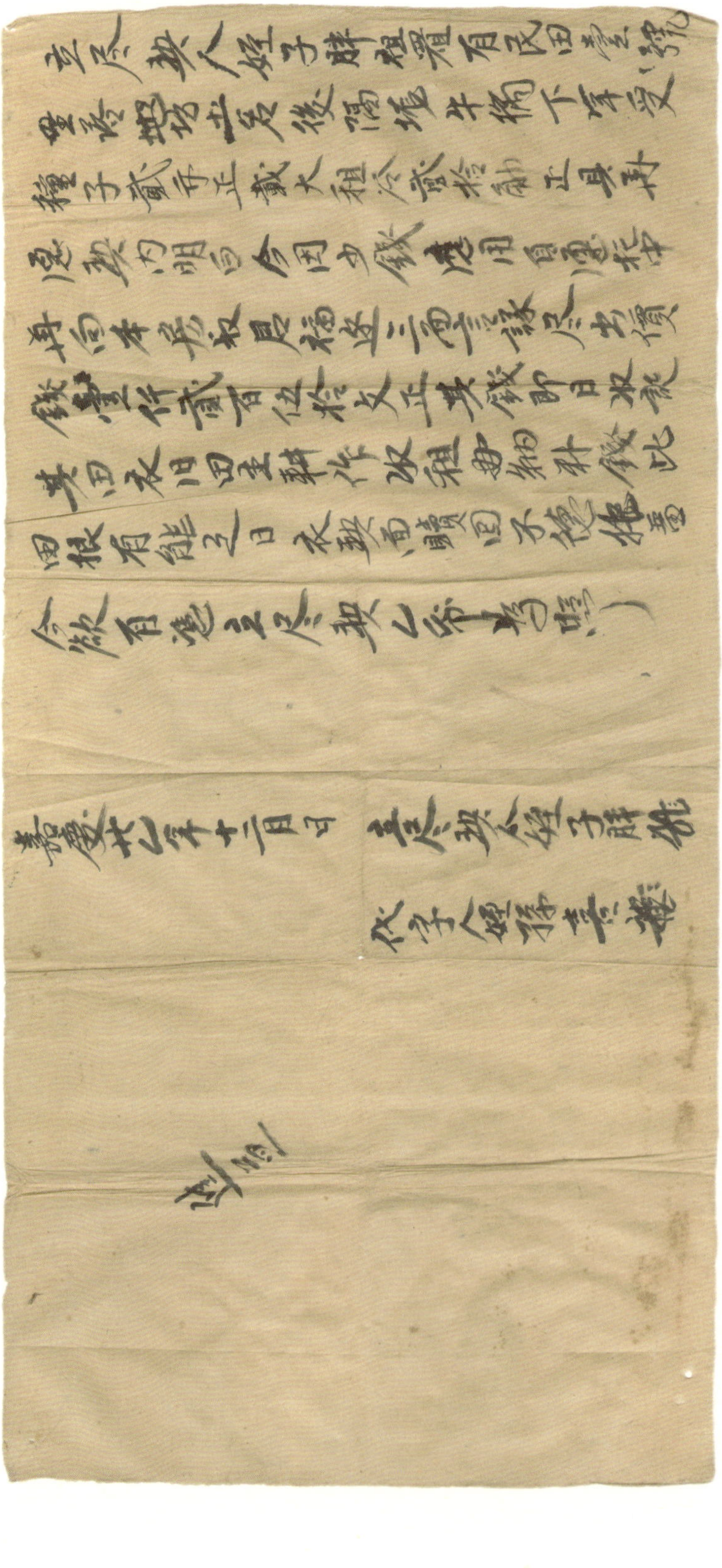
立尽契人姪子胖祖置有民田壹號，
坐落土名後濶坑牛欄下，年受
種子貳斤正，載大租谷貳拾觔正，其租
是契內明白。今因乏錢應用，自情愿托中
尋到本房叔宗梢邊，三面言議，盡出價
錢壹仟貳百伍拾文正。其錢即日收訖，
其田依舊田主耕作，收租要納斗糧。此
田根有能之日，依契面取贖，[illegible]
今欲有憑，立尽契一紙為照。

嘉慶廿一年十二月　日　立尽契人姪子胖號
代字人姪孫喜[illegible]
送的

10-6-48-3　清嘉慶二十一年十二月黄子胖立盡民田契

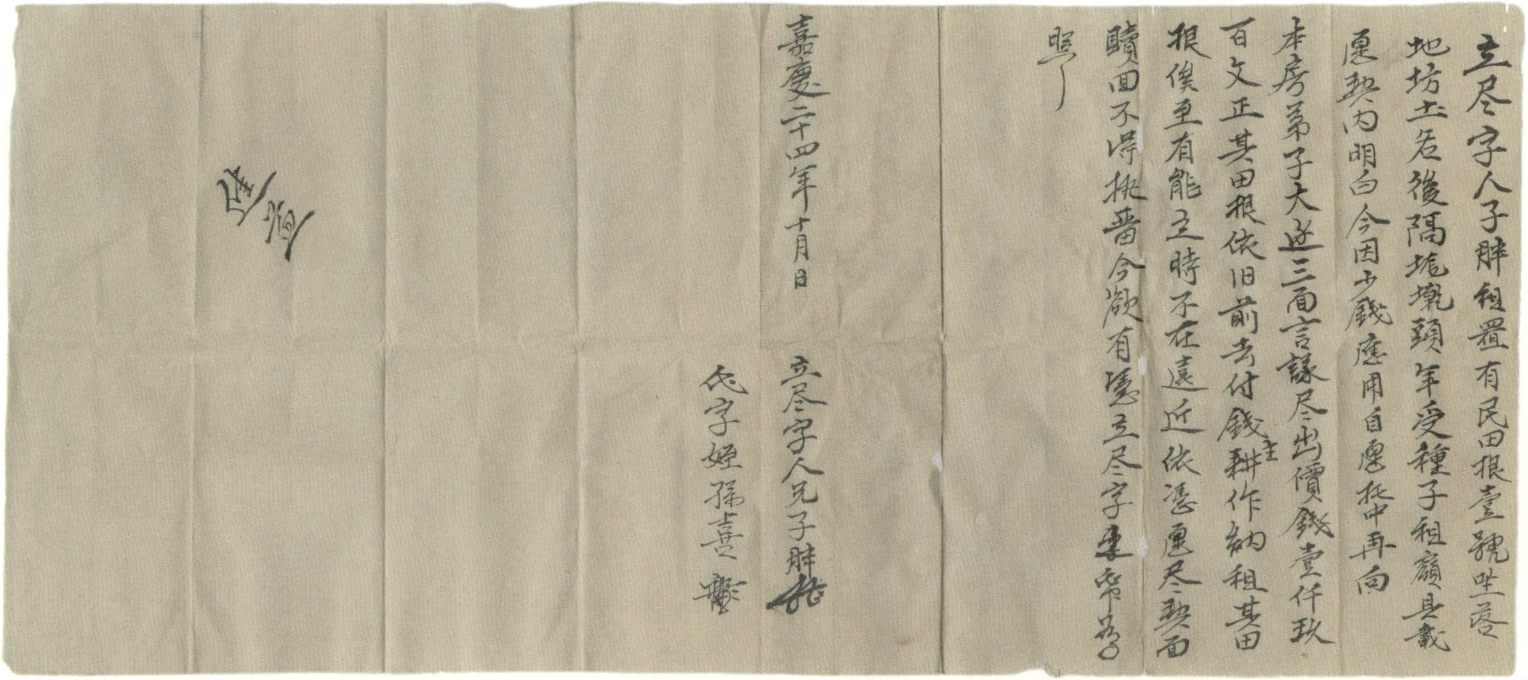
立尽字人子胖承置有民田根壹號坐落
地坊土名後隔垅墘頭年受種子租額具載
原契內明白今因乏錢應用自愿托中再向
本房弟子大送三面言議尽出價錢壹仟玖
百文正其田根依旧前去付錢主耕作納租其田
根係重有能立時不在遠近依憑原尽契面
贖田不得執番今欲有憑立尽字壹紙為
照

嘉慶二十四年十月日

立尽字人兄子胖（押）

代字姪孫喜壹（押）

10-6-48-4　清嘉慶二十四年十月黃子胖立盡民田根字

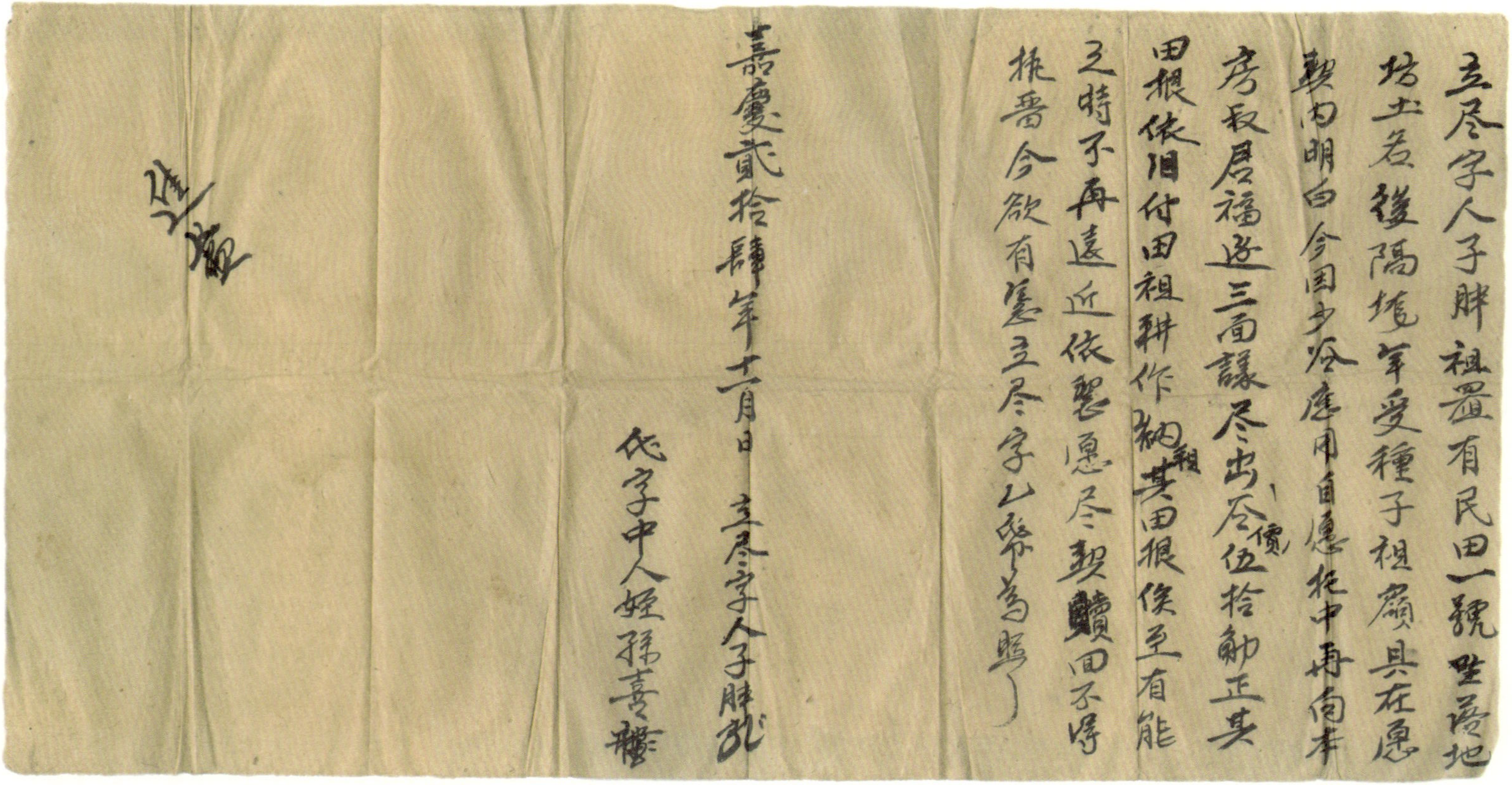

立盡字人子胖祖置有民田一號坐落地
坊土名後隔墘年受種子祖額具在愿
契內明白今因乏谷應用自愿托中再向本
房叔居福邊三面議盡出谷價伍拾觔正其
田根依旧付田祖耕作納租其田根係是有能
之時不再遠近依契愿盡契贖回不得
挑番今欲有憑立盡字乙紙爲照
嘉慶貳拾肆年十一月　日　立盡字人子胖（押）
代字中人姪孫喜耀

10-6-48-5　清嘉慶二十四年十一月黄子胖立盡民田字

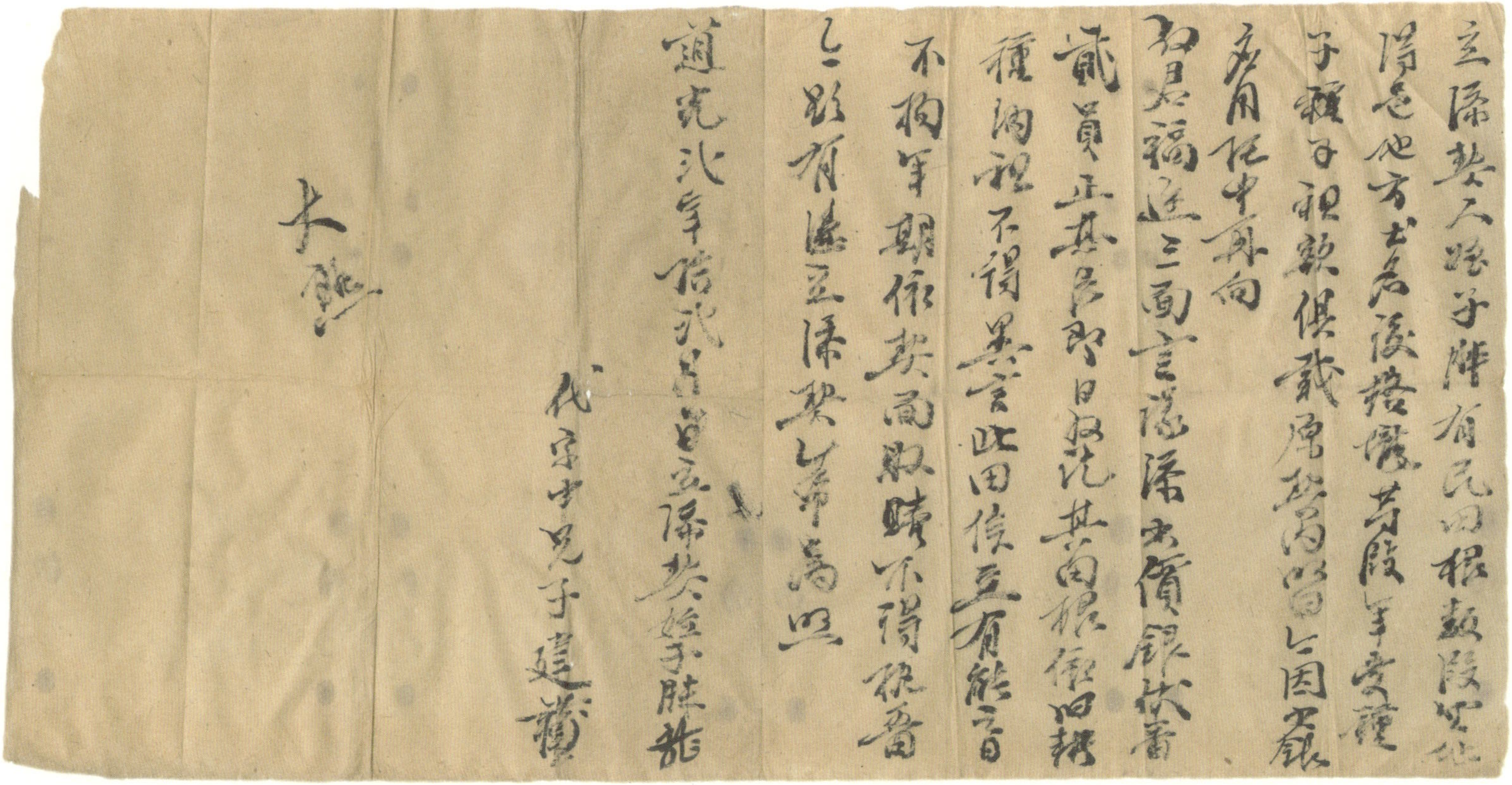
立添契人黄子胖有民田根數段坐址
得邑地方土名後路墘共段年受種
子種子租穀俱載原契明白今因要銀
應用托中再向
[illegible]福[illegible]三面言議添出價銀[illegible]番
錢貳員正其銀即日收訖其田根依旧耕
種納租不得異言此田係[illegible]有能言
不拘年期依契面取贖不得[illegible]番
今欲有憑立添契一紙為照
道光弍年拾弍月　日立添契人姪子胖
代字中見子廷
大吉

10-6-48-6　清道光二年十二月黄子胖立添民田根契

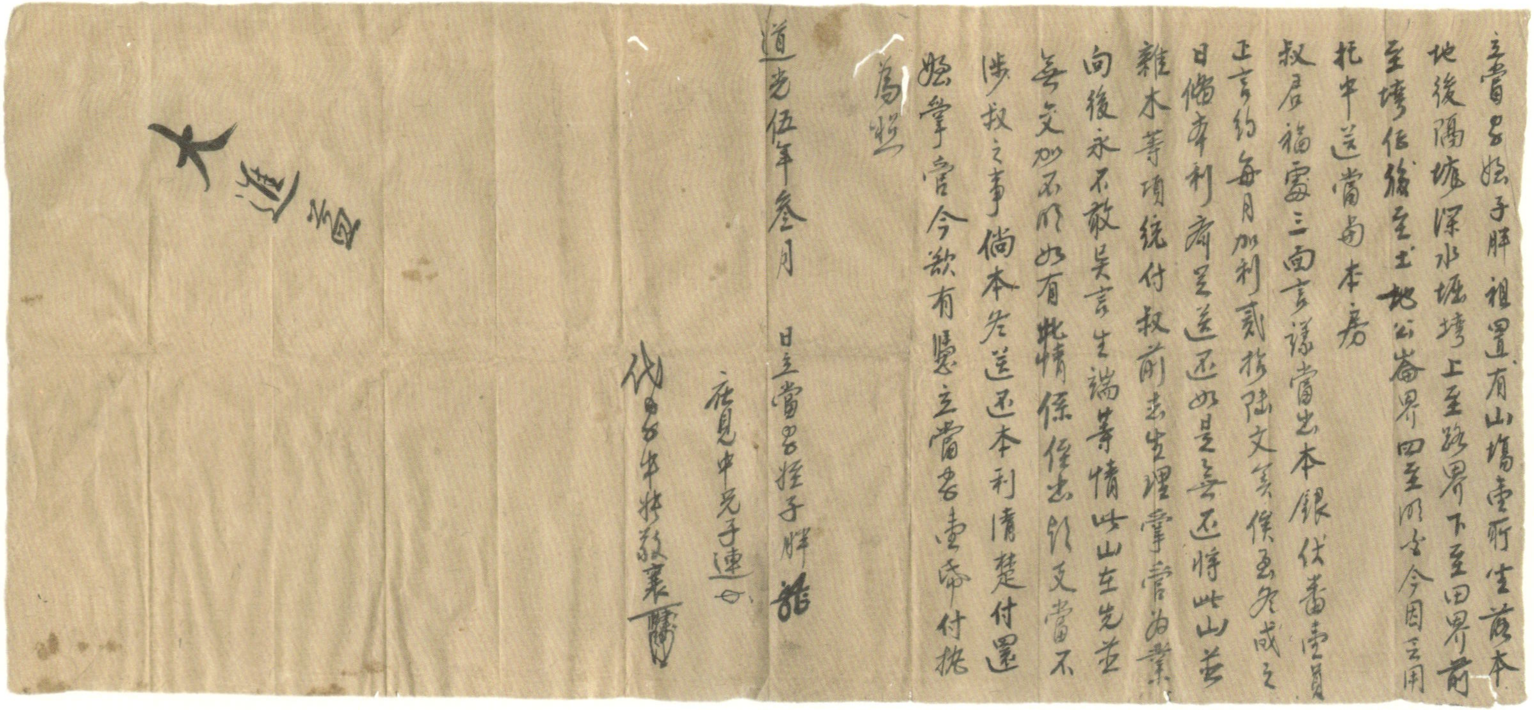
立當字人黄子胖，祖置有山場壹所，坐落本
地後陽壠深水壠墘，上至路界，下至田界，前
至墘佔，後至土地公崙界，四至明白。今因乏用，
托中送當與本房
叔居福處，三面言議，當出本銀伍拾壹員
正，言約每月加利貳拾陸文算，俱要冬成之
日備本利齊足送還，如是無還，將此山並
雜木等項統付叔前去管理掌管為業，
向後永不敢異言生端等情。此山左先並
無文別不明，如有此情，係侄出頭支當，不
涉叔之事。倘本冬送還本利清楚，付還
姪掌管。今欲有憑，立當字壹紙付執
為照。
道光伍年叁月　日立當字人姪子胖（押）
在見中兄子連（押）
代筆中姪敬業（押）
大利

10-6-48-7　清道光五年三月黄子胖立當山場字

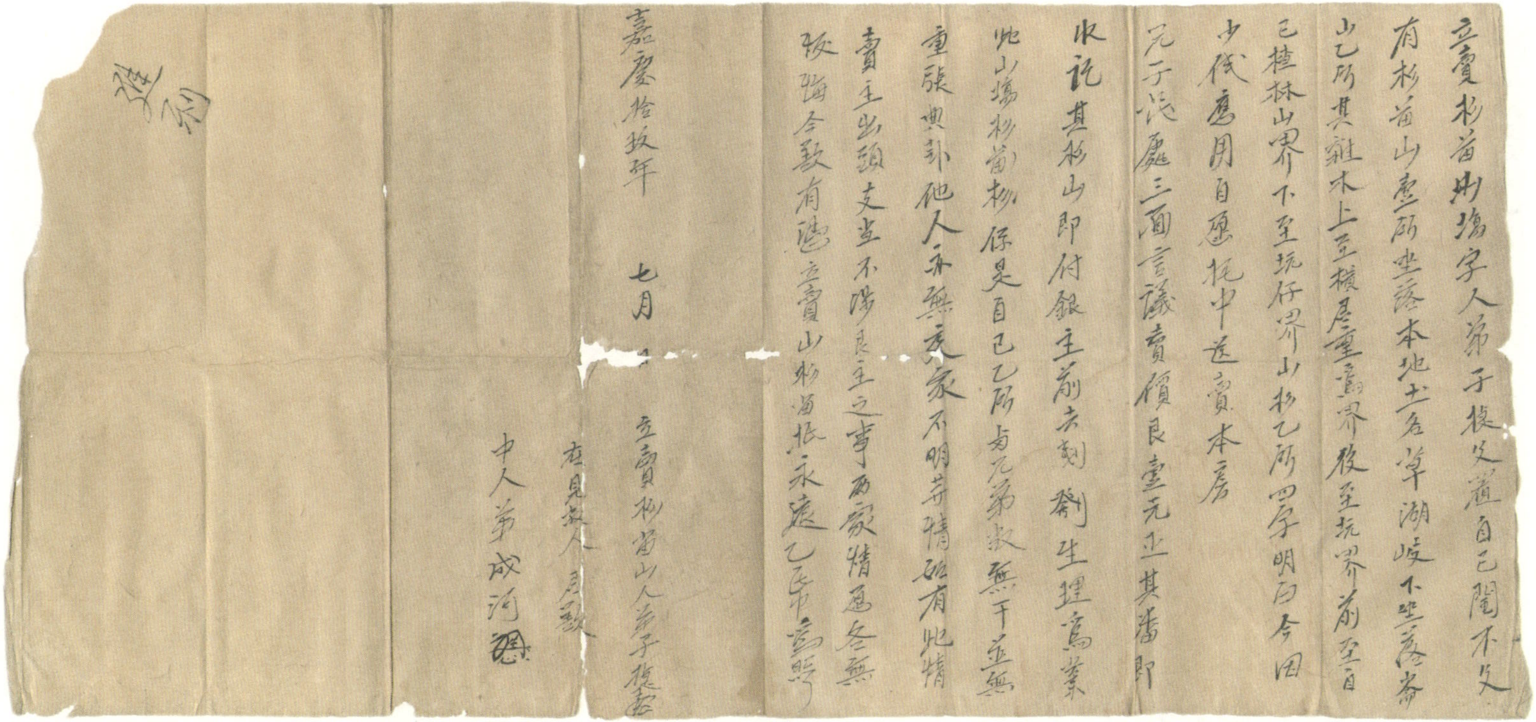

10-6-49-1　清嘉慶十九年七月黄子捷立賣杉苗山場字

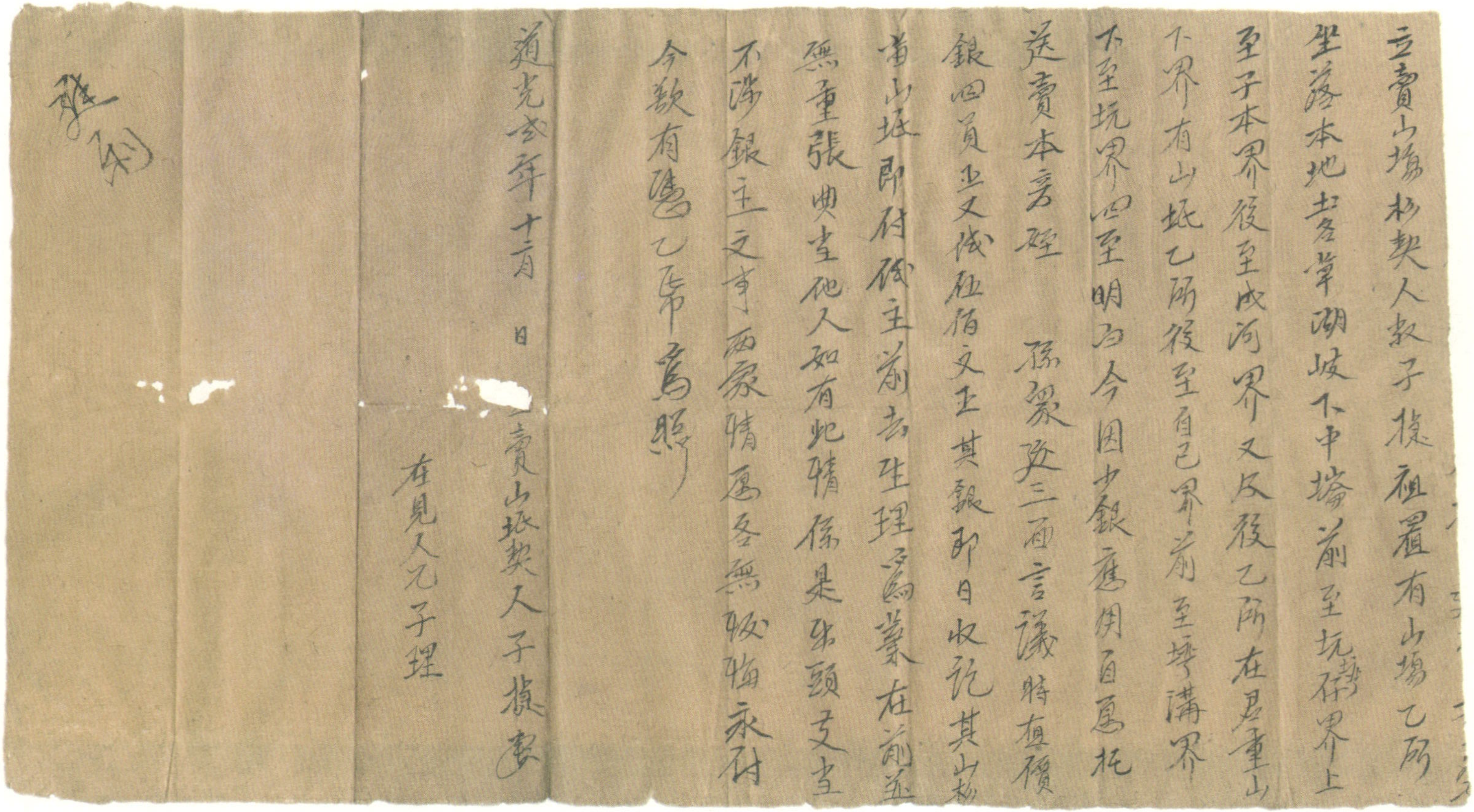
立賣山場杉契人叔子捷承祖置有山場乙所
坐落本地土名草湖岐下中壠前至坑埒界上
至子本界後至底河界又反後乙所在君重山
下界有山坯乙所後至自己界前至埒溝界
下至坑界四至明白今因乏銀應用自愿托
送賣本房姪　孫象瑗三面言議時值價
銀四員正又伐柸佰文正其銀即日收訖其山杉
並山坯即付銀主前去生理為業在前並
無重張典當他人如有此情係是出頭支當
不涉銀主之事兩家情愿各無反悔永付
今欲有憑立賣帋為照
道光式年十二月　日　立賣山坯契人子捷（押）
在見人兄子理

10-6-49-2　清道光二年十二月黄子捷立賣山場契

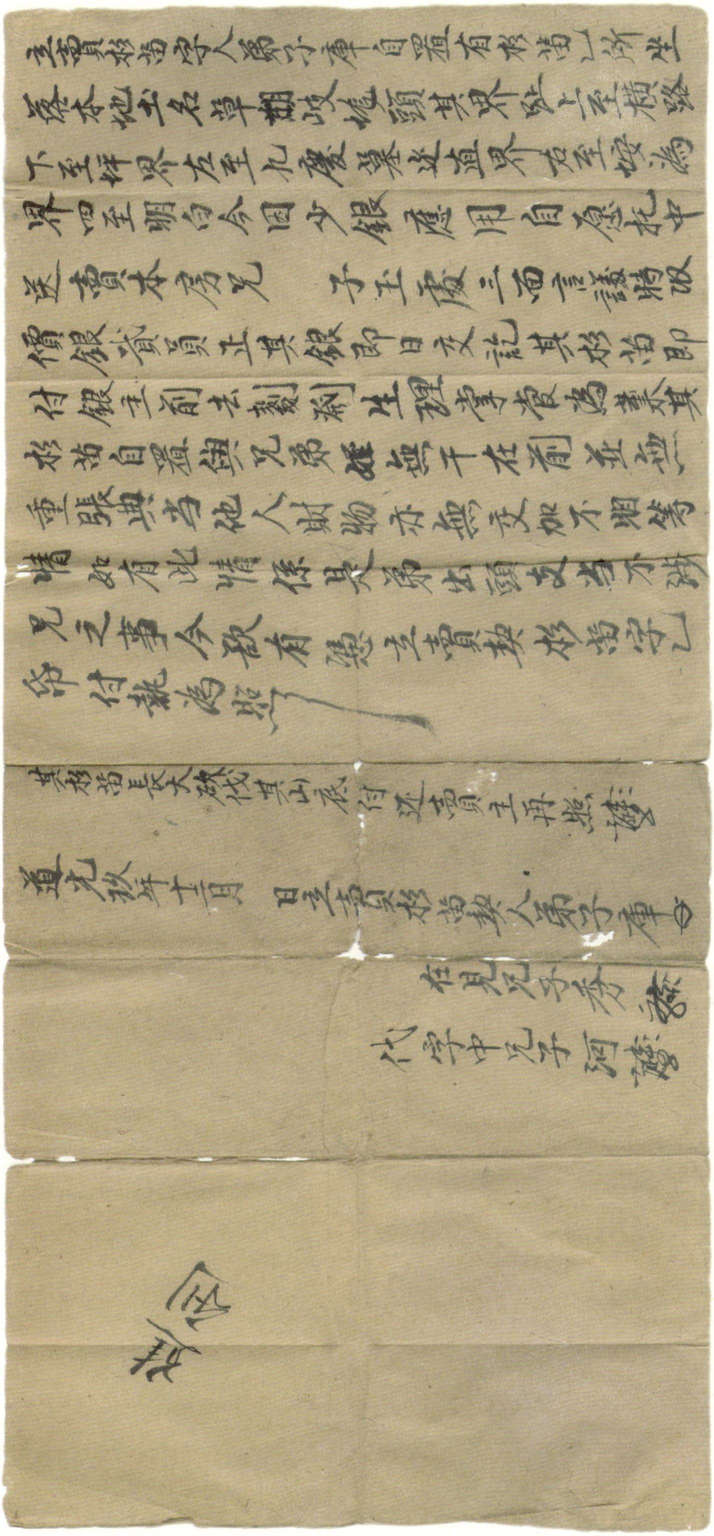

立賣杉苗字人黃子庫自置有杉苗山一所坐
落本地土名岩下棚坡墘頭其界址上至橫路
下至坪界左至九股基岩邊直界右至坡為
界四至明白今因少銀應用自愿托中
送賣本房兄　子玉處三面言議時價
價銀貳員正其銀即日交訖其杉苗即
付銀主前去栽剷生理當長為業其
杉苗自置與兄弟叔侄無干在前並無
重張典當他人財物亦無交加不明等
情如有此情係是賣主出頭支當不涉
買主之事今欲有憑立賣契杉苗字一
紙付執為照
其杉苗長大砍伐其山承付還賣主再批照
道光玖年十二月　日立賣杉苗契人黃子庫
在見兄子秀照
代字中兄子河照
[illegible]

10-6-49-3　清道光九年十二月黃子庫立賣杉苗字

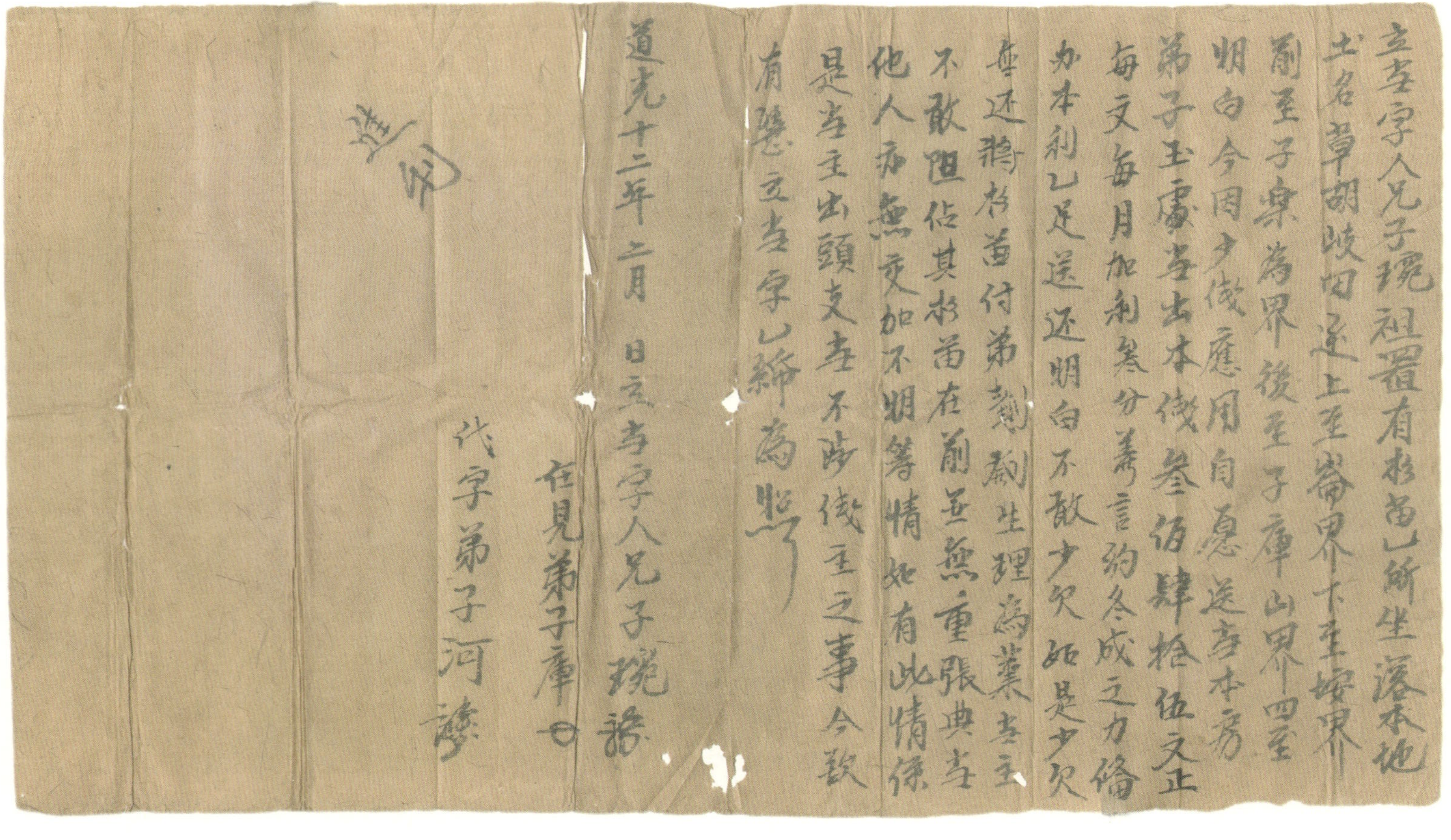

立當字人黃子琬祖置有杉苗山乙所坐落本地
土名草胡岐田邊上至嶺界下至坑界
前至子梟為界後至子庫山界四至
明白今因少錢應用自愿送當本房
弟子玉處當出本錢叁佰肆拾伍文正
每文每月加利叁分算言約冬成之力備
办本利足送還明白不敢少欠如是少欠
無還將杉苗付弟[illegible]劁生理為業當主
不敢阻佔其杉苗在前並無重張典當
他人亦無交加不明等情如有此情係
是當主出頭支當不涉錢主之事今欲
有憑立當字乙紙為照
道光十二年二月　日立當字人黃子琬（押）
在見弟子庫（押）
代字弟子河謨
[illegible]回

10-6-49-4　清道光十二年二月黃子琬立當杉苗契

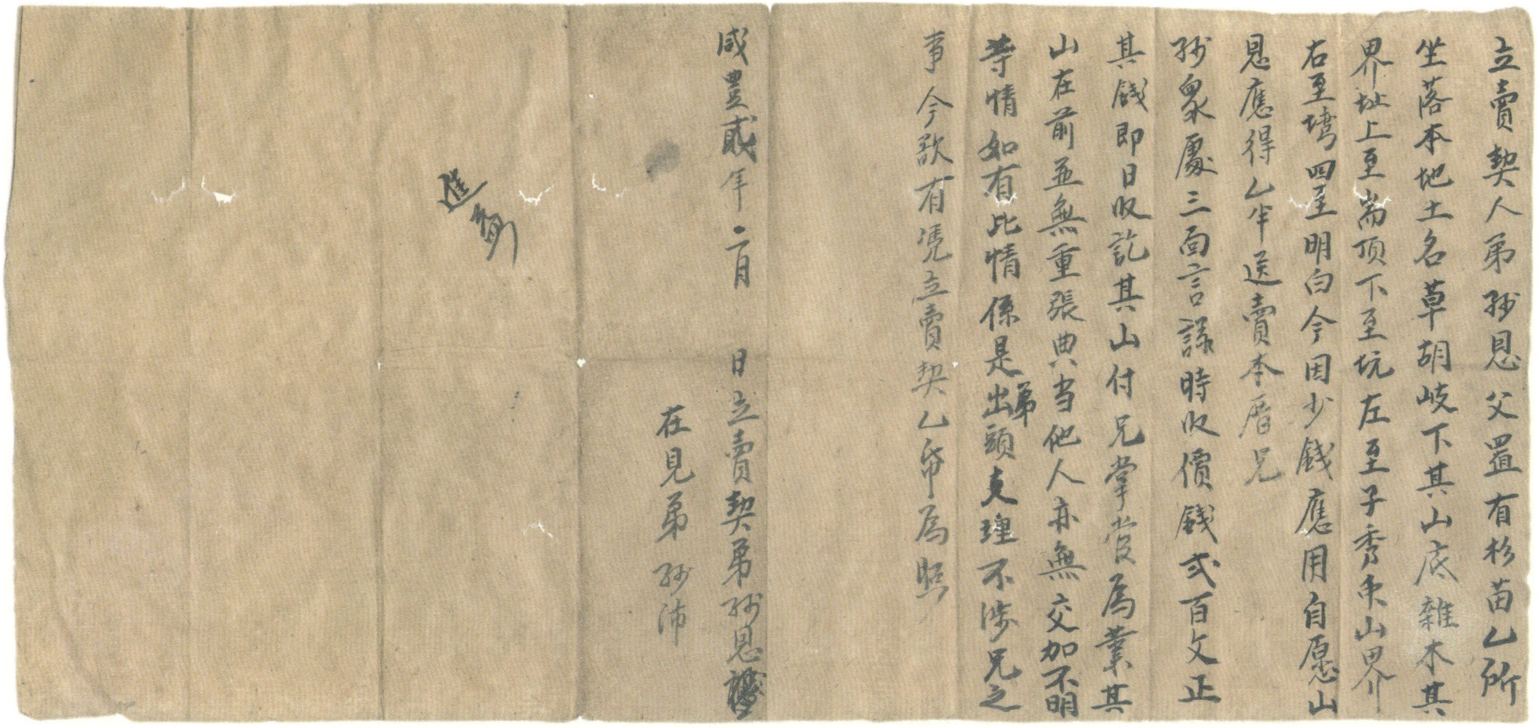
立賣契人弟孫恩父置有杉苗山一所
坐落本地土名草胡岐下其山底雜木其
界址上至崙頂下至坑左至子秀東山界
右至墈四至明白今因少錢應用自愿山
退應得山半送賣本房兄
孫象處三面言議時收價錢弍百文正
其錢即日收訖其山付兄掌管為業其
山在前並無重張典当他人亦無交加不明
等情如有此情係是弟出頭支理不涉兄之
事今欲有凭立賣契山為照
咸豐貳年二月　日立賣契弟孫恩
在見弟孫沛
進□

10-6-49-5　清咸豐二年二月黃孫恩立賣杉苗契

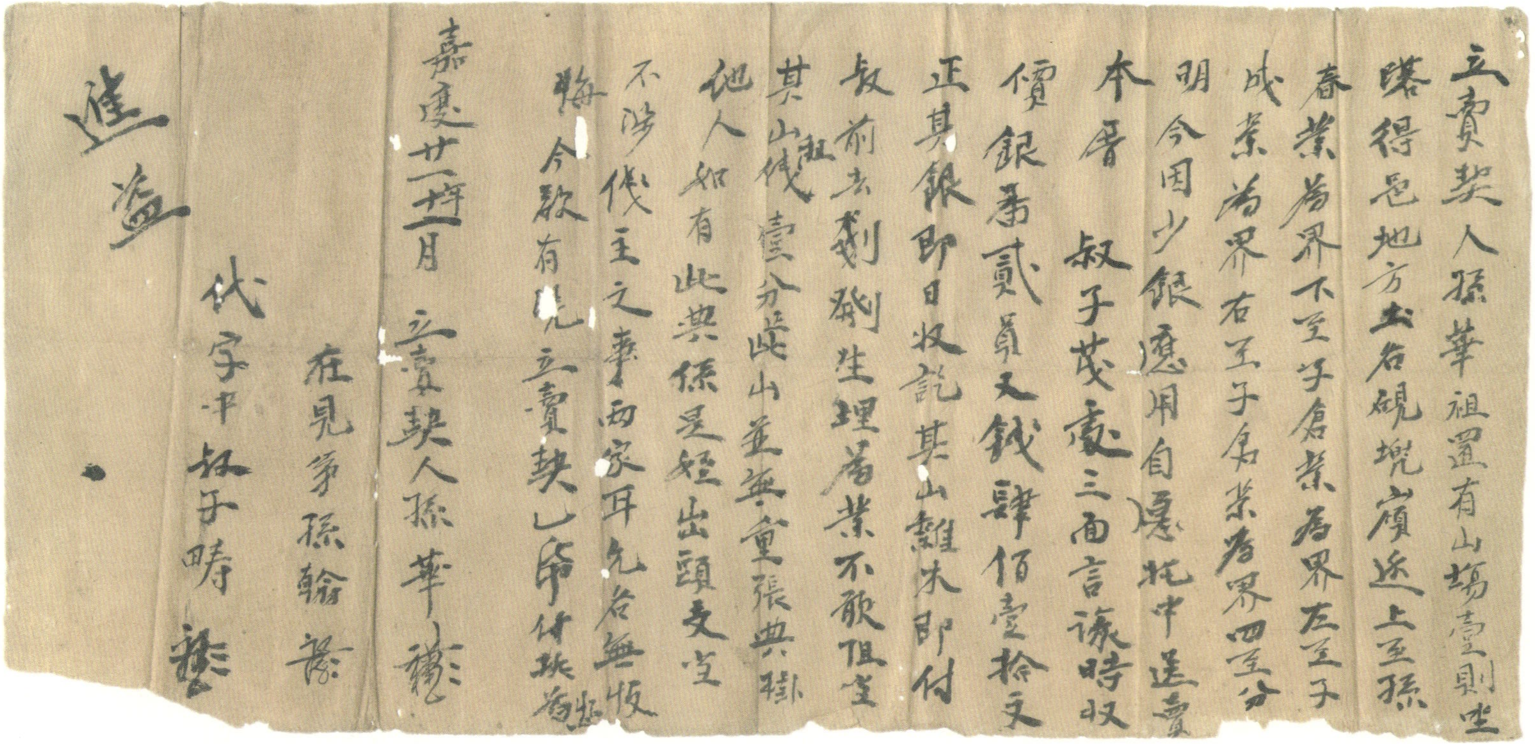
立賣契人孫華祖置有山場壹則坐
落得邑地方土名硯境嶺近上至孫
春業爲界下至孫倉業爲界左至子
成業爲界右至子倉業爲界四至分
明今因少銀應用自愿托中送賣
本房　叔子茂處三面言議時收
價銀番貳員文錢肆佰壹拾文
正其銀即日收訖其山雖木即付
叔前去割剤生理爲業不敢阻當
其山祖伐壹分與此山並無重張典掛
他人如有此典係是姪出頭支當
不涉伐主之事兩家甘允各無反
悔今欲有憑立賣契一紙付執爲炤
嘉慶廿一年十一月　立賣契人孫華（押）
在見弟孫翰（押）
代字中　叔子時（押）
進益

10-6-50-1　清嘉慶二十一年十一月黃孫華立賣山場契

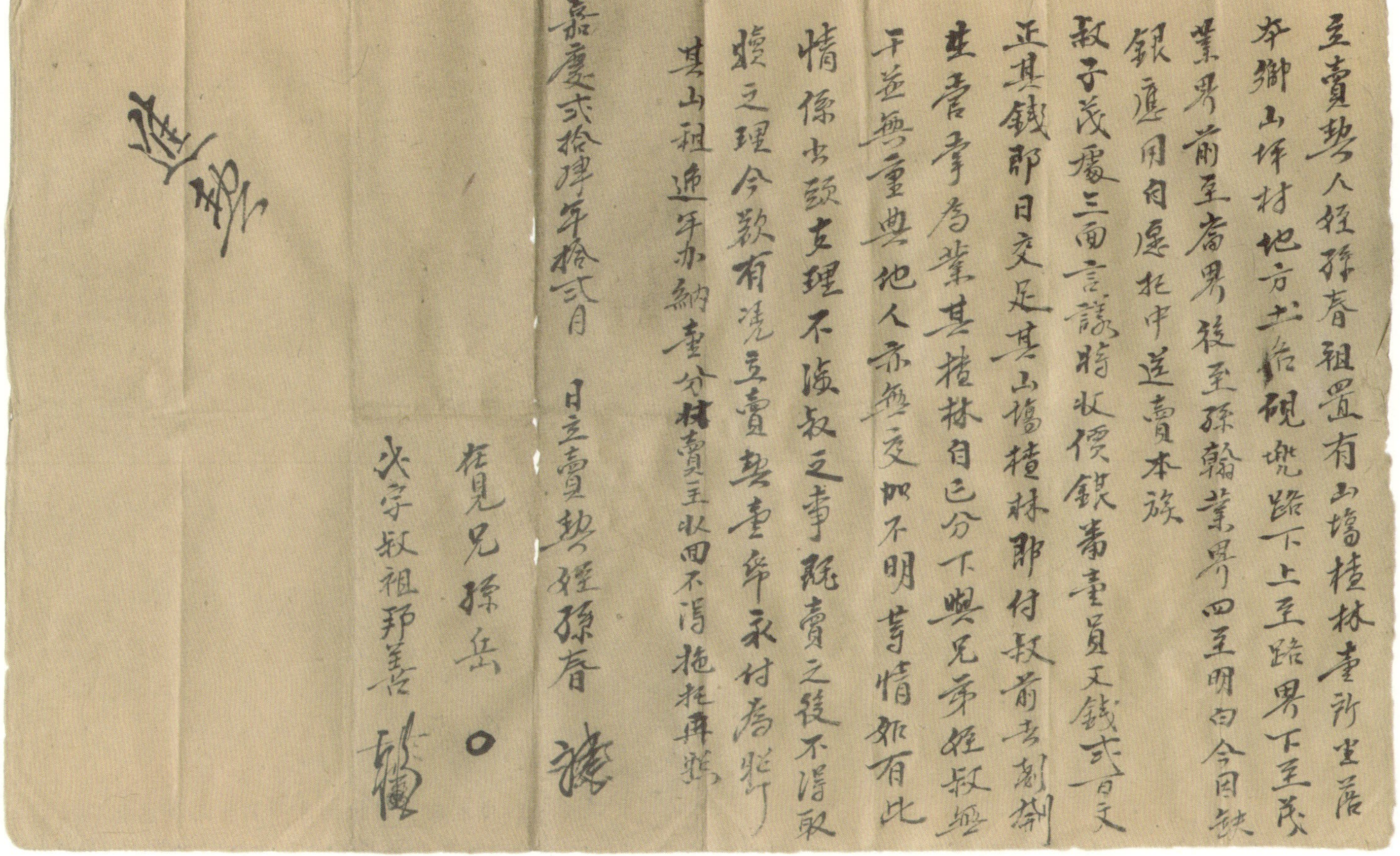
立賣契人侄孫春祖置有山塲楂林壹所坐落
本鄉山坪村地方土名硯兜路下上至路界下至茂
葉界前至喬界後至孫翰葉界四至明白今因缺
銀應用自愿托中送賣本族
叔子茂處三面言議時取價銀壹員文錢弍百文
正其錢即日交足其山塲楂林即付叔前去剷掘
出賣管業其楂林自己分下與兄弟侄叔無
干並無重典他人亦無交加不明等情如有此
情係出頭支理不涉叔之事既賣之後不得取
贖之理今欲有憑立賣契壹帋永付爲照
其山租逐年亦納壹分林賣主收回不得拖扡異說
嘉慶弍拾肆年拾弍月　日立賣契侄孫春
在見兄孫岳
代字叔祖邦善
楂契

10-6-50-2　清嘉慶二十四年十二月黃孫春立賣山場楂林契

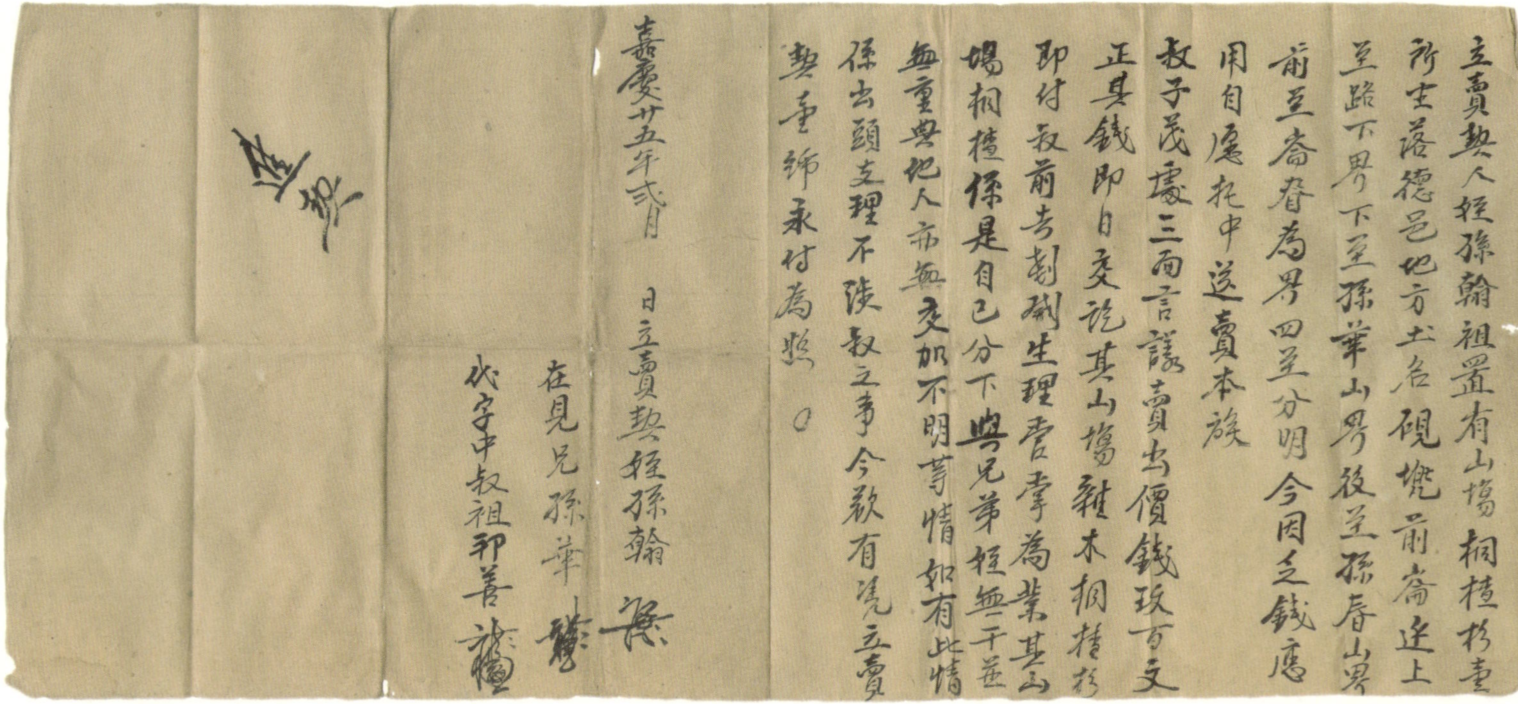

立賣契人姪孫翰祖置有山場桐楂杉壹
所坐落德邑地方土名硯坑前崙逆上
至路下界下至孫華山界後至孫春山界
前至崙脊為界四至分明今因乏錢應
用自愿托中送賣本族
叔子茂處三面言議賣出價錢玖百文
正其錢即日交訖其山場雜木桐楂杉
即付叔前去割砍生理管掌為業其山
場桐楂係是自己分下與兄弟姪無干並
無重典他人亦無交加不明等情如有此情
係出頭支理不涉叔之事今欲有憑立賣
契壹紙永付為照　〇

嘉慶廿五年弍月　日立賣契姪孫翰
在見兄孫華
代字中叔祖邦善

10-6-50-3　清嘉慶二十五年二月黄孫翰立賣山場桐楂杉契

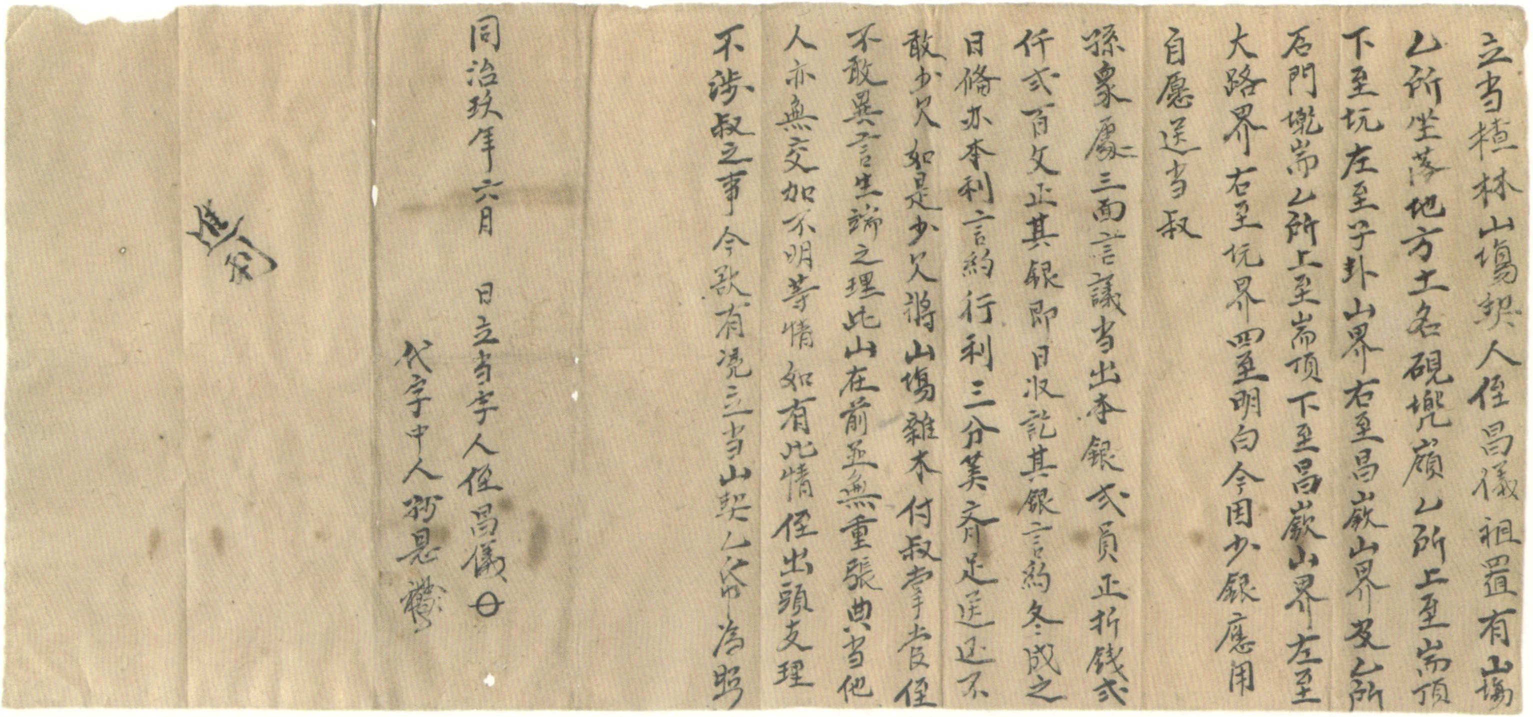
立当楂林山場契人侄昌儀祖置有山場
山所坐落地方土名硯坮嶺山所上至崗頂
下至坑左至字卦山界右至昌崴山界又山所
石門墘崗山所上至崗頂下至昌崴山界左至
大路界右至坑界四至明白今因少銀應用
自愿送当叔
孫象慶三面言議当出本銀弍員正折錢弍
仟弍百文正其銀即日收訖其銀言約冬成之
日備办本利言約行利三分莫齐足送还不
敢少欠如是少欠將山場雜木付叔掌管侄
不敢異言生端之理此山在前並無重張典当他
人亦無交加不明等情如有此情侄出頭支理
不涉叔之事今欲有憑立当山契一紙為照
同治玖年六月　日立当字人侄昌儀（押）
代字中人孙恳（押）
進利

10-6-50-4　清同治九年六月黃昌儀立當楂林山場契

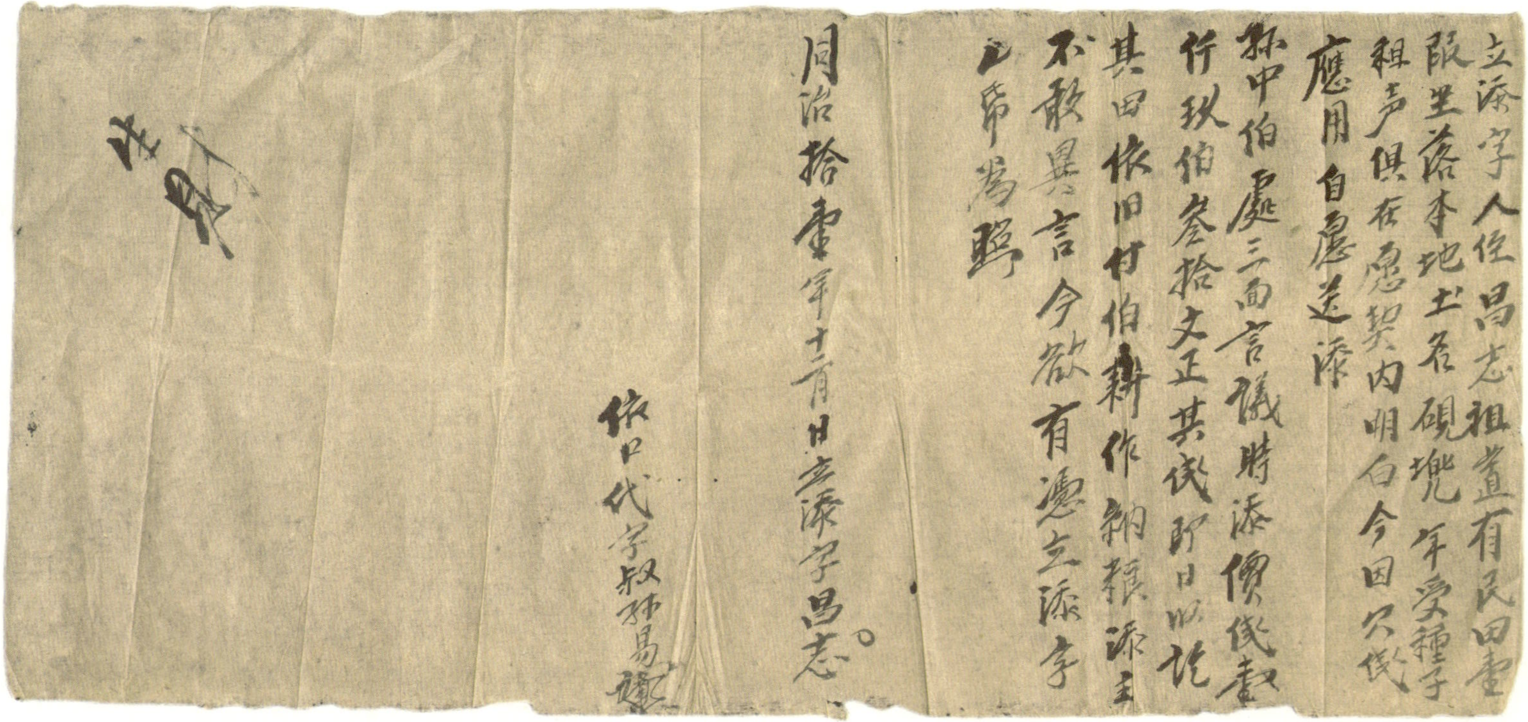

立添字人侄昌志祖置有民田壹
段坐落本地土名硯坵年受種子
租声俱在原契内明白今因欠錢
應用自愿送添
叔中伯處三面言議時添價錢壹
仟玖伯叁拾文正其錢即日收訖
其田依旧付伯耕作納粮添主
不敢異言今欲有憑立添字
一帋為照
同治拾壹年十二月日立添字昌志
依口代字叔孙昌[illegible]

10-6-50-5　清同治十一年十二月黄昌志立添民田字

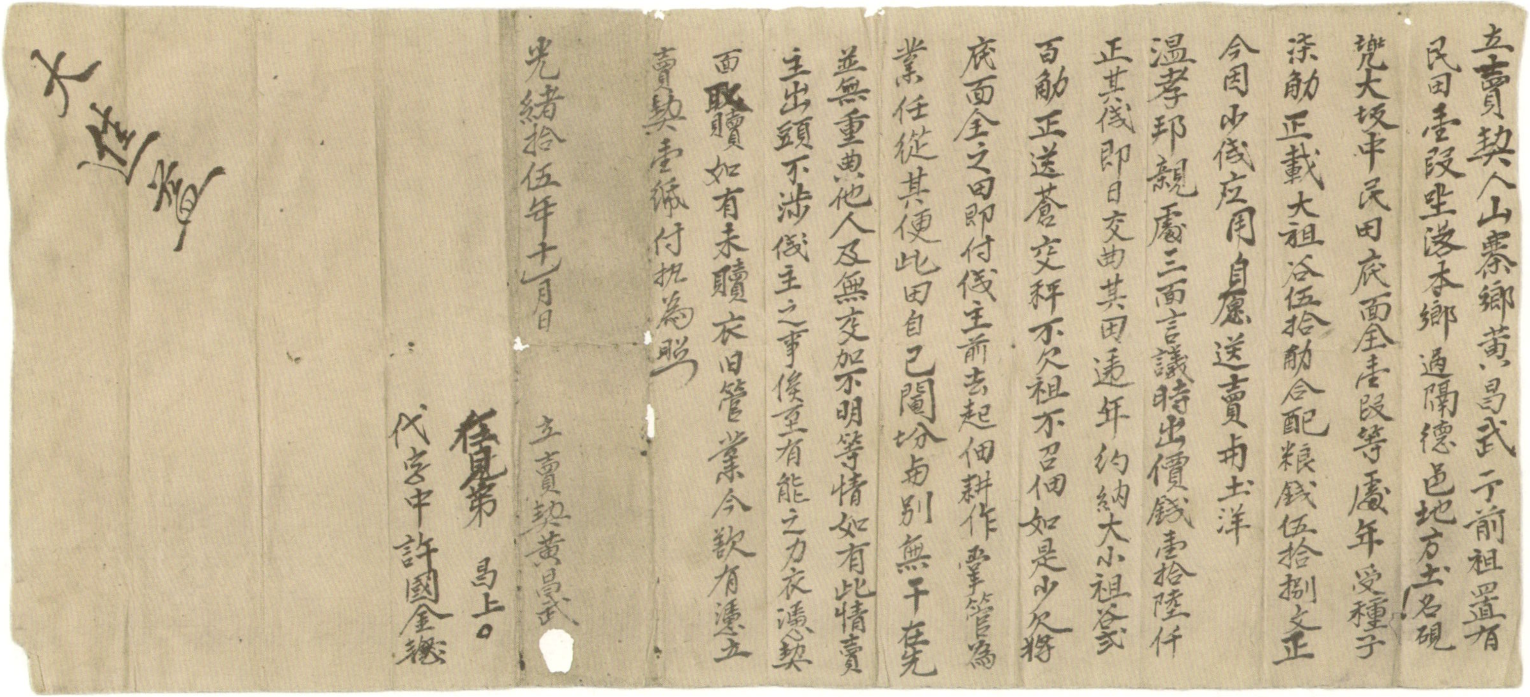
立賣契人山寮鄉黄昌武，今有前祖置有
民田壹段坐落本鄉過陽德邑地方土名硯
坑大坂中民田底面全壹段等處年受種子
柒觔正載大祖谷伍拾觔合配粮錢伍拾捌文正
今因少錢應用自愿送賣與土洋
温孝耶親處三面言議時出價錢壹拾陸仟
正其錢即日交與其田逐年約納大小祖谷貳
百觔正送蒼交秤不欠祖不召佃如是少欠將
底面全之田即付錢主前去起佃耕作掌管為
業任從其便此田自己閩分與別無干在先
並無重典他人及無交加不明等情如有此情賣
主出頭不涉錢主之事候至有能之力衣議契
面取贖如有未贖衣旧管業今欲有憑立
賣契壹紙付執為照
光緒拾伍年十一月日
立賣契黄昌武
在見弟 昌上○
代字中 許國金○

10-6-50-6　清光緒十五年十一月黄昌武立賣民田契

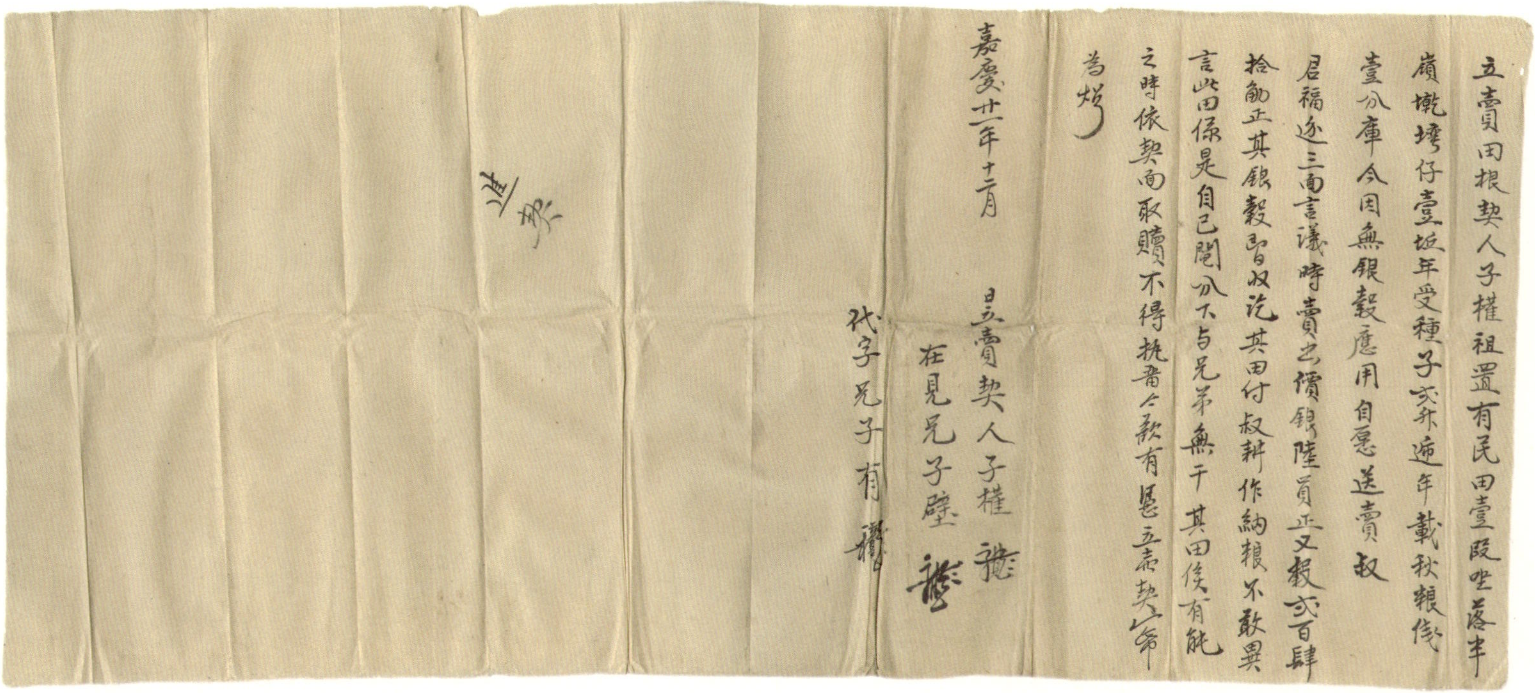
立賣田根契人子權祖置有民田壹段坐落半
嶺墘墩仔壹坵年受種子弍升近年載秋粮伐
壹分庫今因無銀穀應用自愿送賣叔
君福邊三面言議時賣出價銀陸員正又穀弍百肆
拾觔正其銀穀即日收訖其田付叔耕作納粮不敢異
言此田係是自己鬮分不与兄弟無干其田後有能
之時依契面取贖不得執留之故有恳立賣契一帋
為炤
嘉慶廿一年十二月 日立賣契人子權
在見兄子璧
代字兄子有

10-6-51-1 清嘉慶二十一年十二月黄子權立賣民田根契

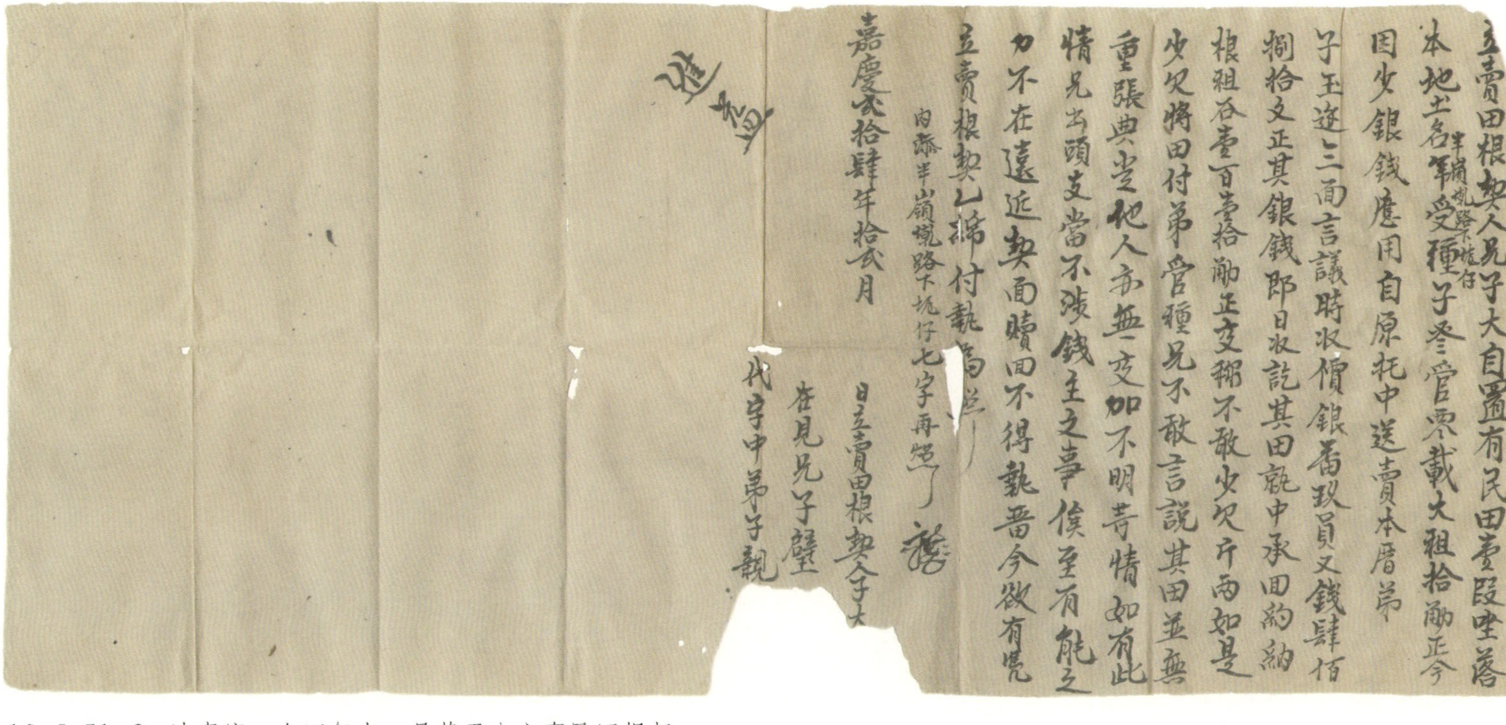

立賣田根契人兄子大自置有民田壹段坐落
本地土名半嶺坑路下坑仔受種子叁管粟載大租拾觔正今
因乏銀錢應用自原托中送賣本房弟
子玉進三面言議時收價銀番玖員又錢肆佰
捌拾文正其銀錢即日收訖其田就中承田納納
根租谷壹百壹拾觔正交鄉不敢少欠斤兩如是
少欠將田付弟管種兄不敢言說其田並無
重張典掛他人亦無交加不明等情如有此
情兄出頭支當不涉錢主之事倘至有能之
力不在遠近契面贖田不得執留今欲有憑
立賣根契一紙付執為照。
內添半嶺坑路下坑仔七字再照。

嘉慶貳拾肆年拾貳月　日立賣田根契人兄子大

在見兄子璧

代字中弟子親

10-6-51-2　清嘉慶二十四年十二月黄子大立賣民田根契

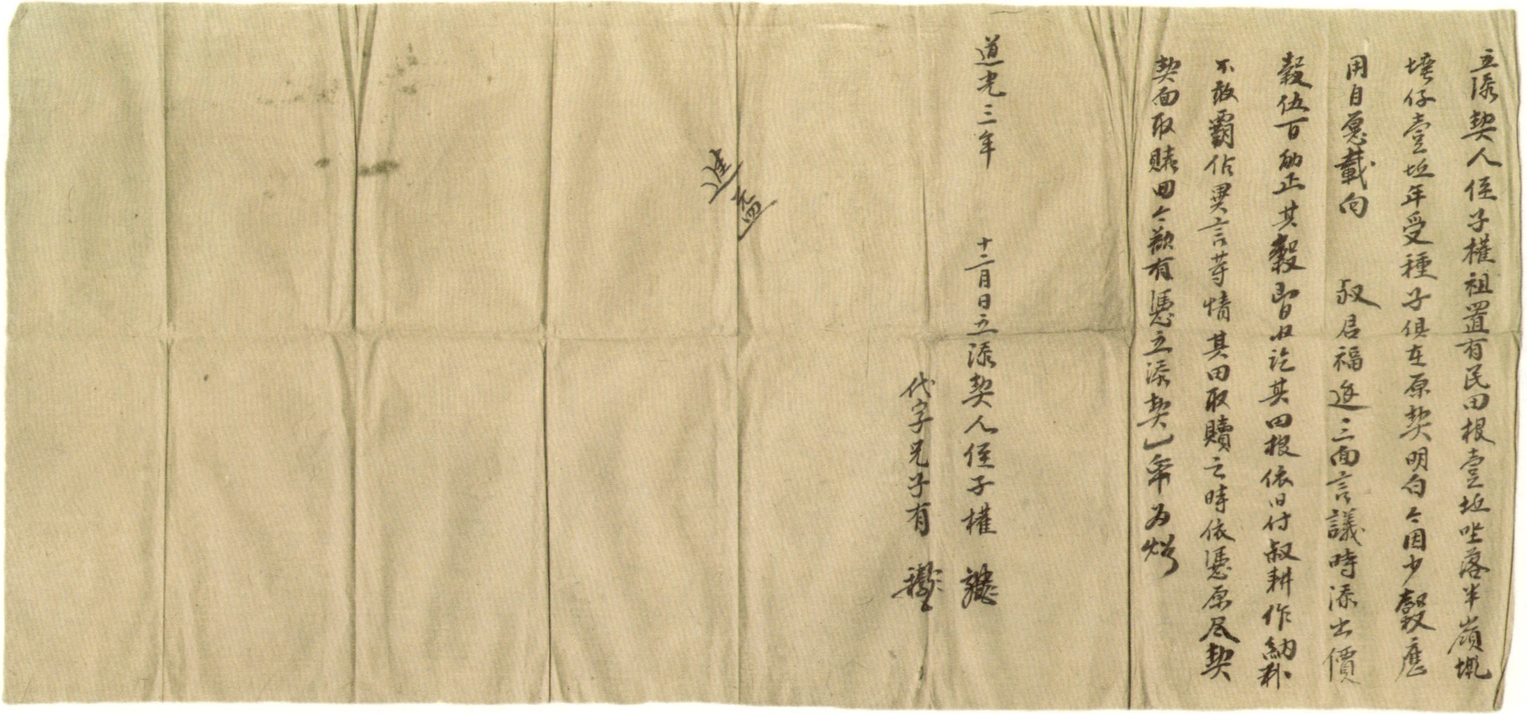
立添契人侄子權祖置有民田根壹坵坐落半嶺垻
壋仔壹坵年受種子俱在原契明白今因少穀應
用自愿載向　叔居福邊三面言議時添出價
穀伍百觔正其穀當日收訖其田根依旧付叔耕作納租
不敢霸佔異言等情其田取贖之時依憑原尽契
契面取贖田々欵有憑立添契一帋為炤
道光三年　十二月日立添契人侄子權
代字兄子有

10-6-51-3　清道光三年十二月黃子權立添民田根契

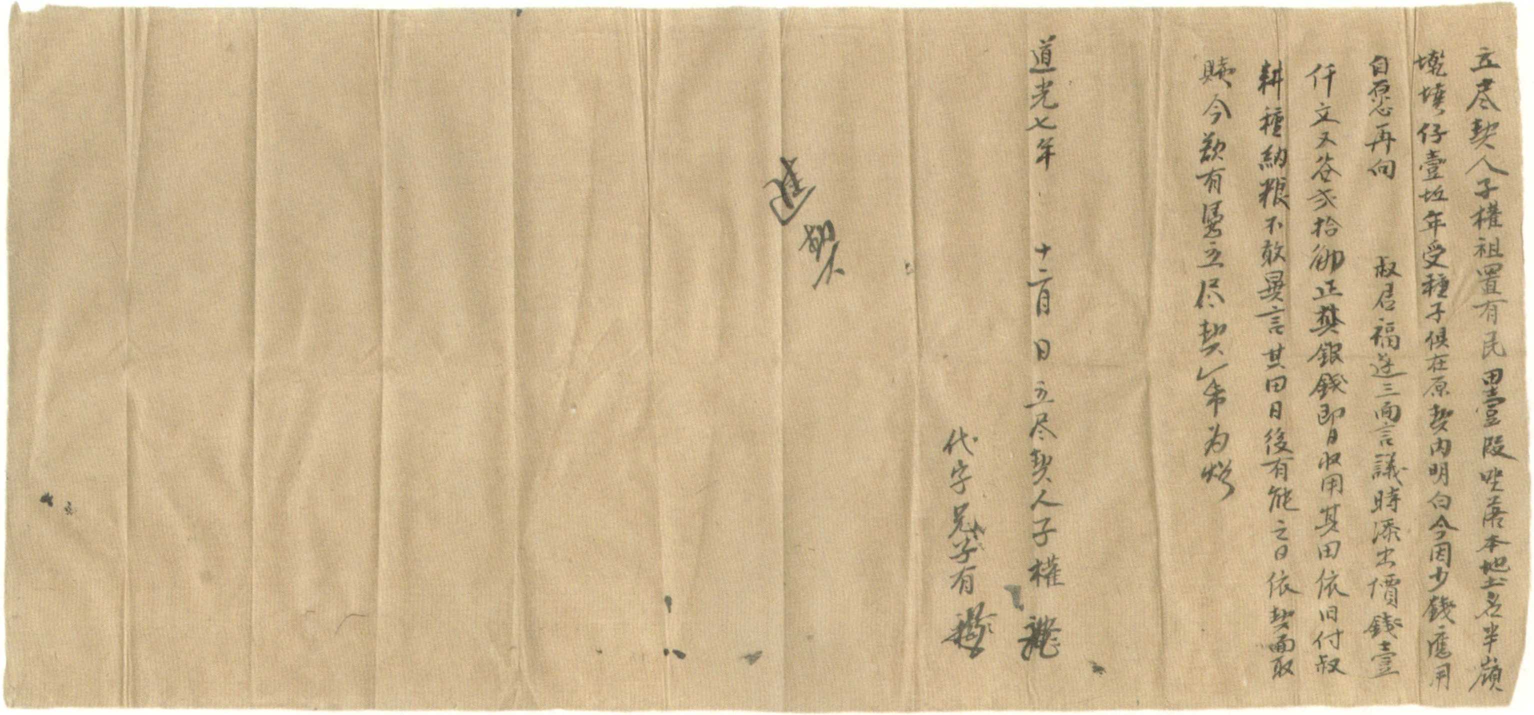
立盡契人子權祖置有民田壹段坐產本地土名半嶺
墘墘仔壹坵年受種子俱在原契內明白今因乏錢應用
自愿再向　叔居福邊三面言議時添出價錢壹
仟文又答叁拾御正番銀錢即日收用其田依旧付叔
耕種納粮不敢異言其田日後有能之日依契面取
贖今欲有憑立盡契一紙為照
道光七年　十二月　日立盡契人子權（押）
代字兄子有（押）
盡契不

10-6-51-4　清道光七年十二月黃子權立盡民田契

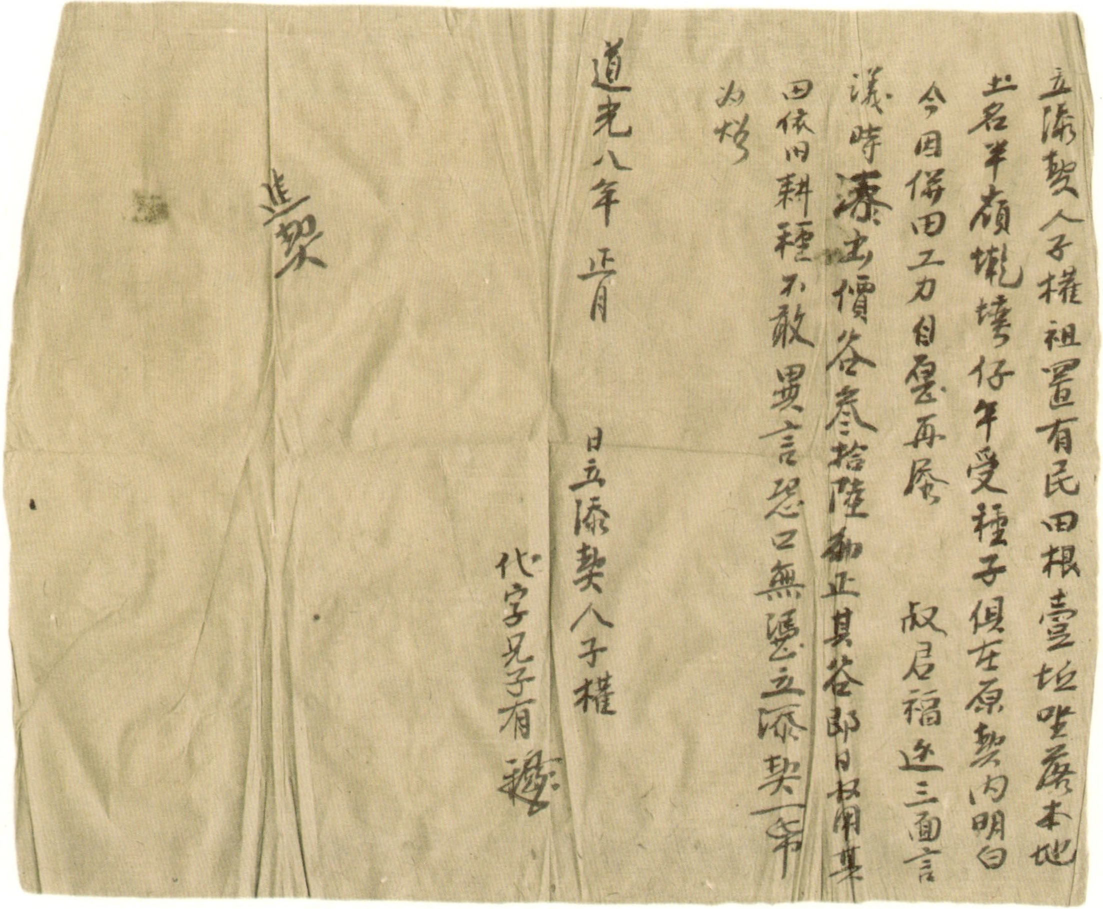
立添契人子權，祖置有民田根壹坵，坐落本地
土名羊嶺墘壋仔，年受種子俱在原契內明白。
今因缺田工力，自愿再向　叔君福邊三面言
議，時添出價谷叁拾陸斤正，其谷即日收開，其
田依旧耕種，不敢異言。恐口無憑，立添契一帋
為照。

道光八年正月　日立添契人子權
代字兄子有（押）

進契

10-6-51-5　清道光八年正月黃子權立添民田根契

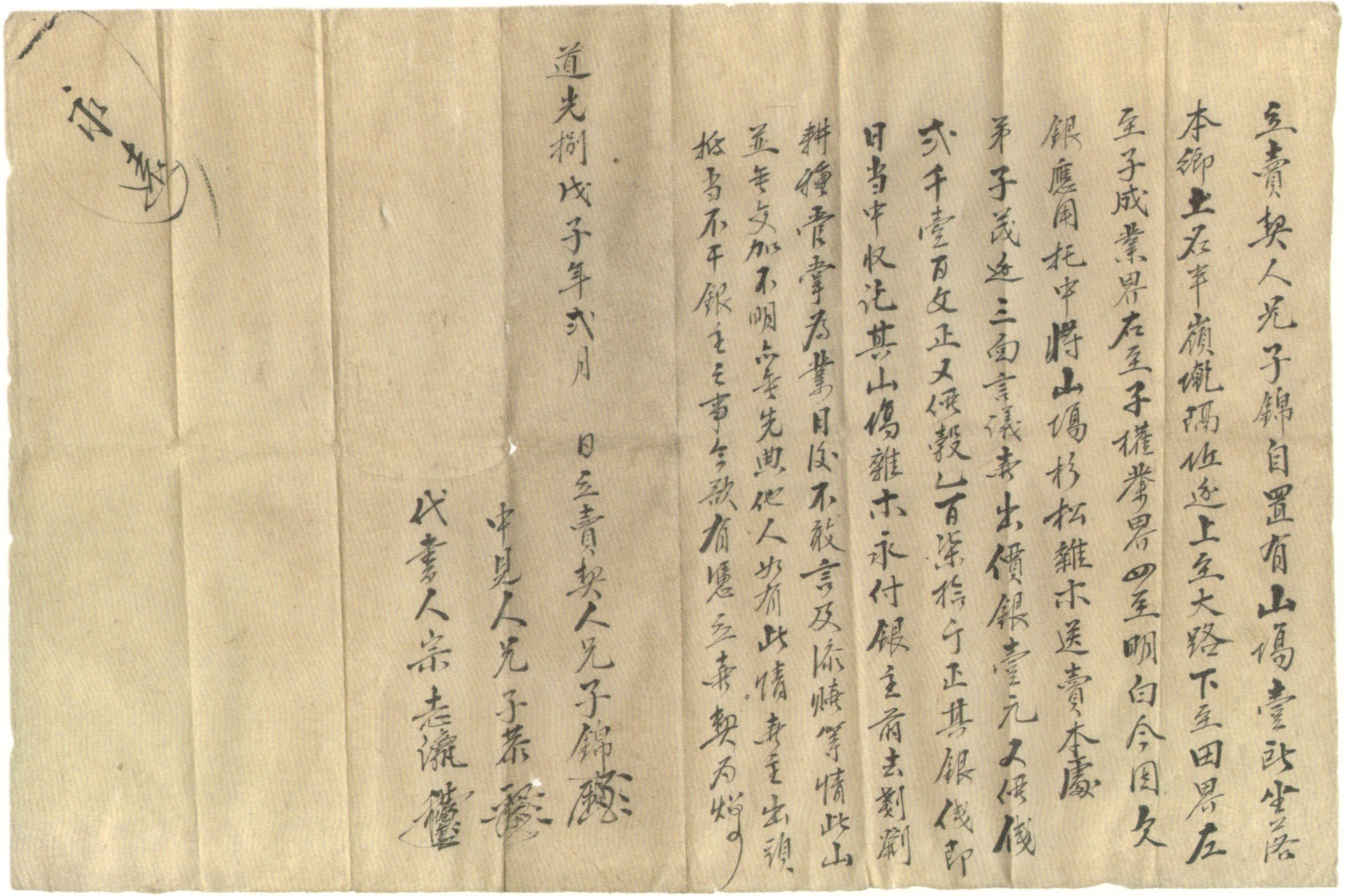
立賣契人黃子錦自置有山場壹號坐落
本鄉土名牛嶺墘隔仔邊上至大路下至田界左
至子成業界右至子權業界四至明白今因欠
銀應用托中將山場杉松雜木送賣本處
弟子茂邊三面言議出價銀壹元又價錢
弍千壹百文正又價穀乙百柒拾斤正其銀錢即
日當中收訖其山場雜木永付銀主前去劉劉
耕種管掌為業日後不敢言及添贖等情此山
並無文加不明亦無先典他人并有此情賣主出頭
抵當不干銀主之事今欲有憑立賣契為炤
道光捌戊子年弍月　日立賣契人黃子錦（押）
中見人黃子恭（押）
代書人宗志濂（押）
仝契

10-6-51-6　清道光八年二月黃子錦立賣山場契

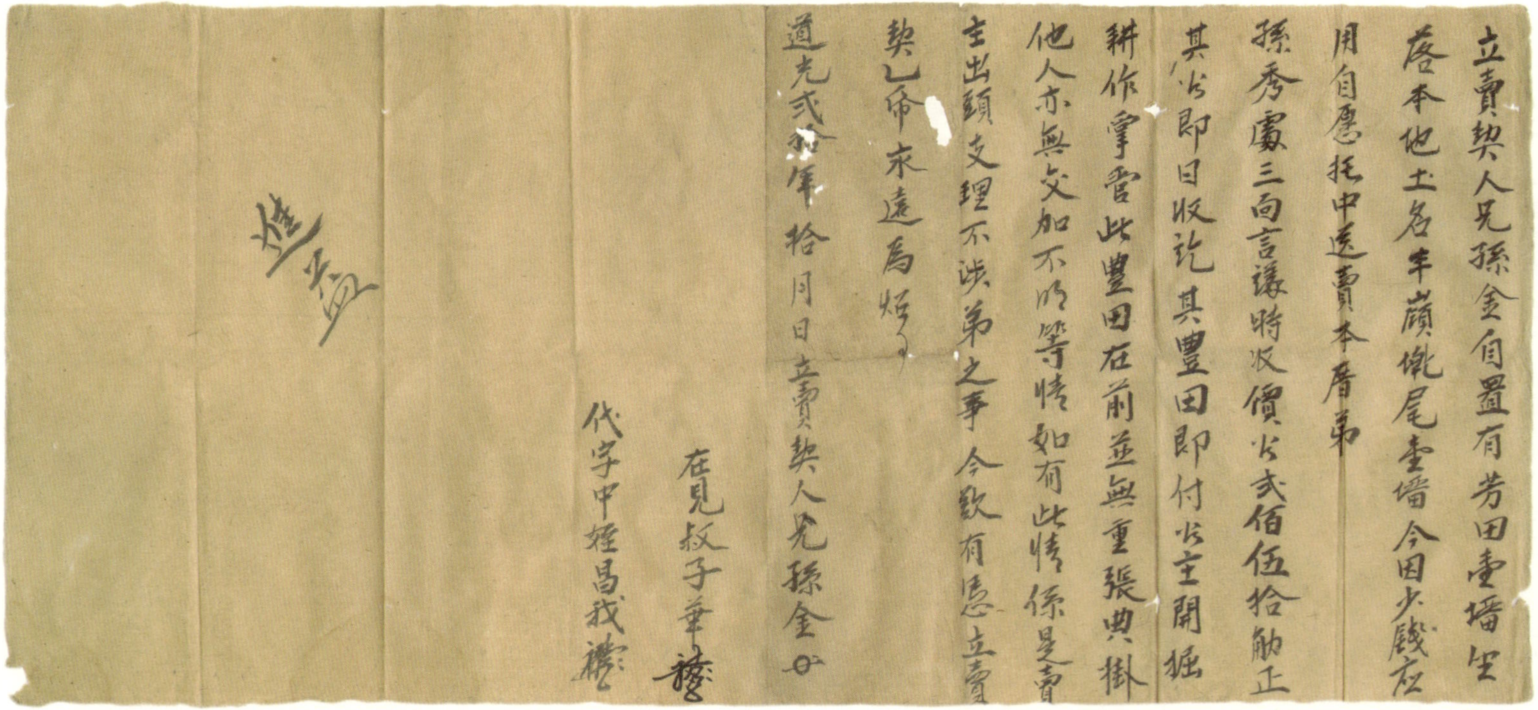

立賣契人兄孫金自置有芳田壹墡坐
落本地土名牛嶺坑尾壹墡今因少錢应
用自愿托中送賣本房弟
孫秀處三面言議時價钱弍佰伍拾觔正
其钱即日收訖其豐田即付钱主開掘
耕作管當此豐田在前並無重張典掛
他人亦無交加不明等情如有此情係是賣
主出頭支理不涉弟之事今欲有憑立賣
契乙帋永遠爲炤
道光弍拾年拾月日立賣契人兄孫金
在見叔子華
代字中侄昌我

10-6-51-7　清道光二十年十月黄孫金立賣芳田契

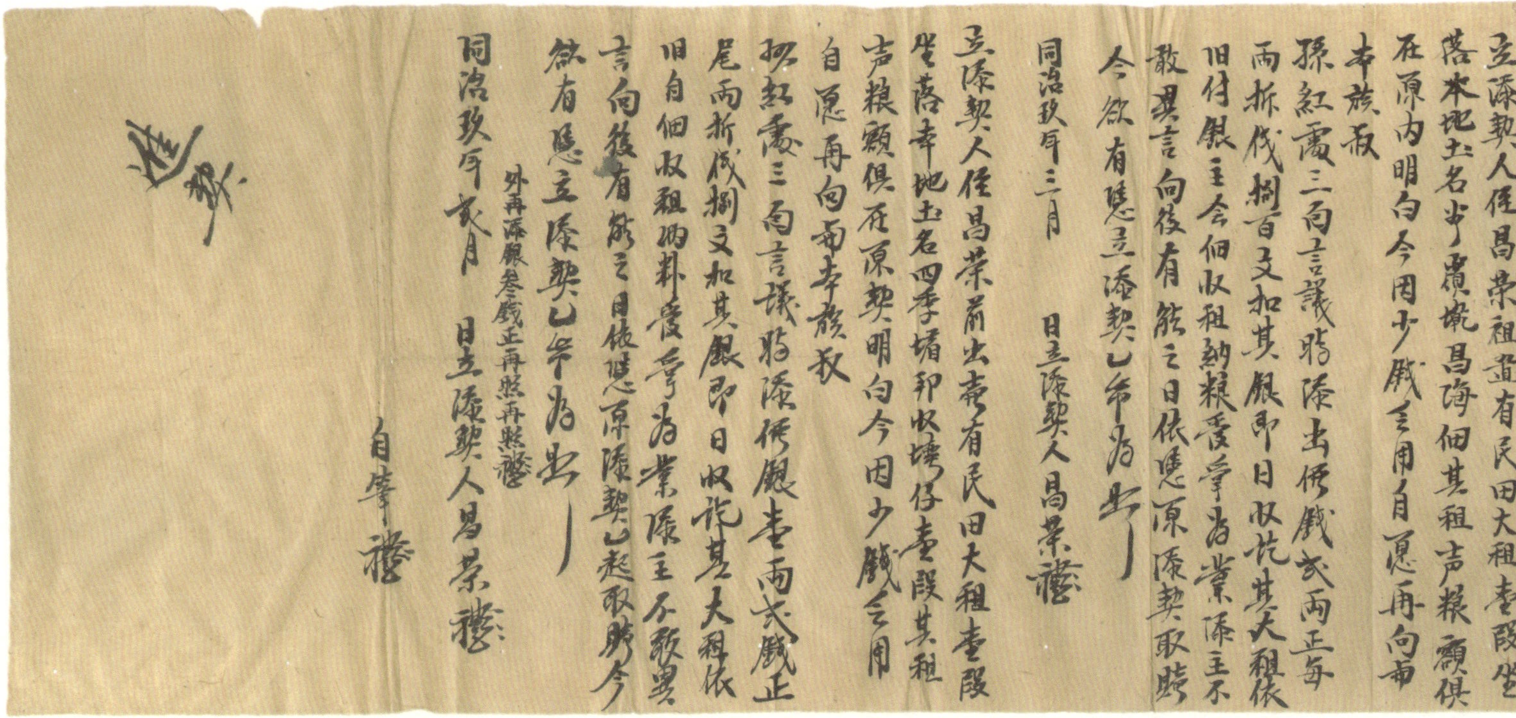

立添契人侄昌荣祖遺有民田大租壹段坐
落本地土名小丁貴垅昌海佃其租声粮額俱
在原內明白今因乏錢應用自愿再向弟
本族叔
孫紅霞三面言議將添出佛銀貳兩正每
兩折伐捌百文加其銀即日收訖其大租依
旧付銀主会佃收租納粮管掌為業添主不
敢異言向後有銀之日依照原添契取贖
今欲有憑立添契一紙為照
同治玖年三月　日立添契人昌荣（押）

立添契人侄昌荣前出賣有民田大租壹段
坐落本地土名四季墻邨收壕仔壹段其租
声粮額俱在原契明白今因乏錢應用
自愿再向弟本族叔
孫紅霞三面言議將添佛銀壹兩貳錢正
尾兩折伐捌文加其銀即日收訖其大租依
旧自佃收租納粮管掌為業添主不敢異
言向後有銀之日依照原添契一起取贖今
欲有憑立添契一紙為照
外再添銀叁錢正再照再照（押）
同治玖年貳月　日立添契人昌荣（押）
自筆（押）

[illegible]契

10-6-51-8　清同治九年三月黃昌荣立添民田大租契

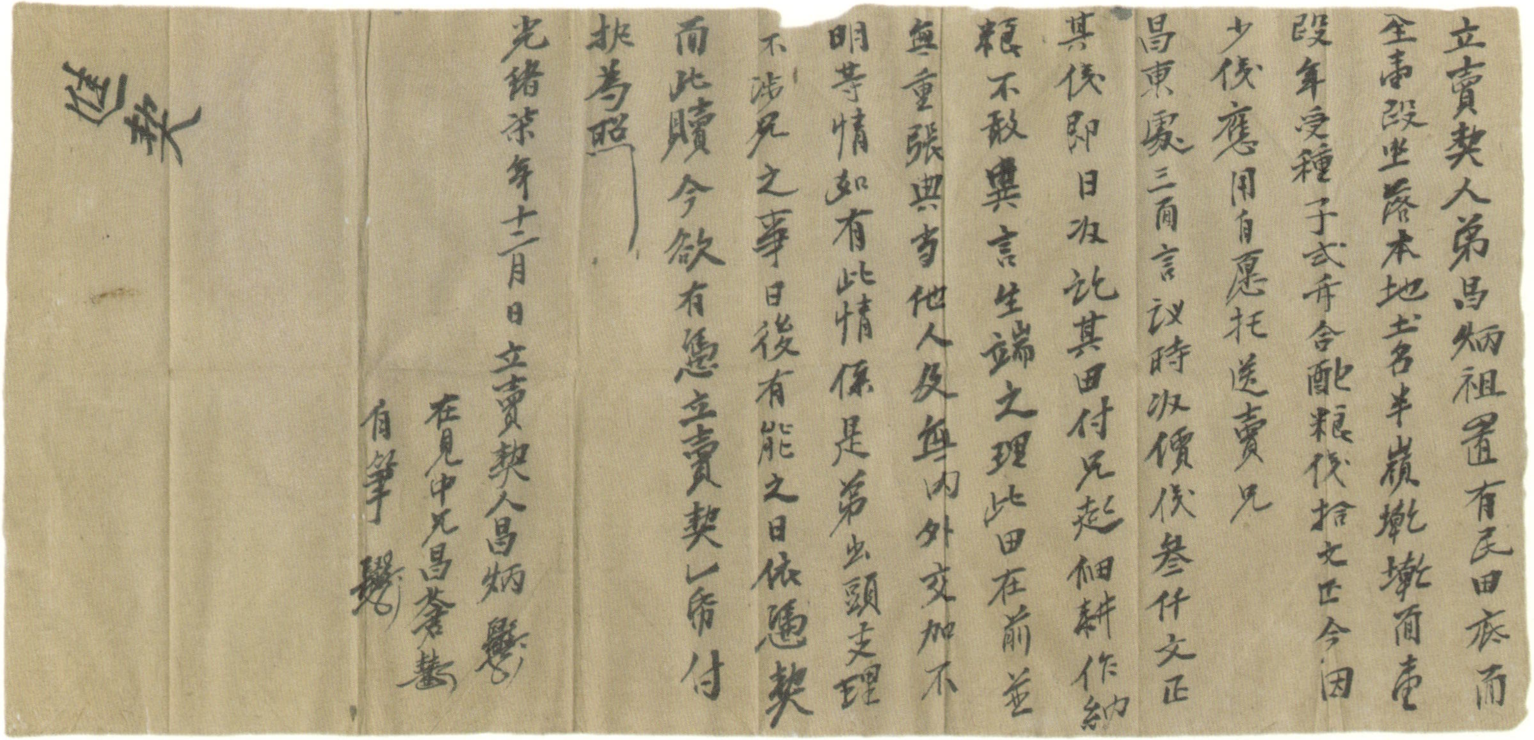
立賣契人弟昌炳祖置有民田底面
全壹段坐落本地土名半嶺墘墘面壹
段年受種子弍斗合配粮伐拾文正今因
少伐應用自愿托送賣兄
昌東處三面言议時值價伐叁仟文正
其伐即日收訖其田付兄起佃耕作納
粮不敢異言生端之理此田在前並
無重張典當他人及無內外交加不
明等情如有此情係是弟出頭支理
不涉兄之事日後有能之日依憑契
而此贖今欲有憑立賣契一紙付
執為照
光緒柒年十二月日 立賣契人昌炳（押）
在見中兄昌蒼（押）
自筆（押）

10-6-51-9 清光緒七年十二月黄昌炳立賣底面全民田契

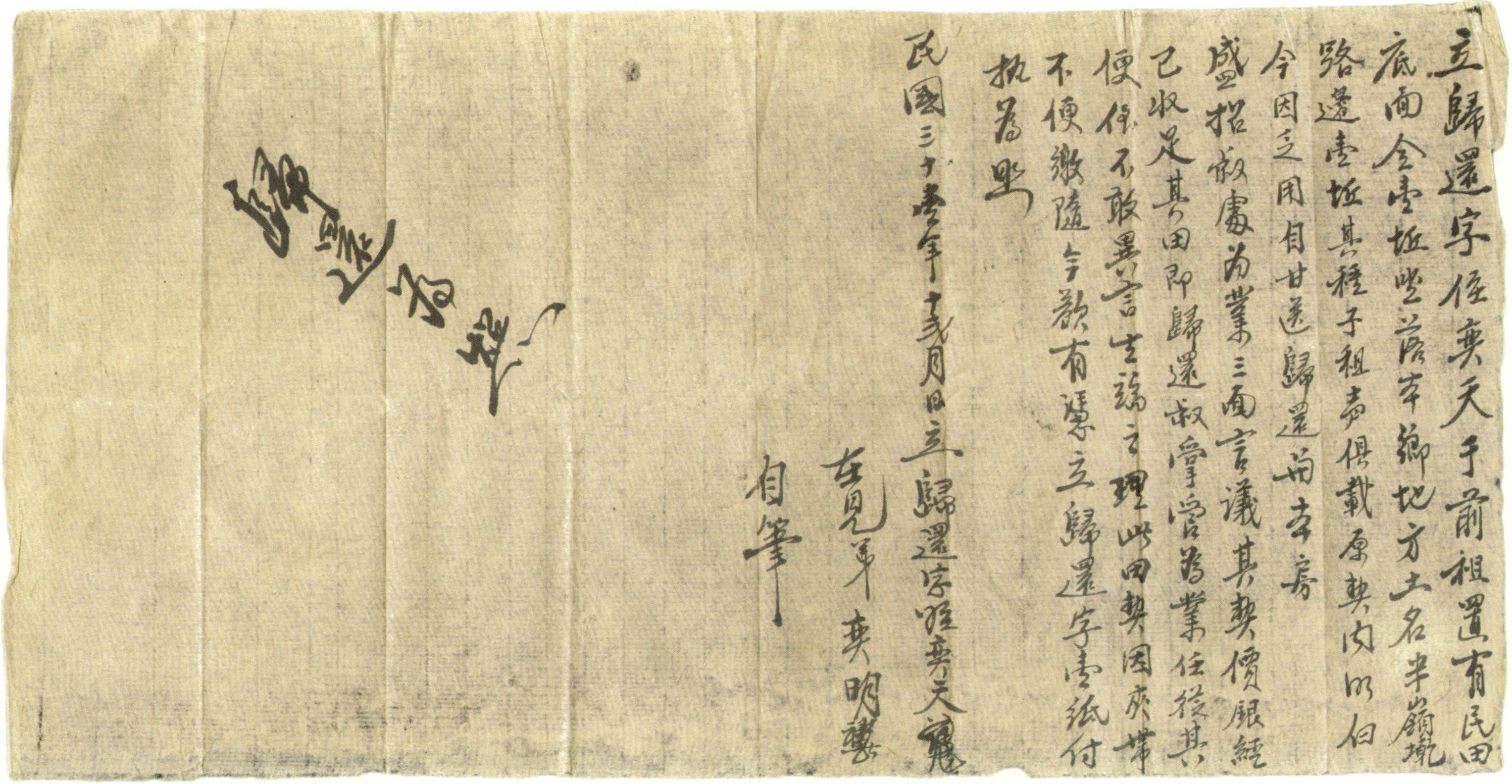

立歸還字侄奕天，于前祖置有民田
底面全壹坵，坐落本鄉地方，土名半嶺坑
路邊壹坵，其種子租額俱載原契內，明白
今因乏用，自甘送歸還向本房
盛指叔處爲業，三面言議其契價銀經
已收足，其田即歸還叔掌管爲業，任從其
便，侄不敢異言生端之理，此田契因疾帶
不便繳，隨今款有憑，立歸還字壹紙付
執爲照。

民國三十壹年十貳月　日立歸還字侄奕天（押）

在見　弟奕明（押）

自筆

10-6-51-10　民國三十一年十二月黄奕天立歸還底面全民田字

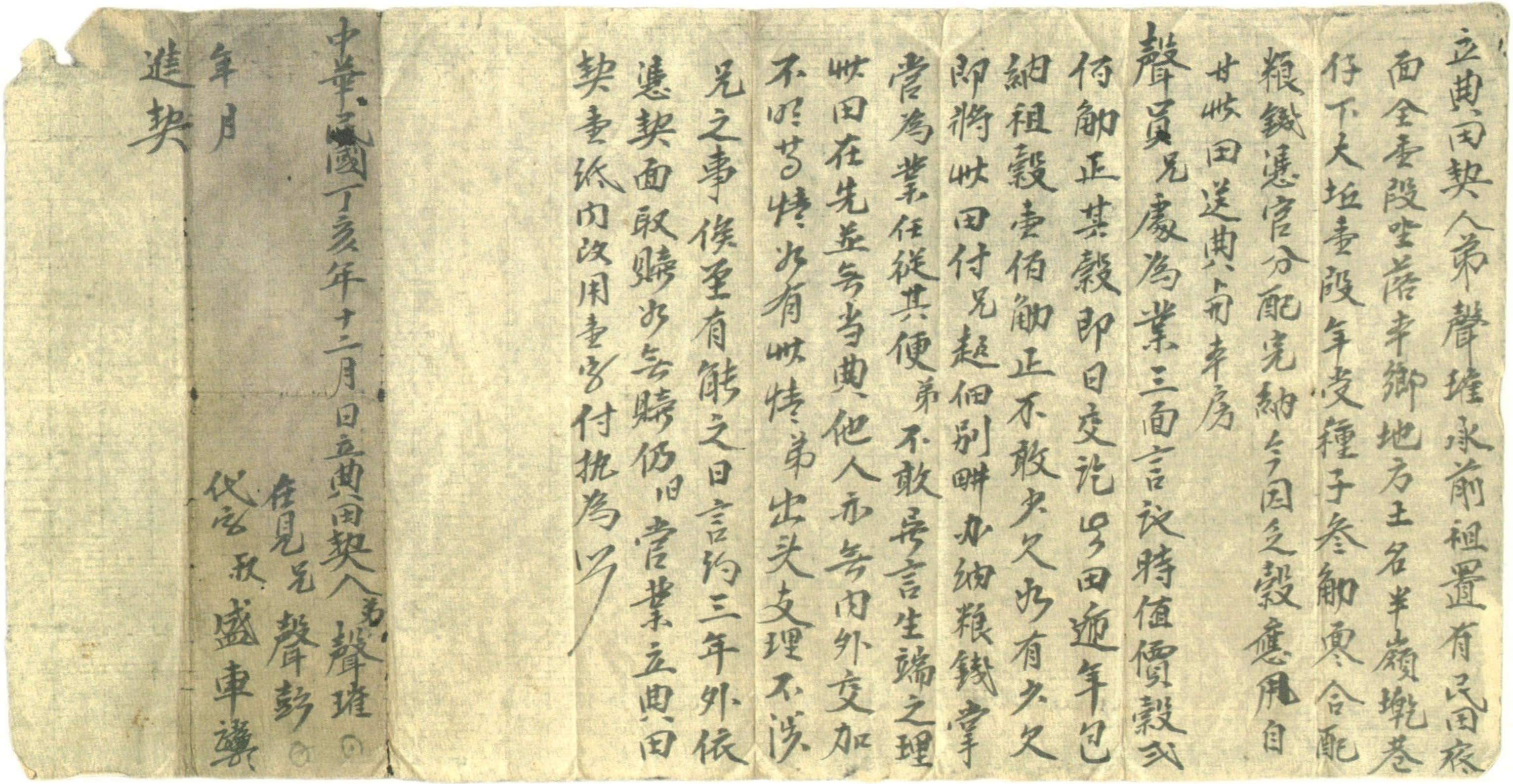

立典田契人弟聲璀承前祖置有民田底
面全壹段坐落本鄉地方土名半嶺墘巷
仔下大坵壹段年受種子叁斛柒合配
糧鐵憑官分配完納今因乏穀應用自
甘將田送典與本房
聲員兄處為業三面言議時值價穀弍
佰斛正其穀即日交訖另田逐年包
納租穀壹佰斛正不敢少欠如有少欠
即將此田付兄起佃別耕办納糧錢掌
管為業任從其便弟不敢异言生端之理
此田在先並無当典他人亦無內外交加
不明等情如有此情弟出頭支理不涉
兄之事候至有能之日言約三年外依
憑契面取贖如無贖仍舊管業立典田
契壹紙內改用壹字付執為照

中華民國丁亥年十二月日立典田契人弟聲璀
在見兄聲彭
代字叔盛東鑾
年月進契

10-6-51-11　民國三十六年十二月黃聲璀立典底面全民田契

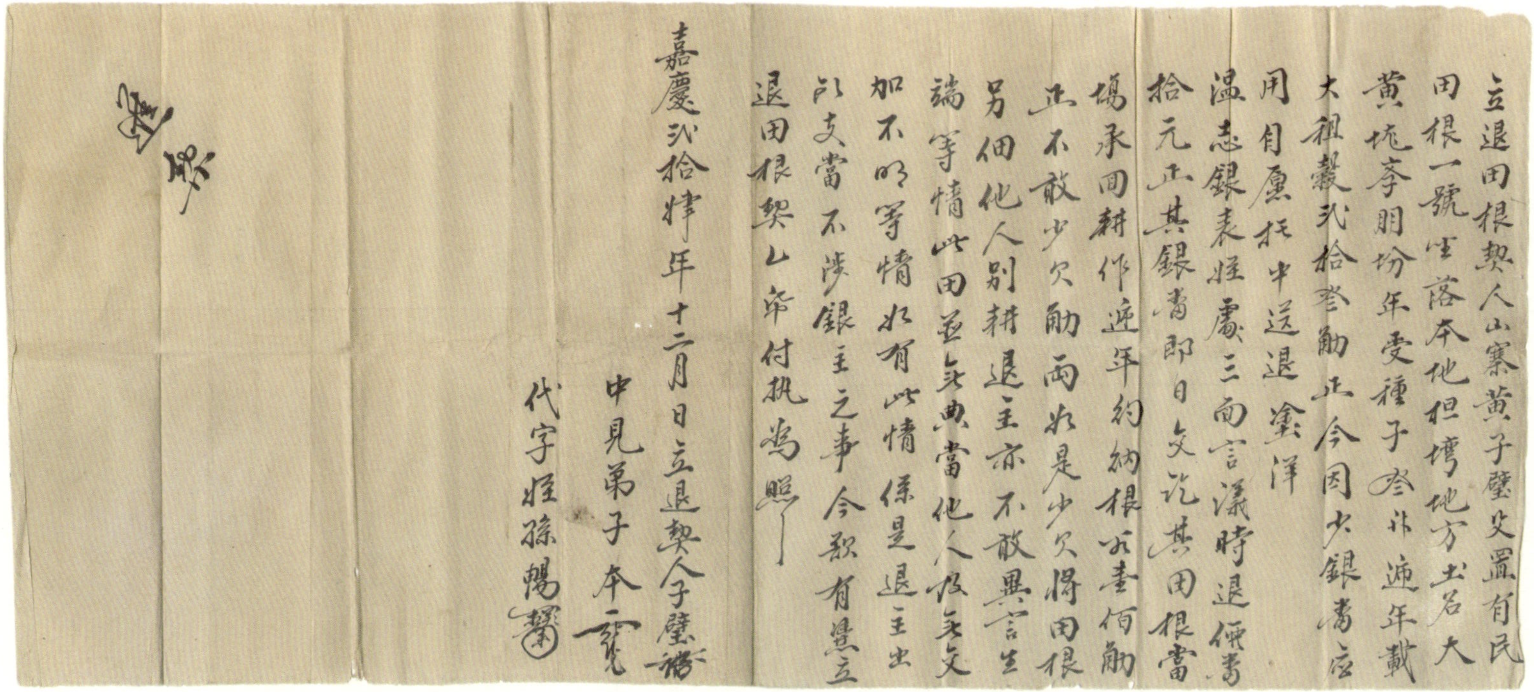

立退田根契人山寨黃子璧父置有民
田根一號坐落本地但墫地方土名大
黃坵季朋坋年受種子叁卄遞年載
大租穀弍拾叁觔正今因乏銀需應
用自願托中送退塗洋
温志銀表姪處三面言議時退價番
拾元正其銀當即日交訖其田根當
場承回耕作遞年約納根谷壹佰觔
正不敢少欠觔兩如是少欠得田根
另佃他人別耕退主亦不敢異言生
端等情此田並無典當他人以無交
加不明等情如有此情係是退主出
身支當不涉銀主之事今欲有憑立
退田根契山帋付執為照

嘉慶弍拾肆年十二月日立退契人子璧（押）
中見弟子本（押）
代字姪孫鳴（押）

退契

10-6-52-1　清嘉慶二十四年十二月黃子璧立退民田根契

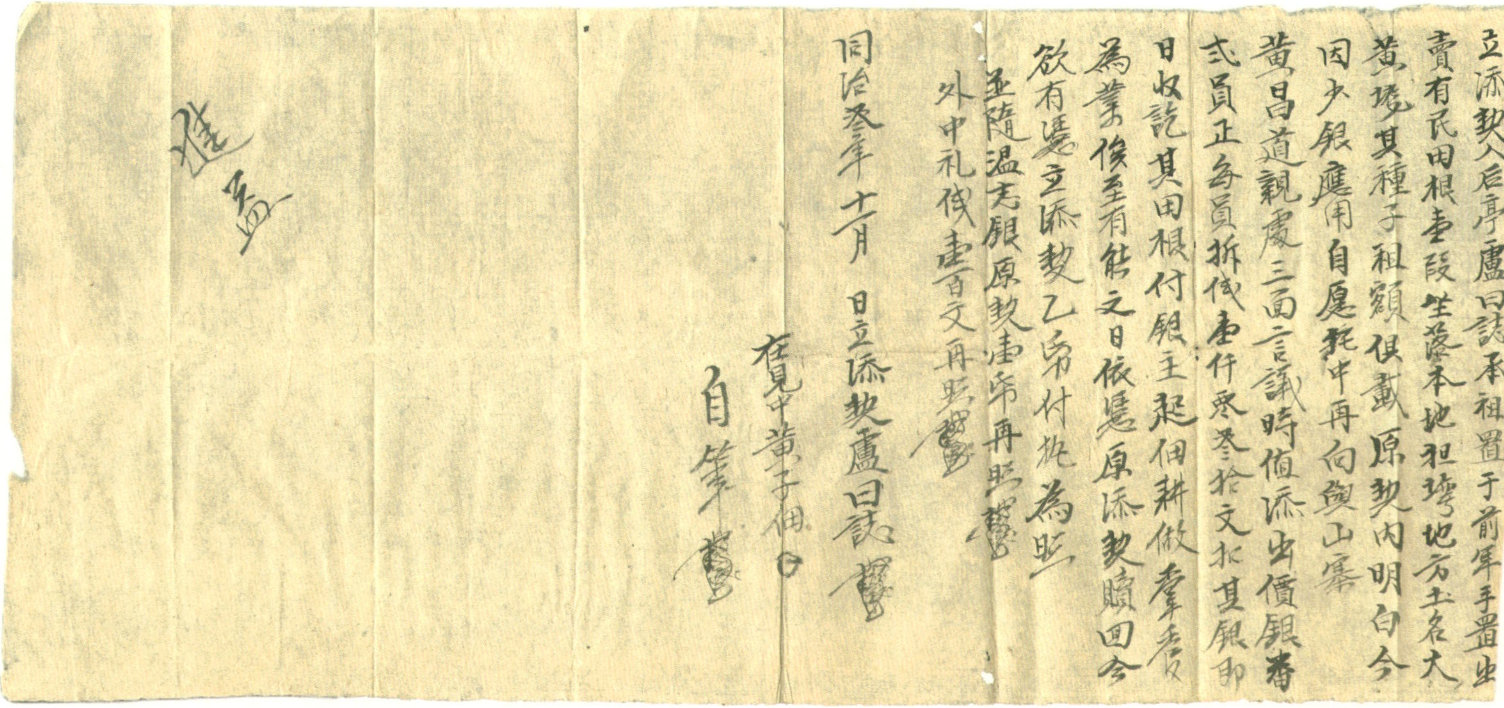

10-6-52-2　清同治三年十一月盧曰誌立添民田根契

立添契人启亭盧曰誌承祖置于前年手置出
賣有民田根壹段坐落本地祖塆地方土名大
黄塆其種子租額俱載原契內明白今
因乏銀應用自愿托中再向與山寨
黄昌道親處三面言議時值添出價銀番
式員正每員折錢壹仟叁佰叁拾文扣其銀即
日收訖其田根付銀主起佃耕做掌管
為業後至有能之日依憑原添契贖回今
欲有憑立添契乙帋付執為照
并隨溫老銀原契壹帋再照
外中礼錢壹百文再照
同治叁年十一月　日立添契盧曰誌
在見中黄子佃
自筆

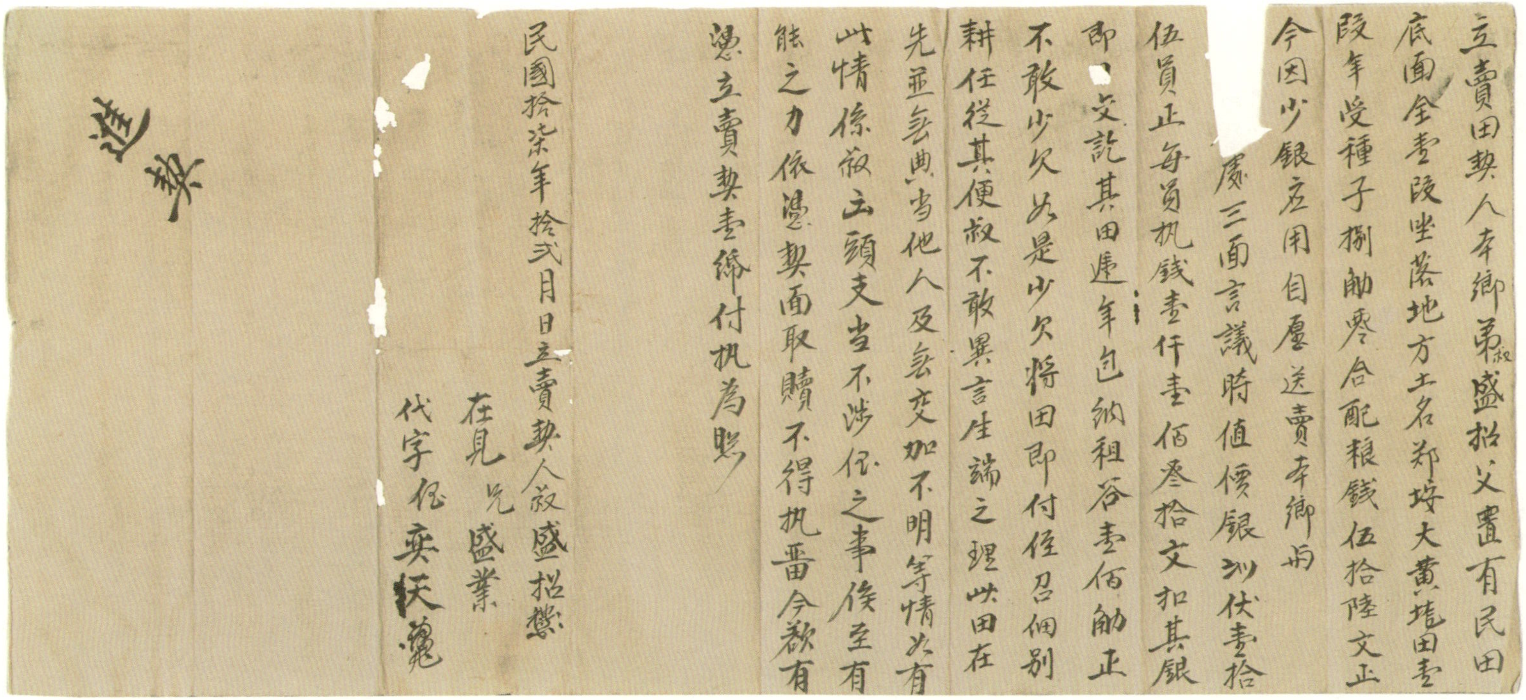

立賣田契人本鄉弟叔盛招父遺有民田
底面全壹段坐落地方土名郑垵大黄埕田壹
段年受種子捌觔零合配粮錢伍拾陸文正
今因少銀应用自愿送賣本鄉兩
處三面言議時值價銀沙伏壹拾
伍員正每員扣錢壹仟壹佰叁拾文扣其銀
即∟交訖其田逐年包納租谷壹佰觔正
不敢少欠如是少欠將田即付佃召佃别
耕任從其便叔不敢異言生端之理此田在
先並無典当他人及無交加不明等情如有
此情係叔一頭支当不涉侄之事倘至有
能之力依憑契面取贖不得执番今欲有
憑立賣契壹紙付执為照

民國拾柒年拾弍月日立賣契人叔盛招

在見兄盛業

代字侄奕伏蒐

進契

10-6-52-3　民國十七年十二月黃盛招立賣底面全民田契

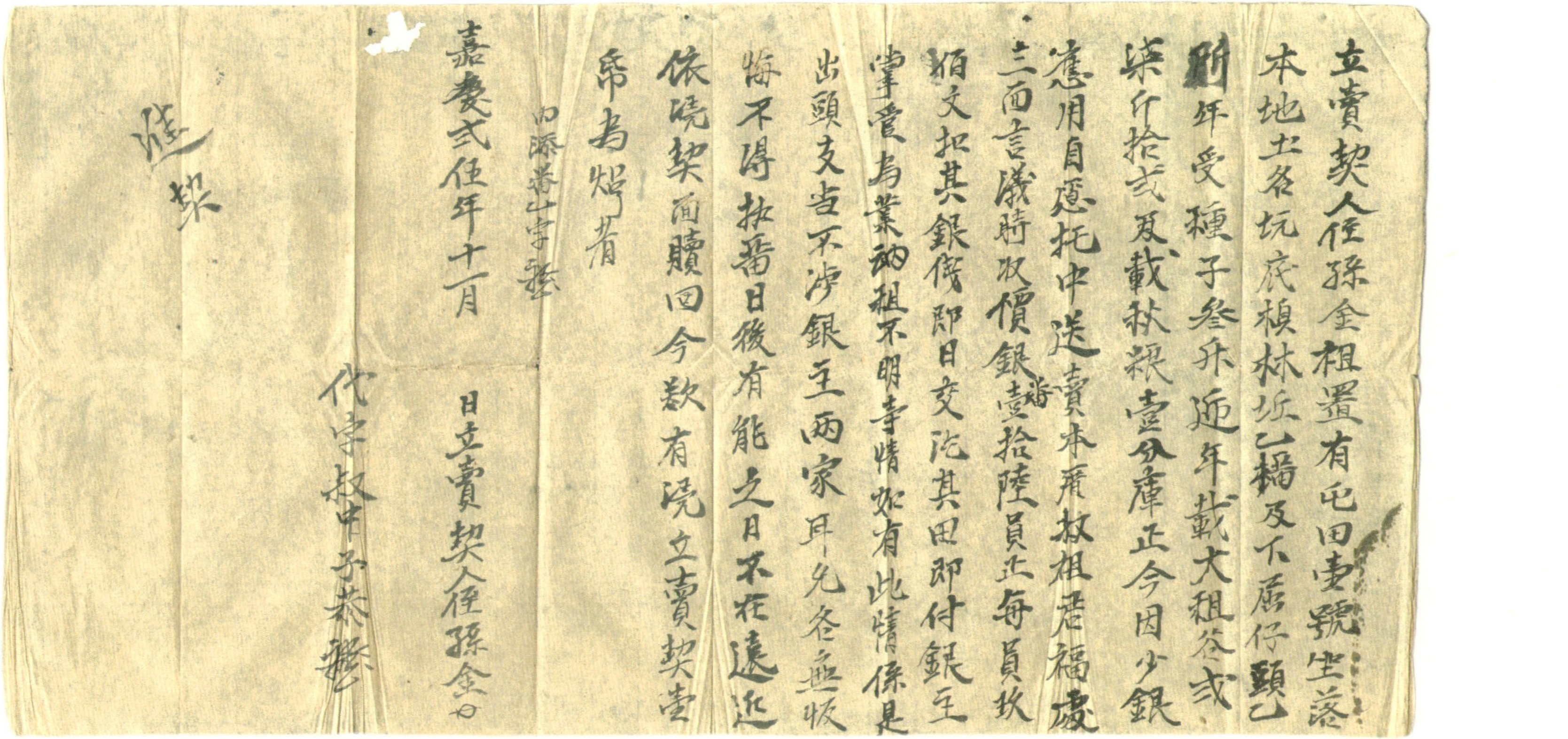

立賣契人侄孫金祖置有屯田壹號坐落
本地土名坑底楨林坵乙墦及下厝仔頭乙
垻年受種子叁升近年載大租谷弍
柒斤拾弍及載秋粮壹分庫正今因少銀
應用自愿托中送賣本房叔祖君福處
三面言議時價銀壹拾陸員正每員玖
佰文扣其銀價即日交訖其田即付銀主
掌管為業納租不明等情如有此情係是
出頭支當不涉銀主兩家甘允各無反
悔不得執番日後有能之日不拘遠近
依漢契面贖回今欲有凴立賣契壹
帋為炤着
內添番山字號
嘉慶弍伍年十一月　日立賣契人侄孫金◯
代字叔中子恭押
[illegible]契

10-6-53-1　清嘉慶二十五年十一月黃孫金立賣屯田契

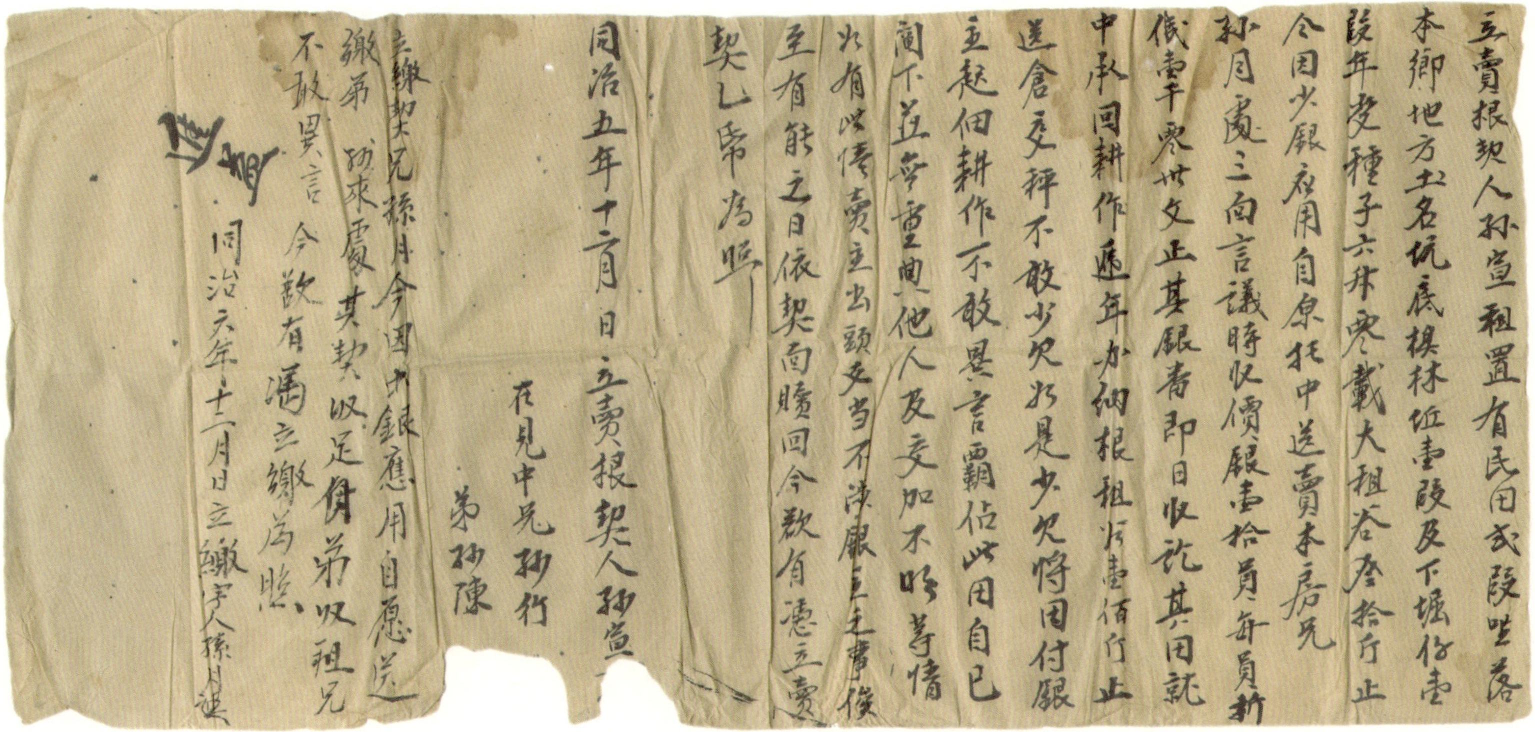

立賣根契人孫宣租置有民田式段坐落
本鄉地方土名坑底楻林垃壹段及下墟仔壹
段年受種子六升零載大租谷叁拾斤止
今因少銀應用自原托中送賣本房兄
孫月處三面言議時收價銀壹拾員每員折
伐壹千零卅文正其銀當即日收訖其田就
中承同耕作逐年加納根租谷壹佰斤止
送倉交秤不敢少欠如是少欠將田付銀
主起佃耕作不敢異言霸佔此田自己
閫下並無重典他人及交加不明等情
如有此情賣主出頭支当不涉銀主之事從
至有能之日依契面贖回今欲有憑立賣
契乙帋為照
同治五年十二月　日立賣根契人孫宣
在見中兄　孫行
弟　孫陳
立繳契人兄孫月今因少銀應用自愿送
繳弟　孫求處其契收足身弟收租兄
不敢異言　今欲有憑立繳為照
同治六年十二月日立繳字人孫月

10-6-53-2　清同治五年十二月黃孫宣立賣民田根契

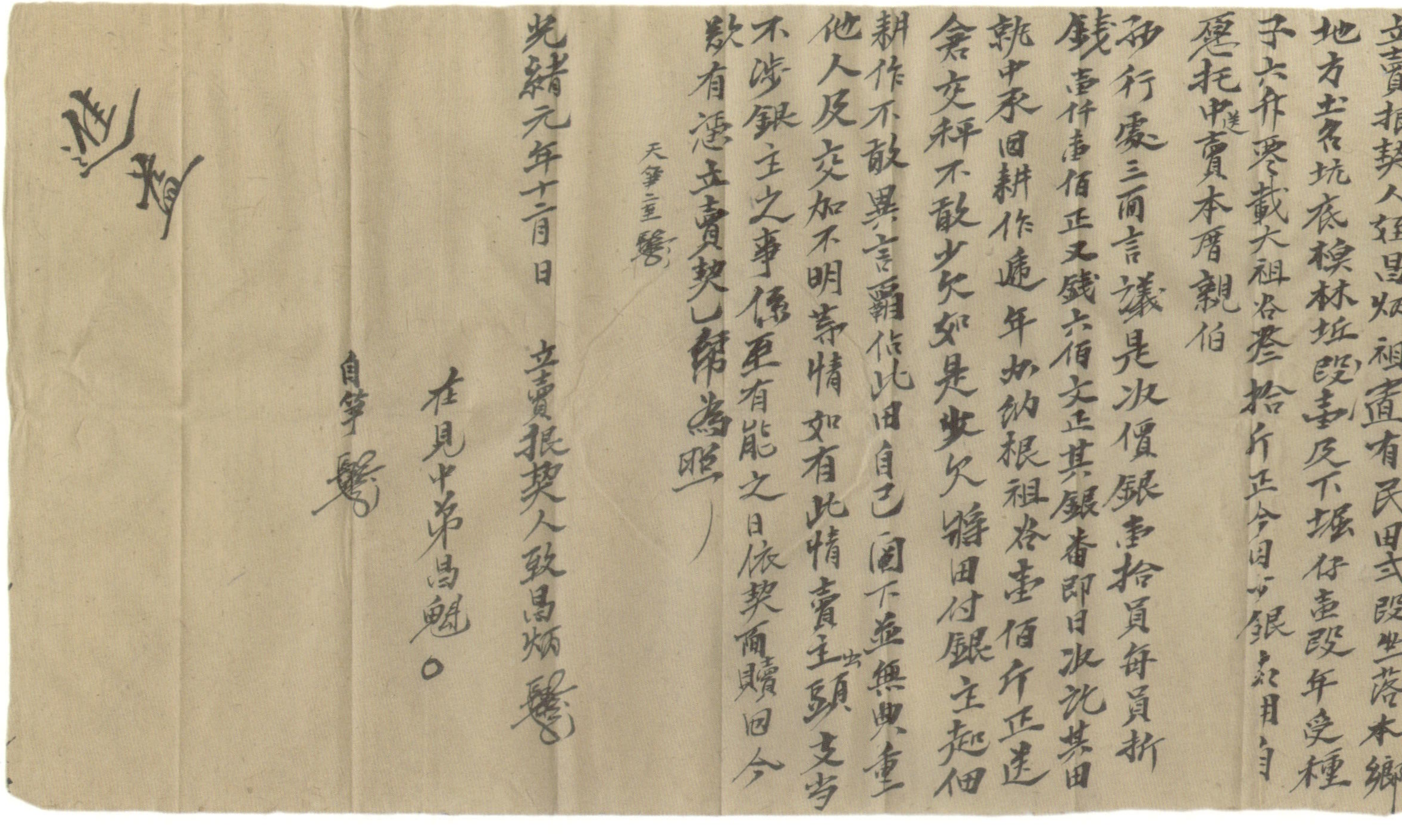
立賣根契人黃昌炳，祖遺有民田弍段，坐落本鄉
地方土名坑底横林垅，段壹及下垅仔壹段，年受種
子六升零，載大租谷叁拾斤正。今因乏銀應用，自
愿托中送賣本厝親伯
邊行處，三面言議，是汝價銀壹拾員，每員折
錢壹仟壹佰正，又錢六佰文正。其銀當即日收訖，其田
就中交回耕作，遞年如納根租谷壹佰斤正，送
倉交秤，不敢少欠。如是少欠，將田付銀主起佃
耕作，不敢異言霸佔。此田自己闔下並無典重
他人及交加不明等情，如有此情，賣主出頭支當，
不涉銀主之事。係至有能之日，依契面贖回。今
欲有憑，立賣契一紙為照。

天筆二重（押）

光緒元年十二月　日

立賣根契人黃昌炳（押）

在見中弟昌魁○

自筆（押）

10-6-53-3　清光緒元年十二月黃昌炳立賣民田根契

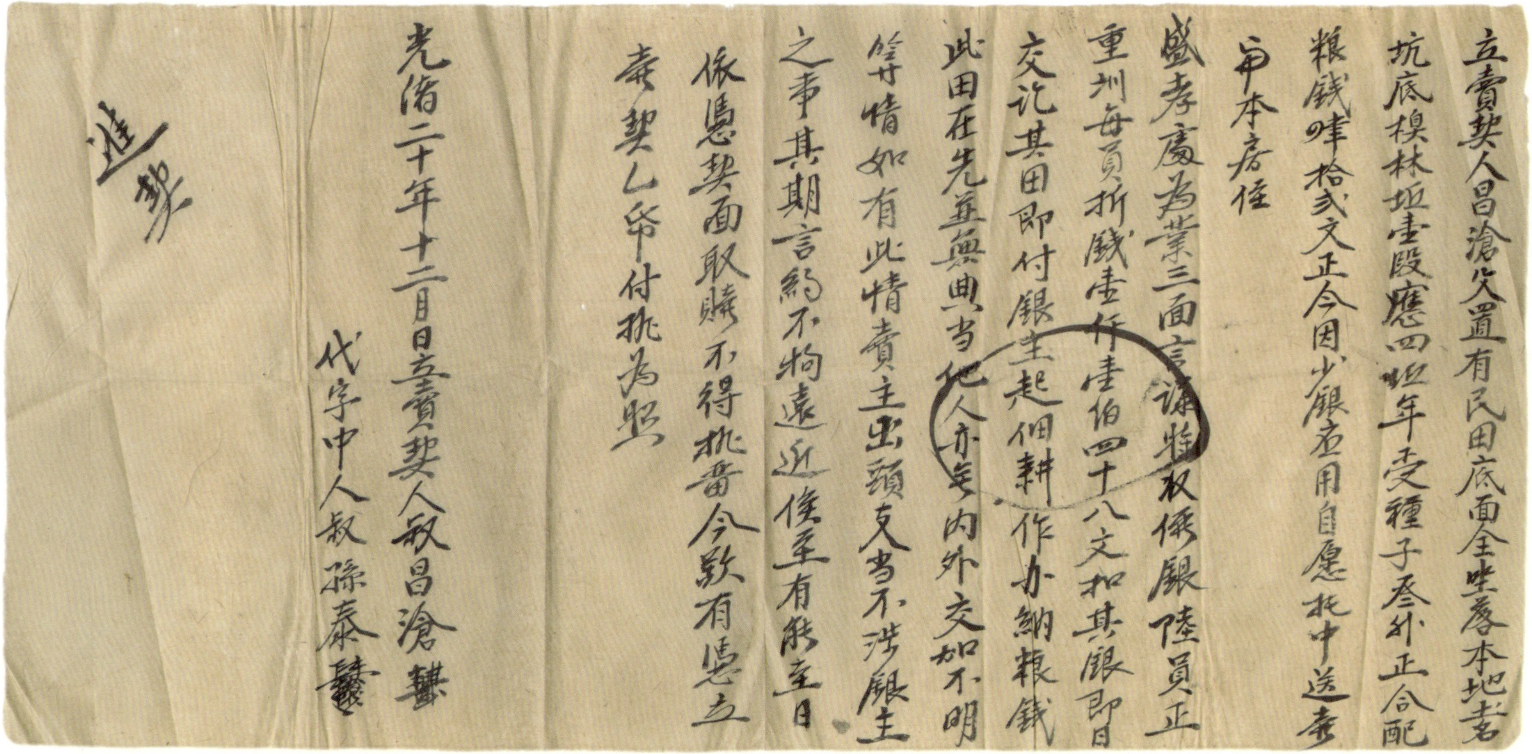

立賣契人昌滄父置有民田底面全坐落本地者
坑底模林垣壹段應四址年受種子叁升正合配
粮錢肆拾式文正今因少銀丕用自愿托中送賣
與本房侄
盛孝處為業三面言議時价係銀陸員正
重州每員折錢壹仟壹佰四十八文和其銀即日
交訖其田即付銀主起佃耕作办納粮錢
此田在先並無典当他人亦無內外交加不明
等情如有此情賣主出頭支当不涉銀主
之事其期言約不拘遠近僱至有能之日
依憑契面取贖不得执留今欲有憑立
賣契乙帋付执為照
光緒二十年十二月日立賣契人叔昌滄押
代字中人叔孫泰押
進契

10-6-53-4 清光緒二十年十二月黃昌滄立賣底面全民田契（廢契）

八閩文庫

八閩文庫

專題彙編

第二種

福建民間契約文書

厦門大學民間歷史文獻研究中心 編
鄭振滿 主編

46

海峽出版發行集團
THE STRAITS PUBLISHING & DISTRIBUTING GROUP
福建人民出版社

本册目録

第十卷　永泰縣洑口鄉山寨村契約文書（四）

第六帙　黄朝强户

第十卷　永泰縣洑口鄉山寨村契約文書（四）

本卷主編　鄭鵬程

第六帙　黄朝强户

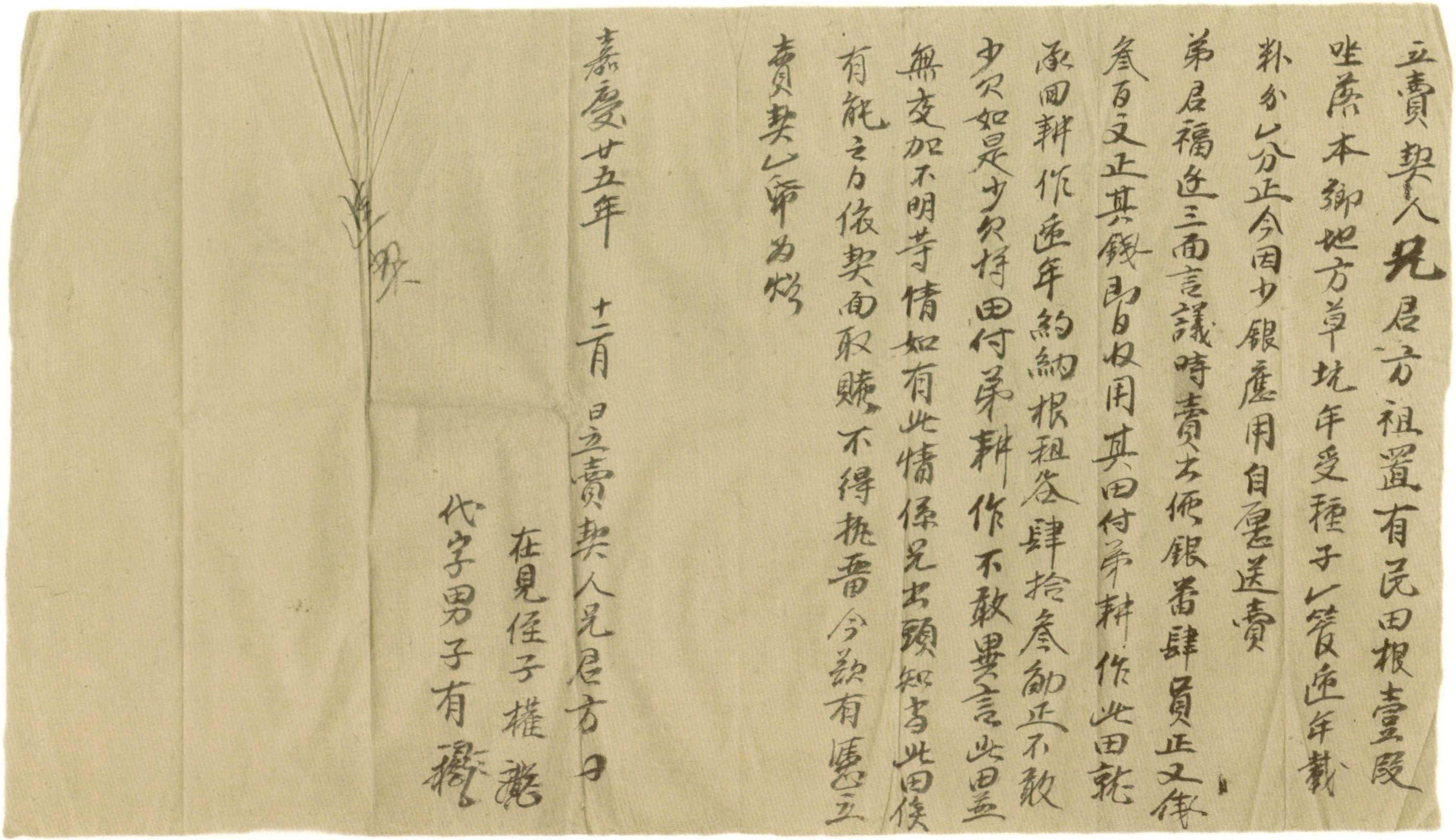

立賣契人兄君方祖置有民田根壹段
坐落本鄉地方草坑年受種子乙管逐年載
粁乙分正今因少銀應用自愿送賣
弟君福迳三面言議時賣出價銀番肆員正又價
叁百文正其錢即日收用其田付弟耕作此田既
承回耕作逐年約納根租谷肆拾叁觔正不敢
少欠如是少欠将田付弟耕作不敢異言此田並
無交加不明等情如有此情係兄出頭知当此田係
有能之日依契面取贖不得執留今欲有憑立
賣契乙帋為照

嘉慶廿五年　十二月　日立賣契人兄君方
在見侄子權
代字男子有

10-6-54-1　清嘉慶二十五年十二月黃君方立賣民田根契

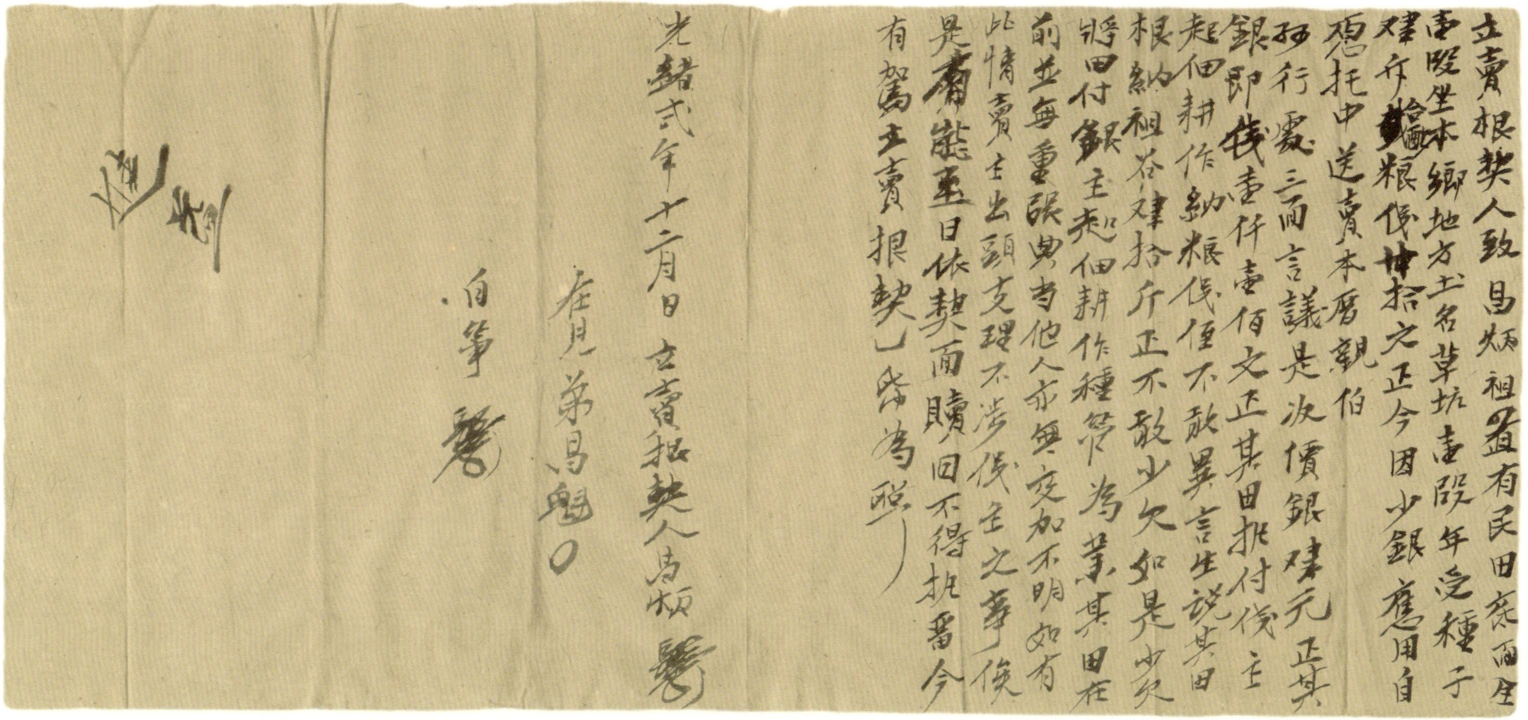
立賣根契人致昌炳祖置有民田底面全
壹號坐本鄉地方土名草坑壹段年載種子
肆斤輸納糧錢廿拾之正今因少銀應用自
願托中送賣本厝親伯
秉行處三面言議是次價銀肆元正其
銀即錢壹仟壹佰文正其田批付錢主
起佃耕作納糧錢侄不敢異言生說其田
根納租谷肆拾斤正不敢少欠如是少欠
將田付銀主起佃耕作種架為業其田在
前並無重張與他人亦無交加不明如有
此情賣主出頭支理不涉錢主之事俟
是有能至日依契面贖回不得執留今
有憑立賣根契一紙為照

光緒弍年十二月日立賣根契人昌炳（押）
在見弟昌魁○
自筆（押）

10-6-54-2　清光緒二年十二月黃昌炳立賣民田根契

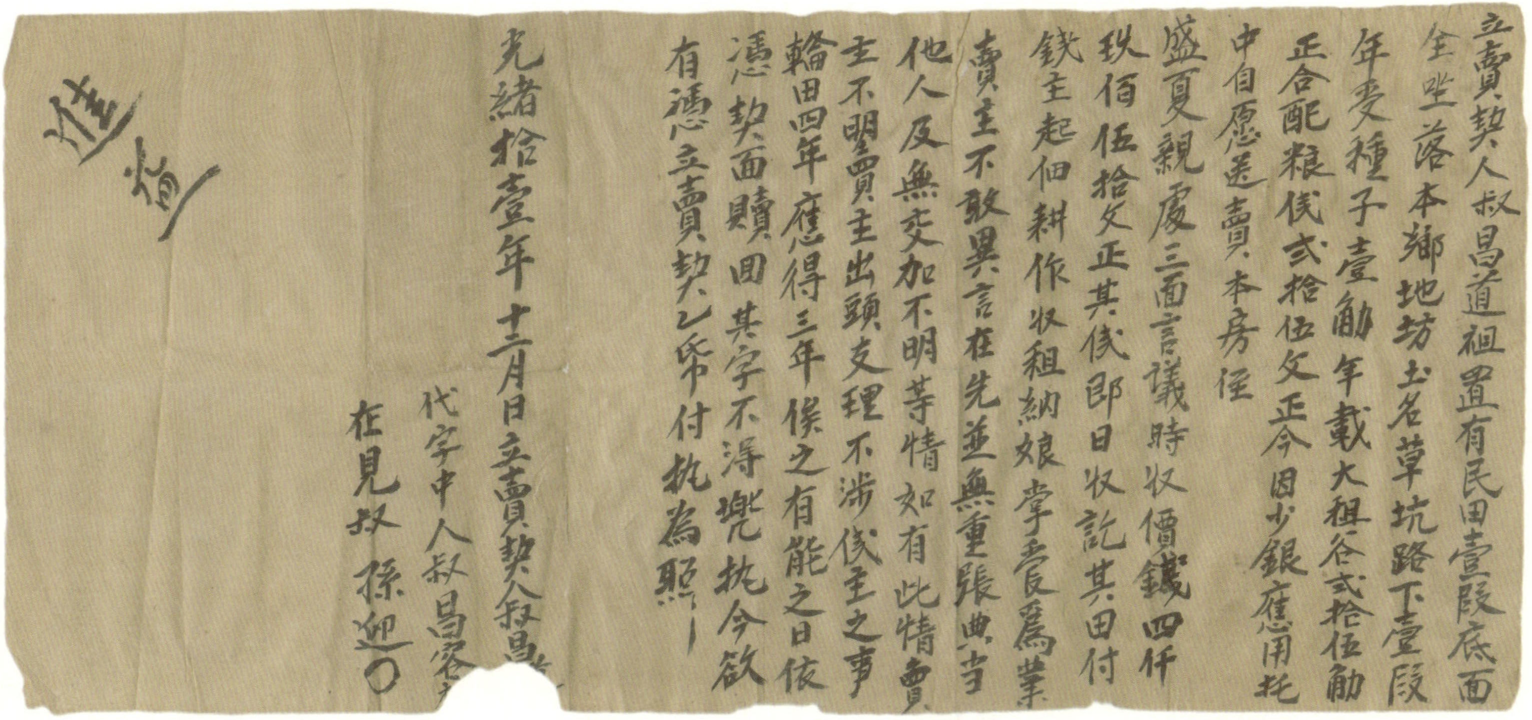
立賣契人叔昌道祖置有民田壹段底面
全坐落本鄉地坊土名草坑路下壹段
年交種子壹觔年載大租谷貳拾伍觔
正合配粮伕貳拾伍文正今因乏銀應用托
中自愿送賣本房侄
盛夏親處三面言議時收價鐵四仟
玖佰伍拾文正其伕即日收訖其田付
銭主起佃耕作收租納粮掌管爲業
賣主不敢異言在先並無重張典当
他人及無交加不明等情如有此情賣
主不明賣主出頭支理不涉銭主之事
輪田四年應得三年俟之有能之日依
憑契面贖回其字不得挫执今欲
有憑立賣契乙帋付执爲照一
光緒拾壹年十二月日立賣契人叔昌道
代字中人叔昌容
在見叔　孫迎〇
往道

10-6-54-3　清光緒十一年十二月黄昌道立賣底面全民田契

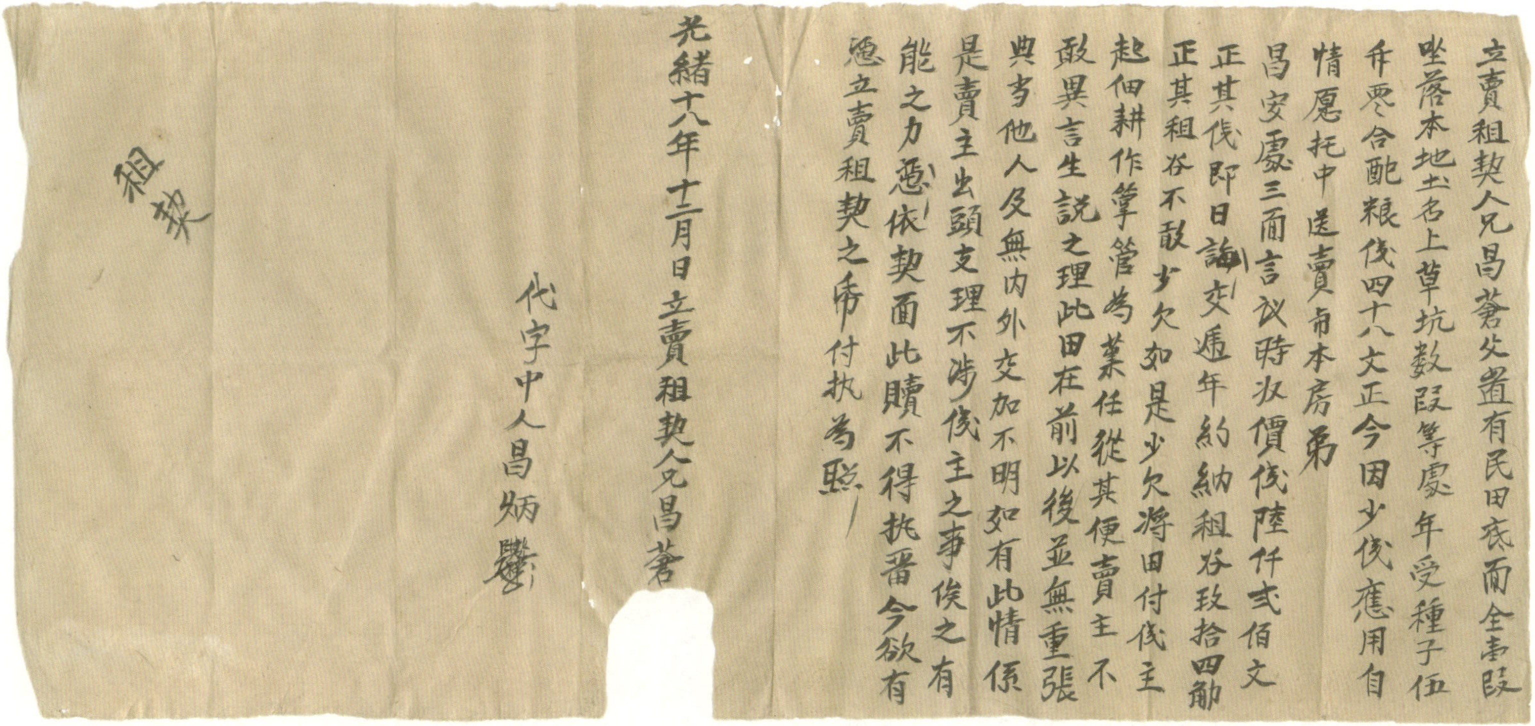
立賣租契人兄昌蒼父置有民田底面全壹段
坐落本地土名上草坑數段等處年受種子伍
升𡘙合配粮錢四十八文正今因乏錢應用自
情愿托中送賣與本房弟
昌安處三面言議時值價錢陸仟弍佰文
正其錢即日論交遞年約納租谷玖拾四觔
正其租谷不敢少欠如是少欠將田付錢主
起佃耕作掌管為業任從其便賣主不
敢異言生說之理此田在前以後並無重張
典当他人及無內外交加不明如有此情係
是賣主出頭支理不涉錢主之事倘之有
能之力憑依契面此贖不得執番今欲有
憑立賣租契之帋付執為照
光緒十八年十二月日立賣租契人兄昌蒼
代字中人昌炳
租契

10-6-54-4　清光緒十八年十二月黄昌蒼立賣底面全民田租契（一）

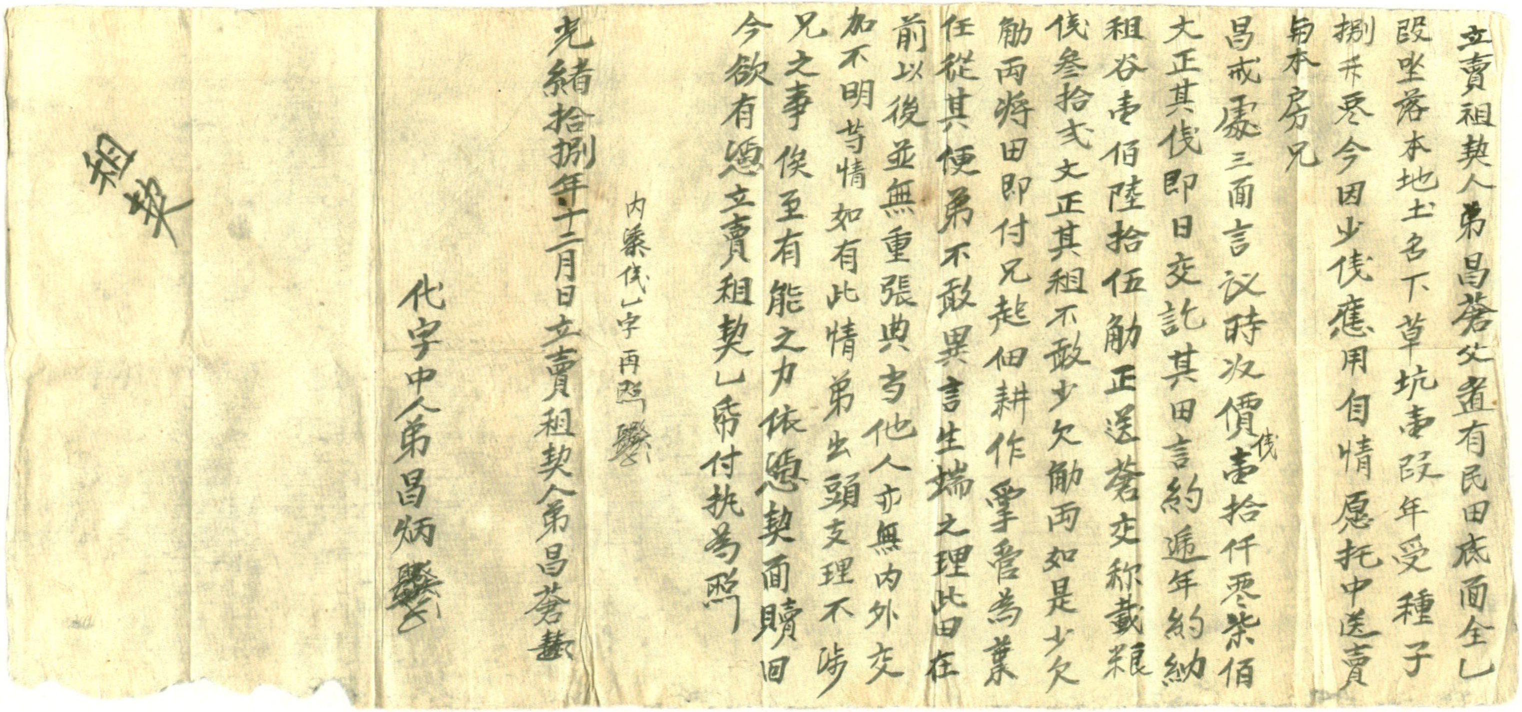
立賣租契人弟昌蒼，父置有民田底面全乚
段，坐落本地土名下草坑壹段，年受種子
捌卄斤，今因少錢應用，自情愿托中送賣
與本房兄
昌戒處，三面言議時次價錢壹拾仟零柒佰
文正，其錢即日交訖，其田言約遞年約納
租谷壹佰陸拾伍觔正，送蒼交称，載粮
錢叁拾弍文正，其租不敢少欠觔两，如是少欠
觔两，將田即付兄起佃耕作，掌管為業，
任從其便，弟不敢異言生端之理。此田在
前以後並無重張典当他人，亦無內外交
加不明等情，如有此情，弟出頭支理，不涉
兄之事。俟至有能之力，依照契面贖回，
今欲有憑，立賣租契乚帋付執為照。
内添錢乚字　再照
光緒拾捌年十二月　日立賣租契人弟昌蒼
代字中人弟昌炳

10-6-54-5　清光緒十八年十二月黃昌蒼立賣底面全民田租契（二）

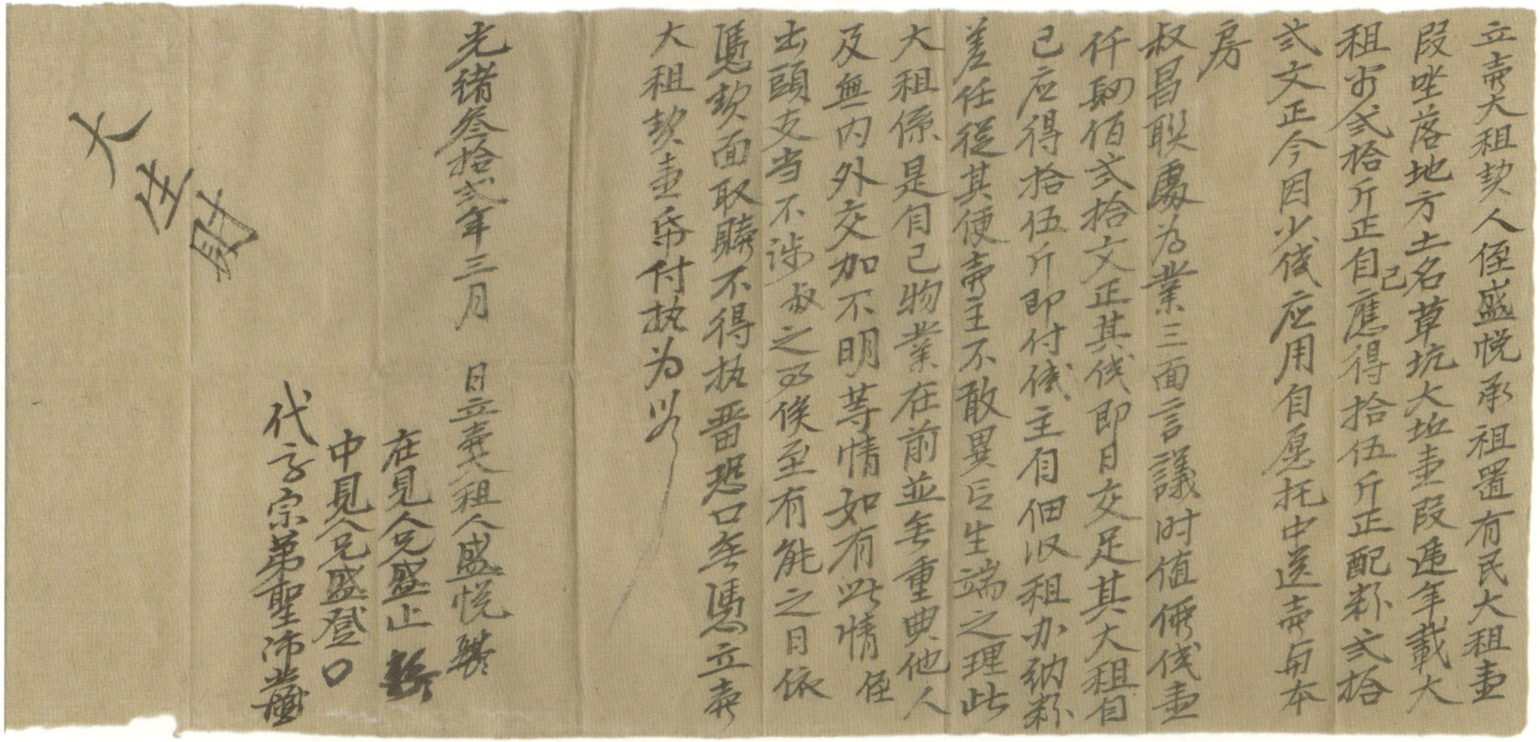
立賣大租契人侄盛悅承祖置有民大租壹
段坐落地方土名草坑大坵壹段逐年載大
租谷貳拾斤正自己應得拾伍斤正配粟貳拾
貳文正今因少錢應用自愿托中送賣與本
房
叔昌聯處為業三面言議时值價錢壹
仟肆佰貳拾文正其錢即日交足其大租自
己應得拾伍斤即付錢主自佃收租办納粟
差任從其便賣主不敢異言生端之理此
大租係是自己物業在前並無重典他人
及無內外交加不明等情如有此情侄
出頭支當不涉叔之事後至有能之日依
照契面取贖不得執留恐口無憑立賣
大租契壹紙付執為炤

光緒叁拾貳年三月　日立賣大租人盛悅（押）
在見兄盛止（押）
中見兄盛登（押）
代筆宗弟聖沛（押）
大吉

10-6-54-6　清光緒三十二年三月黃盛悅立賣民大租契

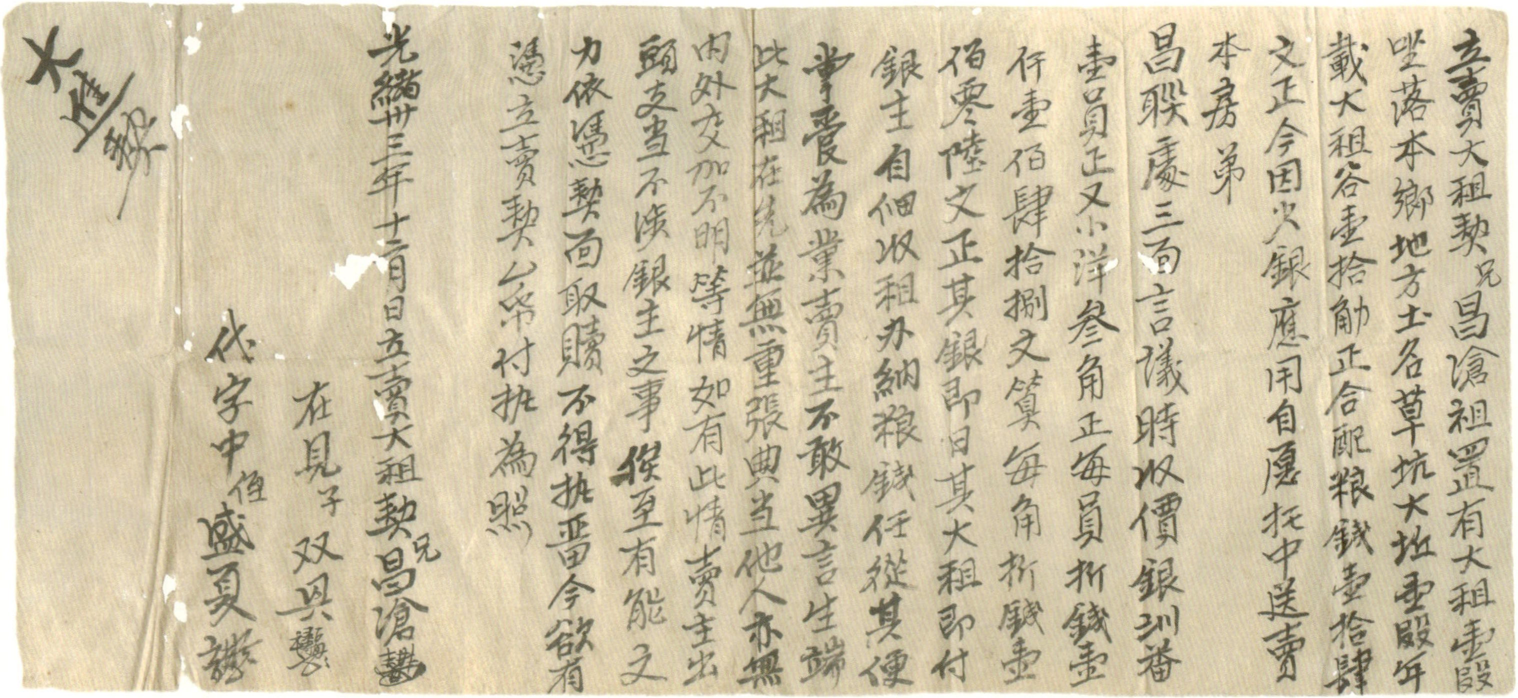

立賣大租契兄昌滄祖置有大租壹段
坐落本鄉地方土名草坑大坵壹段年
載大租谷壹拾觔正合配粮錢壹拾肆
文正今因乏銀應用自愿托中送賣
本房弟
昌聯處三面言議時收價銀訓番
壹員正又小洋叁角正每員折錢壹
仟壹佰肆拾捌文算每角折錢壹
佰零陸文正其銀即日其大租即付
銀主自佃收租办納粮錢任從其便
業賣爲業賣主不敢異言生端
此大租在先並無重張典当他人亦無
內外交加不明等情如有此情賣主出
頭支当不涉銀主之事俟至有能之
力依憑契面取贖不得执吾今欲有
憑立賣契一帋付执爲照
光緒卅三年十二月日立賣大租契兄昌滄（押）
在見子双興（押）
代字中侄盛夏（押）
大租契

10-6-54-7　清光緒三十三年十二月黃昌滄立賣大租契

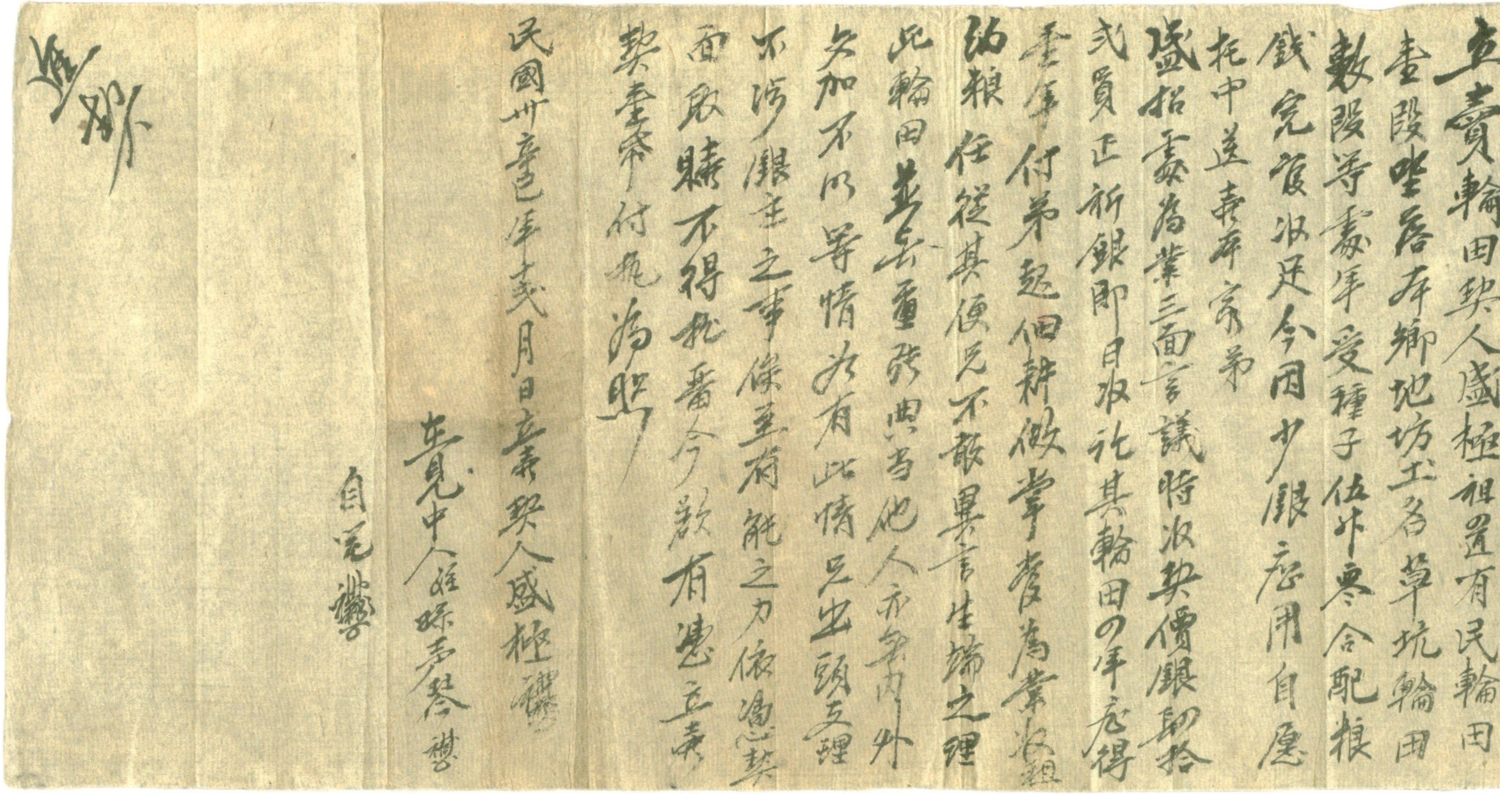
立賣輪田契人盛極祖置有民輪田
壹段坐落本鄉地坊土名草坑輪田
數段等處年受種子伍升零合配粮
錢完官收正今因少銀應用自愿
托中送與本家弟
盛招處爲業三面言議時收契價銀卽拾
弍員正新銀卽日收訖其輪田四年應得
壹年付弟起佃耕作掌管爲業收租
納粮任從其便兄不敢異言生端之理
此輪田並未重疊典當他人亦無內外
先加不明等情如有此情兄出頭支理
不涉銀主之事係至有能之力依憑契
面取贖不得執留分毫有憑立賣
契壹紙付執爲照
民國卅年十貳月日立賣契人盛極
在見中人侄球玉琴
自筆

10-6-54-8　民國三十年十二月黃盛極立賣民輪田契

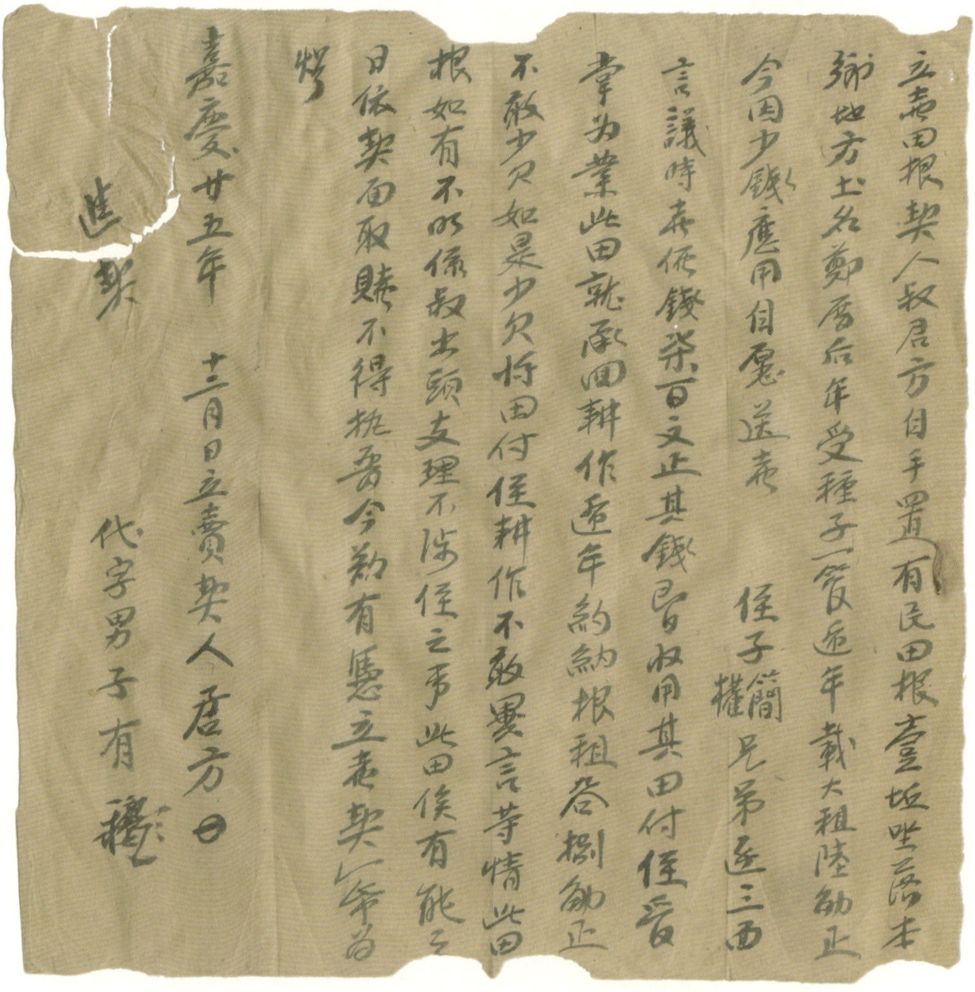
立賣田根契人叔君方自手置有民田根壹坵坐落本
鄉地方土名鄭厝后年受種子一管逐年載大租陸角正
今因乏錢應用自愿送賣　　　侄子簡權兄弟邊三面
言議時賣价錢柒百文正其錢即日收用其田付侄晉
掌為業此田就承佃耕作逐年納根租谷捌角正
不敢少欠如是少欠將田付侄耕作不敢異言等情此田
根如有不明係叔出頭支理不涉侄之事此田後有能之
日依契面取贖不得執吝今欲有憑立賣契一紙為
炤
嘉慶廿五年　十二月　日立賣契人　君方（押）
代字男子　有穆（押）
進契

10-6-55-1　清嘉慶二十五年十二月黄君方立賣民田根契

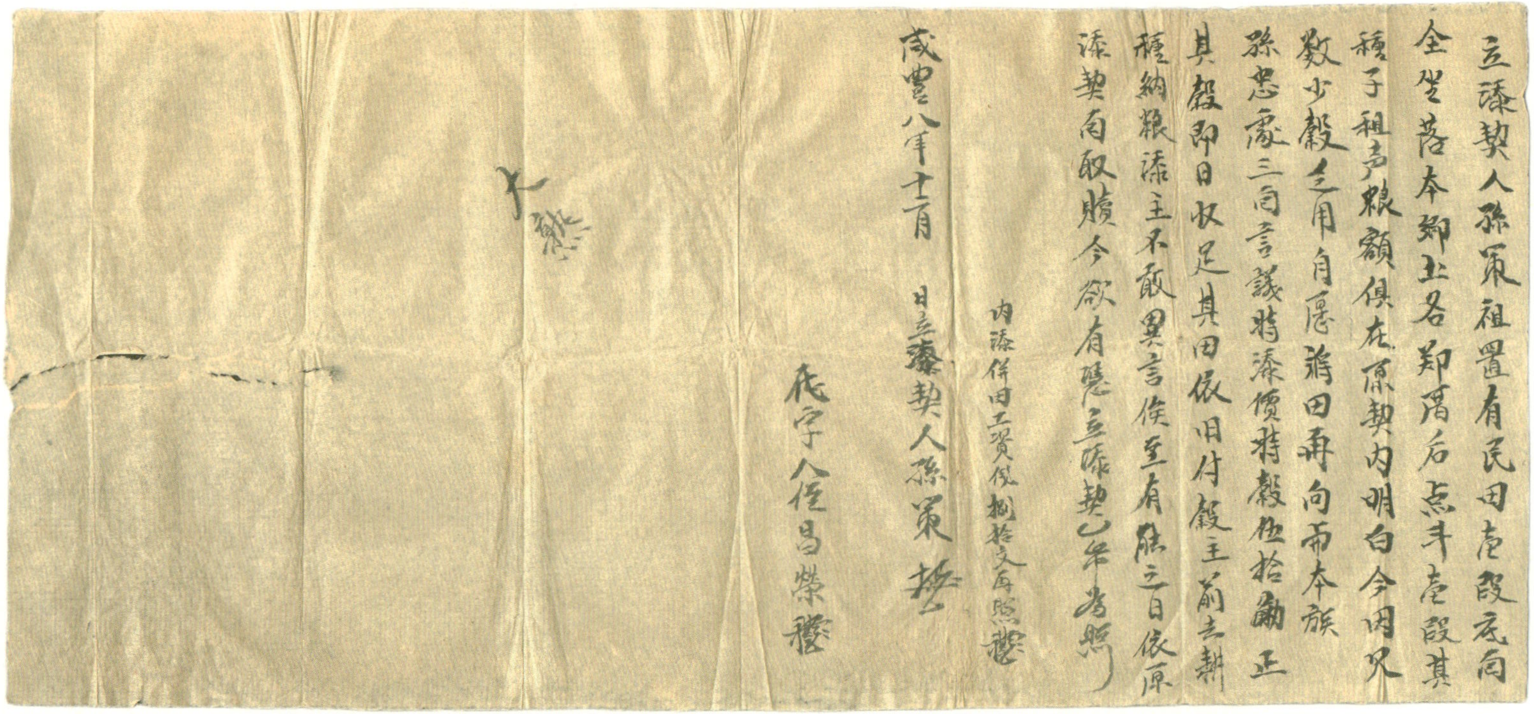

立添契人孫策祖置有民田壹段底面
全，坐落本鄉土名鄭厝后，計斗壹段，其
種子租户粮額俱在原契内明白。今因欠
數少穀乏用，自愿將田再向本族
孫忠豪三面言議，將添價將穀伍拾觔正。
其穀即日收足，其田依旧付穀主前去耕
種納粮，添主不敢異言，俟至有銀之日依原
添契面取贖。今欲有憑，立添契一紙為照。

内添併田工資錢捌拾文再照（押）

咸豐八年十二月　日立添契人孫策（押）

代字人侄昌榮（押）

10-6-55-2　清咸豐八年十二月黃孫策立添底面全民田契

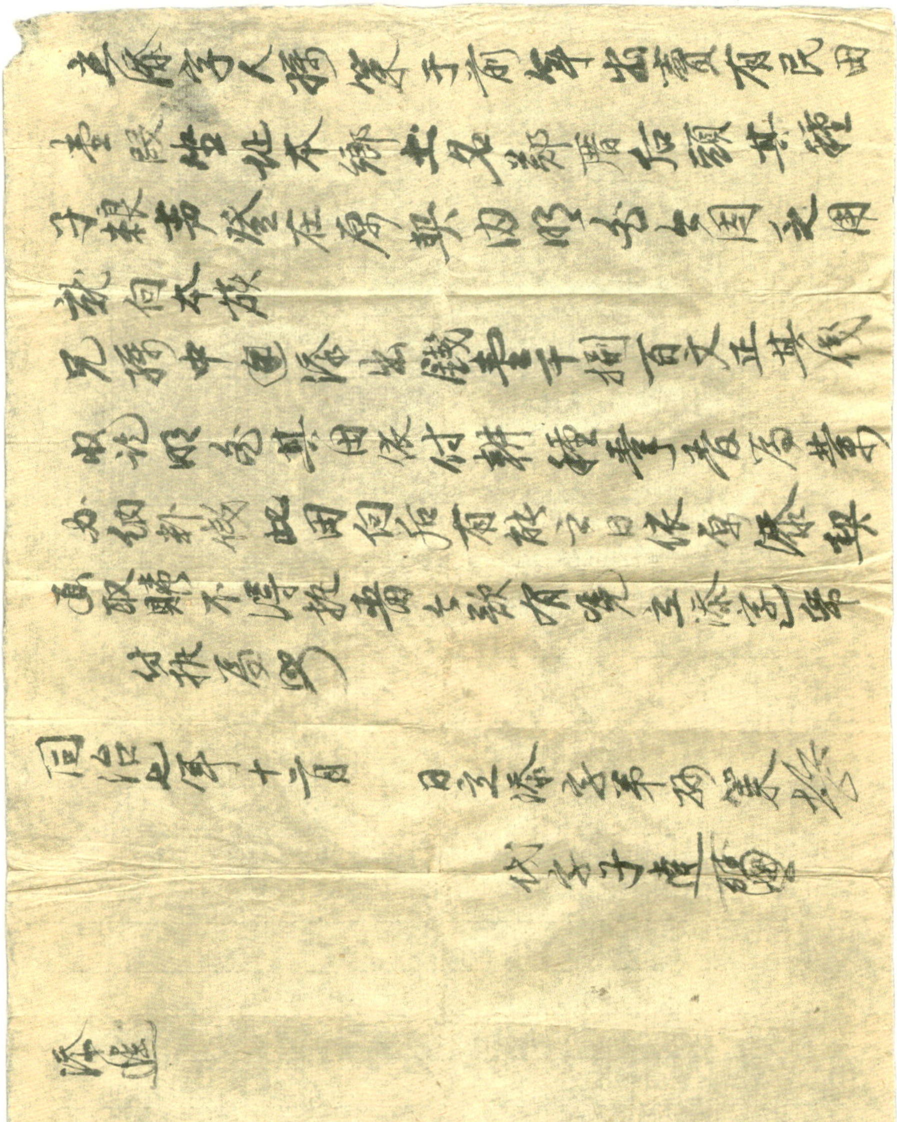

10-6-55-3　清同治七年十二月黄孫策立添民田契

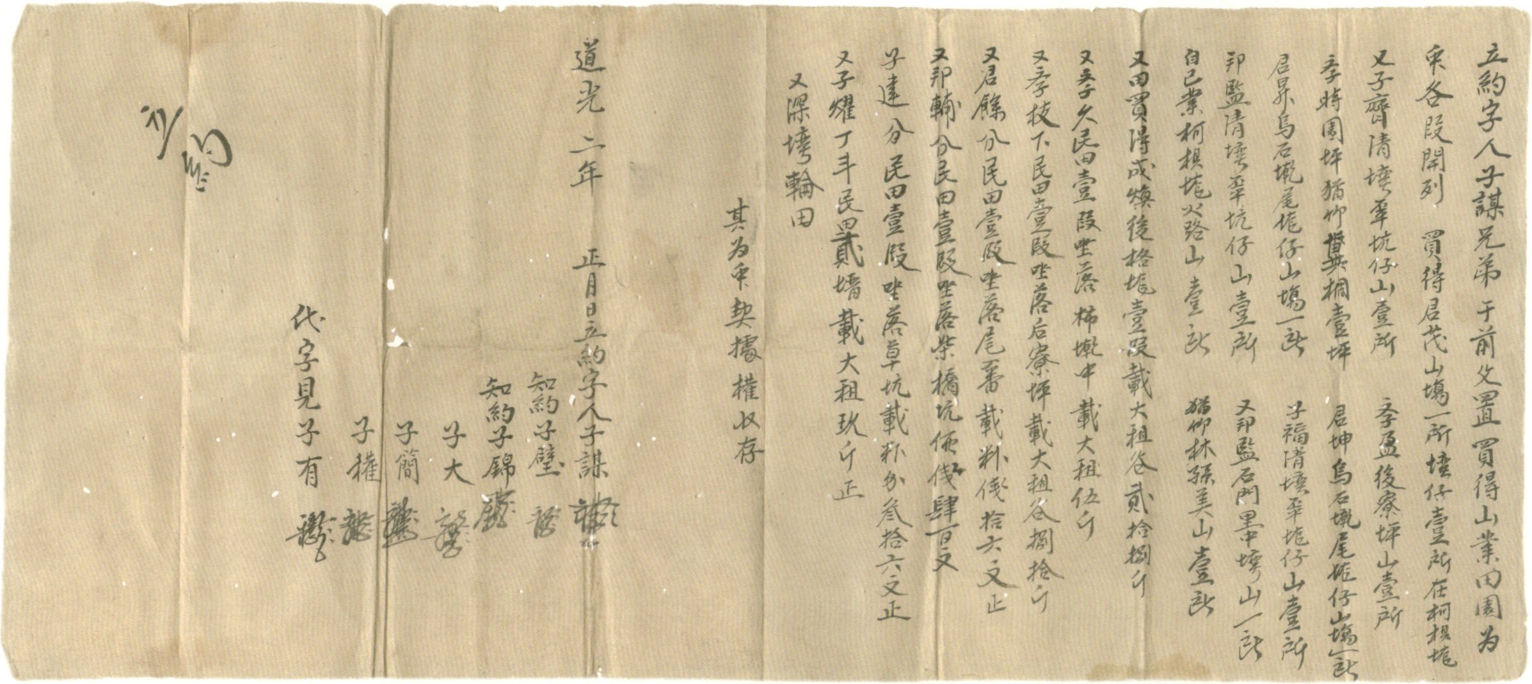

立約字人子謀兄弟于前父置買得山業田園為
業各段開列　買得居茂山塲一所埕仔壹所在柯根垅
又子齊清壙羊坑仔山壹所　孝孟後寮坪山壹所
孝時園坪猪竹𥳑桐壹坪　居坤烏石墘尾垅仔山塲一所
居昇烏石墘尾垅仔山塲一所　子福清壙羊垅仔山壹所
邦盬清壙羊坑仔山壹所　又邦盬石門里中壙山一所
自己業柯根垅火路山壹所　猪仰林孫美山壹所
又田買得成煥後格垅壹段載大租谷貳拾捌斤
又孝子久民田壹段坐落柿墘中載大租伍斤
又孝枝下民田壹段坐落后寮坪載大租谷捌拾斤
又居饒分民田壹段坐落尾番載料錢拾六文止
又邦輔分民田壹段坐落柴橋坑佃錢肆百文
子達分民田壹段坐落草坑載料分叁拾六文止
又子耀丁年民田貳墙載大租玖斤正
又深壙輪田
其為業契據權收存
道光二年　正月日立約字人子謀（押）
知約子璧（押）
知約子錦（押）
子大（押）
子簡（押）
子權（押）
代字見子有（押）

10-6-56-1　清道光二年正月黄子謀等立約字

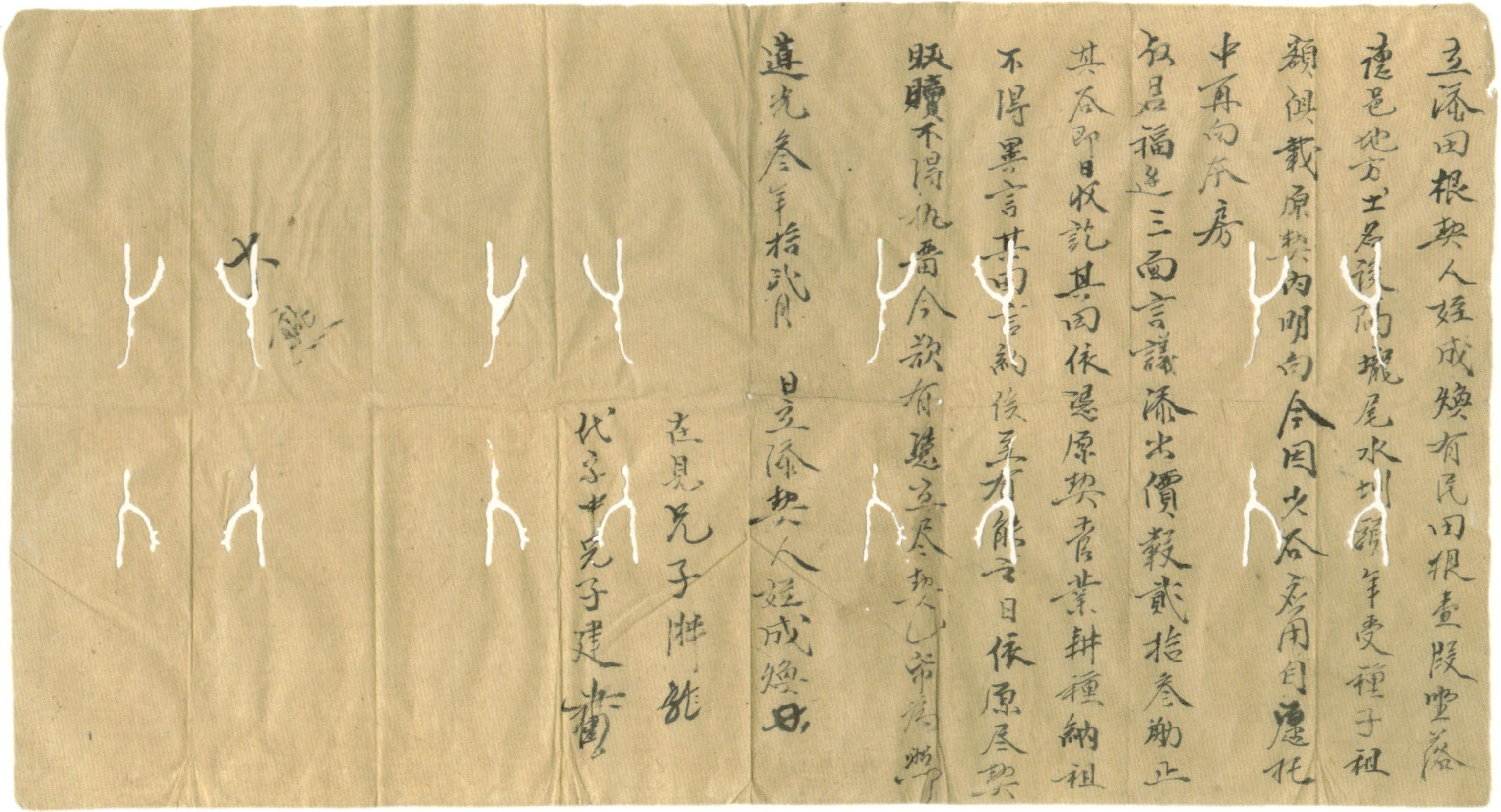
立添田根契人姪成煥有民田根壹段坐落
蓮邑地方土名後隴尾水圳頭年受種子租
額俱載原契內明白今因乏谷應用自願托
中再向本房
叔君福邊三面言議添出價穀貳拾叁斛正
其谷即日收訖其田依退原契管業耕種納租
不得異言其田言約後至有能之日依原尽契
取贖不得執番今欲有憑立尽契一帋存照
道光叁年拾貳月 日立添契人姪成煥（押）
在見兄子胜能
代字中兄子建（押）

10-6-56-2 清道光三年十二月黃成煥立添民田根契（一）

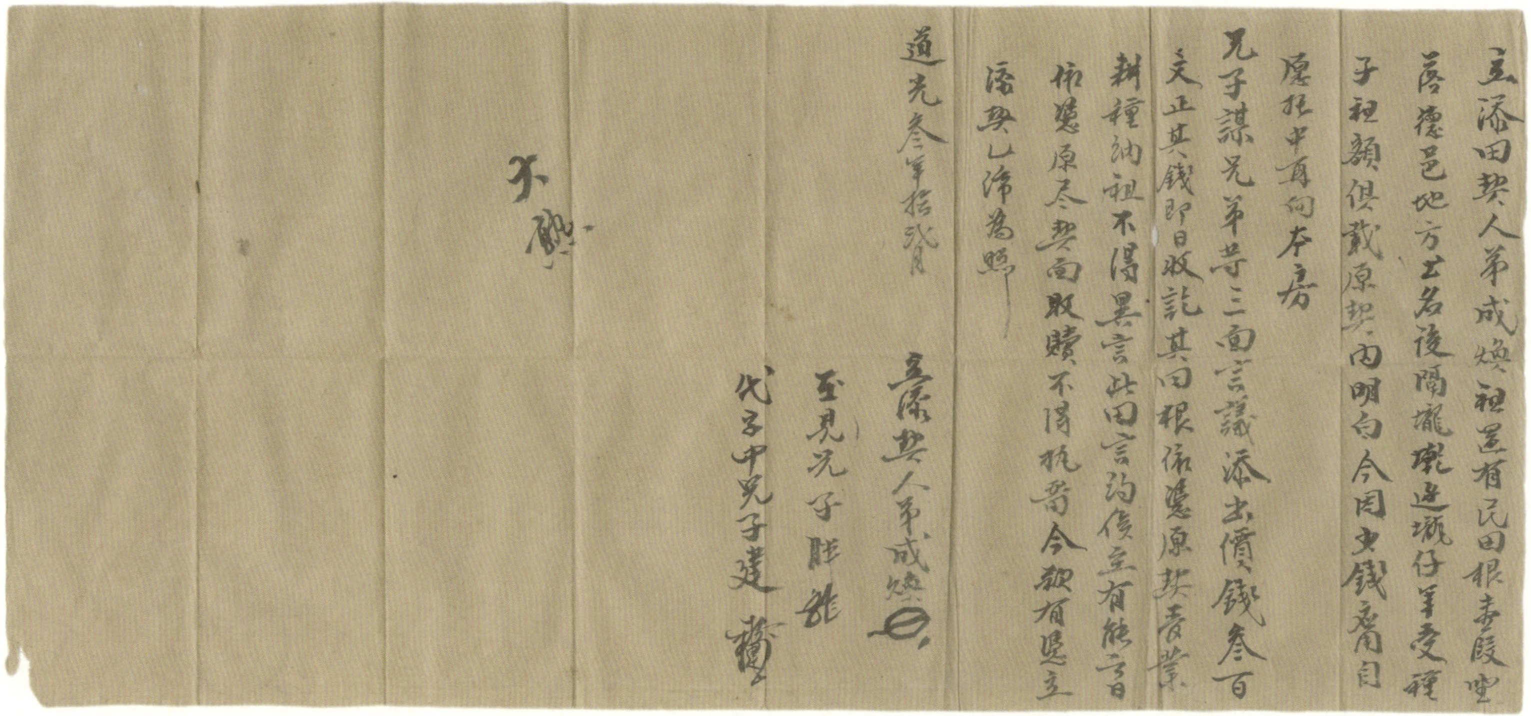

立添田契人弟成煥，祖置有民田根壹段，坐
落德邑地方，土名後隔壠墘，遞年受種
子租額，俱載原契內明白。今因乏錢需用，自
愿托中再向本房
兄子謀兄弟等三面言議，添出價錢叁百
文正，其錢即日收訖。其田根依憑原契管業
耕種納租，不得異言。此田言約候至有能之日
依憑原盡契面取贖，不得執苟。今欲有憑，立
添契一紙為照。

道光叁年拾弍月　日

立添契人弟成煥（押）
在見兄子胜能
代字中兄子建（押）

不[illegible]

10-6-56-3　清道光三年十二月黃成煥立添民田根契（二）

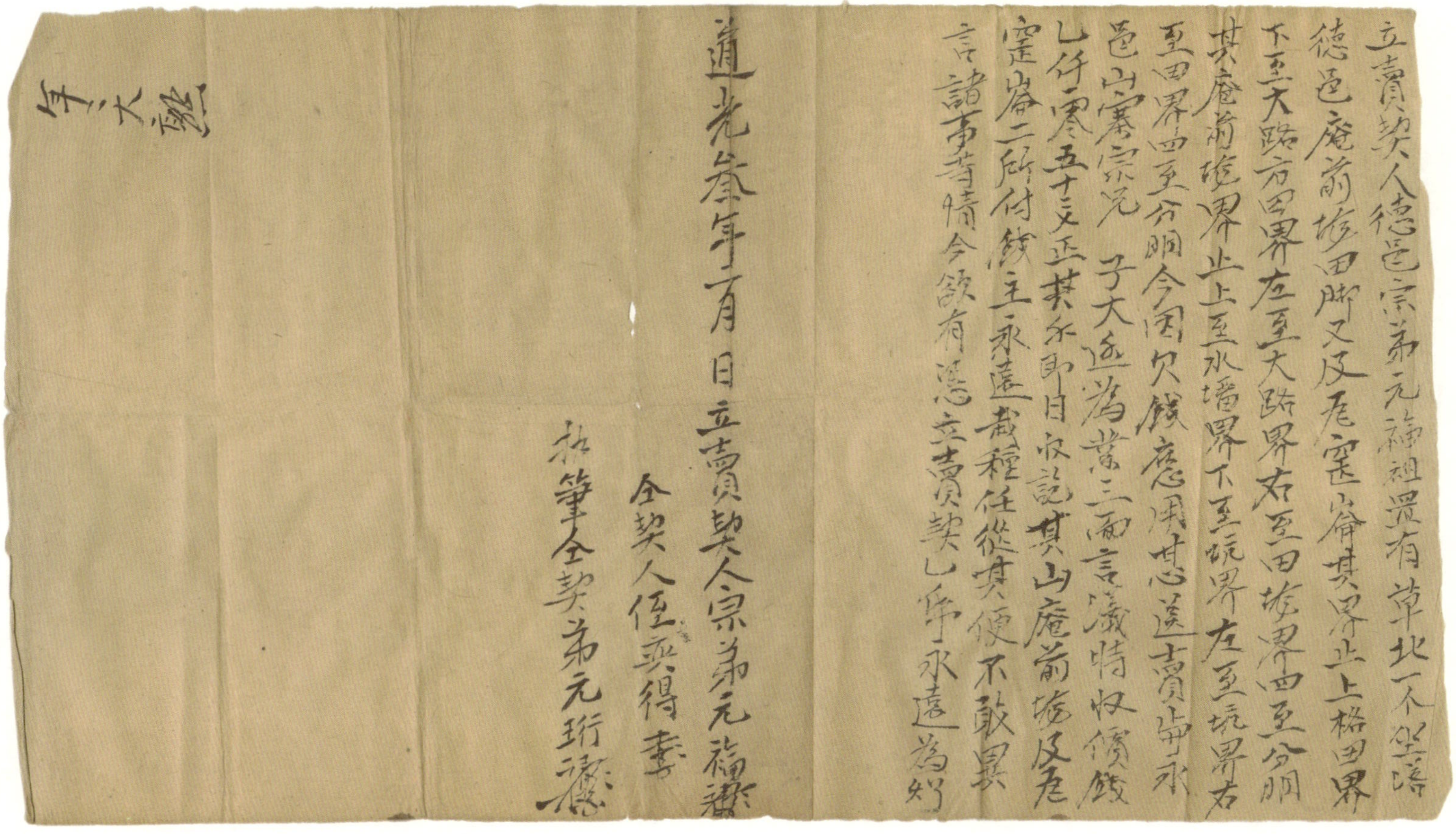
立賣契人德邑宗弟元福祖置有草北一个坐落
德邑庵前坂田脚又及厝窟嵛其界止上格田界
下至大路方田界左至大路界右至田坂界西至分明
其庵前坂界止上至水墻界下至坑界左至坑界右
至田界西至分明今因欠錢應用甘心送出賣與本
邑山寨宗兄　子大廷為業三面言議時收價錢
乙仟零五十文正其錢即日收訖其山庵前坂及厝
窟嵛二所付錢主永遠栽種任從其便不敢異
言諸事等情今欲有憑立賣契乙紙永遠為炤
道光叁年二月　日立賣契人宗弟元福
全契人侄奕得
執筆全契弟元珩
年年大發

10-6-57-1　清道光三年二月德化黄元福等立賣草北契

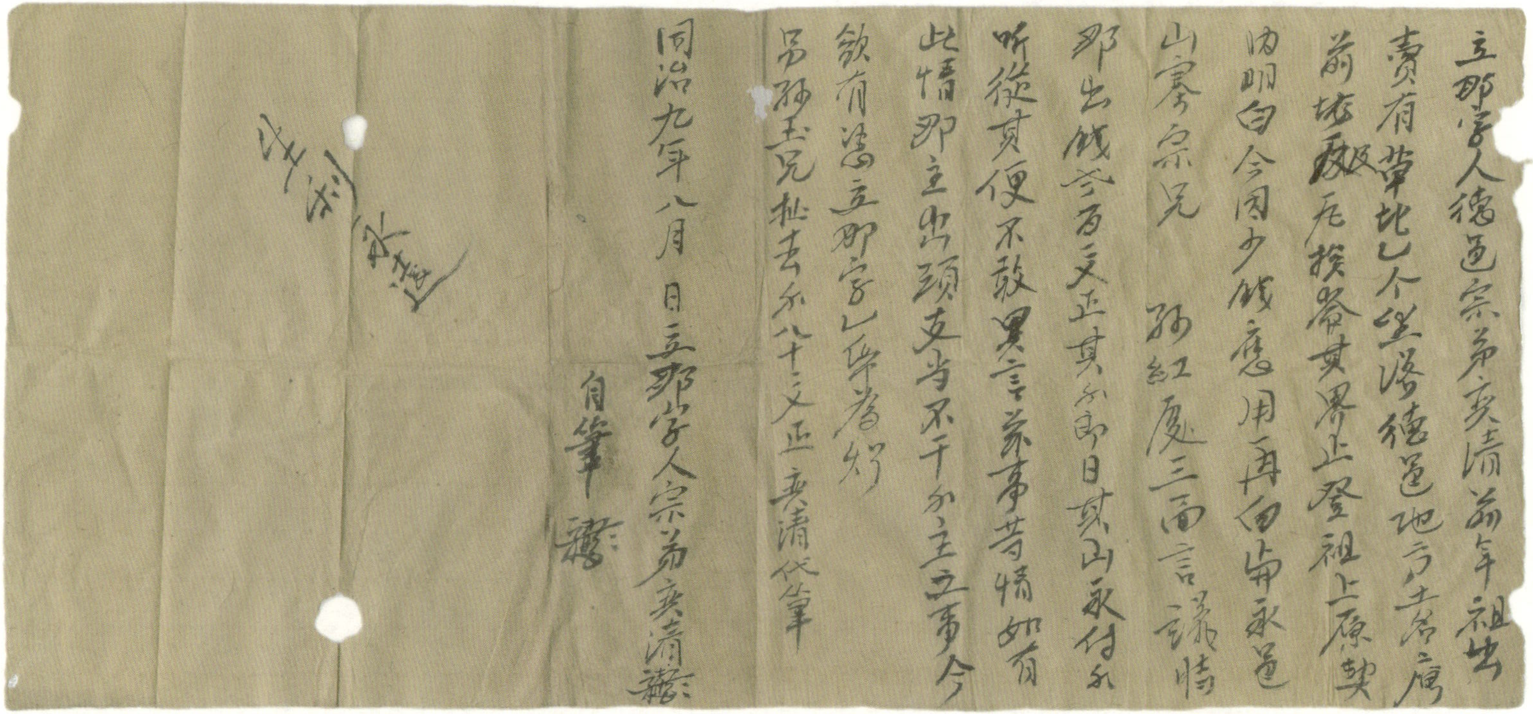
立那字人德邑宗弟奕清前年祖出
賣有草北山一个坐落德邑地方土名鹿
前坵[illegible]尾按簽其界止登祖上原契
內明白今因少錢應用再向弟永邑
山寨宗兄 [illegible]紅處三面言議情
那出錢[illegible]百文正其錢即日交[illegible]山永付[illegible]
聽從其便不敢異言茲事昔情如有
此情那主出頭支當不干那主之事今
欲有憑立那字一紙為炤
另[illegible]去兄批去錢八十文正 奕清代筆
同治九年八月 日立那字人宗弟奕清
自筆

10-6-57-2 清同治九年八月德化黃奕清立那草北字

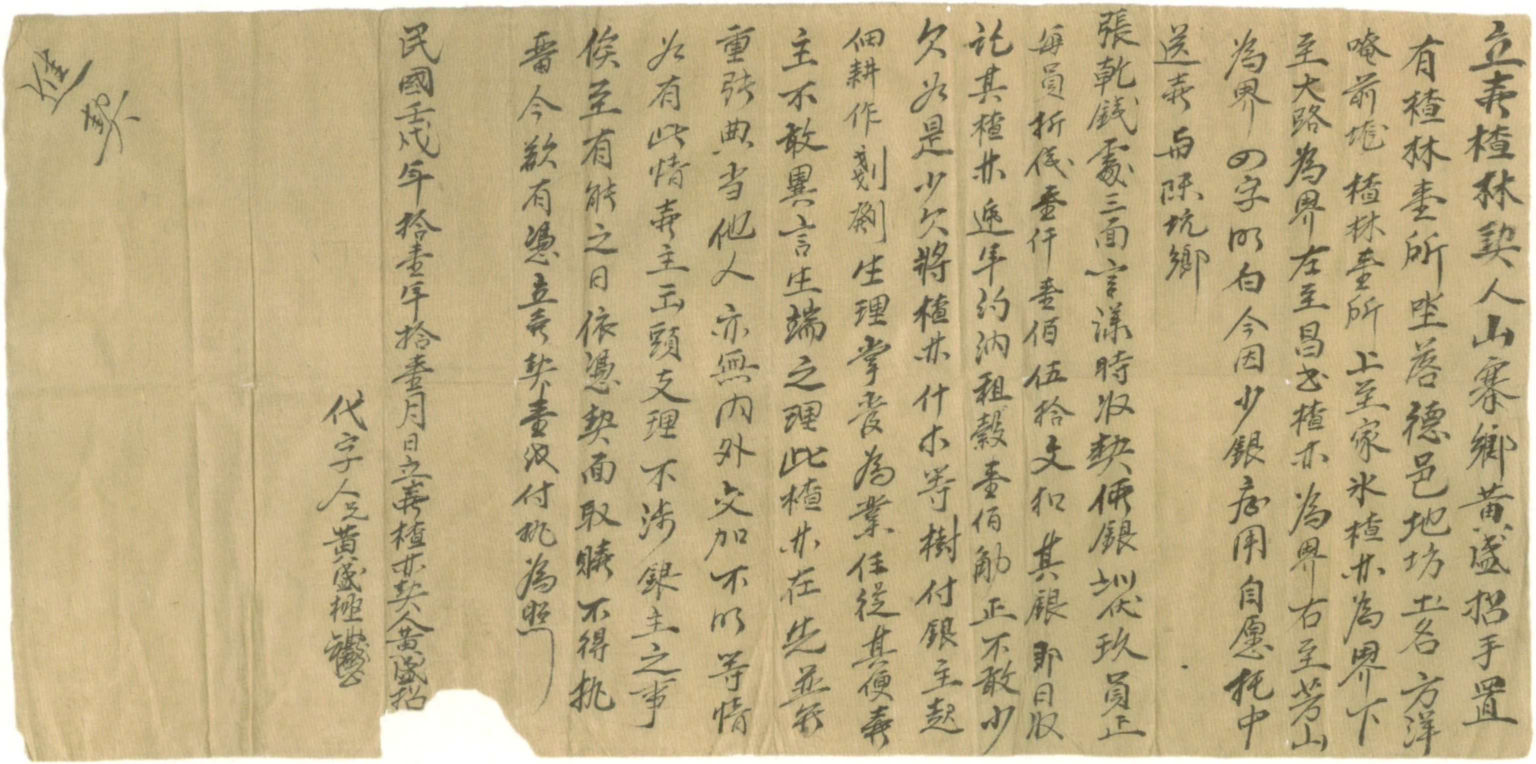

立賣楂林契人山寨鄉黃盛招手置
有楂林壹所坐落德邑地坊土名方洋
嶺前墘楂林壹所上至家氷楂木為界下
至大路為界左至昌玉楂木為界右至岩山
為界四字明白今因少銀應用自愿托中
送賣与陝坑鄉
張乾錢處三面言議時收契價銀弍拾玖員正
每員折錢壹仟壹佰伍拾文和其銀即日收
訖其楂木逐年約納租穀壹佰觔正不敢少
欠如是少欠將楂木什木等樹付銀主起
佃耕作刻剜生理掌管為業任從其便賣
主不敢異言生端之理此楂木在先並無
重張典當他人亦無內外交加不明等情
如有此情賣主出頭支理不涉銀主之事
俟至有能之日依憑契面取贖不得執
留今欲有憑立賣契壹紙付執為照
民國壬戌年拾壹年拾壹月日立賣楂木契人黃盛招
代字人黃盛樞
楂契

10-6-57-3　民國十一年十一月黄盛招立賣楂林契

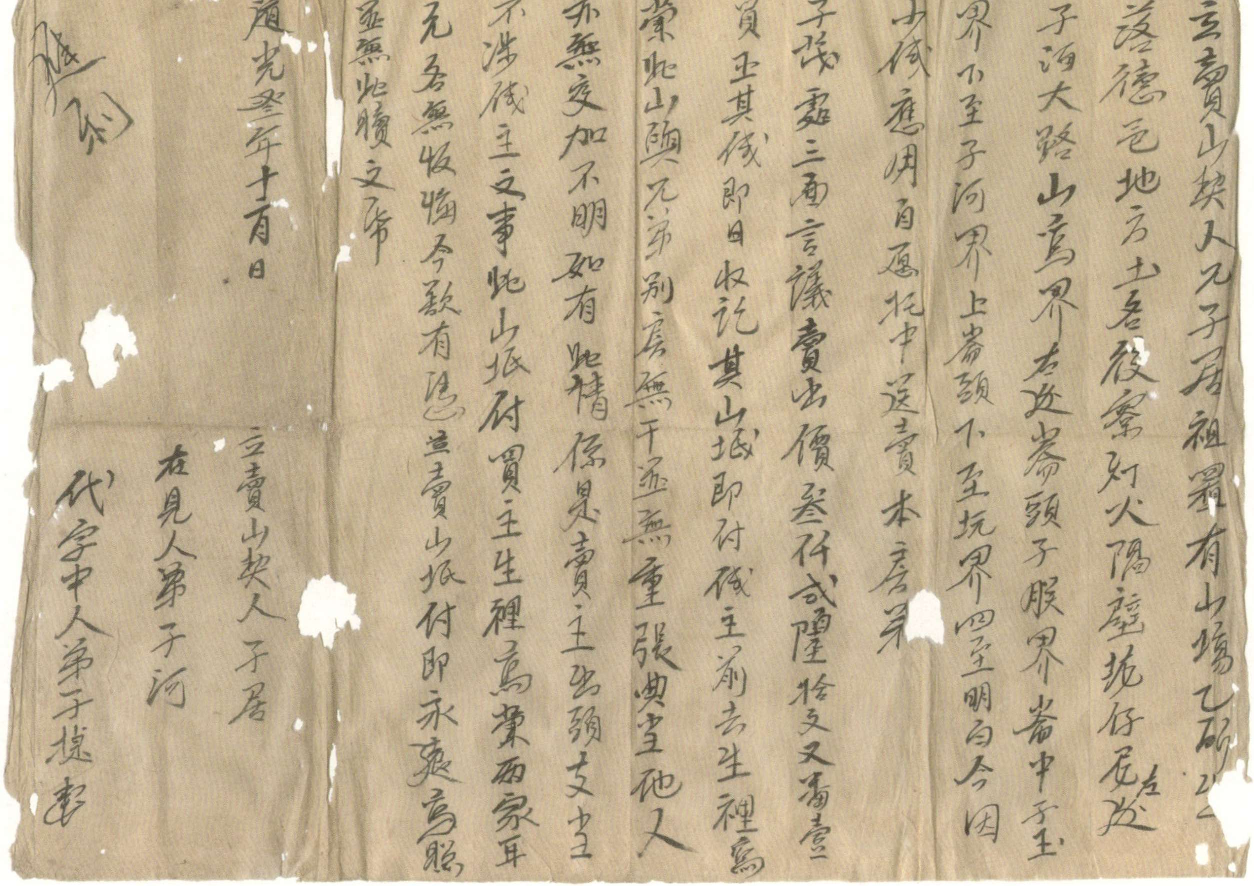
立賣山契人兄子居祖置有山場乙所，土名
落德乇地方土名夜窯灯火陽壟坑仔尾左近
子河大路山爲界，右近嵛頭子服界，嵛中子玉
界，下至子河界，上嵛頭，下至坑界，四至明白。今因
乏錢應用，自愿托中送賣本房弟
子[illegible]處三面言議，賣出價叁仟貳陸拾文又當壹
員。其錢即日收訖，其山場即付錢主前去生理爲
業。此山與兄弟別房無干，亦無重張典當他人，
亦無交加不明。如有此情，係是賣主出頭支當，
不涉錢主之事。此山場付買主生理爲業，兩家甘
允，各無反悔。今欲有憑，立賣山場付即永遠爲照。
並無此贖文存
道光癸未年十二月 日
立賣山契人子居
在見人弟子河
代字中人弟子提書

10-6-58-1 清道光三年十二月黄子居立賣山場契

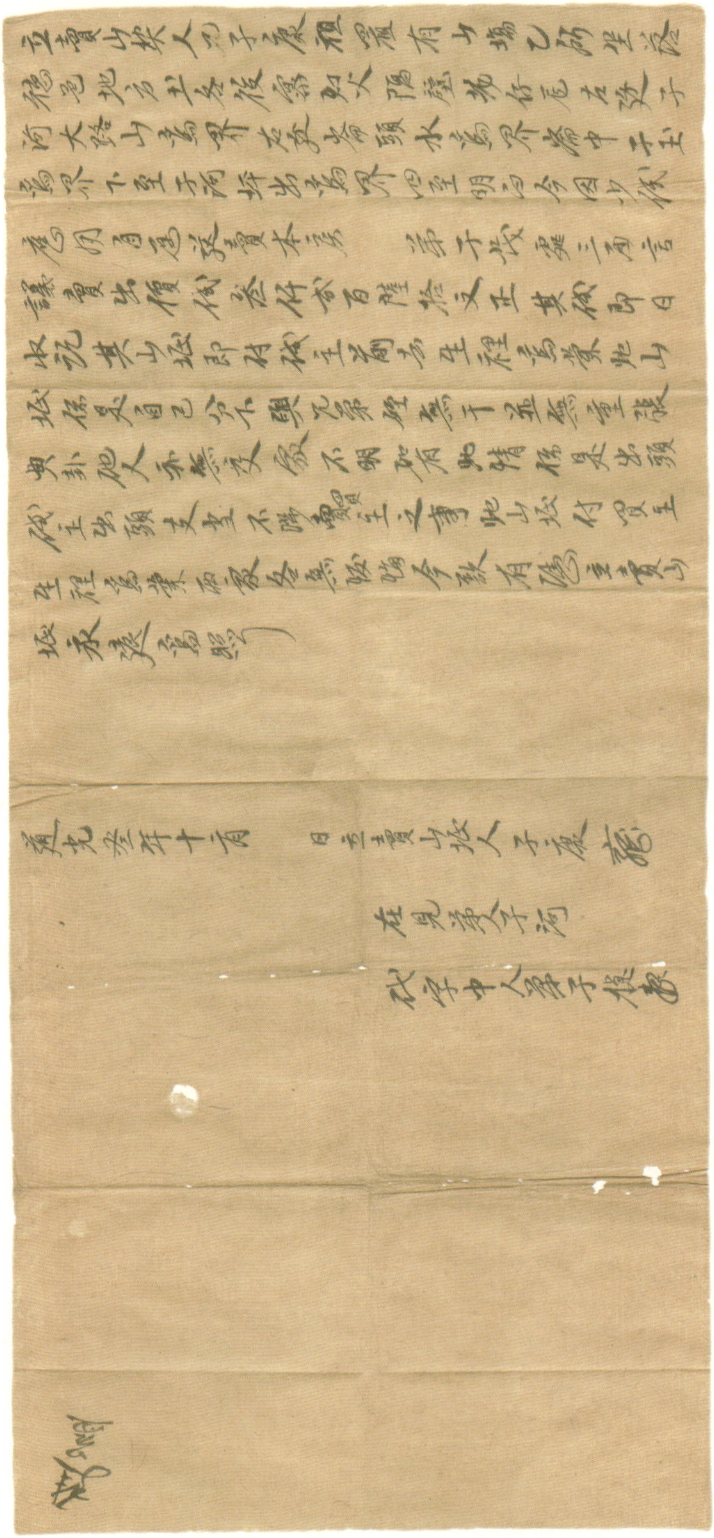

10-6-58-2　清道光三年十二月黄子康立賣山場契

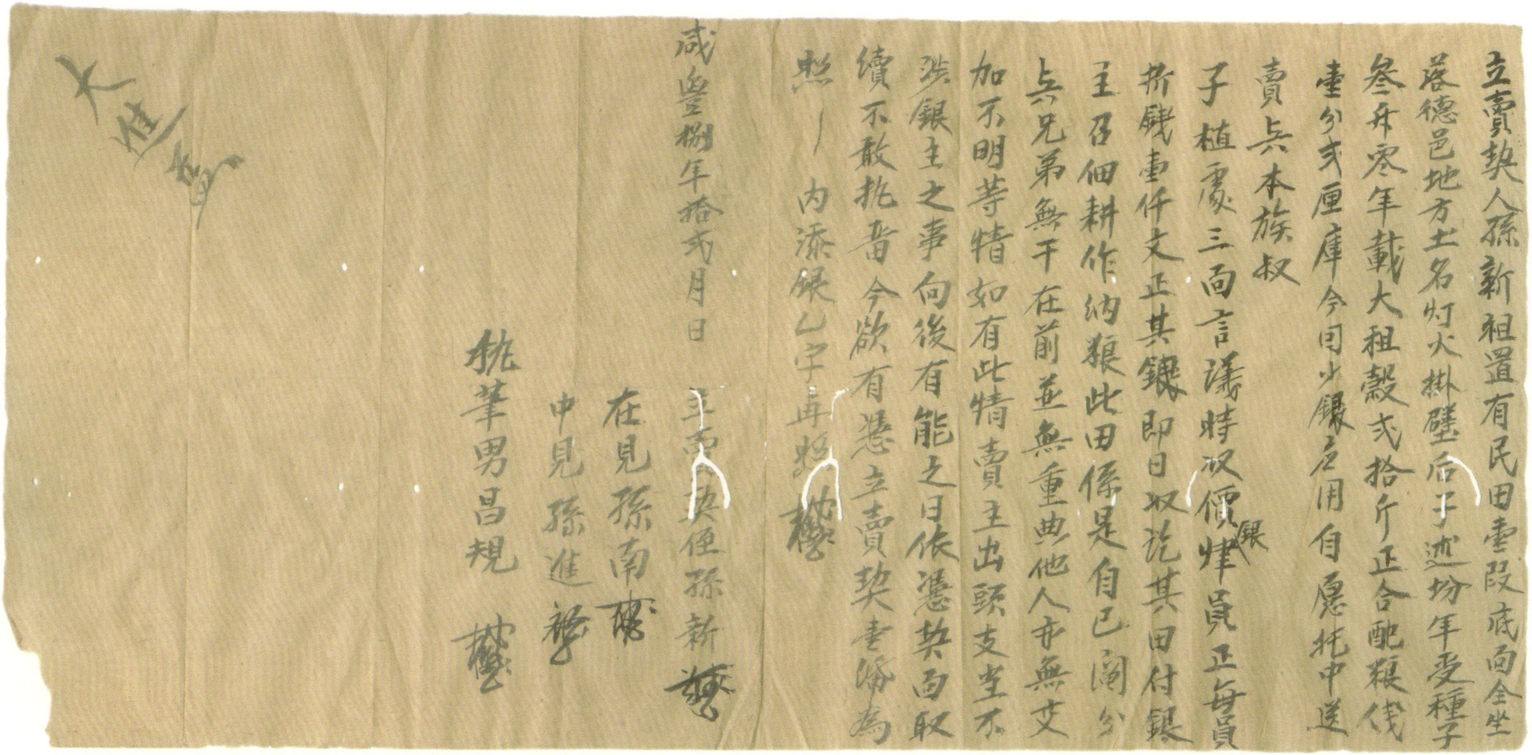

立賣契人孫新祖置有民田壹段底面全坐
落德邑地方土名灯火林壁后干迦坋年受種子
叁升零年載大租穀弍拾斤正合配粮伐
壹分弍厘庫今因少銀應用自願托中送
賣與本族叔
子植處三面言議時值價銀肆員正每員
折錢壹仟文正其銀即日收訖其田付銀
主召佃耕作納粮此田係是自己闔分
與兄弟無干在前並無重典他人亦無文
加不明等情如有此情賣主出頭支當不
涉銀主之事向後有能之日依憑契面取
續不敢抗當今欲有憑立賣契壹紙為
照 / 內添銀乙字再照
咸豐捌年拾弍月日 立賣契侄孫新(押)
在見孫南(押)
中見孫進(押)
執筆男昌規(押)
大佳

10-6-58-3 清咸豐八年十二月黃孫新立賣底面全民田契

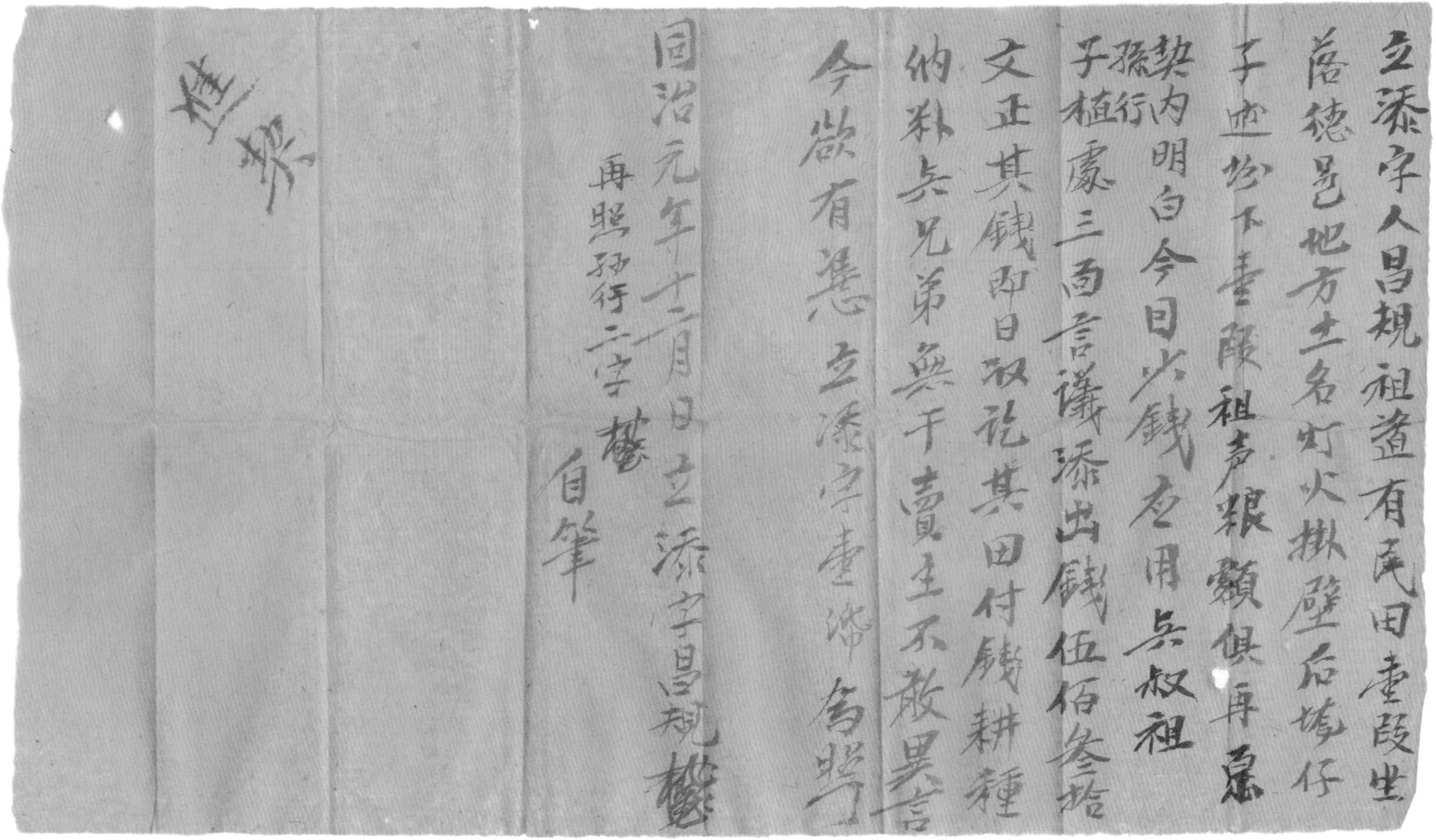

立添字人昌規祖遺有民田壹段坐
落穗邑地方土名灯火掛壁后塆仔
于延坋下壹段租声粮額俱載
契內明白今因少錢应用與叔祖
孫行子植處三面言議添出錢伍佰叁拾
文正其錢即日收訖其田付錢耕種
納粘與兄弟無干賣主不敢異言
今欲有憑立添字壹帋為照
同治元年十二月日立添字昌規
再照孫行二字
自筆
推契

10-6-58-4　清同治元年十二月黄昌規立添民田字

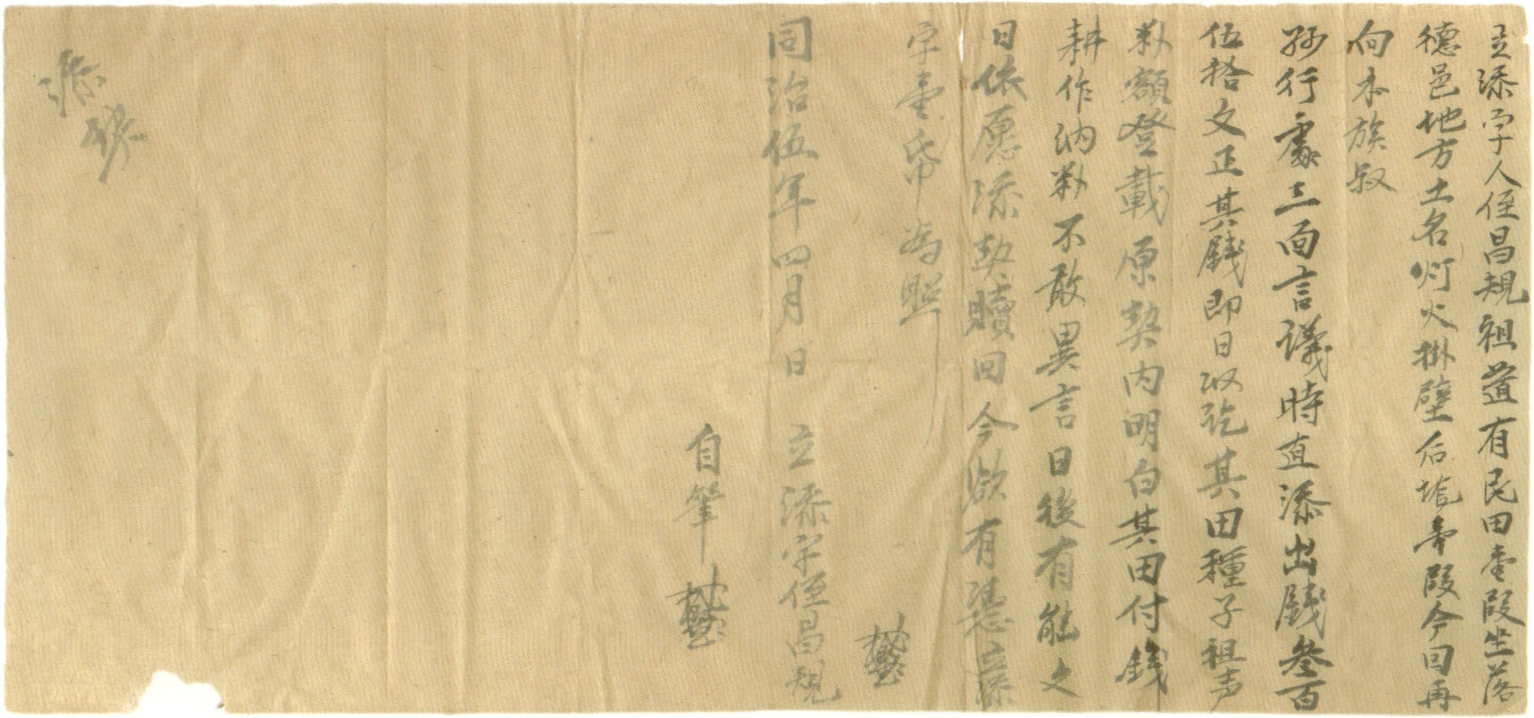
立添字人侄昌規祖置有民田壹段坐落
德邑地方土名灯火掛壁后墘年段今因再
向本族叔
孙行處三面言議時直添出錢叁百
伍拾文正其錢即日收訖其田種子租声
糾額登載原契内明白其田付錢
耕作納糾不敢異言日後有能之
日依愿添契贖回今欲有憑立添
字壹帋為照
同治伍年四月日　立添字侄昌規
自筆
添契

10-6-58-5　清同治五年四月黃昌規立添民田契

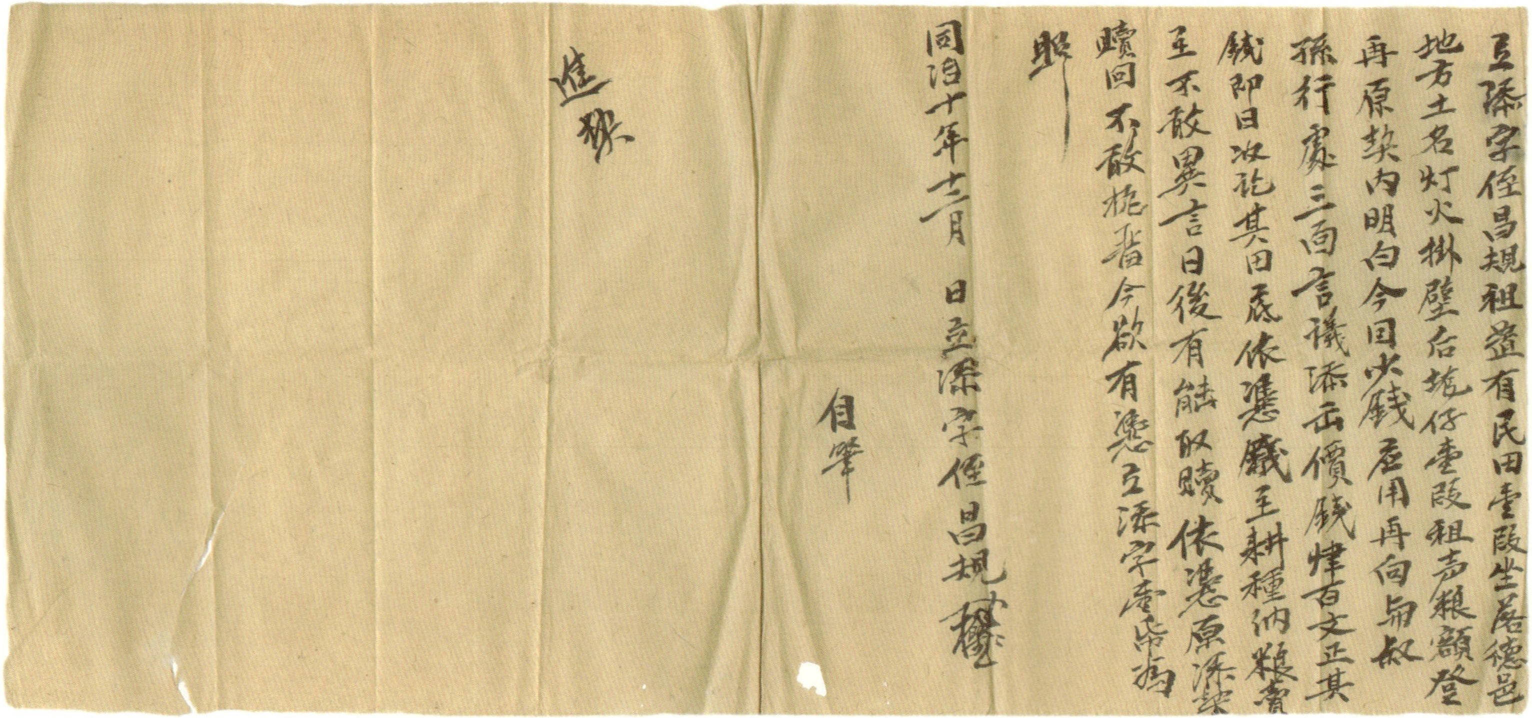
立添字侄昌規祖遺有民田壹段坐落德邑
地方土名灯火掛壁后坵仔壹段租声粮額登
再原契内明白今因乏錢應用再向房叔
孫行處三面言議添出價錢肆百文正其
錢即日收訖其田聽依憑叔主耕種納粮當
至不敢異言日後有能取贖依憑原添契
贖回不敢執留今欲有憑立添字壹帋爲
照｜
同治十年十二月　日立添字侄昌規（押）
自筆
進契

10-6-58-6　清同治十年十二月黃昌規立添民田字

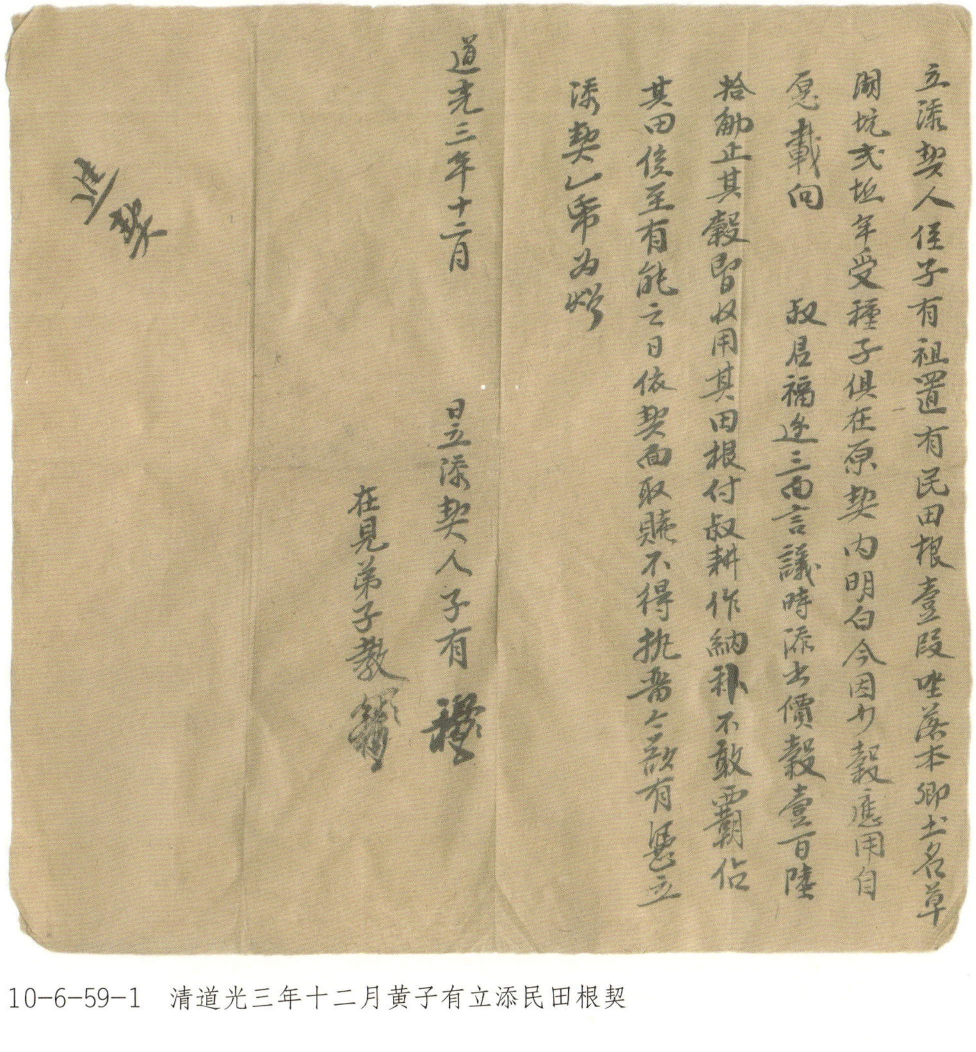

立添契人侄子有祖置有民田根壹段坐落本鄉土名草
閘坑貳坵年受種子俱在原契內明白今因乏穀應用自
愿載向　叔居福邊三面言議時添出價穀壹百陸
拾觔正其穀習收用其田根付叔耕作納租不敢霸佔
其田後至有能之日依契面取贖不得執番之款有憑立
添契一紙為照

道光三年十二月　日立添契人子有（押）
在見弟子數（押）

添契

10-6-59-1　清道光三年十二月黄子有立添民田根契

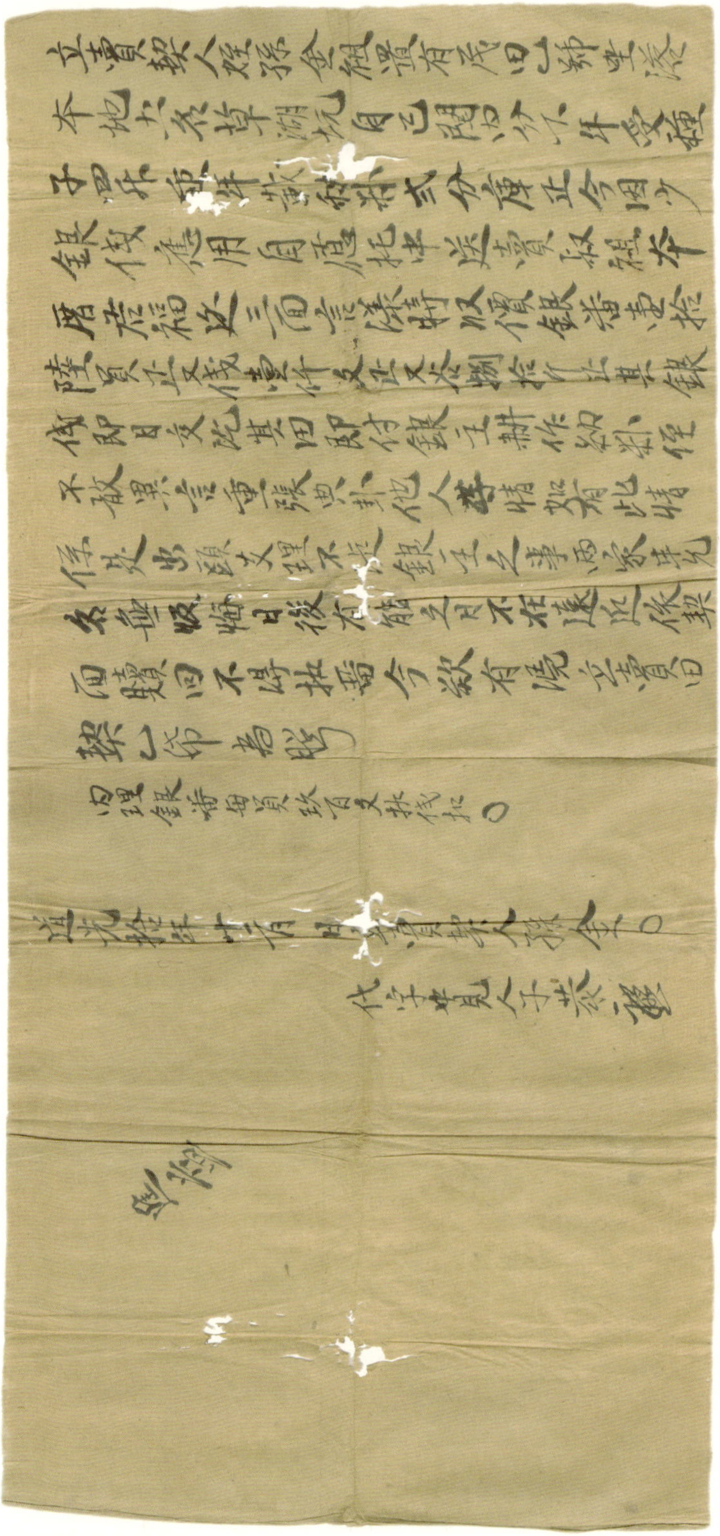

10-6-59-2　清道光十年十二月黃孫金立賣民田契

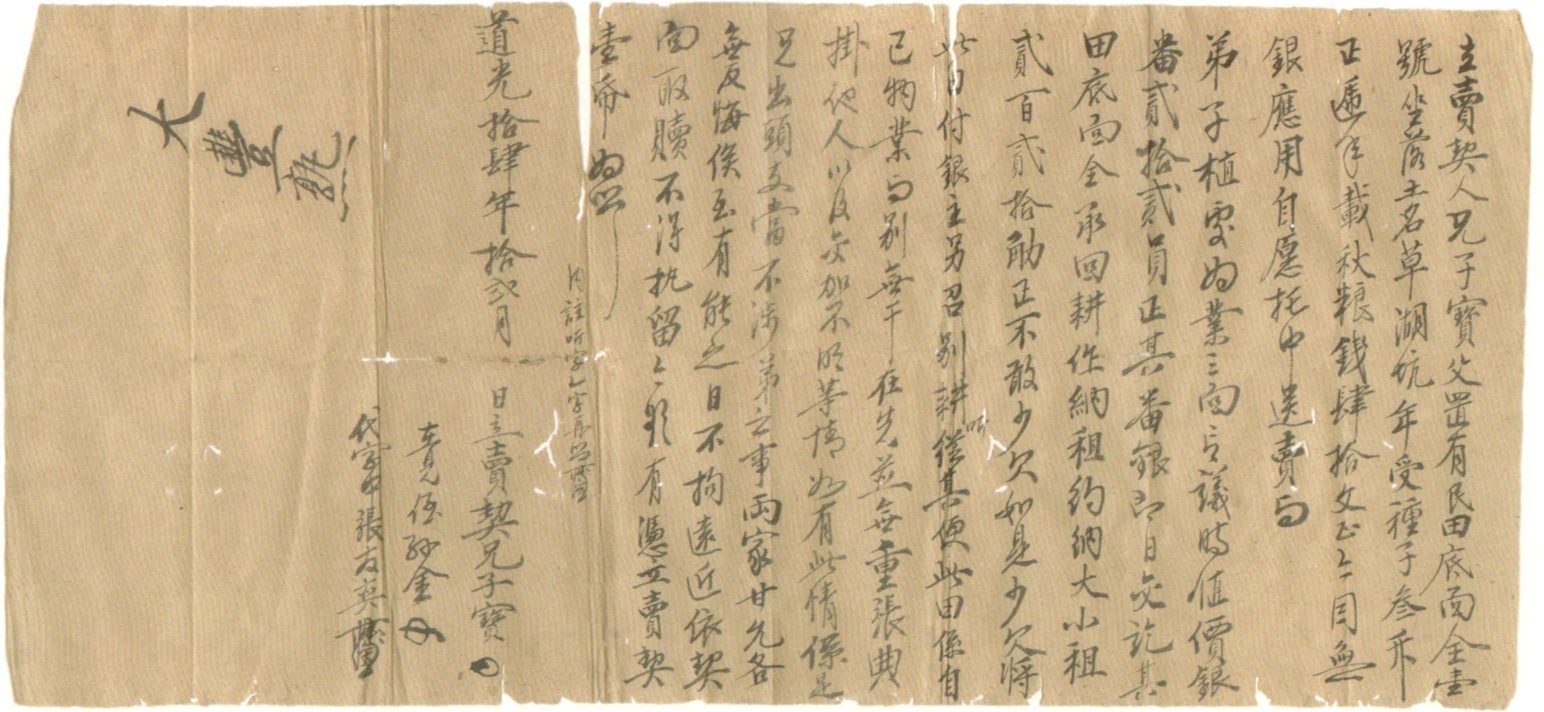
立賣契人兄子寶父置有民田底面全壹
號坐落土名草湖坑年受種子叁秤
正遞年載秋粮錢肆拾文正二同無
銀應用自愿托中送賣與
弟子植雯為業三面言議時值價銀
番貳拾貳員正其番銀即日交訖其
田底面全承回耕佃納租約納大小租
貳百貳拾觔正不敢少欠如是少欠將
此田付銀主另召別耕從其便此田係自
己物業與別無干在先並無重張典
掛他人以及交加不明等情如有此情係是
兄出頭支當不涉弟之事兩家甘允各
無反悔係立有能之日不拘遠近依契
面取贖不得執留二家有憑立賣契
壹帋為照
內註明字乙字再照
道光拾肆年拾弍月　日立賣契兄子寶（押）
在見伯祖金（押）
代字中張友英（押）
大吉昌

10-6-59-3　清道光十四年十二月黄子寶立賣底面全民田契

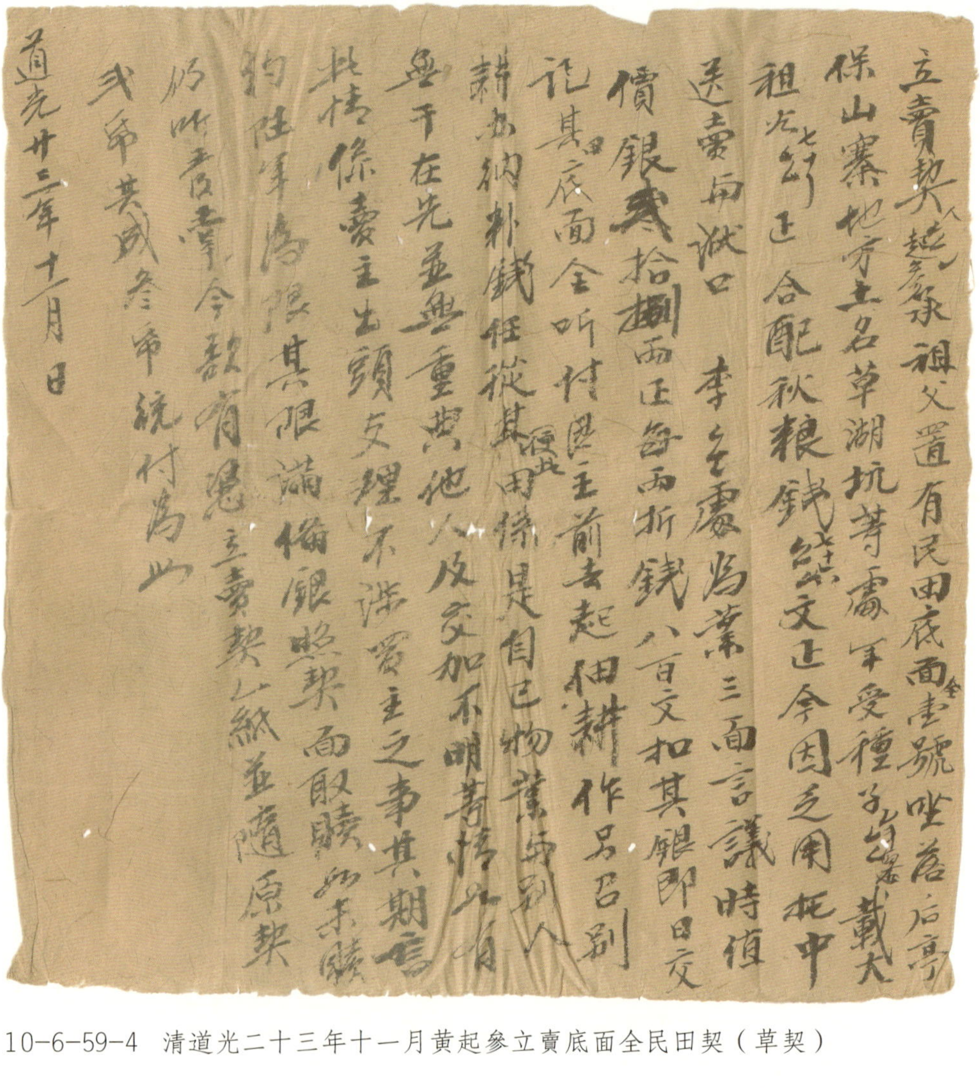

立賣契人黃起參承祖父置有民田底面全壹號坐落后亭
保山寨地方土名草湖坑菁處年受種子肆斗載大
租壹石七斗正合配秋粮錢文正今因乏用托中
送賣與洑口李家處爲業三面言議時值
價銀貳拾捌兩正每兩折錢八百文扣其銀即日交
訖其底面全听付銀主前去起佃耕作另召別
耕亦納朴錢任從其便此田係是自己物業與別人
無干在先並無重典他人及交加不明等情如有
此情係賣主出頭支理不涉買主之事其期言
約陸年爲限其限滿備銀照契面取贖如未贖
仍听耕管今欲有憑立賣契山紙並隨原契
弍帋共貳叁帋統付爲照
道光廿三年十一月　日

10-6-59-4　清道光二十三年十一月黃起參立賣底面全民田契（草契）

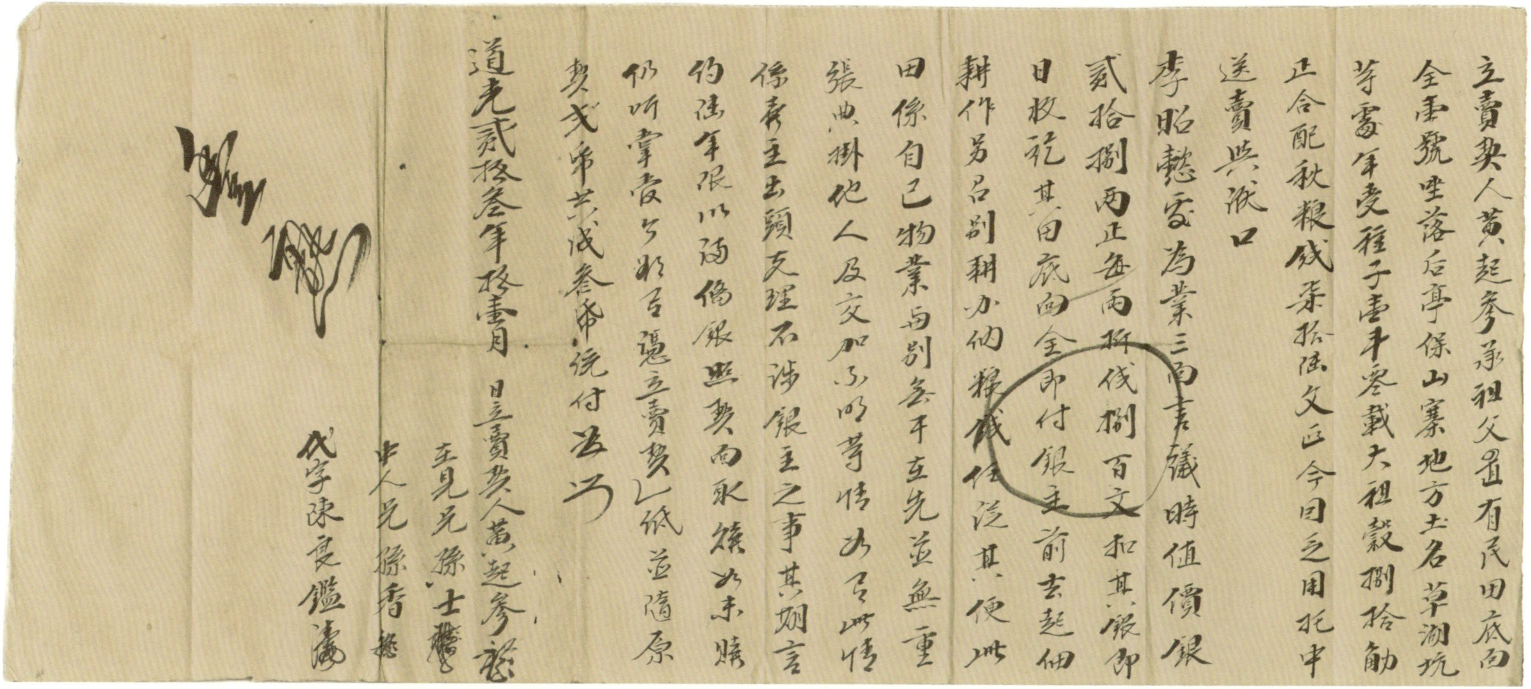

10-6-59-5　清道光二十三年十一月黃起參立賣底面全民田契（廢契）

10-6-60-1　包契紙

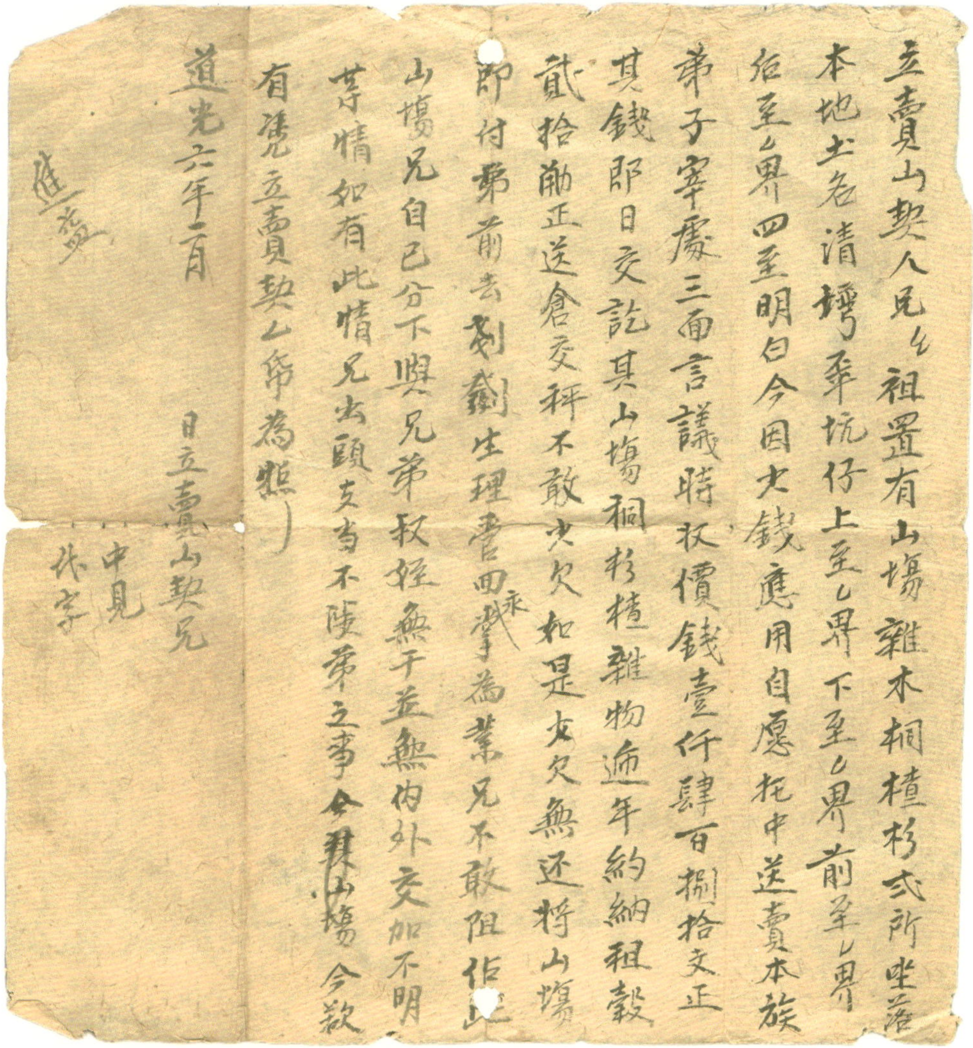

立賣山契人兄𠂇祖置有山場雜木桐楂杉弍所坐落
本地土名清彎乖坑仔上至𠂇界下至𠂇界前至𠂇界
后至𠂇界四至明白今因乏錢應用自愿托中送賣本族
弟子寧處三面言議時抵價錢壹仟肆百捌拾文正
其錢即日交訖其山場桐杉楂雜物逓年約納租穀
貳拾觔正送倉交秤不敢少欠如是少欠無还將山場
即付弟前去𠜂𠜂生理耕田永為業兄不敢阻佔此
山場兄自己分下與兄弟叔侄無干並無內外交加不明
等情如有此情兄出頭支當不涉弟之事今欲
有凭立賣契𠂇弟為照

道光六年二月　日立賣山契兄
中見
代字

10-6-60-2　清道光六年二月黄氏立賣山場雜木桐楂杉契（草契）

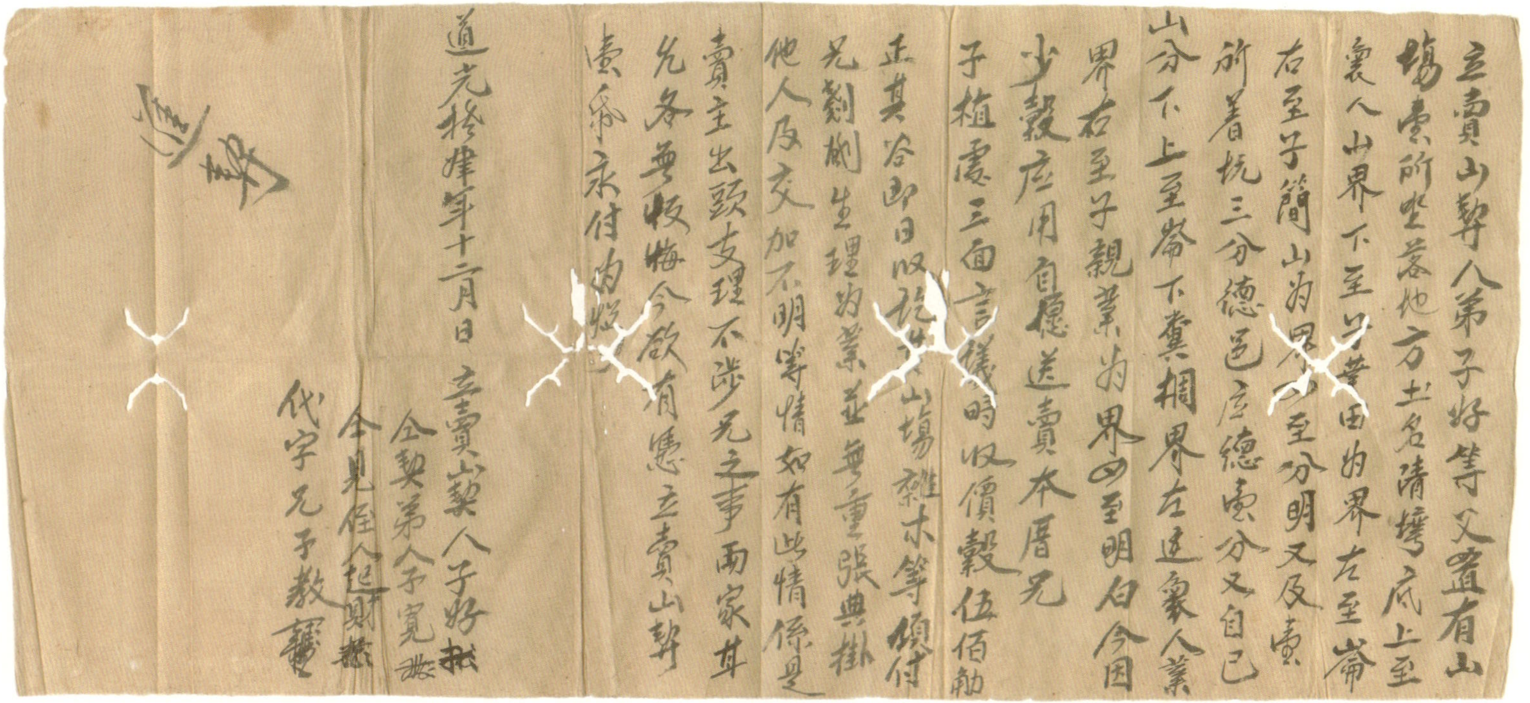

立賣山契人弟子好等又置有山
場壹所坐落地方土名清壙底上至
衆人山界下至山黄田為界左至嵛
右至子簡山為界四至分明又及壹
所着坑三分德邑应德壹分又自己
山分下上至嵛下黄桐界左至衆人業
界右至子親業為界四至明白今因
少穀应用自愿送賣本厝兄
子植處三面言議時收價穀伍佰觔
正其谷即日收訖其山場雜木等項付
兄劉樹生理為業並無重張典掛
他人及交加不明等情如有此情係是
賣主出頭支理不涉兄之事兩家其
允各無反悔今欲有憑立賣山契
壹紙永付為照

道光拾肆年十二月日 立賣山契人子好（押）
仝契弟人子寬（押）
仝見侄人起財（押）
代字兄子教（押）

10-6-60-3 清道光十四年十二月黃子好等立賣山場契

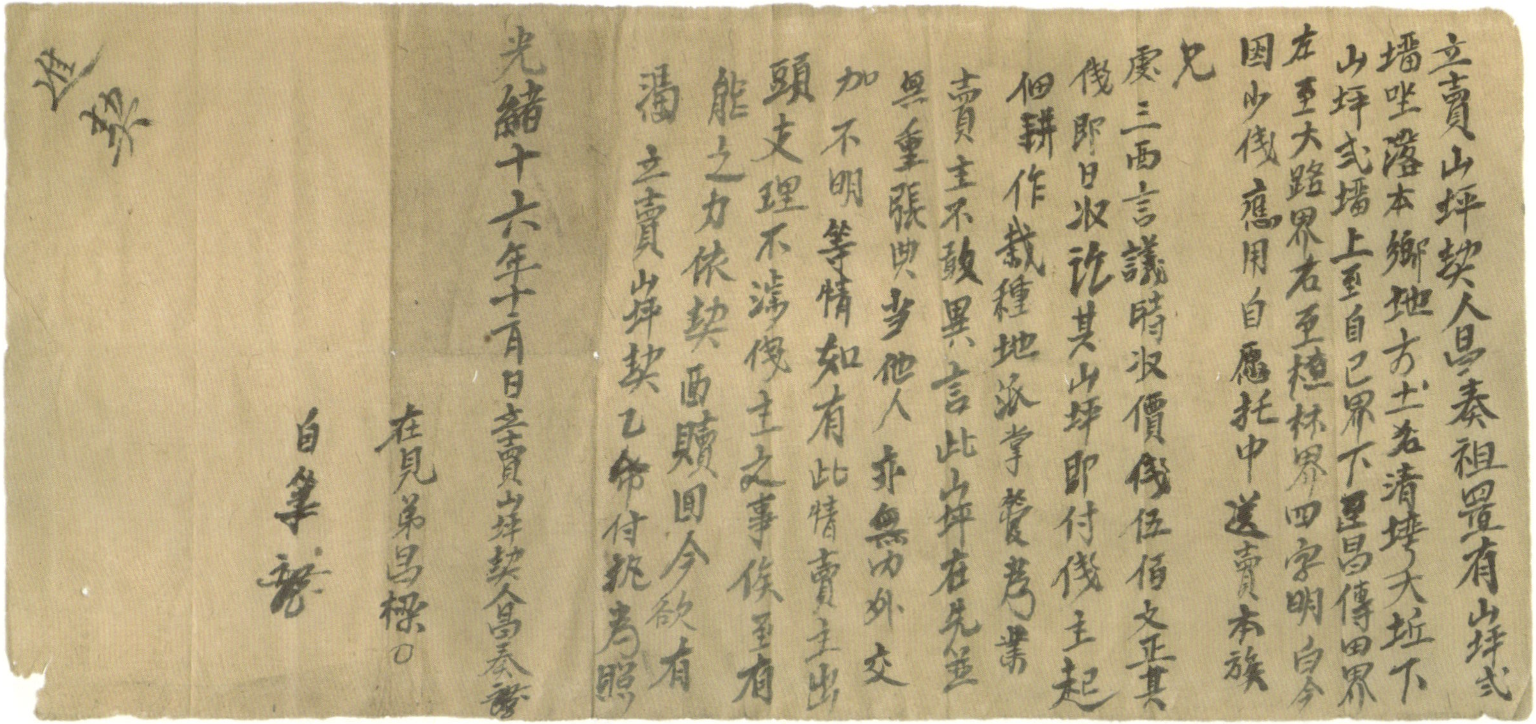

立賣山坪契人昌奏祖置有山坪弍
墻坐落本鄉地方土名清埗大垅下
山坪弍墻上至自己界下至昌傳田界
左至大路界右至植林界四字明白今
因少錢應用自愿托中送賣本族
兄
處三面言議時收價錢伍佰文正其
錢即日收訖其山坪即付錢主起
佃耕作栽種地派掌管為業
賣主不敢異言此山坪在先並
無重張典当他人亦無內外交
加不明等情如有此情賣主出
頭支理不涉錢主之事倘至有
能之力依契面贖回今欲有
憑立賣山坪契乙紙付執為照
光緒十六年十二月日立賣山坪契人昌奏親筆
在見弟昌棕○
自筆
進契

10-6-60-4　清光緒十六年十二月黃昌奏立賣山坪契

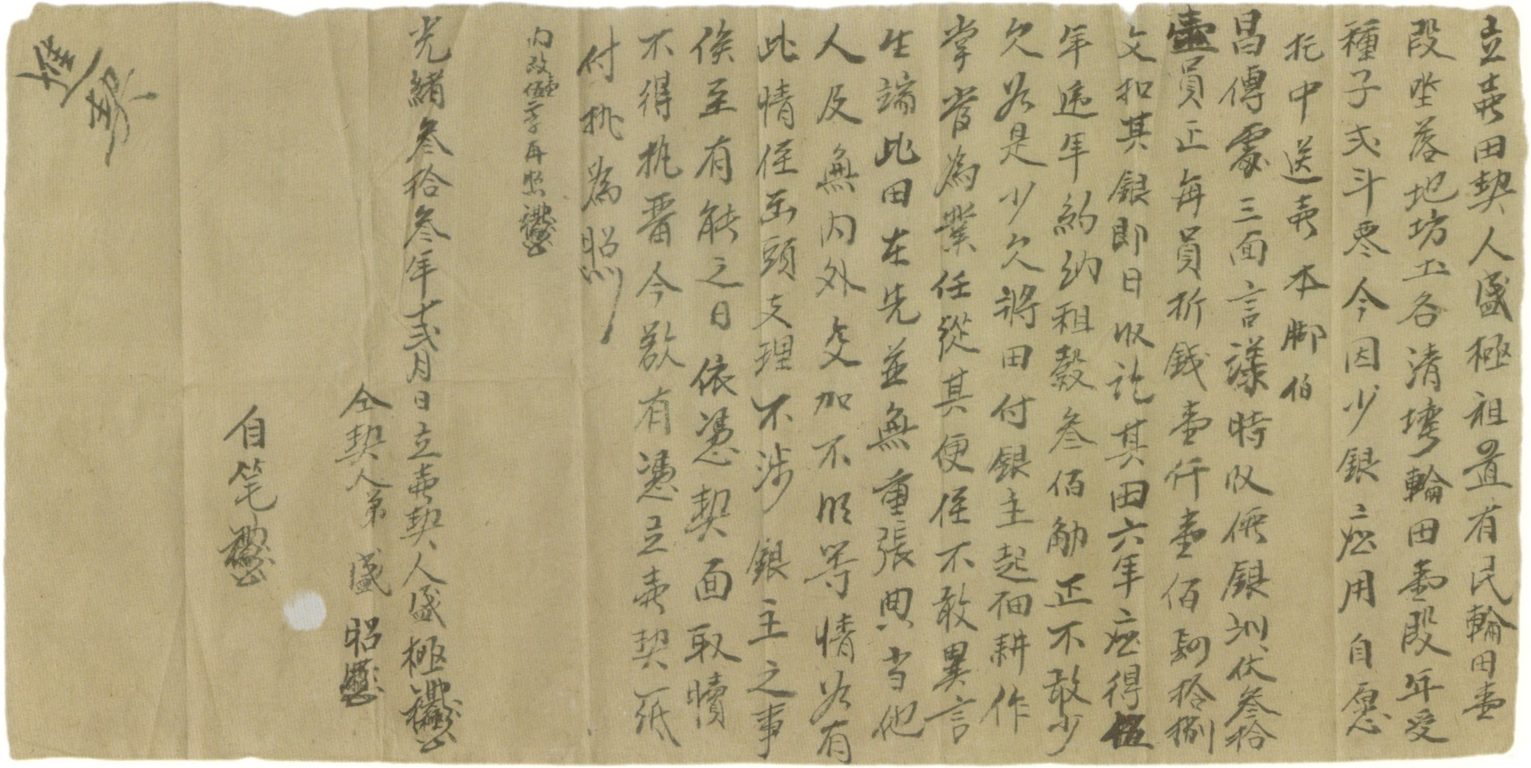
立賣田契人盛極，祖置有民輪田壹
段，坐落地坊土名清塘輪田壹段，年受
種子弍斗零。今因少銀應用，自愿
托中送賣本鄉伯
昌傳處，三面言議，特收佛銀刈伏叁拾
壹員正，每員折錢壹仟壹佰貳拾捌
文，和其銀即日收訖。其田六年應得伍
年，逐年約納租穀叁佰觔正，不敢少
欠，如是少欠，將田付銀主起佃耕作
掌管為業，任從其便，侄不敢異言
生端。此田在先並無重張典當他
人，及無內外交加不明等情。如有
此情，係侄承頭支理，不涉銀主之事。
候至有銀之日，依憑契面取贖，
不得执番。今欲有憑，立賣契一紙，
付执為照。
內改伍字再照。
光緒叁拾叁年十弍月　日立賣契人盛極
仝契人弟盛昭
自笔

10-6-60-5　清光緒三十三年十二月黄盛極等立賣民輪田契

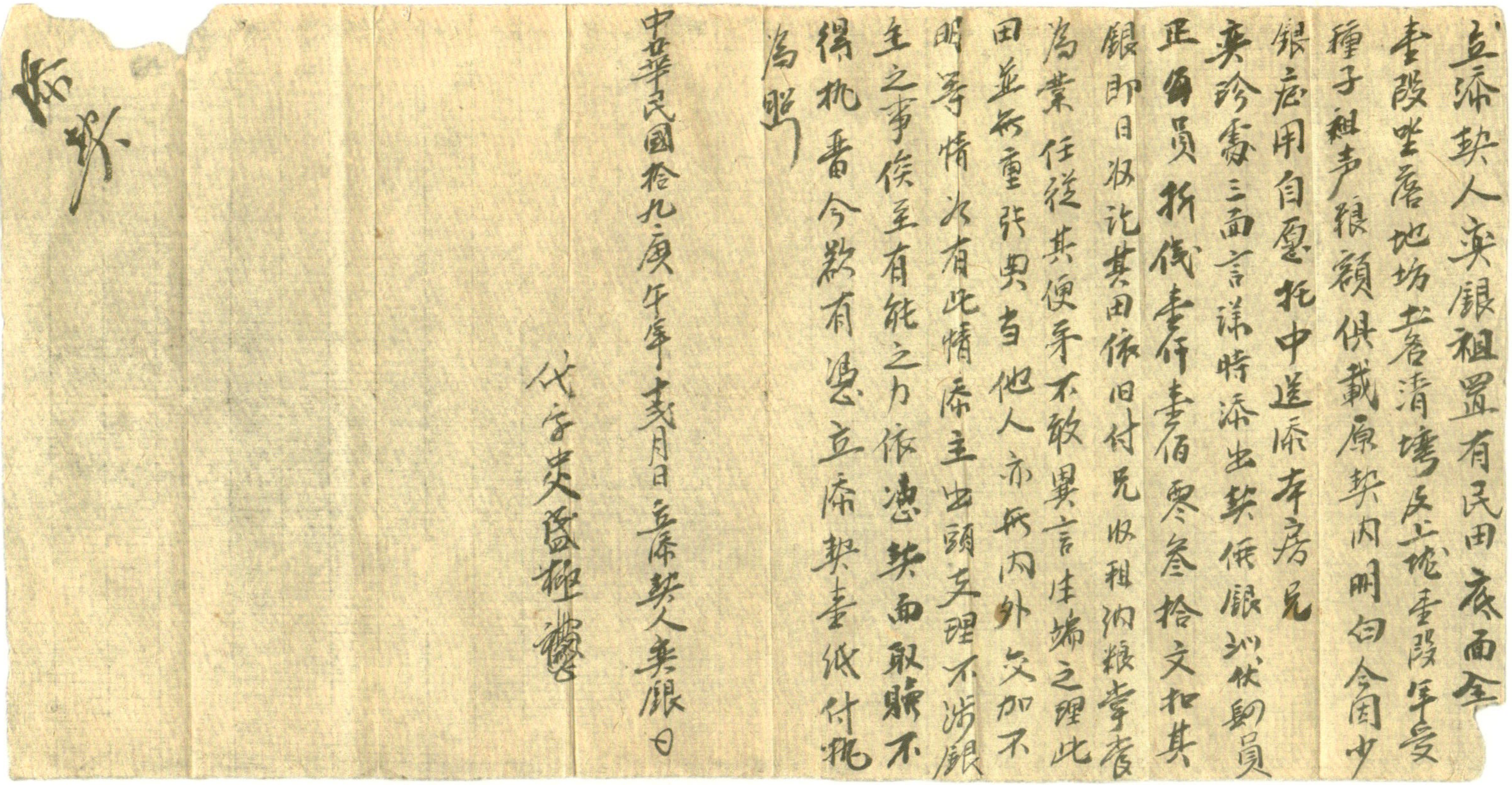

10-6-60-6　民國十九年十二月黃奕銀立添底面全民田契

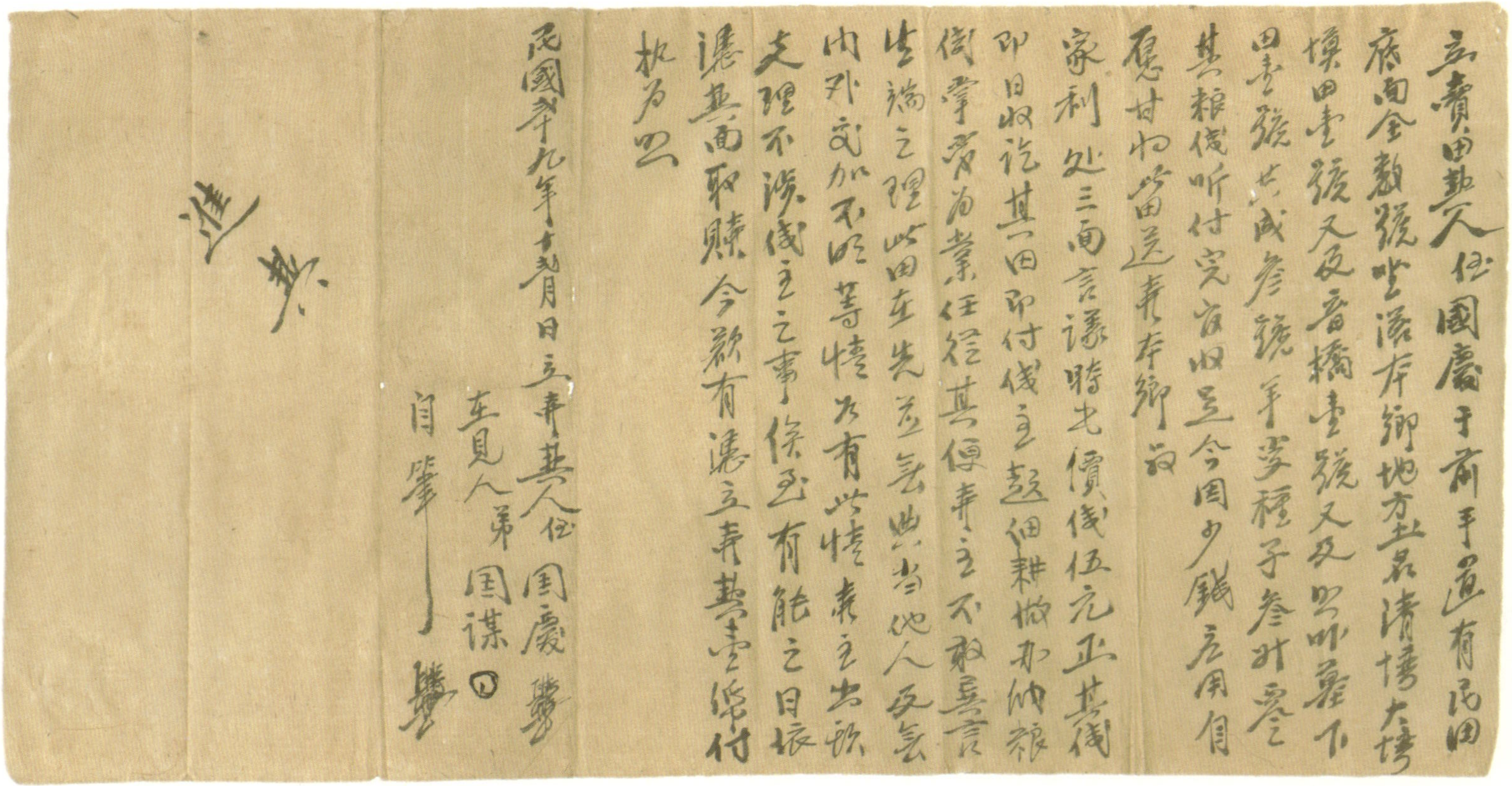

立賣田契人侄國慶，今有民田底面全數，坐落本鄉地方，土名清塘大塘墘田壹號，又及音橋壹號，又及嶺下田壹號，共成叁號，年受種子叁斗零。其粮伐听付完，官收足。今因乏錢應用，自願甘將此田送賣本鄉叔家利處，三面言議時價伐伍元正，其伐即日收訖，其田即付伐主起佃耕作，辦納粮併掌管為業，任從其便，賣主不敢異言。此端之理，此田在先並無典當他人，及無內外或加不明等情，如有此情，賣主出頭支理，不涉伐主之事。係是有能之日，振憑其面取贖。今欲有憑，立賣契壹紙付執為照。

民國廿九年十二月　日立賣契人侄　國慶（押）

在見人弟　國謀（押）

自筆（押）

10-6-60-7　民國二十九年十二月黄國慶立賣底面全民田契

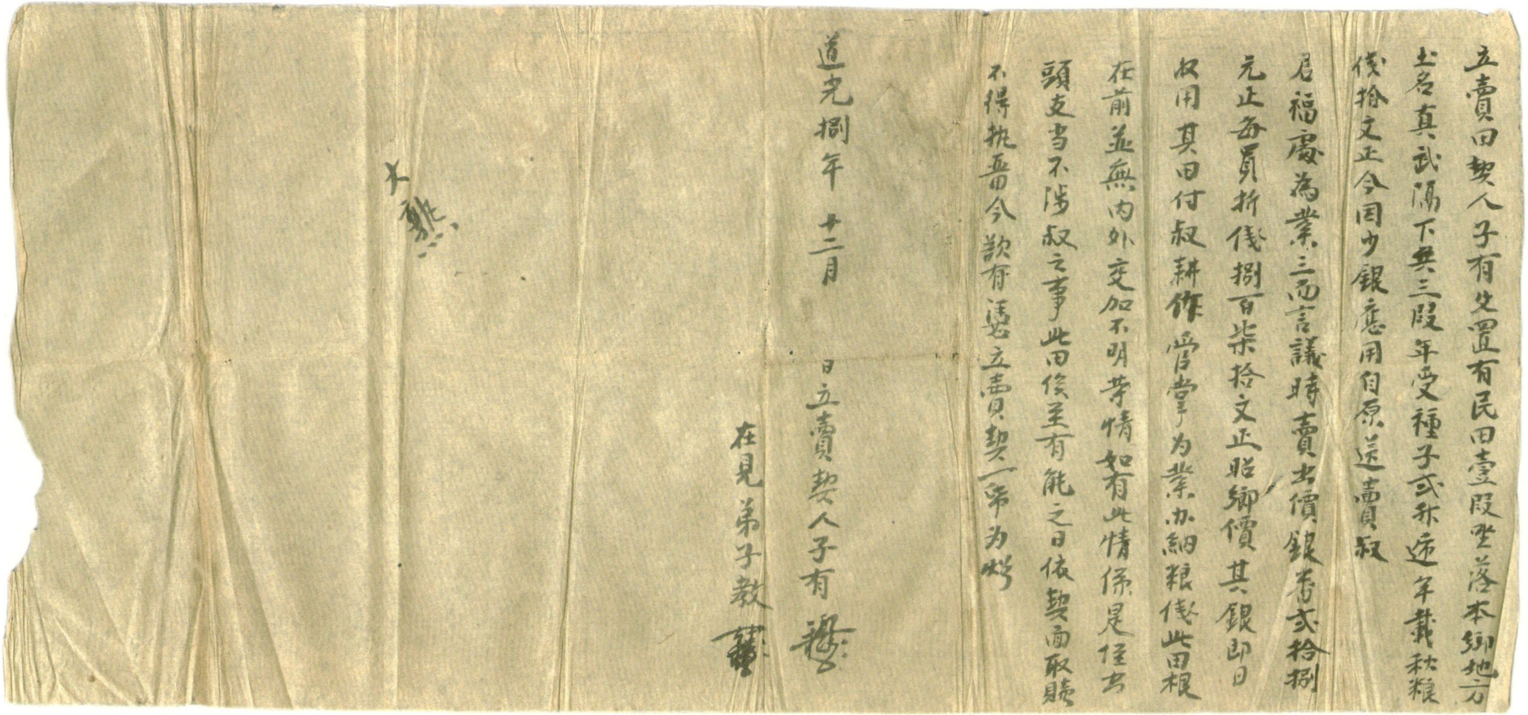

立賣田契人子有先置有民田壹段坐落本鄉地方
土名真武隔下共三段年受種子弍斗正年載秋粮
伐拾文正今因乏銀應用自原送賣叔
居福處爲業三面言議時賣出價銀番弍拾捌
元正每員折伐捌百柒拾文正照鄉價其銀即日
收用其田付叔耕作管掌爲業办納粮伐此田根
在前並無內外交加不明等情如有此情係是侄出
頭支當不涉叔之事此田後至有能之日依契面取贖
不得執畨今欲有憑立賣契一帋爲照

道光捌年 十二月 日立賣契人子有（押）
在見弟子數（押）

大熙

10-6-61-1 清道光八年十二月黄子有立賣民田契

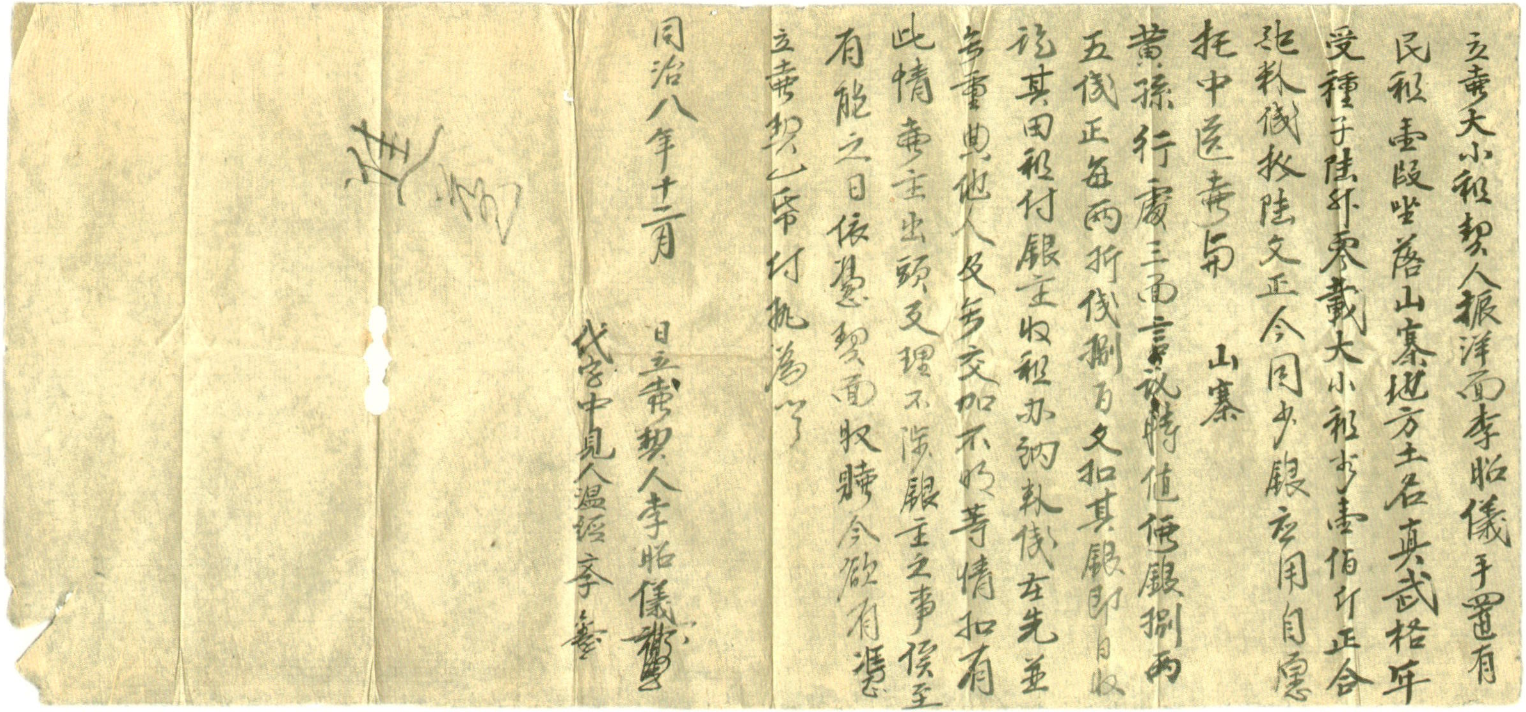

立賣大小租契人振洋面李昭儀，手置有
民租壹段，坐落山寨地方，土名真武格(?)坪，
受種子陸升，原載大小租谷壹佰斤正，仝(?)
兆秤伍拾陸文正。今因乏銀應用，自愿
托中送賣與 山寨
黄孫行處，三面言議，時值價銀捌兩
五錢正，每兩折錢捌百文，扣其銀，即日收
訖。其田租付銀主收租辦納，執錢在先，並
無重典他人及無交加不明等情。如有
此情，賣主出頭支理，不涉銀主之事。侯至
有能之日，依憑契面取贖。今欲有憑，
立賣契一紙，付執爲照。

同治八年十二月　日立賣契人李昭儀（押）
代字中見人温□亭(?)（押）

10-6-61-2　清同治八年十二月李昭儀立賣民田大小租契

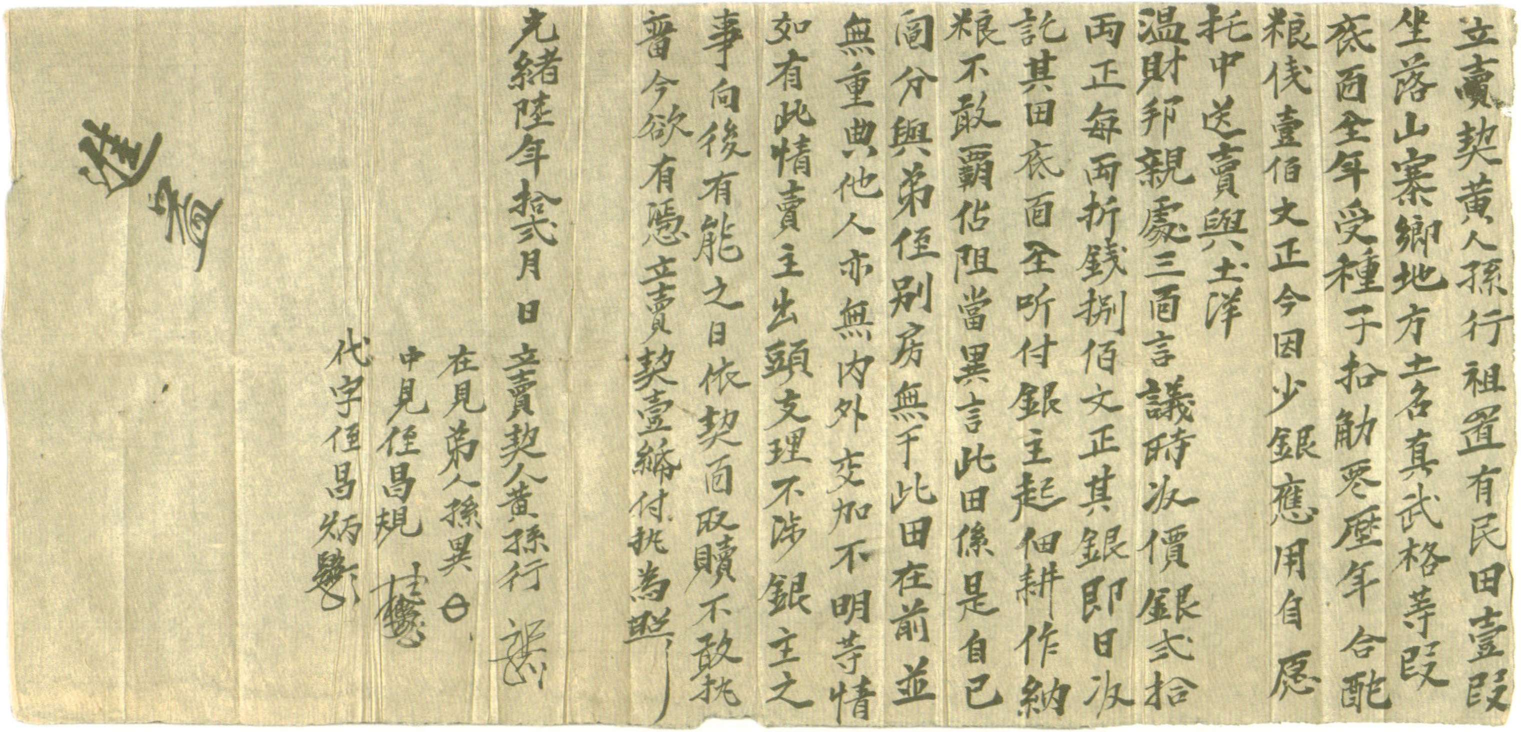
立賣契黄人孫行祖置有民田壹段
坐落山寨鄉地方土名真武格等段
夜西仝年受種子拾觔叁歷年合酡
粮伐壹佰文正今因少銀應用自愿
托中送賣與土洋
温財邦親處三面言議時次價銀弍拾
兩正每兩折錢捌佰文正其銀即日次
訖其田夜西全听付銀主起佃耕作納
粮不敢霸佔阻當異言此田係是自己
閩分與弟侄別房無干此田在前並
無重典他人亦無内外𡚒加不明等情
如有此情賣主出頭支理不涉銀主之
事向後有能之日依契面取贖不敢执
留今欲有憑立賣契壹紙付执為照
光緒陸年拾弍月日立賣契人黄孫行（押）
在見弟人孫異（押）
中見侄昌規（押）
代字侄昌炳（押）
進壹

10-6-61-3 清光緒六年十二月黄孫行立賣民田契

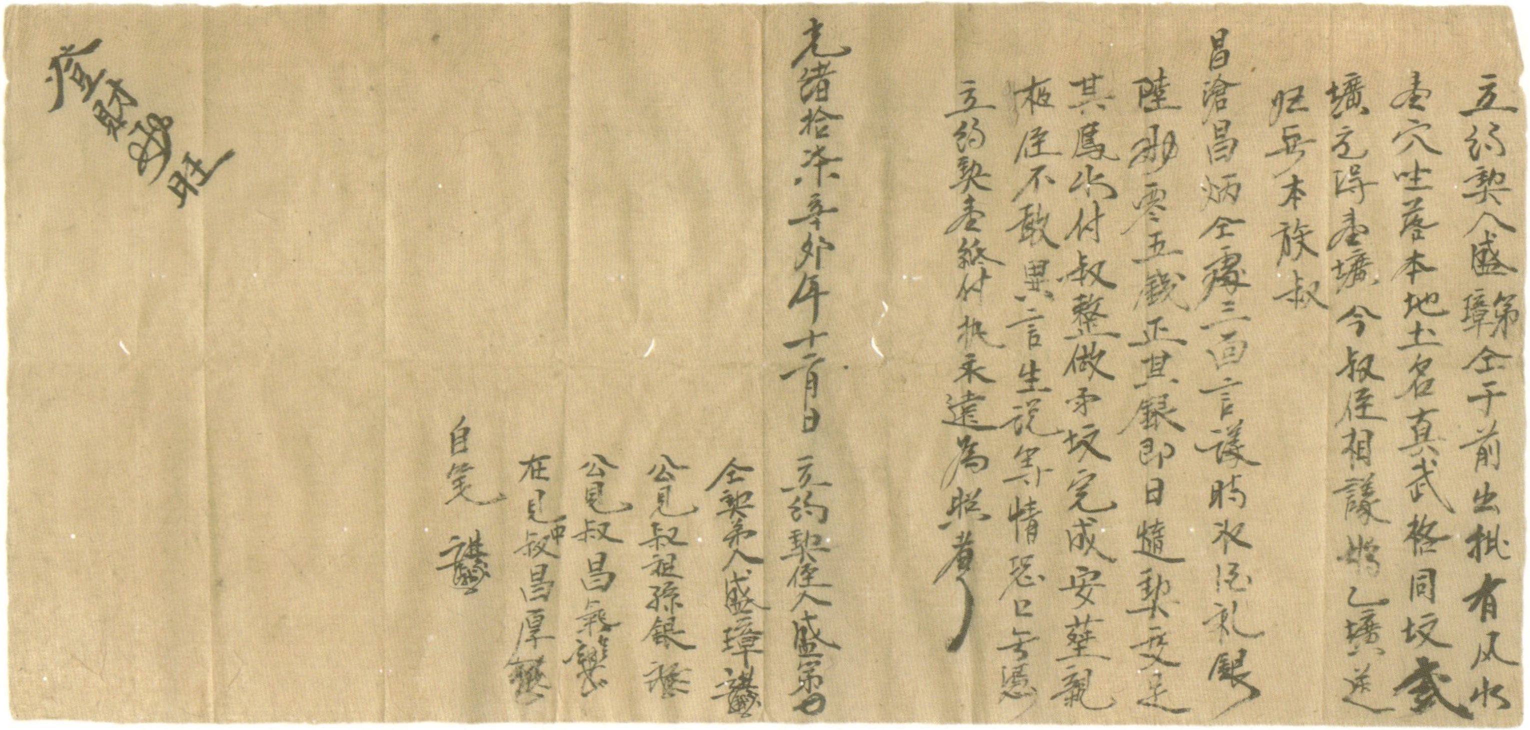

立約契人盛璋、第仝于前出批有风水
壹穴坐落本地土名真武格同坟貳
壙，充得壹壙，今叔侄相議將乙壙送
归与本族叔
昌滄、昌炳仝房三面言議，時收过禮銀
陸兩零五錢正，其銀即日隨契交足，
其風水付叔整做寿坟完成安葬親
柩，侄不敢異言生說異情，恐口無憑，
立約契壹紙付批永遠為照。黃

光緒拾柒年辛夘年十二月　日　立約契侄人盛第
仝契弟人盛璋
公見叔祖孫銀
公見叔昌氣
在見叔昌厚
自筆

萬財發旺

10-6-61-4　清光緒十七年十二月黃盛第等立約契

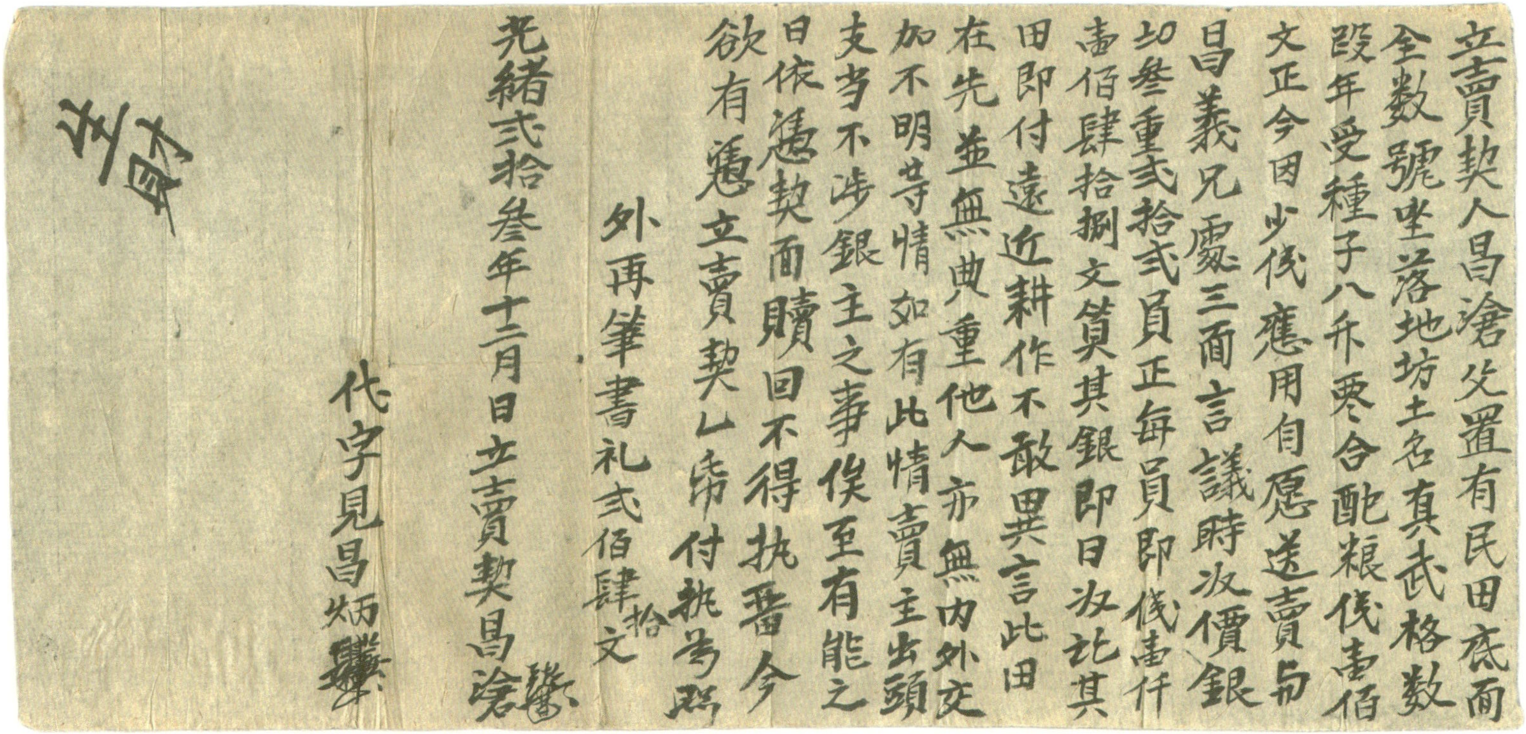

10-6-61-5 清光緒二十三年十二月黃昌滄立賣底面全民田契

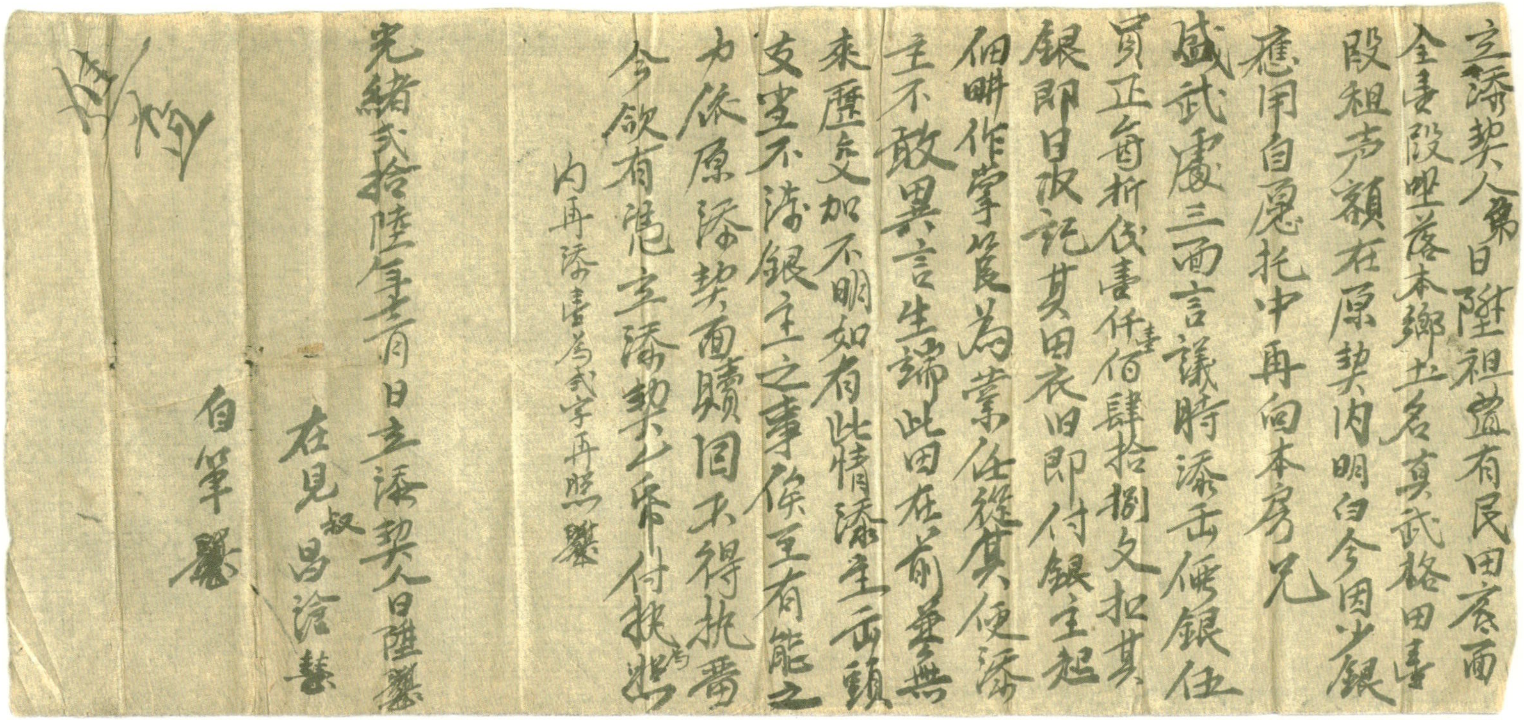

立添契人黃日陞，祖置有民田底面
全壹段，坐落本鄉土名莫武格田壹
段，租声額在原契內明白。今因少銀
應用，自愿托中再向本房兄
盛武處三面言議，時添出佛銀伍
員正，每員折錢壹仟壹佰肆拾捌文扣，其
銀即日收訖，其田衣旧即付銀主起
佃畊作掌管為業，任從其便，添
主不敢異言生端。此田在前並無
來歷交加不明，如有此情，添主出頭
支当，不涉銀主之事。係至有能之
力，依原添契面贖回，不得執畱。
今欲有憑，立添契一帋，付執為照。
內再添壹、為式字再照
光緒式拾陸年十二月　日立添契人日陞
在見叔　昌滄
自筆

10-6-61-6　清光緒二十六年十二月黃日陞立添底面全民田契

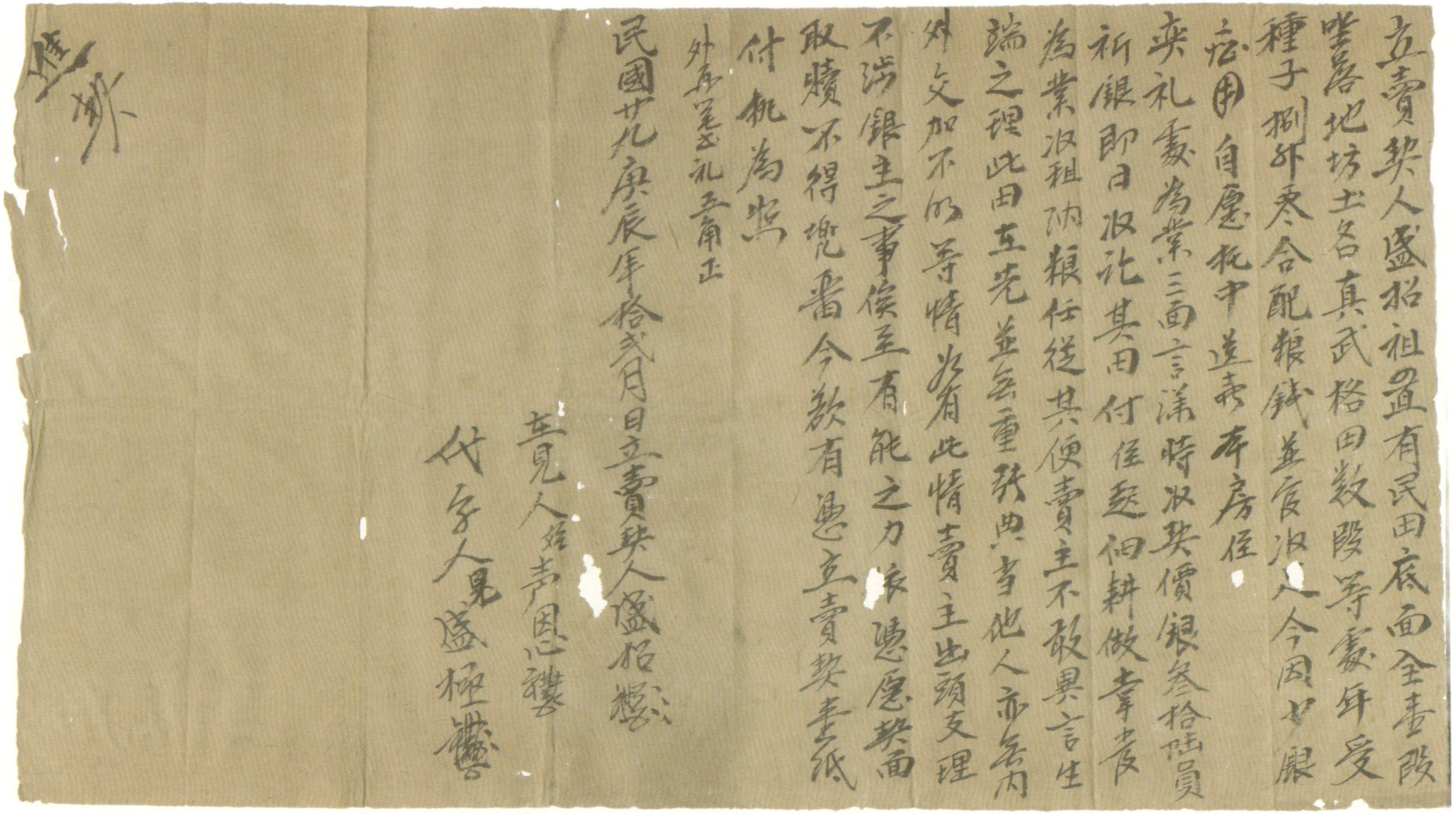
立賣契人盛招祖置有民田底面全壹段
坐落地坊土名真武格田數段等處年受
種子捌升叁合配粮錢並良收入今因乏银
應用自愿托中送與本房侄
奕礼處為業三面言議時收契價银叁拾陸員
祈銀即日收訖其田付侄起佃耕做辜長
為業收租納粮任從其便賣主不敢異言生
端之理此田立先並無重張典掛他人亦無内
外文加不明等情如有此情賣主出頭支理
不涉銀主之事倘至有能之力衣憑原契面
取贖不得執留今欲有憑立賣契壹紙
付執為照
外再筆丕礼五角正
民國廿九庚辰年拾貳月日立賣契人盛招
在見人姪声恩
代字人男盛極

10-6-61-7 民國二十九年十二月黃盛招立賣底面全民田契

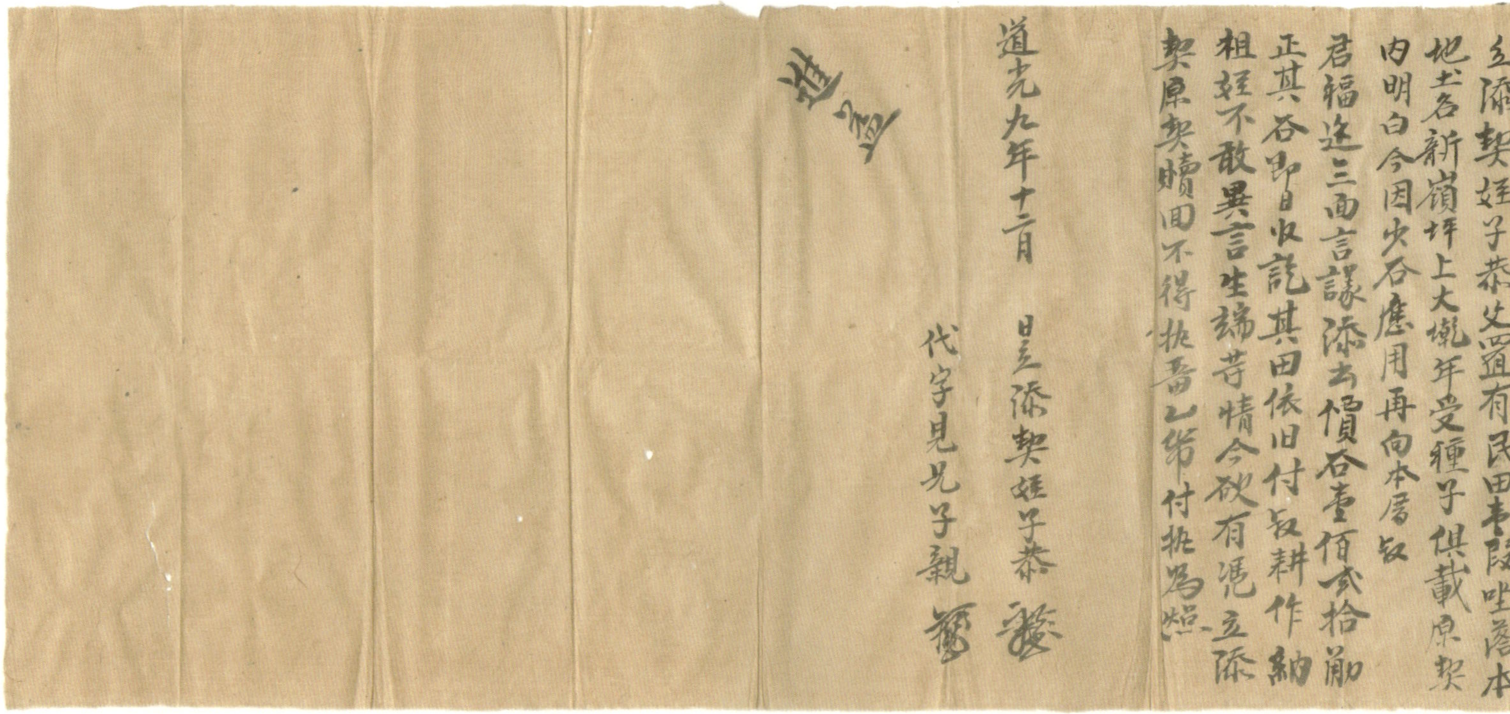
立添契侄子恭，先年置有民田壹段，坐落本地，土名新嶺坪上大墘，年受種子俱載原契內明白。今因乏谷應用，再向本房叔君福边三面言議，添去價谷壹佰貳拾觔正，其谷即日收訖。其田依旧付叔耕作納租，侄不敢異言生端等情。今欲有憑，立添契，原契贖回不得執留乙帋，付執為照。

道光九年十二月　日立添契侄子恭（押）

代字見兄子親（押）

10-6-62-1　清道光九年十二月黄子恭立添民田契

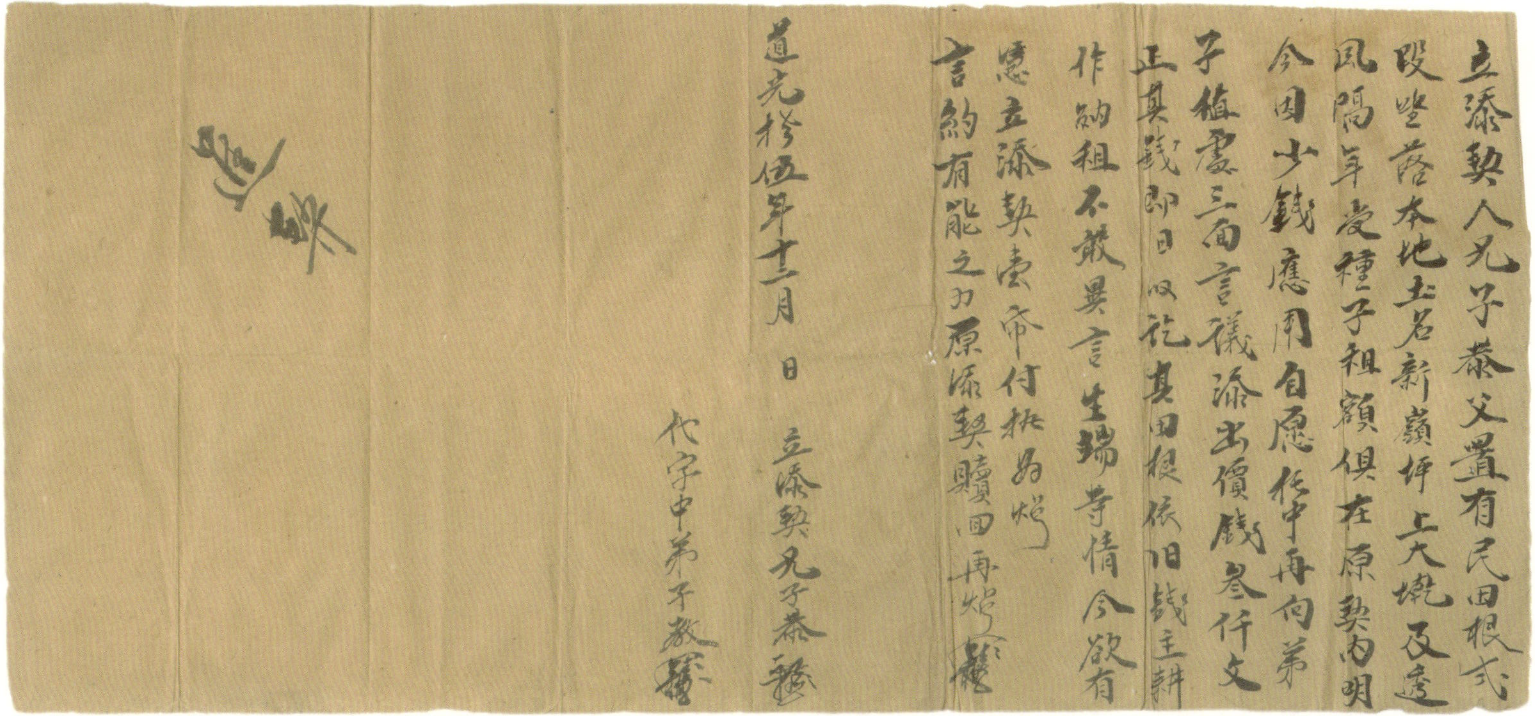
立添契人兄子恭父置有民田根弍
段坐落本地土名新嶺坪上大坵及透
風隔年受種子祖額俱在原契內明
今因少錢應用自愿托中再向弟
子植處三面言議添出價錢叁仟文
正其錢即日收訖其田根依旧錢主耕
作納租不敢異言生端等情今欲有
憑立添契壹帋付执為炤
言約有能之力原添契贖回再炤（押）
道光拾伍年十二月　日　立添契兄子恭（押）
代字中弟子教（押）

10-6-62-2　清道光十五年十二月黄子恭立添民田根契

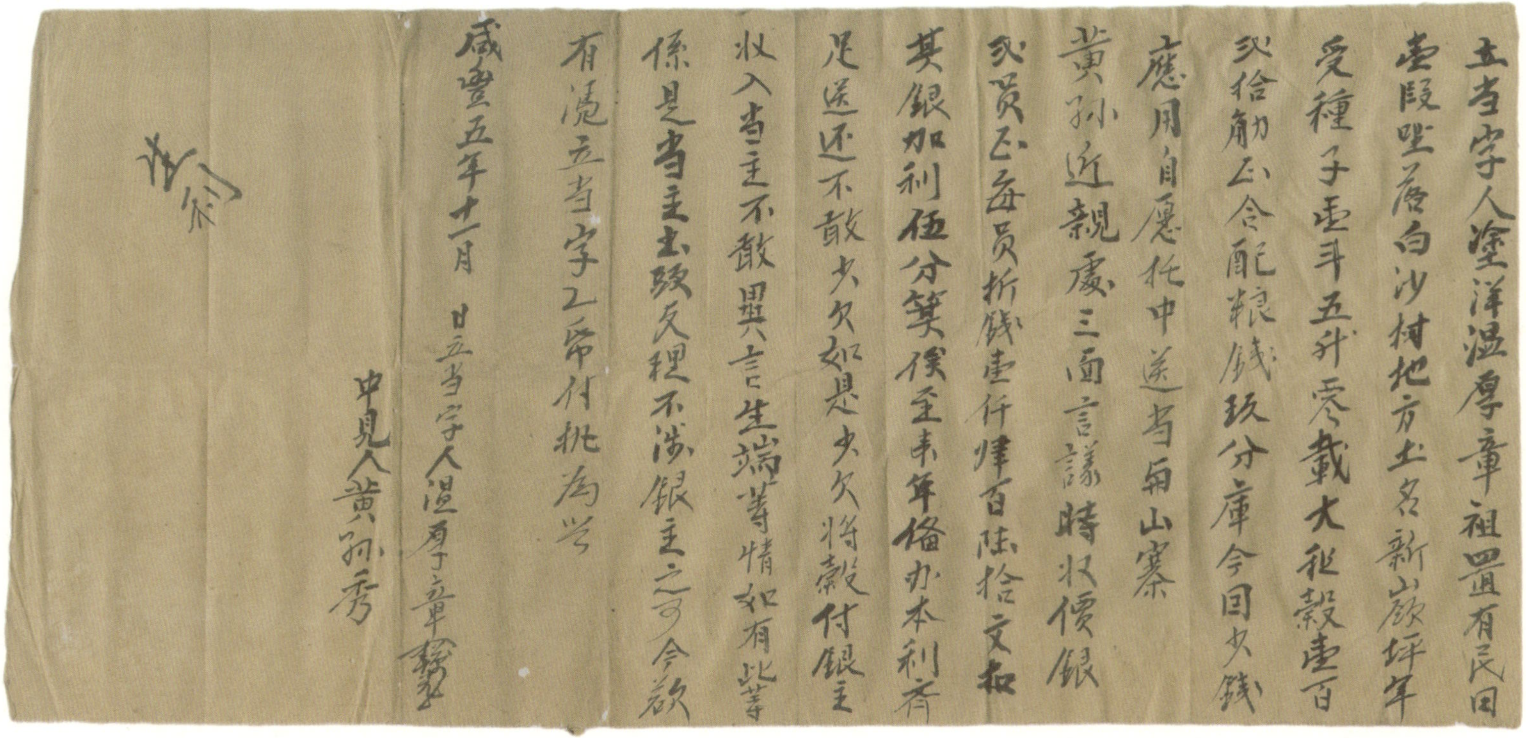
立当字人塗洋温厚章祖置有民田
壹段坐落白沙村地方土名新山献坪年
受種子壹斗五升零載大租穀壹百
弍拾觔正合配粮銭玖分庫今因乏銭
應用自愿托中送当與山寨
黄孙近親處三面言議時價銀
弍员正每员折銭壹仟肆百陆拾文扣
其銀加利伍分筭候至来年備办本利齐
足送还不敢少欠如是少欠將穀付銀主
收入当主不敢異言生端等情如有此等
係是当主出頭友理不涉銀主之事今欲
有憑立当字一帋付执為照
咸豐五年十一月 日立当字人温厚章（押）
中見人黄孙秀

10-6-62-3 清咸豐五年十一月温厚章立當民田字

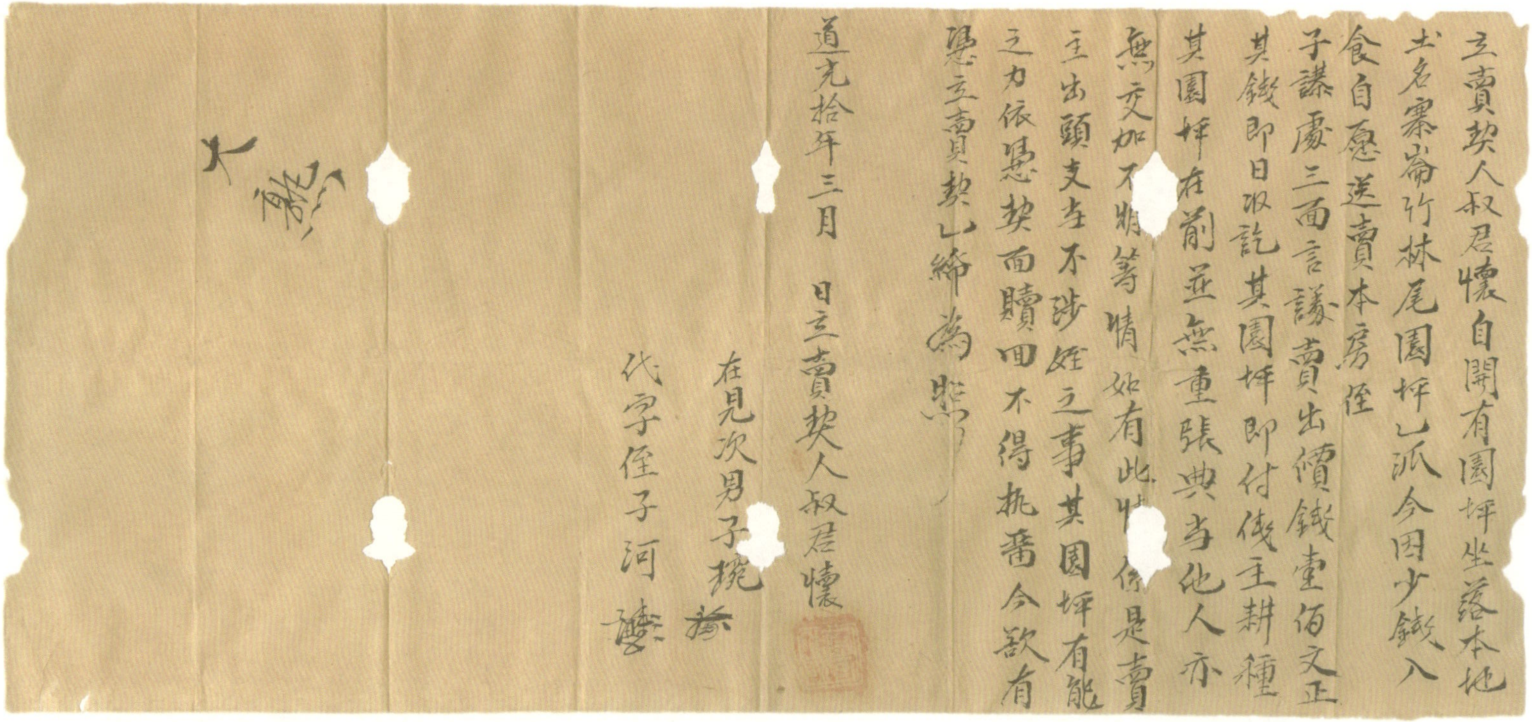
立賣契人叔君懷自開有園坪坐落本地
土名霖嶺竹林尾園坪山泒今因少錢入
食自愿送賣本房侄
子謙處三面言議賣出價錢壹佰文正
其錢即日收訖其園坪即付侄主耕種
其園坪在前並無重張典当他人亦
無交加不明等情如有此情係是賣
主出頭支当不涉姪之事其園坪有能
之力依照契面贖回不得執番今欲有
憑立賣契山綈為照
道光拾年三月　日立賣契人叔君懷
在見次男子撓
代字侄子河
大發

10-6-63-1　清道光十年三月黃君懷立賣園坪契

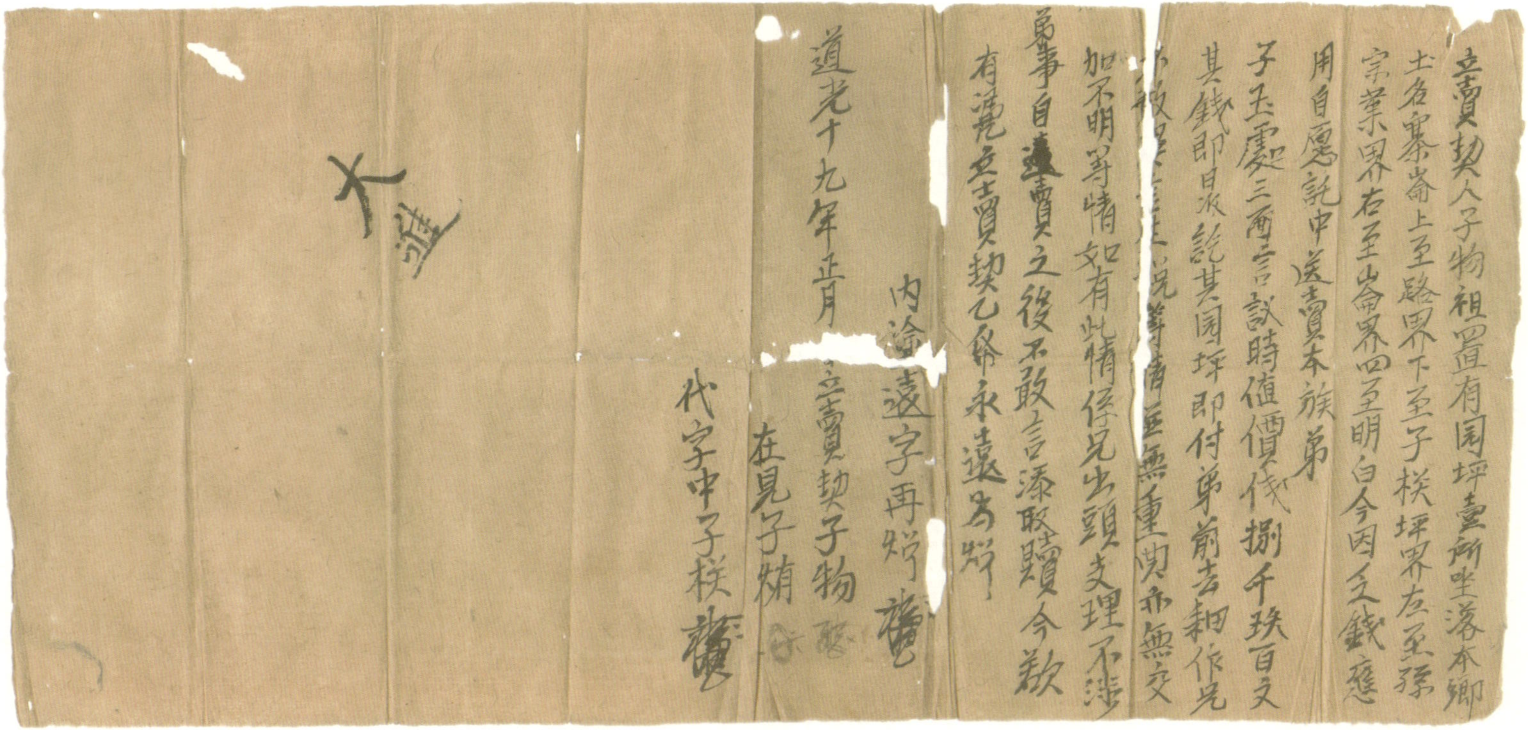

立賣契人子物祖置有園坪壹所坐落本鄉
土名寨崙上至路界下至子桜坪界左至孫
宗業界右至山崙界四至明白今因乏錢應
用自愿託中送賣本族弟
子玉處三面言議時值價錢捌千玖百文
其錢即日收訖其園坪即付弟前去耕作見
[illegible]兄[illegible]等情並無重典亦無交
加不明等情如有此情係兄出頭支理不涉
弟事自賣之後不敢言添取贖今欲
有憑立賣契乙紙永遠為照
內塗遠字再照
道光十九年正月　立賣契子物
在見子[illegible]
代字中子桜
大[illegible]

10-6-63-2　清道光十九年正月黄子物立賣園坪契

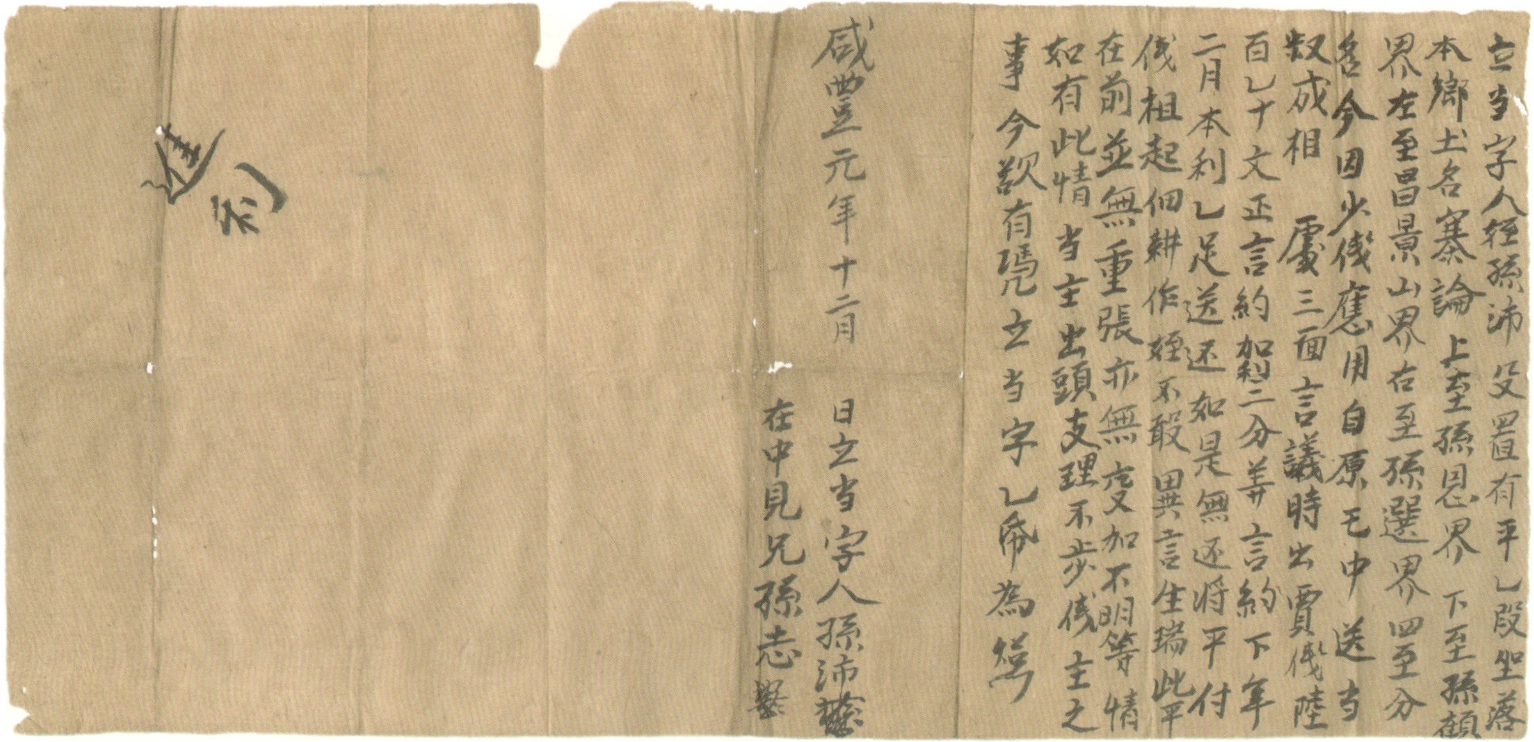

立当字人侄孫沛父置有平乙段坐落本鄉土名寨茶論，上至孫恩界，下至孫頡界，左至昌景山界，右至孫選界，四至分名。今因少錢應用，自願托中送当數成相處，三面言議時出價錢陸百乙十文正，言約加利二分算，言約下年二月本利乙足送還。如是無還，將平付錢主起佃耕作，侄不敢異言生端。此平在前並無重張，亦無交加不明等情，如有此情，当主出頭支理，不涉錢主之事。今欲有憑，立当字乙紙為照。

咸豐元年十二月　日立当字人孫沛（押）

在中見兄孫志鑾

進利

10-6-63-3　清咸豐元年十二月黃孫沛立當坪字

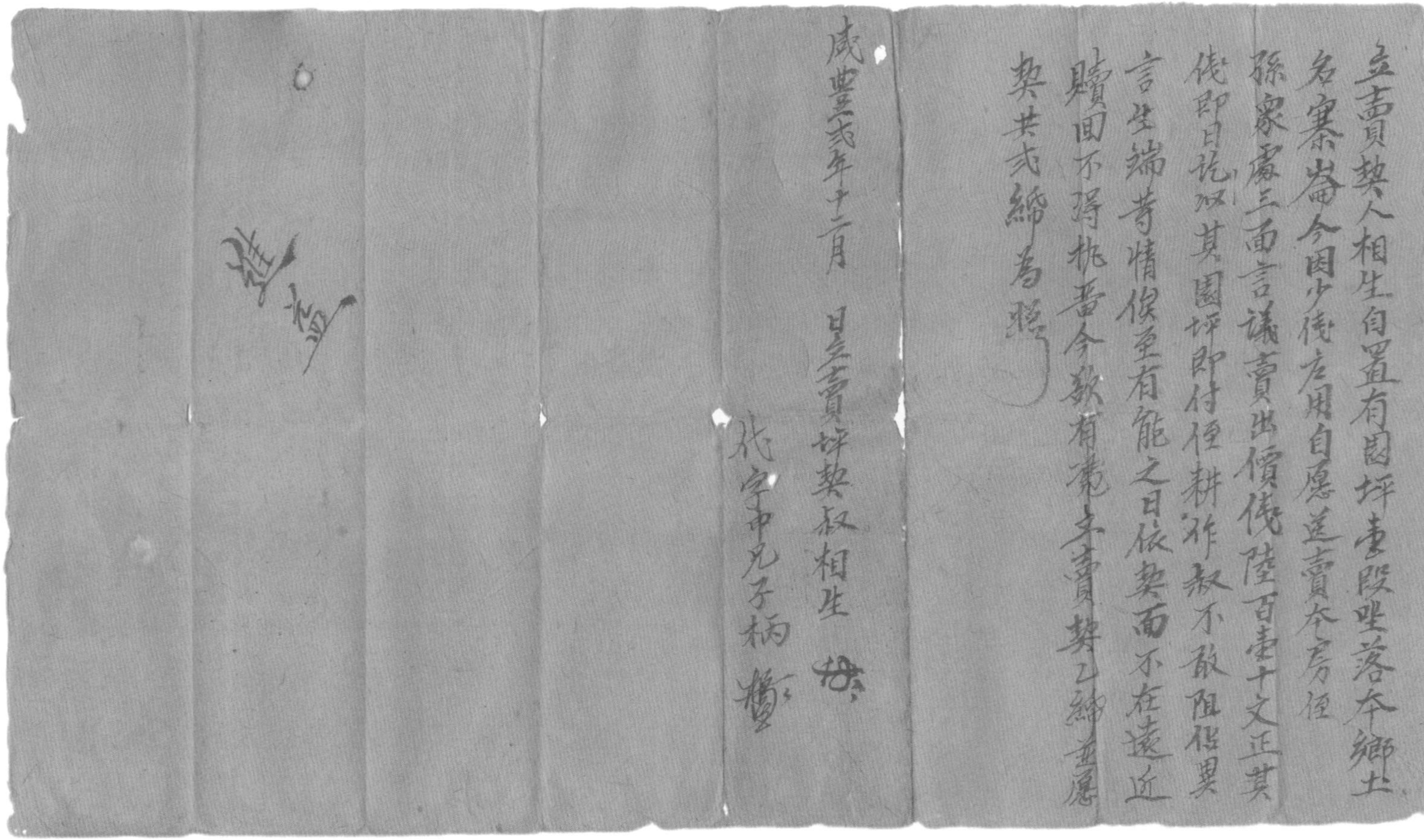

立賣契人相生自置有園坪壹段坐落本鄉土
名寨崙今因少錢應用自愿送賣本房侄
孫家處三面言議賣出價錢陸百壹十文正其
錢即日訖収其園坪即付侄耕作叔不敢阻俍異
言生端等情倘至有能之日依契面不在遠近
贖回不得執留今欲有憑立賣契乙紙並愿
契共弍紙為照

咸豐弍年十二月　日立賣坪契叔相生（押）

依字中兄子柄（押）

10-6-63-4　清咸豐二年十二月黄相生立賣園坪契

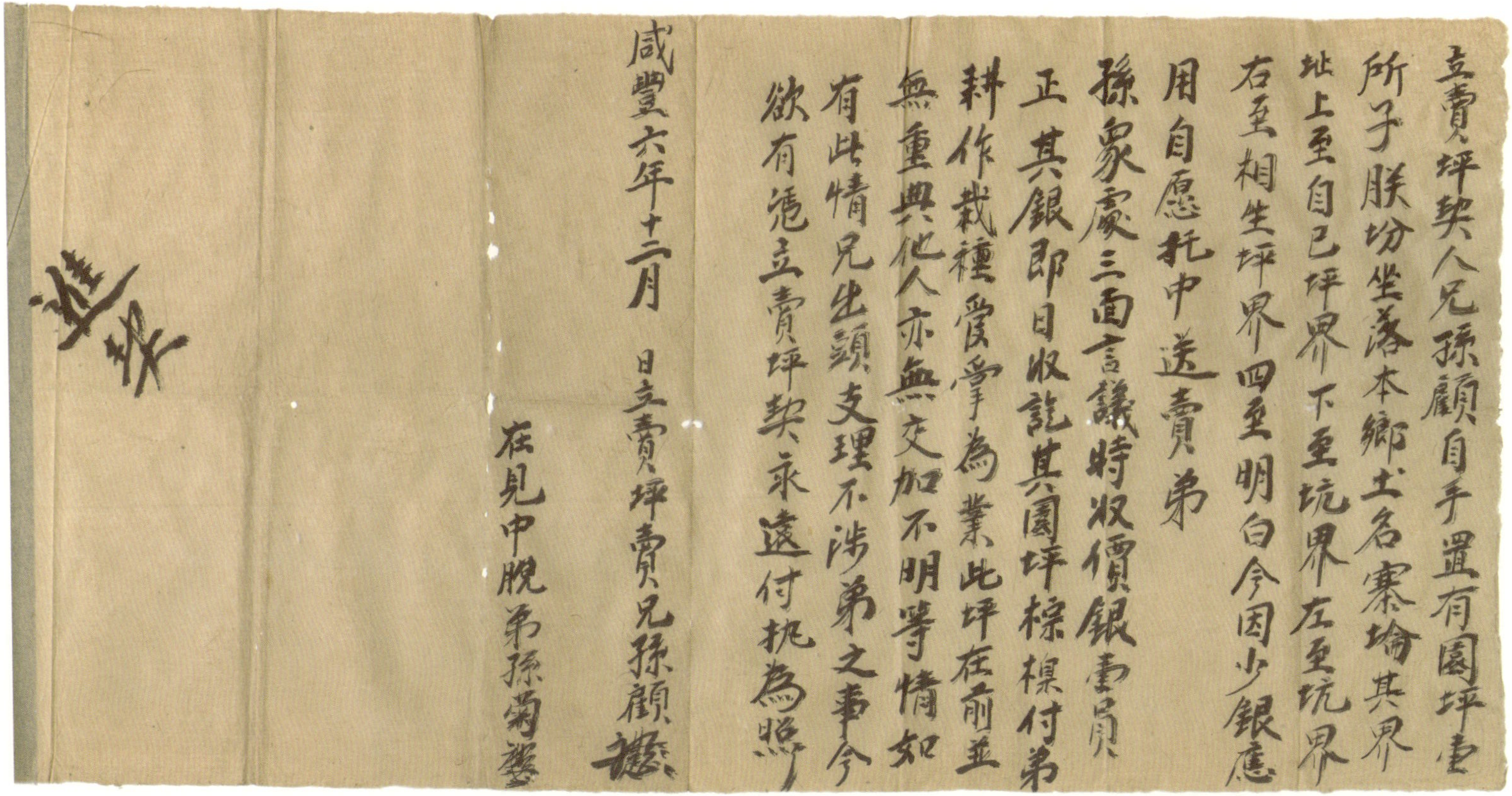
立賣坪契人兄孫顧自手置有園坪壹
所子朕坊坐落本鄉土名寨埨其界
址上至自己坪界下至坑界左至坑界
右至相生坪界四至明白今因少銀應
用自愿托中送賣弟
孫家慶三面言議時收價銀壹員
正其銀即日收訖其園坪樑樑付弟
耕作栽種管掌為業此坪在前並
無重典他人亦無交加不明等情如
有此情兄出頭支理不涉弟之事今
欲有憑立賣坪契永遠付执為照
咸豐六年十二月　日立賣坪兄孫顧
在見中脫弟孫菊
推契

10-6-63-5　清咸豐六年十二月黃孫顧立賣園坪契

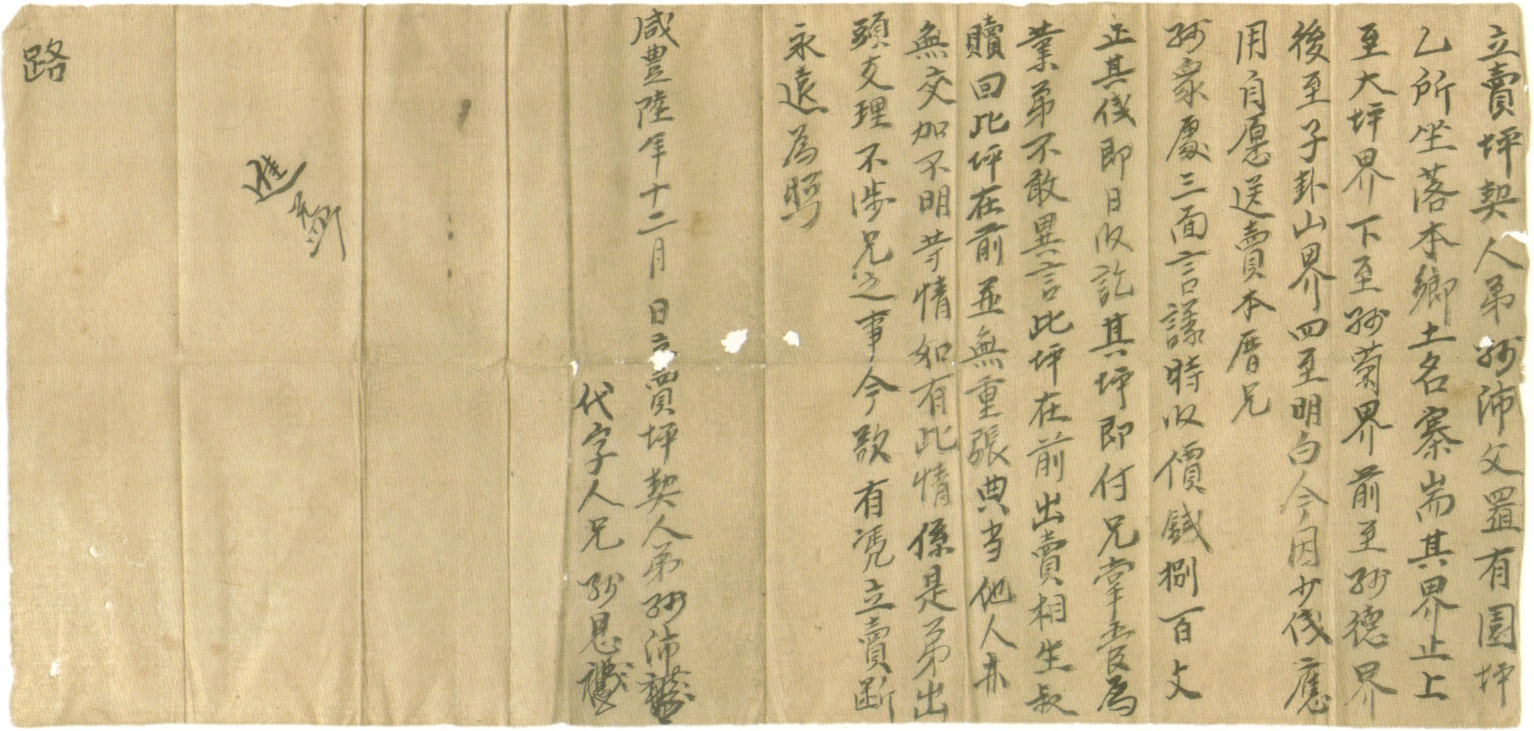
立賣坪契人弟孫沛文置有園坪
乙所坐落本鄉土名寨崙其界止上
至大坪界下至孫菊界前至孫德界
後至子卦山界四至明白今因乏錢應
用自愿送賣本厝兄
孫豪處三面言議時值價錢捌百文
正其錢即日收訖其坪即付兄掌管爲
業弟不敢異言此坪在前出賣相生叔
贖回此坪在前並無重張典當他人亦
無交加不明等情如有此情係是弟出
頭支理不涉兄之事今欲有凴立賣斷
永遠爲照

咸豐陸年十二月 日立賣坪契人弟孫沛（押）
代字人兄 孫恩（押）

進契

路

10-6-63-6 清咸豐六年十二月黃孫沛立賣園坪契

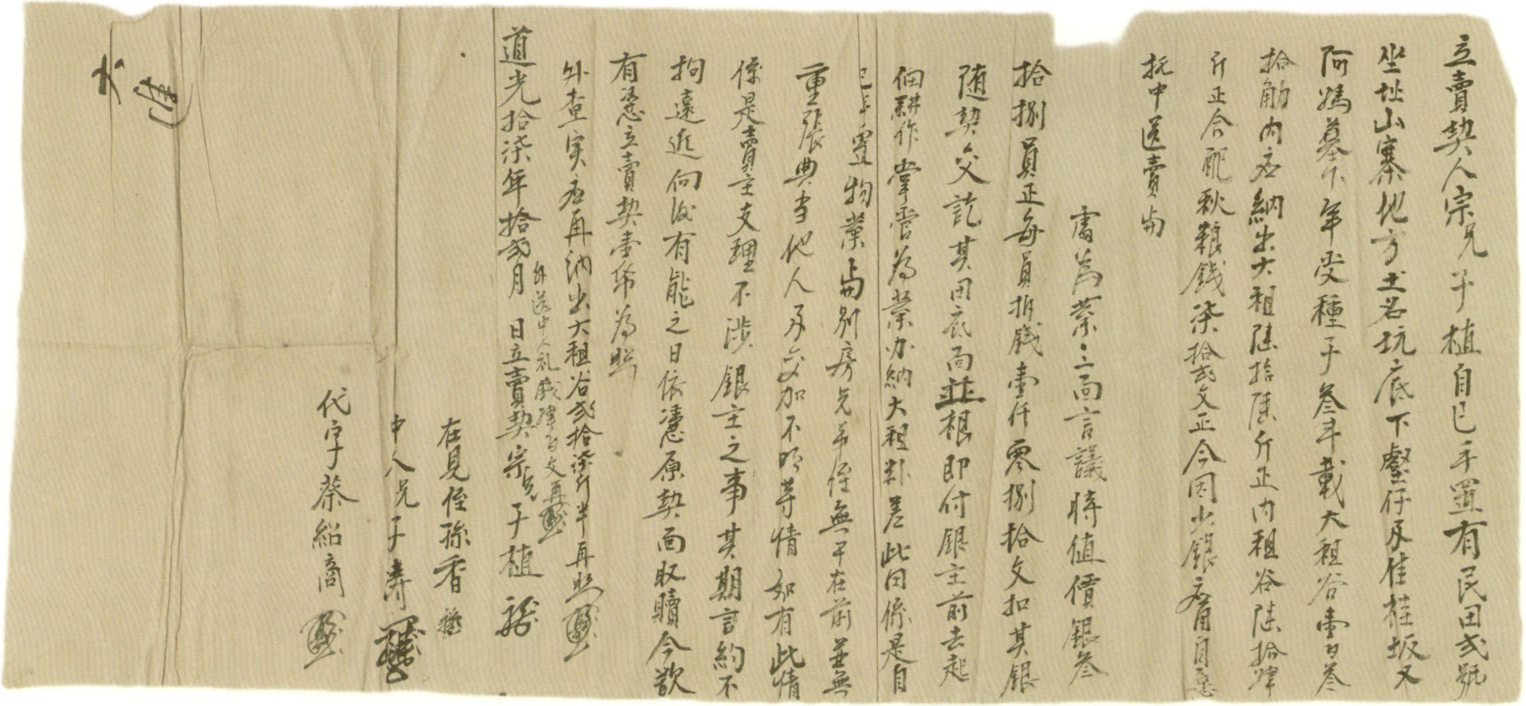
立賣契人宗兄子植自己手置有民田弍號
坐址山寨地方土名坑底下壟仔及佳桂坂又
阿媽墓下，年受種子叁斗，載大租谷壹石叁
拾觔，内應納出大租陸拾陸斤正，内租谷陸拾肆
斤正，合配秋粮錢柒拾弍文正，今因乏銀應用，自愿
托中送賣與
審爲業，三面言議，時值價銀叁
拾捌員正，每員折錢壹仟零捌拾文，扣其銀
隨契交訖，其田底面並根即付銀主前去起
佃耕作，掌管爲業，办納大租。料是此田係是自
己手置物業，与别房兄弟侄無干，在前並無
重張典當他人及加不明等情，如有此情
係是賣主支理，不涉銀主之事。其期言約不
拘遠近，向後有能之日，依憑原契面取贖，今欲
有憑，立賣契壹紙爲照。
外查实應再納出大租谷弍拾柒斤半，再照。
外送中人礼錢肆百文，再照。
道光拾柒年拾弍月 日立賣契宗兄子植（押）
在見侄孫香（押）
中人兄子壽（押）
代字蔡紹商（押）

10-6-64-1　清道光十七年十二月黄子植立賣民田契（一）

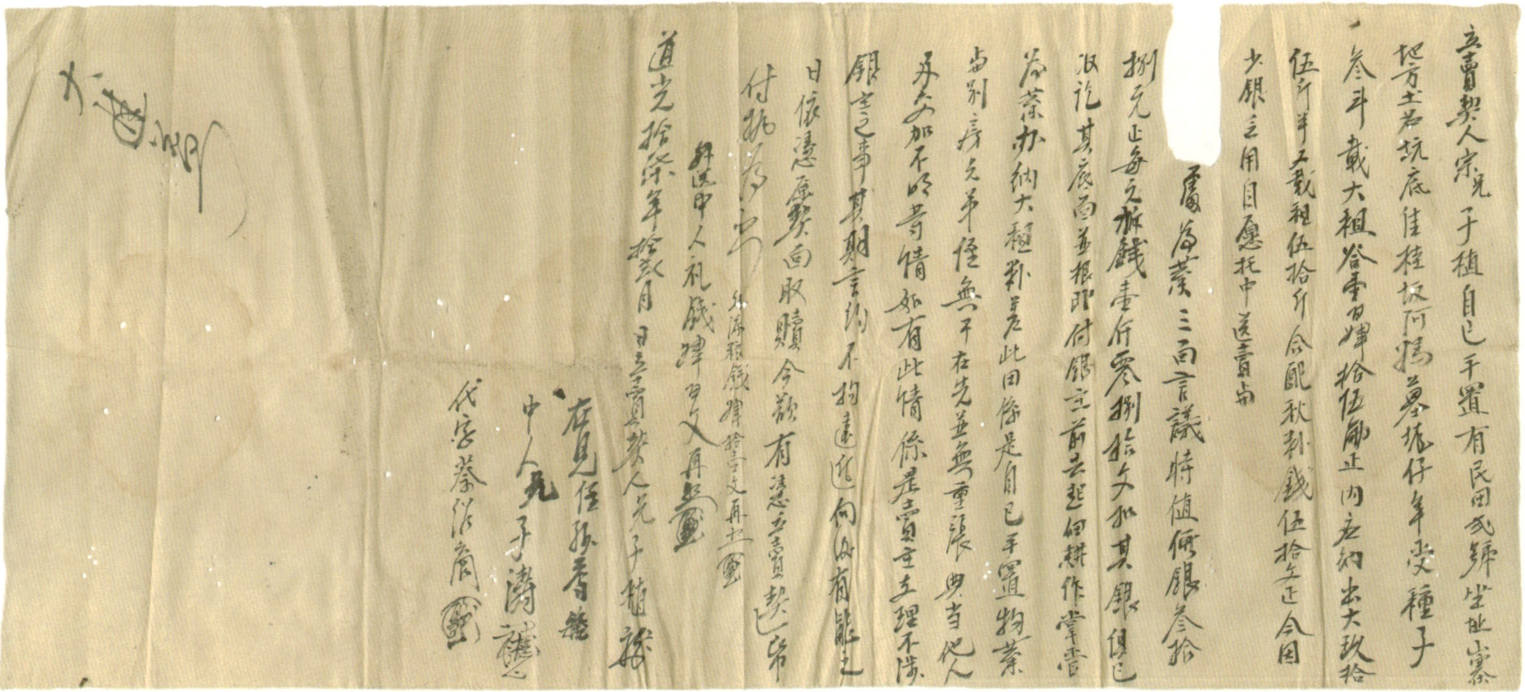

10-6-64-2　清道光十七年十二月黄子植立賣民田契（二）

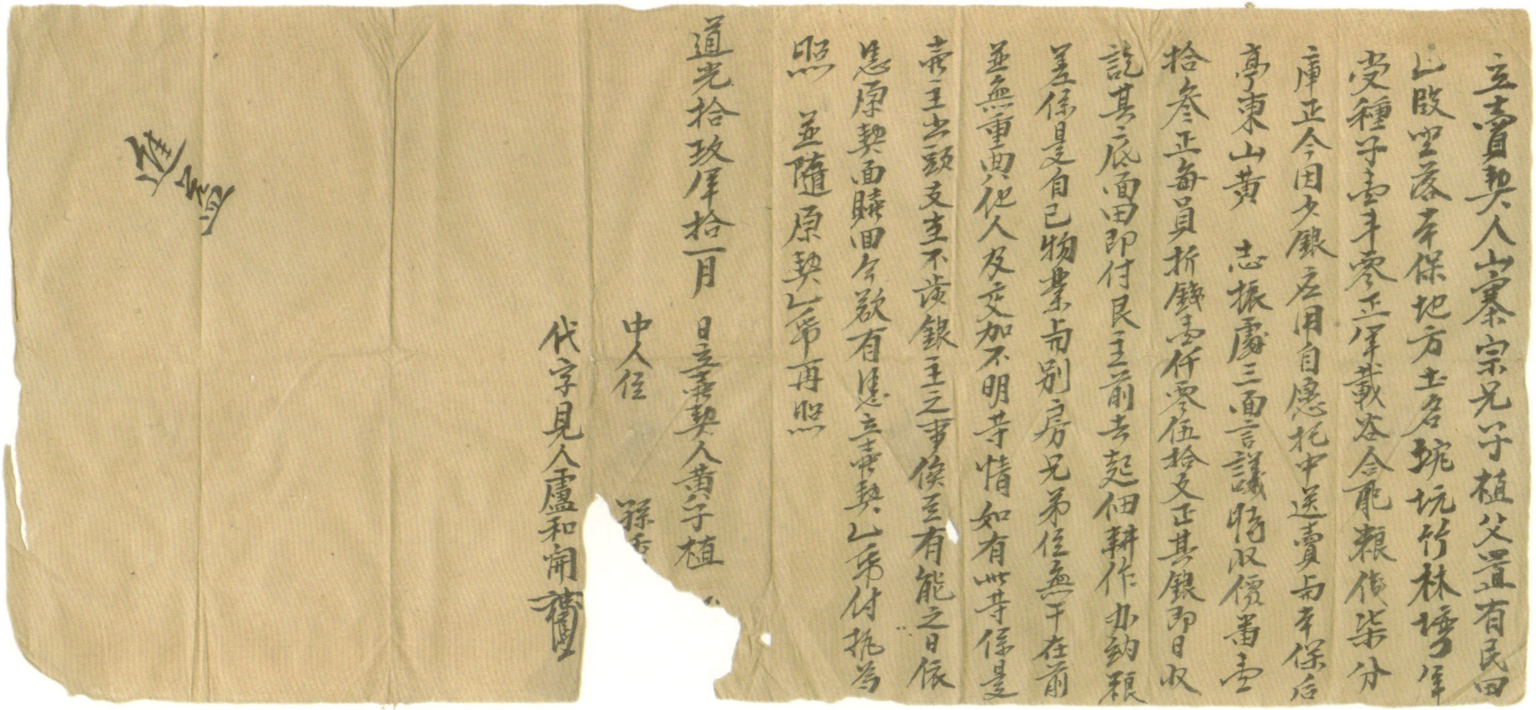
立賣契人山寨宗兄子植父置有民田
山段坐落本保地方土名[illegible]坑竹林塝仔
受種子壹斗零正年載谷合乾粮作柒分
庫正今因乏銀應用自愿托中送賣與本保后
亭東山黄　志振處三面言議時價番壹
拾叁正每員折錢壹仟零伍拾文正其銀即日收
訖其應面田即付民主前去起佃耕作办納粮
差係是自己物業與别房兄弟侄無干在前
並無重典他人及交加不明等情如有此等係是
賣主出頭支當不涉銀主之事俟至有能之日依
照原契面贖田谷欲有憑立賣契山[illegible]付執為
照　並隨原契一帋再照
道光拾玖年拾一月　日立賣契人黄子植
中人侄　[illegible]
代字見人盧和[illegible]

10-6-65-1　清道光十九年十一月黄子植立賣民田契

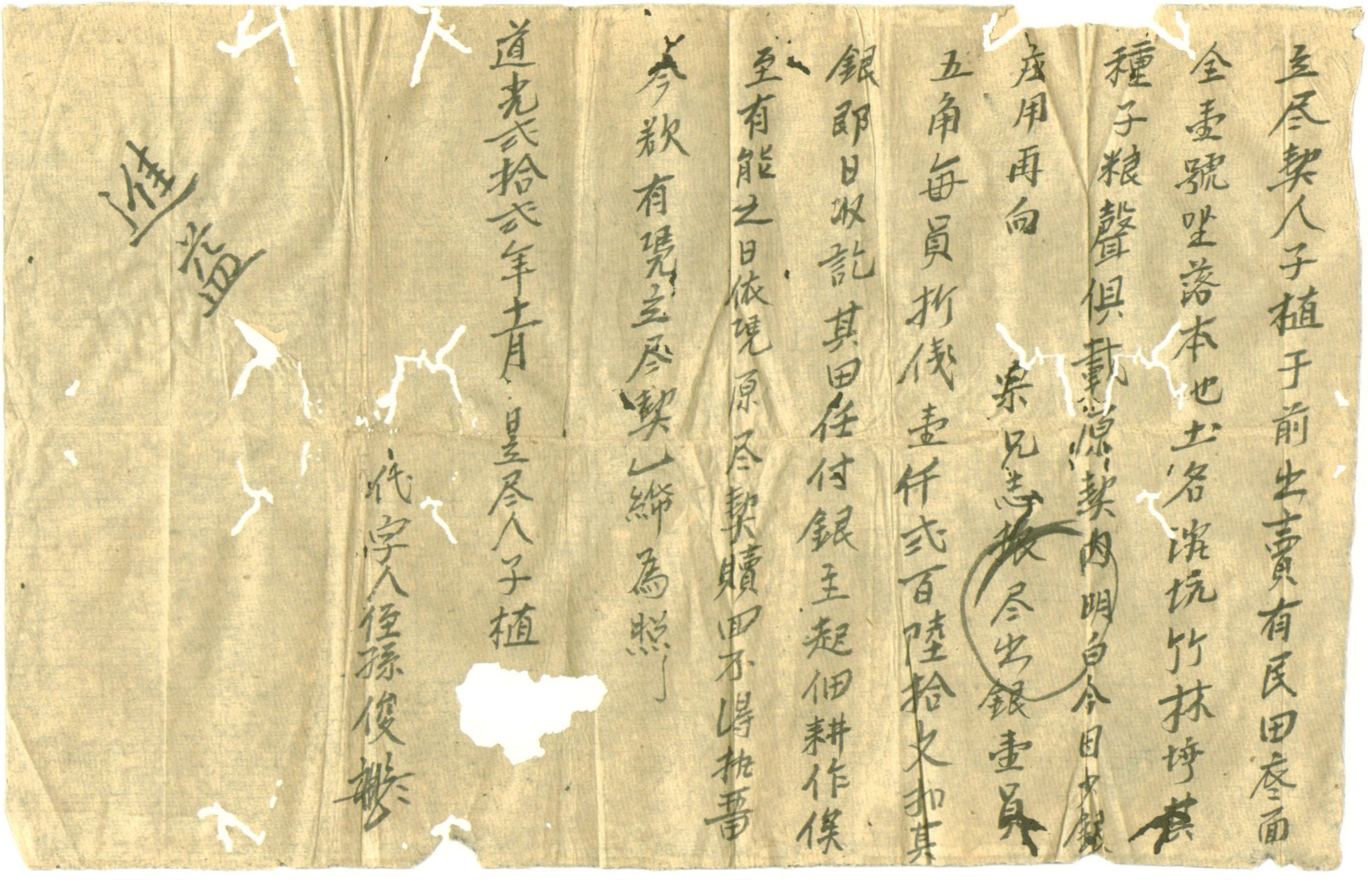
立盡契人子植于前出賣有民田叁面
全壹號坐落本地土名湴坑竹林坪 其
種子粮聲俱載原契內明白今因乏鈔
應用再向 柒兄志振盡出銀壹員
五角每員折錢壹仟弍百陸拾文 其
銀即日收訖 其田任付銀主起佃耕作 係
至有能之日依照原盡契贖回不得執番
今欲有憑立盡契一紙為照
道光弍拾弍年十一月 日立盡人子植
代字人侄孫俊
[illegible]

10-6-65-2 清道光二十二年十一月黄子植立盡底面全民田契（廢契）

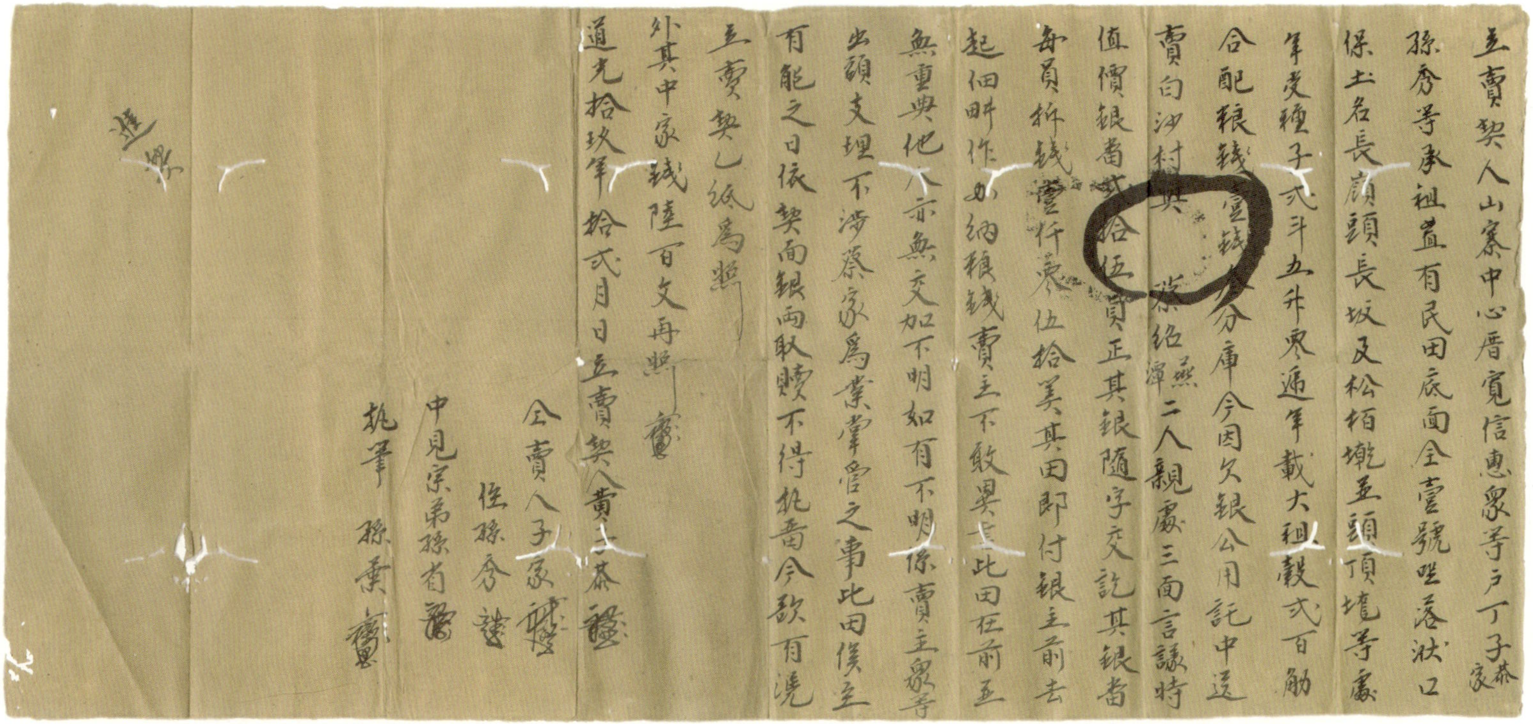

立賣契人山寨中心厝寬信惠衆等户丁子恭家
孫秀等承祖置有民田底面全壹號，坐落洑口
保土名長嶺頭長坡及松栢墘並頭頂壠等處，
年受種子弍斗五升，原遞年載大租穀弍百觔，
合配粮錢壹錢□分庫。今因欠銀公用，託中送
賣白沙村□蔡絶潭、燕二人親處，三面言議時
值價銀番弍拾伍員正，其銀隨字交訖，其銀番
每員折錢壹仟叁伍拾文，其田即付銀主前去
起佃耕作，如納粮錢，賣主不敢異言，此田在前並
無重典他人，亦無交加不明，如有不明，係賣主衆等
出頭支理，不涉蔡家為業掌管之事，此田僕至
有能之日，依契面銀兩取贖，不得執留，今欲有憑，
立賣契乙紙為照。
外其中家錢陸百文再照。
道光拾玖年拾弍月　日立賣契人黄□恭
仝賣人子家
侄孫秀
中見宗弟孫有
執筆　孫秉

10-6-66-1　清道光十九年十二月黄氏寬信惠三房衆立賣底面全民田契（廢契）

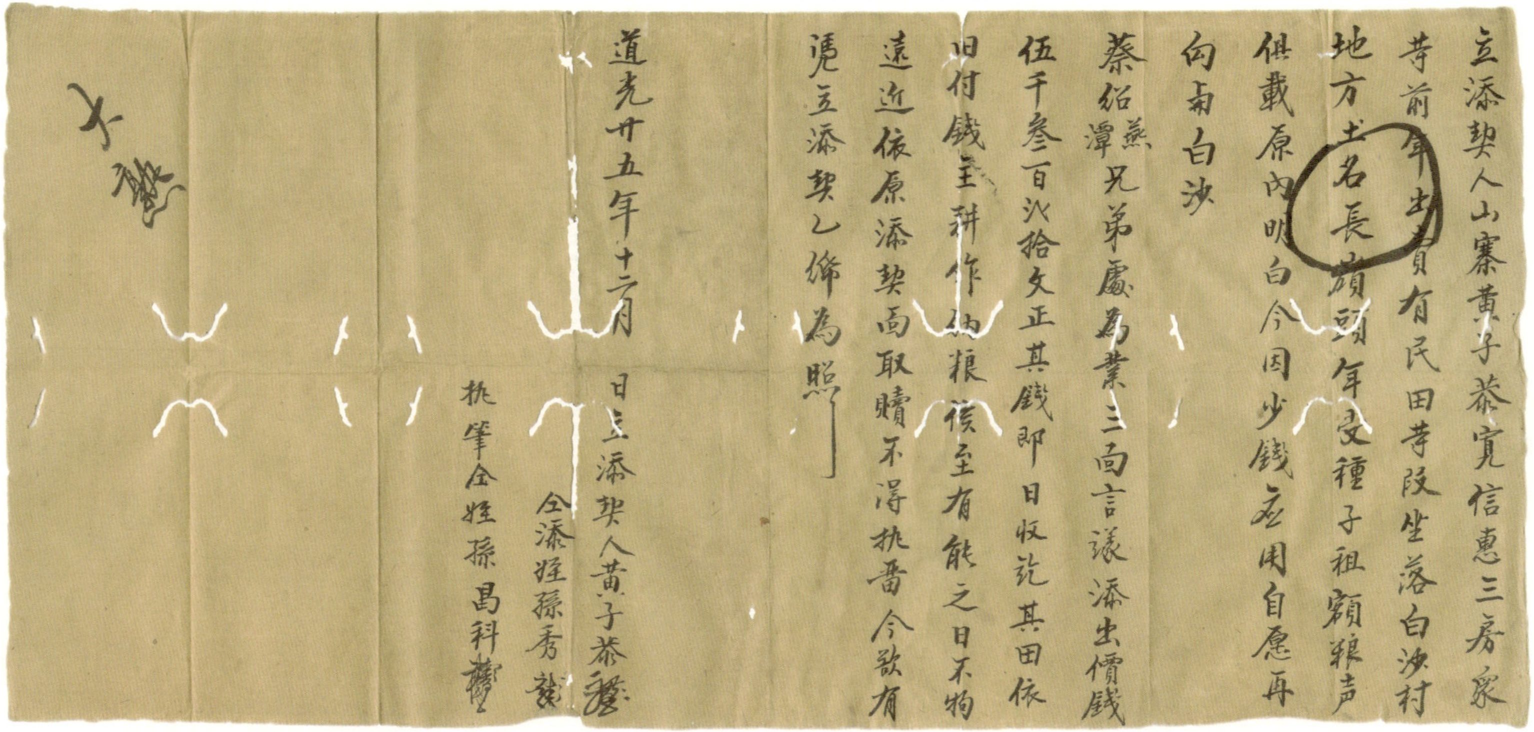
立添契人山寨黄子恭寛信惠三房衆
等前年出賣有民田壹段坐落白沙村
地方土名長蘋頭年受種子祖額粮户
俱載原契內明白今因少錢應用自愿再
向本白沙
蔡燕
紹潭兄弟處爲業三面言議添出價錢
伍千叁百伙拾文正其錢即日收訖其田依
旧付錢主耕作收粮後至有能之日不拘
遠近依原添契面取贖不得執畨今欲有
憑立添契乙紙爲照。

道光廿五年十二月　日立添契人黄子恭（押）
仝添姪孫秀（押）
执筆仝姪孫昌科（押）

大

10-6-66-2　清道光二十五年十二月黄氏寛信惠三房衆立添民田契（廢契）

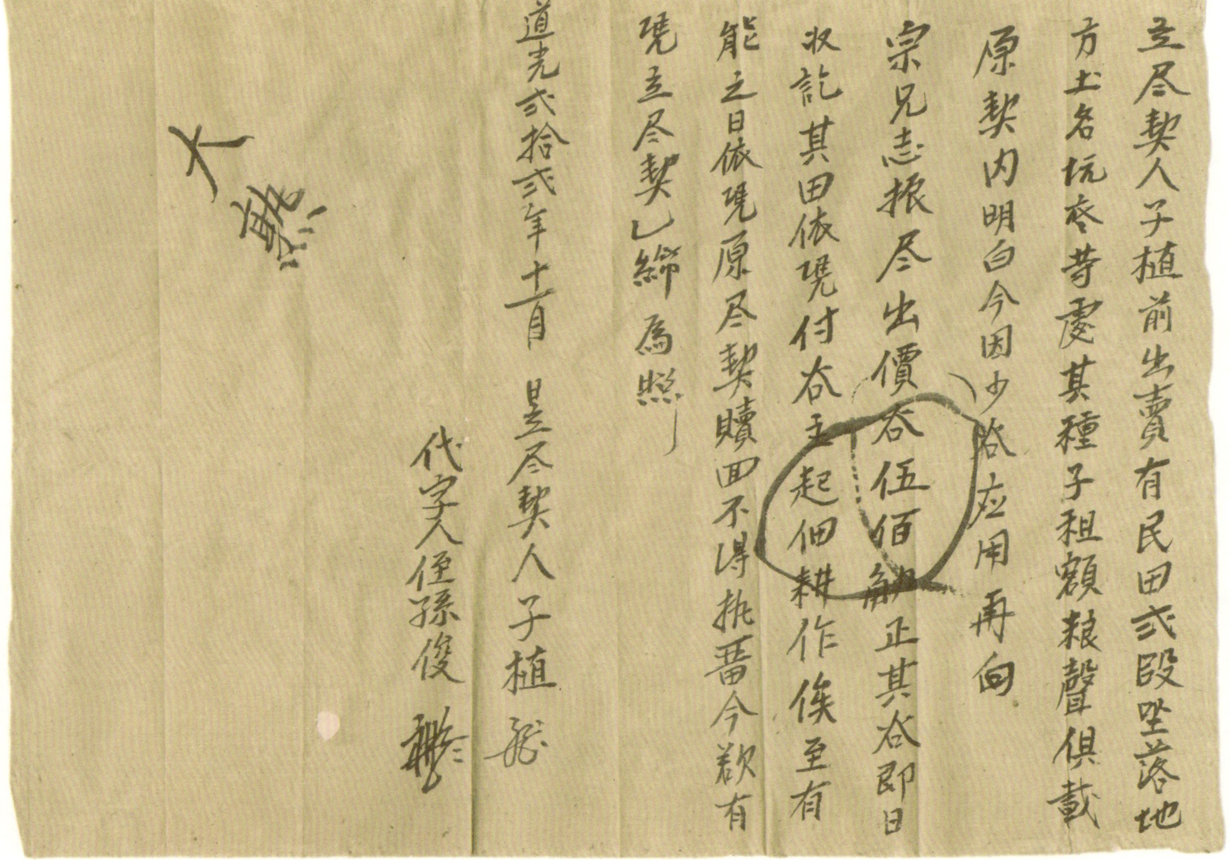
立盡契人子植前出賣有民田弍段坐落地
方土名坑叁等處其種子租額粮聲俱載
原契內明白今因少銀應用再向
宗兄志振盡出價銀伍佰銅正其銀即日
收訖其田依憑付銀主起佃耕作候至有
能之日依憑原盡契贖回不得執留今欲有
憑立盡契一紙為照
道光弍拾弍年十一月　日立盡契人子植（押）
代字人侄孫俊（押）

10-6-67-1　清道光二十二年十一月黃子植立盡民田契（廢契）

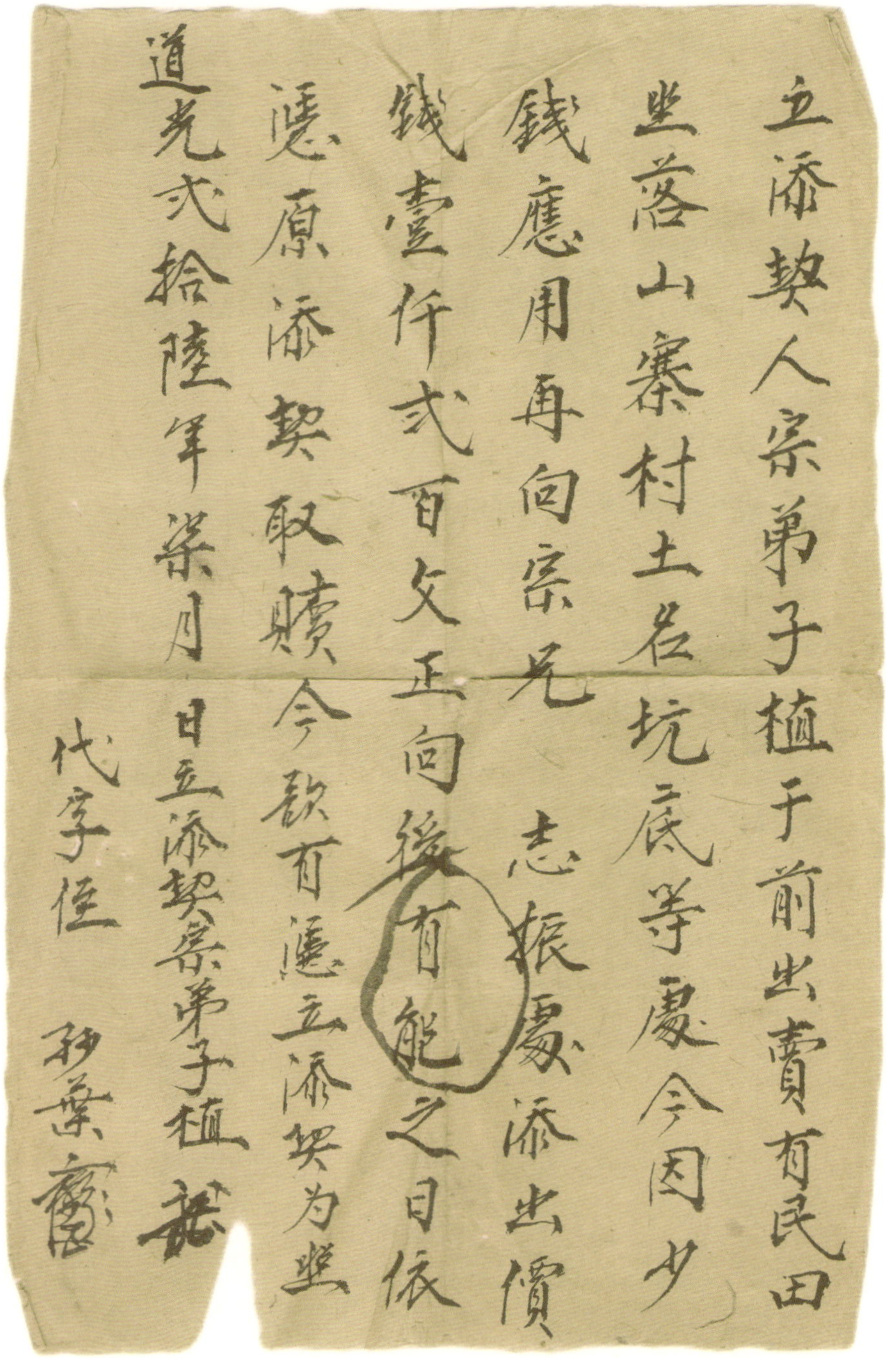
立添契人宗弟子植于前出賣有民田
坐落山寨村土名坑底等處今因乏
錢應用再向宗兄 志振處添出價
錢壹仟弍百文正向後有能之日依
憑原添契取贖今欲有憑立添契為照
道光弍拾陸年柒月 日立添契宗弟子植（花押）
代字侄 秒葉[illegible]

10-6-67-2　清道光二十六年七月黄子植立添民田契（廢契）

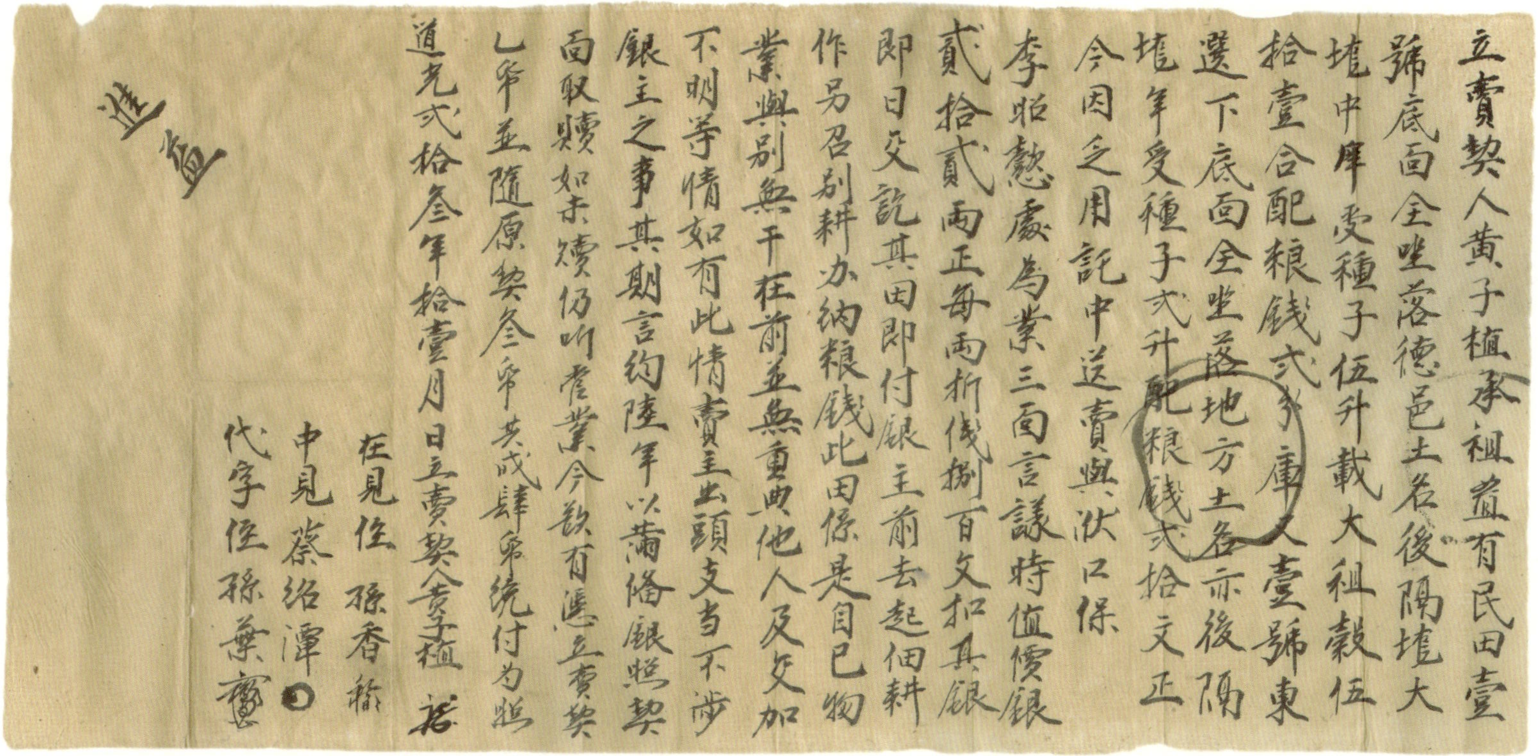
立賣契人黃子植承祖置有民田壹
號底面全坐落德邑土名後隔埕大
埕中岸受種子伍升載大租穀伍
拾壹合配粮銭弍分；又壹號東
邊下底面全坐落地方土名亦後隔
埕年受種子弍升配粮銭弍拾文正
今因乏用託中送賣與洑口保
李烑懋處為業三面言議時值價銀
貳拾貳兩正每兩折俵捌百文扣其銀
即日交訖其田即付銀主前去起佃耕
作另召別耕办納粮銭此田係是自己物
業與別無干在前並無重典他人及交加
不明等情如有此情賣主出頭支当不涉
銀主之事其期言約陸年以滿備銀照契
面取贖如未贖仍听管業今欲有憑立賣契
乙帋並隨原契叁帋共成肆帋繳付為照
道光弍拾叁年拾壹月日立賣契人黃子植（押）
在見侄 孫香（押）
中見 蔡絡潭 ○
代字侄 孫藥（押）
進查

10-6-68-1　清道光二十三年十一月黃子植立賣底面全民田契（廢契）

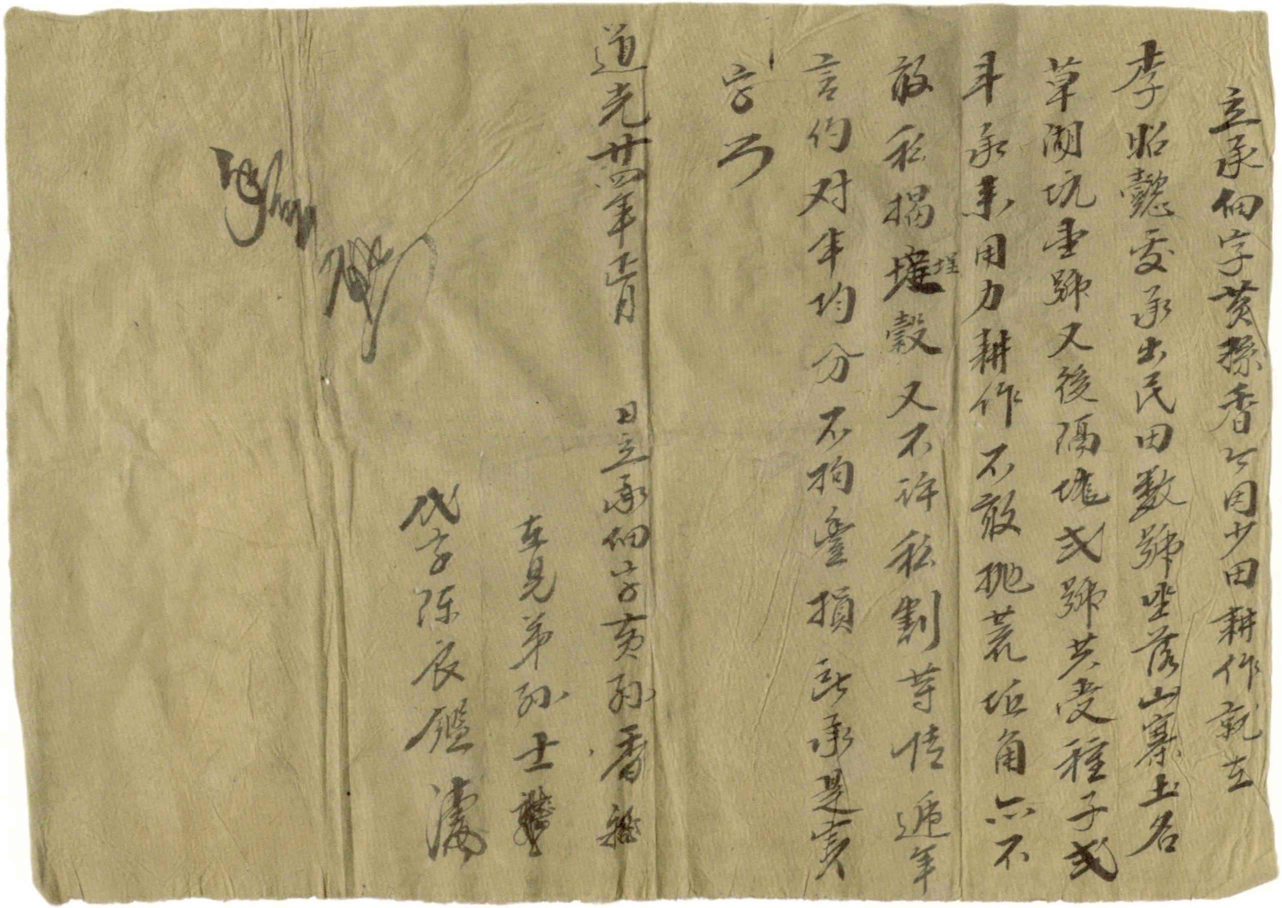
立承佃字黄孫香，今因少田耕作，就在
孝昭懿處承出民田數號，坐落山寨土名
草洞坑壹號，又後隔塊弍號，共受種子弍
斗，承來用力耕作，不敢拋荒坵角，亦不
敢私挖埕穀，又不許私割芋借，逐年
言約對半均分，不拘豐損，其承是實。
字。
道光廿四年正月　日立承佃字黄孫香
在見弟孫士
代字陈辰隱

10-6-68-2　清道光二十四年正月黄孫香立承佃民田字

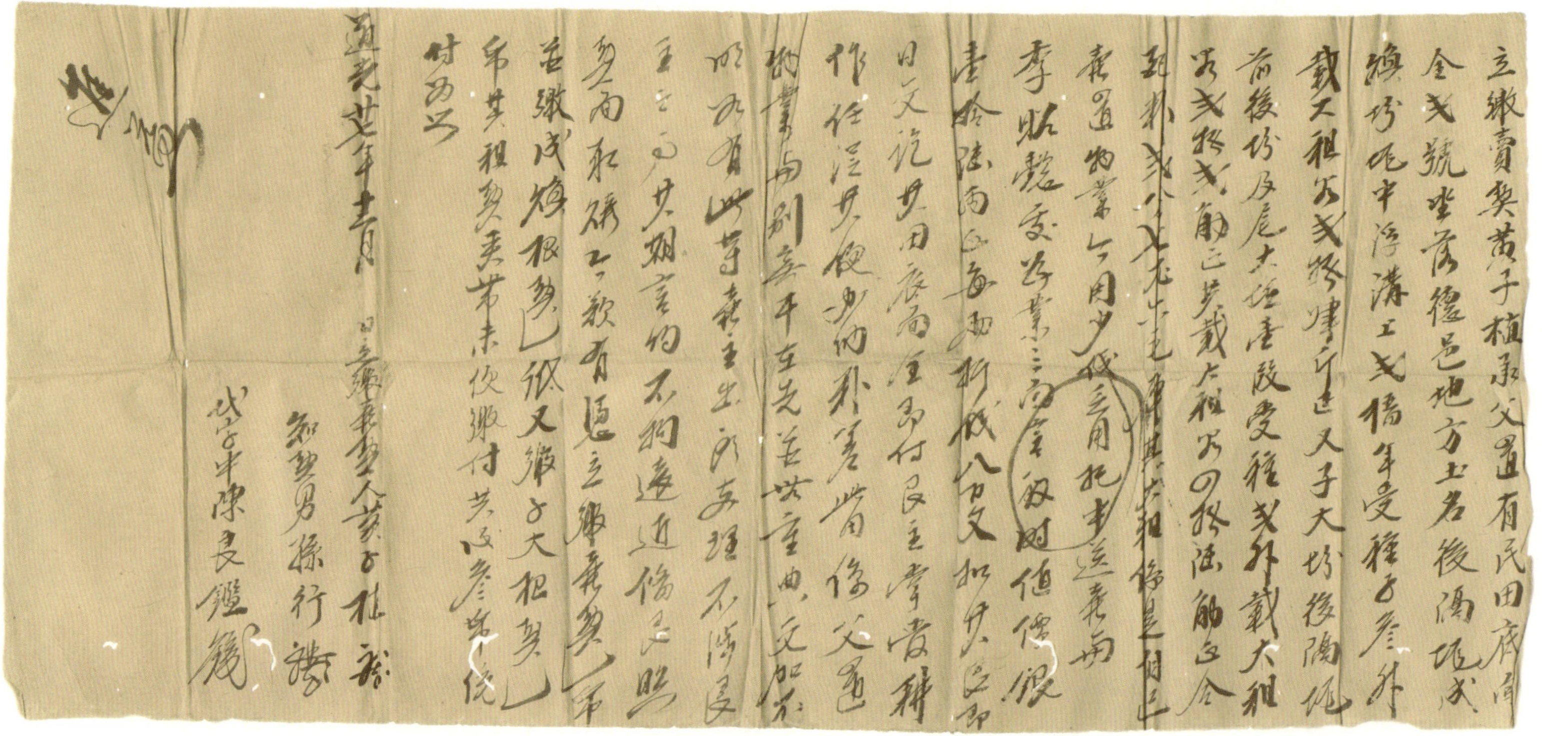

10-6-68-3　清道光二十七年十二月黃子植立繳賣底面全民田契（廢契）

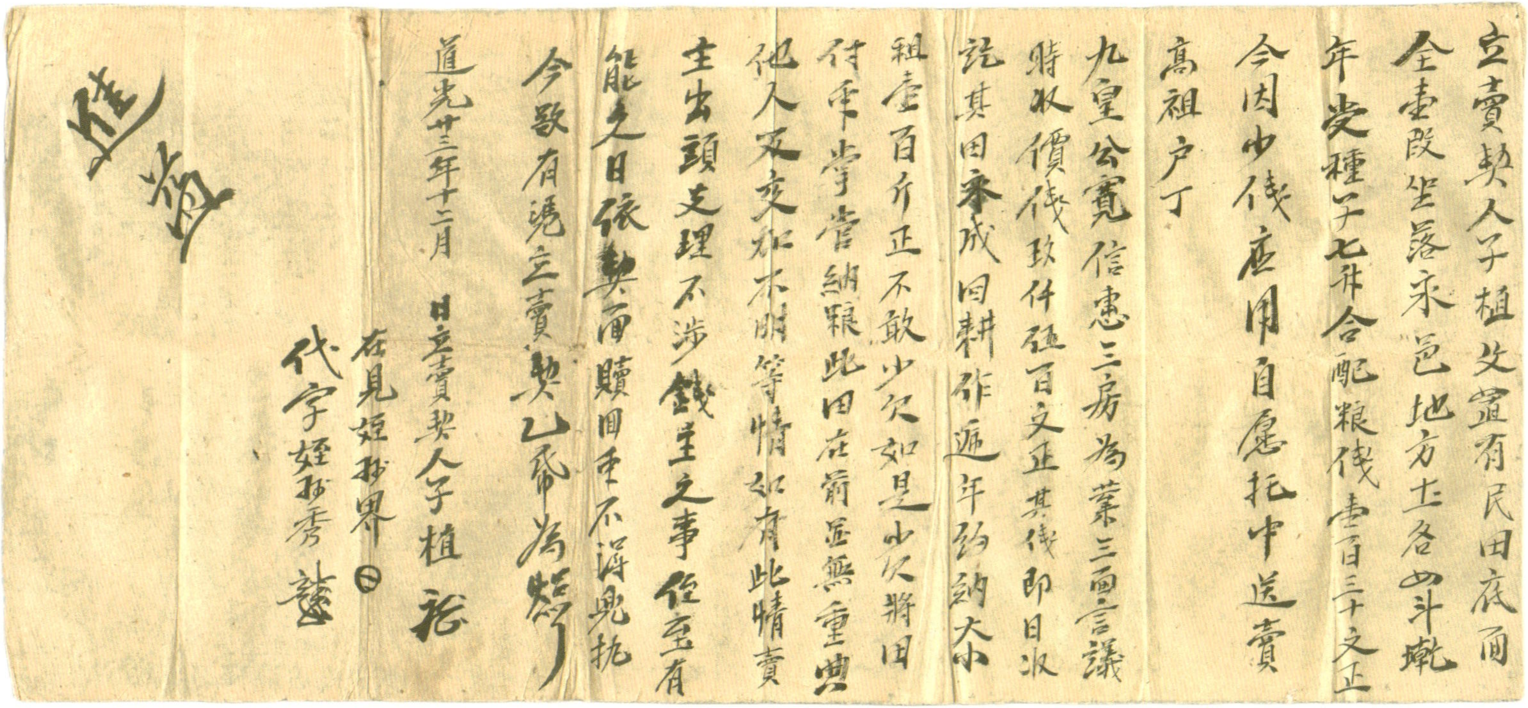

立賣契人子植父置有民田底面
全壹段坐落永邑地方土名口斗墘
年受種子七升合配粮錢壹百三十文正
今因少錢應用自愿托中送賣
高祖户丁
九皇公寬信惠三房為業三面言議
時收價錢玖仟貳百文正其錢即日收
訖其田兼成回耕作遞年納大小
租壹百斤正不敢少欠如是少欠將田
付手掌管納粮此田在前並無重典
他人又交加不明等情如有此情賣
主出頭支理不涉錢主之事從至有
能之日依契面贖回乎不得挽抗
今欲有憑立賣契乙紙為照
道光廿三年十二月　日立賣契人子植（花押）
在見姪孙界 ◯
代字姪孙秀（花押）

10-6-69-1　清道光二十三年十二月黄子植立賣底面全民田契

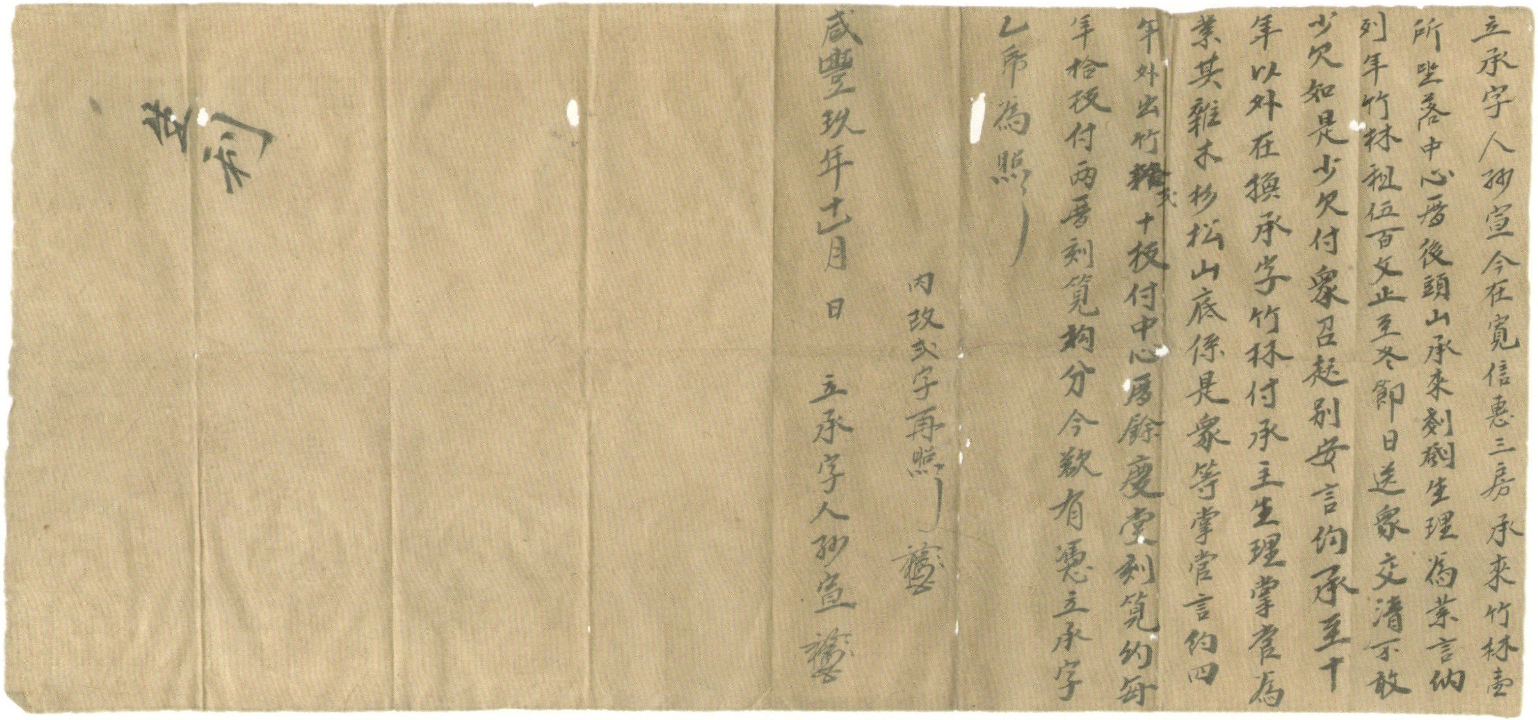
立承字人孫宣今在寬信惠三房承來竹林壹
所坐落中心廚後頭山承來剗劄生理為業言約
列年竹林租伍百文正至冬節日送眾交清不敢
少欠如是少欠付眾召起別安言約承至十
年以外在換承字竹林付承主生理掌管為
業其雜木杉松山底係是眾等掌管言約四
年外出竹[illegible]十枝付中心廚餘慶堂剗筧約每
年拾枝付西廚剗筧均分今欲有憑立承字
乙紙為照」
内改弍字再照」
咸豐玖年十一月　日　立承字人孫宣

10-6-69-2　清咸豐九年十一月黄孫宣立承竹林字

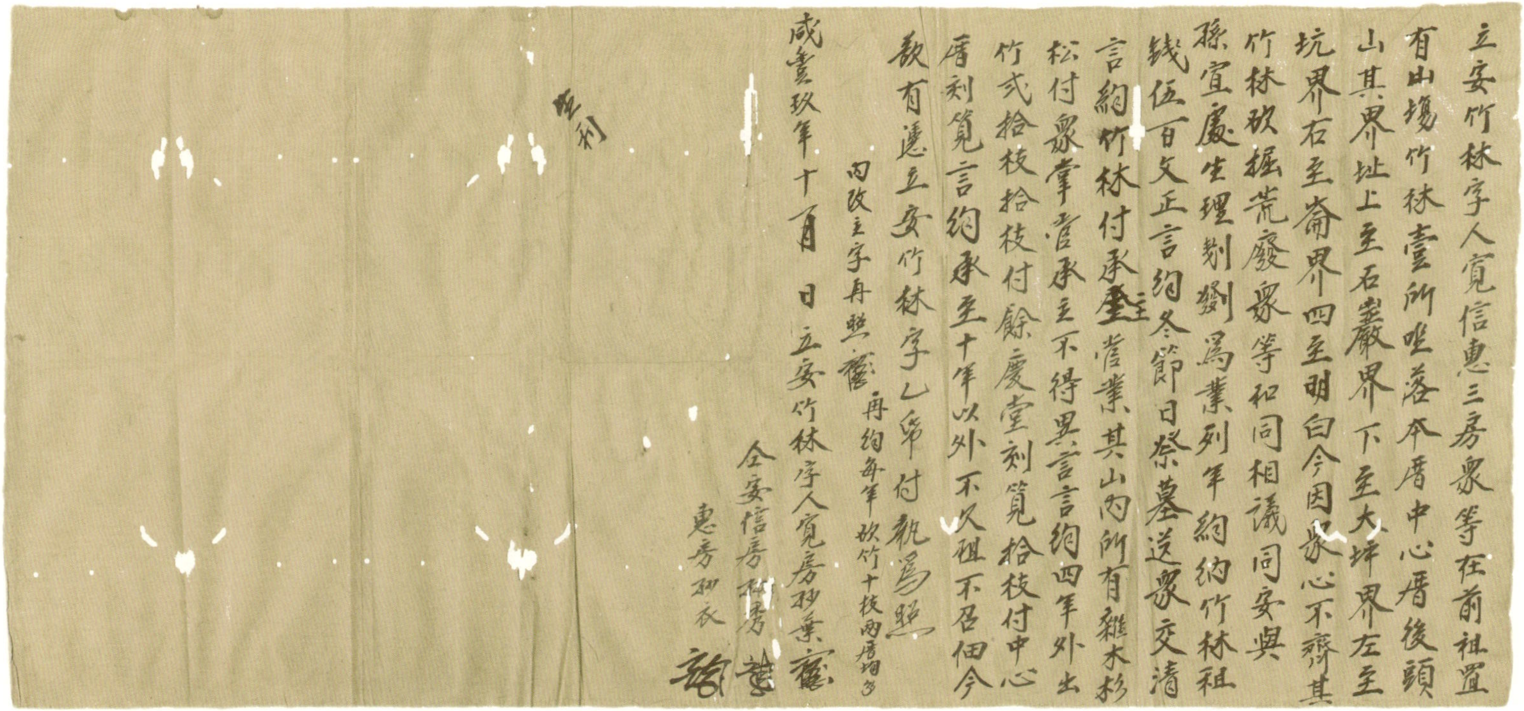
立安竹林字人寬信惠三房眾等在前祖置
有山場竹林壹所坐落本厝中心厝後頭
山其界址上至石巖界下至大坪界左至
坑界右至崙界四至明白今因眾心不齊其
竹林砍据荒廢眾等和同相議同安與
孫宜慶生理劃劉爲業列年約納竹林租
錢伍百文正言約冬節日祭墓送眾交清
言約竹林付承管業其山內所有雜木杉
松付眾掌管承主不得異言言約四年外出
竹式拾枝拾枝付餘慶堂剎筧拾枝付中心
厝剎筧言約承至十年以外不只租不召佃今
欲有憑立安竹林字乙帋付執爲照
內改正字再照　再約每年砍竹十枝內厝垣多
咸豐玖年十一月　日立安竹林字人寬房抄業
仝安信房[illegible]房
惠房抑衣

10-6-69-3　清咸豐九年十一月黃氏寬信惠三房衆立安山場竹林字

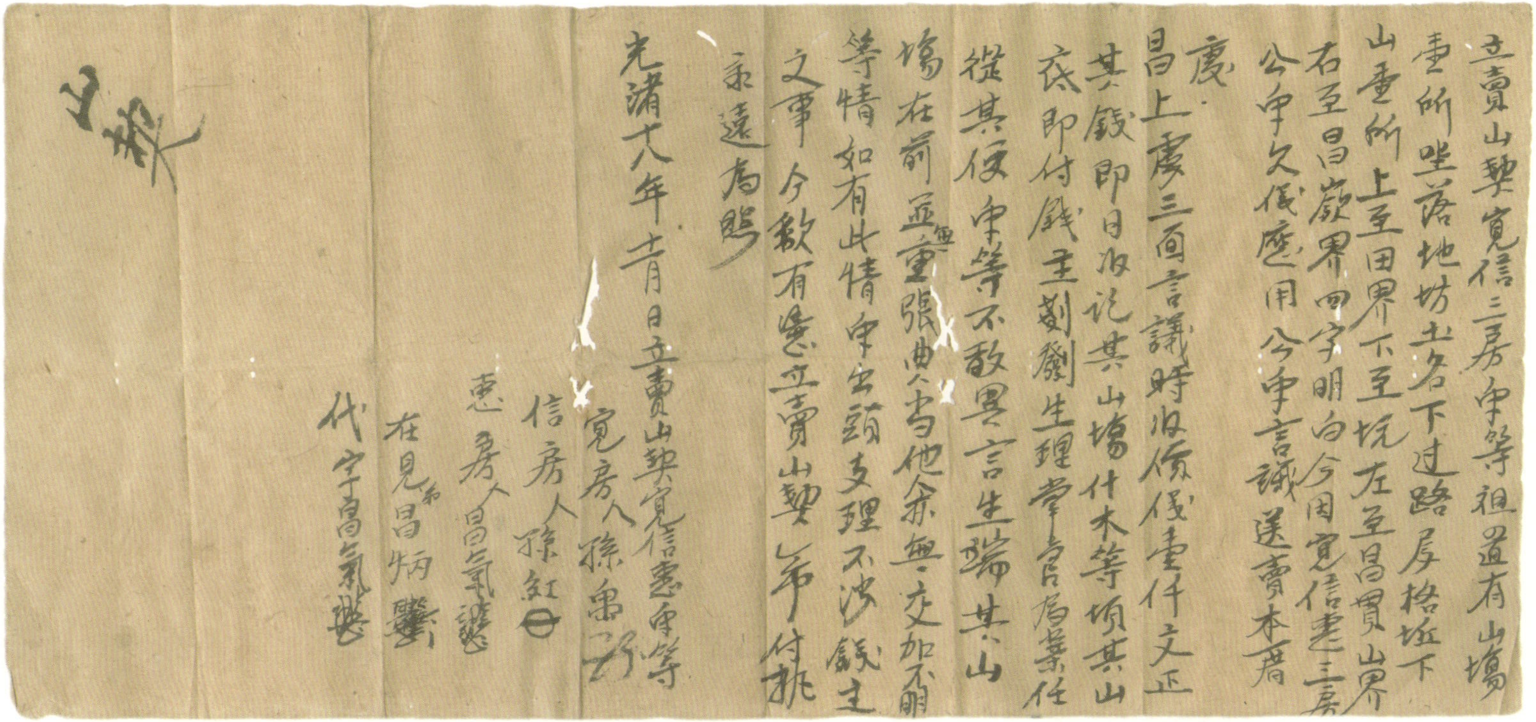
立賣山契寬信三房衆等祖置有山場
壹所坐落地坊土名下过路戶格垅下
山壹所上至田界下至坑左至昌貫山界
右至昌嶽界四字明白今因寬信惠三房
公中欠錢應用公中言議送賣本府
處
昌上處三面言議時值價錢壹仟文正
其錢即日收訖其山場什木等項其山
底即付錢主劉鑾生理掌管爲業任
從其便衆等不敢異言生端其山
場在前並無重張典當他氽無交加不明
等情如有此情衆出頭支理不涉錢主
之事今欲有憑立賣山契爲付執
永遠爲照
光緒十八年十一月日立賣山契寬信惠衆等
寬房人孫禹
信房人孫紅
惠房人昌氣
在見和昌炳
代字昌氣

10-6-69-4　清光緒十八年十一月黄氏寬信惠三房衆立賣山場契

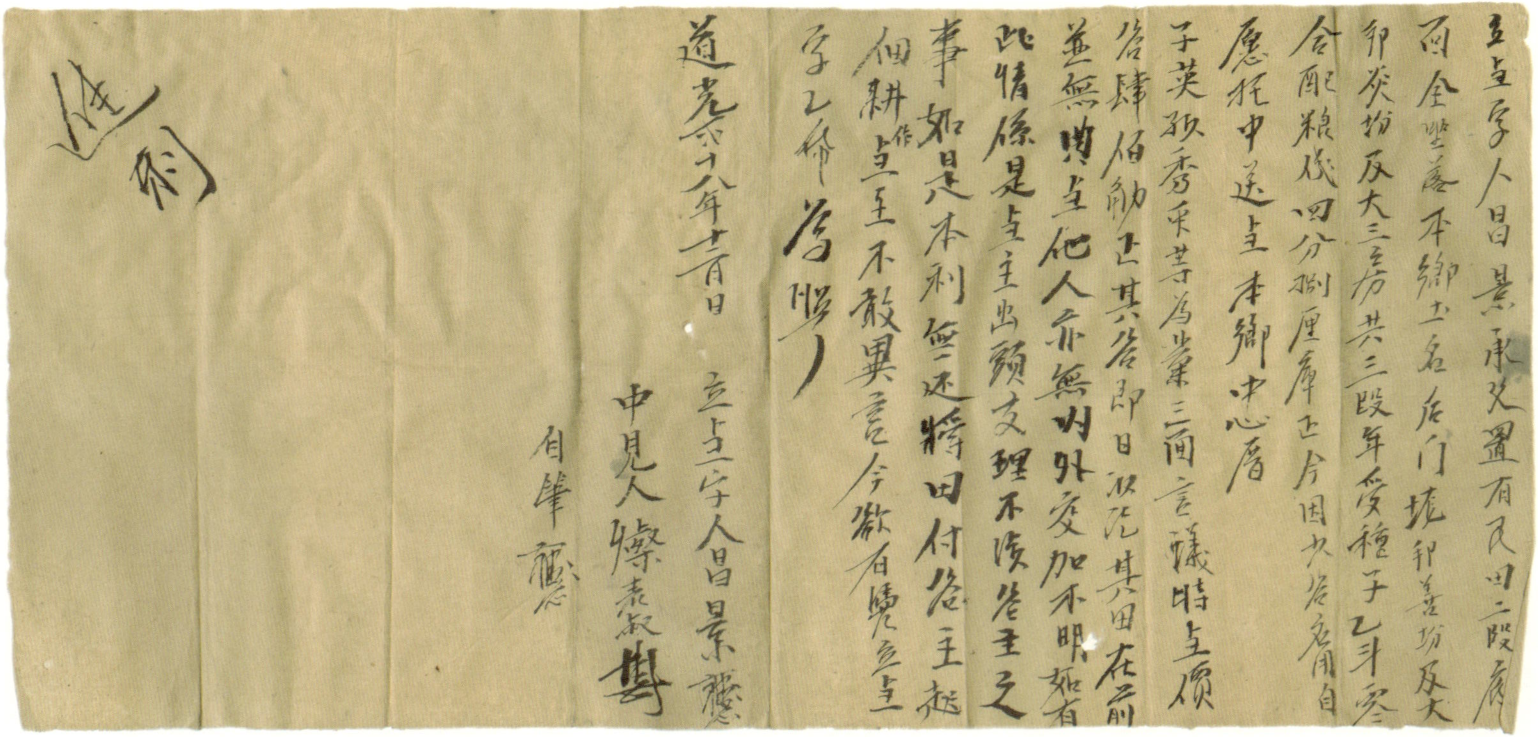

10-6-70-1　清道光二十八年十二月黃昌景立當底面全民田字

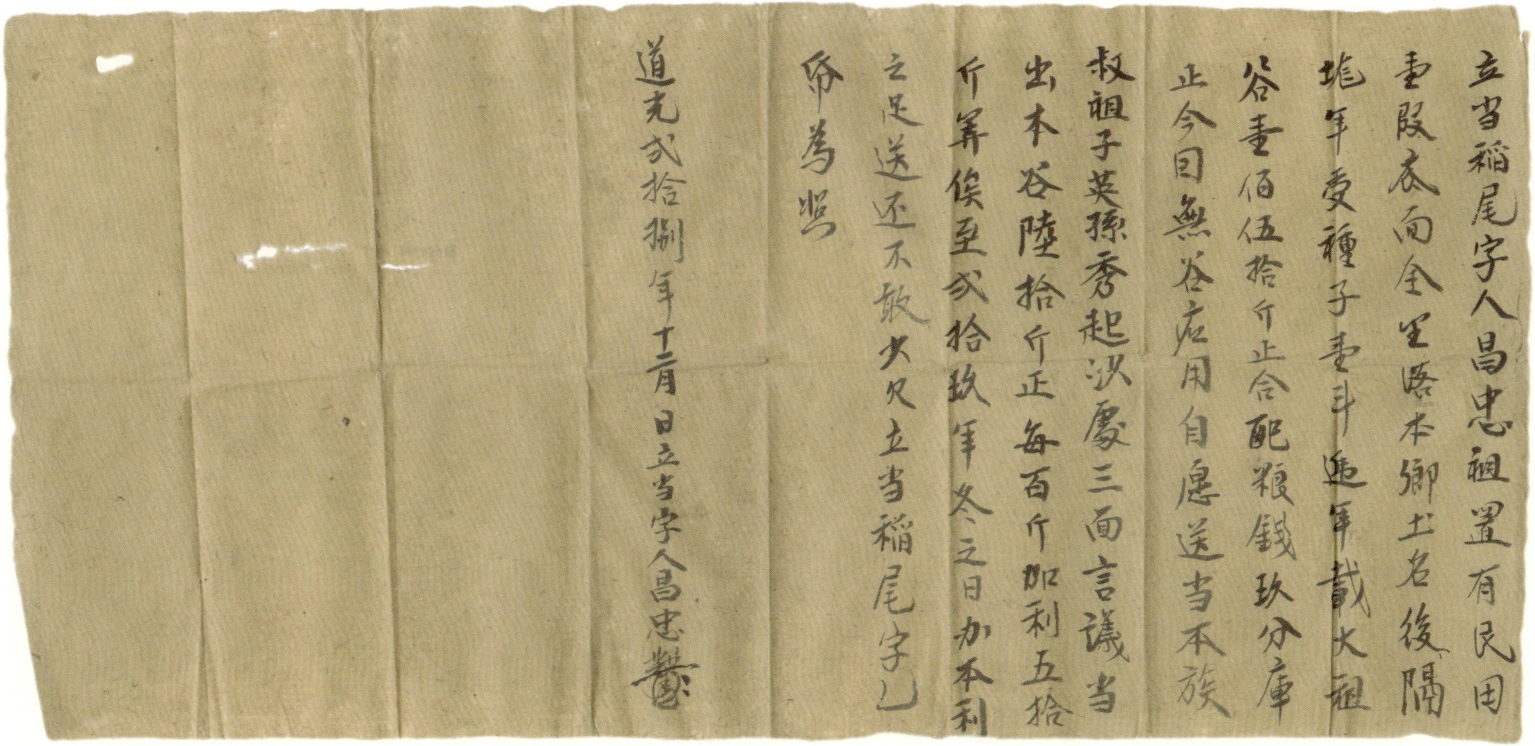
立当稻尾字人昌忠祖置有民田
壹段在面全坐落本鄉土名後隔
坵年受種子壹斗逓年載大租
谷壹佰伍拾斤正合配粮錢玖分庫
正今因無谷应用自愿送当本族
叔祖子英孫秀起沢慶三面言議当
出本谷陸拾斤正每百斤加利五拾
斤算俟至弍拾玖年冬之日加本利
之足送还不敢欠欠立当稻尾字乙
纸為照
道光弍拾捌年十二月　日立当字人昌忠（押）

10-6-70-2　清道光二十八年十二月黃昌忠立當稻尾字

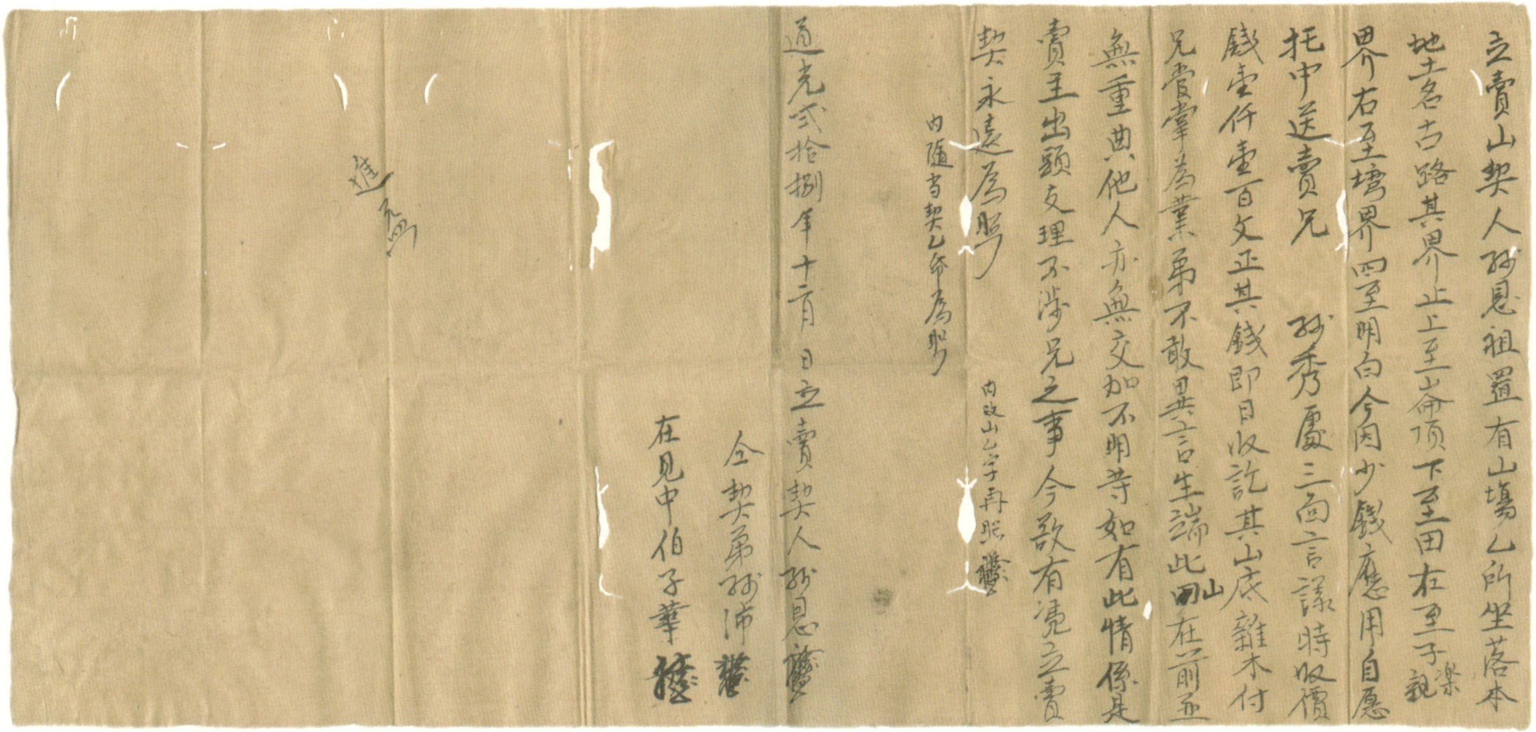

立賣山契人孫恩，祖置有山場一所，坐落本地土名古路，其界：上至山崙頂，下至田，左至子梁親界，右至壙界，四至明白。今因少錢應用，自愿托中送賣兄孫秀處，三面言議，時收價錢壹仟壹百文正，其錢即日收訖，其山底雜木付兄管掌爲業，弟不敢異言生端。此山在前並無重典他人，亦無交加不明等，如有此情，係是賣主出頭支理，不涉兄之事。今欲有憑，立賣契永遠爲照。

內改山字再照。

內隨古契乙紙爲照。

道光貳拾捌年十二月 日立賣契人孫恩

仝契弟孫沛

在見中伯子華

送照

10-6-71-1 清道光二十八年十二月黃孫恩等立賣山場契

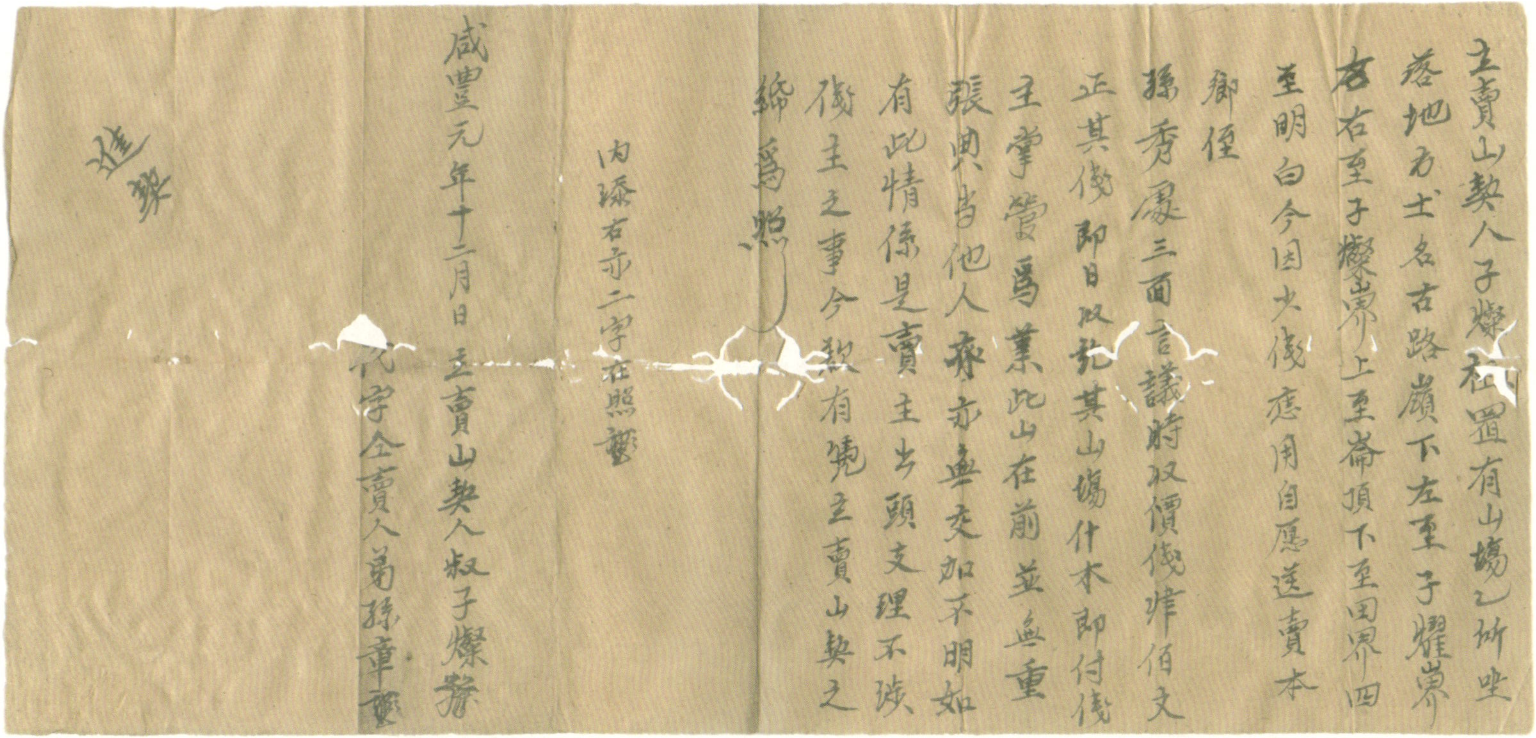
立賣山契人子燦，在置有山場乙所，坐
落地方土名古路嶺下，左至子耀界，
右至子燦界，上至崙頂，下至田界，四
至明白。今因欠銀應用，自愿送賣本
鄉侄
孫秀履三面言議，時收價銀肆佰文
正。其銀即日收訖，其山場什木即付銀
主掌管為業。此山在前並無重
張典當他人，亦無交加不明。如
有此情，係是賣主出頭支理，不涉
銀主之事。今欲有憑，立賣山契之
約為照。
內添右亦二字，在照。
咸豐元年十二月日 立賣山契人叔子燦（押）
代字仝賣人男孫章（押）
進契

10-6-71-2 清咸豐元年十二月黃子燦立賣山場契

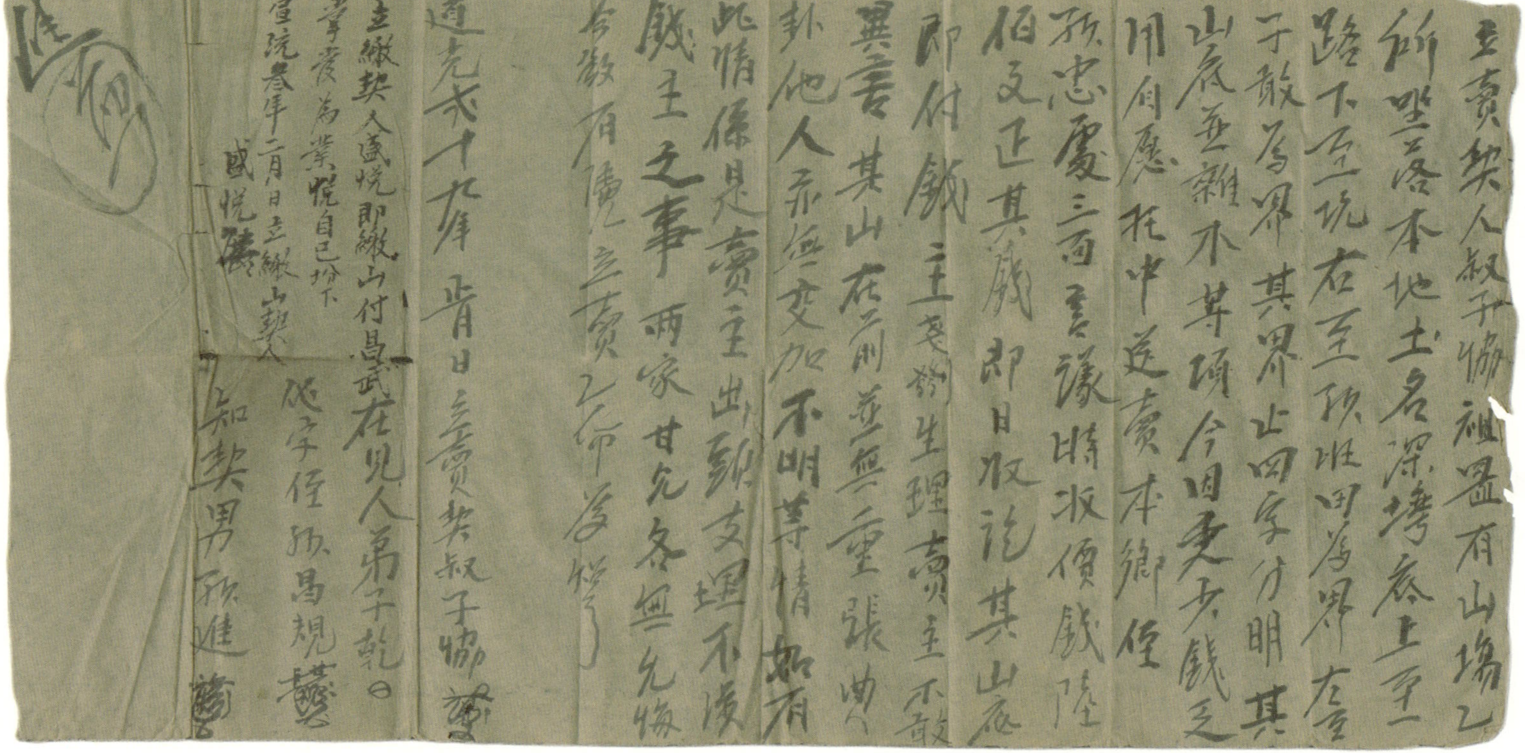

立賣契人叔子協，祖置有山場乙
所，坐落本地，土名深塆底，上至一
路，下至坑，右至頂班田為界，左至
于敵為界，其界止四字分明，其
山底並雜木等項，今因要錢乏
用，自愿托中送賣本鄉侄
孫忠慶三面言議，時取價錢陸
佰文正，其錢即日收訖，其山底
即付錢主[illegible][illegible]生理，賣主不敢
異言。其山在前並無重張典
卦他人，亦無交加不明等情。如有
此情，係是賣主出頭支理，不涉
錢主之事。兩家甘允，各無允悔，
今欲有憑，立賣山契為照。

道光式十九年正月　日立賣契叔子協（押）

在見人弟子乾（押）

代字侄孫昌規（押）

知契男孫進（押）

立繳契人盛悦，即繳山付昌武掌
管為業，悦自己扐下。
宣統叁年二月　日立繳山契人
盛悦（押）

10-6-72-1　清道光二十九年正月黄子協立賣山場契

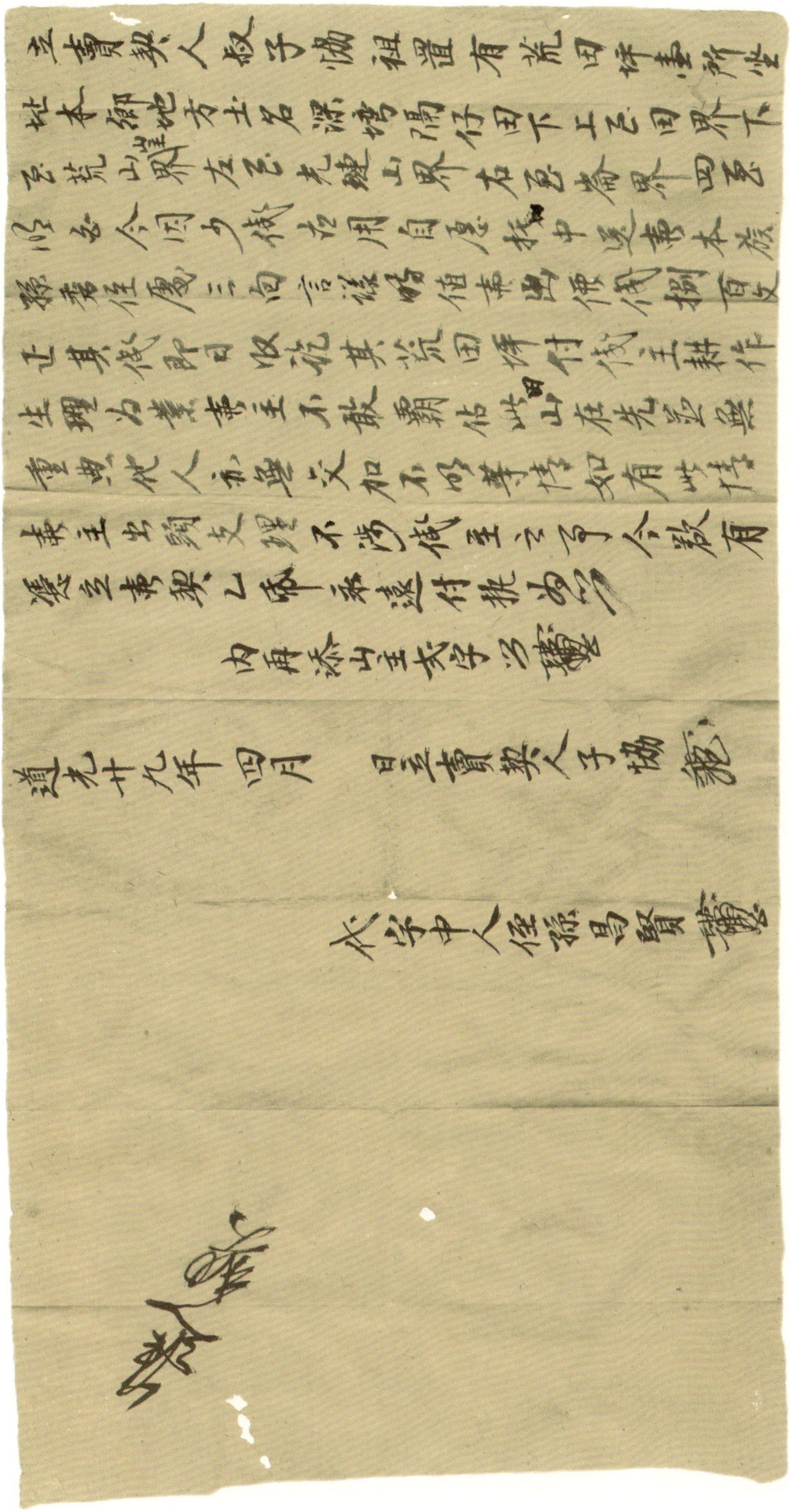
立賣契人叔子協祖置有荒田坪壹所坐
址本鄉地方土名深塆隔仔田下上至田界下
至荒山界左至大墘山界右至當界四至
明白今因乏用自愿托中送賣本族
孫壽任處三面言議時值賣出價錢捌百文
正其錢即日收訖其荒田坪付錢主耕作
生理為業賣主不敢霸佔此山在先並無
重典他人亦無文加不明等情如有此情
賣主出頭支理不涉錢主之事今欲有
憑立賣契一紙付執為照
內再添山主式字照
道光廿九年四月　日立賣契人子協
代字中人侄孫昌賢

10-6-72-2　清道光二十九年四月黃子協立賣荒田坪契

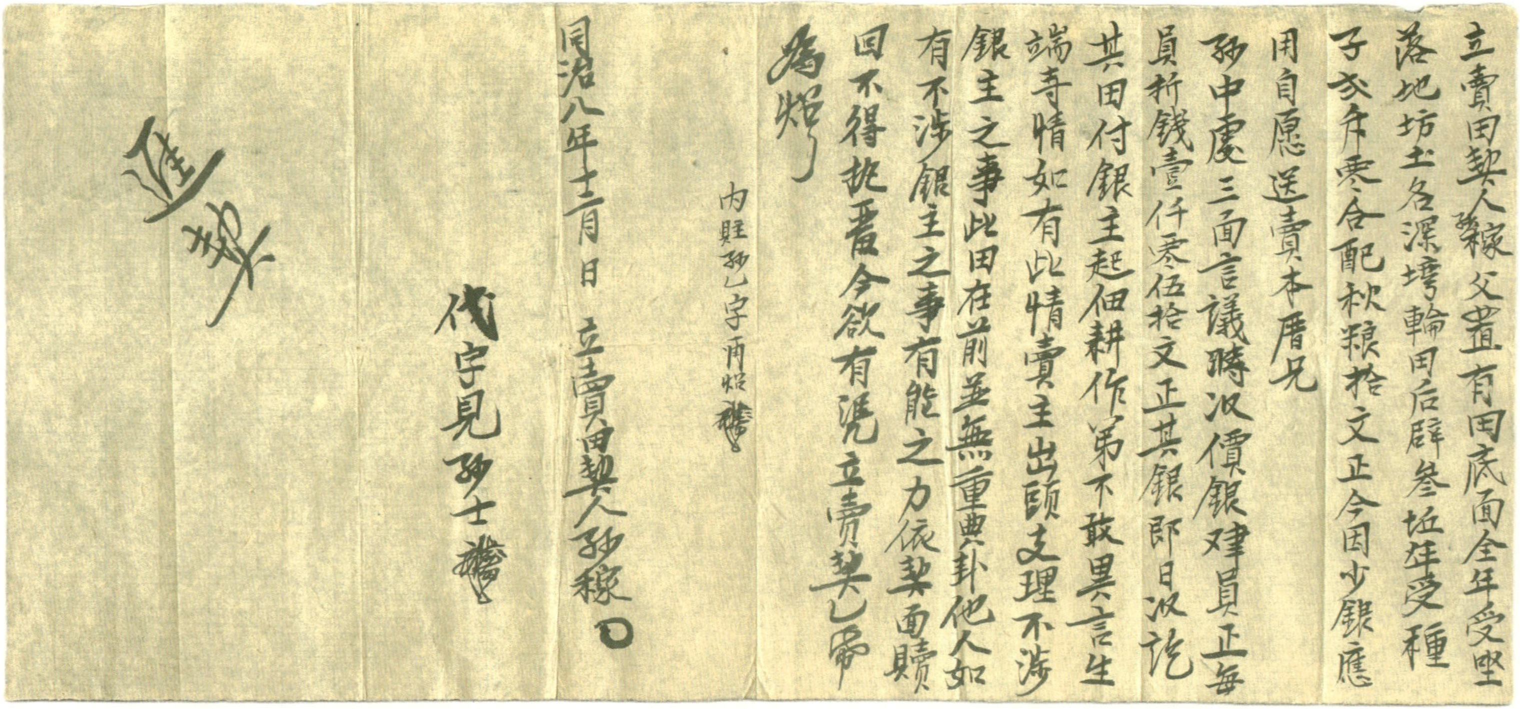
立賣田契人孫稼父置有田底面全年受坐
落地坊土名深壙輪田后辟叁坵年受種
子叁斤零合配秋粮拾文正今因少銀應
用自愿送賣本厝兄
孫中慶三面言議時次價銀建員正每
員折錢壹仟零伍拾文正其銀即日收訖
其田付銀主起佃耕作弟不敢異言生
端寺情如有此情賣主出頭支理不涉
銀主之事此田在前並無重典卦他人如
有不涉銀主之事有能之力依契面贖
回不得執吝今欲有憑立賣契一帋
為照
内貼孫乚字再炤
同治八年十二月 日 立賣田契人孫稼
代字見孫士
延契

10-6-72-3 清同治八年十二月黃孫稼立賣底面全田契

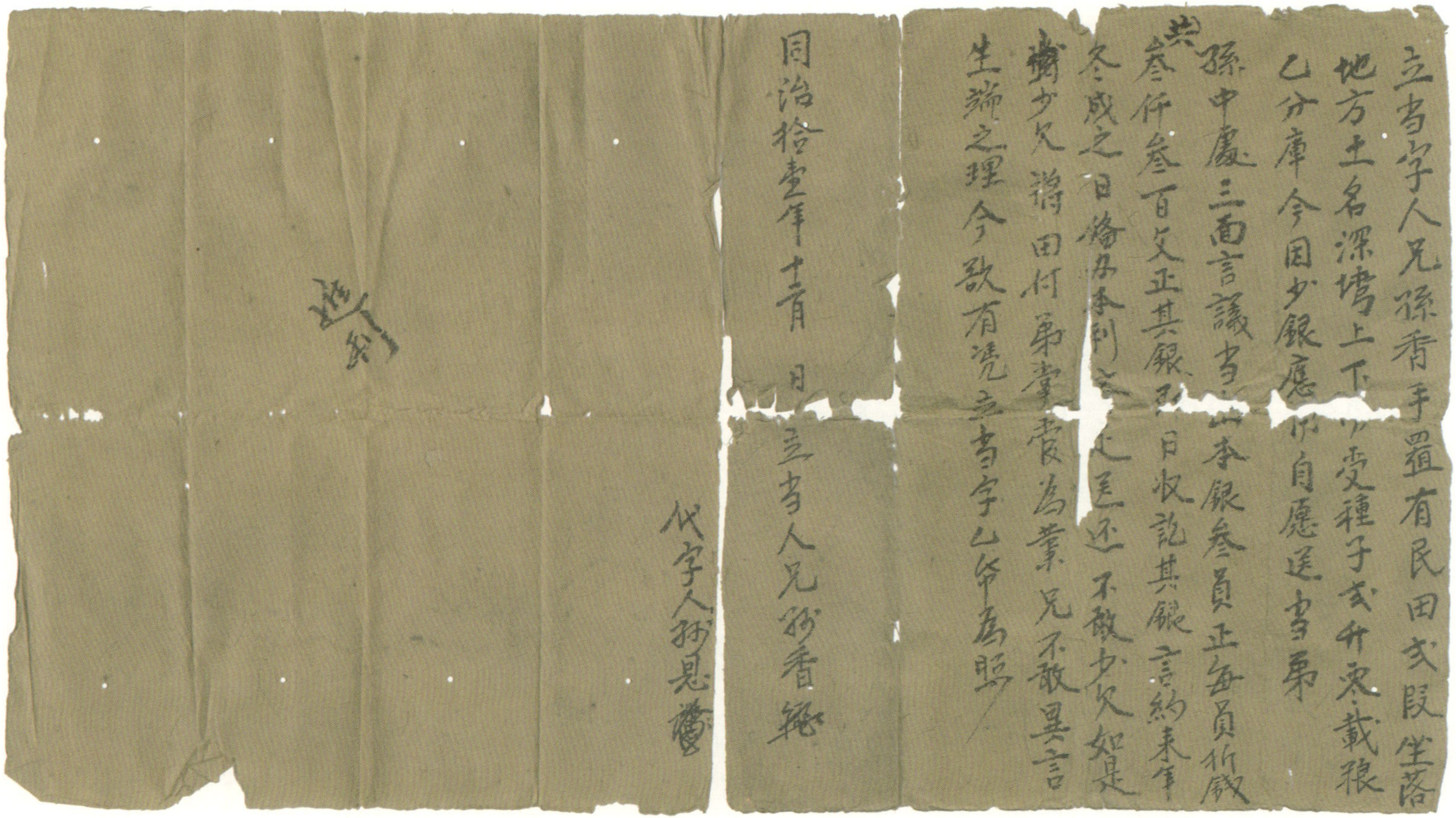

立當字人兄孫香手置有民田弍段，坐落地方土名深塘上下，受種子弍升，丞載粮乙分庫。今因少銀應用，自愿送當與弟孫中處，三面言議，當出本銀叁員正，每員折錢共叁仟叁百文正。其銀即日收訖。其銀言約來年冬成之日備办本利交足還，不敢少欠。如是欠少欠，將田付弟掌管為業，兄不敢異言生端之理。今欲有凭，立當字乙紙為照。

同治拾壹年十二月　日　立當字人兄孫香（押）

代字人孫昆慶（押）

退約

10-6-72-4　清同治十一年十二月黄孫香立當民田字

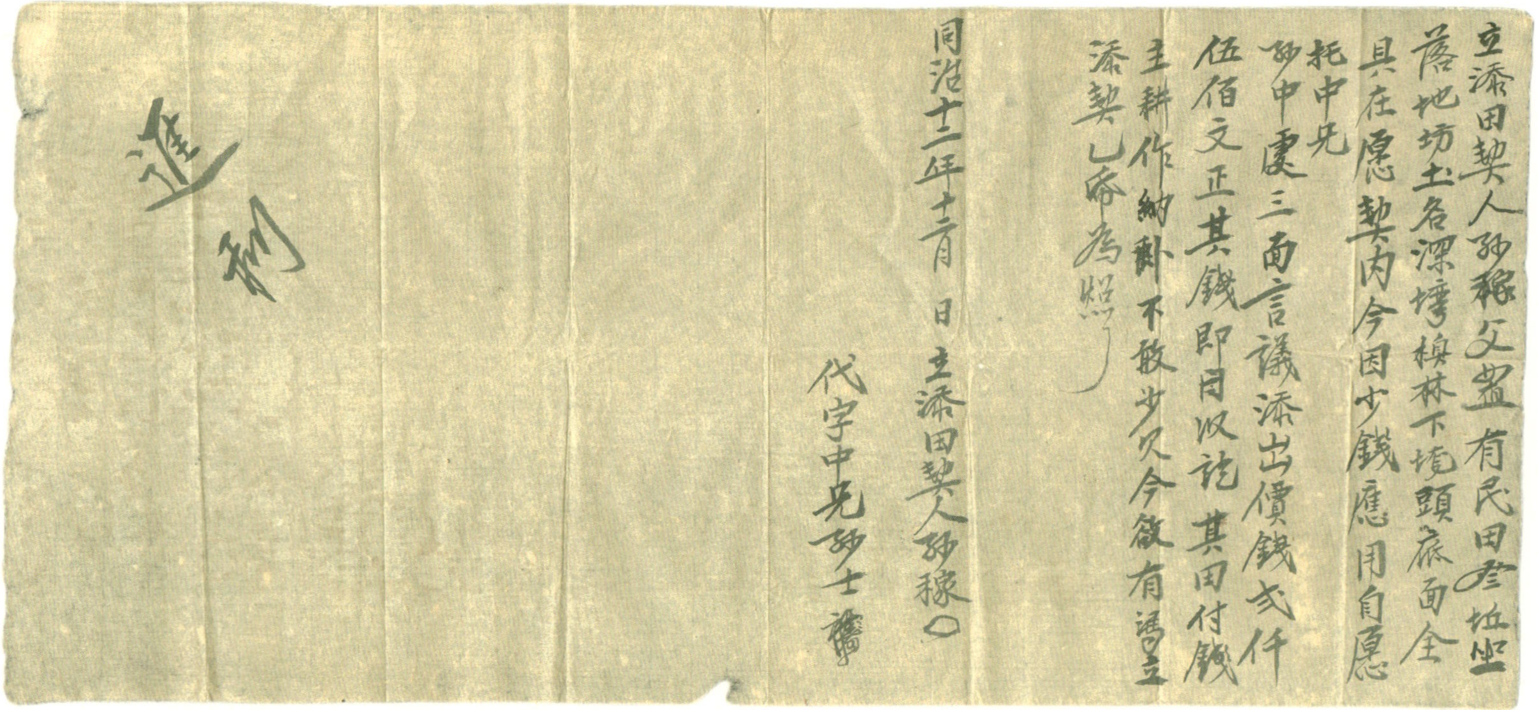

10-6-72-5 清同治十二年十二月黄孫稼立添民田契

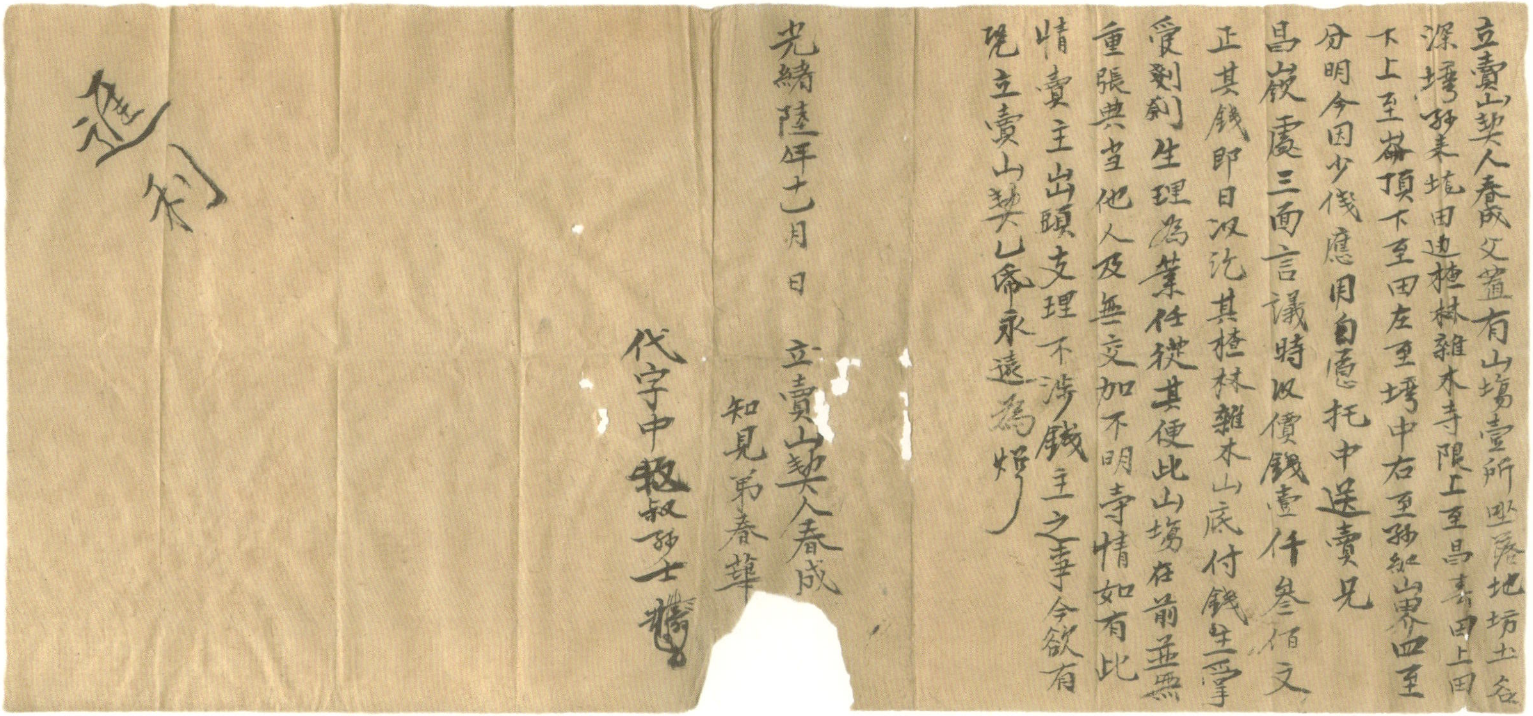

立賣山契人春成父置有山場壹所坐落地坊土名
深壋仔美坑田邊樁林雜木等限上至昌春田上田
下上至崙頂下至田左至壋中右至孫紀山界四至
分明今因少錢應用自愿托中送賣兄
昌欽處三面言議時值價錢壹仟叁佰文
正其錢即日收訖其樁林雜木山底付錢主掌
管剷刈生理為業任從其便此山場在前並無
重張典当他人及無交加不明等情如有此
情賣主出頭支理不涉錢主之事今欲有
憑立賣山契山帋永遠為炤

光緒陸年十一月　日　立賣山契人春成
知見弟春華
代字中叔叔孫士攜

進利

10-6-72-6　清光緒六年十一月黃春成立賣山場契

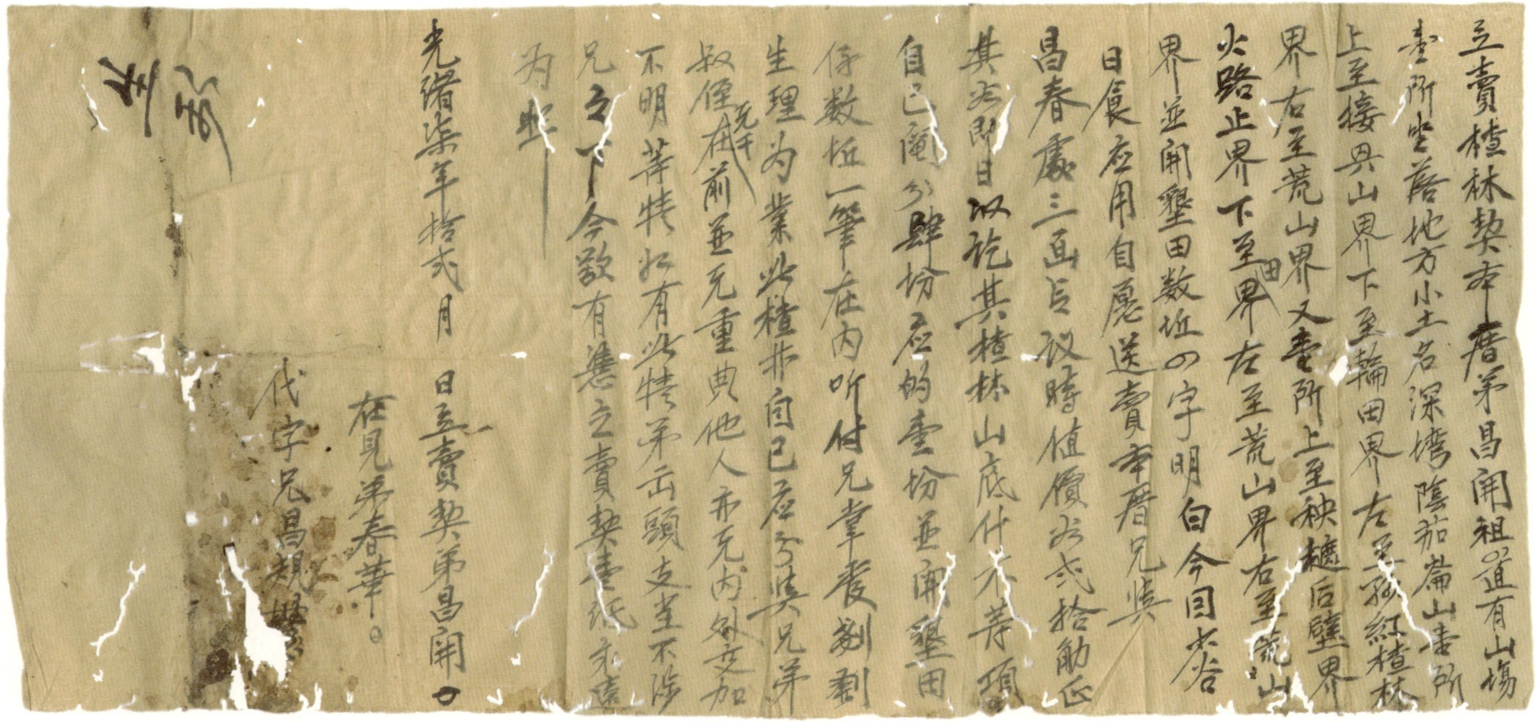

立賣楂林契字人弟昌開，祖遺有山場
壹所，坐落地方小土名深塆陰茄崙山壹所，
上至接與山界，下至輪田界，左至孫紅楂林
界，右至荒山界。又壹所，上至秧墘后壟界，
火路止界，下至田界，左至荒山界，右至荒山
界，並開墾田數坵，四字明白。今因無錢
日食應用，自愿送賣本房兄弟
昌春處，三面言議時值價錢弍拾觔正。
其錢即日收訖。其楂林山底什木等項
自己鬮分肆份應的壹份，並開墾田
係數坵一筆在內，所付兄掌管劉劃
生理為業。此楂林自己應分與兄弟
叔侄兄弟在前並無重典他人，亦無內外交加
不明等情。如有此情，弟出頭支當，不涉
兄之事。今欲有憑，立賣契壹紙永遠
為照。

光緒柒年拾弍月　日立賣契弟昌開（押）

在見弟春華○

代字兄昌規（押）

10-6-72-7　清光緒七年十二月黄昌開立賣楂林契

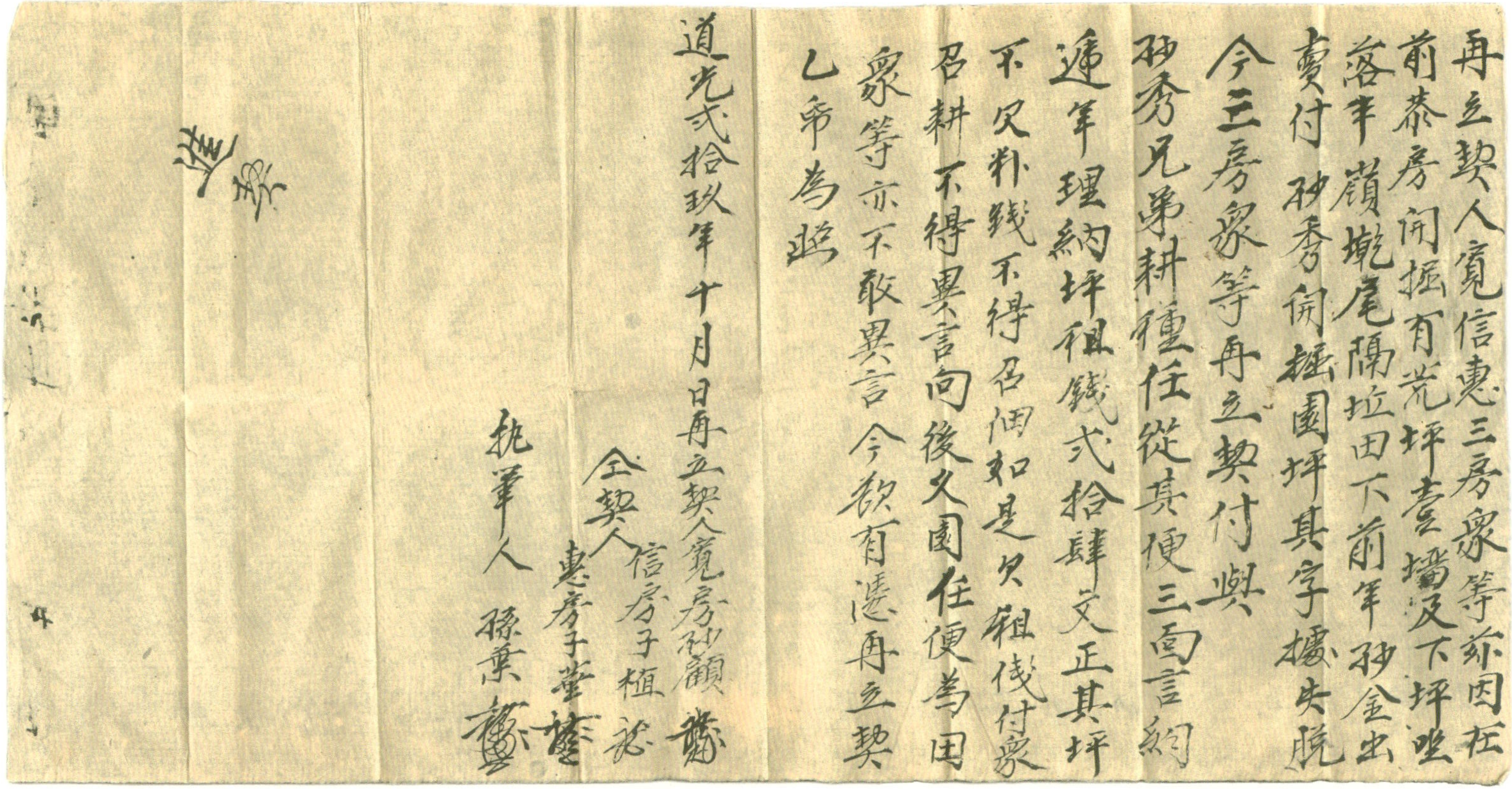
再立契人寬信惠三房衆等今因在
前恭房開掘有荒坪壹墻及下坪坐
落半嶺墘尾隔坵田下前年砂金出
賣付砂秀開掘園坪其字據失脫
今三房衆等再立契付與
砂秀兄弟耕種任從其便三面言約
逐年理納坪租錢式拾肆文正其坪
不欠租錢不得召佃如是欠租錢付衆
召耕不得異言向後久園任便為田
衆等亦不敢異言今欲有憑再立契
乙帋為照

道光式拾玖年十月日再立契人寬房砂顧
仝契人 信房子植
惠房子華
執筆人 孫乘

10-6-73-1　清道光二十九年十月黄氏寬信惠三房衆再立付荒坪契

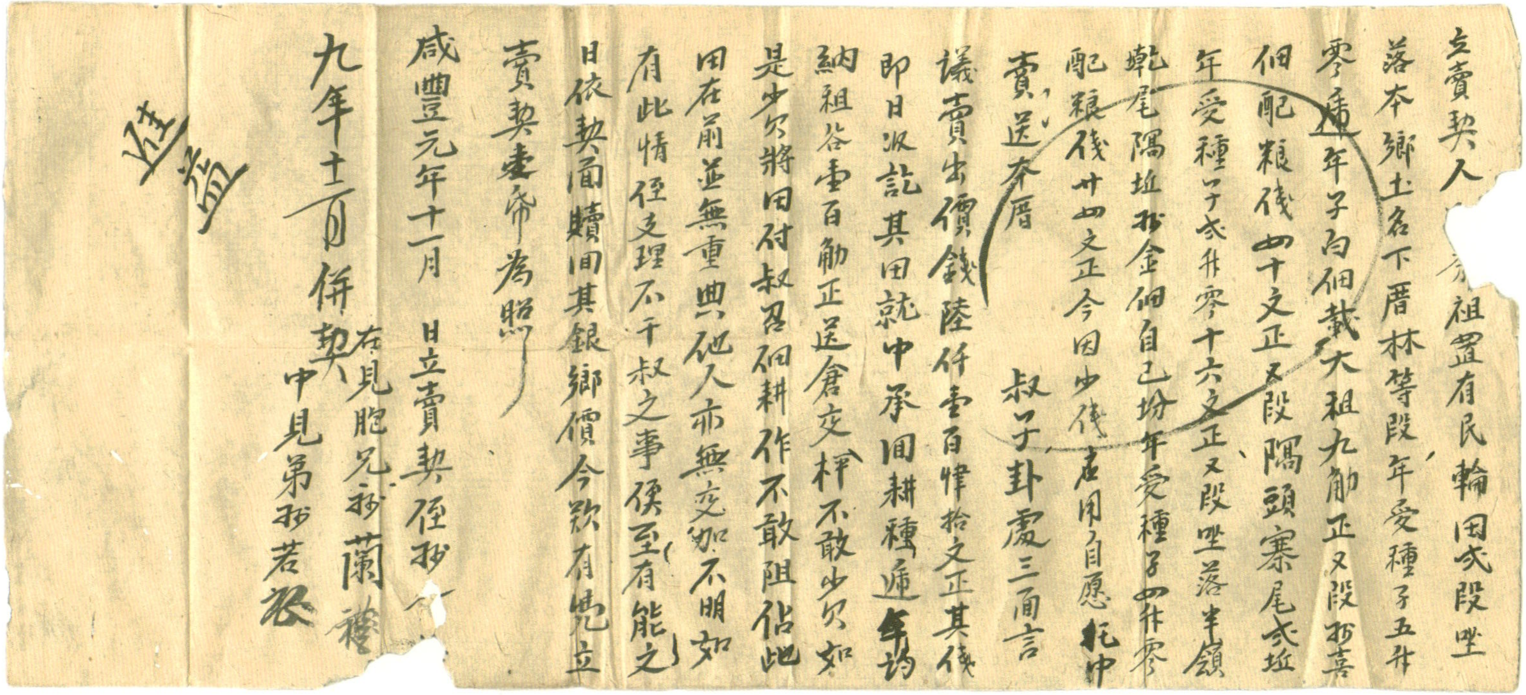
立賣契人［孫秀］祖置有民輪田弍段坐
落本鄉土名下厝林等段，年受種子五升
零，遞年子白佃載大祖九觔正，又段折喜
佃配粮錢四十文正，又段隔頭寨尾弍坵，
年受種乙斗弍升零十六文正，又段坐落半嶺
蛇尾隔坵，折全佃自己坋，年受種子四升零，
配粮錢廿四文正，今因少錢應用，自愿托中
賣過本厝叔子卦處，三面言
議賣出價錢陸仟壹百肆拾文正，其錢
即日收訖，其田就中承回耕種，遞年約
納祖谷壹百觔正，送倉交秤，不敢少欠，如
是少欠，將田付叔召佃耕作，不敢阻佔。此
田在前並無重典他人，亦無交加不明，如
有此情，侄之理，不干叔之事。倘至有能之
日，依契面贖回其銀，鄉價今欲有憑，立
賣契壹帋為照。
咸豐元年十一月　日立賣契侄孫秀
在見胞兄孫蘭禮
中見弟孫若張
九年十一月　日　併契

10-6-73-2　清咸豐元年十一月黃孫秀立賣民輪田契（廢契）

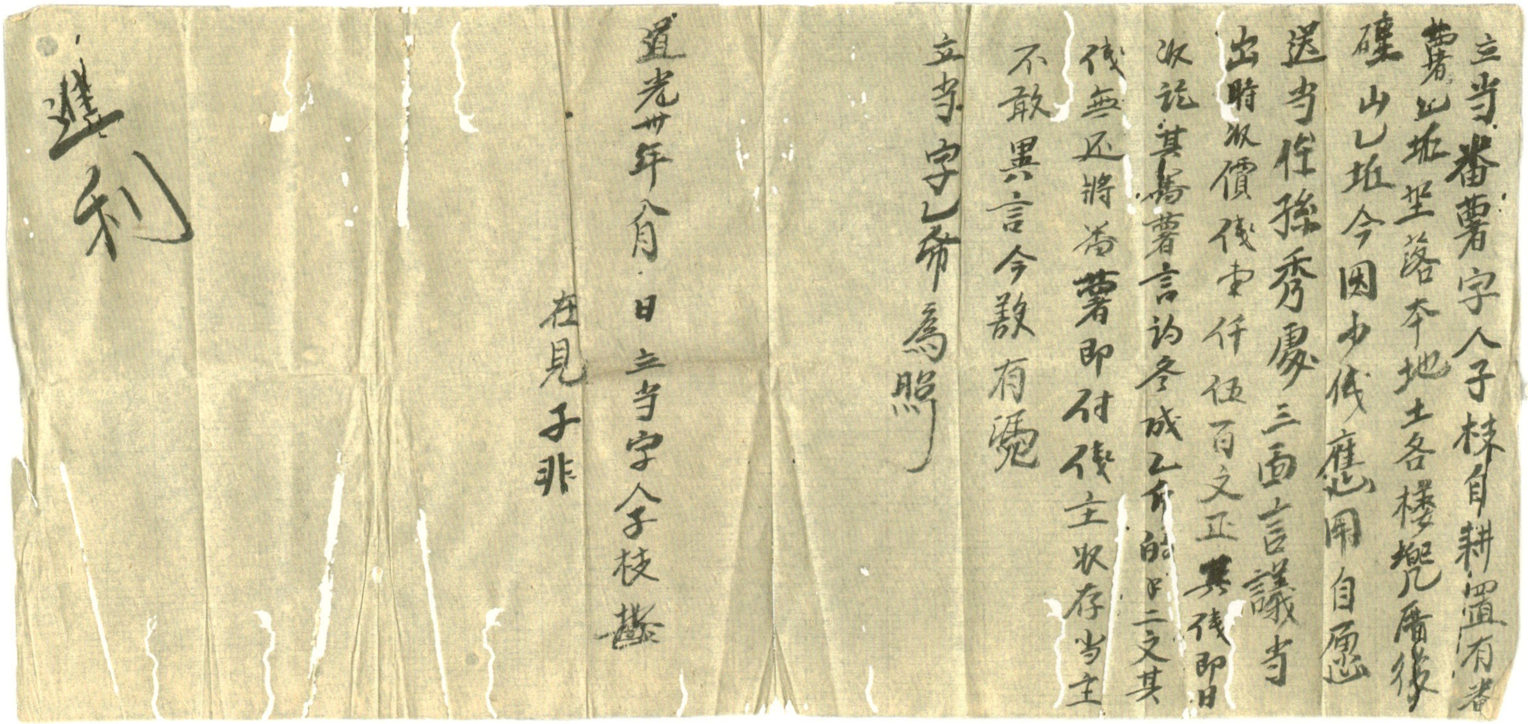
立当番薯字人子枝自耕置有番
薯山坵坐落本地土名楼兜凡厝後
礁山乙坵今因少钱應用自愿
送当侄孫秀廖三面言議当
出時価钱中仟伍百文正其钱即日
收訖其番薯言約冬成乙斤[illegible]二文其
钱無还將番薯即付钱主收存当主
不敢異言今欲有憑
立当字乙帋為照
道光卅年八月 日立当字人子枝（押）
在見子非
進利

10-6-74-1 清道光三十年八月黄子枝立當番薯字

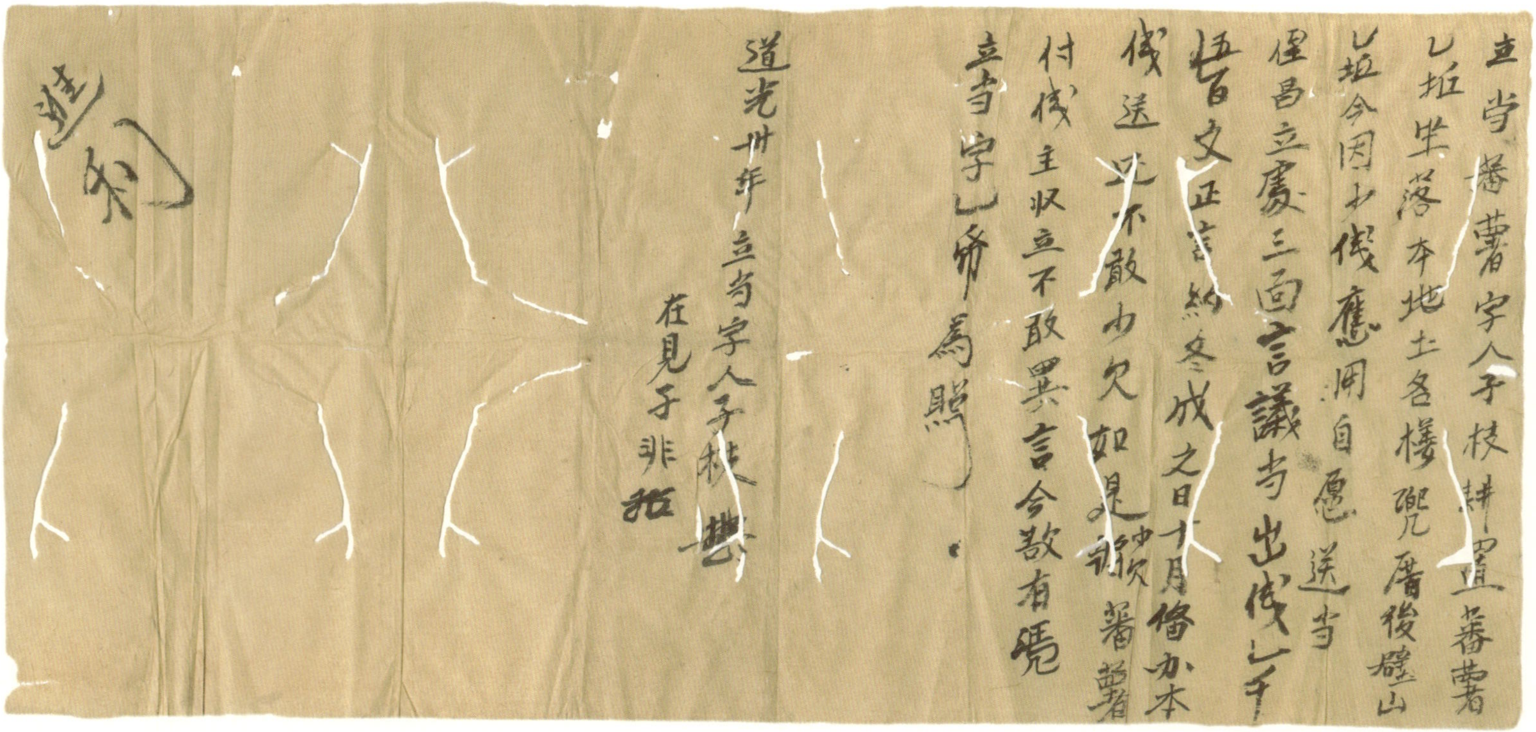
立当番薯字人子枝耕置立番薯
乙坵，坐落本地土名樓兜厝後壁山
坵。今因乏錢應用，自愿送当
侄邑立處，三面言議，当出錢一千
文，其約冬成之日十月備办本
錢送还，不敢少欠。如見少欠，番薯
付錢主收，立不敢異言。今欲有憑，
立当字乙纸為照。
道光卅年　立当字人子枝（押）
在見子非（押）
進利

10-6-74-2　清道光三十年黃子枝立當番薯字

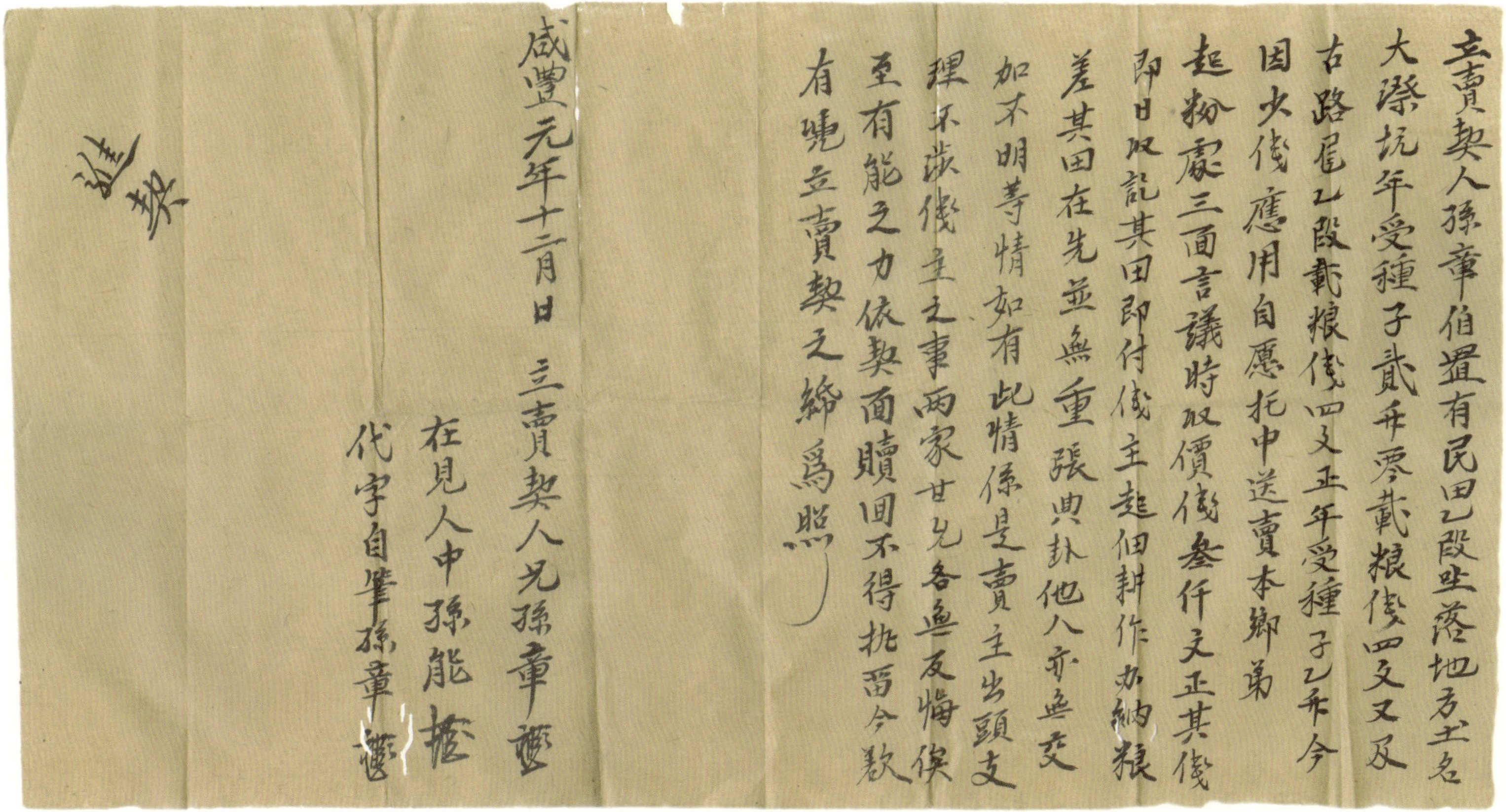
立賣契人孫章伯置有民田乙段坐落地方土名
大蹽坑年受種子貳弁零戴粮傒四文又及
古路尾乙段載粮傒四文正年受種子乙弁今
因乏傒應用自愿托中送賣本鄉弟
起粉處三面言議時値價傒叁仟文正其傒
即日收訖其田即付傒主起佃耕作办納粮
差其田在先並無重張典卦他人亦無交
加不明等情如有此情係是賣主出頭支
理不涉傒主之事兩家甘允各無反悔侯
至有能之力依契面贖回不得执留今欲
有憑立賣契之綿爲照

咸豐元年十二月日　立賣契人兄孫章（押）
在見人中孫能（押）
代字自筆孫章（押）

絶契

10-6-75-1　清咸豐元年十二月黃孫章立賣民田契

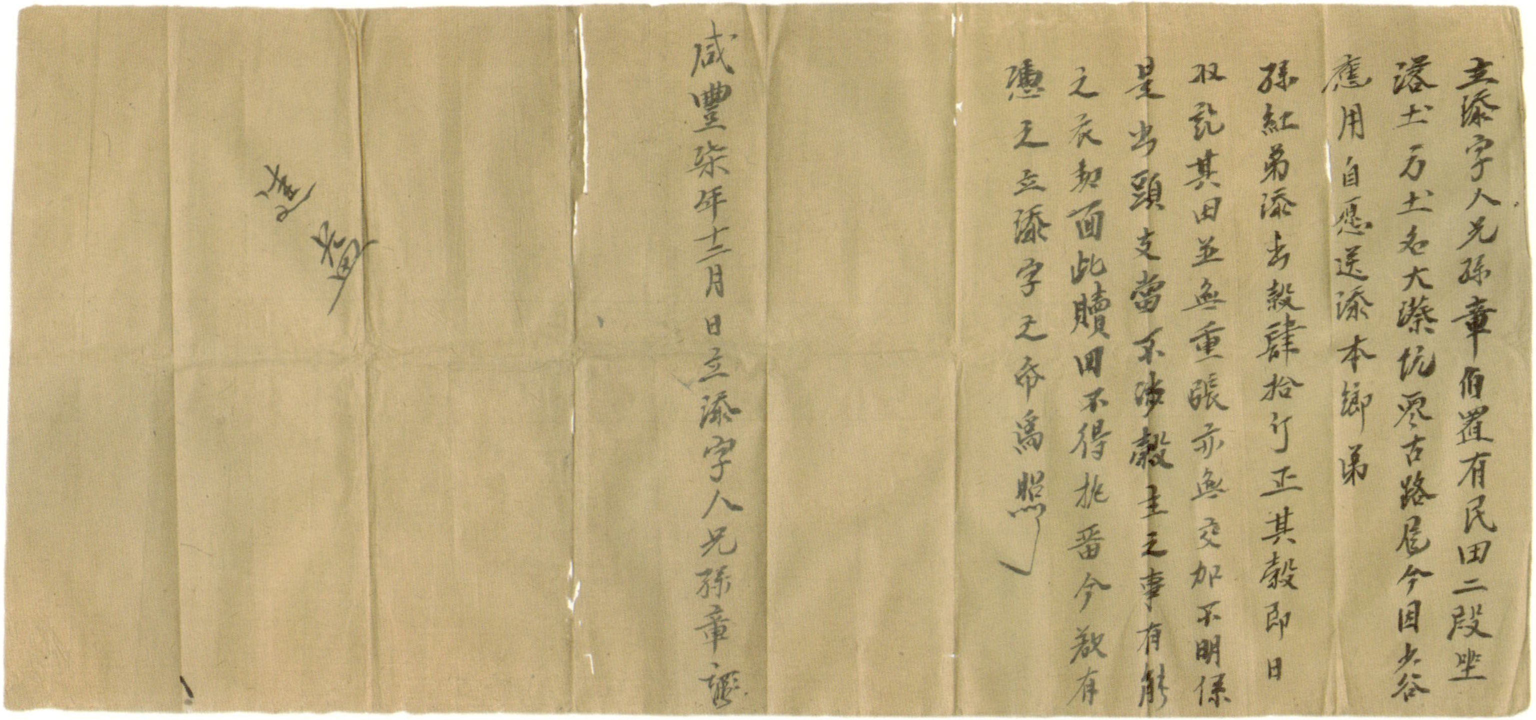
立添字人兄孫章自置有民田二段坐
落土名大漈坑垄古路尾今因乏谷
應用自愿送添本鄉弟
孫紅弟添出穀肆拾斤正其穀即日
收訖其田並無重張亦無交加不明係
是出頭支當不涉叔主之事有能
之後加面此贖田不得挑番今欲有
憑之立添字之帋為照
咸豐柒年十二月 日立添字人兄孫章 親

10-6-75-2 清咸豐七年十二月黃孫章立添民田字

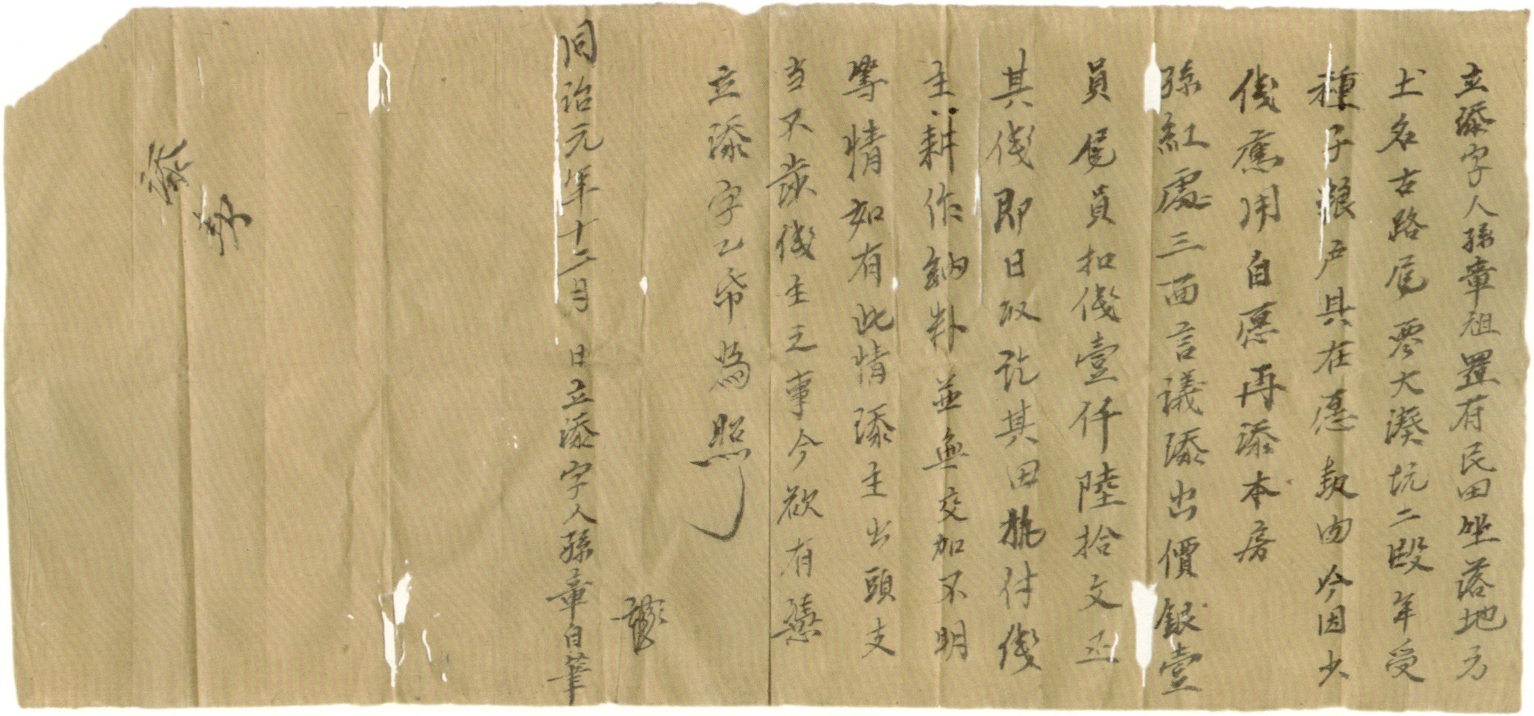

立添字人孫章祖置有民田坐落地方
土名古路尾㘵大溪坑二段年受
種子粮产具在憲数内今因大
伐應用自愿再添本房
孫紅處三面言議添出價銀壹
員足員扣伐壹仟陸拾文正
其伐即日収訖其田永付伐
主耕作納粮並無交加不明
等情如有此情添主出頭支
当不涉伐主之事今欲有憑
立添字一帋為照
同治元年十二月　日立添字人孫章自筆
添字

10-6-75-3　清同治元年十二月黃孫章立添民田契

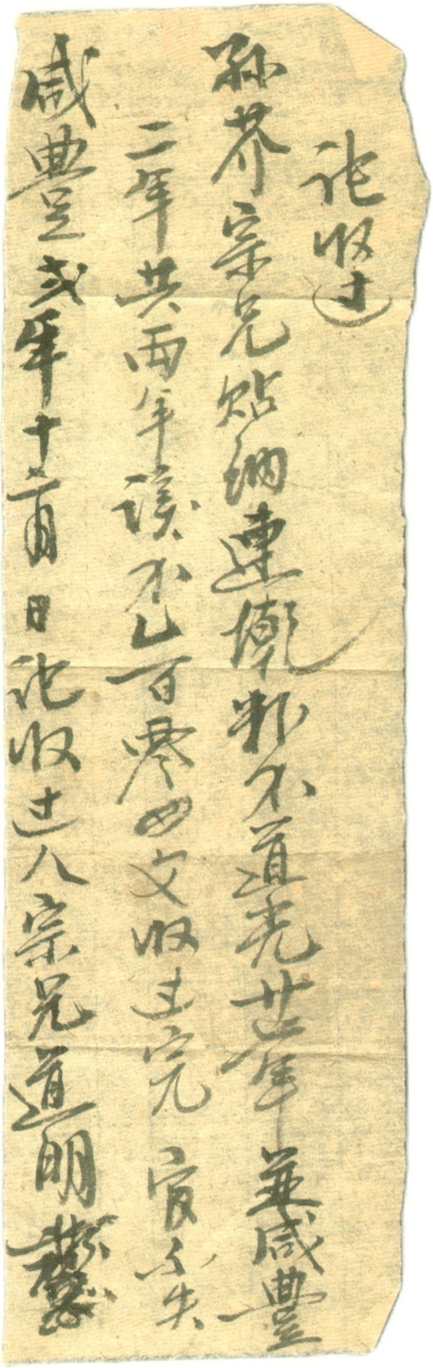

仝收過
孫芥宗兄貼納連[illegible]糧不首道光廿年并咸豐
二年共兩年該[illegible]百參四文收過完實[illegible]失
咸豐二年十二月　日仝收過人宗兄道明（押）

10-6-76-1　清咸豐二年十二月黄道明立收糧錢字

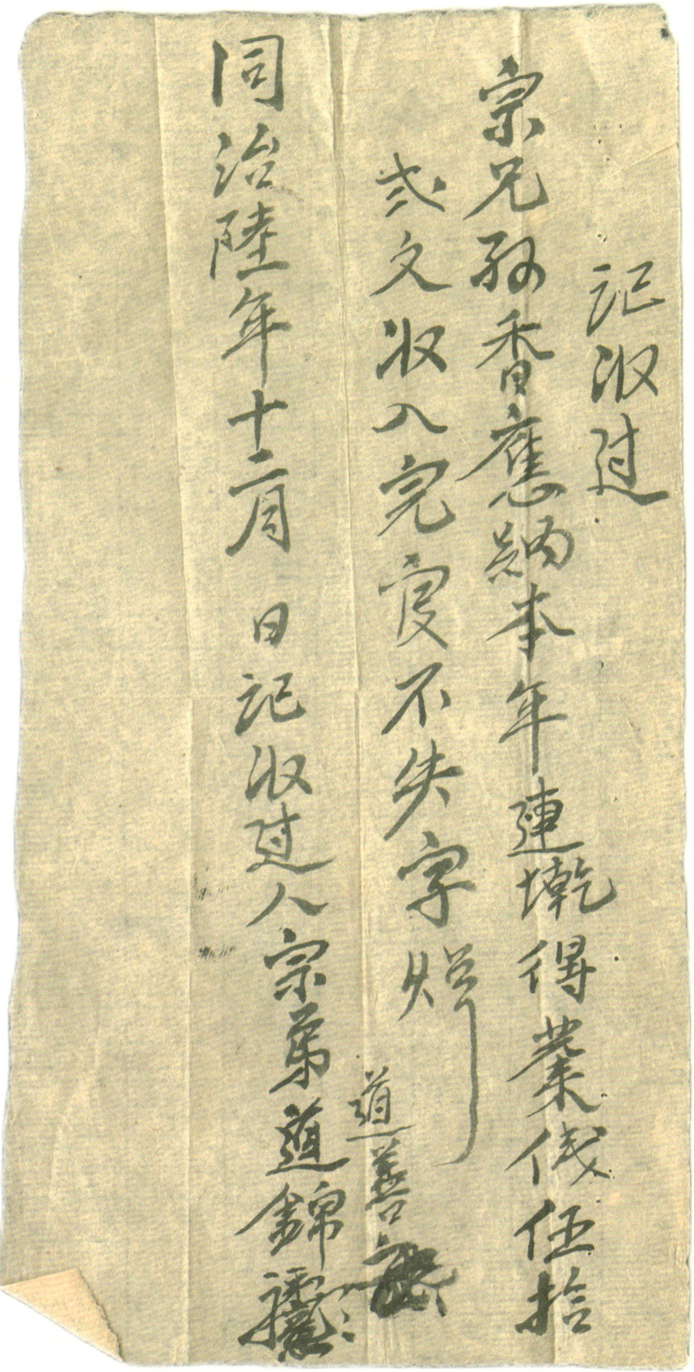
記收過
宗兄孫香應德納本年連墘得業錢伍拾
弍文收入完實不失字照
道善（押）
同治陸年十二月　日記收過人宗弟道錦（押）

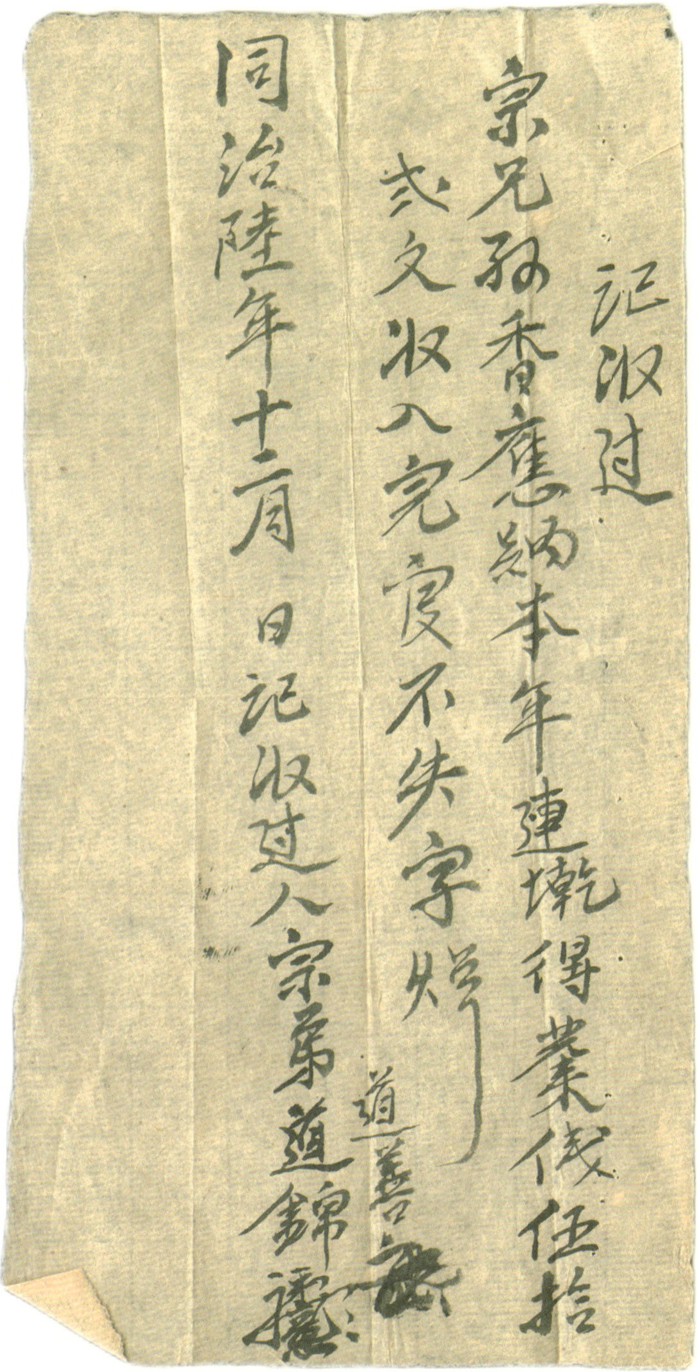

10-6-76-2　清同治六年十二月黃道錦等立收得業錢字

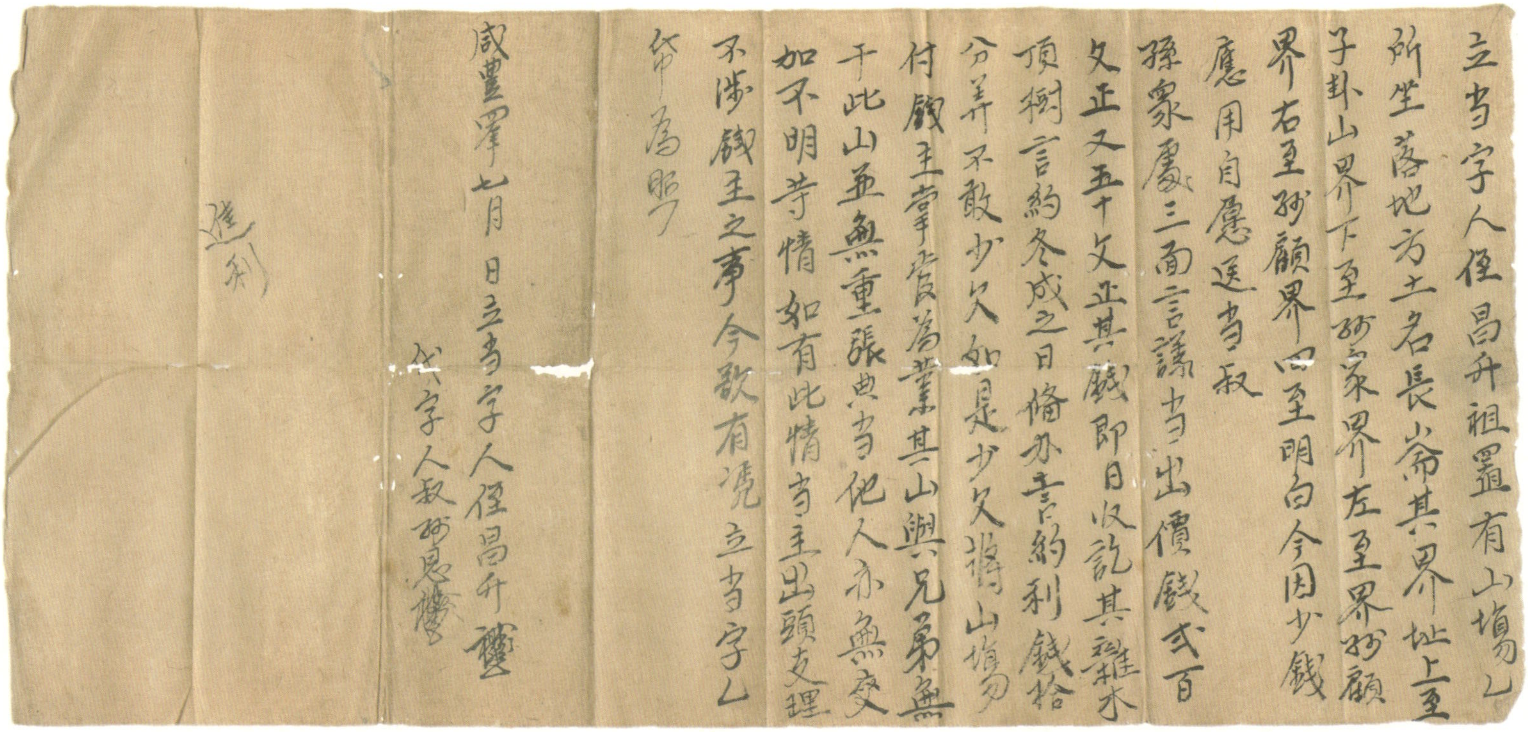
立當字人侄昌升祖置有山場乙
所坐落地方土名長崙其界址上至
子卦山界下至叔家界左至界叔顧
界右至叔顧界四至明白今因少錢
應用自愿退當叔
孫家處三面言議當出價錢式百
文正又五十文正其錢即日收訖其雜木
項樹言約冬成之日倫办壹半約利錢拾
分并不敢少欠如是少欠將山場
付錢主掌管為業其山與兄弟無
干此山並無重張典當他人亦無交
加不明等情如有此情當主出頭支理
不涉錢主之事今欲有憑立當字乙
紙為照

咸豐四年七月　日立當字人侄昌升
代字人叔□恩

進利

10-6-77-1　清咸豐四年七月黃昌升立當山場字

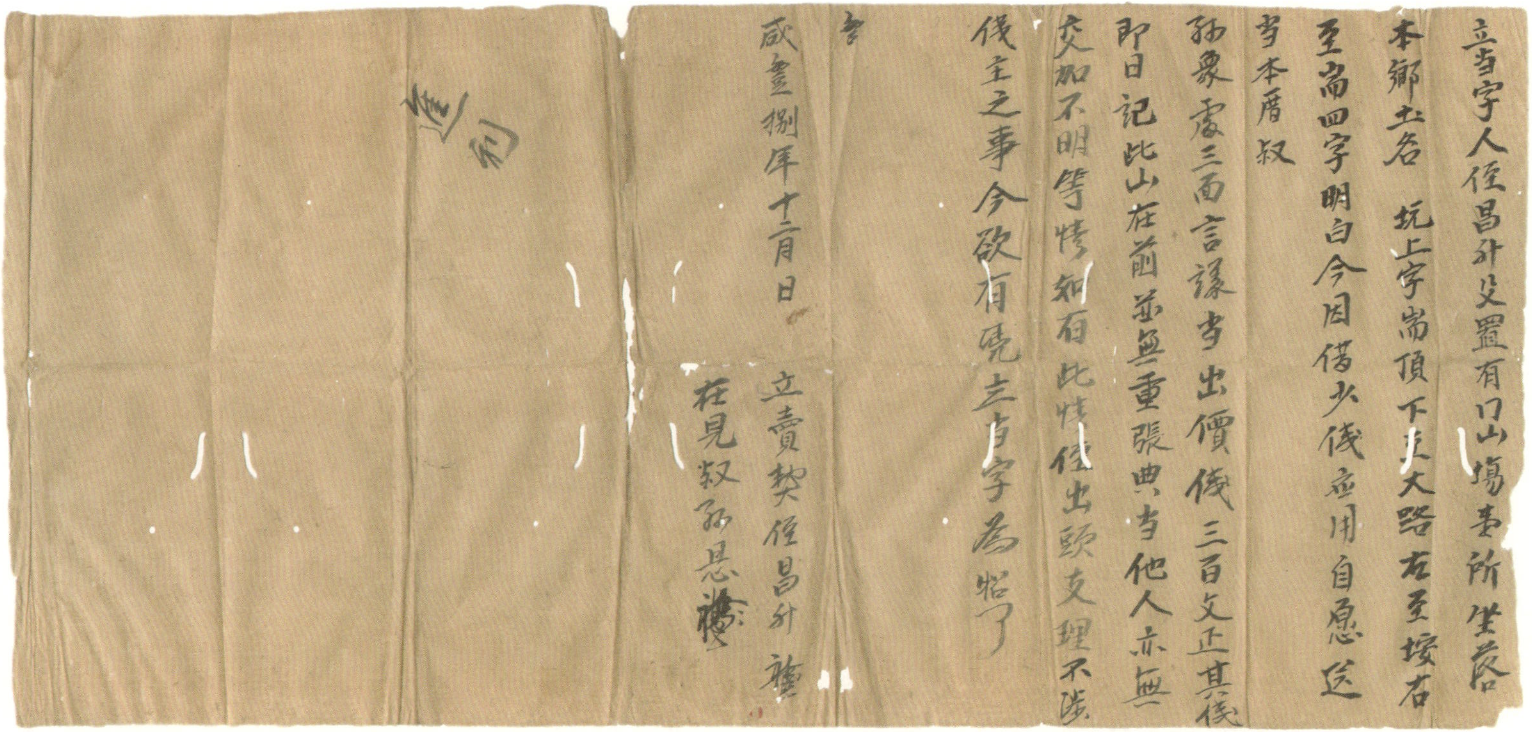
立当字人侄昌升叟置有门山場壹所坐落
本鄉土名 坑上字崙頂下至大路右至壕右
至崙四字明白今因侵少錢應用自愿送
当本厝叔
孫象霞三面言議当出價錢三百文正其錢
即日記此山在前並無重張典当他人亦無
交加不明等情如有此情侄出頭支理不涉
錢主之事今欲有憑立当字為照了
仝
咸豐捌年十二月日
立賣契侄昌升（押）
在見叔孫昌恩（押）
退約

10-6-77-2 清咸豐八年十二月黃昌升立當山場字

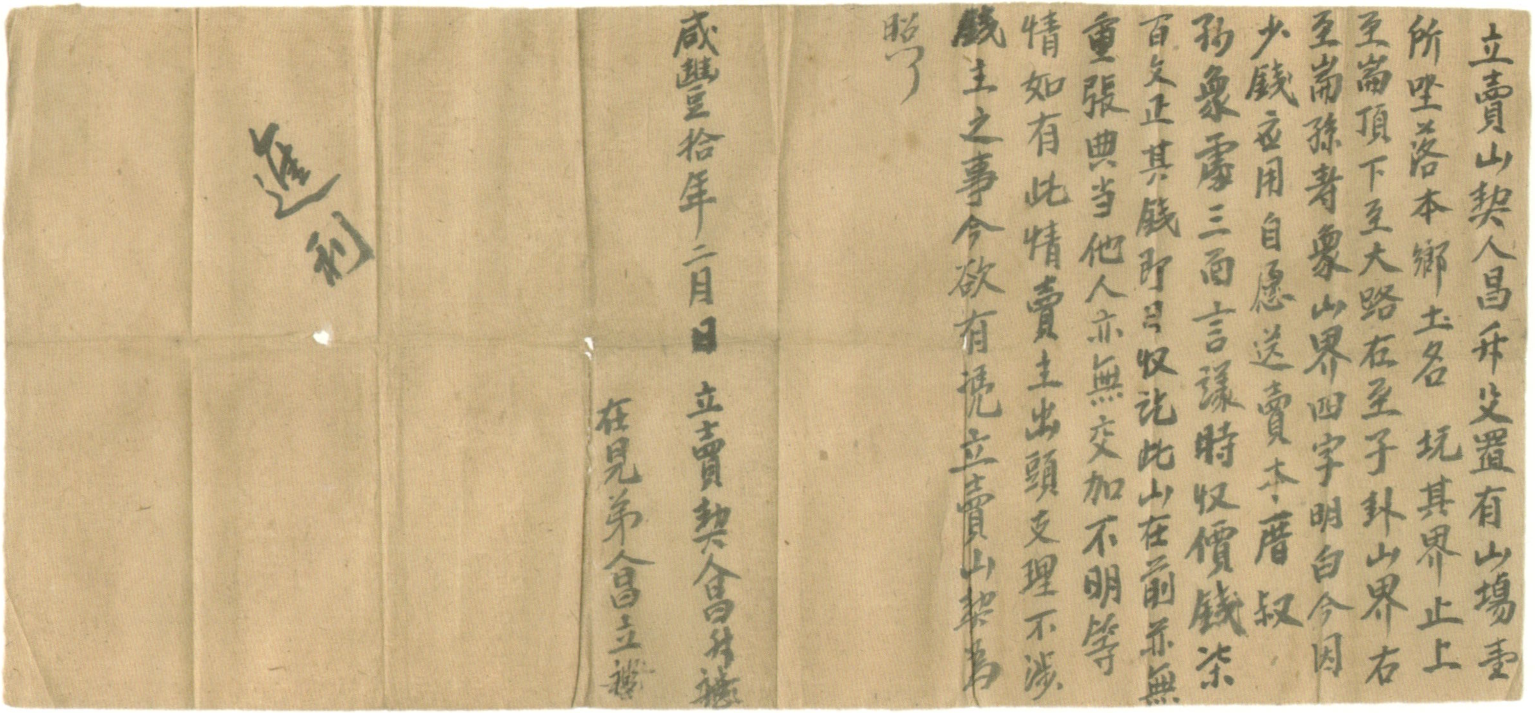

立賣山契人昌升父置有山場壹
所坐落本鄉土名　坑其界止上
至崙頂下至大路右至子卦山界右
至崙孫壽象山界四字明白今因
少錢應用自愿送賣本厝叔
孫象霖三面言議時收價錢柒
百文正其錢即日收訖此山在前亦無
重張典当他人亦無交加不明等
情如有此情賣主出頭支理不涉
錢主之事今欲有憑立賣山契為
照了

咸豐拾年二月日　立賣契人昌升號
在見弟人昌立號

進利

10-6-77-3　清咸豐十年二月黄昌升立賣山場字

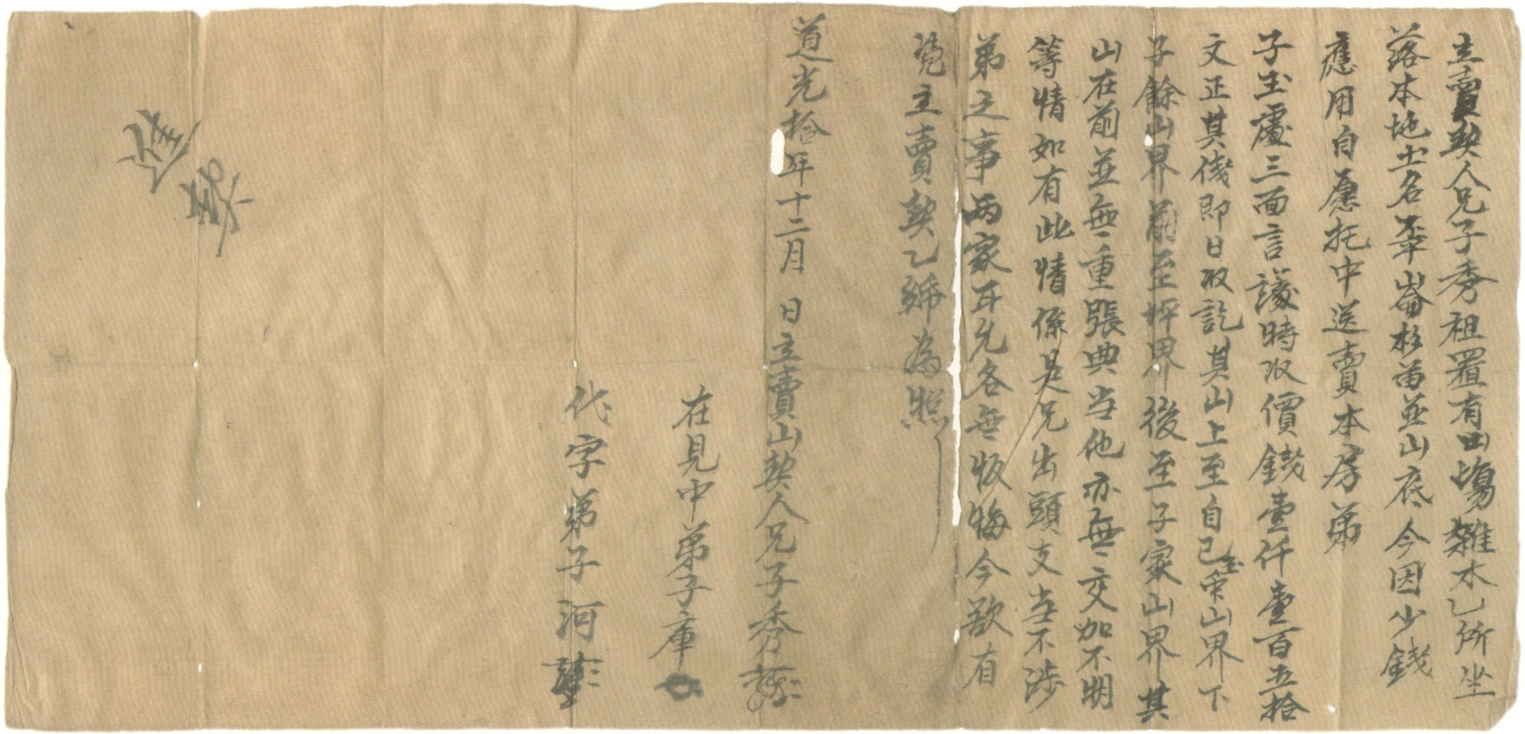

立賣契人兄子秀祖置有山場雜木一所坐
落本地土名奉崙杉苗並山底今因少錢
應用自愿托中送賣本房弟
子宝處三面言議時收價錢壹仟壹百五拾
文正其錢即日收訖其山上至自己立賣山界下
至餘山界前至坪界後至子家山界其
山在前並無重張典当他亦無交加不明
等情如有此情係是兄出頭支当不涉
弟之事兩家允各無收悔今欲有
憑立賣契一紙為照

道光拾年十二月　日立賣山契人兄子秀（押）

在見中弟子庫（押）

代字弟子河（押）

推契

10-6-78-1　清道光十年十二月黄子秀立賣山場雜木契

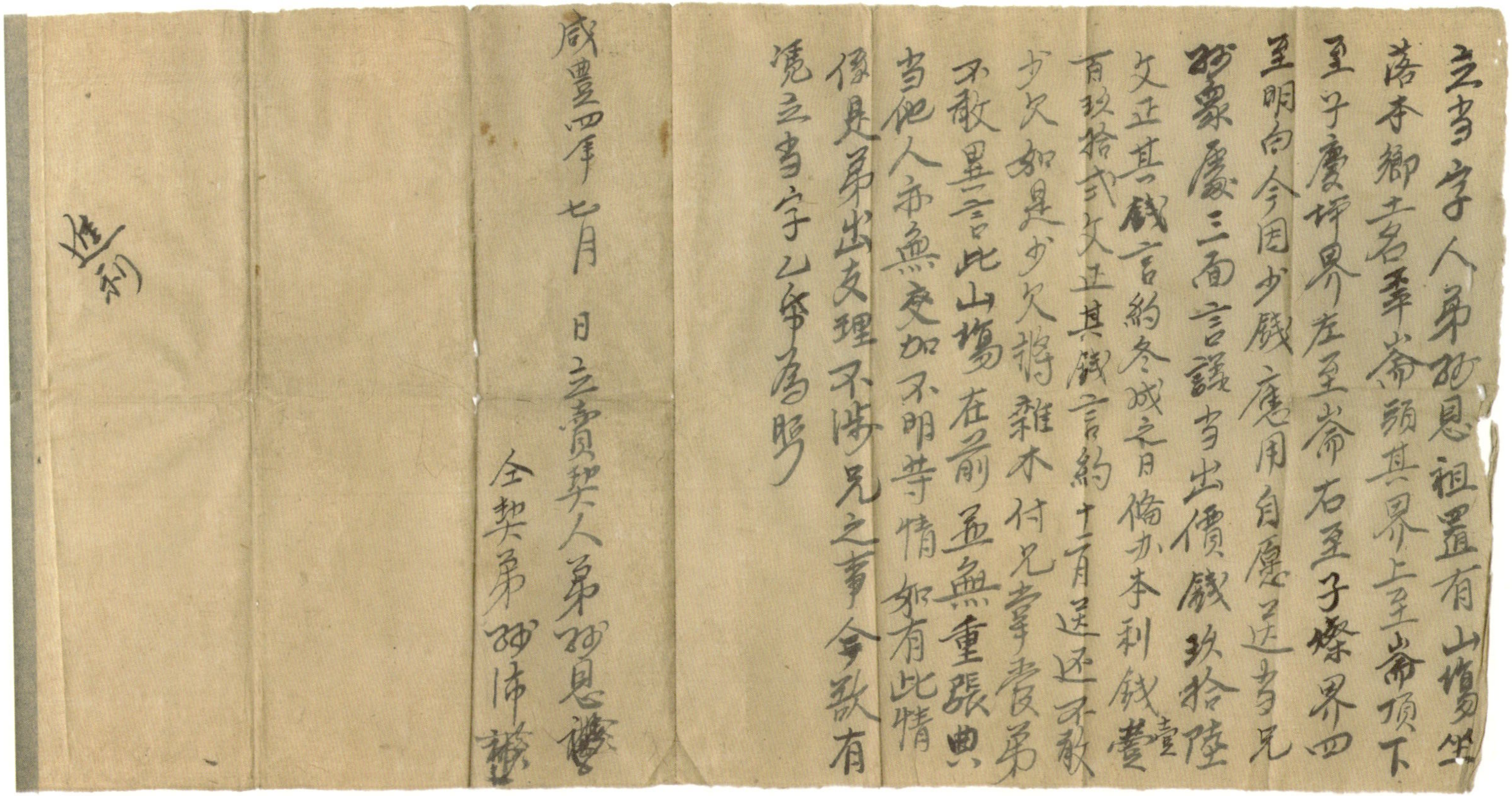

立当字人弟孫恩祖置有山場坐
落本鄉土名羊嶺頭其界上至嶺頂下
至子賡坪界左至嶺右至子燦界四
至明白今因乏錢應用自愿立当兄
孫衆處三面言議当出價錢玖拾陸
文正其錢言約冬成之日備办本利錢壹
百玖拾貳文正其錢言約十二月送还不敢
少欠如是少欠將雜木付兄掌管弟
不敢異言此山場在前並無重張典
当他人亦無交加不明等情如有此情
係是弟出支理不涉兄之事今欲有
凭立当字山場為照

咸豐四年七月　日立當契人弟孫恩（押）

仝契弟孫佛（押）

進利

10-6-78-2 清咸豐四年七月黄孫恩等立當山場字（一）

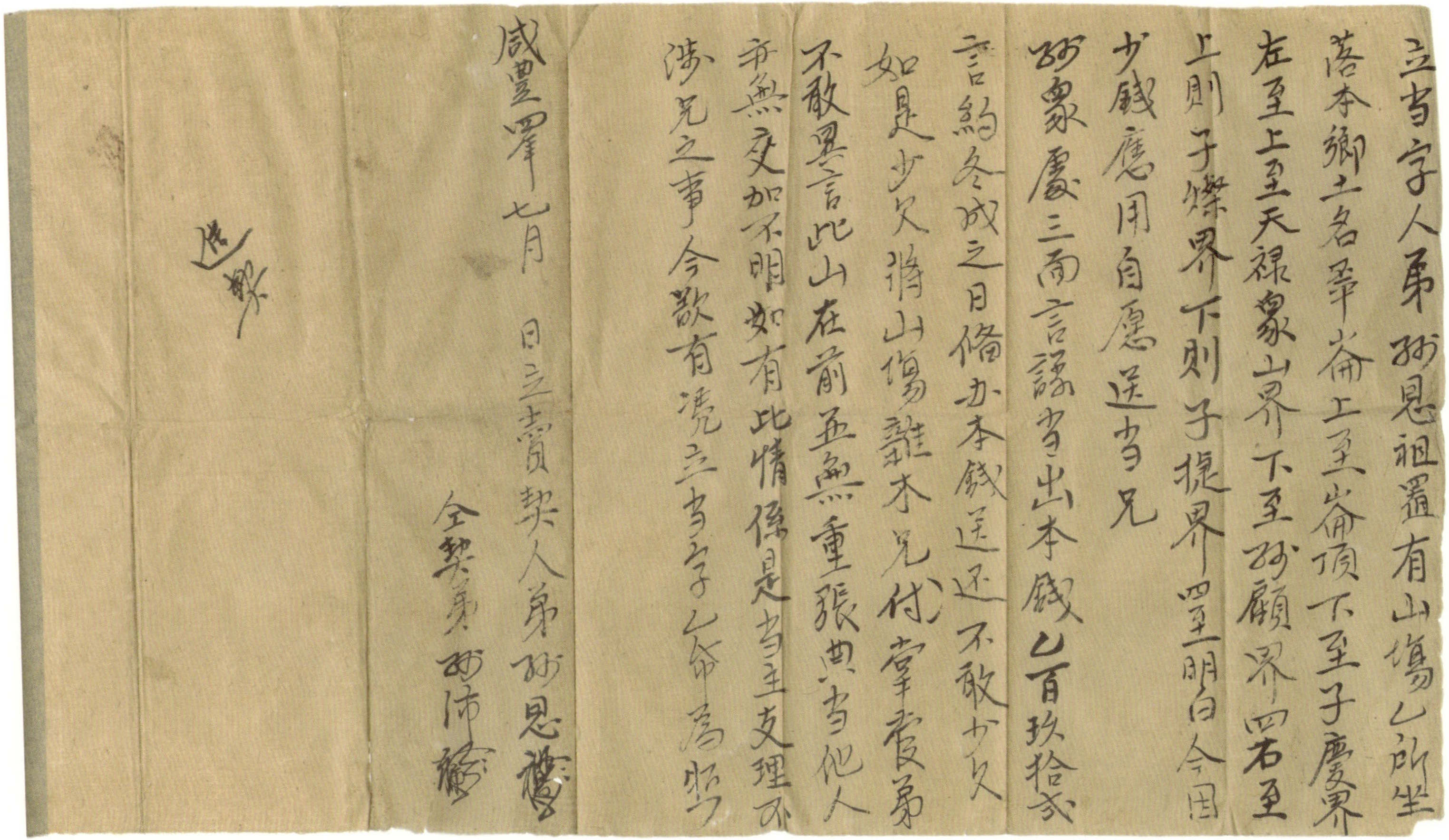
立当字人弟孫恩祖置有山場乙所坐
落本鄉土名苹崙上至崙頂下至子慶界
左至上至天祿家山界下至孫顧界四右至
上則子燦界下則子提界四至明白今因
少錢應用自愿送当兄
孫象慶三面言議当出本錢乙百玖拾弍
言約冬成之日備办本錢送还不敢少欠
如是少欠將山場雜木兄付掌管弟
不敢異言此山在前並無重張典当他人
亦無交加不明如有此情係是当主支理不
涉兄之事今欲有凭立当字乙帋為照
咸豐四年七月　日立賣契人弟孫恩
全契弟孫沛
送契

10-6-78-3　清咸豐四年七月黃孫恩等立當山場字（二）

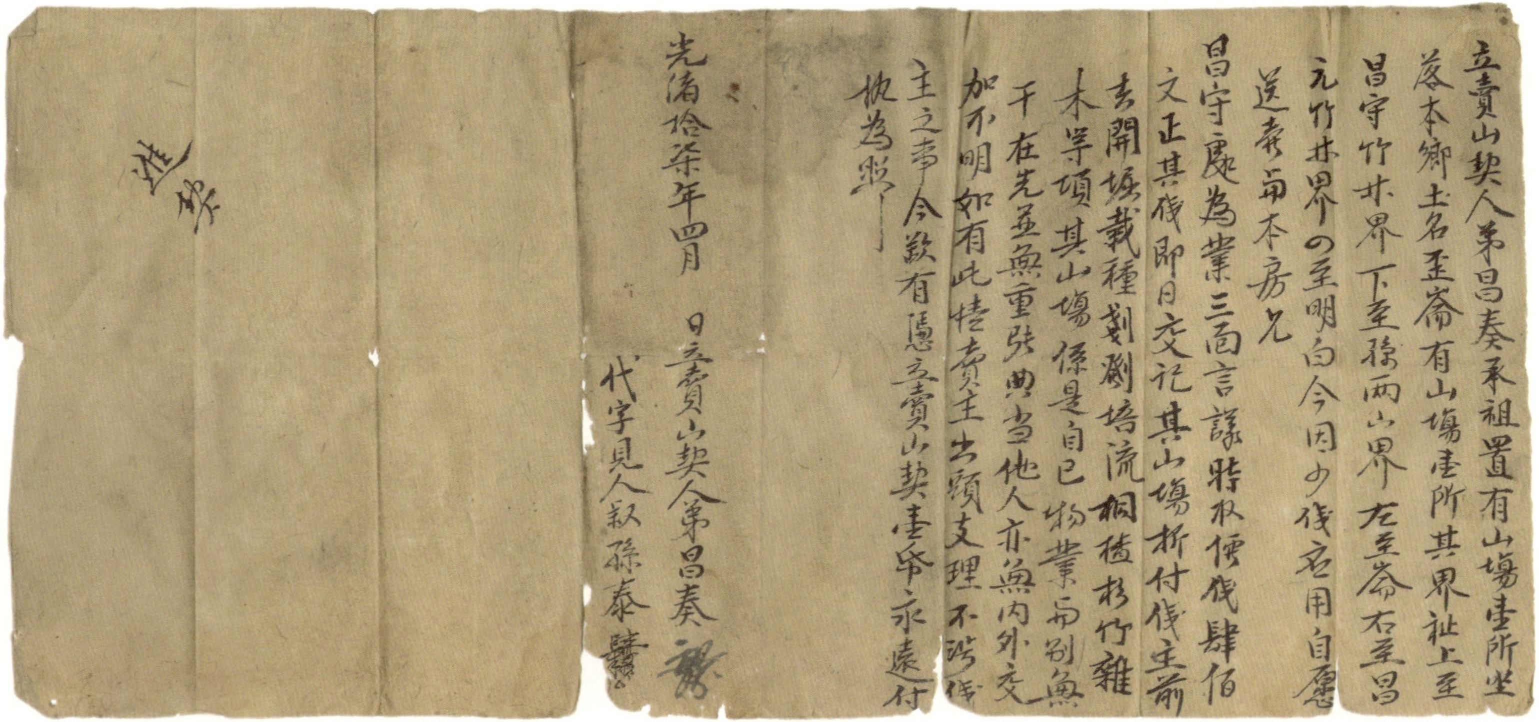
立賣山契人弟昌奏承祖置有山塲壹所坐
落本鄉土名歪崙有山塲壹所其界址上至
昌守竹林界下至孫兩山界左至崙右至昌
元竹林界四至明白今因乏錢應用自愿
送兄本房兄
昌守處為業三面言議時値價錢肆佰
文正其錢即日交訖其山塲听付錢主前
去開墾栽種砍劃培流桐梔杉竹雜
木等項其山塲係是自己物業與別無
干在先並無重張典當他人亦無內外交
加不明如有此情賣主出頭支理不涉錢
主之事今欲有憑立賣山契壹紙永遠付
執為照

光緒拾柒年四月　日立賣山契人弟昌奏
代字見人叔孫泰

10-6-78-4　清光緒十七年四月黃昌奏立賣山場契

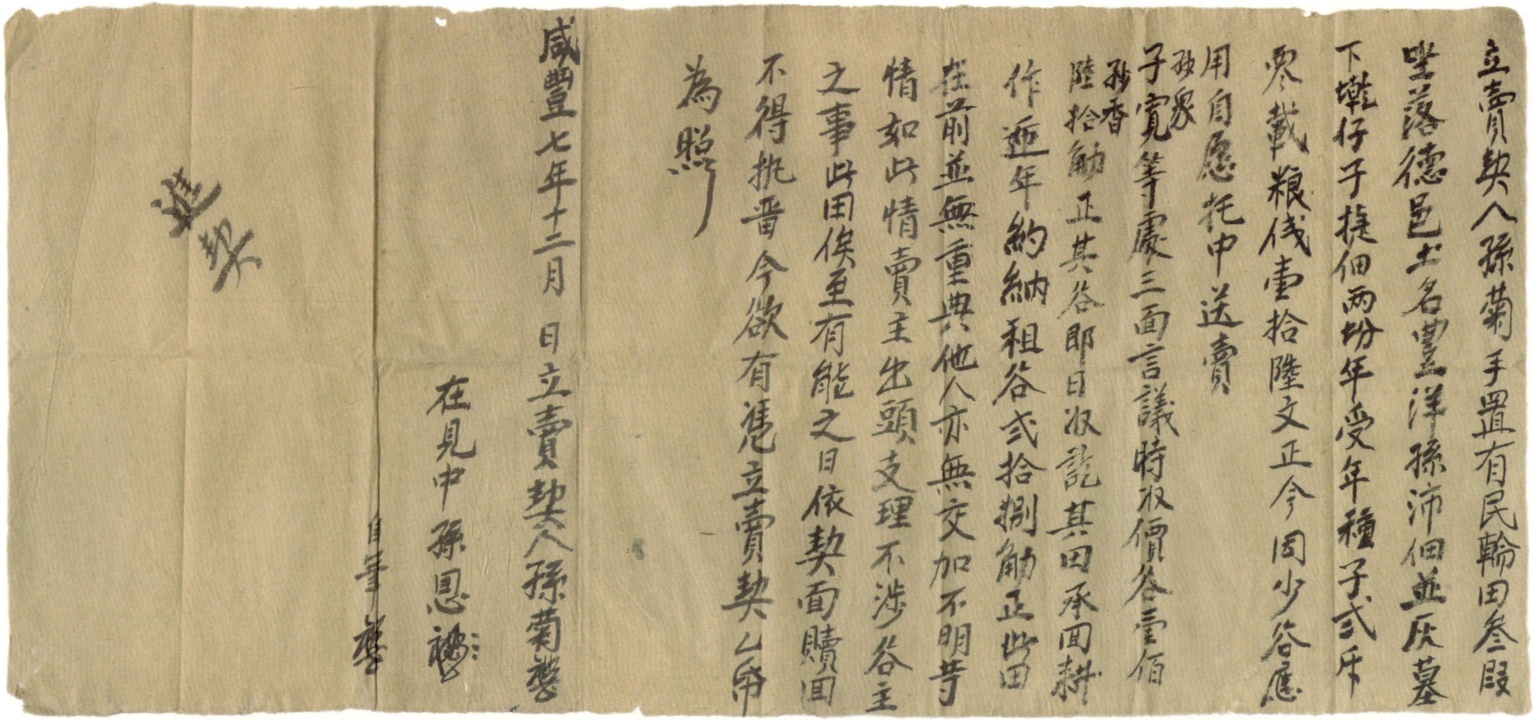

立賣契人孫菊手置有民輪田叁段
坐落德邑土名豐洋孫沛佃並厌墓
下墘仔子捷佃兩坋年受年種子弍斤
零載粮銭壹拾陸文正今因少谷應
用自愿托中送賣
孫象 孫香
子寬等處三面言議特取價谷壹佰
陸拾觔正其谷即日收訖其田承佃耕
作逐年納納租谷弍拾捌觔正此田
在前並無重典他人亦無交加不明等
情如此情賣主出頭支理不涉谷主
之事此田係至有能之日依契面贖回
不得執留今欲有憑立賣契一帋
為照

咸豐七年十二月　日立賣契人孫菊押
在見中孫恩德押
自筆押

進契

10-6-79-1　清咸豐七年十二月黄孫菊立賣民輪田契

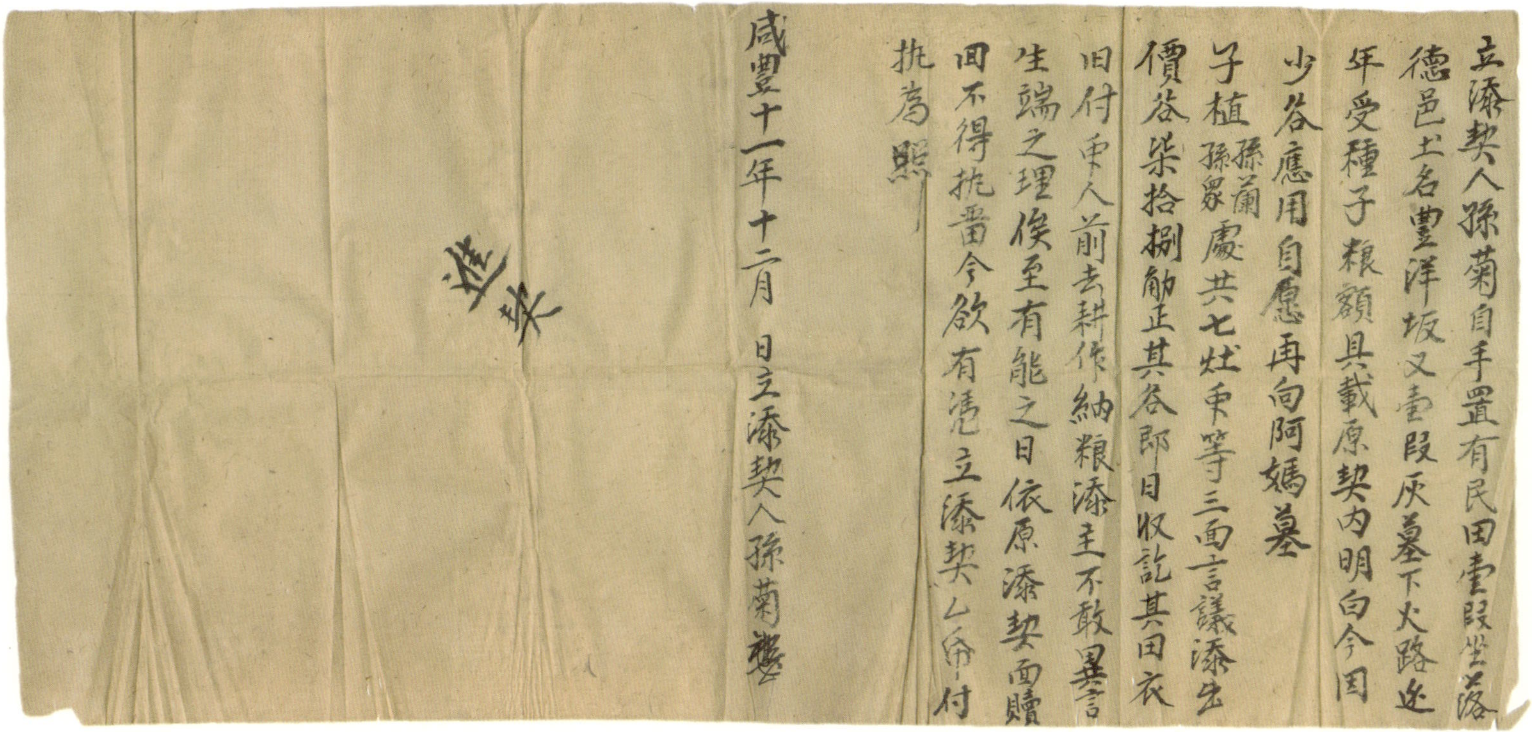

立添契人孫菊自手置有民田壹段坐落
德邑土名豐洋坂又壹段厌墓下大路边
年受種子粮額具載原契内明白今因
少谷應用自愿再向阿媽墓
子植孫蘭孫眾處共七灶乗等三面言議添出
價谷柒拾捌觔正其谷即日收訖其田衣
旧付手人前去耕作納粮添主不敢異言
生端之理倘至有能之日依原添契面贖
回不得执留今欲有凭立添契一紙付
执為照
咸豐十一年十二月　日立添契人孫菊押

10-6-79-2　清咸豐十一年十二月黃孫菊立添民田契

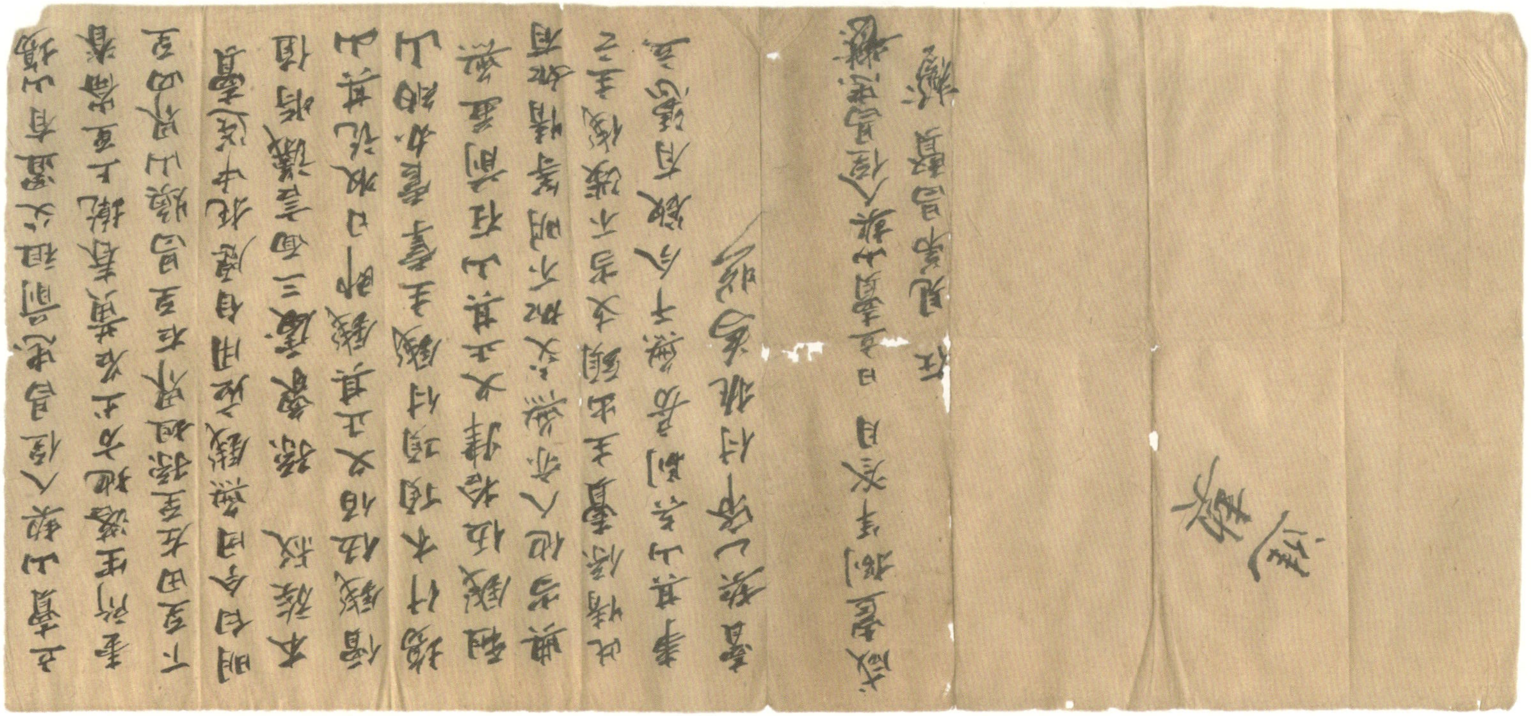
立賣山契人侄昌忠前祖父置有山場
壹所坐落地方土名黃坑垅上至崙脊
下至田左至孫姐界右至昌燦山界四至
明白今因無錢應用自願托中送賣與
本族叔　孫象處三面言議時值山
價錢伍佰文立其錢即日收訖其山
場付本項項付錢主掌管如納山
租錢伍拾肆文立其山在前並無
典當他人亦無交加不明等情如有
此情係賣主出頭支當不涉錢主之
事其山不許取贖恐口無憑立
賣契一紙付執為照

咸豐捌年叁月　日立賣山契人侄昌忠（押）
在見弟昌賢（押）

10-6-80-1　清咸豐八年三月黃昌忠立賣山場契

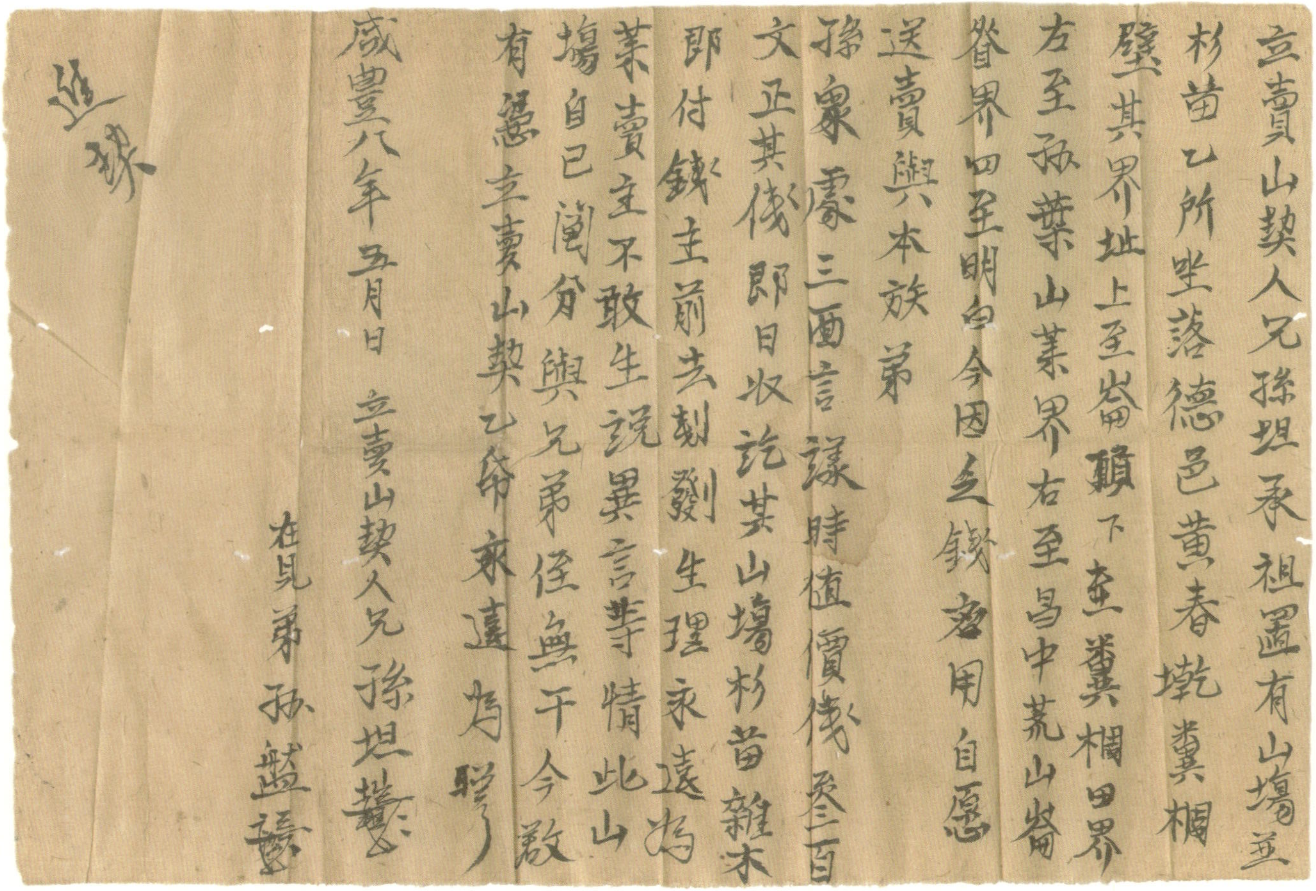
立賣山契人兄孫坦承祖置有山場並
杉苗乙所，坐落德邑黃春墘糞棡
壟，其界址上至崙頂，下至糞棡田界，
左至孫葉山業界，右至㽞中荒山崙
脊界，四至明白。今因乏錢應用，自愿
送賣與本族弟
孫象處，三面言議時值價錢叁百
文正，其錢即日收訖，其山場杉苗雜木
即付錢主前去刬劉生理，永遠為
業。賣主不敢生說異言等情，此山
場自己閹分與兄弟侄無干，今欲
有憑，立賣山契乙紙，永遠為照。
咸豐八年五月　日　立賣山契人兄孫坦（押）
在見弟孫藍（押）
退契

10-6-80-2　清咸豐八年五月黃孫坦立賣山場等契

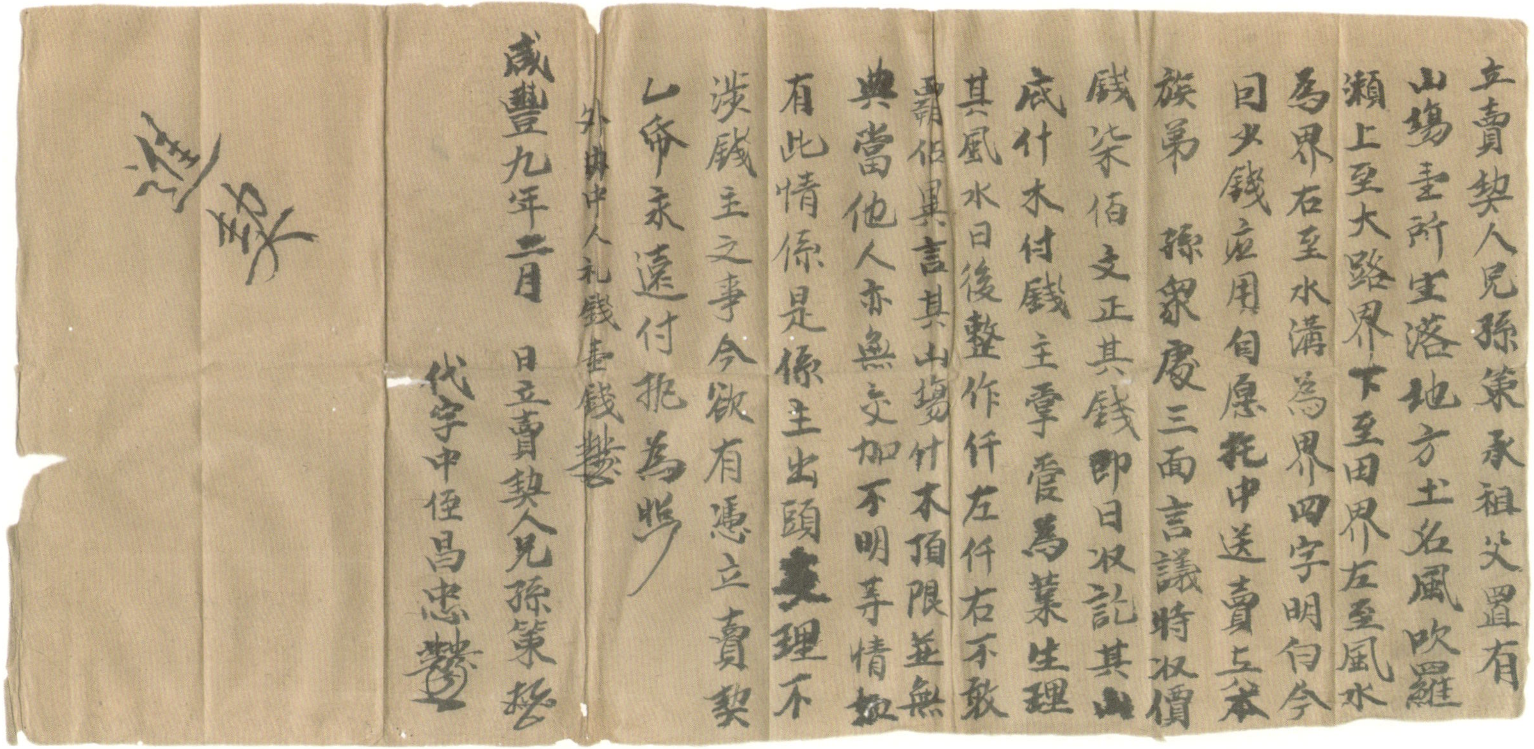
立賣契人見孫策承祖父置有
山場壹所坐落地方土名風吹羅
瀨上至大路界下至田界左至風水
為界右至水溝為界四字明白今
因乏錢應用自愿托中送賣与本
族弟 孫衆慶三面言議時收價
錢柒佰文正其錢即日收訖其山
底什木付錢主掌管為業生理
其風水日後整作仟左仟右不敢
覇佔其言其山場什木項限並無
典當他人亦無交加不明等情如
有此情係是孫主出頭支理不
涉錢主之事今欲有憑立賣契
山永遠付執為照
外與中人礼錢壹錢整
咸豐九年二月 日立賣契人見孫策押
代字中侄昌忠押
進契

10-6-80-3 清咸豐九年二月黄孫策立賣山場契

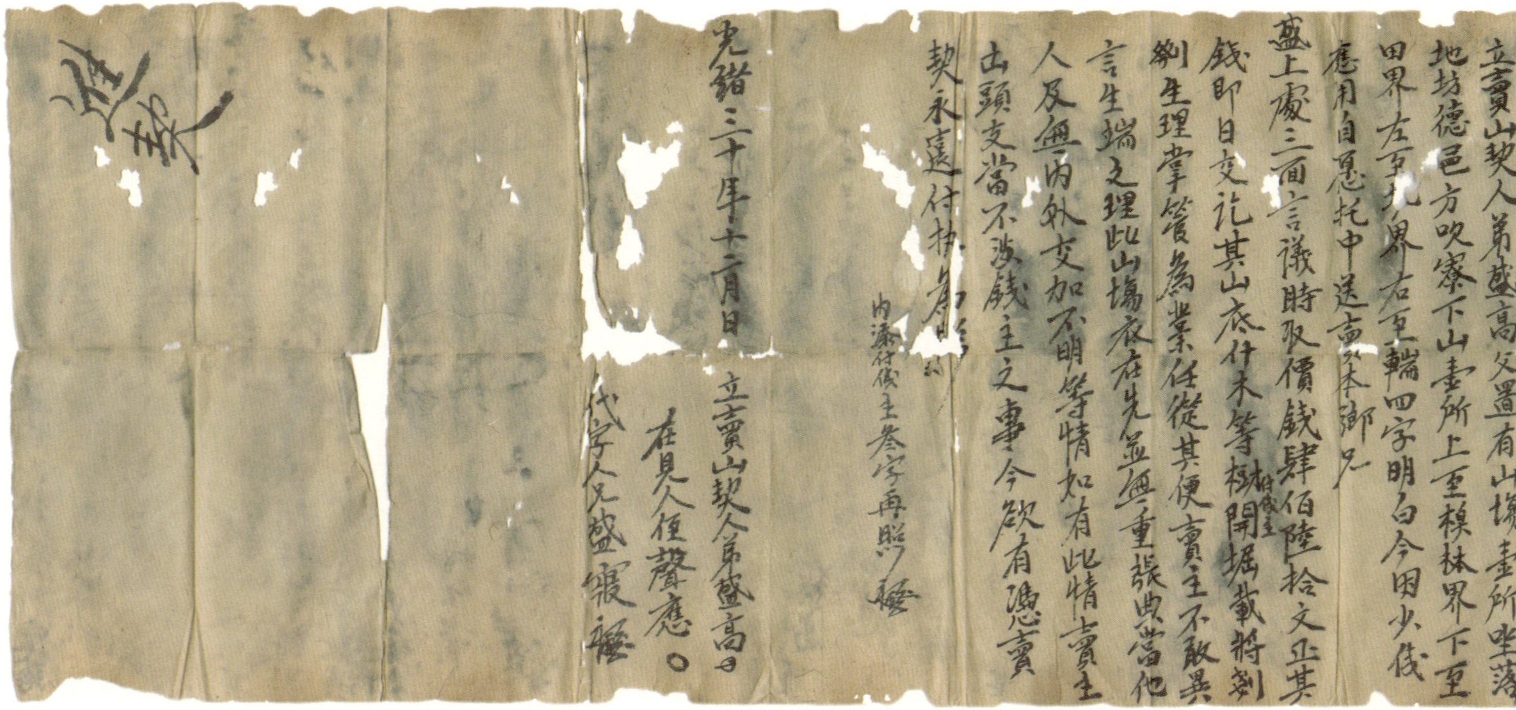
立賣山契人弟盛高父置有山場壹所坐落
地坊德邑方吹𥨊下山壹所上至模林界下至
田界左至扎界右至輪四字明白今因少錢
應用自愿托中送與本鄉兄
盛上處三面言議時取價錢肆佰陸拾文正其
錢即日交訖其山底什木等(柏竹在)樹開掘載將劉
劉生理掌管為業任從其便賣主不敢異
言生端之理此山場底在先並無重張典當他
人及無內外支加不明等情如有此情賣主
出頭支當不涉錢主之事今欲有憑賣
契永遠付執為照
內添什俵主叁字再照
光緒三十年十二月日
立賣山契人弟盛高
在見人侄聲應○
代字人兄盛寰

10-6-80-4　清光緒三十年十二月黃盛高立賣山場契

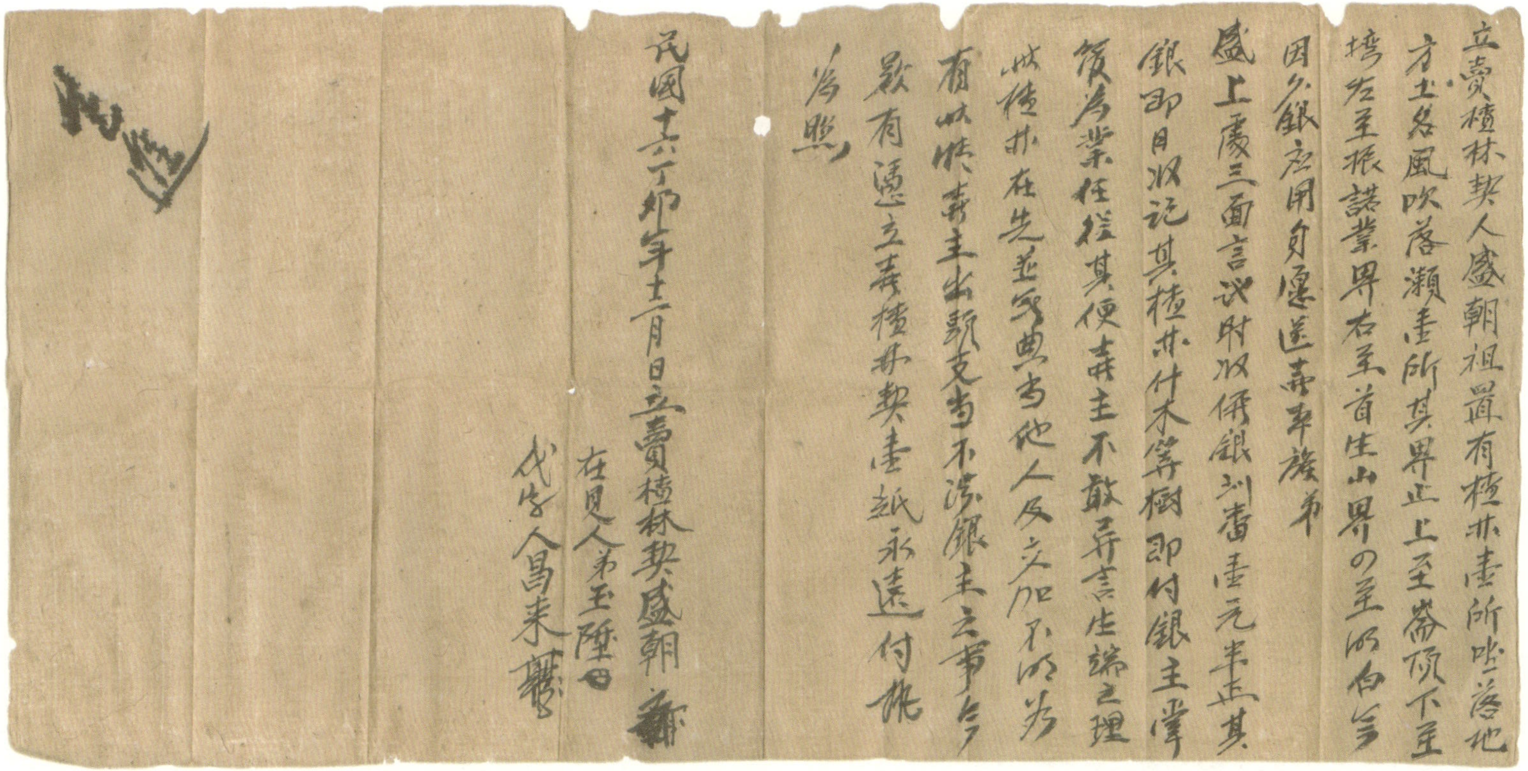
立賣楂林契人盛朝祖置有楂木壹所坐落地
方土名風吹落瀨壹所其界止上至嵛頂下至
墈左至振謀業界右至首生山界四至明白今
因乏銀應用自愿送賣本族弟
盛上處三面言議時价併銀洲番壹元半正其
銀即日收訖其楂木什木等樹即付銀主掌
管為業任從其便賣主不敢異言生端之理
此楂木在先並無典当他人及交加不明為
有此情賣主出頭支当不涉銀主之事今ヲ
欲有憑立賣楂林契壹紙永遠付執
為照。

民國十六丁卯年十二月日立賣楂林契盛朝（押）
在見人弟玉陞（押）
代字人高来（押）

10-6-80-5　民國十六年十二月黃盛朝立賣楂林契

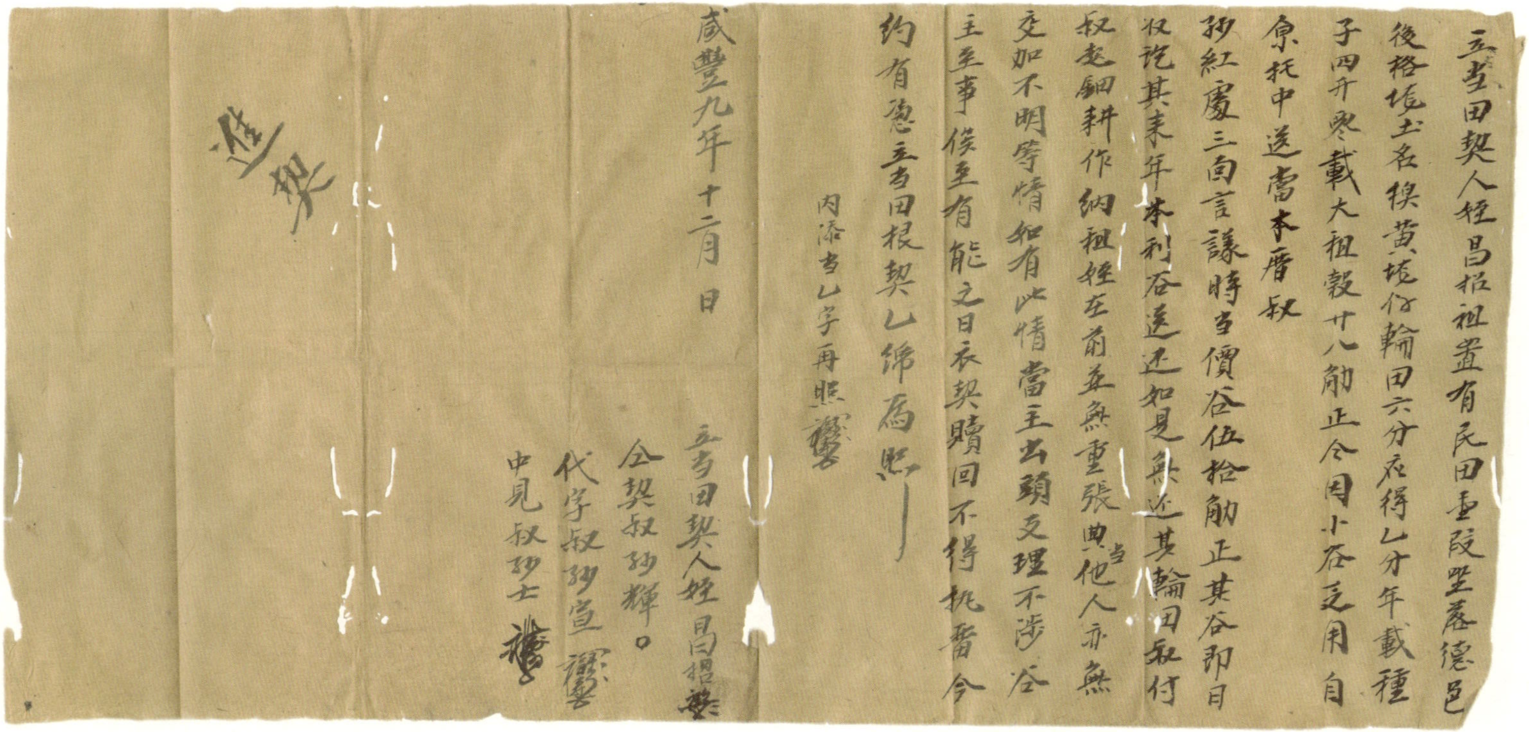
立當田契人姪昌招祖置有民田壹段坐落德邑
後格坑土名倮黄坑份輸田六分應得八分年載種
子四升冬載大租穀廿八觔正今因小谷乏用自
原托中送當本厝叔
砂紅處三面言議時當價谷伍拾觔正其谷即日
收訖其來年本利谷送還如是無還其輸田聽付
叔起佃耕作納租姪在前並無重張典當他人亦無
交加不明等情如有此情當主出頭支理不涉谷
主之事候至有能之日衣契贖回不得執留今
欲有憑立當田根契乙紙為照。
內添當山字再照
咸豐九年十二月　日
立當田契人姪昌招
仝契叔砂輝
代字叔砂宣
中見叔砂士
進契

10-6-81-1　清咸豐九年十二月黄昌招等立當民田契

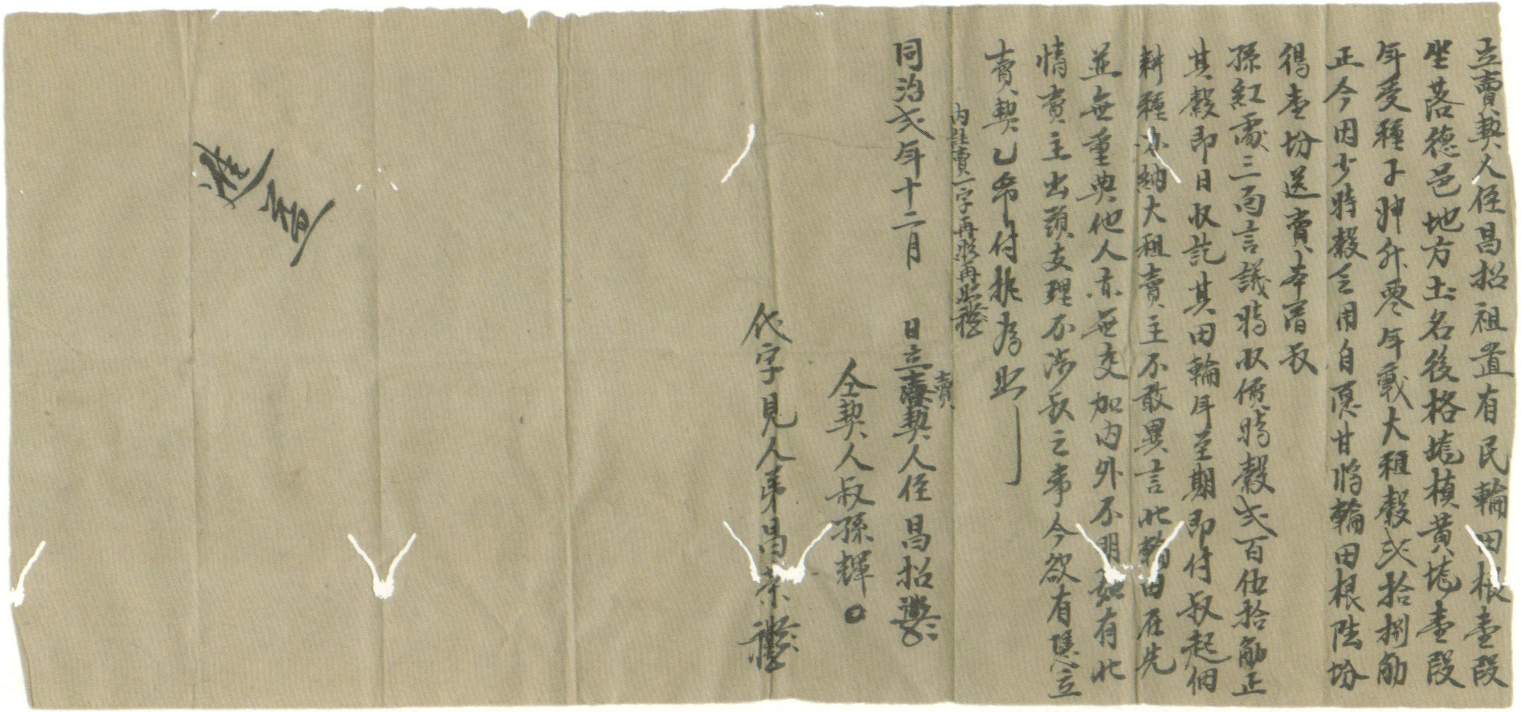
立賣契人侄昌招祖置有民輸田根壹段
坐落德邑地方土名後格墘横黄墘壹段
年受種子肆升零年載大租穀弍拾捌觔
正今因少將穀仝用自愿甘將輸田根陸坵
得壹坵送賣本家叔
孫紅霞三面言議將收價聘穀弍百伍拾觔正
其穀即日收訖其田輪年至期即付叔起佃
耕種亦納大租賣主不敢異言此輸田在先
並無重典他人亦無交加內外不明如有此
情賣主出頭支理不涉叔之事今欲有憑立
賣契一帋付執為照。
內註賣一字再批再照
同治弍年十二月　日立賣契人侄昌招
仝契人叔孫輝
代字見人弟昌榮

10-6-81-2　清同治二年十二月黃昌招等立賣民輸田根契

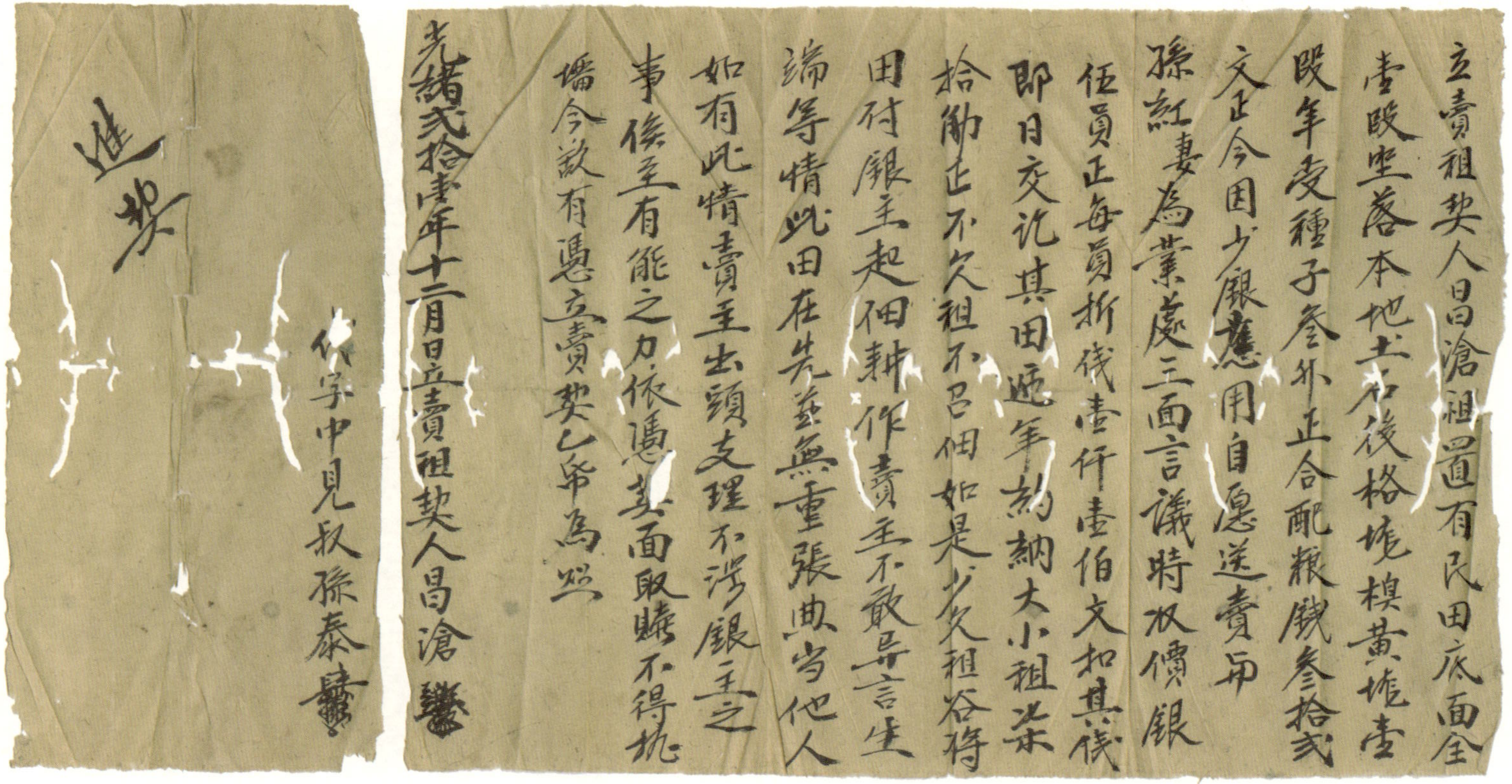

10-6-81-3　清光緒二十一年十二月黄昌滄立賣底面全民田租契

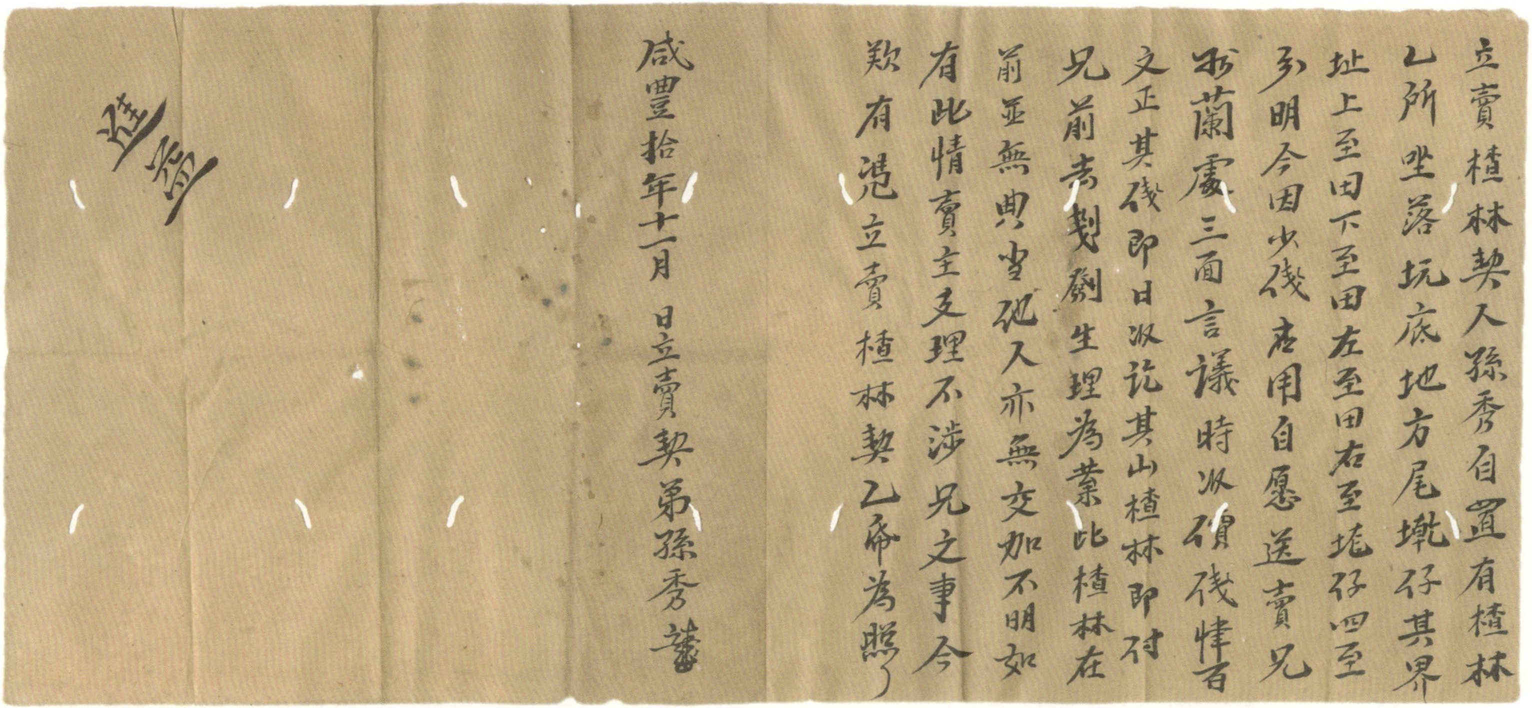

立賣楂林契人孫秀自置有楂林
山所坐落坑底地方尾墘仔其界
址上至田下至田左至田右至垅仔四至
分明今因少錢應用自愿送賣兄
孙蘭處三面言議時值價錢肆百
文正其錢即日收訖其山楂林即付
兄前去劉生理為業此楂林在
前並無典當他人亦無交加不明如
有此情賣主支理不涉兄之事今
欲有憑立賣楂林契乙帋為照

咸豐拾年十一月　日立賣契弟孫秀（押）

楂壹

10-6-82-1　清咸豐十年十一月黃孫秀立賣楂林契

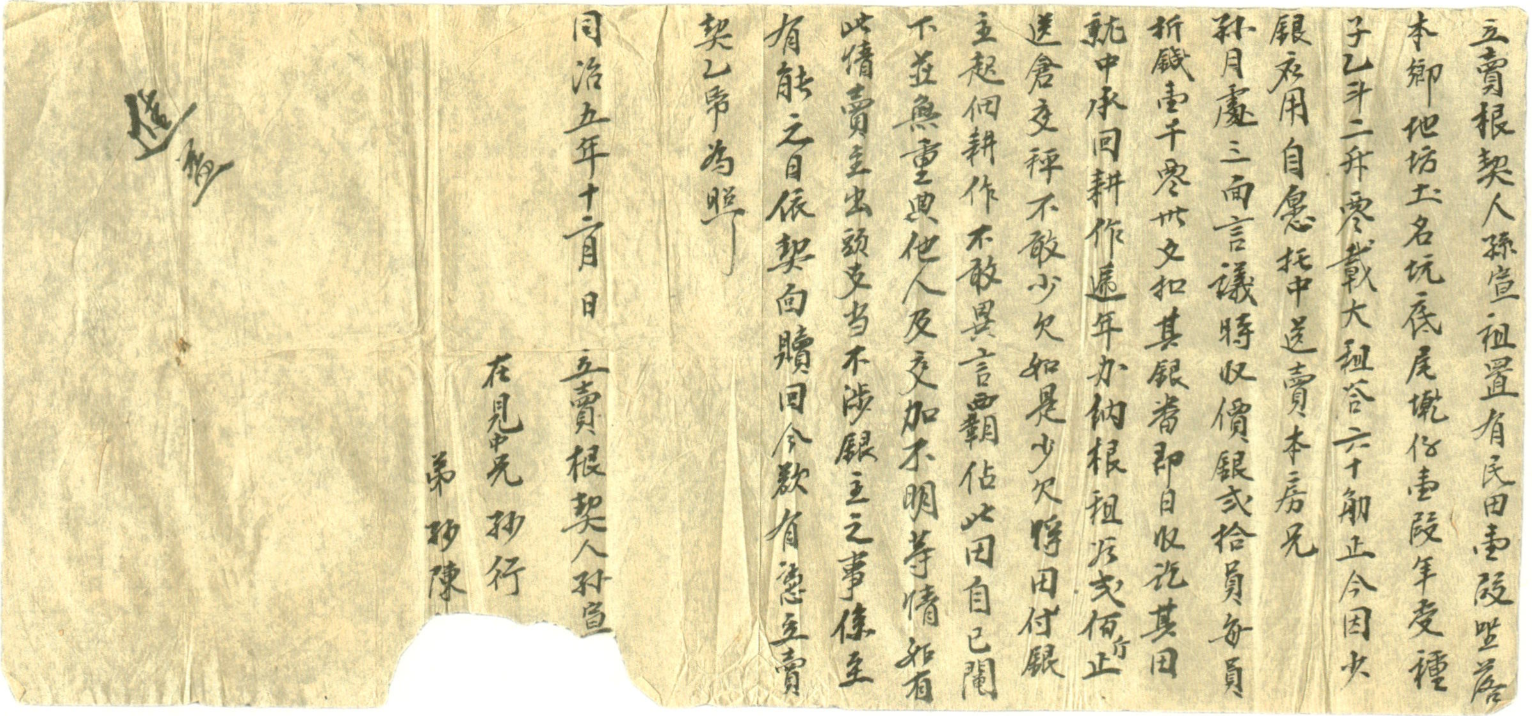
立賣根契人孫宣祖置有民田壹段坐落
本鄉地坊土名坑底尾墘仔壹段年受種
子乙斗二升零載大租谷六十觔正今因欠
銀应用自愿托中送賣本房兄
孙月處三面言議時収價銀弍拾員每員
折錢壹千零卅文扣其銀當即自收訖其田
就中承回耕作逐年办納根租弍佰斤正
送倉交秤不敢少欠如是少欠將田付銀
主起佃耕作不敢異言㢨佔此田自己閹
下並無重典他人及交加不明等情如有
此情賣主出頭支当不涉銀主之事係至
有能之日依契向贖回全歀有憑立賣
契乙帋為照
同治五年十二月　日　立賣根契人孙宣
在見中兄　孙行
弟　孙陳
進查

10-6-82-2　清同治五年十二月黃孫宣立賣民田根契

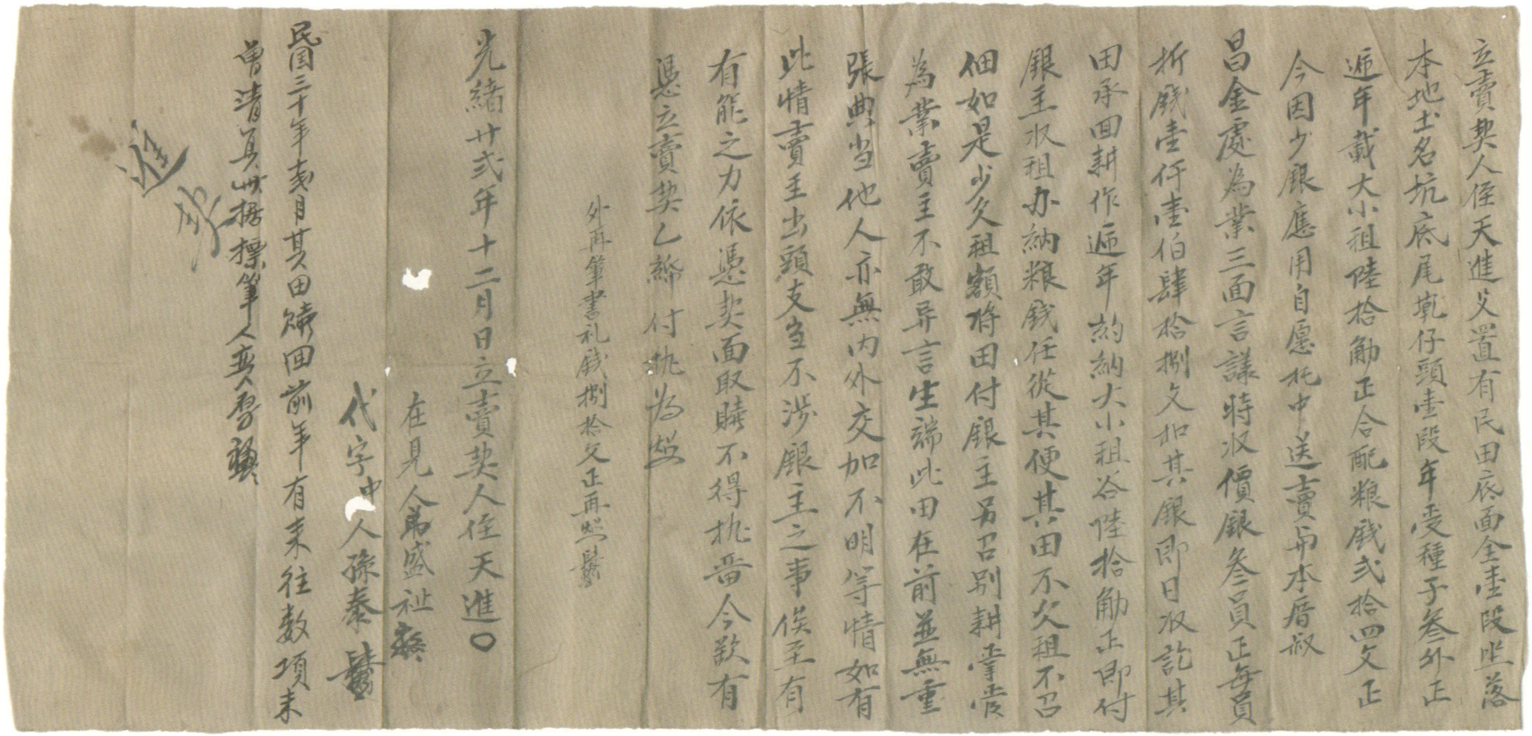
立賣契人侄天進父置有民田底面全壹段坐落
本地土名坑底尾乾仔頭壹段年受種子叁外正
逓年載大小租陸拾觔正合配粮銭弍拾四文正
今因少銀應用自愿托中送賣与本厝叔
昌金處為業三面言議時收價銀叁員正每員
折銭壹仟壹伯肆拾捌文加其銀即日收訖其
田承田耕作逓年的納大小租谷陸拾觔正即付
銀主收租亦納粮銭任從其便其田不欠租不召
佃如是少欠租額将田付銀主另召別耕掌管
為業賣主不敢异言生端此田在前並無重
張典当他人亦無內外交加不明等情如有
此情賣主出頭支当不涉銀主之事俟至有
有能之力依憑契面取贖不得執留今欲有
憑立賣契乙紙付執為照
外再筆書礼銭捌拾文正再照
光緒廿弍年十二月日立賣契人侄天進○
在見人弟盛祉
代字中人孫泰
民国三十年裏月其田贖回前年有来往数項未
曽清算此據攥筆人黄香鎮
進

10-6-82-3　清光緒二十二年十二月黃天進立賣底面全民田契

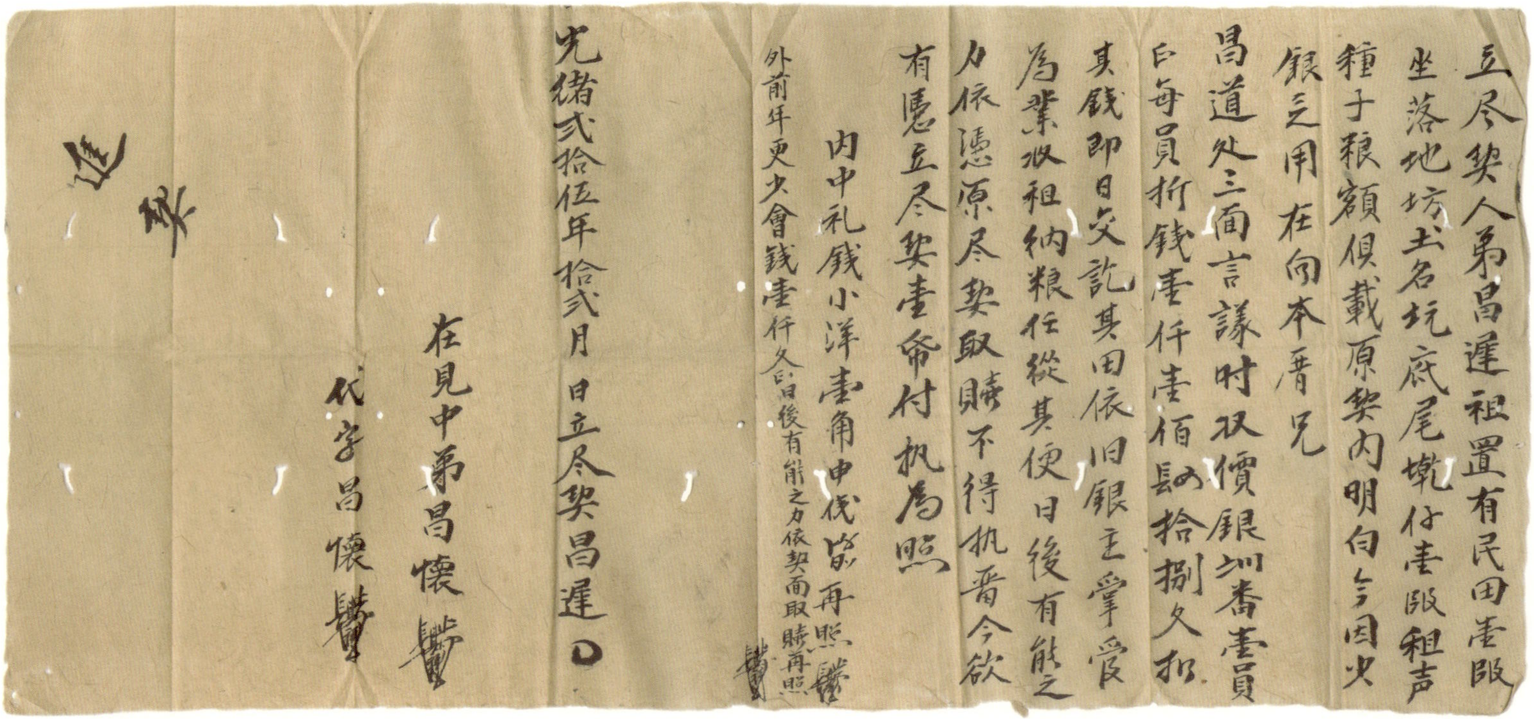

立尽契人弟昌遲祖置有民田壹段，坐落地坊土名坑底尾墘，什壹段，租声種子粮額俱載原契内明白。今因乏銀乏用，在向本晋兄昌道处三面言議，时值價銀卅番壹員正，每員折錢壹仟壹佰五拾捌文扣，其錢即日交訖。其田依旧銀主掌管為業，收租納粮，任從其便。日後有能之力，依憑原尽契取贖，不得執番。今欲有憑，立尽契壹帋付執為照。

内中札錢小洋壹角申伐岱再照（押）

外前年吏火會錢壹仟文，日後有能之力依契面取贖，再照。（押）

光緒弍拾伍年拾弍月　日立尽契昌遲（押）

在見中弟昌懷（押）

代字昌懷（押）

延年

10-6-82-4　清光緒二十五年十二月黄昌遲立盡民田契

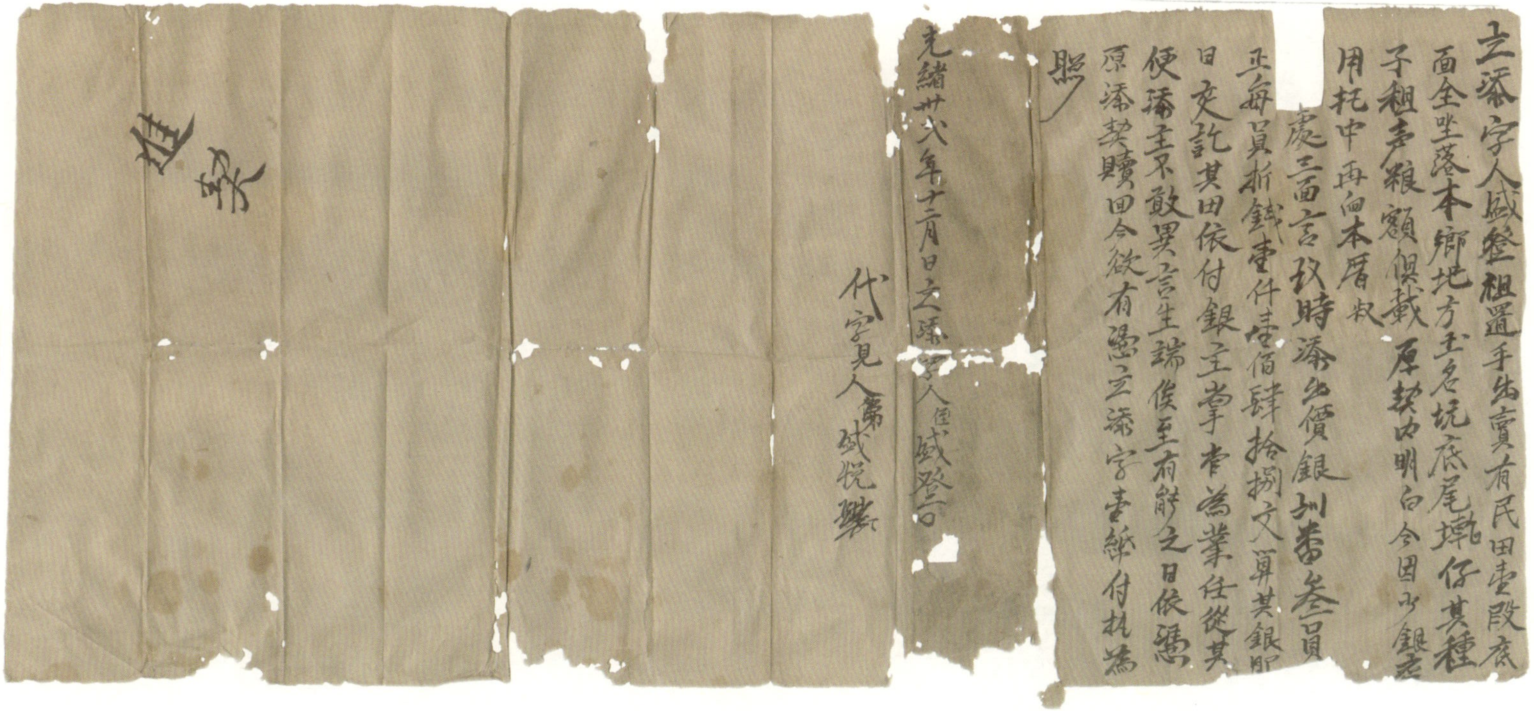

立添字人盛登祖置手出賣有民田壹段，在
面仝坐落本鄉地方土名坑底尾墩仔，其種
子租声粮額俱載原契內明白。今因少銀
用，托中再向本厝叔
處三面言議，時添出價銀捌番叁員
正，每員折錢壹仟壹佰肆拾捌文，其銀即
日交訖，其田依付銀主掌管為業，任從其
便，添主不敢異言生端。俟至有能之日，依憑
原添契贖回。今欲有憑，立添字壹紙付執為
照。

光緒卅弍年十二月　日立添字人侄盛登（押）

代字見人弟盛悅（押）

10-6-82-5　清光緒三十二年十二月黃盛登立添民田字

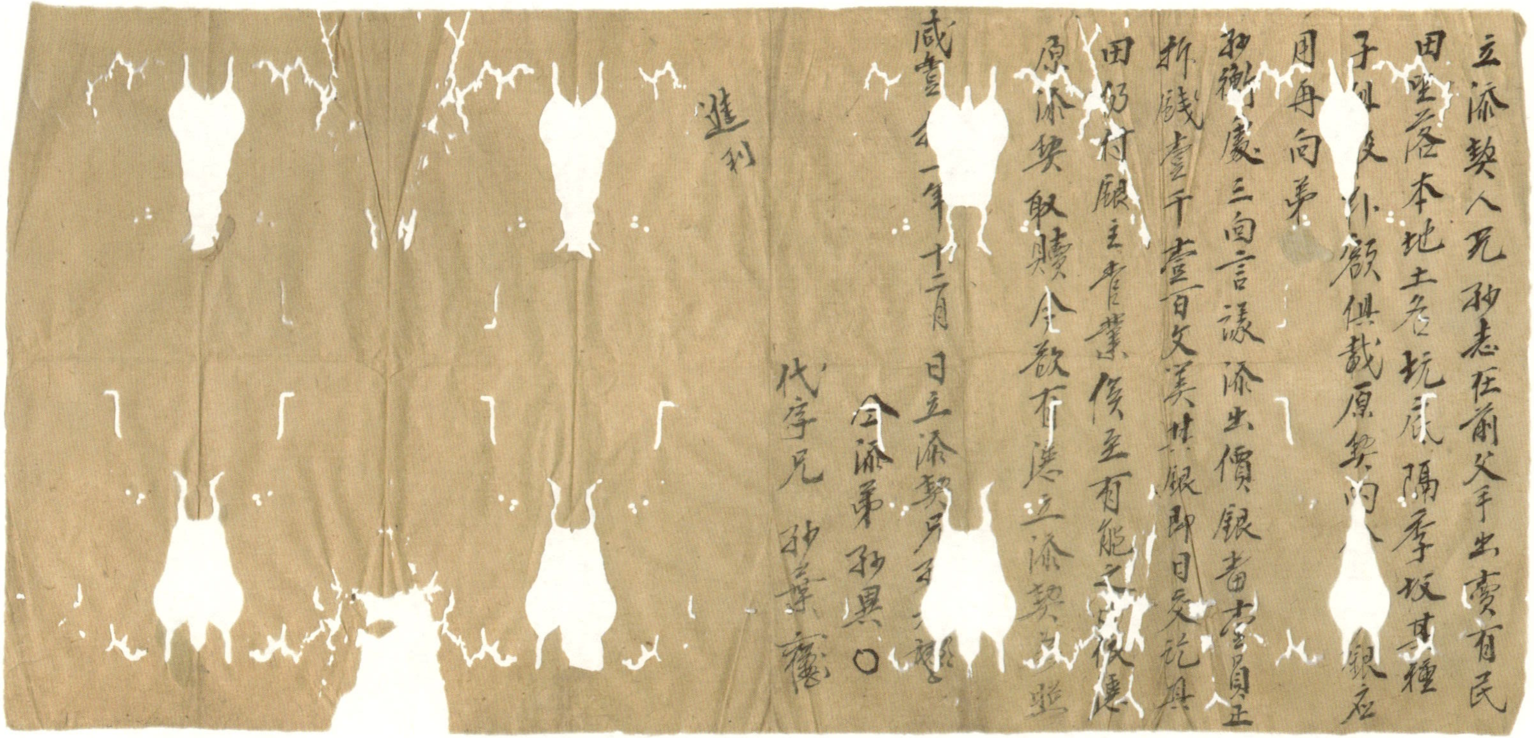
立添契人兄孫志在前父手出賣有民
田坐落本地土名坑底陽季坂其種
子[illegible]段[illegible]額俱載原契内[illegible]銀店
用再向弟
孫衡處三面言議添出價銀番壹員正
折錢壹千壹百文美其銀即日交訖其
田仍付銀主管業候至有能之日仍照
原添契取贖全數不得[illegible]立添契為照
咸豐拾一年十二月 日立添契兄孫志
全添弟孫異○
代字兄 孫[illegible]
進利

10-6-83-1 清咸豐十一年十二月黄孫志等立添民田契

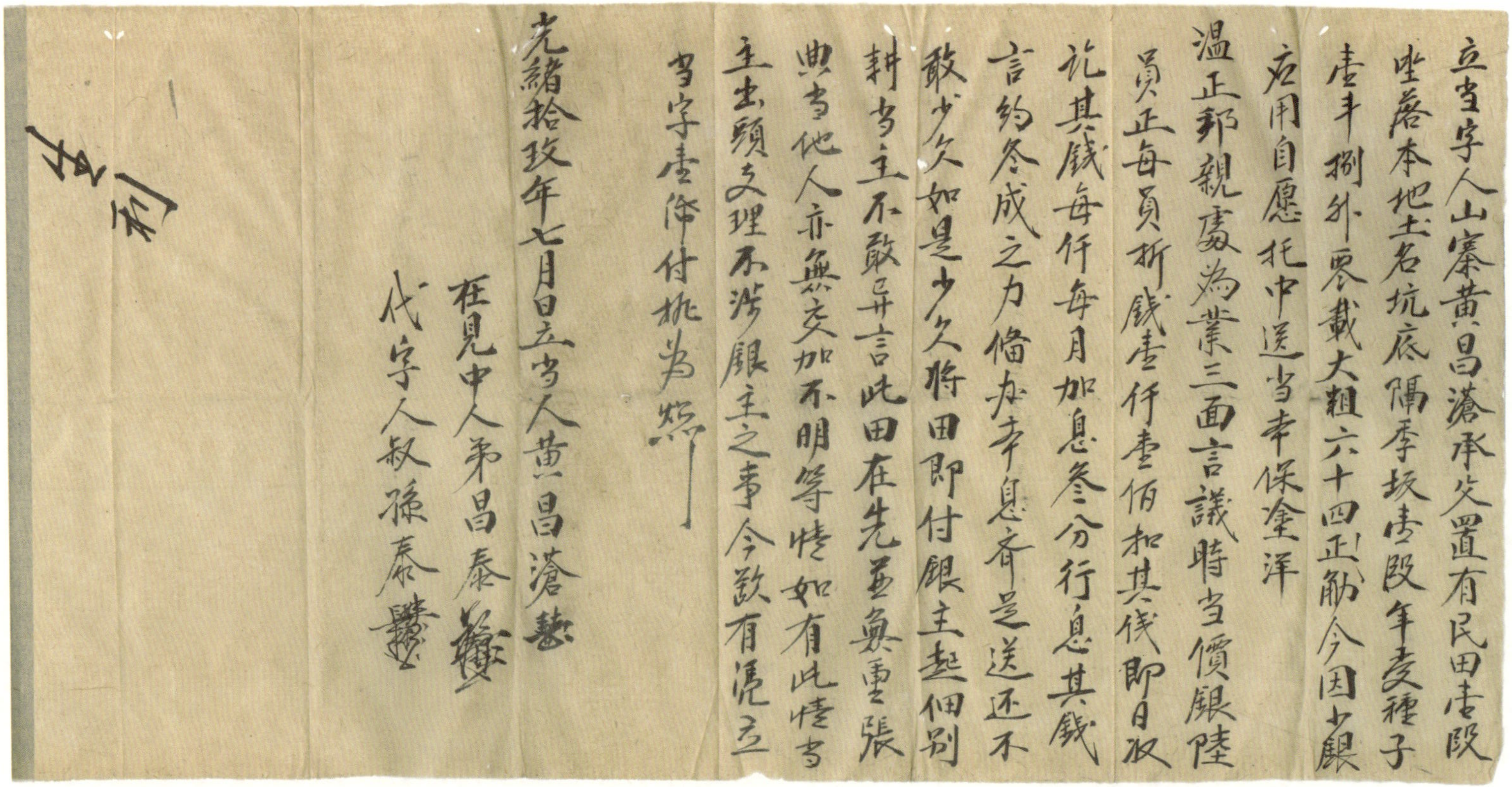
立當字人山寨黃昌濬承父置有民田壹段
坐落本地土名坑底隔季坂壹段，年麦種子
壹斗捌升，聚載大粗六十四正觔。今因乏銀
應用，自愿托中送當本保塗洋
溫正邦親處為業。三面言議，時當價銀陸
員正，每員折錢壹仟壹佰和，其錢即日收
訖。其錢每仟每月加息叁分行息。其錢
言約冬成之日備本息齊足送還，不
敢少欠。如是少欠，將田即付銀主起佃別
耕，當主不敢异言。此田在先並無重張
典當他人，亦無交加不明等情。如有此情，當
主出頭支理，不涉銀主之事。今欲有憑，立
當字壹紙付執為照。

光緒拾玖年七月日立當人黃昌濬（押）
在見中人弟昌泰（押）
代字人叔孫泰（押）

10-6-83-2　清光緒十九年七月黃昌濬立當民田字

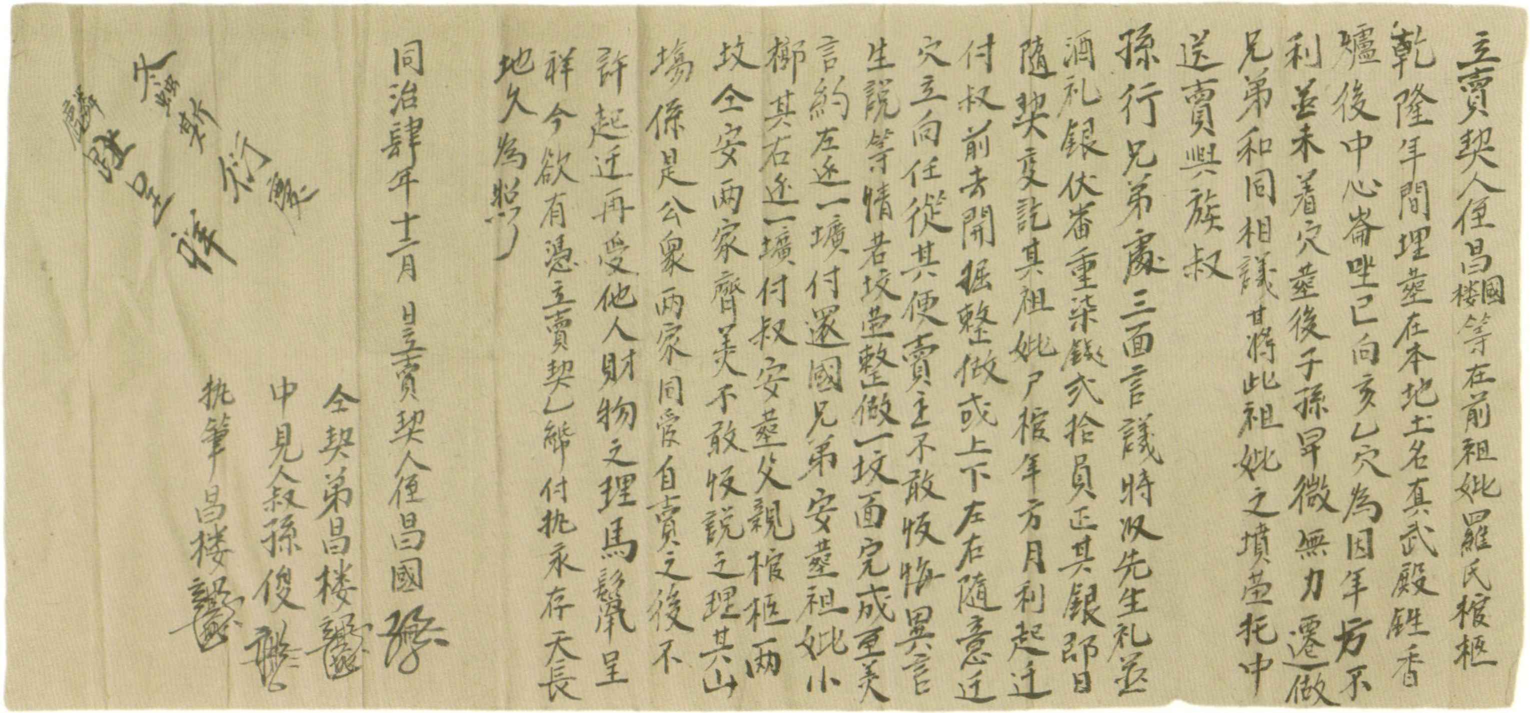

立賣契人侄昌樓國等在前祖妣羅氏棺柩
乾隆年間埋葬在本地土名真武殿鉎香
爐後中心崙坐巳向亥山穴為因年方不
利並未著穴葬後子孫畢微無力遷做
兄弟和同相議甘將此祖妣之墳托中
送賣與族叔
孫行兄弟處三面言議時仅先生礼並
酒礼銀伙番重柒錢弍拾員正其銀即日
隨契交訖其祖妣尸棺年方月利起迁
付叔前去開掘整做或上下左右隨意迁
穴立向任從其便賣主不敢恢悔異言
生睆等情若坟塋整做一坟面完成至美
言約左邊一壙付還國兄弟安葬祖妣小
榔其右邊一壙付叔安葬父親棺柩兩
坟全安兩家齊美不敢恢睆之理其山
場係是公衆兩家同賞自賣之後不
許起迁再受他人財物之理馬鬣崇呈
祥今欲有憑立賣契一紙付执永存天長
地久為照

同治肆年十二月　日立賣契人侄昌國（押）
仝契弟昌樓（押）
中見人叔孫俊（押）
执筆昌樓（押）

10-6-84-1　清同治四年十二月黄昌國等立賣墳塋契

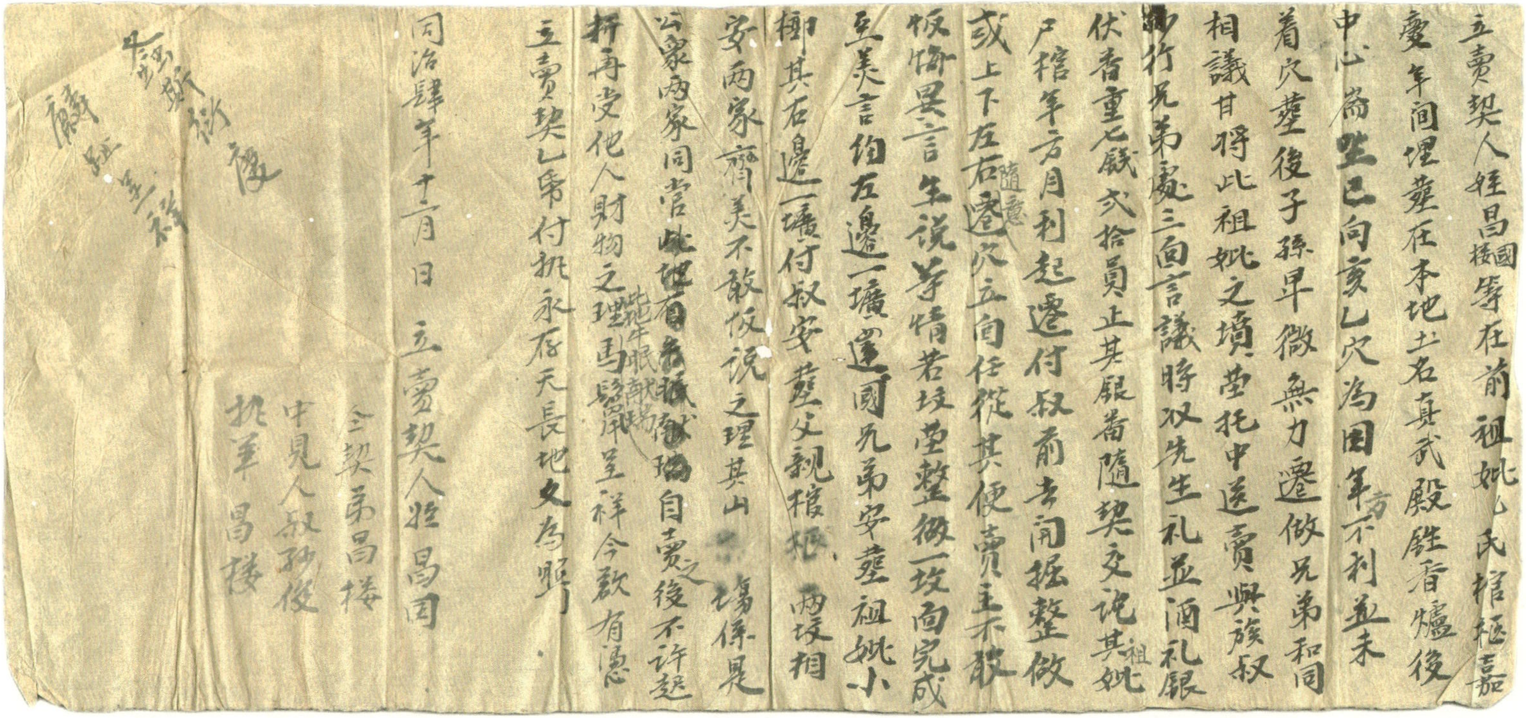
立賣契人侄昌國、樓等，在前祖妣○氏，棺柩嘉
慶年間埋葬在本地土名貢武殿髻香爐後
中心，爲坐巳向亥乙穴。爲因年方不利，並未
着穴葬後，子孫早微，無力遷做。兄弟和同
相議，甘將此祖妣之墳塋托中送賣與族叔
勳竹兄弟處，三面言議，將叔先生禮並酒禮銀
伏番重七戥貳拾員正，其銀當隨契交訖。其祖妣
尸棺年方月利，起遷付叔前去開掘整做，
或上下左右，隨意遷穴立向，任從其便，賣主不敢
憤惱異言生說等情。若墳塋整做一坟向完成，
至美言伯左邊一壙，還國兄弟安葬祖妣小
柩；其右邊一壙，付叔安葬父親棺柩。兩坟相
安，兩家齊美，不敢反說之理。其山場係是
公家，兩家同管，此地[illegible]自賣之後，不許起
折再受他人財物之理。馬騰呈祥，今欲有憑，
立賣契乙帋，付執永存，天長地久，爲照。
同治肆年十二月　日　立賣契人侄昌國
仝契弟昌樓
中見人叔孙俊
執筆昌樓

10-6-84-2　清同治四年十二月黄昌國等立賣墳塋契（草契）

10-6-85-1　包契紙

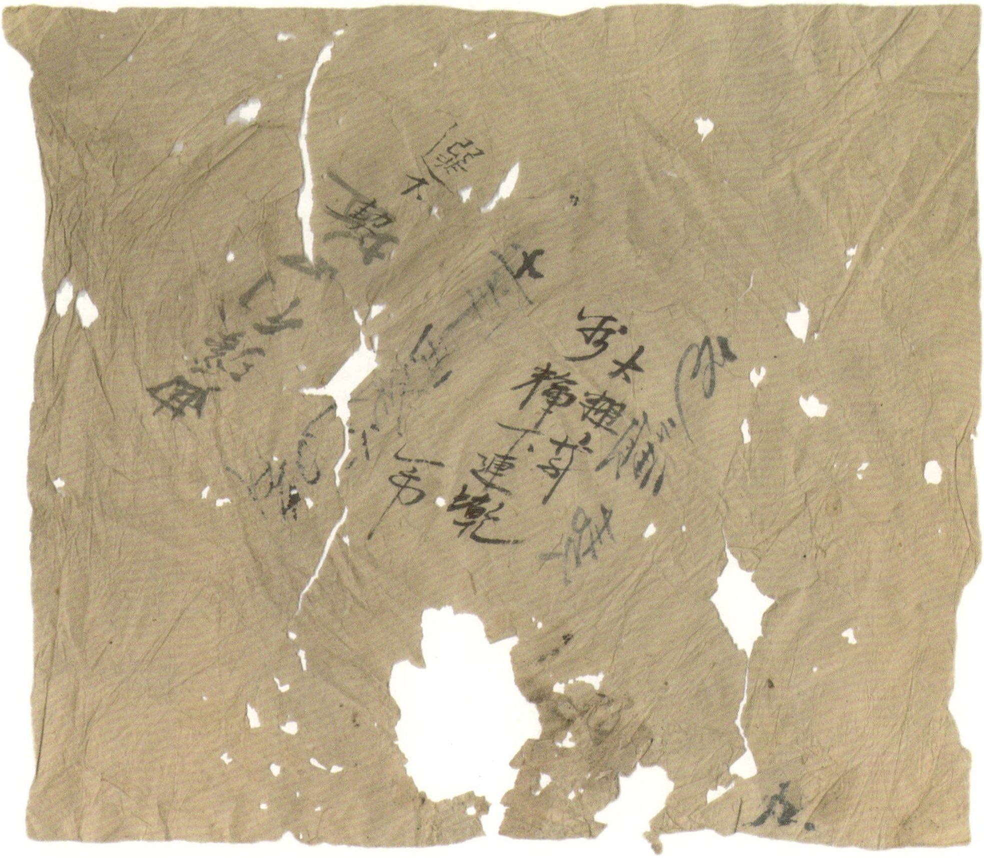

10-6-85-2 包契紙

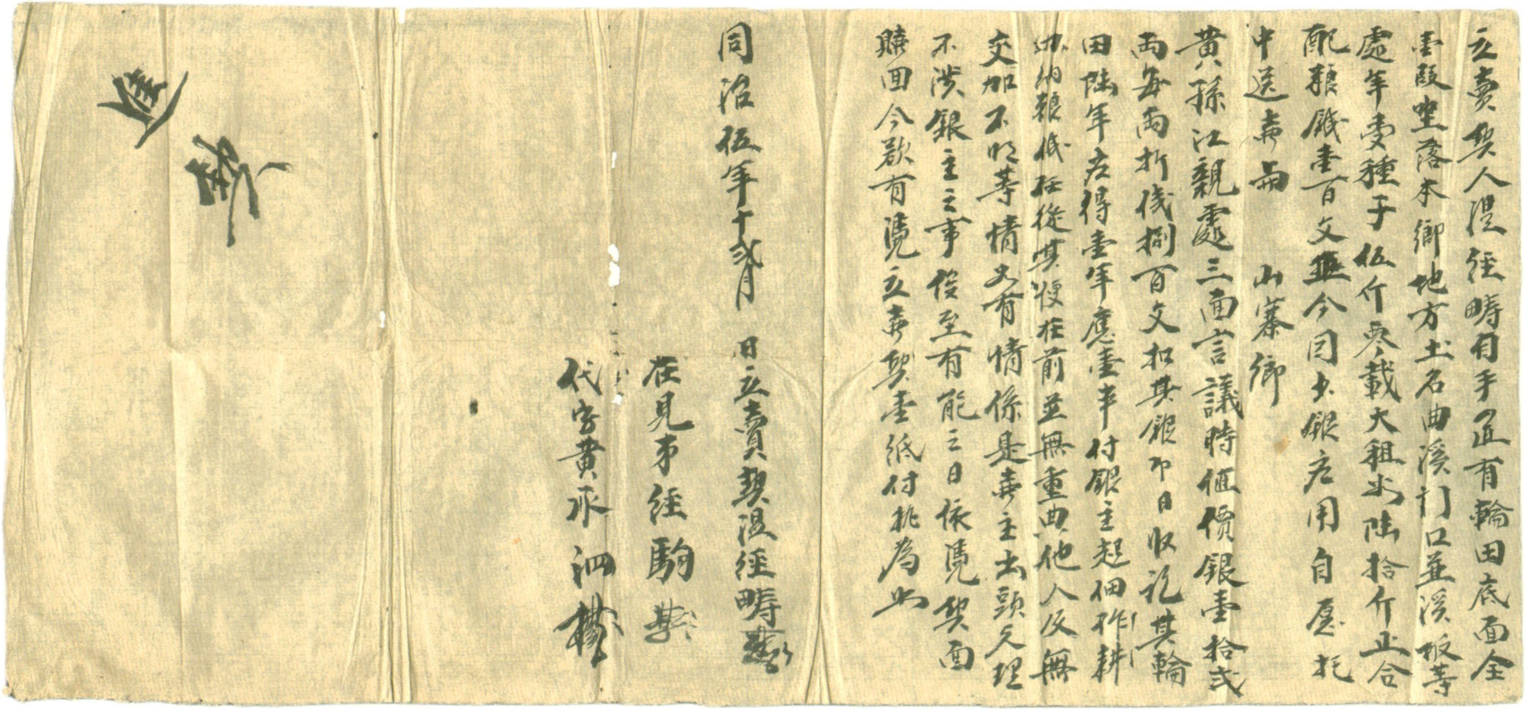

立賣契人温經晬有手置有輪田底面全
壹段坐落本御地方土名曲溪门口並溪坂等
處年受種子伍斤興載大租米陆拾斤正合
配粮錢壹百文正今因乏銀应用自愿托
中送賣與　山寨御
黄孫江親處三面言議時值價銀壹拾弍
兩每兩折錢捌百文扣其銀即日收訖其輪
田陆年应得壹年應壹年付銀主起佃耕作
納粮抵在從其侵在前並無重典他人及無
交加不明等情如有情係是賣主出頭支理
不涉銀主之事後至有能之日依憑契面
贖回今欲有憑立賣契壹紙付執為照

同治伍年十二月　日立賣契温經晬
在見弟温經騊
代字黄永泗

10-6-85-3　清同治五年十二月温經晬立賣底面全輪田契

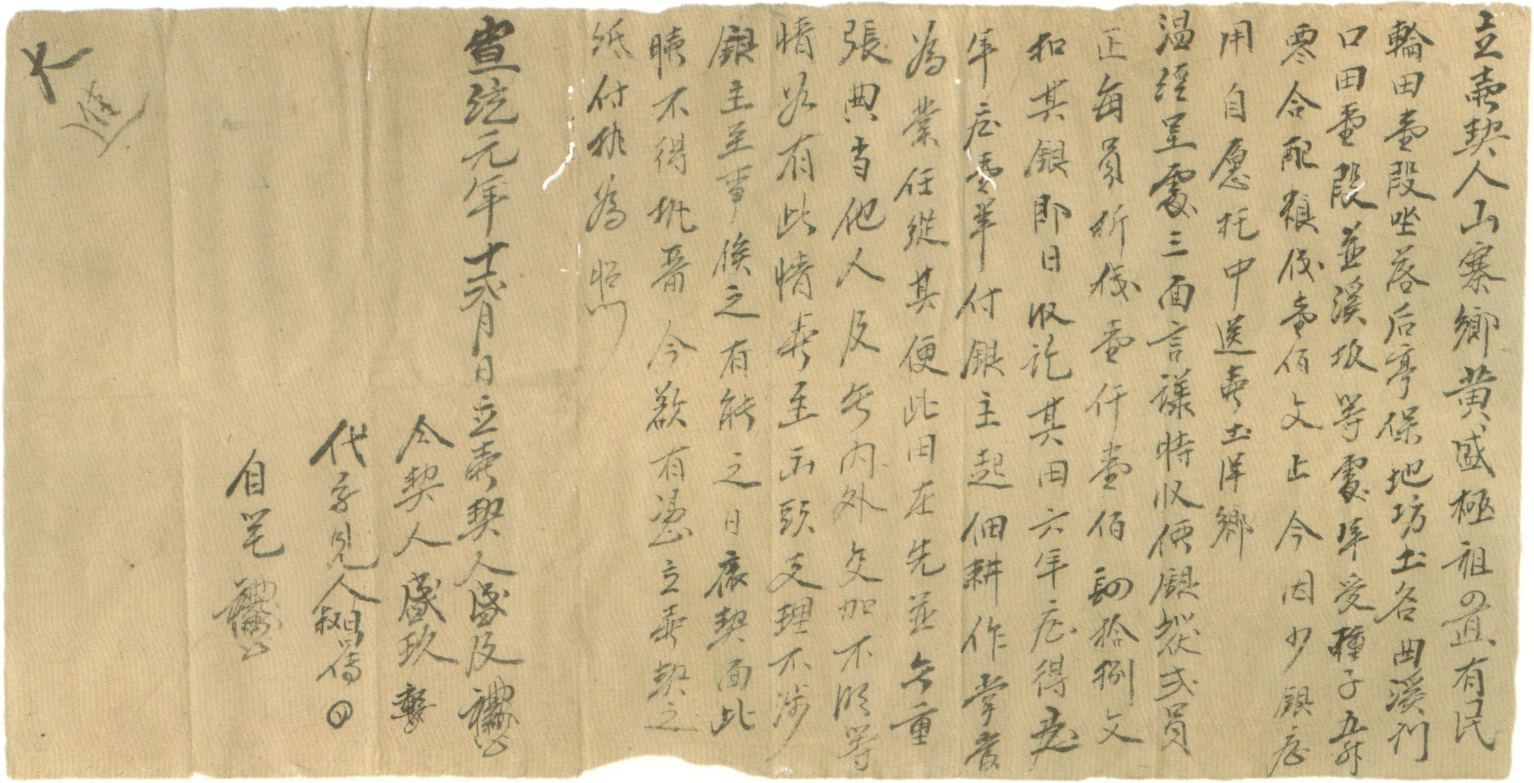

立賣契人山寨鄉黃盛極祖の置有民
輸田壹段坐落后亭保地坊土名曲溪门
口田壹段並溪坝等處年受種子五斗
零合配粮伍壹佰文正今因少銀應
用自愿托中送賣土洋鄉
温經呈處三面言議特收便銀弍員
正每員折錢壹仟壹佰貳拾捌文
和其銀即日收訖其田六年應得壹
年應壹年付銀主起佃耕作掌管
為業任從其便此田在先並無重
張典當他人及房内外見加不明等
情如有此情賣主承頭支理不涉
銀主之事候之有能之日原契面此
贖不得执留今欲有憑立賣契之
紙付执為照

宣統元年十二月日立賣契人盛及
仝契人盛玖
代字見人縚信
自筆

10-6-85-4　清宣統元年十二月黃盛極等立賣民輸田契

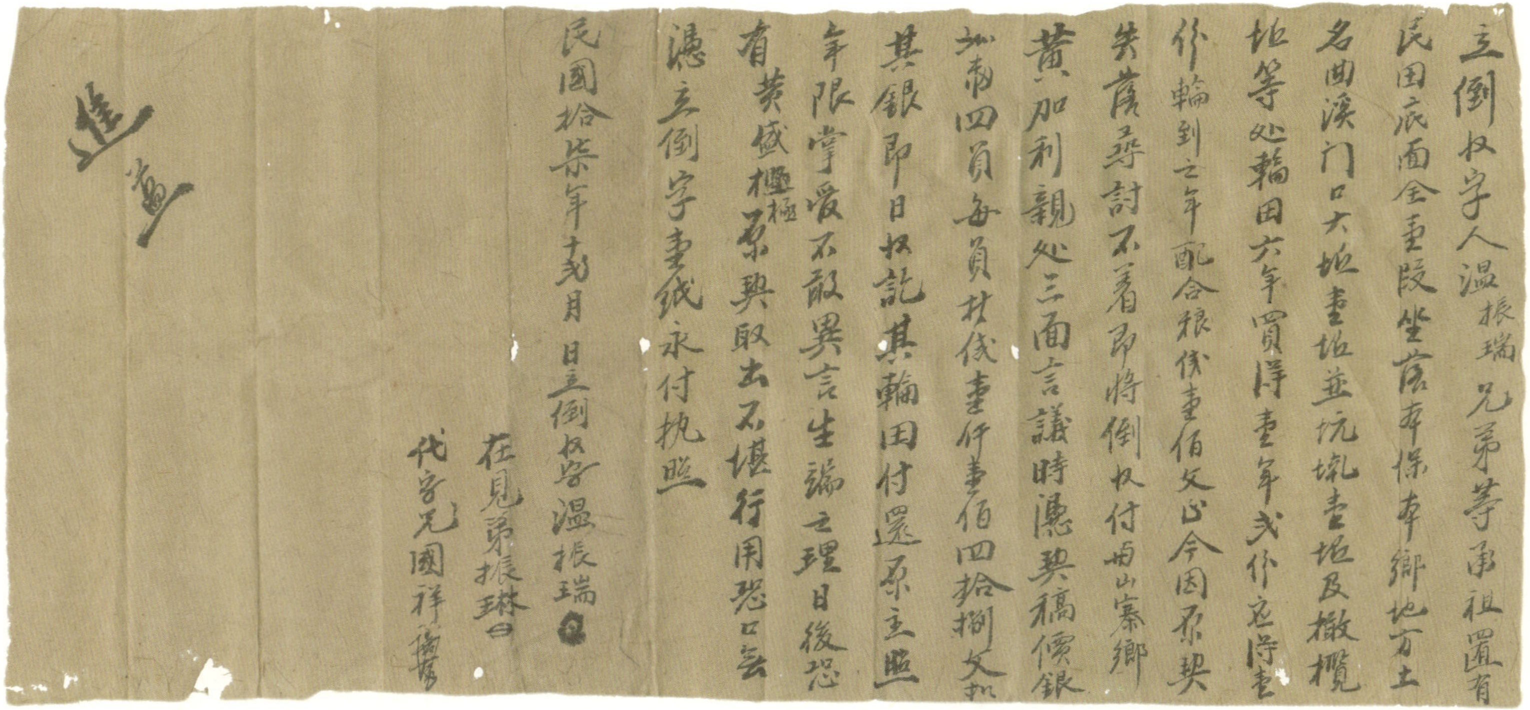
立倒收字人温振瑞兄弟等承祖置有
民田底面全壹段坐落本保本鄉地方土
名曲溪門口大坵壹坵並坑垅壹坵及墩欖
坵等处輪田六年買得壹年式份应得壹
份輪到亡年配合粮伏壹佰文正今因原契
失落尋討不着即將倒收付與山寨鄉
黃加利親处三面言議時憑契稿價銀
加布四員每員扣伐壹仟壹佰四拾捌文扎
其銀即日收訖其輪田付還原主照
年限掌管不敢異言生端之理日後恐
有黃盛櫃(極)原契取出不堪行用恐口無
憑立倒字壹紙永付執照
民國拾柒年十弍月　日立倒收字温振瑞（押）
在見弟振琳
代字兄國祥
進

10-6-85-5　民國十七年十二月温振瑞立倒收字

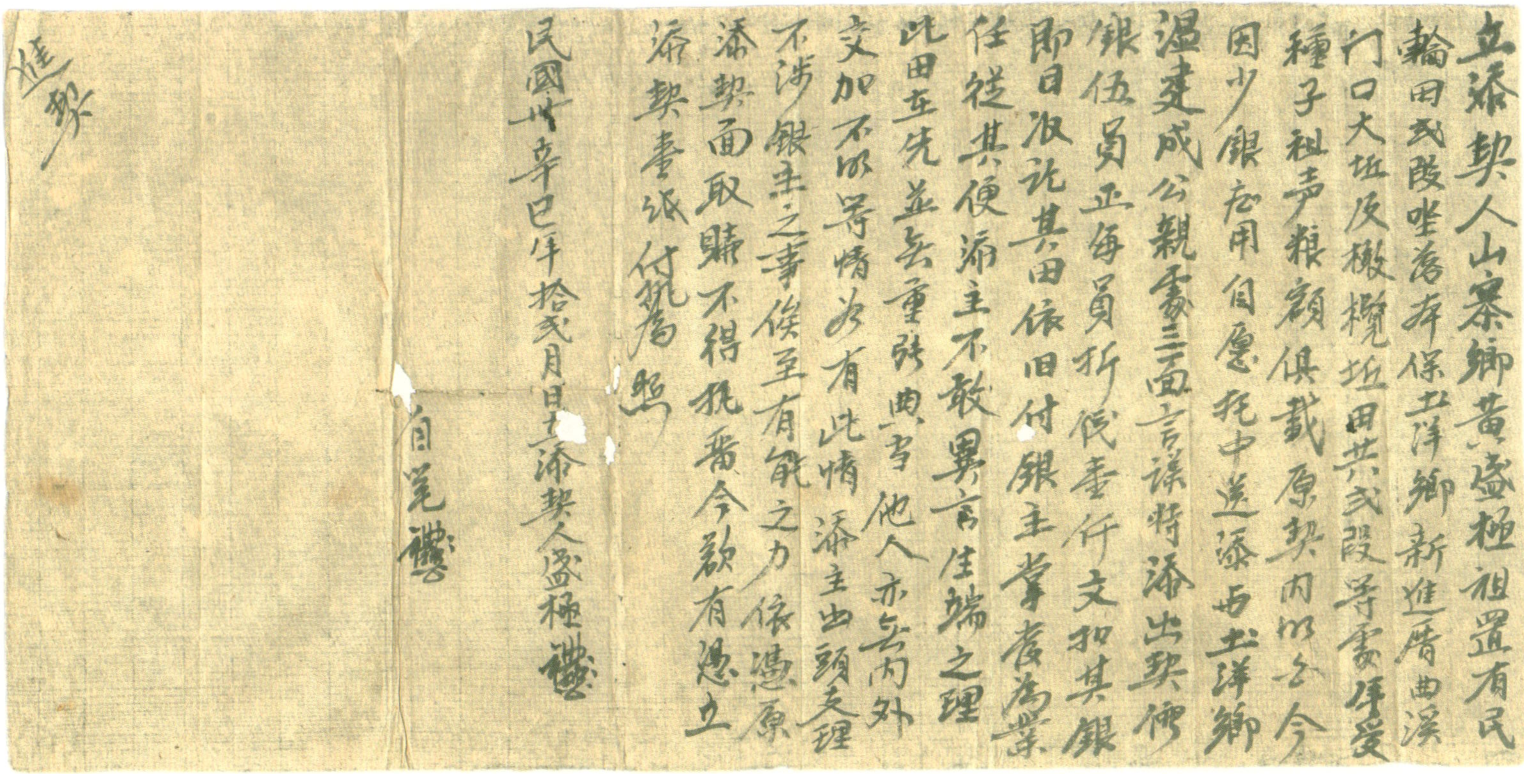
立添契人山寮鄉黃盛極祖置有民
輪田弍段坐落本保土洋鄉新進厝曲溪
门口大坵及橄欖坵田共弍段等處俱受
種子租声粮額俱載原契內明白今
因少銀應用自愿托中送添西土洋鄉
温建成公親處三面言議特添出契價
銀伍員正每員折代壹仟文扣其銀
即日收訖其田依旧付銀主掌管為業
任從其便添主不敢異言生端之理
此田在先並無重張典当他人亦無內外
交加不明等情如有此情添主出頭支理
不涉銀主之事候至有能之力依憑原
添契面取贖不得執留今欲有憑立
添契壹紙付執為照
民國卅年辛巳年拾弍月　日立添契人盛極（押）
自筆（押）
佳契

10-6-85-6　民國三十年十二月黃盛極立添民輪田契

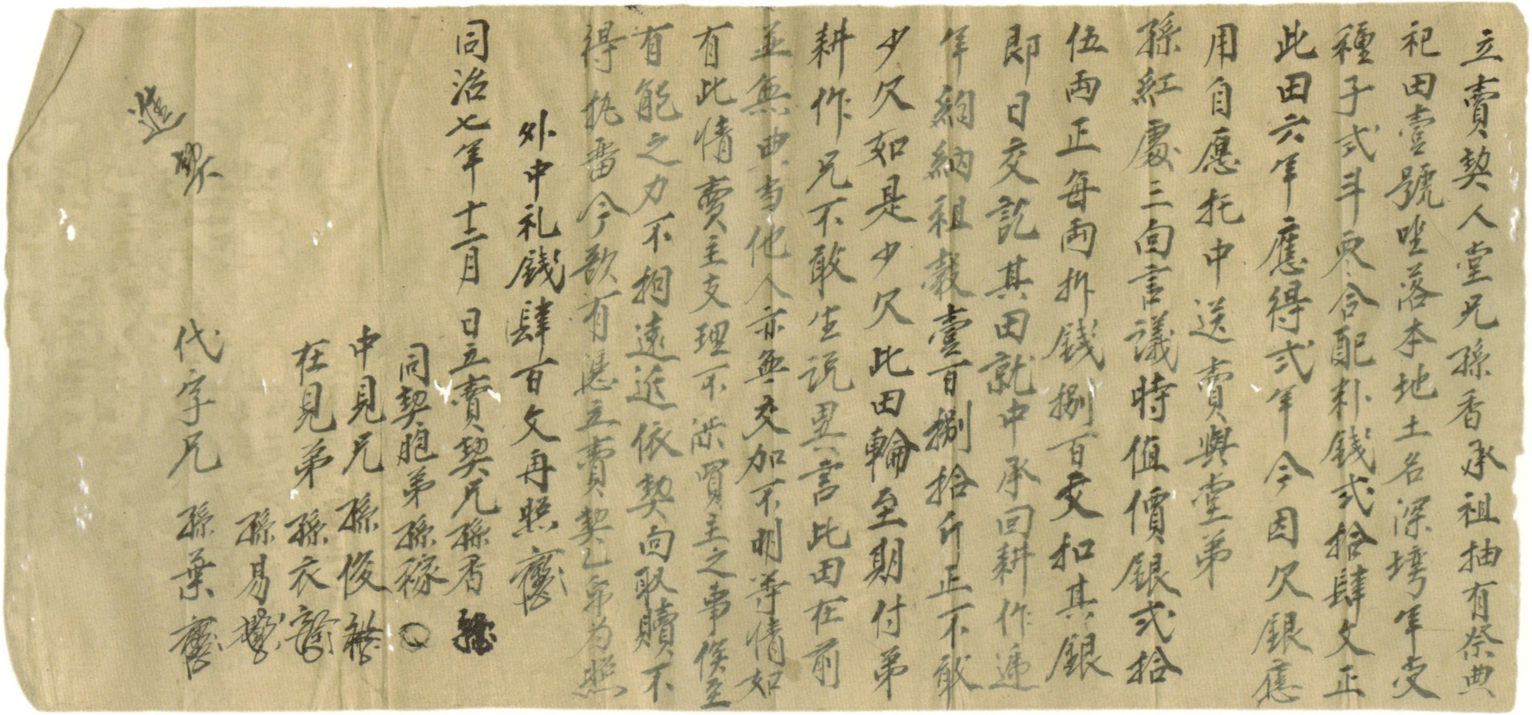

立賣契人堂兄孫香承祖抽有祭典
祀田壹號坐落本地土名深墘年交
種子弍斗皮合配租錢弍拾肆文正
此田六年應得弍年今因欠銀應
用自應托中送賣與堂弟
孫紅處三面言議時值價銀弍拾
伍兩正每兩折錢捌百文扣其銀
即日交訖其田就中承回耕作逓
年納納租穀壹百捌拾斤正不敢
少欠如是少欠此田輪至期付弟
耕作兄不敢生說異言此田在前
並無典當他人亦無交加不明等情如
有此情賣主支理不涉買主之事係是
有能之力不拘遠近依契向取贖不
得挑留今欲有憑立賣契一帋為照
外中礼錢肆百文再照
同治七年十二月　日立賣契兄孫香
同契胞弟孫祿
中見兄孫俊
在見弟孫衣
孫易
代字兄孫菜
進契

10-6-86-1　清同治七年十二月黃孫香等立賣祭典祀田契

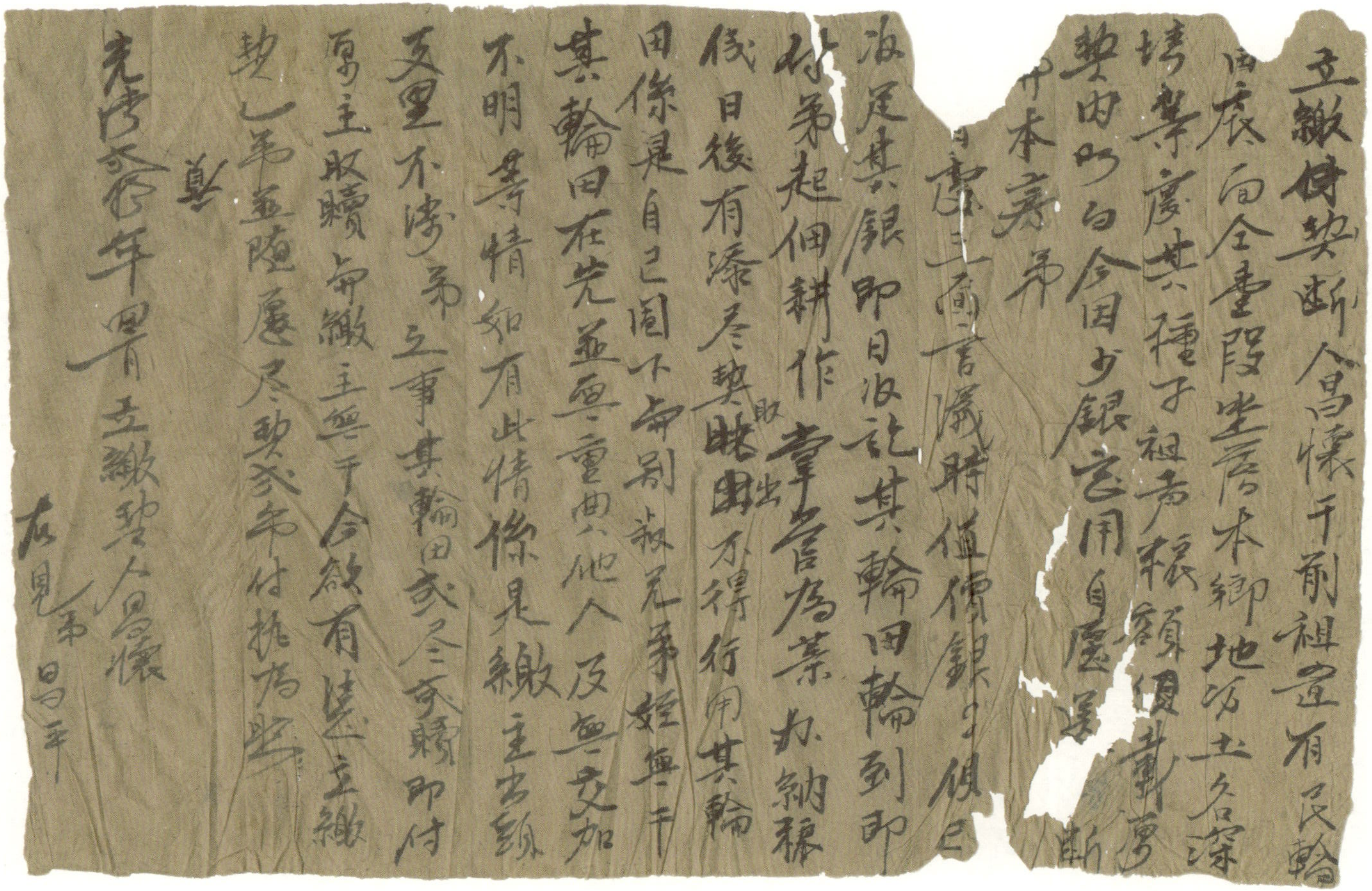

10-6-86-2　清光緒二十年四月黃昌懷立繳底面全民輪田契（草契）

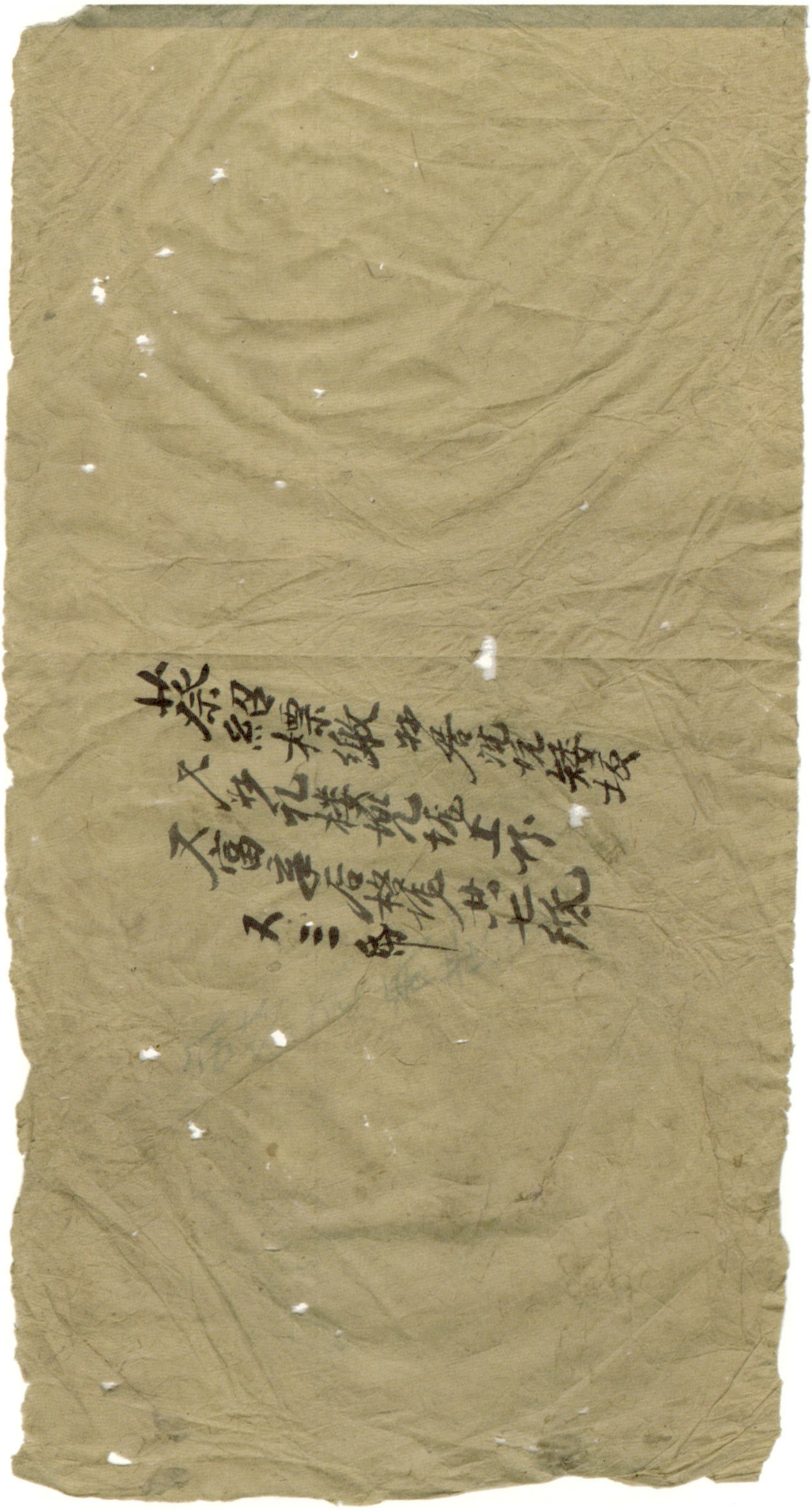

10-6-87-1 包契紙

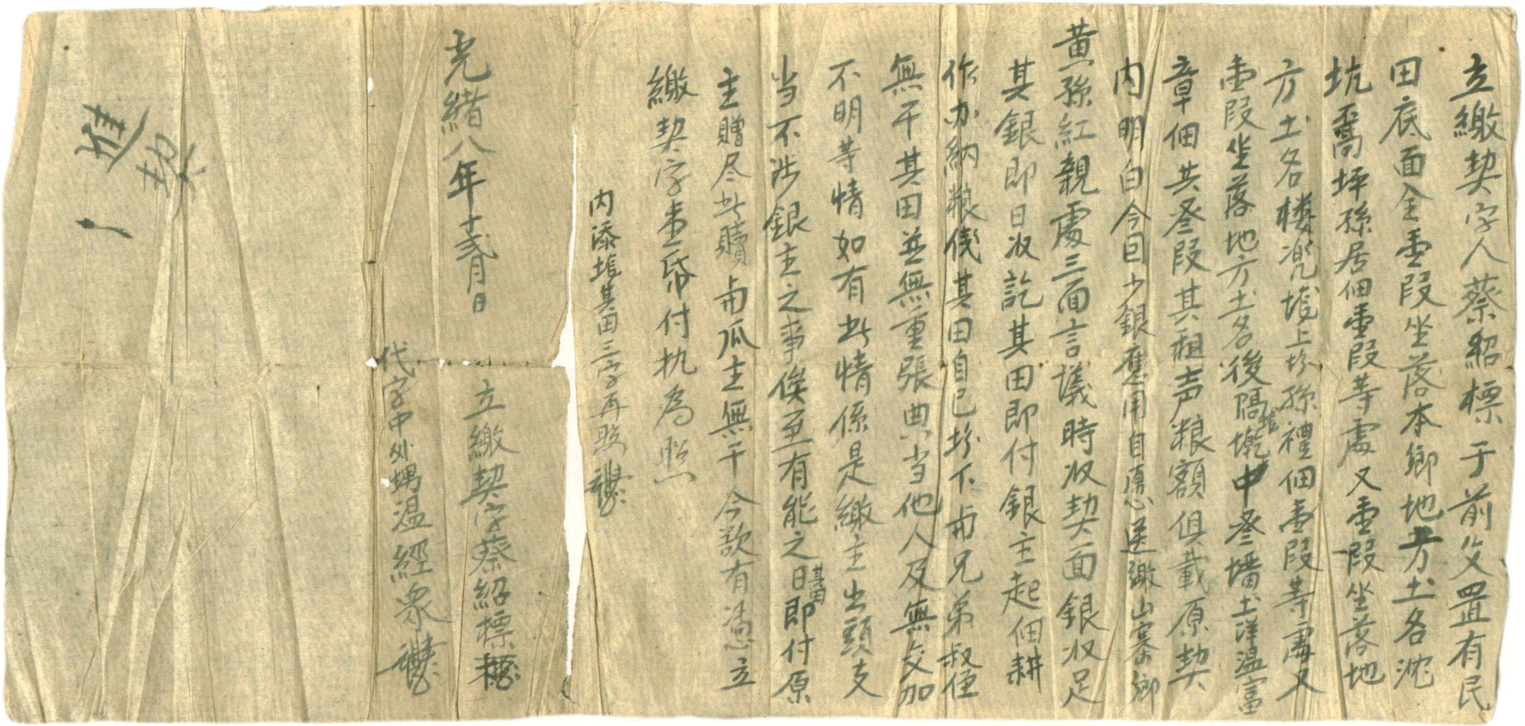

10-6-87-2　清光緒八年十二月蔡紹標立繳底面全民田契

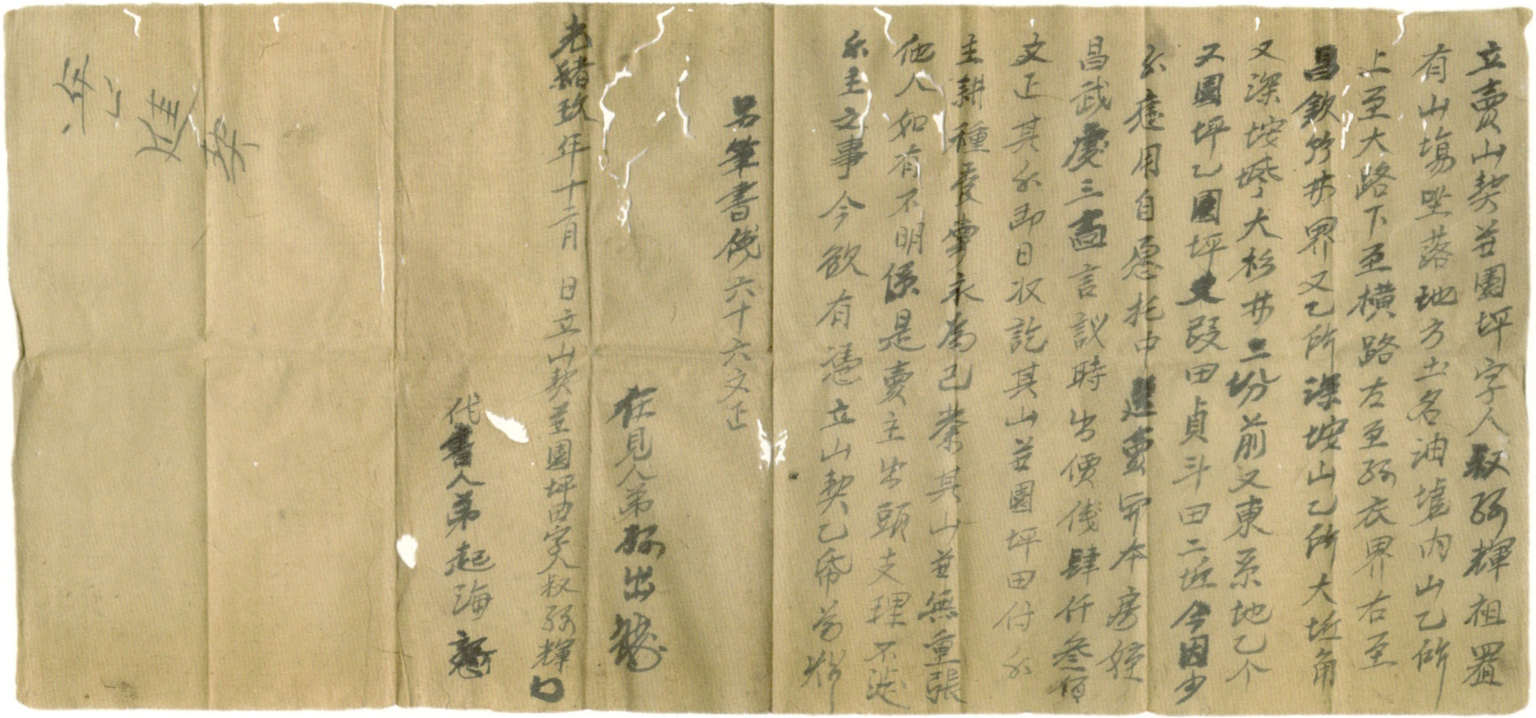

立賣山契並園坪字人孫輝祖置
有山場坐落地方土名油塆內山乙所
上至大路下至橫路左至孫衣界右至
昌欽竹林界又乙所深坑山乙所大丘角
又深坑坪大杉林三份前又東系地乙个
又園坪乙園坪丈段田貞斗田二丘今因少
錢應用自愿托中送賣與本房侄
昌武處三面言議時出價錢肆仟叁佰
文正其錢即日收訖其山並園坪田付錢
主耕種受掌永爲己業其山並無重張
他人如有不明係是賣主出頭支理不涉
錢主之事今欲有憑立山契乙紙爲照

另筆書錢六十六文正

在見人弟孫出[illegible]

光緒玖年十二月 日立山契並園坪田字人叔孫輝（押）

代書人弟起海（押）

10-6-88-1 清光緒九年十二月黃孫輝立賣山等字

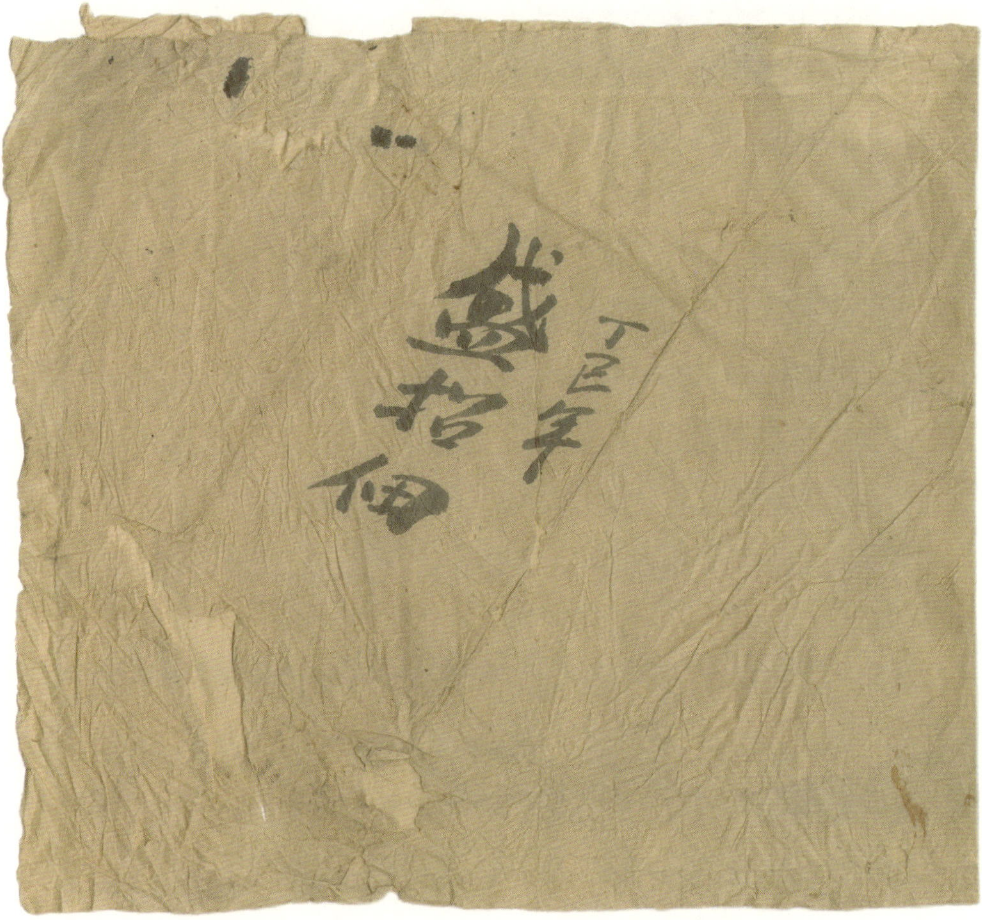

10-6-89-1　包契紙

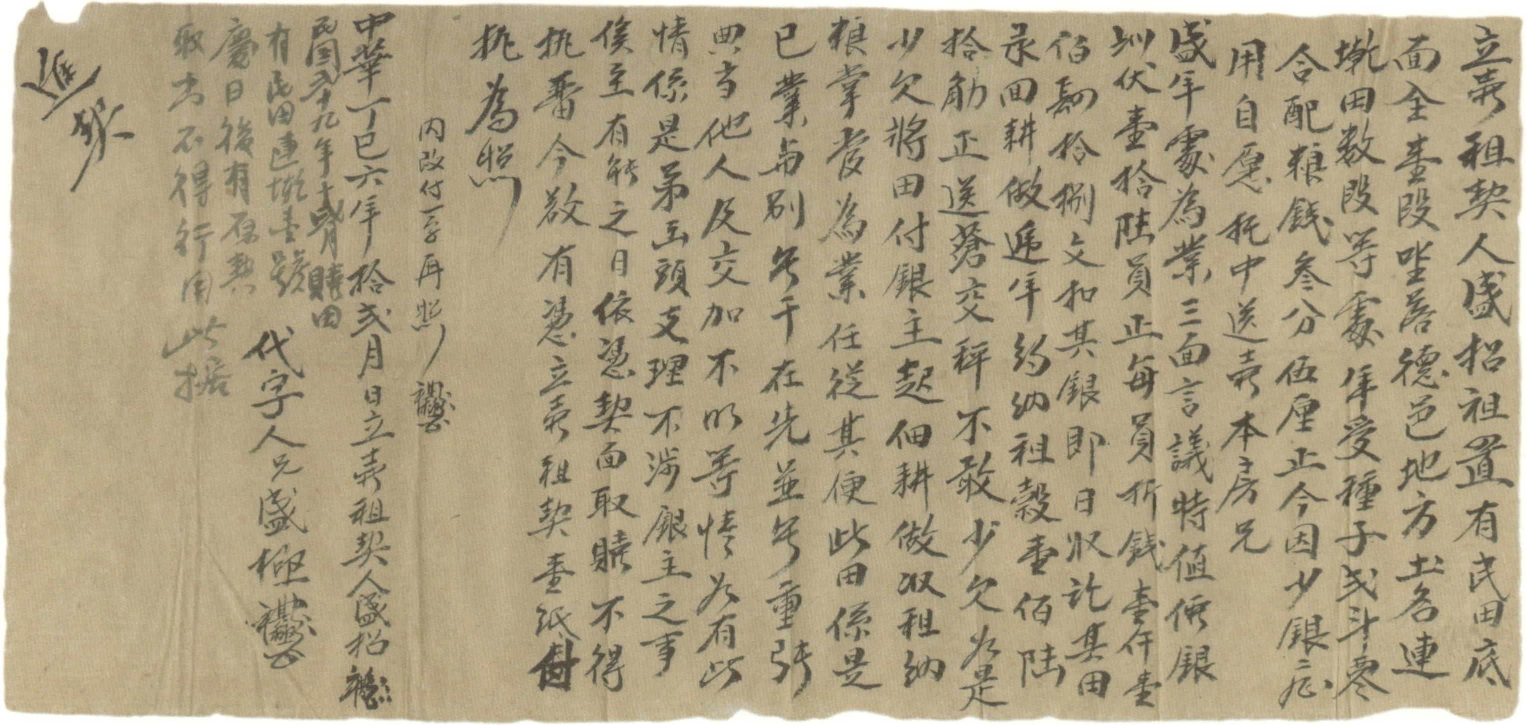

立賣租契人盛招祖置有民田底面全壹段坐落德芭地方土名連墈田數段等處年受種子弍斗零合配粮錢叁分伍厘正今因少銀應用自愿托中送賣本房兄盛年處為業三面言議時值價銀圳伏壹拾陸員正每員折錢壹仟壹佰貳拾捌文和其銀即日收訖其田录田耕做逓年約納租穀壹佰陸拾觔正送蔡交秤不敢少欠為是少欠將田付銀主起佃耕做收租納粮掌管為業任從其便此田係是已業與別房于在先並無重張典當他人及交加不明等情如有此情係是弟玉頭支理不涉銀主之事候至有銀之日依憑契面取贖不得執番今欲有憑立賣租契壹紙付執為照

內改付一字再照

中華丁巳六年拾弍月　日立賣租契人盛招

代字人兄盛樫

民國叁拾九年十弍月贖田

有此田連批壹號

廣日後有存契

取出不得行用

此據

進契

10-6-89-2　民國六年十二月黄盛招立賣底面全民田租契

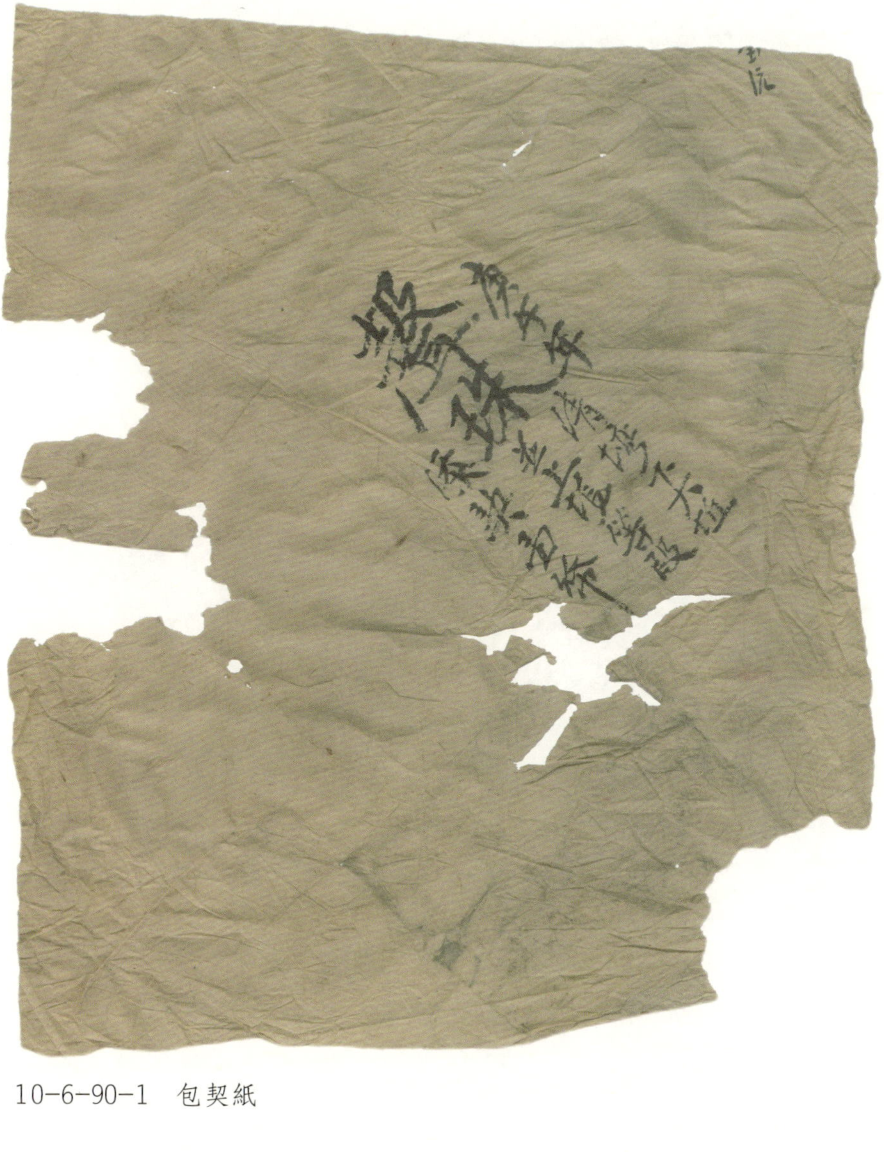

10-6-90-1　包契紙

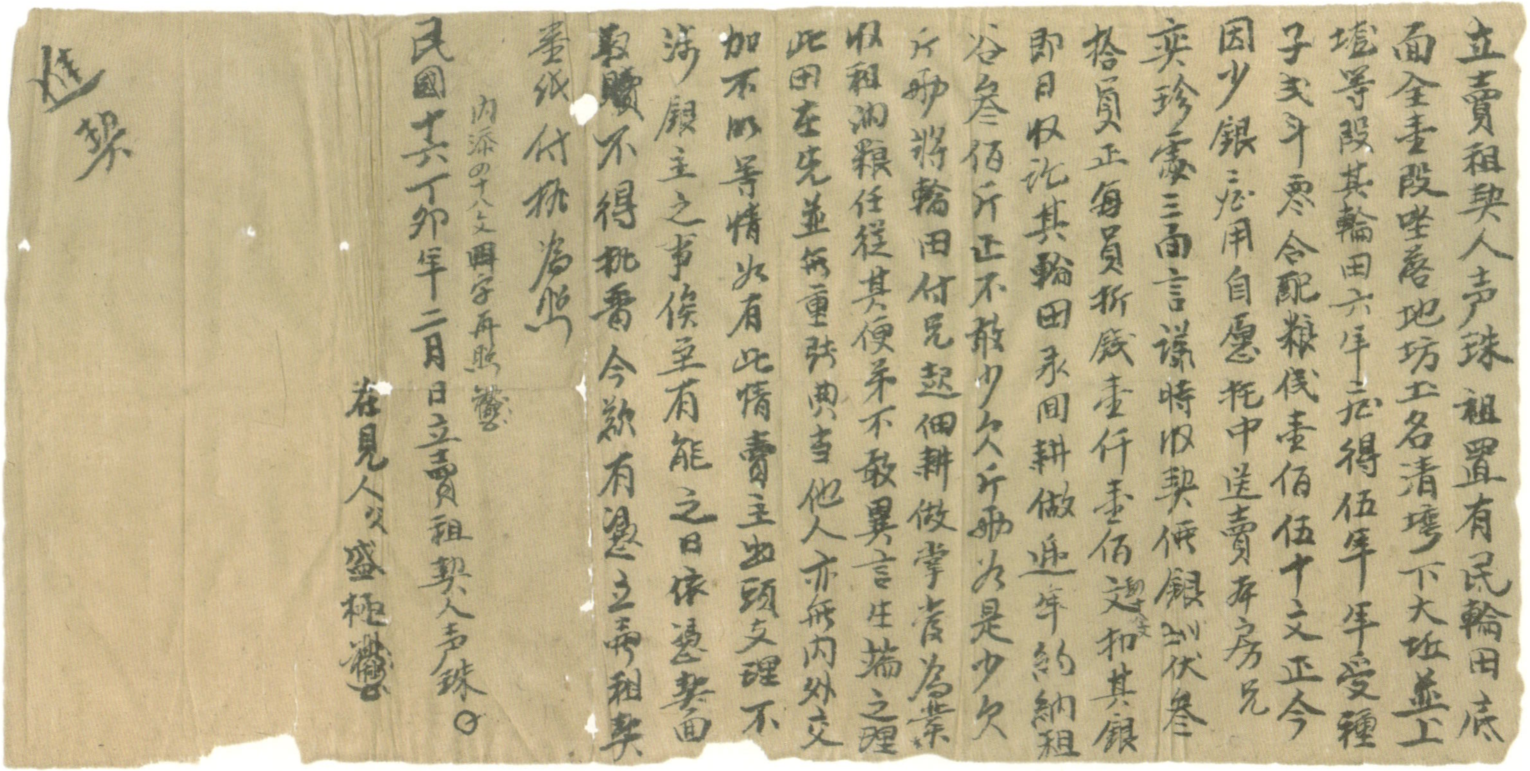

立賣租契人声珠 祖置有民輪田底
面全壹段坐落地坊土名清塆下大坵並上
塆等段其輪田六年之内得伍年年受種
子弍斗叁令配粮錢壹佰伍十文正今
因少銀乏用自愿托中送賣本房兄
奕珍處三面言議時收契價銀洋伏叁
拾員正每員折錢壹仟壹佰過文扣其銀
即日收訖其輪田永間耕做遞年納納租
谷叁佰斤正不敢少欠斤兩如是少欠
斤兩將輪田付兒起佃耕做掌管為業
收租洒粮任從其便弟不敢異言生端之理
此田在先並無重張典當他人亦無內外交
加不明等情如有此情賣主出頭支理不
涉買主之事俟至有能之日依還契面
原價不得執留今欲有憑立賣租契
壹紙付執為照
內添四十八文兩字再照
民國十六丁卯年二月日立賣租契人声珠
在見人父 盛桓
延契

10-6-90-2 民國十六年二月黃声珠立賣底面全民輪田租契

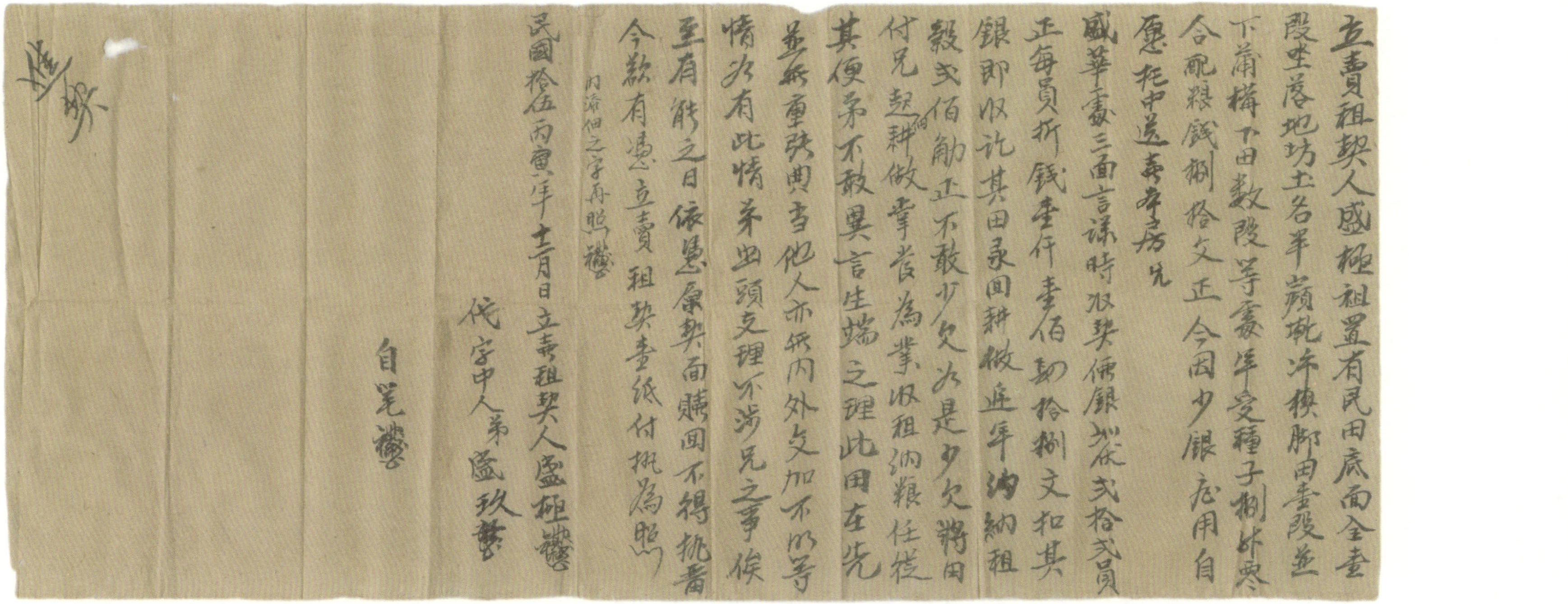

立賣租契人盛極祖置有民田底面全壹
段坐落地坊土名半嶺坵洋椥脚田壹段並
下蒲構下田數段等處年受種子捌升零
合配粮錢捌拾文正今因少銀應用自
願托中送壹本房兄
盛華處三面言議時値契價銀弍拾弍員
正每員折錢壹仟壹佰捌拾捌文扣其
銀即收訖其田承回耕做逐年淌納租
穀弍佰觔正不敢少欠如是少欠將田
付兄起佃耕做掌管為業收租納粮任從
其便弟不敢異言生端之理此田在先
並無重張典當他人亦無內外文加不明等
情如有此情弟出頭支理不涉兄之事候
至有能之日依憑原契面贖回不得執番
今欲有憑立賣租契壹紙付執為照
內添佃之字再照
民國拾伍丙寅年十二月日立賣租契人盛極
代字中人弟盛玖
自筆
存契

10-6-91-1　民國十五年十二月黃盛極立賣底面全民田租契

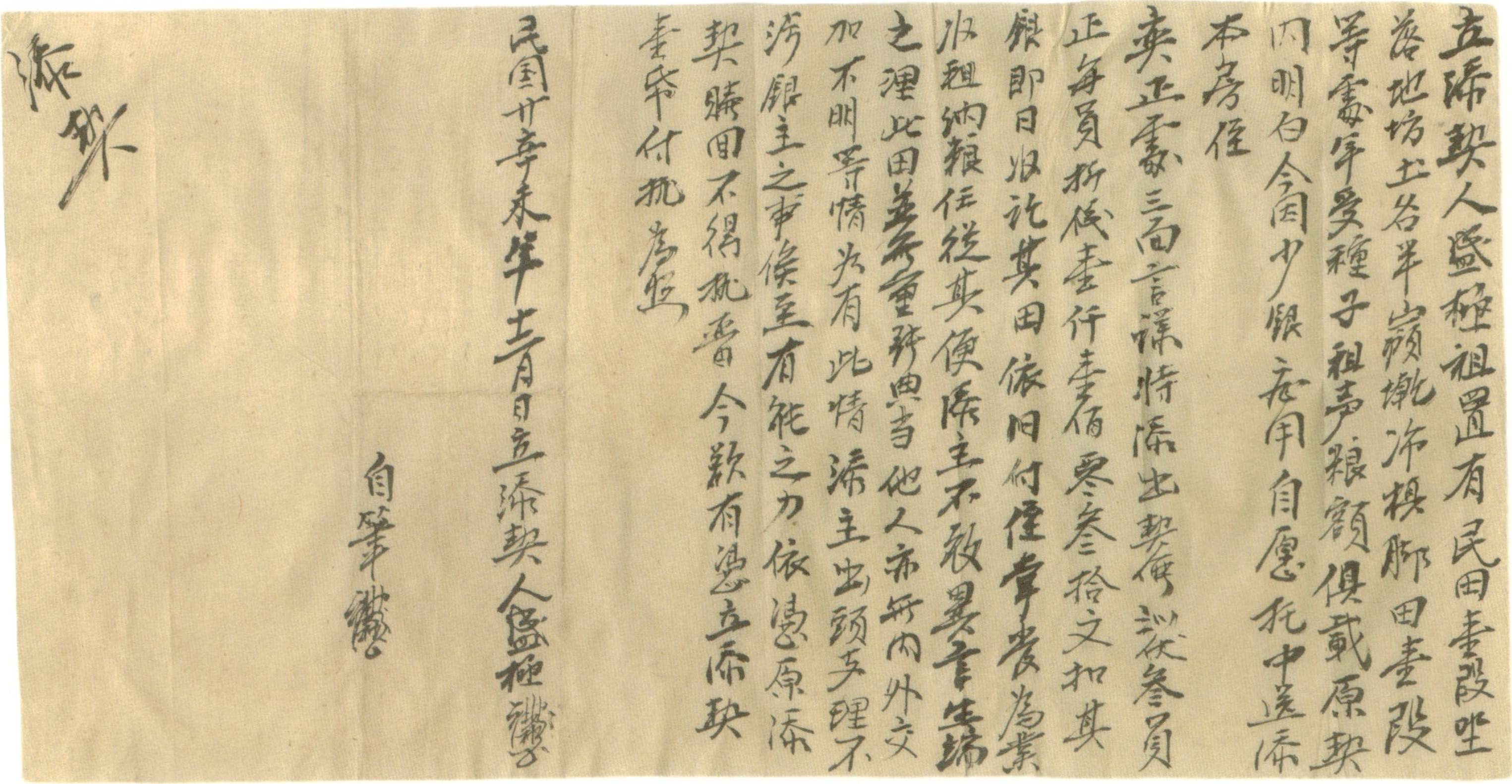

立添契人盛極祖置有民田壹段坐
落地坊土名半嶺墘沛棋𠯹田壹段
等處年受種子租声粮額俱載原契
內明白今因少銀應用自愿托中送添
本房侄
爽正處三面言議特添出契價洋叁員
正每員折錢壹仟壹佰零叁拾文扣其
銀即日收訖其田依旧付侄掌管為業
收租納粮任從其便添主不敢異言生端
之理此田並無重張典当他人亦無內外交
加不明等情如有此情添主出頭料理不
涉銀主之事候至有能之力依憑原添
契贖回不得執留今欲有憑立添契
壹帋付執為照

民囯廿辛未年十二月　日立添契人盛極（押）

自筆（押）

添契

10-6-91-2　民國二十年十二月黃盛極立添民田契

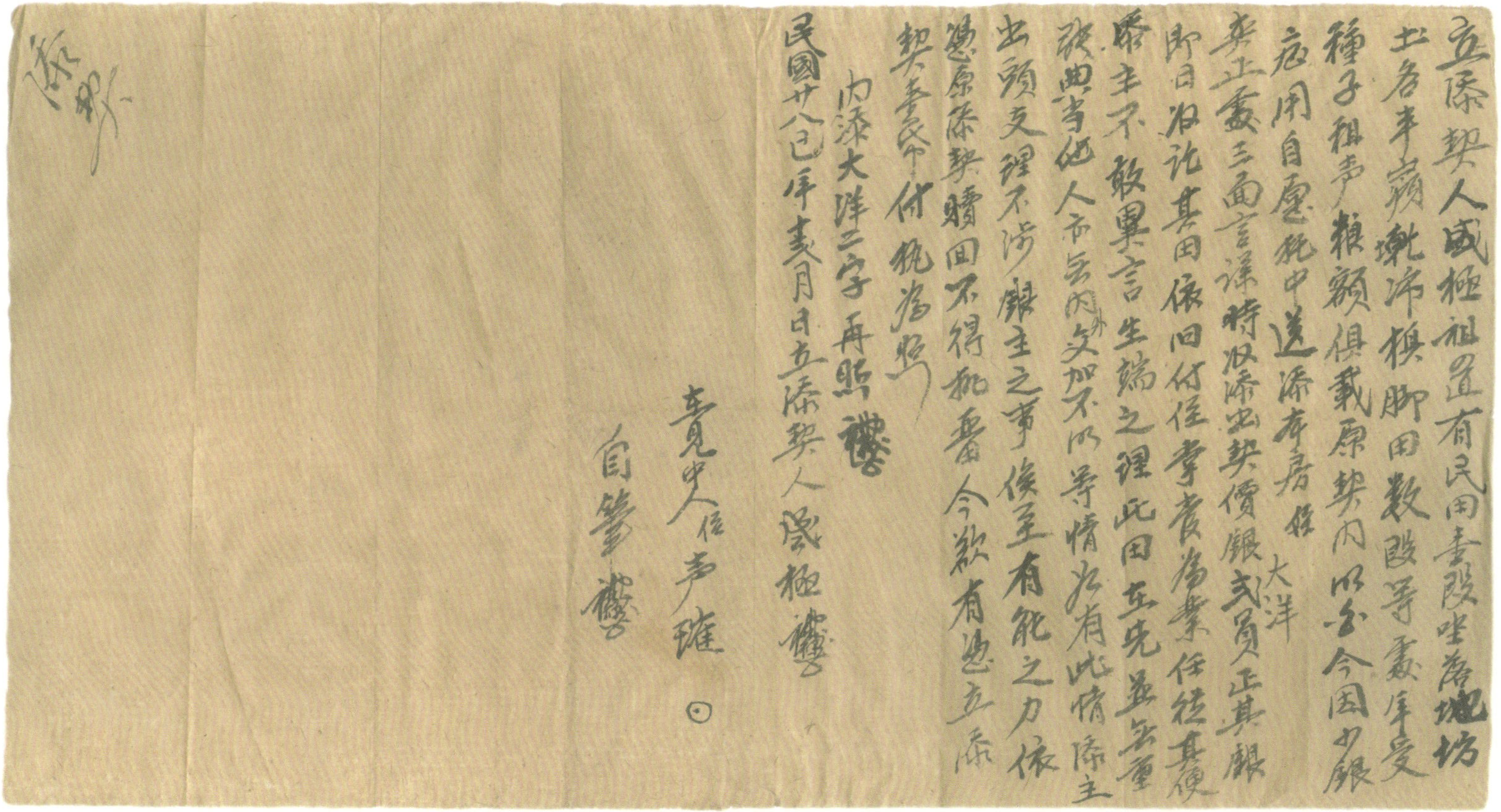

立添契人盛極祖遺有民田壹段坐落地坊
土名半嶺墘沛頭脚田數段等處年受
種子租声粮額俱載原契內以來今因乏銀
應用自愿托中送添本房侄
出上處三面言議時收添出契價大洋銀弍員正其銀
即日收訖其田依旧付侄掌管為業任從其便
賠主不敢異言生端之理此田在先並無重
張典當他人亦無內外交加不明等情如有此情係主
出頭支理不涉銀主之事俟至有能之力依
憑原添契贖回不得執留今欲有憑立添
契壹紙付執為照
內添大洋二字再照
民國廿八己卯年十二月　日立添契人盛極
在見中人侄声璡
自筆
添契

10-6-91-3　民國二十八年十二月黃盛極立添民田契

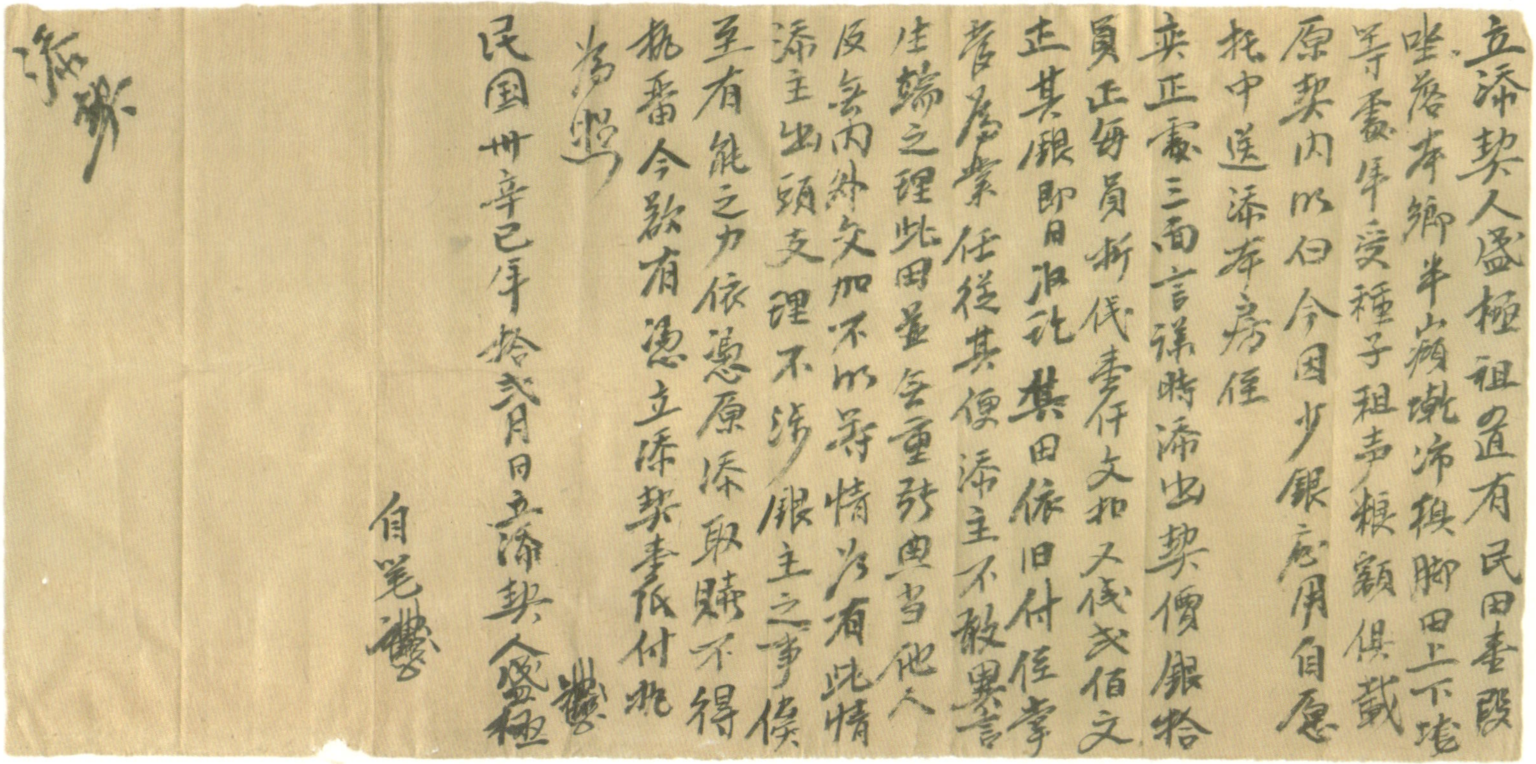

立添契人盛極祖置有民田壹段
坐落本鄉半山嶺墘沛模腳田上下壟
等處年受種子租壹根額俱載
原契內明白今因少銀應用自愿
托中送添本房侄
奕正處三面言議時添出契價銀拾
員正每員折伐壹仟文加入伐弍佰文
正其銀即日收訖　其田依舊付侄掌
管為業任從其便添主不敢異言
生端之理此田並無重張典当他人
及無內外交加不明等情如有此情
添主出頭支理不涉銀主之事候
至有能之力依憑原添取贖不得
執留今欲有憑立添契壹紙付執
為照
民国卅辛巳年拾弍月　日立添契人盛極
自筆
添契

10-6-91-4　民國三十年十二月黃盛極立添民田契

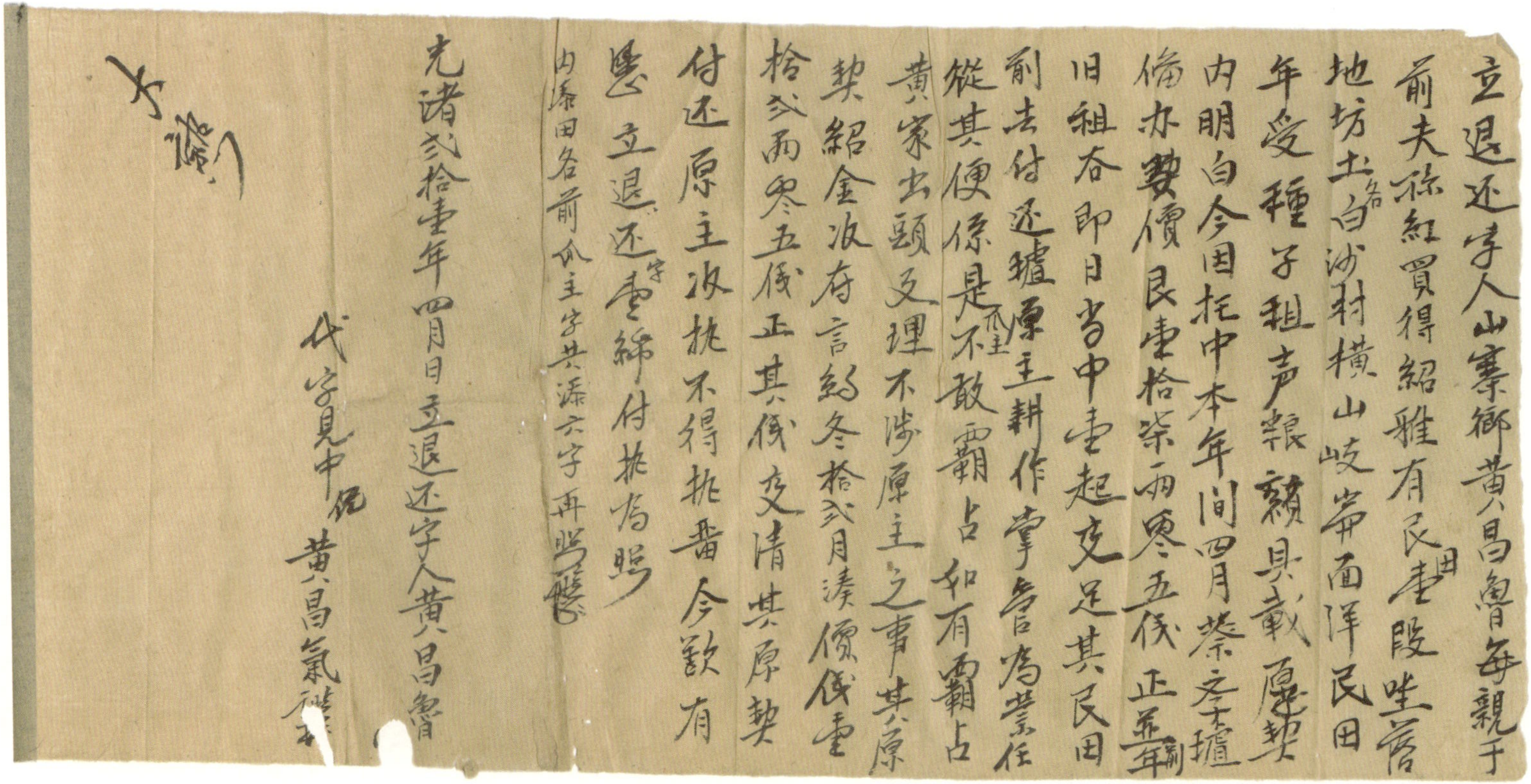
立退还字人山寨鄉黃昌魯每親手
前夫孫紅買得紹雅有民田壹段坐管
地坊土名白沙村橫山岐𡵓面洋民田
年受種子租声粮額具載原契
內明白今因托中本年間四月榮交擅
備亦取價艮壹拾柒兩零五錢正來年
旧租谷即日當中壹起交足其民田
前去付还擅原主耕作掌管為業任
從其便係是不敢霸占和有霸占
黃家出頭支理不涉原主之事其原
契紹金坟存言約冬拾弍月湊價錢壹
拾弍兩零五錢正其錢交清其原契
付还原主坟执不得执番今歓有
憑立退还字壹紙付执為照
內添田各前叺主字共添六字再照
光諸弍拾壹年四月日立退还字人黃昌魯
代字見中人黃昌氣
大[illegible]

10-6-92-1　清光緒二十一年四月黃昌魯立退還民田字

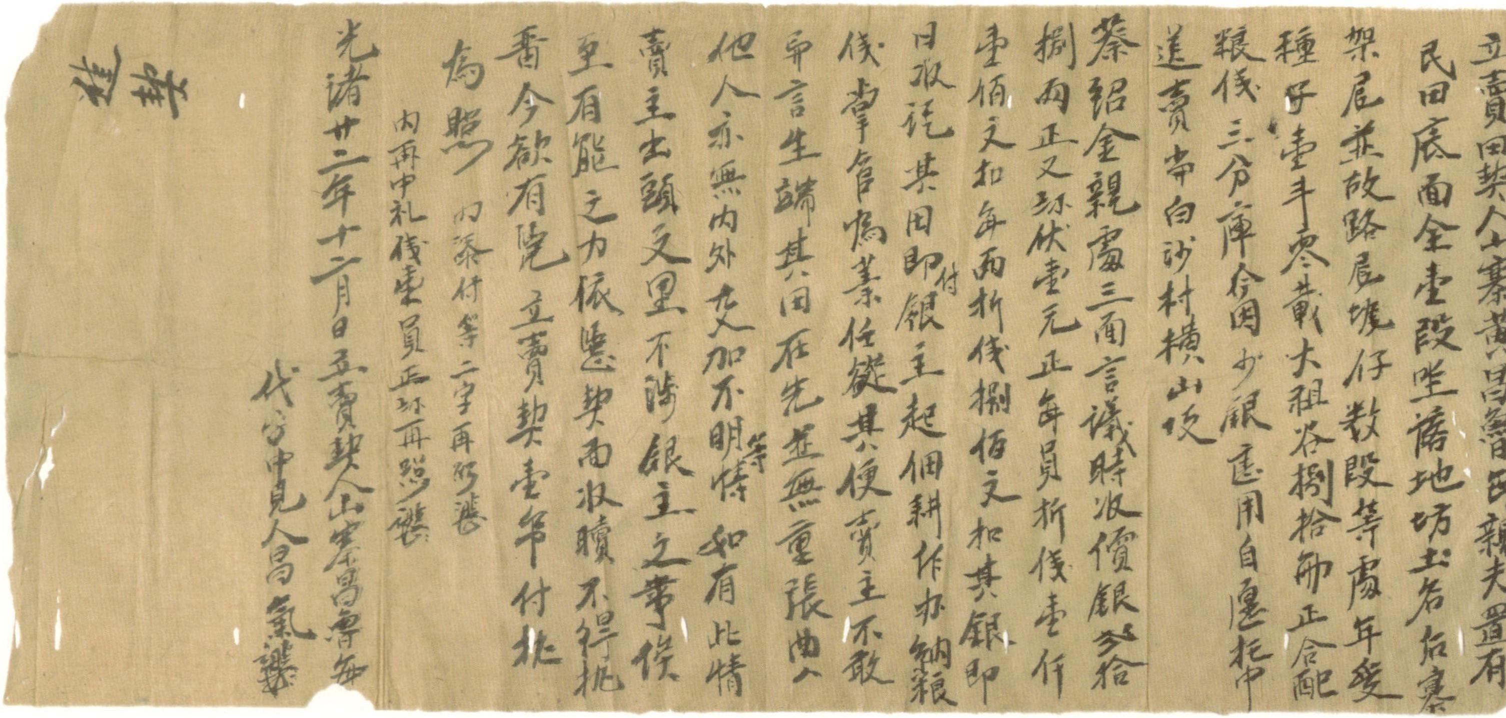
立賣田契人山寨黃昌魯母親夫置有
民田底面全壹段坐落地坊土名台寮
架尾並故路尾墘仔數段等處年受
種子壹斗叁載大租谷捌拾觔正合配
粮伐三分庫合因乏銀應用自愿托中
送賣与白沙村横山坎
蔡紹全親處三面言議時價銀叁拾
捌兩正又珎伏壹元正每員折伐壹仟
壹佰文扣每兩折伐捌佰文扣其銀即
日收訖其田即付銀主起佃耕作办納粮
伐掌管為業任從其便賣主不敢
爭言生端其田在先並無重張典
他人亦無内外交加不明等情如有此情
賣主出頭支理不涉銀主之事倘
至有能之力依憑契面收贖不得执
番今欲有憑立賣契壹帋付执
為照　内添付字二字再照
内再中礼伐壹員正珎再照
光緒廿二年十二月日立賣契人山寨黃昌魯母
代字中見人昌氣

10-6-92-2　清光緒二十二年十二月黃昌魯母蔡氏立賣底面全民田契

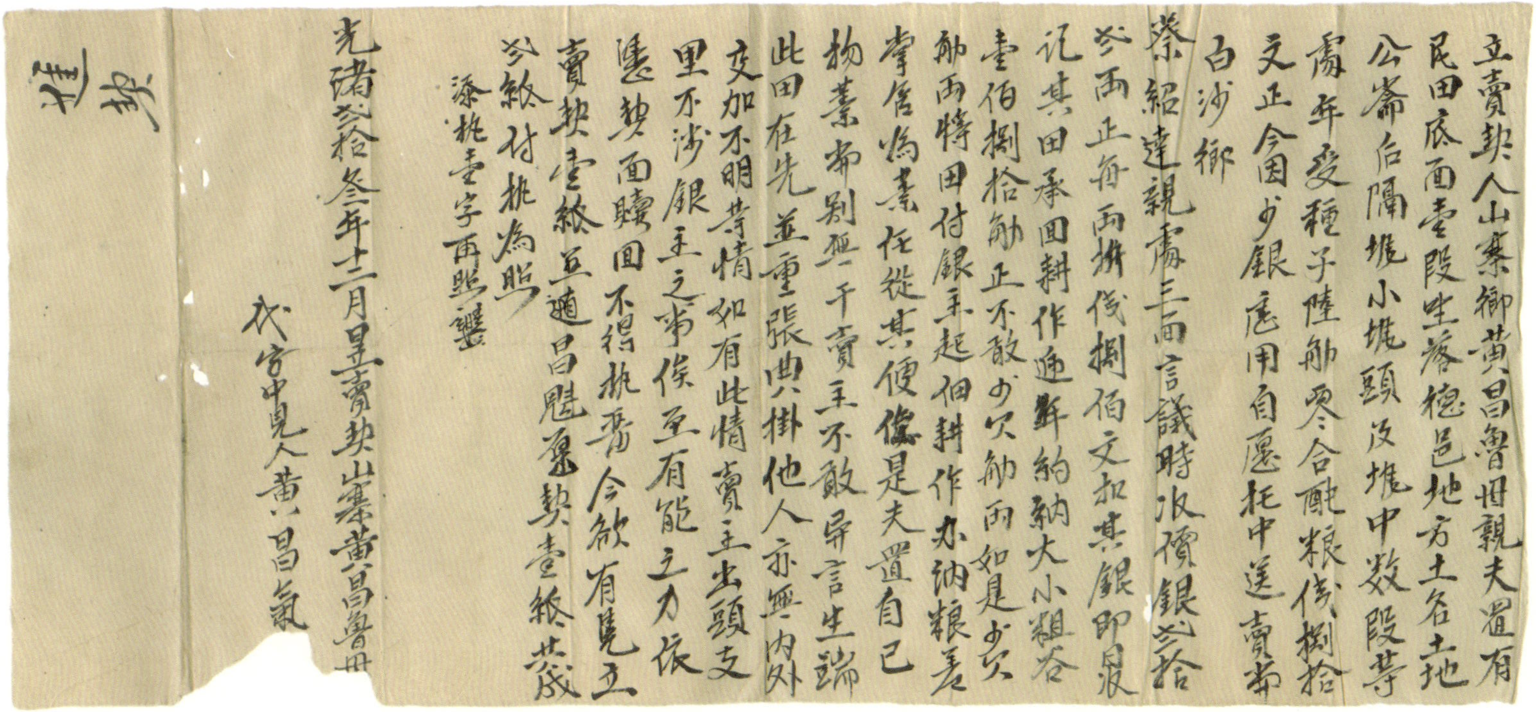
立賣契人山寨御黄昌魯母親夫置有
民田底面壹段坐落德邑地方土名土地
公崙后隔坵小坵頭及坵中数段等
處年受種子陸斛零合配粮伐捌拾
文正今因乏銀應用自愿托中送賣與
白沙鄉
蔡紹達親處三面言議時値價銀叁拾
叁兩正每兩排伐捌佰文加其銀即日收
訖其田承回耕作逐年約納大小租谷
壹佰捌拾觔正不敢少欠觔兩如是少欠
觔兩將田付銀主起佃耕作亦納粮差
掌管為業任從其便儘是夫置自己
物業與別無干賣主不敢异言生端
此田在先並重張典掛他人亦無内外
交加不明等情如有此情賣主出頭支
理不涉銀主之事俟至有能之力依
還契面贖回不得執覇今欲有憑立
賣契壹紙並通昌魁退契壹紙共叁
弍紙付執為照
添批壹字再照
光緒弍拾叁年十二月 日立賣契山寨黄昌魯母
代字中見人黄昌氣
推契

10-6-92-3 清光緒二十三年十二月黄昌魯母蔡氏立賣底面全民田契

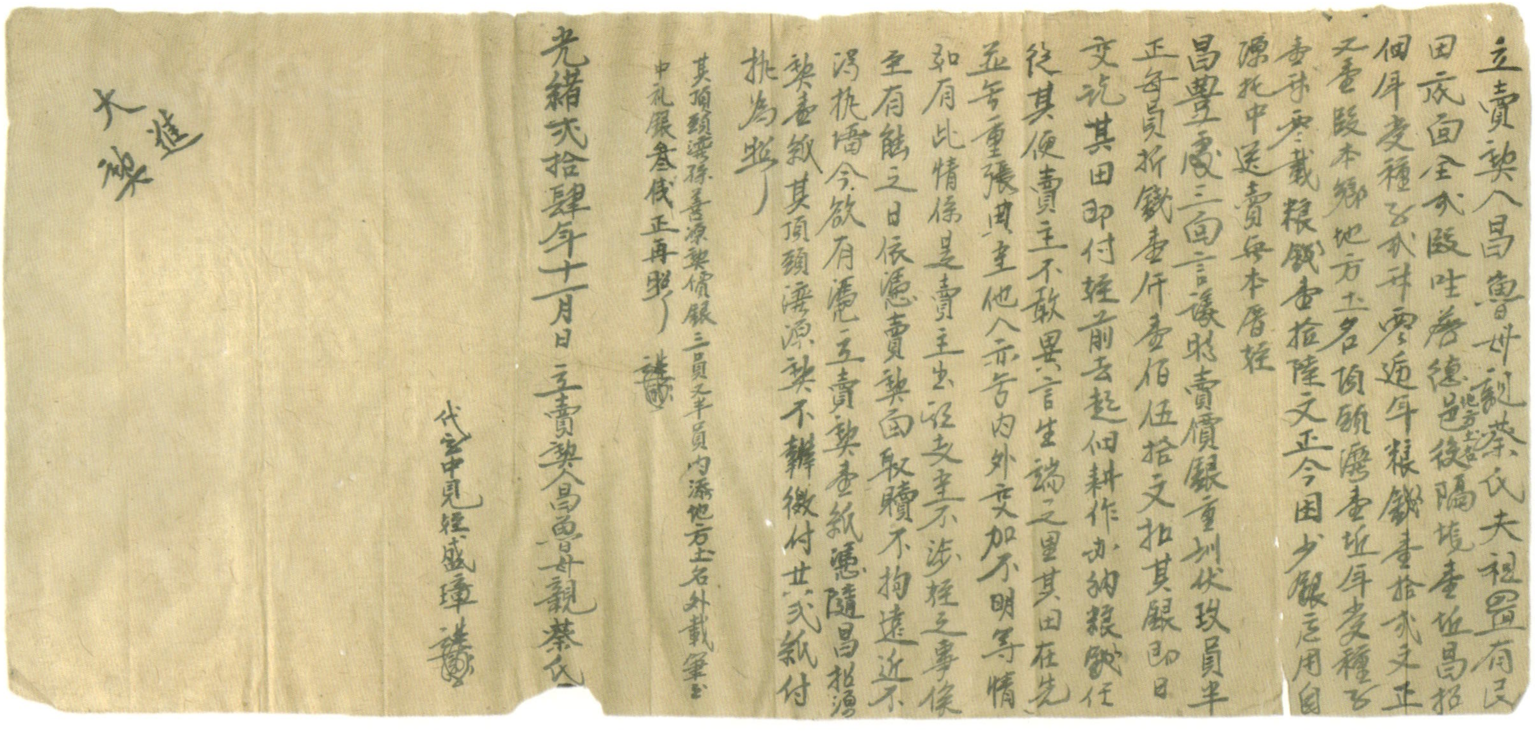
立賣契人昌魯母親蔡氏夫祖置有民
田底面全號坐落德邑地方土名後隔境壹坵昌招
佃耕受種弍斗零逅年粮錢壹拾弍文正
又壹號本鄉地方土名頂頭灣壹坵年受種弍
壹斗零載粮錢壹拾陸文正今因少銀应用自
願托中送賣與本厝姪
昌豐處三面言議時賣價銀重訓伏玖員半
正每員折錢壹仟壹佰伍拾文扣其銀即日
交訖其田即付姪前去起佃耕作办納粮錢任
從其便賣主不敢異言生端之理其田在先
並無重張典去他人亦無內外交加不明等情
如有此情係是賣主出頭支當不涉姪之事候
至有能之日依憑賣契面取贖不拘遠近不
得執留今欲有憑立賣契壹紙憑隨昌招源
契壹紙其頂頭灣源契不辨繳付共弍紙付
執為照
其頂頭灣源契價銀三員又半員內添地方土名外載筆生
中礼銀叁伐正再照 押
光緒弍拾肆年十一月日立賣契人昌魯母親蔡氏
代筆中見姪盛璋 押
大進 契

10-6-92-4 清光緒二十四年十一月黄昌魯母蔡氏立賣底面全民田契

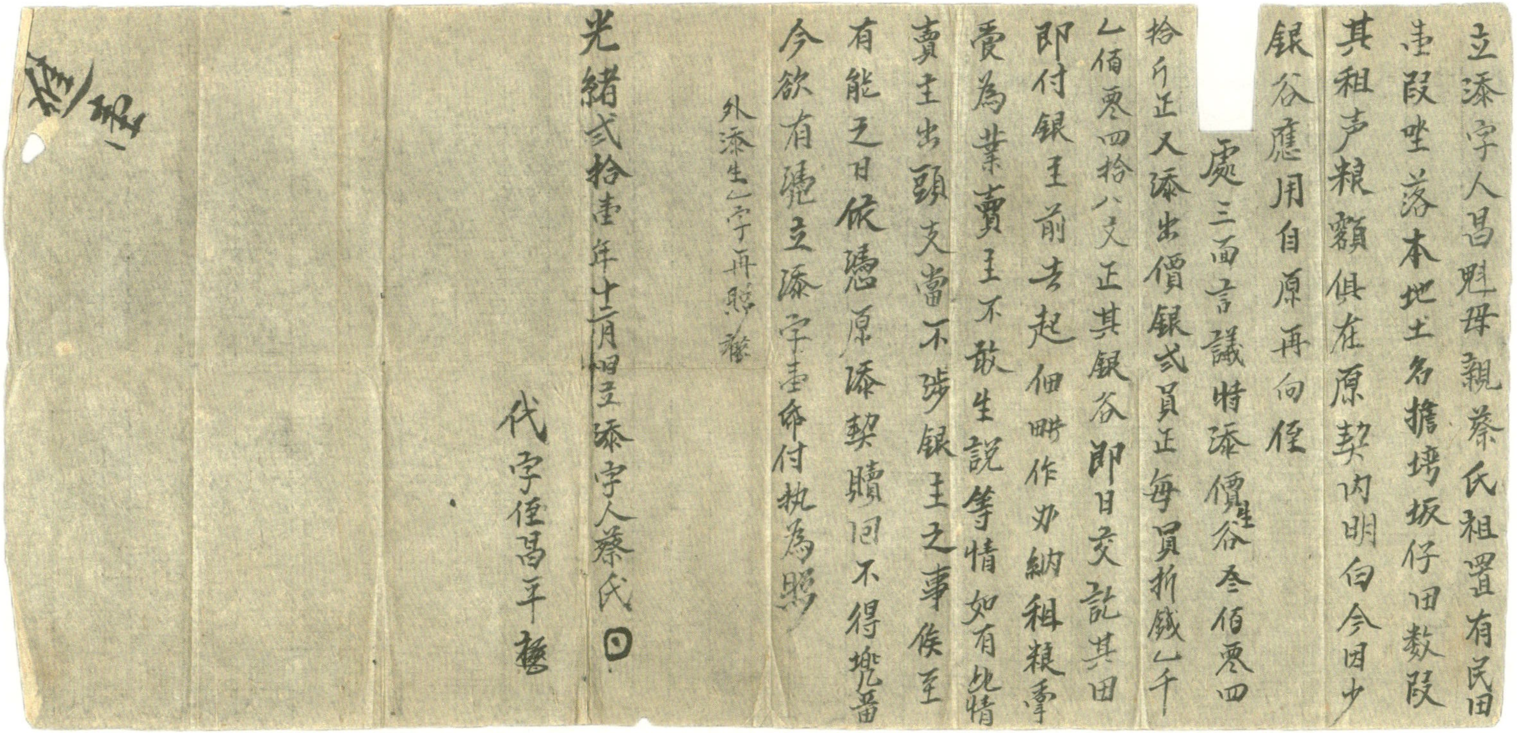

立添字人昌魁母親蔡氏祖置有民田
壹段坐落本地土名擔塆坂仔田数段
其租声粮額俱在原契內明白今因乏
銀谷應用自原再向侄
處三面言議特添價生谷叁佰零四
拾斤正又添出價銀弍員正每員折錢乙千
乙佰零四拾八文正其銀谷即日交訖其田
即付銀主前去起佃册作办納租粮永
遠為業賣主不敢生説等情如有此情
賣主出頭支當不涉銀主之事候至
有能之日依憑原添契贖回不得執留
今欲有憑立添字壹帋付执為照
外添生谷字再照 據
光緒弍拾壹年十二月　日立添字人蔡氏（押）
代字侄昌平（押）

10-6-93-1　清光緒二十一年十二月黃昌魁母蔡氏立添民田契

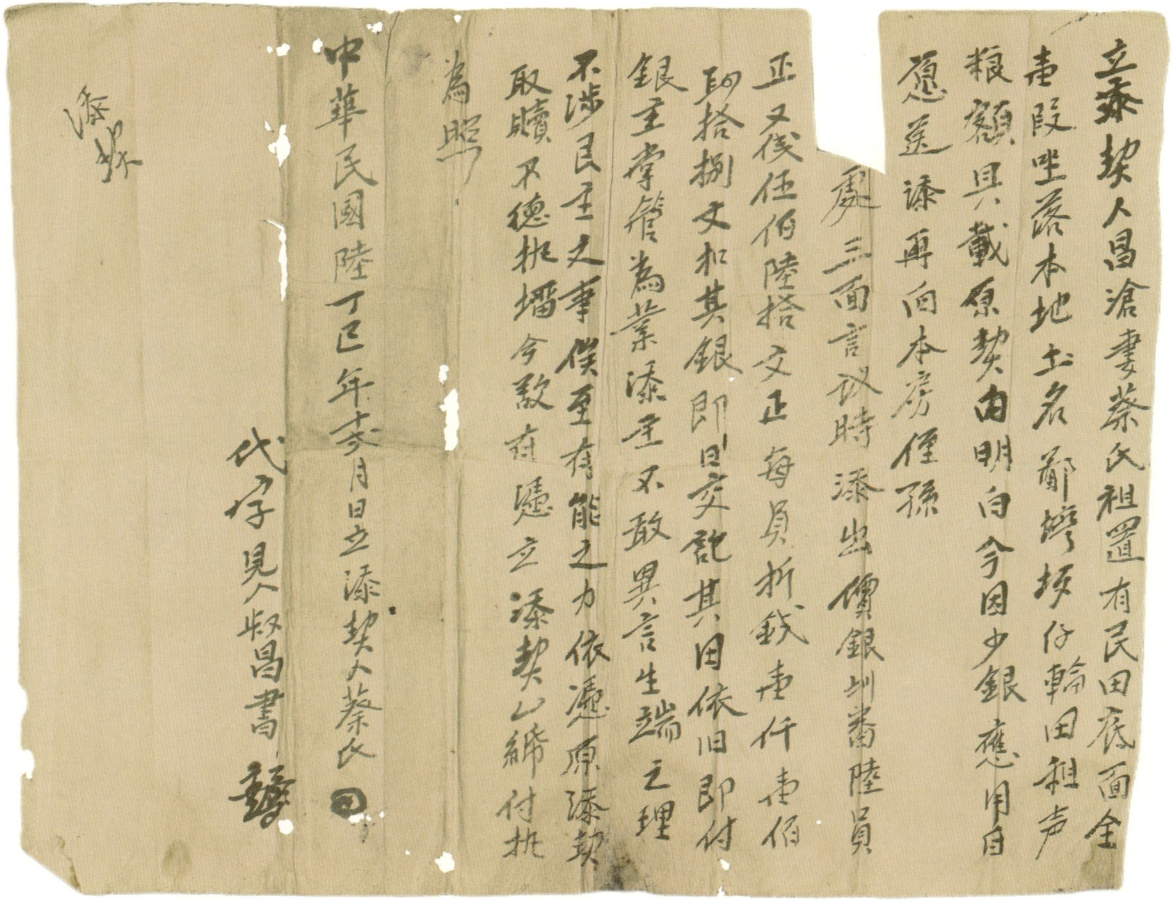
立添契人昌滄妻蔡氏祖置有民田底面全
壹段坐落本地土名鄭灣坪仔輪田租卢
粮額具載原契內明白今因少銀應用自
愿送添再向本房侄孫
處三面言議時添出價銀拾番陸員
正又錢伍佰陸拾文正每員折錢壹仟壹佰
肆拾捌文和其銀即日交訖其田依旧即付
銀主管業為業添坐不敢異言生端之理
不涉銀主之事俱至有能之力依遞原添契
取贖不得批增今欲有憑立添契乙紙付批
為照
中華民國陸丁巳年十弍月日立添契人蔡氏
代字見人叔昌書
添契

10-6-93-2　民國六年十二月黃昌滄妻蔡氏立添底面全民田契

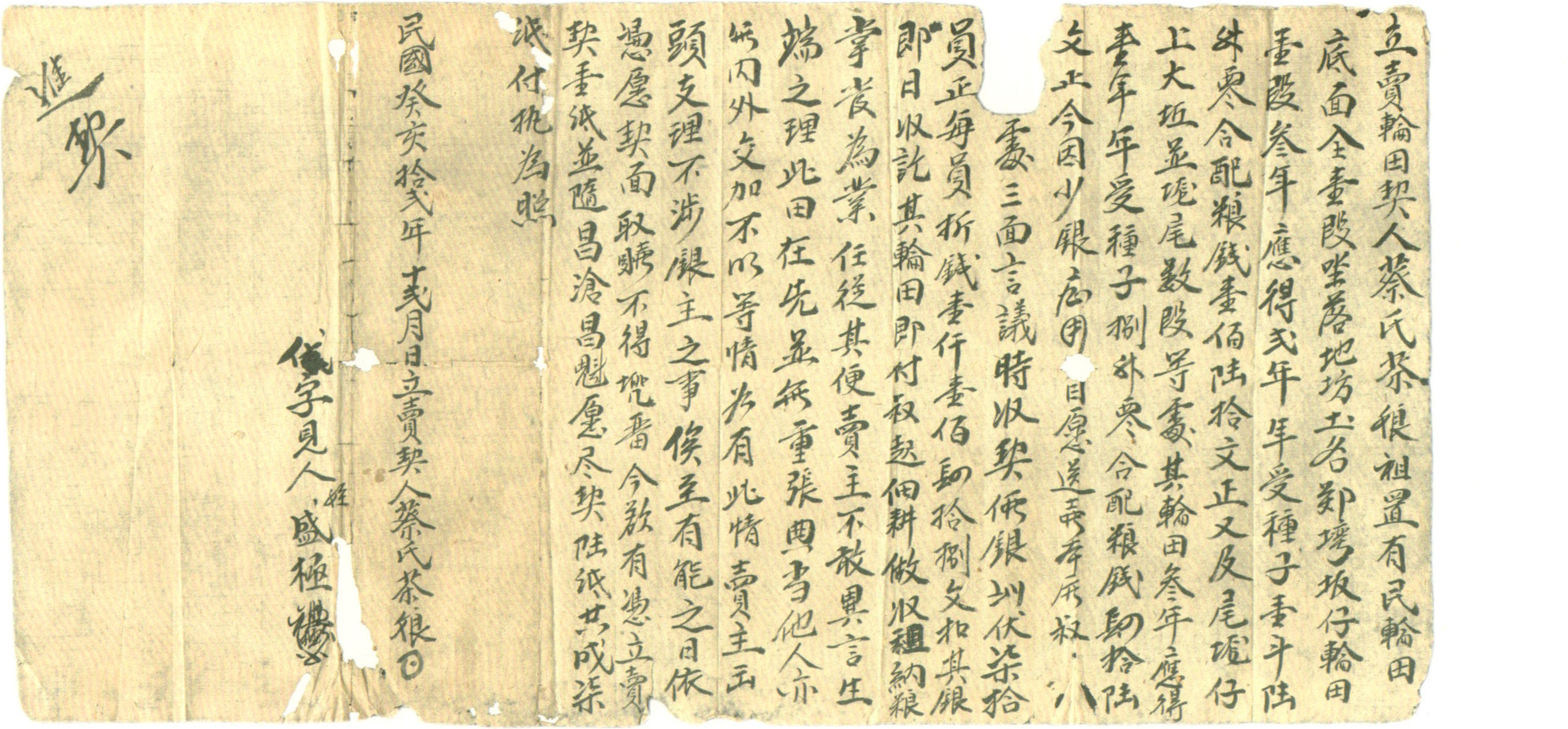
立賣輪田契人蔡氏茶娘，祖置有民輪田
底面全壹段，坐落地坊土名鄭塆坂仔，輪田
壹段，叁年應得弍年，年受種子壹斗陆
升，兜合配粮錢壹佰陆拾文正，又及尾垅仔
上大坵並垅尾數段，号處其輪田叁年應得
壹年，年受種子捌升，兜合配粮錢肆拾陆
文正。今因少銀應用，自愿送與本房叔八
處三面言議，時收契價銀洲伏柒拾
員正，每員折錢壹仟壹佰肆拾捌文，扣其銀
即日收訖。其輪田即付叔起佃耕做，收租納粮
掌管為業，任從其便，賣主不敢異言生
端之理。此田在先並無重張典当他人，亦
無內外文加不明等情。如有此情，賣主出
頭支理，不涉銀主之事。俟至有能之日，依
憑原契面取贖，不得執畱。今欲有憑，立賣
契壹紙，並隨昌滄、昌魁原尽契陆紙，共成柒
紙，付執為照。
民國癸亥拾弍年十弍月　日立賣契人蔡氏茶娘（押）
俵字見人　姪　盛極（押）
進契

10-6-93-3　民國十二年十二月蔡氏茶娘立賣底面全民輪田契

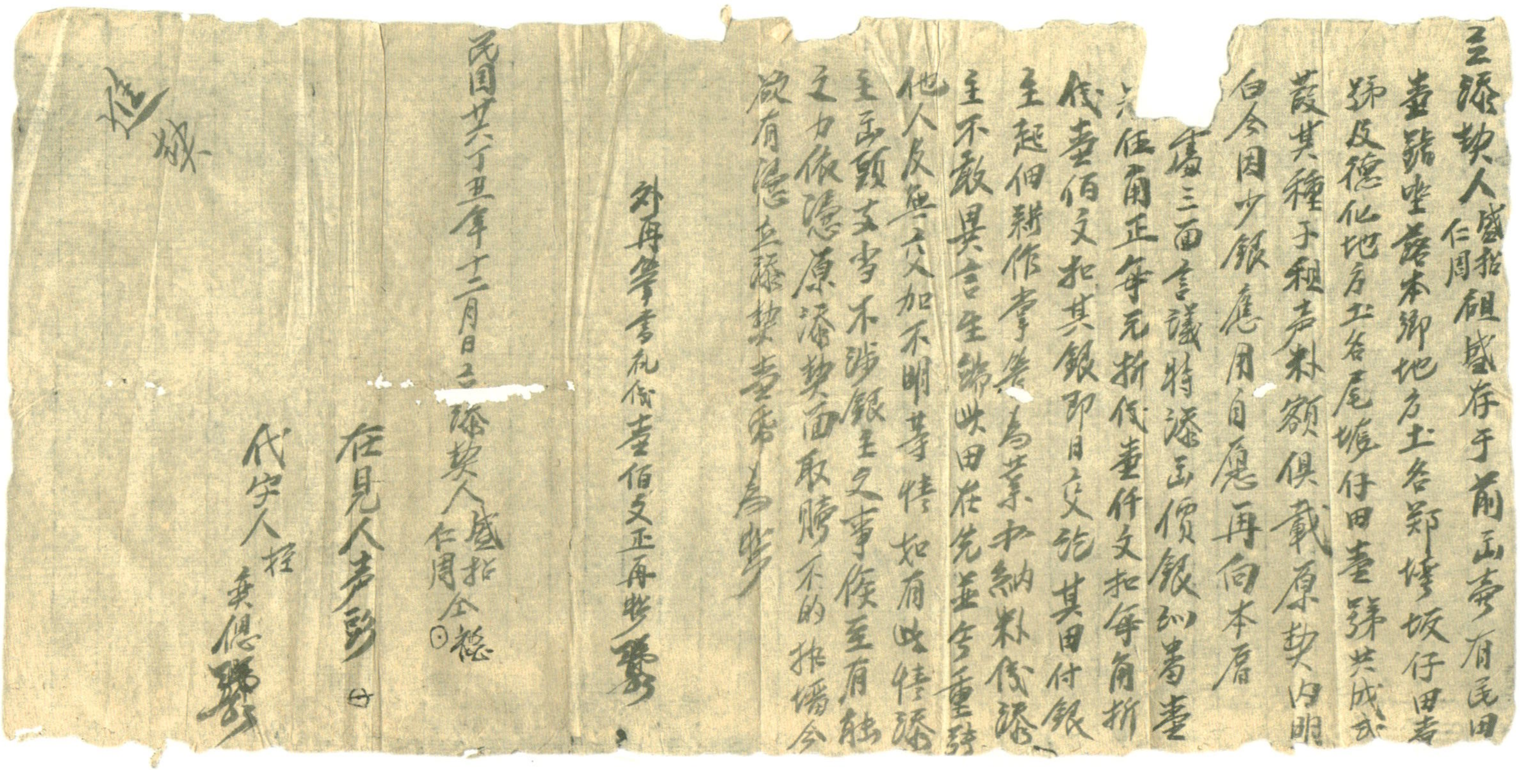

立添契人盛招 仁周 祖盛存于前年有民田
壹號坐落本鄉地方土名鄭墘坂仔田壹
號又德化地方土名尾墘仔田壹號共成弍
處其種子租聲料額俱載原契內明
白今因少銀應用自愿再向本厝
處三面言議特添出價銀弍拾壹
元伍角正每元折伐壹仟文扣每角折
伐壹佰文扣其銀即日交訖其田付銀
主起佃耕作管業為業和納料係添
主不敢異言生端此田在先並無重疊
他人交無六文加不明等情如有此情添
主出頭支當不涉銀主之事係至有餘
之力依憑原添契面取贖不的推播今
欲有憑立添契壹紙為照
外再筆書花伐壹佰文正再照
民国廿六丁丑年十二月日立添契人盛招 仁周 仝 ⊙ 總
在見人聲彭 ⊕
代字人程 奕偲
准契

10-6-93-4　民國二十六年十二月黄盛招等立添民田契

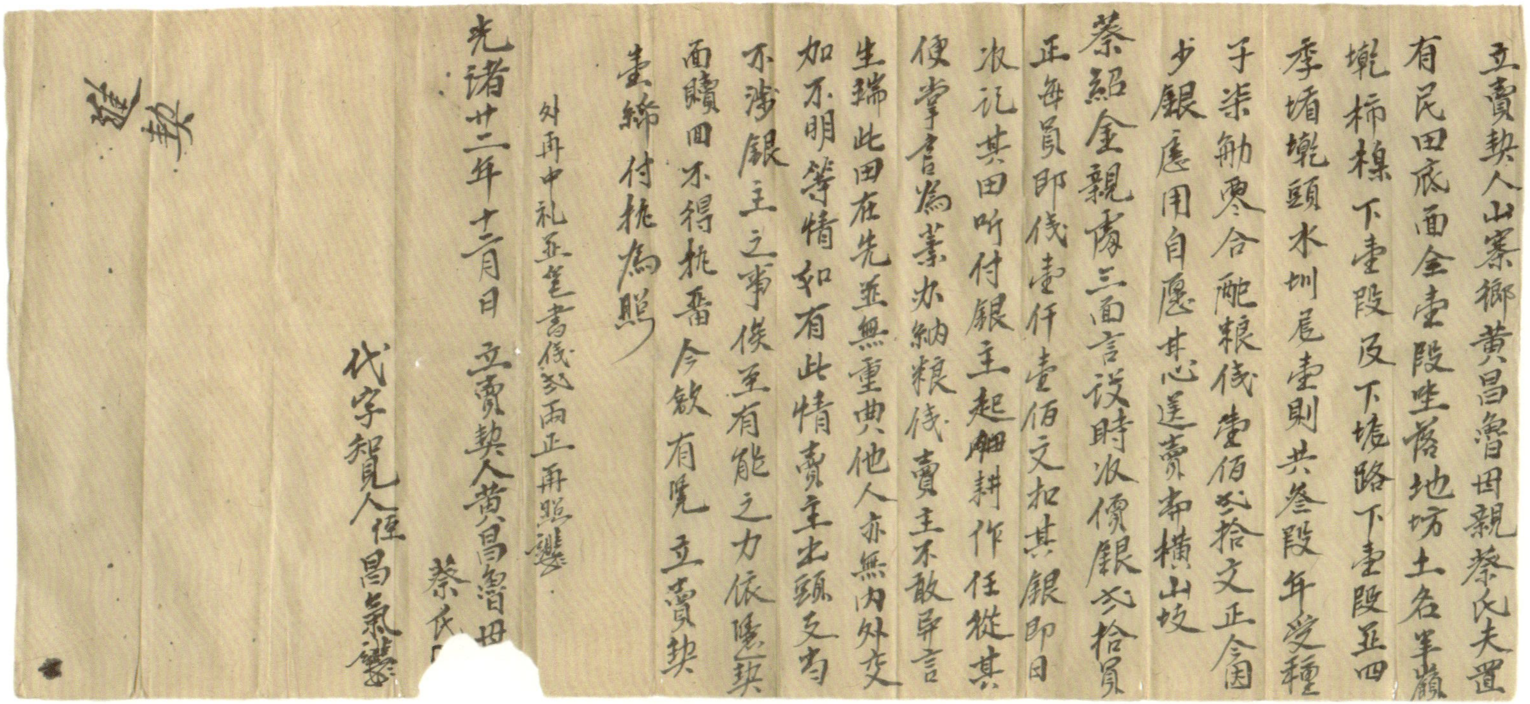
立賣契人山寨鄉黃昌魯母親蔡氏夫置
有民田底面全壹段坐落地坊土名羊巖
墘柿棋下壹段及下塘路下壹段並四
季墒墘頭水圳尾壹則共叁段年受種
子柒觔零合配粮錢壹佰弍拾文正今因
乏銀應用自愿甘心送賣本橫山坂
蔡紹金親處三面言議時價銀弍拾員
正每員即錢壹仟壹佰文扣其銀即日
收訖其田听付銀主起佃耕作任從其
便掌官為業亦納粮錢賣主不敢异言
生端此田在先並無重典他人亦無內外交
加不明等情如有此情賣主出頭支當
不涉銀主之事俟至有能之力依憑契
面贖回不得執留今欲有憑立賣契
壹紙付執為照
外再中礼並筆書錢弍両正再照㸃
光緒廿二年十二月日　立賣契人黃昌魯母
蔡氏
代字親見人侄昌氣㸃
退契

10-6-94-1　清光緒二十二年十二月黃昌魯母蔡氏立賣底面全民田契

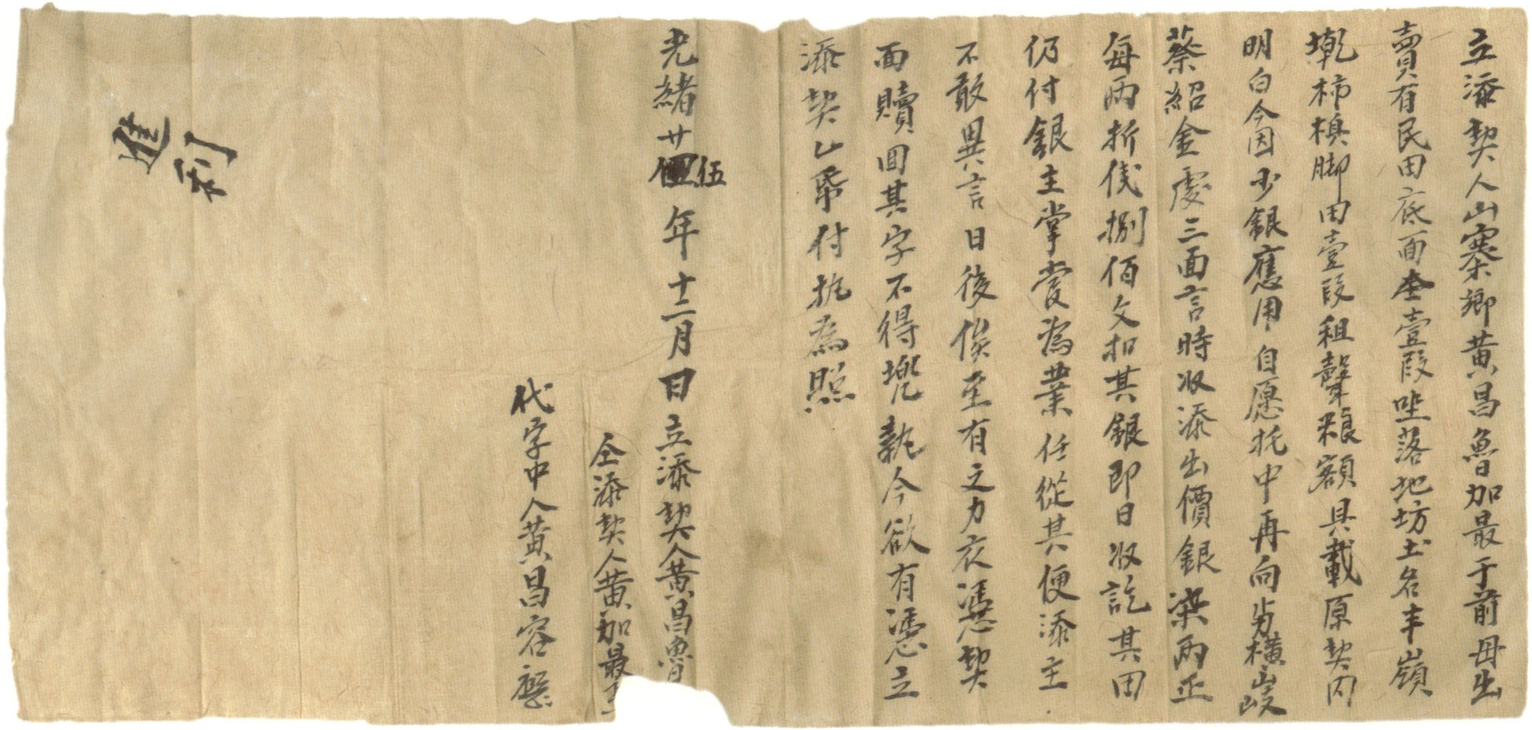

10-6-94-2　清光緒二十五年十二月黃昌魯等立添底面全民田契

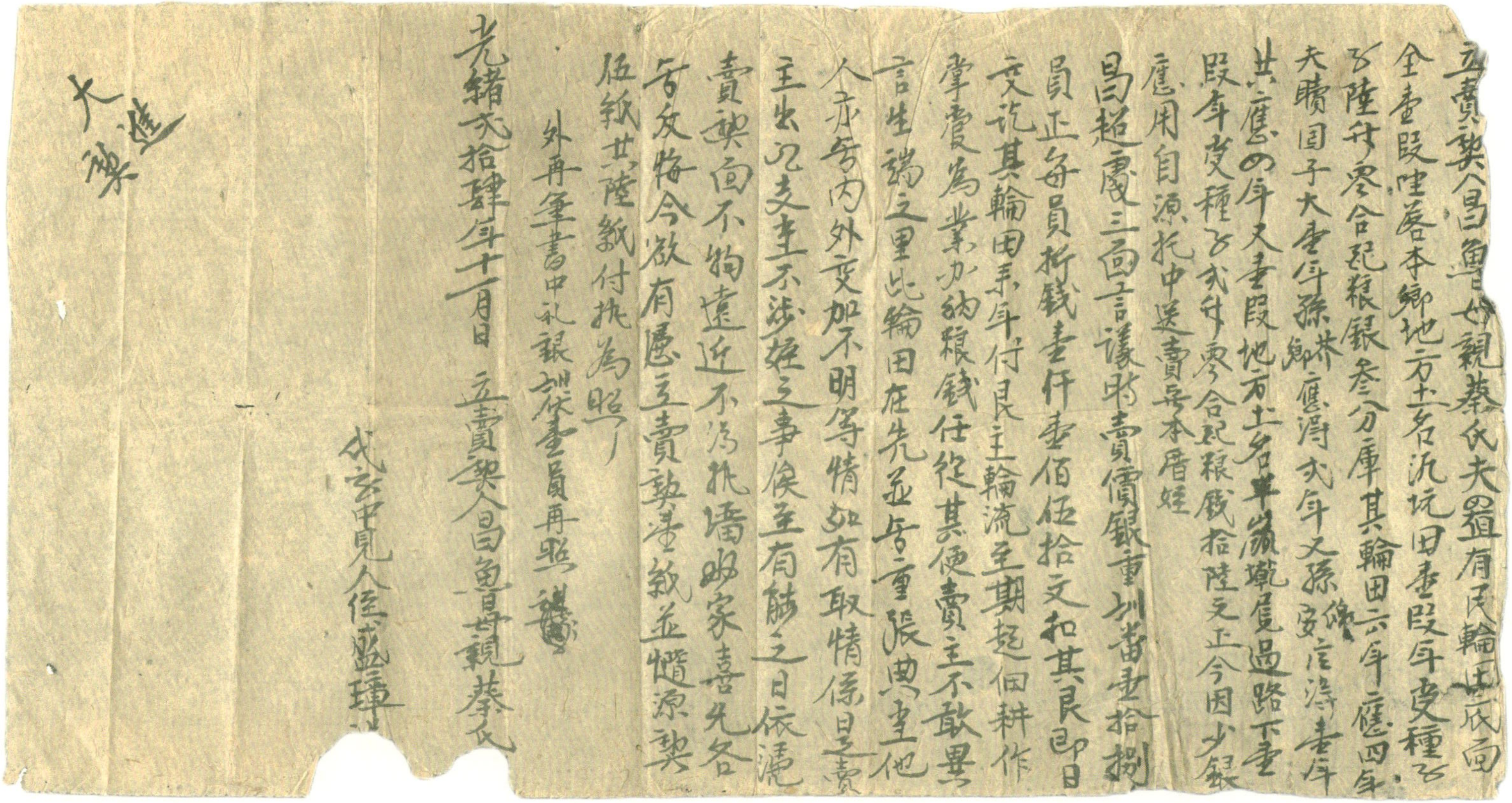
立賣契人昌魯仝母親蔡氏，夫置有民輪田底面
全壹段，坐落本鄉地方土名沆坑，田壹段，年受種子
子陸升零合，配粮銀叁分，庫其輪田六年應四年
夫贖回，子大壹年，孫林鄉應得弍年，又孫安定得壹年
共應四年。又壹段，地方土名草嶺墘，崖過路下，壹
段，年受種子弍升零合，配粮錢拾陸文正。今因少銀
應用，自願托中送賣與本層姪
昌超處，三面言議時賣價銀重洲番壹拾捌
員正，每員折錢壹仟壹佰伍拾文，和其銀即日
交訖。其輪田系年付銀主輪流，至期起佃耕作
掌管為業，办納粮錢，任從其便，賣主不敢異
言生端。之里此輪田在先並無重張典當他
人，亦無內外交加不明等情。如有取情，係昌是賣
主出尾支當，不涉姪之事。俟至有贖之日，依源
賣契面不拘遠近，不得執壻。此家喜允，各
無反悔，今欲有憑，立賣契壹紙並繳源契
伍紙，共陸紙，付執為照。
外再筆書中礼銀訓俵壹員再照。
光緒弍拾肆年十一月日 立賣契人昌魯仝母親蔡氏
代字中見人侄盛瑋
大進契

10-6-95-1 清光緒二十四年十一月黃昌魯母蔡氏立賣底面全民輪田契

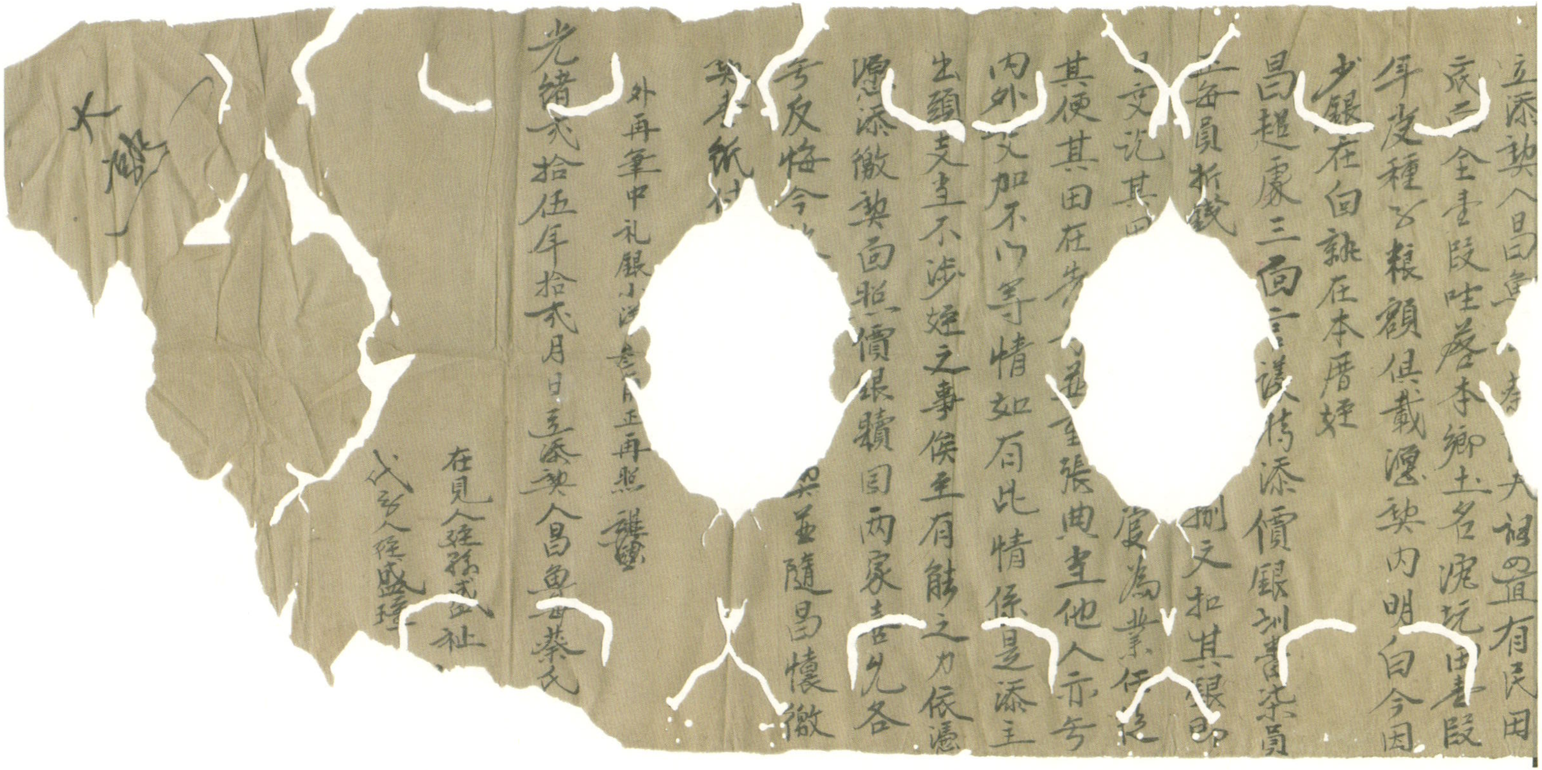

10-6-95-2　清光緒二十五年十二月黄昌魯母蔡氏立添底面全民田契

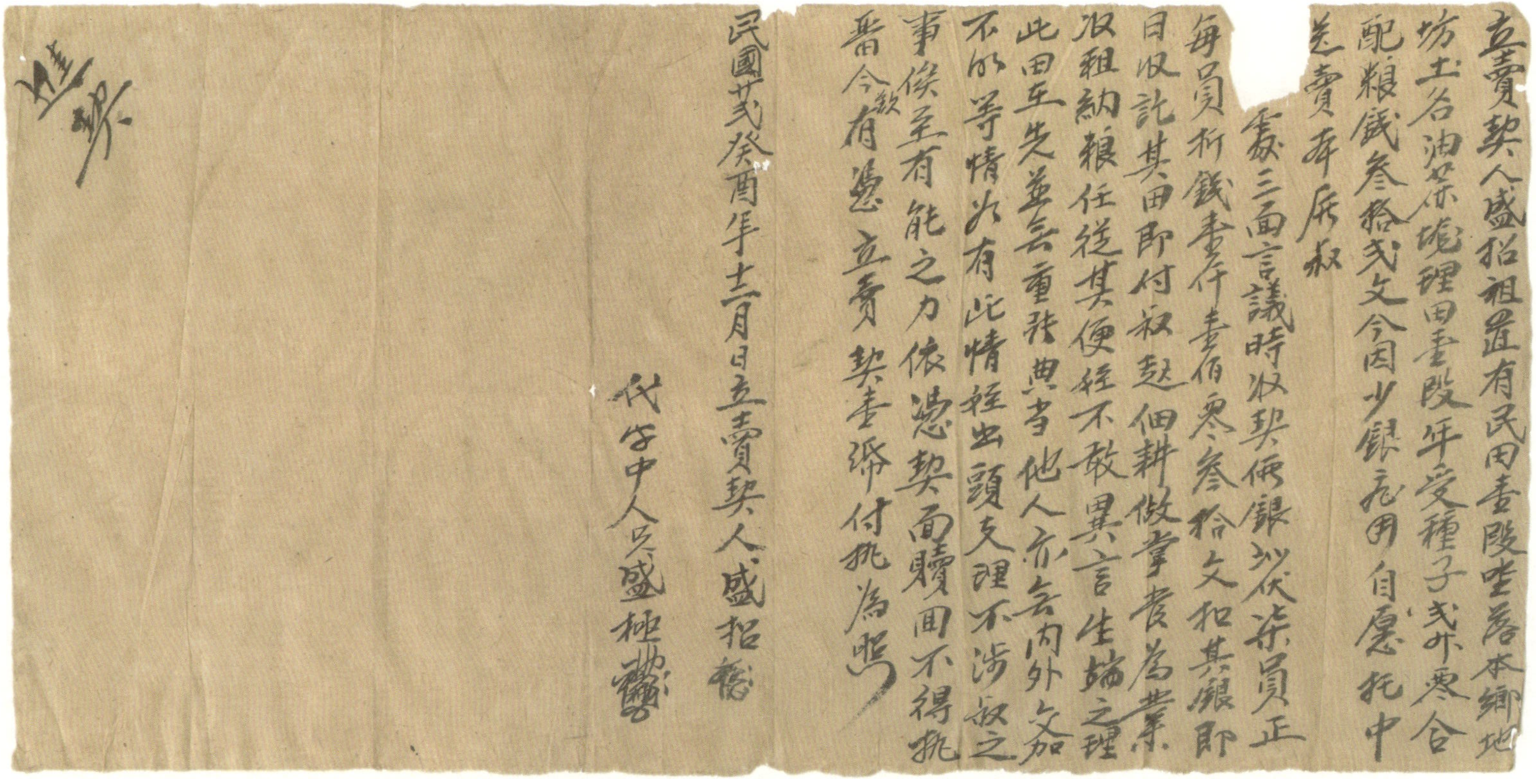
立賣契人盛招祖置有民田壹段坐落本鄉地
坊土名油菜垅理田壹段年受種子弍升零合
配粮錢叁拾弍文今因少銀應用自愿托中
送賣本房叔
處三面言議時收契價銀沙伏柒員正
每員折錢壹仟壹佰零叁拾文和其銀即
日收訖其田即付叔起佃耕做掌管為業
收租納粮任從其便侄不敢異言生端之理
此田至先並無重張典當他人亦無內外人加
不明等情如有此情侄出頭支理不涉叔之
事倘至有能之力依憑契面贖回不得執
留今欲有憑立賣契壹紙付執為照
民國廿弍癸酉年十二月日立賣契人盛招
代字中人兄盛桂
大吉

10-6-96-1　民國二十二年十二月黃盛招立賣民田契

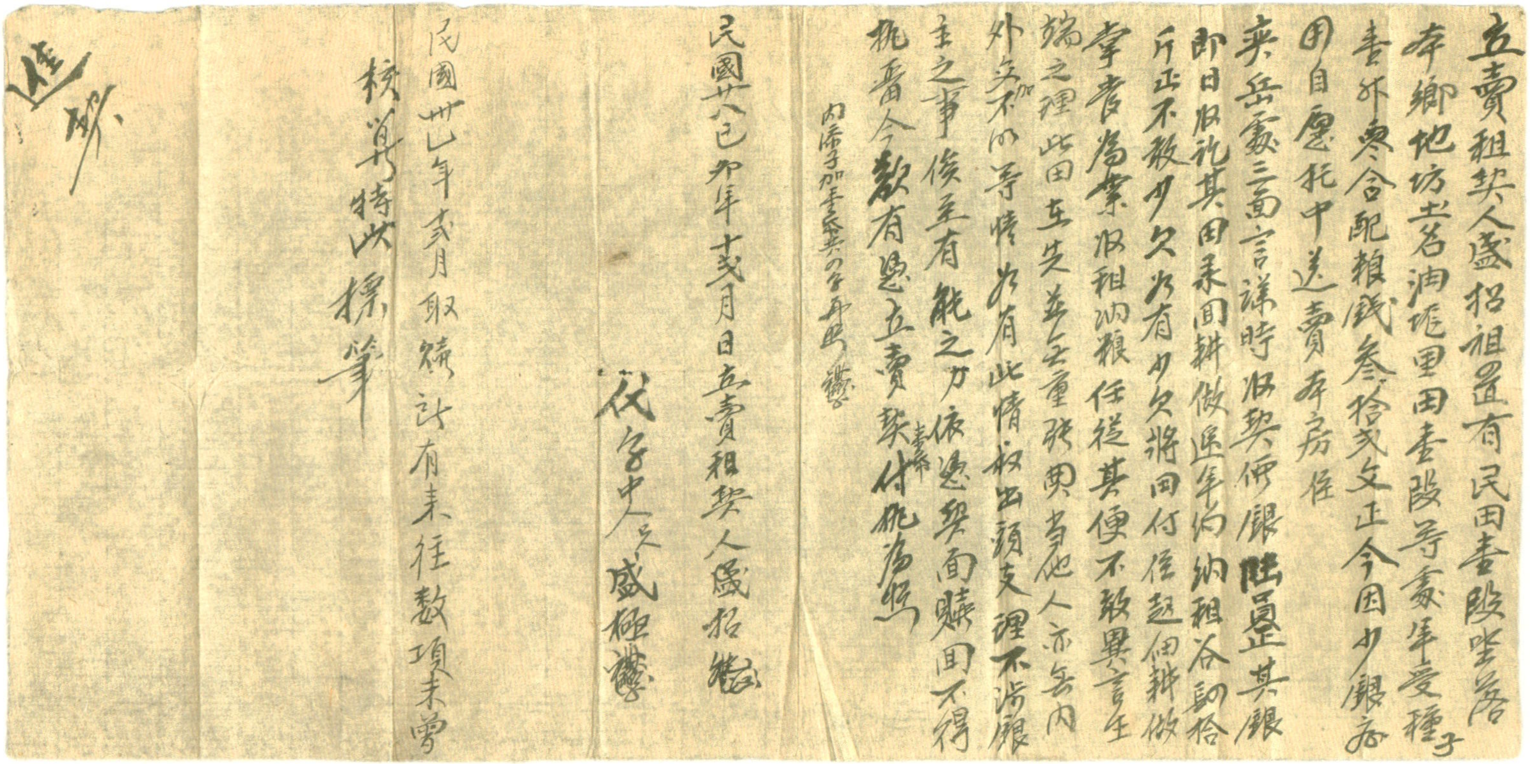
立賣租契人盛招祖置有民田壹段坐落
本鄉地坊土名油堀里田壹段等處年受種子
壹斗叁合配粮錢叁拾弍文正今因乏銀應
用自愿托中送賣本房侄
爽岳處三面言議時值契價銀陆圓正其銀
即日收訖其田来回耕做逐年約納租谷肆拾
斤正不敢少欠如有少欠將田付侄起佃耕做
掌業為業收租納粮任從其便不敢異言生
端之理此田在先並無重張典當他人亦無內
外兄弟叔侄等情如有此情叔出頭支理不涉銀
主之事候至有能之力依照契面贖回不得
執留今欲有憑立賣租契付執為照
內添字加壹字共四字再照
民國廿八己卯年十弍月 日 立賣租契人盛招
代字中人 兄 盛樞
民國卅七年弍月取贖計有未往數項未曾
核算特此標筆
准契

10-6-96-2 民國二十八年十二月黃盛招立賣民田租契

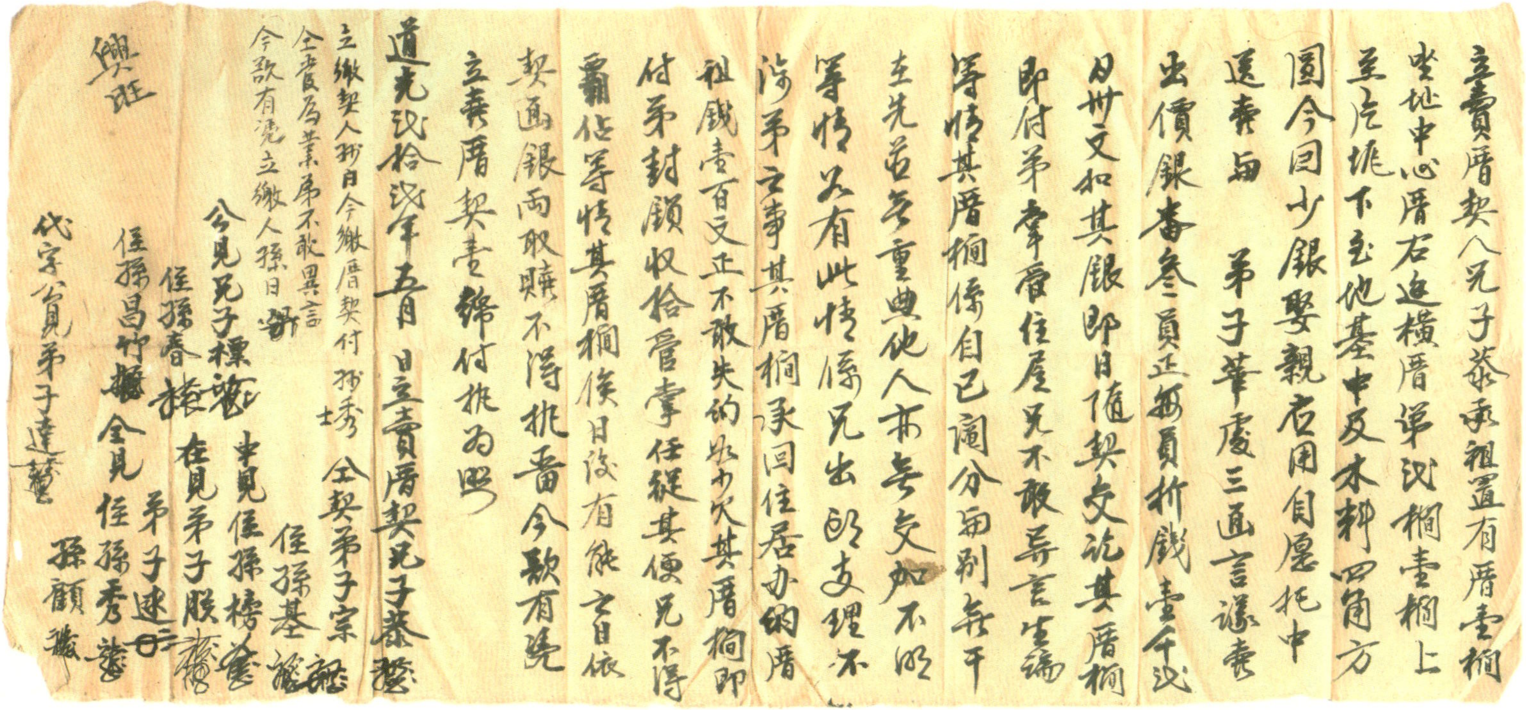
立賣厝契人兄子恭承祖置有厝壹桐
坐址中心厝右邊橫厝單間桐壹桐上
至瓦桃下至地基中及木料四角方
圓今因少銀娶親應用自愿托中
送賣與　弟子華慶三面言議賣
出價銀番叁員正每員折錢壹仟弍
百卅文加其銀即日隨契交訖其厝桐
即付弟掌管住居兄不敢異言生端
等情其厝桐係自己鬮分兩別無干
在先並無重典他人亦無交加不明
等情如有此情係兄出頭支理不
涉弟之事其厝桐承回住居办納厝
租錢壹百文正不敢失約少欠其厝桐即
付弟封鎖收拾管掌任從其便兄不得
覇佔等情其厝桐候日後有能之日依
契面銀兩取贖不得執番今欲有憑
立賣厝契壹紙付執為照
道光弍拾弍年五月　日立賣厝契兄子恭（押）
全契弟子宗（押）
侄孫基（押）
中見侄孫榜（押）
在見弟子服（押）
弟子速（押）
立繳契人孫日今繳厝契付孫秀士
全家爲業弟不敢異言
今欲有憑立繳人孫日（押）
公見兄子標（押）
侄孫春（押）
侄孫昌竹（押）
全見侄孫秀（押）
孫顧（押）
代字公見弟子達（押）
興旺

10-6-97-1　清道光二十二年五月黃子恭等立賣厝契

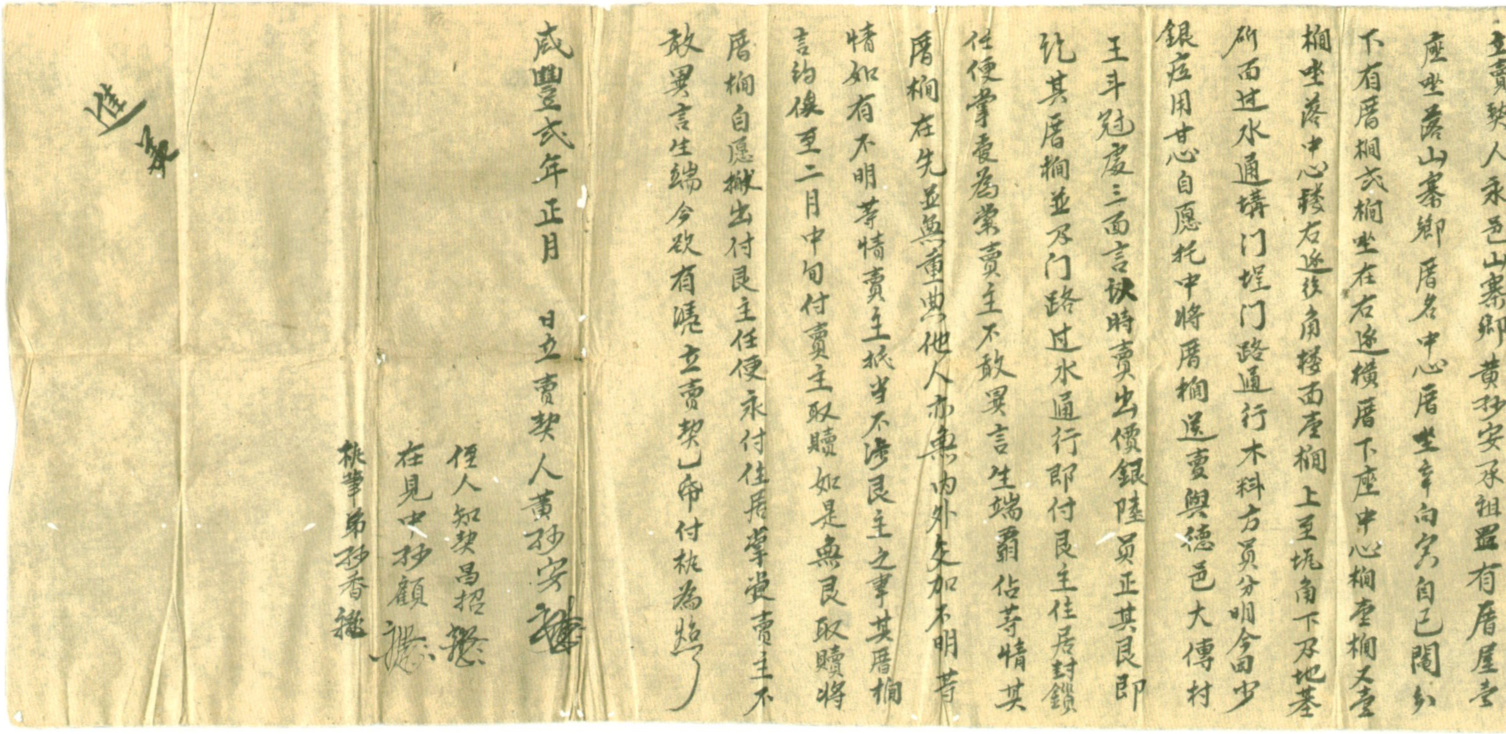

立賣契人永邑山寨鄉黃孫安承祖置有厝屋壹
座坐落山寨鄉厝名中心厝坐辛向乙自己閹分
下有厝榈弍榈坐在右邊橫厝下座中心榈壹榈又壹
榈坐落中心厝右邊後角樓西壹榈上至坑角下及地基
所西过水通壗门埕门路通行木料方員分明今因乏
銀应用甘心自愿托中將厝榈送賣與德邑大傳村
王斗冠處三面言议時賣出價銀陸員正其艮即
讫其厝榈並及门路过水通行即付艮主住居封鎖
任便掌管為業賣主不敢異言生端霸佔等情其
厝榈在先並無重典他人亦無内外交加不明等
情如有不明等情賣主抵当不涉艮主之事其厝榈
言约俟至二月中旬付賣主取贖如是無艮取贖將
厝榈自愿撤出付艮主任便永付住居掌退賣主不
敢異言生端今欲有憑立賣契一帋付執為照

咸豐弍年正月　日立賣契人黃孫安（押）
任人知契昌招（押）
在見中孫顧（押）
執筆弟孫香（押）

進業

10-6-97-2　清咸豐二年正月黃孫安立賣厝屋契

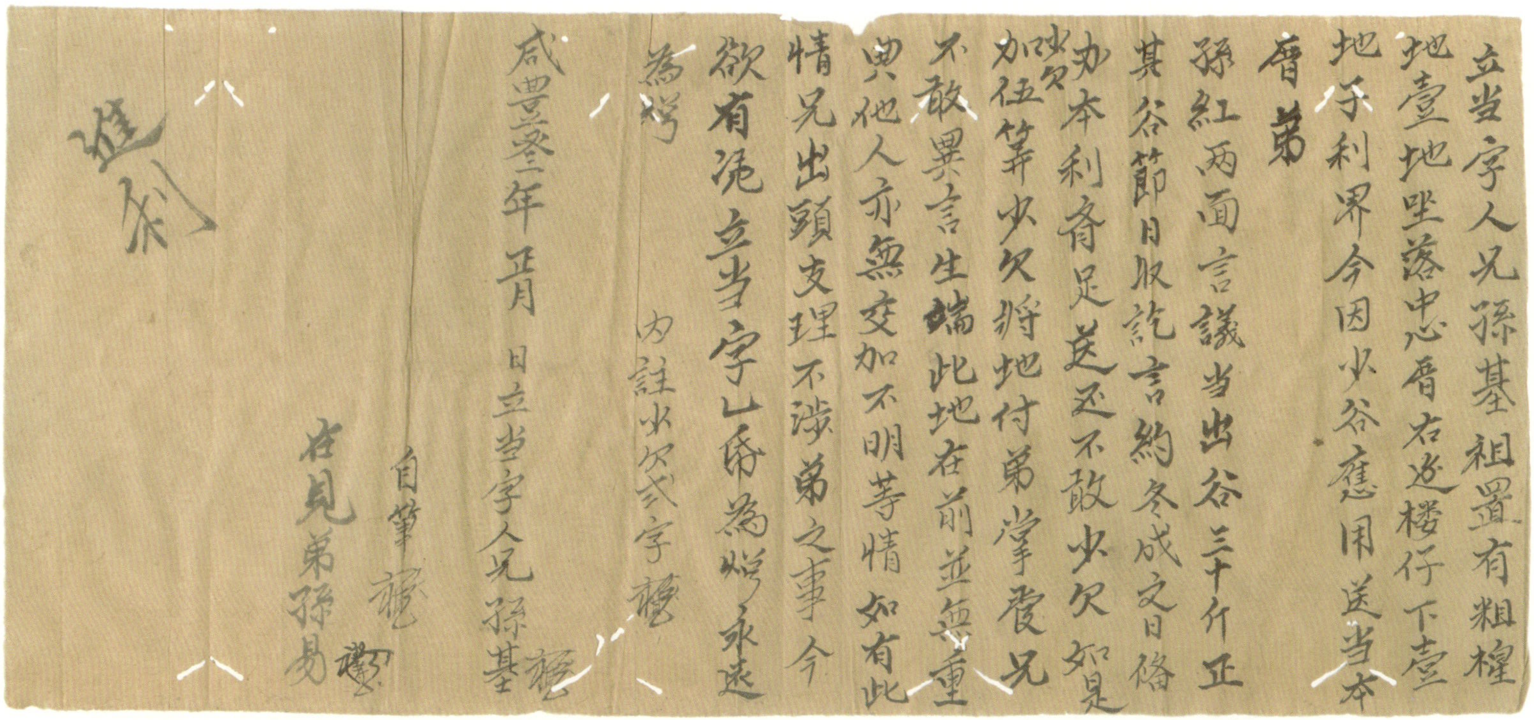

立当字人兄孫基祖置有粗𡋾
地壹地坐落中心厝右边楼仔下壹
地于利界今因少谷應用送当本
厝弟
孫紅兩面言議当出谷三十斤正
其谷節日取訖言約冬成交日倍
办本利齊足送还不敢少欠如是
加伍算少欠將地付弟掌管兄
不敢異言生端此地在前並無重
典他人亦無交加不明等情如有此
情兄出頭支理不涉弟之事今
欲有凭立当字山紙為照永远
為照
内註少欠弍字
咸豐叁年正月　日立当字人兄孫基
自筆
在見弟孫易
進利

10-6-97-3　清咸豐三年正月黃孫基立當粗𡋾地字

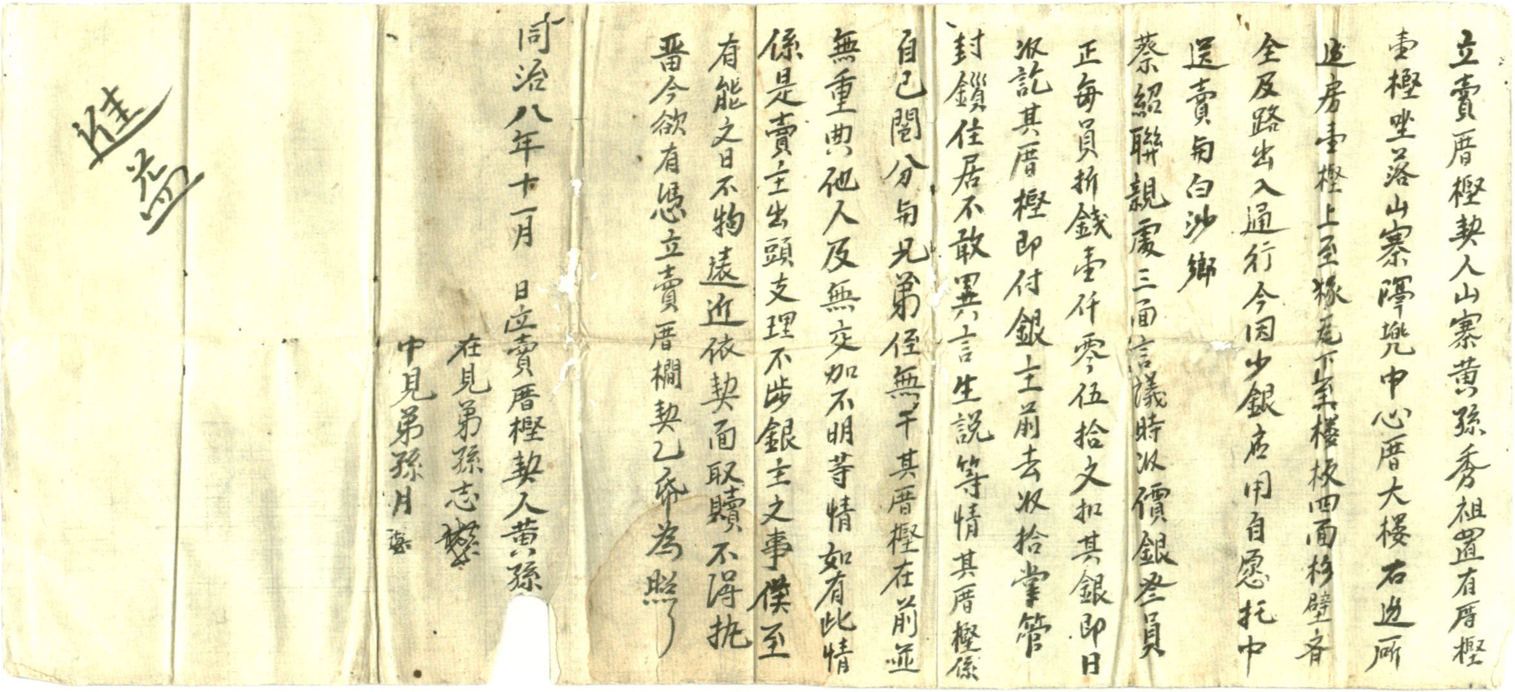
立賣厝樫契人山寨黃孫秀祖置有厝樫
壹樫坐落山寨潭墘中心厝大樓右邊廁
邊房壹樫上至椽瓦下至樓枚四面移壁合
全及路出入通行今因少銀応用自愿托中
送賣與白沙鄉
蔡紹聯親處三面言議時收價銀叁員
正每員折錢壹仟零伍拾文扣其銀即日
收訖其厝樫即付銀主前去收拾掌管
封鎖住居不敢異言生說等情其厝樫係
自己閹分與兄弟侄無干其厝樫在前並
無重典他人及無交加不明等情如有此情
係是賣主出頭支理不涉銀主之事僕至
有能之日不拘遠近依契面取贖不得執
番今欲有憑立賣厝樫契乙帋為照

同治八年十一月　日立賣厝樫契人黃孫
在見弟孫志
中見弟孫月

10-6-97-4　清同治八年十一月黃孫秀立賣厝樫契

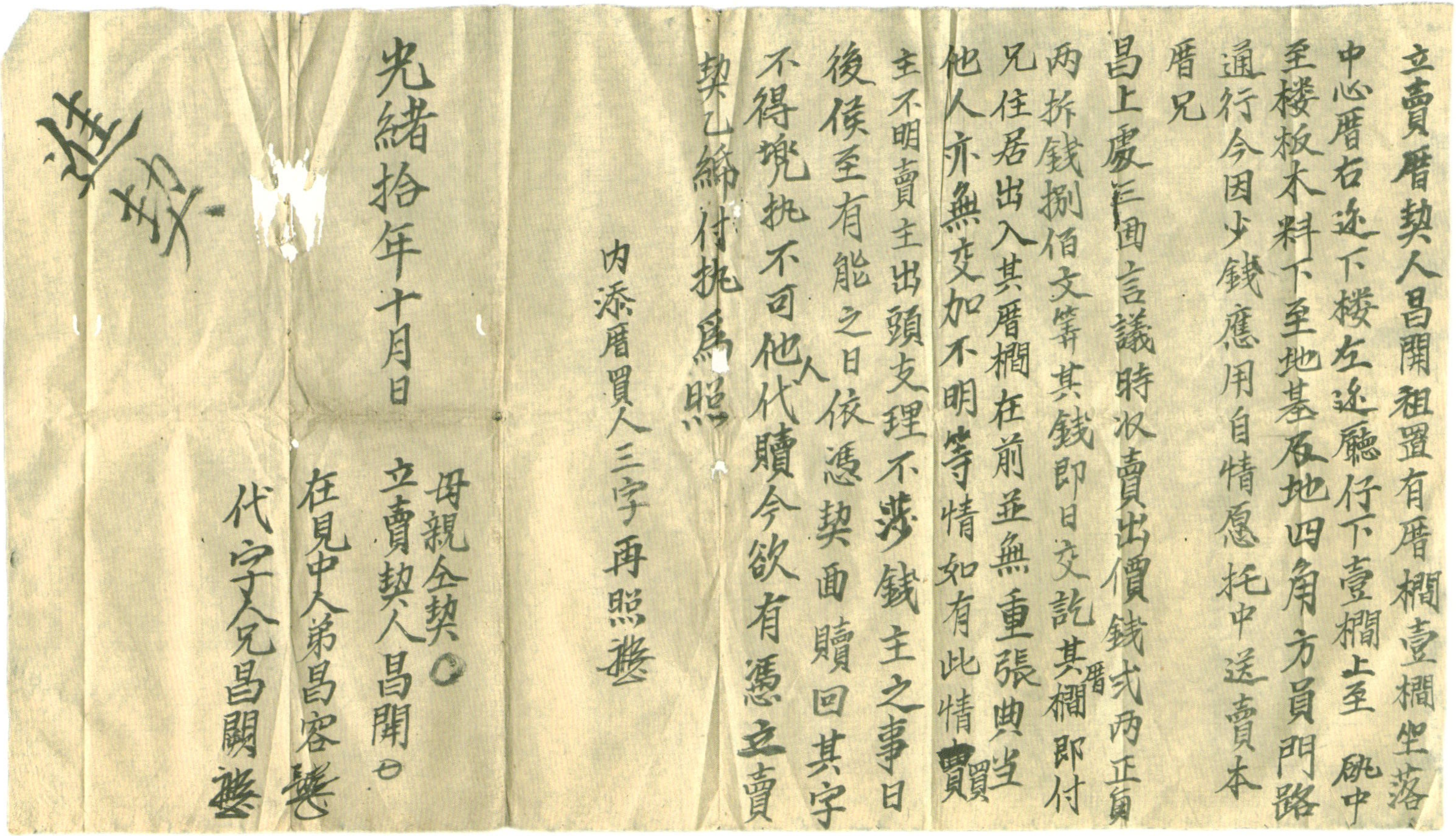
立賣厝契人昌開祖置有厝𥴑壹𥴑坐落
中心厝右迸下樓左迸廳仔下壹𥴑上至砒中
至樓板木料下至地基及地四角方員門路
通行今因少錢應用自情愿托中送賣本
厝兄
昌上處三面言議時收賣出價錢弍兩正角
兩拆錢捌佰文箅其錢即日交訖其厝𥴑即付
兄住居出入其厝𥴑在前並無重張典当
他人亦無交加不明等情如有此情賣
主不明賣主出頭支理不涉錢主之事日
後侯至有能之日依憑契面贖回其字
不得挽执不可他人代贖今欲有憑立賣
契乙紙付执爲照
内添厝買人三字再照
光緒拾年十月日
母親仝契
立賣契人昌開
在見中人弟昌容
代字人兄昌闕
推契

10-6-97-5　清光緒十年十月黄昌開等立賣厝𥴑契

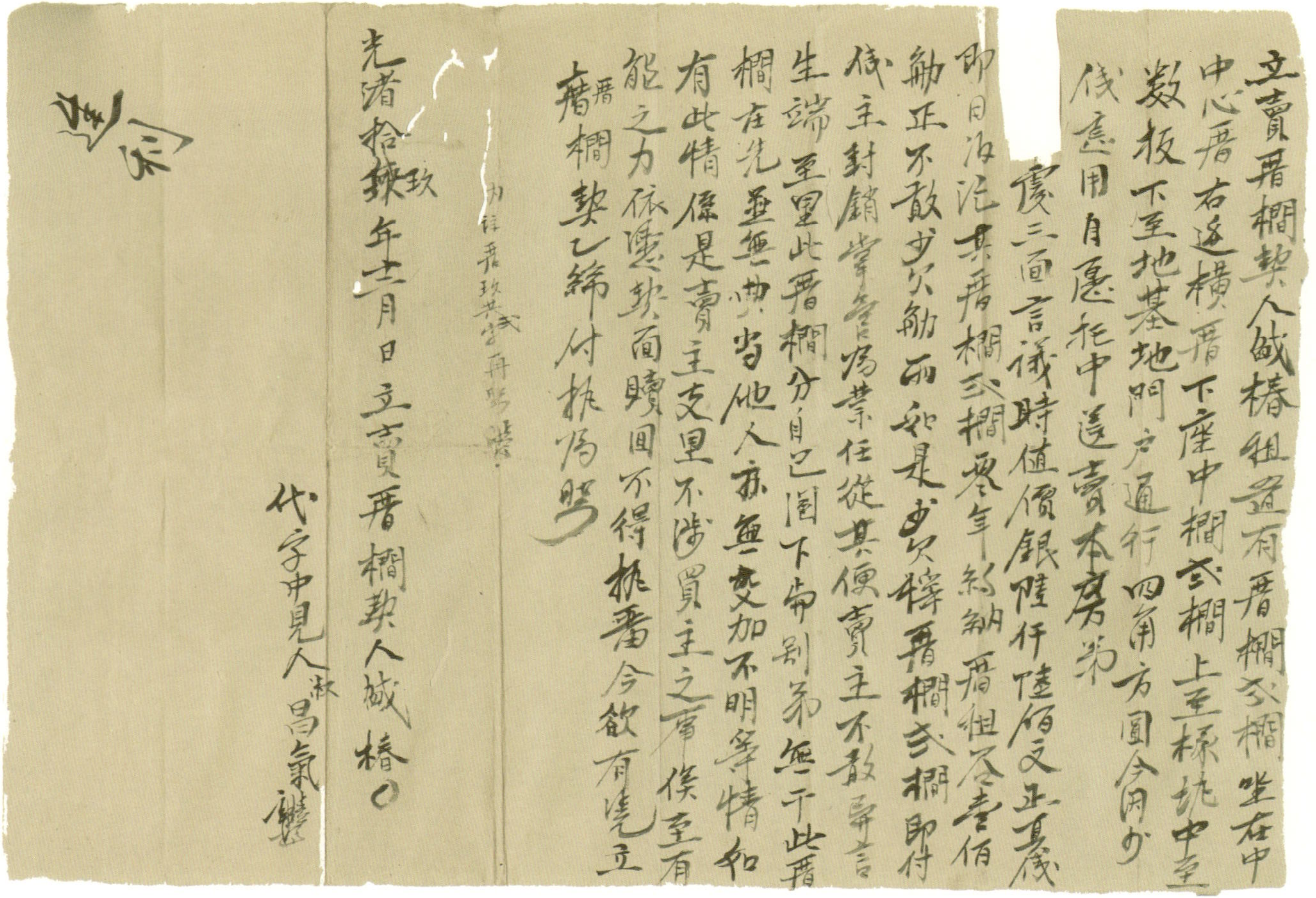
立賣厝榈契人盛椿，祖遺有厝榈弍榈，坐在中
中心厝右邊橫厝下座中榈弍榈，上至椽桷，中至
數板，下至地基地，門戶通行，四角方圓。今因乏
錢應用，自愿托中送賣本房弟
慶三面言議，時值價銀陸仟陸佰文正，其錢
即日收訖。其厝榈弍榈要年納厝租谷壹佰
觔正，不敢少欠，如所少欠，將厝榈弍榈即付
錢主封鎖，掌管為業，任從其便，賣主不敢異言
生端。並聲此厝榈分自己閣下分，別房無干。此厝
榈在先並無典當他人，亦無交加不明等情，如
有此情，係是賣主支理，不涉買主之事。候至有
能之力，依憑契面贖回，不得執留。今欲有憑，立
賣厝榈契乙紙付執為照。
內註弄玖共字再照。
光緒拾玖年十二月日立賣厝榈契人盛椿
代字中見人淑昌氣

10-6-97-6　清光緒十九年十二月黃盛椿立賣厝榈契

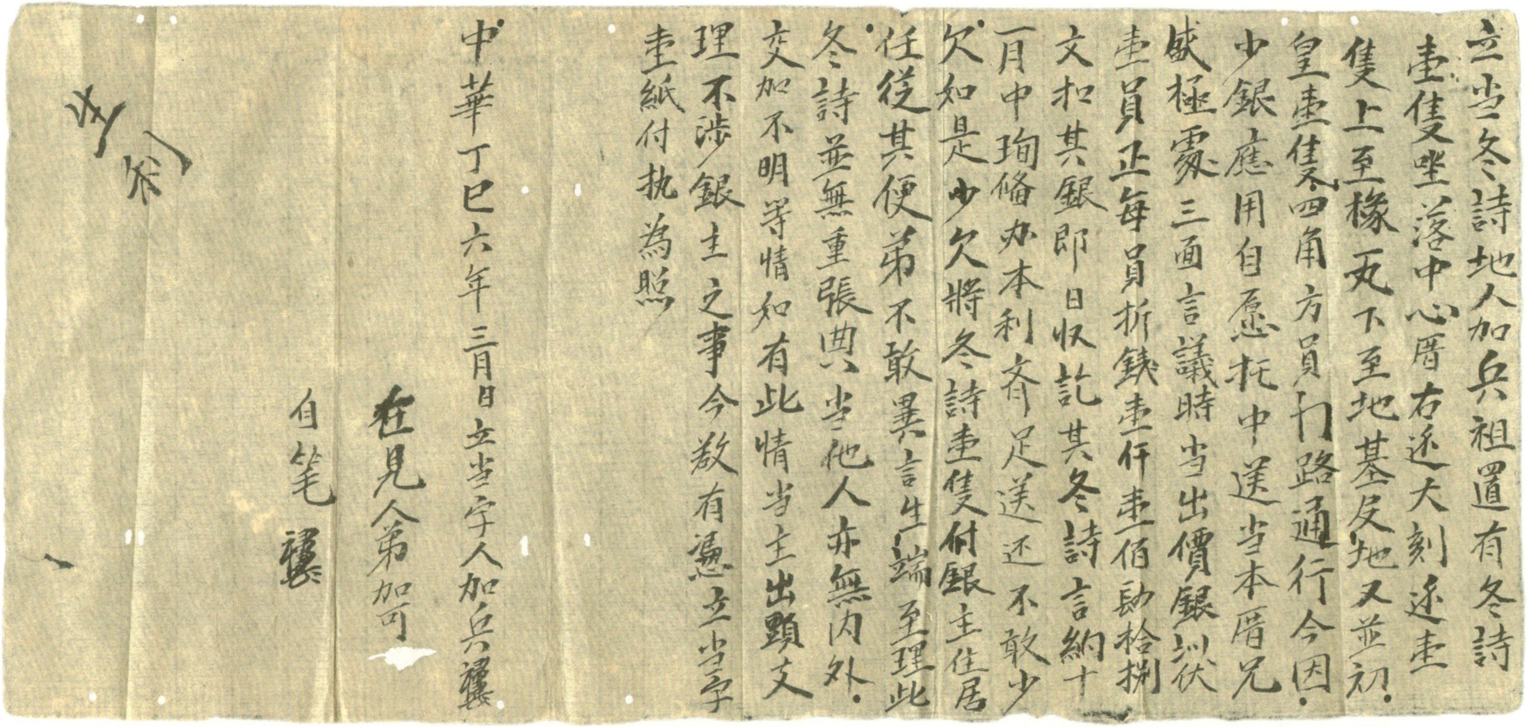
立当冬詩地人加兵祖置道有冬詩
壹隻坐落中心厝右边大刻边壹
隻上至椽瓦下至地基及地又並初
皇壹隻四角方員打路通行今因
少銀應用自愿托中送当本厝兄
敀極處三面言議時当出價銀[illegible]伙
壹員正每員折錢壹仟壹佰肋拾捌
文和其銀即日收訖其冬詩言納十
一月中珣備办本利齊足送还不敢少
欠如是少欠將冬詩壹隻付銀主住居
任從其便弟不敢異言生端至理此
冬詩並無重張典当他人亦無內外
交加不明等情如有此情当主出頭文
理不涉銀主之事今欲有憑立当字
壹紙付執為照

中華丁巳六年三月　日立当字人加兵𥧱

在見人弟加可

自笔𥧱

10-6-97-7　民國六年三月黃加兵立當冬詩地字

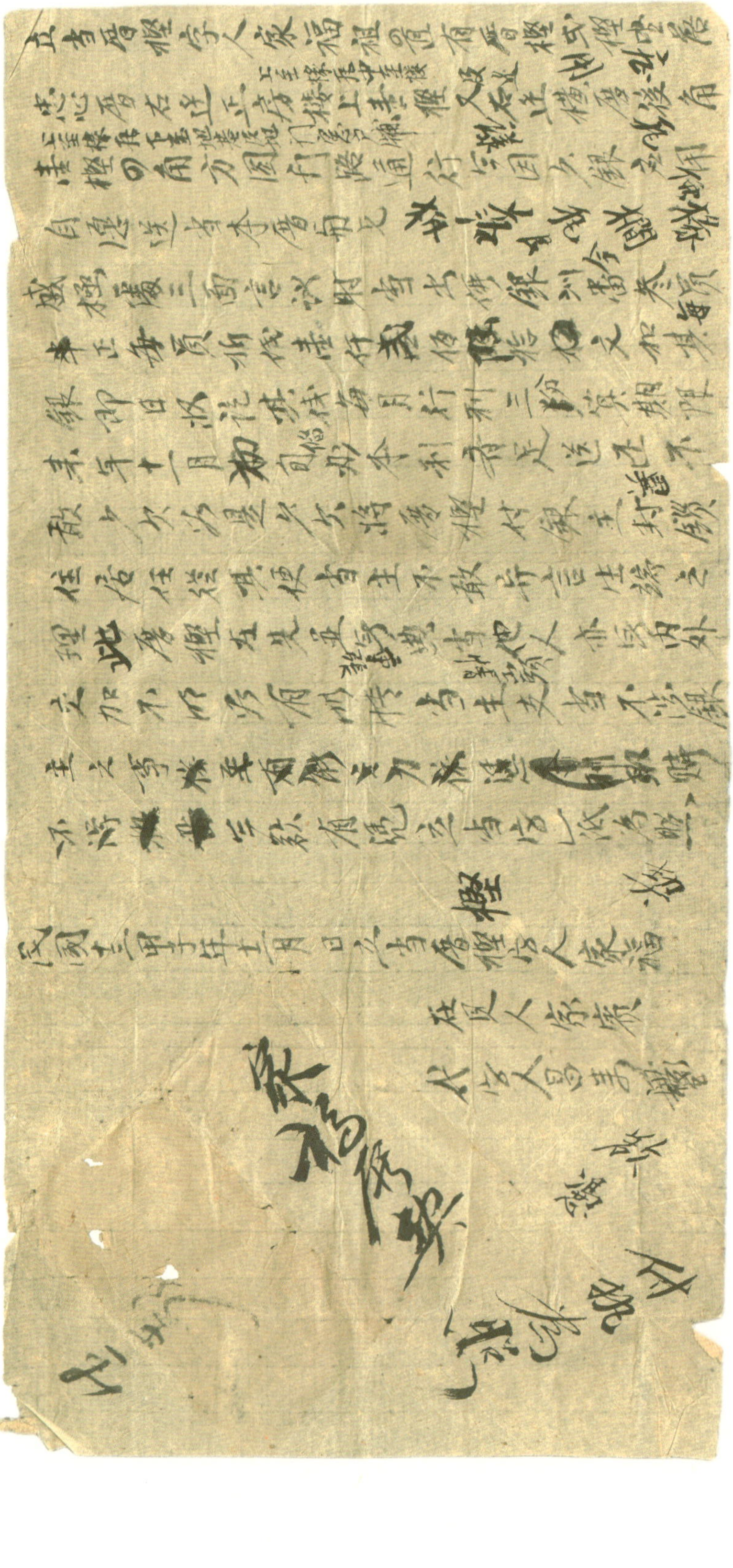

10-6-97-8　民國十三年十二月黃家福立當厝樫字（草契）

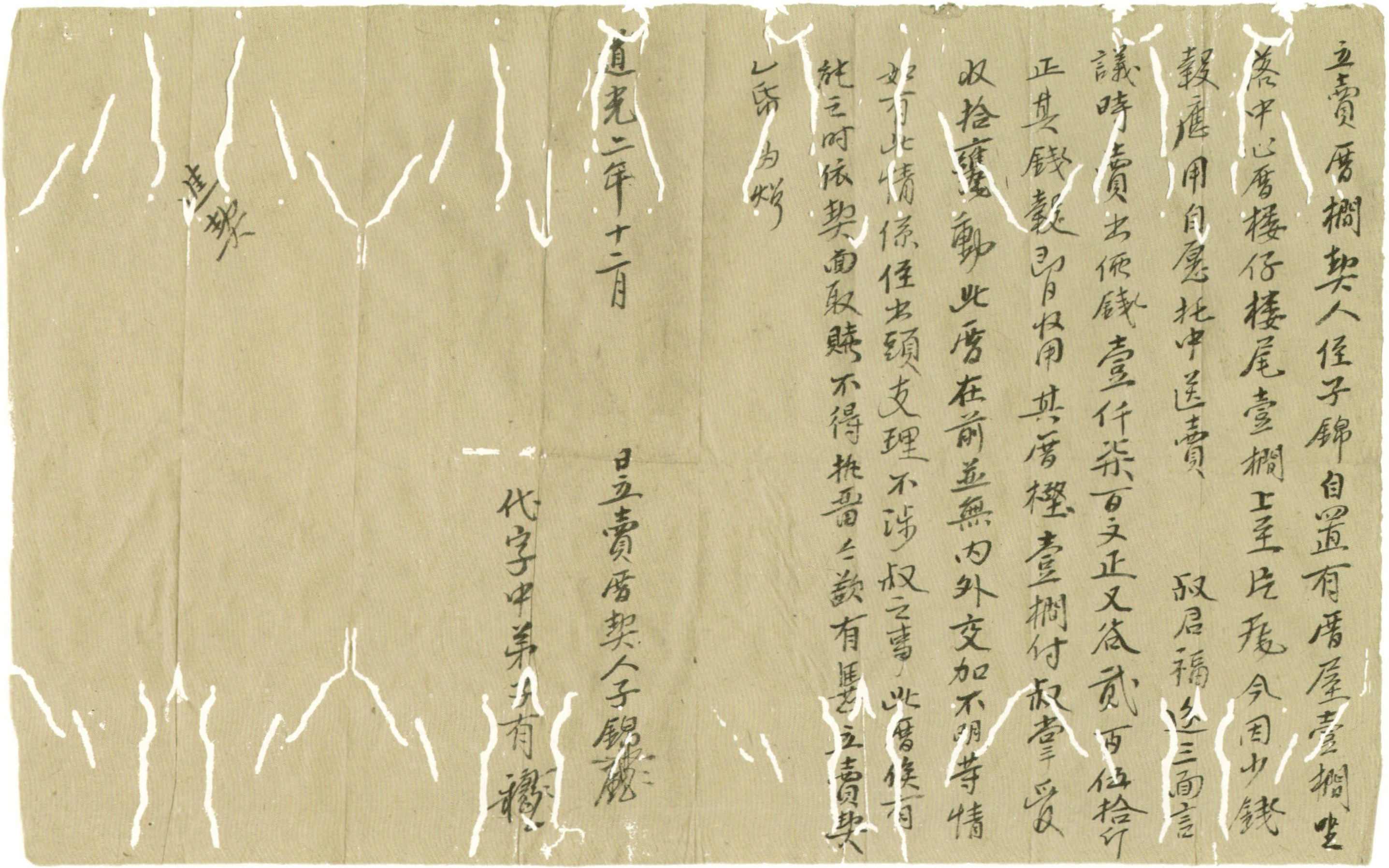

立賣厝棡契人侄子錦自置有厝屋壹棡坐
落中心厝樓仔樓尾壹棡上至片瓦今因少錢
穀應用自愿托中送賣 叔启福边三面言
議時賣出價錢壹仟柒百文正又岔貳百伍拾仃
正其錢穀即日收用其厝樑壹棡付叔掌受
收拾[illegible]動此厝在前並無內外交加不明等情
如有此情係侄出頭支理不涉叔之事此厝俟有
能之时依契面取贖不得執留今欲有憑立賣契
乙紙為炤
道光二年十二月 日立賣厝契人子錦
代字中弟[illegible]有
[illegible]契

10-6-98-1 清道光二年十二月黃子錦立賣厝棡契

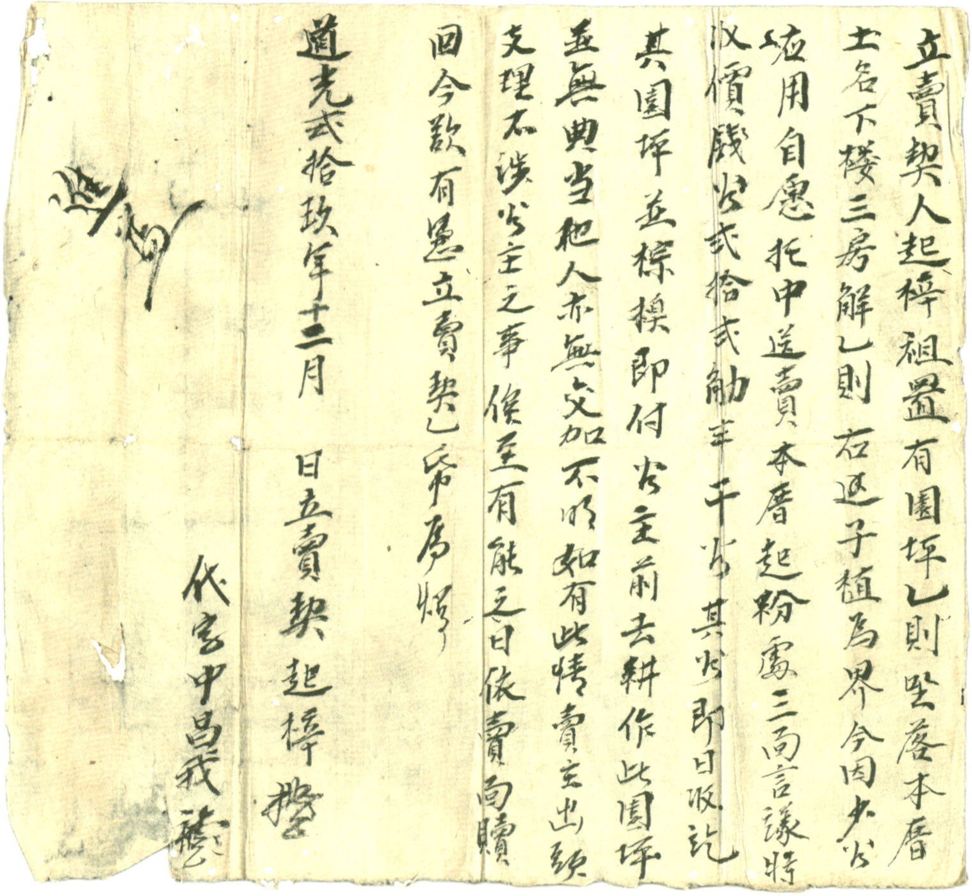
立賣契人起梓祖置有園坪乙則坐落本厝
土名下樓三房解乙則右至子植為界今因乏錢
应用自愿托中送賣本厝起粉處三面言議將
議價錢錢弍拾弍觔半千文其錢即日收訖
其園坪并檫模即付錢主前去耕作此園坪
并無典当他人亦無交加不明如有此情賣主出頭
支理不涉錢主之事候至有能之日依賣面贖
回今欲有憑立賣契乙帋為照
道光弍拾玖年十二月　日立賣契起梓押
代字中昌栽押

10-6-98-2　清道光二十九年十二月黃起梓立賣園坪契

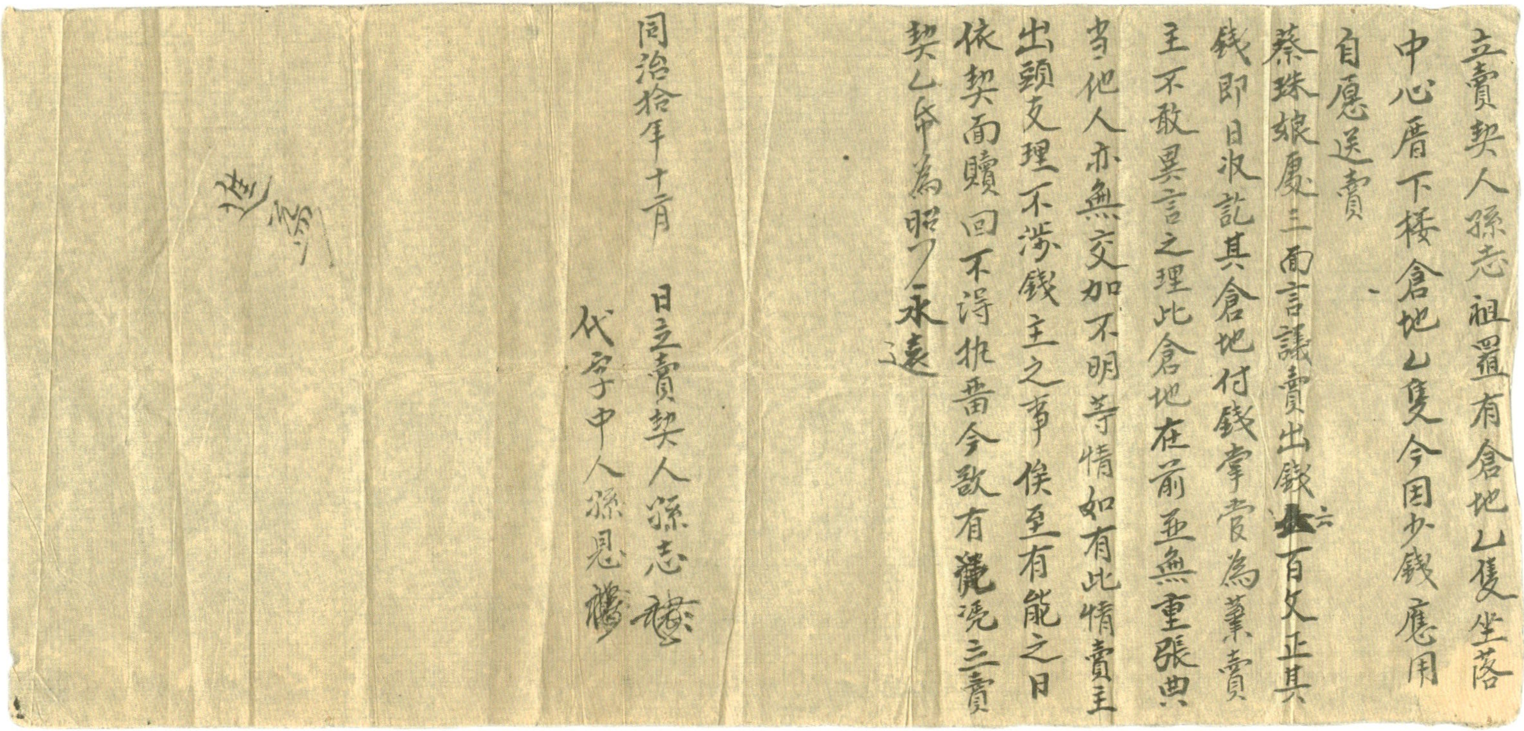

立賣契人孫志祖置有倉地山隻坐落
中心厝下樓倉地山隻今因少錢應用
自愿送賣
蔡珠娘處三面言議賣出錢六百文正其
錢即日收訖其倉地付錢主管為業賣
主不敢異言之理此倉地在前並無重張典
當他人亦無交加不明等情如有此情賣主
出頭支理不涉錢主之事俟至有能之日
依契面贖回不得執番今欲有憑立賣
契山爲照〻永遠

同治拾年十二月　日立賣契人孫志（押）
代字中人孫恩（押）

10-6-98-3　清同治十年十二月黄孫志立賣倉地契

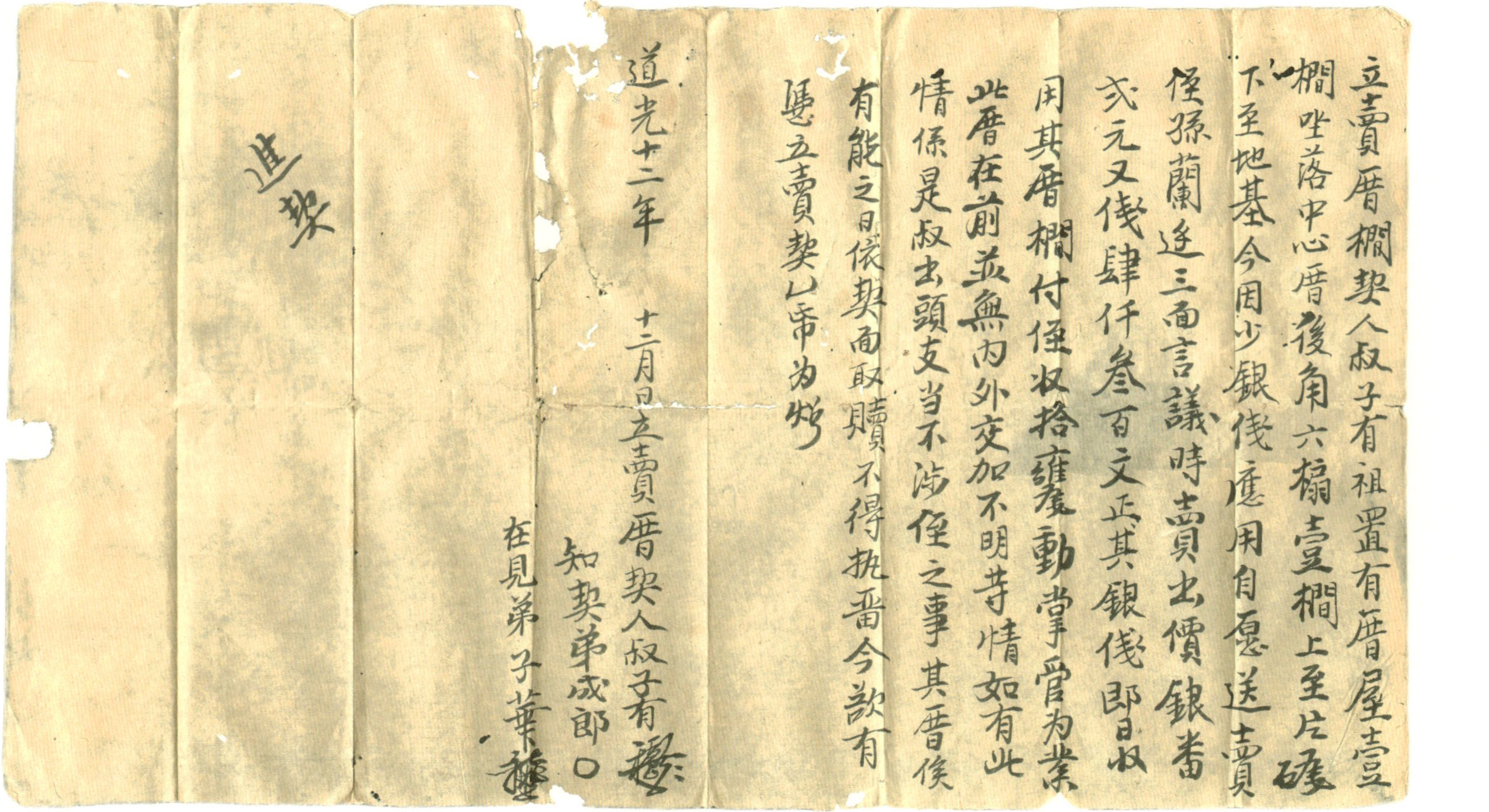
立賣厝榍契人叔子有祖置有厝屋壹
榍坐落中心厝後角六榍壹榍上至片磚
下至地基今因少銀錢應用自愿送賣
侄孫蘭送三面言議時賣出價銀番
弍元又錢肆仟叁百文正其銀錢即日收
用其厝榍付侄收拾壅動掌管為業
此厝在前並無內外交加不明等情如有此
情係是叔出頭支当不涉侄之事其厝倏
有能之日依契面取贖不得执留今欲有
憑立賣契一帋為炤
道光十二年 十二月 日立賣厝契人叔子有（押）
知契弟成郎 ○
在見弟子葉（押）
進契

10-6-99-1　清道光十二年十二月黄子有立賣厝榍契

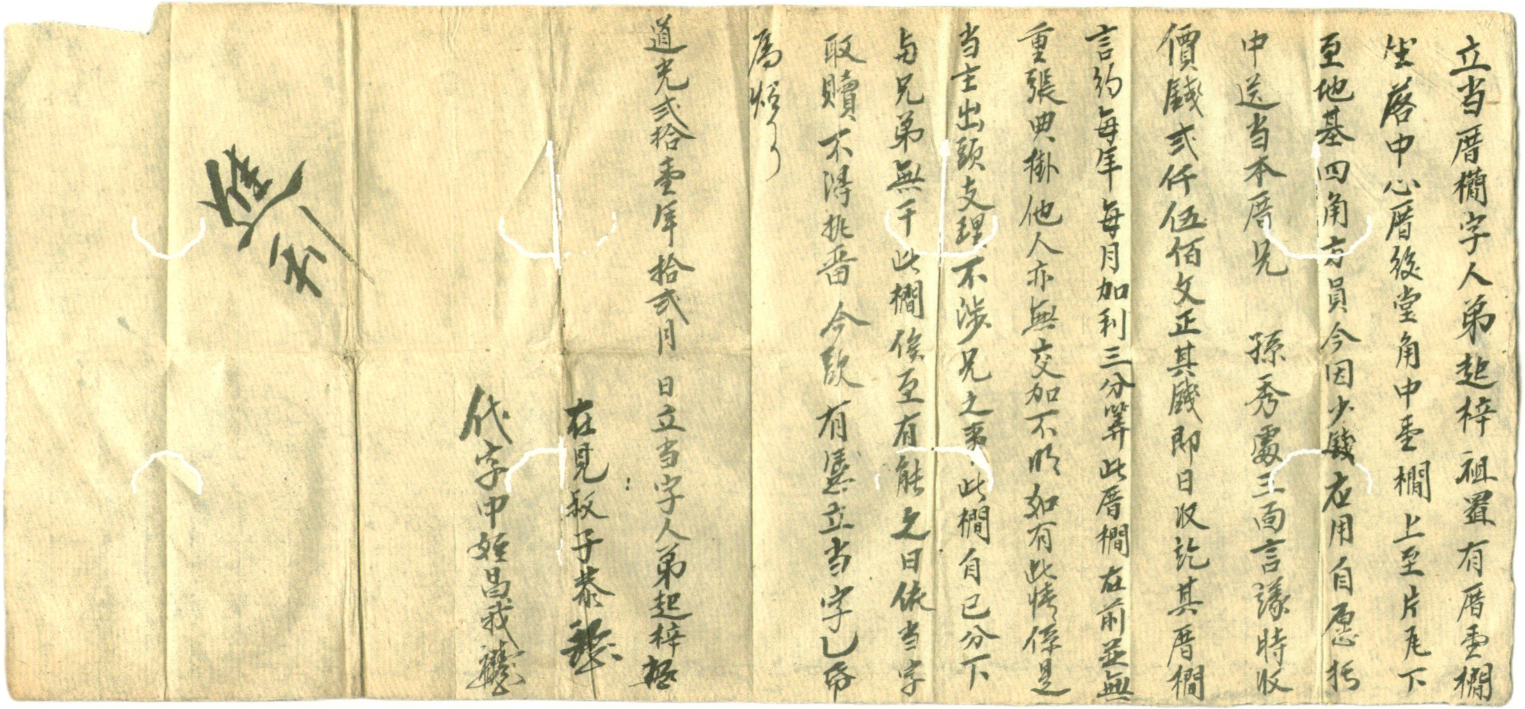

立当厝棡字人弟起梓，祖置有厝壹棡，坐落中心厝後堂角中壹棡，上至片尾，下至地基，四角方員。今因少錢应用，自愿托中送当本厝兄孫秀處，三面言議，時收價錢弍仟伍佰文正，其錢即日收訖。其厝棡言約每年每月加利三分算。此厝棡在前並無重張典掛他人，亦無交加不明，如有此情，係是当主出頭支理，不涉兄之事。此棡自己分下，与兄弟無干。此棡係至有能之日，依当字取贖，不得推留。今欲有憑，立当字一帋為炤。

道光弍拾壹年拾弍月　日立当字人弟起梓（押）

在見叔子恭（押）

代字中姪昌義（押）

10-6-99-2　清道光二十一年十二月黄起梓立當厝棡字

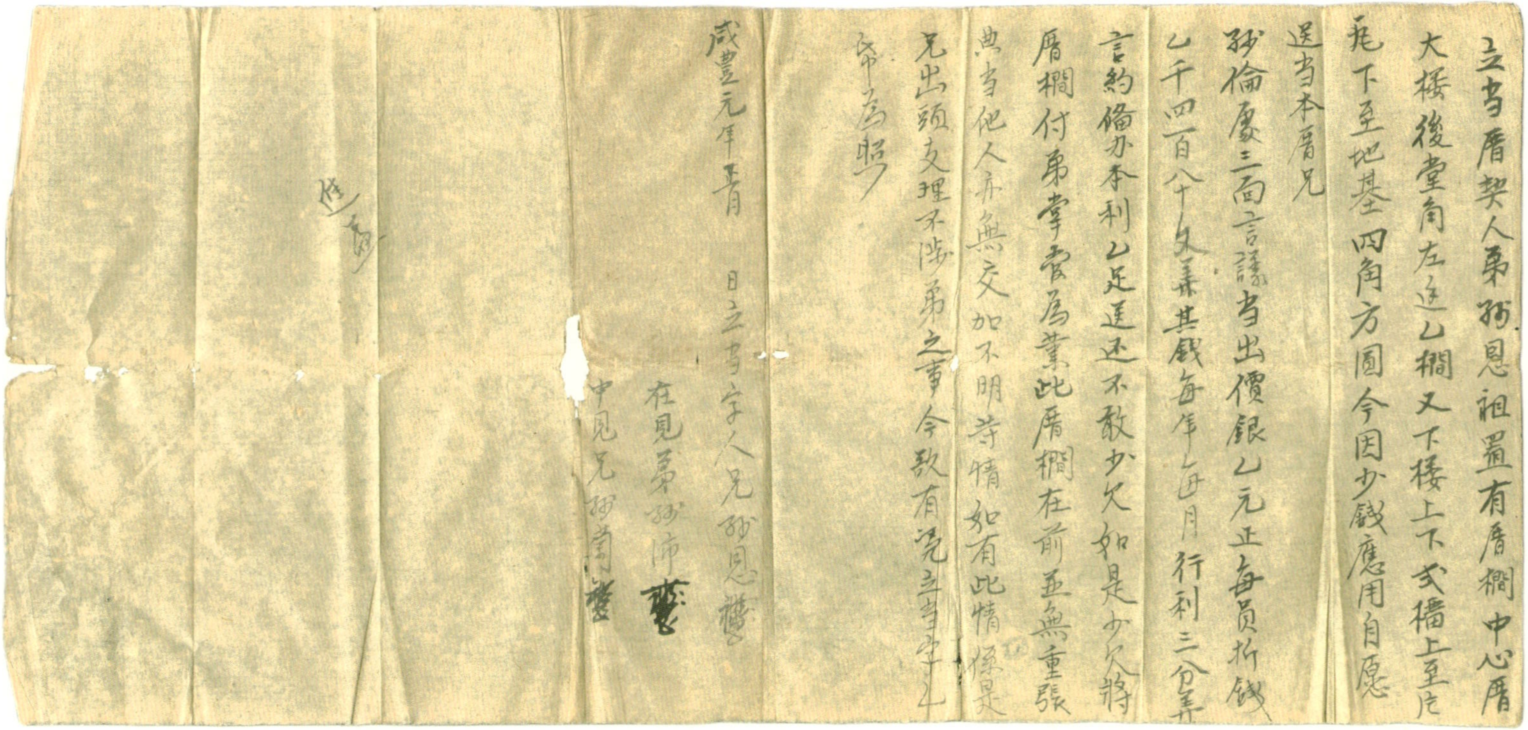
立当厝契人黄孫恩祖置有厝棡中心厝
大樓後堂角左边乙棡又下樓上下弍槽上至片
瓦下至地基四角方圓今因少錢應用自愿
送当本厝兄
孫倫處三面言議当出價銀乙元正每員折錢
乙千四百八十文其錢每年正月行利三分算
言約倫办本利乙足送还不敢少欠如是少欠將
厝棡付弟掌管居業此厝棡在前並無重張
典当他人亦無交加不明等情如有此情係是
兄出頭支理不涉弟之事今欲有憑立当字乙
紙為照
咸豐元年正月　日立当字人兄孫恩
在見弟孫沛
中見兄孫蘭

10-6-99-3　清咸豐元年正月黃孫恩立當厝棡契

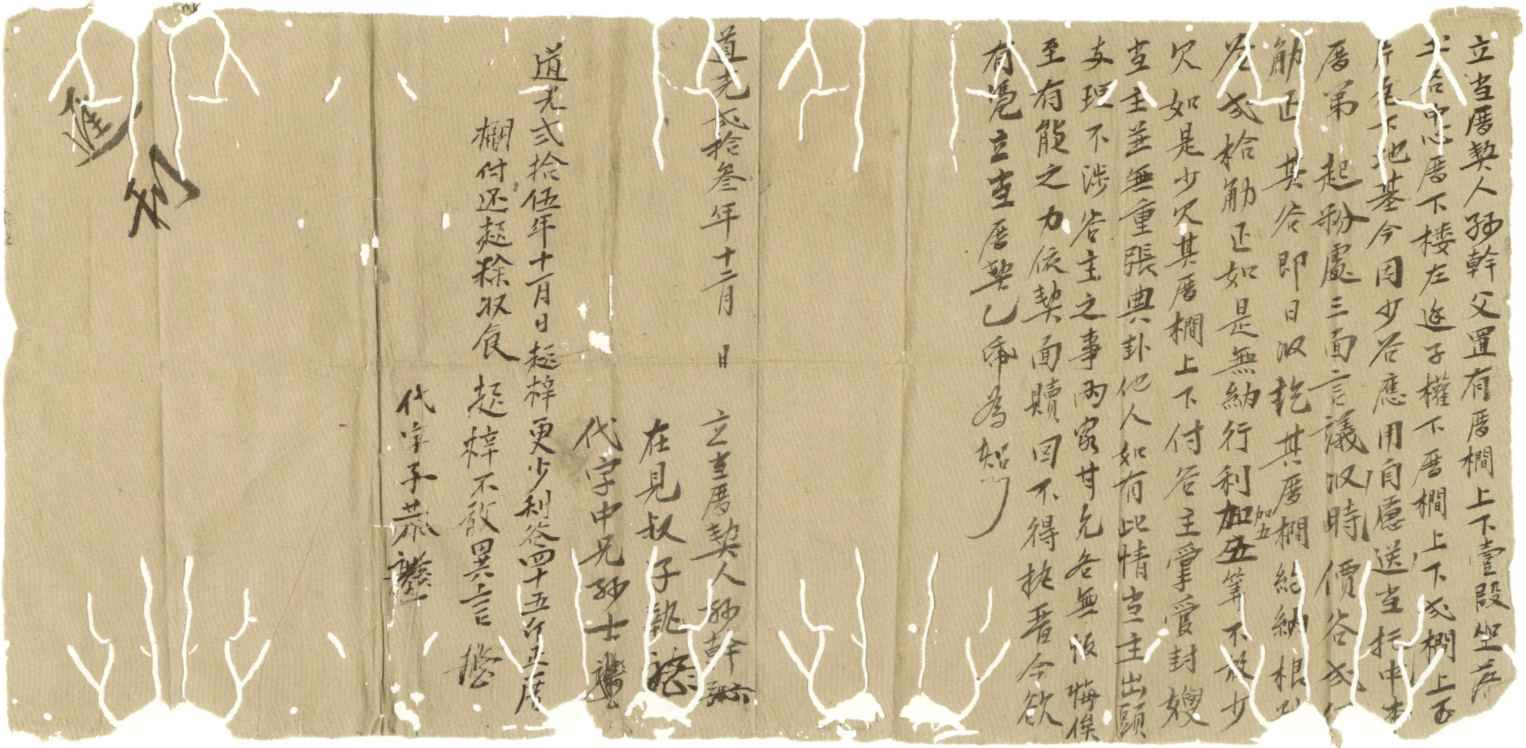
立當厝契人孫幹父置有厝㮏上下壹段坐産
土名[illegible]厝下樓左邊子權下厝㮏上下弍㮏上至
[illegible]下地基今因乏谷應用自愿送當托中
厝弟起秋處三面言議以時價谷弍[illegible]
觔正其谷即日收訖其厝㮏[illegible]納根[illegible]
谷弍拾觔正如是無納行利加五算不敢少
欠如是少欠其厝㮏上下付谷主掌管封嬗
當主並無重張典卦他人如有此情當主出頭
支理不涉谷主之事兩家甘允各無反悔保
至有能之力依契面贖回不得抵塞今欲
有憑立當厝契乙紙爲照
道光弍拾叁年十二月　日　立當厝契人孫幹
在見叔子龍
代字中兄孫士
道光弍拾伍年十月日起棹更少利谷四十五斤其厝
㮏付还起棹收食　起棹不敢異言
代字手[illegible]

10-6-100-1　清道光二十三年十二月黄孫幹立當厝㮏契

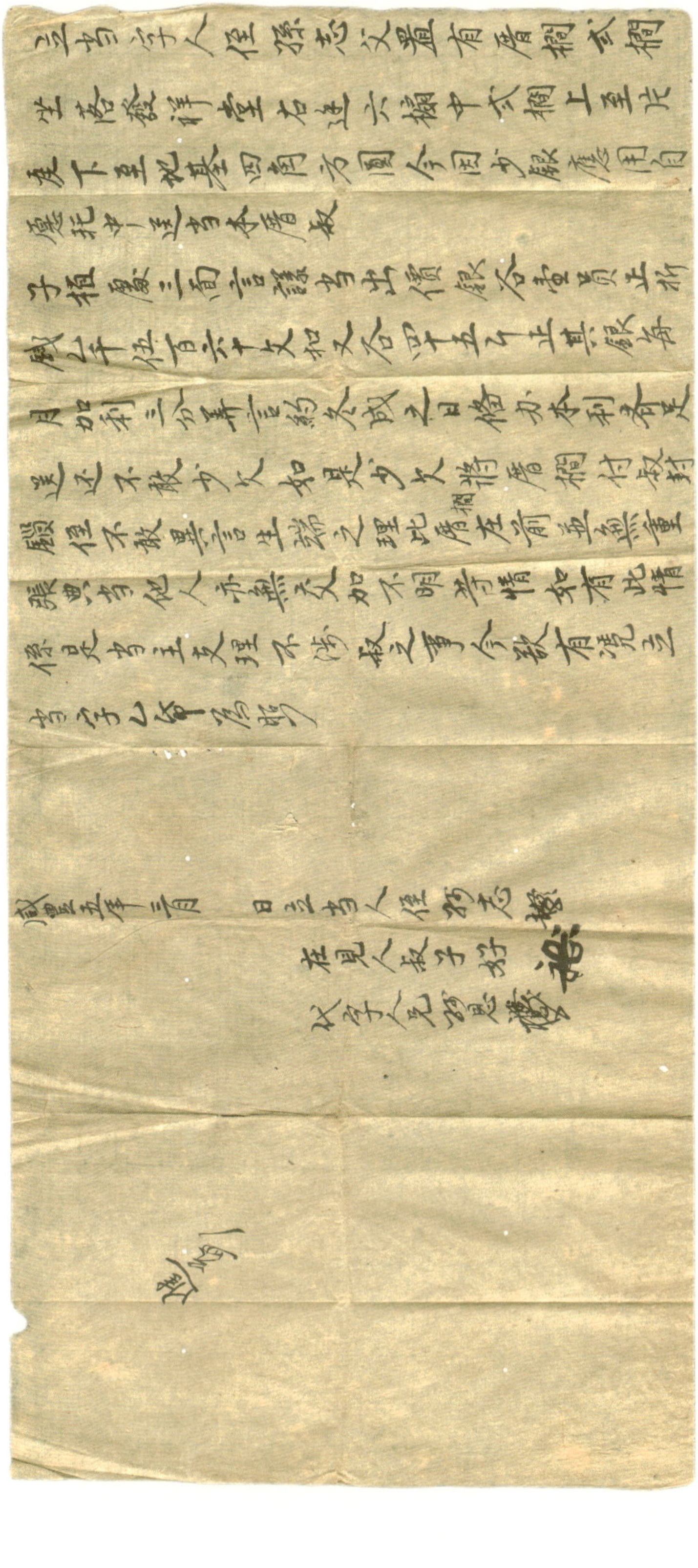

立當字人侄孫志文置有厝棡弍棡
坐落發祥堂右边六𥛚中弍棡上至片
瓦下至地基四角方圓今因乏銀應用自
愿托中送當本厝叔
子植處三面言議當出價銀谷壹員正折
錢一千伍百六十文扣文谷四十五斤正其銀每
月加利三分算言約冬成之日備办本利齊足
送还不敢少欠如是少欠將厝棡付叔封
顧侄不敢異言生端之理此厝棡左前並無重
張典當他人亦無交加不明等情如有此情
係是當主支理不涉叔之事今欲有憑立
當字一紙為照

咸豐五年三月　日立當人侄孫志（押）
在見人叔子好（押）
代字人兄孫恩（押）

10-6-100-2　清咸豐五年三月黄孫志立當厝棡字

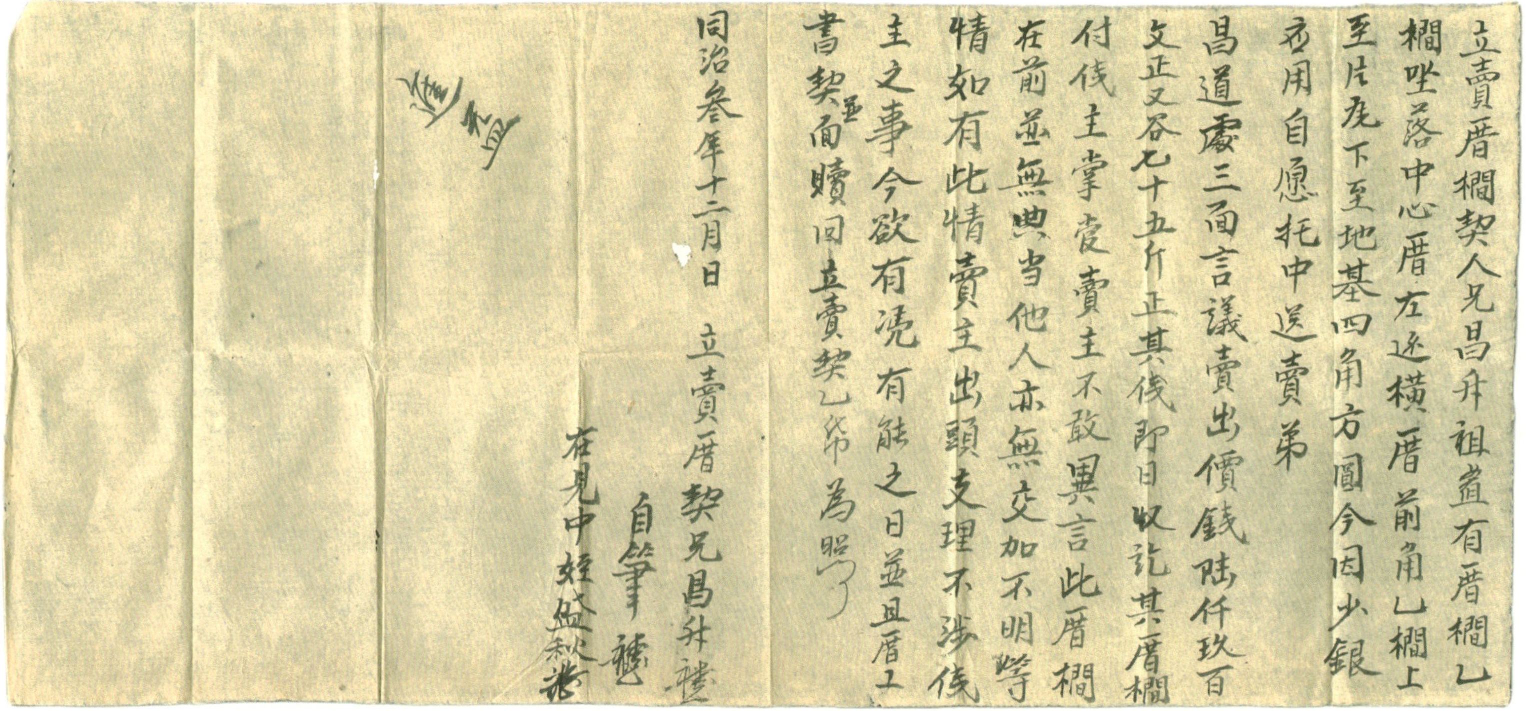

10-6-100-3　清同治三年十二月黃昌升立賣厝棡契

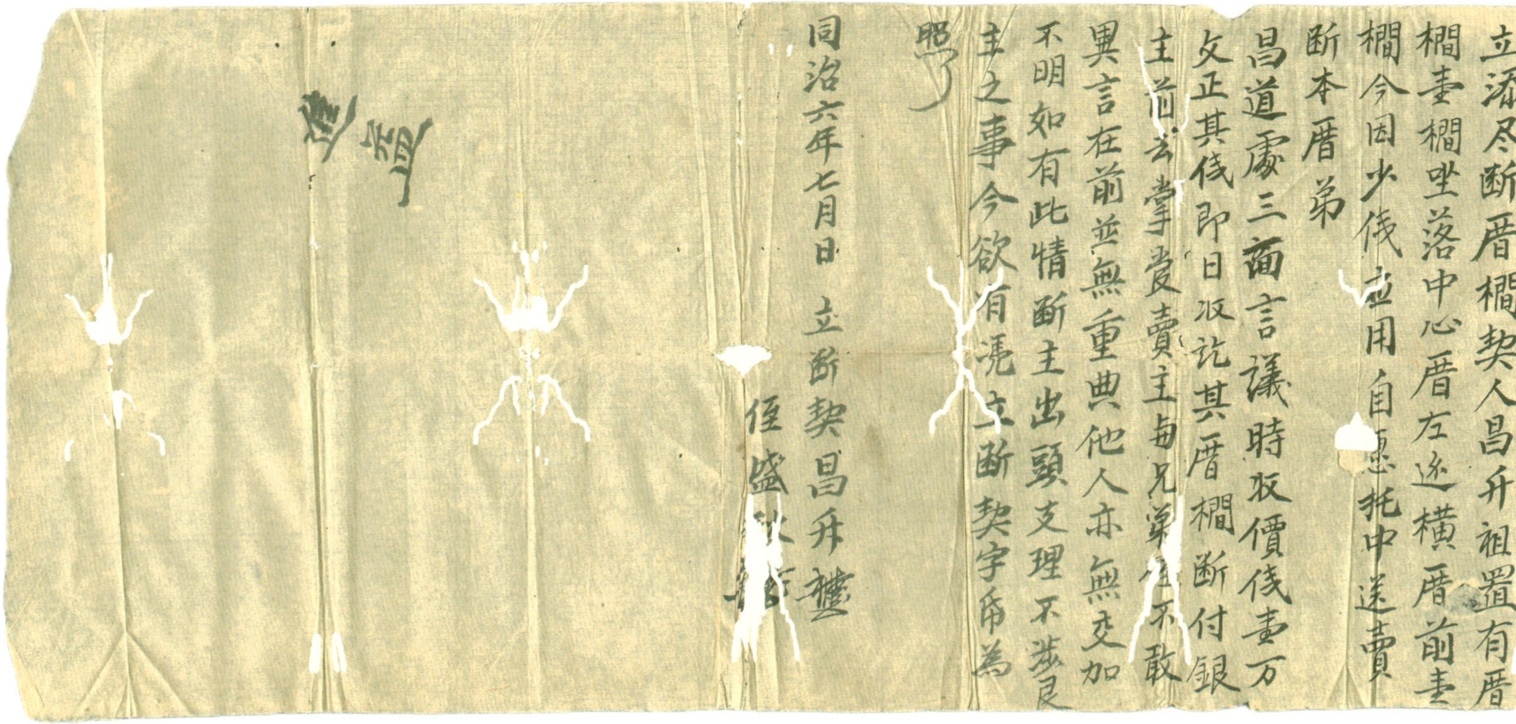

立添尽断厝榻契人昌升祖置有厝
榻壹榻坐落中心厝左边横厝前壹
榻今因少钱应用自愿托中送卖
断本厝弟
昌道處三面言議時收價钱壹万
文正其钱即日收訖其厝榻断付銀
主前去掌管賣主毋兄弟侄不敢
異言在前並無重典他人亦無交加
不明如有此情断主出頭支理不涉銀
主之事今欲有憑立断契字為
照了
同治六年七月日　立断契昌升
侄盛[illegible]

10-6-100-4　清同治六年七月黄昌升立添盡斷厝榻契

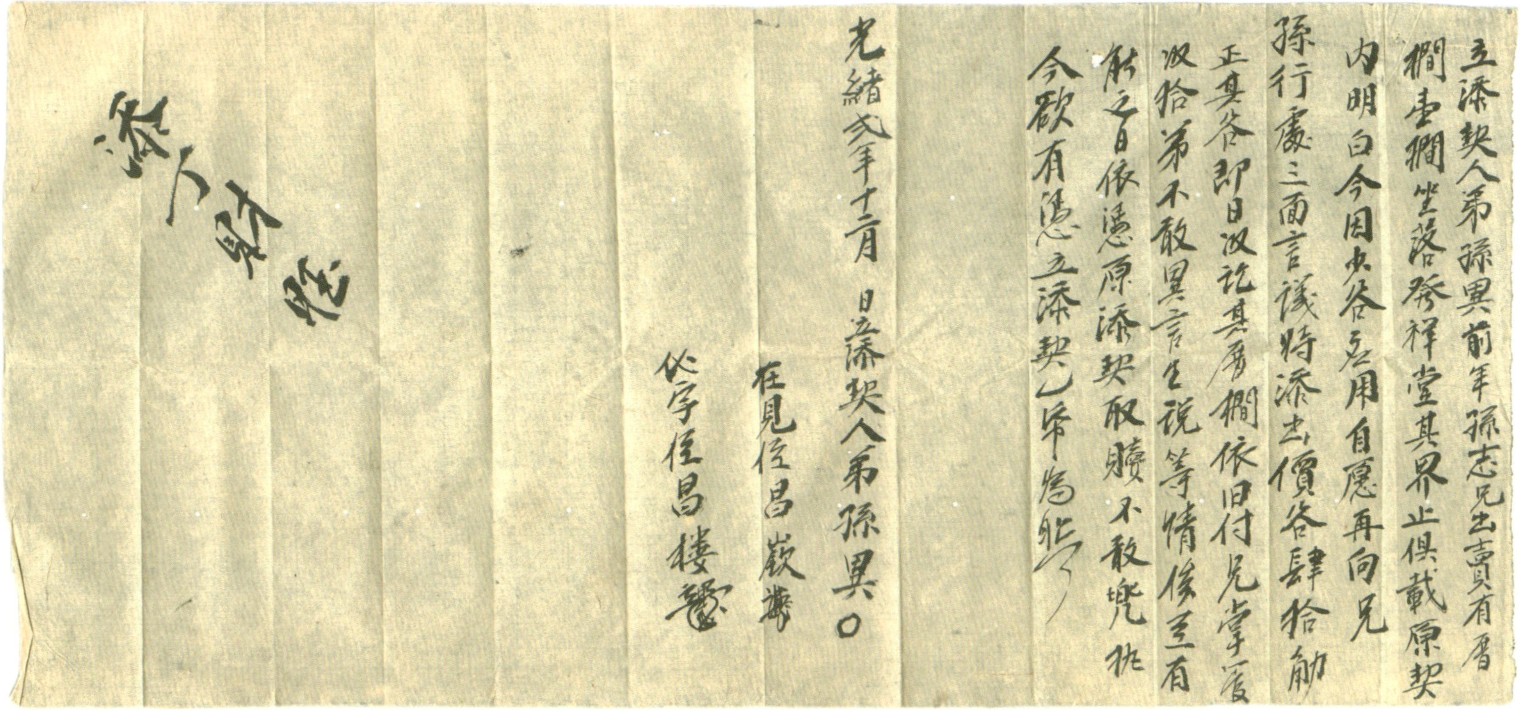
立添契人弟孫異前年孫志兄出賣有厝
椆壹椆坐落發祥堂其界止俱載原契
内明白今因乏谷應用自愿再向兄
孫行處三面言議特添出價谷肆拾觔
正其谷即日收訖其厝椆依旧付兄掌管
收拾弟不敢異言生説等情倘后至有
銀之日依憑原添契取贖不敢兜執
今欲有憑立添契乙帋爲照
光緒弍年十二月　日立添契人弟孫異〇
在見侄昌嶽
代字侄昌樓

10-6-100-5　清光緒二年十二月黃孫異立添厝椆契

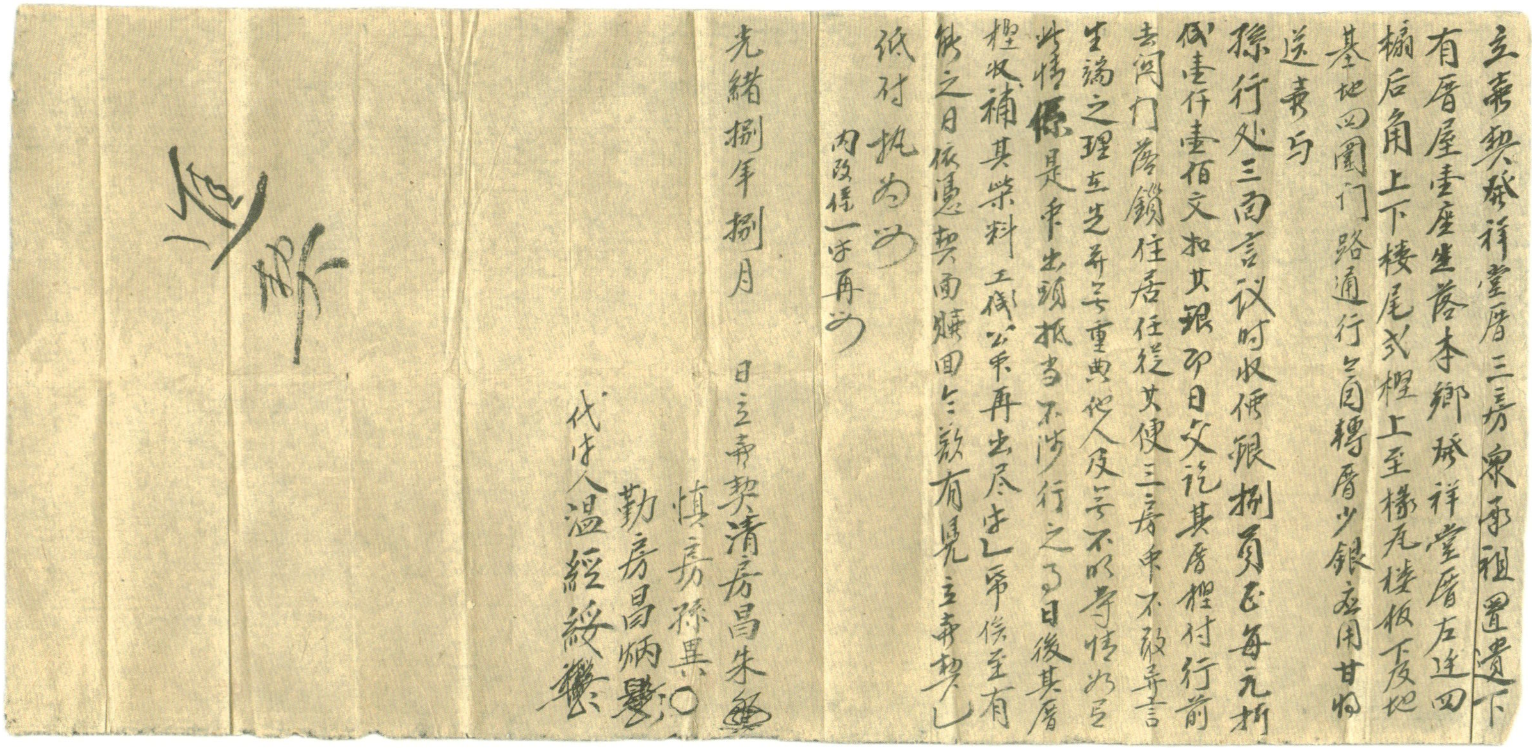
立賣契發祥堂厝三房衆承祖置遺下
有厝屋壹座坐落本鄉發祥堂厝左邊四
櫥后角上下楼尾弍橺上至椽瓦楼板下及地
基地四圍门路通行一同轉厝少銀应用甘將
送賣与
孫行处三面言議时收價銀捌員正每元折
錢壹仟壹佰文扣共銀即日交訖其厝聽付行前
去開门落鎖住居任從其使三房衆不敢异言
生端之理在先并無重典他人及無不明等情如有
此情係是衆出頭抵當不涉行之事日後其厝
裡收補其柴料工錢公衆再出尽字，不得倍至有
餘之日依憑契面贖回二家有見立賣契乙
紙付執為照
內改佳一字再照
光緒捌年捌月　日立賣契清房昌朱
慎房孫異
勤房昌炳
代筆人温經綬

10-6-100-6　清光緒八年八月發祥堂三房衆立賣厝屋契

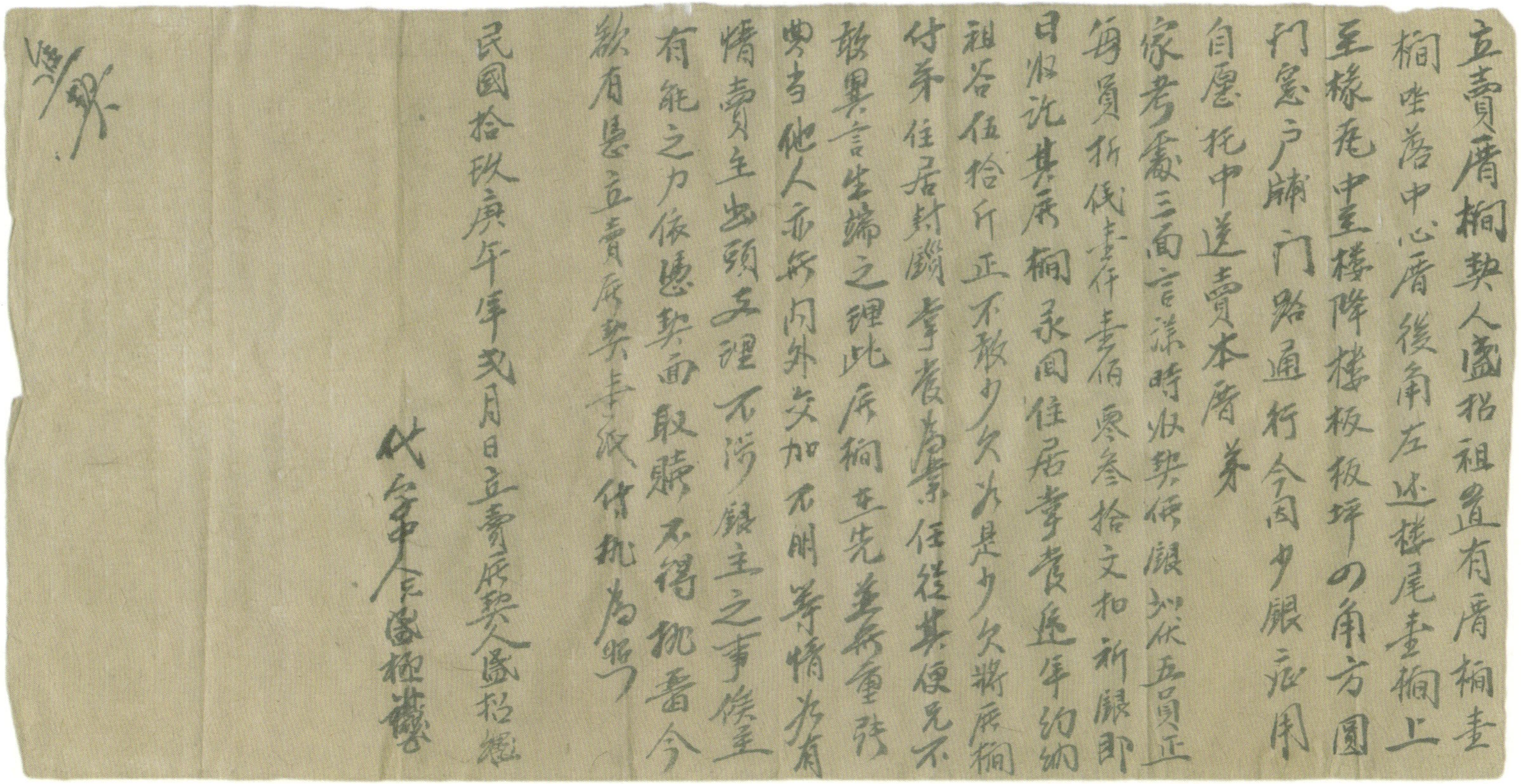
立賣厝棡契人盛招，祖置有厝棡壹
棡，坐落中心厝後角左述樓尾壹棡，上
至椽尾，中至樓降樓板，坪の角方圓，
门窗戶牖，門路通行。今因乏銀應用，
自愿托中送賣本厝弟
家孝處三面言議，時收契價銀弍伍員正，
每員折錢壹仟壹佰零叁拾文，扣新銀即
日收訖。其厝棡永同住居，孝處逐年納
租谷伍拾斤正，不敢少欠。如是少欠，將厝棡
付弟住居封鎖，孝處為業，任從其便，兄不
敢異言生端之理。此厝棡未先並無重張
典當他人，亦無內外交加不明等情。如有
情，賣主出頭支理，不涉銀主之事。候至
有能之力，依照契面取贖，不得執番。今
欲有憑，立賣厝契壹紙，付執為照。
民國拾玖庚午年弍月　日立賣厝契人盛招（押）
代筆中人盛極（押）

10-6-100-7　民國十九年二月黃盛招立賣厝棡契

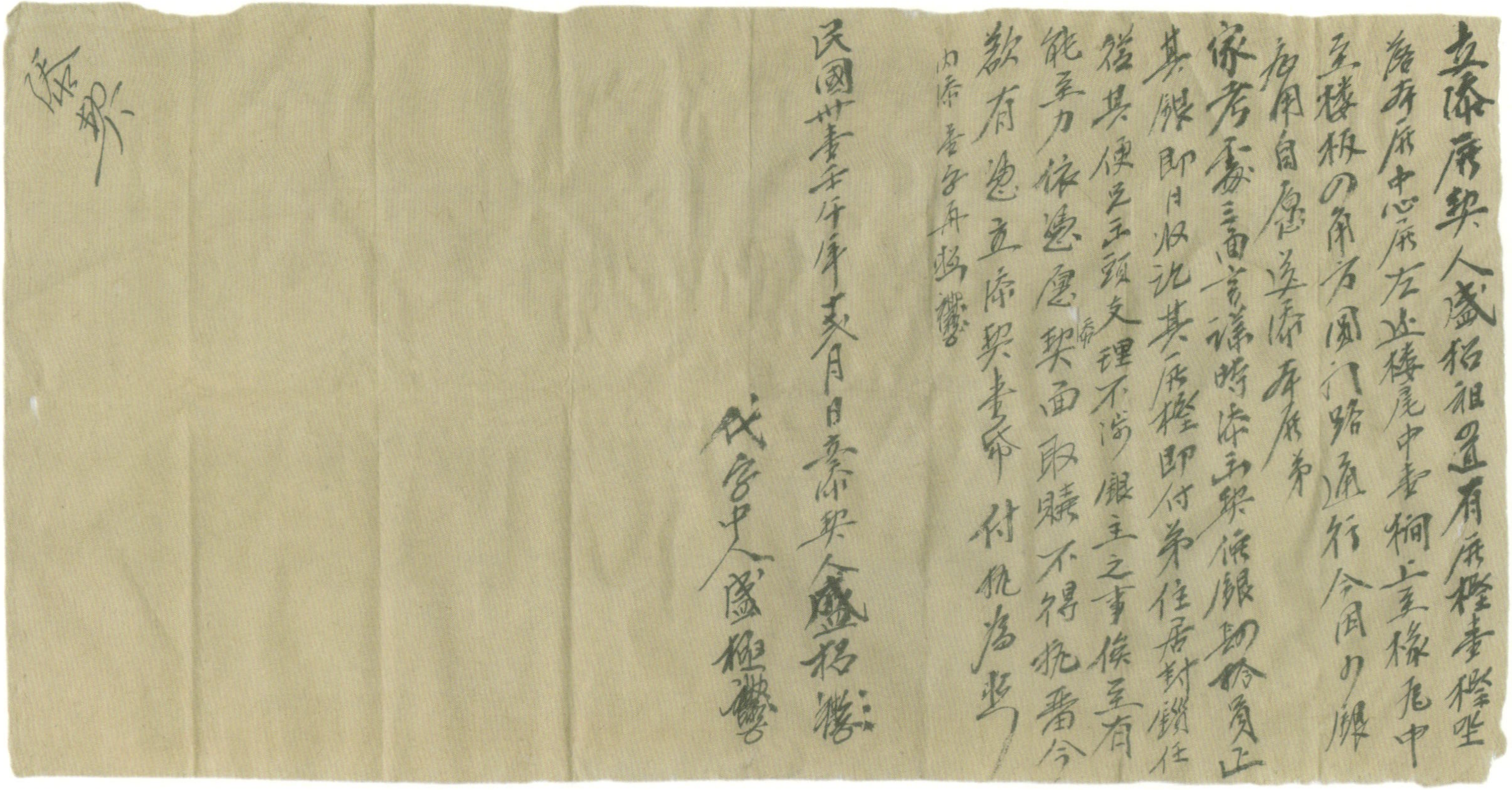

立添厝契人盛招，祖遺有厝樫壹座，
落在厝中心厝左边楼尾中壹桐，上至椽尾，中
至楼板，四角方圓门路通行。今因乏銀
應用，自愿送添本厝弟
家考處，三面言議時添出契價銀肆拾員正，
其銀即日收訖，其厝樫即付弟住居封鎖，任
從其便，並無頭支理不清（添）不涉銀主之事。倘至有
能至力，依愿處契面取贖，不得執番。今
欲有憑，立添契壹紙，付執為照。
内添壹字再照。
民國卅壹年壬午年十二月　日立添契人盛招
代字中人盛樞
添契

10-6-100-8　民國三十一年十二月黃盛招立添厝樫契

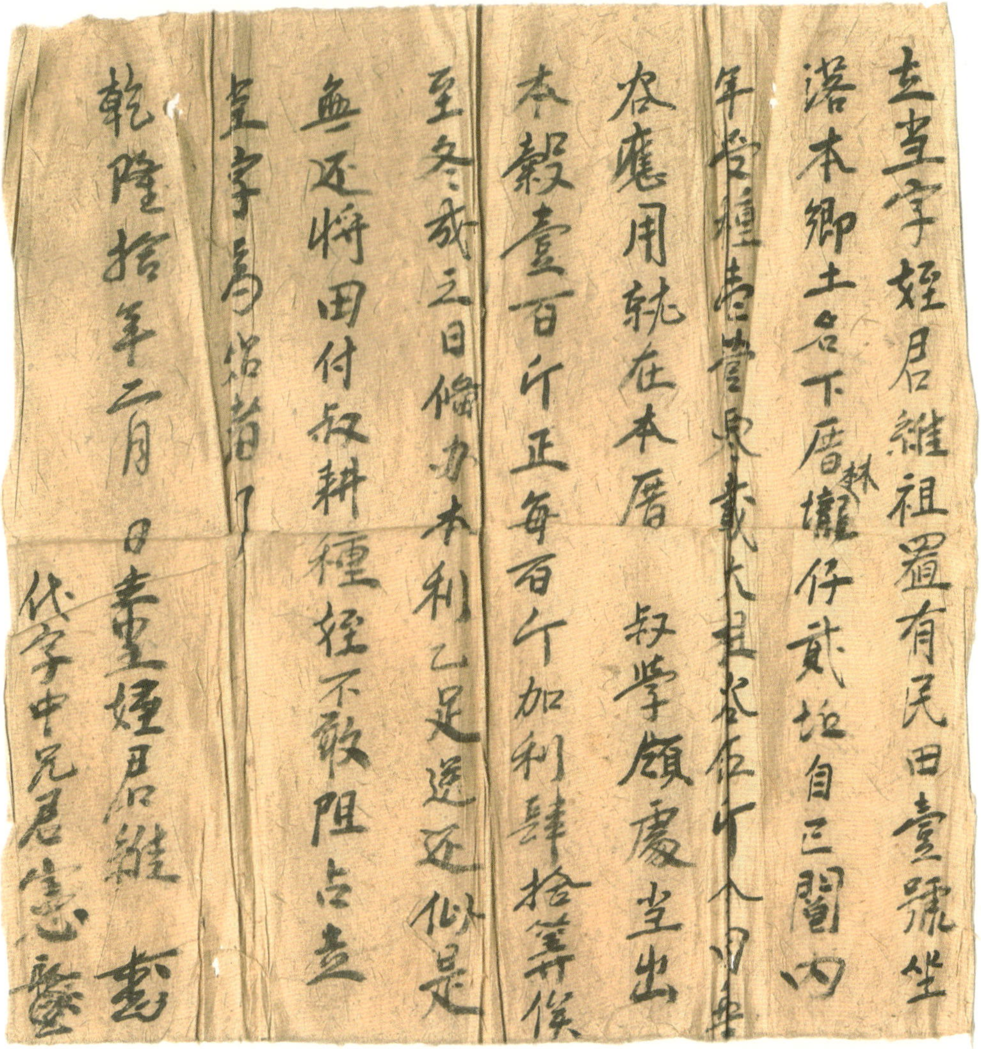
立當字姪君維祖置有民田壹號坐
落本鄉土名下厝林壠仔貳坵自己鬮內
年受種壹斗當民載大租谷叁斗五升
今因應用就在本厝　叔學顏處當出
本穀壹百斤正每百斤加利肆拾觔算俟
至冬成之日備辦本利一足送还似是
無还將田付叔耕種姪不敢阻占立
當字爲炤前了
乾隆拾年二月　日立當姪君維[illegible]
代字中兄君憲[illegible]

10-6-101-1　清乾隆十年二月黃君維立當民田字

立退田根契侄子拱，父置有民田壹號，坐落
德化土名竹林墘，年受種子肆斗，載大租谷
肆百叁拾觔正。今因少銀應用，自愿托中
是退本厝三公衆領，從三面言議時價
銀捌兩正，其銀即日收訖，其田即付公耕種
納租。其田並無重張典掛他人，如有此情，係
拱孫出頭知当，不干公衆之事。其田自退杜
業與親房無干，從至有力之時，衣契回
贖，田不得執留。兩家甘愿，各無反悔。今歡有
憑，立退字為炤者。

乾隆四拾年正月　日　立退契侄孫子拱（押）
在見叔君弟（押）
代字中君相（押）

10-6-101-2　清乾隆四十年正月黃子拱立退民田根契

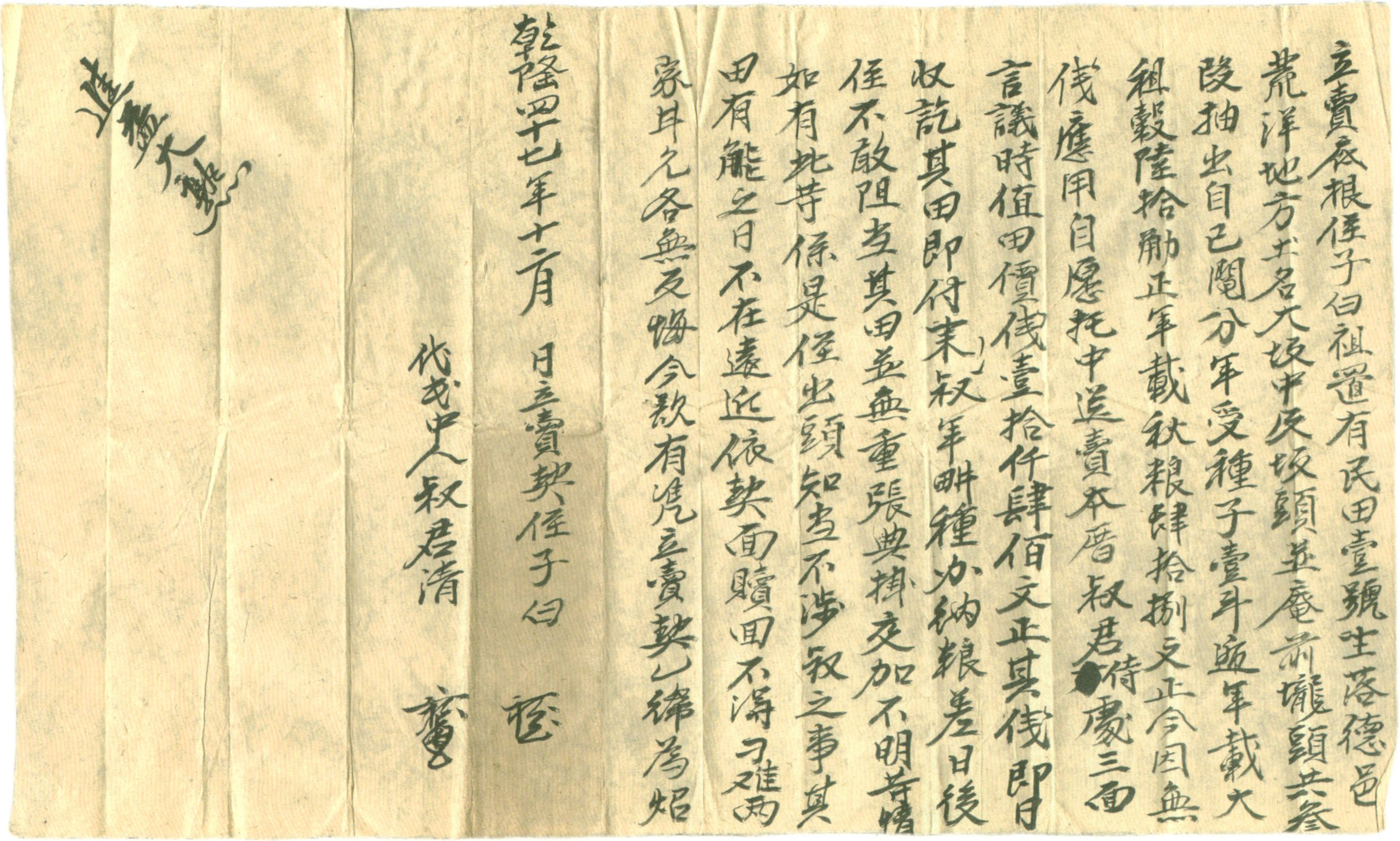

10-6-101-3　清乾隆四十七年十二月黄子白立賣民田底根契

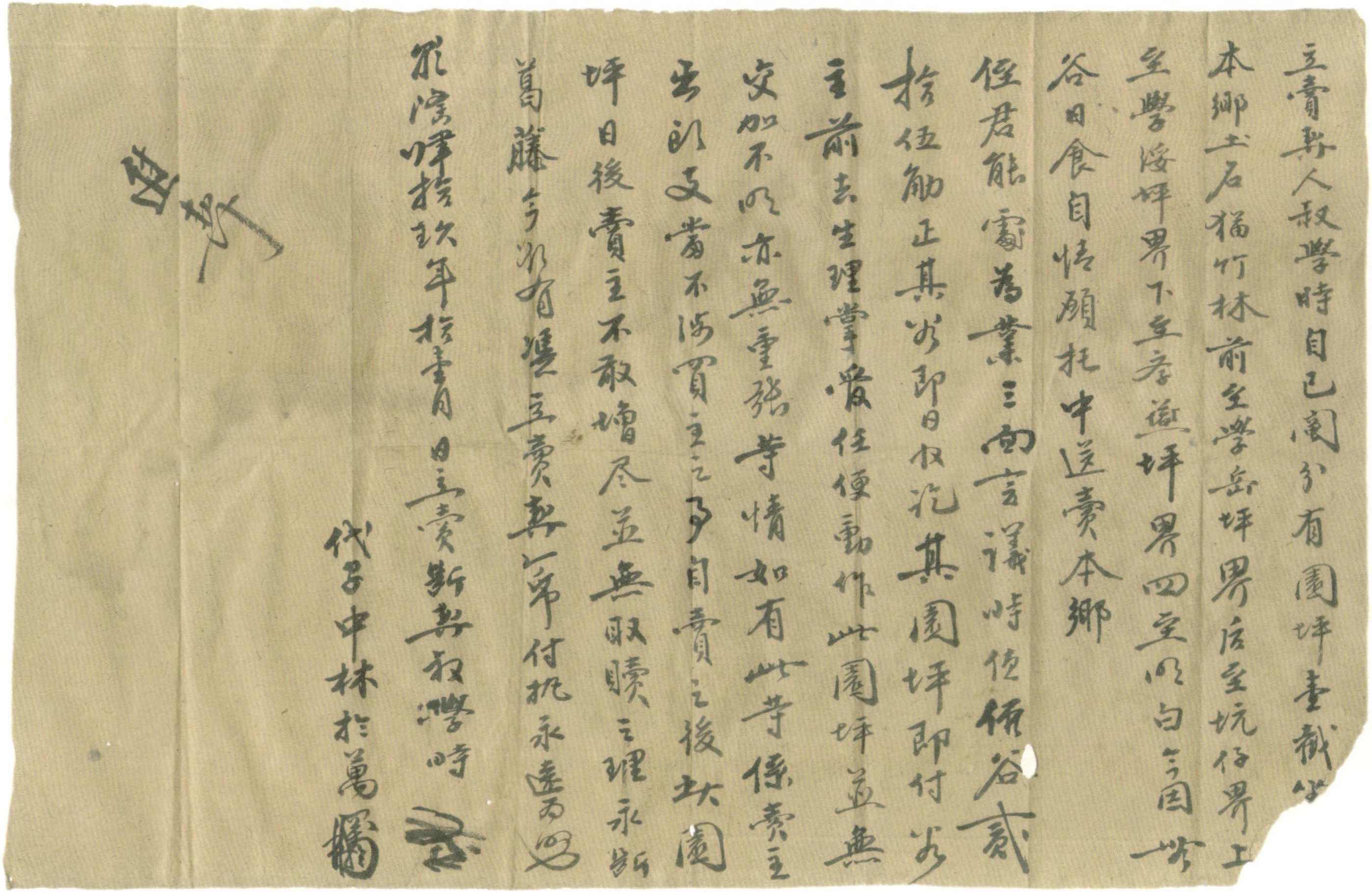
立賣契人叔學時，自己闔分有園坪壹截，坐
本鄉土名猫竹林，前至學岳坪界，后至坑仔界，上
至學浴坪界，下至孝遊坪界，四至明白。今因乏
谷日食，自情願托中送賣本鄉
侄君能處為業，三面言議時值價谷貳
拾伍觔正。其谷即日收訖，其園坪即付與
主前去生理掌管，任便動作。此園坪並無
交加不明，亦無重張等情。如有此等，係賣主
出頭支當，不涉買主之事。自賣之後，其園
坪日後賣主不敢增盡，並無取贖之理，永斷
葛藤。今欲有憑，立賣契一帋，付執永遠為照。
乾隆肆拾玖年拾壹月　日立賣斷契叔學時（押）
代字中林於萬（押）

10-6-101-4　清乾隆四十九年十一月黄學時立賣園坪契

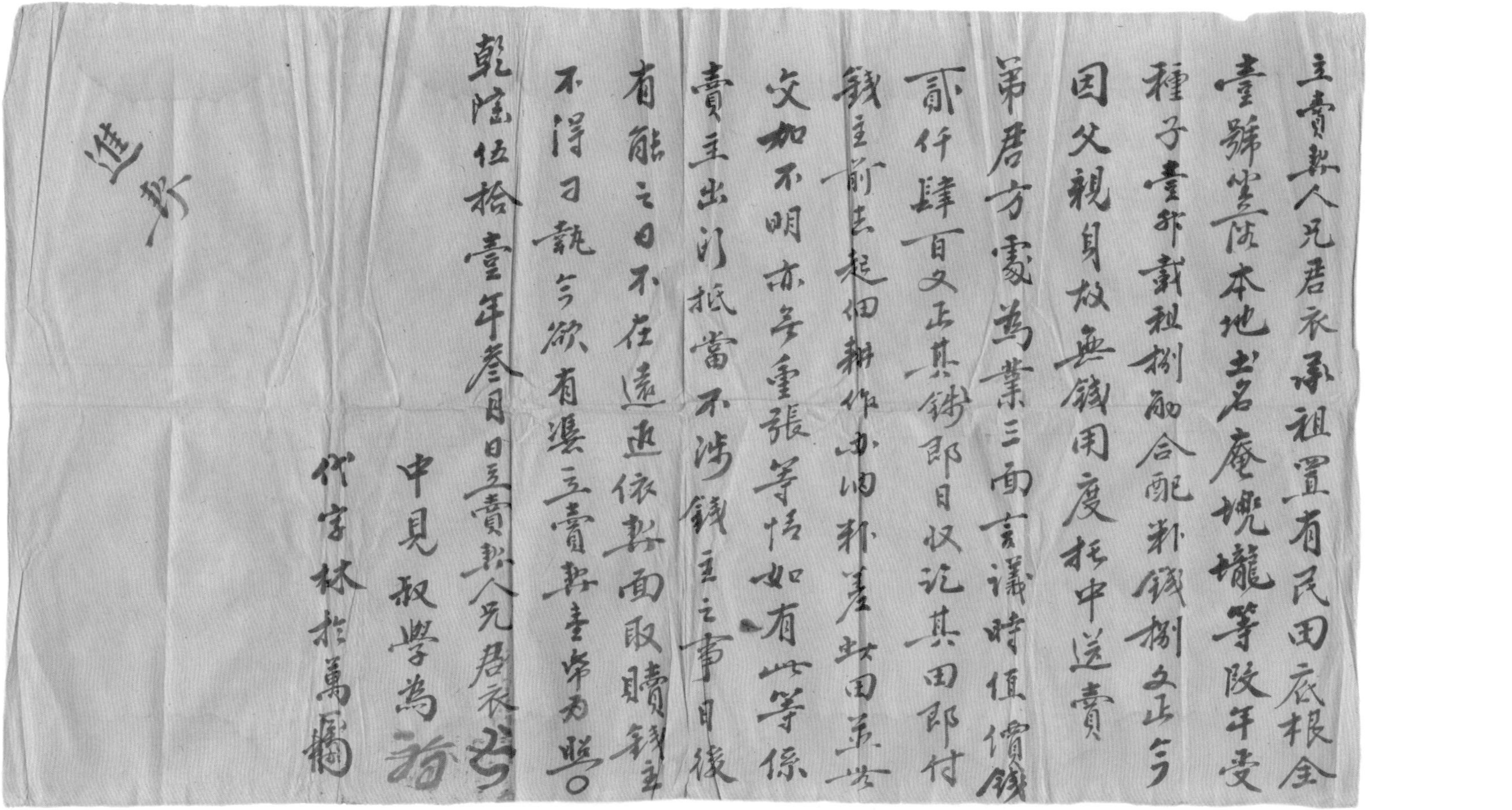

立賣契人兄君衣承祖置有民田底根全
壹號坐落本地土名崙塆壠等處年受
種子壹升載租捌斗合配米錢捌文正今
因父親身故無錢用度托中送賣
弟君方處爲業三面言議時值價錢
貳仟肆百文正其錢即日收訖其田即付
錢主前去起佃耕作收回米差此田系爲
文如不明亦無重張等情如有此等係
賣主出頭抵當不涉錢主之事日後
有能之日不在遠近依契面取贖錢主
不得刁執今欲有憑立賣契壹帋為照。
乾隆伍拾壹年叁月日立賣契人兄君衣（押）
中見叔學為（押）
代字林於萬（押）
進契

10-6-101-5　清乾隆五十一年三月黄君衣立賣底根全民田契

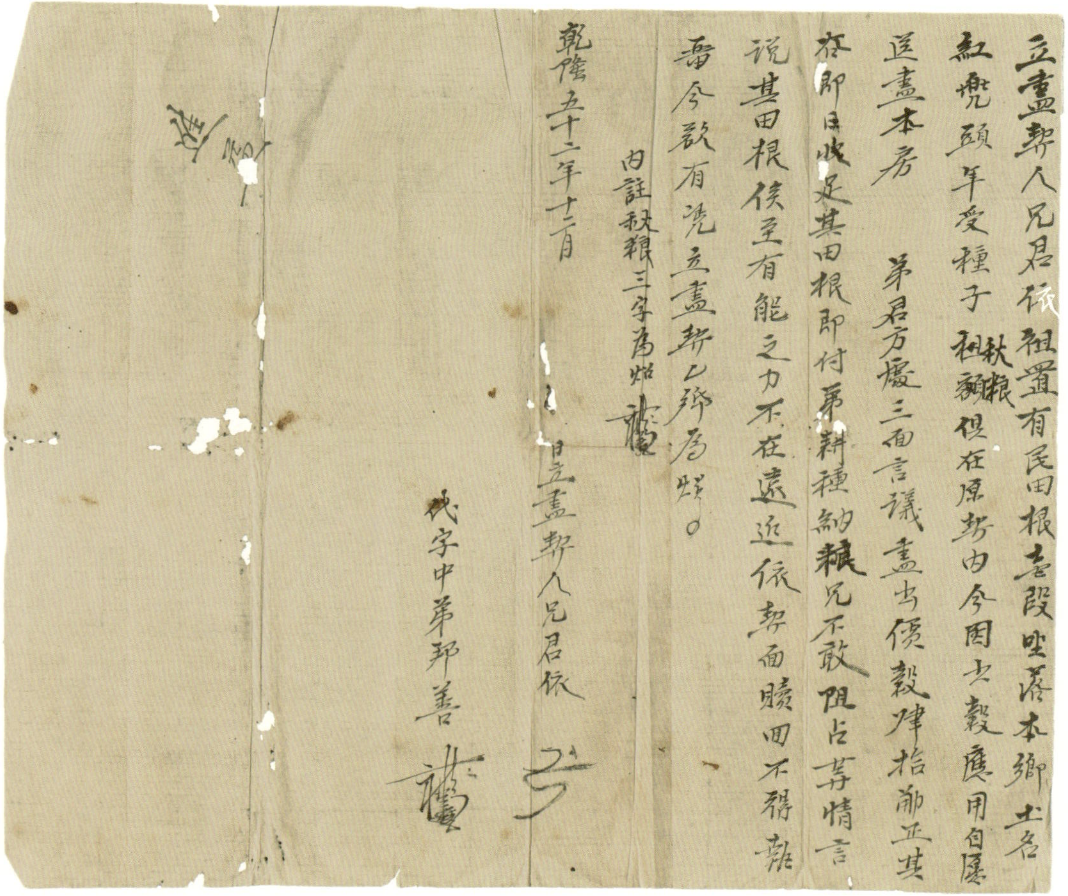
立盡契人兄君依，祖置有民田根壹段，坐落本鄉，土名紅兜頭，年受種子 秋粮 租額俱在原契内。今因乏穀應用，自愿送盡本房 弟君方處，三面言議，盡出價穀肆拾觔正。其穀即日收足，其田根即付弟耕種納粮，兄不敢阻占等情。言說其田根係至有能之力，不在遠近，依契面贖回，不得難番。今欲有憑，立盡契乙紙為照。

内註秋粮三字為照　礻麐

乾隆五十二年十二月　日立盡契人兄君依　押

代字中弟郑善　礻麐

盡契

10-6-101-6　清乾隆五十二年十二月黃君依立盡民田根契

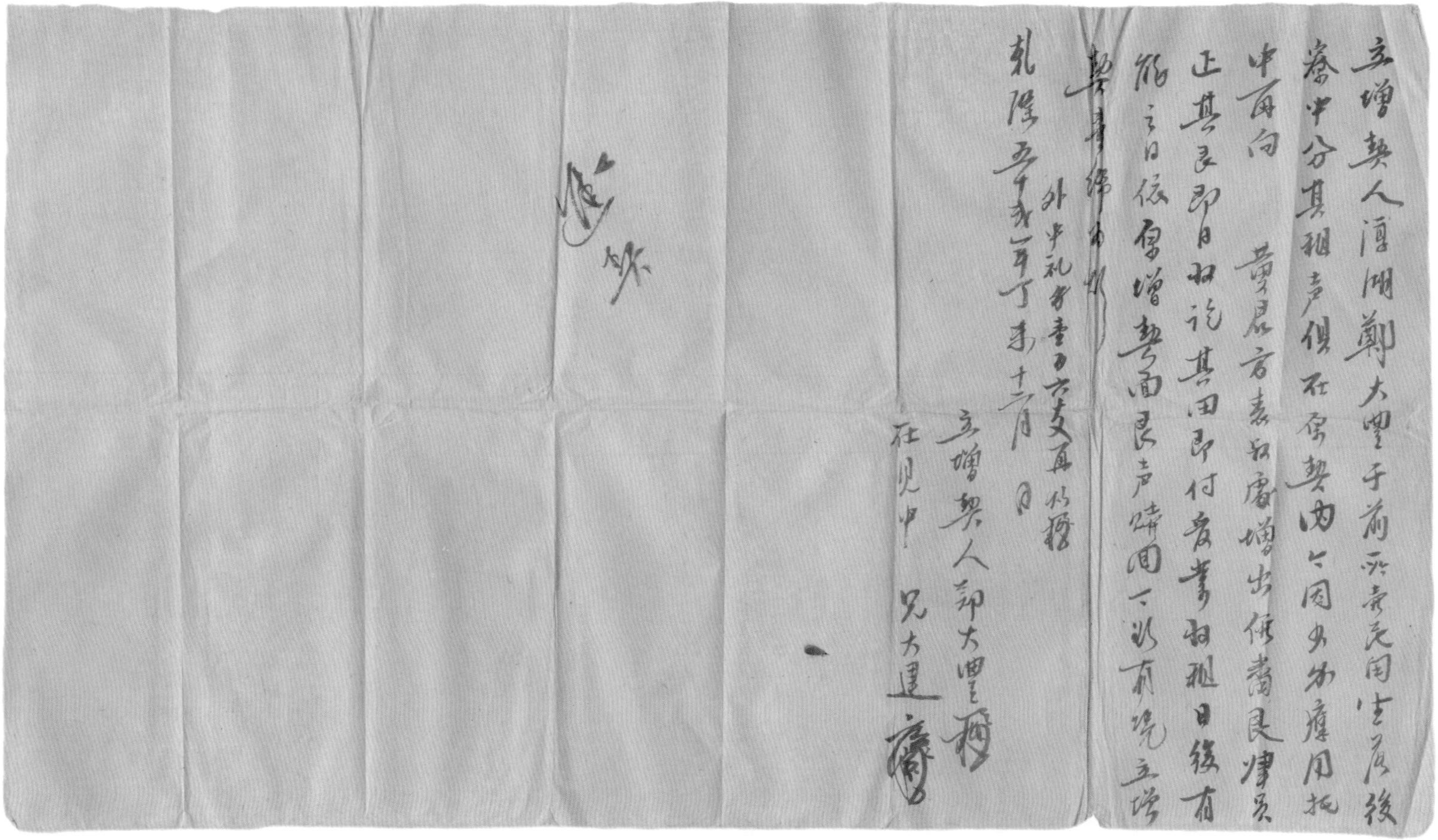
立增契人漳湖鄭大豐于前年賣民田坐落後
嶺中分其租声俱在原契內，今因乏銀應用，托
中再向　黄居高表叔處增出價錢艮肆員
正，其艮即日收訖，其田即付買主掌管收租，日後有
能之日，依原增契面艮声贖回，不得有阻。立增
契壹紙付執。
外中禮錢壹百六十文再照
乾隆五十二年丁未十二月　日
立增契人鄭大豐（押）
在見中　兄大進（押）

10-6-101-7　清乾隆五十二年十二月德化鄭大豐立增民田契

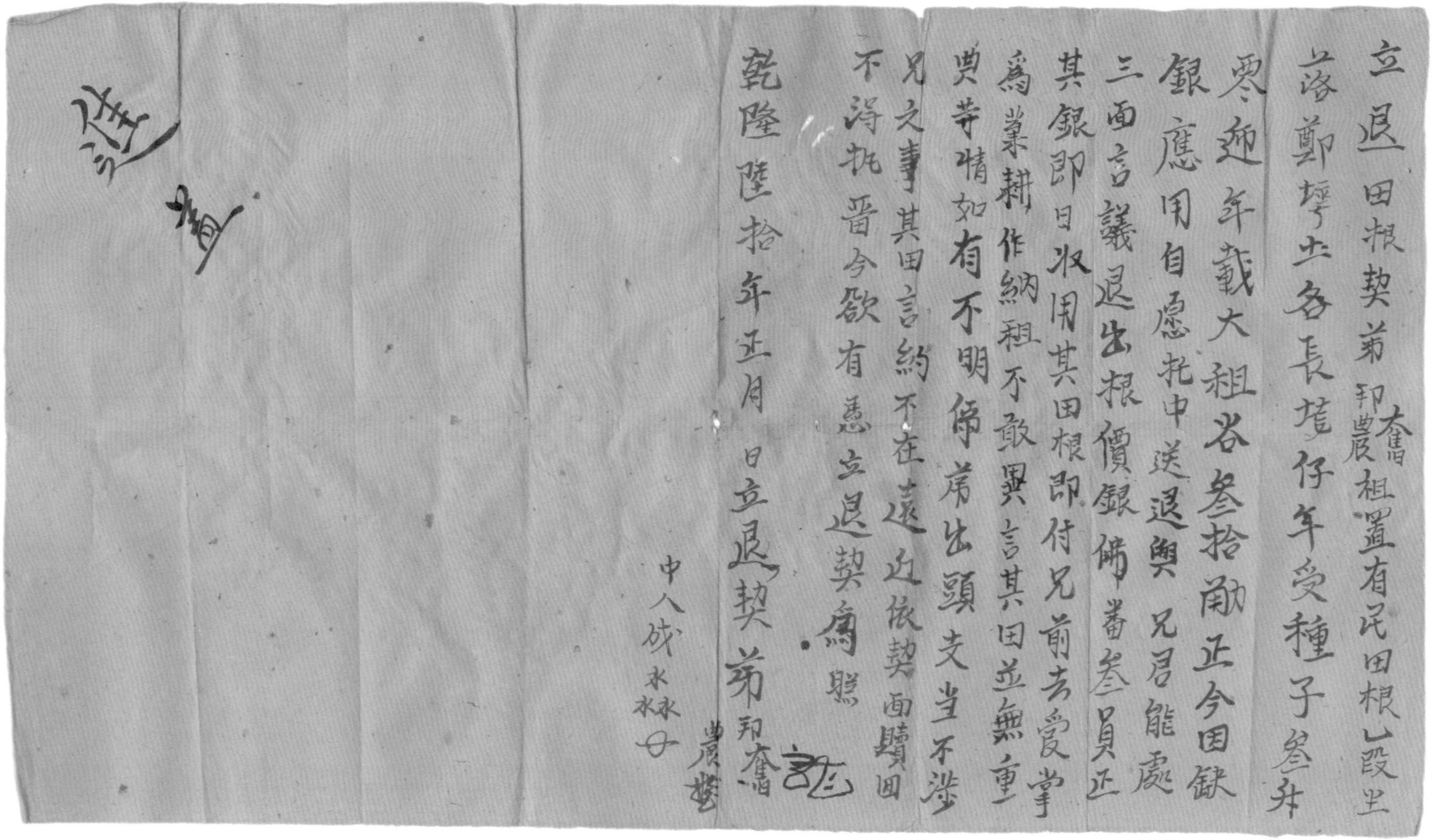
立退田根契弟邦奮、邦農，祖置有民田根一段，坐落鄭坪土名長垅仔，年受種子叁升
零，逐年載大租谷叁拾觔正。今因缺
銀應用，自愿托中送退與兄邑能處，
三面言議退出根價銀佛番叁員正。
其銀即日收用，其田根即付兄前去管掌
爲業耕作納租，不敢異言。其田並無重
典等情。如有不明，係弟出頭支当，不涉
兄之事。其田言約不在遠近，依契面贖回，
不得挑留。今欲有憑，立退契爲照。
乾隆陸拾年正月　日立退契弟邦奮、邦農
中人成水

10-6-101-8　清乾隆六十年正月黄邦奮等立退民田根契

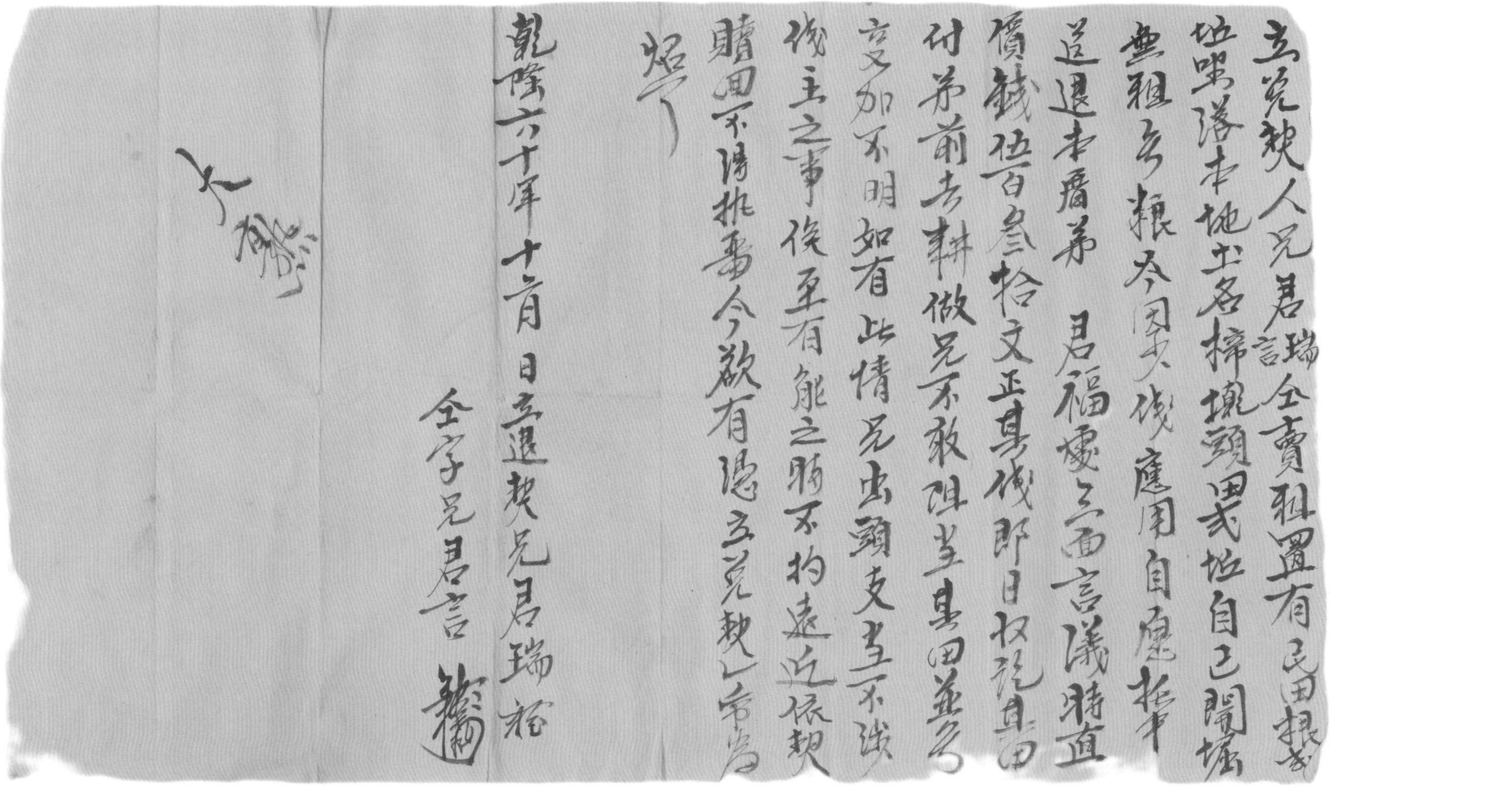

立兑契人兄君瑞、言仝賣祖置有民田根壹
坵，坐落本地土名埽壞頭，田貳坵，自己開墾
無租，另粮叁分，因乏錢應用，自愿托中
送退本房弟　君福處，三面言議，時值
價錢伍百叁拾文正。其錢即日收訖，其田
付弟前去耕做，兄不敢阻當。其田並無
交加不明，如有此情，兄出頭支當，不涉
錢主之事。倘至有能之時，不拘遠近，依契
贖回，不得执番。今欲有憑，立兑契一帋為
照。

乾隆六十年十二月　日立退契兄君瑞（押）
仝字兄君言（押）

大[illegible]

10-6-101-9　清乾隆六十年十二月黄君瑞等立兑民田根契

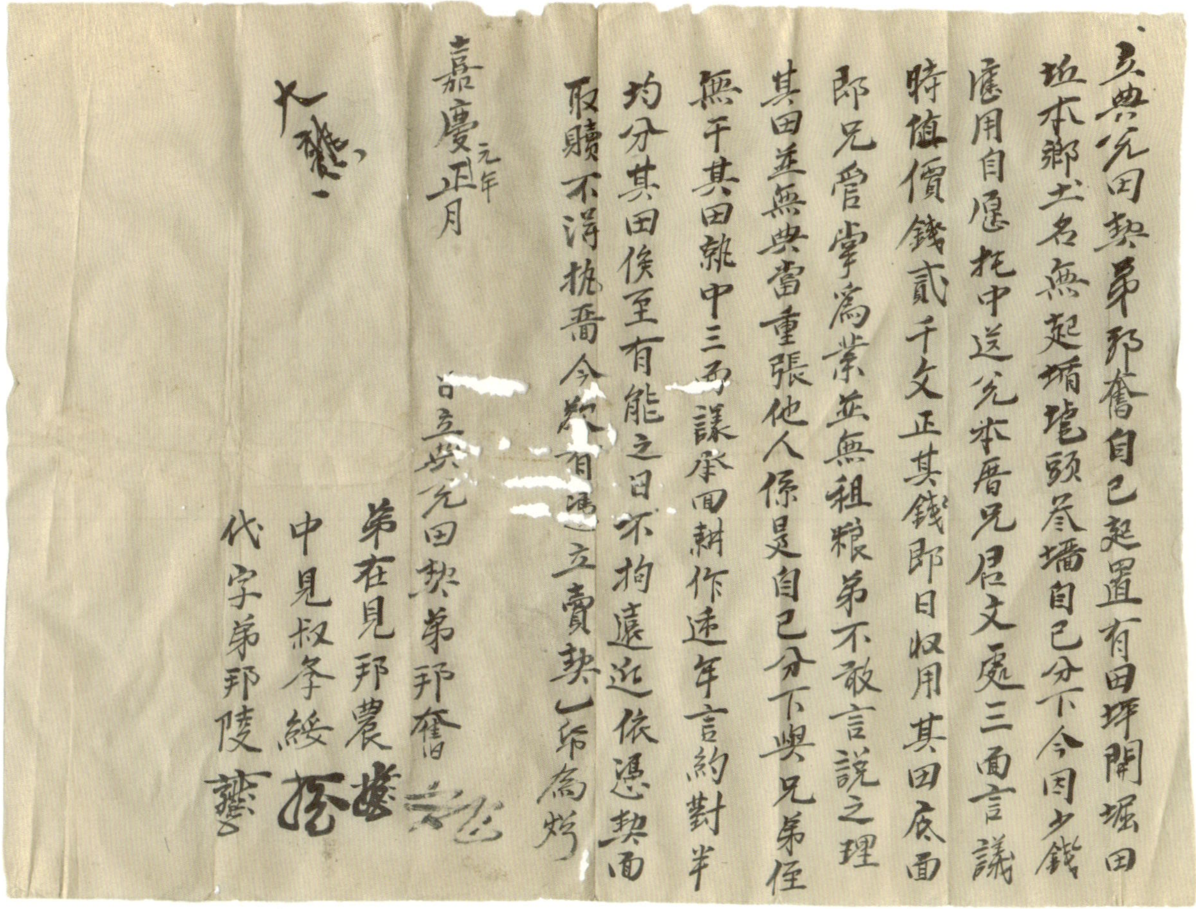

立典兑田契弟邦奮自己起置有田坪開堀田
坵本鄉土名無起墻墘頭各墻自己分下今因乏錢
應用自愿托中送兑本厝兄君文處三面言議
時值價錢貳千文正其錢即日收用其田底面
即兄管掌為業並無祖粮弟不敢言說之理
其田並無典當重張他人係是自己分下與兄弟侄
無干其田就中三面議承回耕作逐年言約對半
均分其田後至有能之日不拘遠近依憑契面
取贖不得执留今欲有憑立賣契一紙為照

嘉慶元年正月 日立典兑田契弟邦奮
弟在見邦農
中見叔李綬
代字弟邦陵

大發

10-6-101-10 清嘉慶元年正月黃邦奮立典兑田坪契

上收

黄君能叔公處理納五十二年分田租谷具收明白又收元年田租谷收明完足字照

嘉慶元年十一月日立收字蔡宗漢

10-6-101-11　清嘉慶元年十一月蔡宗漢立收田租穀字

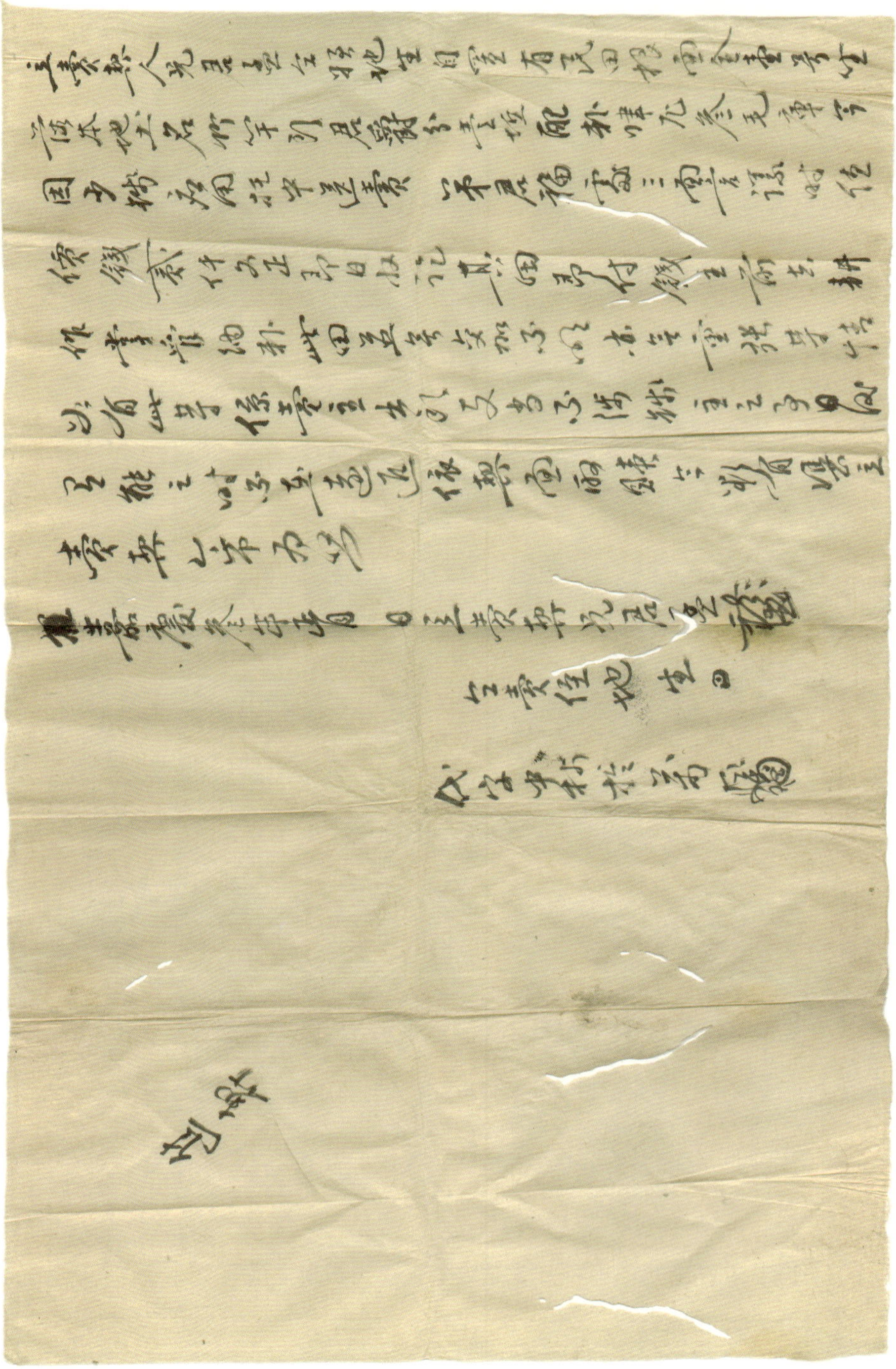

10-6-101-12 清嘉慶三年正月黃君孟等立賣根面全民田契

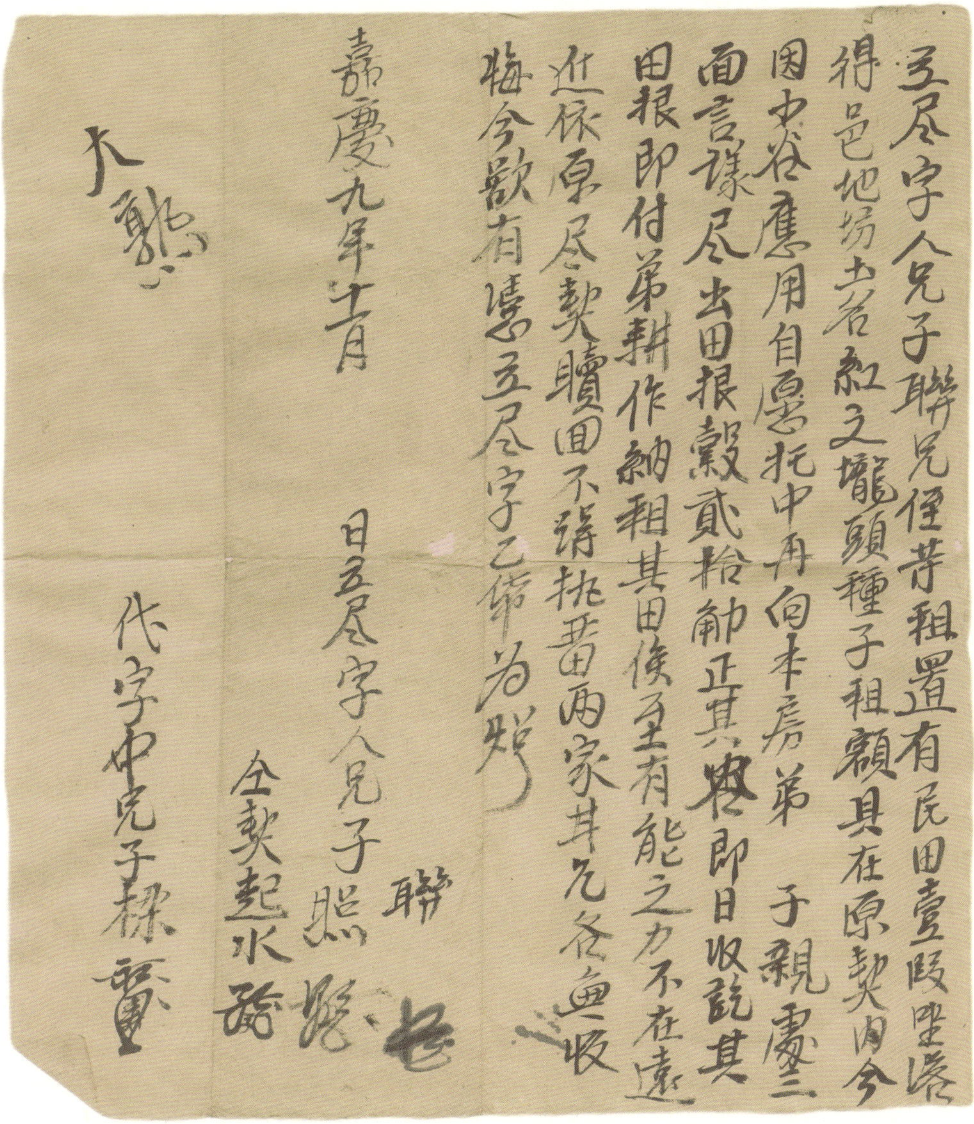

立盡字人兄子聯兄侄昔祖置有民田壹段坐落
得邑地坊土名紅之壠頭種子租額具在原契內今
因乏谷應用自愿托中再向本房弟　子親處三
面言議盡出田根穀貳拾觔正其價即日收訖其
田根即付弟耕作納租其田係至有能之力不在遠
近係原盡契贖回不許挑番兩家甘允各無反
悔今欲有憑立盡字乙紙為照

嘉慶九年十一月　日立盡字人兄子照　聯

仝契起水

代字中兄子標

大熟

10-6-101-13　清嘉慶九年十一月黄子聯等立盡民田契

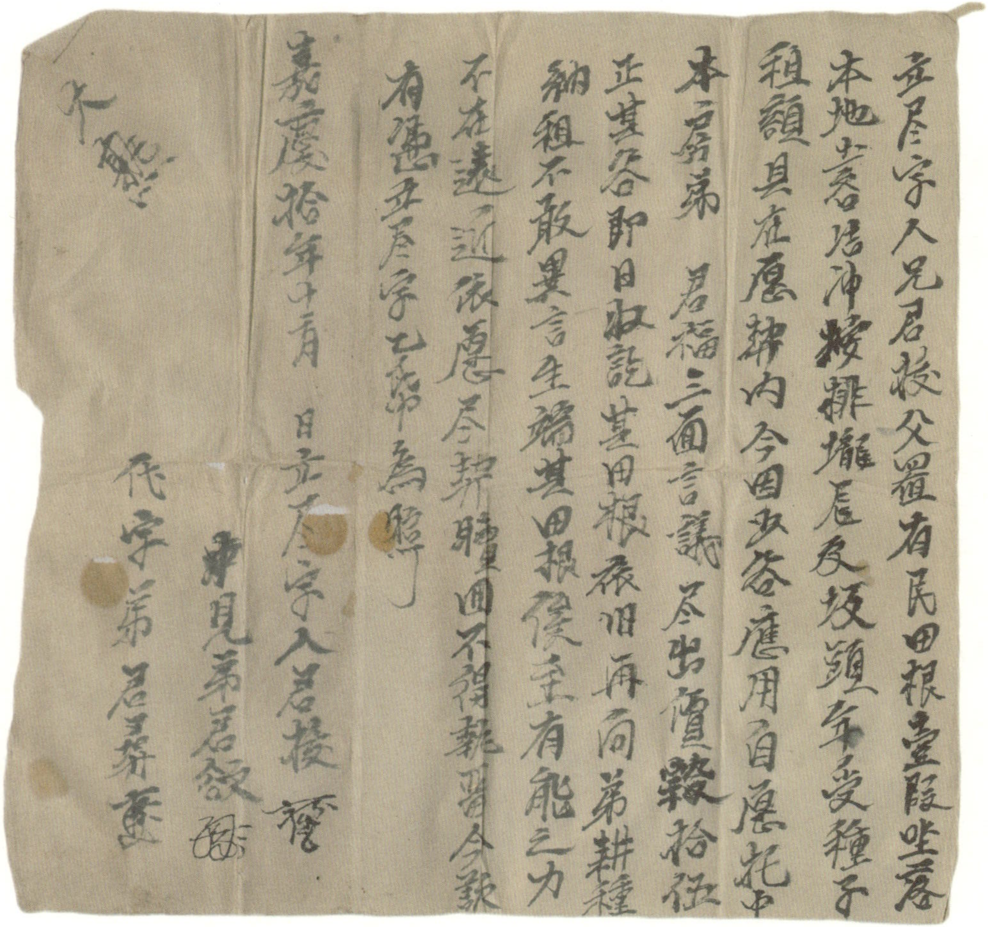

立盡字人兄君拔父置有民田根壹段坐落
本地土名后沖楼排壠尾及坂頭年受種子
租額具在應耕內今因乏谷應用自愿托中
本房弟 君福三面言議盡出價谷拾伍
正其谷即日收訖其田根依旧再向弟耕種
納租不敢異言生端其田根俟至有能之力
不在遠近依愿盡谷贖回不得執留今欲
有憑立盡字一紙爲照
嘉慶拾年十二月 日立盡字人兄君拔 押
在見弟君敘 押
代字弟君翠 押
不贖

10-6-101-14 清嘉慶十年十二月黃君拔立盡民田根字

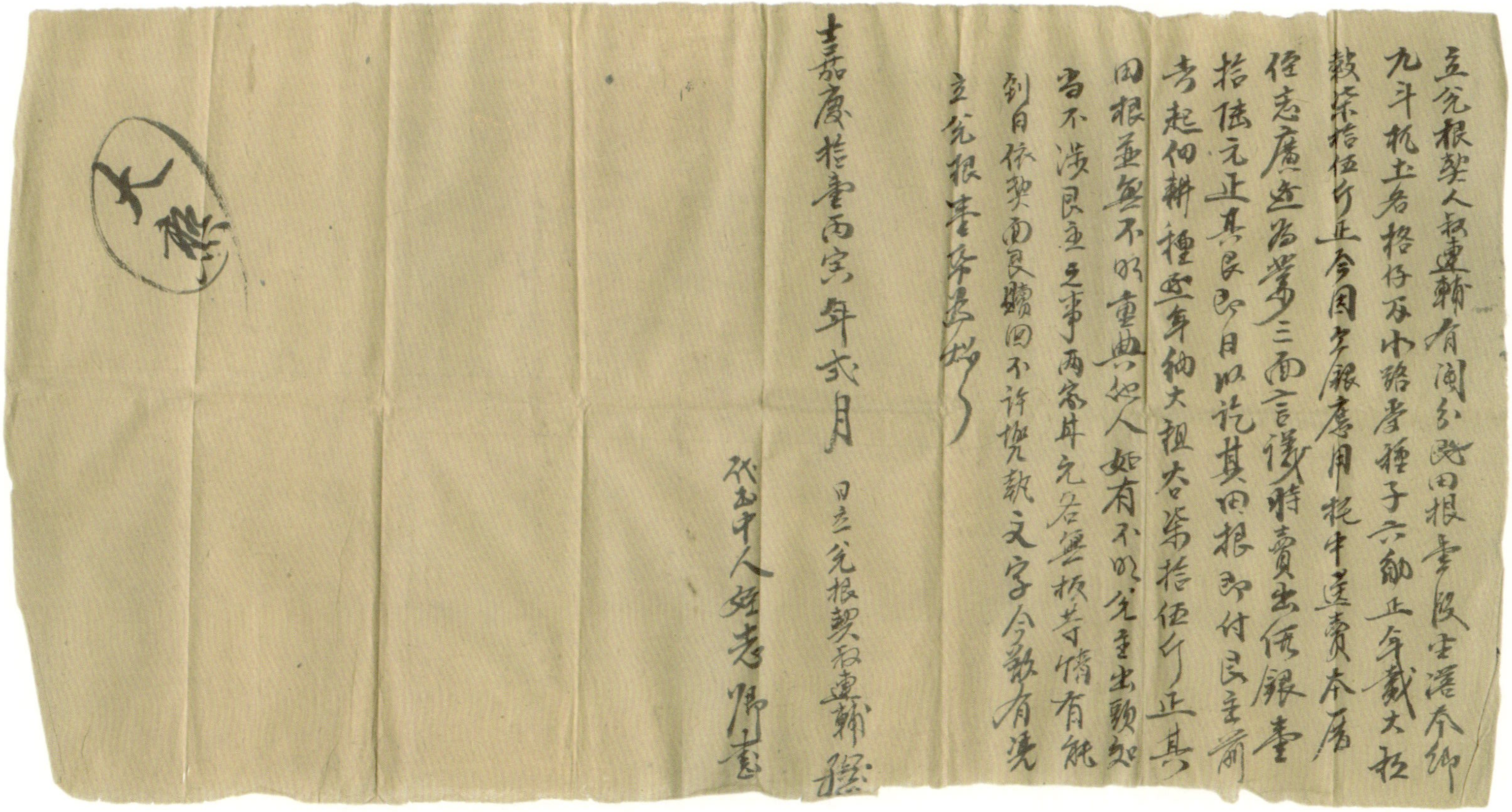
立兑根契人黄連輔，有閩分民田根壹段，坐溪乔鄉
九斗坑，土名格仔乃小路旁，種子六勳正，年載大租
穀柒拾伍斤正。今因乏銀應用，托中送賣本房
侄志廣邊為業。三面言議，時賣出價銀壹
拾伍元正，其艮即日收訖，其田根即付艮主前
去起佃耕種，逐年納大租谷柒拾伍斤正。其
田根並無不明重典他人，如有不明，兑主出頭知
當，不涉艮主之事。兩家甘允，各無枝節。倘有能
到，自依契面艮贖回，不許執執。文字今欲有憑，
立兑根壹紙為照。
嘉慶拾壹丙寅年貳月　日立兑根契黄連輔（押）
代書中人姪志[illegible]

10-6-101-15　清嘉慶十一年二月黄連輔立兑民田根契

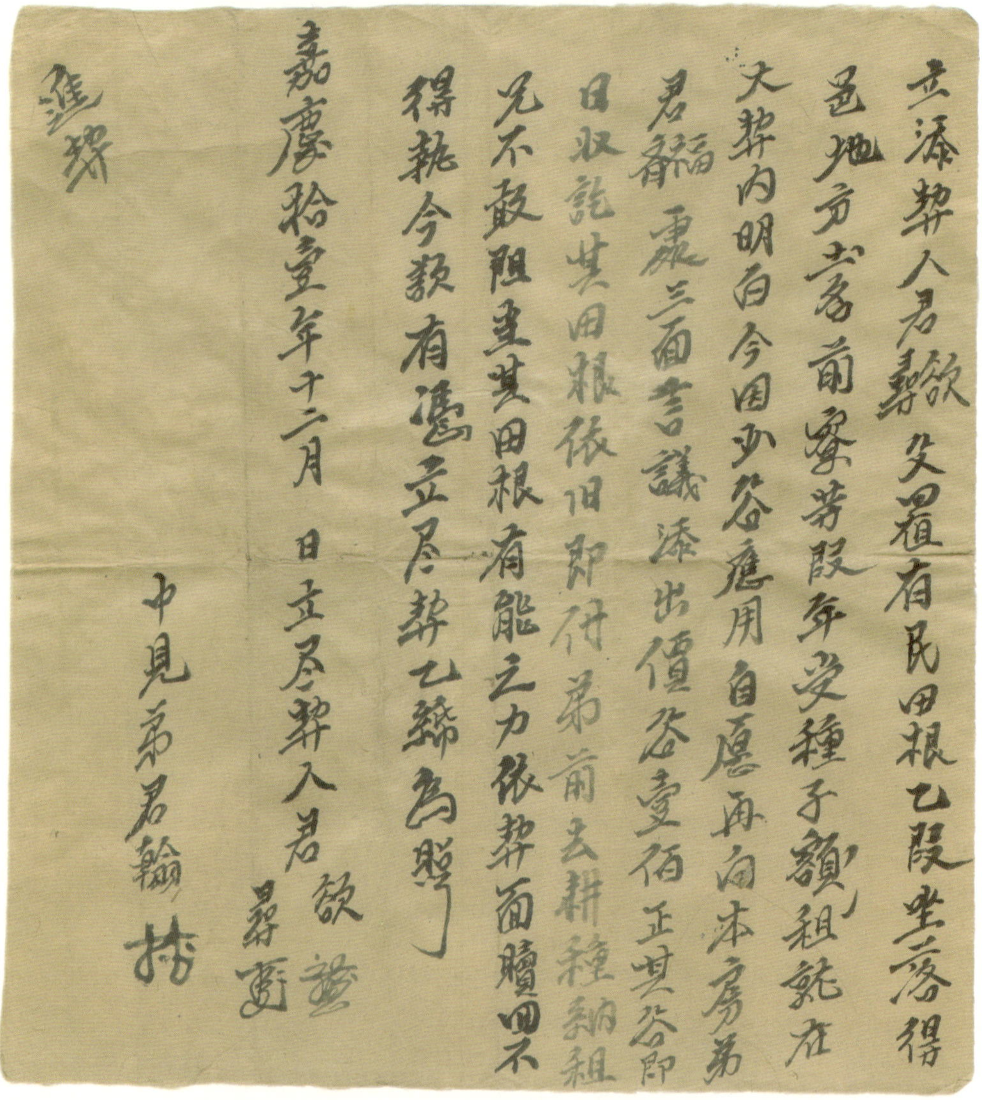
立添契人君欽 父羅有民田根乙段坐落得
邑地方土名前窠旁段 年受種子額租就在
大契内明白今因乏谷應用自愿再向本房弟
君福 秉三面言議添出價谷壹佰正其谷即
日收訖其田根依旧即付弟前去耕種納租
兄不敢阻且其田根有能之力依契面贖回不
得執今欲有憑立尽契乙紙為照
嘉慶拾壹年十二月 日立尽契人君欽（押）
尋（押）
中見弟君翰（押）
進契

10-6-101-16 清嘉慶十一年十二月黃君欽等立添民田根契

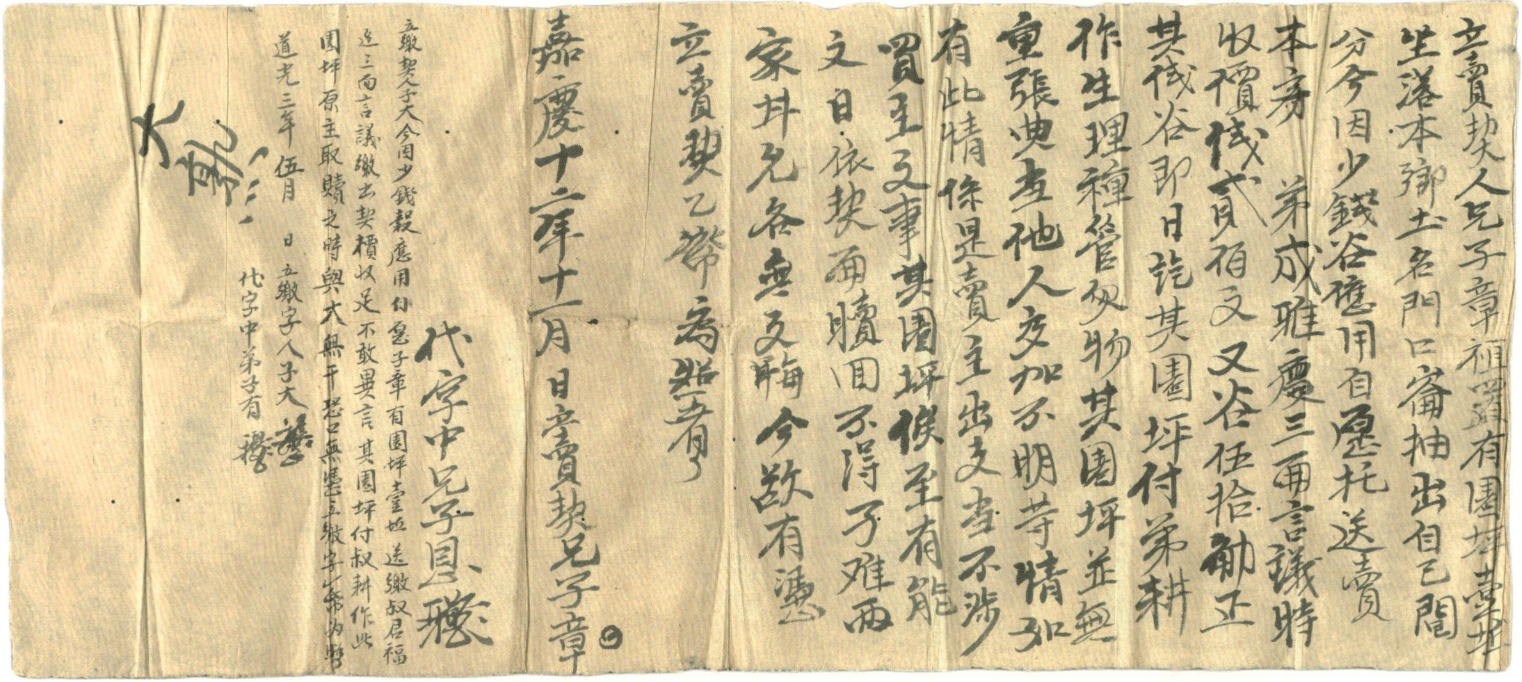
立賣契人兄子章祖遺有園坪壹坐
生落本鄉土名門口崙柚出自己鬮
分今因少錢谷應用自愿托送賣
本房 弟成雅慶三面言議時
收價錢貳佰文又谷伍拾觔正
其錢谷即日訖其園坪付弟耕
作生理掌管為物其園坪並無
重張典當他人交加不明等情如
有此情係是賣主出支當不涉
買主之事其園坪候至有能
之日依契兩贖田不得子難兩
家并允各無反悔今欲有憑
立賣契乙紙為照者
嘉慶十二年十一月 日立賣契兄子章
代字中兄字周璣

立繳契人子大今因少錢穀應用向子章有園坪壹坵送繳叔居福
邊三面言議繳出契價收足不敢異言 其園坪付叔耕作此
園坪原主取贖之時與大無干恐口無憑立繳字一紙為照
道光三年伍月 日立繳字人子大璣
代字中弟子有璣
大吉

10-6-101-17 清嘉慶十二年十一月黄子章立賣園坪契

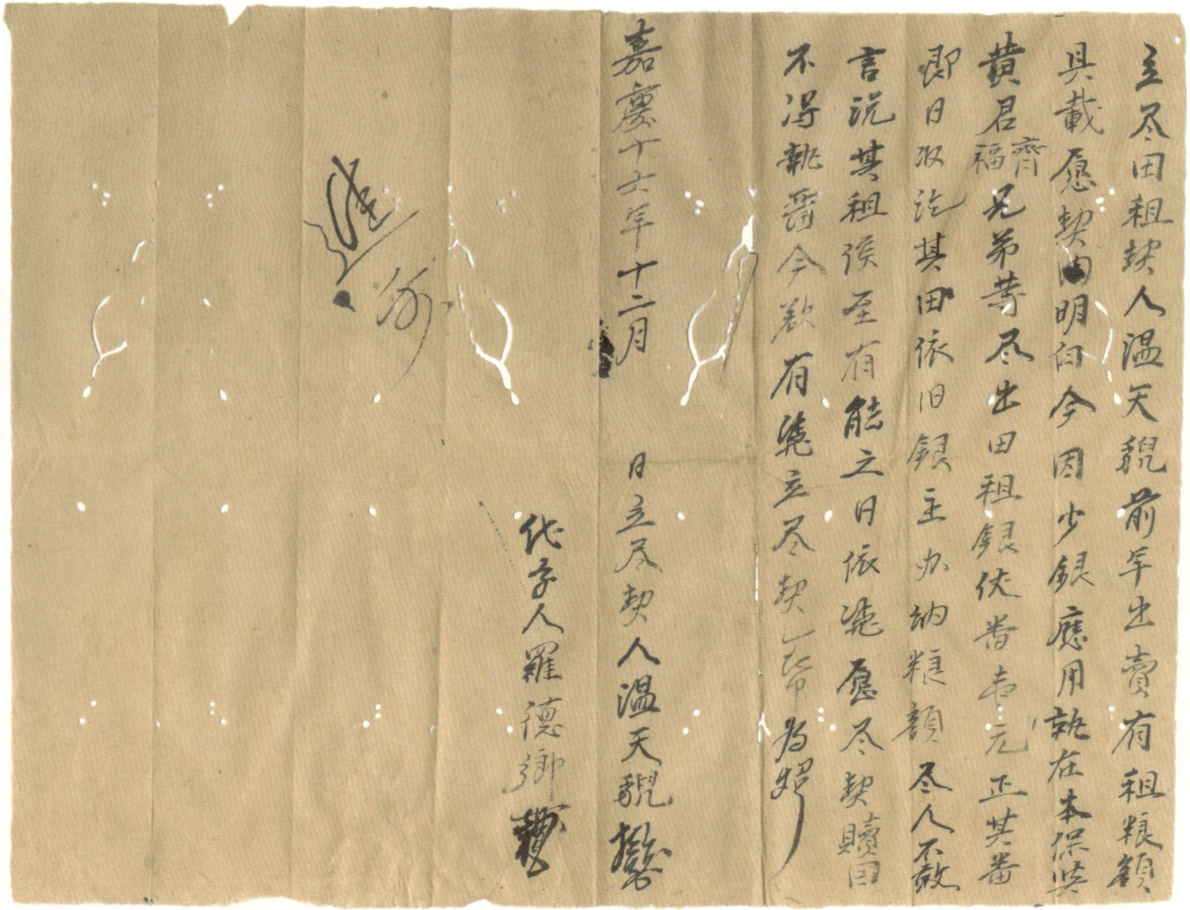
立尽田租契人温天貌，前年出賣有租粮額，
具載原契明白。今因少銀應用，就在本保洋
黄君福齊兄弟尋尽出田租銀伏番壹元正。其番
即日收訖，其田依旧銀主办納粮額。尽人不敢
言説其租，從至有能之日，依俵原尽契贖回，
不得執留。今欲有憑，立尽契一帋為照。
嘉慶十六年十二月　日立尽契人温天貌（押）
代字人羅德卿（押）

10-6-101-18　清嘉慶十六年十二月温天貌立盡田租契

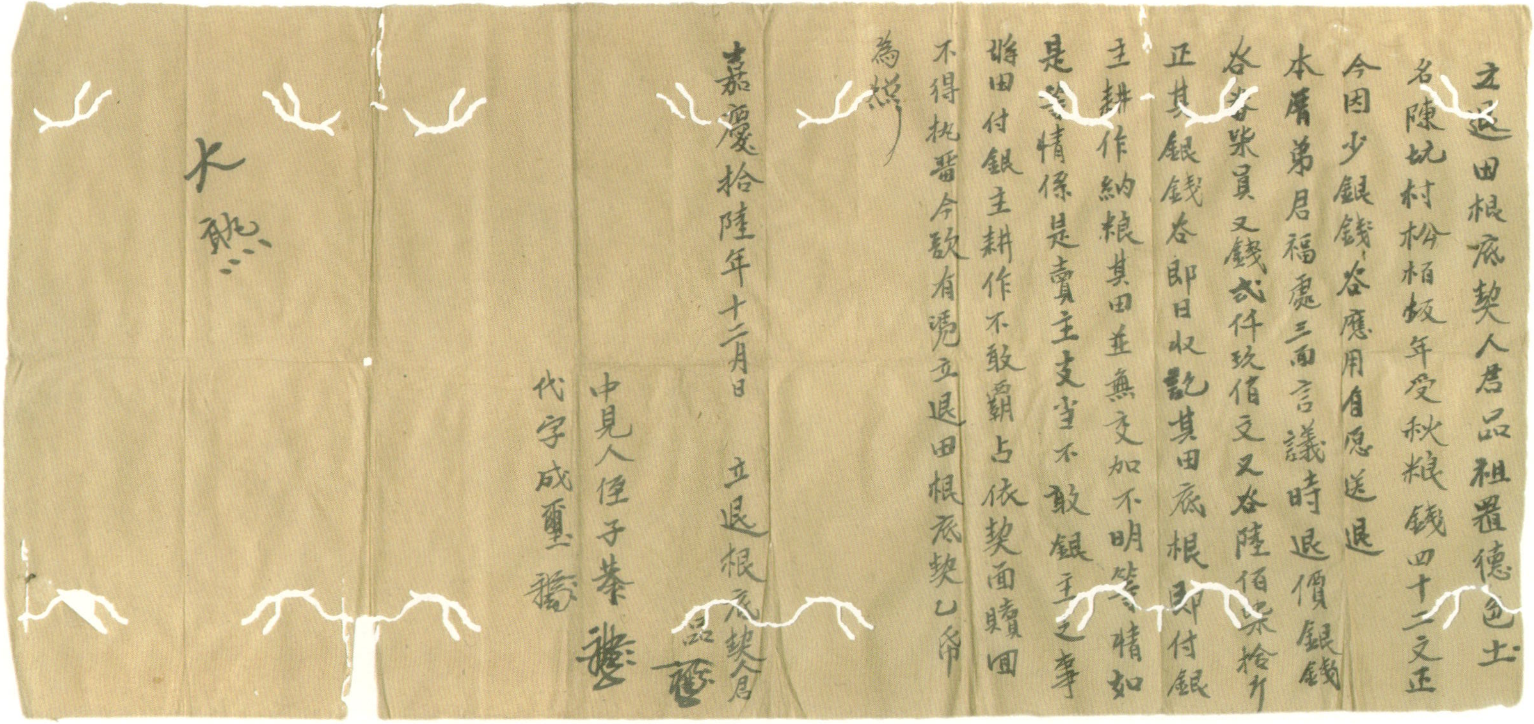

立退田根底契人君品祖置德邑土
名陳坑村松柏坂年受秋粮錢四十二文正
今因少銀錢谷應用自愿送退
本房弟君福處三面言議時退價銀錢
谷柒員又錢貳仟玖佰文又谷陸佰柒拾斤
正其銀錢谷即日收訖其田底根即付銀
主耕作納粮其田並無交加不明等情如
是等情係是賣主支當不敢銀主之事
將田付銀主耕作不敢霸占依契面贖回
不得执叅今欲有憑立退田根底契乙帋
為照

嘉慶拾陸年十二月日　立退根底契人君品（押）

中見人侄子恭（押）

代字成重（押）

大熟

10-6-101-19　清嘉慶十六年十二月黃君品立退田根底契

立退田根契人弟君鳳自置有民田根乙段坐
落本鄉土名陳斗崎仔頭年受種子乙升延年
載大租谷乙十八斤正今因乏穀銀錢應用
自愿托中送退本厝 兄君福边三面言
議時收價穀贰佰肆拾斤正又銀番壹員正
又錢壹仟零六十文正其穀艮錢即日收訖
其田根即付艮主前去耕種納租退主不
敢阻佔其田并無重張典卦他人不明等
情如有此情弟出頭支吏不涉兄之事係
至弟有能之力依憑契面贖回不得抗番今欲
有憑立退田根契乙紙為照
嘉慶贰拾年十二月 日立退田根契弟君鳳
在見中侄成璽
代字侄子桐

大發

10-6-101-20 清嘉慶二十年十二月黃君鳳立退民田根契

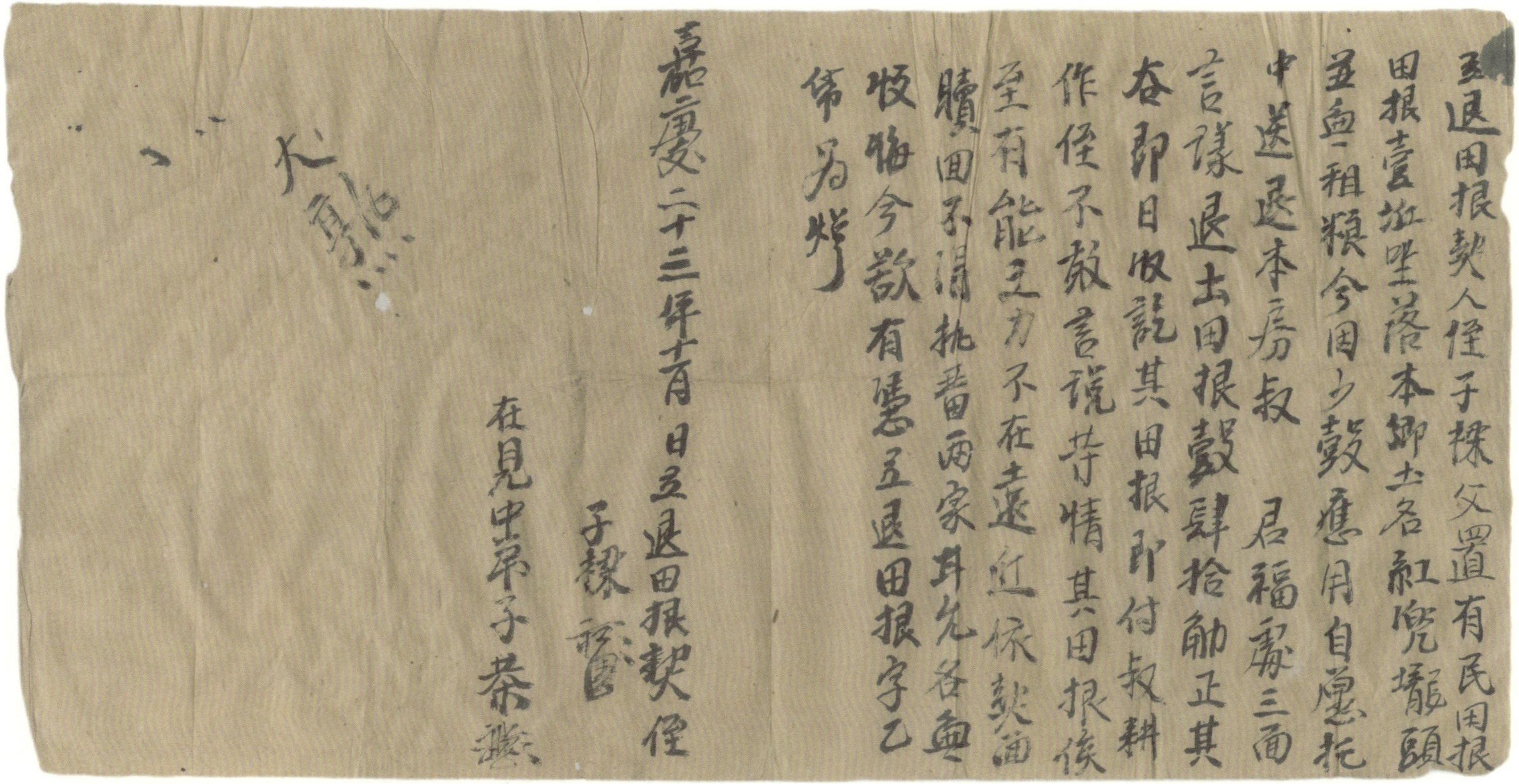

立退田根契人侄子樑，父置有民田根
田根壹坵，坐落本鄉土名紅究壠頭
并田租粮，今因少鼓應用，自愿托
中送退本房叔　君福承三面
言議退出田根價肆拾觔正，其
各即日收訖，其田根即付叔耕
作，侄不敢言說，其情其田根係
至有能主，力不在遠近，依契面
贖，田不涉批，番兩家并允，各無
悔，今欲有憑，立退田根字乙
紙為炤

嘉慶二十三年十一月　日立退田根契侄
子樑（押）
在見叔弟子恭（押）

大吉

10-6-101-21　清嘉慶二十三年十一月黃子樑立退民田根契

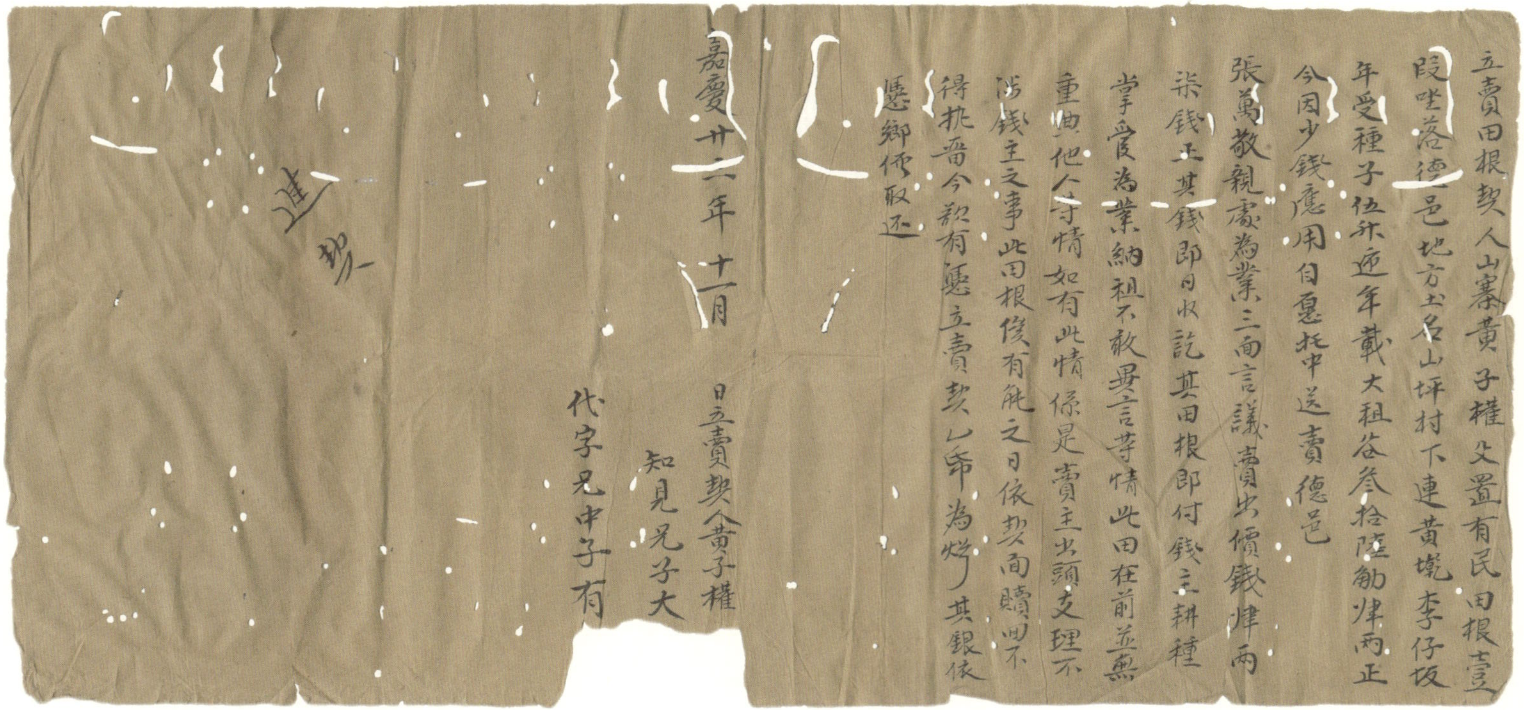

立賣田根契人山寨黃子權父置有民田根壹
段，坐落德邑地方，土名山坪村下，連黃墘李仔坂，
年受種子伍升，逐年載大租谷叁拾陸觔肆兩正。
今因少錢應用，自愿托中送賣德邑
張萬教親處為業，三面言議，賣出價錢肆兩
柒錢正，其錢即日收訖，其田根即付錢主耕種
掌管為業，納租不敢異言等情。此田在前並無
重典他人等情，如有此情，係是賣主出頭支理，不
涉錢主之事。此田根後有能之日，依契面贖回，不
得執留。今欲有憑，立賣契一紙為炤，其銀依
憑鄉例取还。

嘉慶廿三年十一月　日立賣契人黃子權
知見兄子大
代字兄中子有

進契

10-6-101-22　清嘉慶二十三年十一月黃子權立賣民田根契

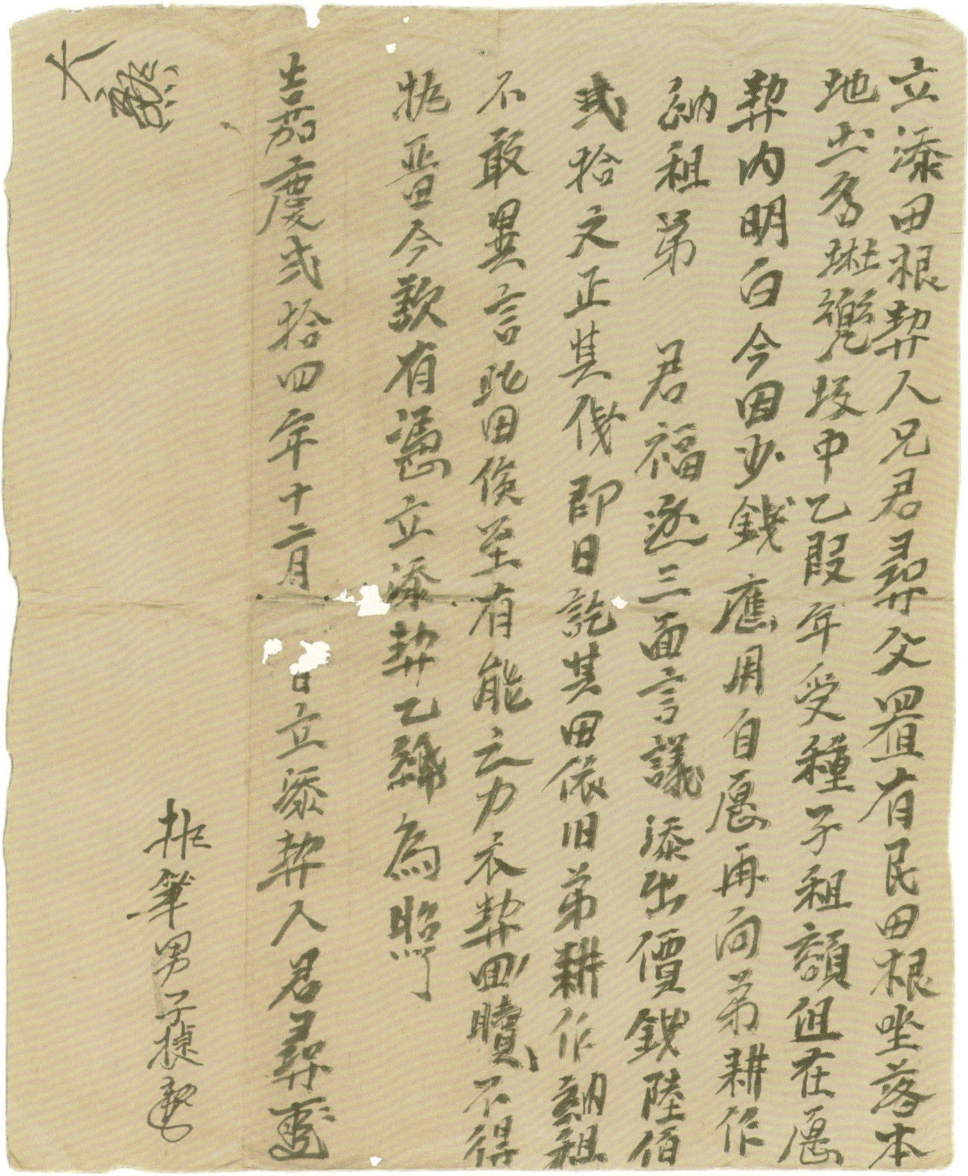

立添田根契人兄君尋，父置有民田根，坐落本地土名[illegible]坵段中乙段，年受種子租額俱在原契内明白。今因乏錢應用，自愿再向弟耕作納租弟君福邊三面言議，添出價錢陸佰貳拾文正。其價即日訖，其田依旧弟耕作納租，不敢異言。此田俟至有能之力，衣契田贖，不得執吝。今欲有憑，立添契乙紙為照。

嘉慶貳拾四年十二月　日立添契人君尋（押）

执筆男子捷（押）

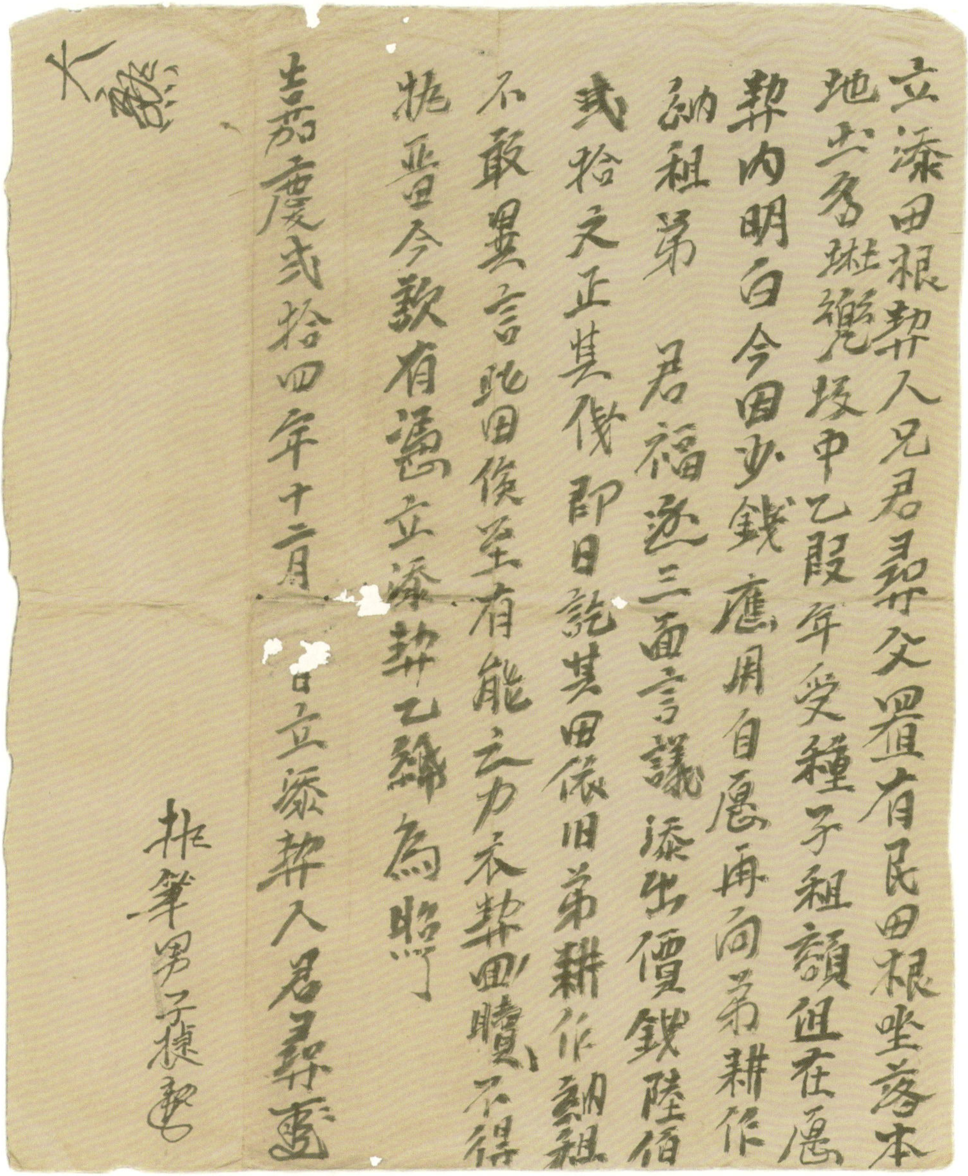

10-6-101-23　清嘉慶二十四年十二月黄君尋立添民田根契

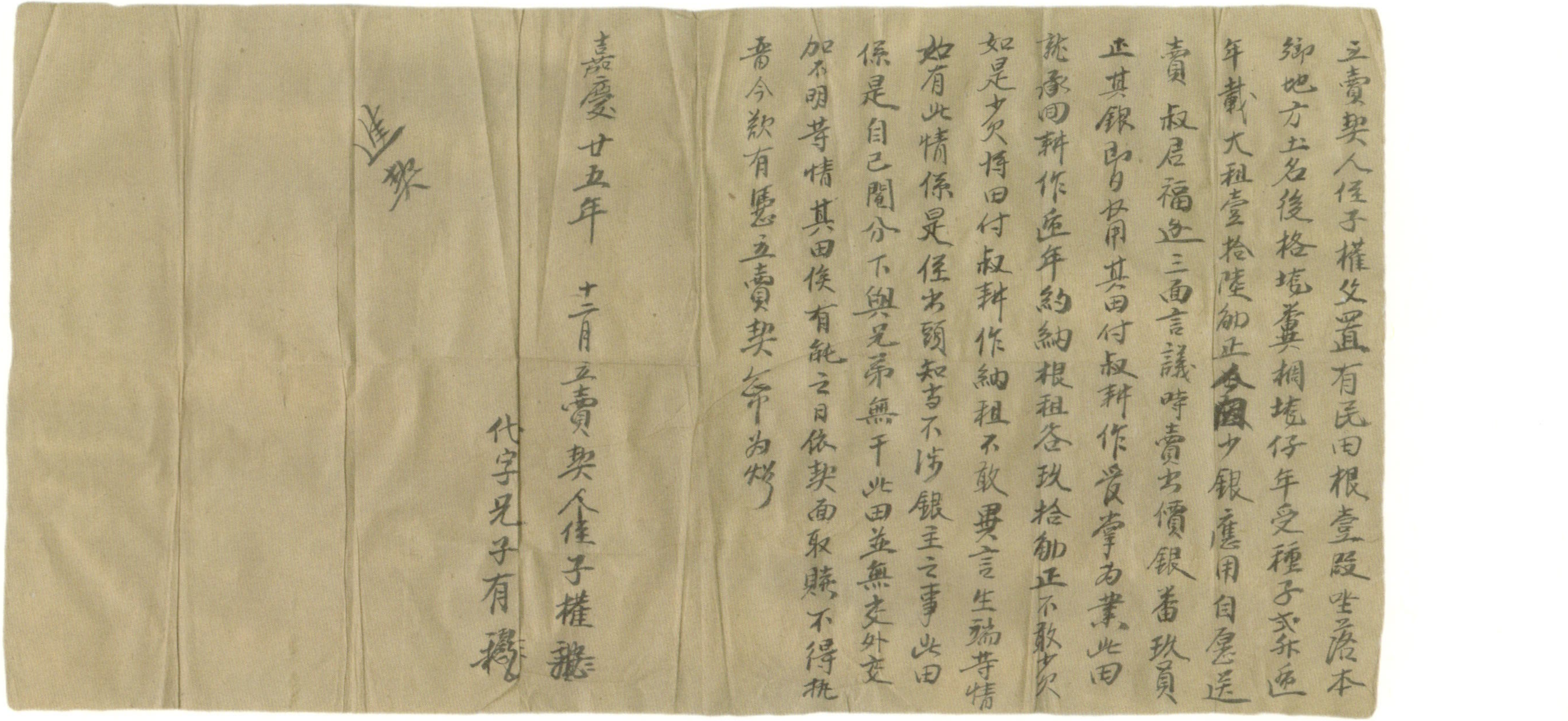

立賣契人侄子權父置有民田根壹段坐落本
鄉地方土名後格墘糞桶墘仔年受種子貳斗正
年載大租壹拾陸觔正今因少銀應用自愿送
賣叔居福邊三面言議時賣出價銀番玖員
正其銀即日收用其田付叔耕作管掌為業此田
就承回耕作逐年約納根租谷玖拾觔正不敢少欠
如是少欠將田付叔耕作納租不敢異言生端等情
如有此情係是侄出頭知吉不涉銀主之事此田
係是自己閹分不與兄弟無干此田並無走外交
加不明等情其田後有能之日依契面取贖不得執
留今欲有憑立賣契一紙為炤

嘉慶廿五年　十二月　立賣契人侄子權（押）
代字兄子有（押）

進契

10-6-101-24　清嘉慶二十五年十二月黄子權立賣民田根契

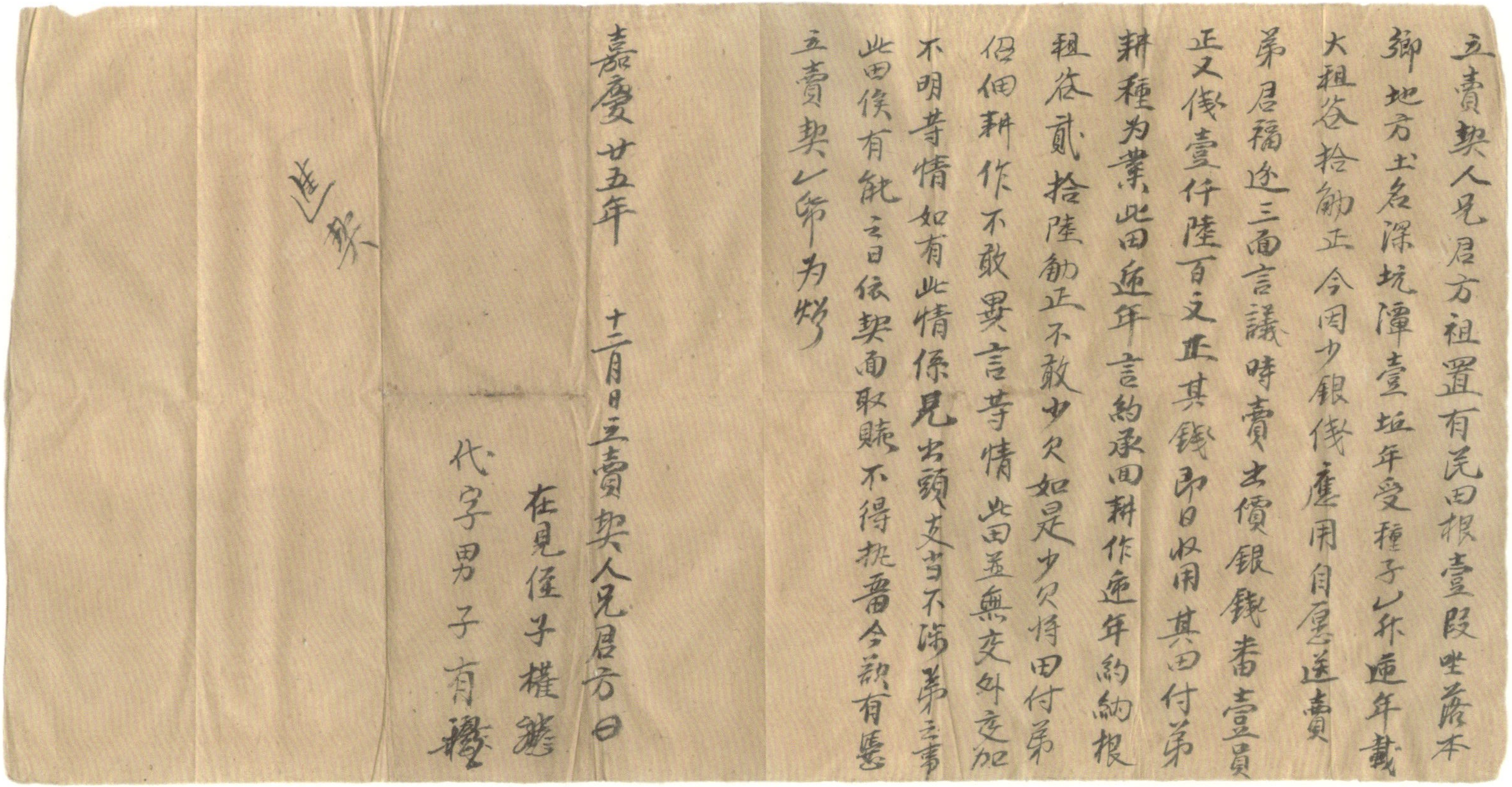

立賣契人兄君方祖置有民田根壹段坐落本
鄉地方土名深坑潭壹坵年受種子乙升連年載
大租谷拾觔正今因少銀使用自愿送賣
弟君福边三面言議時賣出價銀錢番壹員
正又錢壹仟陸百文正其錢即日收用其田付弟
耕種為業，此田逐年言約承田耕作逐年約納根
租谷貳拾陸觔正不敢少欠如是少欠將田付弟
但佃耕作不敢異言等情此田並無交外交加
不明等情如有此情係兄出頭支當不涉弟之事
此田俟有銀之日依契面取贖不得執留今欲有憑
立賣契乙紙為照

嘉慶廿五年　十二月　日立賣契人兄君方

在見侄子權

代字男子有

進契

10-6-101-25　清嘉慶二十五年十二月黄君方立賣民田根契

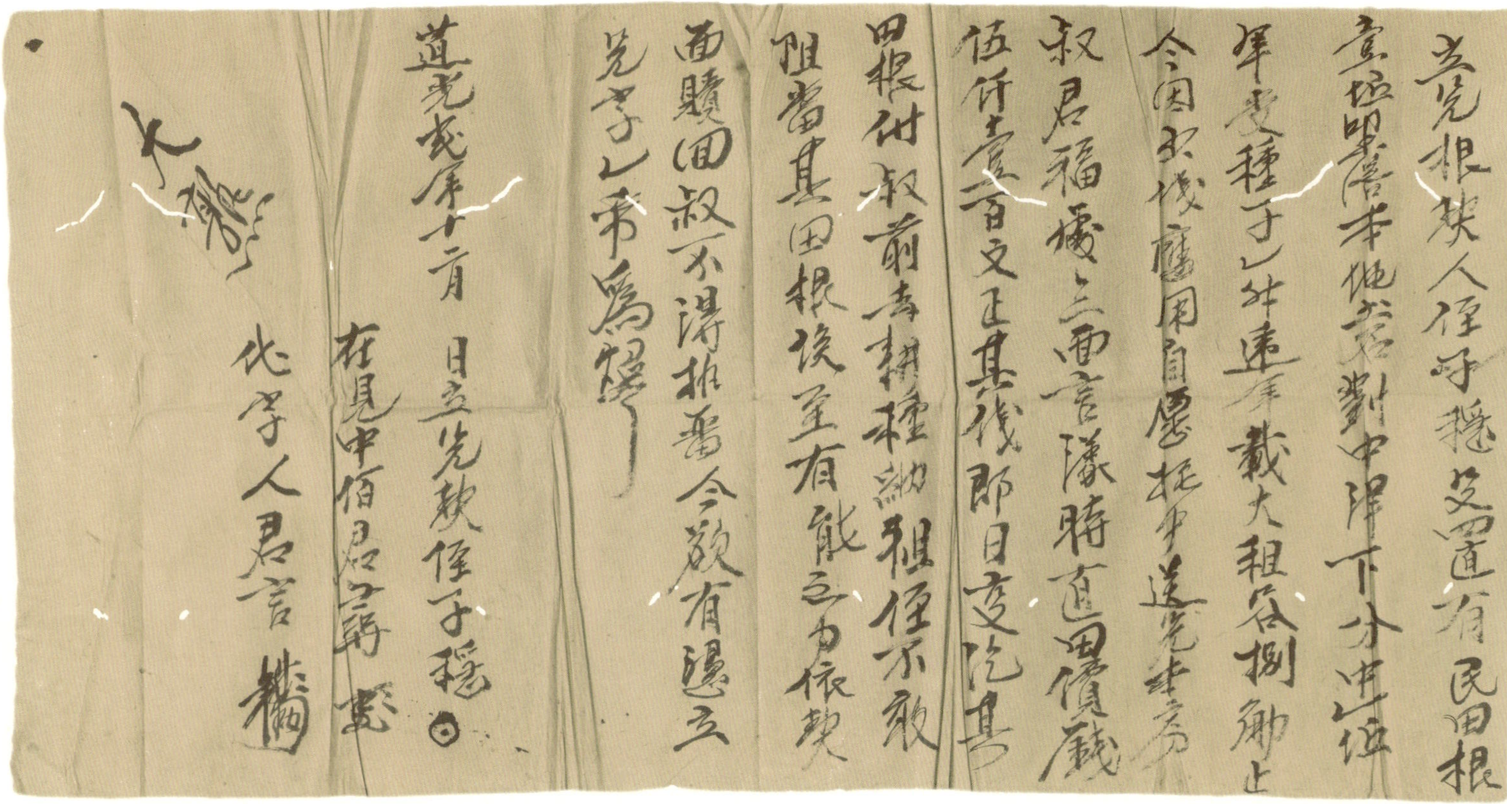

立兑根契人侄子穩，有承買置有民田根
壹坵，坐落本地，土名劉中洋下小洋坵，
年受種子乙升，逐年載大租谷捌斛上。
今因乏錢應用，自愿托中送兑與房
叔君福撤上面言議，時值田價錢
伍仟壹百文正。其錢即日交訖，其
田根付叔前去耕種納租，侄不敢
阻當。其田根後至有能之日，依契
面贖回，叔不得執當。今欲有憑，立
兑字乙帋為照。

道光貳年十二月 日立兑契侄子穩
在見中伯君富
代字人君言

大吉

10-6-101-26 清道光二年十二月黃子穩立兑民田根契

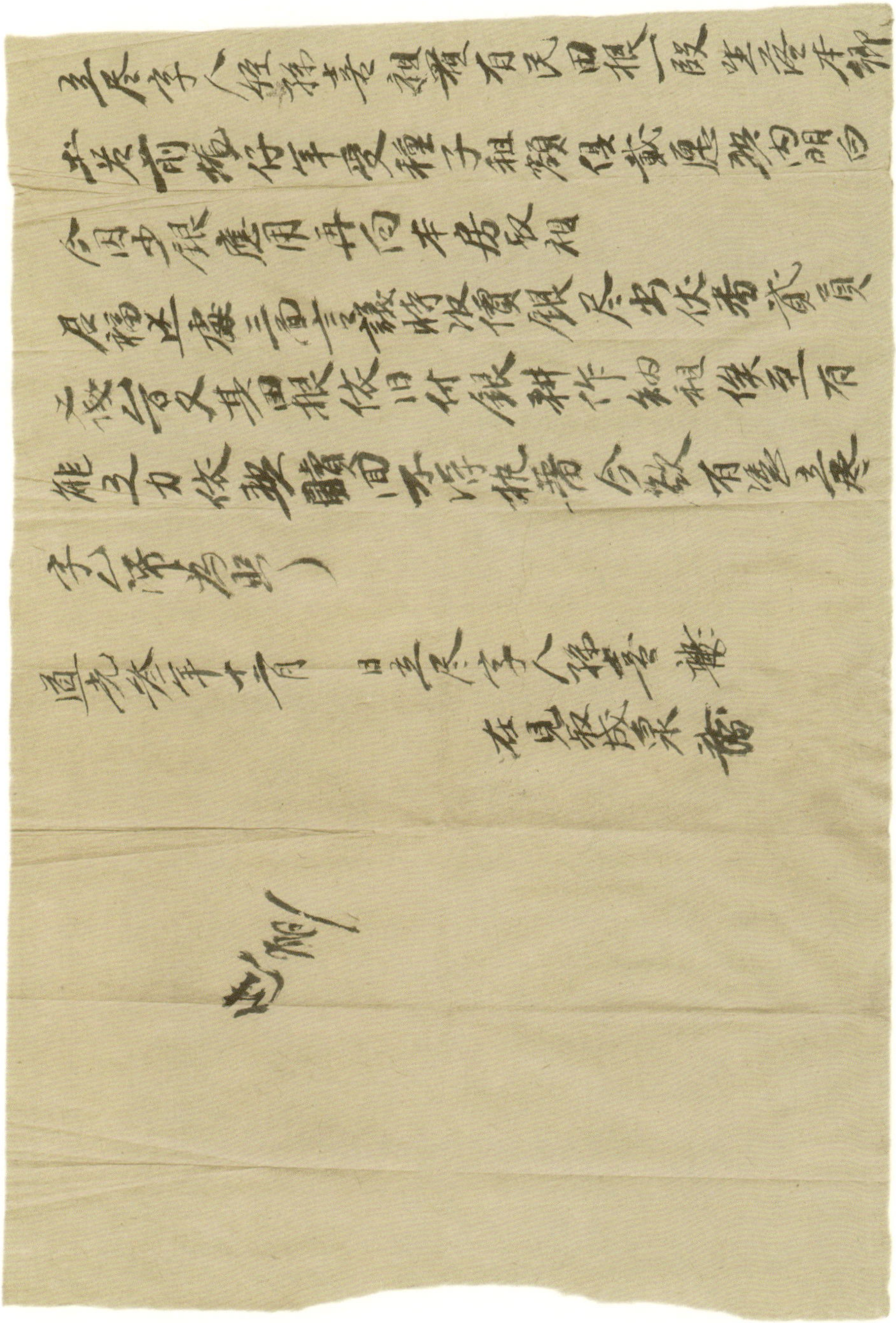
立盡字人侄孫喜，祖置有民田根一段，坐落本鄉
土名[illegible]，伍年受種子租額[illegible]
今因乏銀應用，將向本房叔祖
君福邊盡出，三面言議，時值價銀[illegible]
[illegible]其田根依旧付叔耕作納租[illegible]
能立力依[illegible]贖回，不得執[illegible]。今欲有憑，立盡
字一紙為照。
道光叁年十二月　日立盡字人侄孫喜（押）
在見叔成泉（押）
[illegible]

10-6-101-27　清道光三年十二月黃孫喜立盡民田根契

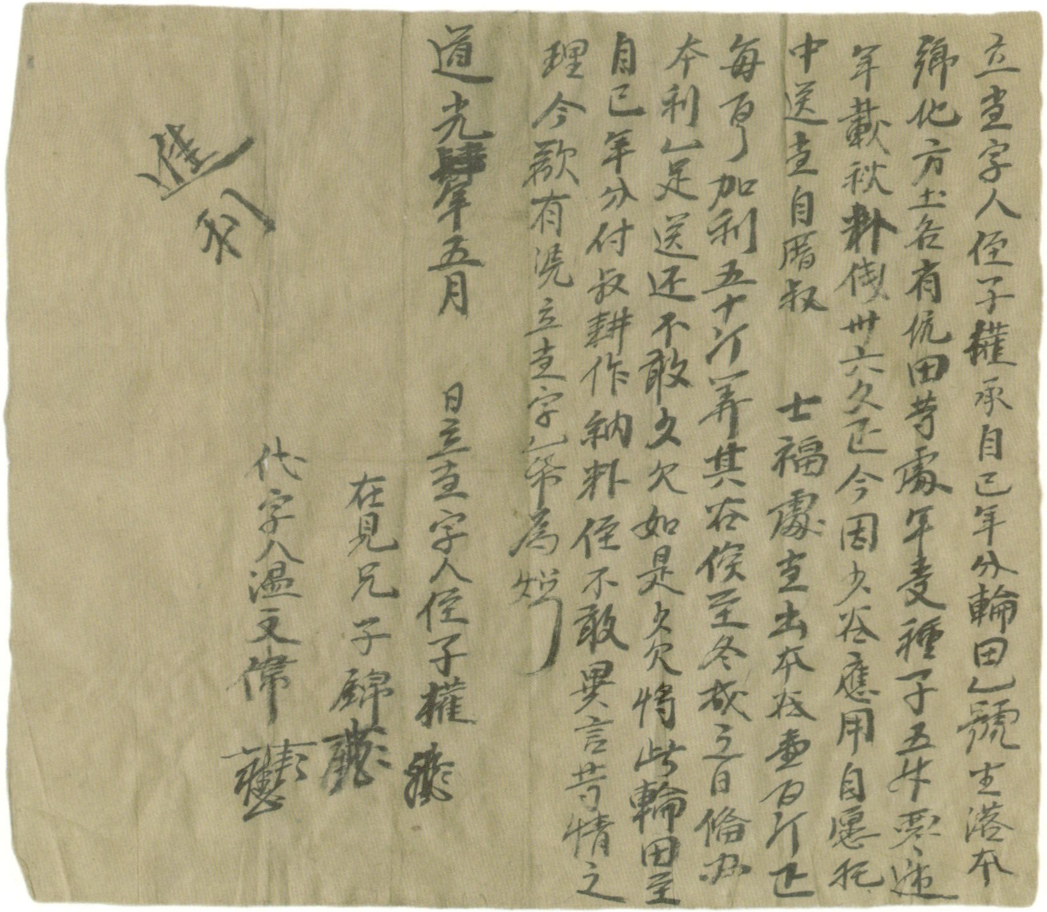
立当字人侄子權承自己年分輪田一號土名落朴
溪化方土名有坑田等處年麦種子五斗零，逐
年載秋𣏌併卅六久正今因欠谷應用自愿托
中送当自層叔　士福處当出本谷壹百斤正
每百斤加利五十斤，言其谷候至冬成之日備办
本利一足送还，不敢久欠，如是久欠，將此輪田至
自己年分付叔耕作納𣏌，侄不敢異言苛情之
理，今欲有憑，立当字一帋為照。
道光肆年五月　日立当字人侄子權（押）
在見兄子錦（押）
代字人温文偉（押）
進利

10-6-101-28　清道光四年五月黃子權立當輪田字

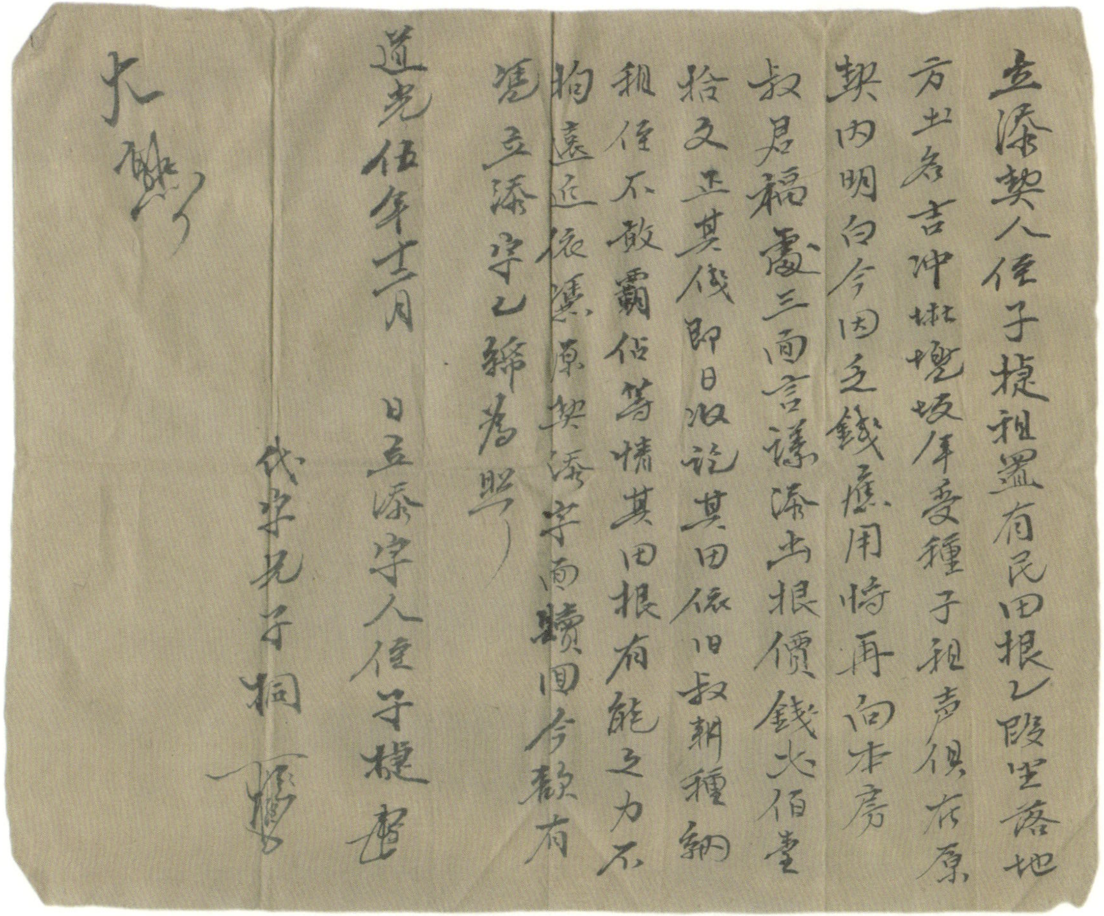

立添契人侄子捷祖置有民田根乙段坐落地
方土名吉冲𡋯墘坂年受種子租声俱在原
契内明白今因乏錢應用特再向本房
叔君福處三面言議添出根價錢七佰壹
拾文其錢即日收訖其田依旧叔耕種納
租侄不敢霸佔等情其田根有能之力不
拘遠近依原契添字面贖回今欲有
憑立添字乙紙為照

道光伍年十二月　日立添字人侄子捷（押）
代字兄子桐（押）

大熟

10-6-101-29　清道光五年十二月黄子捷立添民田根契

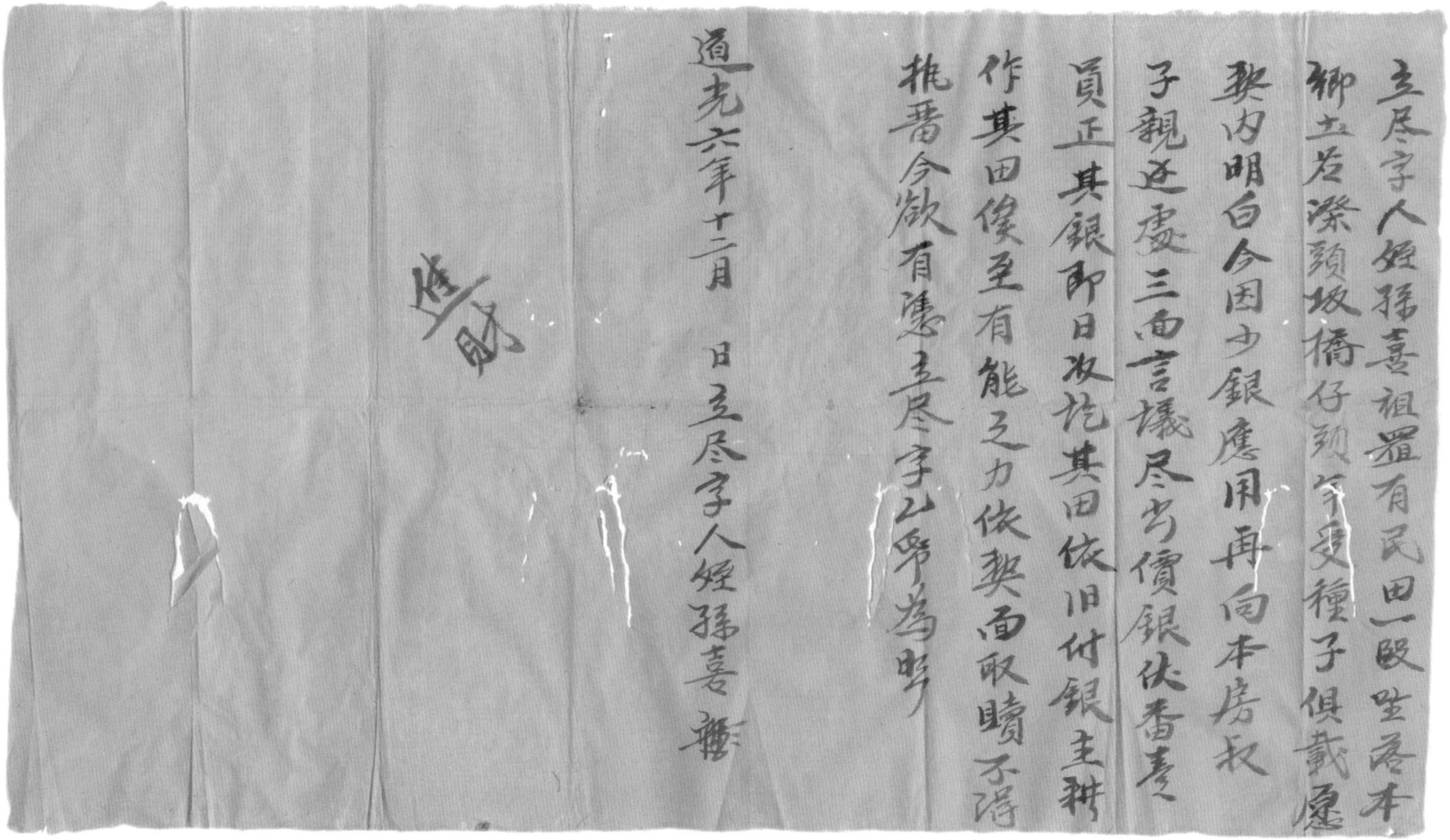

立尽字人姪孫喜祖置有民田一段坐落本
鄉土名濙頭坂橋仔兜年受種子俱載原
契內明白今因乏銀應用再向本房叔
子親邊處三面言議尽出價銀伍番壹
員正其銀即日收訖其田依旧付銀主耕
作其田俟至有能之力依契面取贖不得
執留今欲有憑立尽字一帋為照

道光六年十二月　日立尽字人姪孫喜

10-6-101-30　清道光六年十二月黄孫喜立盡民田字

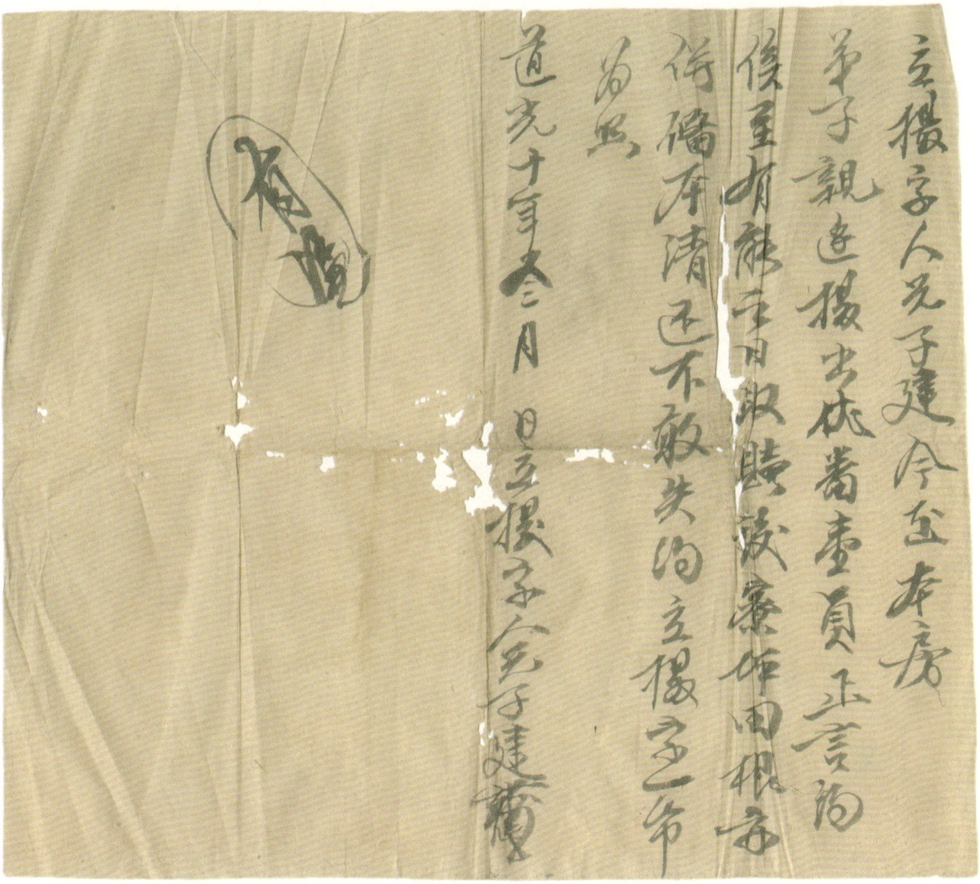
立撮字人黄子建，今在本房
弟子親邊撮出佛番壹員正，言約
後至有能之日收贖，該業作田根字
併備本清還，不敢失約，立撮字一帋
爲照。
道光十年三月　日立撮字人黄子建（押）

10-6-101-31　清道光十年三月黄子建立撮字

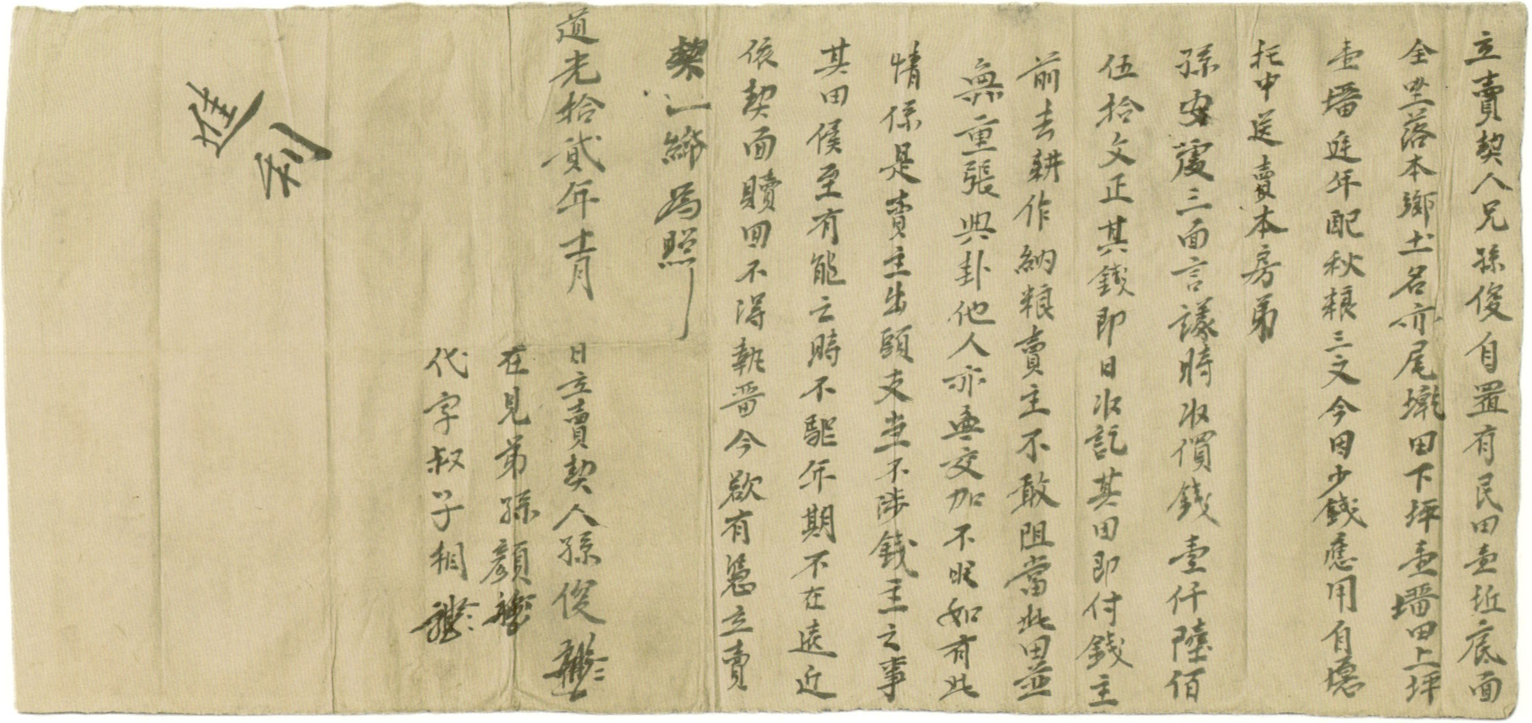

立賣契人兄孫俊自置有民田壹坵底面
全坐落本鄉土名亣尾墘田下坪壹墻田上坪
壹墻年配秋粮三文今因少錢應用自情
托中送賣本房弟
孫安濩三面言議時收價錢壹仟陸佰
伍拾文正其錢即日收訖其田即付錢主
前去耕作納粮賣主不敢阻當此田並
無重張典卦他人亦無交加不明如有此
情係是賣主出頭支當不涉錢主之事
其田候至有能之時不拘年期不在遠近
依契面贖回不得執留今欲有憑立賣
契一紙為照
道光拾貳年十一月　日立賣契人孫俊（押）
在見弟孫顏（押）
代字叔子桐（押）

10-6-101-32　清道光十二年十一月黃孫俊立賣底面全民田契

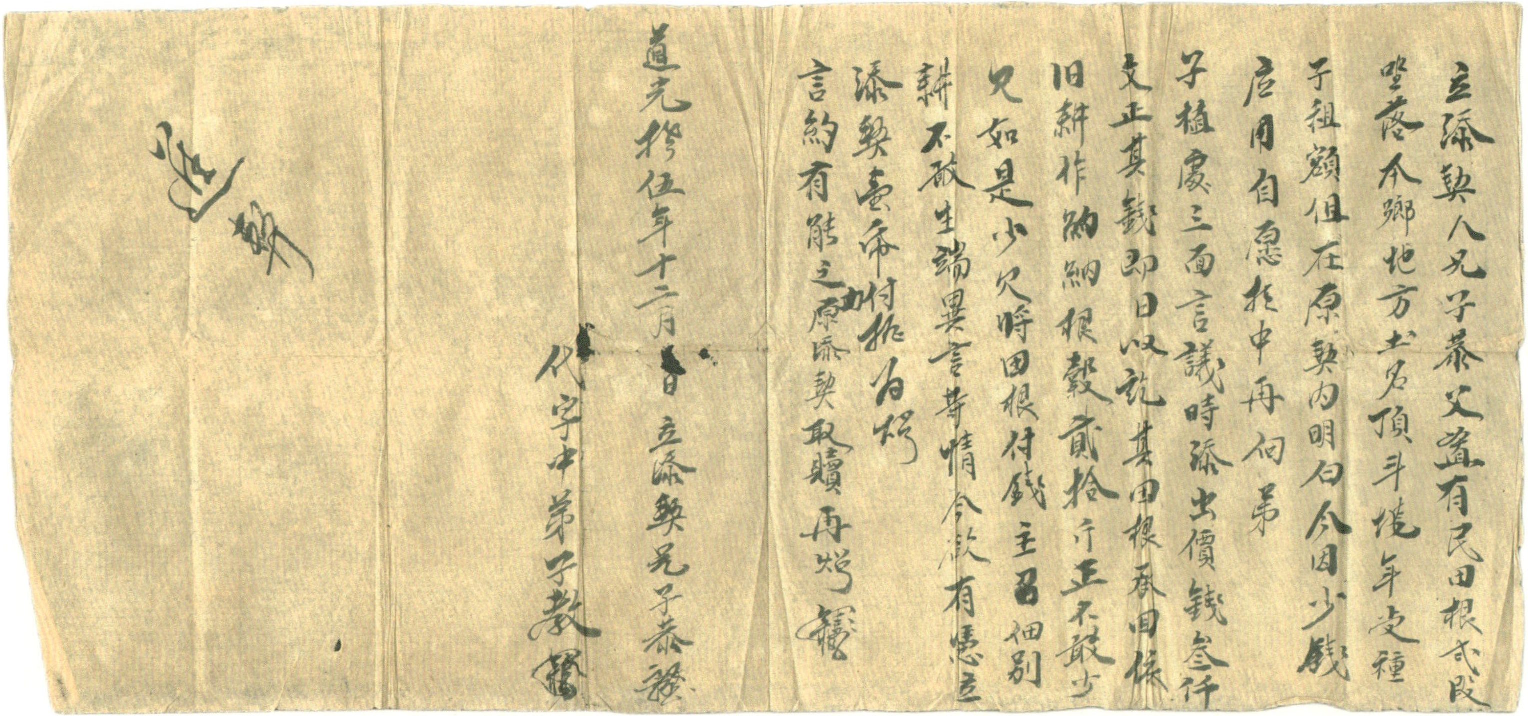

10-6-101-33 清道光十五年十二月黄子恭立添民田根契

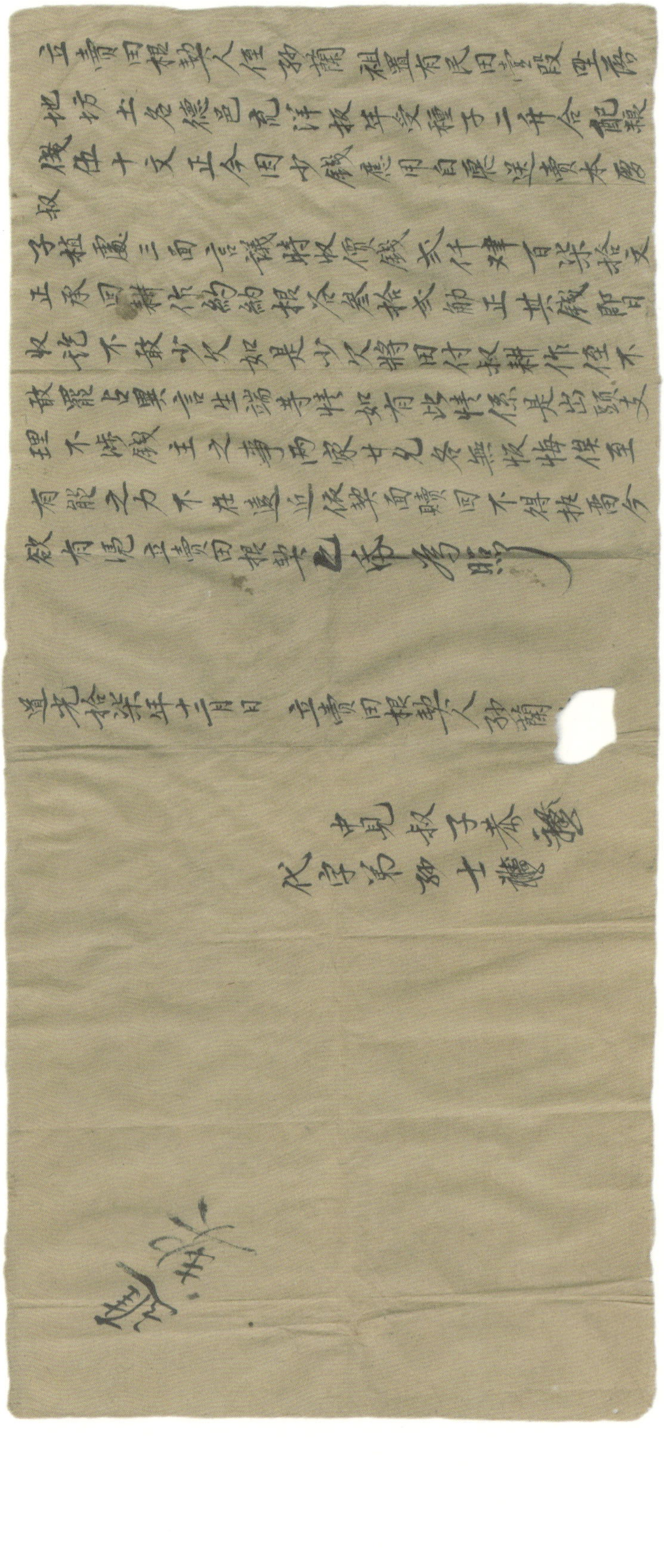
立賣田根契人侄孫蘭祖置有民田壹段坐落
地坊土名[illegible]載租[illegible]受種子三升今配粮
錢伍十文正今因乏錢應用自願送賣本房
叔
子植處三面言議時收價錢貳仟肆百柒拾文
正其田耕作約納根谷叁拾式觔正其錢即日
收訖不敢少欠如是少欠將田付叔耕作侄不
敢異言[illegible]如有此情係侄出頭支
理不涉錢主之事两家甘允各無反悔保至
有能之日不拘遠近依契面贖回不得執留今
欲有憑立賣田根契乙紙為照
道光拾柒年十二月日 立賣田根契人孫蘭
中見 叔子[illegible]
代字 弟 孫士[illegible]
[illegible]

10-6-101-34 清道光十七年十二月黃孫蘭立賣民田根契

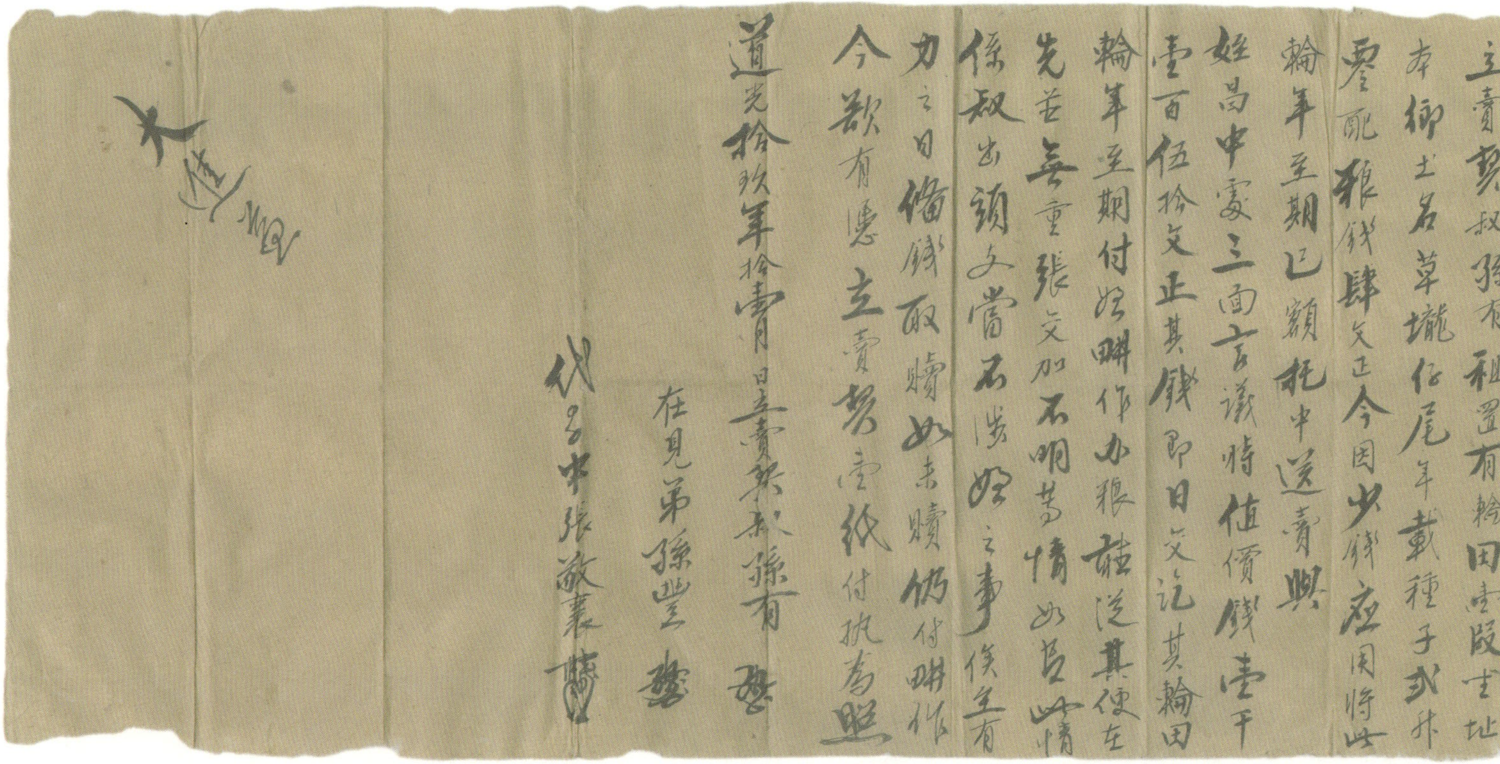

10-6-101-35 清道光十九年十一月黃孫有立賣輪田契

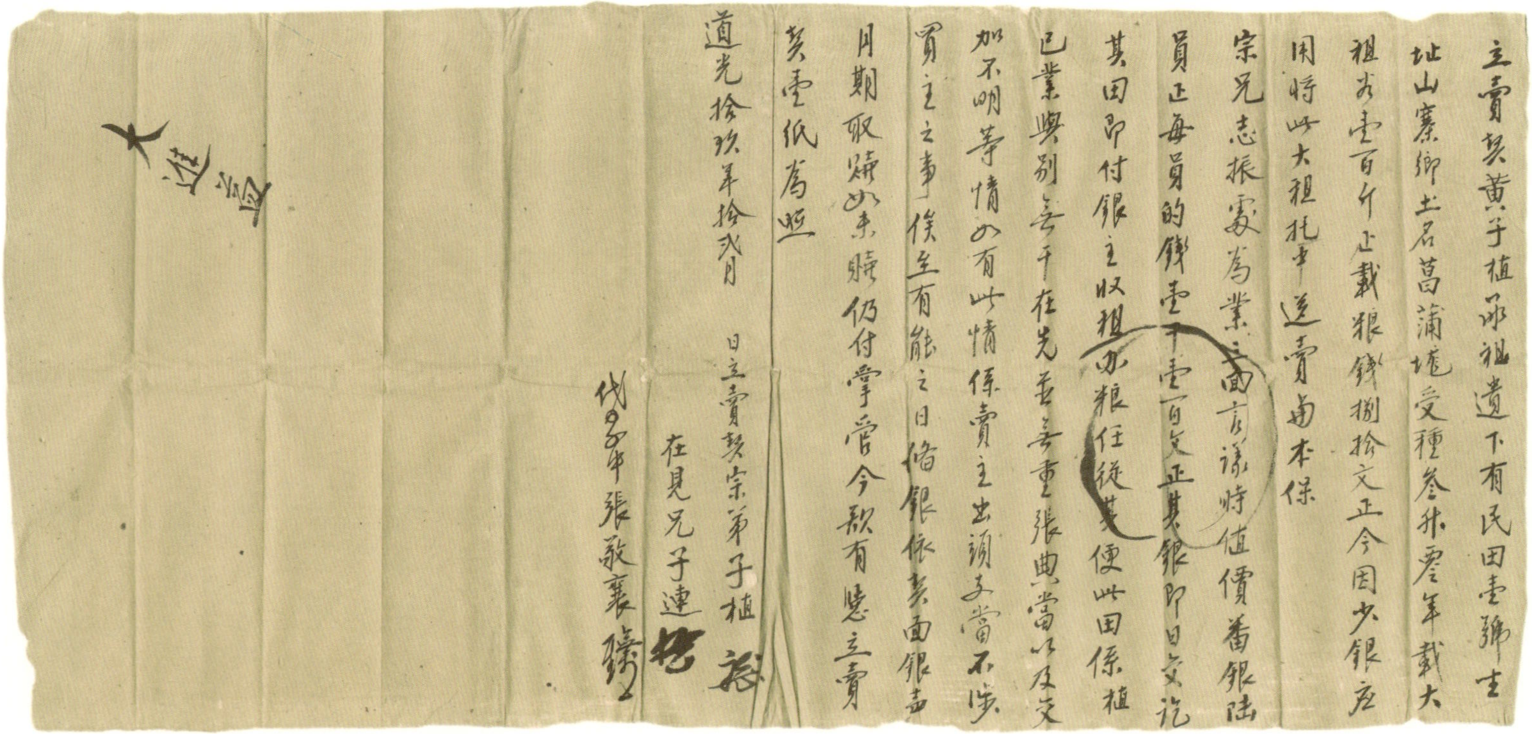
立賣契黃子植承祖遺下有民田壹號土
坐址山寨鄉土名菖蒲墘受種叁升零年載大
租米壹百斤正載粮錢捌拾文正今因少銀應
用將此大祖扎半送賣與本保
宗兄志振處為業三面言議時值價番銀陆
員正每員的錢壹千壹百文正其銀即日交訖
其田即付銀主收租办粮任從其便此田係植
已業與別房無干在先並無重張典當以及交
加不明等情如有此情係賣主出頭支當不涉
買主之事候至有能之日備銀依契面銀壹
月期取贖如未贖仍付掌管今欲有憑立賣
契壹紙為照
道光拾玖年拾弍月　日立賣契宗弟子植
在見兄子連
代筆張敬襄

10-6-101-36　清道光十九年十二月黄子植立賣民田契（廢契）

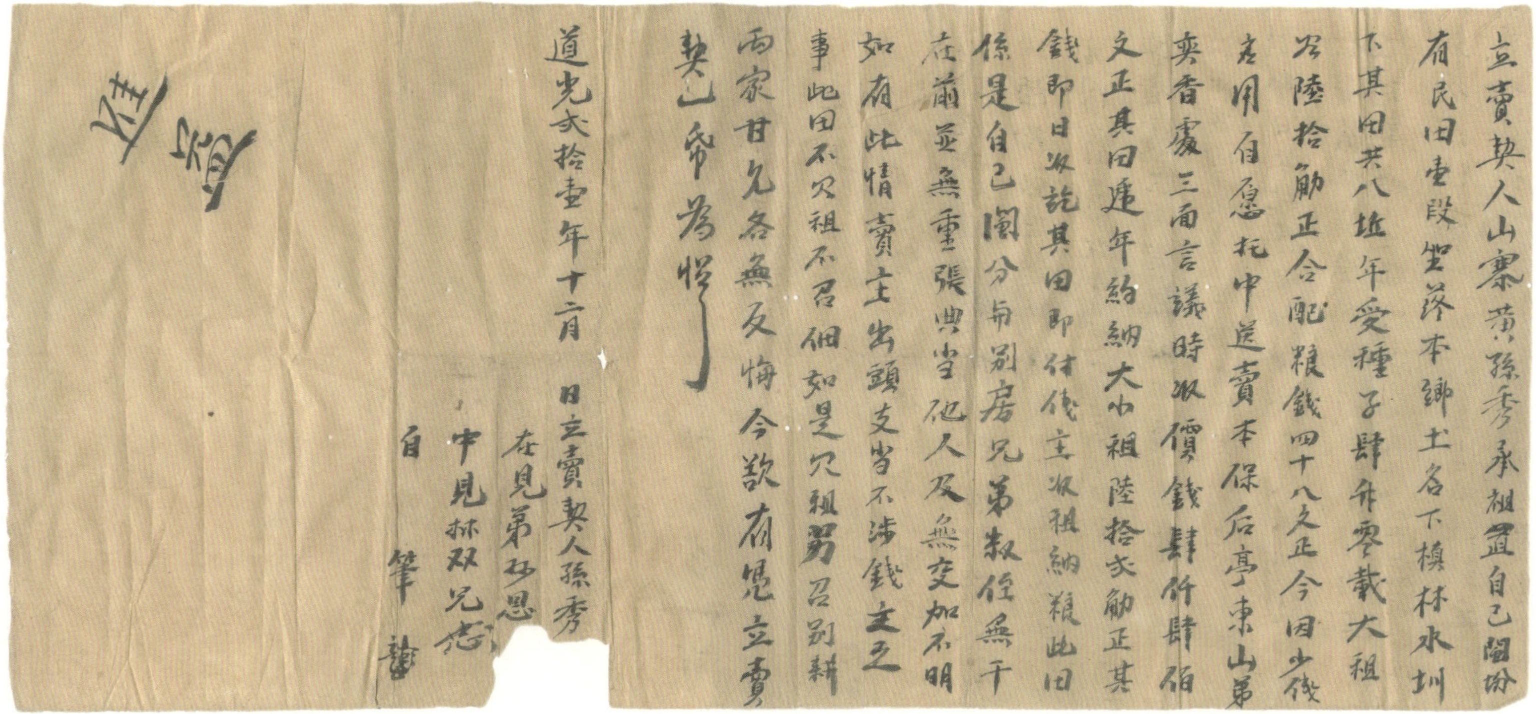
立賣契人山寨黄孫秀承祖置自己鬮份
有民田壹段坐落本鄉土名下槙林水圳
下其田共八坵年受種子肆升零載大租
穀陸拾觔正合配粮錢四十八文正今因少錢
應用自愿托中送賣本保后亭柬山弟
爽香處三面言議時值價錢肆仟肆佰
文正其田逐年納大小租陸拾式觔正其
錢即日收訖其田即付錢主收租納粮此田
係是自己鬮分与别房兄弟叔侄無干
在前並無重張典当他人及無交加不明
如有此情賣主出頭支当不涉錢主之
事此田不只祖不召佃如是只祖另召别耕
兩家甘允各無反悔今欲有憑立賣
契山帋為照」
道光弍拾壹年十二月　日立賣契人孫秀
在見弟孫恩
中見林双兄志
自　筆

10-6-101-37　清道光二十一年十二月黄孫秀立賣民田契

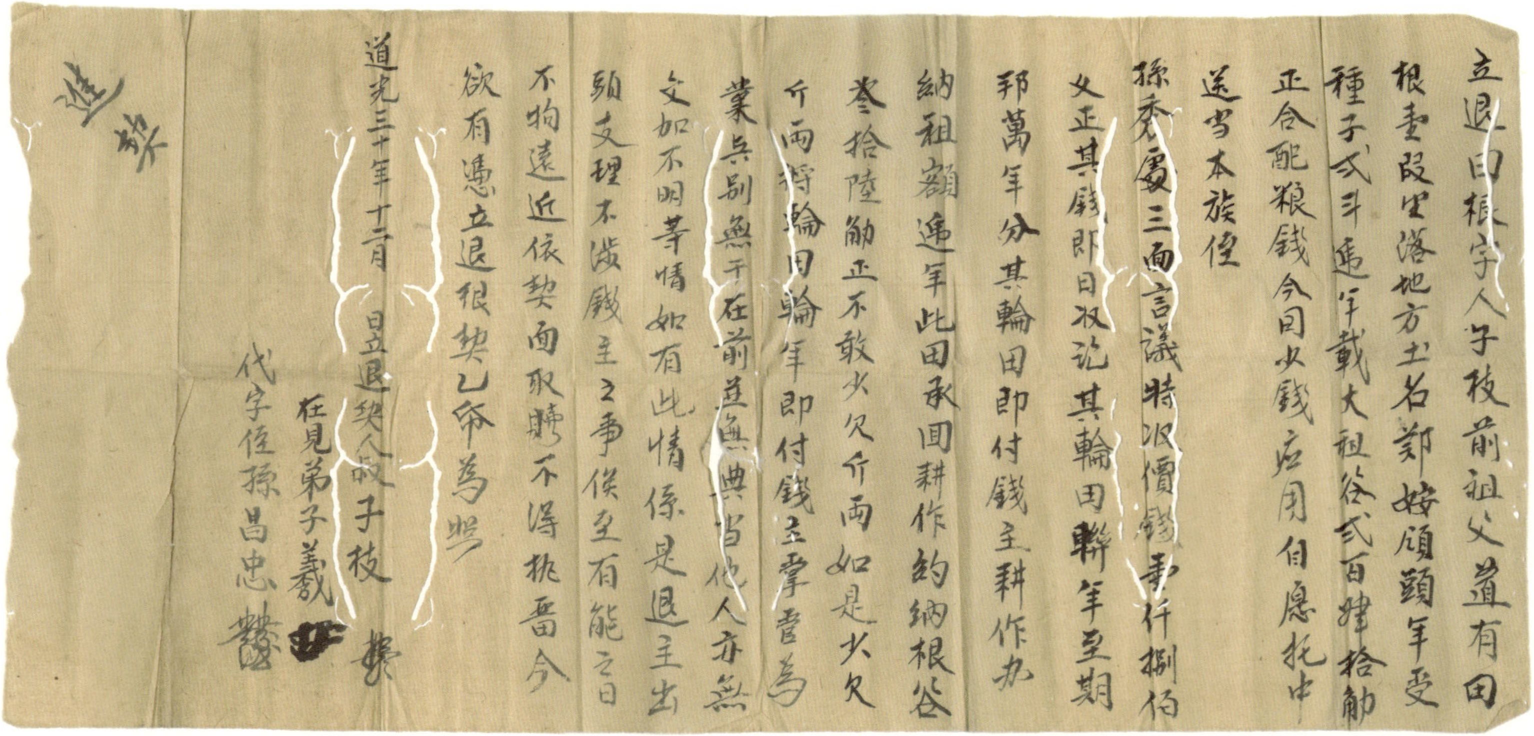

立退田根字人子枝，前祖父遺有田
根壹段，坐落地方土名鄭姕頭，年受
種子弍斗，遞年載大租谷弍百肆拾觔
正，合配粮錢，今因乏錢應用，自愿托中
送寄本族侄
孫秀處三面言議，特退價錢壹仟捌佰
文正，其錢即日收訖，其輪田聯年至期
耶萬年分，其輪田即付錢主耕作办
納租額，遞年此田承回耕作，約納根谷
叁拾陸觔正，不敢少欠斤両，如是少欠
斤両，将輪田輪年即付錢主掌管為
業，並副無干。在前並無典当他人，亦無
文加不明等情，如有此情，係是退主出
頭支理，不涉錢主之事。俟至有能之日
不拘遠近，依契面取贖，不得執留。今
欲有憑，立退根契乙紙為照。

道光三十年十二月　日立退契人　子枝（押）
在見弟子義
代字侄孫昌忠

10-6-101-38　清道光三十年十二月黄子枝立退田根字

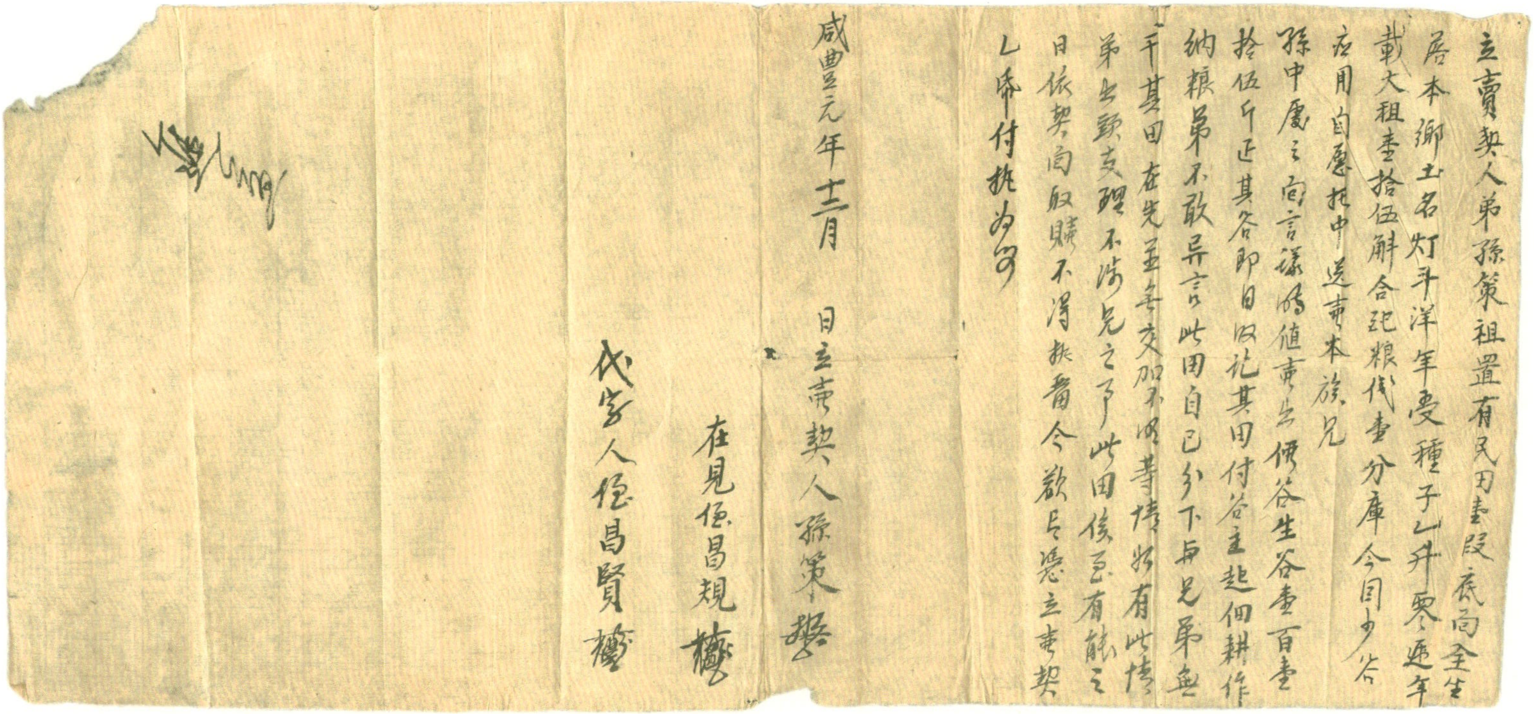
立賣契人弟孫策祖置有民田壹段，底面全生
居本鄉土名灯斗洋，年受種子乙升零，逐年
載大租壹拾伍斛，合配粮代壹分庫，今因乏谷
應用，自愿托中送賣本族兄
孫中慶〻向言議，時值賣出價谷生谷壹百壹
拾伍斤正，其谷即日收訖，其田付谷主起佃耕作
納粮，弟不敢异言。此田自己分下，与兄弟無
干，其田在先並無交加不明等情，如有此情，
弟出頭支理，不涉兄之事。此田後至有能之
日，依契向取贖，不得執留。今欲有憑，立賣契
乙紙付執為照。

咸豐元年十二月　日立賣契人孫策（押）

在見侄昌規（押）

代字人侄昌賢（押）

10-6-101-39　清咸豐元年十二月黃孫策立賣底面全民田契

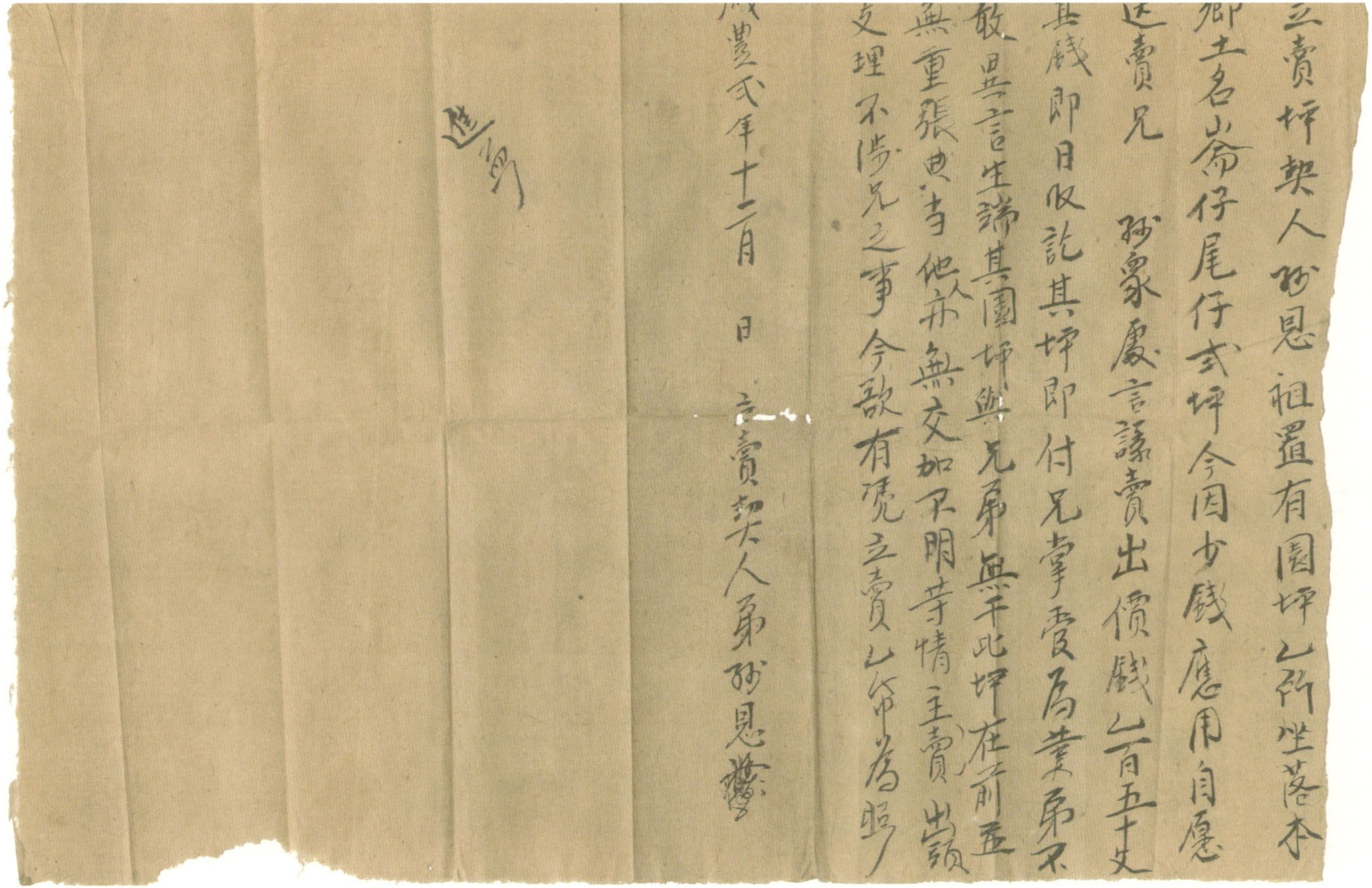

立賣坪契人孫恩，祖置有園坪一所，坐落本
鄉土名山崙仔尾仔式坪，今因少錢應用，自愿
送賣兄　孫象慶言議賣出價錢一百五十文，
其錢即日收訖，其坪即付兄掌管為業，弟不
敢異言生端。其園坪與兄弟無干，此坪在前並
無重張典當他人，亦無交加不明等情，主賣出頭
支理，不涉兄之事。今欲有憑，立賣山坪為照。
咸豐弍年十二月　日　立賣契人弟孫恩（押）
過問

10-6-101-40　清咸豐二年十二月黃孫恩立賣園坪契

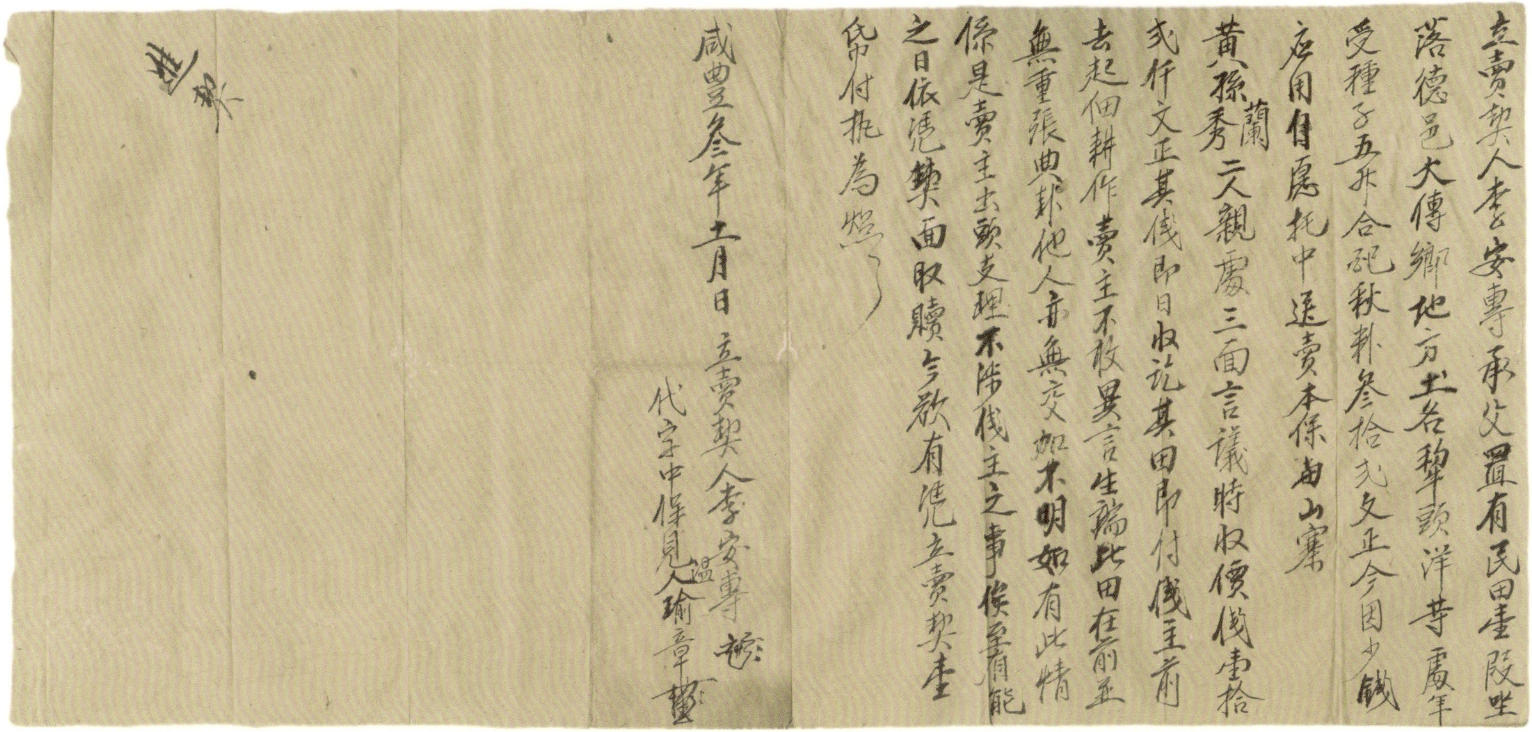

立賣契人李安專承父置有民田壹段坐落德邑大傳鄉地方土名犂頭洋等處年受種子五升合配秋料叁拾弍文正今因少錢應用自愿托中送賣本保尚山寨黃孫蘭秀二人親處三面言議時收價錢壹拾弍仟文正其錢即日收訖其田即付錢主前去起佃耕作賣主不敢異言生端此田在前並無重張典掛他人亦無交加不明如有此情係是賣主出頭支理不涉錢主之事候至有能之日依凴契面取贖乡欲有凴立賣契壹帋付執為照。

咸豐叁年十一月日 立賣契人李安專（押）

代字中保見人温瑜章（押）

找契

10-6-101-41　清咸豐三年十一月李安專立賣民田契

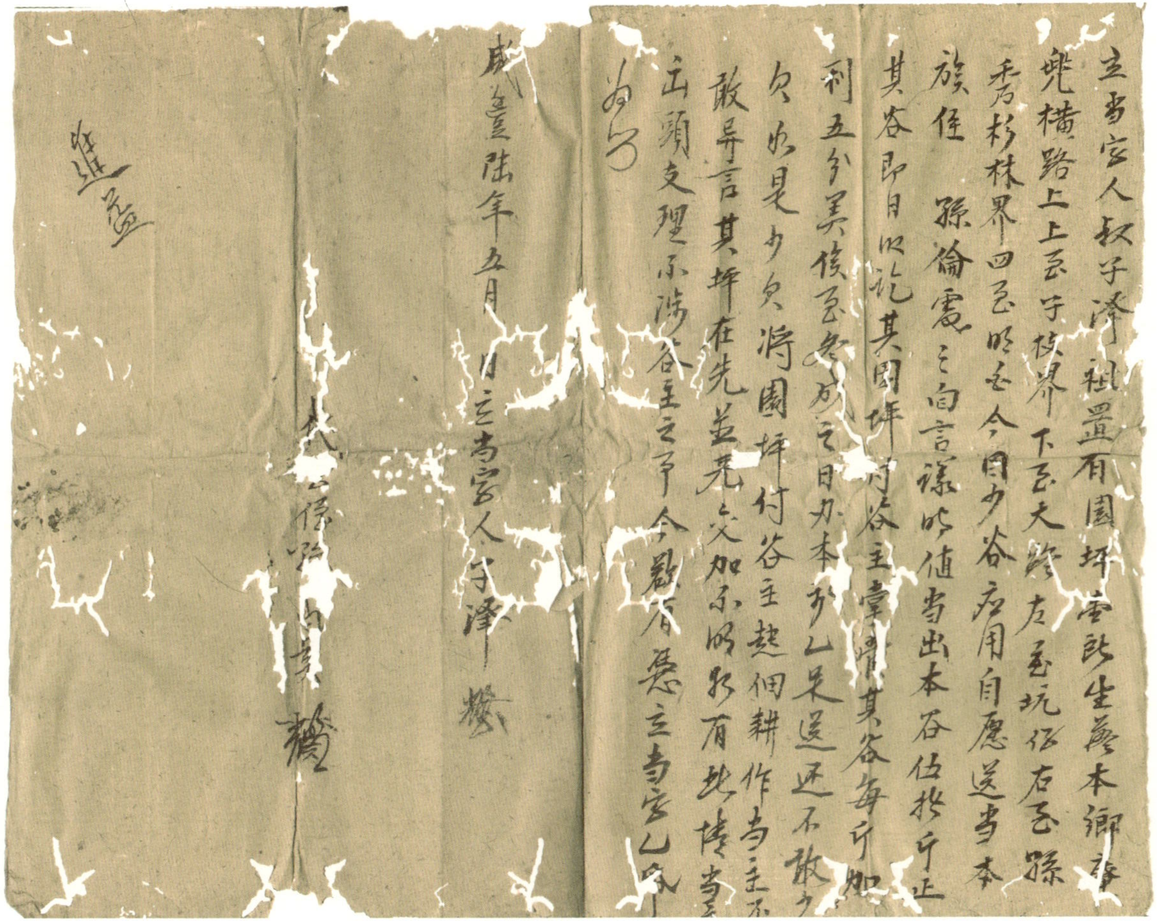
立當字人叔子澤祖置有園坪壹所坐落本鄉莘
兜横路上上至守枝界下至大路左至坑右至孫
秀杉林界四至明白今因乏谷應用自愿送當本
族侄孫倫震三面言議明值當出本谷伍拾斤正
其谷即日收訖其園坪付谷主掌管其谷每斤加
利五分其谷侯至冬成之日加本於山兑送還不敢欠
負如是少負將園坪付谷主起佃耕作當主不
敢异言其坪在先並無交加不明於有此情當主
出頭支理不涉谷主之事今欲有憑立當字乙紙
為照
咸豐陸年五月　日立當字人子澤押
代[illegible]孫昭其押
進退

10-6-101-42　清咸豐六年五月黃子澤立當園坪字

立賣契人弟子枝，祖置有輪田壹坵，坐落
本鄉土名門墘，年受種子乙斗，遞年合配粮
錢陆厘叁毫。今因乏谷應用，自愿送賣本族兄侄
子華孫象蘭仝處，三面言議，賣出價錢貳百節
正，其錢即日收訖。其田輪年至期，應將墨付
錢主耕作納粮，賣主不敢阻佔異言生端等情。
其田在前並無重張典卦他人，亦無交加不明，如
有此情，係是賣主出頭理落，不涉錢主之事。俟
至有能之日，依契贖回。恐口無憑，立賣契
乙紙為照。

咸豐柒年十一月　日立賣契人弟子枝（押）
在見弟子擇（押）
代字侄昌標（押）

批照

10-6-101-43　清咸豐七年十一月黃子枝立賣輪田契

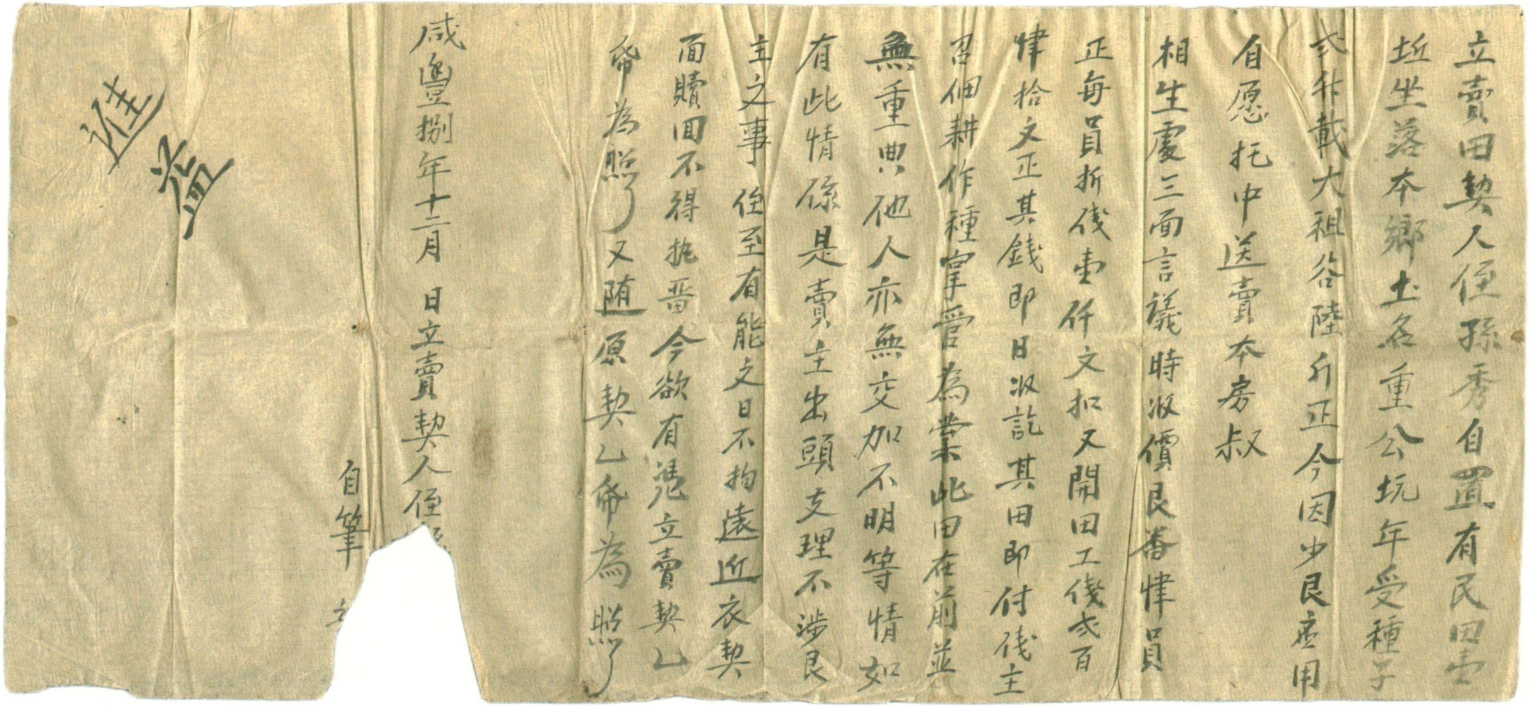

立賣田契人侄孫秀自置有民田壹
坵坐落本鄉土名重公坑年受種子
弍升載大租谷陸斤正今因少艮應用
自愿托中送賣本房叔
相生處三面言議時值價艮番肆員
正每員折錢壹仟文扣又開田工錢弍百
肆拾文正其錢即日收訖其田即付錢主
召佃耕作種管爲業此田在前並
無重典他人亦無交加不明等情如
有此情係是賣主出頭支理不涉艮
主之事任至有能之日不拘遠近取契
面贖田不得執留今欲有憑立賣契乙
紙爲照又隨原契乙紙爲照
咸豐捌年十二月　日立賣契人侄孫秀
自筆　立
進益

10-6-101-44　清咸豐八年十二月黄孫秀立賣民田契

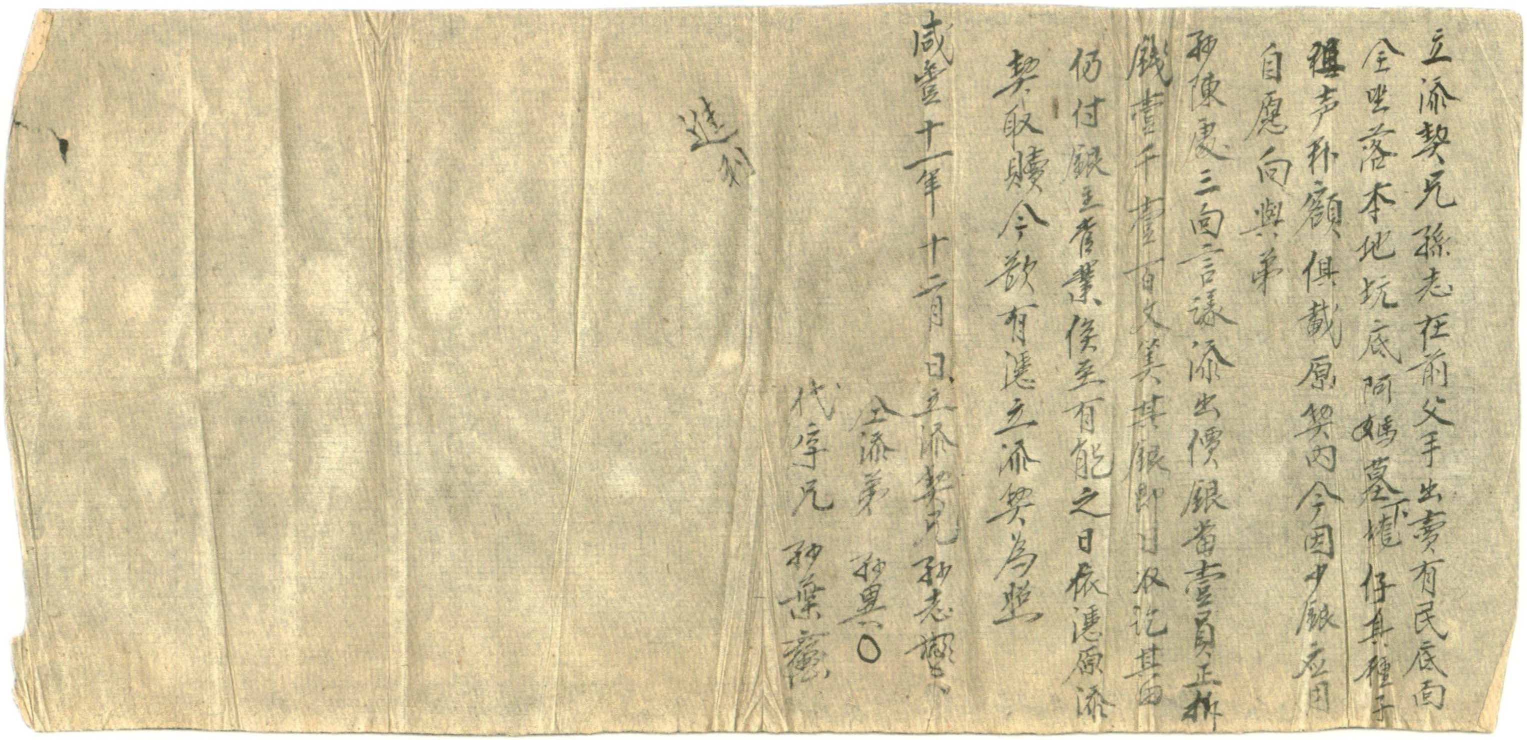
立添契兄孫志在前父手出賣有民底面
全坐落本地坑底阿媽墓下櫨仔其種子
[illegible]計額俱載原契內今因乏銀應用
自愿向與弟
孫陳愛三面言議添出價銀番壹員正折
錢壹千壹百文算其銀即日收訖其田
仍付銀主管業候至有能之日依憑原添
契取贖今欲有憑立添契為照
咸豐十一年十二月日立添契兄孫志（押）
仝添弟孫興○
代字兄孫樂（押）
進利

10-6-101-45　清咸豐十一年十二月黃孫志等立添底面全民田契

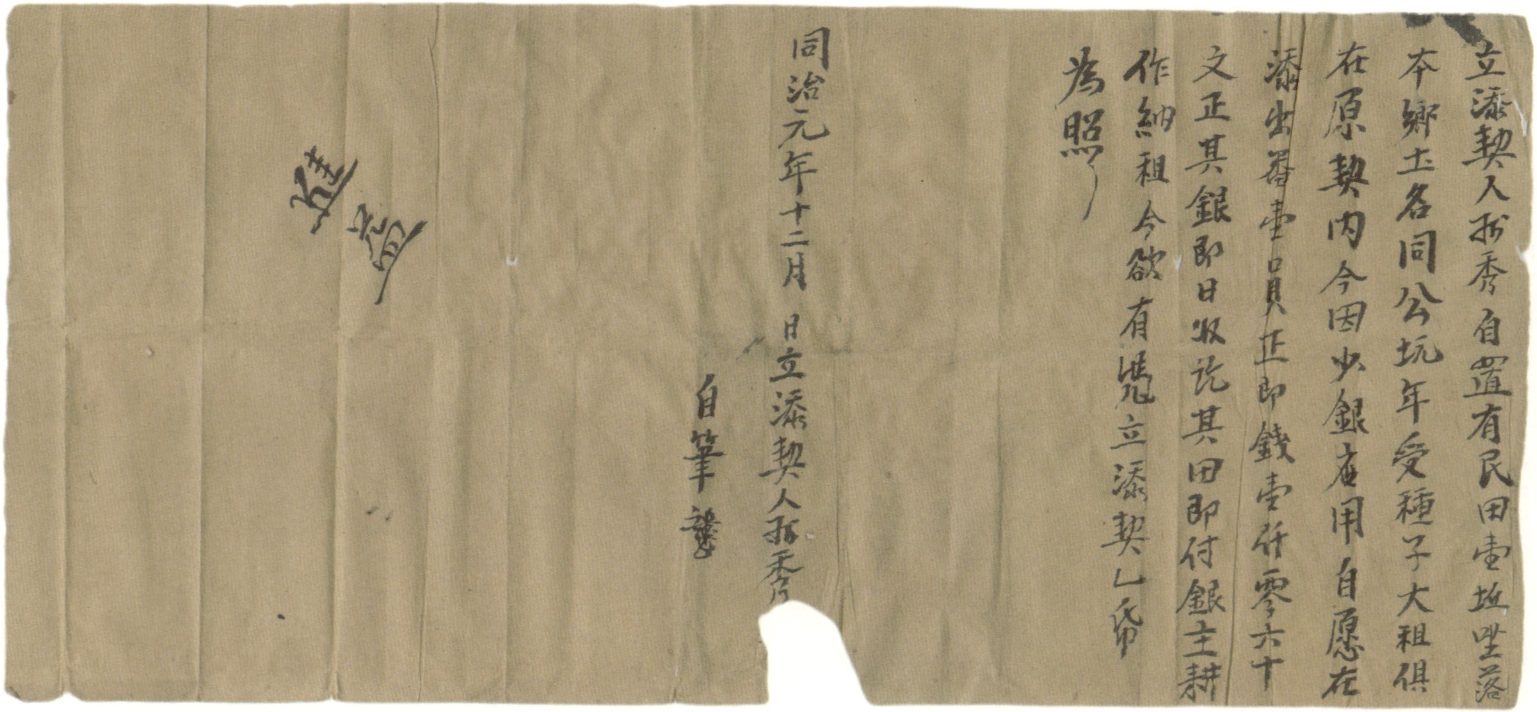

立添契人孫秀自置有民田壹坵坐落
本鄉土名同公坑年受種子大租俱
在原契內今因乏銀應用自愿在
添出番壹員正即錢壹仟零六十
文正其銀即日收訖其田即付銀主耕
作納租今欲有憑立添契一紙
為照
同治元年十二月 日立添契人孫秀
自筆

10-6-101-46 清同治元年十二月黄孫秀立添民田契

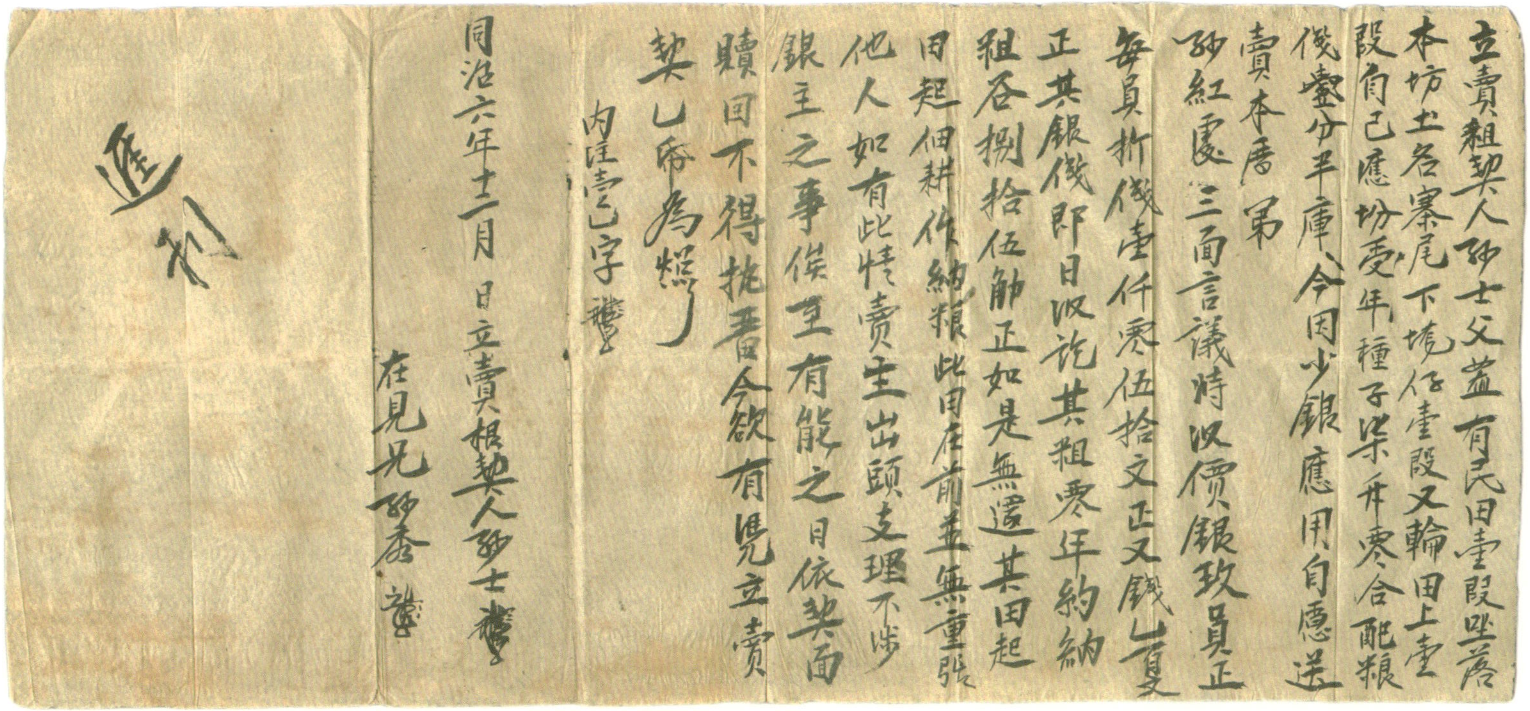
立賣租契人孫士文蓋有民田壹段坐落
本坊土名寨尾下墘仔壹段又輸田上壹
段肉己應坋受年種子柒升零合配粮
僟壹分半庫今因少銀應用自愿送
賣本房弟
孫紅處三面言議時值價銀玖員正
每員折錢壹仟零伍拾文正又錢山夏
正其銀錢即日收訖其租零年約納
租谷捌拾伍觔正如是無還其田起
田起佃耕作納粮此田在前並無重張
他人如有此情賣主出頭支理不涉
銀主之事俟至有能之日依契面
贖回不得挑憑今欲有憑立賣
契已爲照
内注壹字 押
同治六年十二月 日立賣根契人孫士文 押
在見兄孫春 押
進礼

10-6-101-47 清同治六年十二月黄孫士立賣民田租契

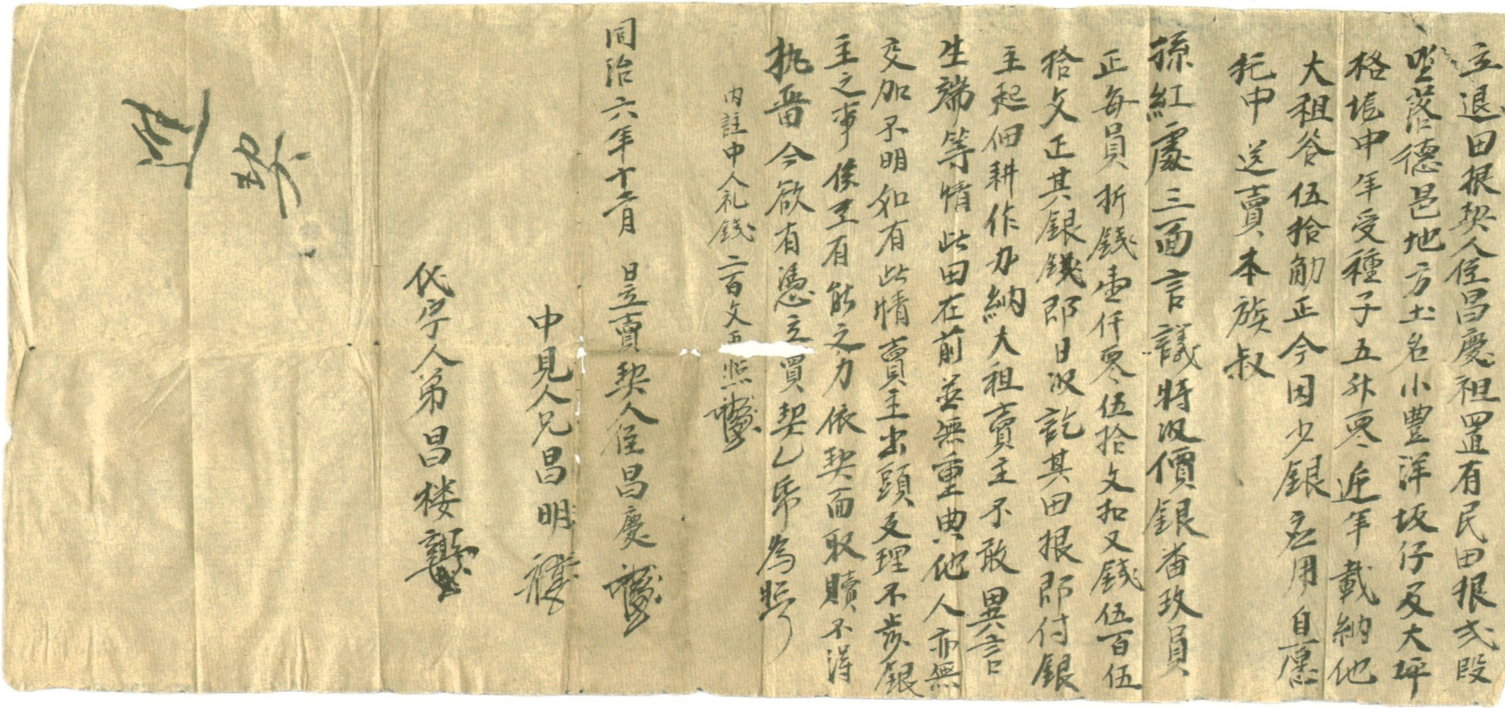

立退田根契人侄昌慶，祖置有民田根弍段，坐落德邑地方，土名小豐洋坂仔及大坪格墘，中年受種子五升零，近年載納佃大租谷伍拾觔正。今因少銀應用，自愿托中送賣本族叔孫紅慶三面言議，特取價銀番玖員正，每員折錢壹仟零伍拾文，扣文錢伍百伍拾文正。其銀錢即日收訖，其田根即付銀主起佃耕作，办納大租，賣主不敢異言生端等情。此田在前並無重典他人，亦無交加不明，如有此情，賣主出頭支理，不涉銀主之事。俟至有能之力，依契面取贖，不得執留。今欲有憑，立賣契乙帋為照。

内註中人礼錢二百文，再照。

同治六年十二月　日立賣契人侄昌慶

中見人兄昌明

代字人弟昌楼

10-6-101-48　清同治六年十二月黄昌慶立退民田根契

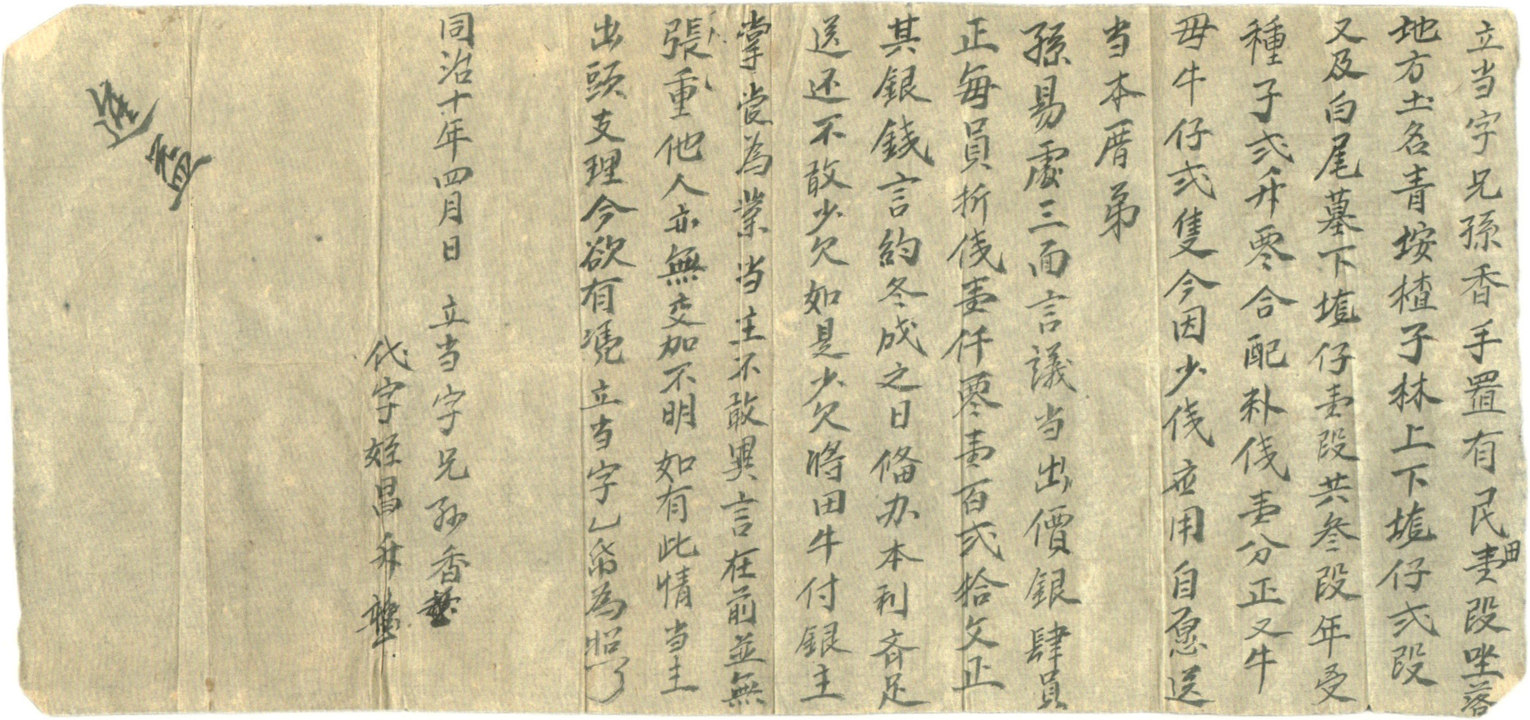

立当字兄孫香手置有民田壹段坐落
地方土名青塆植子林上下塆仔式段
又及白尾墓下塆仔壹段共叁段年受
種子式升零合配朴伐壹分正又牛
母牛仔式隻今因少伐應用自愿送
当本厝弟
孫易處三面言議当出價銀肆員
正每員折伐壹仟零壹百式拾文正
其銀錢言約冬成之日備办本利斉足
送还不敢少欠如是少欠將田牛付銀主
掌管為業当主不敢異言在前並無
張重他人亦無交加不明如有此情当主
出頭支理今欲有憑立当字一紙為照了
同治十年四月日　立当字兄孫香（押）
代字姪昌弁（押）
送查

10-6-101-49　清同治十年四月黄孫香立當民田契

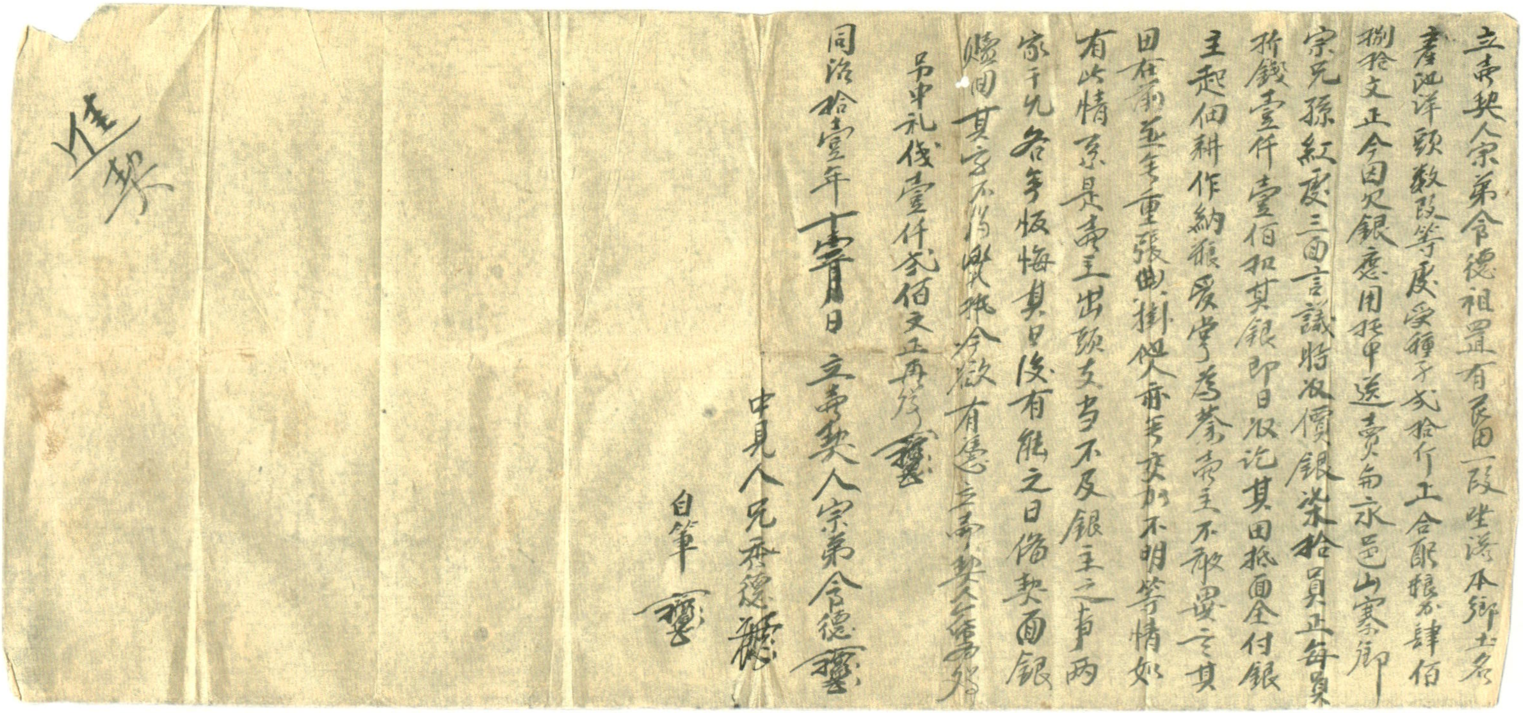
立賣契人宗弟令德祖置有民田一段坐落本鄉土名
產坵洋頭數段等處受種子弍拾斤正合廊粮米肆佰
捌拾文正今因欠銀應用托中送賣與永邑山寨鄉
宗兄孫紅處三面言議時價銀柒拾員正每員
折錢壹仟壹佰扣其銀即日收訖其田抵面全付銀
主起佃耕作納粮受業為業賣主不敢異言其
田在前並無重張典掛他人亦無交加不明等情如
有此情系是賣主出頭支當不及銀主之事兩
家甘允各無反悔其日後有能之日備契面銀
贖田其主不得執留今欲有憑立賣契一紙為照
另中礼錢壹仟弍佰文正再照
同治拾壹年十一月　日　立賣契人宗弟令德
中見人兄[illegible]德
自筆
佳契

10-6-101-50　清同治十一年十一月黄令德立賣民田契

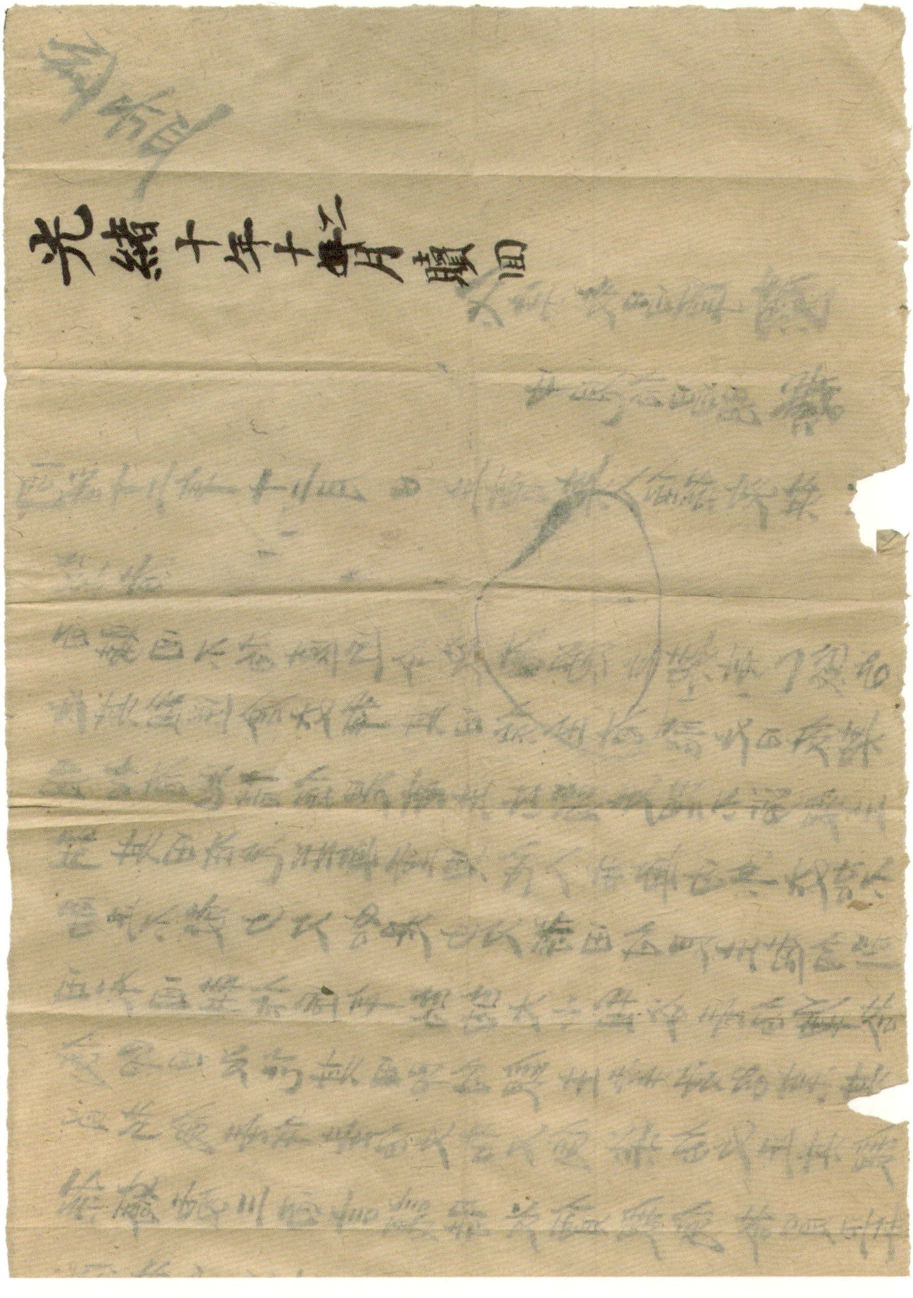
光緒十年十二月贖回

10-6-101-51　包契紙

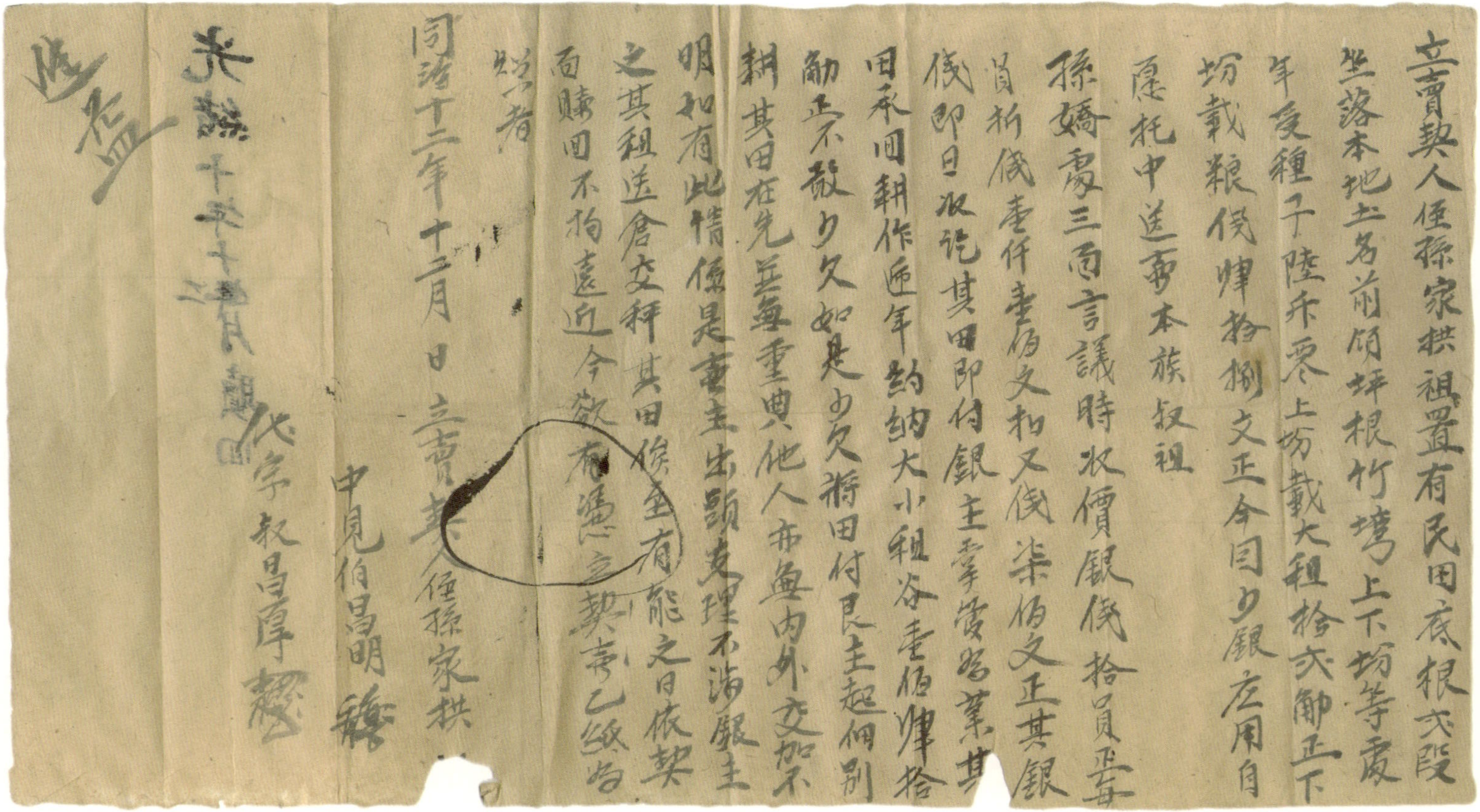
立賣契人侄孫家拱祖置有民田底根弍段
坐落本地土名前頭坪根竹壋上下坊等處
年受種子陸斗零上坊載大租拾弍斛正下
坊載粮米肆拾捌文正今因乏銀應用自
愿托中送賣本族叔祖
孫嬌處三面言議時值價銀米拾員正其銀
員折米壹仟壹佰文扣又米柒佰文正其銀
米即日收訖其田即付銀主掌管為業其
田永回耕作逐年約納大小租谷壹佰肆拾
斛正不敢少欠如是少欠將田付艮主起佃別
耕其田在先並無重典他人亦無內外交加不
明如有此情係是賣主出頭支理不涉艮主
之其租送倉交秤其田俟至有能之日依契
面贖回不拘遠近今欲有憑立賣契乙紙為
照者
同治十二年十二月　日立賣契人侄孫家拱
中見伯昌明
代字叔昌厚
光緒十年十二月　日贖回
作廢

10-6-101-52　清同治十二年十二月黄家拱立賣民田底根契（廢契）

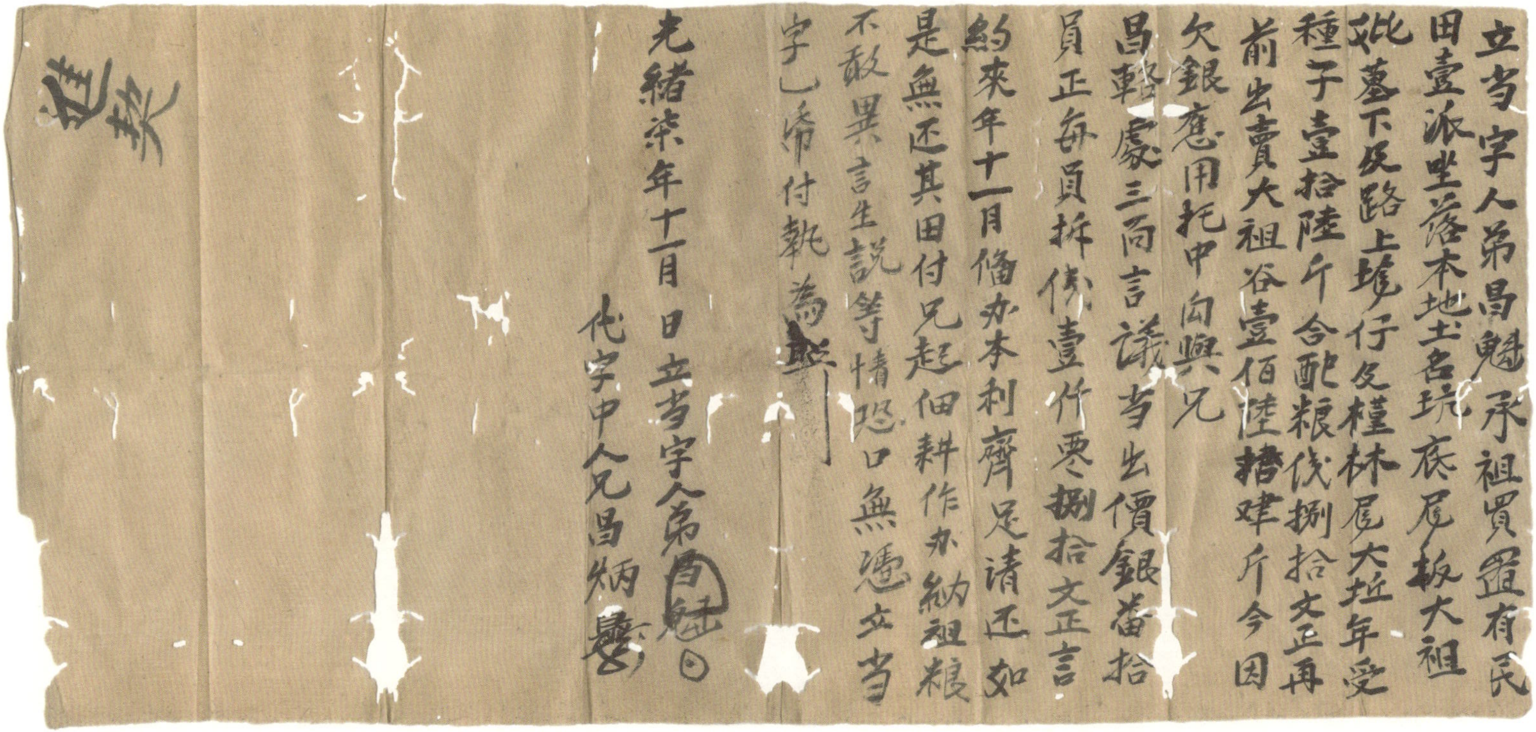

立当字人弟昌魁承祖買置有民
田壹派坐落本地土名坑底厝板大祖
址墓下及路上壠仔及樌林厝大垃年受
種子壹拾陸斤合配粮伐捌拾文正再
前出賣大祖谷壹佰陸拾肆斤今因
欠銀應用托中向與兄
昌軺家三面言議当出價銀番拾
員正每員折錢壹仟零捌拾文正言
約來年十一月備办本利齊足請还如
是無还其田付兄起佃耕作办納粮
不敢異言生說等情恐口無憑立当
字乙紙付執為照
光緒柒年十一月 日立当字人弟昌魁
代字中人兄昌炳
退契

10-6-101-53 清光緒七年十一月黄昌魁立當民田字

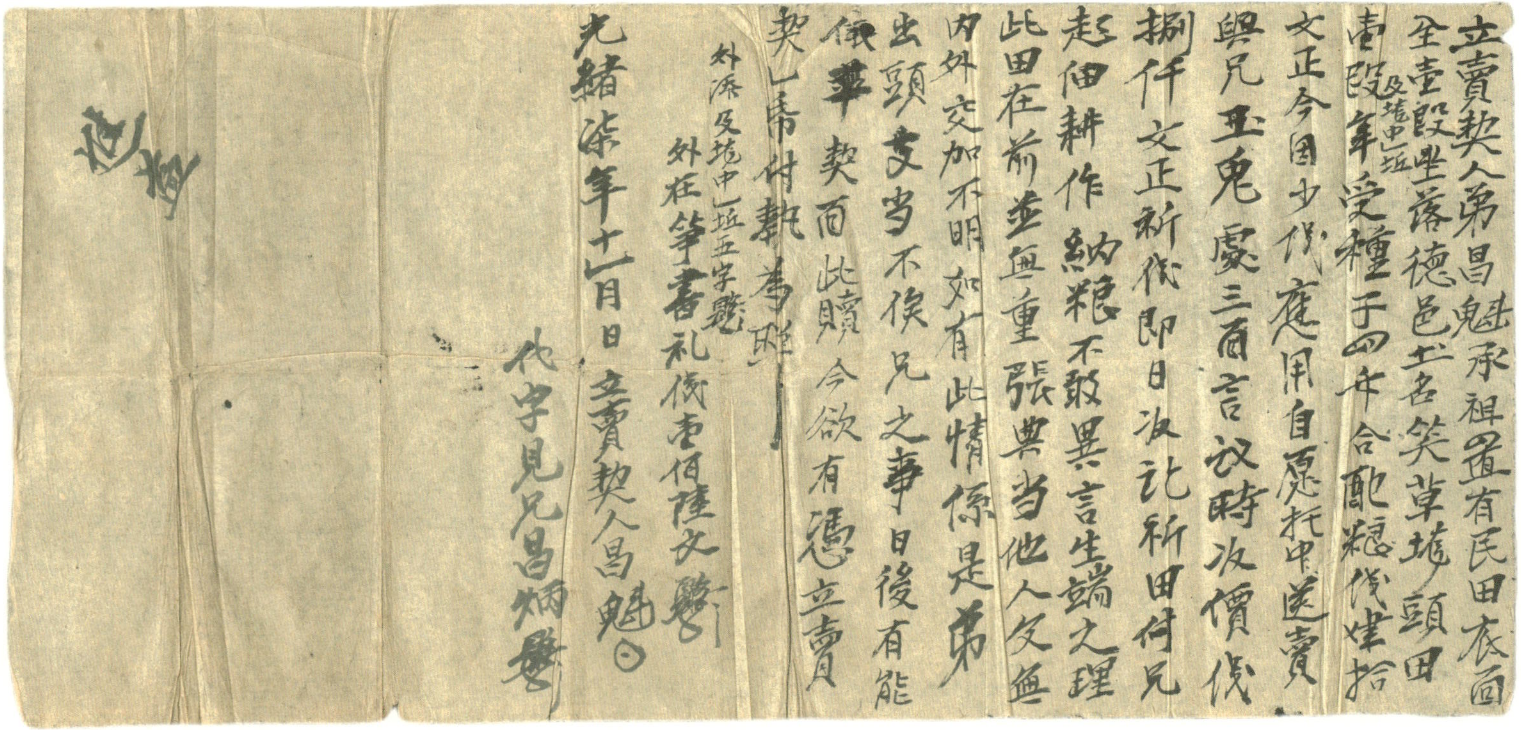
立賣契人弟昌魁承祖置有民田底面
全壹段坐落德邑土名笑草坑頭田
壹段（及坑中一坵）年受種子四斗合配糧伐肆拾
文正今因乏用自愿托中送賣
與兄玉兜處三面言議時值價伐
捌仟文正新伐即日收訖新田付兄
起佃耕作納糧不敢異言生端之理
此田在前並無重張典當他人文無
內外交加不明如有此情係是弟
出頭支当不俟兄之事日後有能
價辦契面此贖今欲有憑立賣
契一帋付執為照
外添及坑中一坵五字照
外在筆書礼 依書何陞文
光緒柒年十一月日 立賣契人昌魁
代字見兄昌炳

10-6-101-54 清光緒七年十一月黄昌魁立賣底面全民田契

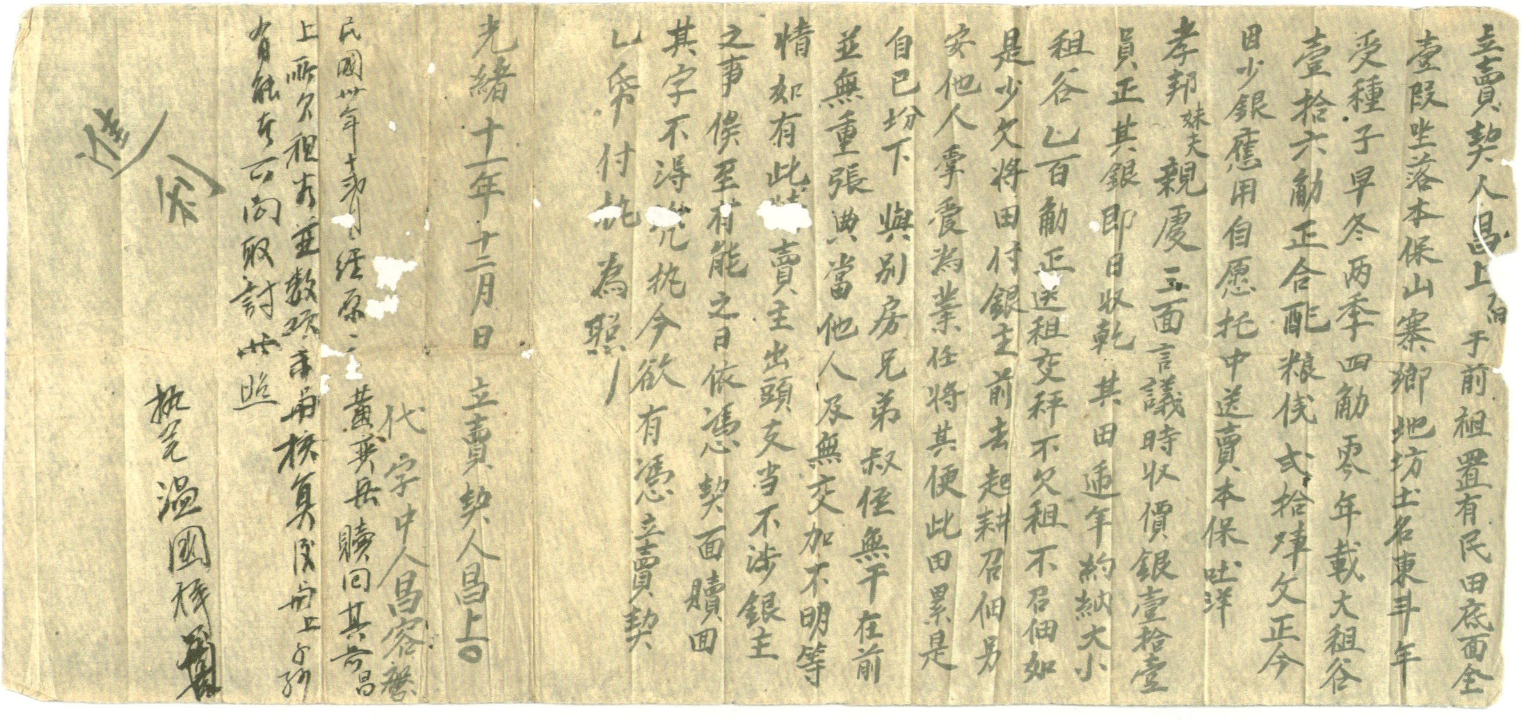
立賣契人昌上，今因前祖置有民田底面全
壹段，坐落本保山寨鄉地坊，土名東斗年
受種子早冬兩季四觔零年載大租谷
壹拾六觔正，合配粮伐弍拾肆文正，今
因少銀應用，自愿托中送賣本保吐洋
孝邦妹夫親處，三面言議時收價銀壹拾壹
員正，其銀即日收乾，其田逐年約納大小
租谷乙百觔正，送租交秤，不欠租，不召佃。如
是少欠，將田付銀主前去起耕，召佃另
安他人掌管為業，任將其便。此田累是
自己坋下，與別房兄弟叔侄無干，在前
並無重張典當他人，及無交加不明等
情。如有此情，賣主出頭支当，不涉銀主
之事。俟至有能之日，依憑契面贖田，
其字不得[illegible]抗。今欲有憑，立賣契
一紙付執為照。

光緒十一年十二月　日　立賣契人昌上（押）
代字中人昌容（押）

民國卅年十二月經原主黃奕岳贖回，其當昌
上所欠租谷並數項[illegible]
[illegible]討此照

執筆溫國樑（押）

10-6-101-55　清光緒十一年十二月黃昌上立賣底面全民田契

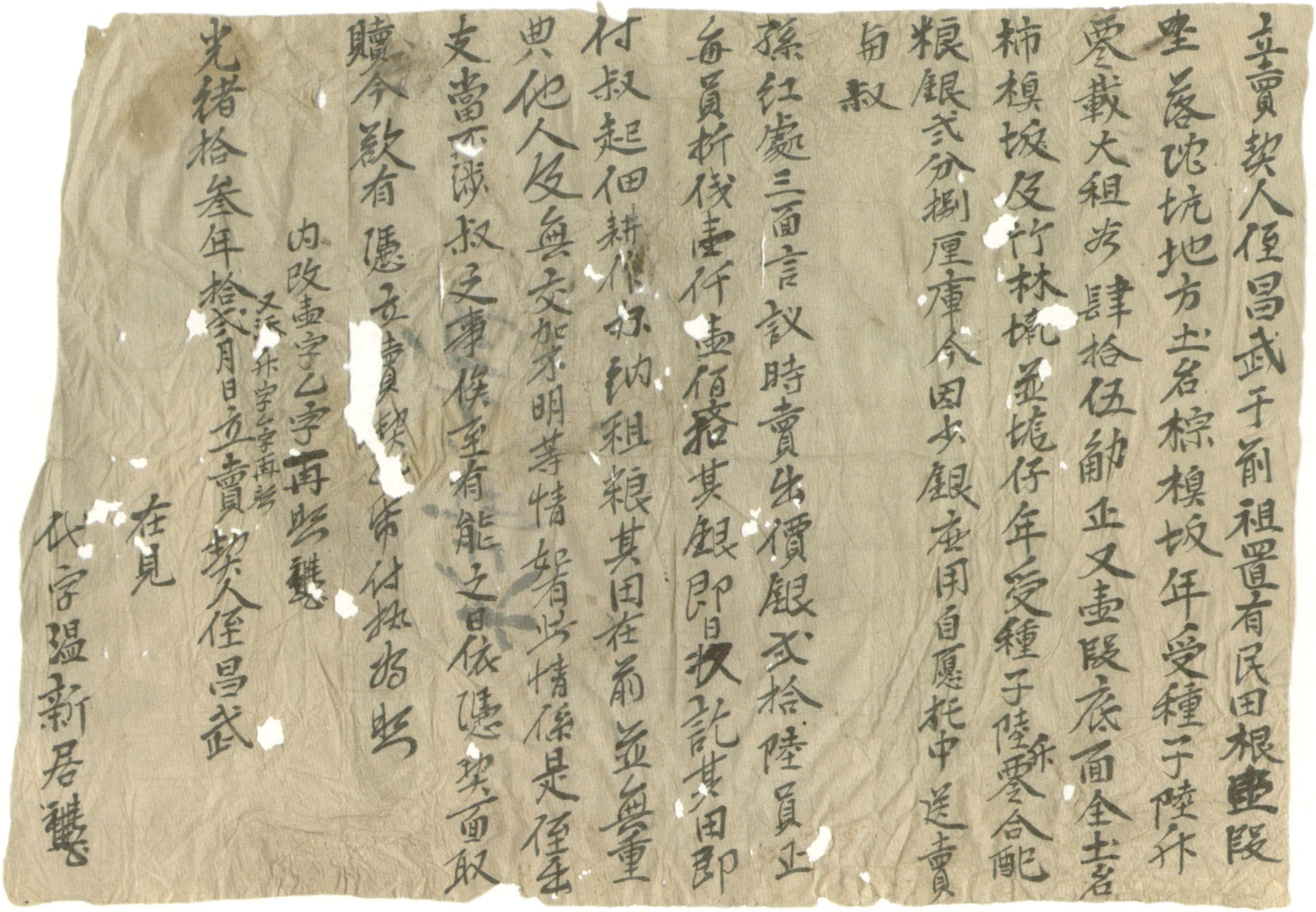
立賣契人侄昌武，于前祖置有民田根壹段，
坐落咣坑地方，土名棕模坂，年受種子陸秤，
零載大租谷肆拾伍觔正。又壹段底面全，土名
柿模坂及竹林墘並墘仔，年受種子陸秤零合，配
粮銀弍分捌厘庫。今因乏銀應用，自愿托中送賣
與叔
孫紅處，三面言議，時賣出價銀弍拾陸員正，
每員折錢壹仟壹佰拾，其銀即日收訖，其田即
付叔起佃耕作，永納租粮。其田在前並無重
典他人，及無交加不明等情。此情係是侄手
支當，不涉叔之事。侯至有能之日，依憑契面取
贖。今欲有憑，立賣契乙紙，付叔為照。
内改壹字乙字，再照。又添升字乙字，再照。
光緒拾叁年拾弍月　日立賣契人侄昌武
在見
代字溫新居

10-6-101-56　清光緒十三年十二月黄昌武立賣民田根契

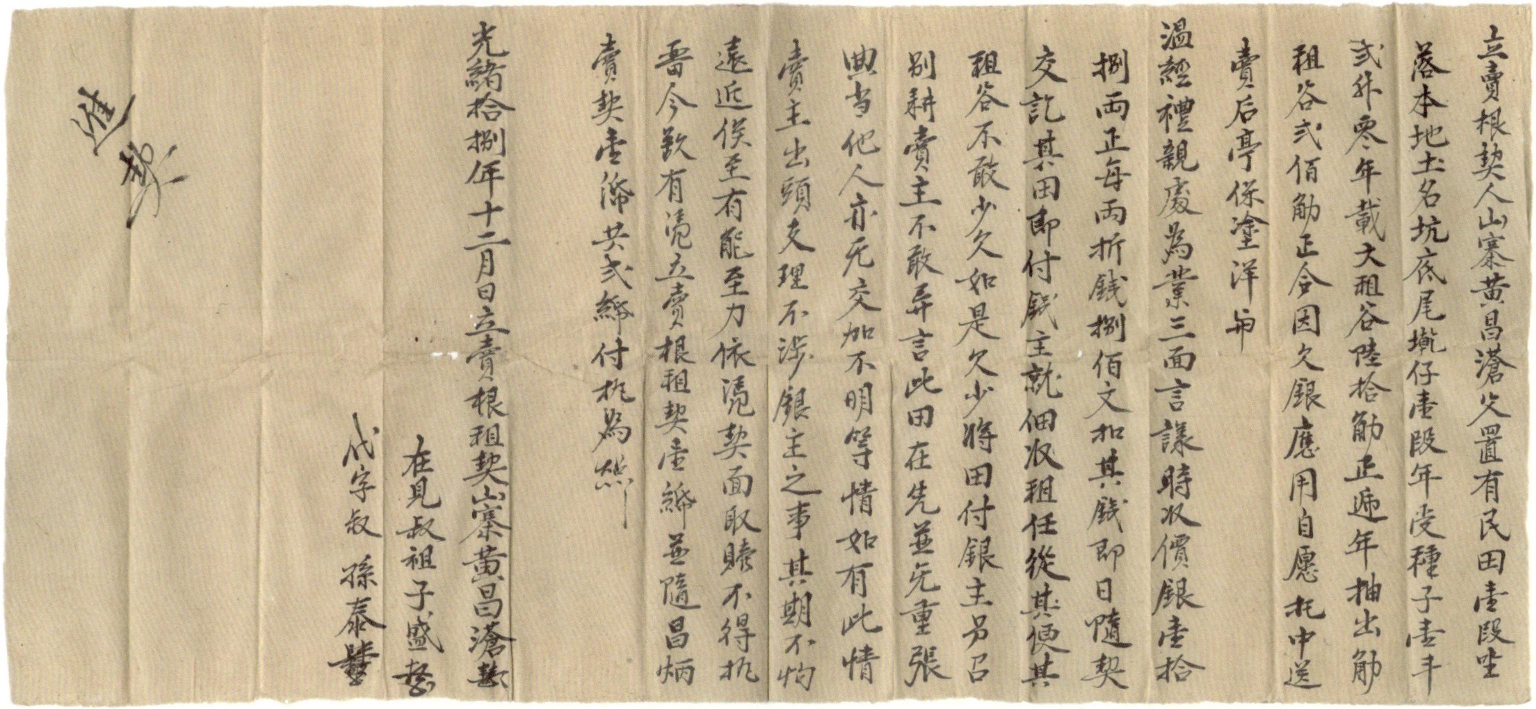

立賣根契人山寨黄昌濬父置有民田壹段坐
落本地土名坑底尾墘仔壹段年受種子壹斗
弍升零年載大租谷陸拾觔正遞年抽出觔
租谷弍佰觔正今因欠銀應用自愿托中送
賣后亭保塗洋鄉
温經禮親處爲業三面言議時收價銀壹拾
捌両正每両折錢捌佰文扣其錢即日隨契
交訖其田即付錢主就佃收租任從其便其
租谷不敢少欠如是欠少將田付銀主另召
別耕賣主不敢异言此田在先并无重張
典當他人亦无交加不明等情如有此情
賣主出頭支理不涉銀主之事其蚏不拘
遠近但至有能至力依憑契面取贖不得執
吝今欲有憑立賣根租契壹紙并隨昌炳
賣契壹紙共弍紙付執爲照
光緒拾捌年十二月日立賣根租契山寨黄昌濬（押）
在見叔祖子盛（押）
代字叔　孫泰（押）
進契

10-6-101-57　清光緒十八年十二月黄昌濬立賣民田根契

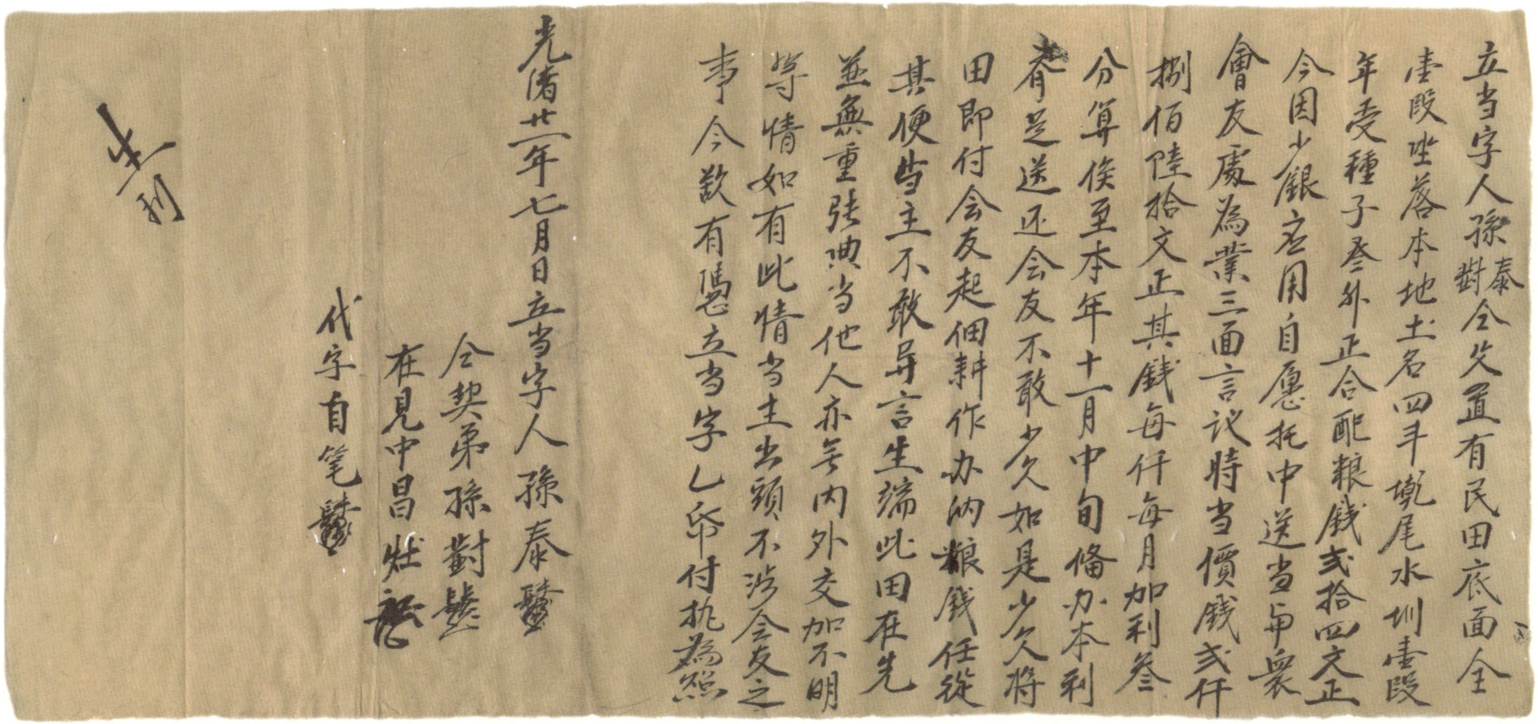

10-6-101-58　清光緒二十一年七月黃孫泰等立當底面全民田字

立賣大小租契人黃昌滄承父置有民
田底面全壹號坐落本鄉地坊土名鄭
塆水圳下壹段年受種子一斗四升零遞
年約納大小租谷壹佰捌拾斤正合配秋
粮伐叁分陸厘庫今因乏伐應用自愿
托中送賣與本保土洋
溫正邦親處三面言議時價伐式拾
式兩正每兩即伐捌佰文扣其伐即日交
訖其田即付銀主前去汲租納粮其租
不敢少欠如是少欠將此田付銀主另召
別耕其田自己物業與別兄弟叔侄無
干其田在前並無重典他人及無交加不
明等情如有此情賣主出頭支理不涉
銀主之事俟至有能之日依憑契面
贖回不得執番今欲有憑立賣大小租
契壹帋付執爲照

光緒式拾式年十二月　日立賣契黃昌滄

代字在見中弟黃昌炳

10-6-101-59　清光緒二十二年十二月黃昌滄立賣底面全民田大小租契（廢契）

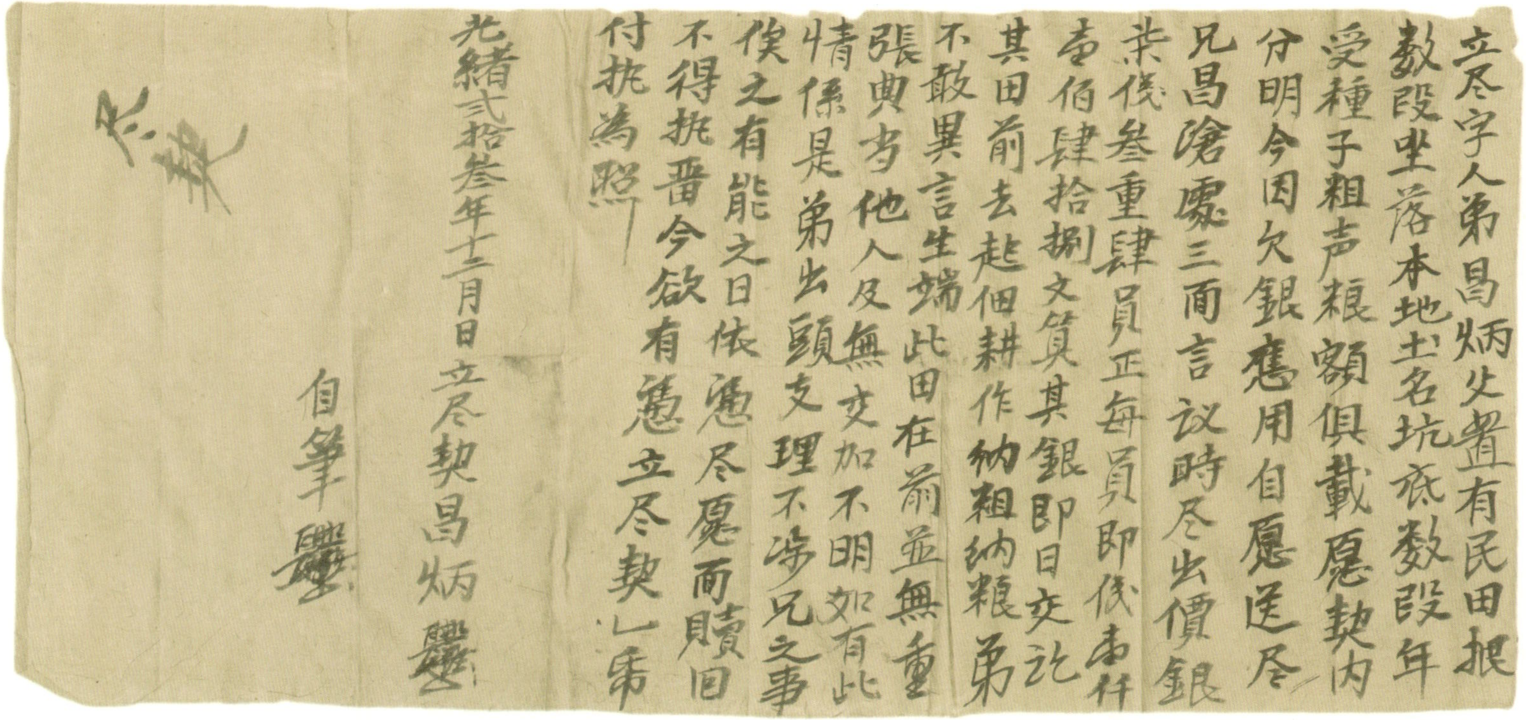
立尽字人弟昌炳父置有民田根
数段坐落本地土名坑底数段年
受種子租声粮額俱載尽契内
分明今因欠銀應用自愿送尽
兄昌滄處三面言議時尽出價銀
柒錢叁重肆員正每員即係庫秤
壹佰肆拾捌文質其銀即日交訖
其田前去起佃耕作納租納粮弟
不敢異言生端此田在前並無重
張典与他人及無交加不明如有此
情係是弟出頭支理不涉兄之事
倘之有能之日依愿尽愿而贖回
不得挑番今欲有愿立尽契一帋
付挑為照
光緒貳拾叁年十二月日立尽契昌炳
自筆
尽契

10-6-101-60　清光緒二十三年十二月黄昌炳立盡民田根字

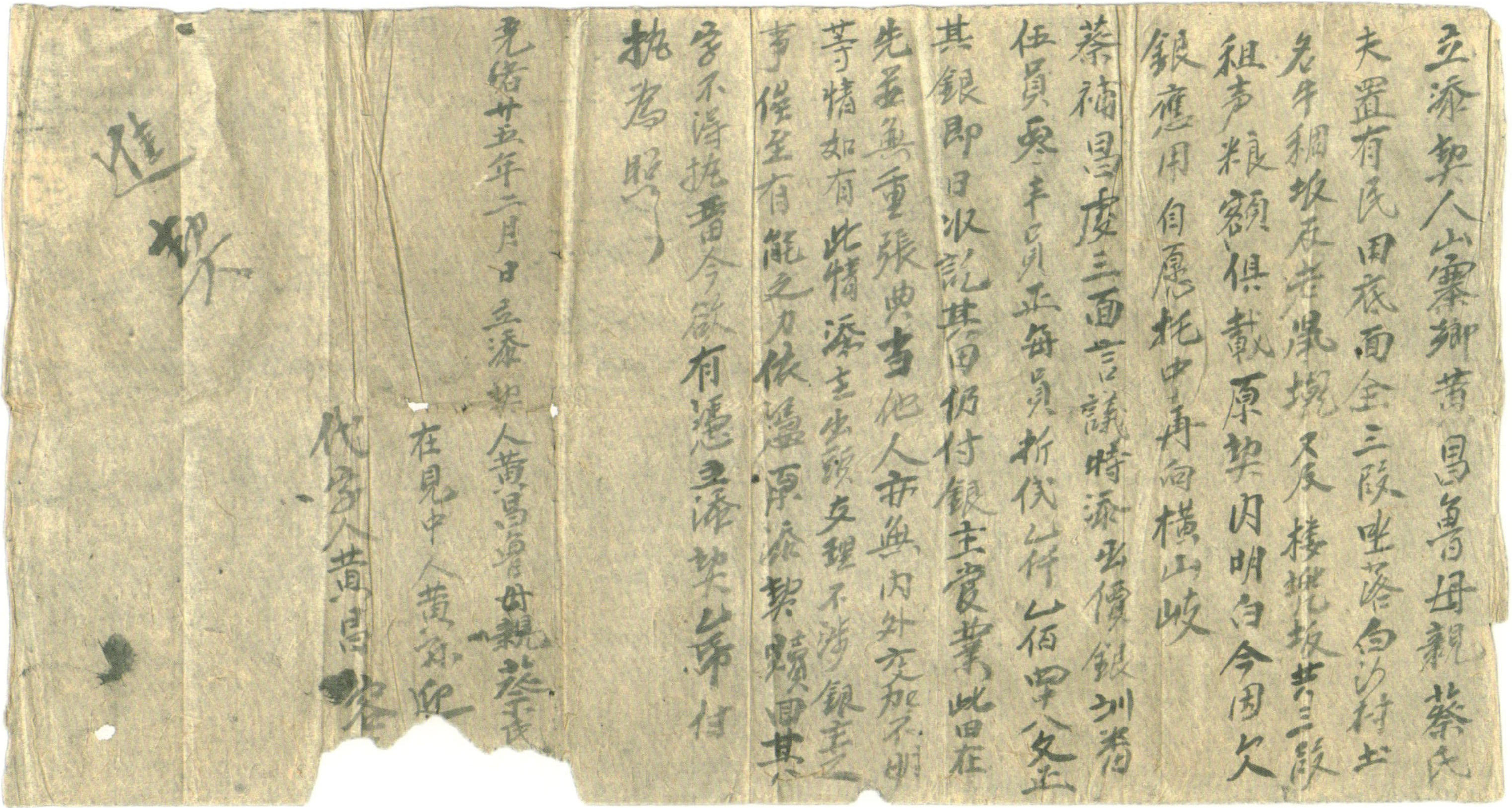
立添契人山寨鄉黃昌魯母親蔡氏
夫置有民田底面全三段坐落白沙村土
名牛稠坂後洋墘垵又後樓桃坂共三段
租声粮額俱載原契內明白今因欠
銀應用自愿托中再向橫山岐
蔡福昌處三面言議特添出價銀訓番
伍員零半員正每員折伐山仟山佰四十八文正
其銀即日收訖其田仍付銀主管業此田在
先並無重張典當他人亦無內外交加不明
等情如有此情添主出頭支理不涉銀主之
事俟至有能之力依照原添契贖回其
字不得抗留今欲有憑立添契山帋付
執為照。
光緒廿五年二月　日立添契人黃昌魯母親蔡氏
在見中人黃家欣
代字人黃昌容
進契

10-6-101-61　清光緒二十五年二月黃昌魯母蔡氏立添底面全民田契

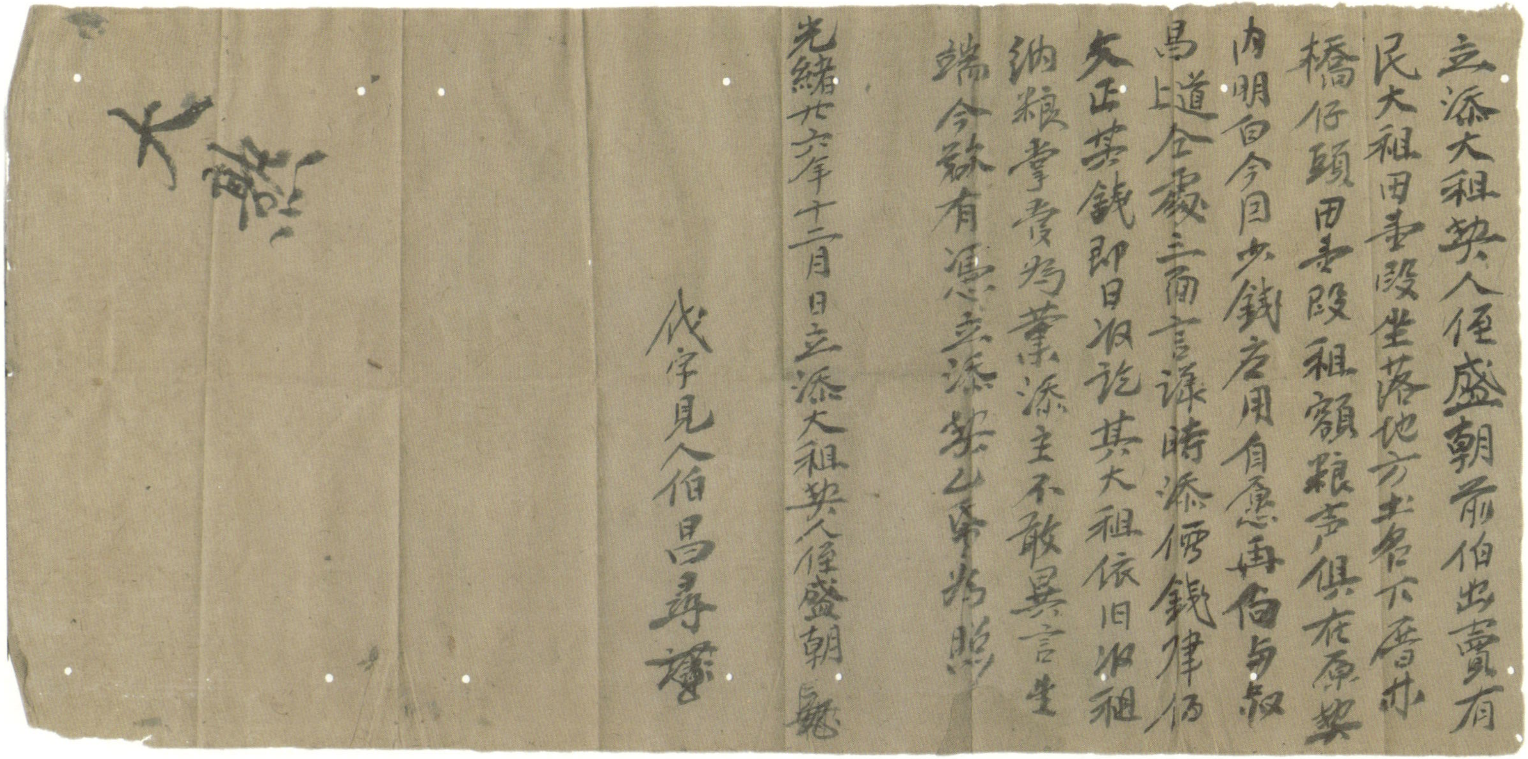

立添大租契人侄盛朝，前伯出賣有
民大租田壹段，坐落地方土名下厝赤
橋仔頭田壹段，租額粮户俱在原契
内明白。今因乏錢應用，自愿再向與叔
昌上道仝衆三面言議，時添價錢律佰
文正，其錢即日收訖。其大租依旧收租
納粮，掌管爲業，添主不敢異言生
端。今欲有憑，立添契一紙爲照。

光緒廿六年十二月　日立添大租契人侄盛朝（押）

代字見人伯昌壽（押）

大發

10-6-101-62　清光緒二十六年十二月黃盛朝立添民田大租契

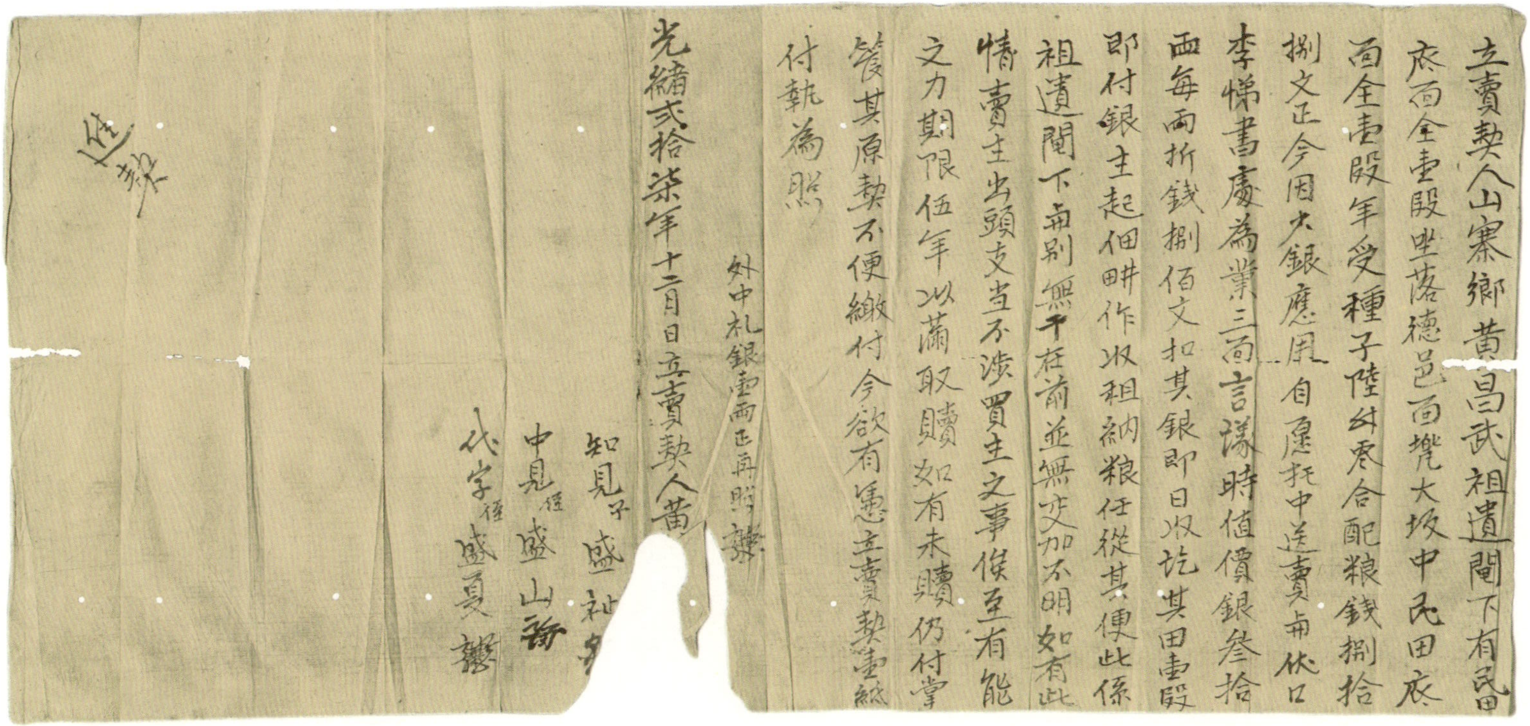

立賣契人山寨鄉黃昌武祖遺闔下有民田
底面全壹段坐落德邑面捲大坂中民田底
面全壹段年受種子陸升零合配粮錢捌拾
捌文正今因乏銀應用自愿托中送賣與伏口
李悌書處為業三面言議時值價銀叁拾
兩每兩折錢捌佰文扣其銀即日收訖其田壹段
即付銀主起佃耕作收租納粮任從其便此係
祖遺闔下與別無干在前並無交加不明如有此
情賣主出頭支當不涉買主之事俟至有能
之力期限伍年以滿取贖如有未贖仍付掌
管其原契不便繳付今欲有憑立賣契壹紙
付執為照

外中礼銀壹兩正再照

光緒式拾柒年十二月日立賣契人黃

知見子 盛社

中見侄 盛山

代字侄 盛旻

佐契

10-6-101-63　清光緒二十七年十二月黃昌武立賣底面全民田契

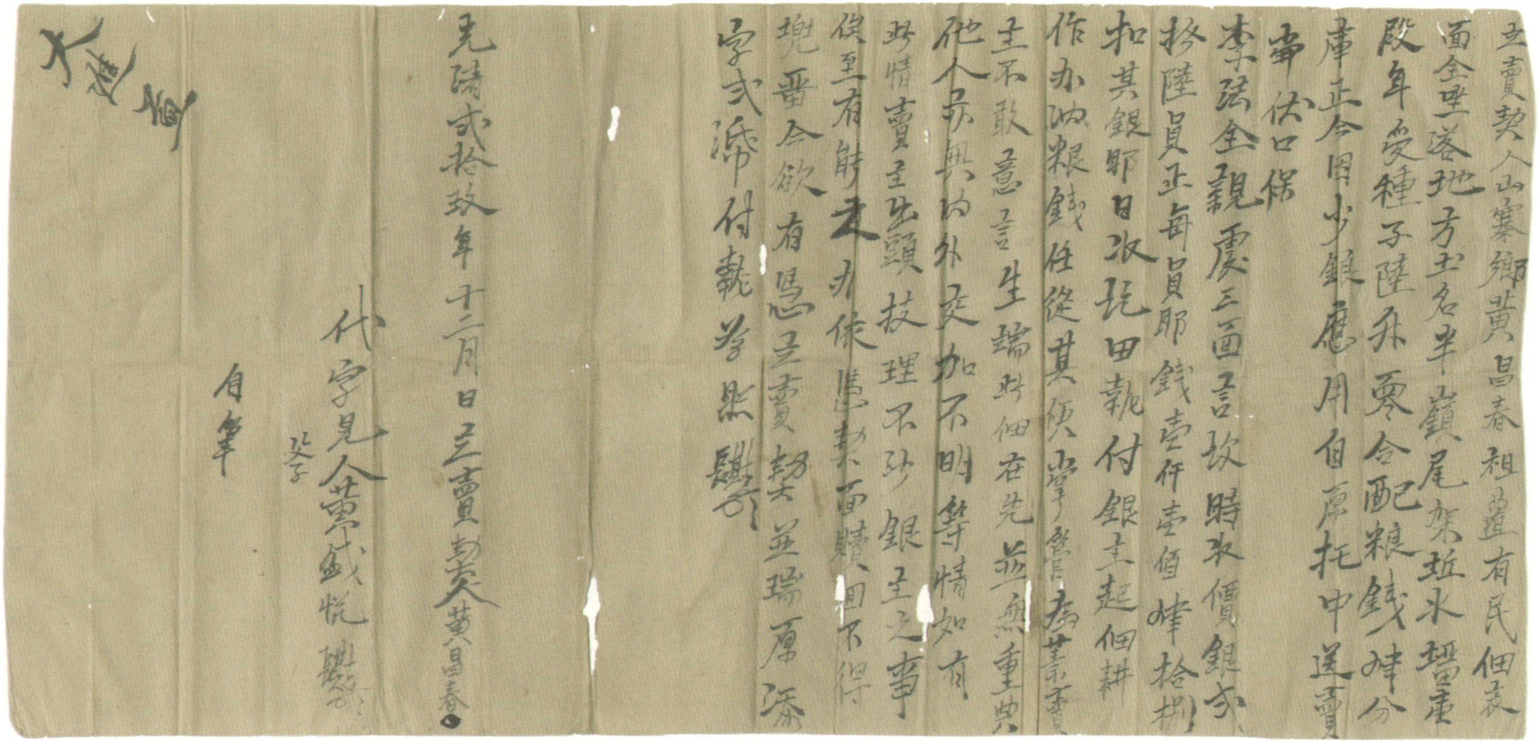
立賣契人山寨鄉黃昌春祖遺有民佃表
面全業，坐落地方土名半嶺尾案垃水壟壹
段，年受種子陸升，載仝配粮錢肆分
庫正。今因少銀應用，自願托中送賣
[illegible]伙口保
李琚全親處，三面言議，時值價銀壹、
拾陸員正，每員耶錢壹仟壹佰肆拾捌
文，其銀即日收訖，田執付銀主起佃耕
作，亦納粮錢，任從其便。此業係賣
主不敢意言生端，此佃在先並無重典
他人，亦與內外叔伯無干。如有
此情，賣主出頭抵理，不涉銀主之事。
從至有[illegible]來，亦依照契面贖回，不得
[illegible]。今欲有憑，立賣契並瑞原添
字式添付執爲照用。

光緒貳拾玖年十二月日立賣契人黃昌春
代字見人仝黃錢悦
自筆
大進喜

10-6-101-64　清光緒二十九年十二月黃昌春立賣底面全民佃契

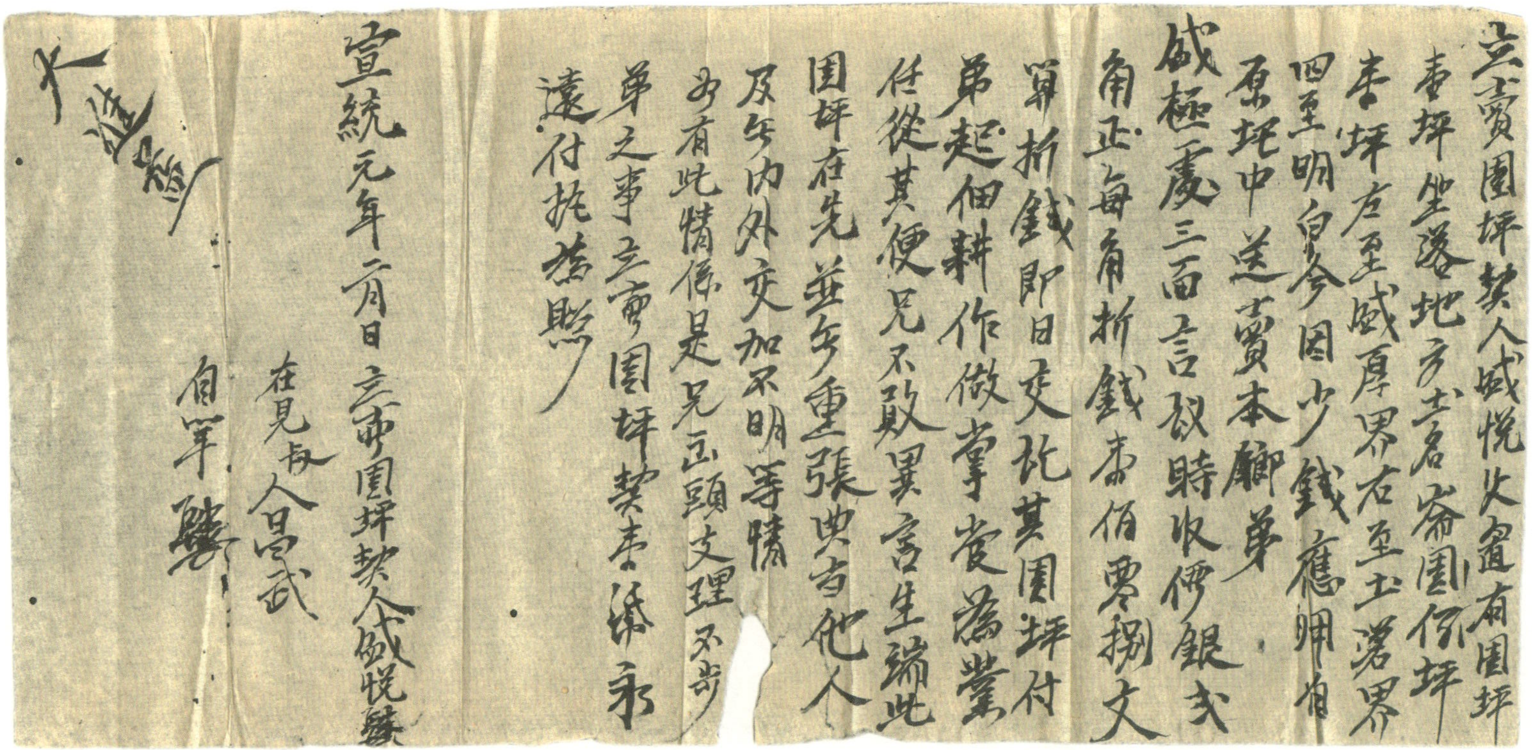
立賣園坪契人盛悅，父遺有園坪
壹坪，坐落地方土名崙園仔坪，
其坪左至盛厚界，右至土港界，
四至明白。今因少錢應用，自
願托中送賣本鄉弟
盛極處，三面言議，時收價銀弍
角正，每角折錢壹佰零捌文
算折錢，即日交訖。其園坪付
弟起佃耕作，做掌管為業，
任從其便，兄不敢異言生端。此
園坪在先並無重張典當他人，
及無內外交加不明等情。
如有此情，係是兄自頭支理，不涉
弟之事。立賣園坪契存據，永
遠付執為照。
宣統元年二月日 立賣園坪契人盛悅(押)
在見叔人昌武
自筆(押)

10-6-101-65 清宣統元年二月黃盛悅立賣園坪契

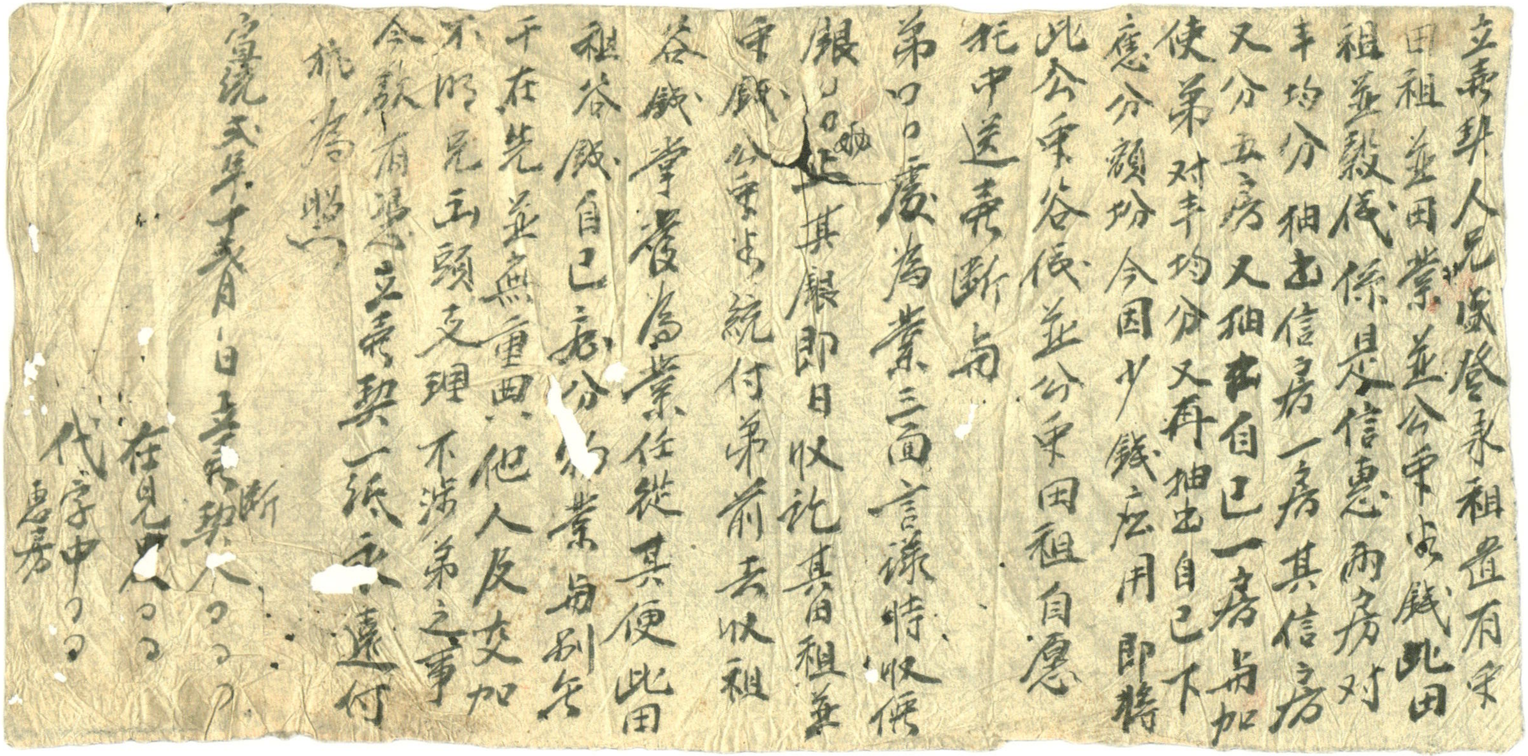
立賣斷人兄盛登承祖遺有屯
田租並田業，並公屯出錢，此田
祖並穀係係是父信惠兩房對
半均分，細出信房一房，其信房
又分五房，又細出自己一房，尚加
使弟對半均分，又再抽出自己下
應分額分，今因少錢應用，即將
此公屯谷係並公屯田租自愿
托中送賣斷與
弟[illegible]處為業，三面言議，特收係
銀[illegible]正，其銀即日收訖，其首租並
屯錢公屯出統付弟前去收租
谷錢掌管為業，任從其便。此田
租谷錢自己房分分業，與別人
干，在先並無重典他人，及交加
不明，兄出頭支理，不涉弟之事，
今欲有憑，立賣契一紙，永遠付
執為照。
宣統弍年十二月 日立賣斷契人[illegible]
在見人[illegible]
代字中[illegible]

10-6-101-66 清宣統二年十二月黃盛登立賣屯田租等契（草契）

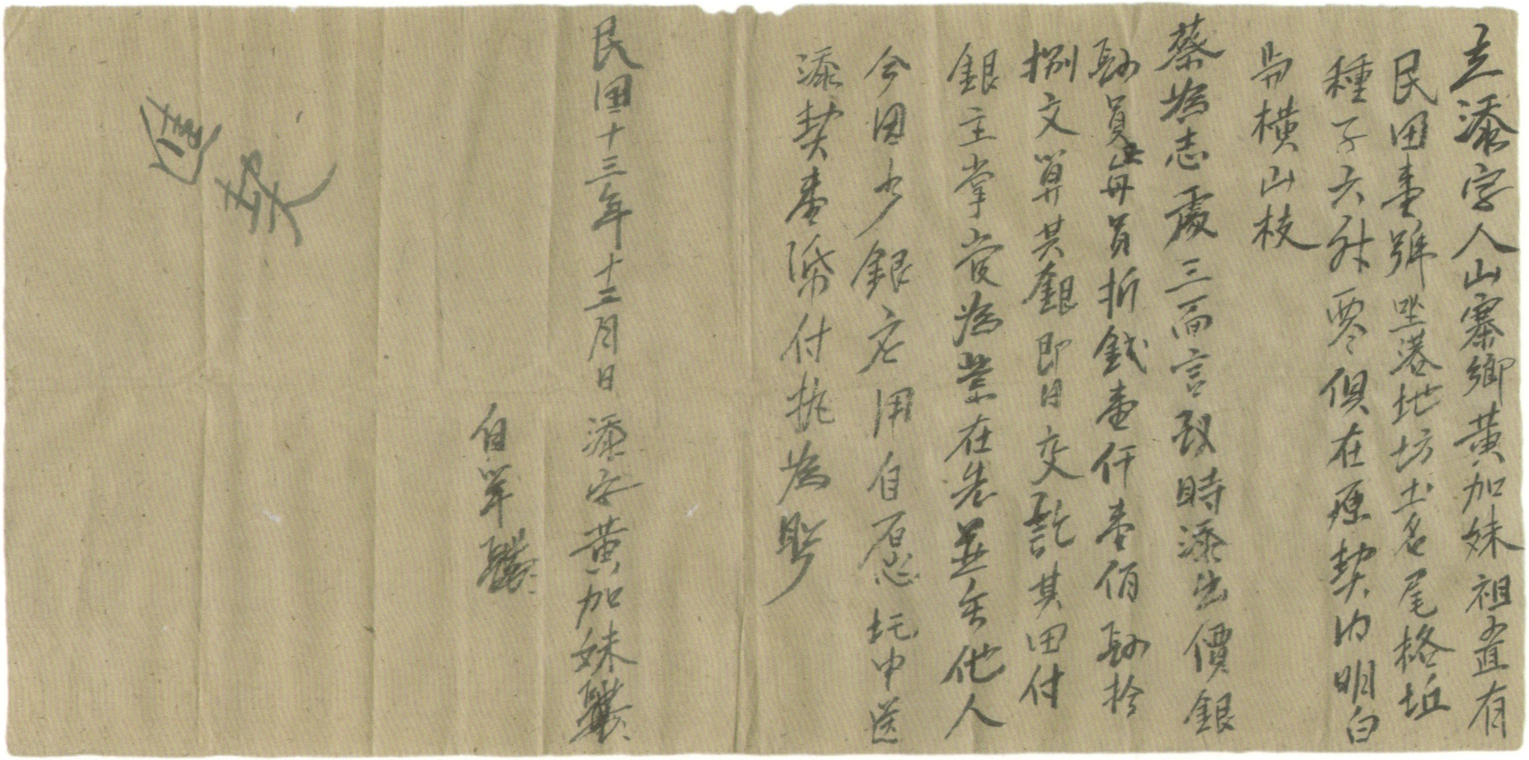
立添字人山寨鄉黃加妹祖置有
民田壹號坐落地坊土名尾格垣
種子六升零俱在原契內明白
西横山枝
蔡為志處三面言議時添出價銀
計員每員折錢壹仟叁佰計拾
捌文算共銀即日交訖其田付
銀主掌管為業在先並無他人
今因少銀應用自愿託中送
添契壹紙付執為照
民國十三年十二月日 添字黃加妹（押）
自筆（押）

10-6-101-67 民國十三年十二月黃加妹立添民田契

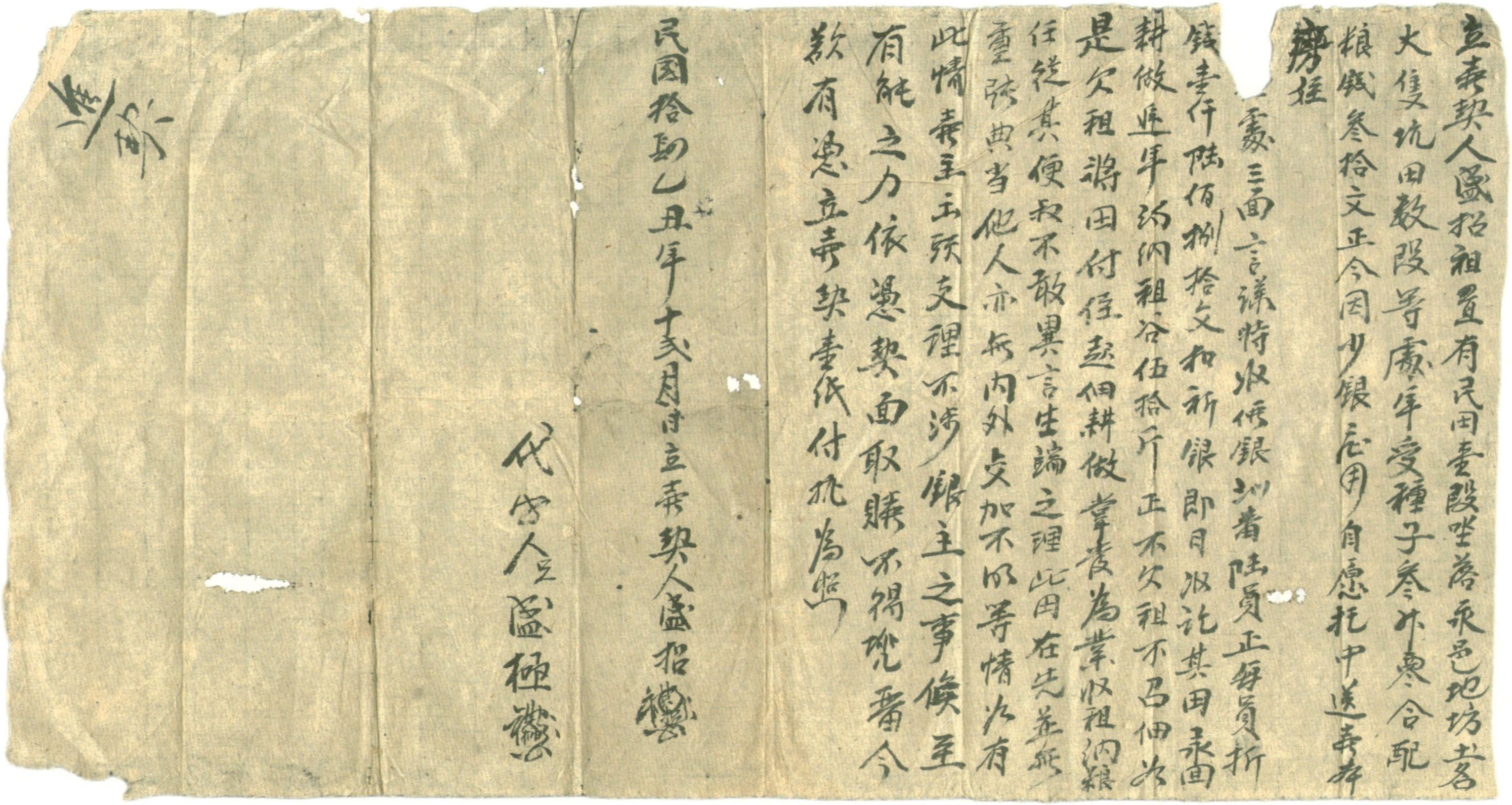
立賣契人黃盛招祖置有民田壹段坐落永邑地坊名
大隻坑田數段号處年受種子叄升[illegible]合配
粮錢叄拾文正今因少銀應用自愿托中送賣本
房侄
處三面言議特收價銀洋番陸員正每員折
錢壹仟陸佰捌拾文和新銀即日收訖其田永面
耕做逐年約納租谷伍拾斤正不欠租不召佃於
是欠租將田付侄起佃耕做掌管為業收租納粮
任從其便叔不敢異言生端之理此田在先並無
重張典当他人亦無內外支加不明等情如有
此情賣主出頭支理不涉銀主之事倘至
有能之力依憑契面取贖不得阻番今
欵有憑立賣契壹紙付執為照
民國拾四乙丑年十二月日立賣契人黃盛招
代字人黃盛樞

10-6-101-68　民國十四年十二月黃盛招立賣民田契

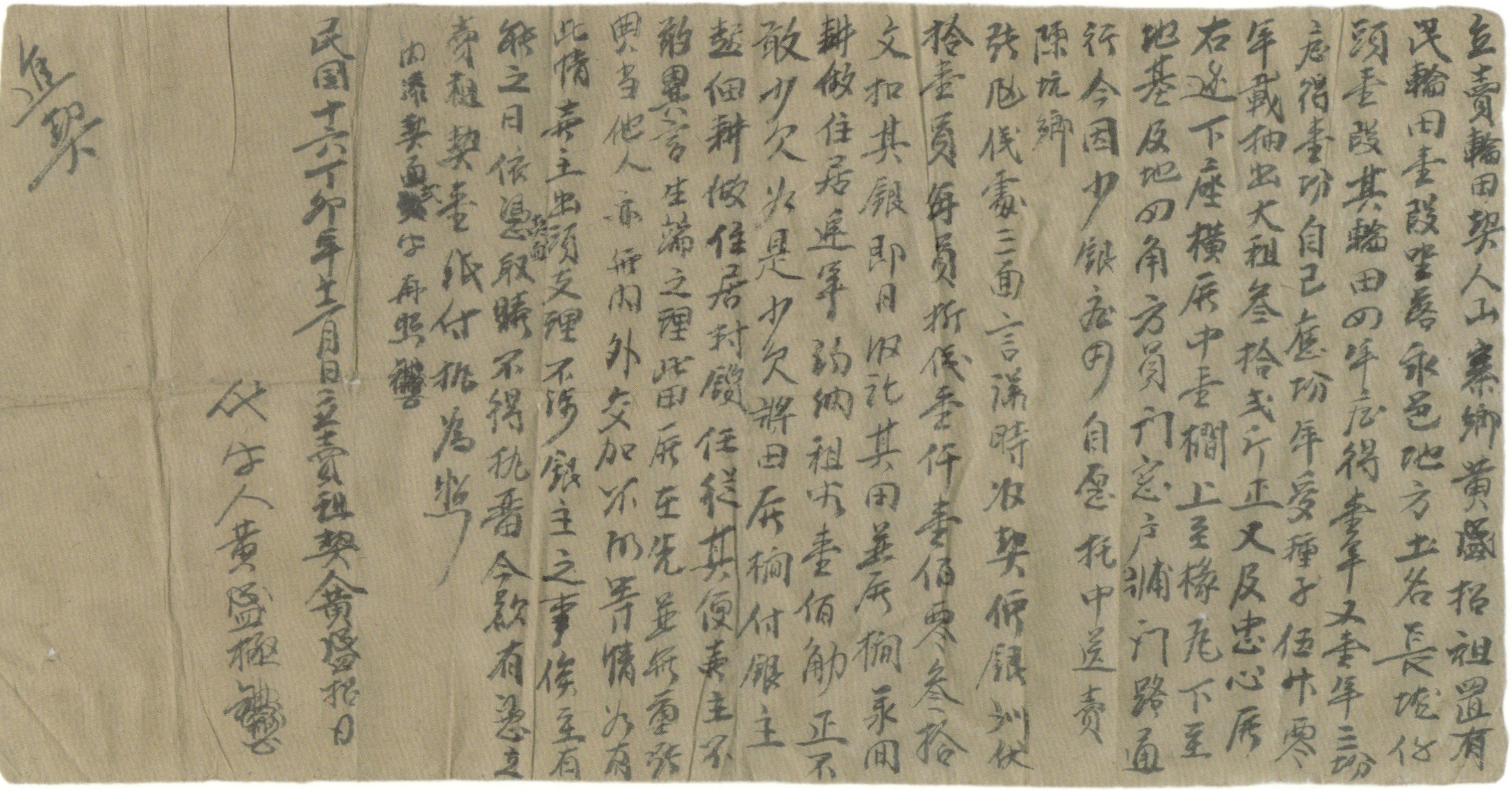

立賣輸田契人山寨鄉黃盛招，祖置有
民輸田壹段，坐落永邑地方，土名長坑仔
頭壹段，其輸田四年應得壹年，又壹年三份
應得壹份，自己應份年受種子伍什零
年載佃出大租叁拾弍斤正，又及忠心厝
右邊下座橫厝中壹間，上至椽尾，下至
地基，及地四角方員門窗户牖門路通
行。今因少銀應用，自愿托中送賣
陳坑鄉
張阳伐處，三面言議，時收契價銀[illegible]
拾壹員，每員折伐壹仟壹佰零叁拾
文，扣其銀即日收訖。其田並厝輌永開
耕做住居，逐年[illegible]納租穀壹佰觔正，不
敢少欠。如是少欠，將田厝輌付銀主
起佃耕做住居封鎖，任從其便，黃主不
敢異言。生端之理，此田厝在先並無重張
典当他人，亦無內外交加不明等情，如有
此情，黃主出頭支理，不涉銀主之事。俟至有
銀之日，依照取贖，不得執留。今欲有憑，立
賣租契壹紙，付執為照。
內添契[illegible]字 再照
民國十六丁卯年十二月　日立賣租契人黃盛招（押）
代字人黃盛樞（押）
退契

10-6-101-69　民國十六年十二月黃盛招立賣民輸田契

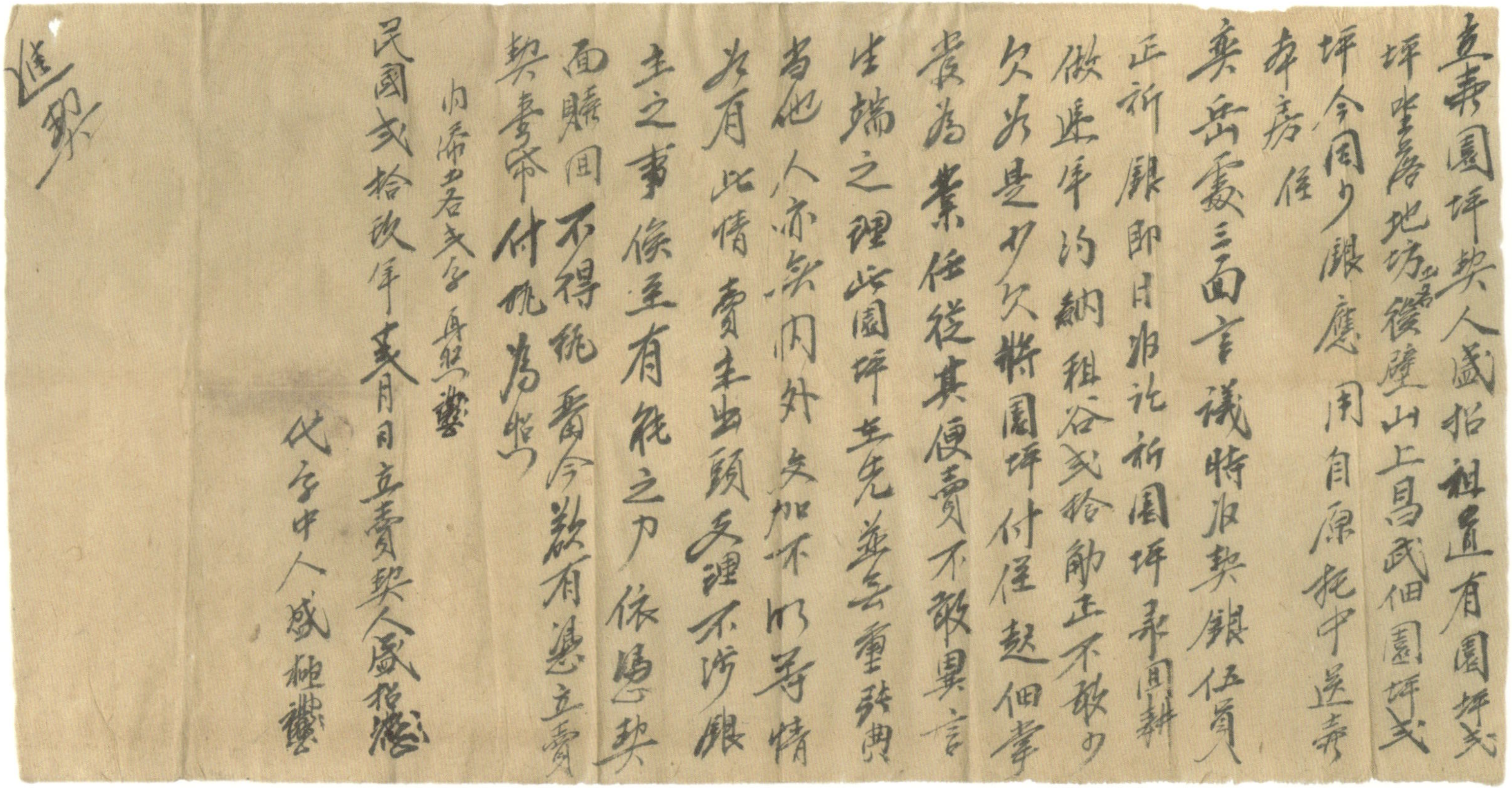

10-6-101-70　民國二十九年十二月黄盛招立賣園坪契

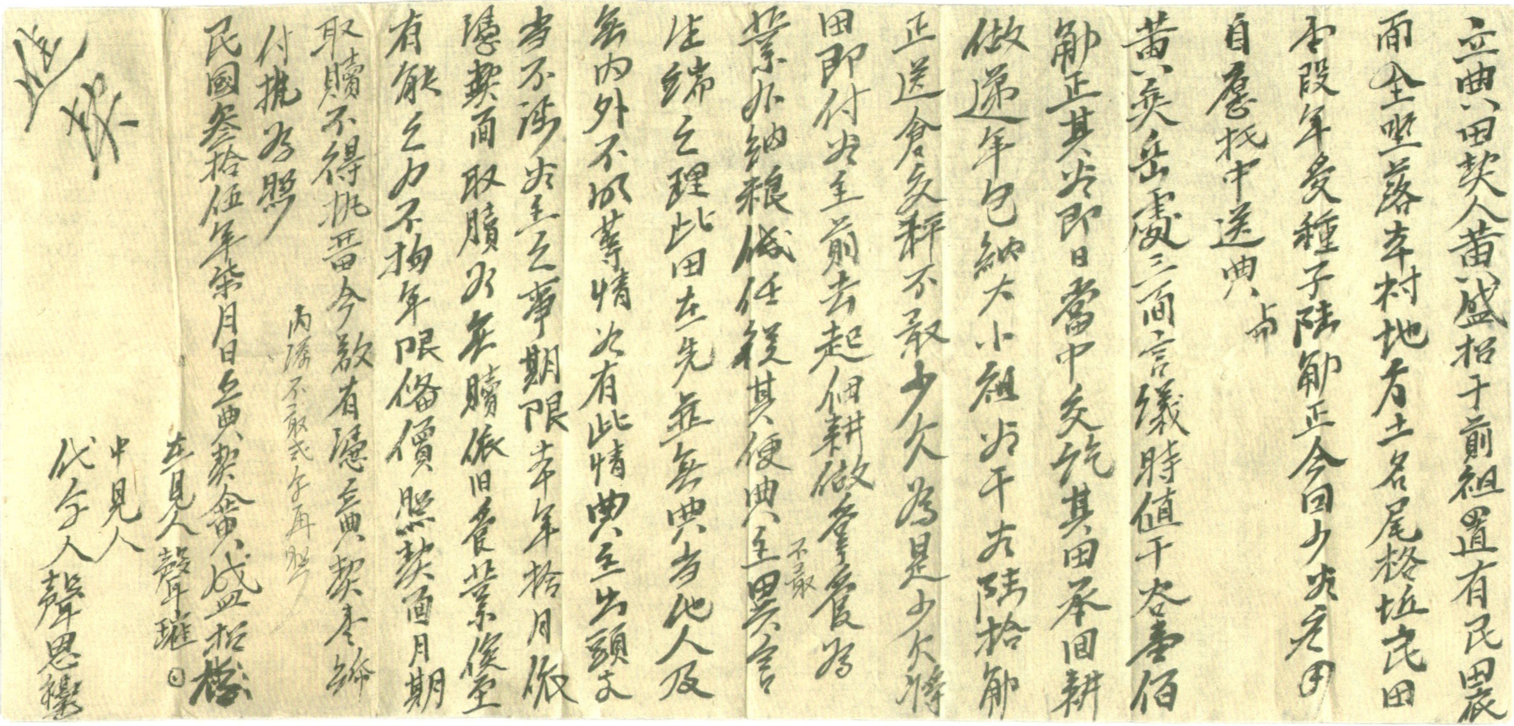
立典底田契人黃盛招，今有祖置有民田底
面全，坐落本村地方土名尾格坵民田
壹段，年受種子陸斛正，今因乏少，先問
自房，托中送典
黃炎岳處，三面言議，時值干谷壹佰
斛正，其谷即日當中交訖，其田承回耕
做，遞年包納大小租谷干谷陸拾斛
正，送倉交秤，不敢少欠，如是少欠，將
田即付谷主前去起佃耕做，管業為
業，外納糧條任從其便，典主田典，不敢言
生端之理，此田在先並無典當他人及
家內外不明等情，如有此情，典主出頭支
當，不涉谷主之事，期限本年拾月依
憑契面取贖，如無贖，依舊管業，俟至
有能之力，不拘年限，備價照契面月期
取贖，不得執留。今欲有憑，立典契壹紙
付執為照。
內添不敢弍字再照
民國叁拾伍年柒月日立典契人黃盛招（押）
在見人　聲璀 ㊞
中見人
代字人　聲恩（押）
佳契

10-6-101-71　民國三十五年七月黃盛招立典底面全民田契

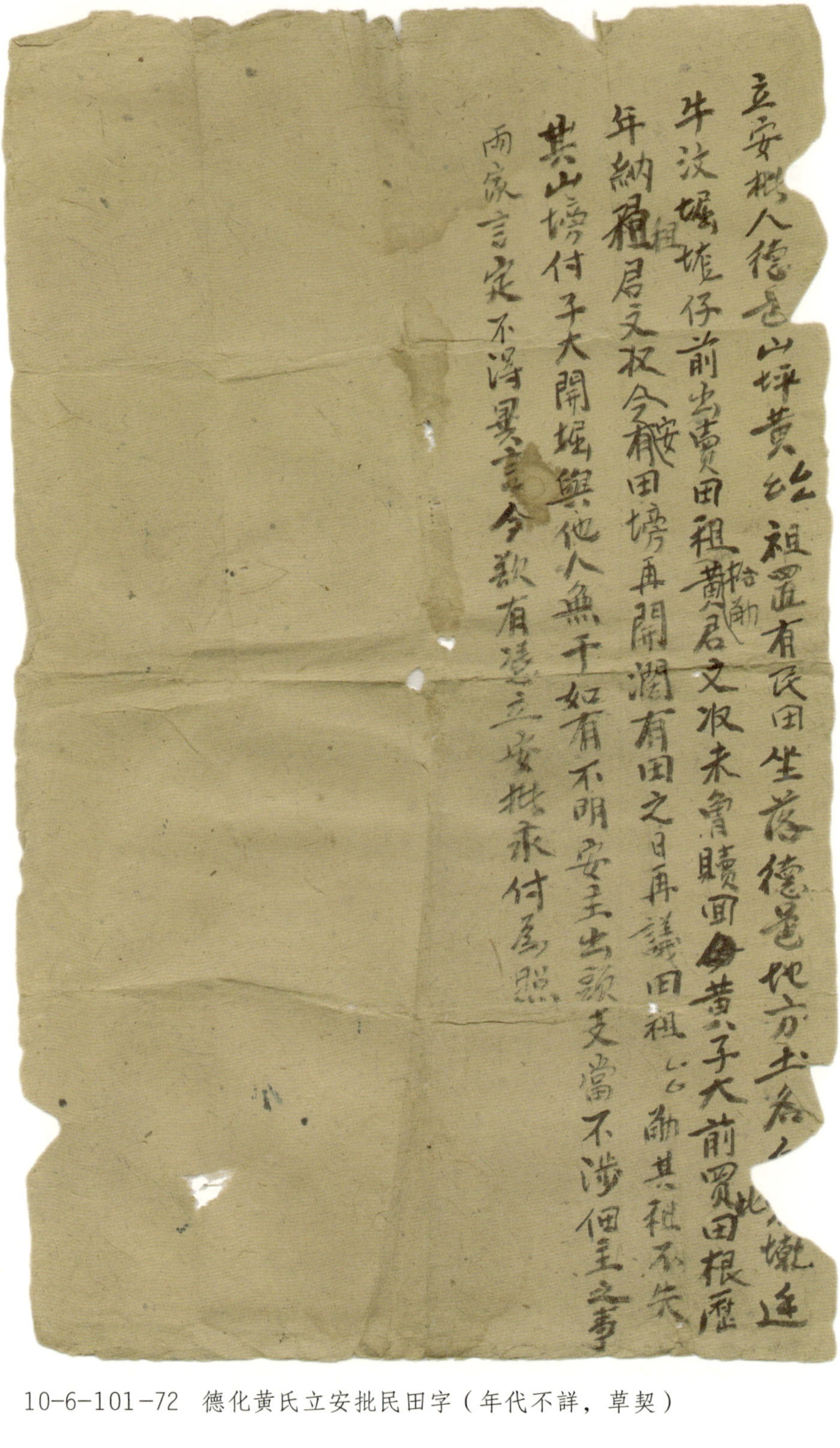

立安批人德邑山坪黄𢆯祖置有民田坐落德邑地方土名□北□墩连
牛汶堀垅仔前出賣田租拾觔黄君文收未曾贖回今黄子大前買田根歷
年納租君文收今將安田墘再開濶有田之日再議田租□□觔其租不失
其山墘付子大開堀與他人無干如有不明安主出頭支當不涉佃主之事
兩家言定不得異言今欲有憑立安批永付為照

10-6-101-72 德化黄氏立安批民田字（年代不詳，草契）

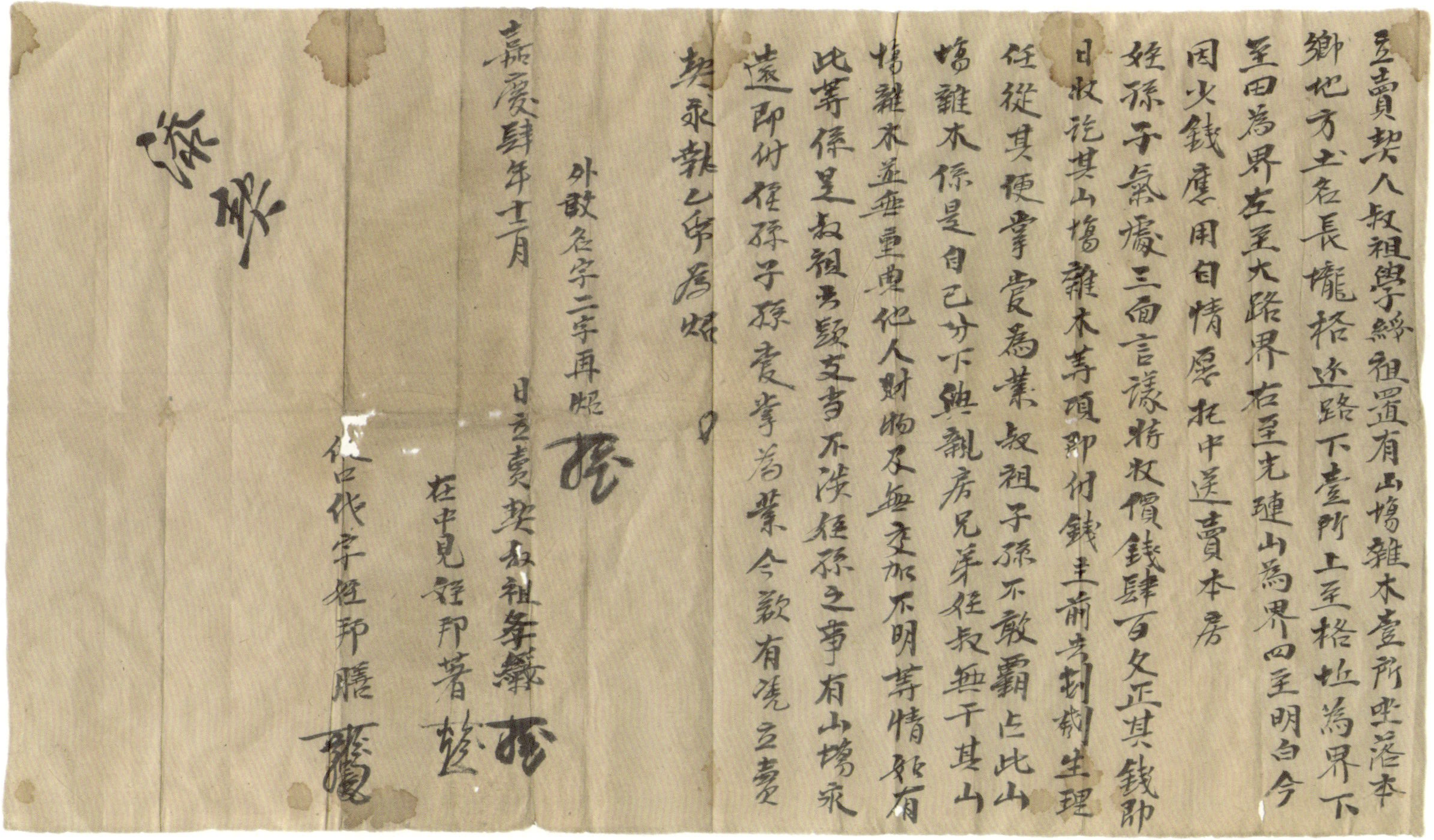
立賣契人叔祖學綏祖置有山場雜木壹所坐落本
鄉地方土名長壠格迹路下壹所上至格坵為界下
至田為界左至大路界右至先璉山為界四至明白今
因乏錢應用自情愿托中送賣本房
姪孫子氣處三面言議時收價錢肆百文正其錢即
日收訖其山場雜木等項即付錢主前去封禁生理
任從其便掌管為業叔祖子孫不敢霸占此山
場雜木係是自己分下物與親房兄弟姪叔無干其山
場雜木並無重典他人財物及無交加不明等情如有
此等係是叔祖出頭支當不涉姪孫之事有山場永
遠即付姪孫子孫管掌為業今欲有凭立賣
契永執乙帋為照 〇

外改名字二字再照

嘉慶肆年十二月 日立賣契叔祖學綏

在中見姪邦著

依口代字姪邦膳

添契

10-6-102-1 清嘉慶四年十二月黃學綏立賣山場雜木契

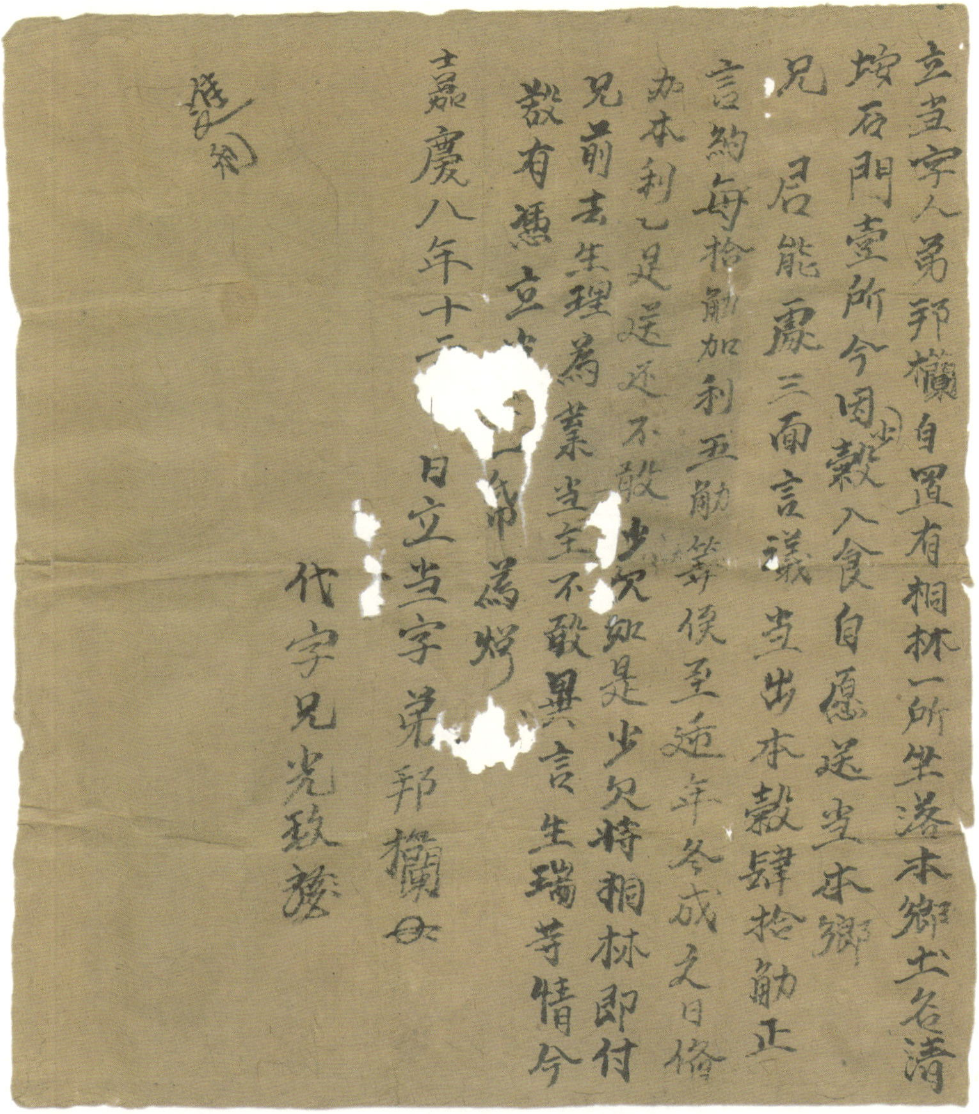

立当字人弟邦欄自置有桐林一所坐落本鄉土名清
坑石門壹所今因少穀入食自愿送当本鄉
兄　君能處三面言議当出本穀肆拾觔正
言約每拾觔加利五觔籌俟至迹年冬成交日倘
办本利乙足送还不敢少欠如是少欠將桐林即付
兄前去生理爲業当主不敢異言生端等情今
欲有憑立当[illegible]字一紙爲照
嘉慶八年十二月　日立当字弟邦欄（押）
代字兄光致發

10-6-102-2　清嘉慶八年十二月黄邦欄立當桐林字

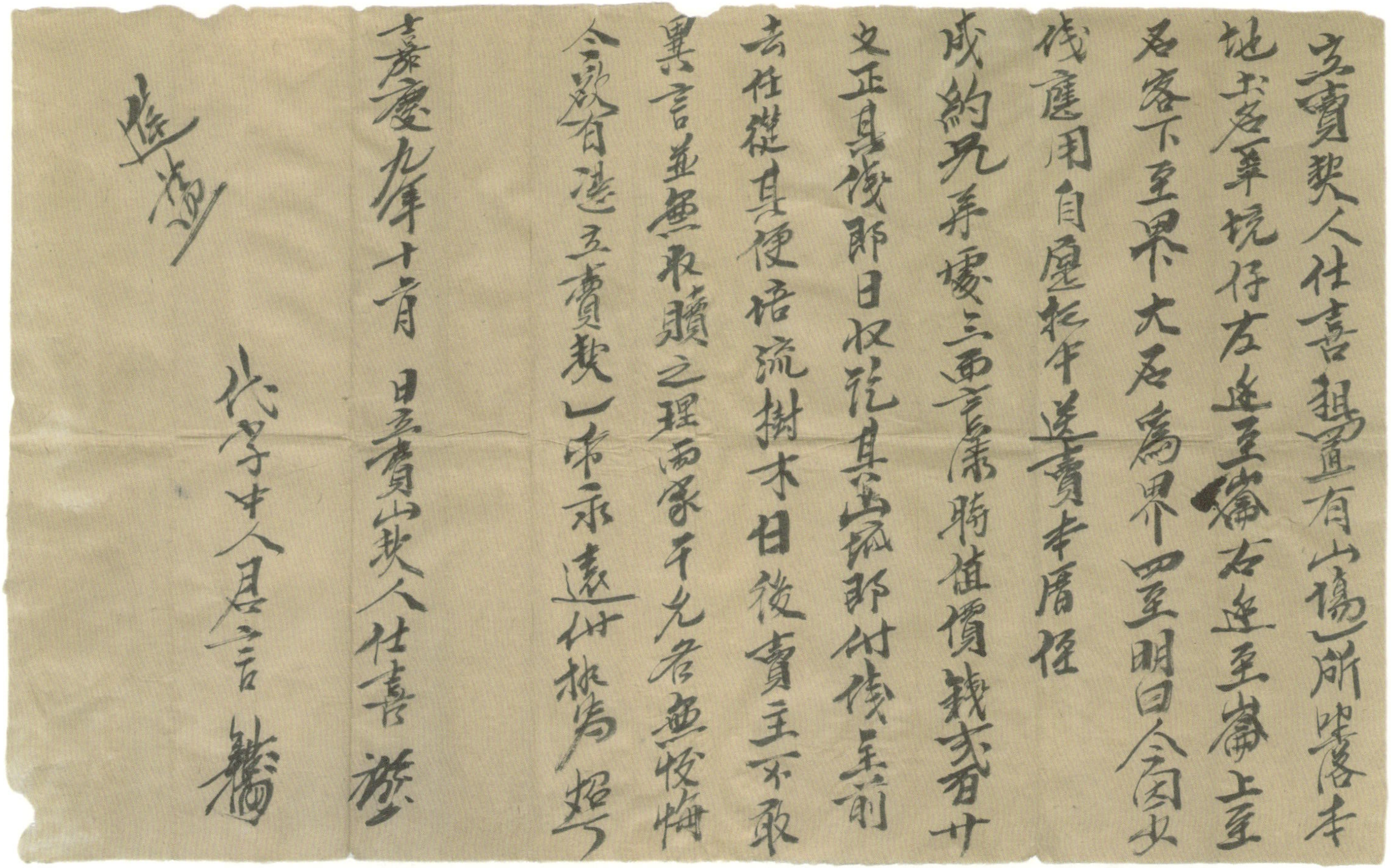
立賣契人仕喜承置有山場一所坐落本
地土名華坑仔左边至嵊右边至嵊上至
石窑下至界大石為界四至明白今因乏
錢應用自愿托中送賣本房侄
成約兄弟處三面言定時值價錢弍百廿
文正其錢即日收訖其山場即付錢主前
去任從其便培流樹木日後賣主不敢
異言並無取贖之理兩家甘允各無反悔
今欲有憑立賣契一紙永遠付執為照
嘉慶九年十二月　日立賣山契人仕喜（押）
代字中人君言（押）
退清

10-6-102-3　清嘉慶九年十二月黃仕喜立賣山場契

立賣山契人兄君欲，祖置有竹林桐楂山
壹所，坐落得邑地方土名發寮董桐壠頭，
上至路界，下至田頭，左至子祜業界，右至子磊
業界，四至明白。今因乏銀應用，自愿托中送
賣與本房弟　君福處為業。三面言議
時取價銀番叁員正，其銀即日收訖，其山隨
即付弟前去生理為業。其山並無重張典掛
他人等情，其山並無交加不明，如有此情，係兄出
頭知頭，並不涉弟之事。其山係自賣之後，永
付弟掌管，日後子孫不敢言說取贖之理。兩家
情愿，各無反悔。今欲有憑，立賣山契乙紙，永
遠為照。

嘉慶十五年十二月　日　立賣山契人君欲（押）

代字中見君淼（押）

10-6-102-4　清嘉慶十五年十二月黃君欲立賣竹林桐楂山契

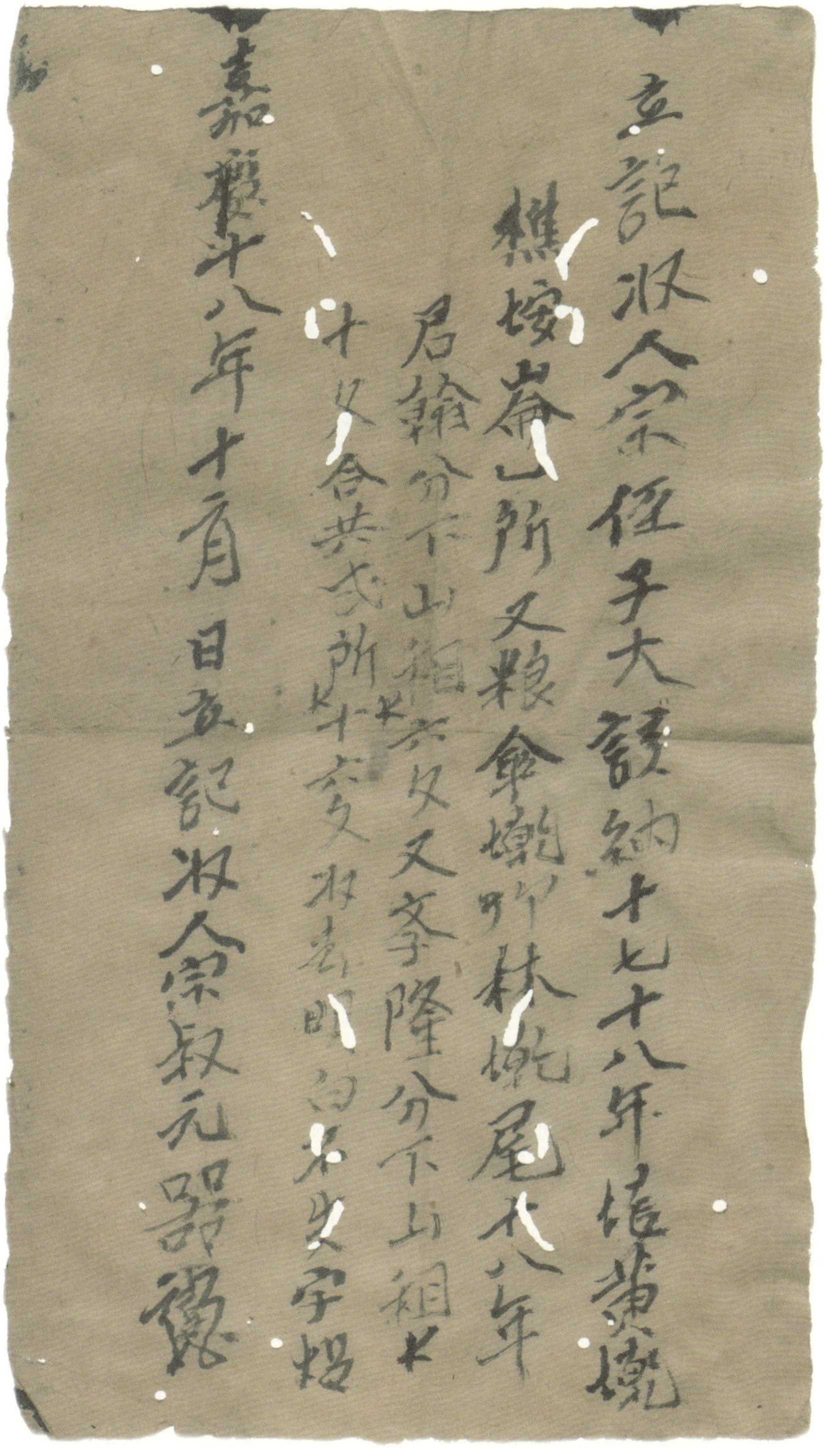
立記收人宗侄子大護納十七十八年塘黄墩樵塆山崙山所，又粮倉墩岭林墩尾弍年君翰分下山租錢弍文，又宗隆分下山租錢廿文，合共弍所錢十六文，收去明白，不少字照。
嘉慶十八年十二月　日立記收人宗叔元嚣（押）

10-6-102-5　清嘉慶十八年十二月黄元嚣立記收山租錢字

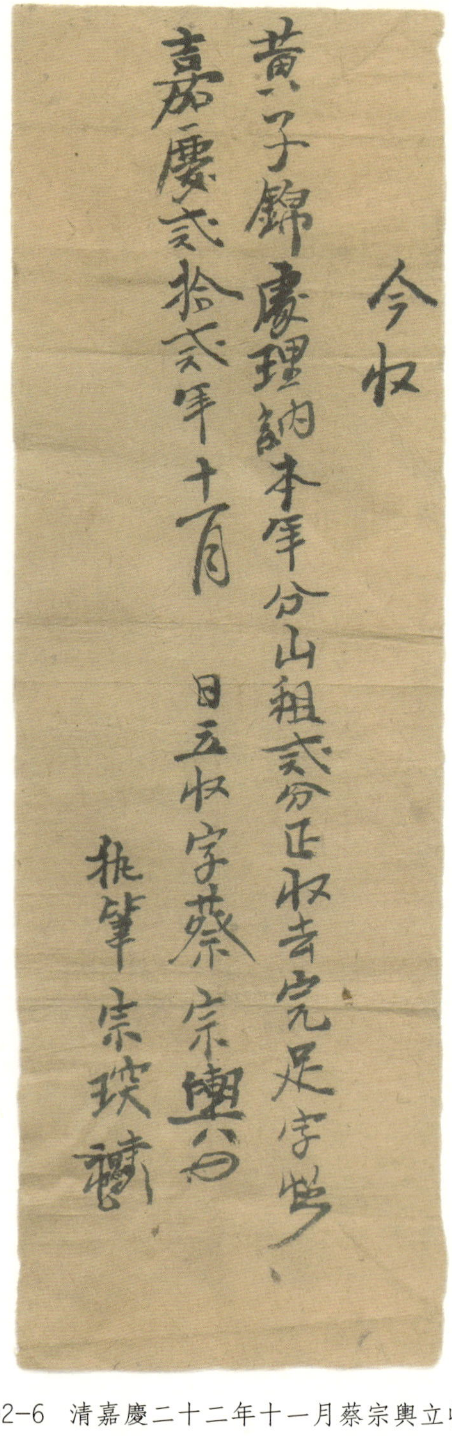
今收
黄六子錦處理納本年分山租弍分正收去完足字照
嘉慶弍拾弍年十一月 日立收字蔡宗興（押）
執筆宗瑛書

10-6-102-6 清嘉慶二十二年十一月蔡宗興立收山租錢字

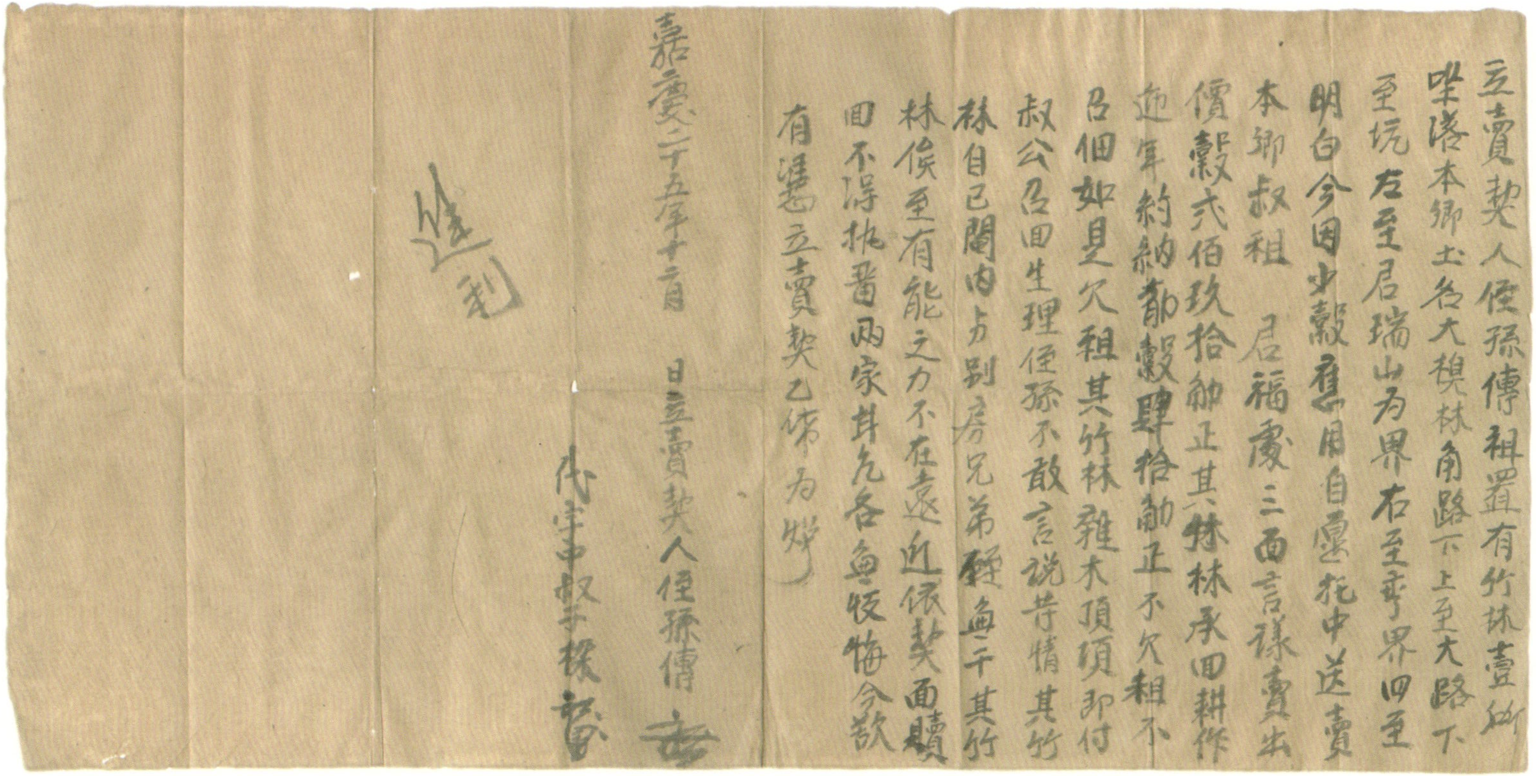

10-6-102-7　清嘉慶二十五年十二月黃孫傳立賣竹林契

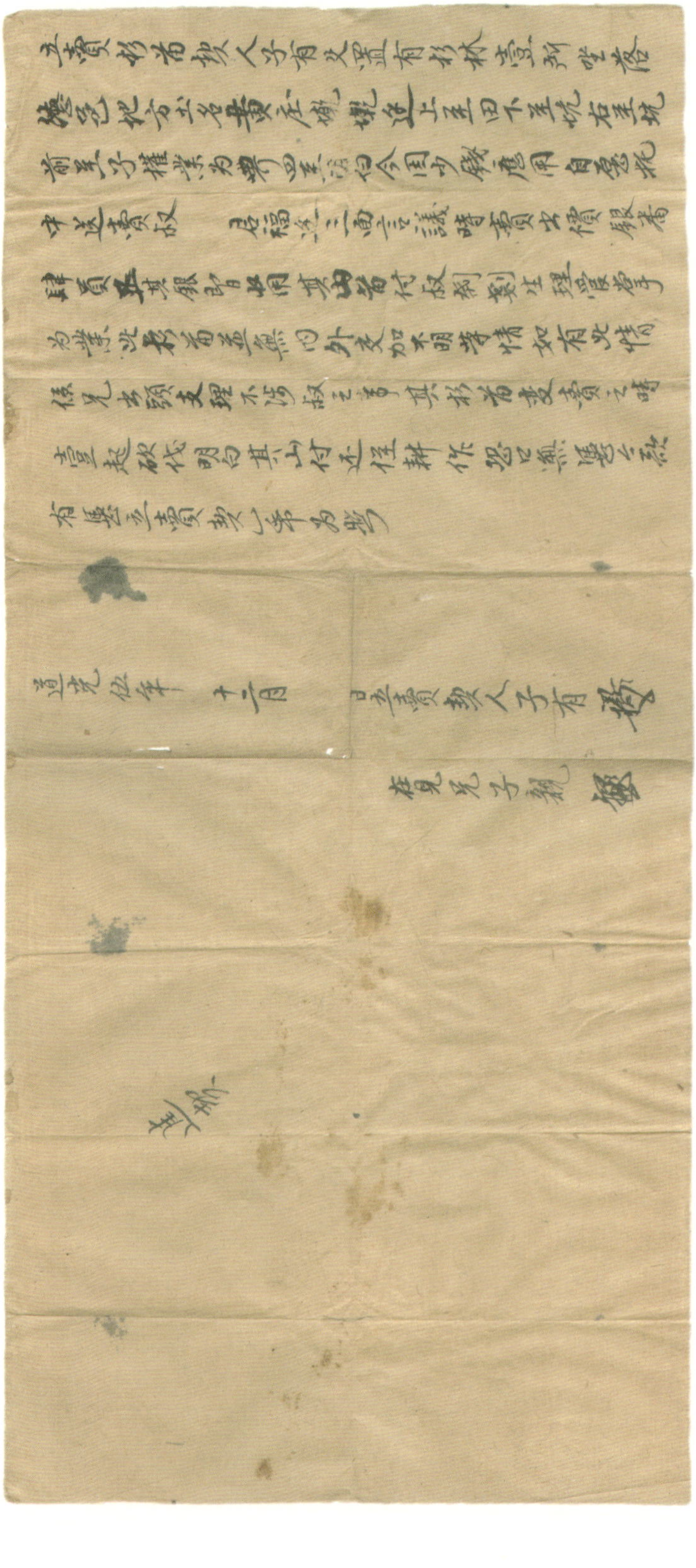
立賣杉苗契人子有父置有杉林壹片坐落
[illegible]地方土名[illegible]其上至田下至坑右至坑
前至子權業為界四至分明今因乏銀應用自愿托
中送賣叔　君福边三面言議時值賣出價銀壹
肆員正其銀即日收開其山苗付叔[illegible]管理管業
為業此杉苗並無內外交加不明等情如有此情
係兄出頭支理不涉叔之事其杉苗出賣之時
言定長砍伐明白其山付還經耕作恐口無憑立此
為照立賣契一紙為照
道光伍年十二月　日立賣契人子有（押）
在見兄子翔（押）
永照

10-6-102-8　清道光五年十二月黄子有立賣杉苗契

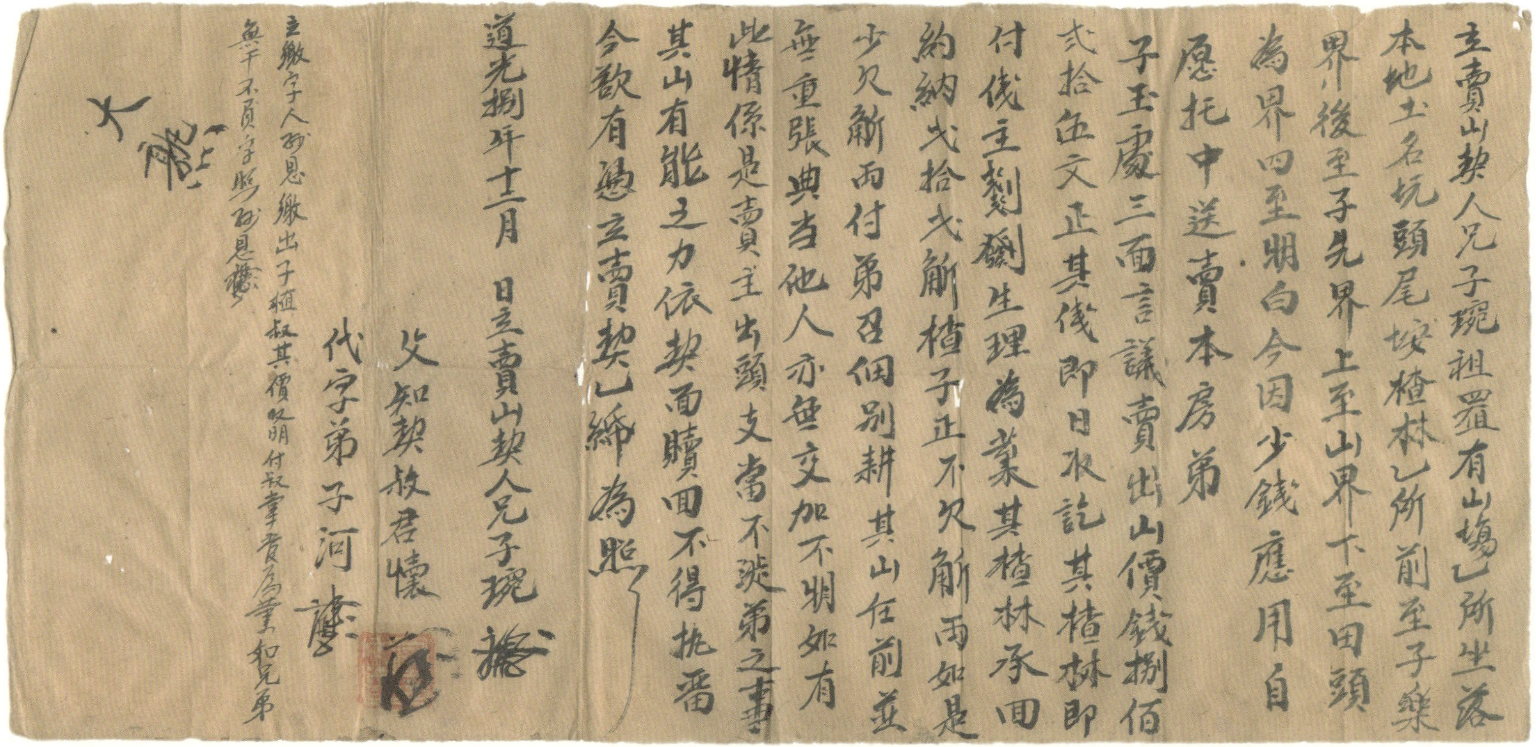
立賣山契人兄子琬祖置有山場乙所坐落
本地土名坑頭尾墘檀林乙所前至子樂
界後至子先界上至山界下至田頭
為界四至明白今因少錢應用自
愿托中送賣本房弟
子玉處三面言議賣出山價錢捌佰
弍拾伍文正其錢即日收訖其檀林即
付錢主刬劙生理為業其檀林承回
納納弍拾弍觔檀子正不欠觔兩如是
少欠觔兩付弟召佃別耕其山在前並
無重張典当他人亦無交加不明如有
此情係是賣主出頭支當不涉弟之事
其山有能之力依契面贖回不得执番
今欲有憑立賣契乙紙為照
道光捌年十二月　日立賣山契人兄子琬（押）
父知契叔君懷
代字弟子河（押）
立繳字人珍恩繳出子姪叔其價收明付叔管業和兄弟
無干不買字照珍恩（押）

10-6-102-9　清道光八年十二月黄子琬立賣山場契

立當字人黄成現祖買有山場雜木一所坐
落本地土名田路上至坐嶺頂下至田界左
至子魁山界右至橋界四至明白今因少
銀應用自愿托中送去本房兄
子王應三面言議當出本銀壹員又
錢伍百陸拾文正每員每月加利三分
算其銀約冬成之日備辦本利一足送
还明白不敢少欠如是少欠將山場付
兄前去砍剩生理爲業弟不敢阻
俗其山林前並無重張與別他人亦無
交加不明等情如有此情係是弟出
頭支當不涉兄之事今欲有憑立當
字一紙爲照

仝契兄子應中
道光拾年十二月 日立當山契人弟成現（押）
在見兄子樂（押）
代字中兄子河（押）

退訖

10-6-102-10 清道光十年十二月黄成現等立當山場雜木字

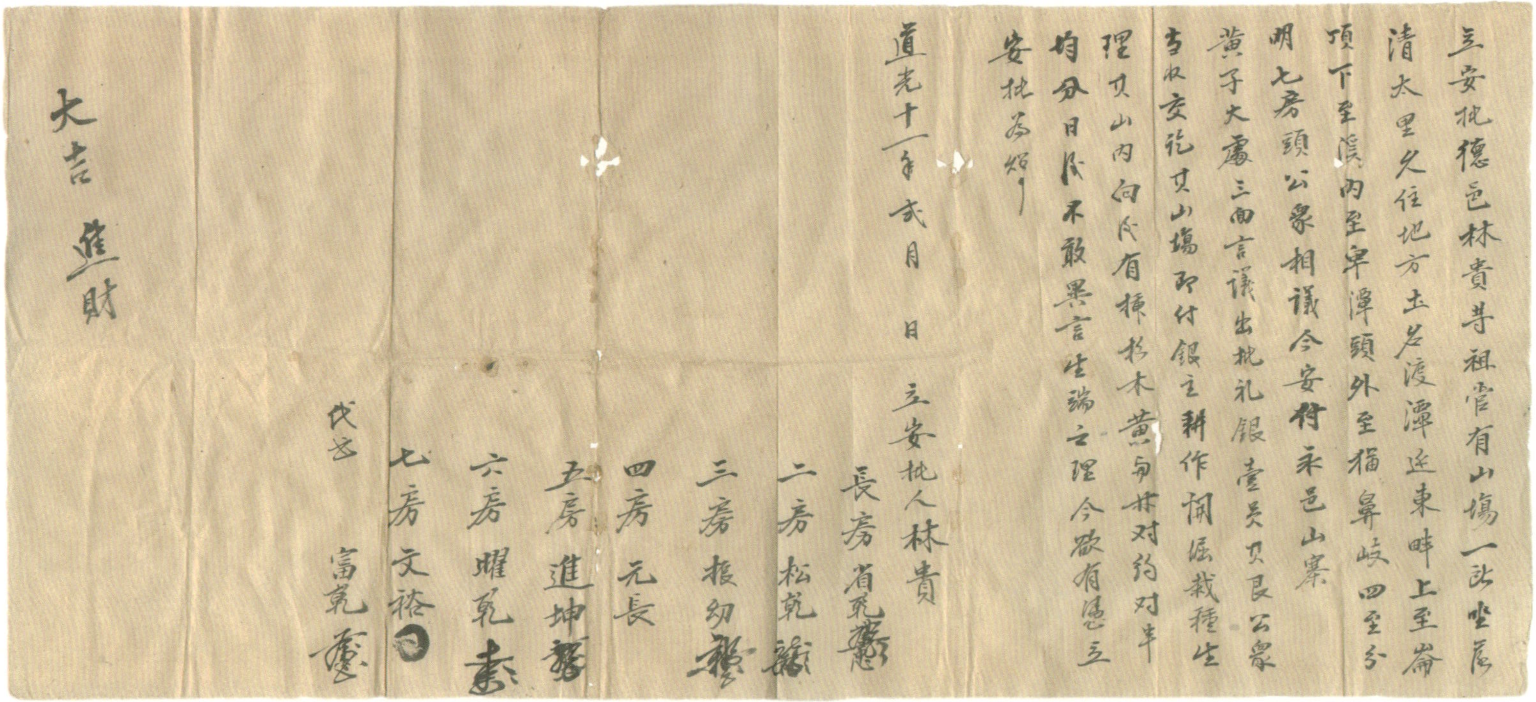

立安批德邑林貴等祖管有山場一所坐落
清太里久住地方土名渡潭逕東畔上至崙
頂下至溪内至卑潭頭外至猫鼻岐四至分
明七房頭公衆相議今安付永邑山寮
黄子大處三面言議出批礼銀壹员其艮公衆
當收交訖其山場即付銀主耕作開墾栽種生
理其山内向民有插杉木黄分卅对约对半
均分日後不敢異言生端之理今欲有憑立
安批為炤。

道光十一年贰月　日　立安批人林貴

長房肖乾

二房松乾

三房根幼

四房元長

五房進坤

六房耀乾

七房文裕

代书富乾

大吉進財

10-6-102-11　清道光十一年二月德化林貴等立安批山場契

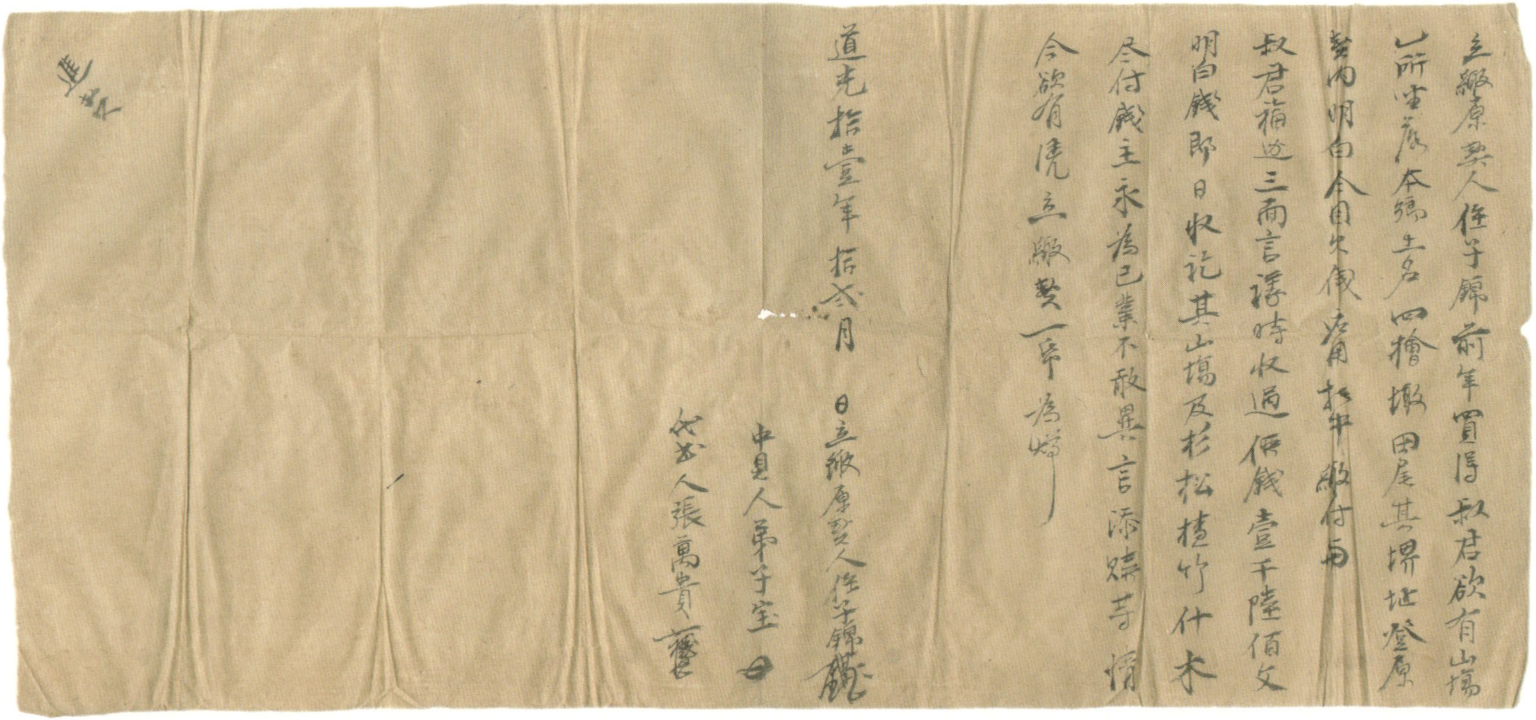

立繳原契人侄子錦前年買得叔君欽有山場
山所坐落本鄉土名四擔墩田尾其場址登原
契內明白今因欠缺應用托中繳付與
叔君禎邊三面言議時收過價錢壹千陸佰文
明白錢即日收訖其山場及杉松植竹什木
盡付錢主永為己業不敢異言添贖等情
今欲有憑立繳契一紙為據
道光拾壹年拾貳月 日立繳原契人侄子錦（押）
中見人弟子宝（押）
代書人張萬貴（押）

10-6-102-12 清道光十一年十二月黄子錦立繳原山場契

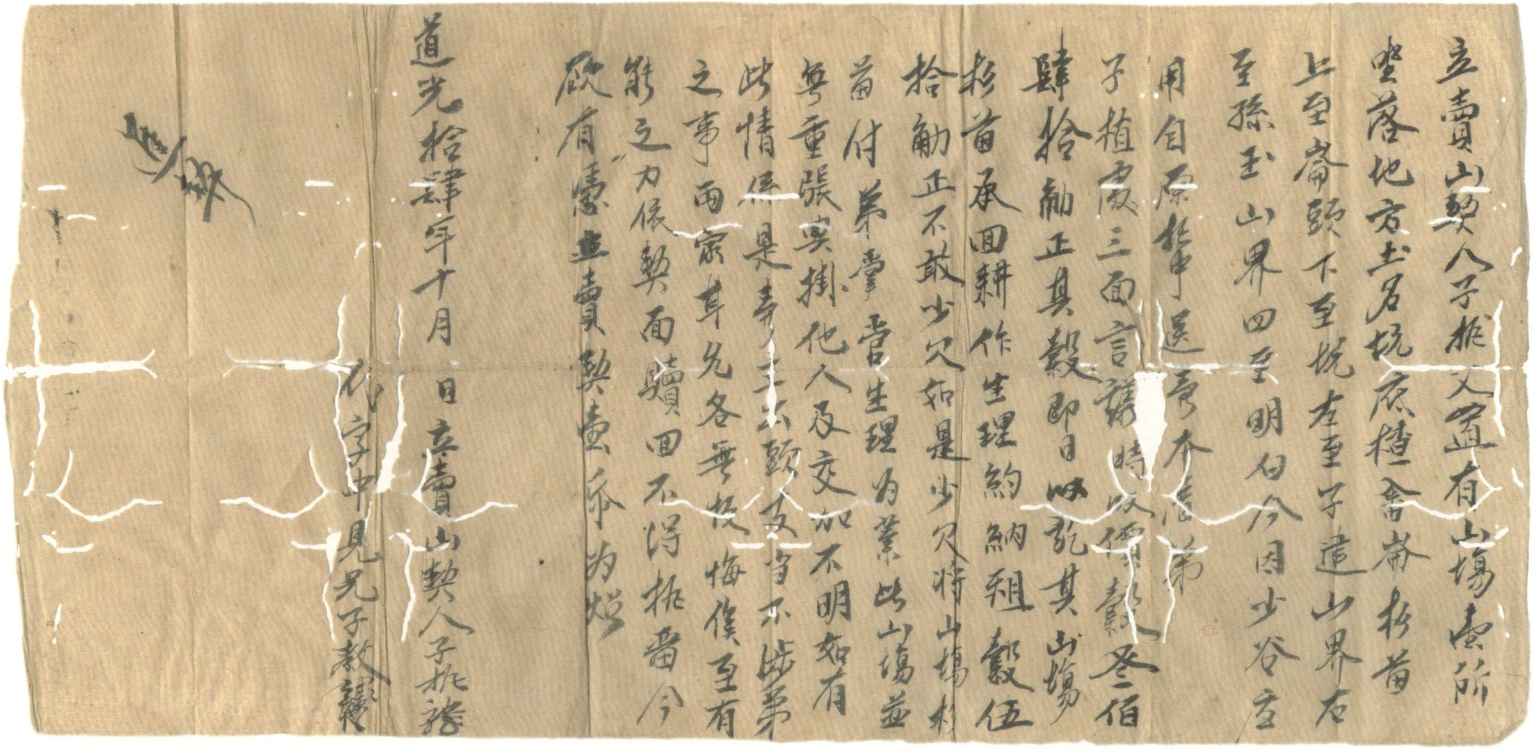
立賣山契人子執父置有山場壹所
坐落地方土名坑底楂舍崙杉苗
上至崙頭下至坑左至子造山界右
至孫玉山界四至明白今因少谷應
用自願將業送賣本房弟
子植處三面言議時價錢叁佰
肆拾觔正其穀即日收訖其山場
杉苗承田耕作生理納租穀伍
拾觔正不敢少欠如是少欠將山場杉
苗付業掌生理為業此山場並
無重張典掛他人及交加不明如有
此情係是本出頭支當不涉弟
之事兩家甘允各無反悔併至有
能之力依契面贖田不得執留今
欲有憑立賣契壹紙為照
道光拾肆年十月　日立賣山契人子執號
代字中見兄子教

10-6-102-13　清道光十四年十月黃子執立賣山場契

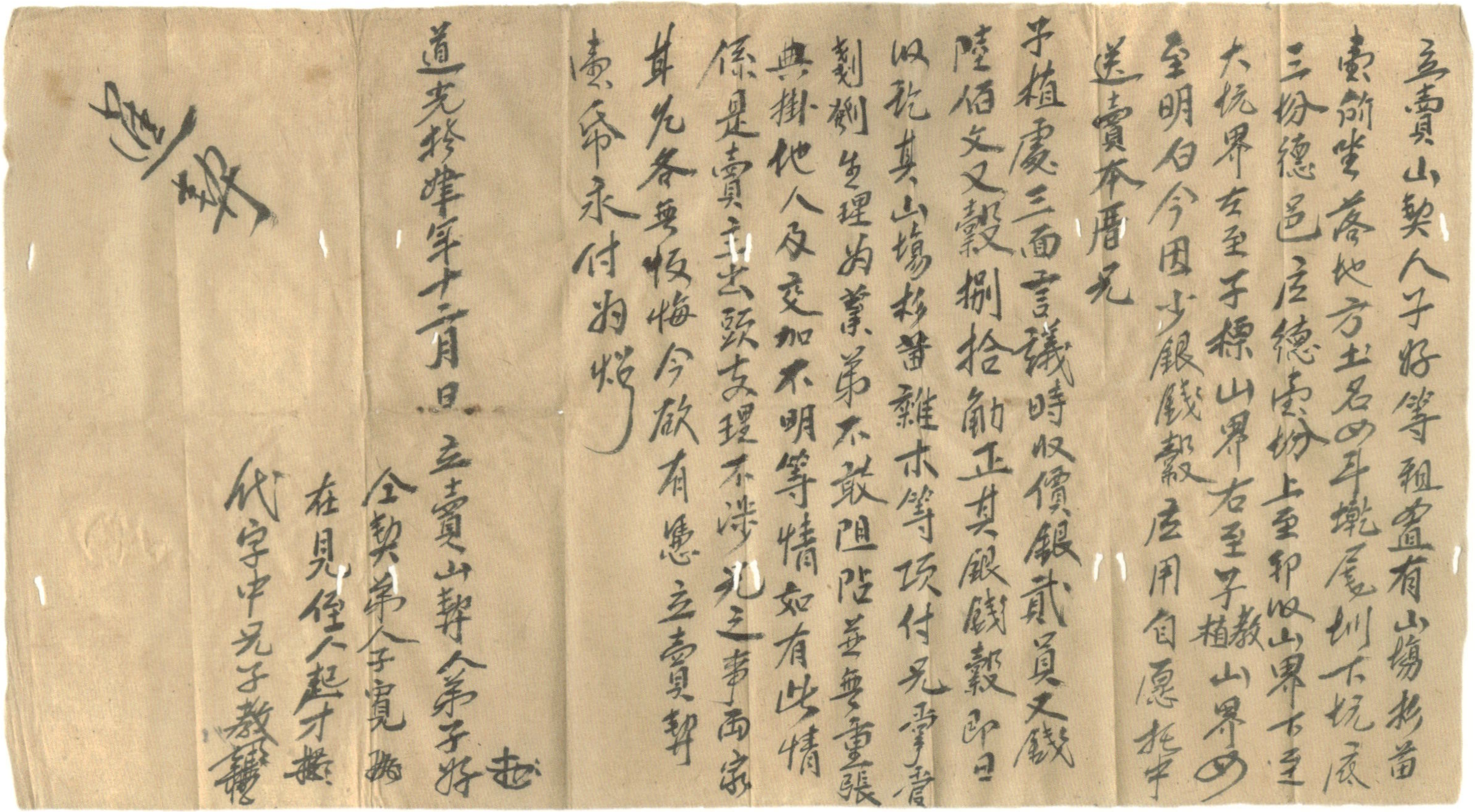

立賣山契人子好等祖置有山場杉苗
壹所坐落地方土名西斗墘尾圳下坑底
三份德邑應德處份上至卯仪山界下至
大坑界左至子標山界右至子教山界四
至明白今因少銀錢穀應用自愿托中
送賣本厝兄
子植處三面言議時收價銀貳員又錢
陸佰文又穀捌拾觔正其銀錢穀即日
收訖其山場杉苗雜木等項付兄掌管
剗劕生理為業弟不敢阻陷並無重張
典掛他人及交加不明等情如有此情
係是賣主出頭支理不涉兄之事兩家
甘允各無反悔今欲有憑立賣契
壹紙永付為照

道光拾肆年十二月　日　立賣山契人弟子好（押）
仝契弟　子寬（押）
在見侄　起才（押）
代字中兄　子教（押）

[illegible]

10-6-102-14　清道光十四年十二月黄子好等立賣山場杉苗契

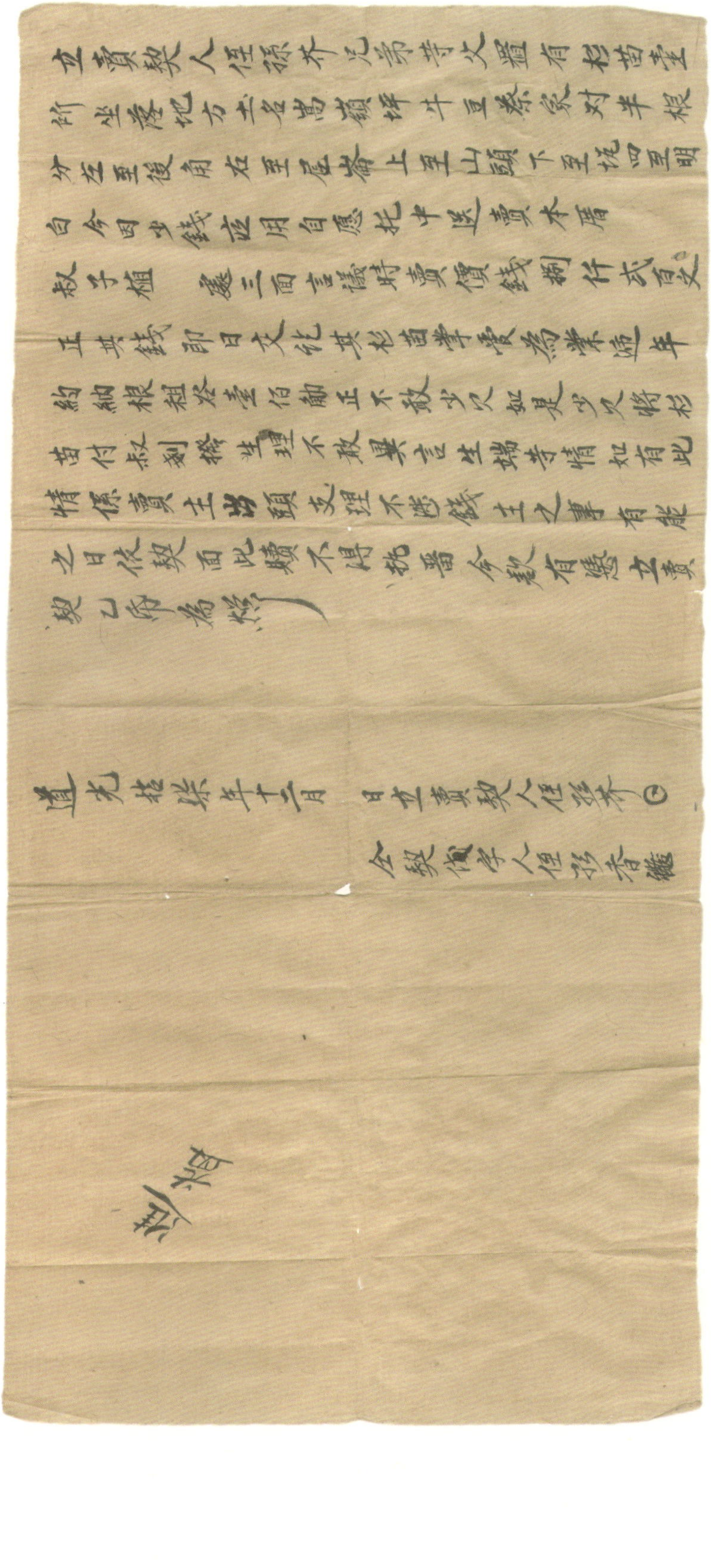
立賣契人侄孫芥仁弟芳等父置有杉苗壹
所，坐落地方土名岩頭垟斗豆黍家对半根
分，左至後角，右至屋嵛，上至山頭，下至坑，四至明
白。今因乏錢應用，自愿托中送賣本房
叔子植處，三面言議時賣價錢捌仟弍百文
正。其錢即日交讫，其杉苗聽憑叔邊掌管為業，逐年
約納根租谷壹佰觔正，不敢少欠。如是少欠，將杉
苗付叔刈將，生理不敢異言生端等情。如有此
情，係賣主出頭支理，不涉錢主之事。有能
之日，依契面比贖，不得執留。今欲有憑，立賣
契一紙為炤。

道光拾柒年十二月　日立賣契人侄孫芥（押）
　　　　　　　　　全契代字人侄孫香纔

10-6-102-15　清道光十七年十二月黄孫芥等立賣杉苗契

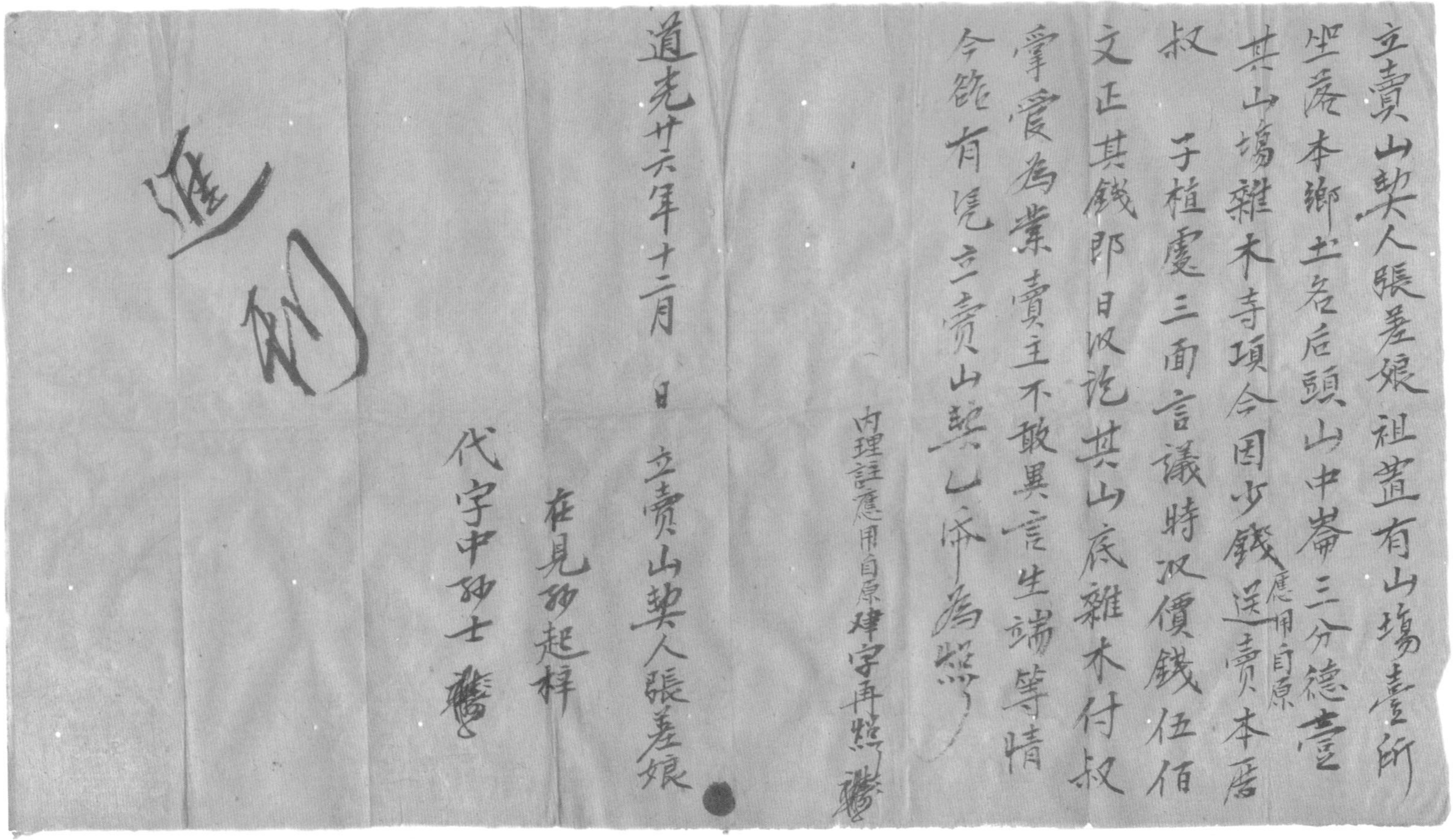

立賣山契人張差娘祖置有山場壹所
坐落本鄉土名后頭山中崙三分得壹
其山場雜木寺項今因少錢應用自原送賣本居
叔　子植處三面言議時價錢伍佰
文正其錢即日收訖其山底雜木付叔
掌管為業賣主不敢異言生端等情
今欲有憑立賣山契一紙為照
内理註應用自原肆字再照
道光廿六年十二月　日　立賣山契人張差娘
在見孙起样
代字中孙士

10-6-102-16　清道光二十六年十二月張差娘立賣山場契

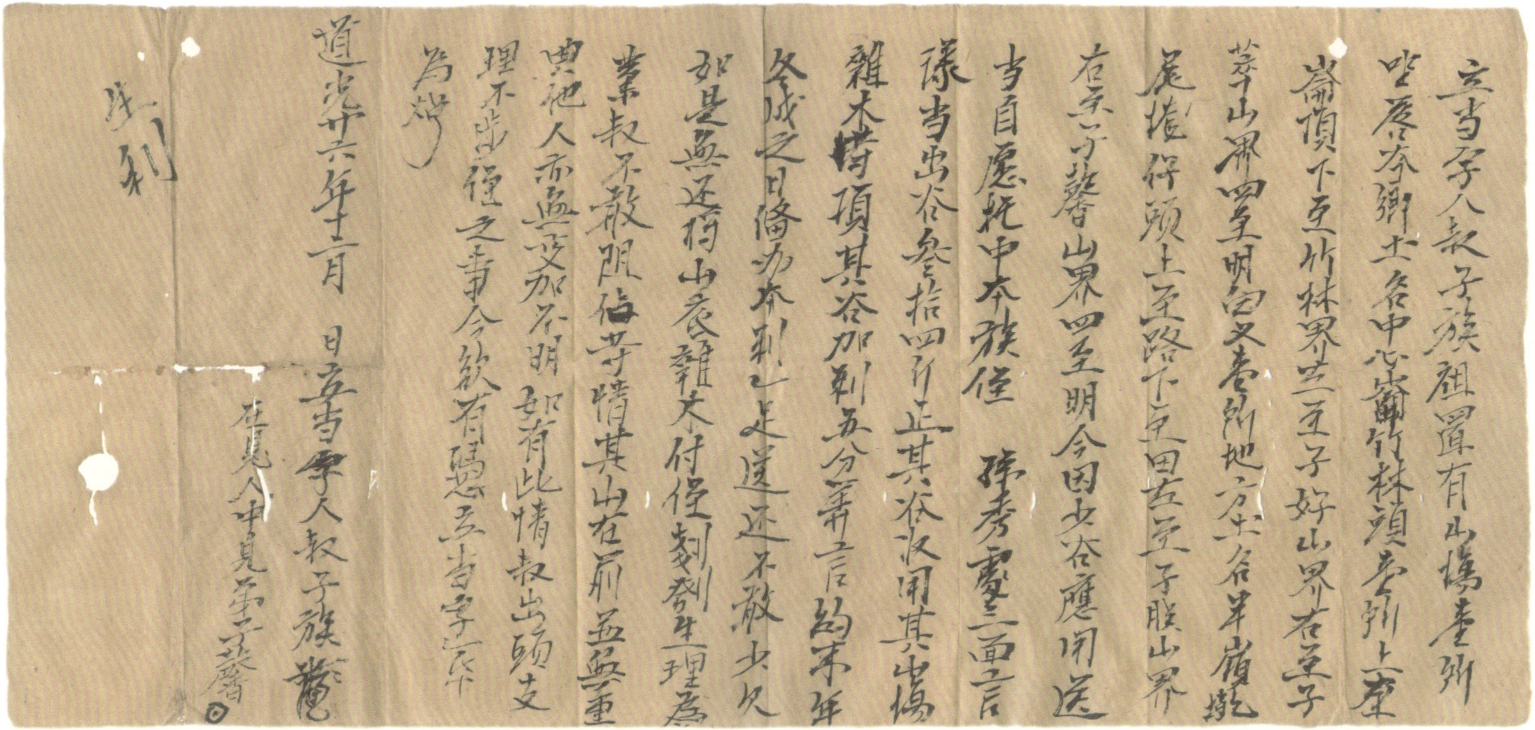

立當字人叔子族祖置有山場壹所
坐落本鄉土名中心嶺竹林頭壹所上至
嶺頂下至竹林界左至子好山界右至子
華山界四至明白又壹所地方土名羊崩坑
尾坑仔頭上至路下至田左至子賬山界
右至子馨山界四至明白今因乏谷應用送
當自愿托中本族侄　孫秀蜜三面言
議當出谷叁拾四斤正其谷收用其山場
雜木樹項其谷加利五分算言約本年
冬成之日備办本利一足送还不敢少欠
如是無还将山表雜木付侄砍剉掌理為
業叔不敢阻挡等情其山在前並無重
典他人亦無交加不明如有此情叔出頭支
理不涉侄之事今欲有憑立當字一紙付
為照

道光廿六年十二月　日立當字人叔子族（押）
在見人中見子馨（押）

生利

10-6-102-17　清道光二十六年十二月黄子族立當山場字

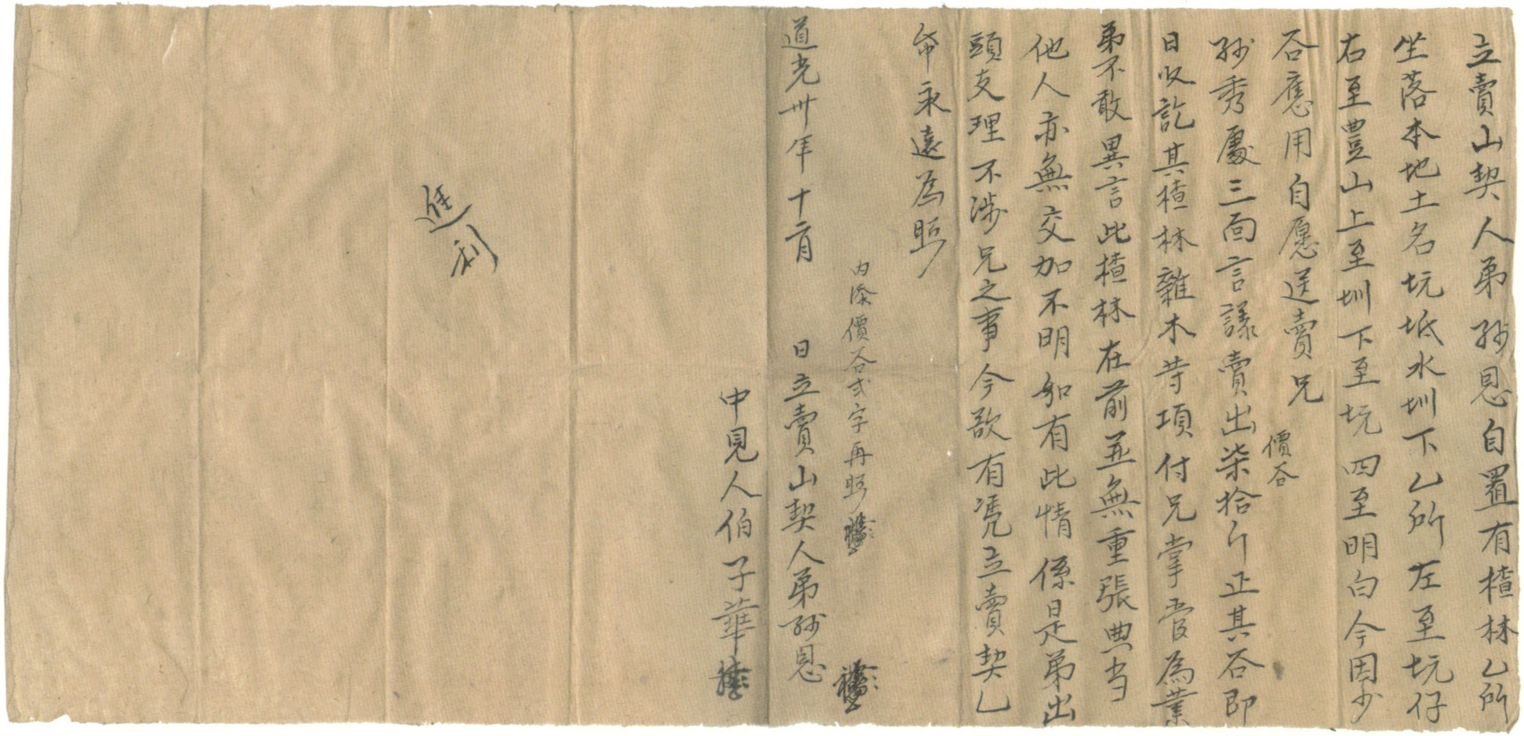

立賣山契人弟孫恩自置有楂林山所
坐落本地土名坑坻水圳下山所左至坑仔
右至豐山上至圳下至坑四至明白今因少
谷應用自愿送賣兄
孫秀處三面言議賣出價谷柒拾斤正其谷即
日收訖其楂林雜木等項付兄掌管爲業
弟不敢異言此楂林在前並無重張典当
他人亦無交加不明如有此情係是弟出
頭支理不涉兄之事今欲有凭立賣契乙
帋永遠爲照

内添價谷弍字再照

道光卅年十二月　日立賣山契人弟孫恩

中見人伯子華

廷利

10-6-102-18　清道光三十年十二月黃孫恩立賣楂林等契

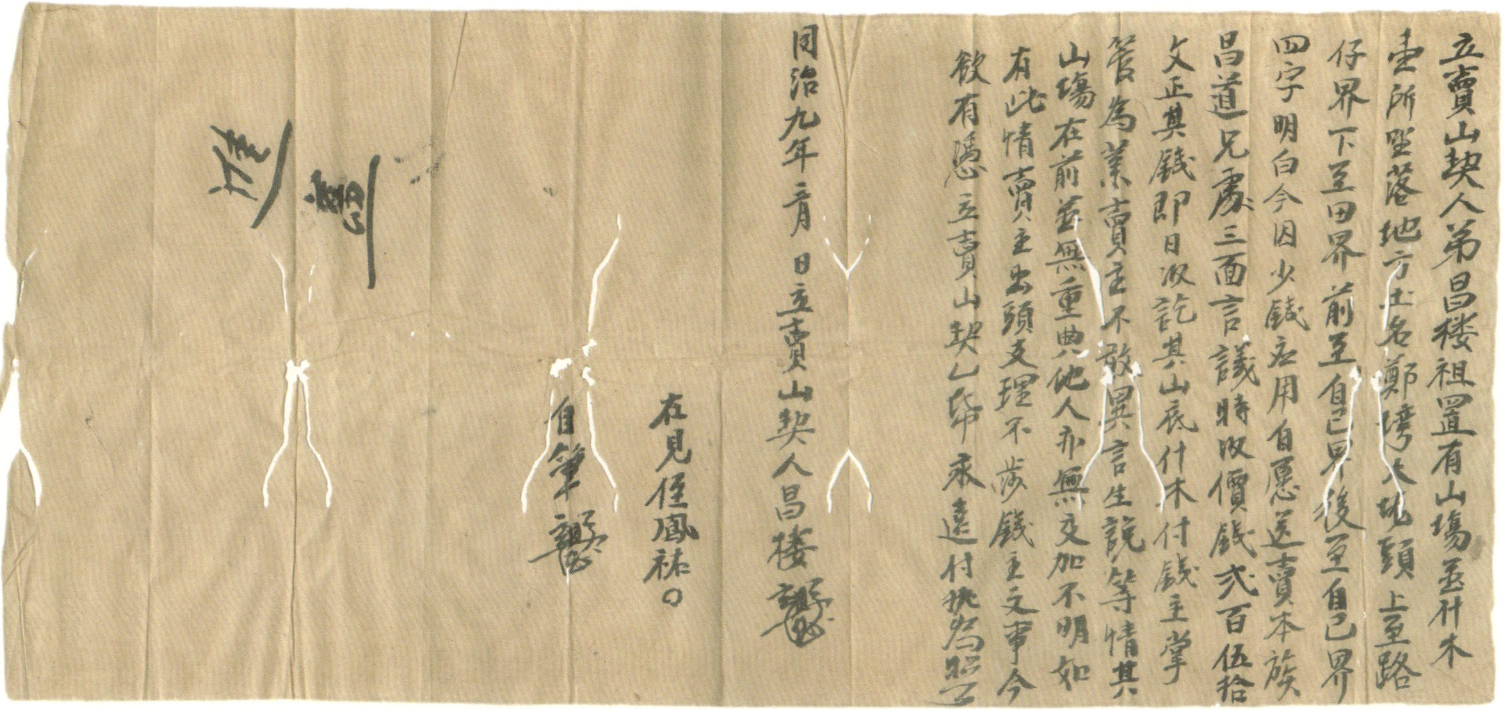
立賣山契人弟昌樓祖置有山場壹什木
壹所坐落地方土名鄭塆大垅頭上至路
仔界下至田界前至自己界後至自己界
四字明白今因少錢應用自愿送賣本族
昌道兄處三面言議時收價錢弍百伍拾
文正其錢即日收訖其山底什木付錢主掌
管爲業賣主不敢異言生說等情其
山場在前並無重典他人亦無交加不明如
有此情賣主出頭支理不涉錢主之事今
欲有憑立賣山契山紙永遠付執爲照了

同治九年三月 日立賣山契人昌樓(押)

在見侄鳳祿○

自筆(押)

10-6-102-19 清同治九年三月黄昌樓立賣山場等契

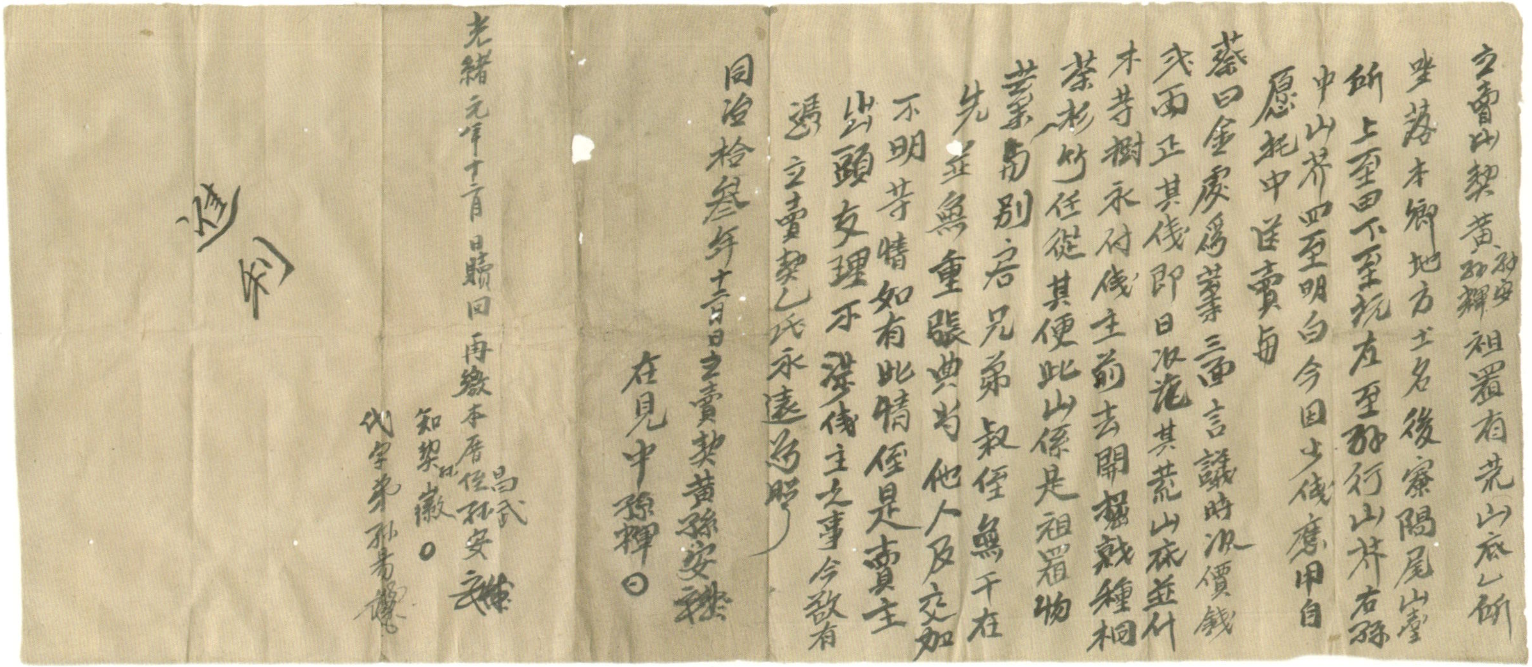

立賣山契黃孫安、孫輝祖置有荒山底乙所，坐落本鄉地方，土名後寮隔尾山壹所，上至田，下至坑，左至孫行山界，右孫中山界，四至明白。今因乏錢應用，自愿托中送賣與蔡日金處爲業，三面言議時值價錢弍兩正，其錢即日收訖。其荒山聽並什木苛樹永付錢主前去開掘栽種桐、茶、杉、竹，任從其便。此山係是祖置物業，與别房兄弟叔侄無干，在先並無重張典當他人及交加不明等情，如有此情，係是賣主出頭支理，不涉錢主之事。今欲有憑，立賣契乙紙，永遠爲照。

同治拾叁年十二月　日立賣契黃孫安（押）

在見中孫輝（押）

光緒元年十二月　日贖回，再繳本厝侄孫安、昌武（押）

知契侄孫嶶（押）

代字弟孫秀（押）

10-6-102-20　清同治十三年十二月黃孫安等立賣荒山底契

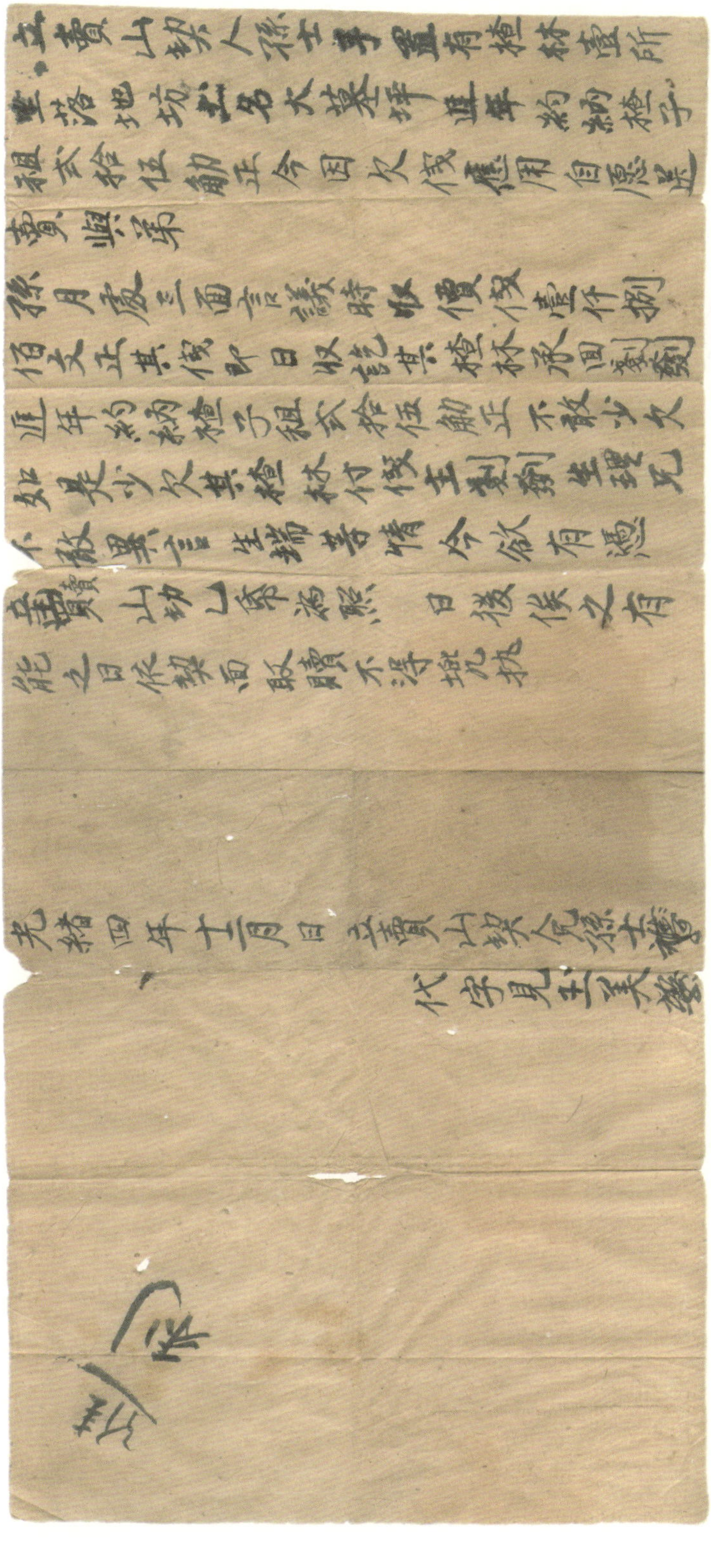

立賣山契人孫士爭置有楂林壹所
坐落地坑土名大墓坪近年約納楂子
租弍拾伍觔正今因欠錢應用自愿出
賣與房弟
孫月展三面言議時值價錢壹仟捌
佰文正其錢即日收訖其楂林承佃割剷
近年約納楂子租弍拾伍觔正不敢少欠
如是少欠其楂林付錢主割剷坐理見
不敢異言生端等情今欲有憑
立賣山契山字為照　日後係之有
能之日依契面取贖不得推執
光緒四年十二月　日　立賣山契人孫士爭
代字見壬吳養

10-6-102-21　清光緒四年十二月黄孫士立賣楂林契

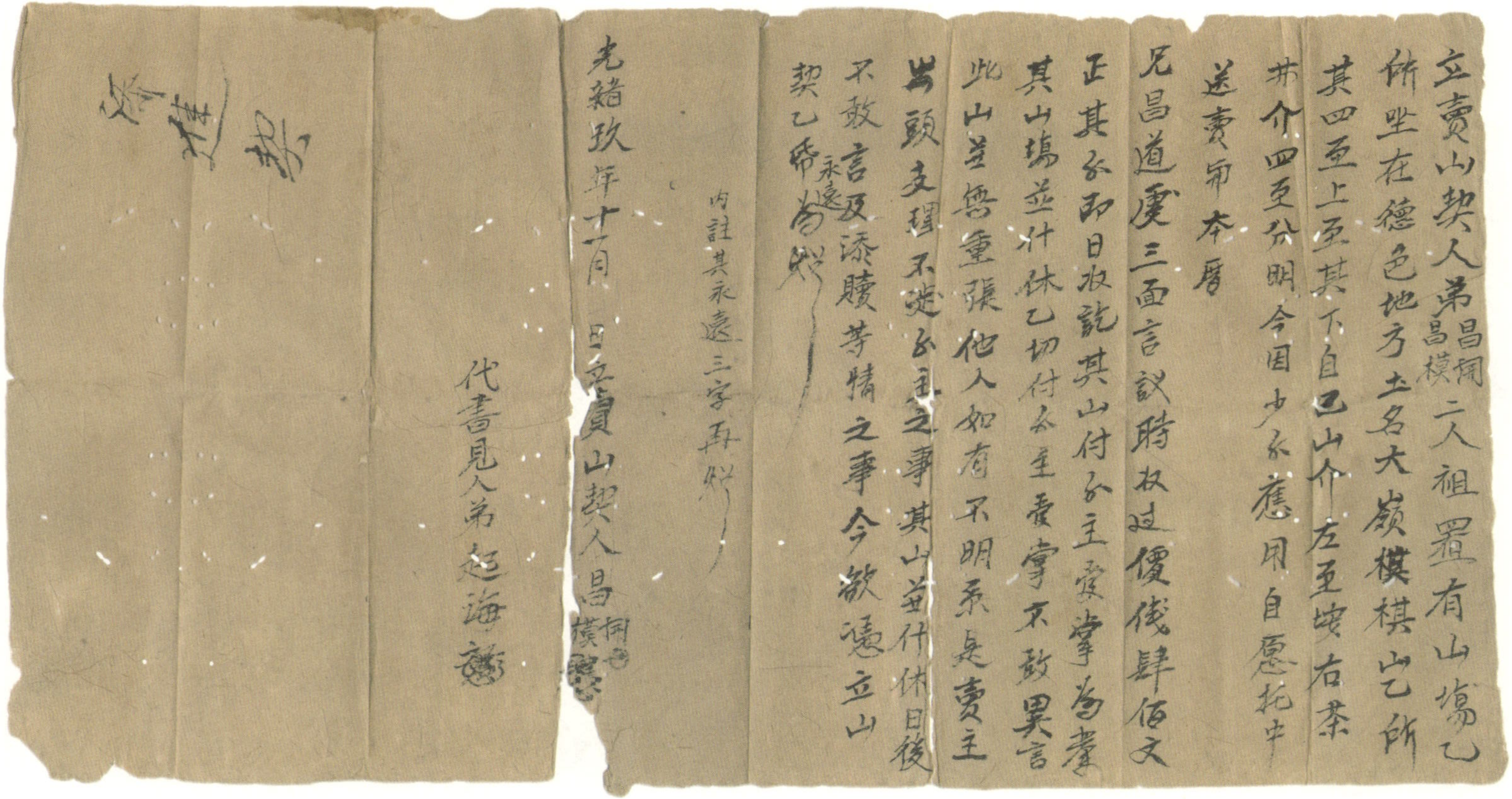

立賣山契人弟昌開、昌模二人，祖置有山場乙所，坐在德邑地方，土名大嶺棋棋山乙所，其四至上至其下自己山介，左至坡，右至茶芾介，四至分明。今因乏錢應用，自愿托中送賣與本房兄昌道處，三面言議時價過價錢肆佰文正，其錢即日收訖，其山付與主處掌為業。其山場並什休乙切付與主處掌，不敢異言。此山並無重張他人，如有不明，系是賣主出頭支理，不涉與主之事。其山並什休日後不敢言及添贖等情之事。今欲永遠，憑立山契乙紙為照。

內註其永遠三字再照

光緒玖年十一月　日立賣山契人昌開、昌模

代書見人弟起海

10-6-102-22　清光緒九年十一月黄昌開等立賣山場契

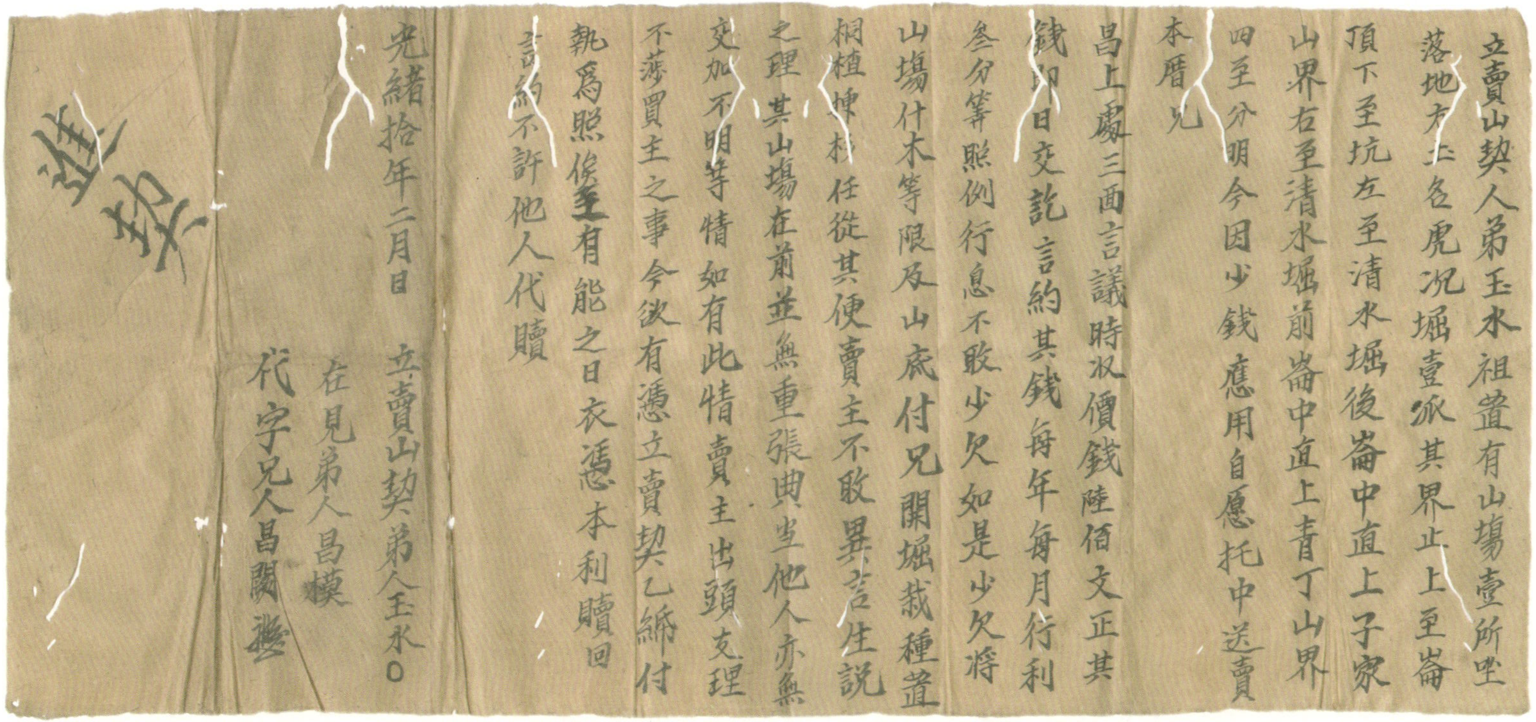

立賣山契人弟玉水祖置有山場壹所坐
落地方土名虎況堀壹派其界止上至崙
頂下至坑左至清水堀後崙中直上子家
山界右至清水堀前崙中直上青丁山界
四至分明今因少錢應用自愿托中送賣
本厝兄
昌上處三面言議時值價錢陸佰文正其
錢即日交訖言約其錢每年每月行利
叁分算照例行息不敢少欠如是少欠將
山場什木等限及山底付兄開堀栽種置
桐植坤杉任從其便賣主不敢異言生説
之理其山場在前並無重張典当他人亦無
交加不明等情如有此情賣主出頭支理
不涉買主之事今欲有憑立賣契乙紙付
執爲照 後至有能之日衣憑本利贖回
言約不許他人代贖

光緒拾年二月日 立賣山契弟人玉水〇
在見弟人昌模
代字兄人昌闕 押

進契

10-6-102-23 清光緒十年二月黃玉水立賣山場契

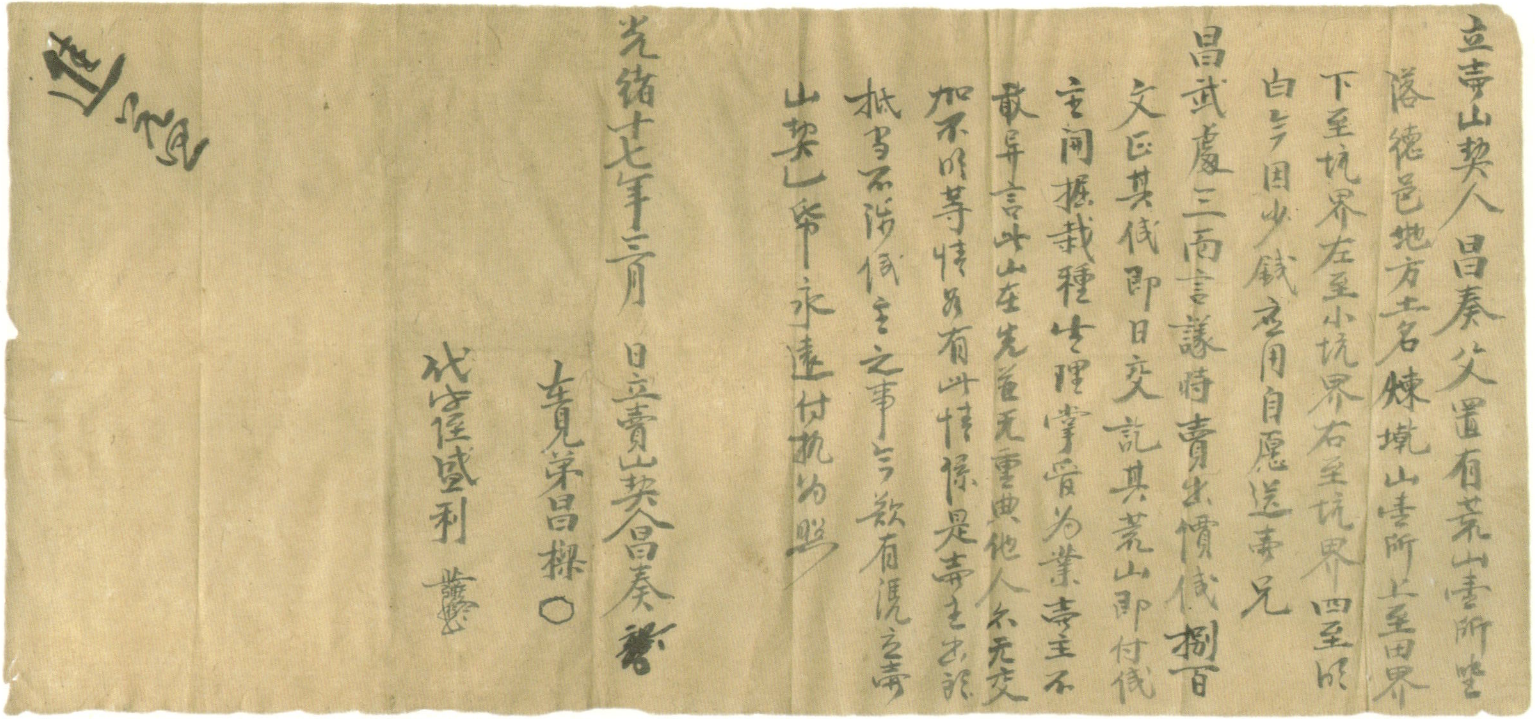

立賣山契人昌奏父置有荒山壹所坐
落德邑地方土名煉境山壹所上至田界
下至坑界左至小坑界右至坑界四至明
白今因少錢應用自愿送賣兄
昌武處三面言議時賣出價錢捌百
文正其錢即日交訖其荒山即付錢
主開掘栽種生理掌管為業賣主不
敢异言此山在先並無重典他人亦无交
加不明等情如有此情係是賣主出頭
抵当不涉錢主之事今欲有憑立賣
山契乙帋永遠付執為照

光緒十七年三月　日立賣山契人昌奏（押）
在見弟昌椂 ○
代筆侄盛利（押）

10-6-102-24　清光緒十七年三月黃昌奏立賣荒山契

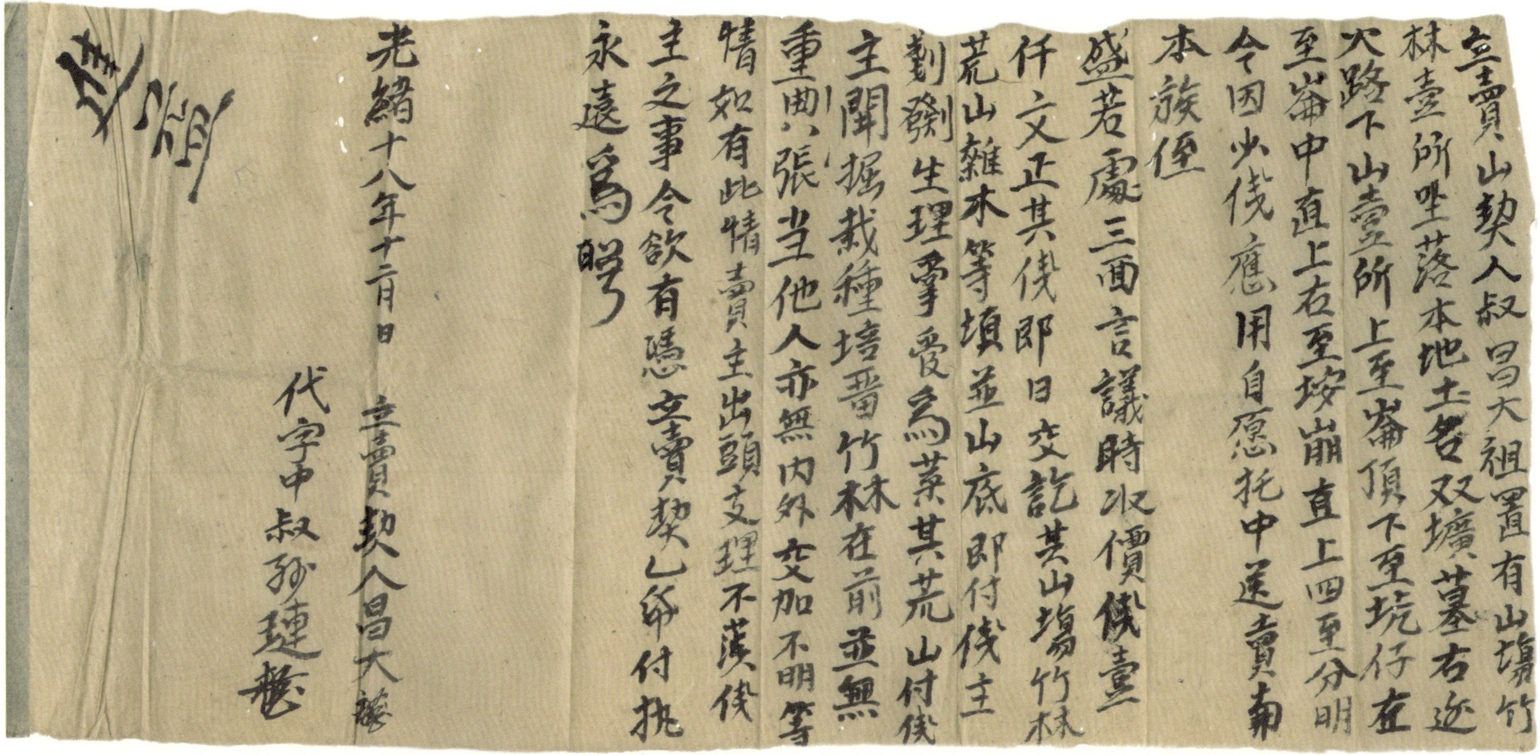
立賣山契人叔昌大祖置有山塲竹
林壹所坐落本地土名双壙墓右边
大路下山壹所上至崙頂下至坑仔左
至崙中直上右至坡崩直上四至分明
今因乏銭應用自愿托中送賣與
本族侄
盛若處三面言議時值價銭壹
仟文正其銭即日交訖其山塲竹林
荒山雜木等項並山底即付銭主
劉發生理掌爲業其荒山付銭
主開掘栽種培晉竹林在前並無
重典張当他人亦無内外交加不明等
情如有此情賣主出頭支理不涉銭
主之事今欲有憑立賣契山付執
永遠爲照

光緒十八年十二月日　立賣契人昌大（押）
代字中叔孫璉（押）

10-6-102-25　清光緒十八年十二月黄昌大立賣山場竹林契

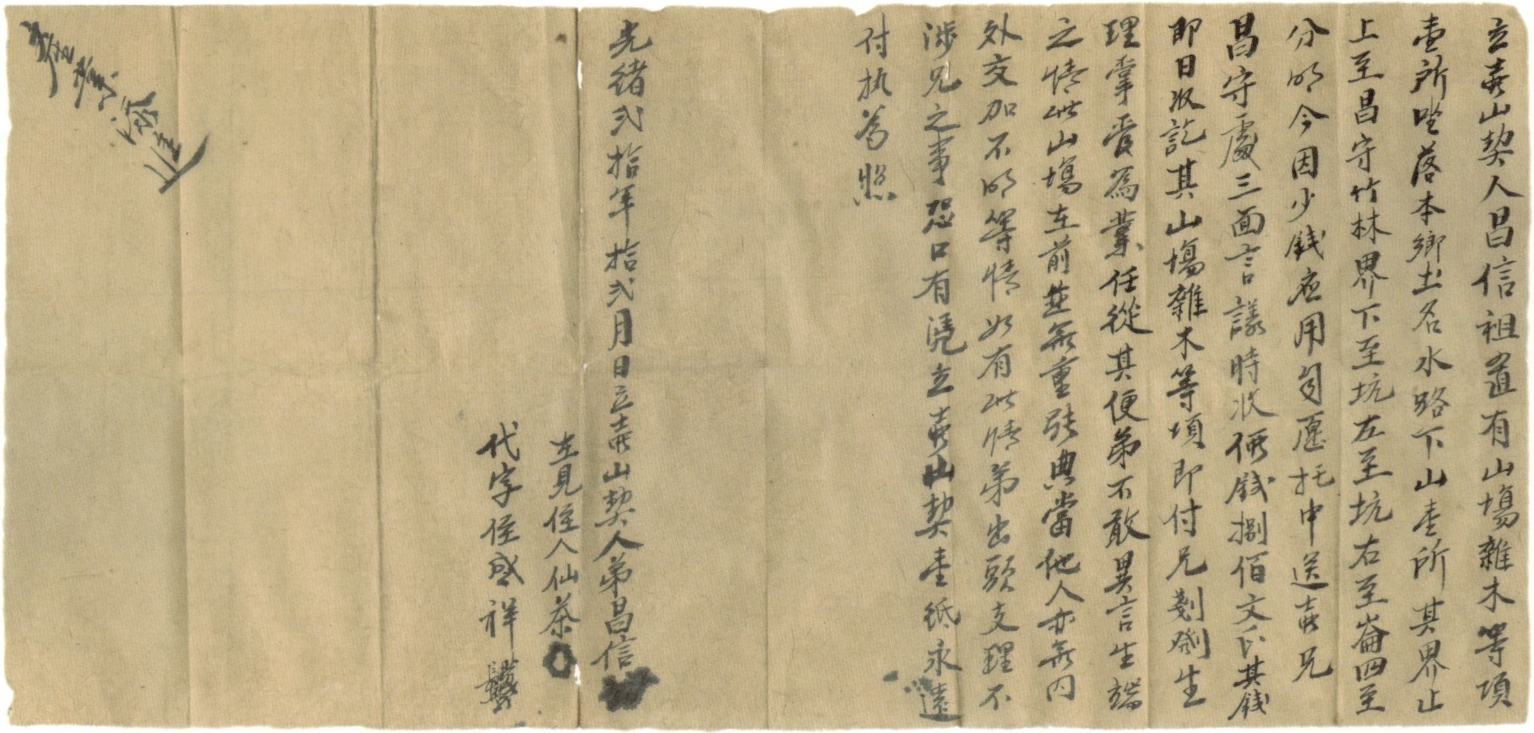
立賣山契人昌信祖置有山場雜木等項
壹所坐落本鄉土名水路下山壹所其界止
上至昌守竹林界下至坑左至坑右至崙四至
分明今因少錢應用自愿托中送賣兄
昌守處三面言議時收價錢捌佰文正其錢
即日收訖其山場雜木等項即付兄劄斫生
理掌管爲業任從其便弟不敢異言生端
之情此山場在前並無重張典當他人亦無內
外交加不明等情如有此情弟出頭支理不
涉兄之事恐口有憑立賣山契壹紙永遠
付執爲照

光緒弍拾年拾弍月日立賣山契人弟昌信
在見侄人仙恭
代字侄成祥

10-6-102-26　清光緒二十年十二月黃昌信立賣山場雜木契

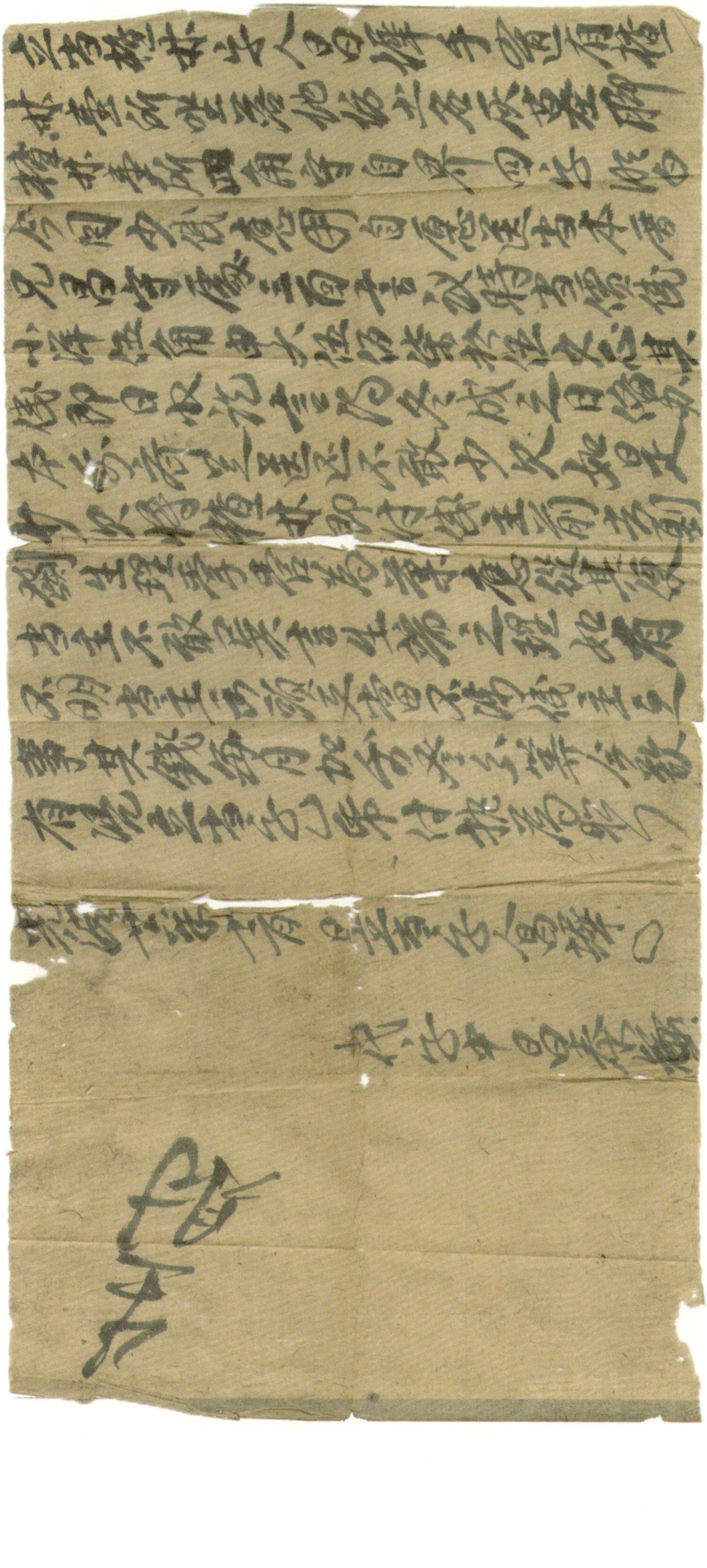

10-6-102-27　清光緒二十六年十二月黄昌墀立當楂林字

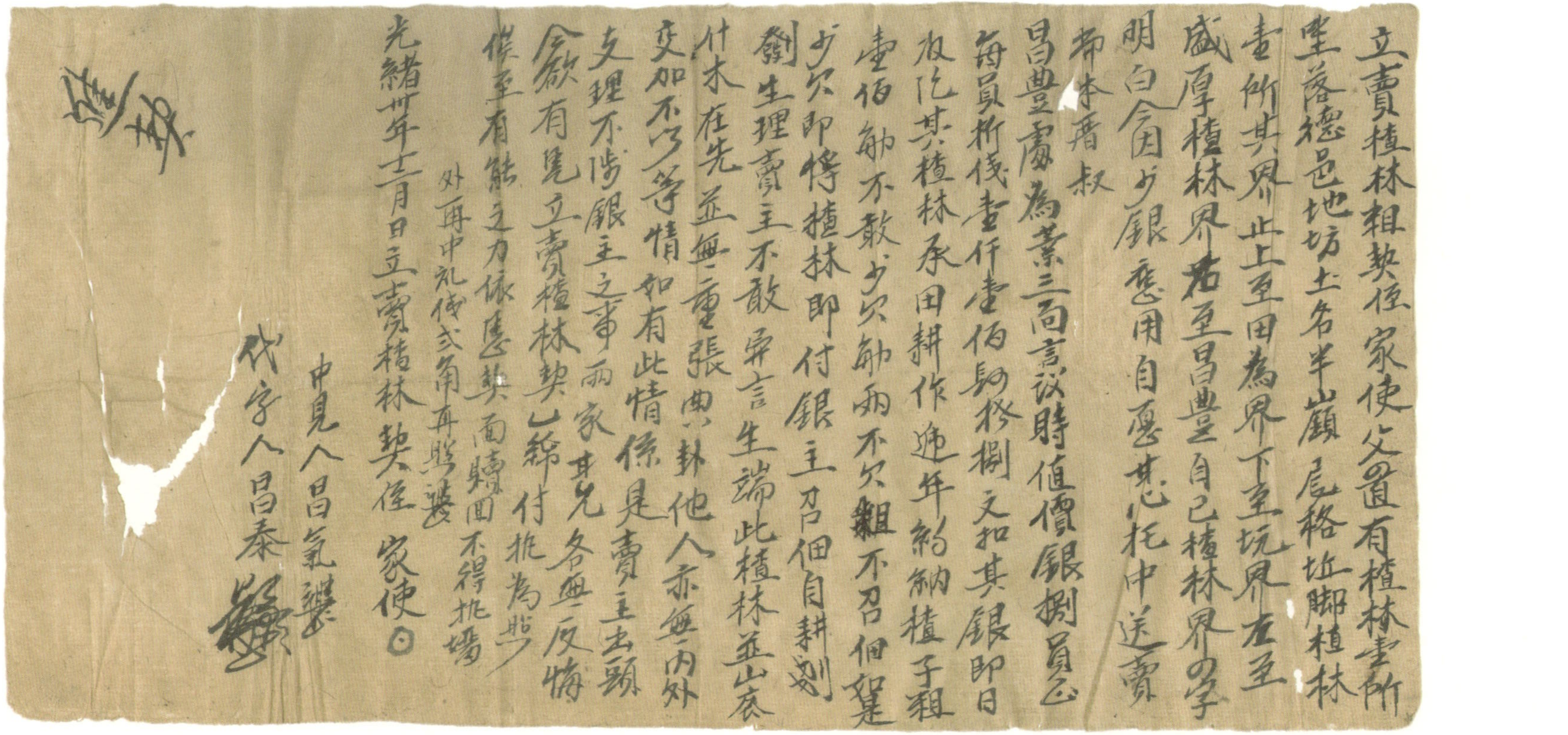
立賣楂林租契侄家使父置有楂林壹所
坐落德邑地坊土名半山巔尾格垃脚楂林
壹所其界止上至田為界下至坑界左至
盛厚楂林界右至昌豐自己楂林界四至
明白今因乏銀應用自愿甘心托中送賣
與本房叔
昌豐處為業三面言議時值價銀捌員正
每員折钱壹仟壹佰貳拾捌文扣其銀即日
收訖其楂林承田耕作逐年約納楂子租
壹佰觔不敢少欠觔兩不欠粗不召佃壅
少欠即將楂林即付銀主召佃自耕別
創生理賣主不敢異言生端此楂林並山衣
什木在先並無重張典掛他人亦無內外
交加不明等情如有此情係是賣主出頭
支理不涉銀主之事兩家甘允各無反悔
今欲有憑立賣楂林契一紙付執為照
俟至有能之力依原契面贖回不得執墻
外再中礼仲弍角再照
光緒卅年十二月日立賣楂林契侄家使 ◎
中見人昌氣
代字人昌泰

10-6-102-28　清光緒三十年十二月黄家使立賣楂林租契

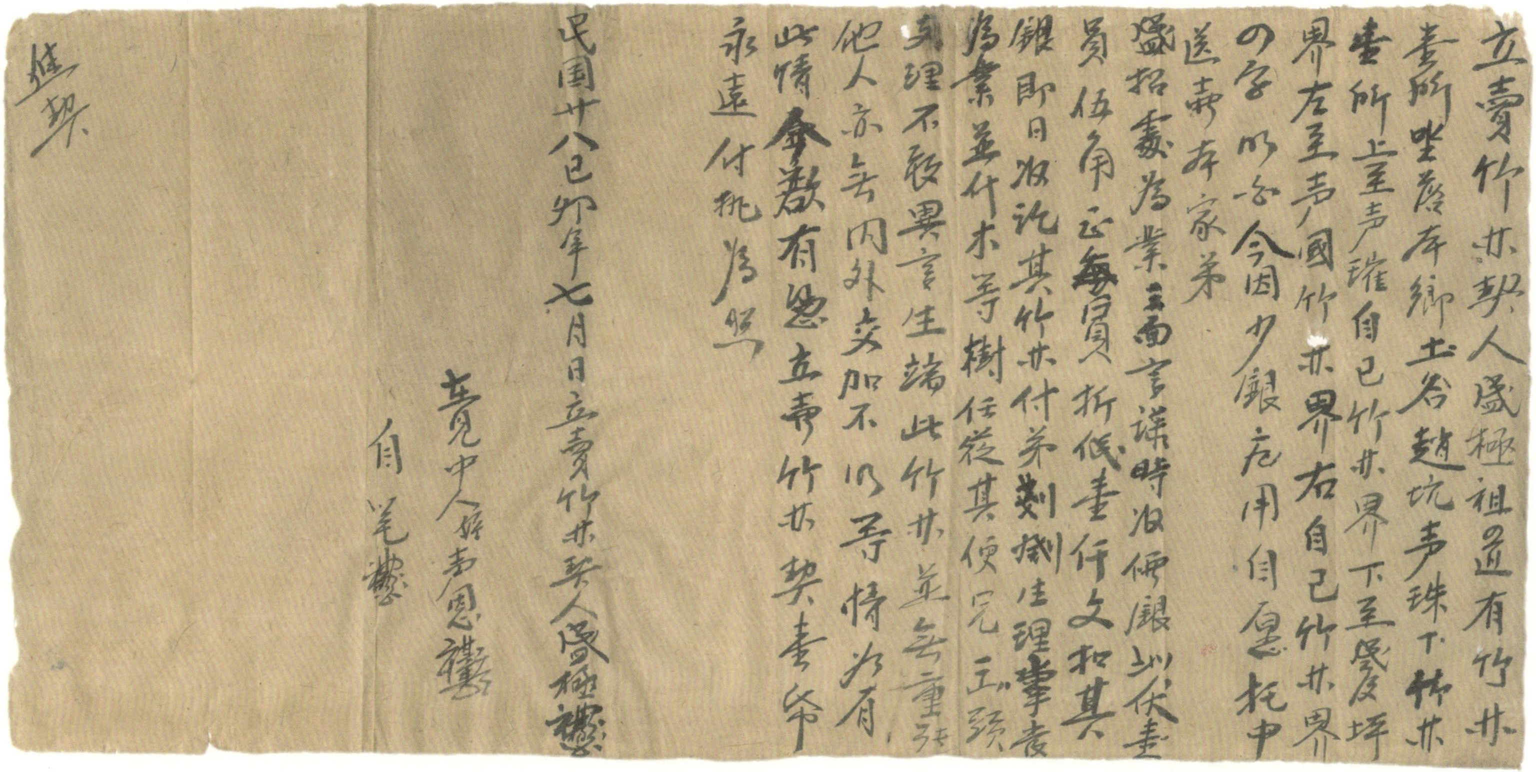

立賣竹林契人盛極，祖遺有竹林
壹所，坐落本鄉土名趙坑黄珠下林林
壹所，上至黄耀自己竹林界，下至黄慶坪
界，左至黄國竹林界，右自己竹林界
四字明白。今因少銀應用，自愿托中
送賣本家弟
盛招處為業。三面言議時值價銀叁伏壹
員伍角正，每員折低壹仟文，和其
銀即日收訖。其竹林付弟剗樹生理掌長
為業，並竹木等樹，任從其便完工頭
與理，不敢異言生端。此竹林並無重張
他人，亦無內外交加不明等情。如有
此情，全數有愿。立賣竹林契書
永遠付執爲照。

民國廿八己卯年七月日立賣竹林契人盛極（押）

在見中人堂兄黄恩（押）

自筆（押）

佳契

10-6-102-29 民國二十八年七月黄盛極立賣竹林契

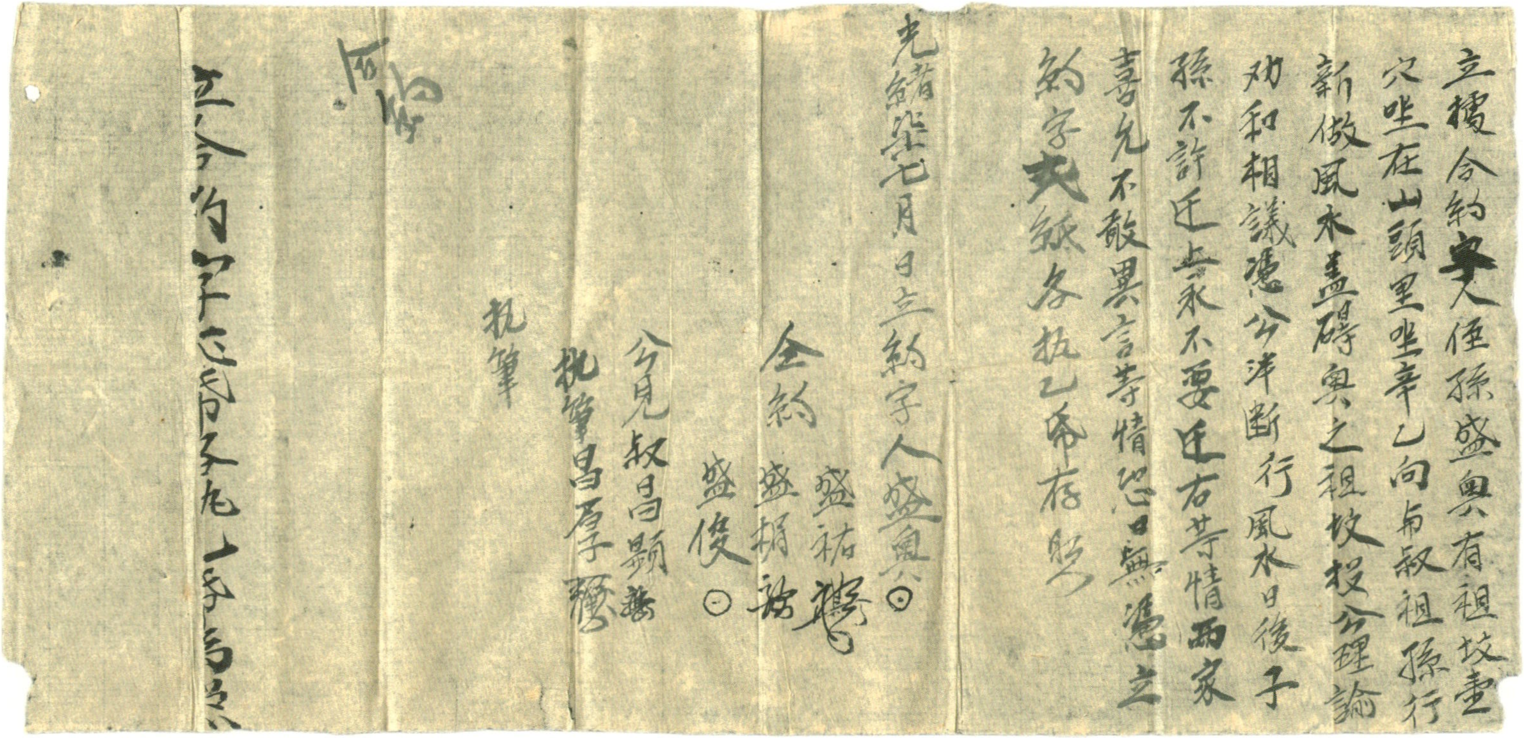
立據合約字人侄孫盛奥、有祖、坟壹
穴坐在山頭里坐辛乙向，与叔祖孫行
新做風水盡礙奥之祖坟，投公理論
劝和相議，憑公洋断，行風水日後子
孫不許迁坵，永不要迁右，等情两家
喜允，不敢異言等情，恐口無憑，立
約字式紙，各执乙帋存照。
光緒柒年七月　日立約字人盛奥⊙
仝約　盛祐　盛娟　盛俊⊙
公見　叔昌顯
执筆　昌厚
执筆

10-6-103-1　清光緒七年七月黃盛奥等立據合約字

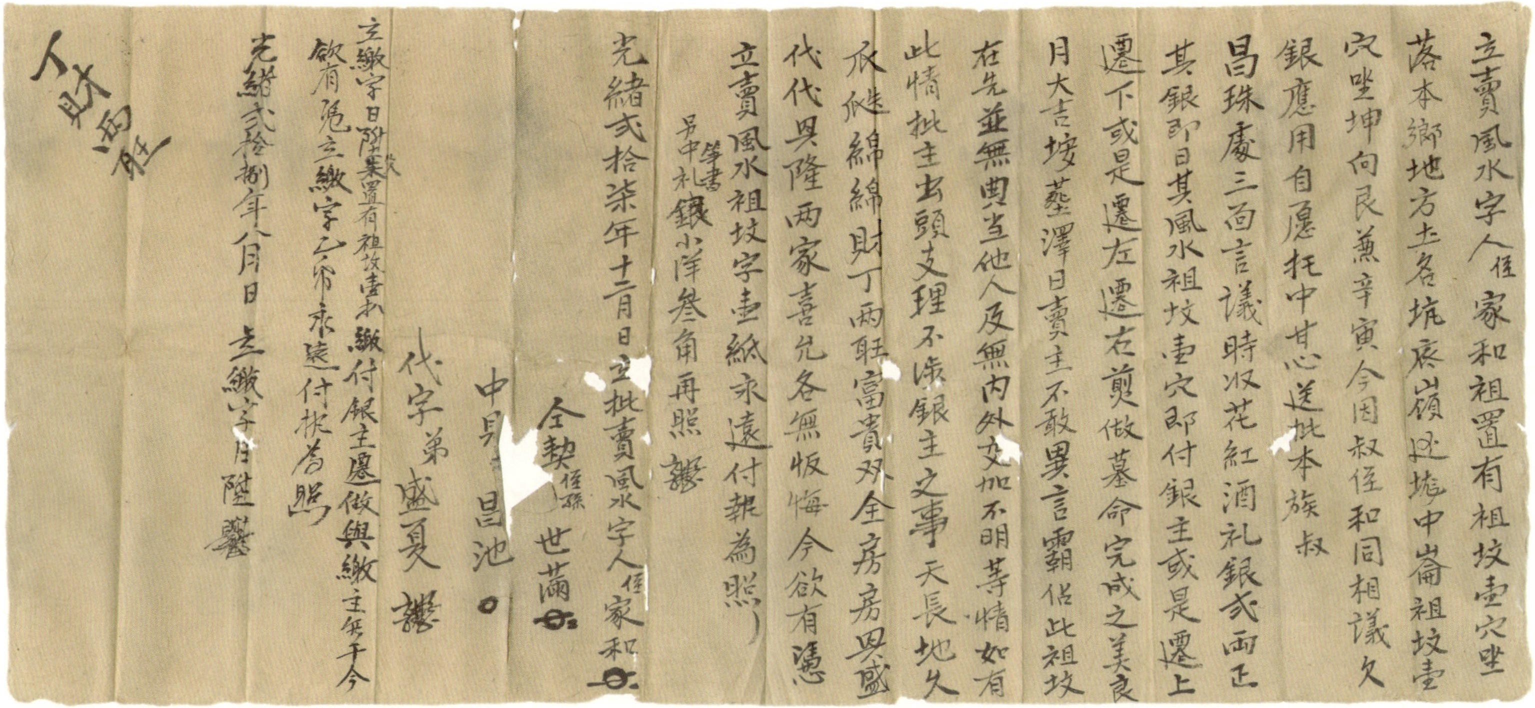
立賣風水字人侄家和祖置有祖坟壹穴坐
落本鄉地方土名坑底嶺迳墘中崙祖坟壹
穴坐坤向艮兼辛寅今因叔侄和同相議欠
銀應用自愿托中甘心送批本族叔
昌珠處三面言議時收花紅酒礼銀弍兩正
其銀即日其風水祖坟壹穴即付銀主或是遷上
遷下或是遷左遷右剪做墓命完成之美良
月大吉坡墓擇日賣主不敢異言霸佔此祖坟
在先並無典当他人及無內外交加不明等情如有
此情批主出頭支理不涉銀主之事天長地久
瓜瓞綿綿財丁兩旺富貴双全房房興盛
代代興隆兩家喜允各無反悔今欲有憑
立賣風水祖坟字壹紙永遠付執為照
另中礼筆書銀小洋叁角再照
光緒弍拾柒年十二月日立批賣風水字人侄家和
仝契侄孫世滿
中見昌池
代字弟盛夏
立繳字日附業置有祖坟壹穴收繳付銀主遷做與繳主無干今
欲有憑立繳字一紙永遠付執為照
光緒弍拾捌年八月日立繳字人陞鑾
人財兩旺

10-6-103-2 清光緒二十七年十二月黃家和等立賣風水字

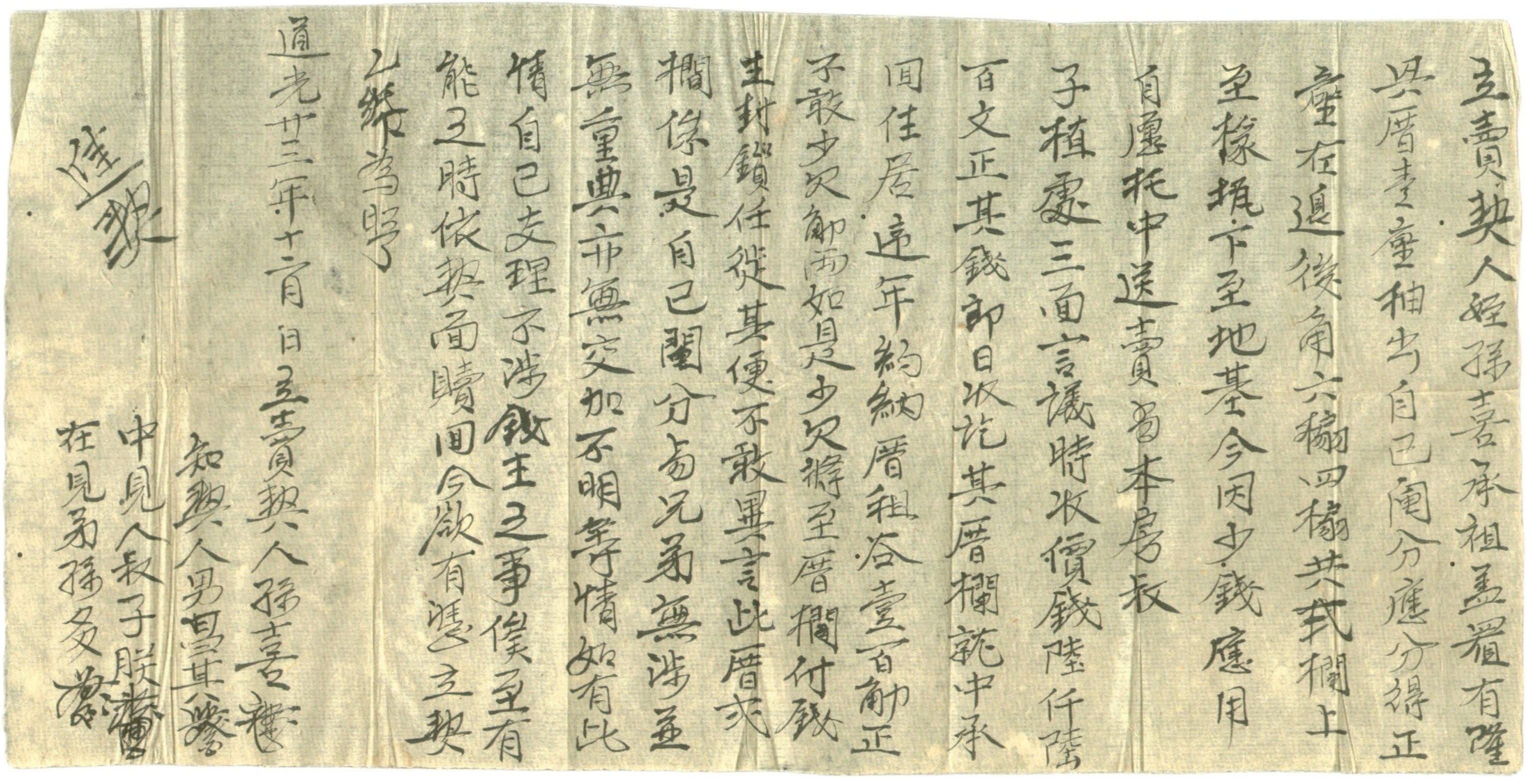

10-6-104-1　清道光二十三年十二月黄孫喜立賣厝契

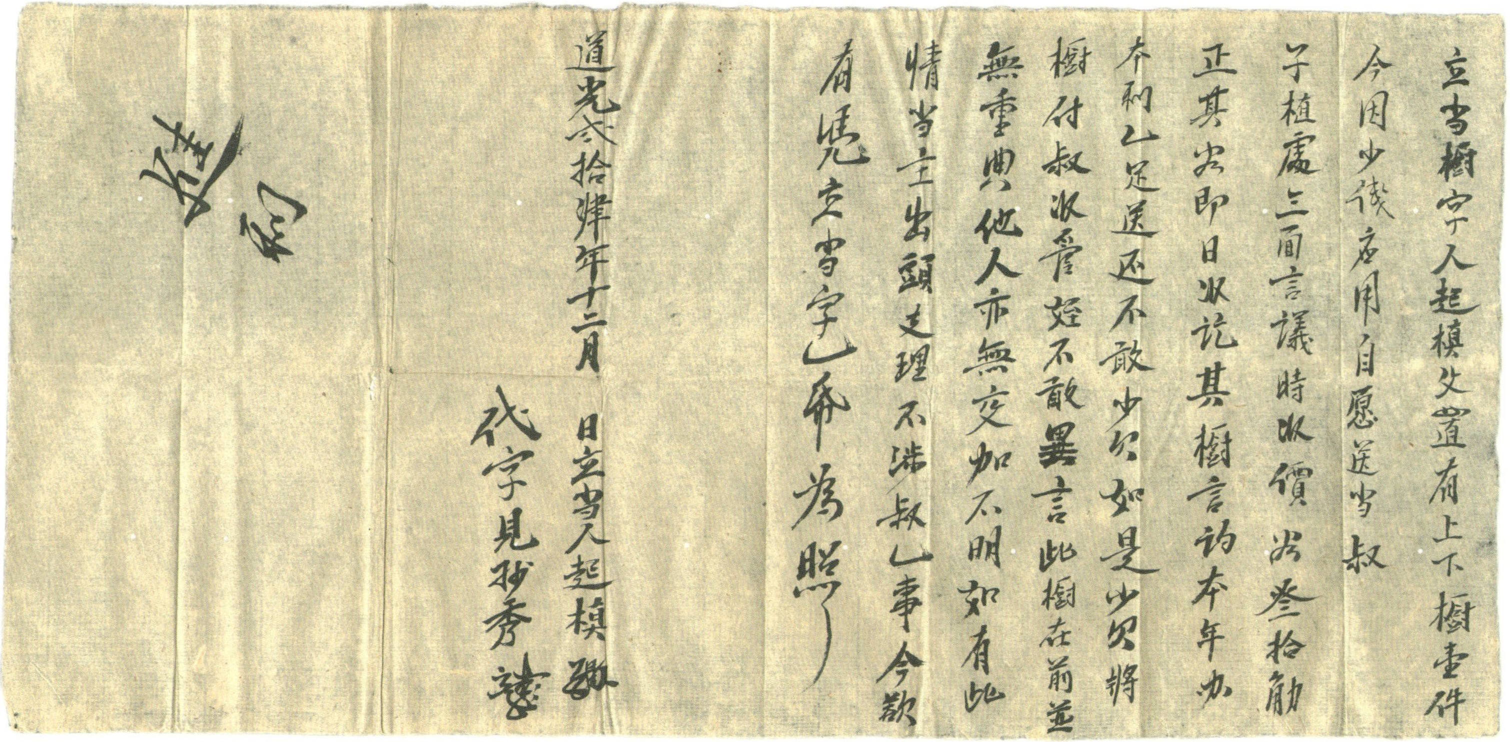
立當樹字人起模父置有上下樹壹件
今因少錢應用自愿送當叔
子植處三面言議時價錢叁拾觔
正其錢即日收訖其樹言約本年办
本利足送還不敢少欠如是少欠將
樹付叔收管姪不敢異言此樹在前並
無重典他人亦無交加不明如有此
情當主出頭支理不涉叔之事今欲
有憑立當字一紙為照
道光貳拾肆年十二月　日立當人起模（押）
代字見抄秀（押）

10-6-104-2　清道光二十四年十二月黄起模立當樹字

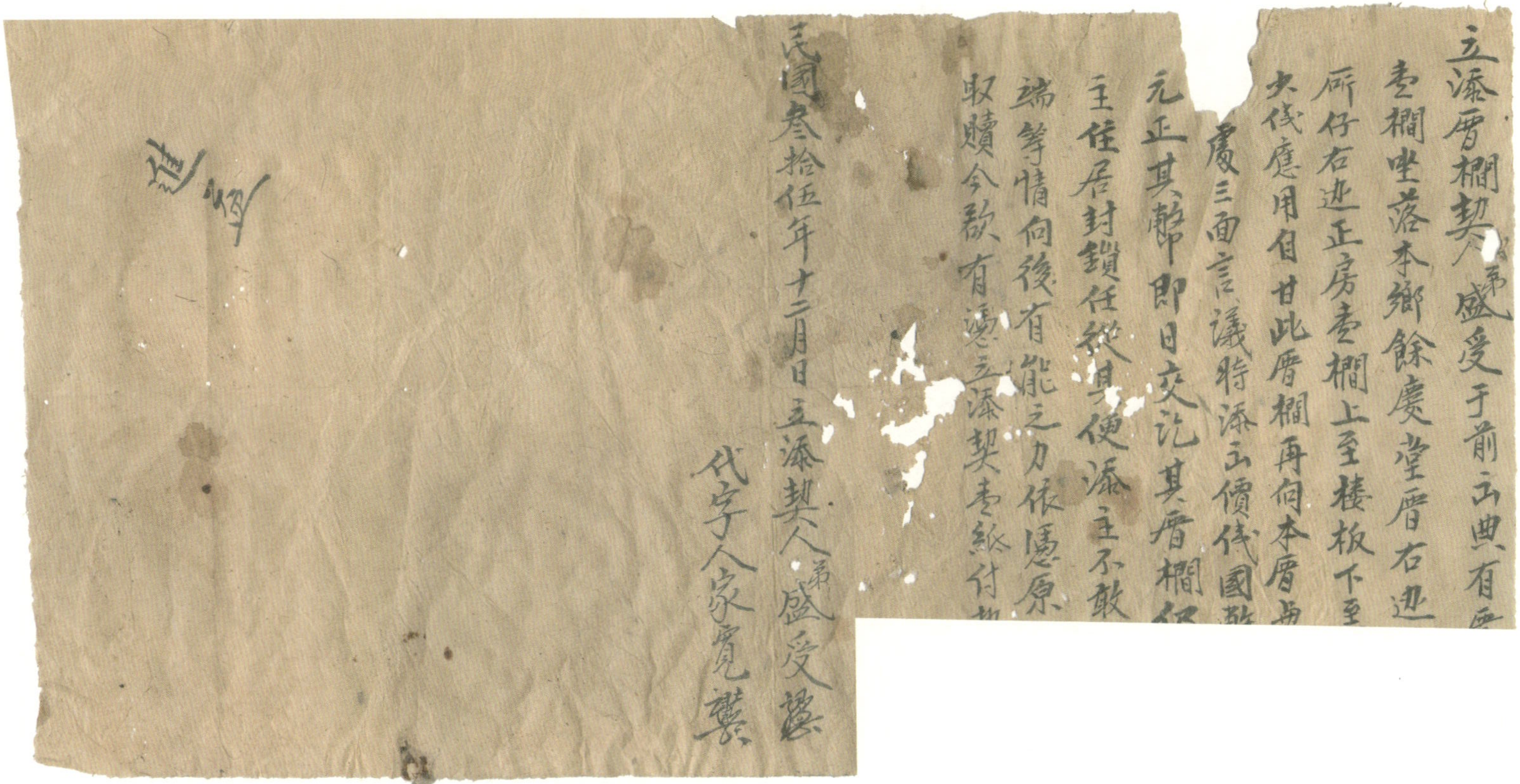
立添厝欄契人弟盛受于前出典有厝
壹欄坐落本鄉餘慶堂厝右边
所仔右边正房壹欄上至樓板下至
大伐應用自甘此厝欄再向本厝主
處三面言議將添出價伐國幣
元正其幣即日交訖其厝欄任
主住居封鎖任從其便添主不敢
端等情向後有能之力依憑原
取贖全款有憑立添契壹紙付
民國叁拾伍年十二月日立添契人弟盛受
代字人家寬

10-6-104-3　民國三十五年十二月黄盛受立添厝欄契

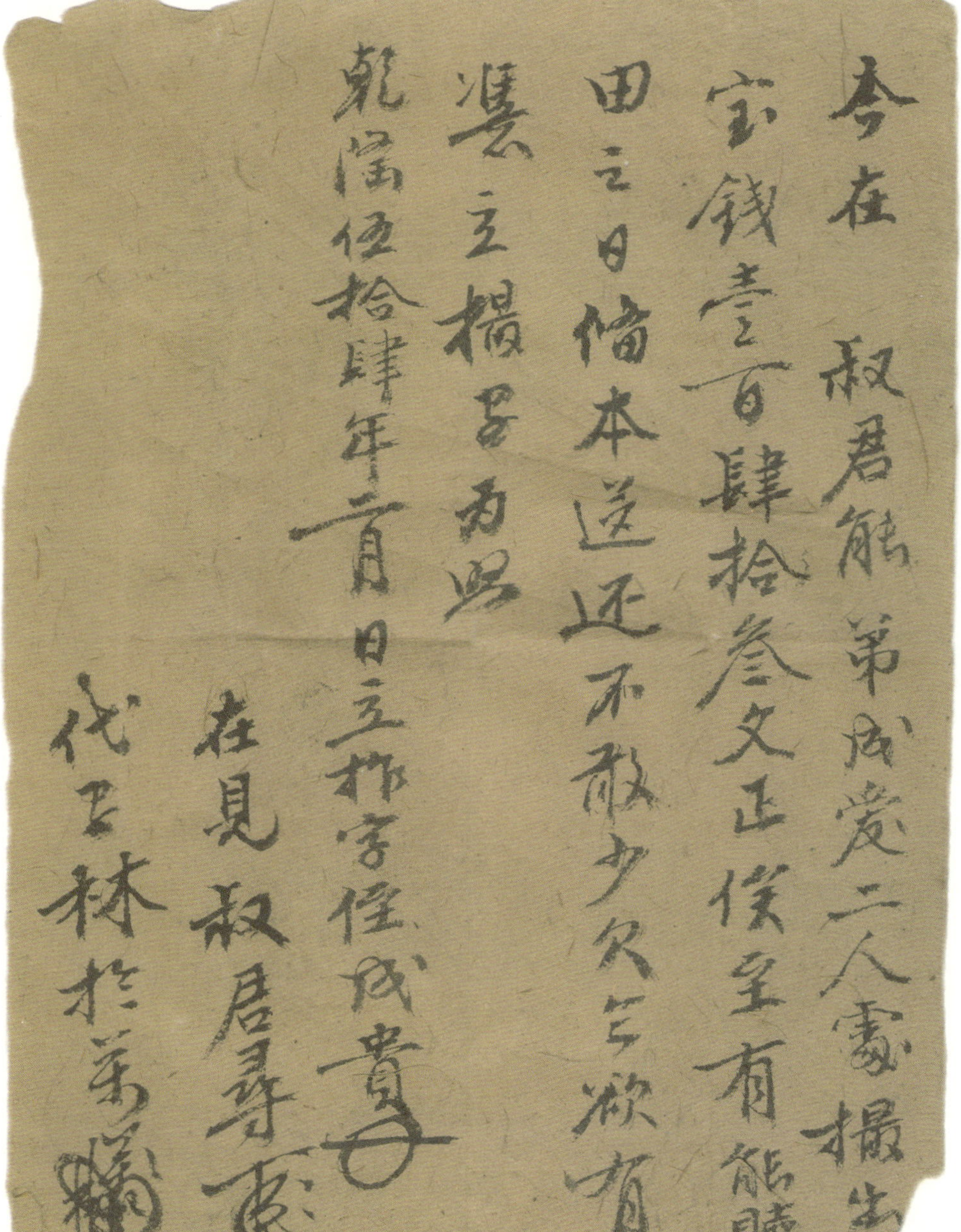

今在　叔君能弟成貴二人處撮出
寳錢壹百肆拾叁文正，俟至有能贖
田之日備本送還，不敢少欠。今欲有
憑，立撮字為照。
乾隆伍拾肆年二月　日立撮字侄成貴（押）
在見　叔君壽（押）
代字林於策（押）

10-6-105-1　清乾隆五十四年二月黃成貴立撮字

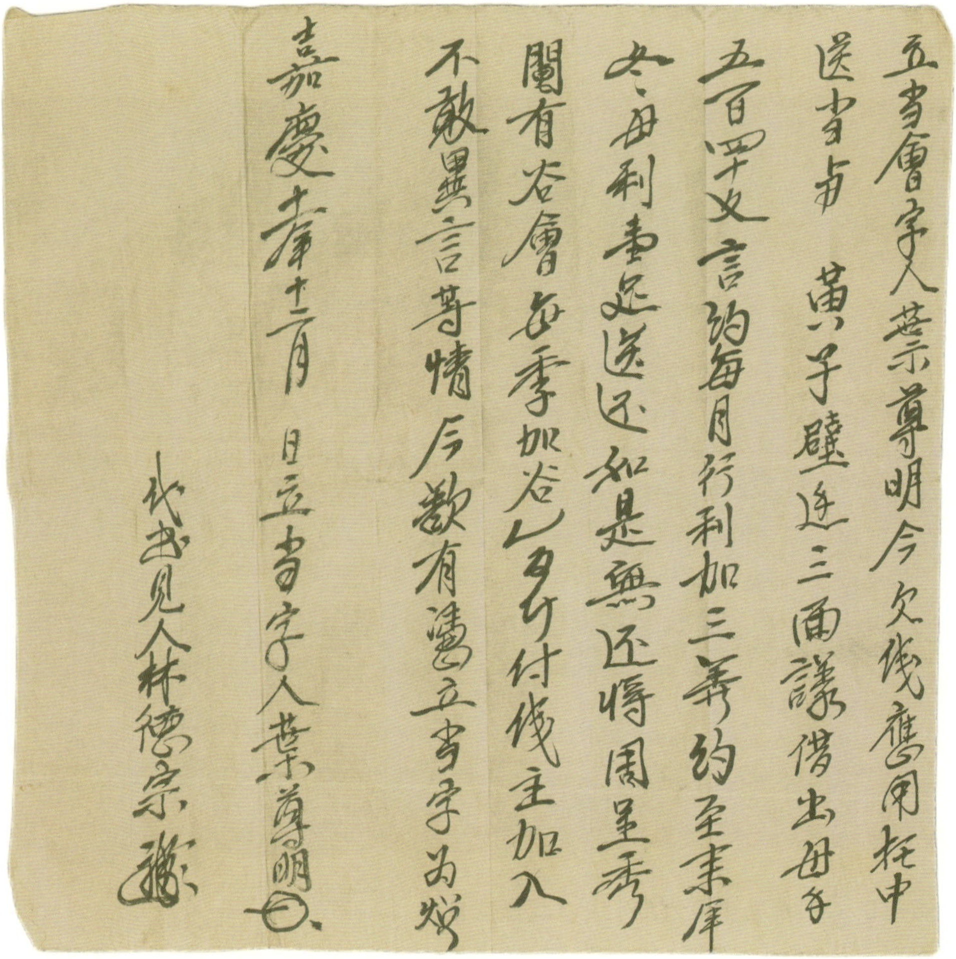
立当會字人葉尊明今欠钱應用托中
送当与 黄子璧邊三面議借出母子
五百四十文言約每月行利加三算約至来年
冬母利盡足送还 如是無还將周呈秀
閣有谷會每季加谷乙斗付钱主加入
不敢異言等情今欲有憑立当字為炤
嘉慶十一年十二月 日立当字人葉尊明（押）
代书見人林德宗（押）

10-6-105-2 清嘉慶十一年十二月葉尊明立當穀會字

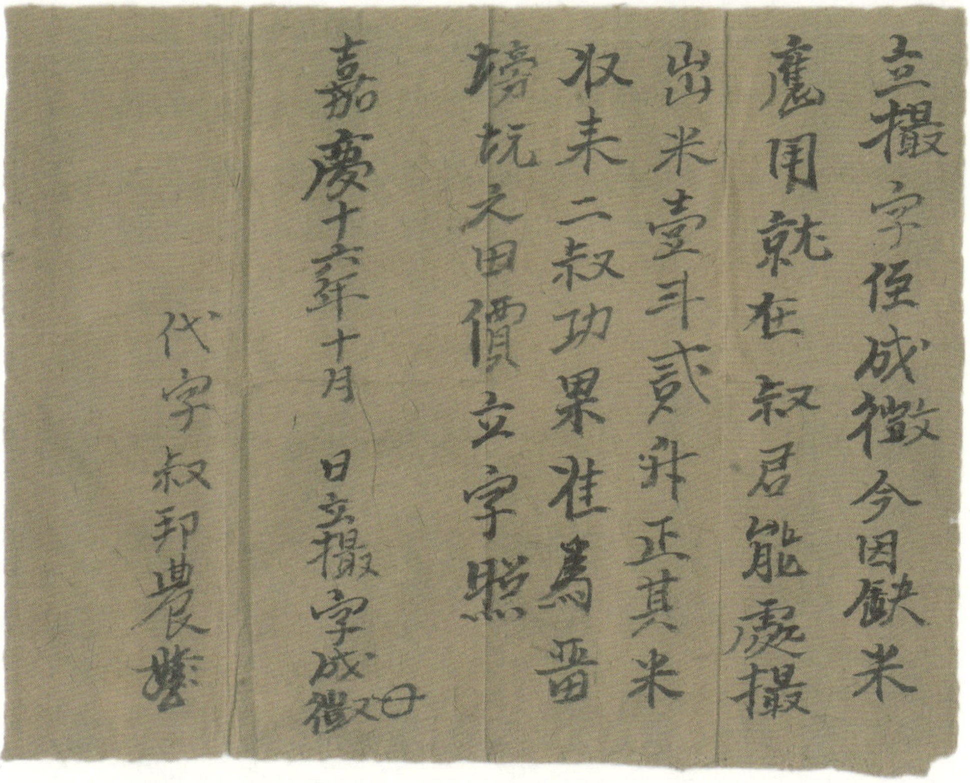

立撮字侄成徵今因缺米
應用就在叔君能處撮
出米壹斗貳升正其米
收來二叔功果准爲晋
塝坑之田價立字照

嘉慶十六年十月　日立撮字成徵（押）

代字叔邦農（押）

10-6-105-3　清嘉慶十六年十月黄成徵立撮字

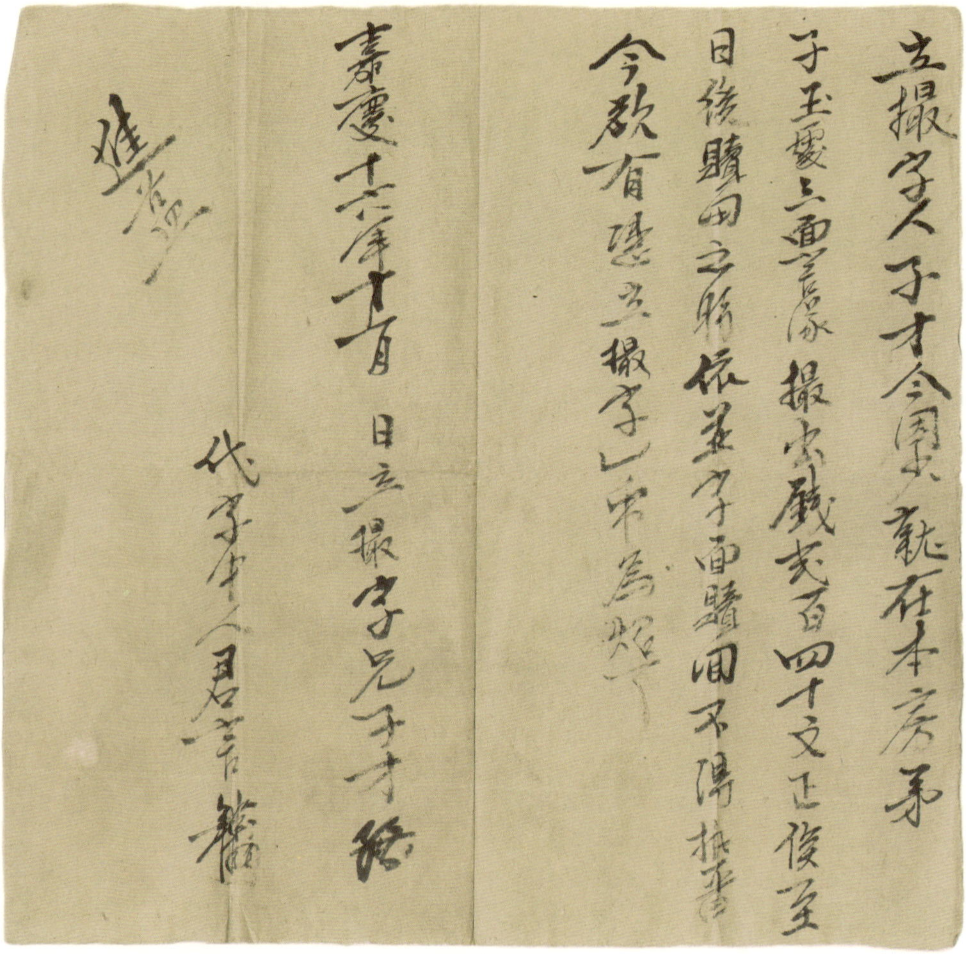

立撮字人子才今因欠缺在本房弟
子玉處上面等處撮出錢弍百四十文正候至
日後贖回之時依舊字面贖回不得抗番
今欲有憑立撮字一帋爲照
嘉慶十六年十一月　日立撮字兄子才（押）
代字侄人日君　筆

10-6-105-4　清嘉慶十六年十一月黄子才立撮字

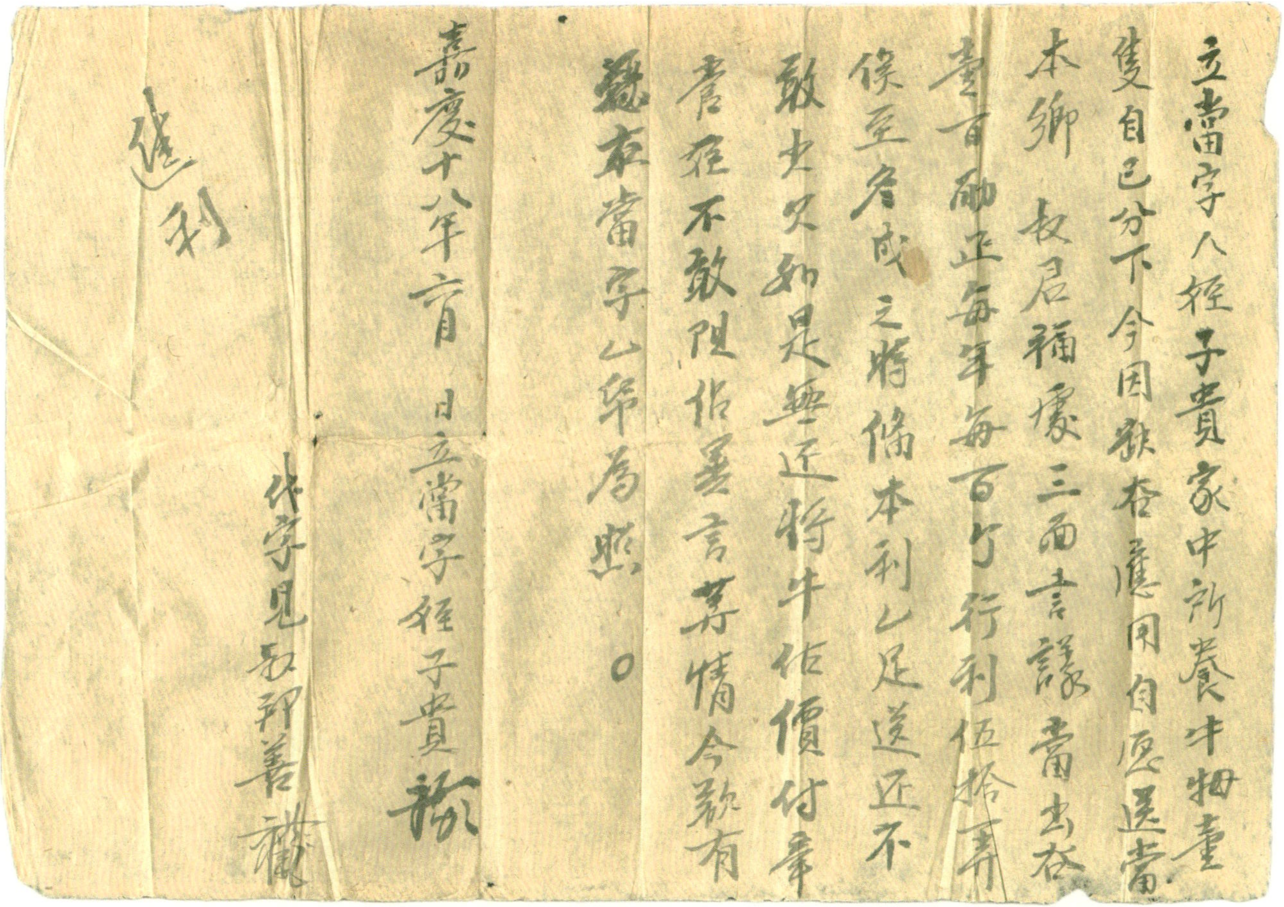

立當字人程子貴家中所養牛牳壹
隻自己分下今因缺谷應用自愿送當
本鄉　叔君福處三面言議當出谷
壹百觔正每年每百斤行利伍拾斤
俟至冬成之時備本利一足送还不
敢少欠如是無还將牛作價付牽
書在不敢阻佔異言等情今欲有
憑立當字一紙為照。
嘉慶十八年六月　日立當字程子貴（押）
代字見叔邦善（押）
進利

10-6-105-5　清嘉慶十八年六月黄子貴立當牛牳字

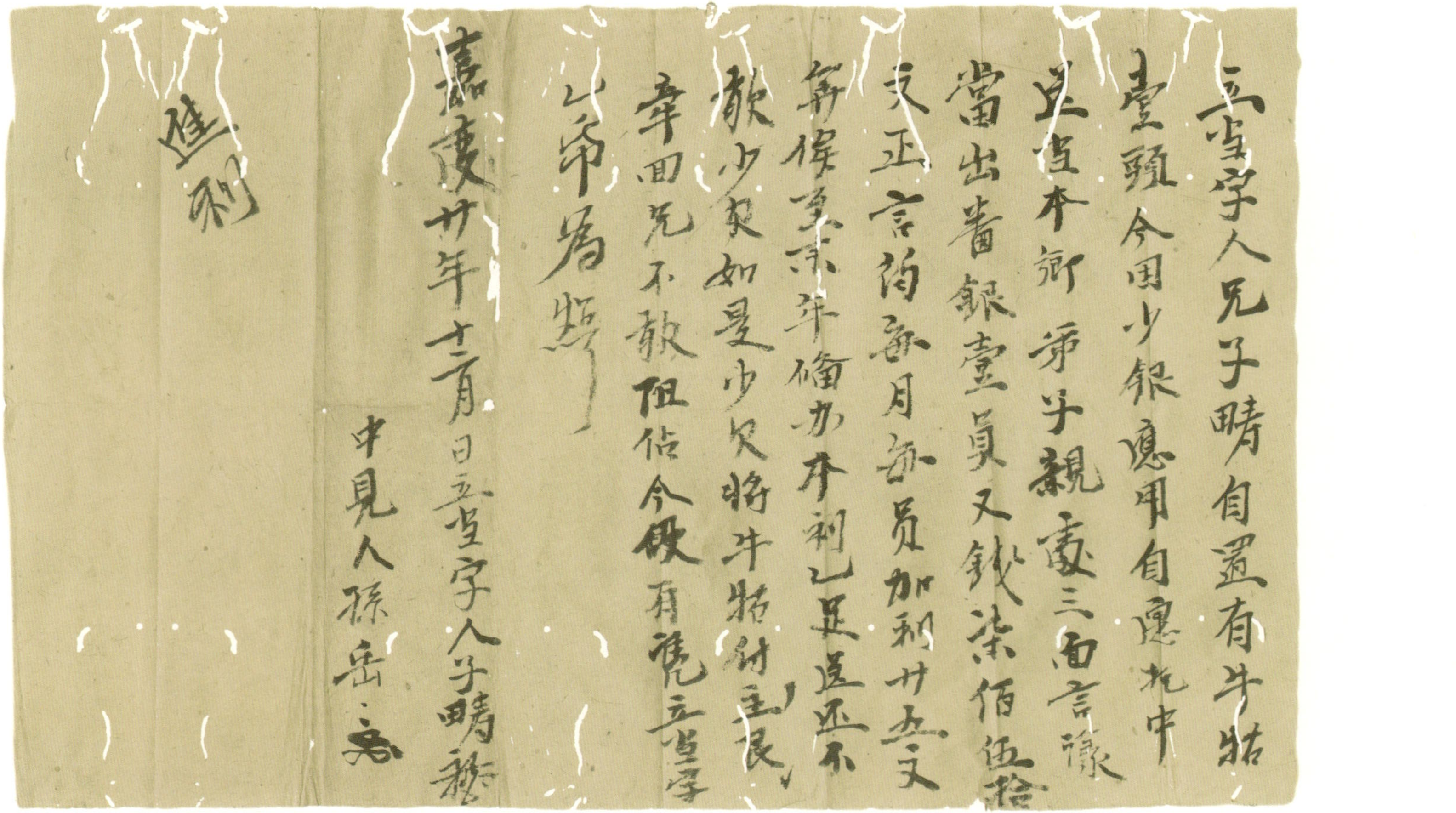
立當字人兄子疇自置有牛牯
壹頭今因少銀應用自愿托中
送在本家弟子親處三面言議
當出番銀壹員又錢柒佰伍拾
文正言約每月每員加利廿五文
算俟至來年備办本利一足送还不
敢少欠如是少欠將牛牯付主□
辛田兄不敢阻佔今欲有憑立當字
一紙為照
嘉慶廿年十二月日立當字人子疇（押）
中見人孫岳（押）
進利

10-6-105-6 清嘉慶二十年十二月黄子疇立當牛牯字

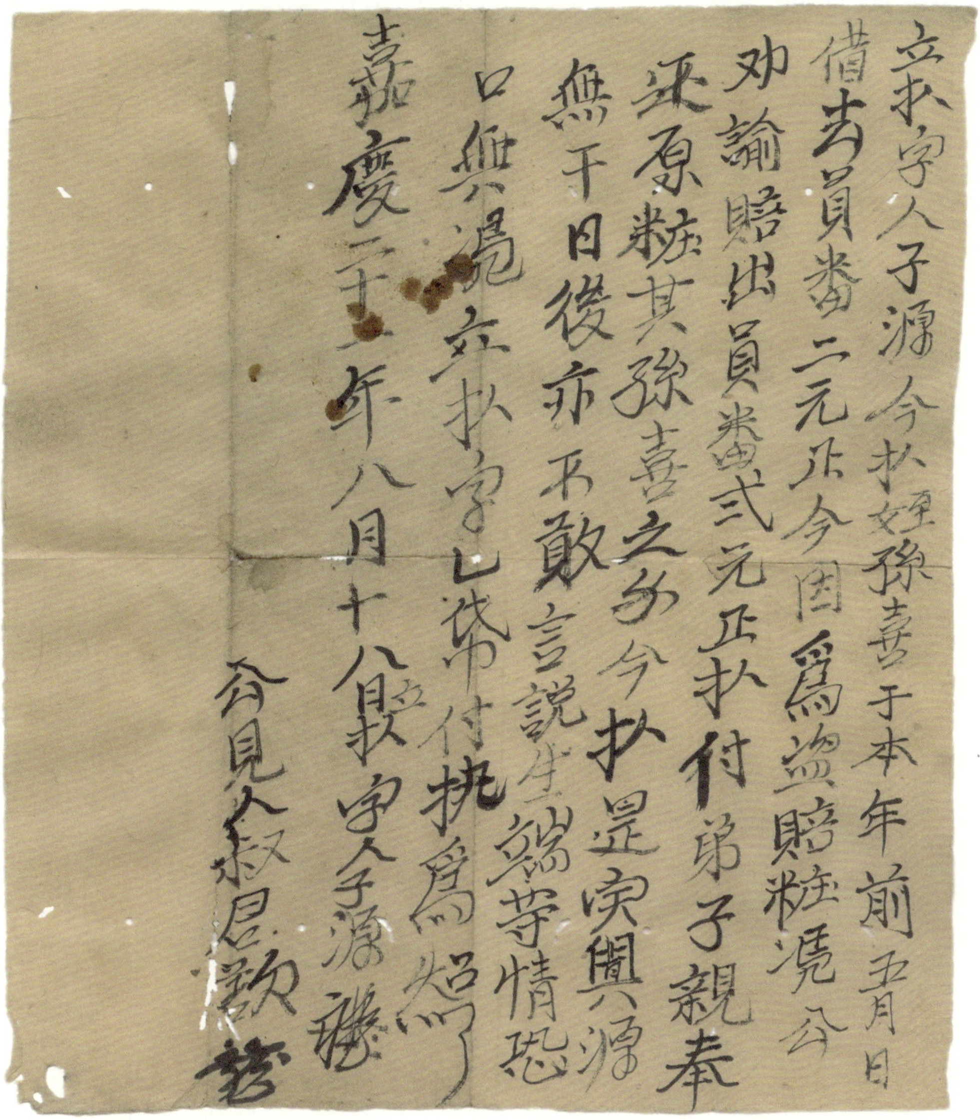

立扒字人子源今扒姪孫喜于本年前五月日
借去員番二元正今因爲盜賠粧凴公
劝諭賠出員番弍元正扒付弟子親奉
還原粧其孫喜之分今扒是实與源
無干日後亦不敢言説生端等情恐
口無凴立扒字乙帋付執爲照
嘉慶二十一年八月十八日立扒字人子源押
公見人叔昆歆押

10-6-105-7　清嘉慶二十一年八月黄子源立扒員番字

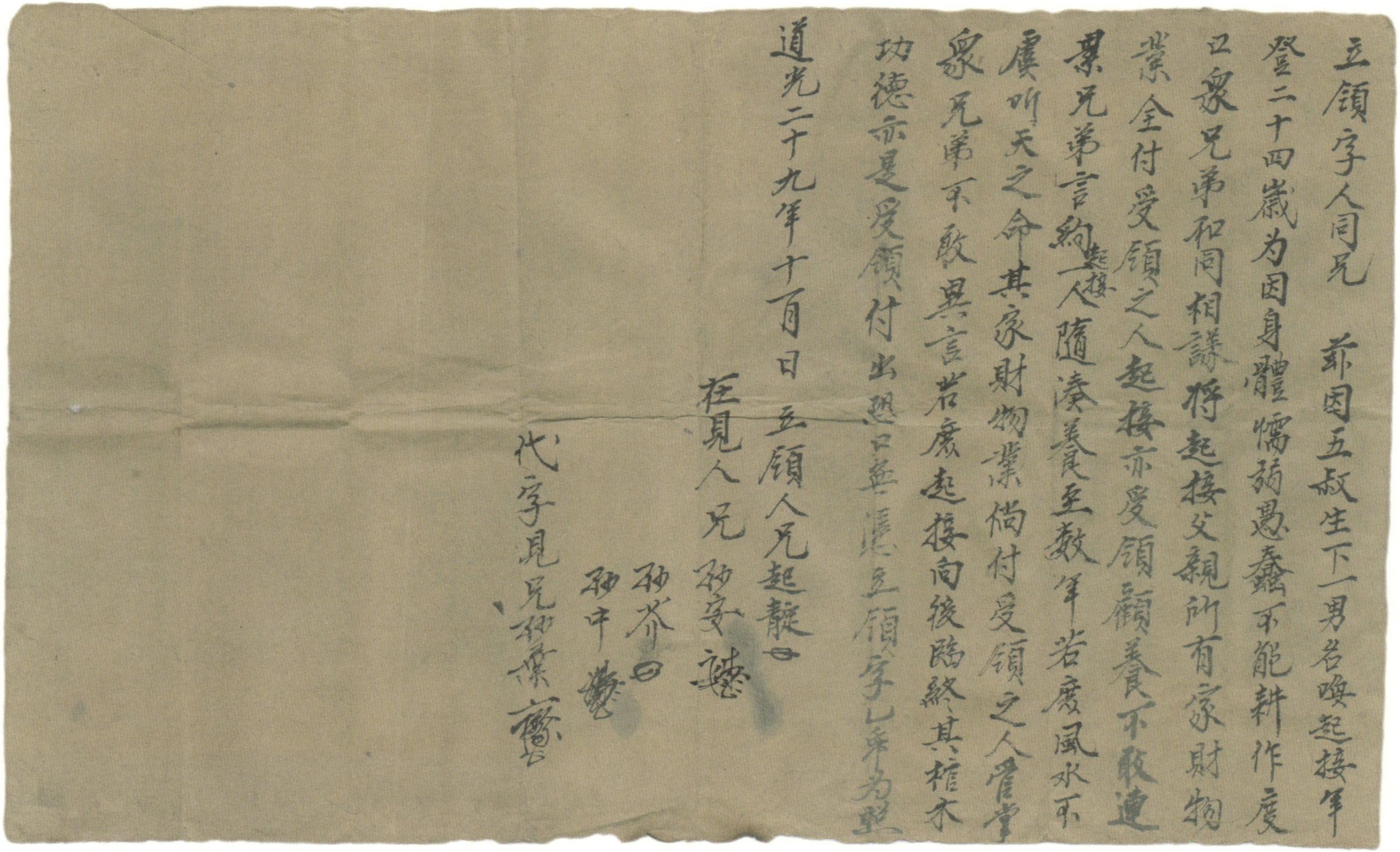
立領字人同兄　爺因五叔生下一男名喚起接年
登二十四歲，为因身體懦弱愚蠢不能耕作度
日，衆兄弟和同相議，將起接父親所有家財物
業全付受領之人起接亦受領顧養，不敢違
衆兄弟言約。起接人隨湊養至數年，若處風水不
廣，聽天之命。其家財物業倘付受領之人管掌，
衆兄弟不敢異言。若處起接向後臨終，其棺木
功德亦是受領付出。恐口無憑，立領字乙紙為照。
道光二十九年十一月　日　立領人兄起靛（押）
在見人兄　孙家（押）
孙芥（押）
孙中（押）
代字見兄　孙葉（押）

10-6-105-8　清道光二十九年十一月黄起靛立領家財物業字

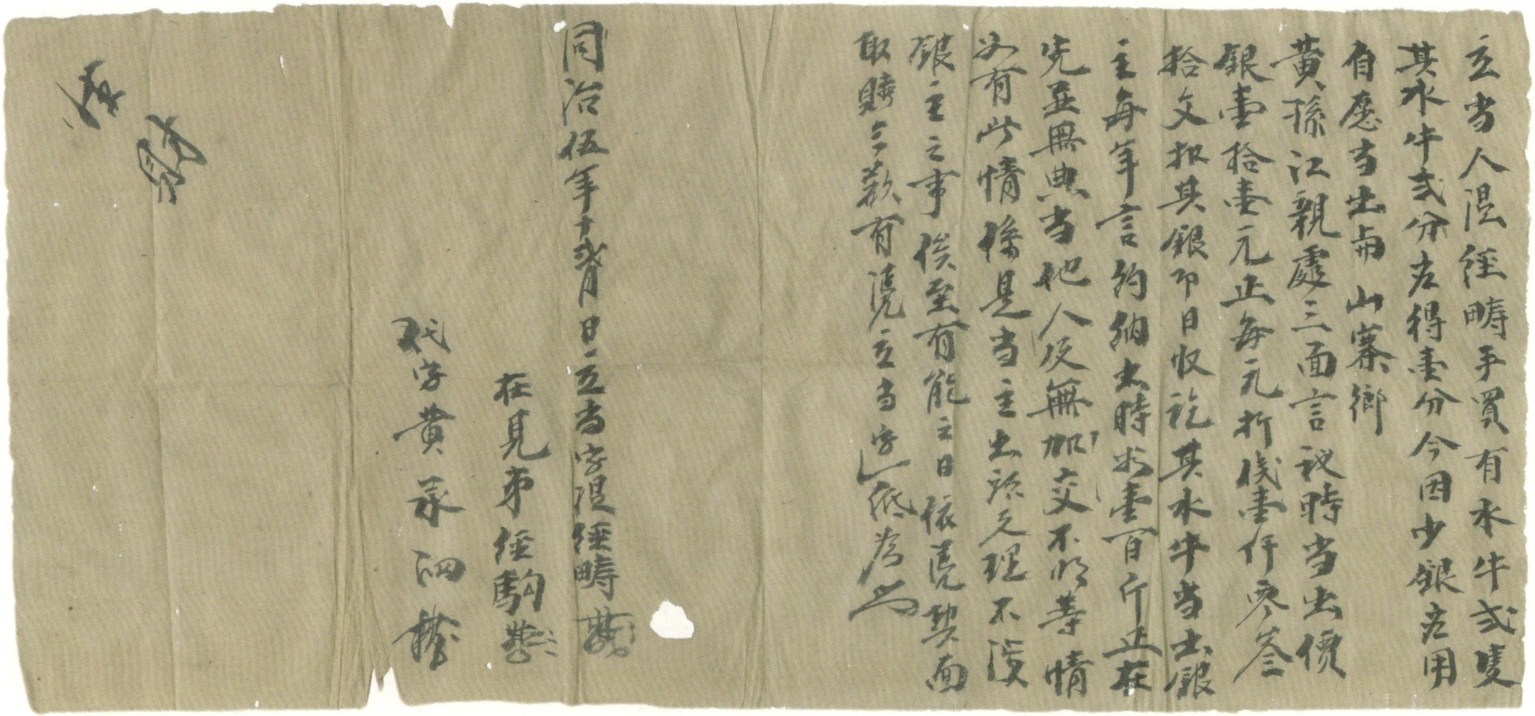
立當人温經疇手買有水牛式隻
其水牛式分左得壹分今因少銀应用
自愿当出與山寨衕
黄孫江親處三面言議時当出價
銀壹拾壹元正每元折錢壹仟叁
拾文扣其銀即日收訖其水牛当出銀
主每年言約納米時出壹百斤正在
先並無典當他人從無加交不明等情
如有此情係是当主出頭之理不涉
銀主之事倘至有能之日依價契面
取贖之款有憑立当字一紙為照
同治伍年十二月 日立当字温經疇
在見弟經駒
代字黄永細

10-6-105-9　清同治五年十二月温經疇立當水牛字

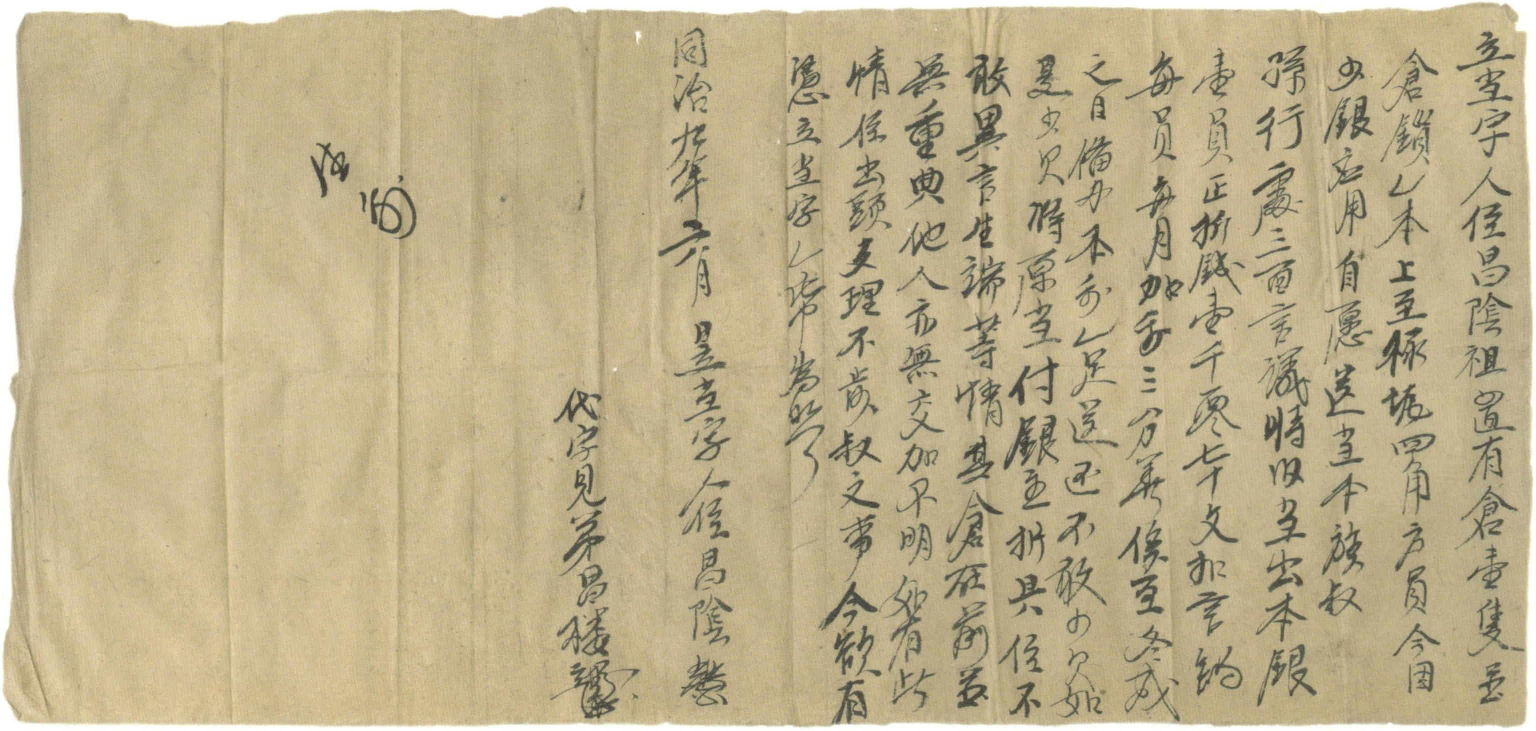

立當字人侄昌陰祖置有倉壹隻並
倉鎖乙本，上至椽塊四角，戶員今因
乏銀應用，自愿送當本族叔
孫行處三面言議，時收出本銀
壹員，正折錢壹千零七十文，和言約
每員每月加利三分算，候至冬成
之日，備母本利乙足送還，不敢少欠。如
是少欠，將原當付銀匪折，其侄不
敢異言生端等情。其倉在前並
無重典他人，亦無交加不明。如有此
情，侄出頭支理，不涉叔之事。今欲有
憑，立當字乙紙為照。

同治玖年六月　日立當字人侄昌陰（押）

代字見弟昌樣（押）

10-6-105-10　清同治九年六月黃昌陰立當倉字

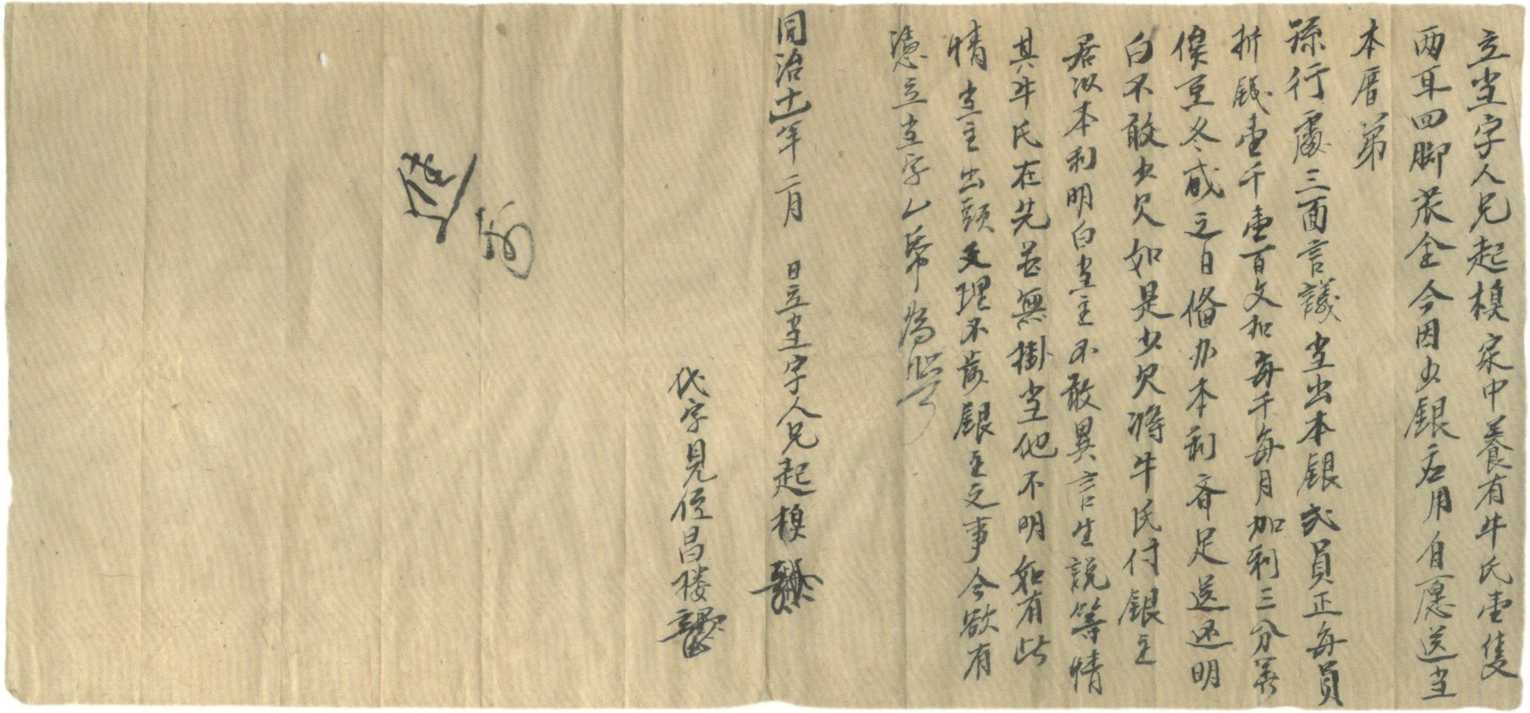
立当字人兄起樸家中養有牛氏壹隻
兩耳四脚花全今因乏銀應用自愿送当
本厝弟
孫行處三面言議当出本銀弍員正每員
折錢壹千壹百文扣每千每月加利三分算
俟至冬成之日備办本利齊足送还明
白不敢少欠如是少欠將牛氏付銀主
居収本利明白当主不敢異言生說等情
其牛氏在先並無掛当他人不明如有此
情当主出頭支理不干銀主之事今欲有
憑立当字乙帋為照
同治十一年二月　日立当字人兄起樸
代字見侄昌樓

10-6-105-11　清同治十一年二月黄起樸立當牛氏字

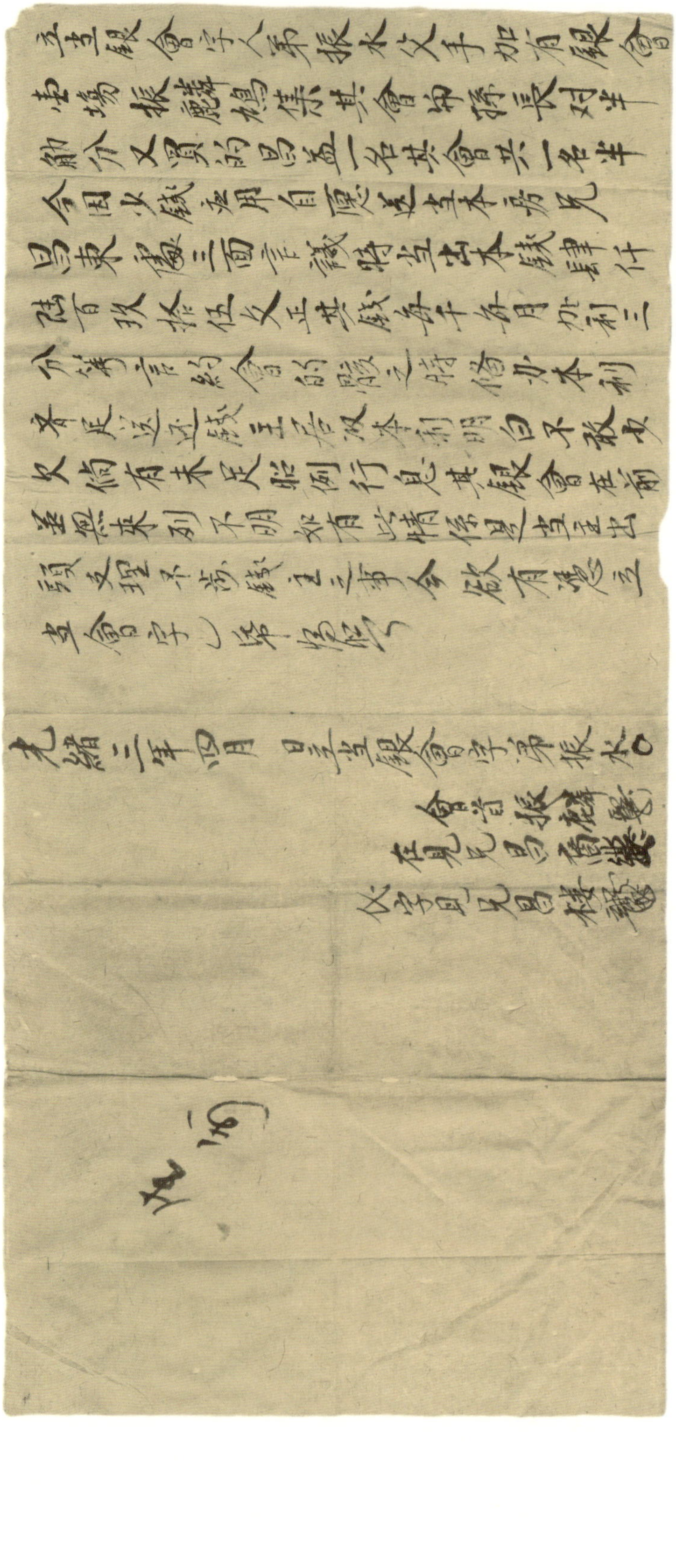
立當銀會字人弟振水仝父手加有銀會
壹場，振麟鳩集，其會[illegible]將三長对半
[illegible]介文買約日益一名，其會共一名半。
今因乏錢應用，自愿送至本房兄
日東處三面言議，時當出本錢肆拾
陆百玖拾伍文正，其錢每年每月加利三
分[illegible]，言約會的[illegible]之時將本利
[illegible]送还錢主，若本利明白，不敢少
欠。倘有未足，照例行息。其銀會在前
並無來[illegible]不明，如有此情，係是當主出
頭支理，不涉錢主之事。今欲有憑，立
當會字一紙，付[illegible]為照。
光緒三年四月　日立當銀會字弟振水○
會首振麟
在見兄日高
代字兄日[illegible]

10-6-105-12　清光緒三年四月黄振水立當銀會字

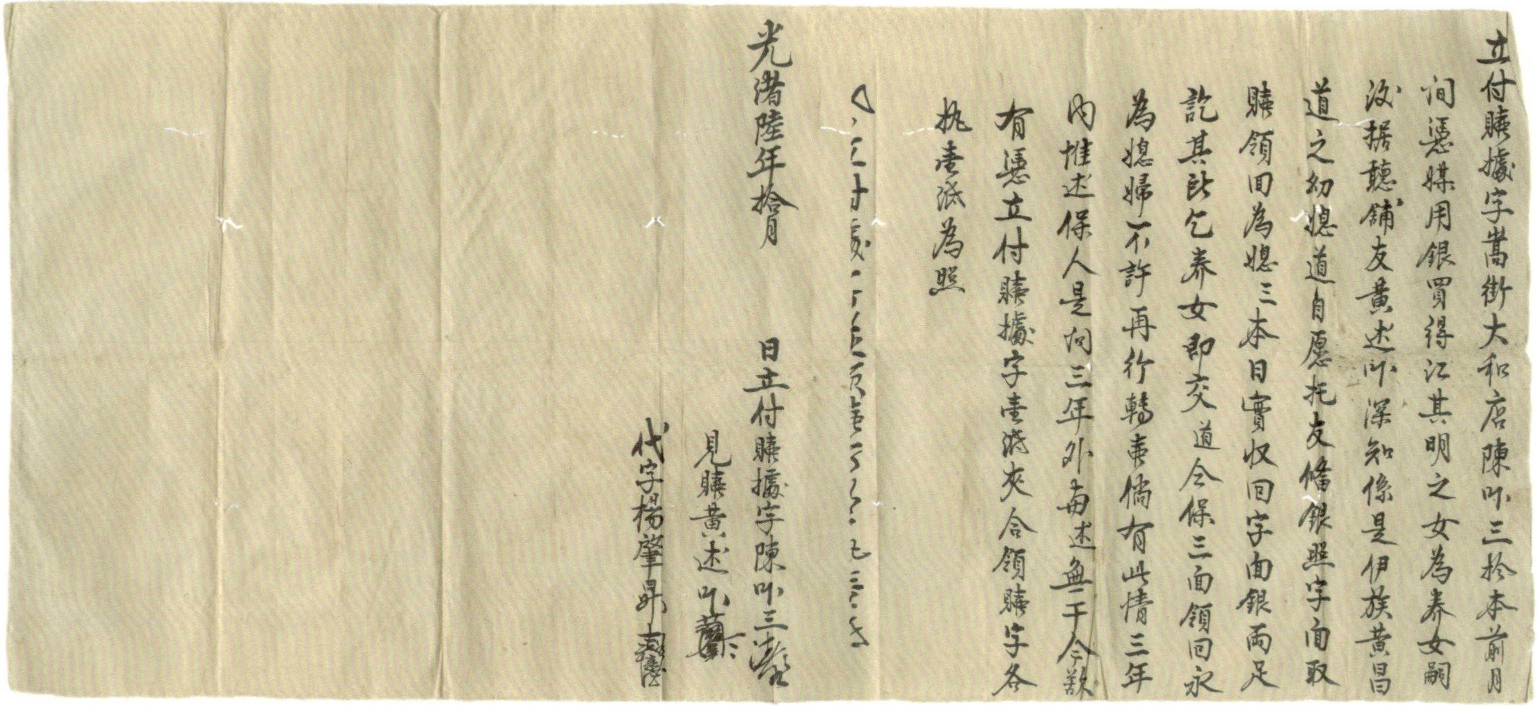

立付贖據字嵩街大和店陳吓三於本前月
間憑媒用銀買得江其明之女爲養女嗣
後據聽鋪友黃述吓深知係是伊族黃昌
道之幼媳，道自愿托友備銀照字面取
贖，領回爲媳。三本日實收回字面銀兩足
訖，其該乞養女即交道全保三面領回，永
爲媳婦，不許再行轉賣。倘有此情，三年
內推述保人是問；三年外，與述無干。今欲
有憑，立付贖據字壹紙，交全領贖字各
執壹紙爲照。

光緒陸年拾月　日立付贖據字陳吓三
見贖黃述吓
代字楊肇昇

10-6-105-13　清光緒六年十月陳吓三立付贖據字

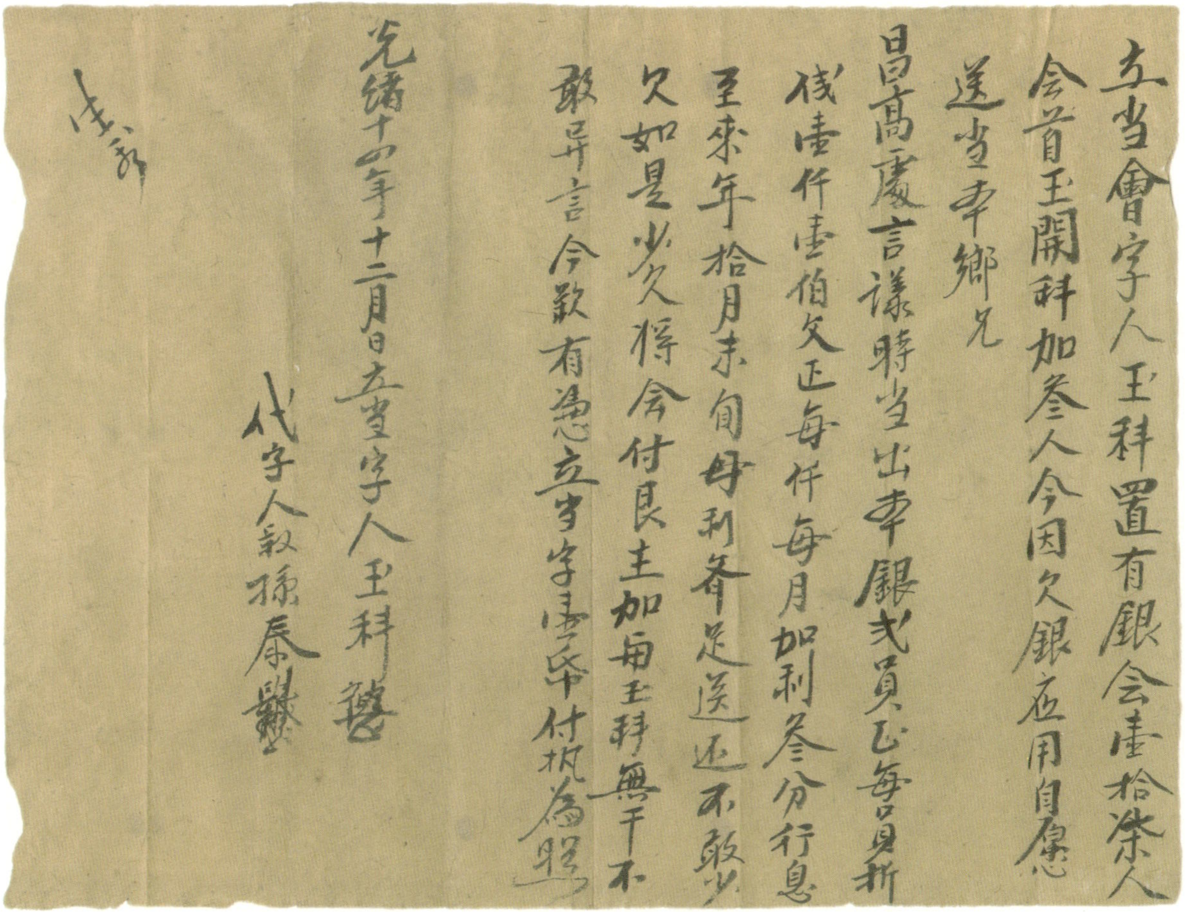
立當會字人王科置有銀会壹拾柒人
会首王開科加叁人今因欠銀應用自愿
送當本鄉兄
昌高處言議時當出本銀貳員正每員新
錢壹仟壹佰文正每仟每月加利叁分行息
至來年拾月末旬母利各足送還不敢少
欠如是少欠將会付良主加每王科無干不
敢异言今欲有憑立當字壹紙付執為照
光緒十四年十二月日立當字人王科
代字人叔孫泰

10-6-105-14　清光緒十四年十二月黃玉科立當銀會字

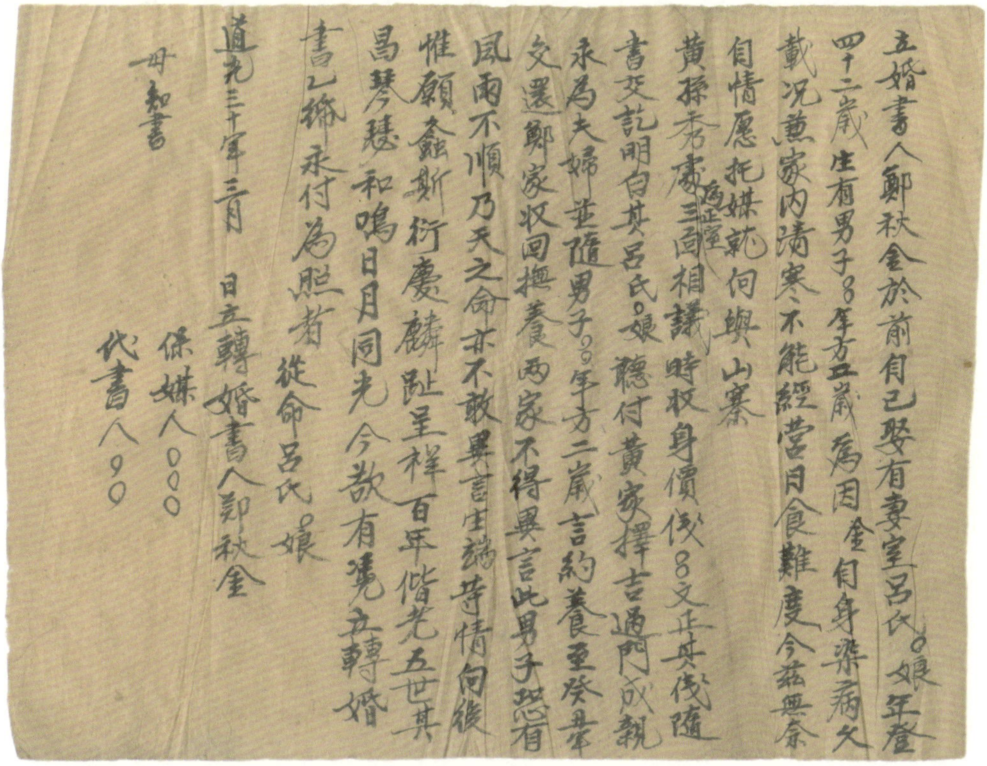
立婚書人鄭秋金於前自已娶有妻室呂氏○娘年登
四十二歲生有男子○年方五歲爲因金自身染病久
載況兼家內清寒不能經營日食難度今茲無奈
自情愿托媒執向與山寨
黃採秀處爲正室三面相議時收身價錢○文正其錢隨
書交訖明白其呂氏○娘聽付黃家擇吉過門成親
永爲夫婦並隨男子○年方二歲言約養至癸丑年
交還鄭家收回撫養兩家不得異言此男子恐有
風雨不順乃天之命亦不敢異言生端等情向後
惟願螽斯衍慶麟趾呈祥百年偕老五世其
昌琴瑟和鳴日月同光今欲有憑立轉婚
書乙紙永付爲照者　　從命呂氏○娘
道光三十年三月　　日立轉婚書人鄭秋金
保媒人○○○
代書人○○
母知書

10-6-106-1　清道光三十年三月鄭秋金立轉婚書（草契）

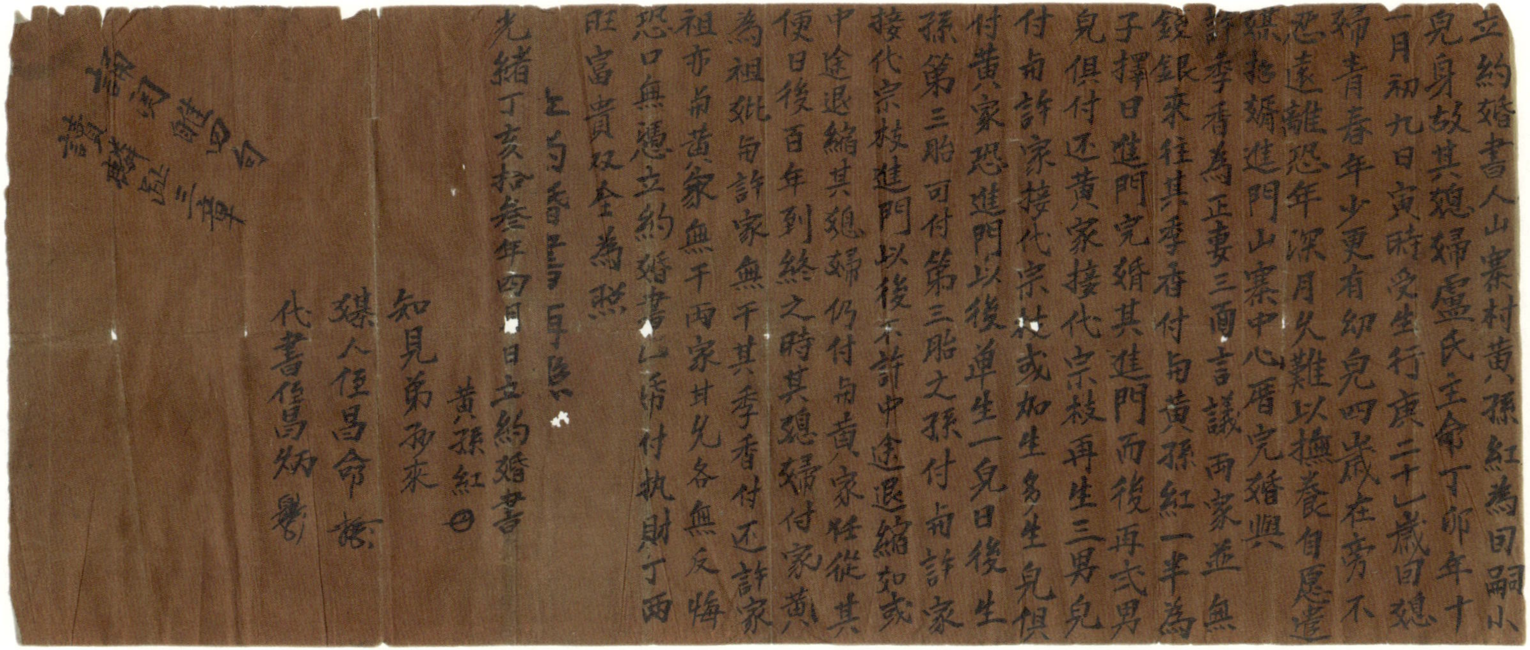
立約婚書人山寨村黃孫紅，為因嗣小
兒身故，其媳婦盧氏，生命丁卯年十
一月初九日寅時受生，行庚二十一歲，因媳
婦青春年少，更有幼兒四歲在旁，不
忍遠離，恐年深月久，難以撫養，自愿邀
媒招婿進門山寨，中心愿完婚，與
許季香為正妻，三面言議，兩家並無
錢銀來往，其季香付與黃孫紅一半為
子，擇日進門完婚，其進門而後，再弍男
兒，俱付还黃家接代宗枝；再生三男兒
付與許家接代宗枝，或如生多生兒，俱
付黃家。恐進門以後單生一兒，日後生
孫，第三胎可付第三胎之孫付與許家
接代宗枝。進門以後，不許中途退縮，如或
中途退縮，其媳婦仍付與黃家，聽從其
便。日後百年到終之時，其媳婦付黃家
為祖妣，與許家無干；其季香付还許家
祖，亦與黃家無干，兩家甘允，各無反悔。
恐口無憑，立約婚書一紙，付執，財丁兩
旺，富貴双全為照。
光緒丁亥拾叁年四月　日立約婚書　黃孫紅（押）
知見弟　永來
媒人　任昌命（押）
代書　任昌炳（押）

10-6-106-2　清光緒十三年四月黃孫紅立約婚書（一）

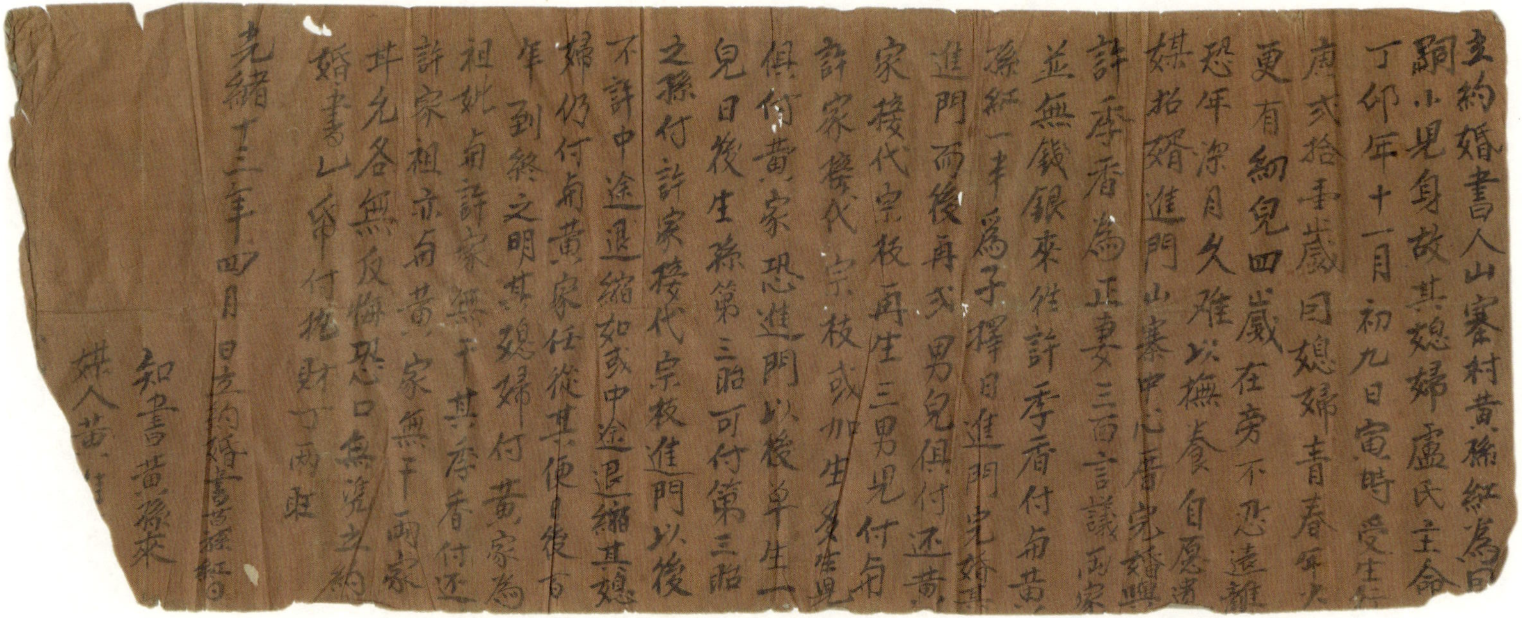

立約婚書人山寨村黃孫紅爲因
嗣小兒身故，其媳婦盧氏主命
丁卯年十一月初九日寅時受生，年大
庚式拾壹歲，因媳婦青春年少，
更有幼兒四歲，在旁不忍遠離，
恐年深月久，難以撫養，自愿請
媒招婿進門，山寨中心當宗嫡興
許季香爲正妻，三面言議，兩家
並無錢銀來往，許季香付與黃
孫紅一半爲子，擇日進門完婚，其
進門而後再式男兒俱付还黃
家接代宗枝，再生三男兒付與
許家接代宗枝，或加生多生兒
俱付黃家，恐進門以後單生一
兒，日後生孫，第三胎可付，第三胎
之孫付許家接代宗枝，進門以後
不許中途退縮，如或中途退縮，其媳
婦仍付與黃家，任從其便，後有
年到終之明，其媳婦付黃家爲
祖妣，與許家無干，其季香付还
許家祖，亦與黃家無干，兩家
甘允，各無反悔，恐口無憑，立約
婚書一紙付執爲照，了兩照
光緒十三年四月 日立約婚書黃孫紅（押）
知書 黃孫來
媒人 黃□

10-6-106-3　清光緒十三年四月黃孫紅立約婚書（二）

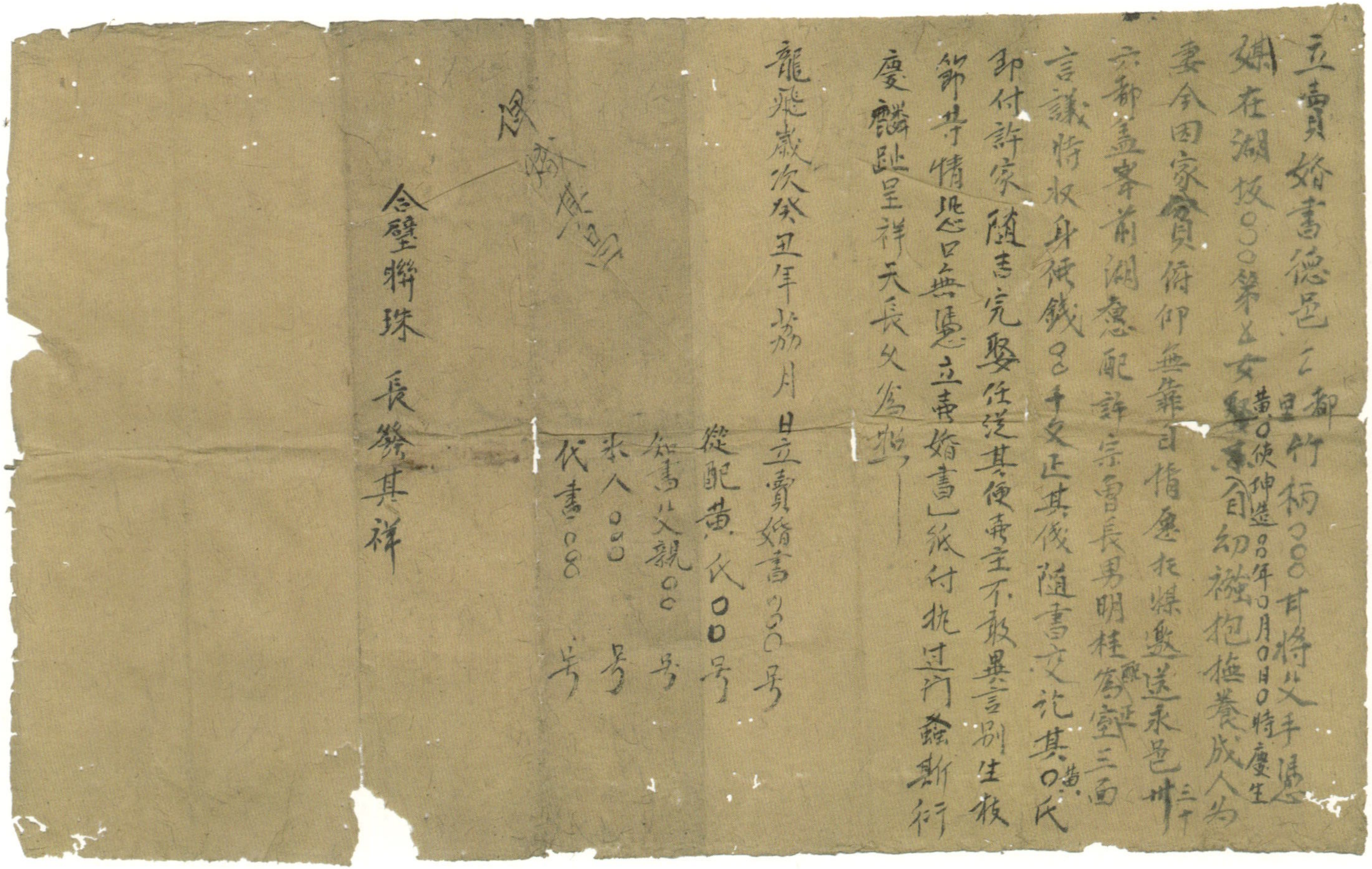
立賣婚書德邑二都竹柄○○甘特父手[憑]
娚在湖坂○○第五女黄○使仲，道○○年○月○日○時慶生，自幼襁抱撫養成人，為
㚷令因家貧，俯仰無靠，自情愿托媒送至永邑廿三都
宗都盖寨前湖憩配許宗曾長男明桂為室，三面
言議特收身價錢○○千文正，其錢隨書交訖，其○氏
即付許家隨去完娶，任從其便，黄主不敢異言別生枝
節。并情愿，口恐無憑，立賣婚書一紙付執，过門螽斯衍
慶，麟趾呈祥，天長久為照。

龍飛歲次癸丑年　月　日立賣婚書○○○号
從配黄氏○○号
知書父親○○号
栄人○○○号
代書○○○号

合璧聯珠　長發其祥

10-6-106-4　民國二年德化黄氏立賣婚書（草契）

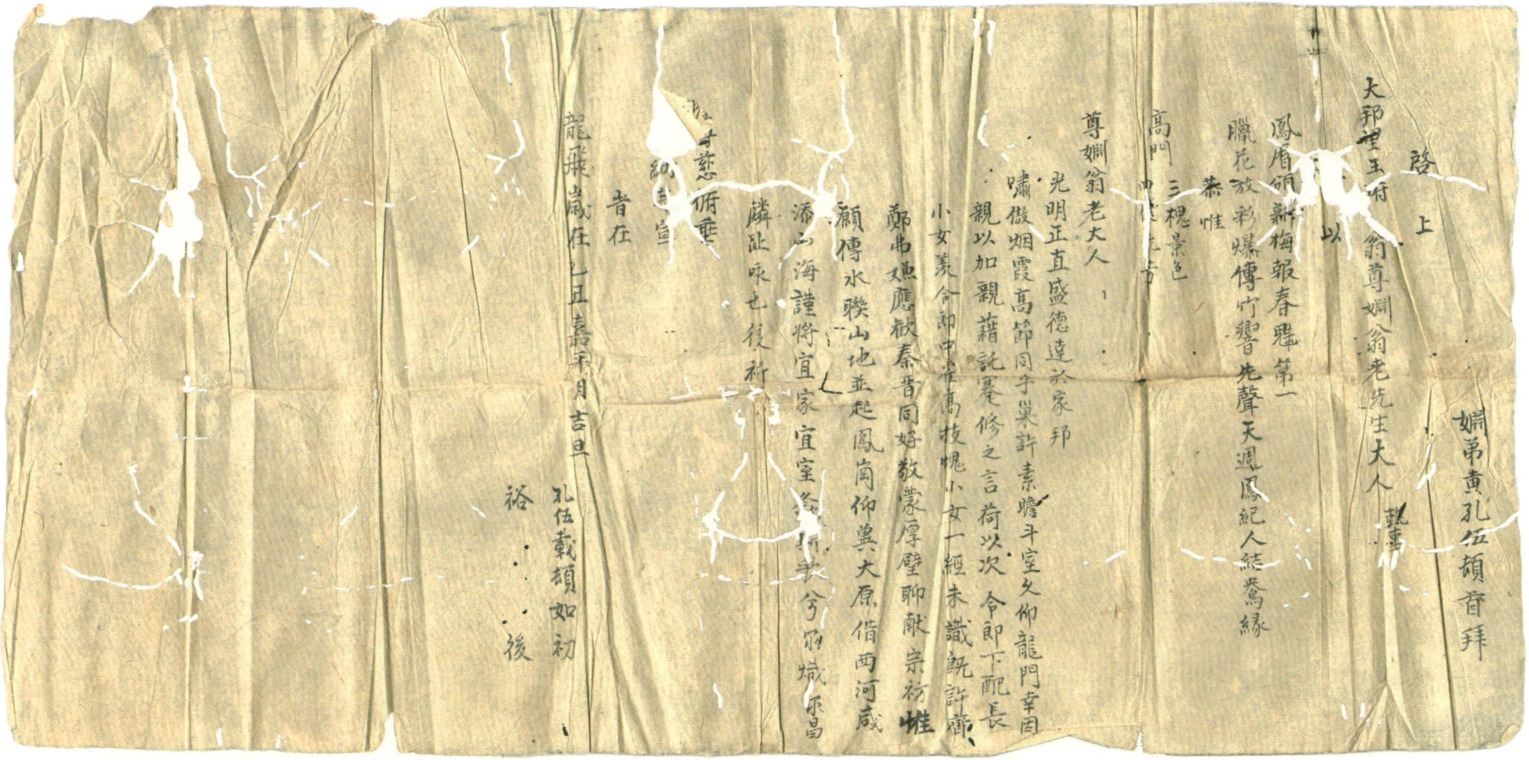
婣弟黃孔伍頓首拜

啓上

大邦理王府以尊婣翁老先生大人執事

鳳眉領新梅報春魁第一

職花放彩爆傳竹響先聲天遇瓜紀人結鴦緣

恭惟

三槐景色

高門四德光芳

尊婣翁老大人

光明正直盛德遠於家邦

嘯傲烟霞高節同于巢許素瞻斗室久仰龍門幸因

親以加親藉託蹇修之言荷以次令郎下配長

小女義合節中雀高枝愧小女一經未識既許齋

鄭弗嫻應欽秦晉同好敬叢厚璧聊献宗祊蘋

願傳水騤山地並起鳳崗仰異大原偕西河咸

添山海謹將宜家宜室荼祈求兮眾熾永昌

麟趾咏也稅祈

慈俯垂

納宣

肯在

龍飛歲在乙丑嘉平月吉旦

孔伍載頓如初

裕後

10-6-106-5　民國十六年黃孔伍立坤書

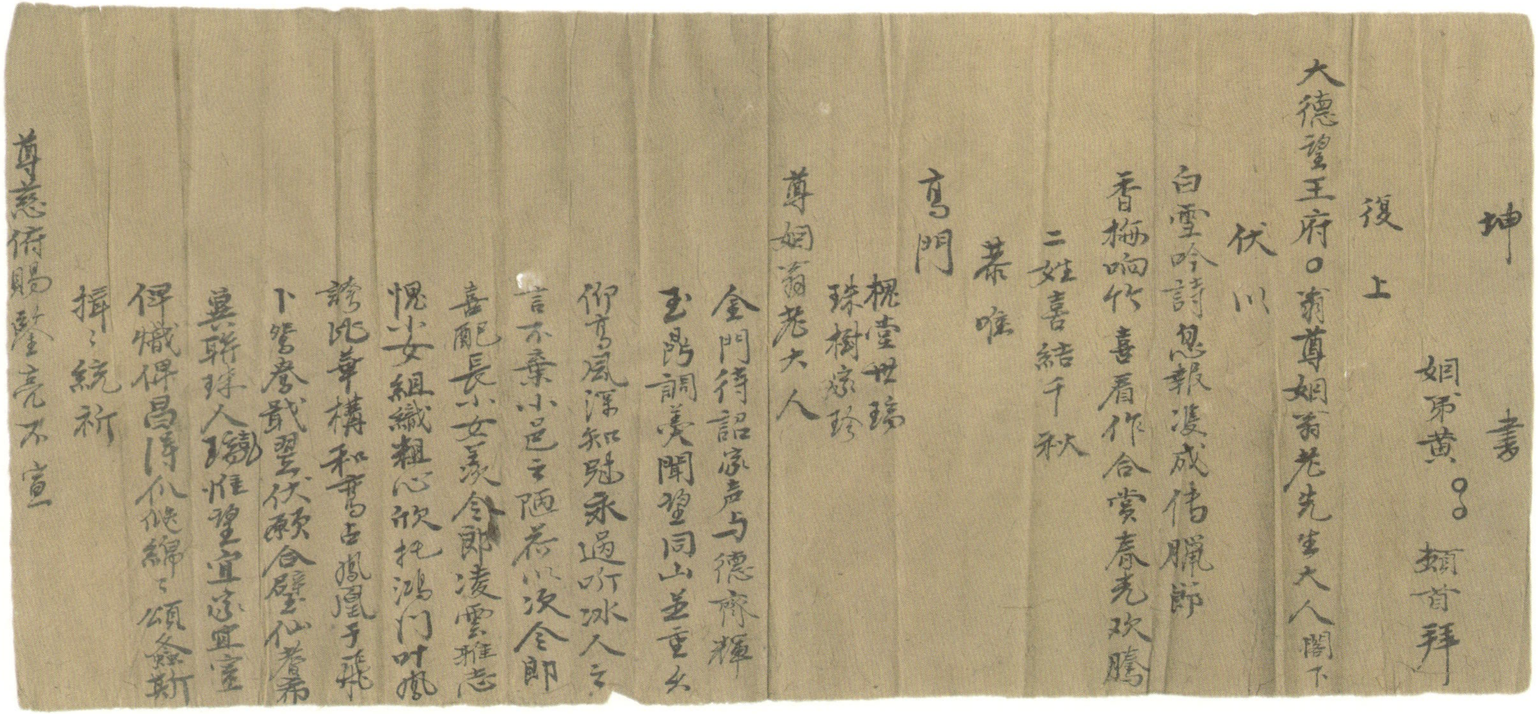

10-6-106-6　黃氏立坤書（年代不詳，草稿）

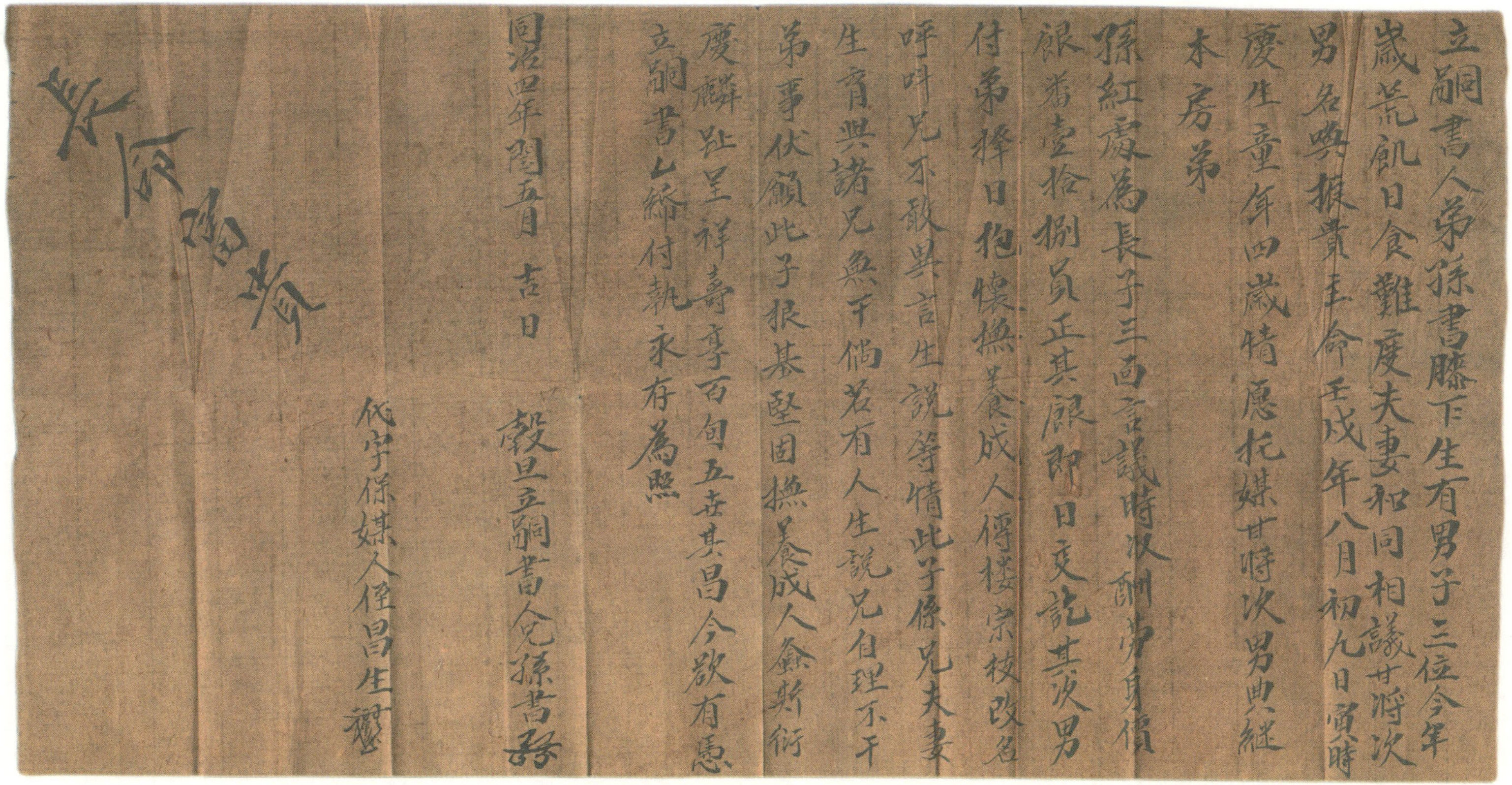

立嗣書人弟孫書滕下生有男子三位今年
歲荒飢日食難度夫妻和同相議甘將次
男名興振貴主命壬戌年八月初九日酉時
慶生童年四歲情愿托媒甘將次男典繼
本房弟
孫紅慶為長子三面言議時價酬勞身價
銀番壹拾捌員正其銀即日交訖其次男
付弟擇日抱懷撫養成人傳接宗枝改名
呼叫兄不敢異言生說等情此子係兄夫妻
生育與諸兄無干倘若有人生說兄自理不干
弟事伏願此子根基堅固撫養成人螽斯衍
慶麟趾呈祥壽享百旬五世其昌今欲有憑
立嗣書一紙付執永存為照

同治四年閏五月　吉日

親筆立嗣書人兄孫書（押）

代字保媒人侄昌生（押）

長房留存

10-6-107-1　清同治四年閏五月黄孫書立出嗣書

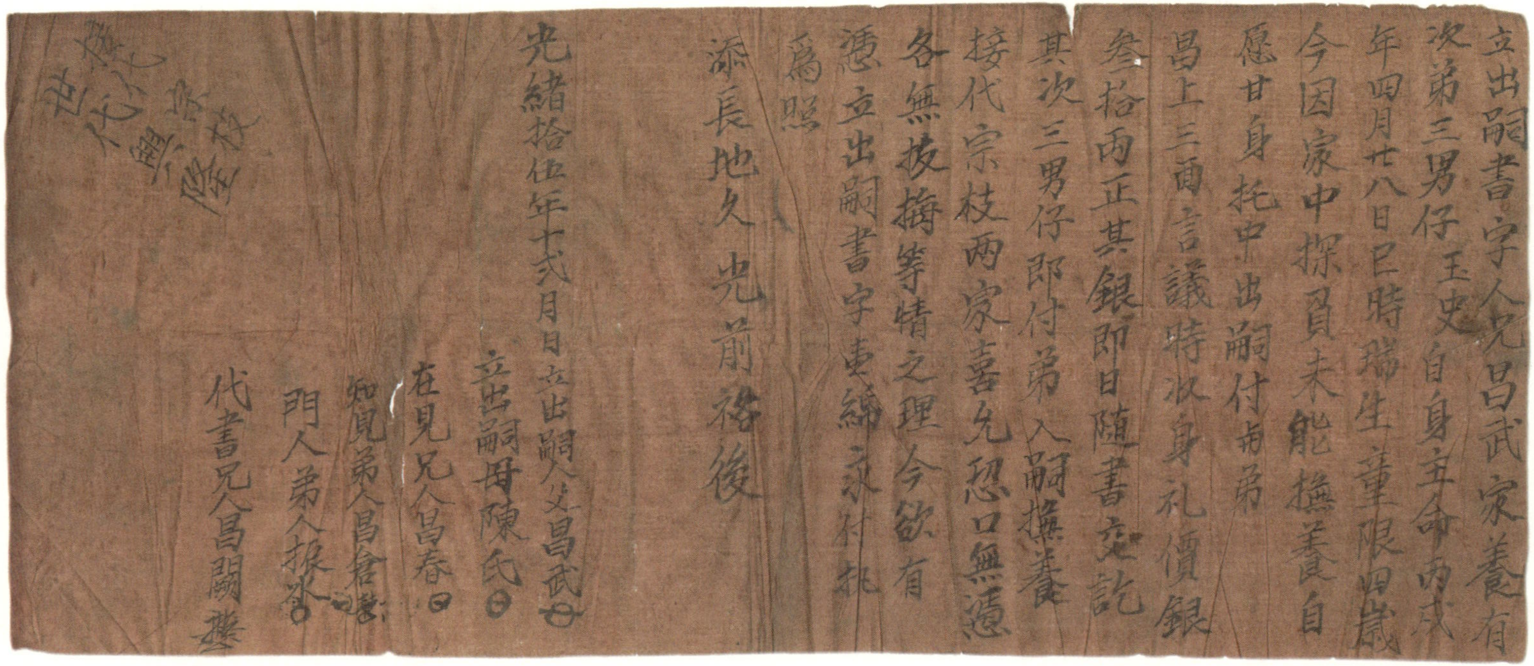
立出嗣書字人兄昌武，家養有
次弟三男仔玉史，自身至命丙戌
年四月廿八日巳時瑞生，童限四歲。
今因家中探貧，未能撫養，自
愿甘身托中出嗣付弟
昌上三面言議，時收身礼價銀
叁拾兩正，其銀即日隨書交訖。
其次三男仔即付弟入嗣撫養，
接代宗枝，兩家喜允，恐口無憑，
各無拔擲等情之理。今欲有
憑，立出嗣書字壹紙，永付執
爲照。
添長地久，光前裕後。
光緒拾伍年十弍月日立出嗣人父昌武（押）
立出嗣母陳氏（押）
在見兄人昌春（押）
知見弟人昌倉（押）
門人弟人振（押）
代書兄人昌闢（押）

10-6-107-2 清光緒十五年十二月黄昌武立出嗣書

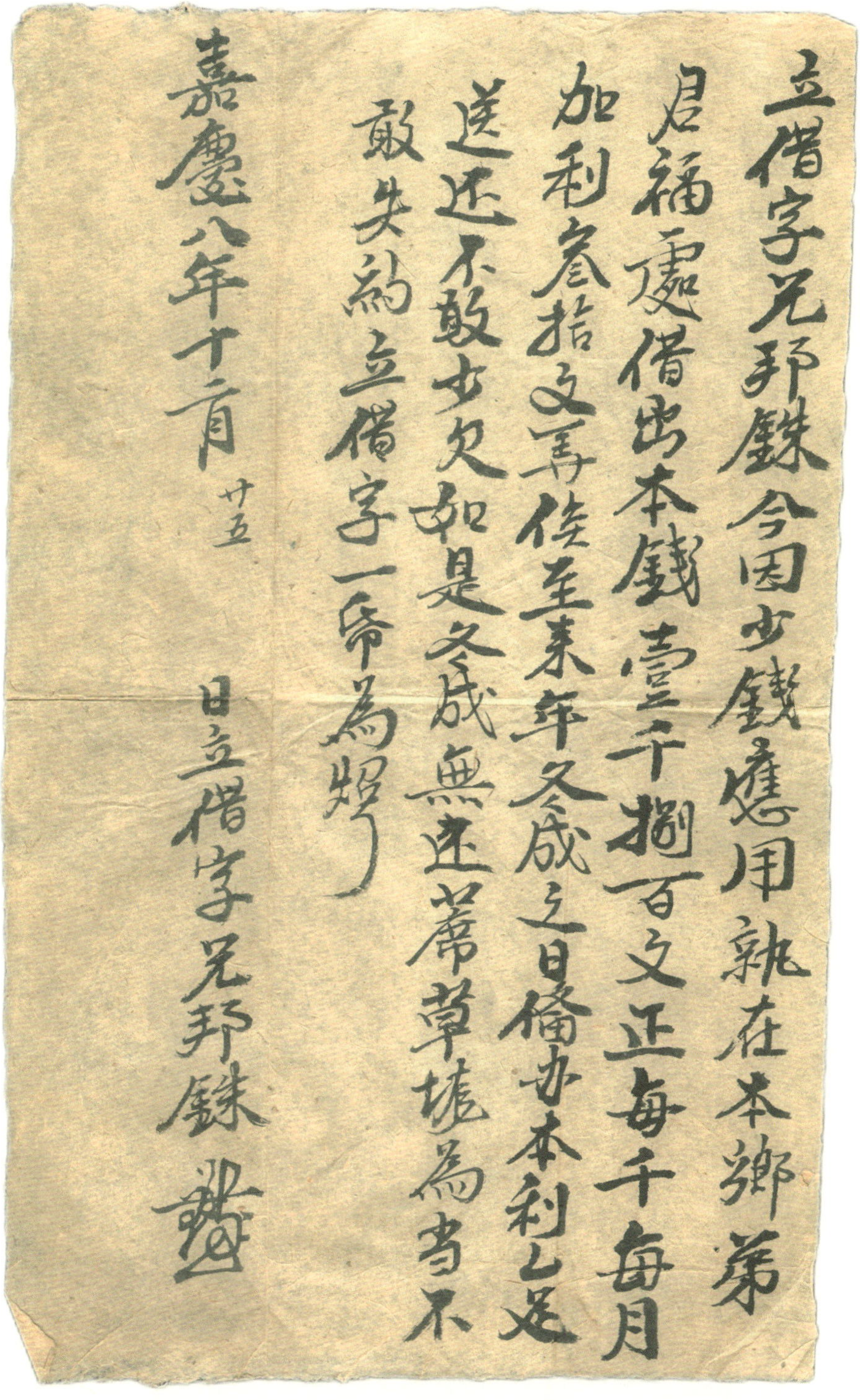
立借字兄邦銖今因乏錢應用就在本鄉第
君福處借出本錢壹千捌百文正每千每月
加利叁拾文算係至來年冬成之日備办本利乙足
送还不敢少欠如是冬成無还幕草塲爲当不
敢失約立借字一帋爲照
嘉慶八年十二月廿五日立借字兄邦銖（押）

10-6-108-1　清嘉慶八年十二月黄邦銖立借錢字

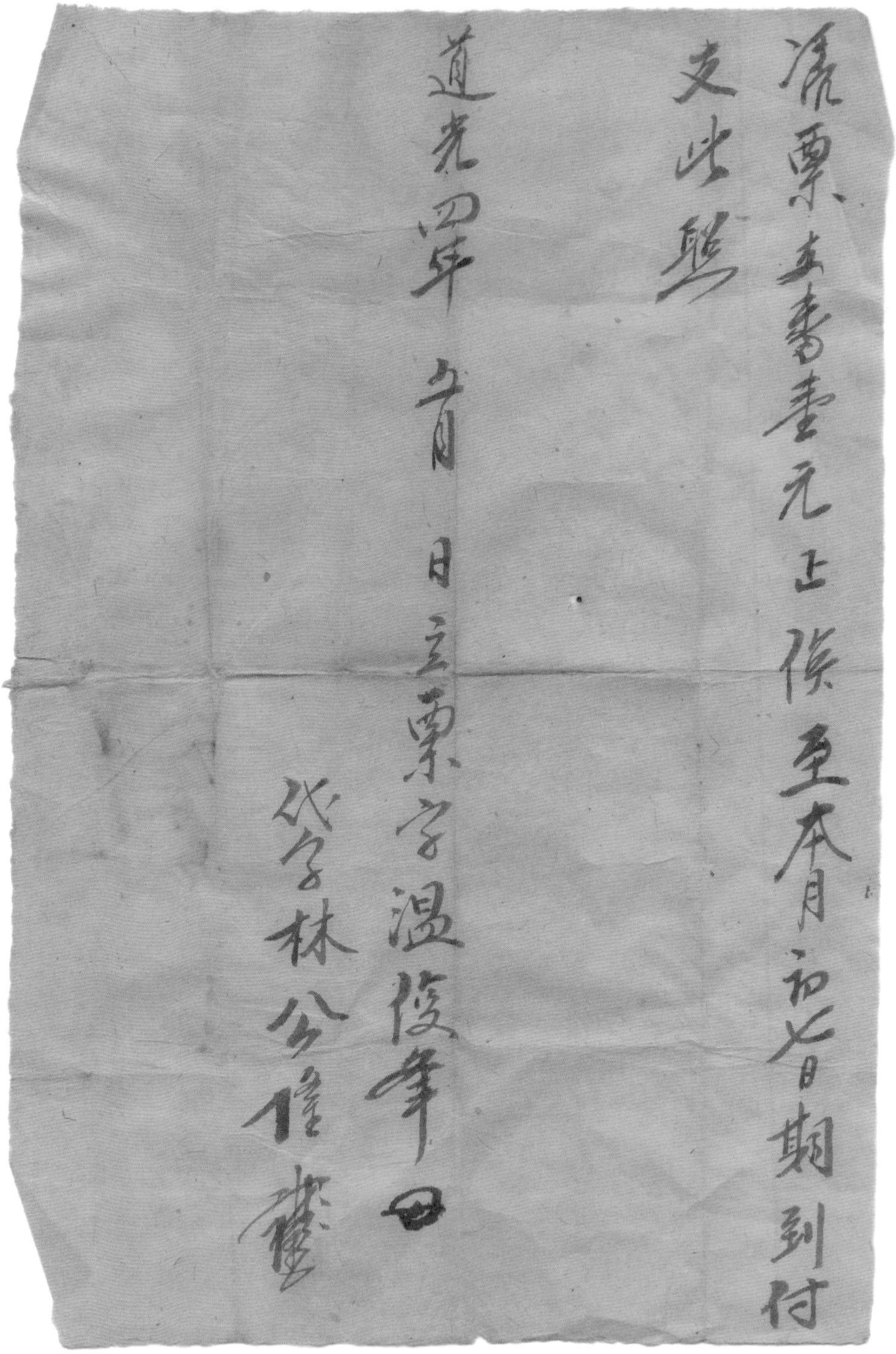
憑票支番壹元正，俟至本月初四日期到付
支出照
道光四年五月　日立票字温俊夆
代字林公僅

10-6-108-2　清道光四年五月温俊夆立支番憑票

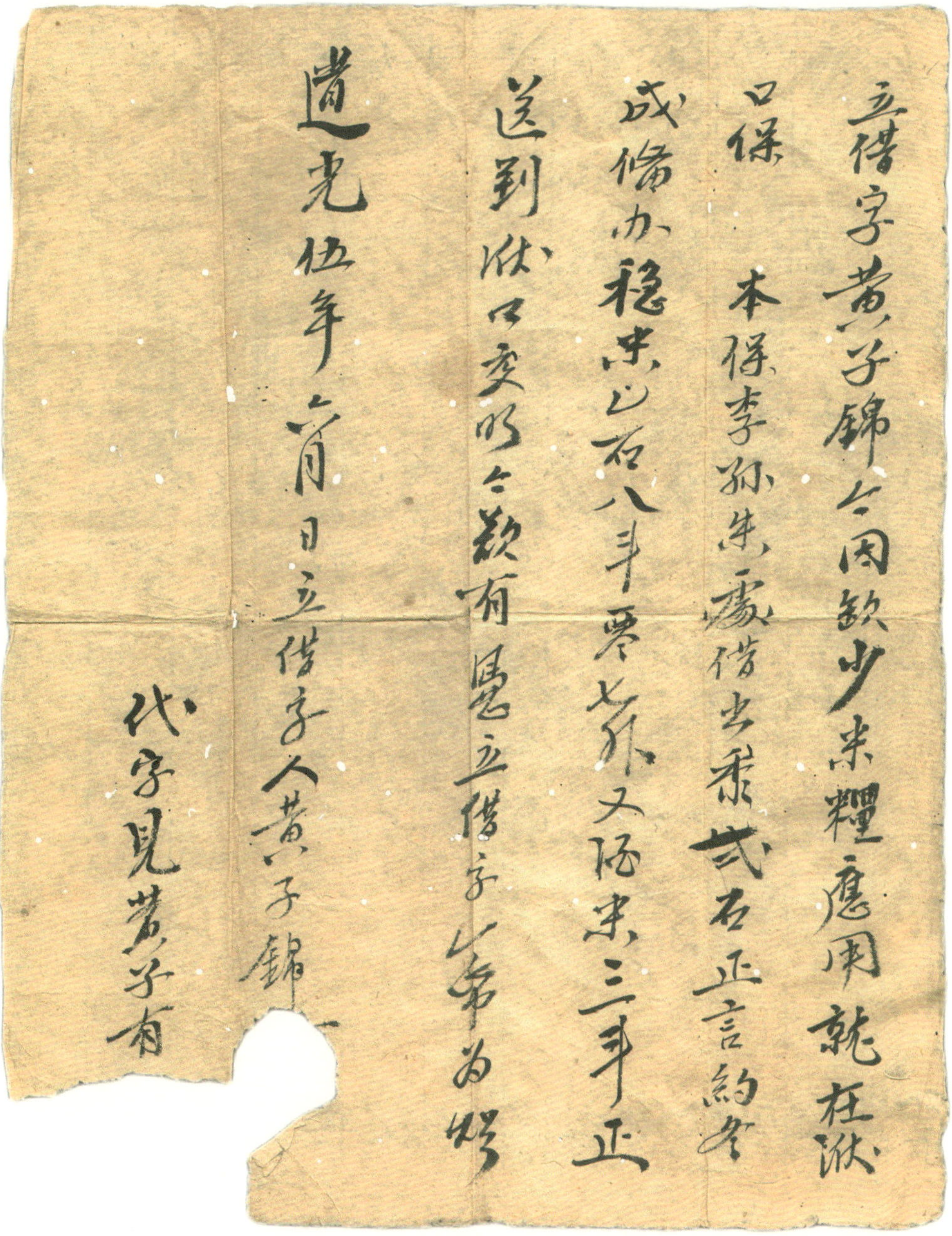
立借字黄子錦今因缺少米糧應用，就在洑
口保　本保李孫朱朱處借出黍貳石正，言約冬
成備辦穩米乙石八斗零七升，又添米三斗正
送到洑口交明，今欲有憑，立借字一帋為照。
道光伍年六月　日立借字人黄子錦
代字見黄子有

10-6-108-3　清道光五年六月黄子錦立借黍字

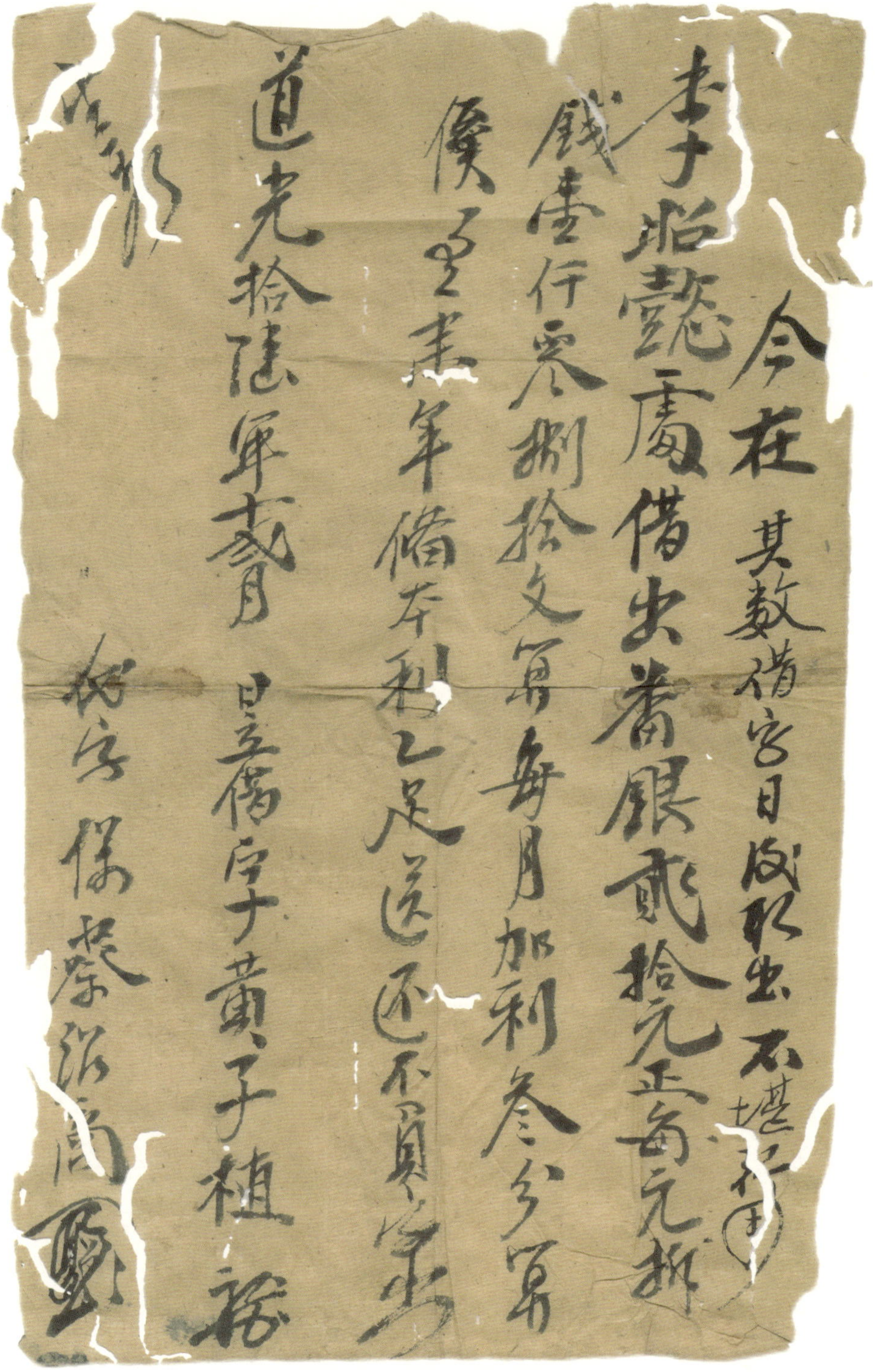
今在
李昭懿處借出番銀貳拾元正，每元折　其數借字日後取出不堪行用
錢壹仟零捌拾文算，每月加利叁分算，
候至來年備本利一足送還，不負字出。
道光拾陸年十貳月　日立借字黃子植
代字保　楚榮張商

10-6-108-4　清道光十六年十二月黃子植立借番銀字

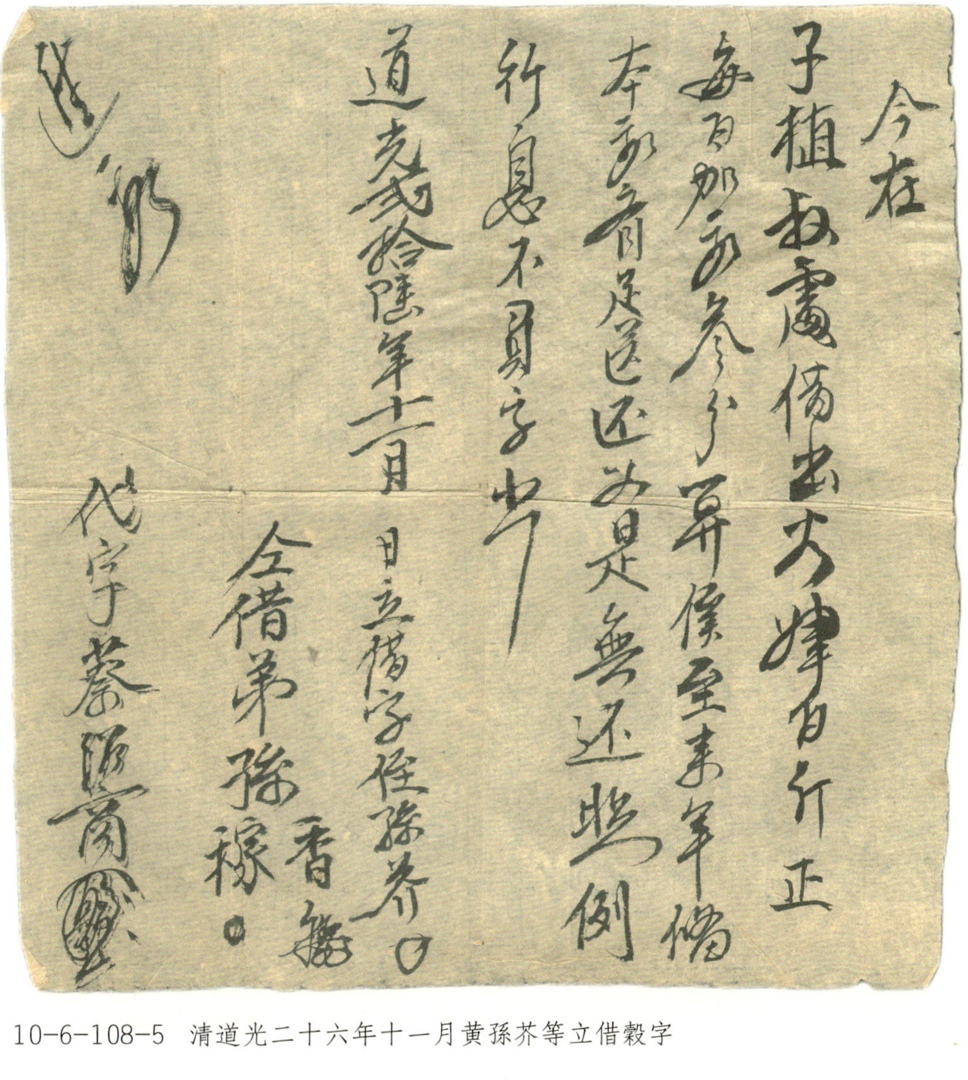

今在
子植叔處借出穀肆百斤正，
每百斤加息叁拾斤算，係至來年備
本穀並息足送還，如是無還，照例
行息，不得異字。此字。
道光貳拾陸年十一月　日立借字侄孫芥○
仝借弟孫香○
祿○
代字蔡添爵○

10-6-108-5　清道光二十六年十一月黄孫芥等立借穀字

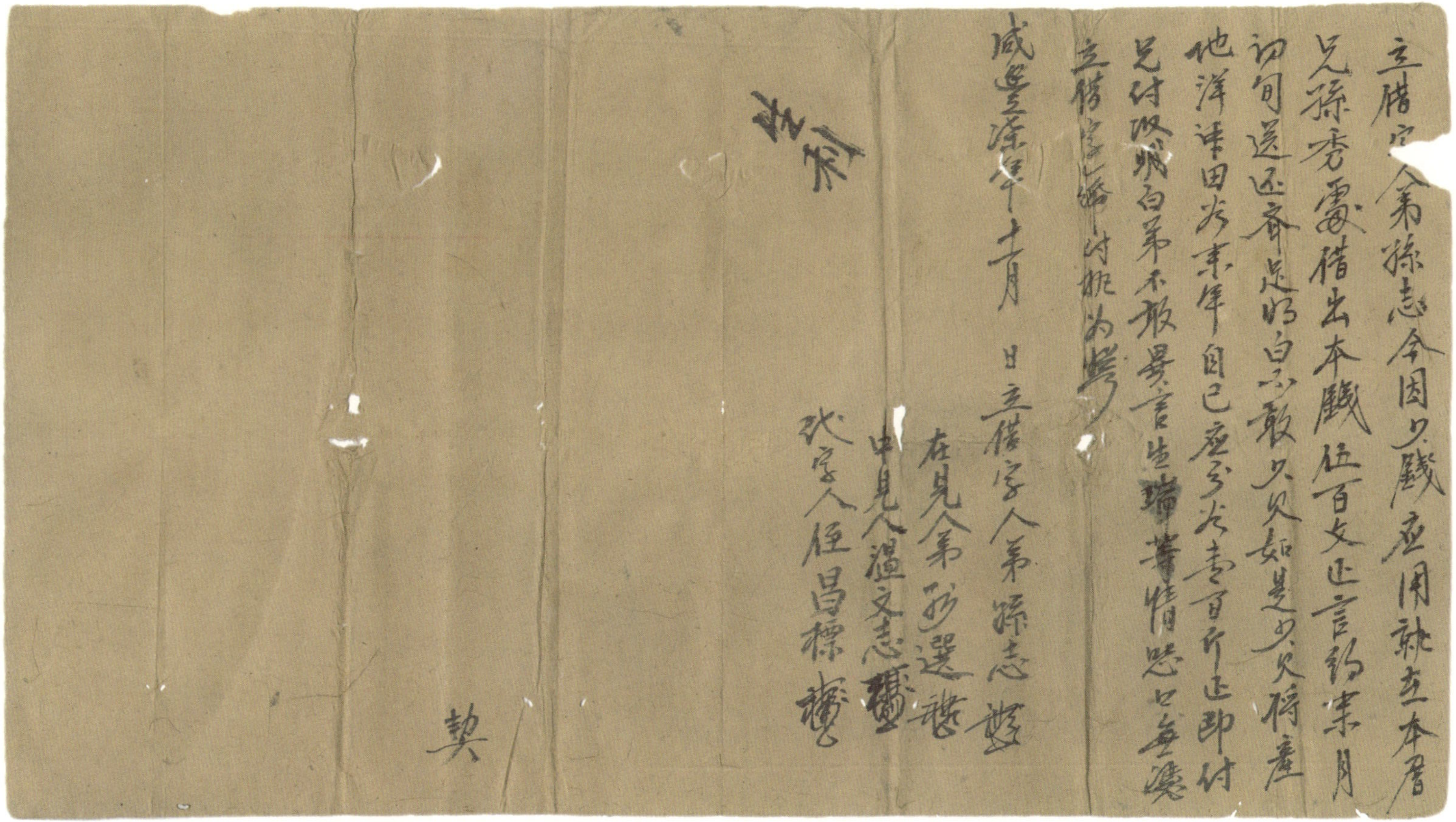
立借字人弟孫志今因少錢應用就在本房
兄孫秀處借出本錢伍百文正言約本月
初間送還本足明白不敢少欠如是少欠將產
地洋洋田在本年自己應分谷壹百斤正即付
兄付收耕白弟不敢異言生端等情恐口無憑
立借字一紙付執為照
咸豐柒年十一月　日立借字人弟孫志
在見人弟彩選
中見人温文志
代字人侄昌標
契

10-6-108-6　清咸豐七年十一月黃孫志立借錢字

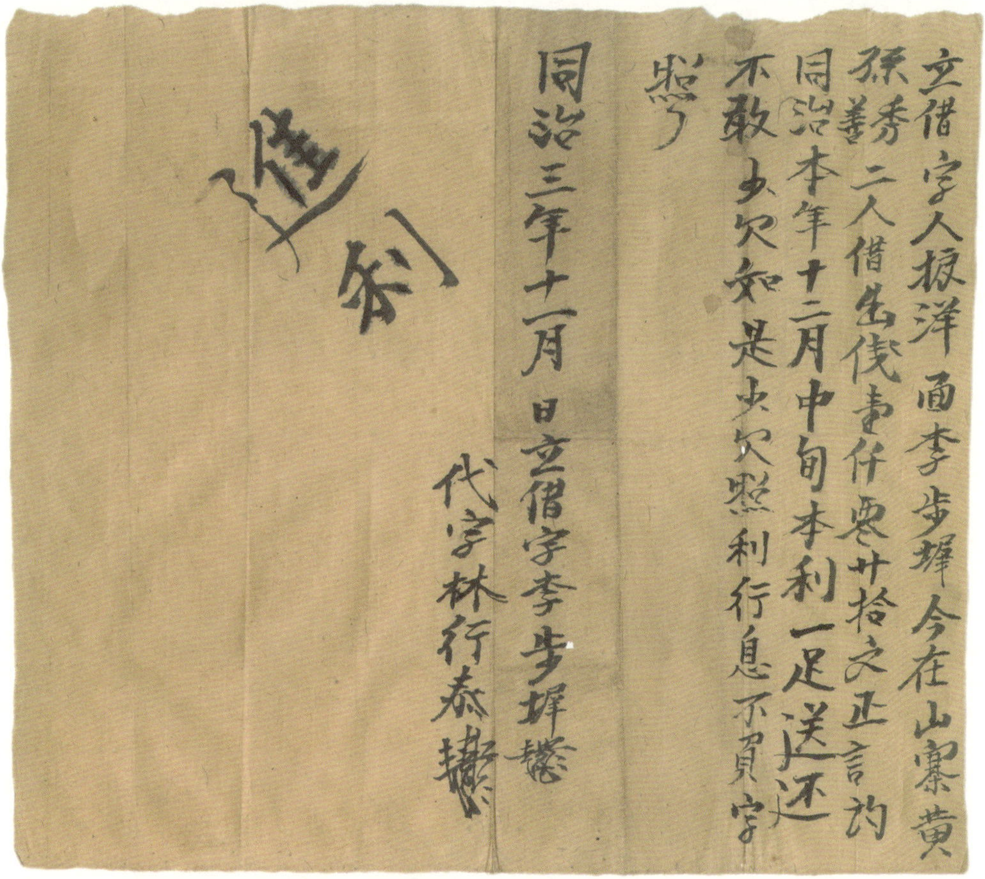

立借字人根洋面李步墀今在山寮黄
孫秀善二人借出錢壹仟零廿拾文正言約
同治本年十二月中旬本利一足送还不
敢少欠如是少欠照利行息不負字
照

同治三年十一月 日立借字李步墀（押）
代字林行泰（押）

進利

10-6-108-7　清同治三年十一月李步墀立借錢字

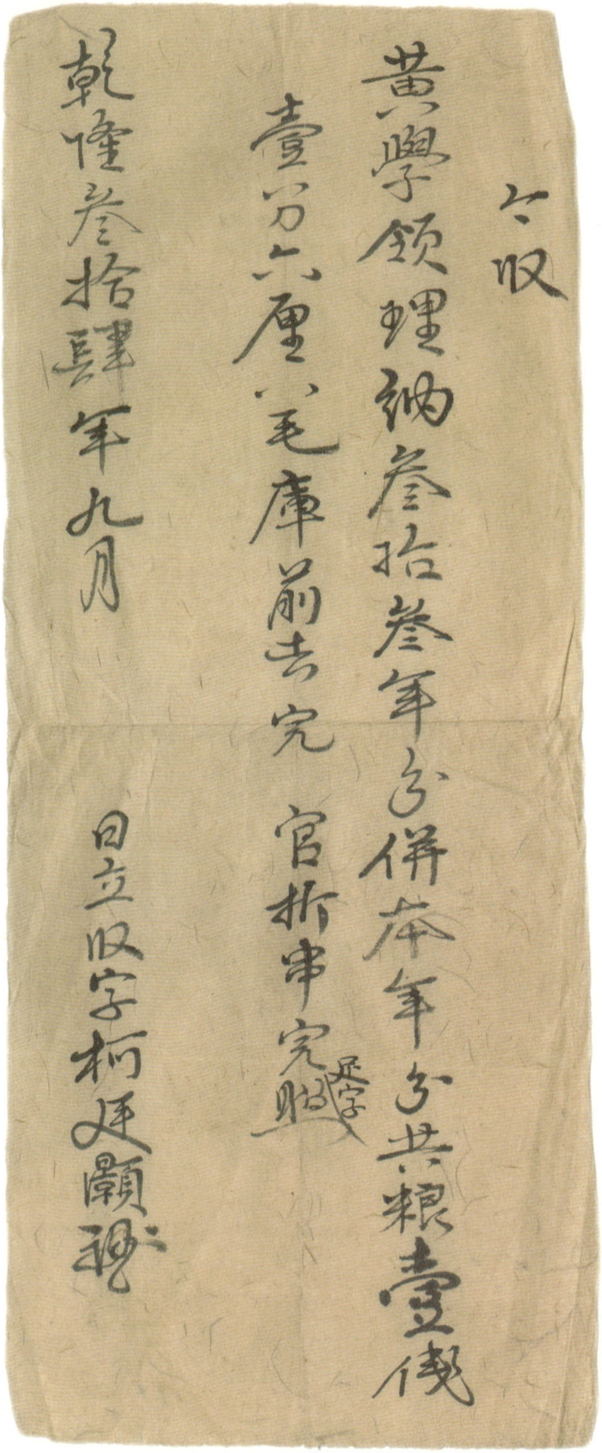
今收
黄學領裡納叁拾叁年分併本年分共粮壹錢
壹分六厘八毛庫前去完　官折串完照　廷字
乾隆叁拾肆年九月
日立收字柯廷灝號

10-6-109-1　清乾隆三十四年九月柯廷灝立收糧錢字

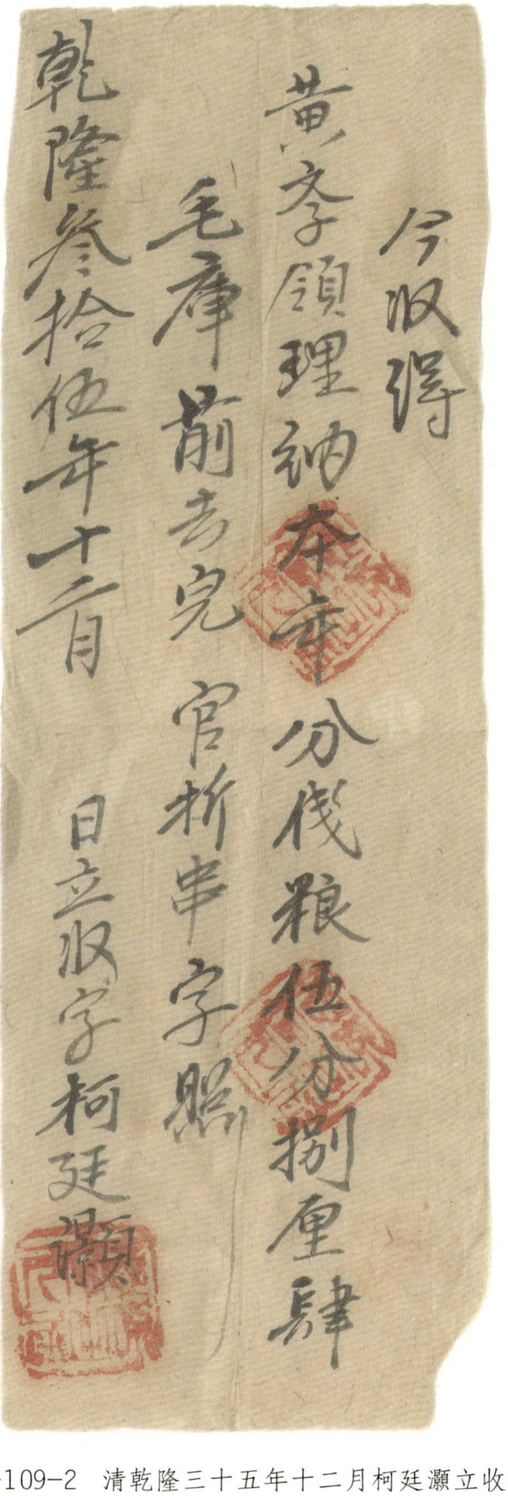

今收得
黄李領理納本年分錢粮伍分捌厘肆
毛庫前去完官折串字照
乾隆叁拾伍年十二月
日立收字柯廷灝

10-6-109-2　清乾隆三十五年十二月柯廷灝立收錢糧字

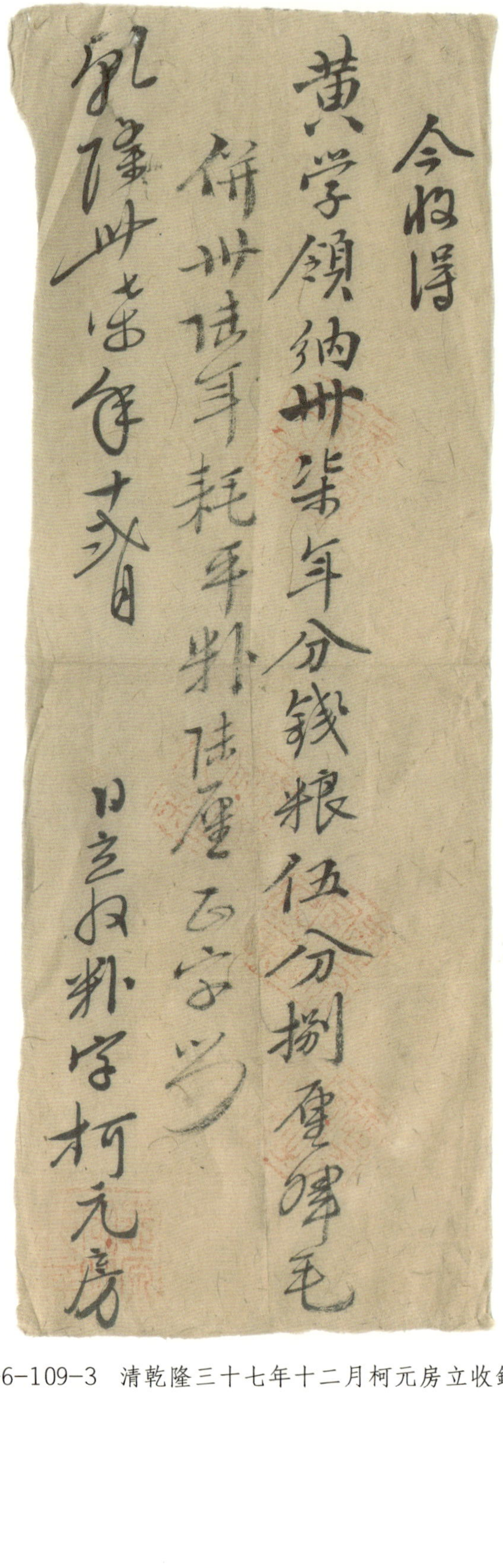

今收得
黄学領納卅柒年分錢粮伍分捌厘肆毛
併卅陸年耗平粿陸厘正字炒
乾隆卅柒年十二月
日立收粿字柯元房

10-6-109-3 清乾隆三十七年十二月柯元房立收錢糧字

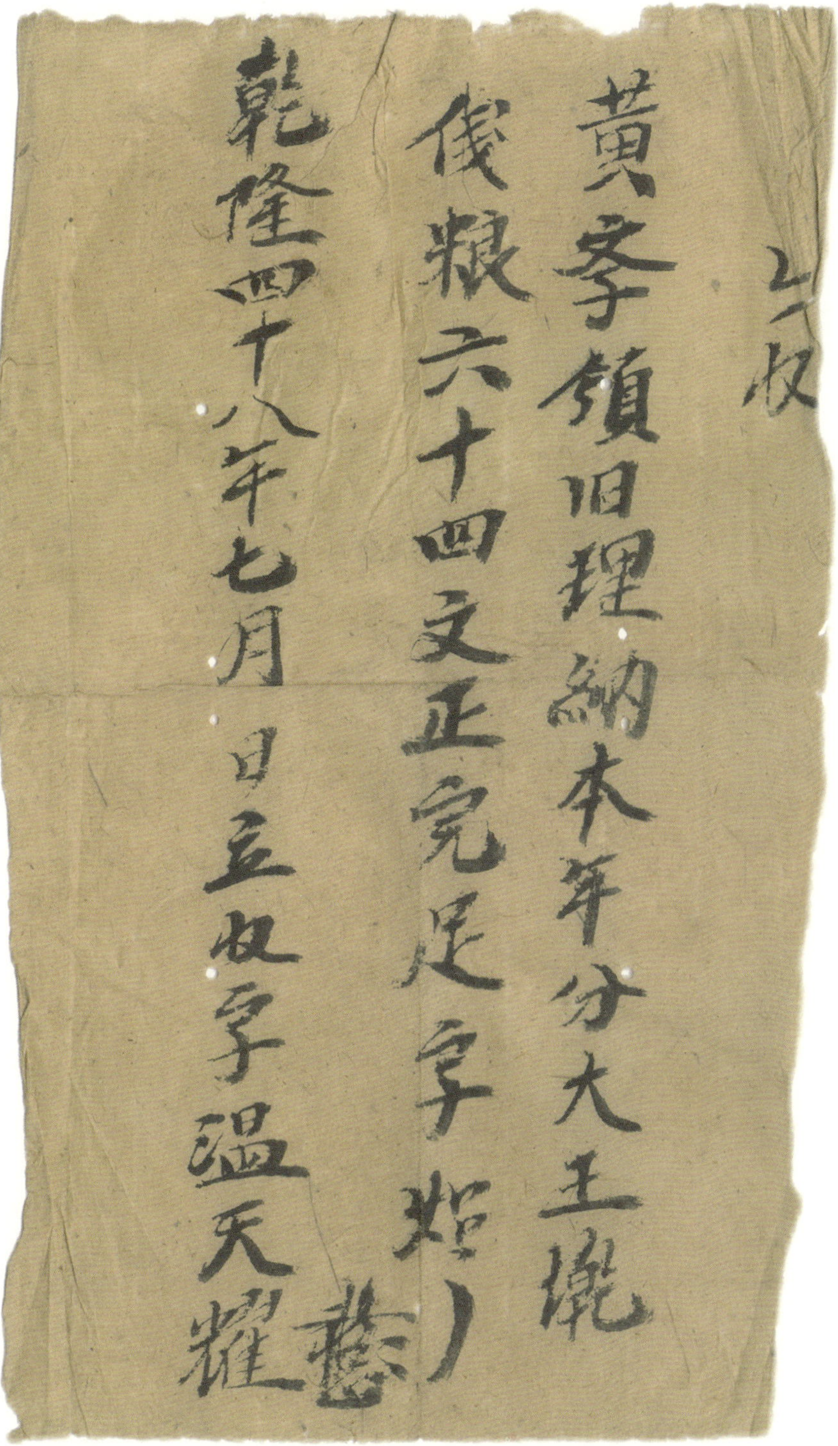
又收

黄孝領旧理納本年分大王墘
錢粮六十四文正完足字照
乾隆四十八年七月　日立收字温天耀　藝

10-6-109-4　清乾隆四十八年七月温天耀立收錢糧字

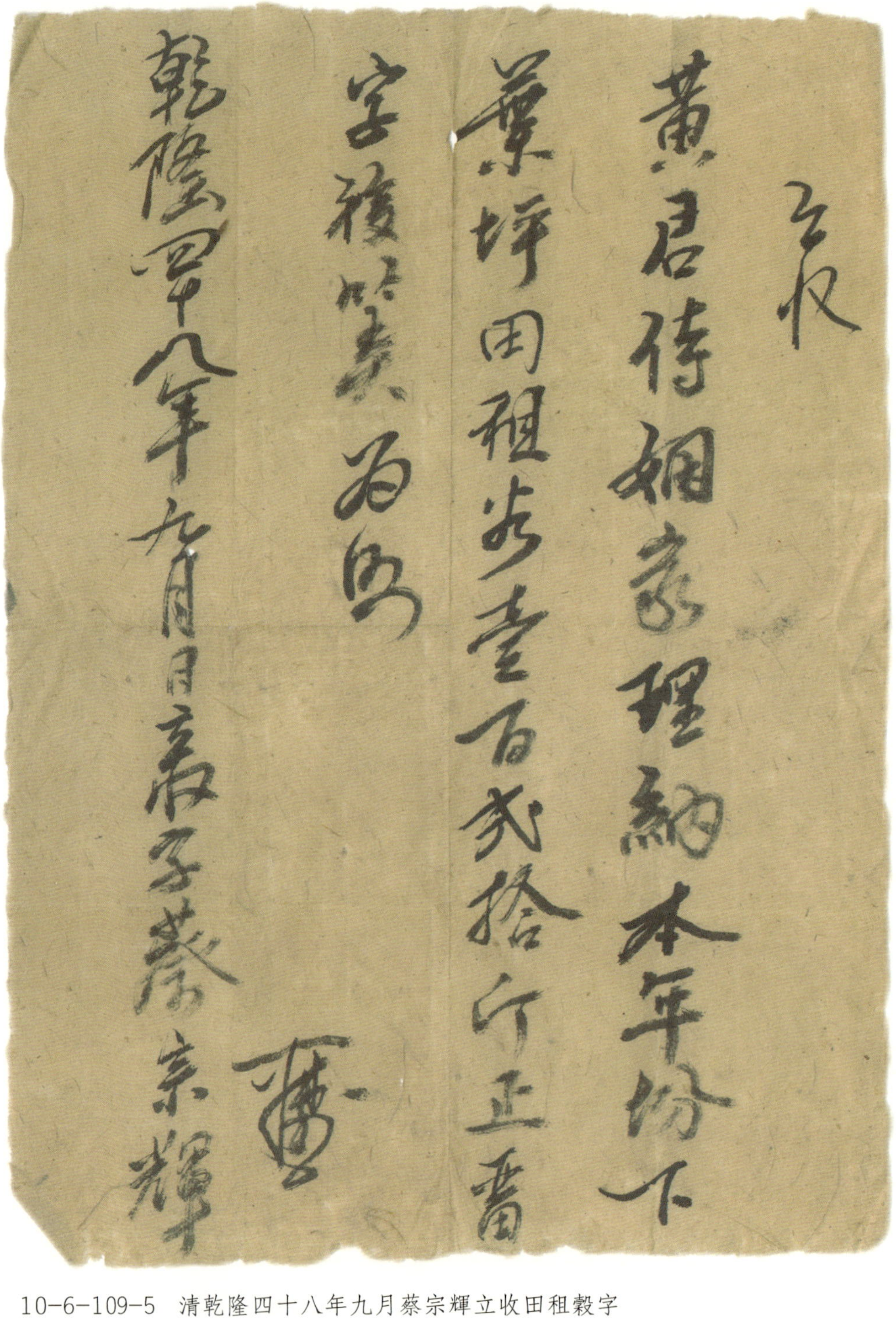
立收
黄君侍姻家理納本年份下
葉坪田租谷壹百弍拾斤正番
字穫收契為照
乾隆四十八年九月日立收字蔡宗輝
（押）

10-6-109-5　清乾隆四十八年九月蔡宗輝立收田租穀字

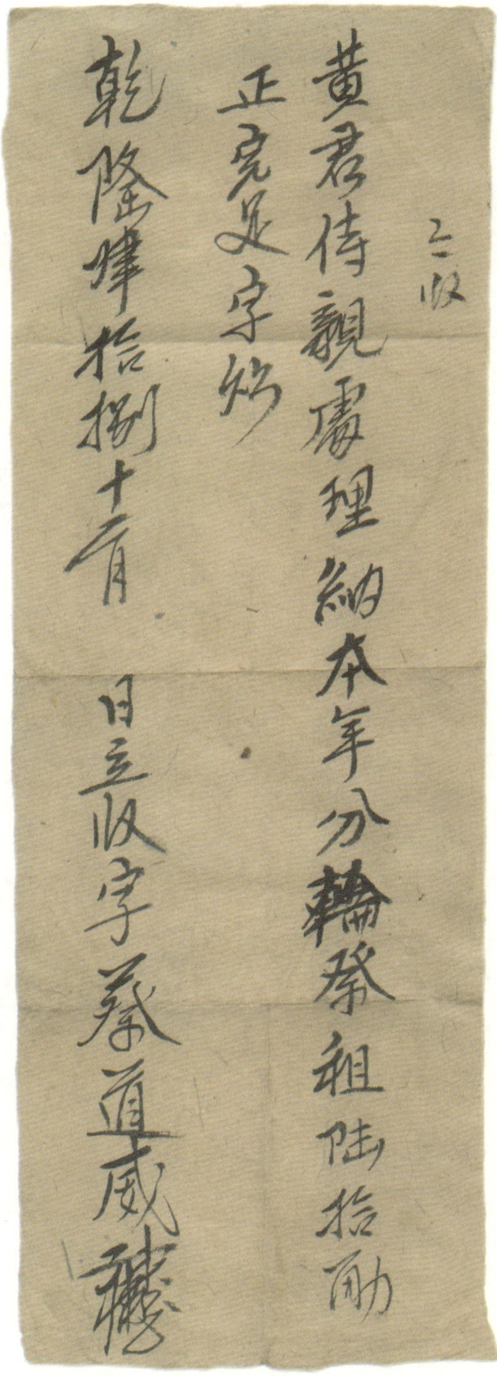
二收
黄君侍親處理納本年分輪祭租陸拾觔
正完足字炤
乾隆肆拾捌年十二月　日立收字蔡道威號

10-6-109-6　清乾隆四十八年十二月蔡道威立收輪祭租字

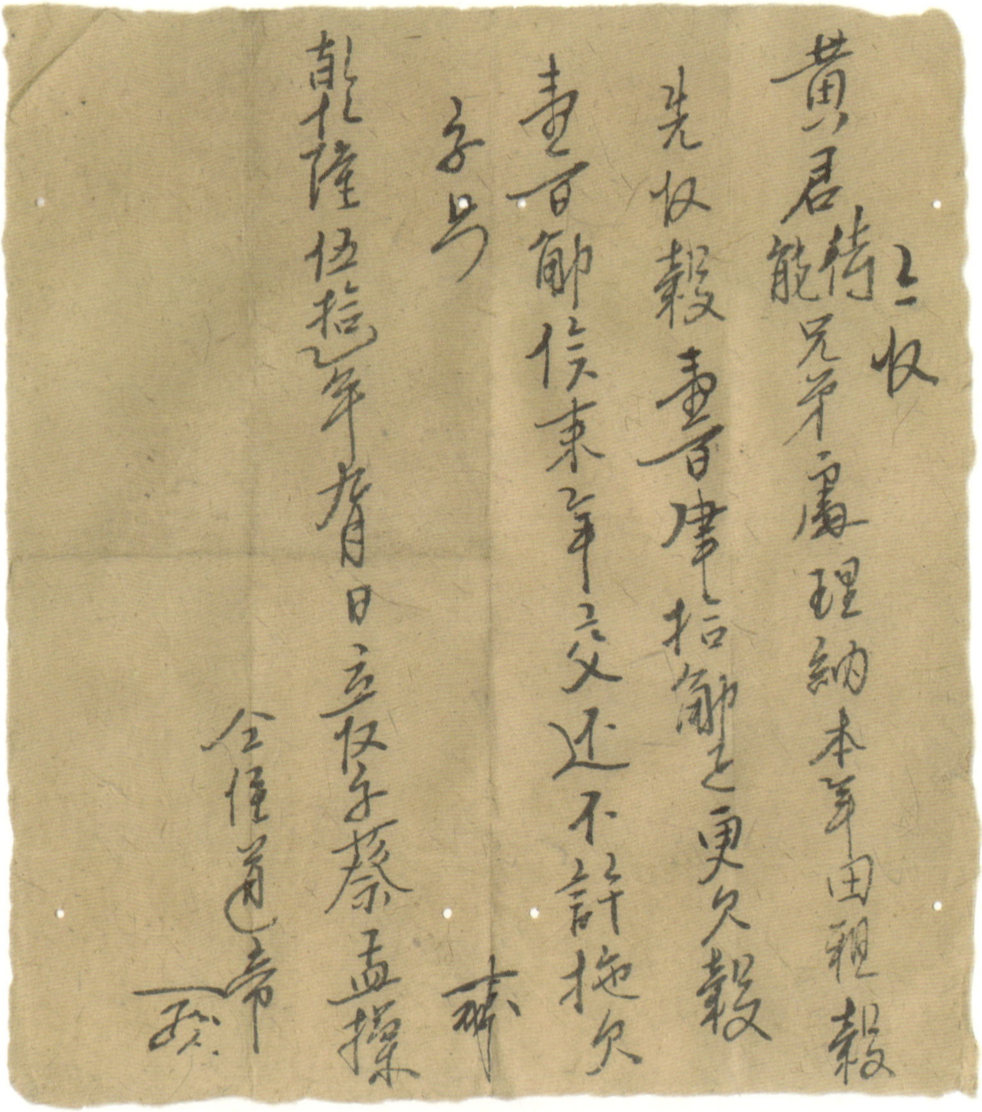

立收
黃君侍、能兄弟處理納本年田租穀
先收穀壹百肆拾斤正，更欠穀
壹百斤，俟來年一并交還，不許拖欠
字照
乾隆伍拾壹年九月　日立收字蔡孟操
仝侄蔡通帝

10-6-109-7　清乾隆五十一年九月蔡孟操等立收田租穀字

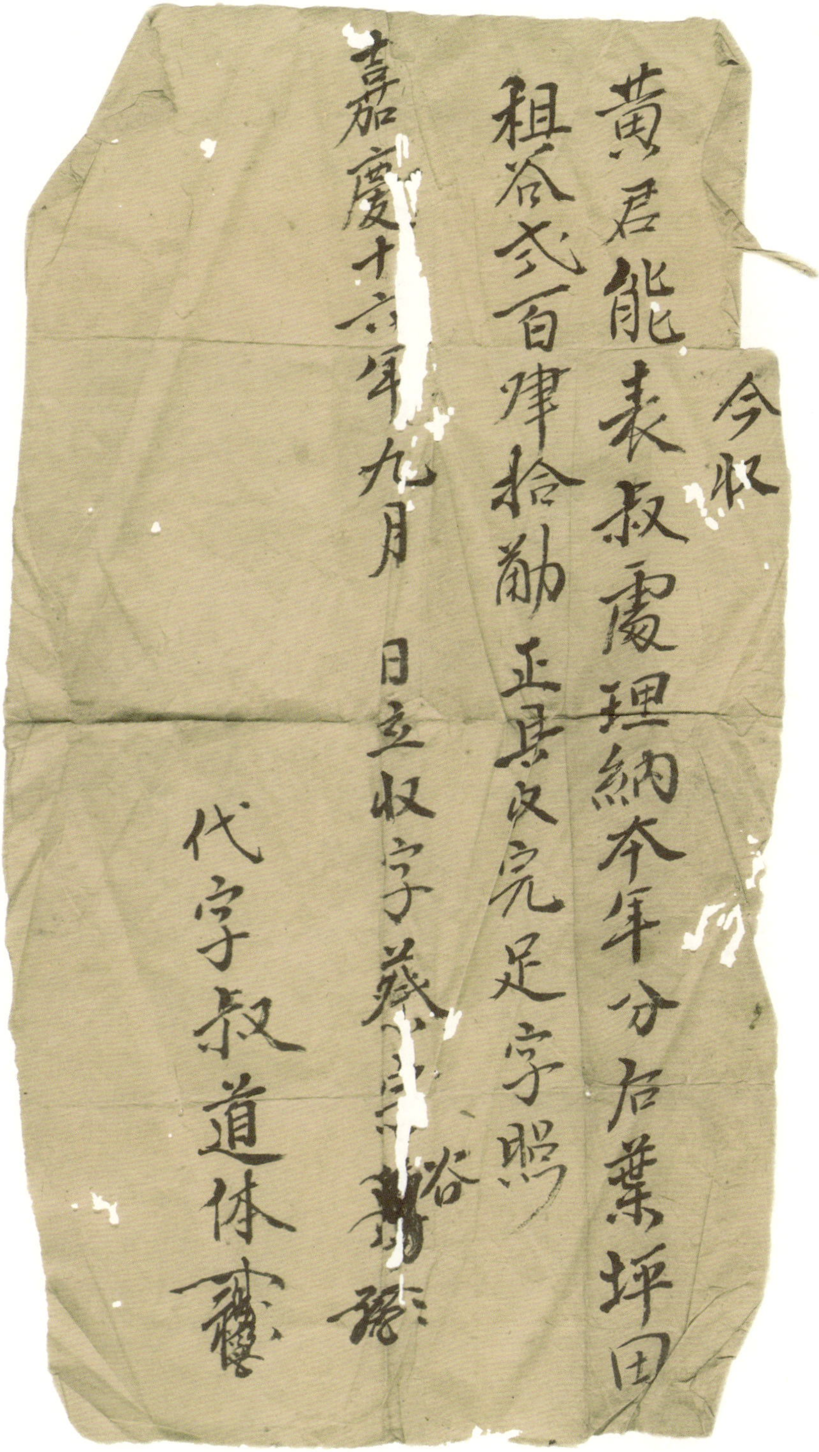
今收
黄君能表叔處理納本年分石葉坪田
租谷弍百肆拾觔正其皮完足字照
嘉慶十六年九月　日立收字蔡宗谷押
代字叔道体押

10-6-109-8　清嘉慶十六年九月蔡宗谷立收田租穀字

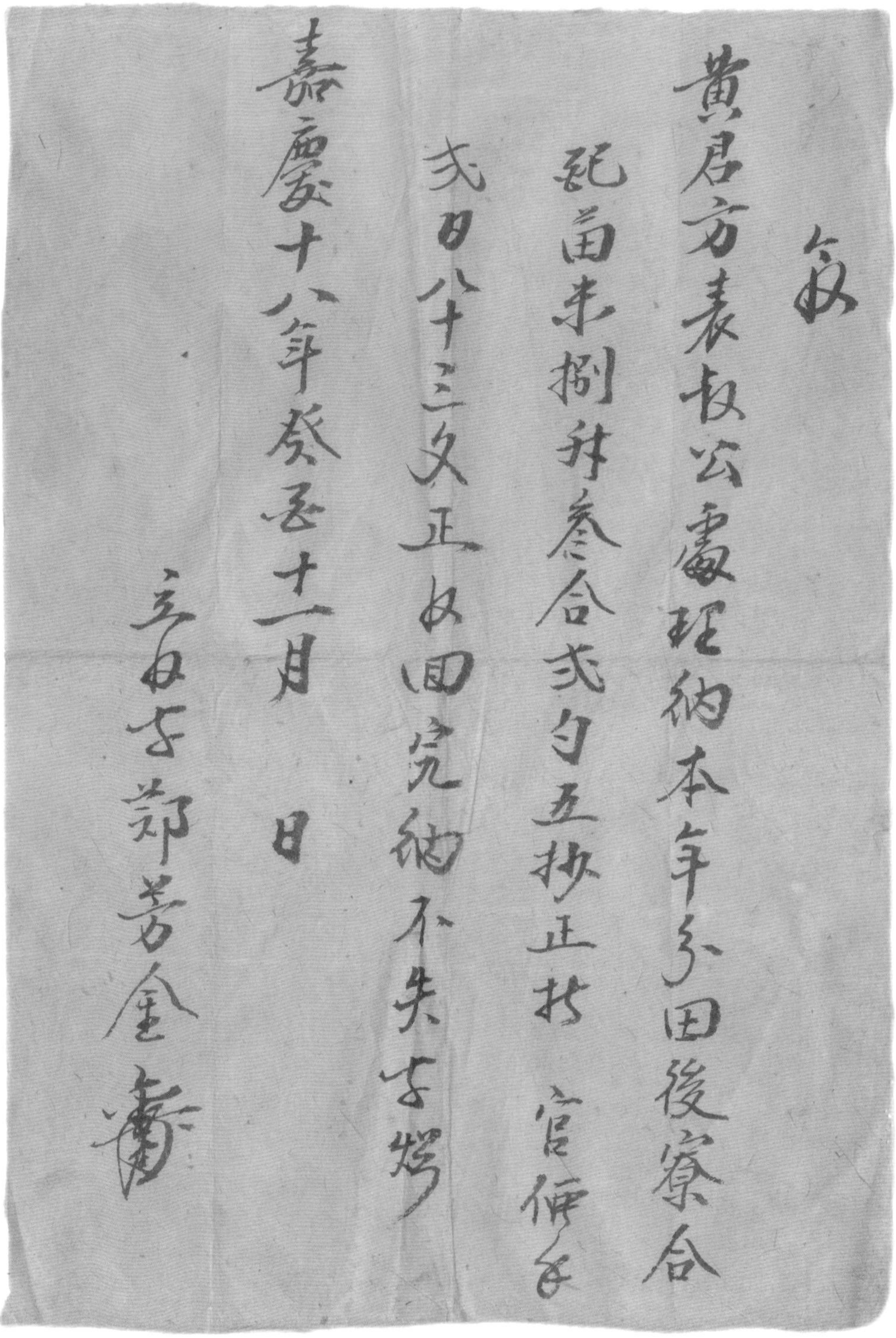
收
黄君方表叔公處理納本年分田後寮合
配苗米捌升叁合弍勺五抄正於 官併分
弍日八十三文正收回完納不失字照
嘉慶十八年癸酉十一月　日
立收字鄭芳金（押）

10-6-109-9　清嘉慶十八年十一月鄭芳金立收苗米字

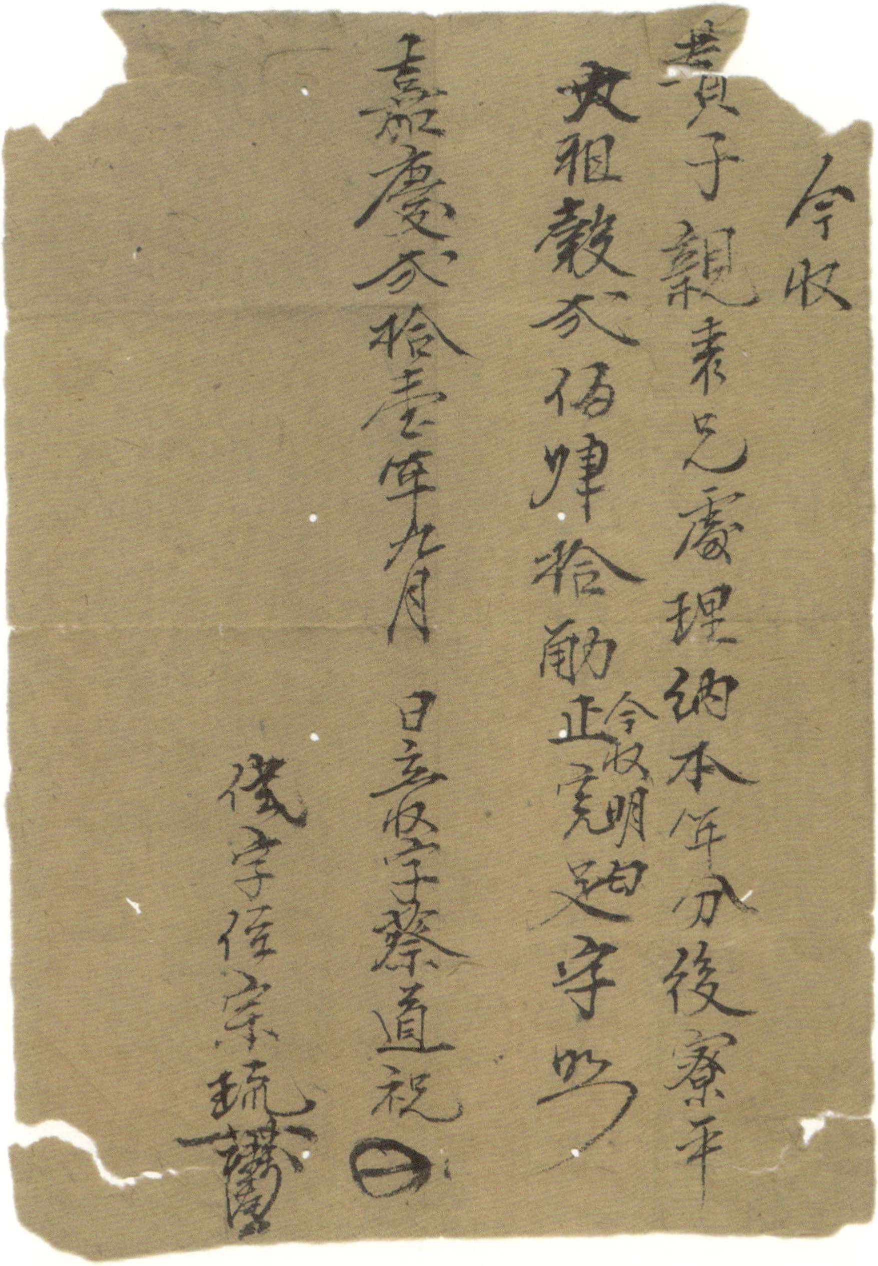

今收
貴子親表兄處理納本年分後寮平
大租穀弍佰肆拾觔正今收明白完趕字照
嘉慶弍拾壹年九月　日立收字蔡道祝（押）
代字侄宗琉（押）

10-6-109-10　清嘉慶二十一年九月蔡道祝立收大租穀字

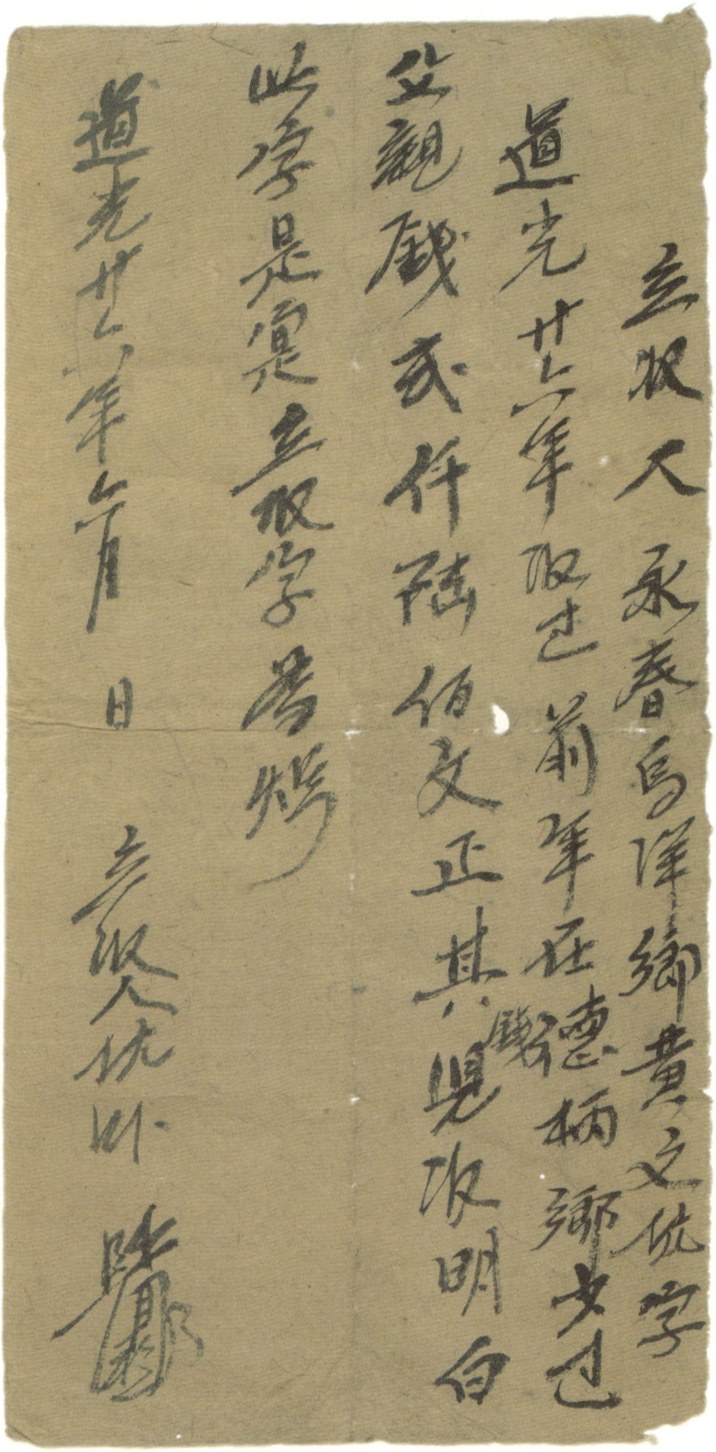
立收人永春烏洋鄉黃文坑字
道光廿六年收去荊峯莊德柄鄉女过
去親錢貳仟陆佰文正其錢足收明白
此字是实立收字為照
道光廿六年六月　日
立收人坑川 [illegible]

10-6-109-11　清道光二十六年六月永春黃文坑立收錢字

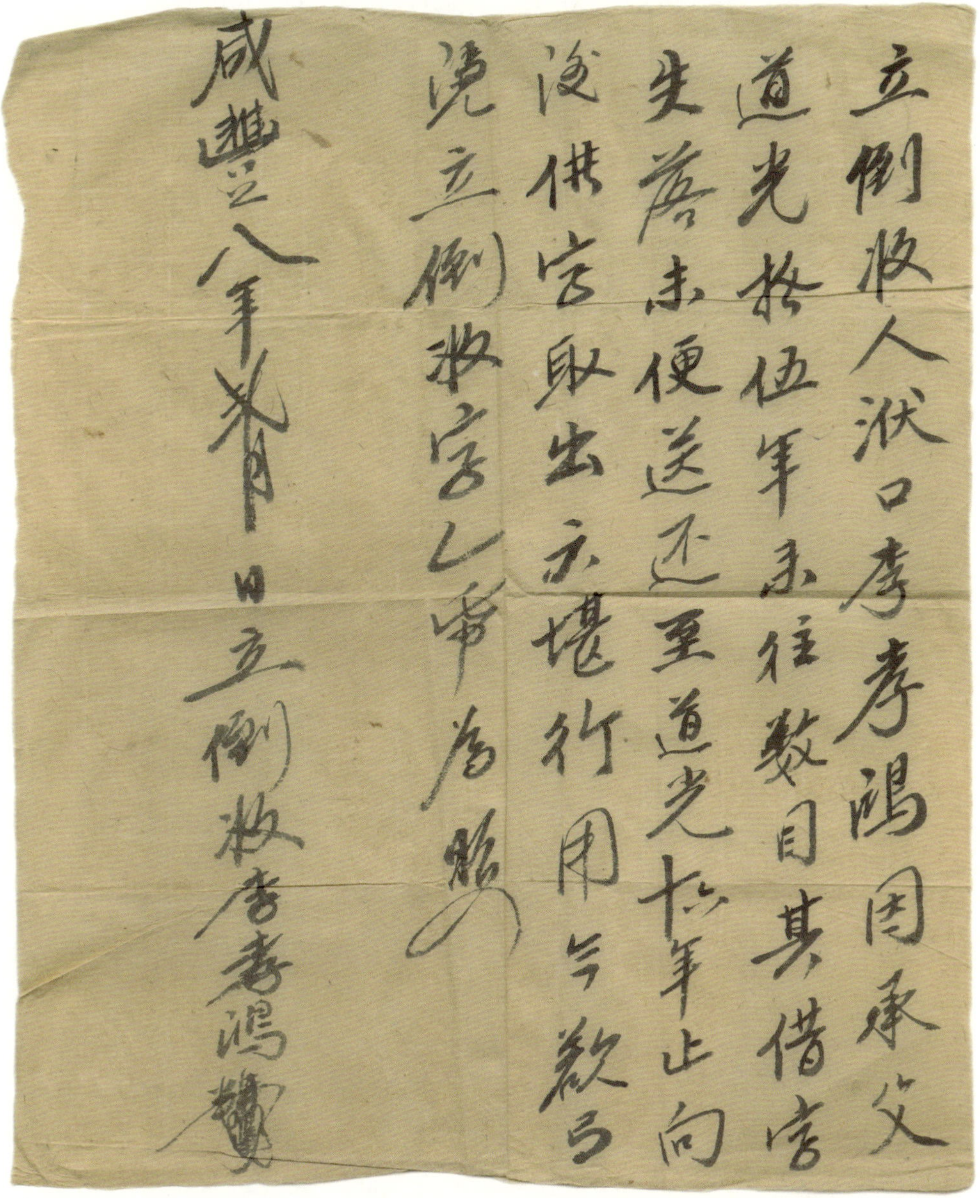
立倒收人洑口李孝鴻因承父
道光拾伍年來往數目其借字
生落未便送還至道光十六年止向
後供字取出亦堪行用今欲有
憑立倒收字乙帋為照
咸豐八年二月　日立倒收李孝鴻（押）

10-6-109-12　清咸豐八年二月李孝鴻立倒收字

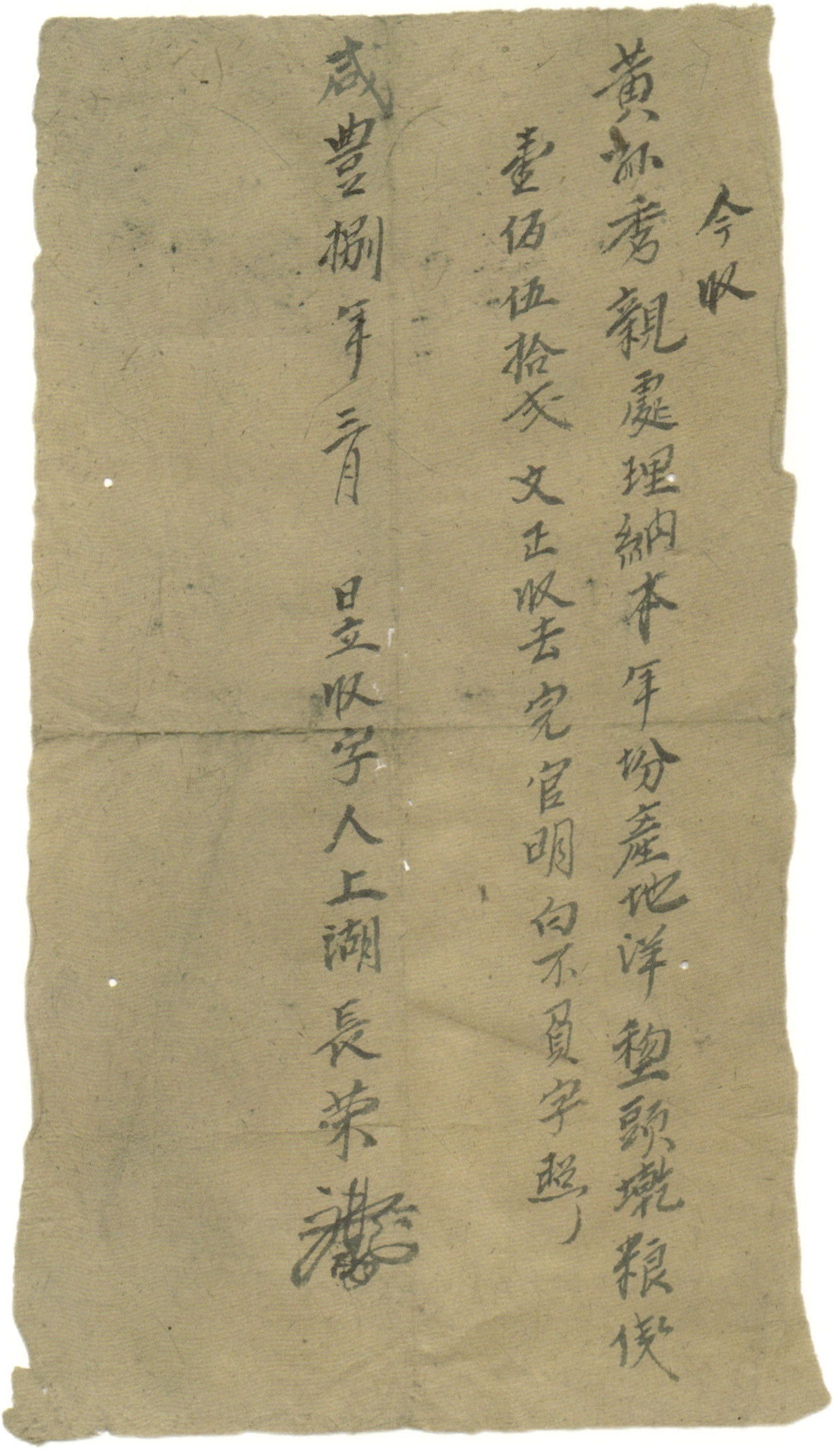
今收
黃詠秀親處理納本年坋產地洋墊頭墘糧錢
壹佰伍拾文 文正收去完官明白不負字照
咸豐捌年三月 日立收字人上湖長荣 (押)

10-6-109-13 清咸豐八年三月黃長荣立收糧錢字

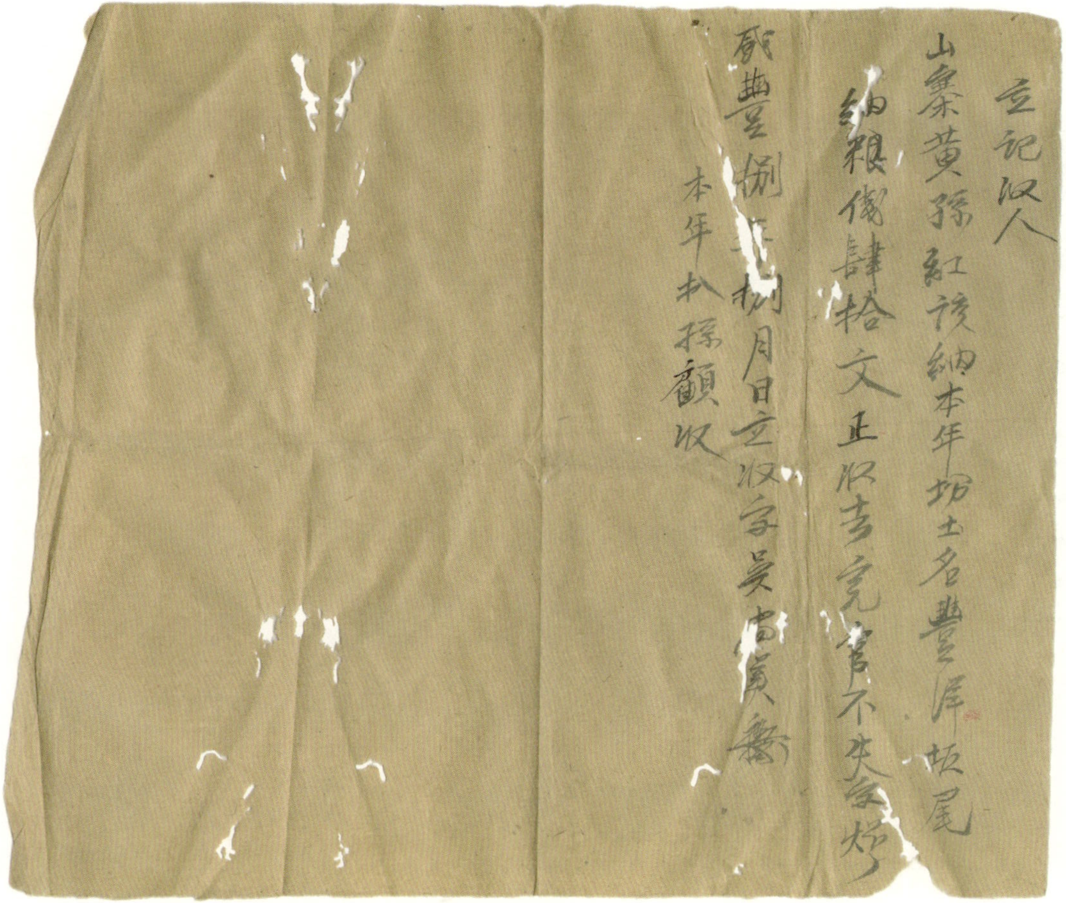
立記收人
山棠黃孫紅詨納本年坊土名豐岸坂尾
納粮銅錢肆拾文正收去完官不失字炤
咸豐捌年捌月日立收字吴尚美
本年扒孫顧收

10-6-109-14　清咸豐八年八月吴尚美立收糧錢字

憑票支出錢叁仟文
正，言約六月中旬票
到交清，不敢少欠，如是
少欠照例行息不負，
是照。

咸豐十一年五月　日立票字
林維會○

代字賴賢家
親

10-6-109-15　清咸豐十一年五月林維會立支錢憑票

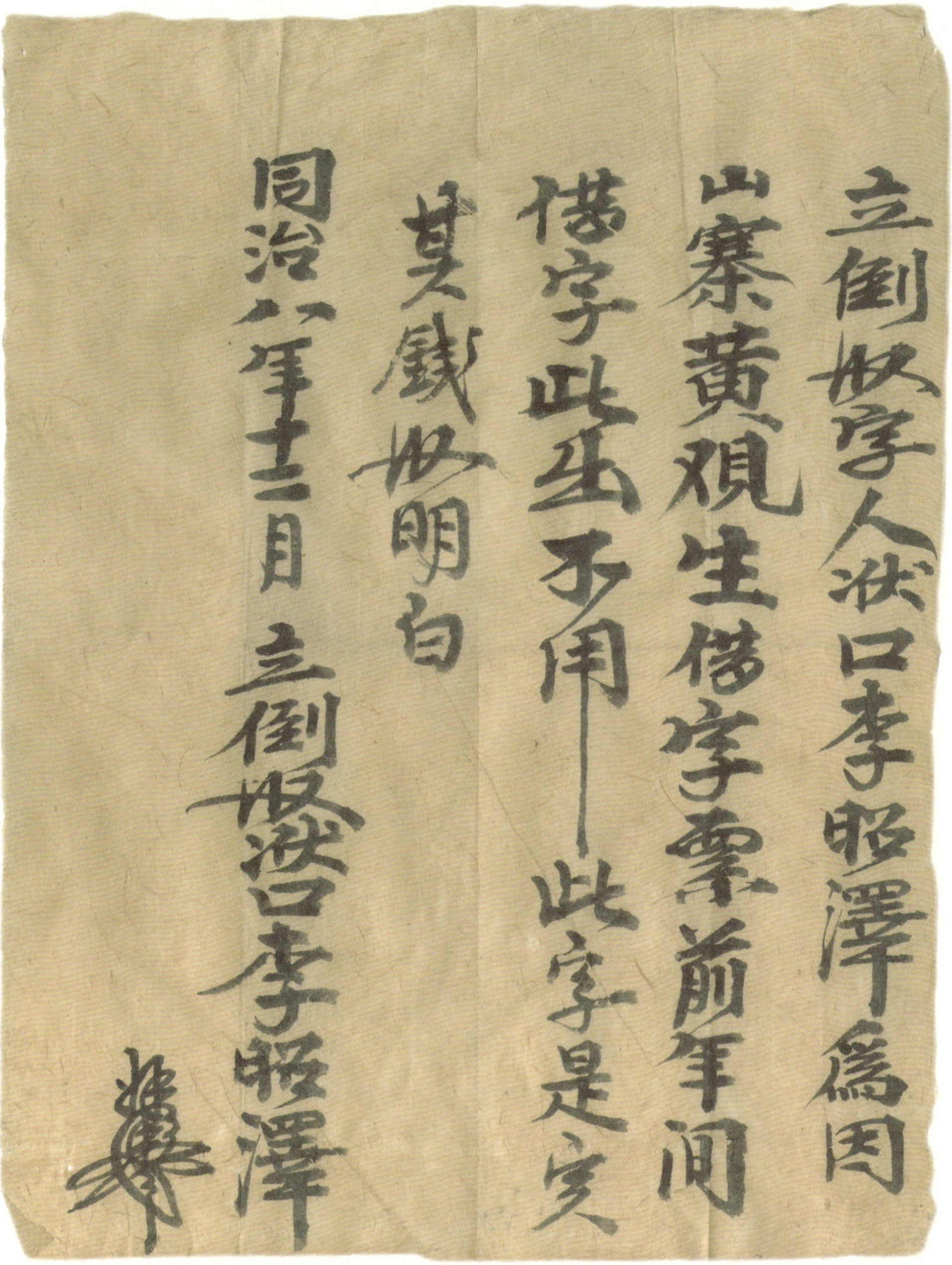
立倒收字人洪口李昭澤爲因
山寨黄硯生借字票前年间
借字此出不用——此字是实
其錢收明白
同治八年十二月　立倒收洪口李昭澤

10-6-109-16　清同治八年十二月李昭澤立倒收字

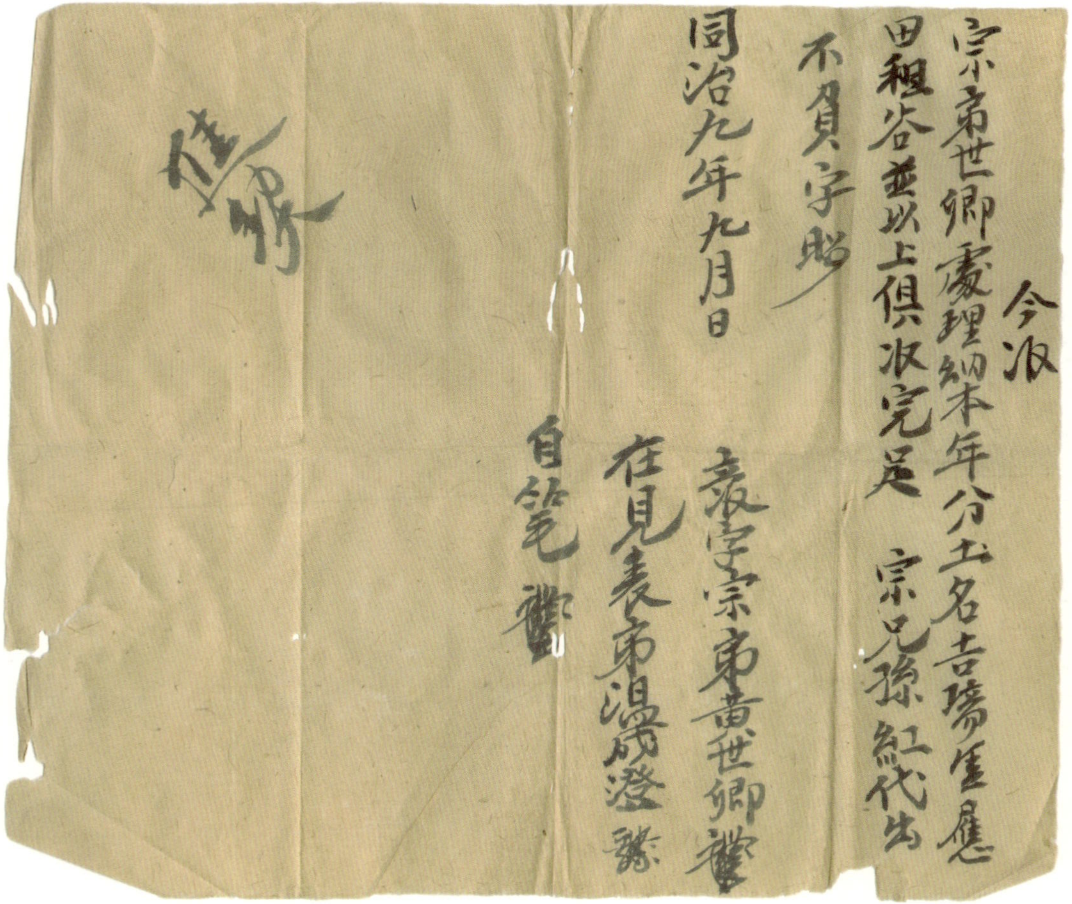

今收
宗弟世卿處理納本年分土名吉場生歷
田租谷並以上俱收完足　宗兄孫紅代出
不負字照
同治九年九月　日
立收字宗弟黄世卿（押）
在見表弟温成澄（押）
自筆（押）

10-6-109-17　清同治九年九月黄世卿立收田租穀字

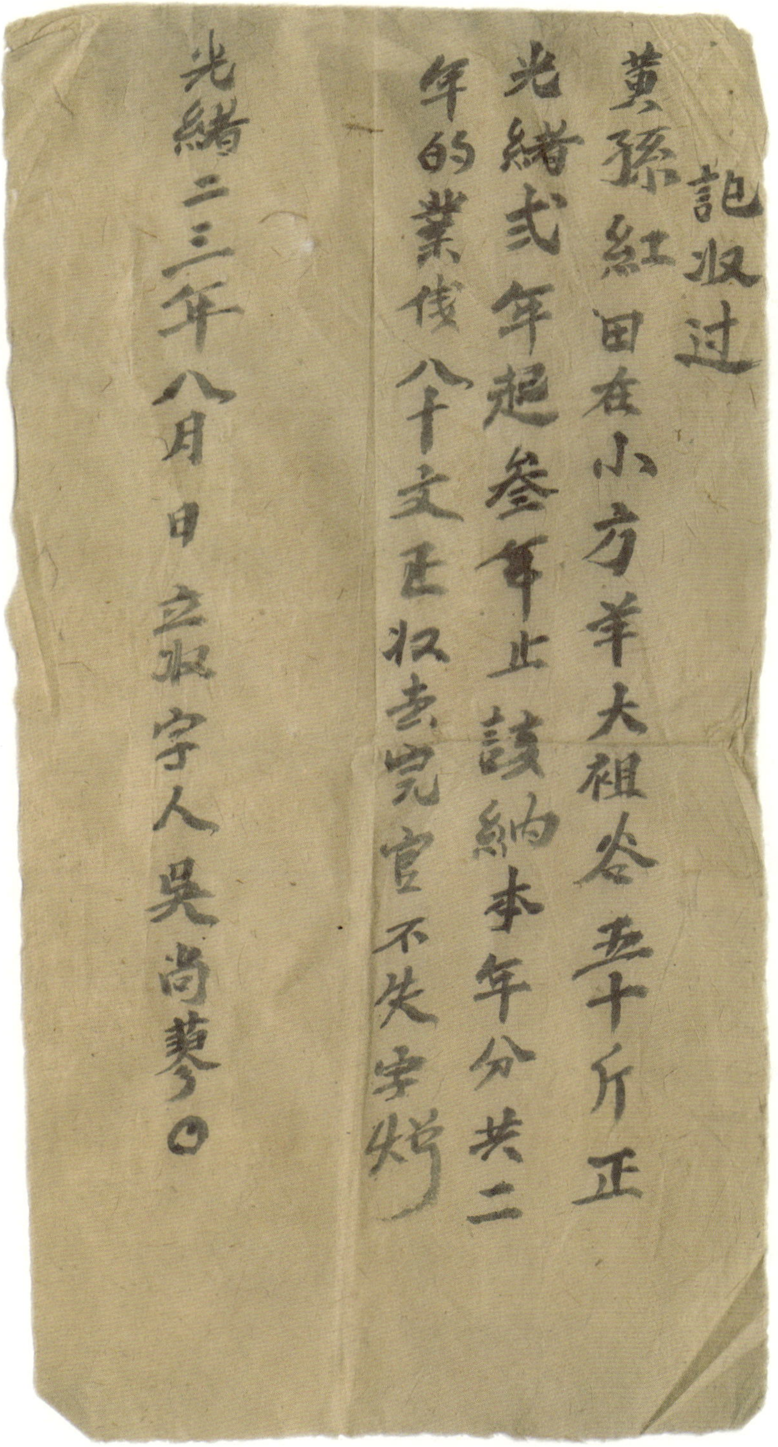
記收过
黄孫紅田在小方羊大祖名五十斤正
光緒弍年起叁年止該納本年分共二
年的業钱八十文正收去完官不失字炤
光緒二三年八月日 立收字人吴尚蓼

10-6-109-18 清光緒二十三年八月吴尚蓼立收得業錢字

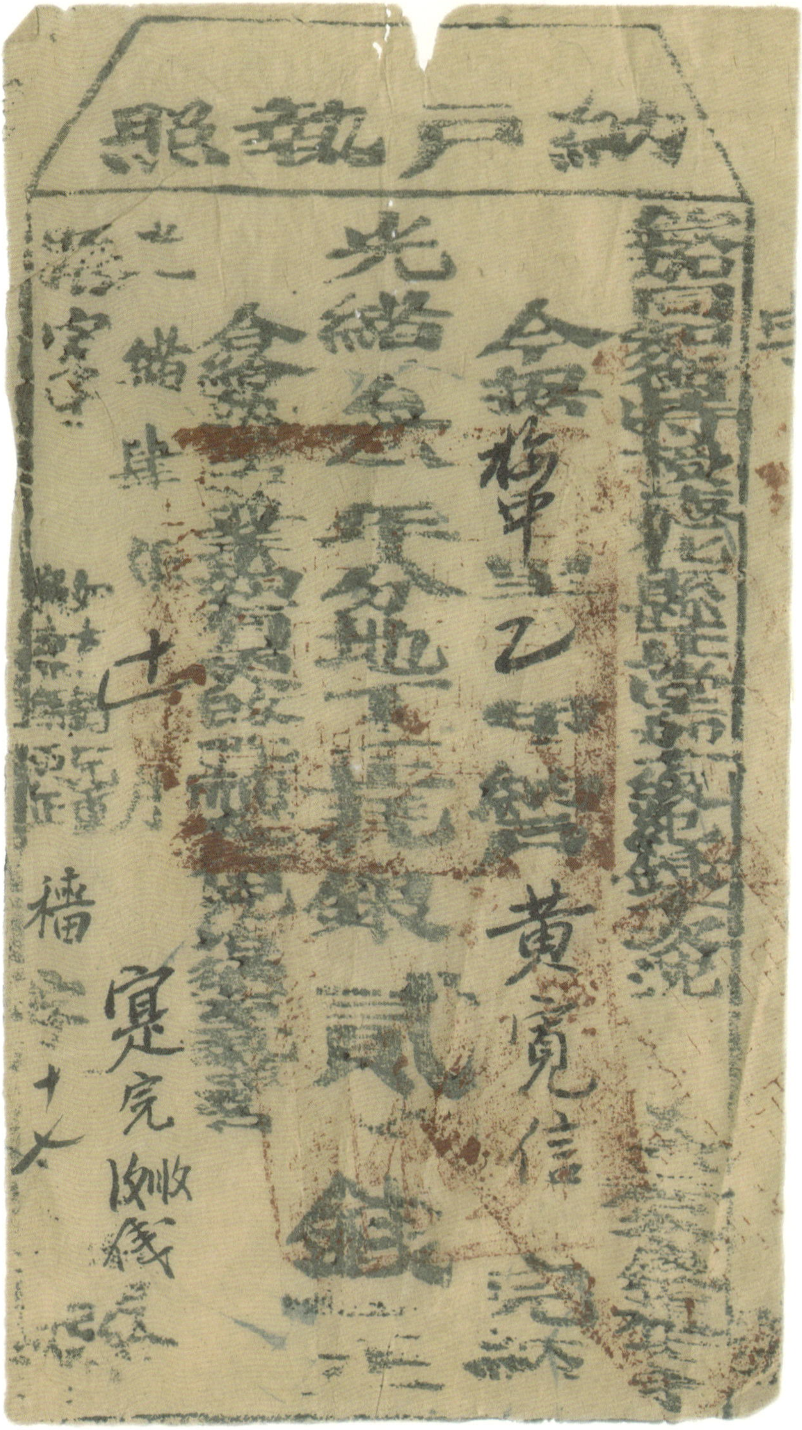

10-6-110-1　清光緒四年十一月德化黄寬信户納稅執照

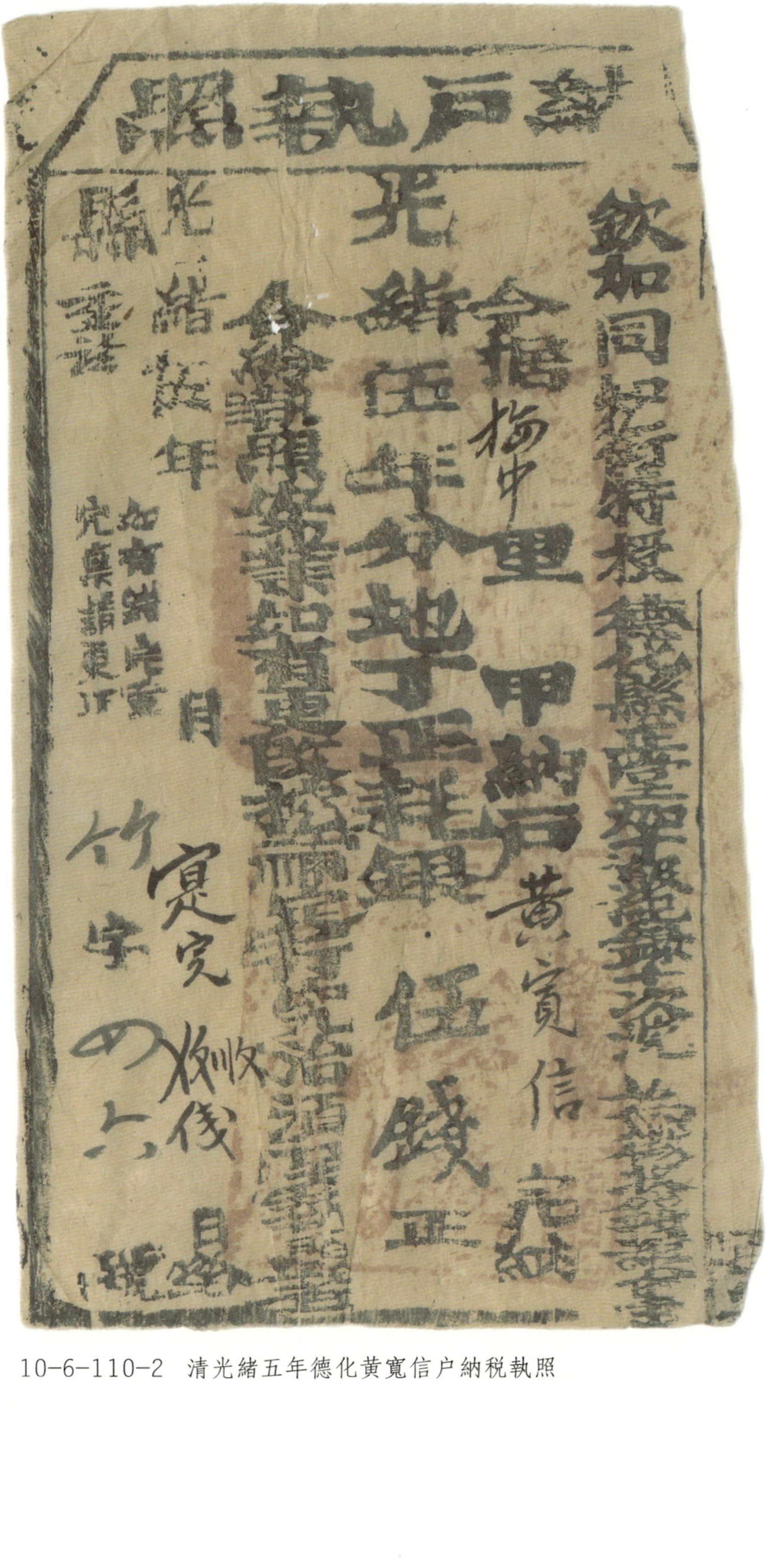

納戶執照

欽加同知銜特授德化縣正堂加五級紀錄十次

今據梅中里甲納戶黃寬信完納

光緒伍年分地丁正耗銀伍錢正

光緒伍年　月　日給

如有……究真……

縣……字……號

竹字四十六

寬完

收伐

10-6-110-2　清光緒五年德化黃寬信户納稅執照

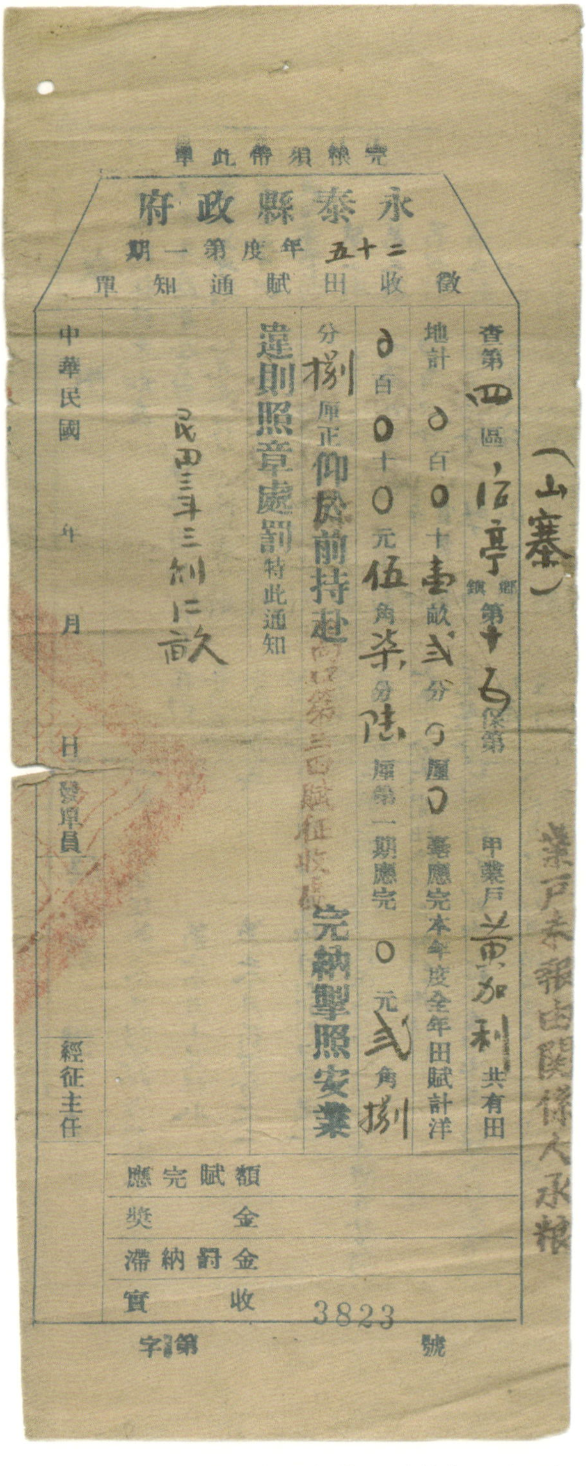
完粮須帶此單

永泰縣政府

二十五年度第一期

徵收田賦通知單

查第四區洑亭鄉鎮第十石保第　甲業戶黃加利共有田地計0百0十壹畝弍分0釐0毫應完本年度全年田賦計洋0百0十0元伍角柒分陸釐第一期應完0元弍角捌分捌釐正仰於前持赴向[illegible]第三區賦征收處完納掣照安業違則照章處罰特此通知

民四三年三[illegible]

中華民國　年　月　日

發單員

經征主任

應完賦額	
獎金	
滯納罰金	
實收	3823

字第　號

（山寨）

業戶未報由[illegible]係人承粮

10-6-110-3　民國二十五年黃加利徵收田賦通知單

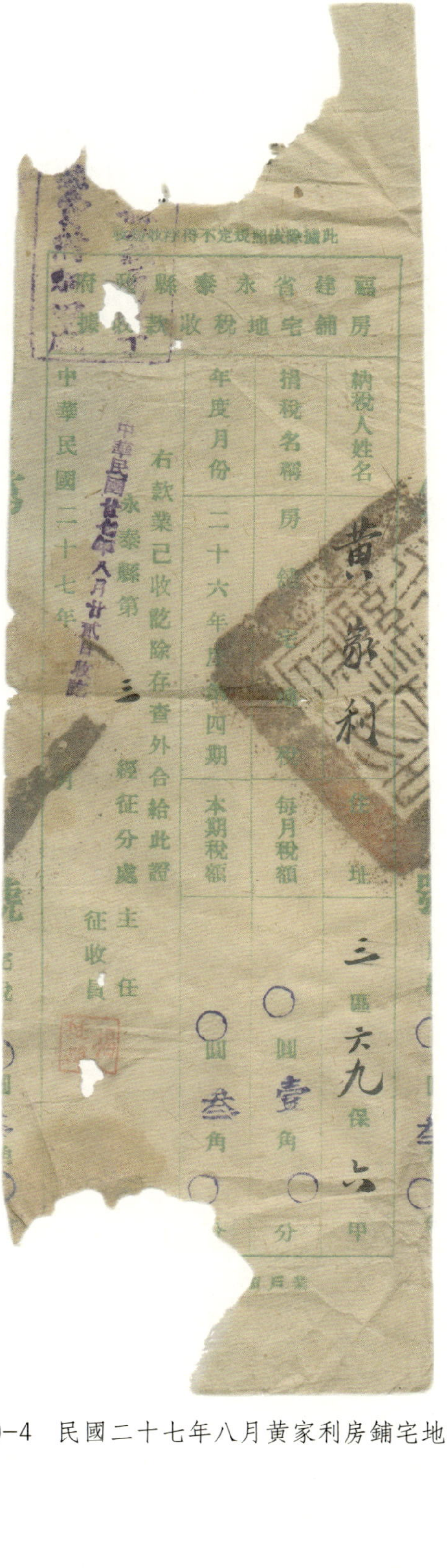
福建省永泰縣政府
房鋪宅地稅收款收據
納稅人姓名 黄家利
捐稅名稱 房鋪宅地稅
年度月份 二十六年度第四期
住址 三區六九保六甲
每月稅額 壹圓𠄘角分
本期稅額 圓叁角
右款業已收訖除存查外合給此證
永泰縣第三經征分處主任
征收員
中華民國廿七年八月廿貳日收訖
中華民國二十七年月

10-6-110-4　民國二十七年八月黄家利房鋪宅地税收款收據

發

洑

字第	02235 號	第 1 頁	共 1 張

姓名及住所	業主 黃學領　住 本縣 三 區 洑口 鄉鎮 山寨 村街 寨 保 五 甲　戶
代報人	住　縣　區　鄉鎮　村街　保　甲　戶
備考	

段別地號	地目	現作何用	等級	坐落土名	習慣面積	編查面積	坵數	賦額 元角分	個戶姓名	個戶住所 鄉鎮村保甲戶	附註
洑段五號	田	禾	丁	單閩垅		壹畝8分0厘		旺開			
洑段洑號	基	宅	丙	忠厝大樓		貳畝叁分0厘		川帶			
段　號						畝　分　厘					
段　號						畝　分　厘					
段　號						畝　分　厘					
段　號						畝　分　厘					
段　號						畝　分　厘					
段　號						畝　分　厘					

永泰縣第三區洑口鄉鎮土地歸戶公告單

(一)本單公告日起一個月無異議者作為確定
(二)業戶聲請複丈或複核書須夾附此單填具聲請書並照章繳納複丈費或過怠金
(三)本單應妥為保存以為完糧時核對地糧及將來領取土地管業執照之用
(四)在未頒發土地管業執照以前業戶土地倘有買賣移轉新舊業戶應各持單會同聲請過戶登記
(五)本單繕造二份一份發業戶一份留縣業戶如有私行塗改不相符者以留縣一份為憑
(六)賦額依稅率決定後另行通知

造單員

校對員

公告員

公告地點

年　月　日

10-6-111-1　民國時期黃學領户土地歸户公告單

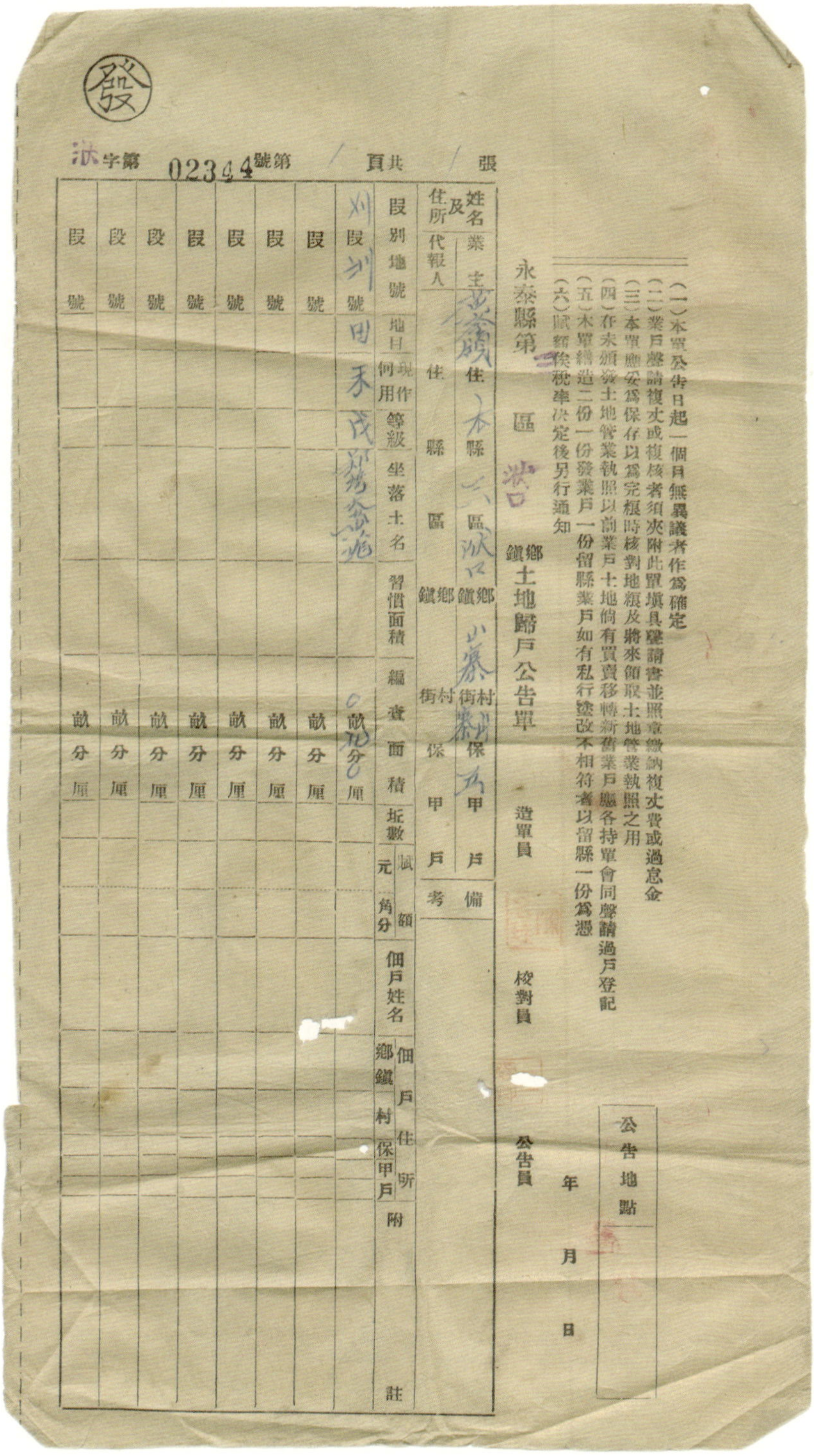
發

(一)本單公告日起一個月無異議者作爲確定
(二)業戶聲請複丈或複核者須夾附此單塡具聲請書並照章繳納複丈費或過怠金
(三)本單應妥爲保存以爲完糧時核對地糧及將來領取土地營業執照之用
(四)在未頒發土地管業執照以前業戶土地倘有買賣移轉新舊業戶應各持單會同聲請過戶登記
(五)本單繕造二份一份發業戶一份留縣業戶如有私行塗改不相符者以留縣一份爲憑
(六)賦額俟稅率決定後另行通知

永泰縣第二區 嵩口 鄉鎮土地歸戶公告單

造單員　　校對員　　公告員

公告地點

年　月　日

洑字第 02344 號第 1 頁共 1 張

姓名及住所：業主 黃孝領　住 本縣 六 區 洑口 鄉鎮 小蔡 村街 （保）甲 戶
代報人：住 縣 區 鄉鎮 村街 保 甲 戶
備考

段別地號	地目	現作何用	等級	坐落土名	習慣面積	編查面積	坵數	賦額 元角分	佃戶姓名	佃戶住所	附註
刈 段 刈 號	田	禾	戊	鄧秀（？）施		0 畝 九 分 0 厘				鄉鎮 村 保甲戶	
段 號						畝 分 厘					
段 號						畝 分 厘					
段 號						畝 分 厘					
段 號						畝 分 厘					
段 號						畝 分 厘					
段 號						畝 分 厘					
段 號						畝 分 厘					

10-6-111-2　民國時期黄孝領户土地歸户公告單（一）

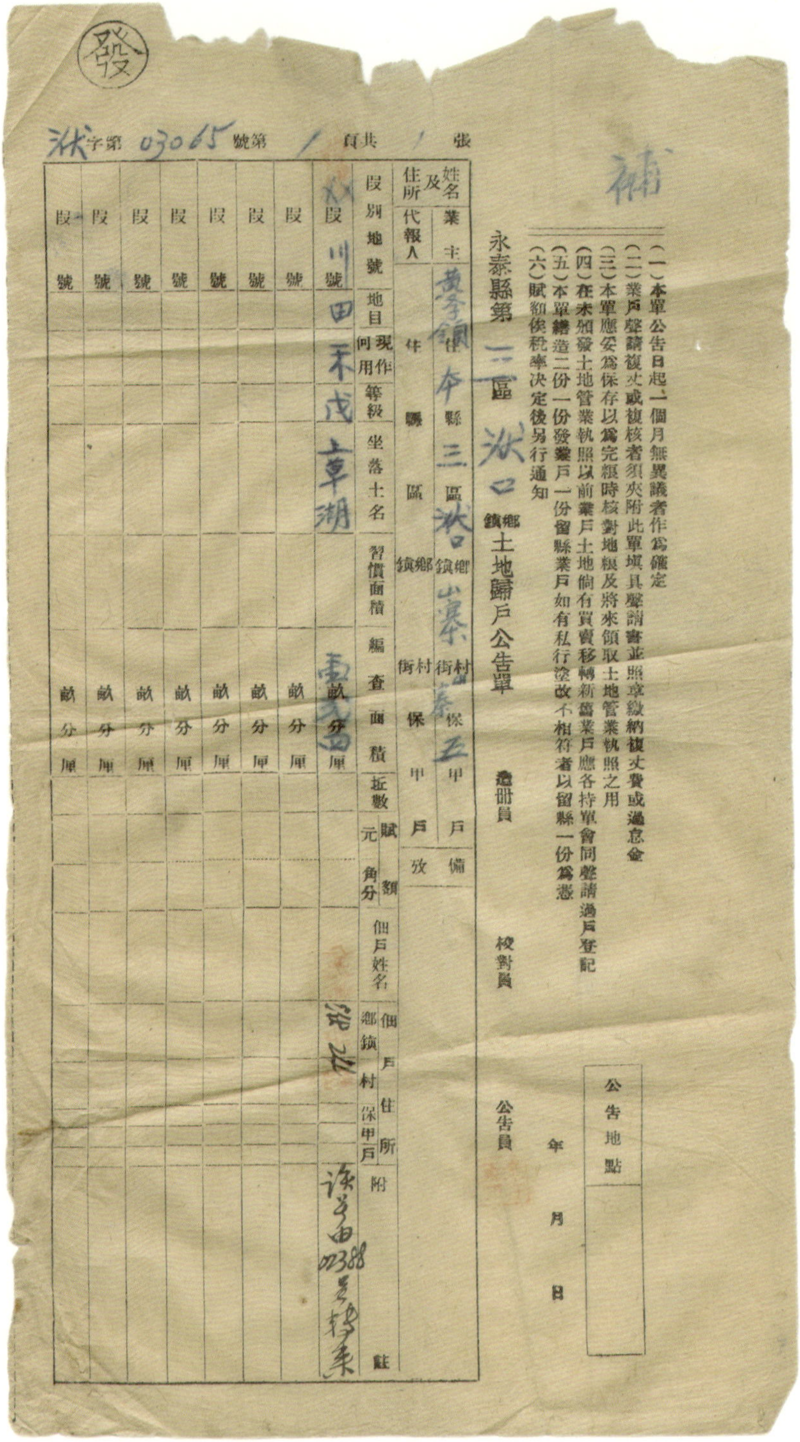
發

補

（一）本單公告日起一個月無異議者作爲確定
（二）業戶聲請複丈或複核者須夾附此單填具聲請書並照章繳納複丈費或遏息金
（三）本單應妥爲保存以爲完糧時核對地糧及將來領取土地管業執照之用
（四）在未頒發土地管業執照以前業戶土地倘有買賣移轉新舊業戶應各持單會同聲請過戶登記
（五）本單繕造二份一份發業戶一份留縣業戶如有私行塗改不相符者以留縣一份爲憑
（六）賦額俟稅率決定後另行通知

永泰縣第二區洑口鄉鎮土地歸戶公告單

造册員　　校對員　　公告員

公告地點　　年　月　日

洑字第03065號　第1頁　共1張

姓名及住所：業主　黄孶領　住本縣三區洑口鄉鎮山寨村街寨五保　甲　戶
代報人　住　縣　區　鄉鎮　村街　保　甲　戶
備攷

段別地號	地目	現作何用	等級	坐落土名	習慣面積	編查面積	折數	賦額 元 角 分	佃戶姓名	佃戶住所 鄉鎮 村 保甲戶	附註
洑段111號	田	禾	戊	上草湖		壹畝[illegible]分　釐				沼24	該号由03388号轉來
段　號						畝　分　釐					
段　號						畝　分　釐					
段　號						畝　分　釐					
段　號						畝　分　釐					
段　號						畝　分　釐					
段　號						畝　分　釐					
段　號						畝　分　釐					

10-6-111-3　民國時期黄孶領户土地歸户公告單（二）

刈 三 248 81

發

洑字第 02345 號　第　頁　共 1 張

(一)本單公告日起一個月無異議者作爲確定
(二)業戶聲請複丈或複核者須夾附此單填具聲請書並照章繳納複丈費或過怠金
(三)本單應妥爲保存以爲完糧時核對地糧及將來領取土地管業執照之用
(四)在未頒發土地管業執照以前業戶土地倘有買賣移轉新舊業戶應各持單會同聲請過戶登記
(五)本單繕造二份一份發業戶一份留縣業戶如有私行塗改不相符者以留縣一份爲憑
(六)賦額俟稅率決定後另行通知

永泰縣第 三 區 洑口 鄉鎮土地歸戶公告單

姓名及住所		
業主	黃盛極	住 永 縣 三 區 洑口 鄉鎮 山寨 村街 保 甲 戶
代報人		住 縣 區 鄉鎮 村街 保 甲 戶
備考		

段別地號	地目	現作何用	等級	坐落土名	習慣面積	編查面積	坵數	賦額 元 角分	佃戶姓名	佃戶住所 鄉鎮 村 保甲戶	附註
刈 段 三 號	田	禾	丁	[illegible]		0 畝 四 分 0 厘			黃盛極	洑口 山寨	
段 號						畝 分 厘					
段 號						畝 分 厘					
段 號						畝 分 厘					
段 號						畝 分 厘					
段 號						畝 分 厘					
段 號						畝 分 厘					
段 號						畝 分 厘					

造單員

校對員

公告員

公告地點

年　月　日

10-6-111-4　民國時期黄盛極户土地歸户公告單

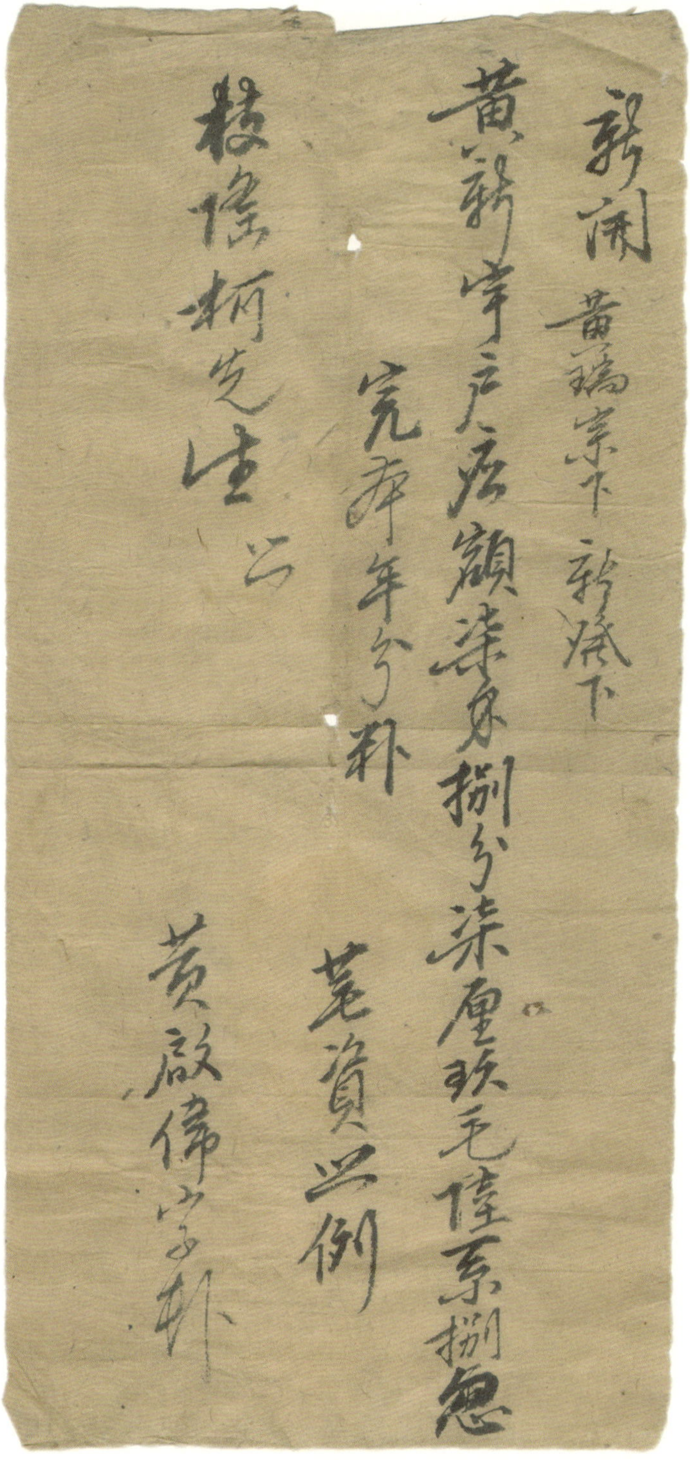
新開　黄瑀宗下　新烇下
黄新宇户應額柒錢捌分柒厘玖毛陸系捌忽
完本年分粮
花資照例
黄啓偉字付
樓條柯先生　照

10-6-112-1　黄啓偉立黄新宇户納糧字（年代不詳）

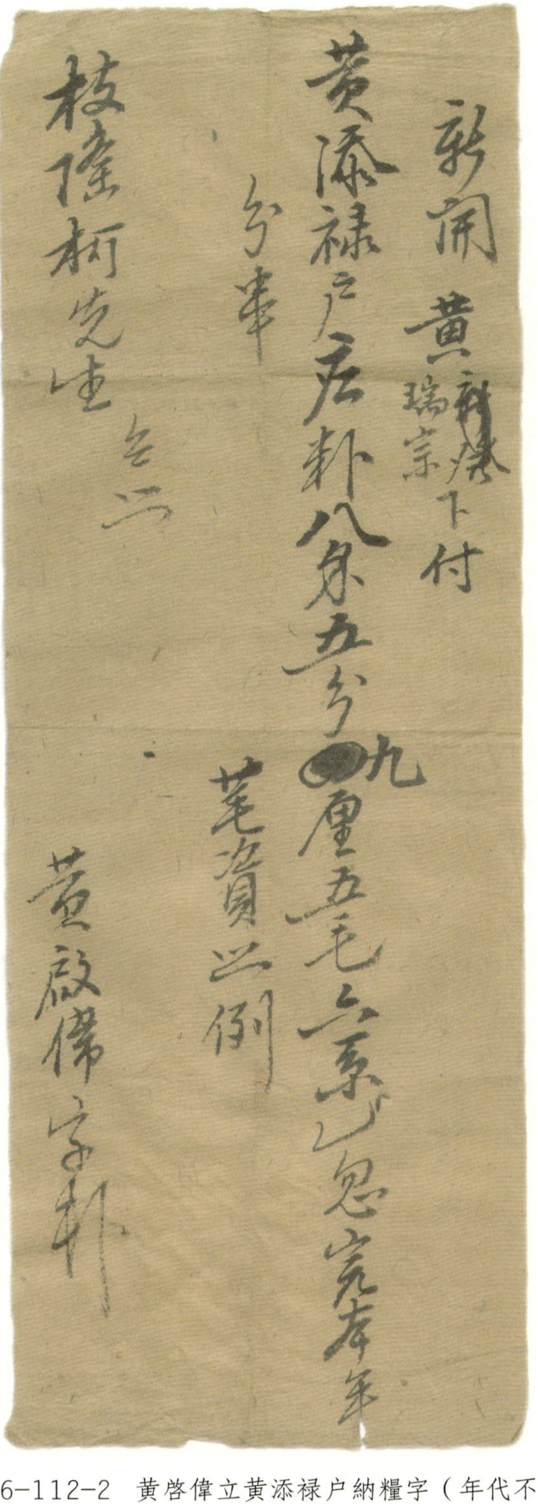
新開　黃瑞宗户下付
黃添禄之户糧八条五分九厘五毛六糸二忽，完本年分串，花資照例。
枝蔭柯先生　台上
黃啟偉字據

10-6-112-2　黃啓偉立黃添禄户納糧字（年代不詳）

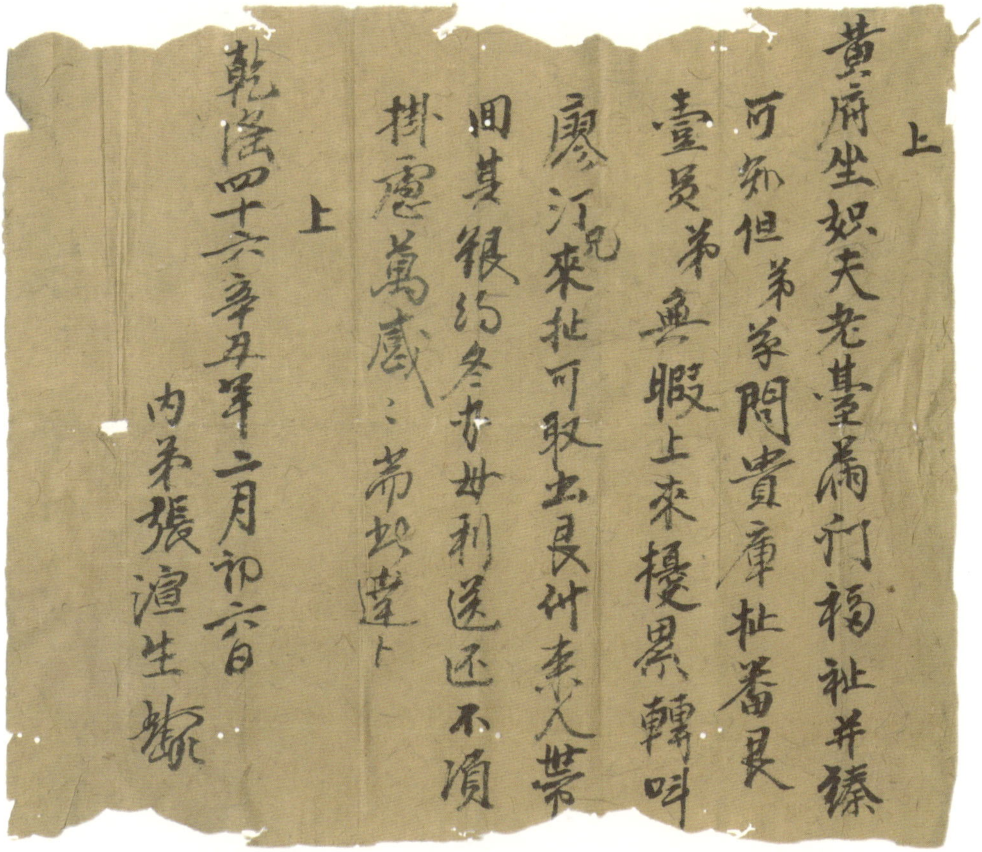

上
黄府坐姊夫老台屬內福祉并臻
可知但弟家間貴庫扯蓄員
壹員弟無暇上來擾累轉叫
廖汀兄來扯可取出艮什來入費
回其銀約冬季母利送還不須
掛慮萬感々弟拙達上
上
乾隆四十六辛丑年二月初六日
内弟張渲生

10-6-113-1　清乾隆四十六年二月張渲生致姊夫黄氏書信

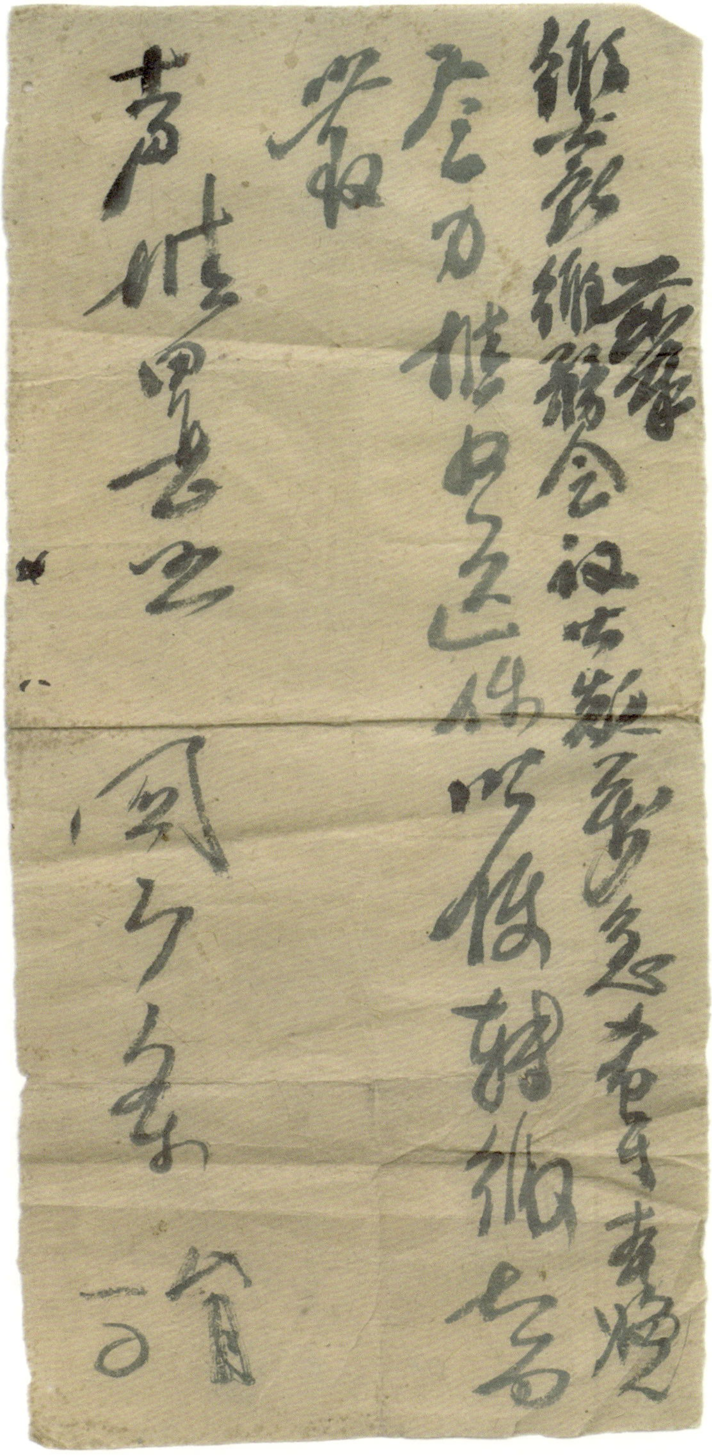

10-6-113-2 民國時期某某致黄声惟書信

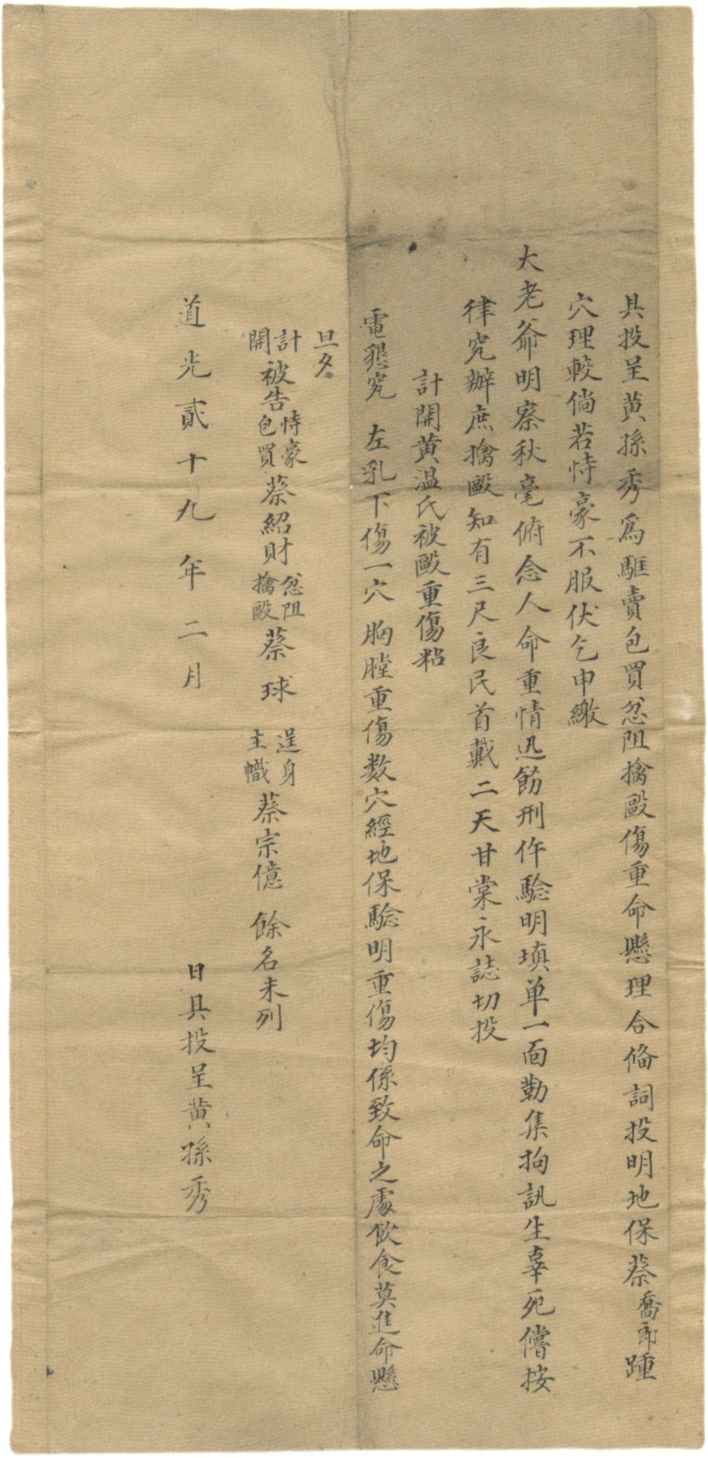
具投呈黃孫秀爲驅賣色買忿阻擒毆傷重命懸理合倫詞投明地保蔡喬甫踵
穴理較倘若恃豪不服伏乞申繳
大老爺明察秋毫俯念人命重情迅飭刑仵驗明填单一面勤集拘訊生辜死償按
律究辦庶擒毆知有三尺良民首戴二天甘棠永誌切投
計開黃溫氏被毆重傷粘
電猊究 左乳下傷一穴 胸膛重傷数穴經地保驗明重傷均係致命之處飲食莫進命懸
旦夕
計開被告恃豪色買蔡紹財 忿阻擒毆蔡球 逞身主幟蔡宗億 餘名未列
道光貳十九年二月　日具投呈黃孫秀

10-6-114-1　清道光二十九年二月黄孫秀具投呈狀（一）

具投呈黄孫秀爲驅賣包買忿阻擒毆傷重命懸理合借詞投明地保蔡喬郎 踵

大理較倘若恃豪不服伏乞申繳

太老爺明察秋毫俯念人命重情迅飭刑仵驗明填单一面勒集拘訊生辜死償按

律究辦庶擒毆知有三尺良民首戴二天甘棠永誌切投

計開温氏被毆重傷粘

電懇究 左乳下傷一穴胸膛重傷數穴經地保驗明重傷均係致命之處飲食莫進命懸

旦夕

計開被告恃豪包買蔡紹財忿阻擒毆蔡球逞身主慨蔡宗億餘名未列

道光貳十九年二月 日具投呈黄孫秀

10-6-114-2 清道光二十九年二月黄孫秀具投呈狀（二）

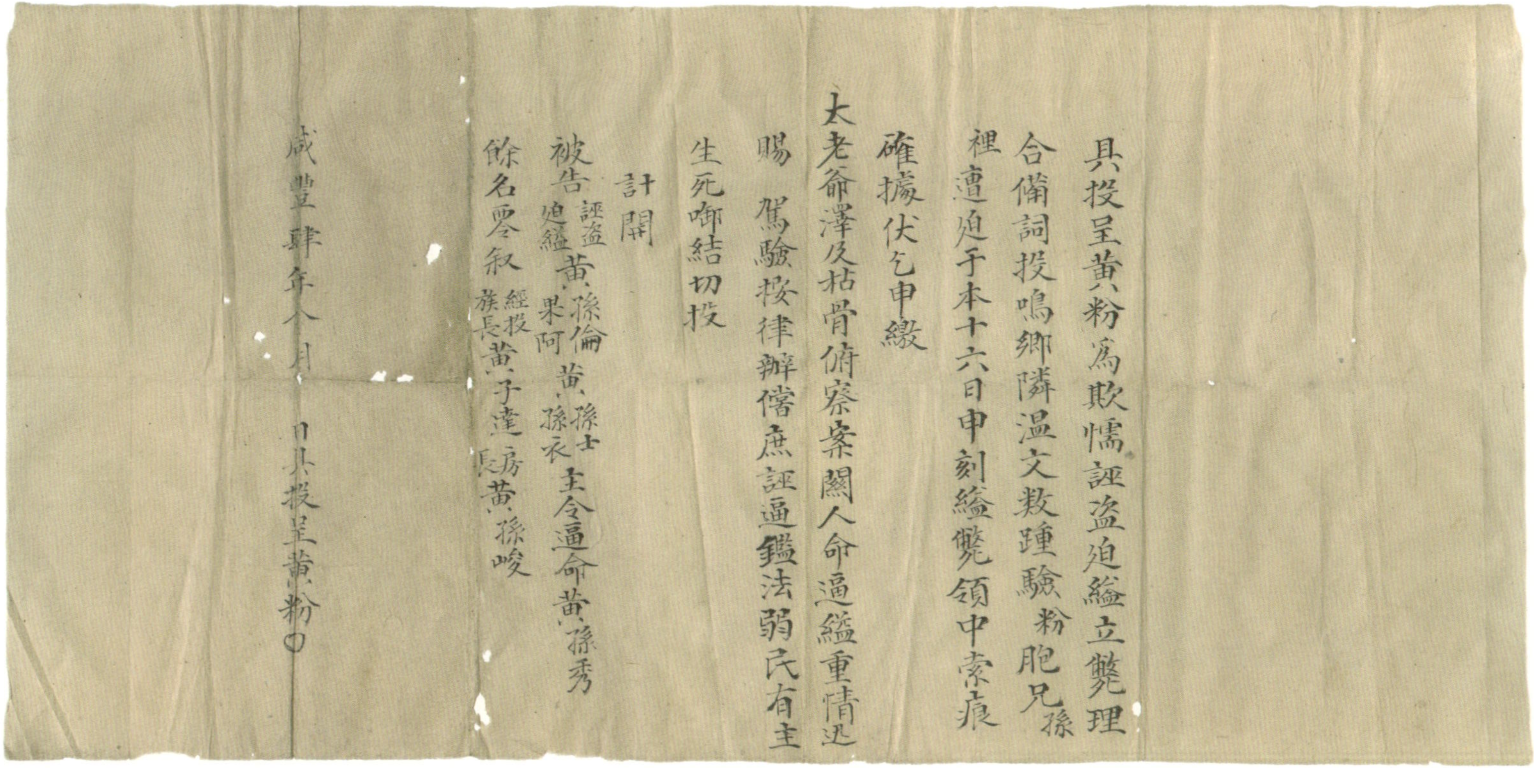
具投呈黃粉為欺懦誣盜迫縊立斃理
合備詞投鳴鄉隣温文數踵驗粉胞兄孫
裡遭迫于本十六日申刻縊斃領中索痕
確據伏乞申繳
太老爺澤及枯骨俯察案關人命逼縊重情迅
賜　駕驗按律辦償庶誣逼鐵法弱氏有主
生死啣結切投
計開
被告　誣盜迫縊黃孫倫　果阿黃孫士　黃孫衣　主令逼命黃孫秀
餘名零叙　經投族長黃子達　房長黃孫峻
咸豐肆年八月　日具投呈黃粉

10-6-114-3　清咸豐四年八月黃粉具投呈狀

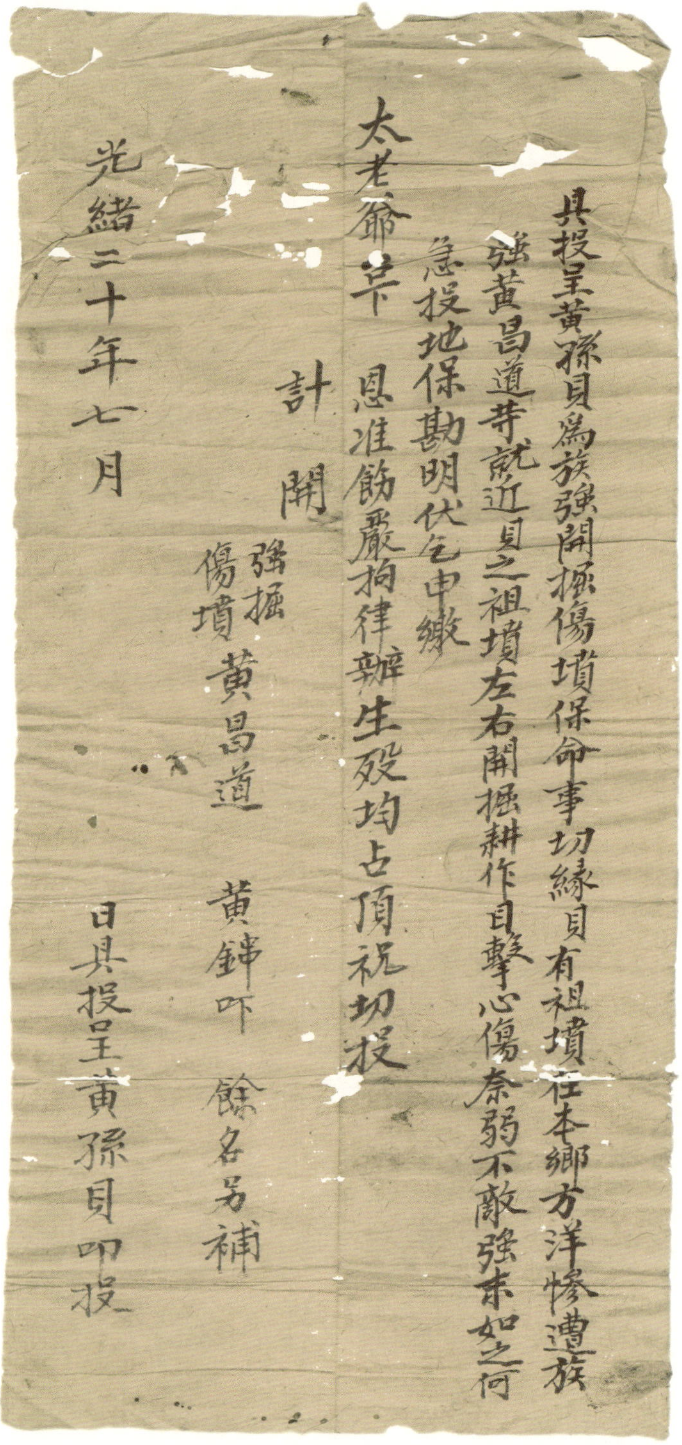

具投呈黄孫貝爲族强開掘傷墳保命事切緣貝有祖墳在本鄉方洋慘遭族
强黄昌道等就近貝之祖墳左右開掘耕作目擊心傷奈弱不敵强未如之何
急投地保勘明伏乞申繳
太老爺台下 恩准飭嚴拘律辦生殁均占頂祝切投
計開
强掘傷墳 黄昌道 黄鉒吓 餘名另補
光緒二十年七月 日具投呈黄孫貝叩投

10-6-114-4 清光緒二十年七月黄孫貝具投呈狀

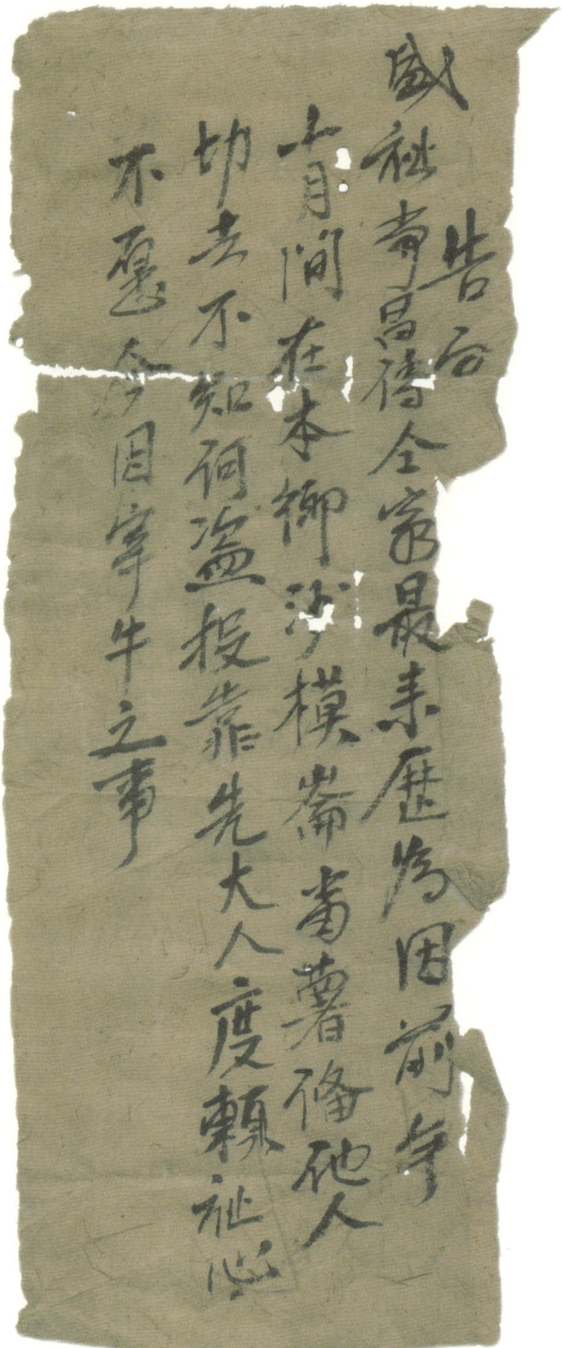
盛
祉告白
壽昌禧全家最来歷為因前年
十一月間在本鄉洑模嶺當薯豬砍人
切去不知何盜报靠先大人度賴祉心
不安今因宰牛之事

10-6-114-5　清光緒年間黄盛祉等告白

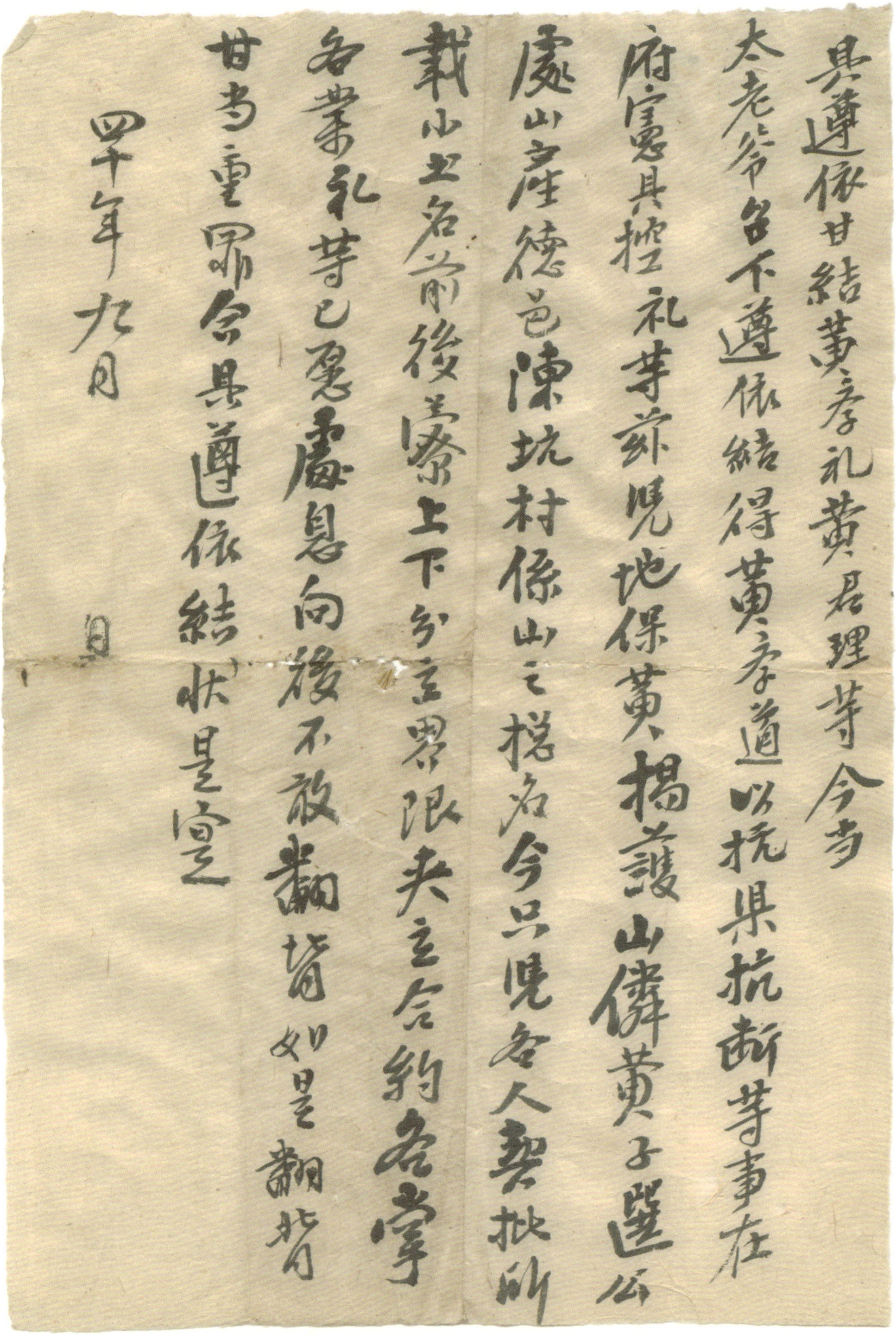

具遵依甘結黄孝礼黄君理等今当
太老爷台下遵依結得黄孝道以抗具抗斷等事在
府憲具控礼等蒙憲地保黄揚護山傑黄子鑒公
處山産德邑陳坑村係山之様名今只憑各人契批所
載山址名前後蒙察上下分立界限夹立合約各掌
各業礼等已遵處息向後不敢翻背如是翻背
甘当重罪合具遵依結狀是實
四十年九月　日

10-6-114-6　黄孝礼等遵依甘結狀（年代不詳）

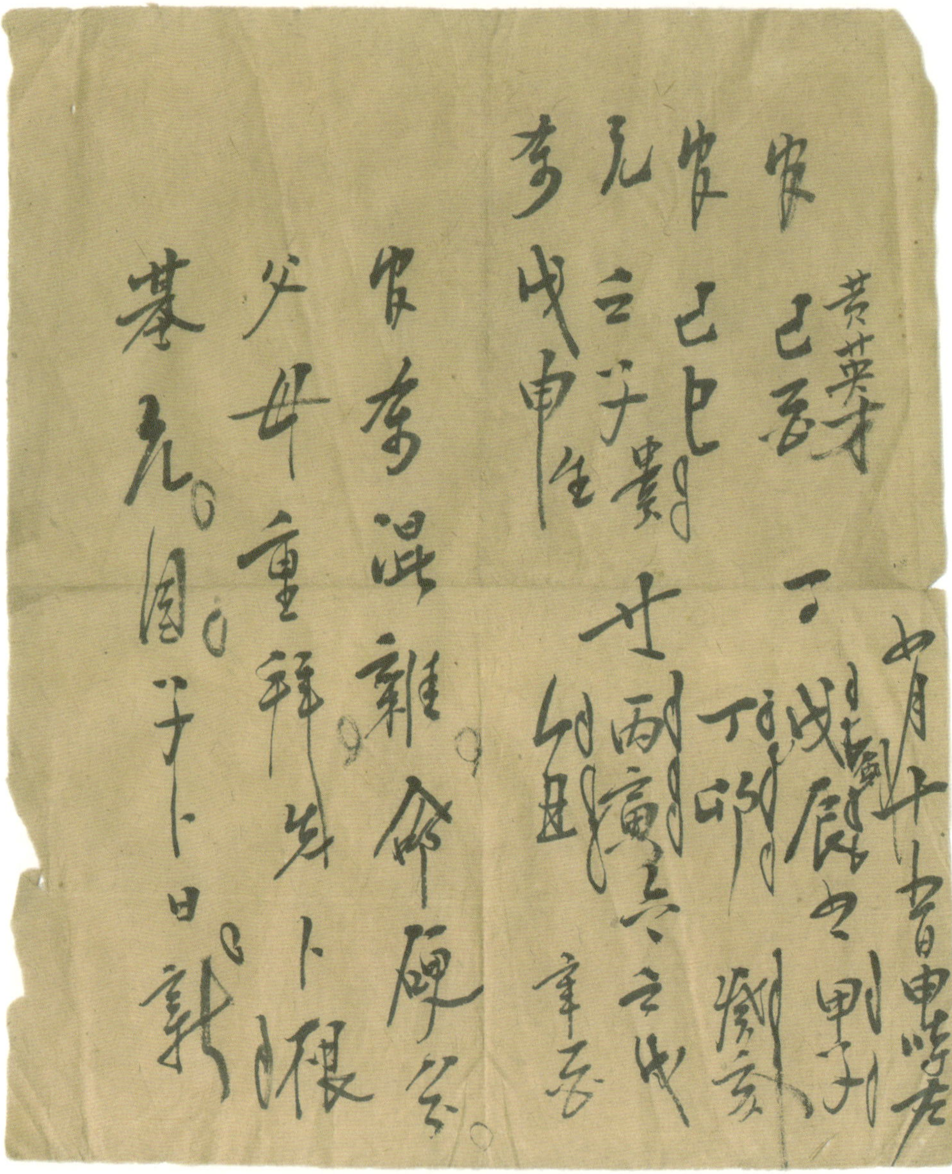

10-6-115-1　黄英才流年書（年代不詳）

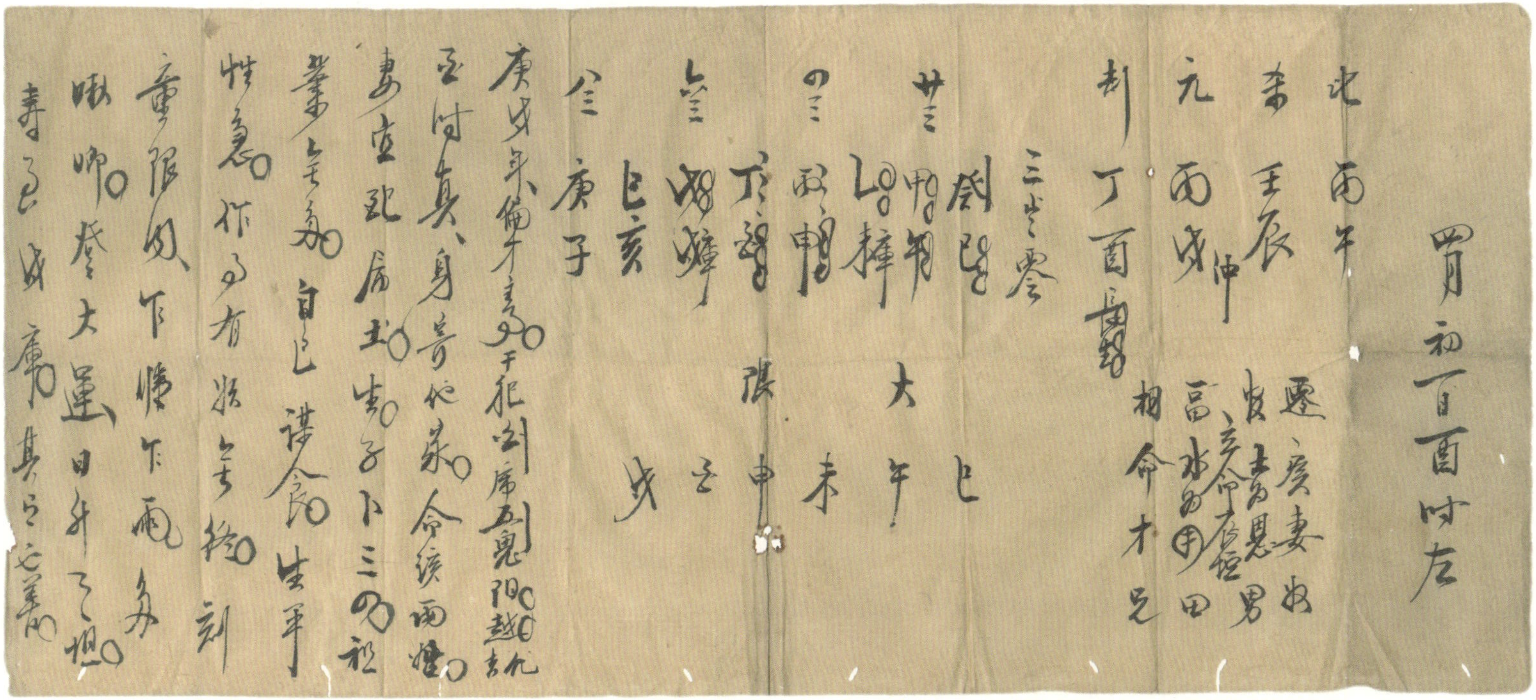

10-6-115-2　朱玉華流年書（年代不詳）

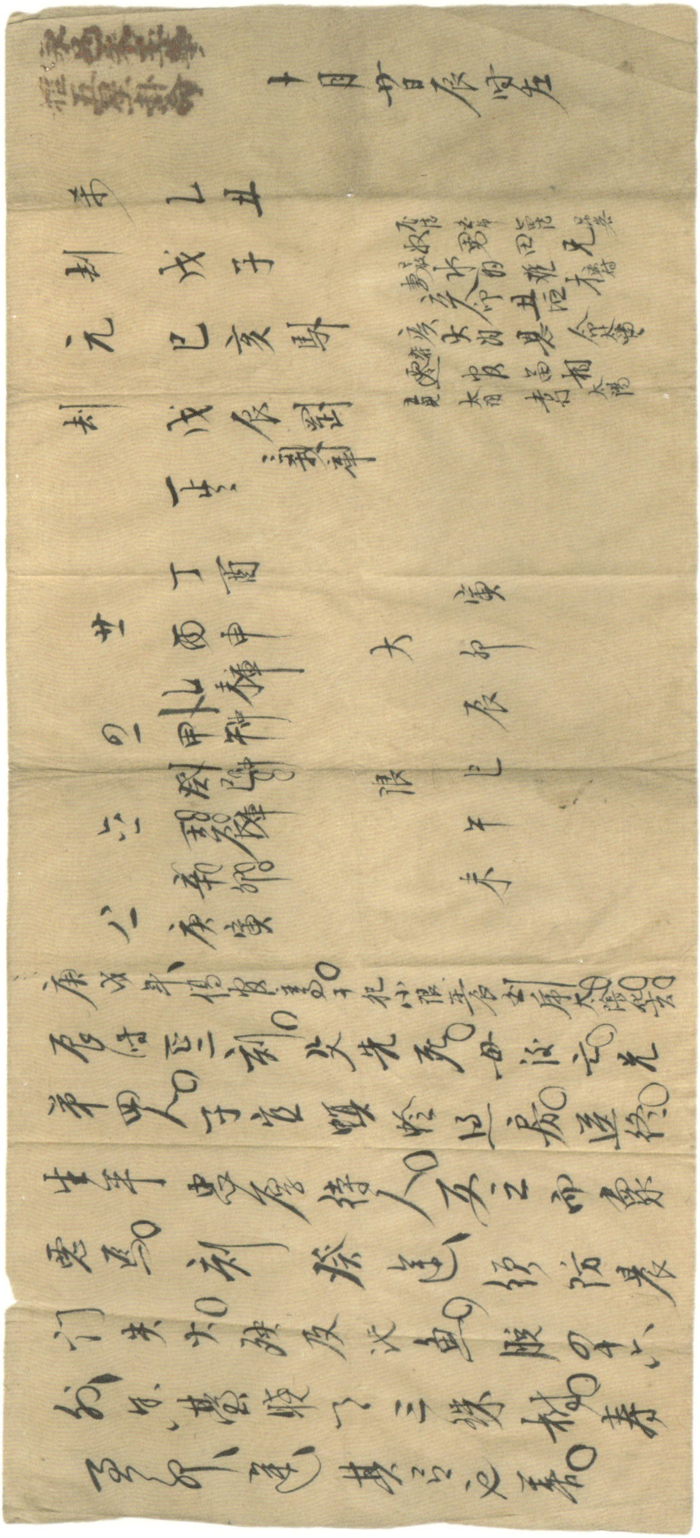

10-6-115-3　朱玉華流年書（年代不詳）

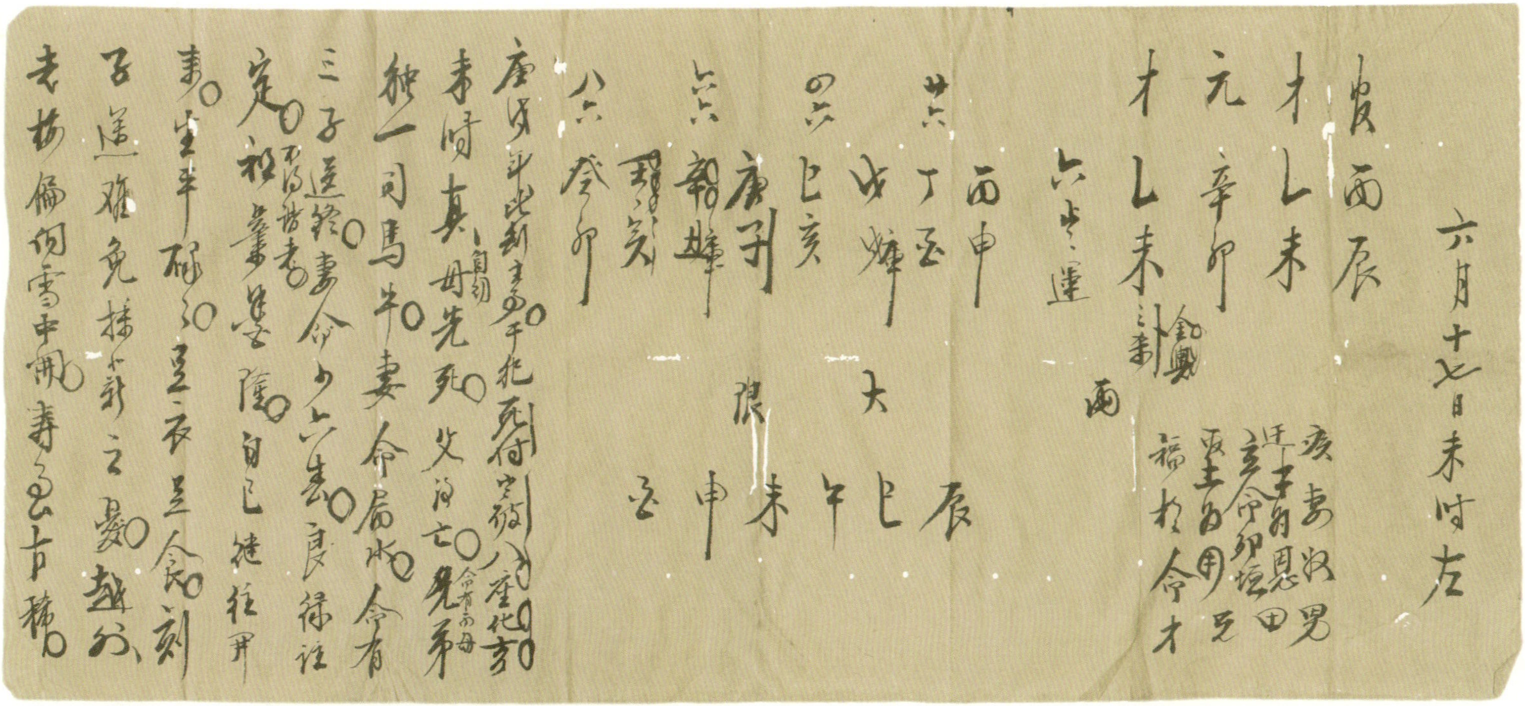

10-6-115-4　朱玉華流年書（年代不詳）

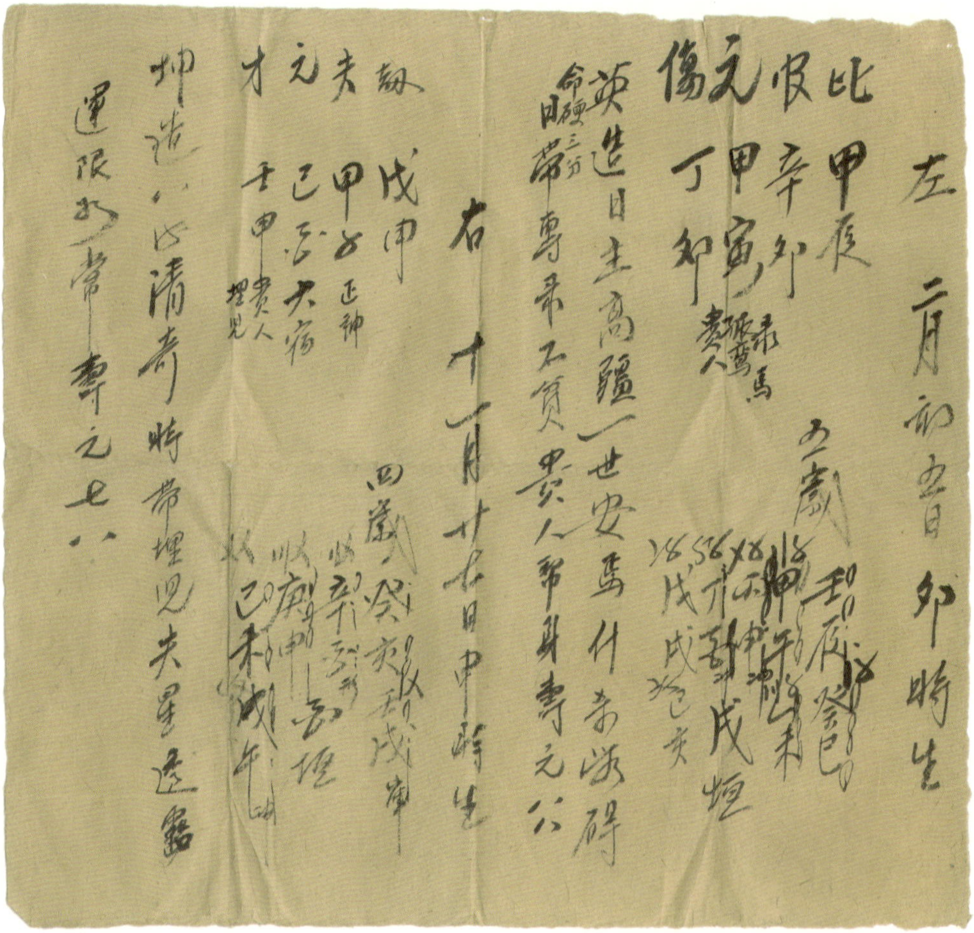
左　二月初五日卯時生
比　甲庚
伬　辛卯
元　甲寅
傷　丁卯
英造日主高臨一世安康什業碍
命硬三分　日帶專吊不貿　貴人帮身壽元六八
右　十一月廿六日申時生
劫　戊申
夫　甲子　正神
元　己亥　大宿
才　壬申　貴人　埋兒
坤造八比清奇時帶埋兒失星逢鑿
運限平常壽元七八

10-6-115-5　朱玉華流年書（年代不詳）

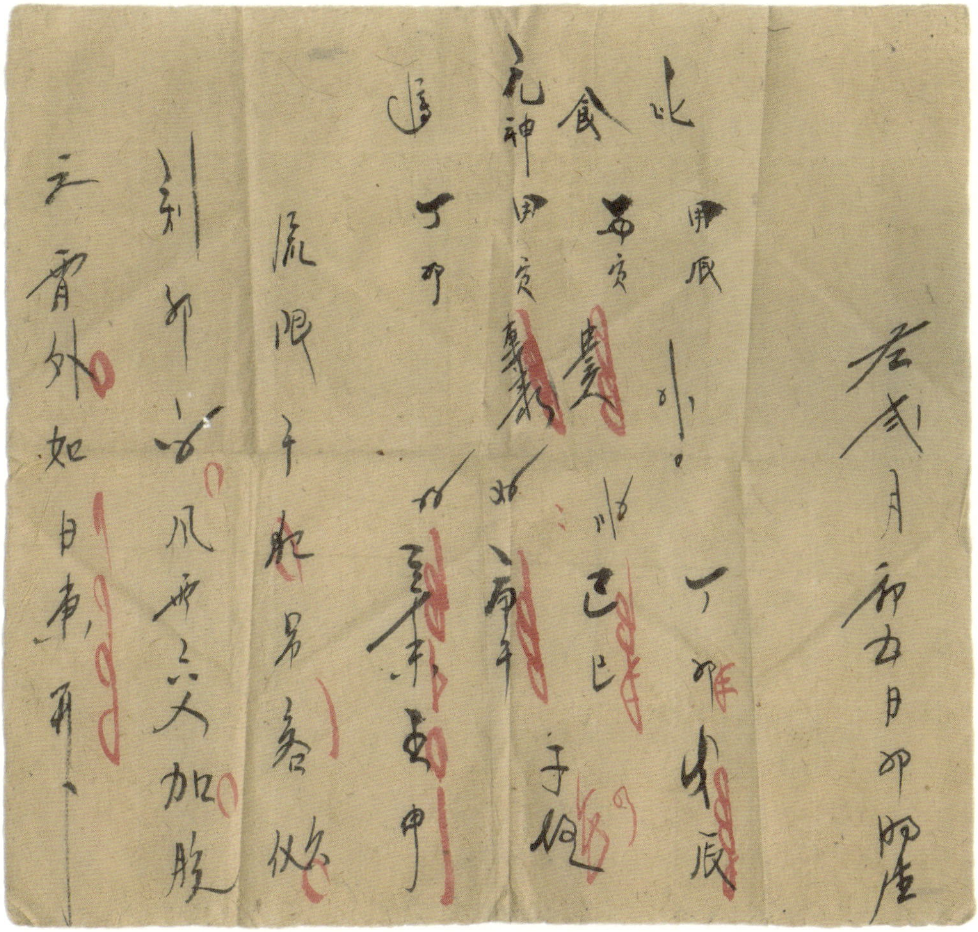

10-6-115-6　朱玉華流年書（年代不詳）

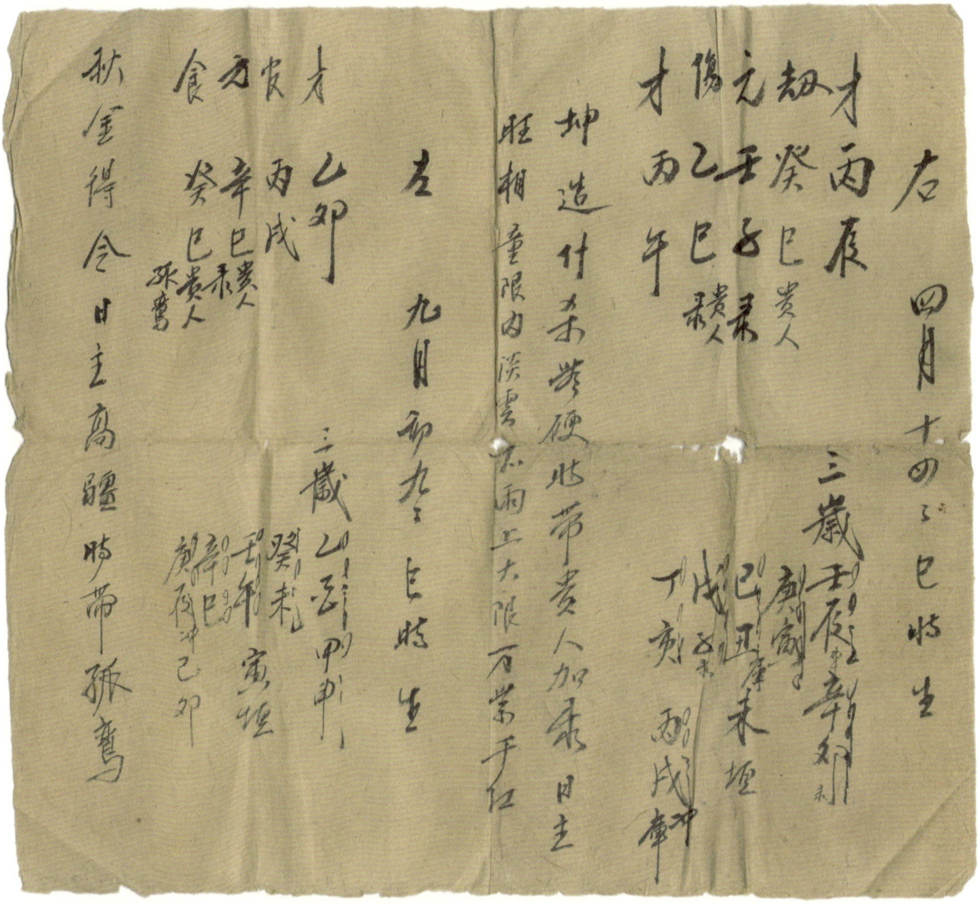
右 四月十四日巳時生
才 丙辰
癸巳 貴人
壬子
乙巳 貴人
才 丙午
左 九月初九日巳時生
才 乙卯
丙戌
辛巳 貴人
食 癸巳 貴人
秋金得令

10-6-115-7 朱玉華流年書（年代不詳）

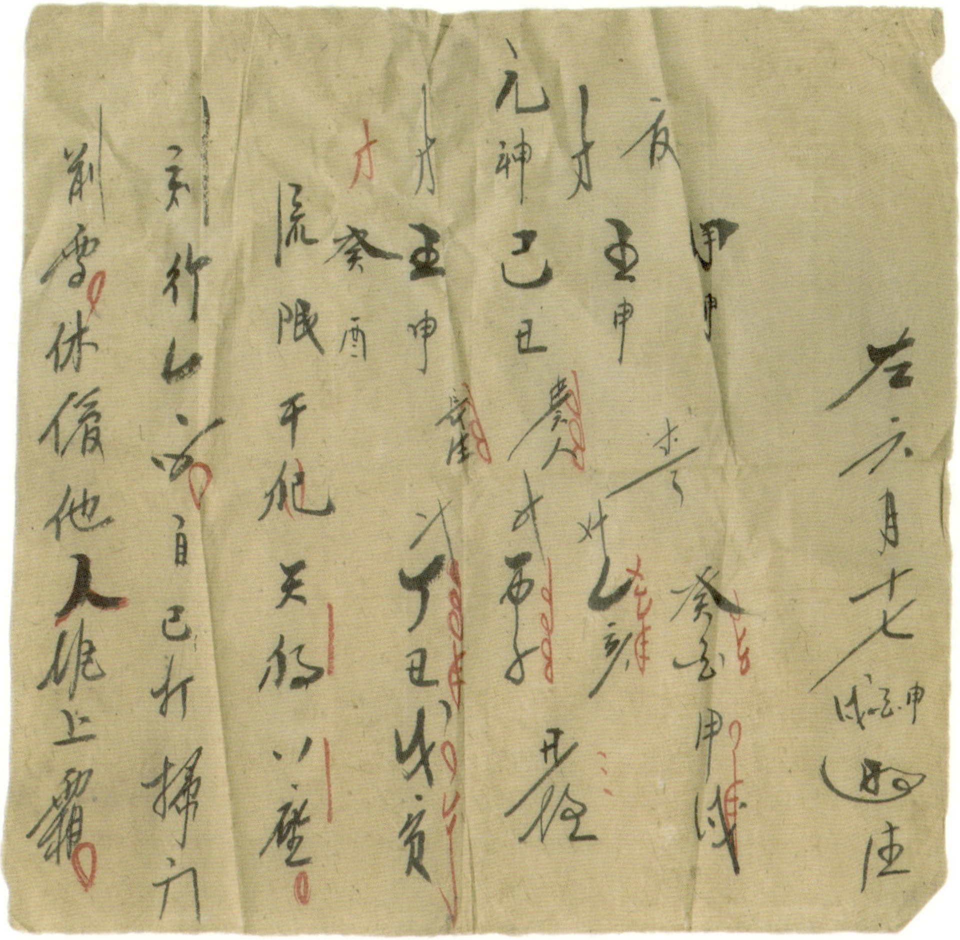
右六月十七 [illegible] 生
甲申 癸[illegible] 甲戌
夜 月 壬申 [illegible]
元神 己丑 貴人 丙子 [illegible]
月 壬申 貴生 丁丑 [illegible]
才 癸酉
流限平地天降以[illegible]
各行[illegible]自己打掃门
前雪休管他人瓦上霜

10-6-115-8 朱玉華流年書（年代不詳）

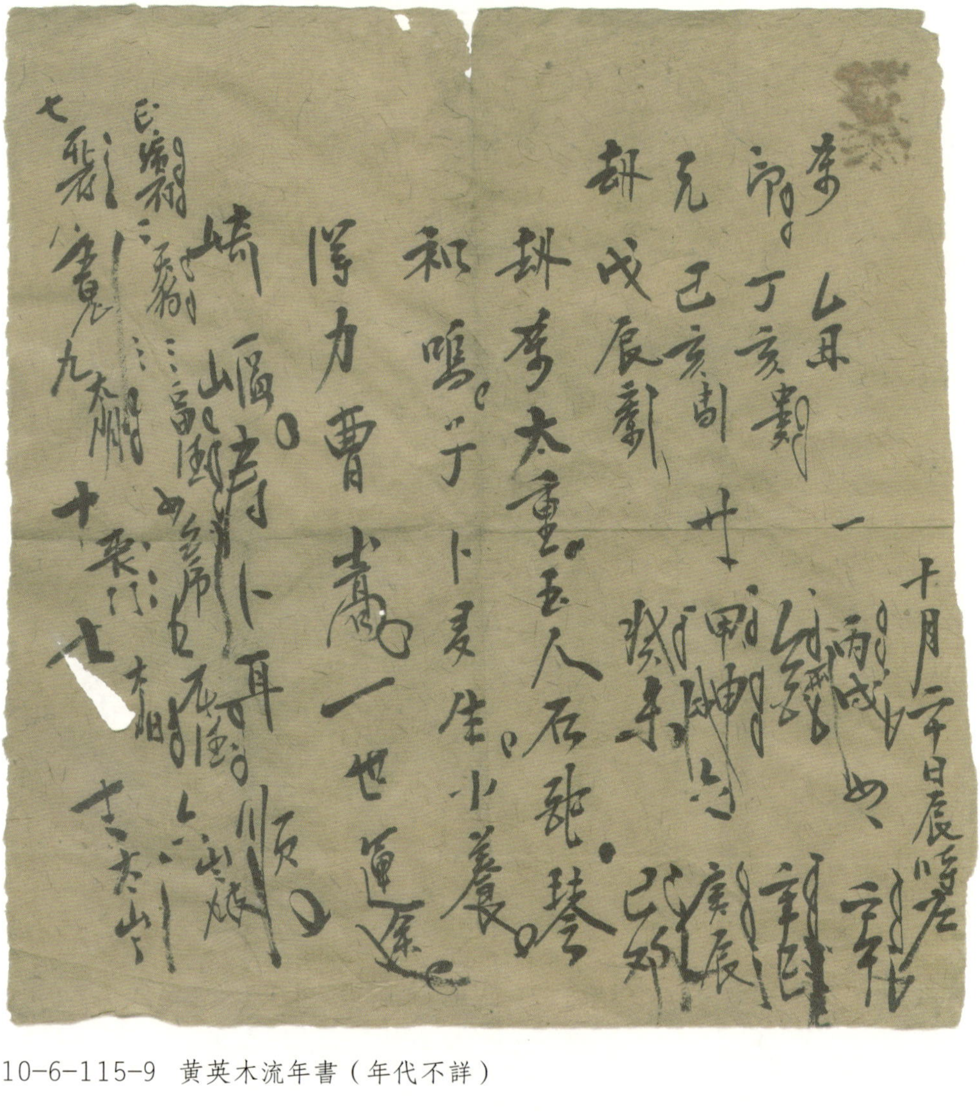

10-6-115-9 黃英木流年書（年代不詳）

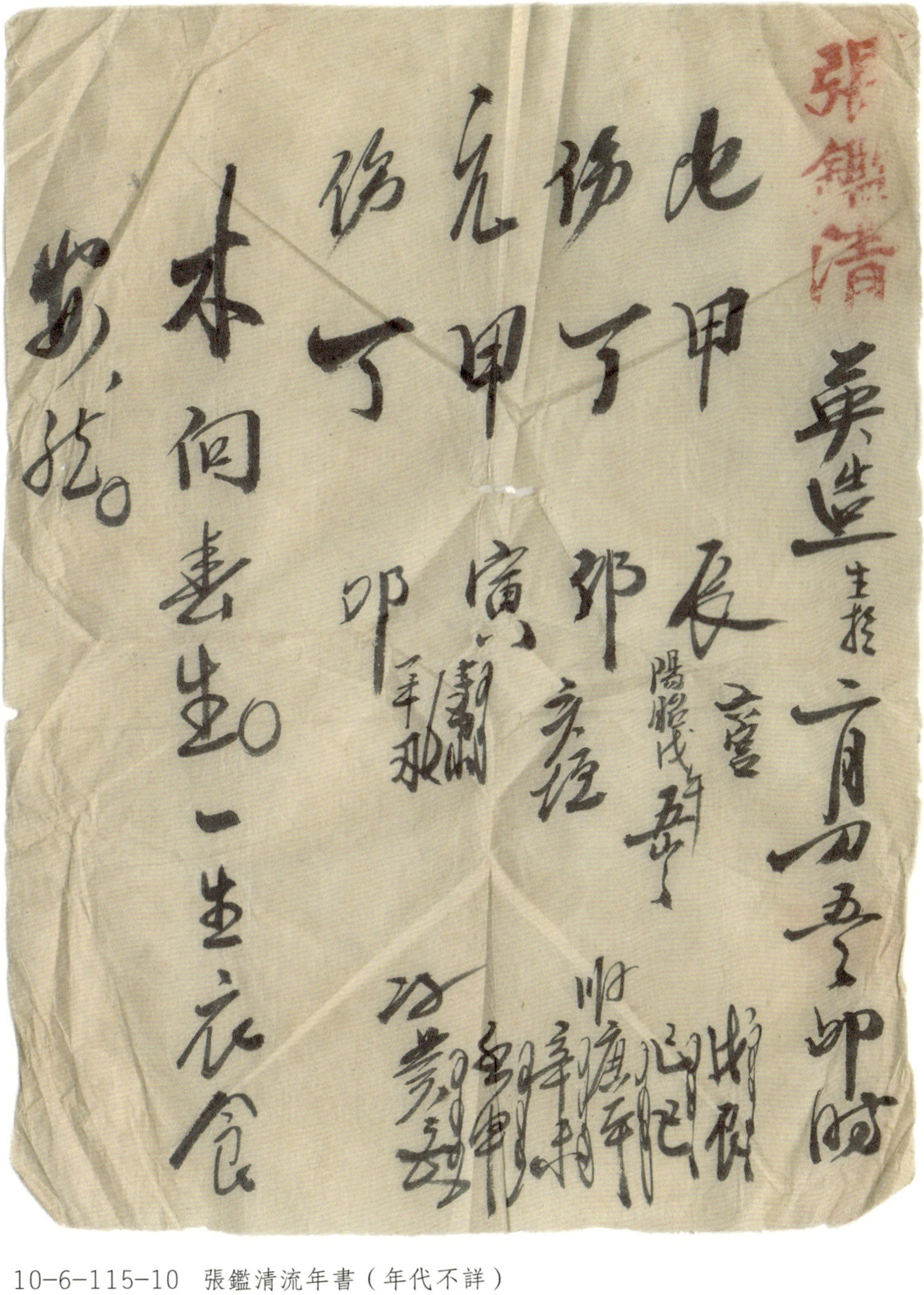
張鑑清

乾造生於六月廿五日卯時

比甲辰 六宮 陽將戊午[illegible]

傷丁卯 交運

元甲寅 [illegible]

傷丁卯

本個妻生，一生衣食

[illegible]，[illegible]。

[illegible]

10-6-115-10　張鑑清流年書（年代不詳）

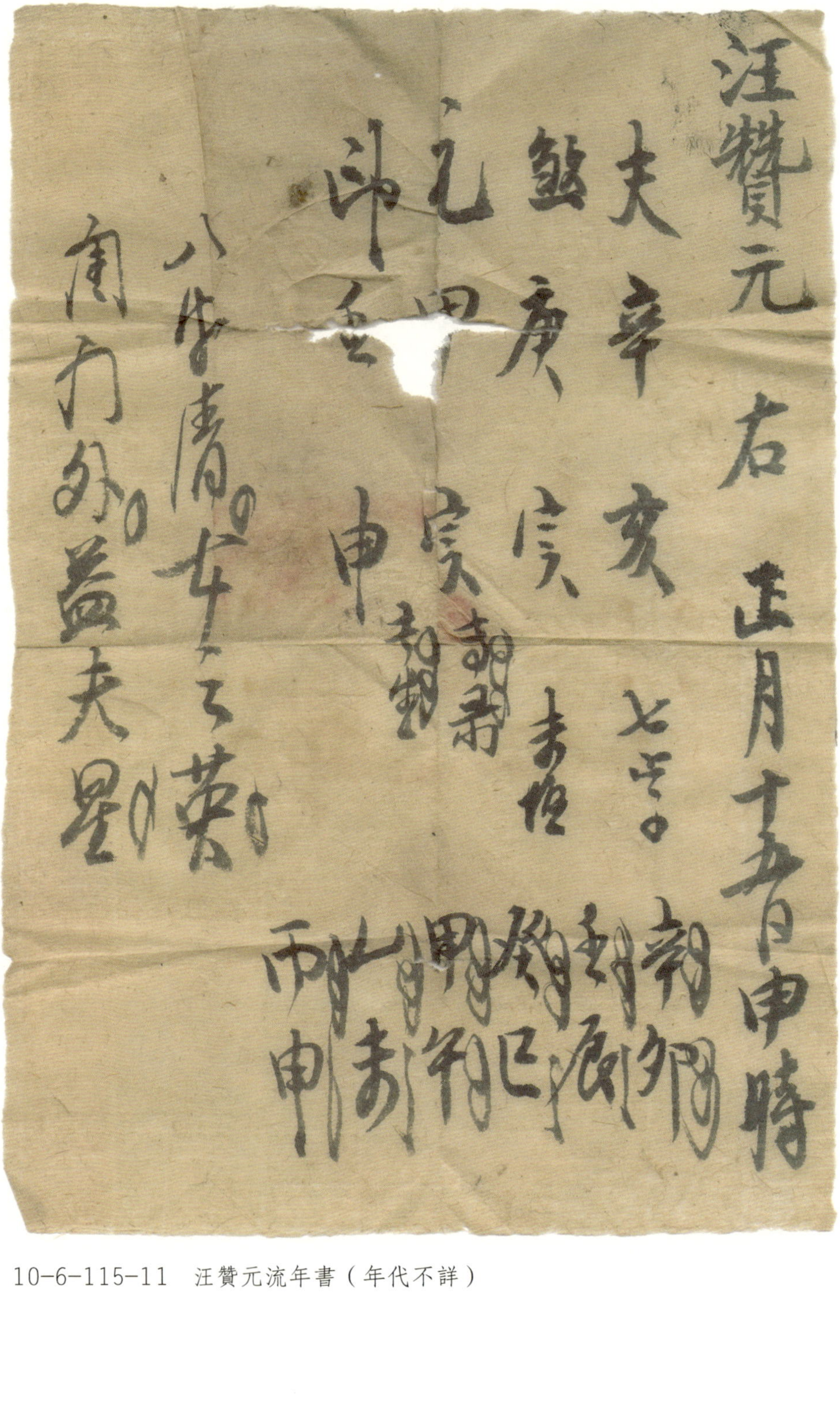
汪贊元右
正月十五日申時
夫辛亥
盤庚寅
元甲寅
斗申申
八字清女黃
命打外益夫星

10-6-115-11　汪贊元流年書（年代不詳）

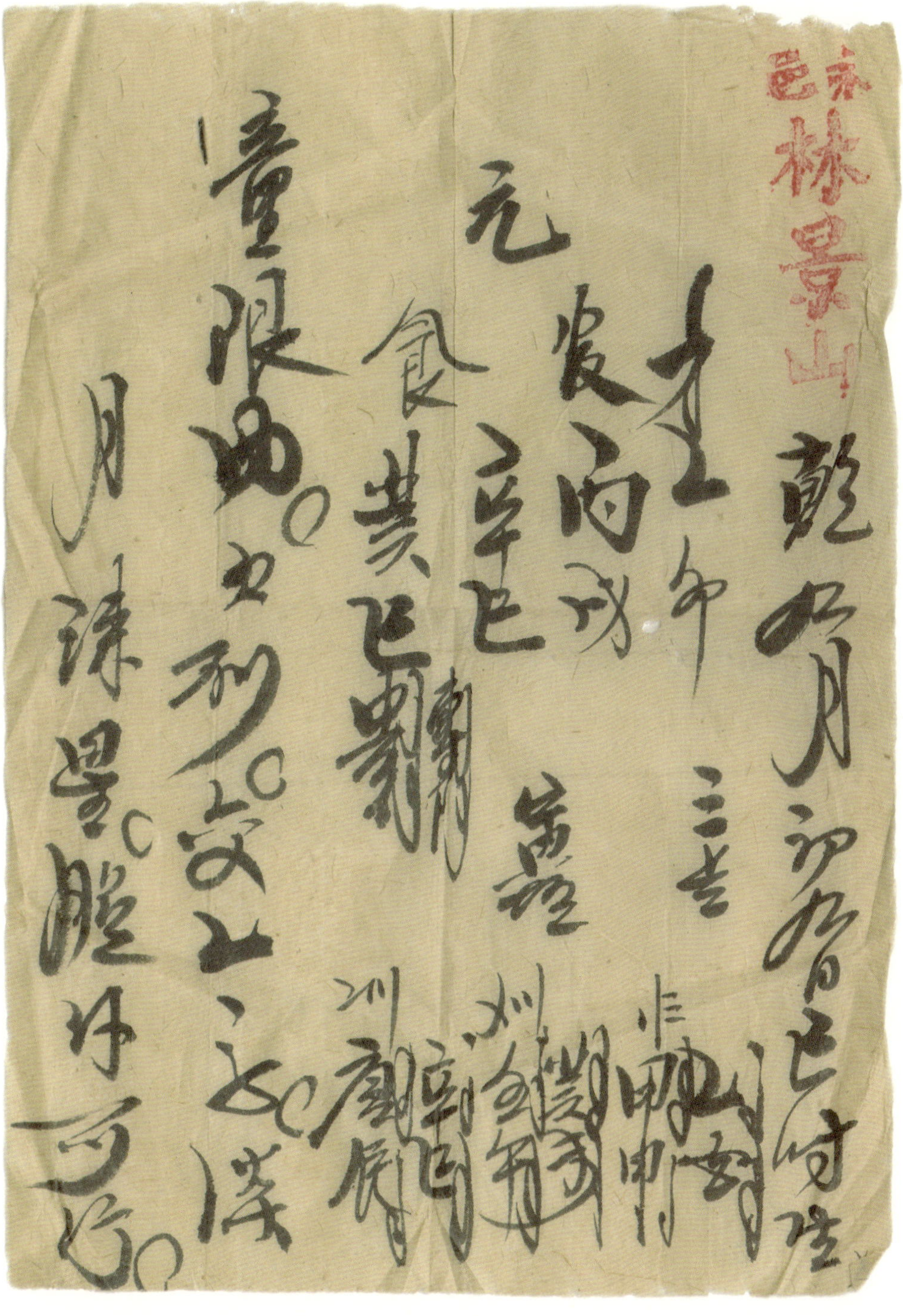

10-6-115-12 林景山流年書（年代不詳）

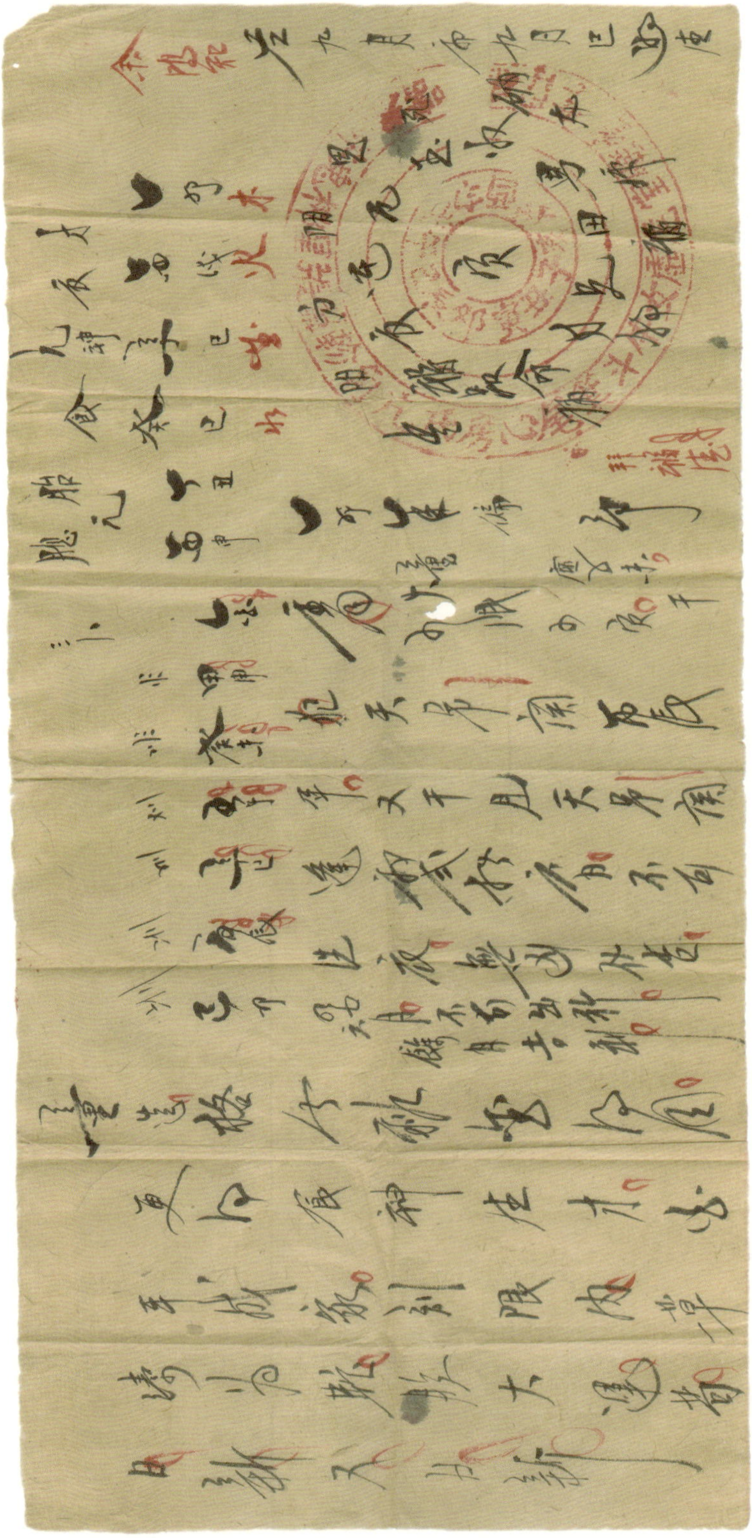

10-6-115-13　余鳴紀命理書（年代不詳）

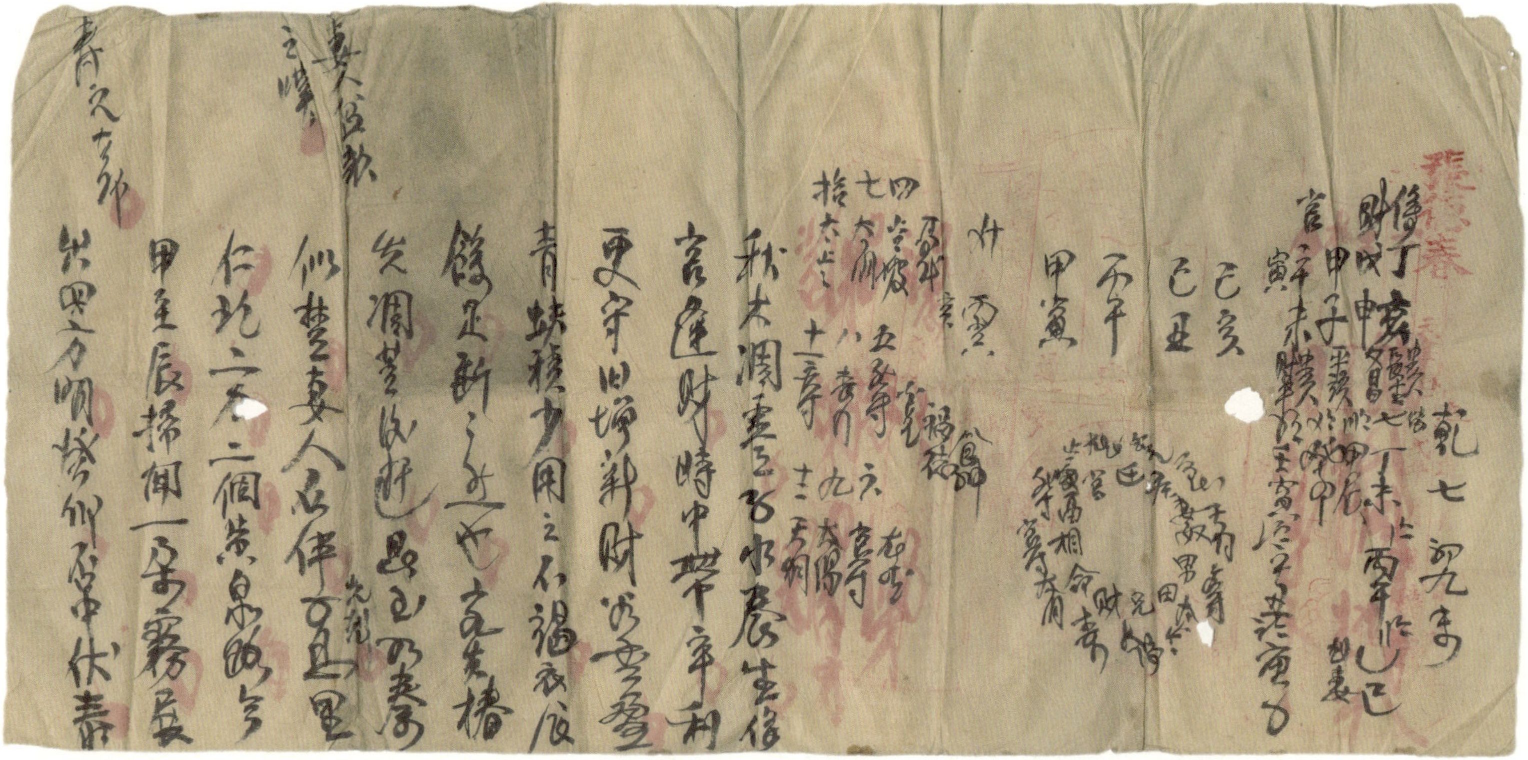

10-6-115-14　張德春命理書（年代不詳）

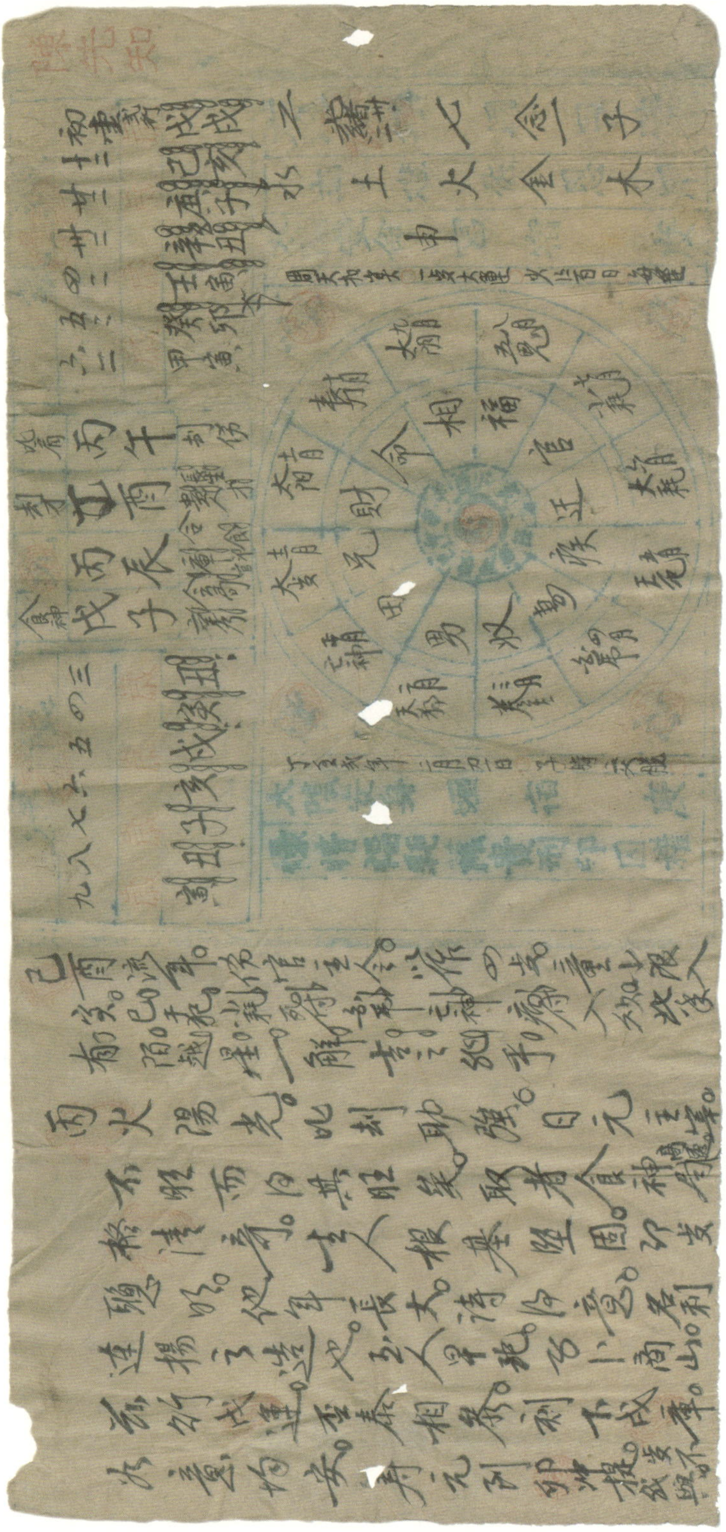

10-6-115-15　陳先知命理書（年代不詳）

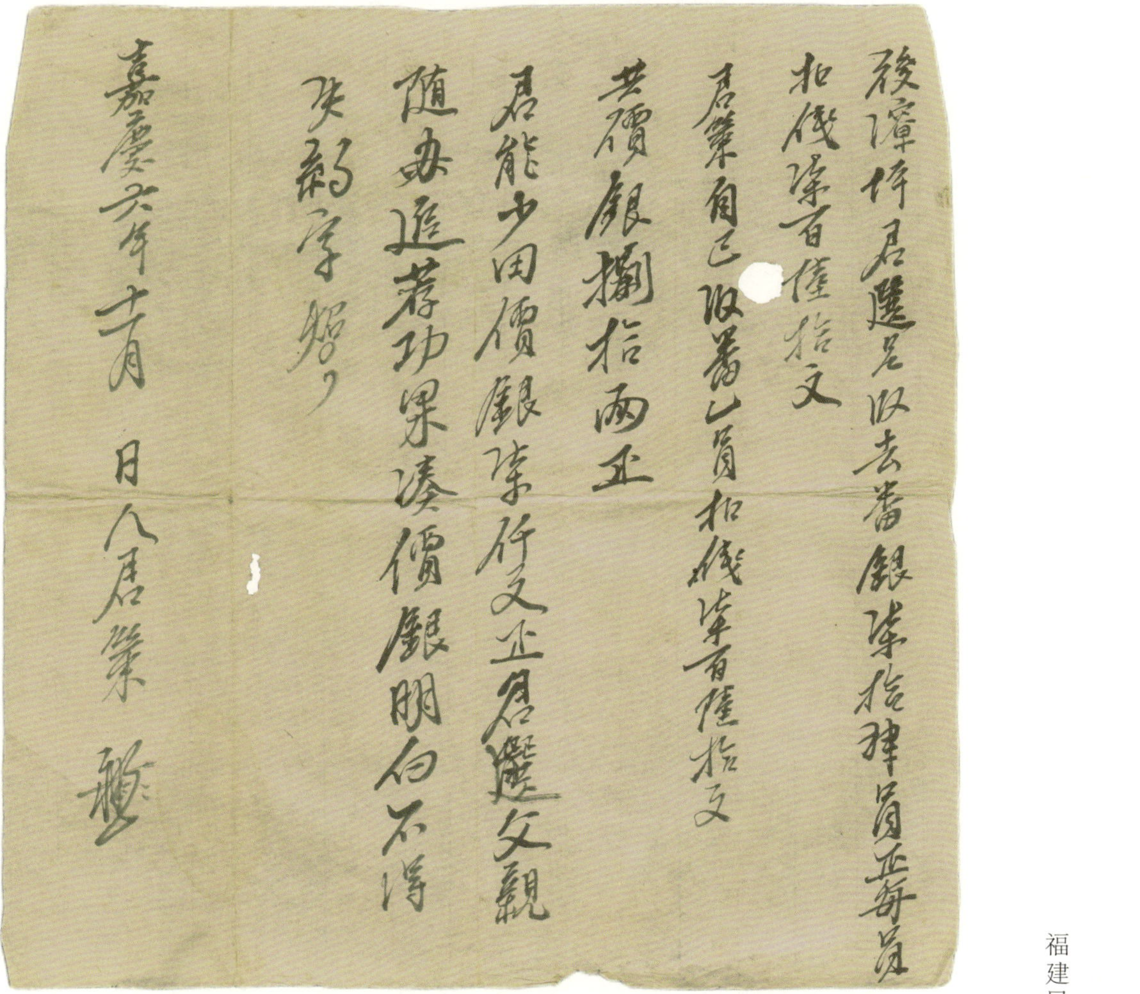

後淳仟君選已收去番銀柒拾肆員正每員
折錢柒百陸拾文
君策自己收番山員折錢柒百陸拾文
共價銀捌拾兩正
君能少田價銀柒仟文正君選交親
隨母進薦功果湊價銀明白不得
失約字照
嘉慶六年十一月　日　人君策　押

10-6-116-1　清嘉慶六年十一月黄君策收支賬單

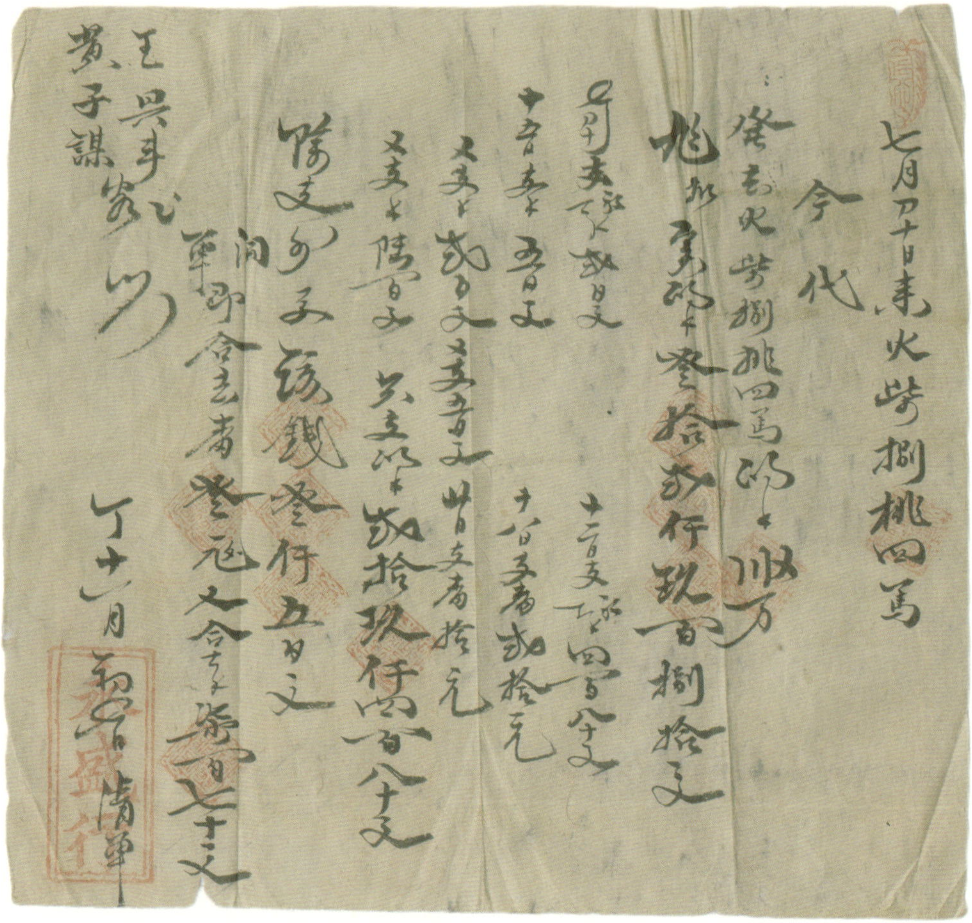

10-6-116-2　清嘉慶年間永盛行火柴清單

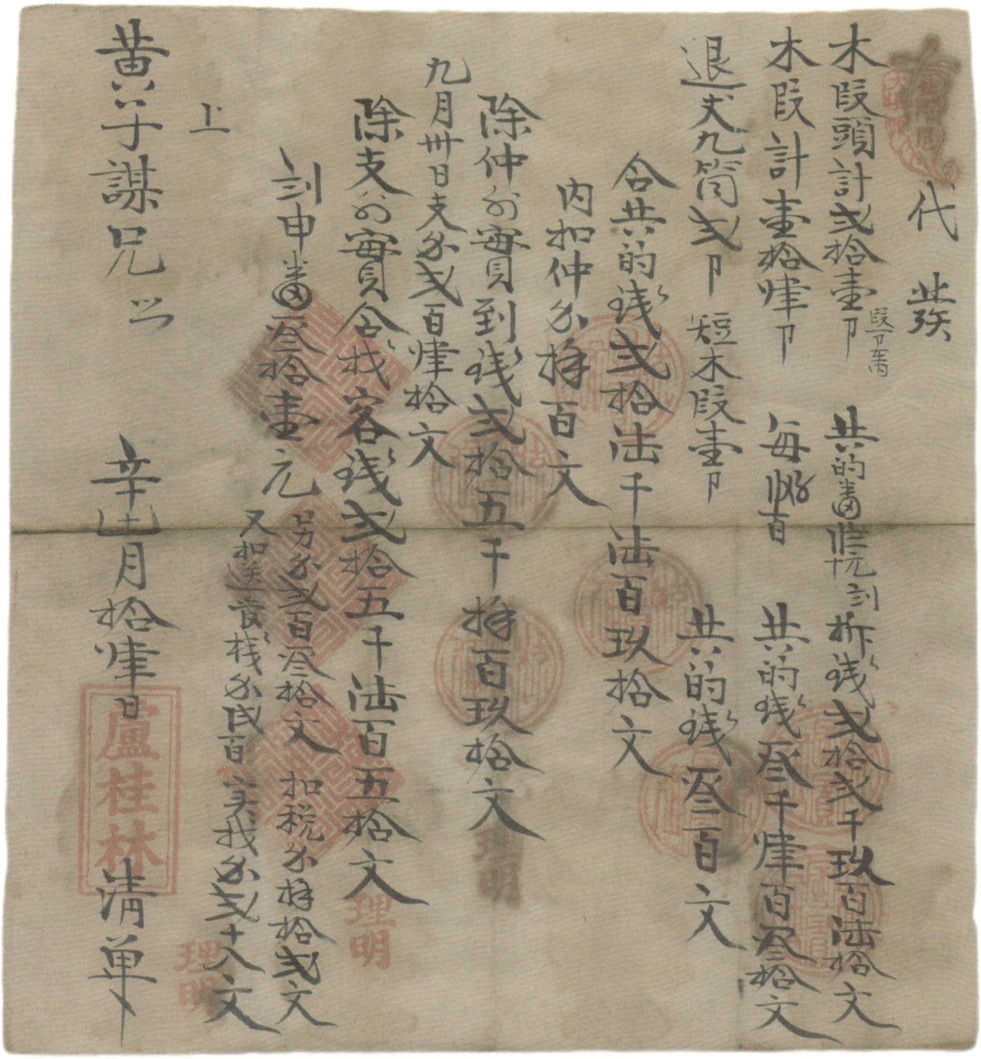
代發
木段頭計弍拾壹卩（段卩零）　共的壹圓作抗訓　折〻錢弍拾弍千玖百陸拾文
木段計壹拾肆卩　每[illegible]　共的錢叁千肆百叁拾文
退丈九筒弍卩　短木段壹卩　共的錢叁百文
合共的錢弍拾陸千陸百玖拾文
內扣仲分捌百文
除仲分實到錢弍拾五千捌百玖拾文
九月卅日支分弍百肆拾文
除支分實合找客錢弍拾五千陸百五拾文
訓申壹圓叁拾壹元　另分弍百叁拾文　扣税分捌拾弍文
又扣送貨找分肆百　實找分弍十八文
上
黃子謀兄　之
辛[illegible]月拾肆日　盧桂林　清單

10-6-116-3　清嘉慶年間盧桂林立代發木材清單

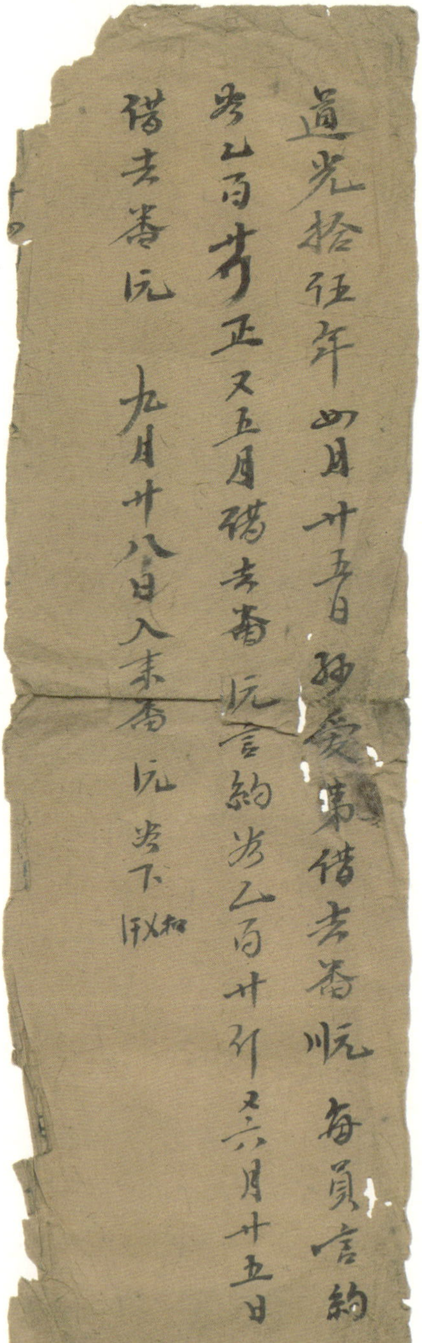
道光拾伍年四月廿五日孫愛弟借去番元每員言約
[illegible]山百[illegible]正又五月借去番元言約[illegible]山百廿[illegible]又六月廿五日
借去番元　九月廿八日入來番元[illegible]下[illegible]

10-6-116-4　清道光十五年黃孫愛借支賬單

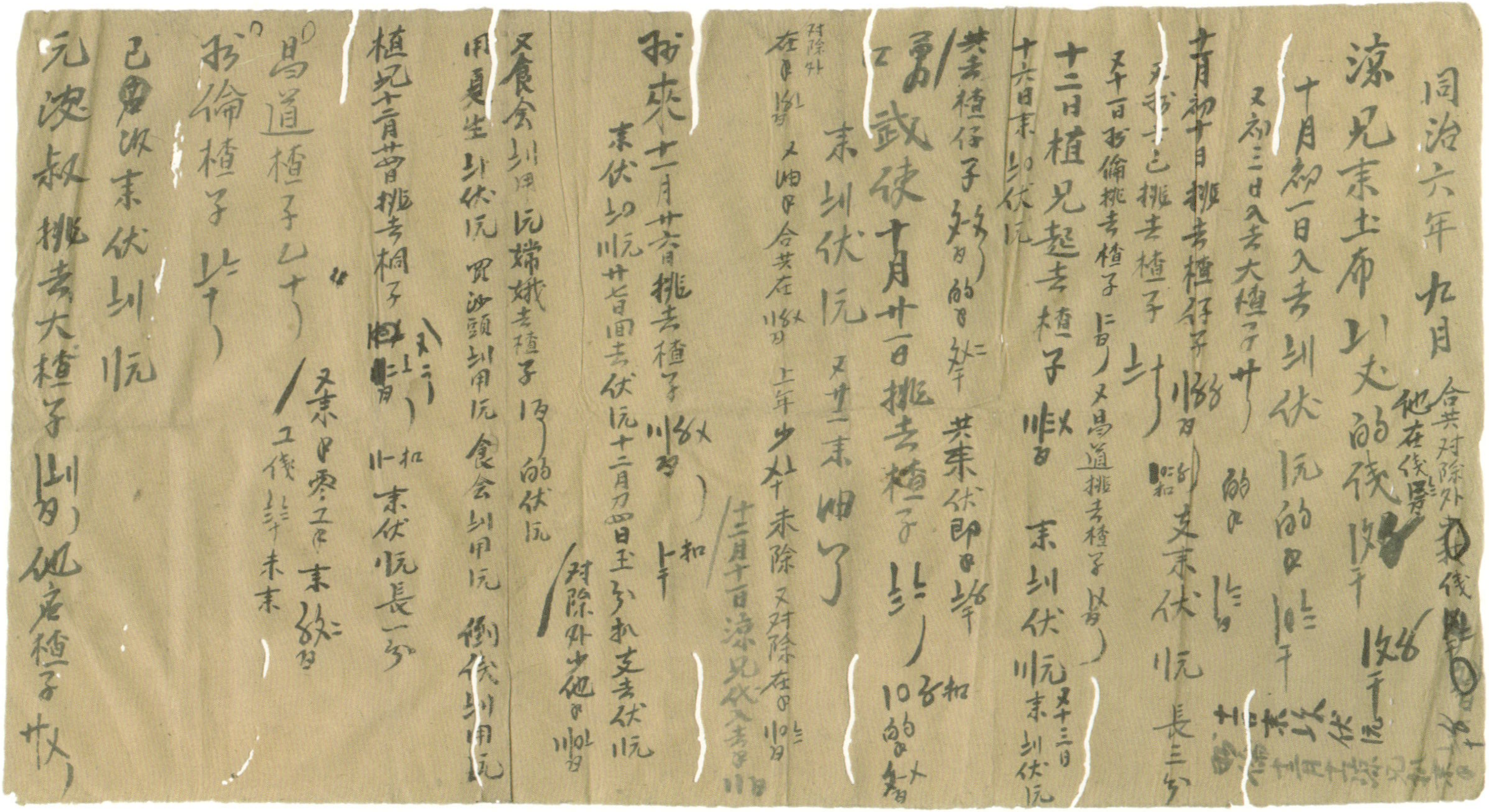

10-6-116-5　清同治六年黄氏收支賬單

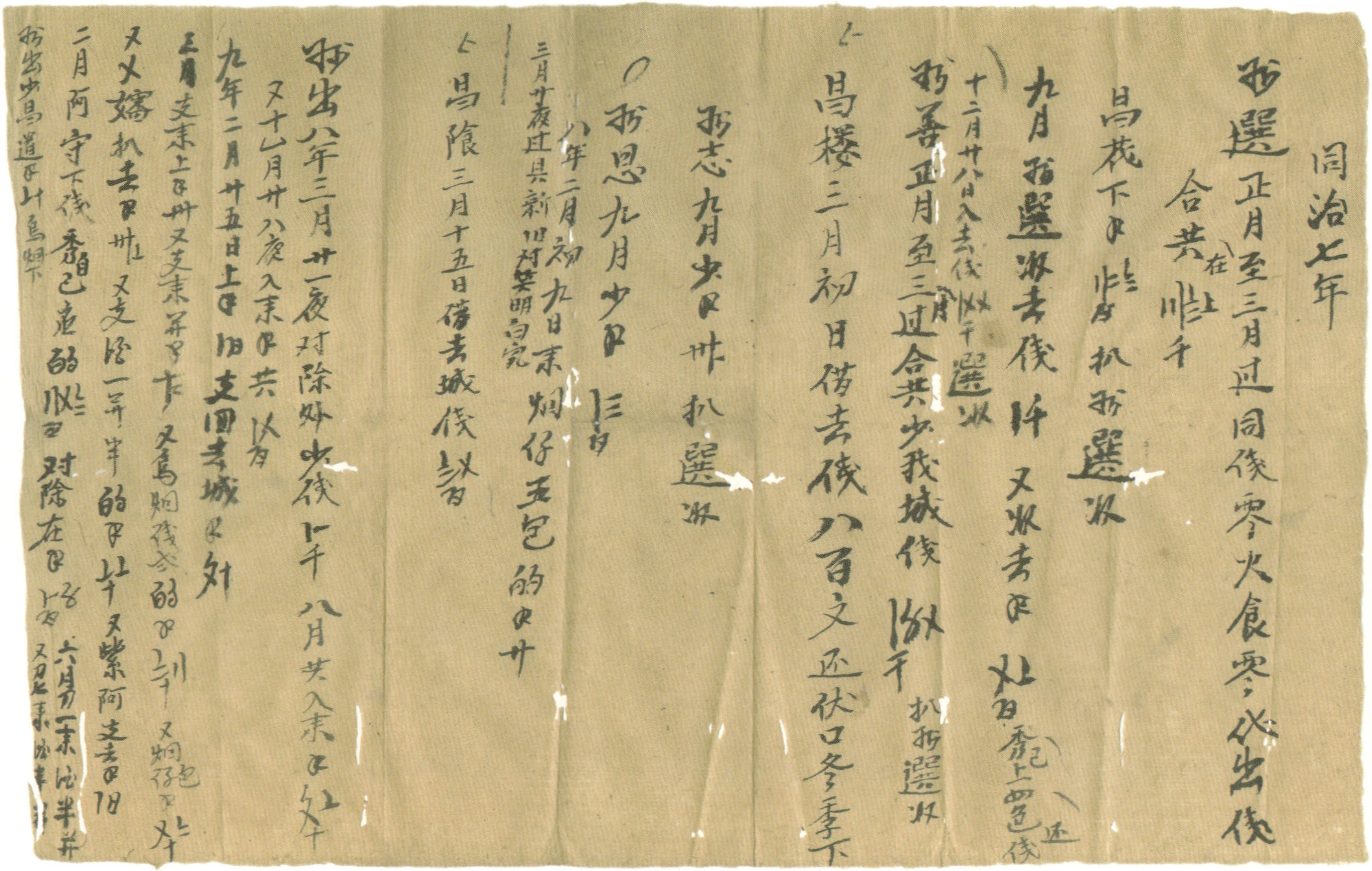
同治七年
孙選正月至三月止同儂零火食零、代出儂
合共在[illegible]千
昌栊下[illegible]扒孙選淑
九月孙選淑去儂[illegible]　又淑去[illegible]秀記上四包儂　还
十二月廿八日入去儂[illegible]千選淑
孙善正月至三月止合共少我城儂[illegible]千　扒孙選淑
昌樓三月初日借去儂八百文　还洑口冬季下
孙志九月少[illegible]　扒選淑
孙恩九月少[illegible]
八年二月初九日來烟仔五包[illegible]
三月廿夜过县新旧对契明白完
昌隐三月十五日借去城儂[illegible]
孙出八年三月廿一夜对除外少儂[illegible]千　八月共入來[illegible]
又十一月廿八夜入來[illegible]共[illegible]
九年二月廿五日上[illegible]支田老城[illegible]
三月支來上[illegible]又支來[illegible]　又烏烟儂[illegible]　又烟仔包[illegible]
又又嬬扒去[illegible]　又支[illegible]　又紫阿支去[illegible]
二月阿守下儂秀自己處[illegible]对除在[illegible]　六月[illegible]
孙出少昌道[illegible]烏烟下

10-6-116-6　清同治年間黃氏借支賬單

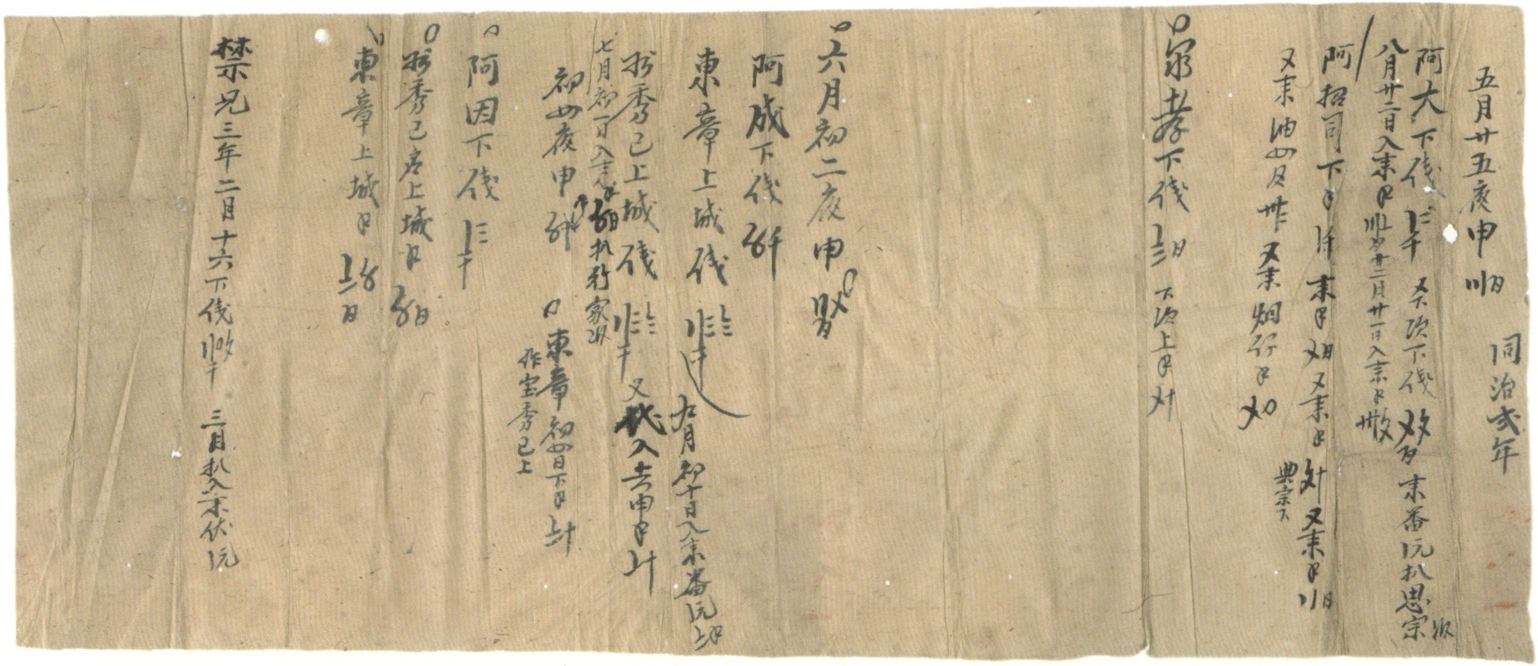

10-6-116-7　清同治年間黃氏收支賬單

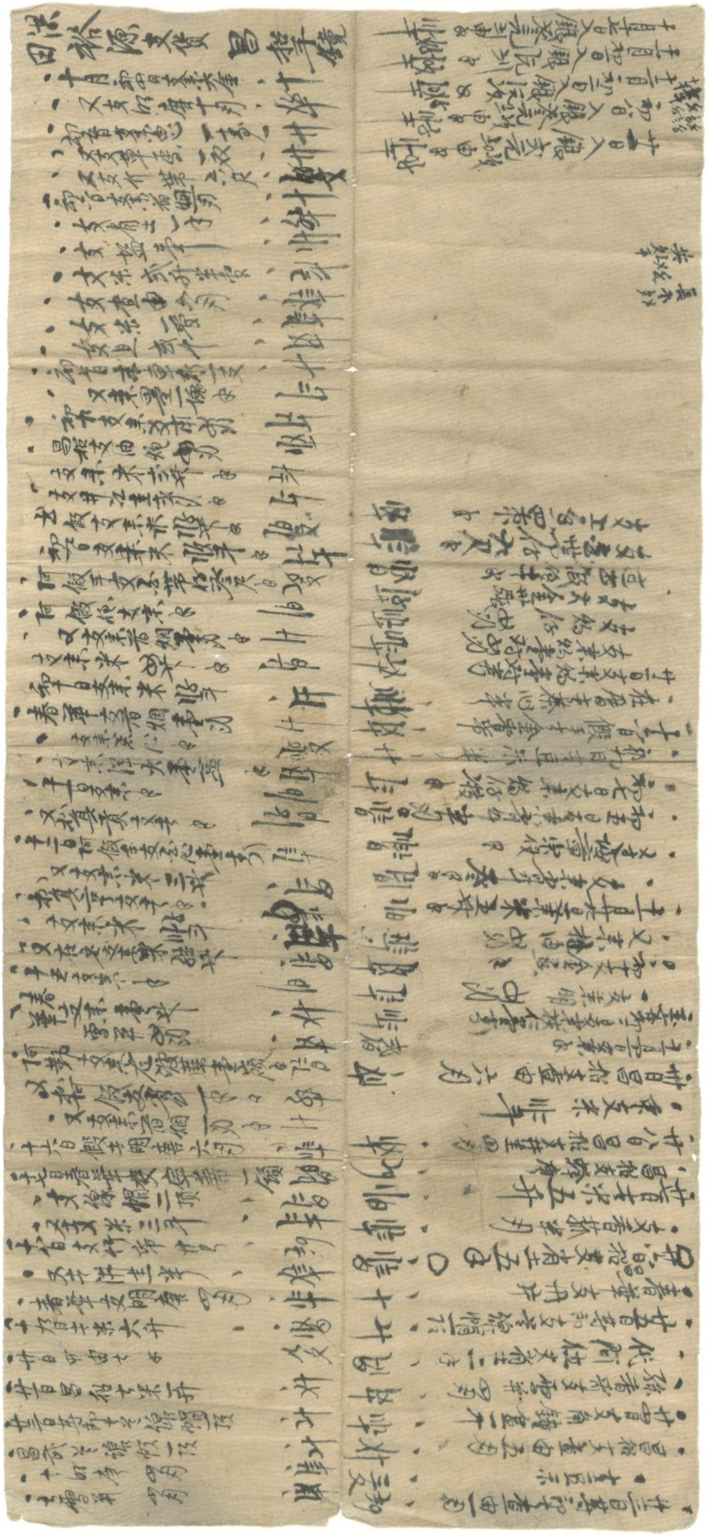

10-6-116-8 清咸豐同治年間黃昌招立洪田裕源支貨賬單

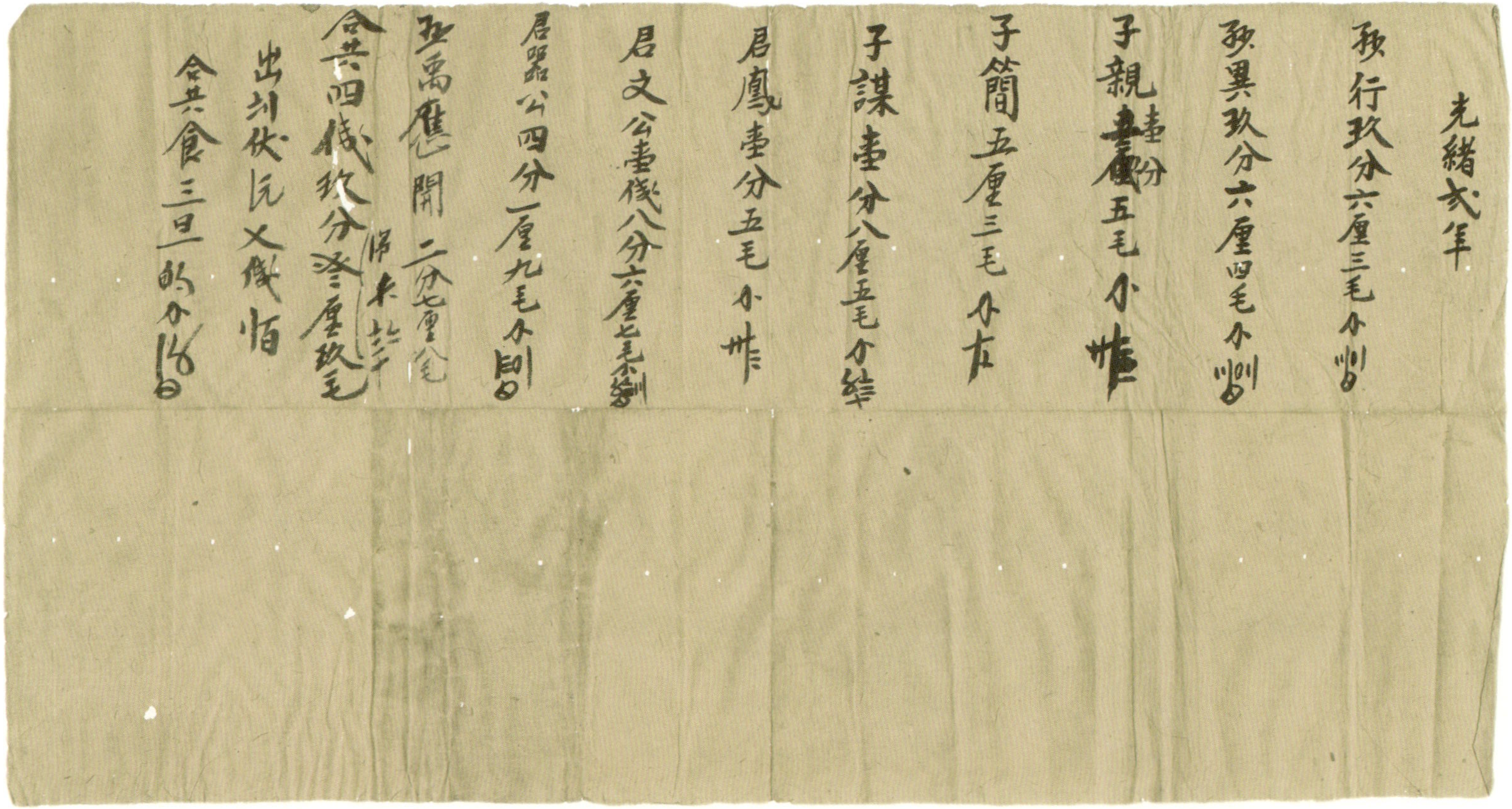

10-6-116-9 清光緒二年黄氏工資賬單

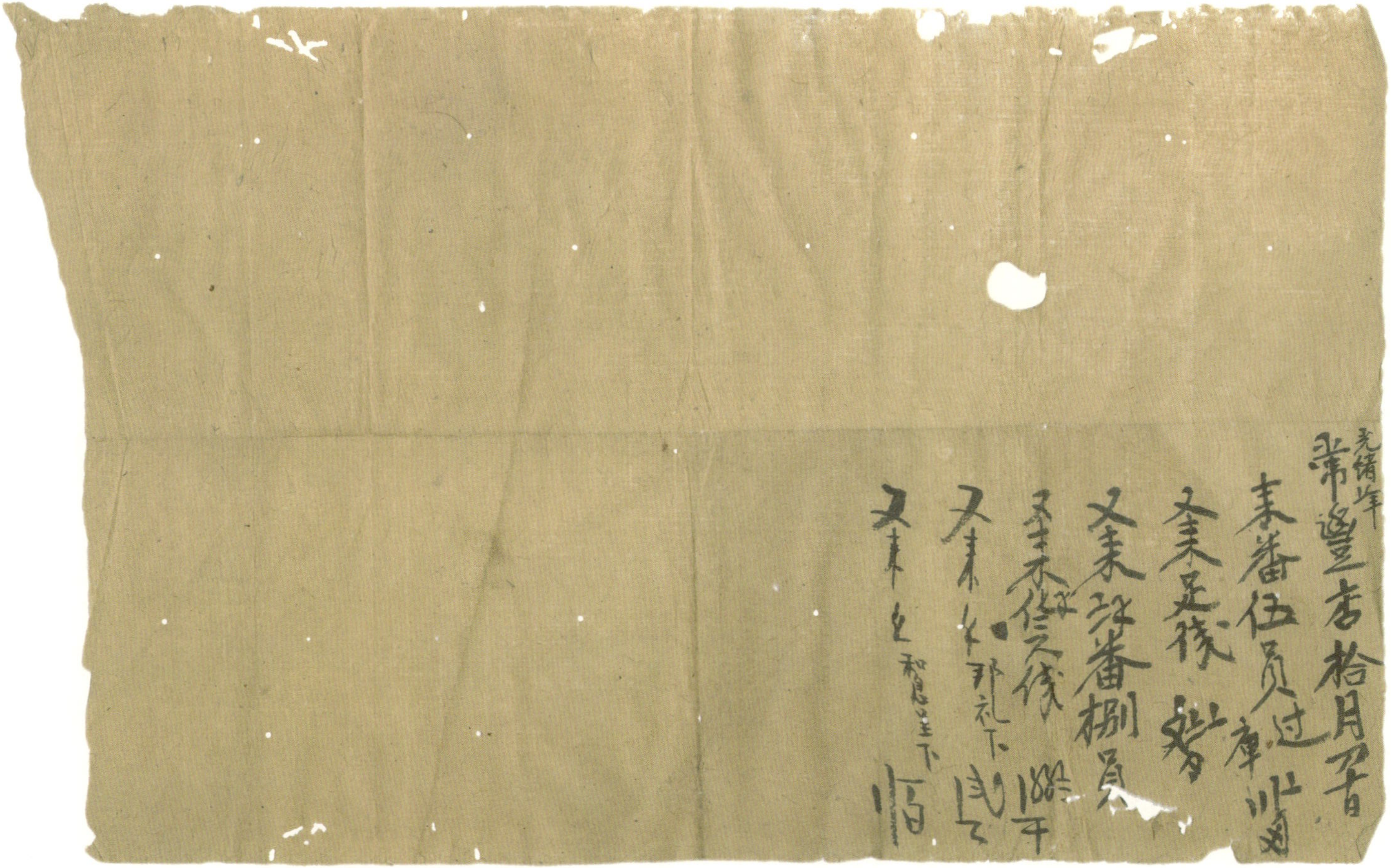

10-6-116-10 清光緒六年黄氏收入賬單

10-6-116-11　清光緒二十三年黄國楚收支賬單

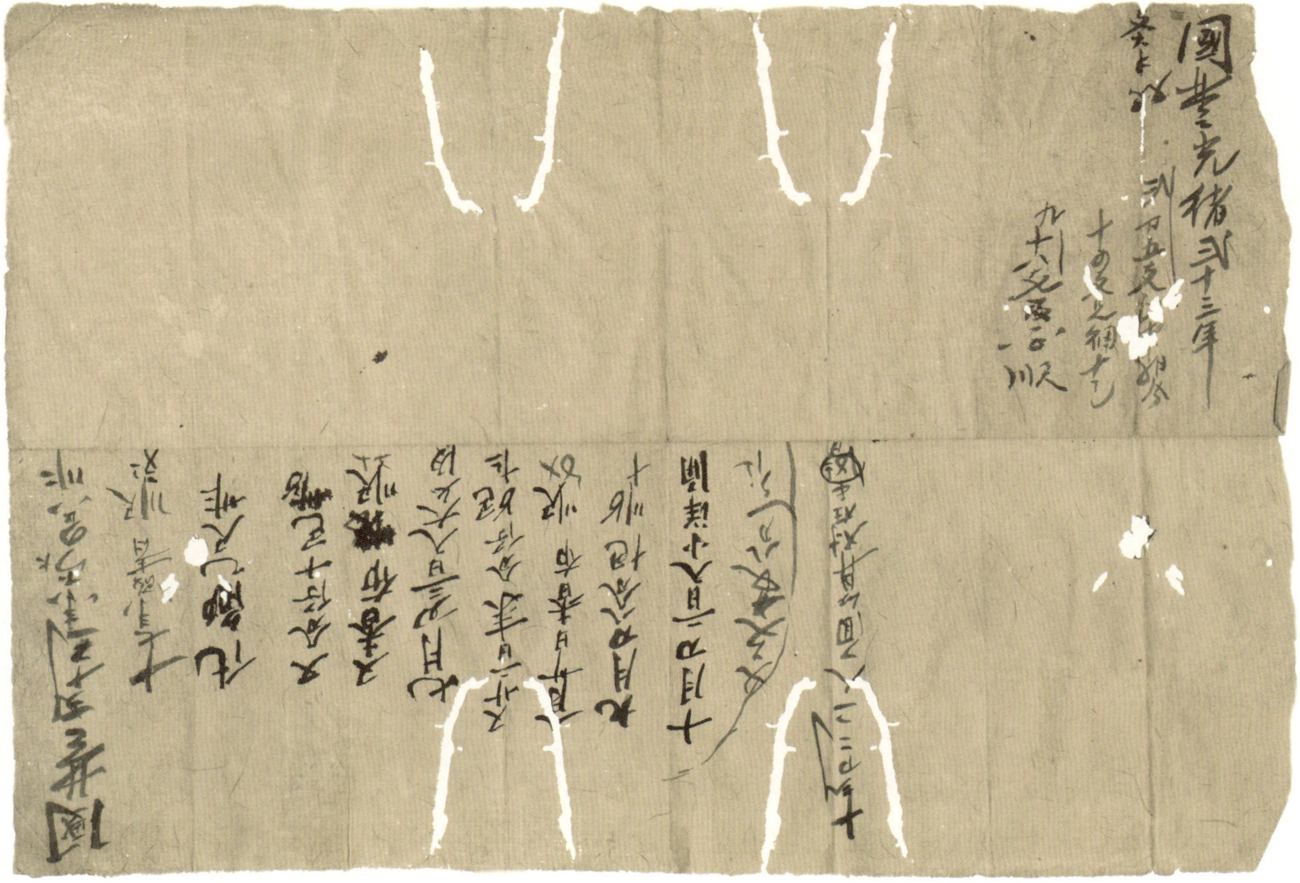

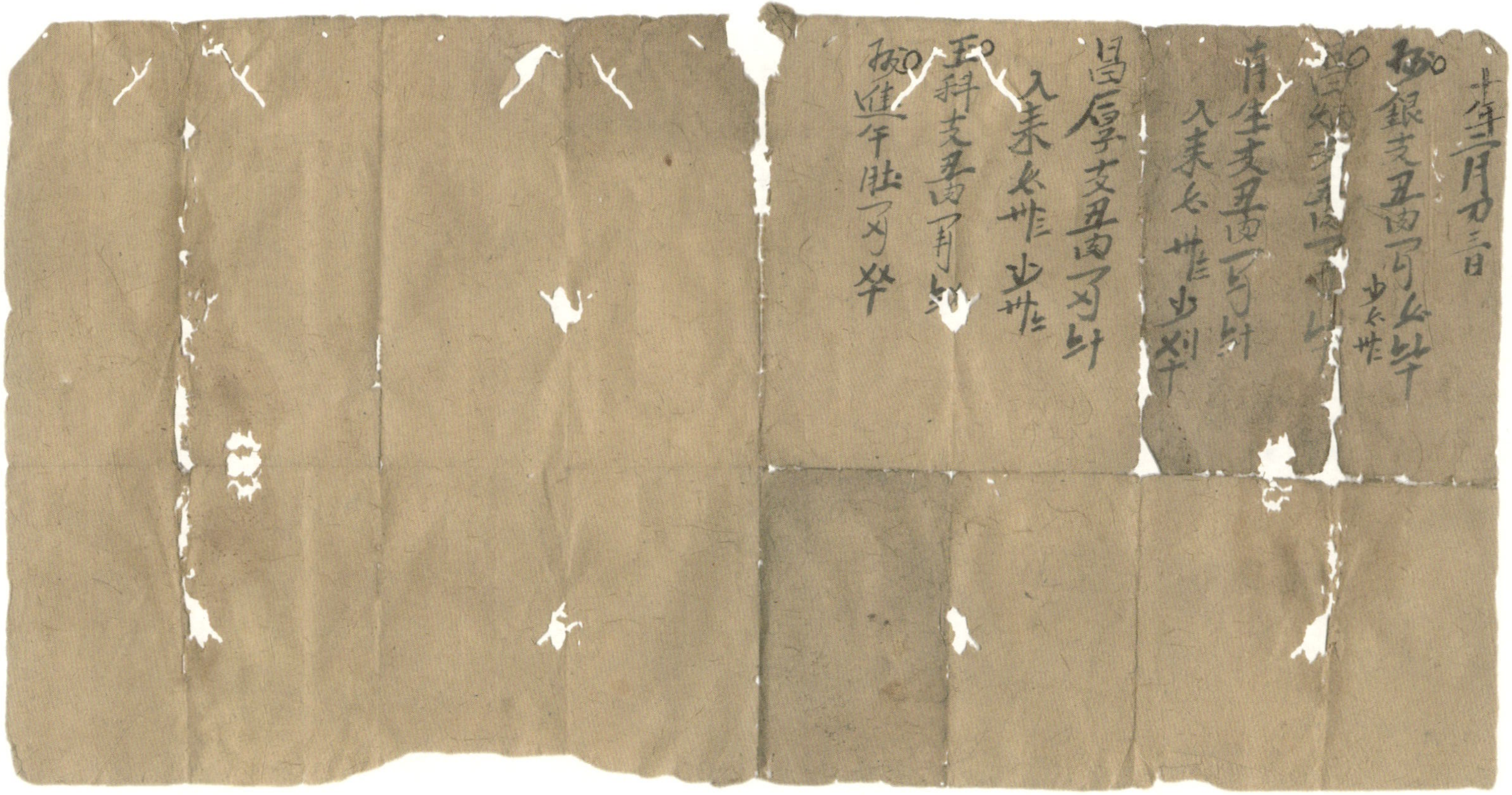

10-6-116-12　清光緒年間黃孫銀等支肉賬單

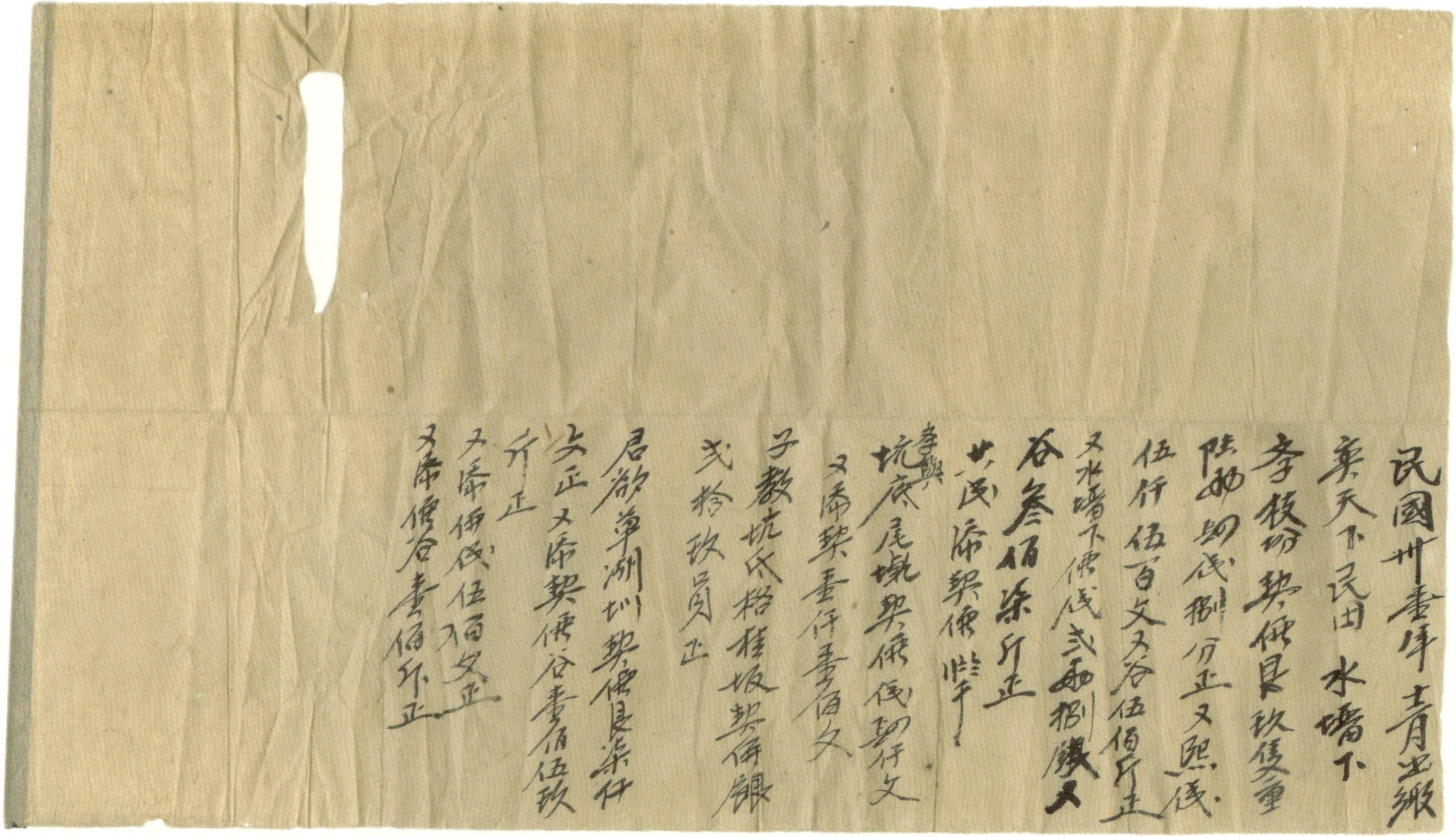
民國卅壹年十二月出繳
業天下民田 水墻下
李枝盼契價艮玖佰叁重
陆拾叁钱捌分正 又照钱
伍仟伍百文 又谷伍佰斤正
又水墻下價钱弍兩捌錢 人
谷叁佰柒斤正
共钱添契價些
李興
坑底尾境契價钱肆仟文
又添契壹仟壹佰文
子數坑氏格桂坂契價银
弍拾玖員正
君欲草湖圳契價艮柒仟
五正 又添契價谷壹佰伍玖
斤正
又添價钱伍佰文正
又添價谷壹佰斤正

10-6-116-13 民國三十一年十二月黃氏出繳賬單

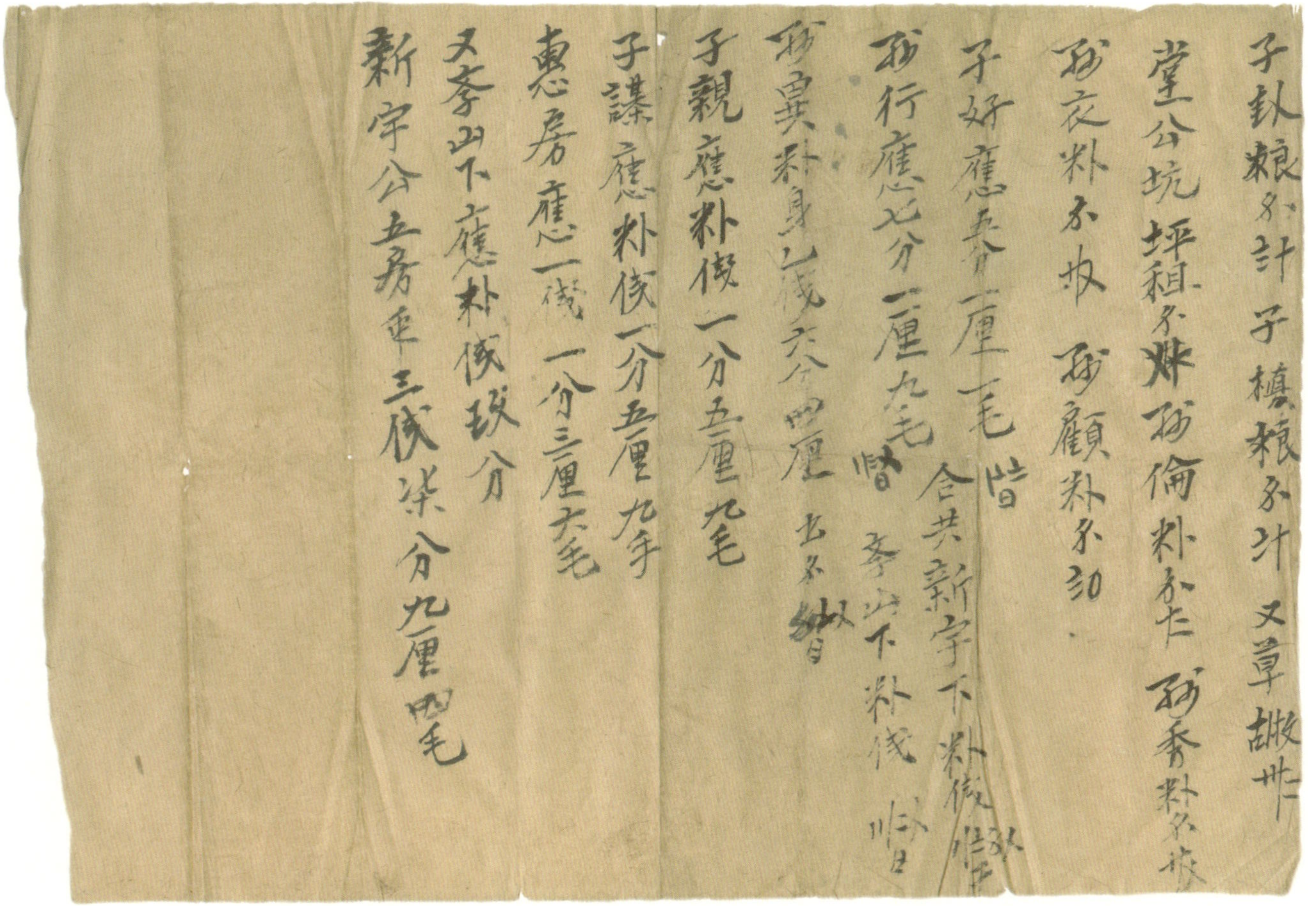

10-6-116-14　黃新宇五房衆錢糧賬單（年代不詳）

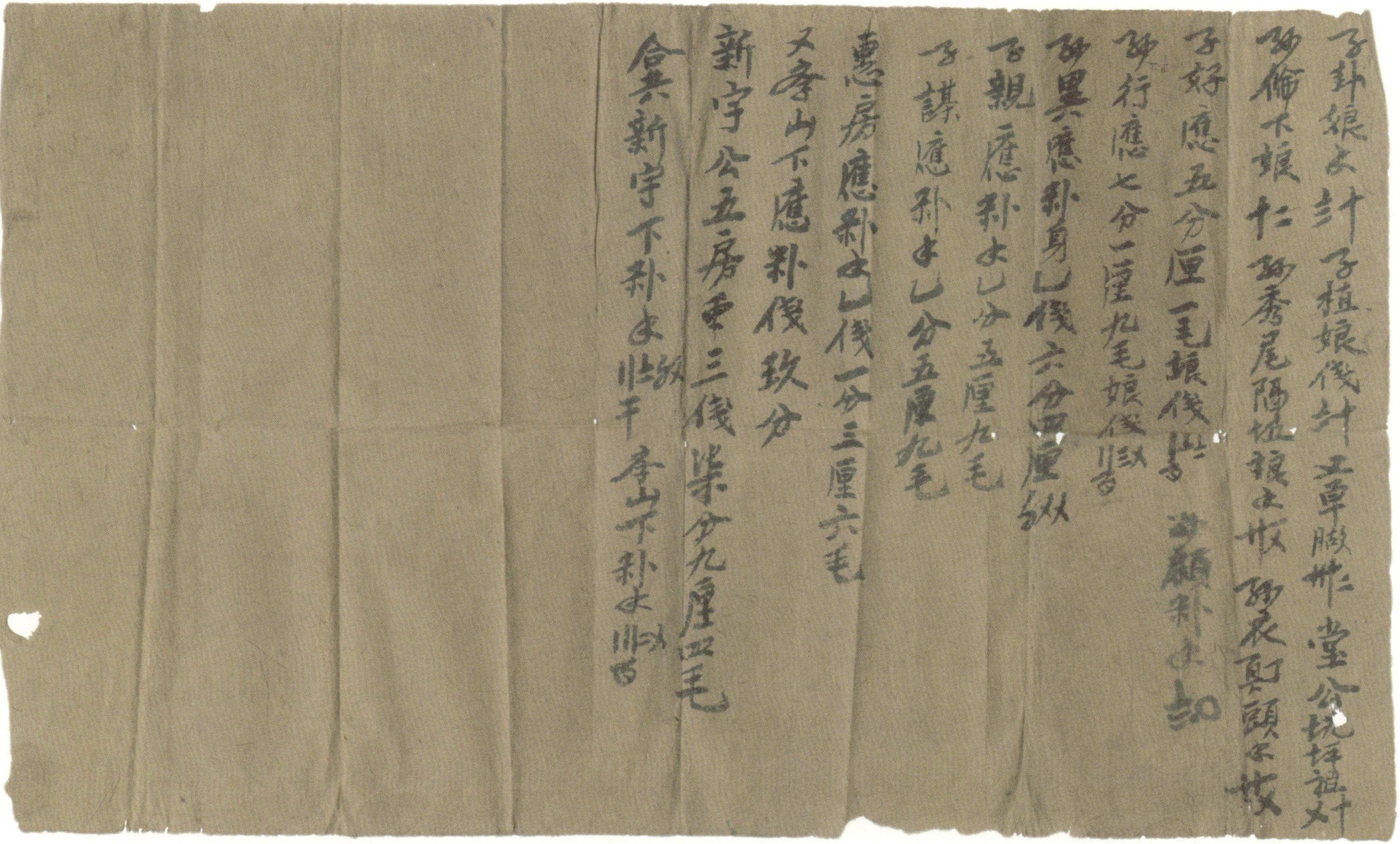

10-6-116-15　黄新宇公五房衆税糧賬單（年代不詳）

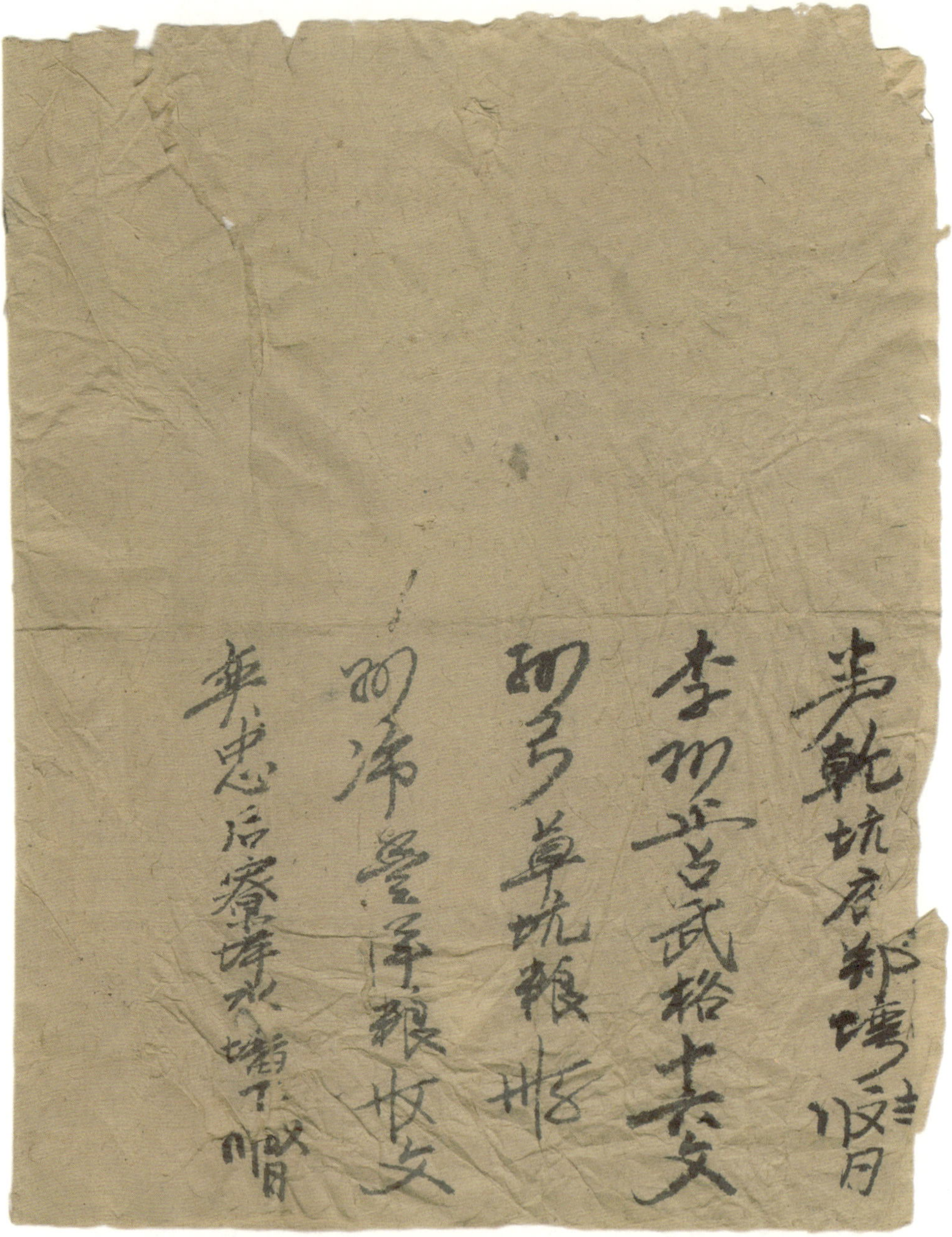

10-6-116-16　黄氏糧錢賬單（年代不詳）

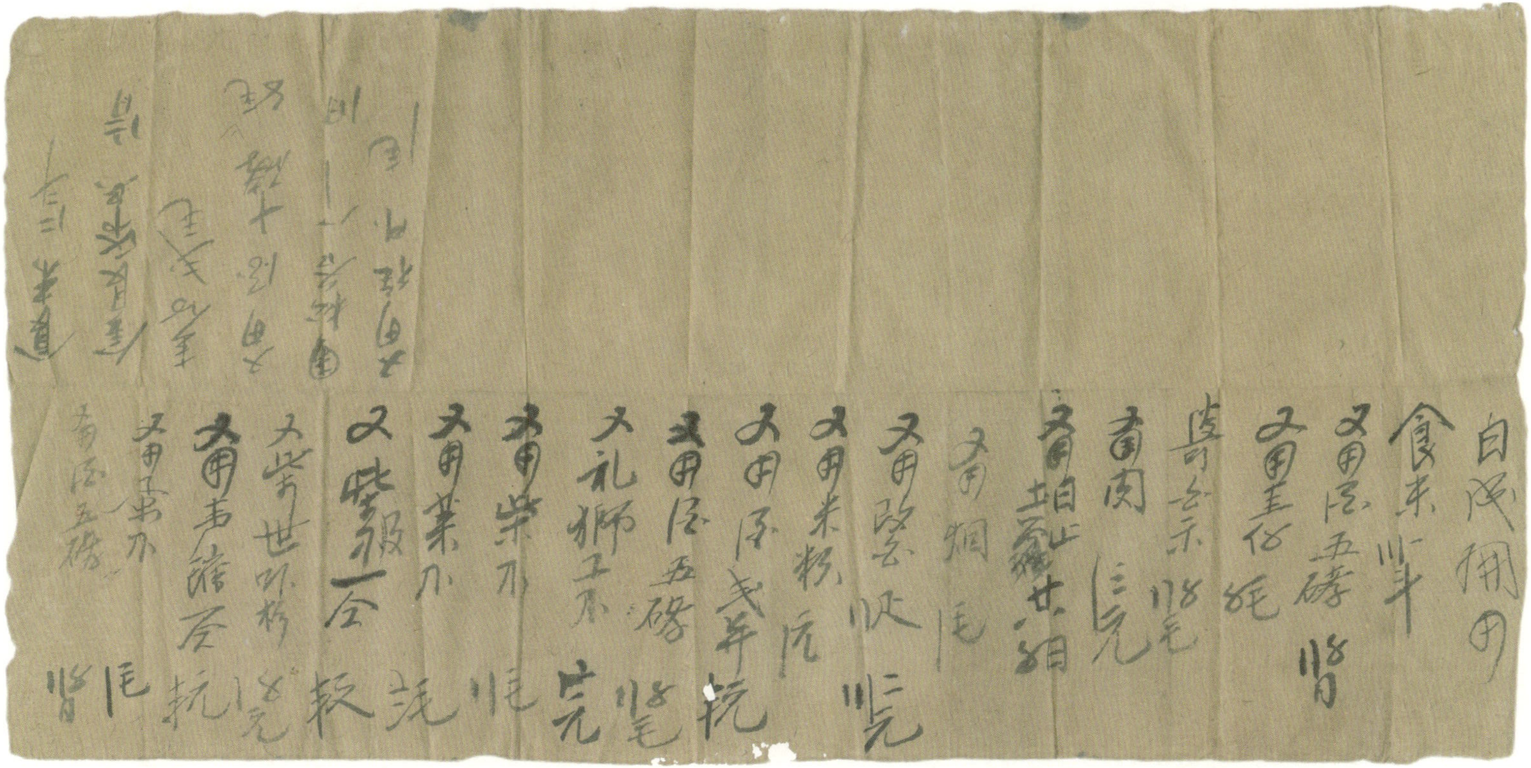

10-6-116-17　黄氏支出賬單（年代不詳）

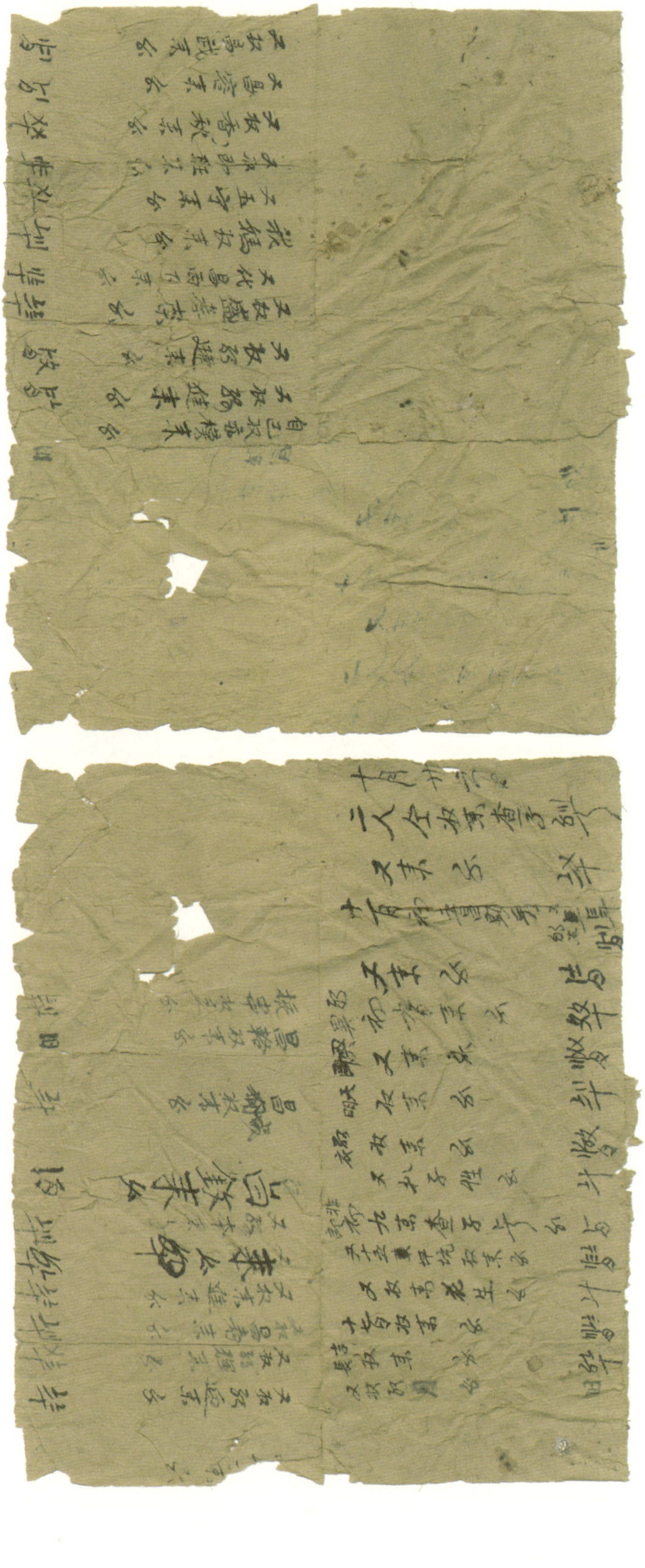

10-6-116-18　黃氏楂子賬單（年代不詳）

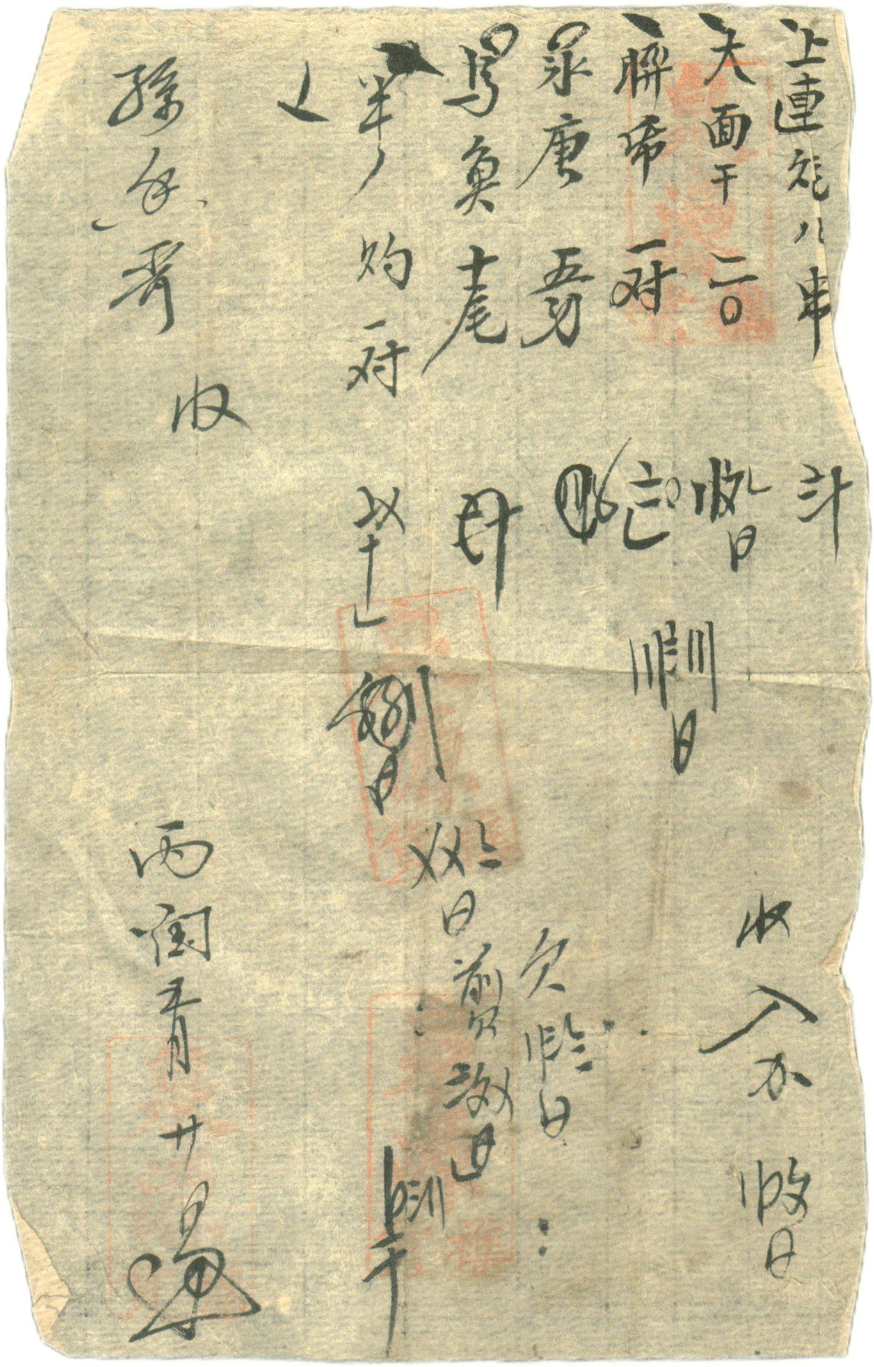

10-6-116-19　泉源雜貨支貨賬單（年代不詳）

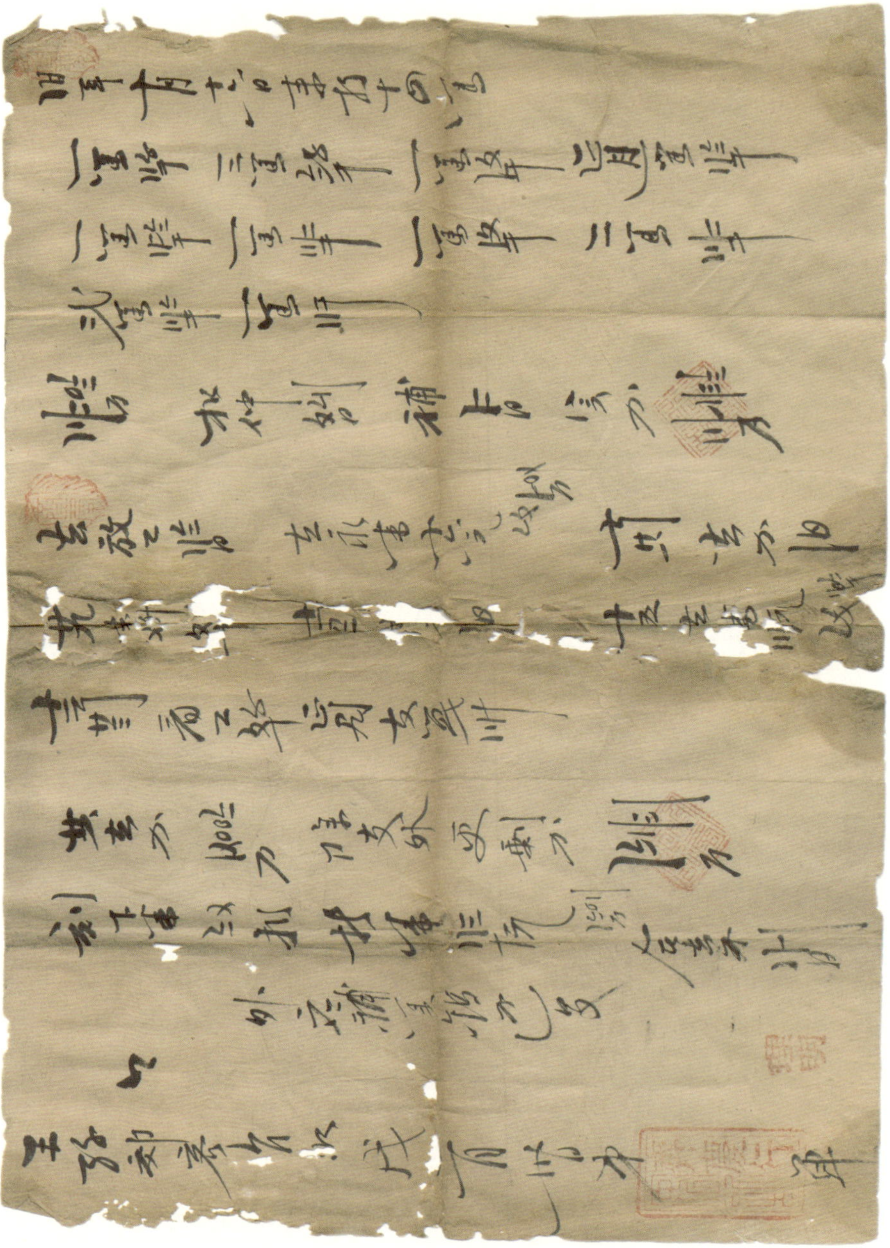

10-6-116-20　齊慶行安記木材賬單（年代不詳）

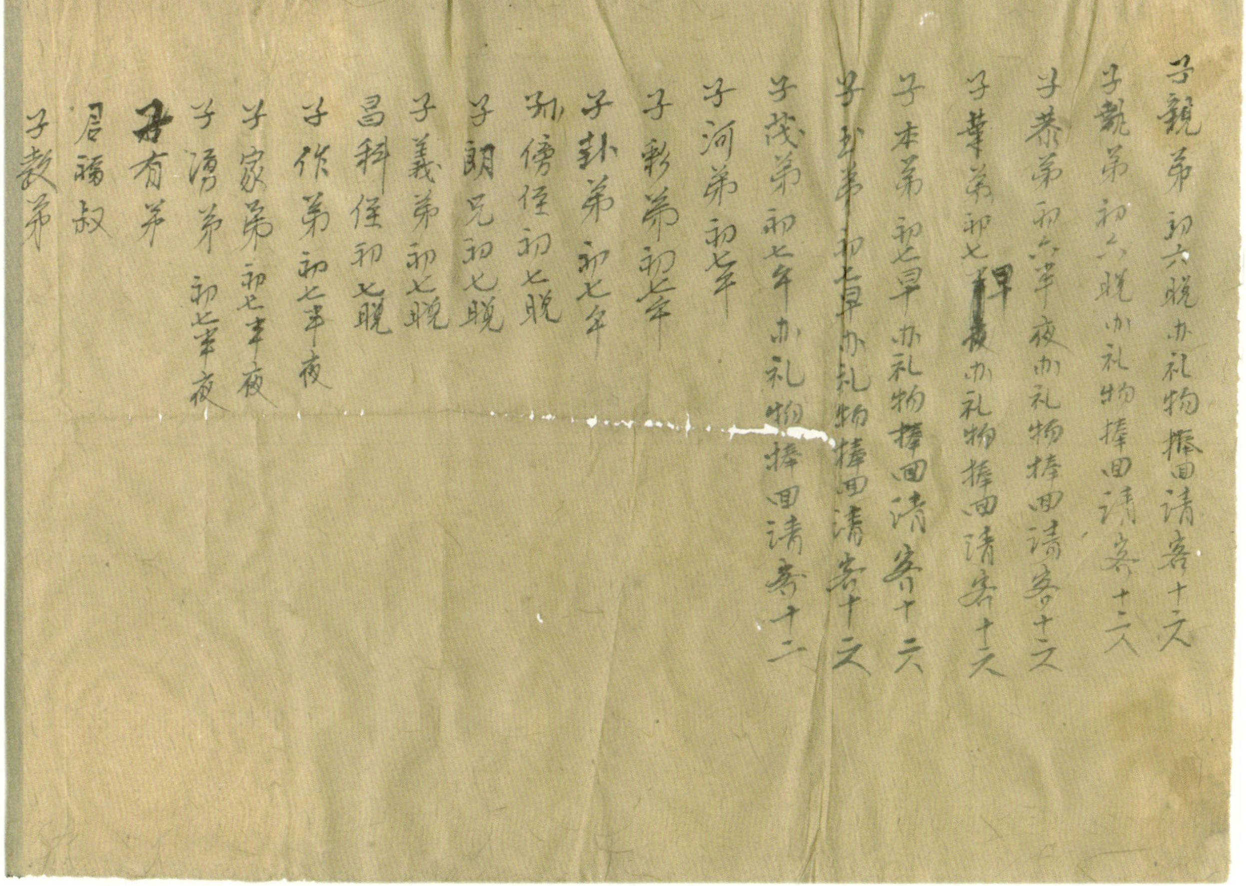
子親弟初六晚办礼物振回請客十六
子龍弟初六晚办礼物捧回請客十八
子恭弟初六半夜办礼物捧回請客十六
子華弟初七早夜办礼物捧回請客十六
子本弟初七早办礼物捧回請客十六
子[illegible]弟初七早办礼物捧回請客十六
子茂弟初七午办礼物捧回請客十二
子河弟初七午
子彩弟初七午
子卦弟初七午
孙傍侄初七晚
子朗兄初七晚
子義弟初七晚
昌科侄初七晚
子作弟初七半夜
子家弟初七半夜
子湧弟初七半夜
子有弟
启福叔
子教弟

10-6-116-21　黃氏人情賬單（年代不詳）

簿

10-6-117-1　民國十八年黄家最等立亡母人情簿（一）

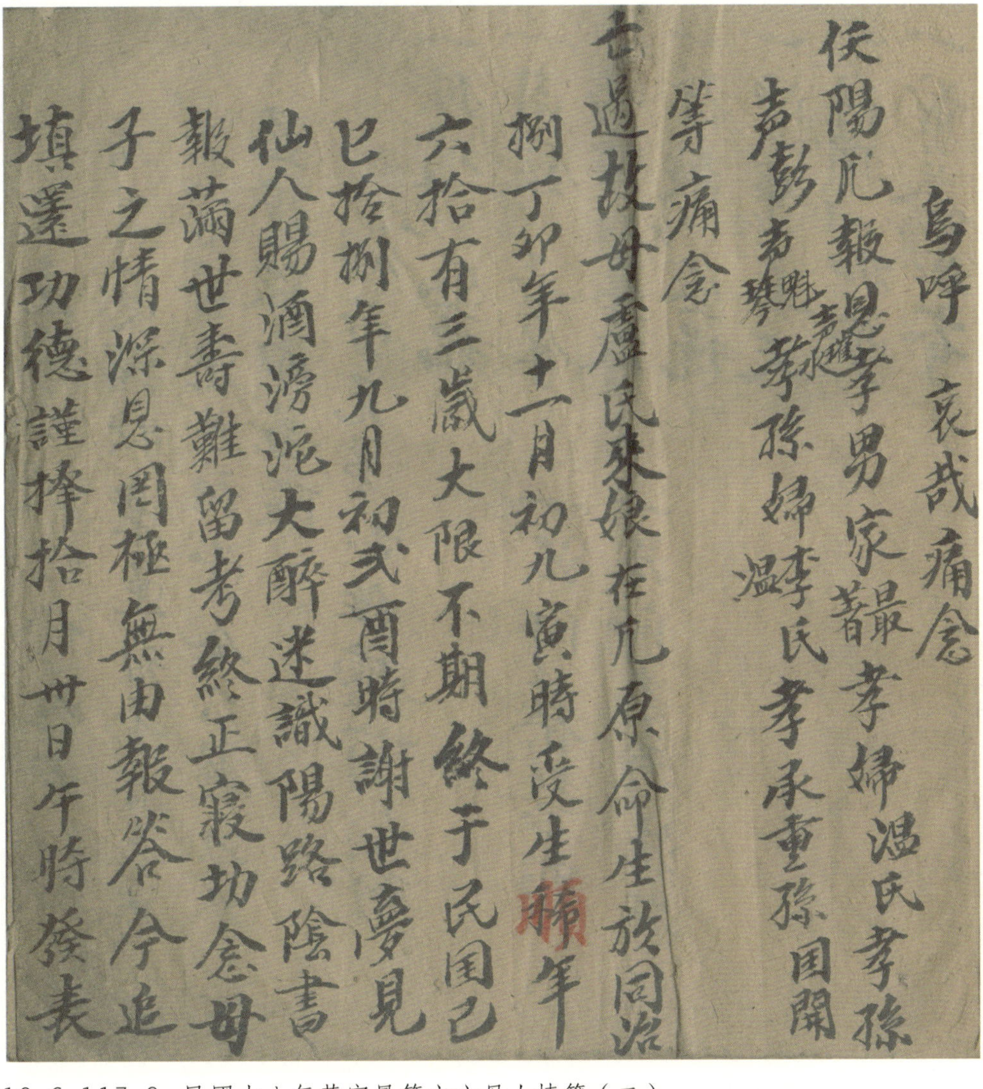

烏呼 哀哉痛念
伏陽凡報恩孝男家最 家著 孝婦溫氏 孝孫
聲彭 聲魁 聲琴 聲耀 聲永 孝孫婦李氏 溫 孝承重孫國開
等痛念
亡過故母盧氏來娘在凡原命生於同治
捌丁卯年十一月初九寅時受生 年
六拾有三歲大限不期終于民國己
巳拾捌年九月初弍酉時謝世夢見
仙人賜酒滂沱大醉迷識陽路陰書
報滿世壽難留考終正寢功念母
子之情深恩罔極無由報答今追
填還功德謹擇拾月廿日午時發表

10-6-117-2 民國十八年黃家最等立亡母人情簿（二）

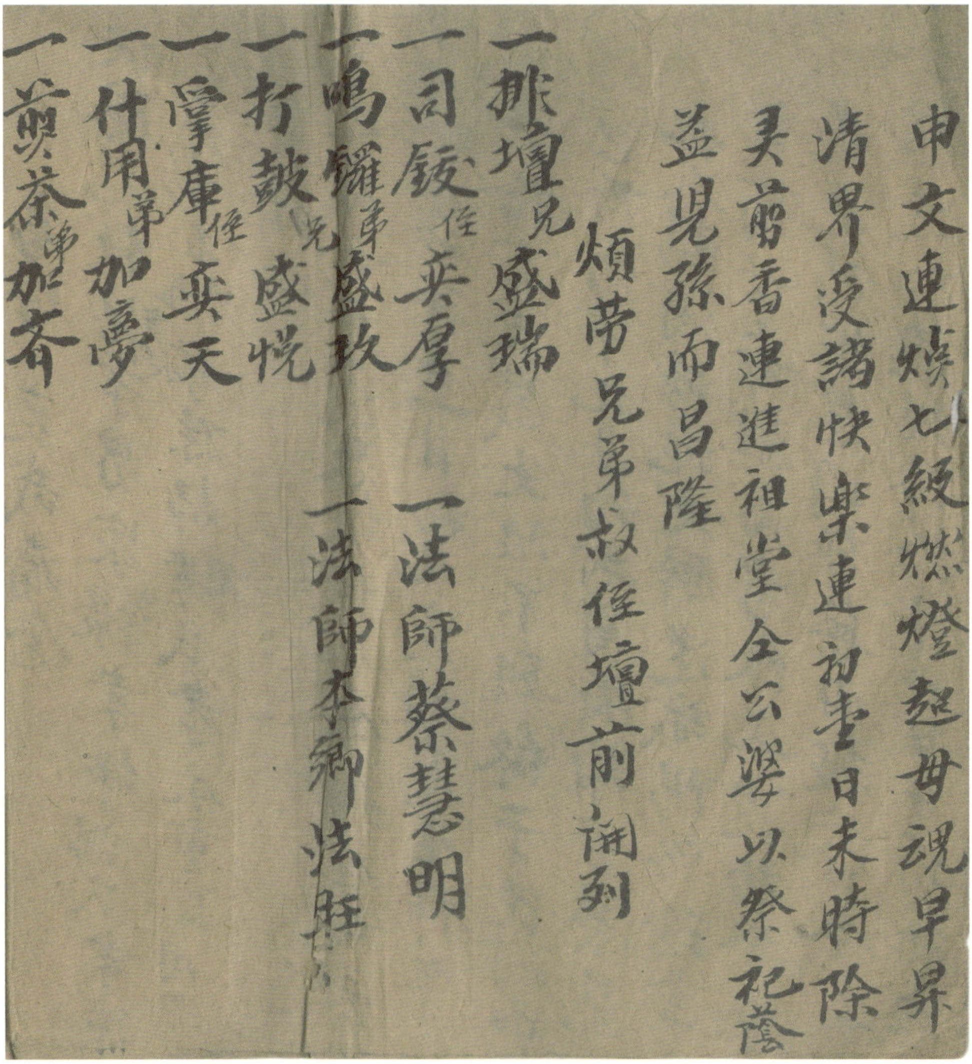
申文連燒七級燃燈超母魂早昇
清界淨諸快樂連初喪日未時除
灵薦香連進祖堂全公婆以祭祀蔭
益兒孫而昌隆
煩帶兄弟叔侄壇前開列
一排壇兄盛瑞
一司鈸侄奕厚
一鳴鑼弟盛玫
一打鼓兄盛恍
一掌庫侄奕天
一什用弟加夢
一煎茶弟加奇
一法師蔡慧明
一法師李卿法旺

10-6-117-3　民國十八年黄家最等立亡母人情簿（三）

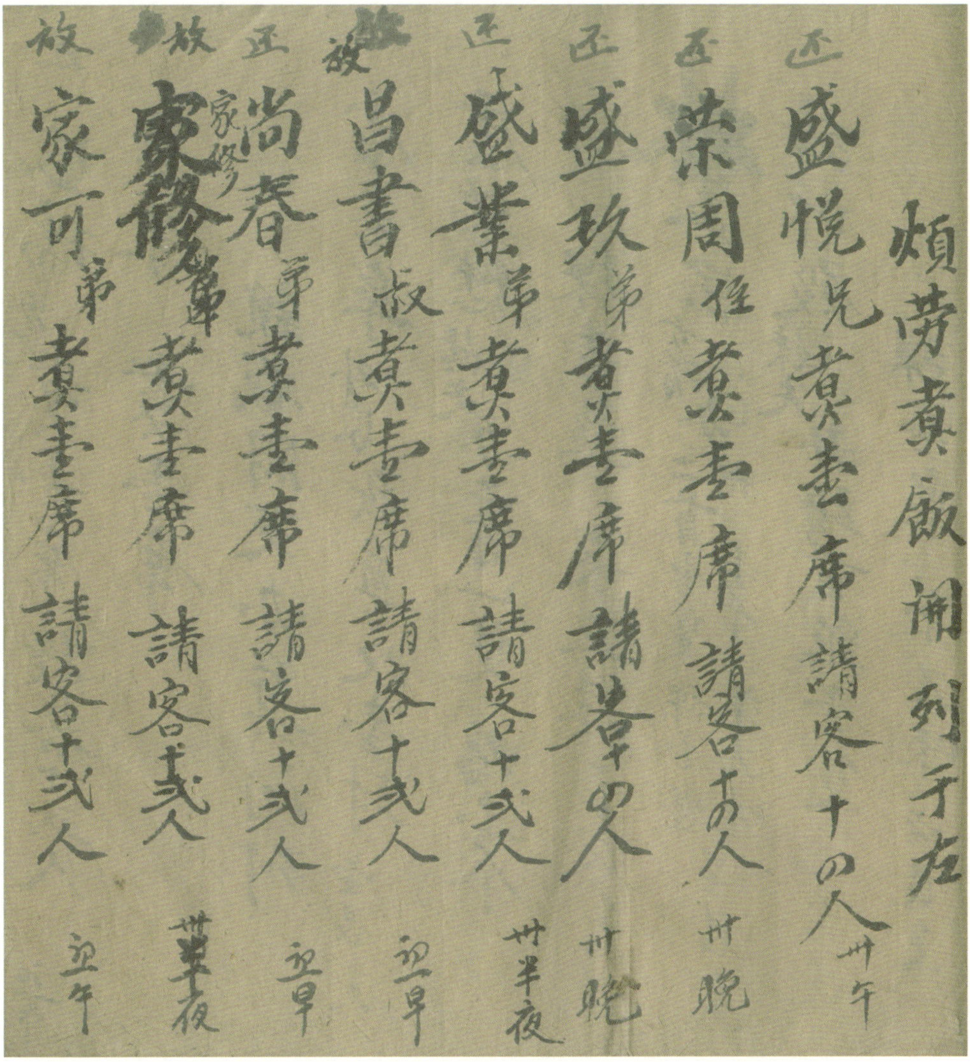
煩勞責飯開列于左
还 盛愰 兄 責壹席 請客十四人 卅午
还 榮周 侄 責壹席 請客十四人 卅晚
还 盛玖 弟 責壹席 請客十四人 卅晚
还 盛業 弟 責壹席 請客十弍人 卅半夜
放 昌書 叔 責壹席 請客十弍人 初一早
还 尚春 弟 責壹席 請客十弍人 初一早
放 家修 弟 責壹席 請客十弍人 卅半夜
放 家可 弟 責壹席 請客十弍人 初一午

10-6-117-4　民國十八年黄家最等立亡母人情簿（四）

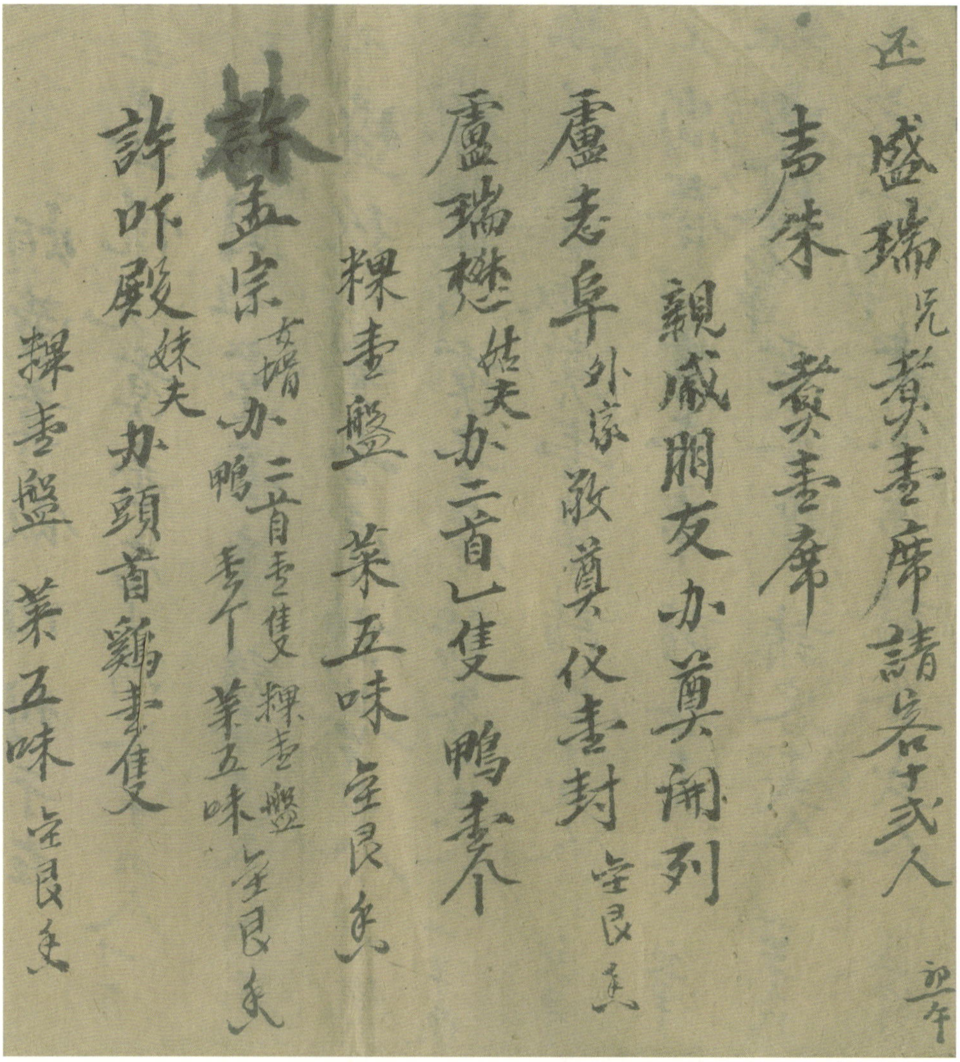
还
盛瑞兄奠壹席請客十弍人 卯午
声荣奠壹席
親戚朋友办奠開列
盧志阜外家敬奠仪壹封 金艮元
盧瑞懋姑夫办二首山隻 鴨壹个
粿壹盤 菜五味 金艮元
林許孟宗女婿办二首壹隻 粿壹盤 鴨壹个 菜五味 金艮元
許吓殿妹夫办頭首鷄壹隻
粿壹盤 菜五味 金艮元

10-6-117-5 民國十八年黄家最等立亡母人情簿（五）

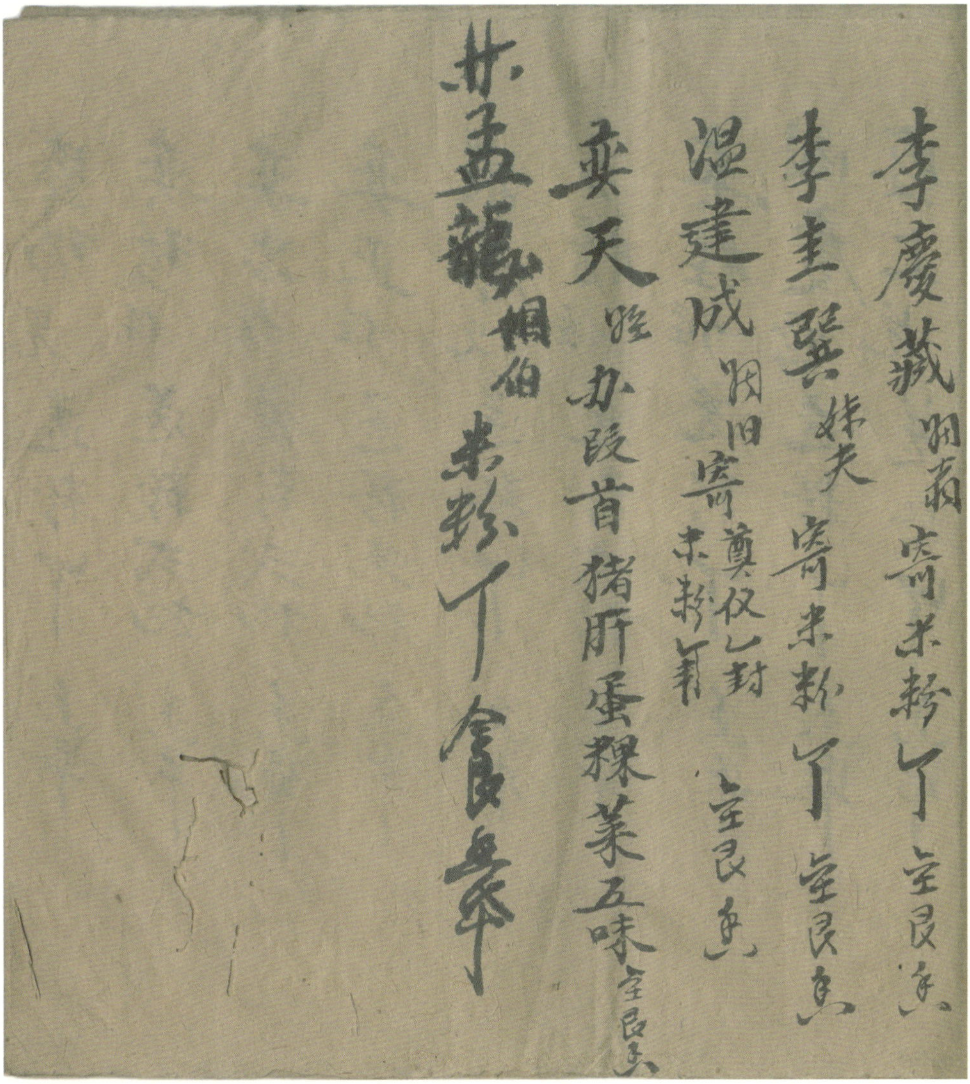
李慶義 烟翁 寄米粉丁 全艮免
李圭豎 妹夫 寄米粉丁 全艮免
温建成 烟旧 寄奠仪乙封 米粉箱 全艮免
黄天 姪 办段首猪肝蛋粿菜五味 全艮免
廿 孟龍 姻伯 米粉丁 全艮免

10-6-117-6 民國十八年黄家最等立亡母人情簿（六）

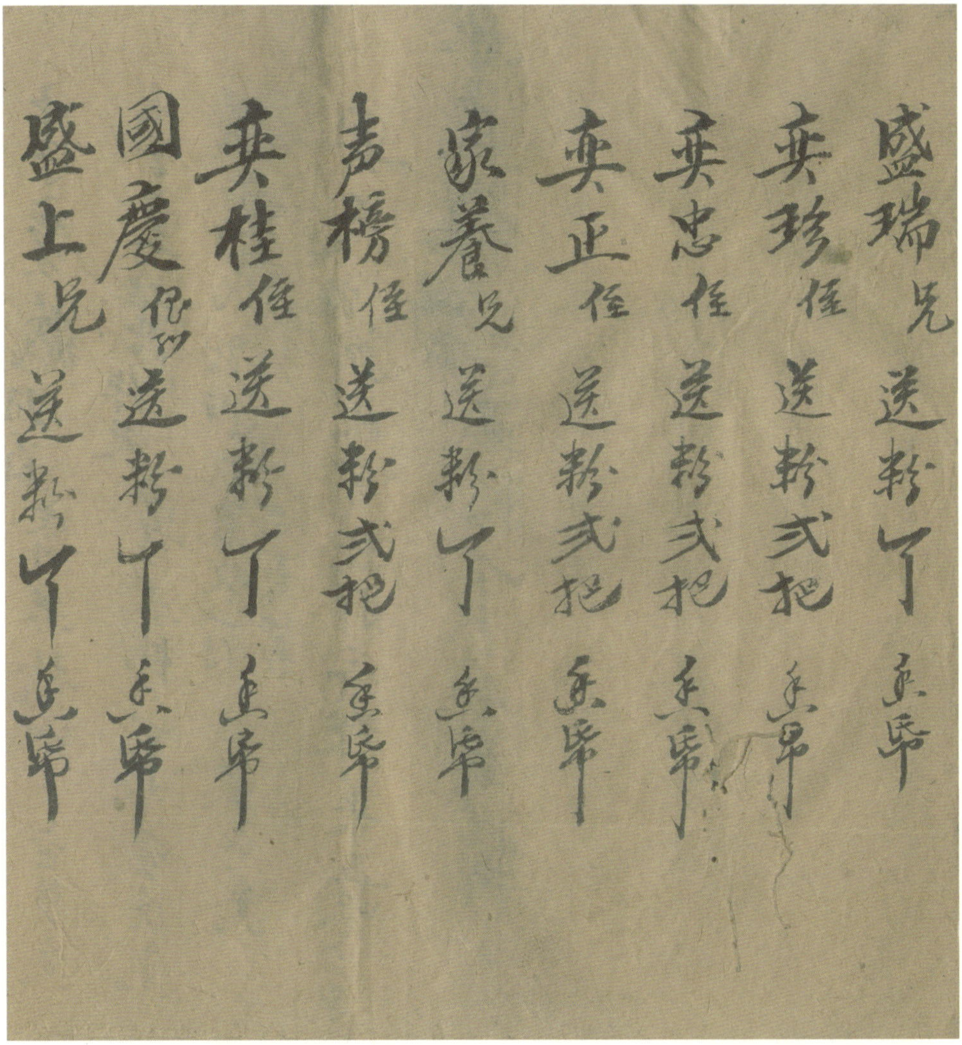

盛瑞兄 送粉丁 奠帛
奕珍侄 送粉式把 奠帛
奕忠侄 送粉式把 奠帛
奕正侄 送粉式把 奠帛
家養兄 送粉丁 奠帛
声榜侄 送粉式把 奠帛
奕桂侄 送粉丁 奠帛
國慶侄孙 送粉丁 奠帛
盛上兄 送粉丁 奠帛

10-6-117-7 民國十八年黄家最等立亡母人情簿（七）

第七帙　黄聲南户

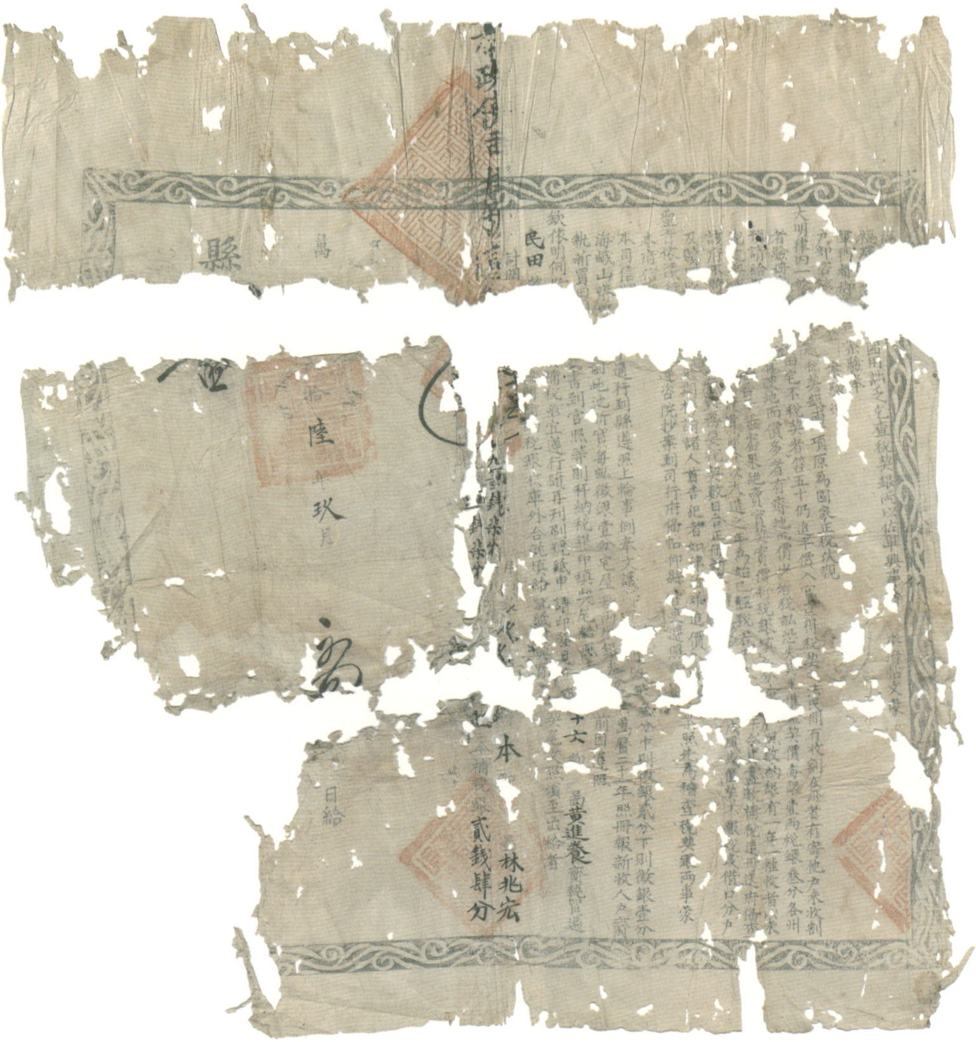

10-7-1-1　明萬曆□十六年九月黃進養契尾

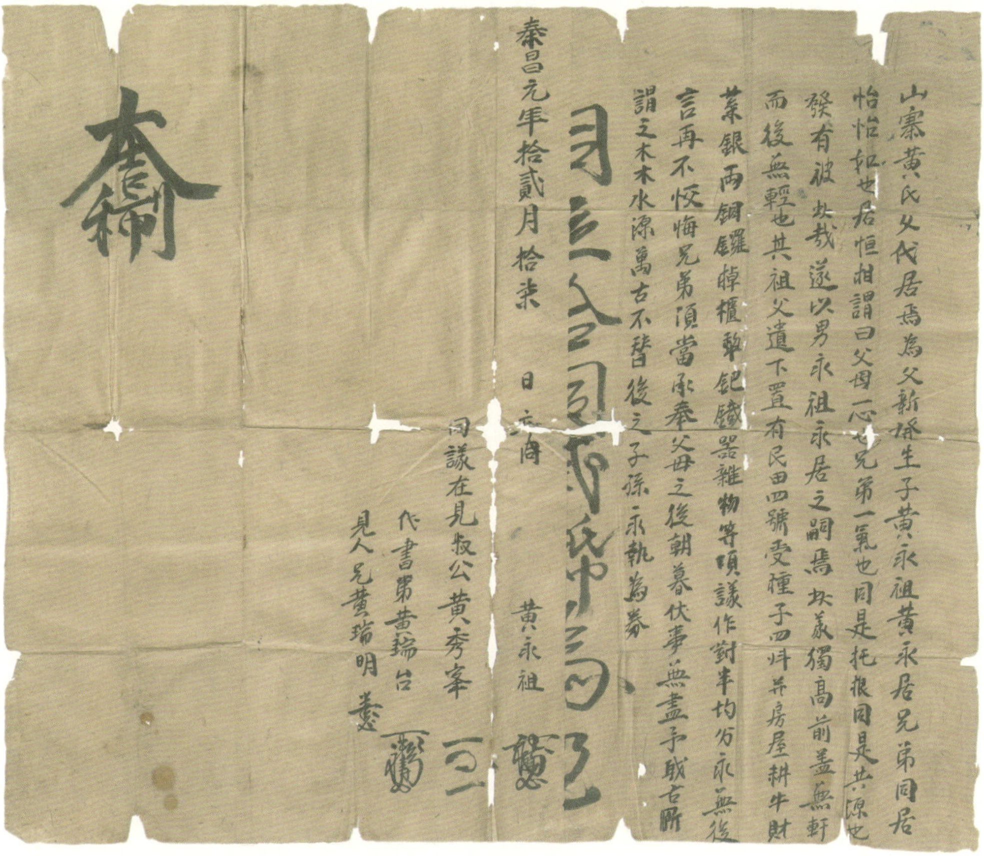
山寨黄氏父代居焉，為父新婚生子黄永祖、黄永居兄弟同居，
怡怡如也。居恒相謂曰：父母一心也，兄弟一氣也，同是托根，同是共源也，
發有彼此哉。遂以男永祖、永居之嗣焉。但義獨高，前蓋無軒
而後無輕也。其祖父遺下置有民田四號，受種子四斗，并房屋、耕牛、財
菜、銀兩、銅鑼、棹櫃、傘鈀、鐵器、雜物等項，議作對半均分，永無後
言，再不悔悔。兄弟須當承奉父母之後，朝暮伏事，無盡子職，古所
謂之木木水源，萬古不替。後之子孫永執為劵。

泰昌元年拾貳月拾柒日立合同　黄永祖
同議在見叔公　黄秀峯
代書弟　黄瑞台
見人兄　黄瑞明

10-7-1-2　明泰昌元年十二月黄永祖等立分家書

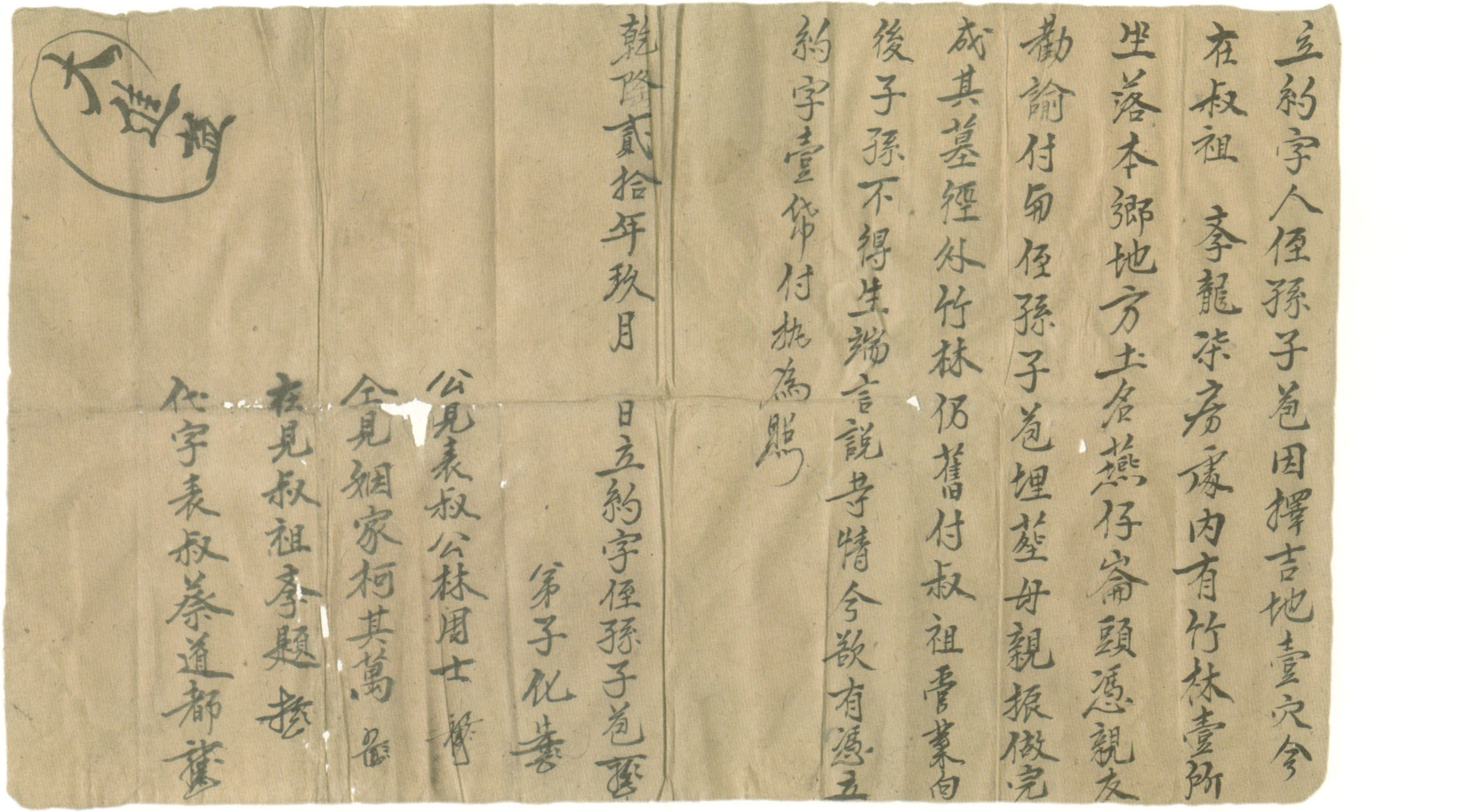

立約字人侄孫子苞因擇吉地壹穴今
在叔祖　李龍柒房處內有竹林壹所
坐落本鄉地方土名燕仔崙頭憑親友
勸諭付與侄孫子苞埋葬母親振徵完
成其墓經外竹林仍舊付叔祖管業向
後子孫不得生端言說等情今欲有憑立
約字壹紙付執為照
乾隆貳拾年玖月　日立約字侄孫子苞（押）
弟子化（押）
公見表叔公林周士（押）
全見姻家柯其萬（押）
在見叔祖李題（押）
代字表叔蔡道都（押）

10-7-1-3　清乾隆二十年九月黃子苞等立合約字（一）

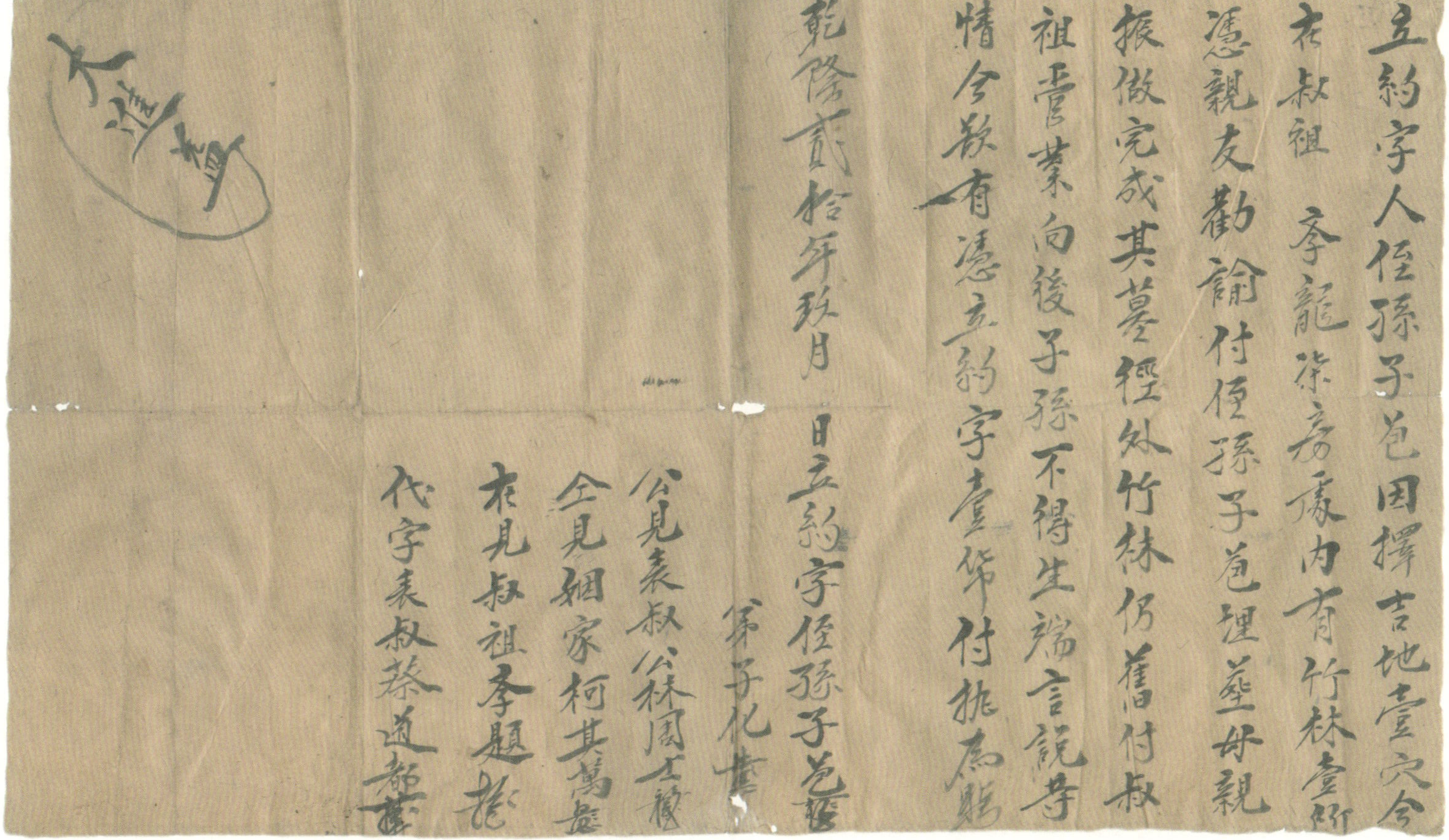
立約字人侄孫子苞因擇吉地壹穴合
本叔祖　李龍榮房內有竹林壹所
憑親友勸諭付侄孫子苞埋葬母親
振做完成其墓裡外竹林仍舊付叔
祖壹業向後子孫不得生端言說等
情今欲有憑立約字壹紙付執為照
乾隆貳拾年玖月　日立約字侄孫子苞(押)
胞弟子化(押)
公見表叔公林周士(押)
仝見姻家柯其萬(押)
在見叔祖李題(押)
代字表叔蔡道都(押)

10-7-1-4　清乾隆二十年九月黄子苞等立合約字（二）

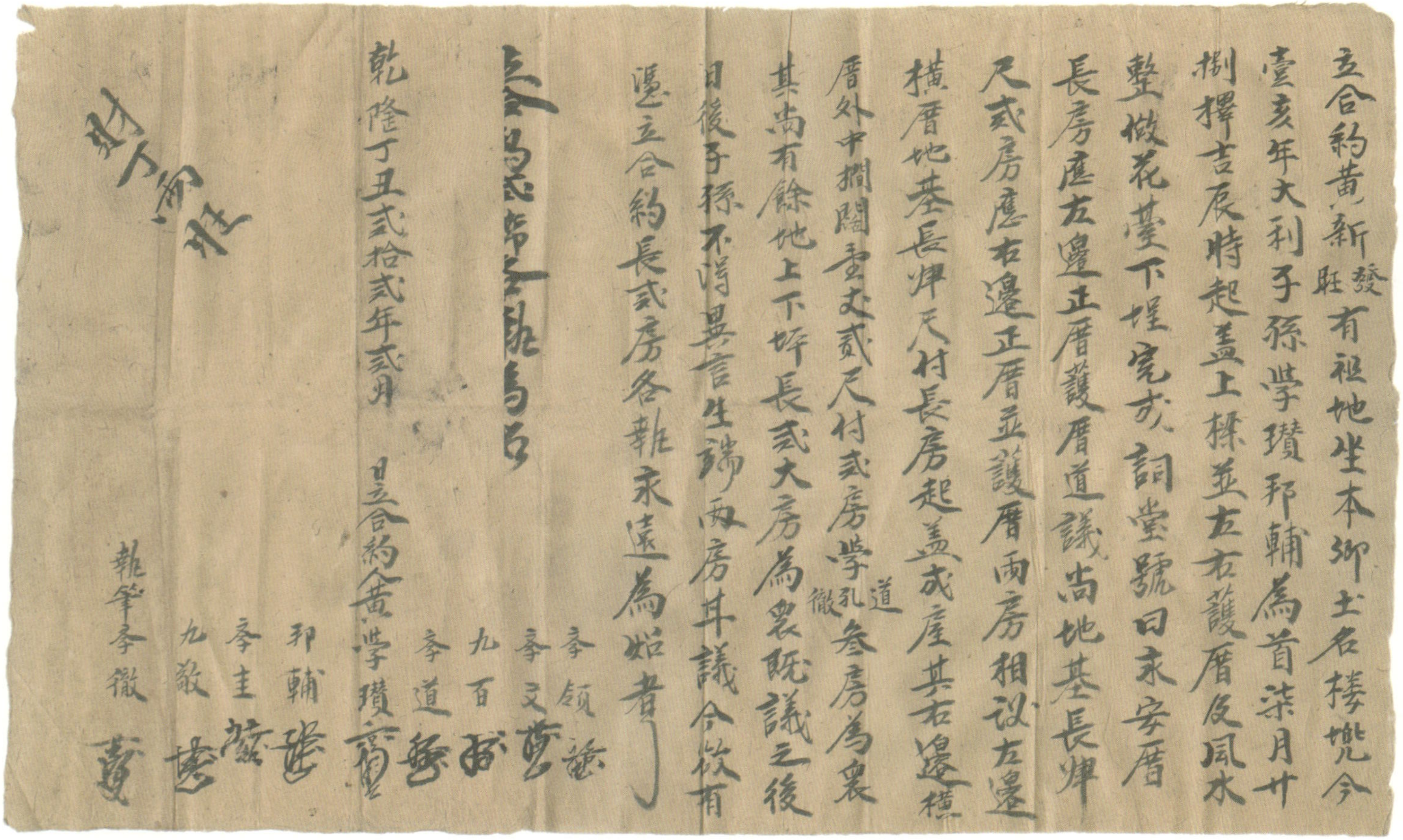

立合約黃新發、新旺有祖地坐本鄉土名樓墘今
壹亥年大利子孫學瓚、邦輔為首柒月廿
捌擇吉辰時起蓋上操並左右護厝及風水
整做花臺下埕完成，祠堂號曰永安厝
長房應左邊正厝護厝道議，尚地基長坪
尺貳房應右邊正厝並護厝兩房相議左邊
橫厝地基長坪尺付長房起蓋成座其右邊橫
厝外中搁闊壹丈貳尺付貳房學孔、道、徵叁房為衆
其尚有餘地上下坪長貳大房為衆既議之後
日後子孫不得異言生端兩房甘議今欲有
憑立合約長貳房各執永遠為炤者

[illegible]

乾隆丁丑貳拾貳年貳月　日立合約黃學瓚（押）
邦輔（押）
孝圭（押）
九敬（押）
孝道（押）
九百（押）
孝文（押）
孝領（押）
執筆孝徽（押）

財丁兩旺

10-7-1-5　清乾隆二十二年二月黄學瓚等立合約

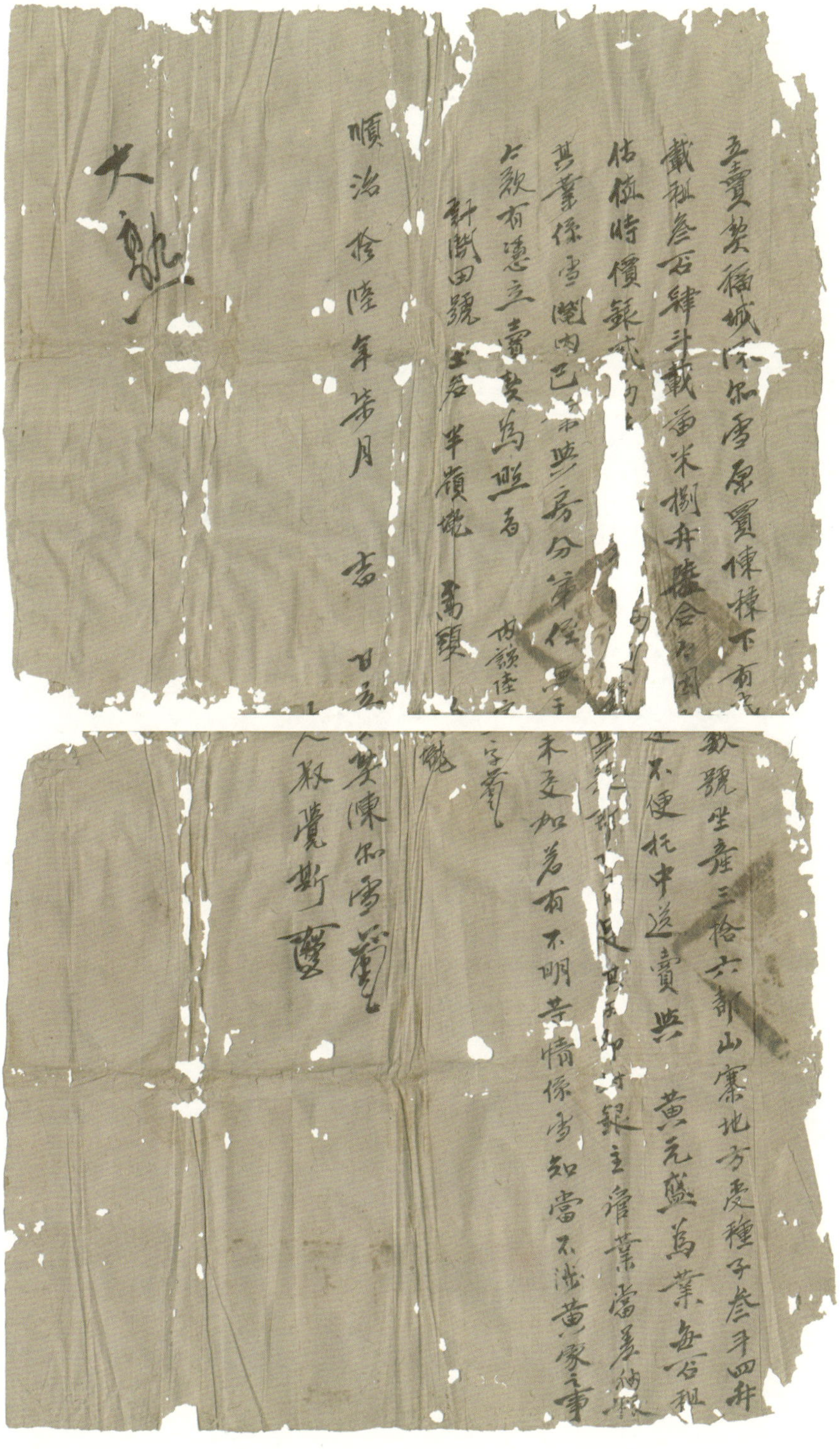
立賣契福城陳尔雪，原買陳棟下有民[illegible]數號，坐産三拾六都山寨地方，受種子叁斗四升，
載租叁石肆斗，載苗米捌升陸合，今因[illegible]迮不便，托中送賣與黃元盛為業，每年[illegible]租
估值時價銀貳兩[illegible]銀主管業，當差納[illegible]
其業係雪鬮內己業，與房分兄弟侄無干，未交加，若有不明等情，係雪知當，不涉黃家之事。
今欲有憑，立賣契為照。 內該陸[illegible]字號
計開田號土名半嶺燒 [illegible]
順治拾陸年柒月 吉 日立賣契陳尔雪（押）
中人叔 覺斯（押）
大熟

10-7-2-1　清順治十六年七月福州陳尔雪立賣民田契（紅契，一）

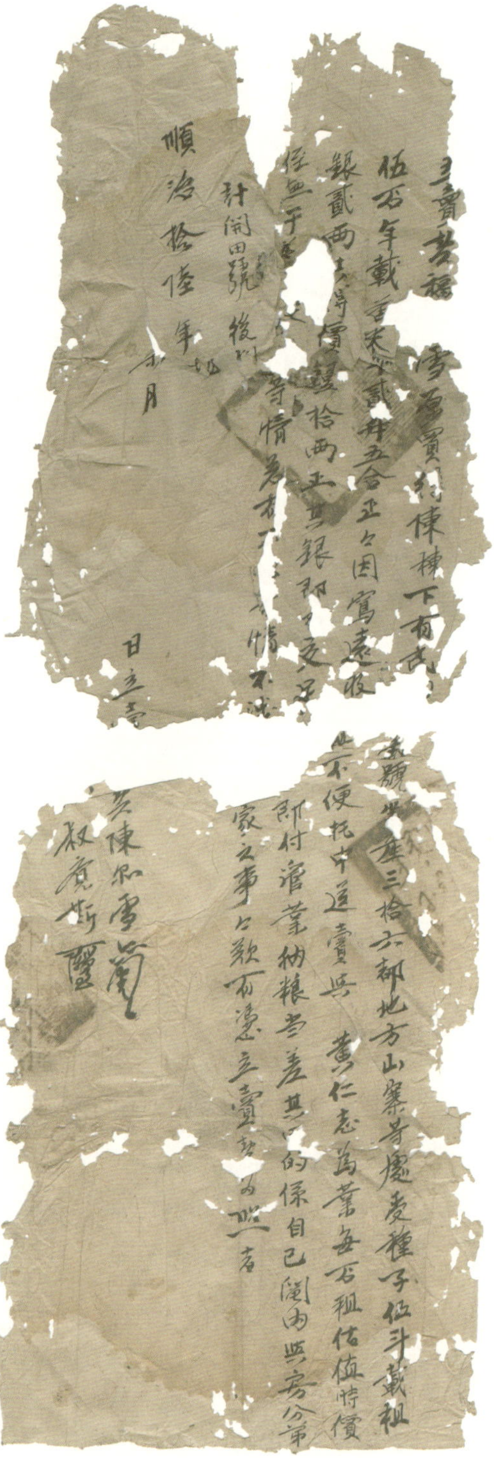

10-7-2-2 清順治十六年七月福州陳尔雪立賣民田契（紅契，二）

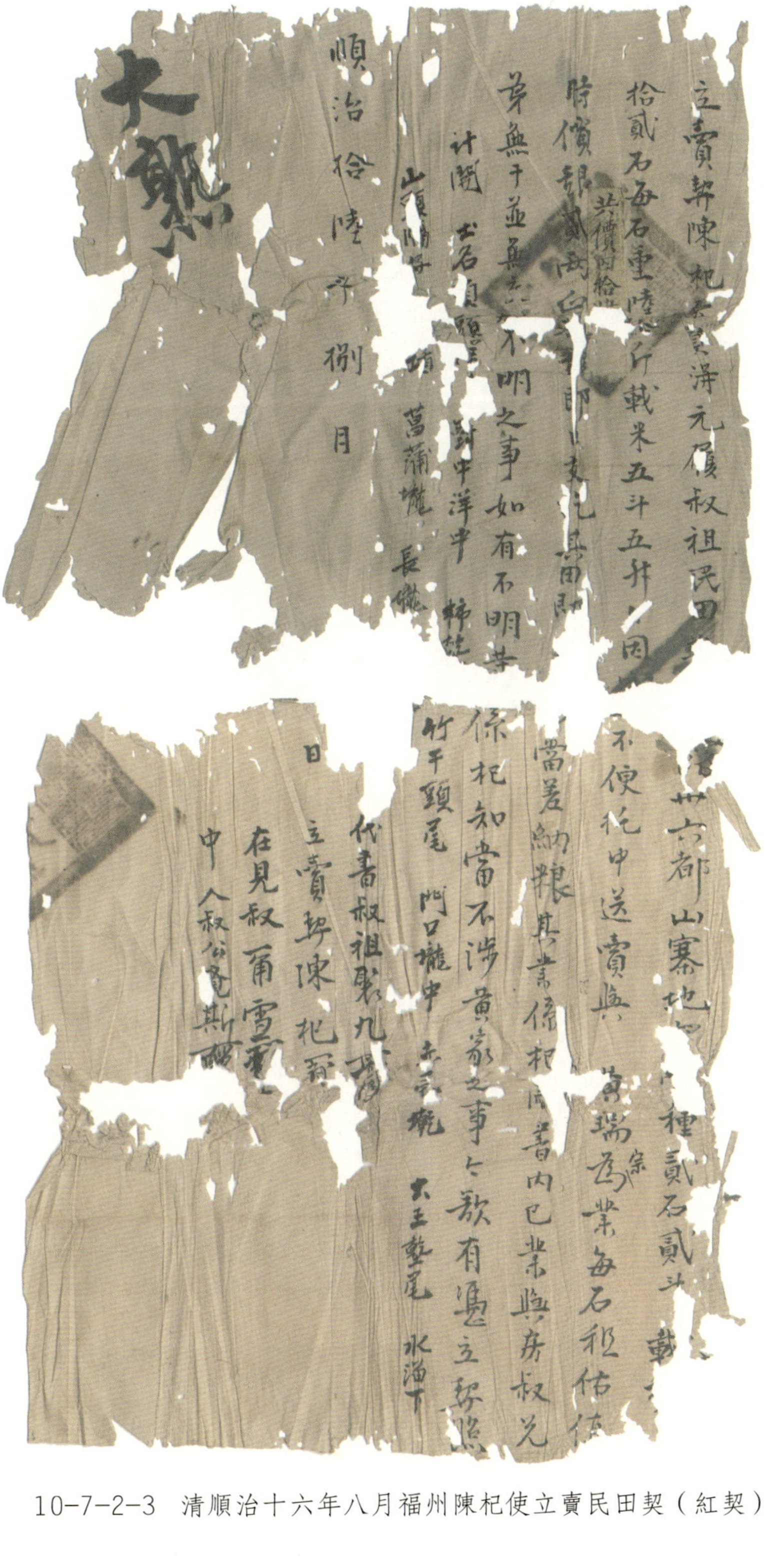

立賣契陳杞[illegible]浮元[illegible]叔祖民田[illegible]
拾貳石每石重陸[illegible]斤載米五斗五升[illegible]因
時價銀共價銀[illegible]拾[illegible]兩[illegible]即日交訖其田[illegible]
弟無干並無[illegible]不明之事如有不明[illegible]
計開[illegible]石[illegible]頭[illegible]對中洋中[illegible]
山[illegible] 坊 菖蒲壠 長壠
順治拾陸年捌月

[illegible]六都山寨地[illegible]種貳石貳斗[illegible]載[illegible]
不便杞中送賣與[illegible]瑞宗為業每石租佔[illegible]
當差納糧其業係杞[illegible]番內已業與房叔兄
係杞知當不涉黄家之事々款有憑立契照
竹平頸尾 門口壠中 赤[illegible]壠 大王墊尾 水涌下
代書叔祖聚九[illegible]
立賣契陳杞[illegible]
在見叔甫雲[illegible]
中人叔公[illegible]斯[illegible]
日

10-7-2-3 清順治十六年八月福州陳杞使立賣民田契（紅契）

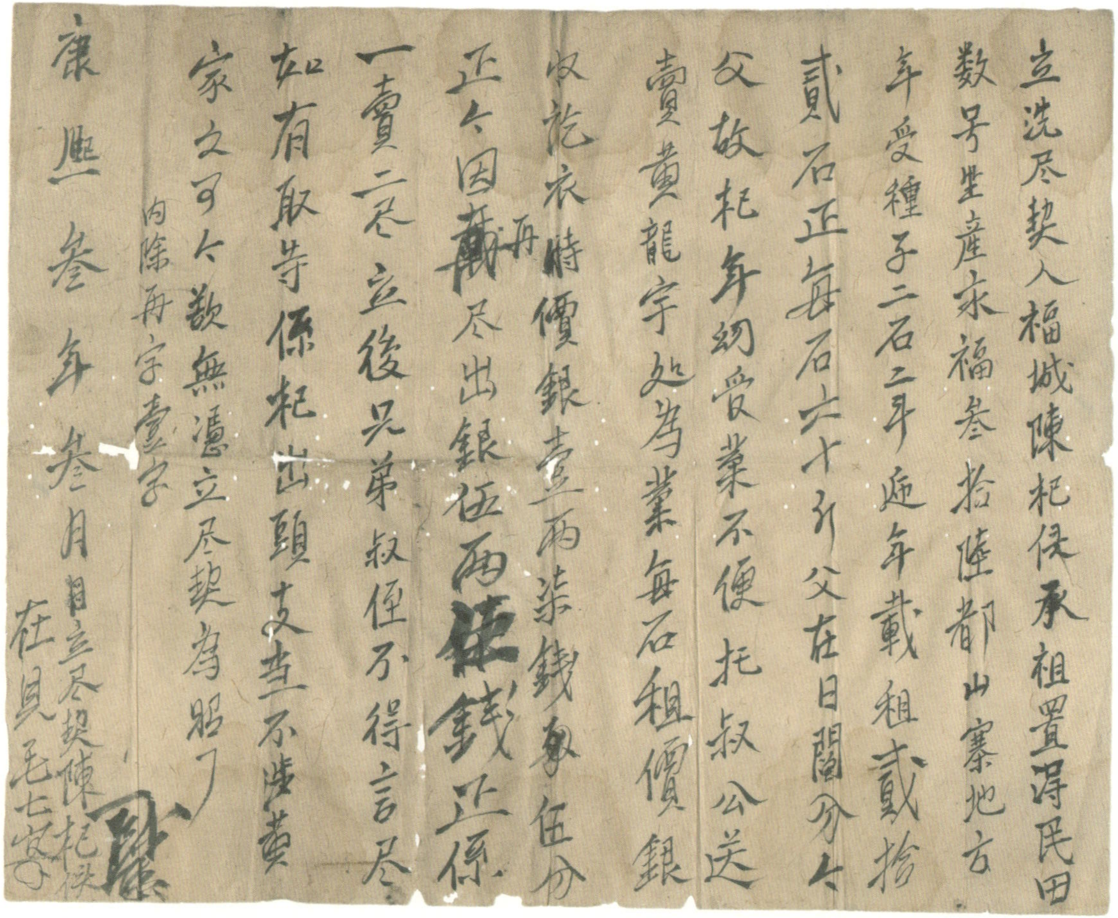
立洸尽契人福城陳杞使承祖置得民田
数号坐產永福叁拾陸都山寨地方
年受種子二石二斗逓年載租貳拾
貳石正每石六十斤父在日閻分与
父故杞身纫營業不便托叔公送
賣黄龍字処為業每石租價銀
收訖依時價銀壹兩柒錢參伍分
正今因再尽出銀伍兩柒錢正係
一賣二尽立後兄弟叔侄不得言尽
如有取等係杞出頭支当不涉黄
家之事今欲無憑立尽契為照
内除再字壹字
康熙叁年叁月　日立尽契陳杞使
在見毛七歲

10-7-2-4　清康熙三年三月福州陳杞使立洗盡民田契

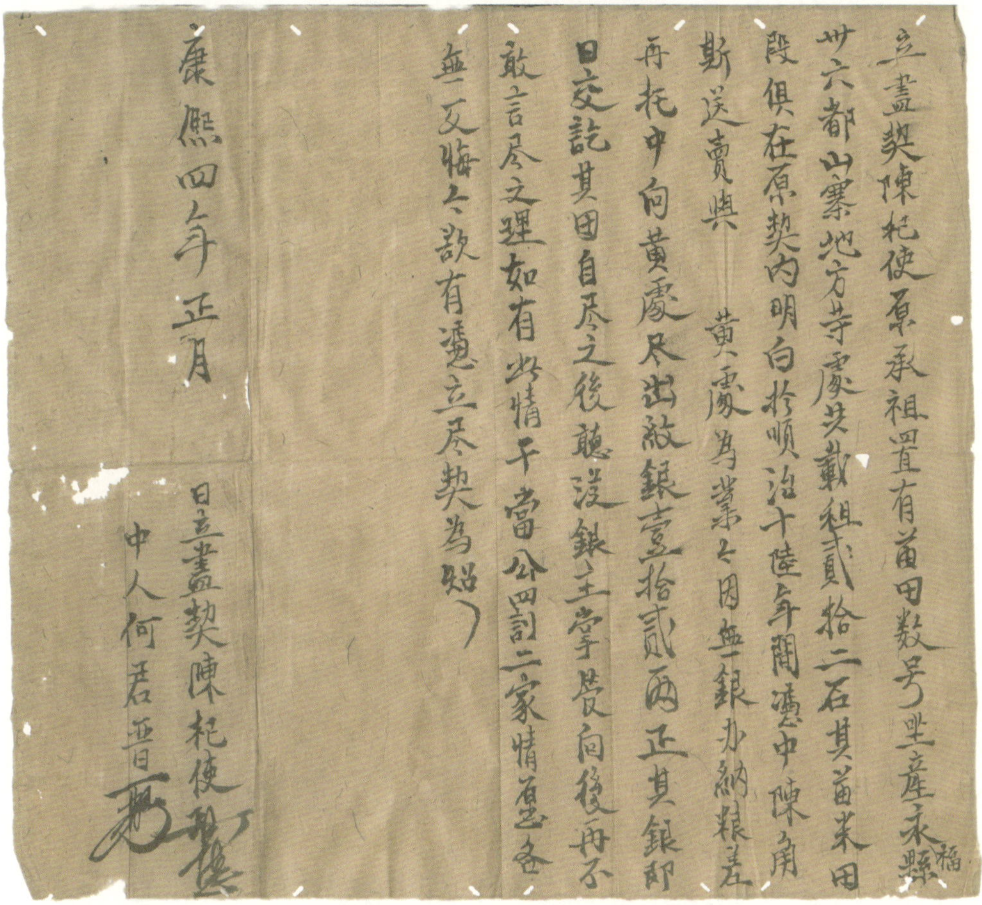
立盡契陳杞使原承祖置有苗田数号坐産永福縣
廿六都山寨地方等處共載租貳拾二石其苗米田
段俱在原契内明白於順治十陸年間憑中陳角
斷送賣與 黄處爲業今因無銀办納粮差
再托中向黄處尽出紋銀壹拾貳兩正其銀即
日交訖其田自尽之後聽從銀主掌管向後再不
敢言尽之理如有此情干當公罰二家情愿各
無反悔今欲有憑立尽契爲照
康熙四年正月　日立盡契陳杞使（押）
中人何君晋（押）

10-7-2-5　清康熙四年正月福州陳杞使立盡苗田契

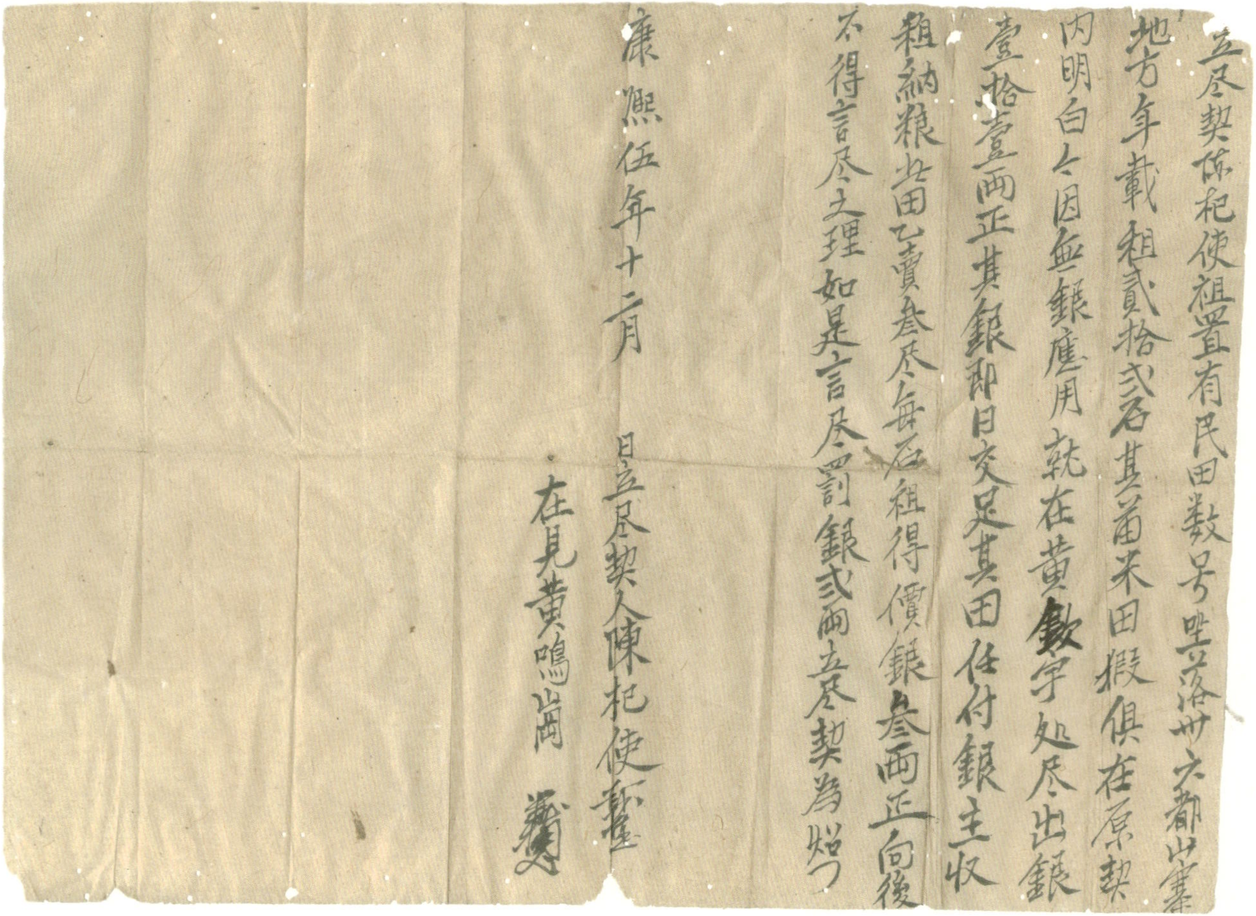

立尽契陳杞使祖置有民田數号坐落卅六都山寨
地方年載租貳拾弍石其苗米田撥俱在原契
內明白今因無銀應用就在黃敏字処尽出銀
壹拾壹兩正其銀即日交足其田任付銀主收
租納粮此田已賣叁尽每石租得價銀叁兩正向後
不得言尽之理如是言尽罰銀弍兩立尽契為炤
康熙伍年十二月 日立尽契人陳杞使
在見黃鳴崗

10-7-2-6 清康熙五年十二月福州陳杞使立盡民田契

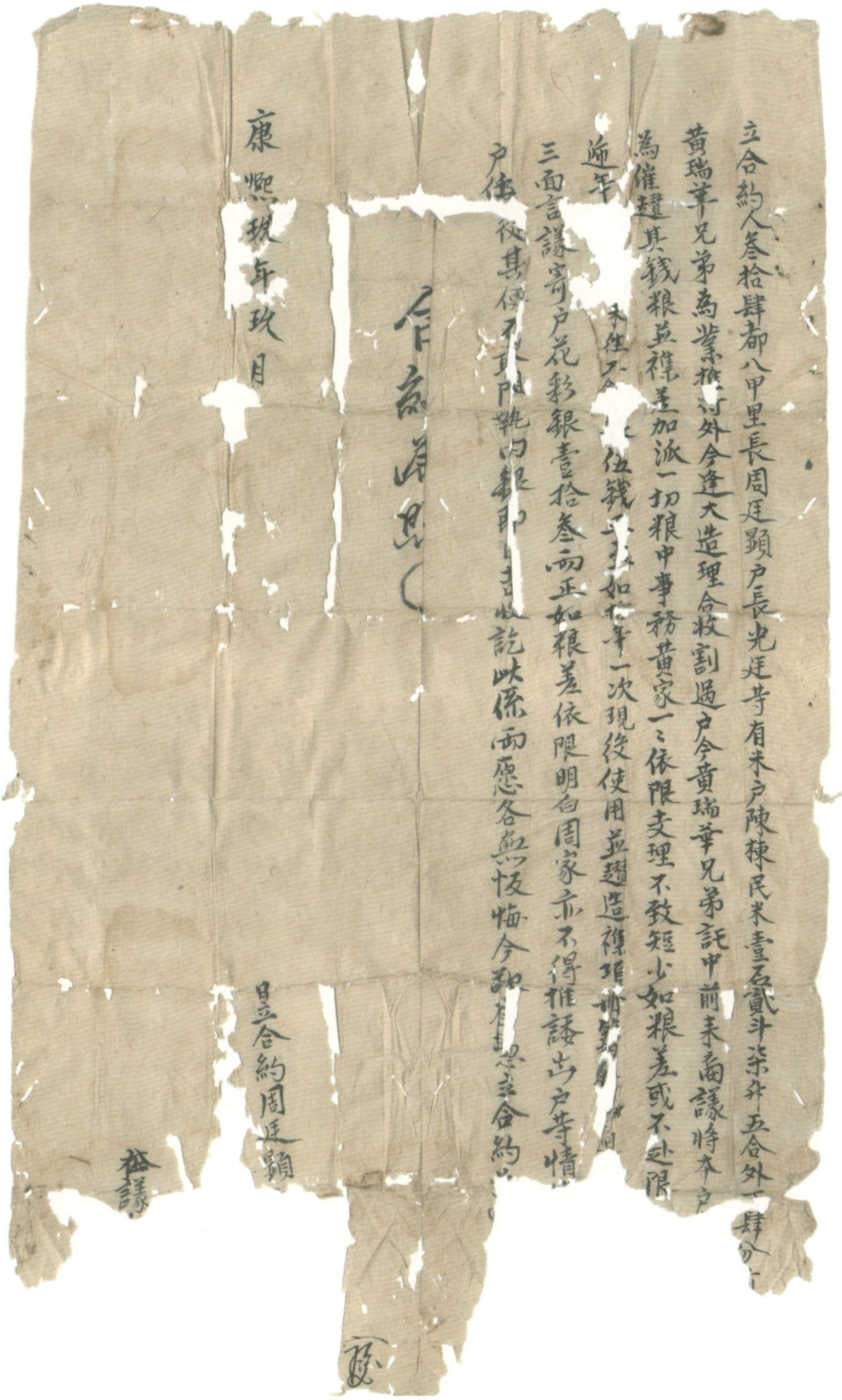

立合約人叁拾肆都八甲里長周廷顯户長光廷等有未户陳棟民米壹石貳斗柒升五合外[illegible]肆分[illegible]
黄瑞華兄弟為業推[illegible]外今逢大造理合收割過户今黄瑞華兄弟託中前来面議將本户[illegible]
為催趲其錢粮並襍差加派一切粮中事務黄家一一依限支理不致短少如粮差或不赴限[illegible]
逓年[illegible]未仕不[illegible]伍錢[illegible]如[illegible]年一次現役使用並趲造襍項[illegible]
三面言議寄户花彩銀壹拾叁两正如粮差依限明白周家亦不得推諉出户等情
户係役甚便[illegible]執內銀即[illegible]收訖此係兩愿各無反悔今欲有憑立合約[illegible]

合為照[illegible]

康熙玖年玖月

立合約周廷顯

在議[illegible]

10-7-2-7 清康熙九年九月周廷顯等立合約

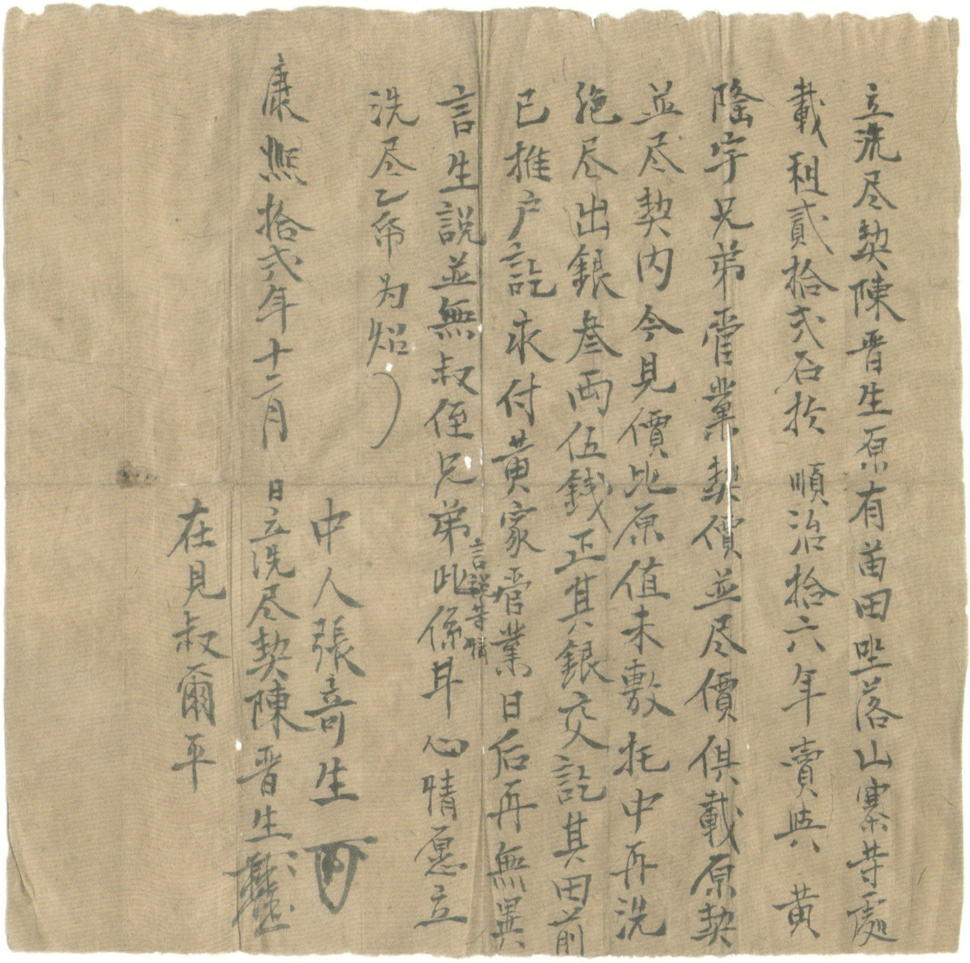

立洗尽契陳晋生原有苗田坐落山寨某處
載租貳拾弍石於 順治拾六年賣與 黄
陰宇兄弟管業契價並尽價俱載原契
並尽契內今見價比原值未敷托中再洗
絶尽出銀叁両伍錢正其銀交訖其田前
已推户訖永付黄家管業日后再無異
言生説並無叔侄兄弟言語等情此係甘心情愿立
洗尽乙帋為炤）
康熙拾弍年十二月 日立洗尽契陳晋生（押）
中人張高生（押）
在見叔爾平

10-7-2-8 清康熙十二年十二月福州陳晋生立洗盡苗田契

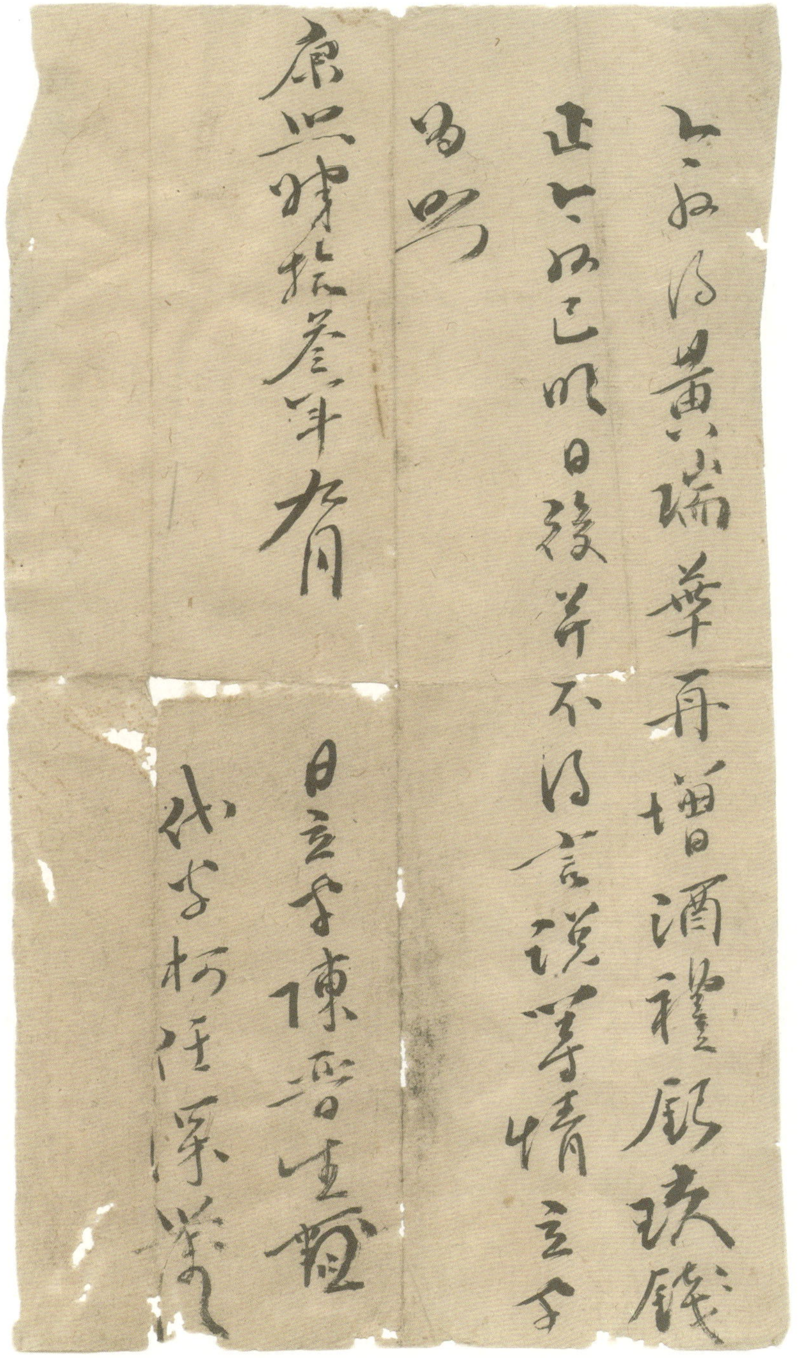

立收得黃瑞華再增酒禮銀玖錢
正，收得已明，日後并不得言說等情，立字
為照。
康熙肆拾叁年九月　日立字陳晉生（押）
代字林任深筆

10-7-2-9　清康熙四十三年九月福州陳晉生立收酒禮銀字

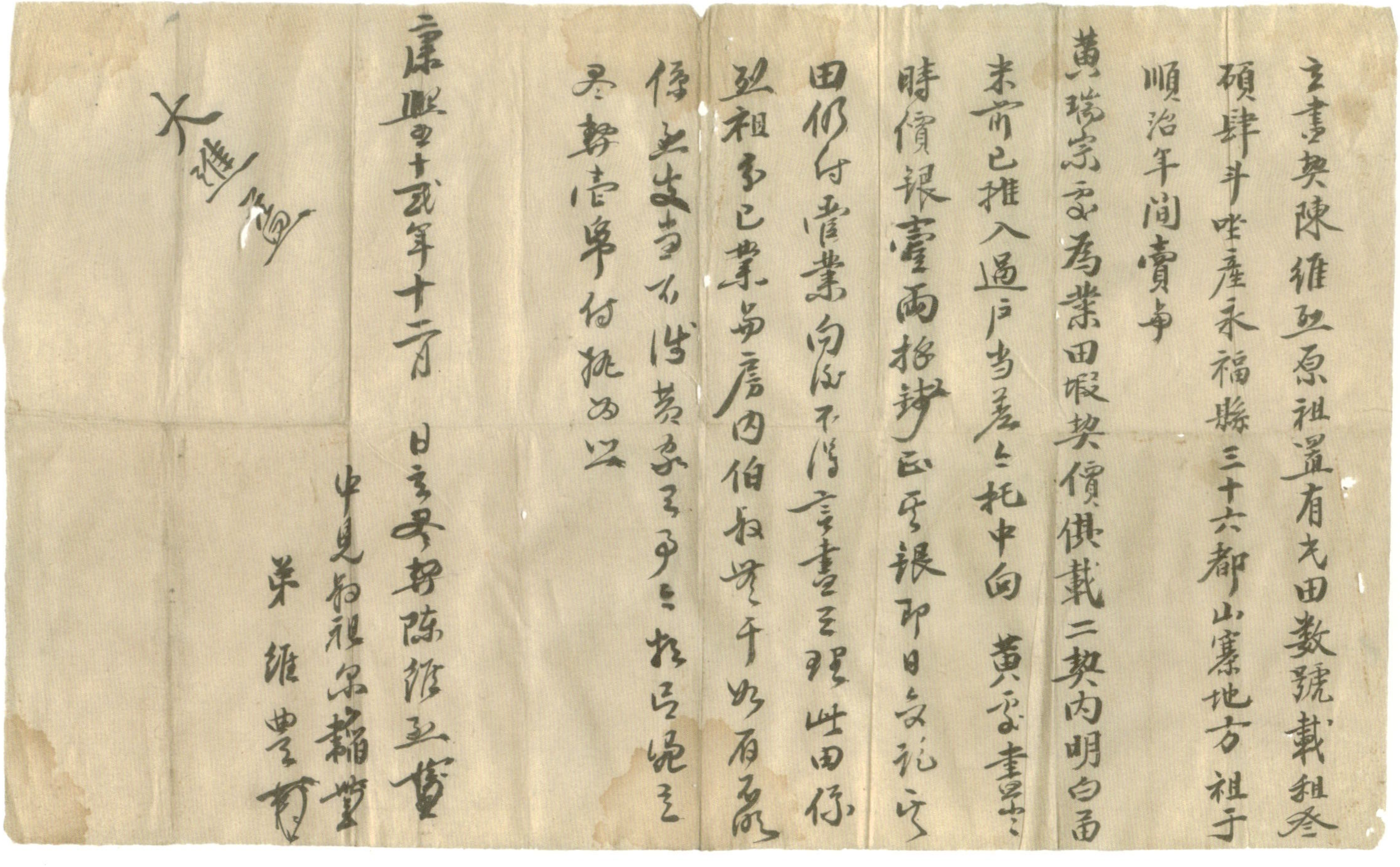
立盡契陳維烈原祖置有屯田數號，載租叁
碩肆斗，坐產永福縣三十六都山寨地方，祖于
順治年間賣與
黃瑞宗處爲業，田假契價俱載二契內明白面
米前已推入過戶當差，今托中向 黃處盡出
時價銀壹兩捌錢正，其銀即日交訖，其
田仍付壹業向後不得言盡言贖，此田係
烈祖家已業，與房內伯叔兄弟無干，如有來歷
係烈支當，不涉黃家之事。今欲有憑，立盡
契壹帋付執爲照。
康熙五十貳年十二月　日立盡契陳維烈（押）
中見叔祖宗耀（押）
弟　維豐（押）

10-7-2-10　清康熙五十二年十二月陳維烈立盡屯田契

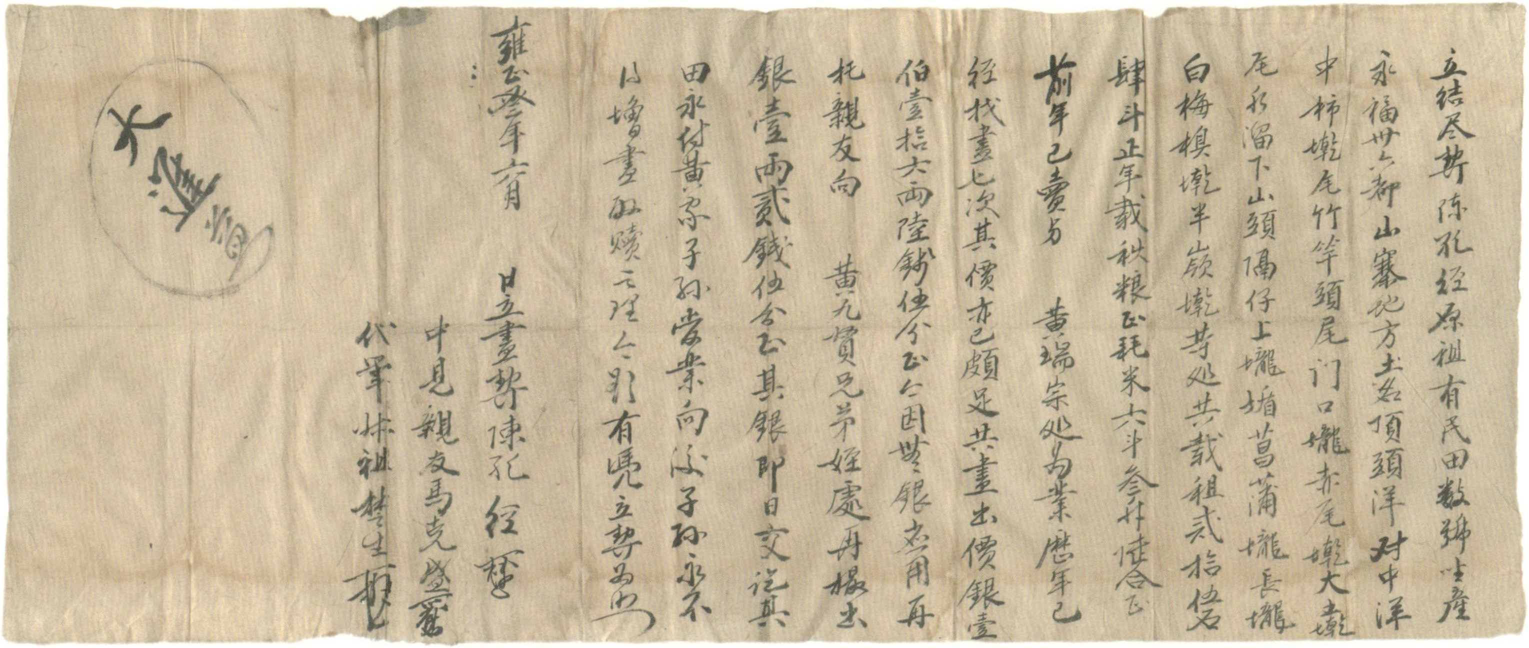

立結盡契陳孔經原祖有民田數號址産
永福廿六都山寨地方土名頂頭洋对中洋
中柿墘尾竹笋頭尾门口壠赤尾墘大壠
尾彩溜下山頭隔仔上壠墻菖蒲壠長壠
白梅模墘半嶺墘等处共載租弍拾伍石
肆斗正，年載秋粮正耗米六斗叁升陆合正，
前年已賣与 黄端宗处为業，歴年已
经找盡七次，其價亦已頗足，共盡出價銀壹
伯壹拾六兩陸錢伍分正。今因無銀應用，再
托親友向 黄九貫兄弟姪處再撮出
銀壹兩貳錢伍分正，其銀即日交訖，其
田永付黄家子孙掌業，向后子孙永不
得增盡取贖之理。今欲有憑，立盡契为照。
雍正叁年六月 日立盡契陳孔經（押）
中見親友馬克盛（押）
代筆林祖楚生（押）

10-7-2-11 清雍正三年六月陳孔經立結盡民田契

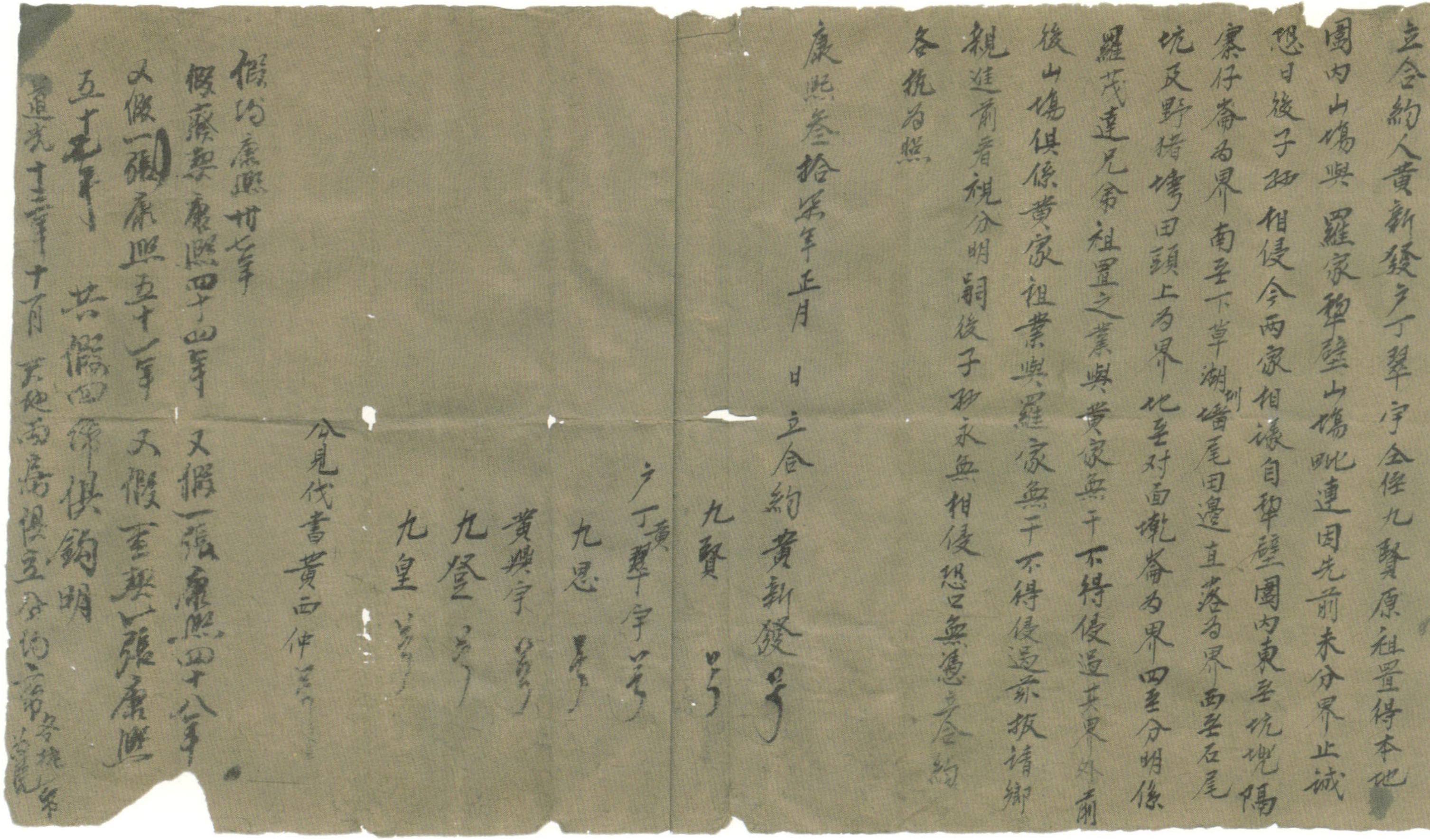
立合約人黃新發、户丁翠宇仝侄九賢，原祖置得本地
園內山塲與羅家犁壁山塲毗連，因先前未分界止，誠
恐日後子孫相侵，今兩家相議，自犁壁園內東至坑塊陽
寮仔崙為界，南至下草湖圳墻尾田邊直落為界，西至石尾
坑及野猪塆田頭上為界，北至对面塊崙為界，四至分明，係
羅茂達兄弟祖置之業，與黃家無干，不得侵過其界外；蒯
後山塲俱係黃家祖業，與羅家無干，不得侵過寮扳。請鄉
親進前看視分明，嗣後子孫永無相侵，恐口無憑，立合約
各執為照。

康熙叁拾柒年正月　日立合約　黃新發（押）
九賢（押）
户丁黃翠宇（押）
九恩（押）
黃興宇（押）
九登（押）
九皇（押）
公見代書　黃西仲（押）

假約康熙卅七年
假廢契康熙四十四年　又假一張康熙四十八年
又假一張康熙五十一年　又假重契一張康熙
五十九年　共假四紙俱鈎明
道光十七年十月　其地兩房保立合約六房各執

10-7-3-1　清康熙三十七年正月黃翠宇等立合約

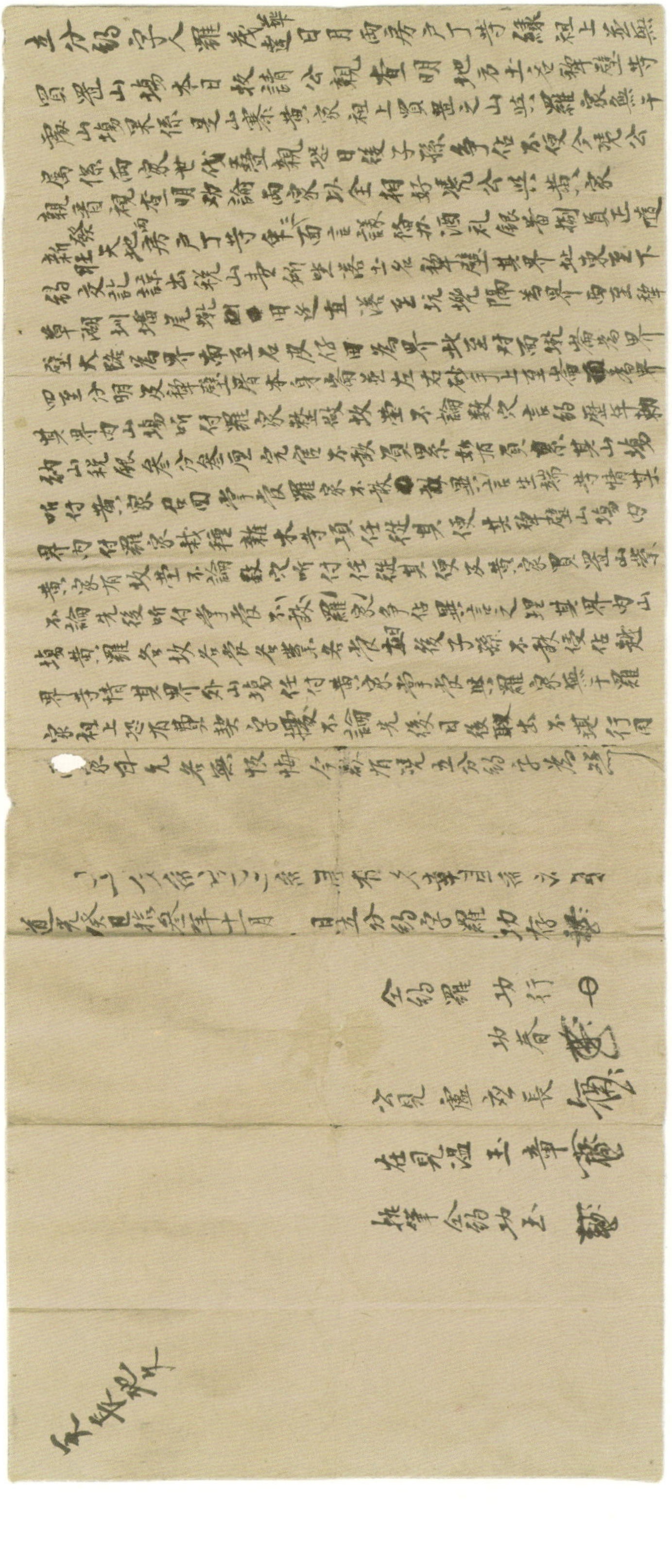

10-7-3-2 清道光十三年十一月羅氏日月兩房立分約字

10-7-4-1　包契紙

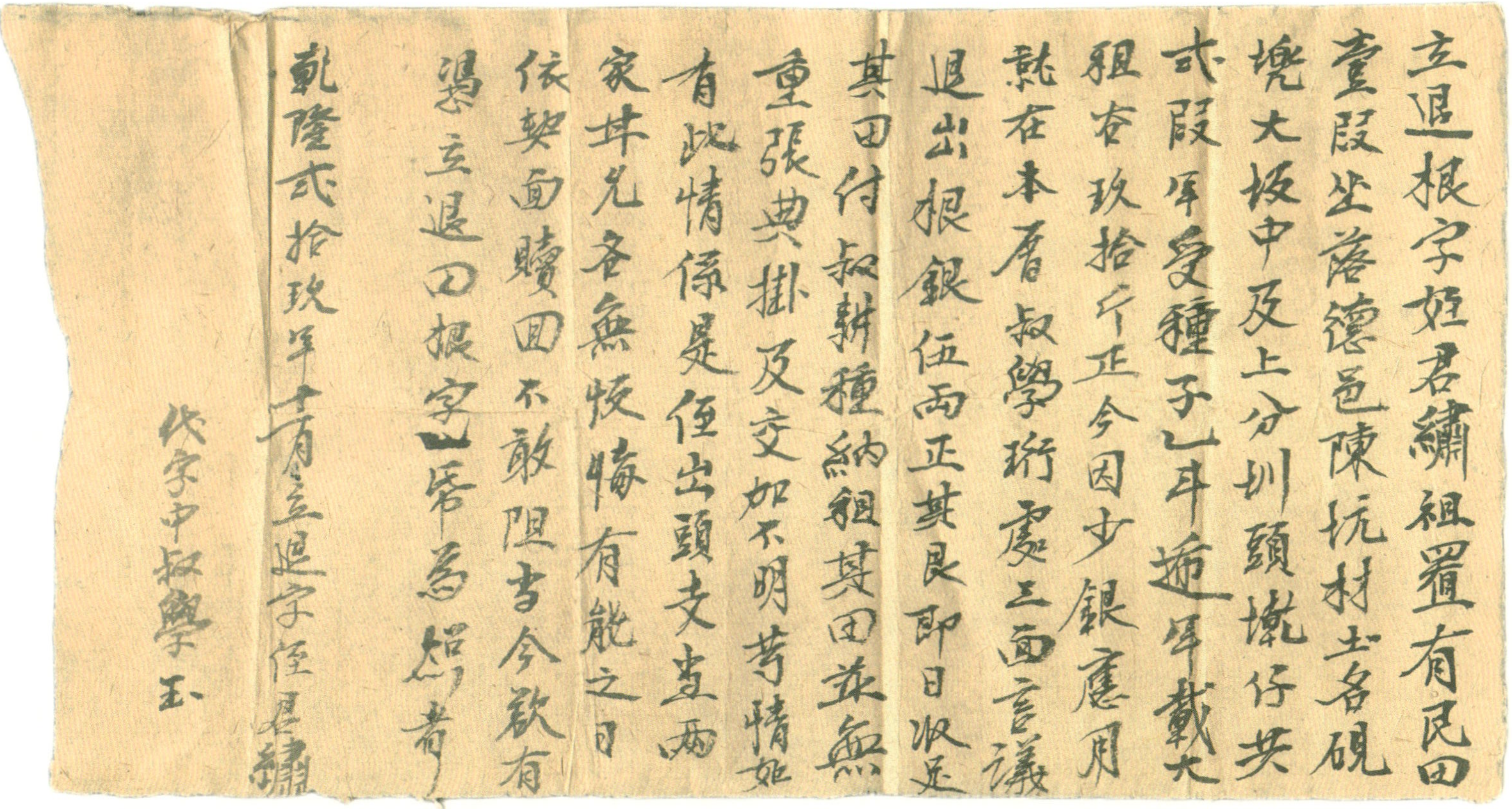
立退根字姪君繡祖置有民田
壹段坐落德邑陳坑村土名硯
墘大坂中及上分圳頭墘仔头
弍段年受種子乙斗逓年載大
租谷玖拾斤正今因乏銀應用
就在本眉叔學術處三面言議
退出根銀伍兩正其艮即日收足
其田付叔耕種納租其田并無
重張典掛及交加不明等情如
有此情係是侄出頭支当兩
家并允各無反悔有能之日
依契面贖回不敢阻吉今欲有
憑立退田根字乙紙為炤者
乾隆弍拾玖年十一月 日立退字侄君繡
代字中叔學玉

10-7-4-2 清乾隆二十九年十一月黄君繡立退民田根字

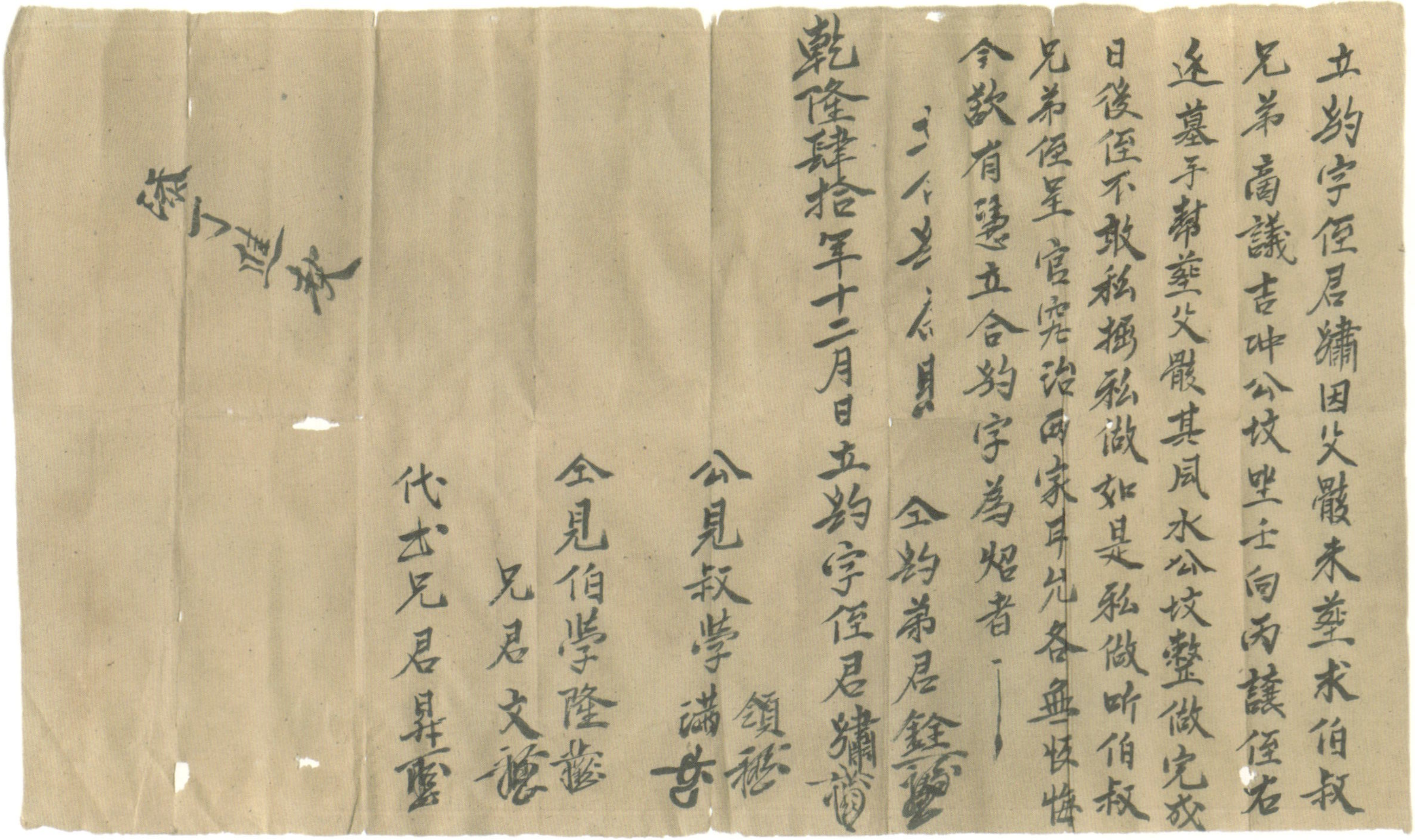

立約字侄君繍因父嚴未塟求伯叔
兄弟商議吉坤公坟坐壬向丙讓侄右
边墓手帮塟父嚴其風水公坟整做完成
日後侄不敢私掘私做如是私做听伯叔
兄弟侄呈官究治兩家甘允各無恠悔
今欲有憑立合約字為照者——
三个各[illegible][illegible]
全約弟君銓（押）
乾隆肆拾年十二月日立約字侄君繍（押）
領[illegible]
公見叔學滿（押）
全見伯學隆（押）
兄君文（押）
代书兄君昇（押）
[illegible]

10-7-4-3　清乾隆四十年十二月黃君繡等立約字

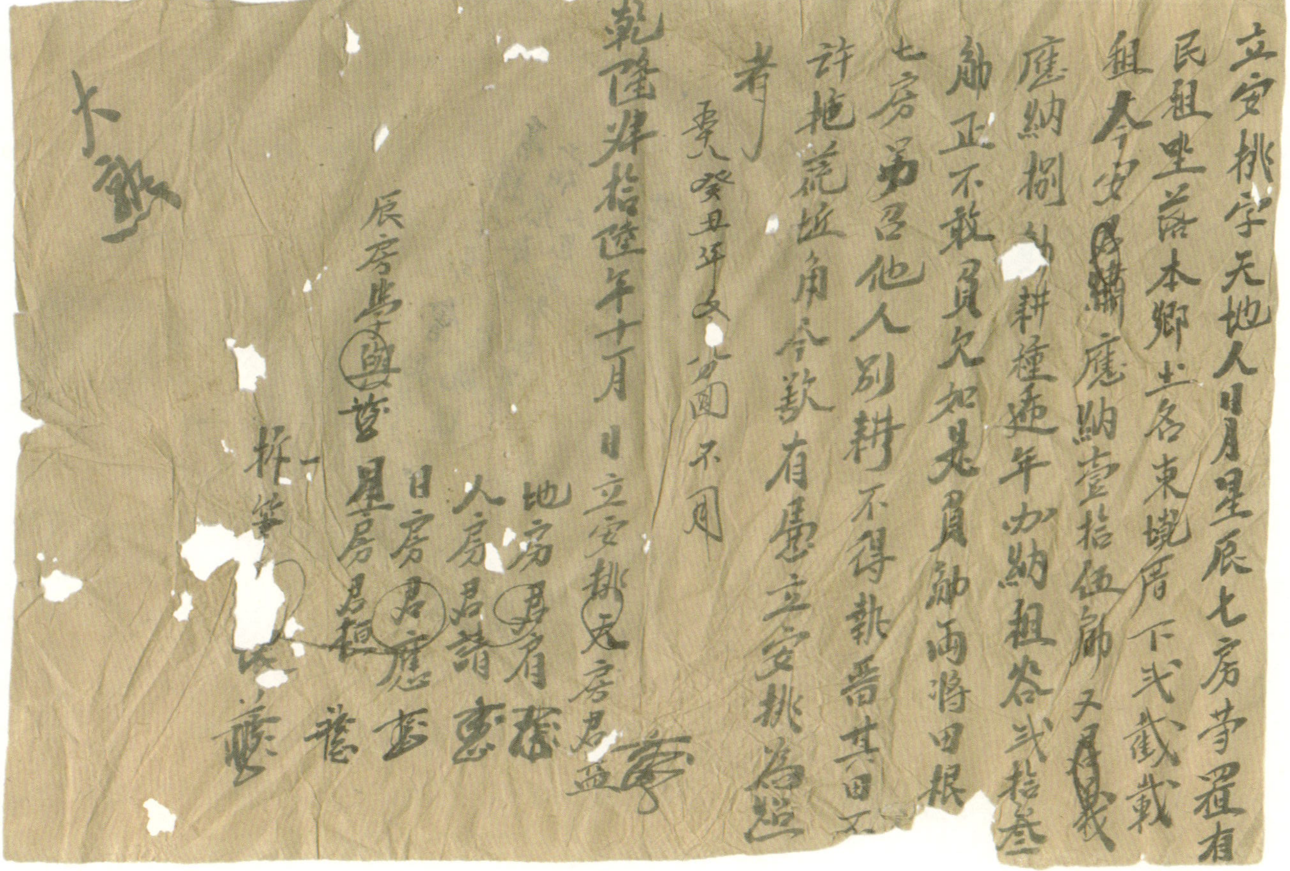

10-7-4-4　清乾隆四十六年十一月黄氏天地人日月星辰七房立安挑民租字

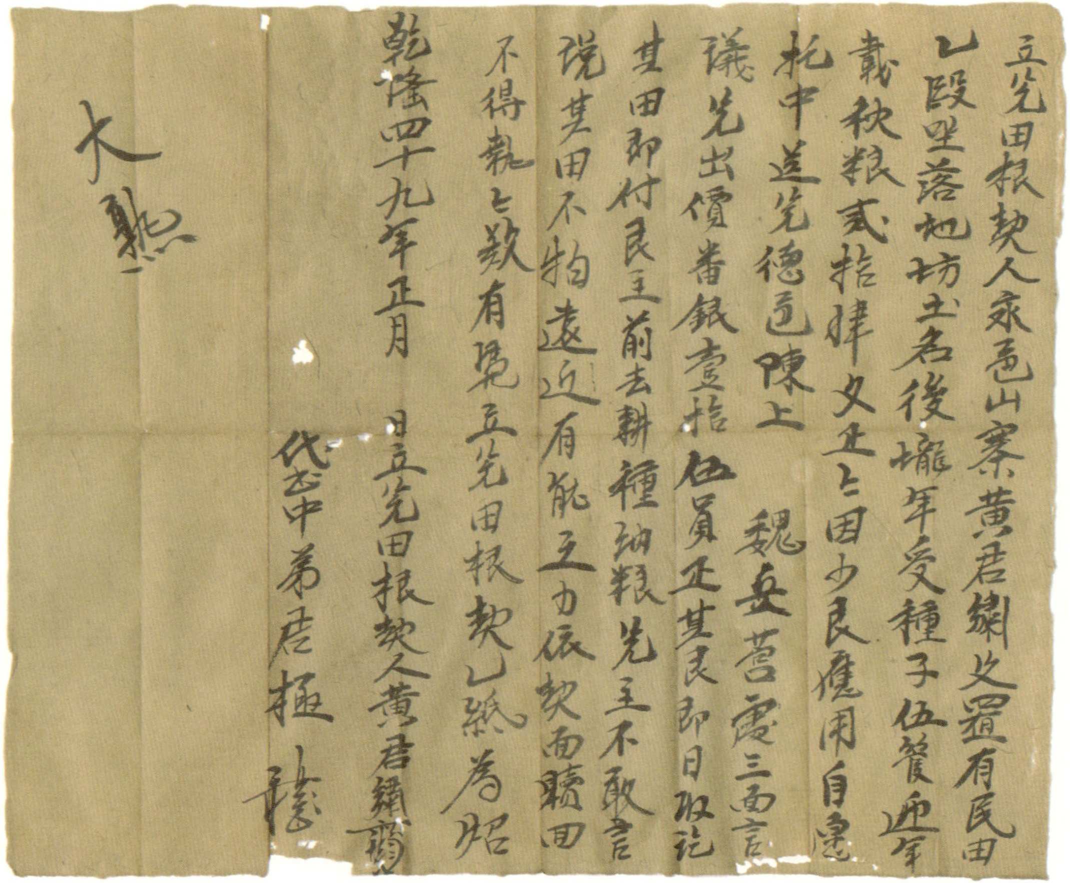

立兑田根契人永邑山寨黄君繡，父置有民田
一段，坐落地坊土名後壠，年受種子伍觔，逐年
載秋粮貳拾肆文，其田因乏銀應用，自愿
托中送兑德邑陳上 魏 安 營處三面言
議，兑出價番銀壹拾伍員正，其銀即日收訖，
其田即付銀主前去耕種納粮，兑主不敢言
說其田不拘遠近，有能之日，依契面贖田，
不得執之，欲有憑，立兑田根契一紙為照。
乾隆四十九年正月 日立兑田根契人黄君繡（押）
代书中弟君極（押）
大熟

10-7-4-5 清乾隆四十九年正月黄君繡立兑民田根契

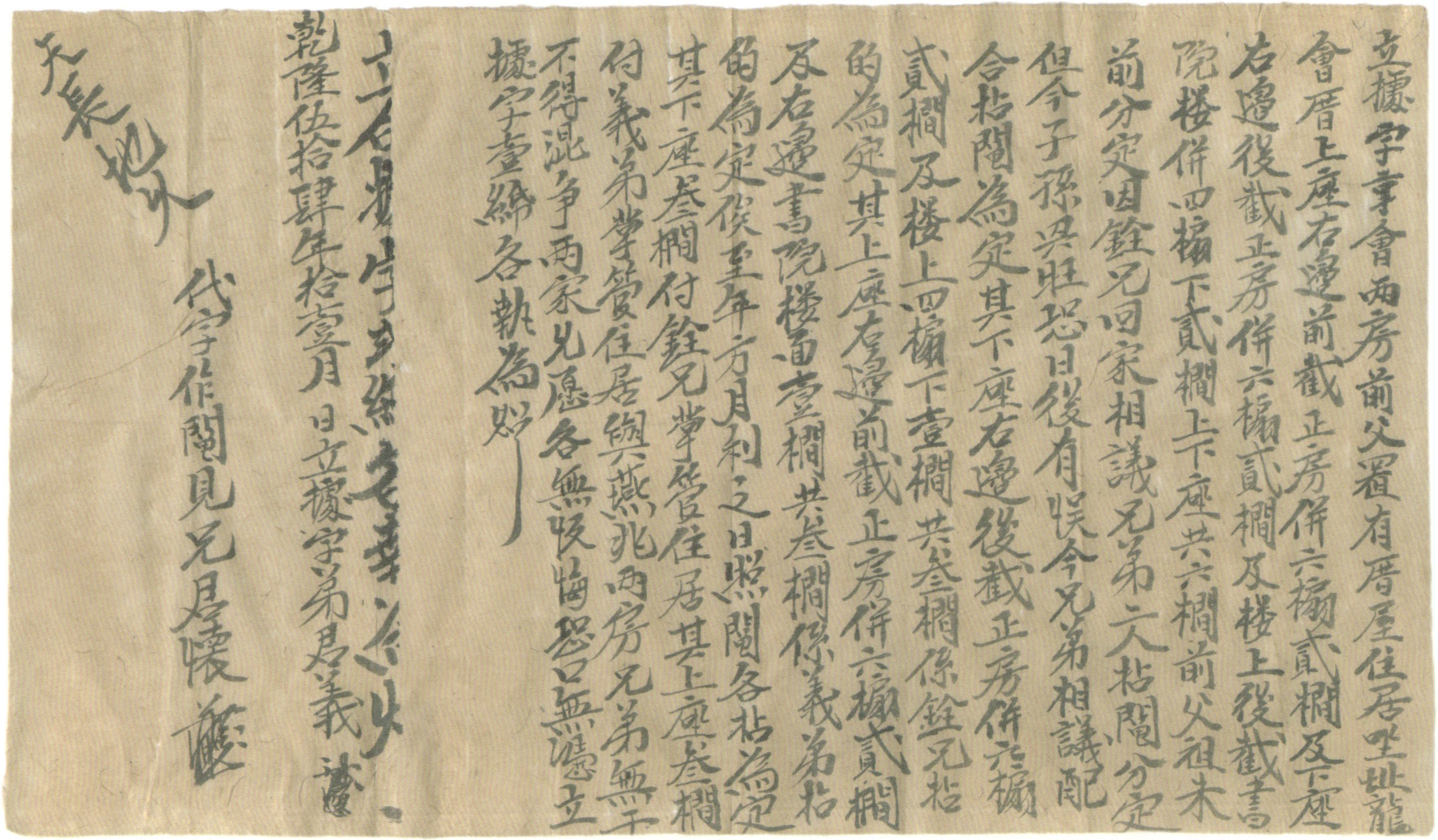
立據字亨會兩房前父置有厝屋住居坐址龍
會厝上座右邊前截正房併六榻貳間及下座
右邊後截正房併六榻貳間及樓上後截書
院樓併四榻下貳間上下座共六間前父祖未
前分定因銓兄回家相議兄弟二人拈鬮分定
但今子孫興旺恐日後有誤今兄弟相議配
合拈鬮為定其下座右邊後截正房併六榻
貳間及樓上四榻下壹間共叁間係銓兄拈
的為定其上座右邊前截正房併六榻貳間
及右邊書院樓西壹間共叁間係義弟拈
的為定從至年方月利之日照鬮各拈為定
其下座叁間付銓兄掌管住居其上座叁間
付義弟掌管住居總與燕兆兩房兄弟無干
不得混爭兩家允愿各無反悔恐口無憑立
據字壹紙各執為照。
[illegible]
乾隆伍拾肆年拾壹月　日立據字弟君義（押）
代字作鬮見兄君懷（押）
天長地久

10-7-4-6　清乾隆五十四年十一月黄氏亨會兩房立據字（一）

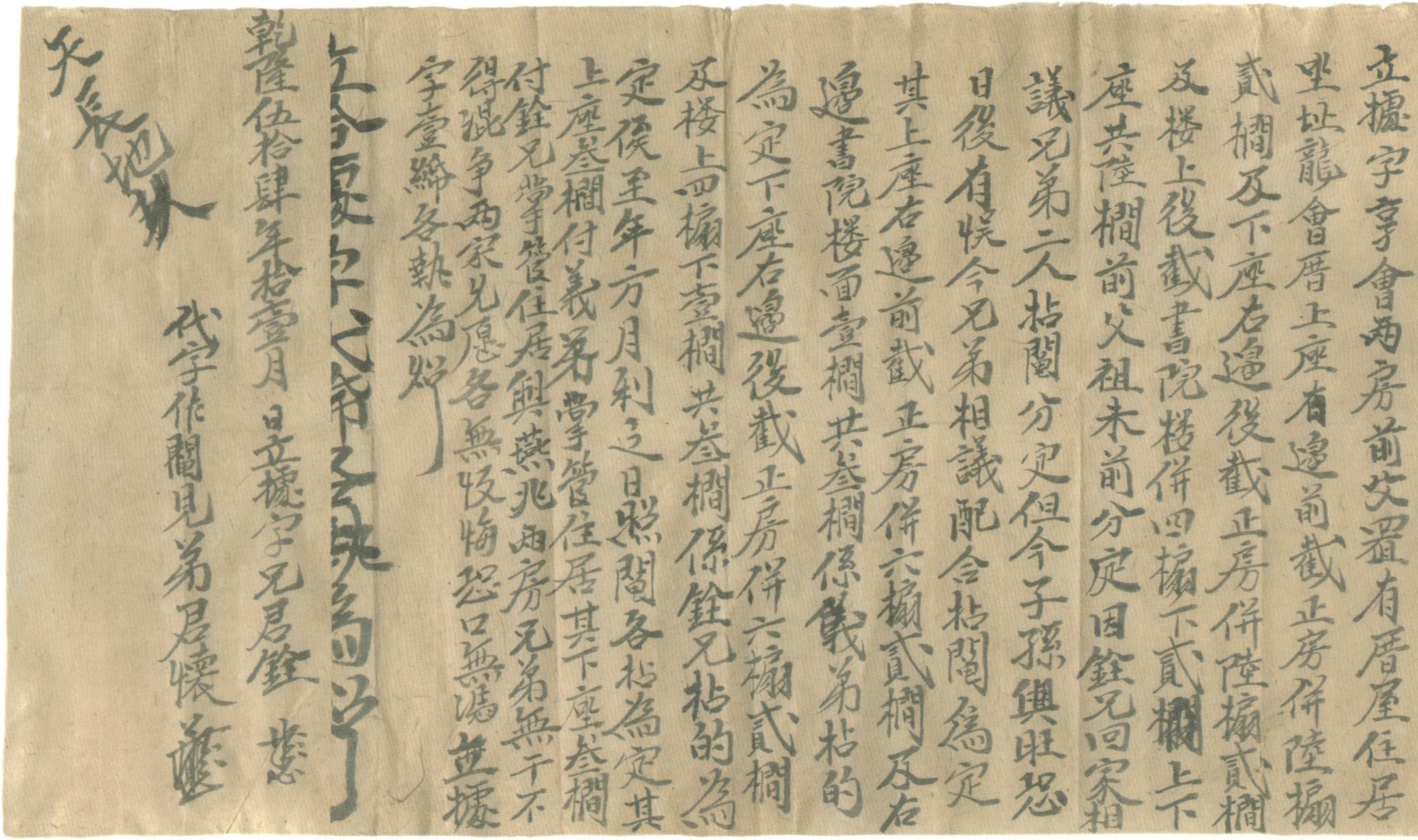
立據字享會兩房前父置有厝屋住居
坐址龍會厝上座右邊前截正房併陞㮰
貳𣟄及下座右邊後截正房併陞㮰貳𣟄
及樓上後截書院樓併四㮰下貳𣟄上下
座共陸𣟄前父祖未前分定因銓兄回家相
議兄弟二人拈鬮分定但今子孫興旺恐
日後有悞今兄弟相議配合拈鬮為定
其上座右邊前截正房併六㮰貳𣟄及右
邊書院樓面壹𣟄共叁𣟄係義弟拈的
為定下座右邊後截正房併六㮰貳𣟄
及樓上四㮰下壹𣟄共叁𣟄係銓兄拈的為
定從至年方月利之日照鬮各拈為定其
上座叁𣟄付義弟掌管住居其下座叁𣟄
付銓兄掌管住居與燕兆兩房兄弟無干不
得混爭兩家兄愿各無反悔恐口無憑立據
字壹紙各執為炤
[illegible]
乾隆伍拾肆年拾壹月　日立據字兄君銓　押
代字作鬮見弟君懷　押
天長地久

10-7-4-7　清乾隆五十四年十一月黄氏享會兩房立據字（二）

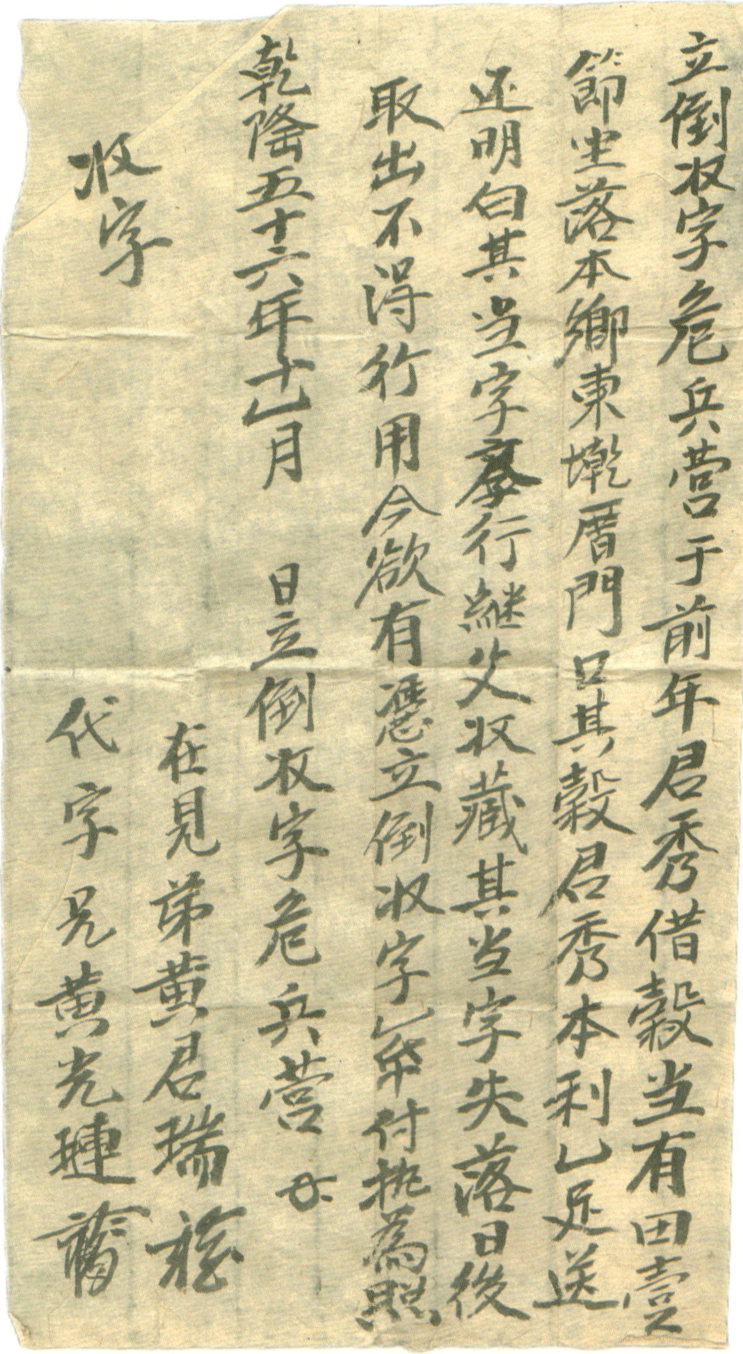
立倒收字危兵營于前年居秀借穀当有田壹
節坐落本鄉東壠厝門口其穀居秀本利一足送
还明白其当字寡行继文收藏其当字失落日後
取出不得行用今欲有憑立倒收字一帋付执爲照
乾隆五十六年十一月　　日立倒收字危兵營［押］
在見弟黄居瑞［花押］
代字兄黄光璉［花押］
收字

10-7-4-8　清乾隆五十六年十一月危兵營立倒收字

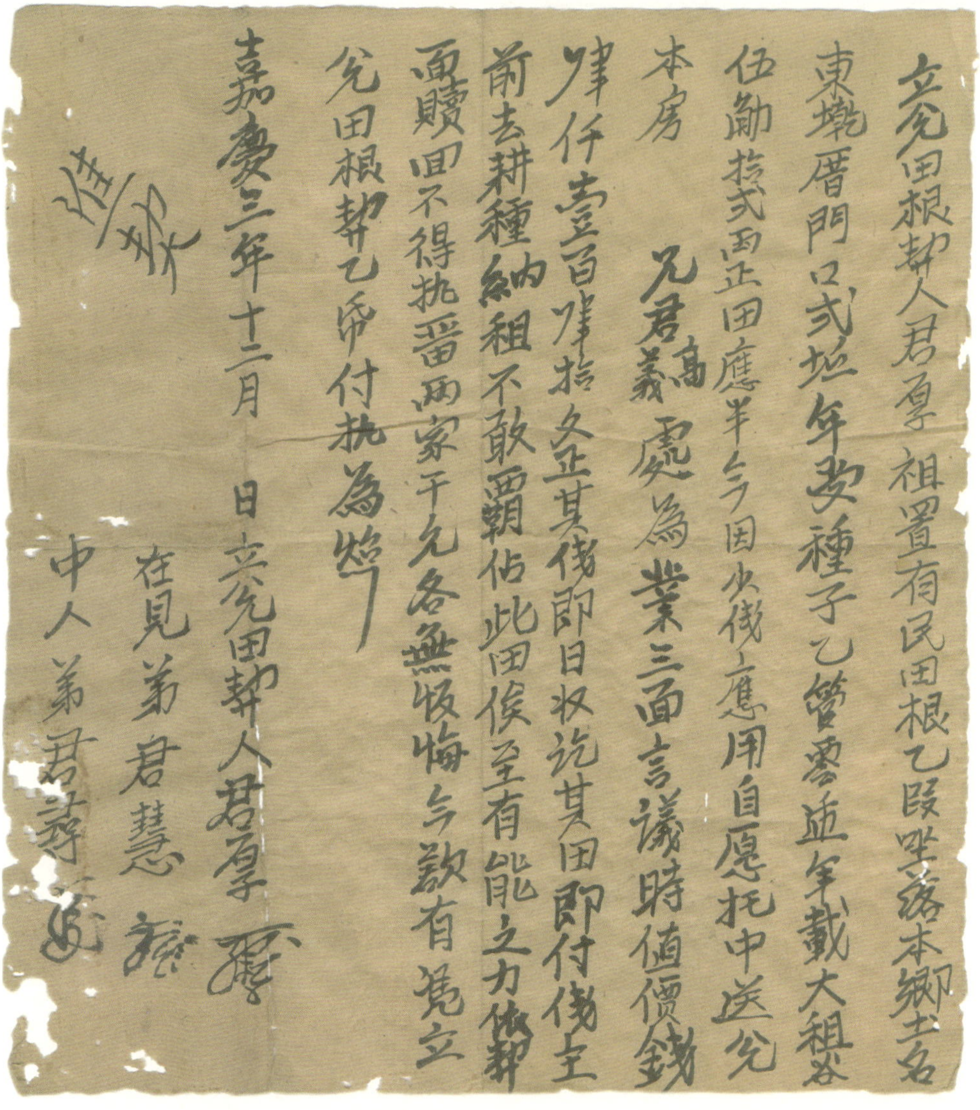
立兑田根契人君厚 祖置有民田根乙段坐落本鄉土名
東墘厝門口弍坵年載種子乙管零五年載大租谷
伍觔拾弍両正田應半分因乏錢應用自愿托中送兑
本房 兄君義 高 處為業三面言議時值價錢
肆仟壹百肆拾文正其錢即日收訖其田即付錢主
前去耕種納租不敢阻霸佔此田俟至有能之力依契
面贖回不得執留兩家干允各無反悔今欲有憑立
兑田根契乙帋付執為照
嘉慶三年十二月　日立兑田契人君厚 [押]
在見弟君慧 [押]
中人弟君壽 [押]
准契

10-7-4-9　清嘉慶三年十二月黃君厚立兑民田根契

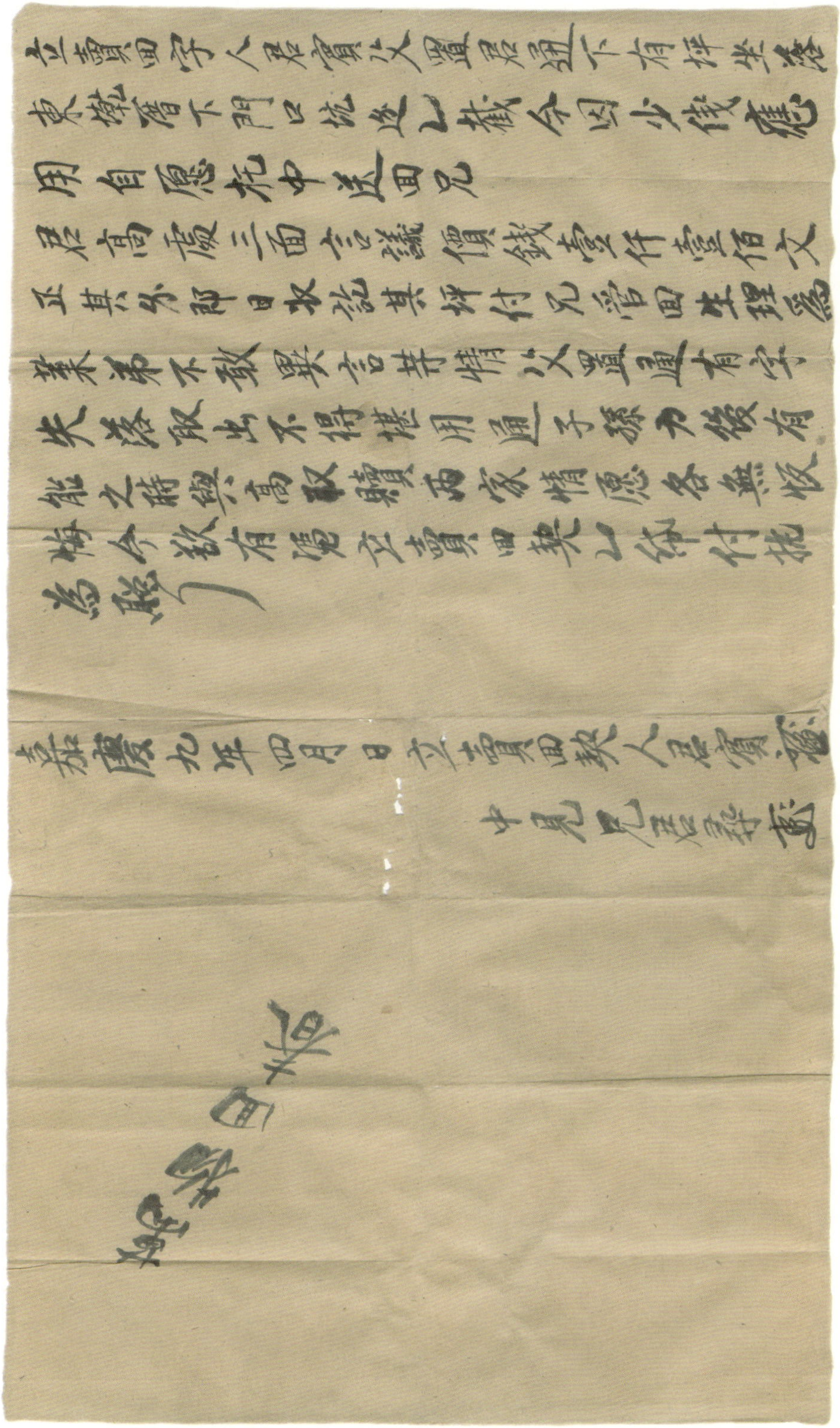

立賣田字人君賓以父置君廻下有坪坐落
東椒厝下門口坑邊乙截，今因少錢應
用，自願托中送田兄
君居高處，三面言議價錢壹仟壹佰文
正。其錢即日收訖，其坪付兄管田生理為
業，弟不敢異言。其坪係父置，退有字
失落，取出不得揀用。回子孫力發有
能之時，照前價取贖，兩家情愿，各無反
悔。今欲有憑，立賣田契乙紙付執
為照。

嘉慶九年四月　日立賣田契人君賓（押）
中見兄□□□□

10-7-4-10　清嘉慶九年四月黃君賓立賣回坪字

立當字人兄子居，祖置有園坪壹乙
則，在冬墘厝下坐壹坵，今因少谷應用，
自愿托中送當本厝弟
子庠處，三面言議，借出價谷伍拾觔正，
其谷即日收訖。其谷加伍算，言約冬成之
力，加倫本利乙足送还，不敢少欠。如是無
还，將愿當付谷主坐裡，兄不敢阻佔，並無重
張典當他人，如有此兄出頭支當，不涉谷主之
事。不得抗霸，今欲有憑，立當字為照。

道光八年六月　日立當字人子居（押）

在見中人弟子河

代字人弟子提（押）

子蘭
子河　二人全出取贖

10-7-4-11　清道光八年六月黄子居立當園坪字

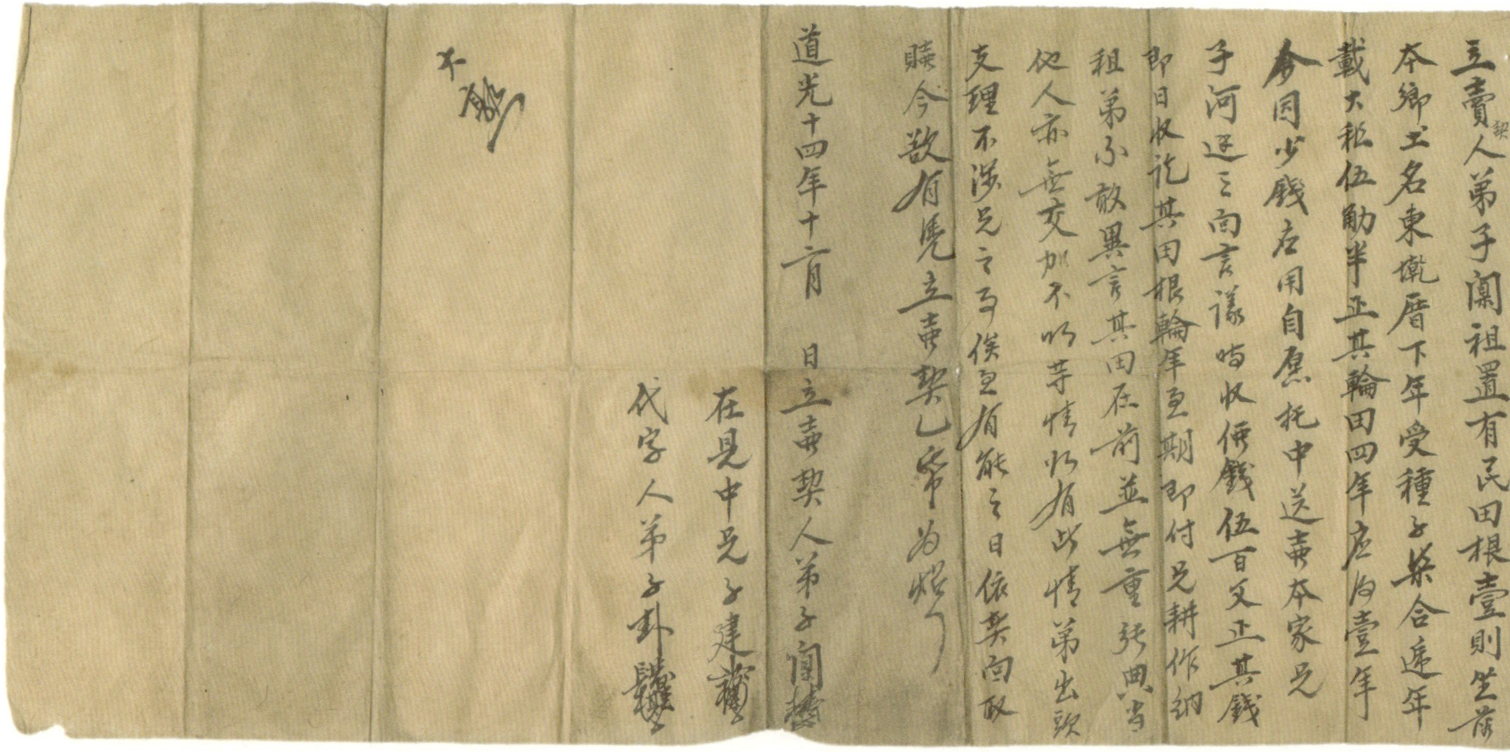
立賣契人弟子闌祖置有民田根壹則坐落
本鄉土名東坑厝下年受種子柒合遞年
載大租伍斛半正其輪田四年应得壹年
今因少錢应用自愿托中送賣本家兄
子河邊三面言議時收價錢伍百文正其錢
即日收訖其田根輪年至期即付兄耕作納
租弟不敢異言其田在前並無重張典當
他人亦無交加不明等情如有此情弟出頭
支理不涉兄之事俟至有能之日依契回取
今欲有憑立賣契乙紙為照
道光十四年十二月　日立賣契人弟子闌
在見中兄子建
代字人弟子升
不贖

10-7-4-12　清道光十四年十二月黃子闌立賣民田根契

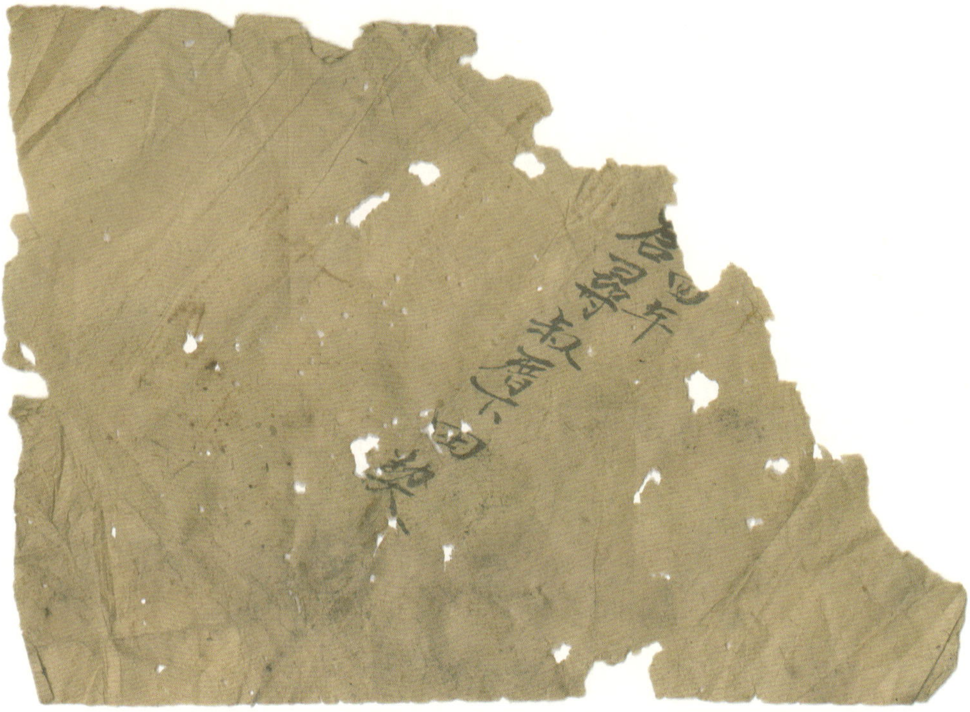

10-7-5-1　包契紙

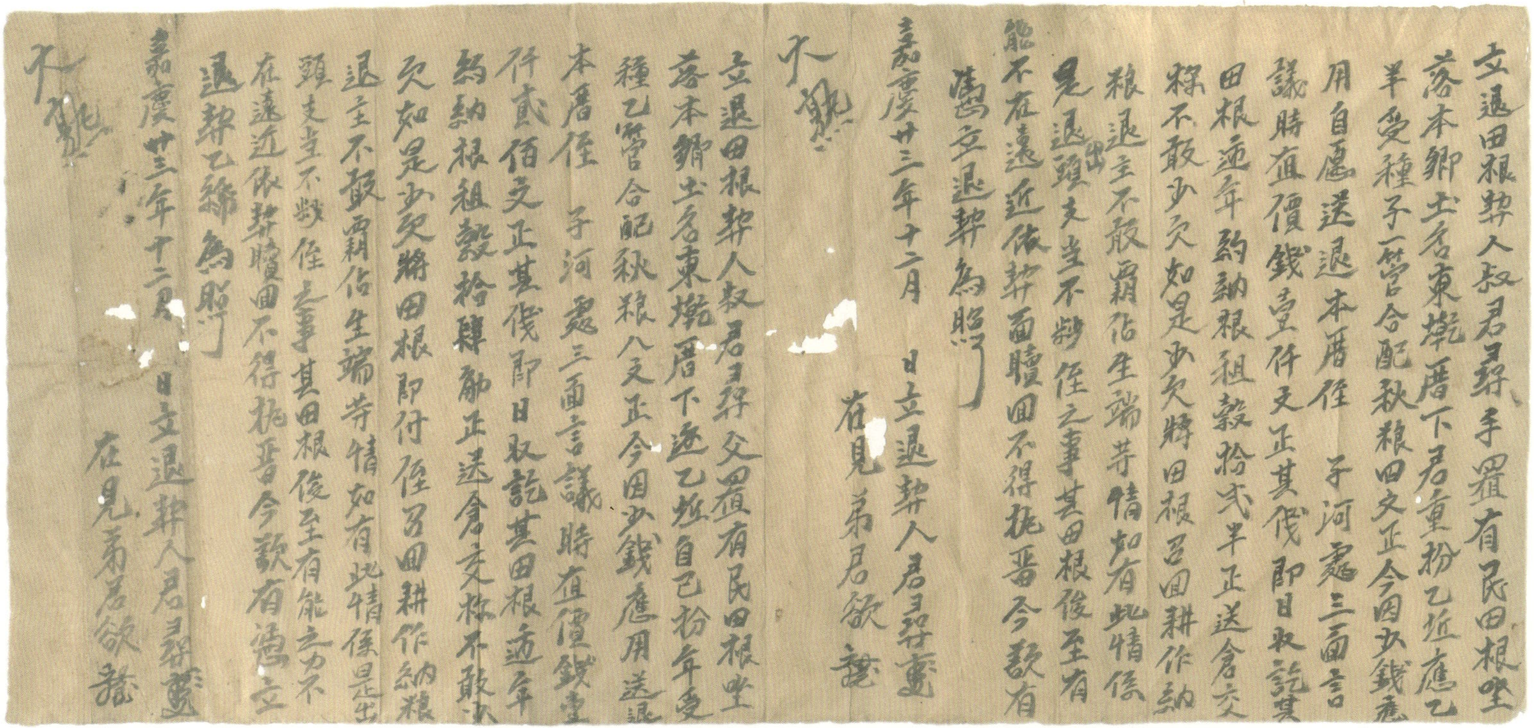

立退田根契人叔君尋，手置有民田根坐
落本鄉土名東垅厝下君重物乙坵，應乙
半受種子一管，合配秋粮田文正，今因乏錢應
用，自愿送退本厝侄　子河處三面言
議，時值價錢壹仟文正，其價即日收訖，其
田根遞年約納根租穀拾弍斗正，送倉交
納，不敢少欠，如是少欠，將田根召回耕作納
粮，退主不敢霸佔生端等情，如有此情，係
是退頭支當，不涉侄之事。其田根後至有
能不在遠近，依契面贖回，不得執留。今欲有
憑，立退契為照。
嘉慶廿三年十二月　日立退契人君尋（押）
在見弟君欽（押）
不一號

立退田根契人叔君尋，父置有民田根坐
落本鄉土名東垅厝下逕乙坵，自己拾弍年受
種乙管，合配秋粮八文正，今因乏錢應用，送退
本厝侄　子河處三面言議，時值價錢壹
仟貳佰文正，其價即日收訖，其田根遞年
約納根租穀拾肆斛正，送倉交秋，不敢少
欠，如是少欠，將田根即付侄召回耕作納粮，
退主不敢霸佔生端等情，如有此情，係是出
頭支當，不涉侄之事。其田根後至有能之力，不
在遠近，依契贖回，不得執留。今欲有憑，立
退契乙紙為照。
嘉慶廿三年十二月　日立退契人君尋（押）
在見弟君欽（押）
不一號

10-7-5-2　清嘉慶二十三年十二月黄君尋立退民田根契

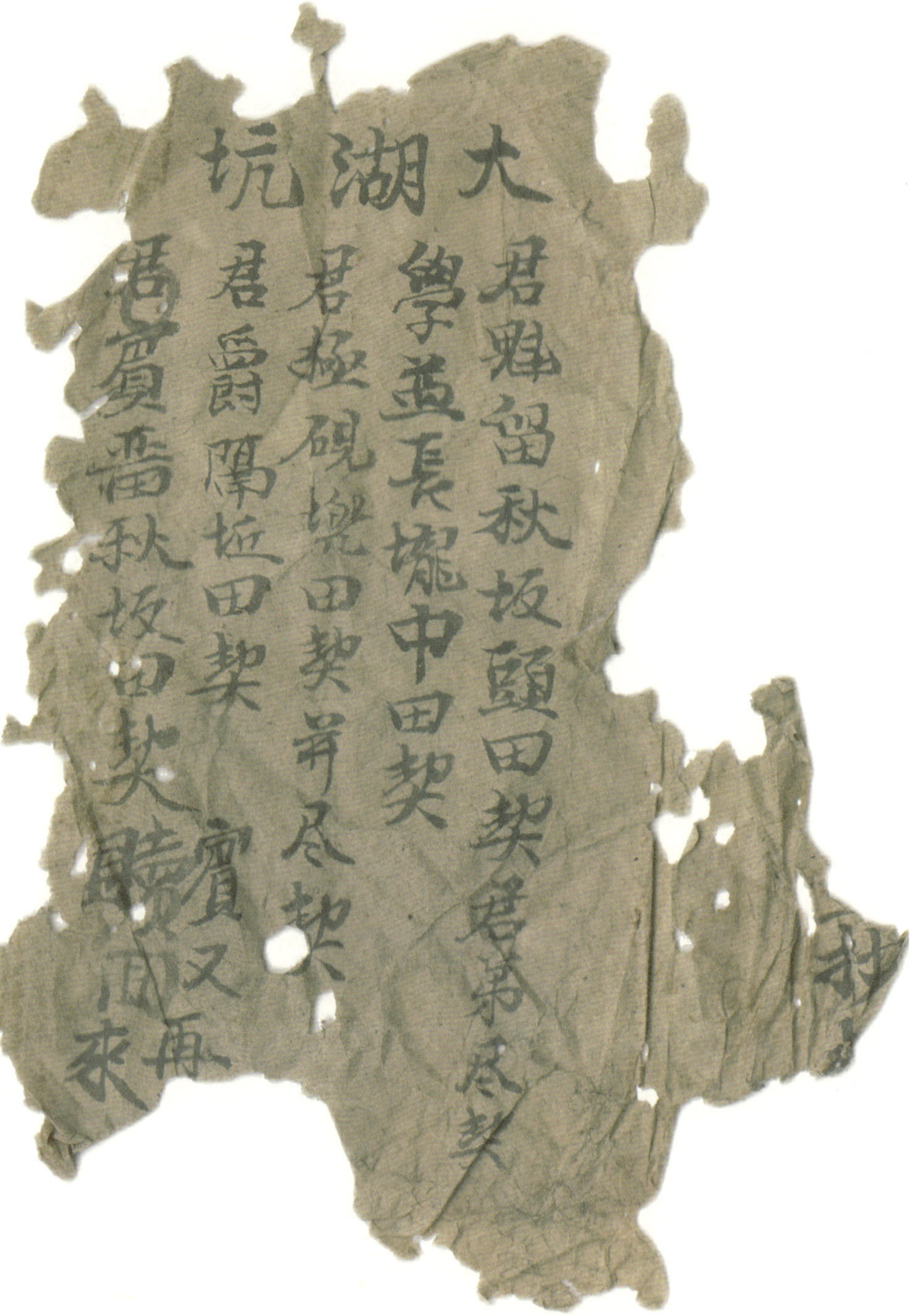
大湖坑
君鼎留秋坂頭田契君弟尽契
學孟長壠中田契
君極硯壠田契并尽契
君爵隔埡田契實又再
君賓留秋坂田契贖回來

10-7-6-1 包契紙

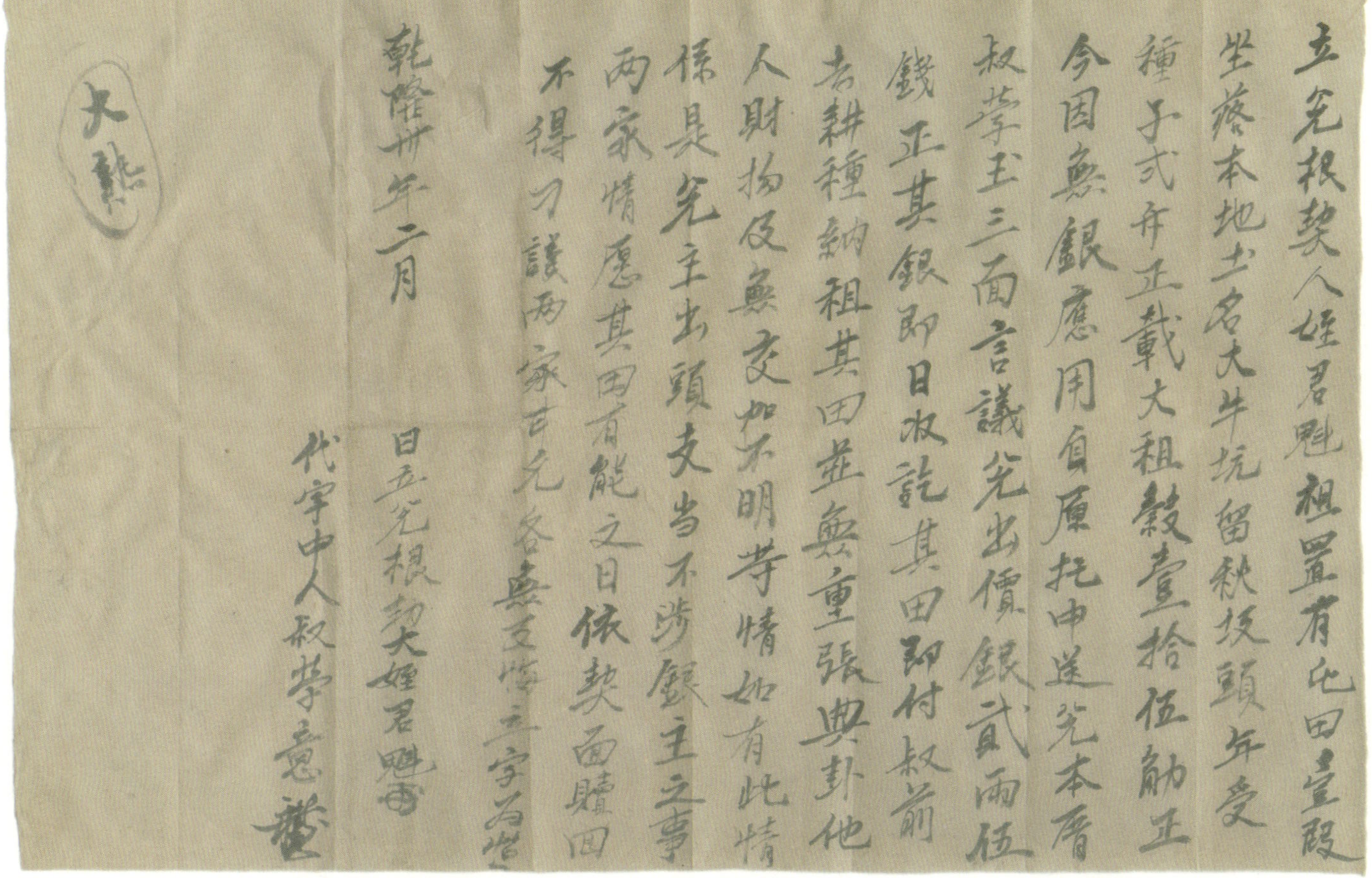

立兑根契人侄君魁祖置有屯田壹段
坐落本地土名大牛坑留秋坂頭年受
種子弍弁正載大租穀壹拾伍觔正
今因無銀應用自願托中送兑本房
叔學玉三面言議兑出價銀貳兩伍
錢正其銀即日收訖其田即付叔前
去耕種納租其田並無重張典卦他
人財物及無交加不明等情如有此情
係是兑主出頭支当不涉銀主之事
兩家情愿其田有能之日依契面贖回
不得刁難兩家甘允各無反悔立字為
乾隆卅年二月　日立兑根契大侄君魁
代字中人叔學意

10-7-6-2　清乾隆三十年二月黃君魁立兑屯田根契

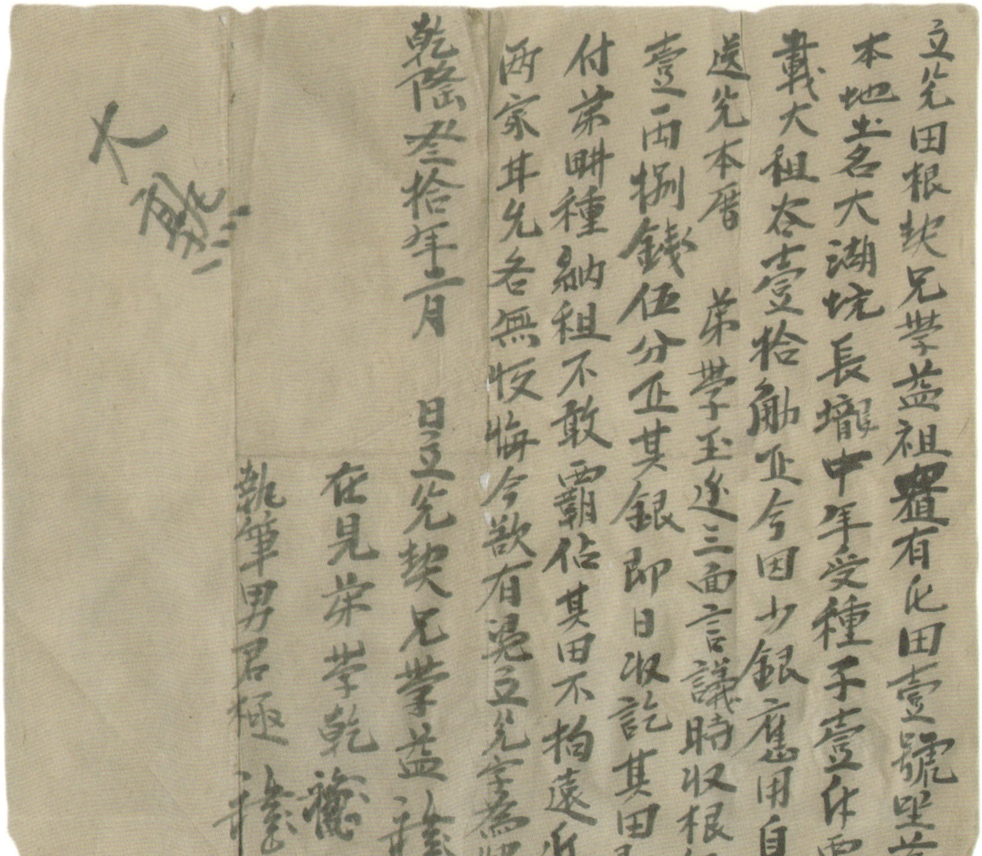

立兑田根契兄学益，祖遺有屯田壹號，坐落本地土名大湖坑長壠中，年受種子壹斗零載，大租谷壹拾觔正。今因乏銀應用，自愿送兑本房　荣学玉边，三面言議，時收根銀壹両捌錢伍分正，其銀即日收訖，其田即付荣耕種納租，不敢霸佔。其田不拘遠近，两家并允，各無反悔。今欲有憑，立兑字為炤。

乾隆叁拾年二月　日立兑契兄学益

在見荣学乾

執筆男君極

10-7-6-3　清乾隆三十年二月黄學益立兑屯田根契

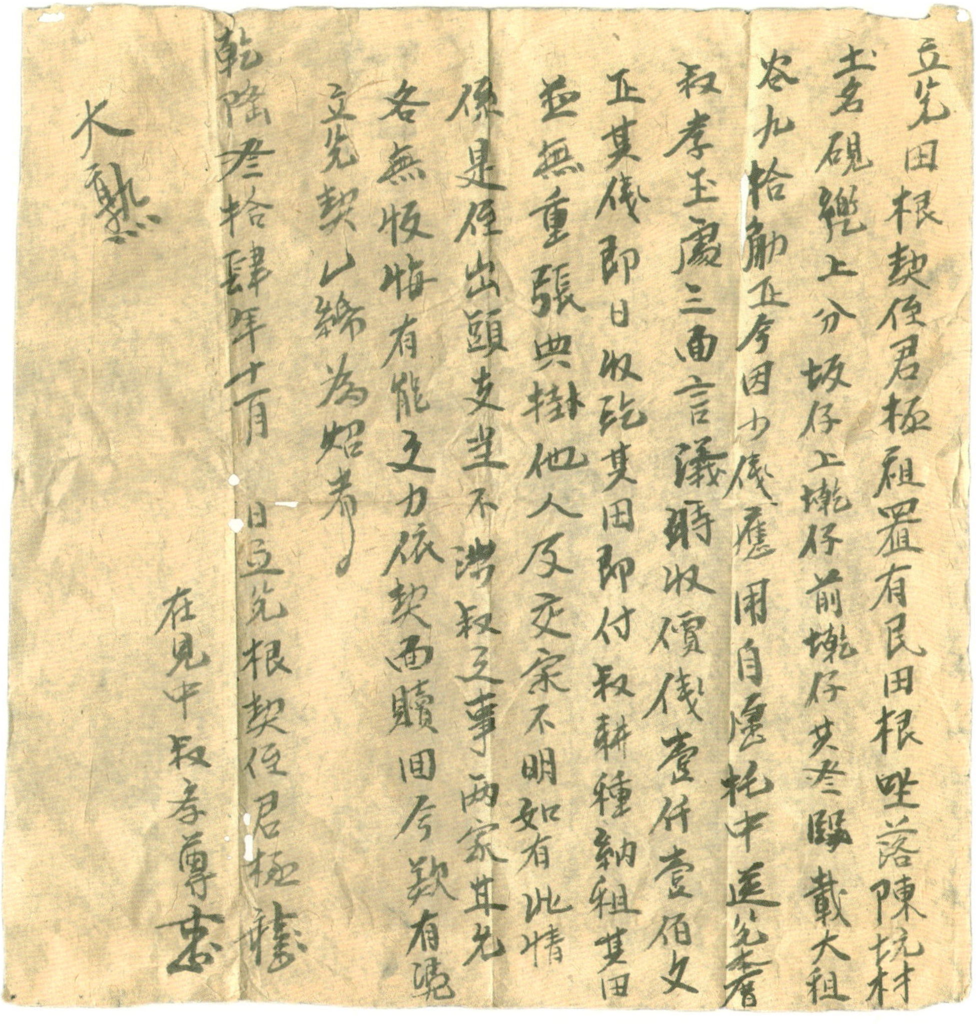
立兑田根契侄君極承祖置有民田根坐落陳坑村
土名硯總上分坂仔上坵仔前坵仔共叁坵載大租
谷九拾觔正今因少錢應用自愿托中送兑與
叔孝玉處三面言議時收價錢壹仟壹佰文
正其錢即日收訖其田即付叔耕種納租其田
並無重張典掛他人及交家不明如有此情
係是侄出頭支当不涉叔之事兩家甘允
各無悔悔有能之力依契面贖回今欲有憑
立兑契一紙為照者
乾隆叁拾肆年十一月　日立兑根契侄君極
在見中叔孝尊
大熟

10-7-6-4　清乾隆三十四年十一月黄君極立兑民田根契

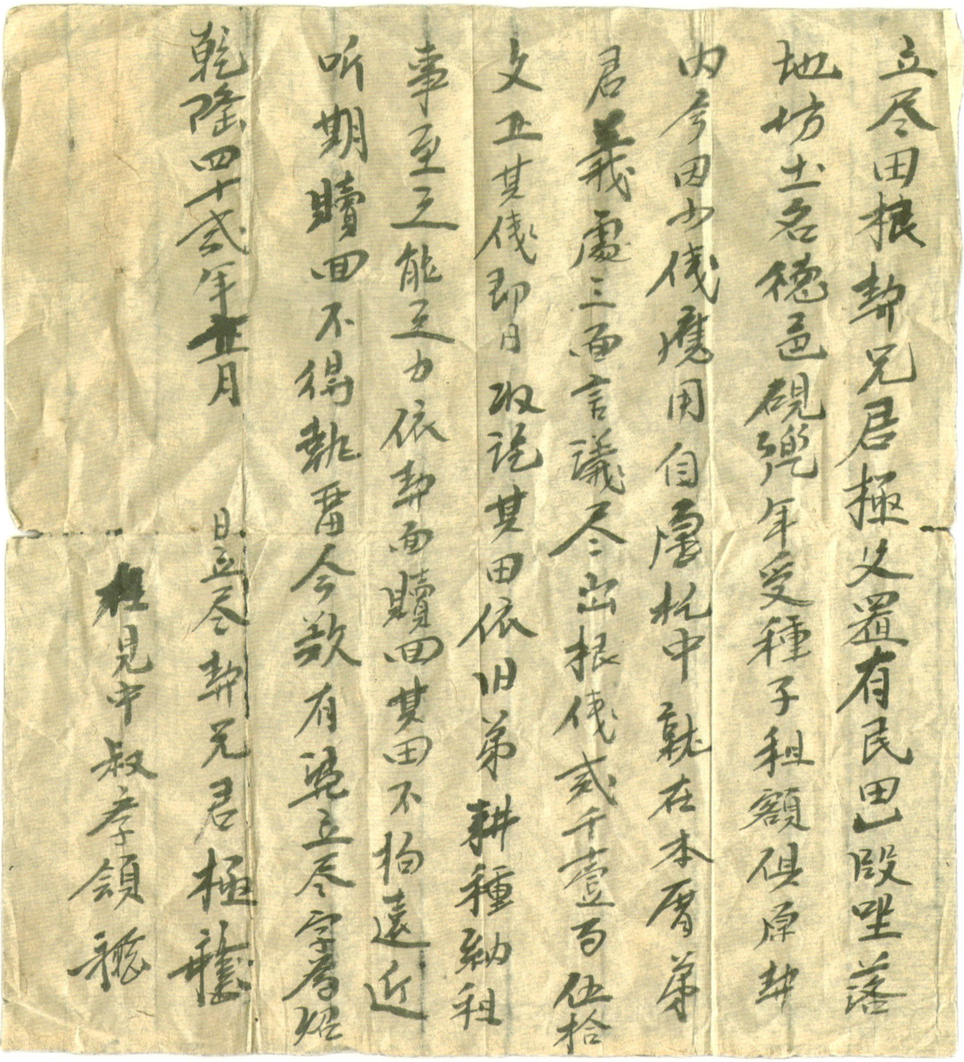
立尽田根契兄君極父遺有民田一段坐落
地坊土名德邑硯嶺年受種子租額俱原契
內今因乏錢應用自愿托中就在本房弟
君義處三面言議尽出根錢貳千壹百伍拾
文正其錢即日收訖其田依旧弟耕種納租
事至三能足力依契面贖回其田不拘遠近
听期贖回不得執留今欲有憑立尽字存炤
乾隆四十弍年正月　日立尽契兄君極（押）
在見中叔孝頌（押）

10-7-6-5　清乾隆四十二年正月黄君極立盡民田根契

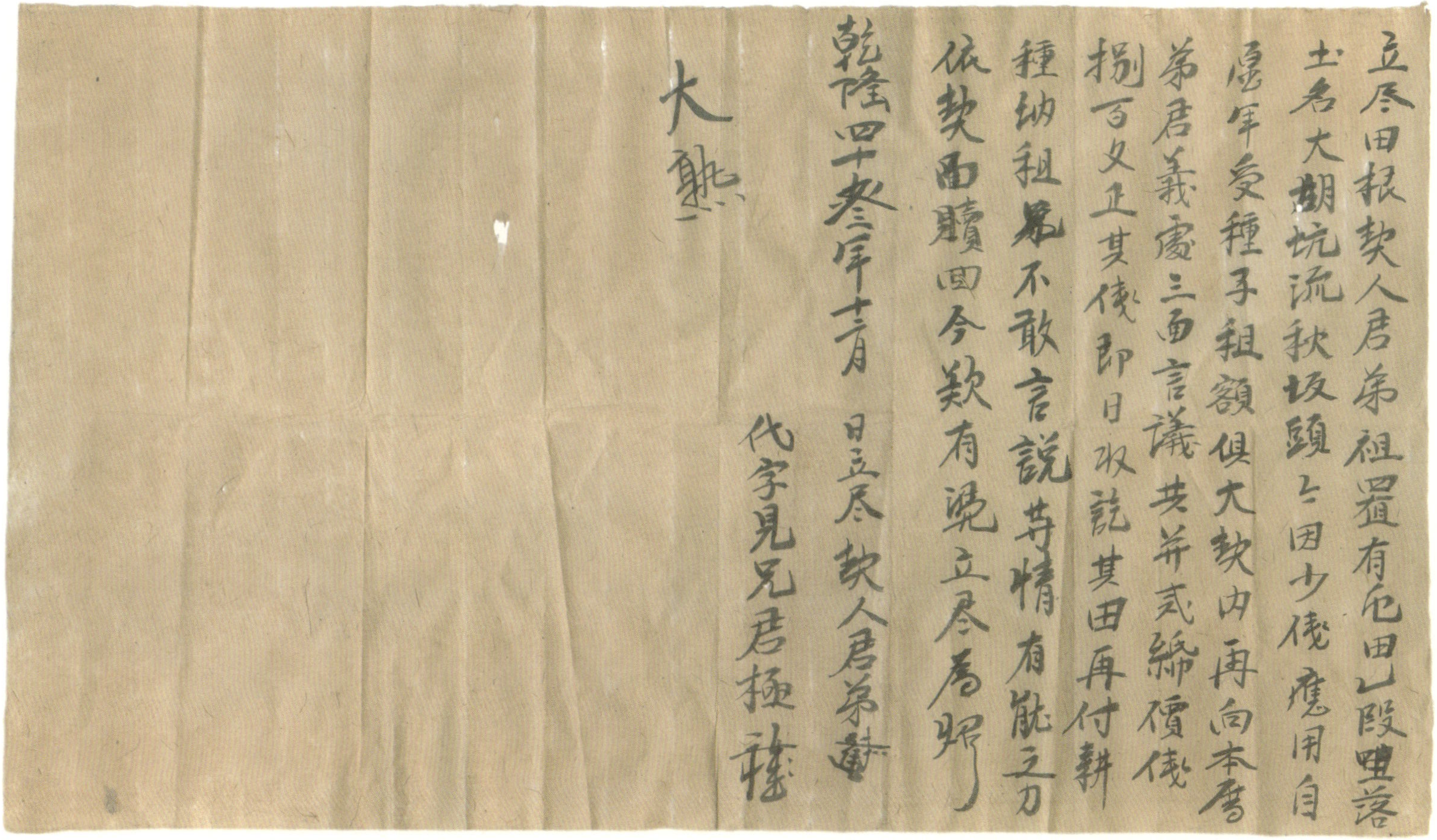
立盡田根契人君弟祖置有屯田山段坐落
土名大湖坑流秋坂頭上田少俵應用自
邑年受種子租額俱大契內再向本房
弟君義處三面言議共并貳綿價俵
捌百文正其俵即日收訖其田再付耕
種納租日後不敢言說找情有能之力
依契面贖回今欲有憑立盡為照
乾隆四十三年十二月　日立盡契人君弟
代字見兄君極
大熙

10-7-6-6　清乾隆四十三年十二月黄君弟立盡屯田根契

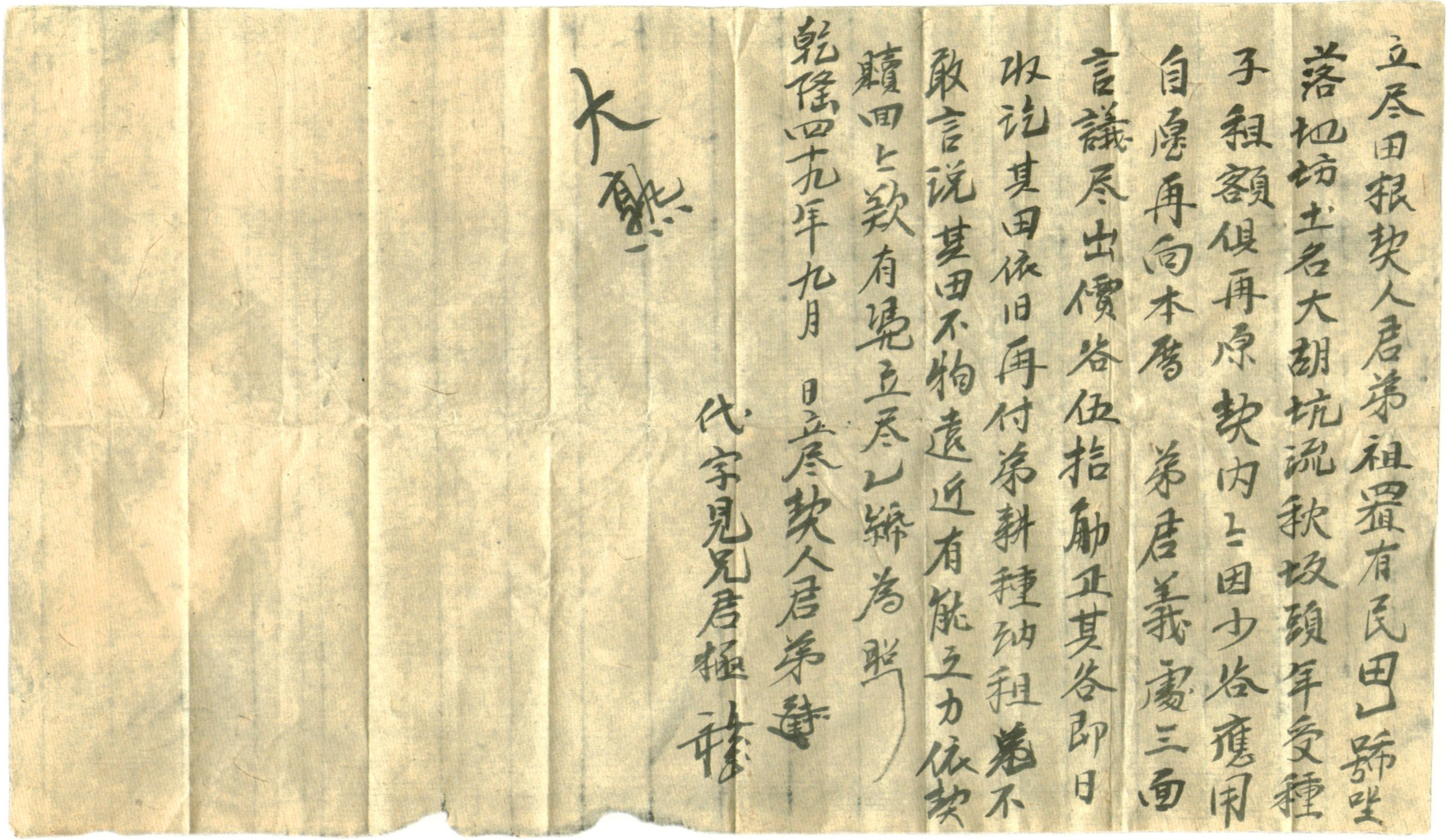

立尽田根契人君弟，祖置有民田一號，坐
落地坊土名大胡坑流秋坂頭，年受種
子租額俱再原契內。今因少谷應用，
自愿再向本房 弟君義處三面
言議，尽出價谷伍拾觔正，其谷即日
收訖。其田依旧再付弟耕種納租，永不
敢言説。其田不拘遠近，有能立力依契
贖回。今欲有憑，立尽山綁為照。
乾隆四十九年九月 日立尽契人君弟
代字見兄君極
大顯

10-7-6-7 清乾隆四十九年九月黄君弟立盡民田根契

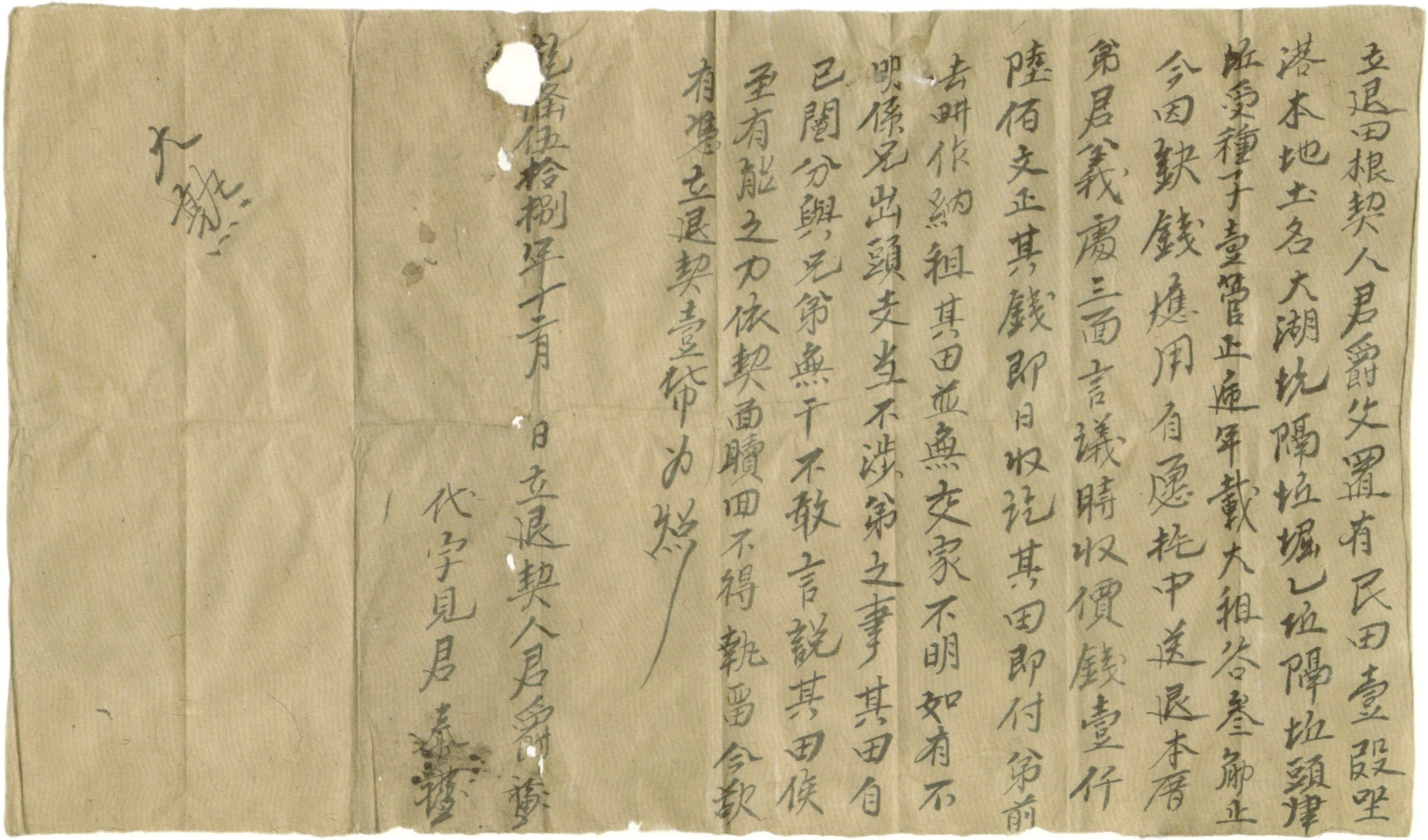
立退田根契人君爵先置有民田壹段坐
落本地土名大湖坑陽垅墘乚垅陽垅頭肆
坵受種子壹管正递年載大租谷叁觔正
今因缺錢應用自愿托中送退本房
弟君義處三面言議時收價錢壹仟
陸佰文正其錢即日收訖其田即付弟前
去耕作納租其田並無交家不明如有不
明係兄出頭支当不涉弟之事其田自
已閹分與兄弟無干不敢言說其田係
至有能之力依契面贖回不得執留今欲
有憑立退契壹紙爲炤

乾隆伍拾捌年十二月　日立退契人君爵（押）
代字見君嘉（押）

大發

10-7-6-8　清乾隆五十八年十二月黄君爵立退民田根契

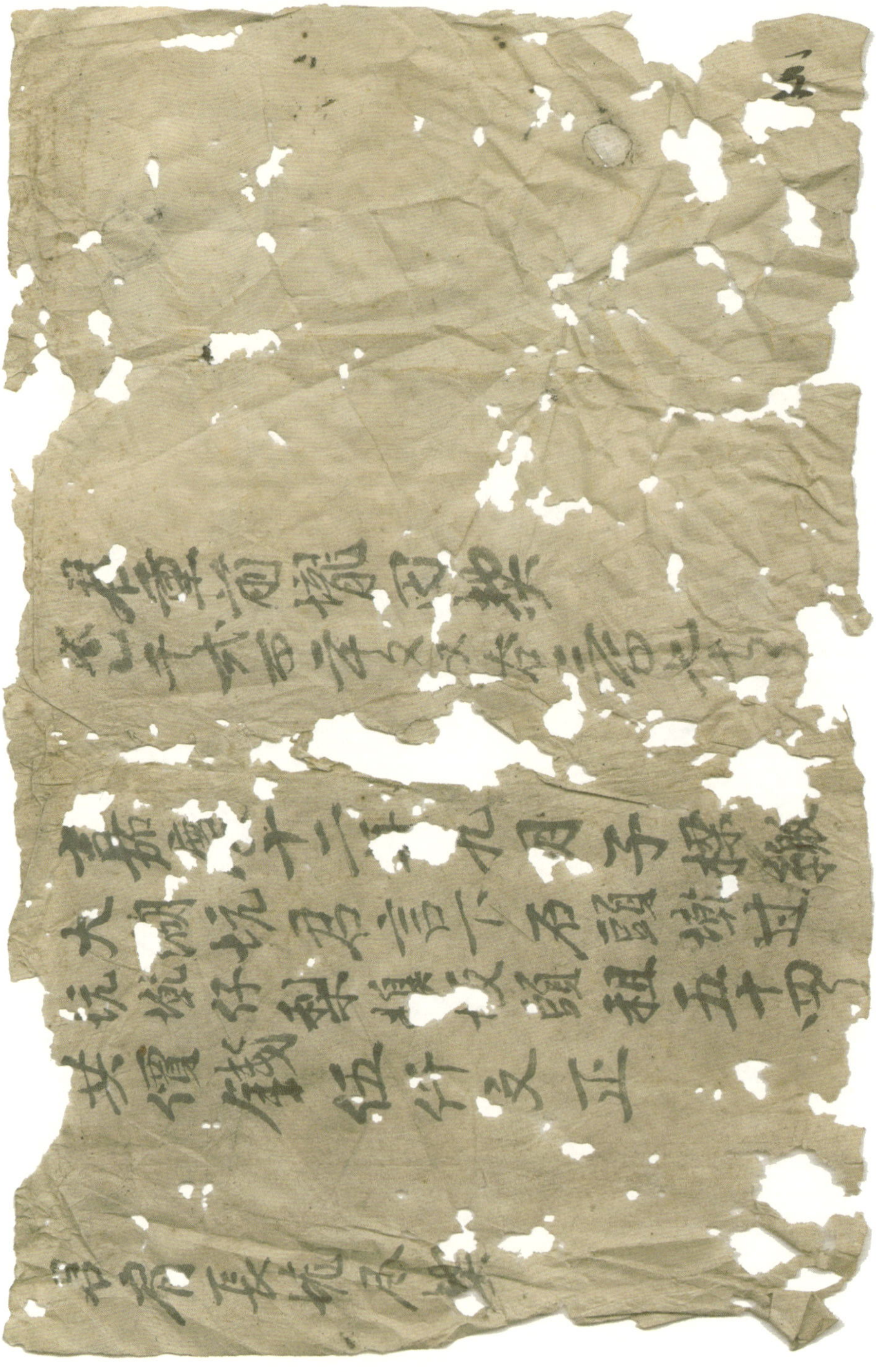

10-7-7-1　包契紙

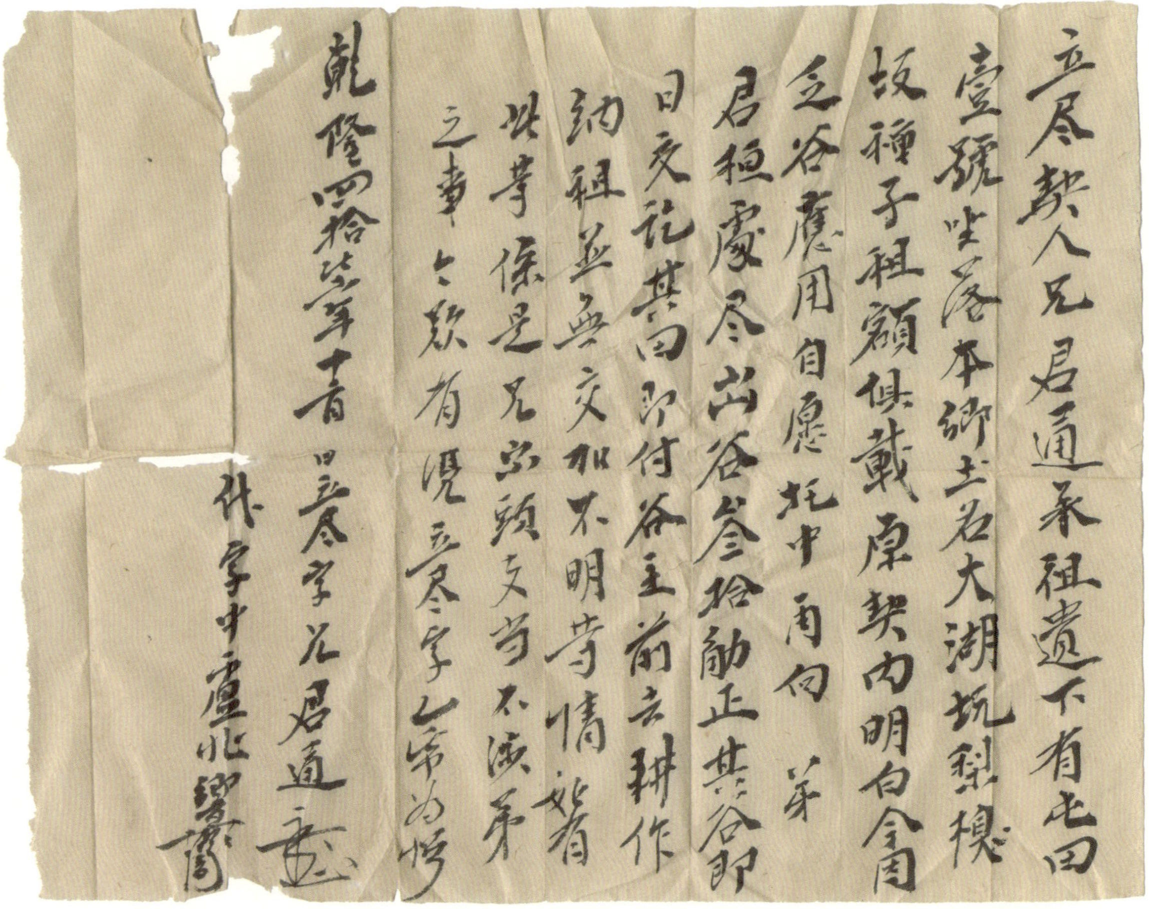

立盡契人兄君通承祖遺下有屯田
壹號坐落本鄉土名大湖坑黎樸
坂種子租額俱載原契內明白今因
乏谷應用自願托中向　弟
君植處盡出谷參拾觔正其谷即
日交訖其田即付谷主前去耕作
納租並無交加不明等情如有
此等係是兄出頭支當不涉弟
之事今欲有憑立盡字壹帋為照
乾隆四拾柒年十二月　日立盡字兄君通（押）
代字中盧兆鑾（押）

10-7-7-2　清乾隆四十七年十二月黃君通立盡屯田契

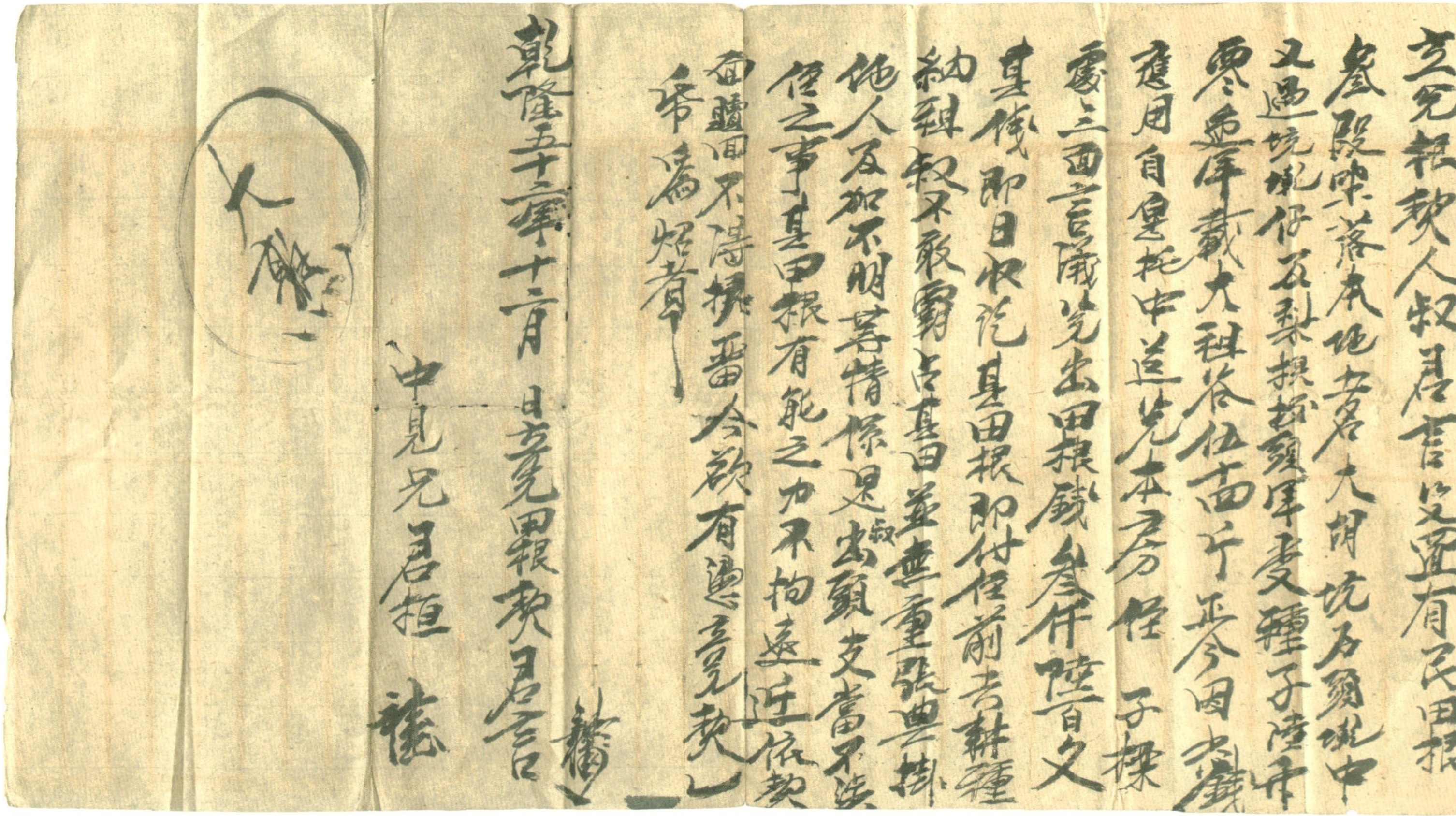
立兑根契人叔君言父置有民田根
叁段坐落本地土名大門坑及頭垅中
又過坑垅仔石梨排頭坪麦種子陸升
貳合年載大租谷伍石一斤正今因乏錢
應用自愿托中送兑本房侄　子樑
處三面言議兑出田根錢叁仟陸百文
其錢即日收訖其田根即付侄前去耕種
納租叔不敢霸占其田並無重張典掛
他人及加不明等情係是叔出頭支當不涉
侄之事其田根有能之力不拘遠近依契
面贖回不得執留今欲有憑立兑契一
紙為炤者
乾隆五十二年十二月　日立兑田根契叔君言
中見兄君桓

10-7-7-3　清乾隆五十二年十二月黄君言立兑民田根契

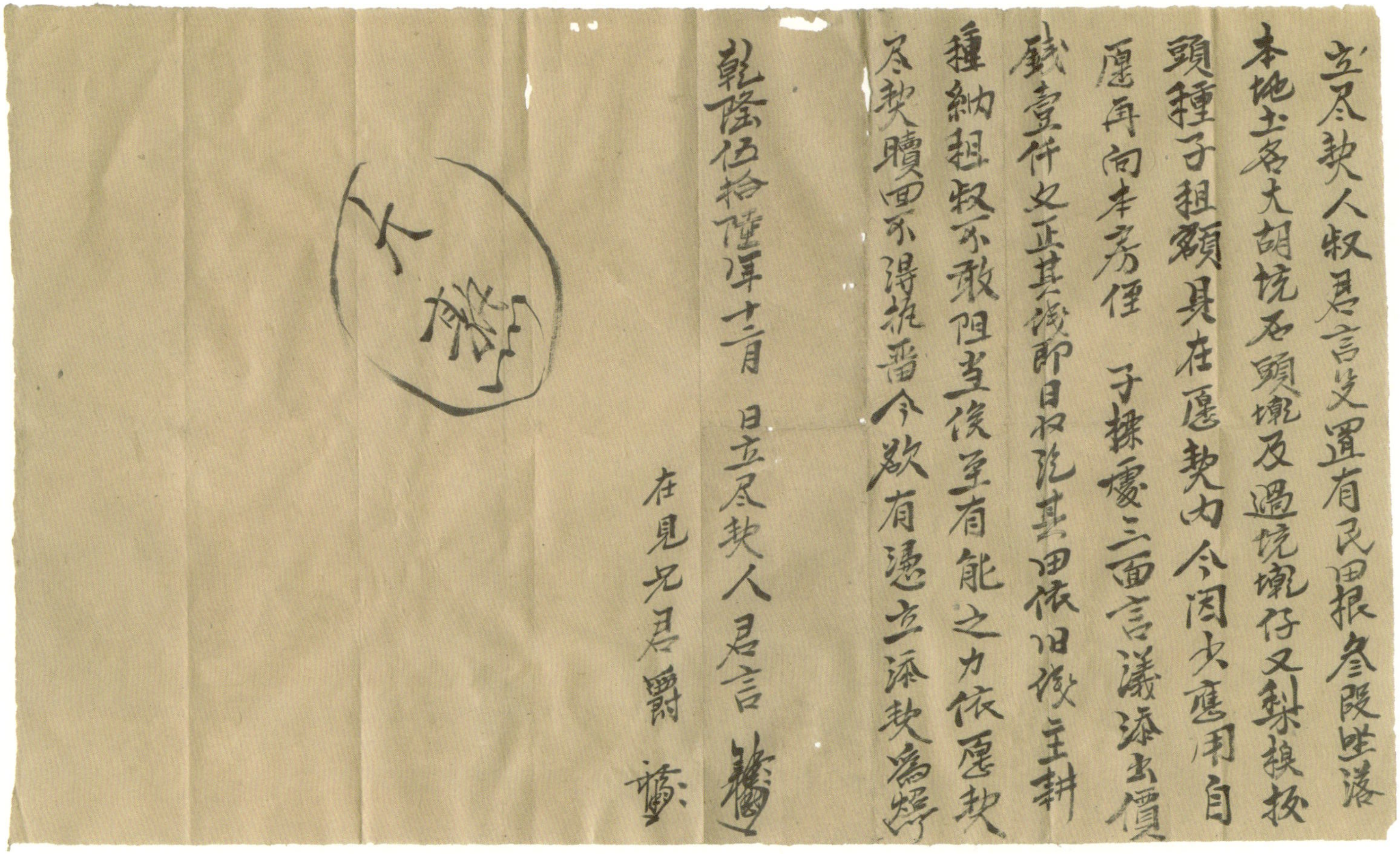

10-7-7-4 清乾隆五十六年十二月黄君言立盡民田根契

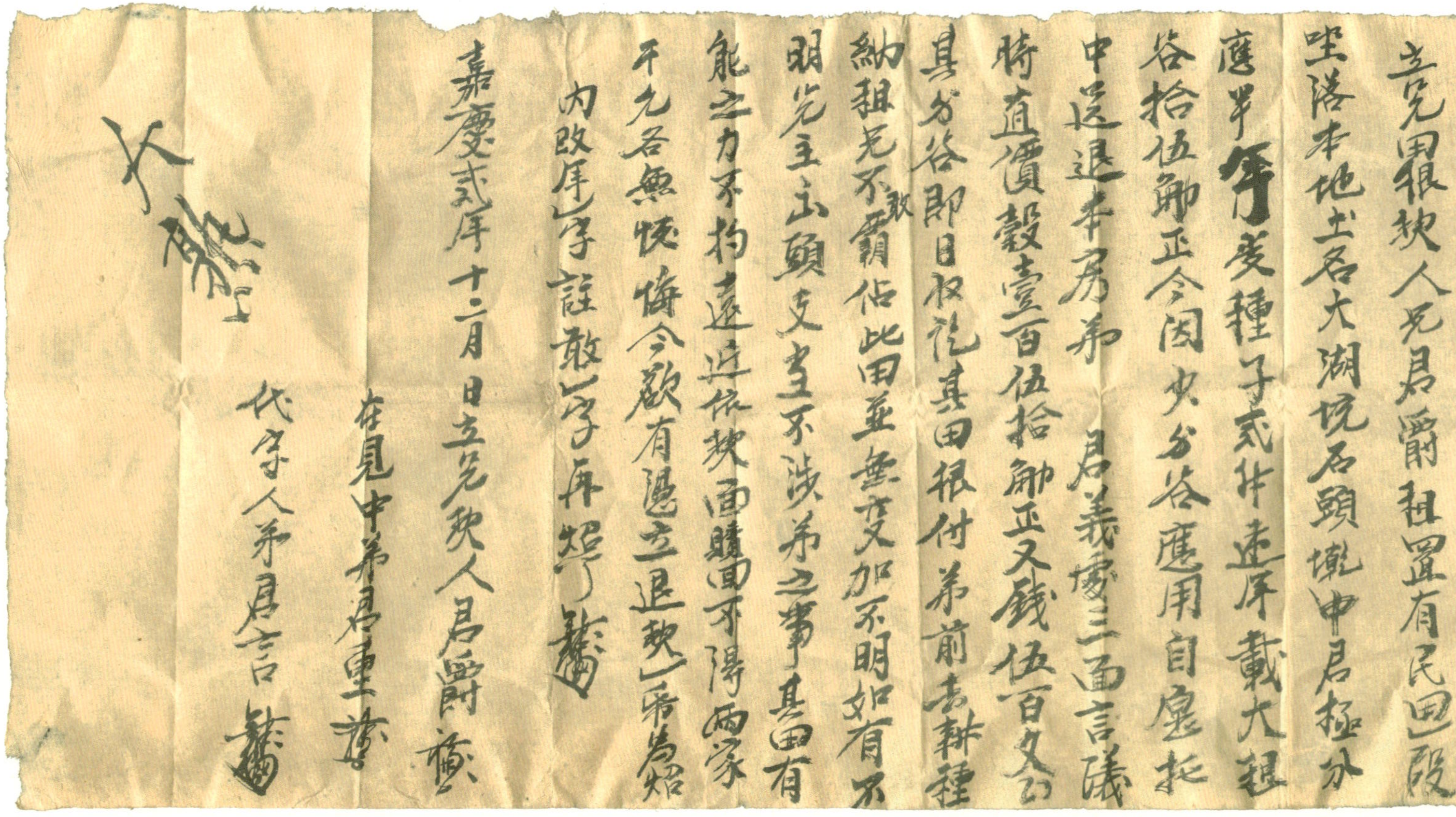
立兑田根契人黄君爵，承祖置有民田一段，
坐落本地土名大湖坑石頭墘，中君極分
應早年麦種子弍升，逐年載大租
谷拾伍觔正。今因乏谷應用，自愿托
中送退本房弟君義處，三面言議
時值價穀壹百伍拾觔正，又錢伍百文，公
其谷即日收訖，其田根付弟前去耕種
納租，兑不霸佔。此田並無交加不明，如有不
明，兑主出頭支當，不涉弟之事。其田有
能之力，不拘遠近，依契面贖回，不得兩家
千兑，各無悔。今欲有憑，立退契一帋為炤。
内改年一字，註散一字，再炤。
嘉慶弍年十二月 日立兑契人君爵
在見中弟君重
代字人弟君言

10-7-7-5 清嘉慶二年十二月黄君爵立兑民田根契

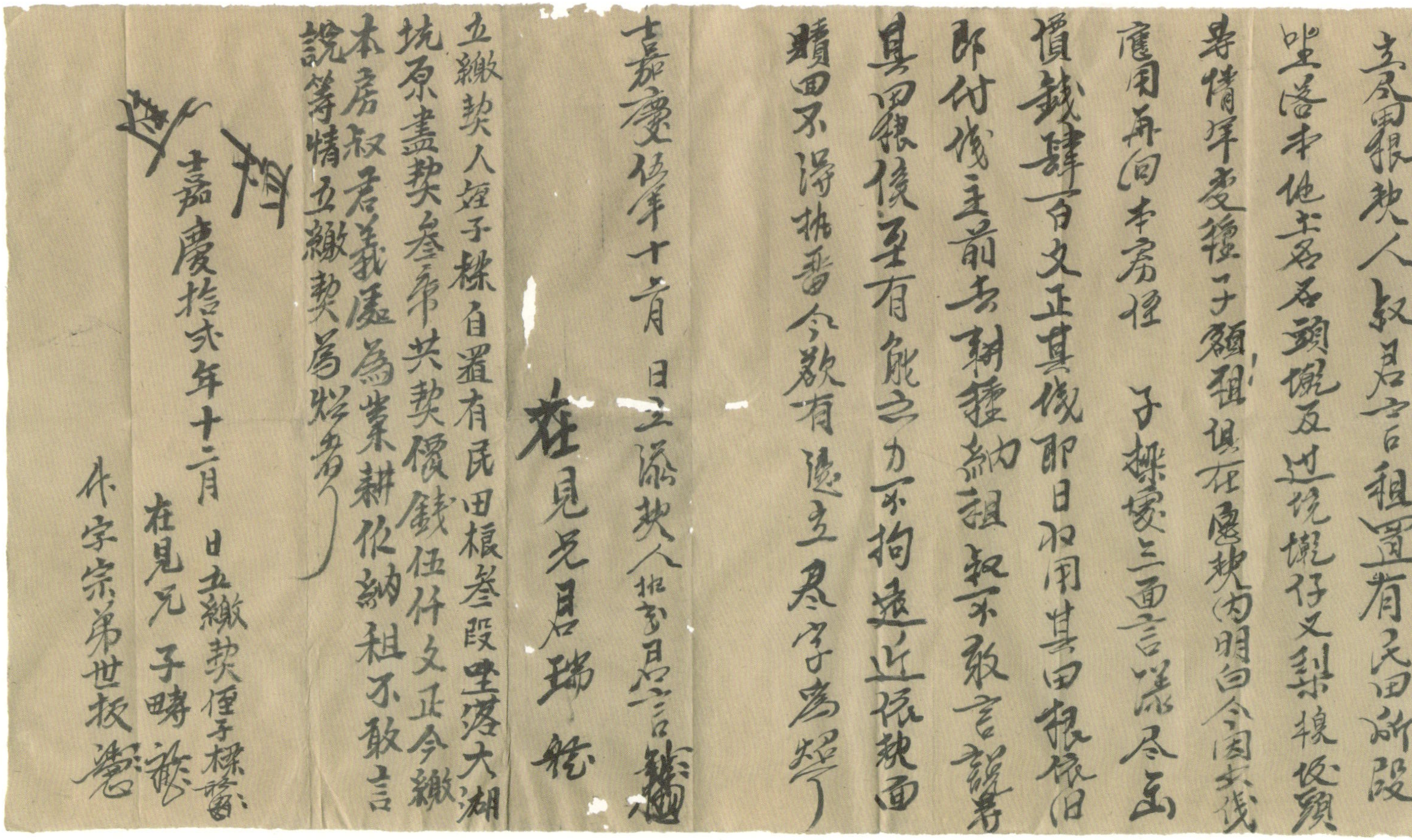

10-7-7-6　清嘉慶五年十二月黃君言立盡民田根契

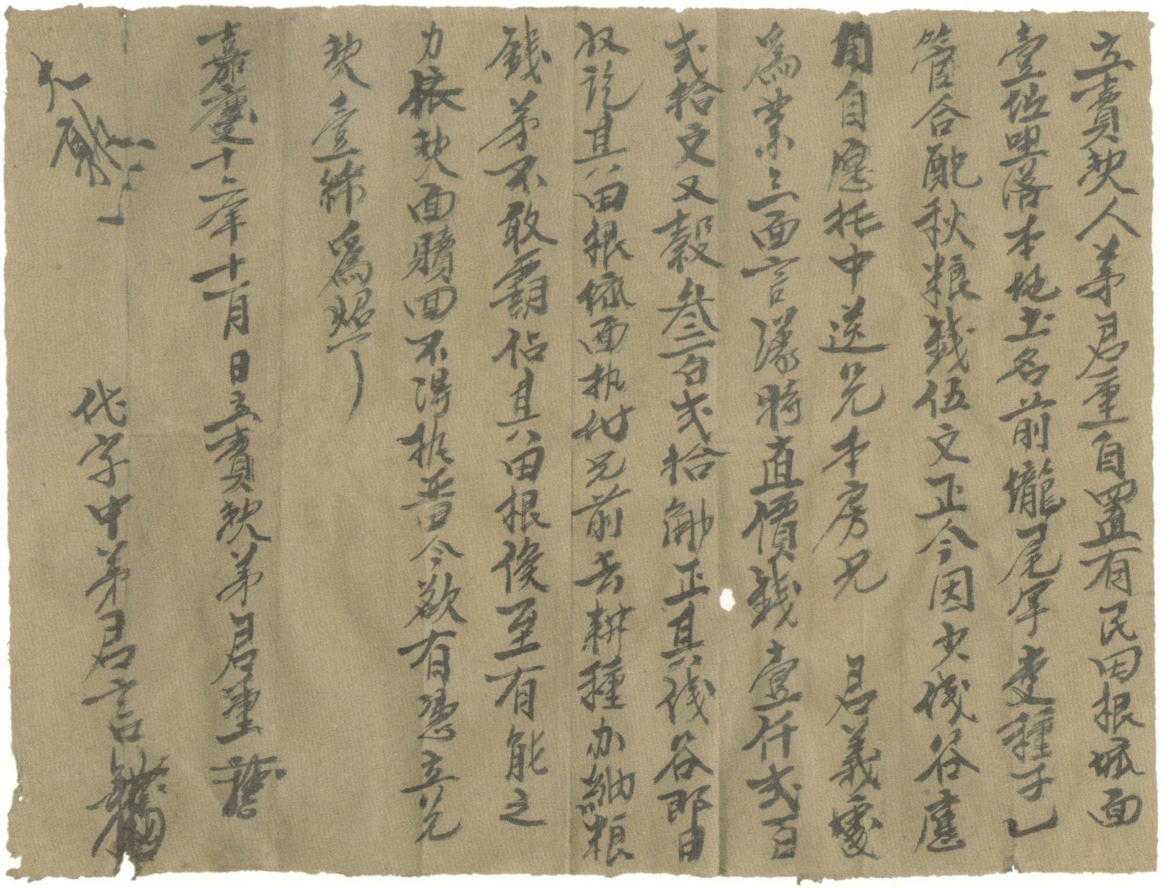

立賣契人弟君重自置有民田根壹面
坐址里落本地土名前壠尾乎東種子一
簟合配秋粮錢伍文正今因乏錢谷應
用自愿托中送兄本房兄 君義處
爲業三面言議時直價錢壹仟弍百
弍拾文又穀叁百弍拾觔正其錢谷即日
收訖其田根從面執付兄前去耕種办納粮
錢弟不敢霸佔其田根後至有能之
力根契面贖田不得執留今欲有憑立兄
契壹紙爲照
嘉慶十二年十一月 日立賣契人弟君重（押）
代字中弟君言（押）
大發

10-7-7-7 清嘉慶十二年十一月黃君重立賣民田根契

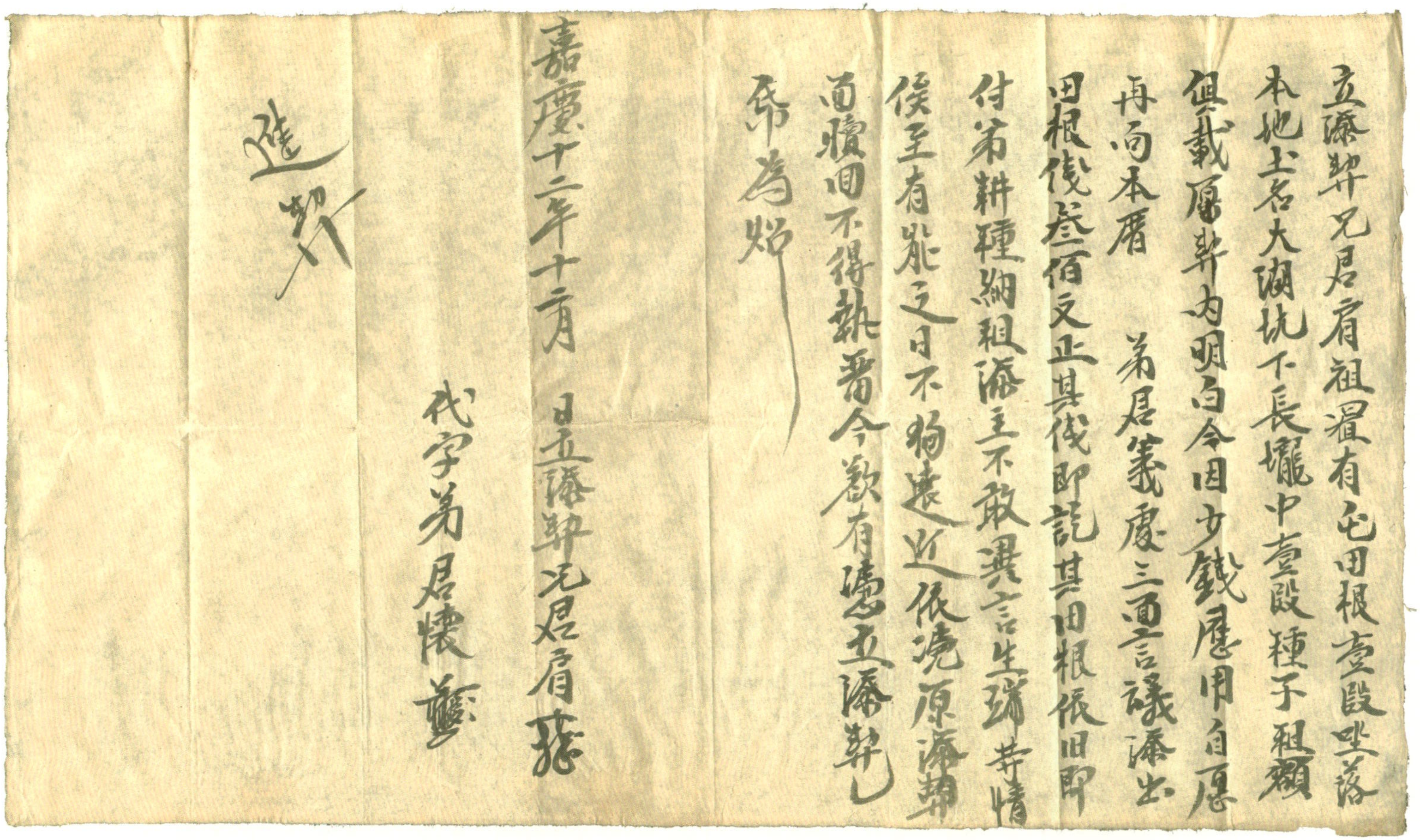
立添契兄君肩祖遺有屯田根壹段坐落
本地土名大湖坑下長壠中壹段種子租額
俱載屬契内明白今因乏錢應用自愿
再向本厝　弟君義處三面言議添出
田根價叁佰文正其價即訖其田根依旧即
付弟耕種納租添主不敢異言生端并情
侯至有能之日不拘遠近依湊原添契
面贖回不得執留今欲有憑立添契
爲炤
嘉慶十二年十二月　日立添契兄君肩（押）
代字弟君懷（押）
進契

10-7-7-8　清嘉慶十二年十二月黄君肩立添屯田根契

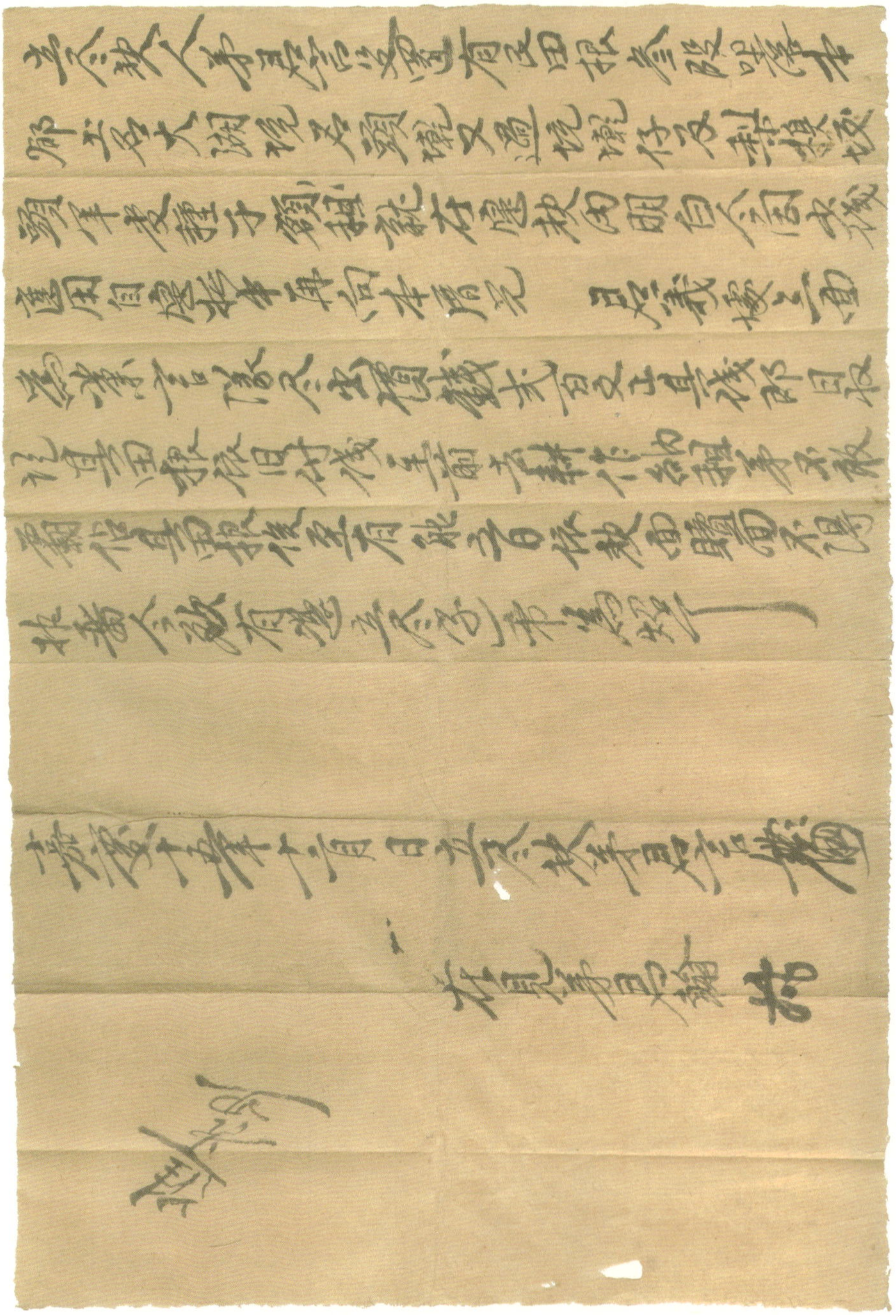

10-7-7-9　清嘉慶十五年十二月黃君言立盡民田根契

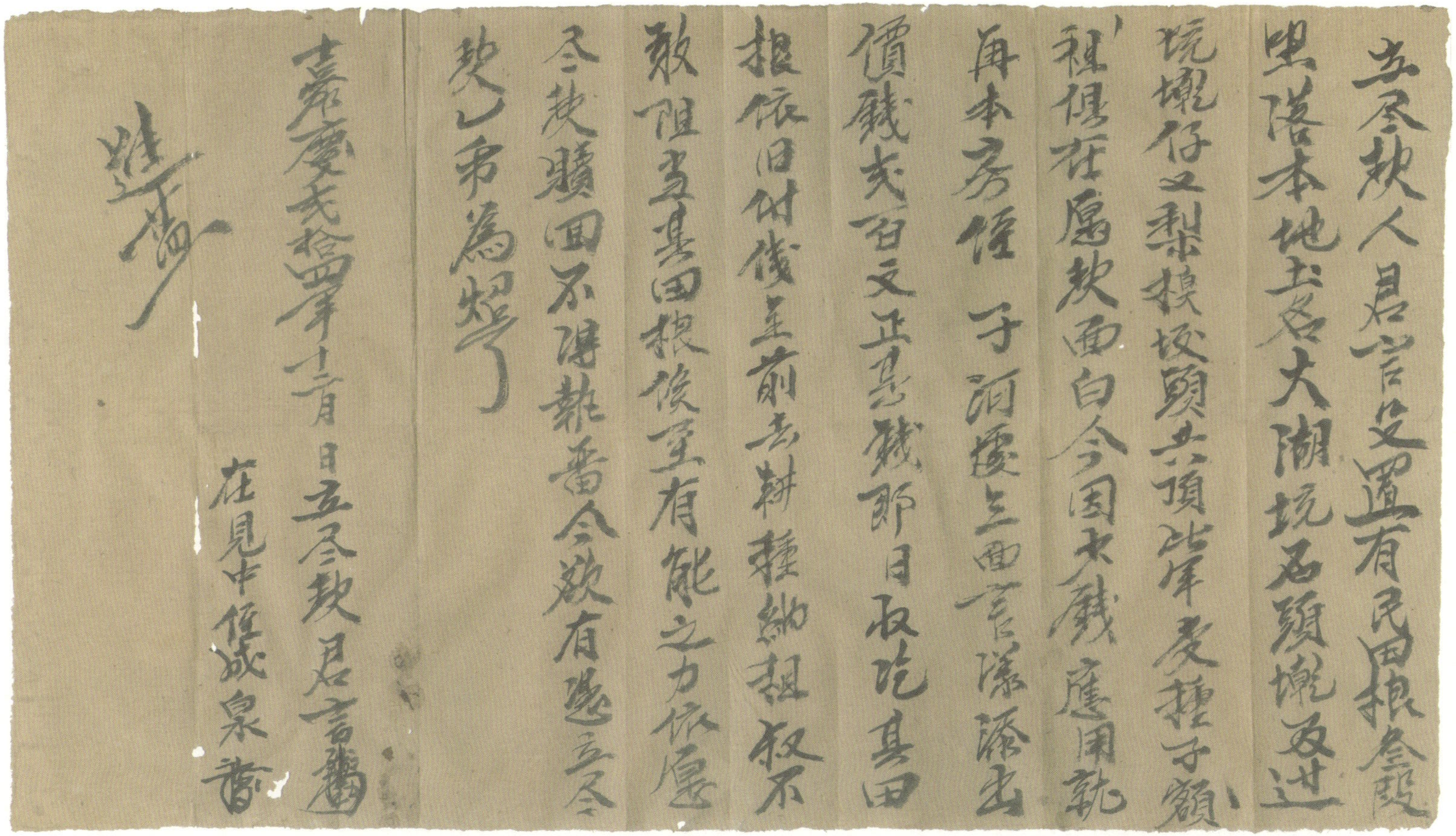

10–7–7–10　清嘉慶二十四年十二月黄君言立盡民田根契

10-7-8-1　包契紙

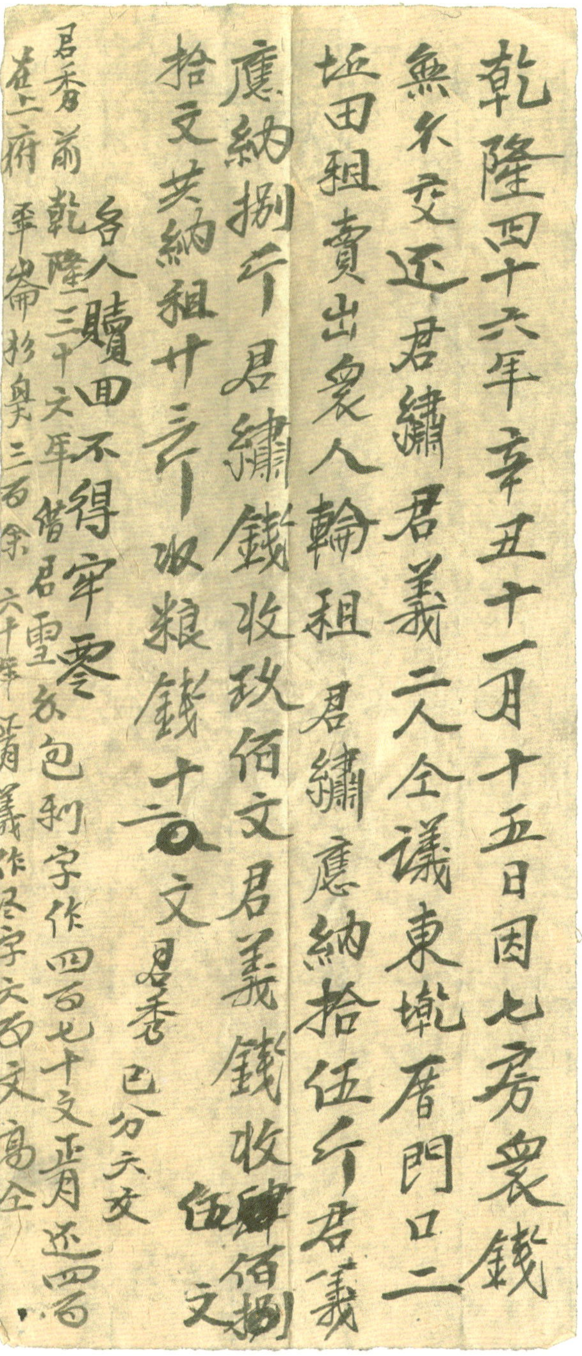
乾隆四十六年辛丑十一月十五日因七房衆錢
無不交还君繡君義二人仝議東墘厝門口二
坵田租賣出衆人輪租　君繡應納拾伍斤君義
應納捌斤君繡錢收玖佰文君義錢收肆佰捌
伍文
拾文共納租廿六斤収粮錢十二文　君香
已分六文
合人贖田不得牢零
君香前乾隆三十六年當君雪承包剩字作四百七十文正月还四百
在上府平山希杉良吳三百余　六十年　正月　君義作尽字文百文高仝

10-7-8-2　清乾隆四十六年十一月黄君繡等立賣出輪租字

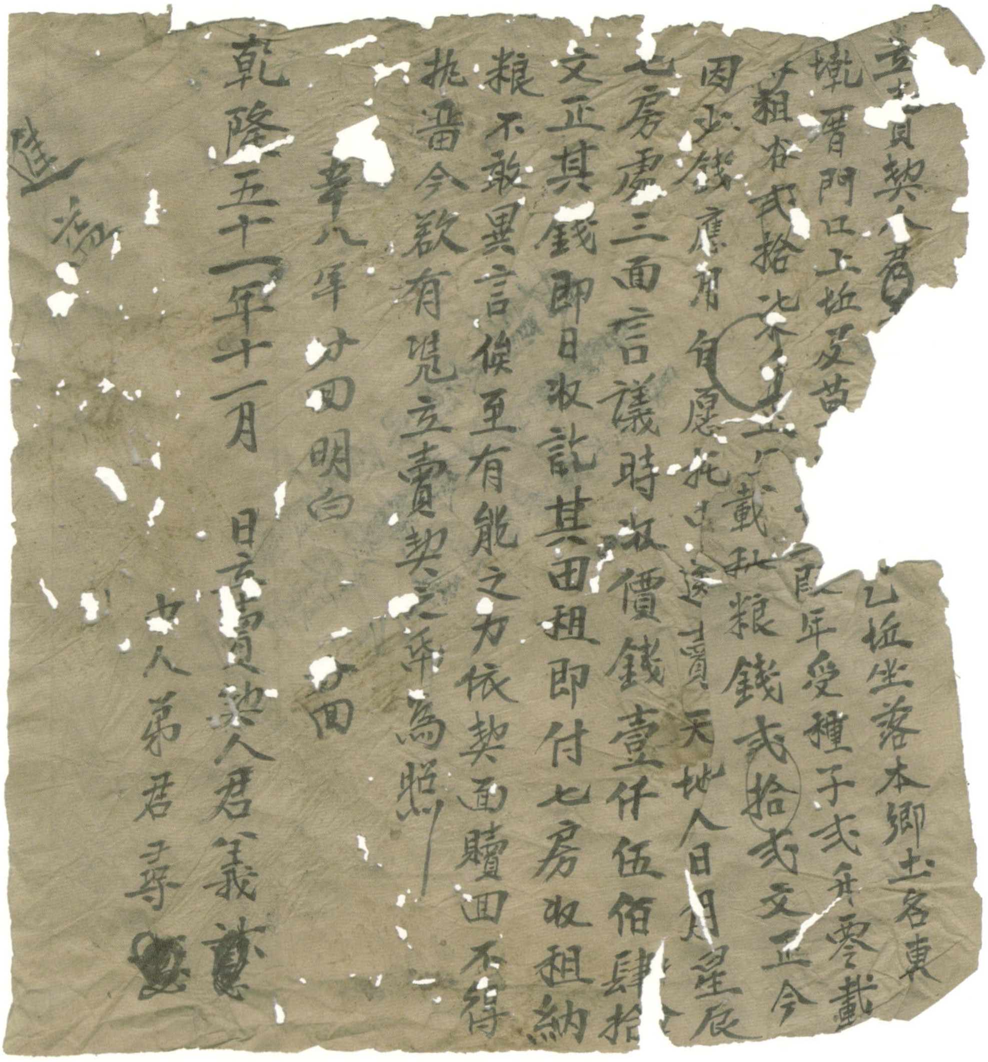
立賣契人黃君[illegible]乙坵坐落本鄉土名東
墘厝門口上坵又苗[illegible]年受種子弍斗零載
小租谷弍拾[illegible]載私粮錢弍拾弍文正今
因乏錢應用自愿托中送賣天地人日月星辰
七房處三面言議時收價錢壹仟伍佰肆拾
文正其錢即日收訖其田租即付七房收租納
粮不敢異言倘至有能之力依契面贖田不得
执留今欲有憑立賣契一紙為照
辛八年廿四明白[illegible]田
乾隆五十一年十一月　日立賣契人君義
在見人弟君尋
進[illegible]

10-7-8-3　清乾隆五十一年十一月黃君義立賣民田契（廢契）

福建民間契約文書

厦門大學民間歷史文獻研究中心 編
鄭振滿 主編

47

八閩文庫
專題彙編
第二種

海峽出版發行集團
THE STRAITS PUBLISHING & DISTRIBUTING GROUP
福建人民出版社

本册目録

第十卷　永泰縣洑口鄉山寨村契約文書（五）

第七帙　黄聲南户

本册目録

第八帙　黄國彩户

第九帙　黄尊沐户

第十卷　永泰縣洑口鄉山寨村契約文書（五）

本卷主編　鄭鵬程

第七帙　黃聲南户

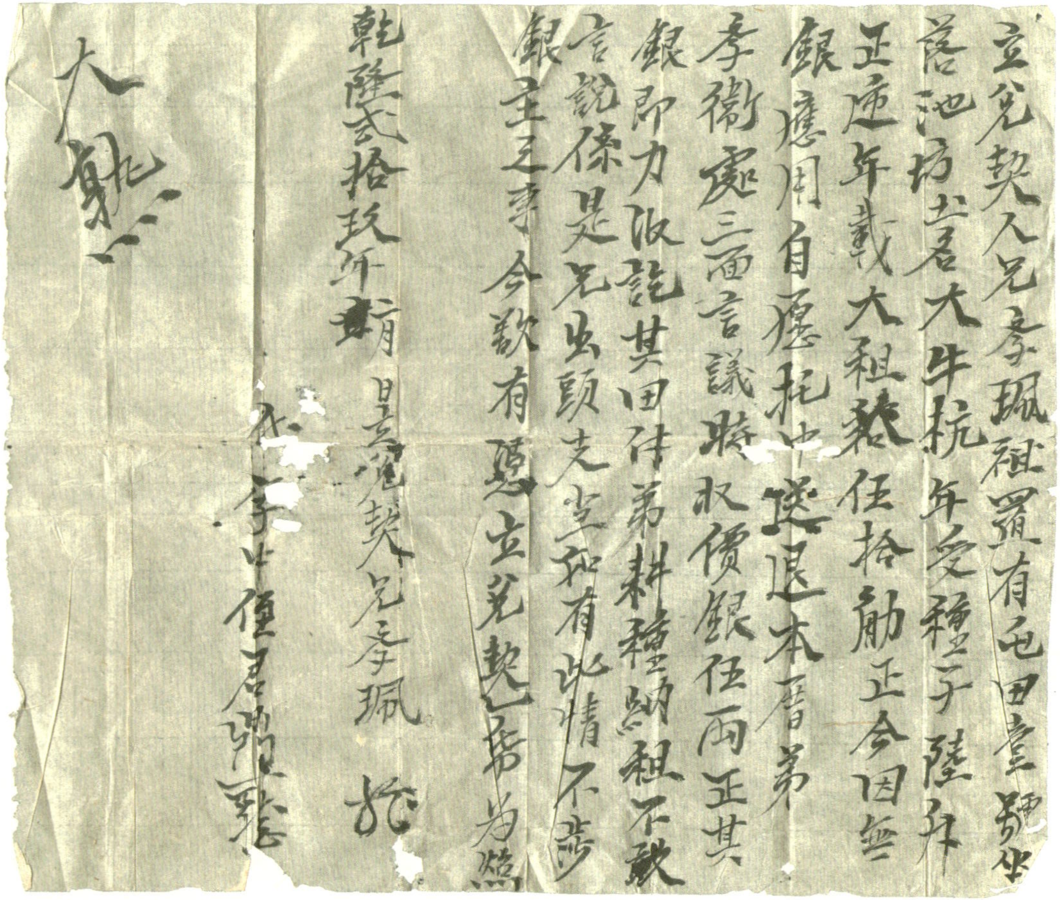

立兑契人兄李珮祖置有屯田壹號坐
落洑口坊土名大牛坑，年受種子陸升
正，逐年載大租穀伍拾觔正。今因無
銀應用，自愿托中送退本厝弟
李衛處三面言議，將收價銀伍兩正。其
銀即日收訖，其田付弟耕種納租，不敢
言說。係是兄出頭支當，和有此情，不涉
銀主之事。今欲有憑，立兑契一紙為照。
乾隆貳拾玖年貳月　日立兑契人兄李珮（押）
代字中侄君鵬（押）
大[illegible]

10-7-9-1　清乾隆二十九年二月黄李珮立兑屯田契

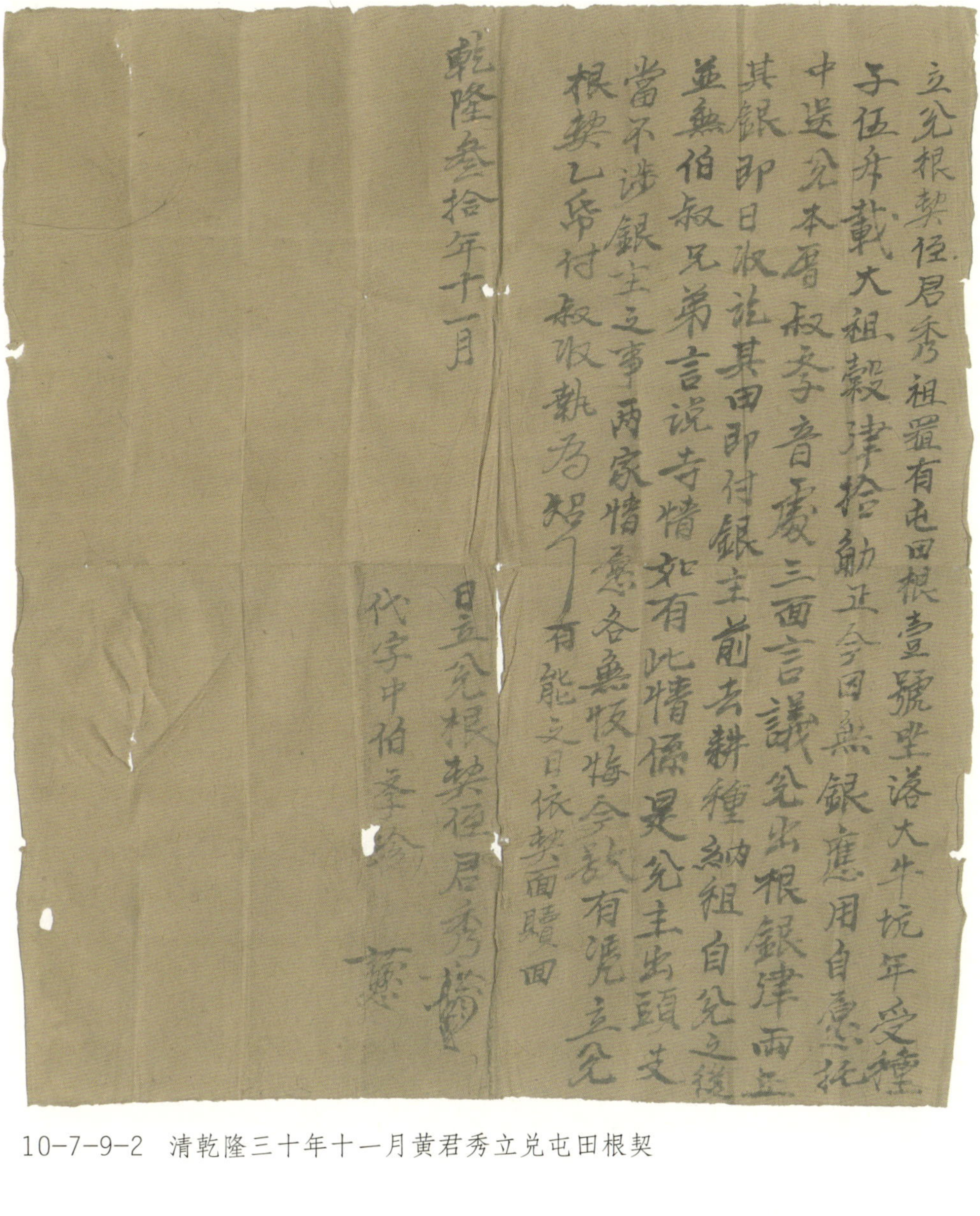
立兑根契侄君秀祖置有屯田根壹號坐落大牛坑年受種
子伍斗載大租穀肆拾觔正今因無銀應用自愿托
中送兑本厝叔李音處三面言議兑出根銀肆兩正
其銀即日收訖其田即付銀主前去耕種納租自兑之後
並無伯叔兄弟言說等情如有此情係是兑主出頭支
當不涉銀主之事兩家情愿各無反悔今欲有憑立兑
根契乙紙付叔收執為照
有能之日依契面贖回
乾隆叁拾年十一月
日立兑根契侄君秀
代字中伯李瑜

10-7-9-2 清乾隆三十年十一月黄君秀立兑屯田根契

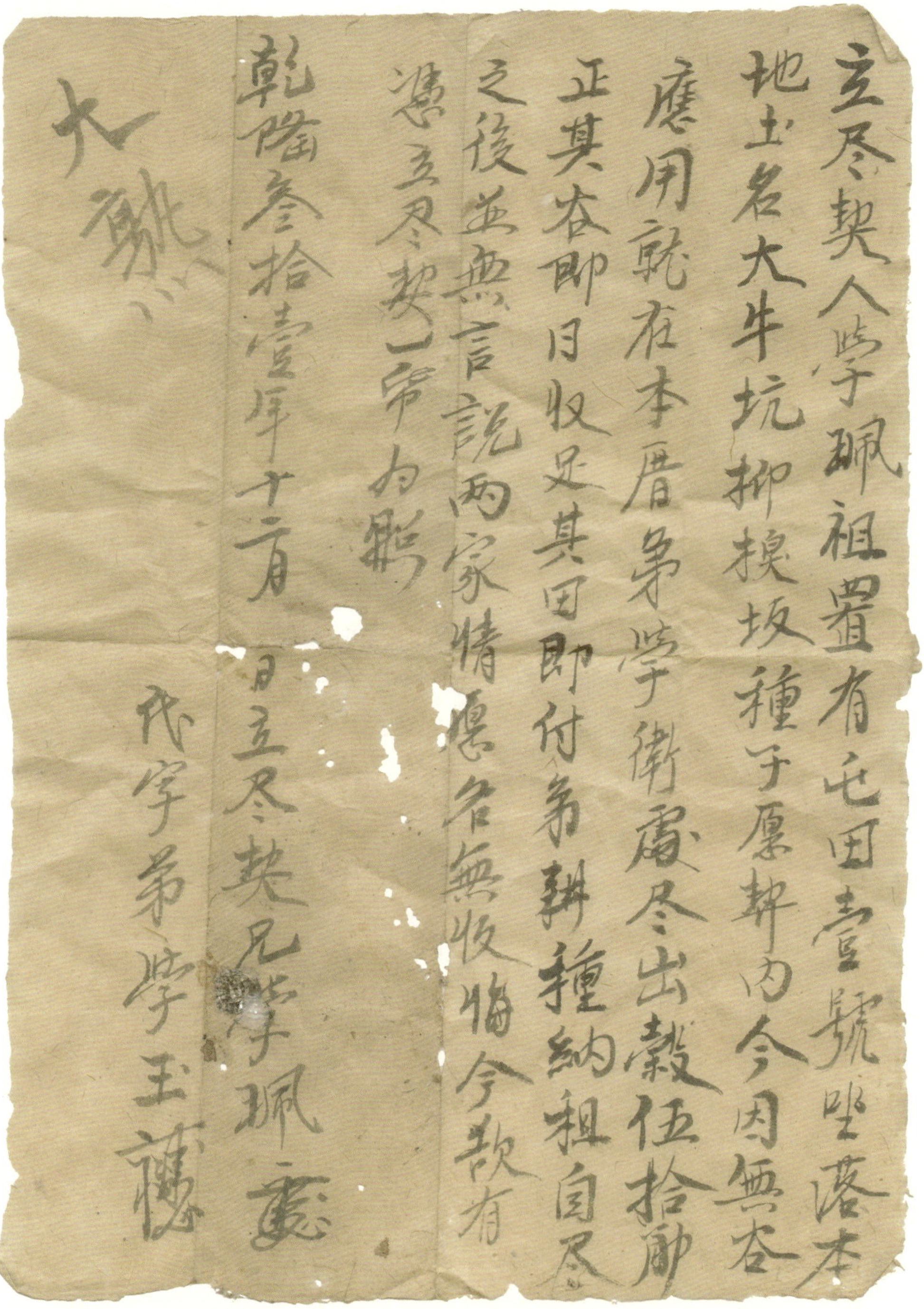
立尽契人黄學珮祖置有屯田壹號坐落本
地土名大牛坑柳樸坂種子原耕内今因無谷
應用就在本厝弟學衛處尽出穀伍拾斤
正其谷即日收足其田即付弟耕種納租自尽
之後並無言説兩家情愿各無收悔今欲有
憑立尽契一帋為照
乾隆叁拾壹年十二月　日立尽契兄學珮（押）
代字弟學玉（押）
大號

10-7-9-3　清乾隆三十一年十二月黄學珮立盡屯田契

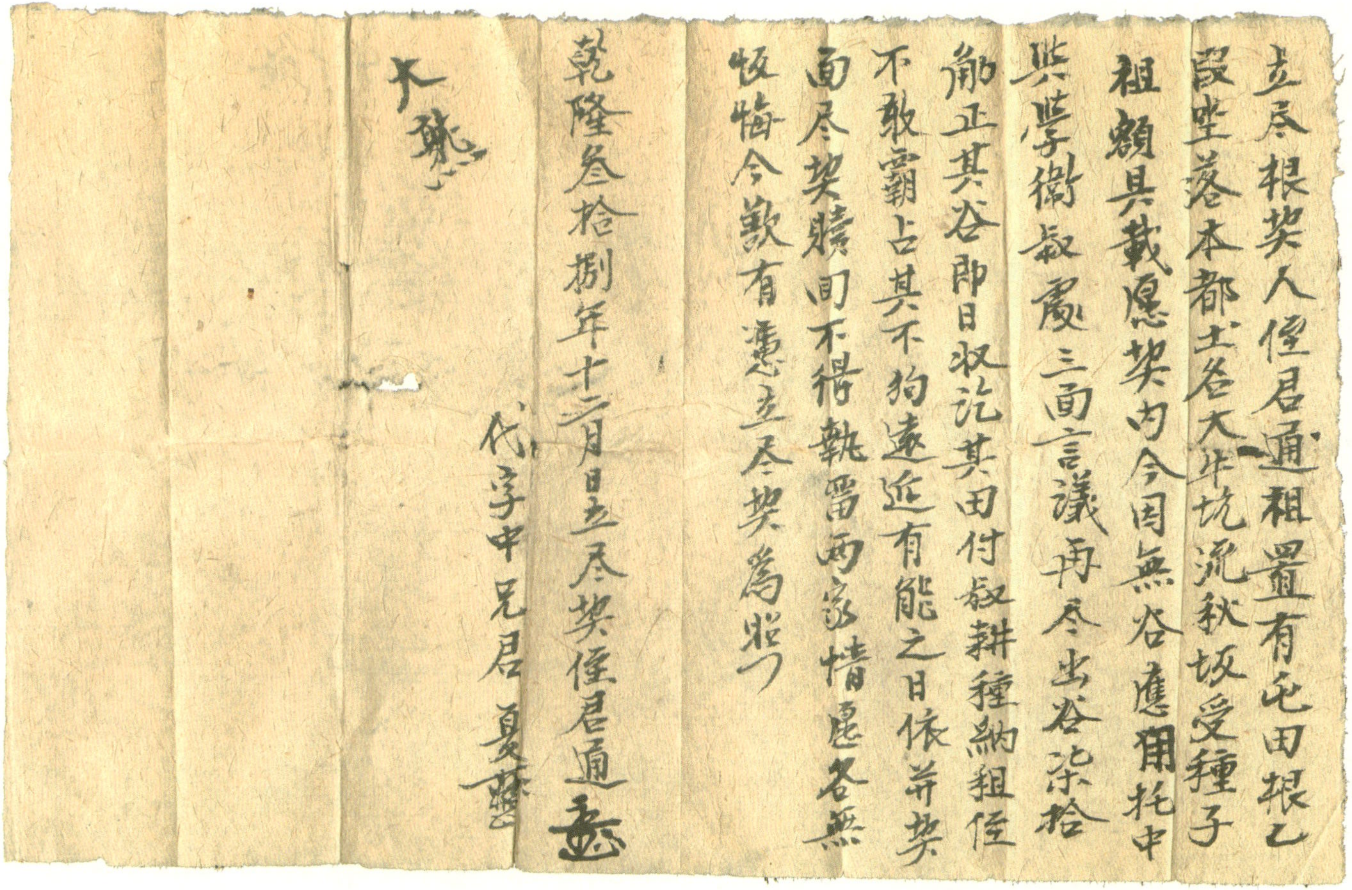
立盡根契人侄君通祖置有屯田根乙
段坐落本都土名大牛坑泥秋坂受種子
祖額具載原契內今因無谷應用托中
與學衛叔處三面言議再盡出谷柒拾
觔正其谷即日收訖其田付叔耕種納租侄
不敢霸占其不拘遠近有能之日依并契
面盡契贖回不得執留兩家情愿各無
反悔今欲有憑立盡契為照
乾隆叁拾捌年十二月日立盡契侄君通
代字中兄君夏
大號

10-7-9-4　清乾隆三十八年十二月黄君通立盡屯田根契

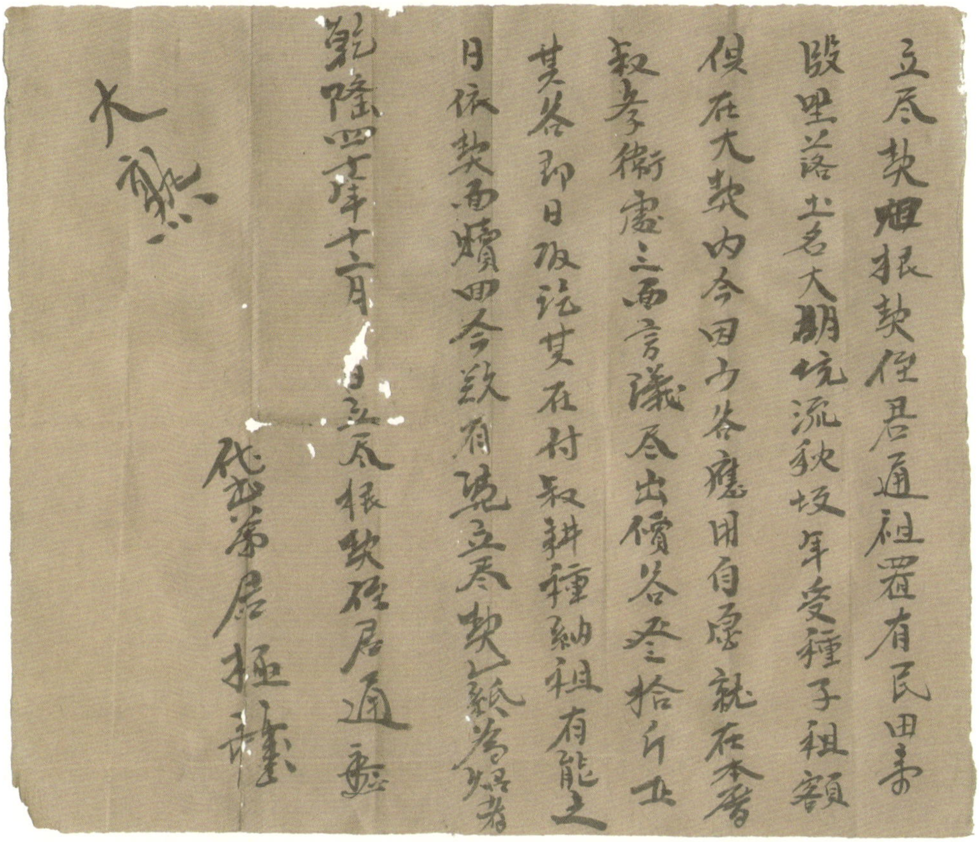
立尽契烟根契侄君通祖罝有民田壹
段，坐落土名大朋坑流秋坂，年受種子租額
係在大契内，今因乏谷應用，自愿就在本房
叔孝衛處三面言議，尽出價谷叁拾斤正，
其谷即日收訖，其在村叔耕種納租，有能之
日依契面贖回，今欲有憑，立尽契一紙為照者。
乾隆四十年十二月　日立尽根契侄君通（押）
代筆弟君拯（押）
大熟

10-7-9-5　清乾隆四十年十二月黄君通立盡民田契

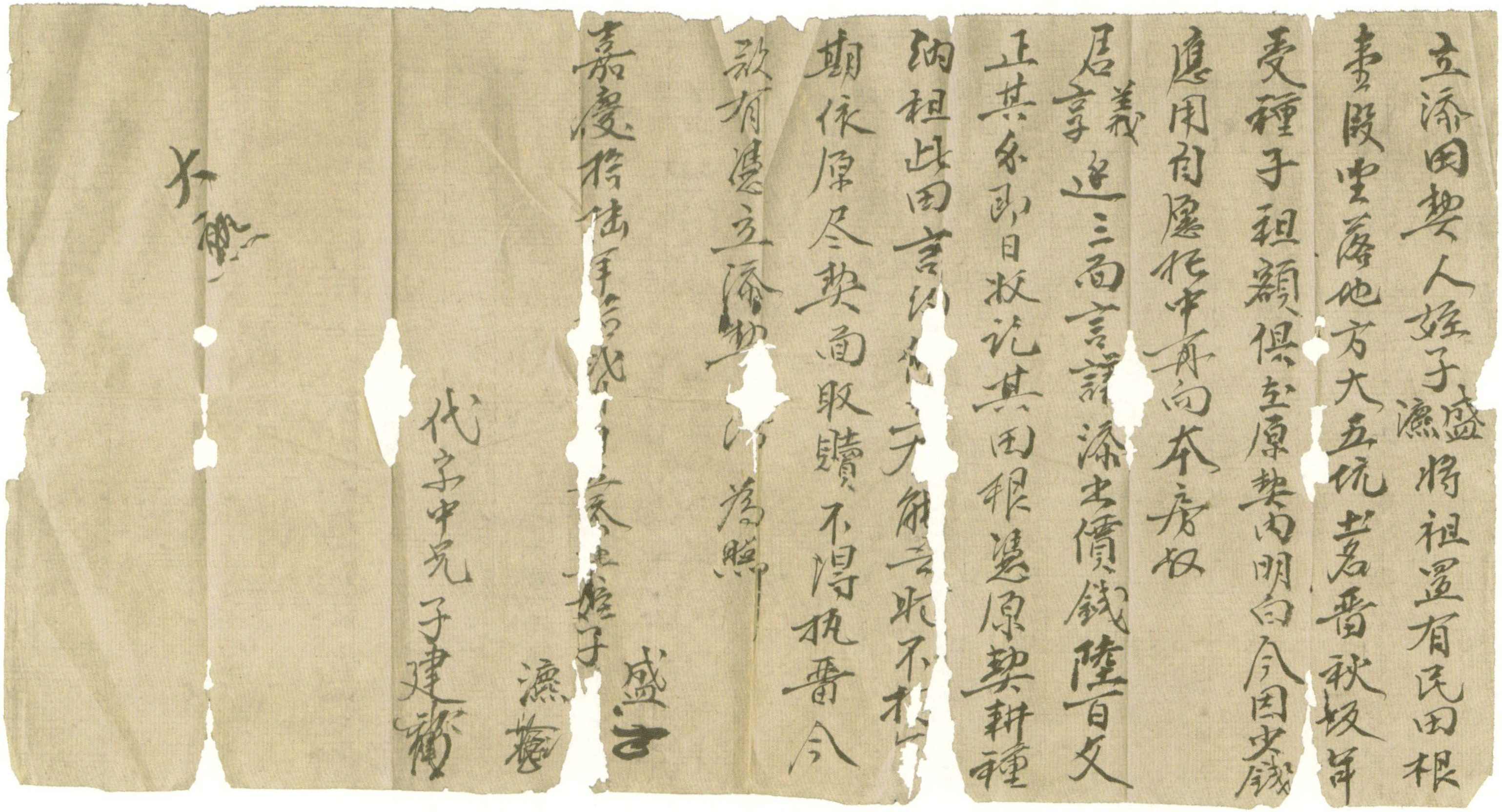
立添田契人姪子盛濂將祖置有民田根
壹段坐落地方大丘坑土名晋秋坂年
受種子租額俱在原契內明白今因乏錢
應用自愿托中再向本房叔
居義亭邊三面言議添出價錢陸百文
正其錢即日收訖其田根照原契耕種
納租此田言約□□年□此不拘□
期依原契面取贖不得執留今
欲有憑立添契□□為照
嘉慶拾陸年十二月□□立添□□姪子 盛 濂
代字中見 子建
大□

10-7-9-6 清嘉慶十六年十二月黄子盛等立添民田根契

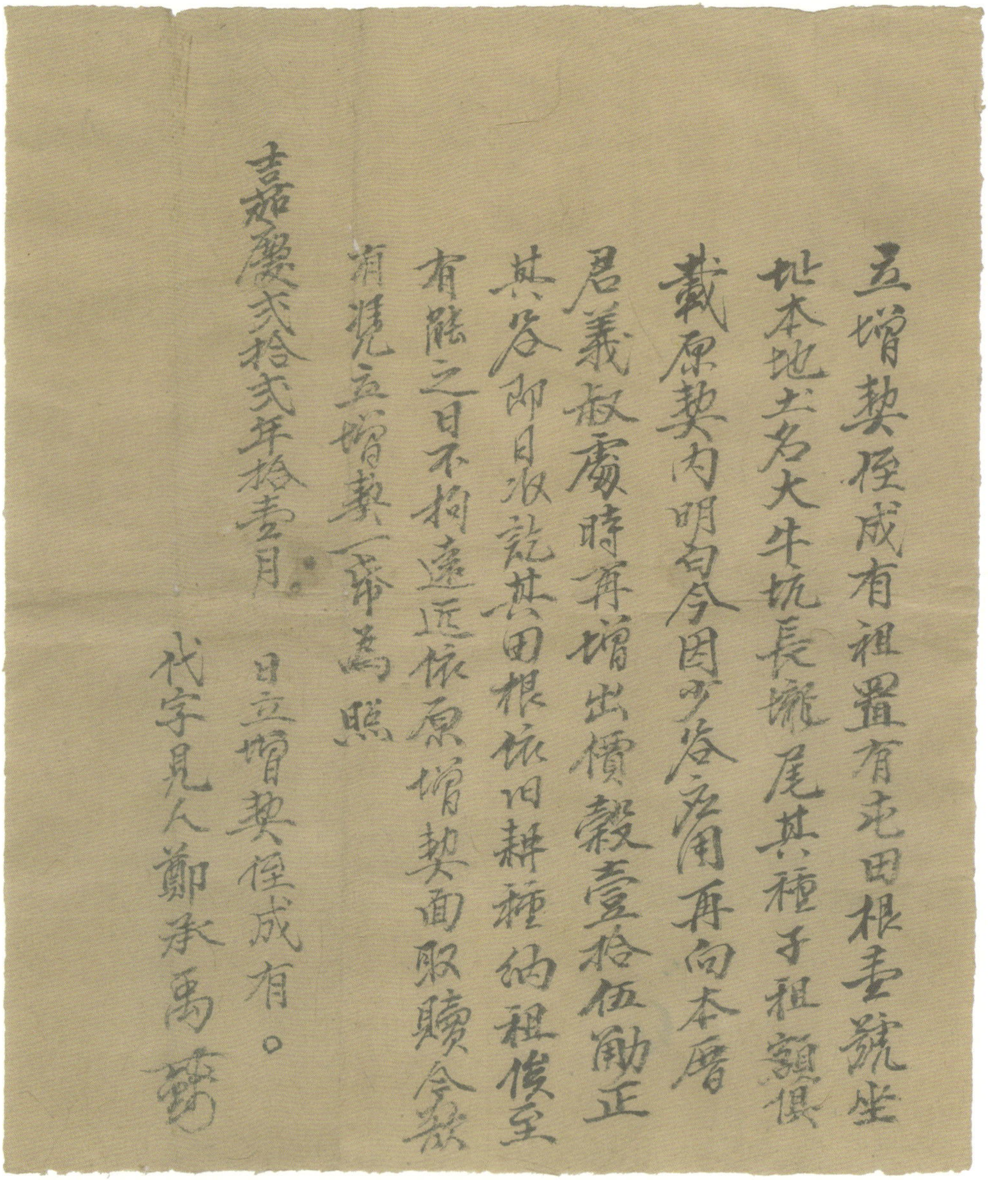
立增契侄成有祖置有屯田根壹號坐
址本地土名大牛坑長壠尾其種子租額俱
載原契內明白今因乏谷应用再向本房
君義叔處時再增出價穀壹拾伍觔正
其谷即日收訖其田根依旧耕種納租俟至
有銀之日不拘遠近依原增契面取贖今欲
有憑立增契一紙為照
吉
嘉慶貳拾貳年拾壹月　日立增契侄成有○
代字見人鄭承禹

10-7-9-7　清嘉慶二十二年十一月黄成有立增屯田根契

10-7-10-1　包契紙

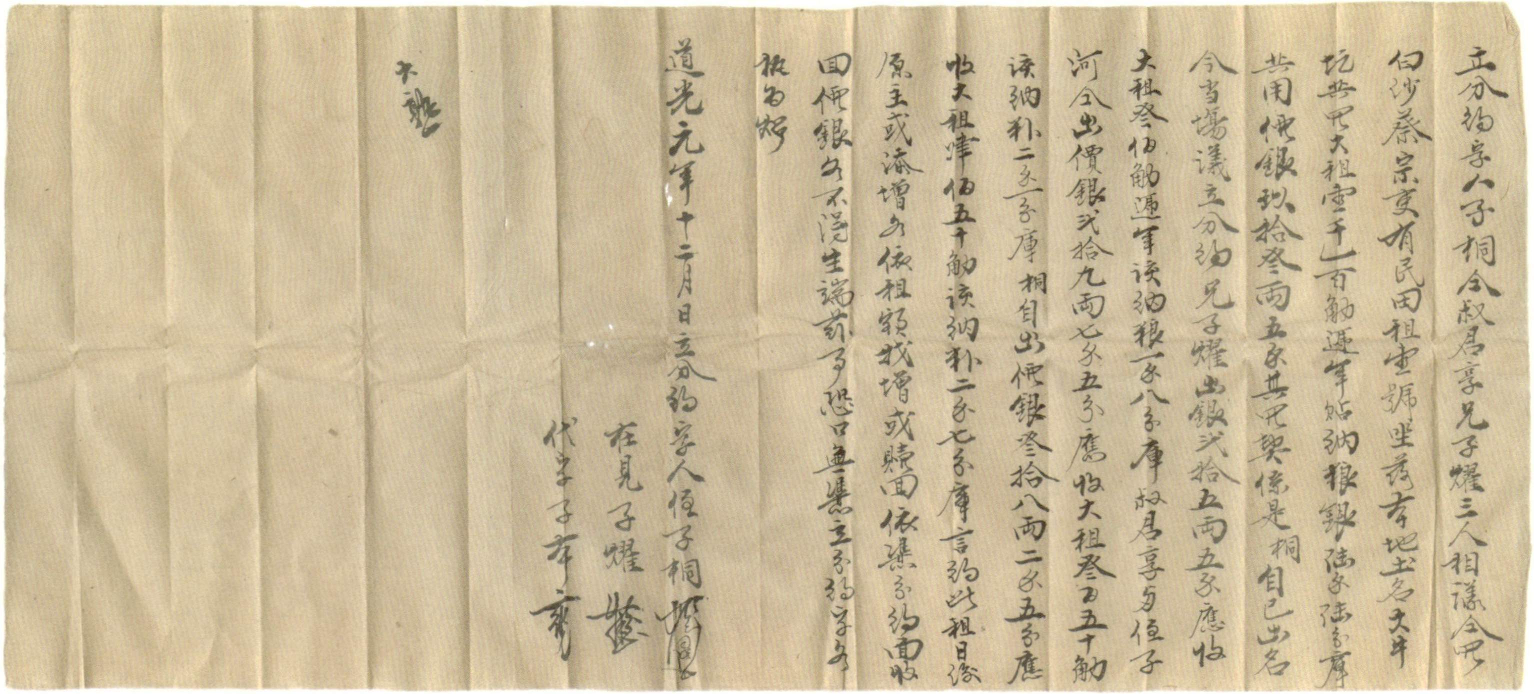
立分約字人子桐仝叔君享兄子耀三人相議仝再
仰沙蔡宗莫有民田祖壹號坐落本地土名大牛
坑共民大祖壹千一百觔遞年貼納粮銀陸分陸厘庫
共用價銀玖拾叁兩五分共民契係是桐自己出名
仝當場議立分約兄子耀出銀弍拾五兩五分應收
大租叁佰觔遞年該納粮一分八厘庫叔君享同侄子
河仝出價銀弍拾九兩七分五厘應收大租叁百五十觔
該納粮二分五厘庫　桐自出價銀叁拾八兩二分五厘應
收大租肆佰五十觔該納粮二分七厘庫言約此租日後
原主或添增或依祖額找增或贖回依照分約面收
回價銀各不得生端前多恐口無憑立分約字各
執為炤
道光元年十二月日立分約字人侄子桐（押）
在見子耀（押）
代字子本（押）
大吉

10-7-10-2　清道光元年十二月黃子桐等立分約字

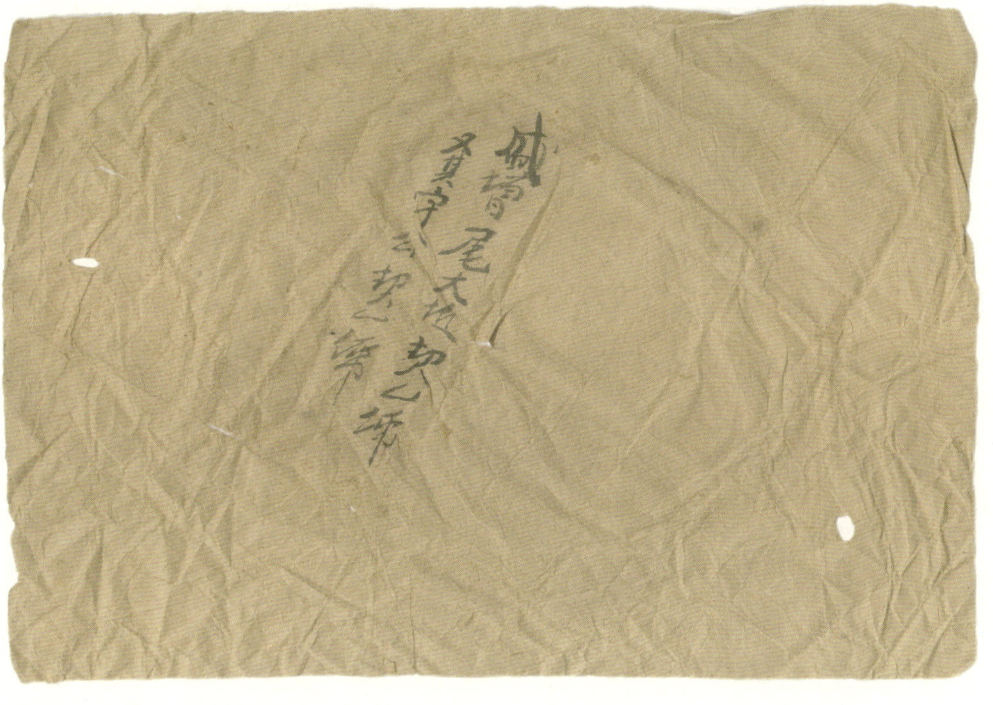

10-7-11-1　包契紙

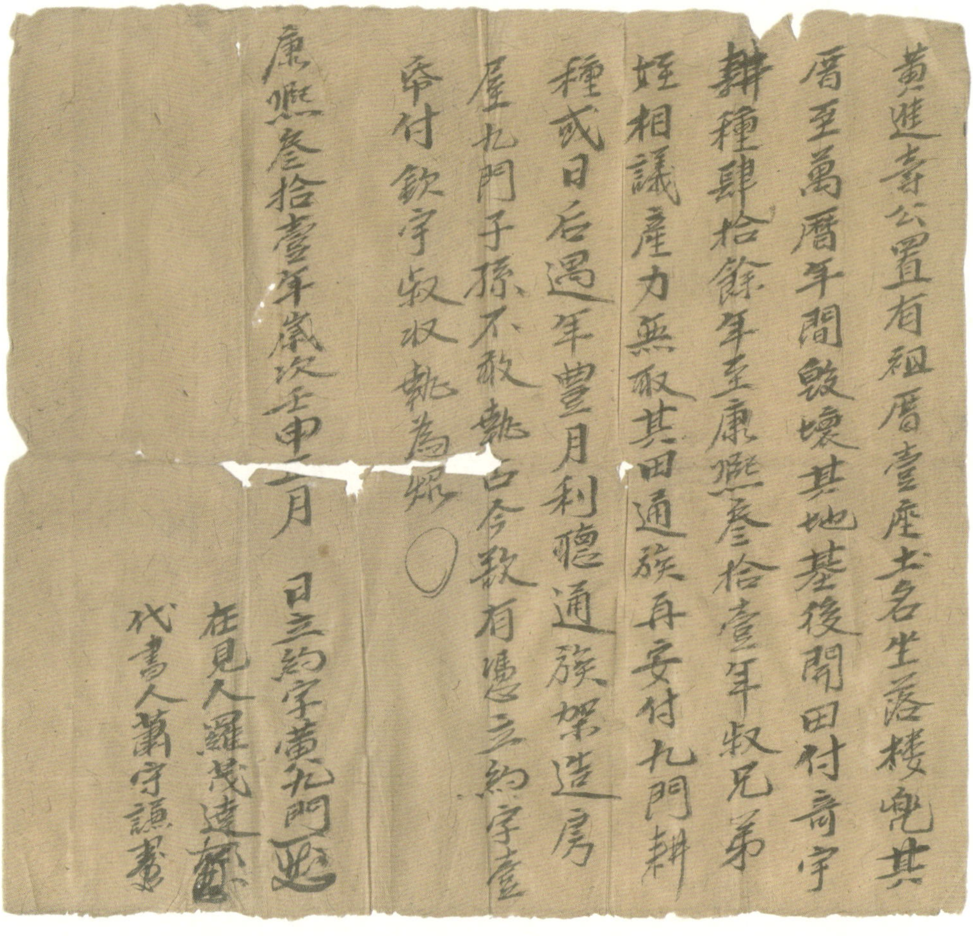
黄進壽公置有祖厝壹座土名生落樓兜其
厝至萬曆年間毁壞其地基後開田付商孚
耕種肆拾餘年至康熙叁拾壹年叔兄弟
姪相議塵力无敢其田通族再安付九門耕
種或日后遇年豐月利聽通族架造房
屋九門子孫不敢執占今欲有憑立約字壹
帋付欽孚叔叔執為照
康熙叁拾壹年歲次壬申正月　日立約字黄九門（押）
在見人羅茂遠（押）
代書人蕭守讓書

10-7-11-2　清康熙三十一年正月黄九門立約字

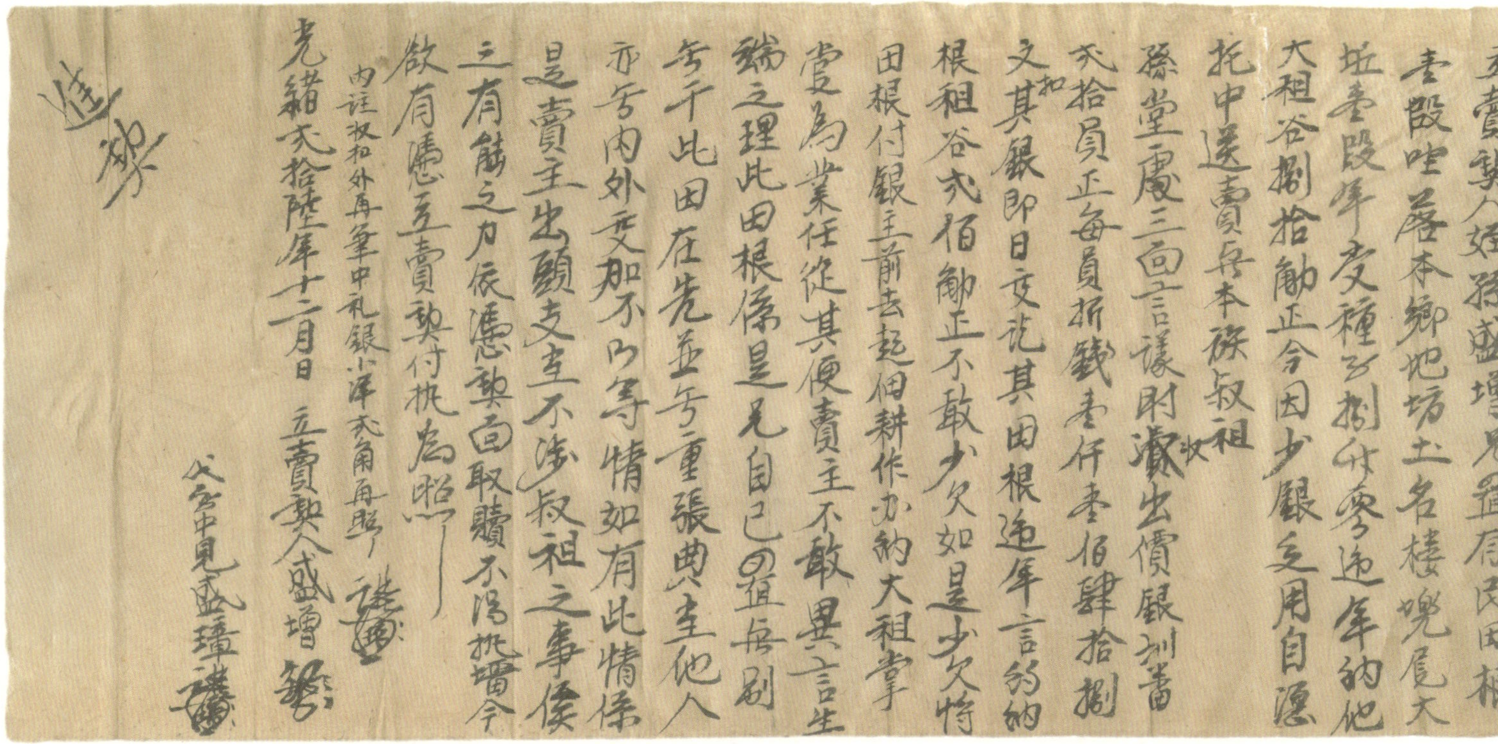

立賣契人姪孫盛增兄置有民田根
壹段，坐落本鄉地坊土名樓墘尾大
坵壹段，年交種子捌斗零，逐年納他
大祖谷捌拾觔正。今因乏銀應用，自願
托中送賣與本族叔祖收
孫堂處三面言議，時出價銀捌番
貳拾員正，每員折錢壹仟壹佰肆拾捌
文，扣其銀即日交訖。其田根逐年言約納
根租谷貳佰觔正，不敢少欠，如是少欠，恃
田根付銀主前去起佃耕作，办納大祖掌
管為業，任從其便，賣主不敢異言生
端之理。此田根係是兄自己的置無剮
無干，此田在先並無重張典主他人
亦無內外交加不明等情。如有此情，係
是賣主出頭支當，不涉叔祖之事。候
之有能之日，依憑契面取贖，不得執增。今
欲有憑，立賣契付執為照。
內註扣外再筆中礼銀小洋貳角再照。謹
光緒貳拾陸年十二月日　立賣契人盛增
代字中見盛璋
進契

10-7-11-3　清光緒二十六年十二月黃盛增立賣民田根契

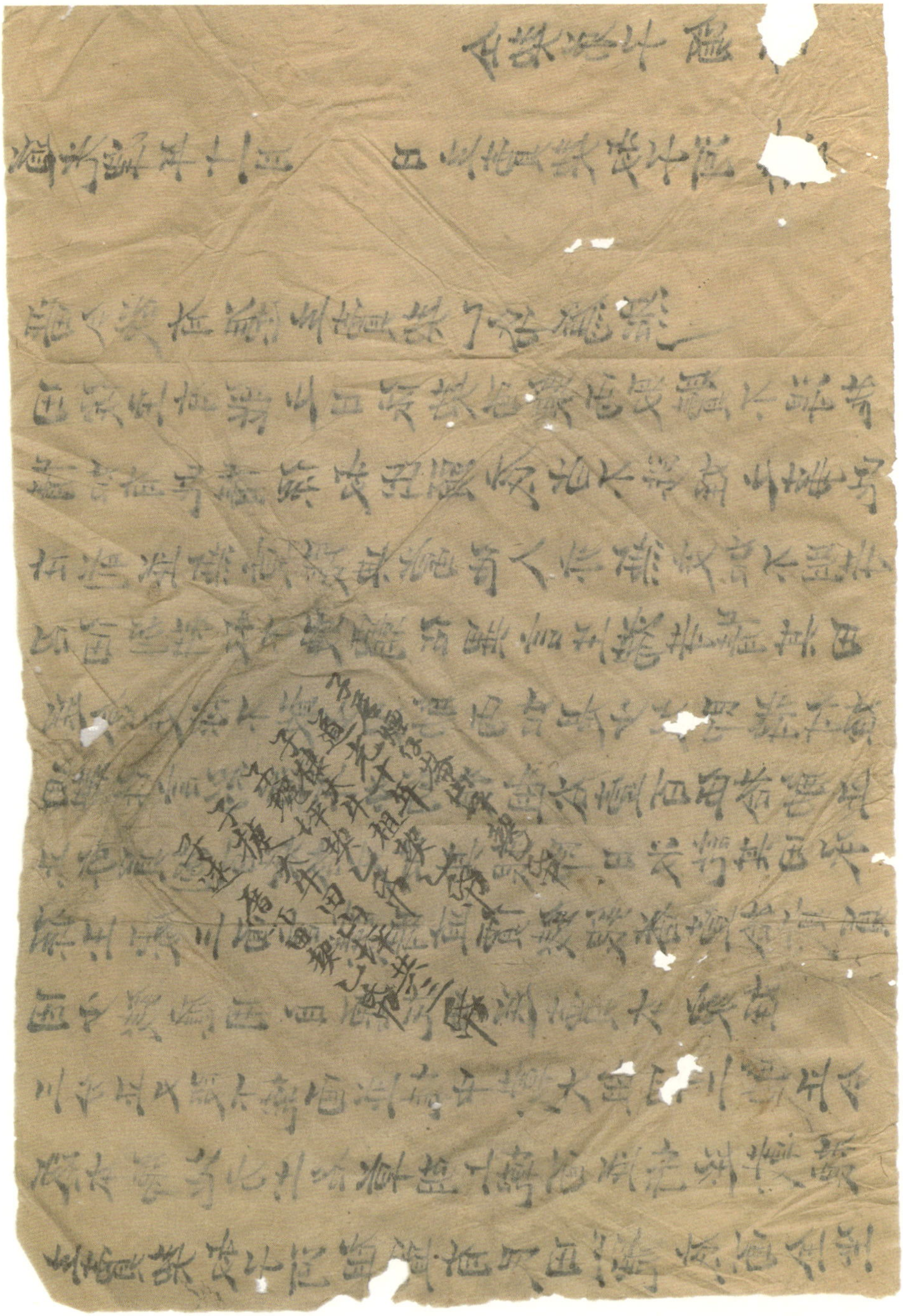

10-7-12-1 包契紙

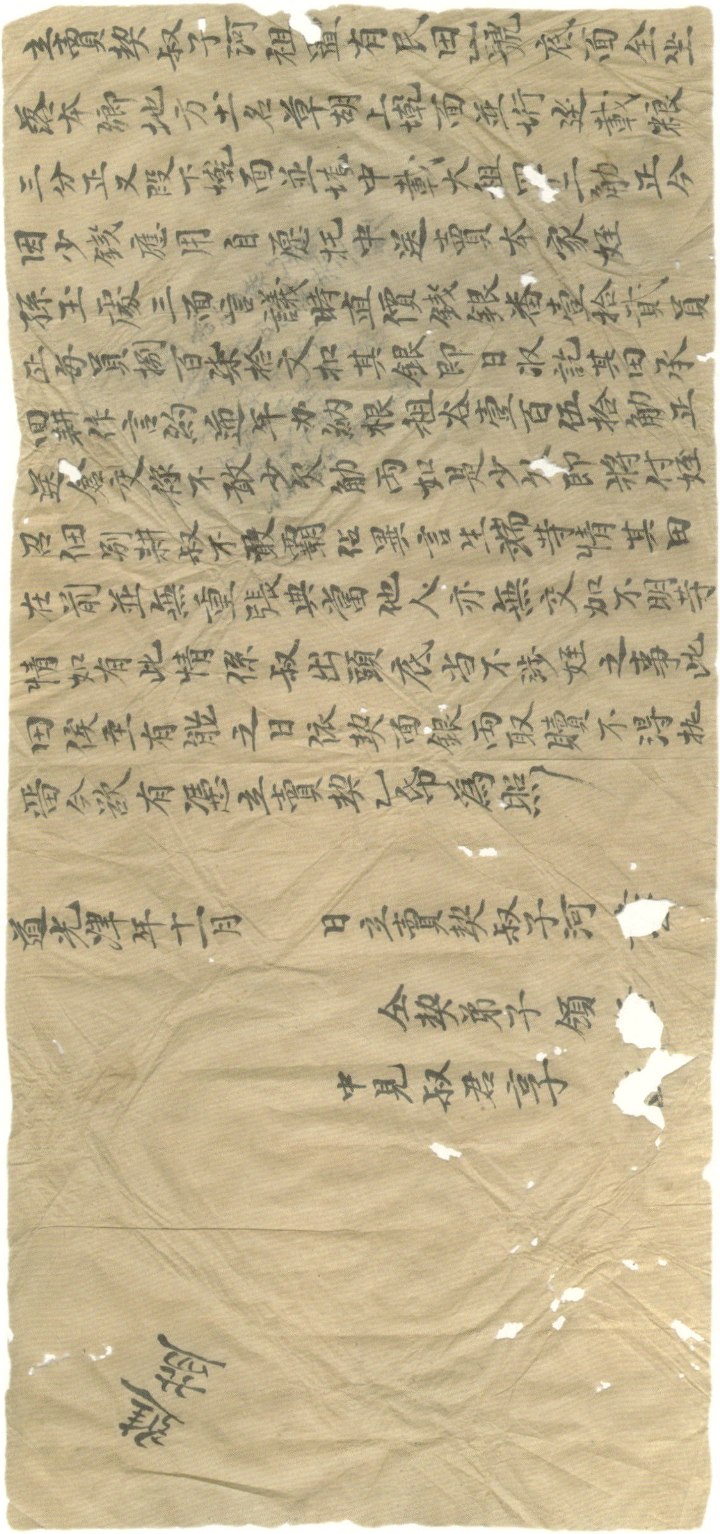
立賣契叔子河祖置有民田壹號底面全業
坐落本鄉地方土名草湖上塅面並坵載糧
三分正又段下塅面並坵中載大租四二斤正今
因乏錢應用自愿托中送賣本家姪
孫王處三面言議時值價錢銀叁拾壹員
正每員折百柒拾文扣其銀即日收訖其田承
佃耕作言約每年納糧租谷壹百伍拾斤正
送倉交不敢少欠斤兩如是少欠即將付姪
召佃別耕叔不敢霸佔異言此係等情其田
在前並無重張典當他人亦無交加不明等
情如有此情係叔出頭應当不干姪之事此
田係本有號之日依契兩家兩取贖不得執
留今欲有憑立賣契乙帋為照
道光肆年十一月　日立賣契叔子河
仝契弟子領
中見叔君言

10-7-12-2　清道光四年十一月黃子河立賣底面全民田契

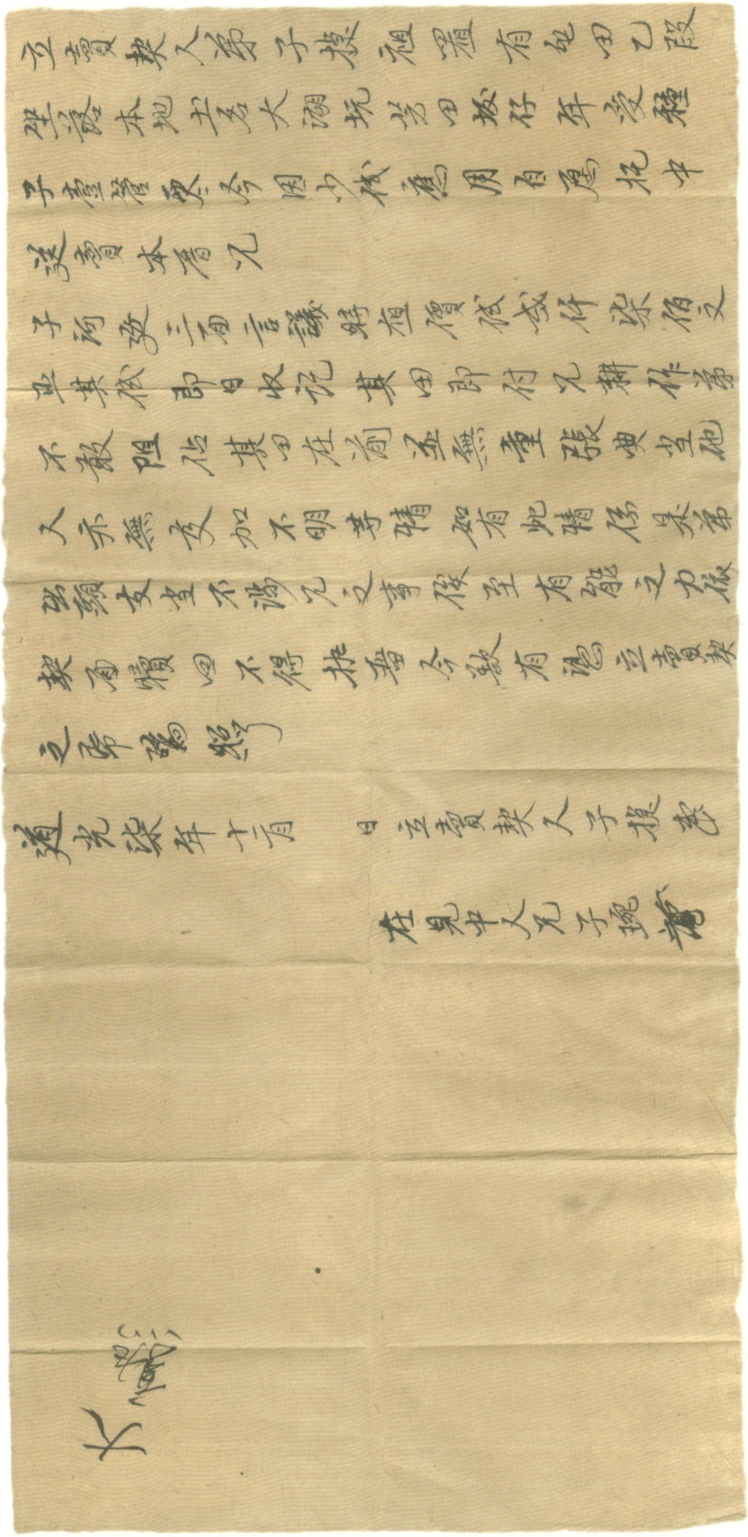

立賣契人黄子捷承祖置有屯田乙段
坐落本地土名大湖坑苦田板坵年載種
子壹斗正今因乏用情願托中
送賣本房兄
子祐邊三面言議時值價錢貳仟柒佰文
正其錢即日收訖其田即付兄耕作管
業不敢阻佔其田在前並無重張典當他
人亦無交加不明等情如有此情係身承當
出頭支當不涉兄之事保至有銀之日依
契面價回不得執留今欲有憑立賣契
乙紙為照

道光柒年十二月　日立賣契人子捷（押）
在見中人兄子瑰（押）

10-7-12-3　清道光七年十二月黄子捷立賣屯田契

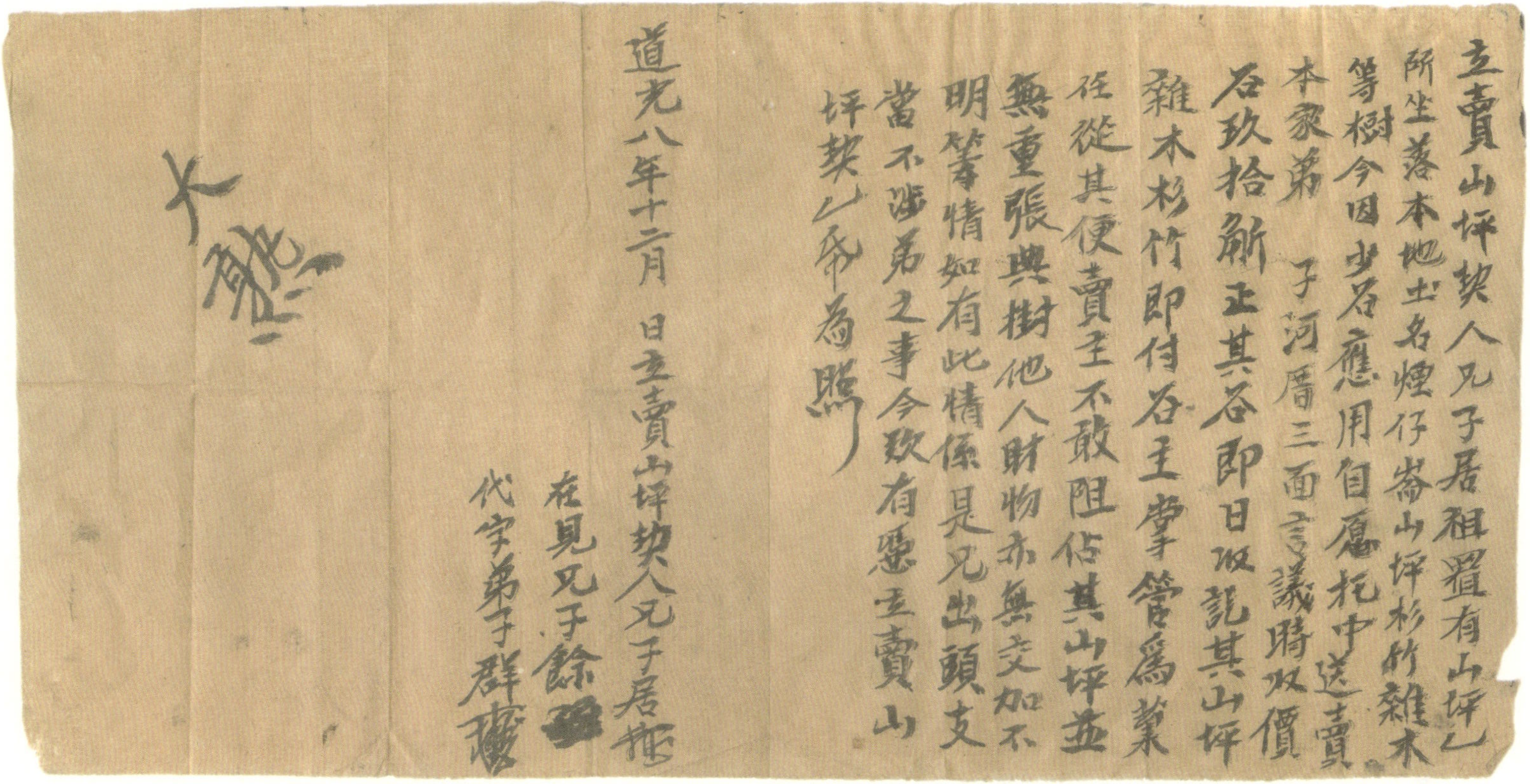
立賣山坪契人兄子居祖置有山坪乙
所坐落本地土名煙仔崙山坪杉竹雜木
等樹今因乏谷應用自愿托中送賣
本家弟 子河曆三面言議時值價
谷玖拾觔正其谷即日收訖其山坪
雜木杉竹即付谷主掌管爲業
任從其便賣主不敢阻佔其山坪並
無重張典掛他人財物亦無交加不
明等情如有此情係是兄出頭支
當不涉弟之事今欲有憑立賣山
坪契乙帋爲照

道光八年十二月 日立賣山坪契人兄子居
在見兄子餘
代字弟子群

大發

10-7-12-4 清道光八年十二月黄子居立賣山坪契

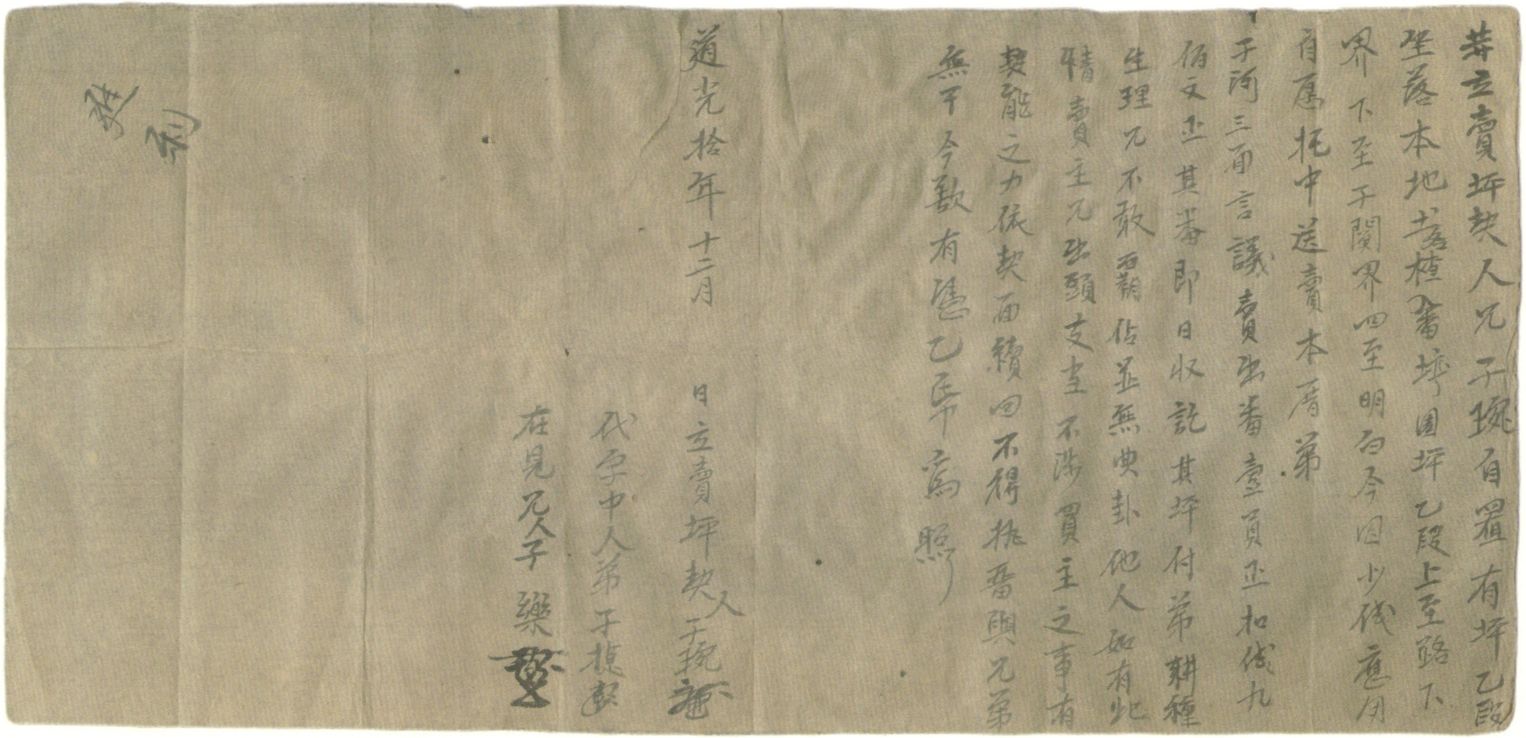

立賣坪契人兄子琬有自置有坪乙段
坐落本地土名橫蕃坪園坪乙段上至路下
界下至于閔界四至明白今因少錢應用
自愿托中送賣本房弟
于河三面言議賣出番壹員正和錢九
佰文正其番即日收訖其坪付弟耕種
生理兄不敢再贖佔並無典卦他人如有此
情賣主兄出頭支當不涉買主之事有
契能之力依契面續回不得抗番與兄弟
無干今欲有憑乙紙為照

道光拾年十二月　日立賣坪契人子琬（押）
代字中人弟子植（押）
在見兄子樂（押）

[illegible]

10-7-12-5　清道光十年十二月黃子琬立賣園坪契

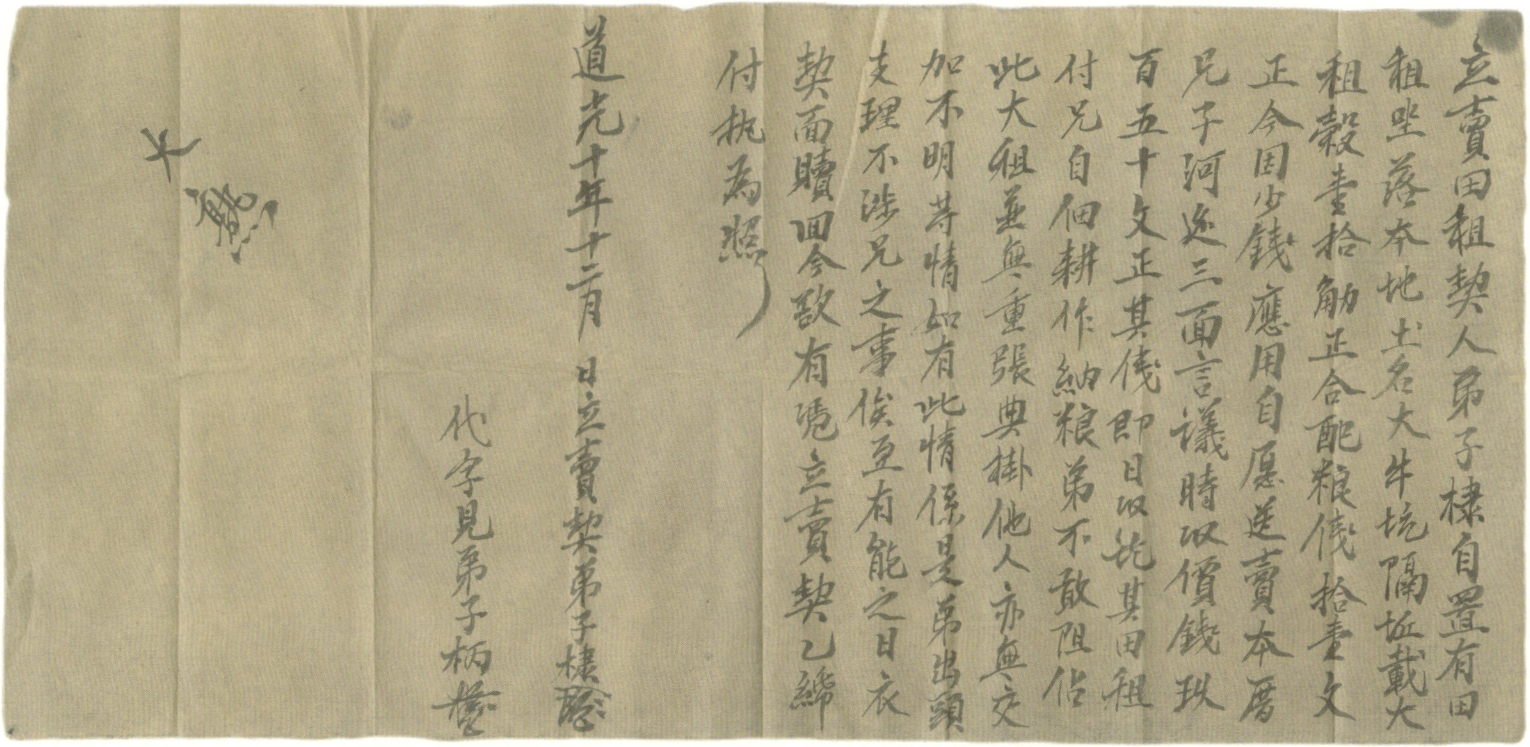
立賣田租契人弟子棣自置有田
租坐落本地土名大牛坑隔垅載大
租穀壹拾觔正合配粮錢拾壹文
正今因少錢應用自愿送賣本房
兄子河边三面言議時價錢玖
百五十文正其錢即日收訖其田租
付兄自佃耕作納粮弟不敢阻佔
此大租並無重張典掛他人亦無交
加不明等情如有此情係是弟出頭
支理不涉兄之事俟至有能之日衣[?]
契面贖回今欲有憑立賣契乙紙
付執為照。

道光十年十二月　日立賣契弟子棣（押）
代字見弟子柄（押）

大[illegible]

10-7-12-6　清道光十年十二月黃子棣立賣田租契

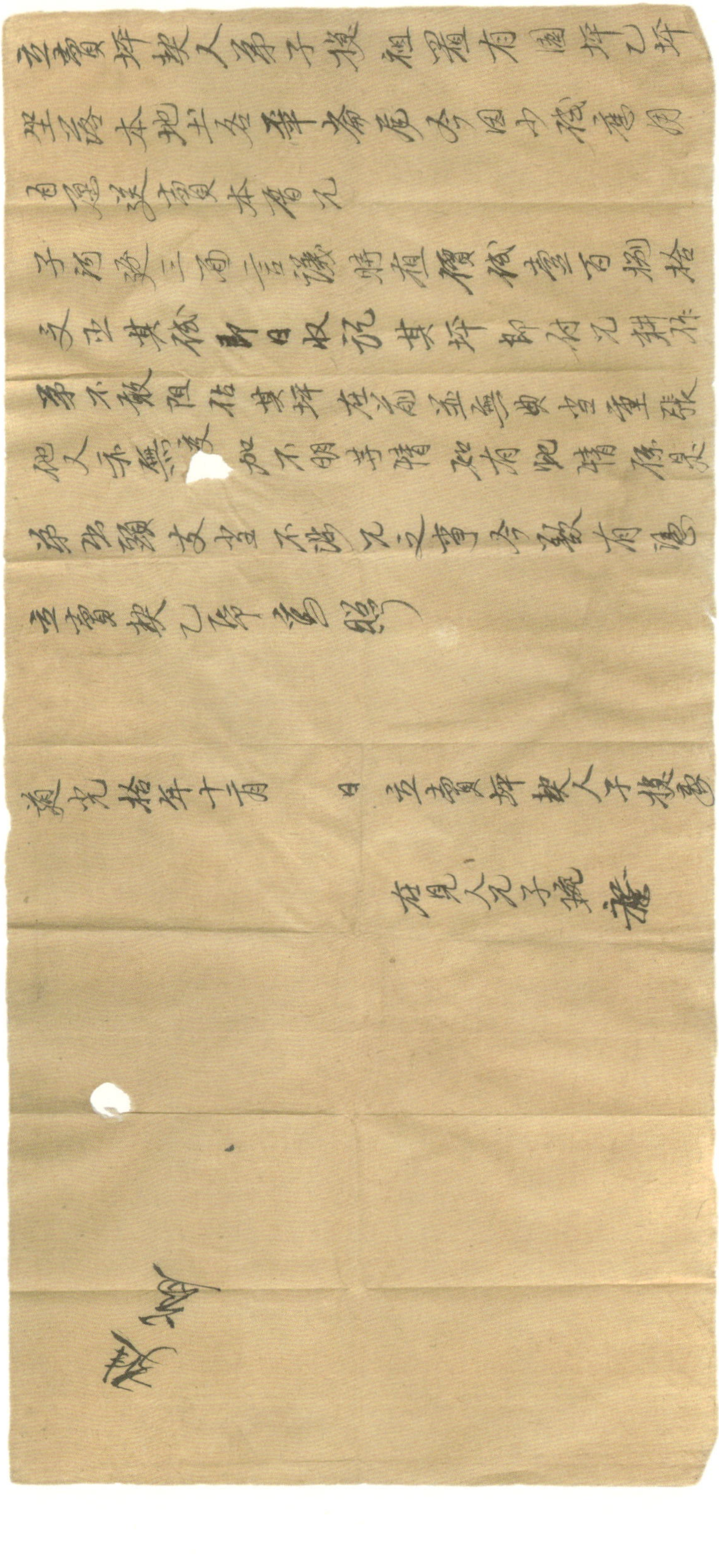

立賣坪契人黃子捷，祖置有園坪乙所，
坐落本地土名李崙厝，今因乏銀應用，
自愿送賣與本房兄
子祿邊，三面言議時值價錢壹百捌拾
文正，其錢即日收訖，其坪即付兄耕作
管業，不敢阻佔。其坪係己創，並無與內外重張
他人，亦無交加不明等情，如有此情，係捷
自己出頭支當，不涉兄之事。今欲有憑，
立賣契乙紙為照。

道光拾年十二月　　日　立賣坪契人子捷（押）
　　　　　　　　　　　為見人兄子祿（押）

10-7-12-7　清道光十年十二月黃子捷立賣園坪契

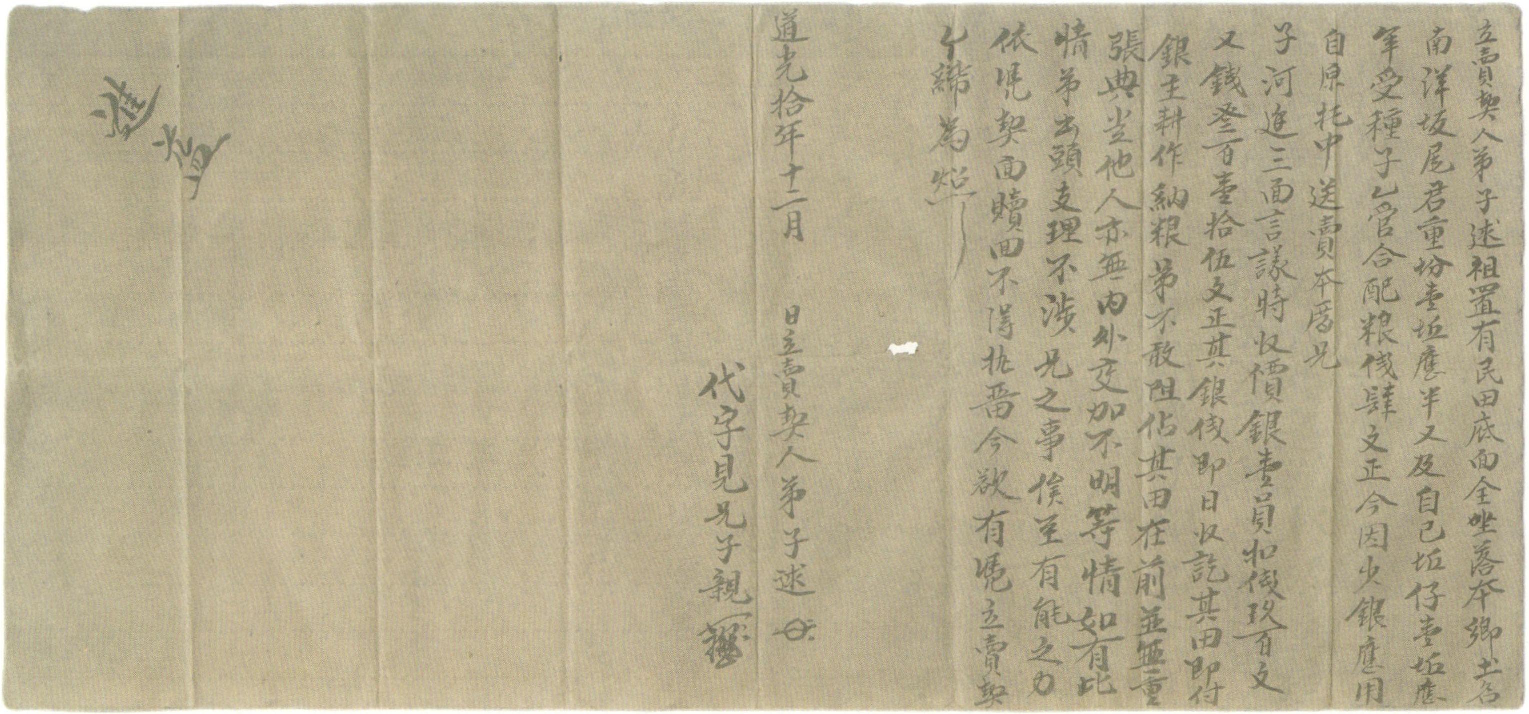
立賣契人弟子逑，祖置有民田底面全，坐落本鄉土名南洋坂尾君重坵壹坵，塵半，又及自己坵仔壹坵，塵年受種子官合，配粮伐肆文正。今因少銀應用，自原托中送賣本房兄子河邊，三面言議，時收價銀壹員、加伐玖百文，又錢叁百壹拾伍文正。其銀伐即日收訖，其田即付銀主耕作納粮，弟不敢阻佔。其田在前並無重張典尘他人，亦無內外交加不明等情，如有此情，弟出頭支理，不涉兄之事。俟至有能之力，依照契面贖回，不得執留。今欲有憑，立賣契一紙為照。

道光拾年十二月　日立賣契人弟子逑（押）

代字見兄子親（押）

進益

10-7-12-8　清道光十年十二月黄子逑立賣底面全民田契

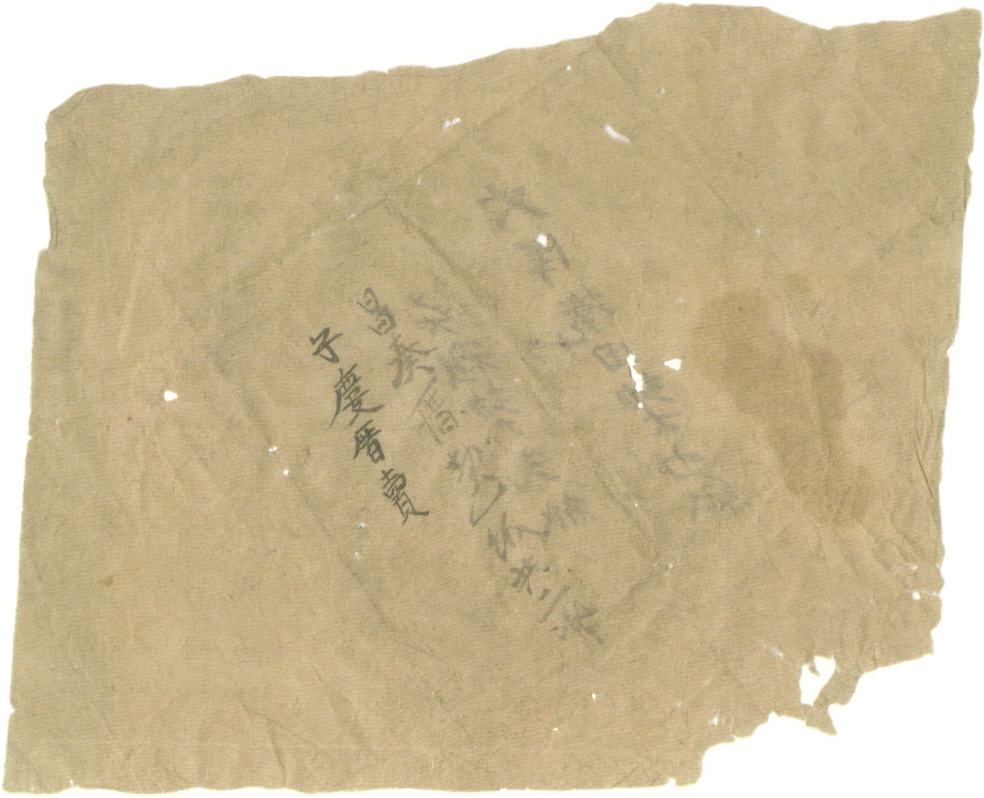

10-7-13-1　包契紙

10-7-13-2 包契紙

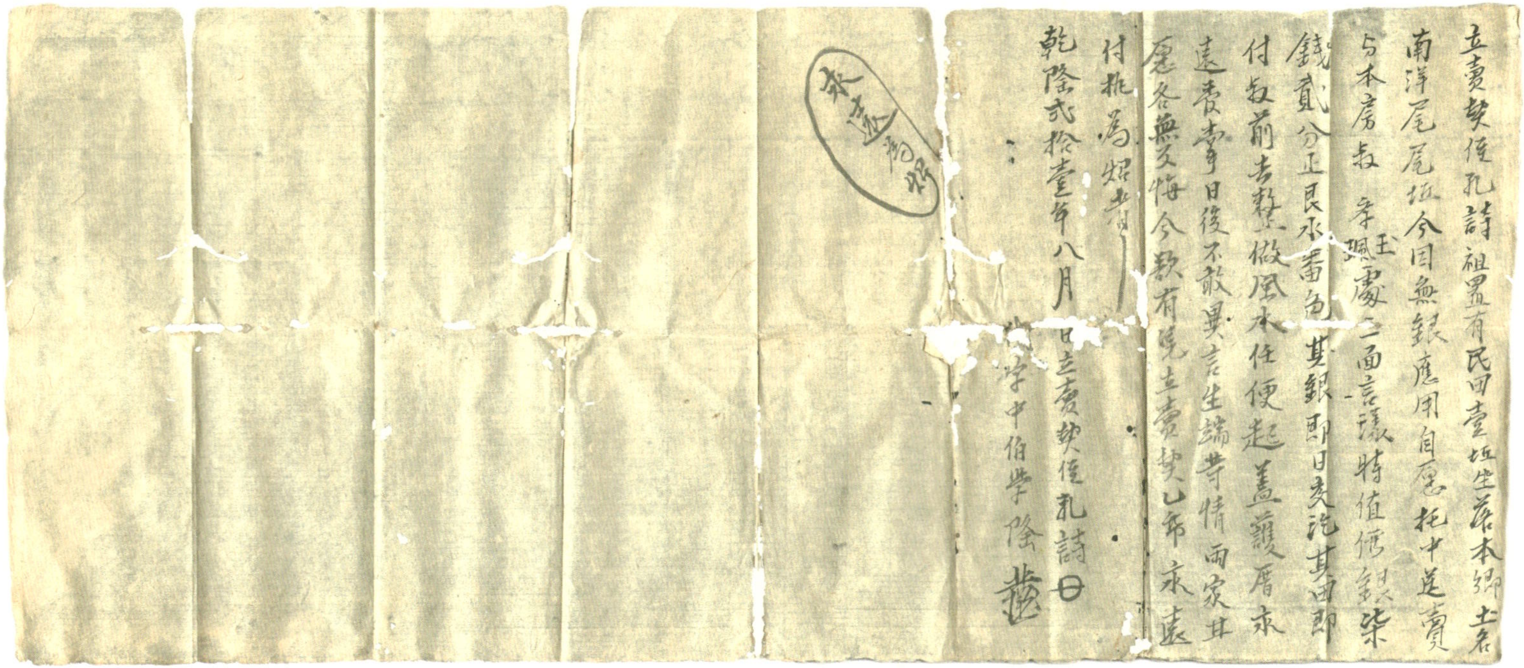

10-7-13-3　清乾隆二十一年八月黃孔詩立賣民田契

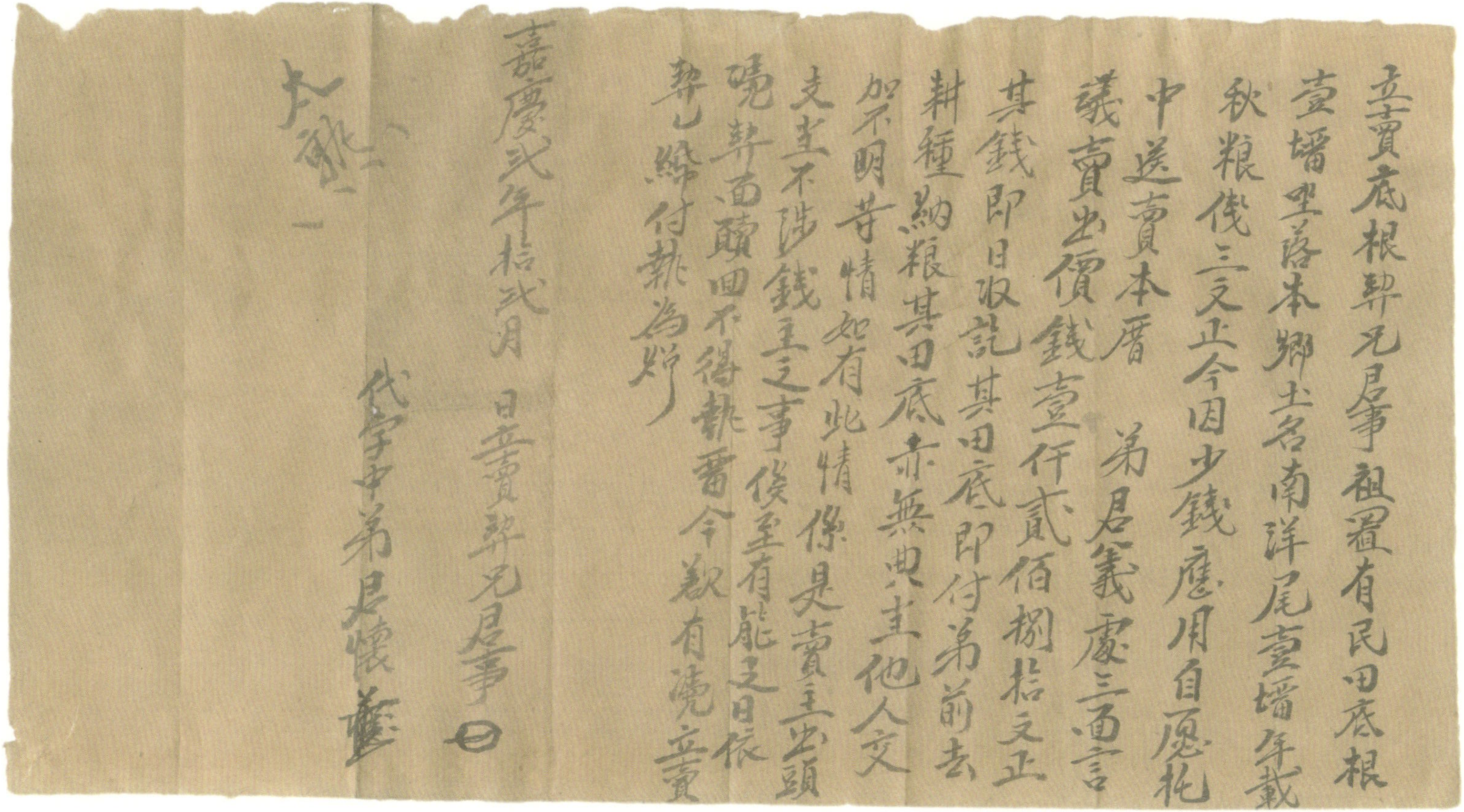

立賣底根契兄君事祖置有民田底根
壹墦坐落本鄉土名南洋尾壹墦年載
秋粮伐三文正今因少錢應用自愿托
中送賣本厝　弟君義處三面言
議賣出價錢壹仟貳佰捌拾文正
其錢即日收訖其田底即付弟前去
耕種納粮其田底亦無典主他人交
加不明等情如有此情係是賣主出頭
支當不涉錢主之事後至有能之日依
曉契面贖回不得執留今欲有憑立賣
契乙紙付執為炤

嘉慶弍年拾弍月　日立賣契兄君事（押）

代字中弟君懷（押）

大吉

10-7-13-4　清嘉慶二年十二月黄君事立賣民田底根契

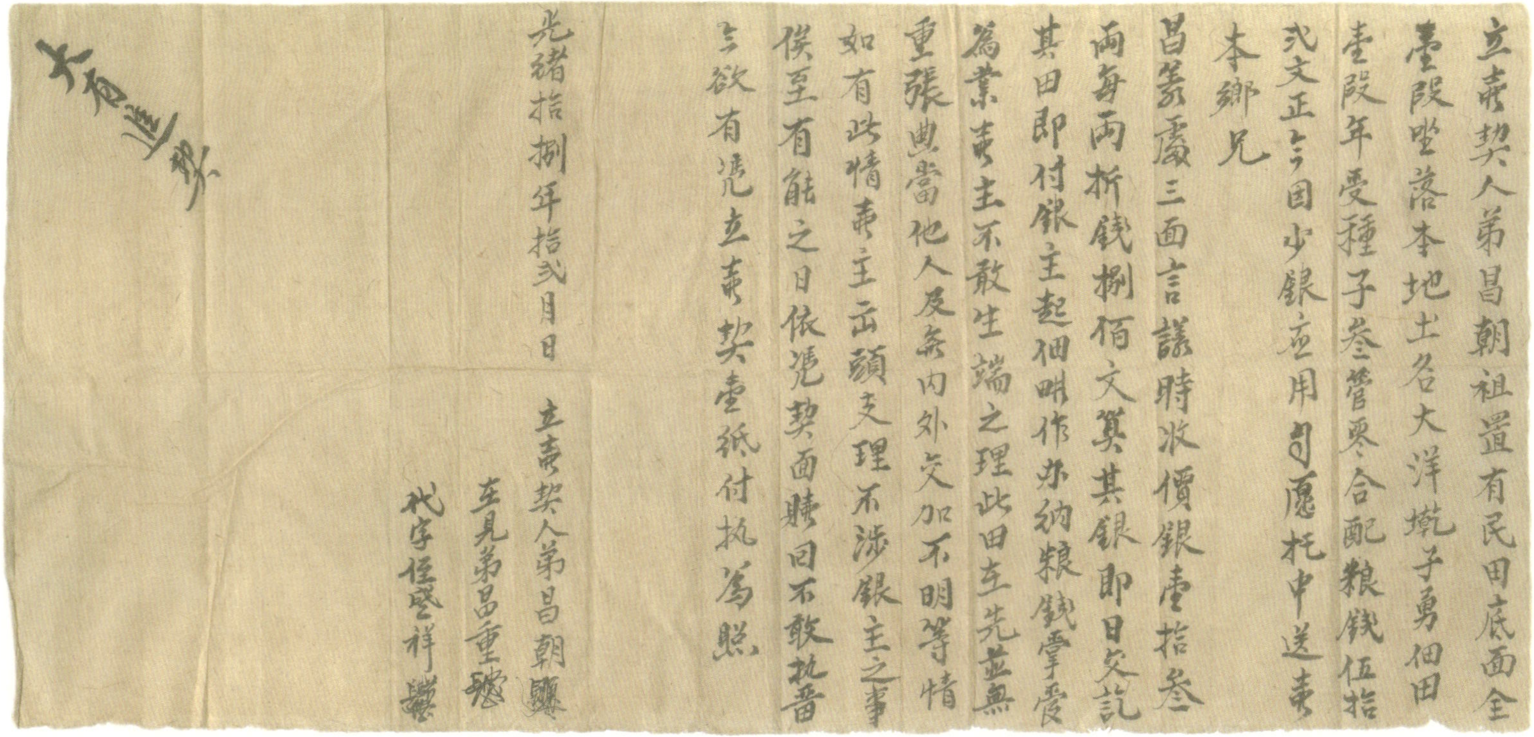

立賣契人弟昌朝祖置有民田底面全
壹段坐落本地土名大洋墘子勇佃田
壹段年受種子叁管粟合配粮鈛伍拾
弍文正今因少銀应用自愿托中送賣
本鄉兄
昌笏處三面言議時值價銀壹拾叁
兩每兩折銭捌佰文算其銀即日交訖
其田即付銀主起佃晰作亦納粮銭掌管
為業賣主不敢生端之理此田在先並無
重張典當他人及係內外交加不明等情
如有此情賣主出頭支理不涉銀主之事
俟至有能之日依凭契面贖回不敢執畱
今欲有凭立賣契壹紙付執為照

光緒拾捌年拾弍月　日

立賣契人弟昌朝（押）
在見弟昌重（押）
代字侄崟祥（押）

大有進契

10-7-13-5　清光緒十八年十二月黃昌朝立賣底面全民田契（一）

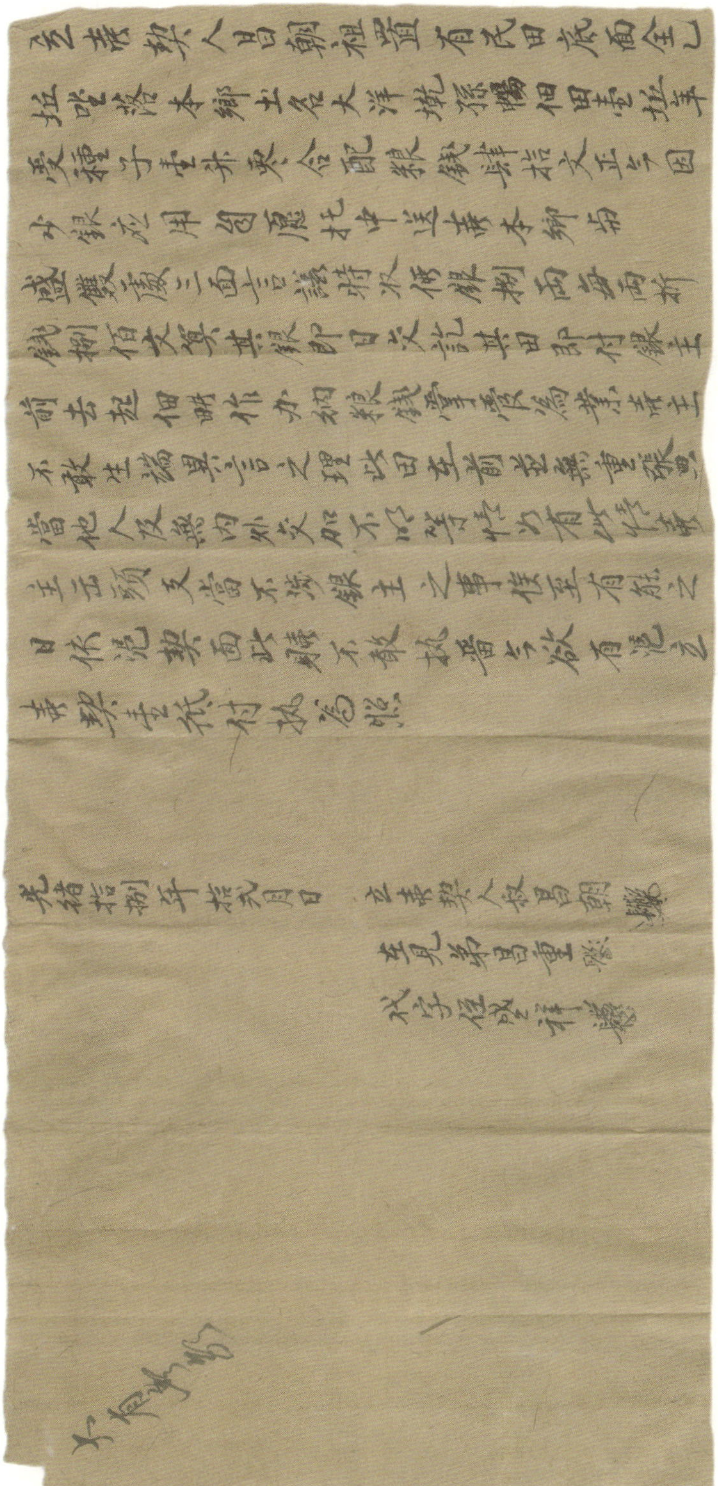

立賣契人昌朝祖置有民田底面全
坵，坐落本鄉土名大洋垅孫厝佃田壹坵，年
受種子壹升來，仝配銀錢肆拾文正。今因
少銀應用，自情愿托中送賣本鄉為
業。當日憑中三面言議時價銀捌兩，每兩折
錢捌佰文算，其銀即日交訖，其田即付銀主
前去起佃耕作，亦納糧錢管業，為業主
不敢生端異言之理。此田系前未曾典掛
他人及無內外交加不明等情，如有此情，是賣
主一力承當，不涉銀主之事。候至有銀之
日，依照契面收贖，不敢執留。今欲有憑，立
賣契壹紙，付執為照。

光緒拾捌年拾貳月　日　立賣契人叔昌朝（押）
在見弟昌重（押）
代字侄阿祥（押）

不有[illegible]

10-7-13-6　清光緒十八年十二月黃昌朝立賣底面全民田契（二）

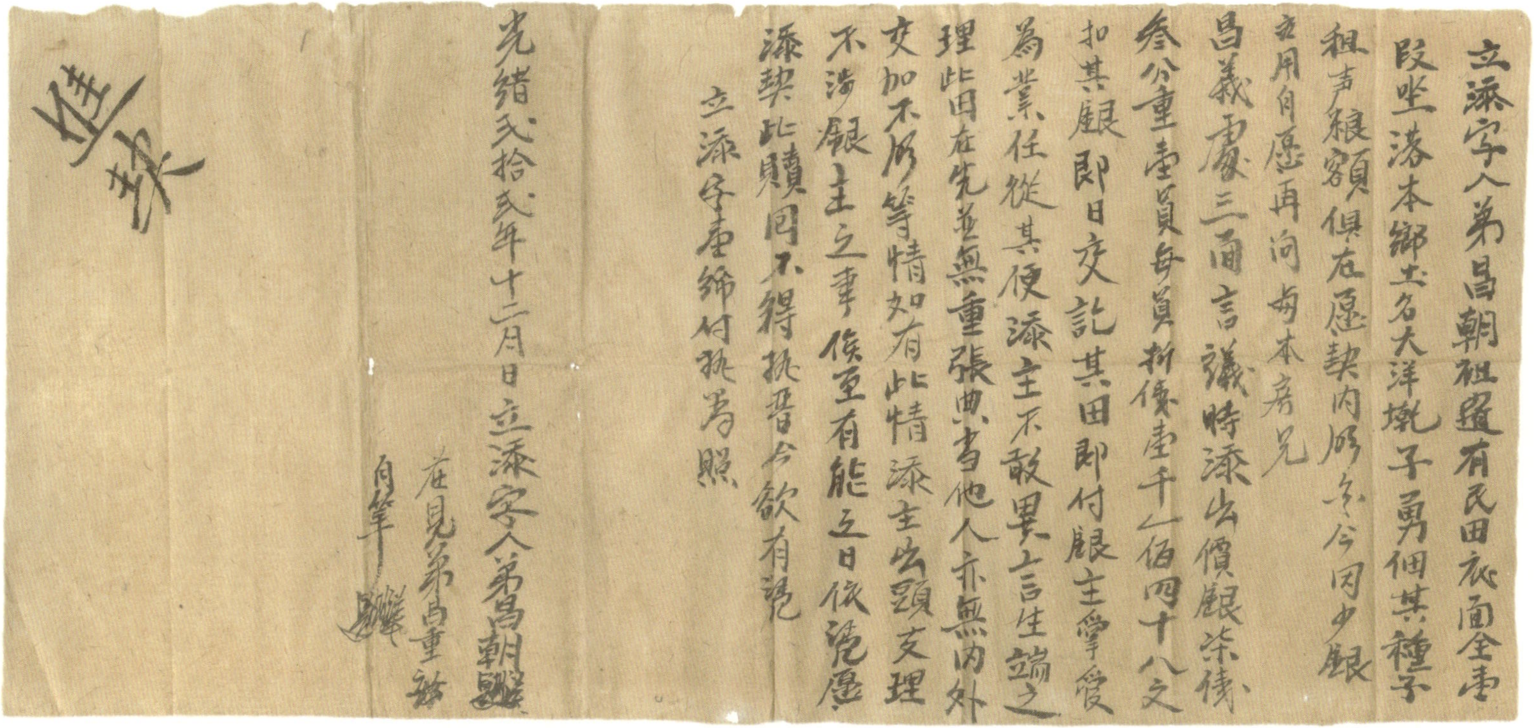
立添字人弟昌朝祖遺有民田底面全壹
段坐落本鄉土名大洋墘子勇佃其種子
租并粮額俱在原契內所分今因少艮
應用自愿再向與本房兄
昌義處三面言議時添出價艮柒錢
叁分重壹員每員折價壹千一佰四十八文
扣其艮即日交訖其田即付艮主掌管
為業任從其便添主不敢異言生端之
理此田在先並無重張典當他人亦無內外
交加不明等情如有此情添主出頭支理
不涉艮主之事候至有能之日依施原
添契贖回不得執留今欲有憑
立添字壹紙付執為照
光緒貳拾貳年十二月日立添字人弟昌朝
在見弟昌重
自筆

10-7-13-7　清光緒二十二年十二月黃昌朝立添底面全民田字

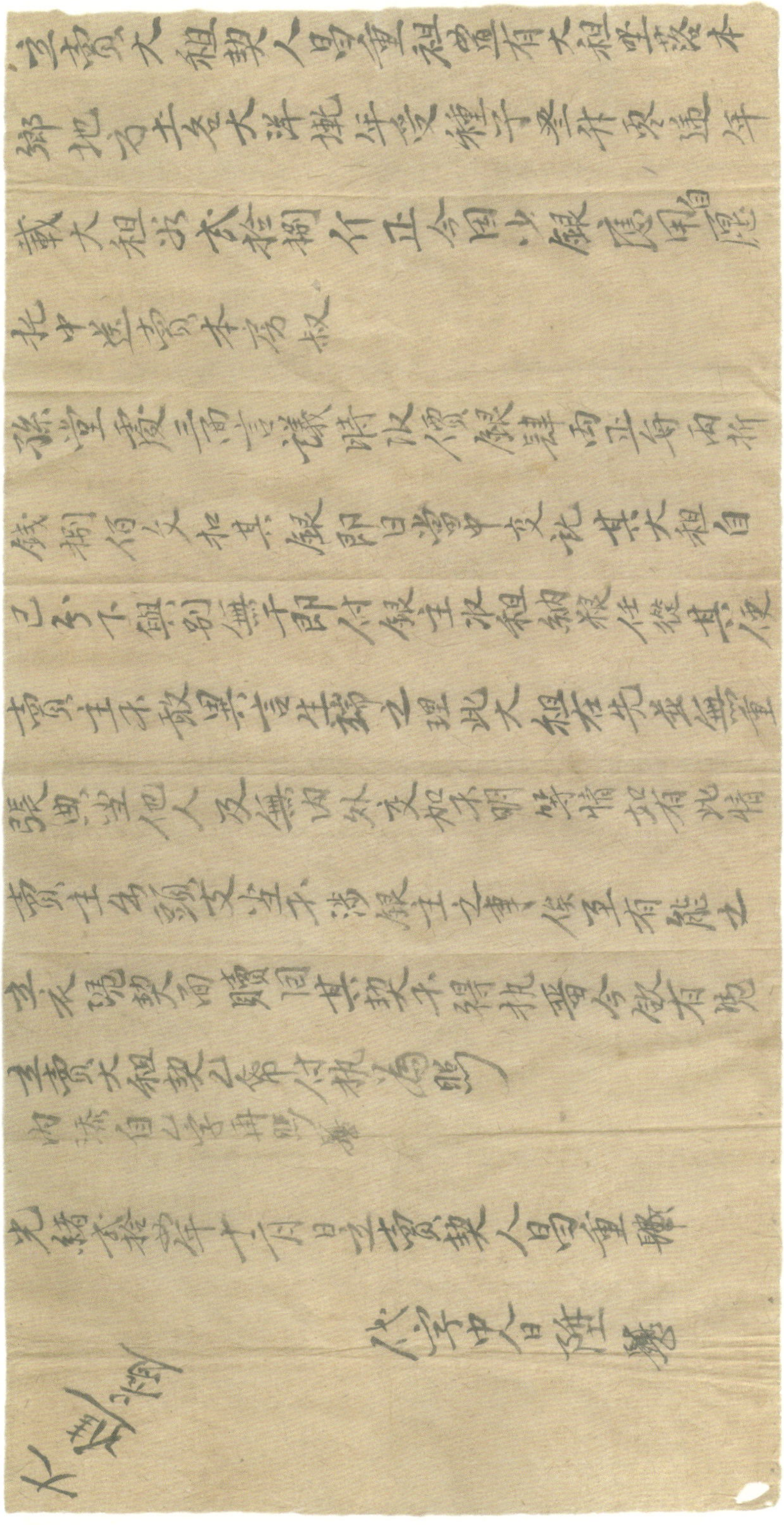
立賣大租契人黃昌重，祖父遺有大租壹段，坐落本
鄉，地名土名大洋壠，年應收租穀壹斗叁升，逐年
載大租谷壹斗捌升正。今因乏銀應用，自願
托中送賣與本房叔
[illegible]三面言議，時值價銀[illegible]
[illegible]，其銀即日當中交訖，其大租自
之後，不敢別無干，即付銀主收租納糧，任從其便，
賣主不敢異言生端之理。此大租係是昌重[illegible]
[illegible]他人及無內外交加不明等情，如有此情，
賣主出頭支當，不涉銀主之事。[illegible]
[illegible]不得贖回，其契不得找贖。今欲有憑，
立賣大租契一紙付執為照。
內添[illegible]字[illegible]
光緒戊戌年十二月　日立賣契人黃昌重（押）
代字中人黃[illegible]（押）
[illegible]

10-7-13-8　清光緒二十四年十二月黃昌重立賣大租契

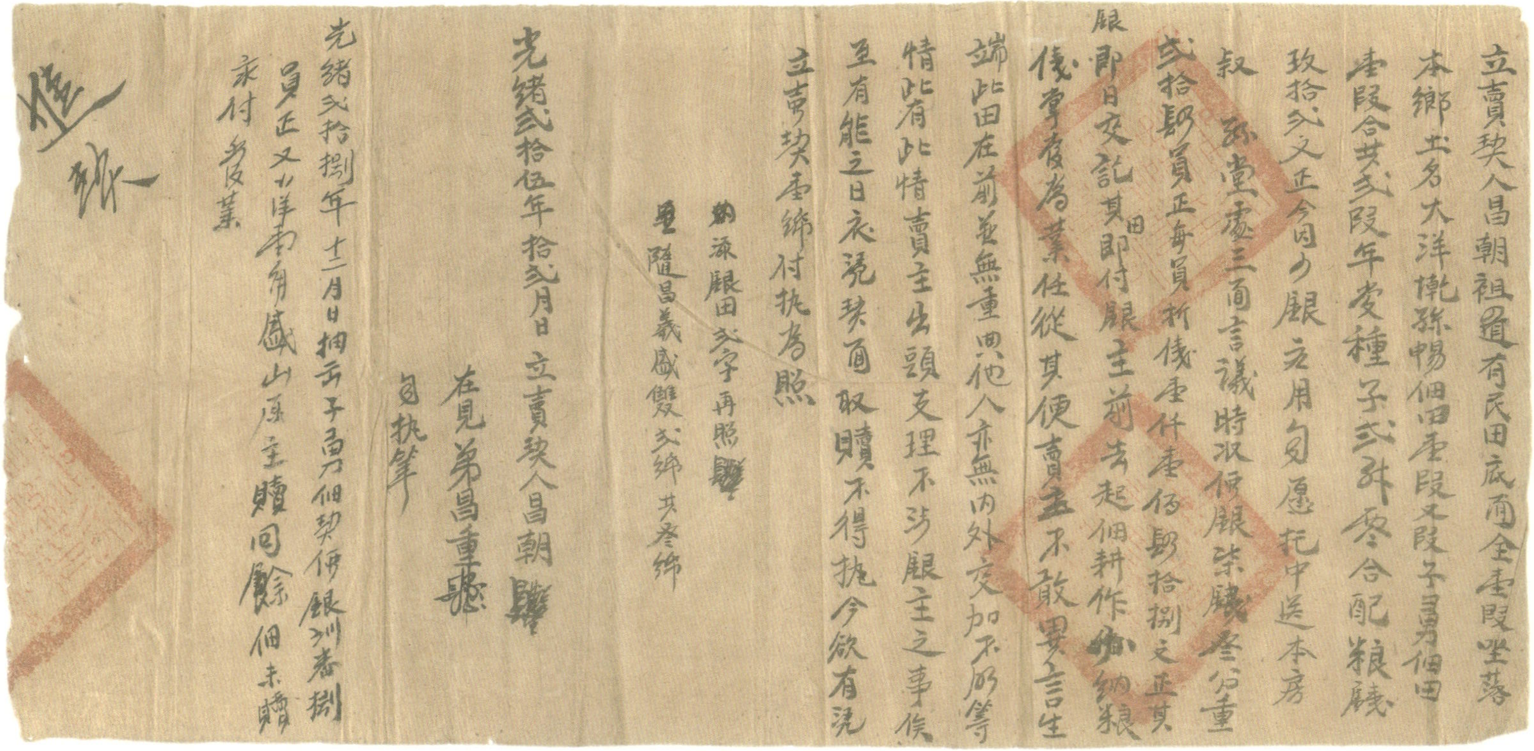
立賣契人昌朝祖遺有民田底面全壹段坐落
本鄉土名大洋墘孫暢佃田壹段又段子昌男佃田
壹段合共弍段年交種子弍斗零合配粮錢
玖拾弍文正今因乏銀應用自愿托中送本房
叔孫堂處三面言議時值價銀柒錢叁分重
弍拾肆員正每員折錢壹仟壹佰肆拾捌文正其
銀即日交訖其田即付銀主前去起佃耕作辦納粮
錢掌管為業任從其便賣主不敢異言生
端此田在前並無重典他人亦無內外交加不明等
情此有此情賣主出頭支理不涉銀主之事俟
至有能之日依照契面取贖不得執吝今欲有憑
立賣契壹紙付執為照
內添銀田弍字再照
又隨昌義盛契弍紙共叁紙
光緒弍拾伍年拾弍月　日　立賣契人昌朝
在見弟昌重
自執筆
光緒弍拾捌年十二月　日抽出子昌乃佃契併銀洌番捌
員正又小洋兩角盛山原主贖回餘佃未贖
永付為業

10-7-13-9　清光緒二十五年十二月黃昌朝立賣底面全民田契（紅契）

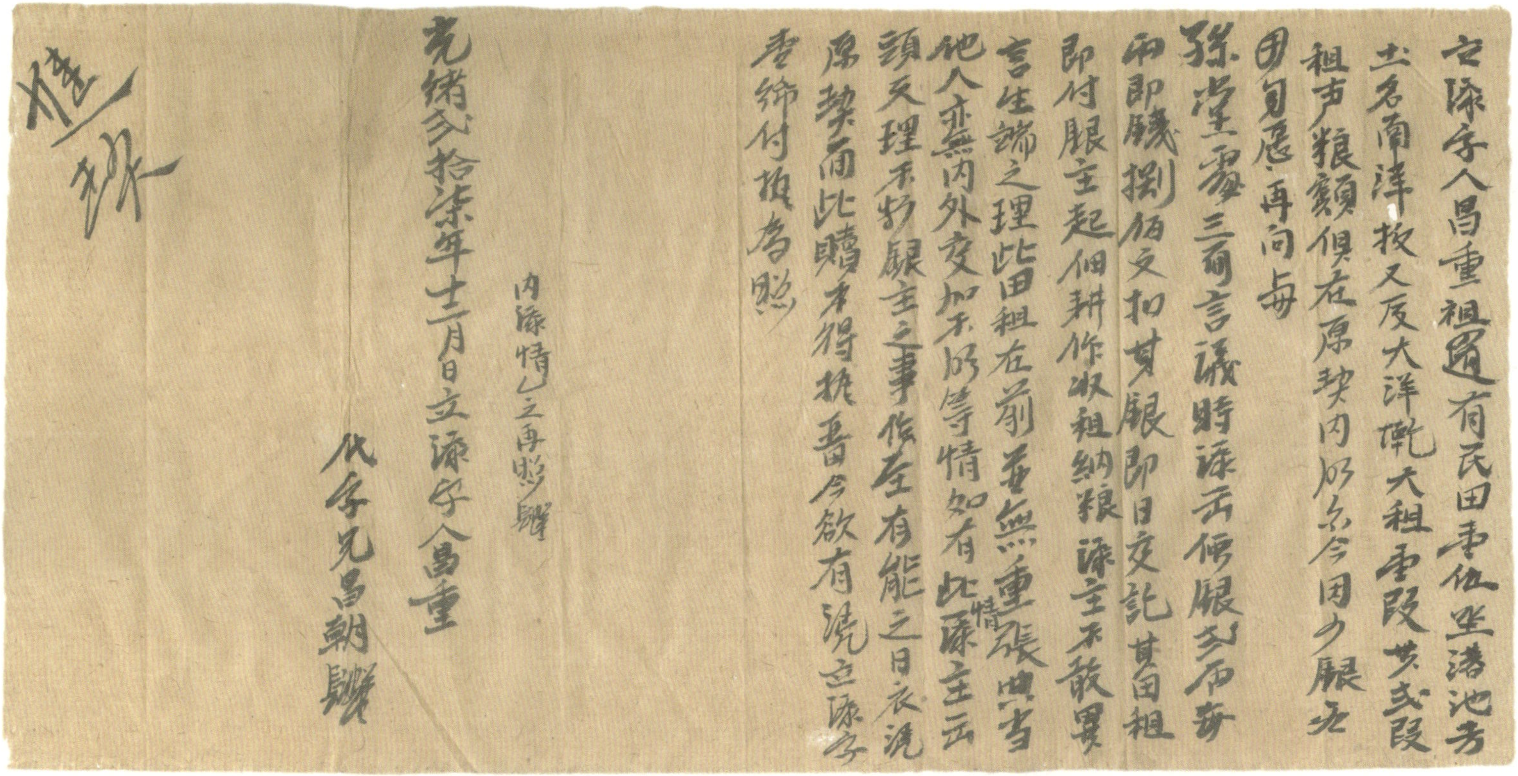

10-7-13-10 清光緒二十七年十二月黃昌重立添民田字

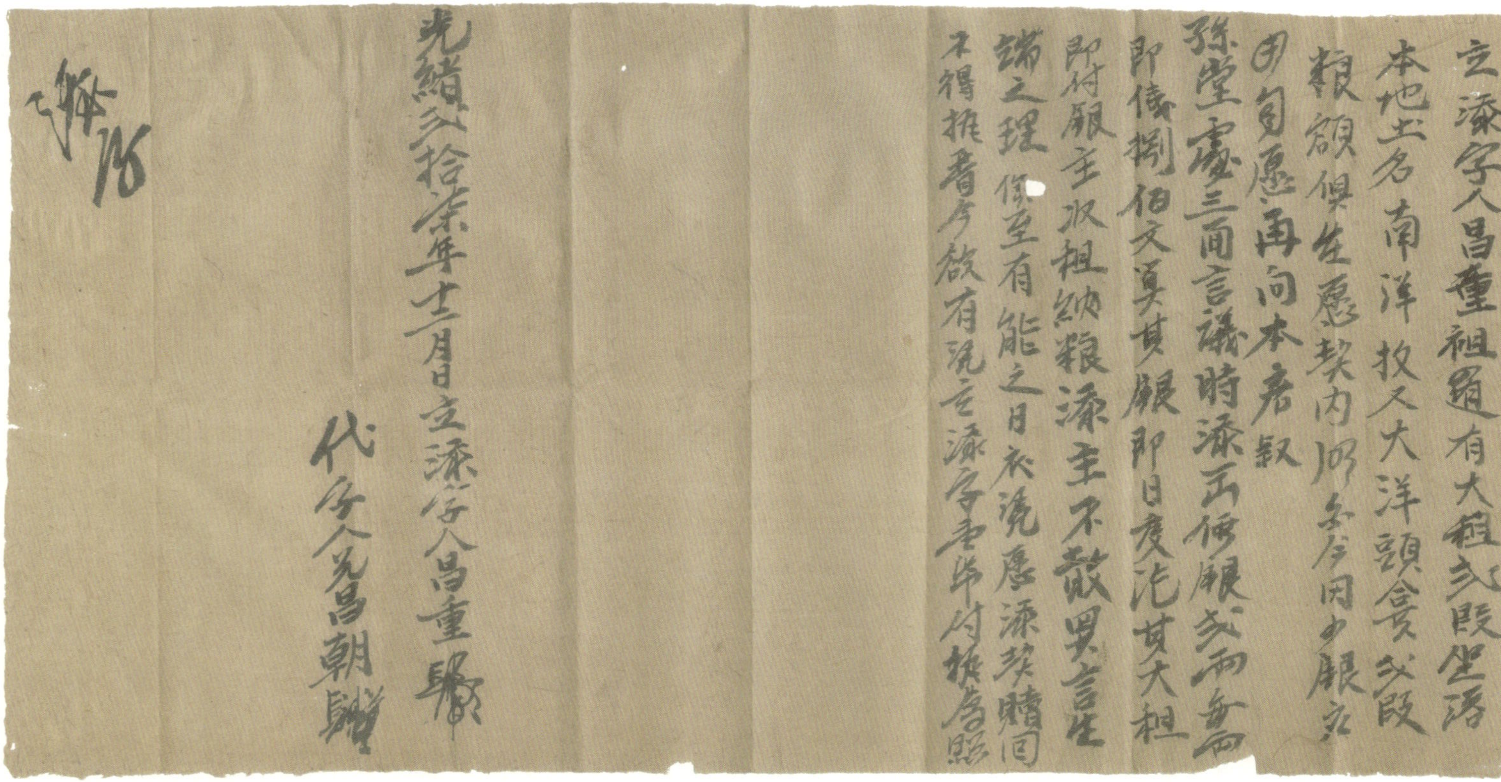

立添字人昌重祖遺有大租弍段坐落
本地土名南洋拔又大洋頭會弍段
粮額俱在憑契内明今因少銀應
用自愿再向本房叔
孫堂處三面言議時添出佛銀弍両每両
即係捌伯文算其銀即日交訖其大租
即付銀主收租納粮添主不敢異言生
端之理倘至有能之日依憑原添契贖回
不得執者今欲有憑立添字壹帋付執為照

光緒弍拾柒年十二月　日立添字人昌重（押）
代字人兄昌朝（押）

添[illegible]

10-7-13-11　清光緒二十七年十二月黄昌重立添大租字

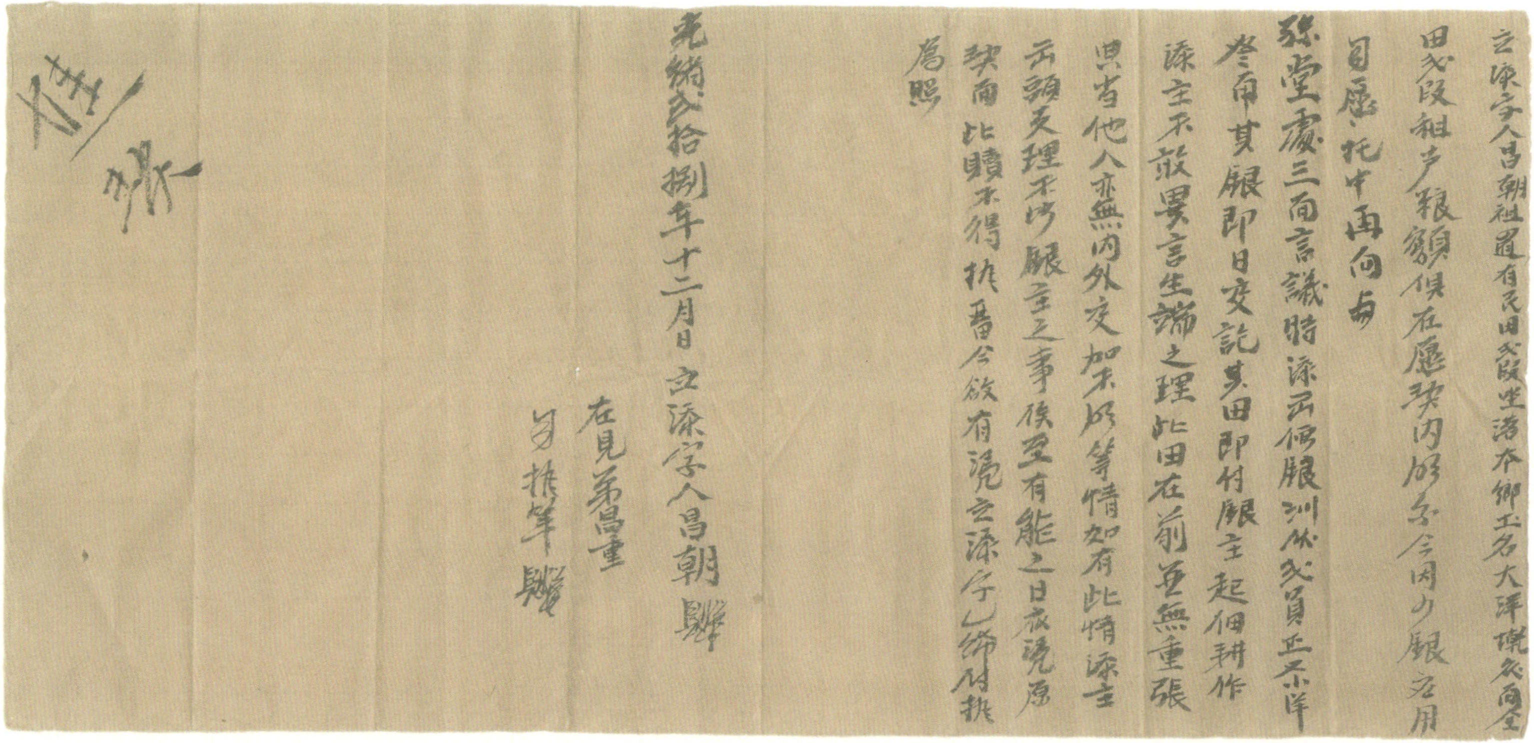

10-7-13-12 清光緒二十八年十二月黃昌朝立添底面全民田契

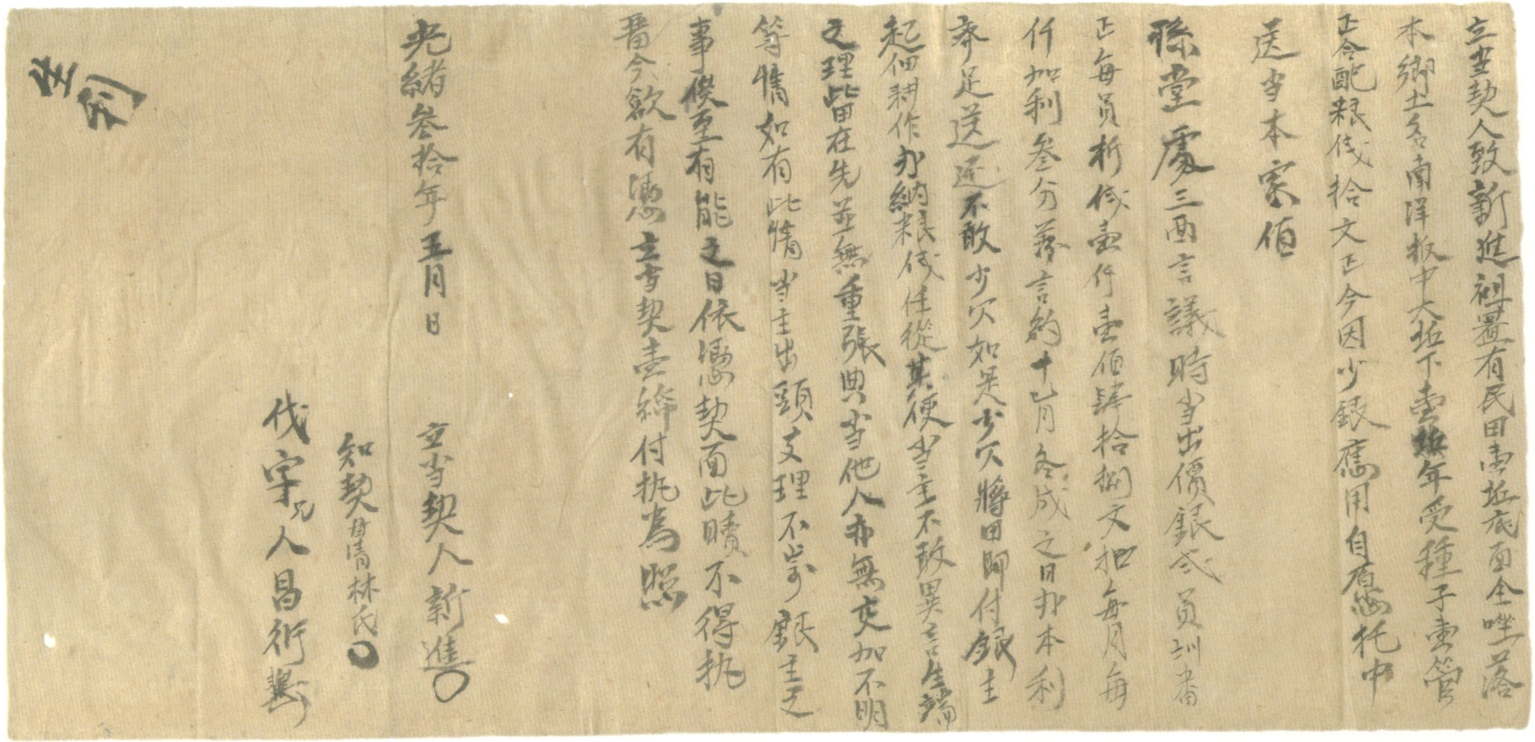
立當契人黃新進祖置有民田壹坵底面全，坐落
本鄉土名南洋板中大坵下壹號，年受種子壹管，
正配粮伐拾文正。今因少銀應用，自願托中
送當本家伯
聲堂處，三面言議，時當出價銀弍員圳番
正，每員折伐壹仟壹佰肆拾捌文，把每月每
仟加利叁分算，言約十二月冬成之日，外本利
齊足送還，不敢少欠。如是少欠，將田即付銀主
起佃耕作，办納粮伐，任從其便，當主不敢異言生端
之理，皆在先並無重張典當他人，亦無交加不明
等情。如有此情，當主出頭支理，不涉銀主之
事。倘至有能之日，依憑契面比贖，不得執
留。今欲有憑，立當契壹紙付执為照。
光緒叁拾年五月　日　立當契人新進
知契母清林氏
代字兄人昌衍

10-7-13-13　清光緒三十年五月黃新進立當底面全民田契

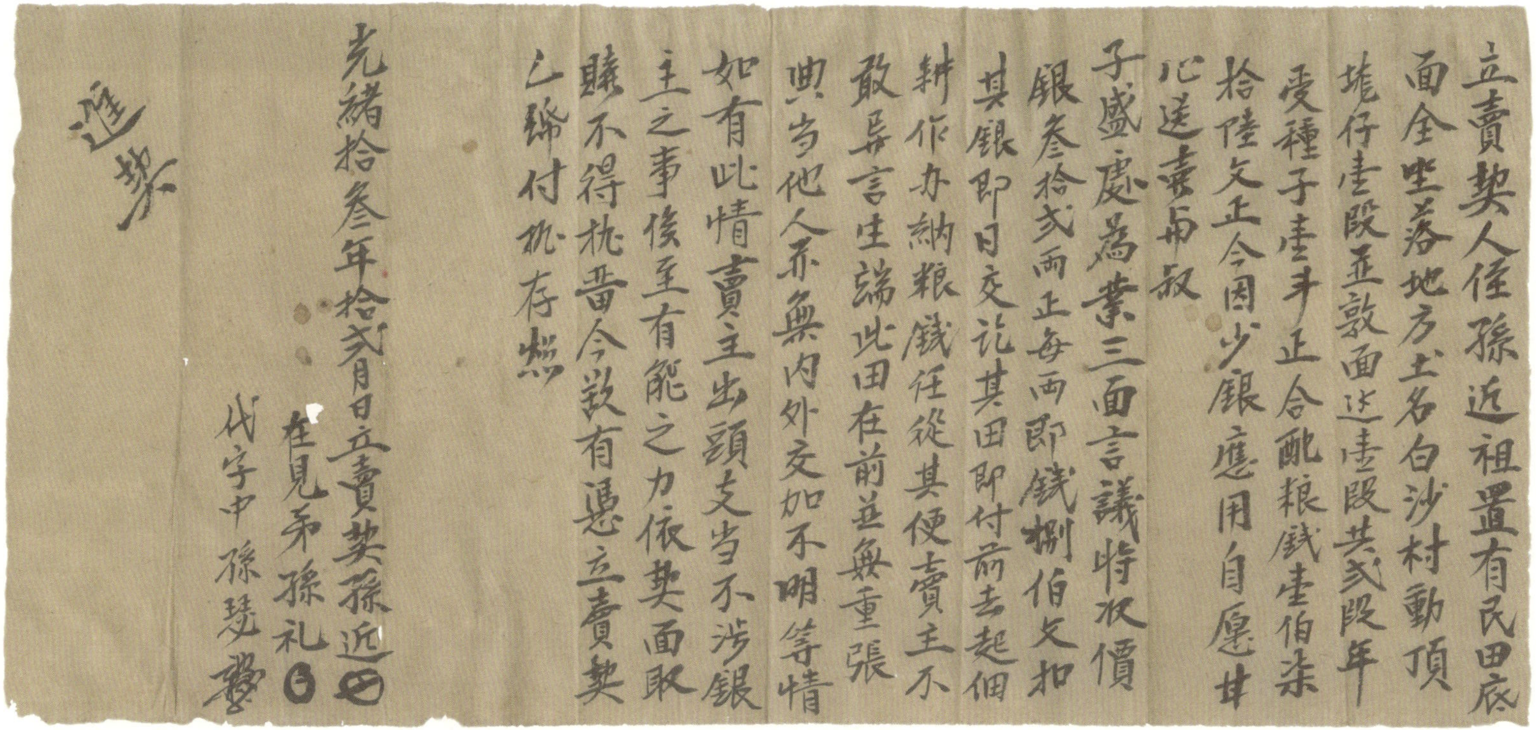
立賣契人侄孫近祖置有民田底
面全坐落地方土名白沙村動頂
塊仔壹段丘數面近壹段共弍段年
受種子壹斗正合配粮錢壹伯柒
拾陸文正今因少銀應用自愿甘
心送賣與叔
子盛處爲業三面言議時值價
銀叁拾弍兩正每兩即錢捌伯文扣
其銀即日交訖其田即付前去起佃
耕作办納粮錢任從其便賣主不
敢异言生端此田在前並無重張
典当他人亦無內外交加不明等情
如有此情賣主出頭支当不涉銀
主之事後至有能之力依契面取
贖不得执留今欲有憑立賣契
乙紙付执存炤
光緒拾叁年拾弍月日立賣契孫近（押）
在見弟孫礼（押）
代字中孫瑟（押）
進契

10-7-14-1　清光緒十三年十二月黃孫近立賣底面全民田契

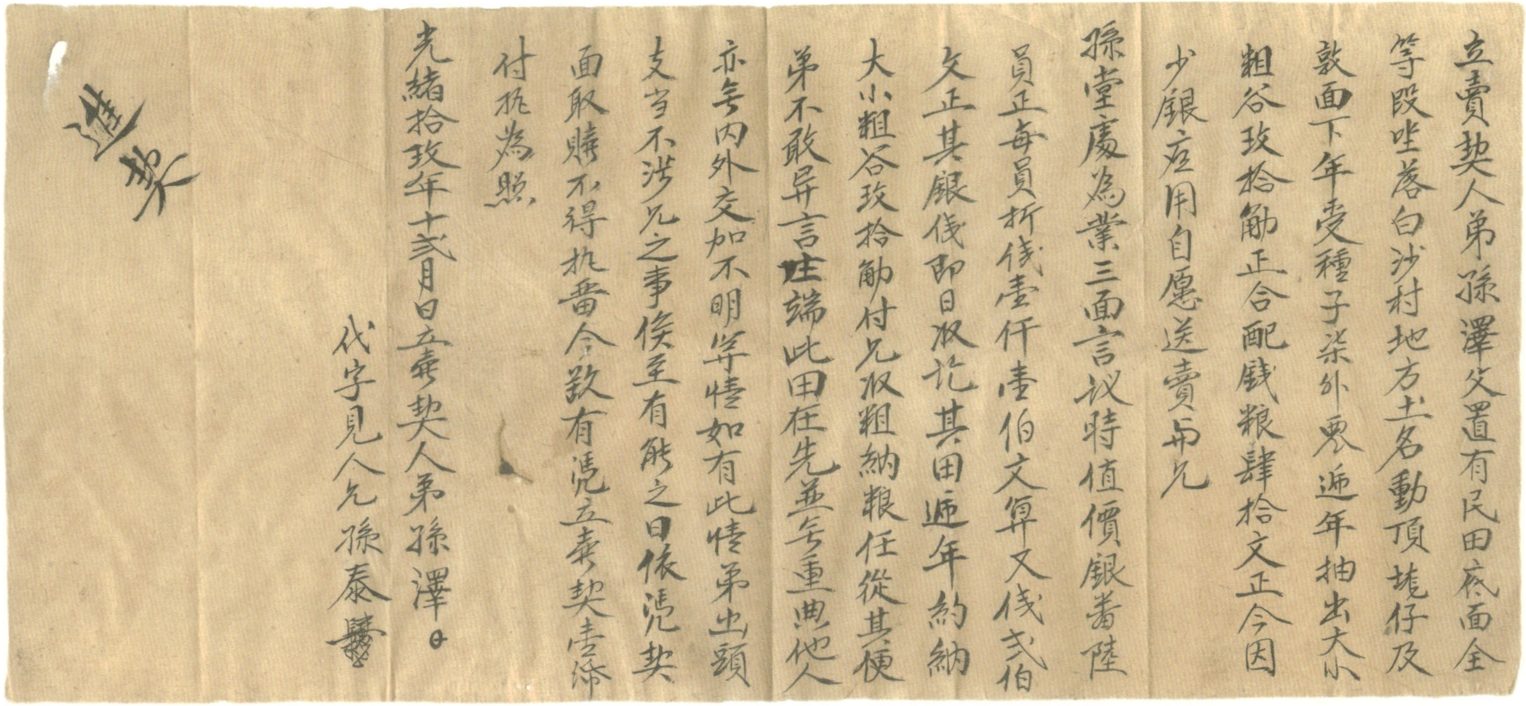

立賣契人弟孫澤父置有民田底面全
等段坐落白沙村地方土名動頂垅仔及
款面下年受種子柒升外更逝年抽出大小
粗谷玖拾觔正合配錢粮肆拾文正今因
少銀应用自愿送賣与兄
孫堂處為業三面言议時值價銀番陸
員正每員折錢壹仟壹伯文算又錢弍伯
文正其銀錢即日收訖其田逝年約納
大小粗谷玖拾觔付兄收粗納粮任從其便
弟不敢异言生端此田在先並無重典他人
亦無內外交加不明等情如有此情弟出頭
支当不涉兄之事俟至有能之日依照契
面取贖不得執畨今欲有凴立賣契壹紙
付執為照。
光緒拾玖年十弍月日立賣契人弟孫澤（押）
代字見人兄孫泰（押）
進契

10-7-14-2 清光緒十九年十二月黃孫澤立賣底面全民田契

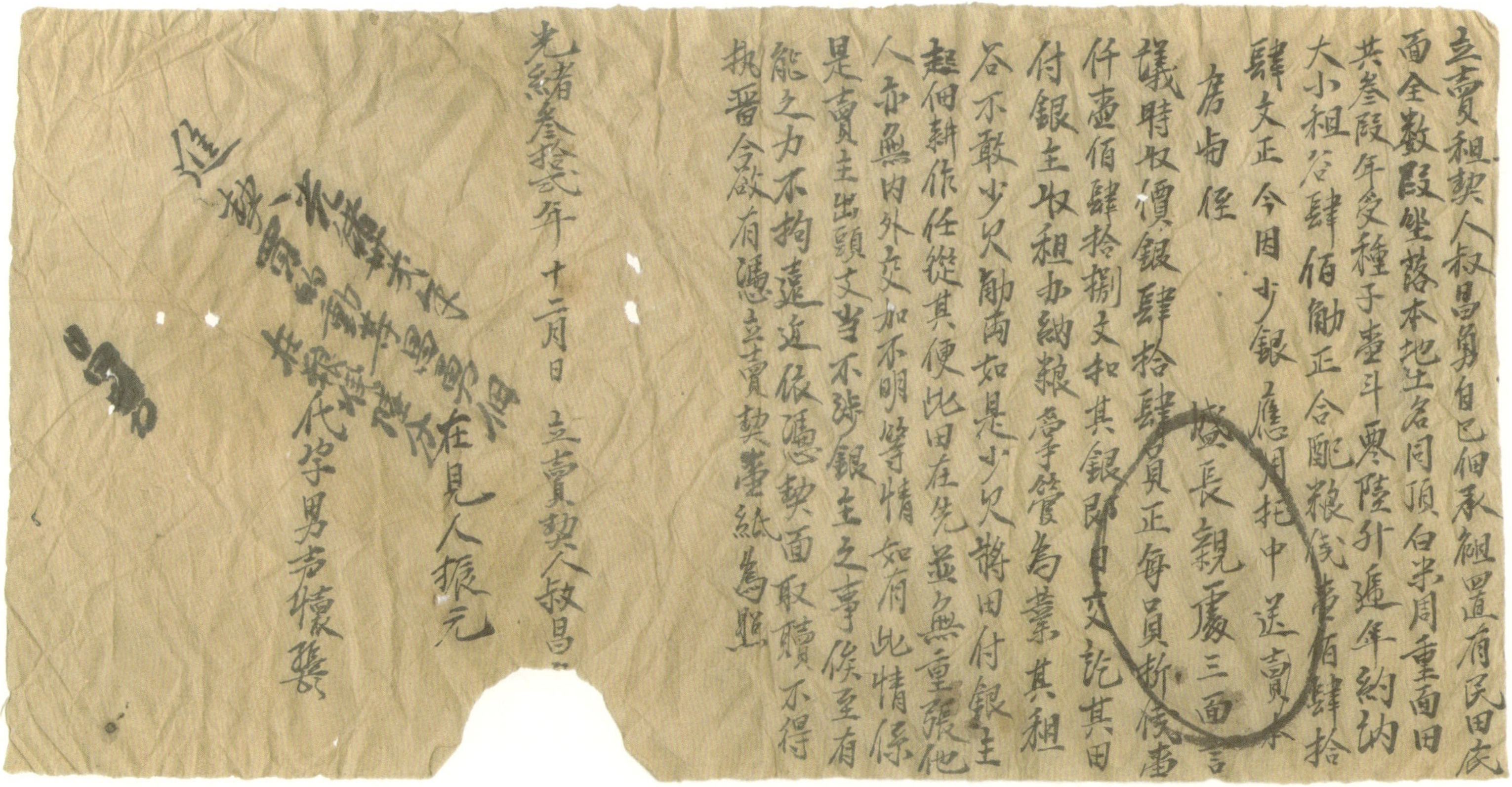

立賣租契人叔昌勇自己佃承祖置道有民田底
面全數段坐落本地土名同頂白米周重面田
共叁段年受種子壹斗乘陸升延年約納
大小租谷肆佰觔正合配糧錢壹佰肆拾
肆文正 今因少銀應用托中送賣本
房姪 族長親處三面言
議時價銀肆拾肆員正每員折錢壹
仟壹佰肆拾捌文和其銀即日交訖其田
付銀主收租亦納糧爭管為業 其租
谷不敢少欠觔兩如是少欠將田付銀主
起佃耕作任從其便此田在先並無重張他
人亦無內外交加不明等情 如有此情係
是賣主出頭支當不涉銀主之事 俟至有
能之力不拘遠近依憑契面取贖不得
執留 今欲有憑立賣契壹紙為照

光緒叁拾弍年十二月日 立賣契人叔昌勇
在見人振元
代字男[illegible]

10-7-14-3 清光緒三十二年十二月黄昌勇立賣底面全民田契（廢契）

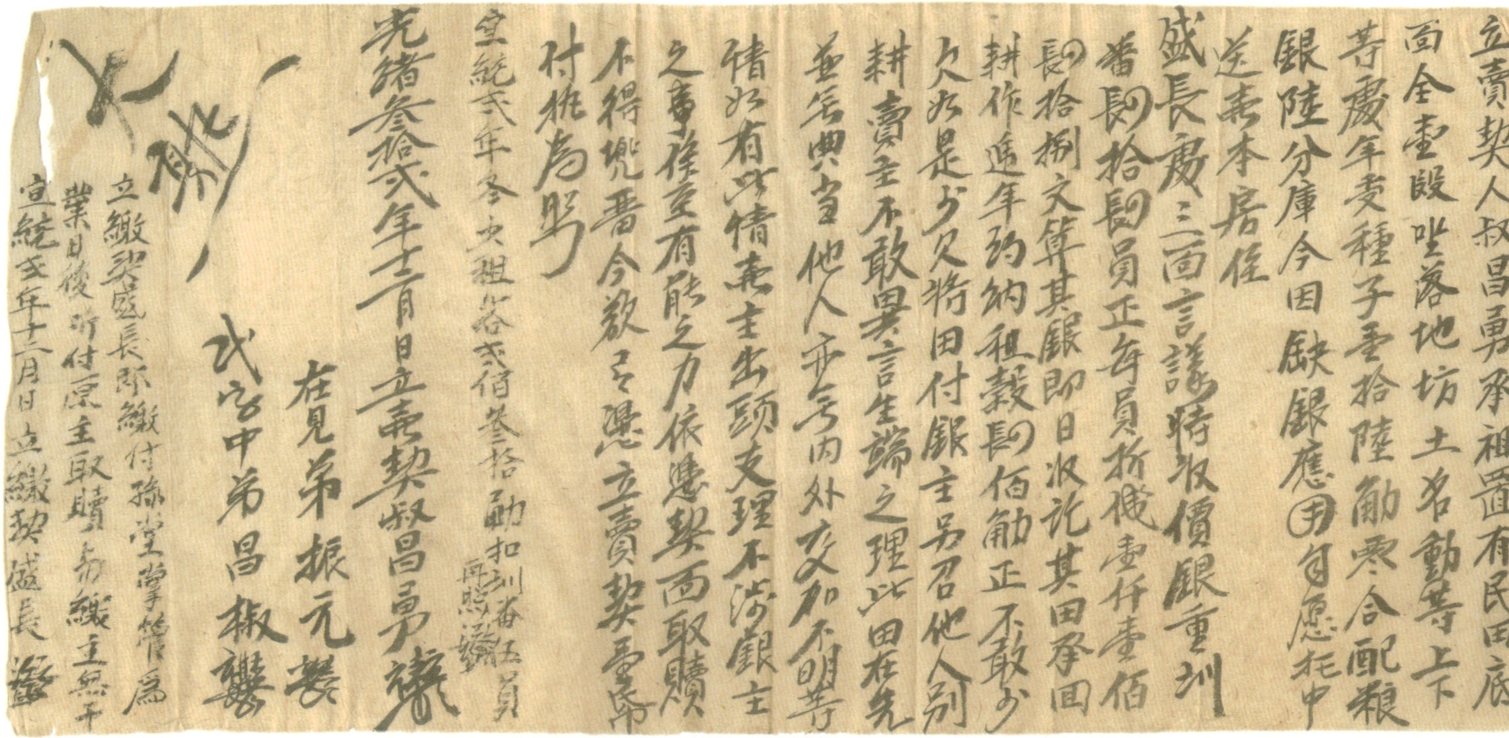
立賣契人叔昌勇承祖置有民田底
面全壹段，坐落地坊，土名勤等上下
等處，年載種子壹拾陸觔零，合配粮
銀陸分庫。今因缺銀應用，自愿托中
送与本房侄
盛長處，三面言議，時收價銀[illegible]
番[illegible]拾[illegible]員正，每員折錢壹仟壹佰
[illegible]拾捌文算，其銀即日收訖，其田承回
耕作，逐年納租穀[illegible]佰觔正，不敢少
欠，如是少欠，將田付銀主另召他人別
耕，賣主不敢異言生端之理。此田在先
並無典當他人，亦無內外交加不明等
情，如有此情，賣主出頭支理，不涉銀主
之事。侄邊有能之力，依憑契面取贖，
不得執留。今欲有憑，立賣契壹紙
付姪爲照。
宣統弍年冬交租谷弍佰叁拾觔，扣剩番五員，再照。
光緒叁拾弍年十二月 日立賣契叔昌勇（押）
在見弟振元（押）
代字中弟昌椒（押）
大吉
立繳契盛長所繳付孫堂掌管爲業，日後付原主取贖，其繳主無干。
宣統叁年十二月 日立繳契盛長（押）

10-7-14-4 清光緒三十二年十二月黃昌勇立賣底面全民田契

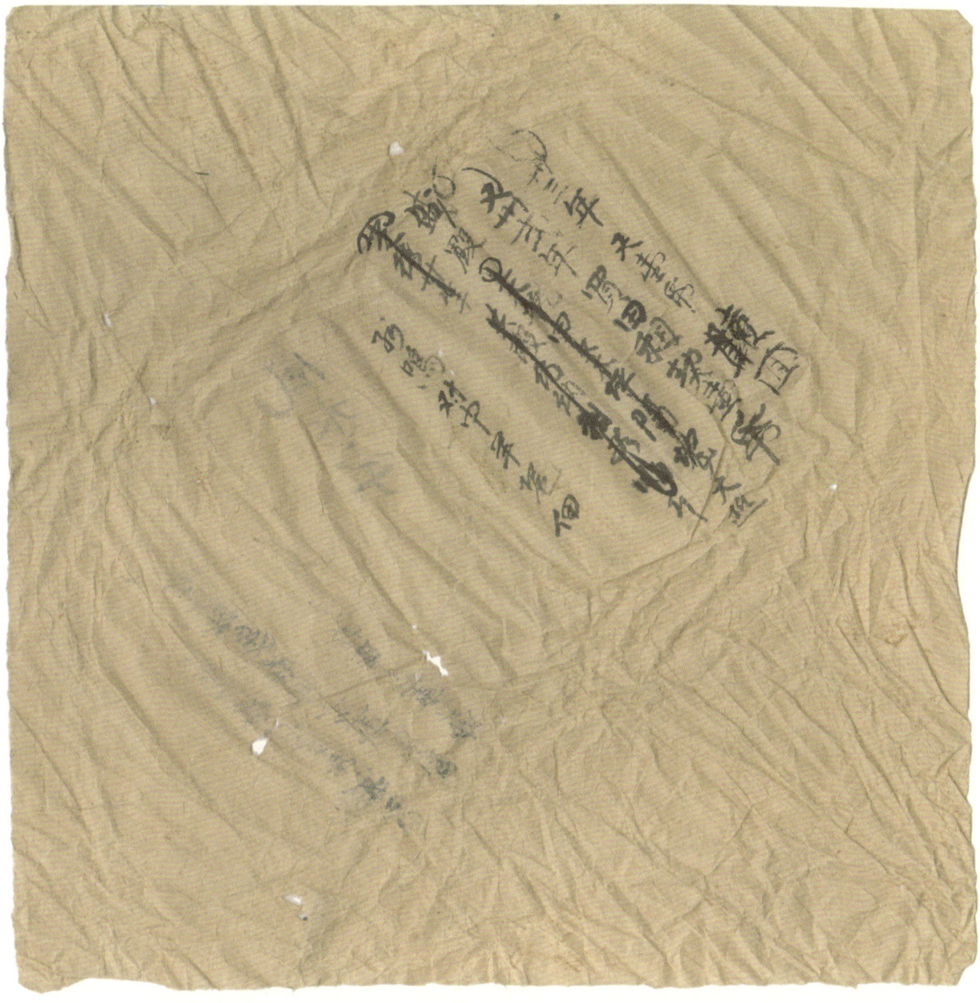

10-7-15-1 包契紙

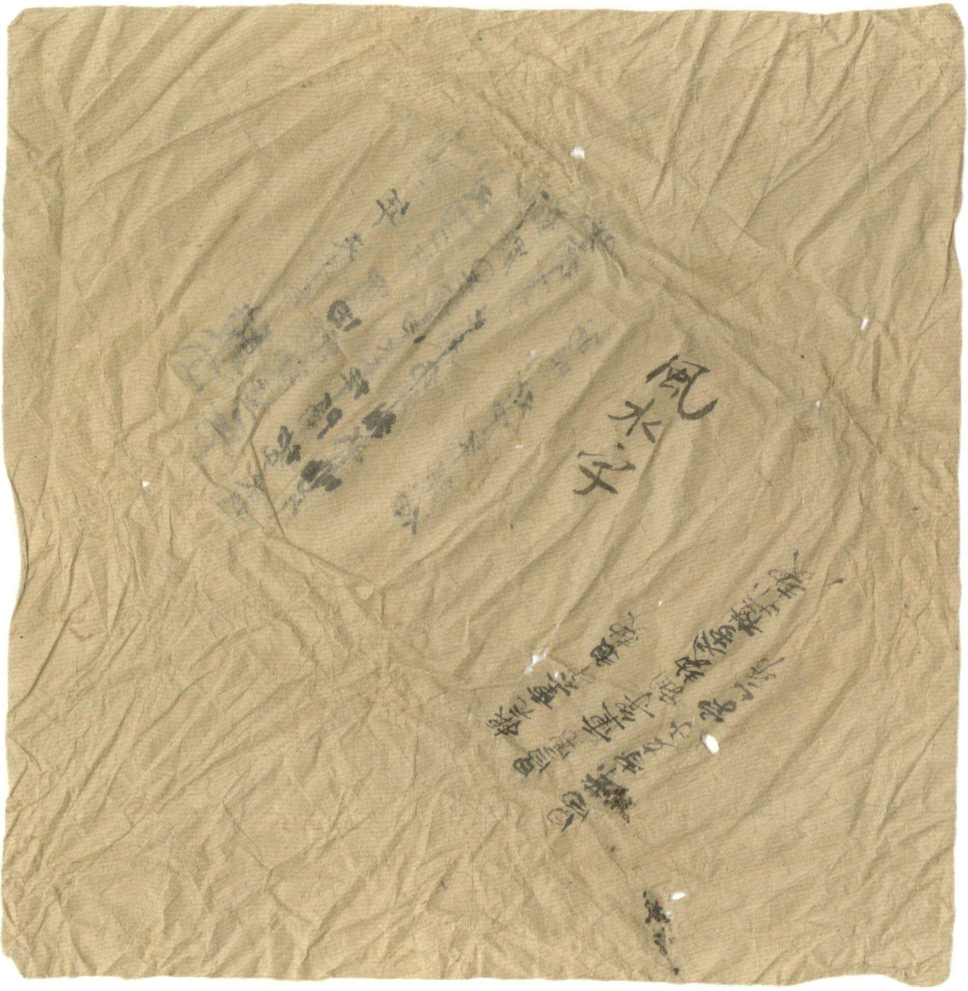

10-7-15-2 包契紙

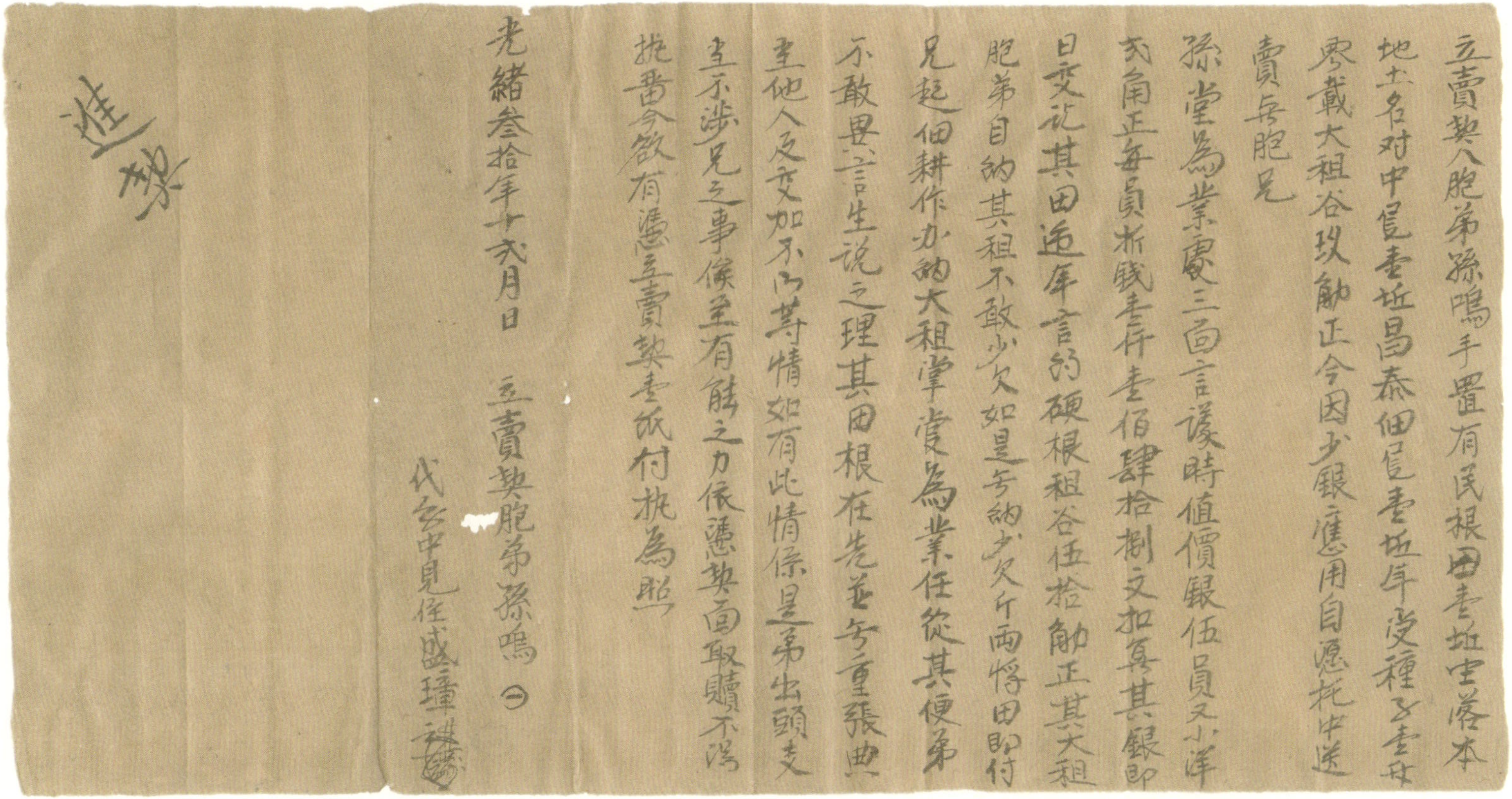

立賣契人胞弟孫鳴手置有民根田壹坵坐落本
地土名对中崑壹坵昌泰佃崑壹坵年受種子壹斗
零載大租谷玖觔正今因少銀應用自愿托中送
賣與胞兄
孫堂爲業當三面言議時值價銀伍員又小洋
弍角正每員折錢壹仟壹佰肆拾捌文加算其銀即
日交訖其田逐年言約硬根租谷伍拾觔正其大租
胞弟自納其租不敢少欠如是無納少欠斤兩將田即付
兄起佃耕作办納大租掌管爲業任從其便弟
不敢異言生說之理其田根在先並無重張典
掛他人及交加不明等情如有此情係是弟出頭支
當不涉兄之事但至有能之力依憑契面取贖不得
執留今欲有憑立賣契壹紙付執爲照

光緒叁拾年十弍月日　立賣契胞弟孫鳴（押）

代字中見侄盛瑾（押）

進契

10-7-15-3　清光緒三十年十二月黄孫鳴立賣民根田契

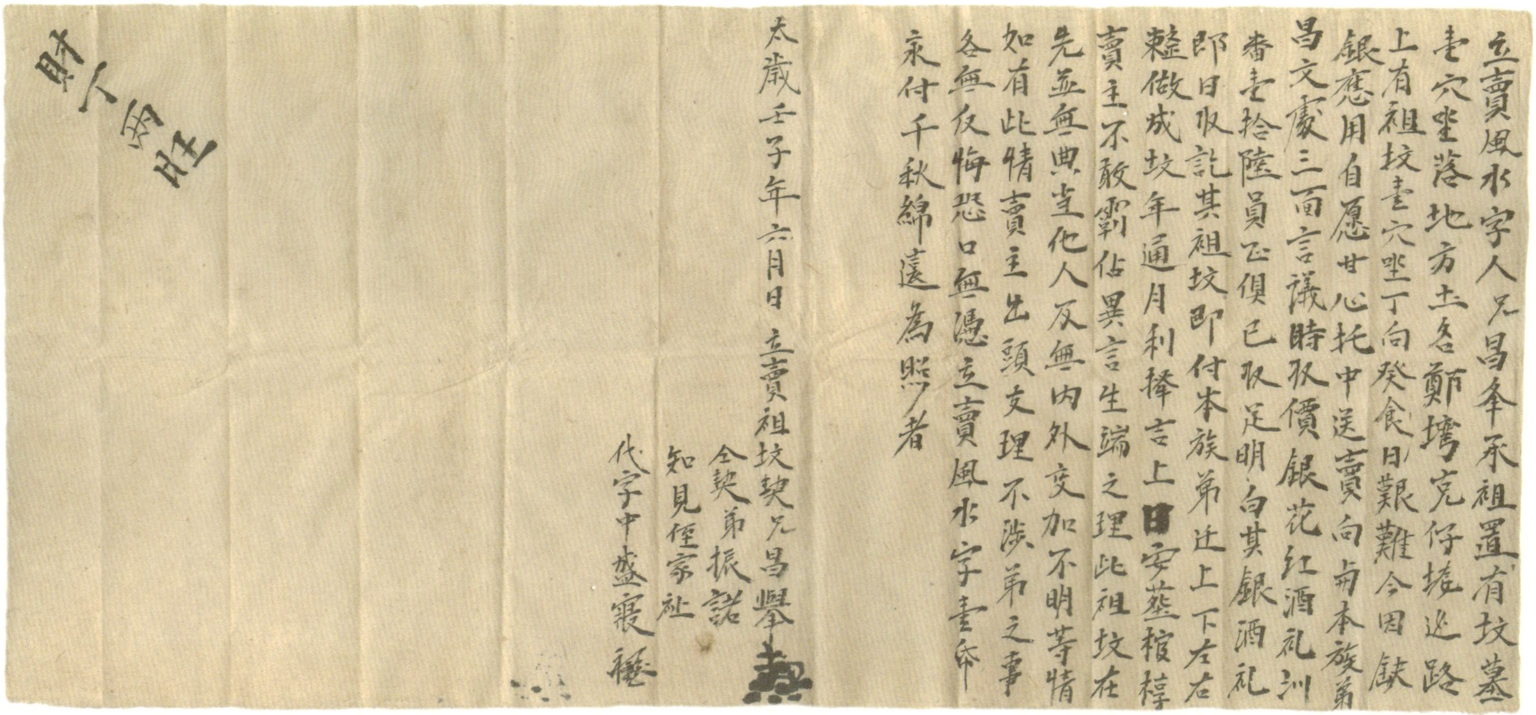

立賣風水字人兄昌舉承祖置有坟墓
壹穴坐落地方土名鄭墘兜仔境邊路
上有祖坟壹穴坐丁向癸今因日食艱難缺
銀應用自愿甘心托中送賣向前本族弟
昌文處三面言議時值價銀花紅酒礼洲
番壹拾陸員正其銀即日收足明白其銀酒礼
即日收訖其祖坟即付本族弟迁上下左右
整做成坟年通月利擇吉上日安葬棺樟
賣主不敢劉佔異言生端之理此祖坟在
先並無典当他人及無內外交加不明等情
如有此情賣主出頭支理不涉弟之事
各無反悔恐口無憑立賣風水字壹紙
永付千秋綿遠為照者

太歲壬子年六月日　立賣祖坟契兄昌舉
仝契弟振謌
知見侄家祉
代字中盛寢

財丁兩旺

10-7-15-4　民國元年六月黃昌舉等立賣風水字

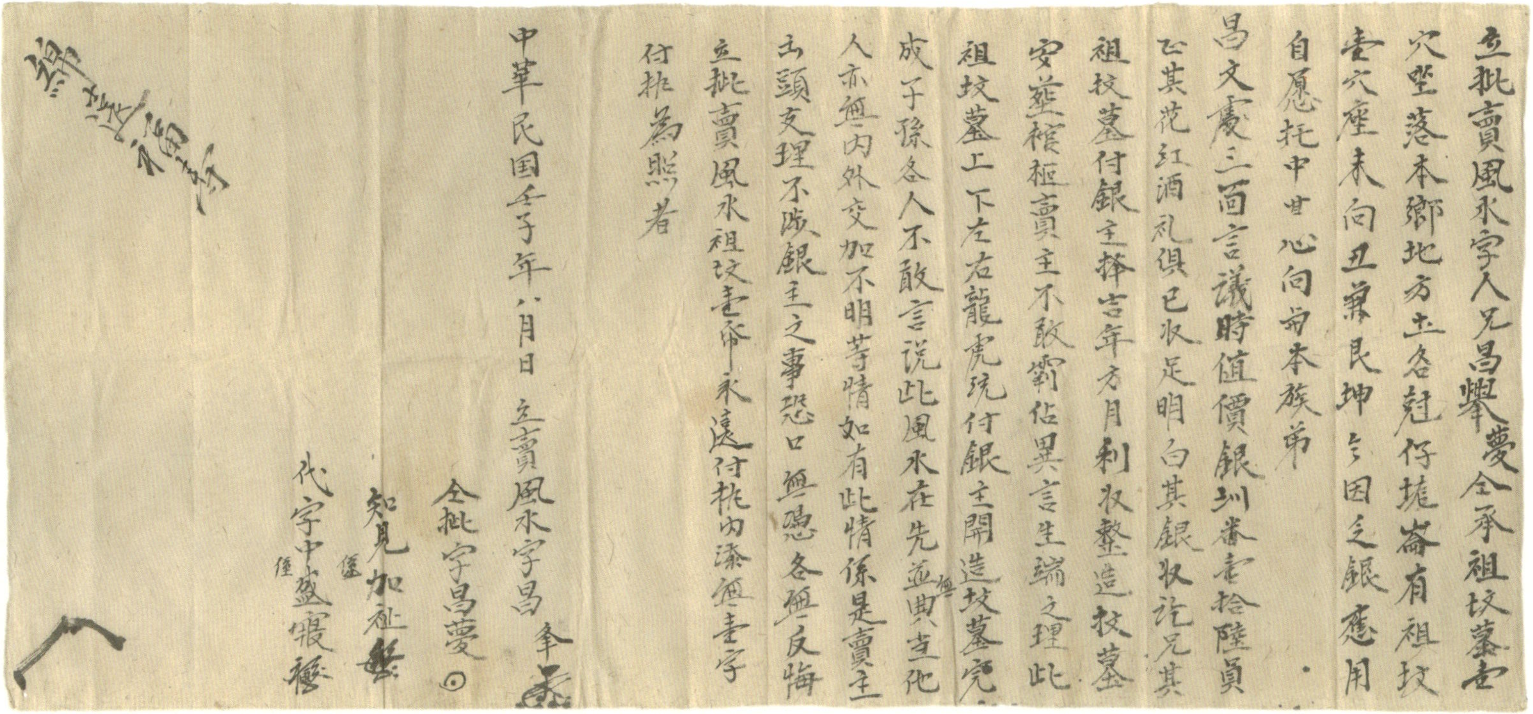

立批賣風水字人兄昌舉、夢全，承祖坟墓壹
穴，坐落本鄉地方土名魁仔垅崙，有祖坟
壹穴，座未向丑兼艮坤分，因乏銀應用，
自愿托中甘心向前本族弟
昌文處三面言議，時值價銀圳番壹拾陸員
正，其花紅酒礼俱已收足明白，其銀收訖，兄其
祖坟墓付銀主擇吉年月利收整造坟墓
安葬，棺柩賣主不敢霸佔異言生端之理。此
祖坟墓上下左右龍虎坑付銀主開造坟墓完
成，子孫各人不敢言說。此風水在先並無典当他
人，亦無內外交加不明等情，如有此情，係是賣主
出頭支理，不涉銀主之事。恐口無憑，各無反悔，
立批賣風水祖坟壹穴，永遠付批內添無壹字，
付批為照者。

中華民国壬子年八月日　立賣風水字昌舉
全批字昌夢
知見侄加社
代字中侄盛寶

10-7-15-5　民國元年八月黃昌舉等立批賣風水字

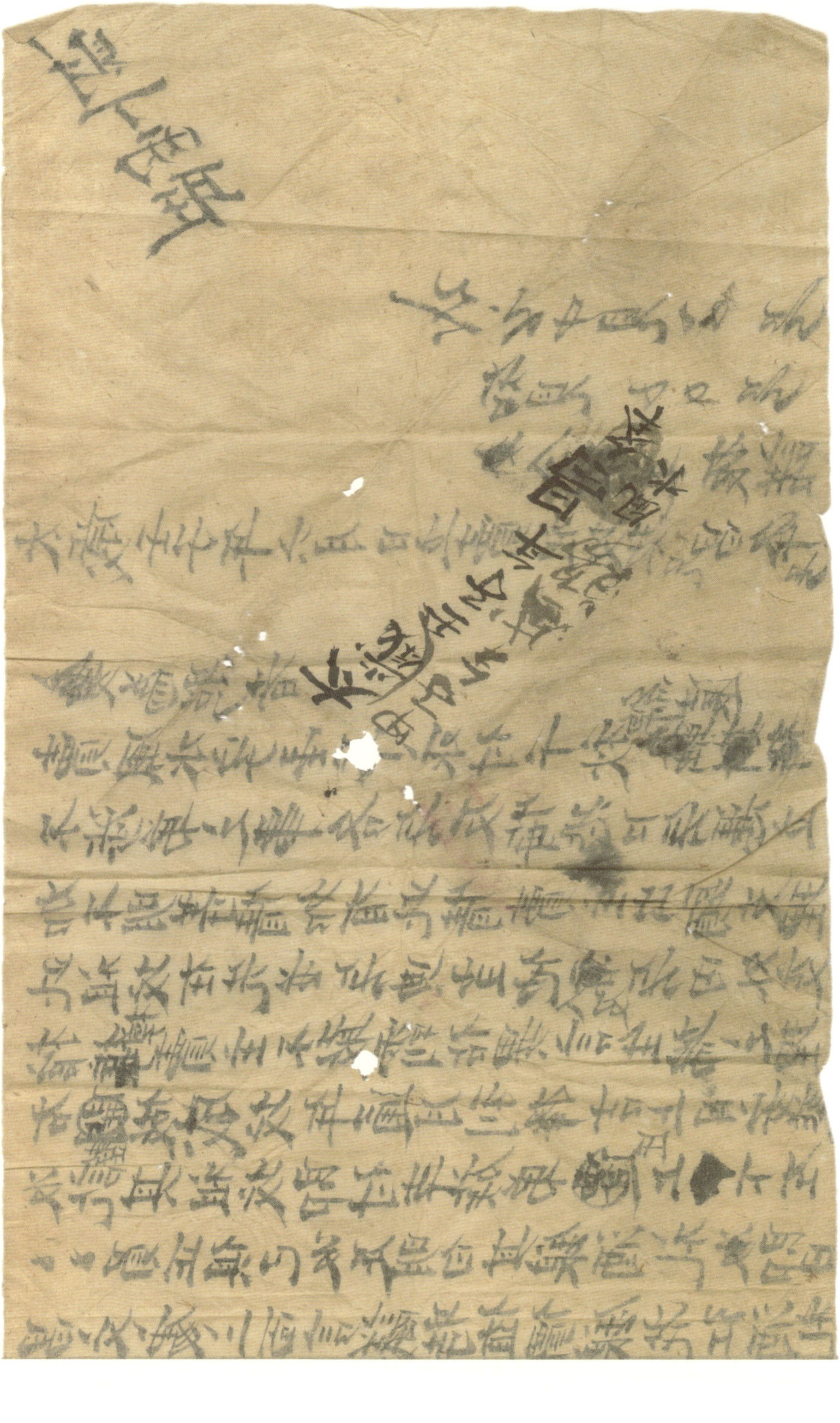

10-7-16-1 包契紙

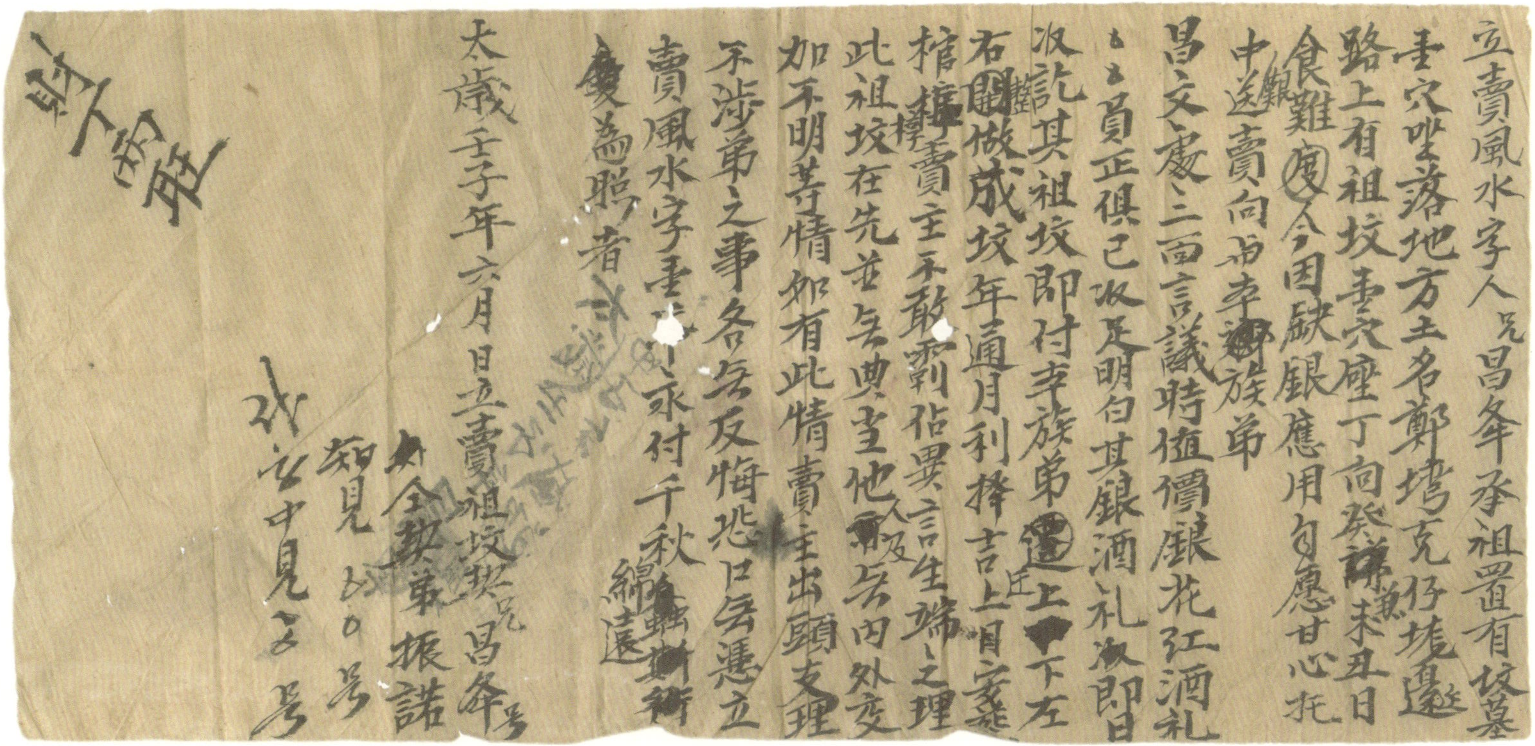

立賣風水字人兄昌夆承祖置有坟墓
壹穴坐落地方土名鄭塆克仔垅邊
路上有祖坟壹穴座丁向癸兼未丑日
食難度今因缺銀應用自愿甘心托
中送賣向弟李[illegible]族弟
昌文處三面言議時值價銀花紅酒礼
〻〻員正俱已收足明白其銀酒礼收即日
收訖其祖坟即付李族弟[illegible]上[illegible]下左
右做成坟年通月利擇吉上山安葬
擇賣主不敢霸佔異言生端之理
此祖坟在先並無典當他人及無內外交
加不明等情如有此情賣主出頭支理
不涉弟之事各無反悔恐口無憑立
賣風水字壹紙永付千秋綿遠
爲照者
太歲壬子年六月日立賣祖坟契兄昌夆号
在全契弟振諸
知見 号
代筆中見 号

10-7-16-2 民國時期黃昌夆立賣風水字（草契）

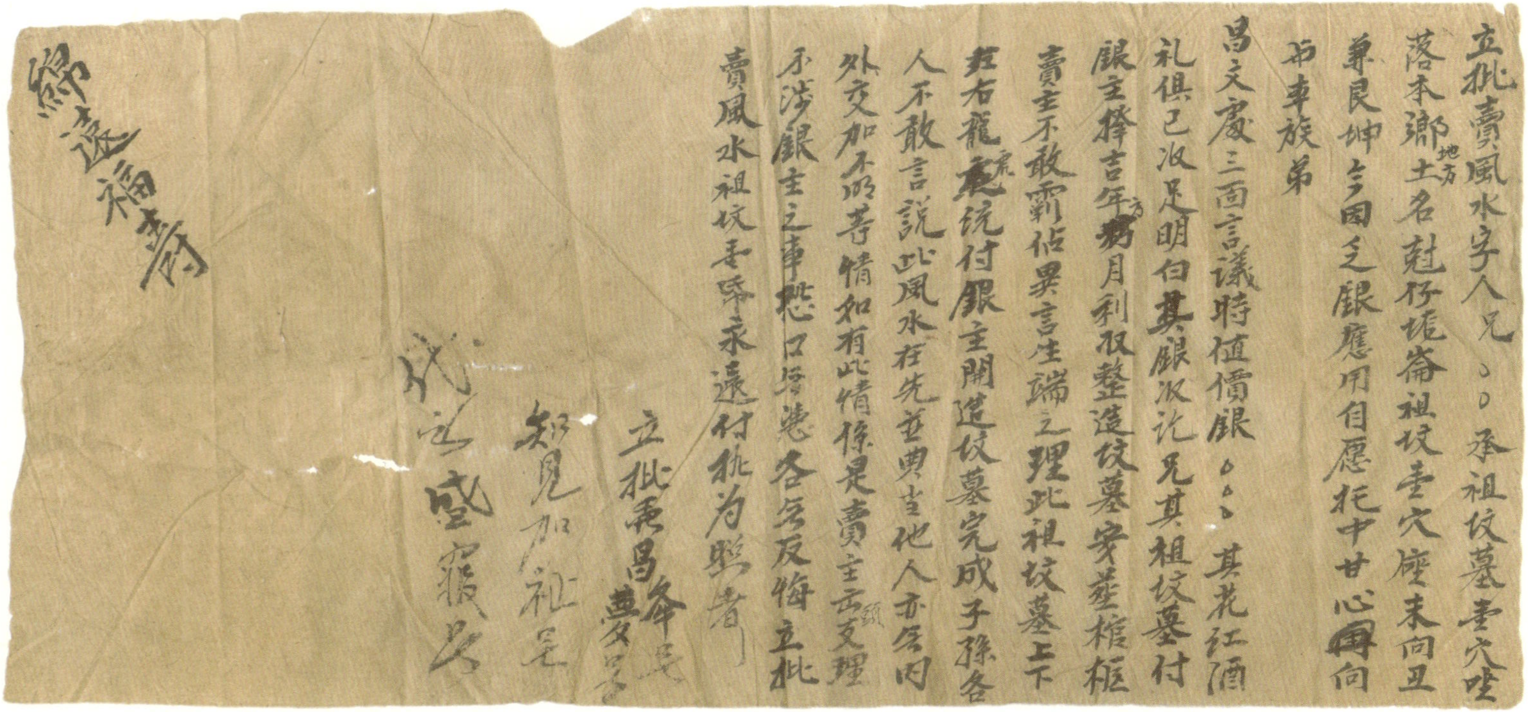
立批賣風水字人兄〇〇承祖坟墓壹穴坐
落本鄉地方土名魁仔垅崙祖坟壹穴座未向丑
兼艮坤，今因乏銀應用，自愿托中甘心向
弟本族弟
昌文處三面言議時值價銀〇〇〇，其花紅酒
礼俱已収足明白，其銀収訖，兄其祖坟墓付
銀主擇吉年方月利，収整造坟墓安葬棺柩，
賣主不敢霸佔異言生端之理，此祖坟墓上下
左右龍虎統付銀主開造坟墓完成，子孫各
人不敢言說，此風水在先並無典当他人，亦無因
外交加不明等情，如有此情，係是賣主出頭支理，
不涉銀主之事，愳口無憑，各無反悔，立批
賣風水祖坟壹穴永遠付批為照者。
立批兄昌夅（押）
知見加祉（押）
代筆盛猴（押）
綿遠福壽

10-7-16-3　民國時期黄昌夅等立批賣風水字（草契）

10-7-17-1　包契紙

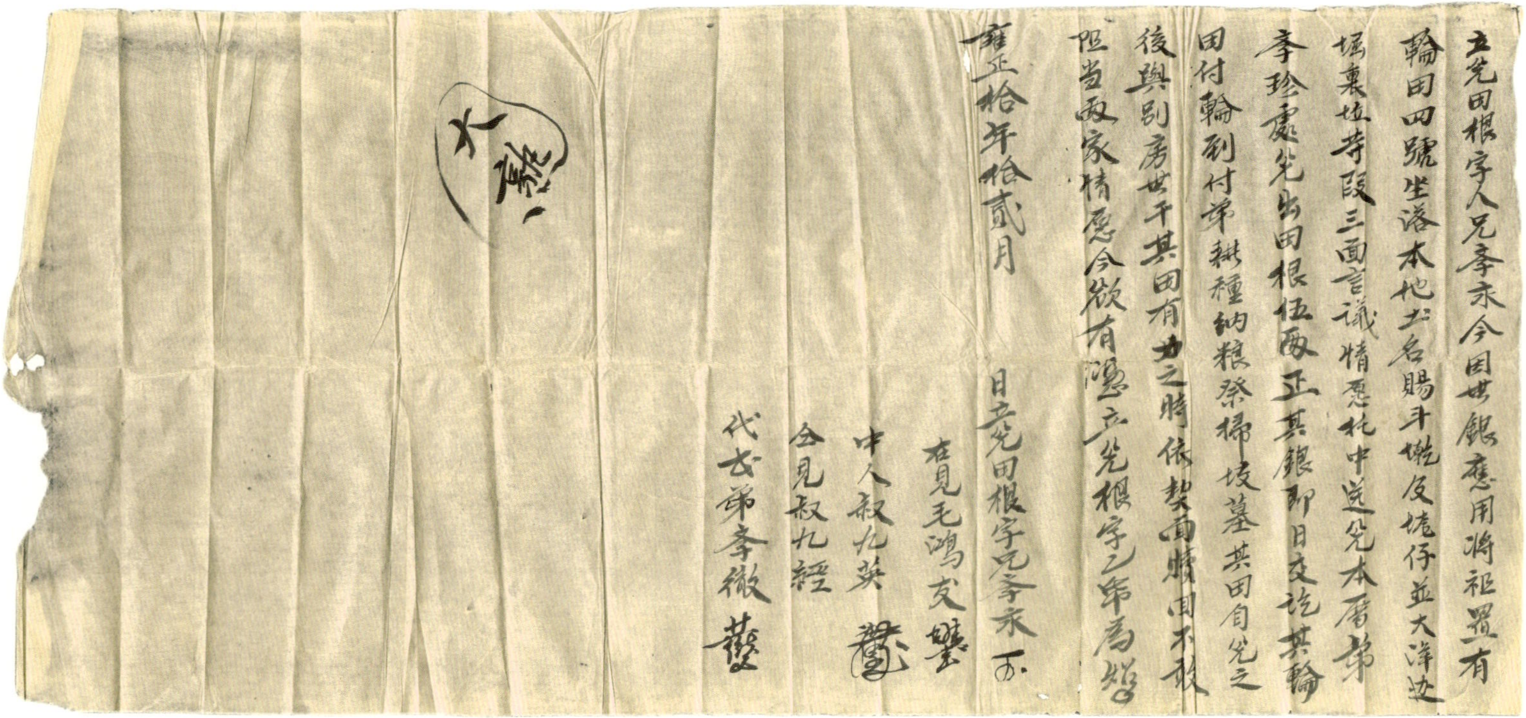

立兑田根字人兄孝永今因無銀應用將祖置有
輪田四號坐落本地土名賜斗墘及墘仔並大洋边
壋裏垃等段三面言議情愿托中送兑本房弟
孝珍處兑出田根伍兩正其銀即日交訖其輪
田付輪到付弟耕種納粮祭掃坟墓其田自兑之
後與别房無干其田有力之時依契面贖回不敢
阻当兩家情愿今欲有憑立兑根字乙帋為炤

雍正拾年拾貳月 日立兑田根字兄孝永

在見毛鴻文

中人叔九英

仝見叔九經

代書弟孝徽

10-7-17-2 清雍正十年十二月黄孝永立兑輪田根契

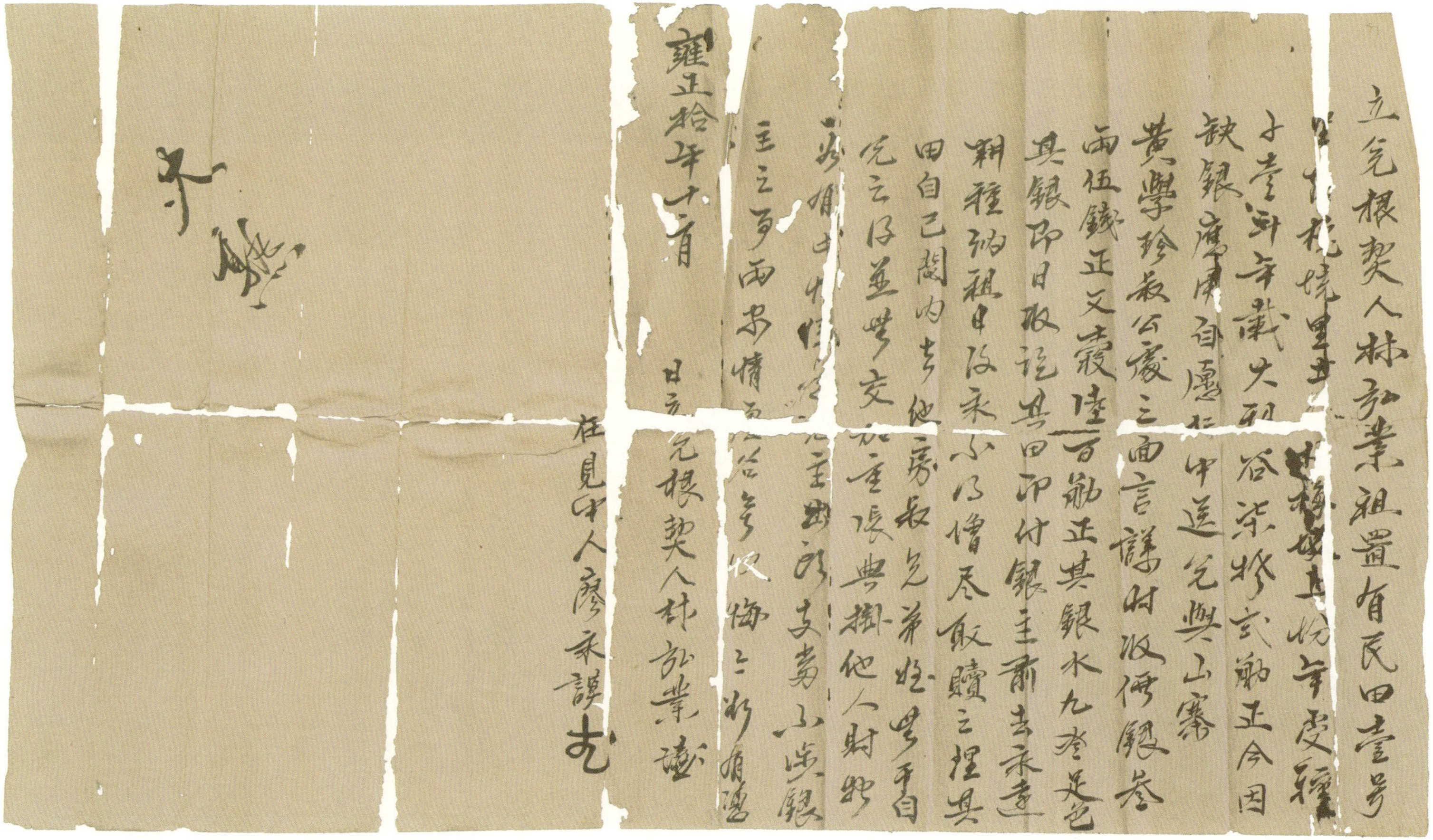

10-7-17-3　清雍正十年十二月林弘業立兑民田根契

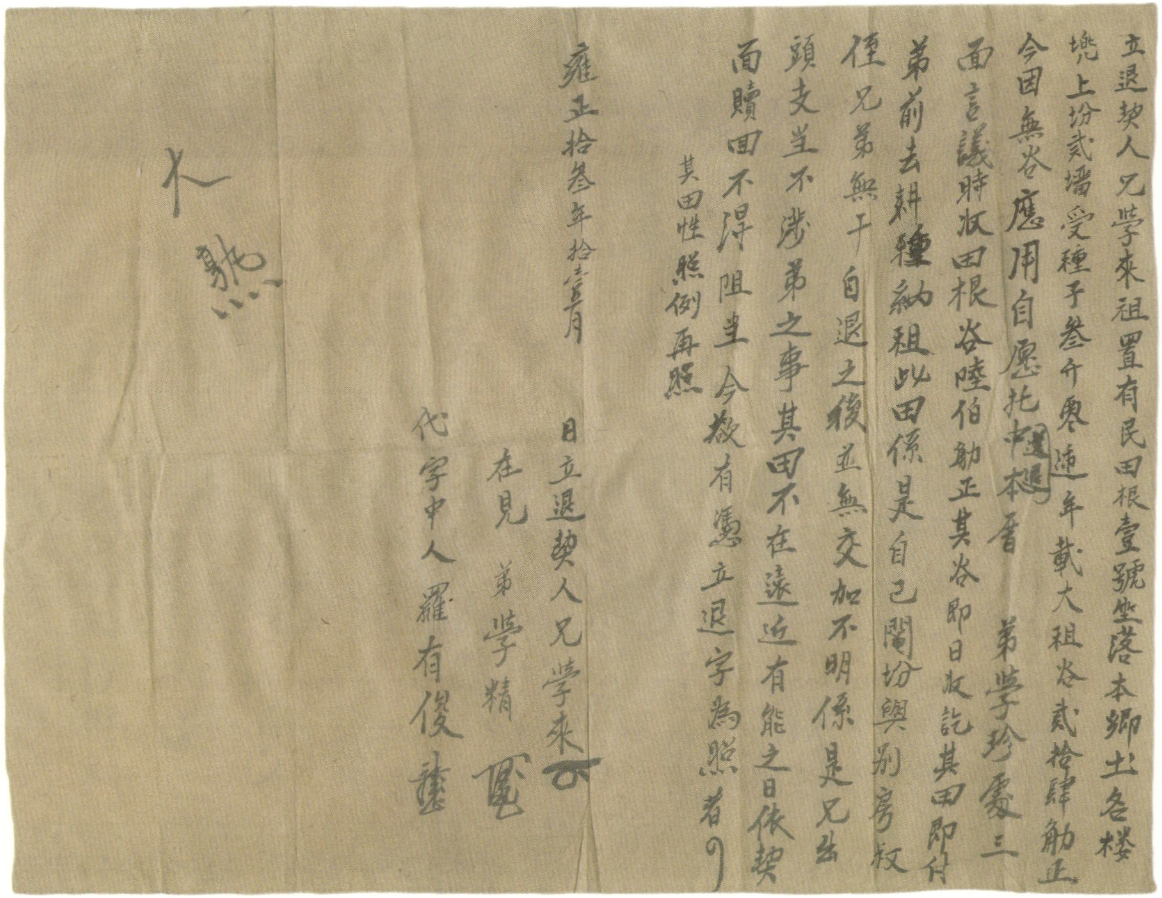

立退契人兄學來祖置有民田根壹號坐落本鄉土名樓
墘上坋貳墻受種子叁斤零遞年載大租谷貳拾肆觔正
今因無谷應用自愿托中退本 香 弟學珍處三
面言議時收田根谷陸伯觔正其谷即日收訖其田即付
弟前去耕種納租此田係是自己鬮坋與別房叔
侄兄弟無干自退之後並無交加不明係是兄出
頭支当不涉弟之事其田不在遠近有能之日依契
面贖回不得阻当今欲有憑立退字為照者
其田性照例再照

雍正拾叁年拾壹月 日立退契人兄學來
在見 弟學精
代字中人羅有俊

10-7-17-4 清雍正十三年十一月黄學來立退民田根契

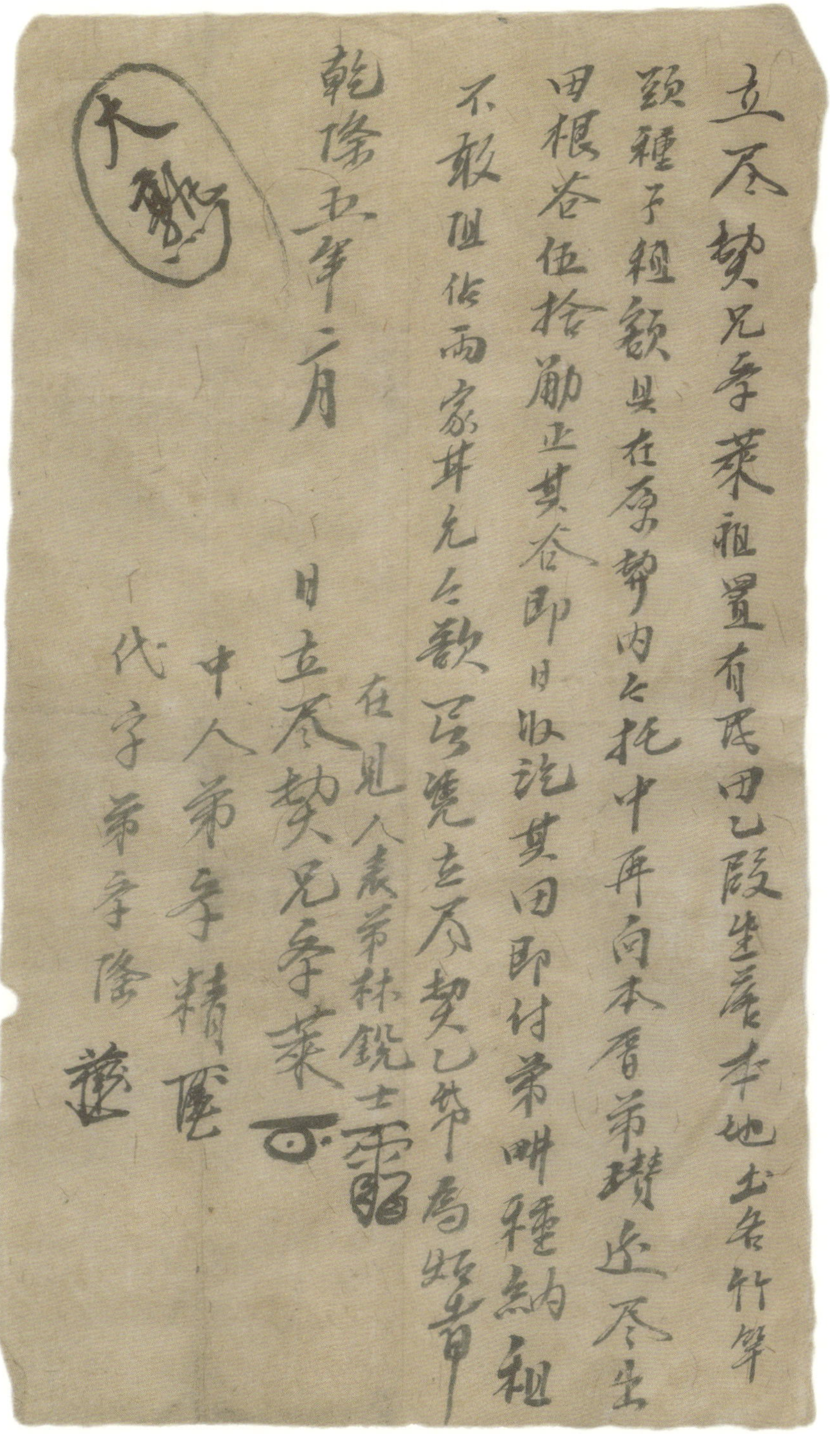

立盡契兄李萊祖置有民田乙段坐落本地土名竹筆
頭種子租穀具在原契內々托中再向本宮弟瓚邊盡出
田根谷伍拾觔正其谷即日收訖其田即付弟耕種納租
不敢阻佔兩家甘允々歡無憑立盡契乙紙為照者
在見人表弟林銳士
乾隆五年二月　日立盡契兄李萊
中人弟李精
代字弟李隆

10-7-17-5　清乾隆五年二月黄李萊立盡民田契

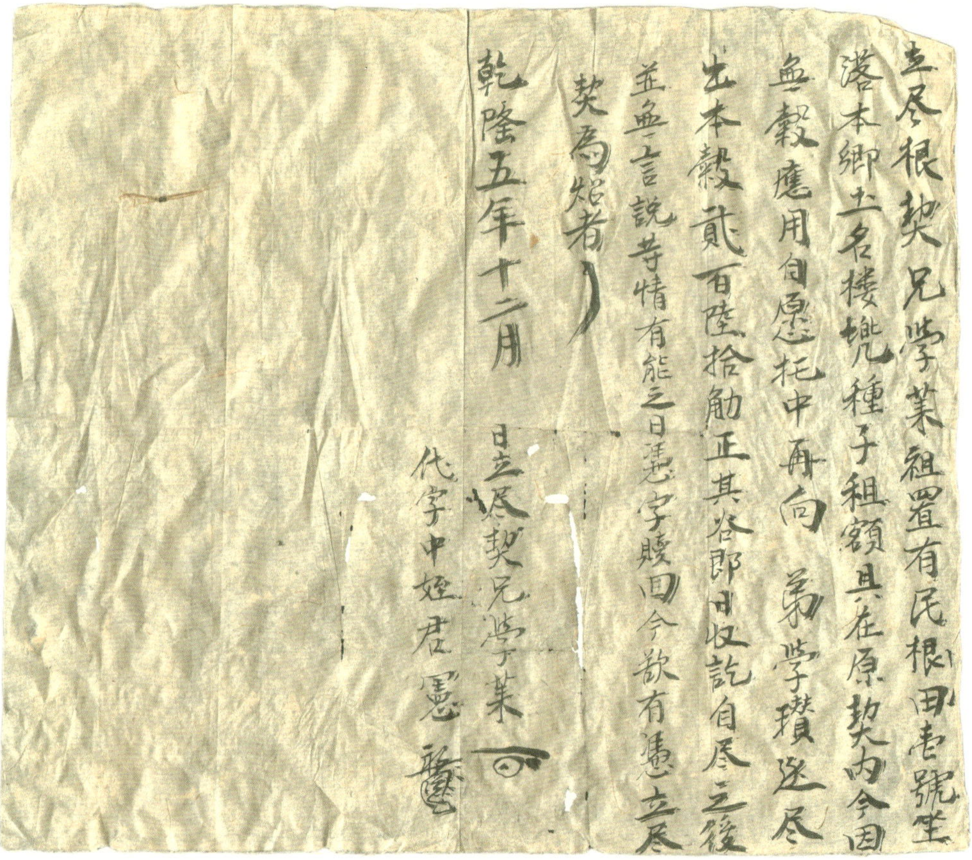

立尽根契兄学業祖置有民根田壹號坐
落本鄉土名樓墘種子租額具在原契內今因
無穀應用自愿托中再向　弟学攅送尽
出本穀貳百陸拾觔正其谷即日收訖自尽之後
並無言說寺情有能之日憑字贖回今欲有憑立尽
契爲炤者
乾隆五年十二月　日立尽契兄學業
代字中姪君憲

10-7-18-1　清乾隆五年十二月黄學萊立盡民田根契

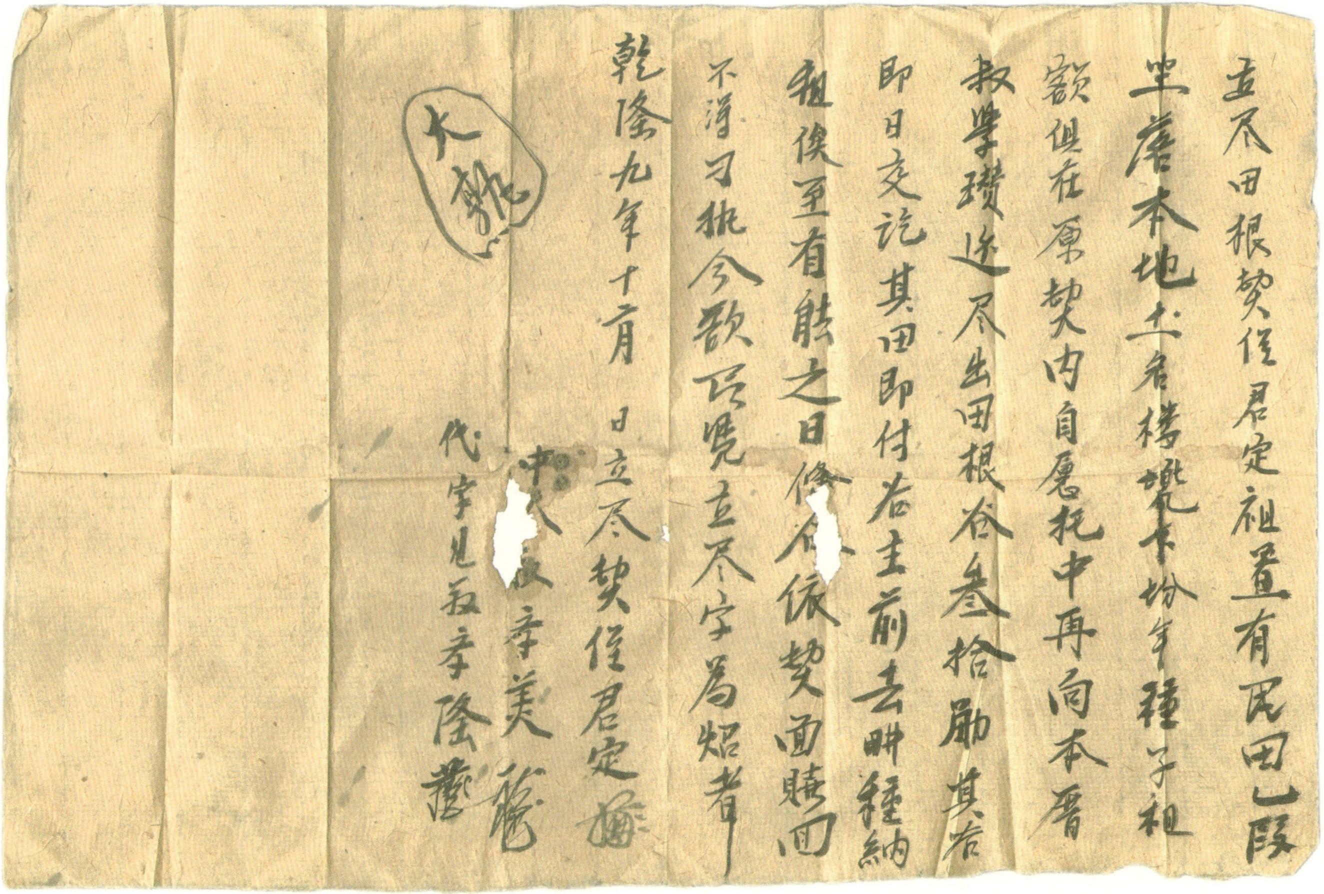

10-7-18-2　清乾隆九年十二月黄君定立盡民田根契

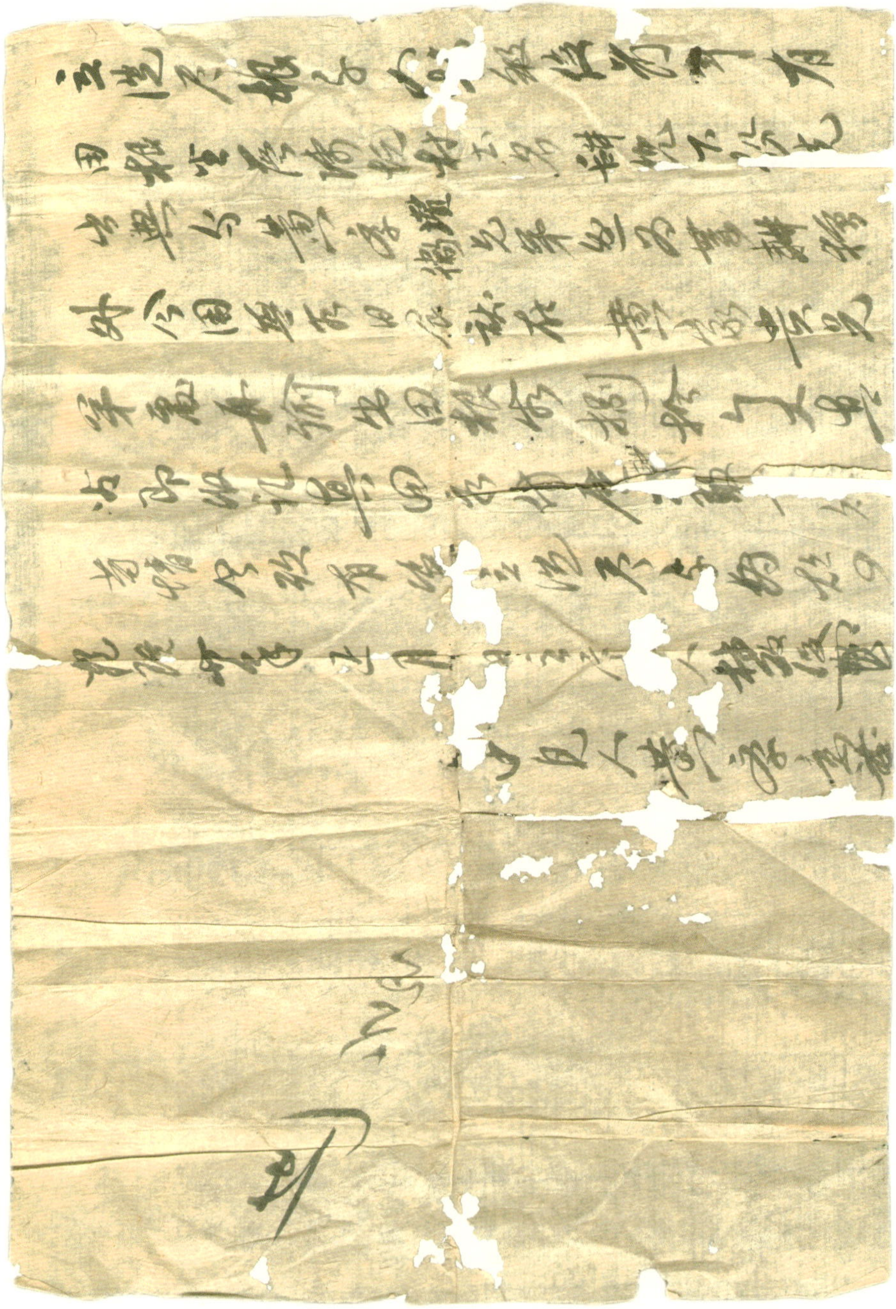

10-7-18-3　清乾隆二十年正月林敏俊立洗盡田根字

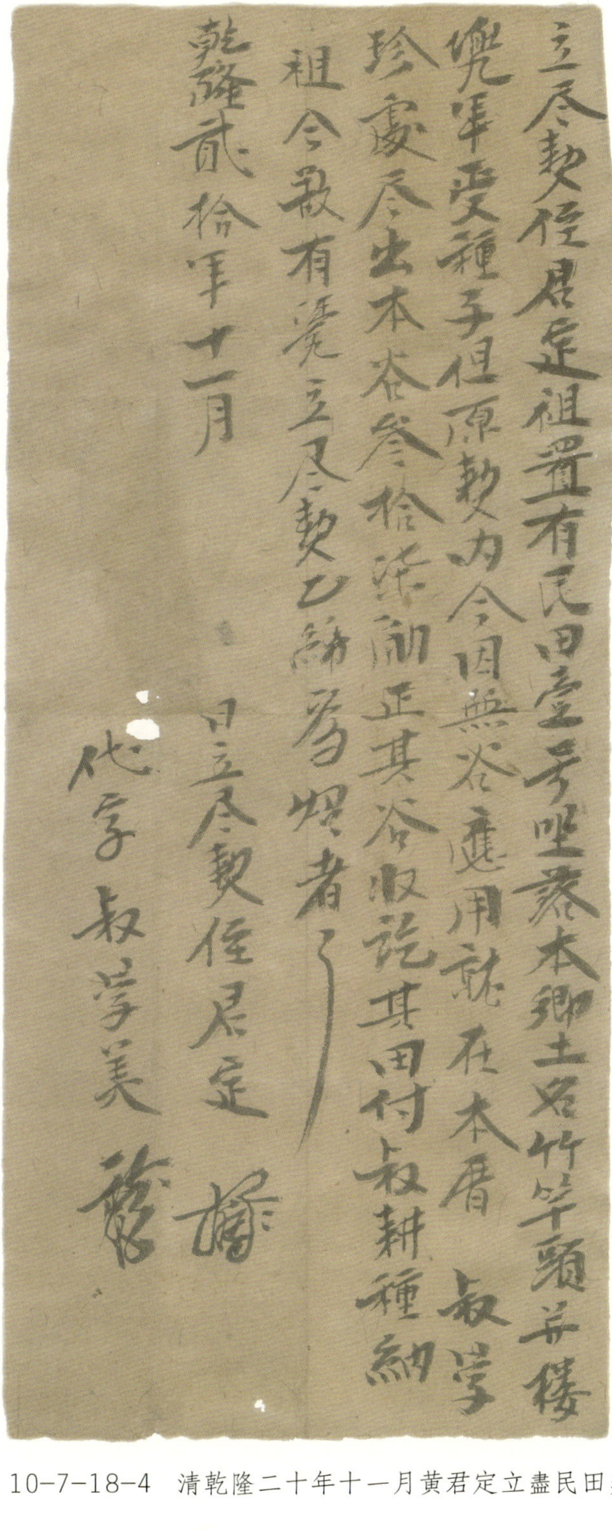
立盡契侄君定祖置有民田壹號坐落本鄉土名竹竿頭并樓兜見年受種子但原契內今因無銀應用就在本厝叔學珍處盡出本銀叁拾柒兩正其銀收訖其田付叔耕種納祖今欲有憑立盡契乙紙爲炤者

乾隆貳拾年十一月　日立盡契侄君定（押）

代字　叔學美（押）

10-7-18-4　清乾隆二十年十一月黄君定立盡民田契

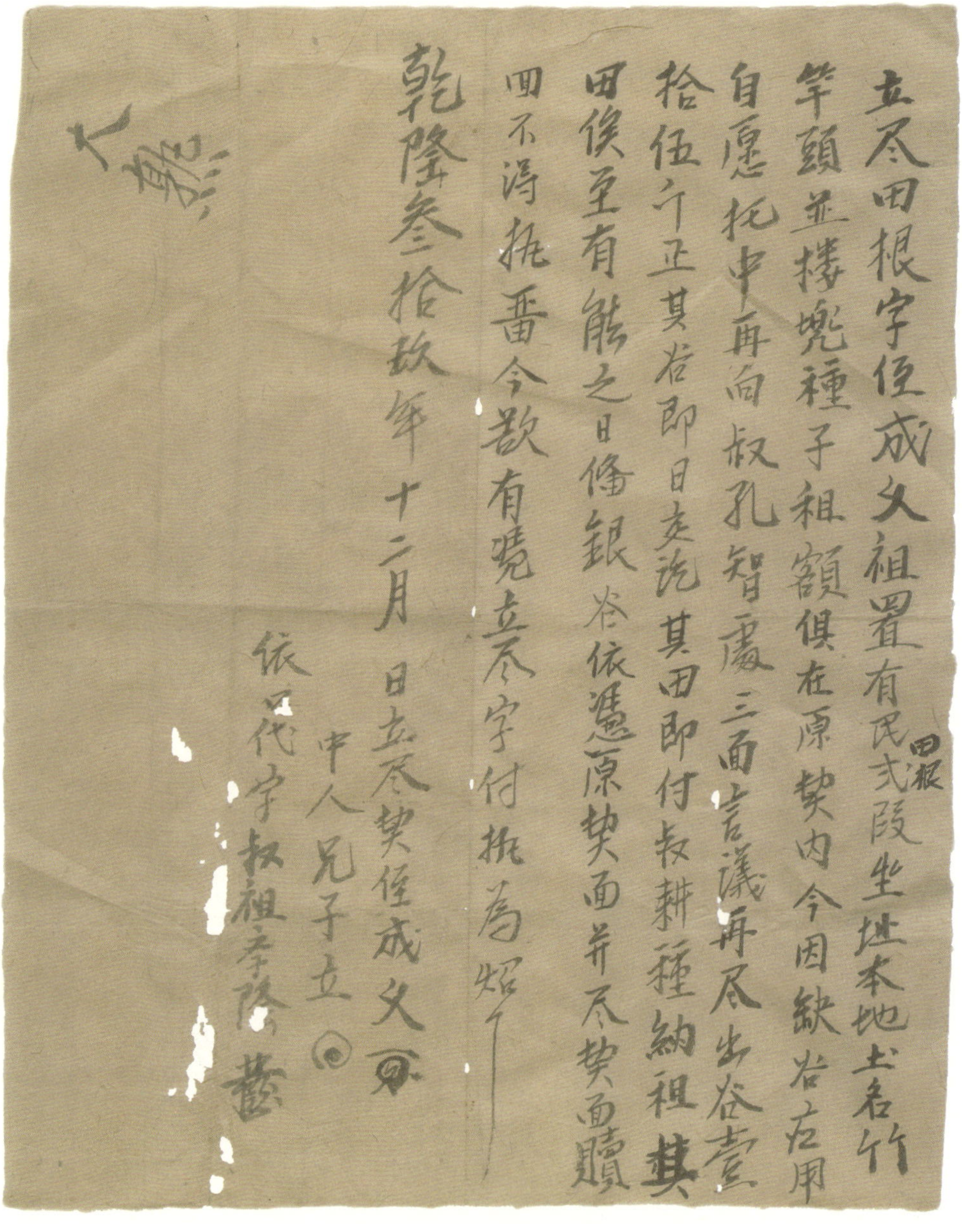
立尽田根字侄成久祖置有民田根式段坐址本地土名竹
竿頭並樓蜆種子祖額俱在原契内今因缺谷应用
自愿托中再向叔孔智處三面言議再尽出谷壹
拾伍亇正其谷即日交訖其田即付叔耕種納祖其
田俟至有能之日備銀谷依憑原契面并尽契面贖
回不得拖番今欲有憑立尽字付执為炤
乾隆叁拾玖年十二月　日立尽契侄成久（押）
中人兄子立（押）
依口代字叔祖孝隆（押）
大號

10-7-18-5　清乾隆三十九年十二月黄成久立盡民田根字

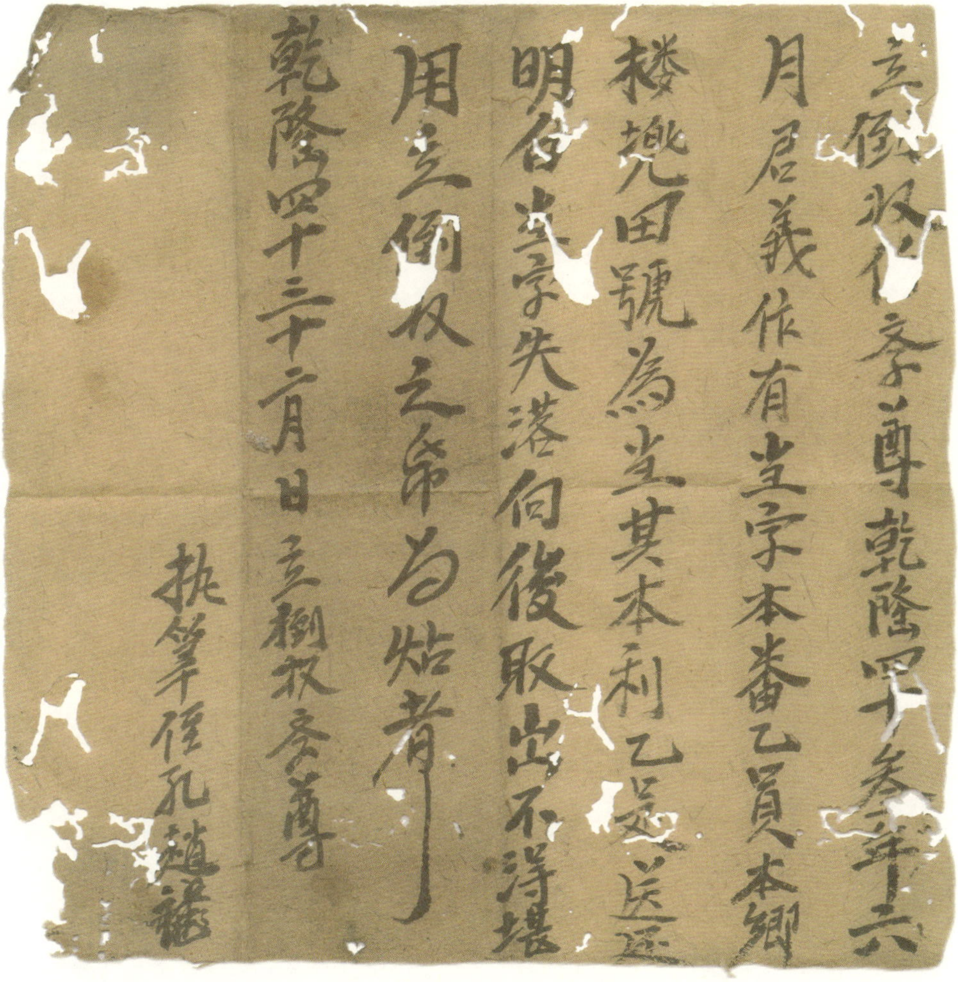

立倒收字人孶尊，乾隆四十叁年十六
月居義作有出字本番乙員，本鄉
樓攬光田號為出，其本利乙足送還
明白，出字失落，向後取出不得堪
用，立倒收之帋為炤者。
乾隆四十三年十二月　日立倒收孶尊
執筆侄孔趙筆

10-7-18-6　清乾隆四十三年十二月黄孶尊立倒收字

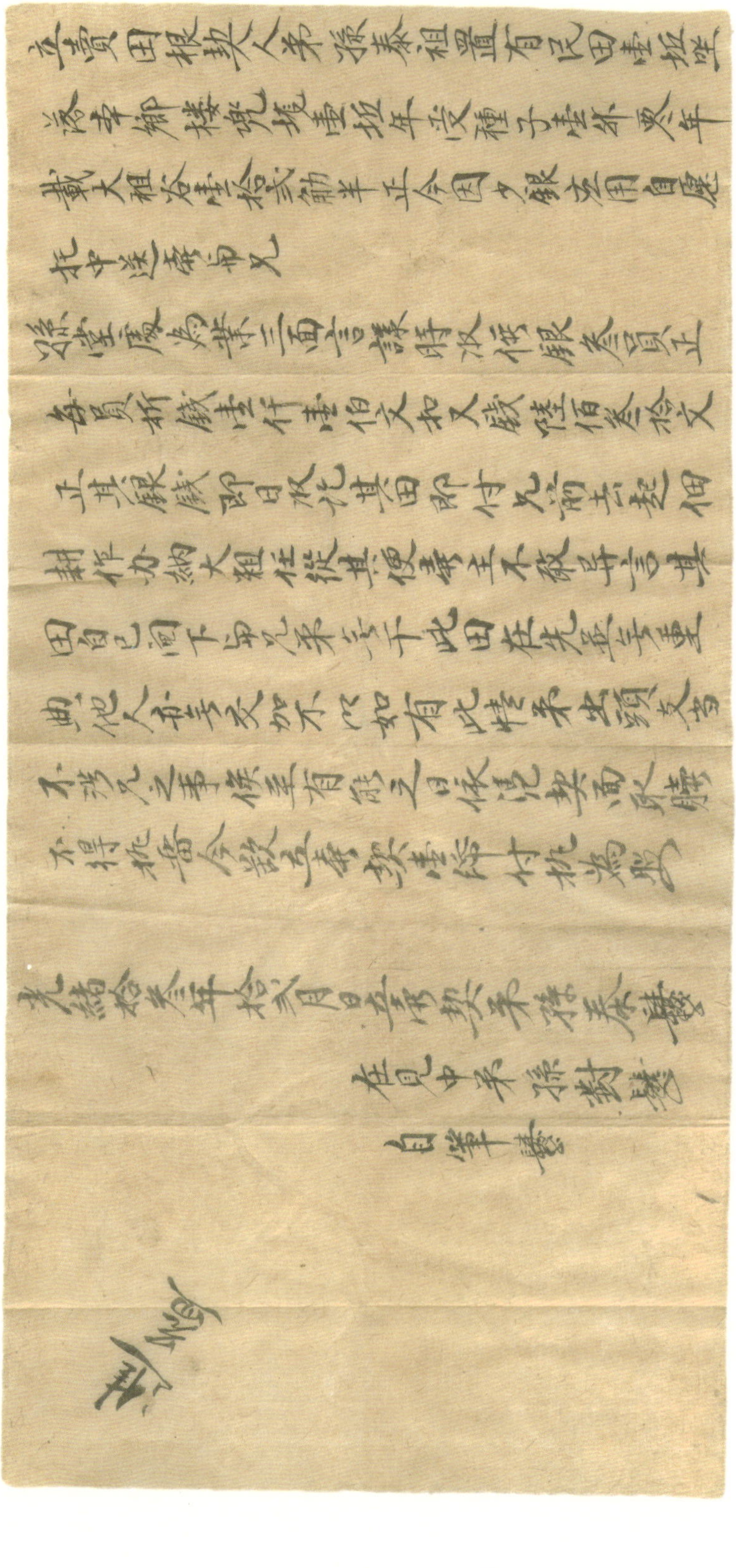
立賣田根契人弟孫泰，祖置有民田壹坵，坐
落本鄉樓兜坑壹坵，年載種子壹升，外要年
載大租谷壹拾貳觔半正。今因乏銀應用，自愿
托中送與本家弟兄
孫邊處為業。三面言議時價作銀叁員正，
每員折錢壹仟壹佰文，和入錢陸佰叁拾文
正。其銀錢即日收訖，其田即付兄前去起佃
耕作，办納大租，任從其便，業主不敢異言。其
田自己闔下與兄弟無干，此田在先並無重
典他人，亦無交加不明，如有此情，弟出頭支當，
不涉兄之事。係是有銀之日，依舊原價取贖，
不得執留。今欲有憑，立賣契壹紙，付執為照。
光緒拾叁年拾貳月 日 立賣田根契弟孫泰（押）
在見中弟孫對（押）
自筆（押）

10-7-18-7 清光緒十三年十二月黄孫泰立賣民田根契

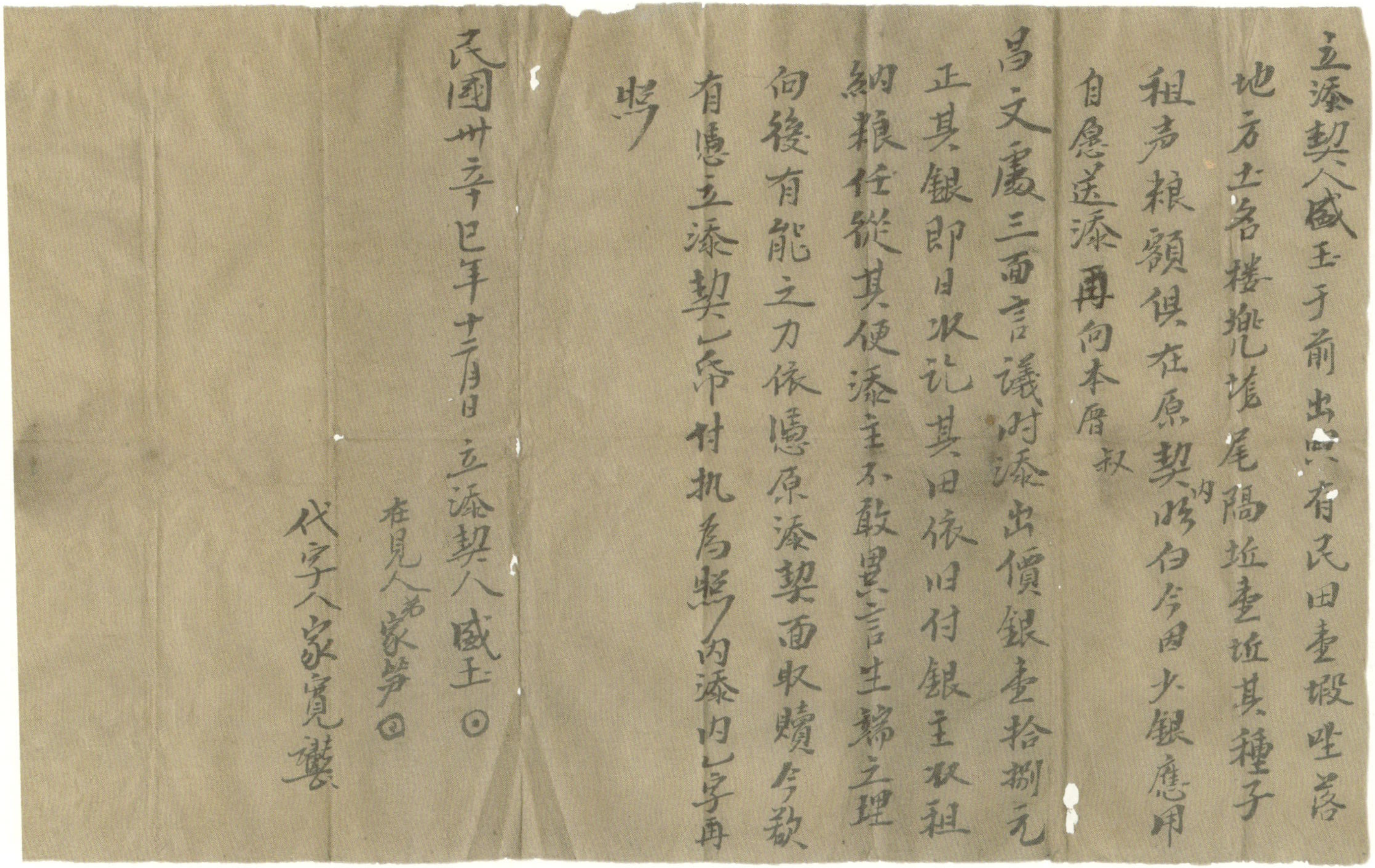
立添契人盛玉，于前出賣有民田壹坵，坐落
地方土名樓墘尾，隔坵壹坵，其種子
租聲糧額，俱在原契內明。自今因少銀應用，
自愿送添再向本厝叔
昌文處，三面言議，時添出價銀壹拾捌元
正，其銀即日收訖，其田依旧付銀主收租
納糧，任從其便，添主不敢異言生端之理。
向後有能之力，依憑原添契面收贖。今欲
有憑，立添契一帋，付執為照。內添「內」一字，再
照。

民國卅辛巳年十二月　日　立添契人盛玉（押）

在見人弟家笋（押）

代字人家寬（押）

10-7-18-8　民國三十年十二月黄盛玉立添民田契

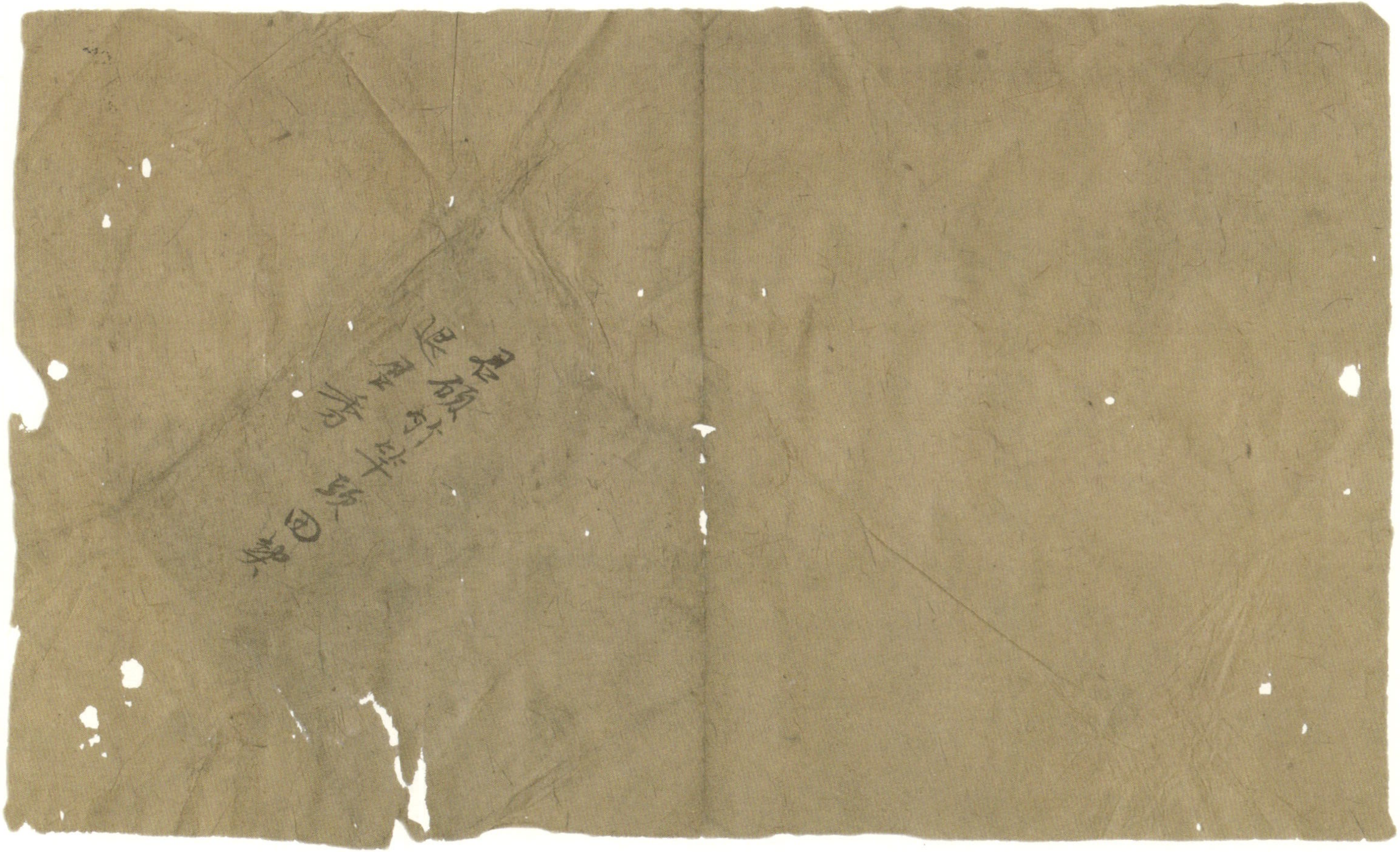

10-7-19-1　包契紙

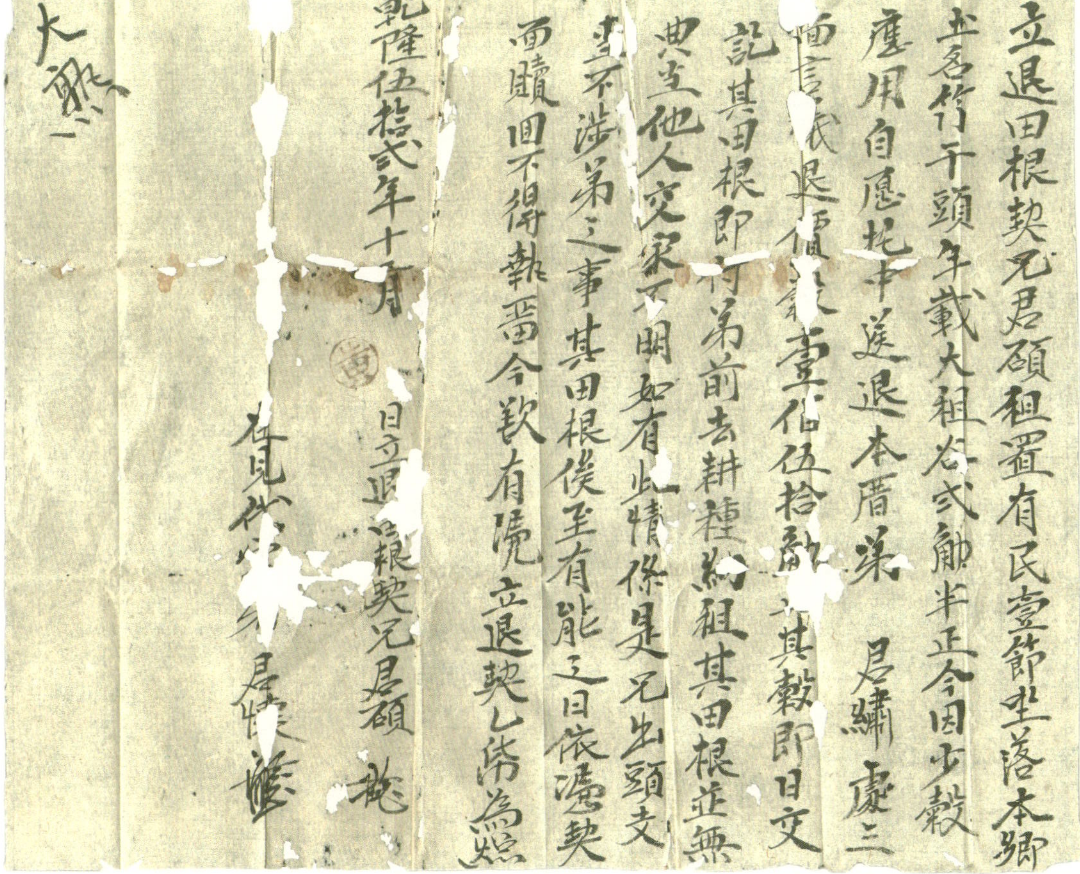
立退田根契兄君碩祖置有民壹節坐落本鄉
土名竹千頭年載大租谷弍斛半正今因乏穀
應用自愿托中送退本厝弟 君鏞 處三
面言議退價錢壹佰伍拾文其錢即日交
訖其田根即付弟前去耕種納租其田根並無
典生他人交加不明如有此情係是兄出頭支
當不涉弟之事其田根後至有能之日依憑契
面贖回不得執留今欲有憑立退契乙紙為照
乾隆伍拾弍年十二月 日立退田根契兄君碩（押）
在見叔[illegible] 君[illegible]（押）
大吉

10-7-19-2 清乾隆五十二年十二月黃君碩立退民田根契

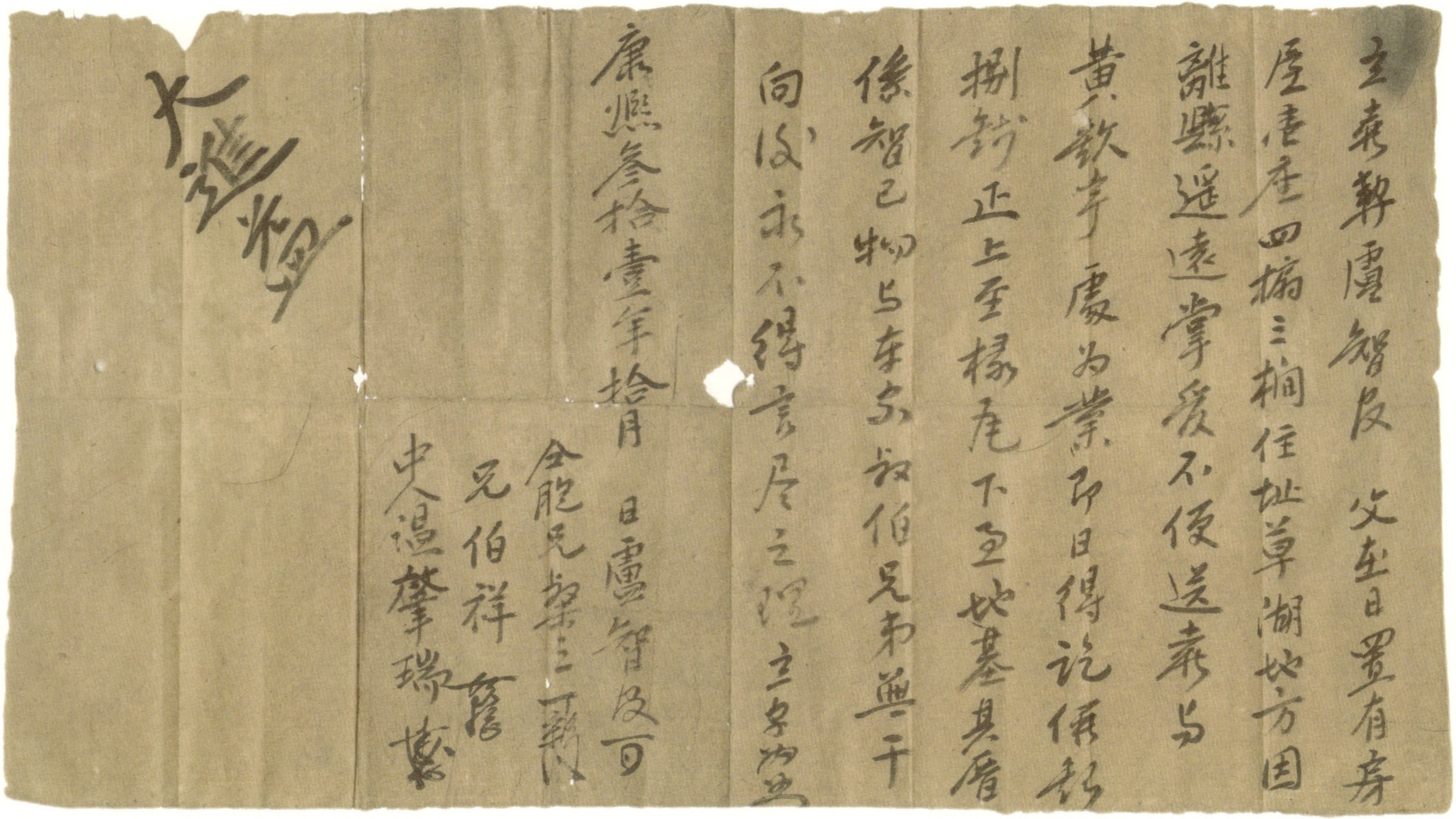
立賣契盧智及　父在日置有房
屋壹座四扇三榴住址草湖坵方因
離縣遥遠掌管不便送賣與
黃欽亭處為業即日得訖價銀
捌錢正上至椽瓦下至地基其屋
係智己物與本家叔伯兄弟無干
向後永不得言盡之理　立契為照
康熙叁拾壹年拾月　日盧智及（押）
仝胞兄智三（押）
兄伯祥（押）
中人溫肇瑞（押）
大進業

10-7-20-1　清康熙三十一年十月盧智及等立賣房屋契

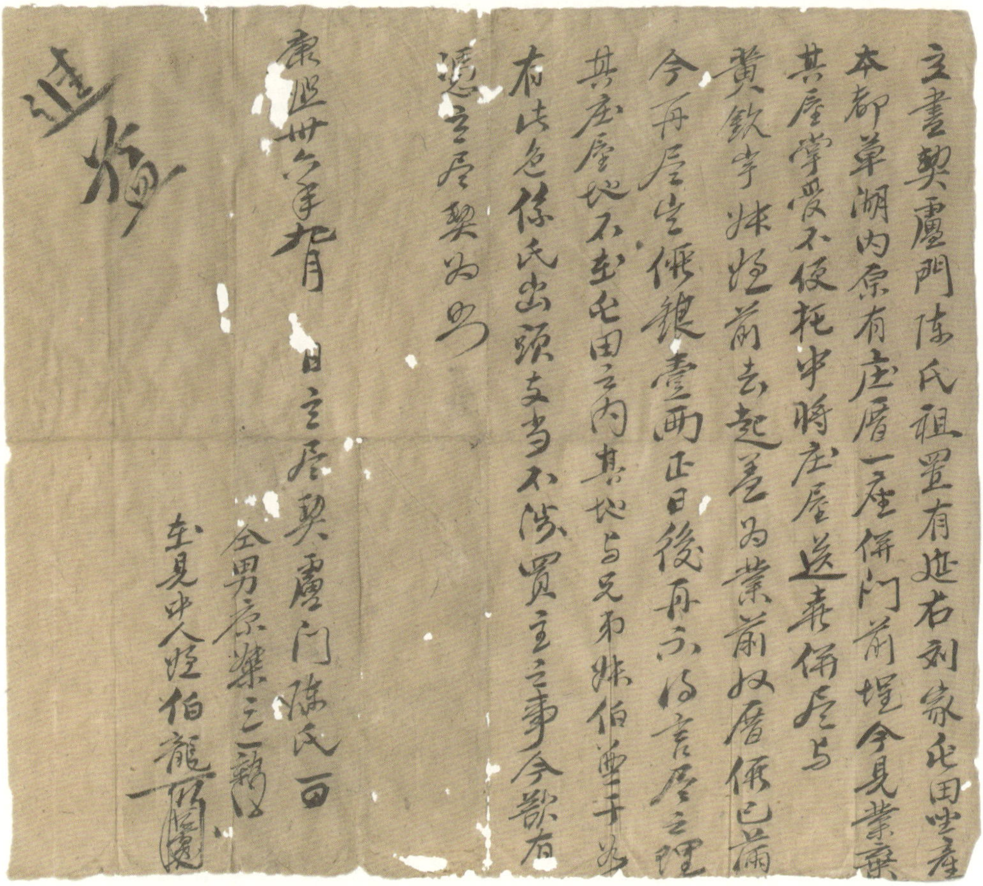

立盡契盧門陳氏祖置有坐右刻家屯田出産
本都草湖内原有庄厝一座係门前埕今見業棄
其厝掌管不便托中將庄厝送與係厝与
黄欽字姝姪前去起蓋為業前収厝價已訖
今再盡出價銀壹兩正日後再不得言盡之理
其庄厝地不系屯田之内其地与兄弟姝伯無干如
有此色係氏出頭支當不涉買主之事今欲有
憑立盡契為照

康熙卅六年九月　日立盡契盧門陳氏（押）
仝男京棟三（押）
在見中人姪伯龍（押）

過[illegible]

10-7-20-2　清康熙三十六年九月盧門陳氏等立盡屯田契

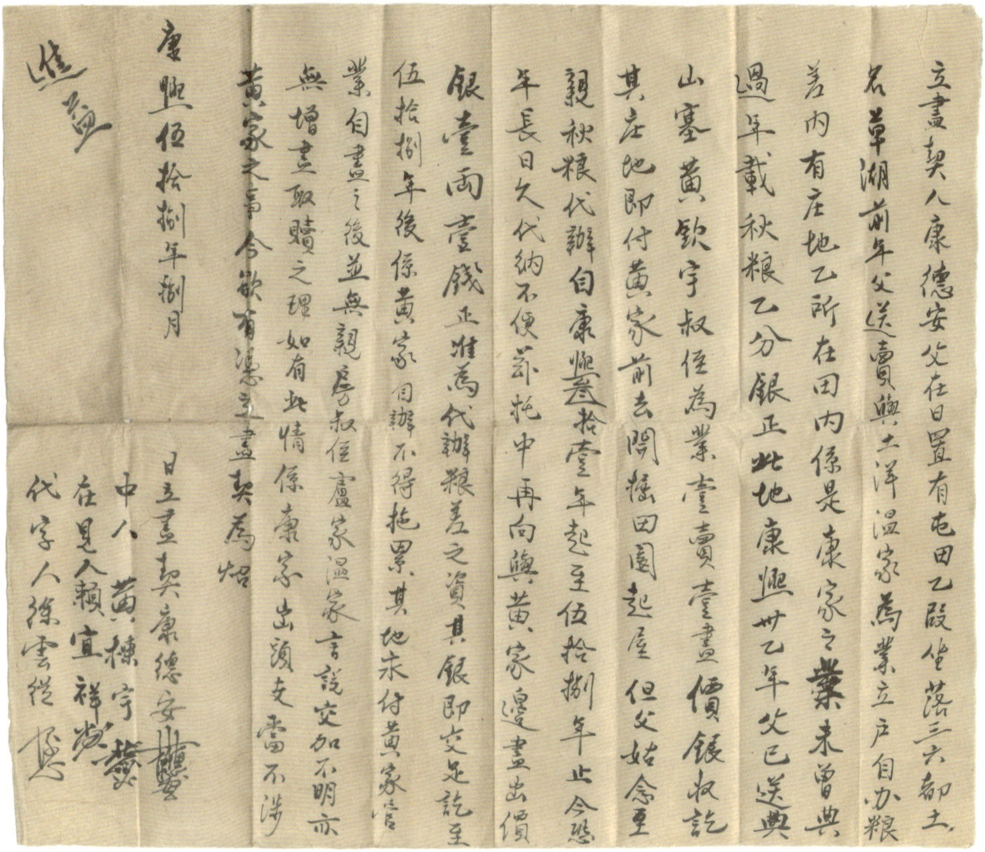

立盡契人康德安父在日置有屯田乙段坐落三六都土
名草湖前年父送賣與土洋温家為業立户自办粮
差内有庄地乙所在田内係是康家之業未曾典
過年載秋粮乙分銀正此地康熙卅乙年父已送典
山塞黄欽宇叔侄為業壹賣壹盡價銀収訖
其庄地即付黄家前去開掘田園起屋但父始念至
親秋粮代辦自康熙叁拾壹年起至伍拾捌年止今思
年長日久代納不便再托中再向與黄家邊盡出價
銀壹両壹錢正准為代辦粮差之資其銀即交足訖至
伍拾捌年後係黄家自辦不得拖累其地永付黄家管
業自盡之後並無親房叔侄盧家温家言説交加不明亦
無增盡取贖之理如有此情係康家出頭支當不涉
黄家之事今欲有憑立盡契為炤

康熙伍拾捌年捌月　日立盡契康德安
中人　黄棟宇
在見人賴宜祥
代字人孫雲從

10-7-20-3　清康熙五十八年八月康德安立盡屯田契

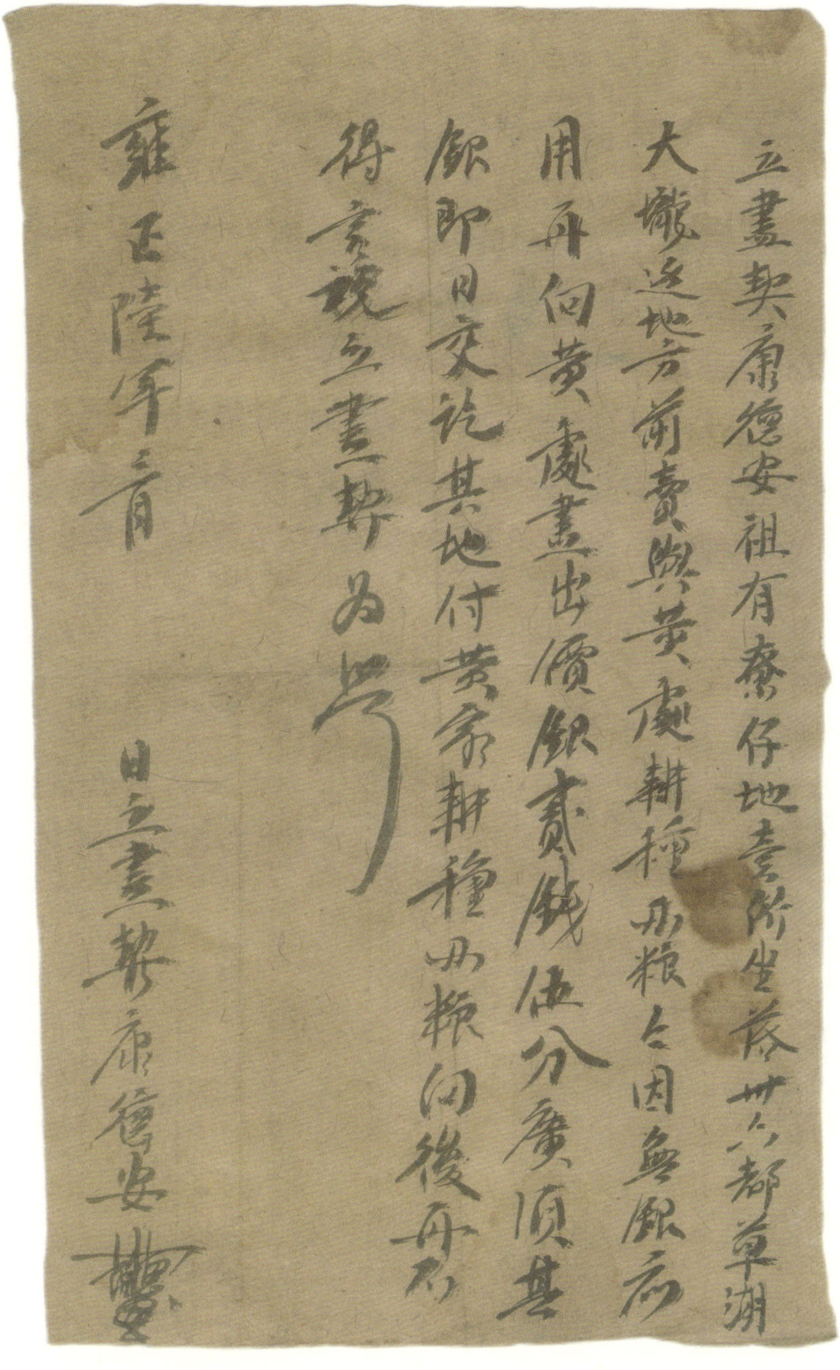

立盡契康德安祖有寮仔地壹所坐落廿六都草湖
大墩邊地方前賣與黃處耕種办粮今因無銀應
用再向黃處盡出價銀貳錢伍分廣須其
銀即日交訖其地付黃家耕種办粮向後再不
得言贖立盡契為照
雍正陸年三月　日立盡契康德安（押）

10-7-20-4　清雍正六年三月康德安立盡寮仔地契

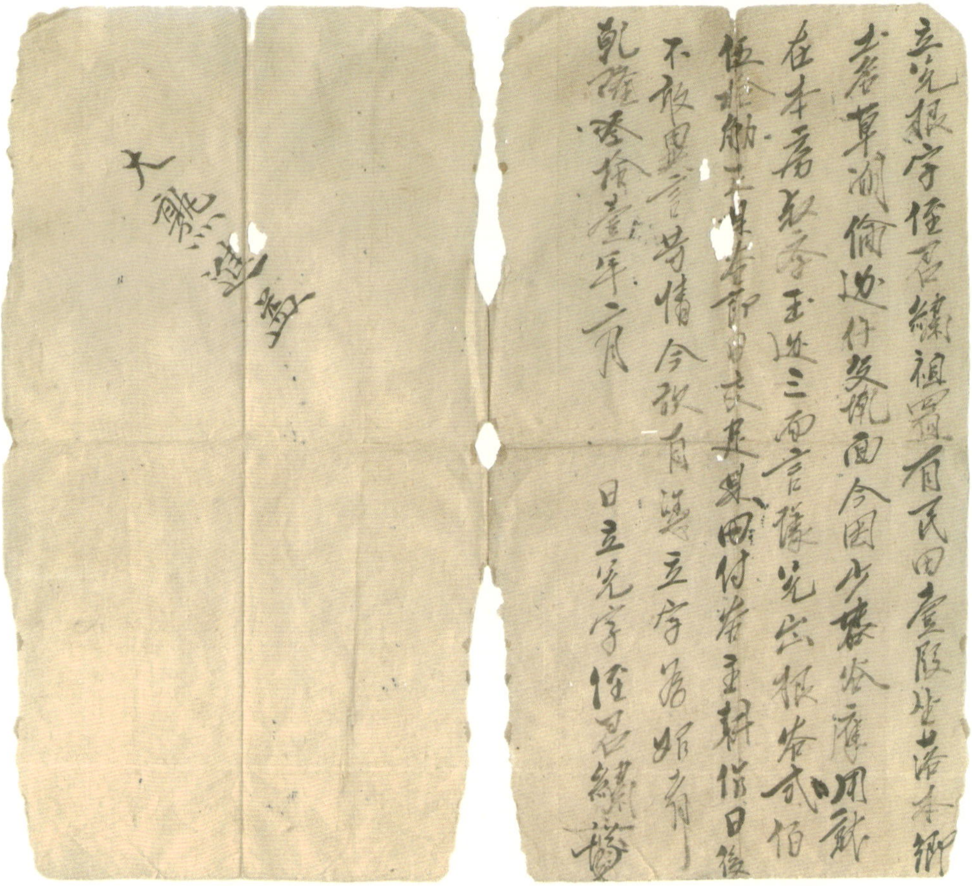
立兑根字侄君繡祖置有民田壹段坐落本鄉
土名草湖倫边付叟坑面今因少銀應用就
在本房叔季玉边三面言議兑出根價銀貳佰
伍拾両正其銀即日交足其田付銀主耕作日後
不敢異言等情今欲有憑立字為炤者
乾隆叁拾壹年二月　日立兑字侄君繡

10-7-20-5　清乾隆三十一年二月黄君繡立兑民田根字

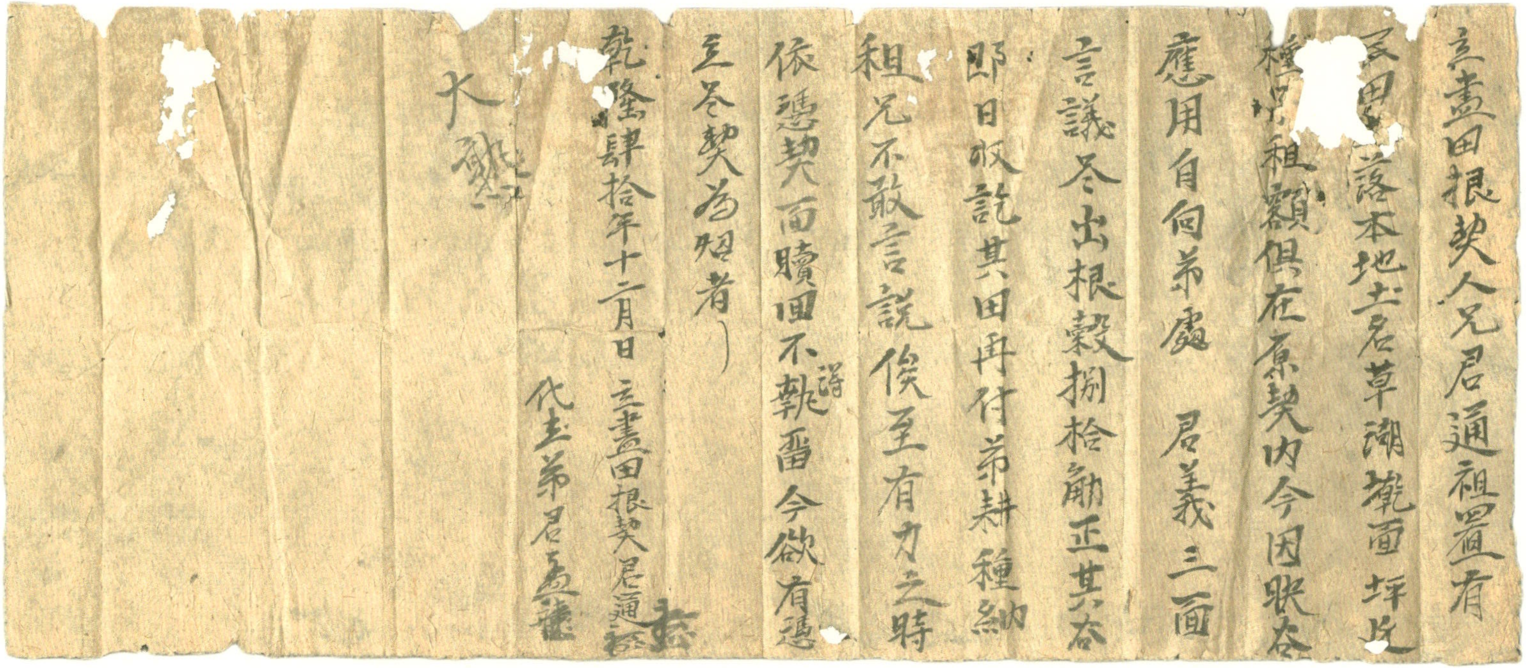
立盡田根契人兄君通祖置有
民田[illegible]落本地土名草湖垅面坪近
種[illegible]租額俱在原契內今因歉乏
應用自向弟處　君義三面
言議叁出根穀捌拾觔正其谷
即日收訖其田再付弟耕種納
租兄不敢言說候至有力之時
依憑契面贖回不執諾留今欲有憑
立盡契為炤者
乾隆肆拾年十二月日　立盡田根契人兄君通[illegible]
代書弟君[illegible]
大[illegible]

10-7-20-6　清乾隆四十年十二月黃君通立盡民田根契

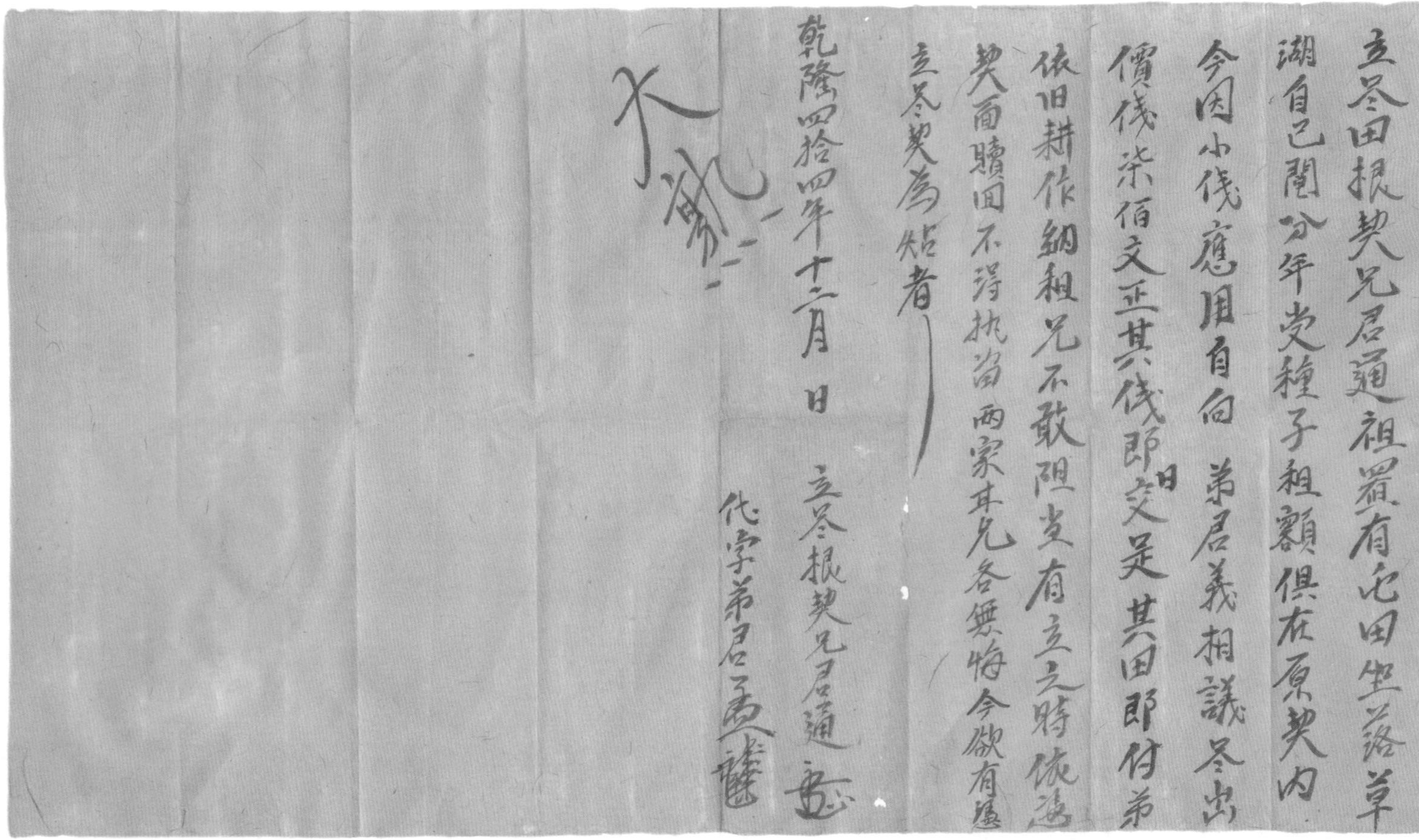

立盡田根契兄君通，祖置有屯田坐落草湖，自己閩分年受種子租額俱在原契内。今因小錢應用，自向弟君義相議，盡出價錢柒佰文正，其錢即日交足，其田即付弟依旧耕作納租，兄不敢阻止。有立之時，依邊契面贖回，不得执留。兩家甘允，各無悔。今欲有憑，立盡契為炤者。

乾隆四拾四年十二月　日　立盡根契兄君通（押）

代字弟君子惠（押）

不贖

10-7-20-7　清乾隆四十四年十二月黃君通立盡屯田根契

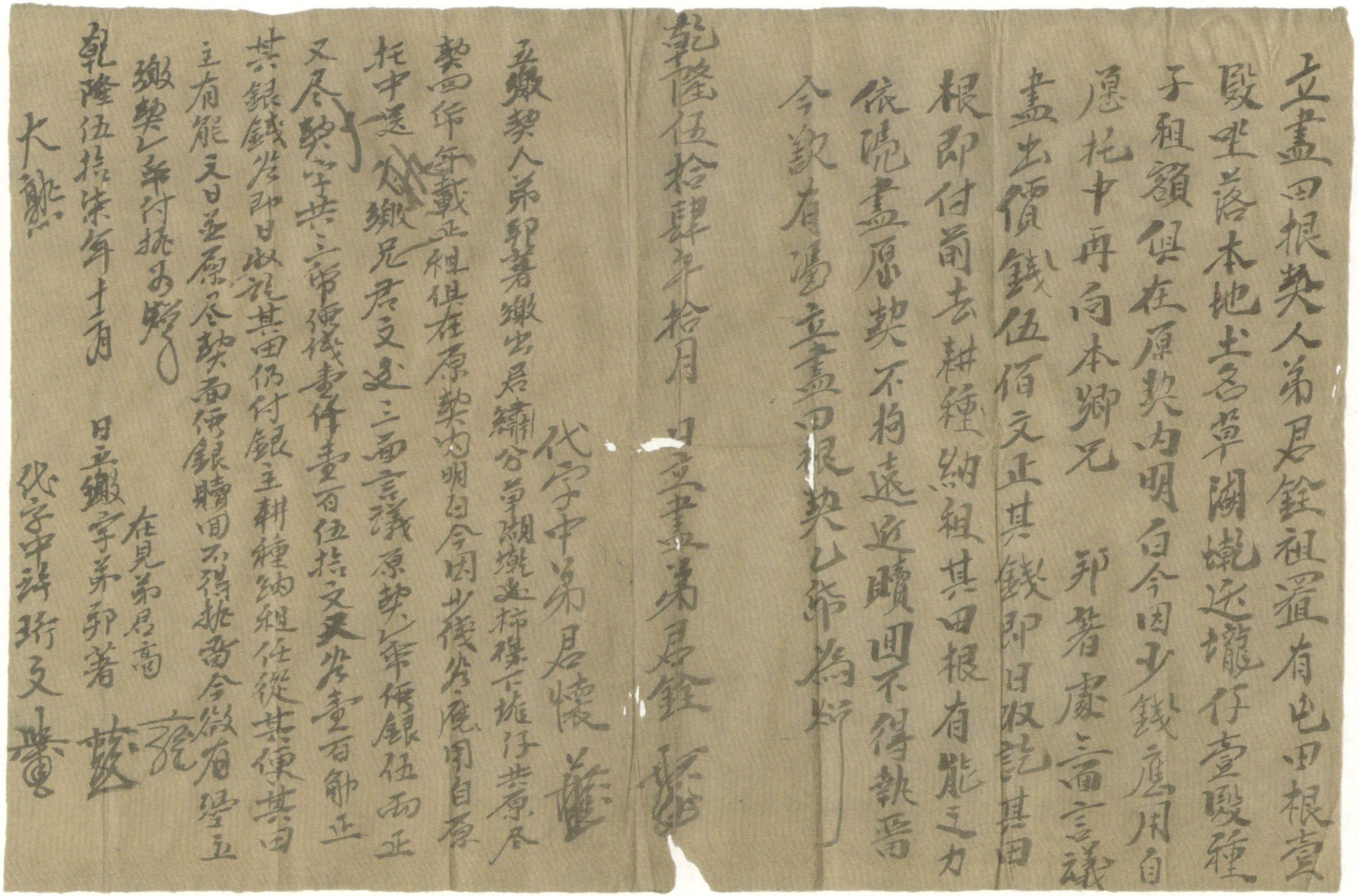

立盡田根契人弟君銓祖置有屯田根壹
段坐落本地土名草湖墘近壠仔壹段種
子租額俱在原契內明白今因乏錢應用自
愿托中再向本鄉兄　邦著處三面言議
盡出價錢伍佰文正其錢即日收訖其田
根即付前去耕種納租其田根有能之力
依憑盡原契不得遠近贖回不得執留
今欲有憑立盡田根契乙帋為炤

乾隆伍拾肆年拾月　日立盡弟君銓（押）
代字中弟君懷（押）

立繳契人弟邦著繳出君鏞分草湖墘近柿樣下垅仔共原叁
契四紙併年載正租俱在原契內明白今因乏錢應用自原
托中送繳兄君文邊三面言議原契乙帋價銀伍兩正
又叁契乙字共三帋價錢壹仟壹百伍拾文又叁壹百節正
其銀錢當即日收訖其田仍付銀主耕種納租任從其便其田
主有能之日照原叁契面價銀贖回不得執留今欲有憑立
繳契乙帋付執為炤

乾隆伍拾柒年十月　日立繳字弟邦著（押）
在見弟君高（押）
大熟　代字中評珩文（押）

10-7-20-8　清乾隆五十四年十月黄君銓立盡屯田根契

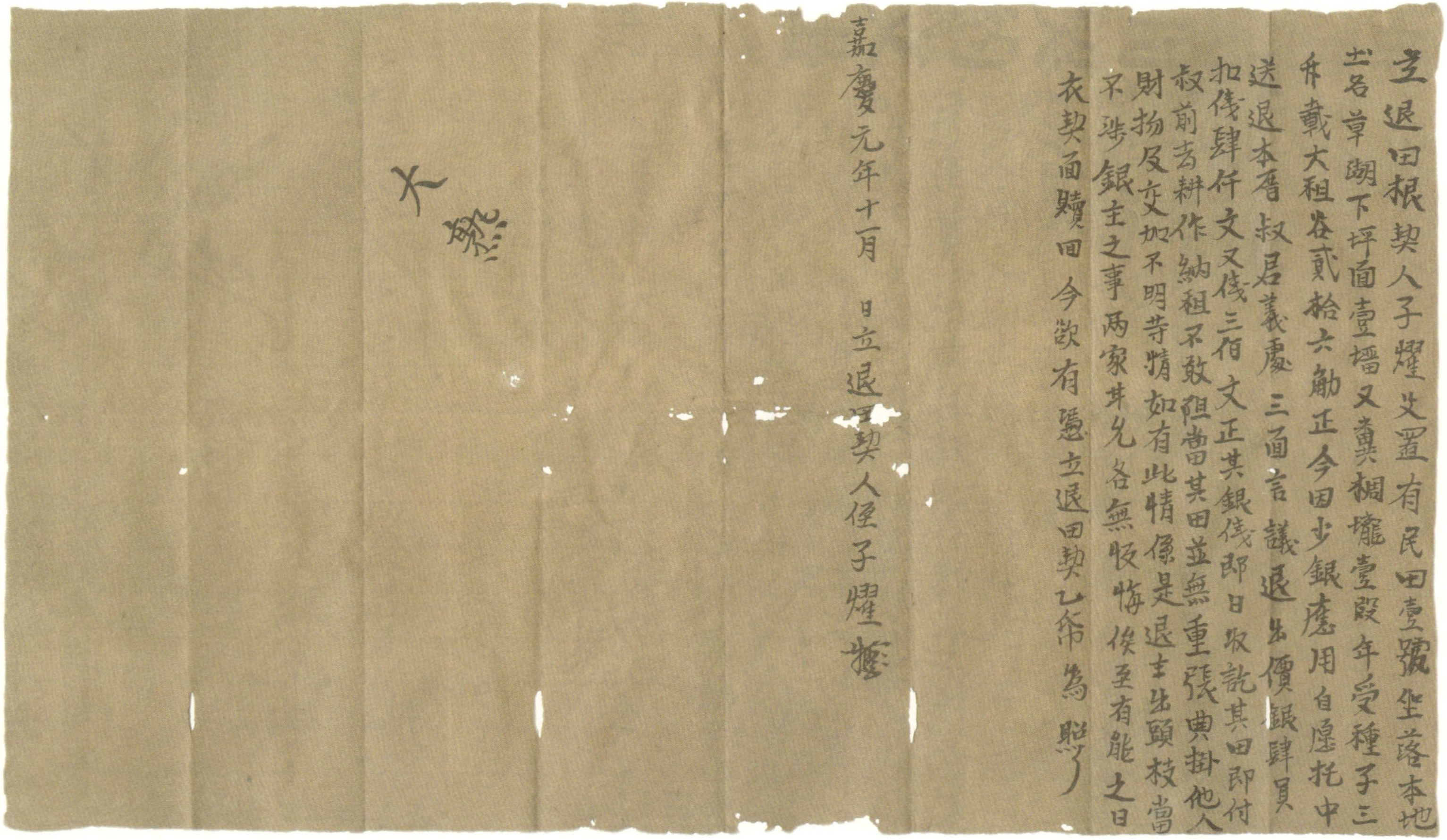

立退田根契人子燿，父置有民田壹號，坐落本地
土名章湖下坪面壹墦，又龔桐壠壹段，年受種子三
斗，載大租谷貳拾六觔正。今因乏銀應用，自愿托中
送退本厝叔君義處，三面言議，退出價銀肆員，
扣錢肆仟文，又錢三佰文正。其銀錢即日收訖，其田即付
叔前去耕作納租，不敢阻當。其田並無重張典掛他人
財物，及交加不明等情，如有此情，係是退主出頭枝當，
不涉銀主之事。两家甘允，各無反悔，後至有能之日，
衣契面贖回。今欲有憑，立退田契乙帋為照。

嘉慶元年十一月　日立退田契人侄子燿（押）

大發

10-7-20-9　清嘉慶元年十一月黃子燿立退民田根契

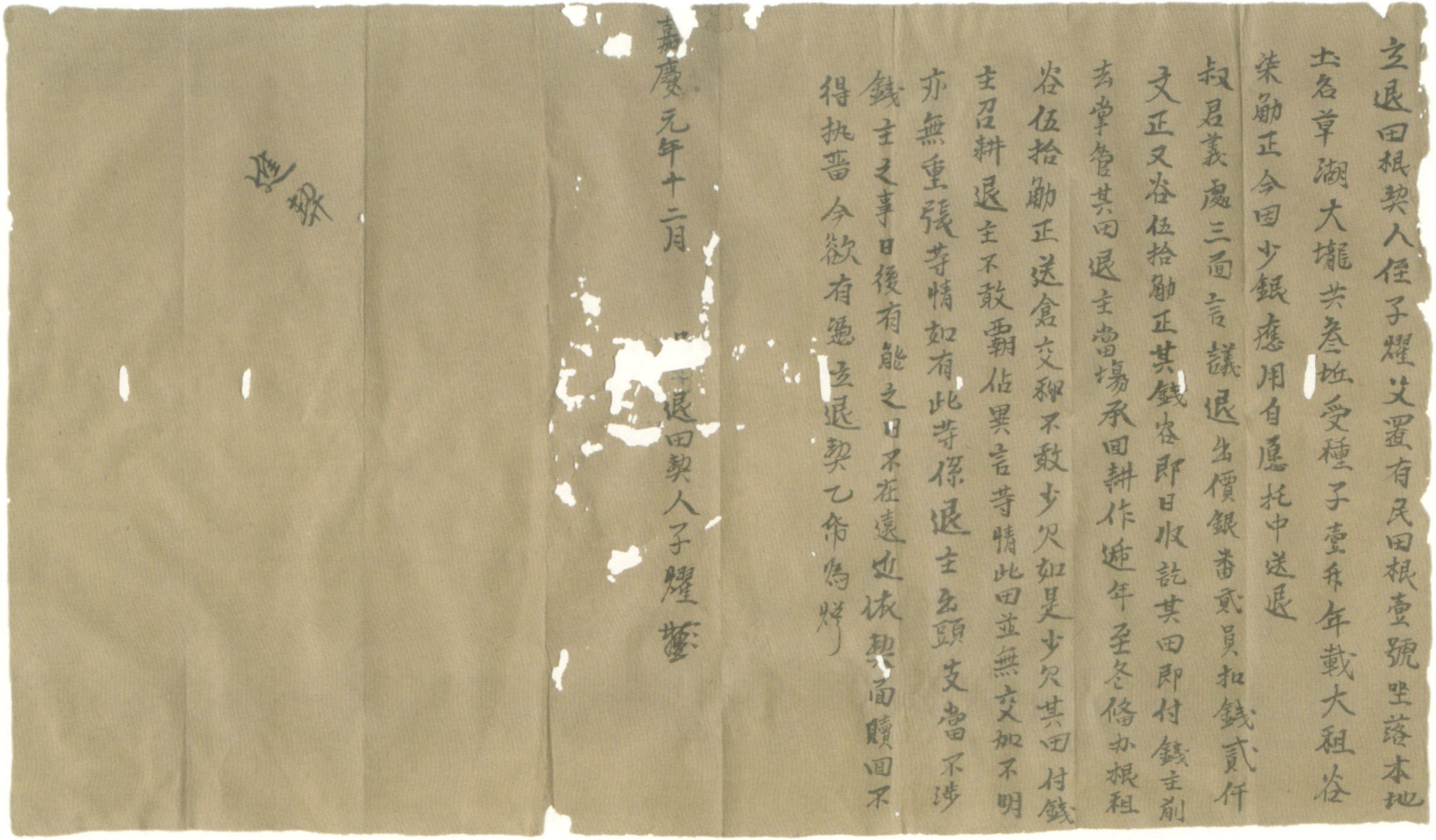
立退田根契人侄子燿，丈置有民田根壹號，坐落本地
土名草湖大壠，共叁坵，受種子壹升，年載大租谷
柒觔正。今因乏銀應用，自愿托中送退
叔君義處，三面言議，退出價銀番貳員，扣錢貳仟
文正，又谷伍拾觔正，其錢谷即日收訖，其田即付錢主前
去掌管，其田退主當場承回耕作，遞年至冬備办根租
谷伍拾觔正，送倉交納，不敢少欠，如是少欠，其田付錢
主召耕，退主不敢覇佔異言等情。此田並無交加不明
亦無重張等情，如有此等，係退主出頭支當，不涉
錢主之事。日後有能之日，不拘遠近，依契面贖回，不
得执留。今欲有憑，立退契乙帋為照。

嘉慶元年十二月　日立退田契人子燿（押）

連环

10-7-20-10　清嘉慶元年十二月黃子燿立退民田根契

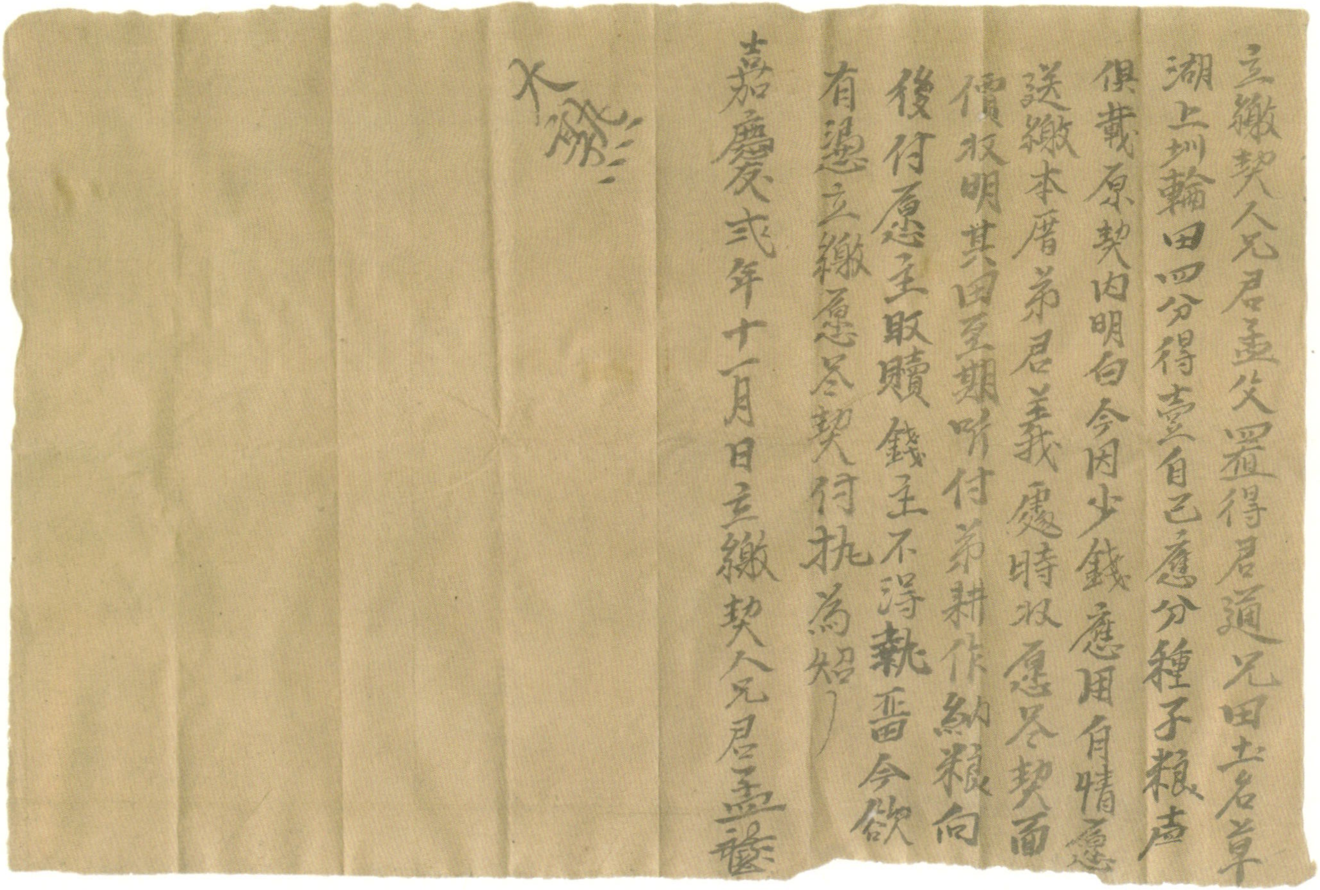

立繳契人兄君孟父置得君通兄田土名草
湖上圳輪田四分得壹自己應分種子粮壹
俱載原契內明白今因少錢應用自情愿
送繳本厝弟君義處時收愿尽契面
價收明其田至期付弟耕作納粮向
後付愿主取贖錢主不得執畱今欲
有憑立繳愿尽契付執為炤
嘉慶弍年十一月日立繳契人兄君孟

10-7-20-11　清嘉慶二年十一月黃君孟立繳輪田契

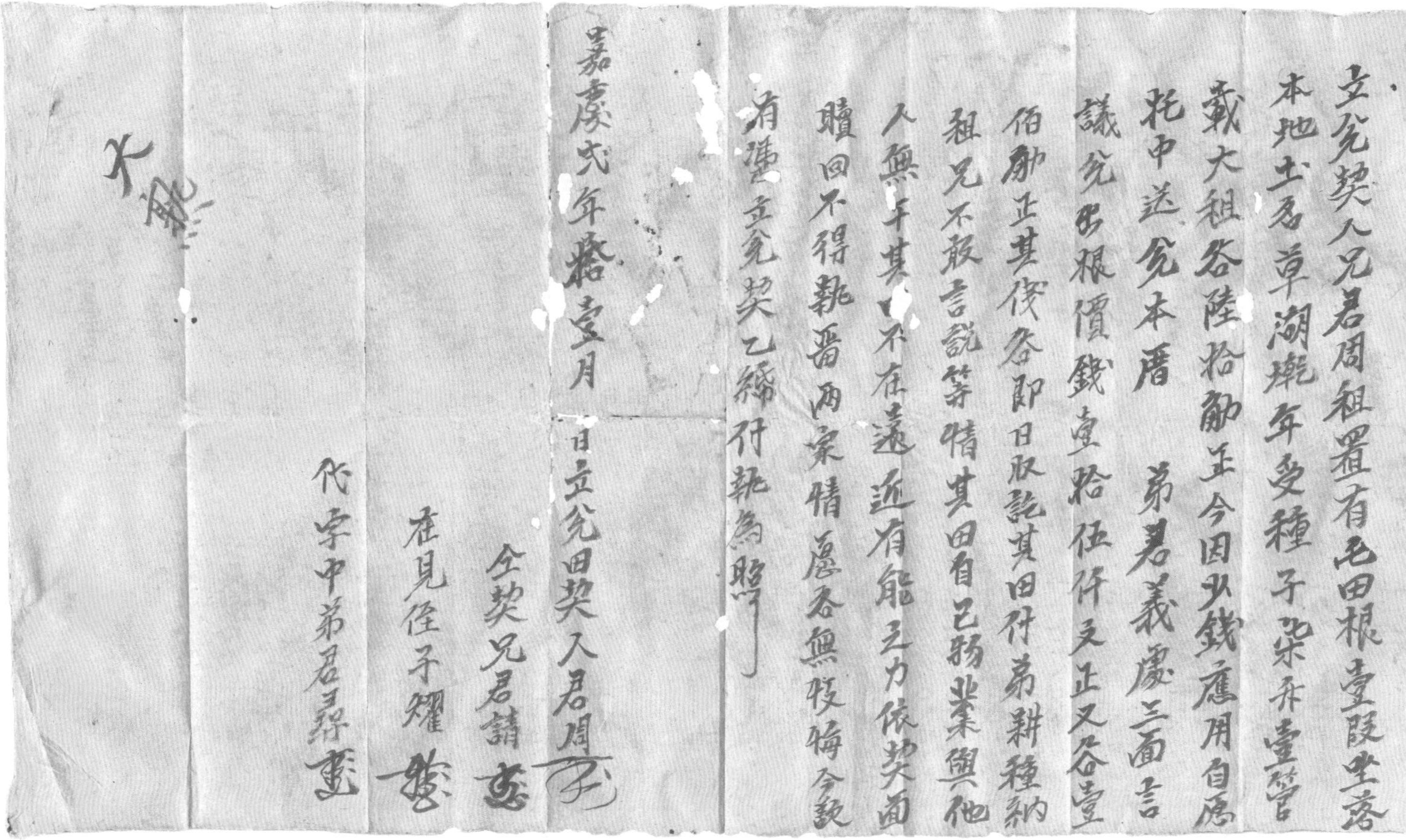
立兑契人兄君周祖置有屯田根壹段坐落
本地土名草湖墘年受種子柒斗壹管
載大租谷陸拾觔正今因乏錢應用自愿
托中送兑本厝 弟君義處三面言
議兑出根價錢壹拾伍仟文正又谷壹
佰觔正其錢谷即日収訖其田付弟耕種納
租兄不敢言說等情其田自己物業與他
人無干其田不在遠近有能之力依契面
贖回不得執留两家情愿各無反悔今欲
有憑立兑契乙紙付執為照

嘉慶弍年拾壹月　日立兑田契人君周（押）
仝契兄君請（押）
在見侄子燿（押）
代字中弟君琛（押）

大發

10-7-20-12　清嘉慶二年十一月黃君周等立兑屯田根契

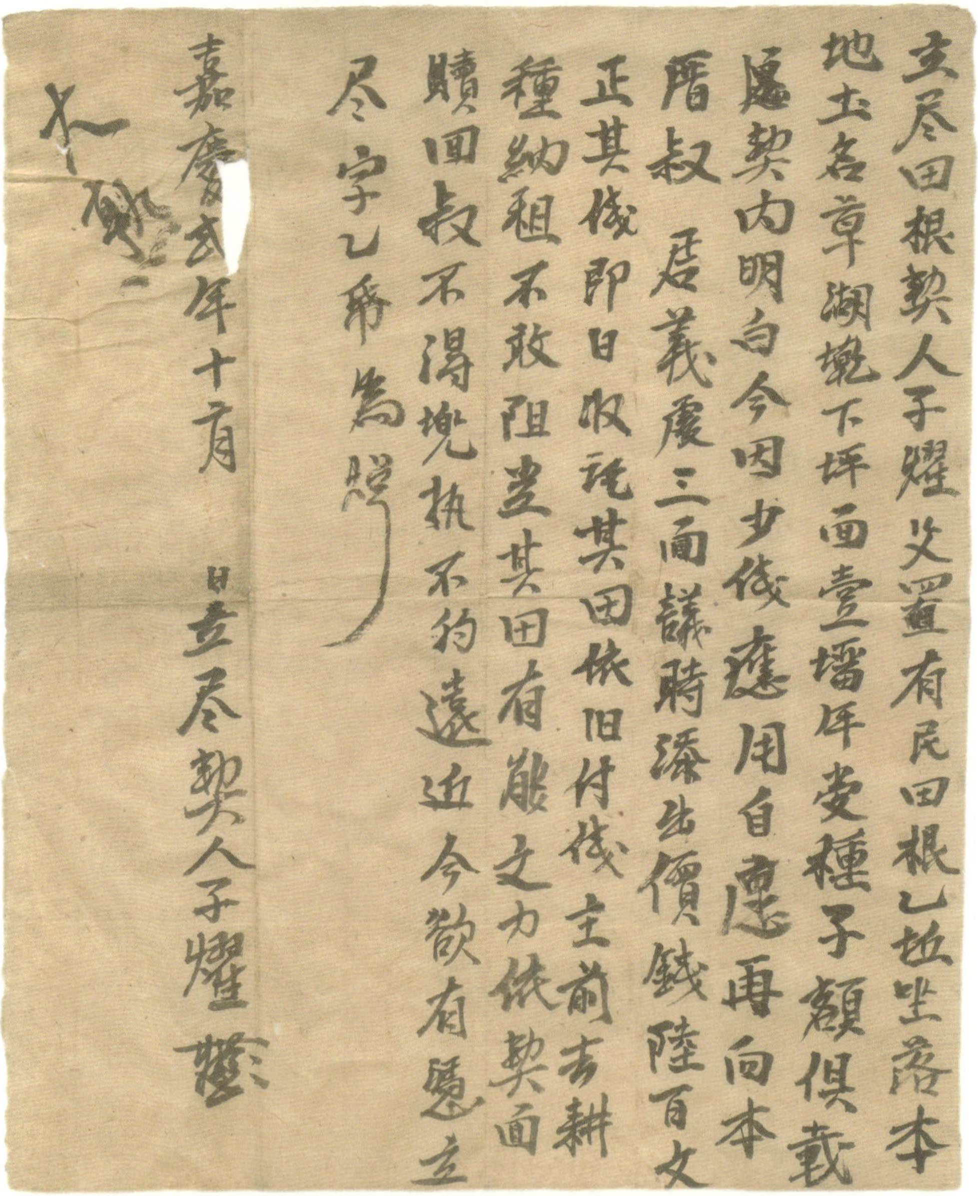
立尽田根契人子燿父置有民田根一坵坐落本
地土名草湖墘下坪面壹坵年受種子額俱載
遞契内明白今因乏銭應用自愿再向本
房叔 居義處三面議時添出價銭陸百文
正其銭即日收訖其田依旧付銭主前去耕
種納租不敢阻当其田有能之力依契面
贖回叔不得執抝不約遠近今欲有憑立
尽字一帋為照
嘉慶弍年十二月 日立尽契人子燿

10-7-20-13 清嘉慶二年十二月黄子燿立盡民田根契

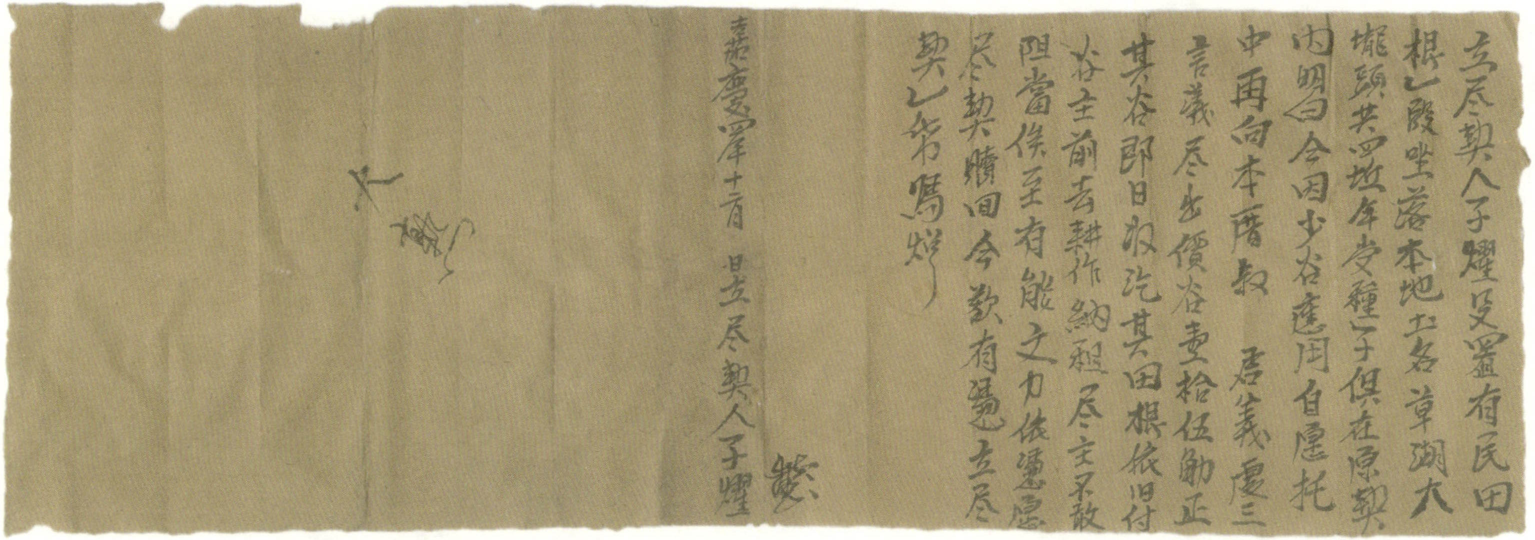

立尽契人子燿旻置有民田
根一段坐落本地土名草湖大
塀頭共四坵年受種一子俱在原契
内明白今因少谷應用自愿托
中再向本厝叔　君義處三
言議尽出價谷壹拾伍觔正
其谷即日收訖其田根依旧付
谷主前去耕作納租尽主不敢
阻當保至有能之力依還處
尽契贖回今欲有憑立尽
契一紙為炤

嘉慶四年十二月　日立尽契人子燿

10-7-20-14　清嘉慶四年十二月黄子燿立盡民田根契

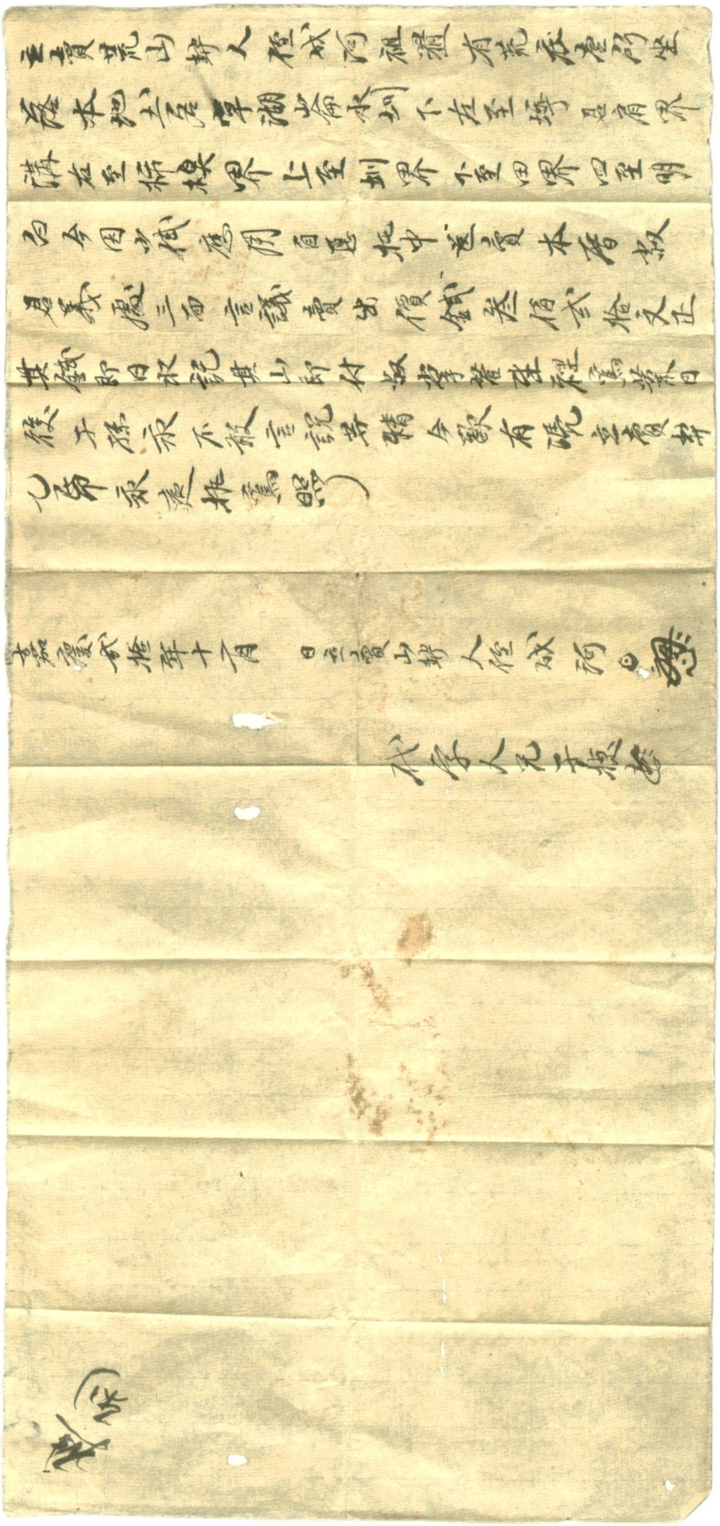
立賣荒山契人黄成河祖置有荒山壹所坐
落本地土名摩湖山角水圳下左至壩是角界
溝右至柯棣界上至圳界下至田界四至明
白今因乏銀應用自願托中送賣本房叔
君豪處三面言議賣出價錢叁佰貳拾文正
其錢即日收訖其山即付叔掌管栽種為業日
後子孫永不敢言說贖今欲有憑立賣荒山契
一紙永遠為照
嘉慶貳拾年十二月　日立賣山契人黄成河（押）
代字人兄元福（押）

10-7-20-15　清嘉慶二十年十二月黄成河立賣荒山契

10-7-21-1　包契紙

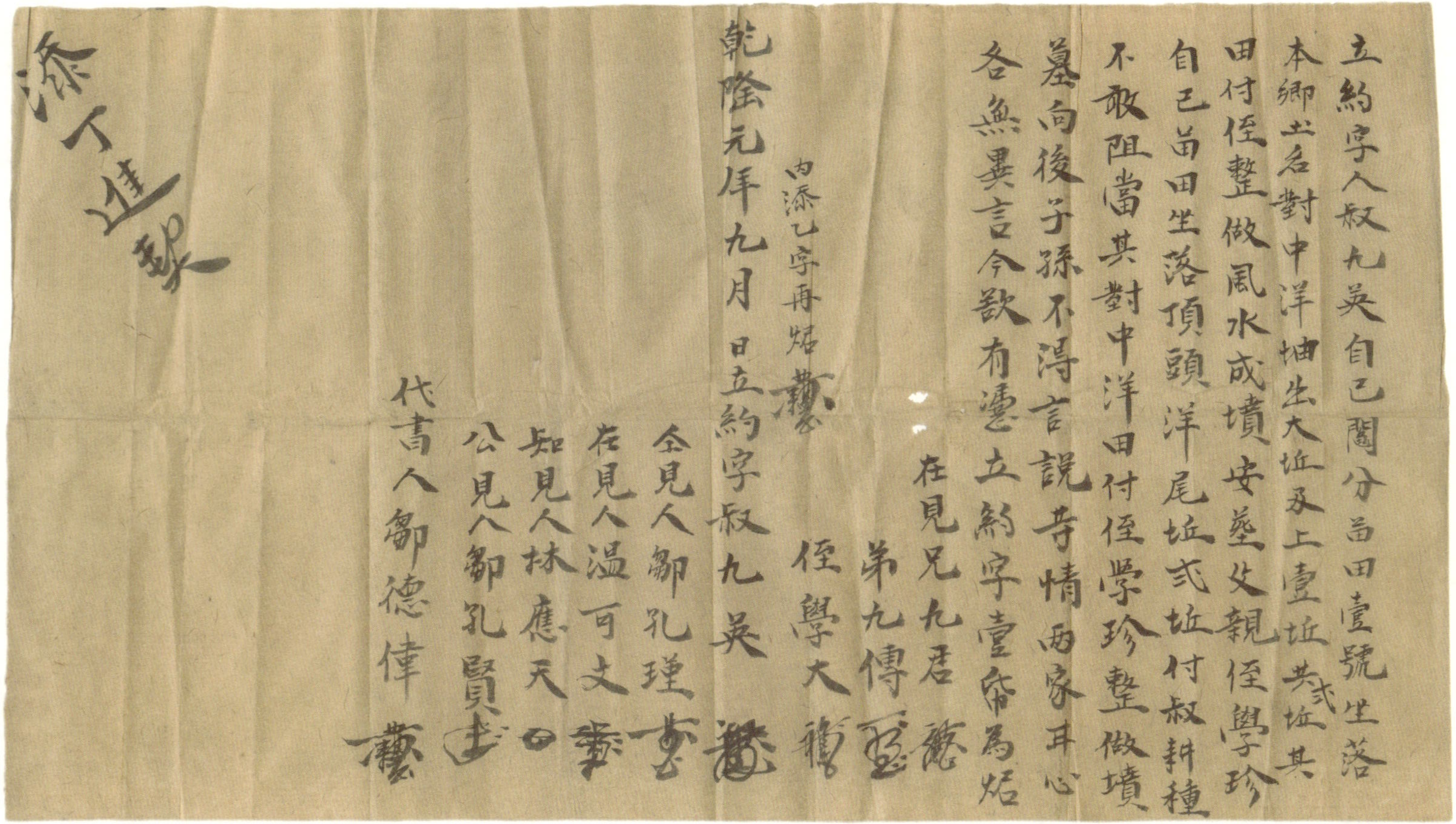

立約字人叔九英自己鬮分苗田壹號生落
本鄉土名對中洋坳生大坵及上壹坵共貳坵其
田付侄整做風水成墳安塟父親侄學珍
自己苗田坐落頂頭洋尾坵貳坵付叔耕種
不敢阻當其對中洋田付侄學珍整做墳
墓向後子孫不得言說異情兩家甘心
各無異言今欲有憑立約字壹紙為炤
在見兄九君
弟九傳
侄學大
内添乙字再炤
乾隆元年九月　日立約字叔九英
仝見人鄒孔理
在見人溫可文
知見人林應天
公見人鄒孔賢
代書人鄒德偉
添丁進契

10-7-21-2　清乾隆元年九月黃九英立約字

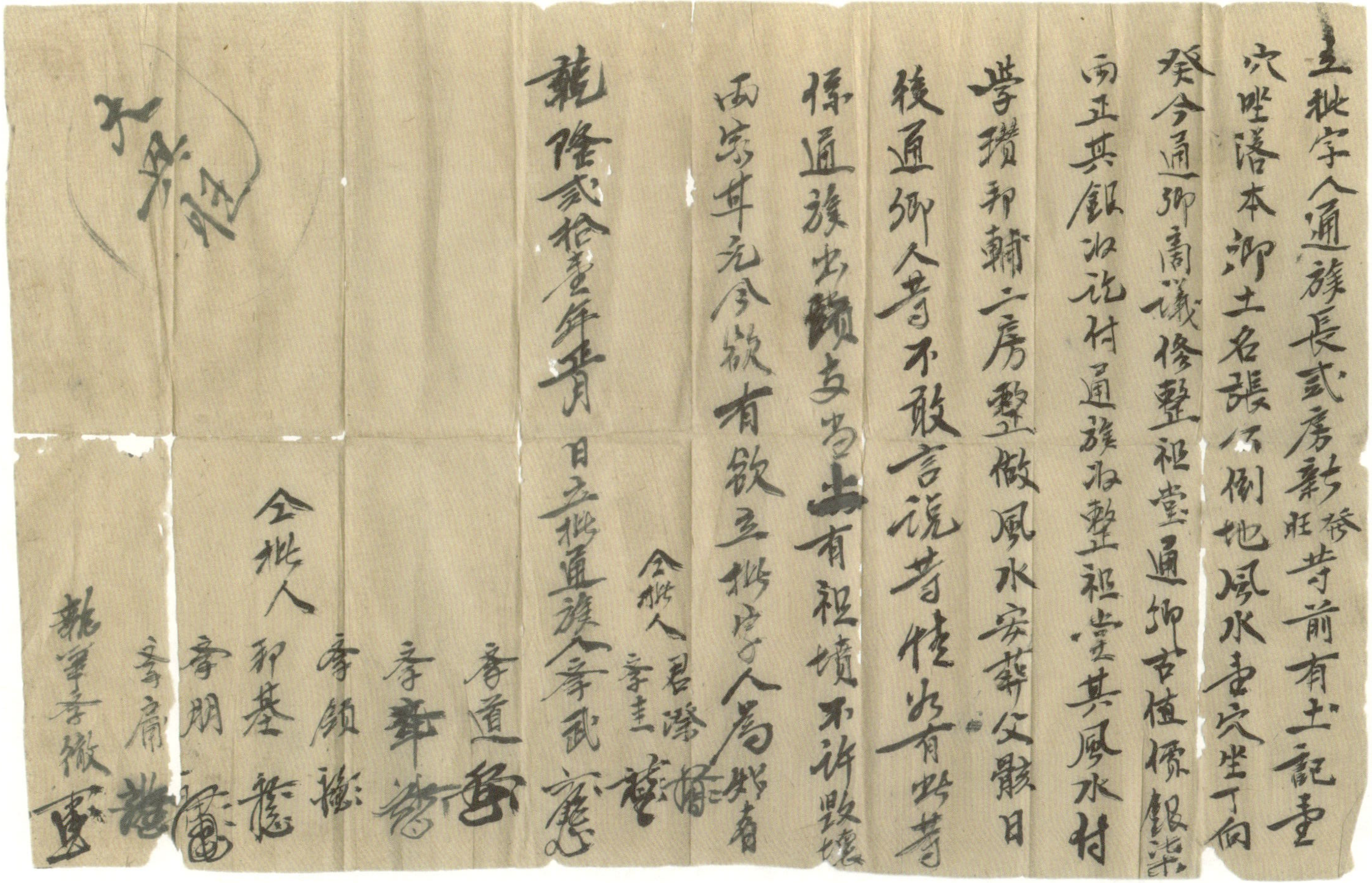
立批字人通族長貳房新、發旺等，前有土記壹
穴，坐落本鄉土名張仔倒地，風水壹穴，坐丁向
癸。今通鄉商議修整祖堂，通鄉古值價銀柒
兩正，其銀付訖，付通族修整祖堂，其風水付
與瓚邦、輔二房整做風水，安葬父骸。日
後通鄉人等不敢言說等情，如有此等，
係通族出頭支當。其有祖墳不許毀壞
兩家耳元。今欲有憑，立批字人為照者。
仝批人 君深 孝圭
乾隆貳拾壹年正月 日立批通族人孝武
孝道
孝華
孝領
仝批人 和基
孝朋
孝肅
親筆孝徽

10-7-21-3　清乾隆二十一年正月黃氏長二兩房立批風水字

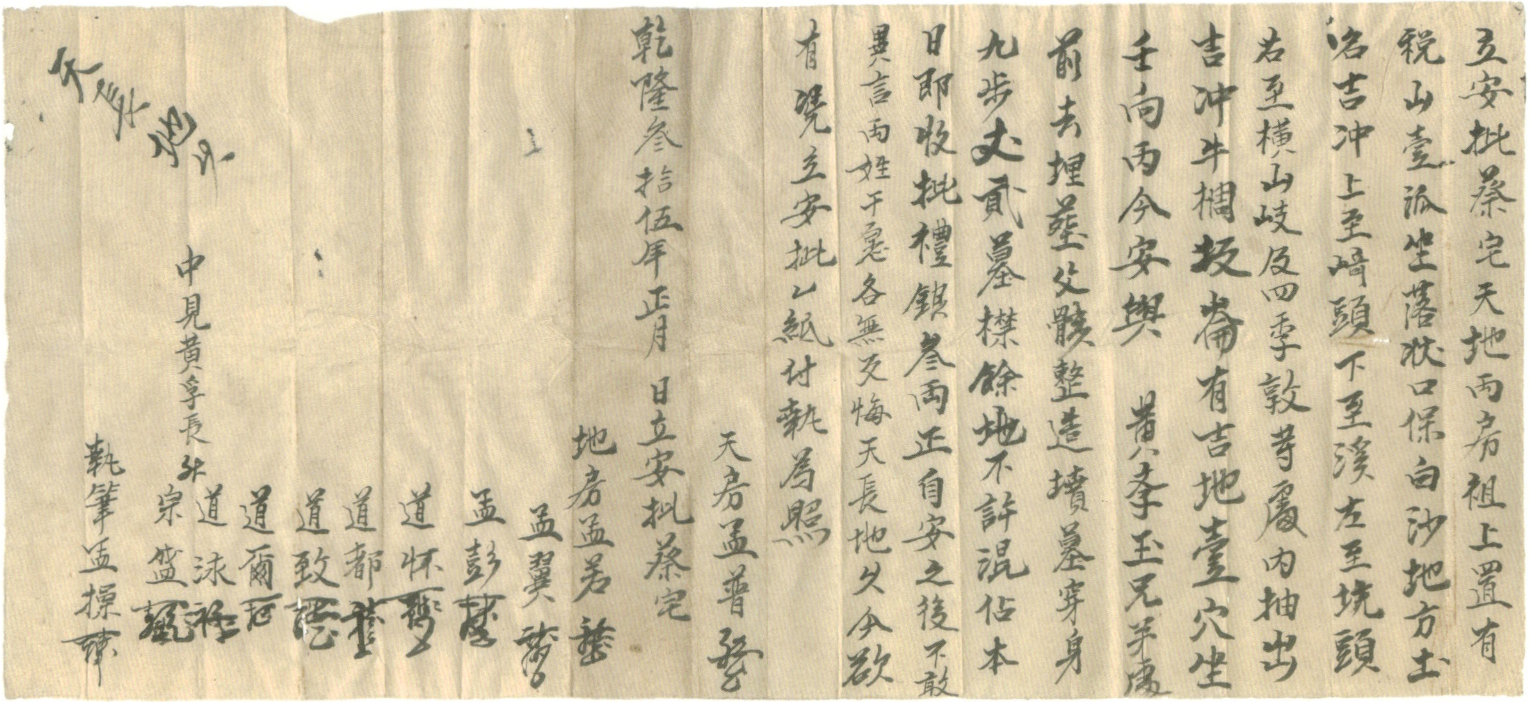
立安批蔡宅天地兩房祖上置有
税山壹派坐落洑口保白沙地方土
名吉冲上至峰頭下至溪左至坑頭
右至横山岐及四季敦等處内抽出
吉冲牛椆坂崙有吉地壹穴坐
壬向丙今安與 黄以孝玉兄弟處
前去埋葬父骸整造墳墓并身
九步丈貳墓標餘地不許混佔本
日即收批禮銀叁兩正自安之後不敢
異言兩姓子孫各無反悔天長地久今欲
有憑立安批一紙付執爲照
天房孟普
乾隆叁拾伍年正月 日立安批蔡宅
地房孟若
孟翼
孟彭
道怀
道都
道致
道爾
道泳
泉盛
中見黄孝長
執筆孟標

10-7-21-4 清乾隆三十五年正月蔡氏天地兩房立安批吉地契

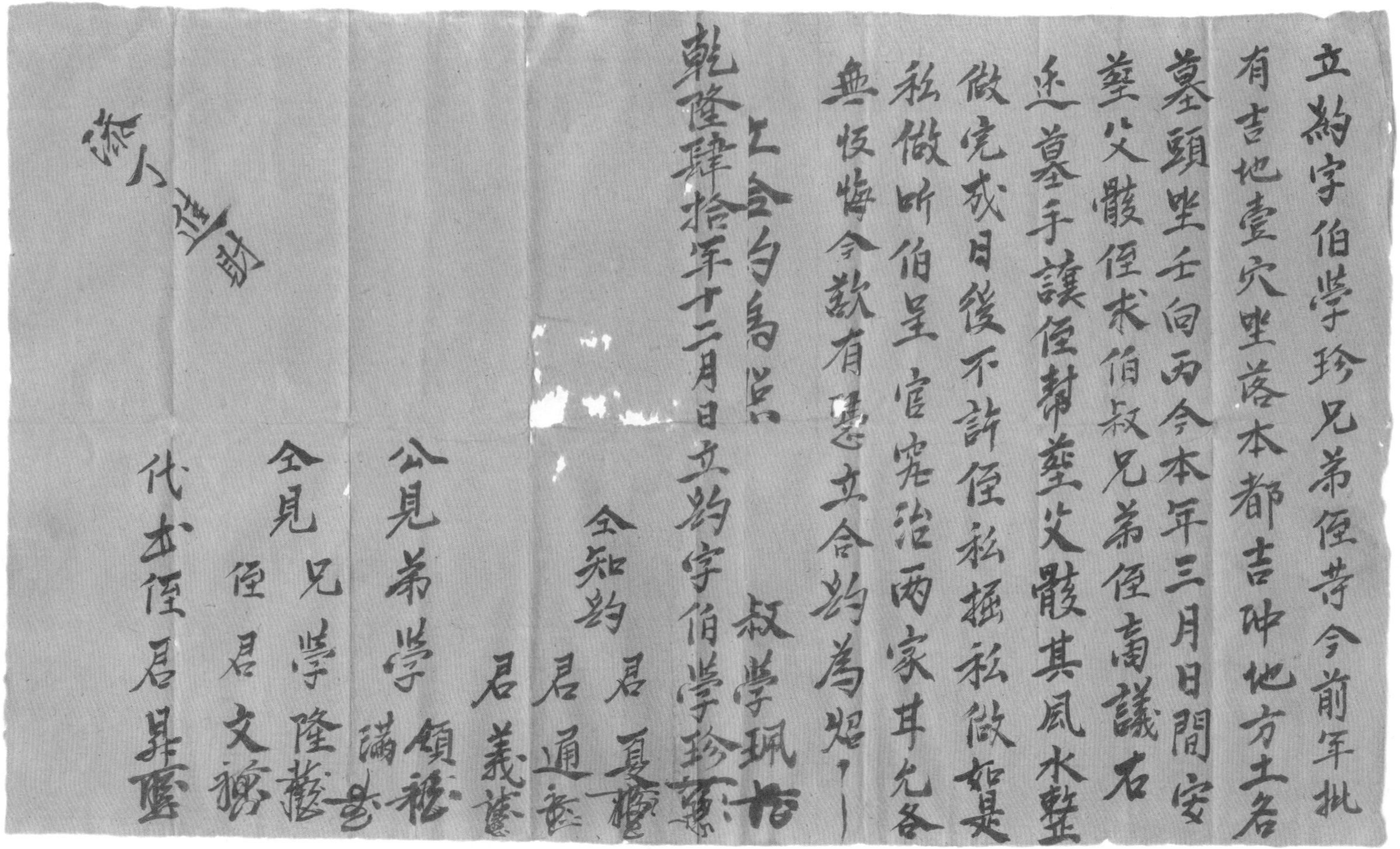
立約字伯學珍兄弟侄等今前年批
有吉地壹穴坐落本都吉仰地方土名
墓頭坐壬向丙今本年三月日間安
塟父骸侄求伯叔兄弟侄商議右
述墓手讓侄帮塟父骸其風水塟
做完成日後不許侄私掘私做如是
私做听伯呈官究治兩家甘允各
無反悔今欲有憑立合約為照一
上合句為照
乾隆肆拾年十二月日立約字伯學珍
叔學珮
仝知約 君夏 君通 君義
公見弟學領 學滿
仝見兄學隆 侄君文
代書侄君昇
添人進財

10-7-21-5　清乾隆四十年十二月黃學珍等立約字

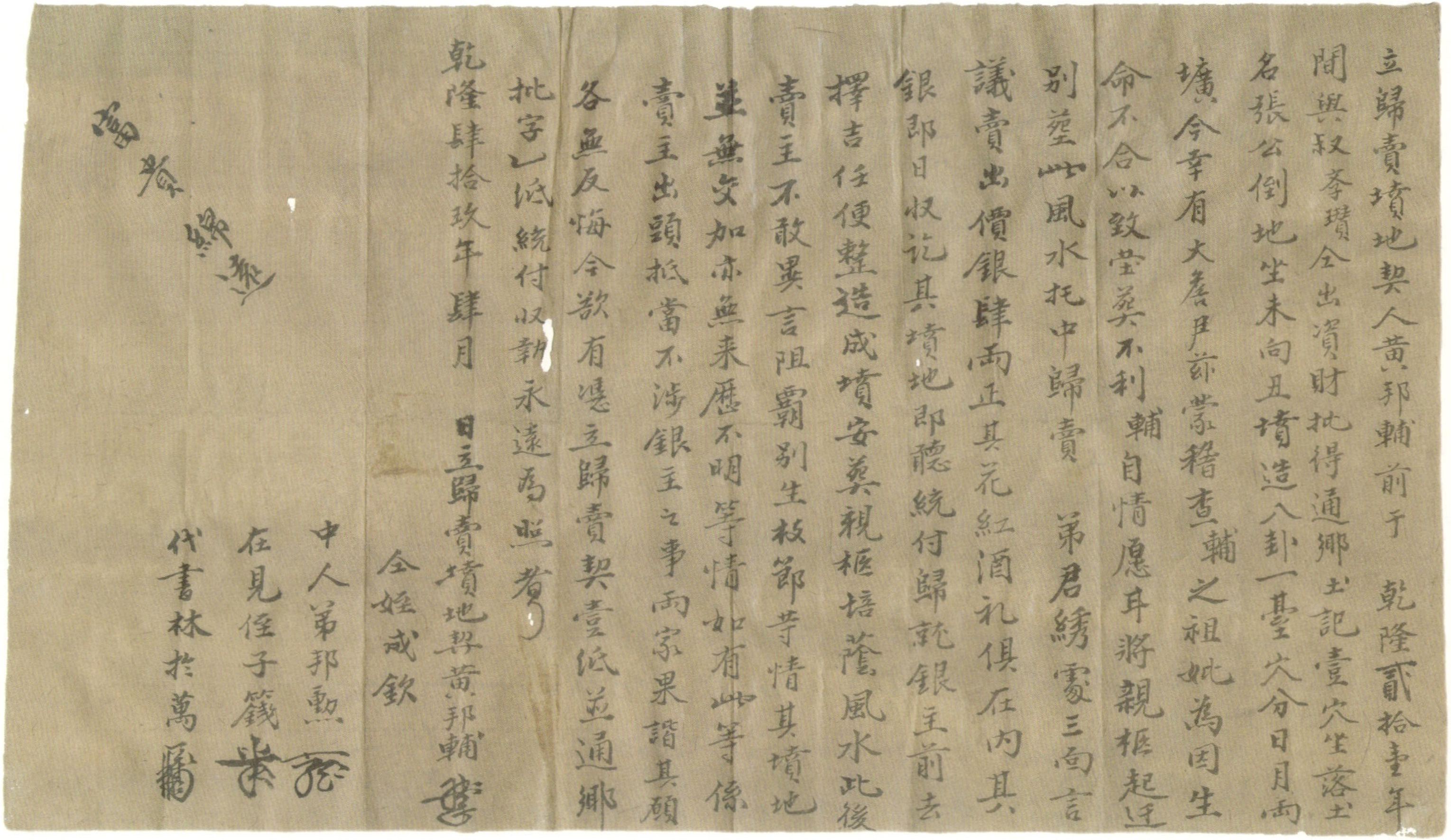
立歸賣墳地契人黄邦輔，前于　乾隆貳拾壹年
間與叔秦瓚仝出資財批得通鄉土記壹穴，坐落土
名張公倒地，坐未向丑，墳造八卦一臺，穴分日月兩
壙。今幸有大房尹爵、棠、稽、查、輔之祖妣爲因生
命不合，以致安葬不利，輔自情愿再將親柩起迁
別塋，此風水托中歸賣　弟君綉、震三面言
議賣出價銀肆兩正，其花紅酒礼俱在内，其
銀即日收訖，其墳地即聽統付歸乾銀主前去
擇吉任便整造成墳安葬親柩，培蔭風水，此後
賣主不敢異言阻霸，別生枝節等情。其墳地
並無交加，亦無來歷不明等情，如有此等係
賣主出頭抵當，不涉銀主之事。兩家果諧，其願
各無反悔。今欲有憑，立歸賣契壹紙，並通鄉
批字乙紙，統付收執，永遠爲照。（押）
乾隆肆拾玖年肆月　日立歸賣墳地契黄邦輔（押）
仝姪成欽
中人弟邦勲（押）
在見侄子籛（押）
代書林於萬（押）
富貴歸遠

10-7-21-6　清乾隆四十九年四月黄邦輔等立歸賣墳地契

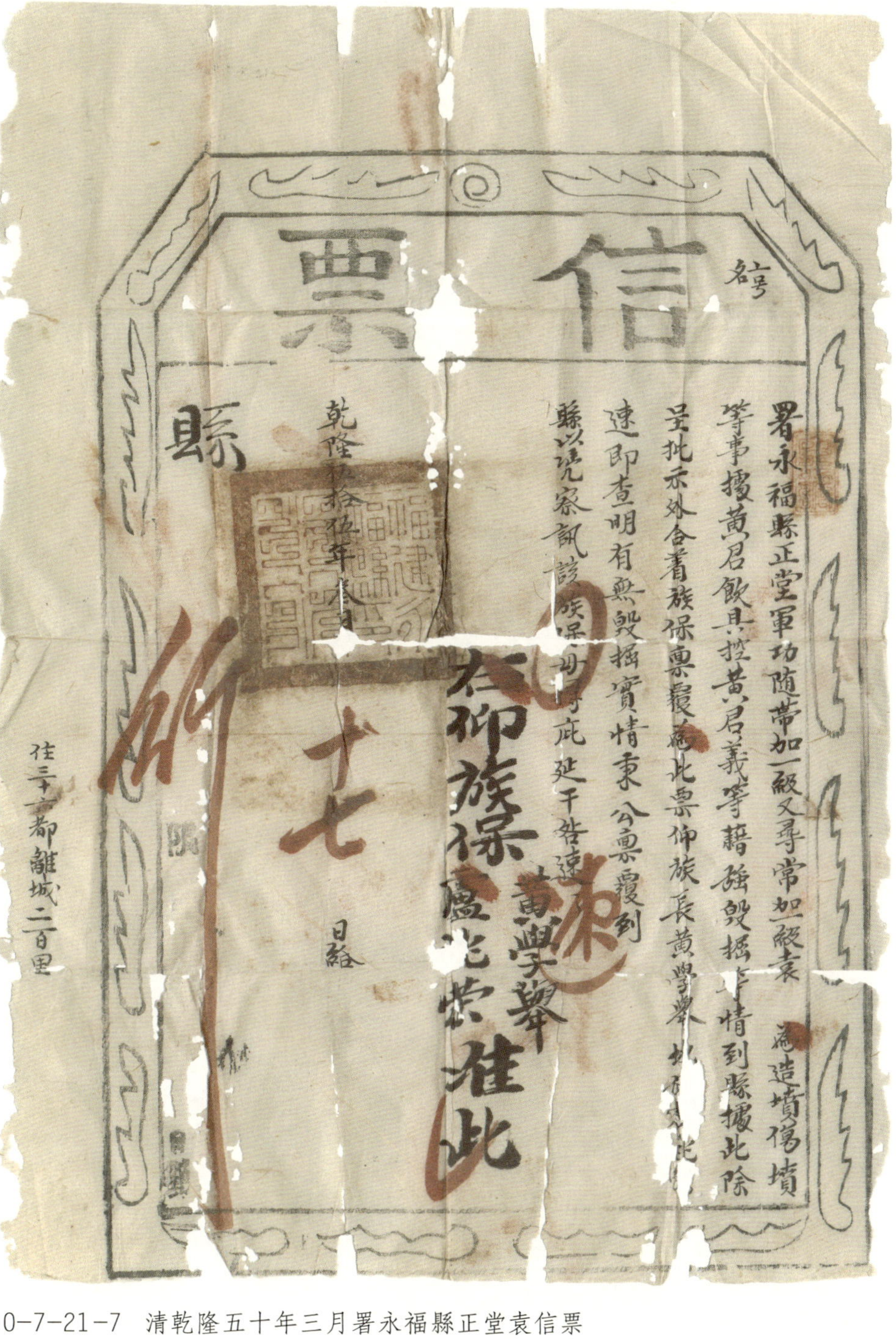
名号
信票
署永福縣正堂軍功隨帶加一級又尋常加一級袁　為造墳傷墳
等事。據黄居飲具控黄居義等藉强毁掘等情到縣。據此，除
呈批示外，合着族保稟覆。為此票仰族長黄學舉[illegible]此
速即查明有無毁掘實情，秉公稟覆到
縣，以憑察訊。該族保毋得庇延干咎。速速。
右仰族保黄學舉、盧光崇　准此
乾隆伍拾伍年叁月十七日給
縣
往三十六都，離城二百里

10-7-21-7　清乾隆五十年三月署永福縣正堂袁信票

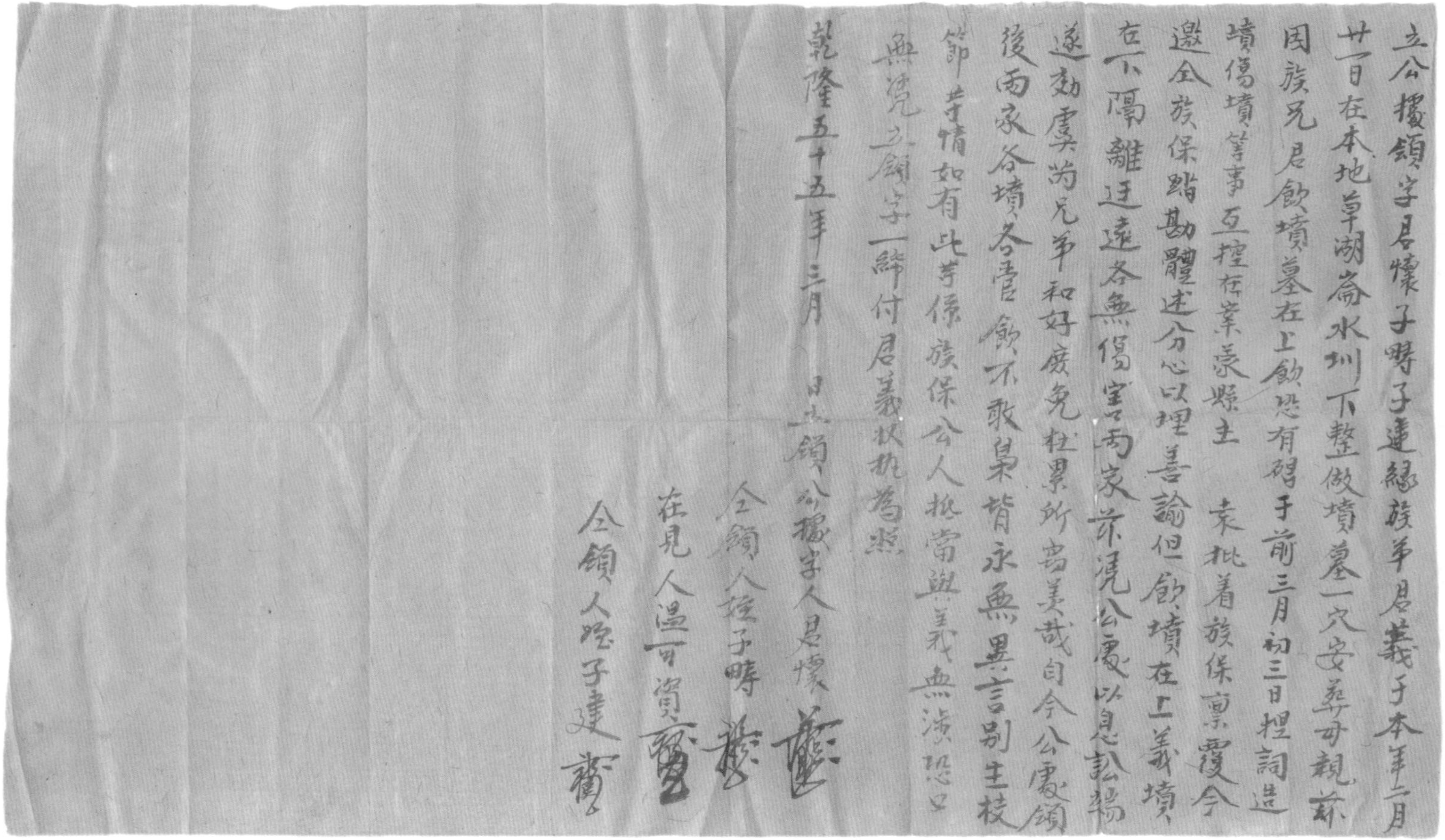
立公據領字君懷子時子建緣族弟君義于本年二月
廿日在本地草湖崙水圳下整做墳墓一穴安葬母親詎
因族兄君欽墳墓在上欽恐有碍于前三月初三日捏詞造
墳傷墳等事互控在案蒙縣主　袁批着族保稟覆今
邀仝族保踏勘體述分心以理善諭但欽墳在上義墳
在下隔離迂遠各無傷害兩家亦憑公處以息訟端
遂勸虞尚兄弟和好庶免枉累所費義哉自今公處領
後兩家各墳各管欽不敢梟皆永無異言別生枝
節等情如有此等係族保公人抵當與義無涉恐口
無憑立領字一紙付君義收執為照
乾隆五十五年三月　日立領公據字人君懷（押）
仝領人侄子時（押）
在見人溫可資（押）
仝領人侄子建（押）

10-7-21-8　清乾隆五十五年三月黃君懷等立公據領字

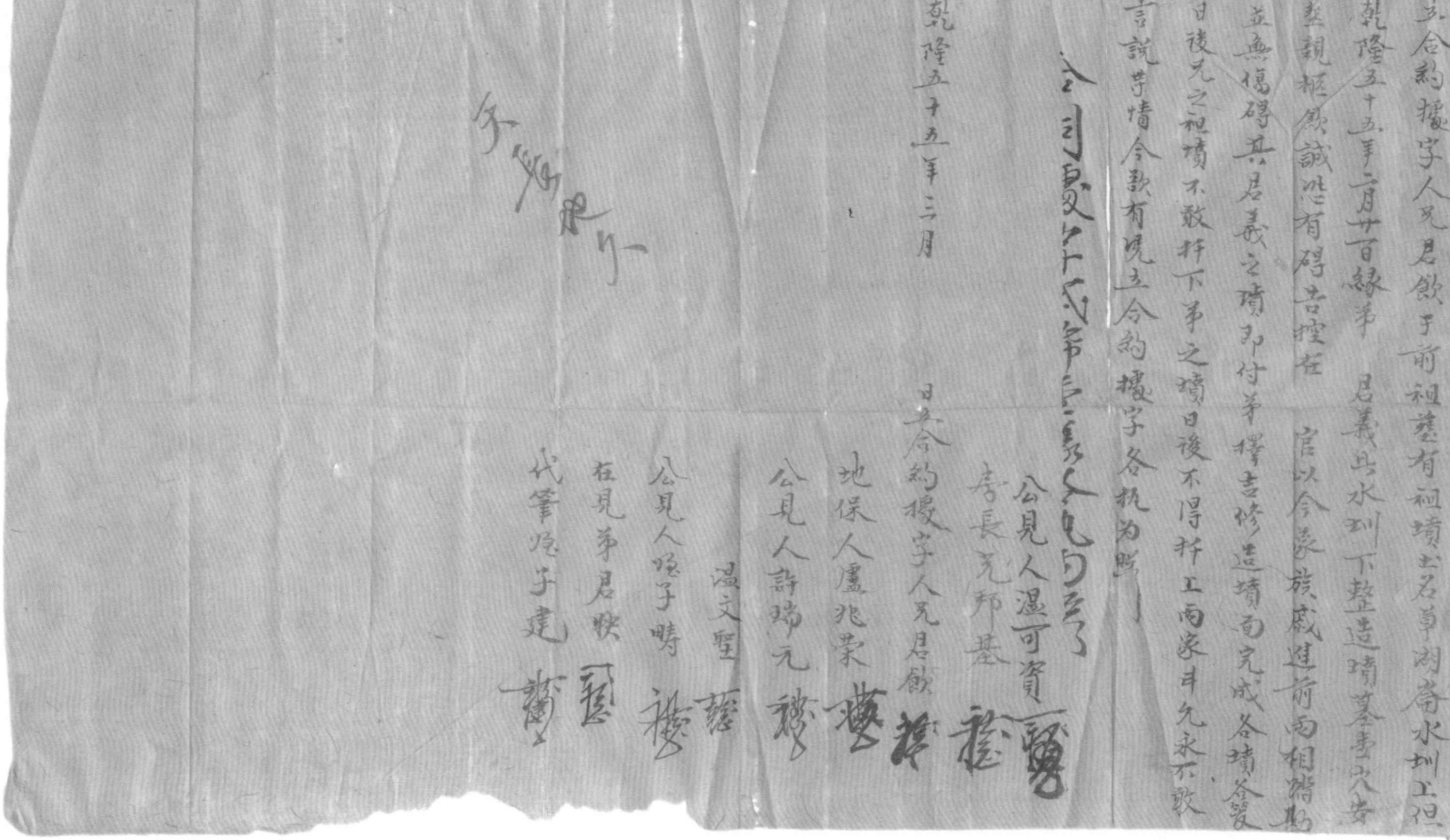
立合約據字人兄君欽，于前祖塋有祖墳土名草湖斎水圳上，但
乾隆五十五年二月廿百緣弟 君義出水圳下整造墳墓壹穴安
葬親柩，欽誠恐有碍吉地，在 官以合衆族戚進前兩相諧好，
並無傷碍其君義之墳，即付弟擇吉修造墳面完成，各墳各發，
日後兄之祖墳不敢扦下弟之墳，日後不得扦上兩家，井允永不敢
言說等情。今欲有憑，立合約據字各執為照。|

乾隆五十五年三月 日立合約據字人兄君欽
公見人温可資
房長兄邦基
地保人盧兆栗
公見人許瑞元
温文聖
公見人姪子晴
在見弟君耿
代筆姪子建

10-7-21-9 清乾隆五十五年三月黄君欽立合約據字

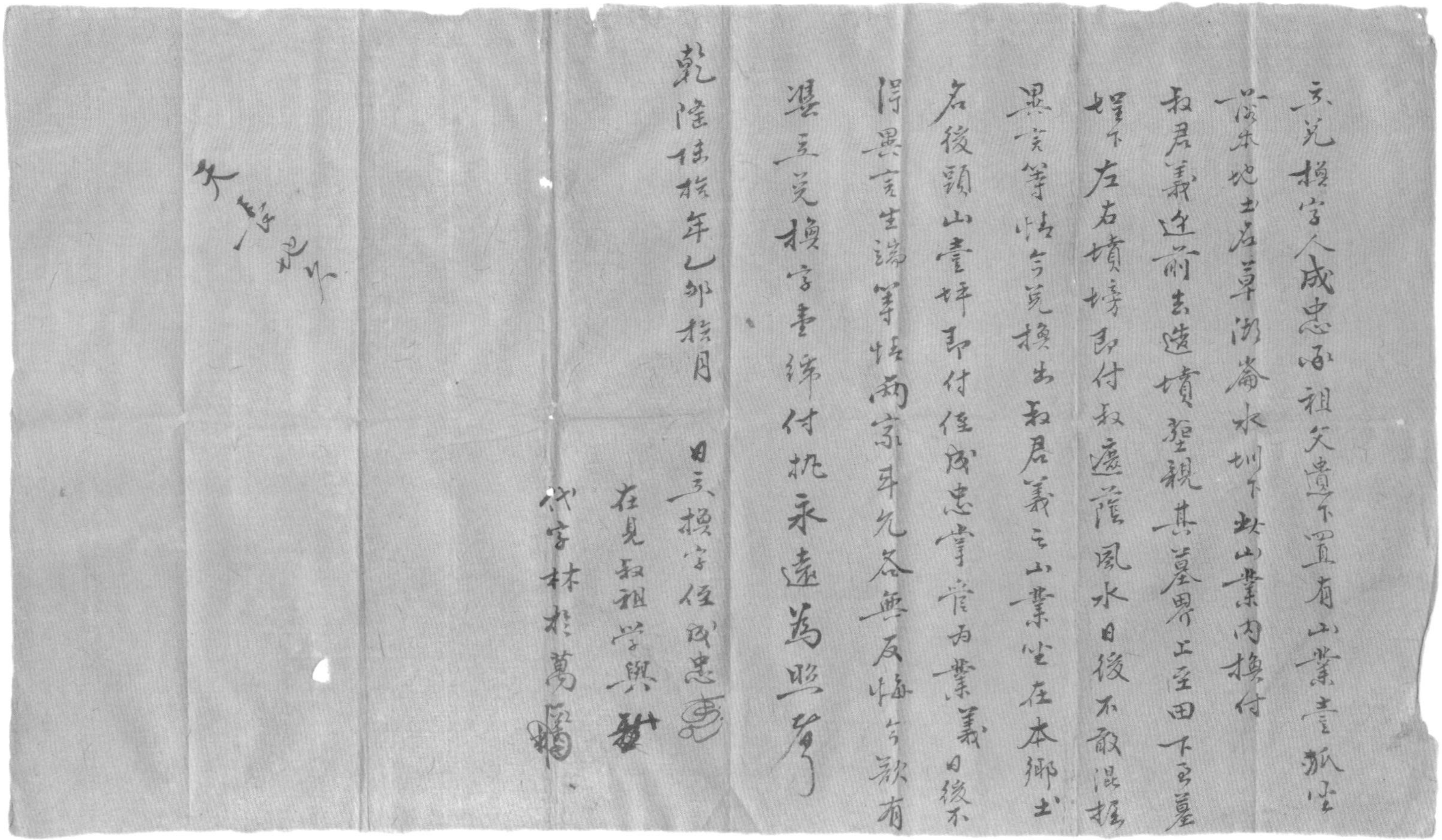

立兑換字人成忠承祖父遺下置有山業壹派坐
落本地土名草湖崙水圳下，此山業內換付
叔君義近前去造墳，望親其墓界上至田，下至墓
坪下，左右墳塝，即付叔邊蔭風水，日後不敢混拯
異言等情。今兑換出叔君義之山業坐在本鄉土
名後頭山壹坪，即付侄成忠掌管為業，義日後不
得異言生端等情。兩家甘允，各無反悔。今欲有
憑，立兑換字壹紙付執，永遠為照。行

乾隆陸拾年乙卯拾月　日立兑換字侄成忠（押）
在見叔祖学興（押）
代字林朴萬（押）

天理良心

10-7-21-10　清乾隆六十年十月黃成忠立兑換山業字

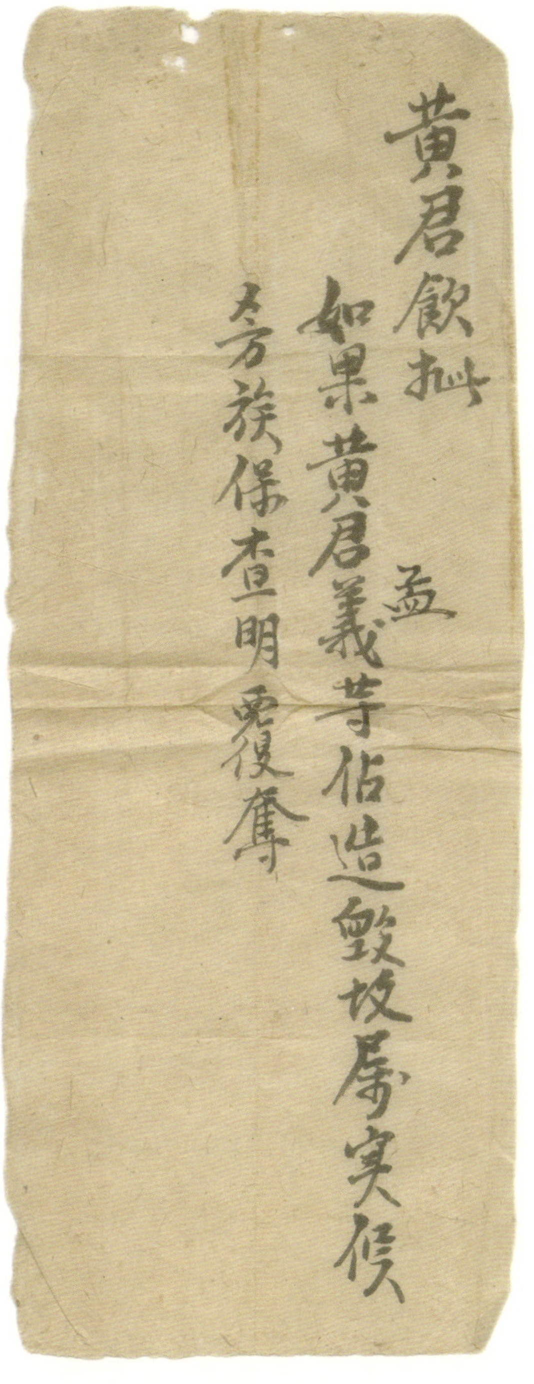

黄君欽批
如果黄君義孟等佔造毁坟属实候
房族保查明覆奪

10-7-21-11　清乾隆年間黄君欽立批飭字

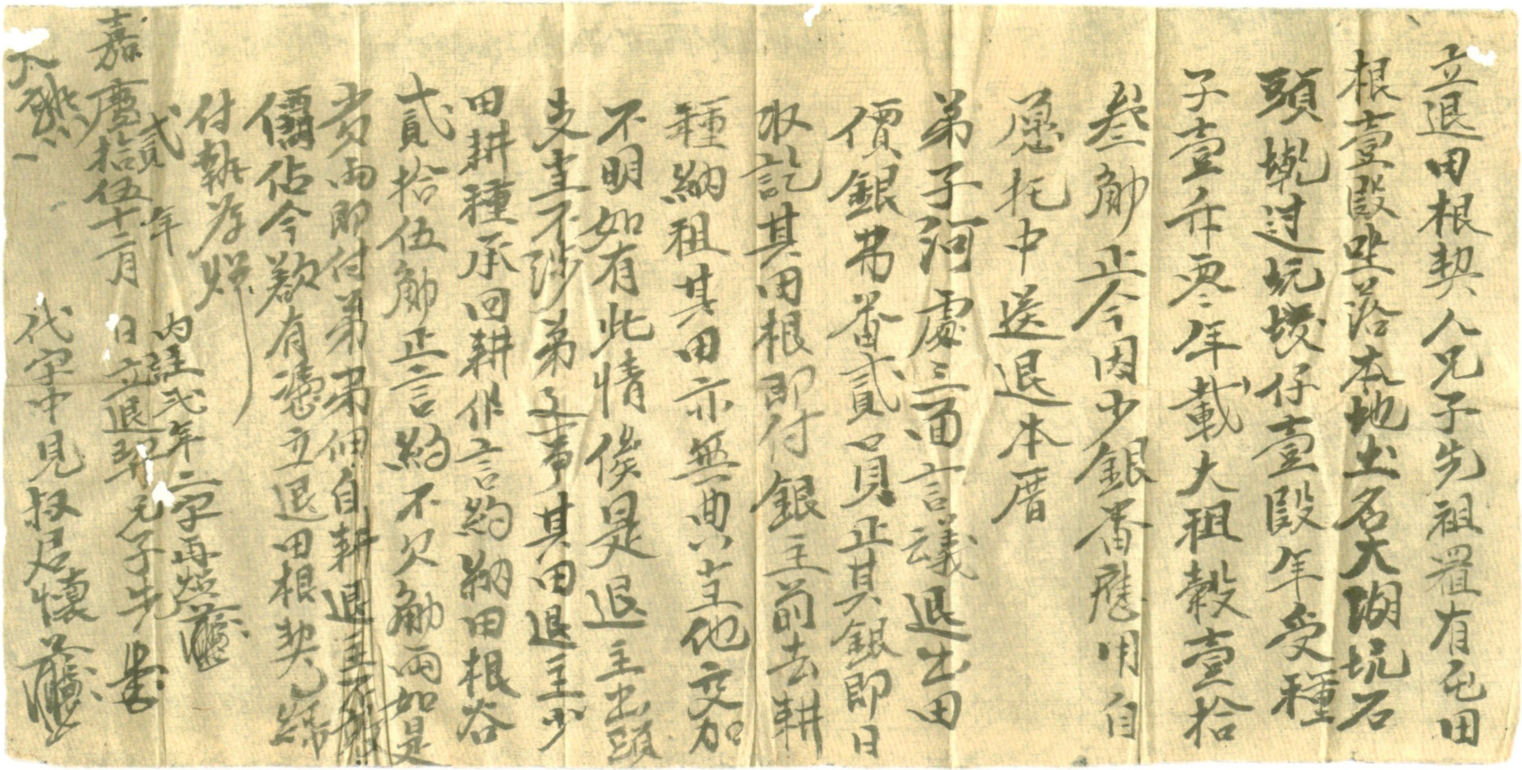
立退田根契人黃子先承祖置有屯田
根壹段坐落本地土名大陶坑石
頭墘过坑墘仔壹段年受種
子壹斤零年載大租穀壹拾
叁觔正今因少銀費應用自
愿托中送退本厝
弟子河處三面言議退出田
價銀番貳員正其銀即日
收訖其田根即付銀主前去耕
種納租其田亦無典掛他交加
不明如有此情係是退主出頭
支當不涉弟子之事其田退主少
田耕種承回耕作言約納田根谷
貳拾伍觔正言約不欠觔兩如是
少兩即付弟子伊自耕退主不得
儞佔今欲有憑立退田根契一紙
付執存照
內註弍字再照
嘉慶貳拾伍年十二月 日立退契人黃子先（押）
代字中見 叔 居懷（押）
大熟一

10-7-22-1 清嘉慶二十五年十二月黃子先立退屯田根契

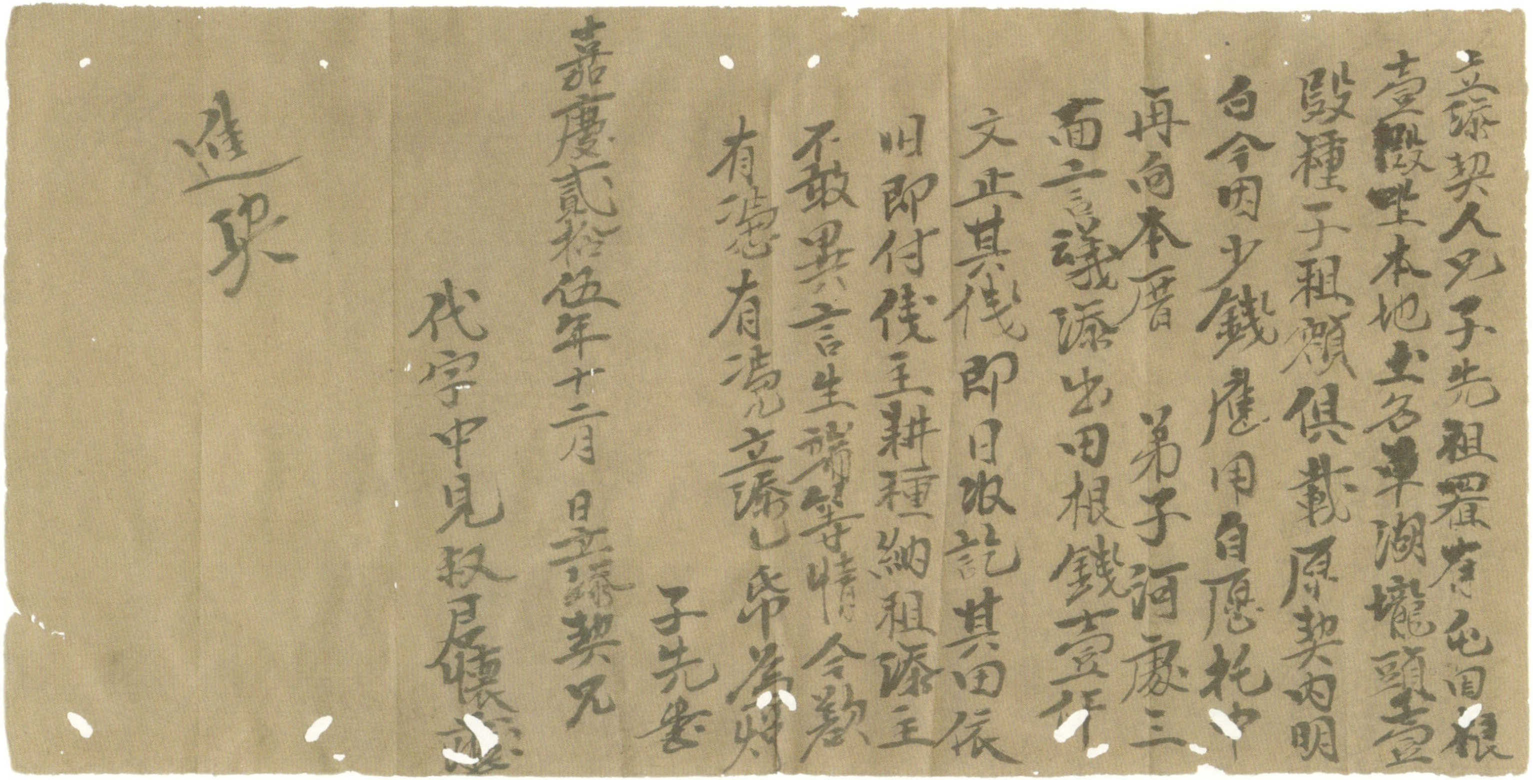
立添契人兄子先祖置有屯田根
壹段坐本地土名草湖壠頭壹
段種子租額俱載原契內明
白今因少錢應用自愿托中
再向本厝 弟子河慶三
面言議添出田根錢壹仟
文正其錢即日收訖其田依
旧即付錢主耕種納租添主
不敢異言生端等情今欲
有憑有憑立添乜帋為照
子先
嘉慶貳拾伍年十二月 日立添契兄
代字中見叔居懷
進契

10-7-22-2 清嘉慶二十五年十二月黄子先立添屯田根契

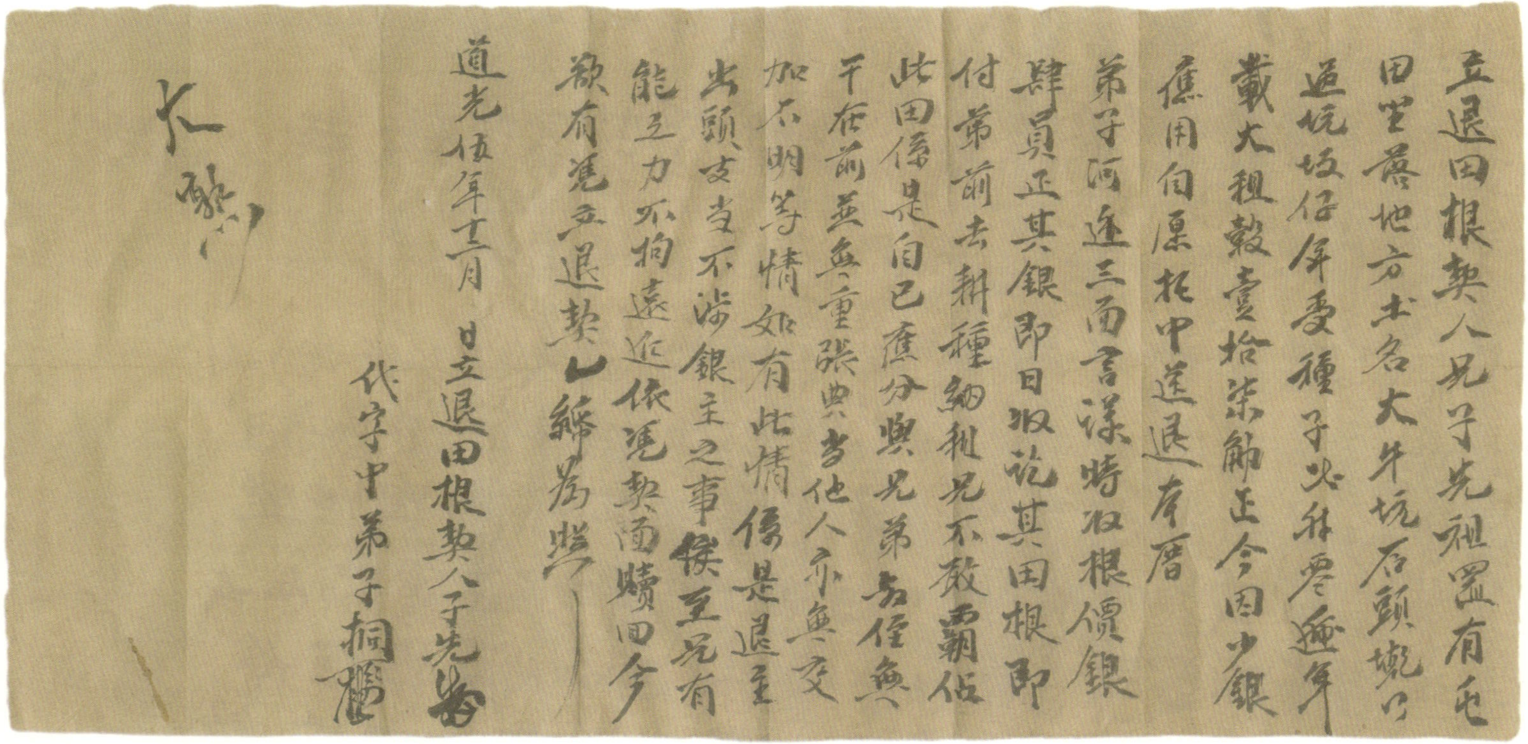

立退田根契人兄子先祖置有屯
田坐落地方土名大牛坑石頭墘下
透坑坵仔併受種子此升零遞年
載大租穀壹拾柒觔正今因少銀
應用自愿托中送退與
弟子河逢三面言議時值根價銀
肆員正其銀即日收訖其田根即
付弟前去耕種納租兄不敢霸佔
此田係是自己應分與兄弟無侄無
干在前并無重張典當他人亦無交
加不明等情如有此情係是退主
出頭支當不涉銀主之事候至兄有
能立力不拘遠近依憑契面贖回今
欲有憑立退契一紙為照
道光伍年十二月　日立退田根契人子先（押）
代字中弟子桐（押）

10-7-22-3　清道光五年十二月黄子先立退屯田根契

10-7-22-4　清道光六年十二月施敬娘立盡民田根契

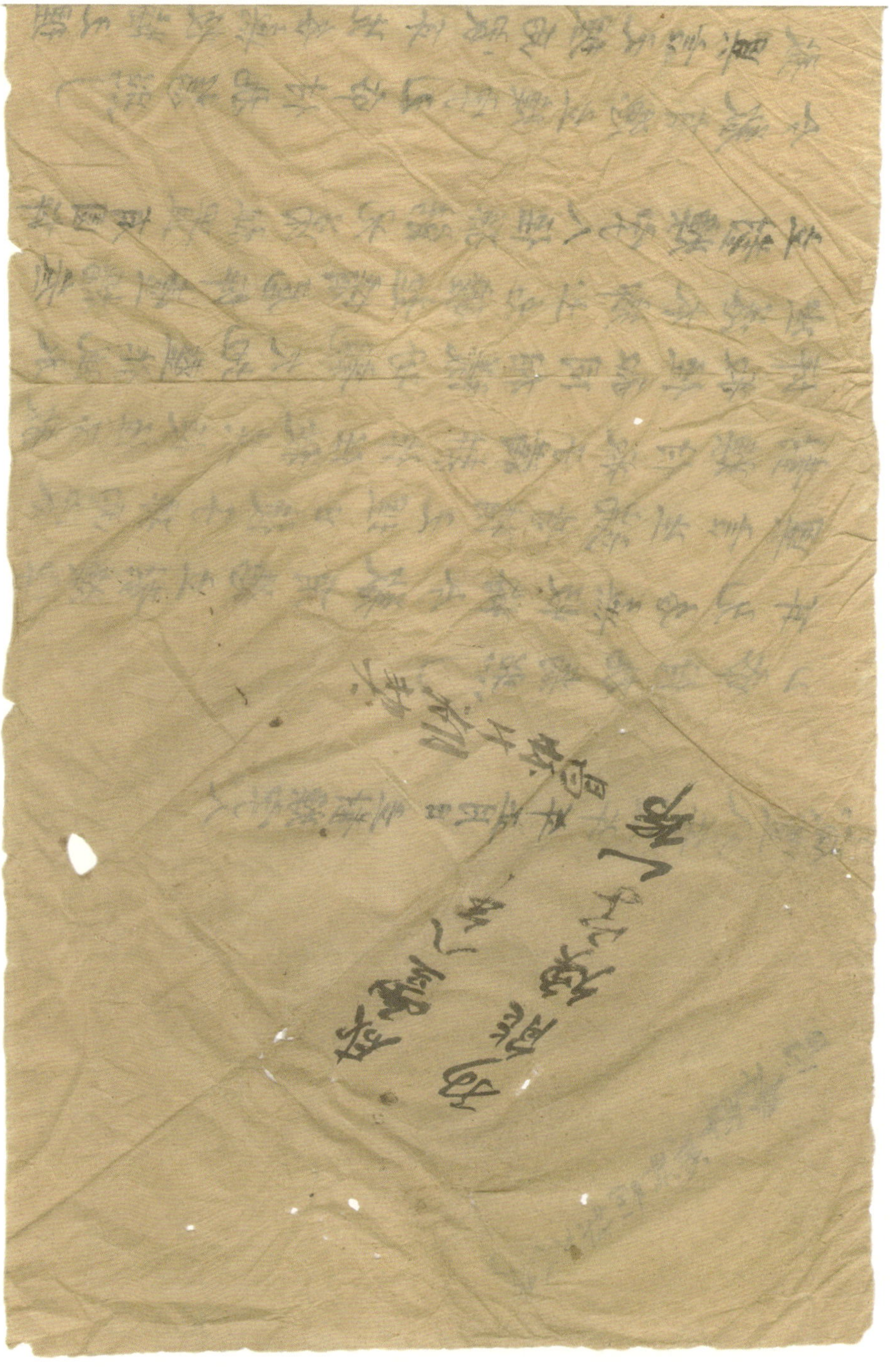

10-7-23-1　包契紙

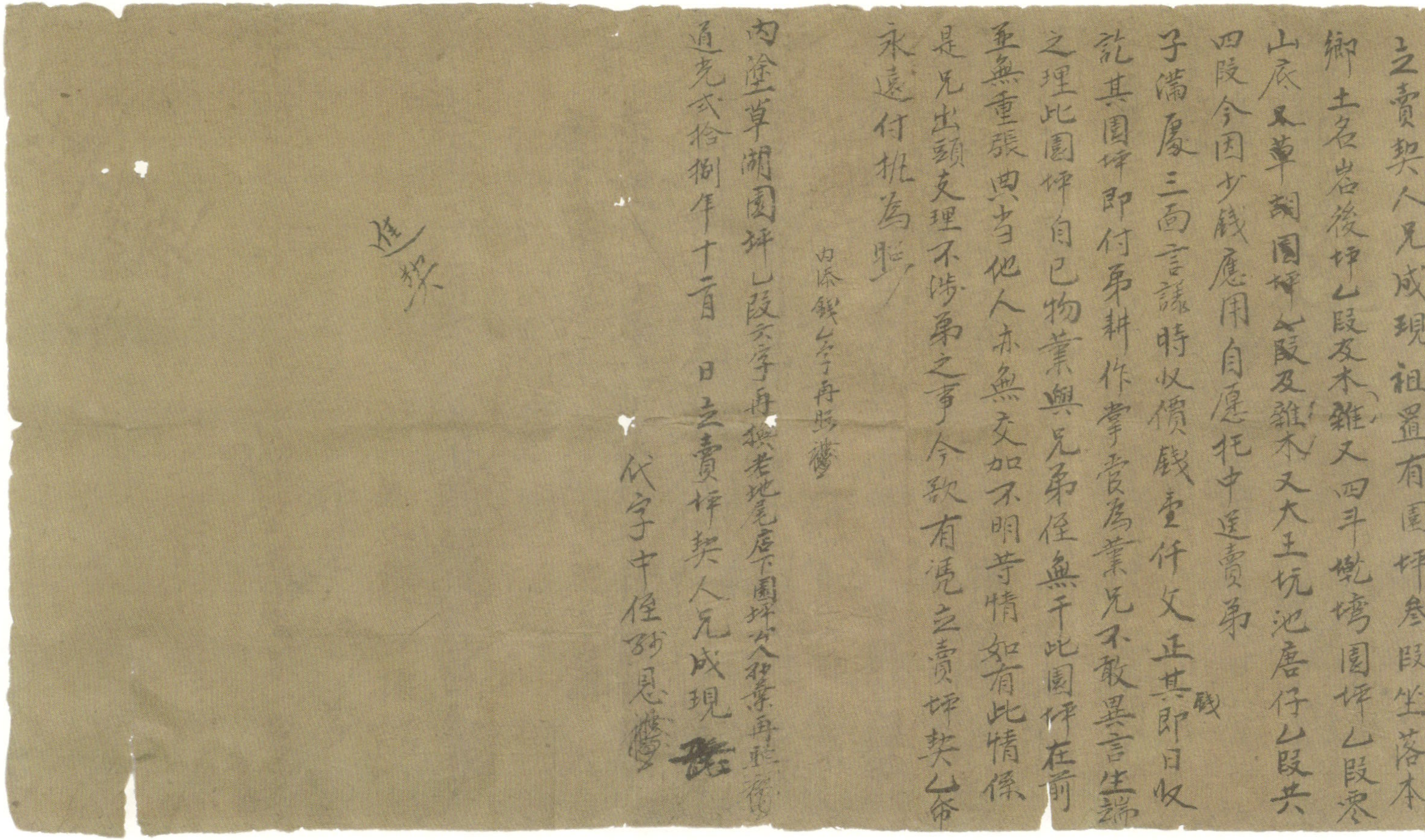
立賣契人兄成現祖置有園坪叁段坐落本
鄉土名岩後坪山段及木雜又四斗墘墕園坪山段桑
山底及草湖園坪山段及雜木又大王坑池唐仔山段共
四段今因乏錢應用自愿托中送賣弟
子滿處三面言議時收價錢壹仟文正其錢即日收
訖其園坪即付弟耕作掌管為業兄不敢異言生端
之理此園坪自已物業與兄弟侄無干此園坪在前
並無重張典當他人亦無交加不明等情如有此情係
是兄出頭支理不涉弟之事今欲有憑立賣坪契一帋
永遠付執為照
內添錢山字再照
內塗草湖園坪山段六字再批老地尾唐下園坪六人和業再批照
道光弍拾捌年十二月　日立賣坪契人兄成現
代字中侄孙恩漋
佳契

10-7-23-2　清道光二十八年十二月黃成現立賣園坪契

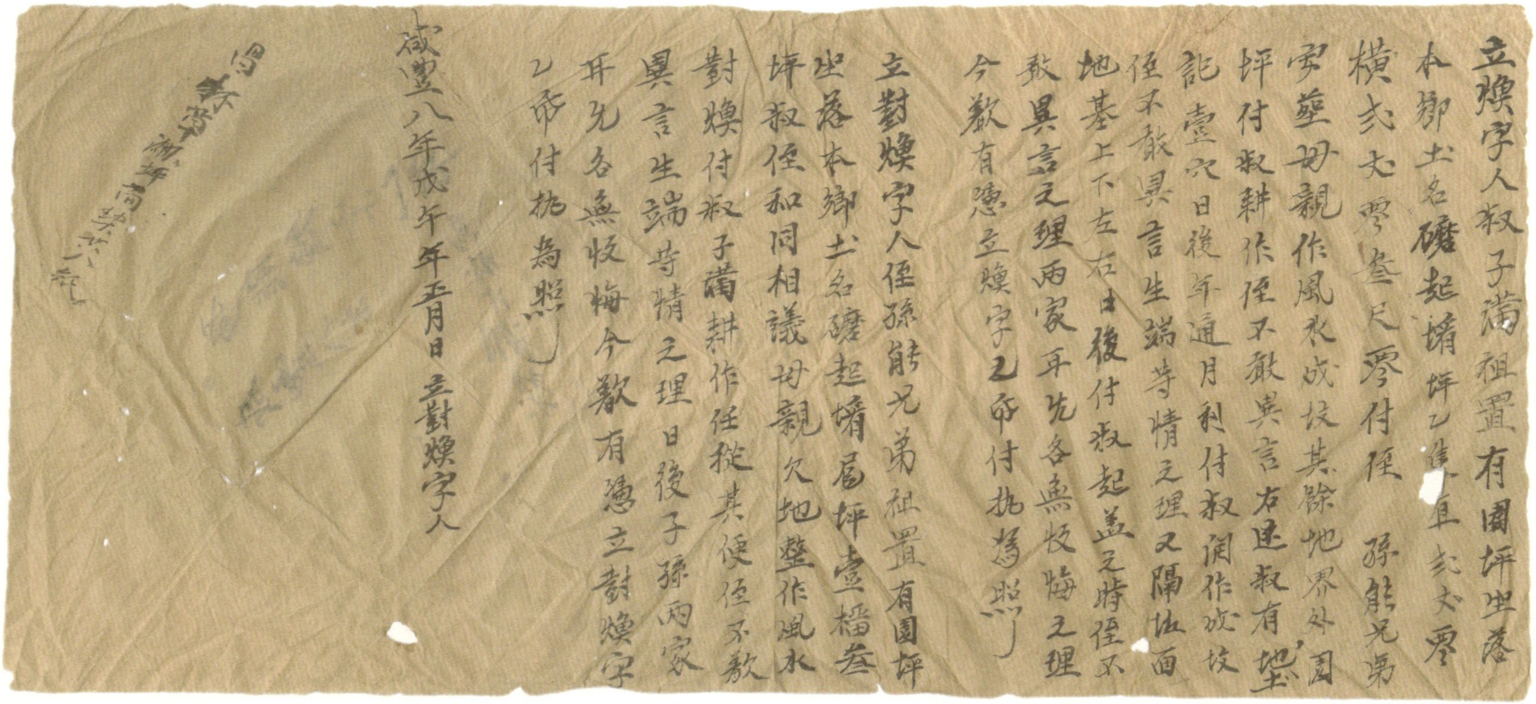
立換字人叔子滿祖置有園坪坐落
本鄉土名礶起墑坪乙隻直弍丈零
横弍丈零叁尺零付侄　孫能兄弟
安葬母親作風水成坟其餘地界外園
坪付叔耕作侄不敢異言右邊叔有塋
記壹穴日後年通月利付叔開作成坟
侄不敢異言生端等情之理又隔山面
地基上下左右日後付叔起蓋之時侄不
敢異言之理兩家耳先各無反悔之理
今欲有憑立換字乙帋付執為照
立對換字人侄孫能光弟祖置有園坪
坐落本鄉土名礶起墑屋坪壹檔叁
坪叔侄和同相議母親欠地整作風水
對換付叔子滿耕作任從其便侄不敢
異言生端等情之理日後子孫兩家
耳先各無反悔今欲有憑立對換字
乙帋付執為照
咸豐八年戊午年正月日　立對換字人

10-7-23-3　清咸豐八年正月黄子滿立對換園坪字（草契）

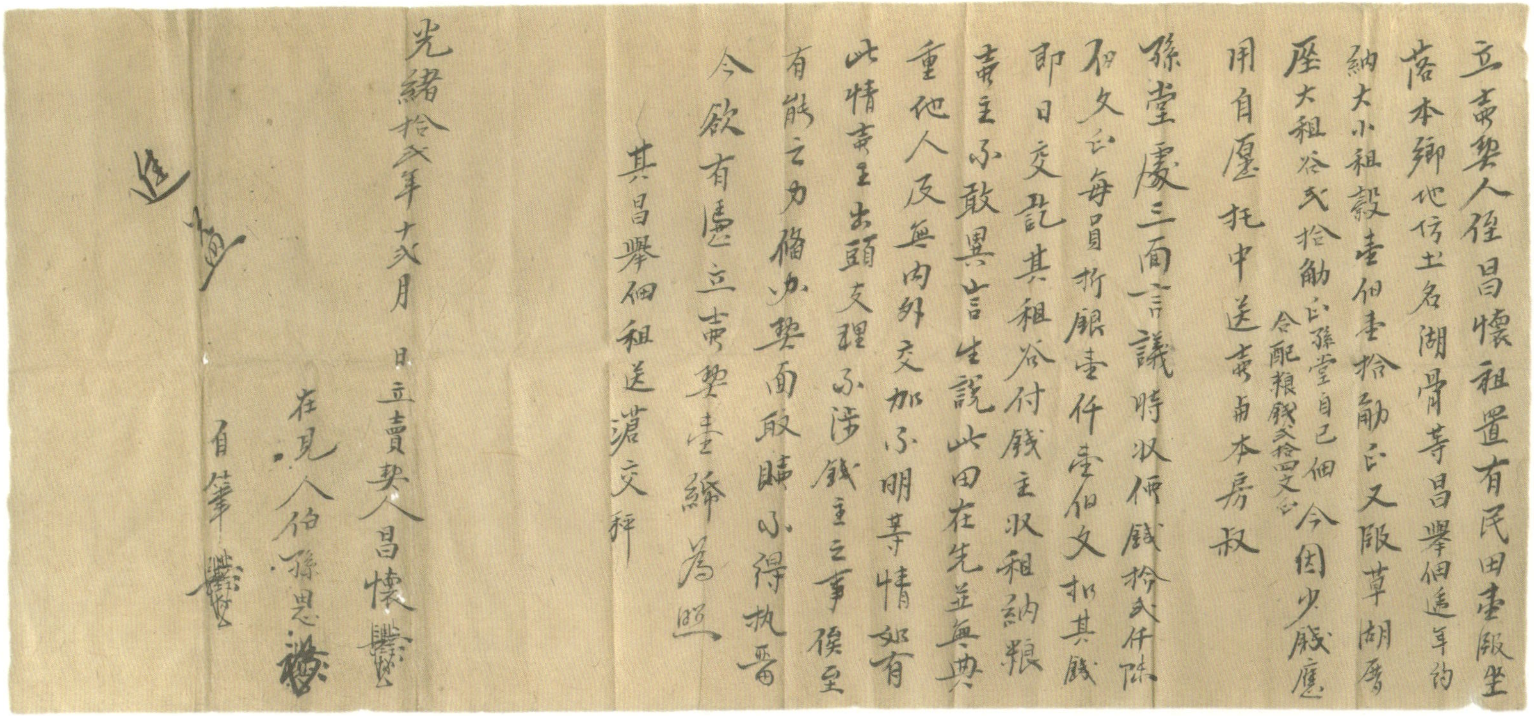
立賣契人侄昌懷祖置有民田壹段坐
落本鄉地方土名湖骨等昌舉佃送年約
納大小租穀壹佰壹拾觔正又販草胡磨
壓大租谷貳拾觔正孫堂自己佃合配粮錢貳拾四文正今因少錢應
用自廛托中送賣本房叔
孫堂處三面言議時值價錢拾貳仟陆
佰文正每員折銀壹仟壹佰文扣其錢
即日交訖其租谷付錢主收租納粮
賣主不敢異言生說此田在先並無典
重他人及無內外交加不明等情如有
此情賣主出頭支理不涉錢主之事候至
有能之力備辦契面取贖不得执留
今欲有憑立賣契壹紙為照
其昌舉佃租送[illegible]交秤
光緒拾貳年十貳月　日立賣契人昌懷
在見人伯孫恩
自筆
進[illegible]

10-7-23-4　清光緒十二年十二月黃昌懷立賣民田契

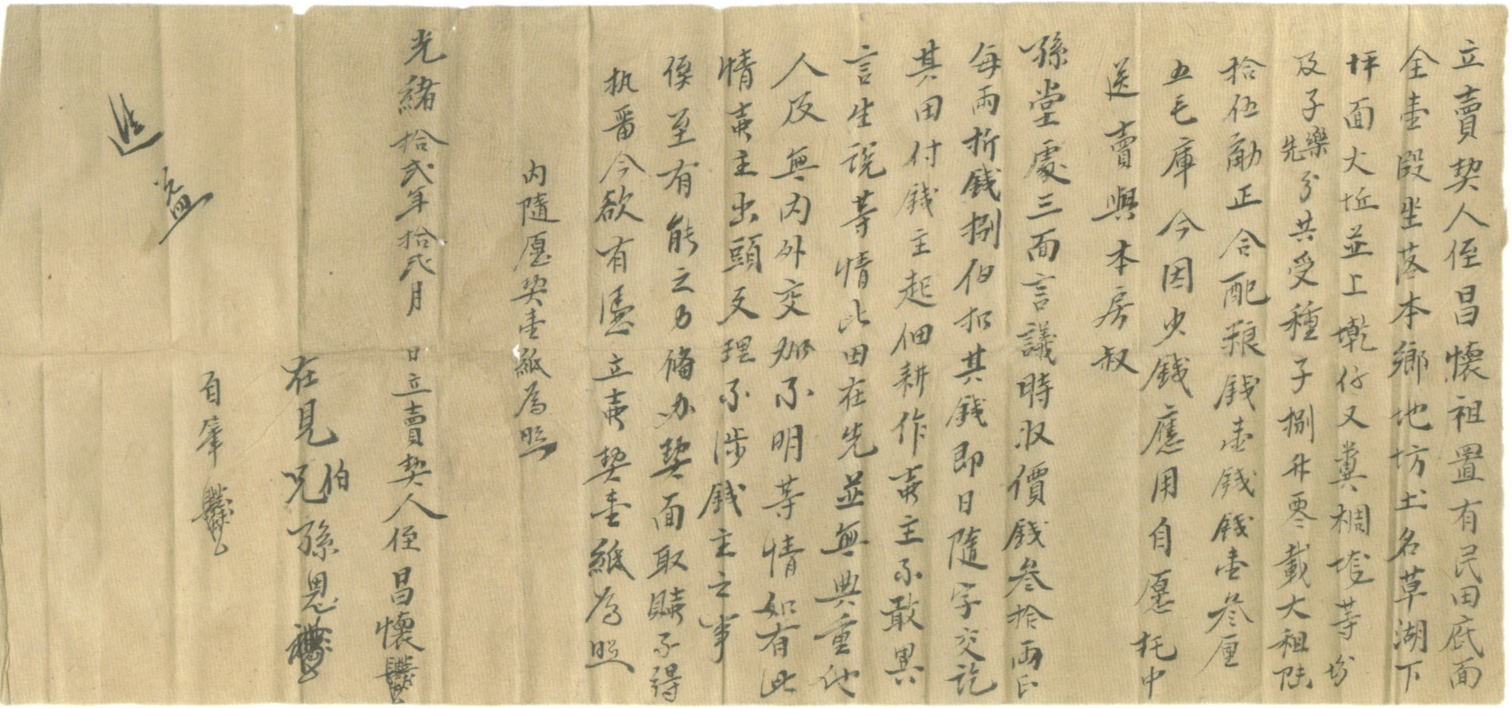

立賣契人侄昌懷祖置有民田底面
全壹段坐落本鄉地方土名草湖下
坪面大坵並上乾份又冀桐垱等分
及子樂先分共受種子捌升零載大租陸
拾伍觔正合配粮錢壹錢錢壹叁厘
五毛庫今因乏錢應用自愿托中
送賣與本房叔
孫堂處三面言議時價錢叁拾兩正
每兩折錢捌伯加其錢即日隨字交訖
其田付錢主起佃耕作黄主不敢異
言生說等情此田在先並無典重他
人反無內外交加不明等情如有此
情黄主出頭支理不涉錢主之事
俟至有能之日備办契面取贖不得
执番今欲有憑立黄契壹紙為照
內隨原契壹紙為照
光緒拾弍年拾弍月　日立賣契人侄昌懷（押）
在見伯兄孫恩（押）
自筆（押）
送道

10-7-23-5　清光緒十二年十二月黄昌懷立賣底面全民田契

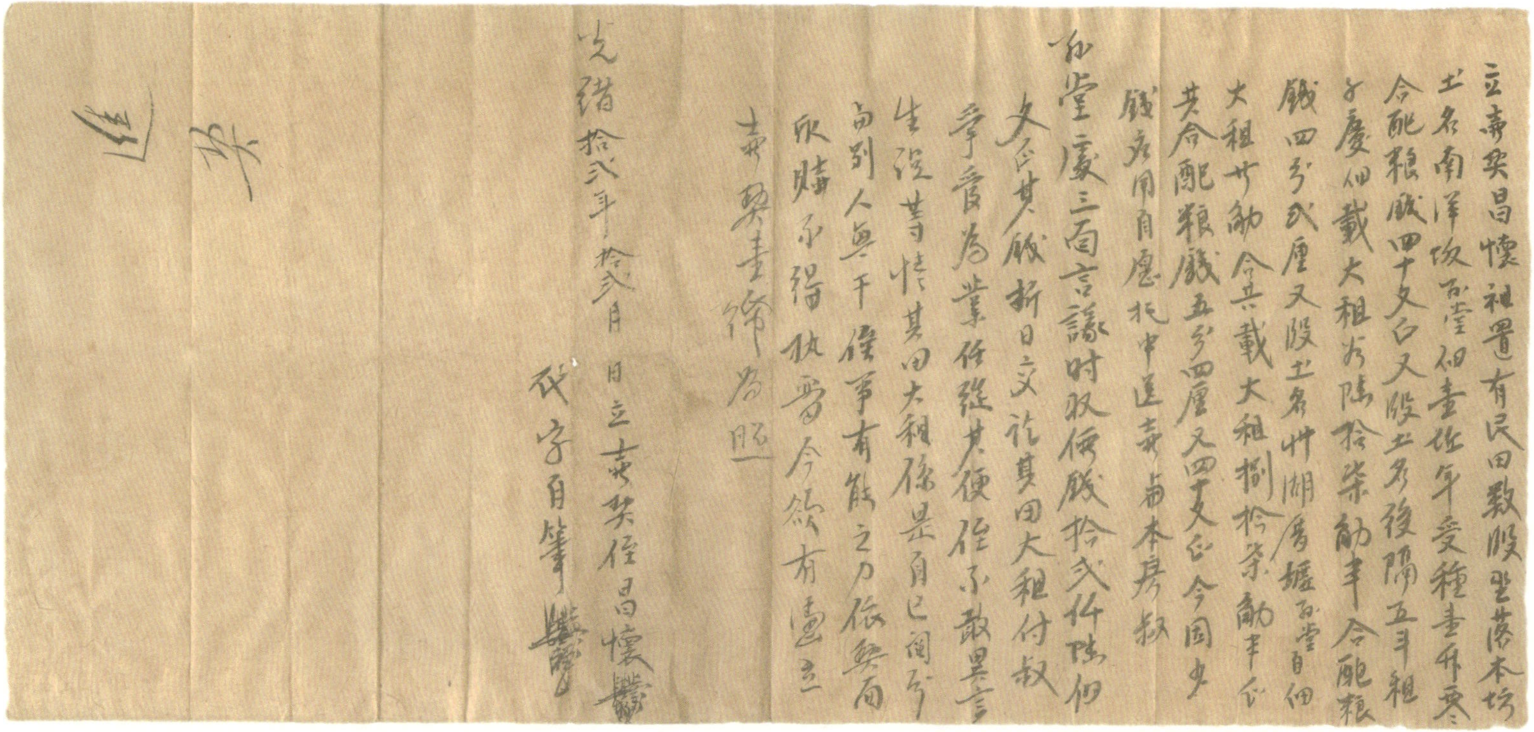

10-7-23-6　清光緒十二年十二月黃昌懷立賣民田契

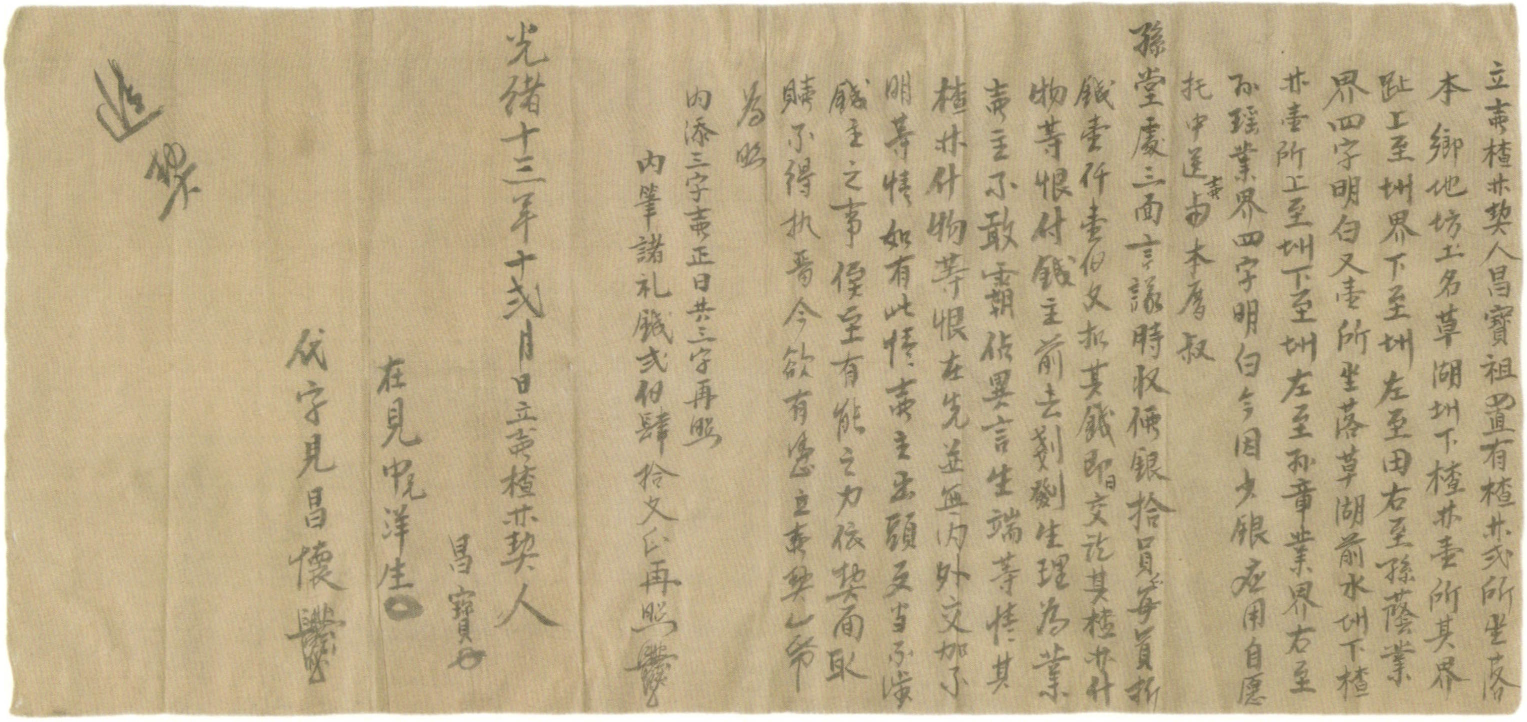
立賣楂林契人昌寶祖置有楂林弍所坐落
本鄉地坊土名草湖圳下楂林壹所其界
趾上至圳界下至圳左至田右至孫蔭業
界四字明白又壹所坐落草湖前水圳下楂
林壹所上至圳下至圳左至和章業界右至
孫瑶業界四字明白今因乏銀應用自愿
托中送賣與本房叔
孫堂處三面言議時價銀拾員每員折
錢壹仟壹佰文扣其錢即日交訖其楂林什
物等根付錢主前去刻劉生理為業
賣主不敢霸佔異言生端等情其
楂林什物等根在先並無內外交加不
明等情如有此情賣主出頭支當不涉
錢主之事僅至有能之力依契面取
贖不得執番今欲有憑立賣契乙帋
為照
內添三字賣正日共三字再照
內筆諾礼錢弍佰肆拾文正再照
光緒十三年十弍月　日立賣楂林契人
昌寶
在見中兄洋生
代字見昌懷
退契

10-7-23-7　清光緒十三年十二月黃昌寶立賣楂林契

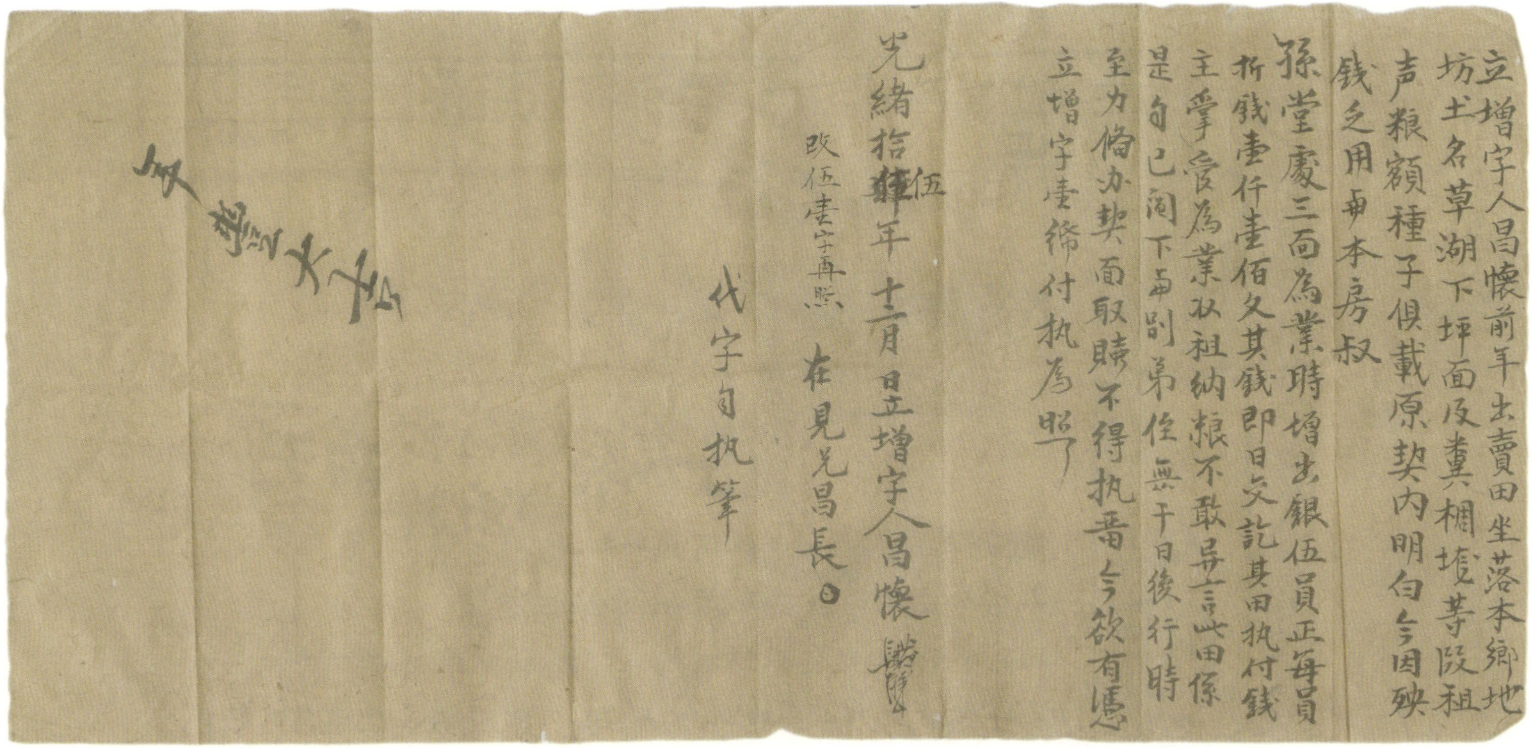

立增字人昌懷前年出賣田坐落本鄉地
坊土名草湖下坪面及糞桶墱等段租
声粮額種子俱載原契內明白今因缺
錢乏用再向本房叔
孫堂慶三面爲業時增出銀伍員正每員
折錢壹仟壹佰文其錢即日交訖其田执付錢
主掌管爲業以祖納粮不敢异言此田係
是自己阄下與别弟侄無干日後行時
至力備办契面取贖不得执番今欲有憑
立增字壹紙付执爲照

光緒拾肆伍年十二月日立增字人昌懷

改伍壹字再照　在見兄昌長

代字自执筆

10-7-23-8　清光緒十五年十二月黃昌懷立增田字

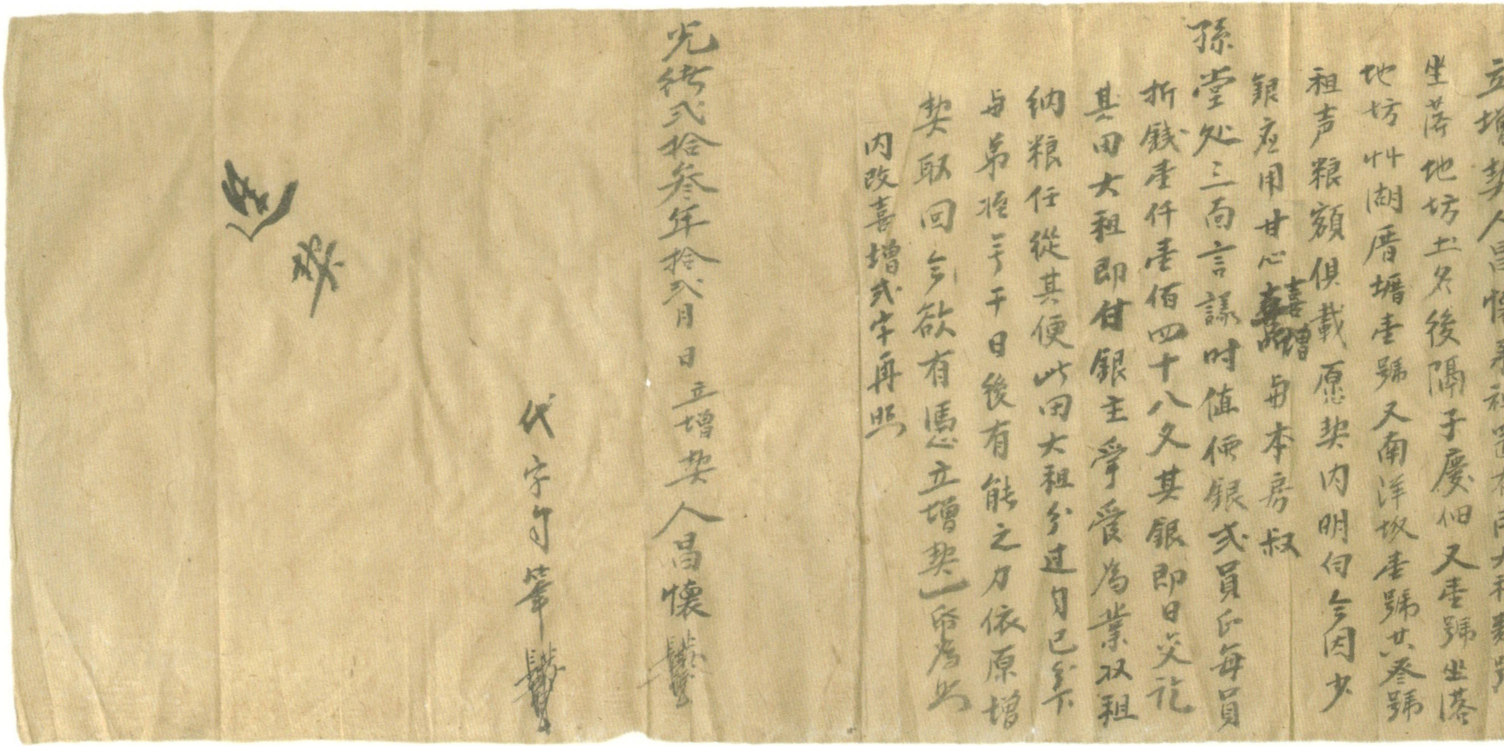

立增契人昌懷承祖置有民大租數歸
坐落地坊土名後陽子慶佃又壹歸坐落
地坊竹湖厝墻壹歸又南洋坂壹歸廿叁歸
租声粮額俱載原契内明白今因乏
銀應用甘心喜增與本房叔
孫堂処三面言議時值價銀弍員正每員
折錢壹仟壹佰四十八文其銀即日交訖
其田大租即付銀主掌管為業收租
納粮任從其便此田大租分過自己分下
與弟姪等干日後有能之力依原增
契取回今欲有憑立增契一紙為照
内改喜增弍字再照

光緒弍拾叁年拾弍月　日立增契人昌懷（押）

代字[illegible]華（押）

[illegible]

10-7-23-9　清光緒二十三年十二月黃昌懷立增民田大租契

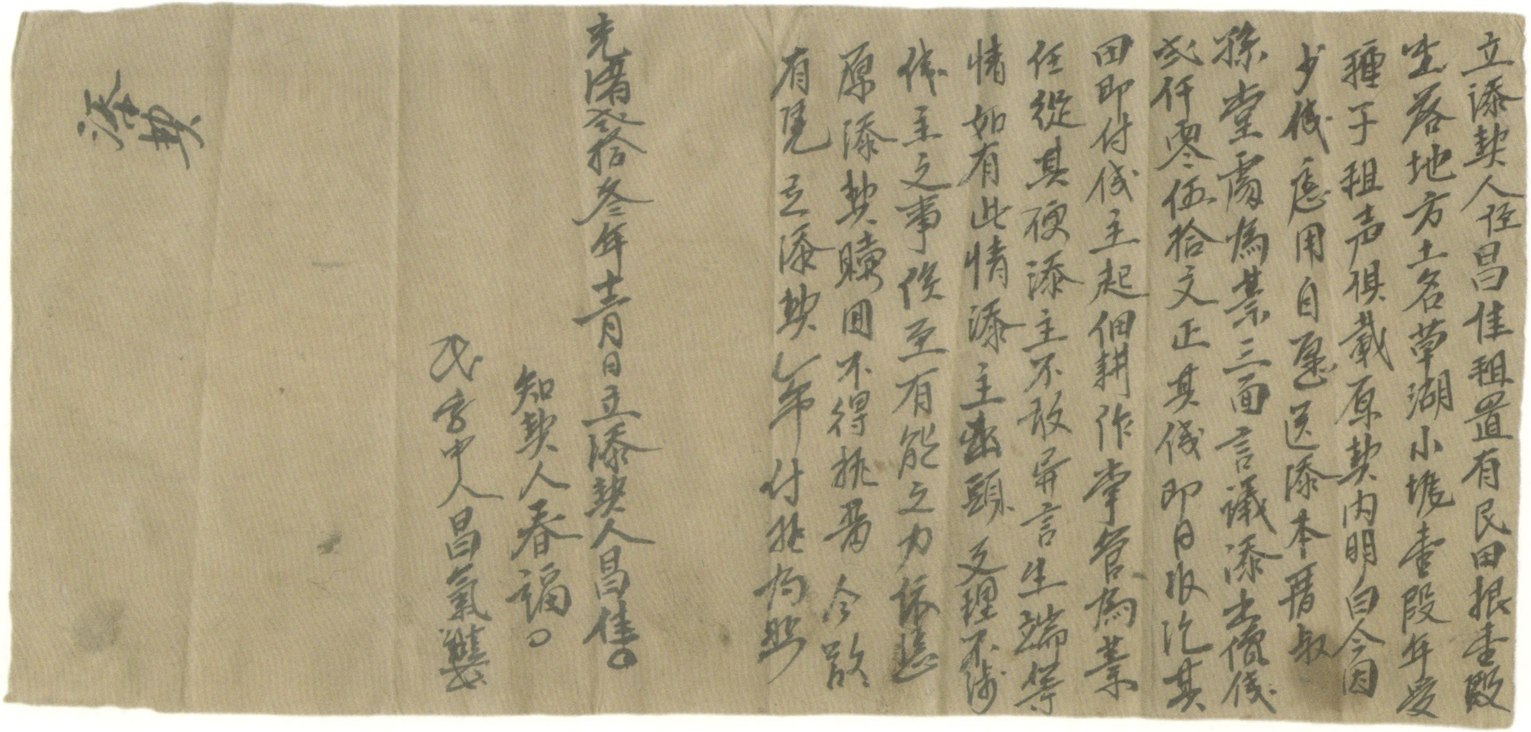
立添契人侄昌佳祖置有民田根壹段
坐落地方土名草湖小塘壹段年受
種子租声俱載原契内明白今因
少钱應用自愿送添本房叔
孫堂處為業三面言議添出價钱
弍仟零伍拾文正其钱即日收讫其
田即付钱主起佃耕作掌管為業
任從其便添主不敢异言生端等
情如有此情添主出頭支理不涉
钱主之事倘至有能之力銀钱
原添契贖回不得執留今欲
有凭立添契一紙付执為照
光緒念叁年十二月日立添契人昌佳〇
知契人春福〇
代字中人昌氣押
添契

10-7-23-10 清光緒二十三年十二月黄昌佳立添民田根契

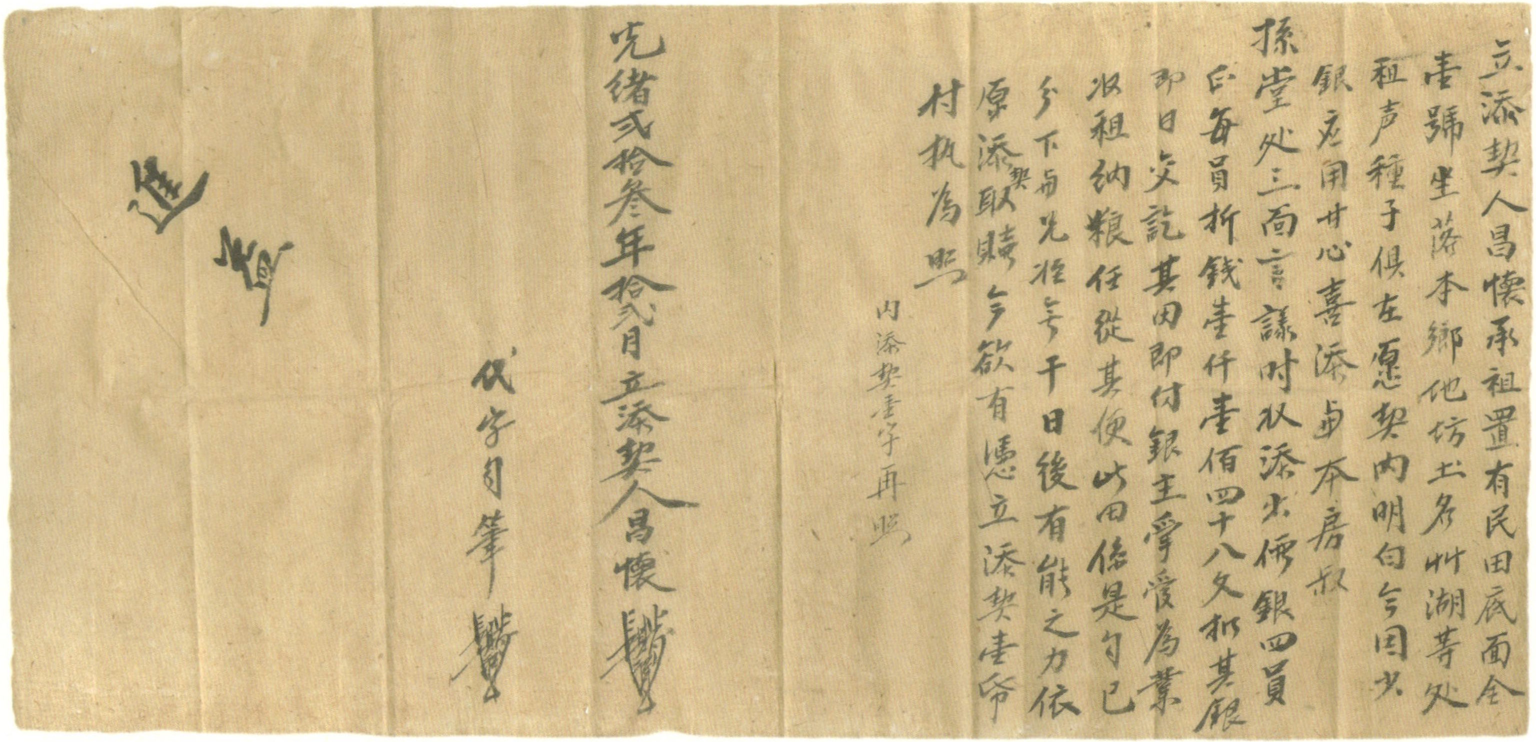
立添契人昌懷承祖置有民田底面全
壹號坐落本鄉他坊土名竹湖等处
租声種子俱在原契內明白今因乏
銀应用甘心喜添與本房叔
孫堂处三面言議时収添出佛銀四員
正每員折錢壹仟壹佰四十八文折其限
即日交訖其田即付銀主掌管為業
収租納粮任從其便此田係是自己
分下與兄弟無干日後有能之力依
原添契取贖今欲有憑立添契壹帋
付執為照
內添契壹字再照
光緒弍拾叁年拾弍月　日立添契人昌懷（押）
代字自筆（押）

10-7-23-11　清光緒二十三年十二月黄昌懷立添底面全民田契

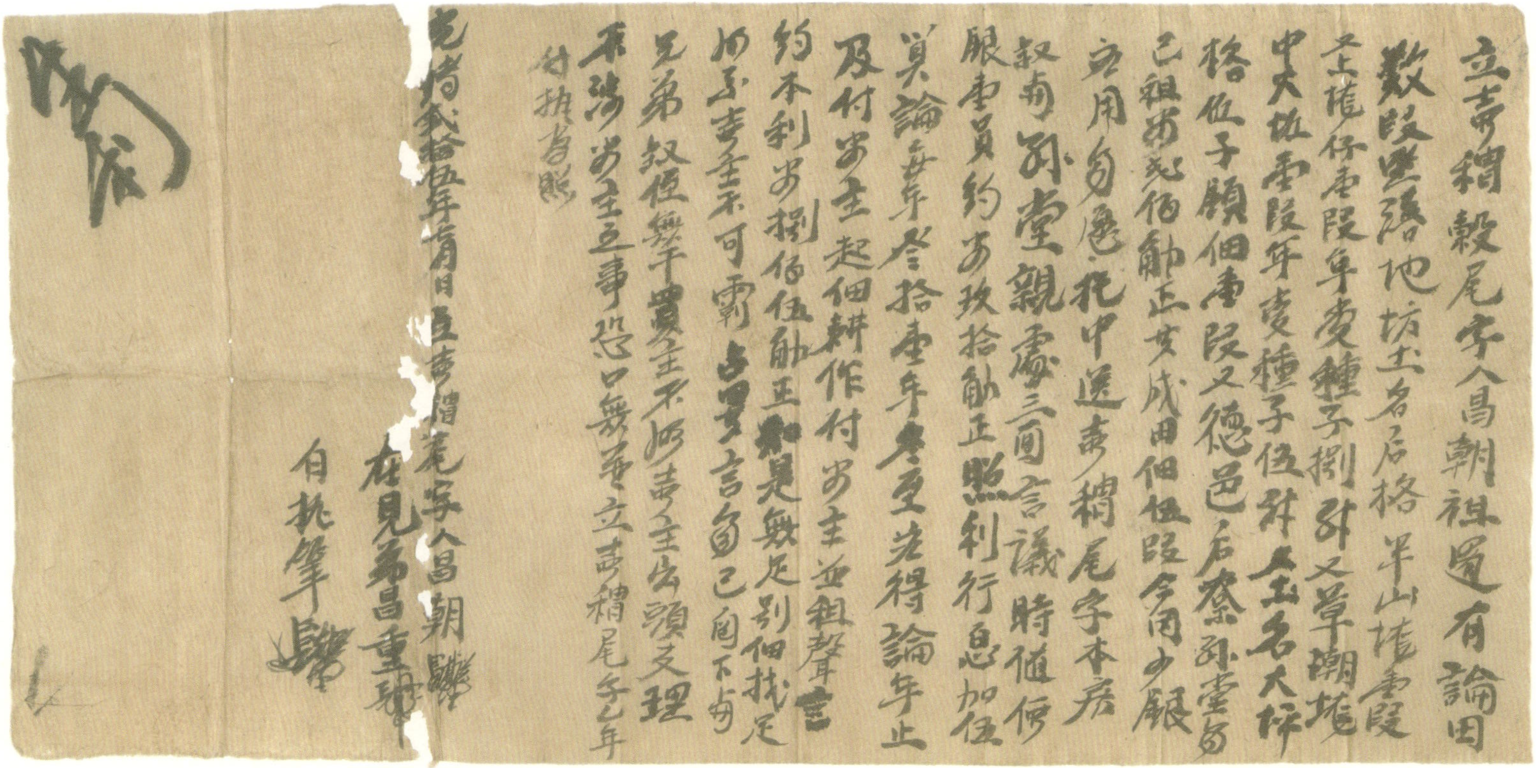

10-7-23-12 清光緒二十五年七月黃昌朝立賣稽穀尾字

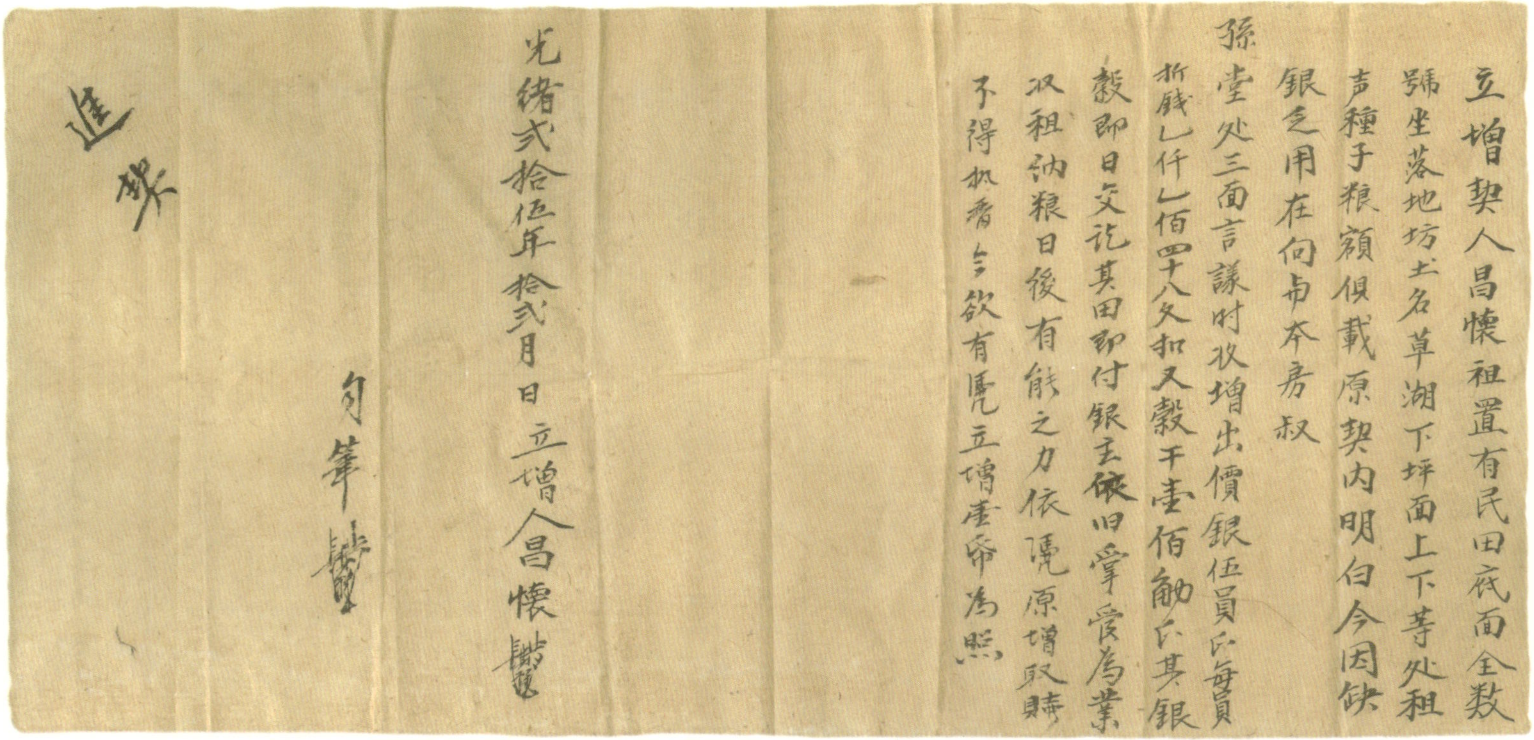
立增契人昌懷祖置有民田底面全數
𤱶坐落地坊土名草湖下坪面上下等处租
声種子粮額俱載原契内明白今因缺
銀乏用在向弟本房叔
孫臺处三面言議时抆增出價銀伍員正每員
折錢七仟七佰四十八文扣又穀干壹佰觔正其銀
穀即日交訖其田即付銀主依旧掌管為業
収租納粮日後有能之力依憑原增取贖
不得执番言欲有憑立增壹帋為照
光緒弍拾伍年拾弍月　日立增人昌懷
代筆
進契

10-7-23-13　清光緒二十五年十二月黃昌懷立增底面全民田契

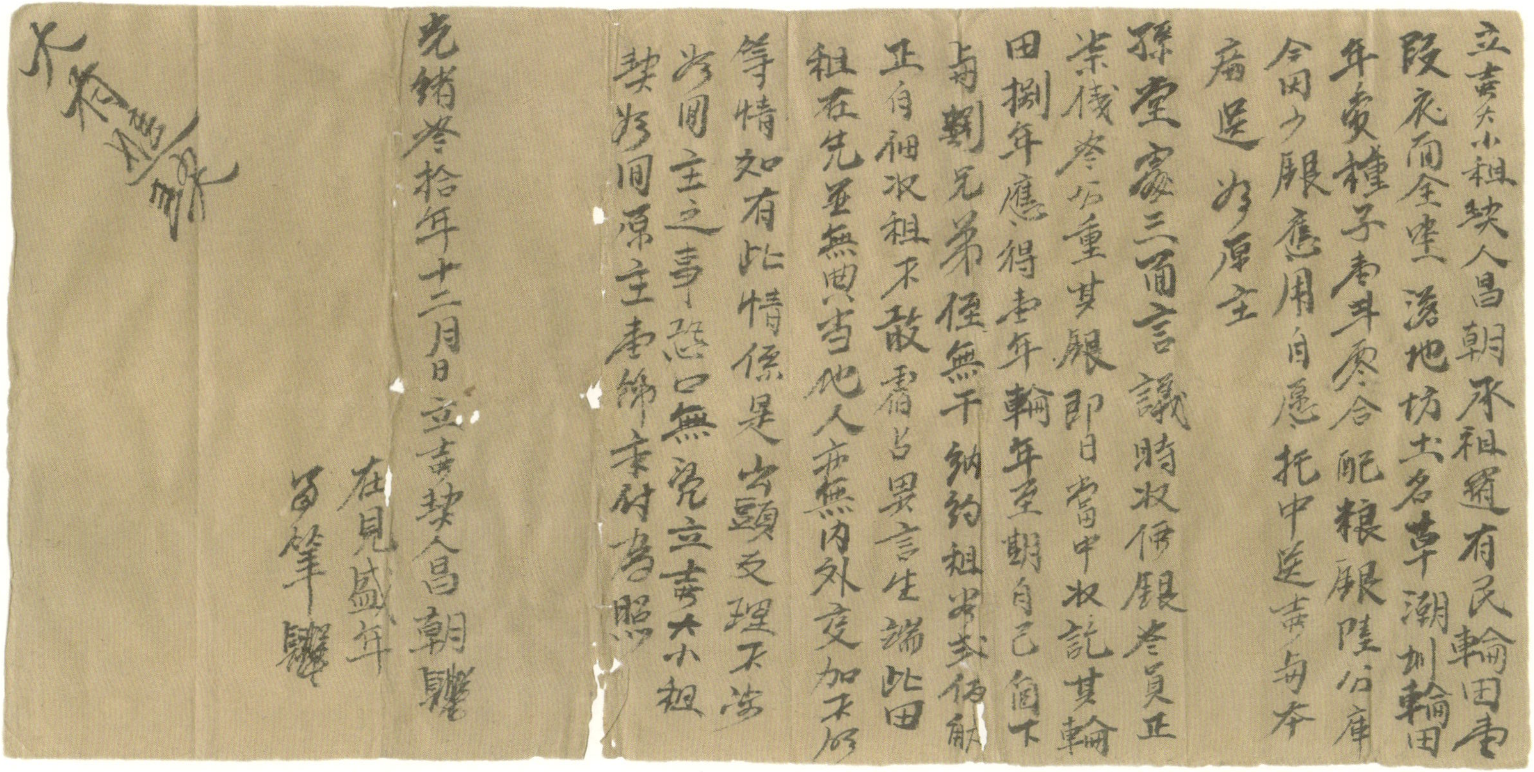
立賣大小租契人昌朝承祖遺有民輪田壹
段，在俞全墘，落地坊土名草湖圳輪田
年受種子壹斗零合，配粮銀陸分庫
今因乏銀應用，自愿托中送賣與本
房侄為原主
孫堂處三面言議，時收價銀叁員正，
柒錢叁分重，其銀即日當中收訖，其輪
田捌年應得壹年，輪年至朝自己個下
與叔兄弟侄無干，納約租谷叁佰觔
正，自佃收租，不敢霸占異言生端。此田
租在先並無典當他人，亦無內外交加不明
等情，如有此情，係是出頭支理，不涉
為同主之事。恐口無憑，立賣大小租
契為同原主壹紙來附為照。
光緒叁拾年十二月　日立賣契人昌朝（押）
在見盛年（押）
為筆（押）

10-7-23-14　清光緒三十年十二月黃昌朝立賣民輸田大小租契

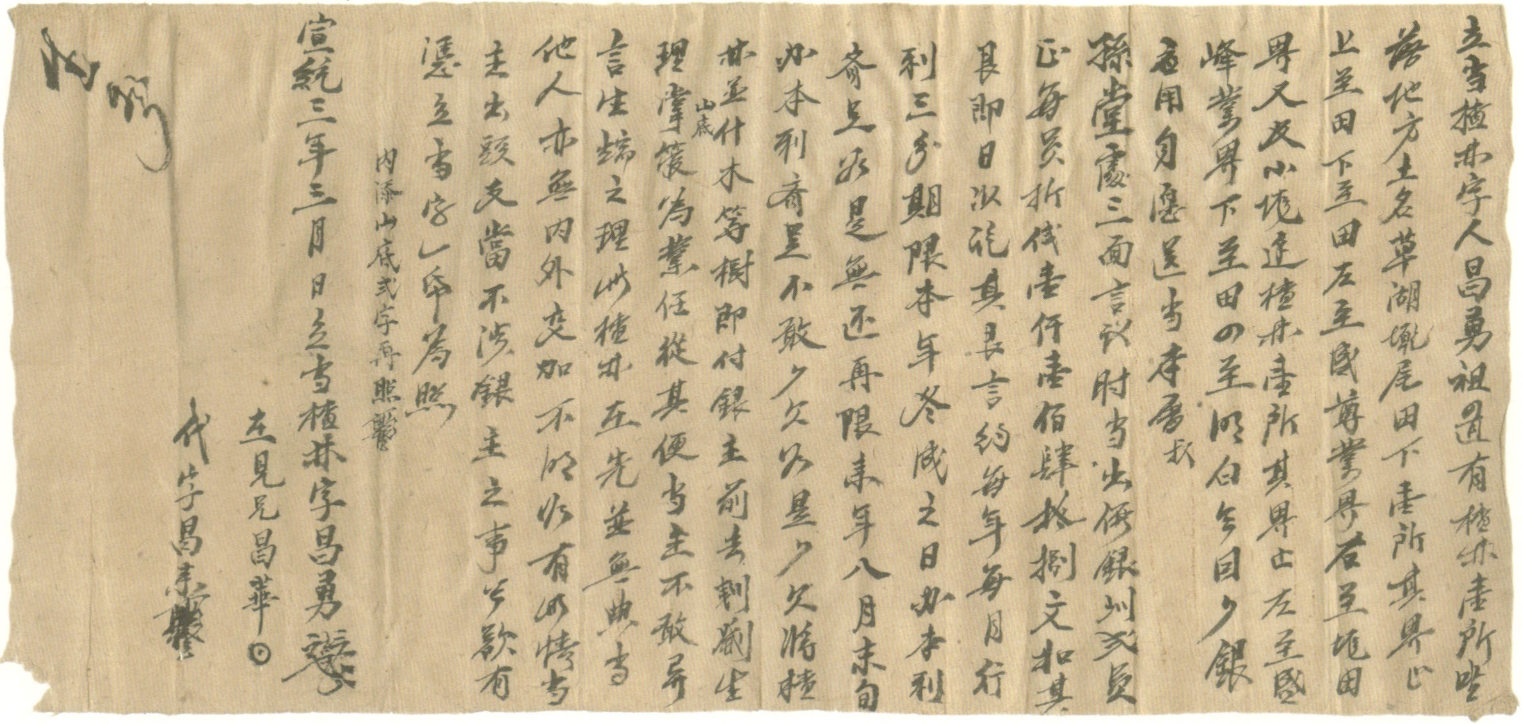
立當楂林字人昌勇祖置有楂林壹所坐
落地方土名草湖傚尾田下壹所其界上
上至田下至田左至墘蒋業界右至墘田
界又及小墘進楂林壹所其界上左至墘
峰蒋界下至田四至明白今因乏銀
應用自愿送當本房叔
孫堂處三面言議時當出價銀卅弍員
正每員折錢壹仟壹佰肆拾捌文扣其
艮即日收訖其艮言約每年每月行
利三分期限本年冬成之日母本利
齊足如是無还再限來年八月末旬
母本利齊足不敢少欠如是少欠將楂
林並山底什木等樹即付銀主前去剷坐
理掌管為業任從其便當主不敢异
言生端之理此楂林在先並無典當
他人亦無內外交加不明有明情當
主出頭支當不涉銀主之事今欲有
憑立當字一紙為照
內添山底弍字再照
宣統三年三月　日立當楂林字昌勇
在見兄昌華
代字昌

10-7-23-15　清宣統三年三月黄昌勇立當楂林字

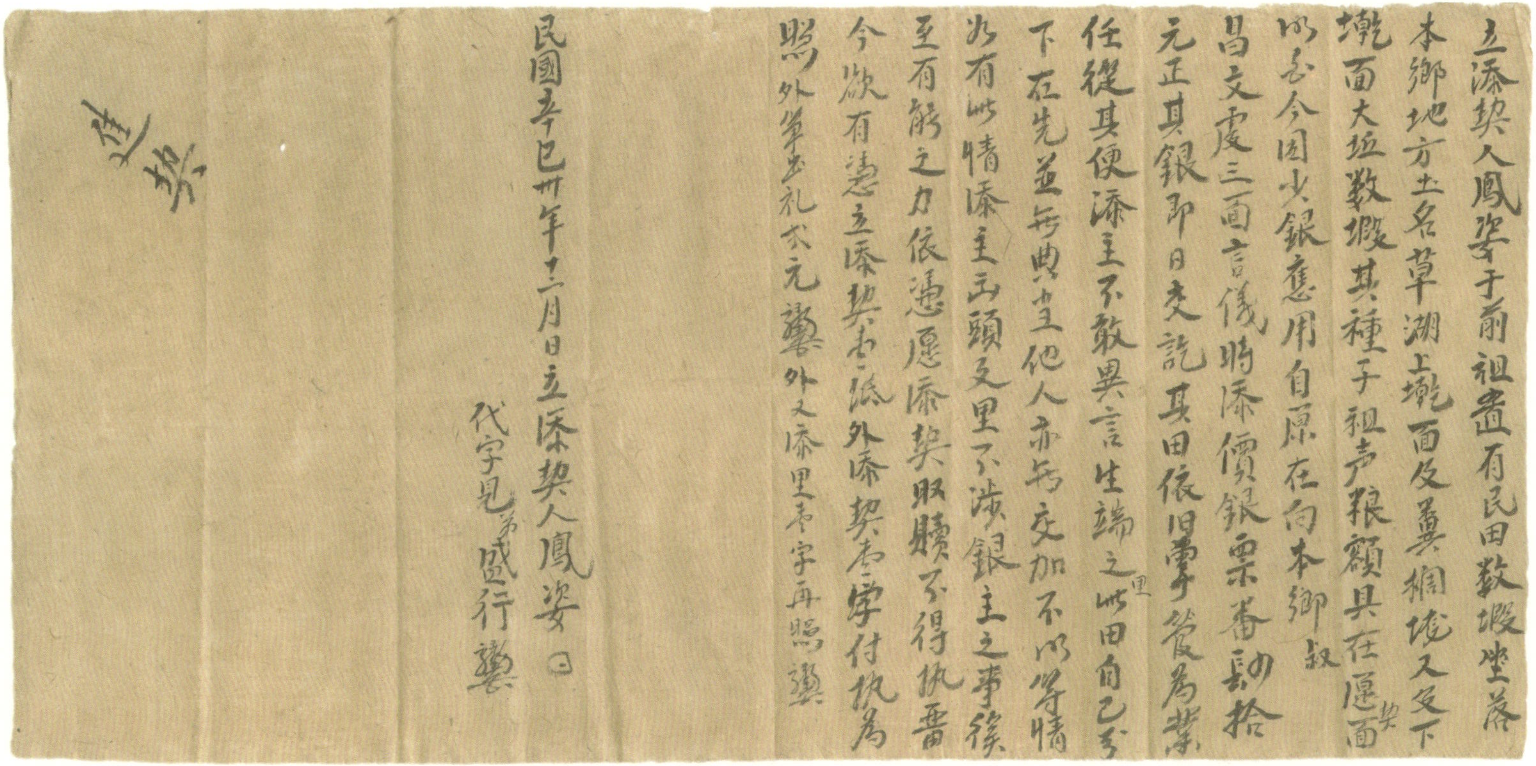
立添契人鳳姿承祖遺有民田數坵坐落
本鄉地方土名草湖上墘面及萬桐坑又交下
墘面大坵數坵其種子租声粮額具在原契面
明去今因乏銀應用自原在向本鄉叔
昌文處三面言儀將添價銀票番勛拾
元正其銀即日交訖其田依旧掌管為業
任從其便添主不敢異言生端之里此田自己之
下在先並無典當他人亦無交加不明等情
如有此情添主出頭支里不涉銀主之事後
至有能之力依憑原添契取贖不得執番
今欲有憑立添契壹紙外添契壹紙付執為
照 外筆禮弍元 纔 外又添里壹字再照 纔
民國辛巳卅年十二月日立添契人鳳姿 ㊞
代字見弟盛行 纔
找契

10-7-23-16　民國三十年十二月黃鳳姿立添民田契

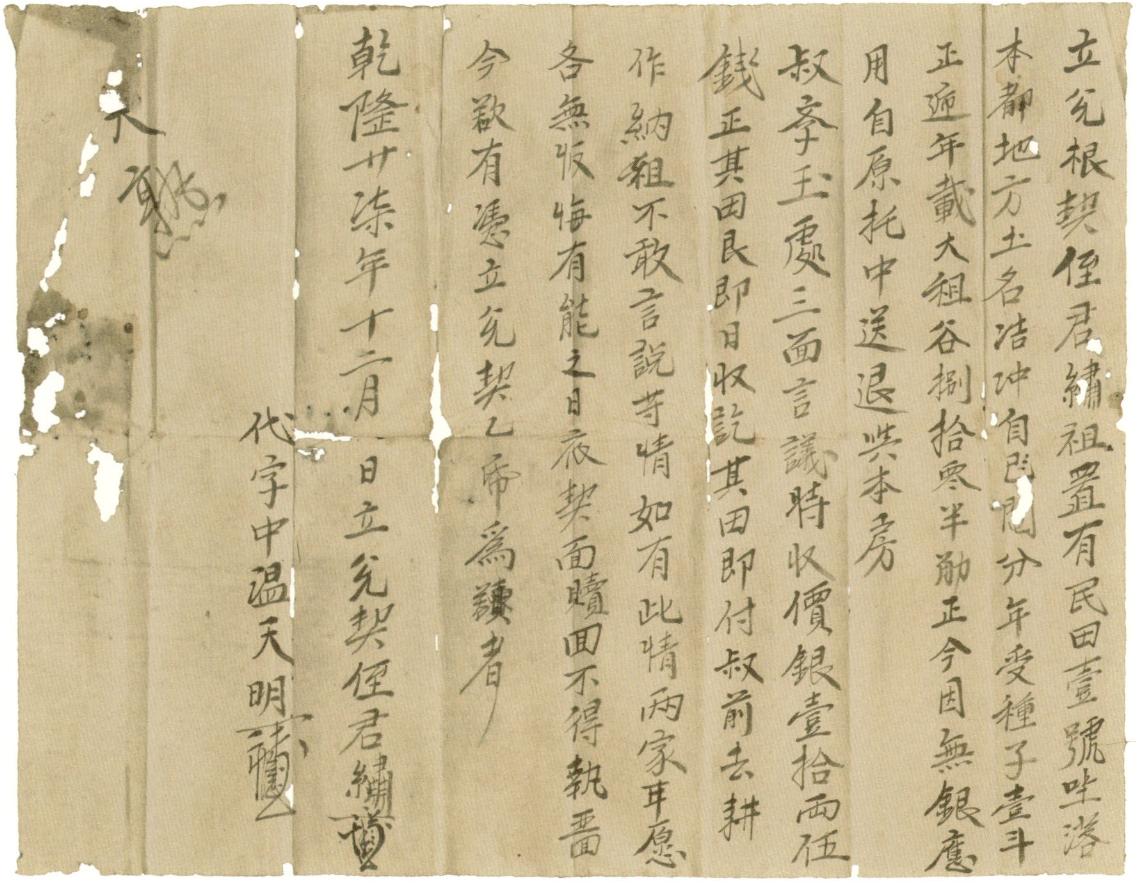
立兑根契侄君繡祖置有民田壹號坐落
本鄉地方土名浩沖自己分年受種子壹斗
正逓年載大租谷捌拾零半斤正今因無銀應
用自原托中送退與本房
叔李玉處三面言議特收價銀壹拾兩伍
錢正其田民即日收訖其田即付叔前去耕
作納租不敢言說等情如有此情两家甘愿
各無返悔有能之日夜契面贖回不得執畱
今欲有憑立兑契乙帋爲鑚者
乾隆廿柒年十二月　日立兑契侄君繡（押）
代字中溫天明（押）

10-7-24-1　清乾隆二十七年十二月黄君繡立兑民田根契

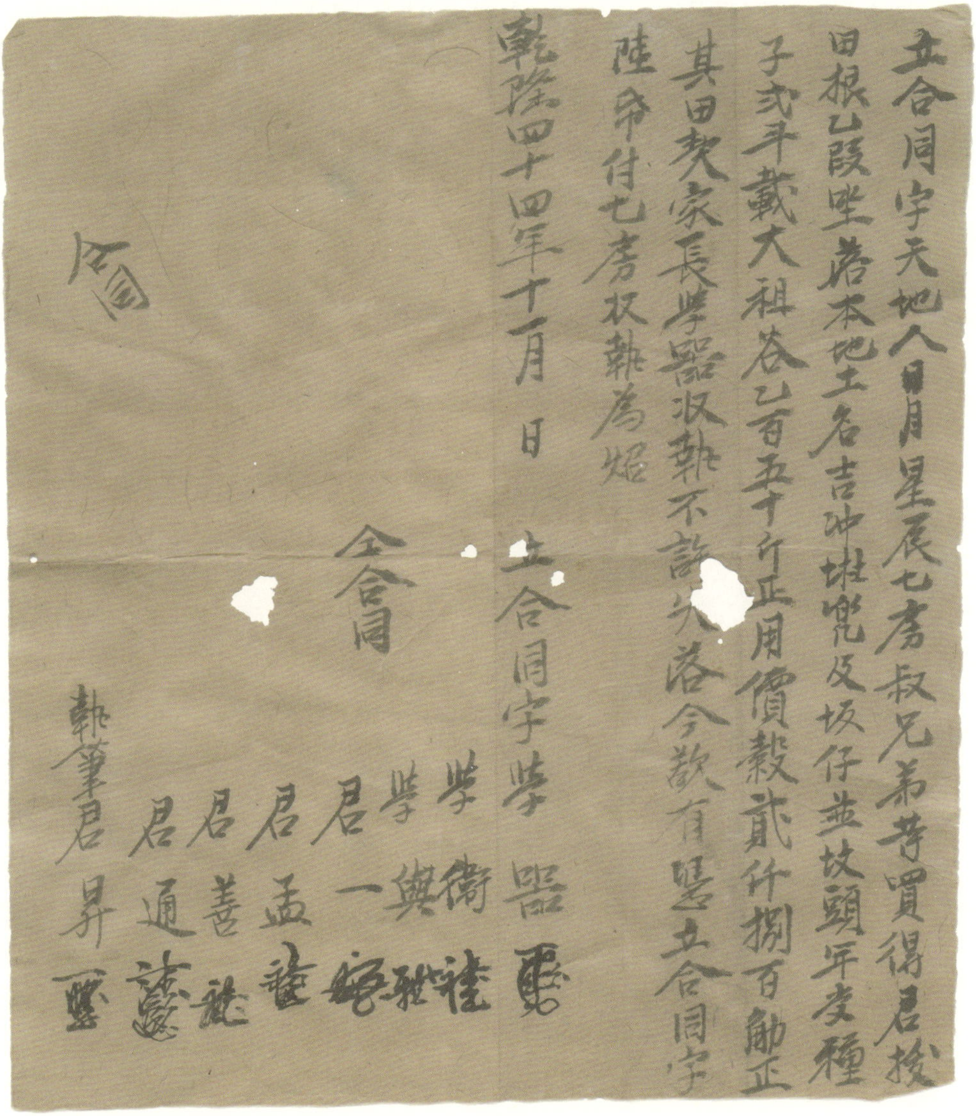

立合同字天地人日月星辰七房叔兄弟等買得君捘
田根山段坐落本地土名吉沖垟兜及坂仔並坟頭平麦種
子弍斗載大租谷乙百五十斤正用價穀貳仟捌百觔正
其田契家長學昭收執不許失落今欲有憑立合同字
陸帋付七房收執為照

乾隆四十四年十一月 日 立合同字 學昭（押）
學衛（押）
學與（押）
君一（押）
君孟（押）
君善（押）
君通（押）
執筆君昇（押）

合同
合同

10-7-24-2 清乾隆四十四年十一月黄氏天地人日月星辰七房立合同字

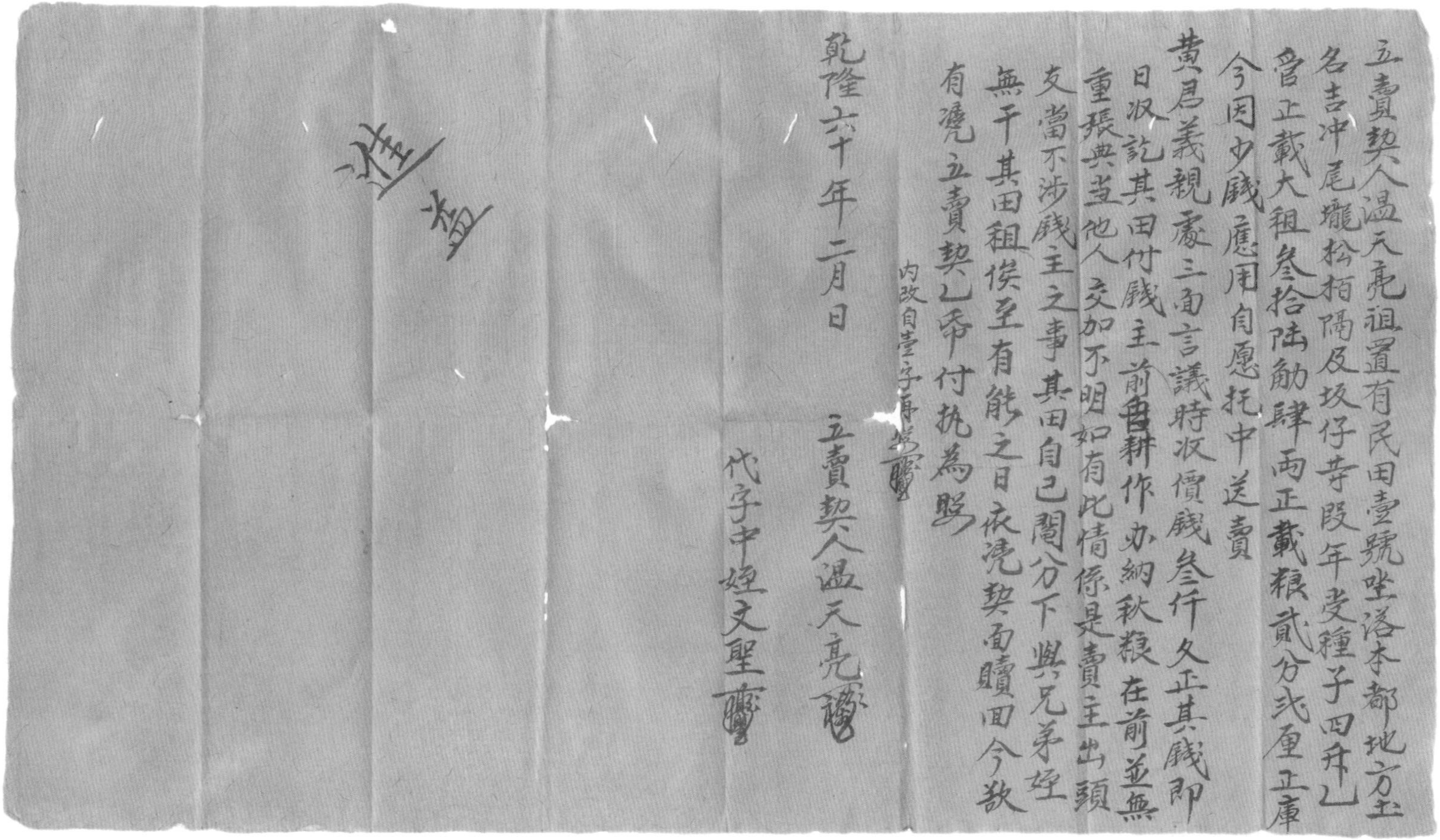
立賣契人温天亮祖置有民田壹號坐落本都地方土
名吉冲尾壠拾栢隔及坂仔等段年受種子四升乚
曾正載大租叁拾陸觔肆兩正載粮貳分弍厘正庫
今因乏錢應用自愿托中送賣
黄君義親處三面言議時収價錢叁仟文正其錢即
日収訖其田付錢主前去耕作办納秋粮在前並無
重張典當他人交加不明如有此情係是賣主出頭
支當不涉錢主之事其田自己閹分下與兄弟姪
無干其田租俟至有能之日依憑契面贖回今欲
有憑立賣契乚帋付執為照
内改自壹字再照
乾隆六十年二月日　立賣契人温天亮
代字中姪文聖
造查

10-7-24-3　清乾隆六十年二月温天亮立賣民田契

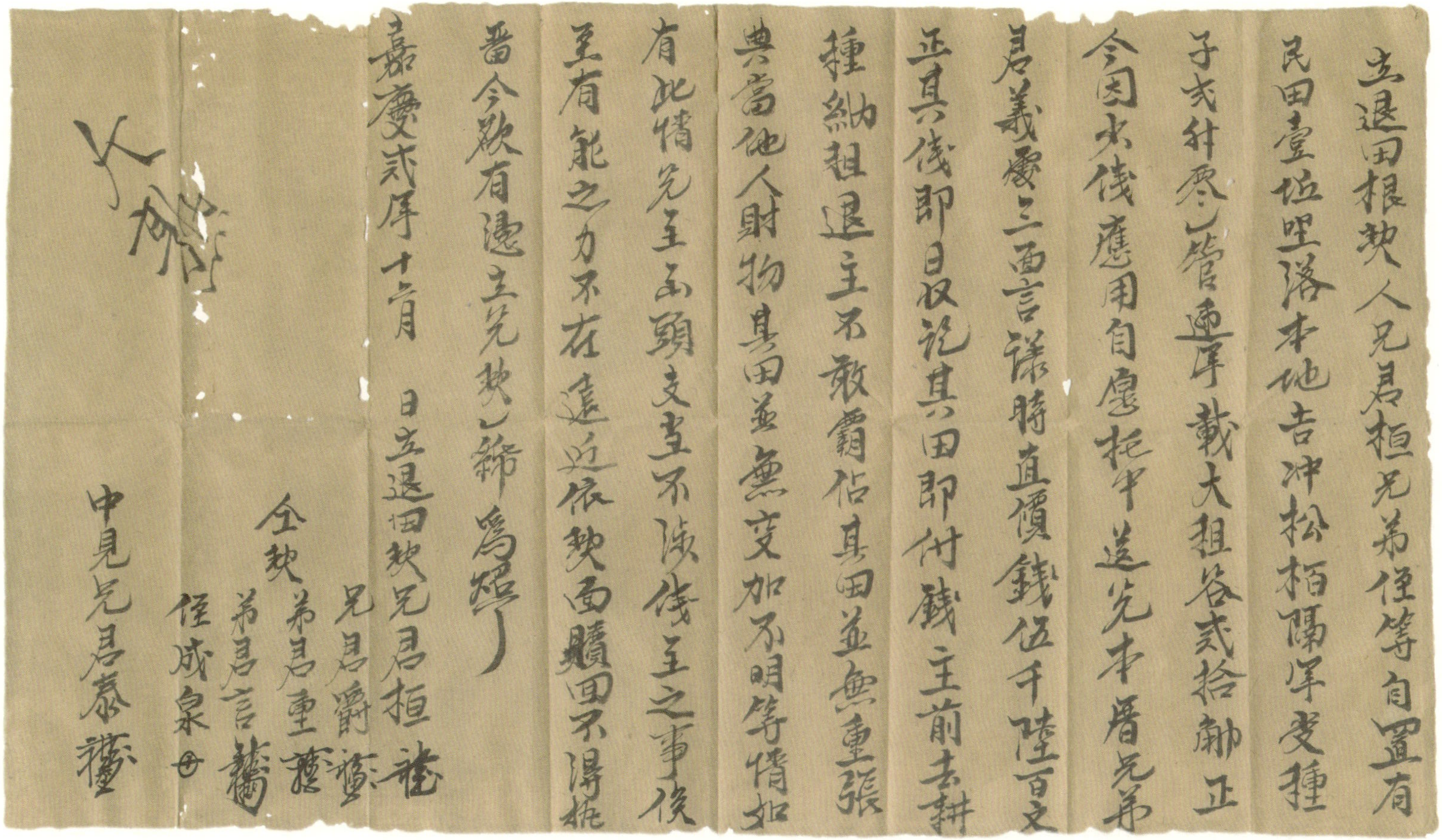
立退田根契人兄君桓兄弟侄等自置有
民田壹位坐落本地吉冲松栢陽洋受種
子弍升零乚管退年載大租谷弍拾觔正
今因乏錢應用自愿托中送先本房兄弟
君義處三面言議時直價錢伍千陸百文
正其錢即日收訖其田即付錢主前去耕
種納租退主不敢霸佔其田並無重張
典當他人財物其田並無交加不明等情如
有此情先主承頭支當不涉錢主之事後
至有能之力不在遠近依契面贖田不得拖
留今欲有憑立先契乚紙為照丿
嘉慶弍年十二月　日立退田契兄君桓（押）
兄君爵（押）
全契弟君重（押）
弟君言（押）
侄成泉（押）
中見兄君泰（押）
大發

10-7-24-4　清嘉慶二年十二月黃君桓等立退民田根契

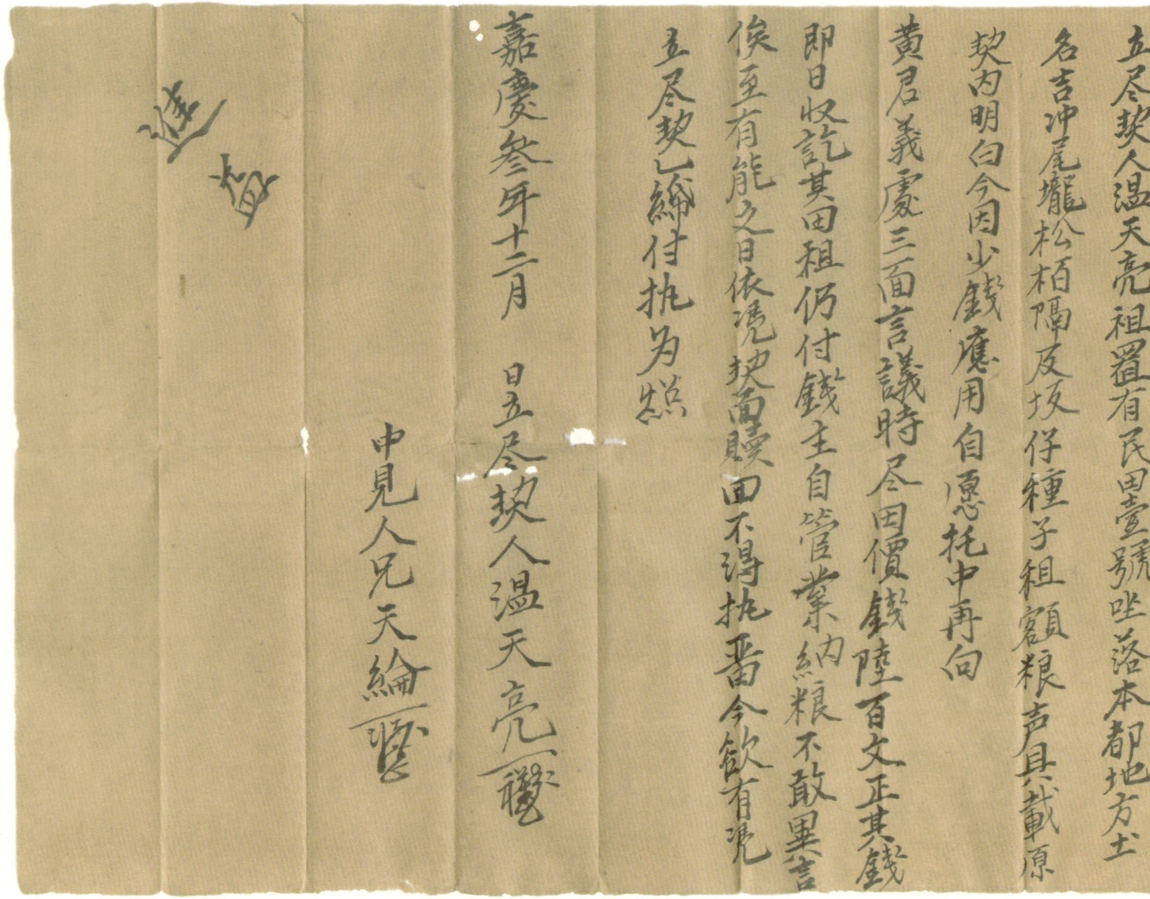
立尽契人温天亮祖置有民田壹號坐落本都地方土
名吉冲尾壠松栢隔反坂仔種子租額粮声具載原
契内明白今因少錢應用自愿托中再向
黄君義處三面言議時尽田價錢陸百文正其錢
即日收訖其田租仍付錢主自管業納粮不敢异言
倘至有能之日依憑契面贖回不得执留今欲有凭
立尽契乙紙付执为照
嘉慶叁年十二月 日立尽契人温天亮（押）
中見人兄天綸（押）
進益

10-7-24-5 清嘉慶三年十二月温天亮立盡民田契

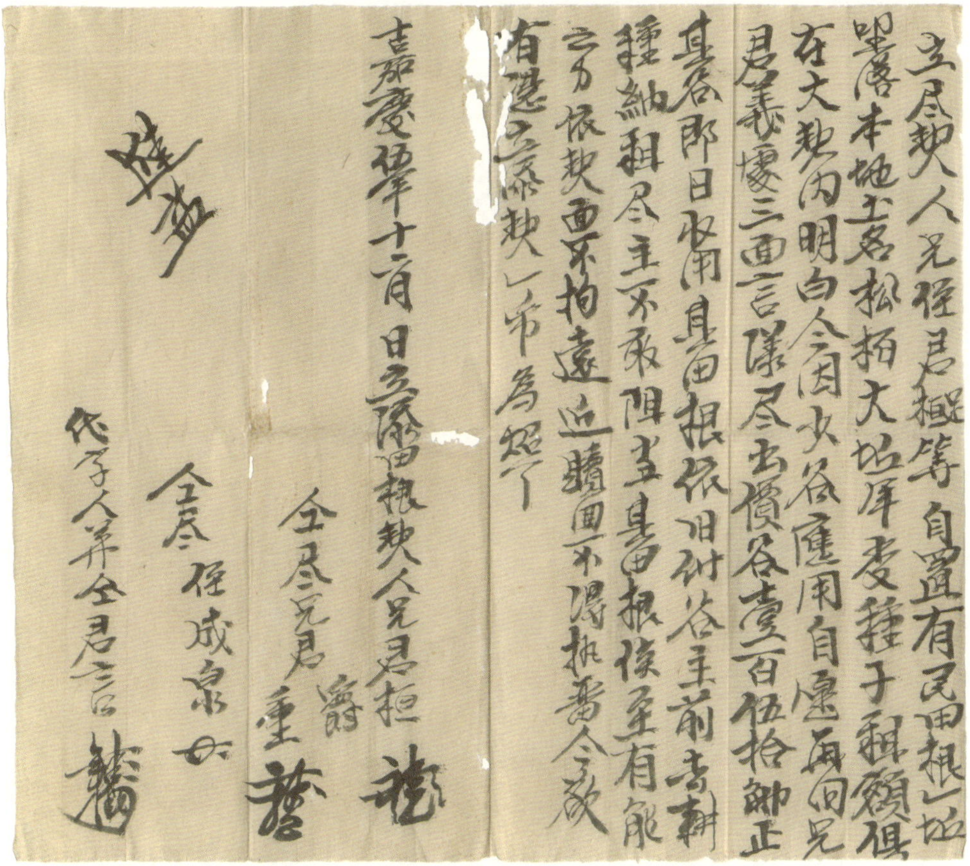

立盡契人兄侄君桓等自置有民田根一坵
坐落本地土名松柏大坵岸麦種子租額俱
在大契內明白今因乏谷應用自愿向兄
君義邊三面言議盡出價谷壹百伍拾觔正
其谷即日收用其田根依旧付谷主前去耕
種納租盡主不敢阻當其田根係是有能
之力依契面不拘遠近贖回不得執留今欲
有憑立盡契人一帋為照

嘉慶五年十二月 日立盡田根契人兄君桓（押）
仝盡兄君爵
重（押）
仝盡 侄成泉（押）
代字人弟仝君言（押）

10-7-24-6 清嘉慶五年十二月黃君桓等立盡民田根契

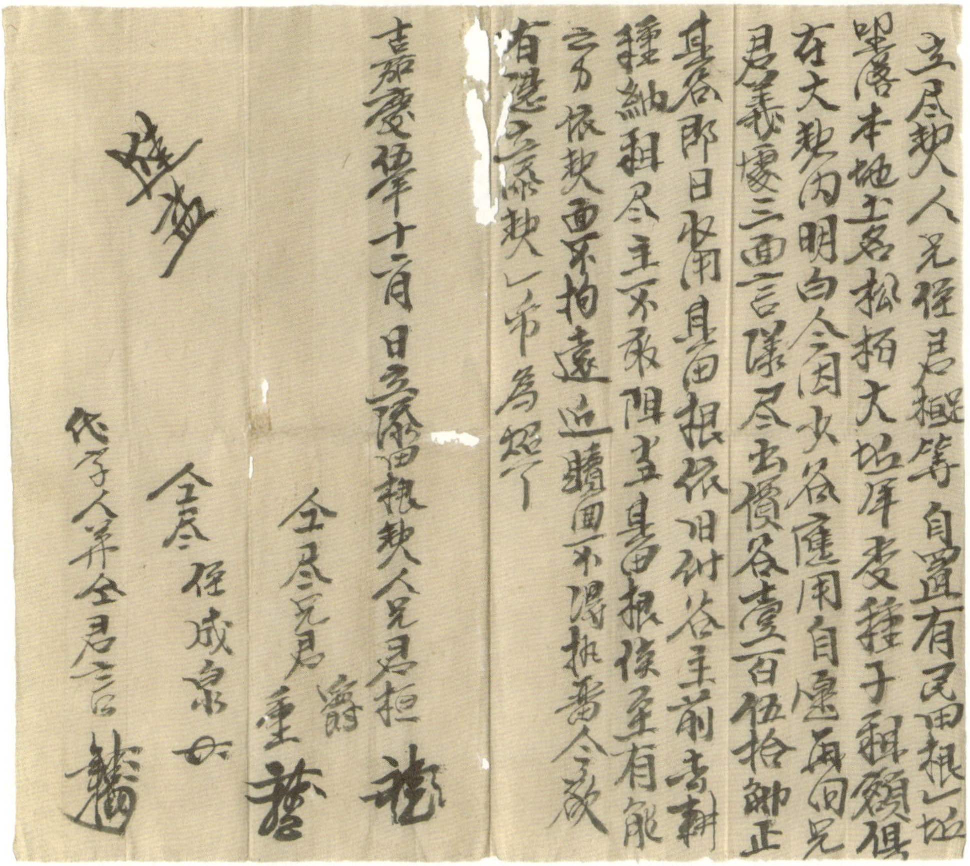

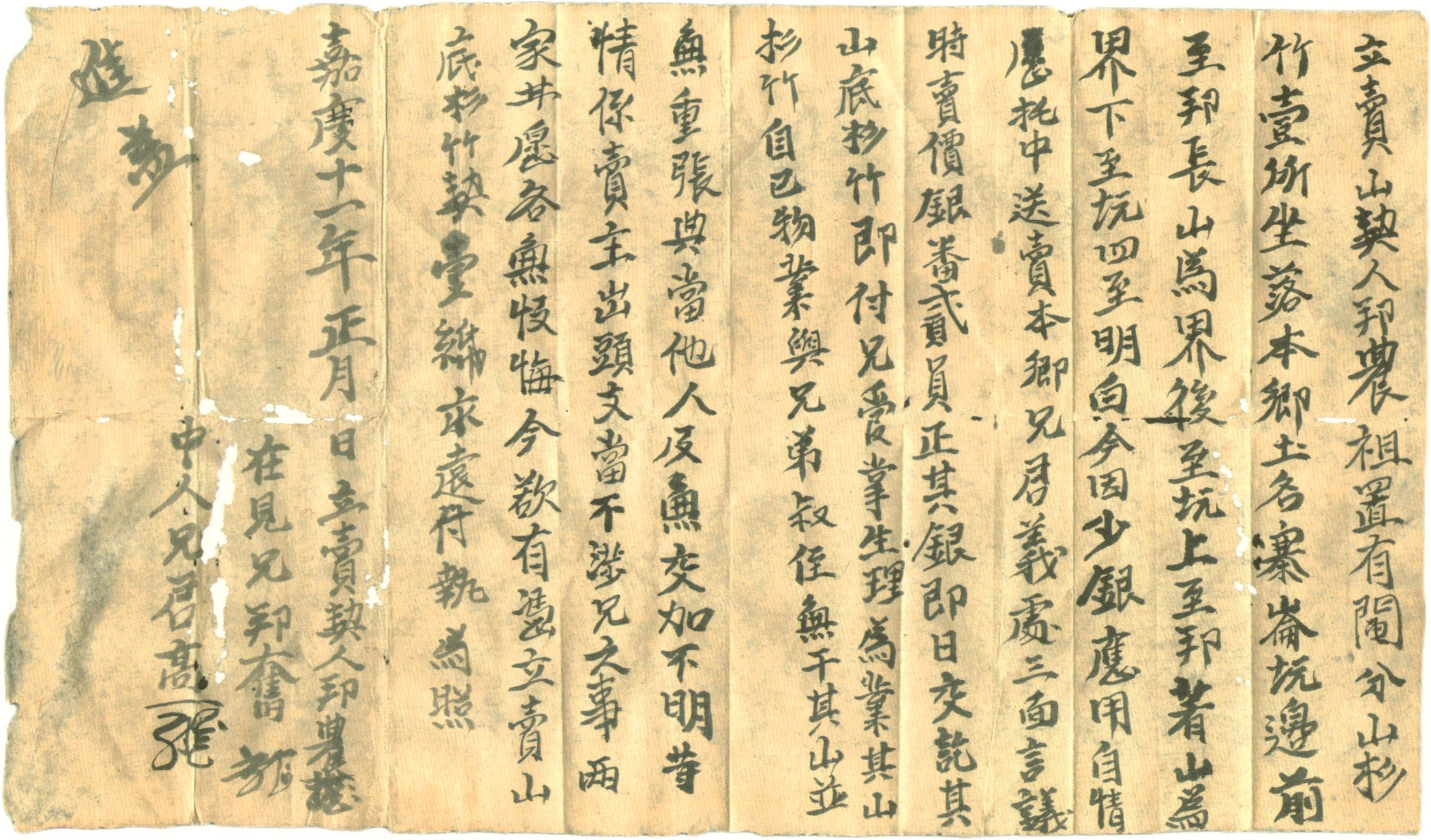

立賣山契人邦農祖置有閻分山杉
竹壹所坐落本鄉土名寨嵛坑邊前
至邦長山為界後至坑上至邦着山為
界下至坑四至明白今因少銀應用自情
憑托中送賣本鄉兄君義處三面言議
時賣價銀番弍員正其銀即日交訖其
山底杉竹即付兄手掌生理為業其山
杉竹自己物業與兄弟叔侄無干其山並
無重張典當他人及無交加不明等
情係賣主出頭支當不涉兄之事兩
家甘愿各無悏悔今欲有憑立賣山
底杉竹契壹紙永遠存執為照
嘉慶十一年正月 日 立賣契人邦農
在見兄邦奮
中人兄君高
進契

10-7-24-7 清嘉慶十一年正月黄邦農立賣山杉竹契

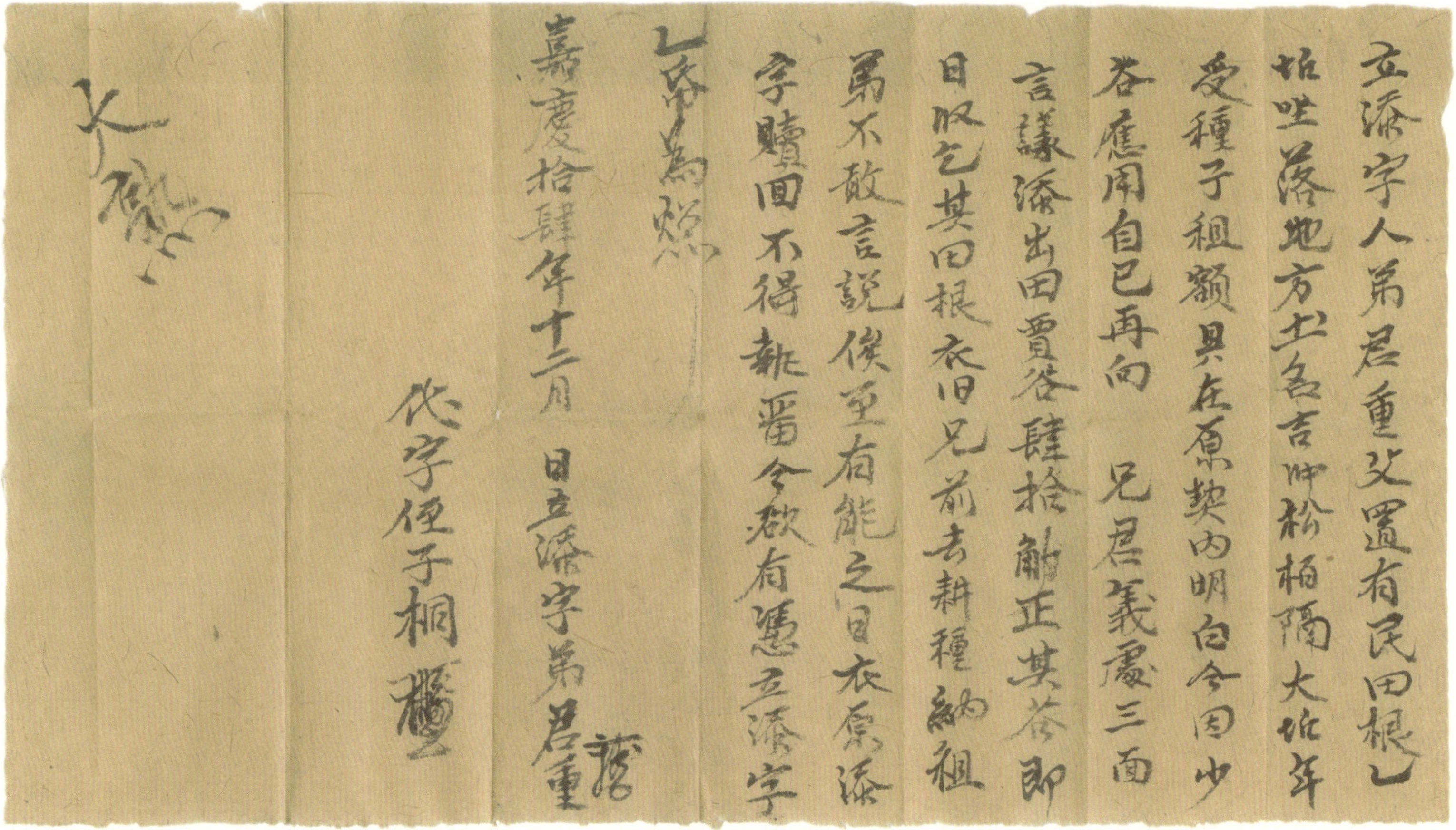

10-7-24-8　清嘉慶十四年十二月黄君重立添民田根字

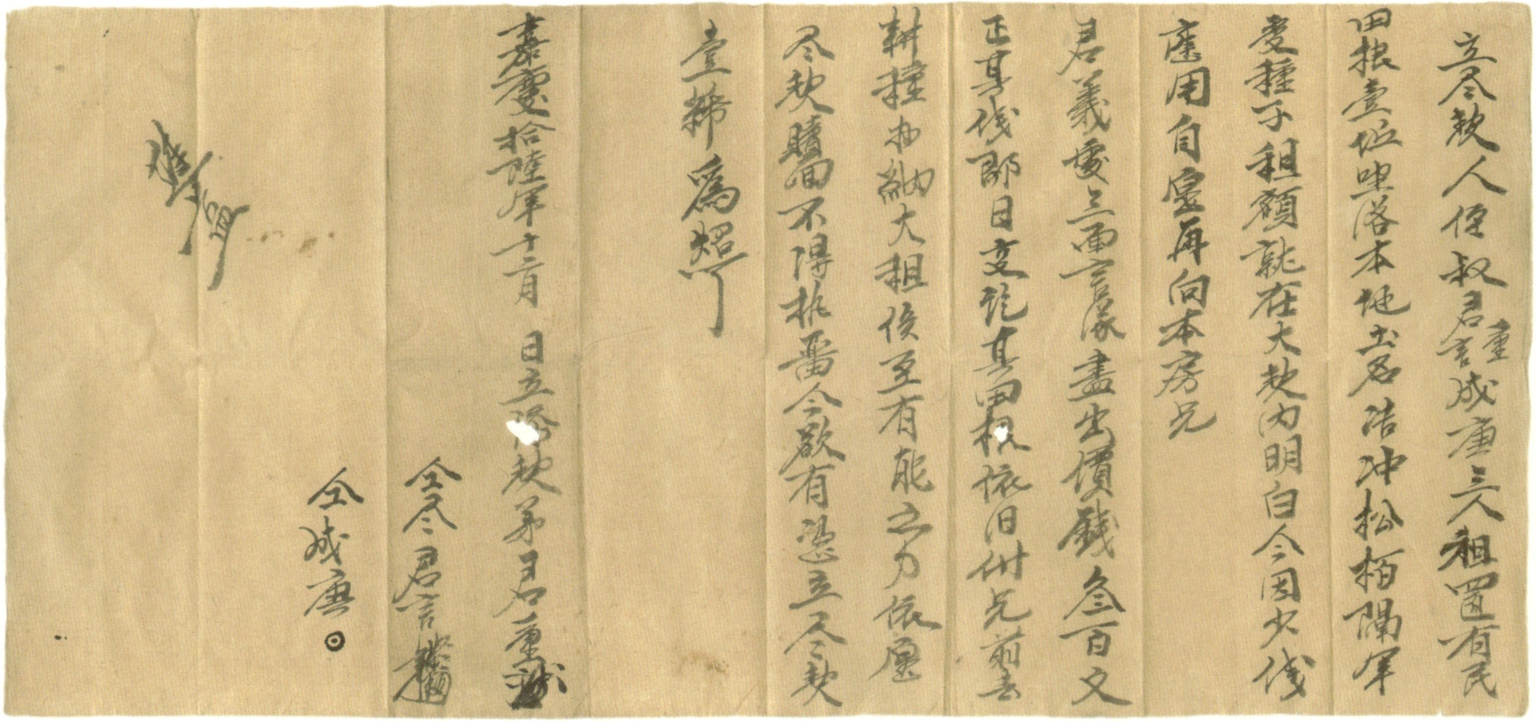
立盡契人侄叔君重、君言、成唐三人祖置有民
田根壹號坐落本地土名洁冲松柏陽年
載種子租額該在大契內明白今因欠錢
應用自愿再向本房兄
君義處三面言議盡出價錢叁百文
正其錢即日交訖其田根仍付兄前去
耕種收納大租後至有能之日力依原
盡契贖回不得執留今欲有憑立盡契
壹紙爲照
嘉慶拾陸年十二月　日立盡契弟君重（押）
仝盡　君言（押）
仝　成唐◎

10-7-24-9　清嘉慶十六年十二月黃君重等立盡民田根契

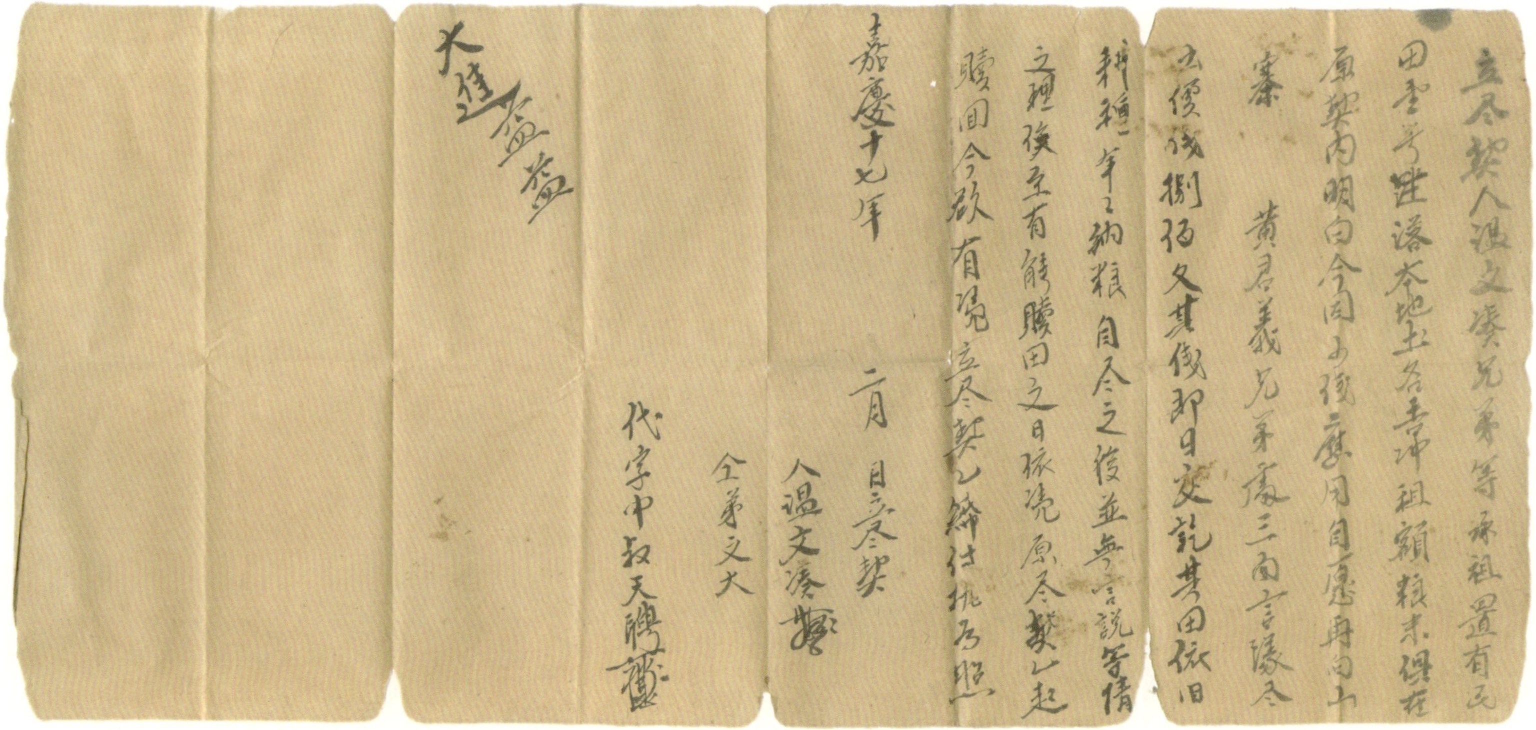

10-7-24-10　清嘉慶十七年二月温文湊等立盡民田契

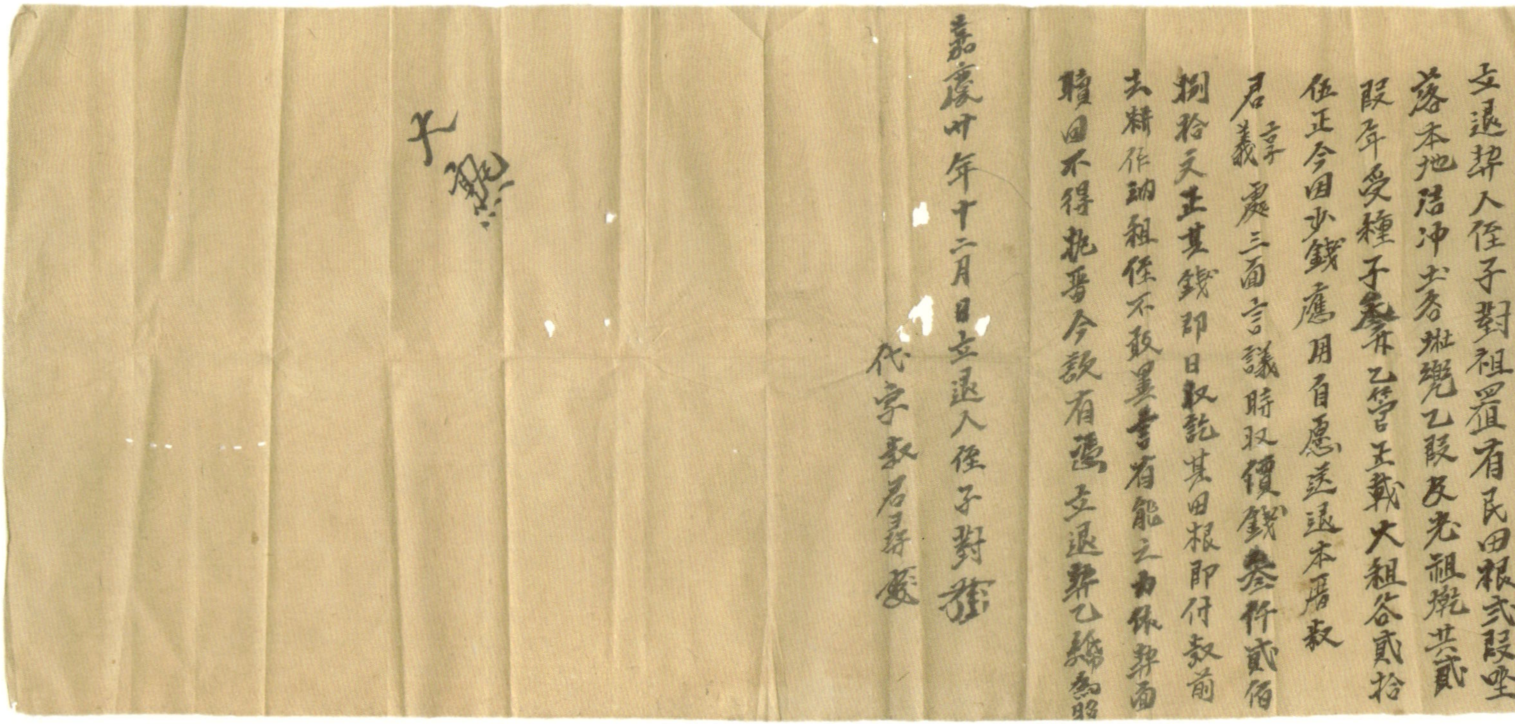
立退契人侄子對祖置有民田根弍段坐
落本地洑沖土名𡌴墘乙段及先祖墘共貳
段年受種子叁斗乙管王載大租谷貳拾
伍正今因乏錢應用自愿送退本厝叔
君孚義處三面言議時取價錢叁仟貳佰
捌拾文正其錢即日收訖其田根即付叔前
去耕作納租係不敢異言有能之力係契面
贖回不得執吾今欲有憑立退契乙紙為照

嘉慶廿年十二月　日立退人侄子對（押）
代字叔君壽（押）

大發

10-7-24-11　清嘉慶二十年十二月黄子對立退民田根契

立添田根契人侄子對祖置有民田根壹落
本地諸冲琳號老祖坑共弍段，種子祖額具
在大契內明白。今因少穀應用，再叔
君義亨三面言議，添出價穀弍拾觔正，其谷
即日收訖，其田根依旧耕作納租，侄不敢異言。
其田根有能之力，依契贖回，不得執留多款。
有憑，立添契乙紙為照。
嘉慶二十一年十一月　日立添契人侄子對（押）
代字叔君[illegible]（押）
大熙

10-7-24-12　清嘉慶二十一年十一月黃子對立添民田根契

10-7-25-1　包契紙

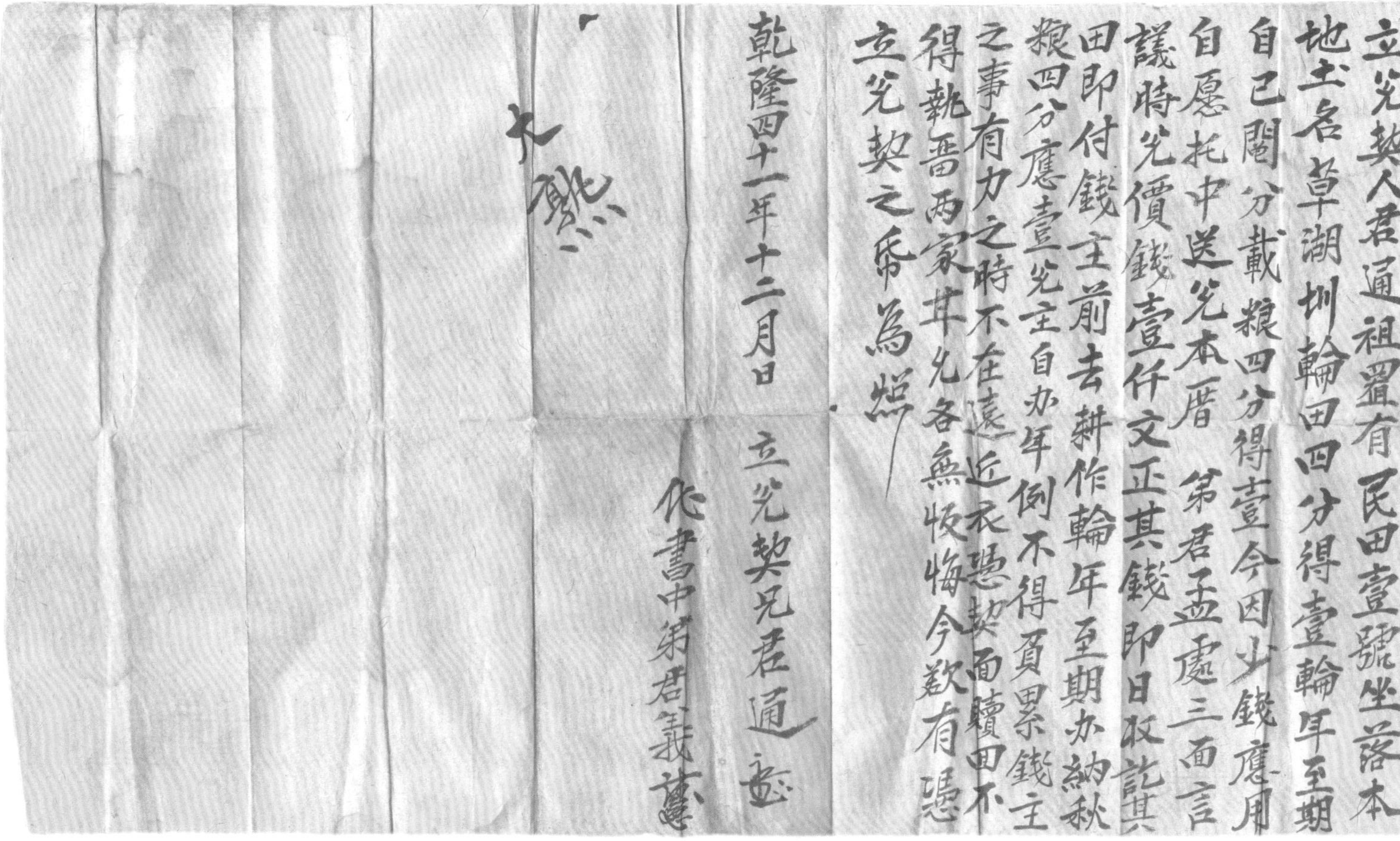
立兑契人君通祖置有民田壹號坐落本
地土名草湖圳輪田四分得壹輪年至期
自己鬮分載粮四分得壹今因乏錢應用
自愿托中送兑本厝　弟君孟處三面言
議時兑價錢壹仟文正其錢即日收訖其
田即付錢主前去耕作輪年至期办納秋
粮四分應壹兑主自办年例不得負累錢主
之事有力之時不在遠近衣憑契面贖田不
得執吝兩家廿允各無悔悔今欲有憑
立兑契之帋為照
乾隆四十一年十二月日　立兑契兄君通（押）
化書中弟君義（押）

10-7-25-2　清乾隆四十一年十二月黄君通立兑民輪田契

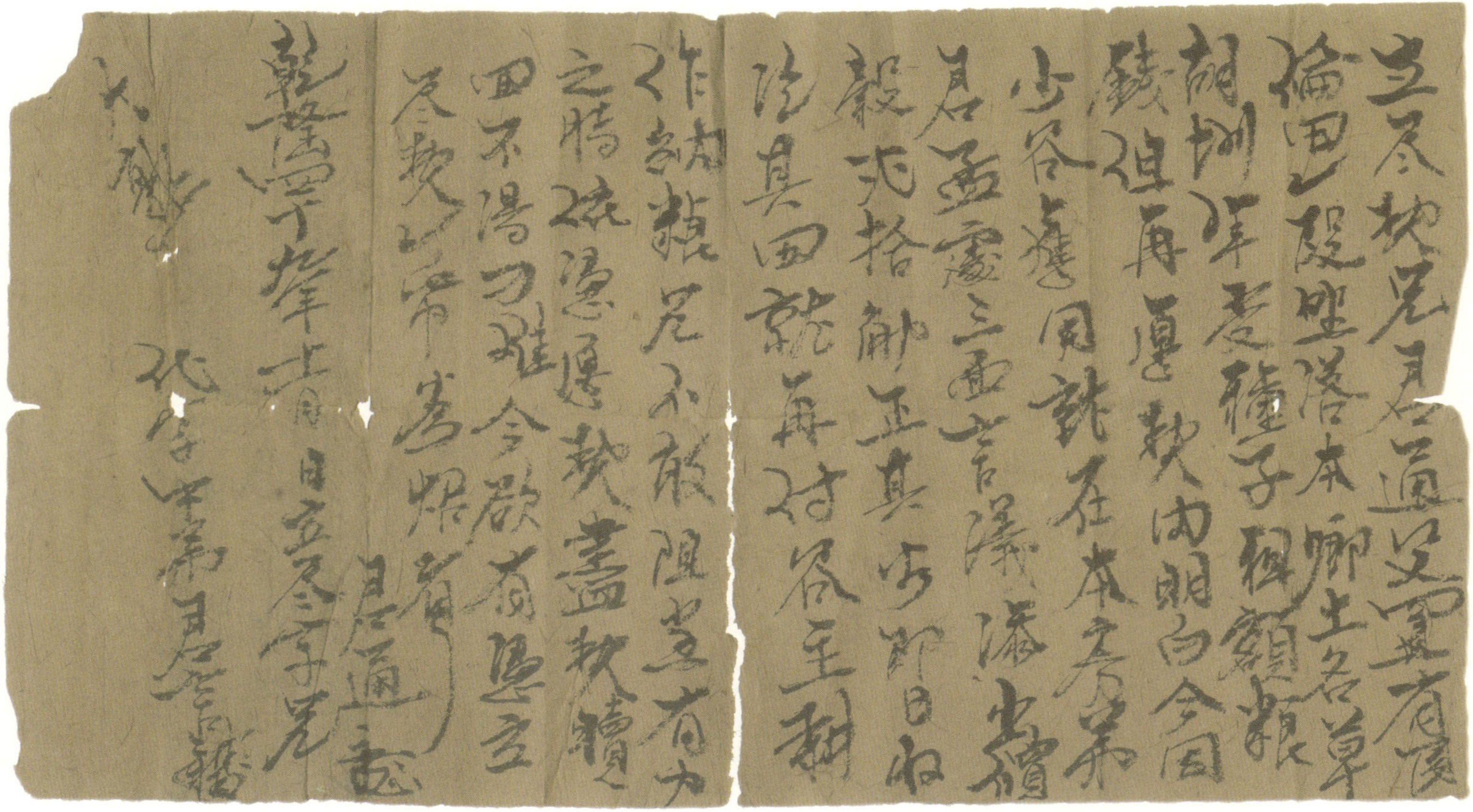
立盡契兄君通父置有應
輪田乙段坐落本鄉土名草
湖圳年受種子糧額根
錢但再憑契內明白今因
少穀應用就在本房弟
君孟處三面言議添出續
穀洋拾斛正其穀即日收
訖其田就再付谷至對
作納糧兄不敢阻當有力
之情就憑另立盡契續
回不得刁難今欲有憑立
盡契一紙為照
君通
乾隆四十九年十一月　日立盡契字兄
代筆　堂弟　君
大

10-7-25-3　清乾隆四十九年十一月黃君通立盡民輪田契

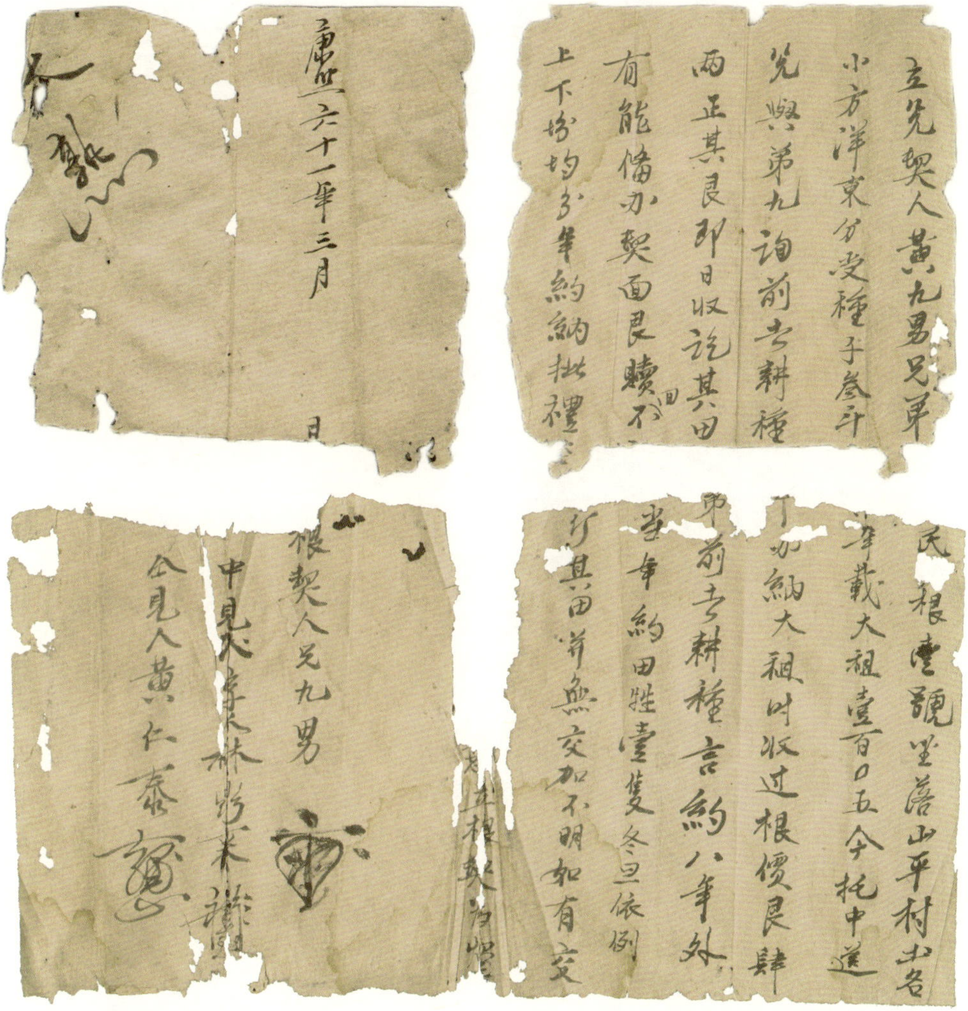
立兑契人黄九男兄弟
小方洋東分受種子叁斗
兑與第九詢前去耕種
兩正其艮即日收訖其田
有能備办契面艮贖不
上下均均分年約納批禮
民根壹號坐落山平村土名
年載大租壹百〇五今托中送
丁办納大租叫収过根價艮肆
弟前去耕種言約八年外
当年約田牲壹隻冬旦依例
付其田并無交加不明如有交
杜根契為照
康熙六十一年三月　日
根契人兑九男
中見人林兴
公見人黄仁泰

10-7-26-1　清康熙六十一年三月黄九男等立兑民田根契

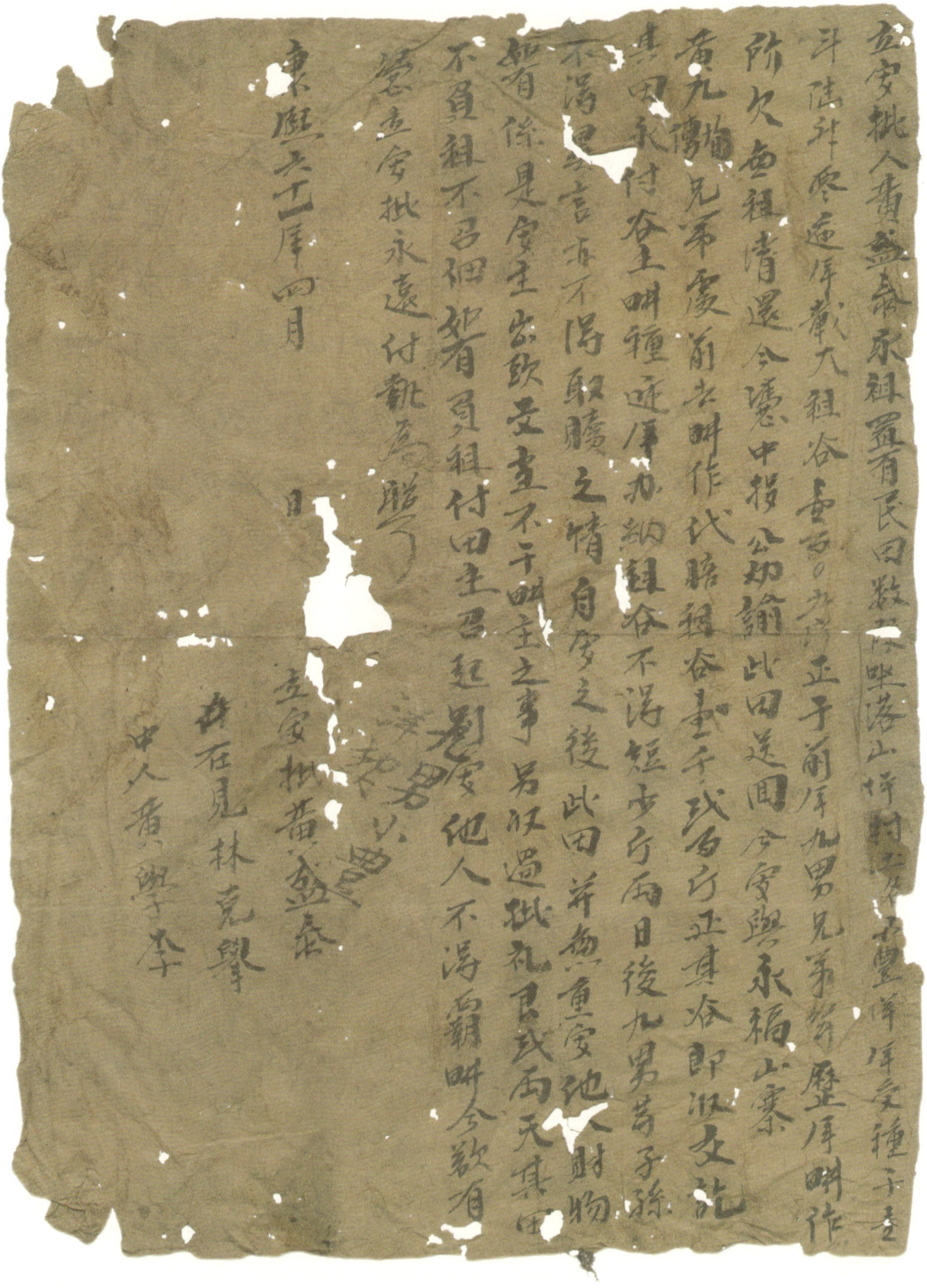

立安批人黃盛泰承祖置有民田數□坐落山坪□□□豐年年受種一斗壹
斗陸升零逓年載九祖谷壹石□□正于前年九男兄弟□歷年耕作
所欠無租清還今憑中投公劝諭此田送回今安與承福山寨
黃九□兄弟處前去耕作代賠租谷壹千弍百斤正其谷即收文訖
其田永付谷主耕種逓年办納租谷不得短少斤兩日後九男等子孫
不得生言冇不得取贖之情自安之後此田并無重安他人財物
如有係是安主出頭承當不干田主之事另収過批礼艮弍兩天其田
不負租不召佃如有負租付田主召起別安他人不得霸耕今欲有
憑立安批永遠付執為照
安批男以豐
康熙六十一年四月　日　立安批黃盛泰
在見林克舉
中人黃學李

10-7-26-2　清康熙六十一年四月黃盛泰立安批民田契（草契）

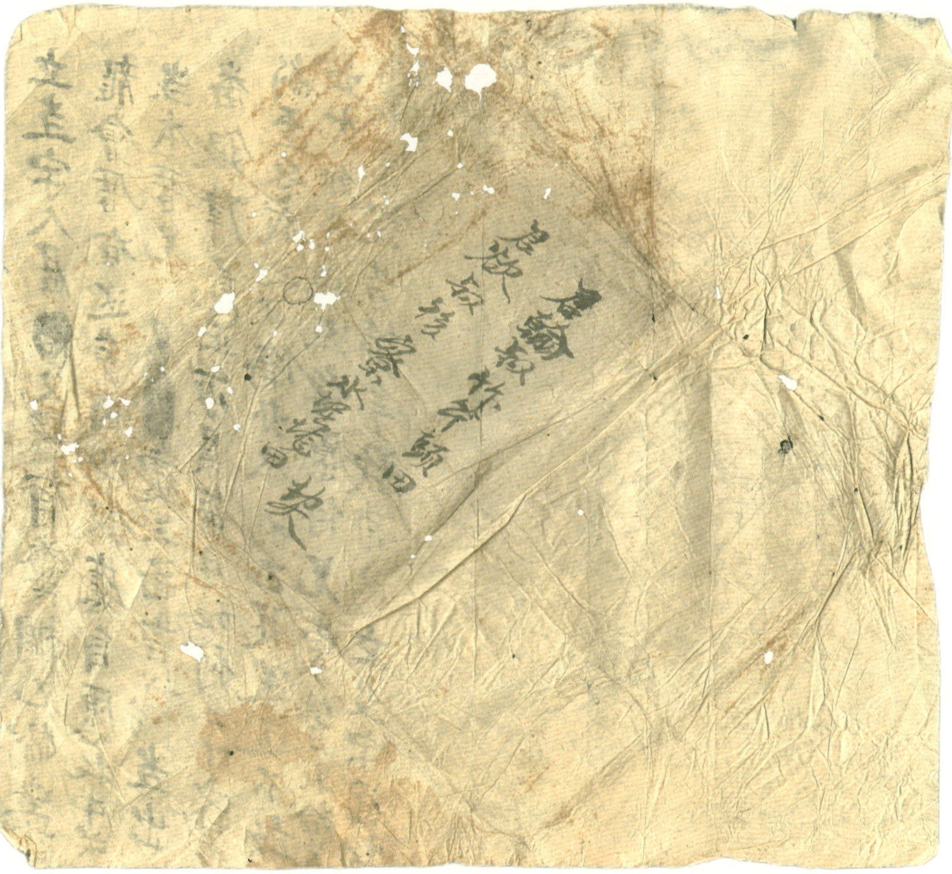

10-7-27-1　包契紙

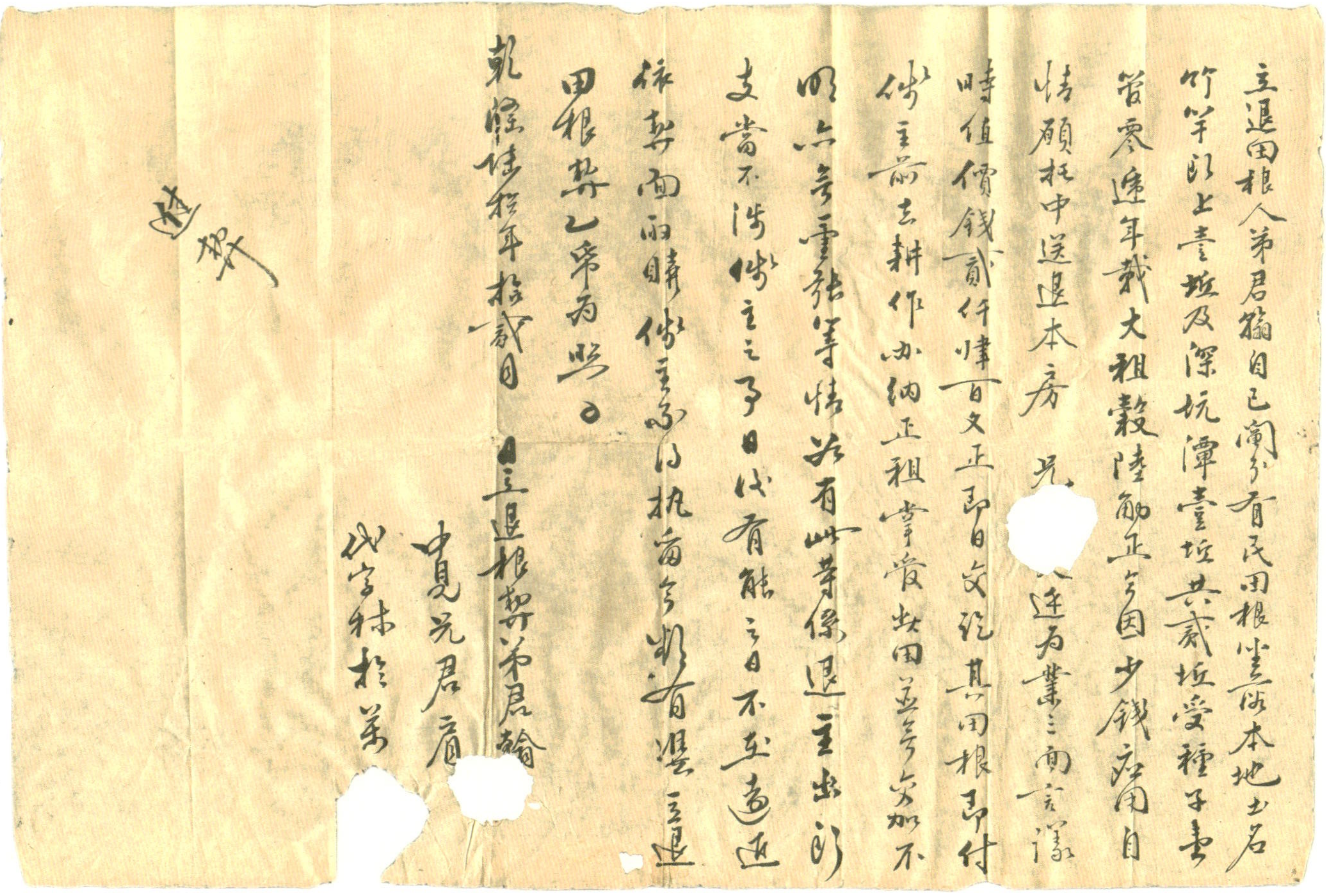

立退田根人弟君翰，自己鬮分有民田根，坐落本地土名竹竿即上壹坵及深坑潭壹坵，共貳坵，受種子壹斗零，遞年載大租穀陸觔正。今因少錢應用，自情願托中送退本房　兄□□遷為業。三面言議時值價錢貳仟肆百文正，即日交訖，其田根即付侄前去耕作，亦納正租掌管。此田並無交加不明，亦無重張等情；如有此等，係退主出頭抵支，當不涉侄主之事。日後有能之日，不在遠近，依契面兩贖，侄主不得阻執留難。今欲有憑，立退田根契一帋為照。

乾隆陸拾年拾貳月　日　立退根契弟君翰

中見兄君肩

代字林松茂

退契

10-7-27-2　清乾隆六十年十二月黃君翰立退民田根契

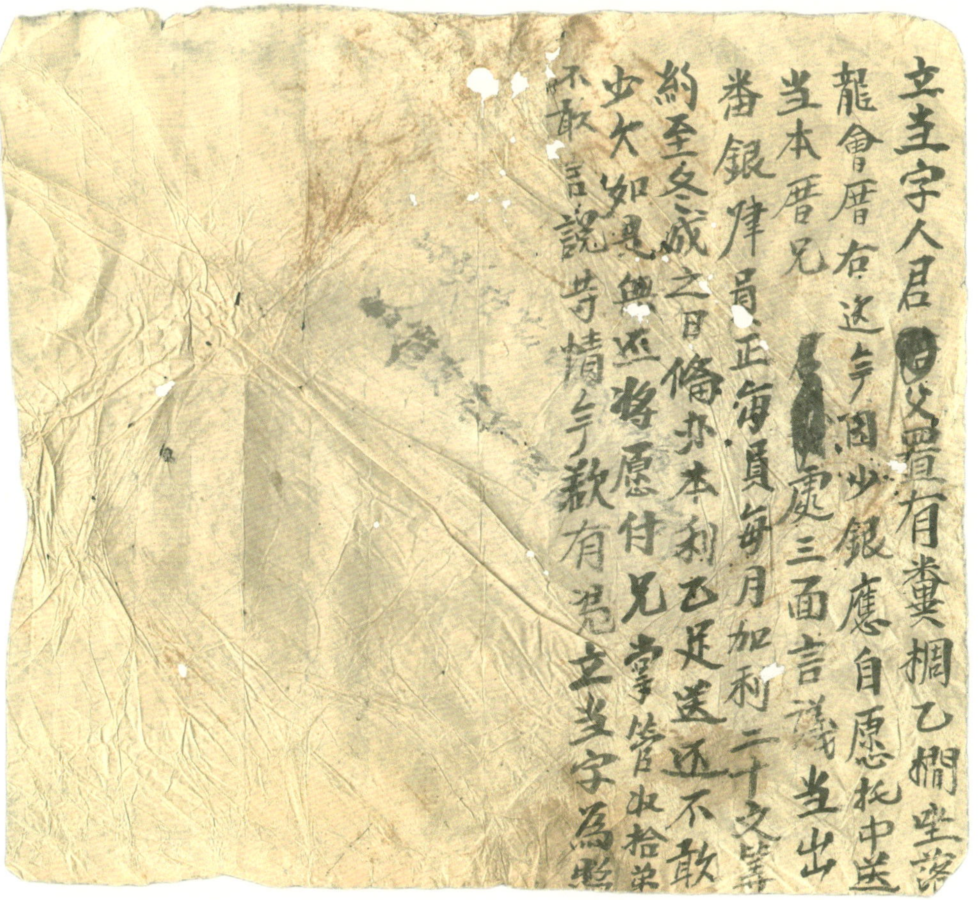
立当字人君□置有糞桐乙桐坐落
龍會厝右邊乎因少銀應自愿托中送
当本厝兄□處三面言議当出
番銀肆員正每員每月加利二十文算
約至冬成之日備办本利乙足送还不敢
少欠如是無还將愿付兄掌管收拾柴
不敢言說等情乎欵有憑立当字為照

10-7-27-3 清乾隆年間黄君陪立當糞桐字（草契）

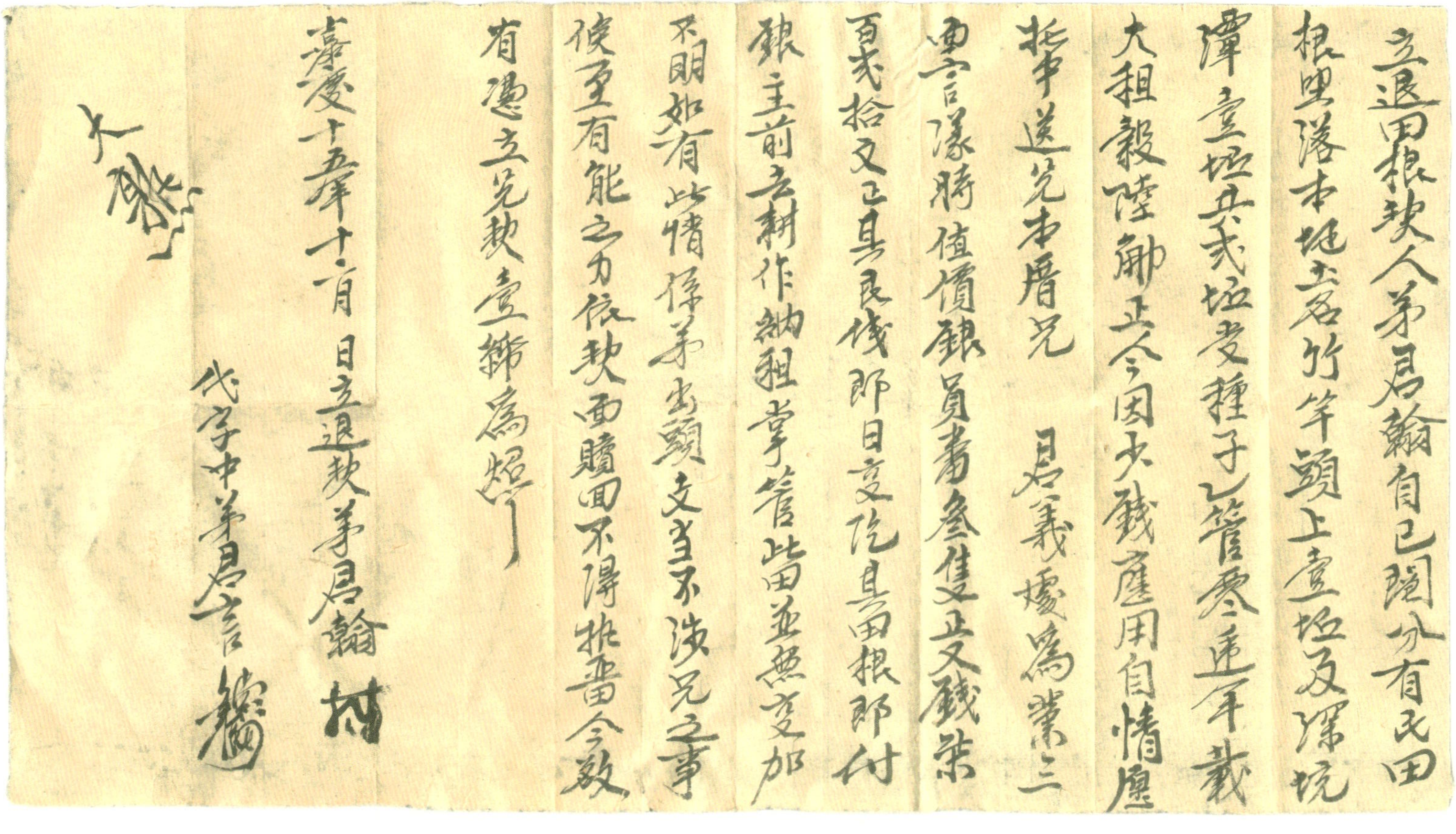
立退田根契人弟君翰自己闔分有民田
根坐落本垟土名竹竿頭上壹坵及渫坑
潭壹坵共弍坵受種子弍管零五年載
大租穀陸斛正今因乏錢應用自情愿
托中送兄本厝兄　君義邊爲業三
面言議時值價銀員壹叁隻正又錢柒
百弍拾文正其艮錢即日交訖其田根即付
銀主前去耕作納租掌管此田並無交加
不明如有此情係弟出頭支當不涉兄之事
從後至有能之力依契面贖回不得抗番今欲
有憑立退契壹紙爲炤
嘉慶十五年十二月　日立退契弟君翰（押）
代字中弟君言（押）
大發

10-7-27-4　清嘉慶十五年十二月黃君翰立退民田根契

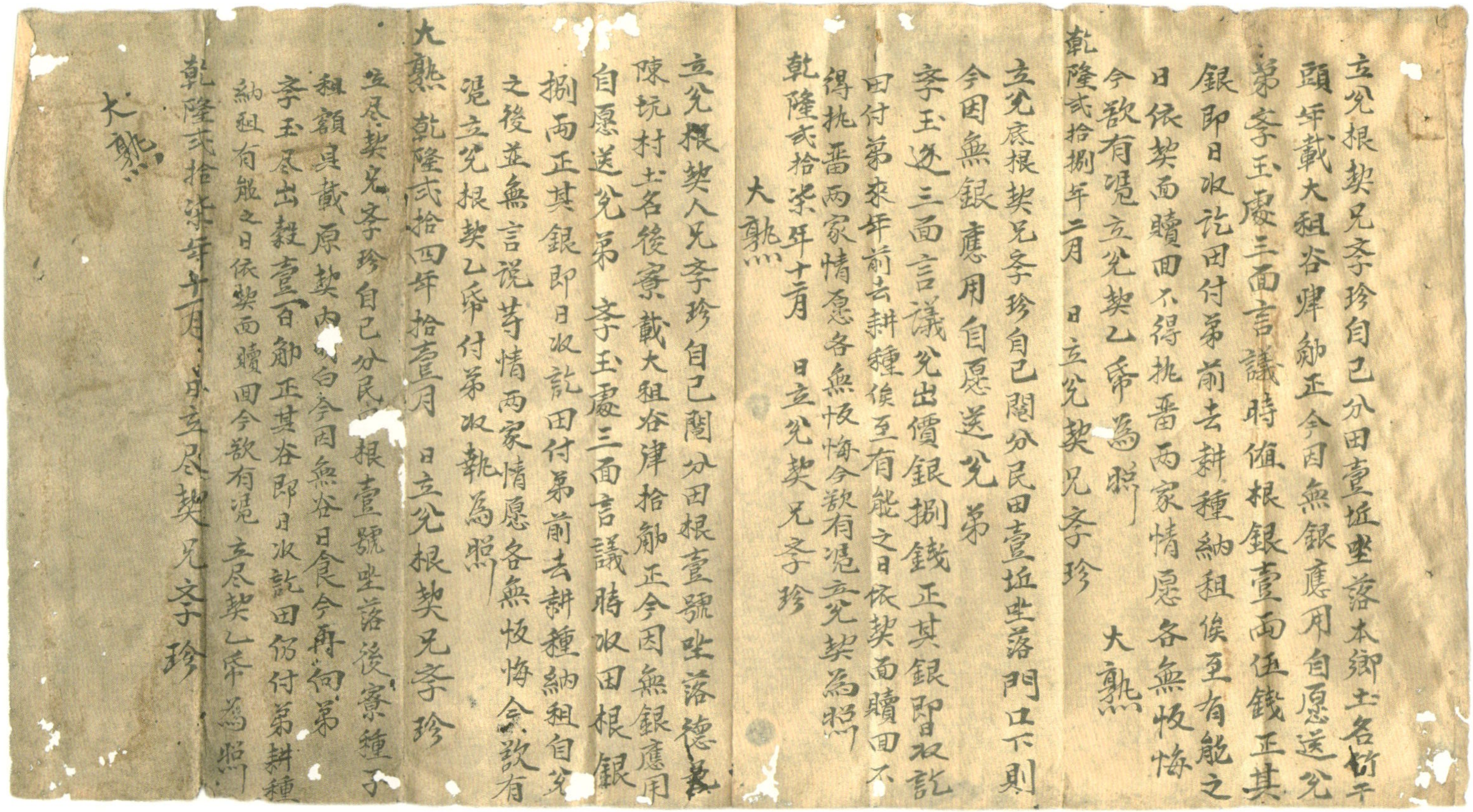
立兑根契兄孝珍自己分田壹坵坐落本鄉土名竹乎
頭年載大租谷肆斛正今因無銀應用自愿送兑
弟孝玉處三面言議時值根銀壹両伍錢正其
銀即日收訖田付弟前去耕種納租候至有能之
日依契面贖田不得挑番兩家情愿各無反悔
今欲有凭立兑契乙紙為照
乾隆貳拾捌年二月　日立兑契兄孝珍
大熟

立兑底根契兄孝珍自己鬮分民田壹坵坐落門口下則
今因無銀應用自愿送兑弟
孝玉边三面言議兑出價銀捌錢正其銀即日收訖
田付弟來年前去耕種候至有能之日依契面贖田不
得挑番兩家情愿各無反悔今欲有凭立兑契為照
乾隆貳拾柒年十月　日立兑契兄孝珍
大熟

立兑根契人兄孝珍自己鬮分田根壹號坐落德[illegible]
陳坑村土名後寮載大租谷肆拾斛正今因無銀應用
自愿送兑弟　孝玉處三面言議時收田根銀
捌両正其銀即日收訖田付弟前去耕種納租自兑
之後並無言說等情兩家情愿各無反悔今欲有
凭立兑根契乙紙付弟收執為照
大熟　乾隆貳拾四年拾壹月　日立兑根契兄孝珍

立盡契兄孝珍自己分民[illegible]根壹號坐落後寮種子
租額只載原契內[illegible]白今因無谷日食今再向弟
孝玉盡出穀壹百觔正其谷即日收訖田仍付弟耕種
納租有能之日依契面贖田今欲有凭立盡契乙紙為照
乾隆貳拾柒年十月　日立盡契兄孝珍
大熟

10-7-28-1　清乾隆二十八年二月黄孝珍立兑田根契

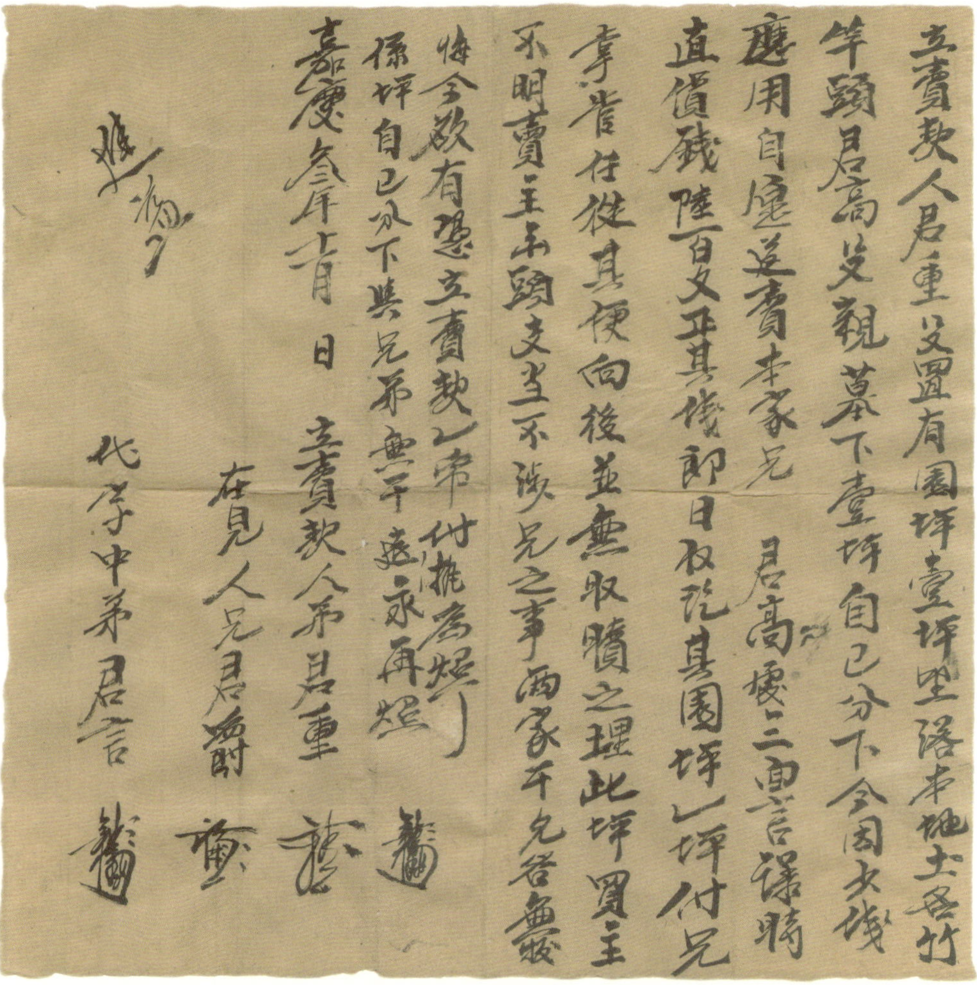
立賣契人君重父置有園坪壹坪坐落本地土名竹
竿頭君高父親墓下壹坪自己分下今因欠錢
應用自愿送賣本家兄　君高、懷三面言議時
直價錢陸百文正其錢即日收訖其園坪一坪付兄
掌管任從其便向後並無取贖之理此坪買主
不明賣主出頭支當不涉兄之事兩家甘允各無
悔今欲有憑立賣契一紙付執為炤
係坪自己分下與兄弟無干遠永再炤
嘉慶叁年十一月　日　立賣契人弟君重（押）
在見人兄君爵（押）
代字中弟君言（押）
推過了

10-7-28-2　清嘉慶三年十一月黃君重立賣園坪契

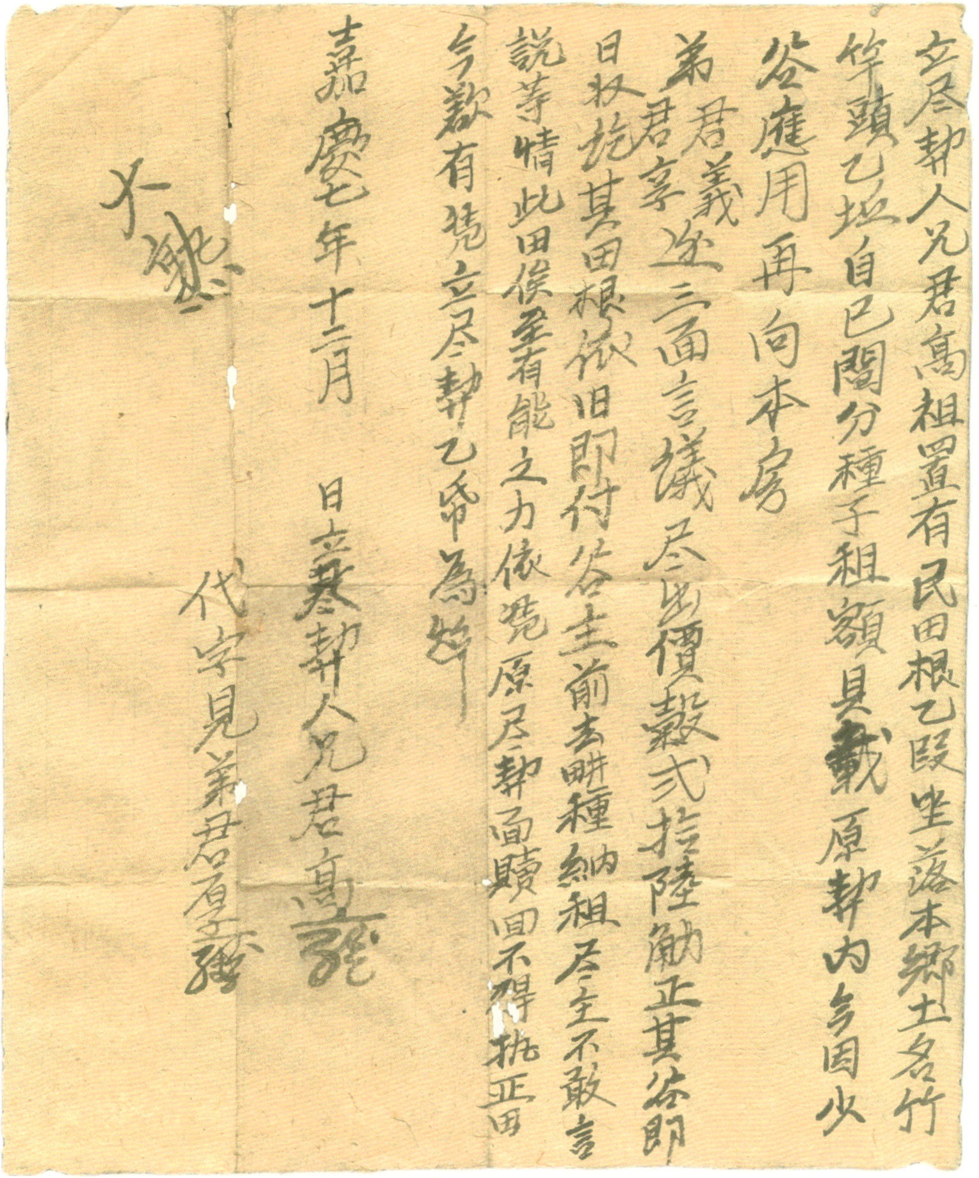
立尽契人兄君高祖置有民田根乙段坐落本鄉土名竹
竿頭乙坵自己鬮分種子租額具載原契内今因火
谷應用再向本房
弟君義
君享边三面言議尽出價穀弍拾陸觔正其谷即
日收訖其田根依旧即付谷主前去耕種納租尽主不敢言
説等情此田係是有能之力依照原尽契面贖回不得執正田
今欲有憑立尽契乙帋為照
嘉慶七年十二月　日立尽契人兄君高(押)
代字見弟君厚(押)
不贖

10-7-28-3　清嘉慶七年十二月黃君高立盡民田根契

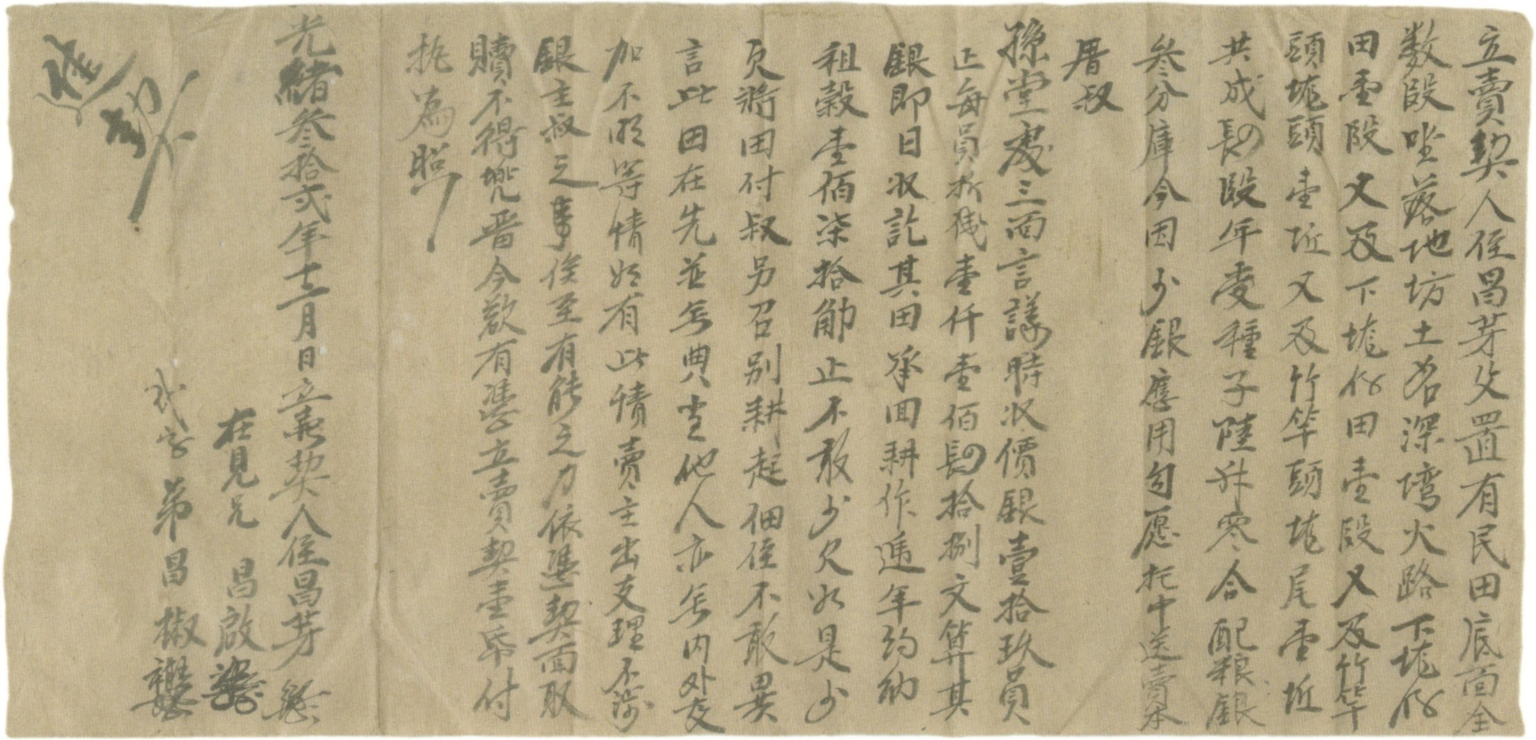

立賣契人侄昌芽父置有民田底面全
數段坐落地坊土名深墱大路下墘似
田壹段又及下墘似田壹段又及竹竿
頭墘頭壹坵又及竹竿頭墘尾壹坵
共成肆段年受種子陸斗零合配粮銀
叁分庫今因少銀應用自愿托中送賣本
房叔
橒堂處三面言議時價銀壹拾玖員
正每員折錢壹仟壹佰陸拾捌文算其
銀即日收訖其田承回耕作逐年約納
租穀壹佰柒拾觔正不敢少欠如是少
欠聽田付叔另召別耕起佃侄不敢異
言此田在先並無典重他人並無內外發
加不明等情如有此情賣主出支理不涉
銀主叔之事後至有能之力依照契面取
贖不得執留今欲有憑立賣契壹紙付
執為照／

光緒叁拾弍年十二月日立賣契人侄昌芽（押）
在見兄 昌啟（押）
代字 弟 昌椒（押）

10-7-28-4 清光緒三十二年十二月黃昌芽立賣底面全民田契

10-7-29-1　包契紙

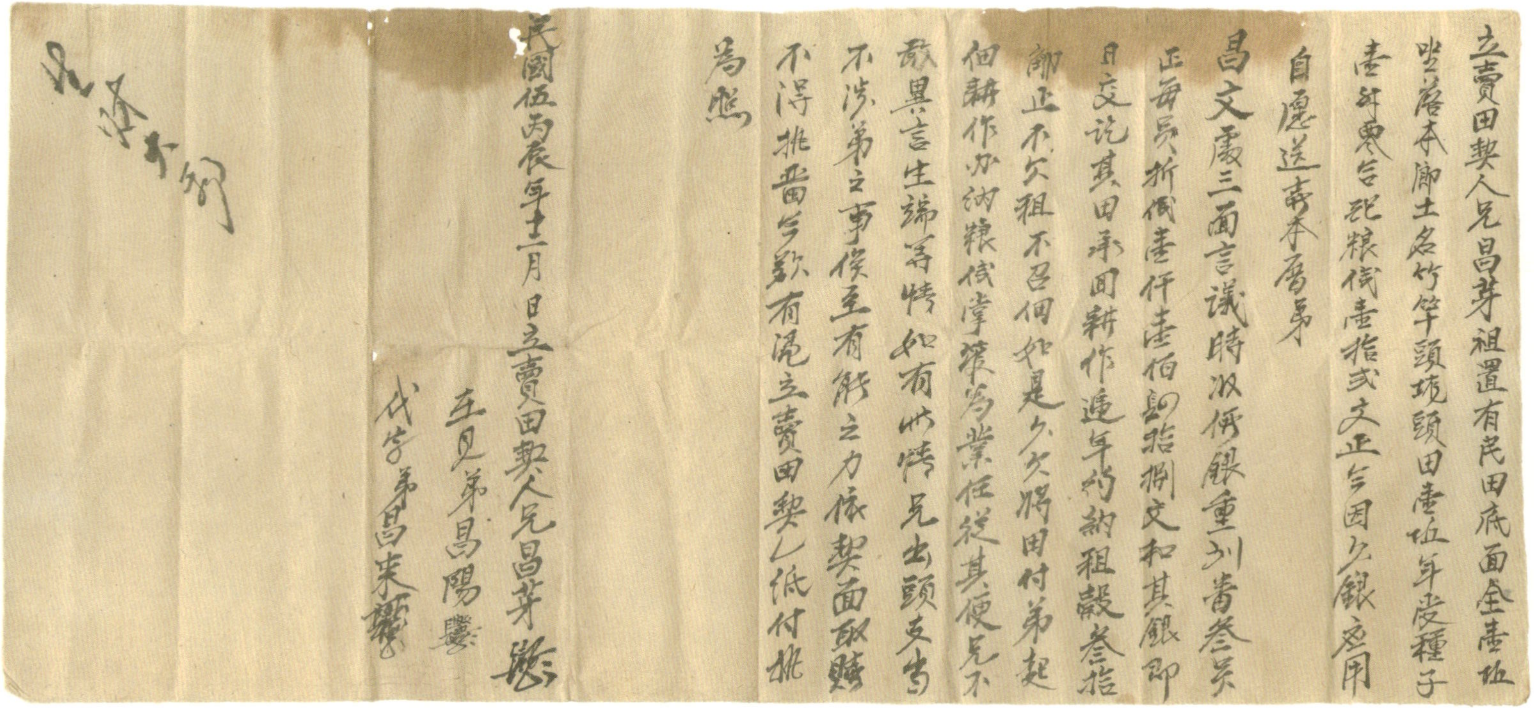
立賣田契人兄昌芽祖置有民田底面全壹坵，
坐落本鄉土名竹竿頭坑頭田壹坵，年受種子
壹斗，東台民粮代壹指弍文正，今因乏銀應用，
自愿送與本房弟
昌文處三面言議，時值價銀重以番叁員
正，每員折價壹仟壹伯貳拾捌文，和其銀即
日交訖。其田承回耕作，逐年約納租穀叁拾
觔正，不欠租不召佃，如是乏欠，將田付弟起
佃耕作，办納粮代掌業，任從其便，兄不
敢異言生端等情。如有此情，兄出頭支當，
不涉弟之事。俟至有餘之力，依契面取贖，
不得挑留分款。有憑，立賣田契乙紙付執
為照。
民國伍丙辰年十二月　日立賣田契人兄昌芽（押）
在見弟昌陽（押）
代筆弟昌來（押）
兄送執照

10-7-29-2　民國五年十二月黄昌芽立賣底面全民田契

君瀾楼號 石门號頭契

10-7-30-1　包契紙

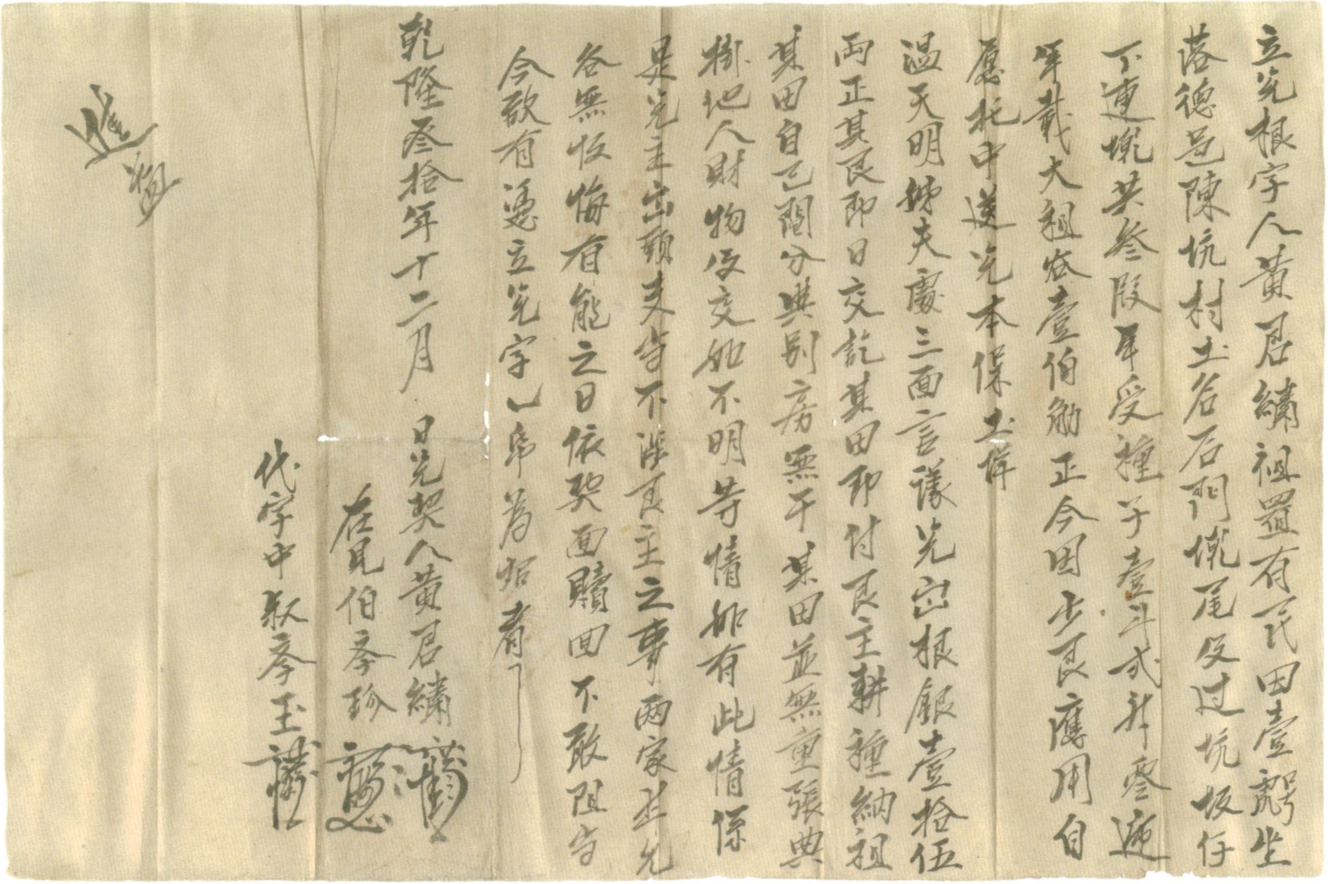
立兑根字人黄君繡祖置有民田壹號，坐
落德邑陳坑村，土名石門坑尾及过坑坂仔
下連坵，共叁段，年受種子壹斗贰升零，递
年載大租谷壹伯觔正。今因乏艮應用，自
愿托中送兑本保王侍
過天明錫夫處，三面言議，兑出根價壹拾伍
两正。其艮即日交訖，其田即付艮主耕種納租。
其田自己閹分，與別房無干。其田並無重張典
掛他人財物及交加不明等情，如有此情，係
是兑主出頭支当，不涉艮主之事。兩家甘允，
各無反悔。有能之日，依契面贖田，不敢阻当。
今欲有憑，立兑字一帋為炤者。
乾隆叁拾年十二月　日立兑契人黄君繡
在見伯　孝珍
代字中　耿孝玉

10-7-30-2　清乾隆三十年十二月黄君繡立兑民田根字

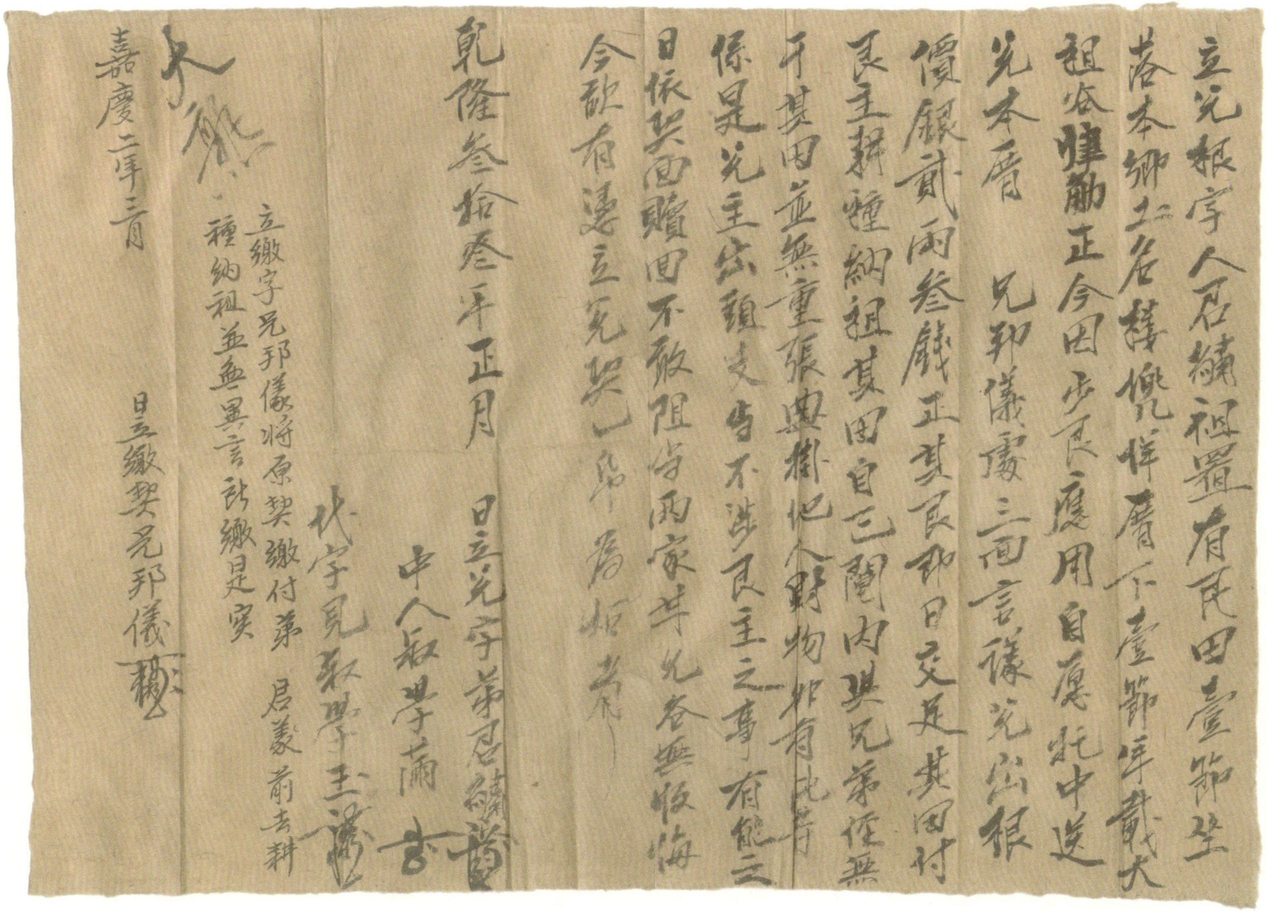
立兑根字人君纘祖置有民田壹節坐
落本鄉土名樓兜洋厝下壹節年載大
租谷肆觔正今因乏銀應用自愿托中送
兑本厝　兄邦儀處三面言議兑出根
價銀貳兩叁錢正其銀即日交足其田付
銀主耕種納租其田自己闔內與兄弟侄無
干其田並無重張典掛他人財物如有此等
係是兑主出頭支当不涉銀主之事有能之
日依契面贖回不敢阻当兩家甘允各無反悔
今欲有憑立兑契一帋爲炤者
乾隆叁拾叁年正月　日立兑字弟君纘（押）
中人叔學蒲（押）
代字兄叔學玉（押）
立繳字兄邦儀將原契繳付弟　君義前去耕
種納租並無異言計繳是實
大吉
嘉慶二年三月　日立繳契兄邦儀（押）

10-7-30-3　清乾隆三十三年正月黃君纘立兑民田根字

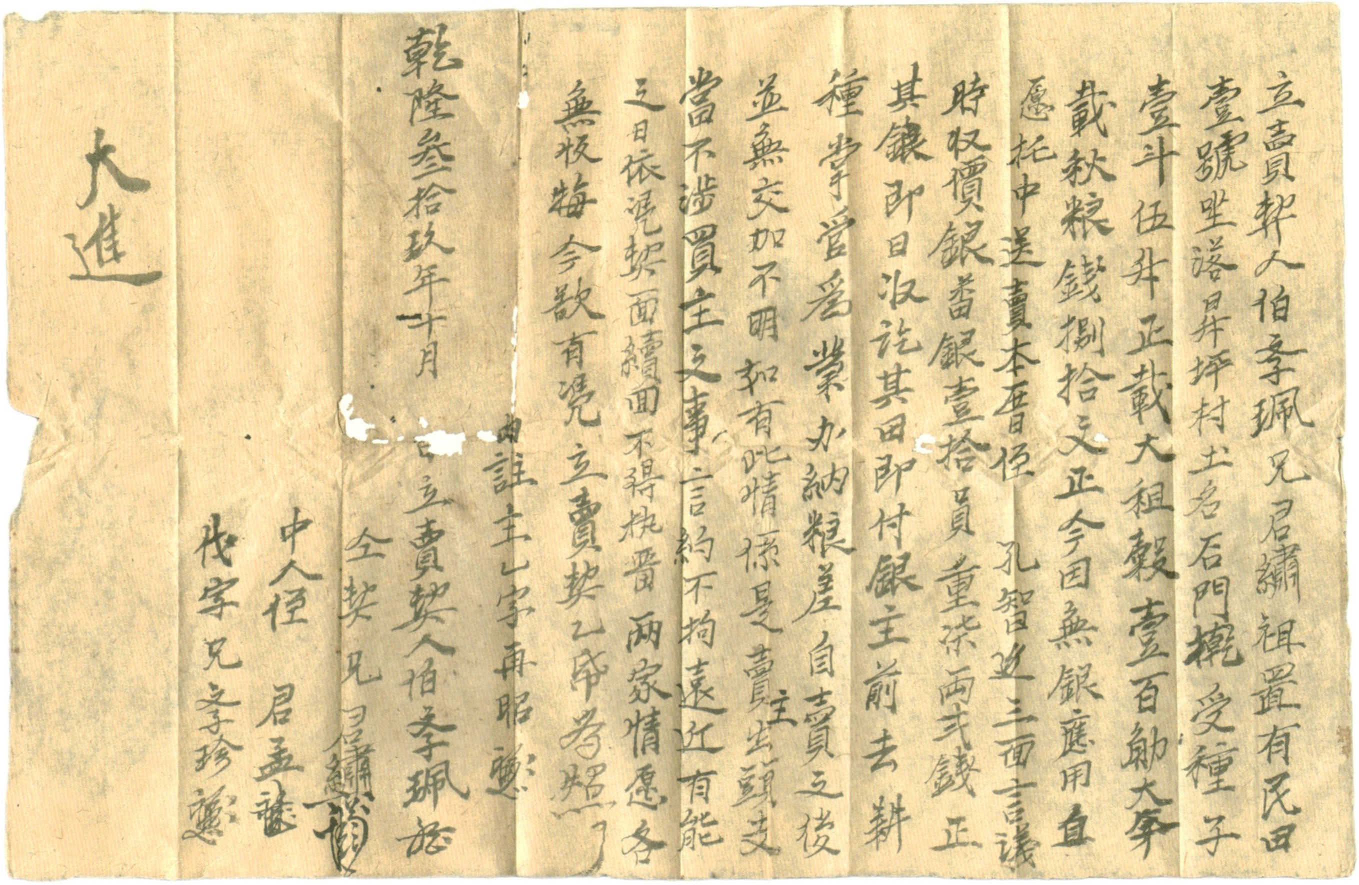
立賣契人伯孛珮兄君鏽祖置有民田
壹號坐落昇坪村土名石門槐受種子
壹斗伍升正載大租穀壹百觔大斗
載秋粮錢捌拾文正今因無銀應用自
愿托中送賣本厝侄孔智边三面言議
時收價銀番銀壹拾員重柒兩弍錢正
其銀即日收訖其田即付銀主前去耕
種掌管為業办納粮差自賣之後
並無交加不明如有此情係是賣主出頭支
當不涉買主之事言約不拘遠近有能
之日依憑契面續回不得執留兩家情愿各
無枝悔今欲有憑立賣契乙帋為照
內註土乙字再照
乾隆叁拾玖年十月　日立賣契人伯孛珮
仝契兄君鏽
中人侄君孟
代字兄孛珍
大進

10-7-30-4　清乾隆三十九年十月黄孛珮等立賣民田契

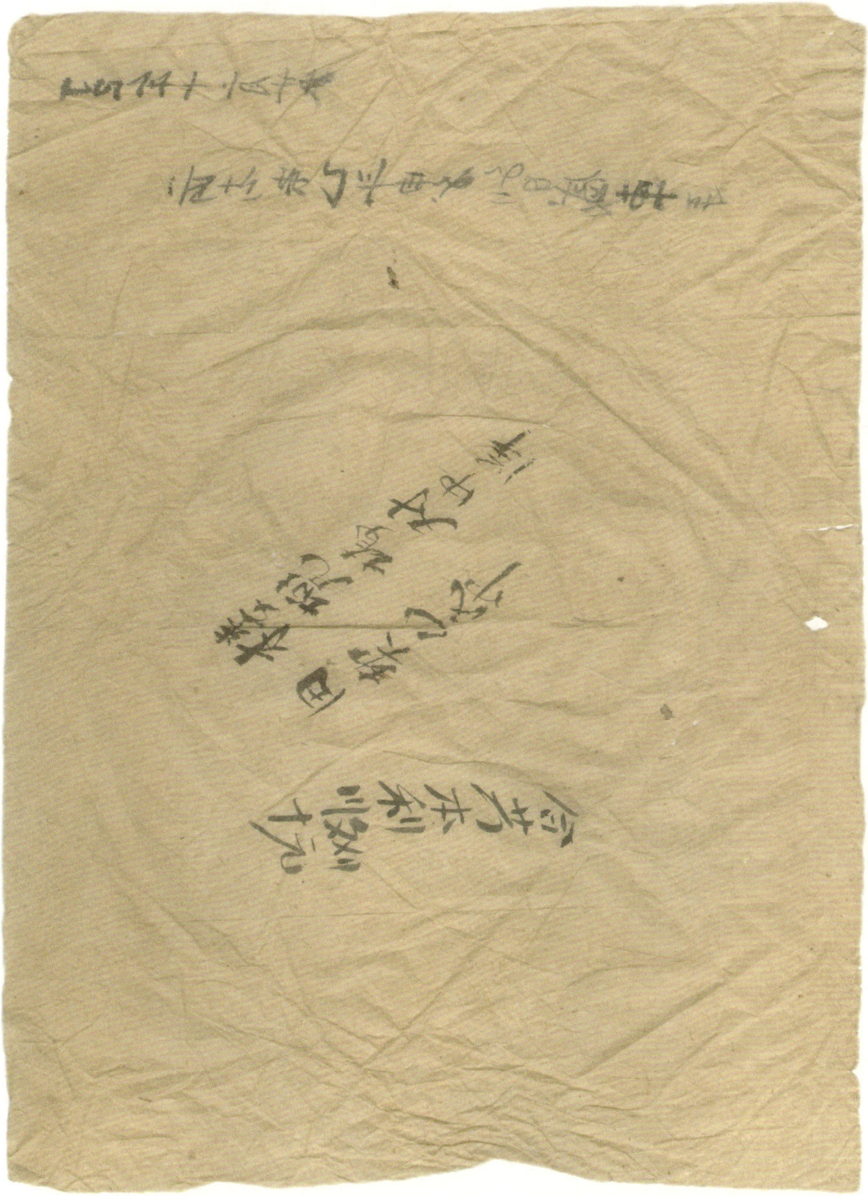

10-7-31-1　包契紙

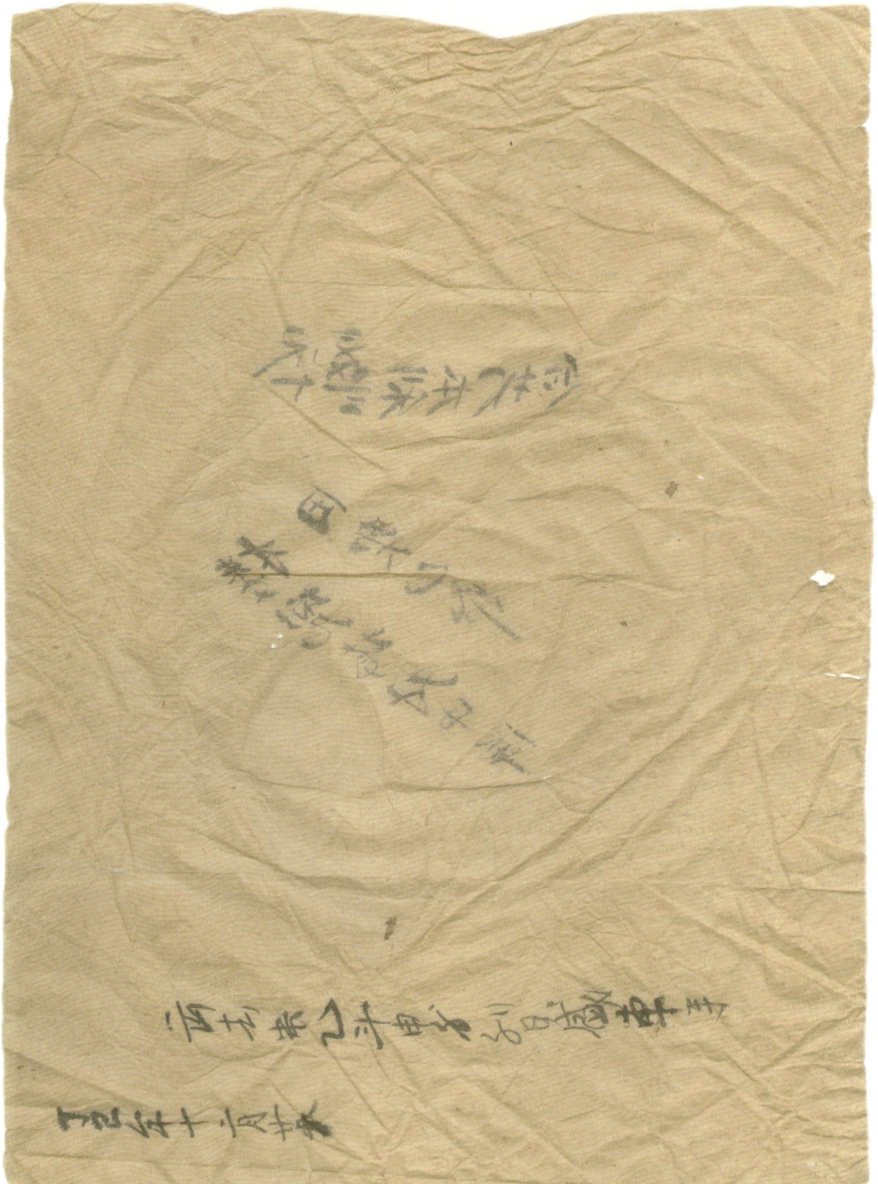

10-7-31-2 包契紙

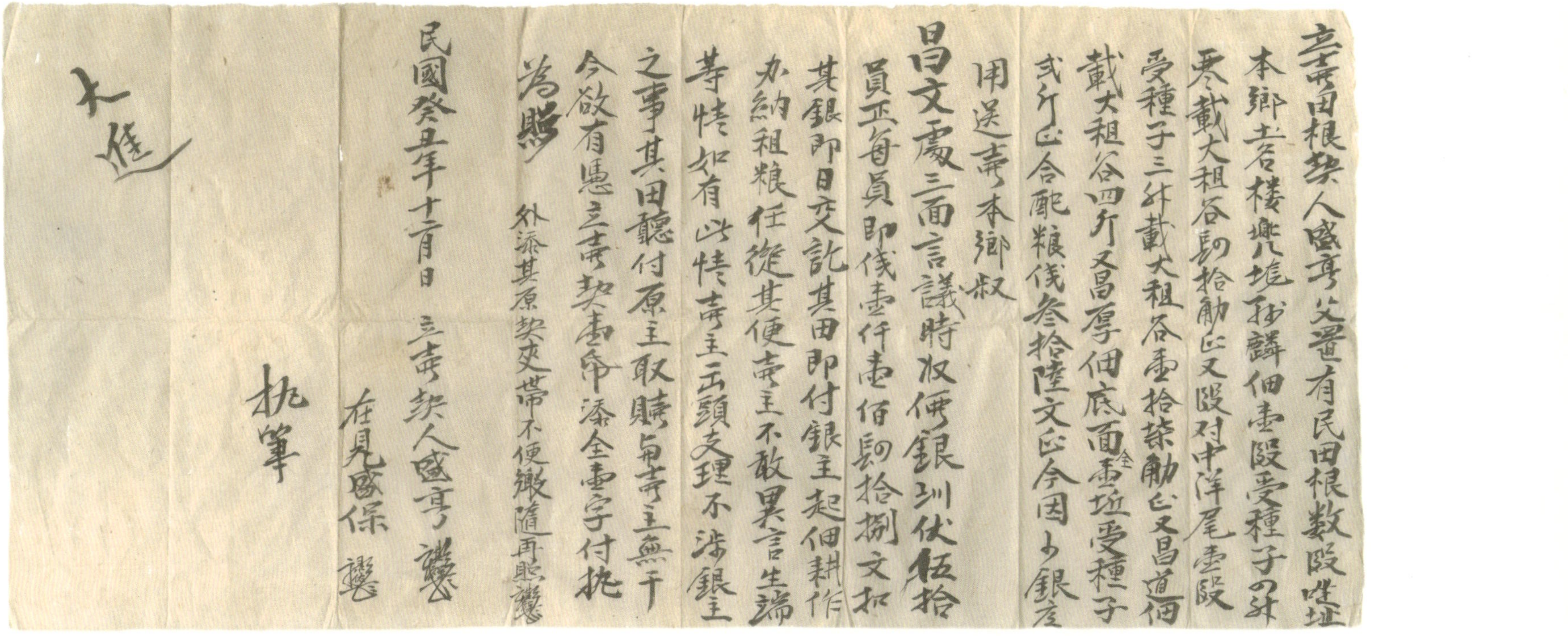
立賣田根契人盛亨父置有民田根數段坐址
本鄉土名樓兜坑頭(?)計佃壹段受種子四斗
又載大租谷貳拾觔正又段対中洋尾壹段
受種子三升載大租谷壹拾柒觔正又昌道佃
載大租谷四斤又昌厚佃底面全壹坵受種子
式斤正合配粮銭叁拾陸文正今因少銀應
用送賣與本鄉叔
昌文處三面言議時价佛銀訓伏伍拾
員正每員即銭壹仟壹佰貳拾捌文扣
其銀即日交訖其田即付銀主起佃耕作
办納粮任從其便賣主不敢異言生端
等情如有此情賣主一力頭支理不涉銀主
之事其田聽付原主取贖與賣主無干
今欲有憑立賣契壹帋添全壹字付执
為照
外添其原契交帶不便繳隨再照
民國癸丑年十二月日 立賣契人盛亨
在見盛保
执筆
大進

10-7-31-3 民國二年十二月黃盛亨立賣民田根契

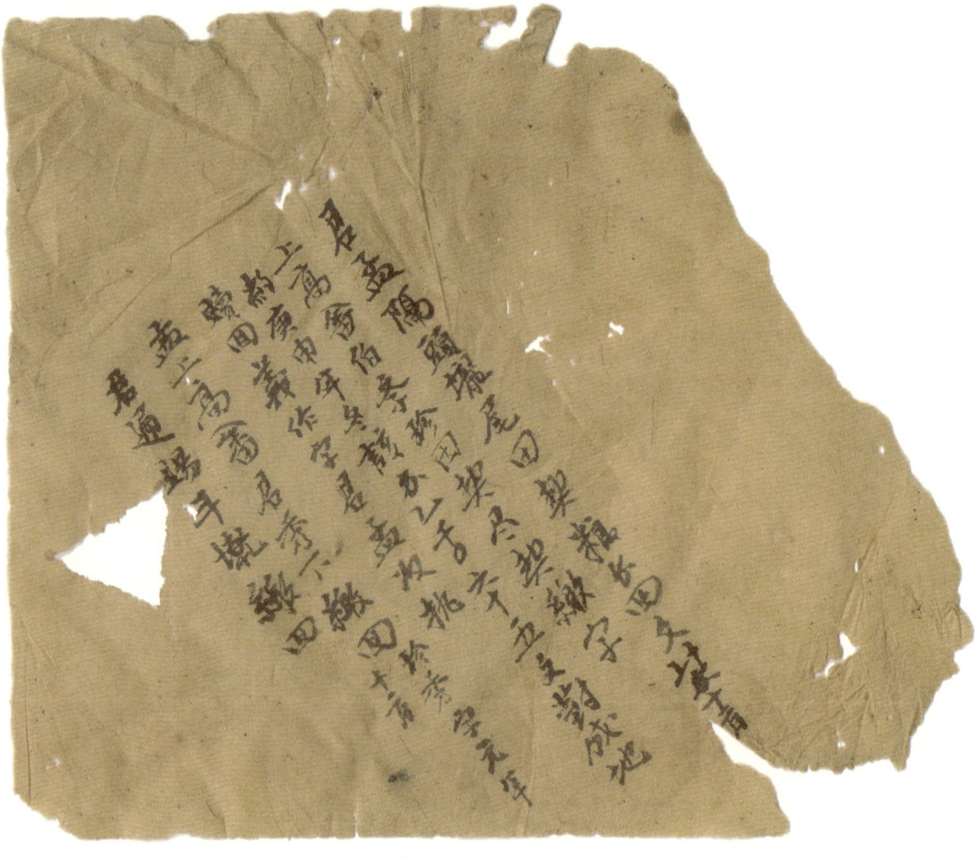

10-7-32-1　包契紙

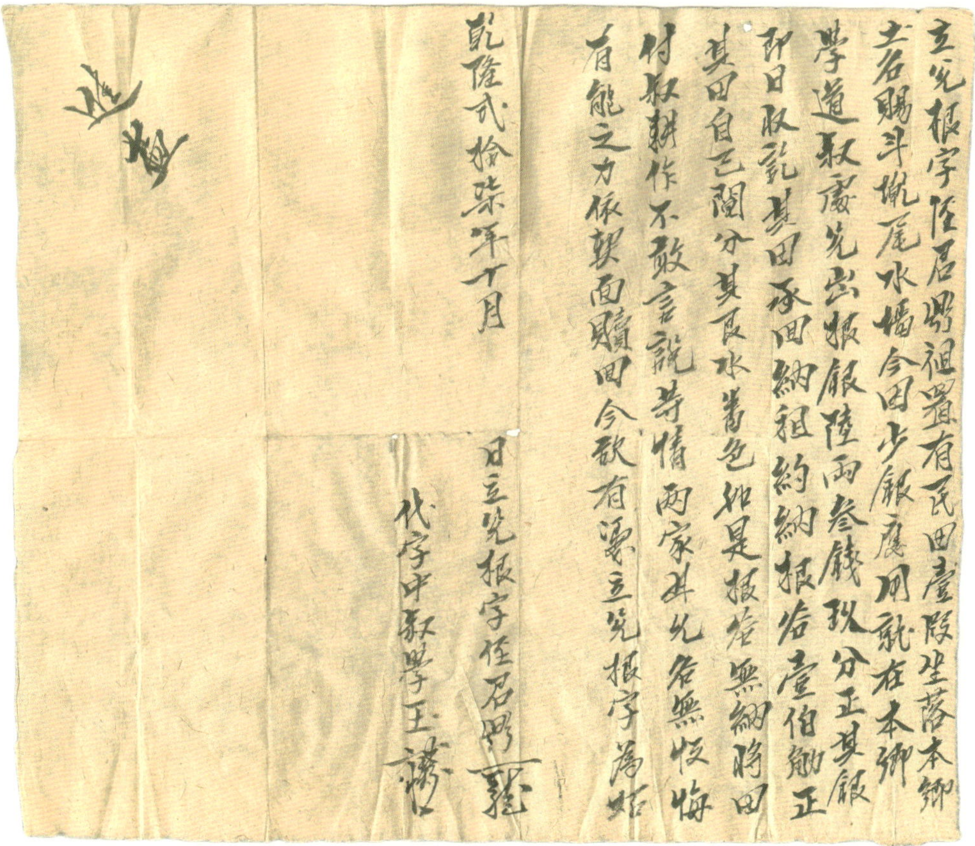

立兌根字侄君鼎祖置有民田壹段坐落本鄉
土名賜斗墘尾水墻今田步飯應冊就在本鄉
學道叔處兌出根價陸兩叁錢玖分正其價
即日收訖其田承佃納租約納根谷壹伯觔正
其田自己闔分其良水旱色仍是根谷無納將田
付叔耕作不敢言說等情兩家甘允各無悔悔
有能之力依契面贖回今欲有憑立兌根字為照

乾隆貳拾柒年十月　日立兌根字侄君鼎

代字中叔學玉

10-7-32-2　清乾隆二十七年十月黃君鼎立兑民田根字

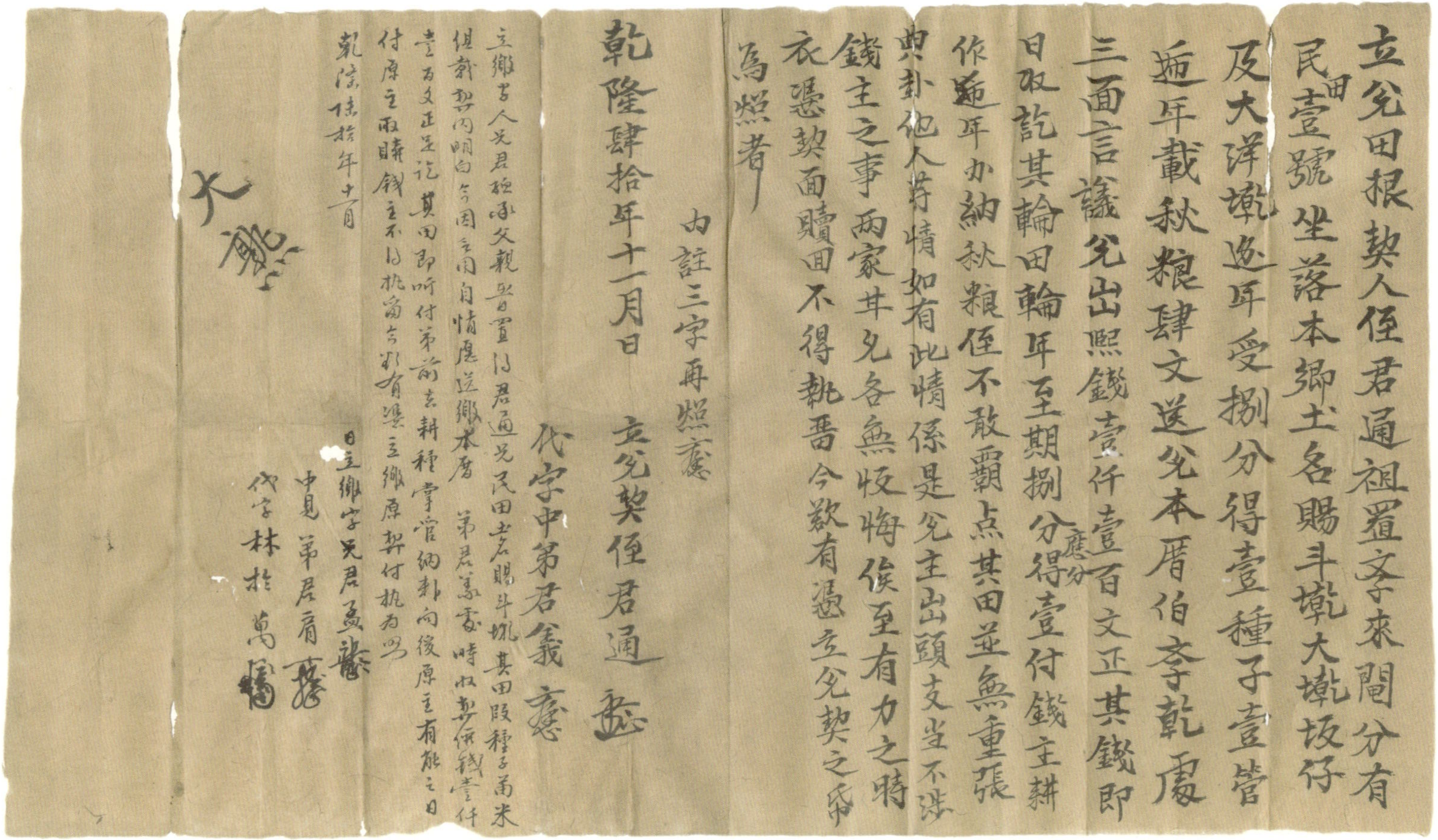
立兑田根契人侄君通祖置文字來閩分有
民田壹號坐落本鄉土名賜斗墘大墘坂仔
及大洋墘迄年受𢫬分得壹種子壹管
逓年載秋粮肆文送兑本厝伯李乾處
三面言議兑出照錢壹仟壹百文正其錢即
日收訖其輪田輪年至期𢫬分得壹付錢主耕
作逓年办納秋粮侄不敢覇占其田並無重張
典卦他人等情如有此情係是兑主出頭支当不涉
錢主之事兩家甘允各無反悔候至有力之時
衣憑契面贖田不得執留今欲有憑立兑契之帋
為照者

內註三字再照

乾隆肆拾年十一月　日　立兑契侄君通

代字中弟君義

立鄉字人兄君極承父親明買過君通兄民田土名賜斗墘其田段種子萬米
俱載契內明白今因自情愿從鄉本厝弟君嵩處時收契價錢壹仟
壹百文正足訖其田即听付弟前去耕種掌管納粮向後原主有能之日
付原主取贖錢主不得執留今恐有憑立鄉字付執為照
乾隆肆拾年十月　日立鄉字兄君極
中見弟君肩
代字林於萬

10-7-32-3　清乾隆四十年十一月黃君通立兑民田根契

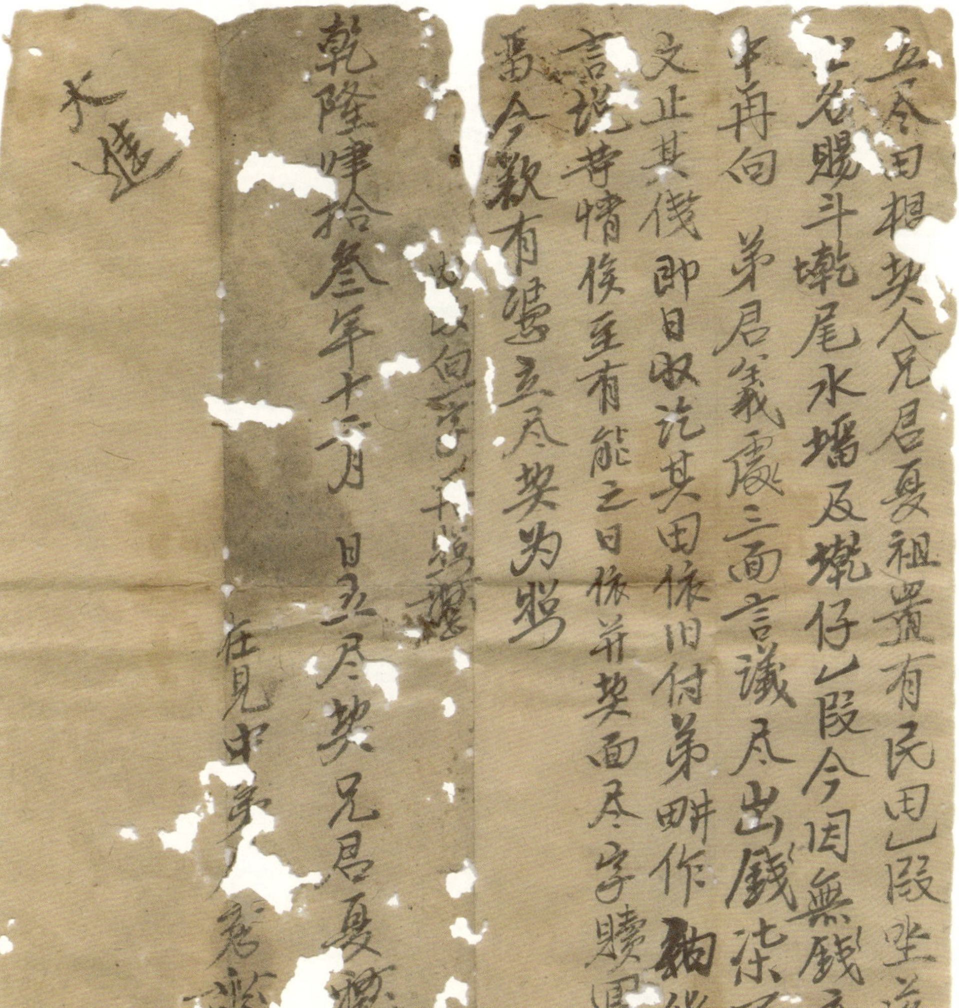

10-7-32-4　清乾隆四十三年十二月黃君夏立盡民田根契

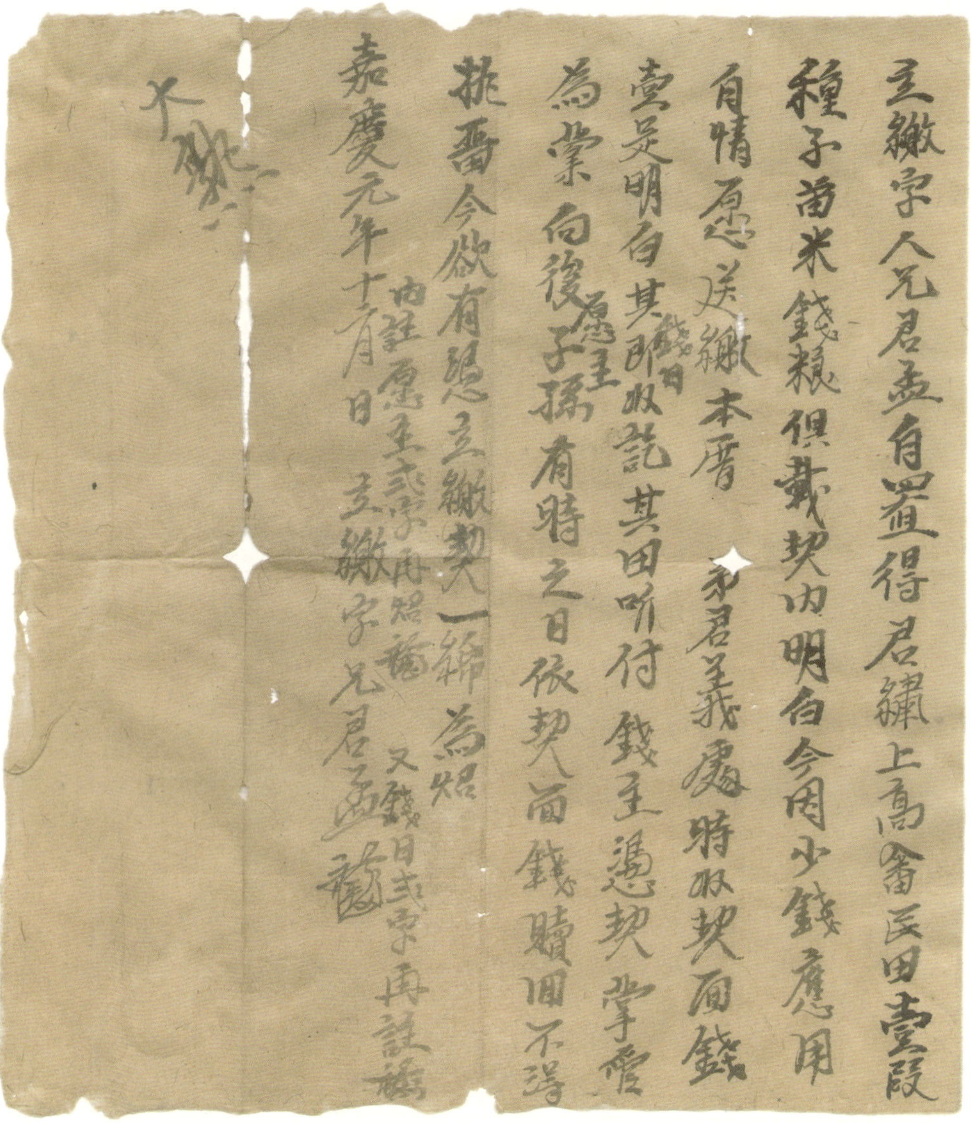
立繳字人兄君孟自置得君𦄂上高畬民田壹段種子苗米錢粮俱載契內明白今因少錢應用自情愿送繳本厝弟君羲處將收契面錢壹足明白其所收訖其田听付錢主憑契掌管為業向後子孫有將之日依契面錢贖回不得推番今欲有憑立繳契一紙為炤
內註愿至式字再炤
又錢日式字再註炤
嘉慶元年十二月日 立繳字兄君孟（押）
不繳

10-7-32-5 清嘉慶元年十二月黃君孟立繳民田字

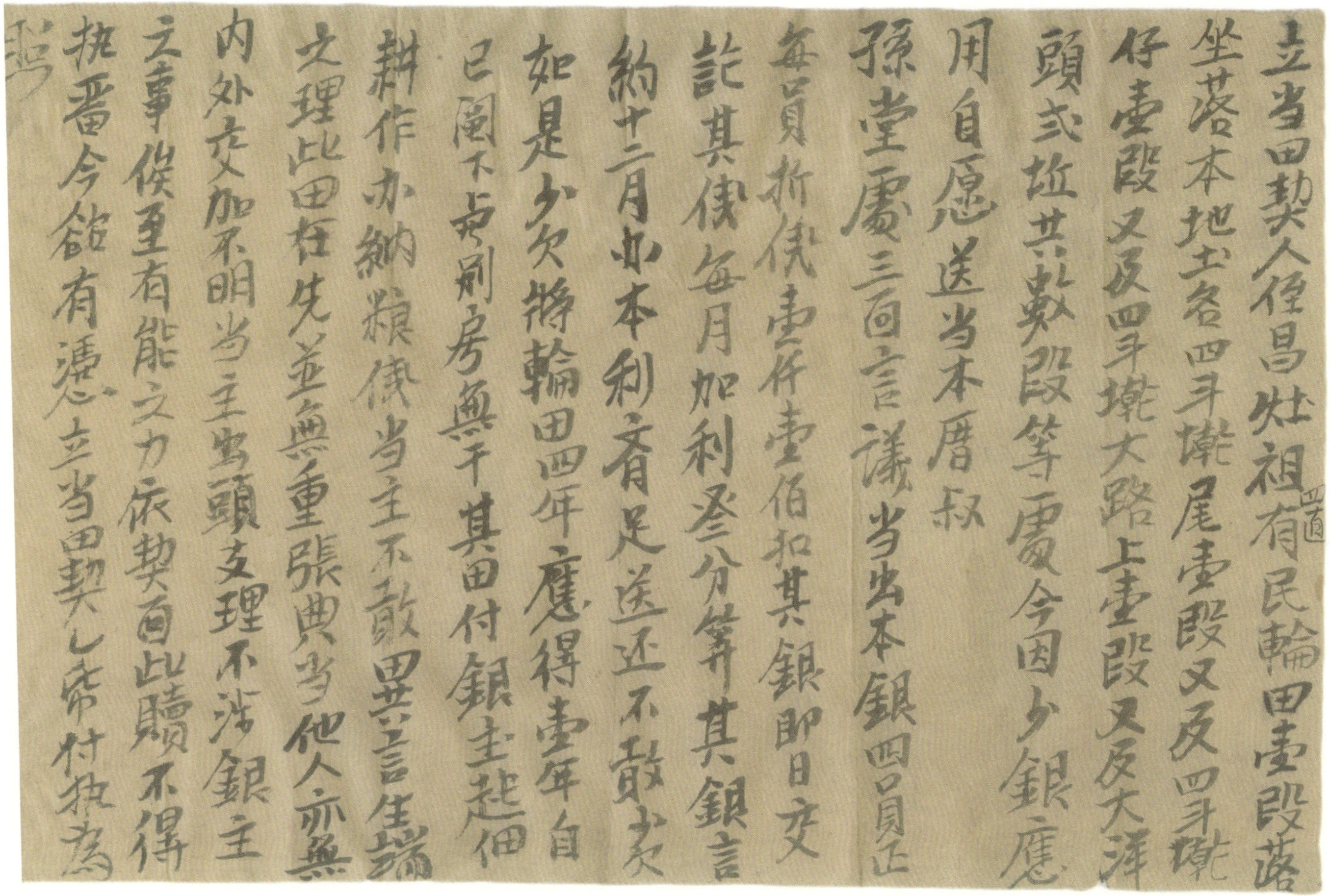
立当田契人侄昌灶祖有民輸田壹段落
坐落本地土名四手墘尾壹段又反四手墘
仔壹段又反四手墘大路上壹段又反大洋
頭式坵共數段等處今因少銀應
用自愿送当本厝叔
孫堂處三面言議当出本銀四員正
每員折佛壹件壹佰扣其銀即日交
訖其佛每月加利叁分算其銀言
約十二月加本利齊足送还不敢少欠
如是少欠將輪田四年應得壹年自
已闔不與房與干其田付銀主起佃
耕作亦納粮佛当主不敢異言生端
之理此田在先並無重張典当他人亦無
內外交加不明当主出頭支理不涉銀主
之事俟至有能之力衣契面此贖不得
執留今欲有憑立当田契乙帋付執為
照

10-7-32-6 清光緒年間黃昌灶立當民輸田契

嘉慶二年丁巳二月廿三日
大進田契[illegible]

伯孝珍佩琚兄君鏞前門齋田契
佩章湖田契

10-7-33-1　包契紙

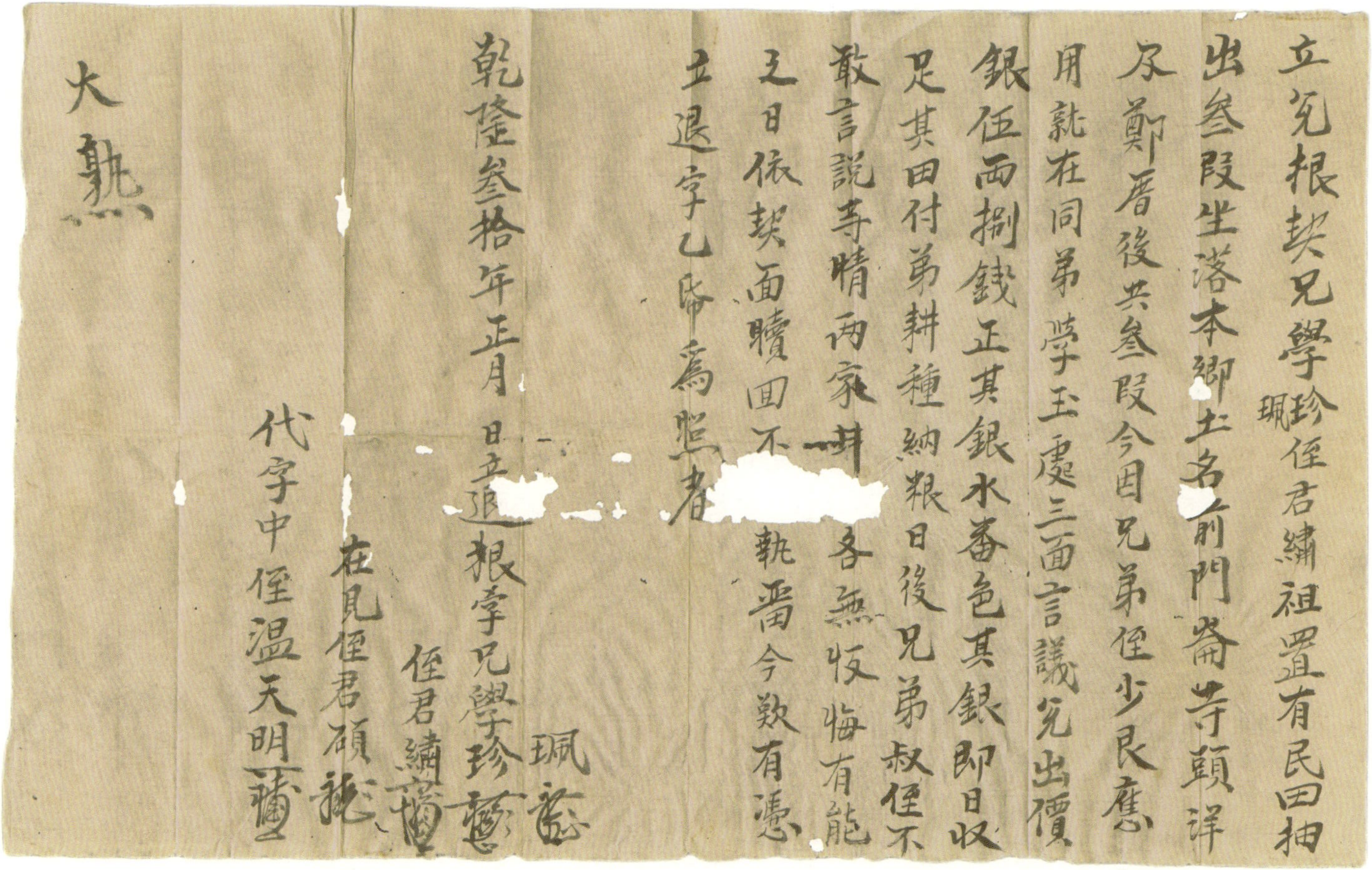
立兑根契兄學珍珮侄君繡祖置有民田抽
出叁段坐落本鄉土名前門崙苛頭洋
及鄭厝後共叁段今因兄弟侄少艮應
用就在同弟學玉處三面言議兑出價
銀伍兩捌錢正其銀水番色其銀即日收
足其田付弟耕種納粮日後兄弟叔侄不
敢言説寺情丙家卅[illegible]各無反悔有能
之日依契面贖回不[illegible]執爲今欲有憑
立退字乙紙爲照者
乾隆叁拾年正月[illegible]日立退根字兄學珍珮
侄君繡
在見侄君碩
代字中侄温天明
大熟

10-7-33-2　清乾隆三十年正月黃學珍等立兑民田根契

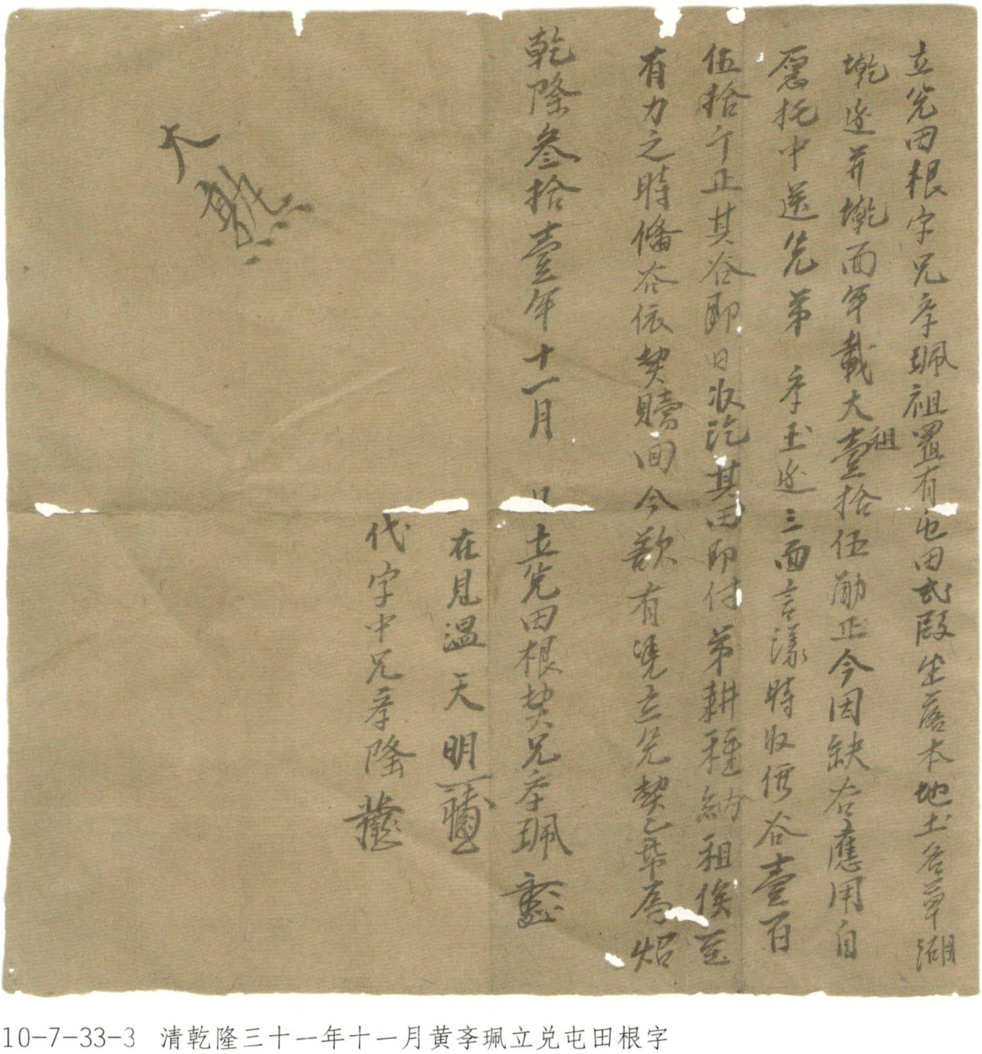

立兑田根字兄孝珮祖置有屯田弍段坐落本地土名草湖墘邊并墘面年載大租壹拾伍觔正今因缺谷應用自愿托中送兄弟孝玉邊三面言議時收價谷壹百伍拾斤正其谷即日收訖其田即付弟耕種納租俟至有力之時備谷依契贖回今欲有憑立兑契一紙為炤

乾隆叁拾壹年十一月　日

立兑田根契兄孝珮（押）

在見溫天明（押）

代字中兄孝隆（押）

10-7-33-3　清乾隆三十一年十一月黄孝珮立兑屯田根字

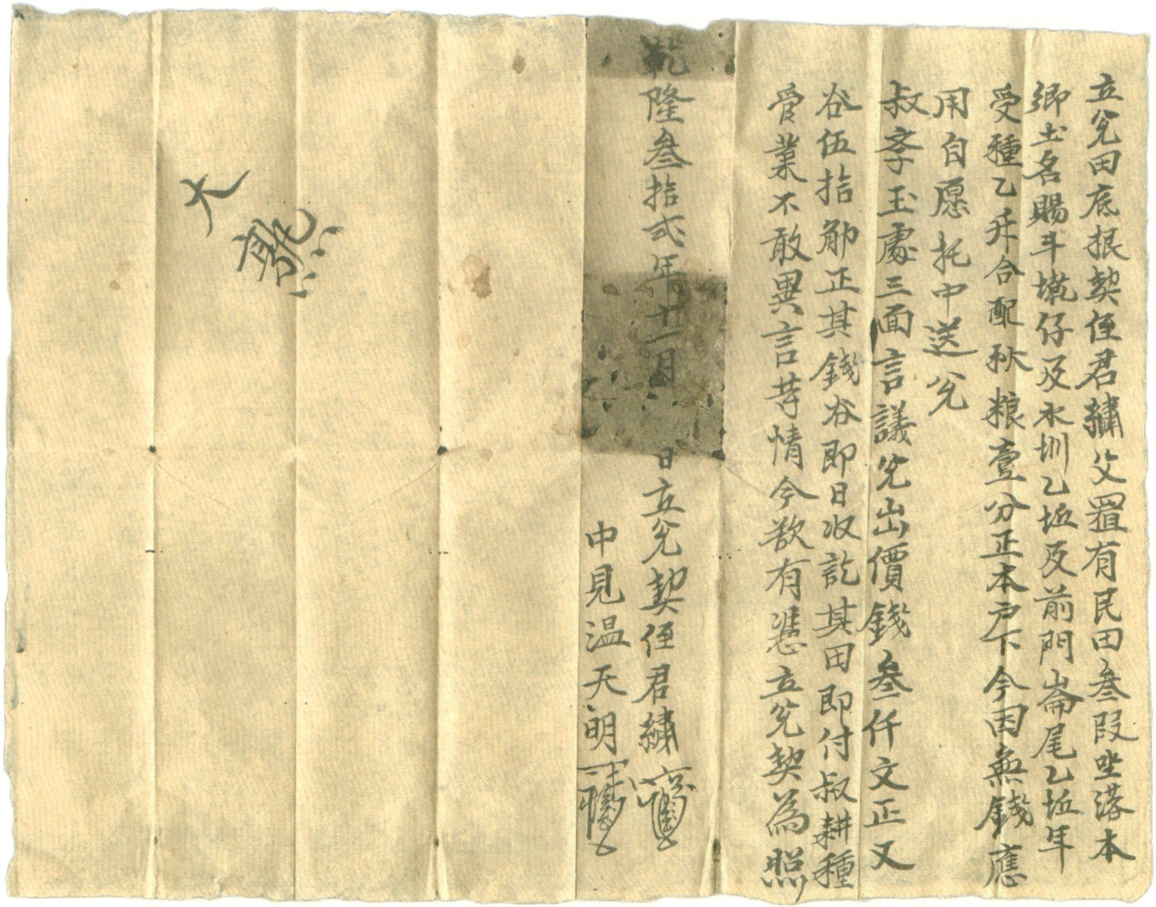
立兑田底根契侄君繡父置有民田叁段坐落本
鄉土名賜斗垅仔及水圳乙坵及前門崙尾乙坵年
受種乙升合配秋粮壹分正本户下今因無錢應
用自愿托中送兑
叔亭玉處三面言議兑出價錢叁仟文正又
谷伍拾觔正其錢谷即日收訖其田即付叔耕種
管業不敢異言苐情今欲有憑立兑契為照
乾隆叁拾式年十一月 日立兑契侄君繡
中見温天明

10-7-33-4 清乾隆三十二年十一月黄君繡立兑民田底根契

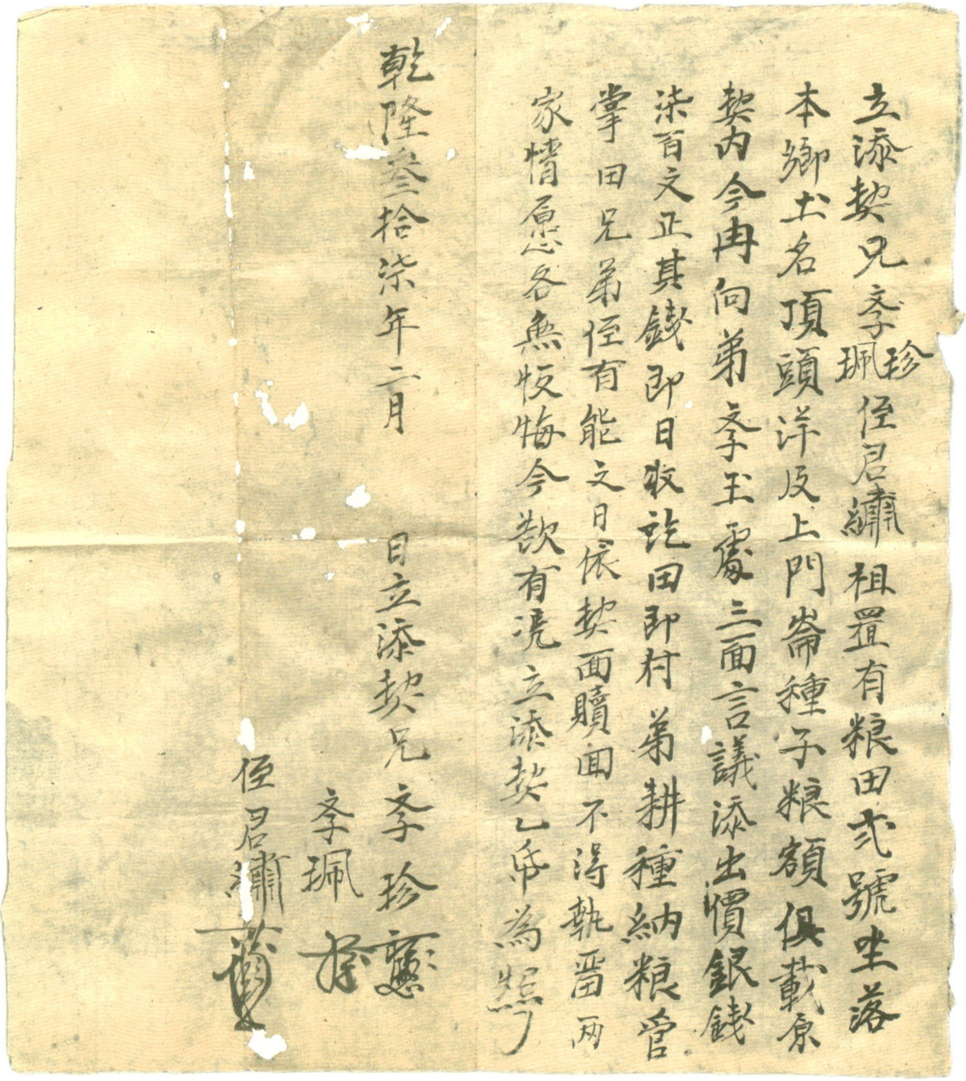
立添契兄李珍、珮侄君鏞祖置有粮田弍號坐落
本鄉土名頂頭洋反上門崙種子粮額俱載京
契內今再向弟李玉霞三面言議添出價銀錢
柒百文正其錢即日收訖田即付弟耕種納粮管
掌田兄弟侄有能之日依契面贖回不得執留兩
家情愿各無恔悔今欲有憑立添契一帋為照

乾隆叁拾柒年二月　日立添契兄李珍（押）
李珮（押）
侄君鏞（押）

10-7-33-5　清乾隆三十七年二月黄李珍等立添糧田契

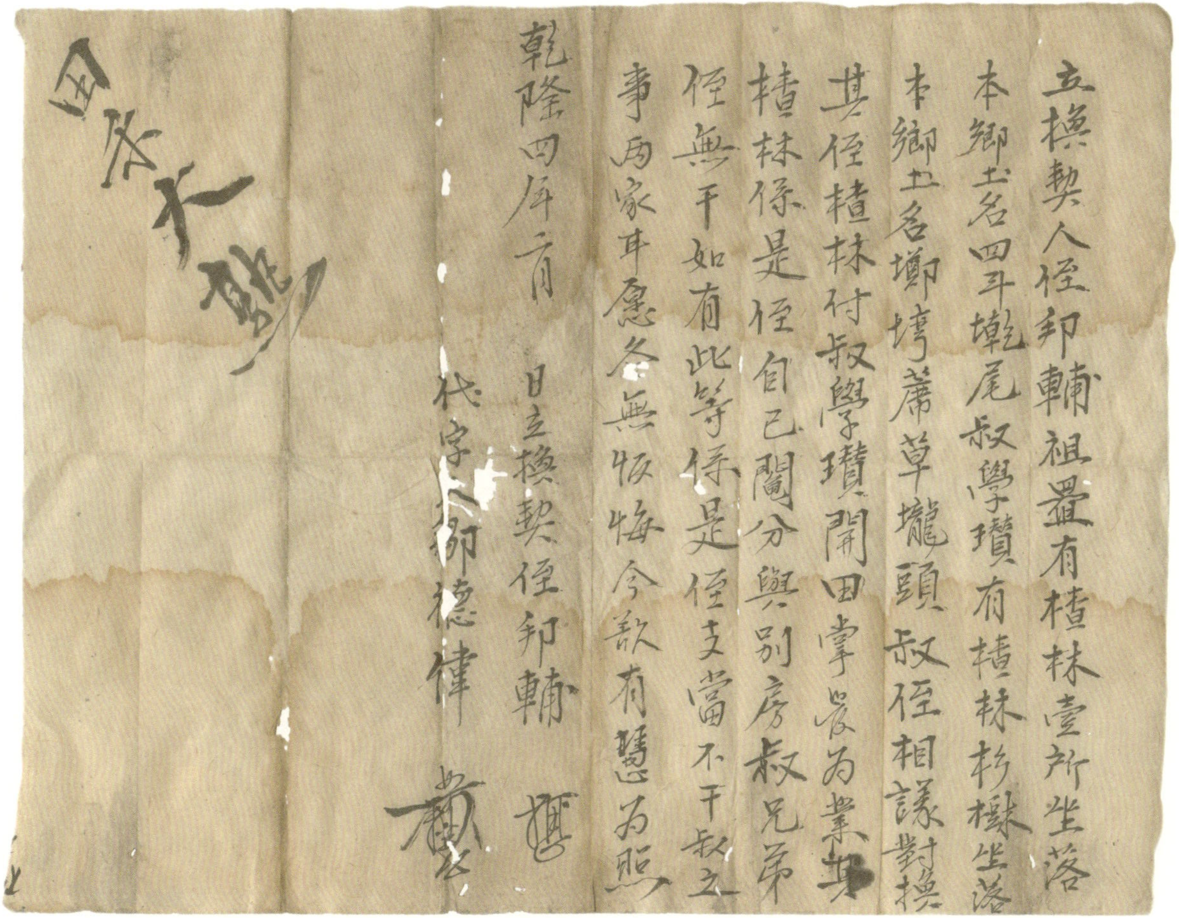

立換契人侄邦輔祖置有楂林壹所坐落
本鄉土名四斗壠尾叔學瓚有楂林杉樹坐落
本鄉土名墈塼蓆草壠頭叔侄相議對換
其侄楂林付叔學瓚開田掌管為業其
楂林係是侄自己鬮分與別房叔兄弟
侄無干如有此等係是侄支當不干叔之
事兩家甘愿各無返悔今欲有憑為照
乾隆四年二月
日立換契侄邦輔（押）
代字人鄉德律 黃（押）
日后不用

10-7-34-1　清乾隆四年二月黄邦輔立換楂林契

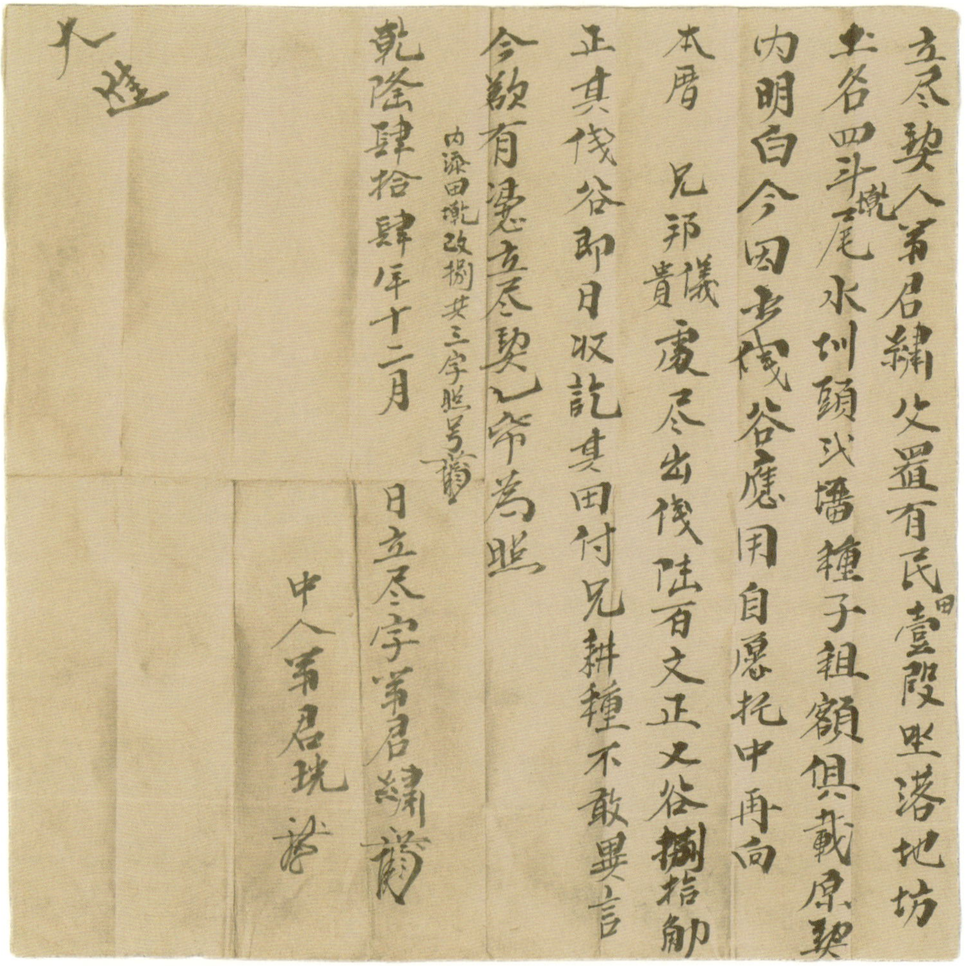
立盡契人黃君繡父置有民田壹段坐落地坊
土名四斗墘尾水圳頭弍播種子祖額俱載原契
內明白今因乏錢谷應用自愿托中再向
本厝　兄邦儀貴處盡出錢陸百文正又谷捌拾觔
正其錢谷即日收訖其田付兄耕種不敢異言
今欲有憑立盡契乙帋為照
內添田墘改捌共三字照号
乾隆肆拾肆年十二月　日立盡字黃君繡
中人黃君珖
大進

10-7-34-2　清乾隆四十四年十二月黃君繡立盡民田契

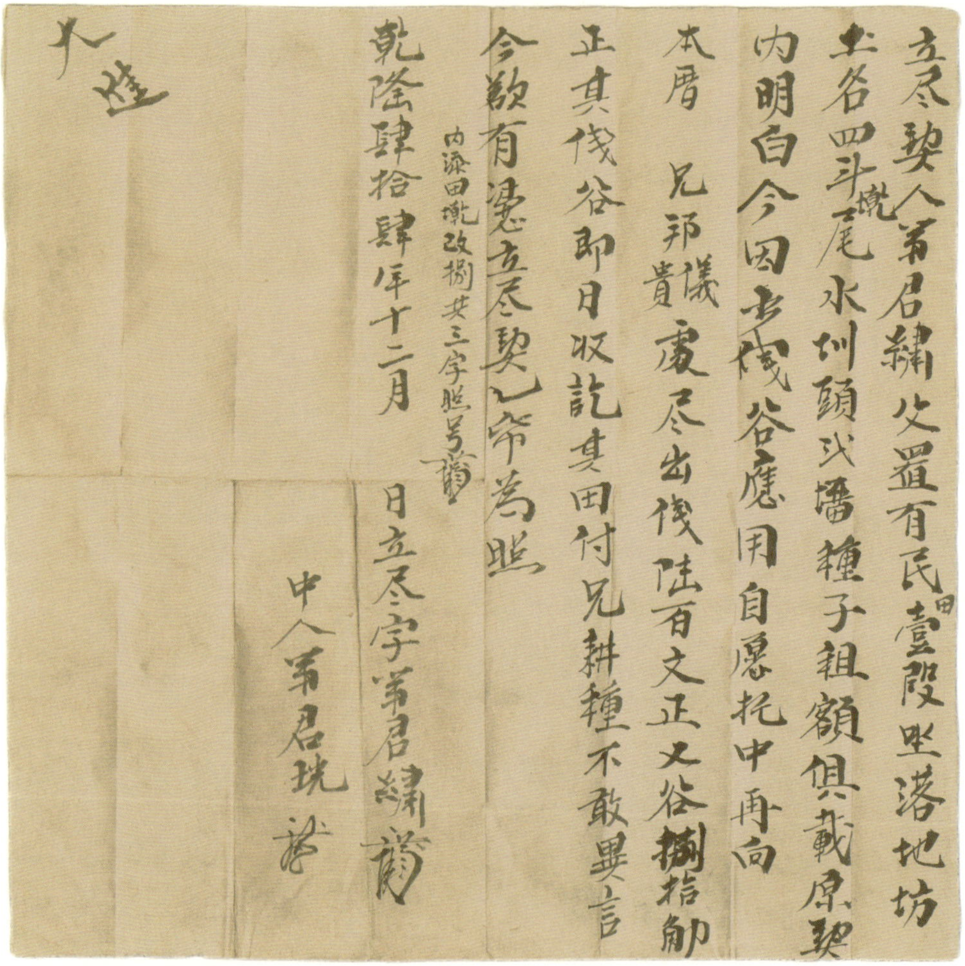

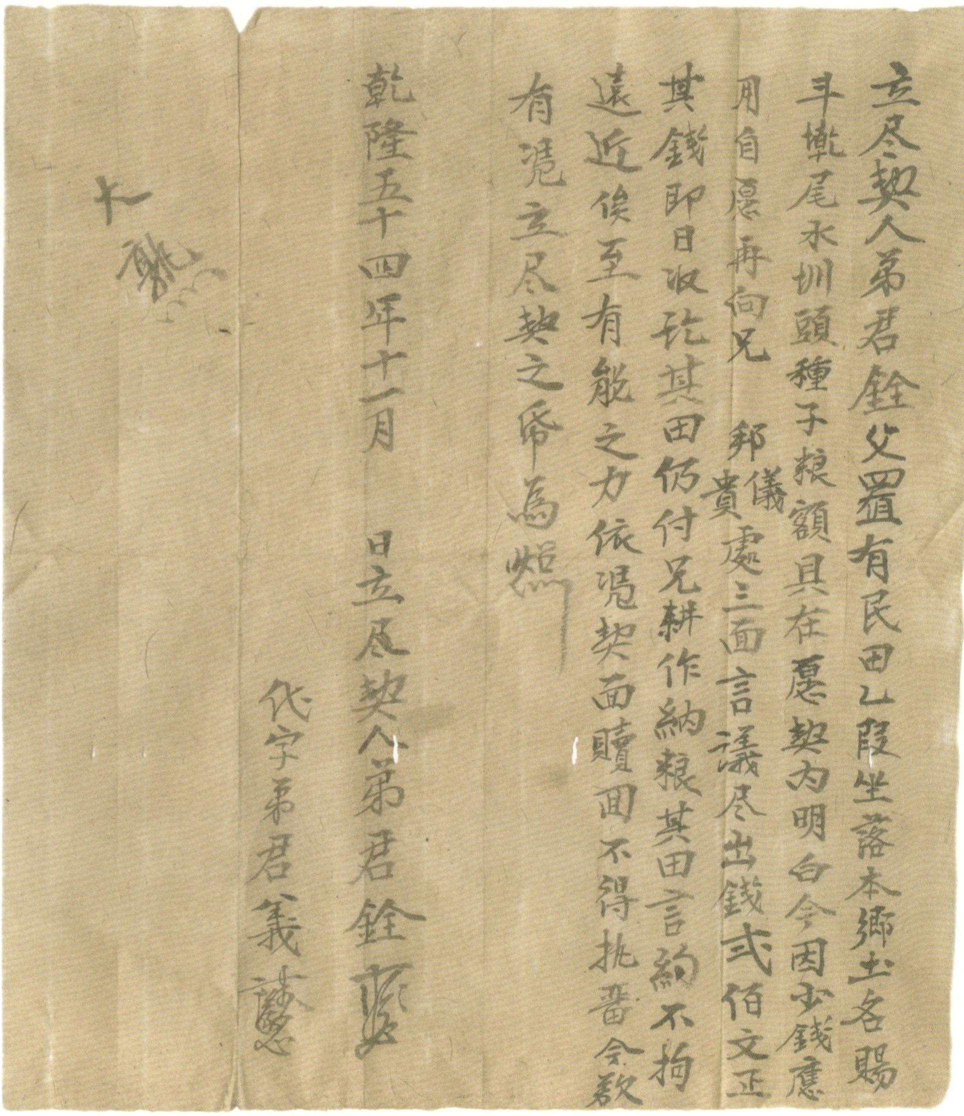
立尽契人弟君銓父置有民田乙段坐落本鄉土名賜
斗墘尾水圳頭種子粮額具在塸契为明白今因乏錢應
用自愿再向兄 邦儀 貴處三面言議尽出錢弍佰文正
其錢即日收訖其田仍付兄耕作納粮其田言約不拘
遠近俟至有能之力依憑契面贖回不得执番今欲
有憑立尽契之帋為照
乾隆五十四年十一月 日立尽契人弟君銓（押）
代字弟君義（押）

10-7-34-3 清乾隆五十四年十一月黄君銓立盡民田契

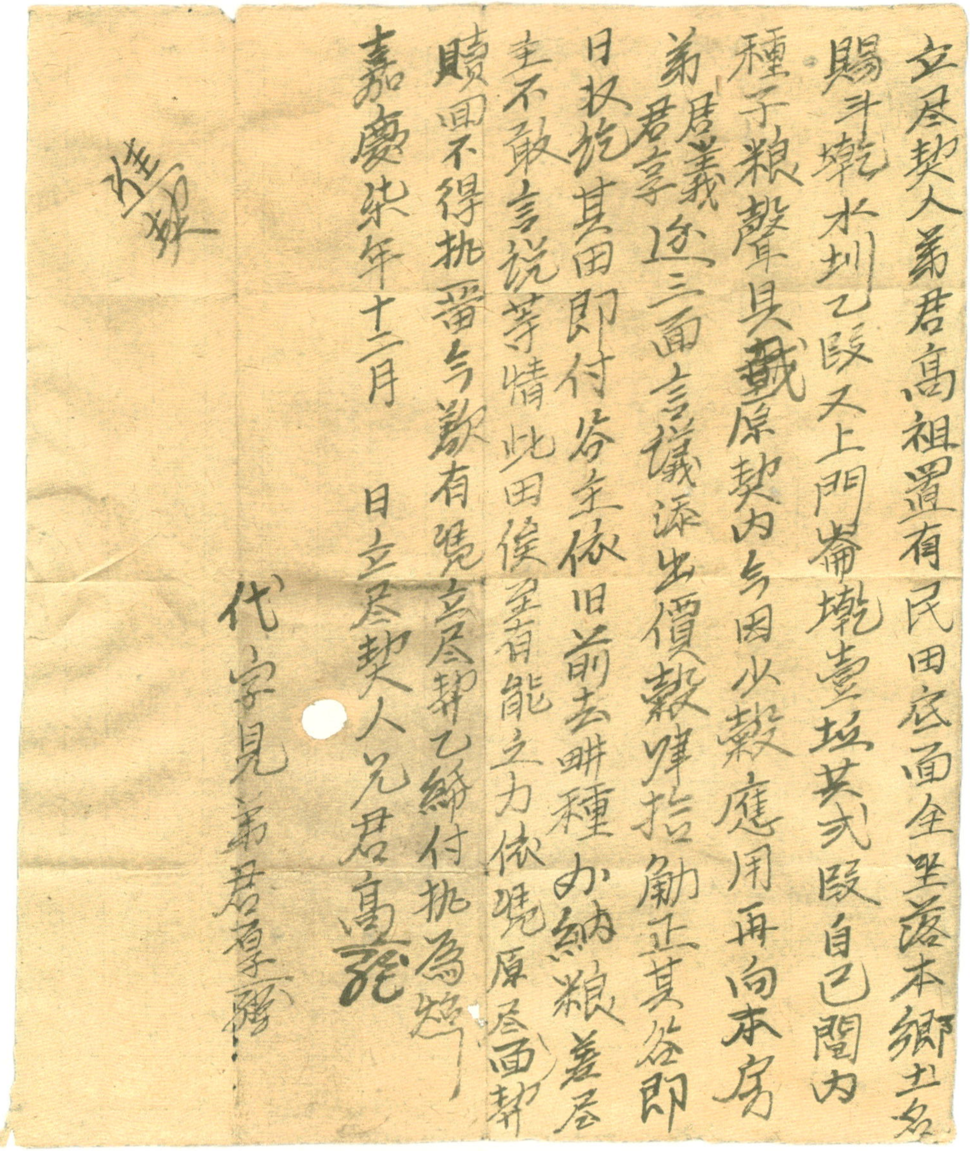

立尽契人弟君高祖置有民田底面全坐落本鄉土名賜斗墘水圳乙段又上門崙墘壹坵共弍段自己鬮内種子粮聲具載原契内今因乏穀應用再向本房弟君享義邊三面言議添出價穀肆拾勵正其穀即日收訖其田即付谷主依旧前去耕種办納粮差尽主不敢言説等情此田後至有能之力依憑原尽面契贖回不得執留今欲有憑立尽契乙紙付執為照

嘉慶柒年十二月　日立尽契人兄君高（押）

代字見弟君享（押）

烓契

10-7-34-4　清嘉慶七年十二月黄君高立盡底面全民田契

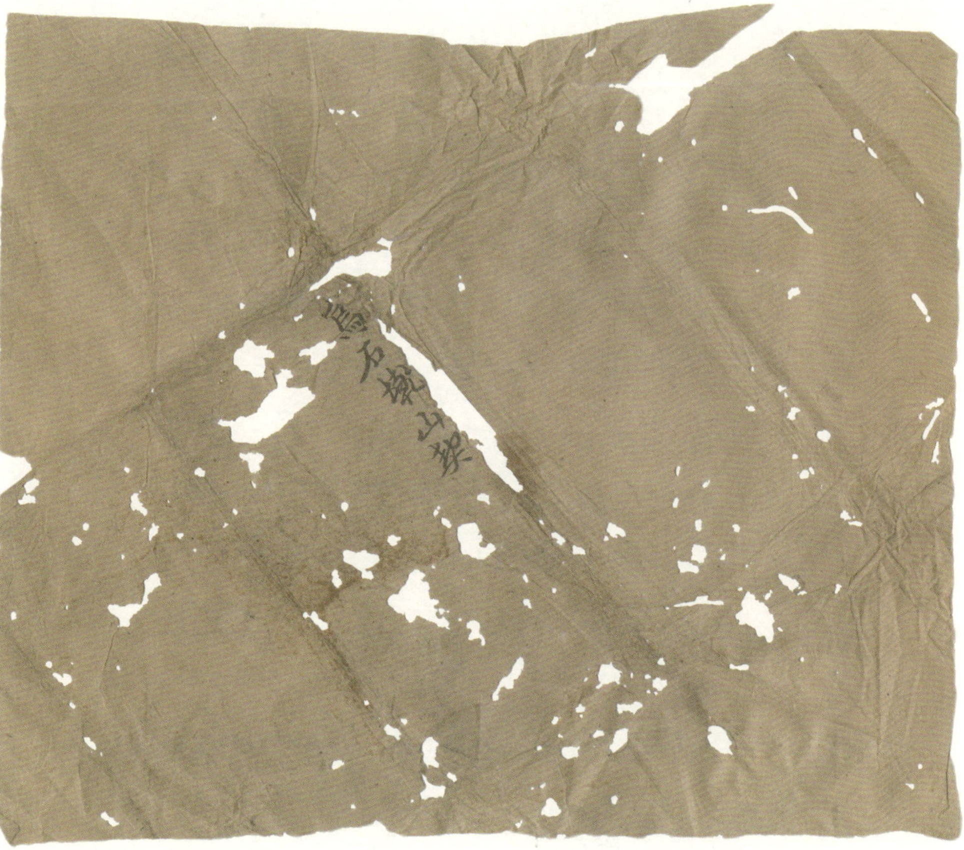

10-7-35-1　包契紙

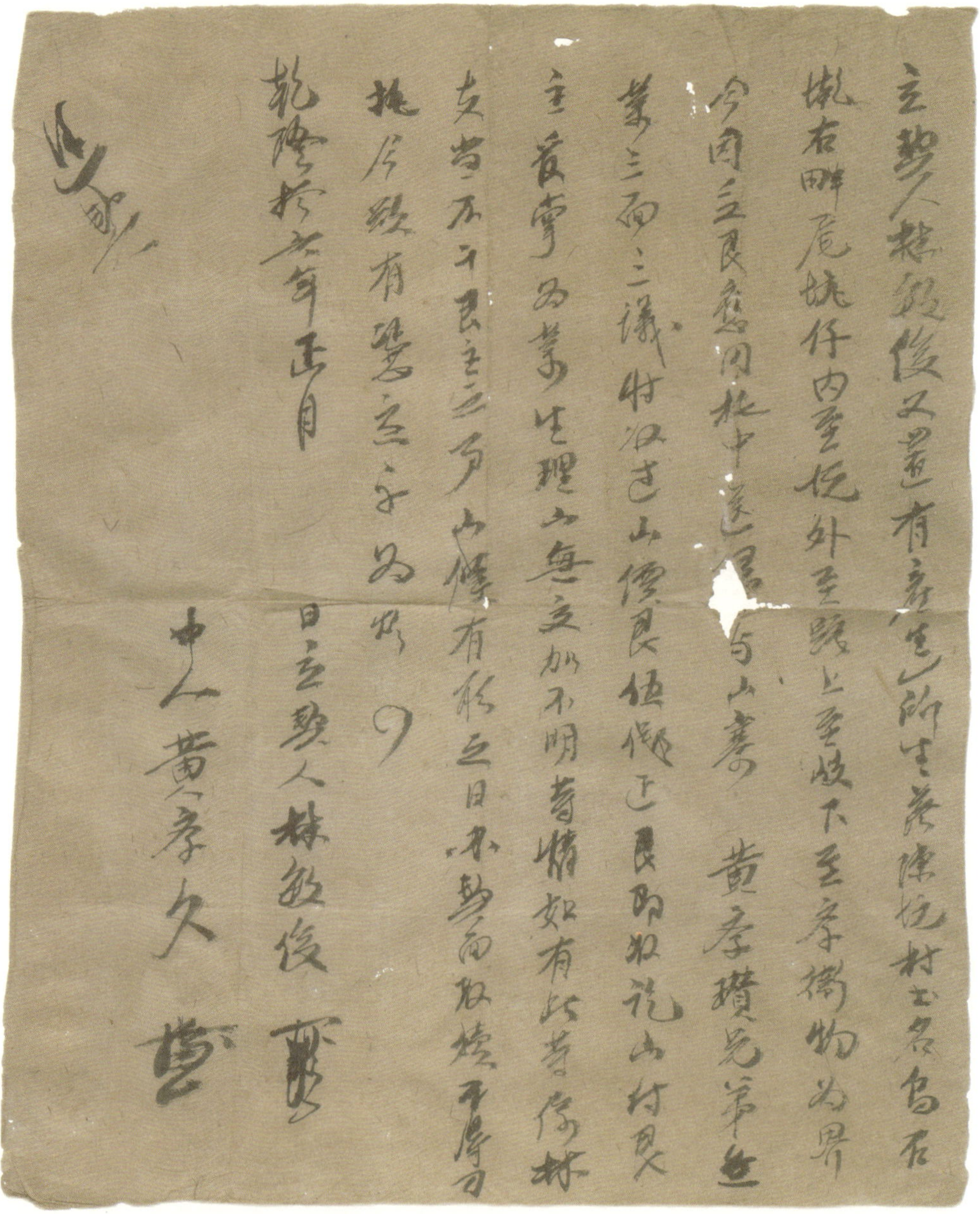

立契人林敏俊父置有承山一所土名烏石
嶺右畔尾坑仔內至坑外至路上至岐下至孝衛物為界
今因乏艮應用托中送歸 與山寨 黃孝攢兄弟出
業三面三議時值山價艮伍錢正艮即收訖山付艮人
主賣掌為業生理山無交加不明等情如有此等係林
支當不干艮主之事山係有稅之日不契而收贖不得言
找今欲有憑立字為照
乾隆拾七年正月 日立契人林敏俊
中人黃孝久

10-7-35-2 清乾隆十七年正月林敏俊立送歸山場字

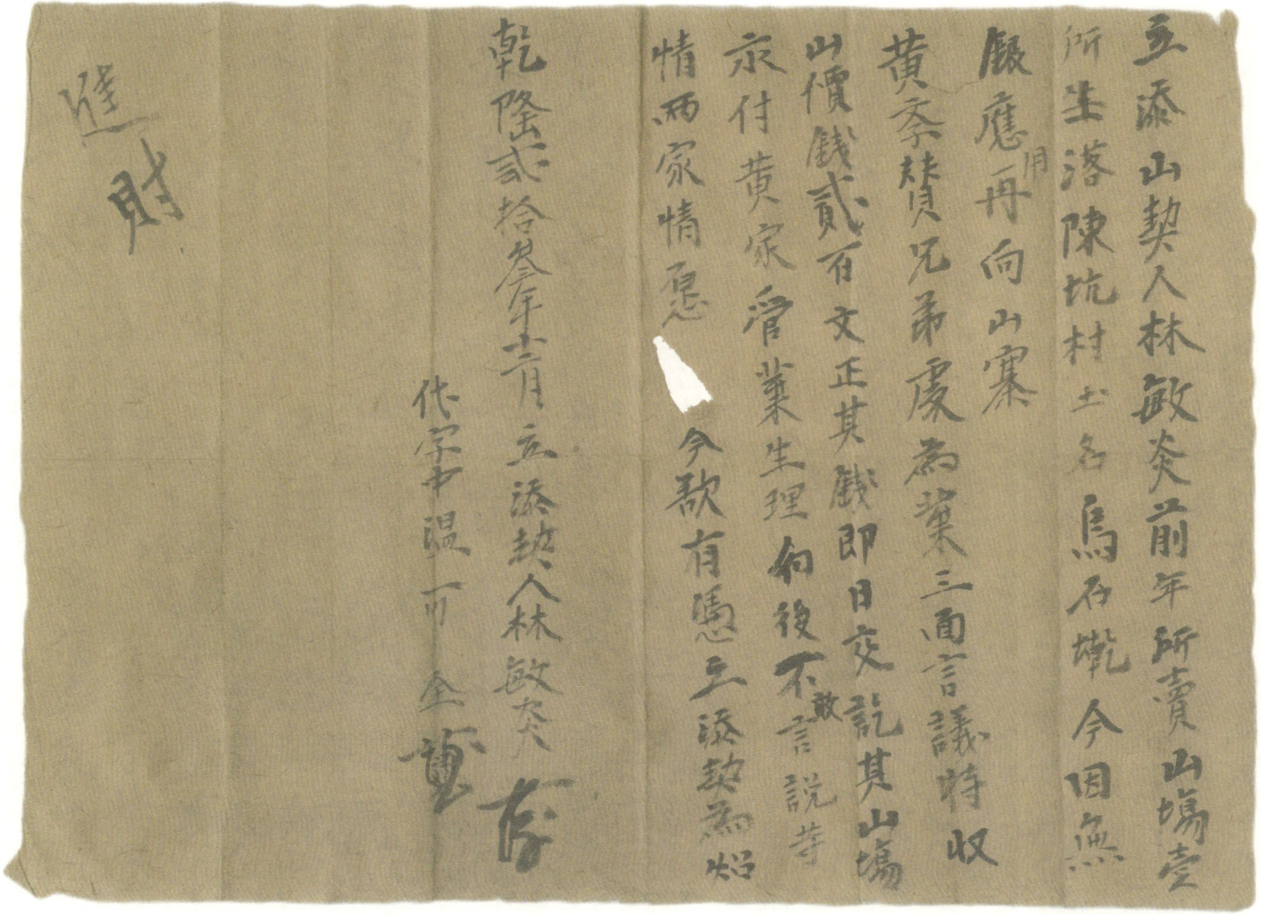
立添山契人林敏炎前年所賣山場壹
所坐落陳坑村土名烏石墘今因無
脈應用再向山寨
黃家賛兄弟處為業三面言議將收
山價錢貳百文正其錢即日交訖其山場
永付黃家管業生理向後不敢言說等
情兩家情愿今欲有憑立添契為炤
乾隆貳拾叁年十二月 日立添契人林敏炎（押）
代字中温一可 仝（押）
進財

10-7-35-3　清乾隆二十三年十二月林敏炎立添山場契

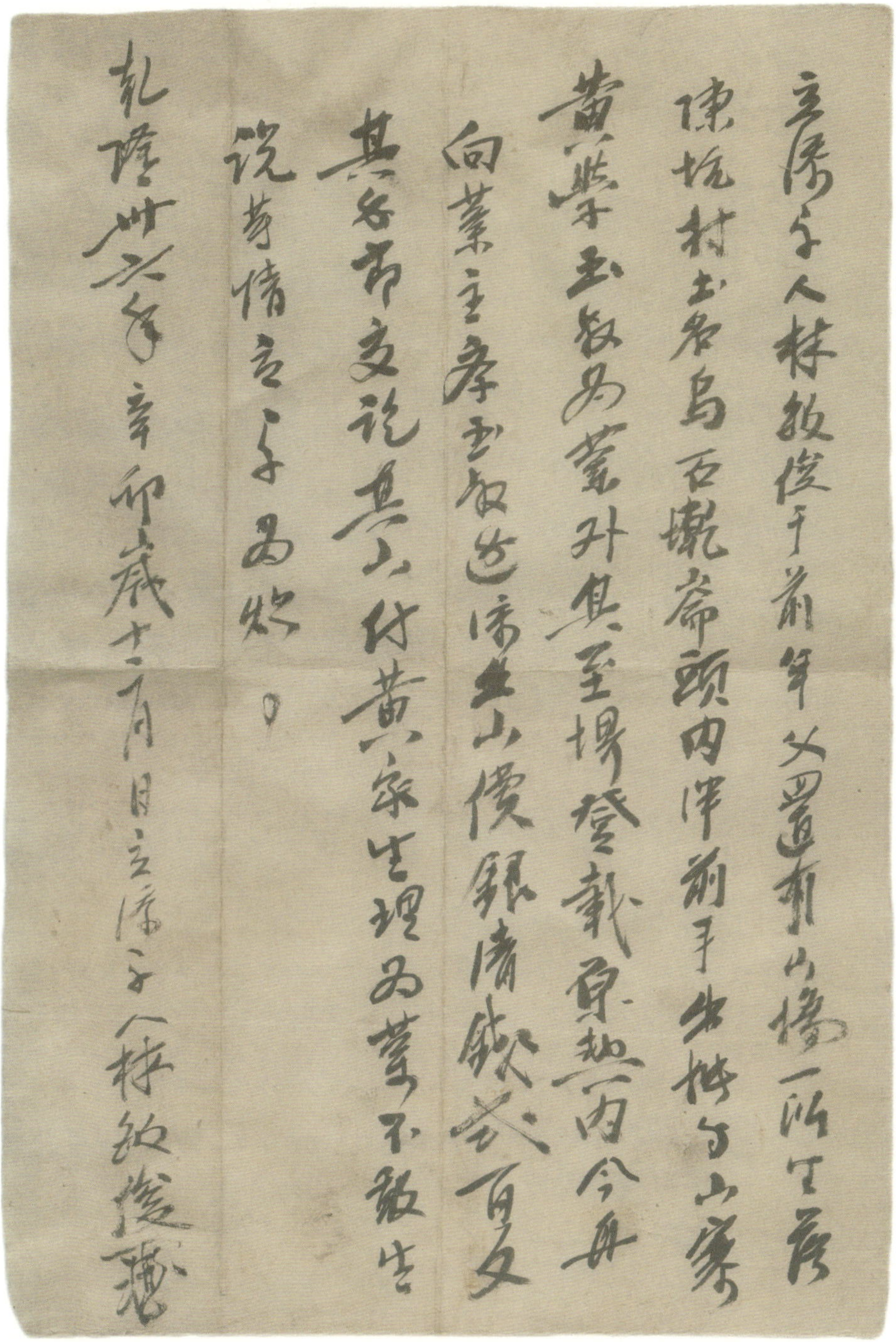

立添字人林敏俊于前年父置過新山場一所坐落
陳坑村土名烏石壠崙頭内伴前手出批与山寮
黃榮玉叔爲業外其至場登載原契明白今再
向業主承玉叔邊添出山價銀清錢弍百文
其价即交訖其山付黃家出理爲業不敢生
異說等情立字爲照　○
乾隆卅六年　辛卯歲十二月　日立添字人林敏俊

10-7-35-4　清乾隆三十六年十二月林敏俊立添山場字

立尽山契人德化陳坑林元寧前年父手出
賣有山場乙所坐落陳坑村土名烏石墘杏畔
尾龍仔內至坑外至路上至岐下至李衛
業為界四至明白今因無銀應用自愿托
中就再向業主山案 黄君義叔 從三
面言議尽出山價錢肆百文正其錢即日交
訖其山場交付業主管業為業向後不敢
言說取贖之理兩家情愿各無反悔今有憑
立尽契一紙交執為照
乾隆五十年十二月 日立尽契人林元寧（押）
中見人溫天榮
准一財

10-7-35-5 清乾隆五十年十二月林元寧立盡山場契

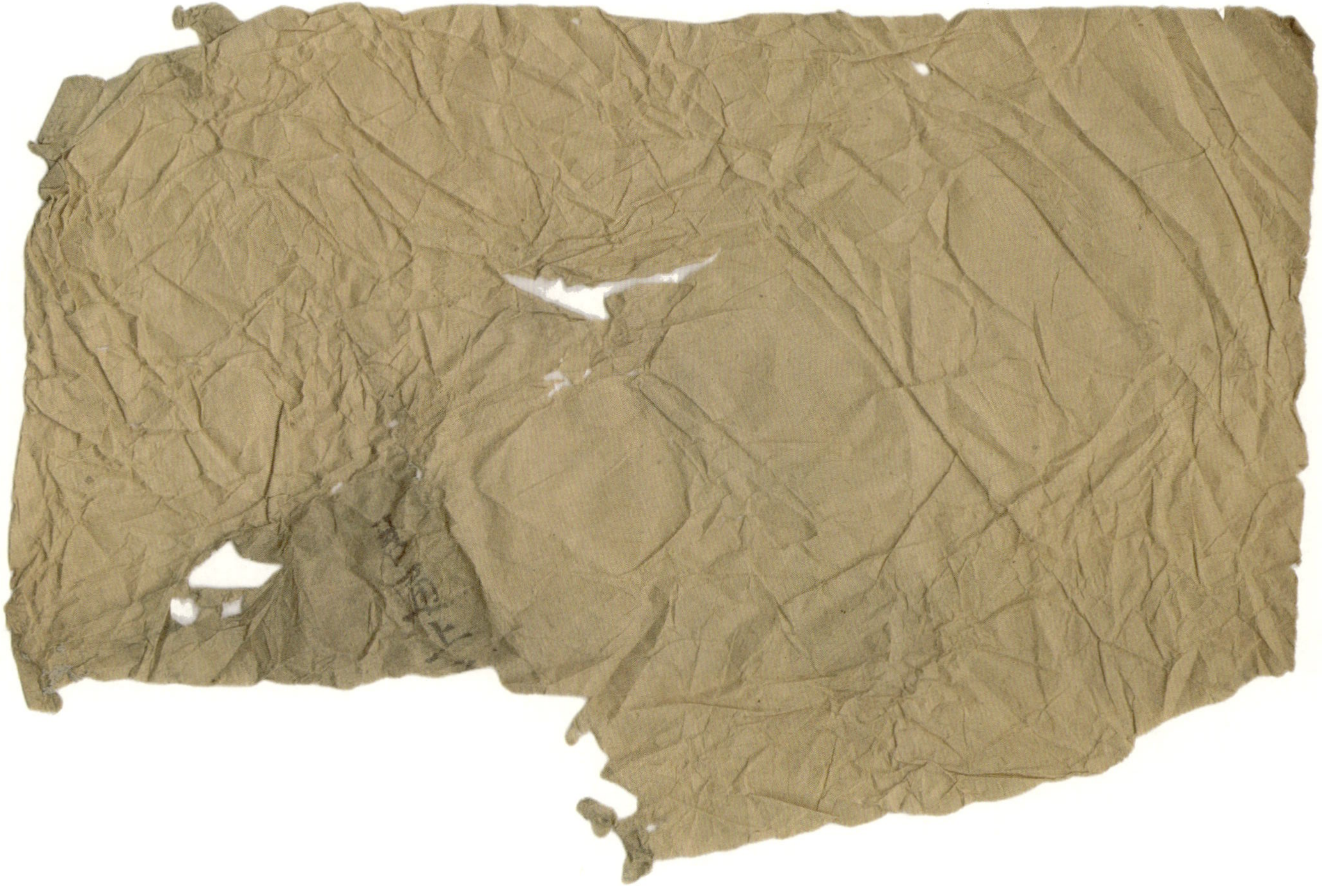

10-7-36-1　包契紙

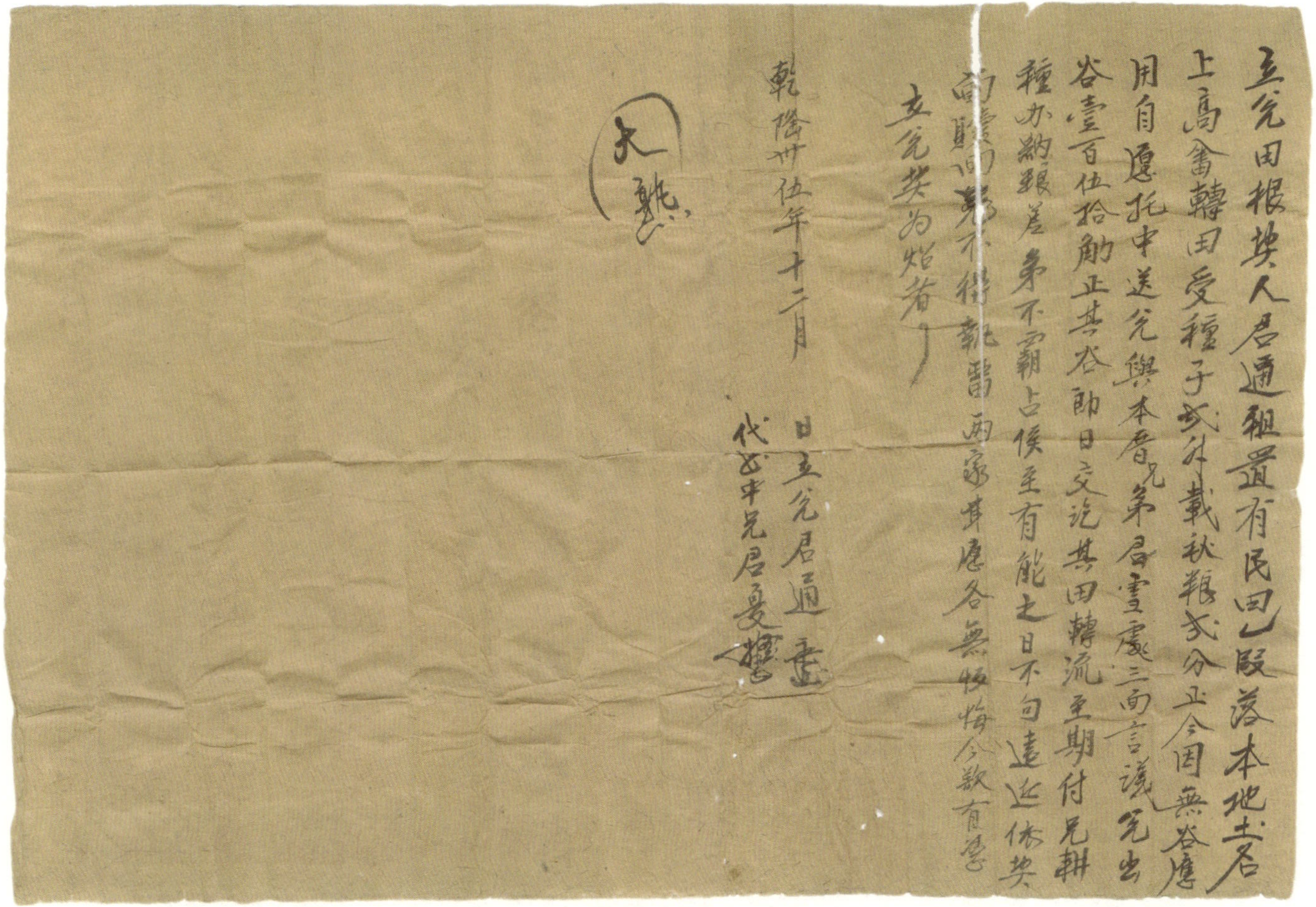

立兑田根契人君通，祖置有民田乙段，落本地土名
上高畲轉田，受種子弍升，載秋粮弍分正。今因無谷應
用，自愿托中送兑與本房兄弟君雲處，三面言議，兑出
谷壹百伍拾觔正，其谷即日交訖，其田轉流，至期付兄耕
種办納粮差，弟不霸占，候至有能之日，不拘遠近，依契
面贖回，弟不得執留，兩家甘愿，各無反悔，今欲有憑，
立兑契為炤者。

乾隆卅伍年十二月　日立兑君通（押）
代书中兄君旻（押）

10-7-36-2　清乾隆三十五年十二月黄君通立兑民田根契

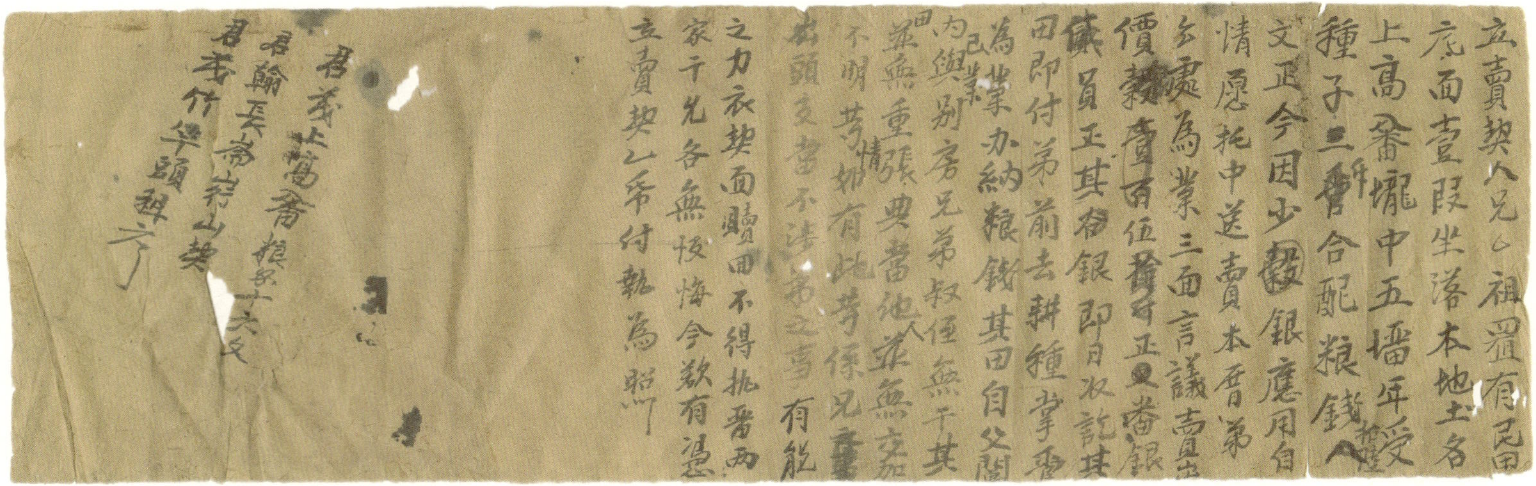
立賣契人兄□祖置有民田
庀面壹段坐落本地土名
上高番壠中五墻年受
種子三斤合配粮錢
文正今因少銀應用自
情愿托中送賣本房弟
允處為業三面言議壹賣出
價銀壹百伍拾兩正其番銀
儀員正其契銀即日收訖其
田即付弟前去耕種掌管
為業办納粮錢其田自父闔
為己業與別房兄弟叔侄無干其
田並無重張典當他人並無交加
不明等情如有此等係兄壹
力頭支當不涉弟之事有能
之力永契面贖田不得執番兩
家干允各無抜悔今欲有憑
立賣契山希付執為照

10-7-37-1　包契紙（草契）

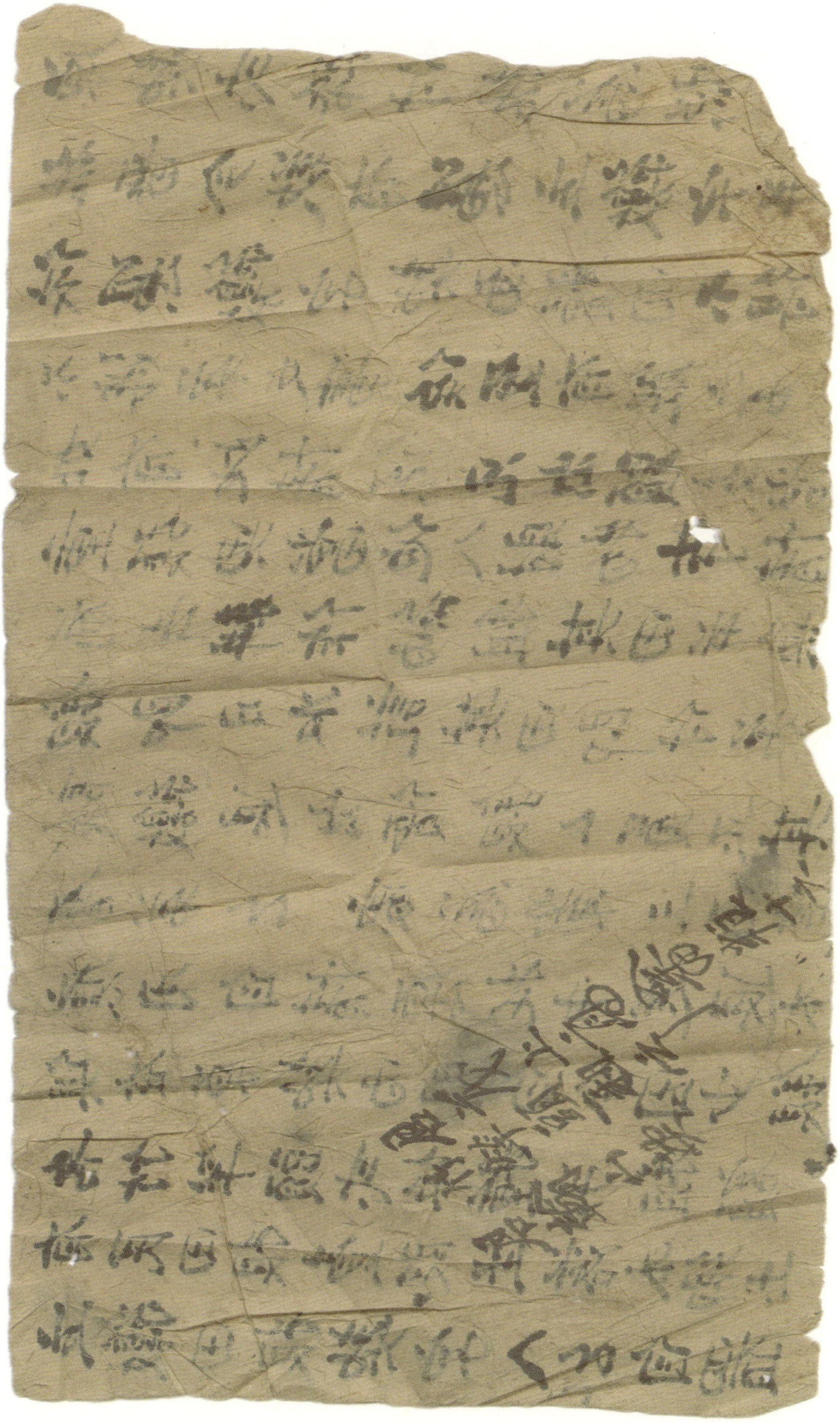

10-7-37-2　包契紙

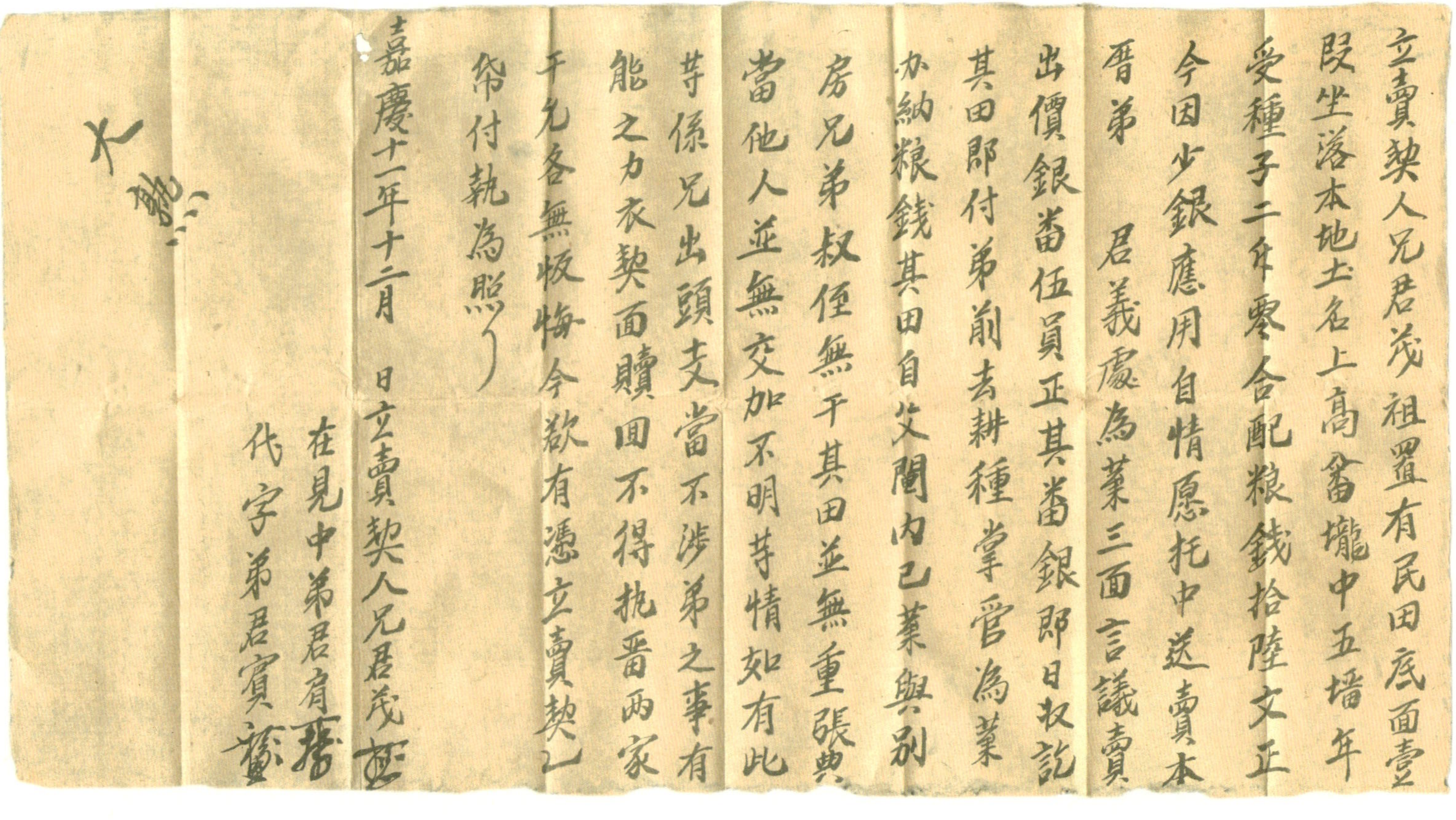

立賣契人兄君茂祖置有民田底面壹
段坐落本地土名上高畬壠中五墻年
受種子二斗零合配粮錢拾陸文正
今因少銀應用自情愿托中送賣本
晋弟 君義處為業三面言議賣
出價銀番伍員正其番銀即日收訖
其田即付弟前去耕種掌管為業
办納粮錢其田自父鬮内已業與別
房兄弟叔侄無干其田並無重張典
當他人並無交加不明等情如有此
等係兄出頭支當不涉弟之事有
能之力衣契面贖回不得執留兩家
干允各無反悔今欲有憑立賣契一
帋付執為照」
嘉慶十一年十二月 日立賣契人兄君茂（押）
在見中弟君肯（押）
代字弟君寅（押）
大發

10-7-37-3 清嘉慶十一年十二月黃君茂立賣底面全民田契

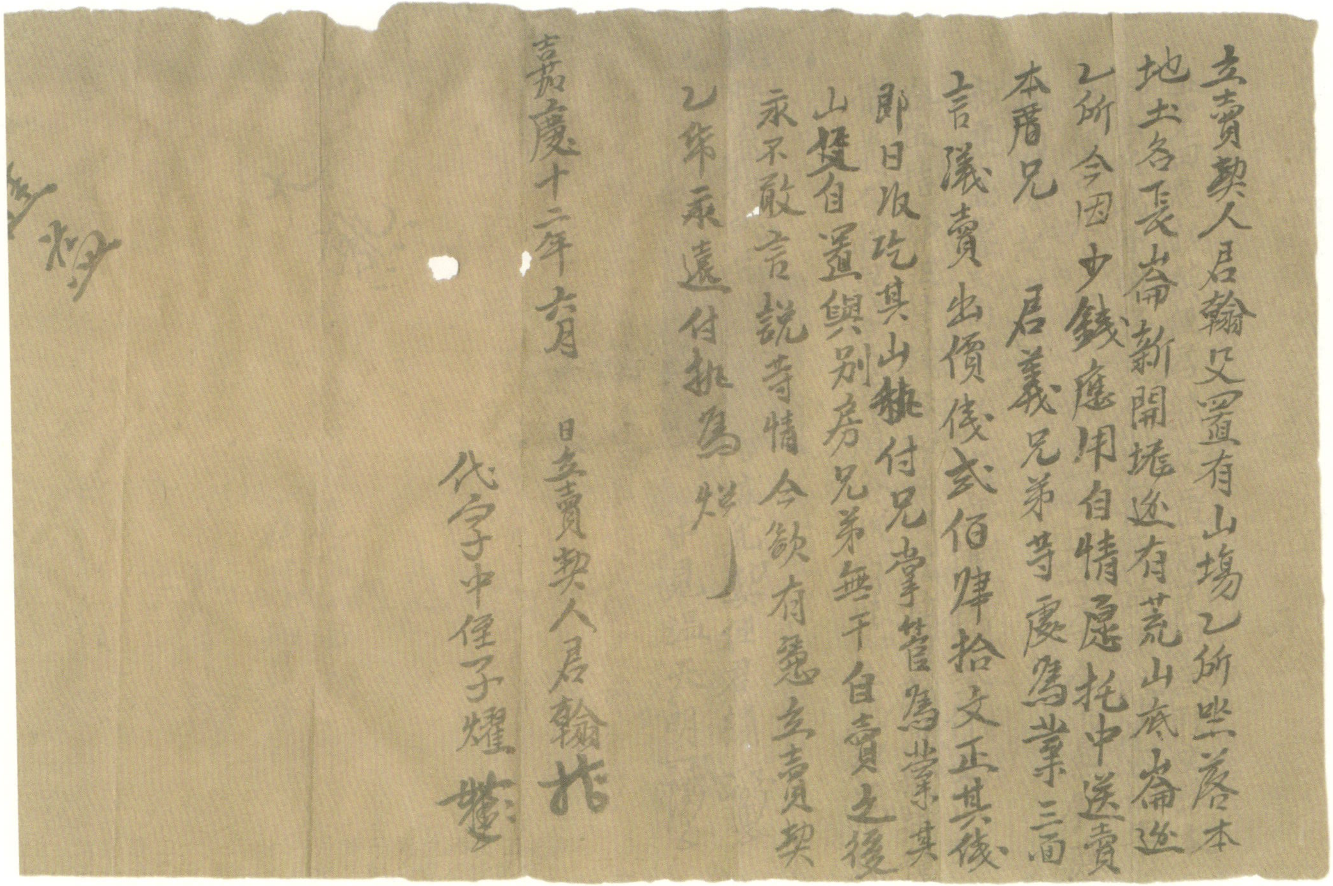

立賣契人君翰父置有山場乙所坐落本
地土名長𡸣新開垅边有荒山底𡸣边
乙所今因少錢應用自情愿托中送賣
本厝兄　君義兄弟等處為業三面
言議賣出價錢貳佰肆拾文正其錢
即日收訖其山即付兄掌管為業其
山並自置與別房兄弟無干自賣之後
永不敢言説等情今欲有憑立賣契
乙紙永遠付執為炤
嘉慶十二年六月　日立賣契人君翰（押）
代字中侄子燿（押）

10-7-37-4　清嘉慶十二年六月黃君翰立賣山場契

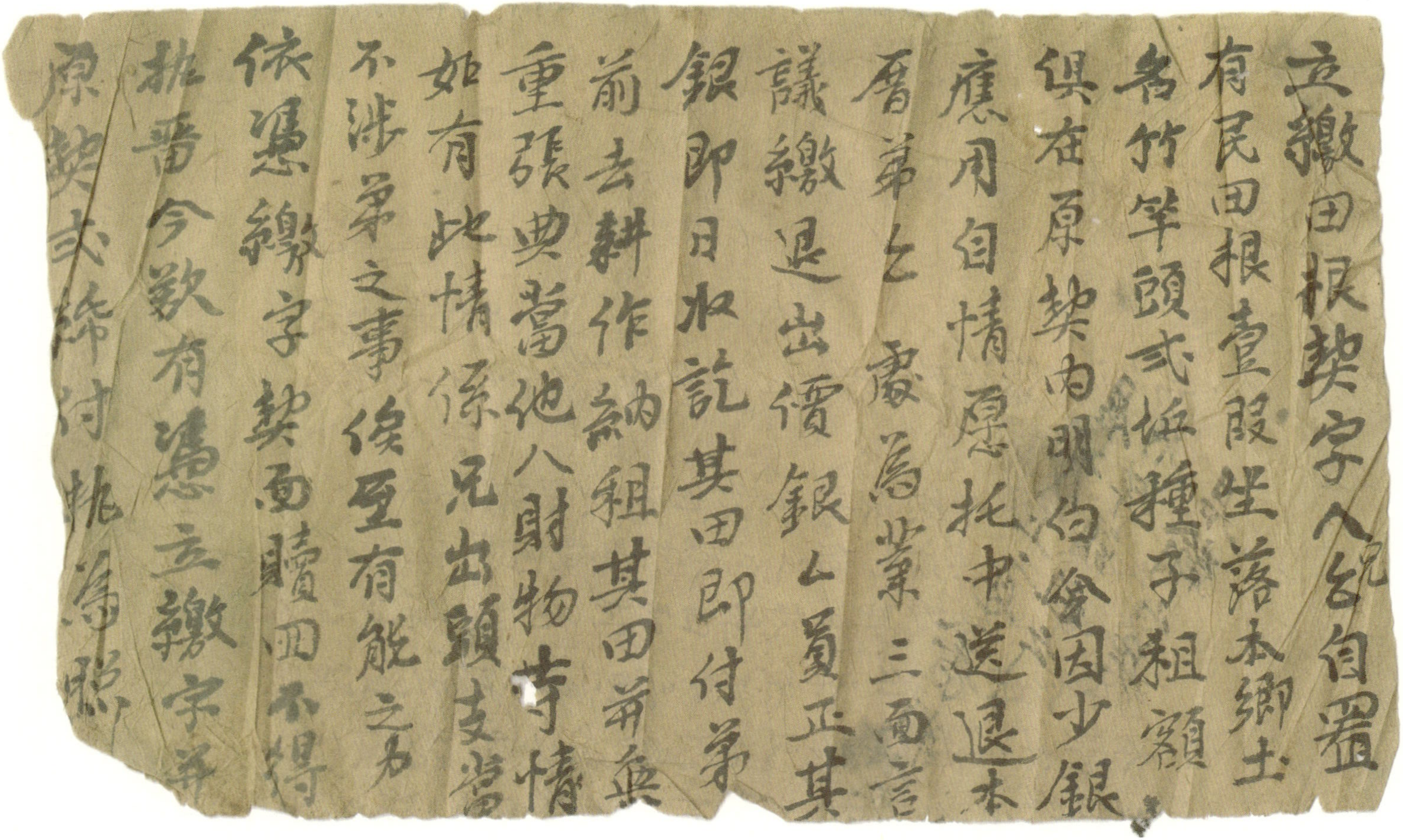
立繳田根契字人[illegible]自置
有民田根壹段坐落本鄉土
名竹竿頭式坵種子租額
俱在原契內明白今因少銀
應用自情愿托中送退本
房弟[illegible]處為業三面言
議繳退出價銀[illegible]員正其
銀即日收訖其田即付弟
前去耕作納租其田並無
重張典當他人財物等情
如有此情係兄出頭支當
不涉弟之事後至有能之日
依憑繳字契面贖田不得
執留今欲有憑立繳字并
原契式紙付執為照

10-7-37-5　黄氏立繳民田根字（年代不詳，草契）

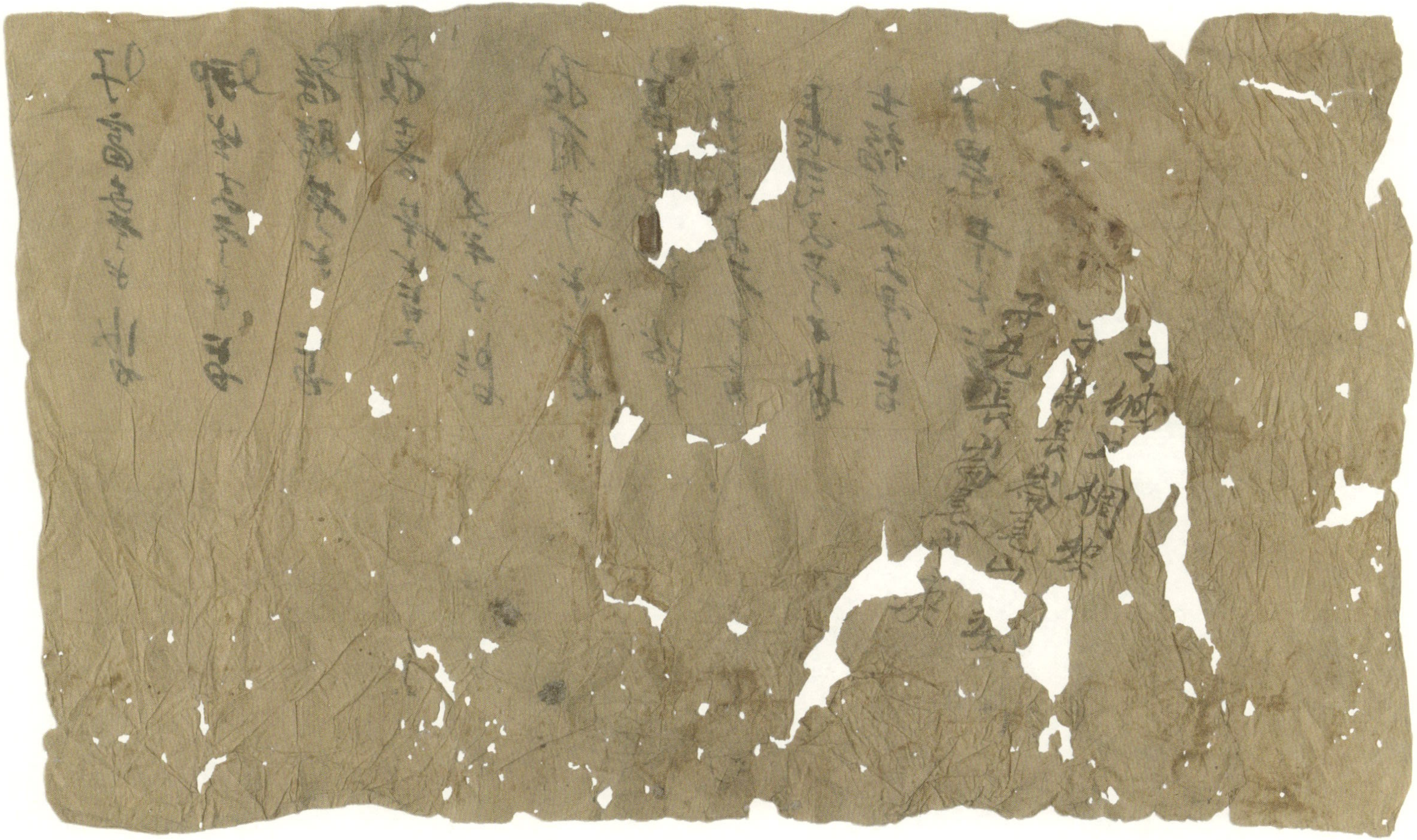

10-7-38-1 包契紙

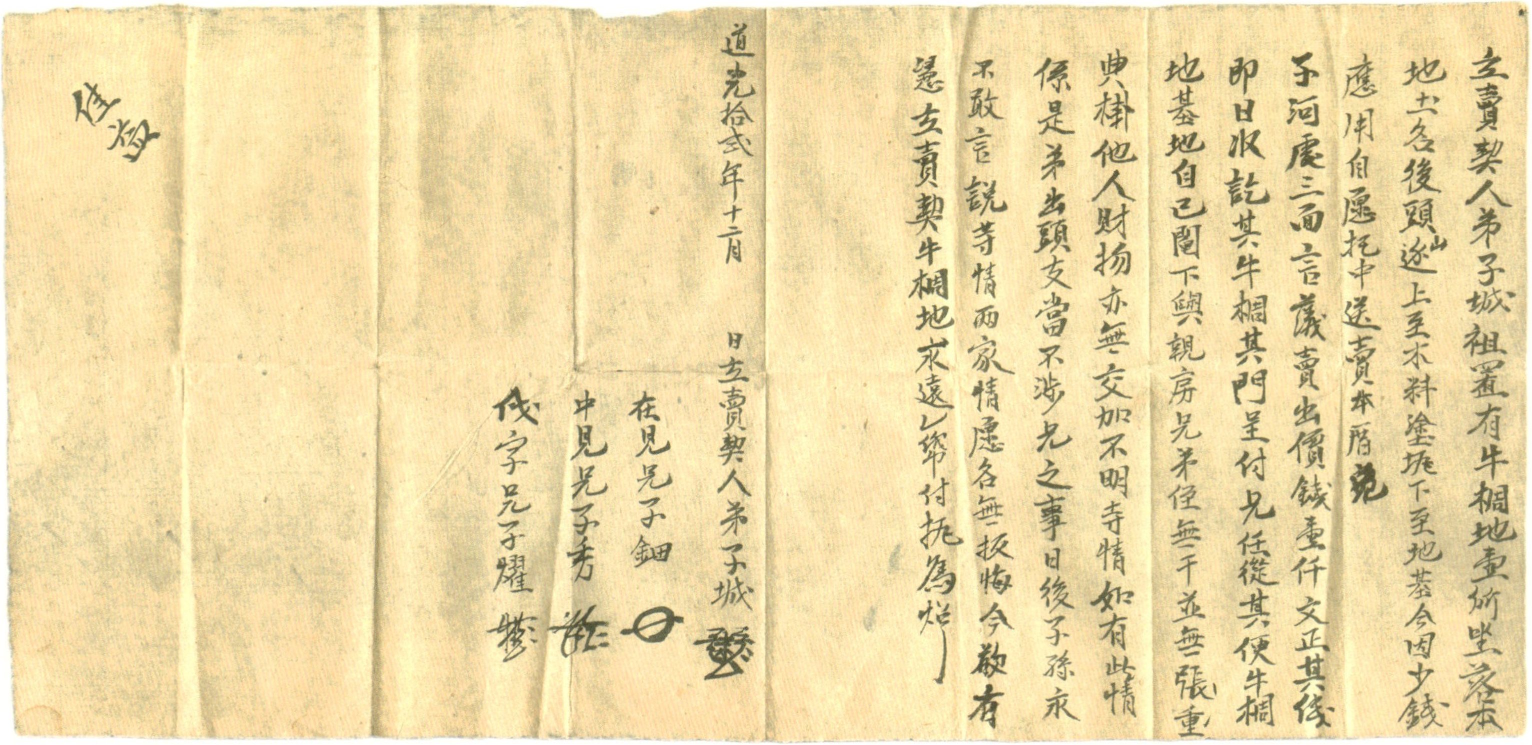
立賣契人弟子城，祖置有牛棡地壹所，坐落本
地土名後頭逆山，上至水圳塗坵，下至地基，今因乏錢
應用，自愿托中送賣本房兄
子河處，三面言議，賣出價錢壹仟文正，其錢
即日收訖，其牛棡其門呈付兄任從其便，牛棡
地基地自己閤下與親房兄弟侄無干，並無張重
典掛他人財物，亦無交加不明等情，如有此情，
係是弟出頭支當，不涉兄之事，日後子孫永
不敢言說等情，两家情愿，各無反悔，今欲有
憑，立賣契牛棡地永遠為照。

道光拾貳年十二月　日立賣契人弟子城（押）
在見兄子鈿（押）
中見兄子秀（押）
代字兄子耀（押）

佳發

10-7-38-2　清道光十二年十二月黄子城立賣牛棡地契

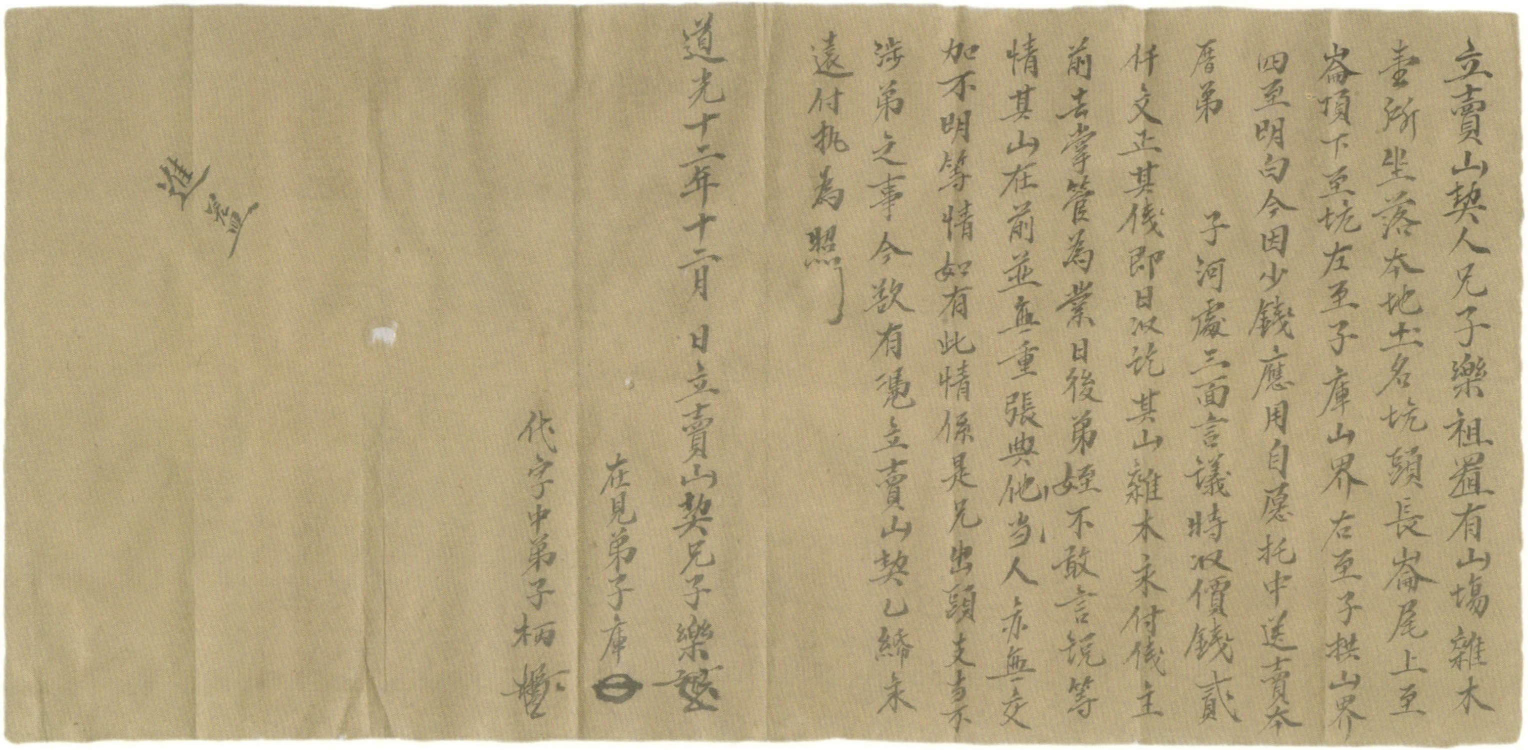
立賣山契人兄子樂祖置有山場雜木
壹所坐落本地土名坑頭長崙尾上至
崙頂下至坑左至子庫山界右至子拱山界
四至明白今因少錢應用自愿托中送賣本
房弟　子河處三面言議時價錢貳
仟文正其錢即日収訖其山雜木來付錢主
前去掌管為業日後弟姪不敢言說等
情其山在前並無重張典他人亦無交
加不明等情如有此情係是兄出頭支當不
涉弟之事今欲有憑立賣山契乙紙永
遠付執為照
道光十二年十二月　日立賣山契兄子樂（押）
在見弟子庫（押）
代字中弟子栖（押）

10-7-38-3　清道光十二年十二月黃子樂立賣山場雜木契

立賣契兄子先祖置有山場雜木壹所坐落
本地土名坑頭長崙尾上至崙頂至界下至
邦倚山界左至子秀山界右至君懷山為界四
至明白今因缺谷應用自情愿托中送賣本
房　弟子河處三面言議賣出價穀肆百觔
正其穀即日收訖其山場雜木杉松桐桂項項郎
付弟邊掌栽種桐桂杉竹松為業兄不敢藉占
但當其山場係是兄自置物業已下與兄弟叔侄
無干並無重典他人亦無內外交加不明等情如
有此情係兄出頭支當不誤弟之事既賣以後
亦無再取贖之理兩家情愿各無反悔今欲
有憑立賣契壹紙永遠付執為照

道光十二年十二月　　日立賣契兄子先（押）
在見弟子庫（押）
代字中叔邦善（押）

10-7-38-4　清道光十二年十二月黄子先立賣山場雜木契

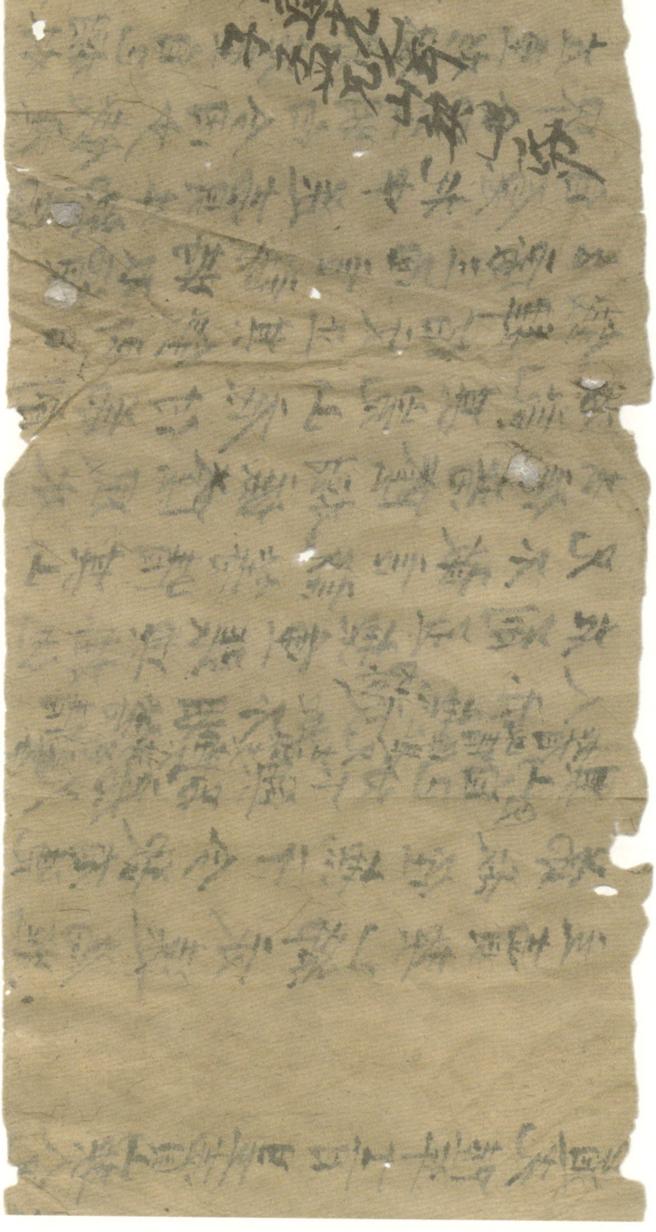

10-7-39-1　包契紙

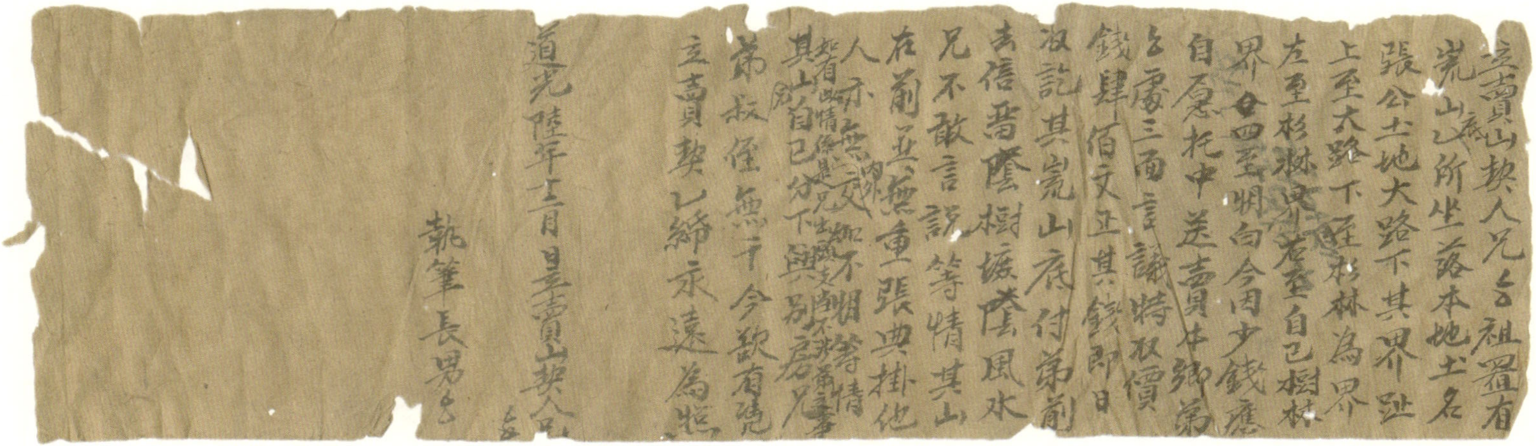

10-7-39-2　清道光六年十二月黄氏立賣荒山底契（草契）

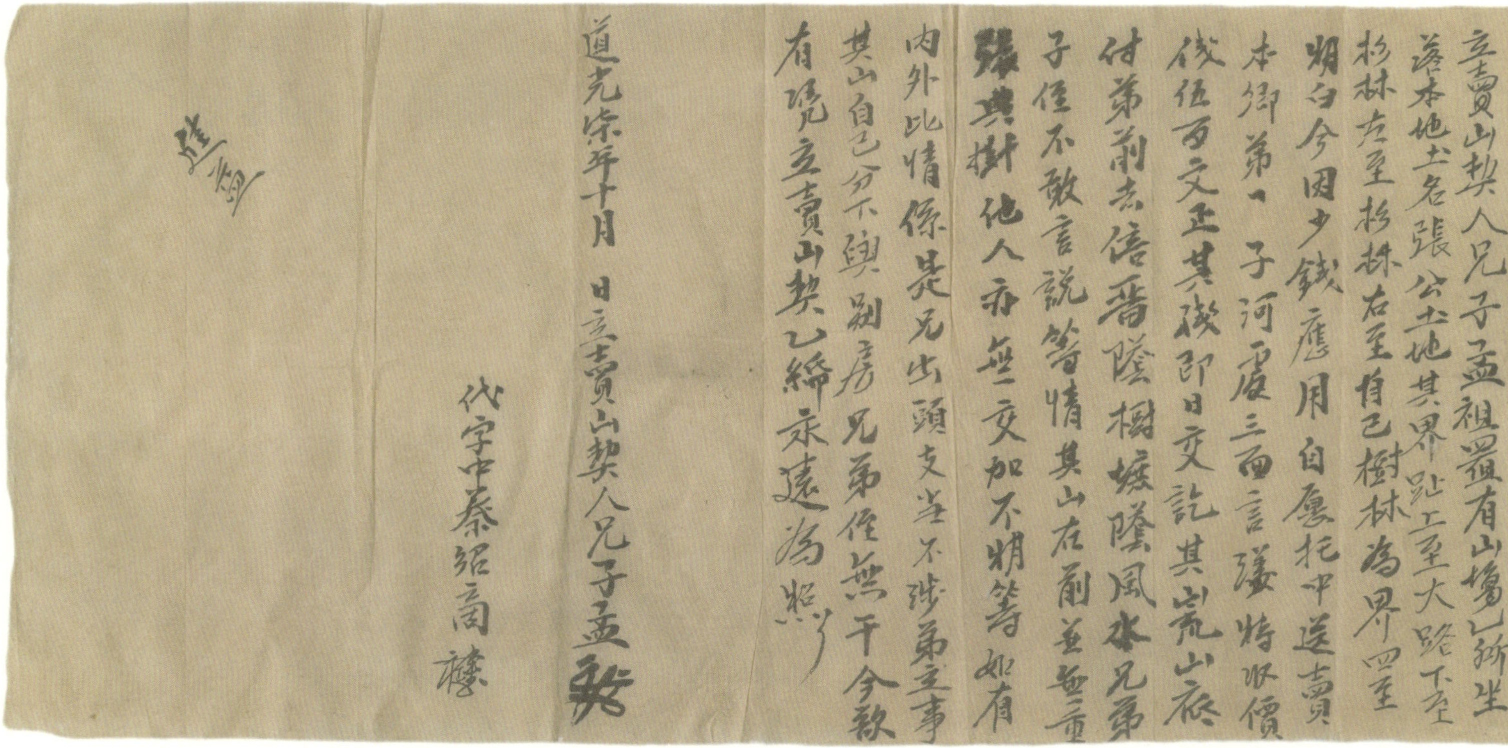
立賣山契人兄子孟祖置有山場一所坐
落本地土名張公土地其界址上至大路下至
杉林左至杉林右至自己樹林為界四至
明白今因少錢應用自愿托中送賣
本御弟□子河處三面言議時值價
錢伍百文正其錢即日交訖其山荒山衣
付弟前去培蓄蔭樹護蔭風水兄弟
子侄不敢言說爭情其山在前並無重
張典掛他人亦無交加不明等如有
內外此情係是兄出頭支當不涉弟之事
其山自己分下與別房兄弟侄無干今欲
有憑立賣山契乙紙永遠為照
道光柒年十月　日立賣山契人兄子孟（押）
代字中蔡紹商（押）

10-7-39-3　清道光七年十月黃子孟立賣山場契

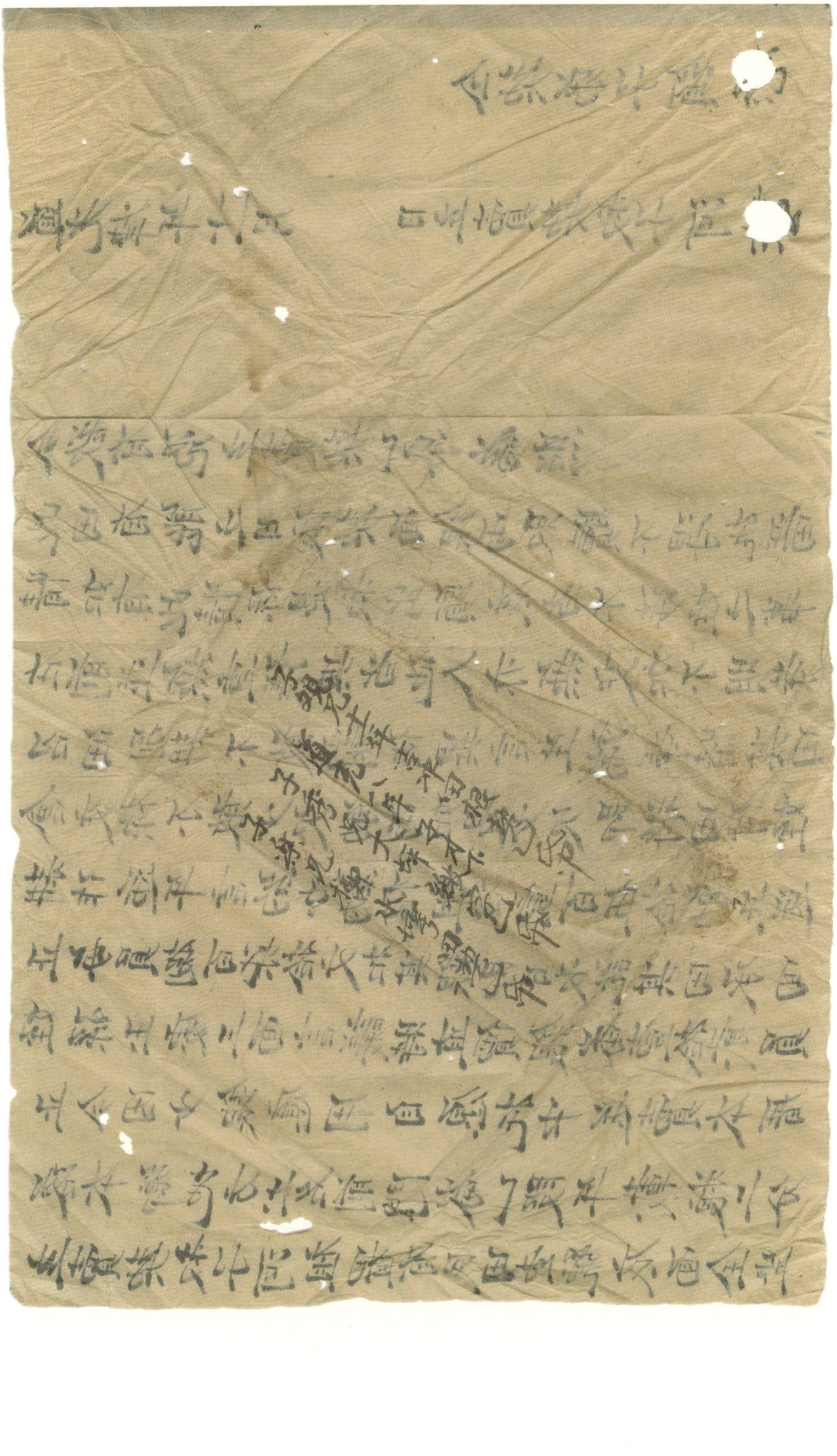

10-7-40-1　包契紙

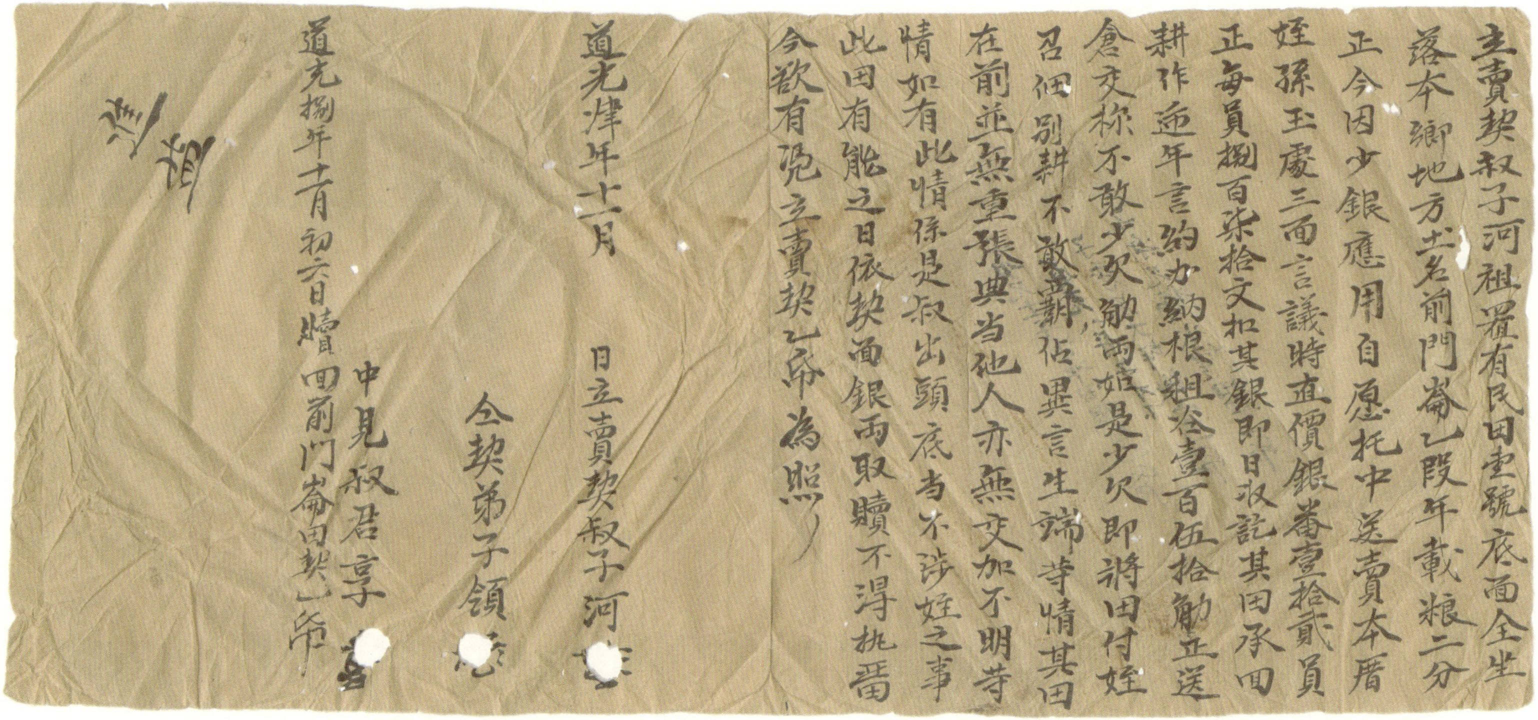

立賣契叔子河祖置有民田壹號底面全坐
落本鄉地方土名前門崙乙段年載粮二分
正今因少銀應用自愿托中送賣本厝
姪孫玉處三面言議時直價銀番壹拾貳員
正每員捌百柒拾文扣其銀即日收訖其田承
耕作逐年言約办納粮租谷壹百伍拾觔正送
倉交秤不敢少欠觔兩如是少欠即將田付姪
召佃別耕不敢霸佔異言生端等情其田
在前並無重張典当他人亦無交加不明等
情如有此情係是叔出頭底当不涉姪之事
此田有能之日依契面銀兩取贖不得挑畱
今欲有憑立賣契乙帋為照

道光肆年十一月　日立賣契叔子河
仝契弟子領
中見叔君享
道光捌年十一月初六日贖回前門崙田契乙帋

10-7-40-2　清道光四年十一月黃子河立賣底面全民田契

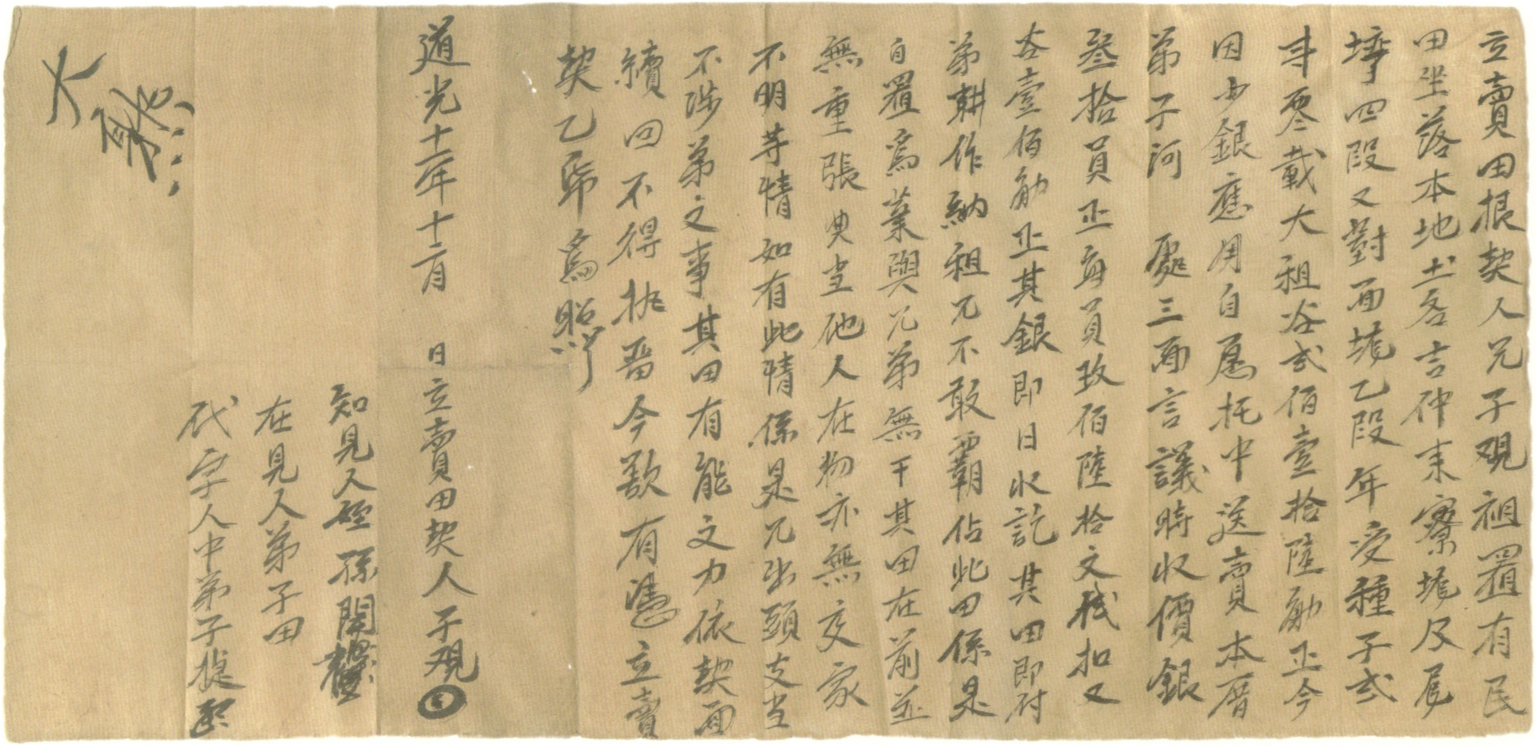
立賣田根契人兄子觀，祖置有民
田坐落本地土名吉坪末寮墘及屋
垱四段，又對面墘乙段，年受種子弍
斗叁載，大租谷弍佰壹拾陸觔正。今
因乏銀應用，自愿托中送賣本房
弟子河處，三面言議時收價銀
叁拾員正，每員玖佰陸拾文，秤扣又
谷壹佰觔正。其銀即日收訖，其田即付
弟耕作納租，兄不敢霸佔。此田係是
自置爲業，與兄弟無干。其田在前並
無重張典當他人在物，亦無交家
不明等情。如有此情，係是兄出頭支當，
不涉弟之事。其田有能之力，依契面
續回，不得执留。今欲有憑，立賣
契乙紙爲照。
道光十一年十二月　日立賣田契人子觀（押）
知見人姪孫開欉
在見人弟子田
代字人中弟子[illegible]
大吉

10-7-40-3　清道光十一年十二月黄子观立賣民田根契

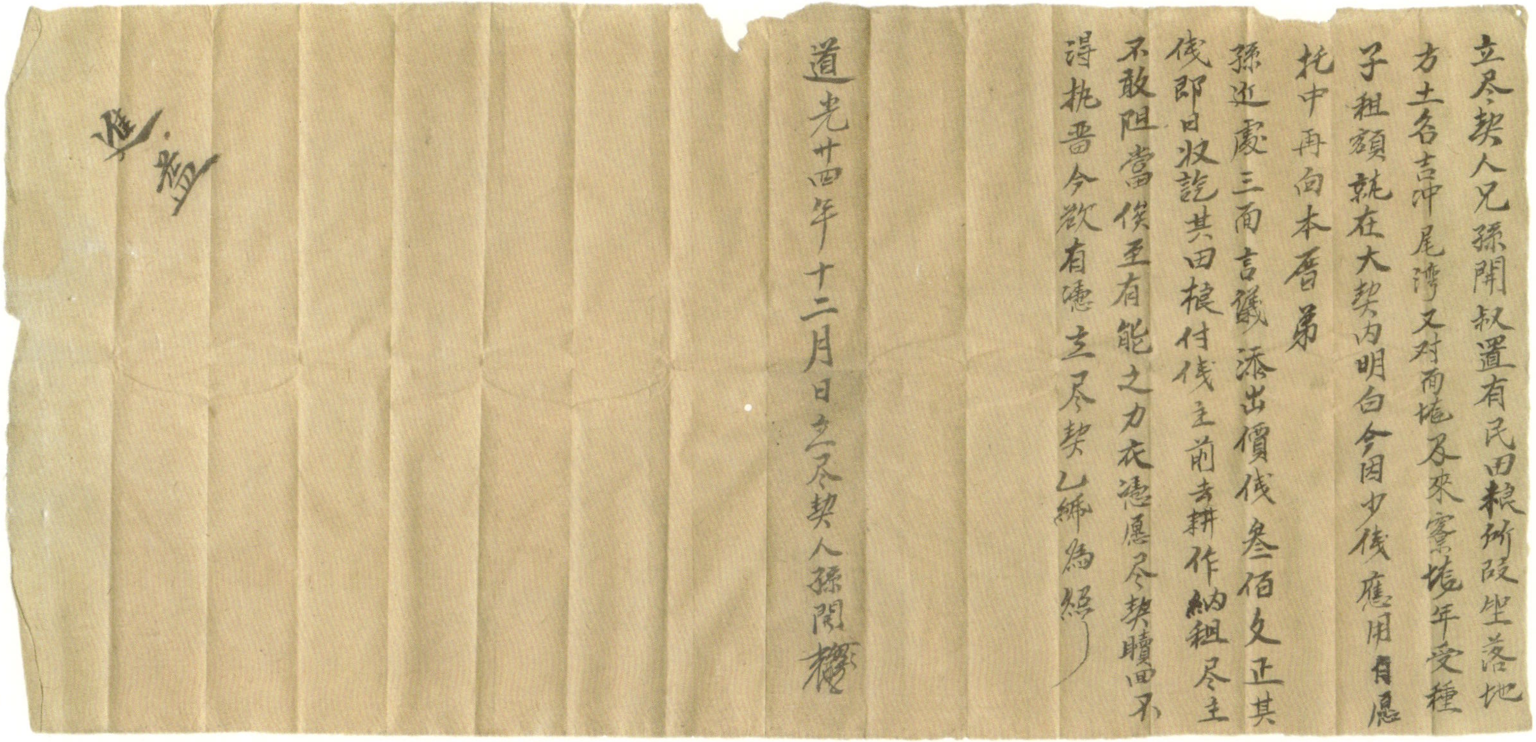
立尽契人兄孫開叔置有民田粮，所坐落地
方土名吉冲尾湾又对面垅及來窯墘年受種
子租額就在大契內明白今因乏錢應用自愿
托中再向本厝弟
孫近處三面言議添出價錢叁佰文正其
錢即日收訖其田粮付錢主前去耕作納租尽主
不敢阻當倘至有能之力衣德愿尽契贖回不
得执番今欲有憑立尽契一紙為照
道光廿四年十二月日立尽契人孫開

10-7-40-4　清道光二十四年十二月黄孫開立盡民田契

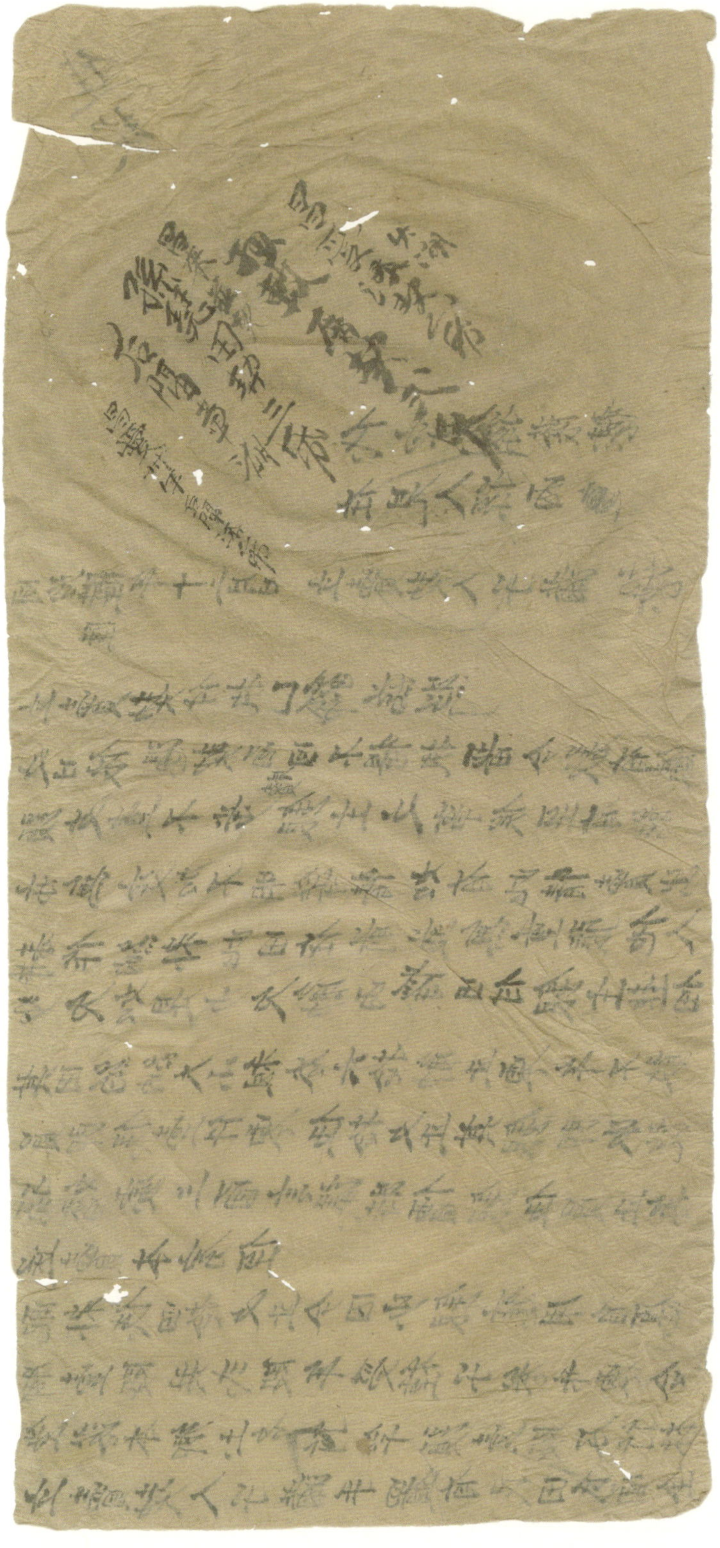

10-7-41-1　包契紙

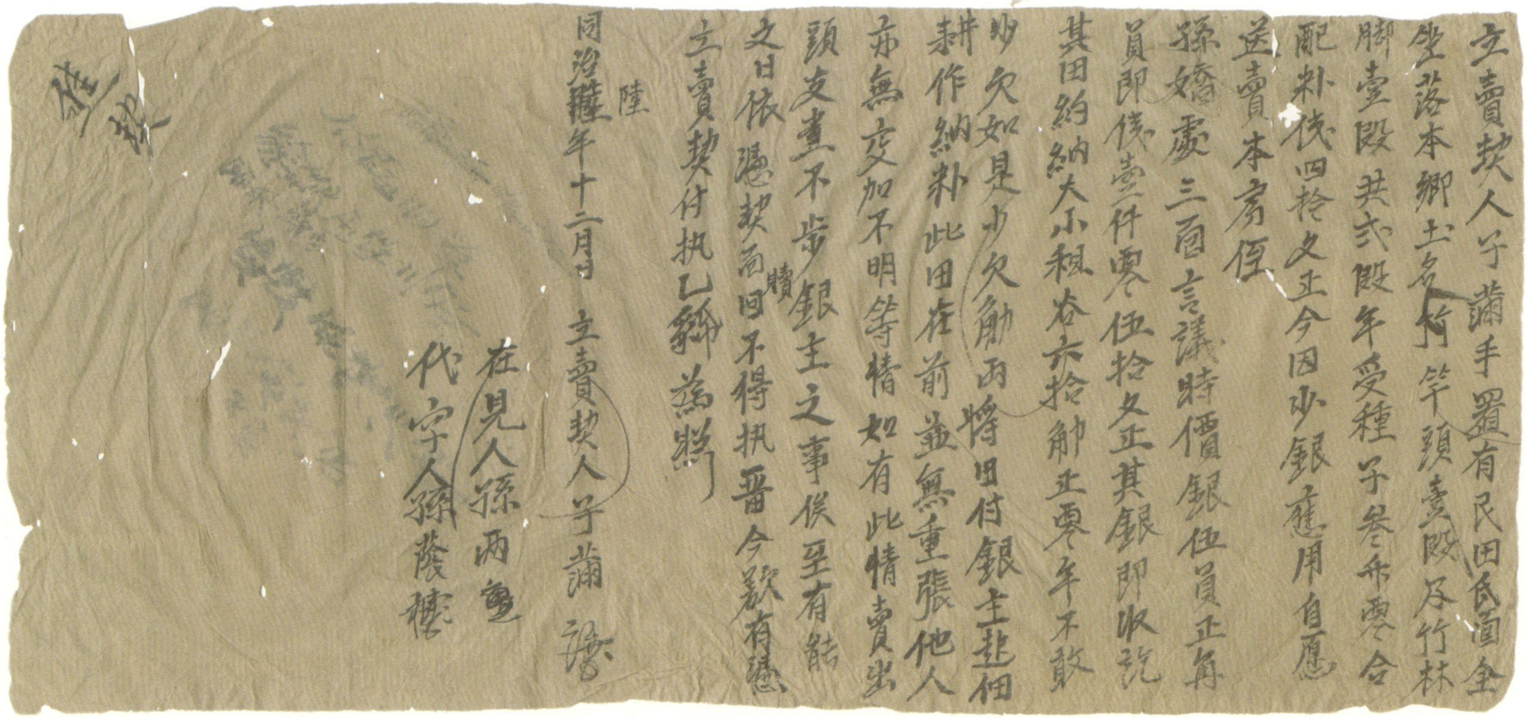
立賣契人黄子满手置有民田底面全
坐落本鄉土名竹竿頭壹段及竹林
脚壹段共弍段年受種子叁升零合
配粮錢四拾文正今因乏銀應用自愿
送賣本房侄
孫嬌處三面言議時價銀伍員正每
員即使壹仟零伍拾文正其銀即收訖
其田約納大小租谷六拾觔正零年不敢
少欠如是少欠觔兩將田付銀主起佃
耕作納粮此田在前並無重張他人
亦無交加不明等情如有此情賣出
頭支當不涉銀主之事俟至有能
之日依憑契面回贖不得執留今欲有憑
立賣契付執為照
陸
同治歲年十二月日　立賣契人黄子满
在見人孫丙
代字人孫蔭標
廢契

10-7-41-2　清同治六年十二月黄子满立賣底面全民田契（廢契）

立賣契人弟孫較父置有厝壹椆坐
落龍會厝右边前角新樓第三間樓
面壹椆，上至瓦坯，下至樓板，四角方圓，衣
门路通行。今因乏銀應用，自愿送賣
抱兄
孫堂處，三面言議時水價銀
叁員正，又錢柒百文正，每員折錢壹仟
壹百弍拾文，扣其錢，即日收訖，其厝椆
即付抱兄封貿自居，弟不敢異言。
此厝椆在前並無重典他人，亦無交加
不明等情，如有此情，弟出頭支理，不涉
兄之事。俟至有能之日，表贖契面
聽回。今欲有憑，立賣契一紙為照。
光緒肆年叁月　日立賣契孫較（押）
在見兄孫近（押）
知見抱兄孫（押）
代字

10-7-41-3　清光緒四年三月黃孫較立賣厝椆契

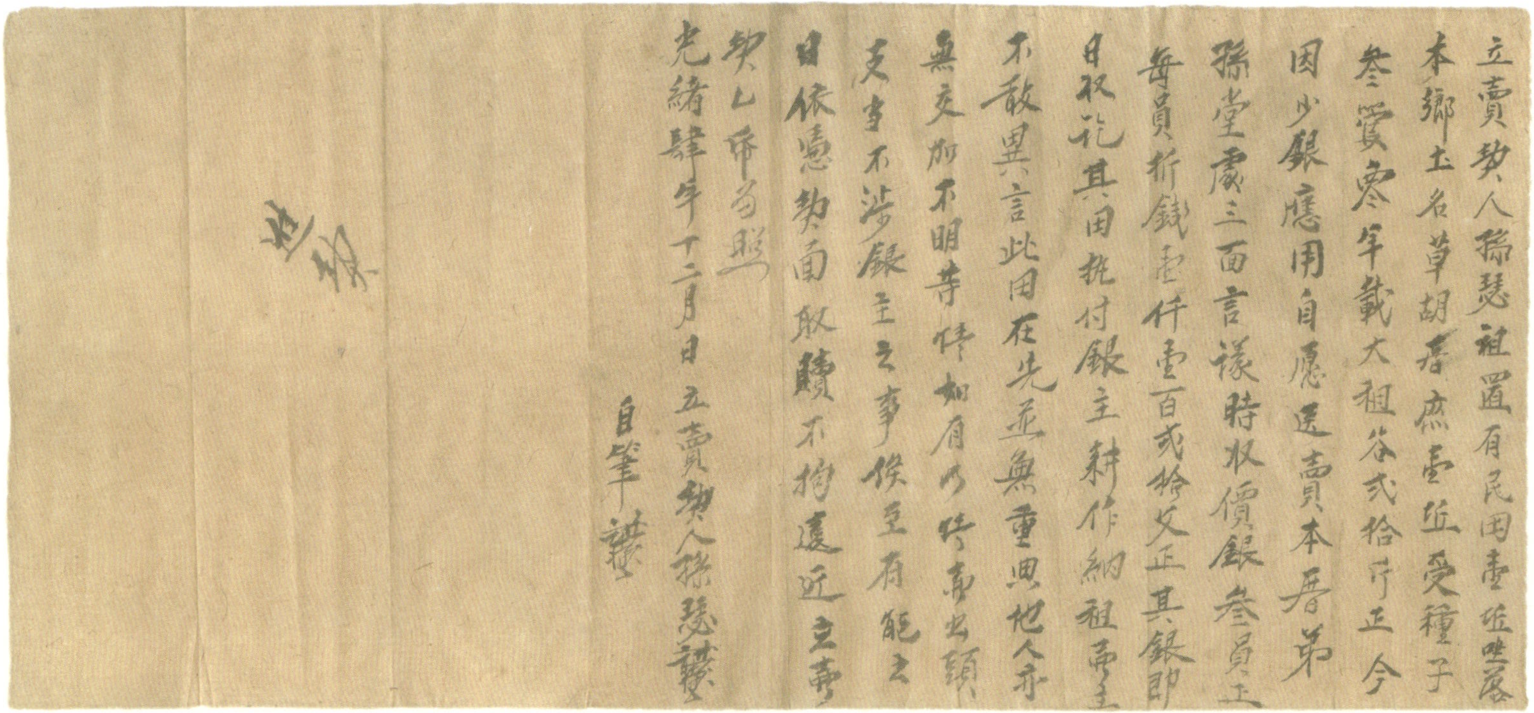
立賣契人孫瑟祖置有民田壹坵坐落
本鄉土名草胡舌庶壹坵受種子
叁[illegible][illegible]并載大租谷弍拾斤正今
因少銀應用自愿送賣本房弟
孫堂處三面言議時收價銀叁員正
每員折錢壹仟壹百弍拾文正其銀即
日收訖其田挑付銀主耕作納租[illegible]主
不敢異言此田在先並無重典他人亦
無交加不明等情如有此情出頭
支當不涉銀主之事係是有能之
日依憑契面取贖不拘遠近立賣
契一紙爲照
光緒肆年十二月 日 立賣契人孫瑟（押）
自筆（押）

10-7-41-4　清光緒四年十二月黄孫瑟立賣民田契

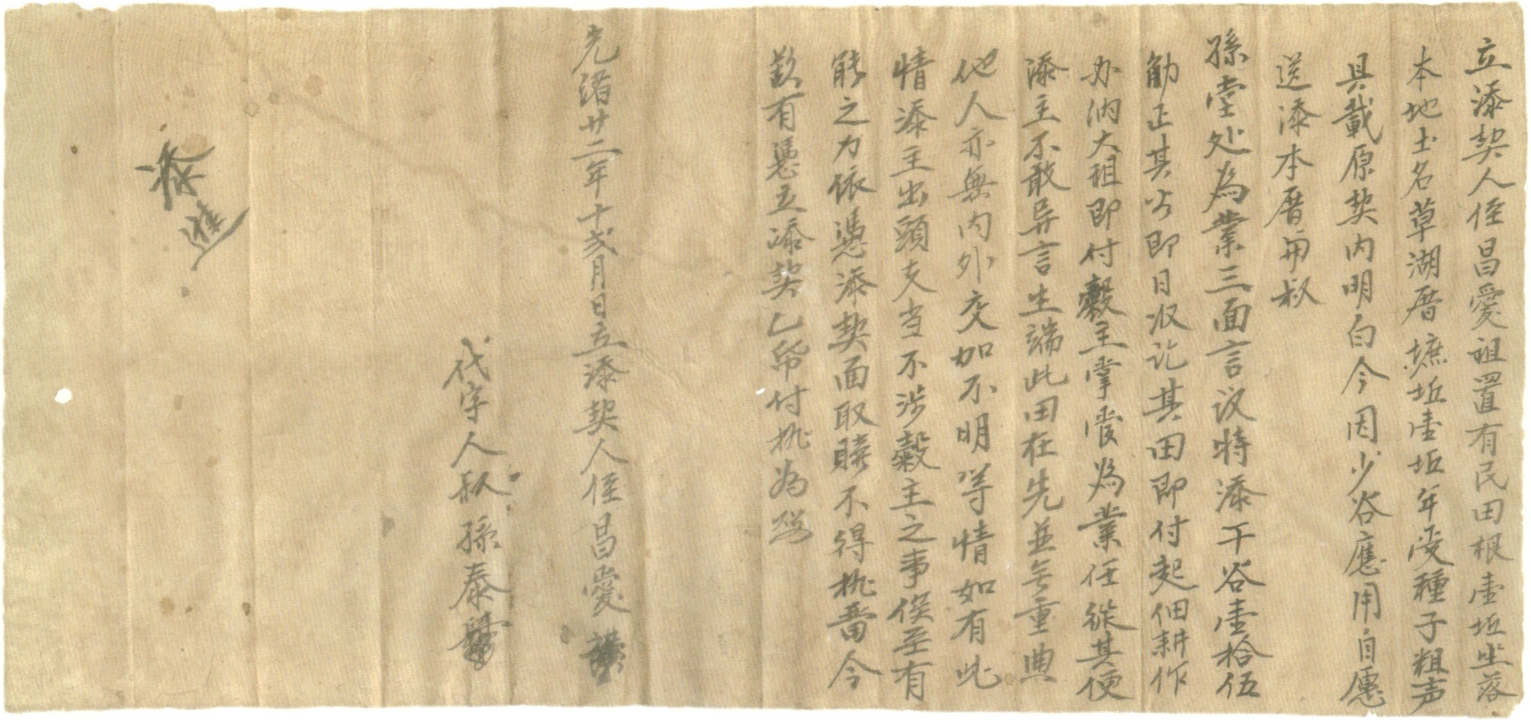
立添契人黄昌愛祖置有民田根壹坵坐落
本地土名草湖厝墘坵壹坵年受種子粗壹
具載原契內明白今因少谷應用自愿
送添本厝房叔
孫壹処為業三面言议特添干谷壹拾伍
觔正其谷即日收讫其田即付起佃耕作
办纳大粗即付穀主掌管为業任從其便
添主不敢异言生端此田在先並無重典
他人亦無內外交加不明等情如有此
情添主出頭支当不涉穀主之事倘至有
盡之力依憑添契面取贖不得执留今
欲有憑立添契乙帋付执為照
光緒廿二年十弍月日立添契人黄昌愛
代字人叔　孫泰
添進

10-7-41-5　清光緒二十二年十二月黄昌愛立添民田根契

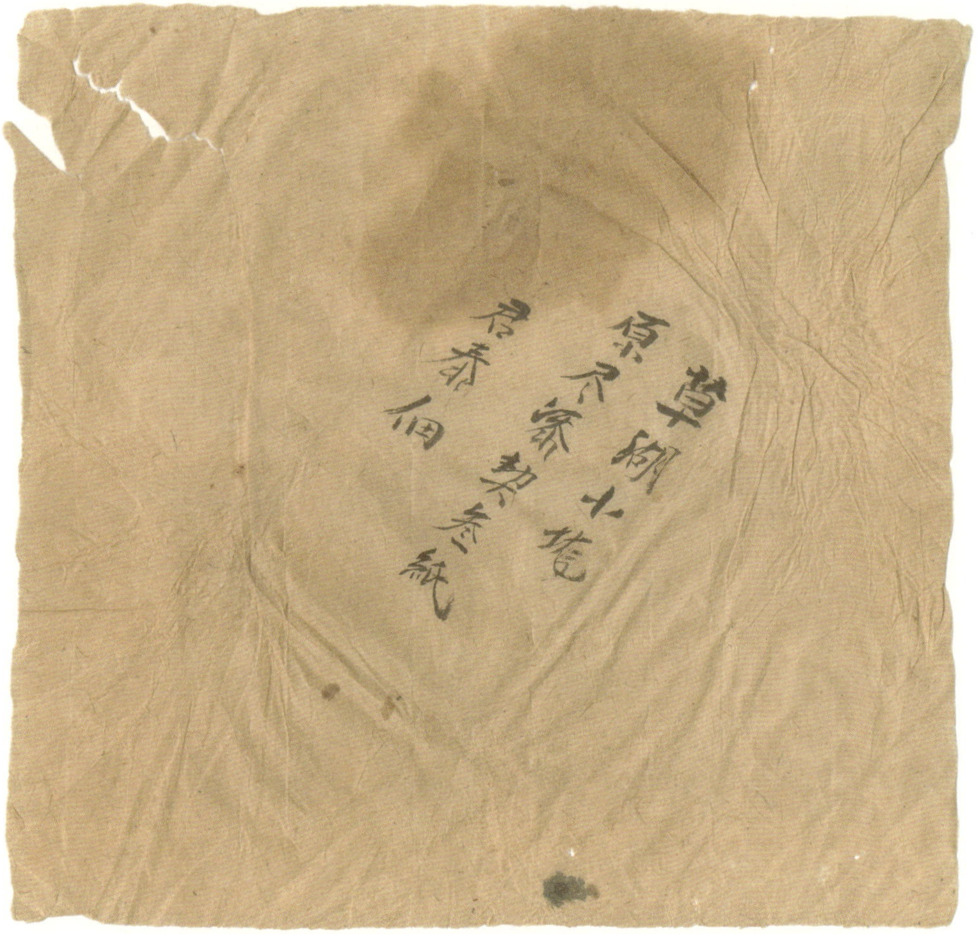

10-7-42-1　包契紙

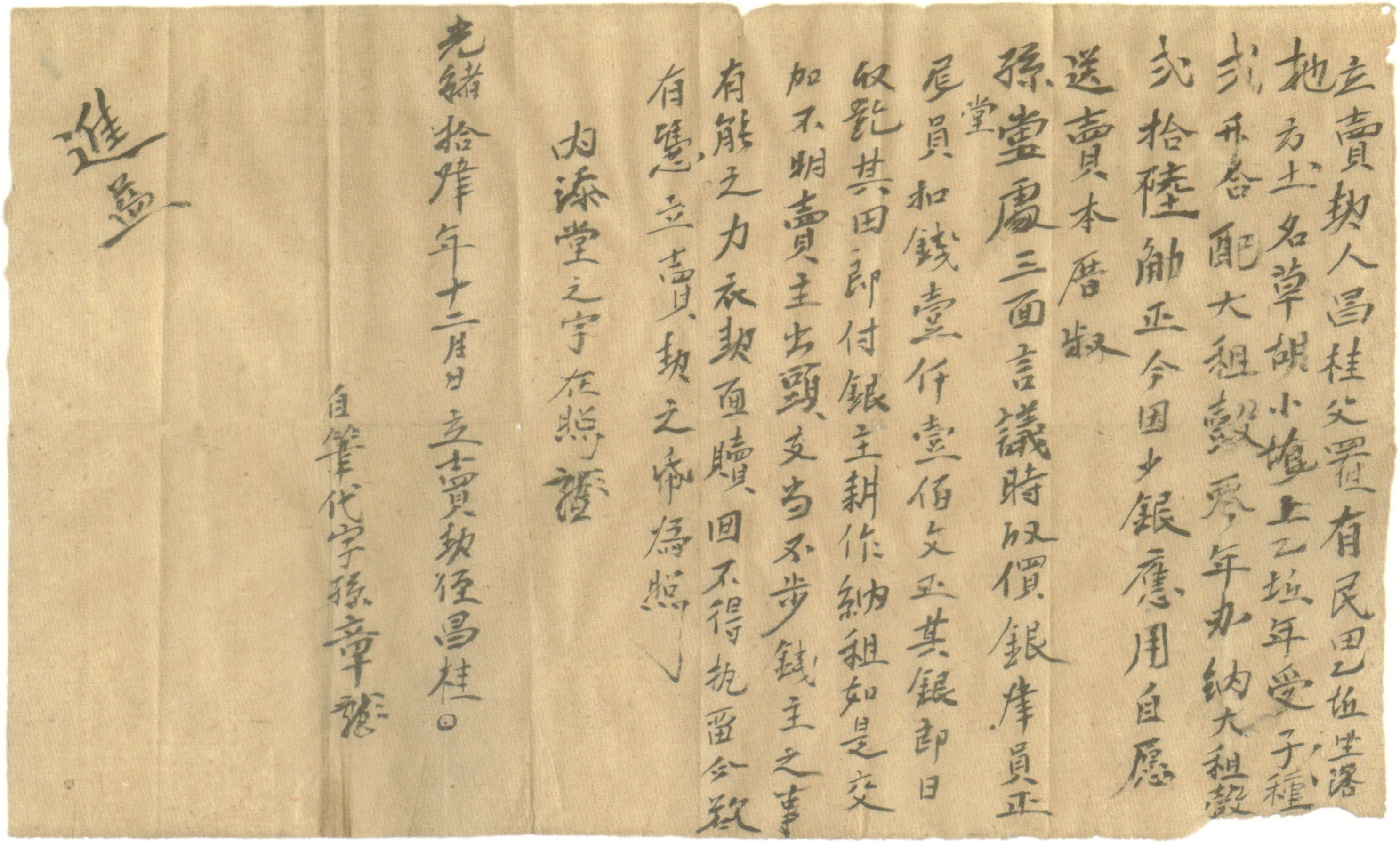
立賣契人昌桂父置有民田乙坵坐落
地方土名草湖小塆上乙坵年受種
弍升合配大租穀叁年加納大租穀
弍拾陸觔正今因乏銀應用自愿
送賣本厝叔
孫堂處三面言議時價銀肆員正
其員扣錢壹仟壹佰文正其銀即日
收訖其田即付銀主耕作納租知是交
加不明賣主出頭支當不涉錢主之事
有能之力永契面贖回不得執留合致
有憑立賣契之爲照
內添堂之字在照證
光緒拾肆年十二月　日立賣契侄昌桂〇
自筆代字孫章號
進益

10-7-42-2　清光緒十四年十二月黃昌桂立賣民田契

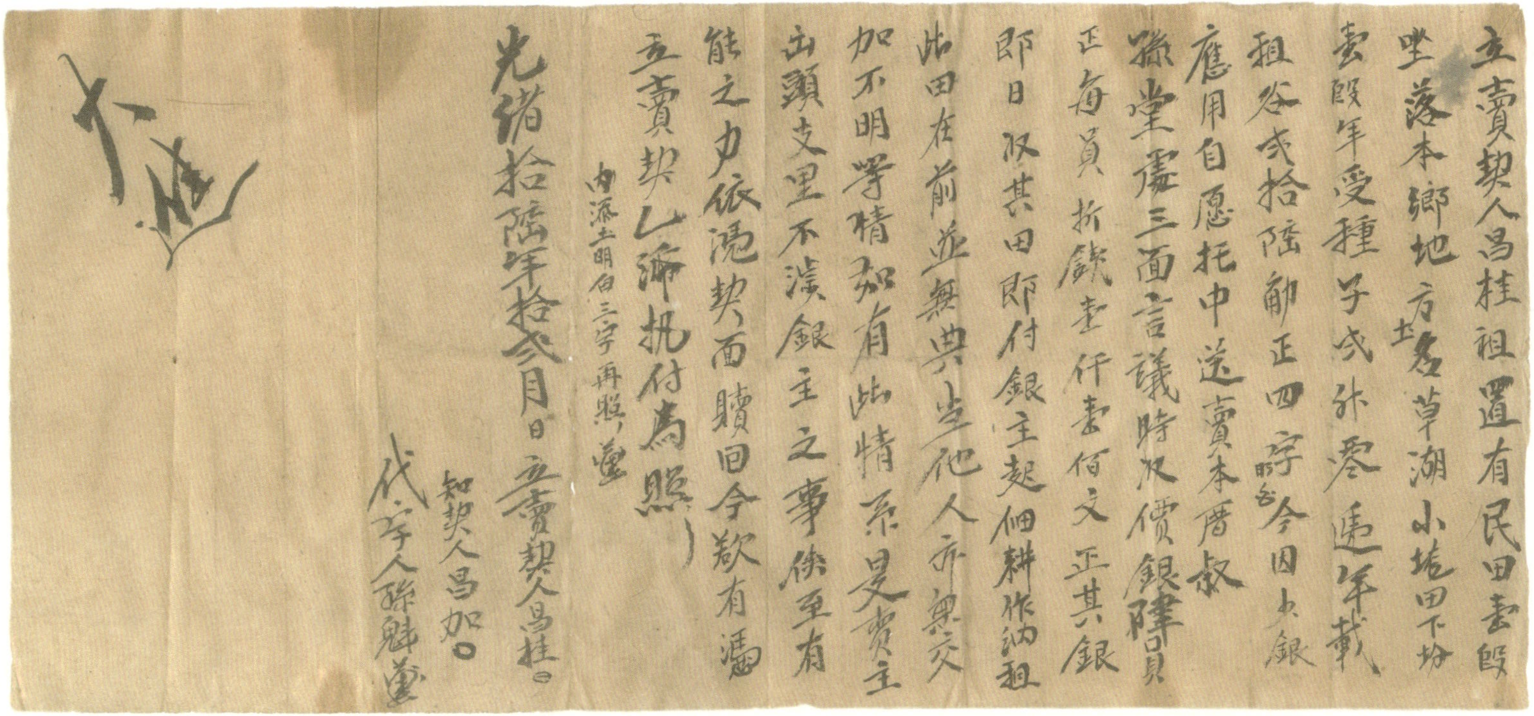
立賣契人昌桂祖置有民田壹段
坐落本鄉地方土名草湖小坵田下坵
壹段年受種子弍升零遞年載
租谷弍拾陸觔正四至明白今因乏銀
應用自愿托中送賣本房叔
孫堂處三面言議時價銀肆員
正每員折錢壹仟壹佰文正其銀
即日收其田即付銀主起佃耕作納租
此田在前並無典與他人亦無交
加不明等情如有此情系是賣主
出頭支理不涉銀主之事倘至有
能之力依照契面贖回今欲有憑
立賣契乙紙付為照
内添土明白三字再照
光緒拾陸年拾弍月　日　立賣契人昌桂
知契人昌加
代字人孫魁
大進

10-7-42-3　清光緒十六年十二月黃昌桂立賣民田契

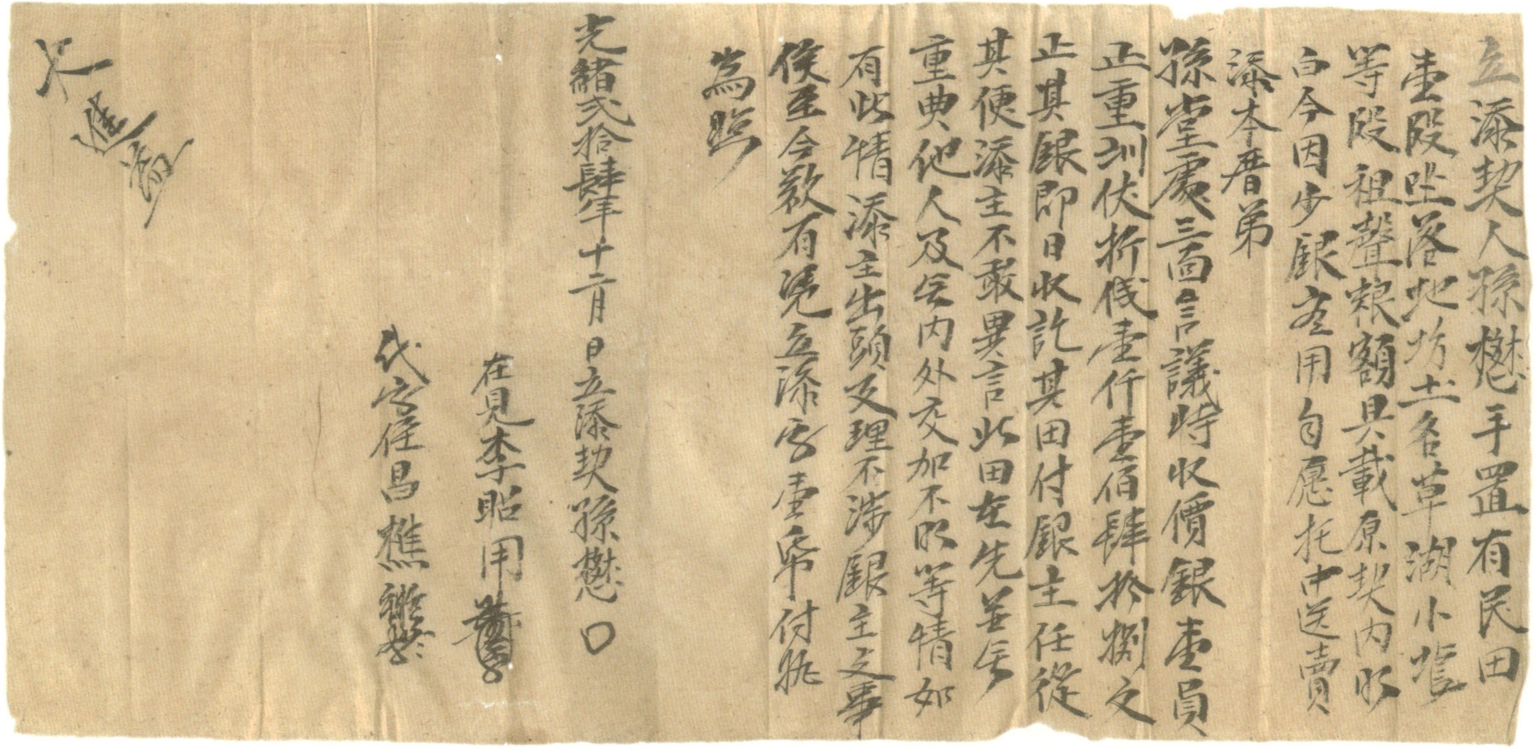
立添契人孫懋手置有民田
壹段坐落地方土名草湖小崔
等段祖聲粮額具載原契内收
自今因乏銀應用自愿托中送賣
添本眷弟
孫堂處三面言議時收價銀壹員
正重訓伏折低壹仟壹佰肆拾捌文
正其銀即日收訖其田付銀主住從
其便添主不敢異言此田在先並無
重典他人及房内外交加不明等情如
有此情添主出頭支理不涉銀主之事
恐丟今欲有憑立添字壹帋付執
為照
光緒式拾肆年十二月　日立添契孫懋　口
在見李貽用
代字侄昌樵
不進添

10-7-42-4　清光緒二十四年十二月黃孫懋立添民田契

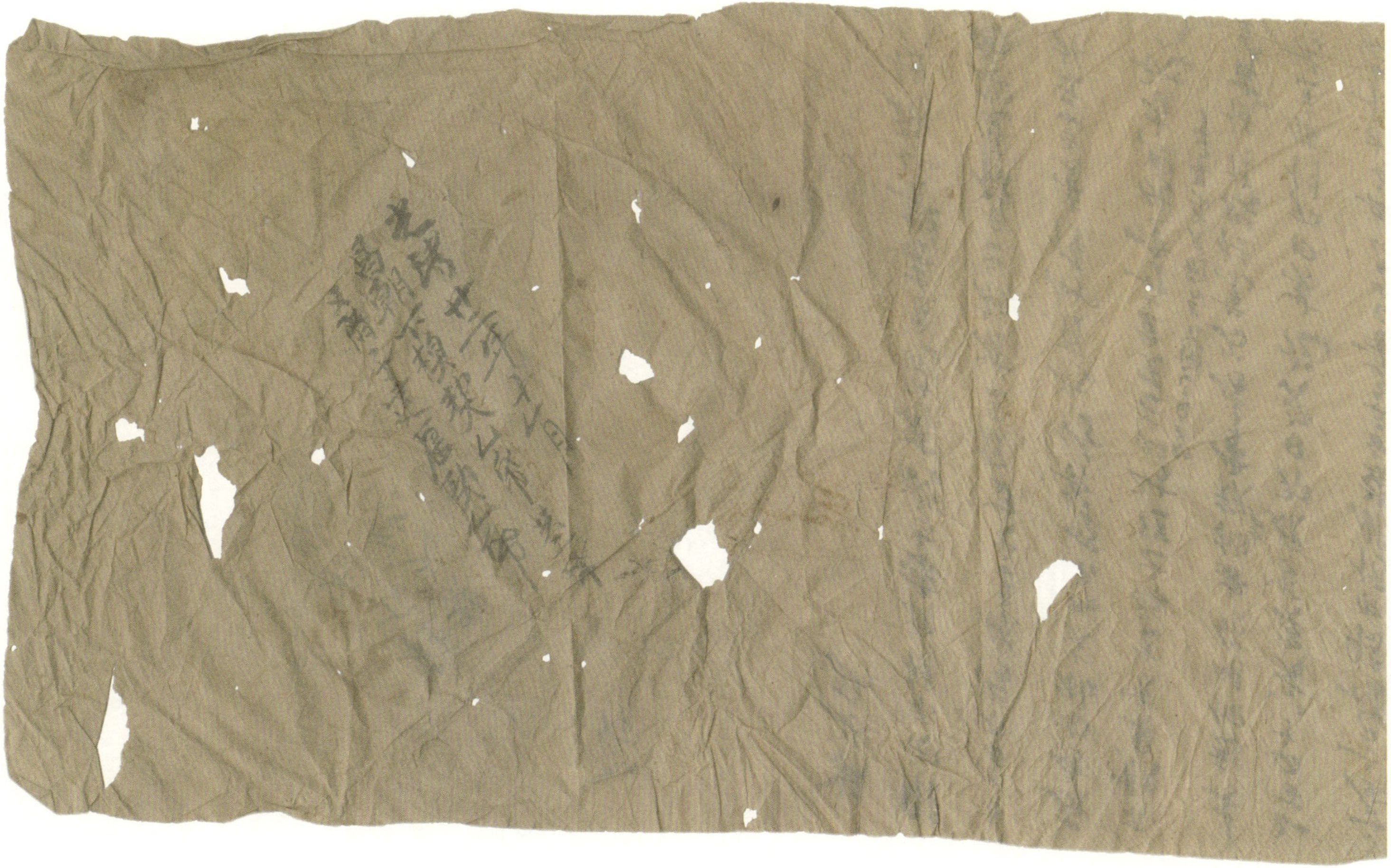

10-7-43-1 包契紙

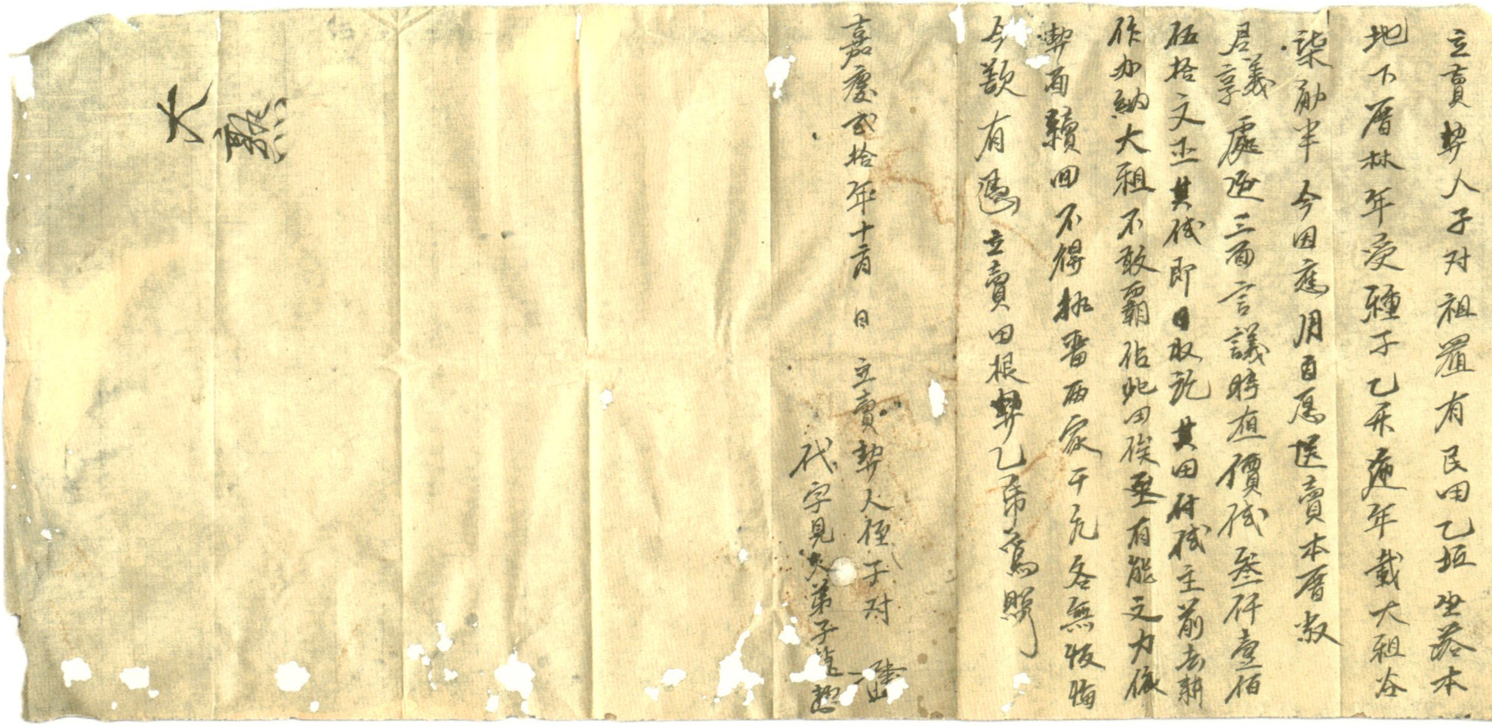

立賣契人子対祖置有民田乙坵坐荅本
地下厝林年受種子乙禾遊年載大租谷
柒斛半　今因應用自愿送賣本厝叔
君享義處邊三面言議時值價錢叁仟壹佰
伍拾文正　其錢即日收訖　其田付錢主前去耕
作办納大租　不敢霸佔　此田從叔有能支力備
契面贖回　不得執留　兩家甘允　各無反悔
今欲有憑　立賣田根契乙紙為照
嘉慶貳拾年十二月　日　立賣契人侄子対
代字見[illegible]弟子[illegible]

10-7-43-2　清嘉慶二十年十二月黄子對立賣民田契

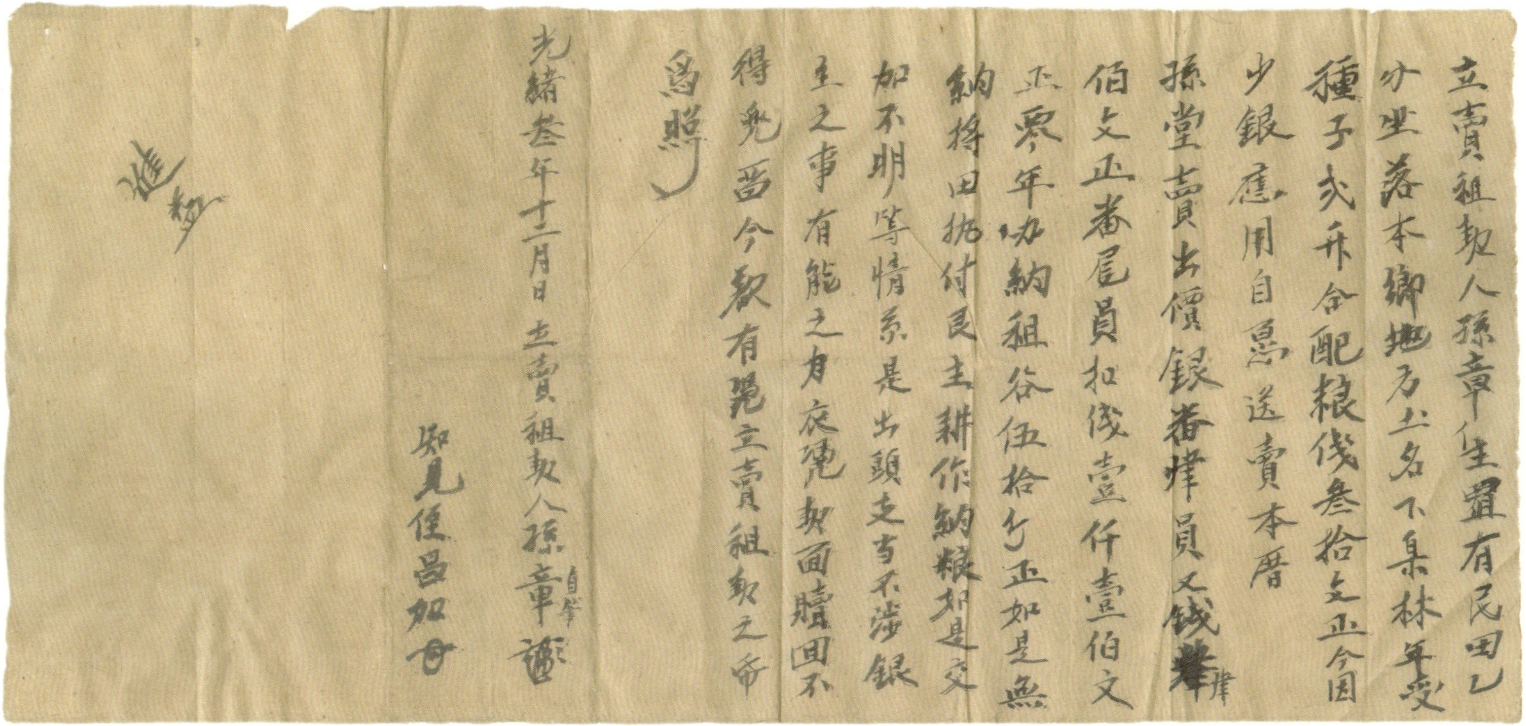

10-7-43-3　清光緒三年十二月黃孫章立賣民田租契

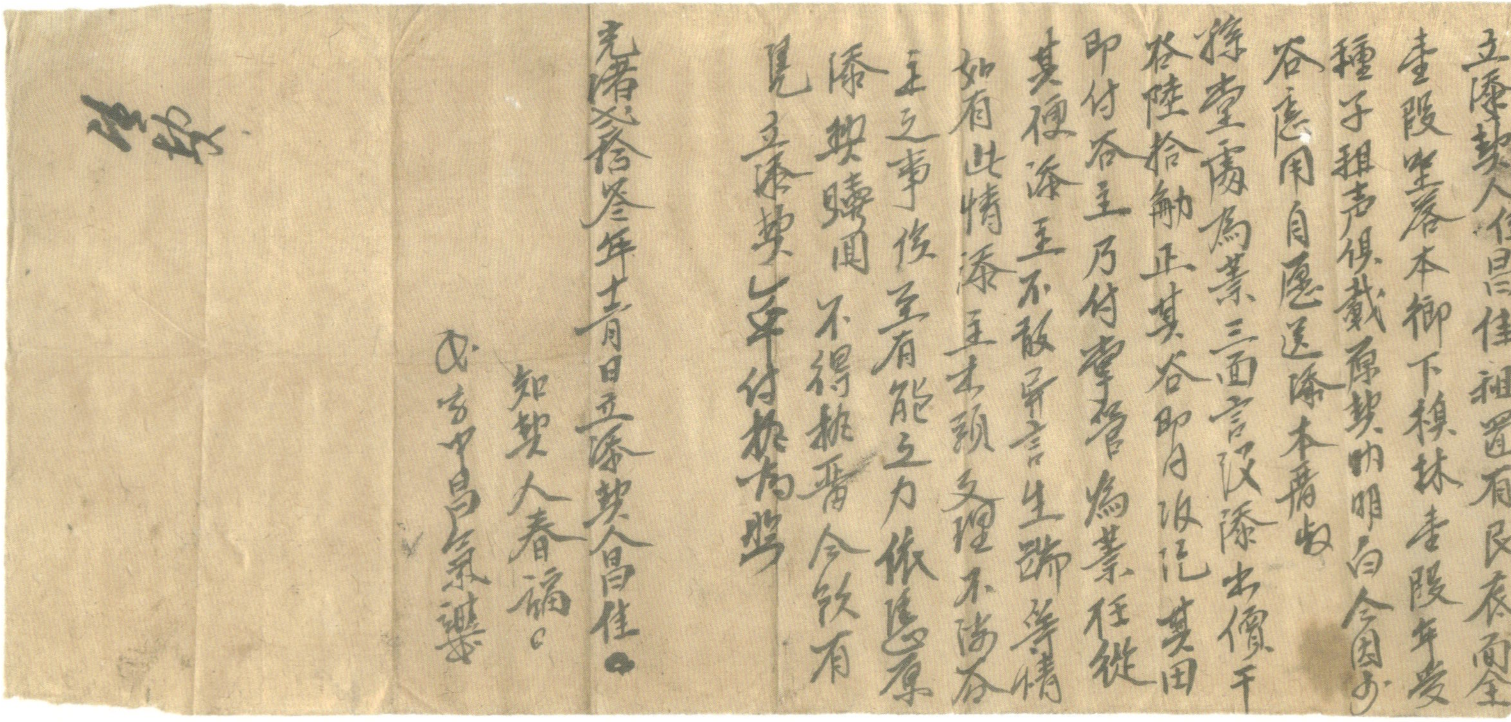
立添契人住昌佳，祖置有民底面全
壹段，坐落本鄉下模林，壹段，年受
種子租，声俱載原契內明白。今因乏
谷應用，自愿送添本厝收
將堂處為業，三面言議添出價
谷陸拾觔正。其谷即日收訖，其田
即付谷主乃付掌管為業，任從
其便，添主不敢异言生端等情。
如有此情，添主承頭支理，不涉谷
主之事。後至有能立力依原
添契贖回，不得執番。今欲有
見，立添契一紙付執為照。
光緒貳拾叁年十二月　日立添契人昌佳
知契人春福
代書中昌氣

10-7-43-4　清光緒二十三年十二月黃昌佳立添底面全民田契

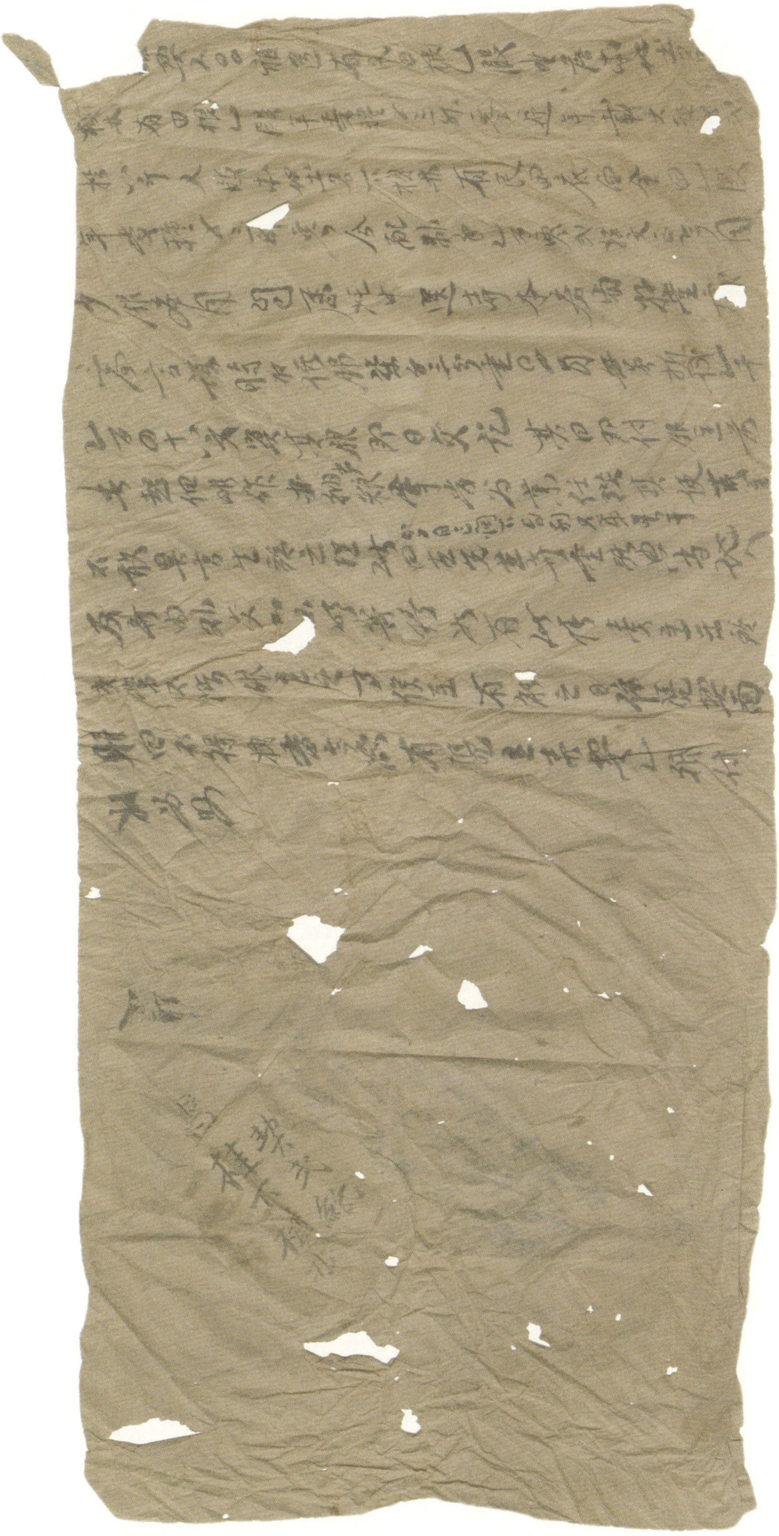

10-7-43-5 黃氏立賣民田根契（年代不詳，草契）

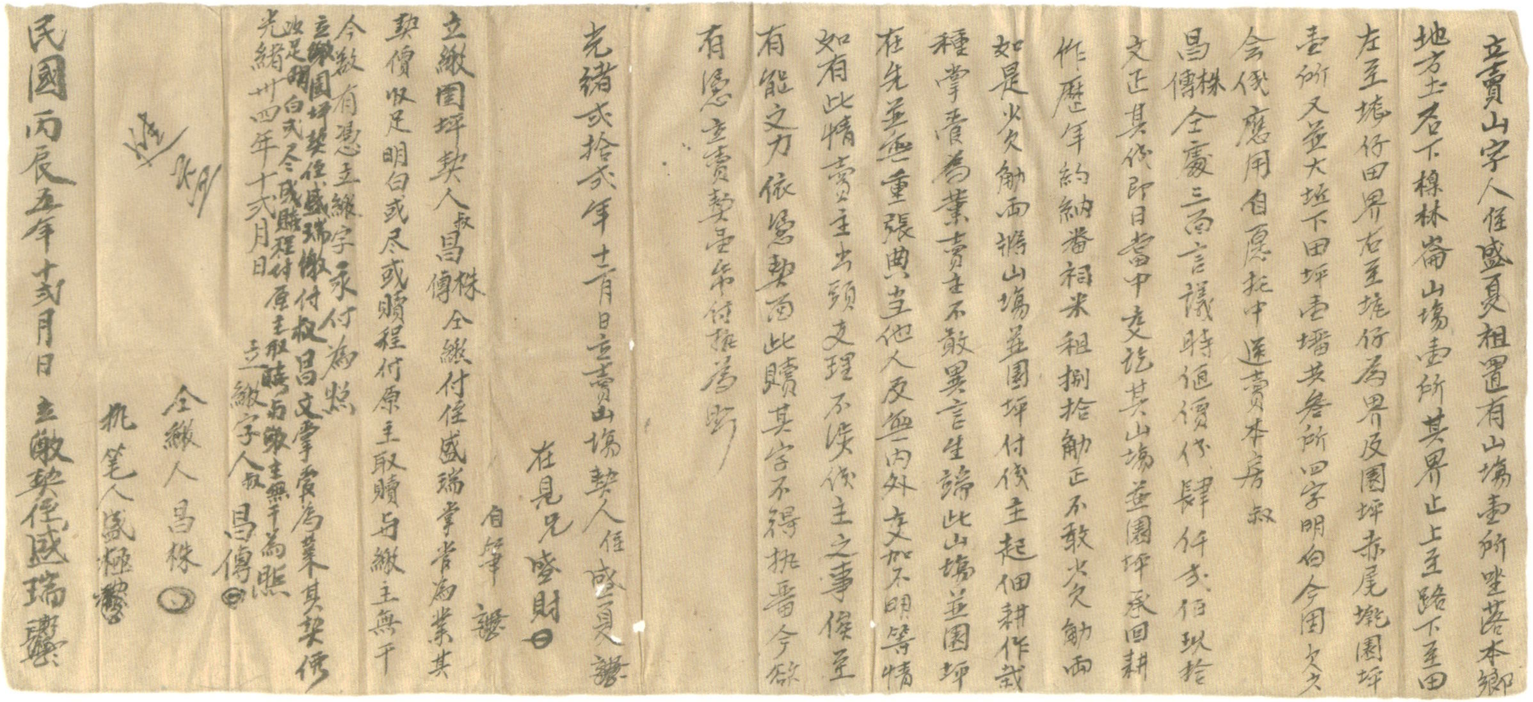

立賣山字人侄盛夏祖置有山場壹所坐落本鄉
地方土名下槺林崙山場壹所其界止上至路下至田
左至墘仔田界右至墘仔為界及園坪赤尾墘園坪
壹所又並大坵下田坪壹壋共叁所四字明白今因乏欠
會銀應用自愿托中送賣本房叔
昌傳株全處三面言議時值價銀肆仟貳佰玖拾
文正其銀即日當中交訖其山場並園坪承回耕
作歷年約納番稻米租捌拾觔正不敢少欠觔兩
如是少欠觔兩將山場並園坪付侄主起佃耕作栽
種掌管為業賣主不敢異言生端此山場並園坪
在先並無重張典當他人及無內外交加不明等情
如有此情賣主出頭支理不涉侄主之事係是
有能之力依憑契面此贖其字不得執番今欲
有憑立賣契壹帋付執為照
光緒貳拾貳年十二月日立賣山場契人侄盛夏
在見兄盛財
自筆
立繳園坪契人叔昌傳株全繳付侄盛瑞掌管為業其
契價收足明白或盡或贖程付原主取贖與繳主無干
今欲有憑立繳字永付為照
立繳園坪契侄盛瑞繳付叔昌文掌管為業其契價
收足明白或盡或贖程付原主取贖與繳主無干為照
光緒卅四年十二月日
立繳字人叔昌傳
全繳人昌株
執筆人盛
民國丙辰五年十二月日立繳契侄盛瑞

10-7-44-1　清光緒二十二年十二月黃盛夏立賣山場字

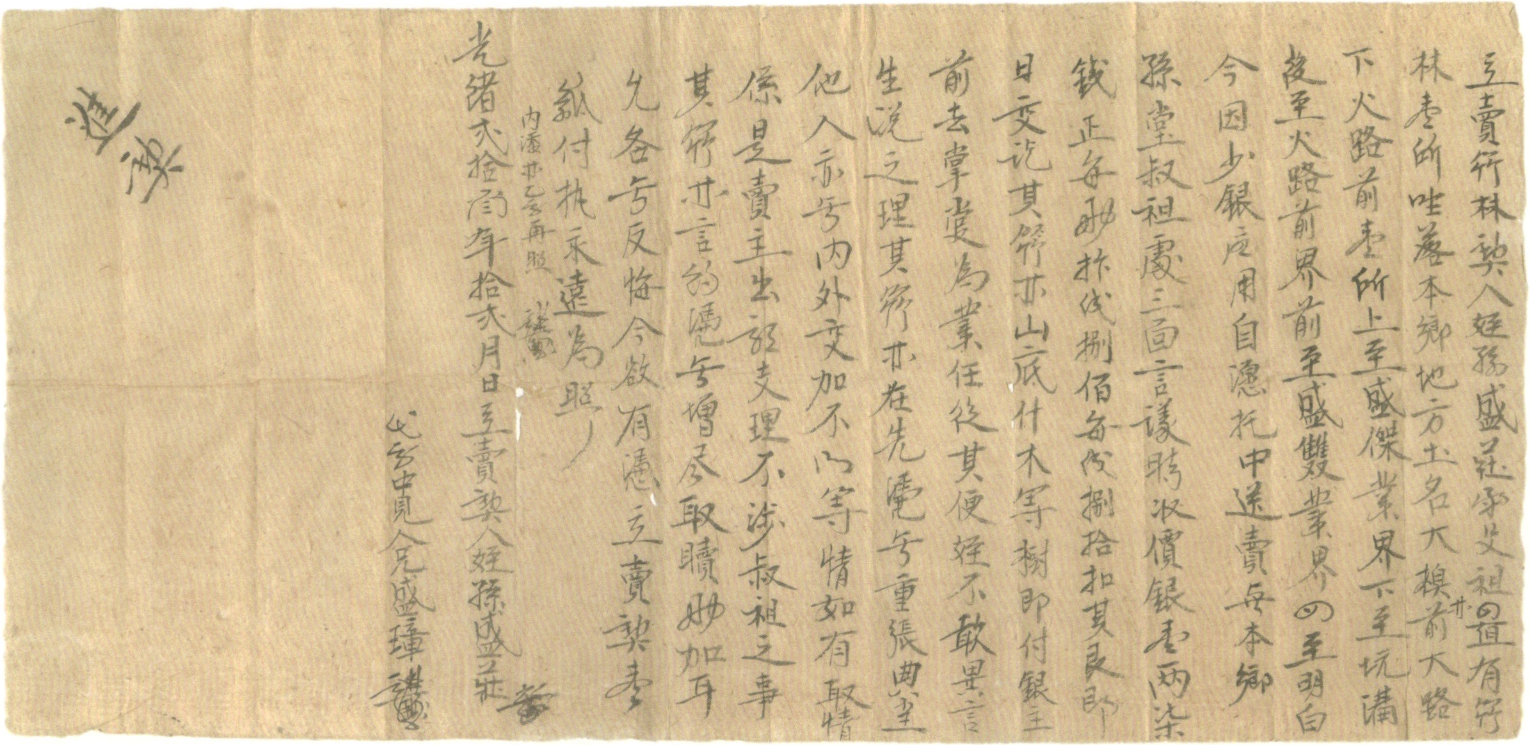

立賣竹林契人姪孫盛莊承父祖[illegible]置有竹
林壹所坐落本鄉地方土名大模前大路
下火路前壹所上至盛傑業界下至坑滿
後至火路前界前至盛雙業界四至明白
今因少銀應用自愿托中送賣與本鄉
孫堂叔祖處三面言議時收價銀壹兩柒
錢正每兩折錢捌佰伍拾扣其艮即
日交訖其竹林山底竹木等物即付銀主
前去掌管為業任從其便姪不敢異言
生說之理其竹林亦在先原無重張典當
他人亦無內外交加不明等情如有取情
係是賣主出頭支理不涉叔祖之事
其竹林言約原無增找取贖加耳
允各無反悔今欲有憑立賣契壹
紙付執永遠為照
內添林字叁字再照
光緒貳拾叁年拾貳月日立賣契人姪孫盛莊
代筆中見人兄盛瑋
進業

10-7-44-2　清光緒二十三年十二月黃盛莊立賣竹林契

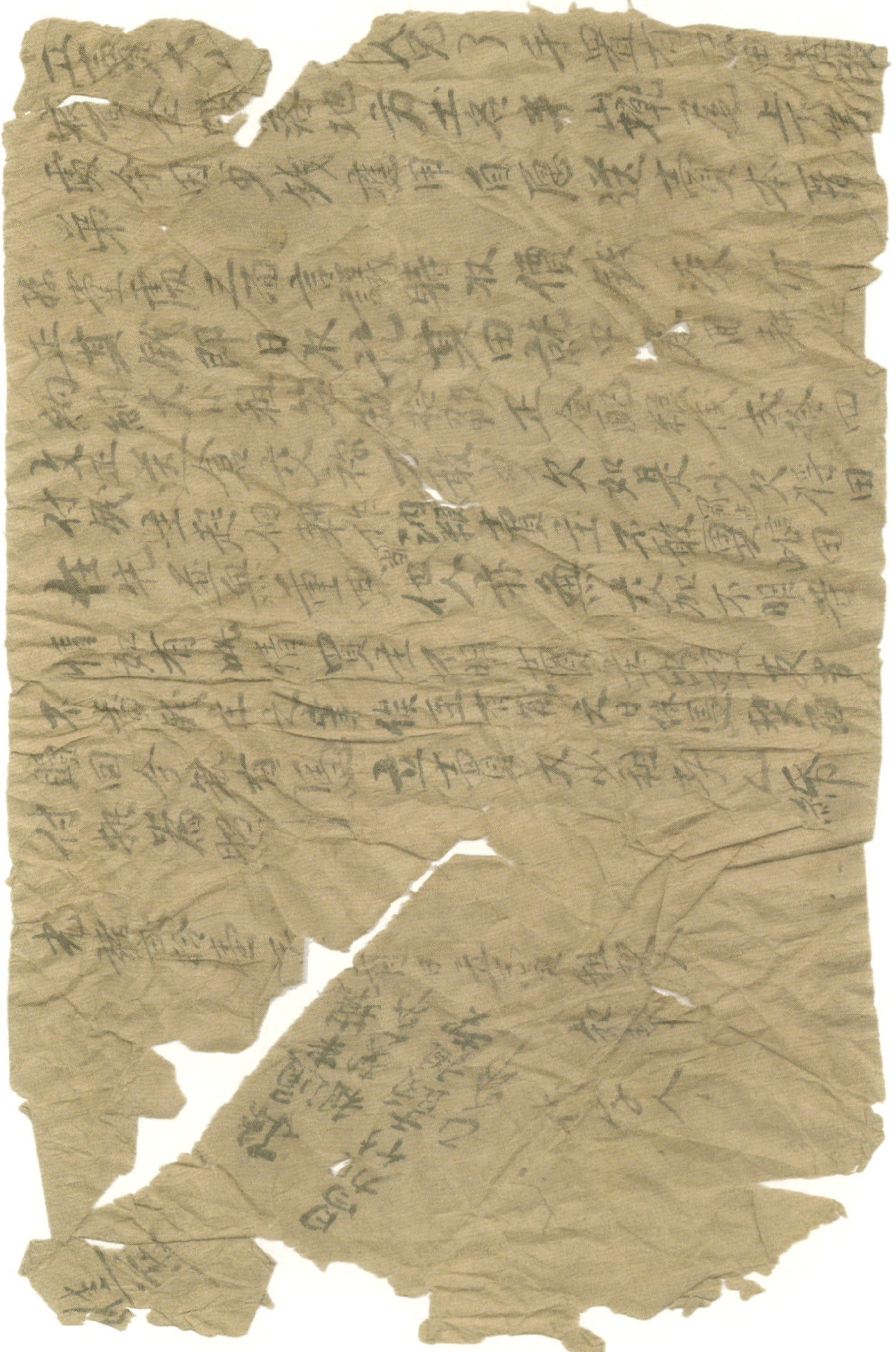

10-7-45-1 清光緒二十一年二月黄氏立賣民田契（草契）

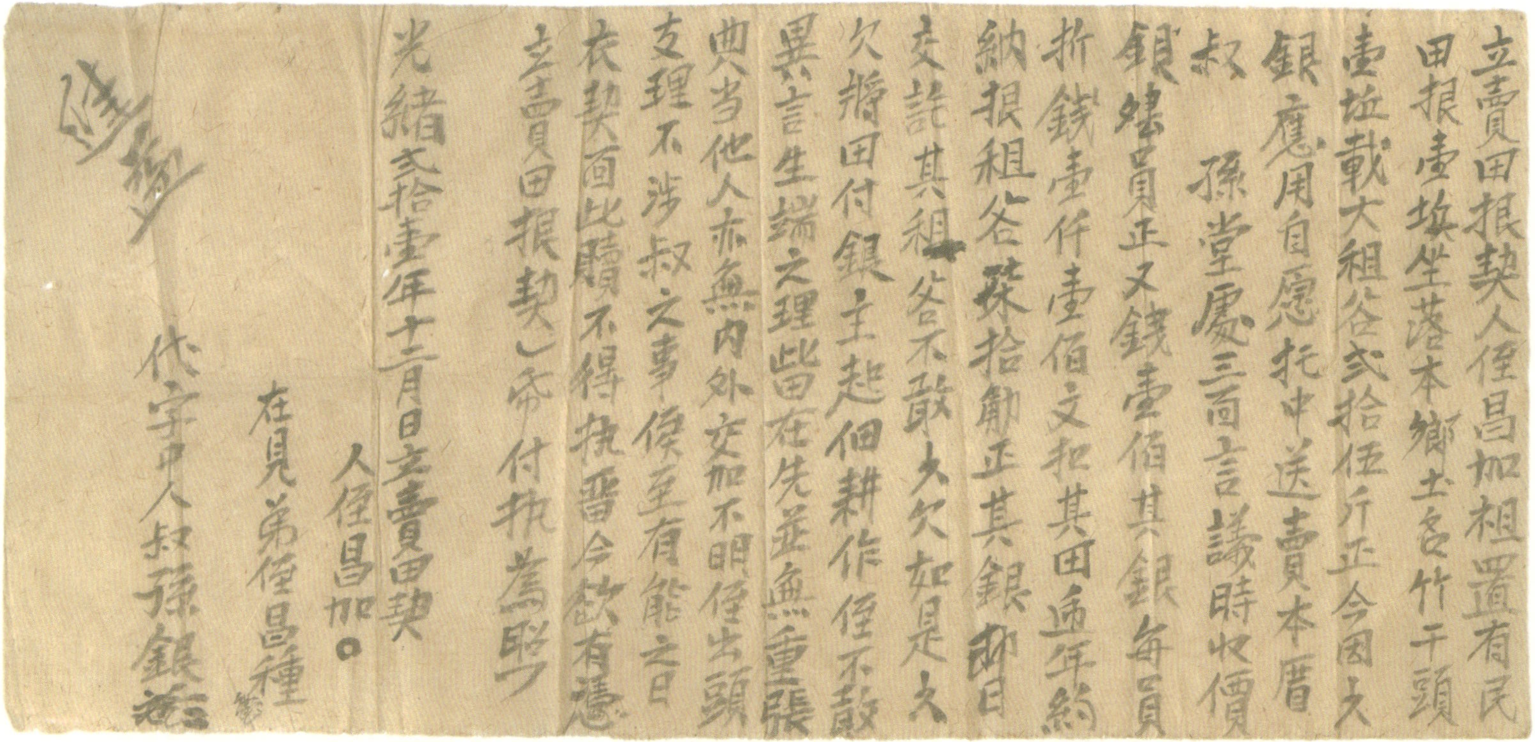
立賣田根契人侄昌加祖置有民
田根壹坵坐落本鄉土名竹干頭
壹坵載大租谷弍拾伍斤正今因乏
銀應用自愿托中送賣本厝
叔　孫堂慶三面言議時收價
銀[illegible]員正又錢壹佰其銀每員
折錢壹仟壹佰文和其田逐年納
納根租谷參拾觔正其銀即日
交訖其租谷不敢欠欠如是欠
欠撥田付銀主起佃耕作侄不敢
異言生端之理此田在先並無重張
典當他人亦無內外交加不明侄出頭
支理不涉叔之事候至有能之日
依契面比贖不得執留今欲有憑
立賣田根契一帋付執為照
光緒弍拾壹年十二月日立賣田契
人侄昌加○
在見弟侄昌種
代字中人叔孫銀[illegible]
[illegible]

10-7-45-2　清光緒二十一年十二月黃昌加立賣民田根契

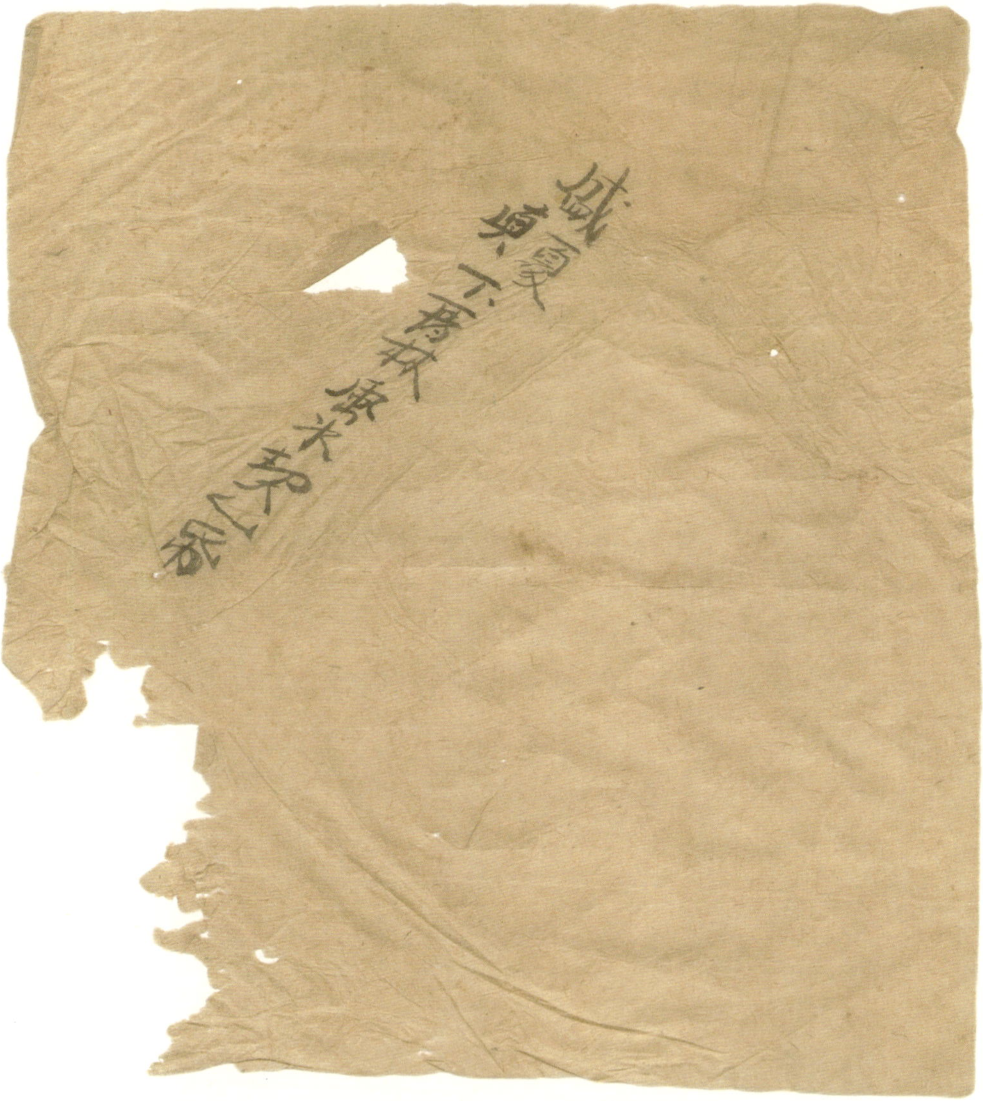

10-7-46-1　包契紙

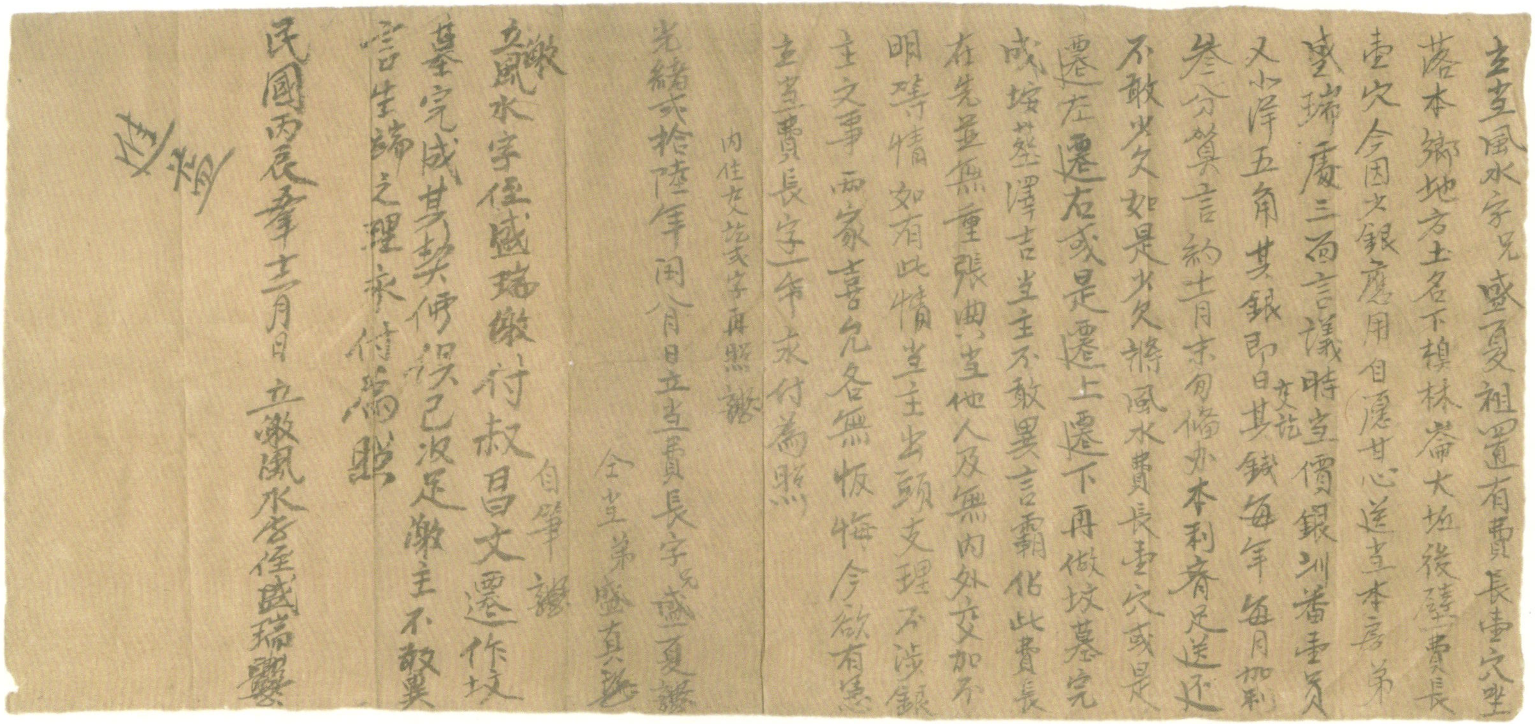

10-7-46-2 清光緒二十六年閏八月黃盛夏等立當風水字

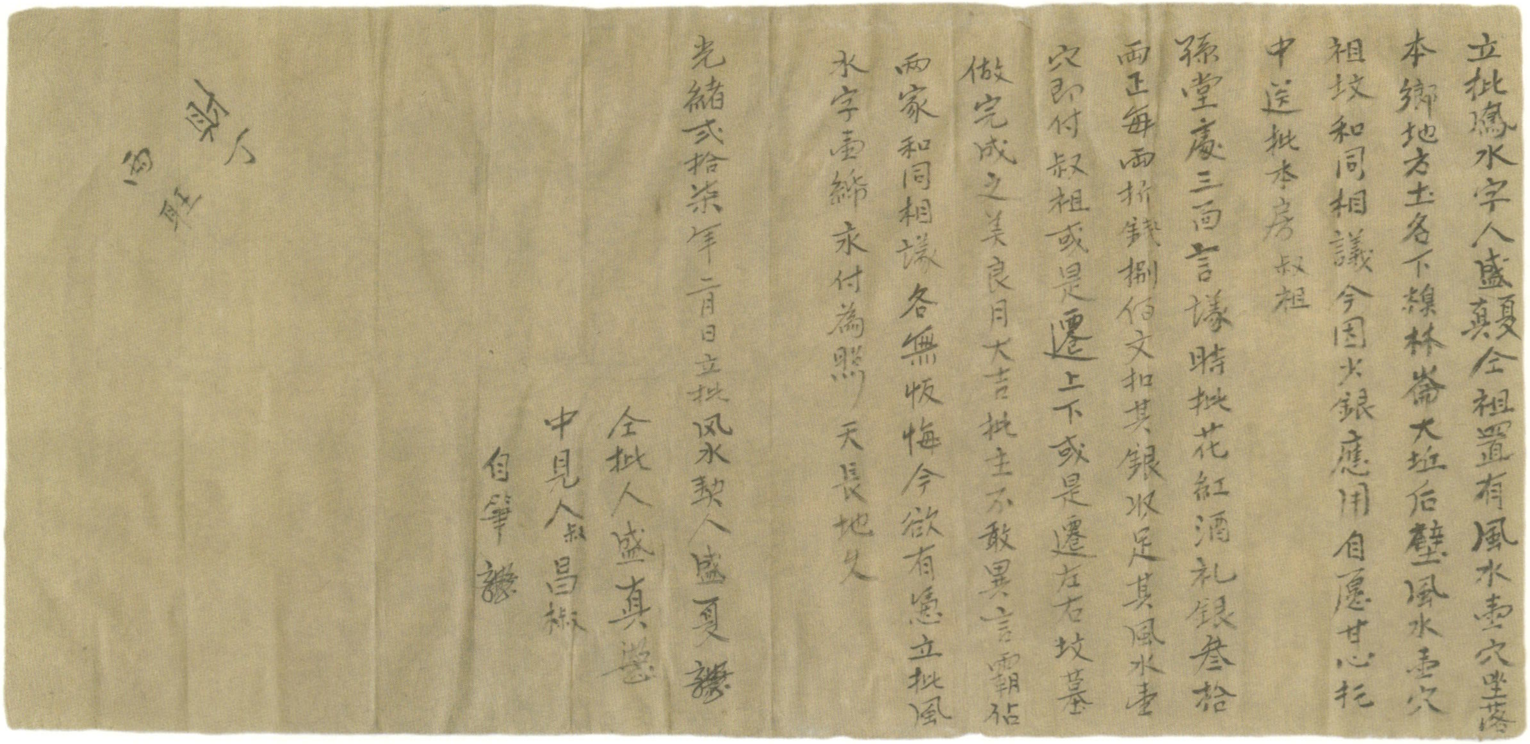

立批風水字人盛夏、真仝祖置有風水壹穴坐落
本鄉地方土名下線林嶺大垃后壁風水壹穴
祖坟和同相議，今因乏銀應用，自愿甘心托
中送批本房叔祖
孫堂慶三面言議，時批花紅酒礼銀叁拾
兩正，每兩折錢捌伯文，和其銀收足。其風水壹
穴即付叔祖或是遷上下，或是遷左右坟墓
做完成之美良月大吉，批主不敢異言霸佔。
兩家和同相議，各無悔悔。今欲有憑，立批風
水字壹紙，永付為照。天長地久。

光緒弍拾柒年二月　日立批風水契人盛夏（押）

仝批人盛真（押）

中見人叔昌楙

自筆（押）

10-7-46-3　清光緒二十七年二月黃盛夏等立批風水字

10-7-47-1 包契紙

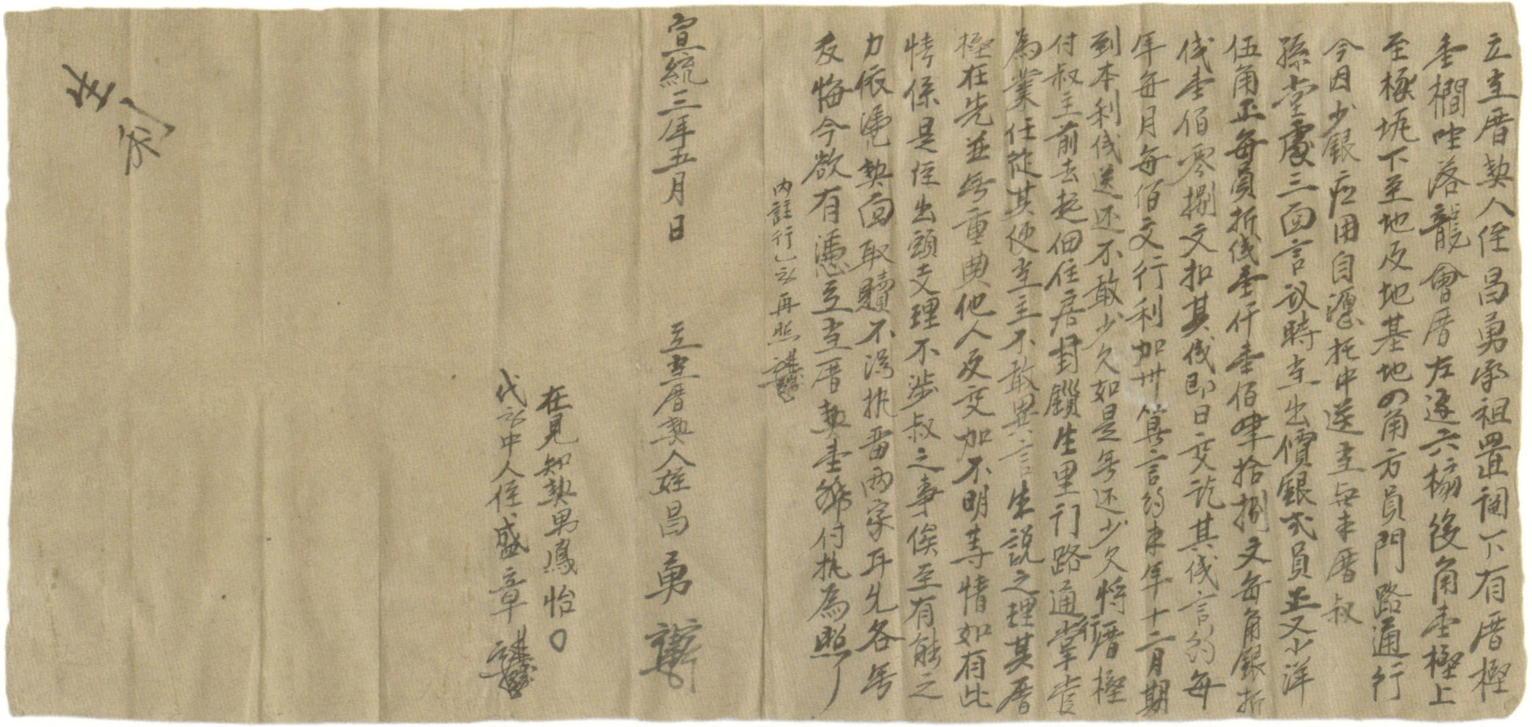
立當厝契人侄昌勇承祖置有厝梗
壹間坐落龍會厝左邊六榀後角壹梗上
至椽坪下至地及地基地四角方員門路通行
今因少銀应用自愿托中送去与叔
孫堂處三面言議時直出價銀弍員正又小洋
伍角正每員折錢壹仟壹佰肆拾捌文每角銀折
錢壹佰零捌文扣其錢即日交訖其錢言約每
年每月每佰文行利加卅算言約來年十二月期
到本利錢送还不敢少欠如是無还少欠將厝梗
付叔主前去起佃住居封鎖生理行路通掌管
為業任從其便当主不敢異言生説之理其厝
梗在先并無重典他人及交加不明等情如有此
情係是侄出頭支理不涉叔之事候至有能之
力依憑契面取贖不得执留两家并先各無
反悔今欲有憑立当厝契壹紙付执為照。
内註行一字再照
宣統三年五月日　立当厝契人侄昌勇
在見知契男鳳怡
代筆中人侄盛章

10-7-47-2　清宣統三年五月黄昌勇立當厝梗契

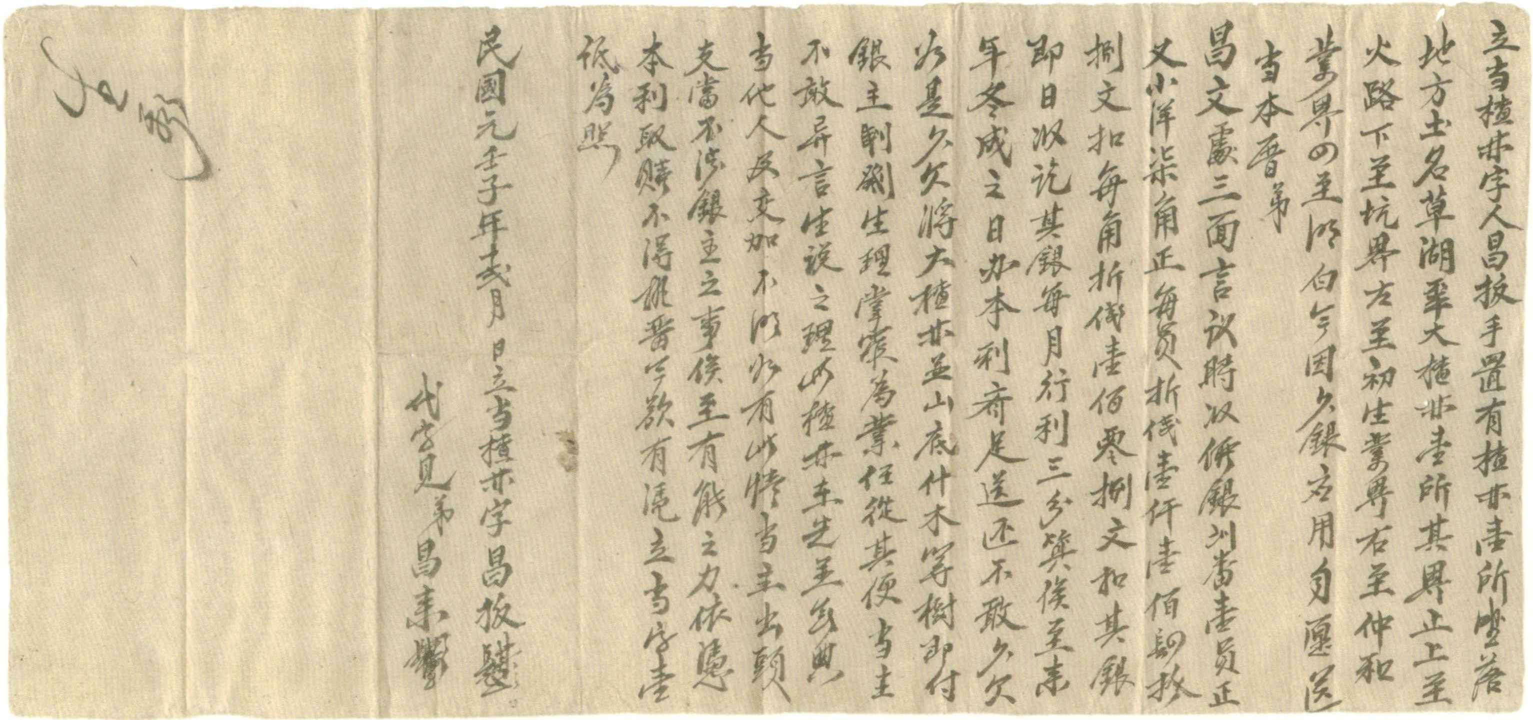
立当楂林字人昌扳，手置有楂林壹所，坐落
地方土名草湖坪大楂林壹所，其界上至
火路，下至坑，界左至初生業界，右至仲和
業界，四至明白。今因乏銀应用，自愿送
当本房弟
昌文處三面言议，時收價銀洋壹員正，
又小洋柒角正，每員折錢壹仟壹佰貳拾
捌文，扣每角折錢壹佰零捌文，扣其銀
即日收讫。其銀每月行利三分，算至来
年冬成之日，办本利齐足送还，不敢欠
少。是欠，將大楂林並山底什木等樹，即付
銀主斫削生理，掌管為業，任從其便，当主
不敢异言生端之理。此楂林未当之先，並無
当他人及交加不明；如有此情，当主出頭
支当，不涉銀主之事。候至有能之力，依照
本利取贖，不得執留寸欵。有凭，立当字壹
紙為照。
民國元壬子年弍月　日立当楂林字昌扳
代字見弟　昌来

10-7-47-3　民國元年十二月黄昌扳立當楂林字

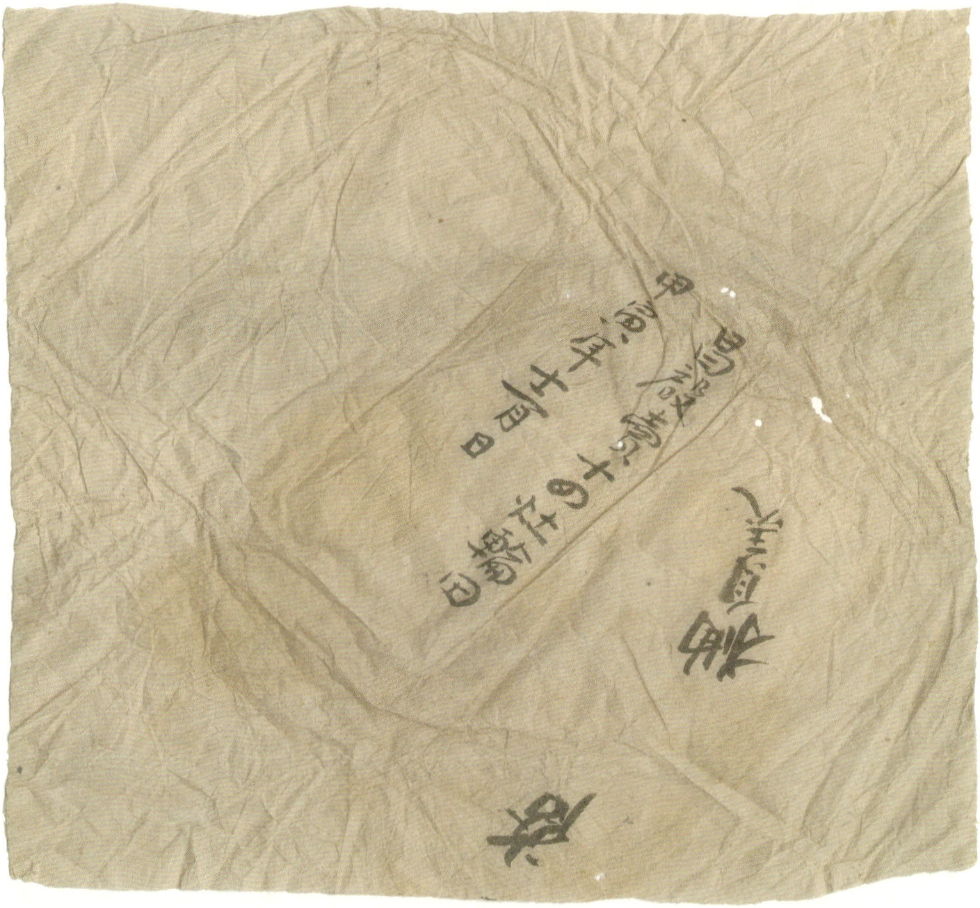

10-7-48-1　包契紙

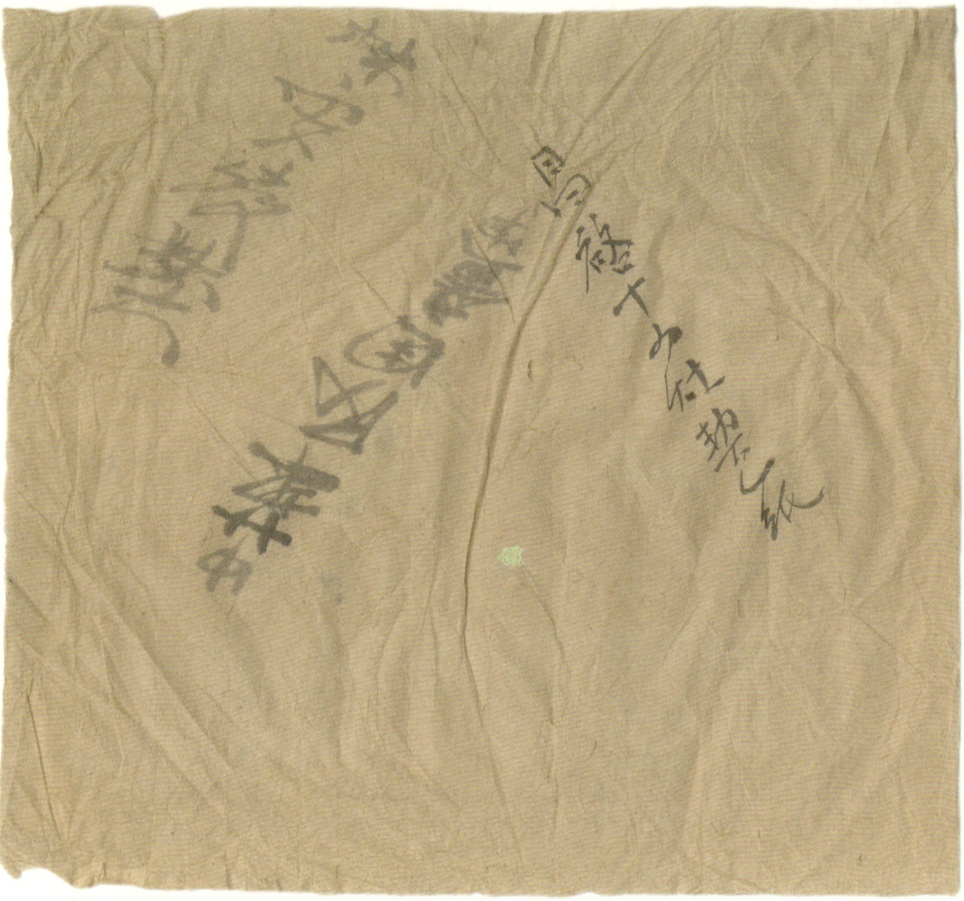

10-7-48-2 包契紙

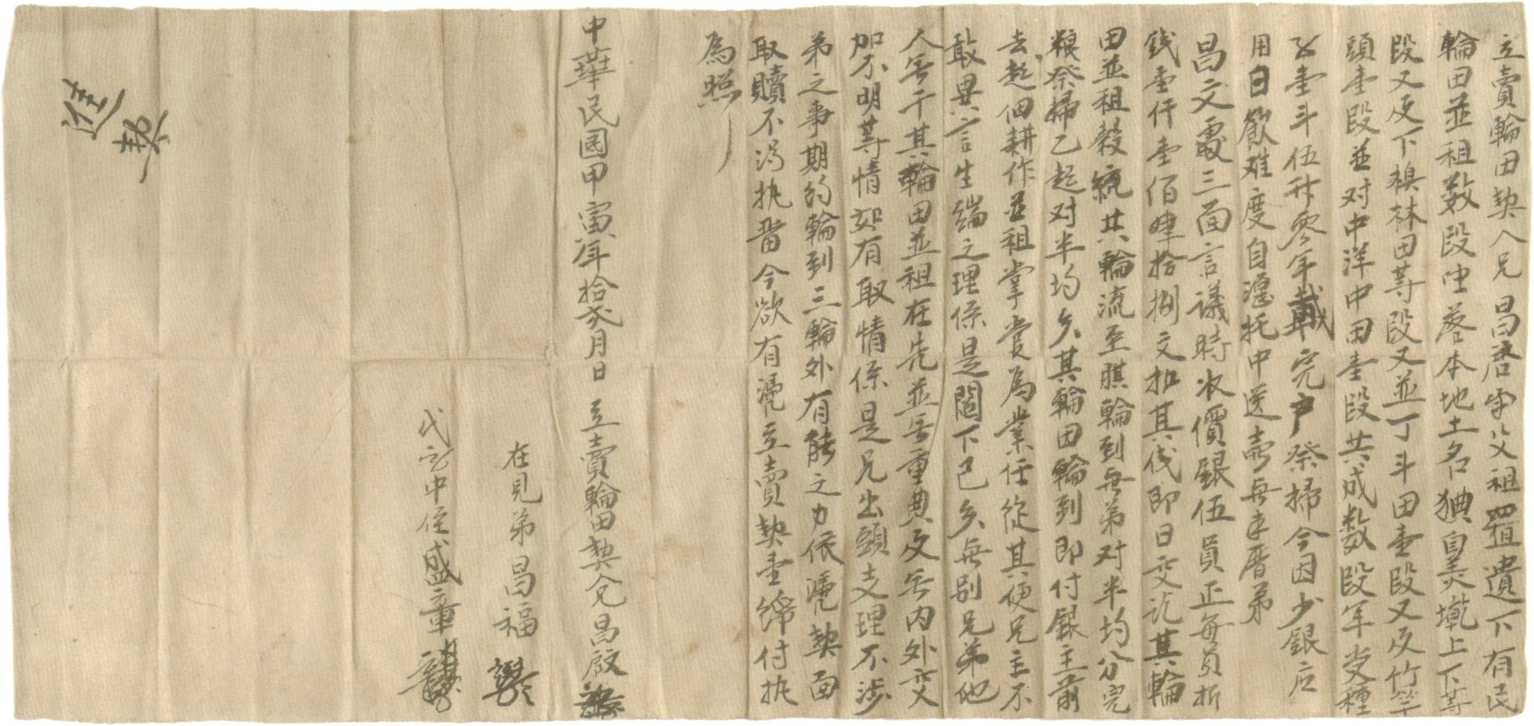
立賣輪田契人兄昌啓，承父祖罷遺下有民
輪田並租數段，坐落本地土名獨皇墩上下等
段又及下楨林田等段又並丁斗田壹段又及竹竿
頭壹段，並对中洋中田壹段，共成數段，年受種
子壹斗伍升零，年載完户粮，今因少銀應
用，日歛難度，自願托中送與本房弟
昌文邊三面言議，時收價銀伍員正，每員折
錢壹仟壹佰肆拾捌文，扣其錢即日交訖，其輪
田並租穀，統共輪流至祺輪到與弟对半均分完
粮，癸棉乙起对半均分，其輪田輪到即付銀主前
去起佃耕作，並租掌管為業，任從其便，兄主不
敢異言生端之理，係是闔下己分，與別兄弟他
人無干，其輪田並租在先並無重典交易，內外交
加不明等情，如有，取情係是兄出頭支理，不涉
弟之事，期約輪到三輪外，有能之力，依原契面
取贖，不得執留，今欲有憑，立賣契壹紙付執
為照。

中華民國甲寅年拾弍月日　立賣輪田契兄昌啓（押）
在見弟昌福（押）
代筆中侄盛章（押）

10-7-48-3　民國三年十二月黃昌啓立賣輪田契

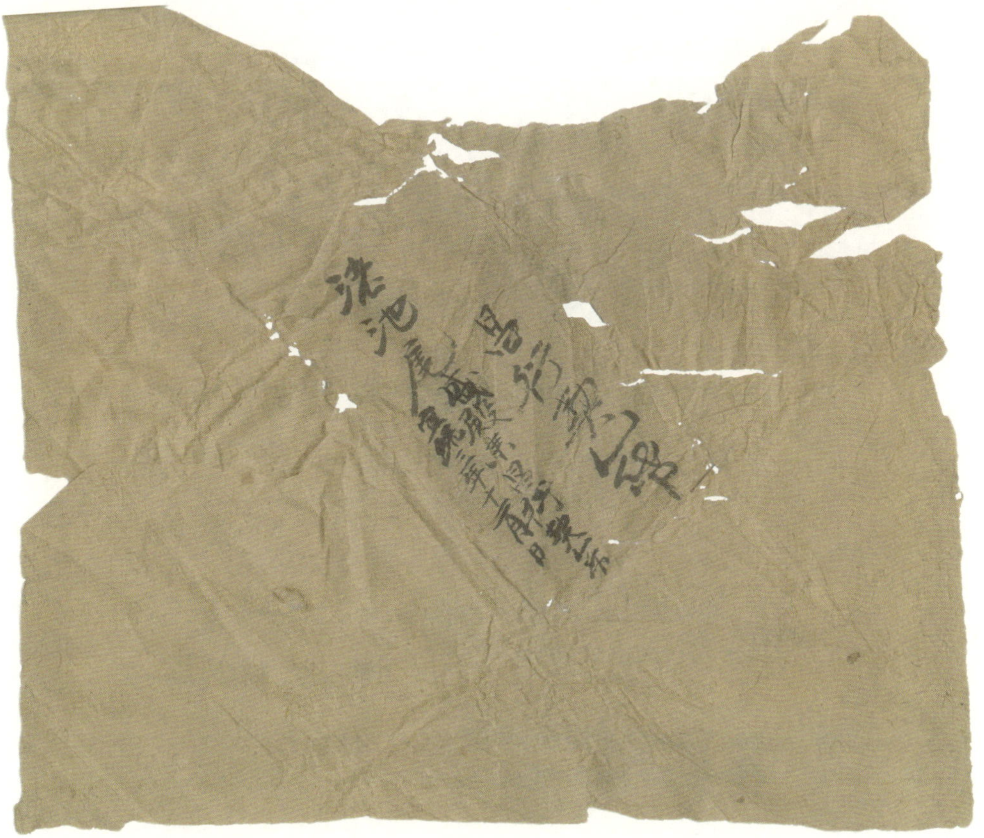

10-7-49-1　包契紙

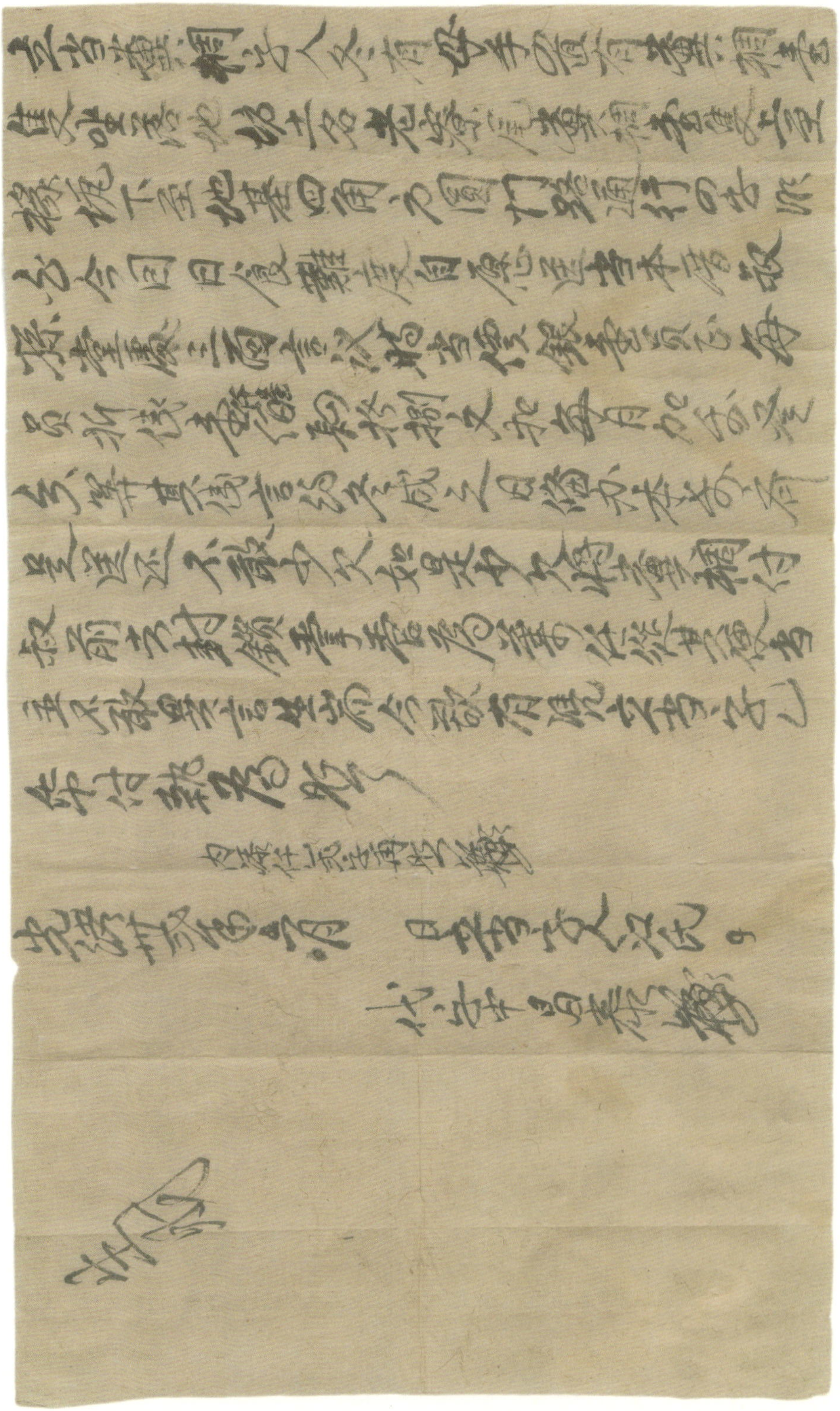

10-7-49-2 清光緒三十二年六月黄冬有母江氏立當棄桐字

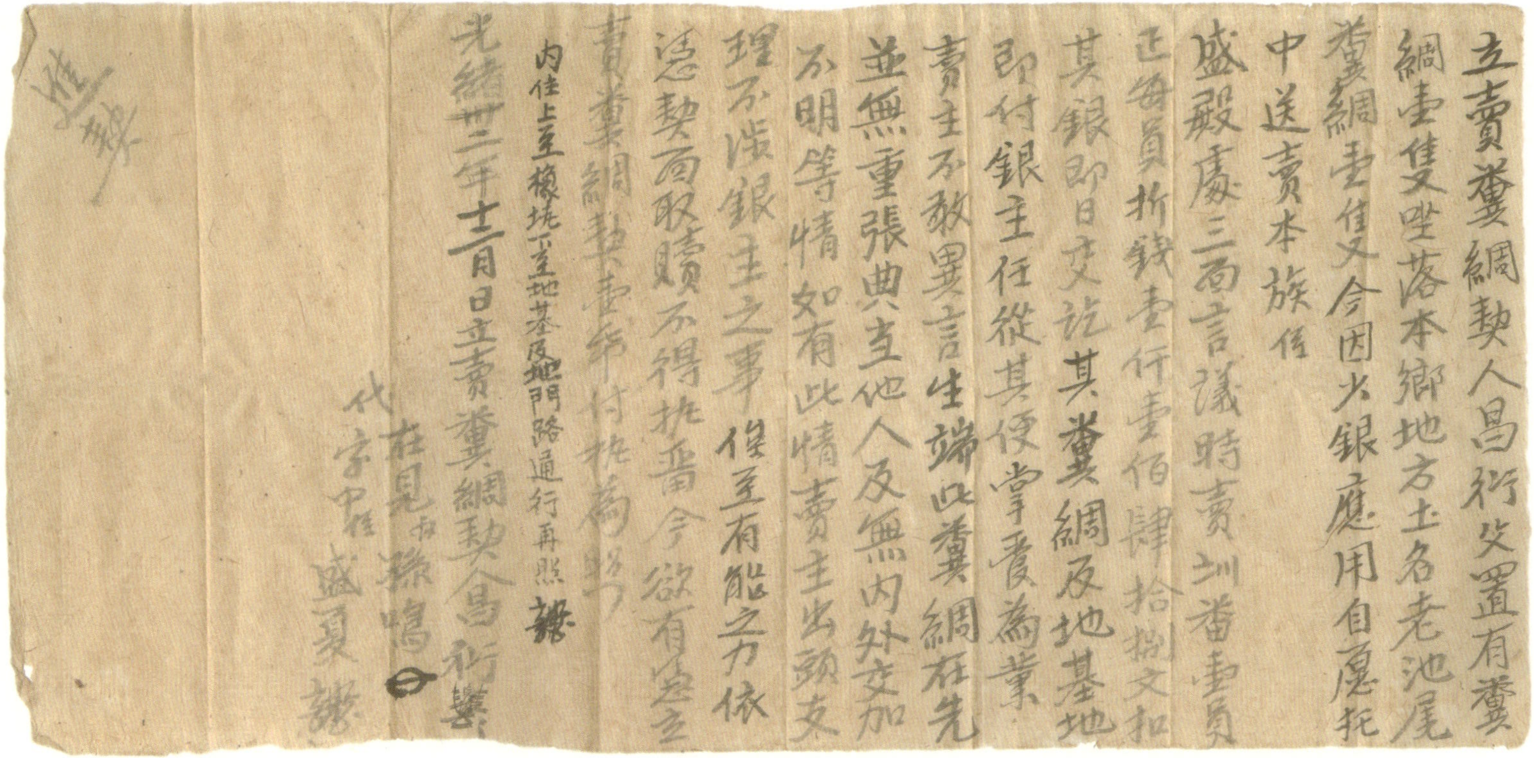
立賣糞䌷契人昌衍父置有糞
䌷壹隻坐落本鄉地方土名老池尾
糞䌷壹隻今因乏銀應用自愿托
中送賣本族侄
盛殿處三面言議時價訓番壹員
正每員折錢壹仟壹佰肆拾捌文扣
其銀即日交訖其糞䌷及地基地
即付銀主任從其便掌管為業
賣主不敢異言生端此糞䌷在先
並無重張典與他人及無內外交加
不明等情如有此情賣主出頭支
理不涉銀主之事從至有能之力依
還契面取贖不得執留今欲有憑立
賣糞䌷契壹紙付執為照
內住上至樓坑下至地基及地門路通行再照
光緒卅二年十二月日立賣糞䌷契人昌衍
在見叔孫鳴
代字中侄盛夏

10-7-49-3　清光緒三十二年十二月黃昌衍立賣糞䌷契

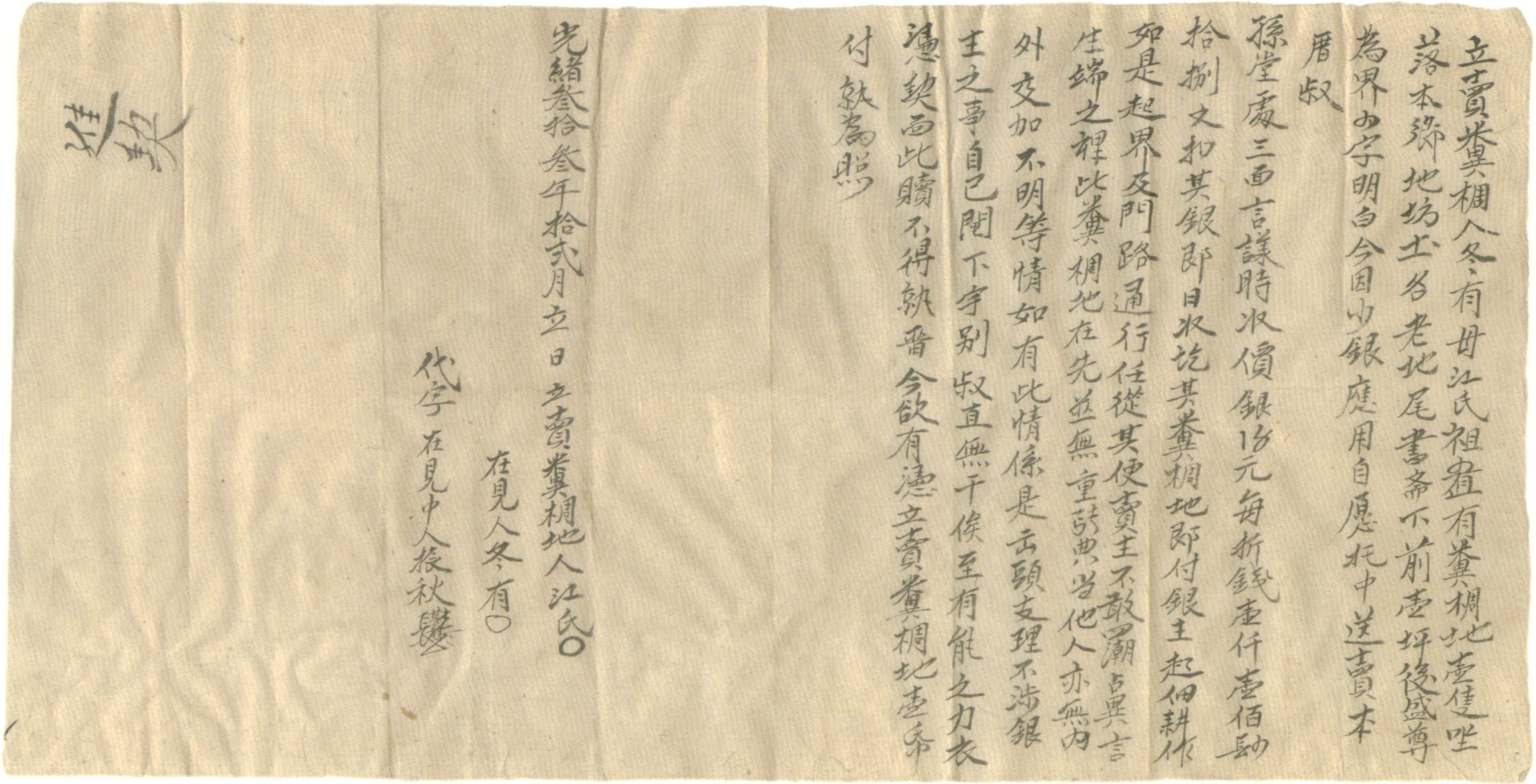

立賣糞棡人冬有母江氏祖置有糞棡地壹坐
落本鄉地坊土名老地尾書斋下前壹坪後盛尊
為界四字明白今因少銀應用自愿托中送賣本
房叔
孫堂處三面言議時價銀拾元每折錢壹仟壹佰励
拾捌文扣其銀即日收訖其糞棡地即付銀主起佃耕作
如是起界及門路通行任從其便賣主不敢攔㠯異言
生端之裡此糞棡地在先並無重張典当他人亦無內
外交加不明等情如有此情係是出頭支理不涉銀
主之事自己閱下字別叔直無干候至有能之力衣
邊贖回此贖不得執留今欲有憑立賣糞棡地壹帋
付執為照

光緒叁拾叁年拾弍月立日　立賣糞棡地人江氏〇
在見人冬有〇
代字在見中人蔡秋鑾

10-7-49-4　清光緒三十三年十二月黄冬有母江氏立賣糞棡契

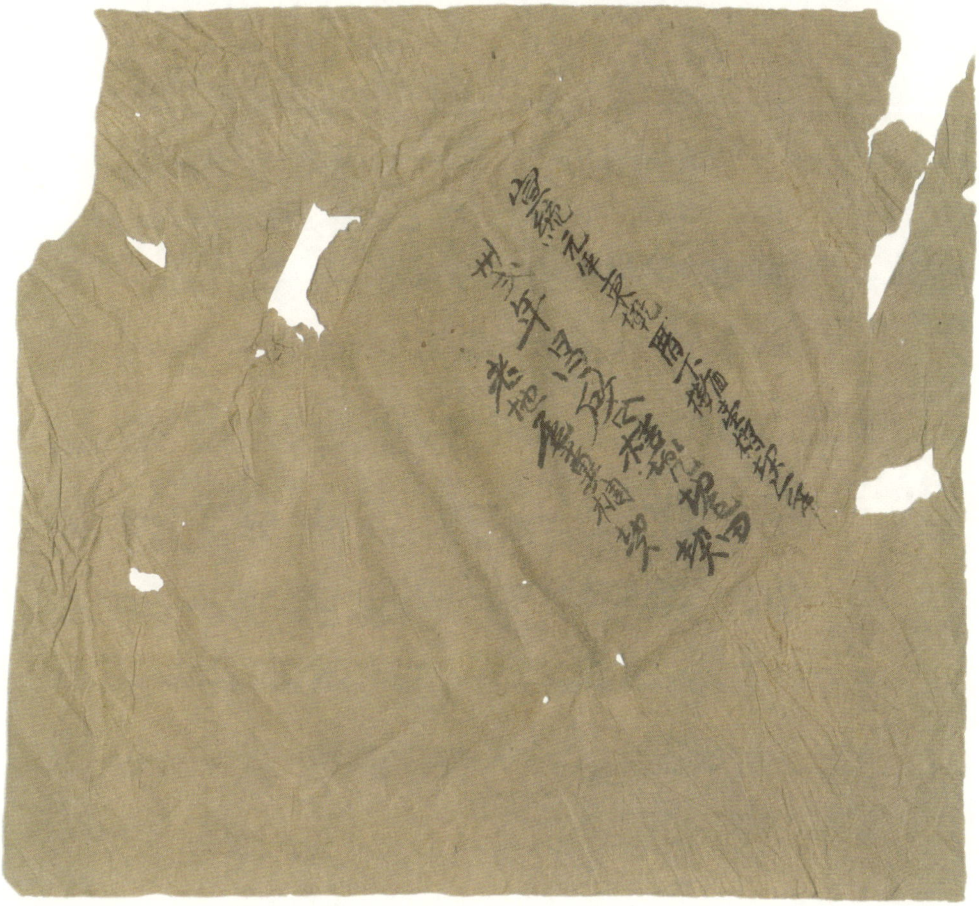

10-7-50-1　包契紙

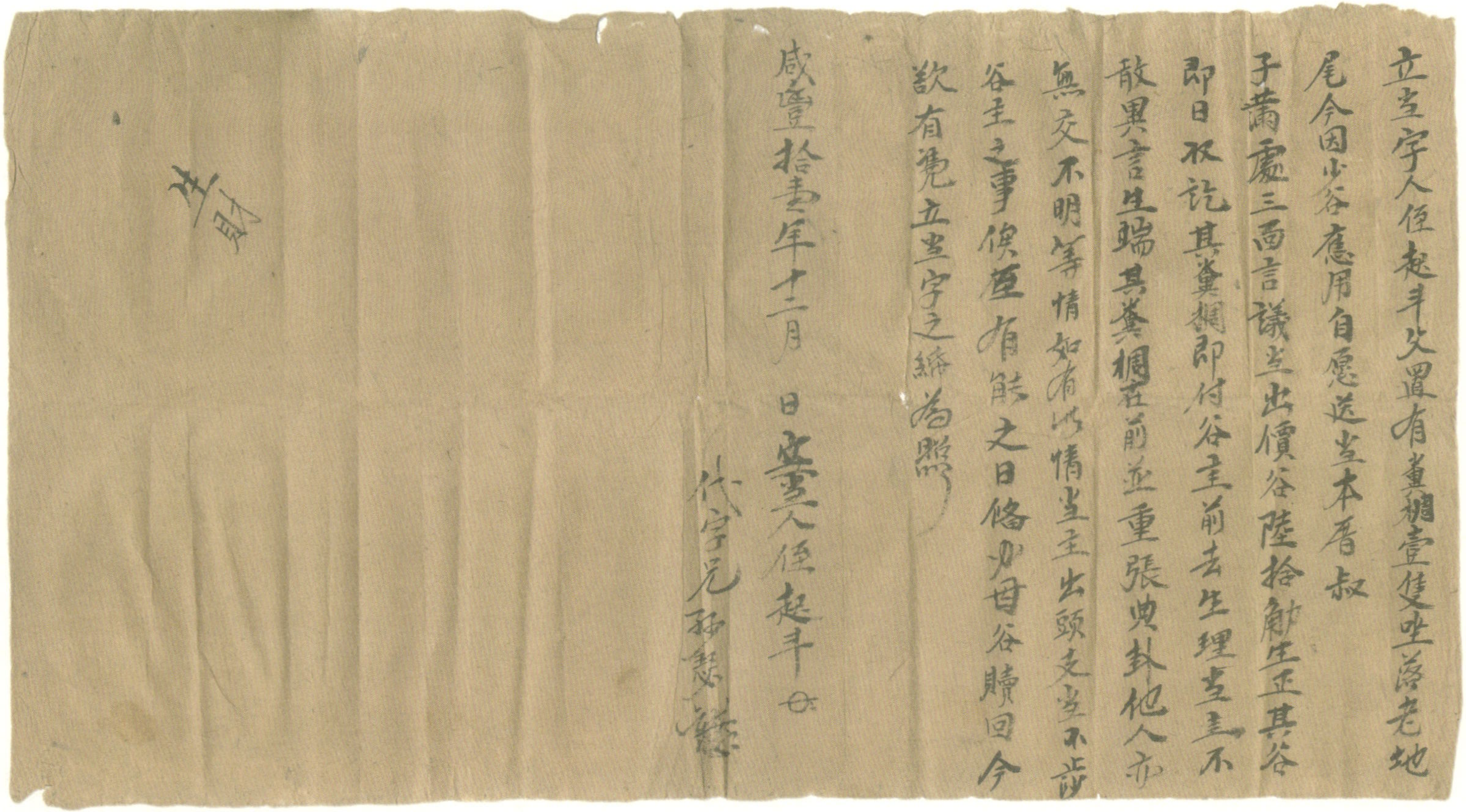

立当字人侄起斗父置有糞桶壹隻坐落老地
尾今因少谷應用自愿送当本厝叔
子蕭處三面言議当出價谷陸拾觔正其谷
即日收訖其糞桶即付谷主前去生理当主不
敢異言生端其糞桶在前並重張典卦他人亦
無交不明等情如有此情当主出頭支当不涉
谷主之事候至有能之日備出母谷贖回今
欲有憑立当字之紙為照

咸豐拾壹年十二月　日　立当人侄起斗（押）
代字兄孫懿

10-7-50-2　清咸豐十一年十二月黄起斗立當糞桶字

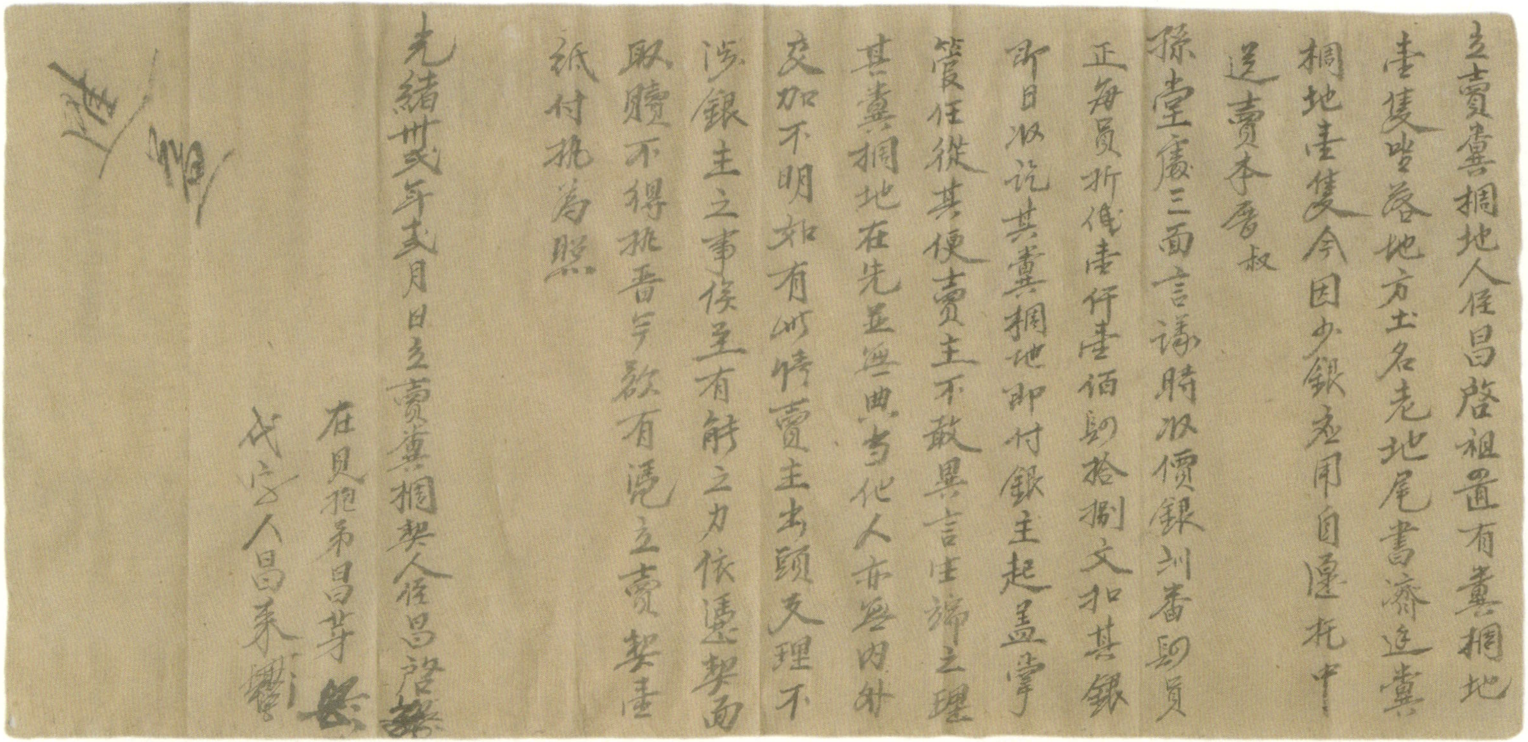

立賣糞榻地人侄昌啓祖置有糞榻地
壹隻坐落地方土名老地尾書濟边糞
榻地壹隻今因少銀應用自愿托中
送賣本房叔
孫堂處三面言議時價銀川番員
正每員折價壹仟壹佰贰拾捌文扣其銀
即日收訖其糞榻地即付銀主起盖掌
管任從其便賣主不敢異言生端之理
其糞榻地在先並無典當他人亦無內外
交加不明如有此情賣主出頭支理不
涉銀主之事侯至有能之力依還契面
取贖不得挑吾字数有憑立賣契壹
紙付執為照
光緒卅弍年弍月日立賣糞榻契人侄昌啓
在見胞弟昌芽
代字人昌莱

10-7-50-3　清光緒三十二年二月黃昌啓立賣糞榻地契

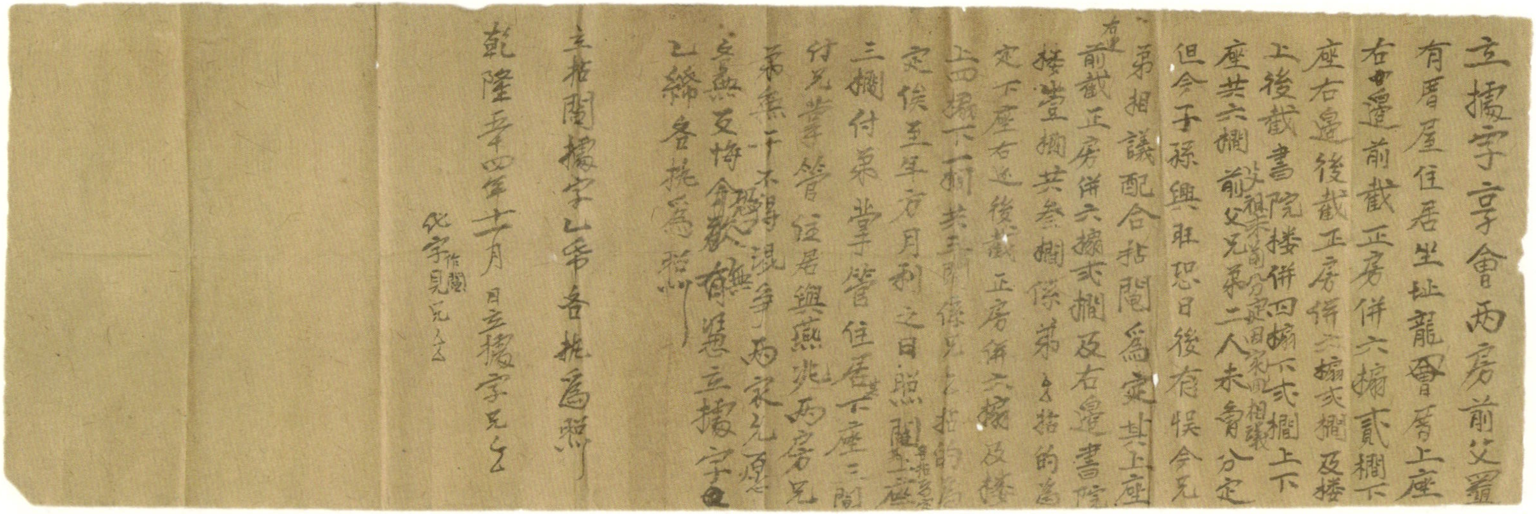
立據字享會兩房前父置
有厝屋住居坐址龍會厝上座
右畔邊前截正房併六扇貳間下
座右邊後截正房併六扇弍間及樓
上後截書院樓併四扇下弍間上下
座共六間前父兄弟二人未曾分定
但今子孫興旺恐日後有悮今兄
弟相議配合拈鬮為定其上座
右邊前截正房併六扇弍間及右邊書院
樓堂間共叁間係弟合拈的為
定下座右邊後截正房併六扇及樓
上四扇下一間共五間係兄合拈的為
定俟至年方月利之日照鬮去座
三間付弟掌管住居其下座三間
付兄掌管住居與燕兆兩房兄
弟無干不得混爭兩家允愿
無反悔今欲有憑立據字
一紙各執為照
立批鬮據字山弟各執為照
乾隆五十四年十一月　日立據字兄弟
代字作鬮見兄

10-7-51-1　清乾隆五十四年十一月黃氏享會兩房立據字（草契）

立公據字因君輔兄龍會厝下座叁間至嘉慶弍年捌月間兄弟侄公議叁房分定議下座樓下壹晋應分君高分下樓面壹間應分君義分下又分倉壹隻應分戌遲分下後横厝地基公衆其正座横厝地基玉意二八木分為衆其滿外地基義自己分下與兄弟侄無干其自己樓面过水言約付義起蓋完成其言約横厝起蓋完成过水異問其言約糞𡊨地前壹隻付高安椶義自己與兄無干其君輔山菓自置自管其楂林後寮墘頭高義遲三人仝分其君輔乜房公田人四年墘李兄分又吉沖尾坂仔公田又老馬厝相換與三人仝分其君輔月半鄉㸃火其風水墳墓前壠燕仔崙草湖岐三穴遂相當年答謝三房日後子孫不得相托異言生端等情立公據字弍紙付子孫収執為照天長地久

[illegible]

嘉慶弍年捌月　日立公據字弟君義

公見家長叔學與

仝見兄君桓

兄代字見君懷

進益

10-7-51-2　清嘉慶二年八月黃君義等立公據字

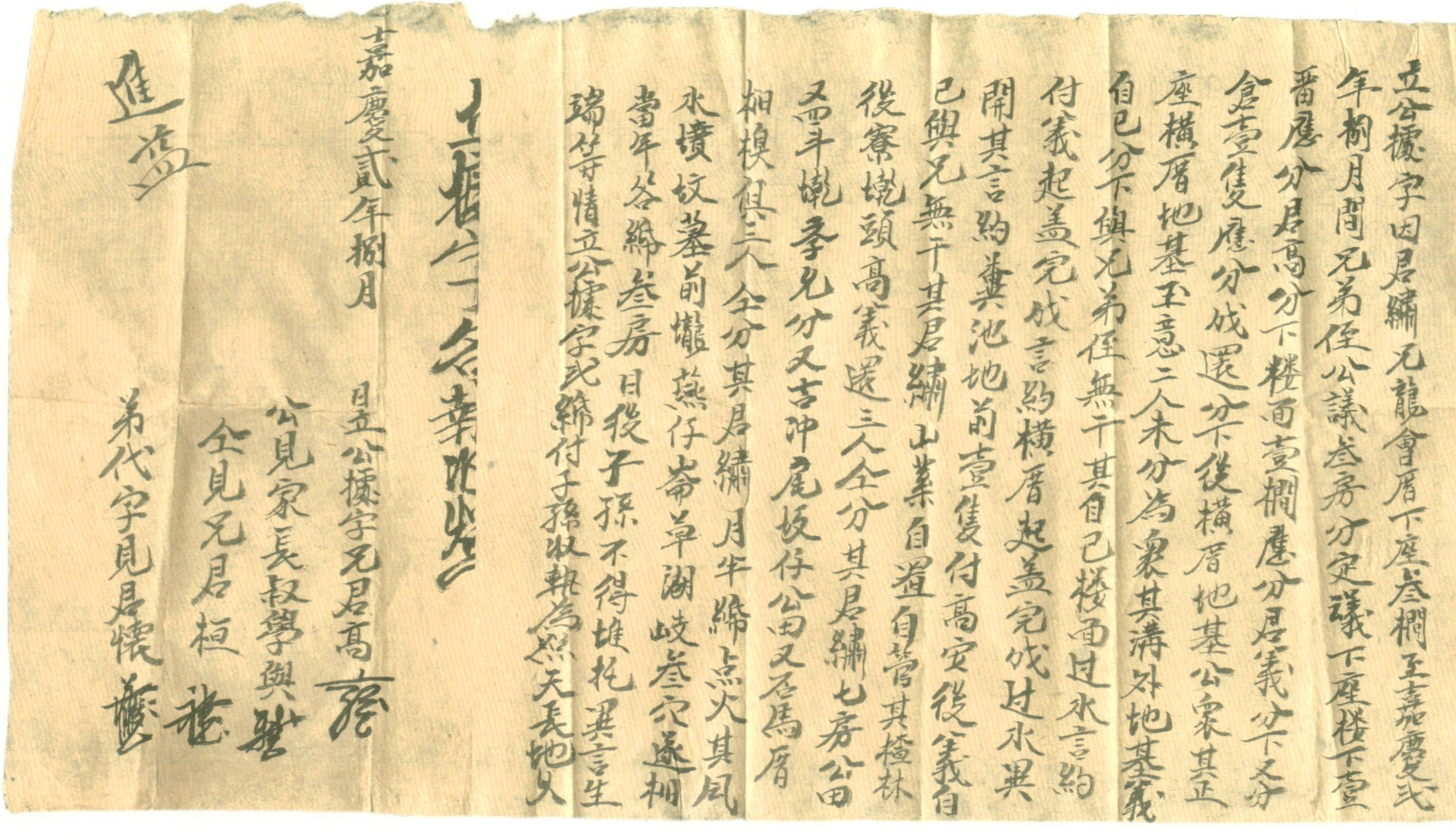
立公據字因君繡兄龍會厝下座叁榈至嘉慶弍
年捌月間兄弟侄公議叁房分定議下座楼下壹
番應分君高分下楼面壹榈應分君義分下又分
倉壹隻應分成還分下從横厝地基公衆其正
座横厝地基至意三人未分為衆其溝外地基義
自己分下與兄弟侄無干其自己楼面过水言約
付義起蓋完成言約横厝起蓋完成过水具
開其言約畫與池地前壹隻付高安從義自
己與兄無干其君繡山業自置自管其檀林
從寮墘頭高義還三人全分其君繡七房公田
又西斗墘李兄分又吉冲尾坂仔公田又乞馬厝
桐模俱三人全分其君繡月半綿点火其夙
承墳坟墓前墘燕仔崙草湖岐叁穴遞相
當年各綿叁房日後子孫不得推托異言生
端等情立公據字弍綿付子孫收執為照天長地久

立據合同永照

嘉慶弍年捌月　　日立公據字兄君高（押）
公見家長叔學與（押）
仝見兄君桓（押）
弟代字見君懷（押）

進盛

10-7-51-3　清嘉慶二年八月黄君高等立公據字

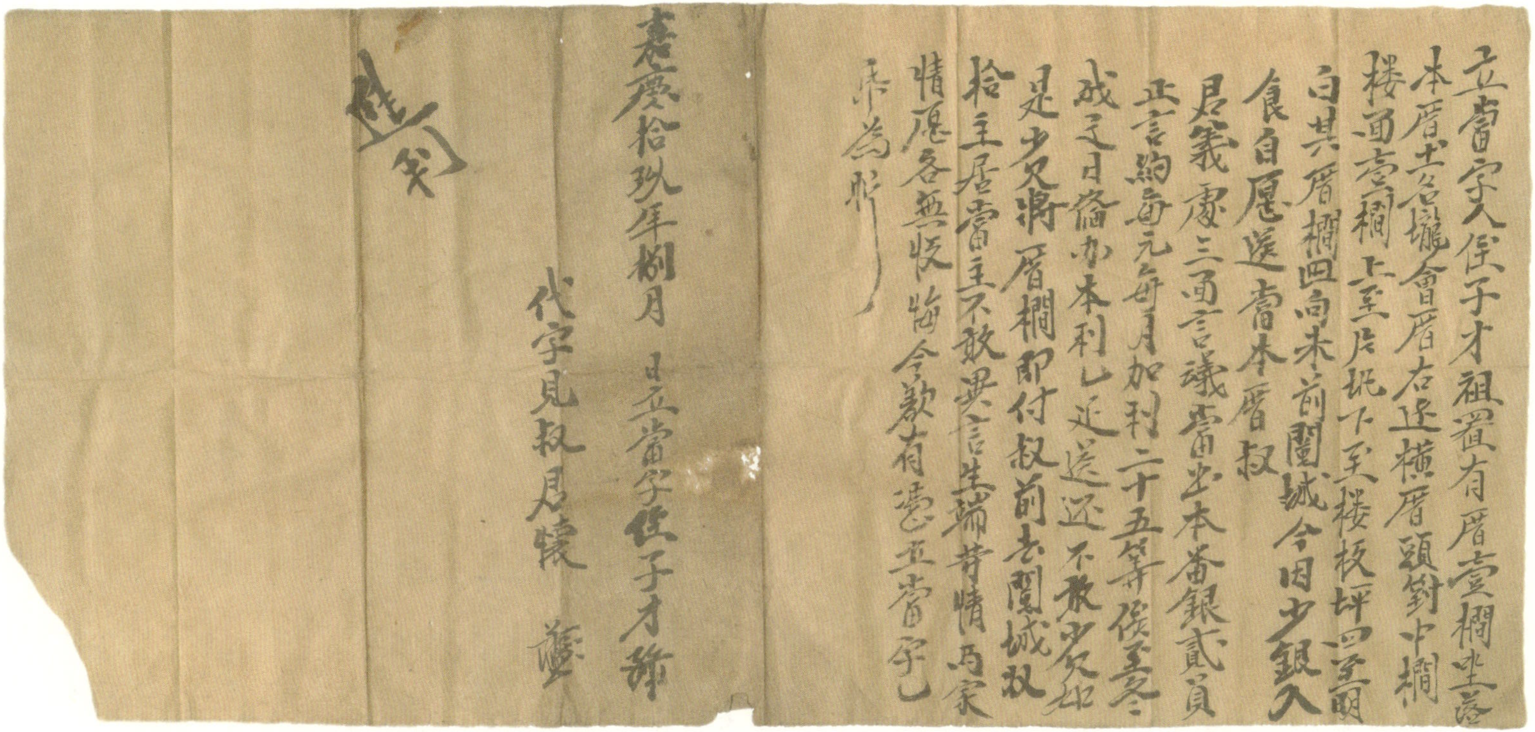
立當字人侄子才祖置有厝壹櫊坐落
本厝土名壠會厝右边横厝頭對中櫊
樓面壹櫊，上至瓦桷，下至樓板坪，四至明
白。其厝櫊四向未前闡誠，今因乏銀入
食，自愿送當本厝叔
君義處，三面言議，當出本番銀貳員
正，言約每元每月加利二十五筭，候至冬
成之日，備办本利一足送还，不敢少欠。如
是少欠，將厝櫊即付叔前去闡誠，叔
拾主居當，主不敢異言生端。此情两家
情愿，各無反悔。今欲有憑，立當字一
紙為炤。

退契

嘉慶拾玖年捌月　日立當字侄子才（押）
代字見叔君懷（押）

10-7-51-4　清嘉慶十九年八月黃子才立當厝櫊字

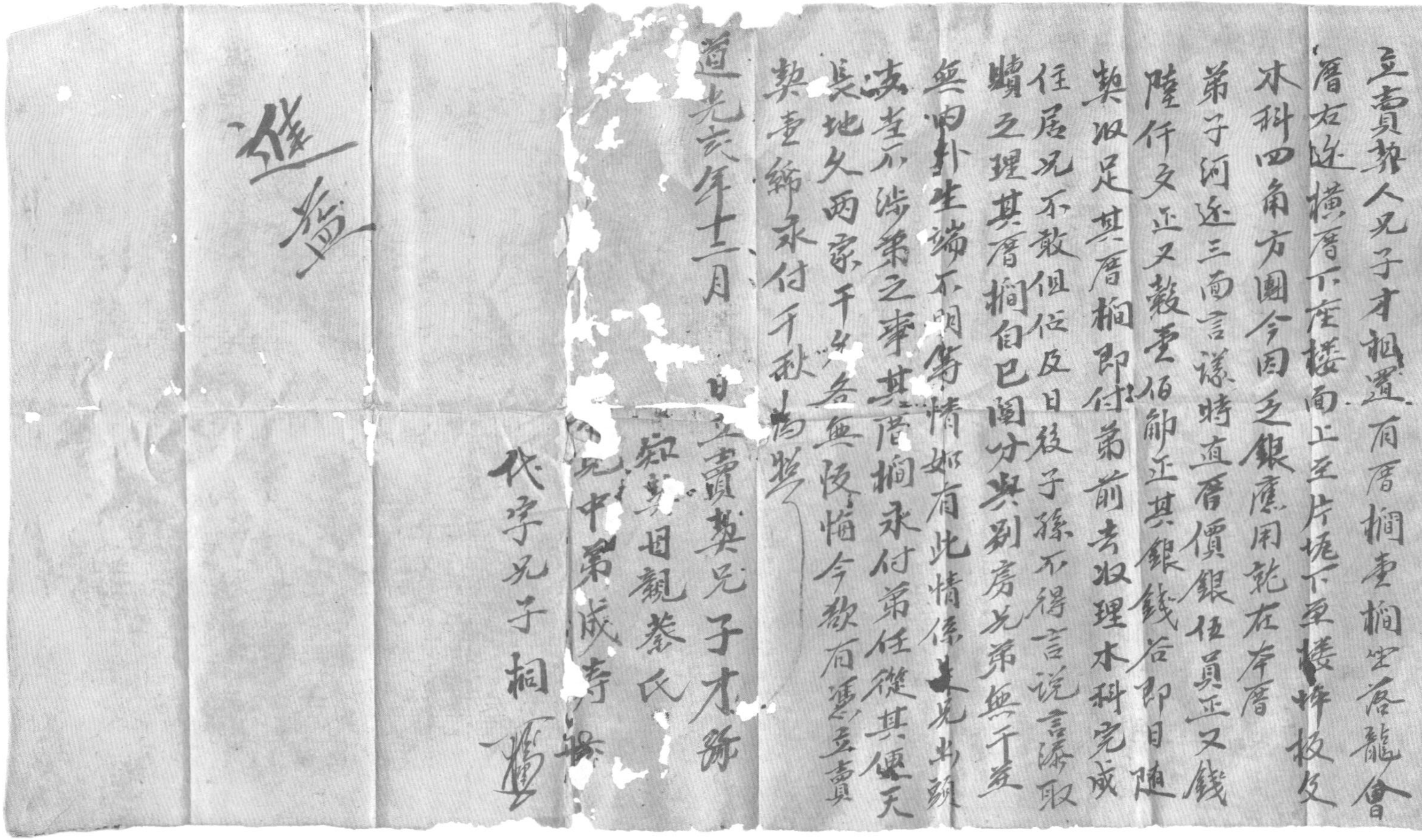

立賣契人兄子才祖遺有厝榻壹榻坐落龍會
厝右邊橫厝下座樓面上至片瓦下至樓桁板及
木料四角方圓今因乏銀應用托在本厝
弟子河邊三面言議時值厝價銀伍員正又錢
陸仟文正又穀壹佰觔正其銀錢谷即日隨
契收足其厝榻即付弟前去收理木料完成
任居兄不敢阻抵及日後子孫不得言說言添取
贖之理其厝榻自己鬮分與別房兄弟無干並
無內外生端不明等情如有此情係兄出頭
支當不涉弟之事其厝榻永付弟任從其便天
長地久兩家千萬無悔今欲有憑立賣
契壹紙永付千秋為照

道光二年十二月　日立賣契兄子才（押）
知見母親蔡氏
見中弟成寺（押）
代字兄子桐（押）

進益

10-7-51-5　清道光二年十二月黃子才立賣厝榻契

立賣契叔子慶自置有厝棡坐落龍會厝
右邊四楹後角壹棡上至桅下至地基四角方
圓今因少錢應用自愿托中送賣本厝侄
孫近處三面言議賣出價錢叁仟文正
其錢即日收訖其厝棡即付侄前去收拾住居
叔不敢異言生端等情其厝並無重典他人
亦無交加不明等情如有此情叔出頭支理不
涉侄之事候至有能之日依契面贖回不
得執留今欲有憑立賣契乙紙為照
內又載添錢壹百肆拾文再照（押）

咸豐元年四月　日立賣厝契叔子慶（押）
在見侄孫用（押）
代字中弟子柄（押）

進契

10-7-51-6　清咸豐元年四月黄子慶立賣厝棡契

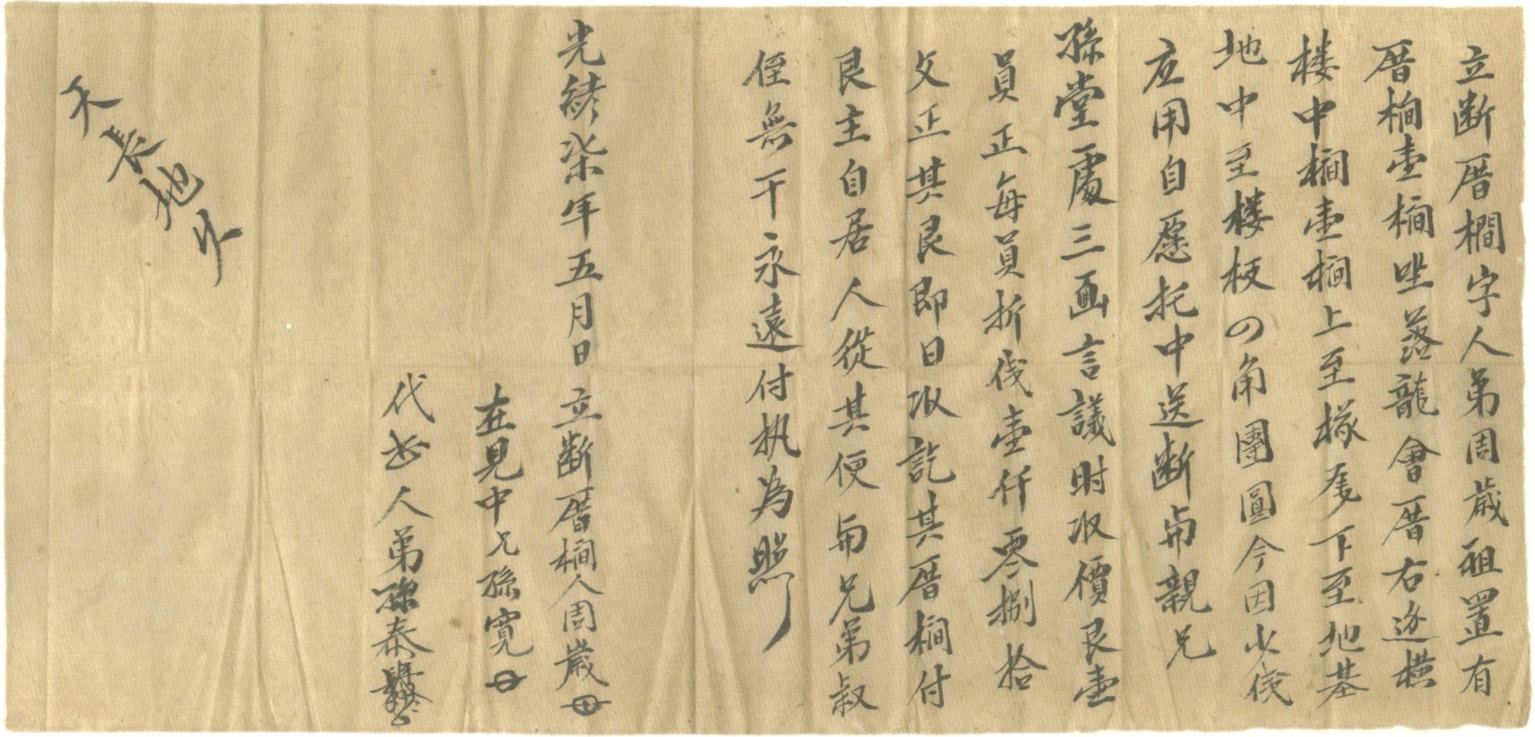

立斷厝椆字人弟周歲祖置有
厝椆壹椆坐落龍會厝右邊横
樓中椆壹椆上至椽角下至地基
地中至樓板四角團圓今因乏銀
應用自愿托中送斷與親兄
孫堂處三面言議時收價銀壹
員正每員折錢壹仟零捌拾
文正其銀即日收訖其厝椆付
銀主自居人從其便與兄弟叔
侄無干永遠付執為照

光緒柒年五月日　立斷厝椆人周歲（押）
在見中兄孫寬（押）
代書人弟孫泰（押）

天長地久

10-7-51-7　清光緒七年五月黃周歲立斷厝椆字

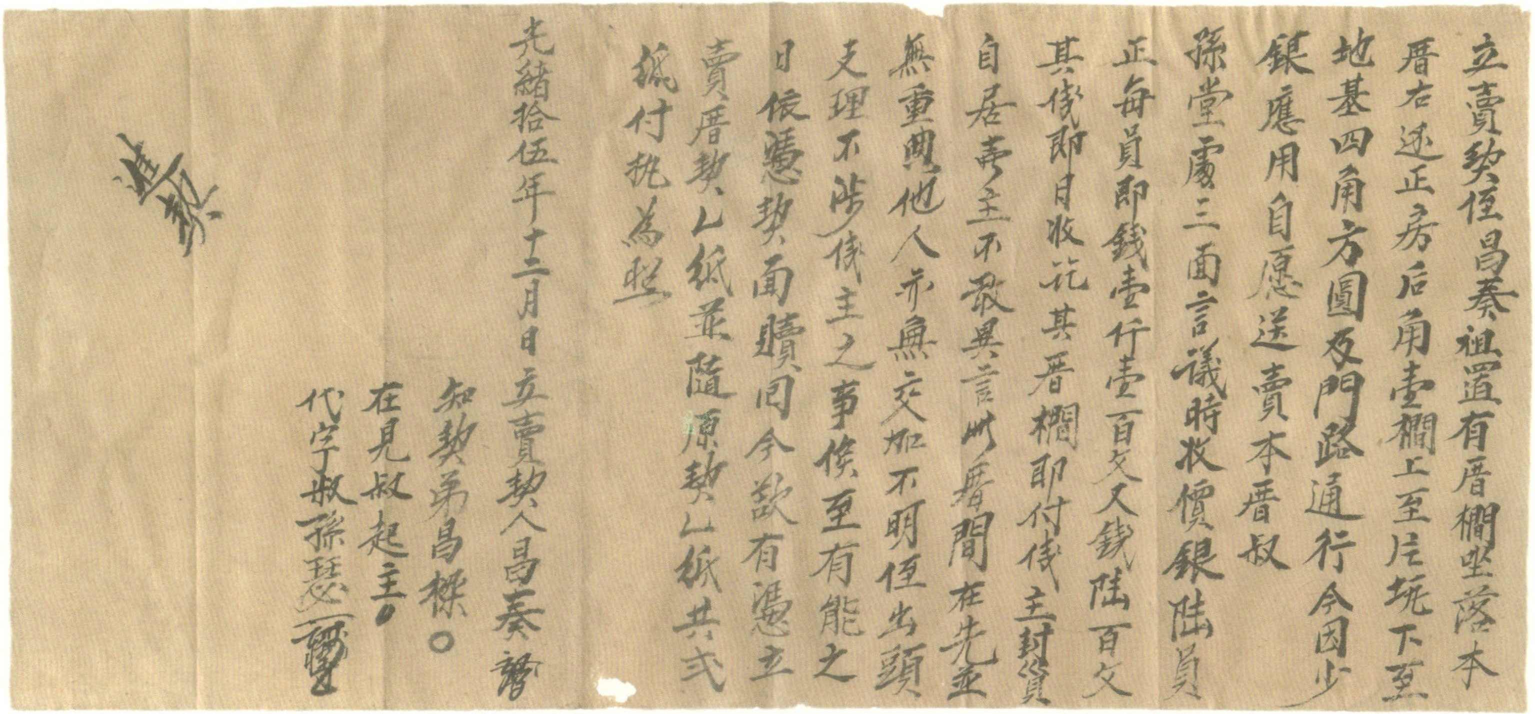
立賣契侄昌奏祖置有厝榴坐落本
厝右邊正房后角壹榴上至厝梳下至
地基四角方圓及門路通行今因少
銀應用自愿送賣本厝叔
孫堂處三面言議時估價銀陆員
正每員即錢壹仟壹百文又錢陆百文
其錢即日收訖其厝榴即付錢主封貸
自居吾主不敢異言此厝間在先並
無重典他人亦無交加不明侄出頭
支理不涉錢主之事倘至有能之
日依憑契面贖回今欲有憑立
賣厝契一紙並隨原契一紙共弍
紙付執為照

光緒拾伍年十二月　日立賣契人昌奏（押）
知契弟昌標○
在見叔起主（押）
代字叔孫琵（押）

進契

10-7-51-8　清光緒十五年十二月黄昌奏立賣厝榴契

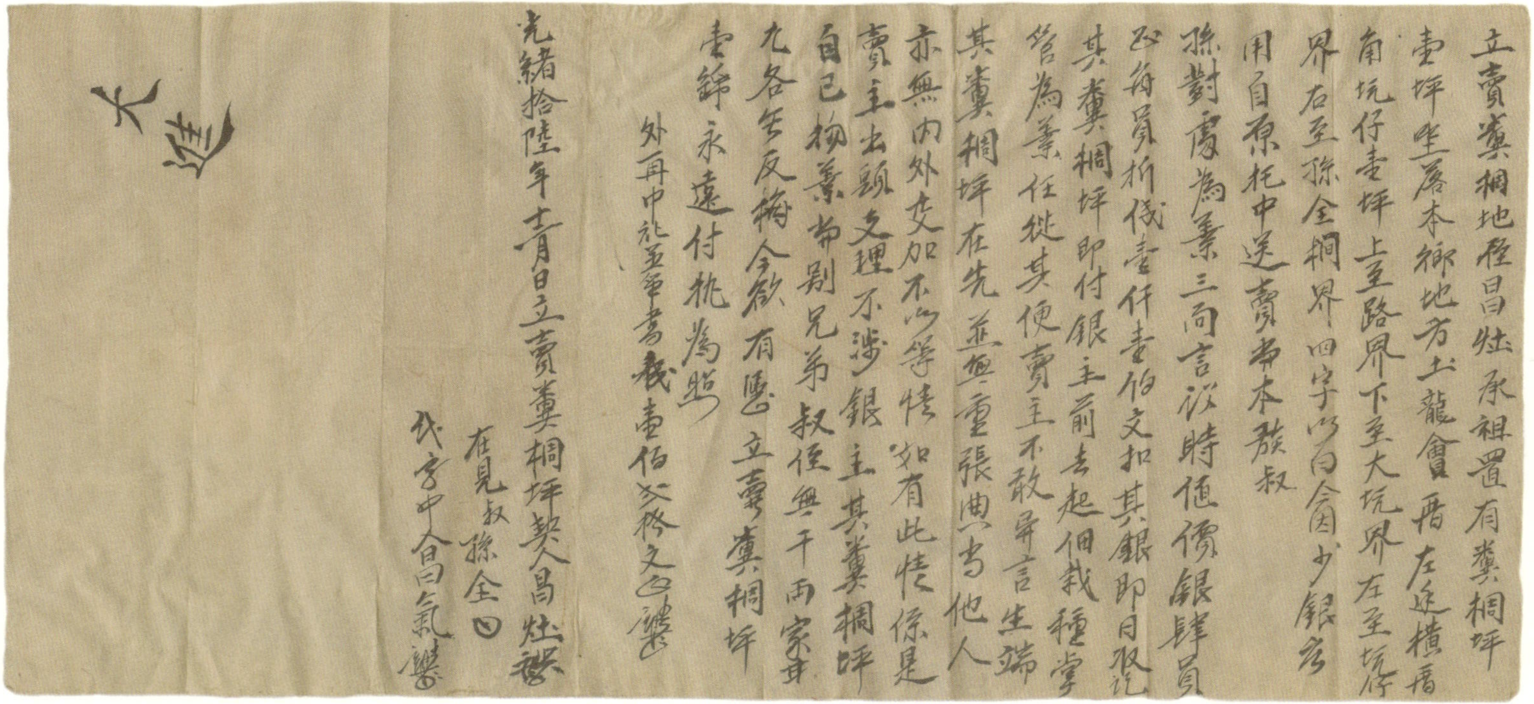

立賣蕢桐地坪昌灶承祖置有蕢桐坪
壹坪坐落本鄉地方土名龍會厝左边横厝
南坑仔壹坪上至路界下至大坑界左至坑仔
界右至孫全桐界四字分明今因少銀應
用自愿托中送賣與本族叔
孫對處為業三面言議時值價銀肆員
正角員折錢壹仟壹佰文扣其銀即日收訖
其蕢桐坪即付銀主前去起佃栽種掌
管為業任從其便賣主不敢異言生端
其蕢桐坪在先並無重張典與他人
亦無內外交加不明等情如有此情係是
賣主出頭支理不涉銀主之事其蕢桐坪
自己栽蕢與别兄弟叔侄無干兩家甘
允各無反悔今欲有憑立賣蕢桐坪
壹紙永遠付執為照
外再中花筆書錢壹佰文扣文照

光緒拾陸年十二月　日立賣蕢桐坪契人昌灶（押）
在見叔孫全（押）
代字中人合同氣（押）

10-7-51-9　清光緒十六年十二月黄昌灶立賣蕢棡地坪契

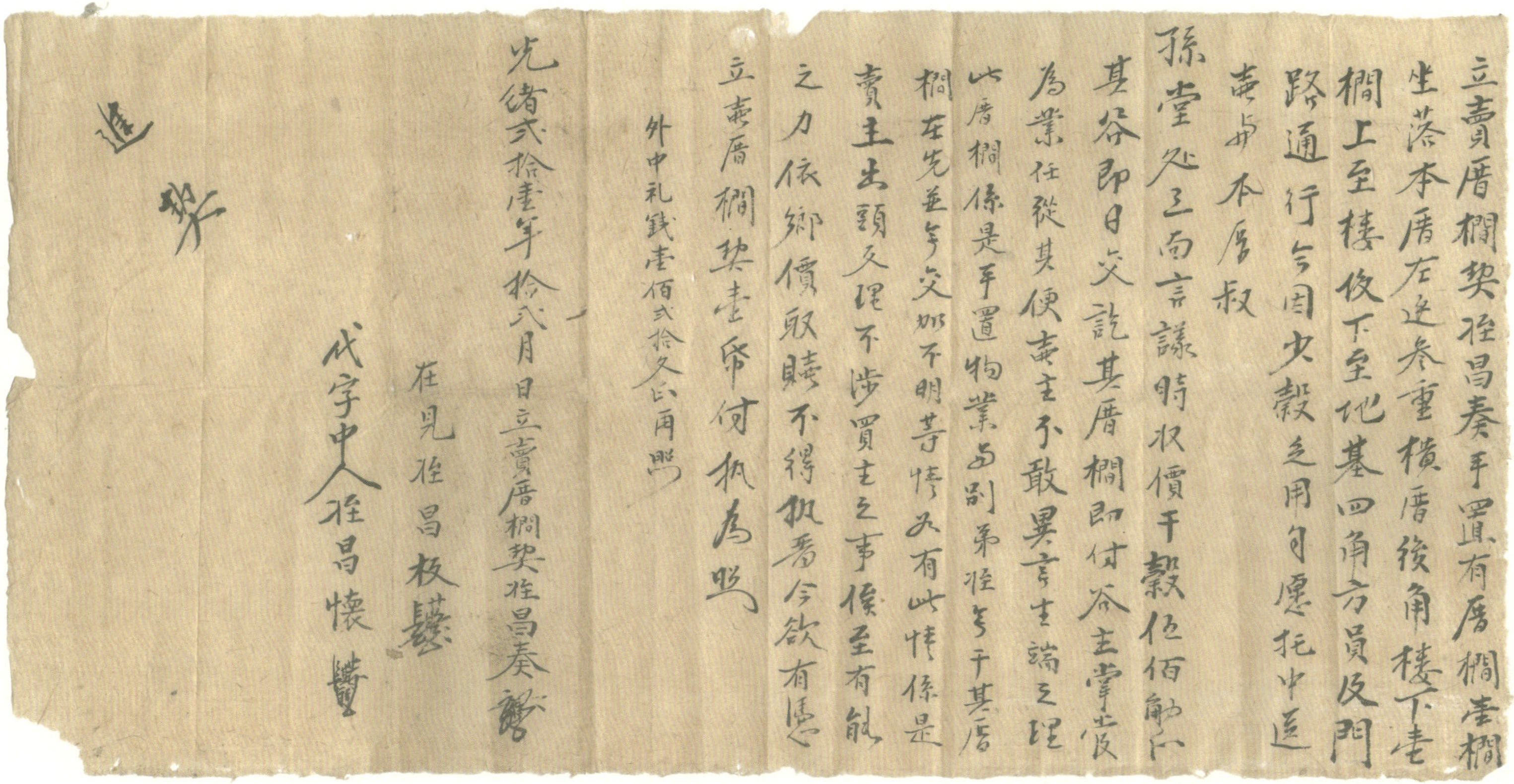
立賣厝棡契侄昌奏手置有厝棡壹棡
坐落本厝左边叁重横厝後角楼下壹
棡上至楼伩下至地基四角方員及門
路通行今因乏穀應用自愿托中送
與本房叔
孫堂處三面言議時值價干穀伍佰觔正
其谷即日交訖其厝棡即付谷主掌管為
業任從其便與主不敢異言生端之理
此厝棡係是手置物業與别弟侄無干其厝
棡在先並無交加不明等情如有此情係是
賣主出頭支理不涉買主之事倘至有能
之力依鄉價取贖不得執留今欲有憑
立賣厝棡契壹帋付執為照
外中礼錢壹佰弍拾文正再照
光緒弍拾壹年拾弍月　日立賣厝棡契侄昌奏（押）
在見侄昌板（押）
代字中人侄昌懷（押）
進契

10-7-51-10　清光緒二十一年十二月黃昌奏立賣厝棡契

立当厝櫊契人侄新傳祖置有厝櫊
壹櫊坐落龍會厝左邊樓面中墻
壹櫊上至椽桷下至樓板樓杠板坪
四角方員门路樓追通行今因乏銀
應用自愿托中送当本族叔
孫堂處為業三面言议時值当出
價銀拾員正每員折伐壹仟壹佰
畢將櫊文批其銀即日收訖其厝櫊
言約十一月末旬備办每利齐足送还
不敢少欠如是少欠將厝櫊即付叔
掌管住居封鎖任從其便侄不敢
异言生端此厝櫊在先並無重張
典当他人亦無内外交加不明等情
如有此情係是侄出頭支理不涉叔
之事倘至有能之力依憑契面取
贖其契不得憑番今欲有憑立当
厝櫊契乙紙付執為照

光緒廿伍年十一月日立当厝契侄新傳〇
在見母親温氏〇
代字中兄昌氣

10-7-51-11　清光緒二十五年十一月黃新傳立當厝櫊契

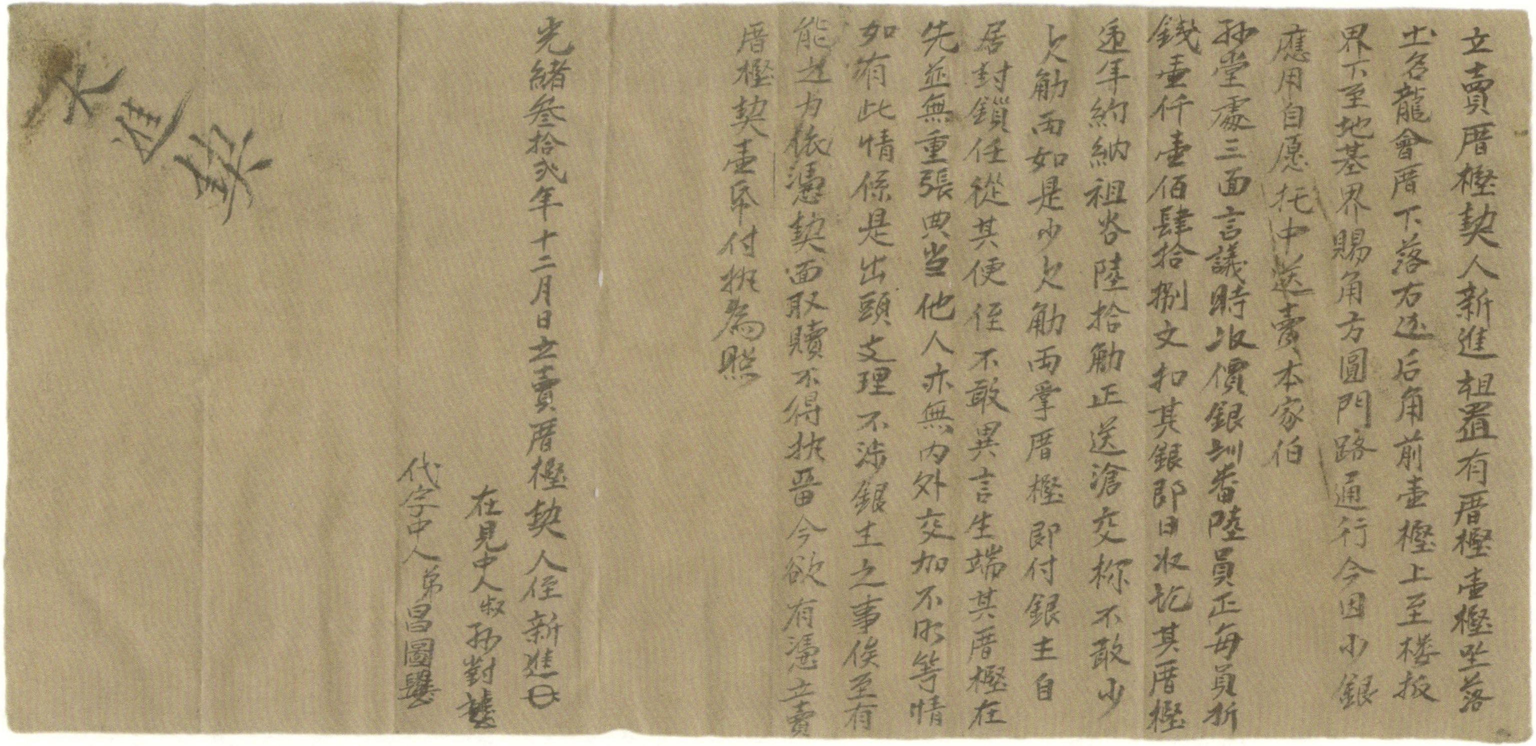

立賣厝㕓契人新進，祖置有厝㕓壹㕓，坐落
土名龍會厝下落右邊后角前壹㕓，上至樓扳
界，下至地基界，賜角方圓門路通行。今因少銀
應用，自愿托中送賣本家伯
𡨴堂處，三面言議，時收價銀訓番陸員正，每員折
錢壹仟壹佰肆拾捌文，扣其銀即日收訖，其厝㕓
逐年納納祖谷陸拾觔正，送淪交秤，不敢少
欠觔两，如是少欠觔两，掌厝㕓即付銀主自
居封鎖，任從其便，侄不敢異言生端。其厝㕓在
先並無重張典当他人，亦無內外交加不明等情。
如有此情，係是出頭支理，不涉銀主之事。俟至有
能之日，依憑契面取贖，不得執留。今欲有憑，立賣
厝㕓契壹紙，付執為照。

光緒叁拾弍年十二月日立賣厝㕓契人侄新進（押）
在見中人叔孫對（押）
代字中人弟昌圖（押）

10-7-51-12　清光緒三十二年十二月黄新進立賣厝㕓契

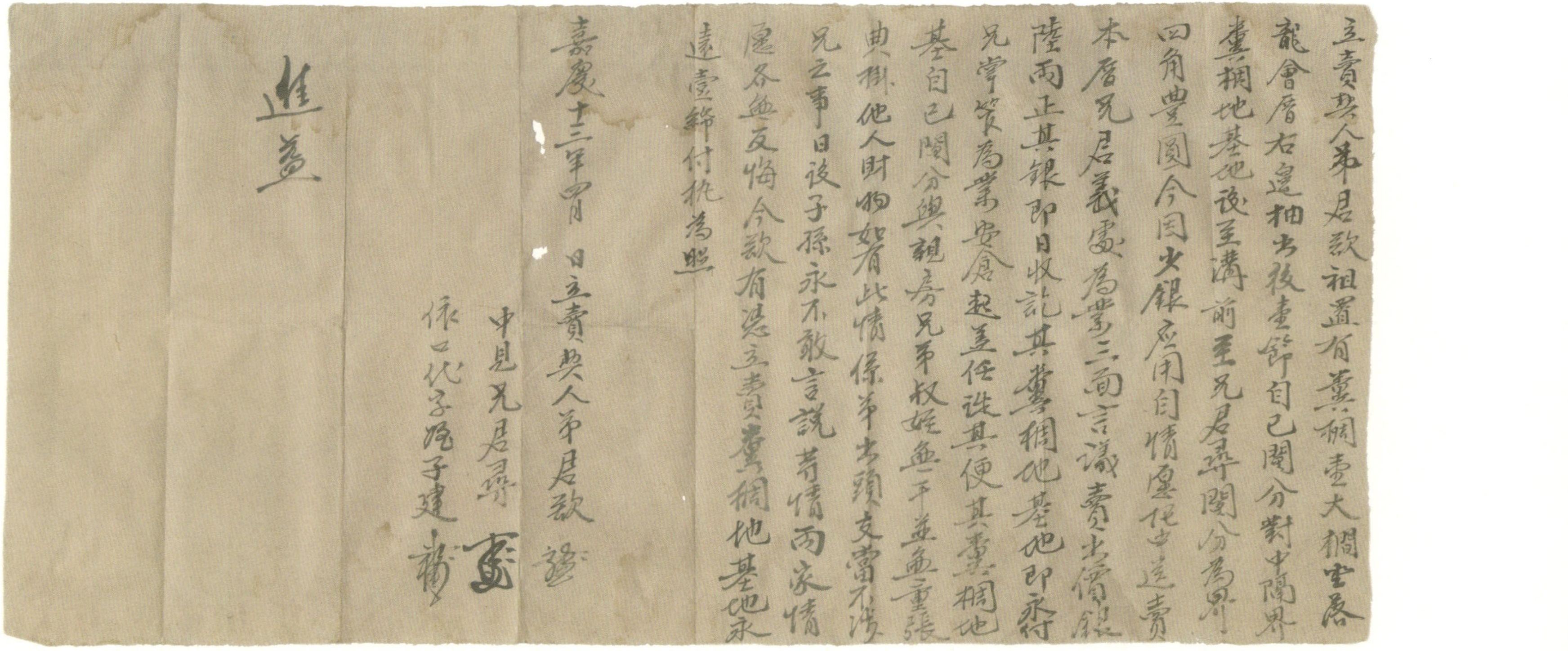

立賣契人弟君欲，祖置有糞桐壹大捆，坐落
龍會厝右邊柚樹後壹節，自己閣分，對中隔界
糞桐地基地，後至溝，前至兄君尋閣分爲界
四角豊圍。今因乏銀應用，自情愿托中送賣
本厝兄君義處爲業，三面言議賣出價銀
陸兩正，其銀即日收訖，其糞桐地基地即付
兄掌管爲業，安倉起蓋，任從其便，其糞桐地
基自己閣分與親房兄弟叔姪無干，並無重張
典掛他人財物，如有此情，係弟出頭支當，不涉
兄之事。日後子孫永不敢言説，盡情兩家情
愿，各無反悔。今欲有憑，立賣糞桐地基地永
遠壹紙付執爲照。

嘉慶十三年四月　日立賣契人弟君欲（押）
中見兄君尋（押）
依口代字姪子建（押）

進益

10-7-52-1　清嘉慶十三年四月黃君欲立賣糞桐契

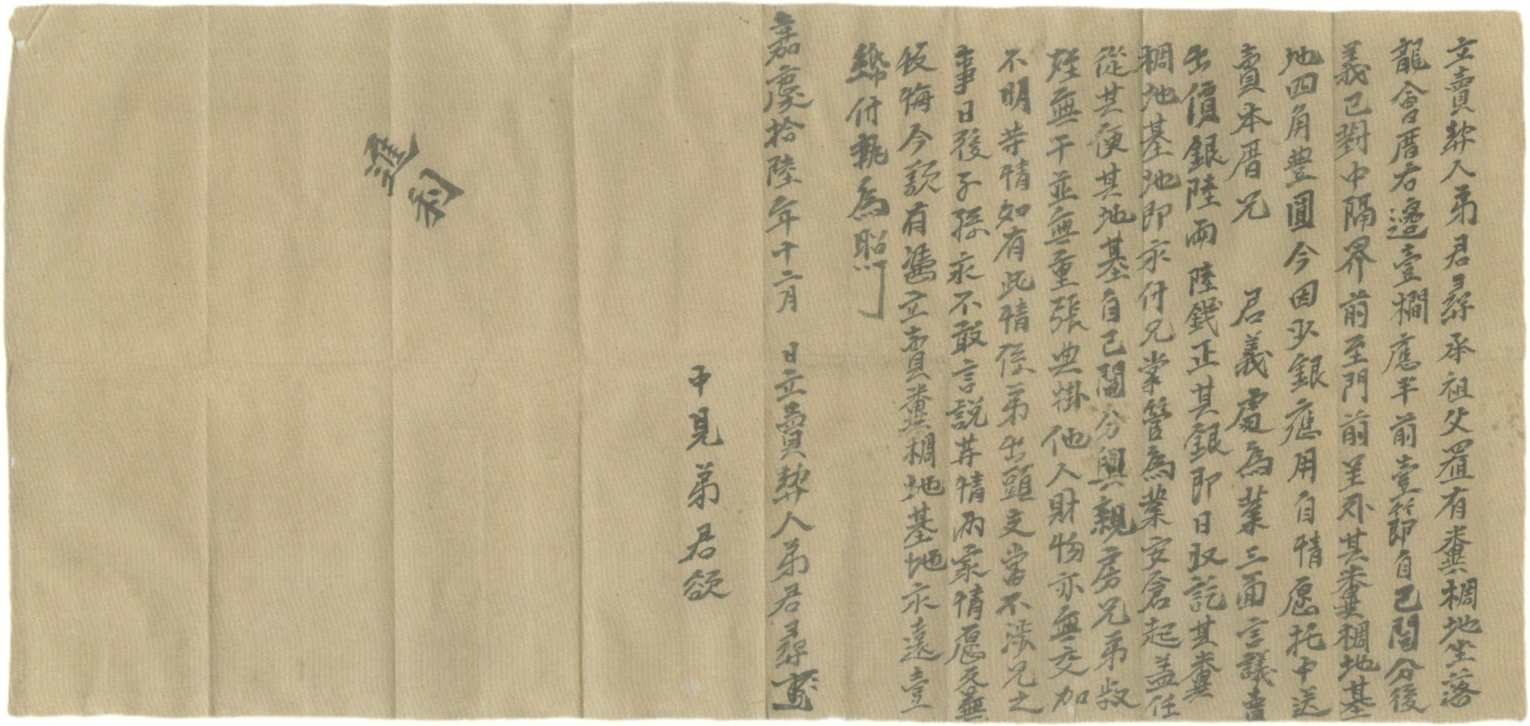

10-7-52-2　清嘉慶十六年十二月黃君尋立賣糞桐地契

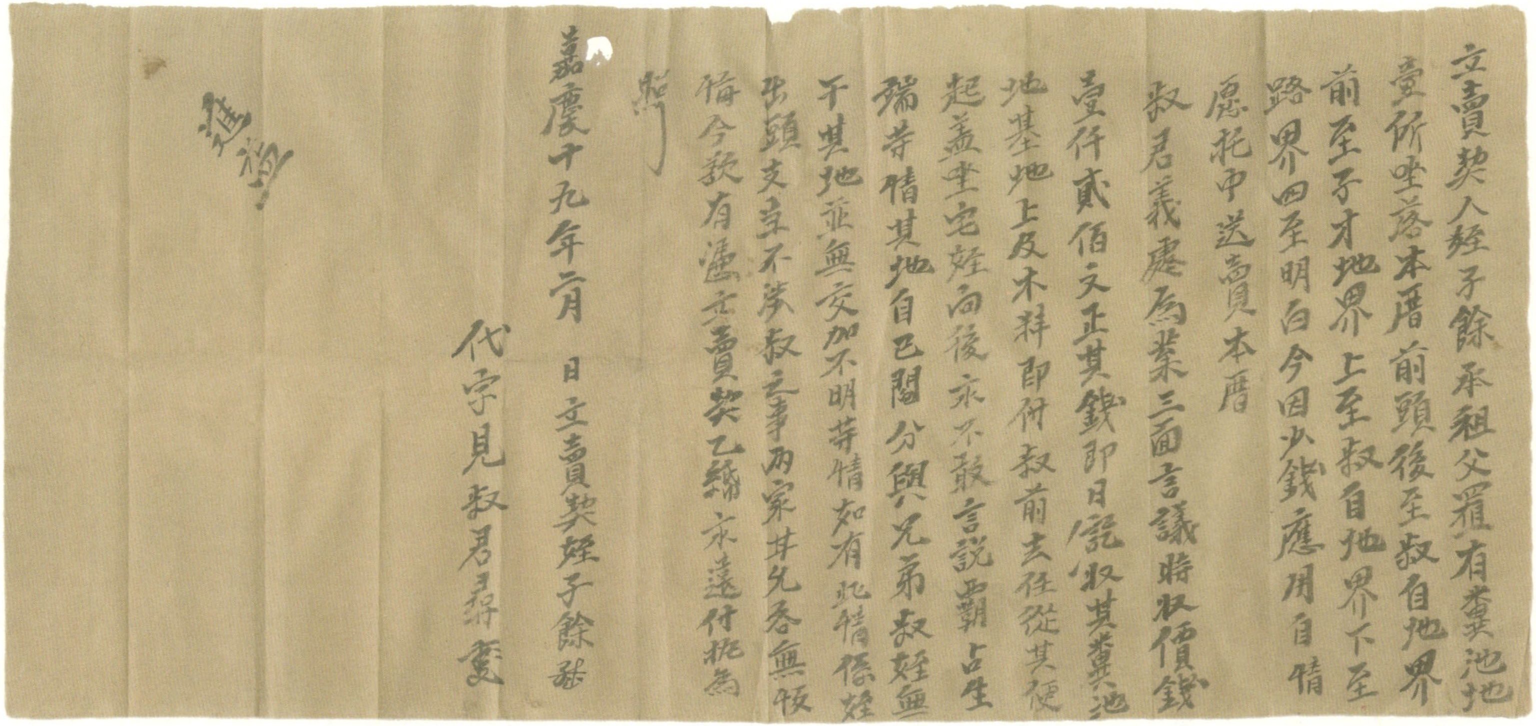

立賣契人姪子餘承祖父羅有糞池地
壹所坐落本厝前頭後至叔自地界
前至子才地界上至叔自地界下至
路界四至明白今因乏錢應用自情
愿托中送賣本厝
叔君義處爲業三面言議時值價錢
壹仟貳佰文正其錢即日親收其糞池
地基地上及木料即付叔前去往從其便
起蓋坐宅姪向後永不敢言說霸占生
端并情其地自己閹分與兄弟叔姪無
干其地並無交加不明并情如有此情係姪
出頭支當不涉叔之事兩家甘允吞無悔
悔今欲有憑立賣契乙紙永遠付執爲
照
嘉慶十九年二月　日立賣契姪子餘（押）
代字見叔君彝（押）

10-7-52-3　清嘉慶十九年二月黃子餘立賣糞池地契

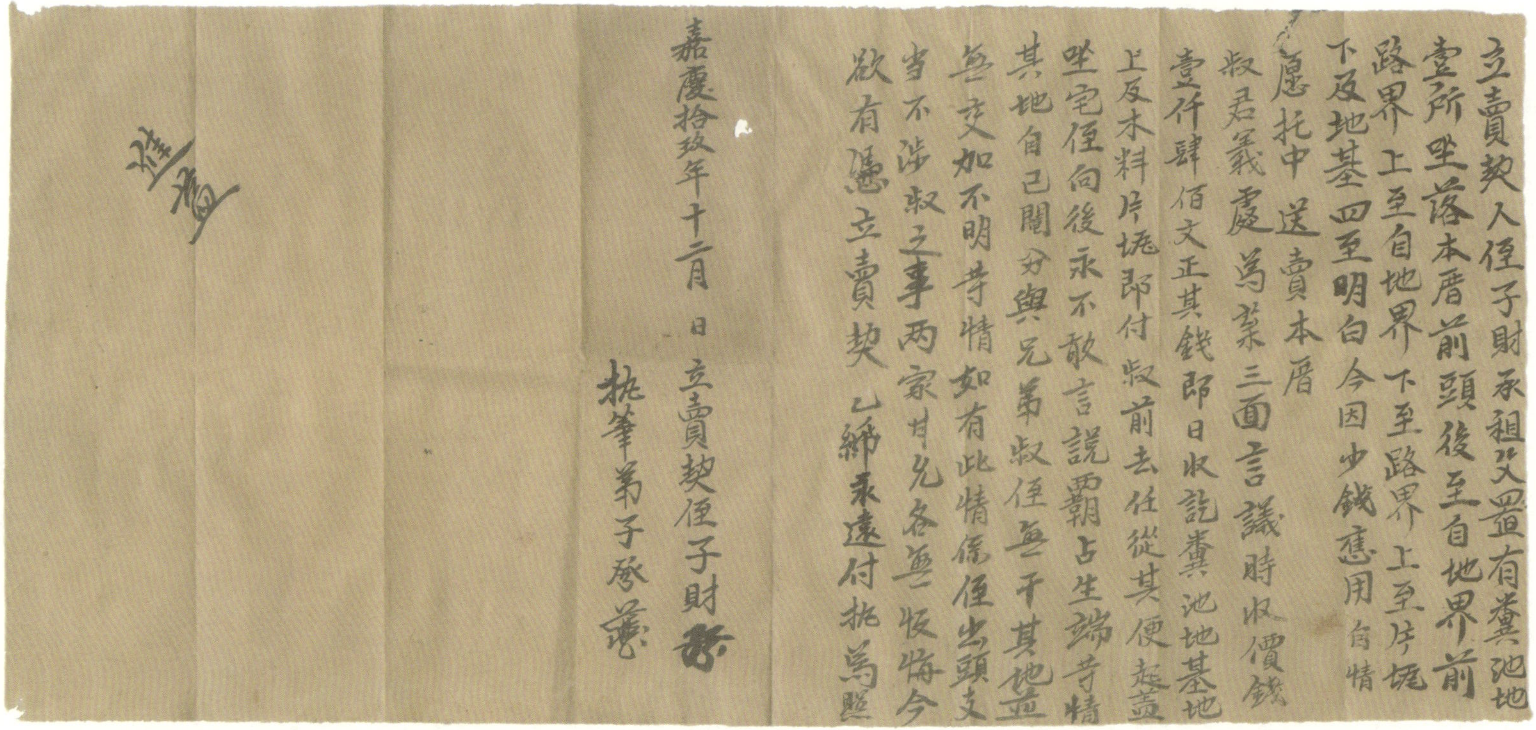

10-7-52-4 清嘉慶十九年十二月黃子財立賣糞池地契

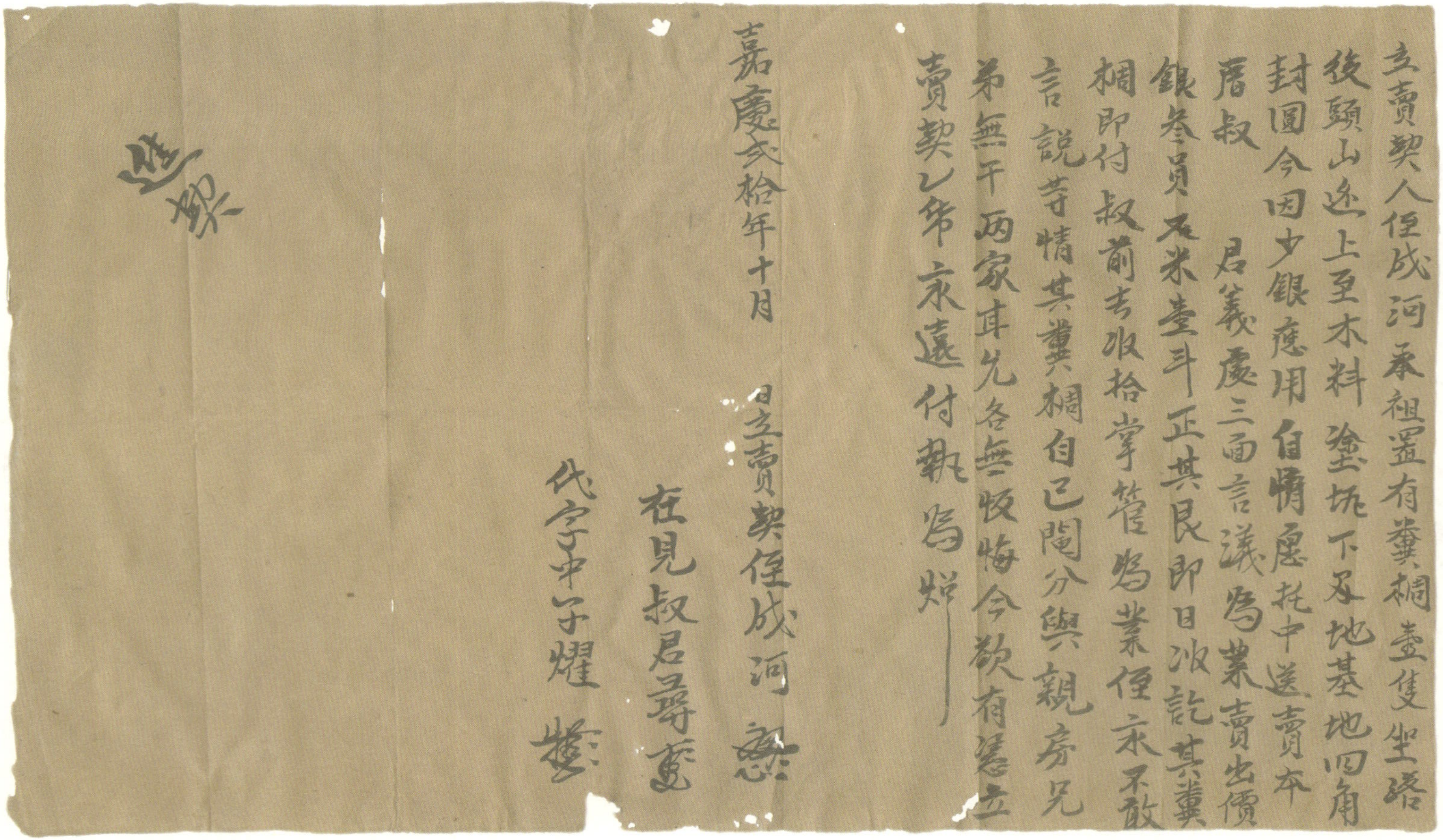
立賣契人侄成河承祖置有糞榈壹隻坐落
後頭山透上至木料塗坑下至地基地四角
封圓今因乏銀應用自情愿托中送賣本
房叔
君義處三面言議為業賣出價
銀叁員又米壹斗正其艮即日收訖其糞
榈即付叔前去收拾掌管為業侄永不敢
言説等情其糞榈自己閫分與親房兄
弟無干兩家甘允各無反悔今欲有憑立
賣契乙帋永遠付執為炤——

嘉慶貳拾年十月　日立賣契侄成河（押）
在見叔君壽（押）
代字中子燿（押）

進契

10-7-52-5　清嘉慶二十年十月黄成河立賣糞榈契

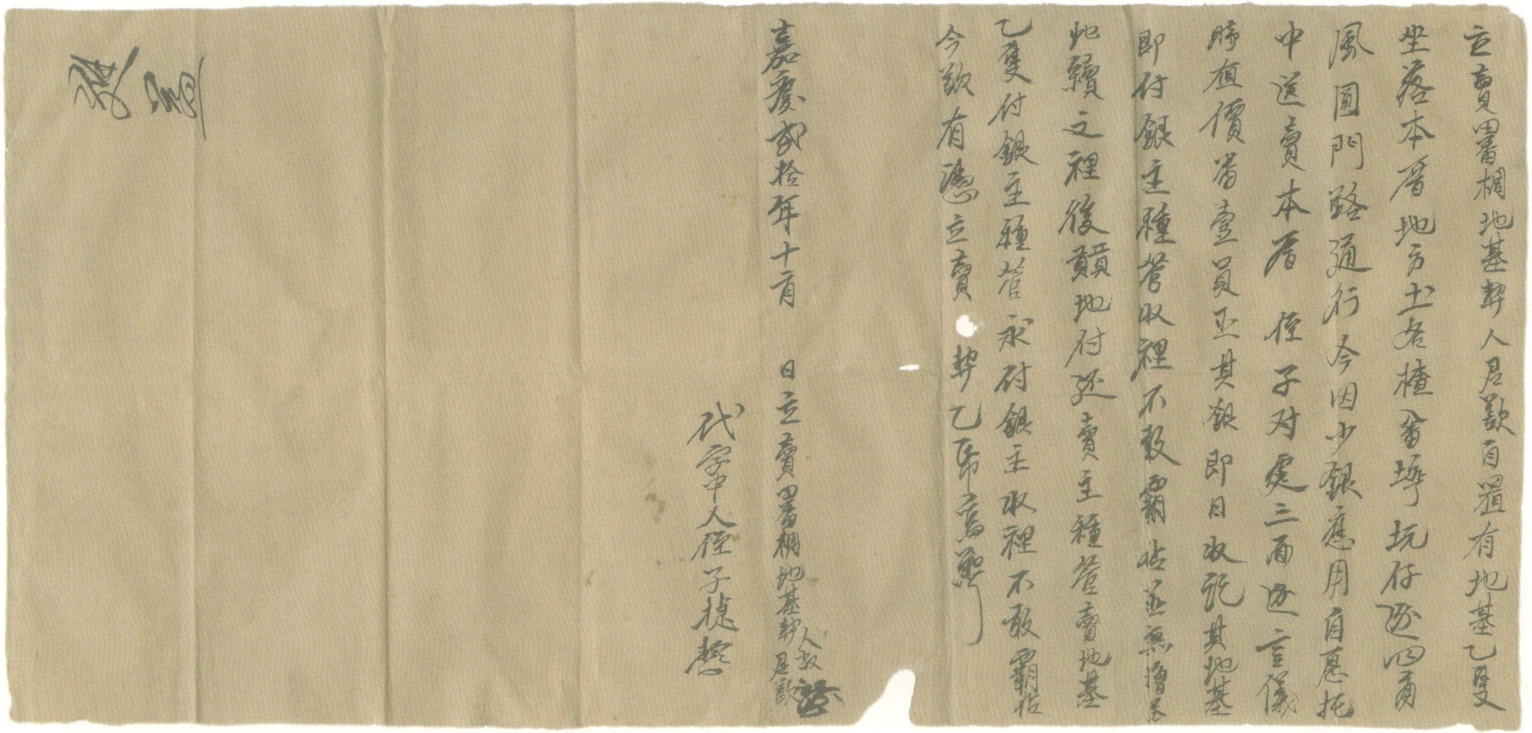

立賣糞窩桐地基契人君歆自置有地基乙叓，坐落本厝地方，土名樟𡋀坑仔，四至
風圍門路通行。今因少銀應用，自愿托
中送賣本厝侄子对出，三面言議
時值價當壹員正，其銀即日收訖。其地基
即付銀主種管收租，不敢霸佔，並無擋吝
地續之理。後贖地付還賣主種管。賣地基
乙叓付銀主種管，永付銀主收租，不敢霸佔。
今欲有憑，立賣契乙紙為照。

嘉慶貳拾年十二月　　日立賣糞窩桐地基契人君歆（押）

代字中人侄子提楚

10-7-52-6　清嘉慶二十年十二月黄君欲立賣糞桐地基契

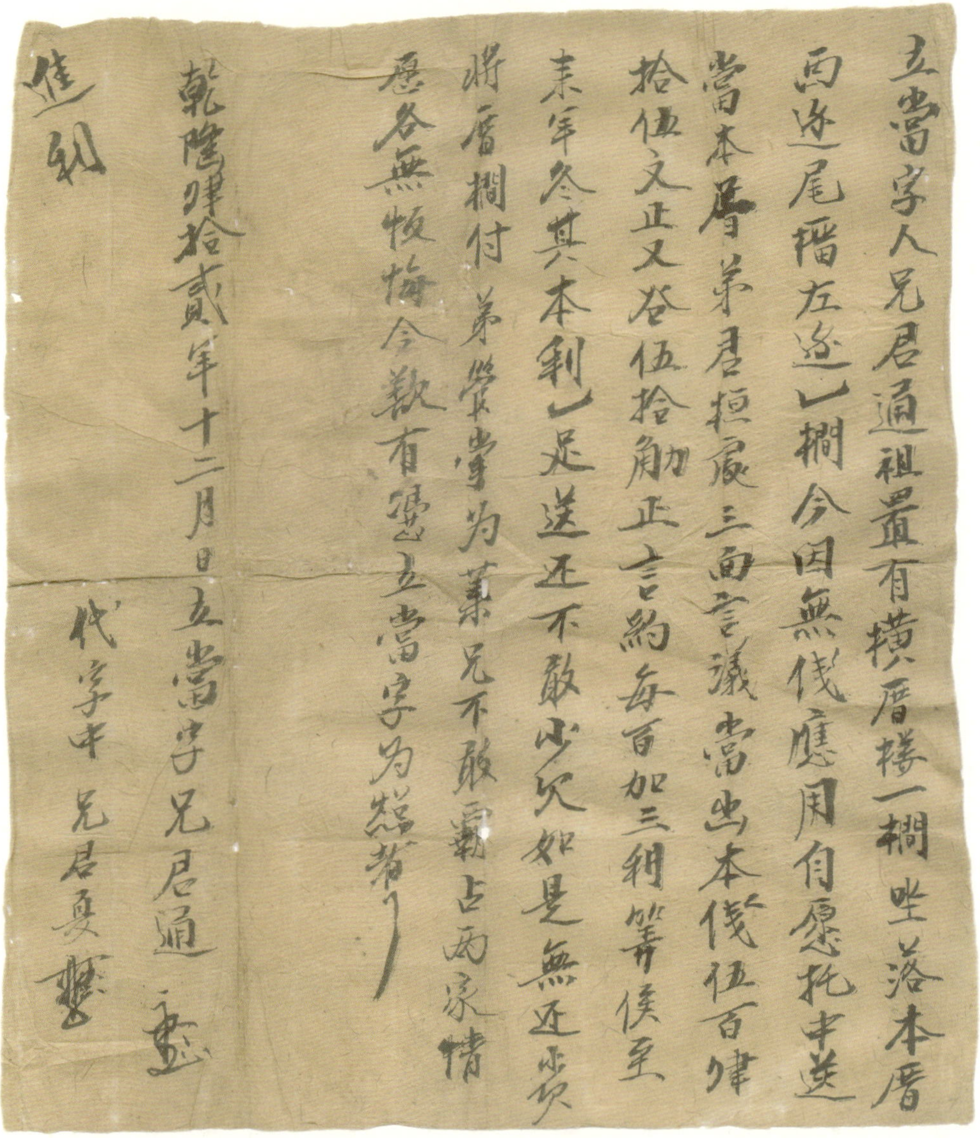
立當字人兄君通祖置有橫厝樓一榈坐落本厝
西边尾播左边一榈今因無錢應用自愿托中送
當本厝弟君桓處三面言議當出本錢伍百肆
拾伍文正又谷伍拾觔正言約每百加三利筭候至
來年冬其本利一足送还不敢少欠如是無还少欠
將厝榈付弟管業為業兄不敢霸占兩家情
愿各無悔悔今欲有憑立當字為照者
乾隆肆拾貳年十二月日立當字兄君通（押）
代字中　兄君良（押）
進契

10-7-53-1　清乾隆四十二年十二月黃君通立當橫厝契

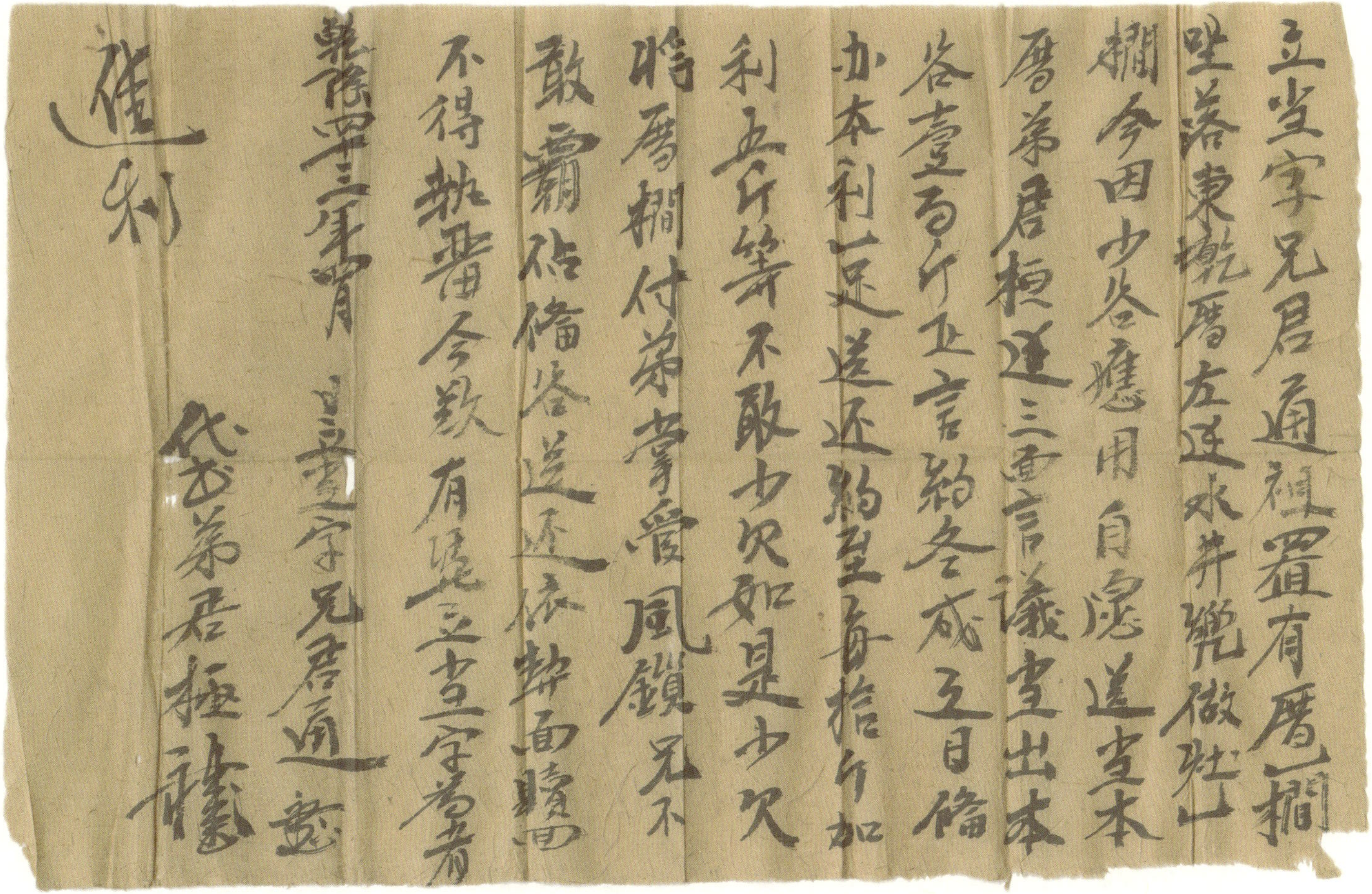
立當字兄君通祖置有厝一棡
坐落東墘乾厝左近水井號做壯山
棡今因少谷應用自愿送當本
厝弟君極邊三面言議當出本
谷壹百斤正言約冬成五日倫
办本利一足送还納至每指斤加
利五斤等不敢少欠如是少欠
將厝棡付弟掌管風鎖兄不
敢霸佔倫谷送还依契面贖回
不得執留今欲有憑立當字為着
乾隆四十三年四月　日立當字兄君通（押）
代書弟君極（押）
進利

10-7-53-2　清乾隆四十三年四月黄君通立當厝棡字

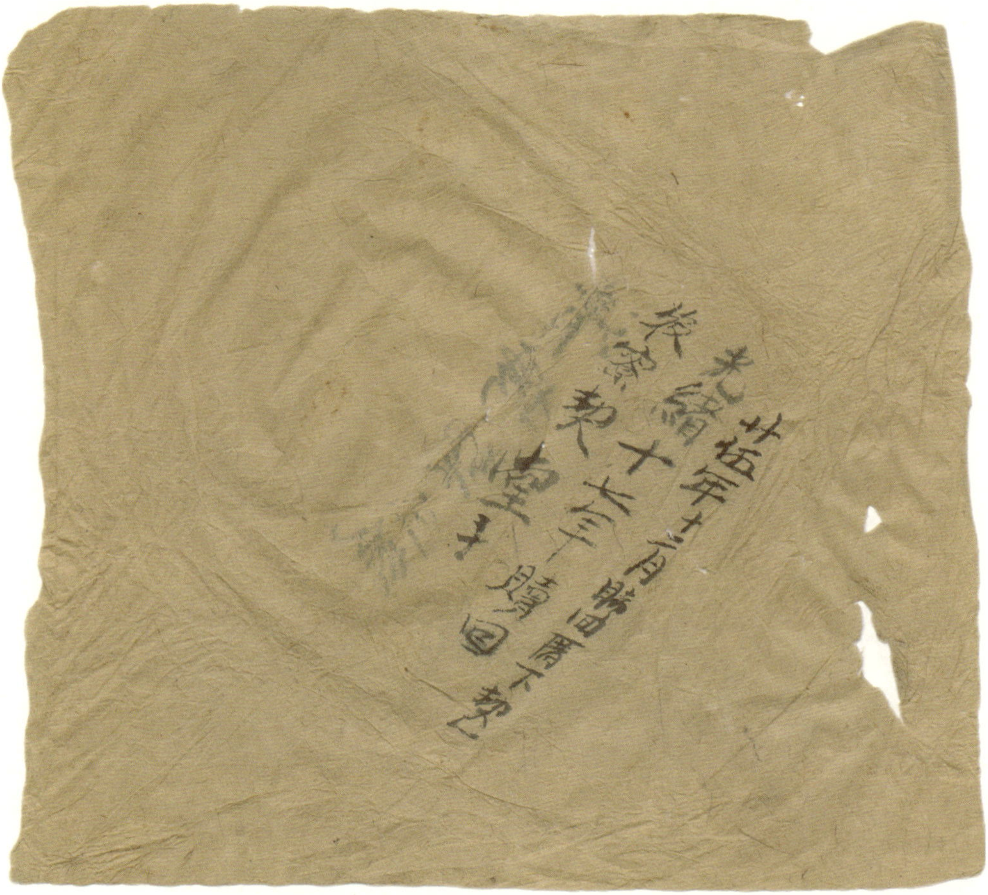

10-7-54-1　包契紙

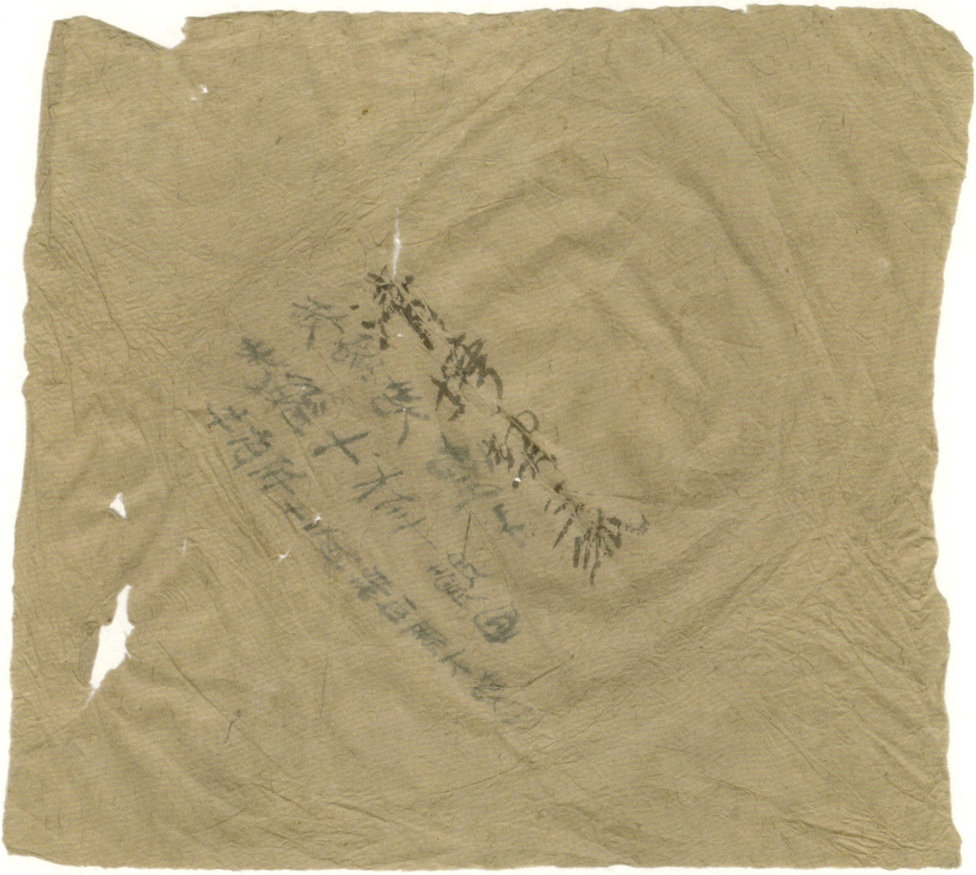

10-7-54-2 包契紙

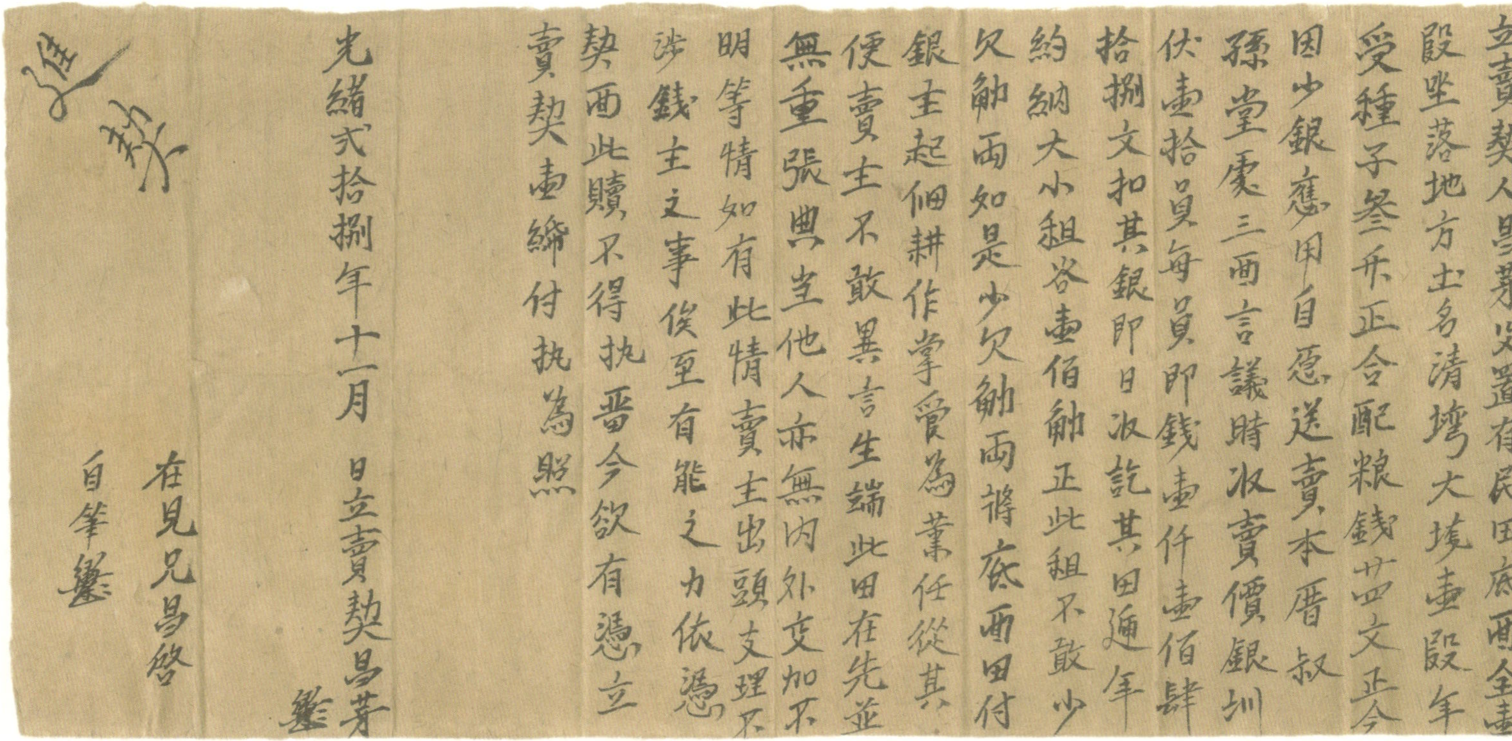

立賣契人昌芽父置有民田底面全壹
段坐落地方土名清墩大墘壹段年
受種子叁秤正合配粮錢廿四文正今
因少銀應用自愿送賣本厝叔
孫堂處三面言議時值賣價銀圳
伏壹拾員每員即錢壹仟壹佰肆
拾捌文扣其銀即日收訖其田遞年
約納大小租谷壹佰觔正此租不敢少
欠觔兩如是少欠觔兩將底面田付
銀主起佃耕作掌管為業任從其
便賣主不敢異言生端此田在先並
無重張典当他人亦無內外支加不
明等情如有此情賣主出頭支理不
涉錢主之事俟至有能之力依憑立
契面此贖不得执留今欲有憑立
賣契壹綿付执為照

光緒弍拾捌年十一月　日立賣契昌芽（押）

在見兄昌啓

自筆（押）

進契

10-7-54-3　清光緒二十八年十一月黄昌芽立賣底面全民田契

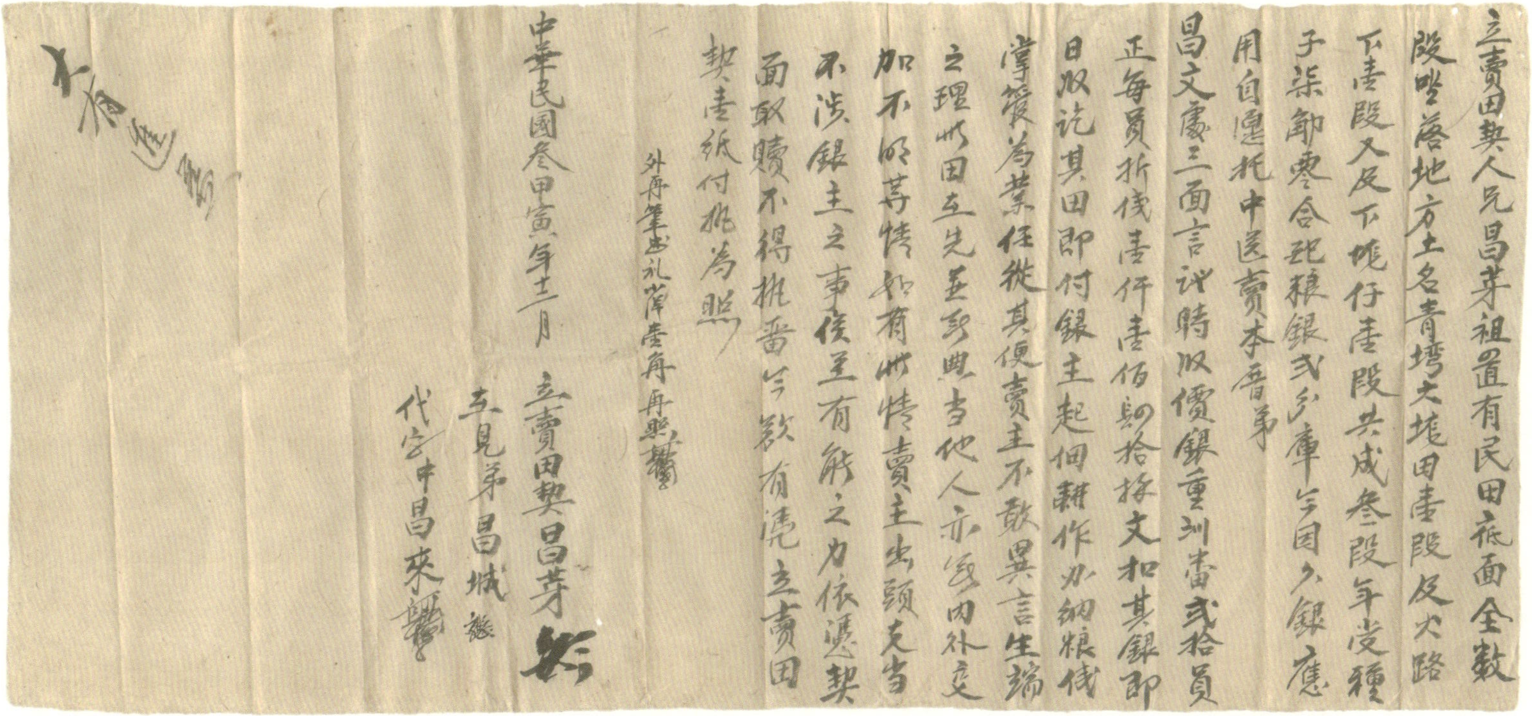
立賣田契人兄昌芽祖置有民田底面全數
段坐落地方土名青墩大垅田壹段及大路
下壹段又及下垅仔壹段共成叁段年受種
子柒鈄零合記粮銀弍分庫平正因乏銀應
用自願托中送賣本房弟
昌文處三面言议時値價銀重川番弍拾員
正每員折伐壹仟壹佰馸拾捌文扣其銀即
日收讫其田即付銀主起佃耕作办納粮伐
掌管為業任從其便賣主不敢異言生端
之理此田系先並無典当他人亦無内外交
加不明等情如有此情賣主出頭支当
不涉銀主之事倘至有能之力依憑契
面取贖不得執番兮欵有憑立賣田
契壹紙付執為照
外再筆述礼岸壹再照
中華民國叁甲寅年十二月　立賣田契昌芽
立見弟昌城
代字中昌來
大有進寶

10-7-54-4　民國三年十二月黃昌芽立賣底面全民田契

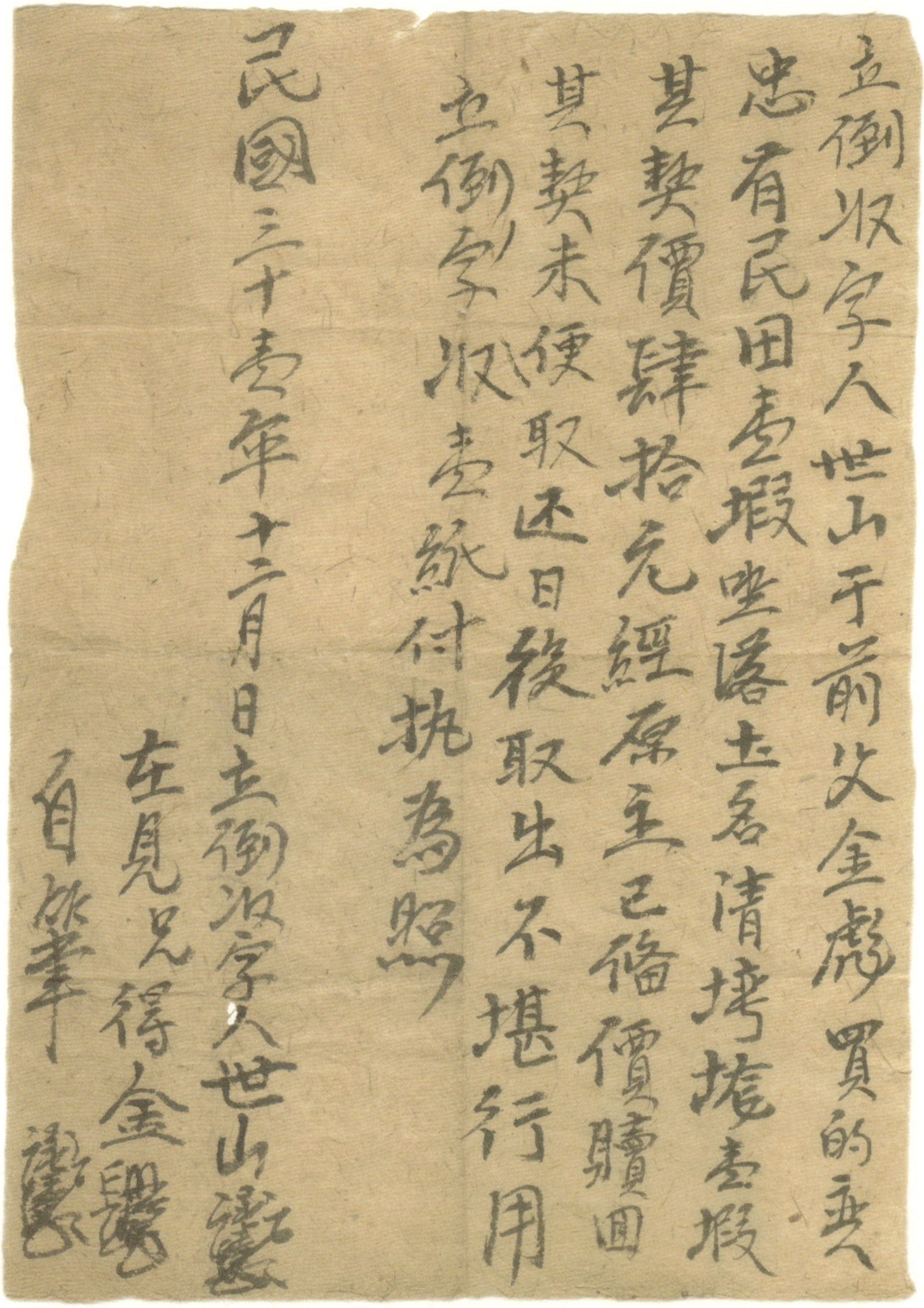
立倒收字人世山于前父金彪買的吳
忠有民田壹坵坐落土名清塆墘壹坵
其契價肆拾元經原主已備價贖回
其契未便取还日後取出不堪行用
立倒字收壹紙付执為照
民國三十壹年十二月日立倒收字人世山（押）
在見兄得金（押）
自代筆（押）

10-7-54-5 民國三十一年十二月黃世山立倒收字

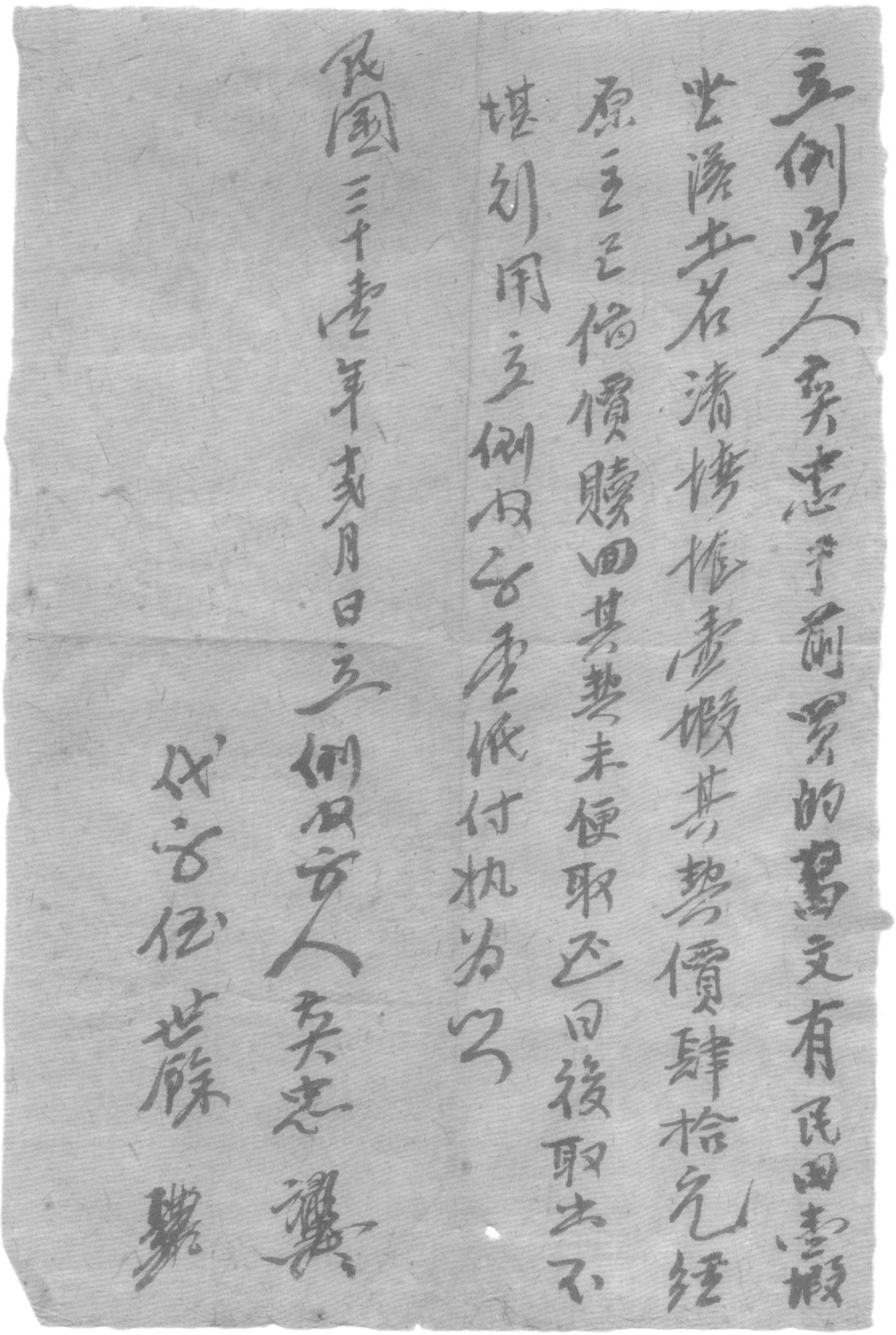

立倒字人奕忠手前買的舊文有民田壹段
坐落土名清塘墘壹段，其契價肆拾元，經
原主已備價贖回，其契未便取還，日後取出不
堪引用，立倒收字壹紙付執為照。
民國三十壹年十二月日立
倒收字人奕忠
代字伍世蘇

10-7-54-6　民國三十一年十二月黄奕忠立倒收字

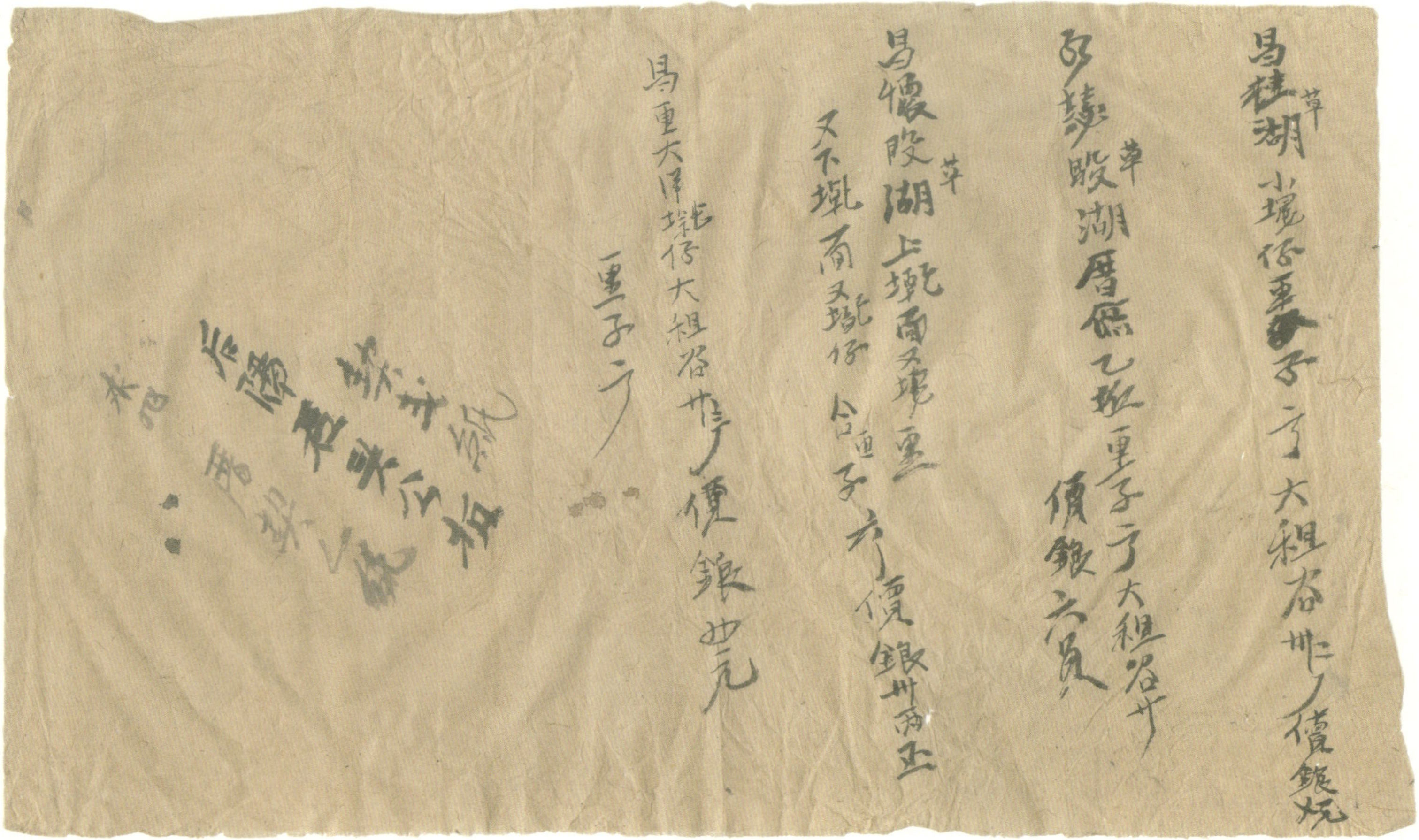

馬桂湖草　小壠仔重子亍　大租谷卅乚　價銀[illegible]

乃藤暇湖草　厝㕓乙坵重子亍　大租谷廿　價銀六員

馬懷暇湖草　上壠面又壠重　又下壠面又壠仔　合重子亠亍　價銀卅兩正

馬重大厝埕仔大租谷廿亍　價銀廿元　一重子亠亍

10-7-55-1　包契紙

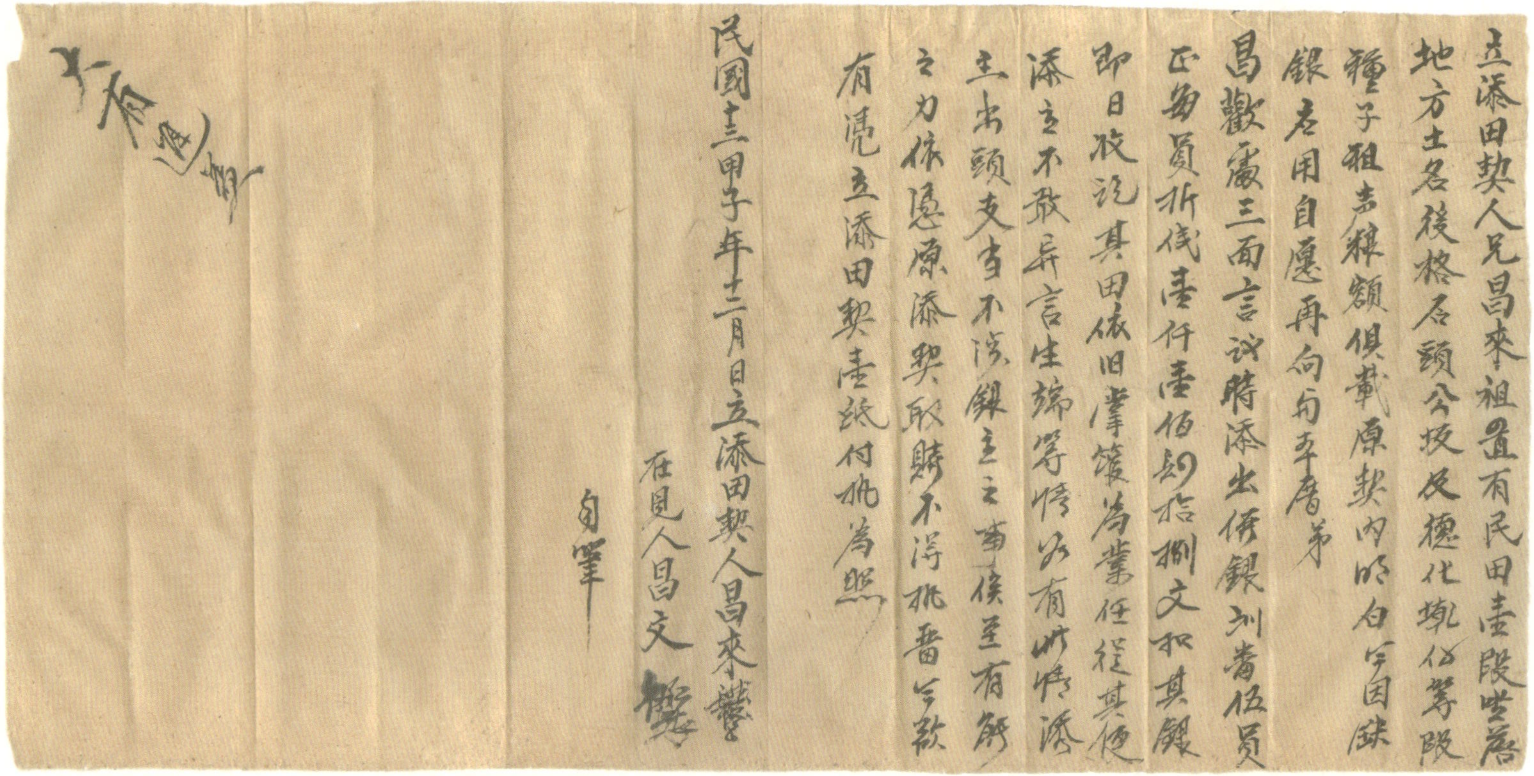
立添田契人兄昌來祖置有民田壹段坐落
地方土名後格石頭公坂及德化墘仔等段
種子租聲額俱載原契內明白今因缺
銀應用自愿再向與本房弟
昌歡處三面言議時添出佛銀列番伍員
正每員折錢壹仟壹佰肆拾捌文和其銀
即日收訖其田依旧掌管為業任從其便
添主不敢異言生端等情以有此情添
主出頭支當不涉銀主之事俟至有銀
之日依愿原添契取贖不得執番多款
有憑立添田契壹紙付執為照
民國十三甲子年十二月日立添田契人昌來（押）
在見人昌文（押）
自筆
大有通喜

10-7-55-2　民國十三年十二月黃昌來立添民田契

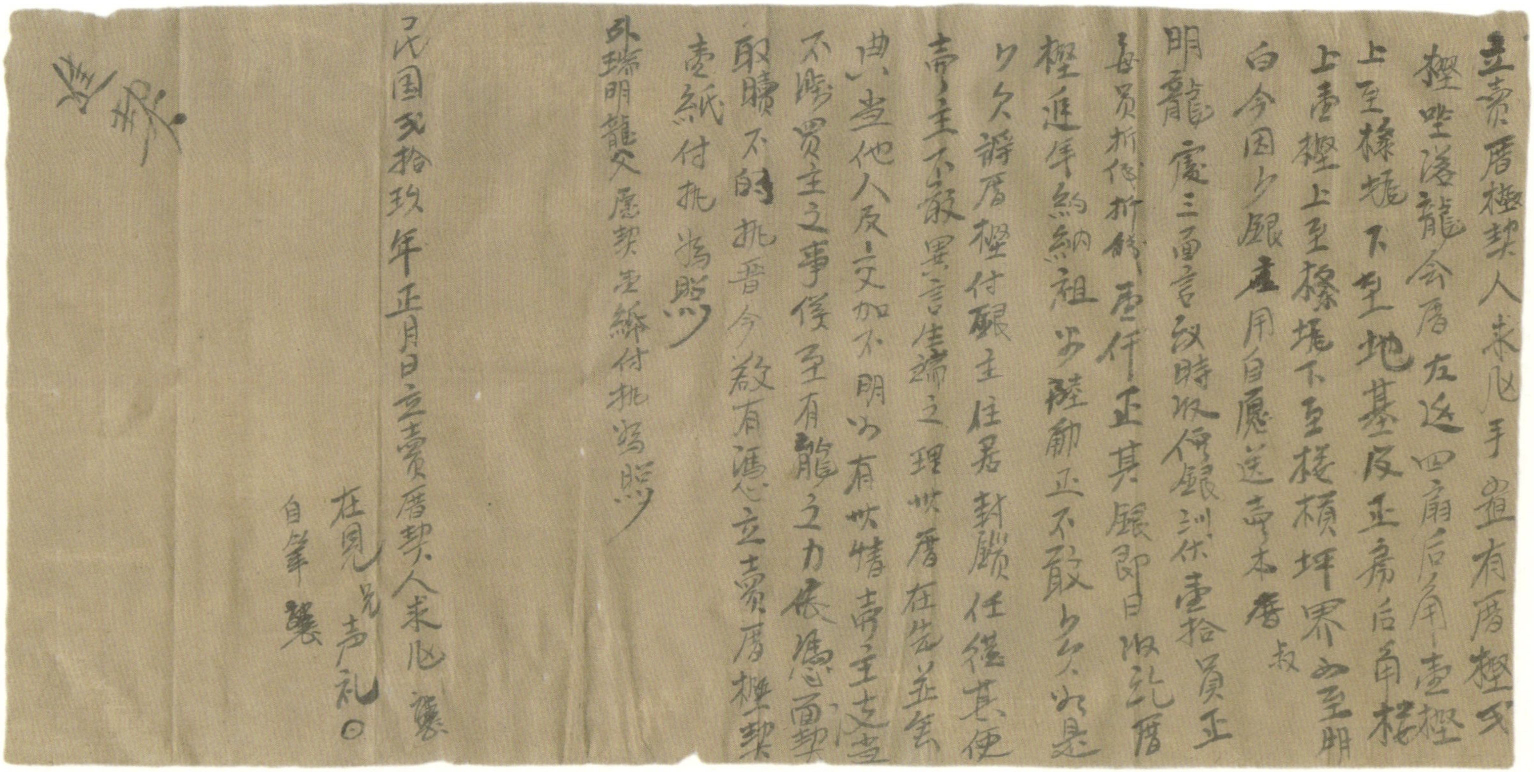

立賣厝樫契人求凣手置有厝樫弍
樫坐落龍會厝左边四扇后角壹樫
上至椽捷下至地基及正扇后角樓
上壹樫上至椽捷下至樓横坪界明至明
白今因乏銀應用自愿送賣本厝叔
明龍處三面言議時收價銀法伏壹拾員正
每員折價折錢壹仟正其銀即日收訖厝
樫進年約納租米陸斛正不敢少欠如是
少欠將厝樫付賣主住居封賭任從其便
賣主不敢異言生端之理此厝在先並無
典出他人反文加不明如有此情賣主支當
不涉買主之事從至有龍之力係憑面契
取贖不的批晉今欲有憑立賣厝樫契
壹紙付批為照
外瑞明龍父原契並聯付批為照
民國弍拾玖年正月日立賣厝契人求凣
在見兄声礼
自筆

10-7-55-3　民國二十九年正月黄求凣立賣厝樫契

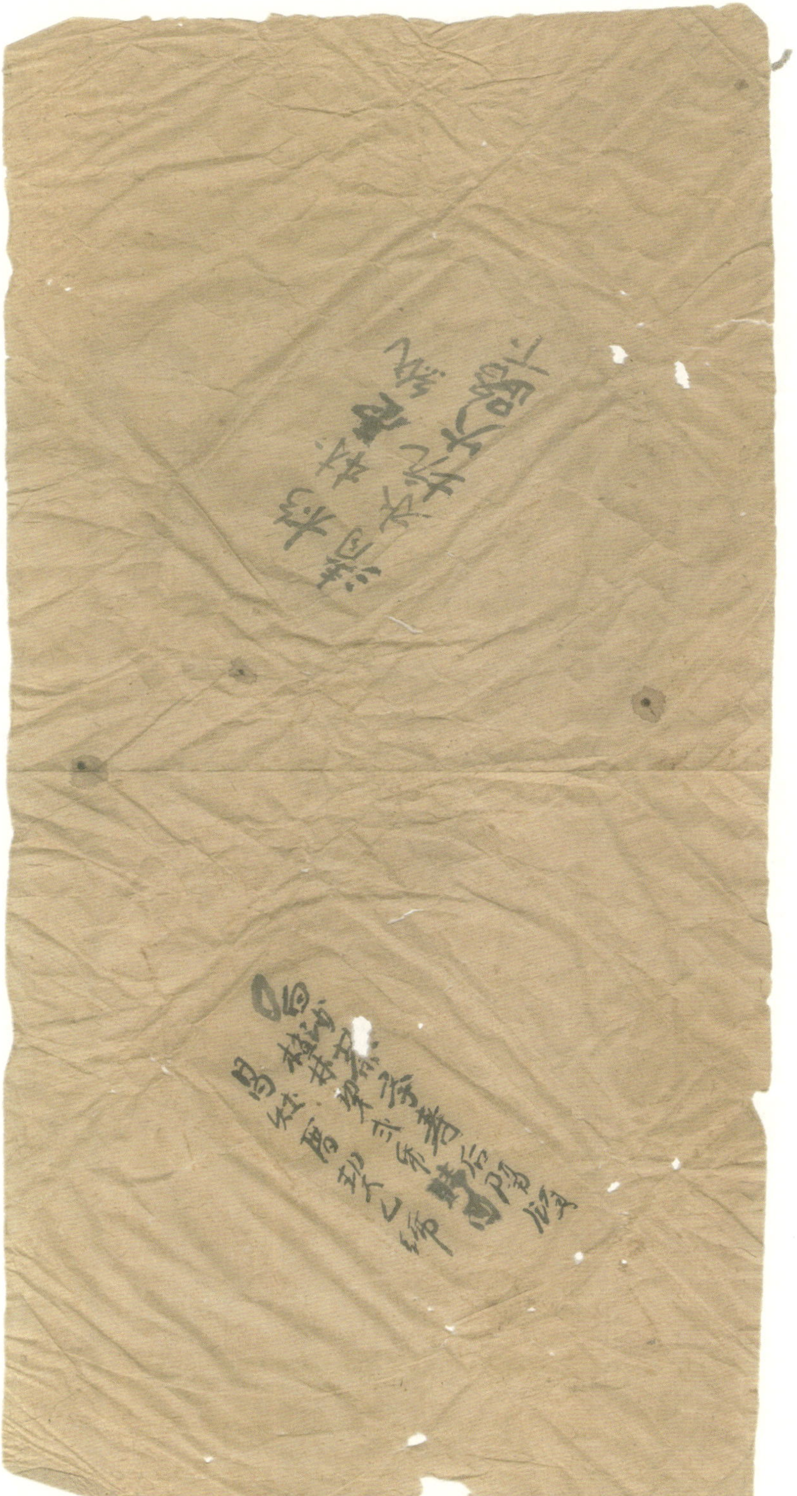

10-7-56-1　包契紙

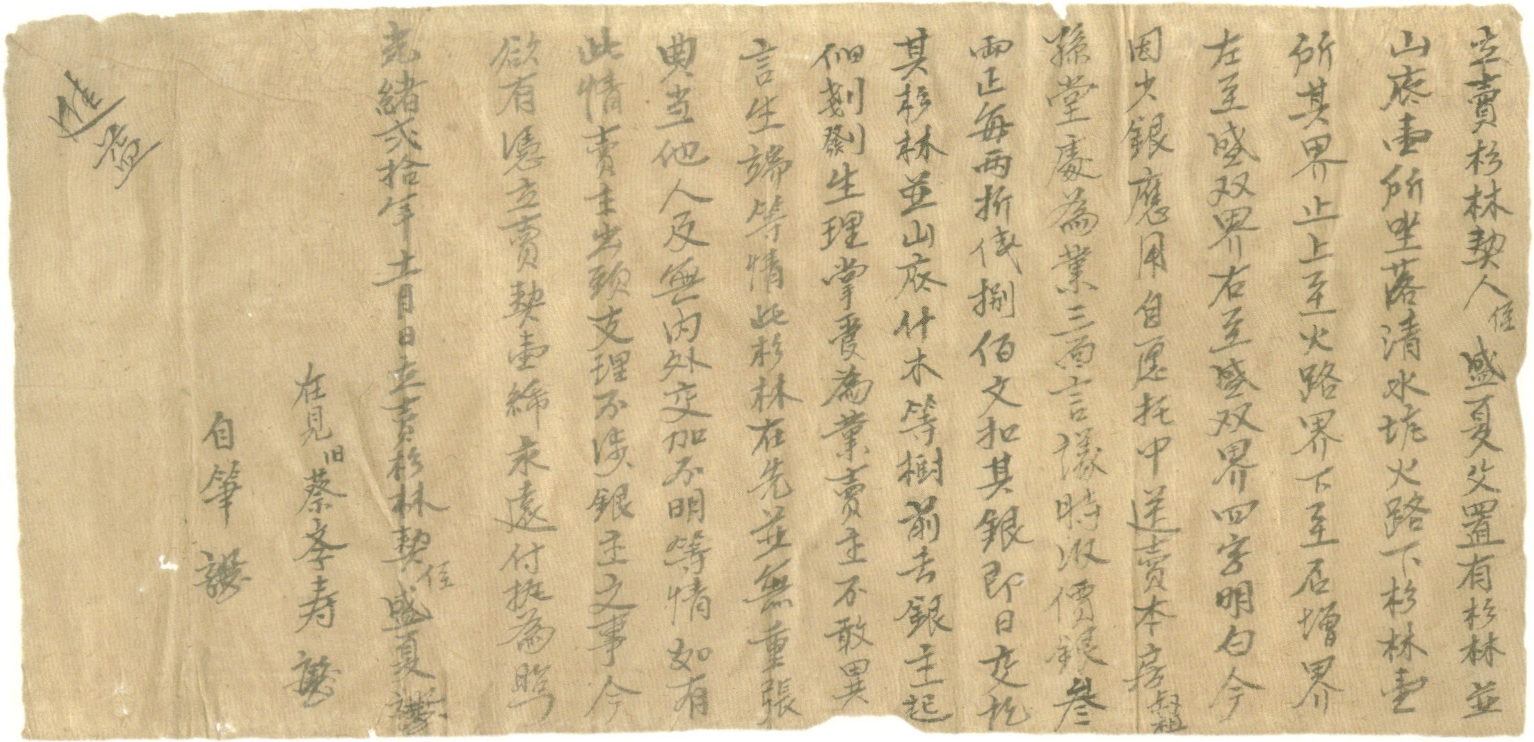
立賣杉林契人侄盛夏，父置有杉林並山底壹所，坐落清水坑火路下，杉林壹所，其界止上至火路界，下至石墙界，左至盛双界，右至盛双界，四字明白。今因乏銀應用，自愿托中送賣本房叔孫堂處為業，三面言議時價銀叁兩正，每兩折代捌佰文，扣其銀即日交訖。其杉林並山底什木等樹，前去銀主起佃劃發生理掌管為業，賣主不敢異言生端等情。此杉林在先並無重張典當他人，及無内外交加不明等情。如有此情，賣主出頭支理，不涉銀主之事。今欲有憑，立賣契壹紙，永遠付執為照。

光緒式拾年十一月　日立賣杉林契侄盛夏（押）

在見旧蔡孝寿（押）

自筆（押）

10-7-56-2　清光緒二十年十一月黃盛夏立賣杉林並山底契

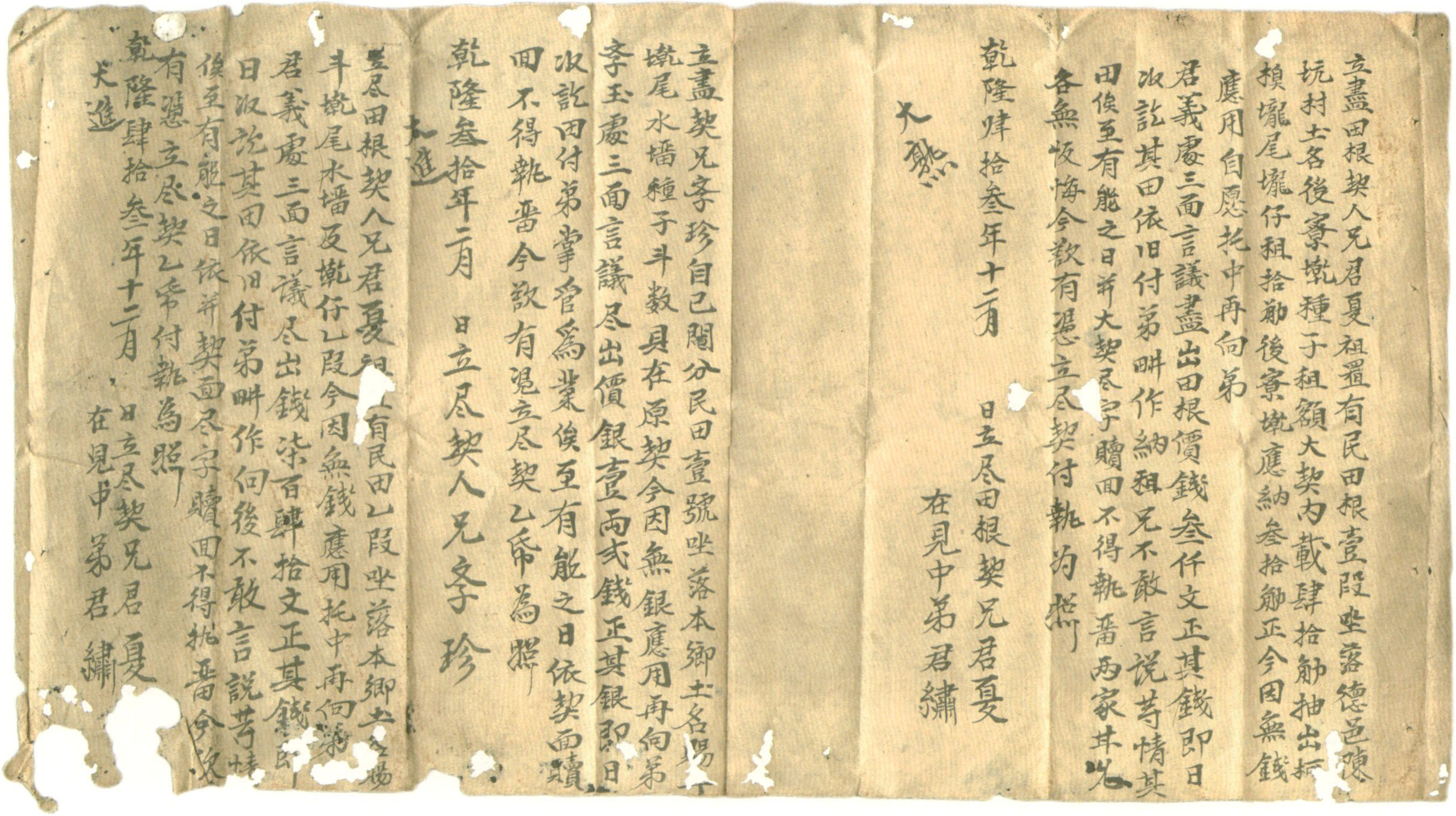

立盡田根契人兄君夏祖置有民田根壹段坐落德邑陳
坑村土名後寮墘種子租額大契內載肆拾觔抽出拆
換壠尾壠仔租拾觔後寮墘應納叁拾觔正今因無錢
應用自愿托中再向弟
君義處三面言議盡出田根價錢叁仟文正其錢即日
收訖其田依旧付弟耕作納租兄不敢言說苛情其
田俟至有能之日并大契盡字贖回不得執番兩家甘允
各無反悔今欲有憑立盡契付執為照
乾隆肆拾叁年十二月　日立盡田根契兄君夏
在見中弟君繡
大熙

立盡契兄季珍自己鬮分民田壹號坐落本鄉土名楊
墘尾水壋種子斗數具在原契今因無銀應用再向弟
季玉處三面言議盡出價銀壹兩弍錢正其銀即日
收訖田付弟掌管為業俟至有能之日依契面贖
回不得執番今欲有憑立盡契乙紙為照
乾隆叁拾年二月　日立盡契人兄季珍
大進

立盡田根契人兄君夏祖有民田乙段坐落本鄉土名楊
斗墘尾水壋及墘仔山段今因無錢應用托中再向弟
君義處三面言議盡出錢柒百肆拾文正其錢即
日收訖其田依旧付弟耕作何後不敢言說苛情
俟至有能之日依并契面盡字贖回不得執番今欲
有憑立盡契乙紙付執為照
乾隆肆拾叁年十二月　日立盡契兄君夏
在見中弟君繡
大進

10-7-57-1　清乾隆四十三年十二月黃君夏立盡民田根契

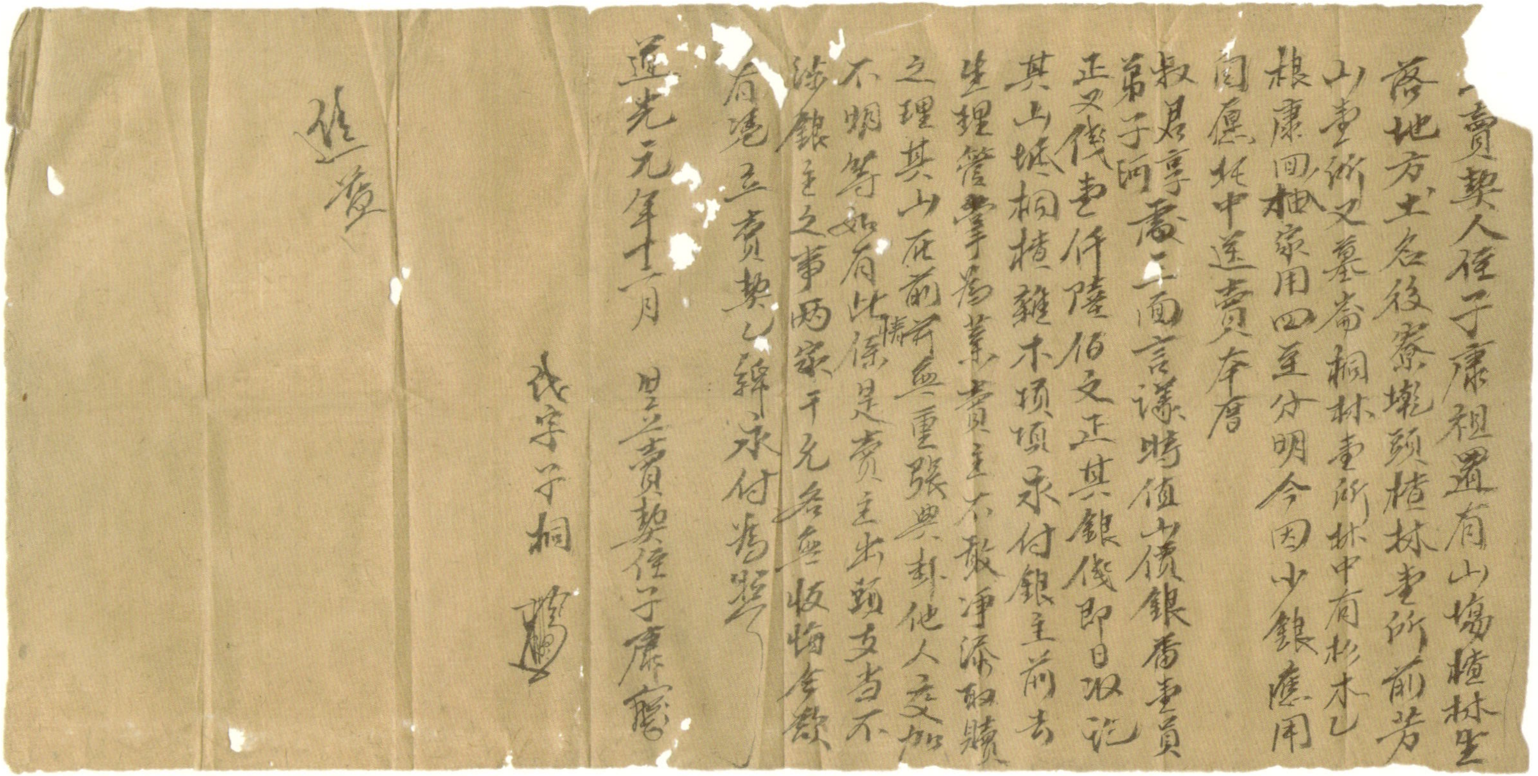
立賣契人侄子康祖置有山場植林坐
落地方土名後寮墘頭植林東至前若
山東所又墓崙桐林東所林中有杉木乙
根康回抽除用四至分明今因少銀應用
自愿托中送賣本厝
叔君享
弟子炳處三面言議時值山價銀番壹員
正又錢壹仟陸佰文正其銀錢即日收訖
其山址桐植雜木項項承付銀主前去
生理管掌為業賣主不敢淨添取贖
之理其山在前並無重張典掛他人交加
不明等情如有此情勝是賣主出頭支當不
涉銀主之事兩家干允各無收悔今欲
有憑立賣契一紙永付為照
道光元年十二月　日立賣契侄子康（押）
代字子桐（押）
進賣

10-7-57-2　清道光元年十二月黄子康立賣山場植林契

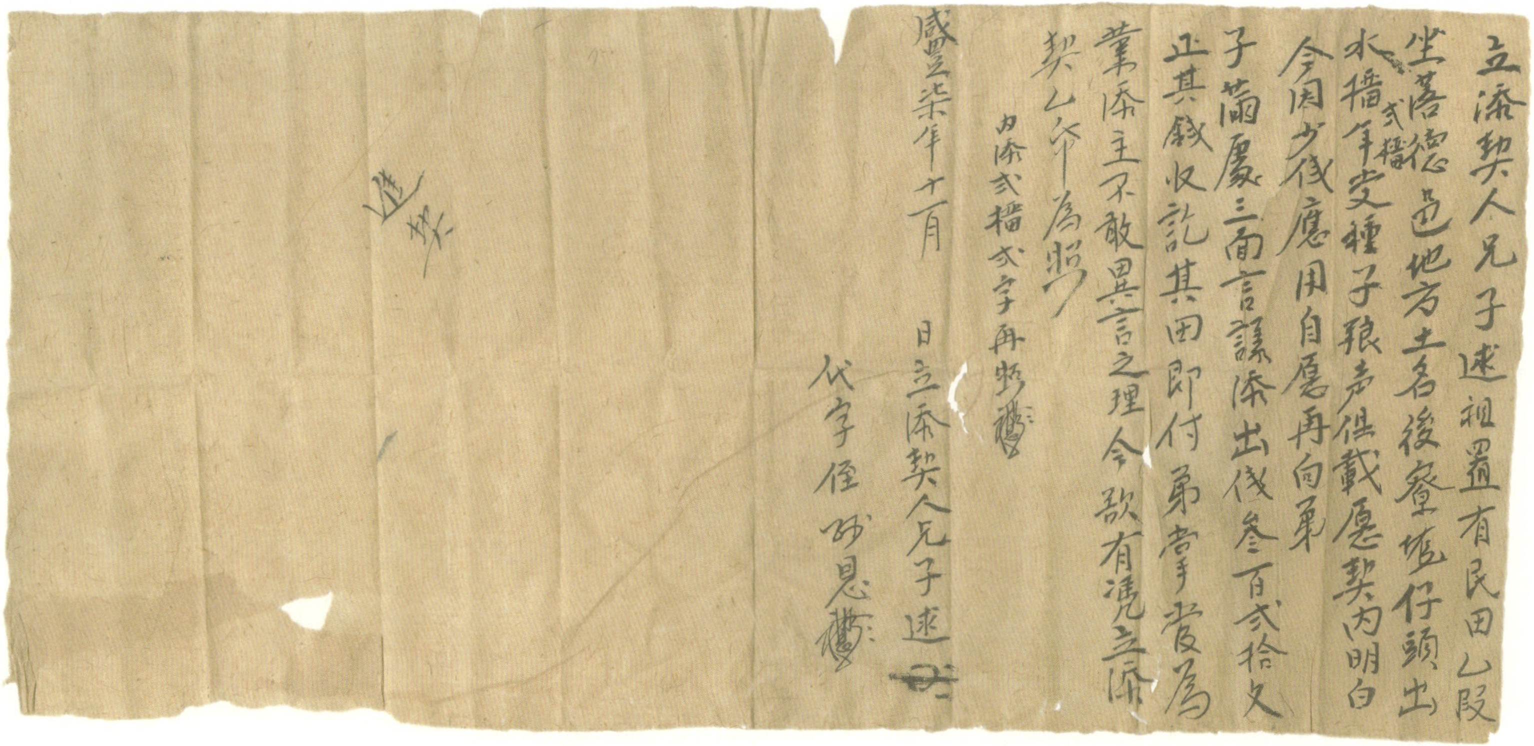

立添契人兄子逑祖置有民田乙段
坐落德邑地方土名後壟墘仔頭出
水播式播年交種子粮声供載原契內明白
今因乏錢應用自愿再向弟
子蒲處三面言議添出錢叁百式拾文
正其錢收訖其田即付弟掌管為
業添主不敢異言之理今欲有憑立添
契乙帋為照
內添式播式字再照
咸豐柒年十一月　日立添契人兄子逑（押）
代字侄[illegible]思
退契

10-7-57-3　清咸豐七年十一月黄子逑立添民田契

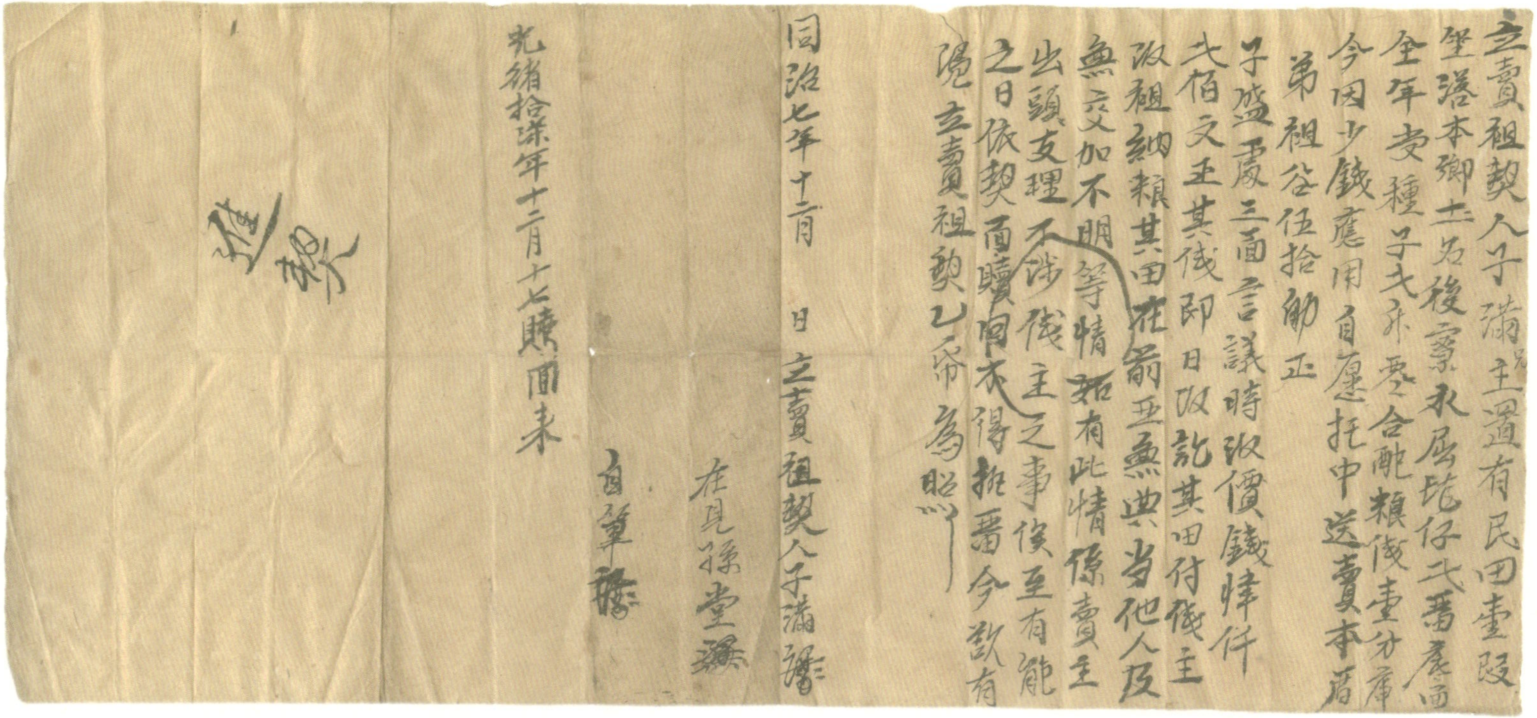
立賣租契人子滿兄主置有民田壹段
坐落本鄉土名後寮永屋坵仔弍番厝面
全年受種子弍亦要合配糧錢壹分庫
今因乏錢應用自愿托中送賣本房
弟祖谷伍拾觔正
子盛處三面言議時價錢肆仟
弍佰文正其錢即日收訖其田付錢主
收租納糧其田在前並無典當他人及
無交加不明等情始有此情係賣主
出頭支理不涉錢主之事後至有能
之日依契面贖回不得執番今欲有
憑立賣租契乙紙為照
同治七年十二月　日　立賣租契人子滿（押）
在見孫　堂（押）
自筆（押）
光緒拾柒年十二月十七贖回來
退契

10-7-57-4　清同治七年十二月黃子滿立賣民田租契（廢契）

立添田契人孫對承祖置有民田數段坐落
德邑地方土名後寮大塆中反肥坂田弍段
種子租声粮額俱載原契內明白今因乏
銀應用自愿再向本房侄
昌文處三面言議時添出佛銀龍番弍員
正每員折錢壹仟壹佰的指拆文扣其艮
即日收訖其田依旧掌管為業添主不
敢异言生端不涉銀主之事倘至有射
之力依憑原添契取贖不得挑番今
欲有憑立添田契壹紙付執為照

中華民國癸丑年十弍月　日立添田契孫對　號
在見侄國車　號
代字昌來　號

[illegible]

10-7-57-5　民國二年十二月黃孫對立添民田契

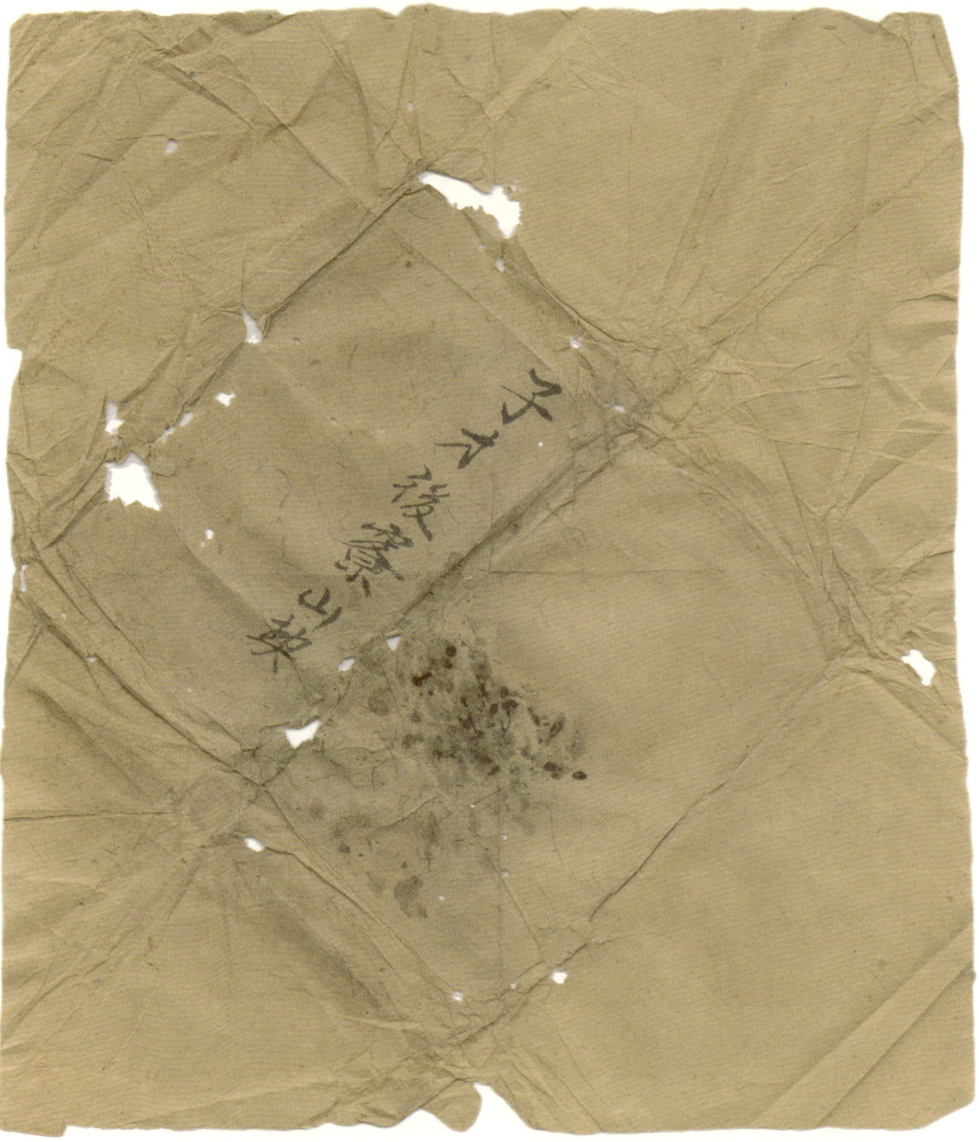

10-7-58-1　包契紙

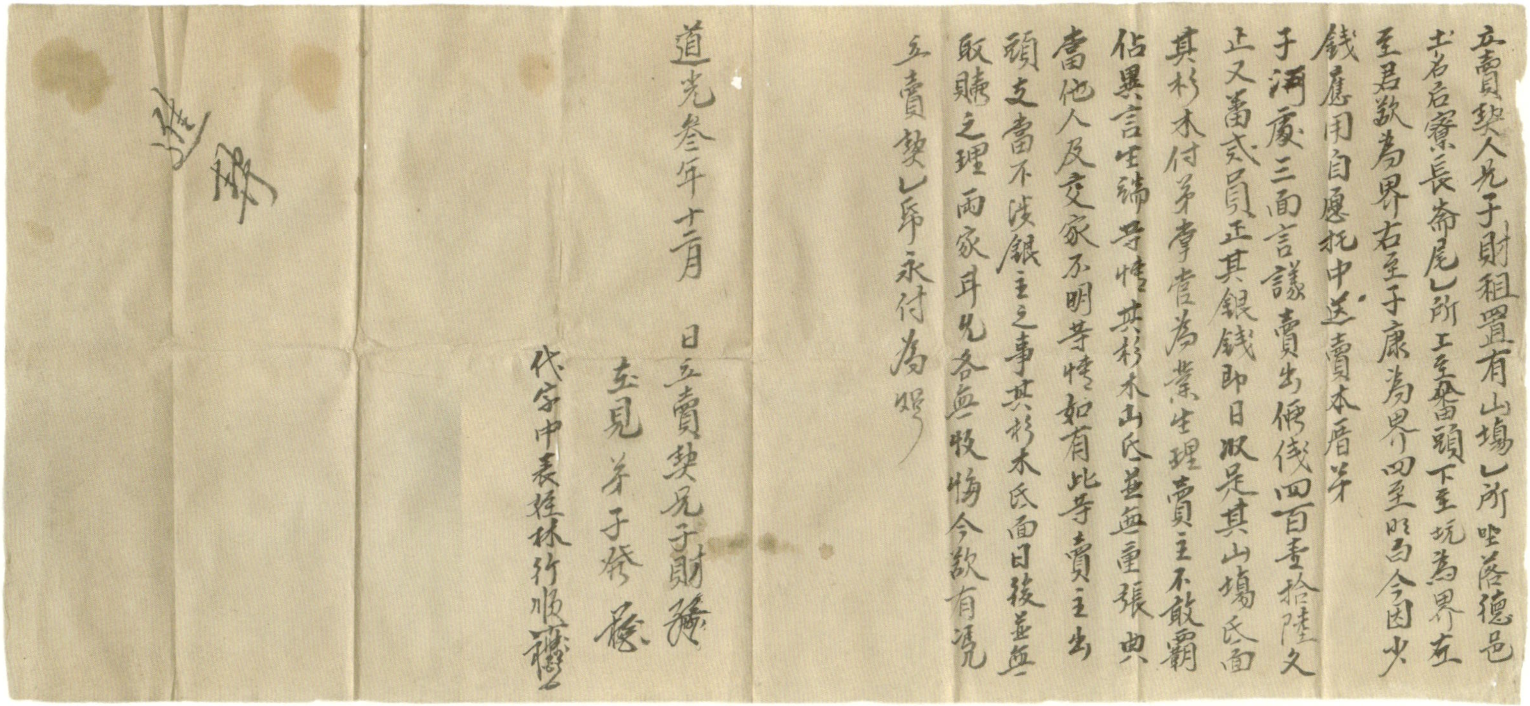

立賣契人黃子財祖置有山場乙所坐落德邑
土名后寮長崙尾乙所上至番頭下至坑為界左
至君欽為界右至子康為界四至明白今因少
錢應用自愿托中送賣本厝弟
子滿處三面言議賣出價錢四百壹拾陸文
正又當式員正其銀錢即日收足其山場氏面
其杉木付弟掌管為業生理賣主不敢霸
佔異言生端等情其杉木山氏並無重張典
當他人及交家不明等情如有此等賣主出
頭支當不涉銀主之事其杉木氏面日後並無
取贖之理兩家甘允各無悔今欲有憑
立賣契乙紙永付為照

道光叁年十二月 日立賣契兄黃子財（押）
在見弟子發（押）
代字中表侄林行順（押）

10-7-58-2 清道光三年十二月黃子財立賣山場契

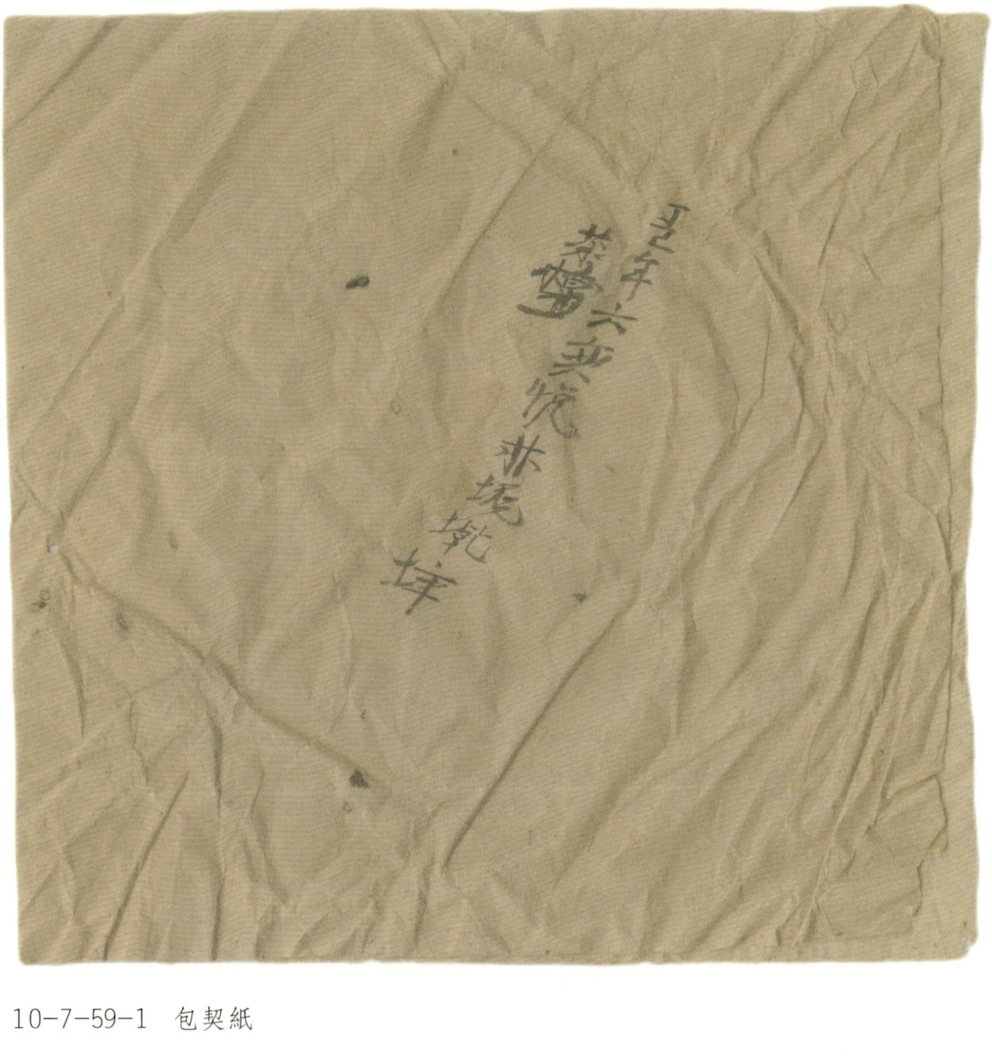

10-7-59-1　包契紙

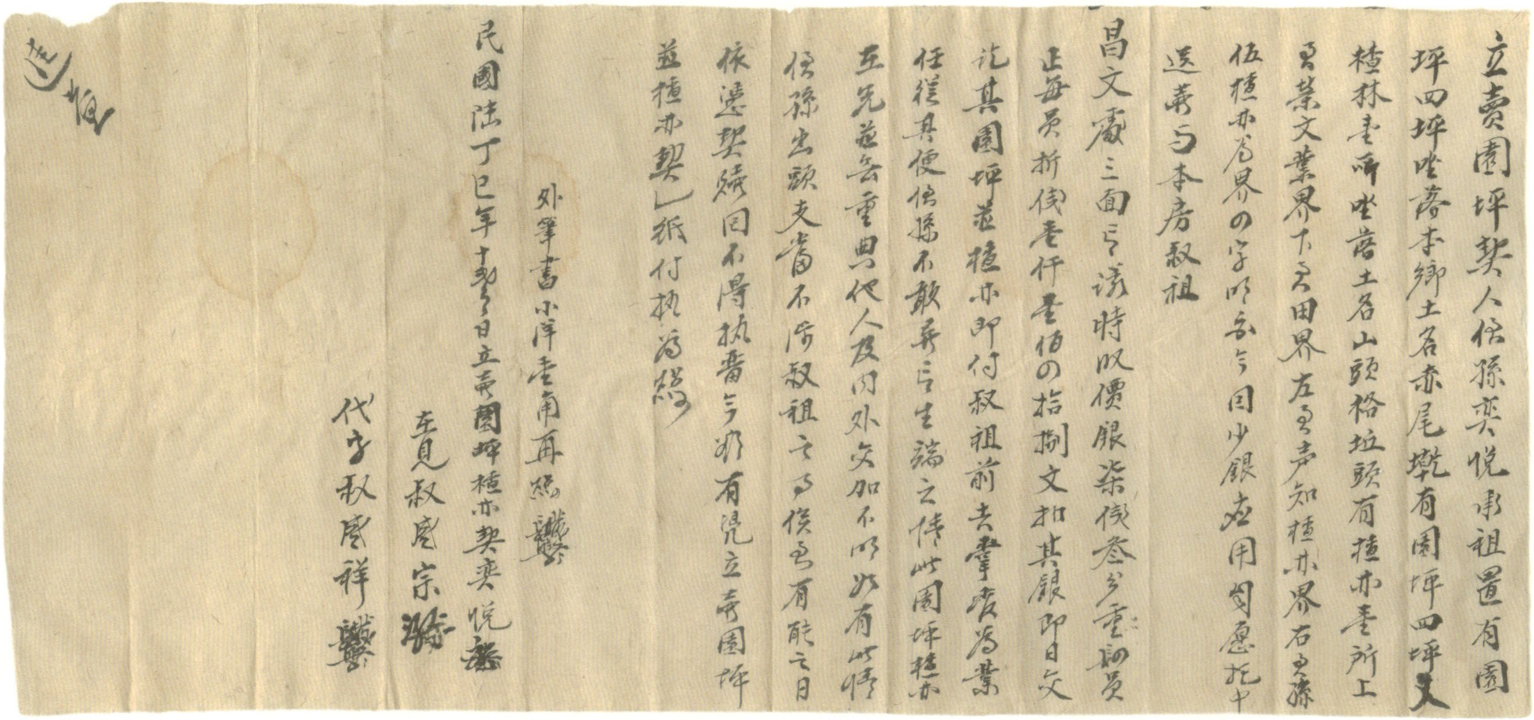
立賣園坪契人侄孫奕悅承祖置有園
坪四坪，坐落本鄉土名赤尾墘，有園坪四坪，又
植林壹所，坐落土名山頭格垃頭，有植木壹所，上
至葉文葉界，下至田界，左至聲知植木界，右至孫
伍植木為界，四字明白，今因少銀應用，自愿托中
送壽與本房叔祖
昌文處三面言議，時收價銀柒拾叁[illegible]壹[illegible]員
正，每員折錢壹仟壹佰四拾捌文，扣其銀即日交
訖，其園坪並植木即付叔祖前去掌管為業，
任從其便，侄孫不敢異言生端之情。此園坪植木
立先並無重典他人及內外交加不明，如有此情，
侄孫出頭支當，不涉叔祖之事。自今侯至有能之日，
依照契績回，不得執番言。今欲有憑，立賣園坪
並植木契一紙付執為照。
外筆書小洋壹角再照
民國陸丁巳年十弍月　日立賣園坪植木契奕悅
在見叔房宗
代字叔房祥

10-7-59-2　民國六年十二月黃奕悅立賣園坪契

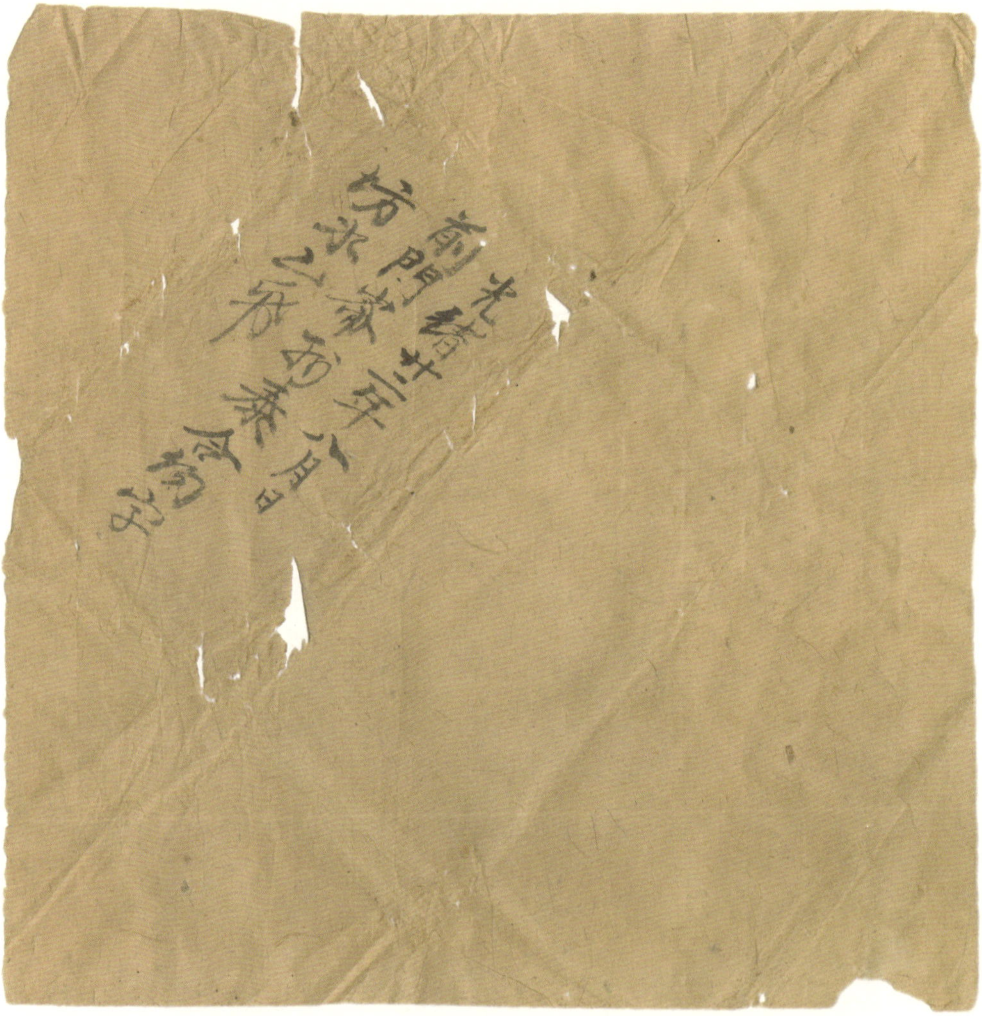

10-7-60-1　包契紙

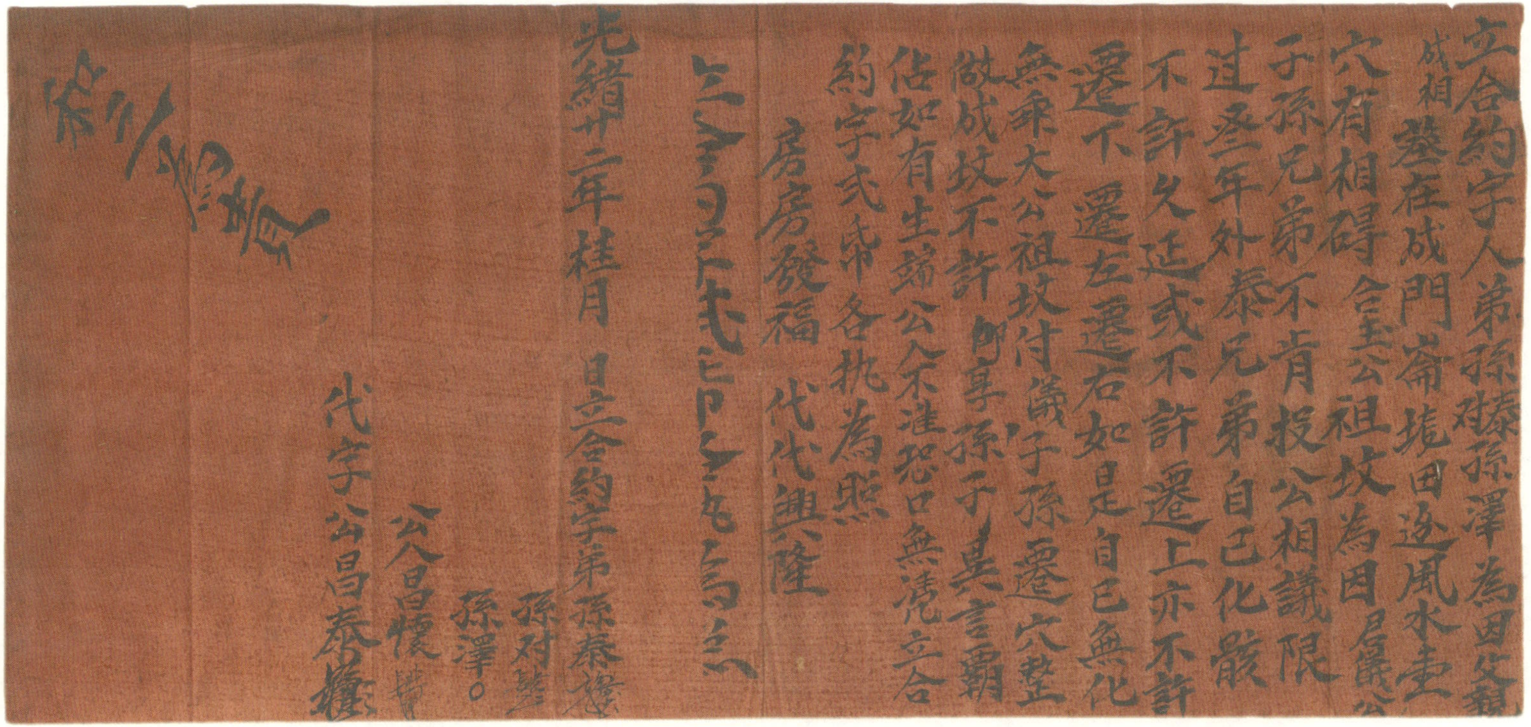
立合約字人弟孫泰、孫对、孫澤為田父翁
成祖塋在成門崙墘田邊風水壹
穴有相碍，合主公祖坟為因居儀公
子孫兄弟不肯，投公相議限
过叁年外，泰兄弟自己化骸，
不許久延，或不許遷上，亦不許
遷下，遷左遷右，如是自己無化
無乘大公祖坟付與子孫遷穴埜
做成坟，不許享孫子具言霸
佔。如有生端，公人不准，恐口無憑，立合
約字弍帋，各執為照。
房房發福　代代興隆
光緒廿二年桂月　日立合約字弟孫泰、孫对、孫澤〇
公人昌懷
代字公昌泰

10-7-60-2　清光緒二十二年八月黃孫泰等立合約字

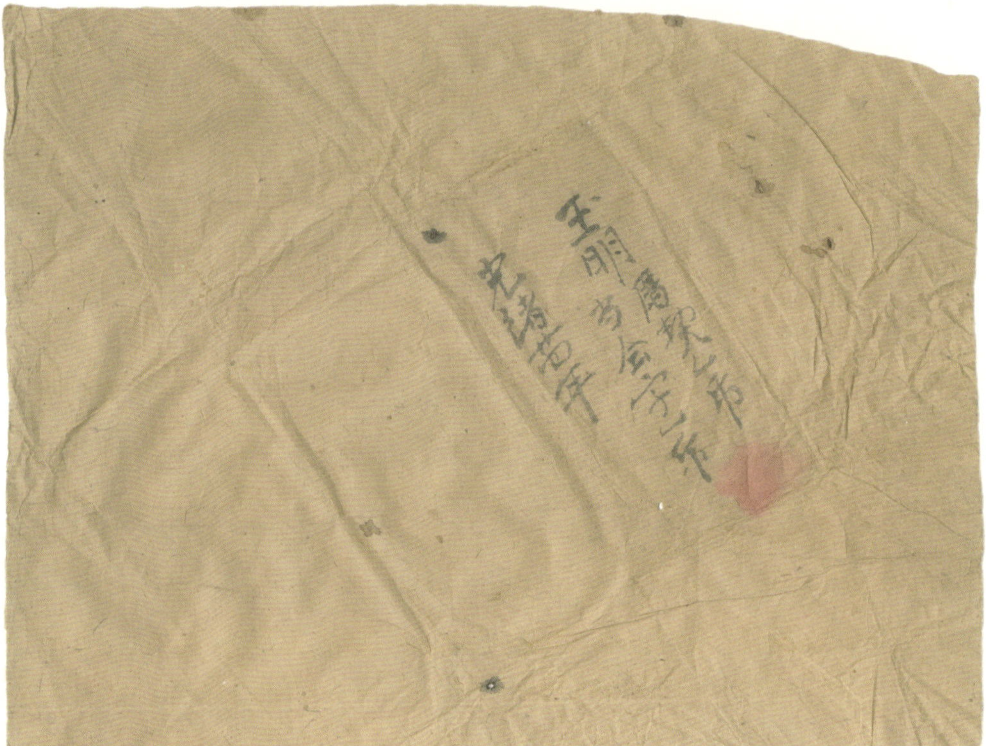

王朋買契山本
芳合字山本
光緒拾年

10-7-61-1　包契紙

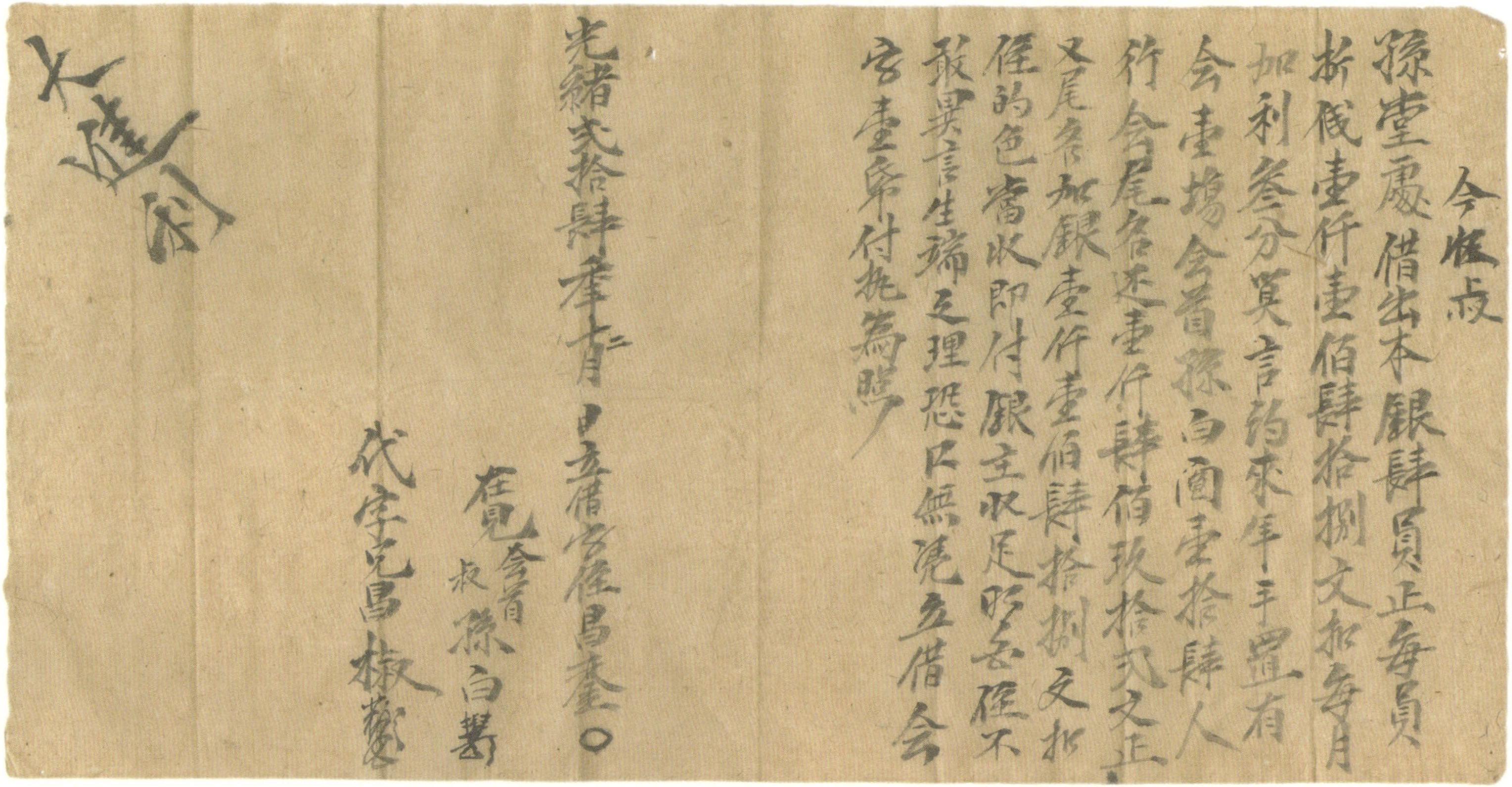
今收在
孫堂處借出本銀肆員正每員
折錢壹仟壹佰肆拾捌文加每月
加利叁分算言約來年十二月有
会壹場会首孫白酉壹拾肆人
行会尾各還壹仟肆佰玖拾弍文正
又尾各加銀壹仟壹佰肆拾捌文折
徑的色當收即付銀主收足明白徑不
敢異言生端之理恐口無憑立借会
字壹紙付執為照
光緒弍拾肆年十二月　日立借字侄昌壺○
在見会首叔孫白署
代字兄昌椒

10-7-61-2　清光緒二十四年十二月黄昌壺立借銀字

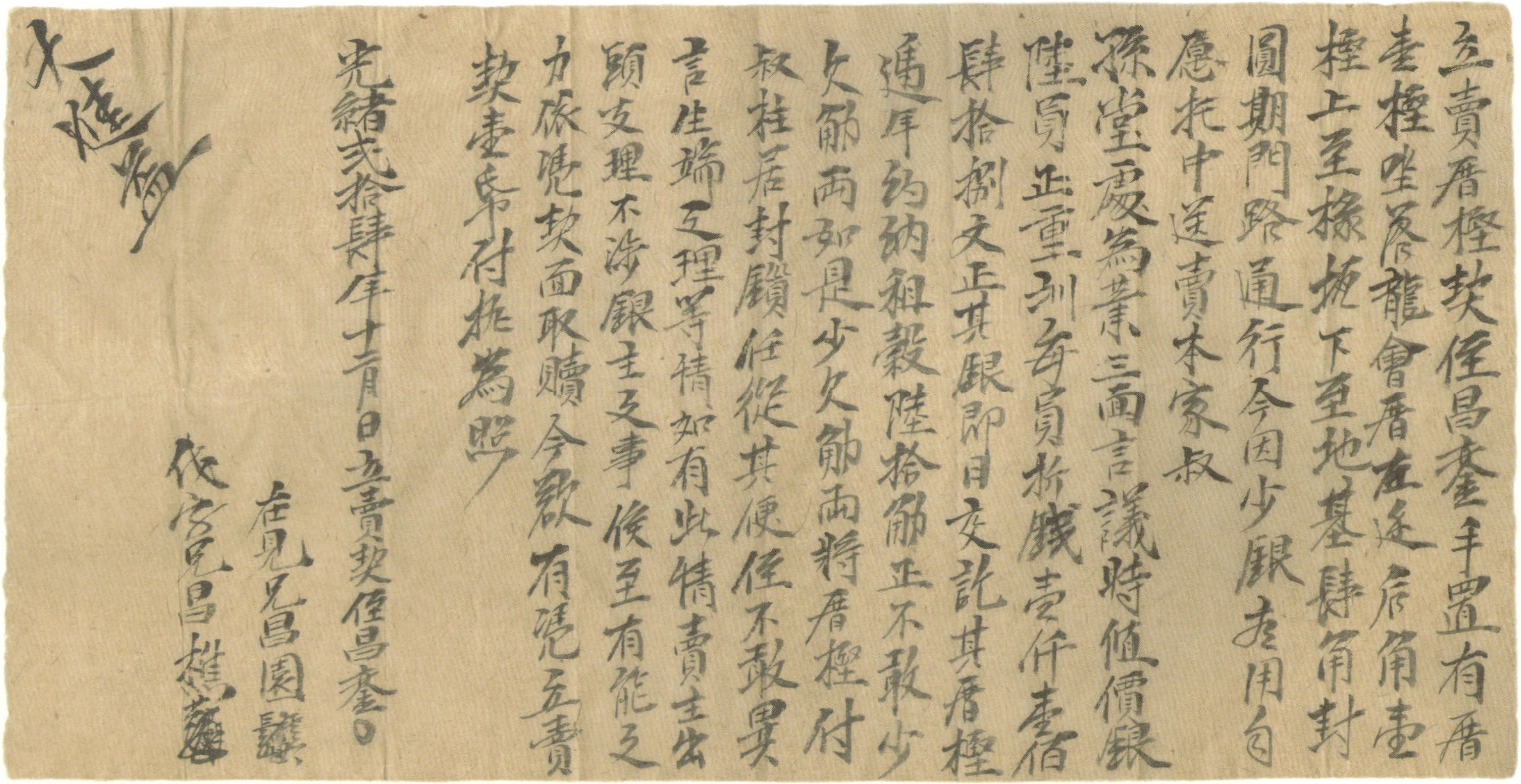
立賣厝樫契侄昌銮，手置有厝
壹樫，坐落龍會厝左邊，房角壹
樫，上至椽桷，下至地基，肆角封
圓，期門路通行。今因少銀應用，自
愿托中送賣本家叔
孫堂處為業，三面言議，時值價銀
陸員正，重[訓]每員折錢壹仟壹佰
肆拾捌文正，其銀即日交訖，其厝樫
遞年約納租穀陸拾觔正，不敢少
欠觔兩，如是少欠觔兩，將厝樫付
叔柱居封鎖，任從其便，侄不敢異
言生端支理等情。如有此情，賣主出
頭支理，不涉銀主之事。候至有能之
力，依憑契面取贖，今欲有憑，立賣
契壹帋，付執為照。
光緒式拾肆年十二月　日立賣契侄昌銮〇
在見兄昌園（押）
代字兄昌樵（押）
大吉[利]

10-7-61-3　清光緒二十四年十二月黃昌銮立賣厝樫契

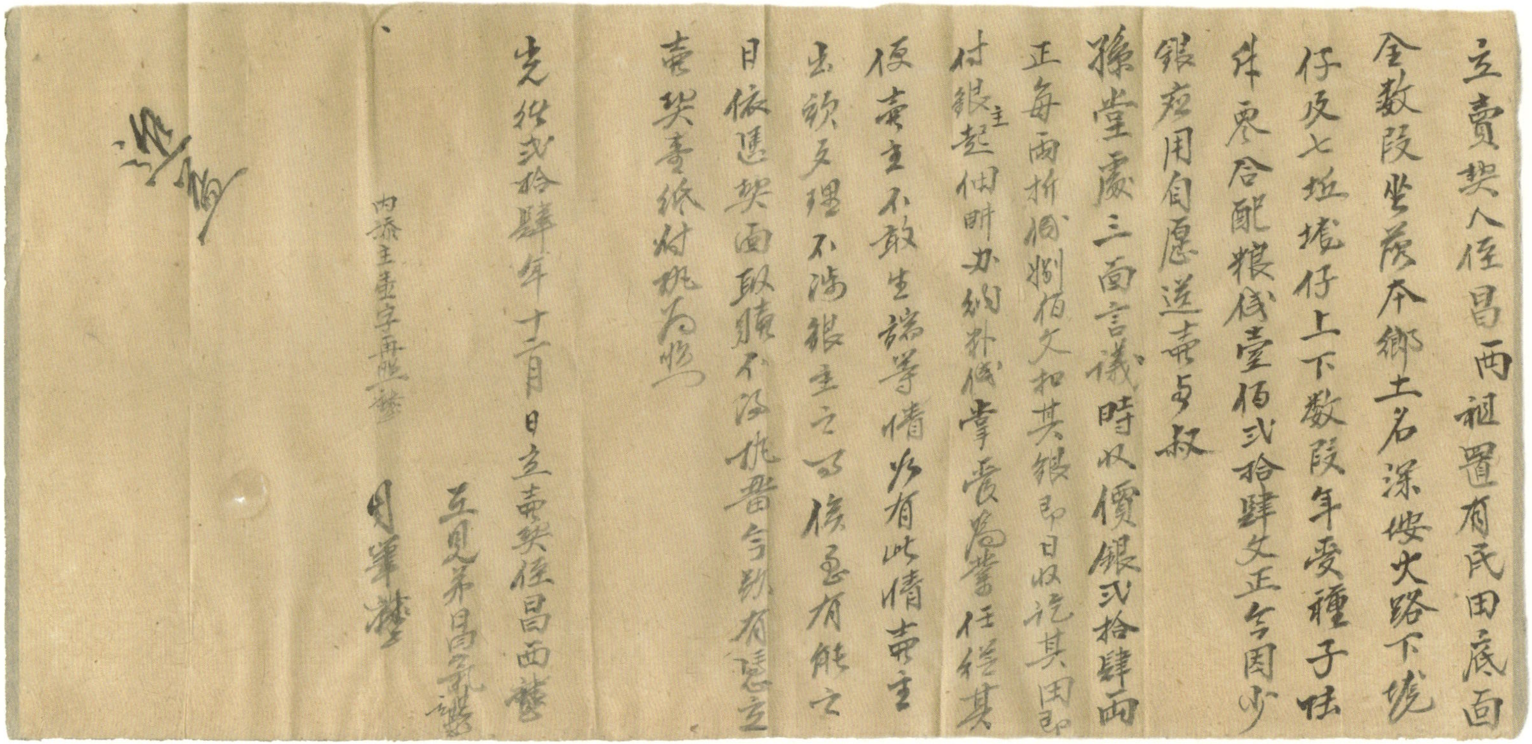

立賣契人侄昌西祖置有民田底面
全數段坐落本鄉土名深坑大路下垅
仔及七坵垅仔上下數段年受種子[illegible]
斗零合配粮錢壹佰貳拾肆文正今因少
銀應用自愿送賣與叔
孫堂處三面言議時收價銀貳拾肆兩
正每兩折[illegible]捌佰文和其銀即日收訖其田即
付銀主起佃耕办納粮錢掌管為業任從其
便賣主不敢生端等情如有此情賣主
出頭支理不涉銀主之事倘後有能之
日依照契面取贖不得執留今欲有憑立
賣契壹紙付執為照

光緒貳拾肆年十二月 日立賣契侄昌西 押
立見弟昌[illegible] 押
代筆 押
內添主壹字再照 押

10-7-62-1　清光緒二十四年十二月黄昌西立賣底面全民田契

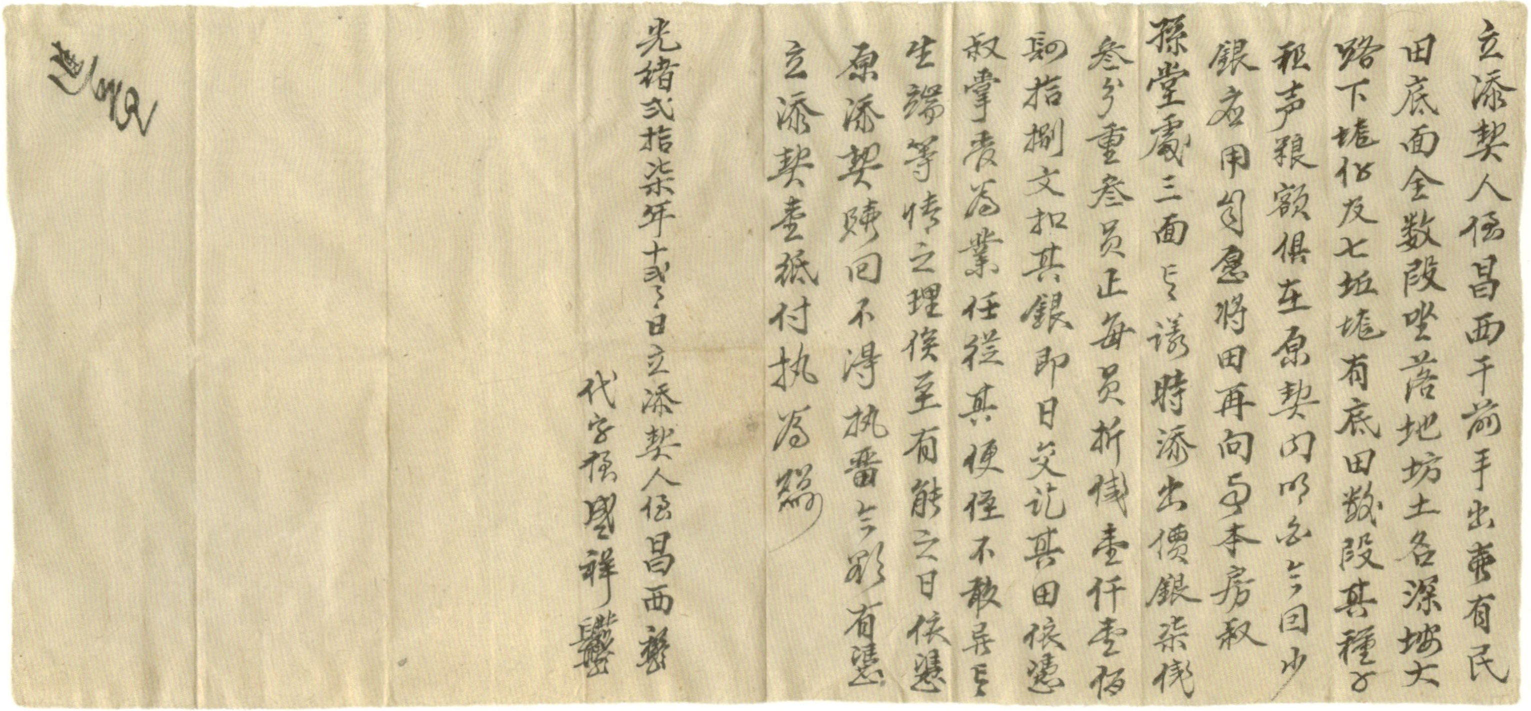
立添契人黄昌西于前手出書有民
田底面全數段坐落地坊土名深坳大
路下墘仔及七坵墘有底田數段其種子
租声粮額俱在原契内明白今因少
銀應用甘愿將田再向与本房叔
孫堂處三面言議時添出價銀柒錢
叁分重叁员正每员折錢壹仟壹佰
肆拾捌文扣其銀即日交訖其田依還
叔掌管為業任從其便侄不敢异言
生端等情之理侯至有能之日依還
原添契贖回不得执番言說有憑
立添契壹紙付执為照
光緒弍拾柒年十弍月　日立添契人黄昌西
代字侄國祥

10-7-62-2　清光緒二十七年十二月黄昌西立添底面全民田契

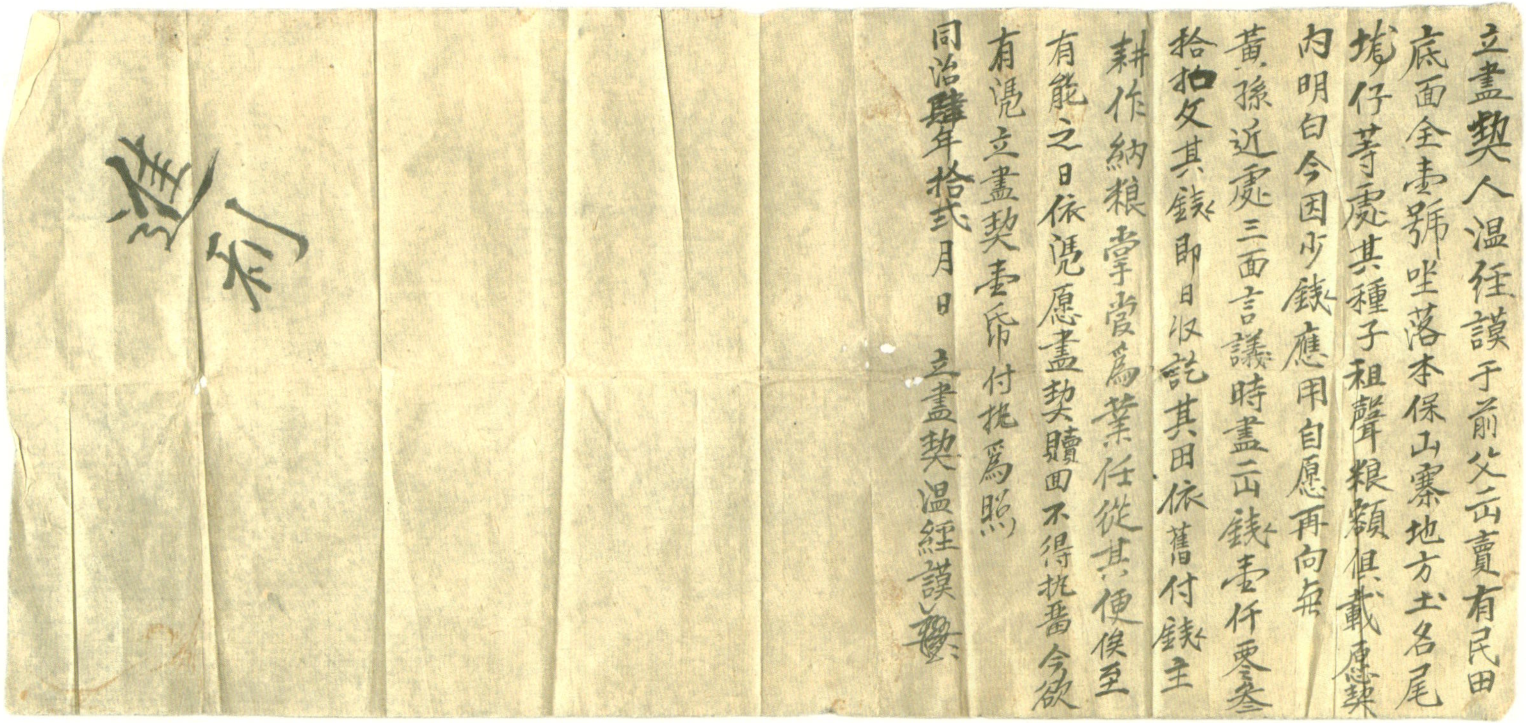

立盡契人温經謨于前父䒭賣有民田
底面全壹號坐落本保山寨地方土名尾
墘仔等處其種子租聲粮額俱載原契
内明白今因少錢應用自愿再向房
黄孫近處三面言議時盡出錢壹仟叁
拾捌文其錢即日收訖其田依舊付錢主
耕作納粮掌管爲業任從其便俟至
有能之日依憑原盡契贖回不得执畨今欲
有憑立盡契壹紙付执爲照
同治肆年拾弍月 日 立盡契温經謨（押）

進利

10-7-63-1　清同治四年十二月温經謨立盡底面全民田契

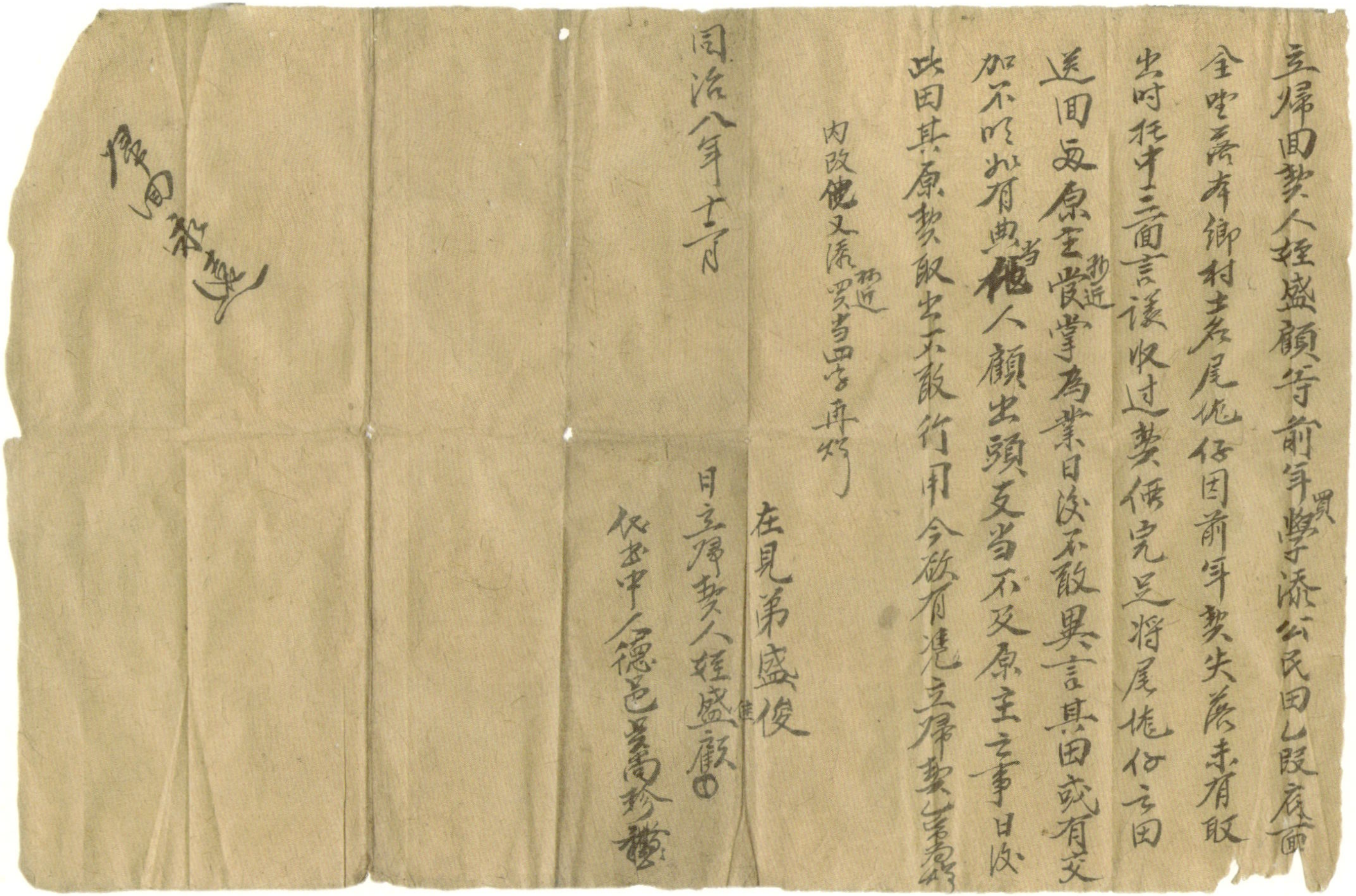
立歸回契人侄盛顧等前年買學添公民田乙段底面
全坐落本鄉村土名尾墘仔，因前年契失落未有取
出，时托中三面言議收过契價完足，將尾墘仔之田
送回與原主掌為業，日後不敢異言。其田或有交
加不明，如有典當他人，顧出頭支當，不及原主之事。日後
此田其原契取出不敢行用。今欲有憑，立歸契為炤。
內改佗又添買當四字再炤
同治八年十二月　日立歸契人侄盛顧
在見弟盛俊
代書中人德邑黃高珍
歸回契

10-7-63-2　清同治八年十二月黃盛顧等立歸回底面全民田契

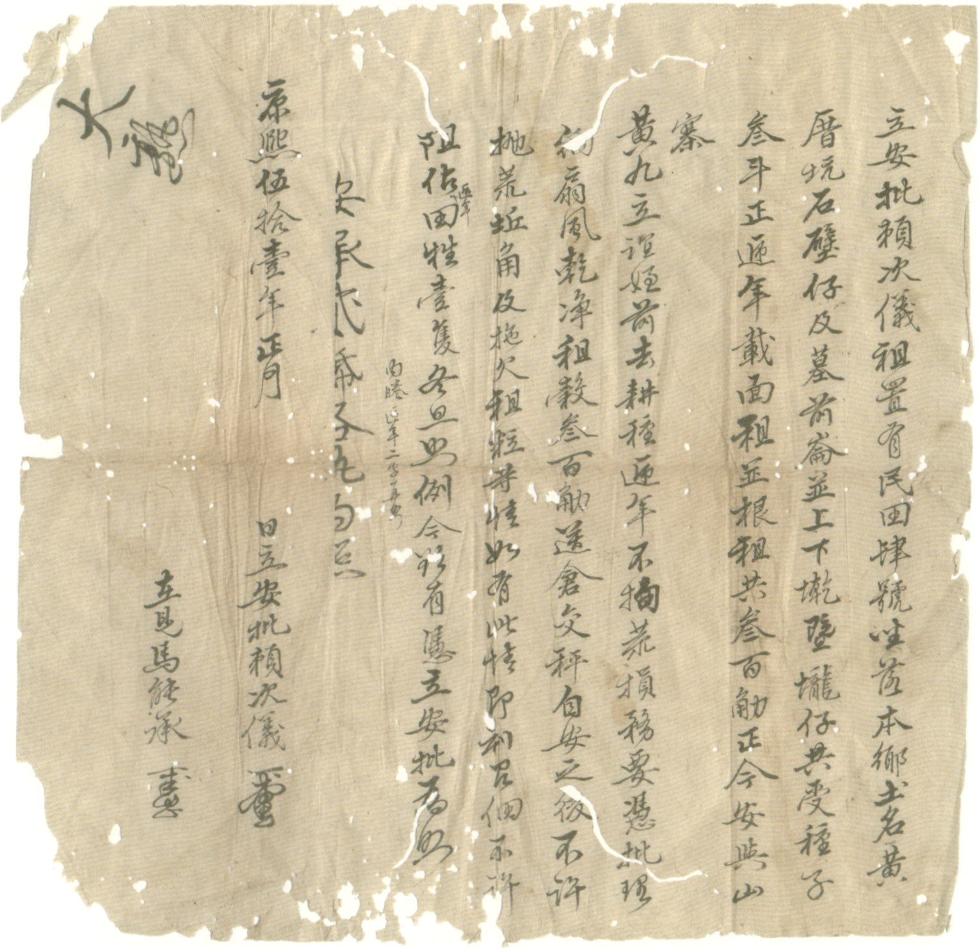
立安批賴次儀祖置有民田肆號址在本鄉土名黄
厝坑石壢仔及墓前崙並上下墘墬壠仔共受種子
叁斗正逐年載面租並根租共叁百觔正今安與山
寮
黄九立誼姪前去耕種逐年不拘荒損務要憑批理
納扇風乾淨租穀叁百觔送倉交秤自安之後不許
拋荒坵角及拖欠租粒等情如有此情即刻召佃不許
阻佔逐年田牲壹隻每旦照例今欲有憑立安批為照
安民代係子兄自立
康熙伍拾壹年正月　日立安批賴次儀
立見馬能承

10-7-64-1　清康熙五十一年正月賴次儀立安批民田契

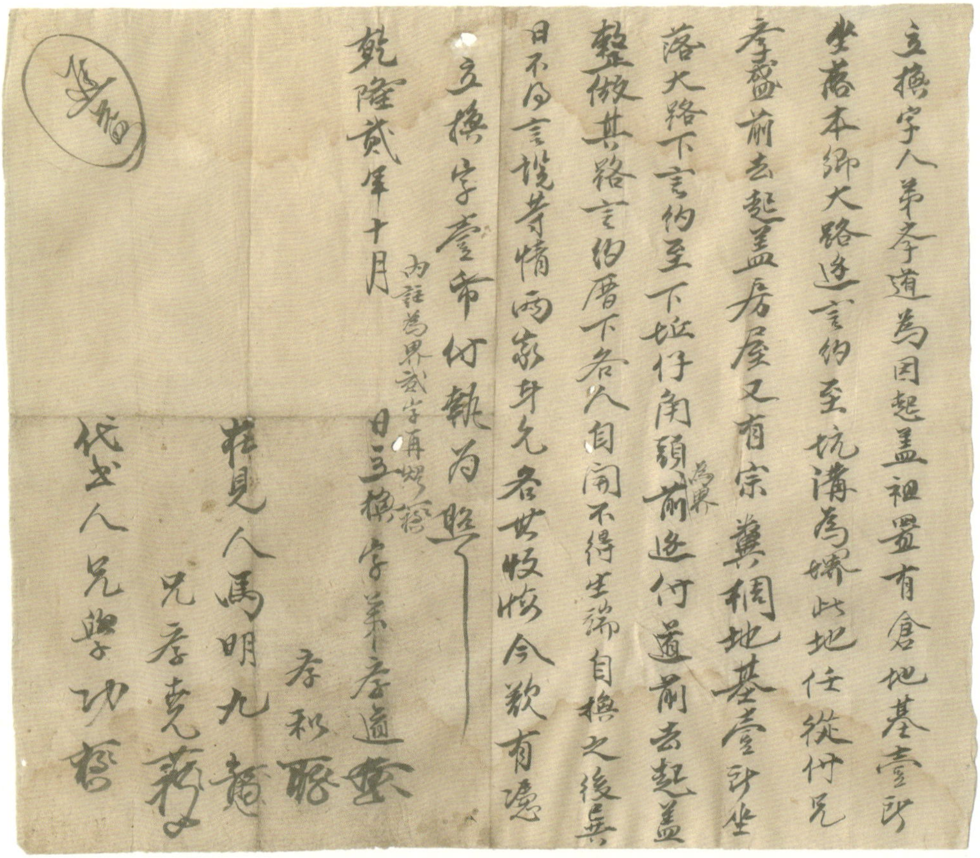

立換字人弟孛道爲因起蓋祖置有倉地基壹所
坐落本鄉大路邊，言約至坑溝爲界，此地任從付兄
孛盈前去起蓋房屋，又有宗冀桐地基壹所，坐
落大路下，言約至下坵仔角頭前邊爲界，付道前去起蓋
整做其路，言約層下各人自閒，不得生端，自換之後，異
日不得言說等情，兩家身允，各無悔，今欲有憑，
立換字壹帋付執爲照。

內註爲界貳字再照

乾隆貳年十月　日立換字弟孛道（押）
孛和（押）
在見人馬明九（押）
兄孛克莪（押）
代書人兄學功（押）

10-7-64-2　清乾隆二年十月黄孛道等立換倉地基字

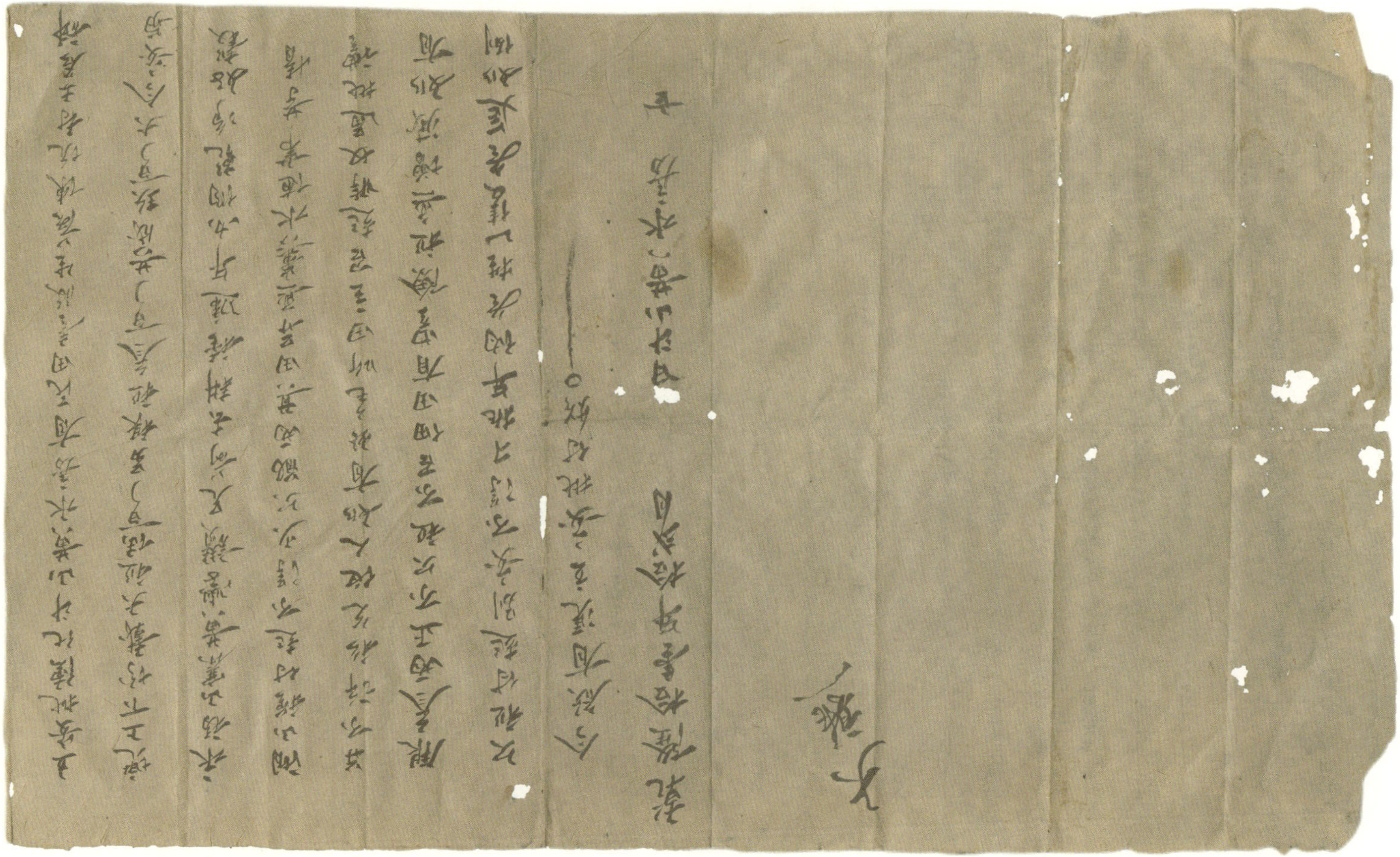

立安批德化斗山黄水房有民田壹段坐在陳坑村土名[illegible]
塆上下坵載大租陸百斤另粮租叁百斤共成玖百斤大今安與
永福山寨黄學讃兄前去耕種逐年完納乾净好穀
湖山裡付起不得少欠臨兩其田并無業水佃第等情
并不許私兑他人如有私兑听田主召起贌收過批禮
銀叁兩正不欠租不召佃田有豐險租無增減如有
欠租付起別安不得刁批年納各姓山隻各延如例
今欲有憑立安批付炤○
乾隆拾壹年拾貳月　日　斗山黄水房　立
大號

10-7-64-3　清乾隆十一年十二月德化黃水房立安批民田契

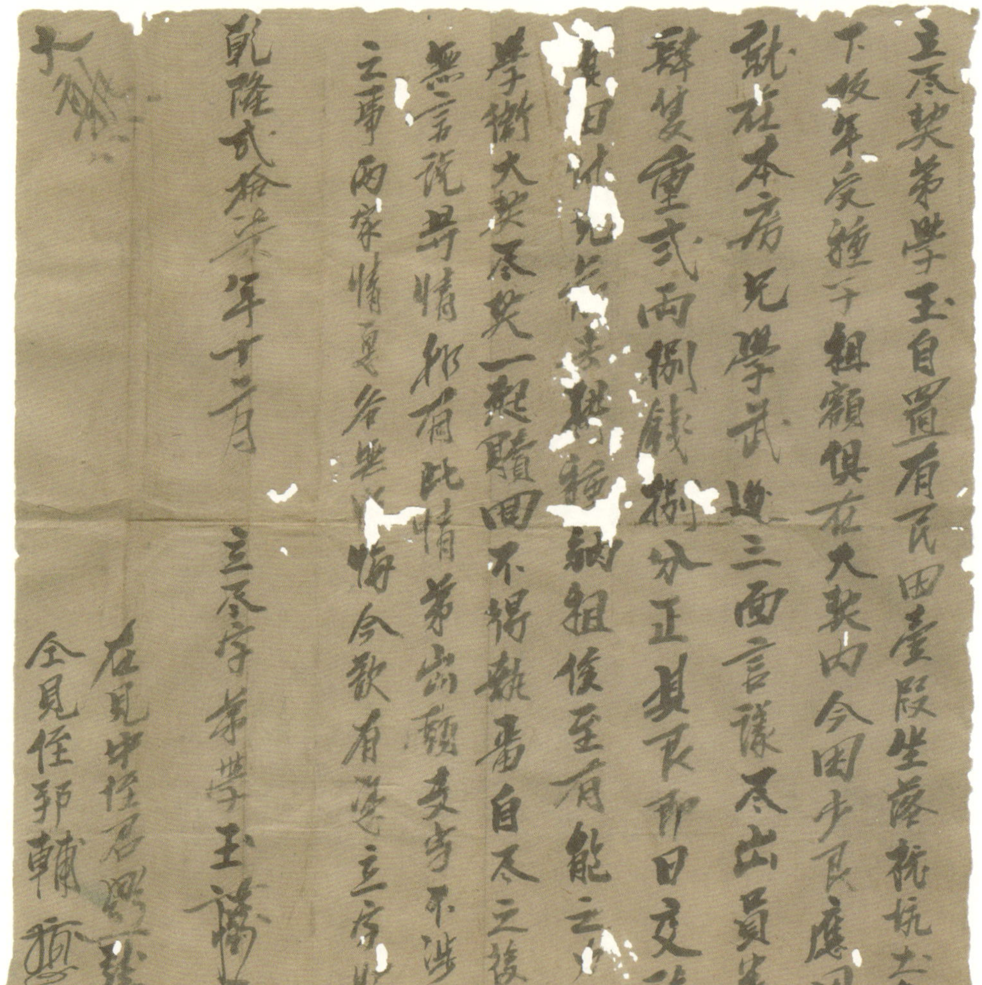
立盡契弟學玉自置有民田壹段坐落挑坑土名
下坂年受種子租額俱在大契內今因乏艮應用
就在本房兄學武邊三面言議盡出員番
錢等重弍兩捌錢捌分正其艮即日交訖
其田付兄[illegible]耕種納租俟至有能之日依
學衛大契盡契一齊贖回不得執番自盡之後並
無言說其情若有此情弟出頭支當不涉兄
之事兩家情愿各無反悔今欲有憑立盡字
乾隆弍拾柒年十二月　立盡字弟學玉（押）
在見中侄君聯
全見侄邦輔（押）

10-7-64-4　清乾隆二十七年十二月黄學玉立盡民田契

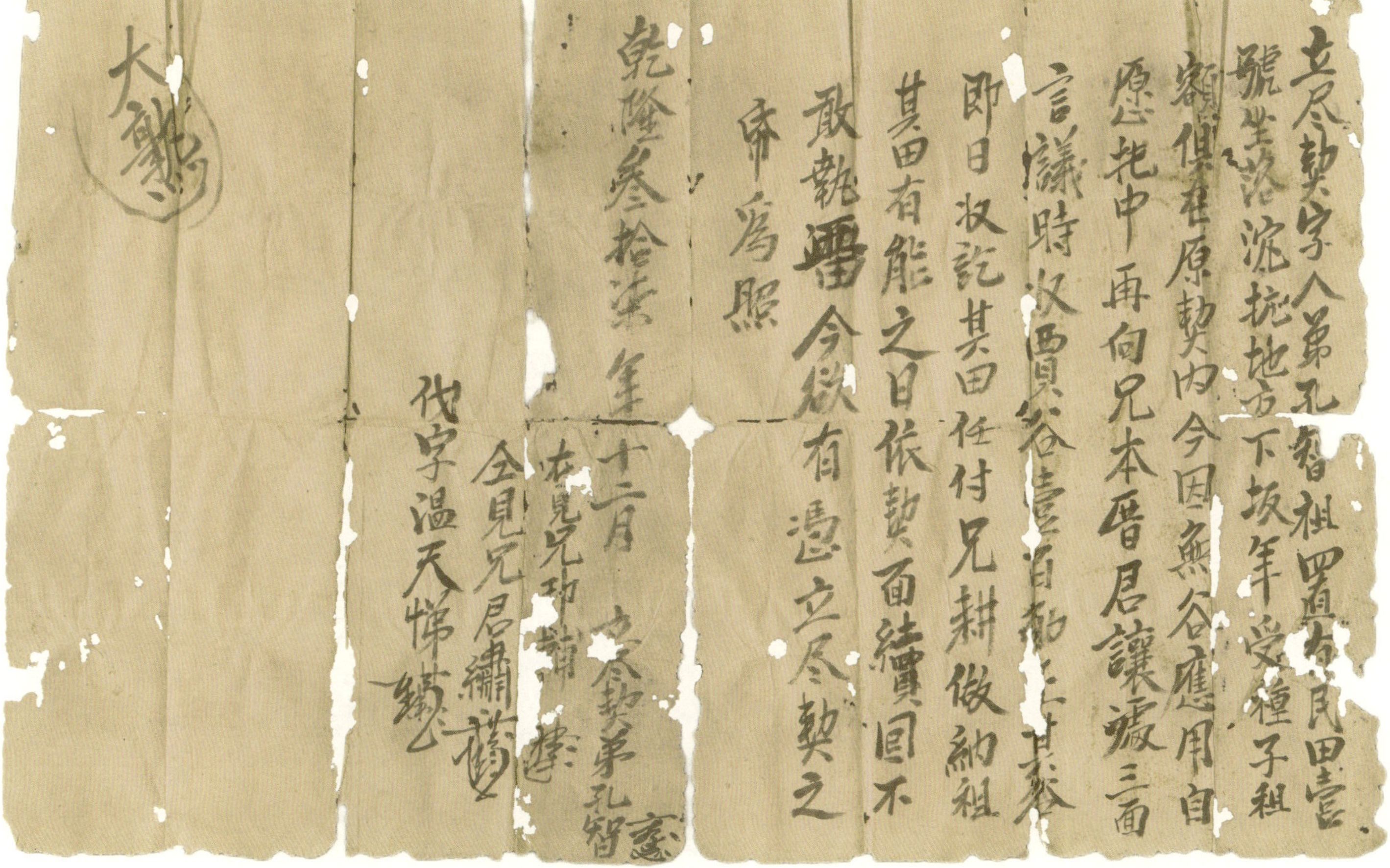
立尽契字人弟孔智，祖置有民田壹號，坐落泥坑地方下坂，年受種子租額，俱在原契內。今因無谷應用，自愿托中再向兄本居讓處三面言議，時收價谷壹佰[illegible]其谷即日收訖。其田任付兄耕做納租，其田有能之日，依契面續贖回，不敢執留。今欲有憑，立尽契之存為照。
乾隆叁拾柒年十二月　立尽契弟孔智
在見兄功[illegible]
仝見兄居繡
代字温天悌

10-7-64-5　清乾隆三十七年十二月黄孔智立盡民田契

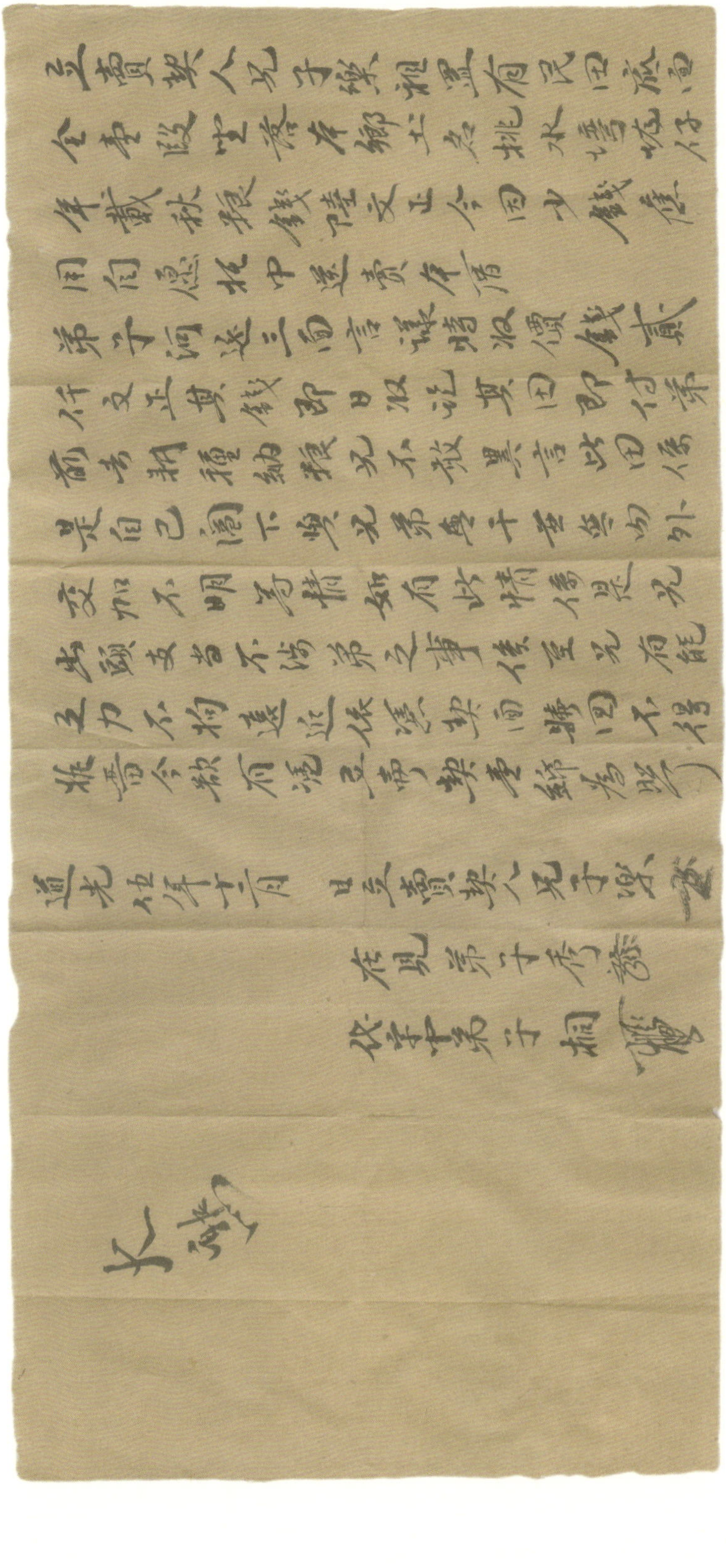

立賣契人兄子樂，祖置有民田底面
全，坐本段坐原本鄉土名桃水湯坑仔
年載秋糧錢陸文正，今因少錢應
用，自愿托中送賣伊房
弟子洞邊三面言議時值價錢貳
仟文正，其錢即日收訖，其田即付弟
前去耕種納糧，兄不敢異言，此田係
是自己闔下物業，兄弟無干，並無內外
交加不明等情，如有此情，係兄
出頭支當，不涉弟之事。係至兄有能
之力，不拘遠近，依原契面贖回，不得
推吝。今欲有憑，立賣契壹紙為照。
道光伍年十二月　日立賣契人兄子樂（押）
在見弟子秀（押）
代字中弟子桐（押）
[illegible]

10-7-64-6　清道光五年十二月黄子樂立賣底面全民田契

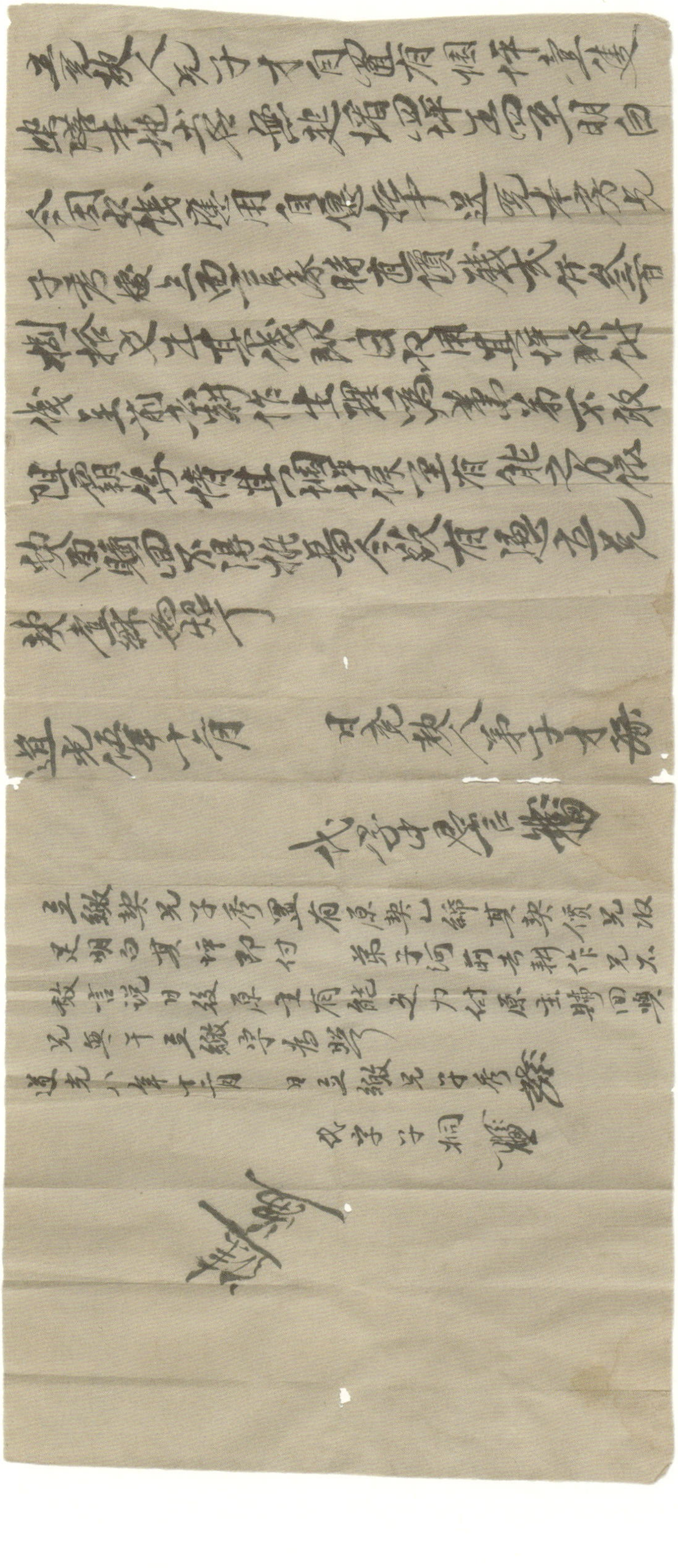

10-7-64-7 清道光五年十二月黃子才立兑園坪契

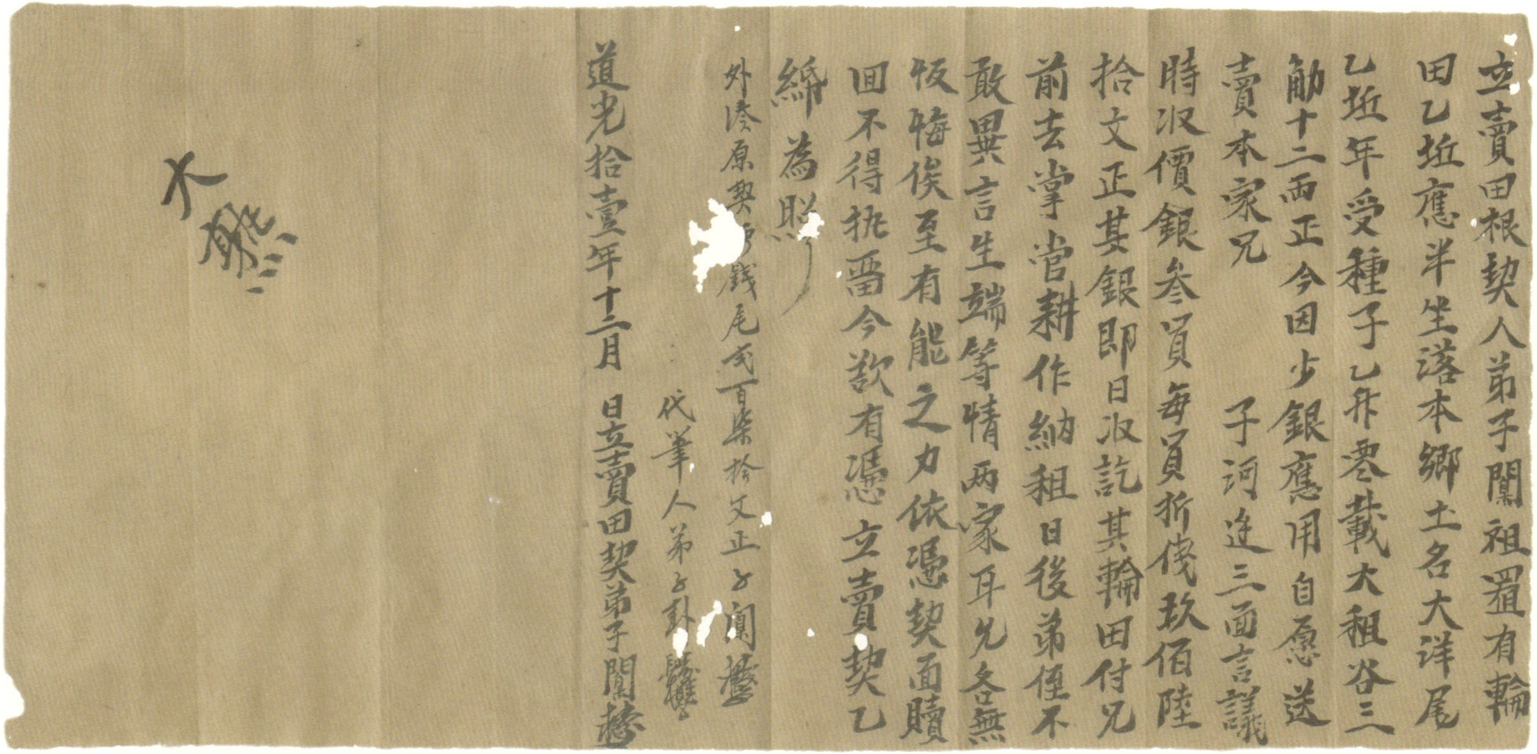
立賣田根契人弟子闌祖置有輪
田乙坵應半生落本鄉土名大洋尾
乙坵年受種子乙升叁載大租谷三
觔十二両正今因乏銀應用自愿送
賣本家兄　子河邊三面言議
時値價銀叁員每員折係玖佰陸
拾文正其銀即日收訖其輪田付兄
前去掌管耕作納租日後弟侄不
敢異言生端等情兩家耳允各無
反悔倘至有能之力依憑契面贖
回不得執留今欲有憑立賣契乙
紙為照
外凑原契□錢尾弍百柒拾文正　又闌
代筆人弟　又針
道光拾壹年十二月　日立賣田契弟子闌
大發

10-7-64-8　清道光十一年十二月黄子闌立賣輪田根契

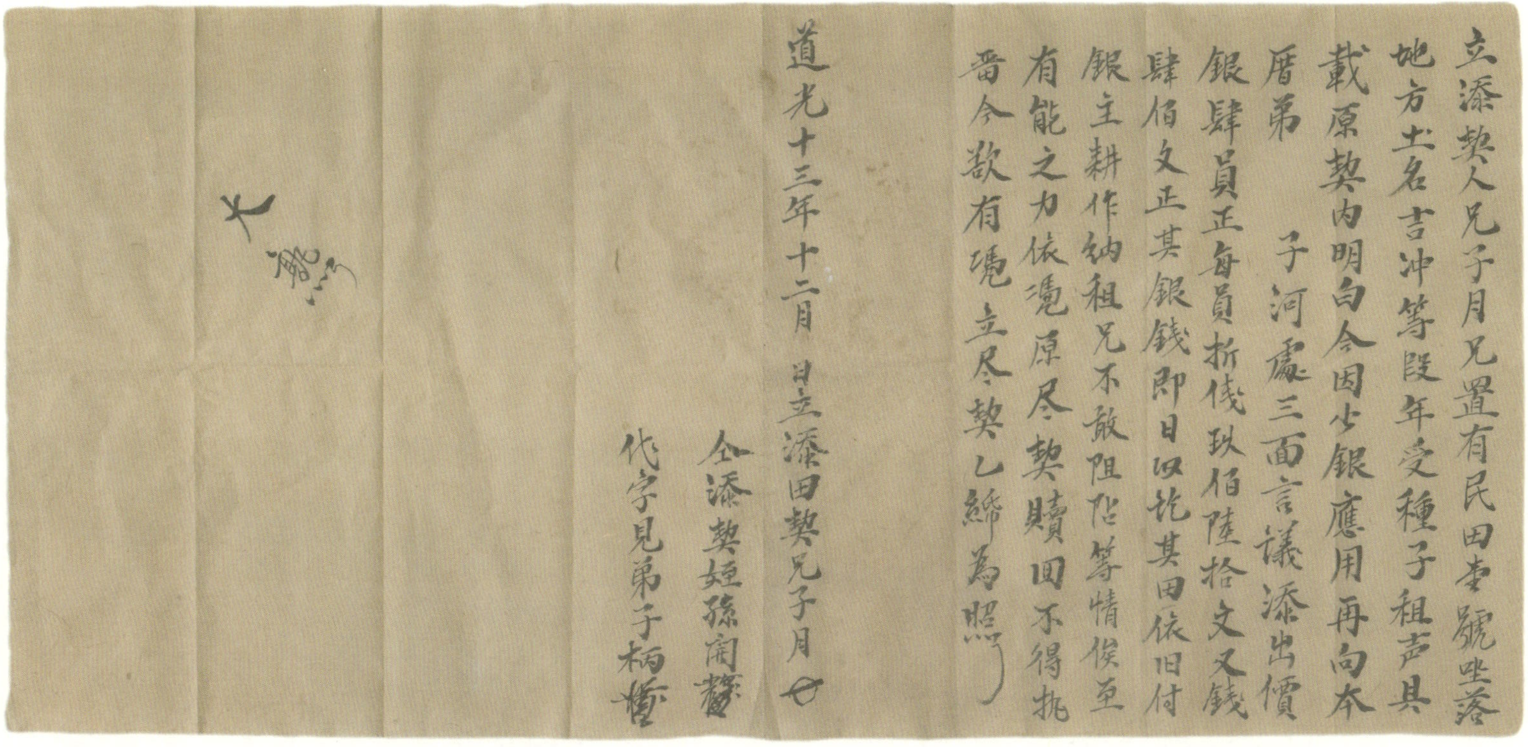
立添契人兄子月兄置有民田壹號坐落
地方土名吉冲等段年受種子租声具
載原契內明白今因少銀應用再向本
房弟　子河處三面言議添出價
銀肆員正每員折錢玖佰陸拾文又錢
肆佰文正其銀錢即日收訖其田依旧付
銀主耕作納租兄不敢阻[illegible]等情俟至
有能之力依憑原尽契贖回不得執
留今欲有憑立尽契乙紙為照
道光十三年十二月　日立添田契兄子月
仝添契姪孫阁押
代字見弟子柄押
大[illegible]

10-7-64-9　清道光十三年十二月黄子月立添民田契

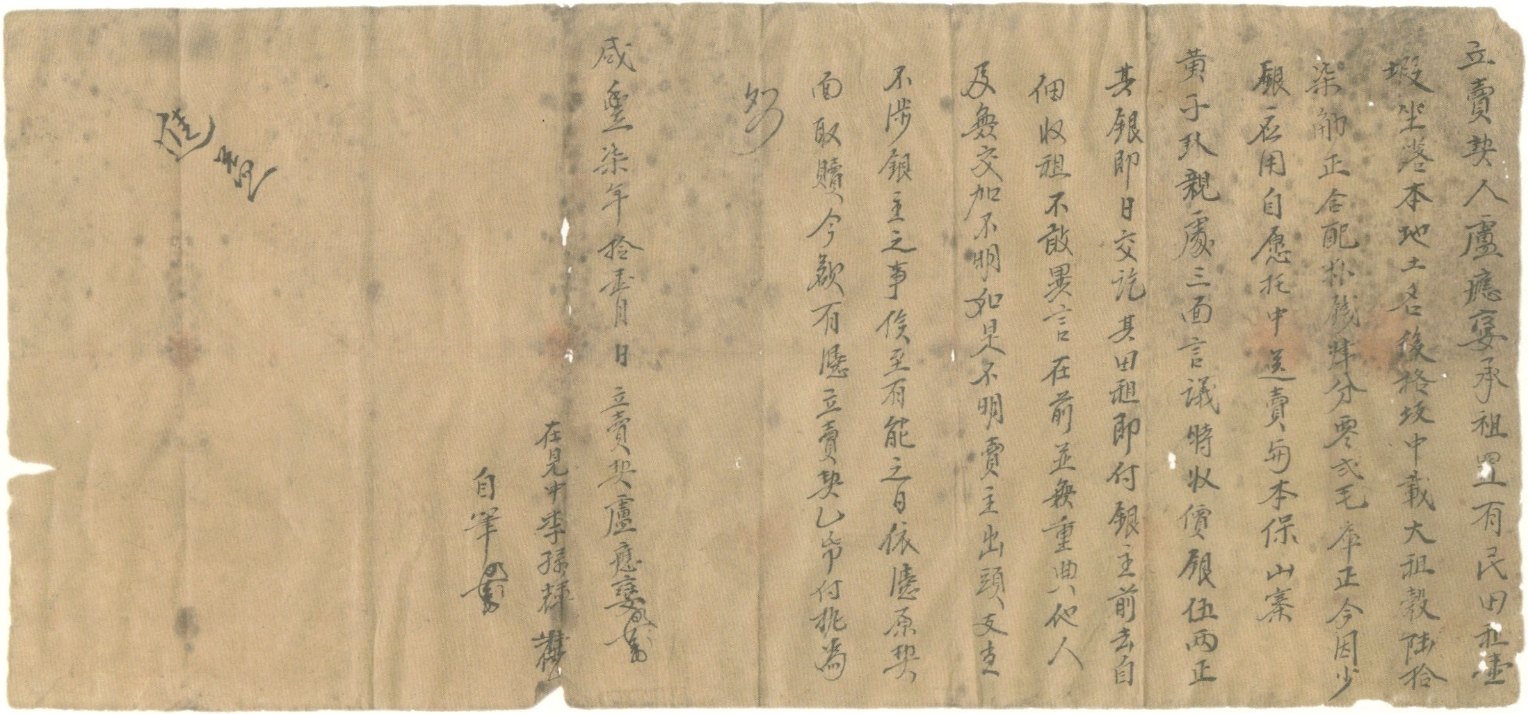
立賣契人盧應鑾承祖置有民田租壹
段坐落本地土名後拎坟中載大租穀陸拾
柒斤正合配粮叁分零弍毛本年正今因乏
銀應用自愿托中送賣與李保山寨
黃子孫親處三面言議將收價銀伍兩正
其銀即日交訖其田租即付銀主前去自
佃收租不敢異言在前并無重典他人
及無交加不明如是不明賣主出頭支当
不涉銀主之事候至有能之日依照原契
面取贖今欲有憑立賣契一帋付執為
照
咸豐柒年拾壹月　日　立賣契人盧應鑾（押）
在見中李孫椿（押）
自筆（押）

10-7-64-10　清咸豐七年十一月盧應鑾立賣民田租契

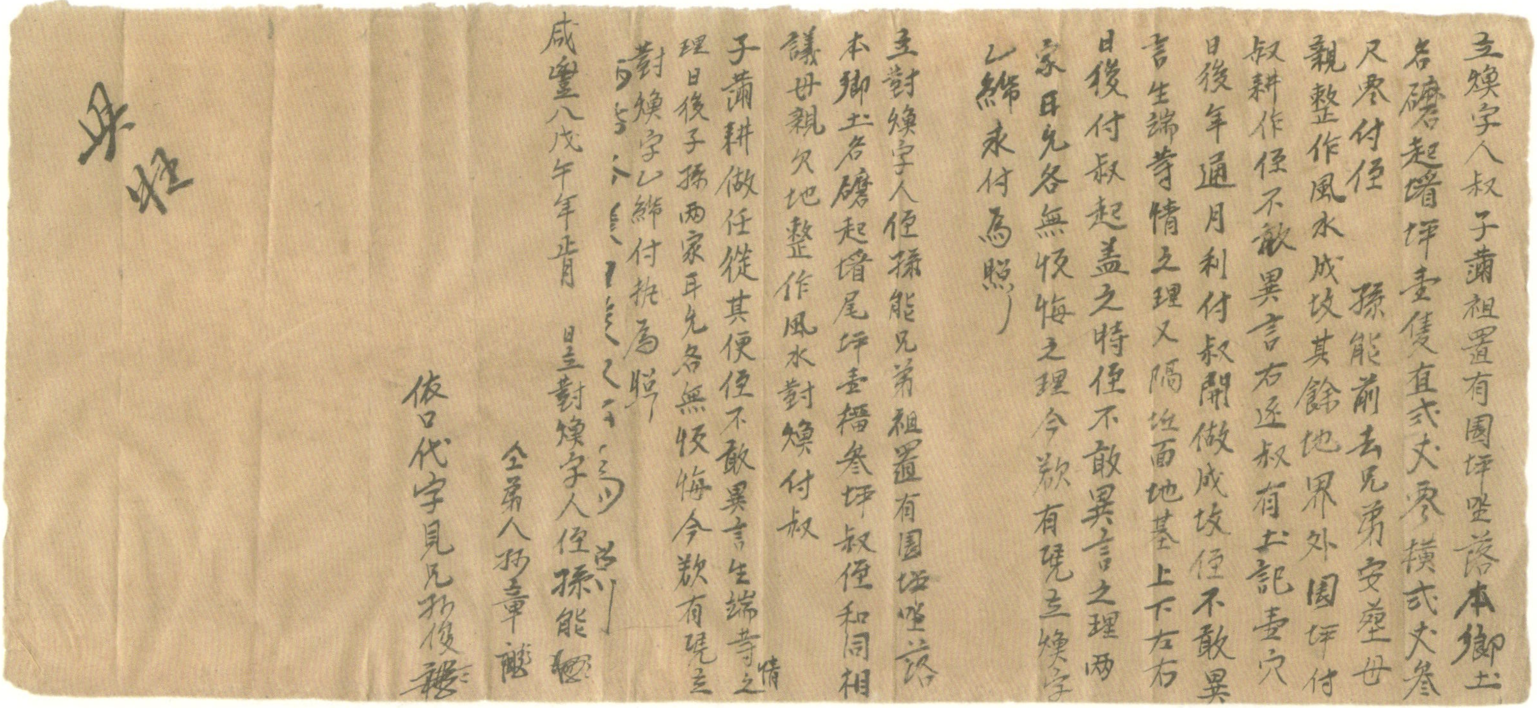

立換字人叔子蒲祖置有園坪坐落本鄉土
名礤起墻坪壹塊直式丈叁橫式丈叁
尺叁付侄　孫能前去兄弟安塋毋
親整作風水成坟其餘地界外園坪付
叔耕作侄不敢異言右邊叔有壹記壹穴
日後年通月利付叔開做成坟侄不敢異
言生端等情之理又隔坵面地基上下左右
日後付叔起蓋之時侄不敢異言之理兩
家日先各無悔之理今欲有憑立換字
一紙永付為照

立對換字人侄孫能兄弟祖置有園坪坐落
本鄉土名礤起墻尾坪壹穡叁坪叔侄和同相
議毋親欠地整作風水對換付叔
子蒲耕做任從其便侄不敢異言生端等情之
理日後子孫兩家日先各無悔今欲有憑立
對換字一紙付執為照
[illegible]

咸豐八戊午年正月　日立對換字人侄孫能
仝弟人孫章
依口代字見兄孫俊

吳姓

10-7-64-11　清咸豐八年正月黃子滿等立對換園坪字

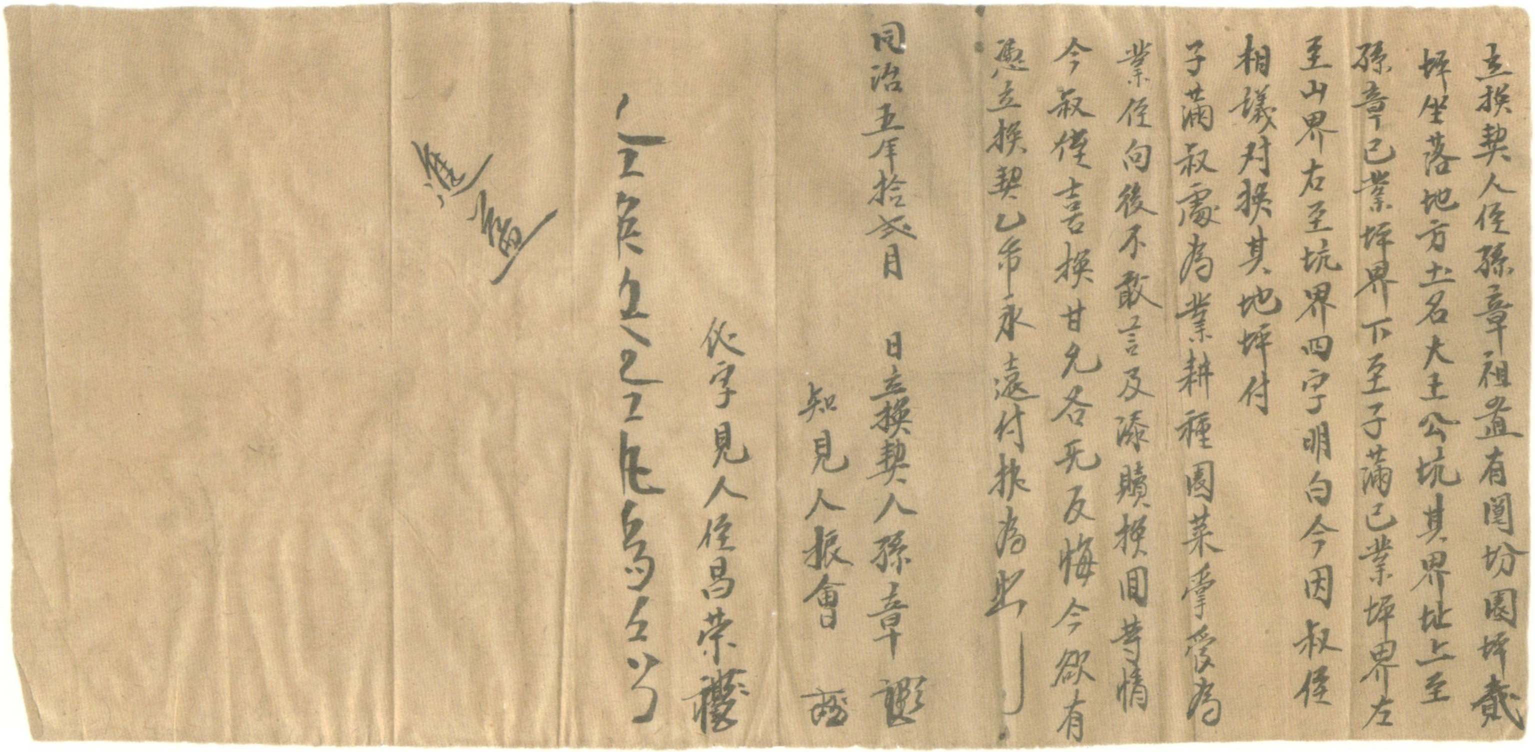

立換契人侄孫章，祖置有園坊園坪貳
坪，坐落地方土名大王公坑，其界址上至
孫章已業坪界，下至子蒲已業坪界，左
至山界，右至坑界，四字明白。今因叔侄
相議，對換其地坪付
子蒲叔處為業，耕種園菜，雙管為
業。侄向後不敢言及添贖、換回等情。
今叔侄喜換，甘允各无反悔，今欲有
憑，立換契乙帋，永遠付執為照。

同治五年拾弍月　日立換契人孫章（押）
知見人振會（押）
代字見人侄昌榮（押）

全家生人乙工化鳥么了

[illegible]

10-7-64-12　清同治五年十二月黄孫章立換園坪契

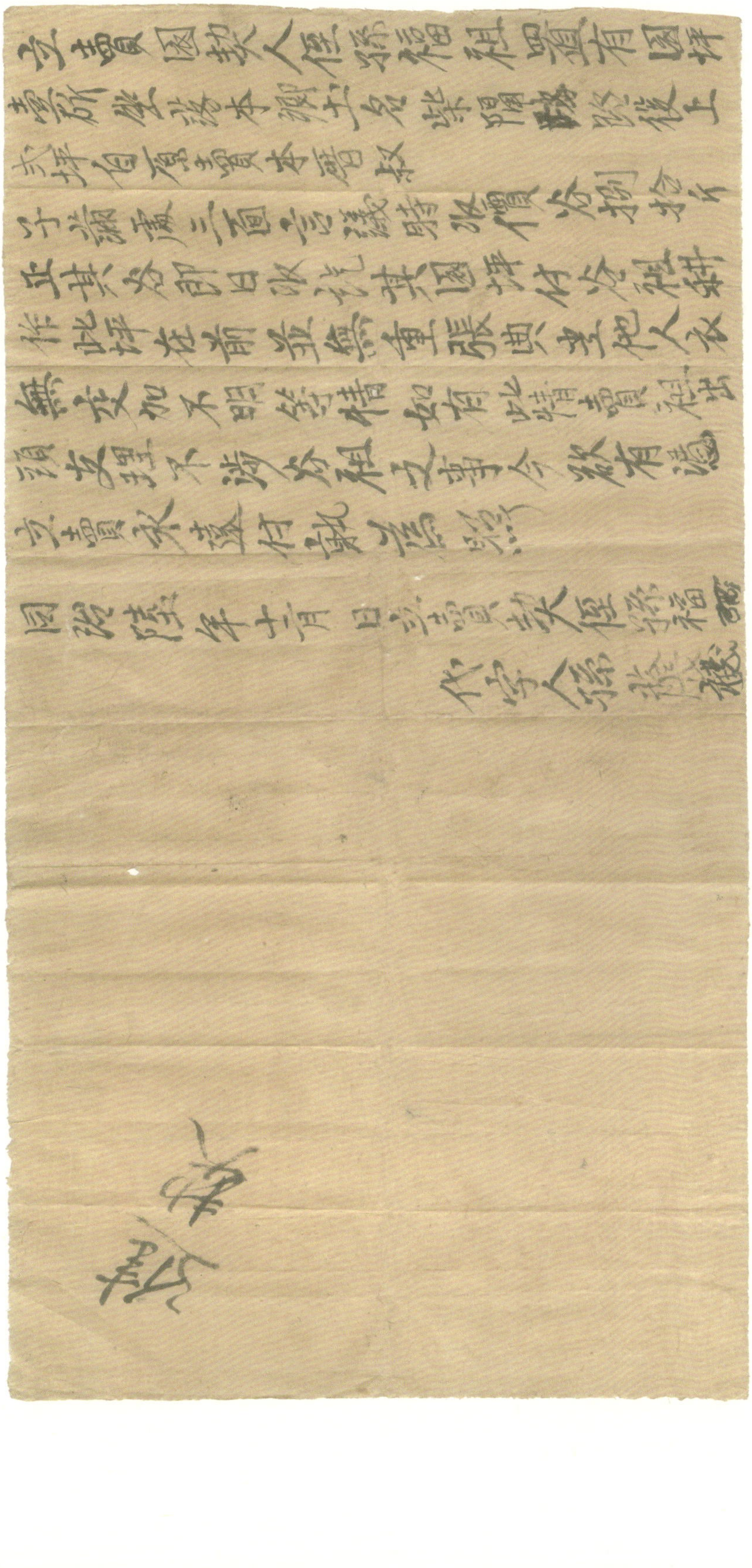
立賣園契人侄孫福祖置有園坪
壹所坐落本鄉土名柴隔路後上
弍坪自愿賣本曆叔
子𪯌處三面言議時價谷捌拾斤
正其谷即日收訖其園坪付谷祖耕
作此坪在前並無重張典呈他人衣
無交加不明等情如有此情賣祖出
頭支理不涉谷祖之事今欲有憑
立賣永遠付執爲照
同治陸年十二月 日立賣契人侄孫福
代字人孫發
[illegible]契

10-7-64-13　清同治六年十二月黃孫福立賣園坪契

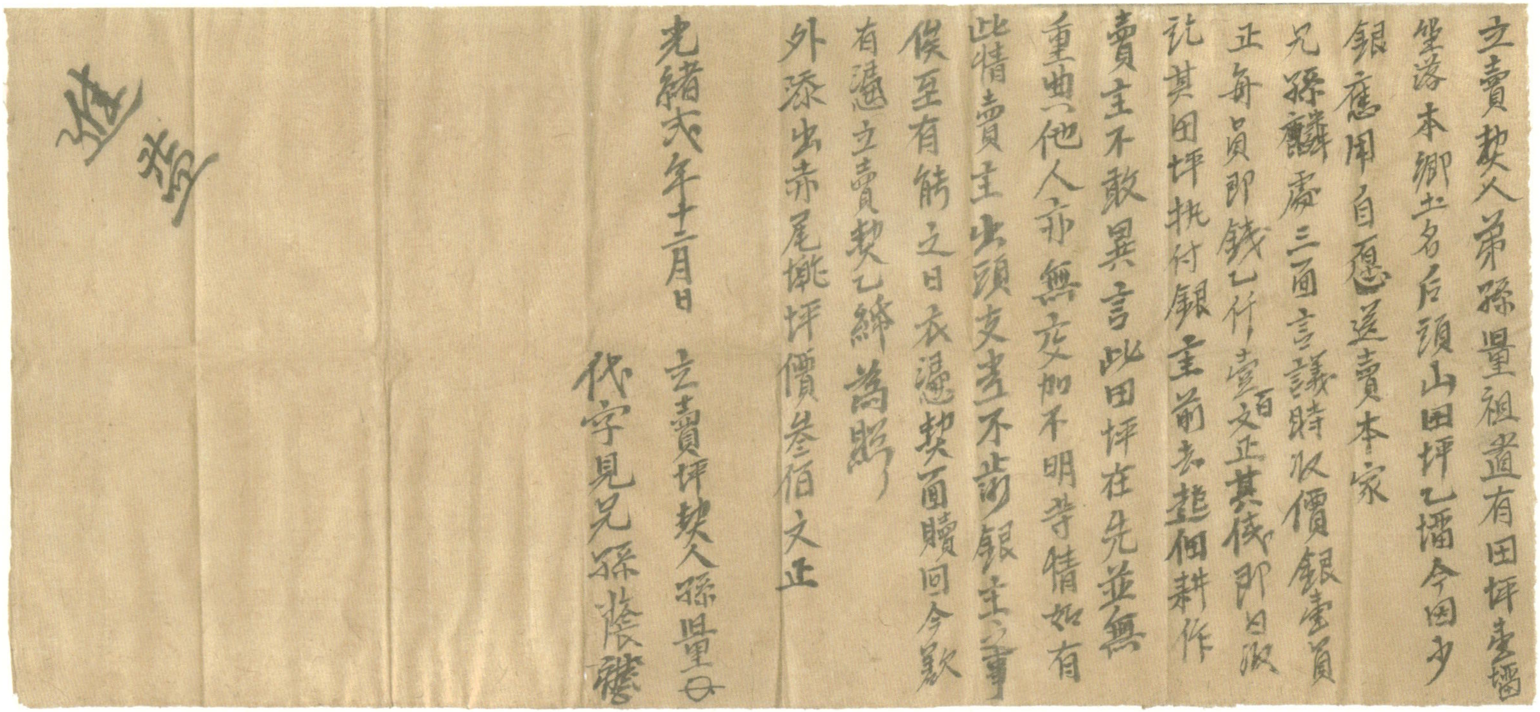

10-7-64-14　清光緒二年十二月黃孫量立賣田坪契

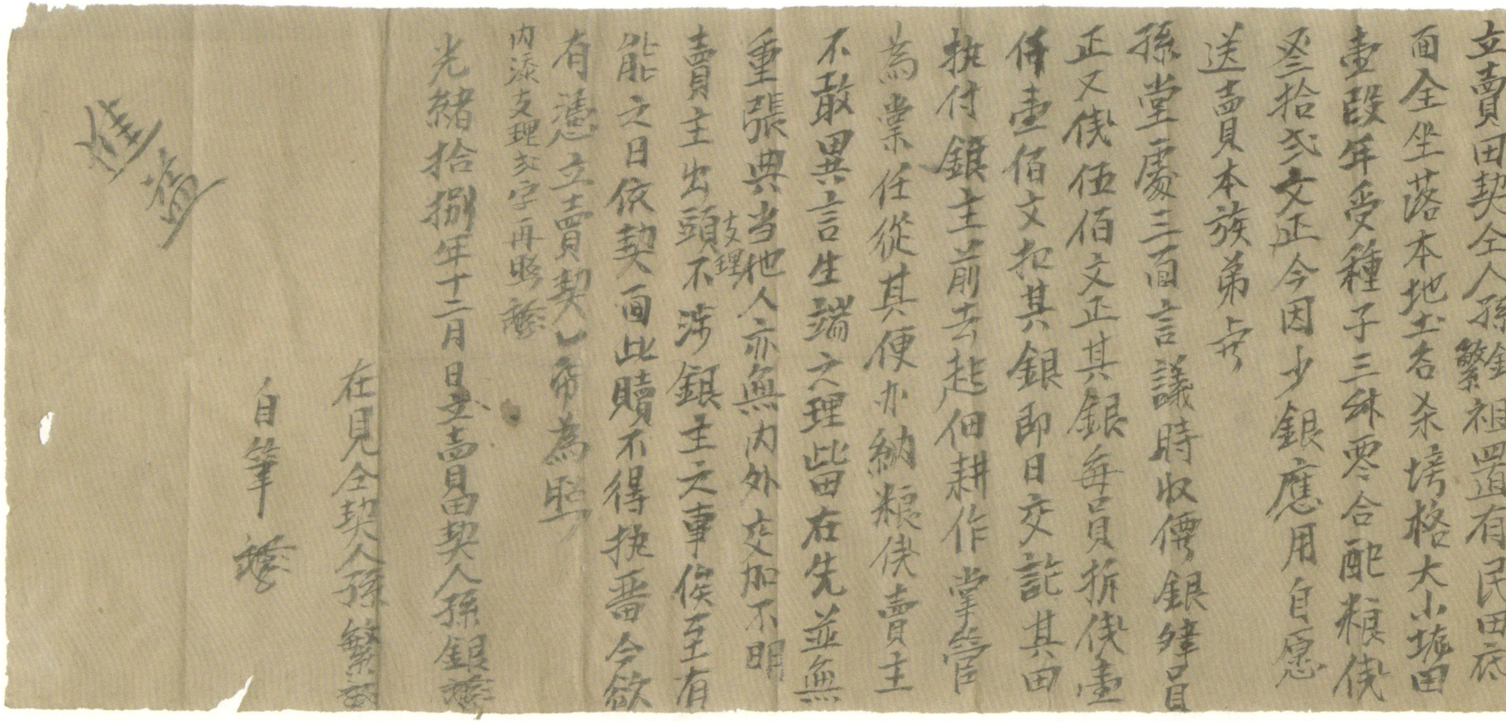
立賣田契仝人孫銀繁祖置有民田底
面全坐落本地土名朱墘格大小垅田
壹段年受種子三升零合配粮伐
叁拾弍文正今因少銀應用自愿
送賣本族弟安
孫堂處三面言議時收價銀肆員
正又伐伍佰文正其銀每員折伐壹
仟壹佰文扣其銀即日交訖其田
執付銀主前去起佃耕作掌管
為業任從其便亦納粮伐賣主
不敢異言生端之理此田在先並無
重張典当他人亦無內外支加不明
賣主出頭支理不涉銀主之事倘至有
能之日依契面此贖不得挨留今欲
有憑立賣契一帋為照
內添支理弍字再照
光緒拾捌年十二月日立賣田契人孫銀繁
在見仝契人孫繁
自筆
佳益

10-7-64-15　清光緒十八年十二月黃孫銀等立賣底面全民田契

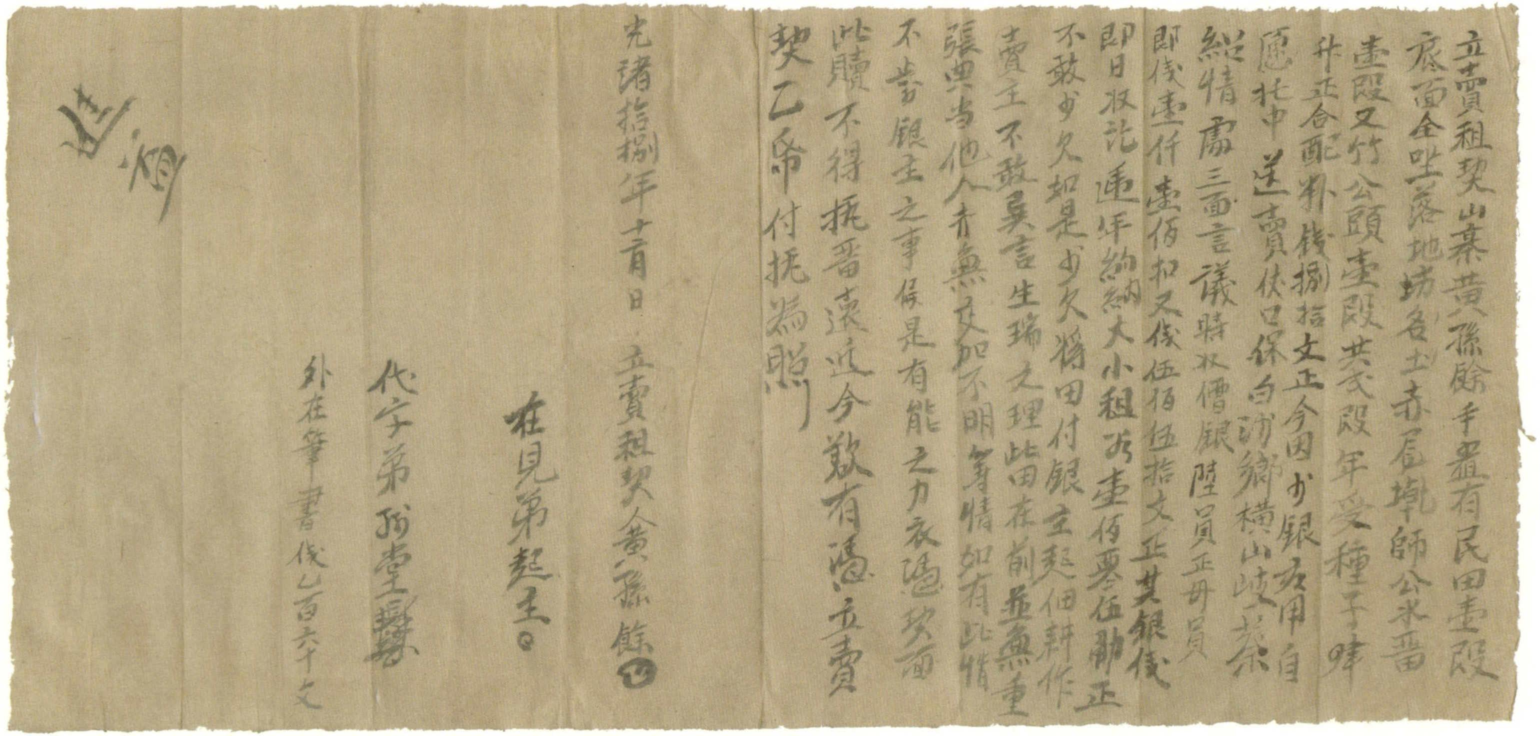

立賣租契山寨黃孫餘手置有民田壹段
底面全坐落地坊各土赤窟墘師公米畨
壹段又竹公頭壹段共貳段年受種子肆
升正合配料錢捌指文正今因少銀應用自
愿托中送賣洑口保白前鄉橫山岐人蔡
紹情處三面言議時值價銀陸員正丹員
即錢壹仟壹佰扣又錢伍佰伍拾文正其銀錢
即日收訖逐年約納大小租谷壹佰要伍觔正
不敢少欠如是少欠將田付銀主起佃耕作
賣主不敢異言生端之理此田在前並無重
張典當他人亦無交加不明等情如有此情
不當銀主之事係是有能之力承還契面
此贖不得執番遠近今欲有憑立賣
契乙帋付執為照

光緒拾捌年十二月日　立賣租契人黃孫餘（押）

在見弟起丰（押）

代字弟酉堂（押）

外在筆書錢乙百六十文

佳宜

10-7-64-16　清光緒十八年十二月黃孫餘立賣民田租契

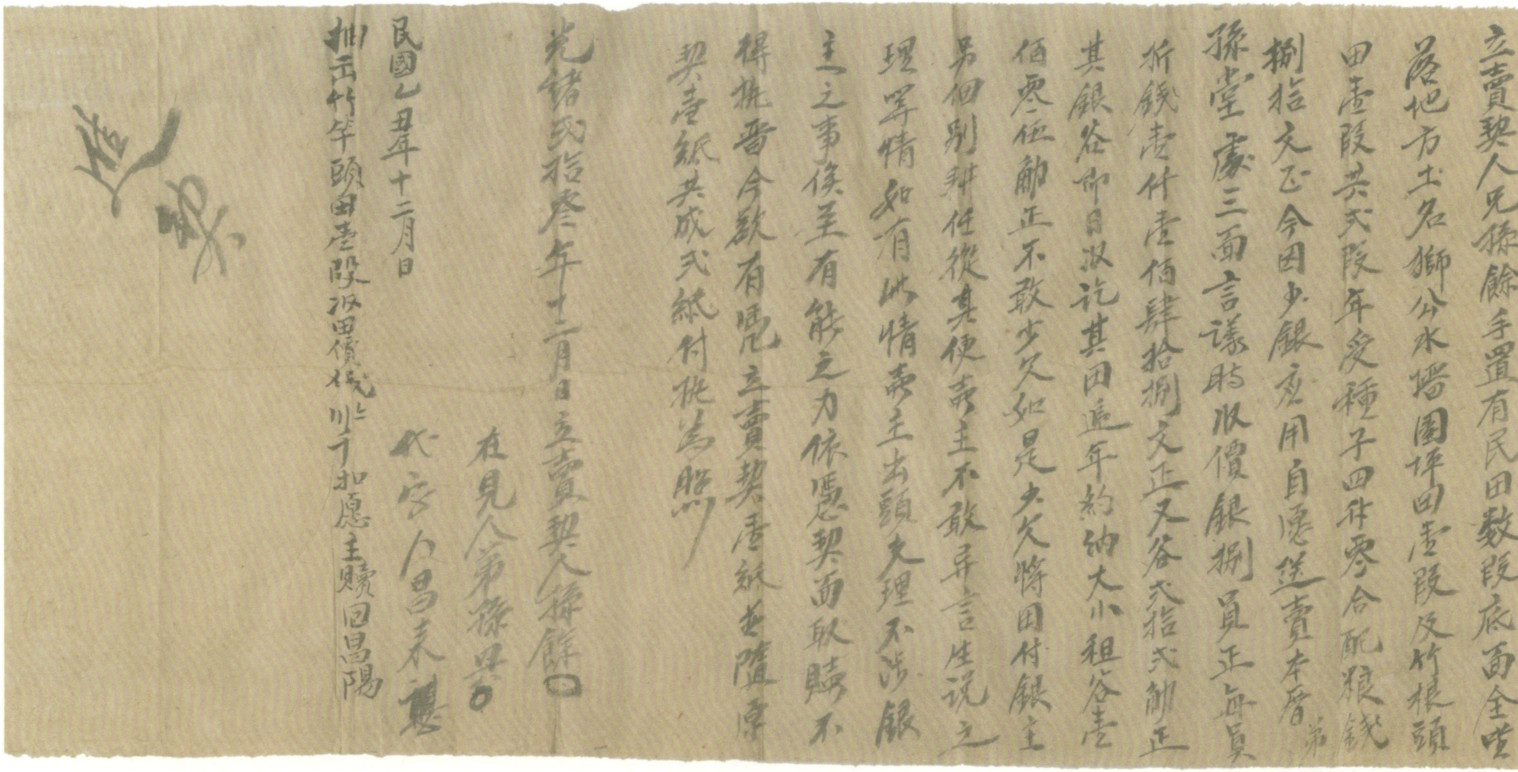

立賣契人兄孫餘手置有民田數段底面全些
落地方土名鄉公水壋園坪田壹段及竹根頭
田壹段共弍段年受種子四升零合配粮錢
捌拾文正今因少銀應用自愿送賣本房弟
孫堂康三面言議時值價銀捌員正每員
折錢壹仟壹佰肆拾捌文正又谷弍拾弍觔正
其銀谷即日收訖其田逐年約納大小租谷壹
佰零伍觔正不敢少欠如是少欠將田付銀主
另佃別耕任從其便弟主不敢异言生說之
理写情如有此情弟主出頭支理不涉銀
主之事係呈有能之力依憑契面取贖不
得推晉今欲有憑立賣契壹紙並隨原
契壹紙共成弍紙付執為照
光緒弍拾叁年十二月日立賣契人孫餘（押）
在見人弟孫昌（押）
代字人昌來（押）
民國乙丑年十二月日
抽出竹竿頭田壹段收田價錢川十扣愿主贖回昌陽

10-7-64-17　清光緒二十三年十二月黃孫餘立賣底面全民田契

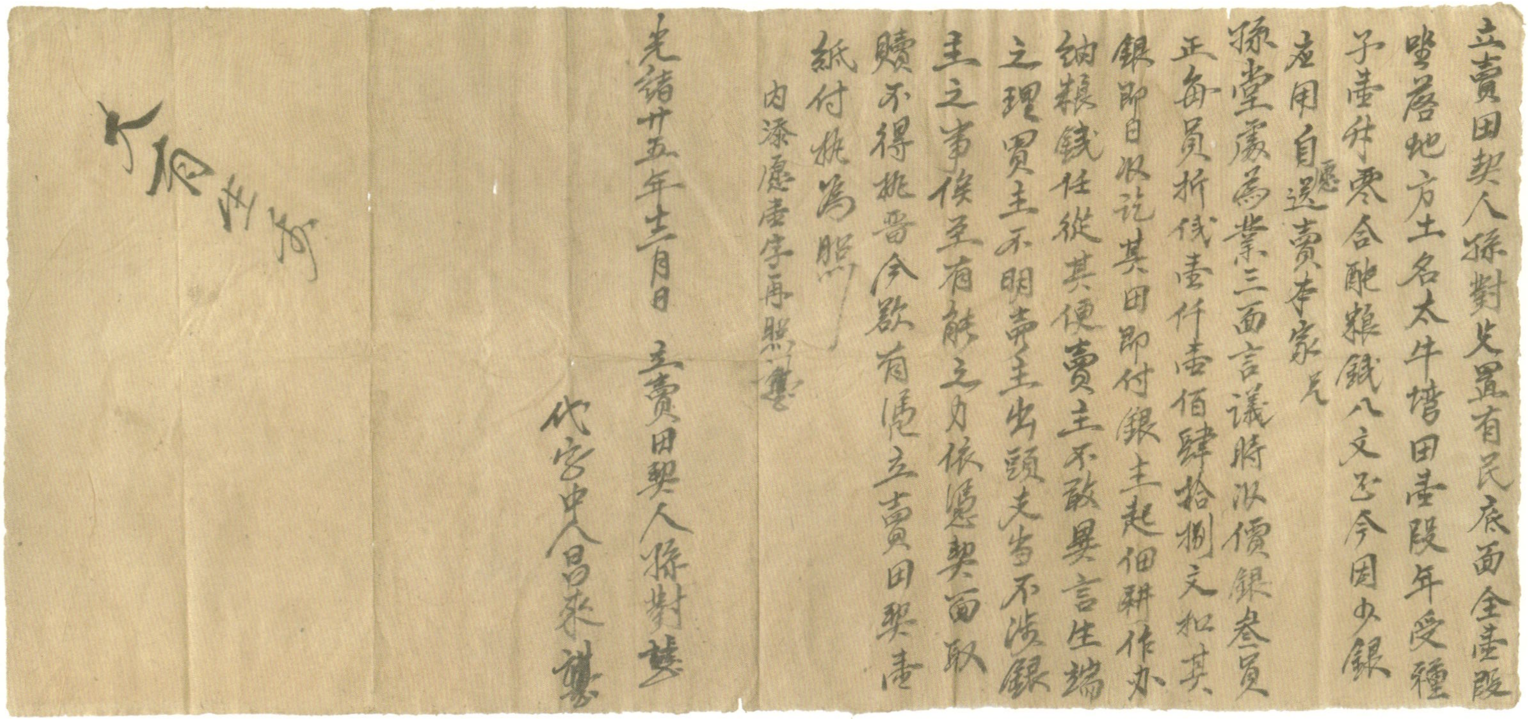

立賣田契人孫對，今置有民底面全壹段，
坐落地方土名太牛塆田壹段，年受種
子壹升零合，配糧錢八文正。今因少銀
應用，自愿送賣本家兄
孫堂處爲業，三面言議時值價銀叁員
正，每員折錢壹仟壹佰肆拾捌文扣。其
銀即日收訖，其田即付銀主起佃耕作，办
納粮錢，任從其便，賣主不敢異言生端
之理。買主不明，賣主出頭支當，不涉銀
主之事。候至有能之日，依照契面取
贖，不得執留。今欲有憑，立賣田契壹
紙，付執爲照。
内添「愿」壹字，再照。
光緒廿五年十二月　日　立賣田契人孫對（押）
代字中人昌來（押）

10-7-64-18　清光緒二十五年十二月黄孫對立賣底面全民田契

10-7-64-19 清光緒二十六年十一月張氏立賣底面全民田契（紅契）

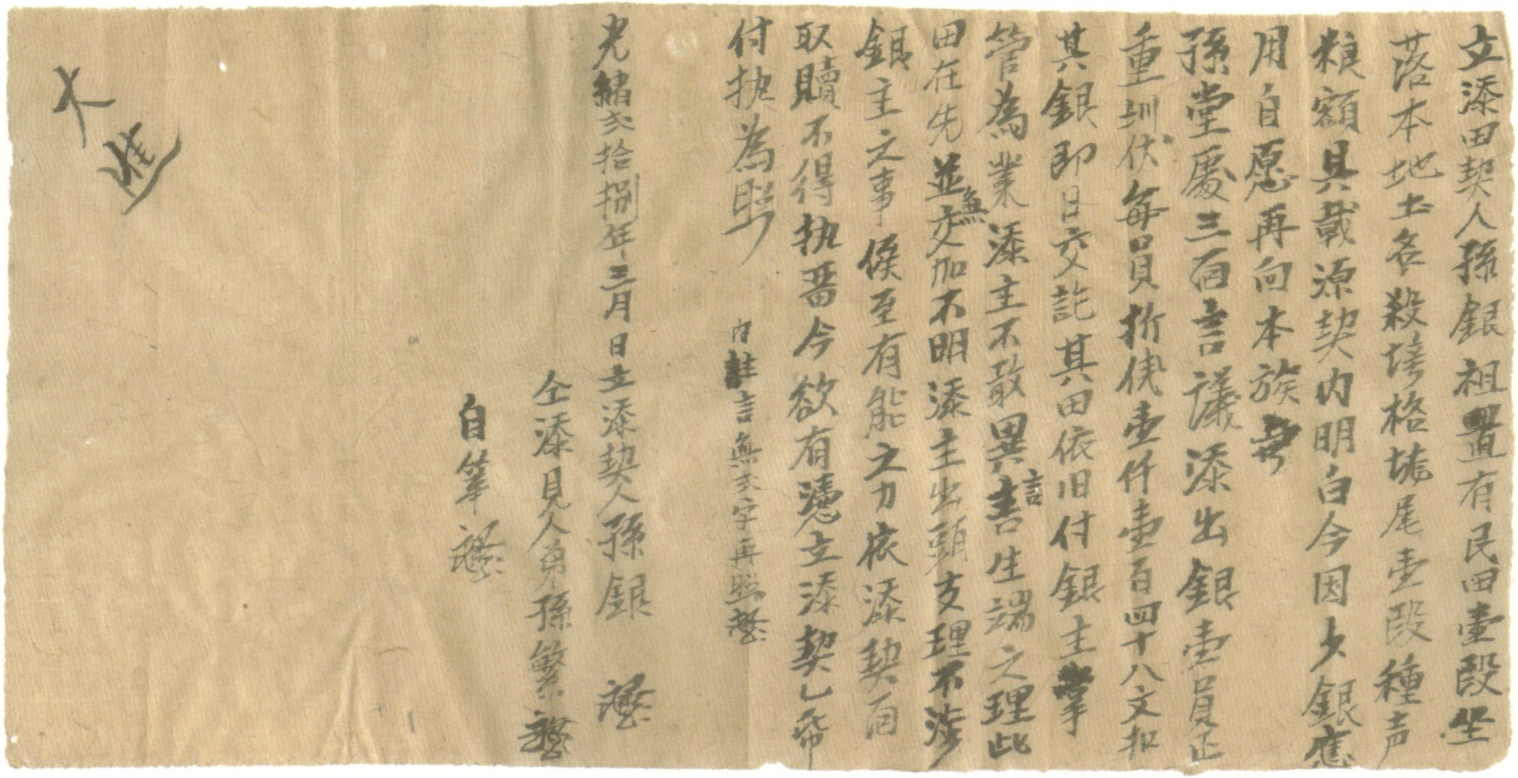
立添田契人孫銀祖置有民田壹段坐
落本地土名殺墇格墟尾壹段種声
粮額具載源契内明白今因乏銀應
用自愿再向本族弟
孫堂處三面言議添出銀壹員正
重圳伏每員折伕壹仟壹百四十八文扣
其銀即日交訖其田依旧付銀主掌
管為業添主不敢異言生端之理此
田在先並無交加不明添主出頭支理不涉
銀主之事係至有能之力依添契面
取贖不得執番今欲有憑立添契乙帋
付執為照
内註言無字再照
光緒叁拾捌年三月日立添契人孫銀
仝添見人弟孫鑾
自筆
大進

10-7-64-20　清光緒二十八年三月黄孫銀立添民田契

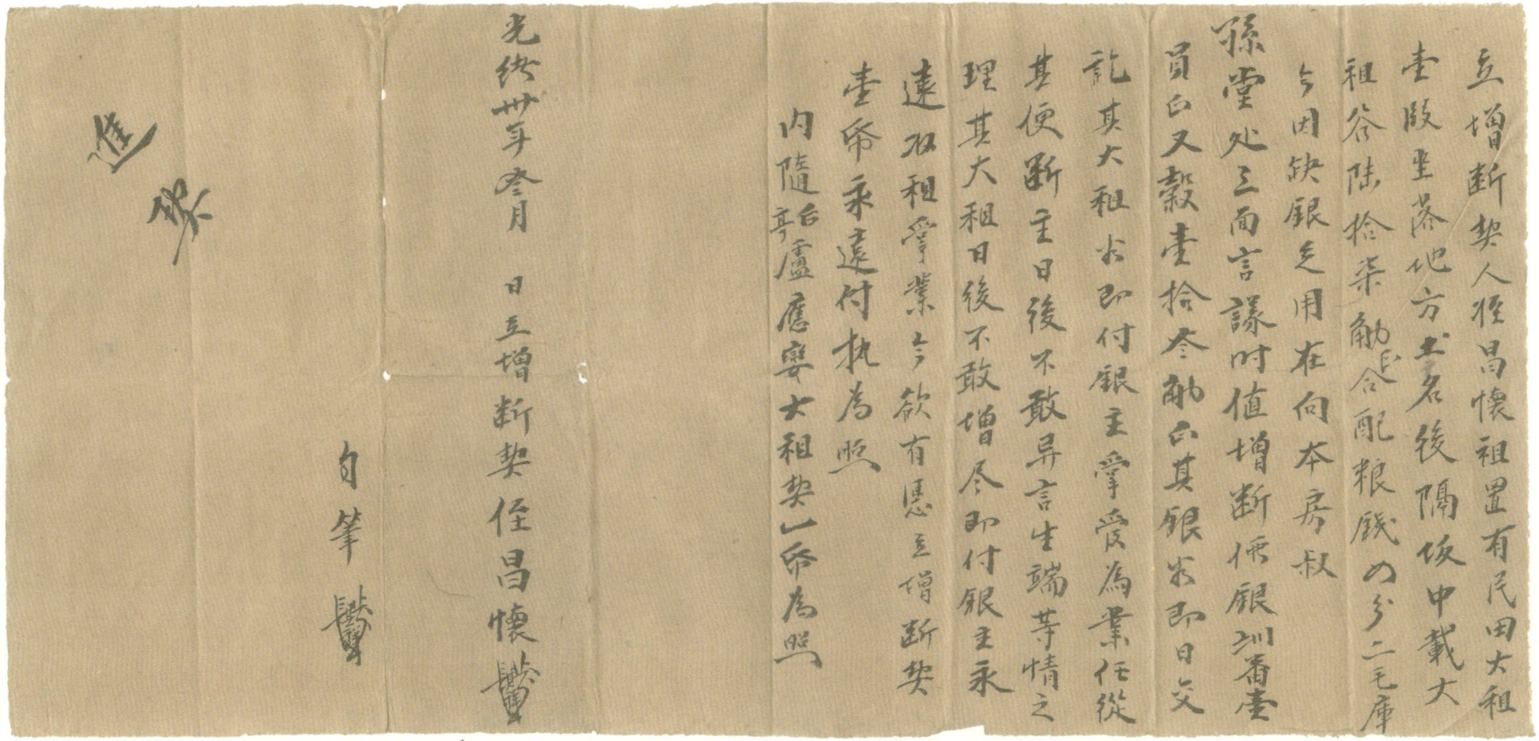

立增斷契人侄昌懷祖置有民田大租
壹段，坐落地方土名後隔坂中，載大
租谷陸拾柒觔足，仝配粮錢四分二毛庠。
今因缺銀乏用，在向本房叔
孫堂处三面言議，时值增斷價銀訓番壹
員正，又穀壹拾叁觔正，其銀穀即日交
訖，其大租谷即付銀主掌管為業，任從
其便，斷主日後不敢异言生端等情之
理，其大租日後不敢增尽，即付銀主永
遠収租管業。今欲有憑，立增斷契
壹帋，永遠付執為照。
内隨上手盧應宴大租契一帋為照。

光緒卅年叁月　日立增斷契侄昌懷（押）

自筆（押）

進契

10-7-64-21　清光緒三十年三月黄昌懷立增斷民田大租契

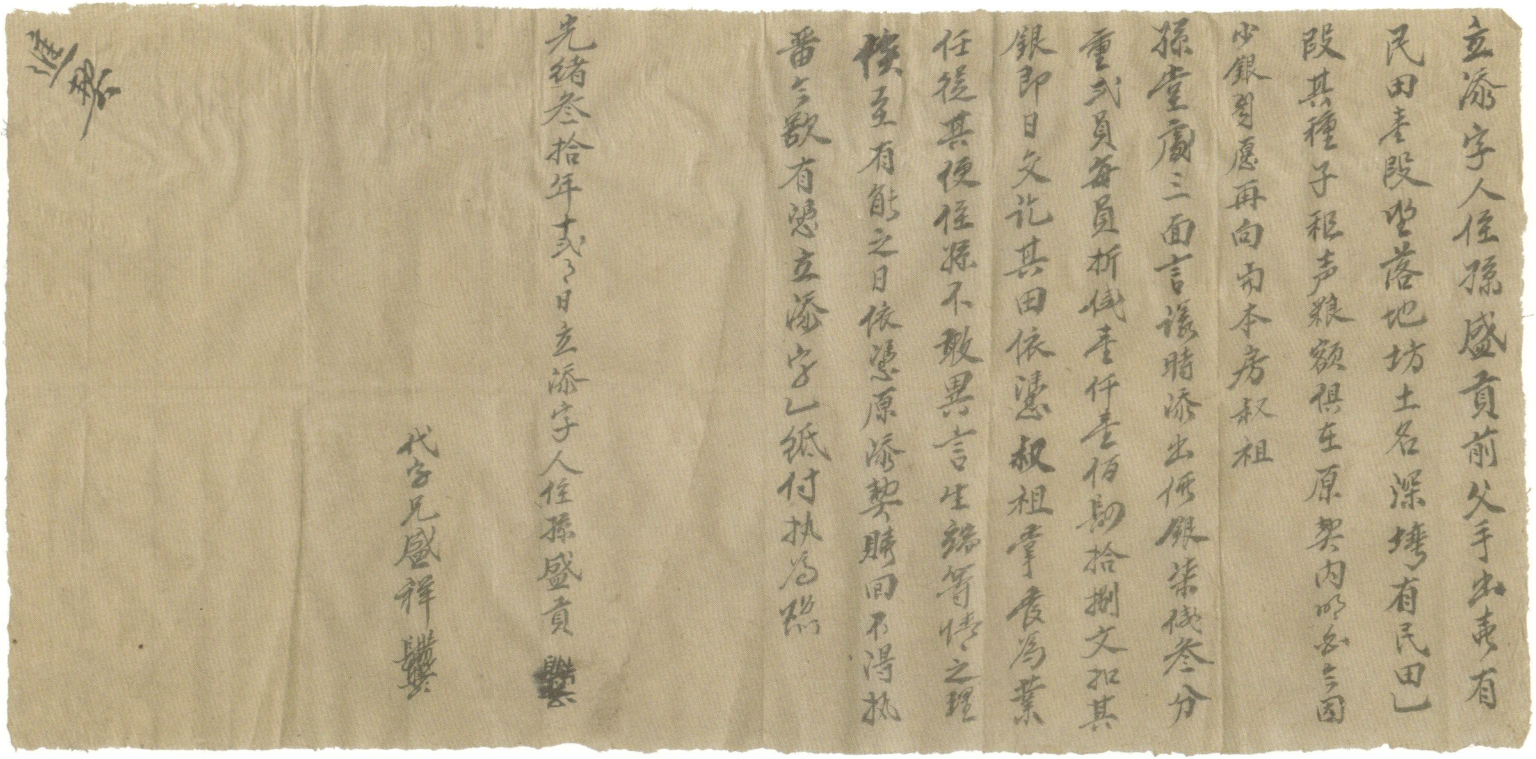

立添字人侄孫盛貢前父手出未有
民田壹段坐落地坊土名深塆有民田乙
段其種子租声粮額俱在原契內明白今因
少銀別愿再向向本房叔祖
孫堂處三面言議贖添出價銀柒錢叁分
重弍員每員折錢壹仟壹佰肆拾捌文扣其
銀即日交訖其田依憑叔祖掌管為業
任從其便侄孫不敢異言生端等情之理
候至有能之日依憑原添契贖回不得執
留今欲有憑立添字乙紙付執為照
光緒叁拾年十弍月　日立添字人侄孫盛貢（押）
代字兄盛祥（押）

10-7-64-22　清光緒三十年十二月黃盛貢立添民田字

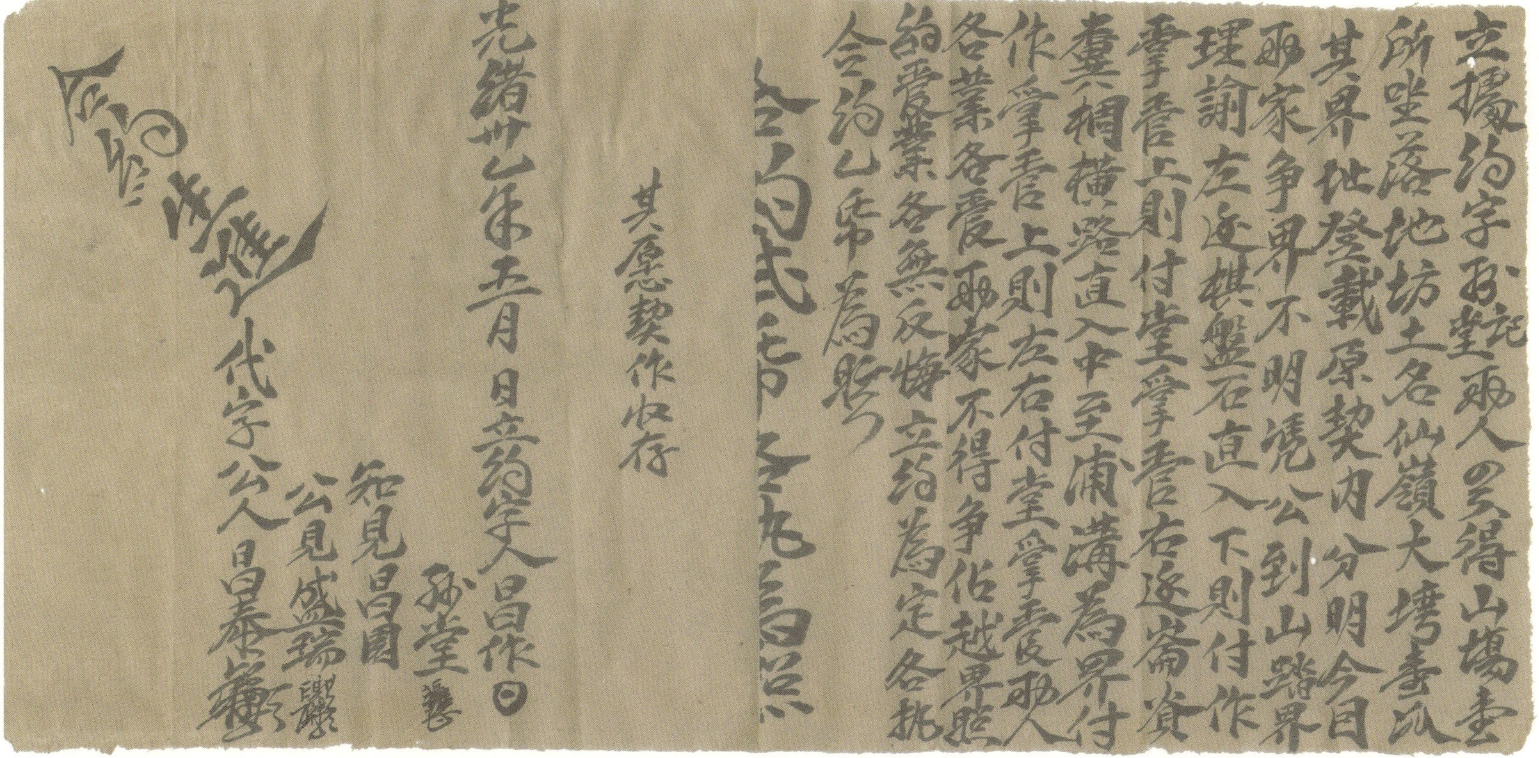

立據約字兩堂兩人四叕得山場壹
所坐落地坊土名仙嶺大塆壹泒
其界址登載原契內分明今因
兩家爭界不明憑公到山踏界
理諭左邊棋盤石直入下則付作
掌管上則付堂掌管右邊崙資
畫與桐橫路直入中至浦溝為界付
作掌管上則左右付堂掌管兩人
各業各管兩家不得爭佔越界照
約管業各無反悔立約為定各執
合約山帋為照

合同[illegible]為照

其原契作收存

光緒卅一年五月　日立約字人　昌作（押）
兩堂（押）
知見　昌國
公見　盛瑞（押）
代字公人　昌泰（押）

合約為據

10-7-64-23　清光緒三十一年五月黃昌作等立據約字

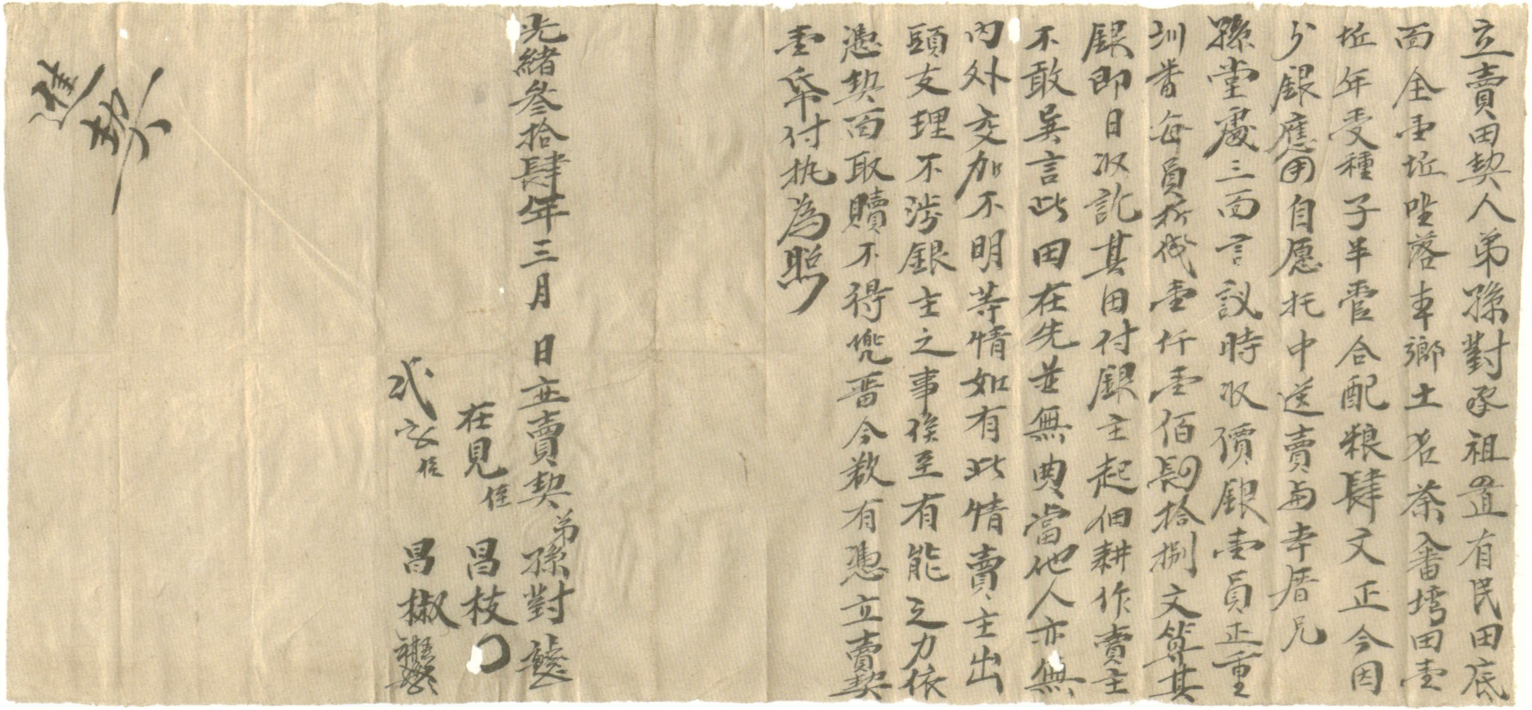
立賣田契人弟孫對承祖置有民田底
面全坐址嘡落車鄉土名茶盦墘田壹
坵年受種子半雹合配粮肆文正今因
乏銀應用自愿托中送賣與本居兄
孫堂處三面言議時收價銀壹員正重
圳番每員柒錢壹仟壹佰肆拾捌文算其
銀即日收訖其田付銀主起佃耕作賣主
不敢異言此田在先並無典當他人亦無
內外交加不明等情如有此情賣主出
頭支理不涉銀主之事後至有能之力依
憑契面取贖不得僥吾今欲有憑立賣契
壹紙付執為照

光緒叁拾肆年三月　日立賣契弟孫對

在見侄　昌枝

昌檄

代字侄

[illegible]契

10-7-64-24　清光緒三十四年三月黃孫對立賣底面全民田契

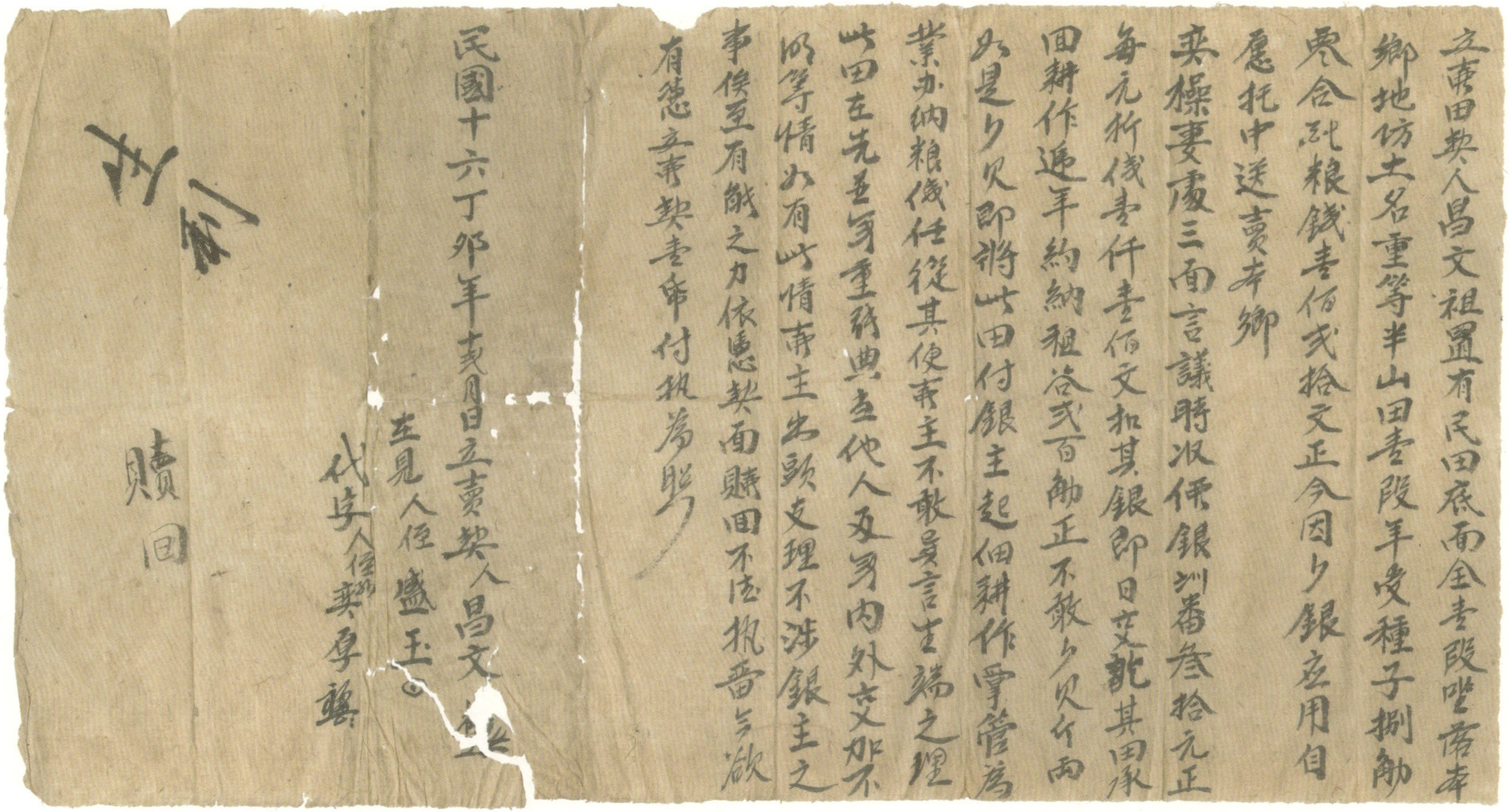
立賣田契人昌文祖置有民田底面全壹段坐落本
鄉地坊土名重等半山田壹段年受種子捌觔
衆合計粮錢壹佰弍拾文正今因乏銀応用自
愿托中送賣本鄉
奕樑妻處三面言議時價佛銀川番叁拾元正
每元折錢壹仟壹佰文扣其銀即日交訖其田承
回耕作遞年約納租谷弍百觔正不敢少欠斤両
如是少欠即將此田付銀主起佃耕作管爲
業本納粮錢任從其便賣主不敢异言生端之理
此田在先並無重複典立他人及有內外文物不
明等情如有此情賣主出頭支理不涉銀主之
事候至有能之力依憑契面贖回不得執留与欲
有憑立賣契壹帋付執爲照
民國十六丁卯年十二月日立賣契人昌文
在見人侄盛玉
代字人侄孫奕孚
贖回

10-7-64-25　民國十六年十二月黃昌文立賣底面全民田契

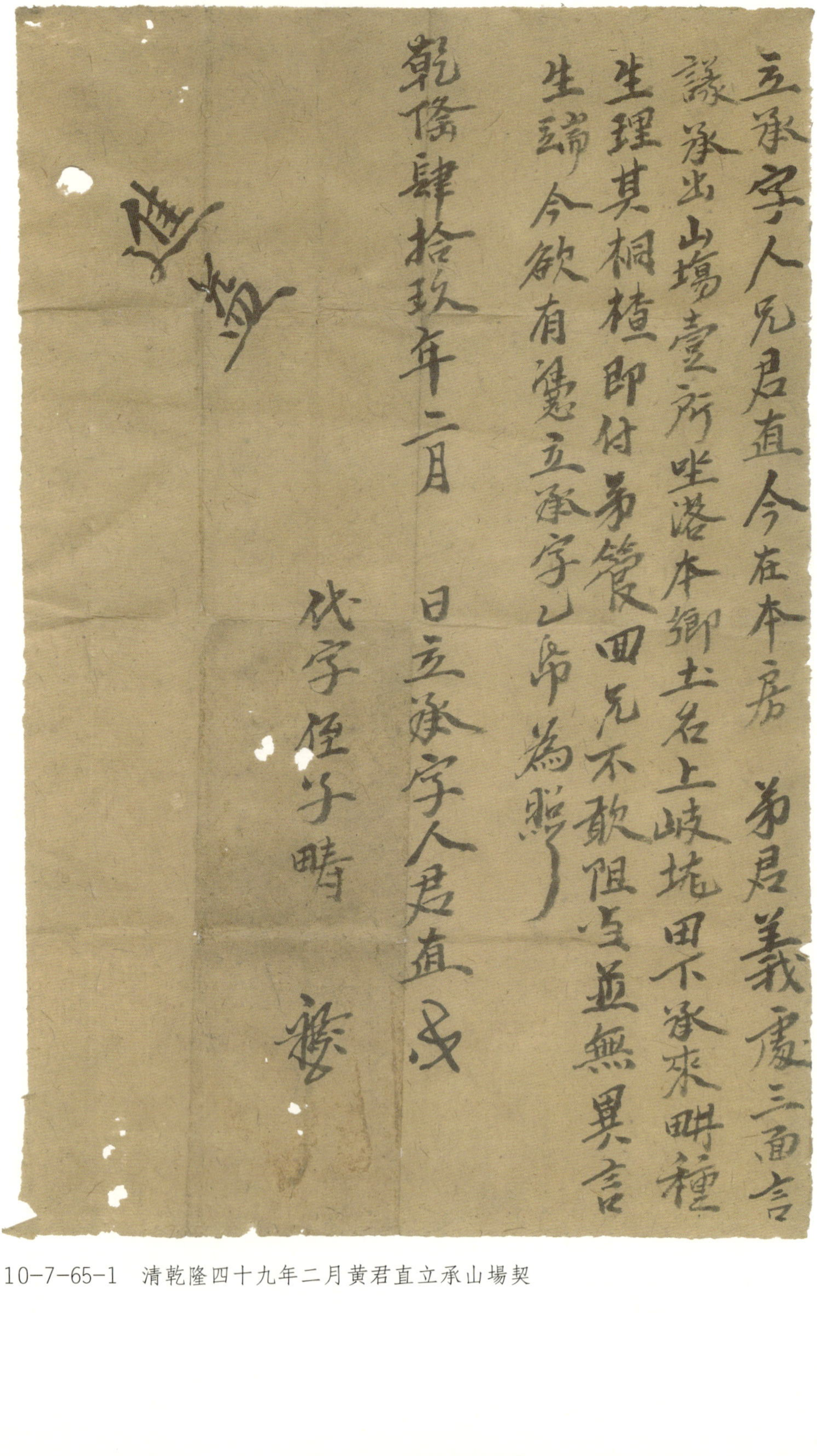
立承字人兄君直今在本房　弟君義處三面言
議承出山塲壹所坐落本鄉土名上岐垅田下承來耕種
生理其桐植即付弟管田兄不敢阻當並無異言
生端今欲有憑立承字山帋為照
乾隆肆拾玖年二月　日立承字人君直（押）
代字侄子晴（押）

10-7-65-1　清乾隆四十九年二月黃君直立承山場契

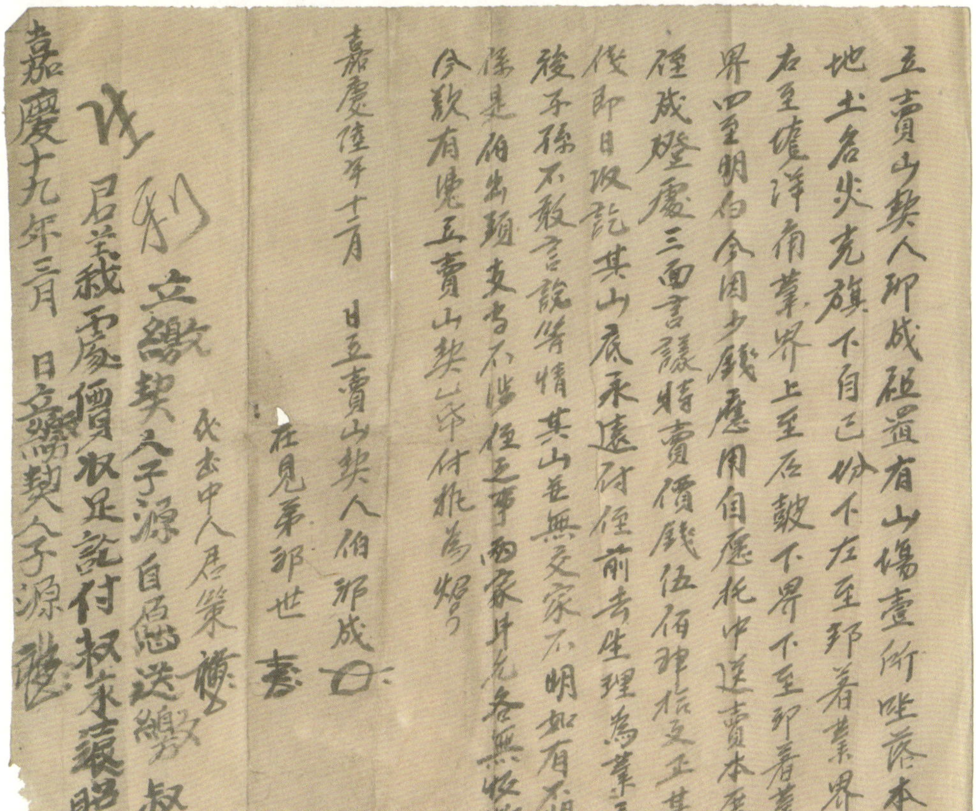
立賣山契人邦成祖置有山場壹所坐落本
地土名尖壳嶺下自己份下左至邦着業界
右至壚洋角業界上至石鼓下界下至邦着業
界四至明白今因少錢應用自愿托中送賣本房
侄成燈處三面言議時賣價錢伍佰肆拾文正其
錢即日收訖其山底永遠付侄前去生理為業立
後子孫不敢言說等情其山並無交家不明如有不明
係是伯出頭支当不涉侄边之事两家甘允各無反悔
今欲有憑立賣山契一帋付執為照
嘉慶陸年十二月　日立賣山契人伯邦成（押）
在見弟邦世（押）
立繳契人子源自愿送繳叔
居芝叔處價收足訖付叔永遠照
代書中人居策（押）
嘉慶十九年三月　日立繳契人子源（押）

10-7-65-2　清嘉慶六年十二月黄邦成立賣山場契

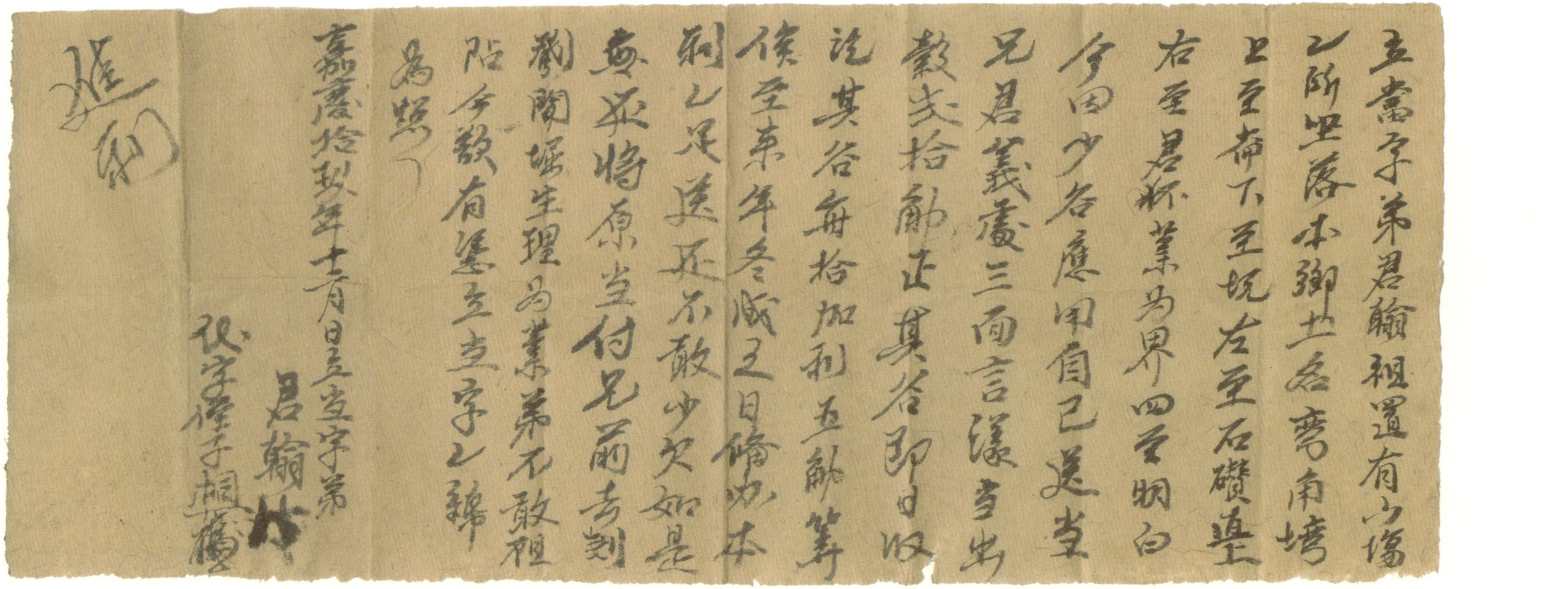

立當字弟君翰，祖置有山場
乙所，坐落本鄉土名彎南塘，
上至崙，下至坑，左至石磧基，
右至君標業爲界，四至明白。
今因少谷應用，自己送堂
兄君義處，三面言議，當出
穀弍拾觔正，其谷即日收
訖。其谷每拾加利五觔，筭
候至來年冬成之日，備办本
利，山場送還，不敢少欠。如是
無銀，將原當付兄前去，剷
闢掘生理爲業，弟不敢阻
阽。今欲有憑，立當字乙紙
爲照。
嘉慶拾玖年十二月　日立當字弟
君翰（押）
代字侄子桐[illegible]
退回

10-7-65-3　清嘉慶十九年十二月黄君翰立當山場字

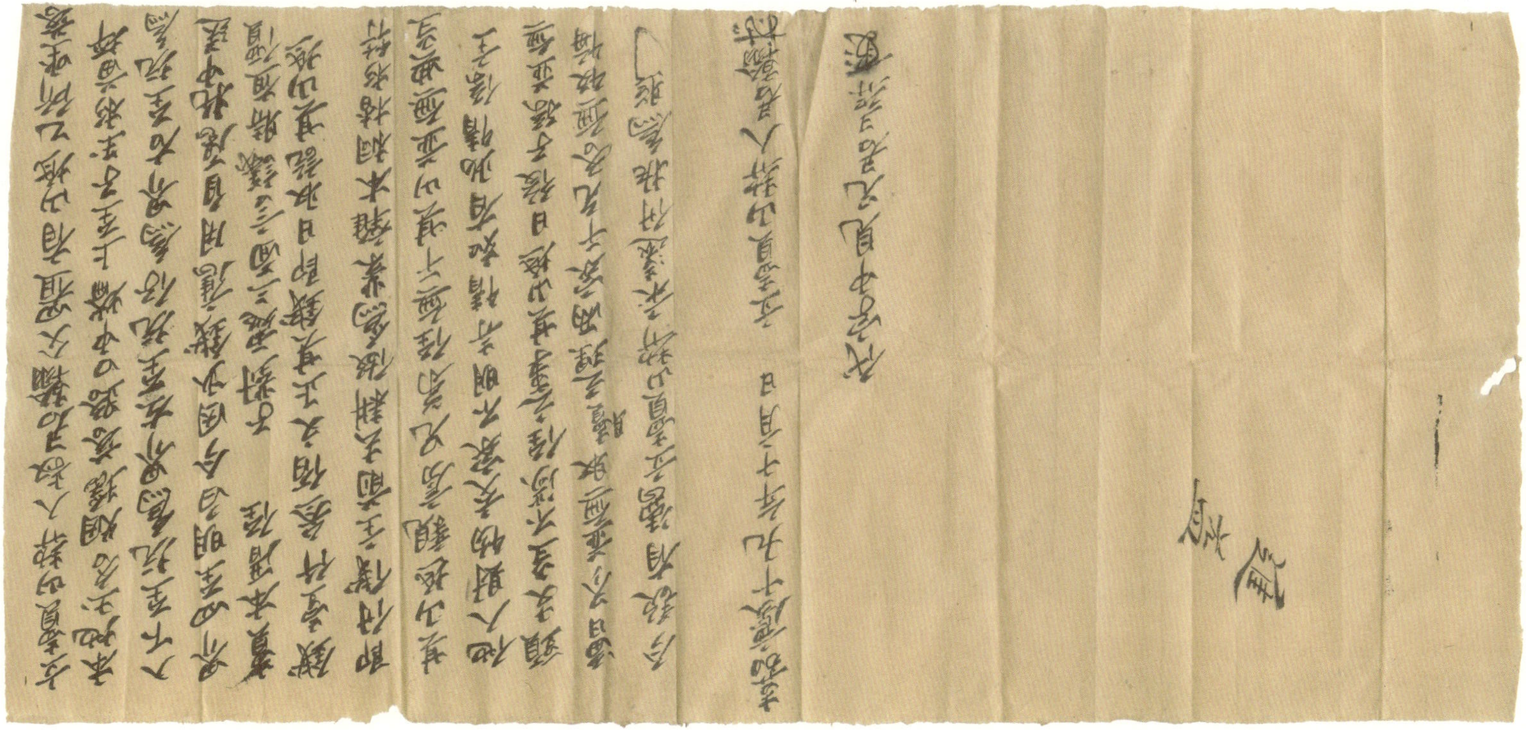
立賣山契人黃君翰父置有山場乙所坐落
本地土名烟爐墓兜口中嵴上至子孫墓
人下至坑為界左至坑伯為界右至坑為
界四至明白今因乏錢應用自愿托中送
賣本房侄　子郭承三面言議時值價
錢壹仟叁佰文正其錢即日收訖其山憑
即付侄前去耕做為業雜木樹楮杉竹
其山於親房兄弟侄無干其山並無典
他人財物交加不明等情如有此情侄主
頭支當不涉侄之事其山自賣之後子孫並無
異日不得言盡贖取此理兩家甘允各無反悔
今欲有憑立賣山契永遠付執為照
嘉慶十九年十二月　日　立賣山契人黃君翰
代字中見兄黃君銘

10-7-65-4　清嘉慶十九年十二月黃君翰立賣山底字

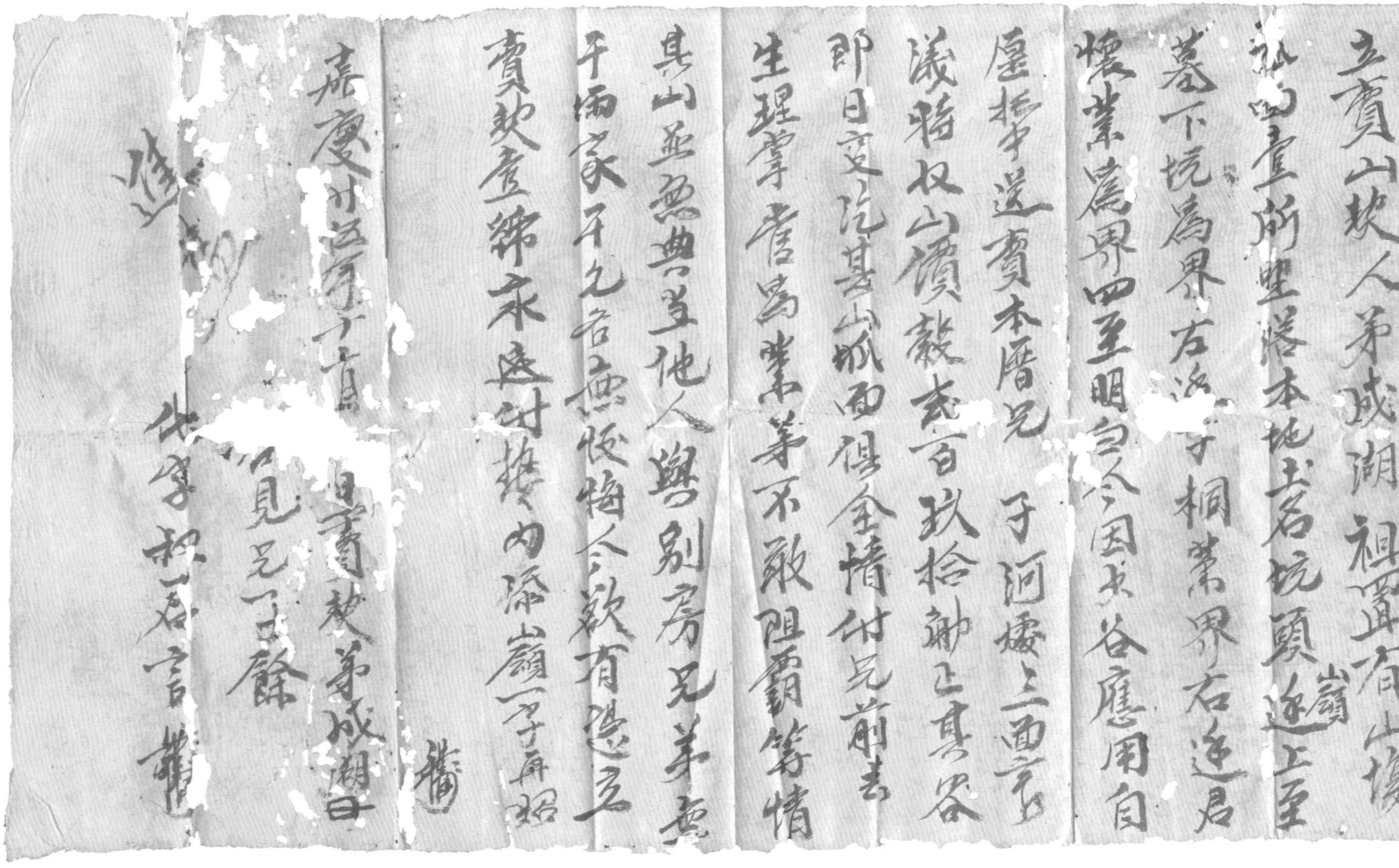
立賣山契人弟成湖祖置有山場
壹所坐落本地土名坑頭逆上至嶺
墓下坑為界左從子桐業界右逆君
懷業為界四至明白今因缺谷應用自
愿托送賣本房兄　子河嫂上面言
議將收山價穀弍百玖拾觔正其谷
即日交訖其山憑面得全情付兄前去
生理掌管為業弟不敢阻霸等情
其山並無典並他人與別房兄弟無
干兩家不允各無悔今欲有憑立
賣契壹紙永遠付執內添山嶺一字再炤
嘉慶廿五年十二月　日立賣契弟成湖
見兄丁餘
代字叔士言

10-7-65-5　清嘉慶二十五年十二月黃成湖立賣山場契

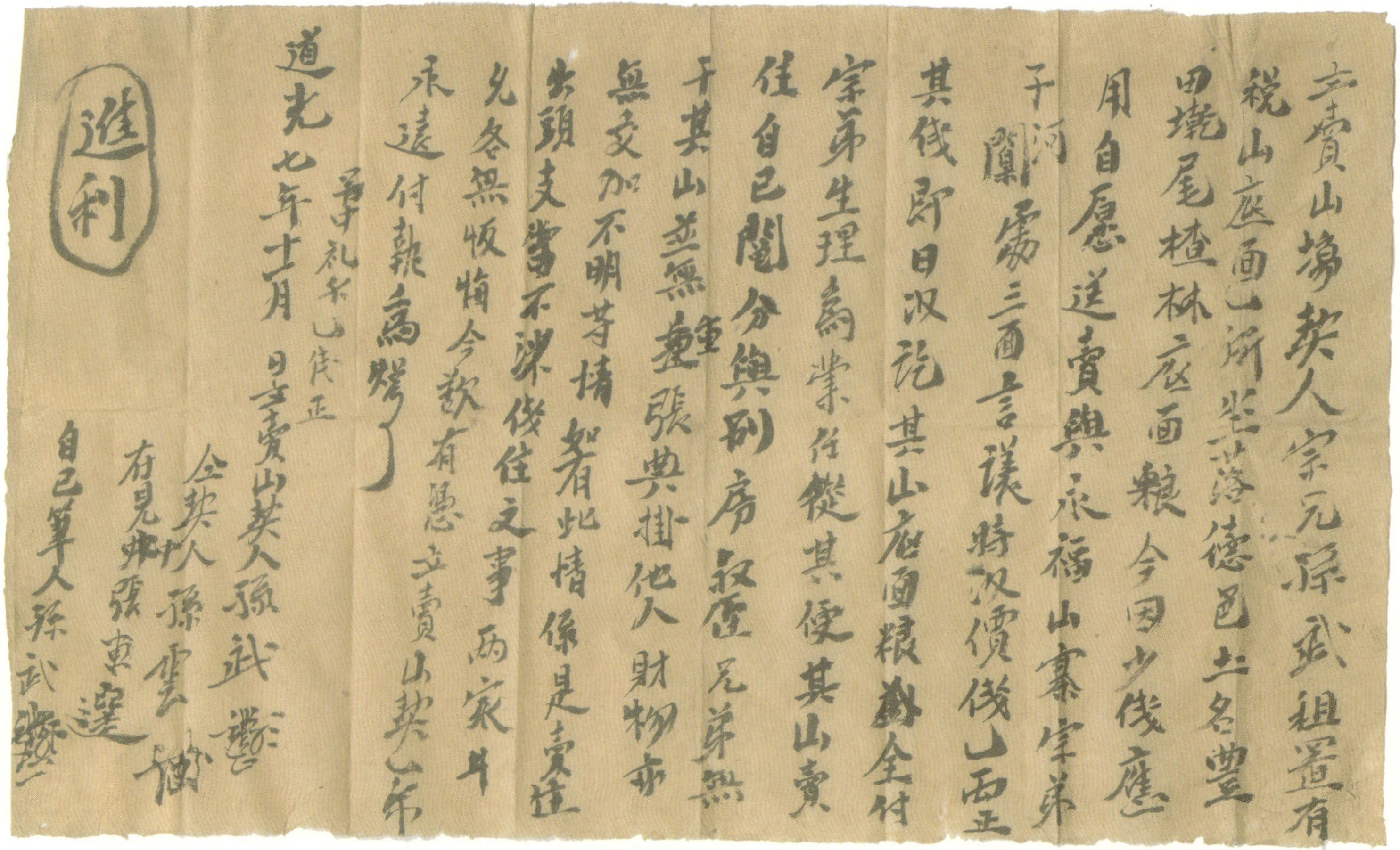
立賣山場契人宗元孫武，祖置有
稅山底面一所，坐落德邑土名豐
田墘尾楂林，底面糧今因乏錢應
用，自愿送賣與本福山寨宗弟
于河
闖處，三面言議，時值價錢山兩正。
其錢即日收訖，其山底面糧盡全付
宗弟生理爲業，任從其便。其山賣
住自己鬮分，與別房叔侄兄弟無
干。其山並無重疊張典掛他人財物，亦
無交加不明等情。如有此情，係是賣主
出頭支當，不涉錢主之事。兩家甘
允，各無反悔。今欲有憑，立賣山契一帋，
永遠付執爲照。
草契批山底正
道光七年十一月　日立賣山契人孫武（押）
仝契人孫雲（押）
在見中人張東遷
自己筆人孫武（押）
進利

10-7-65-6　清道光七年十一月黄孫武立賣稅山底面契

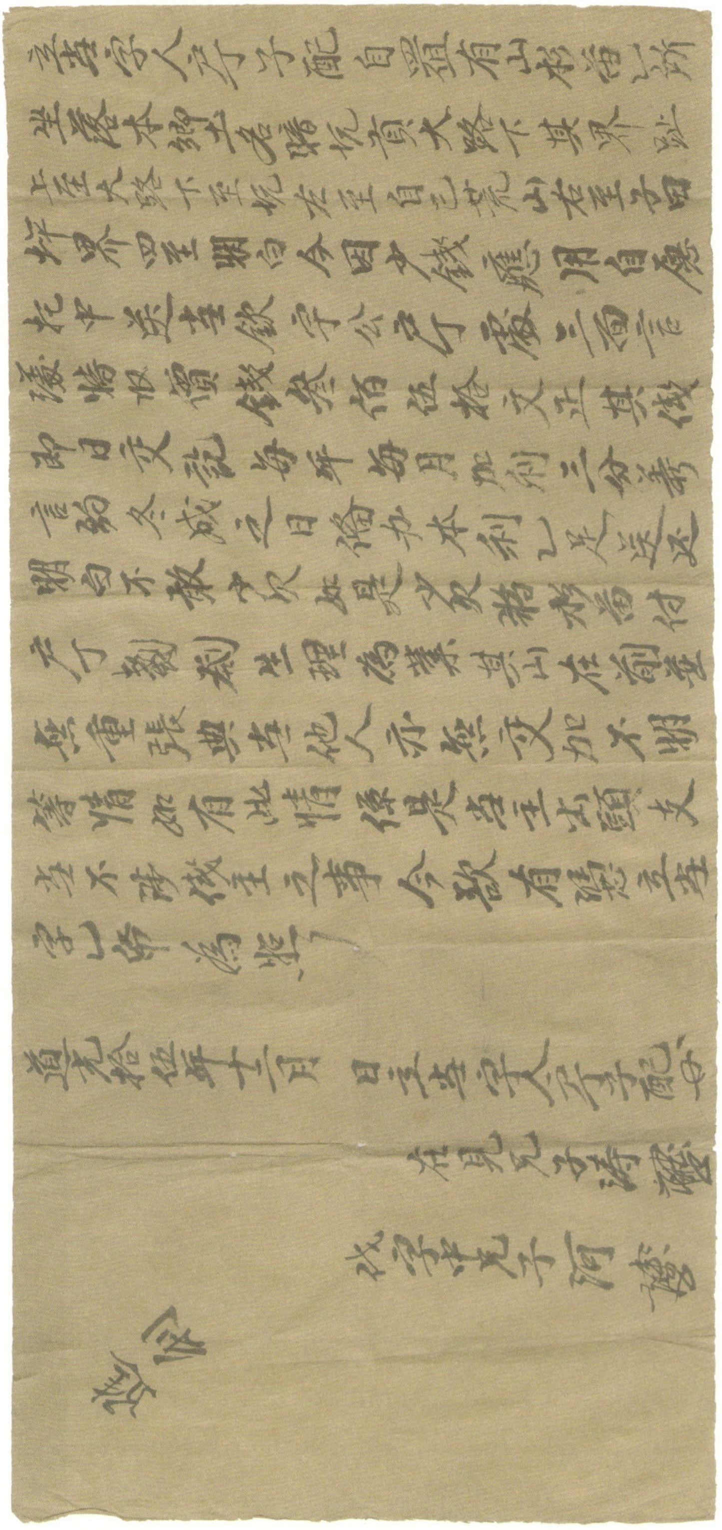
立當字人黃子配自置祖有山杉苗乙所
坐落本鄉土名磡坑貢大路下其界址
上至大路下至坑左至自己苗山右至黃田
坪界四至明白今因乏錢應用自愿
托中送奎欽字公名下當三面言
議時收過錢叁佰伍拾文正其錢
即日交訖每年每月照例三分算
言約冬成之日備办本利乙足送還
明白不敢少欠如是少欠將杉苗付
元丁劉莉出理為業其山在前並
無重張典當他人亦無交加不明
等情如有此情係是當主出頭支
當不涉錢主之事今欲有憑立當
字乙紙為照
道光拾伍年十二月　日立當字人黃子配（押）
在見兄子壽（押）
代字弟光子河（押）
回贖

10-7-65-7　清道光十五年十二月黄子配立當山杉苗字

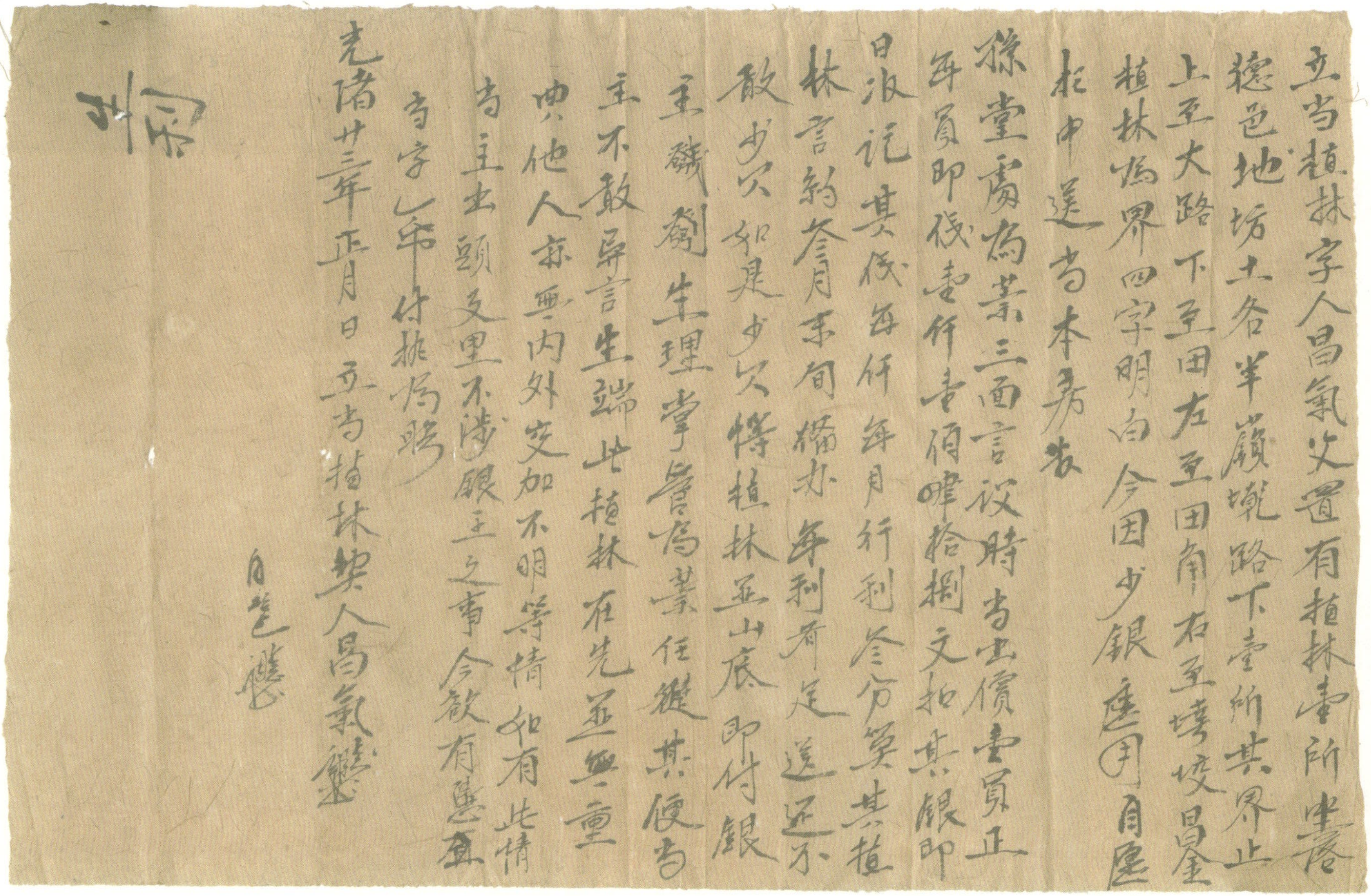
立當植林字人昌氣父置有植林壹所坐落
穗芭地坊土名半嶺墘路下壹所其界止
上至大路下至田左至田角右至墘坡昌壆
植林為界四字明白今因少銀應用自愿
托中送當本房叔
孫堂腐為業三面言議時當出價壹員正
每員即錢壹仟壹佰肆拾捌文扣其銀即
日收訖其錢每仟每月行利叁分算其植
林言約叁年末旬備办無利有定送还不
敢少欠如是少欠將植林並山底即付銀
主鏟劉生理掌管為業任從其便當
主不敢異言生端此植林在先並無重
典他人亦無內外交加不明等情如有此情
當主出頭支理不涉銀主之事今欲有憑立
當字壹紙付執為照
光緒廿三年正月日立當植林契人昌氣
自筆

10-7-65-8　清光緒二十三年正月黃昌氣立當楂林字

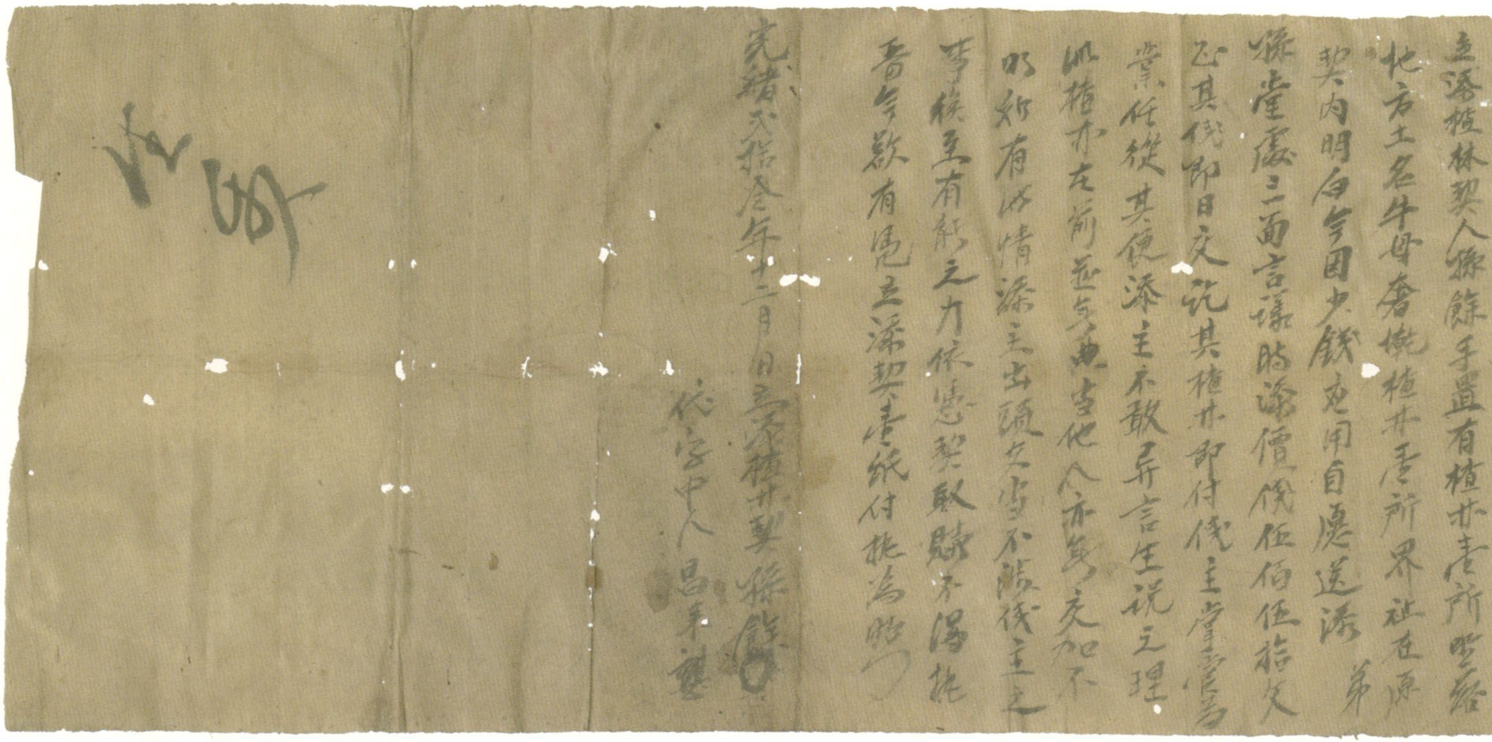
立添楂林契人孫餘手置有楂木壹所坐落
地方土名牛母嵛墘楂木壹所界址在原
契内明白今因乏錢応用自愿送添　弟
孫堂處三面言議時添價錢伍佰伍拾文
正其錢即日交訖其楂木即付錢主掌管為
業任從其便添主不敢异言生説之理
此楂木在前並無典當他人亦無交加不
明如有此情添主出頭支當不干錢主之
事候至有就之力依照契取贖不得执
吝今欲有憑立添契壹紙付执為照
光緒弍拾叁年十二月　日立添楂林契孫餘
代字中人　昌來

10-7-65-9　清光緒二十三年十二月黃孫餘立添楂林契

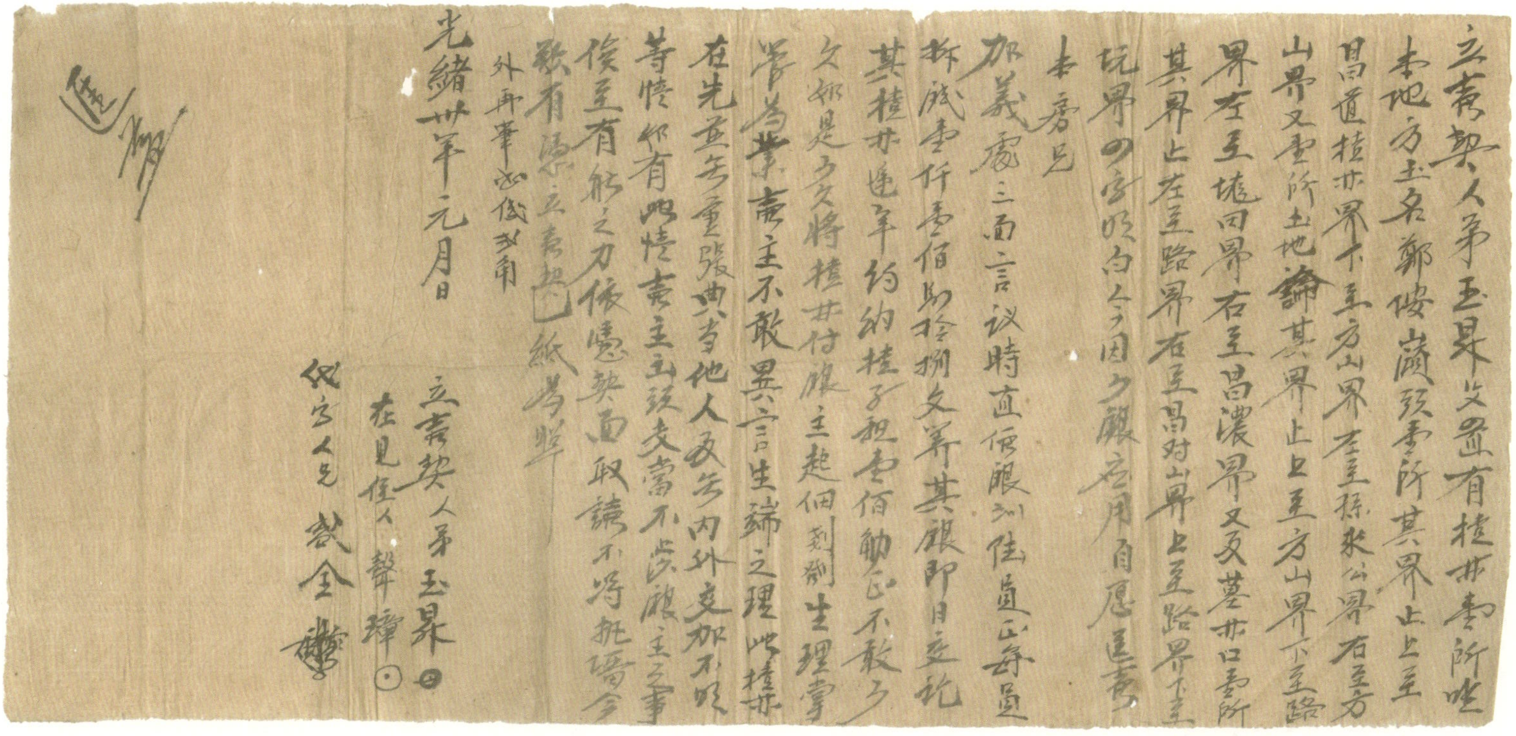
立賣契人弟玉昇，今有楂林壹所，坐
本地方土名鄭坡嶺頭壹所，其界上至
昌道楂林界，下至方山界，左至孫秋公界，右至方
山界。又壹所土地，論其界上至方山界，下至路
界，左至坭田界，右至昌濃界。又及墓林口壹所，
其界上左至路界，右至昌對山界，上至路界，下至
坑界，四至明白。今因乏銀應用，自愿送賣
本房兄
加義處，三面言議，時值價銀八佳員正，每員
折錢壹仟壹佰肆拾捌文，算其銀即日交訖。
其楂林逐年約納楂子租壹佰觔正，不敢少
欠。如是少欠，將楂林付銀主起佃刻割，生理掌
管為業。賣主不敢異言生端之理。此楂林
在先並無重張典當他人，及無內外交加不明
等情。如有此情，賣主自理支當，不涉銀主之事。
倘至有能之力，依憑契面取贖，不得執留。今
欲有憑，立賣契一紙為照。
外再筆必係我甫
光緒卅年元月　日
立賣契人弟玉昇（押）
在見住人聲璋（押）
代字人兄欽全（押）

10-7-65-10　清光緒三十年正月黃玉昇立賣楂林契

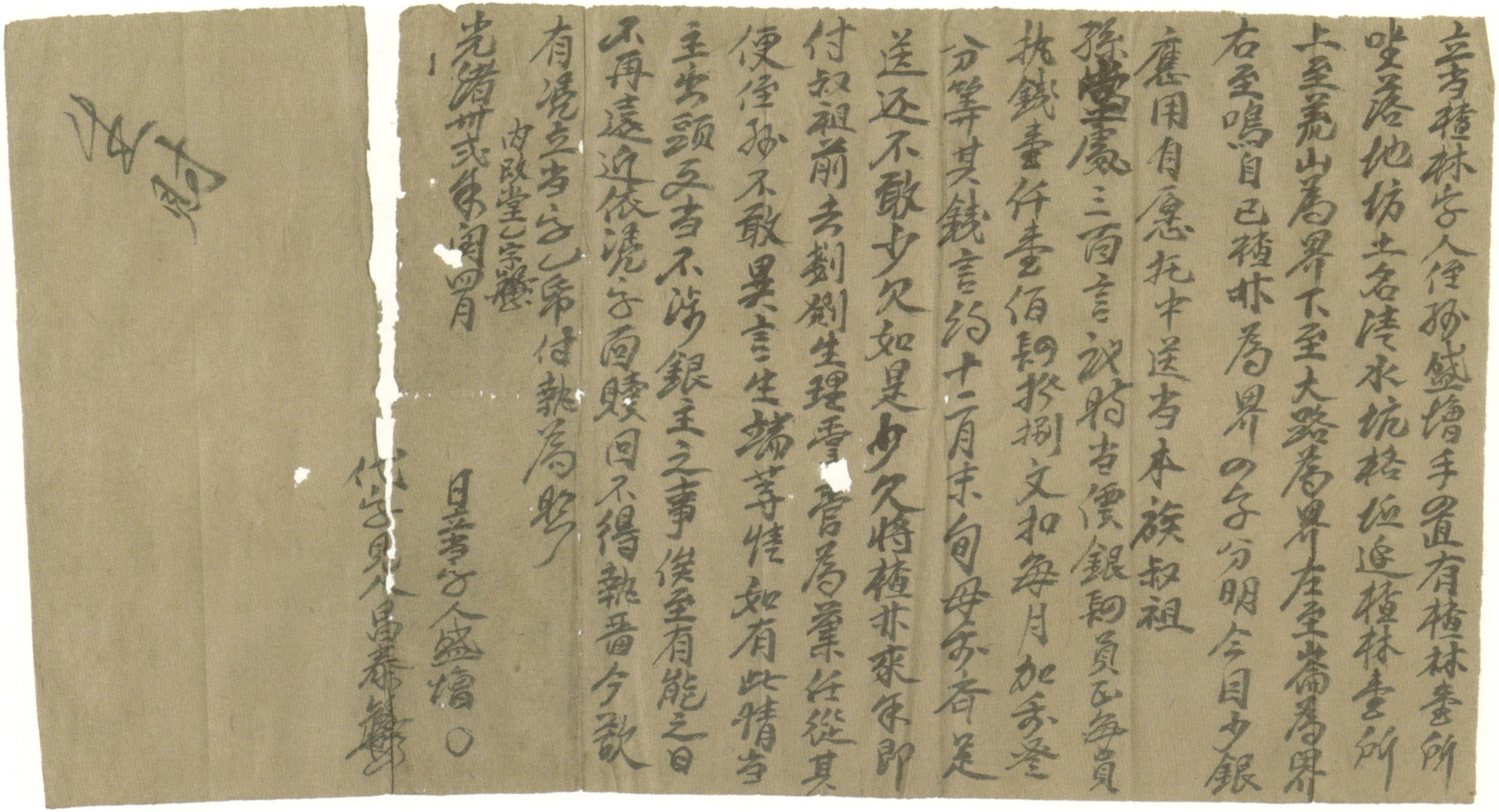
立当楂林字人侄孫盛增手置有楂林壹所
坐落地坊土名浅水坑格坵边楂林壹所
上至荒山為界下至大路為界左至[illegible]崙為界
右至鳴自己楂林為界 四至分明今因乏銀
應用自愿托中送当本族叔祖
孫[illegible]處三面言议時当價銀[illegible]員正每員
执錢壹仟壹佰[illegible]拾捌文扣每月加[illegible]叠
分算其錢言约十二月末旬母子本足
送还不敢少欠如是少欠將楂林来依即
付叔祖前去[illegible]生理[illegible]管為業任從其
便侄孫不敢異言生端等情 如有此情当
主出頭支当不涉銀主之事 從至有能之日
不再遠近依凭字面贖回不得執留今欲
有凭立当字一紙付执為照
内改[illegible]一字[illegible]
光緒卅弍年閏四月　日　立当字人盛增 ○
代字男[illegible]昌泰
[illegible]

10-7-65-11　清光緒三十二年閏四月黃盛增立當楂林字

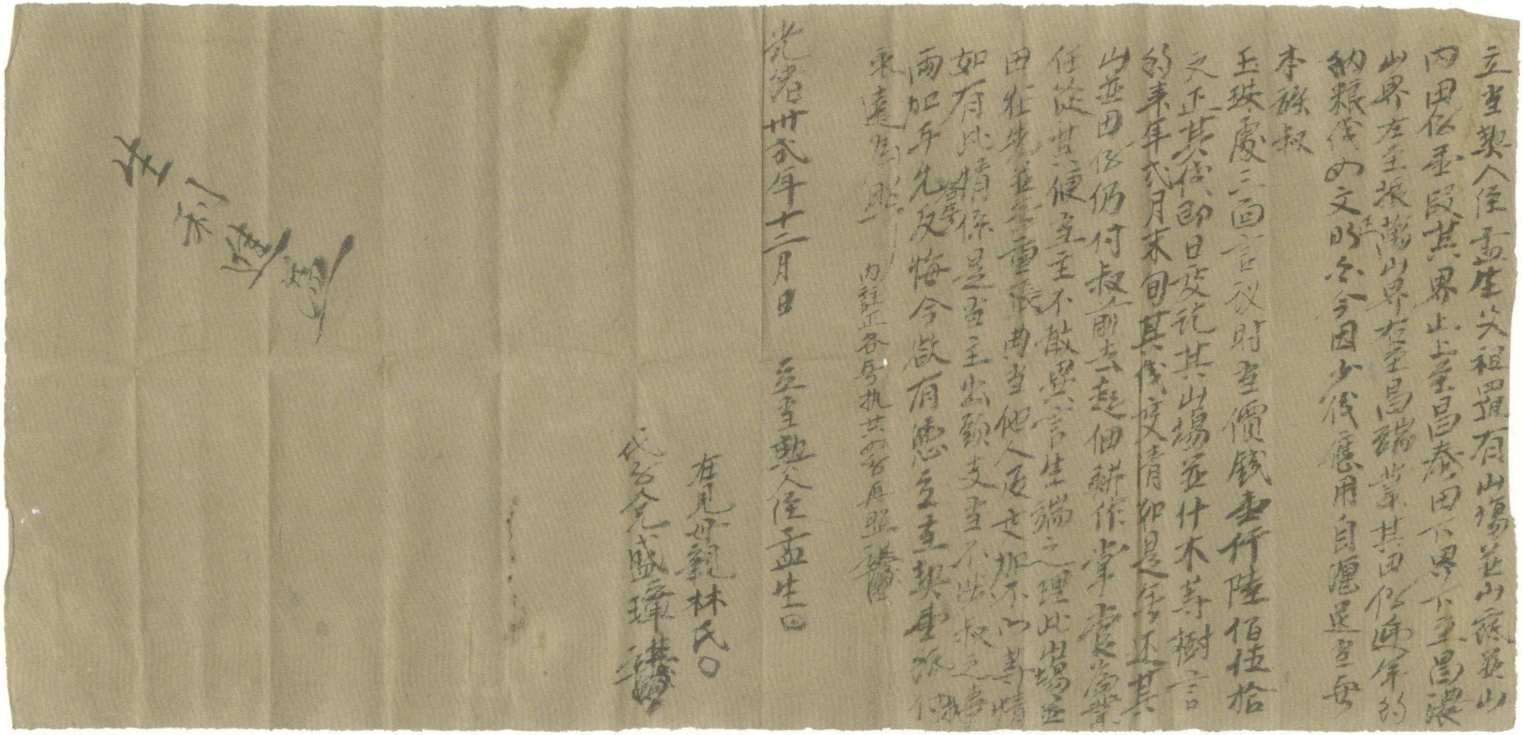
立當契人侄孟生父祖遺有山場並山底茅山
内田係壹段，其界上至昌泰田，下界下至昌讓
山界，左至振懋山界，右至昌瑞業，其田係每年的
納粮錢文明，今因少錢應用，自愿立當與
本族叔
玉珙處三面言議，時值價錢壹仟陸佰伍拾
文正，其錢即日交訖，其山場並什木壽樹言
約來年弍月末回，其錢定清即是侄還其
山並田係仍付叔前去起佃耕作掌業
任從其便，侄至不敢異言生端之理，此山場並
田在先並無重張典當他人及交加不明等情
如有此情，係是侄自出頭支當，不涉叔之事
兩家甘允，反悔今欲有憑，立當契壹紙付
執為照。
光緒卅弍年十二月 日 立當契人侄孟生
在見母親林氏
代筆

10-7-65-12 清光緒三十二年十二月黃孟生立當山場等契

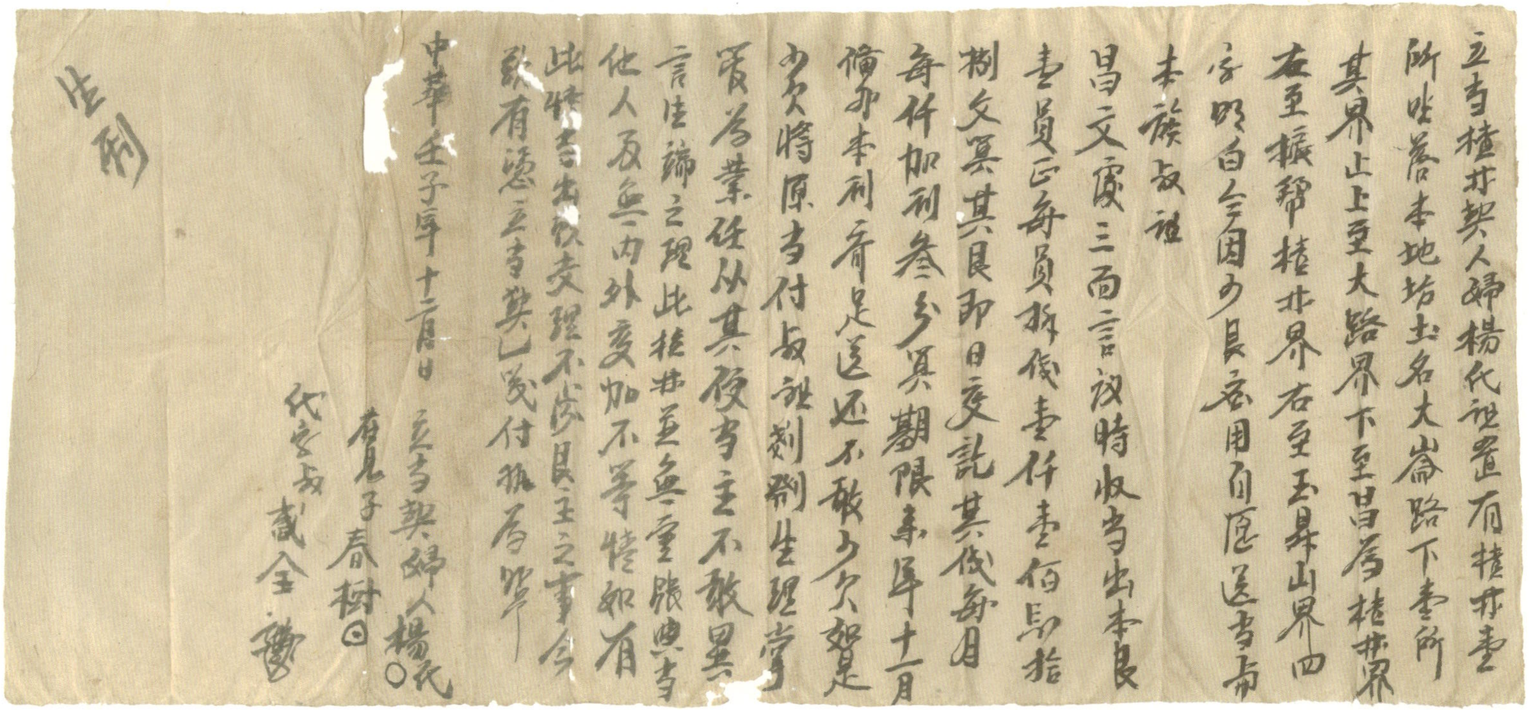
立當楂林契人婦楊氏，祖置有楂林壹所，
所坐落本地坊土名大嵛路下壹所，
其界上至大路界，下至昌房楂林界，
左至振郎楂林界，右至玉昇山界，四
至明白。今因乏艮應用，自愿送与南
本族叔祖
昌文處，三面言議，時收當出本艮
壹員正，每員折錢壹仟壹佰[illegible]拾
捌文，其艮即日交訖，其錢每月
每仟加利叁分，其期限來年十月
備办本利清足送还，不敢少欠。如是
少欠，將原當付與叔祖剗剎生理掌
管為業，任從其便，當主不敢異
言生端之理。此楂林並無重張典當
他人及無內外親房加不等情，如有
此情，當出支理，不涉艮主之事。今
欲有憑，立當契一紙付執為照。
中華壬子年十二月　日　立當契婦人楊氏〇
在見子　春樹〇
代字　載金

生利

10-7-65-13　民國元年十二月楊氏立當楂林契

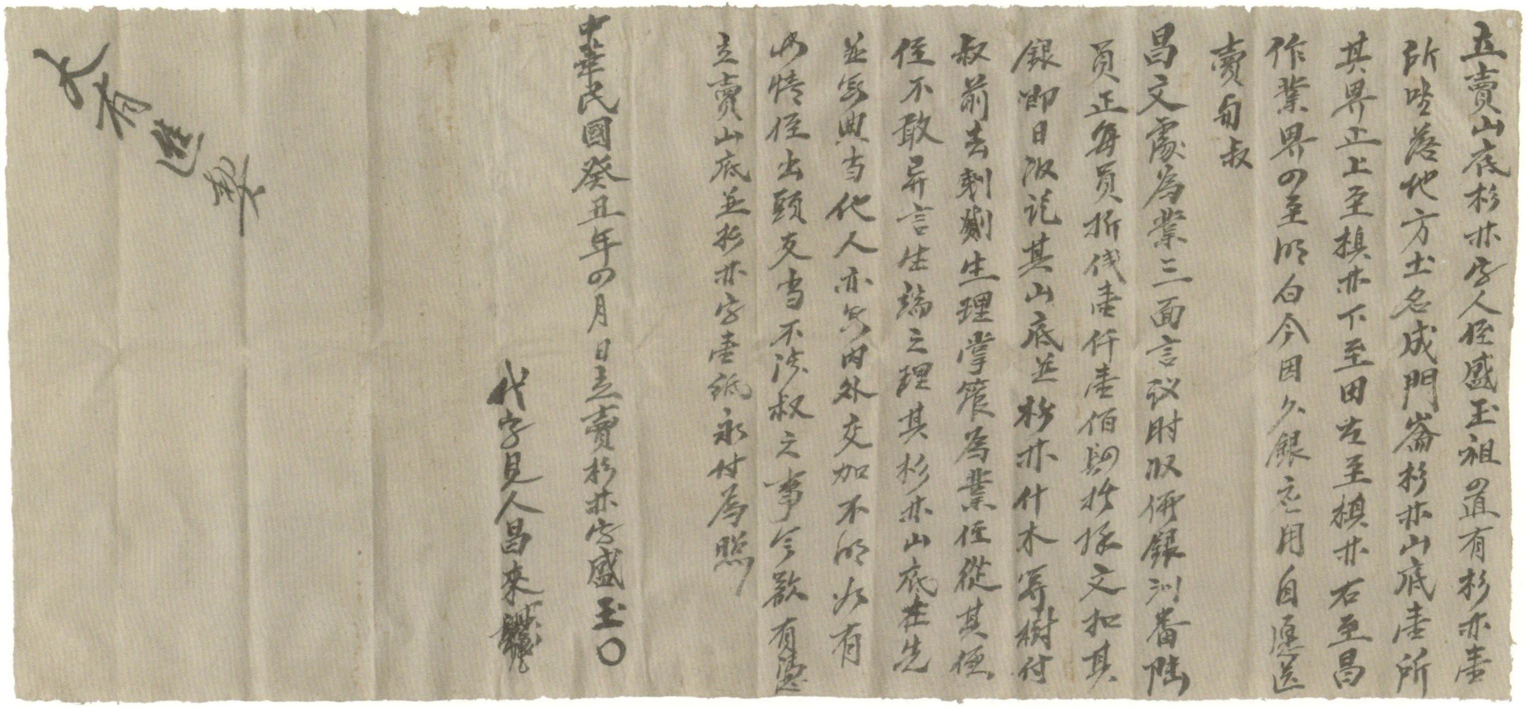
立賣山底杉木字人侄盛玉祖四置有杉木壹
所坐落地方土名成門崙杉木山底壹所
其界上至槙木下至田左至槙木右至昌
作業界四至明白今因欠銀應用自愿送
賣與叔
昌文處為業三面言議時價銀洋番陸
員正每員折錢壹仟壹佰捌拾文扣其
銀即日收訖其山底並杉木什木寄樹付
叔前去剉劐生理掌管為業任從其侄
侄不敢异言生端之理其杉木山底在先
並無典當他人亦無內外交加不明如有
此情侄出頭支當不涉叔之事今欲有憑
立賣山底並杉木字壹紙永付為照
中華民國癸丑年四月　日立賣杉木字盛玉〇
代字見人昌來
大有進契

10-7-65-14　民國二年四月黄盛玉立賣山底杉林字

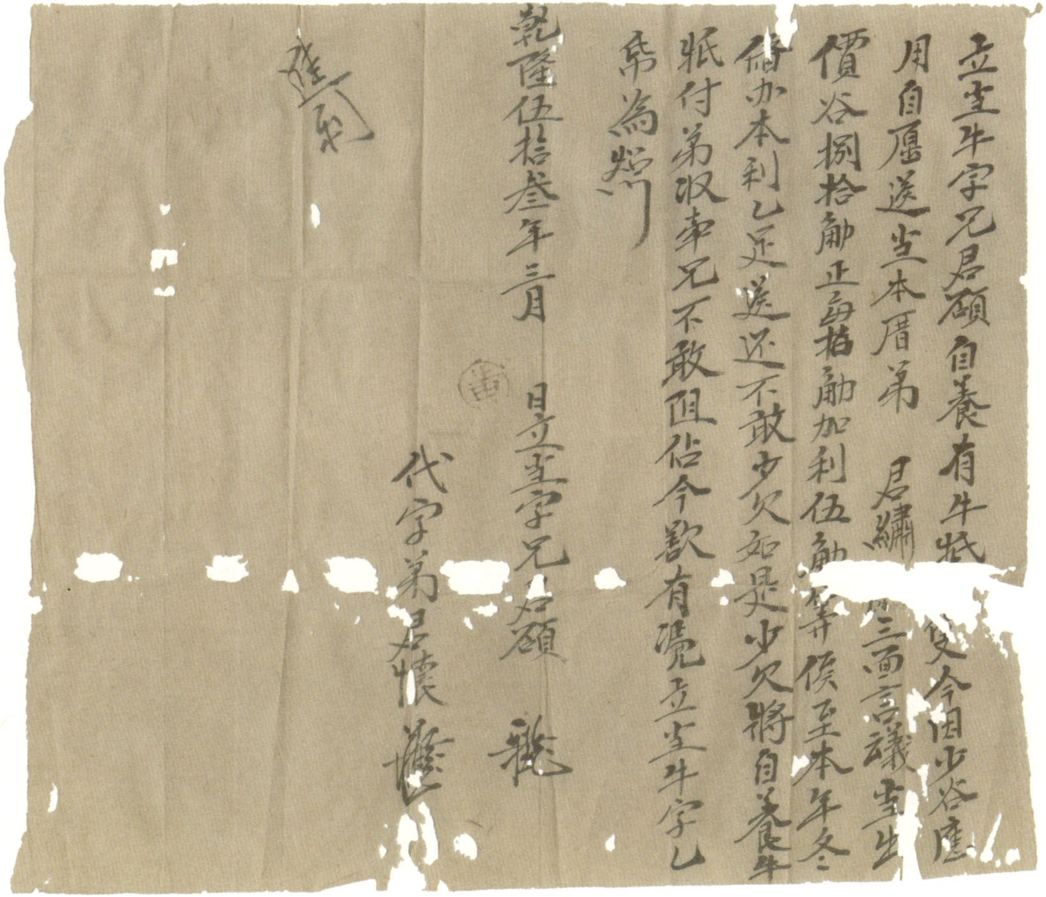
立當牛字兄君碩自養有牛牯[illegible]隻今因少谷應
用自愿送當本房弟 君繡[illegible]三面言議當出
價谷捌拾觔正每拾觔加利伍觔[illegible]至本年冬
備办本利乙足送还不敢少欠如是少欠將自養牛
牯付弟收牽兄不敢阻佔今欲有憑立當牛字乙
帋為照
乾隆伍拾叁年三月 日立當字兄君碩 號
代字弟君懷 號
進利

10-7-66-1 清乾隆五十三年三月黃君碩立當牛牴字

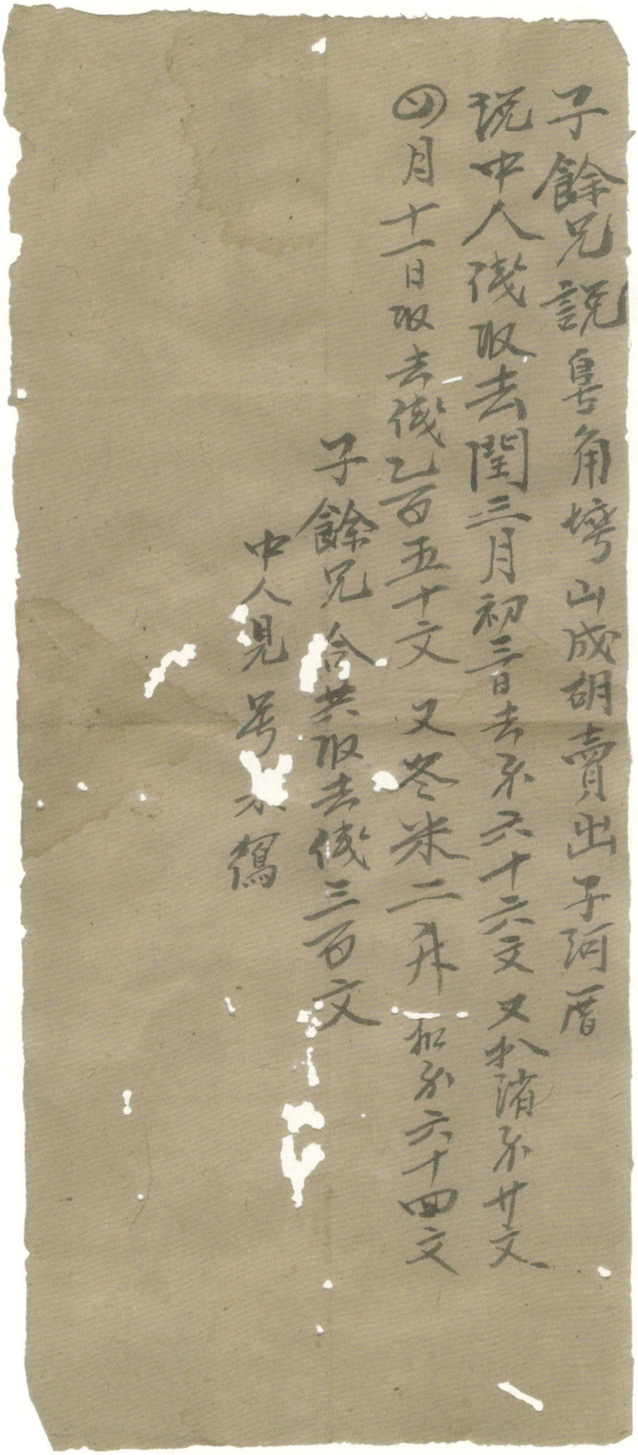
子餘兄説𡶛角塆山成胡賣出子阿厝
説中人錢收去閏三月初三日去錢六十六文 又扒酒錢廿文
四月十二日收去錢乙百五十文 又冬米二升 扣錢六十四文
子餘兄合共收去錢三百文
中人見号杲鴻

10-7-66-2　清嘉慶年間黄子餘立收中人錢字

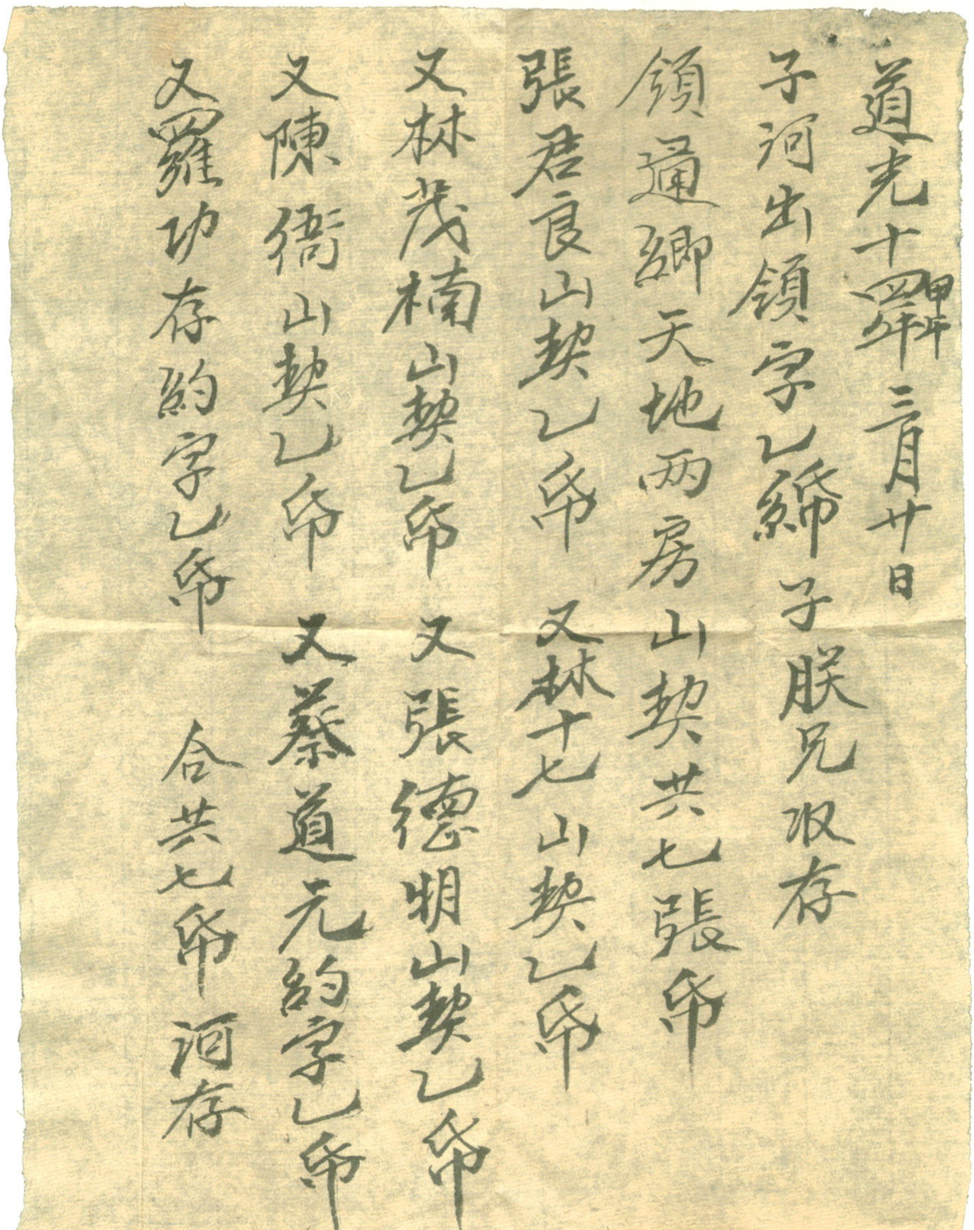
道光十四年甲午三月廿日
子河出領字乙紙子朕兄收存
領通鄉天地兩房山契共七張帋
張君良山契乙帋　又林十七山契乙帋
又林茂楠山契乙帋　又張德明山契乙帋
又陳衙山契乙帋　又蔡道元約字乙帋
又羅功存約字乙帋　合共七帋　河存

10-7-66-3　清道光十四年三月黃子河立領契字

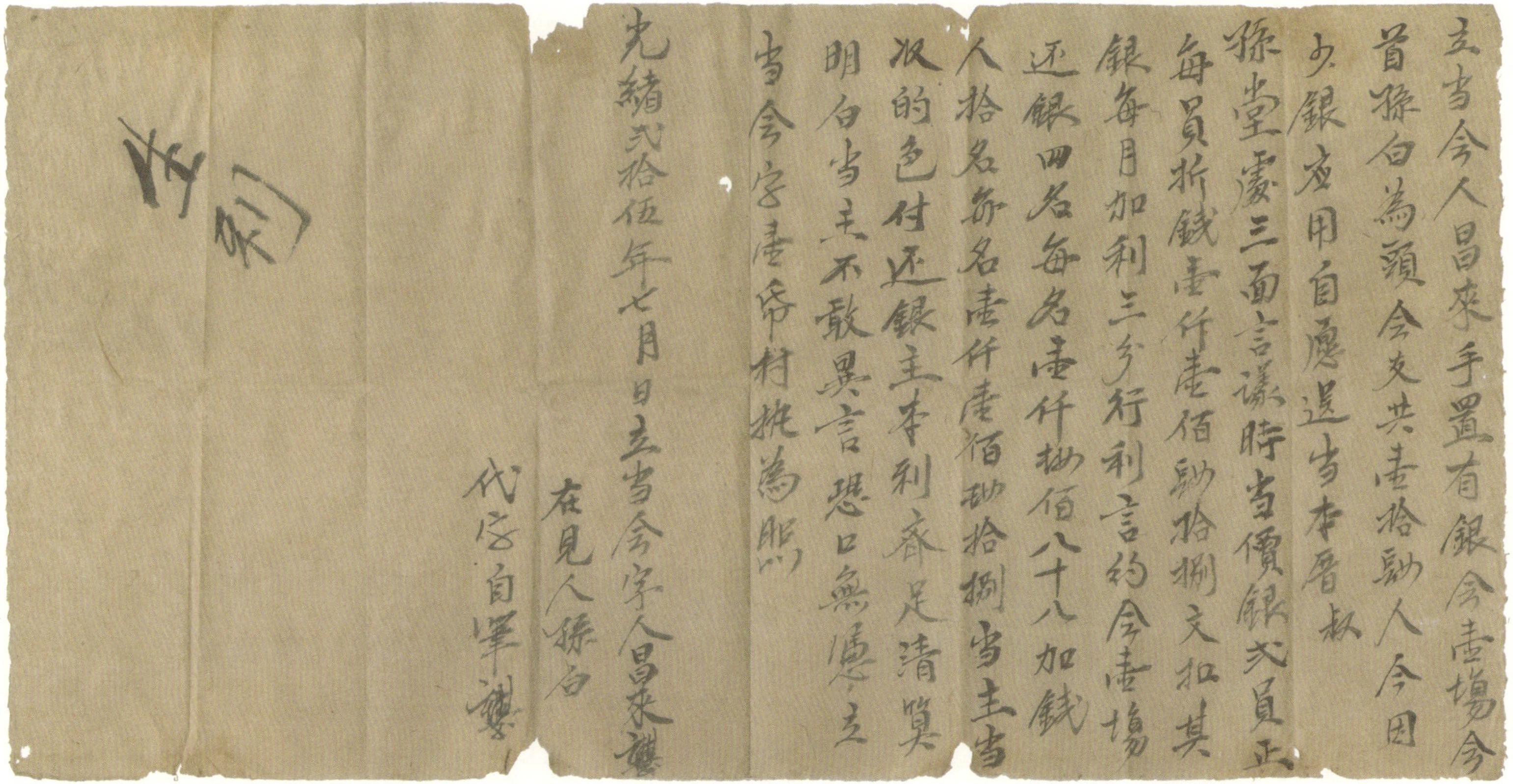
立当会人昌來手置有銀会壹場今
首孫白為頭会支共壹拾貳人今因
少銀應用自愿送当本厝叔
孫堂處三面言議時当價銀弍員正
每員折錢壹仟壹佰貳拾捌文扣其
銀每月加利三分行利言約会壹場
还銀四名每名壹仟捌佰八十八加錢
人拾名每名壹仟壹佰貳拾捌当主当
収的邑付还銀主本利齊足清奠
明白当去不敢異言恐口無憑立
当会字壹帋付执為照
光緒弍拾伍年七月 日立当会字人昌來
在見人孫白
代字自筆

10-7-66-4 清光緒二十五年七月黄昌來立當銀會字

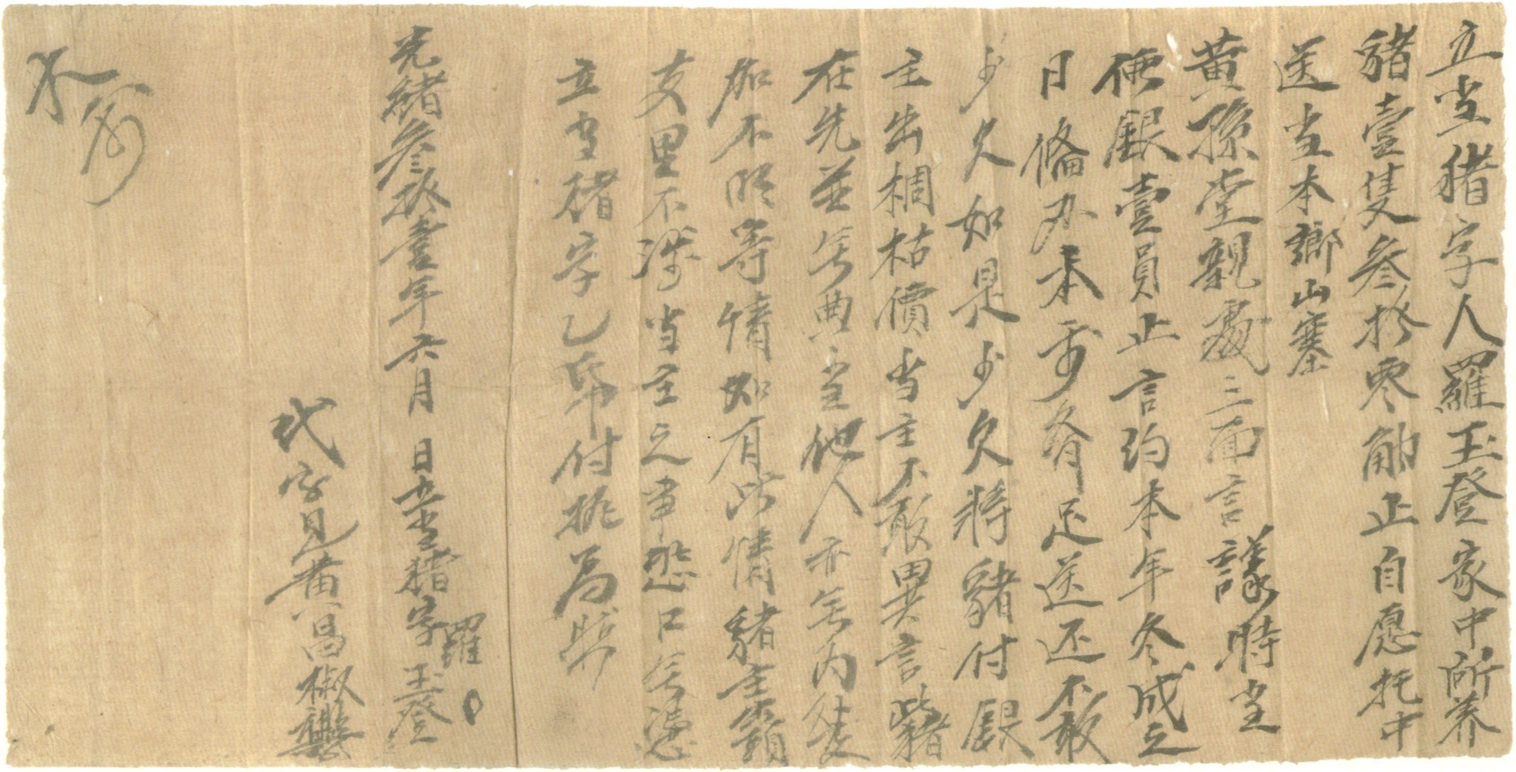

立当猪字人羅玉登家中所養
猪壹隻叁拾斤開止自愿托中
送当本鄉山寨
黄孫堂親處三面言議時当
硬銀壹員止言約本年冬成之
日備办本利齊足送还不敢
少欠如是少欠將猪付銀
主出相估價当主不敢異言猪
在先並無典当他人亦無內外
加不明等情如有此情猪主自
支理不涉当主之事恐口無憑
立当猪字乙紙付执為照
光緒叁拾壹年六月　日立当猪字羅玉登（押）
代字見黄昌[illegible]
不用

10-7-66-5　清光緒三十一年六月羅玉登立當猪字

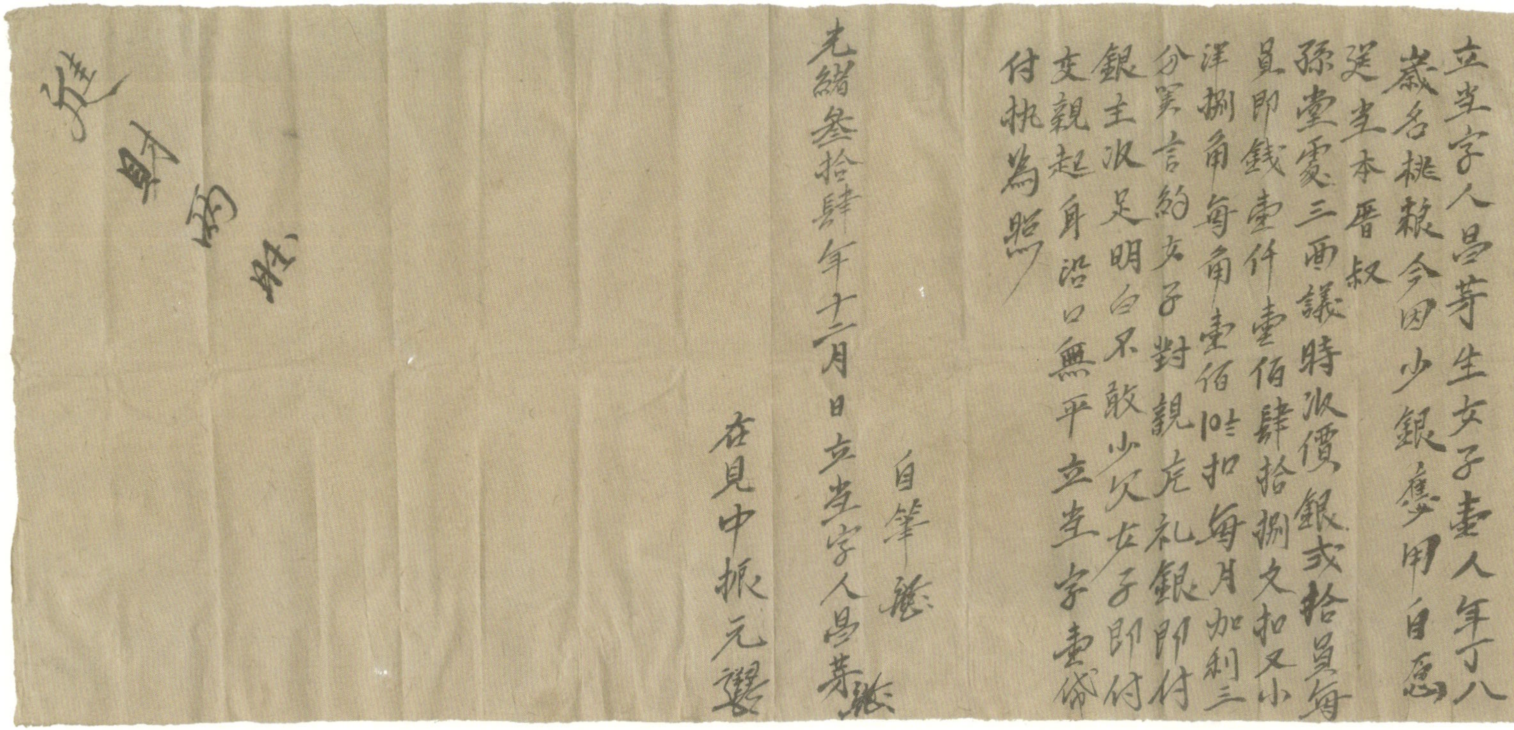

立當字人昌芽生女子壹人年丁八
歲名桃粮今因少銀應用自愿
送當本晉叔
孫壹處三面議時價銀弍拾員每
員即錢壹仟壹佰肆拾捌文扣又小
洋捌角每角壹佰𠮷扣每月加利三
分算言約女子對親庀礼銀即付
銀主收足明白不敢少欠在女子即付
支親起身沿口無平立當字壹帋
付執為照

光緒叁拾肆年十二月日立當字人昌芽
自筆
在見中振元

延財兩姓

10-7-66-6 清光緒三十四年十二月黃昌芽立當女字

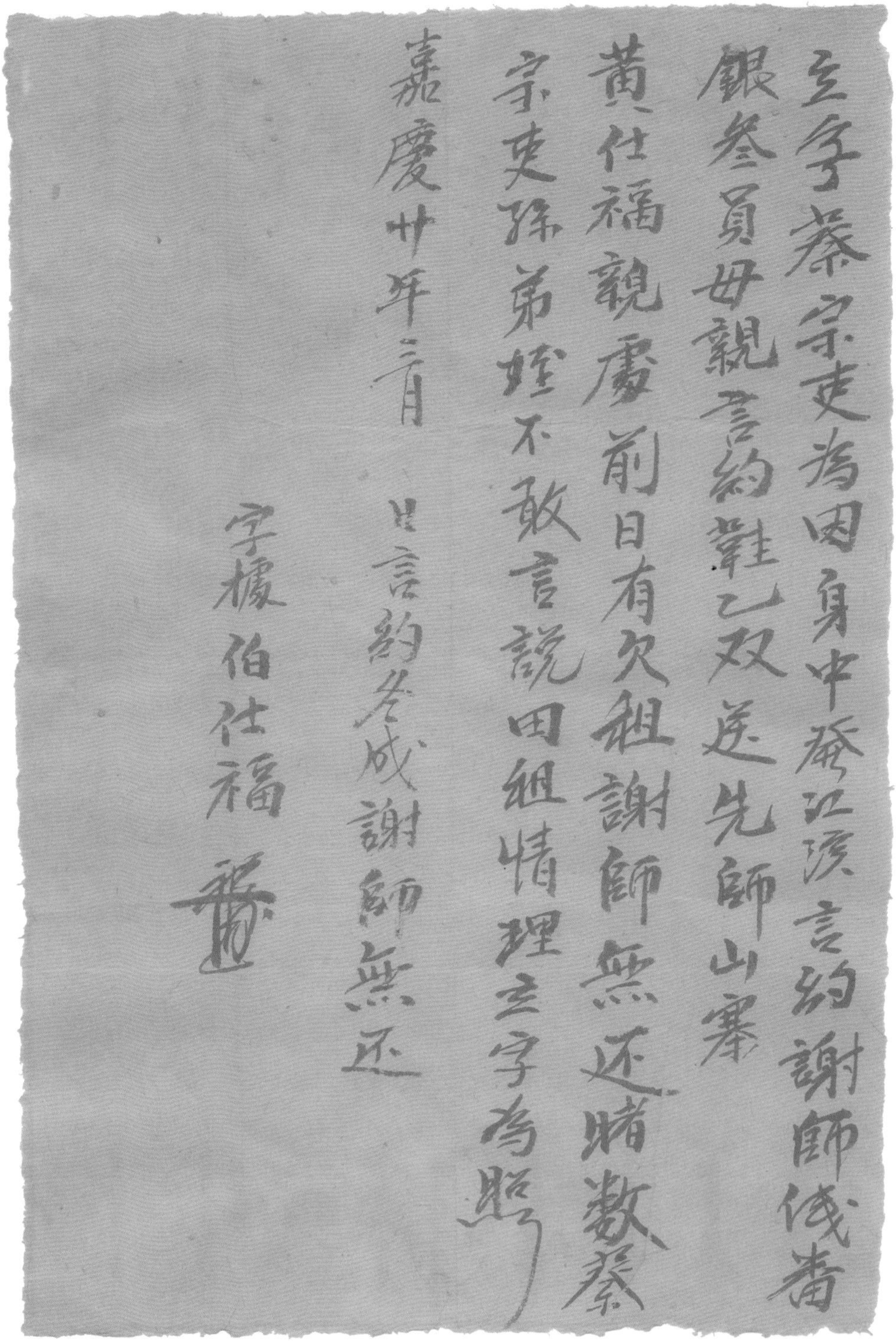
立字蔡宗吏為因身中癸江溪言約謝師錢者
銀叁員母親言約鞋乙双送先師山寨
黃仕福親處前日有欠租謝師無還賭數蔡
宗吏孫弟姪不敢言說田租情理立字為照
嘉慶廿年三月
日言約冬成謝師無还
字據伯仕福

10-7-67-1　清嘉慶二十年三月蔡宗吏立謝師錢字

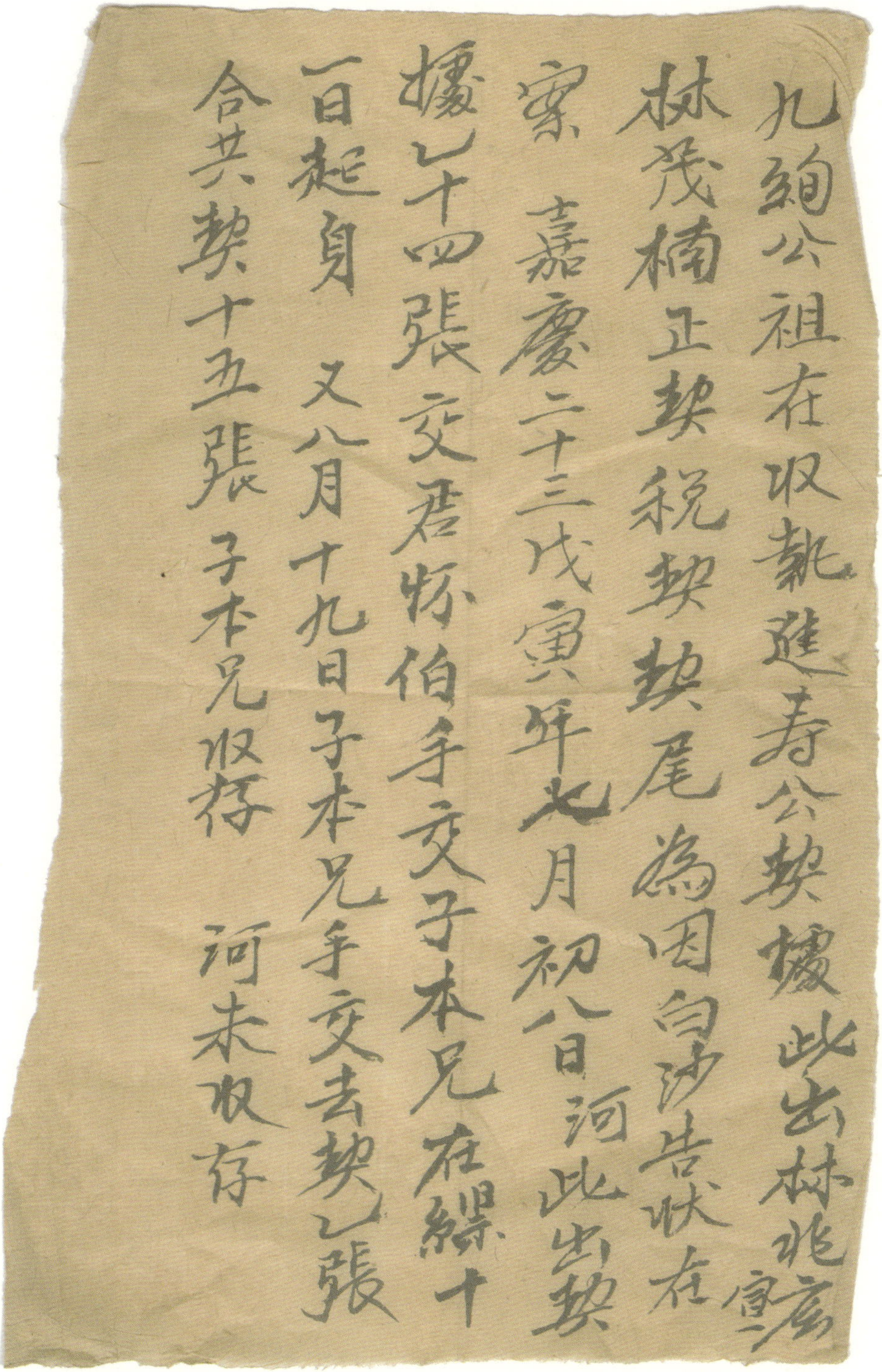

九絢公祖在收執進壽公契據此出林兆宸宣
林茂楠正契稅契尾為因白沙告狀在
案 嘉慶二十三戊寅年七月初八日河此出契
據乙十四張交君怀伯手交子本兄在縣十
一日起身 又八月十九日子本兄手交去契乙張
合共契十五張 子本兄收存 河未收存

10-7-67-2 清嘉慶二十三年黃子河立出契據字

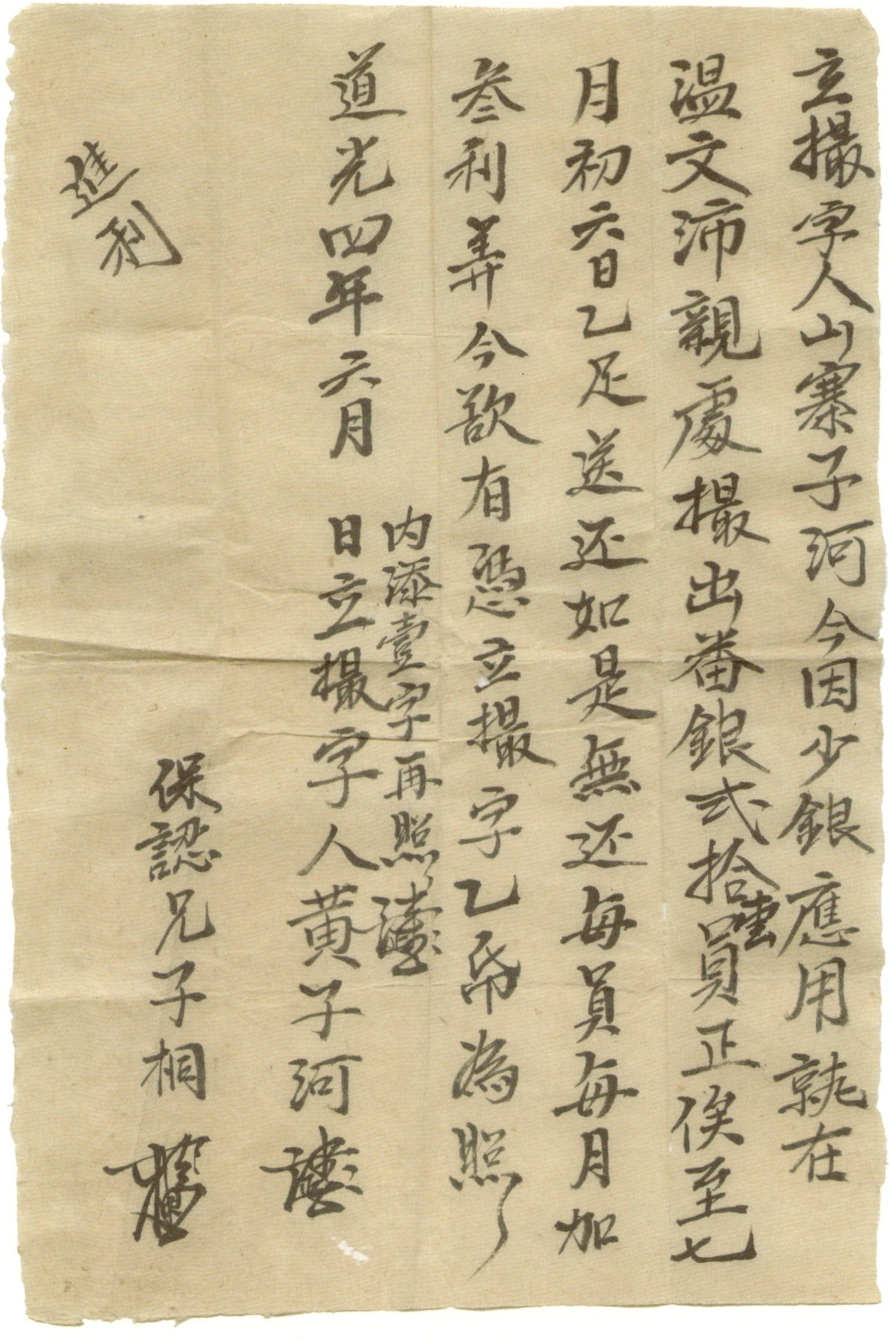

立撮字人山寨子河今因少銀應用就在
温文沛親處撮出番銀弍拾肆員正俟至七
月初六日乙足送还如是無还每員每月加
叁利算今欲有憑立撮字乙帋為照
内添壹字再照（押）
道光四年六月　日立撮字人黄子河（押）
保認兄子桐（押）
進利

10-7-67-3　清道光四年六月黄子河立撮字

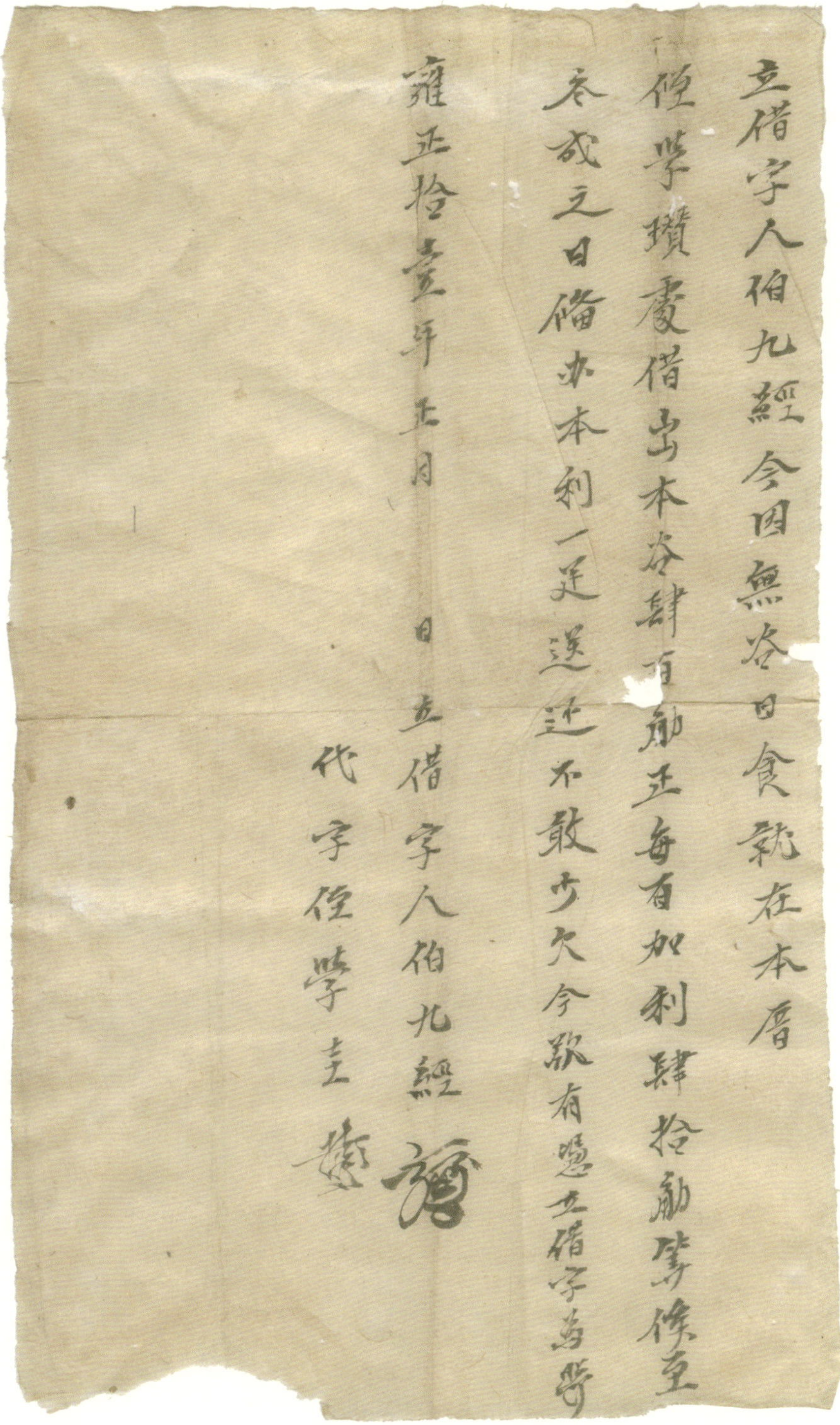
立借字人伯九經今因無谷日食就在本厝
侄學瓚處借出本谷肆百觔正每百加利肆拾觔等候至
冬成之日備辦本利一足送還不敢少欠今欲有憑立借字為照
雍正拾壹年正月　日立借字人伯九經（押）
代字侄學圭（押）

10-7-68-1　清雍正十一年正月黃九經立借穀字

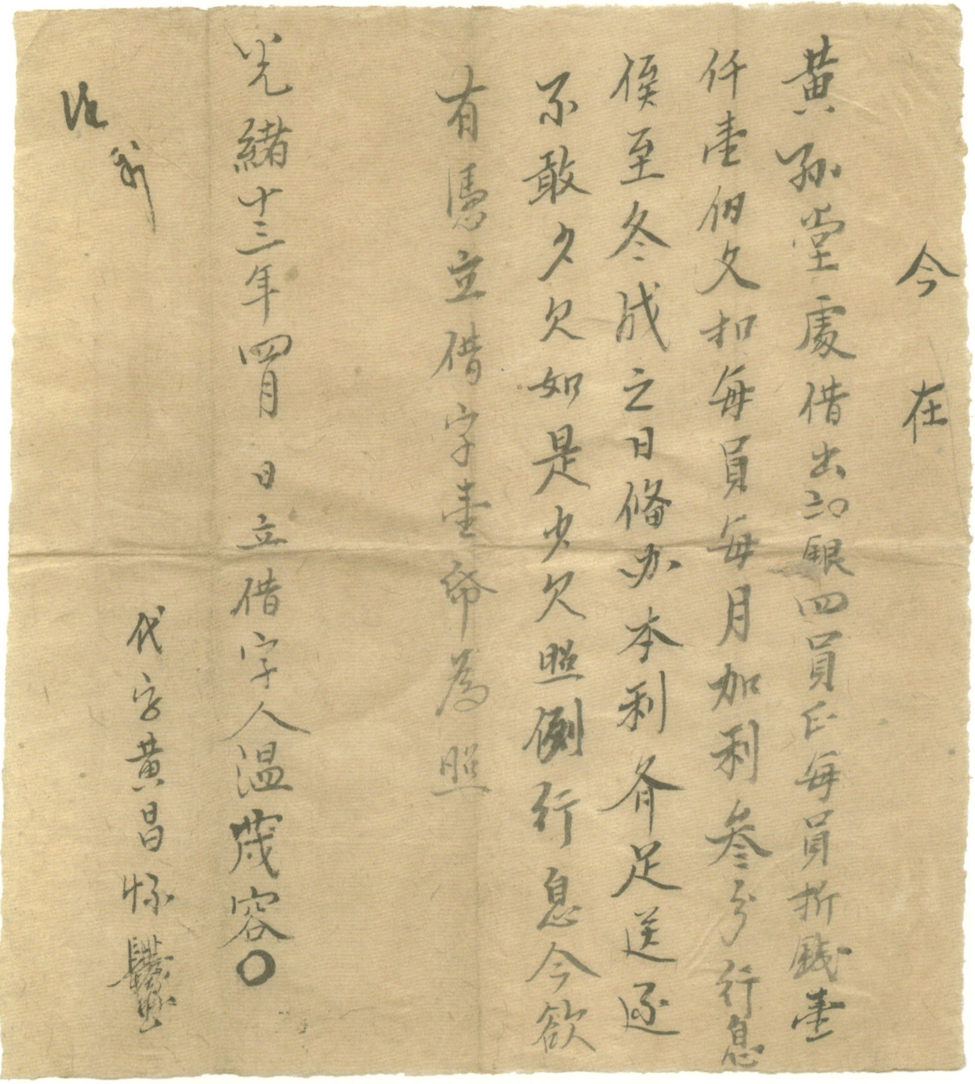

今在
黃孫堂處借出正銀四員正每員折錢壹
仟壹佰文扣每員每月加利叁分行息
候至冬成之日備办本利齊足送还
不敢久欠如是少欠照例行息今欲
有憑立借字壹紙爲照
光緒十三年四月 日立借字人温茂容○
代字黃昌怀（押）
清訖

10-7-68-2 清光緒十三年四月温茂容立借銀字

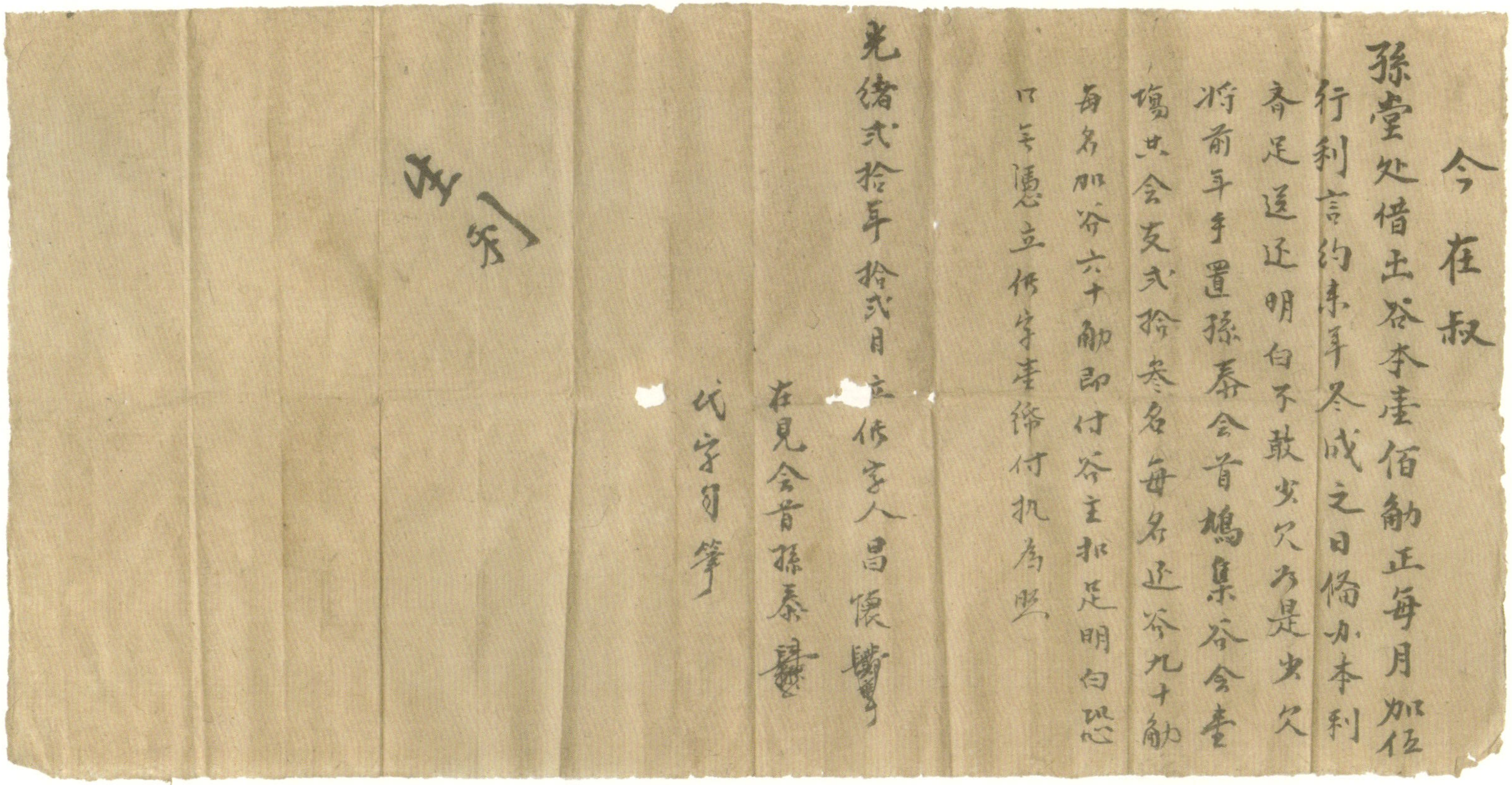

今在叔
孫堂处借出谷本壹佰觔正每月加伍
行利言约来年冬成之日備办本利
齐足送还明白不敢少欠如是少欠
将前年手置孫泰会首鳩集谷会壹
塲共会友式拾叁名每名还谷九十觔
每名加谷六十觔即付谷主抽足明白恐
口无憑立借字壹纸付执為照
光緒式拾年拾弍月 立借字人昌懷
在見会首孫泰
代字旬筆
生利

10-7-68-3 清光緒二十年十二月黃昌懷立借穀字

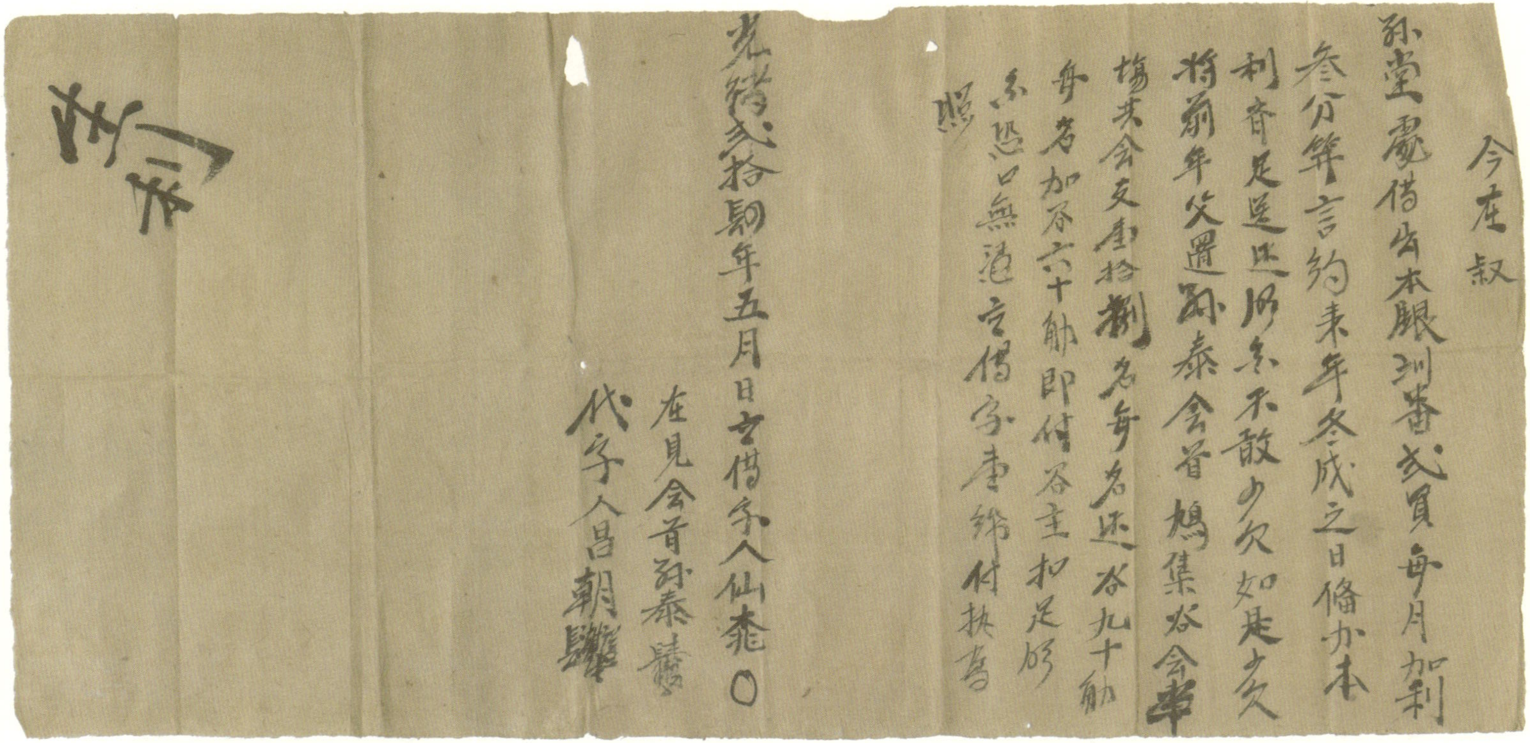
今在叔
孫堂處借出本銀叫番弍員，每月加利
叁分算，言約來年冬成之日備办本
利齊足送還，不敢少欠。如是交
將翁年父還孫泰會首鳩集水會
場共会支去拾制，名每名还谷九十觔，
每名加谷六十觔，即付谷主扣足。此
系恐口無憑，立借字一紙付執爲
照。
光緒弍拾肆年五月　日立借字人仙桃○
在見会首孫泰（押）
代字人呂朝鑾
[illegible]

10-7-68-4　清光緒二十四年五月黄仙桃立借銀字

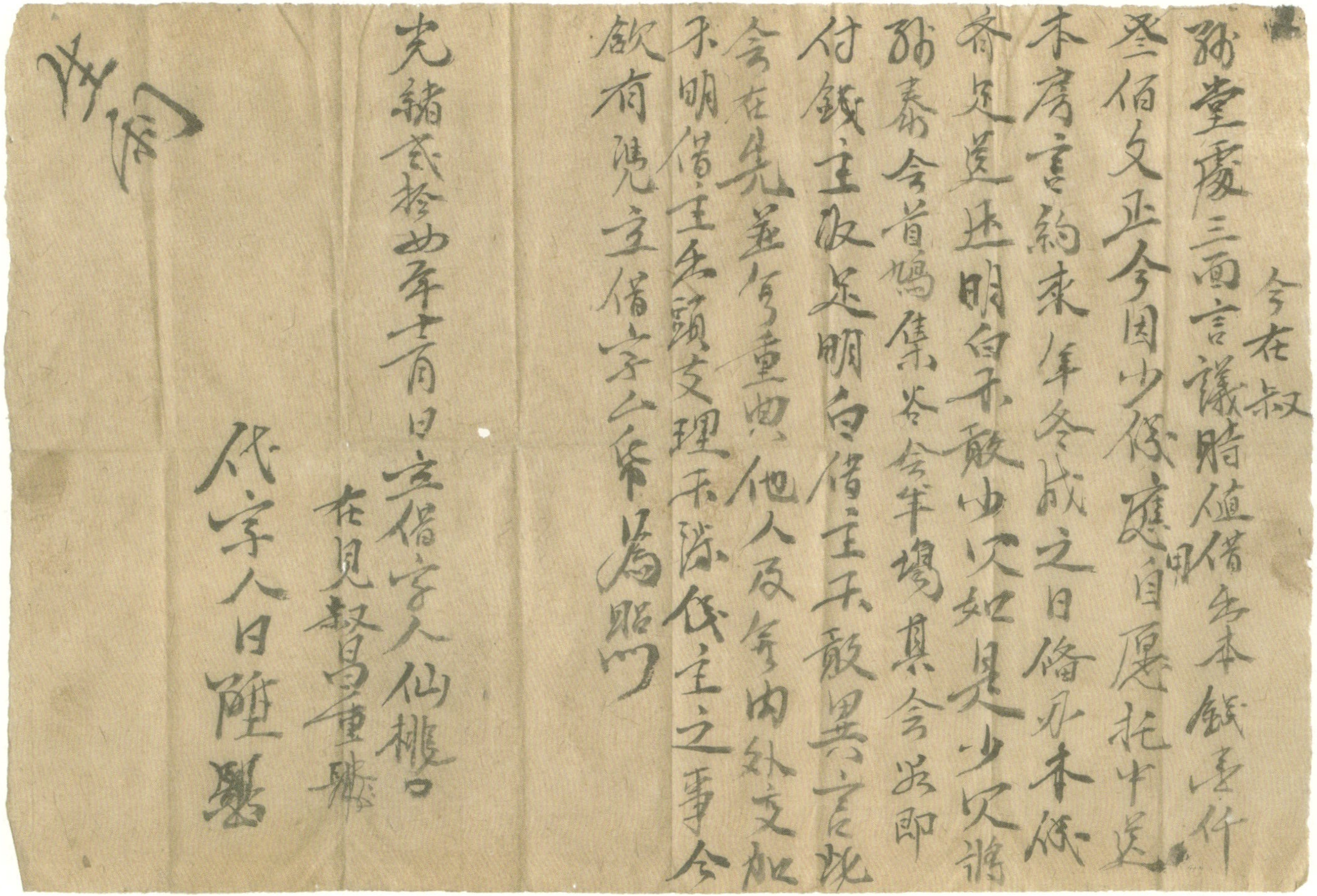

今在叔
祥堂處三面言議時值借出本錢壹仟
叁佰文正今因少錢應用自愿托中送
本房言約來年冬成之日備办本錢
齊足送還明白不敢少欠如是少欠將
祥泰會首鳩集谷會半場其會出即
付錢主收足明白借主不敢異言此
會在先並無重典他人及家內外支加
不明借主承頭支理不涉錢主之事今
欲有憑立借字一紙為照

光緒貳拾四年十二月日立借字人仙桃
在見叔昌董號
代字人日隨號

10-7-68-5　清光緒二十四年十二月黄仙桃立借錢字

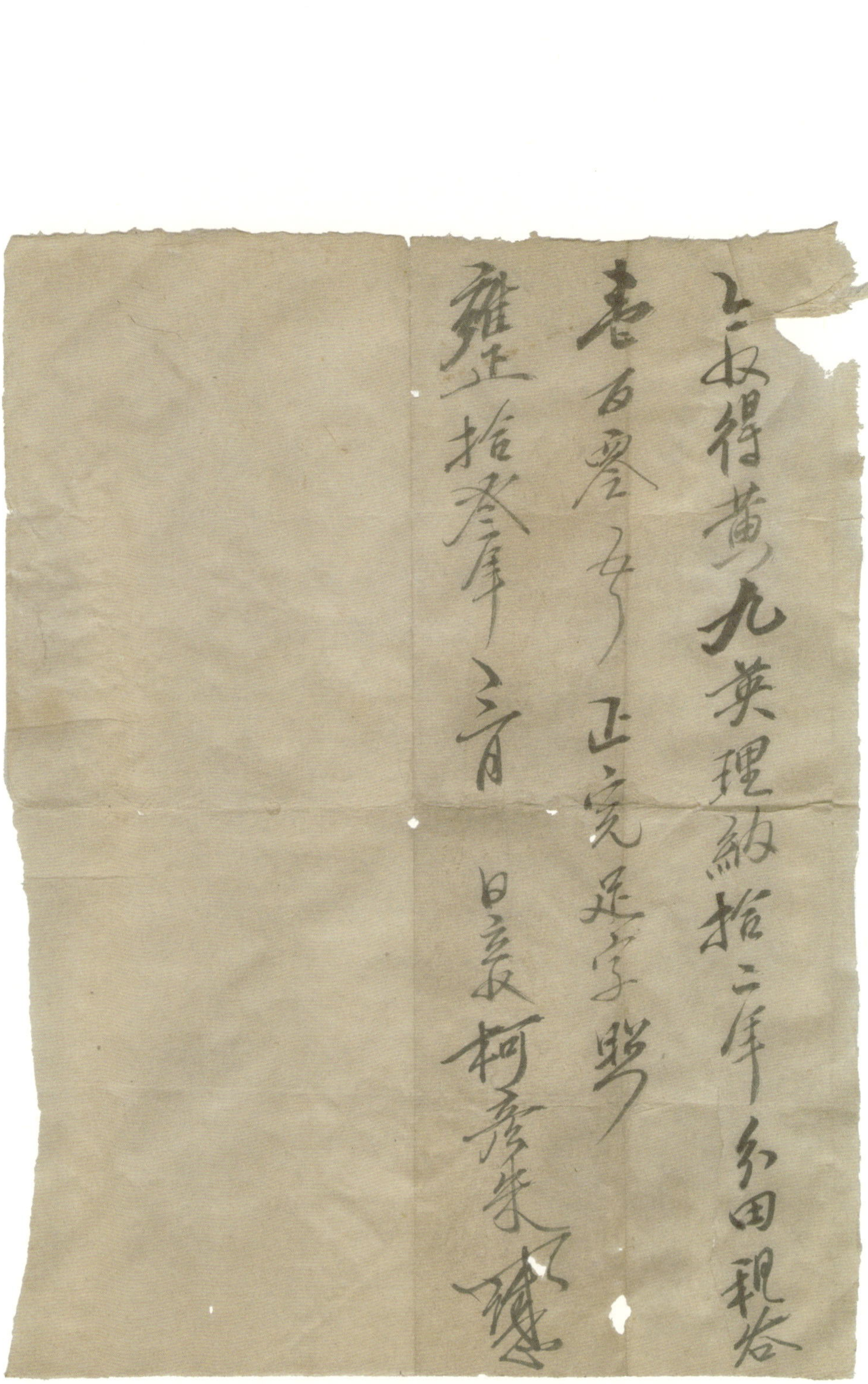
立收得黄九英理紋拾二年分田租谷
壹石零五斗正完足字照
雍正拾叁年三月　日立收柯彦朱（押）

10-7-69-1　清雍正十三年三月柯彦朱立收田租穀字

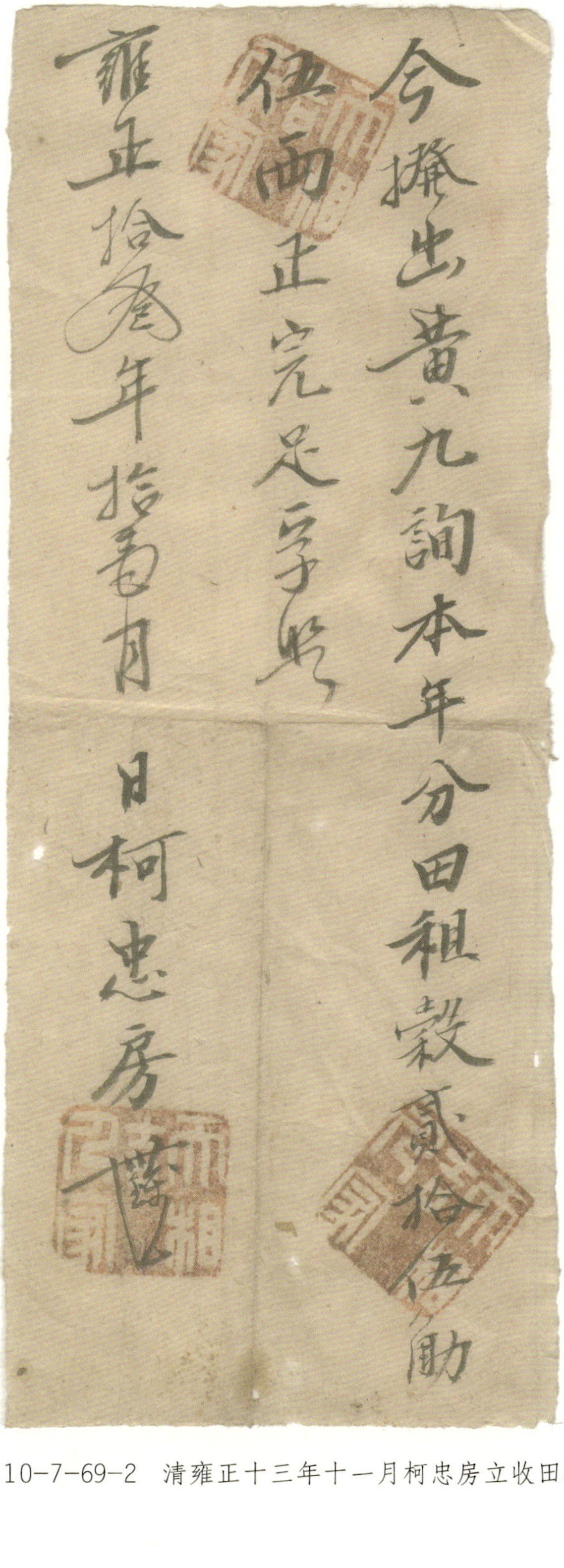

10-7-69-2 清雍正十三年十一月柯忠房立收田租穀字

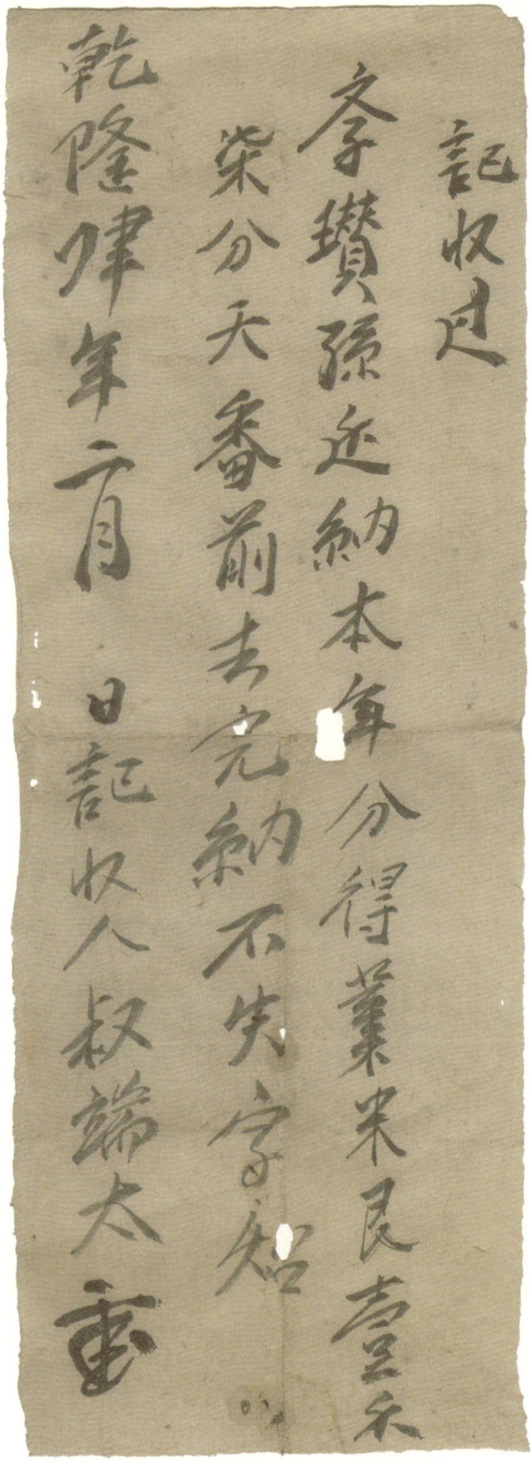
記收过
李瓚孫近納本年分得業米艮壹錢
柒分天番前去完納不失字炤
乾隆肆年二月　日記收人叔端太（押）

10-7-69-3　清乾隆四年二月黄端太立收得業米銀字

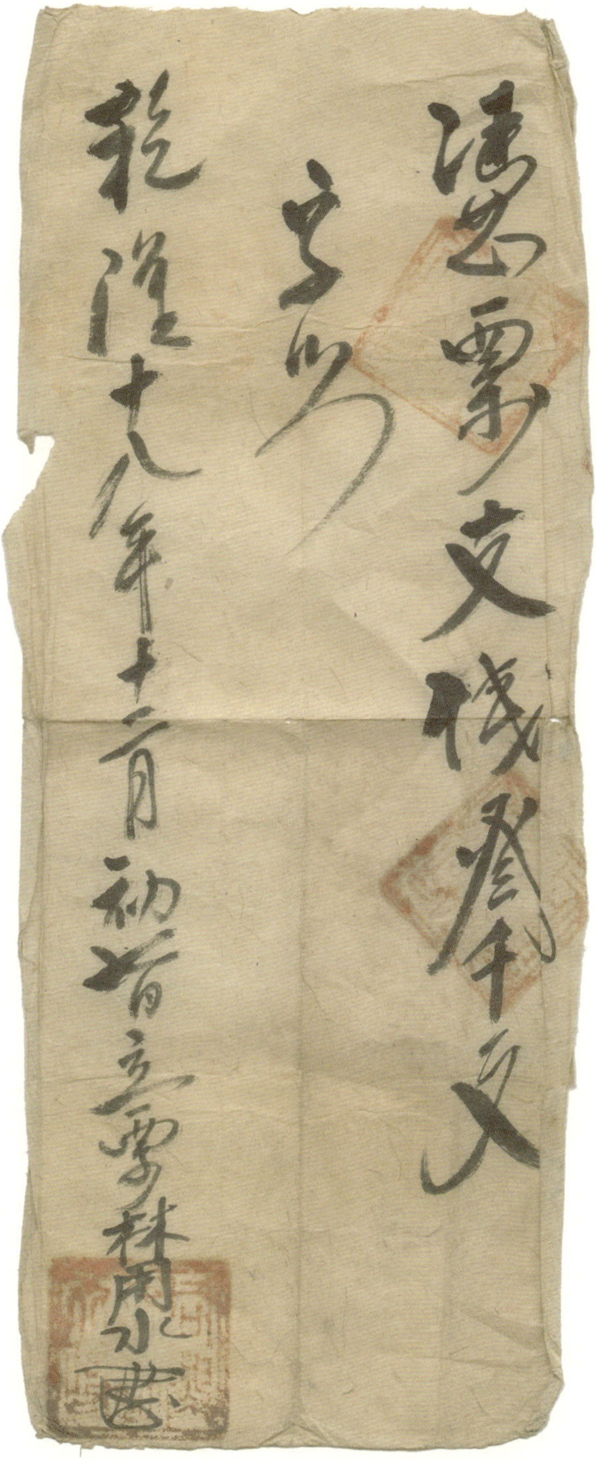

10-7-69-4 清乾隆十八年十二月林用水立支錢憑票

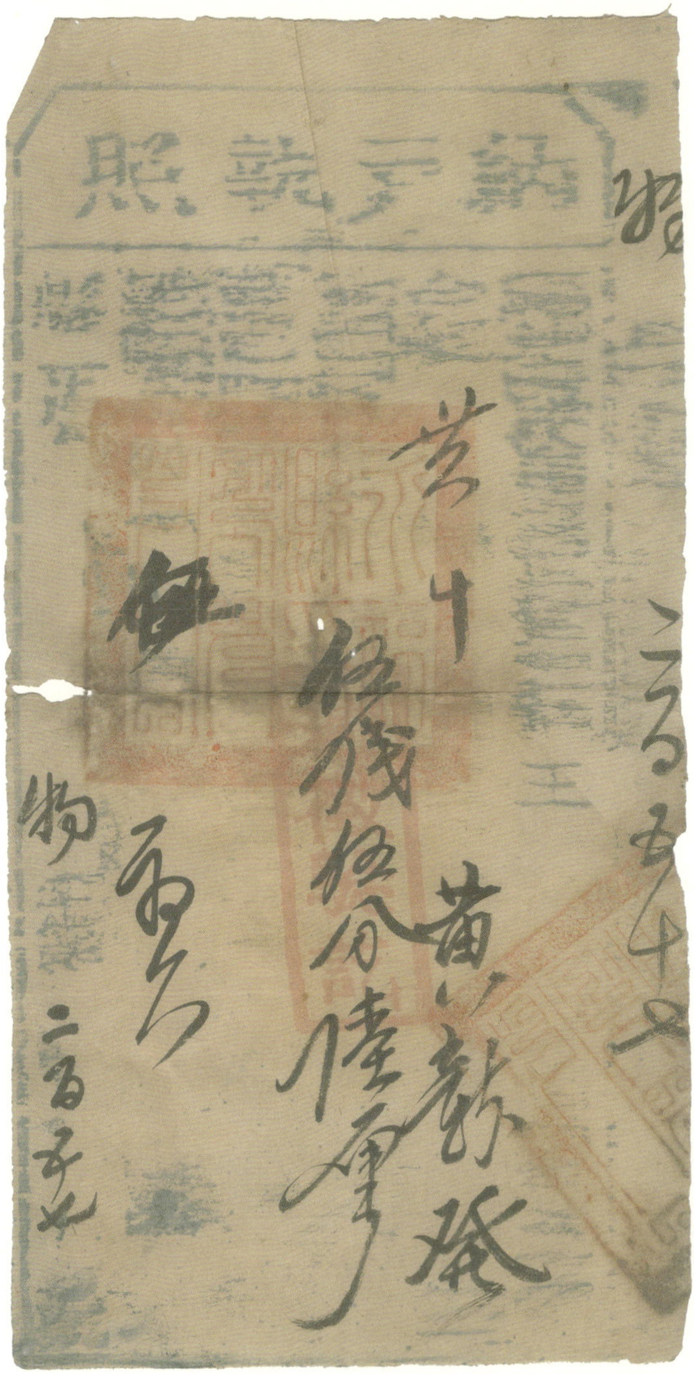

10-7-70-1　民國時期黄新發户納税執照

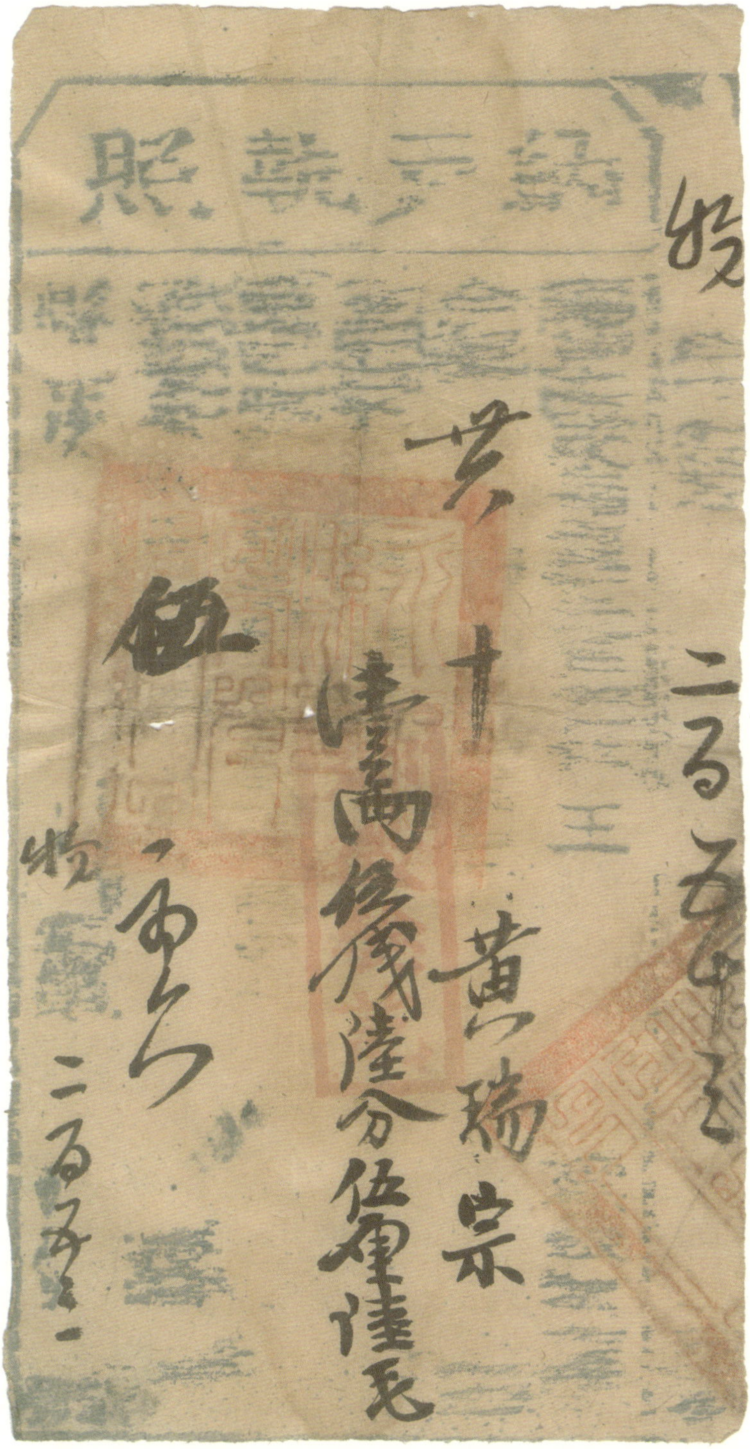

10-7-70-2　民國時期黃瑞宗户納稅執照

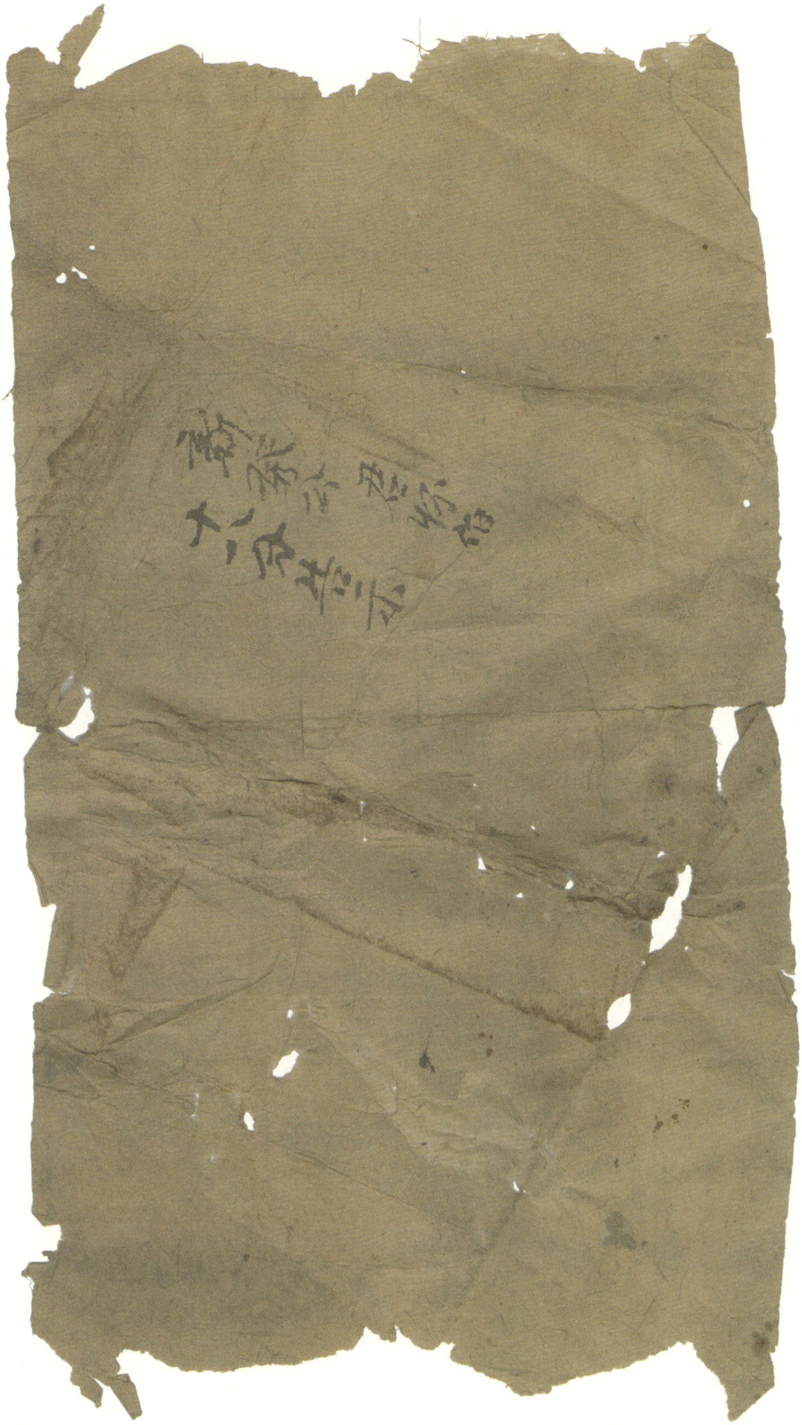

10-7-71-1　包契紙

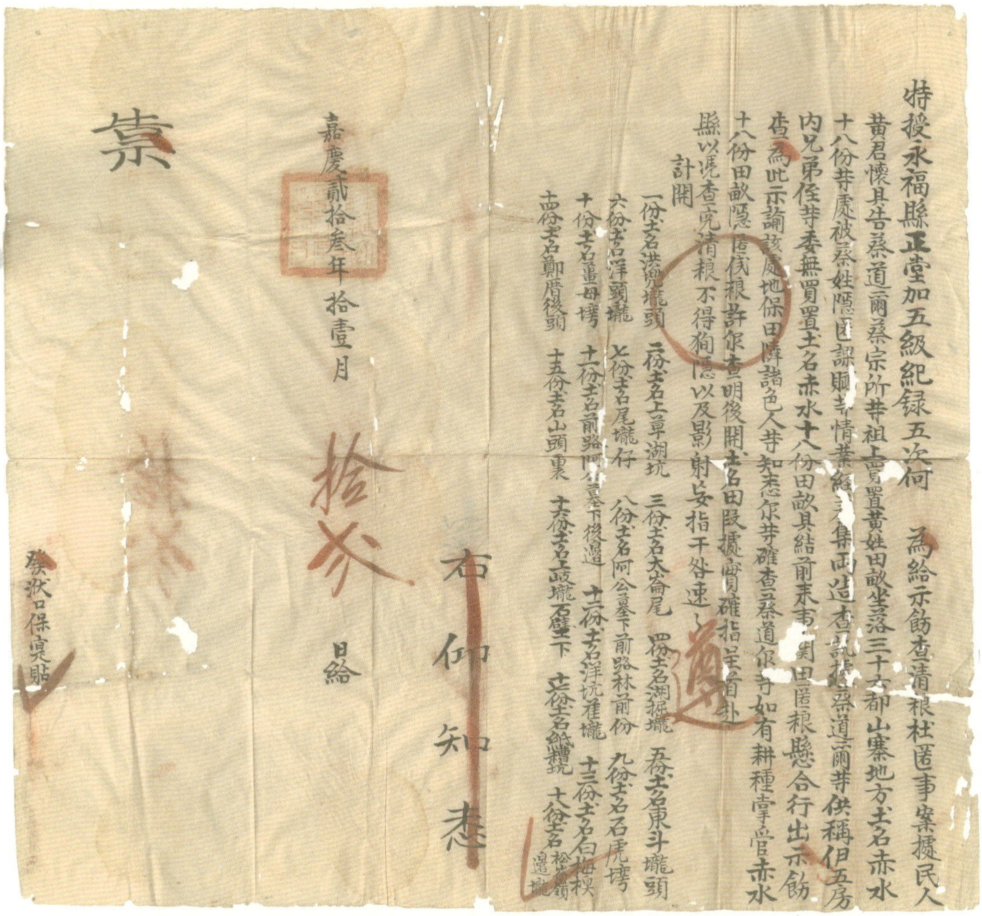
特授永福縣正堂加五級紀録五次何　為給示飭查清根杜匿事。案據民人黄君懷具告蔡道爾、蔡宗所等祖上買置黄姓田畝，坐落三十六都山寨地方土名赤水十八份等處，被蔡姓隱匿課賦等情兼□□集兩造查訊，據蔡道爾等供稱伊五房內兄弟侄等委無買置土名赤水十八份田畝，具結前來，查□田匿糧，懸合行出示飭查。為此示諭該處地保、田隣、諸色人等知悉：爾等確查蔡道爾等如有耕種□管赤水十八份田畝隱匿戕糧，許爾查明後開土名田段，據實確指呈首赴縣，以憑查究清糧，不得徇隱以及影射妄指干咎。速速。

計開

一份土名洪□壠頭　二份土名上章湖坑　三份土名大崙尾　四份土名湖□壠　五份土名東斗壠頭
六份土名洋頭壠　七份土名尾壠仔　八份土名阿公墓下前路林前份　九份土名石虎塆
十份土名董母塆　十一份土名前路阿公墓下後邊　十二份土名洋坑崔壠　十三份土名石梅樸
十四份土名鄭厝後頭　十五份土名山頭東　十六份土名□壠石壁下　十七份土名紙牕坑　十八份土名松□鋪邊壠

布仰知悉

嘉慶貳拾叁年拾壹月　拾叁　日給

告示

發洑口保寔貼

10-7-71-2　清嘉慶二十三年十一月永福縣正堂何给洑口保告示

具投呈蔡紹榜爲欺嗌盜砍忿阻逞兇扛毆重傷驗明保命事切榜不已泣投保鄰
諭証不遵伏乞申繳
康明太爺台下恩准察究傷痕爲孱作主庶橫知儆戴德靡涯均感焚頂千秋切呈

計開

主令 逞兇 黃子領

欺嗌 盜砍 黃也吓

扛毆 黃相生 黃曰郎 等

餘名查實補叙

大清壬戌年正月 日 具投呈蔡紹榜呈

10-7-72-1 蔡紹榜具投呈狀（年代不詳）

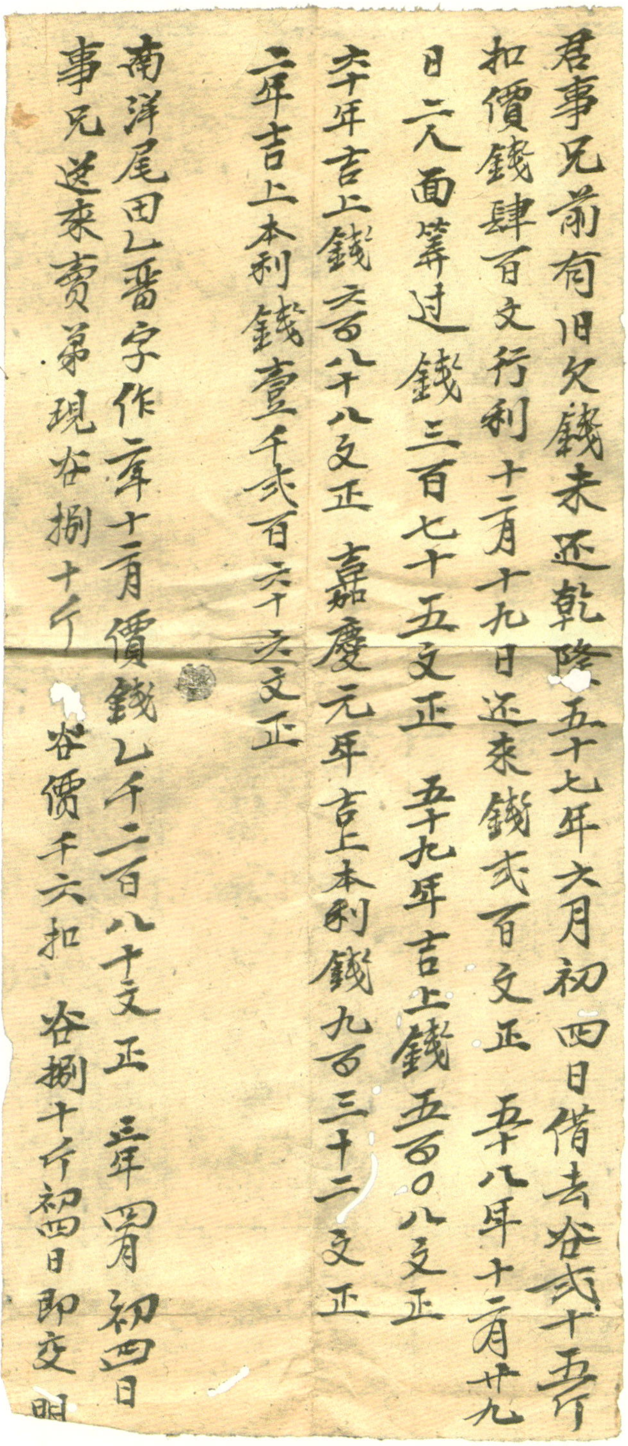
君事兄前有旧欠錢未还乾隆五十七年六月初四日借去谷弍十五斤
扣價錢肆百文行利十二月十九日还来錢弍百文正　五十八年十二月廿九
日二人面筭过錢三百七十五文正　五十九年吉上錢五百〇八文正
六十年吉上錢六百八十八文正　嘉慶元年吉上本利錢九百三十二文正
二年吉上本利錢壹千弍百六十六文正
南洋尾田乙晋字作二年十二月價錢乙千二百八十文正　三年四月初四日
事兄送来賣弟現谷捌十斤　谷價千六扣　谷捌十斤初四日即交明

10-7-73-1　清乾隆嘉慶年間黄君事借支賬單

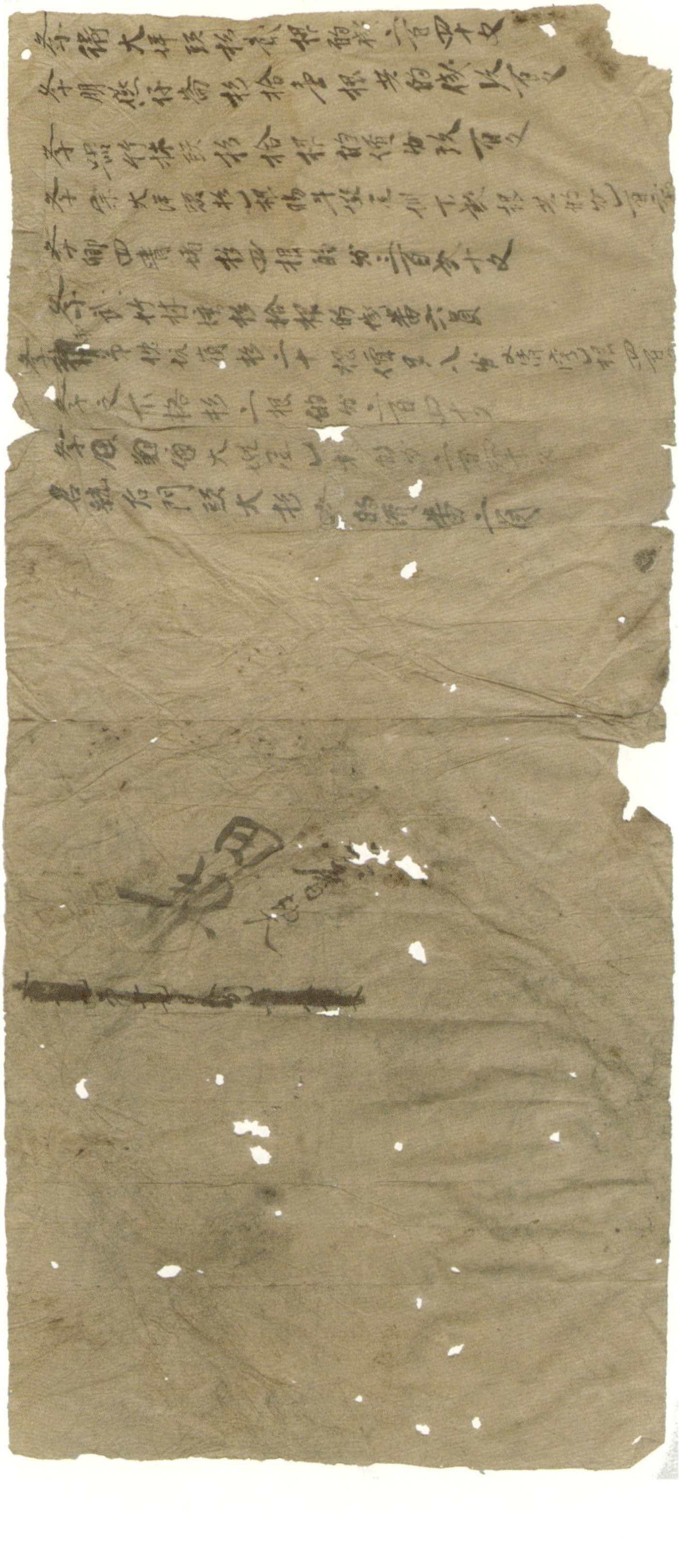

10-7-73-2　黃孝衛等賣杉木賬單（年代不詳）

10-7-73-3　黃子富等支出賬單（年代不詳）

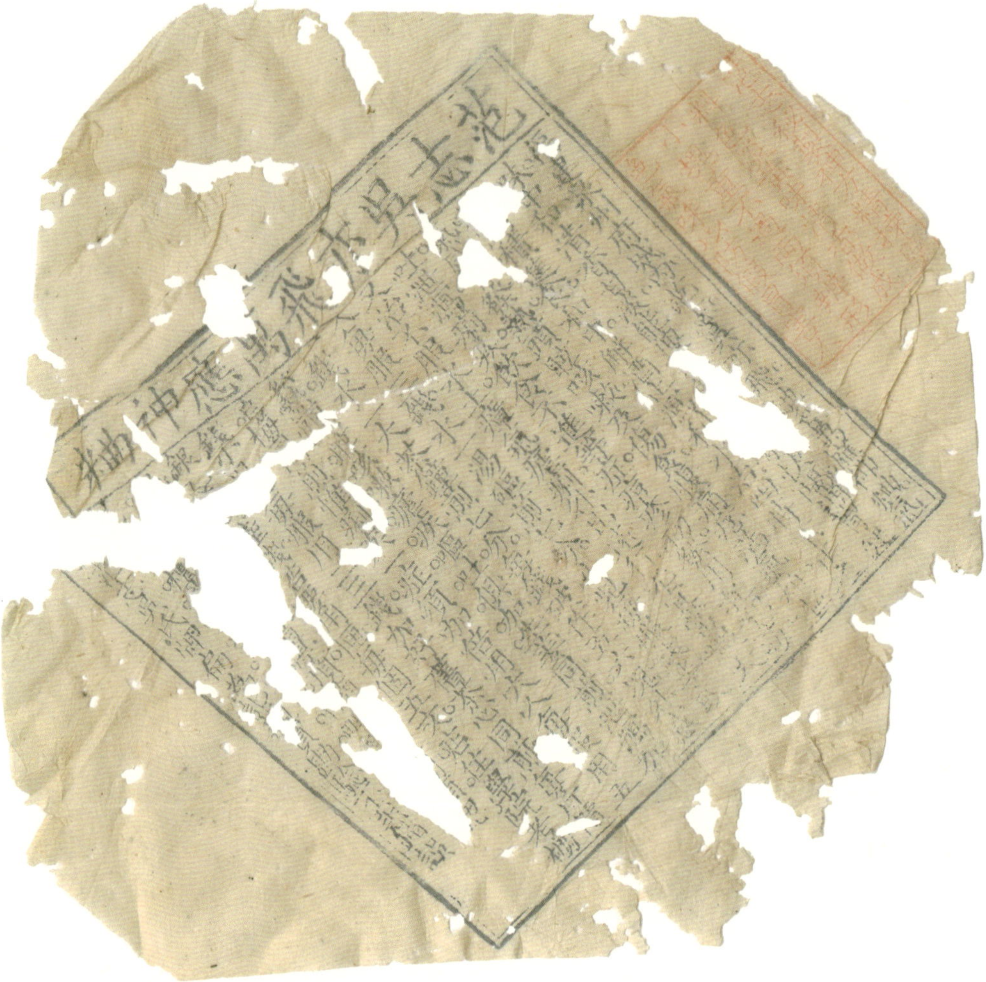

10-7-74-1　泉州范志吴亦飛萬應神粬包裝紙

第八帙　黄國彩户

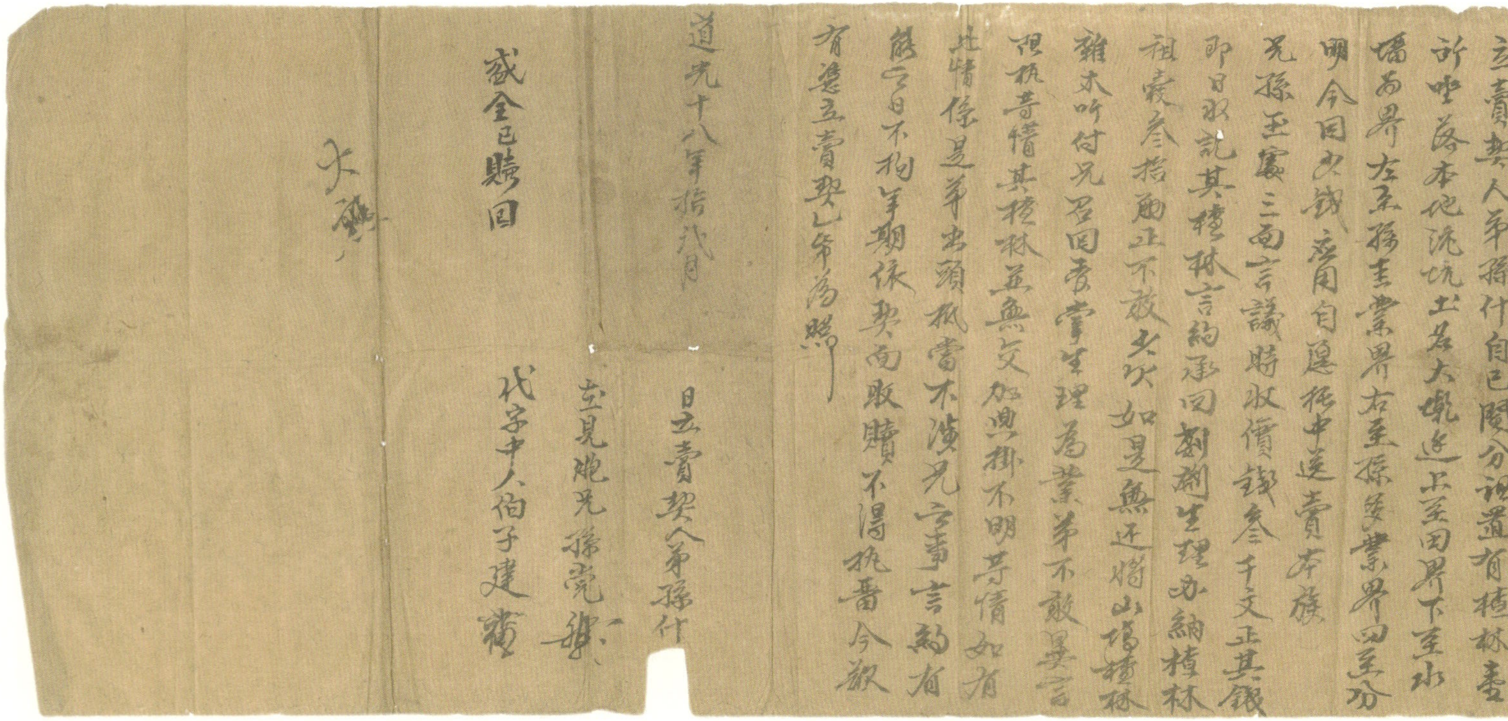
立賣契人弟孫什自己閱分祖置有樁林壹
所坐落本地洑坑土名大嶺迳上至田界下至小
墻為界左至孫圭業界右至孫爰業界四至分
明今因乏錢應用自愿托中送賣本族
兄孫玉寰三面言議時價錢叁千文正其錢
即日收訖其樁林言約承回割剃生理必紬樁林
祖處參指勵正不敢久欠如是無還將山場樁林
雜木聽付兄召回出賣生理為業弟不敢異言
但執者惜其樁林並無交加典掛不明等情如有
此情係是弟出頭抵當不涉兄之事言約有
歲今日不拘年期依契面取贖不得執番今欲
有憑立賣契一帋為照
道光十八年拾弍月　日立賣契人弟孫什
在見姪孔孫鴦
代字中人伯子建
憾金已贖回
大

10-8-1-1　清道光十八年十二月黃孫什立賣樁林契

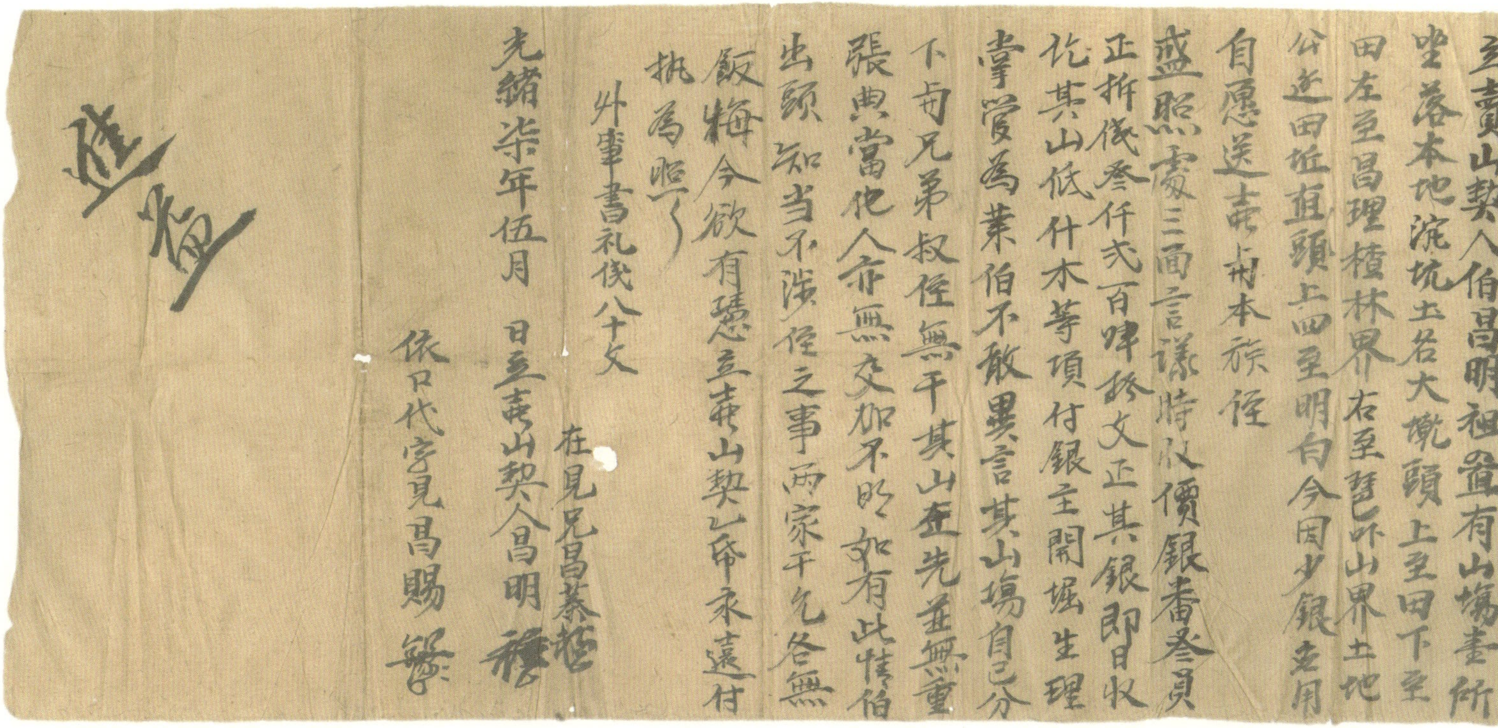

10-8-1-2 清光緒七年五月黃昌明立賣山場契

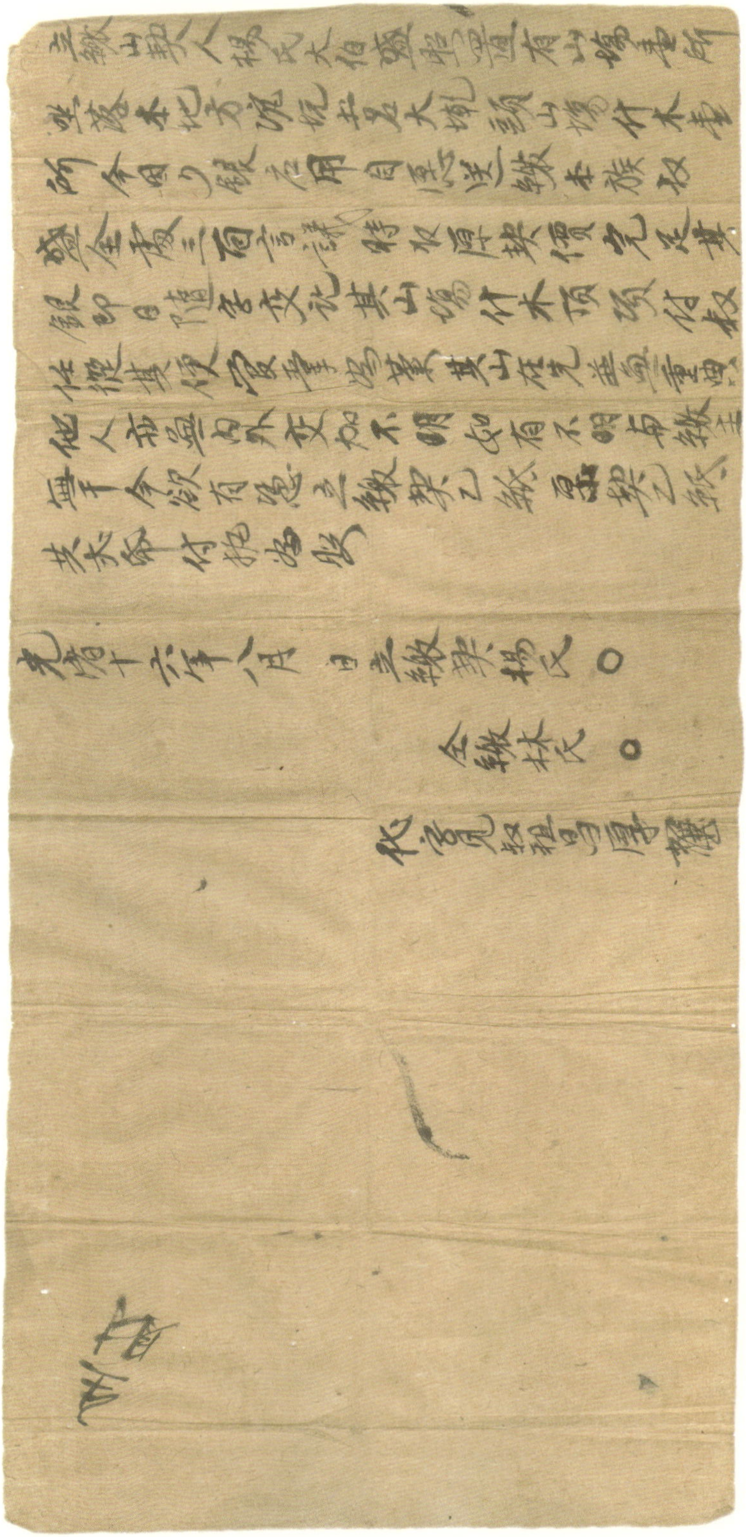
立繳山契人楊氏大伯蘇貽罡有山場壹所
坐落本地方洑坑土名大埔頭山場竹木壹
所，今因乏銀應用，自願托中送繳本族叔
邊全處三面言議，時收過繳價完足重
銀即日隨手交訖，其山場竹木須付叔
任從其便，管業為業，其山在先並無重典
他人亦無內外交加不明，如有不明，係繳主
出手全欲有憑，立繳契乙紙，為照契乙紙
其木係付抱為照

光緒十六年八月　日立繳契楊氏○
仝繳林氏○
代字見叔祖周厚耀

10-8-1-3　清光緒十六年八月楊氏等立繳山場契

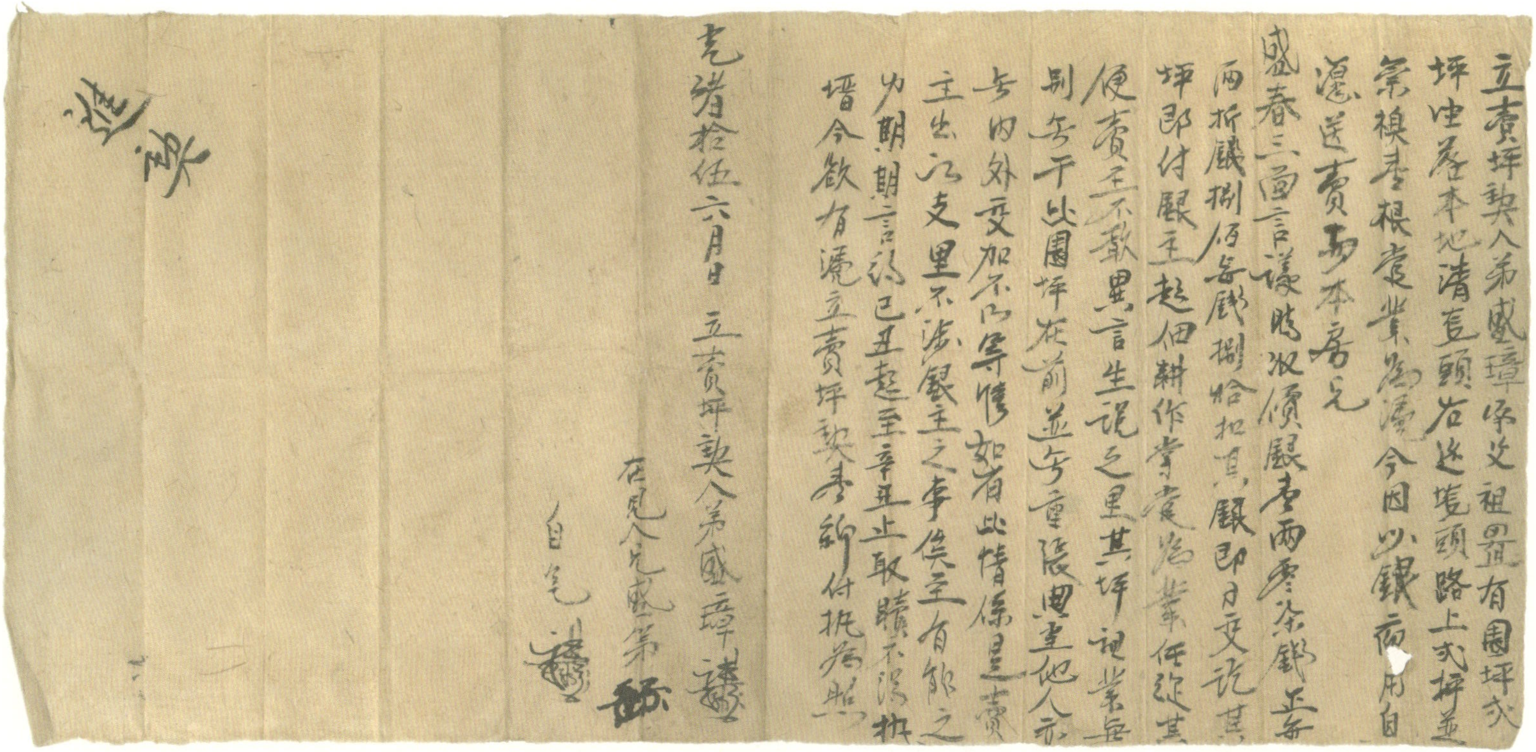
立賣坪契人弟盛璋，承父祖置有園坪弍
坪，坐落本地清直頭右邊，崖頭路上弍坪並
棠樹等根處業爲憑。今因乏銀应用，自
愿送賣与本房兄
盛春三面言議，時收價銀壹兩叁錢正，每
兩折錢捌佰叁錢捌拾扣算，銀即日交訖。其
坪即付銀主起佃耕作，掌管爲業，任從其
便，賣主不敢異言生說之理。其坪視業無
别人無干。此園坪在前並無重張典挂他人，亦
無內外交加不明等情。如有此情，係是賣
主出頭支理，不涉銀主之事。保至有能之
日，期明言約已丑起至辛丑止取贖，不得執
留。今欲有憑，立賣坪契壹紙，付執爲照。

光緒拾伍六月　日　立賣坪契人弟盛璋（押）

在見人兄盛第（押）

自筆（押）

退契

10-8-2-1　清光緒十五年六月黃盛璋立賣園坪契

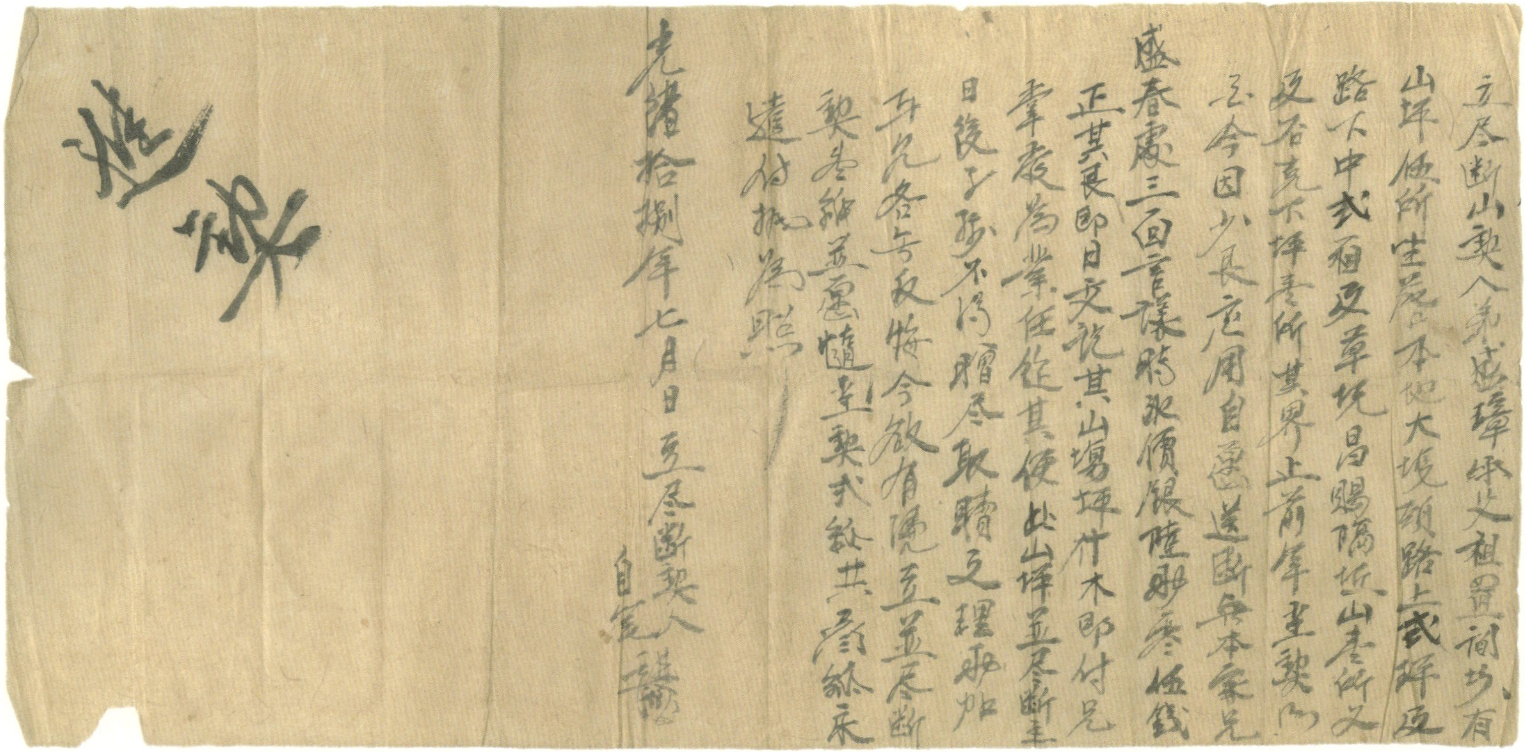

立盡斷山契人弟盛瑋承父祖置有祠坵有
山坪伍所，坐落本地大坂頭路上貳坪，及
路下中貳個，及草坑昌賜隔近山壹所，又
及荒下坪壹所，其界至前年主契內
已載。今因少長乏用，自愿送斷與本家兄
盛春處，三面言議時值價銀陸兩叁伍錢
正，其艮即日交訖，其山場坪竹木即付兄
掌管為業，任從其便。此山坪並盡斷，主
日後子孫不得贖盡取贖之理，亦加
弟兄各無反悔。今欲有憑，立並盡斷
契叁紙，並愿隨帶上契貳紙，共肆紙，永
遠付執為照。

光緒拾捌年七月日 立盡斷契人 自寫

10-8-2-2 清光緒十八年七月黄盛瑋立盡斷山坪契

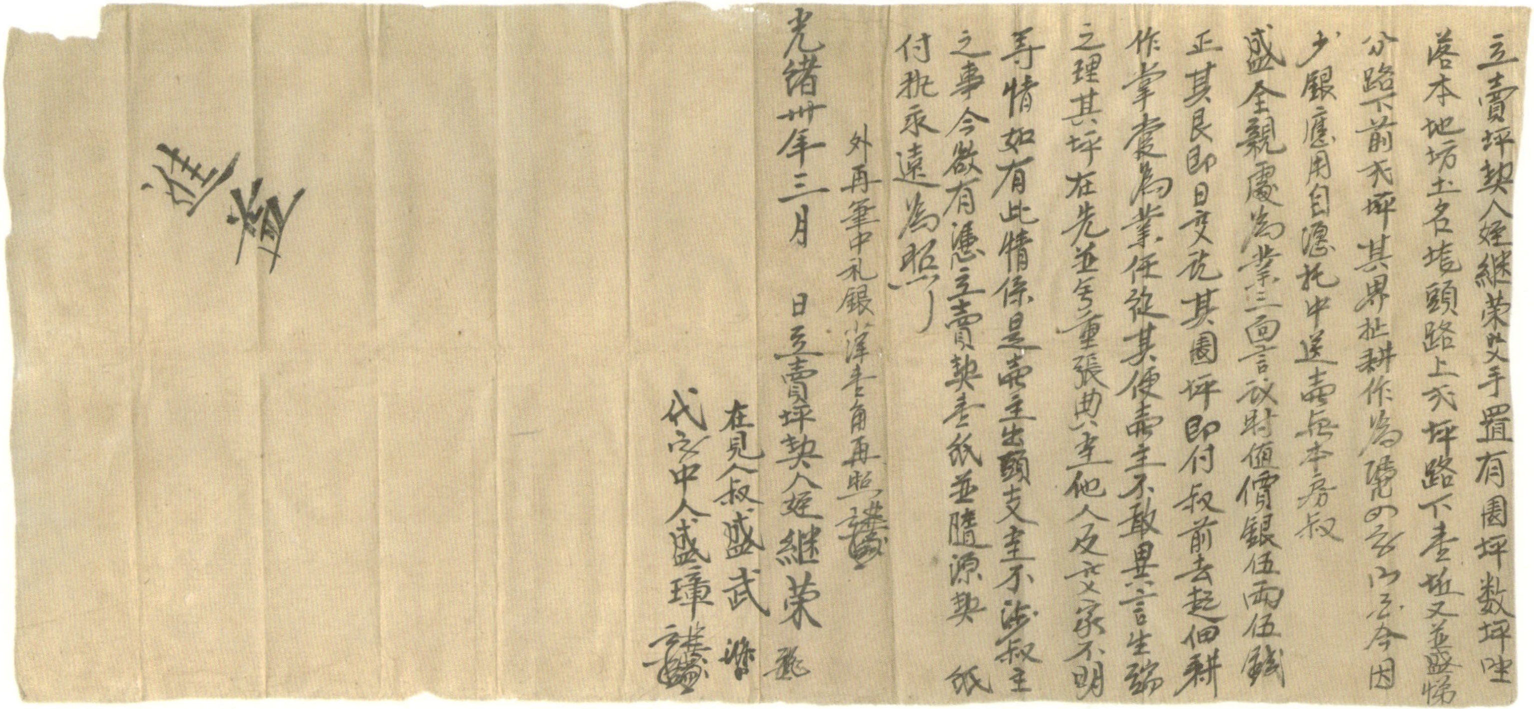

立賣坪契人侄繼荣承父手置有園坪數坪坐
落本地坊土名堵頭路上弍坪路下壹坵又並盛湍
分路下前弍坪 其界址耕作為憑 四至分明 今因
少銀應用自愿托中送賣與本房叔
盛全親處為業 三面言議時值價銀伍兩伍錢
正 其艮即日交訖 其園坪即付叔前去起佃耕
作掌管為業 任從其便 賣主不敢異言生端
之理 其坪在先並無重張典與他人及交家不明
等情 如有此情 係是賣主出頭支當 不涉叔主
之事 今欲有憑 立賣契壹紙並隨源契 紙
付批永遠為照
外再筆中礼銀小洋壹角再照
光緒卅年三月 日立賣坪契人侄繼荣
在見人叔盛武
代字中人盛瑋

10-8-2-3 清光緒三十年三月黃繼荣立賣園坪契

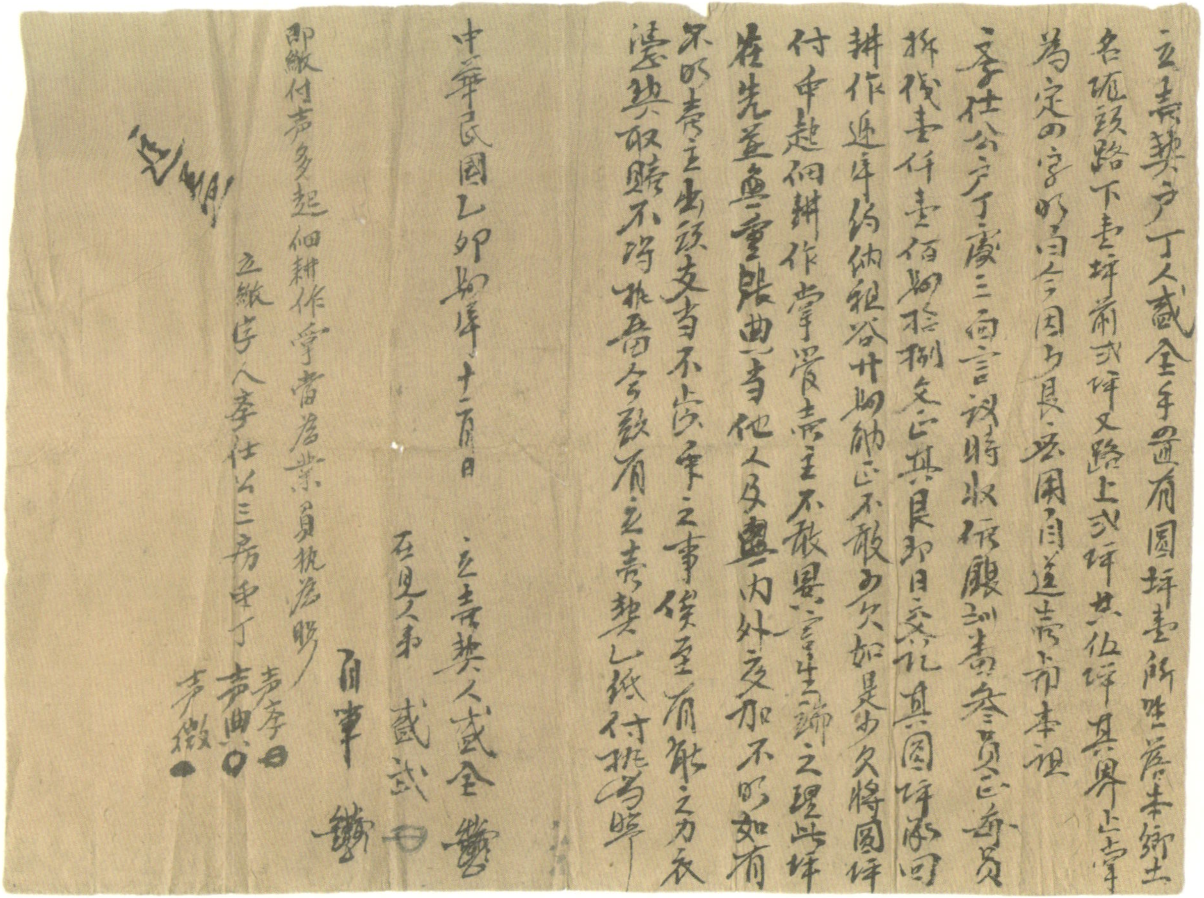

立賣契户丁人盛全，手置有園坪壹所，坐落本鄉土
名垅頭路下壹坪，前弍坪，又路上弍坪，共伍坪，其界上字
為定，四字明白。今因乏艮應用，自進賣與本祖
李仕公户丁處三面言議，時收價艮訓壹叁員正，其員
拆伐壹仟壹佰肆拾捌文正。其艮即日交訖，其園坪聽回
耕作，逐年約納租谷廿肆觔正，不敢少欠。如是少欠，將園坪
付爭起佃耕作掌管，賣主不敢異言生端之理。此坪
係先益無重張典當他人及盡內外交加不明，如有
不明，賣主出頭支當，不涉受主之事。俟至有能之力，衣
契取贖，不得推阻。今欲有憑，立賣契一紙付照為照。

中華民國乙卯年十二月　日　立賣契人盛全（押）
在見人弟　盛武（押）
自筆（押）

即繳付声多起佃耕作，掌當居業，員執為照。
立繳字人李仕公三房甲丁　声李（押）　声典（押）　声徽（押）

10-8-2-4　民國四年十二月黃盛全立賣園坪契

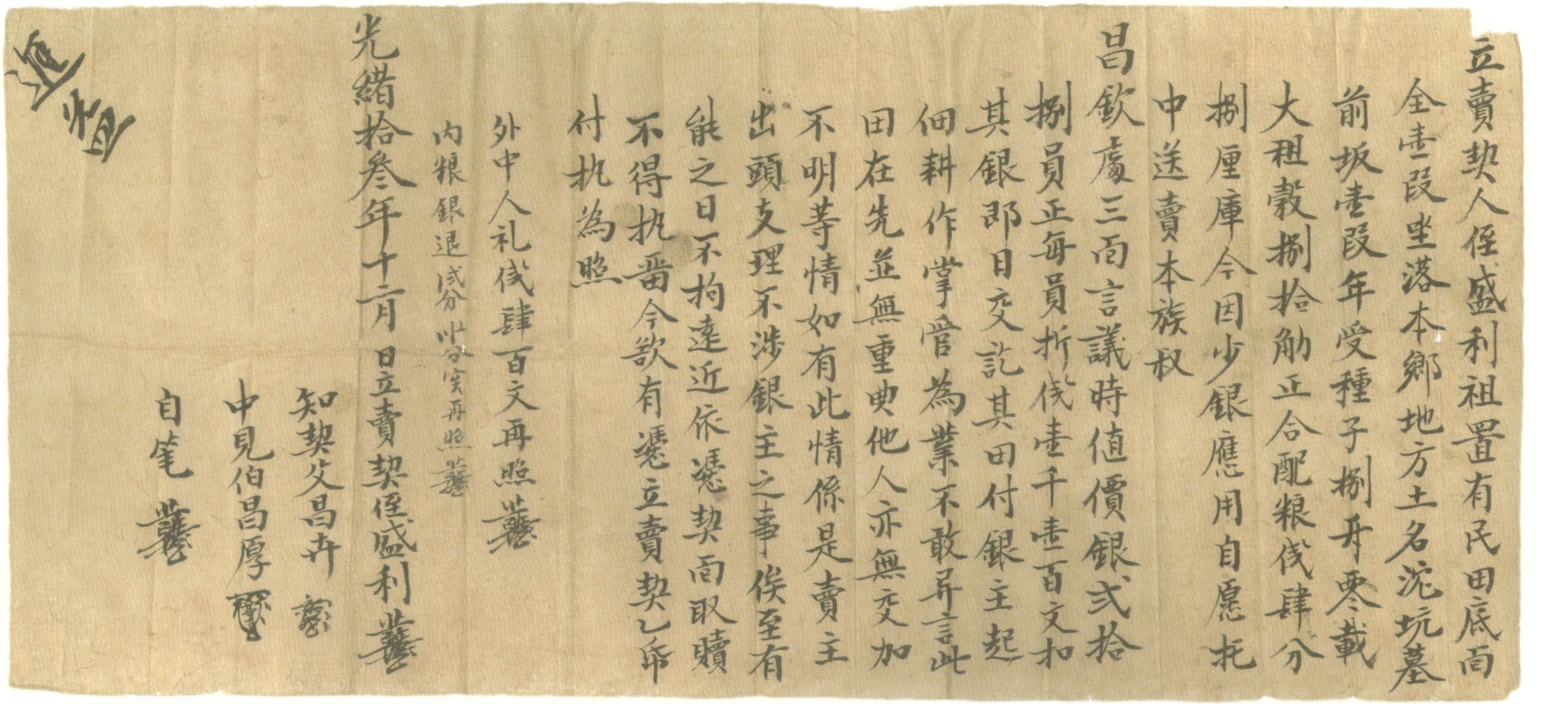
立賣契人侄盛利祖置有民田底面
全壹段坐落本鄉地方土名沇坑墓
前坂壹段年受種子捌升柒載
大租穀捌拾觔正合配粮伐肆分
捌厘庫今因少銀應用自愿托
中送賣本族叔
昌欽處三面言議時值價銀弍拾
捌員正每員折伐壹千壹百文扣
其銀即日交訖其田付銀主起
佃耕作掌管為業不敢异言此
田在先並無重典他人亦無交加
不明等情如有此情係是賣主
出頭支理不涉銀主之事俟至有
能之日不拘遠近依憑契面取贖
不得執番今欲有憑立賣契乙帋
付執為照
外中人礼伐肆百文再照
内粮銀退弍分[illegible]實再照
光緒拾叁年十二月　日立賣契侄盛利
知契父昌卉
中見伯昌厚
自筆

10-8-3-1　清光緒十三年十二月黄盛利立賣底面全民田契

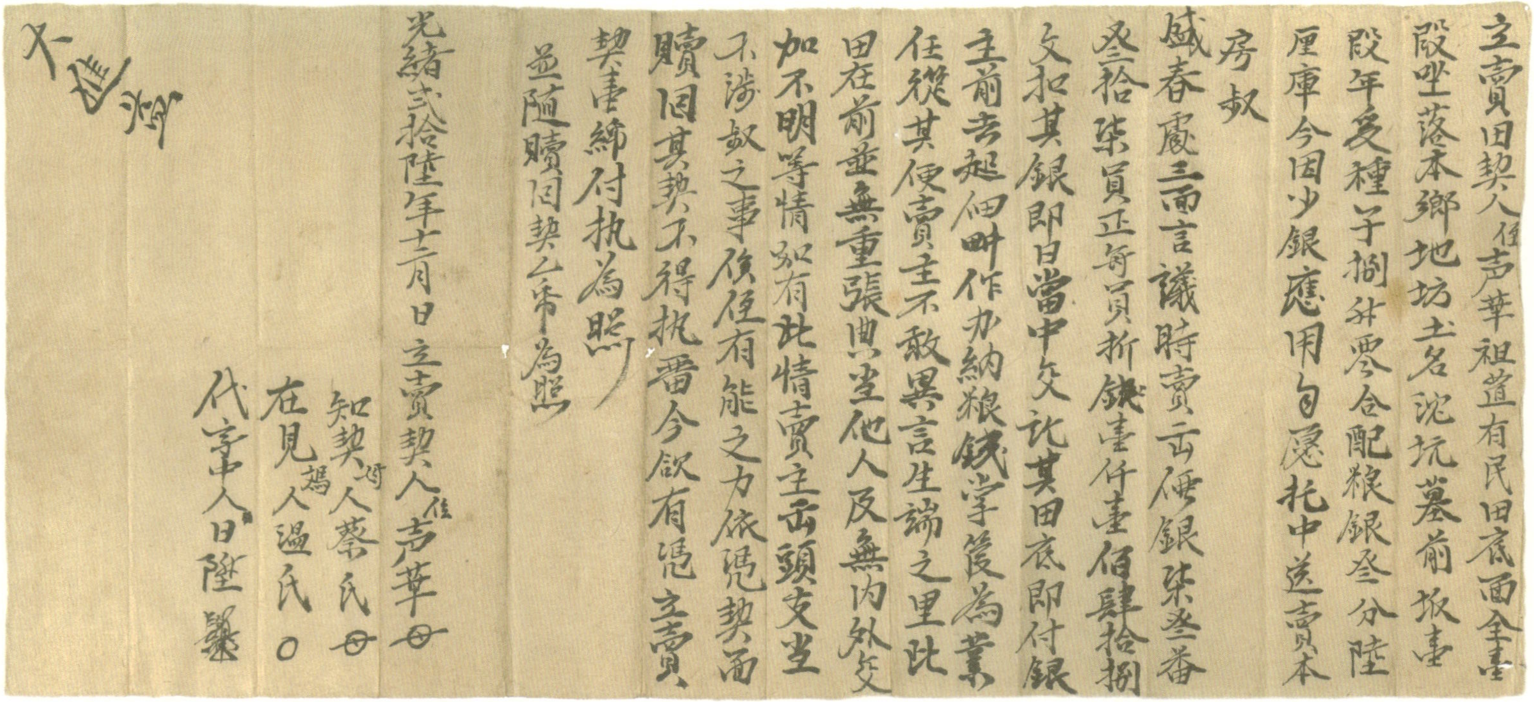
立賣田契人黃声華祖遺有民田底面全壹
段坐落本鄉地坊土名洑坑墓前扱壹
段年受種子捌斗零，配粮銀叁分陸
厘。今因少銀應用，自愿托中送賣本
房叔
盛春處三面言議時賣出價銀柒叁番
叁拾柒員正，每員折錢壹仟壹佰肆拾捌
文，扣其銀即日當中交訖，其田底即付銀
主前去起佃耕作，办納粮錢字號為業，
任從其便，賣主不敢異言生端之理。此
田在前並無重張典出他人，及無內外交
加不明等情，如有此情，賣主出頭支当，
不涉叔之事。侄有能之力，依憑契面
贖回，其契不得執留，今欲有憑，立賣
契壹紙，付執為照。
並隨贖回契乙紙為照。
光緒式拾陸年十二月　日　立賣契人黃声華（押）
知契人蔡氏（押）
在見人溫氏　○
代字中人日陞（押）
不准找

10-8-3-2　清光緒二十六年十二月黃声華立賣底面全民田契

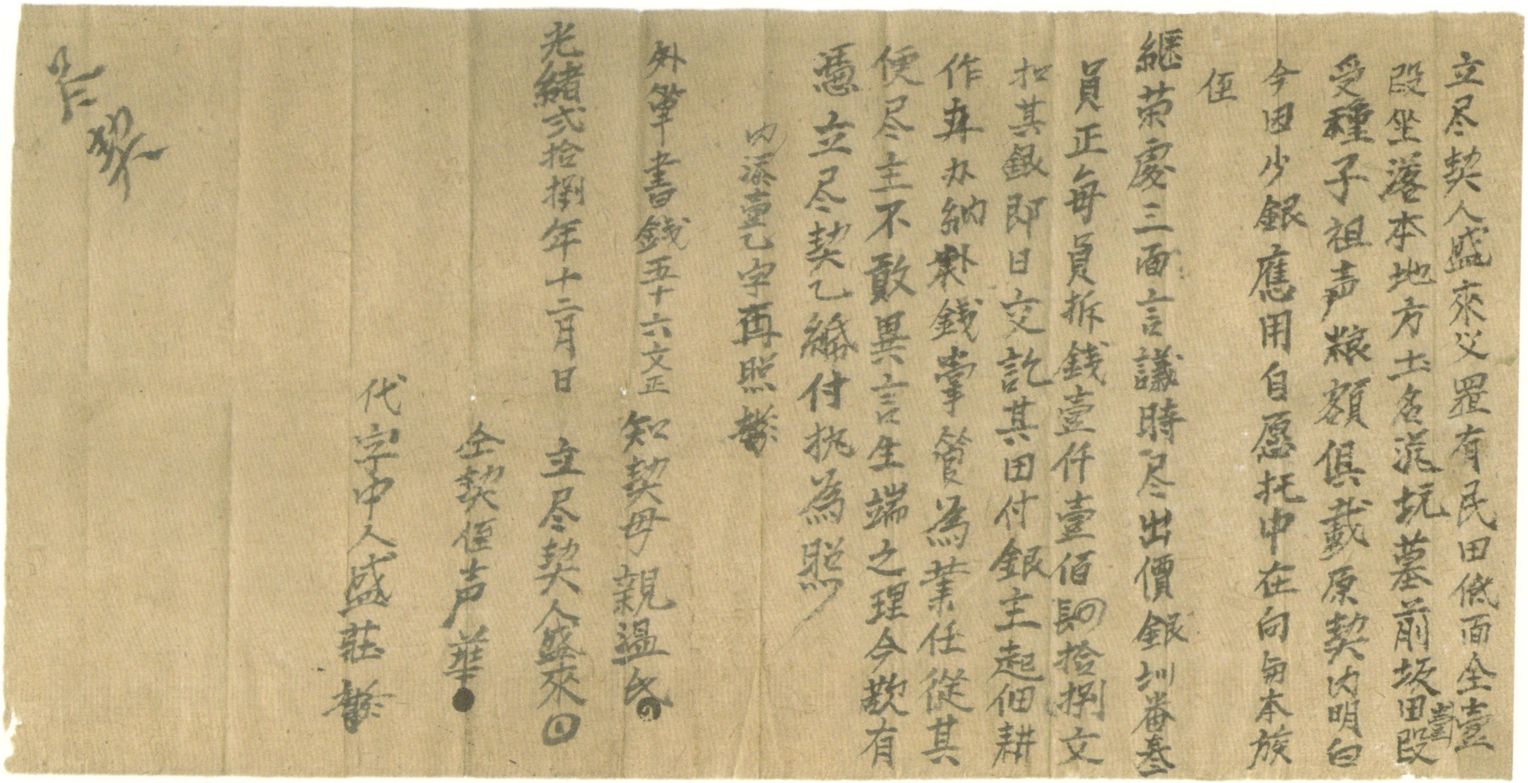

立尽契人盛來父置有民田底面全壹
段坐落本地方土名溪坑墓前坂田壹段
受種子祖声粮額俱载原契内明白
今因少銀應用自愿托中在向与本族
侄
継荣慶三面言議時尽出價銀圳番叁
員正每員拆钱壹仟壹佰駟拾捌文
扣其銀即日交訖其田付銀主起佃耕
作身办納粮钱掌管為業任從其
便尽主不敢異言生端之理今欲有
憑立尽契乙紙付执為照
内添壹乙字再照
外筆書钱五十六文正　知契母親温氏
光緒弍拾捌年十二月日　立尽契人盛來
全契侄声華
代字中人盛莊
尽契

10-8-3-3　清光緒二十八年十二月黃盛來等立盡底面全民田契

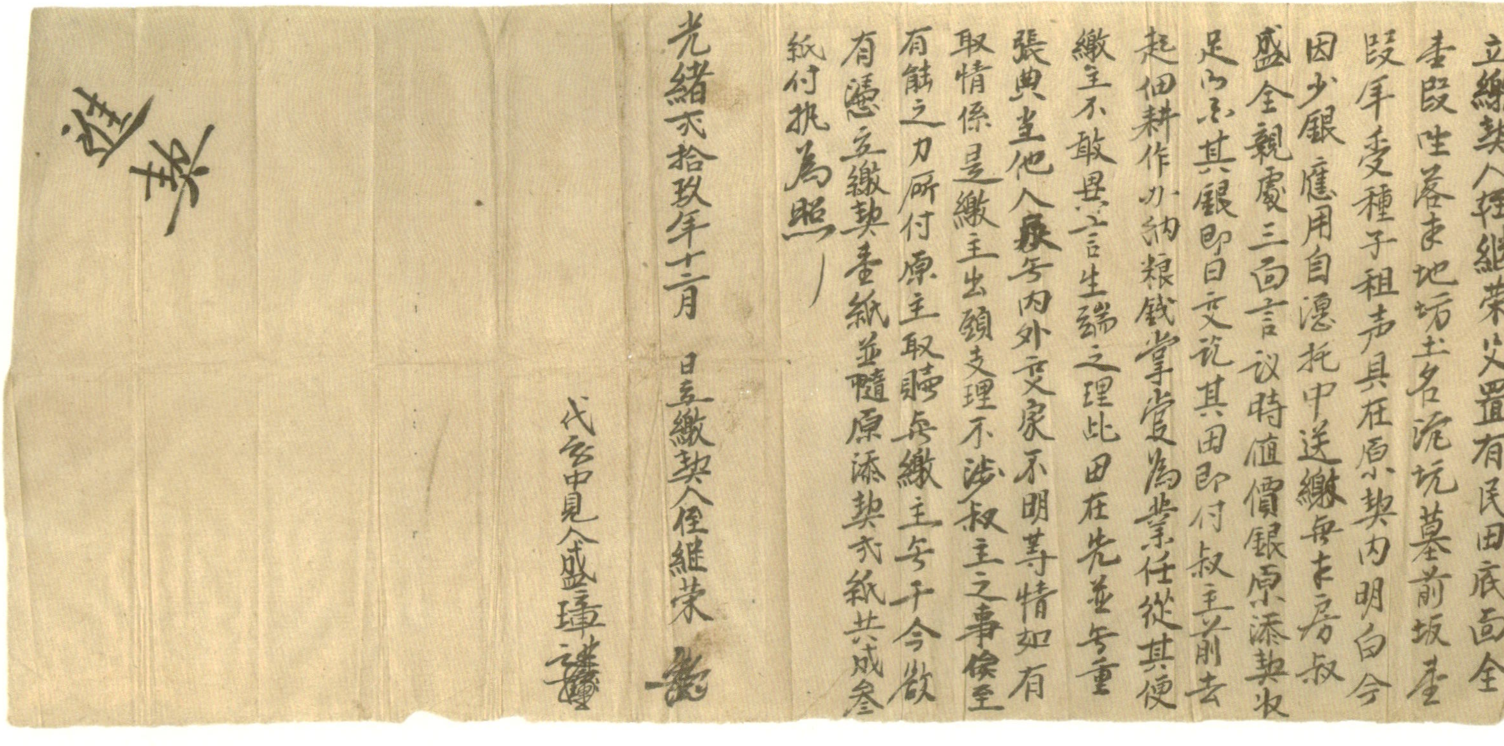
立繳契人侄繼荣父置有民田底面全
壹段，坐落本地，坊土名洸坑墓前坂，產
既年受種子，租声具在原契内明白。今
因少銀應用，自愿托中送繳與本房叔
盛全親處三面言议，時值價銀原添契收
足外不其銀即日交訖，其田即付叔主前去
起佃耕作，办納粮錢，掌管為業，任從其便。
繳主不敢異言生端之理。此田在先并無重
張典当他人財物，亦無内外交加不明等情。如有
取情，係是繳主出頭支理，不涉叔主之事。係至
有能之力，所付原主取贖，與繳主無干。今欲
有憑，立繳契壹紙，并贖原添契貳紙，共成叁
紙付執為照。／
光緒貳拾玖年十二月　日立繳契人侄繼荣（押）
代字中見人盛瑋（押）
進契

10-8-3-4　清光緒二十九年十二月黃繼荣立繳底面全民田契

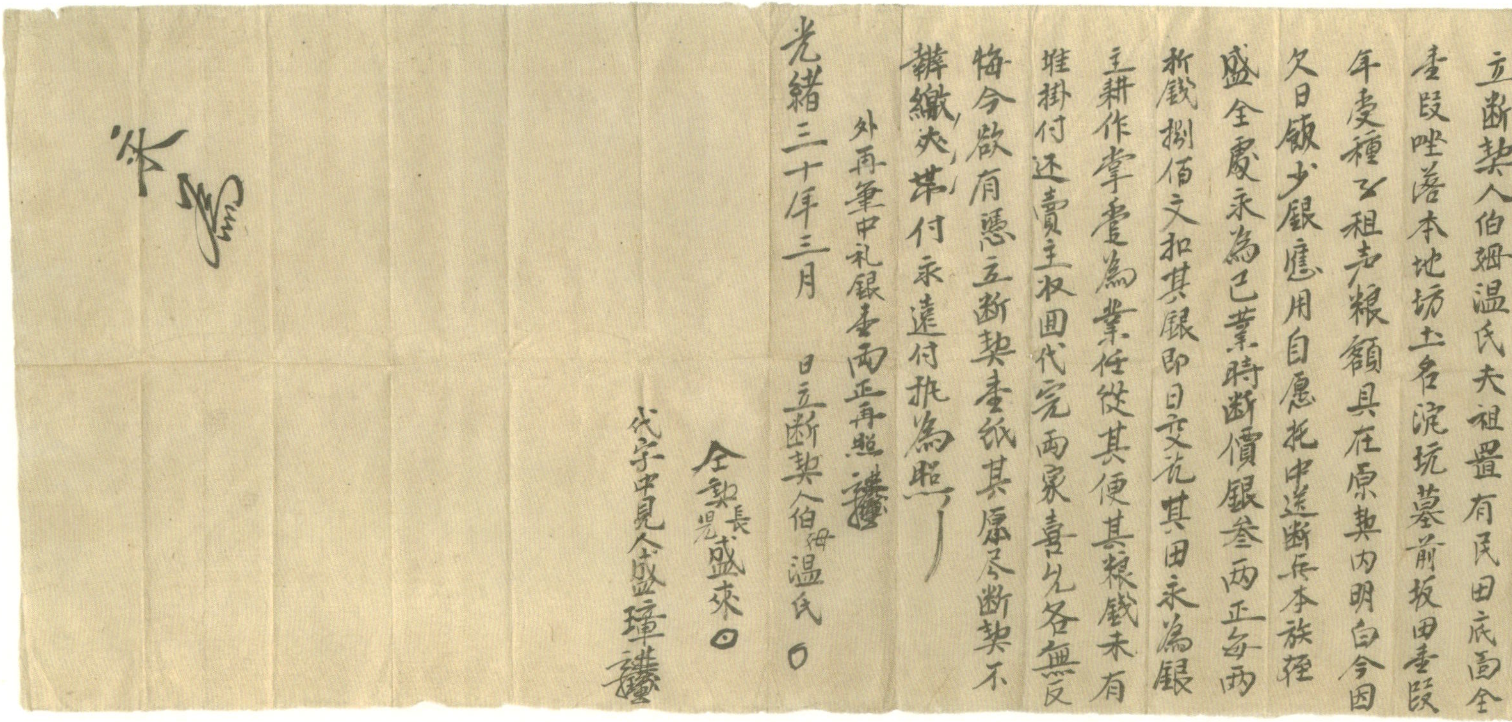

立斷契人伯姆温氏夫祖置有民田底面全
壹段坐落本地坊土名浣坑墓前板田壹段
年受種子租占粮額具在原契内明白今因
欠日領少銀應用自愿托中送斷與本族侄
盛全處永為己業時斷價銀叁兩正每兩
折錢捌佰文扣其銀即日交乞其田永為銀
主耕作掌管為業任從其便其粮錢未有
堆掛付还賣主收回代完兩家喜允各無反
悔今欲有憑立斷契壹紙其原各斷契不
耕繳尖共付永遠付執為照
外再筆中礼銀壹兩正再照 押
光緒三十年三月 日立斷契人伯姆温氏 ○
仝契長男盛來 ○
代字中見人盛璋 押

10-8-3-5 清光緒三十年三月黄盛來母温氏立斷底面全民田契

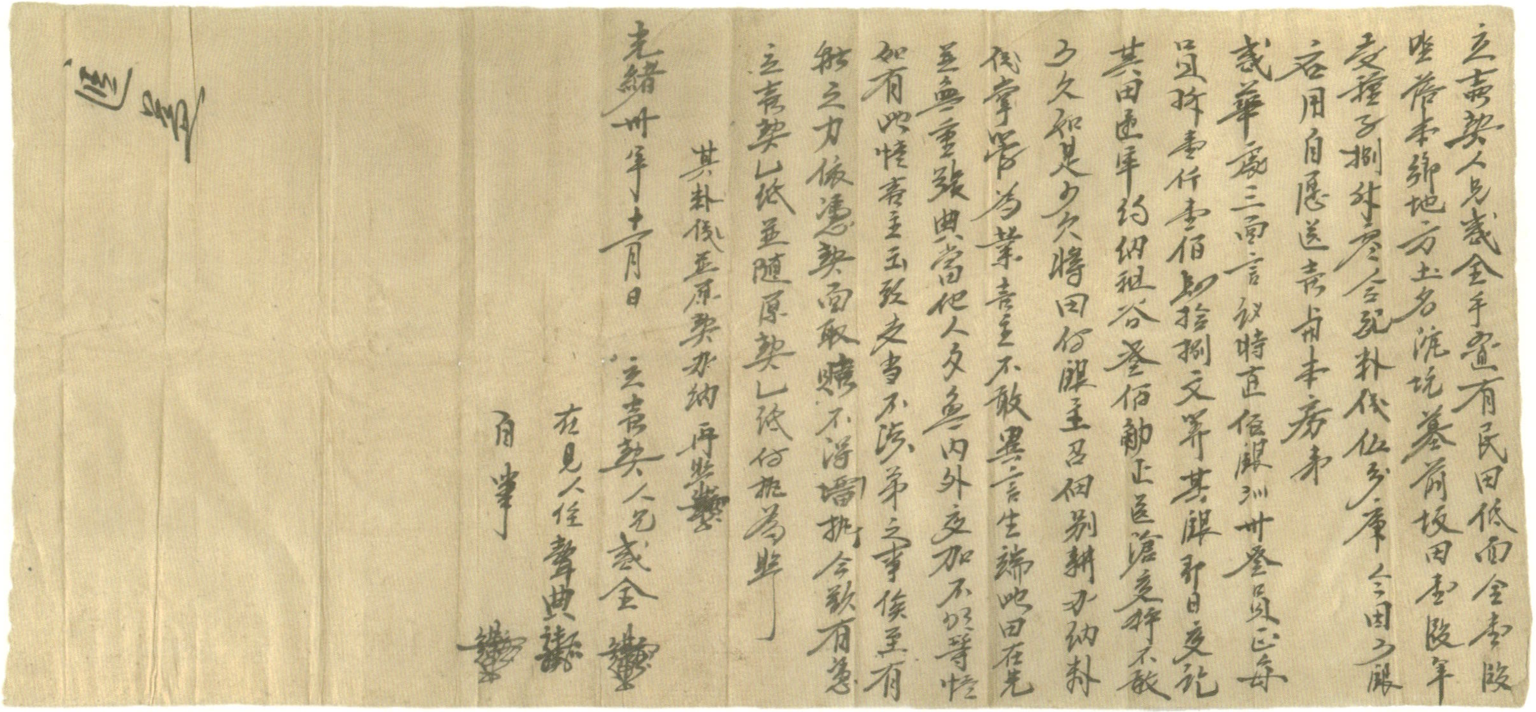
立賣契人兄盛全，手置有民田底面全壹段，
坐落本鄉地方，土名洑坑墓前坂田壹段，年
受種子捌斗，[illegible]
官用，自愿送賣與本房弟
盛華處，三面言議，時值價銀卅叁員正，每
員扣壹仟壹佰捌拾捌文算，其銀即日交訖。
其田遞年約納租谷叁佰觔正，送庄交秤，不敢
少欠。如是少欠，將田付與銀主召佃別耕，办納粮
錢，掌管為業，賣主不敢異言生端。此田在先
並無重張典當他人，及無內外交加不明等情。
如有此情，賣主自支當，不涉弟之事。倘至有
能之力，依憑契面取贖，不得增執。今欲有憑，
立賣契一紙，並隨原契一紙，付執為照。
其朴代並原契办納，再照。
光緒卅年十一月　日　立賣契人兄盛全
在見人侄聲典
自筆

10-8-3-6　清光緒三十年十一月黃盛全立賣底面全民田契

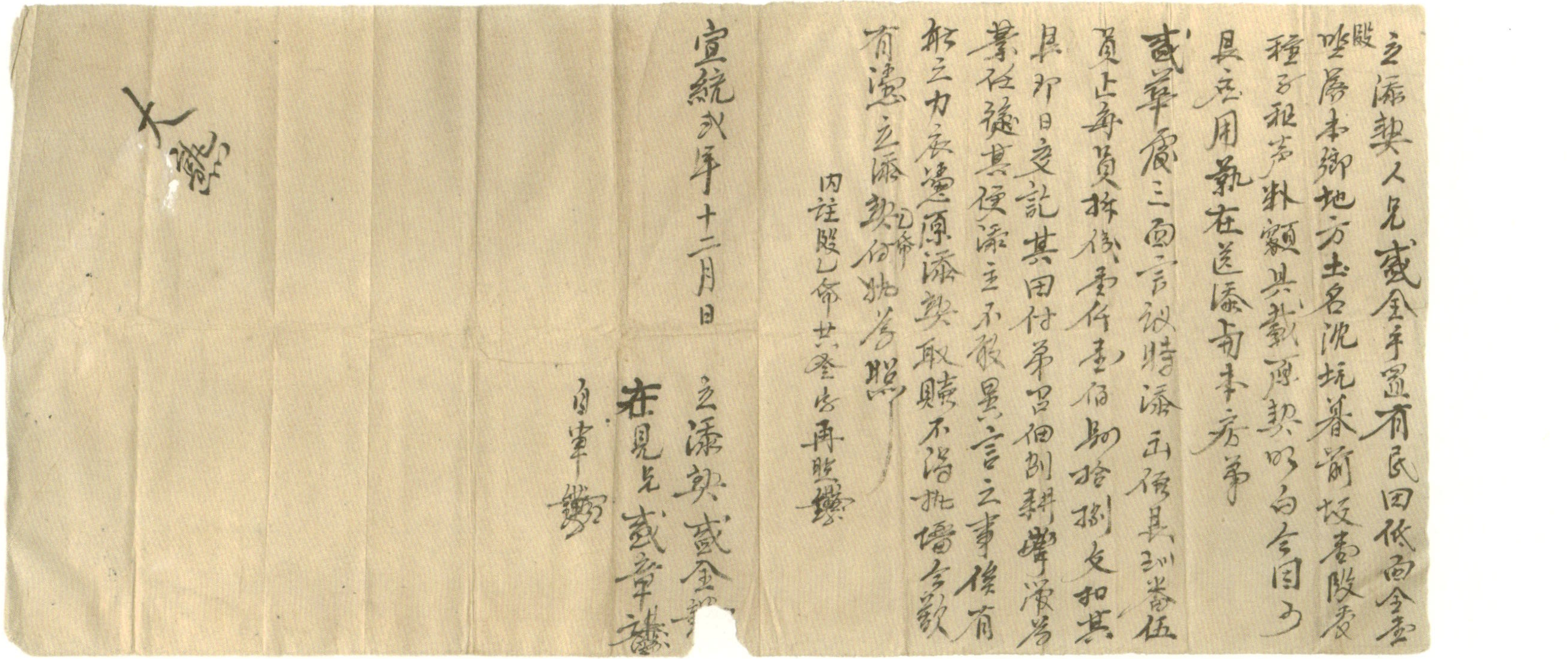

10-8-3-7　清宣統二年十二月黃盛全立添底面全民田契

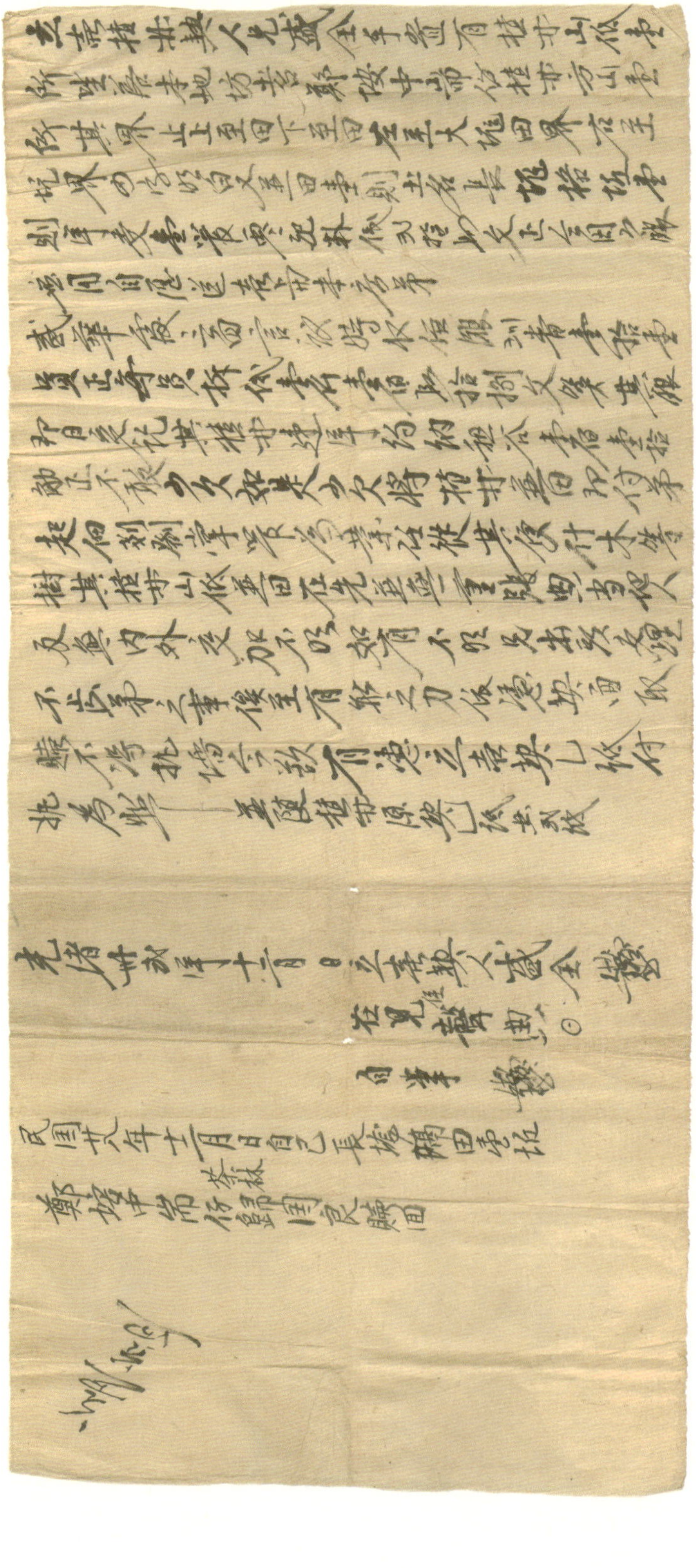

10-8-4-1　清光緒三十二年十二月黃盛全立賣楂林山底契

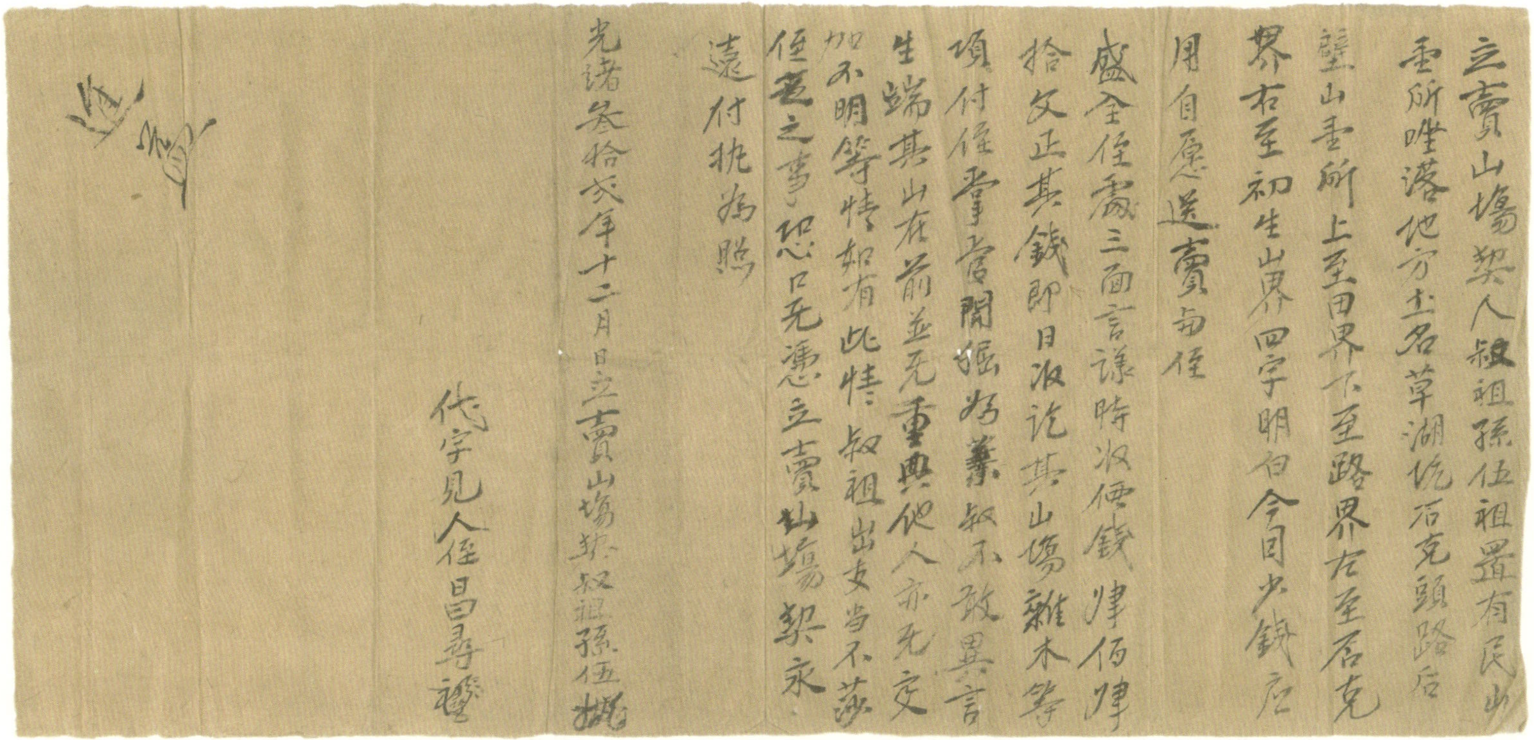
立賣山場契人叔祖孫伍祖置有民山
壹所坐落地方土名草湖坑石克頭路后
壟山壹所上至田界下至路界右至石克
界右至初生山界四字明白今因少錢應
用自愿送賣與侄
盛全侄處三面言議時價錢肆佰肆
拾文正其錢即日收訖其山場雜木等
項付侄掌管開掘為業叔不敢異言
生端其山在前並无重典他人亦无交
加不明等情如有此情叔祖出支当不涉
侄之事恐口无憑立賣山場契永
遠付執為照
光緒叁拾贰年十二月日立賣山場契叔祖孫伍
代字見人侄昌壽

10-8-4-2 清光緒三十二年十二月黃孫伍立賣山場契

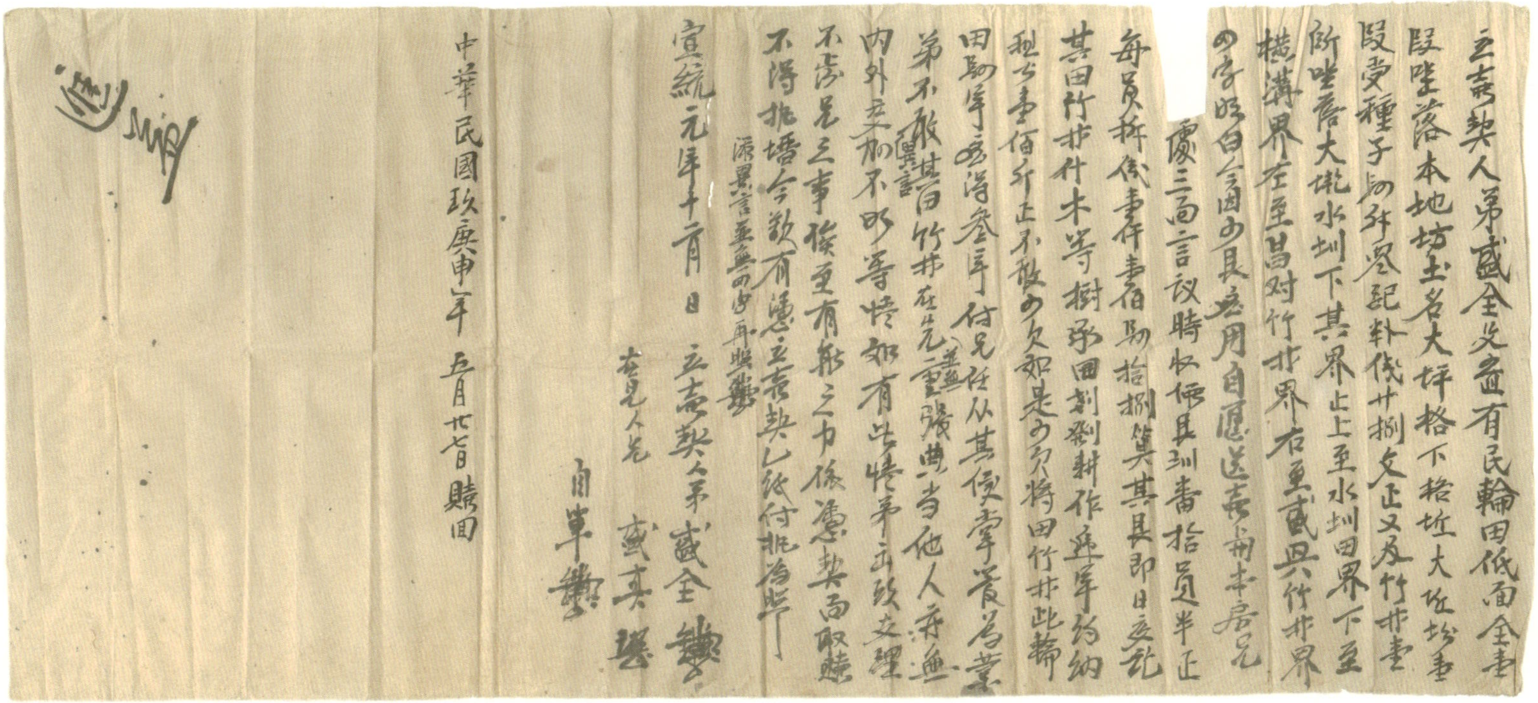

10-8-4-3　清宣統元年十二月黄盛全立賣底面全民輸田契

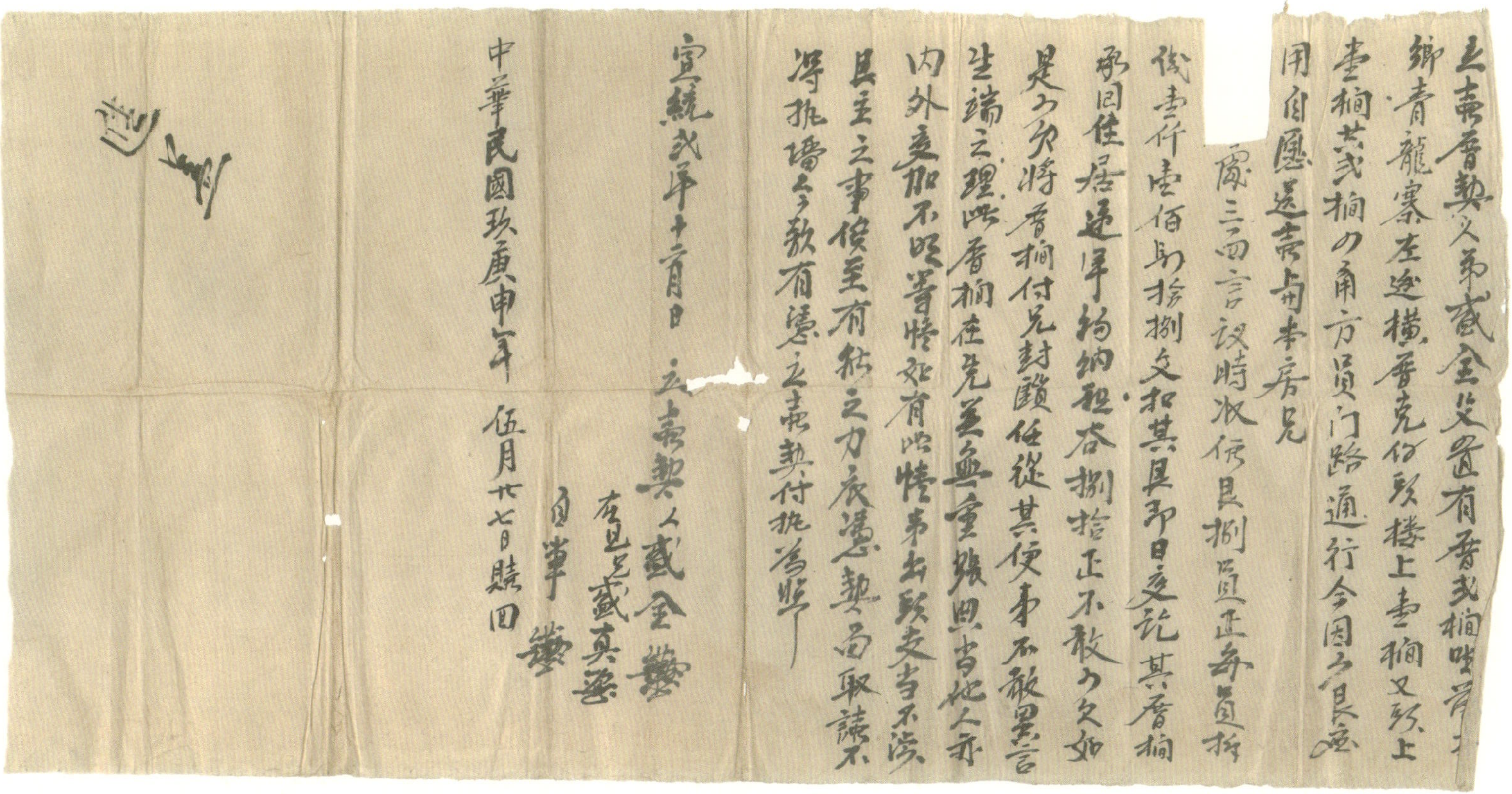

10-8-4-4　清宣統二年十二月黃盛全立賣厝契

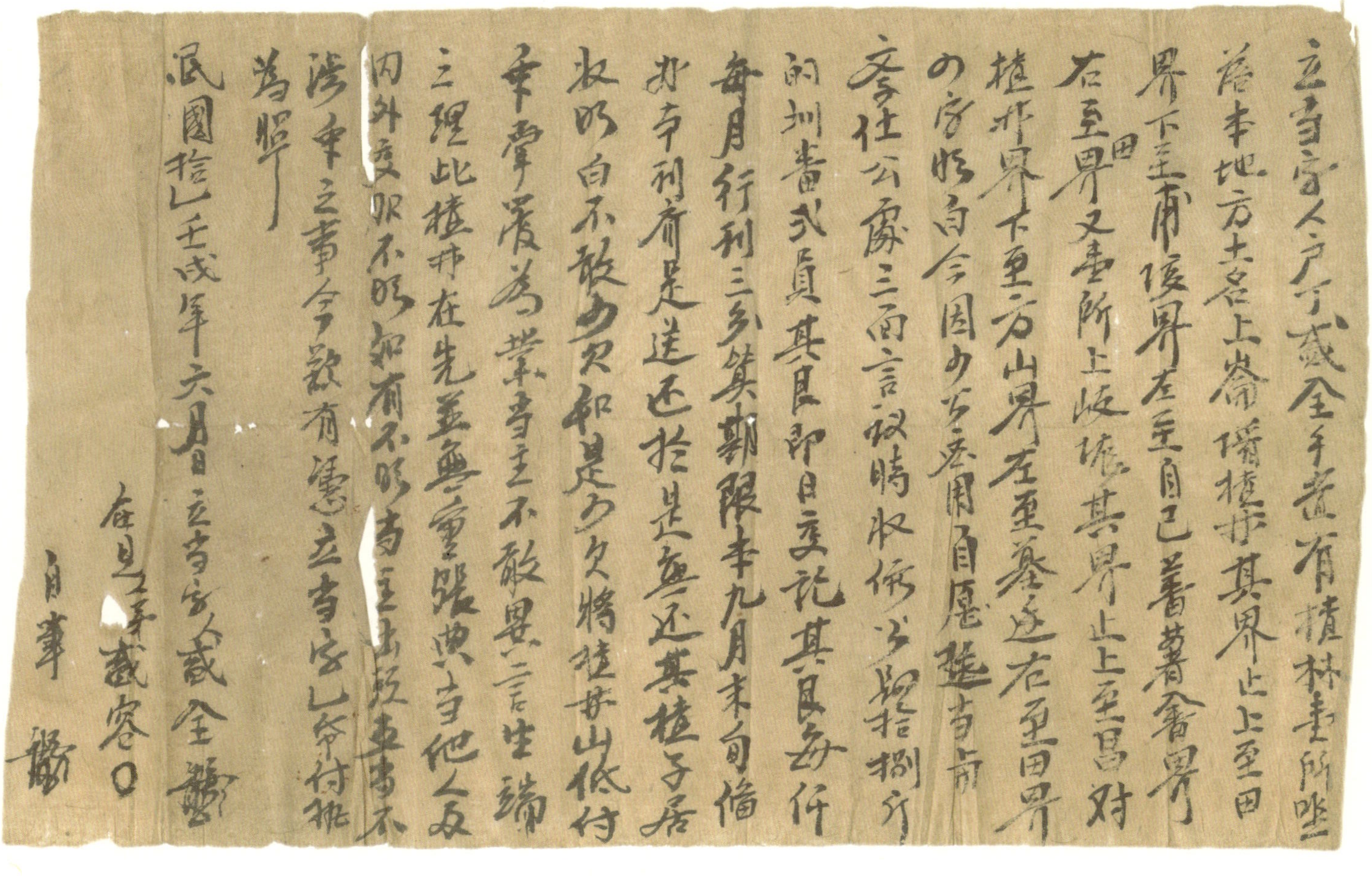
立當字人黃盛全手置有楂林壹所坐
落本地方土名上崙墻楂林其界止上至田
界下至甫後界左至自己蕃薯畲界
右至界又壹所上岐坑其界止上至昌对
楂林界下至方山界左至基迭右至田界
四字明白今因乏銀應用自愿托中前
來住公處三面言議時收價[illegible]捌斤
的訓番弍員其艮即日交訖其艮每仟
每月行利三分算期限本九月末旬備
出本利前是送还於是無还其楂子居
收明白不敢少欠如是少欠將楂林山依付
年掌管為業當主不敢異言生端
之理此楂林在先並無重張典當他人及
内外交加不明如有不明當主出頭支當不
涉承當之事今欲有憑立當字山契付執
為照
民國拾一壬戌年六月日立當字人黃盛全
在見弟黃容〇
自筆

10-8-4-5　民國十一年六月黃盛全立當楂林字

第九帙　黄尊沐户

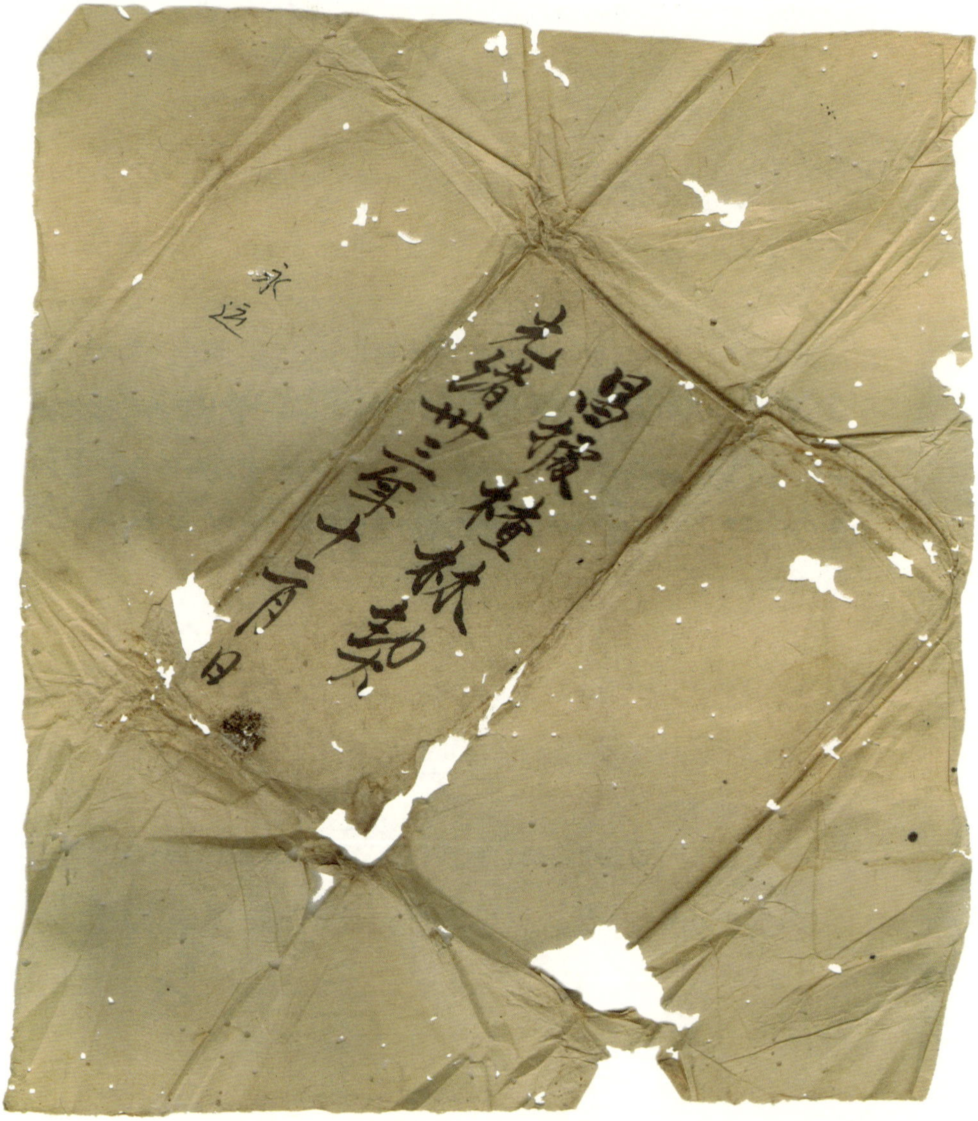

10-9-1-1　包契紙

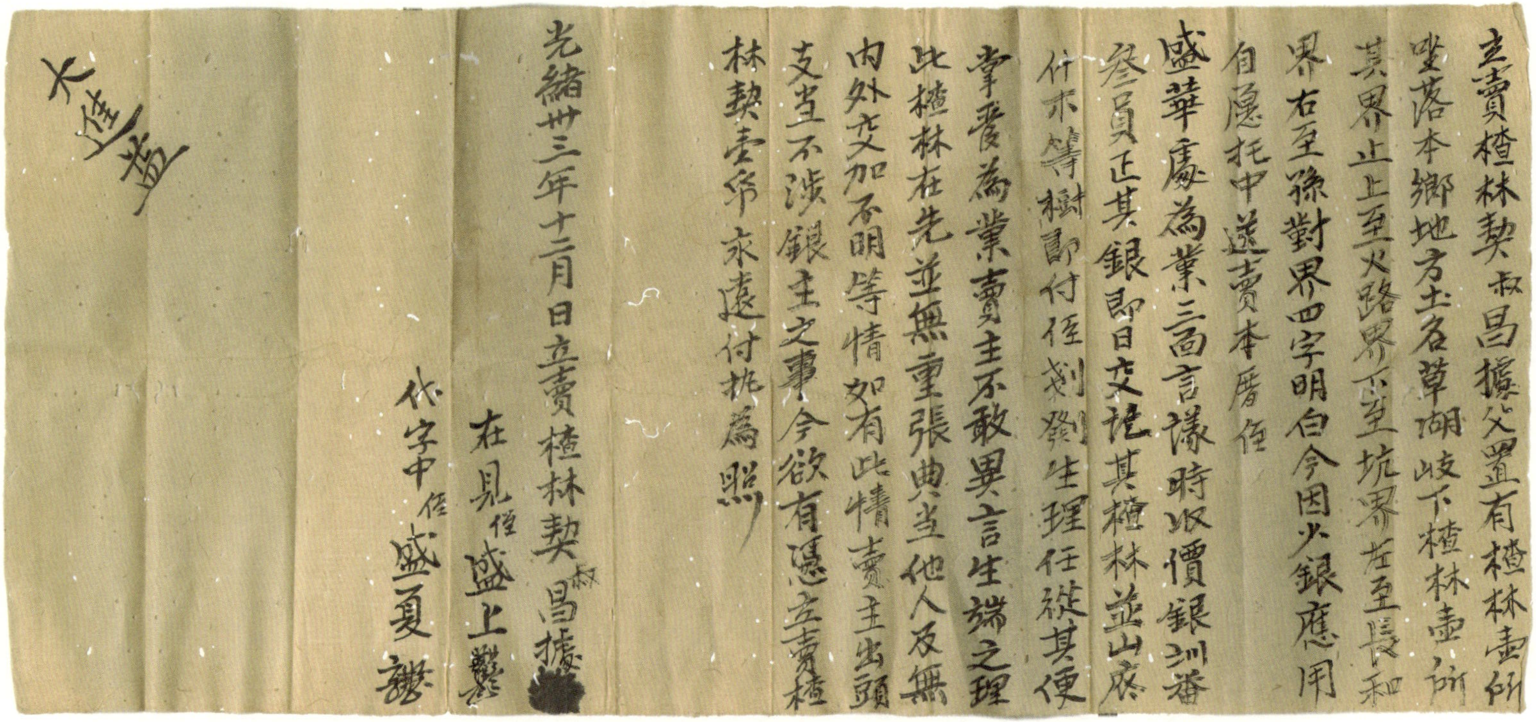
立賣楂林契叔昌據父置有楂林壹所
坐落本鄉地方土名草湖岐下楂林壹所
其界上至火路界下至坑界左至長和
界右至孫對界四字明白今因乏銀應用
自愿托中送賣本房侄
盛華處為業三面言議時收價銀訓番
叁員正其銀即日交訖其楂林並山底
什木等樹即付侄划發生理任從其便
掌管為業賣主不敢異言生端之理
此楂林在先並無重張典當他人及無
內外交加不明等情如有此情賣主出頭
支當不涉銀主之事今欲有憑立賣楂
林契壹帋永遠付執為照

光緒卅三年十二月日立賣楂林契叔昌據（押）
在見侄盛上（押）
代字中侄盛夏（押）

大吉昌

10-9-1-2 清光緒三十三年十二月黄昌據立賣楂林契

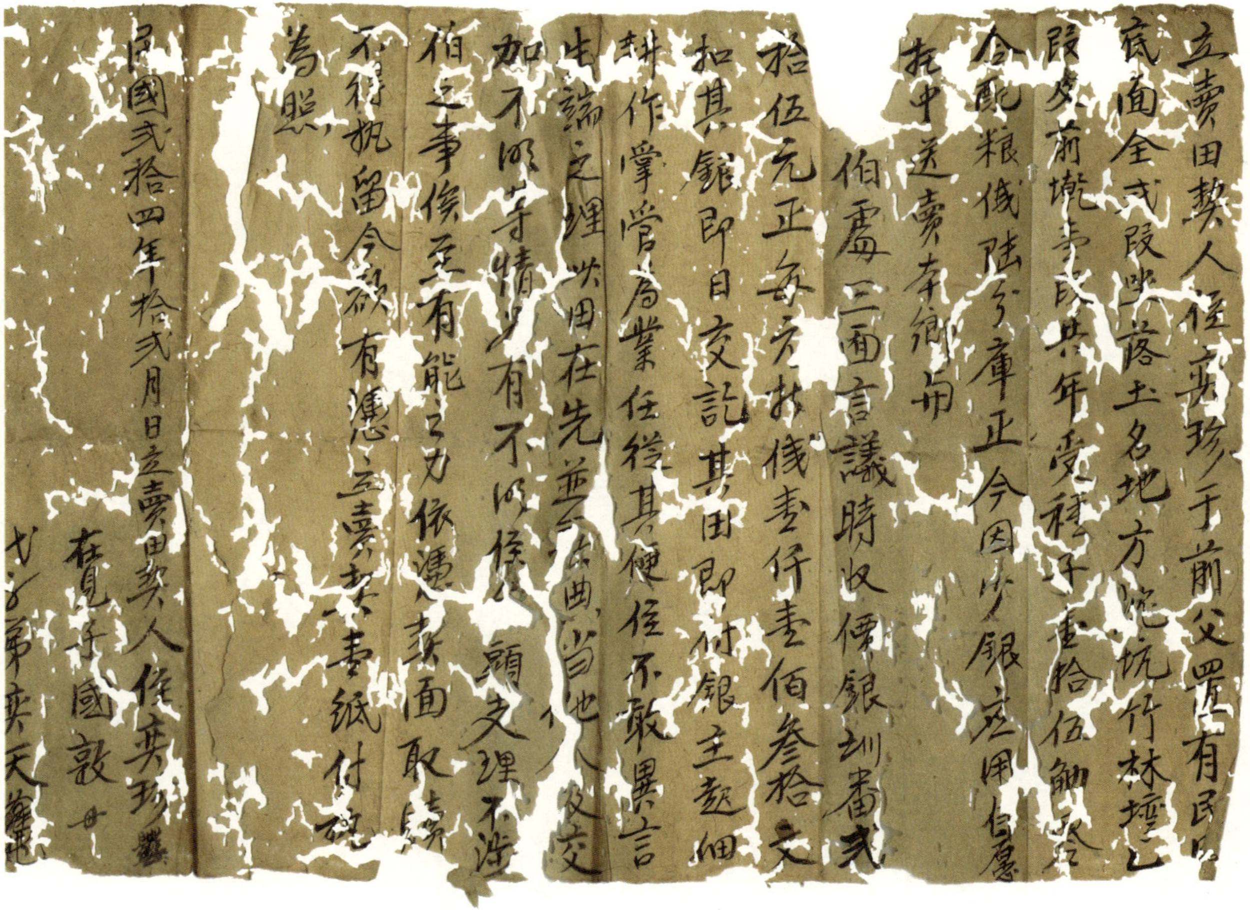
立賣田契人侄奕珍，于前父置有民
底面全式段，坐落土名地方坑坑竹林墘[illegible]
段，[illegible]前墘[illegible]，共年受租[illegible]拾伍觔[illegible]
今配粮俄陸分庫正，今因少銀应用，自愿
托中送賣本鄉[illegible]
伯處，三面言議，時收價銀[illegible]式
拾伍元正，每元扣錢壹仟壹佰叁拾文，
扣其銀即日交訖，其田即付銀主起佃
耕作掌管為業，任從其便，任不敢異言
生端之理。此田在先並無[illegible]他人交
加不明等情，如有不明，係[illegible]頭之理，不涉
伯之事。係至有能之力，依舊取贖，
不得執留。今欲有憑，立賣契壹紙付執
為照。
民國貳拾四年拾貳月　日立賣田契人侄奕珍
在見兄國敦
代筆弟奕天

10-9-2-1　民國二十四年十二月黃奕珍立賣底面全民田契

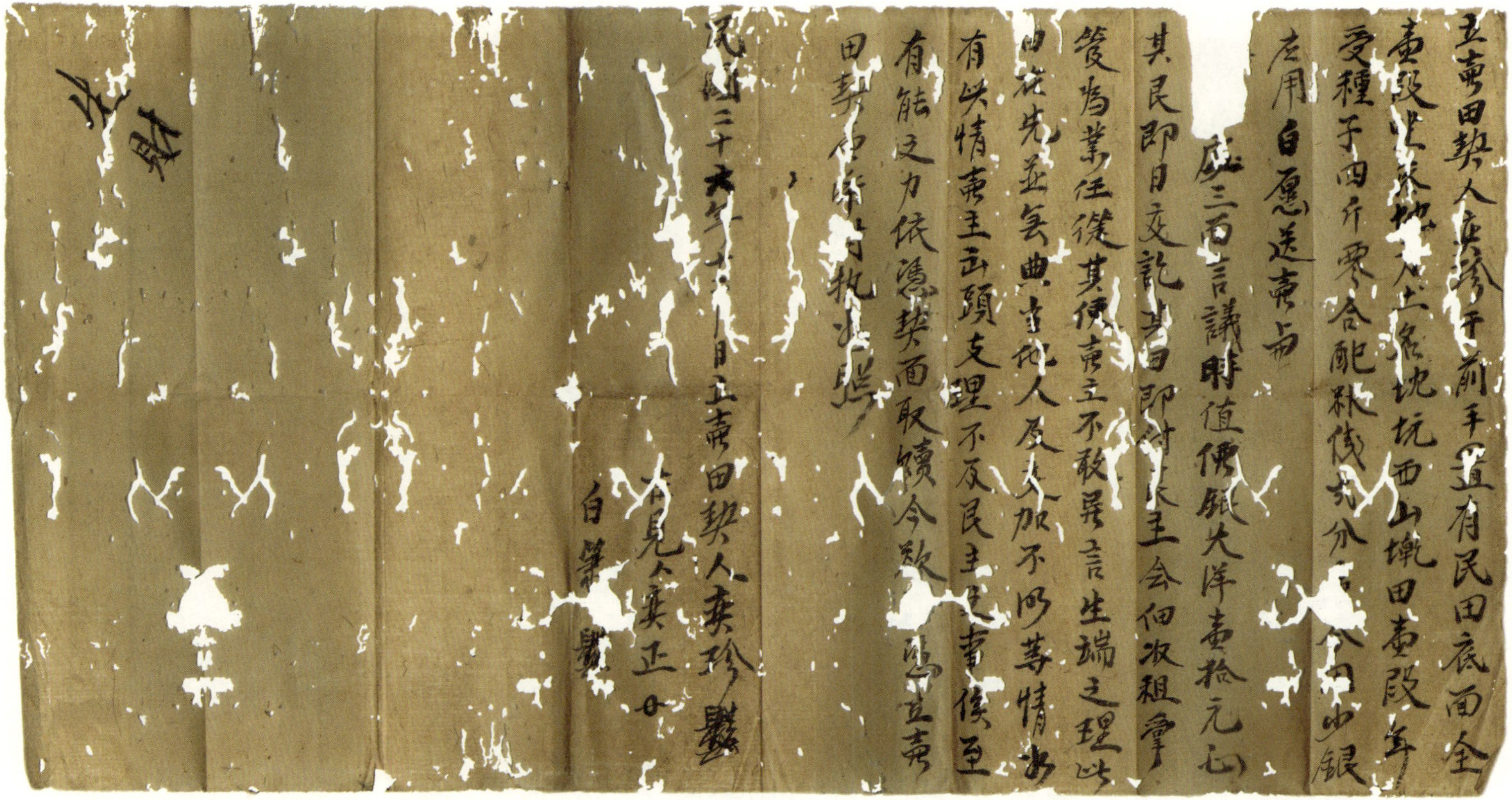
立賣田契人奕珍承前手置有民田底面全
壹段坐落地[illegible]坑坑西山墘田壹段年
受種子四斤零合配糧錢[illegible]分[illegible]今因少銀
應用自愿送賣與
底三面言議時值價銀大洋壹拾元正
其民即日交訖其田即付與民主会佃收租管
發為業任從其便賣主不敢異言生端之理此
田係先並無典當他人及文加不明等情如
有此情賣主出頭支理不及民主之事俟至
有能之力依憑契面取續今欲有憑立賣
田契壹紙付執為照
民國二十六年十二月 日立賣田契人奕珍
在見人奕正
自筆

10-9-2-2 民國二十六年十二月黃奕珍立賣底面全民田契

10-9-3-1　民國二十六年十二月黄奕珍立賣底面全民田契（一）

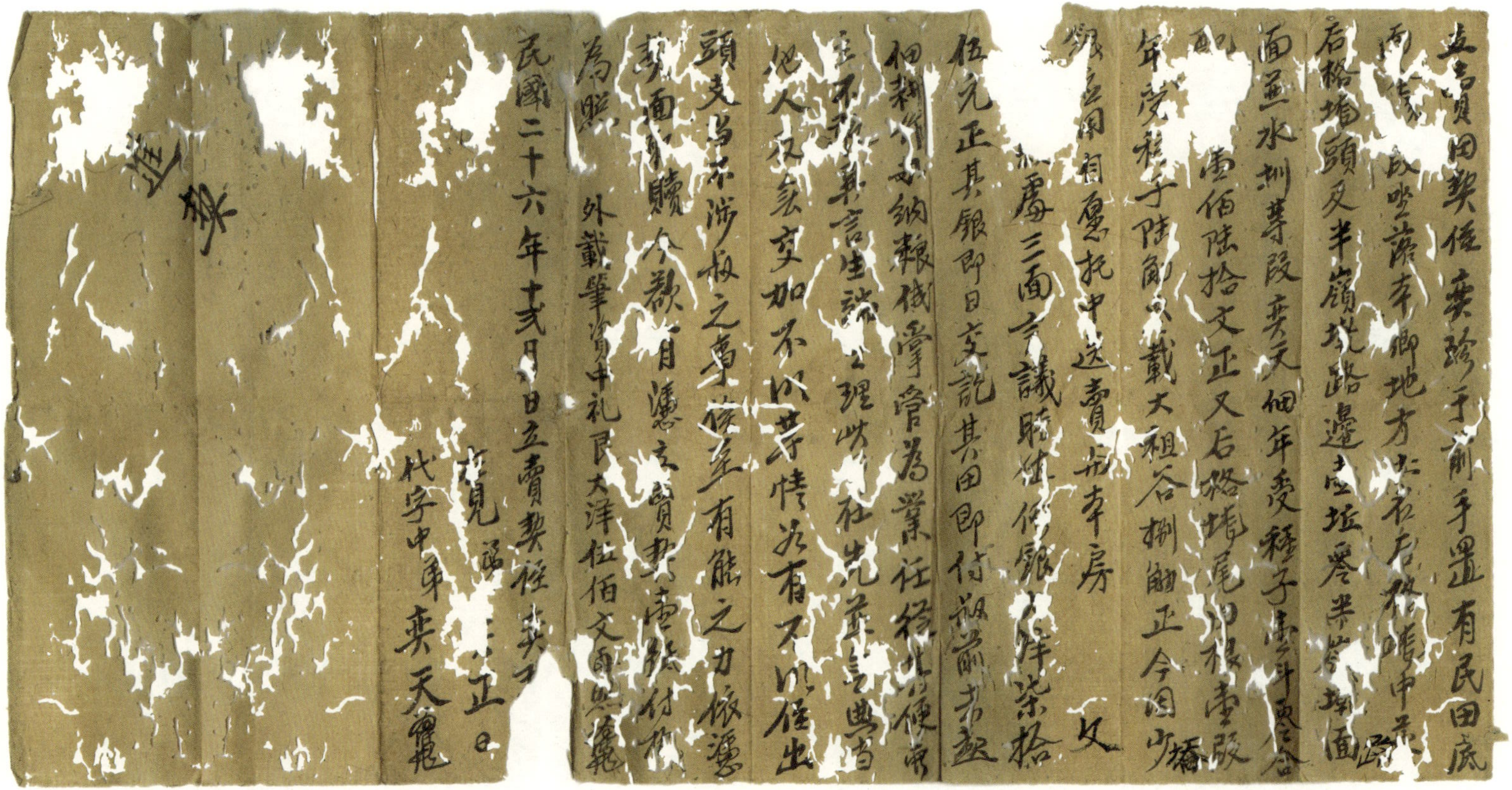
立賣田契侄奕珍手前手置有民田底
面[illegible]段，坐落本鄉地方，土名石格嶺中[illegible]
右格墻頭及半嶺坑路邊，土垣叁崇[illegible]壠，值
面並水圳等段，奕天佃，年受種子壹斗叁合，
[illegible]面壹佰陸拾文正；又石格墻尾田根壹段，
年受種子陸角，又載大租谷捌斛正。今因[illegible]
缺銀應用，自愿托中送賣與本房　　文
[illegible]為業。三面言議，時值價銀[illegible]柒拾
伍元正。其銀即日交訖，其田即付[illegible]前去起
佃耕作，納糧[illegible]掌管為業，任從其便。[illegible]
[illegible]
他人及重交加不以[illegible]等情，如有不明，任出
頭支當，不涉叔之事。倘至有能之力，依還
契面價贖。今欲有憑，立賣契壹紙，付執
為照。　外載筆資中礼民大洋伍佰文，面[illegible]
民國二十六年十二月　日立賣契侄奕[illegible]
在見　[illegible]正
代字中人　奕天

10-9-3-2　民國二十六年十二月黃奕珍立賣底面全民田契（二）

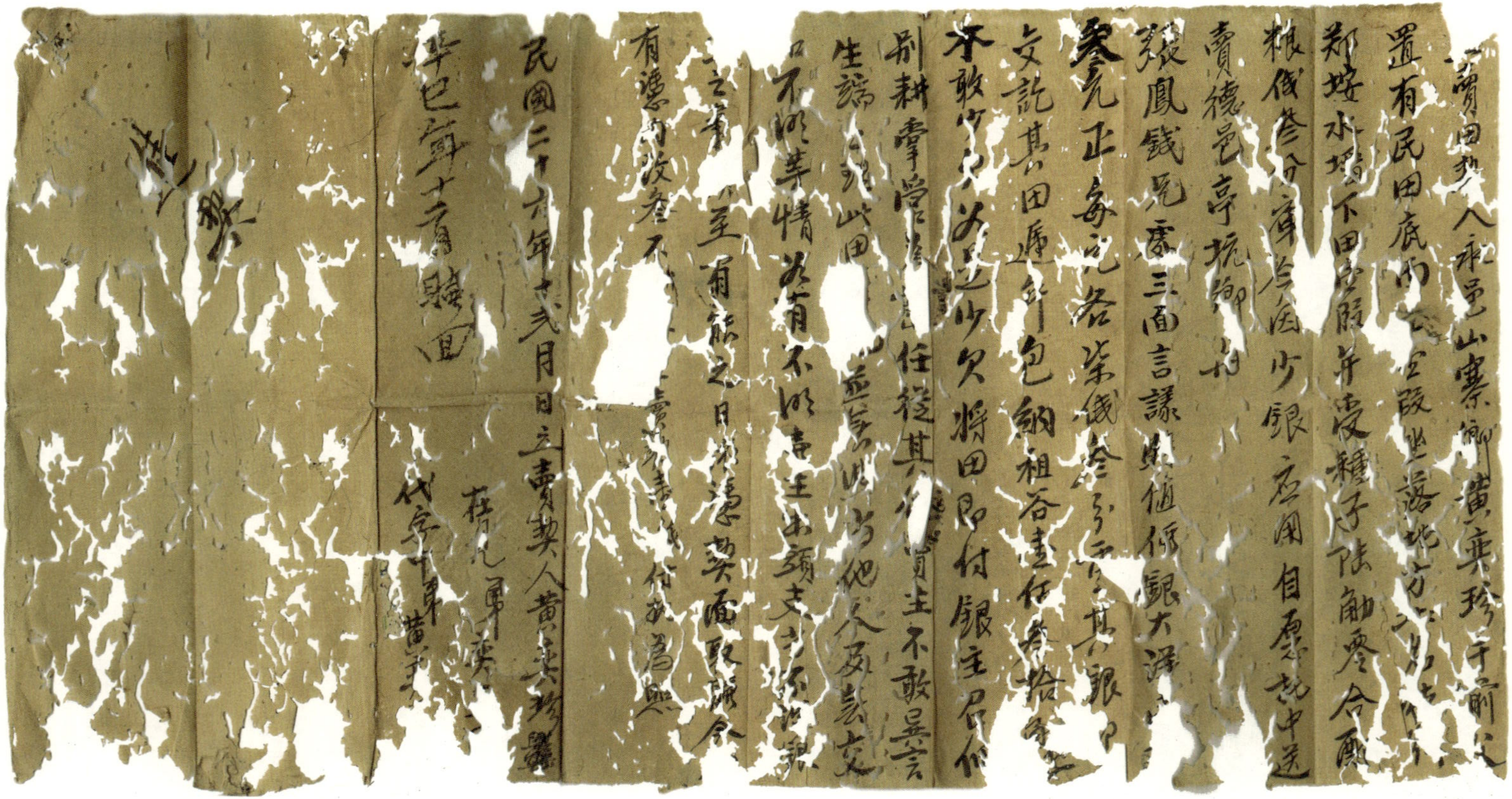
立賣田契人永邑山寨鄉黃奕珍[illegible]
置有民田底面全段坐落地方土名[illegible]
鄭坡水垱下田壹段并受種子陸觔零合應
糧食叁合[illegible]少銀應用自愿託中送
賣德邑亭坑鄉[illegible]
張鳳錢兄處三面言議時值價銀大洋[illegible]
叁元正每元各柒錢叁分[illegible]其銀即
文訖其田應年包納租谷壹佰[illegible]拾[illegible]
不敢少欠如是少欠將田即付銀主召佃
別耕管[illegible]任從其[illegible]買主不敢異言
生端此田[illegible]盡是自己物業與他人無涉如有
不明等情如有不明賣主出頭支當不涉銀[illegible]
之業至有能之日將原契面取贖今
有憑[illegible]賣[illegible]為照
民國二十六年十二月日立賣契人黃奕珍
在見[illegible]
代字[illegible]黃[illegible]
[illegible]年十二月驗[illegible]
批[illegible]

10-9-4-1 民國二十六年十二月黃奕珍立賣底面全民田契

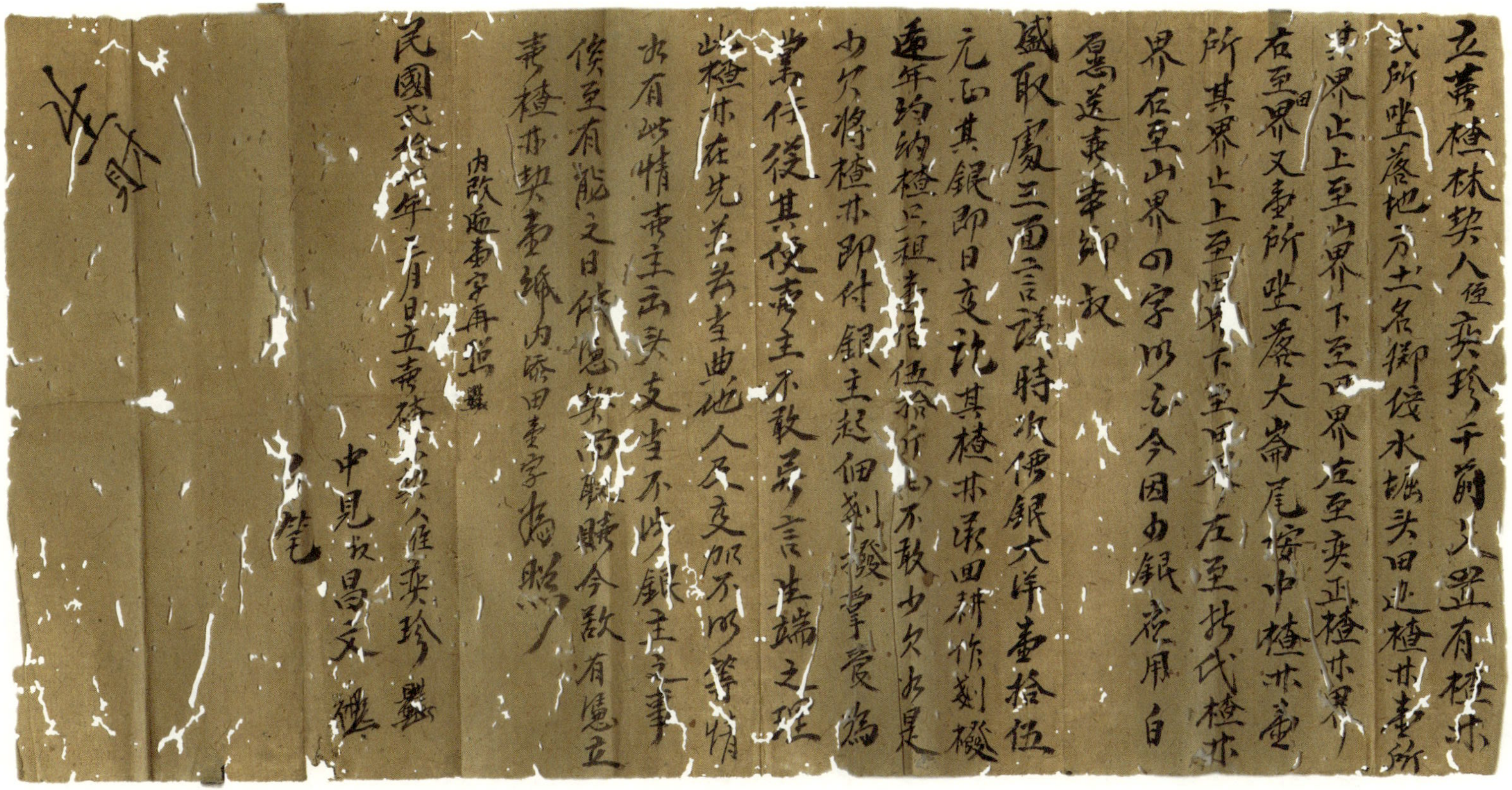
立賣楂林契人侄奕珍，今有承父遺有楂林
弍所，坐落地方土名御從水塅头田边，楂林壹所
其界止上至山界，下至田界，左至奕丞楂林界，
右至田界。又壹所坐落大崙尾安中楂林壹
所，其界止上至田界，下至田界，左至於代楂林
界，右至山界，四字明白。今因乏銀應用，自
愿送賣與叔
盛取處，三面言議，時值價銀大洋壹拾伍
元正，其銀即日交訖，其楂林承田耕作剝[illegible]
遞年均納楂子租壹担伍拾斤，不敢少欠，如是
少欠，將楂林即付銀主起佃剝[illegible]掌管為
業，付從其[便]，賣主不敢異言生端之理。
此楂林在先並無重典他人，及交加不明等情，
如有此情，賣主出头支当，不涉銀主之事。
俟至有能之日，依憑原價取贖，今欲有憑，立
賣楂林契壹紙，內添田壹字，為照。
內改遞壹字再照
民國弍拾柒年三月日立賣楂林契人侄奕珍
中見叔昌文
[illegible]筆

10-9-4-2　民國二十七年三月黃奕珍立賣楂林契

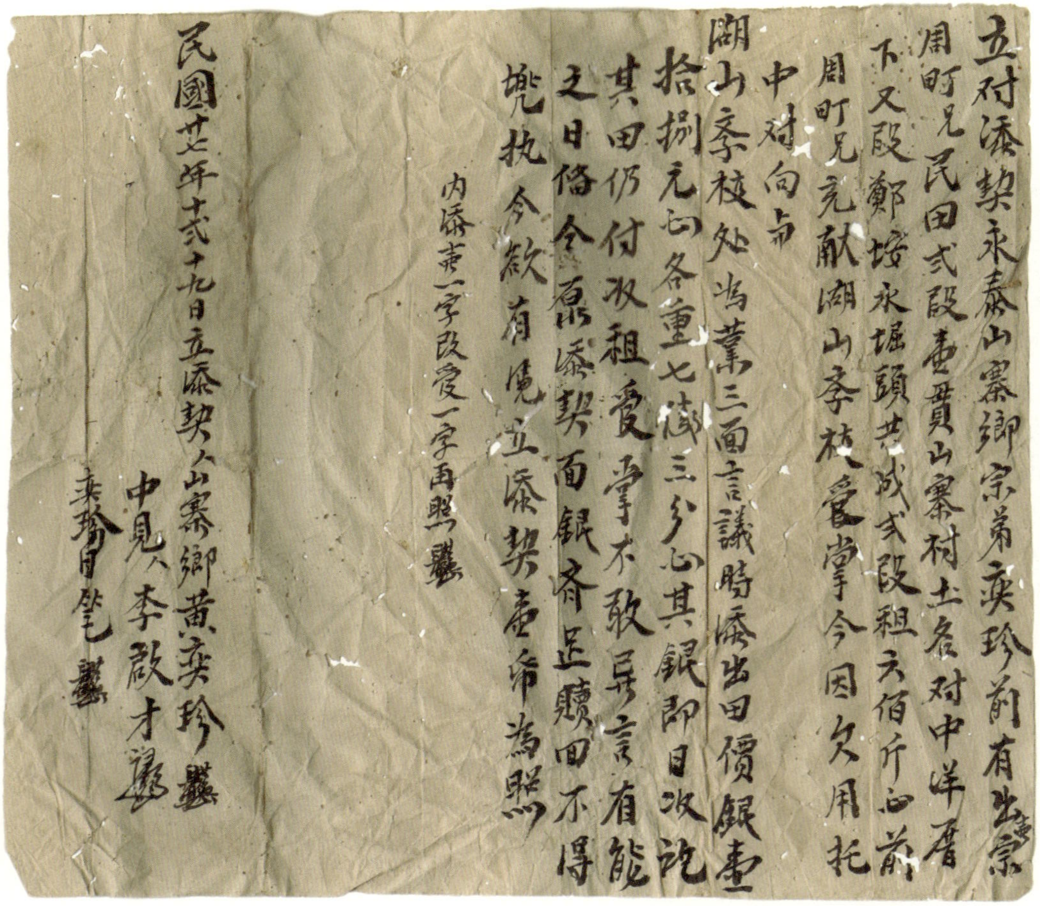
立対添契永泰山寨鄉宗弟奕珍前有出賣宗
周町兄民田弍段壹貫山寨村土名对中洋厝
下又段鄭垵永堀頭共减弍段租弍佰斤正前
周町兄允献湖山李枝受掌今因欠用托
中对向吊
湖山李枝处当業三面言議時添出田價銀壹
拾捌元正各重七錢三分正其銀即日收訖
其田仍付收租受掌不敢异言有能
之日備全原添契面銀齐足贖回不得
挖执今欲有凭立添契壹帋為照
内添吏一字改受一字再照
民國廿七年十弍月十九日立添契人山寨鄉黃奕珍
中見人李啟才
奕珍自筆

10-9-4-3　民國二十七年十二月黃奕珍立對換民田契

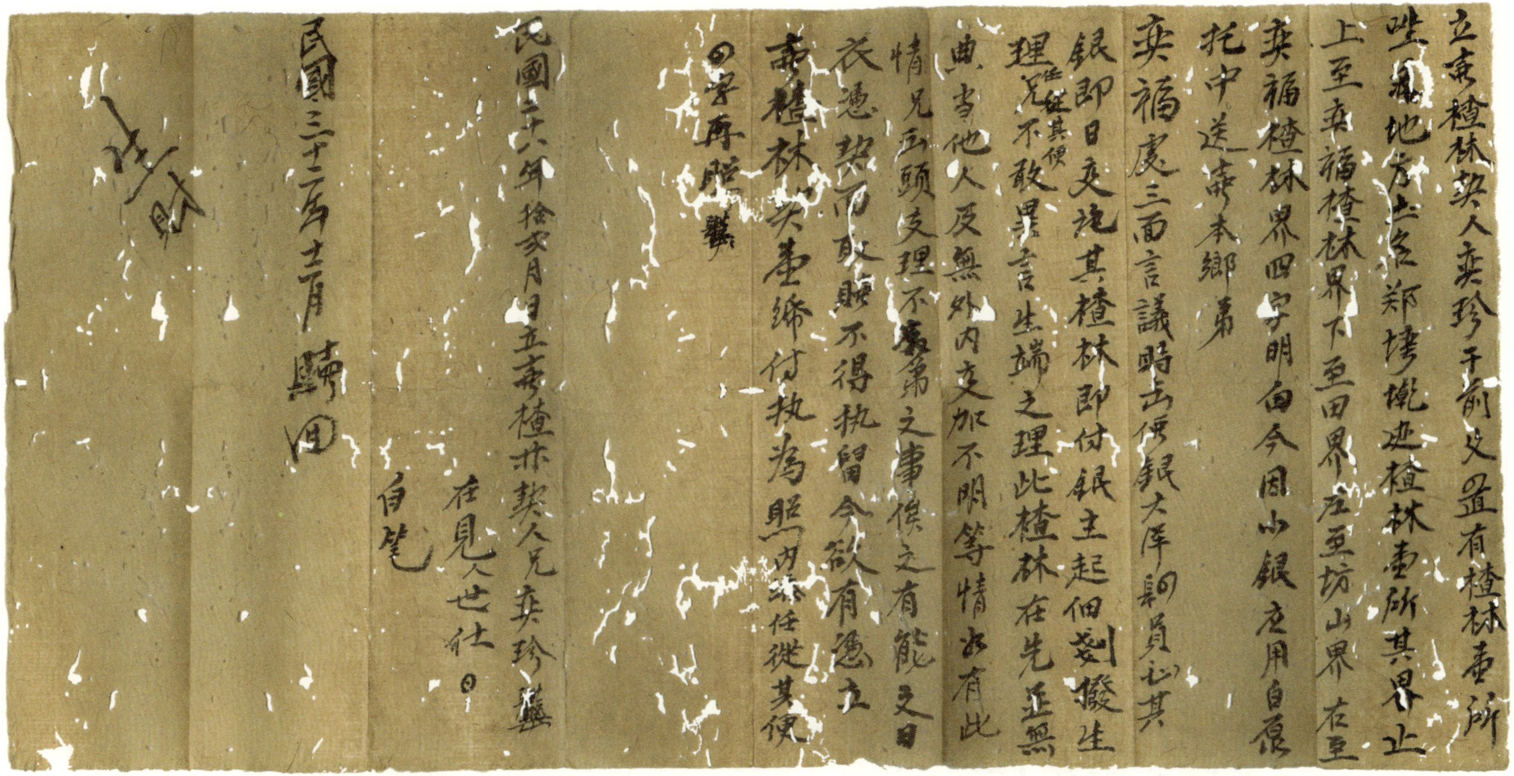

立賣檜林契人奕珍，于前父置有檜林壹所，
坐址地方土名鄭埄墘边檜林壹所，其界止
上至奕福檜林界，下至田界，左至坊山界，右至
奕福檜林界，四字明白。今因山銀應用，自愿
托中送賣本鄉弟
奕福處，三面言議，時出價銀大洋（銀）員正。其
銀即日交足，其檜林即付銀主起佃劉掇生
理，任從其便，兄不敢異言生端之理。此檜林在先並無
典當他人，及無外內交加不明等情，如有此
情，兄出頭支理，不累弟之事。係之有能之日，
恐口無憑，契〔面〕不得執留。今欲有憑，立
賣檜林契壹紙付執為照。內添任從其便
四字再照。（押）

民國二十八年拾貳月　日立賣檜林契人兄奕珍（押）
在見人世仕（押）
自筆

民國三十二年十二月贖回

10-9-4-4　民國二十八年十二月黃奕珍立賣檜林契

民国廿六年十二月 日
買黄尊樹的英琦文輪田根約
叔伊說三年輪田契為字

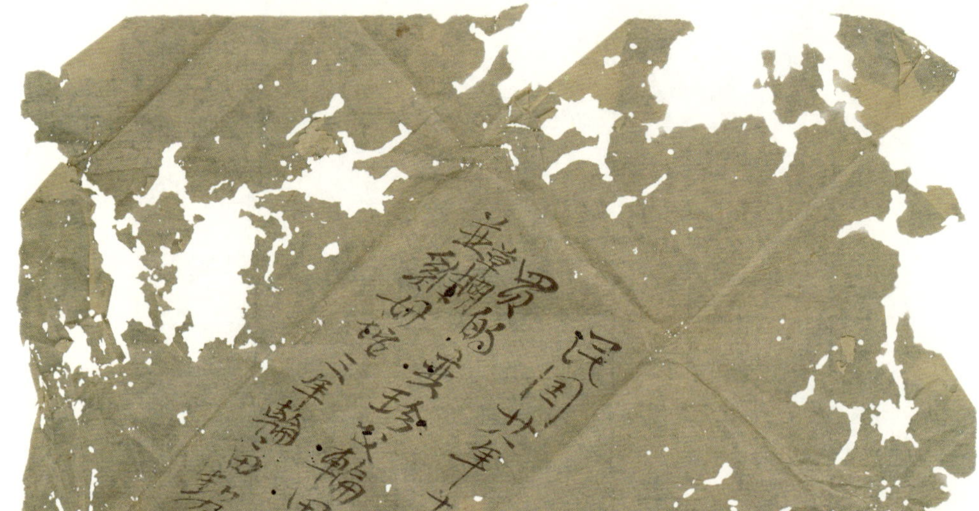

10-9-5-1　包契紙

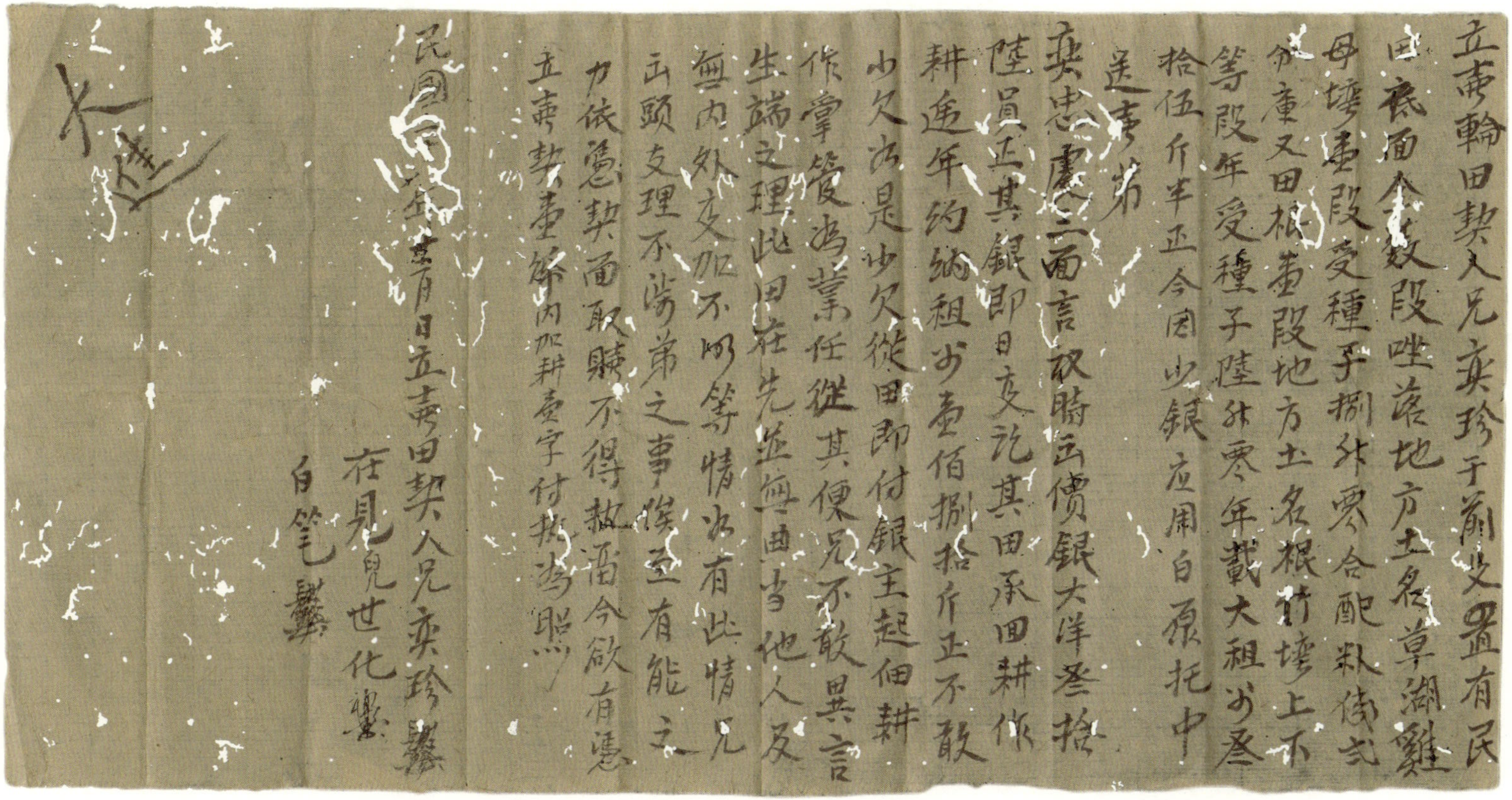
立賣輪田契人兄奕珍，于前父置有民
田底面全數段，坐落地方土名草湖雞
母墩壹段，受種子捌升零，合配粮伍式
分；庫又田根壹段，地方土名根竹墩上，不
等段，年受種子陸升零，年載大租米叁
拾伍斤半正。今因少銀應用，自願托中
送賣弟
奕忠處，三面言取時價銀大洋叁拾
陸員正，其銀即日交訖，其田承田耕作
耕，逐年約納租米壹佰捌拾斤正，不敢
少欠。如是少欠，從田即付銀主起佃耕
作，掌管為業，任從其便，兄不敢異言
生端之理。此田在先並無典當他人及
無內外交加不明等情，如有此情，兄
出頭支理，不涉弟之事。俟至有能之
力，依憑契面取贖，不得執滔。今欲有憑，
立賣契壹紙，內加耕壹字，付執為照。
民國廿八年十二月　日立賣田契人兄奕珍（押）
在見兄世化（押）
白筆（押）

10-9-5-2　民國二十八年十二月黃奕珍立賣底面全民輪田契

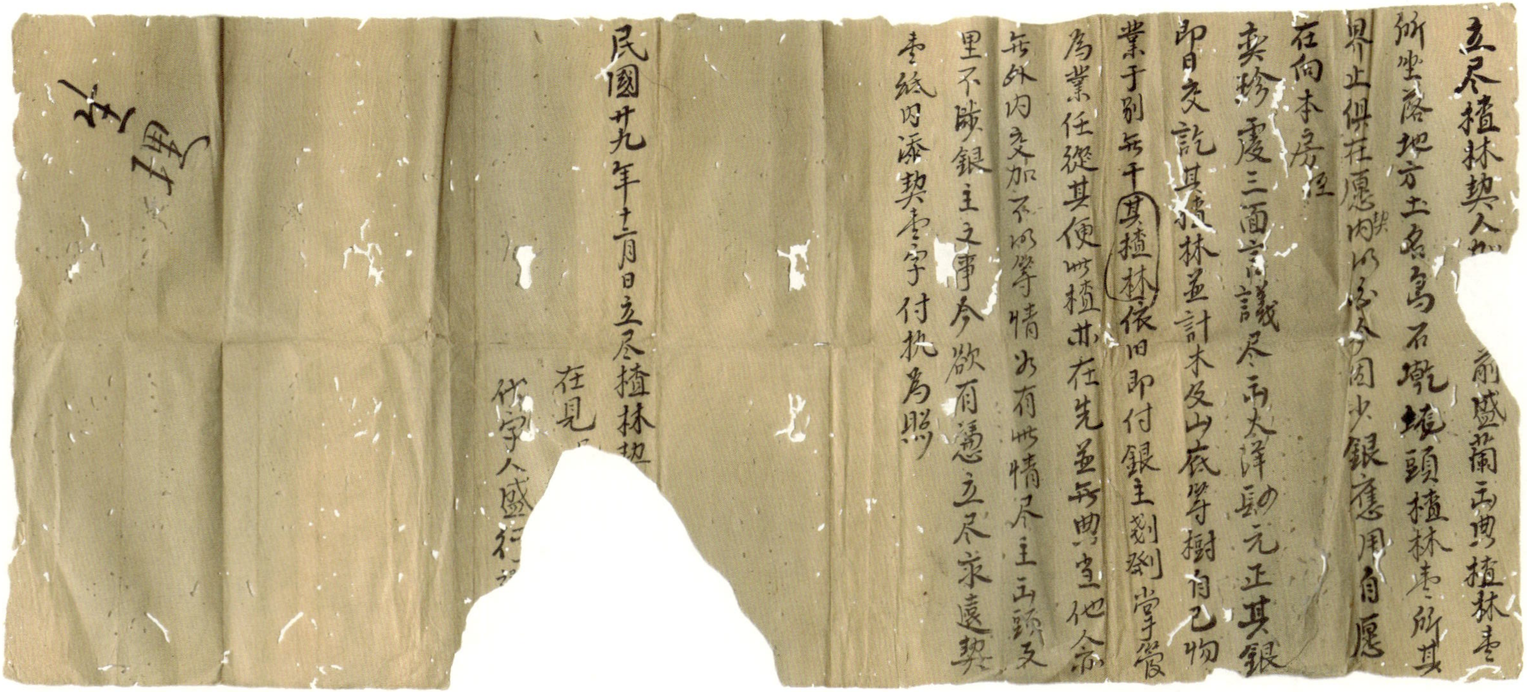

10-9-6-1　民國二十九年十二月黃加□立盡楂林契

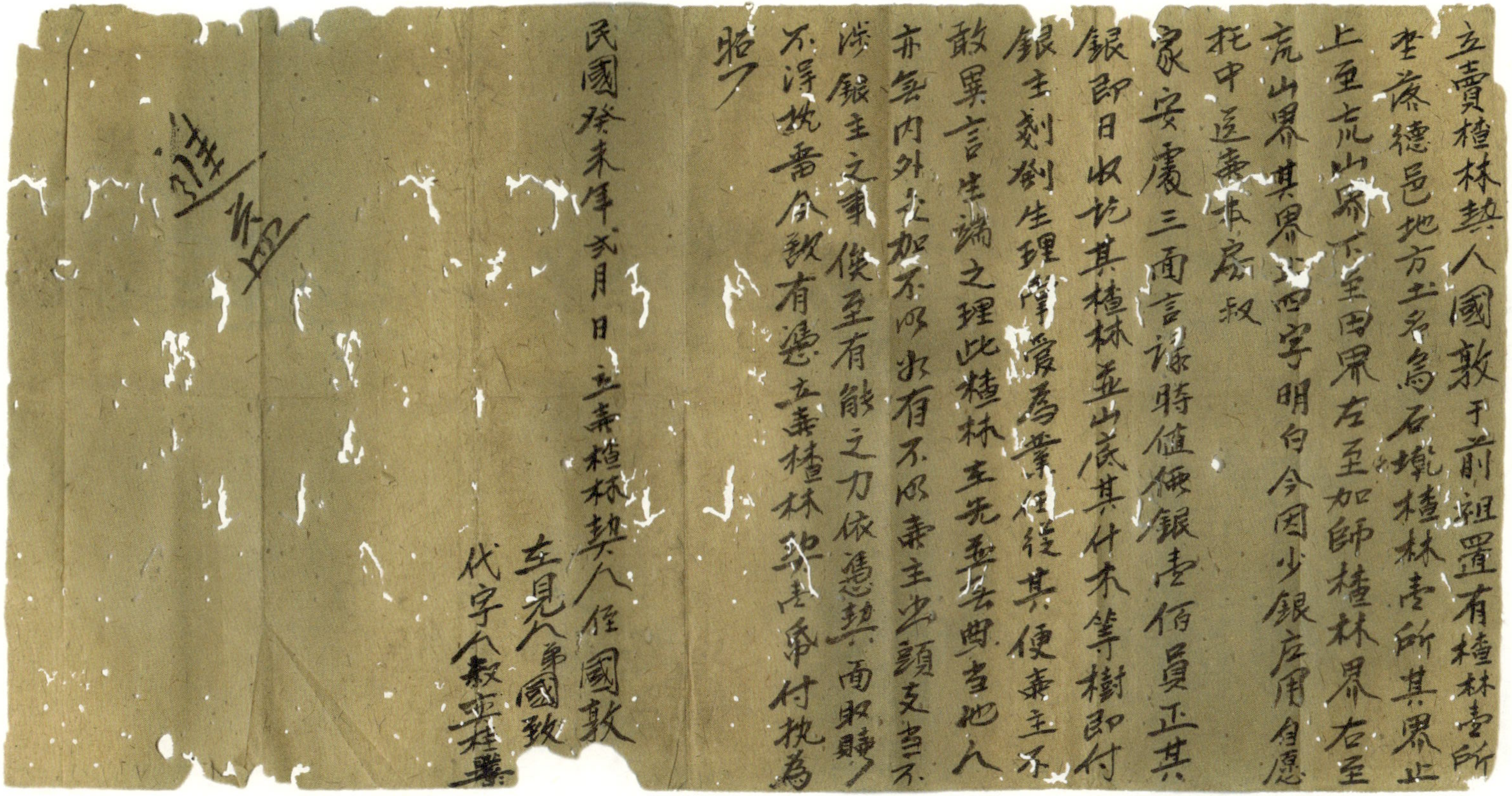

立賣楂林契人國敦于前祖置有楂林壹所
坐落德邑地方土名烏石壠楂林壹所其界止
上至亢山崙下至田界左至加師楂林界右至
亢山界其界止四字明白今因少銀应用自愿
托中送與本房叔
家安處三面言議時值價銀壹佰員正其
銀即日收訖其楂林並山底其什木等樹即付
銀主剃倒生理管業任從其便賣主不
敢異言生端之理此楂林本先並無典當他人
亦無內外人加不明如有不明賣主出頭支當不
涉銀主之事俟至有能之力依憑契面取贖
不得執留今欲有憑立賣楂林契壹紙付執為
照

民國癸未年弍月　日　立賣楂林契人侄國敦
立見人弟國致
代字人叔亞桂押

10-9-6-2　民國三十二年二月黃國敦立賣楂林契

10-9-7-1　包契紙

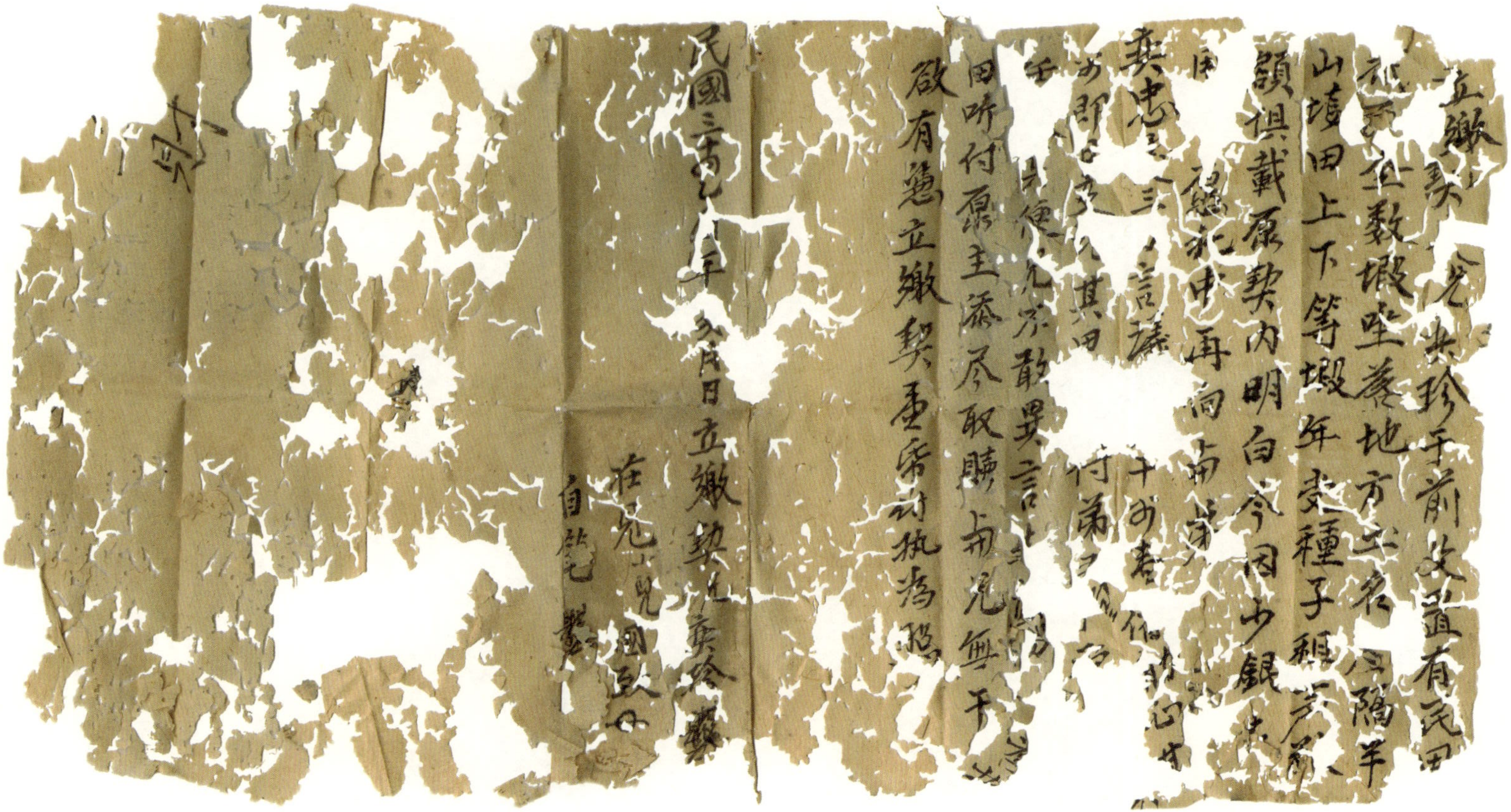

10-9-7-2　民國三十四年二月黃奕珍立繳底面全民田契

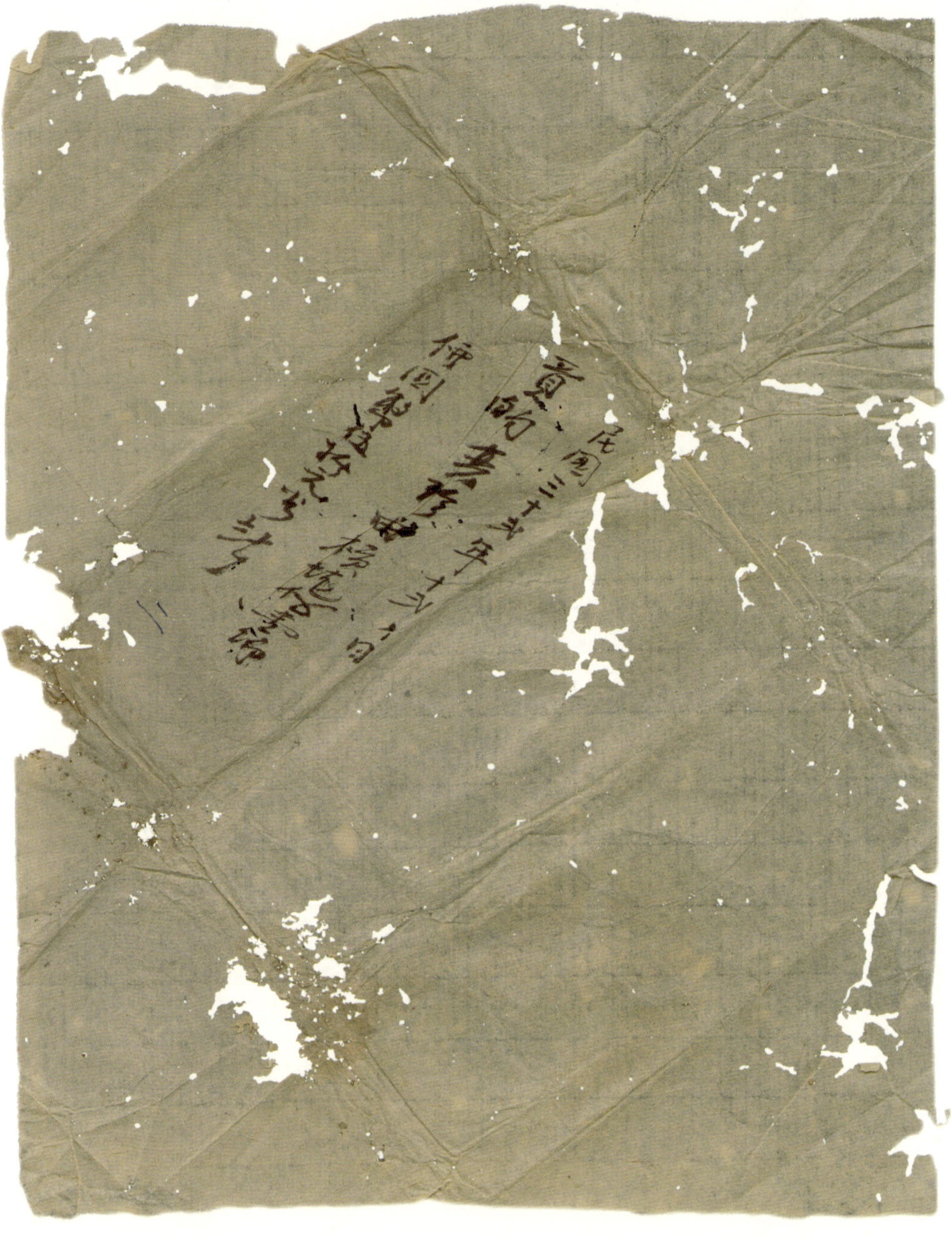

10-9-8-1　包契紙

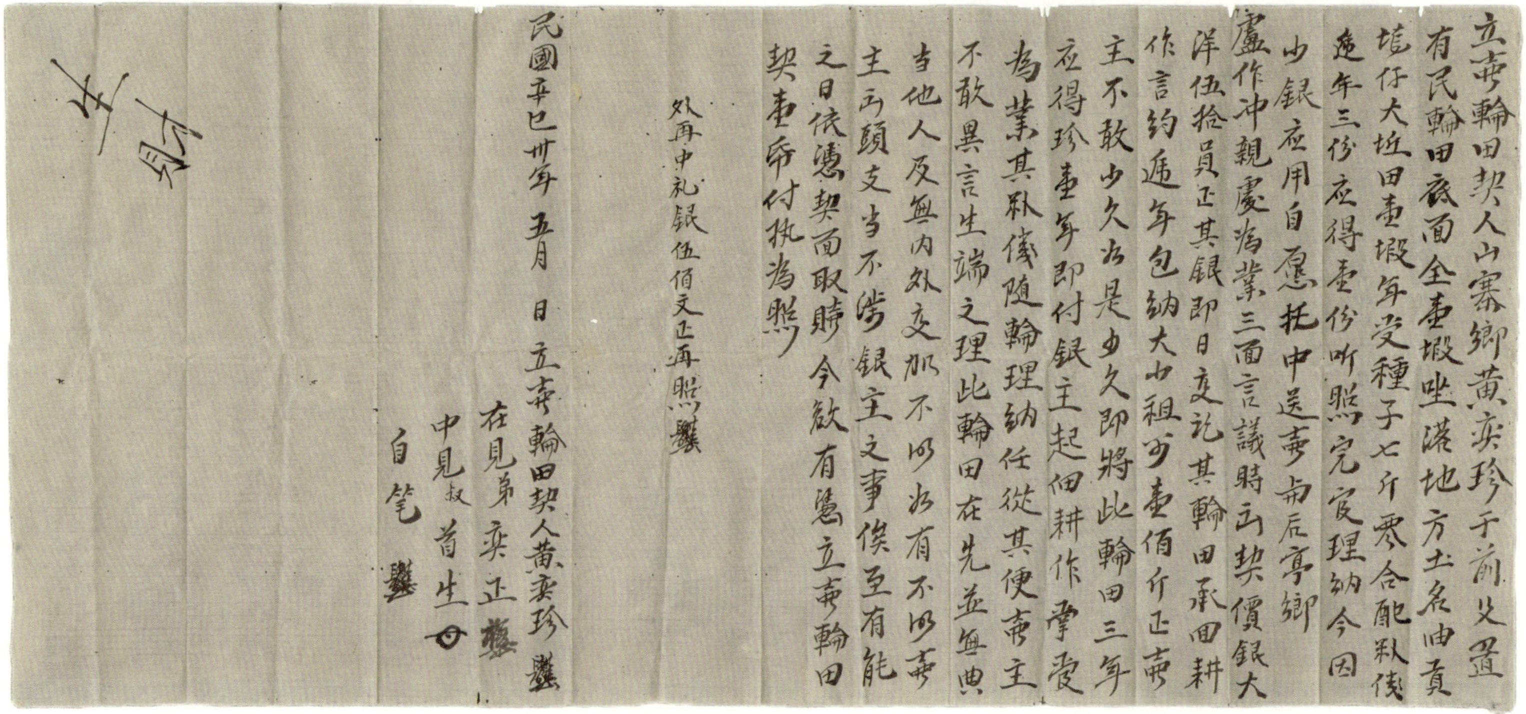
立賣輸田契人山寨鄉黃奕珍于前只置
有民輸田底面全壹股坐落地方土名曲貢
垅仔大坵田壹段年受種子七斤零合配秋俵
逸年三份應得壹份所照完足理納今因
少銀應用自愿托中送賣南后亭鄉
盧作沖親處為業三面言議時出契價銀大
洋伍拾員正其銀即日交訖其輸田承田耕
作言約逓年包納大小租穀壹佰斤正賣
主不敢少欠如是少欠即將此輸田三年
應得珍壹年即付銀主起佃耕作管業
為業其秋俵隨輸理納任從其便賣主
不敢異言生端之理此輸田在先並無典
當他人及無內外交加不明如有不明賣
主出頭支當不涉銀主之事候至有能
之日依憑契面取贖今欲有憑立賣輸田
契壹紙付執為照

外再中礼銀伍佰文正再照

民國辛巳卅年　五月　日　立賣輸田契人黃奕珍
在見弟　奕正
中見叔　首生
自筆

10-9-8-2　民國三十年五月黃奕珍立賣底面全民輸田契

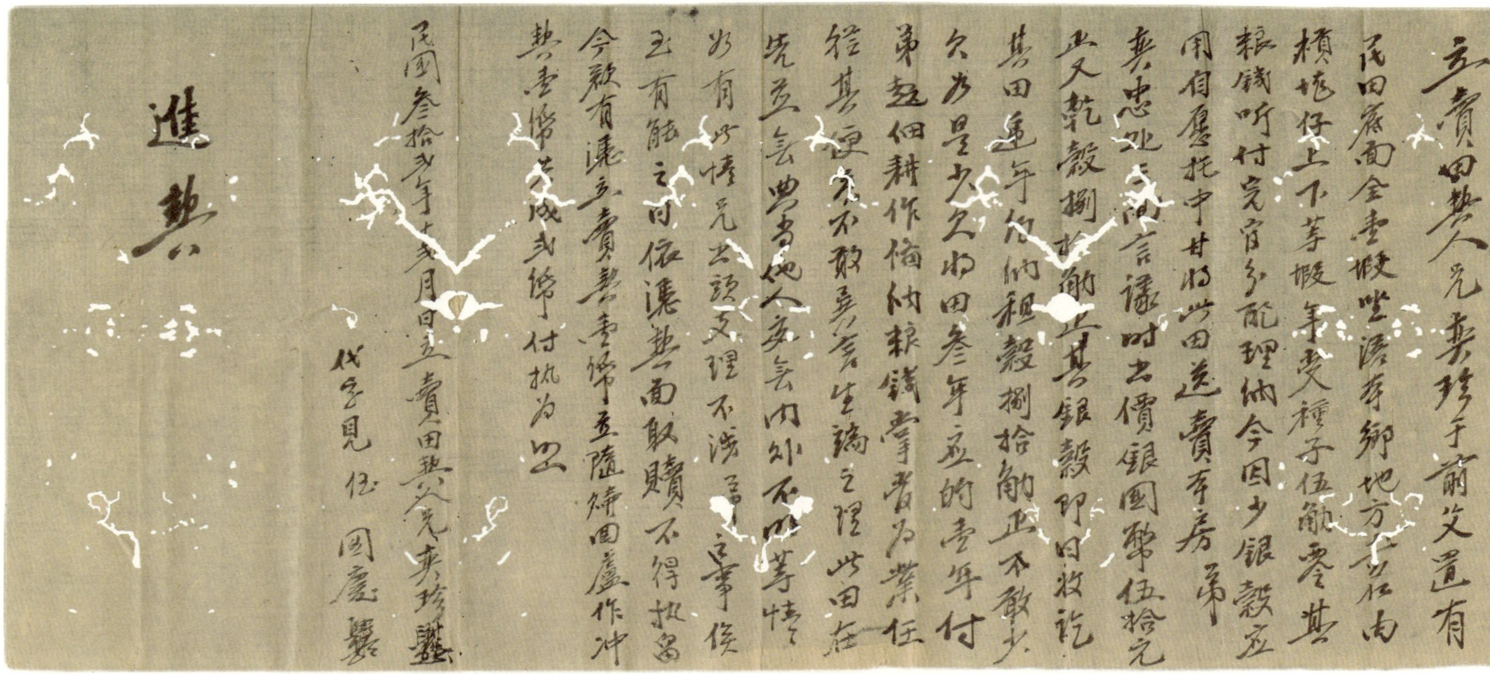
立賣田契人兄奕珍手前父遺有
民田底面全壹段坐落本鄉地方土名內
横坵仔上下等段年變種子伍觔零其
粮錢听付完官户龍理納今因少銀穀应
用自愿托中甘將此田送賣本房弟
奕忠处三面言議时出價銀國幣伍拾元
又乾穀捌拾觔正其銀穀即日收訖
其田逐年仍納租穀捌拾觔正不敢少
欠如是少欠此田叁年之的壹年付
弟起佃耕作備納粮錢掌管為業任
從其便兄不敢異言生端之理此田在
先並無典當他人亦無內外不明等情
如有此情兄出頭支理不涉弟之事候
至有能之日依還契面取贖不得执留
今欲有憑立賣契壹帋并隨帶田處作冲
契壹帋共成弍帋付执為照
民國叁拾弍年十弍月　日立賣田契人兄奕珍
代字見任　國慶
進契

10-9-8-3　民國三十二年十二月黄奕珍立賣底面全民田契

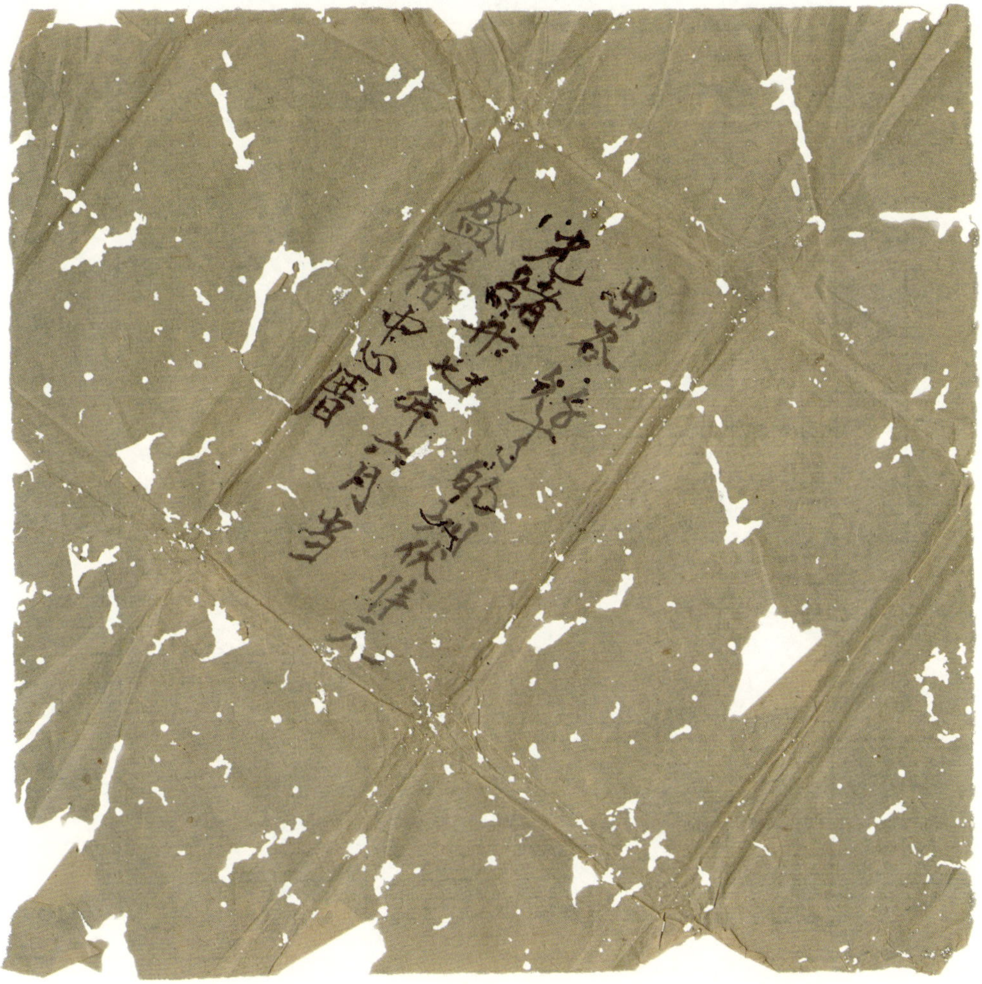

10-9-9-1 包契紙

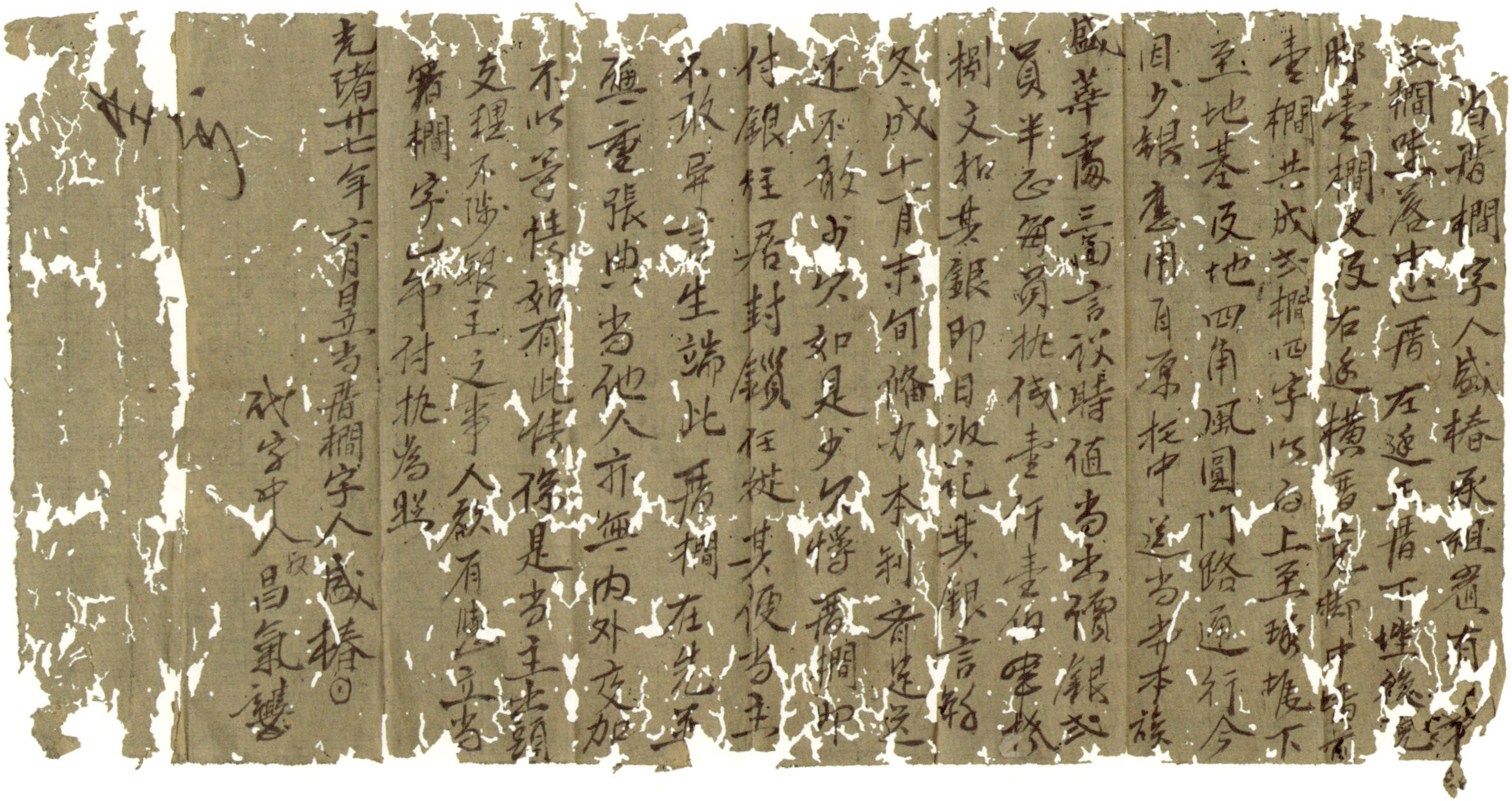
立當厝棡字人盛椿承祖遺有
式棡坐落屯厝左邊上厝下埕邊
脚壹棡更及右邊横厝莭脚中路前
壹棡共成式棡四字內上至埕堆下
至地基及地四角風圓門路通行今
因乏銀應用自原托中送當本族
盛華爲三面言議時值當出價銀式
員半正每員批伐壹仟壹伯
棡文扣其銀即日收訖其銀言約
冬成十二月末旬備办本利齊足送一
還不敢少欠如是少欠將厝棡即
付銀主居封鎖任從其便当主
不敢異言生端此厝棡在先並
無重張典当他人亦無内外交加
不明等情如有此情係是当主出頭
支理不陟銀主之事人欲有憑立当
厝棡字一紙付执爲照
光緒廿七年六月日立当厝棡字人盛椿
代字中人叔昌氣

10-9-9-2 清光緒二十七年六月黃盛椿立當厝棡字

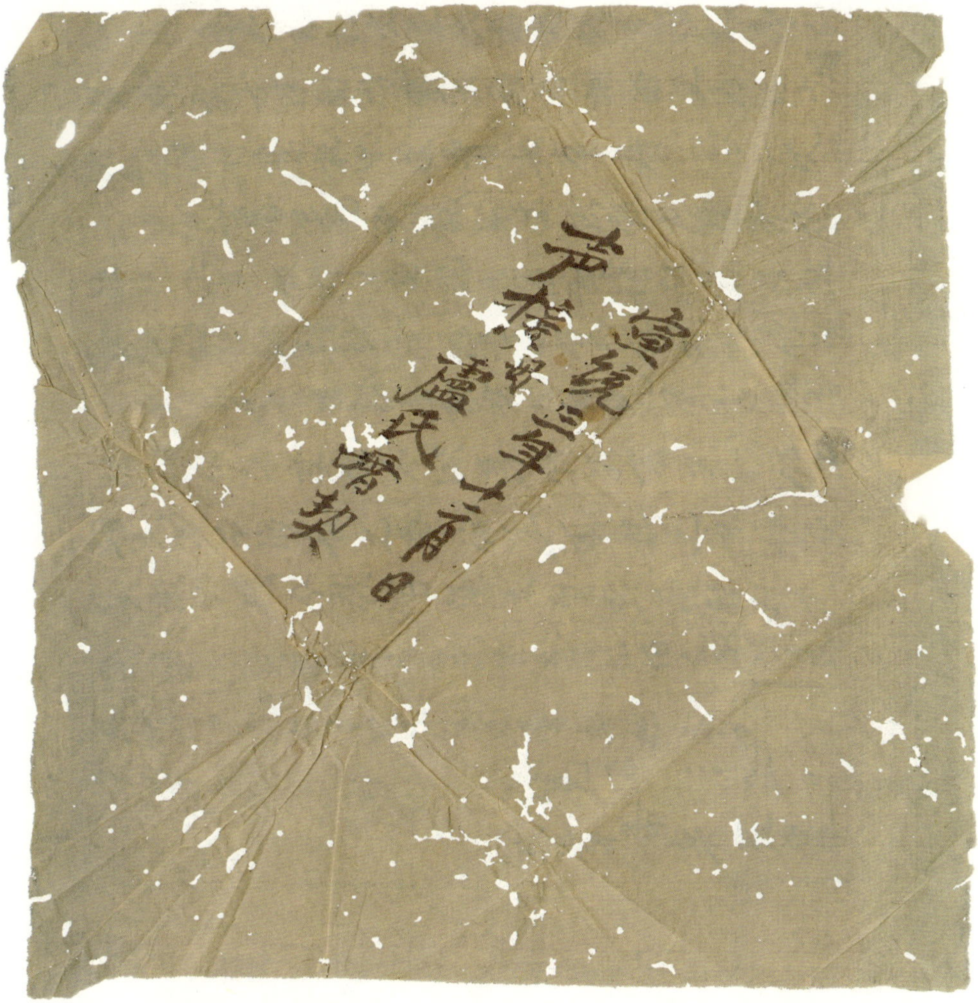

10-9-10-1　包契紙

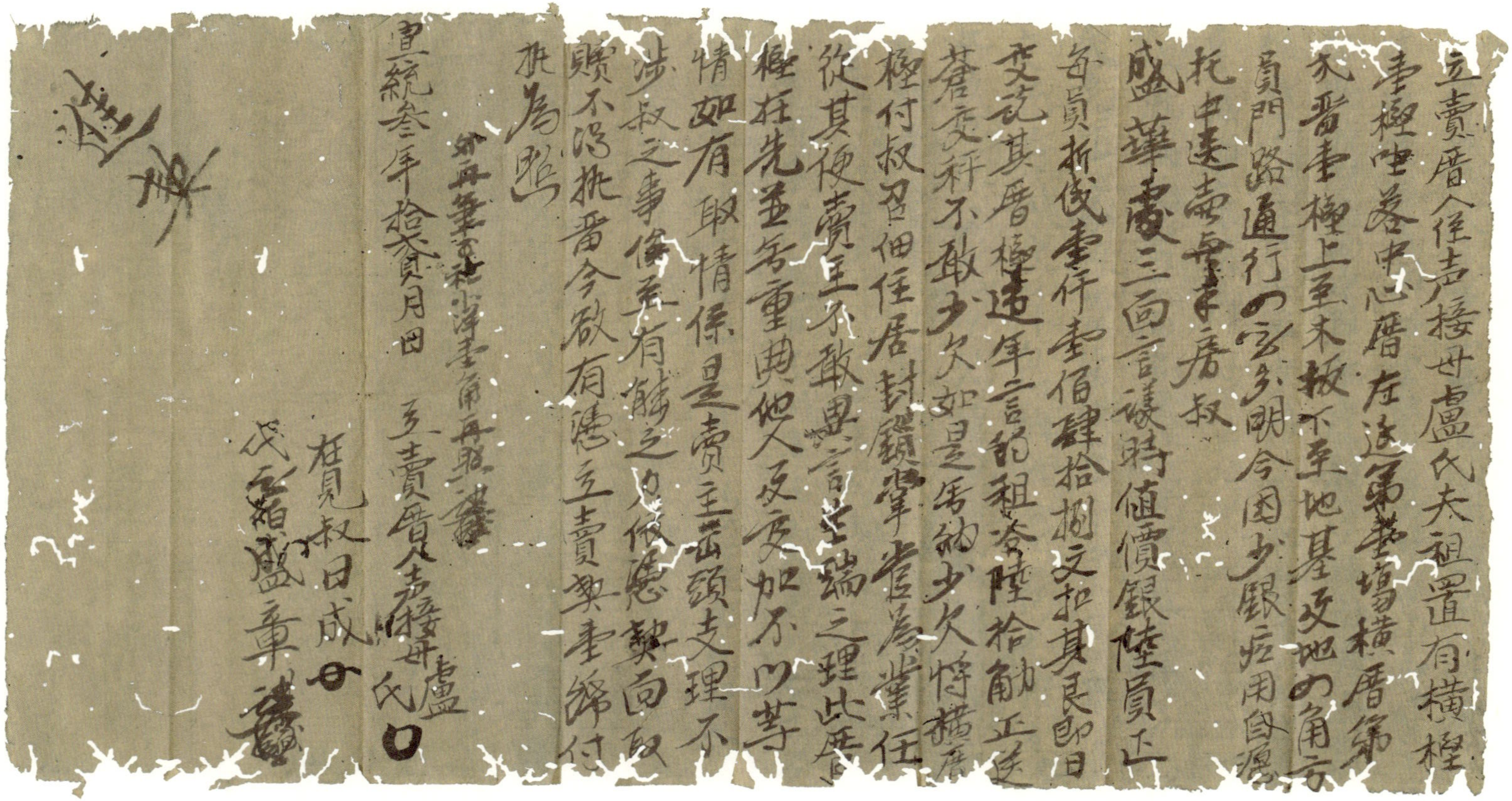
立賣厝人侄声接母盧氏夫祖置有横樫
壹樫坐落中心厝左边第壹墙横厝第
贰暂壹樫上至木板下至地基交𡋾四角寸
員門路通行四至分明今因少銀應用自愿
托中送與堂叔
盛華處三面言議時値價銀陸員正
每員折錢壹仟壹佰肆拾捌文扣其艮即日
交訖其厝樫逐年言約租谷陸拾觔正送
蒼交秤不敢少欠如是無納少欠將横厝
樫付叔召佃住居封鎖掌管爲業任
從其便賣主不敢異言生端之理此厝
樫在先並無重典他人及支加不明等
情如有取情係是賣主出頭支理不
涉叔之事係是有餘之力依憑契面取
贖不得執留今欲有憑立賣契壹紙付
執爲照
外再筆下批小洋壹角再照
宣統叁年拾貳月　日
立賣厝人声接母盧氏
在見叔日成
代筆盧章

10-9-10-2　清宣統三年十二月黄声接母盧氏立賣厝契

10-9-11-1　包契紙

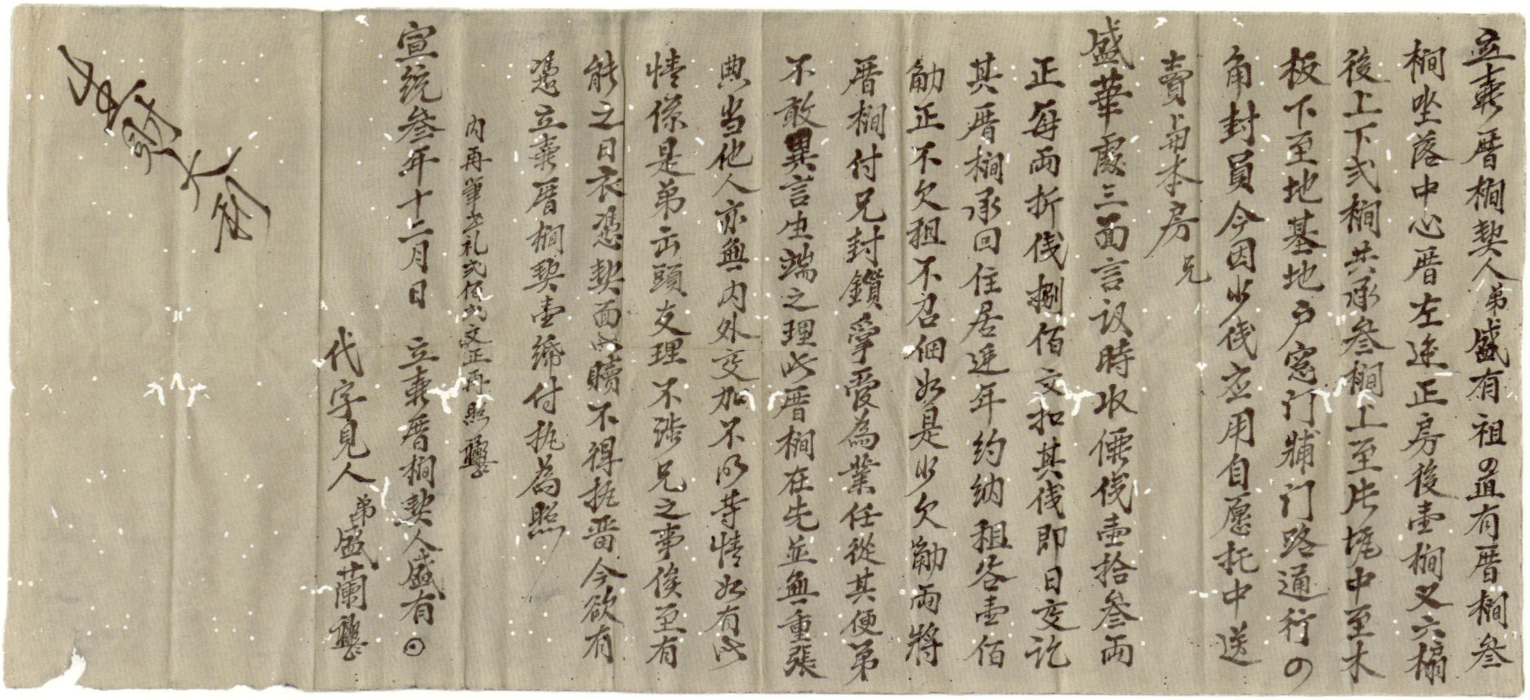
立賣厝棡契人弟盛有祖已置有厝棡叁
棡坐落中心厝左邊正房後壹棡又六桷
後上下弍棡共承叁棡上至片堍中至木
板下至地基地戶窗门𨠭门路通行の
角封員今因乏錢應用自愿托中送
賣與本房兄
盛華處三面言议時收價錢壹拾叁兩
正每兩折錢捌佰文扣其錢即日交訖
其厝棡承回住居逐年約納租谷壹佰
觔正不欠租不召佃如是少欠觔兩將
厝棡付兄封鎖掌管為業任從其便弟
不敢異言生端之理此厝棡在先並無重張
典当他人亦無内外交加不明等情如有此
情係是弟出頭支理不涉兄之事後至有
能之日衣憑契面取贖不得挑留今欲有
憑立賣厝棡契壹紙付執為照
内再筆七札次[illegible]文正再照
宣統叁年十二月日　立賣厝棡契人盛有㊞
代字見人弟盛蘭

10-9-11-2　清宣統三年十二月黄盛有立賣厝棡契

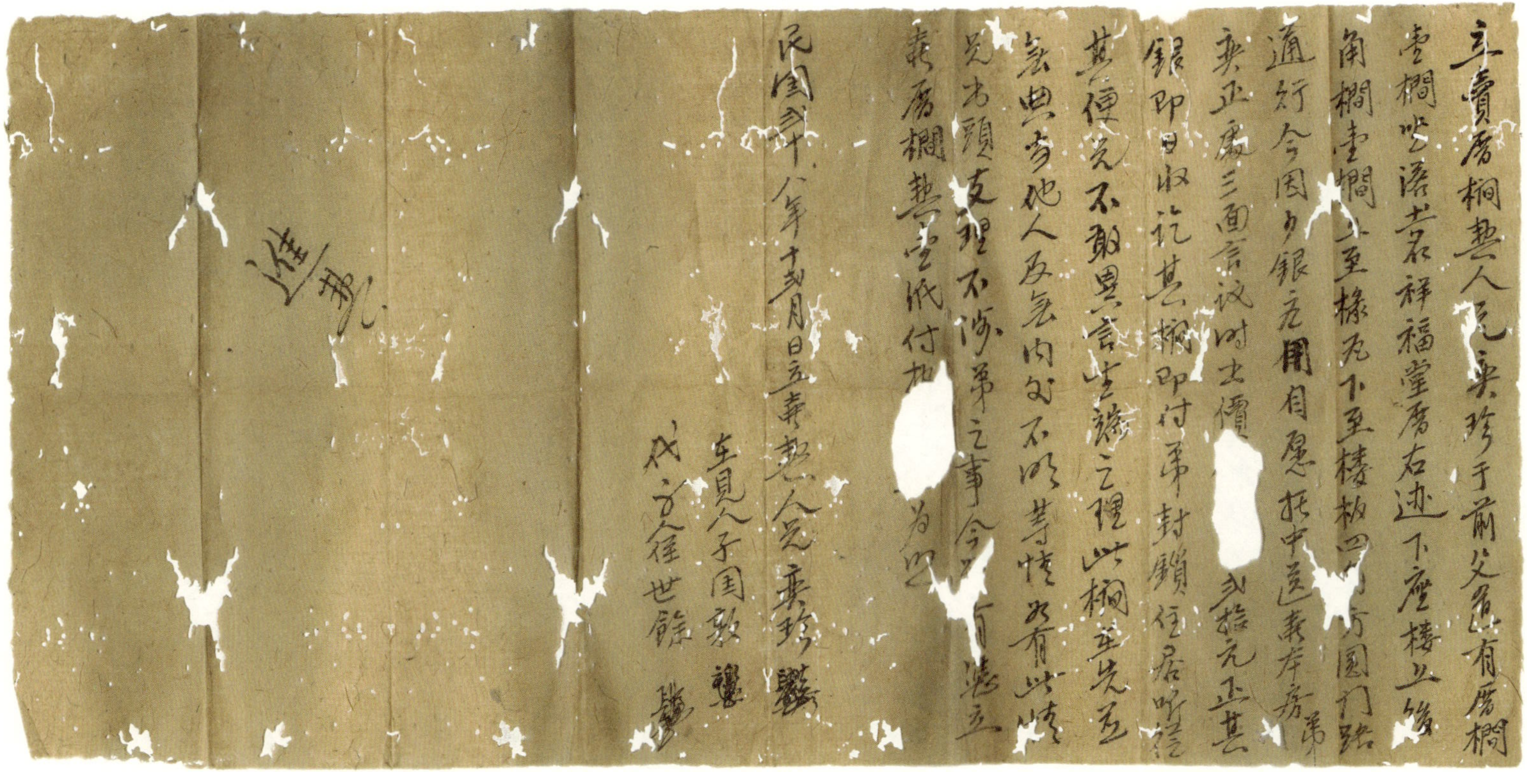

10-9-12-1　民國二十八年十二月黄奕珍立賣厝椆契

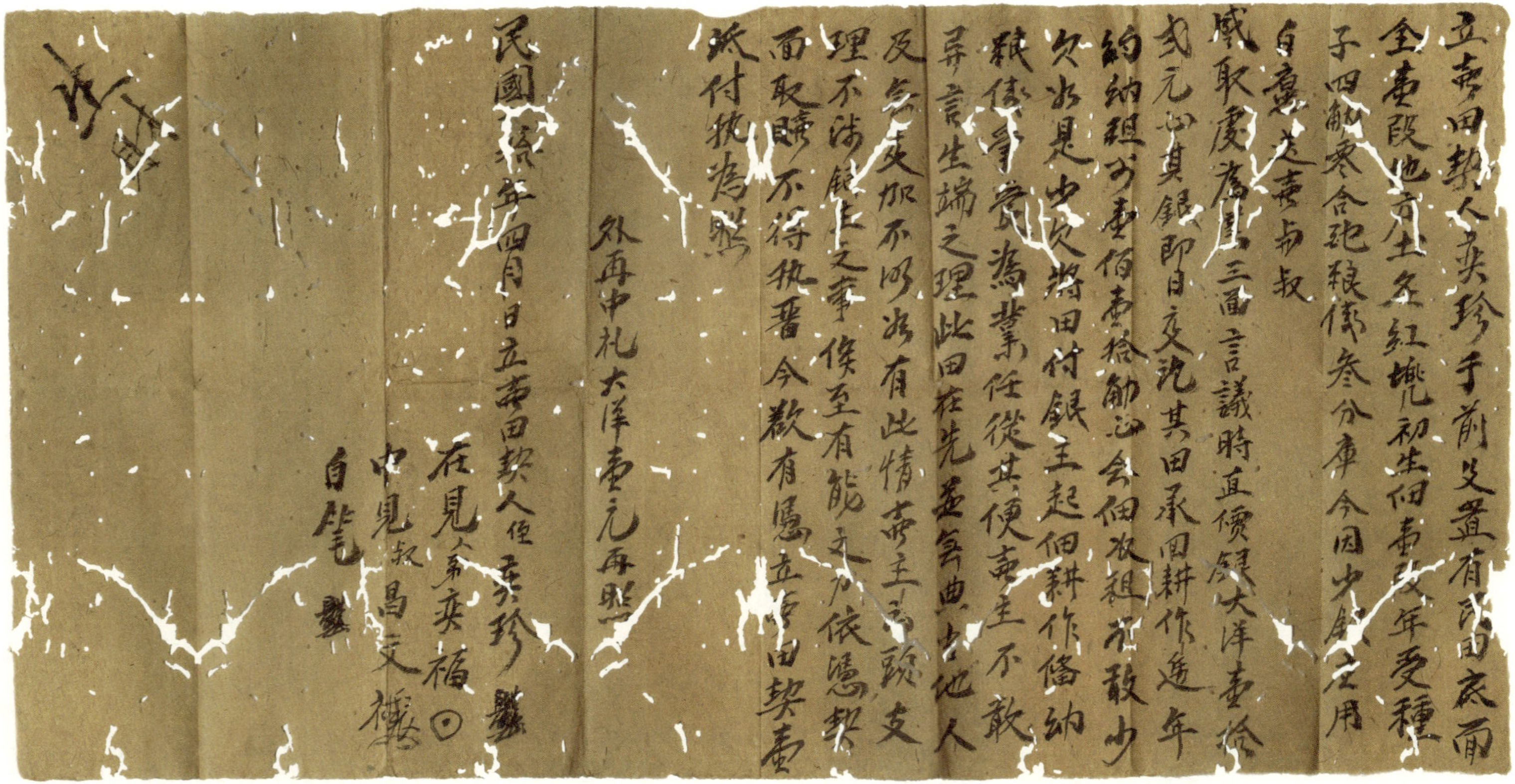
立賣田契人奕珍，承父置有洑口底面
全壹段，坐産土名紅墘兒，初生佃壹坵，年受種
子四畝零，合配粮係叁分，庫今因少銀應用，
自愿立賣與叔
威取處為業，三面言議時值價銀大洋壹拾
弍元正，其銀即日交訖。其田承佃耕作，逐年
約納租谷壹佰壹拾觔正，合佃納租不敢少
欠，如是少欠，將田付銀主起佃耕作，備納
粮係叔完為業，任從其便，賣主不敢
異言生端之理。此田在先並無典當他人
及無文加不明，如有此情，賣主一力抵支，
理不涉銀主之事。候至有能之日，依憑契
面取贖，不得執留。今欲有憑，立賣田契壹
紙付執為照。
外再中礼大洋壹元再照。
民國廿年四月日立賣田契人侄奕珍（押）
在見弟奕福 ○
中見叔昌文（押）
自筆（押）

10-9-13-1 民國二十年四月黃奕珍立賣底面全民田契

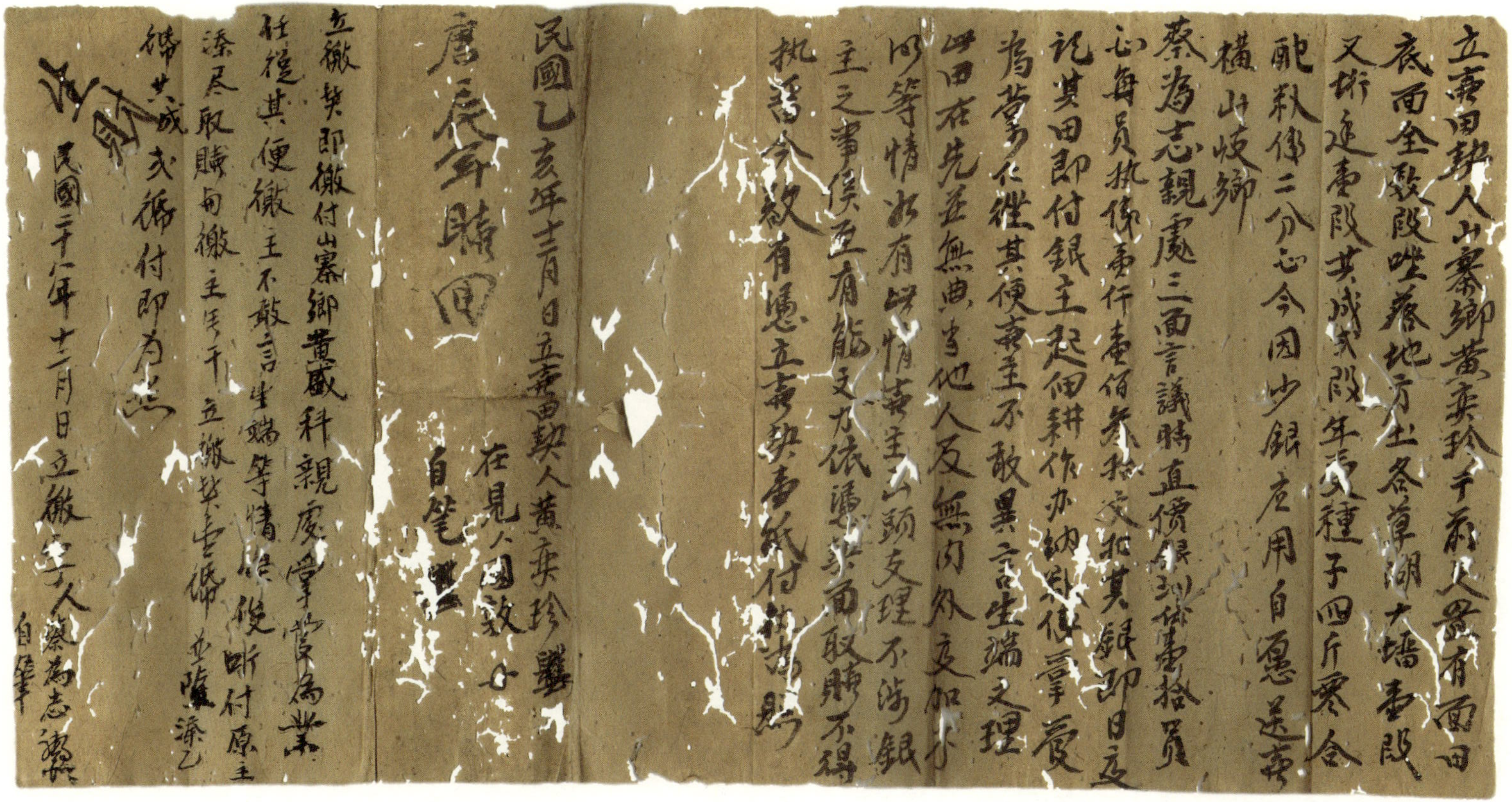
立賣田契人山寨鄉黃奕珍，今有承父遺下有面田
底面全根段，坐落地方土名草湖大塘壹段，
又坵近壹段，共成弍段，年載種子四斤，眾合
配秋併二分之一，今因少銀应用，自愿送與
横山岐鄉
蔡為志親處三面言議，時值價銀玖拾伍員
正，每員執係壹仟壹佰叁拾文，其銀即日交
訖。其田即付銀主起佃耕作，办納糧，任從掌管
為業，不從其便，賣主不敢異言生端之理。
此田在先並無典當他人，及無內外交加不
明等情，如有此情，賣主出頭支理，不涉銀
主之事。係五有能力，依憑此契，面取贖不得
執留。今欲有憑，立賣契壹紙，付銀主收執為照。
民國乙亥年十二月日立賣田契人黃奕珍（押）
在見人國欽（押）
自筆
賣底面全贖田
立徹契即徹付山寨鄉黃藏科親處掌管為業，
任從其便，徹主不敢言生端等情，此後斷付原主
添盡取贖，向徹主再不立徹契壹紙並贖添乙
紙，共成弍紙付即為照。
民國二十四年十二月日立徹字人蔡為志（押）
自筆

10-9-13-2 民國二十四年十二月黃奕珍立賣底面全民田契

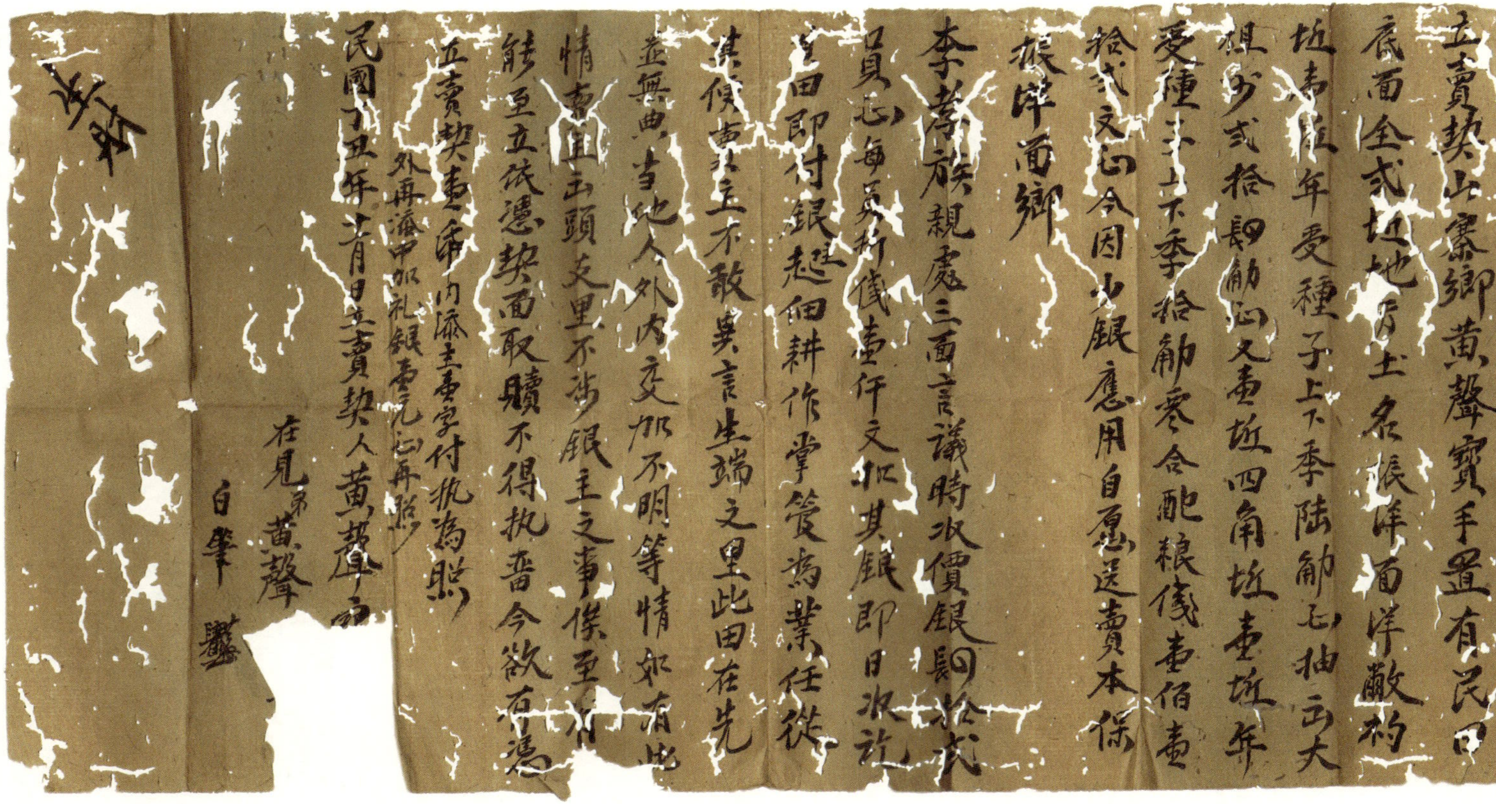

10-9-13-3　民國二十六年十一月黃聲寶立賣底面全民田契

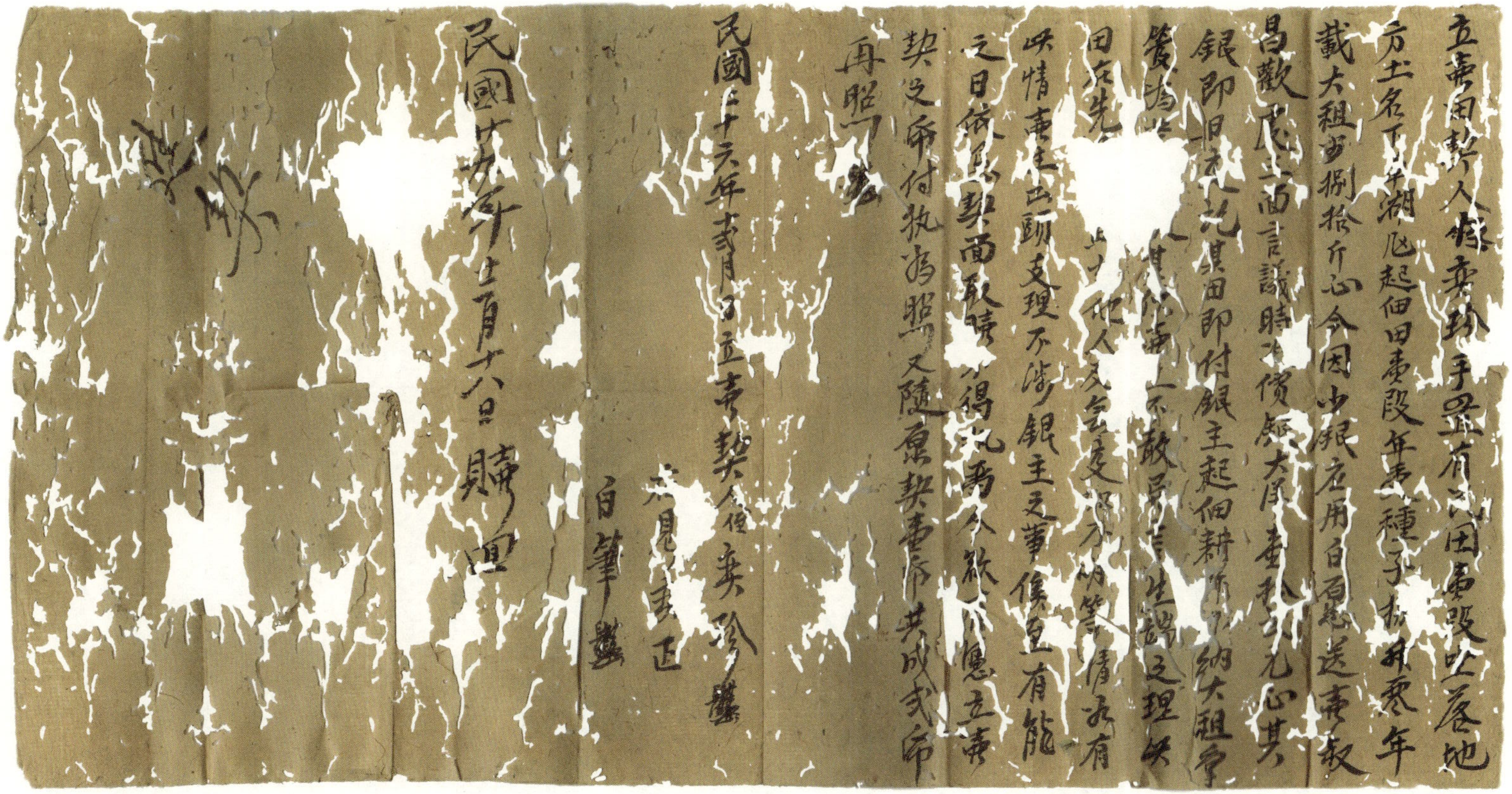

10-9-13-4　民國二十六年十二月黃奕珍立賣民田契

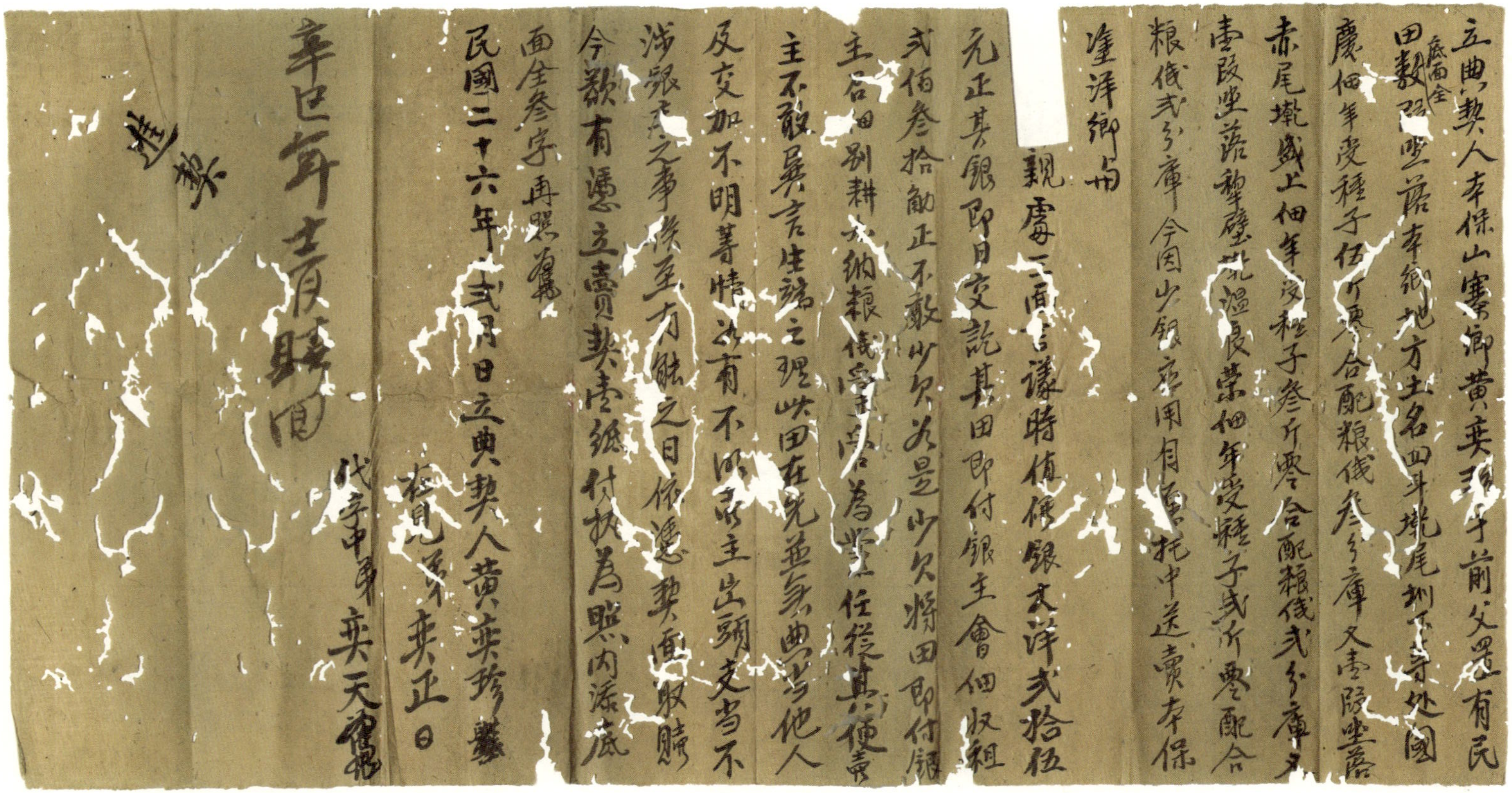
立典契人本保山寨鄉黃奕珍，今有承父置有民
田數（底面全）坵，坐落本鄉地方土名四斗墘尾圳下等處，國
慶佃，年受種子伍斤零，合配糧伐叁分庫，又壹段坐落
赤尾墘盛上佃，年受種子叁斤零，合配糧伐弍分庫，又
壹段坐落犁壁墘湿良棠佃，年受種子弍斤零，配合
糧伐弍分庫。今因少銀應用，自願托中送典本保
逢洋鄉為
親處，三面言議，時值價銀大洋弍拾伍
元正，其銀即日交訖，其田即付銀主會佃收租
弍佰叁拾觔正，不敢少欠，如是少欠，將田即付銀
主召佃別耕，其納糧伐等項係為業主任從其便，黃
主不敢異言生端之理。此田在先並無典當他人
及交加不明等情，如有不明，係主出頭支當，不
涉銀主之事。倘至冬至之日，依憑契面取贖，
今欲有憑，立典契壹紙付執為照。內添底
面全叁字再照。
民國二十六年十二月　日立典契人黃奕珍
在見兄　奕正
代字中弟　奕天
辛巳年十二月贖回

10-9-13-5　民國二十六年十二月黃奕珍立典底面全民田契

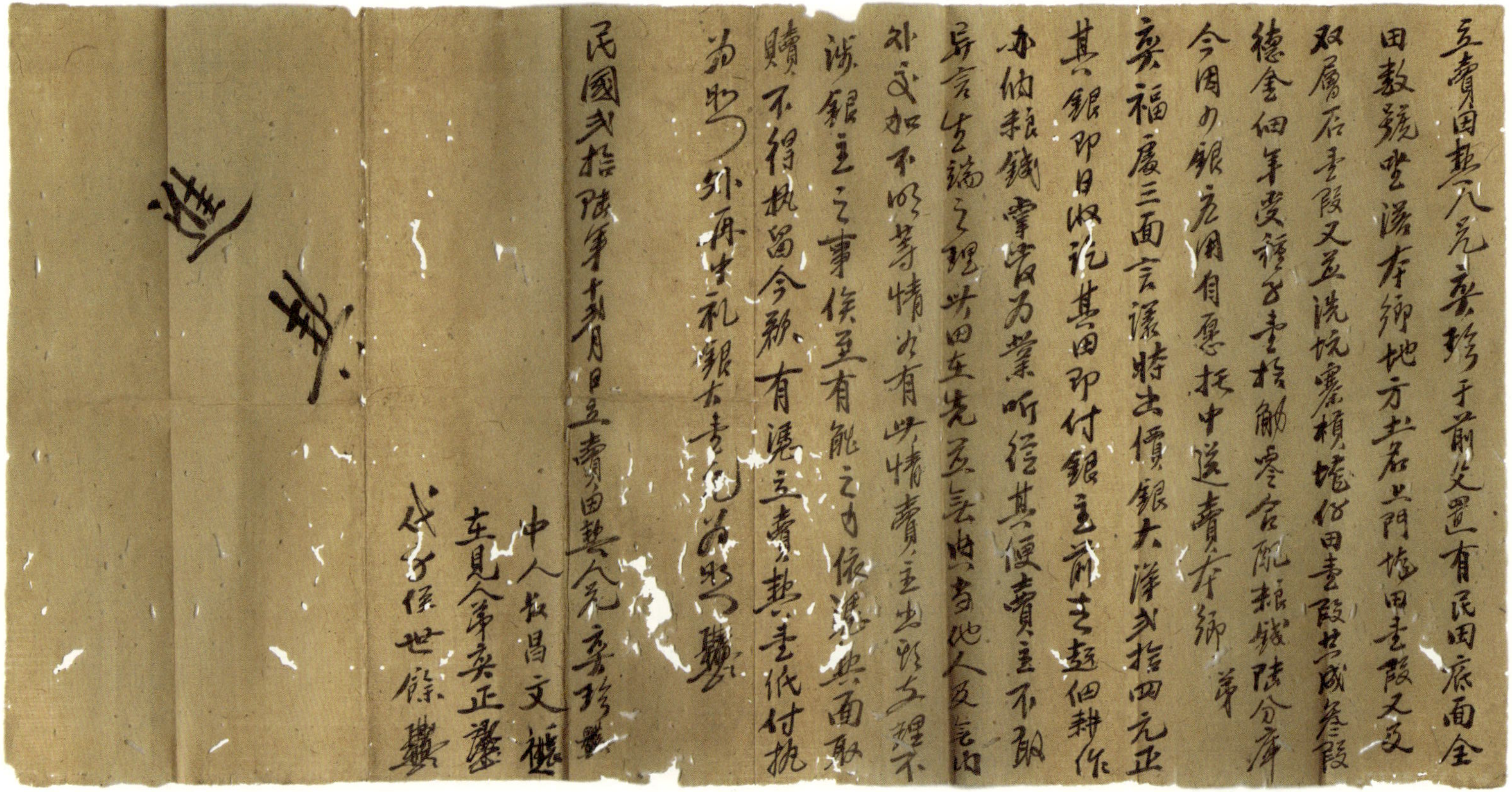
立賣田契人黃奕珍，于前父置有民田底面全
田數號坐落本鄉地方土名土門墘田壹段又更
双層后壹段又並洗坑塞楨墘，作田壹段共成叁段
總全佃年要租壹拾觔零，合配粮錢陸分庠
今因乏銀應用，自愿托中送賣本鄉 弟
奕福處三面言議時出價銀大洋弍拾四元正
其銀即日收訖，其田即付銀主前去起佃耕作
办納粮錢，掌管為業，听從其便，賣主不敢
异言生端之理。此田在先並無內外他人交易
外，亦如不明等情，如有此情，賣主出頭支理，不
涉銀主之事。候至有能之日，依照契面取
贖，不得執留。今欲有憑，立賣契壹紙付執
為照。外再出札銀大壹元，後照。押
民國弍拾陸年十弍月日立賣田契人黃奕珍 押
中人 叔昌文 押
在見人弟奕正 押
代筆 侄世馀 押

10-9-13-6 民國二十六年十二月黃奕珍立賣底面全民田契（一）

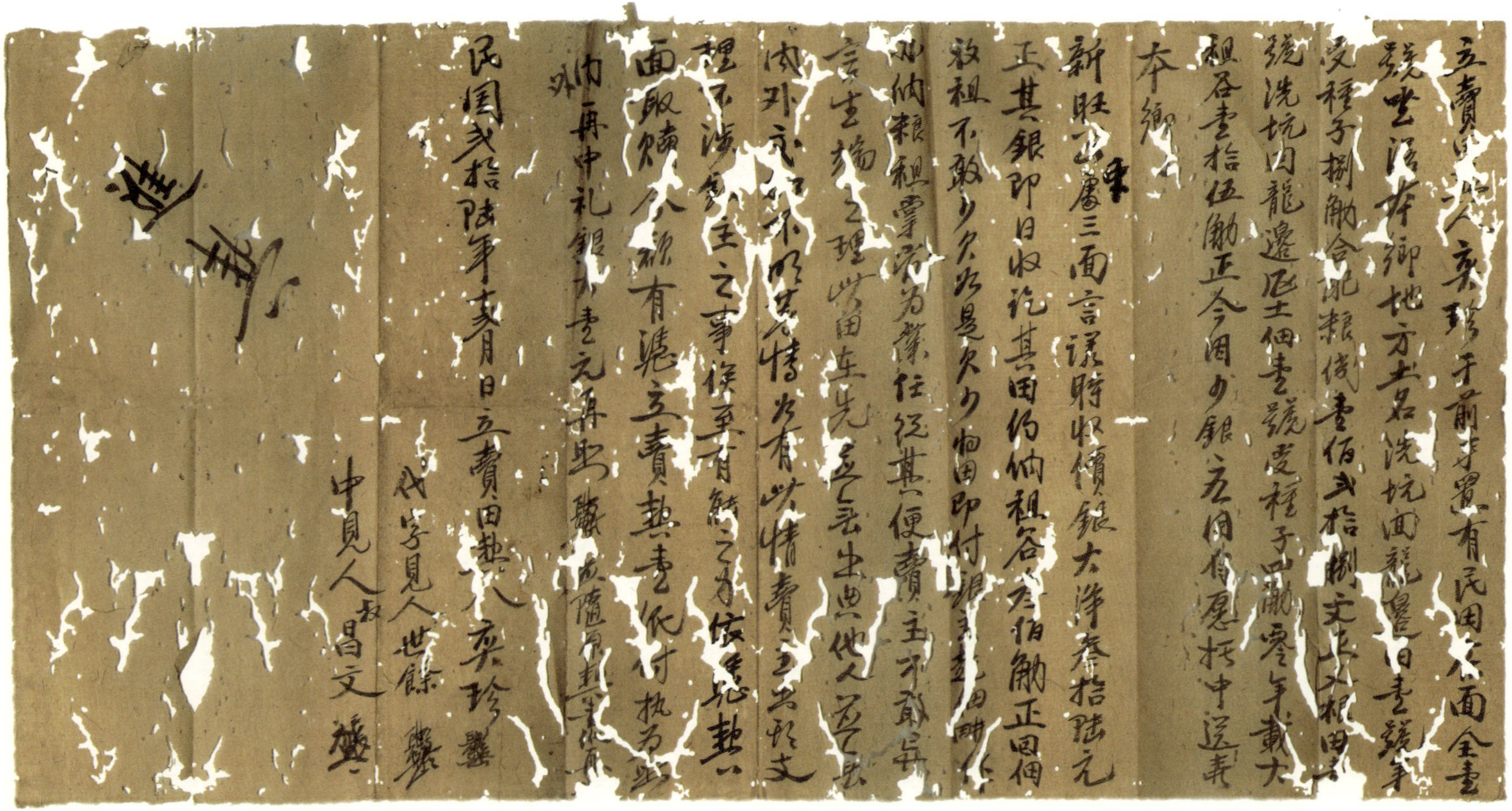

立賣[illegible]人奕珍，于前年買有民田大小面全壹
號，坐落本鄉地方，土名洗坑洞龍[illegible]白壹號，年
受種子捌觔合，配糧[illegible]壹佰貳拾捌文。此大根田壹
號，洗坑內龍邊[illegible]土佃壹號，受種子四觔零，年載大
租谷壹拾伍觔正，今因乏銀應用，自情愿托中送與
本鄉[illegible]
新駐山寨[illegible]處三面言議，時收價銀大洋叁拾陸元
正，其銀即日收訖，其田仍納租谷叁佰觔正，回佃
較[?]租不敢少欠，如是欠少，將田即付銀主起田耕作，
[illegible]納糧租掌管為業，任從其便，賣主不敢異
言生端之理。此田在先並無典出他人，並無
內外[illegible]人不明，如有此情，賣主出頭支
理，不涉銀主之事。係至[?]有銀之日，依原契
面取贖，不敢有[illegible]。立賣契壹紙付執為照。
內再中礼銀壹元再照。[illegible]
民國貳拾陸年十二月　日立賣田契人　奕珍（押）
代字見人　世餘（押）
中見人　叔昌文（押）

10-9-13-7　民國二十六年十二月黃奕珍立賣底面全民田契（二）

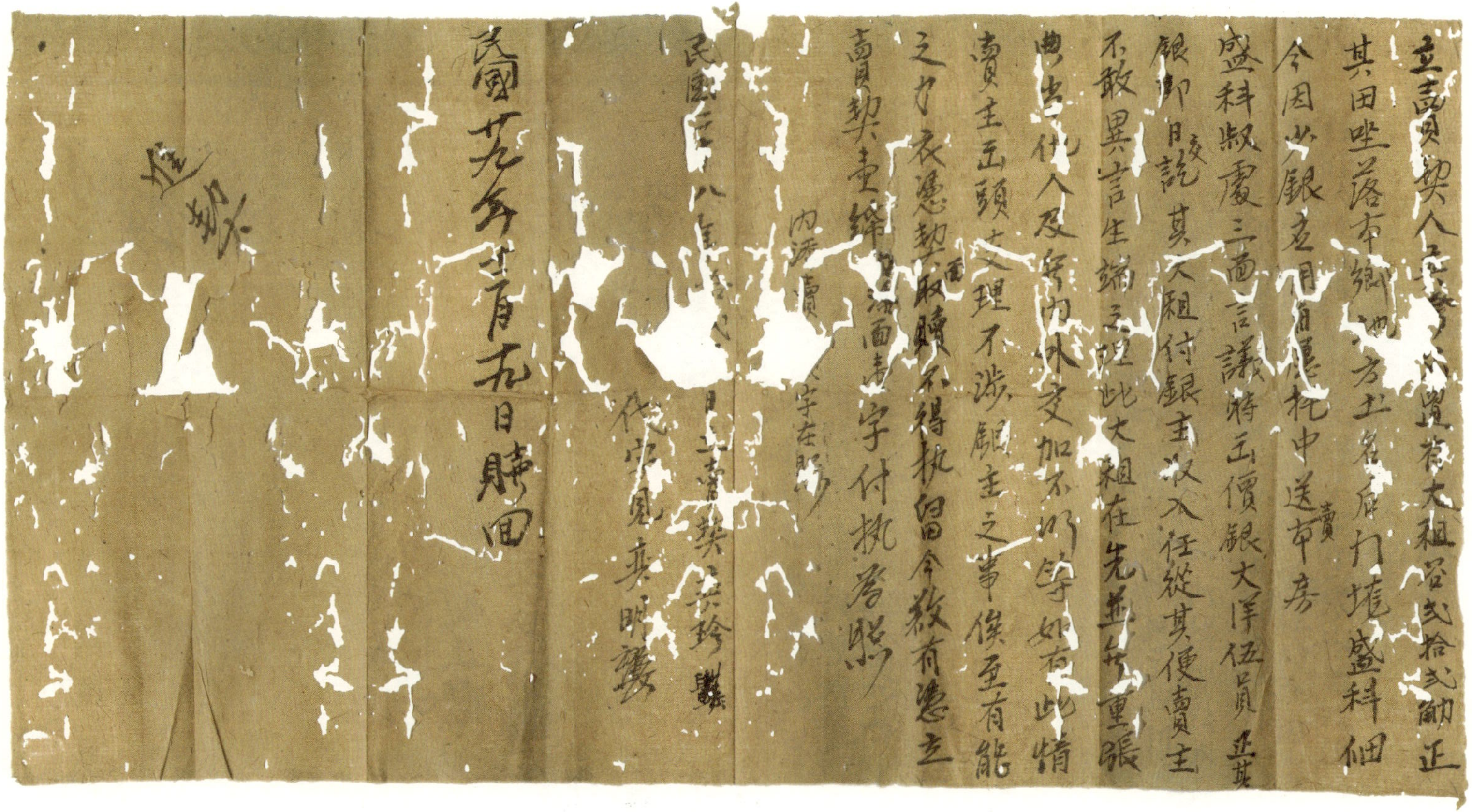
立賣契人黃奕珍，有承[illegible]置有大租谷弍拾弍觔正，
其田坐落本鄉[illegible]方土名[illegible]坑盛科佃。
今因乏銀應用，自情愿托中送本房
盛科叔處三面言議，時值價銀大洋伍員正。其
銀即日說（交）訖，其大租付銀主收入，任從其便，賣主
不敢異言生端之理。此大租在先並無重張
典出他人及房內外交加不明等，如有此情，
賣主出頭支理，不涉銀主之事。倘至有能
之日，衣憑契取贖，不得執留。今欲有憑，立
賣契壹紙，付執為照。
內添賣[illegible]字在照。
民國廿八年十二月　日　立賣契　黃奕珍
代字見　黃[illegible]
民國廿九年[illegible]月五日贖回
進契

10-9-13-8　民國二十八年十二月黃奕珍立賣大租穀契

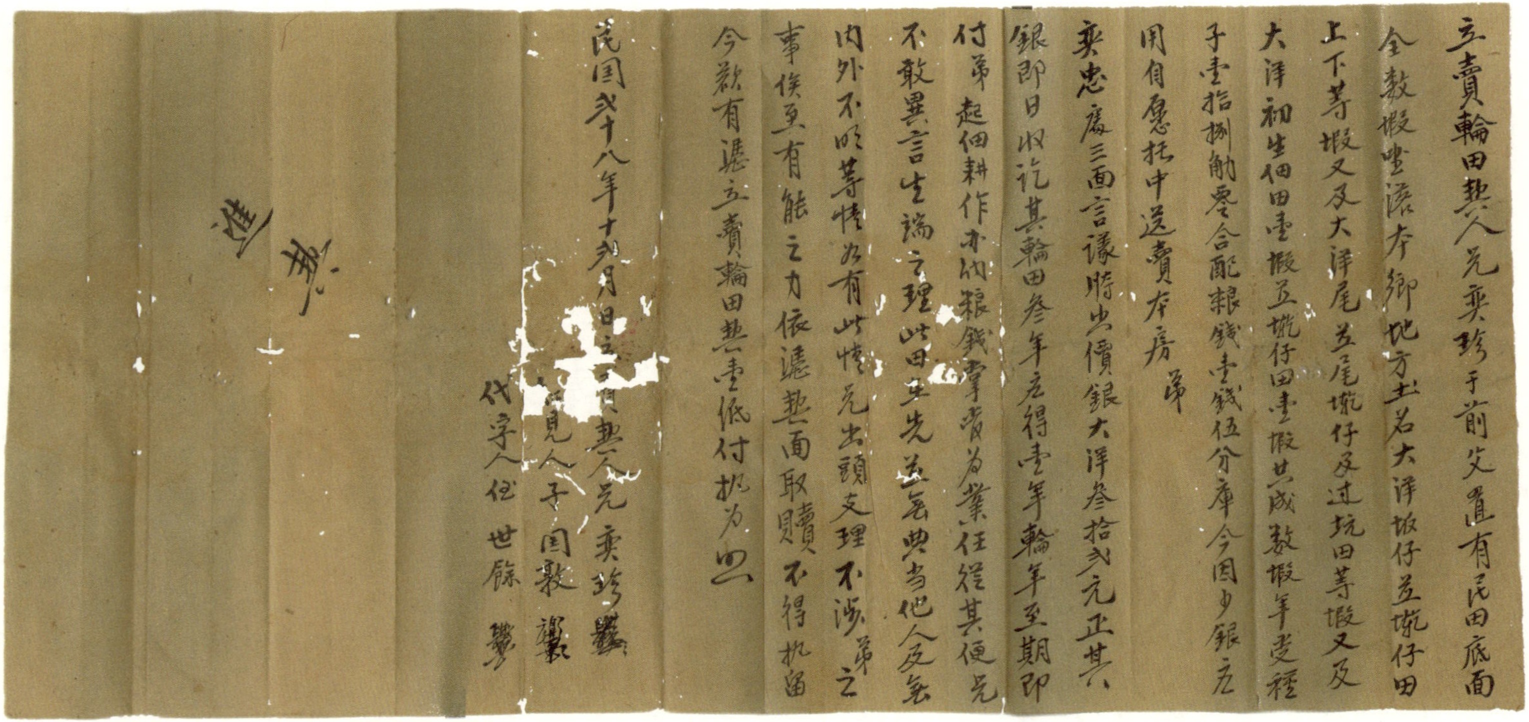
立賣輪田契人兄奕珍于前父置有民田底面
全數坐落本鄉地方土名大洋坂仔並墘仔田
上下壹坵又及大洋尾並尾墘仔及过坑田壹坵又及
大洋和生佃田壹坵並墘仔田壹坵共成叁坵年受種
子壹拾捌觔零合配粮錢壹錢伍分庫今因乏銀应
用自愿托中送賣本房弟
奕忠處三面言議時出價銀大洋叁拾弍元正其
銀即日收訖其輪田叁年应得壹年輪年至期即
付弟起佃耕作并納粮錢聽掌為業任從其便兄
不敢異言生端之理此田本先並無典当他人及無
內外不明等情如有此情兄出頭支理不涉弟之
事係至有能之力依據契面取贖不得執留
今欲有憑立賣輪田契壹紙付執為照
民国廿八年十弍月日立賣契人兄奕珍
見人于周敷
代字人侄世餘

10-9-13-9 民國二十八年十二月黃奕珍立賣底面全民輪田契

立賣契人山寨鄉黃奕珍，承前父置有民田底面全壹段，坐落本保官林地方，土名八月白及擲水壋，年受種子壹拾貳觔正，合配粮銀捌分庫正。今因少銀應用，自愿送賣本保土洋鄉溫永瑤親處，三面言議時賣出價銀大洋貳拾玖元正，其銀即日交訖，其田即付銀主起佃耕作，收租納粮，任從其便，賣主不敢異言生端之理。此田在先並無典當他人及無內外交加不明等情，如有此情，賣主出頭支理，不涉銀主之事。俟至有能之日，依憑契面取贖。今欲有憑，立賣契壹紙，並隨愿契壹紙，共成貳紙，付執為照。

內添契壹字再照。

此佃原主贖回，所欠數項未還此據。

民國二十九庚辰年七月　日立賣田契山寨黃奕珍

在見人黃國敦

自筆

10-9-13-10　民國二十九年七月黃奕珍立賣底面全民田契

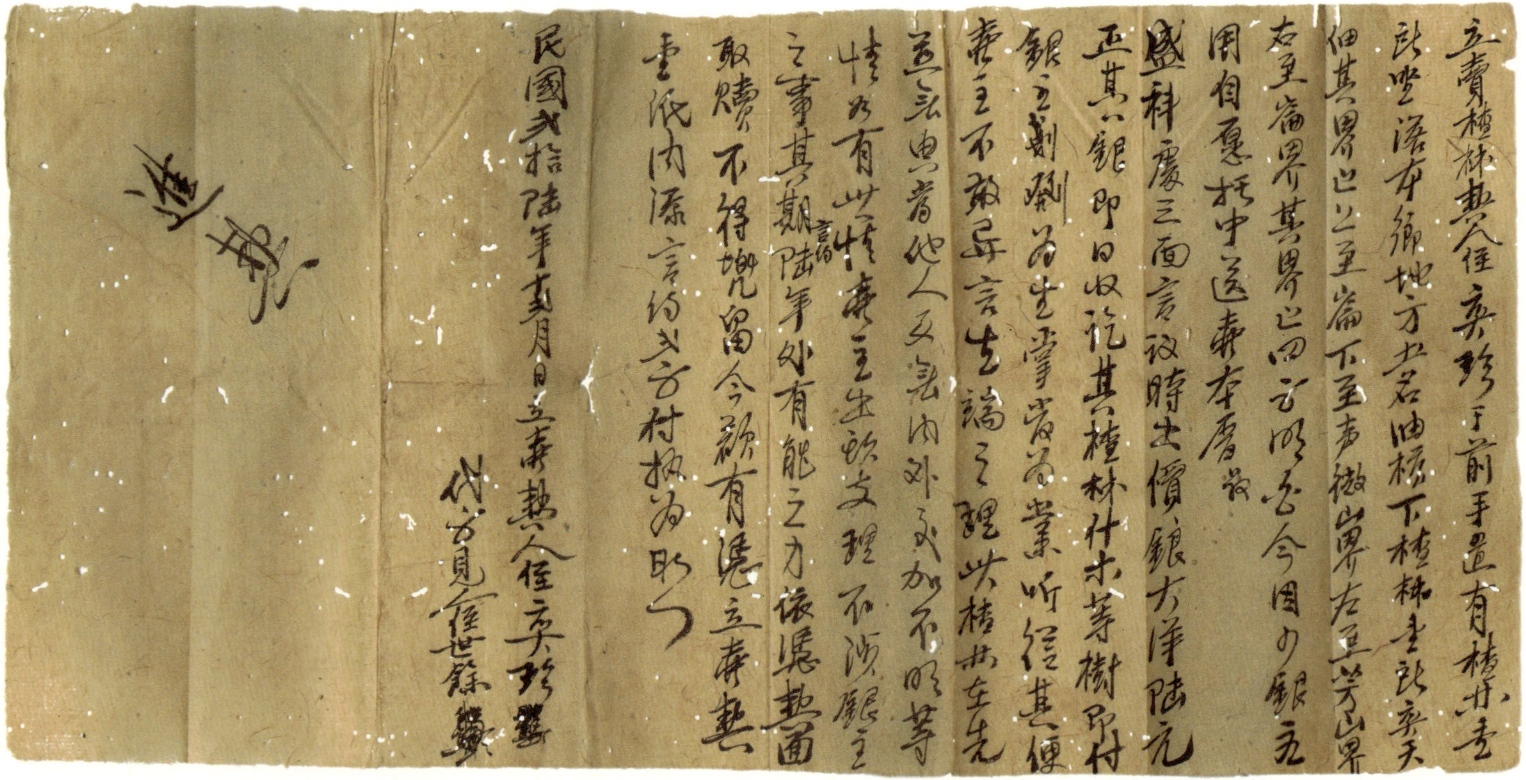
立賣楂林契人侄奕珍，今因前手置有楂林壹
號，坐落本鄉地方土名油榜下楂林壹號，奕天
佃，其界上至崙，下至聲徹崙界，左至箕山界，
右至崙界，其界四至分明。今因乏銀應
用，自愿托中送賣本房叔
盛科處，三面言議時值價銀大洋陸元
正，其銀即日收訖，其楂林什木等樹即付
銀主剗割前去掌管為業，聽從其便。
賣主不敢異言生端之理。此楂林在先
並未與他人文墨內外，或加不明等
情，如有此情，賣主出頭支理，不涉銀主
之事。其期陸年外有能之力，依照契面
取贖，不得執留。今欲有憑，立賣契
壹紙，內添言字弍個，付執為照。

民國弍拾陸年十二月　日立賣契人侄奕珍（押）
代筆見侄世銘（押）

10-9-14-1　民國二十六年十二月黃奕珍立賣楂林契

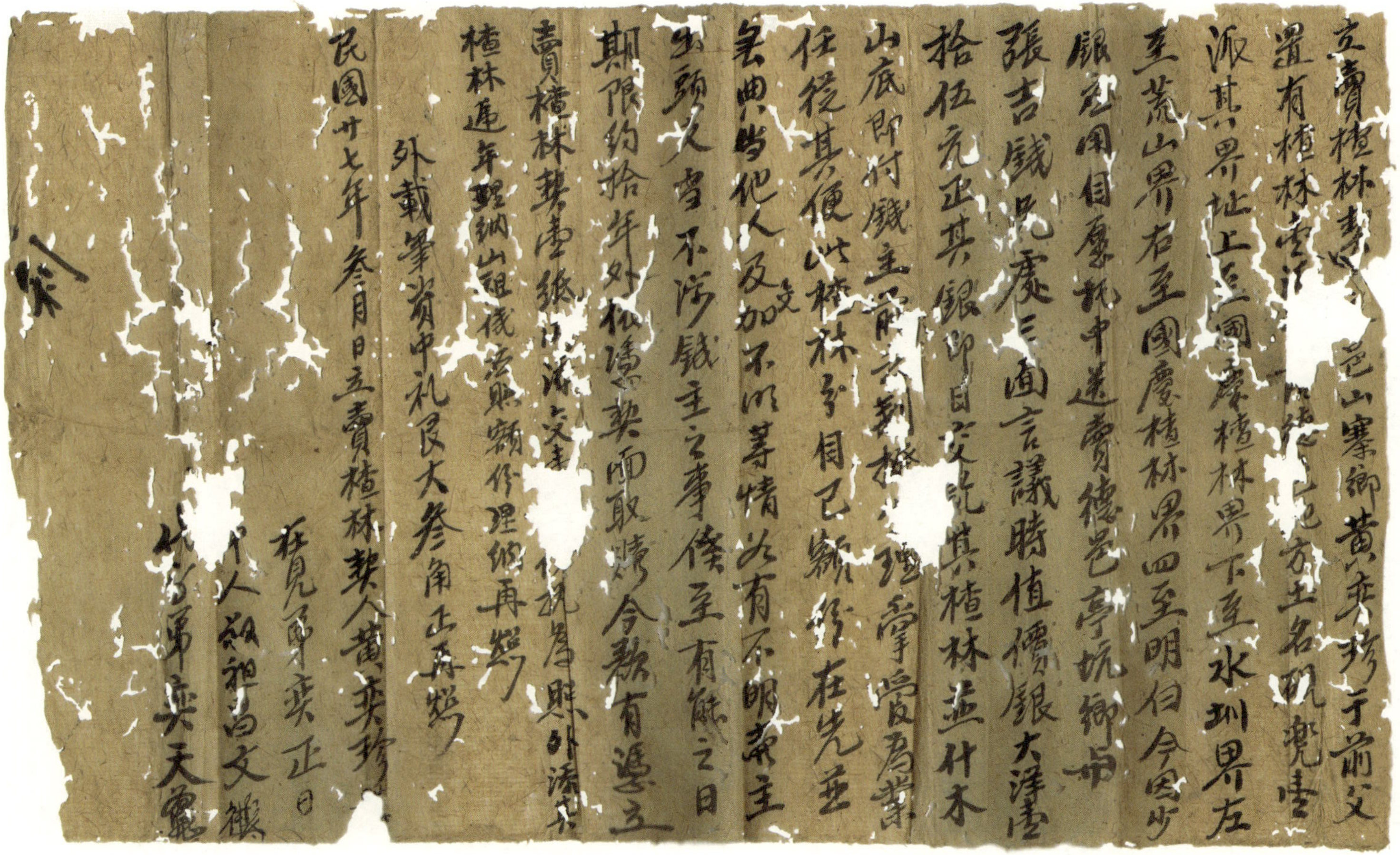

立賣楂林契[illegible]邑山寨鄉黃奕珍于前父
置有楂林壹[illegible]土名硯兜壹
派其界址上至國慶楂林界下至水圳界左
至荒山界右至國慶楂林界四至明白今因少
銀應用自愿托中送賣德邑亭坑鄉卓
張吉錢兄處三面言議時值價銀大洋壹
拾伍元正其銀即日交訖其楂林並什木
山底即付錢主前去判[illegible]掌管為業
任從其便此楂林系自己物業在先並
無典當他人及加文不明等情如有不明系主
出頭人當不涉錢主之事係至有能之日
期限約拾年外依憑契面取贖合數有憑立
賣楂林契壹紙付[illegible]收執為照外添[illegible]
楂林連年[illegible]納山租[illegible]額作理納再照
外載筆資中礼艮大叁角正再照
民國廿七年叁月日立賣楂林契人黃奕珍
在見堂弟奕正
中人叔祖[illegible]文
代筆堂弟奕天

10-9-14-2 民國二十七年三月黃奕珍立賣楂林契

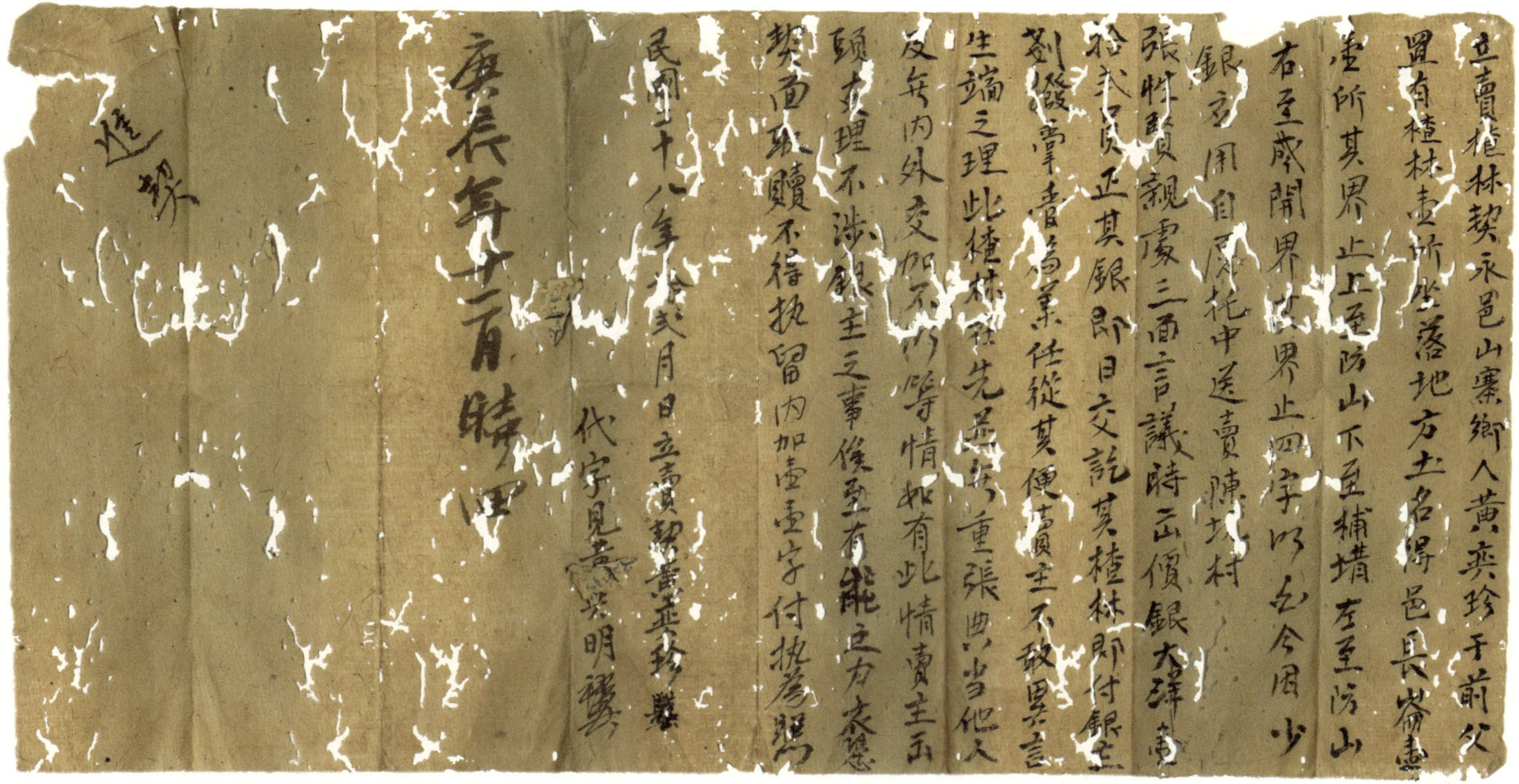
立賣植林契永邑山寨鄉人黃奕珍于前父
置有植林壹所坐落地方土名得邑具嶺壼
墘所其界止上至防山下至補堉左至防山
右至成開界止界止四字以內今因少
銀應用自願托中送賣陳坑村
張牲殼親處三面言議時值價銀大洋壹
拾弍員正其銀即日交訖其植林即付銀主
劉發掌管為業任從其便賣主不敢異言
生端之理此植林在先並無重張典當他人
反多內外交加不明等情如有此情賣主承
頭支理不涉銀主之事後至有能之方來恩
契面取贖不得執留內加壹字付執為照
民國二十八年拾弍月　日立賣契黃奕珍（押）
代字見黃奕明（押）
庚辰年十二月贖回
植契

10-9-14-3　民國二十八年十二月黃奕珍立賣植林契

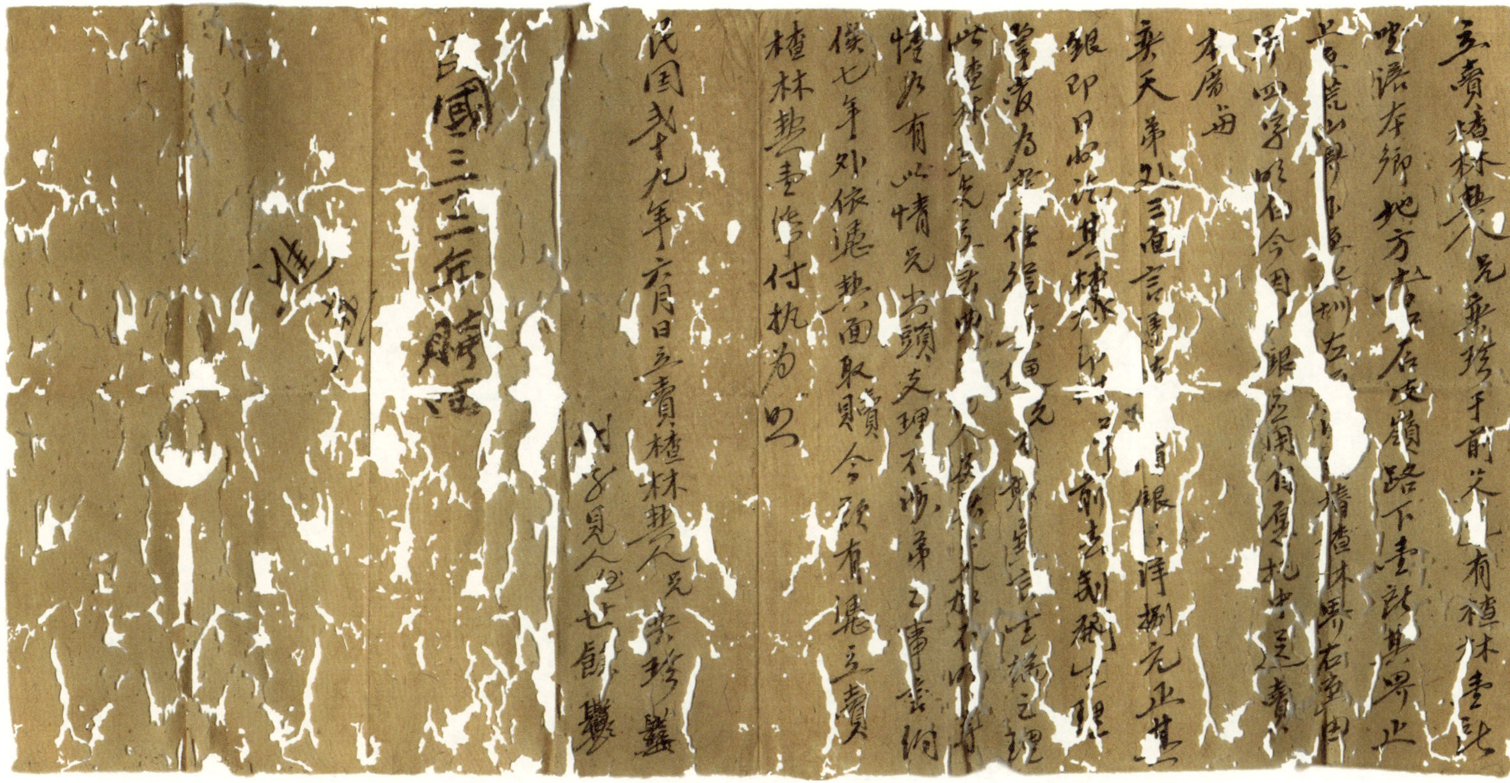

10-9-14-4　民國二十九年六月黃奕珍立賣楂林契

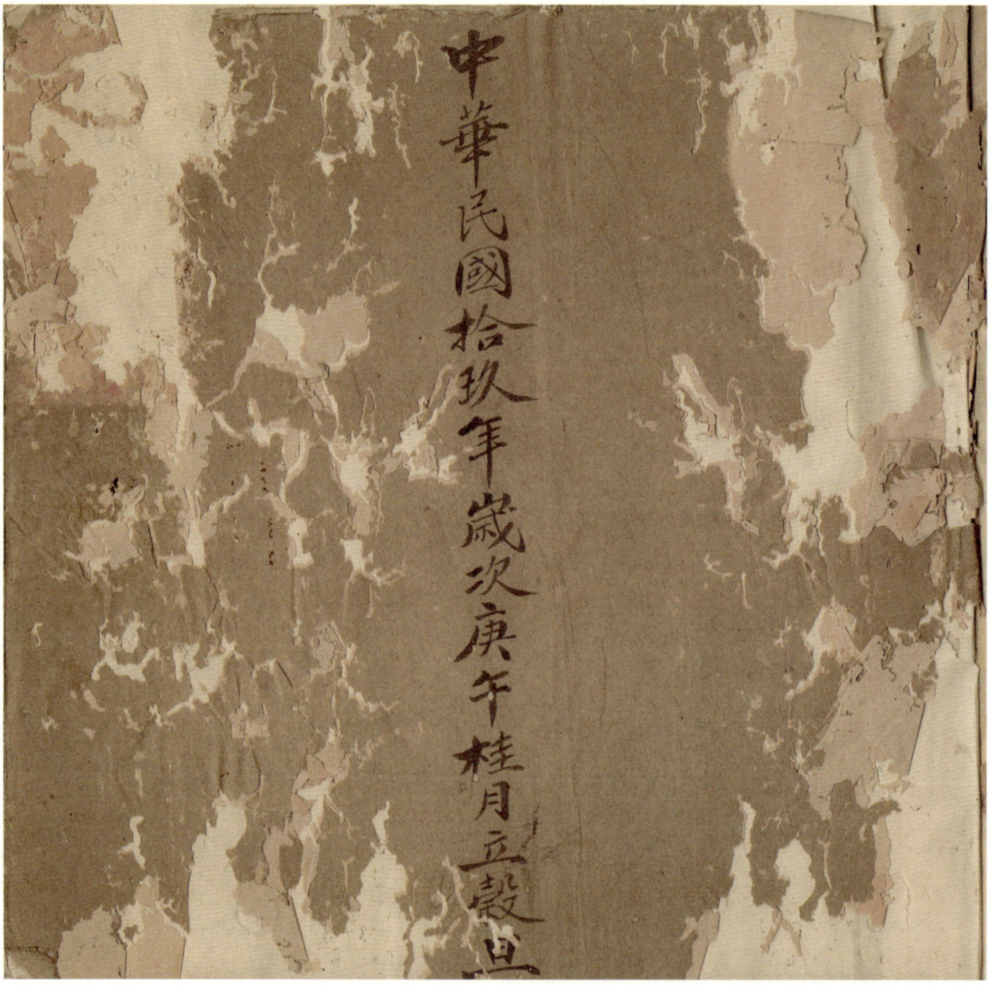
中華民國拾玖年歲次庚午桂月立鬮

10-9-15-1　民國十九年山寨黄氏禮春秋三房鬮書（一）

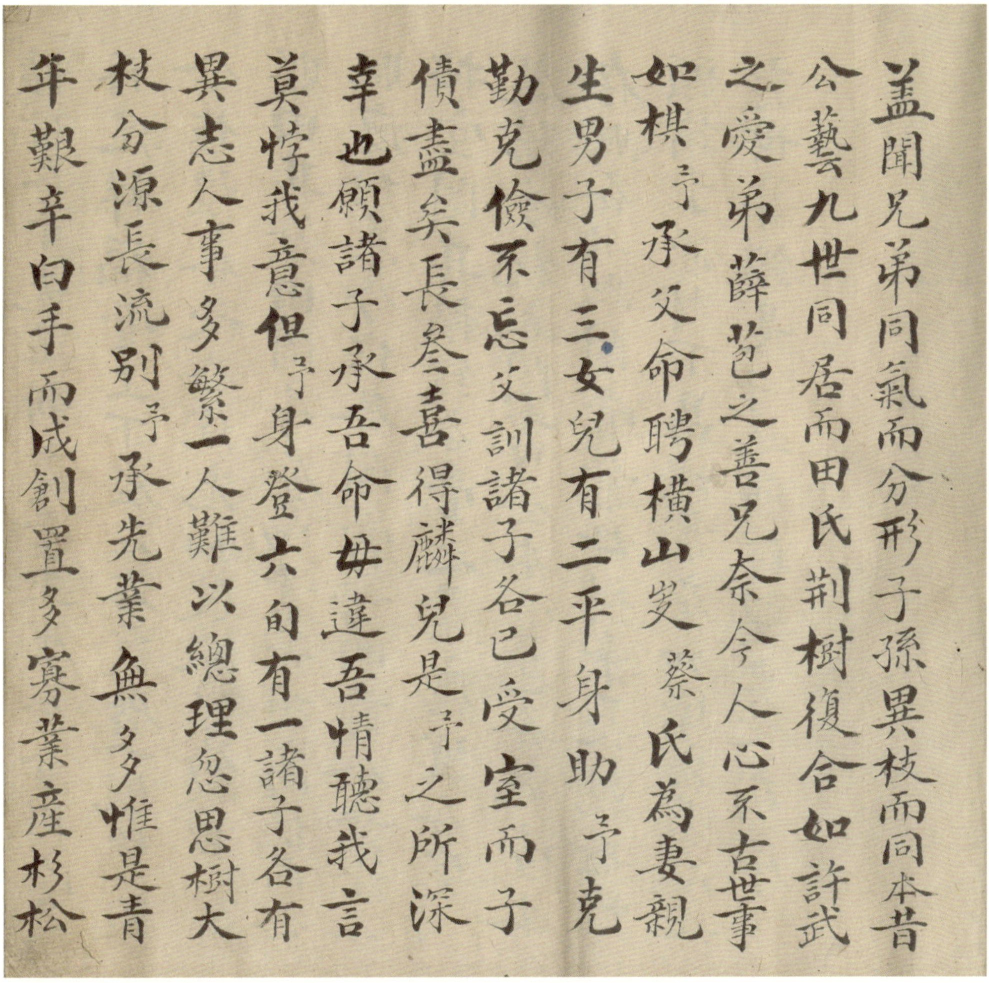
蓋聞兄弟同氣而分形子孫異枝而同本昔
公藝九世同居而田氏荊樹復合如許武
之愛弟薛苞之善兄奈今人心不古世事
如棋予承父命聘橫山岌蔡氏爲妻親
生男子有三女兒有二平身助予克
勤克儉不忘父訓諸子各已受室而予
債盡矣長叁喜得麟兒是予之所深
幸也顧諸子承吾命毋違吾情聽我言
莫悖我意但予身登六旬有一諸子各有
異志人事多繁一人難以總理忽思樹大
枝分源長流別予承先業無多惟是青
年艱辛白手而成創置多寡業產杉松

10-9-15-2 民國十九年山寨黄氏禮春秋三房鬮書（二）

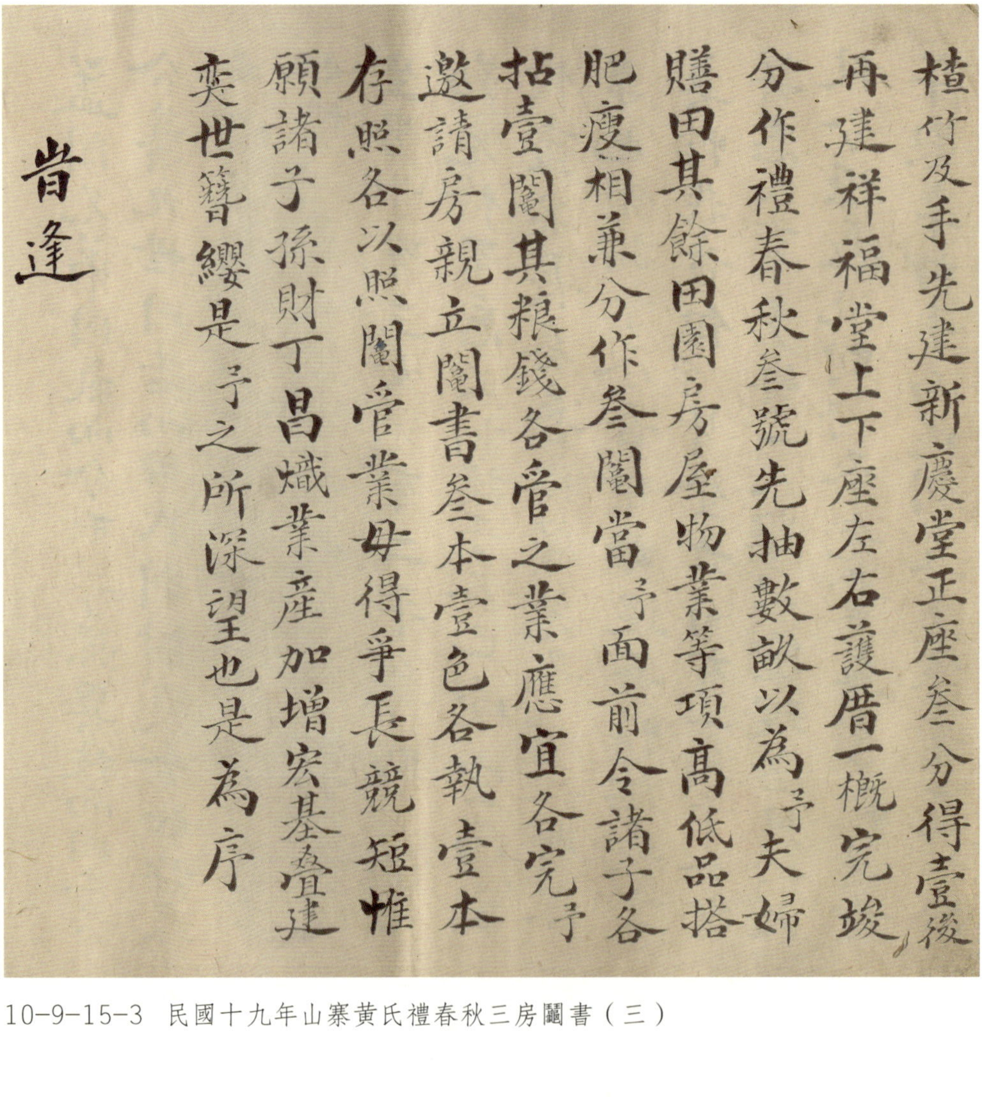
植竹及手先建新慶堂正座叁分得壹後
再建祥福堂上下座左右護厝一概完竣
分作禮春秋叁號先抽數畝以為予夫婦
贍田其餘田園房屋物業等項高低品搭
肥瘦相兼分作叁鬮當予面前令諸子各
拈壹鬮其粮錢各管之業應宜各完予
邀請房親立鬮書叁本壹色各執壹本
存照各以照鬮管業毋得爭長競短惟
願諸子孫財丁昌熾業產加增宏基疊建
奕世簪纓是予之所深望也是為序
皆逢

10-9-15-3　民國十九年山寨黃氏禮春秋三房鬮書（三）

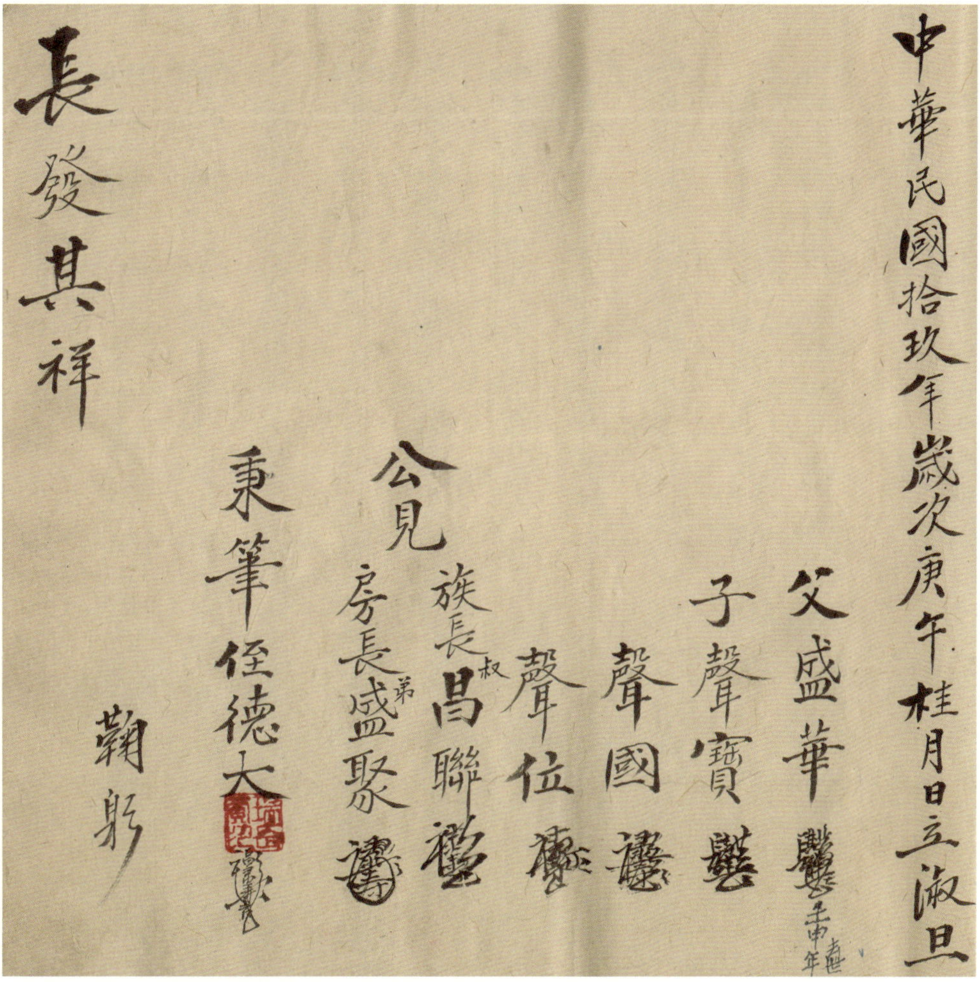

中華民國拾玖年歲次庚午桂月日立淑旦

父盛華 壬申年去世

子聲寶

聲國

聲位

公見

族長叔昌聯

房長弟盛聚

秉筆侄德大

鞠躬

長發其祥

10-9-15-4　民國十九年山寨黄氏禮春秋三房鬮書（四）

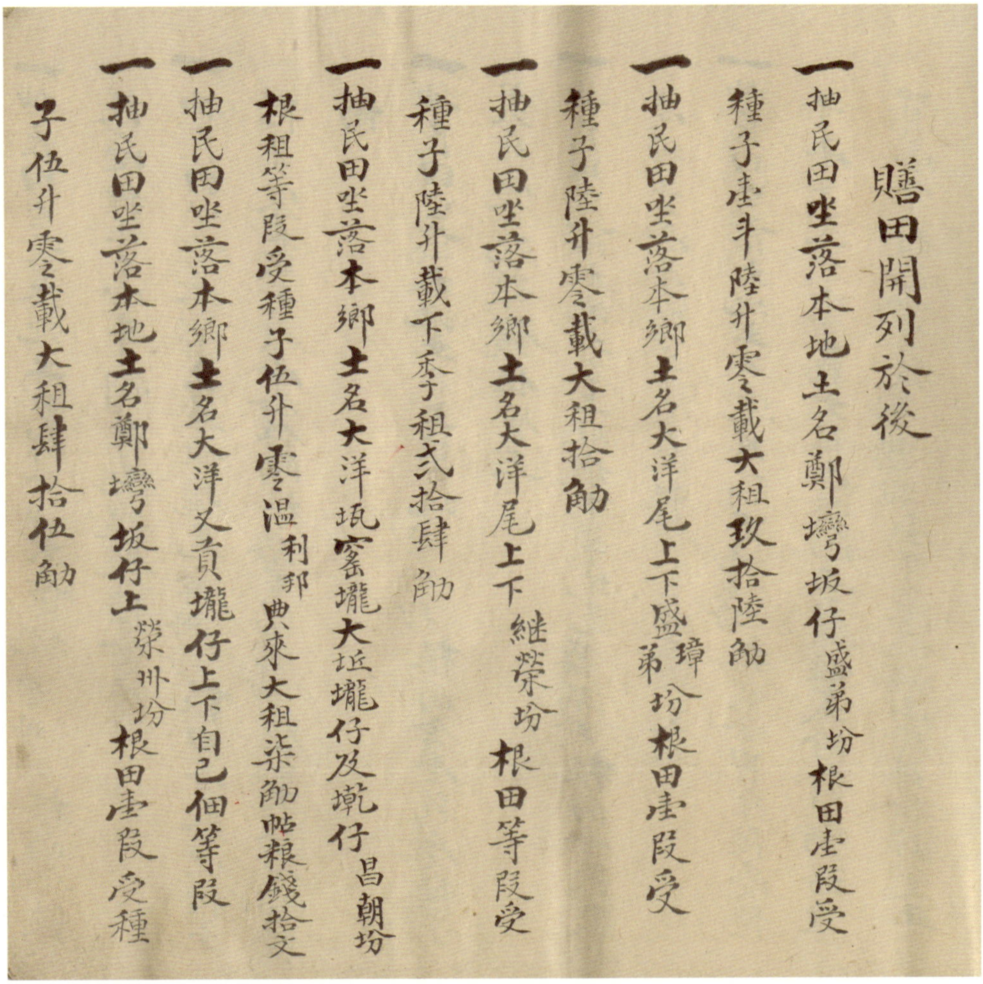
贍田開列於後

一抽民田坐落本地土名鄭壿坂仔盛弟坋根田壹段受

種子壹斗陸升零載大租玖拾陸觔

一抽民田坐落本鄉土名大洋尾上下盛璋弟坋根田壹段受

種子陸升零載大租拾觔

一抽民田坐落本鄉土名大洋尾上下繼榮坋根田等段受

種子陸升載下季租弍拾肆觔

一抽民田坐落本鄉土名大洋坻窯壠大垃壠仔及墘仔昌朝坋

根租等段受種子伍升零溫利邦典來大租柒觔帖粮錢拾文

一抽民田坐落本鄉土名大洋又貢壠仔上下自己佃等段

一抽民田坐落本地土名鄭壿坂仔上榮卅坋根田壹段受種

子伍升零載大租肆拾伍觔

10-9-15-5　民國十九年山寨黄氏禮春秋三房鬮書（五）

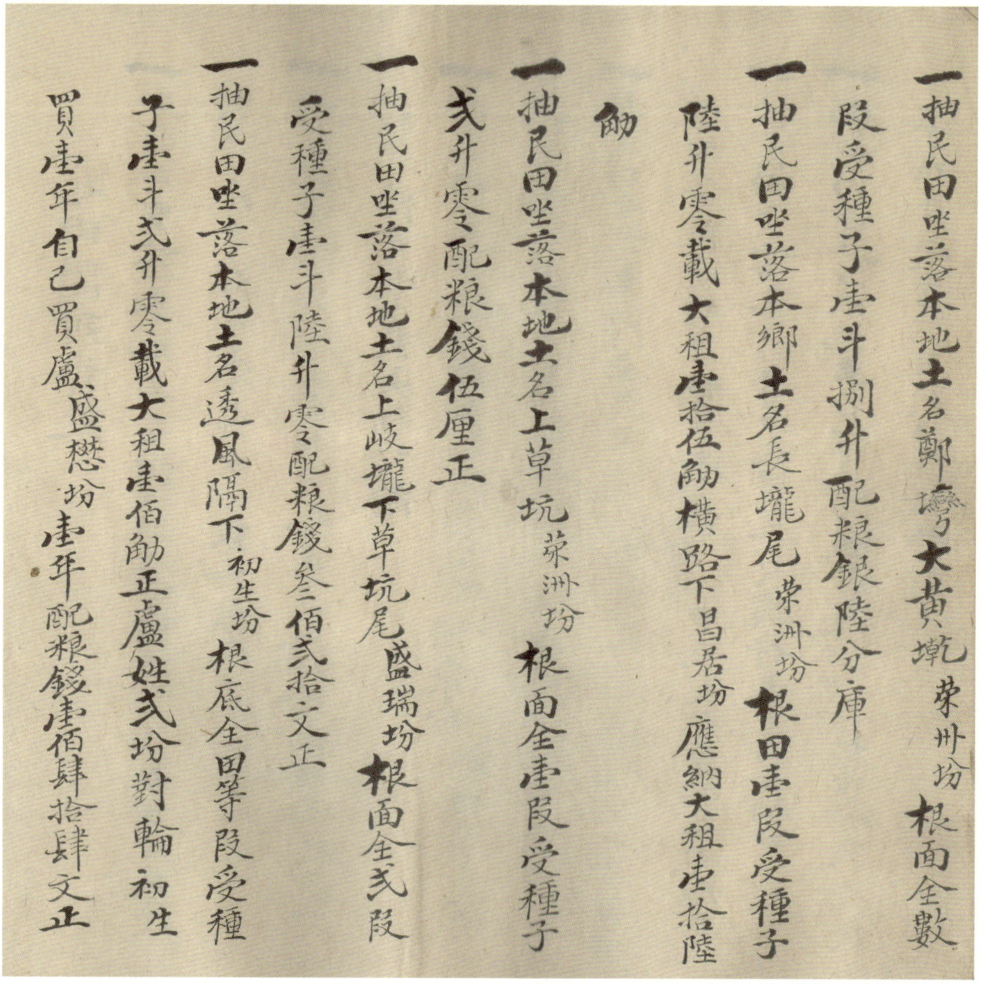
一抽民田坐落本地土名鄭塆大黄墘 荣卅坊 根面全數
段受種子壹斗捌升配粮銀陸分庫
一抽民田坐落本鄉土名長壠尾 荣洲坊 根田壹段受種子
陸升零載大租壹拾伍觔横路下昌居坊應納大租壹拾陸
觔
一抽民田坐落本地土名上草坑 荣洲坊 根面全壹段受種子
弍升零配粮錢伍厘正
一抽民田坐落本地土名上岐壠下草坑尾盛瑞坊根面全弍段
受種子壹斗陸升零配粮錢叁佰弍拾文正
一抽民田坐落本地土名透風隔下 初生坊 根底全田等段受種
子壹斗弍升零載大租壹佰觔正盧姓弍坊對輪 初生
買壹年自己買盧盛懋坊壹年配粮錢壹佰肆拾肆文正

10-9-15-6 民國十九年山寨黄氏禮春秋三房鬮書（六）

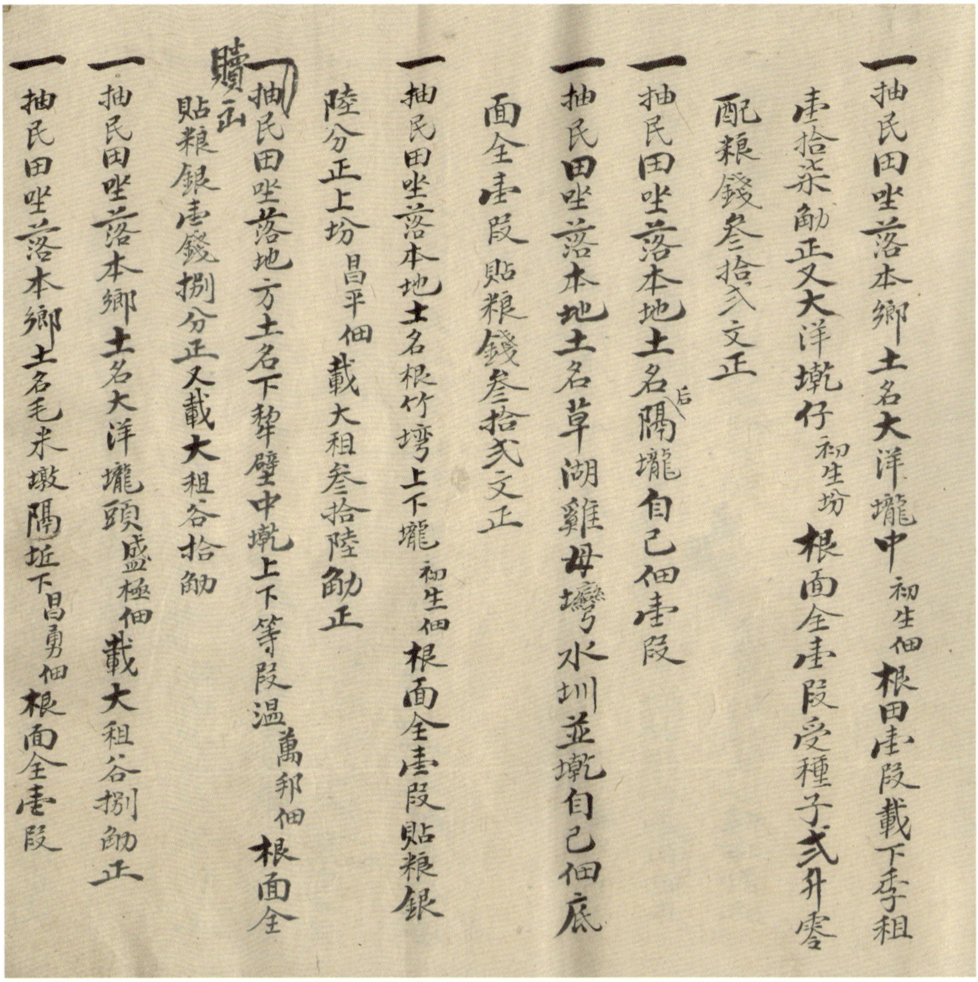
一抽民田坐落本鄉土名大洋壠中初生佃根田壹段載下季租
壹拾柒觔正又大洋墘仔初生坊根面全壹段受種子弍升零
配粮錢叁拾入文正
一抽民田坐落本地土名后隔壠自己佃壹段
一抽民田坐落本地土名草湖雞母彎水圳並墘自己佃底
面全壹段貼粮錢叁拾弍文正
一抽民田坐落本地土名根竹彎上下壠初生佃根面全壹段貼粮銀
陸分正上坋昌平佃載大租叁拾陸觔正
贖回
一抽民田坐落地方土名下犁壁中墘上下等段溫萬邦佃根面全
貼粮銀壹錢捌分正又載大租谷拾觔
一抽民田坐落本鄉土名大洋壠頭盛極佃載大租谷捌觔正
一抽民田坐落本鄉土名毛米墩隔垅下昌勇佃根面全壹段

10-9-15-7　民國十九年山寨黃氏禮春秋三房鬮書（七）

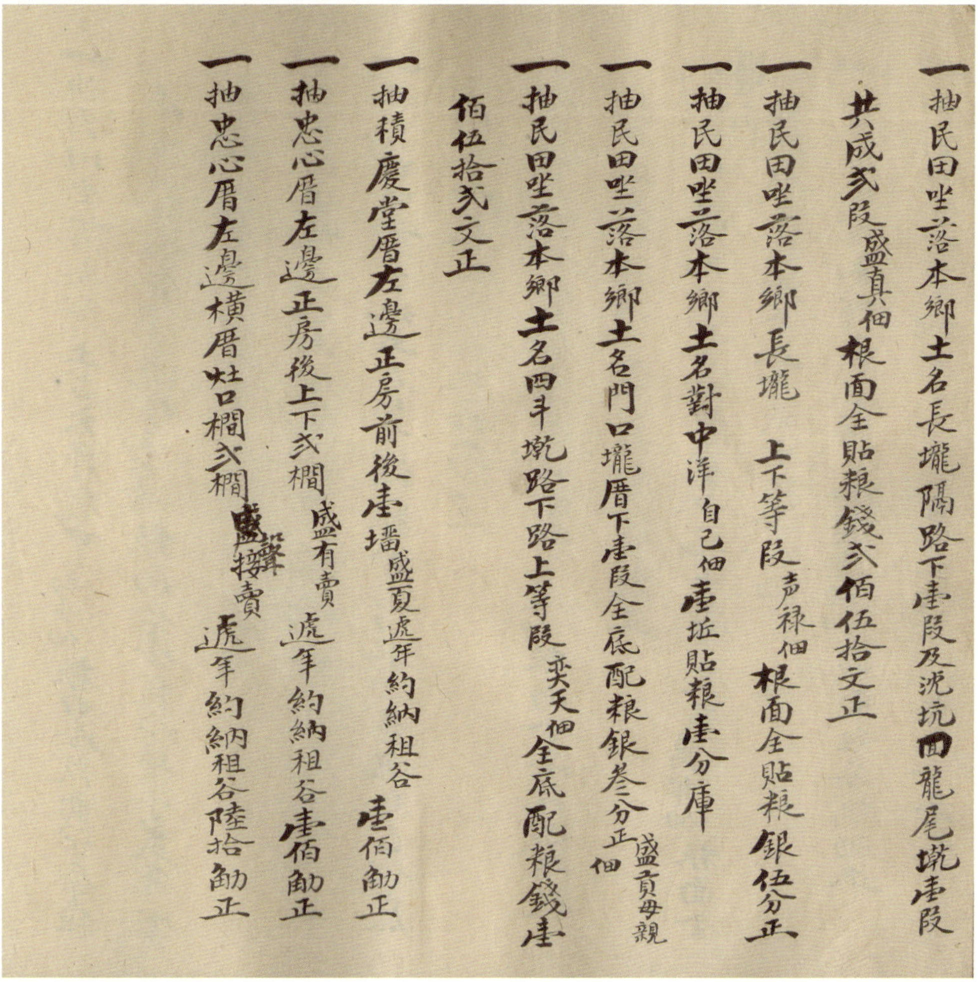
一抽民田坐落本鄉土名長壠陽路下壹段及洸坑田龍尾墘壹段
共成弍段盛真佃根面全貼粮錢叁佰伍拾文正
一抽民田坐落本鄉長壠上下等段声禄佃根面全貼粮銀伍分正
一抽民田坐落本鄉土名對中洋自己佃壹坵貼粮壹分庫
一抽民田坐落本鄉土名門口壠厝下壹段全底配粮銀叁分正盛貢母親佃
一抽民田坐落本鄉土名四丰墘路下路上等段奕天佃全底配粮錢壹
佰伍拾弍文正
一抽積慶堂厝左邊正房前後壹墻盛夏遞年約納租谷壹佰觔正
一抽忠心厝左邊正房後上下弍棡盛有賣遞年約納租谷壹佰觔正
一抽忠心厝左邊橫厝灶口棡弍棡盛攀接賣遞年約納租谷陸拾觔正

10-9-15-8　民國十九年山寨黄氏禮春秋三房鬮書（八）

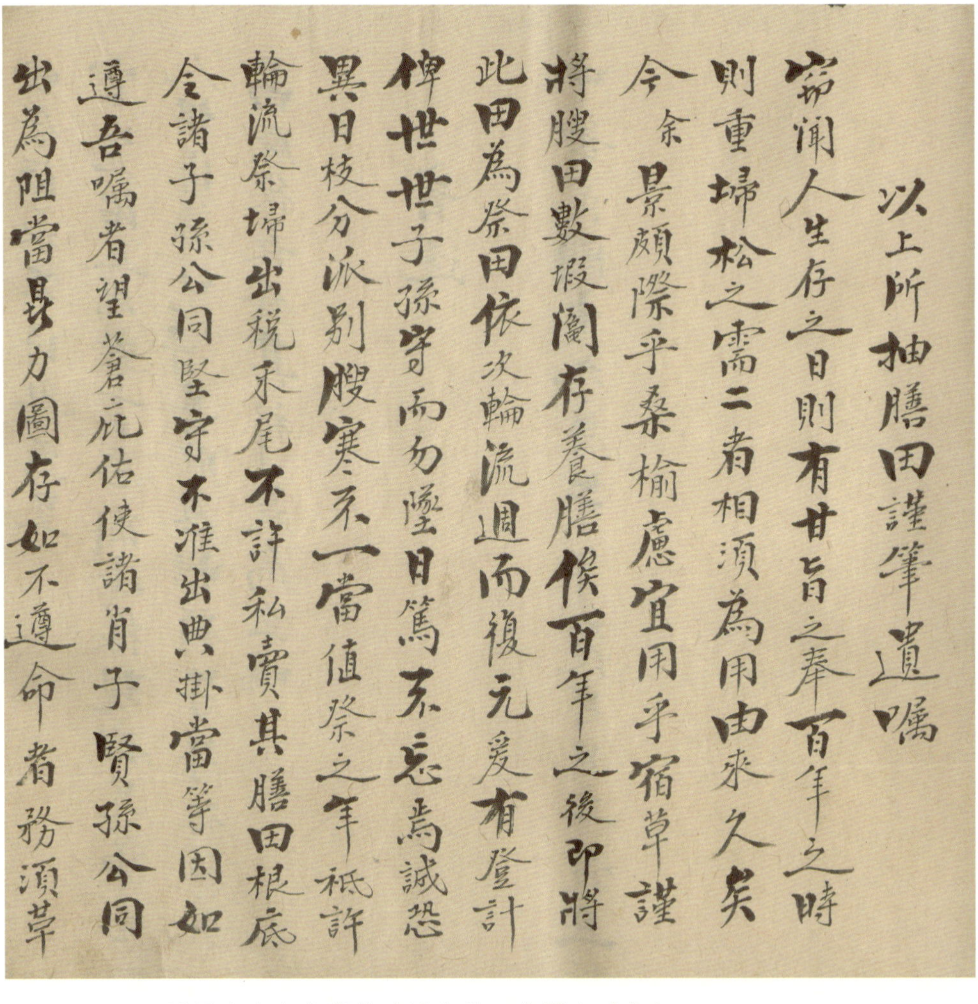

以上所抽膳田謹筆遺囑
竊聞人生存之日則有甘旨之奉百年之時
則重埽松之需二者相須爲用由來久矣
今 余 景頗際乎桑榆慮宜用乎宿草謹
將腴田數坵闔存養膳俟百年之後即將
此田爲祭田依次輪流週而復元爰有登計
俾世世子孫守而勿墜日篤不忘焉誠恐
異日枝分派别腴寒不一當值祭之年祇許
輪流祭埽出税禾尾不許私賣其膳田根底
令諸子孫公同堅守不准出典掛當等因如
遵吾囑者望蒼庇佑使諸肖子賢孫公同
出爲阻當身力圖存如不遵命者務須草

10-9-15-9 民國十九年山寨黃氏禮春秋三房鬮書（九）

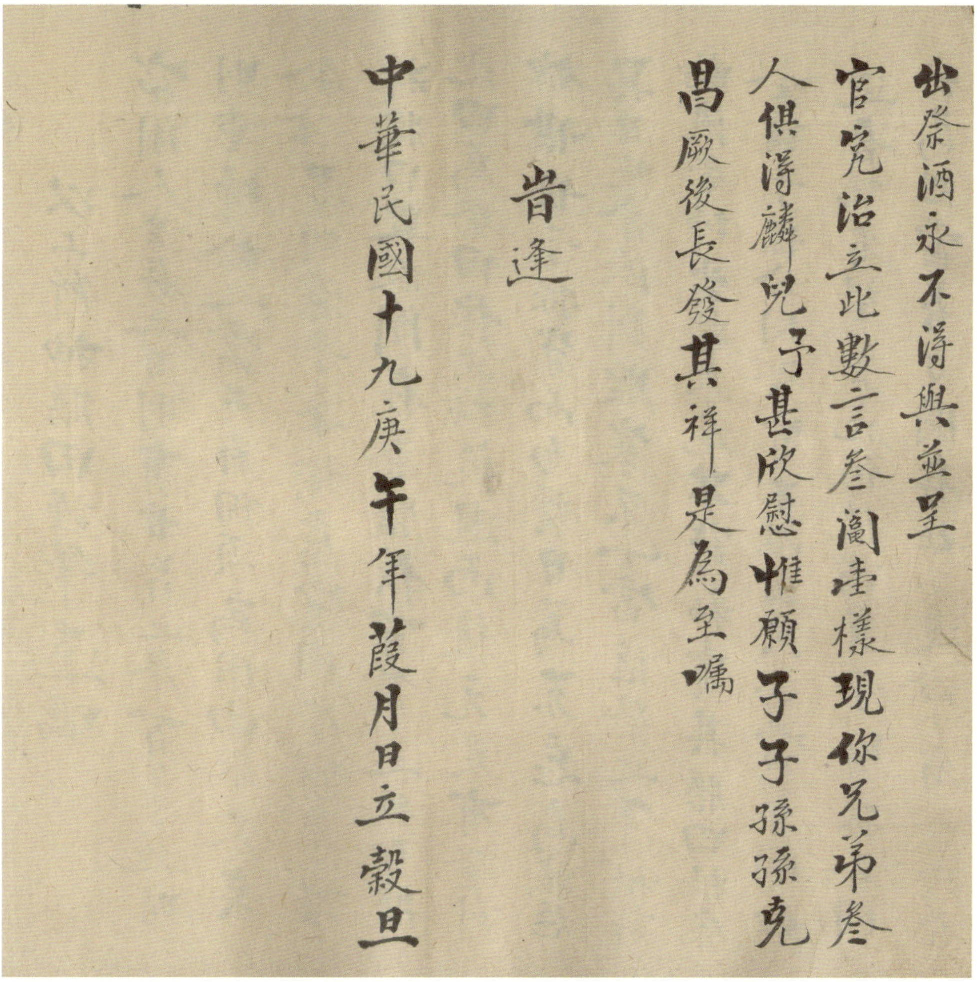

出祭酒永不得與並呈
官究治立此數言叁閫樣現你兄弟叁
人俱得麟兒子甚欣慰惟願子子孫孫克
昌厥後長發其祥是為至囑

旹逢

中華民國十九庚午年葭月日立 穀旦

10-9-15-10 民國十九年山寨黄氏禮春秋三房鬮書（一〇）

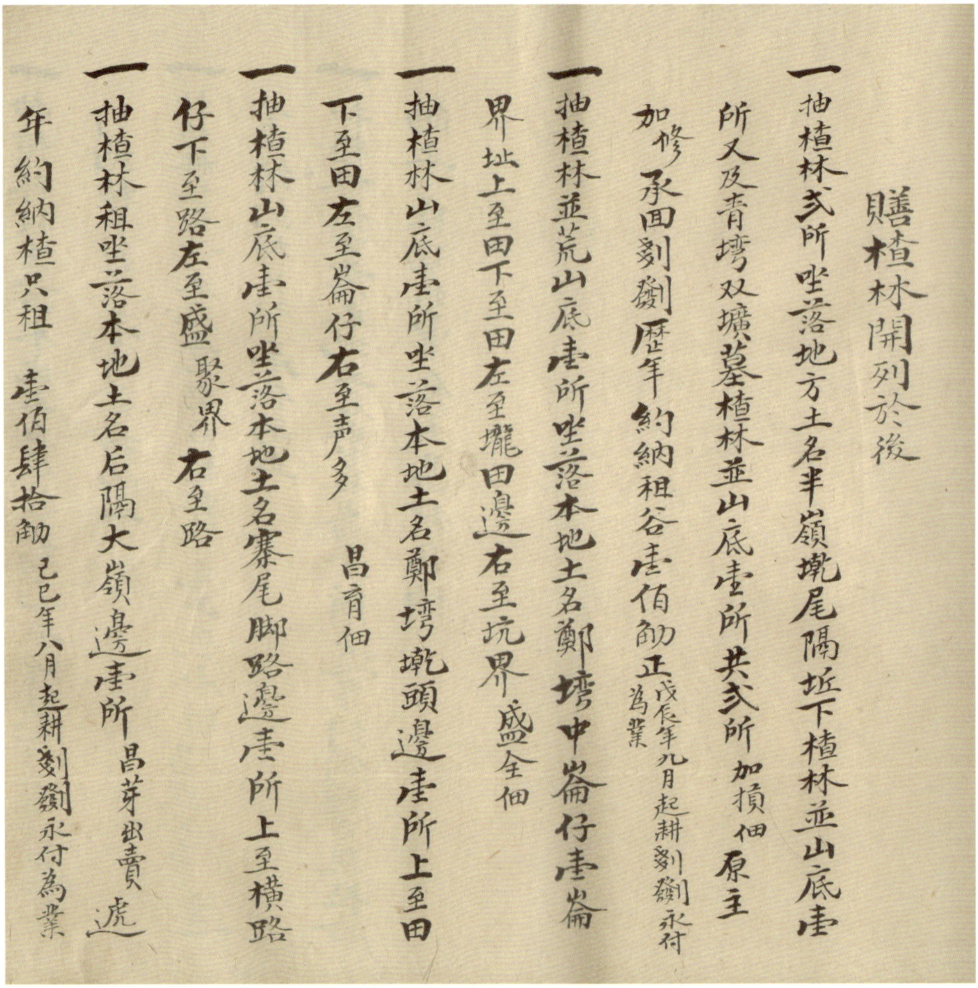

贍植林開列於後

一抽植林弍所坐落地方土名半嶺墘尾隔垄下植林並山底壹所又及青墇双壙墓植林並山底壹所共弍所 加損佃 原主加修承佃劉𨯗歷年約納租谷壹佰觔正 戊辰年九月起耕劉𨯗永付為業

一抽植林並荒山底壹所坐落本地土名鄭墇中崙仔壹崙界址上至田下至田左至壠田邊右至坑界 盛全佃

一抽植林山底壹所坐落本地土名鄭墇墘頭邊壹所上至田下至田左至崙仔右至声多 昌育佃

一抽植林山底壹所坐落本地土名寨尾脚路邊壹所上至横路仔下至路左至盛 聚界 右至路

一抽植林租坐落本地土名后隔大嶺邊壹所 昌芽出賣 遞年約納植只租 壹佰肆拾觔 己巳年八月起耕劉𨯗永付為業

10-9-15-11 民國十九年山寨黄氏禮春秋三房鬮書（一一）

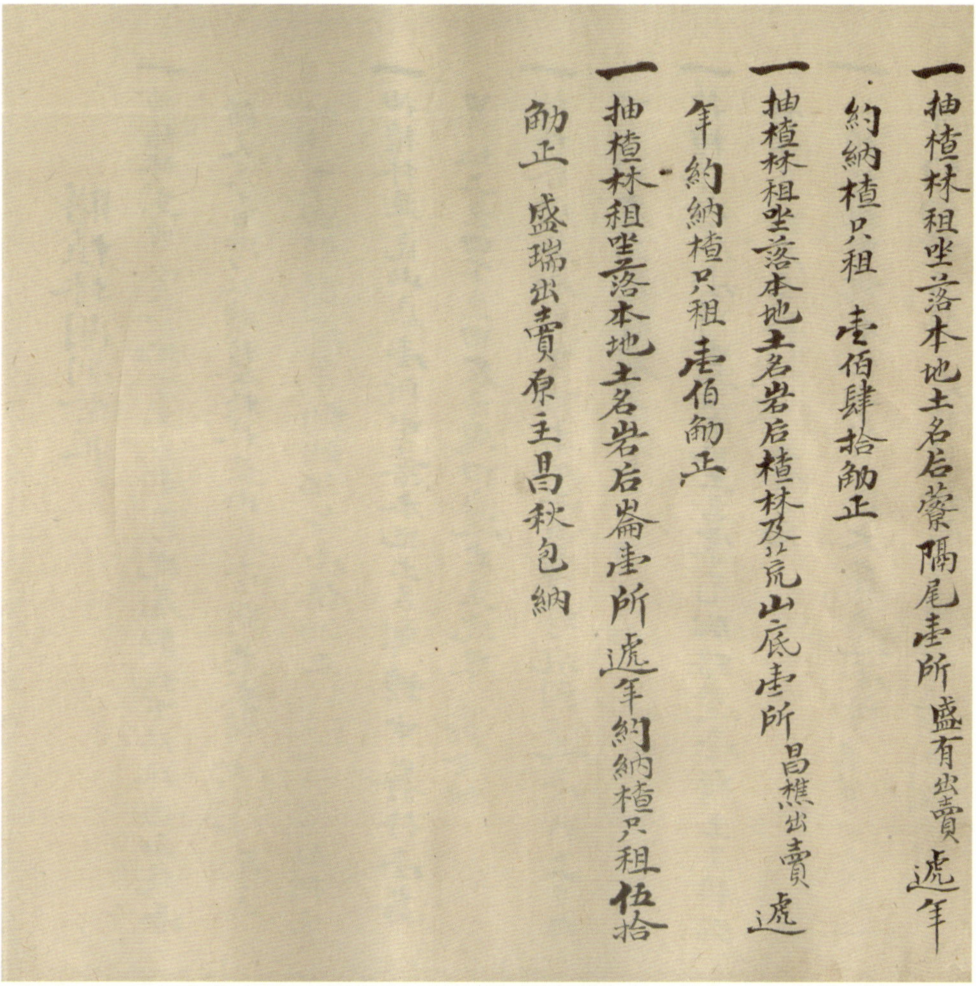
一抽植林租坐落本地土名后蒙隔尾壹所　盛有出賣遞年
約納植只租　壹佰肆拾觔正
一抽植林租坐落本地土名岩后植林及荒山底壹所　昌樵出賣遞
年約納植只租　壹佰觔正
一抽植林租坐落本地土名岩后崙壹所　遞年約納植只租伍拾
觔正　盛瑞出賣原主昌秋包納

10-9-15-12　民國十九年山寨黄氏禮春秋三房鬮書（一二）

禮房應分産業開列于後

一民田坐落本地土名山頭裡左右墘壠陳 艮坤坋 根面全數段配粮銀玖分正

一民田坐落本地土名后隔丰山壠上下等段又鄭塆水墦下上下等段温 經壁坋 根面全兩段配粮伍分壹厘柒毛正

一民田坐落本地土名深潭橋仔頭上下温 御邦坋 根面全等段配粮銀玖分正

一民田坐落本地土名大崙尾壹段又本鄉對中洋尾盛安坋 根面全弍段配粮錢玖拾陸文正

一民田坐落本鄉土名坑底上嶺邊壠下嶺邊壠路兜墘油崗下 昌聯坋 根面全數段配粮錢叁佰弍拾文

10-9-15-13 民國十九年山寨黄氏禮春秋三房鬮書（一三）

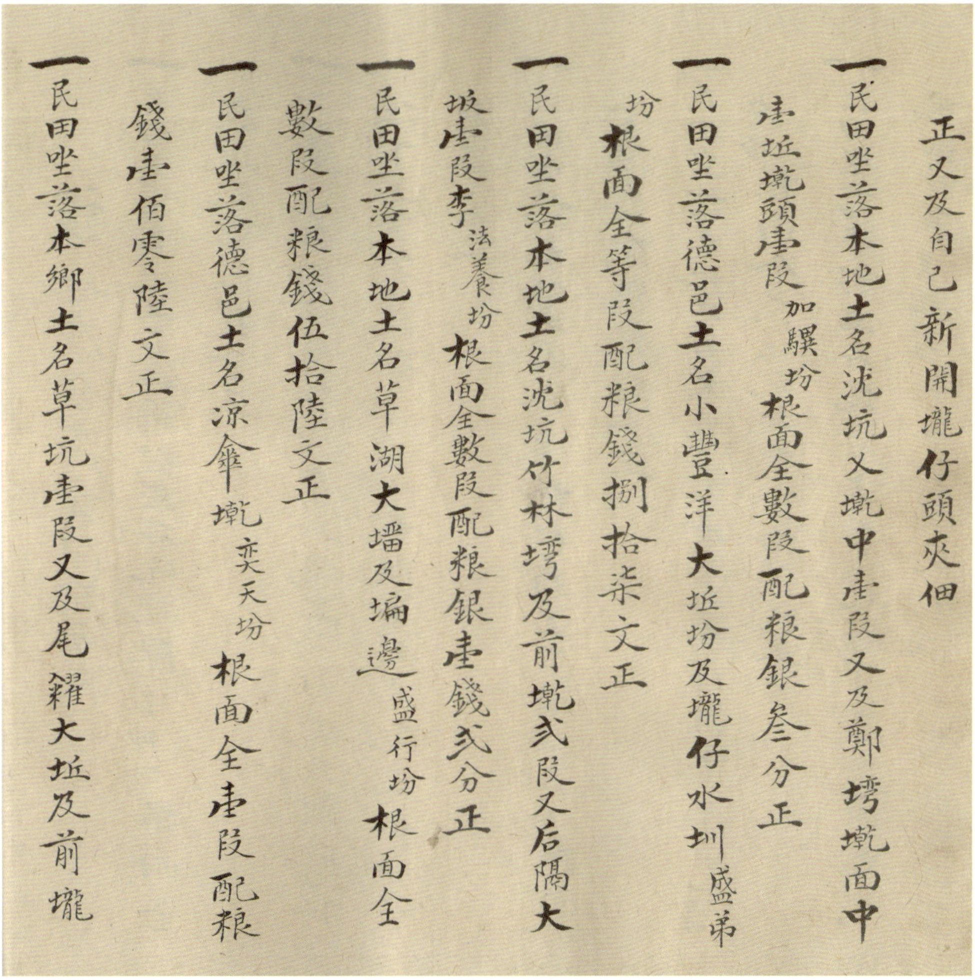
正又及自己新開壠仔頭夾佃
一民田坐落本地土名洑坑乂墈中壹段又及鄭塆墈面中
壹坵墈頭壹段 加騤坋 根面全數段配粮銀叁分正
一民田坐落德邑土名小豐洋大坵坋及壠仔水圳 盛弟
坋 根面全等段配粮錢捌拾柒文正
一民田坐落本地土名洑坑竹林塆及前墈弍段又后隔大
坂壹段李 法養坋 根面全數段配粮銀壹錢弍分正
一民田坐落本地土名草湖大壋及塥邊 盛行坋 根面全
數段配粮錢伍拾陸文正
一民田坐落德邑土名涼傘墈 奕天坋 根面全壹段配粮
錢壹佰零陸文正
一民田坐落本鄉土名草坑壹段又及尾羅大坵及前壠

10-9-15-14　民國十九年山寨黃氏禮春秋三房鬮書（一四）

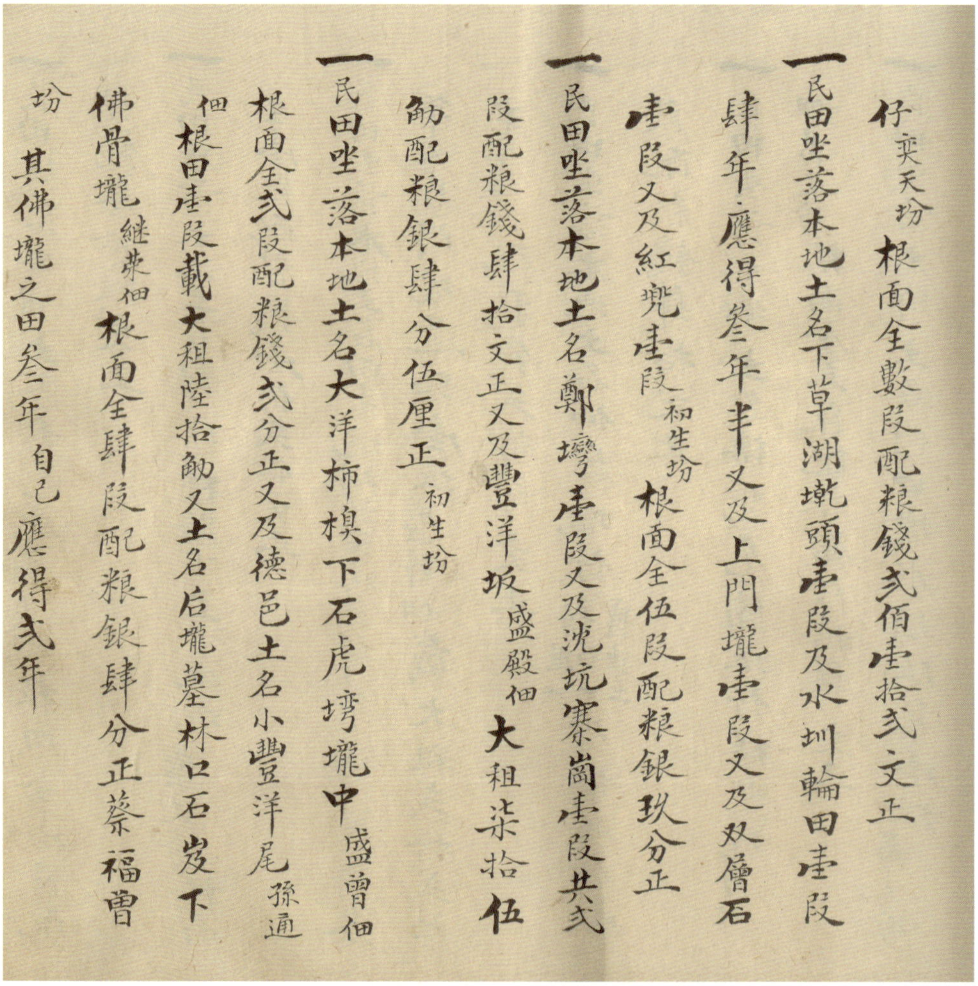
仔奕天坋根面全數段配粮錢弍佰壹拾弍文正
一民田坐落本地土名下草湖墘頭壹段及水圳輪田壹段
肆年·應得叁年半又及上門壠壹段又及双層石
壹段又及紅兜壹段初生坋根面全伍段配粮銀玖分正
一民田坐落本地土名鄭塆壹段又及洸坑寨崗壹段共弍
段配粮錢肆拾文正又及豐洋坂盛殿佃大祖柒拾伍
觔配粮銀肆分伍厘正初生坋
一民田坐落本地土名大洋柿模下石虎塆壠中盛曾佃
根面全弍段配粮錢弍分正又及德邑土名小豐洋尾孫通
佃根田壹段載大租陸拾觔又土名后壠墓林口石岌下
佛骨壠継來佃根面全肆段配粮銀肆分正蔡福曾
坋其佛壠之田叁年自己應得弍年

10-9-15-15 民國十九年山寨黄氏禮春秋三房鬮書（一五）

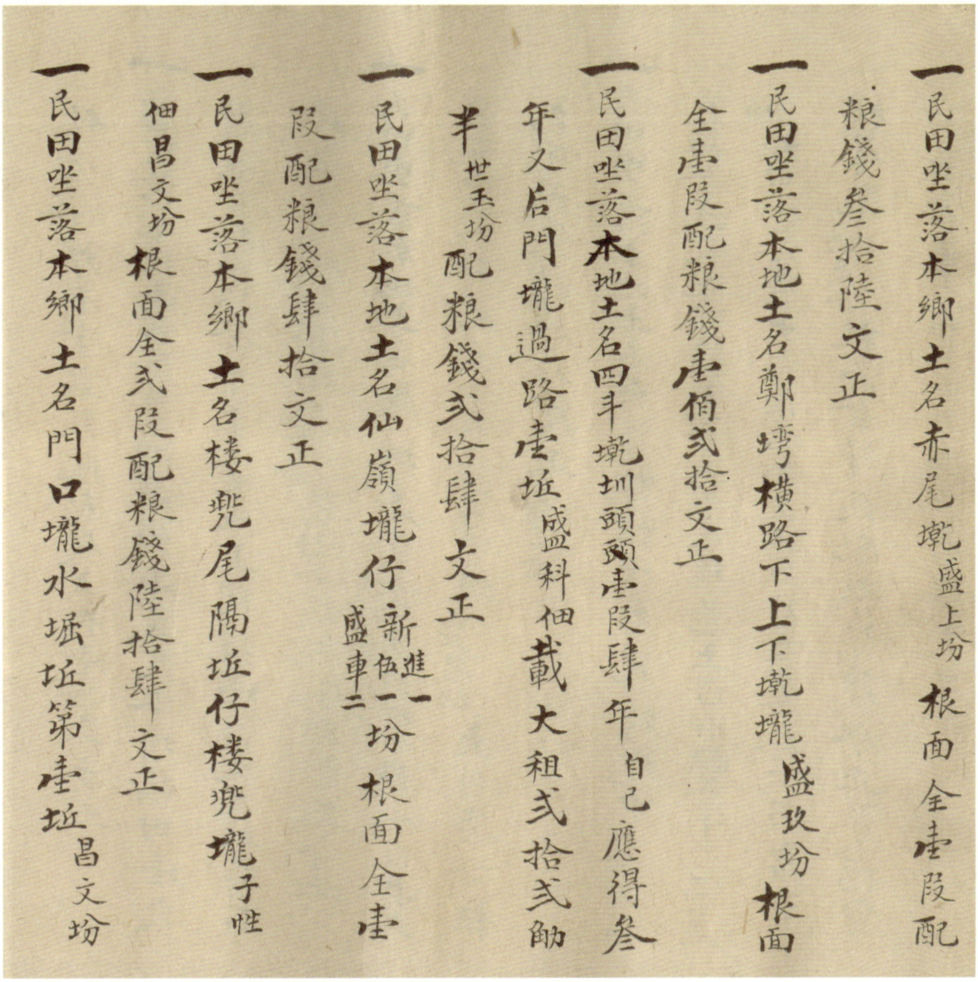
一民田坐落本鄉土名赤尾墘盛上坋 根面全壹段配
粮錢叁拾陸文正
一民田坐落本地土名鄭塆橫路下上下墘壠盛玖坋 根面
全壹段配粮錢壹佰弍拾文正
一民田坐落本地土名四手墘圳頭壹段肆年自己應得叁
年又后門壠過路壹坵盛科佃載大祖弍拾弍觔
半世玉坋配粮錢弍拾肆文正
一民田坐落本地土名仙嶺壠仔新進一伍一盛車二坋 根面全壹
段配粮錢肆拾文正
一民田坐落本鄉土名樓兜尾隔坵仔樓兜壠子姓
佃昌文坋 根面全弍段配粮錢陸拾肆文正
一民田坐落本鄉土名門口壠水堀坵第壹坵昌文坋

10-9-15-16 民國十九年山寨黄氏禮春秋三房鬮書（一六）

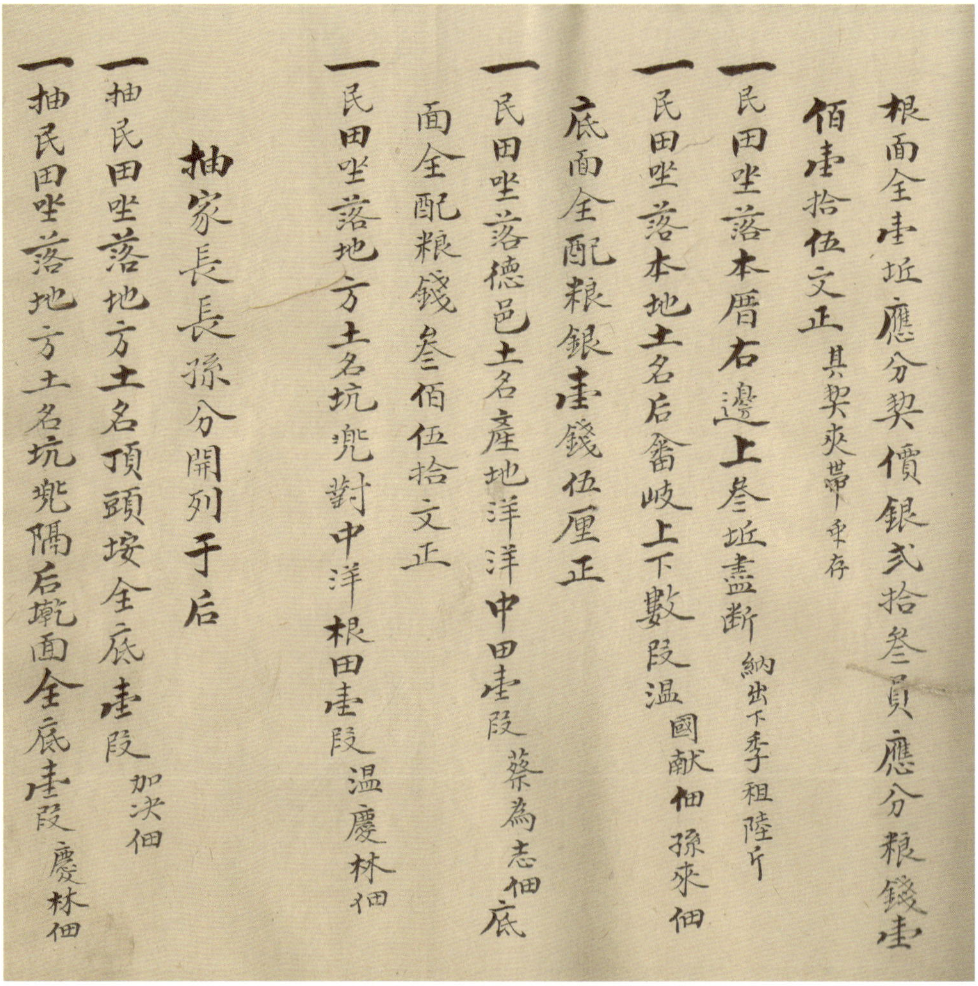
根面全壹坵應分契價銀弍拾叁員應分粮錢壹
佰壹拾伍文正　其契夾帶乎存
一民田坐落本厝右邊上叁坵盡斷　納出下季租陸斤
一民田坐落本地土名后畬岐上下數段温　國献佃　孫來佃
底面全配粮銀壹錢伍厘正
一民田坐落德邑土名產地洋洋中田壹段　蔡為志佃底
面全配粮錢叁佰伍拾文正
一民田坐落地方土名坑兜對中洋根田壹段　温慶林佃
抽家長長孫分開列于后
一抽民田坐落地方土名頂頭垵全底壹段　加決佃
一抽民田坐落地方土名坑兜隔后墘面全底壹段　慶林佃

10-9-15-17　民國十九年山寨黄氏禮春秋三房鬮書（一七）

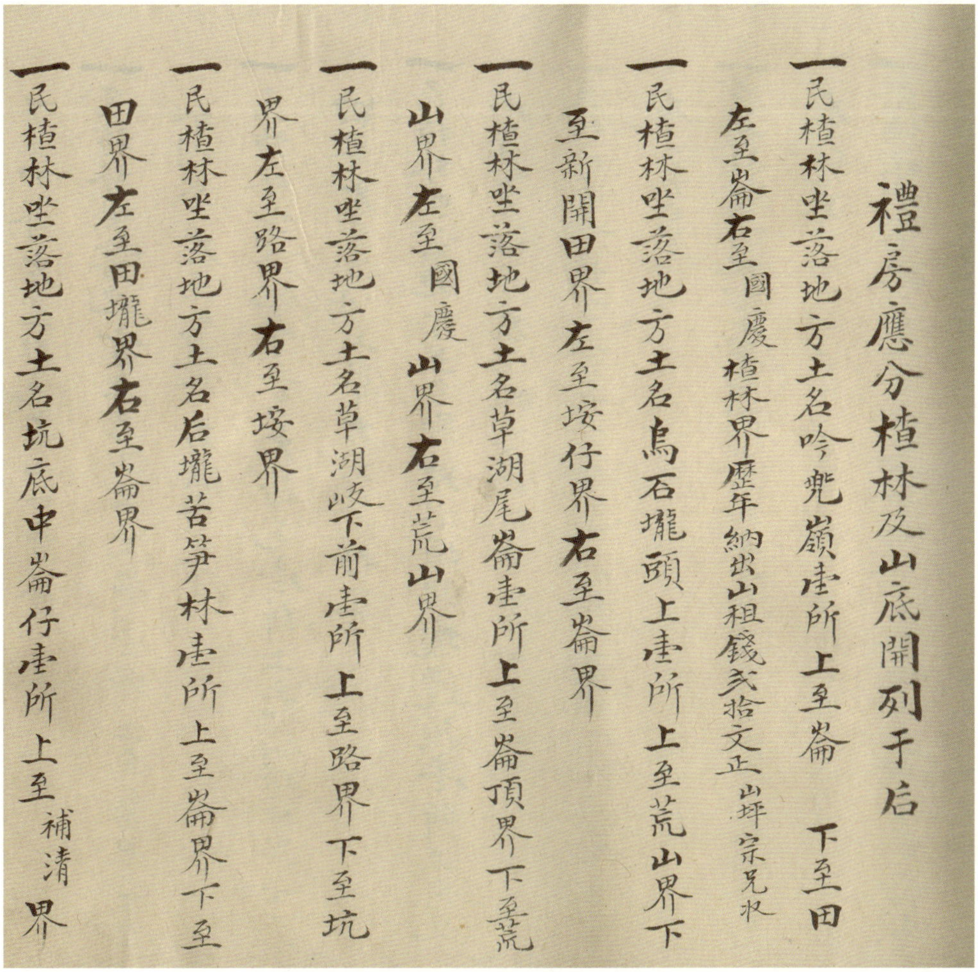
禮房應分植林及山底開列于后
一民植林坐落地方土名吟兜嶺處所 上至崙 下至田
左至崙右至國慶植林界歷年納出山租錢叁拾文正 山坪宗兄收
一民植林坐落地方土名烏石壠頭上處所 上至荒山界下
至新開田界左至垵仔界右至崙界
一民植林坐落地方土名草湖尾崙處所上至崙頂界下至荒
山界左至國慶山界右至荒山界
一民植林坐落地方土名草湖岐下前處所 上至路界下至坑
界左至路界右至垵界
一民植林坐落地方土名后壠苦笋林處所上至崙界下至
田界左至田壠界右至崙界
一民植林坐落地方土名坑底中崙仔處所上至補清界

10-9-15-18　民國十九年山寨黄氏禮春秋三房鬮書（一八）

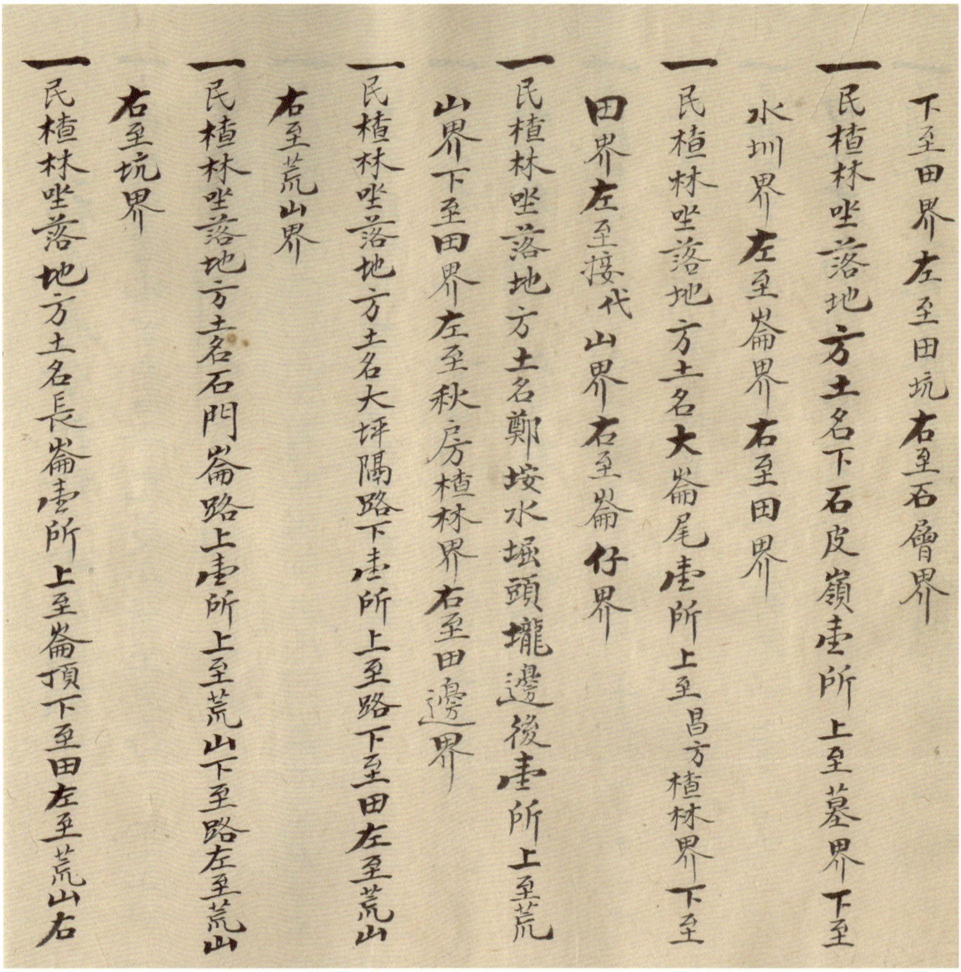
下至田界左至田坑右至石層界
一民植林坐落地方土名下石皮嶺處所上至墓界下至
水圳界左至崙界右至田界
一民植林坐落地方土名大崙尾處所上至昌方植林界下至
田界左至接代山界右至崙仔界
一民植林坐落地方土名鄭垵水堀頭壠邊後處所上至荒
山界下至田界左至秋房植林界右至田邊界
一民植林坐落地方土名大坪隔路下處所上至路下至田左至荒山
右至荒山界
一民植林坐落地方土名石門崙路上處所上至荒山下至路左至荒山
右至坑界
一民植林坐落地方土名長崙處所上至崙頂下至田左至荒山右

10-9-15-19　民國十九年山寨黄氏禮春秋三房鬮書（一九）

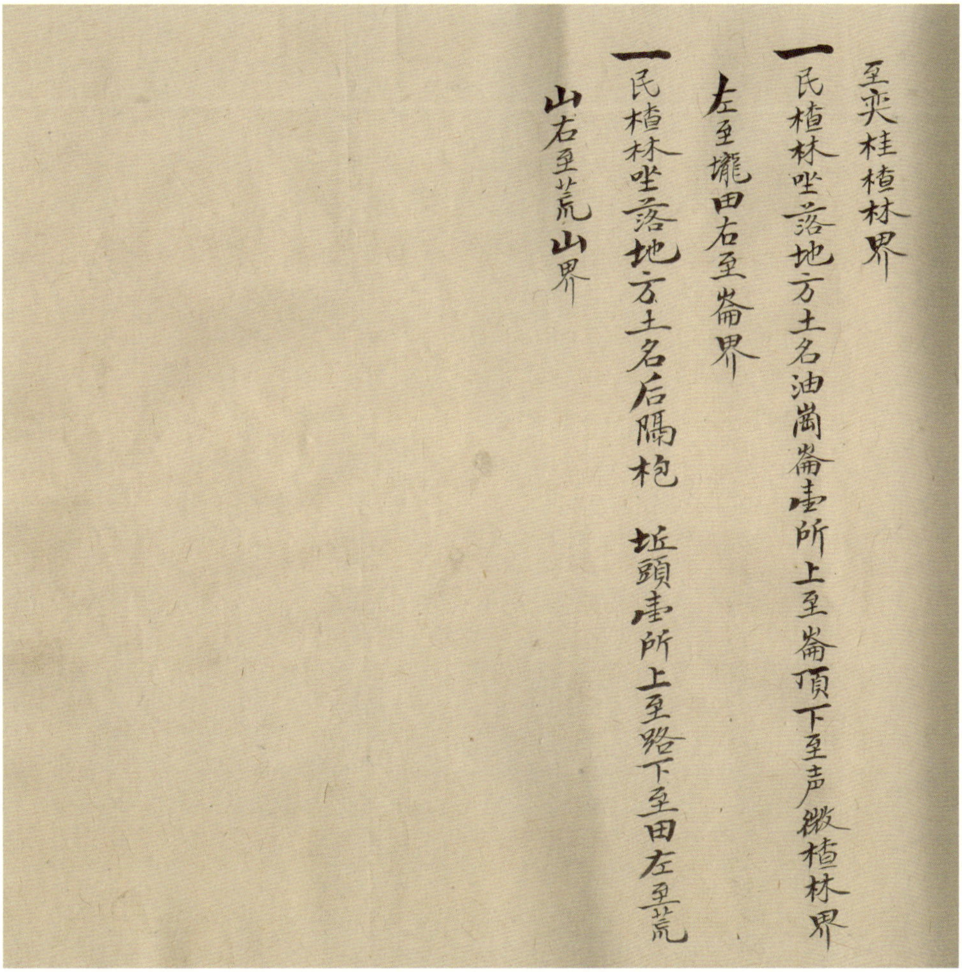
至奕桂植林界
一民植林坐落地方土名油崗崙處所上至崙頂下至声徽植林界
左至壠田右至崙界
一民植林坐落地方土名后隔枹　垢頭處所上至路下至田左至荒
山右至荒山界

10-9-15-20　民國十九年山寨黄氏禮春秋三房鬮書（二〇）

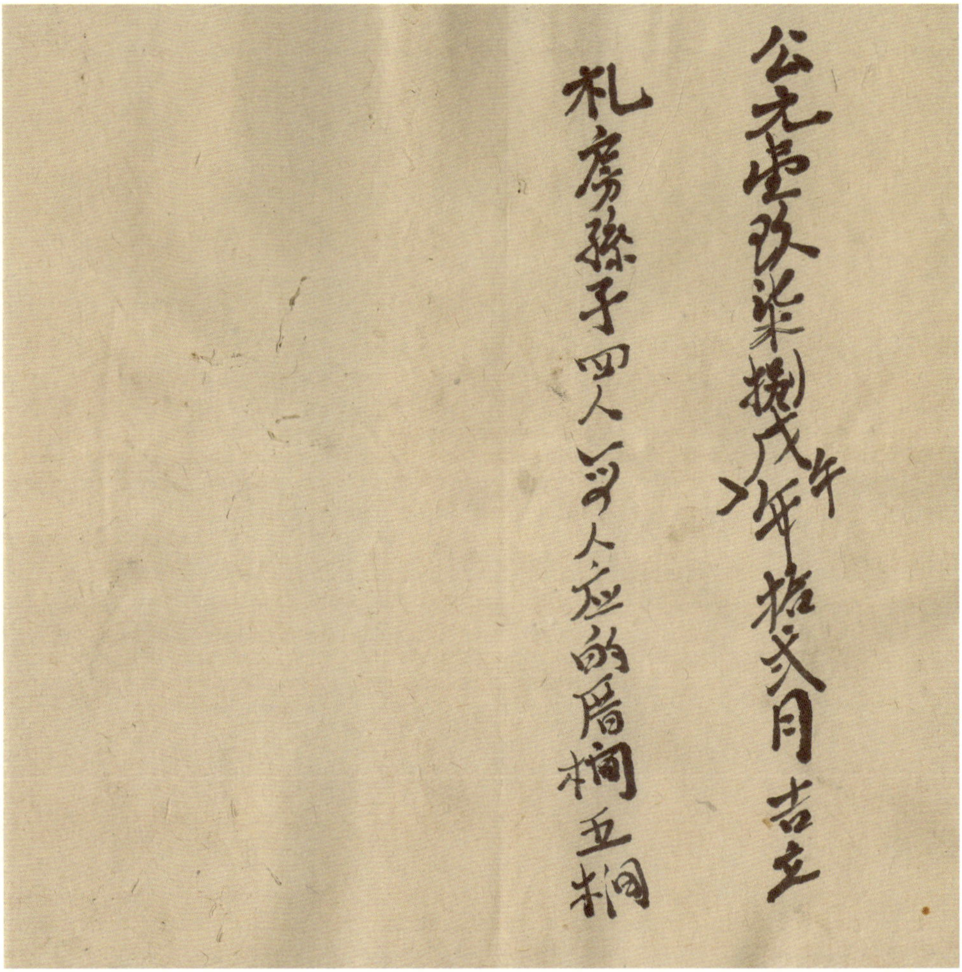

公元壹玖柒捌戊午年拾弍月 吉立

札房孫子四人每人应的眉桐五桐

10-9-15-21　民國十九年山寨黄氏禮春秋三房鬮書（二一）

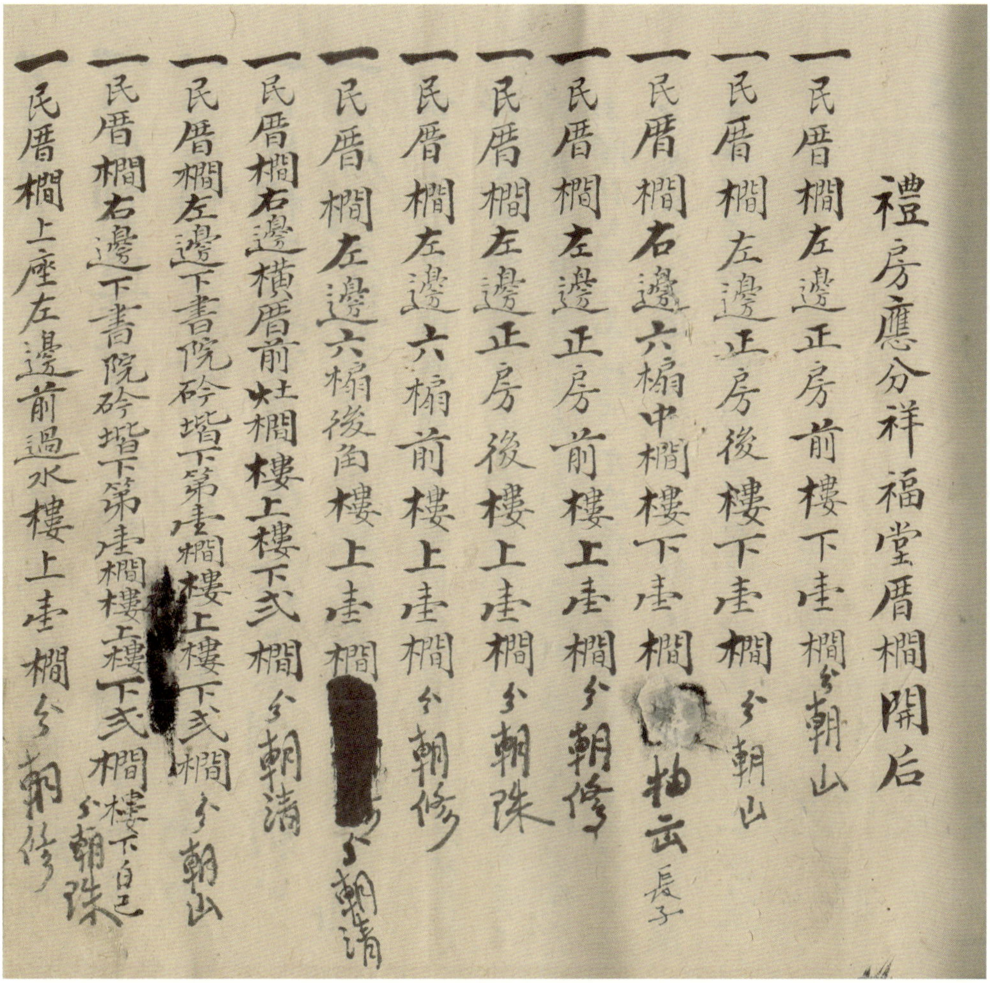

禮房應分祥福堂厝椆開后

一民厝椆左邊正房前樓下壹椆分朝山

一民厝椆左邊正房後樓下壹椆分朝山

一民厝椆右邊六樀中椆樓下壹椆[illegible]柚云 長子

一民厝椆左邊正房前樓上壹椆分朝修

一民厝椆左邊正房後樓上壹椆分朝珠

一民厝椆左邊六樀前樓上壹椆分朝修

一民厝椆左邊六樀後角樓上壹椆[redacted]分朝清

一民厝椆右邊橫厝前灶椆樓上樓下弍椆分朝清

一民厝椆左邊下書院砛墻下第壹椆樓上樓下弍椆分朝山

一民厝椆右邊下書院砛墻下第壹椆樓上樓下弍椆樓下自己分朝珠

一民厝椆上座左邊前過水樓上壹椆分朝修

10-9-15-22　民國十九年山寨黄氏禮春秋三房鬮書（二二）

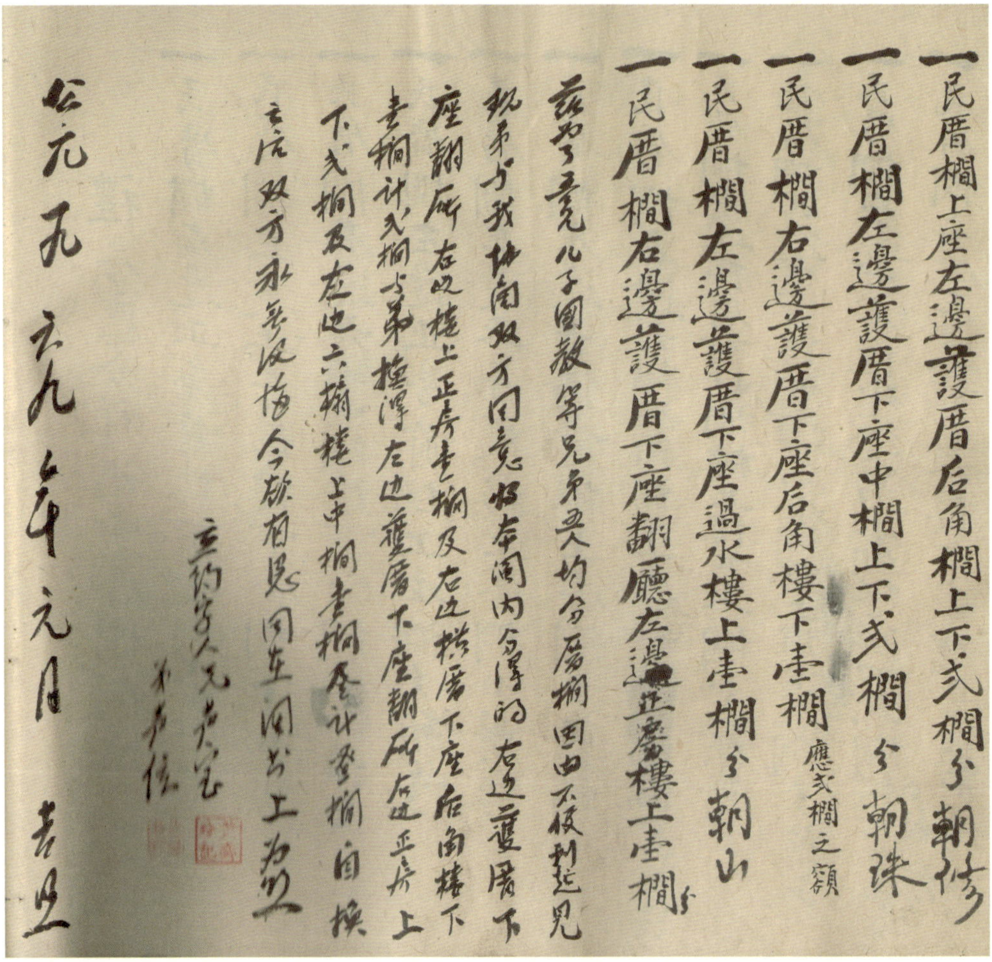

一民厝棡上座左邊護厝后角棡上下弍棡分朝修
一民厝棡左邊護厝下座中棡上下弍棡分朝珠
一民厝棡右邊護厝下座后角樓下壹棡 應弍棡之額
一民厝棡左邊護厝下座過水樓上壹棡分朝山
一民厝棡右邊護厝下座翻廳左邊正廳樓上壹棡
茲因丁意兄兒子國教等兄弟五人均分房棡因由不便對延兒
孫弟等我仲角雙方同意將本閏內分得的右邊護厝下
座翻廳左邊樓上正房壹棡及右邊護厝下座后角樓下
壹棡計弍棡與弟撥得左邊護厝下座翻廳右邊正房上
下弍棡及左邊六桷樓上中棡壹棡合計叁棡自換
之後雙方永無反悔今欲有憑同立同書上為照
立約字人元[illegible]
弟[illegible]
公元五九年元月 吉旦

10-9-15-23 民國十九年山寨黄氏禮春秋三房鬮書（二三）

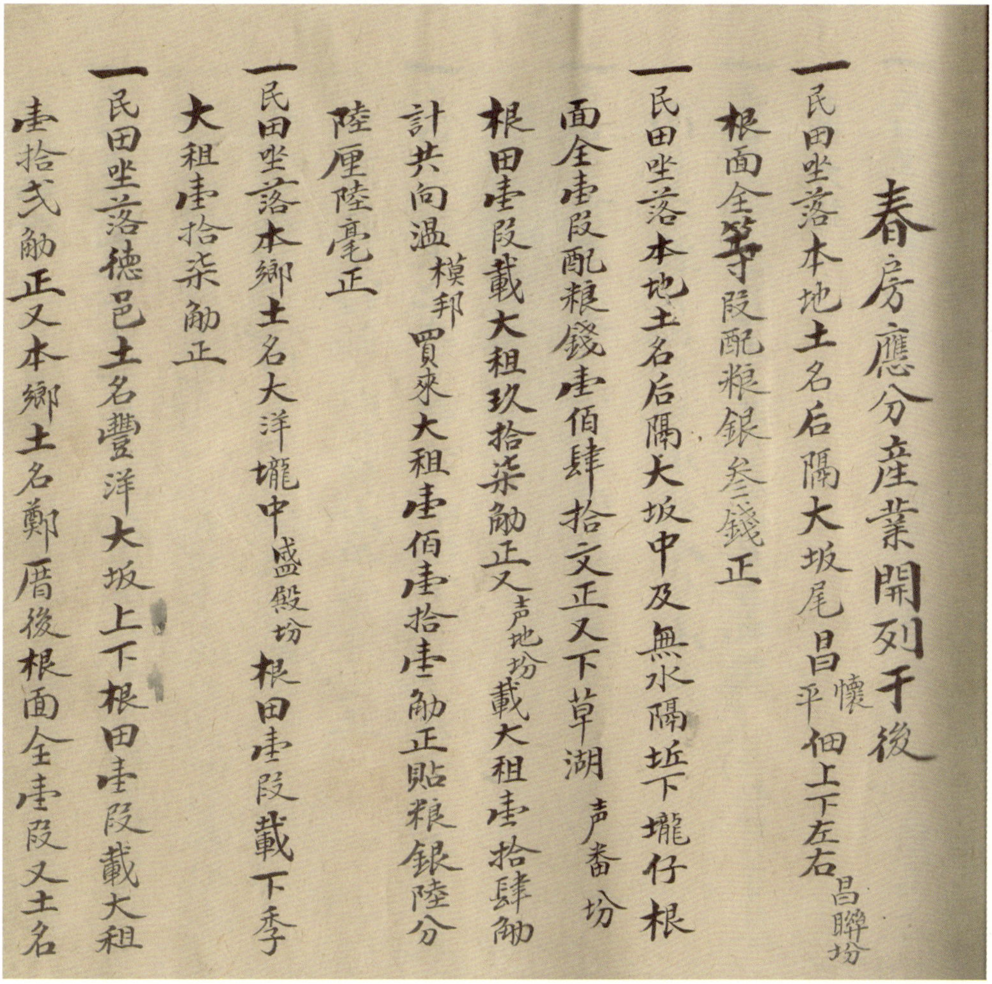

春房應分產業開列于後

一民田坐落本地土名后隔大坂尾昌懷平佃上下左右昌瓣坋

根面全等段配粮銀叁錢正

一民田坐落本地土名后隔大坂中及無水隔垰下壠仔根

面全壹段配粮錢壹佰肆拾文正又下草湖声畨坋

根田壹段載大祖玖拾柒觔正又声地坋載大祖壹拾肆觔

計共向温模邦買來大祖壹佰壹拾壹觔正貼粮銀陸分

陸厘陸毫正

一民田坐落本鄉土名大洋壠中盛殺坋根田壹段載下季

大祖壹拾柒觔正

一民田坐落德邑土名豐洋大坂上下根田壹段載大祖

壹拾弍觔正又本鄉土名鄭厝後根面全壹段又土名

10-9-15-24　民國十九年山寨黄氏禮春秋三房鬮書（二四）

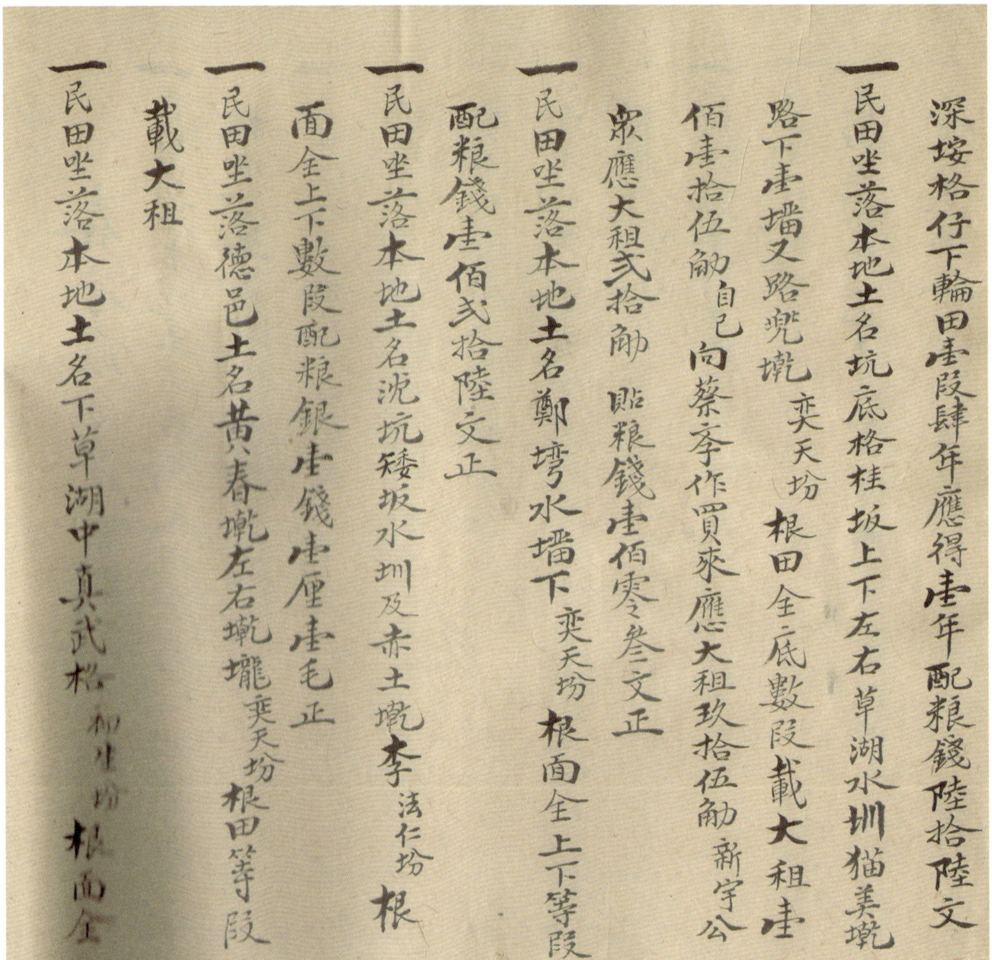
深垵格仔下輪田壹段肆年應得壹年配粮錢陸拾陸文
一民田坐落本地土名坑底格桂坂上下左右草湖水圳猫美墘路下壹墻又路兜墘奕天坋根田全底數段載大租壹佰壹拾伍觔自己向蔡斈作買來應大租玖拾伍觔新字公衆應大租弍拾觔貼粮錢壹佰零叁文正
一民田坐落本地土名鄭墘水墻下奕天坋根面全上下等段配粮錢壹佰弍拾陸文正
一民田坐落本地土名泥坑矮坂水圳及赤土墘李法仁坋根面全上下數段配粮銀壹錢壹厘壹毛正
一民田坐落德邑土名黄春墘左右墘壠奕天坋根田等段載大租
一民田坐落本地土名下草湖中真武松和生坋根面全

10-9-15-25 民國十九年山寨黄氏禮春秋三房鬮書（二五）

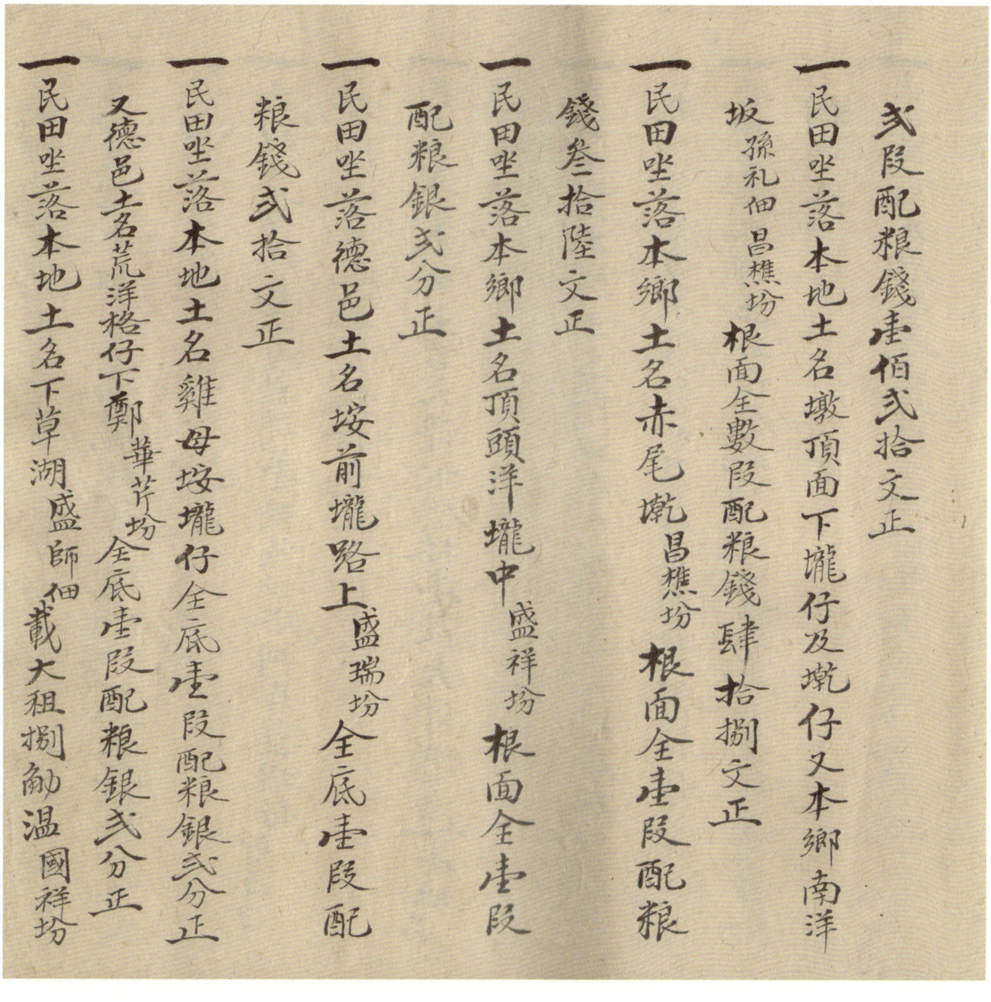

弍段配粮錢壹佰弍拾文正

一民田坐落本地土名墩頂面下壠仔及墘仔又本鄉南洋

坂孫礼佃昌樵坊根面全數段配粮錢肆拾捌文正

一民田坐落本鄉土名赤尾墘昌樵坊根面全壹段配粮

錢叁拾陸文正

一民田坐落本鄉土名頂頭洋壠中盛祥坊根面全壹段

配粮銀弍分正

一民田坐落德邑土名埁前壠路上盛瑞坊全底壹段配

粮錢弍拾文正

一民田坐落本地土名雞母埁壠仔全底壹段配粮銀弍分正

又德邑土名荒洋格仔下鄭華芹坊全底壹段配粮銀弍分正

一民田坐落本地土名下草湖盛師佃載大租捌斛溫國祥坊

10-9-15-26 民國十九年山寨黄氏禮春秋三房鬮書（二六）

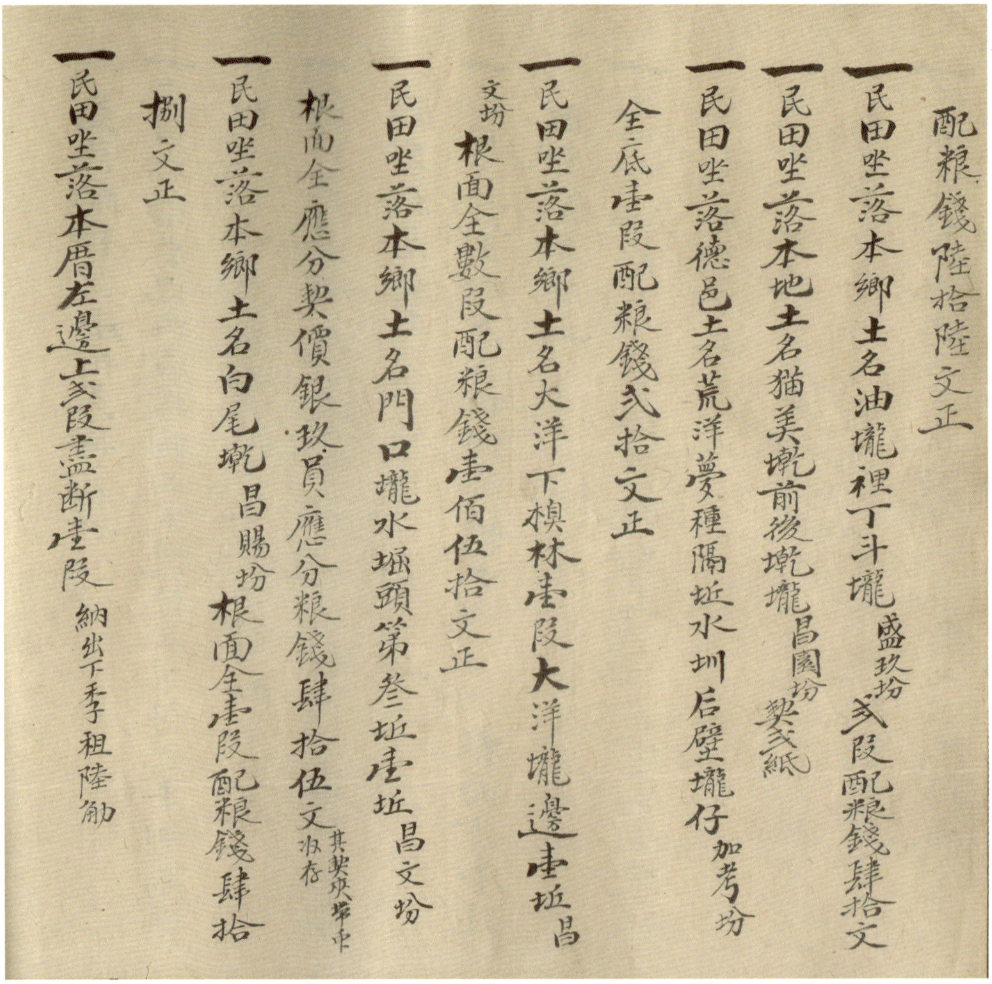

配粮錢陸拾陸文正

一民田坐落本鄉土名油壠裡丁斗壠盛玖坋貳段配粮錢肆拾文

一民田坐落本地土名猫美墘前後墘壠昌國坋契弍紙

一民田坐落德邑土名荒洋夢種隔垃水圳后壁壠仔加考坋

全底壹段配粮錢弍拾文正

一民田坐落本鄉土名大洋下樓林壹段大洋壠邊壹垃昌

文坋根面全數段配粮錢壹佰伍拾文正

一民田坐落本鄉土名門口壠水堀頭第叁垃壹垃昌文坋

根面全應分契價銀玖員應分粮錢肆拾伍文其契交人帶中收存

一民田坐落本鄉土名白尾墘昌賜坋根面全壹段配粮錢肆拾

捌文正

一民田坐落本厝左邊上弍段盡斷壹段納出下季租陸觔

10-9-15-27　民國十九年山寨黃氏禮春秋三房鬮書（二七）

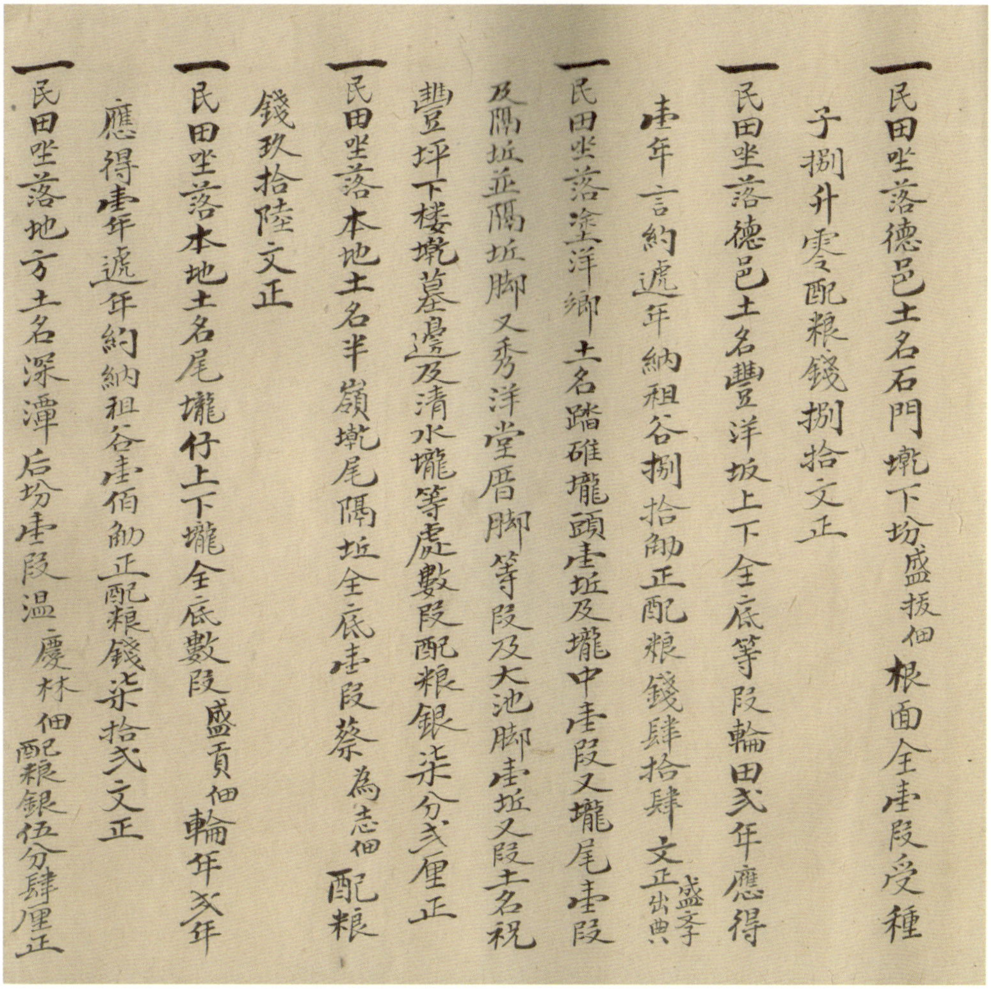
一民田坐落德邑土名石門墘下坋盛扳佃根面全壹段受種
子捌升零配粮錢捌拾文正
一民田坐落德邑土名豐洋坂上下全底等段輪田弍年應得
壹年言約遞年納租谷捌拾觔正配粮錢肆拾肆文正盛孝出典
一民田坐落塗洋鄉土名踏碓壠頭壹坵及壠中壹段又壠尾壹段
及隔坵並隔坵脚又秀洋堂厝脚等段及大池脚壹坵又段土名視
豐坪下楼墘墓邊及清水壠等處數段配粮銀柒分弍厘正
一民田坐落本地土名半嶺墘尾隔坵全底壹段蔡為志佃配粮
錢玖拾陸文正
一民田坐落本地土名尾壠仔上下壠全底數段盛貢佃輪年弍年
應得壹年遞年約納租谷壹佰觔正配粮錢柒拾弍文正
一民田坐落地方土名深潭后坋壹段溫慶林佃配粮銀伍分肆厘正

10-9-15-28 民國十九年山寨黄氏禮春秋三房鬮書（二八）

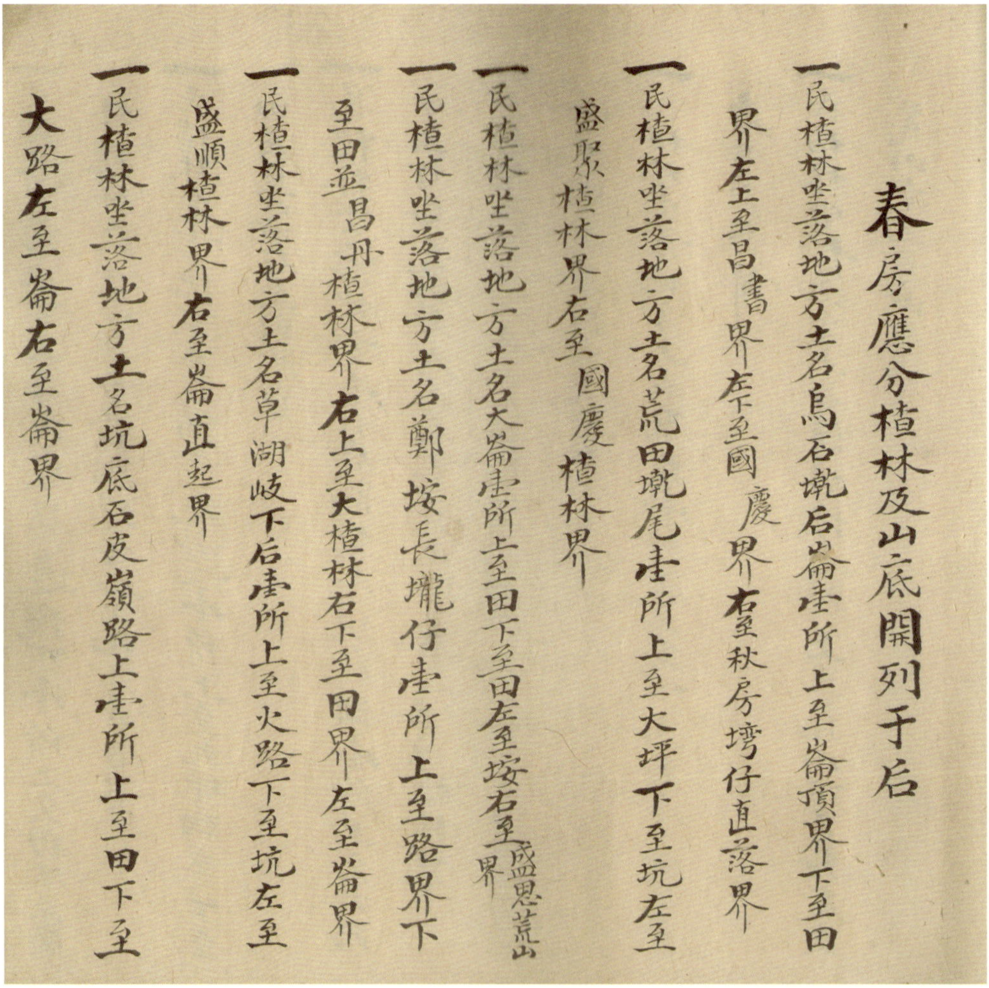

春房應分植林及山底開列于后

一民植林坐落地方土名烏石墘后崙厝所上至崙頂界下至田界左上至昌書界左下至國慶界右至秋房壜仔直落界

一民植林坐落地方土名荒田墘尾厝所上至大坪下至坑左至盛聚植林界右至國慶植林界

一民植林坐落地方土名大崙厝所上至田下至田左至垵右至盛思荒山界

一民植林坐落地方土名鄭垵長壠仔厝所上至路界下至田並昌丹植林界右上至大植林右下至田界左至崙界

一民植林坐落地方土名草湖岐下后厝所上至火路下至坑左至盛順植林界右至崙直起界

一民植林坐落地方土名坑底石皮嶺路上厝所上至田下至大路左至崙右至崙界

10-9-15-29　民國十九年山寨黃氏禮春秋三房鬮書（二九）

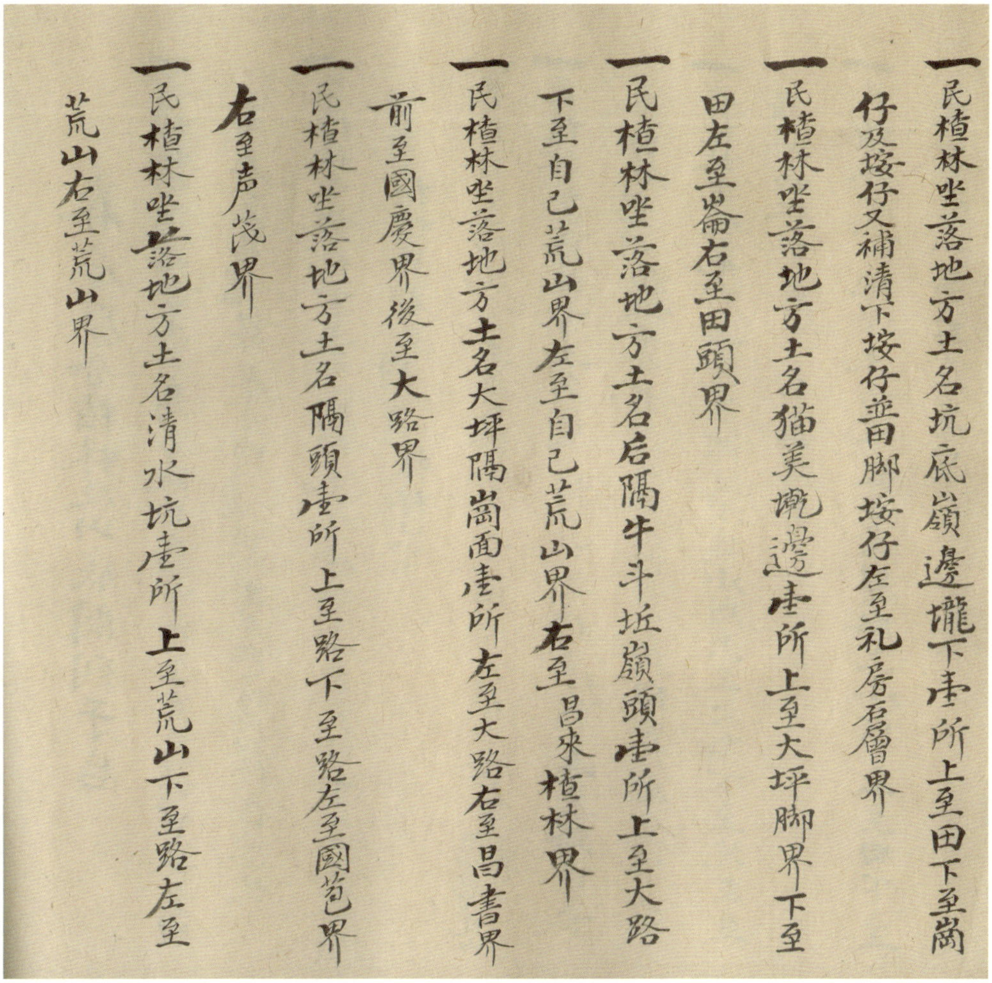
一民植林坐落地方土名坑底嶺邊壠下壹所上至田下至崗
仔及坳仔又補清下坳仔並田脚坳仔左至礼房石層界
一民植林坐落地方土名猫美墈邊壹所上至大坪脚界下至
田左至崙右至田頭界
一民植林坐落地方土名后隔牛斗垅嶺頭壹所上至大路
下至自己荒山界左至自己荒山界右至昌來植林界
一民植林坐落地方土名大坪隔崗面壹所左至大路右至昌書界
前至國慶界後至大路界
一民植林坐落地方土名隔頭壹所上至路下至路左至國苞界
右至声茂界
一民植林坐落地方土名清水坑壹所上至荒山下至路左至
荒山右至荒山界

10-9-15-30 民國十九年山寨黄氏禮春秋三房鬮書（三〇）

一民植林坐落地方土名大崙尾處所上至路下至坑左至坑
右至荒山界

10-9-15-31　民國十九年山寨黃氏禮春秋三房鬮書（三一）

春房應分祥福堂厝棡開后

一民厝棡右邊正房前樓下厓棡

一民厝棡右邊正房後樓下厓棡

一民厝棡左邊六楄中棡樓下厓棡

一民厝棡右邊正房前樓上厓棡

一民厝棡右邊正房後樓上厓棡

一民厝棡右邊六楄前樓上厓棡

一民厝棡左邊後過水樓上厓棡

一民厝棡右邊橫厝後灶棡樓上樓下弍棡

一民厝棡左邊下書院第弍棡樓上樓下弍棡

一民厝棡右邊下書院第叁棡樓上樓下弍棡

一民厝棡左邊六楄后角樓下厓棡

10-9-15-32　民國十九年山寨黄氏禮春秋三房鬮書（三二）

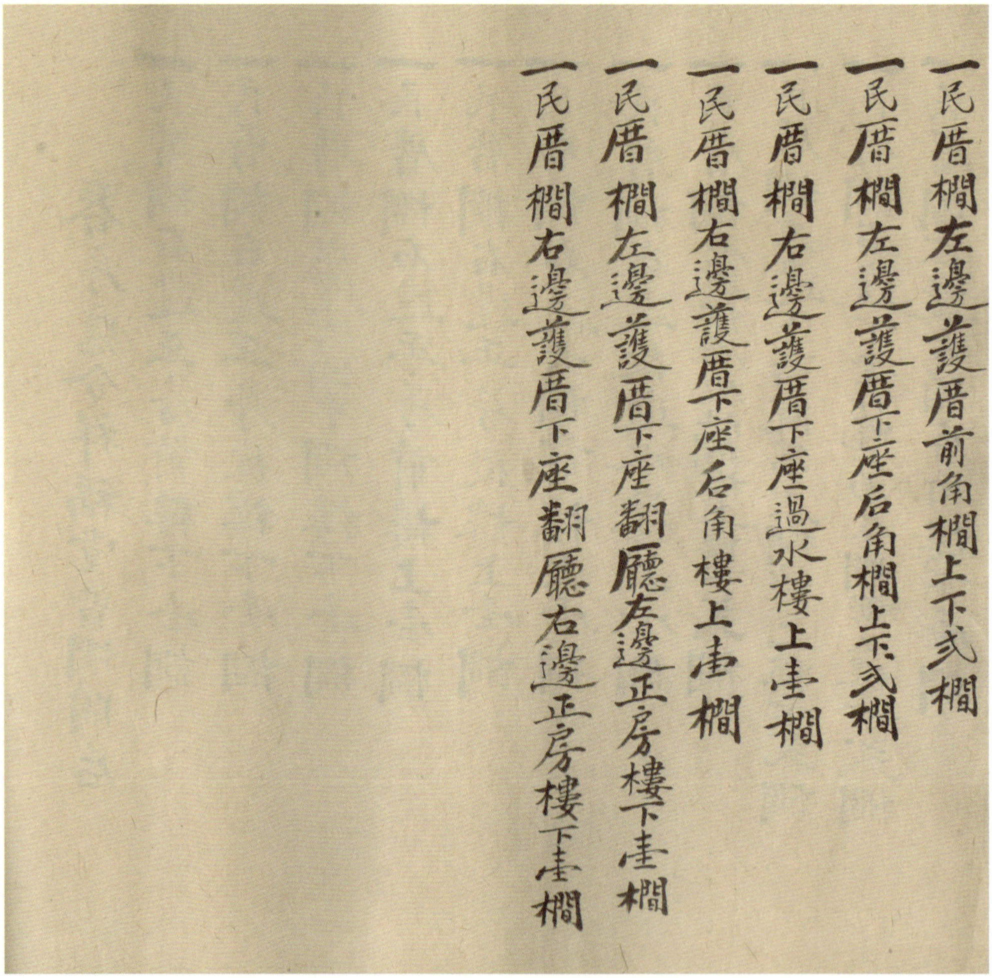

一民厝橺左邊護厝前角橺上下弍橺
一民厝橺左邊護厝下座后角橺上下弍橺
一民厝橺右邊護厝下座過水樓上壹橺
一民厝橺右邊護厝下座后角樓上壹橺
一民厝橺左邊護厝下座翻廳左邊正房樓下壹橺
一民厝橺右邊護厝下座翻廳右邊正房樓下壹橺

10-9-15-33 民國十九年山寨黄氏禮春秋三房鬮書（三三）

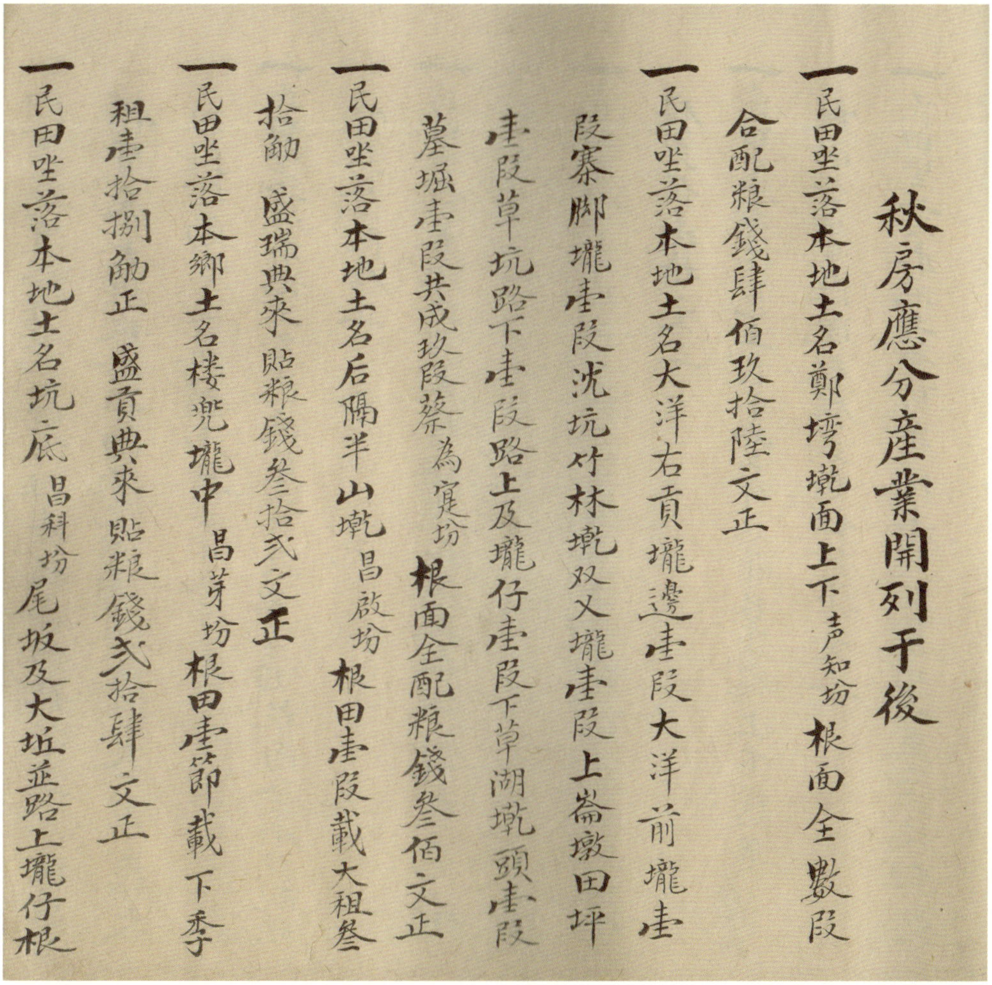
秋房應分産業開列于後
一民田坐落本地土名鄭墩墘面上下声知坊 根面全數段
合配粮錢肆佰玖拾陸文正
一民田坐落本地土名大洋右貢壠邊壹段大洋前壠壹
段寨脚壠壹段洸坑竹林墘双乂壠壹段上崙墩田坪
壹段草坑路下壹段路上及壠仔壹段下草湖墘頭壹段
墓堀壹段共成玖段蔡為寔坊 根面全配粮錢叁佰文正
一民田坐落本地土名后隔半山墘昌啟坊 根田壹段載大祖叁
拾觔 盛瑞典來貼粮錢叁拾弍文正
一民田坐落本鄉土名楼兜壠中昌芽坊 根田壹節載下季
租壹拾捌觔正 盛貢典來貼粮錢弍拾肆文正
一民田坐落本地土名坑底昌科坊尾坂及大垃並路上壠仔根

10-9-15-34 民國十九年山寨黄氏禮春秋三房鬮書（三四）

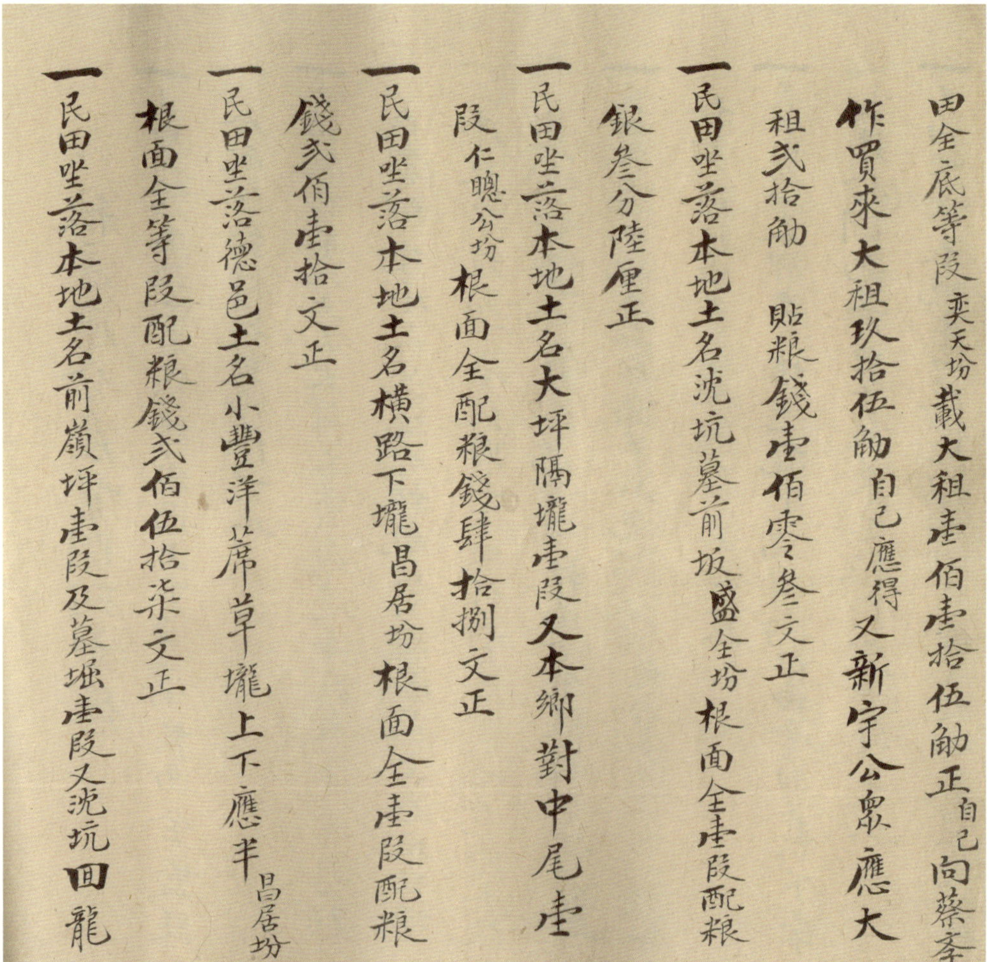

田全底等段奕天坊載大祖壹佰壹拾伍觔正自己向蔡李
作買來大祖玖拾伍觔自己應得又新宇公衆應大
租弍拾觔　貼粮錢壹佰零叁文正
一民田坐落本地土名洸坑墓前坂盛全坊根面全壹段配粮
銀叁分陸厘正
一民田坐落本地土名大坪隔壠壹段又本鄉對中尾壹
段仁聰公坊根面全配粮錢肆拾捌文正
一民田坐落本地土名横路下壠昌居坊根面全壹段配粮
錢弍佰壹拾文正
一民田坐落德邑土名小豐洋蓆草壠上下應半昌居坊
根面全等段配粮錢弍佰伍拾柒文正
一民田坐落本地土名前嶺坪壹段及墓堀壹段又洸坑回龍

10-9-15-35　民國十九年山寨黃氏禮春秋三房鬮書（三五）

及水圳壹段后門壠根田壹段初生佃根之底田共肆段載
大租柒觔配粮銀肆分正
一民田坐落德邑土名蓎壠頭壠中根田壹段加賓坋又本鄉
土名山圍崙壠仔全之底壹段配粮錢貳拾肆文正載大租
叁拾陸觔正盛貢典來貼粮錢肆拾文正
一民田坐落德邑土名豐洋坡上下根田等段盛殿佃約
遞年包納租谷壹佰觔正
一民田坐落本鄉土名樓兜壠大垢根面全壹段昌居坋配
粮錢玖拾文正
一民田坐落本地土名橫路下壠及墘根面全壹段蔡孝錦坋
配粮錢肆拾捌文正
一民田坐落本鄉土名頂頭垵毛美墩昌啓坋根面全貳段

10-9-15-36　民國十九年山寨黄氏禮春秋三房鬮書（三六）

配粮錢肆拾文正
一民田坐落本地土名半嶺墘柿樸脚壠及下壠仔根面全
等段盛極坋配粮錢捌拾文正
一民田坐落本地土名草湖上圳尾墘叁坵糞桶壠及崗仔
又塭仔盛李坋根田全底上下等段載大租叁拾肆觔
貼粮錢壹佰零叁文正
一民田坐落本地土名大洋尾　公墓下新開壠仔壹段
及石虎垵过路壠中壹段仙樸坋全底弍段配粮錢壹拾捌文正
一民田坐落本鄉土名竹竿頭白秋公盛田坋根面全弍段配
粮錢肆拾肆文正
一民田坐落本鄉土名草坑大小叁坵后門壠过路壹坵盛全坋
根面全弍段配粮錢肆拾文正

10-9-15-37　民國十九年山寨黃氏禮春秋三房鬮書（三七）

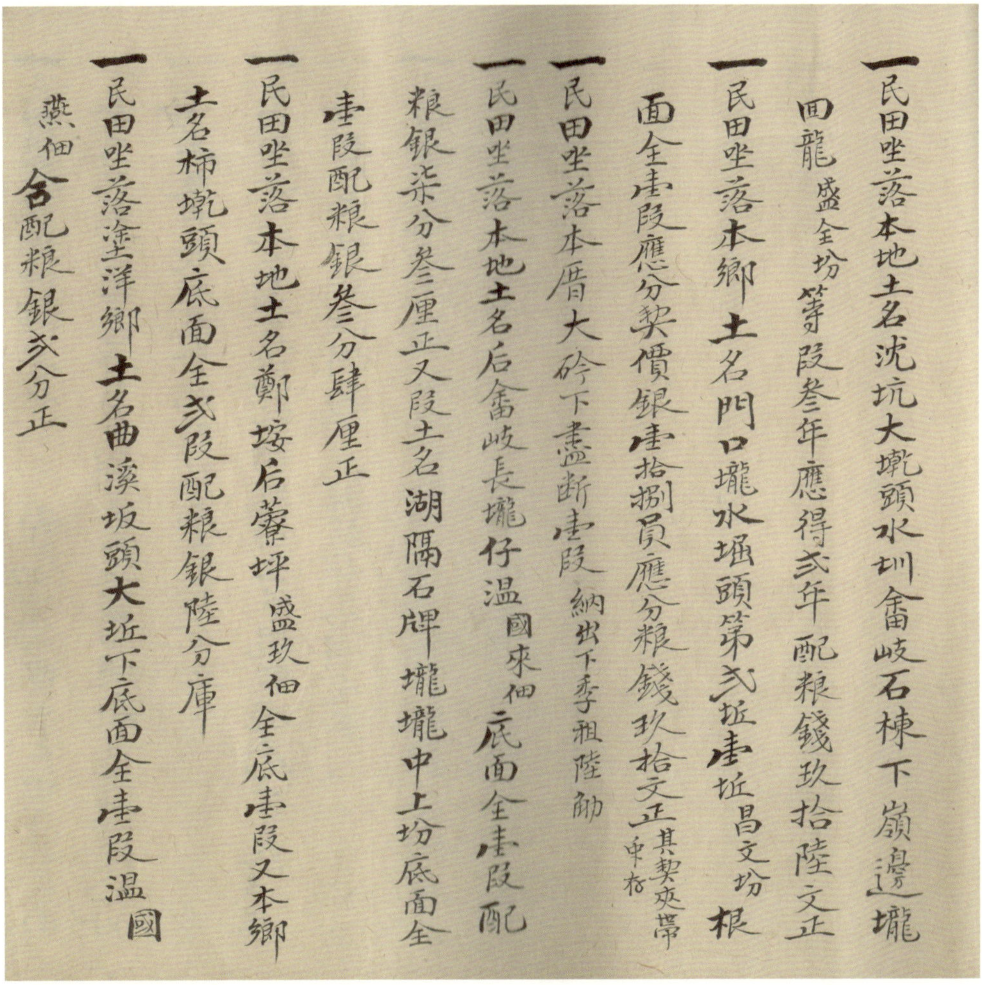

一民田坐落本地土名洸坑大墘頭水圳畬岐石楝下嶺邊壠佃龍盛全坋等段叁年應得弍年配粮錢玖拾陸文正
一民田坐落本鄉土名門口壠水堀頭第弍坵壹坵昌文坋根面全壹段應分契價銀壹拾捌員應分粮錢玖拾文正其契夾帶申枋
一民田坐落本厝大砱下盡断壹段納出下季祖陸畝
一民田坐落本地土名后畬岐長壠仔温國來佃底面全壹段配粮銀柒分叁厘正又段土名湖隔石牌壠壠中上坋底面全壹段配粮銀叁分肆厘正
一民田坐落本地土名鄭垵后藔坪盛玖佃全底壹段又本鄉土名柿墘頭底面全弍段配粮銀陸分庫
一民田坐落塗洋鄉土名曲溪坂頭大坵下底面全壹段温國燕佃合配粮銀弍分正

10-9-15-38　民國十九年山寨黄氏禮春秋三房鬮書（三八）

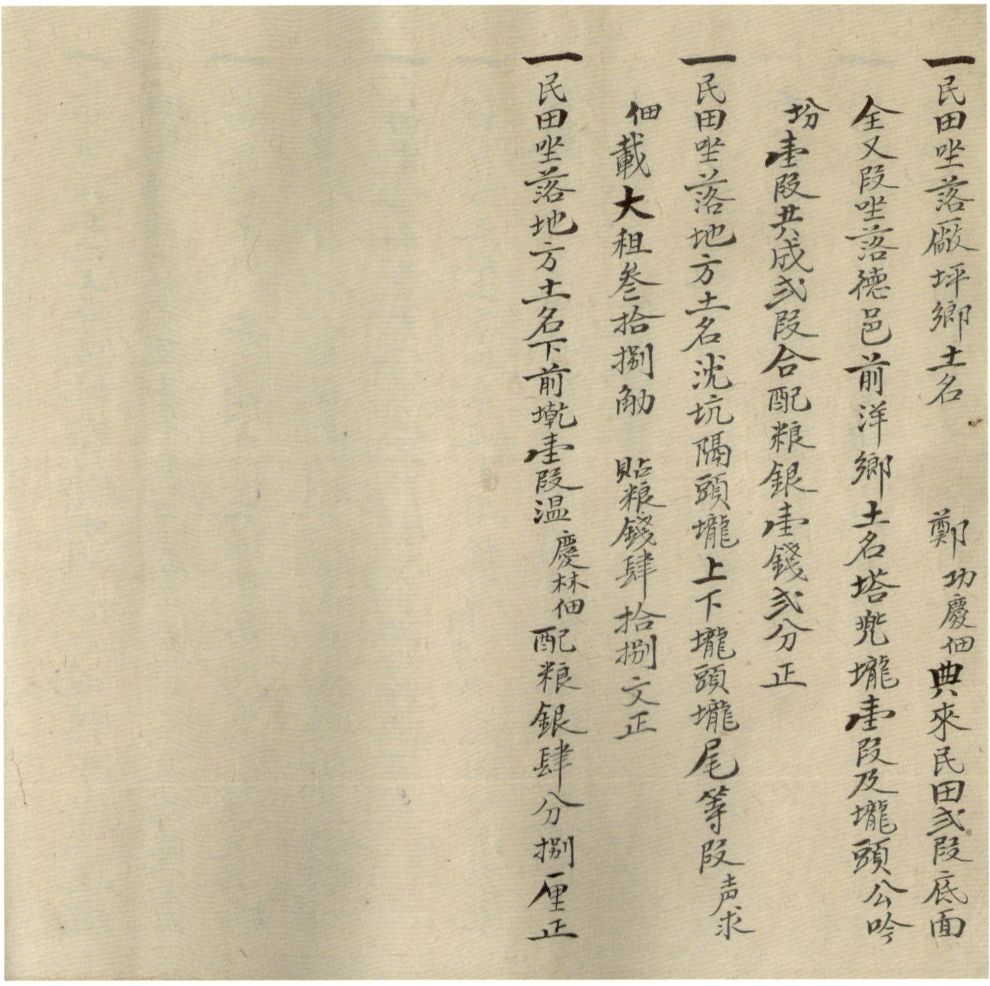
一民田坐落廠坪鄉土名
鄭功慶佃典來民田弍段底面
全又段坐落德邑前洋鄉土名塔兜壠壹段及壠頭公吟
坋壹段共成弍段合配粮銀壹錢弍分正
一民田坐落地方土名泷坑隔頭壠上下壠頭壠尾等段声求
佃載大租叁拾捌觔　貼粮錢肆拾捌文正
一民田坐落地方土名下前墘壹段溫慶林佃　配粮銀肆分捌厘正

10-9-15-39　民國十九年山寨黃氏禮春秋三房鬮書（三九）

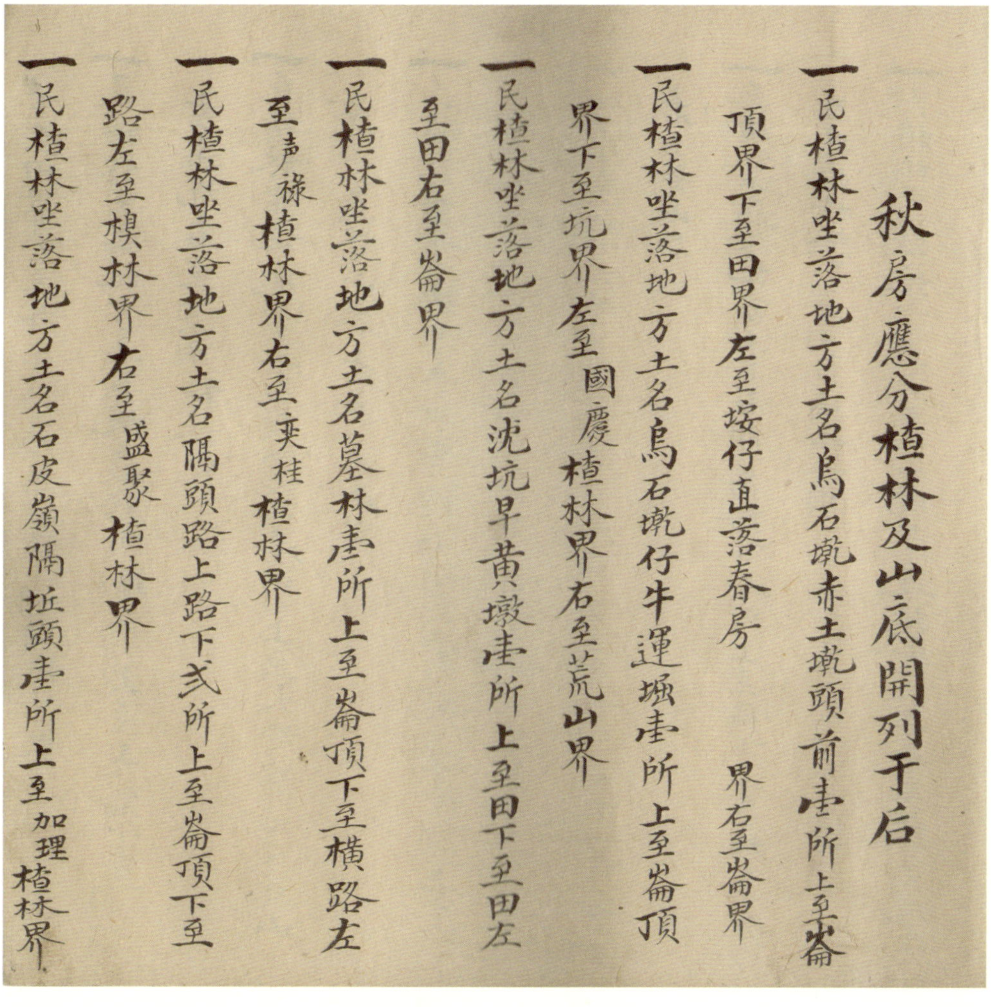
秋房應分植林及山底開列于后
一民植林坐落地方土名烏石墘赤土墘頭前厝所上至崙
頂界下至田界左至垵仔直落春房界右至崙界
一民植林坐落地方土名烏石墘仔牛運堀厝所上至崙頂
界下至坑界左至國慶植林界右至荒山界
一民植林坐落地方土名洸坑早黄墩厝所上至田下至田左
至田右至崙界
一民植林坐落地方土名墓林厝所上至崙頂下至横路左
至声祿植林界右至奕桂植林界
一民植林坐落地方土名隔頭路上路下弍所上至崙頂下至
路左至榠林界右至盛聚植林界
一民植林坐落地方土名石皮嶺隔坵頭厝所上至加理植林界

10-9-15-40 民國十九年山寨黄氏禮春秋三房鬮書（四〇）

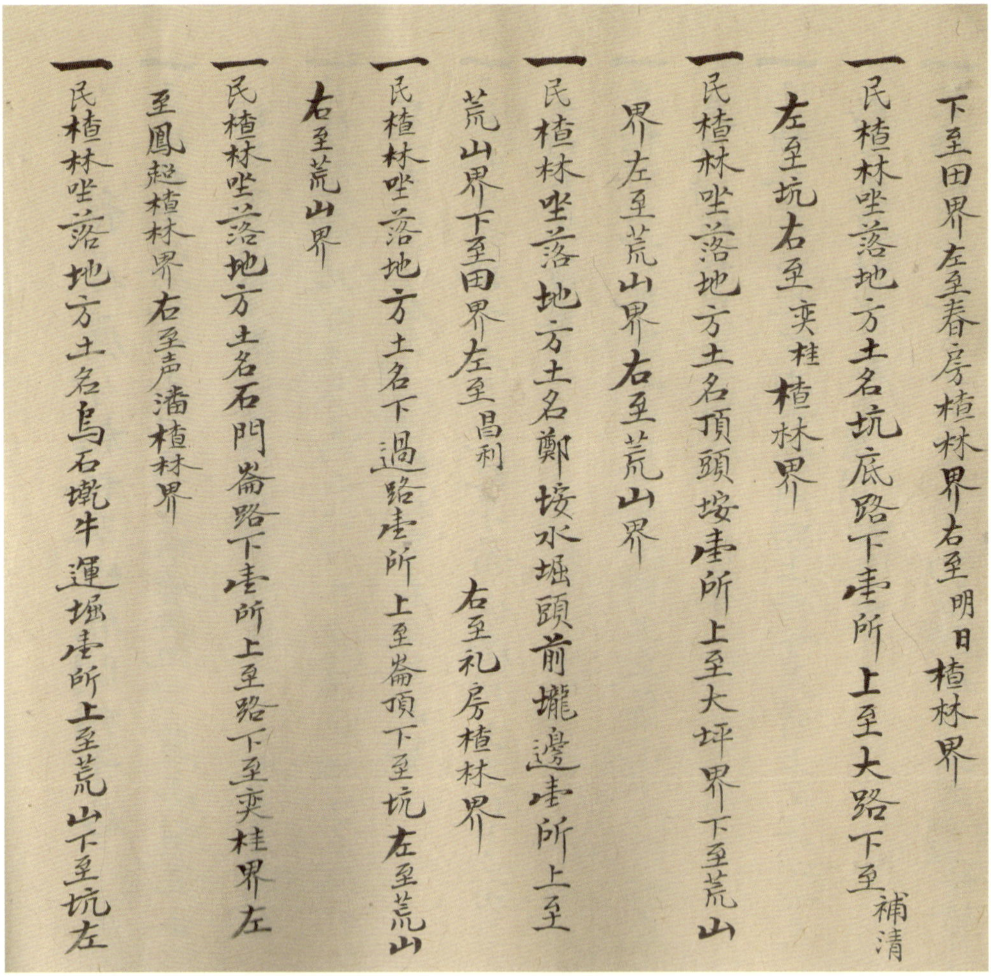
下至田界左至春房植林界右至明日植林界
一民植林坐落地方土名坑底路下䖏所上至大路下至補清
左至坑右至奕桂植林界
一民植林坐落地方土名頂頭垵䖏所上至大坪界下至荒山
界左至荒山界右至荒山界
一民植林坐落地方土名鄭垵水堀頭前壠邊䖏所上至
荒山界下至田界左至昌利　右至礼房植林界
一民植林坐落地方土名下過路䖏所上至崙頂下至坑左至荒山
右至荒山界
一民植林坐落地方土名石門崙路下䖏所上至路下至奕桂界左
至鳳起植林界右至声潘植林界
一民植林坐落地方土名烏石墘牛運堀䖏所上至荒山下至坑左

10-9-15-41　民國十九年山寨黄氏禮春秋三房鬮書（四一）

至荒山右至國慶植林界

一民植林坐落地方土名鄭垵湖塭墘處所上至田下至田左至声

應　界右至声全　界

一民植林坐落地方土名草湖尾崗處所上至崙頂下至田左

至声樣　界右至荒山界

10-9-15-42　民國十九年山寨黄氏禮春秋三房鬮書（四二）

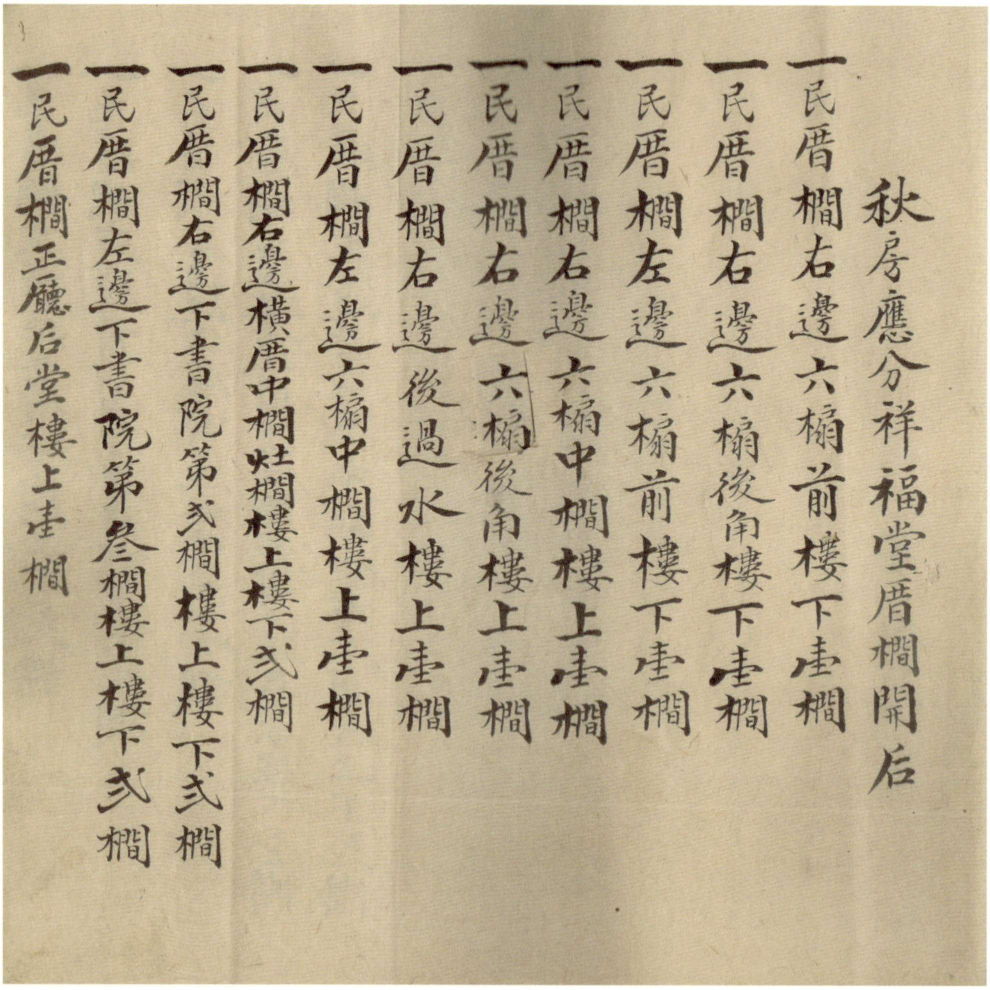

秋房應分祥福堂厝椆開后
一民厝椆右邊六扇前樓下厓椆
一民厝椆右邊六扇後角樓下厓椆
一民厝椆左邊六扇前樓下厓椆
一民厝椆右邊六扇中椆樓上厓椆
一民厝椆右邊六扇後角樓上厓椆
一民厝椆右邊後過水樓上厓椆
一民厝椆左邊六扇中椆樓上厓椆
一民厝椆右邊橫厝中椆灶椆樓上樓下弍椆
一民厝椆右邊下書院第弍椆樓上樓下弍椆
一民厝椆左邊下書院第叁椆樓上樓下弍椆
一民厝椆正廳后堂樓上厓椆

10-9-15-43 民國十九年山寨黃氏禮春秋三房鬮書（四三）

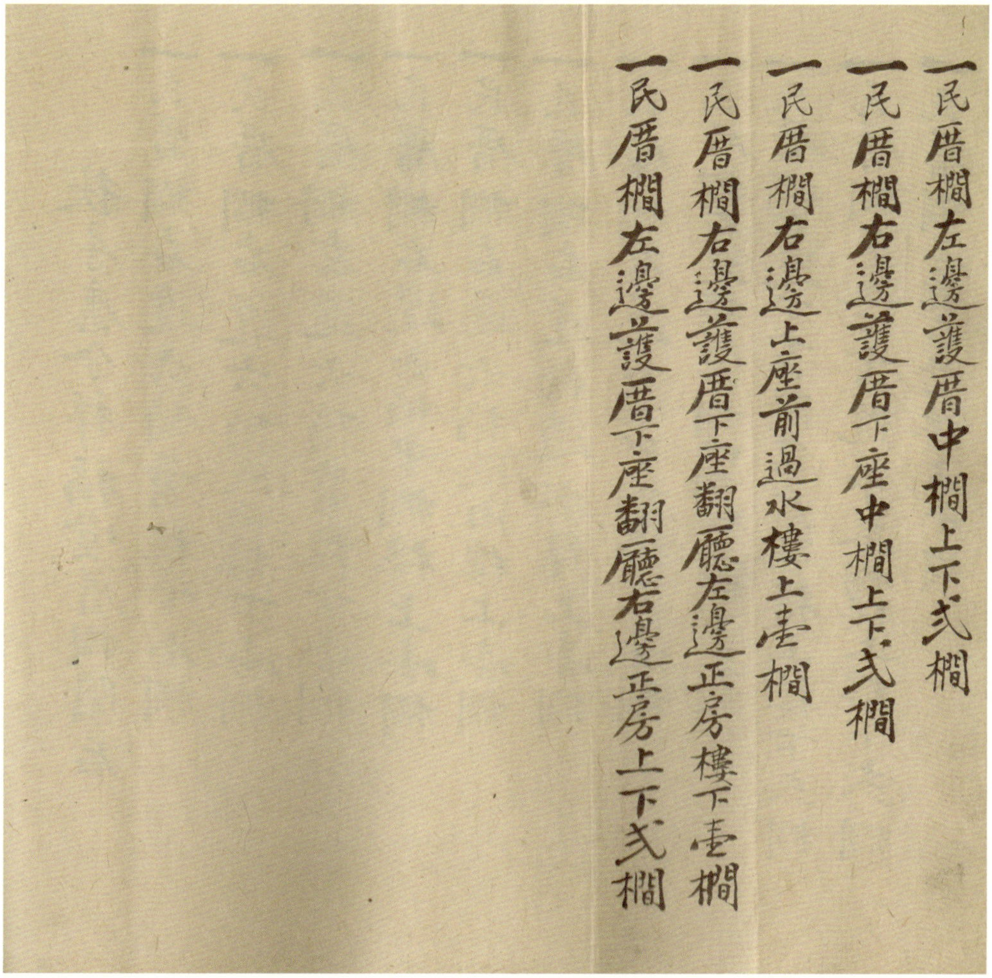
一民厝橺左邊護厝中橺上下弍橺
一民厝橺右邊護厝下座中橺上下弍橺
一民厝橺右邊上座前過水樓上壹橺
一民厝橺右邊護厝下座翻廳左邊正房樓下壹橺
一民厝橺左邊護厝下座翻廳右邊正房上下弍橺

10-9-15-44 民國十九年山寨黄氏禮春秋三房鬮書（四四）

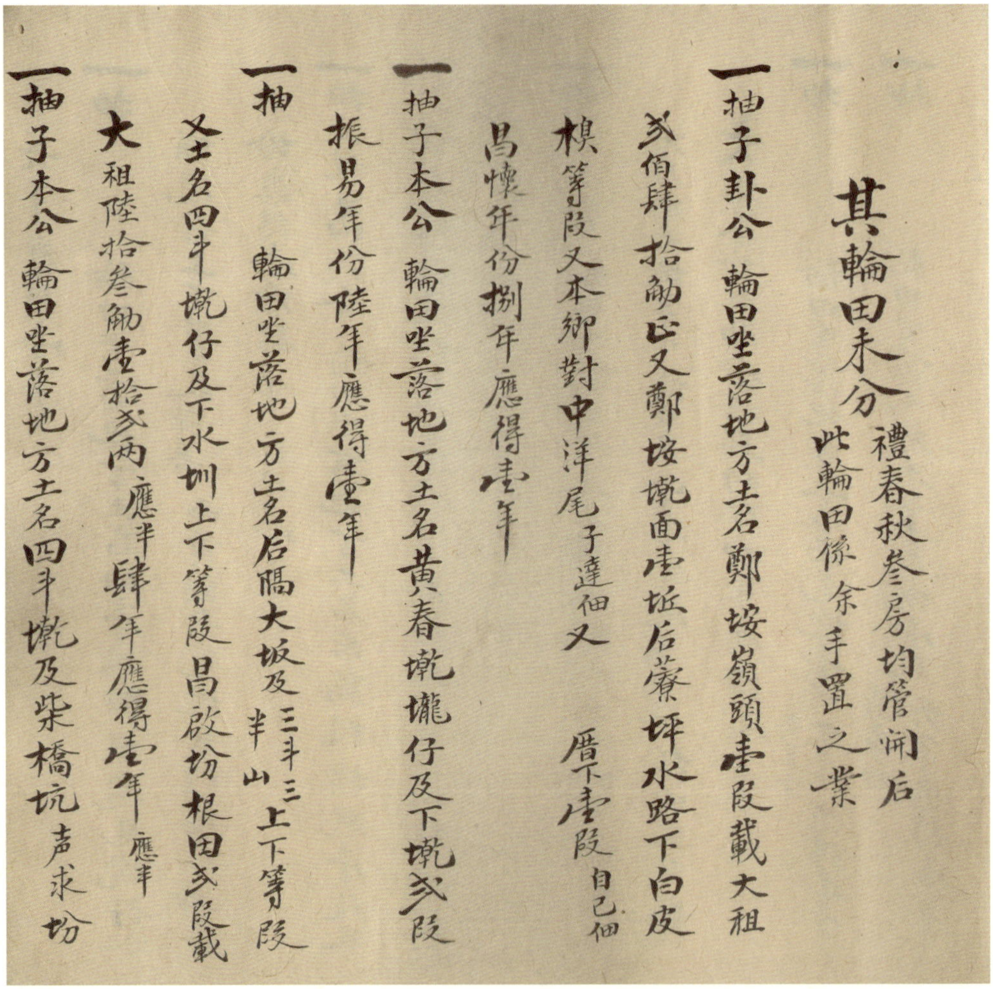
其輪田未分
禮春秋叁房均管開后
此輪田係余手置之業
一抽子卦公　輪田坐落地方土名鄭垵嶺頭壹段載大祖
贰佰肆拾觔正又鄭垵墘面壹坵后寮坪水路下白皮
椇箬段又本鄉對中洋尾子達佃又　厝下壹段自己佃
昌懷年份捌年應得壹年
一抽子本公　輪田坐落地方土名黃春墘壠仔及下墘贰段
振易年份陸年應得壹年
一抽　輪田坐落地方土名后隔大坂及三斗三半山上下箬段
又土名四斗墘仔及下水圳上下箬段昌啟坋根田贰段載
大祖陸拾叁觔壹拾贰两應半肆年應得壹年應半
一抽子本公　輪田坐落地方土名四斗墘及柴橋坑声求坋

10-9-15-45　民國十九年山寨黃氏禮春秋三房鬮書（四五）

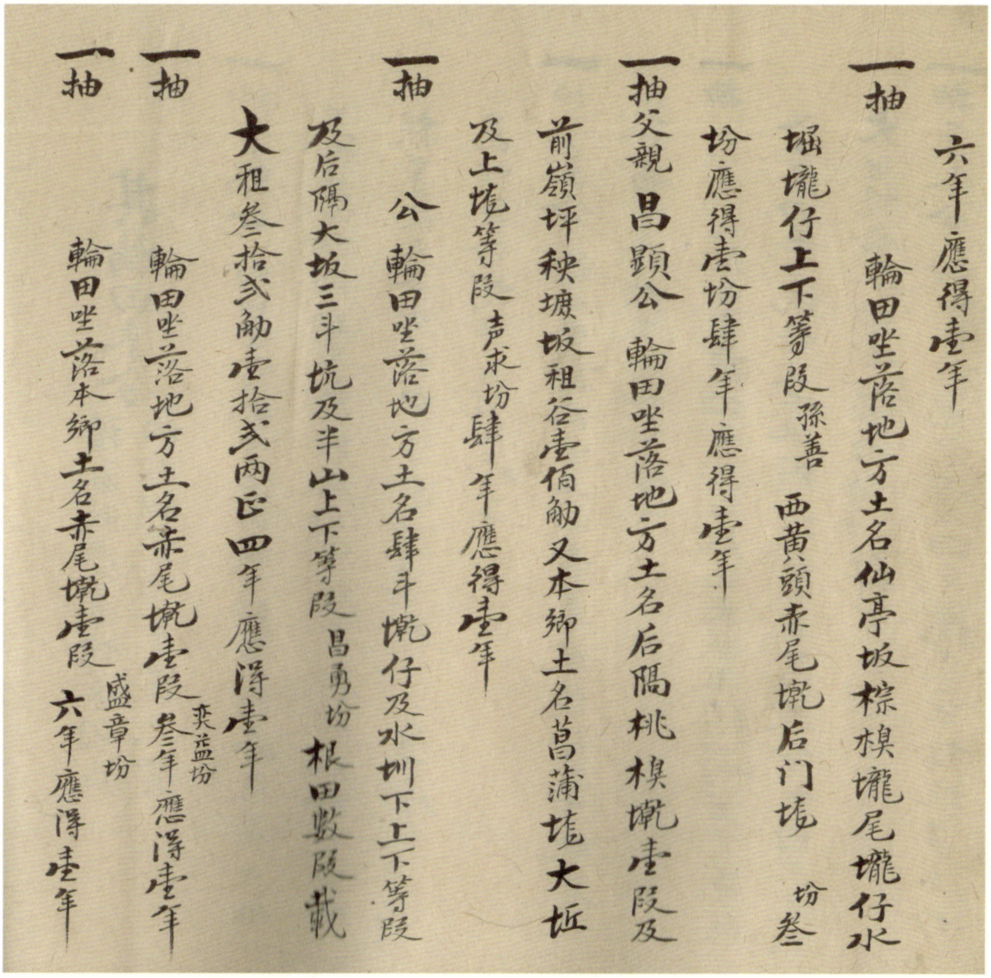
六年應得壹年
一抽　輪田坐落地方土名仙亭坂椋椇壠尾壠仔水
堀壠仔上下等段　孫善　西黄頭赤尾墘后门墘　坊叁
坊應得壹坊肆年應得壹年
一抽父親昌顕公　輪田坐落地方土名后隔桃椇墘壹段及
前嶺坪秧塘坂租谷壹佰觔又本鄉土名菖蒲墘大垢
及上墘等段　声求坊肆年應得壹年
一抽公　輪田坐落地方土名肆斗墘仔及水圳下上下等段
及后隔大坂三斗坑及半山上下等段　昌勇坊　根田數段載
大祖叁拾弍觔壹拾弍兩正四年應得壹年
一抽　輪田坐落地方土名赤尾墘壹段　奕益坊　叁年應得壹年
一抽　輪田坐落本鄉土名赤尾墘壹段　盛章坊　六年應得壹年

10-9-15-46　民國十九年山寨黄氏禮春秋三房鬮書（四六）

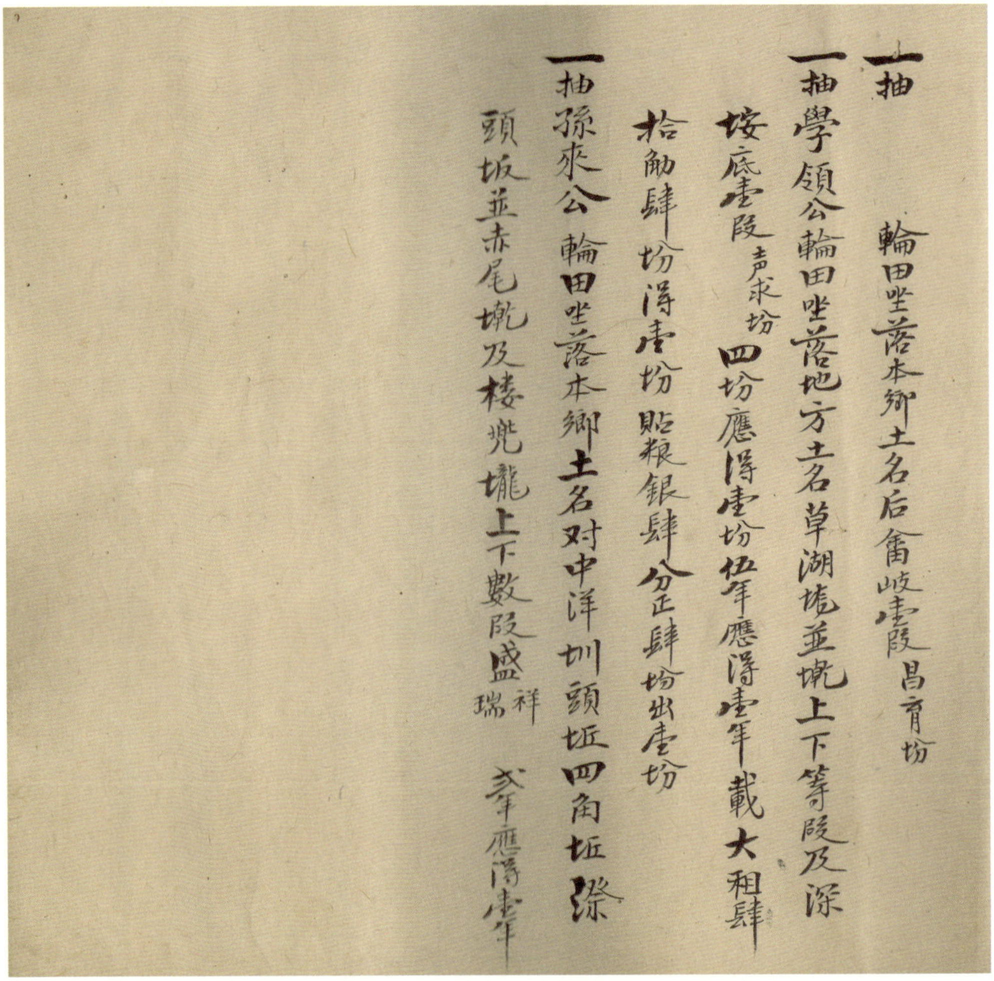
一抽　輪田坐落本鄉土名后畲岐壹段　昌育坊
一抽學領公輪田坐落地方土名草湖墘並墘上下等段及深
垵底壹段　声求坊　四坊應得壹坊伍年應得壹年載大租肆
拾觔肆坊得壹坊　貼粮銀肆分正肆坊出壹坊
一抽孫來公　輪田坐落本鄉土名对中洋圳頭坵四角坵漈
頭坂並赤尾墘及樓兜墘上下數段盛祥瑞　叁年應得壹年

10-9-15-47　民國十九年山寨黄氏禮春秋三房鬮書（四七）

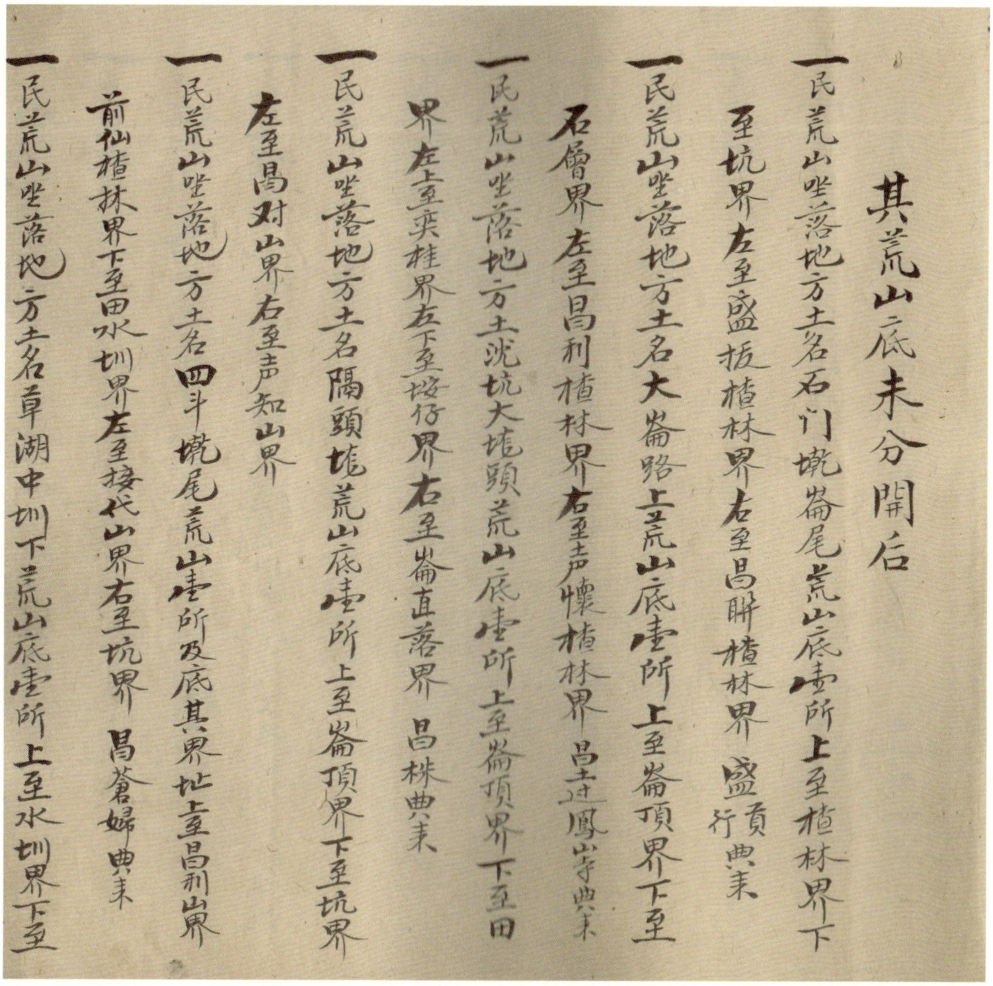

其荒山〻底未分開后
一民荒山坐落地方土名石门墘崙尾荒山〻底壹所上至植林界下
至坑界左至盛扳植林界右至昌畊植林界 盛貢行典来
一民荒山坐落地方土名大崙路上荒山〻底壹所上至崙頂界下至
石僧界左至昌利植林界右至声懷植林界 昌土过鳳山寺典来
一民荒山坐落地方土沘坑大堤頭荒山〻底壹所上至崙頂界下至田
界左上至奕桂界左下至梭仔界右至崙直落界 昌株典来
一民荒山坐落地方土名隔頭堤荒山〻底壹所上至崙頂界下至坑界
左至昌对山界右至声知山界
一民荒山坐落地方土名四斗墘尾荒山壹所及底其界址上至昌利山界
前仙植林界下至田水圳界左至接代山界右至坑界 昌蒼婦典来
一民荒山坐落地方土名草湖中圳下荒山〻底壹所上至水圳界下至

10-9-15-48　民國十九年山寨黄氏禮春秋三房鬮書（四八）

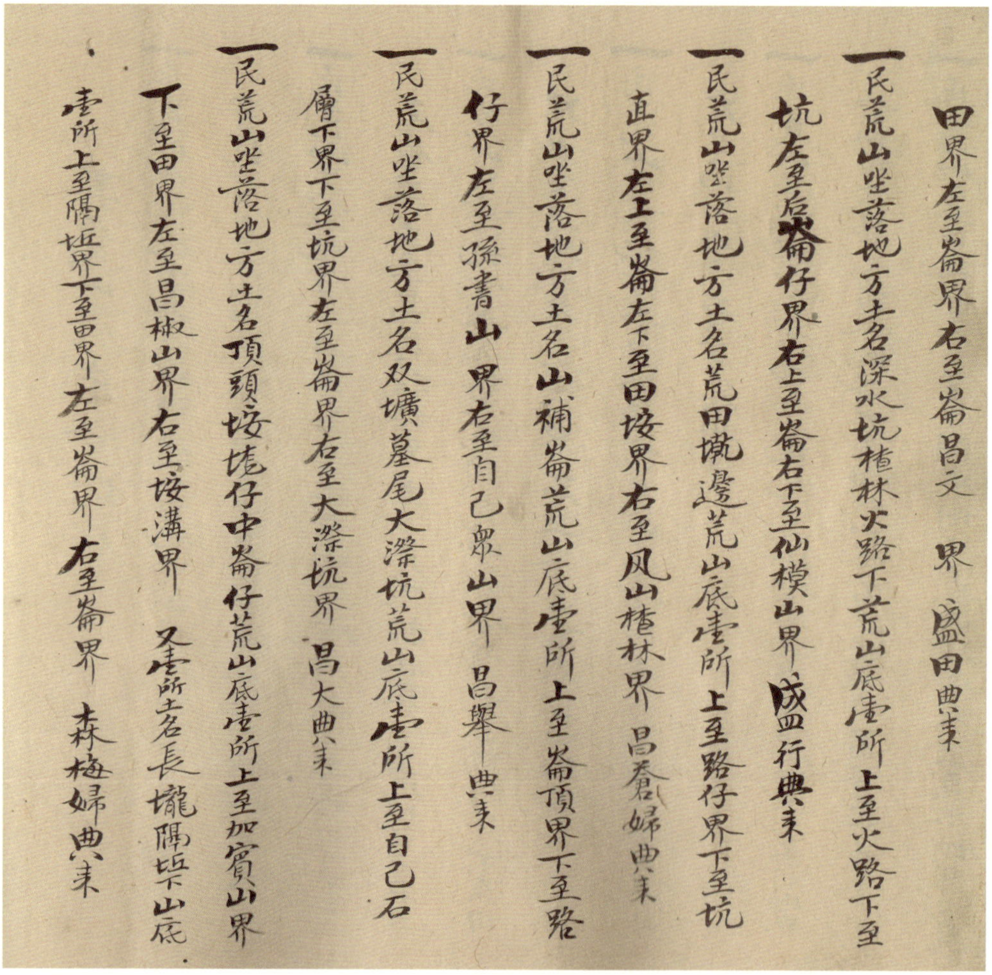
田界左至崙界右至崙昌文　界　盛田典來
一民荒山坐落地方土名深水坑楂林火路下荒山底壹所　上至火路下至
坑左至后崙仔界右上至崙右下至仙模山界　盛行典來
一民荒山坐落地方土名荒田墘邊荒山底壹所　上至路仔界下至坑
直界左上至崙左下至田垵界右至凤山楂林界　昌春婦典來
一民荒山坐落地方土名山補崙荒山底壹所　上至崙頂界下至路
仔界左至孫書山界右至自己衆山界　昌舉典來
一民荒山坐落地方土名双壙墓尾大漈坑荒山底壹所　上至自己石
層下界下至坑界左至崙界右至大漈坑界　昌大典來
一民荒山坐落地方土名頂頭垵墘仔中崙仔荒山底壹所　上至加賓山界
下至田界左至昌椒山界右至垵溝界　又壹所土名長壠隔垰山底
壹所上至隔垰界下至田界　左至崙界　右至崙界　森梅婦典來

10-9-15-49　民國十九年山寨黄氏禮春秋三房鬮書（四九）

10-9-15-50　民國十九年山寨黄氏禮春秋三房鬮書（五〇）

圖書在版編目（CIP）數據

福建民間契約文書. 第十卷：5冊／鄭振滿主編. --福州：福建人民出版社，2022.10
（八閩文庫. 專題彙編）
ISBN 978-7-211-08906-2

Ⅰ. ①福… Ⅱ. ①鄭… Ⅲ. ①契約—文書—彙編—福建 Ⅳ. ①D927.570.369

中國版本圖書館CIP數據核字（2022）第161529號

福建民間契約文書（第十卷）

主　　編：鄭振滿
編　　者：廈門大學民間歷史文獻研究中心
責任編輯：趙遠方　張輝蘭　宋一明
裝幀設計：張志偉
美術編輯：陳培亮
出版發行：福建人民出版社
電　　話：0591—87533169（發行部）
網　　址：http://www.fjpph.com
電子郵箱：fjpph7221@126.com
地　　址：福建省福州市東水路76號
經　　銷：福建新華發行（集團）有限責任公司
印刷裝訂：雅昌文化（集團）有限公司
地　　址：深圳市南山區深雲路19號
電　　話：0755—86083235
開　　本：787毫米×1092毫米 1/16
印　　張：147.25
版　　次：2022年10月第1版第1次印刷
書　　號：ISBN 978-7-211-08906-2
定　　價：3000.00元（全5冊）

本書如有印裝質量問題，影響閱讀，請直接向承印廠調換。
版權所有，翻印必究。